CB072311

MINI VADE MECUM CIVIL E EMPRESARIAL
Legislação selecionada para OAB, Concursos
e Prática Profissional

**CÓDIGO CIVIL
CÓDIGO DE PROCESSO CIVIL
CÓDIGO COMERCIAL
CONSTITUIÇÃO FEDERAL
LEGISLAÇÃO CIVIL, PROCESSUAL
CIVIL E EMPRESARIAL
SÚMULAS SELECIONADAS**

Mini Vade Mecum Civil e Empresarial
Legislação selecionada para OAB, Concursos e Prática Profisional

Código Civil • Código de Processo Civil • Código Comercial • Constituição Federal • Legislação civil, processual civil e empresarial • Súmulas selecionadas.

Organizadores Darlan Barroso; Marco Antonio Araujo Junior; Brunno Pandori Giancoli; Elisabete Teixeira Vido dos Santos.

6. ed. rev., ampl. e atual. São Paulo. RT, 2016.

Dados Internacionais de Catalogação na Publicação (CIP)
(Câmara Brasileira do Livro, SP, Brasil)

Mini Vade Mecum civil e empresarial : legislação selecionada para OAB, concursos e prática profissional / organizadores Darlan Barroso...[et al.] ; coordenação Darlan Barroso, Marco Antonio Araujo Junior. – 6. ed. rev., ampl. e atual. – São Paulo : Editora Revista dos Tribunais, 2016.

Outros organizadores: Marco Antonio Araujo Junior, Brunno Pandori Giancoli, Elisabete Teixeira Vido dos Santos
Bibliografia.
ISBN 978-85-203-6972-2

1. Direito - Manuais 2. Direito civil 3. Direito civil - Brasil – Concursos 4. Direito empresarial 5. Direito empresarial – Brasil – Concursos I. Barroso, Darlan. II. Araujo Junior, Marco Antonio. III. Giancoli, Brunno Pandori. IV. Santos, Elisabete Teixeira Vido dos.

16-04344   CDU-34(81)(02)

Índices para catálogo sistemático: 1. Direito : Brasil : Vademécuns 34(81)(02) 2. Vademécuns : Direito : Brasil 34(81)(02)

DARLAN BARROSO
MARCO ANTONIO ARAUJO JUNIOR
BRUNNO PANDORI GIANCOLI
ELISABETE TEIXEIRA VIDO DOS SANTOS
organizadores

2016 • 2017

MINI **VADE MECUM**
CIVIL E EMPRESARIAL

Legislação selecionada para **OAB**, **CONCURSOS** e **PRÁTICA PROFISSIONAL**

CÓDIGO CIVIL
CÓDIGO DE PROCESSO CIVIL
CÓDIGO COMERCIAL
CONSTITUIÇÃO FEDERAL
LEGISLAÇÃO CIVIL, PROCESSUAL CIVIL E EMPRESARIAL
SÚMULAS SELECIONADAS

6.ª edição
revista, ampliada
e atualizada
até 10.06.2016

Coordenação
DARLAN BARROSO
MARCO ANTONIO ARAUJO JUNIOR

THOMSON REUTERS
REVISTA DOS TRIBUNAIS™

Mini Vade Mecum Civil e Empresarial
Legislação selecionada para OAB, Concursos e Prática Profissional

*Código Civil • Código de Processo Civil • Código Comercial •
Constituição Federal • Legislação civil, processual civil e empresarial •
Súmulas selecionadas*

Organizadores Darlan Barroso; Marco Antonio Araujo Junior;
Brunno Pandori Giancoli; Elisabete Teixeira Vido dos Santos.

6. ed. rev., ampl. e atual. São Paulo. RT, 2016.

Diagramação eletrônica: Editora Revista dos Tribunais Ltda., CNPJ 60.501.293/0001-12.
Impressão e encadernação: Geo-Gráfica e Editora Ltda., CNPJ 44.197.044/0001-29.

© desta edição [2016]

EDITORA REVISTA DOS TRIBUNAIS LTDA.

Marisa Harms
Diretora responsável

Visite nosso *site*
www.rt.com.br

Central de Relacionamento RT
(atendimento, em dias úteis, das 8 às 17 horas)
Tel. 0800-702-2433

e-mail de atendimento ao consumidor
sac@rt.com.br

Rua do Bosque, 820 – Barra Funda
Tel. 11 3613-8400 – Fax 11 3613-8450
CEP 01136-000 – São Paulo, SP, Brasil

Todos os direitos reservados. Proibida a reprodução total ou parcial, por qualquer meio ou processo, especialmente por sistemas gráficos, microfílmicos, fotográficos, reprográficos, fonográficos, videográficos. Vedada a memorização e/ou a recuperação total ou parcial, bem como a inclusão de qualquer parte desta obra em qualquer sistema de processamento de dados. Essas proibições aplicam-se também às características gráficas da obra e à sua editoração. A violação dos direitos autorais é punível como crime (art. 184 e parágrafos, do Código Penal), com pena de prisão e multa, conjuntamente com busca e apreensão e indenizações diversas (arts. 101 a 110 da Lei 9.610, de 19.02.1998, Lei dos Direitos Autorais).

Impresso no Brasil [06 - 2016]

Atualizada até [10.06.2016]

ISBN 978-85-203-6972-2

Apresentação

A EDITORA REVISTA DOS TRIBUNAIS lança a 6.ª edição da Coleção Mini Vade Mecum, destinada a oferecer aos candidatos do Exame da OAB, concursos públicos e profissionais da prática jurídica um material legislativo selecionado e específico de cada área de atuação.

Em seu segmento, a Coleção Mini Vade Mecum não encontra similar, inicialmente por ser organizada e coordenada por professores com altíssima experiência em concursos públicos, Exame de Ordem e atividade profissional, e, depois, por ter como suporte a legislação compilada pela RT, criteriosamente reproduzida das publicações oficiais e sempre atualizada.

Cada volume da Coleção é dedicado a um ramo do Direito. Organizado por juristas de renome, seu formato, tipo de letra e diagramação foram especialmente selecionados para proporcionar mais praticidade e agilidade à pesquisa, que é ainda mais facilitada e sistematizada pelo auxílio de fitas marcadoras coloridas.

O presente volume foi organizado por DARLAN BARROSO – mestre em Direito; especialista em Direito Processual Civil pela PUC-SP; professor de Processo Civil e Direito Internacional e Diretor Pedagógico dos cursos preparatórios para o Exame de Ordem no Damásio Educacional; coordenador da pós-graduação de Processo Civil no Damásio Educacional; autor de diversas obras pela Editora Revista dos Tribunais; advogado; MARCO ANTONIO ARAUJO JUNIOR – mestre em Direitos Difusos e Coletivos; especialista em Derecho de las nuevas tecnologías pela Universidad Complutense de Madrid; vice-presidente acadêmico do Damásio Educacional; professor de Ética Profissional, Direito do Consumidor e Direito Digital; diretor-geral da Faculdade Damásio – Direito; coordenador pedagógico da pós-graduação em Direito do Consumidor da Faculdade Damásio; presidente da Comissão de Defesa do Consumidor da OAB/SP (2013/2015 e 2016/2018); membro efetivo da Comissão Nacional de Defesa do Consumidor do Conselho Federal da OAB; conselheiro seccional da OAB/SP (2013/2015 e 2016/2018); advogado; BRUNNO PANDORI GIANCOLI – mestre pela Universidade Presbiteriana Mackenzie em Direito Político e Econômico; mestre em Direito Civil pela USP; doutorando em Direito; professor de Direito Civil e Direito do Consumidor no Damásio Educacional, na Universidade Presbiteriana Mackenzie e na FIA/USP; presidente da Comissão de Defesa do Consumidor da OAB-SP (2013-2015); advogado; e ELISABETE VIDO – mestre em Direito pela Unimes; diretora da pós-graduação e coordenadora do curso de Direito Empresarial para a 2.ª fase do Exame de Ordem no Damásio Educacional; professora de Direito Empresarial no Damásio Educacional; coordenadora da pós-graduação de Direito Civil e Empresarial no Damásio Educacional; professora de diversos cursos de pós-graduação; autora de vários livros; advogada.

Para facilitar ainda mais os estudos e consultas do dia a dia, a obra traz índice de súmulas de cada área. Em conformidade com os editais, os organizadores prepararam um índice remissivo com os assuntos de cada súmula selecionada. Isso facilita muito a busca durante as provas e vida profissional.

A EDITORA REVISTA DOS TRIBUNAIS procura sempre consultar as necessidades dos seus leitores, esperando, assim, merecer a sua preferência. Para isso, garante empenho permanente no aperfeiçoamento dos seus produtos e não prescinde de críticas e sugestões.

Esperamos que esse material seja de grande auxílio no sucesso dos candidatos ao Exame de Ordem, Concursos Públicos, bem como instrumento hábil para a prática profissional.

DARLAN BARROSO
MARCO ANTONIO ARAUJO JUNIOR
Coordenadores

Índice geral

Apresentação 5

Constituição Federal

Índice Sistemático da Constituição da República Federativa do Brasil..... 11
Índice Cronológico das Emendas à Constituição da República Federativa do Brasil 15
Constituição da República Federativa do Brasil............................ 23
Ato das Disposições Constitucionais Transitórias 145
Emendas à Constituição da República Federativa do Brasil 173
Lei de Introdução às normas do Direito Brasileiro 213

Código Civil

Índice Sistemático do Código Civil 221
Código Civil.. 233

Código de Processo Civil

Índice Sistemático do Código de Processo Civil 455
Código de Processo Civil 463

Código Comercial

Índice Sistemático do Código Comercial 685
Código Comercial.. 687

Legislação Civil, Processual Civil e Empresarial 733

Súmulas selecionadas

Supremo Tribunal Federal – STF
    I. Súmulas vinculantes 1887
    II. Súmulas 1890
Superior Tribunal de Justiça – STJ 1904
Tribunal Federal de Recursos – TFR 1923

Índices

Índice Alfabético-remissivo da Constituição da República Federativa do Brasil 1933
Índice Alfabético-remissivo do Código Civil, do Código Comercial, da Legislação e das Súmulas selecionadas 2013
Índice Alfabético-remissivo do Código de Processo Civil 2101
Índice de Súmulas 2109
Índice Cronológico da Legislação Civil, Processual Civil e Empresarial ... 2115

CONSTITUIÇÃO FEDERAL

Índice Sistemático da Constituição da República Federativa do Brasil

Índice Cronológico das Emendas à Constituição da República Federativa do Brasil

Constituição da República Federativa do Brasil

Ato das Disposições Constitucionais Transitórias

Emendas à Constituição da República Federativa do Brasil

Lei de Introdução às normas do Direito Brasileiro

Índice Sistemático da Constituição da República Federativa do Brasil

Preâmbulo, **23**

TÍTULO I
DOS PRINCÍPIOS FUNDAMENTAIS

Arts. 1º a 4º, **23**

TÍTULO II
DOS DIREITOS E GARANTIAS FUNDAMENTAIS

Arts. 5º a 17, **24**

Capítulo I – Dos direitos e deveres individuais e coletivos (art. 5º), **24**

Capítulo II – Dos direitos sociais (arts. 6º a 11), **31**

Capítulo III – Da nacionalidade (arts. 12 e 13), **34**

Capítulo IV – Dos direitos políticos (arts. 14 a 16), **35**

Capítulo V – Dos partidos políticos (art. 17), **37**

TÍTULO III
DA ORGANIZAÇÃO DO ESTADO

Arts. 18 a 43, **37**

Capítulo I – Da organização político-administrativa (arts. 18 e 19), **37**

Capítulo II – Da União (arts. 20 a 24), **38**

Capítulo III – Dos Estados federados (arts. 25 a 28), **43**

Capítulo IV – Dos Municípios (arts. 29 a 31), **44**

Capítulo V – Do Distrito Federal e dos Territórios (arts. 32 e 33), **48**

Seção I – Do Distrito Federal (art. 32), **48**

Seção II – Dos Territórios (art. 33), **48**

Capítulo VI – Da intervenção (arts. 34 a 36), **49**

Capítulo VII – Da administração pública (arts. 37 a 43), **50**

Seção I – Disposições gerais (arts. 37 e 38), **50**

Seção II – Dos servidores públicos (arts. 39 a 41), **54**

Seção III – Dos militares dos Estados, do Distrito Federal e dos Territórios (art. 42), **58**

Seção IV – Das regiões (art. 43), **59**

TÍTULO IV
DA ORGANIZAÇÃO DOS PODERES

Arts. 44 a 135, **59**

Capítulo I – Do Poder Legislativo (arts. 44 a 75), **59**

Seção I – Do Congresso Nacional (arts. 44 a 47), **59**

Seção II – Das atribuições do Congresso Nacional (arts. 48 a 50), **60**

Seção III – Da Câmara dos Deputados (art. 51), **61**

Seção IV – Do Senado Federal (art. 52), **62**

Seção V – Dos Deputados e dos Senadores (arts. 53 a 56), **63**

Seção VI – Das reuniões (art. 57), **64**

ÍNDICE SISTEMÁTICO DA CF

Seção VII – Das comissões (art. 58), **65**

Seção VIII – Do processo legislativo (arts. 59 a 69), **65**

  Subseção I – Disposição geral (art. 59), **65**

  Subseção II – Da emenda à Constituição (art. 60), **66**

  Subseção III – Das leis (arts. 61 a 69), **66**

Seção IX – Da fiscalização contábil, financeira e orçamentária (arts. 70 a 75), **69**

Capítulo II – Do Poder Executivo (arts. 76 a 91), **71**

  Seção I – Do Presidente e do Vice-Presidente da República (arts. 76 a 83), **71**

  Seção II – Das atribuições do Presidente da República (art. 84), **72**

  Seção III – Da responsabilidade do Presidente da República (arts. 85 e 86), **73**

  Seção IV – Dos Ministros de Estado (arts. 87 e 88), **74**

  Seção V – Do Conselho da República e do Conselho de Defesa Nacional (arts. 89 a 91), **74**

    Subseção I – Do Conselho da República (arts. 89 e 90), **74**

    Subseção II – Do Conselho de Defesa Nacional (art. 91), **74**

Capítulo III – Do Poder Judiciário (arts. 92 a 126), **75**

  Seção I – Disposições gerais (arts. 92 a 100), **75**

  Seção II – Do Supremo Tribunal Federal (arts. 101 a 103-B), **80**

  Seção III – Do Superior Tribunal de Justiça (arts. 104 e 105), **85**

  Seção IV – Dos Tribunais Regionais Federais e dos Juízes Federais (arts. 106 a 110), **86**

  Seção V – Dos Tribunais e Juízes do Trabalho (arts. 111 a 117), **88**

  Seção VI – Dos Tribunais e Juízes Eleitorais (arts. 118 a 121), **90**

  Seção VII – Dos Tribunais e Juízes Militares (arts. 122 a 124), **91**

  Seção VIII – Dos Tribunais e Juízes dos Estados (arts. 125 e 126), **91**

Capítulo IV – Das funções essenciais à Justiça (arts. 127 a 135), **92**

  Seção I – Do Ministério Público (arts. 127 a 130-A), **92**

  Seção II – Da Advocacia Pública (arts. 131 e 132), **95**

  Seção III – Da Advocacia (art. 133), **96**

  Seção IV – Da Defensoria Pública (arts. 134 e 135), **96**

TÍTULO V
DA DEFESA DO ESTADO E DAS INSTITUIÇÕES DEMOCRÁTICAS

Arts. 136 a 144, **97**

Capítulo I – Do estado de defesa e do estado de sítio (arts. 136 a 141), **97**

  Seção I – Do estado de defesa (art. 136), **97**

  Seção II – Do estado de sítio (arts. 137 a 139), **97**

  Seção III – Disposições gerais (arts. 140 e 141), **98**

Capítulo II – Das Forças Armadas (arts. 142 e 143), **98**

Capítulo III – Da segurança pública (art. 144), **99**

TÍTULO VI
DA TRIBUTAÇÃO E DO ORÇAMENTO

Arts. 145 a 169, **101**

Capítulo I – Do sistema tributário nacional (arts. 145 a 162), **101**

  Seção I – Dos princípios gerais (arts. 145 a 149-A), **101**

Índice Sistemático da CF

Seção II – Das limitações do poder de tributar (arts. 150 a 152), **102**

Seção III – Dos impostos da União (arts. 153 e 154), **104**

Seção IV – Dos impostos dos Estados e do Distrito Federal (art. 155), **105**

Seção V – Dos impostos dos Municípios (art. 156), **108**

Seção VI – Da repartição das receitas tributárias (arts. 157 a 162), **109**

Capítulo II – Das finanças públicas (arts. 163 a 169), **111**

Seção I – Normas gerais (arts. 163 e 164), **111**

Seção II – Dos orçamentos (arts. 165 a 169), **112**

TÍTULO VII
DA ORDEM ECONÔMICA E FINANCEIRA

Arts. 170 a 192, **117**

Capítulo I – Dos princípios gerais da atividade econômica (arts. 170 a 181), **117**

Capítulo II – Da política urbana (arts. 182 e 183), **120**

Capítulo III – Da política agrícola e fundiária e da reforma agrária (arts. 184 a 191), **121**

Capítulo IV – Do sistema financeiro nacional (art. 192), **122**

TÍTULO VIII
DA ORDEM SOCIAL

Arts. 193 a 232, **123**

Capítulo I – Disposição geral (art. 193), **123**

Capítulo II – Da seguridade social (arts. 194 a 204), **123**

Seção I – Disposições gerais (arts. 194 e 195), **123**

Seção II – Da saúde (arts. 196 a 200), **125**

Seção III – Da previdência social (arts. 201 e 202), **127**

Seção IV – Da assistência social (arts. 203 e 204), **129**

Capítulo III – Da educação, da cultura e do desporto (arts. 205 a 217), **130**

Seção I – Da educação (arts. 205 a 214), **130**

Seção II – Da cultura (arts. 215 a 216-A), **133**

Seção III – Do desporto (art. 217), **135**

Capítulo IV – Da ciência, tecnologia e inovação (arts. 218 a 219-B), **135**

Capítulo V – Da comunicação social (arts. 220 a 224), **136**

Capítulo VI – Do meio ambiente (art. 225), **138**

Capítulo VII – Da família, da criança, do adolescente, do jovem e do idoso (arts. 226 a 230), **139**

Capítulo VIII – Dos índios (arts. 231 e 232), **141**

TÍTULO IX
DAS DISPOSIÇÕES CONSTITUCIONAIS GERAIS

Arts. 233 a 250, **141**

ATO DAS DISPOSIÇÕES CONSTITUCIONAIS TRANSITÓRIAS

Arts. 1º a 100, **145**

ÍNDICE CRONOLÓGICO DAS EMENDAS À CONSTITUIÇÃO DA REPÚBLICA FEDERATIVA DO BRASIL

EMENDAS CONSTITUCIONAIS DE REVISÃO

n. 1 – de 1º de março de 1994 174
n. 2 – de 7 de junho de 1994 174
n. 3 – de 7 de junho de 1994 175
n. 4 – de 7 de junho de 1994 175
n. 5 – de 7 de junho de 1994 175
n. 6 – de 7 de junho de 1994 175

EMENDAS CONSTITUCIONAIS

n. 1 – de 31 de março de 1992 – Dispõe sobre a remuneração dos Deputados Estaduais e dos Vereadores. 173

n. 2 – de 25 de agosto de 1992 – Dispõe sobre o plebiscito previsto no art. 2º do Ato das Disposições Constitucionais Transitórias. 173

n. 3 – de 17 de março de 1993 – Altera dispositivos da Constituição Federal. 173

n. 4 – de 14 de setembro de 1993 – Dá nova redação ao art. 16 da Constituição Federal. 174

n. 5 – de 15 de agosto de 1995 – Altera o § 2º do art. 25 da Constituição Federal. 176

n. 6 – de 15 de agosto de 1995 – Altera o inciso IX do art. 170, o art. 171 e o § 1º do art. 176 da Constituição Federal. 176

n. 7 – de 15 de agosto de 1995 – Altera o art. 178 da Constituição Federal e dispõe sobre a adoção de Medidas Provisórias. 176

n. 8 – de 15 de agosto de 1995 – Altera o inciso XI e a alínea a do inciso XII do art. 21 da Constituição Federal. 176

n. 9 – de 9 de novembro de 1995 – Dá nova redação ao art. 177 da Constituição Federal, alterando e inserindo parágrafos. 177

n. 10 – de 4 de março de 1996 – Altera os arts. 71 e 72 do Ato das Disposições Constitucionais Transitórias, introduzidos pela Emenda Constitucional de Revisão n. 1, de 1994. 177

n. 11 – de 30 de abril de 1996 – Permite a admissão de professores, técnicos e cientistas estrangeiros pelas universidades brasileiras e concede autonomia às instituições de pesquisa científica e tecnológica. 177

CRONOLÓGICO DAS EMENDAS À CF

n. 12 – de 15 de agosto de 1996 – Outorga competência à União, para instituir contribuição provisória sobre movimentação ou transmissão de valores e de créditos e direitos de natureza financeira. 177

n. 13 – de 21 de agosto de 1996 – Dá nova redação ao inciso II do art. 192 da Constituição Federal. 178

n. 14 – de 12 de setembro de 1996 – Modifica os arts. 34, 208, 211 e 212 da Constituição Federal e dá nova redação ao art. 60 do Ato das Disposições Constitucionais Transitórias. 178

n. 15 – de 12 de setembro de 1996 – Dá nova redação ao § 4º do art. 18 da Constituição Federal. 178

n. 16 – de 4 de junho de 1997 – Dá nova redação ao § 5º do art. 14, ao *caput* do art. 28, ao inciso II do art. 29, ao *caput* do art. 77 e ao art. 82 da Constituição Federal. 179

n. 17 – de 22 de novembro de 1997 – Altera dispositivos dos arts. 71 e 72 do Ato das Disposições Constitucionais Transitórias, introduzidos pela Emenda Constitucional de Revisão n. 1, de 1994. 179

n. 18 – de 5 de fevereiro de 1998 – Dispõe sobre o regime constitucional dos militares. 180

n. 19 – de 4 de junho de 1998 – Modifica o regime e dispõe sobre princípios e normas da Administração Pública, servidores e agentes políticos, controle de despesas e finanças públicas e custeio de atividades a cargo do Distrito Federal, e dá outras providências. 180

n. 20 – de 15 de dezembro de 1998 – Modifica o sistema de previdência social, estabelece normas de transição e dá outras providências. 182

n. 21 – de 18 de março de 1999 – Prorroga, alterando a alíquota, a contribuição provisória sobre movimentação ou transmissão de valores e de créditos e de direitos de natureza financeira, a que se refere o art. 74 do Ato das Disposições Constitucionais Transitórias. 184

n. 22 – de 18 de março de 1999 – Acrescenta parágrafo único ao art. 98 e altera as alíneas *i* do inciso I do art. 102 e *c* do inciso I do art. 105 da Constituição Federal 185

n. 23 – de 2 de setembro de 1999 – Altera os arts. 12, 52, 84, 91, 102 e 105 da Constituição Federal (criação do Ministério da Defesa) 185

n. 24 – de 9 de dezembro de 1999 – Altera dispositivos da Constituição Federal pertinentes à representação classista na Justiça do Trabalho. 185

n. 25 – de 14 de fevereiro de 2000 – Altera o inciso VI do art. 29 e acrescenta o art. 29-A à Constituição Federal, que dispõem sobre limites de despesas com o Poder Legislativo Municipal 186

n. 26 – de 14 de fevereiro de 2000 – Altera a redação do art. 6º da Constituição Federal 186

n. 27 – de 21 de março de 2000 – Acrescenta o art. 76 ao Ato das Disposições Constitucionais Transitórias, instituindo a desvinculação de arrecadação de impostos e contribuições sociais da União 186

n. 28 – de 25 de maio de 2000 – Dá nova redação ao inciso XXIX do art. 7º e revoga o art. 233 da Constituição Federal. 186

Cronológico das Emendas à CF

n. 29 – de 13 de setembro de 2000 – Altera os arts. 34, 35, 156, 160, 167 e 198 da Constituição Federal e acrescenta artigo ao Ato das Disposições Constitucionais Transitórias, para assegurar os recursos mínimos para o financiamento das ações e serviços públicos de saúde. 187

n. 30 – de 13 de setembro de 2000 – Altera a redação do art. 100 da Constituição Federal e acrescenta o art. 78 no Ato das Disposições Constitucionais Transitórias, referente ao pagamento de precatórios judiciários. 187

n. 31 – de 14 de dezembro de 2000 – Altera o Ato das Disposições Constitucionais Transitórias, introduzindo artigos que criam o Fundo de Combate e Erradicação da Pobreza. 187

n. 32 – de 11 de setembro de 2001 – Altera dispositivos dos arts. 48, 57, 61, 62, 64, 66, 84, 88 e 246 da Constituição Federal, e dá outras providências. 188

n. 33 – de 11 de dezembro de 2001 – Altera os arts. 149, 155 e 177 da Constituição Federal. 188

n. 34 – de 13 de dezembro de 2001 – Dá nova redação à alínea c do inciso XVI do art. 37 da Constituição Federal. 188

n. 35 – de 20 de dezembro de 2001 – Dá nova redação ao art. 53 da Constituição Federal. 189

n. 36 – de 28 de maio de 2002 – Dá nova redação ao art. 222 da Constituição Federal, para permitir a participação de pessoas jurídicas no capital social de empresas jornalísticas e de radiodifusão sonora e de sons e imagens, nas condições que especifica. 189

n. 37 – de 12 de junho de 2002 – Altera os arts. 100 e 156 da Constituição Federal e acrescenta os arts. 84, 85, 86, 87 e 88 ao Ato das Disposições Constitucionais Transitórias. 189

n. 38 – de 12 de junho de 2002 – Acrescenta o art. 89 ao Ato das Disposições Constitucionais Transitórias, incorporando os Policiais Militares do extinto Território Federal de Rondônia aos Quadros da União. 189

n. 39 – de 19 de dezembro de 2002 – Acrescenta o art. 149-A à Constituição Federal (instituindo contribuição para custeio do serviço de iluminação pública nos Municípios e no Distrito Federal). 190

n. 40 – de 29 de maio de 2003 – Altera o inciso V do art. 163 e o art. 192 da Constituição Federal, e o *caput* do art. 52 do Ato das Disposições Constitucionais Transitórias. 190

n. 41 – de 19 de dezembro de 2003 – Modifica os arts. 37, 40, 42, 48, 96, 149 e 201 da Constituição Federal, revoga o inciso IX do § 3º do art. 142 da Constituição Federal e dispositivos da Emenda Constitucional n. 20, de 15 de dezembro de 1998, e dá outras providências. 190

n. 42 – de 19 de dezembro de 2003 – Altera o Sistema Tributário Nacional e dá outras providências. 193

n. 43 – de 15 de abril de 2004 – Altera o art. 42 do Ato das Disposições Constitucionais Transitórias, prorrogando, por 10 (dez) anos, a aplicação, por parte da União, de percentuais mínimos do total dos recursos destinados à irrigação nas Regiões Centro-Oeste e Nordeste. 194

n. 44 – de 30 de junho de 2004 – Altera o Sistema Tributário Nacional e dá outras providências. 194

CRONOLÓGICO DAS EMENDAS À CF

n. 45 – de 8 de dezembro de 2004 – Altera dispositivos dos arts. 5º, 36, 52, 92, 93, 95, 98, 99, 102, 103, 104, 105, 107, 109, 111, 112, 114, 115, 125, 126, 127, 128, 129, 134 e 168 da Constituição Federal, e acrescenta os arts. 103-A, 103-B, 111-A e 130-A, e dá outras providências. 195

n. 46 – de 5 de maio de 2005 – Altera o inciso IV do art. 20 da Constituição Federal. 196

n. 47 – de 5 de julho de 2005 – Altera os arts. 37, 40, 195 e 201 da Constituição Federal, para dispor sobre a previdência social, e dá outras providências. ... 196

n. 48 – de 10 de agosto de 2005 – Acrescenta o § 3º ao art. 215 da Constituição Federal, instituindo o Plano Nacional de Cultura. 197

n. 49 – de 8 de fevereiro de 2006 – Altera a redação da alínea *b* e acrescenta alínea *c* ao inciso XXIII do *caput* do art. 21 e altera a redação do inciso V do *caput* do art. 177 da Constituição Federal para excluir do monopólio da União a produção, a comercialização e a utilização de radioisótopos de meia-vida curta, para usos médicos, agrícolas e industriais. 197

n. 50 – de 14 de fevereiro de 2006 – Modifica o art. 57 da Constituição Federal. ... 197

n. 51 – de 14 de fevereiro de 2006 – Acrescenta os §§ 4º, 5º e 6º ao art. 198 da Constituição Federal. 197

n. 52 – de 8 de março de 2006 – Dá nova redação ao § 1º do art. 17 da Constituição Federal para disciplinar as coligações eleitorais. 198

n. 53 – de 19 de dezembro de 2006 – Dá nova redação aos arts. 7º, 23, 30, 206, 208, 211 e 212 da Constituição Federal e ao art. 60 do Ato das Disposições Constitucionais Transitórias. 198

n. 54 – de 20 de setembro de 2007 – Dá nova redação à alínea *c* do inciso I do art. 12 da Constituição Federal e acrescenta art. 95 ao Ato das Disposições Constitucionais Transitórias, assegurando o registro nos consulados de brasileiros nascidos no estrangeiro. 198

n. 55 – de 20 de setembro de 2007 – Altera o art. 159 da Constituição Federal, aumentando a entrega de recursos pela União ao Fundo de Participação dos Municípios. 199

n. 56 – de 20 de dezembro de 2007 – Prorroga o prazo previsto no *caput* do art. 76 do Ato das Disposições Constitucionais Transitórias e dá outras providências. 199

n. 57 – de 18 de dezembro de 2008 – Acrescenta artigo ao Ato das Disposições Constitucionais Transitórias para convalidar os atos de criação, fusão, incorporação e desmembramento de Municípios 199

n. 58 – de 23 de setembro de 2009 – Altera a redação do inciso IV do *caput* do art. 29 e do art. 29-A da Constituição Federal, tratando das disposições relativas à recomposição das Câmaras Municipais 200

n. 59 – de 11 de novembro de 2009 – Acrescenta § 3º ao art. 76 do Ato das Disposições Constitucionais Transitórias para reduzir, anualmente, a partir do exercício de 2009, o percentual da Desvinculação das Receitas da União incidente sobre os recursos destinados à manutenção e desenvolvimento do ensino de que trata o art. 212 da Constituição Federal, dá nova redação aos incisos I e VII do art. 208, de forma a prever a obrigatoriedade do ensino de quatro a dezessete anos e ampliar a abrangência dos programas suplementares para todas as etapas da educação básica, e dá nova redação ao § 4º do art. 211 e ao § 3º do art. 212 e ao *caput* do art. 214, com a inserção neste dispositivo de inciso VI. 200

Cronológico das Emendas à CF

n. 60 – de 11 de novembro de 2009 – Altera o art. 89 do Ato das Disposições Constitucionais Transitórias para dispor sobre o quadro de servidores civis e militares do ex-Território Federal de Rondônia 201

n. 61 – de 11 de novembro de 2009 – Altera o art. 103-B da Constituição Federal, para modificar a composição do Conselho Nacional de Justiça 201

n. 62 – de 9 de dezembro de 2009 – Altera o art. 100 da Constituição Federal e acrescenta o art. 97 ao Ato das Disposições Constitucionais Transitórias, instituindo regime especial de pagamento de precatórios pelos Estados, Distrito Federal e Municípios 201

n. 63 – de 4 de fevereiro de 2010 – Altera o § 5º do art. 198 da Constituição Federal para dispor sobre piso salarial profissional nacional e diretrizes para os Planos de Carreira de agentes comunitários de saúde e de agentes de combate às endemias 202

n. 64 – de 4 de fevereiro de 2010 – Altera o art. 6º da Constituição Federal, para introduzir a alimentação como direito social 202

n. 65 – de 13 de julho de 2010 – Altera a denominação do Capítulo VII do Título VIII da Constituição Federal e modifica o seu art. 227, para cuidar dos interesses da juventude 202

n. 66 – de 13 de julho de 2010 – Dá nova redação ao § 6º do art. 226 da Constituição Federal, que dispõe sobre a dissolubilidade do casamento civil pelo divórcio, suprimindo o requisito de prévia separação judicial por mais de 1 (um) ano ou de comprovada separação de fato por mais de 2 (dois) anos .. 203

n. 67 – de 22 de dezembro de 2010 – Prorroga, por tempo indeterminado, o prazo de vigência do Fundo de Combate e Erradicação da Pobreza 203

n. 68 – de 21 de dezembro de 2011 – Altera o art. 76 do Ato da Disposições Constitucionais Transitórias 203

n. 69 – de 29 de março de 2012 – Altera os arts. 21, 22 e 48 da Constituição Federal, para transferir da União para o Distrito Federal as atribuições de organizar e manter a Defensoria Pública do Distrito Federal. 203

n. 70 – de 29 de março de 2012 – Acrescenta art. 6º-A à Emenda Constitucional 41, de 2003, para estabelecer critérios para o cálculo e a correção dos proventos da aposentadoria por invalidez dos servidores públicos que ingressaram no serviço público até a data da publicação daquela Emenda Constitucional. .. 204

n. 71 – de 29 de novembro de 2012 – Acrescenta o art. 216-A à Constituição Federal para instituir o Sistema Nacional de Cultura. 204

n. 72 – de 2 de abril de 2013 – Altera a redação do parágrafo único do art. 7º da Constituição Federal para estabelecer a igualdade de direitos trabalhistas entre os trabalhadores domésticos e os demais trabalhadores urbanos e rurais. 204

n. 73 – de 6 de junho de 2013 – Cria os Tribunais Regionais Federais da 6ª, 7ª, 8ª e 9ª Regiões. 205

n. 74 – de 6 de agosto de 2013 – Altera o art. 134 da Constituição Federal.. 205

CRONOLÓGICO DAS EMENDAS À CF

n. 75 – de 15 de outubro de 2013 – Acrescenta a alínea e ao inciso VI do art. 150 da Constituição Federal, instituindo imunidade tributária sobre os fonogramas e videofonogramas musicais produzidos no Brasil contendo obras musicais ou líteromusicais de autores brasileiros e/ou obras em geral interpretadas por artistas brasileiros bem como os suportes materiais ou arquivos digitais que os contenham.. 205

n. 76 – de 28 de novembro de 2013 – Altera o § 2º do art. 55 e o § 4º do art. 66 da Constituição Federal, para abolir a votação secreta nos casos de perda de mandato de Deputado ou Senador e de apreciação de veto.. 205

n. 77 – de 11 de fevereiro de 2014 – Altera os incisos II, III e VIII do § 3º do art. 142 da Constituição Federal, para estender aos profissionais de saúde das Forças Armadas a possibilidade de cumulação de cargo a que se refere o art. 37, inciso XVI, alínea c.. 206

n. 78 – de 14 de maio de 2014 – Acrescenta art. 54-A ao Ato das Disposições Constitucionais Transitórias, para dispor sobre indenização devida aos seringueiros de que trata o art. 54 desse Ato.. 206

n. 79 – de 27 de maio de 2014 – Altera o art. 31 da Emenda Constitucional n. 19, de 4 de junho de 1998, para prever a inclusão, em quadro em extinção da Administração Federal, de servidores e policiais militares admitidos pelos Estados do Amapá e de Roraima, na fase de instalação dessas unidades federadas, e dá outras providências.. 206

n. 80 – de 4 de junho de 2014 – Altera o Capítulo IV – Das Funções Essenciais à Justiça, do Título IV – Da Organização dos Poderes, e acrescenta artigo ao Ato das Disposições Constitucionais Transitórias da Constituição Federal.. 207

n. 81 – de 5 de junho de 2014 – Dá nova redação ao art. 243 da Constituição Federal. 208

n. 82 – de 16 de julho de 2014 – Inclui o § 10 ao art. 144 da Constituição Federal, para disciplinar a segurança viária no âmbito dos Estados, do Distrito Federal e dos Municípios. 208

n. 83 – de 5 de agosto de 2014 – Acrescenta o art. 92-A ao Ato das Disposições Constitucionais Transitórias – ADCT 208

n. 84 – de 2 de dezembro de 2014 – Altera o art. 159 da Constituição Federal para aumentar a entrega de recursos pela União para o Fundo de Participação dos Municípios. 209

n. 85 – de 26 de fevereiro de 2015 – Altera e adiciona dispositivos na Constituição Federal para atualizar o tratamento das atividades de ciência, tecnologia e inovação. 209

n. 86 – de 17 de março de 2015 – Altera os arts. 165, 166 e 198 da Constituição Federal, para tornar obrigatória a execução da programação orçamentária que especifica. 209

n. 87 – de 16 de abril de 2015 – Altera o § 2º do art. 155 da Constituição Federal e inclui o art. 99 no Ato das Disposições Constitucionais Transitórias, para tratar da sistemática de cobrança do imposto sobre operações relativas à circulação de mercadorias e sobre prestações de serviços de transporte interestadual e intermunicipal e de comunicação incidente sobre as operações e prestações que destinem bens e serviços a consumidor final, contribuinte ou não do imposto, localizado em outro Estado.. 210

Cronológico das Emendas à CF

n. 88 – de 7 de maio de 2015 – Altera o art. 40 da Constituição Federal, relativamente ao limite de idade para a aposentadoria compulsória do servidor público em geral, e acrescenta dispositivo ao Ato das Disposições Constitucionais Transitórias. 210

n. 89 – de 15 de setembro de 2015 – Dá nova redação ao art. 42 do Ato das Disposições Constitucionais Transitórias, ampliando o prazo em que a União deverá destinar às Regiões Centro-Oeste e Nordeste percentuais mínimos dos recursos destinados à irrigação. 211

n. 90 – de 15 de setembro de 2015 – Dá nova redação ao art. 6º da Constituição Federal, para introduzir o transporte como direito social. 211

n. 91 – de 18 de fevereiro de 2016 – Altera a Constituição Federal para estabelecer a possibilidade, excepcional e em período determinado, de desfiliação partidária, sem prejuízo do mandato. 211

Constituição da República Federativa do Brasil

Promulgada em 05.10.1988
Preâmbulo
Nós, representantes do povo brasileiro, reunidos em Assembleia Nacional Constituinte para instituir um Estado Democrático, destinado a assegurar o exercício dos direitos sociais e individuais, a liberdade, a segurança, o bem-estar, o desenvolvimento, a igualdade e a justiça como valores supremos de uma sociedade fraterna, pluralista e sem preconceitos, fundada na harmonia social e comprometida, na ordem interna e internacional, com a solução pacífica das controvérsias, promulgamos, sob a proteção de Deus, a seguinte Constituição da República Federativa do Brasil.

TÍTULO I
DOS PRINCÍPIOS FUNDAMENTAIS

Art. 1° A República Federativa do Brasil, formada pela união indissolúvel dos Estados e Municípios e do Distrito Federal, constitui-se em Estado Democrático de Direito e tem como fundamentos:

- V. arts. 18, *caput*, e 60, § 4°, I, CF.

I – a soberania;

- V. arts. 20, VI, 21, I e III, 84, VII, VIII, XIX e XX, CF.
- V. arts. 36, *caput*, 237, 260 e 263, CPC/2015.
- V. arts. 780 a 790, CPP.
- V. arts. 215 a 229, RISTF.

II – a cidadania;

- V. arts. 5°, XXXIV, LIV, LXXI, LXXIII e LXXVII, e 60, § 4°, IV, CF.
- V. Lei 9.265/1996 (Gratuidade dos atos necessários ao exercício da cidadania).

III – a dignidade da pessoa humana;

- V. arts. 5°, XLII, XLIII, XLVIII, XLIX, L, 34, VII, *b*, 226, § 7°, 227 e 230, CF.
- V. art. 8°, III, Lei 11.340/2006 (Violência doméstica e familiar contra a mulher).
- V. Súmula vinculante 11, STF.
- V. Súmula vinculante 14, STF.

IV – os valores sociais do trabalho e da livre iniciativa;

- V. arts. 6° a 11 e 170, CF.

V – o pluralismo político.

- V. art. 17, CF.
- V. Lei 9.096/1995 (Partidos políticos).

Parágrafo único. Todo o poder emana do povo, que o exerce por meio de representantes eleitos ou diretamente, nos termos desta Constituição.

- V. arts. 14, 27, § 4°, 29, XIII, 60, § 4°, II, e 61, § 2°, CF.
- V. art. 1°, Lei 9.709/1998 (Regulamenta a execução do disposto nos incisos I, II e III do art. 14 da CF).

Art. 2° São Poderes da União, independentes e harmônicos entre si, o Legislativo, o Executivo e o Judiciário.

- V. art. 60, § 4°, III, CF.
- V. Súmulas Vinculantes 37 e 42, STF.

Art. 3° Constituem objetivos fundamentais da República Federativa do Brasil:
I – construir uma sociedade livre, justa e solidária;

- V. art. 29-1, *d*, Dec. 99.710/1990 (Promulga a Convenção sobre os Direitos da Criança).
- V. art. 10-1, Dec. 591/1992 (Pacto Internacional sobre Direitos Econômicos, Sociais e Culturais).

II – garantir o desenvolvimento nacional;

- V. arts. 23, parágrafo único, e 174, § 1°, CF.

III – erradicar a pobreza e a marginalização e reduzir as desigualdades sociais e regionais;

- V. arts. 23, X, e 214, CF.
- V. arts. 79 a 81, ADCT.
- V. Emenda Constitucional n. 31/2000 (Fundo de Combate e Erradicação da Pobreza).
- V. LC 111/2001 (Fundo de Combate e Erradicação da Pobreza).

IV – promover o bem de todos, sem preconceitos de origem, raça, sexo, cor, idade e quaisquer outras formas de discriminação.

- V. Lei 7.716/1989 (Crimes resultantes de preconceito de raça ou de cor).

Art. 4°

CONSTITUIÇÃO FEDERAL

- V. Lei 8.081/1990 (Penas aplicáveis aos atos discriminatórios ou de preconceito de raça, cor, religião, etnia, ou procedência nacional, praticados pelos meios de comunicação ou por publicação de qualquer natureza).
- V. art. 8°, III, Lei 11.340/2006 (Violência doméstica e familiar contra a mulher).
- V. Lei 12.288/2010 (Estatuto da Igualdade Racial).
- ** V. Dec. 3.956/2001 (Convenção interamericana para a eliminação de todas as formas de discriminação contra as pessoas portadoras de deficiência).
- ** V. Dec. 4.377/2002 (Convenção sobre a eliminação de todas as formas de discriminação contra a mulher).
- ** V. Dec. 4.886/2003 (Política Nacional de Promoção da Igualdade Racial – PNPIR).
- ** V. Dec. 6.872/2009 (Plano Nacional de Promoção da Igualdade Racial – PLANAPIR).
- ** V. Dec. 7.388/2010 (Composição, estruturação, competências e funcionamento do Conselho Nacional de Combate à Discriminação – CNCD).

Art. 4° A República Federativa do Brasil rege-se nas suas relações internacionais pelos seguintes princípios:

- V. arts. 21, I, e 84, VII e VIII, CF.
- V. art. 3°, *a*, LC 75/1993 (Estatuto do Ministério Público da União).
- V. art. 39, V, Lei 9.082/1995 (Lei Orçamentária de 1996).

I – independência nacional;

- V. arts. 78, *caput*, e 91, § 1°, III e IV, CF.
- V. Lei 8.183/1991 (Conselho de Defesa Nacional).
- V. Dec. 893/1993 (Conselho de Defesa Nacional – Regulamento).

II – prevalência dos direitos humanos;

- V. Dec. 678/1992 (Promulga a Convenção Americana sobre Direitos Humanos – Pacto de São José da Costa Rica).
- V. art. 28, Dec. 678/1992 (Promulga a Convenção Americana sobre Direitos Humanos – Pacto de São José da Costa Rica).

III – autodeterminação dos povos;
IV – não intervenção;

- V. art. 2°, Dec. Leg. 44/1995 (Organização dos Estados Americanos – Protocolo de Reforma).

V – igualdade entre os Estados;
VI – defesa da paz;
VII – solução pacífica dos conflitos;
VIII – repúdio ao terrorismo e ao racismo;

- V. art. 5°, XLIII, CF.
- V. Lei 7.716/1989 (Crimes resultantes de preconceito de raça ou de cor).
- V. Lei 8.072/1990 (Crimes hediondos).
- V. Lei 12.288/2010 (Estatuto da Igualdade Racial).
- ** V. Dec. 5.639/2005 (Convenção Interamericana contra o Terrorismo).

IX – cooperação entre os povos para o progresso da humanidade;
X – concessão de asilo político.

- V. art. 98, II, Dec. 99.244/1990 (Reorganização e funcionamento dos órgãos da Presidência da República e dos Ministérios).
- V. Lei 9.474/1997 (Estatuto dos Refugiados).

Parágrafo único. A República Federativa do Brasil buscará a integração econômica, política, social e cultural dos povos da América Latina, visando à formação de uma comunidade latino-americana de nações.

- V. Dec. 350/1991 (Promulga o Tratado para a Constituição de um Mercado Comum – Mercosul).
- V. Dec. 922/1993 (Protocolo para a solução de controvérsias – Mercosul).

TÍTULO II
DOS DIREITOS E GARANTIAS FUNDAMENTAIS

Capítulo I
DOS DIREITOS E DEVERES INDIVIDUAIS E COLETIVOS

Art. 5° Todos são iguais perante a lei, sem distinção de qualquer natureza, garantindo-se aos brasileiros e aos estrangeiros residentes no País a inviolabilidade do direito à vida, à liberdade, à igualdade, à segurança e à propriedade, nos termos seguintes:

- V. arts. 5°, §§ 1° e 2°, 14, *caput*, e 60, § 4°, IV, CF.
- V. Lei 1.542/1952 (Casamento de funcionário da carreira diplomática com estrangeiros).
- V. Lei 5.709/1971 (Aquisição de imóvel rural por estrangeiro residente ou pessoa jurídica estrangeira).
- V. Dec. 74.965/1974 (Regulamenta a Lei 5.709/1971).
- V. Lei 6.815/1980 (Estatuto do Estrangeiro).
- V. Dec. 86.715/1981 (Regulamenta a Lei 6.815/1980).
- V. art. 4°, Lei 8.159/1991 (Política nacional de arquivos públicos e privados).
- V. Dec. 678/1992 (Promulga a Convenção Americana sobre Direitos Humanos – Pacto de São José da Costa Rica).
- V. Lei 9.047/1995 (Altera o Dec.-lei 4.657/1942).
- V. Lei 12.288/2010 (Estatuto da Igualdade Racial).
- V. Súmulas Vinculantes 34 e 37, STF.

Art. 5°

Constituição Federal

I – homens e mulheres são iguais em direitos e obrigações, nos termos desta Constituição;

- V. arts. 143, § 2°, e 226, § 5°, CF.
- V. art. 372, CLT.

II – ninguém será obrigado a fazer ou deixar de fazer alguma coisa senão em virtude de lei;

- V. arts. 14, § 1°, I, e 143, CF.
- V. Súmulas Vinculantes 37 e 44, STF.
- V. Súmulas 636 e 686, STF.

III – ninguém será submetido a tortura nem a tratamento desumano ou degradante;

- V. art. 5°, XLVII, XLIX, LXII, LXIII, LXV e LXVI, CF.
- V. art. 4°, b, Lei 4.898/1965 (Abuso de autoridade).
- V. arts. 2° e 8°, Lei 8.072/1990 (Crimes hediondos).
- V. Dec. 40/1991 (Ratifica convenção contra a tortura e outros tratamentos ou penas cruéis, desumanos ou degradantes).
- V. art. 5°, Dec. 678/1992 (Promulga a Convenção Americana sobre Direitos Humanos – Pacto de São José da Costa Rica).
- V. Lei 9.455/1997 (Crime de tortura).
- V. Súmula vinculante 11, STF.

IV – é livre a manifestação do pensamento, sendo vedado o anonimato;

- V. art. 220, § 1°, CF.
- V. art. 1°, Lei 7.524/1986 (Manifestação de pensamentos e opinião política por militar inativo).
- V. art. 2°, a, Lei 8.389/1991 (Conselho de Comunicação Social).
- V. art. 6°, XIV, e, LC 75/1993 (Estatuto do Ministério Público da União).

V – é assegurado o direito de resposta, proporcional ao agravo, além da indenização por dano material, moral ou à imagem;

- V. art. 220, § 1°, CF.
- V. art. 6°, Lei 8.159/1991 (Política nacional de arquivos públicos e privados).
- V. Dec. 1.171/1994 (Código de Ética Profissional do Servidor Público Civil do Poder Executivo Federal).
- V. Súmulas 37, 227 e 403, STJ.

VI – é inviolável a liberdade de consciência e de crença, sendo assegurado o livre exercício dos cultos religiosos e garantida, na forma da lei, a proteção aos locais de culto e a suas liturgias;

- V. art. 208, CP.
- V. art. 3°, d e e, Lei 4.898/1965 (Abuso de autoridade).
- V. art. 24, Lei 7.210/1984 (Lei de Execução Penal).
- V. arts. 16, III, e 124, XIV, Lei 8.069/1990 (Estatuto da Criança e do Adolescente).
- V. art. 39, Lei 8.313/1991 (Programa Nacional de Apoio à Cultura – PRONAC).
- V. art. 12-1, Dec. 678/1992 (Promulga a Convenção Americana sobre Direitos Humanos – Pacto de São José da Costa Rica).

VII – é assegurada, nos termos da lei, a prestação de assistência religiosa nas entidades civis e militares de internação coletiva;

- V. Lei 6.923/1981 (Assistência religiosa nas Forças Armadas).
- V. art. 24, Lei 7.210/1984 (Lei de Execução Penal).
- V. art. 124, XIV, Lei 8.069/1990 (Estatuto da Criança e do Adolescente).

VIII – ninguém será privado de direitos por motivo de crença religiosa ou de convicção filosófica ou política, salvo se as invocar para eximir-se de obrigação legal a todos imposta e recusar-se a cumprir prestação alternativa, fixada em lei;

- V. arts. 15, IV, e 143, §§ 1° e 2°, CF.
- V. Dec.-lei 1.002/1969 (Código de Processo Penal Militar).
- V. Lei 7.210/1984 (Lei de Execução Penal).
- V. Lei 8.239/1991 (Prestação de serviço alternativo ao serviço militar).

IX – é livre a expressão da atividade intelectual, artística, científica e de comunicação, independentemente de censura ou licença;

- V. art. 220, § 2°, CF.
- V. art. 39, Lei 8.313/1991 (Programa Nacional de Apoio à Cultura – PRONAC).
- V. art. 5°, II, d, LC 75/1993 (Estatuto do Ministério Público da União).
- V. Lei 9.456/1997 (Lei de Proteção de Cultivares).
- V. Lei 9.610/1998 (Direitos autorais).

X – são invioláveis a intimidade, a vida privada, a honra e a imagem das pessoas, assegurado o direito a indenização pelo dano material ou moral decorrente de sua violação;

- V. art. 37, § 3°, II, CF.
- V. arts. 4° e 6°, Lei 8.159/1991 (Política nacional de arquivos públicos e privados).
- V. art. 11-2, Dec. 678/1992 (Promulga a Convenção Americana sobre Direitos Humanos – Pacto de São José da Costa Rica).
- V. art. 30, V, Lei 8.935/1994 (Serviços notariais e de registro).
- V. art. 101, § 1°, Lei 11.101/2005 (Lei de Recuperação de Empresas e Falência).
- V. Súmula vinculante 11, STF.
- V. Súmula 714, STF.
- V. Súmulas 227 e 403, STJ.

Art. 5°

Constituição Federal

XI – a casa é asilo inviolável do indivíduo, ninguém nela podendo penetrar sem consentimento do morador, salvo em caso de flagrante delito ou desastre, ou para prestar socorro, ou, durante o dia, por determinação judicial;

- V. art. 150, CP.
- V. art. 301, CPP.

XII – é inviolável o sigilo da correspondência e das comunicações telegráficas, de dados e das comunicações telefônicas, salvo, no último caso, por ordem judicial, nas hipóteses e na forma que a lei estabelecer para fins de investigação criminal ou instrução processual penal;

- V. arts. 136, § 1º, I, b e c, e 139, III, CF.
- V. arts. 151 e 152, CP.
- V. arts. 56 e 57, Lei 4.117/1962 (Código Brasileiro de Telecomunicações).
- V. art. 3º, c, Lei 4.898/1965 (Abuso de autoridade).
- V. Lei 6.538/1978 (Serviços postais).
- V. art. 6º, XVIII, a, LC 75/1993 (Estatuto do Ministério Público da União).
- V. art. 7º, II, Lei 8.906/1994 (Estatuto da Advocacia e da OAB).
- V. Lei 9.296/1996 (Escuta telefônica).

XIII – é livre o exercício de qualquer trabalho, ofício ou profissão, atendidas as qualificações profissionais que a lei estabelecer;

- V. arts. 170 e 220, § 1º, CF.

XIV – é assegurado a todos o acesso à informação e resguardado o sigilo da fonte, quando necessário ao exercício profissional;

- V. art. 220, § 1º, CF.
- V. art. 154, CP.
- V. art. 6º, Lei 8.394/1991 (Preservação, organização e proteção dos acervos documentais privados dos Presidentes da República).
- V. art. 8º, § 2º, LC 75/1993 (Estatuto do Ministério Público da União).

XV – é livre a locomoção no território nacional em tempo de paz, podendo qualquer pessoa, nos termos da lei, nele entrar, permanecer ou dele sair com seus bens;

- V. arts. 109, X, e 139, CF.
- V. art. 3º, a, Lei 4.898/1965 (Abuso de autoridade).
- V. art. 2º, III, Lei 7.685/1988 (Registro provisório para o estrangeiro em situação ilegal no território nacional).
- V. art. 2º, III, Dec. 96.998/1988 (Regulamenta o Dec.-lei 2.481/1988).

XVI – todos podem reunir-se pacificamente, sem armas, em locais abertos ao público, independentemente de autorização, desde que não frustrem outra reunião anteriormente convocada para o mesmo local, sendo apenas exigido prévio aviso à autoridade competente;

- V. arts. 136, § 1º, I, a, e 139, IV, CF.
- V. art. 21, Dec. 592/1992 (Pacto Internacional sobre Direitos Civis e Políticos).
- V. art. 15, Dec. 678/1992 (Promulga a Convenção Americana sobre Direitos Humanos – Pacto de São José da Costa Rica).

XVII – é plena a liberdade de associação para fins lícitos, vedada a de caráter paramilitar;

- V. arts. 8º, 17, § 4º, e 37, VI, CF.
- V. art. 199, CP.
- V. art. 3º, f, Lei 4.898/1965 (Abuso de autoridade).
- V. art. 117, VII, Lei 8.112/1990 (Regime jurídico dos servidores públicos civis da União, das autarquias e das fundações públicas).

XVIII – a criação de associações e, na forma da lei, a de cooperativas independem de autorização, sendo vedada a interferência estatal em seu funcionamento;

- V. arts. 8º, I, e 37, VI, CF.
- V. Lei 5.764/1971 (Regime jurídico das sociedades cooperativas).

XIX – as associações só poderão ser compulsoriamente dissolvidas ou ter suas atividades suspensas por decisão judicial, exigindo-se, no primeiro caso, o trânsito em julgado;

XX – ninguém poderá ser compelido a associar-se ou a permanecer associado;

- V. arts. 4º, II, a, e 5º, V, Lei 8.078/1990 (Código de Defesa do Consumidor).
- V. art. 117, VII, Lei 8.112/1990 (Regime jurídico dos servidores públicos civis da União, das autarquias e das fundações públicas).

XXI – as entidades associativas, quando expressamente autorizadas, têm legitimidade para representar seus filiados judicial ou extrajudicialmente;

- V. art. 5º, Lei 7.347/1985 (Ação civil pública).
- V. art. 5º, I e III, Lei 7.802/1989 (Agrotóxicos).
- V. art. 3º, Lei 7.853/1989 (Apoio às pessoas portadoras de deficiência).
- V. art. 210, III, Lei 8.069/1990 (Estatuto da Criança e do Adolescente).
- V. art. 82, IV, Lei 8.078/1990 (Código de Defesa do Consumidor).
- V. Súmula 629, STF.

Art. 5°

Constituição Federal

XXII – é garantido o direito de propriedade;
- V. art. 243, CF.
- V. arts. 1.228 a 1.368, CC.
- V. Lei 4.504/1964 (Estatuto da Terra).
- V. arts. 1º, 4º e 15, Lei 8.257/1991 (Expropriação das glebas nas quais se localizem culturas ilegais de plantas psicotrópicas).

XXIII – a propriedade atenderá a sua função social;
- V. arts. 156, § 1º, 170, III, 182, § 2º, 185, parágrafo único, e 186, CF.
- V. art. 5º, Dec.-lei 4.657/1942 (Lei de Introdução às normas do Direito Brasileiro).
- V. arts. 2º, 12, 18, a, e 47, I, Lei 4.504/1964 (Estatuto da Terra).
- V. art. 2º, I, Lei 8.171/1991 (Política agrícola).
- V. arts. 2º, § 1º, 5º, § 2º, e 9º, Lei 8.629/1993 (Regulamentação dos dispositivos constitucionais relativos à reforma agrária).

XXIV – a lei estabelecerá o procedimento para desapropriação por necessidade ou utilidade pública, ou por interesse social, mediante justa e prévia indenização em dinheiro, ressalvados os casos previstos nesta Constituição;
- V. arts. 182, § 2º, 184 e 185, I e II, CF.
- V. art. 1.275, V, CC.
- V. Dec.-lei 3.365/1941 (Desapropriação por utilidade pública).
- V. Lei 4.132/1962 (Desapropriação por interesse social).
- V. arts. 17, a, 18, 19, §§ 1º a 4º, 31, IV, e 35, caput, Lei 4.504/1964 (Estatuto da Terra).
- V. Dec.-lei 1.075/1970 (Imissão de posse, initio litis, em imóveis residenciais urbanos).
- V. Lei 6.602/1978 (Desapropriação por utilidade pública – alterações).
- V. arts. 1º a 4º e 18, LC 76/1993 (Procedimento contraditório especial para o processo de desapropriação de imóvel rural por interesse social).
- V. arts. 2º, § 1º, 5º, § 2º, e 7º, IV, Lei 8.629/1993 (Regulamentação dos dispositivos constitucionais relativos à reforma agrária).
- V. art. 10, Lei 9.074/1995 (Concessões e permissões de serviços públicos – Prorrogações).
- V. art. 34, IV, Lei 9.082/1995 (Lei Orçamentária de 1996).
- V. Súmulas 23, 111, 157, 164, 218, 345, 378, 416, 561, 618 e 652, STF.
- V. Súmulas 69, 70, 113, 114 e 119, STJ.

XXV – no caso de iminente perigo público, a autoridade competente poderá usar de propriedade particular, assegurada ao proprietário indenização ulterior, se houver dano;

XXVI – a pequena propriedade rural, assim definida em lei, desde que trabalhada pela família, não será objeto de penhora para pagamento de débitos decorrentes de sua atividade produtiva, dispondo a lei sobre os meios de financiar o seu desenvolvimento;
- V. art. 185, CF.
- V. Lei 4.504/1964 (Estatuto da Terra).
- V. art. 19, IX, Lei 4.595/1964 (Conselho Monetário Nacional).
- V. art. 4º, § 2º, Lei 8.009/1990 (Impenhorabilidade do bem de família).
- V. art. 4º, I, LC 76/1993 (Procedimento contraditório especial para o processo de desapropriação de imóvel rural por interesse social).
- V. art. 4º, II e parágrafo único, Lei 8.629/1993 (Regulamentação dos dispositivos constitucionais relativos à reforma agrária).

XXVII – aos autores pertence o direito exclusivo de utilização, publicação ou reprodução de suas obras, transmissível aos herdeiros pelo tempo que a lei fixar;
- V. art. 184, CP.
- V. art. 30, Lei 8.977/1995 (Serviço de TV a Cabo).
- V. Dec. 2.206/1997 (Regulamento do Serviço de TV a Cabo).
- V. Lei 9.609/1998 (Proteção da propriedade intelectual sobre programas de computador).
- V. Lei 9.610/1998 (Direitos autorais).
- V. Súmula 386, STF.

XXVIII – são assegurados, nos termos da lei:
a) a proteção às participações individuais em obras coletivas e à reprodução da imagem e voz humanas, inclusive nas atividades desportivas;
- V. Lei 6.533/1978 (Regulamentação das profissões de artista e de técnico em espetáculos de diversões).
- V. Lei 9.610/1998 (Direitos autorais).

b) o direito de fiscalização do aproveitamento econômico das obras que criarem ou de que participarem aos criadores, aos intérpretes e às respectivas representações sindicais e associativas;

XXIX – a lei assegurará aos autores de inventos industriais privilégio temporário para sua utilização, bem como proteção às criações industriais, à propriedade das marcas, aos nomes de empresas e a outros signos distintivos, tendo em vista o interesse social e o desenvolvimento tecnológico e econômico do País;
- V. art. 4º, VI, Lei 8.078/1990 (Código de Defesa do Consumidor).
- V. Lei 9.279/1996 (Propriedade industrial).
- V. Lei 9.456/1997 (Lei de Proteção de Cultivares).
- V. art. 48, IV, Lei 11.101/2005 (Lei de Recuperação de Empresas e Falência).

Art. 5°

Constituição Federal

XXX – é garantido o direito de herança;
- V. arts. 1.784 a 2.027, CC.
- V. arts. 743, § 2°, CPC/2015.
- V. arts. 2° e 3°, Lei 8.971/1994 (Regula os direitos dos companheiros a alimentos e à sucessão).
- V. Lei 9.278/1996 (Regula o § 3° do art. 226 da CF).

XXXI – a sucessão de bens de estrangeiros situados no País será regulada pela lei brasileira em benefício do cônjuge ou dos filhos brasileiros, sempre que não lhes seja mais favorável a lei pessoal do *de cujus*;

XXXII – o Estado promoverá, na forma da lei, a defesa do consumidor;
- V. art. 48, ADCT.
- V. Lei 8.078/1990 (Código de Defesa do Consumidor).
- V. art. 4°, Lei 8.137/1990 (Crimes contra a ordem tributária, econômica e contra as relações de consumo).
- V. Lei 8.178/1991 (Preços e salários).
- V. Lei 8.979/1995 (Torna obrigatória divulgação de preço total de mercadorias à venda).

XXXIII – todos têm direito a receber dos órgãos públicos informações de seu interesse particular, ou de interesse coletivo ou geral, que serão prestadas no prazo da lei, sob pena de responsabilidade, ressalvadas aquelas cujo sigilo seja imprescindível à segurança da sociedade e do Estado;
- V. arts. 5°, LXXII, e 37, § 3°, II, CF.
- V. Lei 12.527/2011 (Lei Geral de Acesso à Informação Pública).
- V. Dec. 7.724/2012 (Regulamenta a Lei 12.527/2012).
- V. Dec. 7.845/2012 (Regulamenta procedimentos para credenciamento de segurança e tratamento de informações sigilosas).

XXXIV – são a todos assegurados, independentemente do pagamento de taxas:
a) o direito de petição aos Poderes Públicos em defesa de direitos ou contra ilegalidade ou abuso de poder;
- V. Súmula vinculante 21, STF.
- V. Súmula 373, STJ.

b) a obtenção de certidões em repartições públicas, para defesa de direitos e esclarecimento de situações de interesse pessoal;

XXXV – a lei não excluirá da apreciação do Poder Judiciário lesão ou ameaça a direito;
- V. Lei 9.307/1996 (Arbitragem).
- V. art. 40, Lei 11.101/2005 (Lei de Recuperação de Empresas e Falência).
- V. Súmula vinculante 28, STF.
- V. Súmula 533, STJ.

XXXVI – a lei não prejudicará o direito adquirido, o ato jurídico perfeito e a coisa julgada;
- V. art. 6°, Dec.-lei 4.657/1942 (Lei de Introdução às normas do Direito Brasileiro).
- V. Súmulas 654 e 678, STF.
- V. Súmulas Vinculantes 1, 9 e 35, STF.

XXXVII – não haverá juízo ou tribunal de exceção;

XXXVIII – é reconhecida a instituição do júri, com a organização que lhe der a lei, assegurados:
- V. Súmula vinculante 45, STF.

a) a plenitude de defesa;
b) o sigilo das votações;
c) a soberania dos veredictos;
d) a competência para o julgamento dos crimes dolosos contra a vida;
- V. arts. 74, § 1°, e 406 a 497, CPP.
- V. Súmula Vinculante 45, STF.
- V. Súmula 721, STF.

XXXIX – não há crime sem lei anterior que o defina, nem pena sem prévia cominação legal;
- V. art. 1°, CP.

XL – a lei penal não retroagirá, salvo para beneficiar o réu;
- V. art. 2°, parágrafo único, CP.
- V. art. 66, Lei 7.210/1984 (Lei de Execução Penal).
- V. Súmula 471, STJ.

XLI – a lei punirá qualquer discriminação atentatória dos direitos e liberdades fundamentais;
- V. Lei 12.288/2010 (Estatuto da Igualdade Racial).
- V. Dec. 7.388/2010 (Composição, estruturação, competências e funcionamento do Conselho Nacional de Combate à Discriminação – CNCD).

XLII – a prática do racismo constitui crime inafiançável e imprescritível, sujeito à pena de reclusão, nos termos da lei;
- V. Lei 7.716/1989 (Crimes resultantes de preconceito de raça ou de cor).
- V. Lei 12.288/2010 (Estatuto da Igualdade Racial).

XLIII – a lei considerará crimes inafiançáveis e insuscetíveis de graça ou anistia a prática da tortura, o tráfico ilícito de entorpecentes e drogas afins, o terrorismo e os definidos como crimes hediondos, por eles respondendo os mandantes, os executores e os que, podendo evitá-los, se omitirem;
- V. Lei 8.072/1990 (Crimes hediondos).

Art. 5°

CONSTITUIÇÃO FEDERAL

- V. Lei 9.455/1997 (Crimes de tortura).
- V. Lei 11.343/2006 (Lei Antidrogas).
- V. Lei 13.260/2016 (Regulamenta o disposto no inc. XLIII do art. 5º da CF/1988).
- V. Súmula 512, STJ.

XLIV – constitui crime inafiançável e imprescritível a ação de grupos armados, civis ou militares, contra a ordem constitucional e o Estado Democrático;

- • V. Dec. 5.015/2004 (Convenção das Nações Unidas contra o Crime Organizado Transnacional).

XLV – nenhuma pena passará da pessoa do condenado, podendo a obrigação de reparar o dano e a decretação do perdimento de bens ser, nos termos da lei, estendidas aos sucessores e contra eles executadas, até o limite do valor do patrimônio transferido;

- V. arts. 932 e 935, CC.
- V. art. 59, CP.

XLVI – a lei regulará a individualização da pena e adotará, entre outras, as seguintes:

- V. Súmula vinculante 26, STF.

a) privação ou restrição da liberdade;
b) perda de bens;
c) multa;
d) prestação social alternativa;
e) suspensão ou interdição de direitos;

XLVII – não haverá penas:
a) de morte, salvo em caso de guerra declarada, nos termos do art. 84, XIX;

- V. art. 60, § 4º, IV, CF.
- • V. arts. 55, a, e 355 a 362, Dec.-lei 1.001/1969 (Código Penal Militar).

b) de caráter perpétuo;

- V. Súmula 527, STJ.

c) de trabalhos forçados;
d) de banimento;
e) cruéis;

XLVIII – a pena será cumprida em estabelecimentos distintos, de acordo com a natureza do delito, a idade e o sexo do apenado;

- V. arts. 5º a 9º e 82 a 104, Lei 7.210/1984 (Lei de Execução Penal).

XLIX – é assegurado aos presos o respeito à integridade física e moral;

- V. art. 5º, III, CF.
- V. art. 38, CP.
- V. Súmula vinculante 11, STF.

L – às presidiárias serão asseguradas condições para que possam permanecer com seus filhos durante o período de amamentação;

- V. art. 89, Lei 7.210/1984 (Lei de Execução Penal).

LI – nenhum brasileiro será extraditado, salvo o naturalizado, em caso de crime comum, praticado antes da naturalização, ou de comprovado envolvimento em tráfico ilícito de entorpecentes e drogas afins, na forma da lei;

- V. art. 12, II, CF.
- V. art. 77, Lei 6.815/1980 (Estatuto do Estrangeiro).
- V. Dec. 98.961/1990 (Expulsão de estrangeiro condenado por tráfico de entorpecentes).
- V. Lei 11.343/2006 (Lei Antidrogas).
- • V. Dec. 4.388/2002 (Estatuto de Roma do Tribunal Penal Internacional).

LII – não será concedida extradição de estrangeiro por crime político ou de opinião;

- V. arts. 76 a 94, Lei 6.815/1980 (Estatuto do Estrangeiro).
- V. Dec. 86.715/1981 (Regulamenta a Lei 6.815/1980).

LIII – ninguém será processado nem sentenciado senão pela autoridade competente;

- V. Súmula 704, STF.
- • V. arts. 69 e 564, I, CPP.

LIV – ninguém será privado da liberdade ou de seus bens sem o devido processo legal;

- V. Súmulas Vinculantes 14 e 35, STF.
- V. Súmula 704, STF.
- V. Súmula 347, STJ.
- • V. art. 564, IV, CPP.

LV – aos litigantes, em processo judicial ou administrativo, e aos acusados em geral são assegurados o contraditório e ampla defesa, com os meios e recursos a ela inerentes;

- V. Lei 8.112/1990 (Regime jurídico dos servidores públicos civis da União, das autarquias e das fundações públicas federais).
- V. Lei 9.784/1999 (Regula o processo administrativo no âmbito federal).
- V. Súmulas vinculantes 5, 14, 21 e 28, STF.
- V. Súmulas 701, 704, 705 e 712, STF.
- V. Súmulas 347, 358 e 373, STJ.
- • V. art. 15, CPC/2015.
- • V. art. 564, IV, CPP.
- • V. art. 8º, Dec. 678/1992 (Promulga a Convenção Americana sobre Direitos Humanos – Pacto de São José da Costa Rica).
- • V. Súmula 522, STJ.

LVI – são inadmissíveis, no processo, as provas obtidas por meios ilícitos;

- V. art. 372 e ss., CPC/2015.
- V. art. 157, CPP.
- V. Lei 9.296/1996 (Escuta telefônica).

Art. 5°

Constituição Federal

LVII – ninguém será considerado culpado até o trânsito em julgado de sentença penal condenatória;

- V. Súmula 9, STJ.
- • V. art. 8°, Dec. 678/1992 (Promulga a Convenção Americana sobre Direitos Humanos – Pacto de São José da Costa Rica).

LVIII – o civilmente identificado não será submetido a identificação criminal, salvo nas hipóteses previstas em lei;

- V. art. 6°, VIII, CPP.
- V. Lei 12.037/2009 (Identificação criminal do civilmente identificado).

LIX – será admitida ação privada nos crimes de ação pública, se esta não for intentada no prazo legal;

- V. art. 29, CPP.
- • V. art. 100, § 3°, CP.

LX – a lei só poderá restringir a publicidade dos atos processuais quando a defesa da intimidade ou o interesse social o exigirem;

- V. art. 93, IX, CF.
- V. arts. 189 e 368, CPC/2015.
- V. art. 20, CPP.

LXI – ninguém será preso senão em flagrante delito ou por ordem escrita e fundamentada de autoridade judiciária competente, salvo nos casos de transgressão militar ou crime propriamente militar, definidos em lei;

- V. art. 301 e ss., CPP.
- V. Dec.-lei 1.001/1969 (Código Penal Militar).
- V. Lei 6.880/1980 (Estatuto dos Militares).

LXII – a prisão de qualquer pessoa e o local onde se encontre serão comunicados imediatamente ao juiz competente e à família do preso ou à pessoa por ele indicada;

- V. art. 136, § 3°, IV, CF.

LXIII – o preso será informado de seus direitos, entre os quais o de permanecer calado, sendo-lhe assegurada a assistência da família e de advogado;

LXIV – o preso tem direito à identificação dos responsáveis por sua prisão ou por seu interrogatório policial;

LXV – a prisão ilegal será imediatamente relaxada pela autoridade judiciária;

- V. arts. 307 a 310, CPP.
- V. Súmula 697, STF.

LXVI – ninguém será levado à prisão ou nela mantido, quando a lei admitir a liberdade provisória, com ou sem fiança;

- V. arts. 321 a 350, CPP.

LXVII – não haverá prisão civil por dívida, salvo a do responsável pelo inadimplemento voluntário e inescusável de obrigação alimentícia e a do depositário infiel;

- V. art. 652, CC.
- V. art. 911, parágrafo único, CPC/2015.
- V. arts. 19 e 22, Lei 5.478/1968 (Ação de alimentos).
- V. Dec.-lei 911/1969 (Alienação fiduciária).
- V. art. 7°, 7, Dec. 678/1992 (Promulga a Convenção Americana sobre Direitos Humanos – Pacto de São José da Costa Rica).
- V. Lei 8.866/1994 (Depositário infiel).
- V. Súmula vinculante 25, STF.
- V. Súmulas 309 e 419, STJ.

LXVIII – conceder-se-á *habeas corpus* sempre que alguém sofrer ou se achar ameaçado de sofrer violência ou coação em sua liberdade de locomoção, por ilegalidade ou abuso de poder;

- V. art. 142, § 2°, CF.
- V. art. 647 e ss., CPP.
- V. art. 5°, Lei 9.289/1996 (Custas na Justiça Federal).
- V. Súmulas 693 a 695, STF.

LXIX – conceder-se-á mandado de segurança para proteger direito líquido e certo, não amparado por *habeas corpus* ou *habeas data*, quando o responsável pela ilegalidade ou abuso de poder for autoridade pública ou agente de pessoa jurídica no exercício de atribuições do Poder Público;

- V. Lei 9.507/1997 (*Habeas data*).
- V. Lei 12.016/2009 (Nova Lei do Mandado de Segurança).
- V. Súmula 632, STF.

LXX – o mandado de segurança coletivo pode ser impetrado por:

- V. Lei 12.016/2009 (Nova Lei do Mandado de Segurança).

a) partido político com representação no Congresso Nacional;

b) organização sindical, entidade de classe ou associação legalmente constituída e em funcionamento há pelo menos um ano, em defesa dos interesses de seus membros ou associados;

- V. art. 5°, Lei 7.347/1985 (Ação civil pública).
- V. Súmulas 629 e 630, STF.

LXXI – conceder-se-á mandado de injunção sempre que a falta de norma regulamentadora torne inviável o exercício dos direitos e

Art. 6°

CONSTITUIÇÃO FEDERAL

liberdades constitucionais e das prerrogativas inerentes à nacionalidade, à soberania e à cidadania;

- V. Lei 9.265/1996 (Gratuidade dos atos necessários ao exercício da cidadania).
- V. art. 24, parágrafo único, Lei 8.038/1990 (Normas procedimentais perante o STJ e o STF).

LXXII – conceder-se-á *habeas data*:

- V. art. 5°, Lei 9.289/1996 (Custas na Justiça Federal).
- V. Lei 9.507/1997 (*Habeas data*).

a) para assegurar o conhecimento de informações relativas à pessoa do impetrante, constantes de registros ou bancos de dados de entidades governamentais ou de caráter público;

b) para a retificação de dados, quando não se prefira fazê-lo por processo sigiloso, judicial ou administrativo;

LXXIII – qualquer cidadão é parte legítima para propor ação popular que vise a anular ato lesivo ao patrimônio público ou de entidade de que o Estado participe, à moralidade administrativa, ao meio ambiente e ao patrimônio histórico e cultural, ficando o autor, salvo comprovada má-fé, isento de custas judiciais e do ônus da sucumbência;

- V. Lei 4.717/1965 (Ação popular).
- V. Lei 6.938/1981 (Política nacional do meio ambiente).

LXXIV – o Estado prestará assistência jurídica integral e gratuita aos que comprovarem insuficiência de recursos;

- V. art. 134, CF.
- V. Lei 1.060/1950 (Lei de Assistência Judiciária).
- V. LC 80/1994 (Organiza a Defensoria Pública da União e prescreve normas gerais para sua organização nos Estados).

LXXV – o Estado indenizará o condenado por erro judiciário, assim como o que ficar preso além do tempo fixado na sentença;

LXXVI – são gratuitos para os reconhecidamente pobres, na forma da lei:

- V. art. 30, §§ 1° e 2°, Lei 6.015/1973 (Lei de Registros Públicos).
- V. art. 45, Lei 8.935/1994 (Regulamenta o art. 236 da CF).

a) o registro civil de nascimento;

- V. arts. 50 a 66, Lei 6.015/1973 (Lei de Registros Públicos).

b) a certidão de óbito;

- V. arts. 77 a 88, Lei 6.015/1973 (Lei de Registros Públicos).

LXXVII – são gratuitas as ações de *habeas corpus* e *habeas data*, e, na forma da lei, os atos necessários ao exercício da cidadania;

- V. Lei 9.265/1996 (Gratuidade dos atos necessários ao exercício da cidadania).
- V. Lei 9.507/1997 (*Habeas data*).

LXXVIII – a todos, no âmbito judicial e administrativo, são assegurados a razoável duração do processo e os meios que garantam a celeridade de sua tramitação.

- Inciso LXXVIII acrescentado pela Emenda Constitucional n. 45/2004.
- V. art. 75, parágrafo único, Lei 11.101/2005 (Lei de Recuperação de Empresas e Falência).

§ 1° As normas definidoras dos direitos e garantias fundamentais têm aplicação imediata.

§ 2° Os direitos e garantias expressos nesta Constituição não excluem outros decorrentes do regime e dos princípios por ela adotados, ou dos tratados internacionais em que a República Federativa do Brasil seja parte.

- V. Súmula vinculante 25, STF.

§ 3° Os tratados e convenções internacionais sobre direitos humanos que forem aprovados, em cada Casa do Congresso Nacional, em dois turnos, por três quintos dos votos dos respectivos membros, serão equivalentes às emendas constitucionais.

- § 3° acrescentado pela Emenda Constitucional n. 45/2004.
- V. Dec. 6.949/2009 (Promulga a Convenção Internacional sobre os Direitos das Pessoas com Deficiência e seu Protocolo Facultativo).

§ 4° O Brasil se submete à jurisdição de Tribunal Penal Internacional a cuja criação tenha manifestado adesão.

- § 4° acrescentado pela Emenda Constitucional n. 45/2004.
- V. Dec. 4.388/2002 (Estatuto de Roma do Tribunal Penal Internacional).

Capítulo II
DOS DIREITOS SOCIAIS

Art. 6° São direitos sociais a educação, a saúde, a alimentação, o trabalho, a moradia, o transporte, o lazer, a segurança, a previdência social, a proteção à maternidade e à infância, a assistência aos desamparados, na forma desta Constituição.

Art. 7°

Constituição Federal

- Artigo com redação determinada pela Emenda Constitucional n. 90/2015.

Art. 7° São direitos dos trabalhadores urbanos e rurais, além de outros que visem à melhoria de sua condição social:

I – relação de emprego protegida contra despedida arbitrária ou sem justa causa, nos termos de lei complementar, que preverá indenização compensatória, dentre outros direitos;

- V. art. 10, ADCT.

II – seguro-desemprego, em caso de desemprego involuntário;

- V. art. 201, III, CF.
- V. art. 12, CLT.
- V. Lei 7.998/1990 (Fundo de Amparo ao Trabalhador – FAT).
- V. Lei 8.178/1991 (Preços e salários).
- V. Lei 10.779/2003 (Concessão do benefício de seguro-desemprego, durante o período de defeso, ao pescador profissional).

III – fundo de garantia do tempo de serviço;

- V. arts. 7°, 477, 478 e 492, CLT.
- V. Lei 8.036/1990 (Fundo de Garantia do Tempo de Serviço).
- V. Súmula 353, STJ.

IV – salário mínimo, fixado em lei, nacionalmente unificado, capaz de atender a suas necessidades vitais básicas e às de sua família com moradia, alimentação, educação, saúde, lazer, vestuário, higiene, transporte e previdência social, com reajustes periódicos que lhe preservem o poder aquisitivo, sendo vedada sua vinculação para qualquer fim;

- V. art. 39, § 3°, CF.
- V. Súmulas vinculantes 4, 6, 15 e 16, STF.

V – piso salarial proporcional à extensão e à complexidade do trabalho;

- V. LC 103/2000 (Piso salarial a que se refere o inciso V do art. 7° da CF).

VI – irredutibilidade do salário, salvo o disposto em convenção ou acordo coletivo;

VII – garantia de salário, nunca inferior ao mínimo, para os que percebem remuneração variável;

- V. art. 39, § 3°, CF.
- V. Lei 8.716/1993 (Garantia do salário mínimo).
- V. Lei 9.032/1995 (Valor do salário mínimo).

VIII – décimo terceiro salário com base na remuneração integral ou no valor da aposentadoria;

- V. arts. 39, § 3°, e 142, § 3°, VIII, CF.
- V. Lei 4.090/1962 (Gratificação de Natal para trabalhadores).

IX – remuneração do trabalho noturno superior à do diurno;

- V. art. 39, § 3°, CF.
- V. art. 73, CLT.

X – proteção do salário na forma da lei, constituindo crime sua retenção dolosa;

XI – participação nos lucros, ou resultados, desvinculada da remuneração, e, excepcionalmente, participação na gestão da empresa, conforme definido em lei;

- V. arts. 543 e 621, CLT.

XII – salário-família pago em razão do dependente do trabalhador de baixa renda nos termos da lei;

- Inciso XII com redação determinada pela Emenda Constitucional n. 20/1998.
- V. arts. 39, § 3°, e 142, § 3°, VIII, CF.
- V. art. 12, CLT.

XIII – duração do trabalho normal não superior a oito horas diárias e quarenta e quatro semanais, facultada a compensação de horários e a redução da jornada, mediante acordo ou convenção coletiva de trabalho;

- V. art. 39, § 3°, CF.
- V. arts. 58 e 67, CLT.

XIV – jornada de seis horas para o trabalho realizado em turnos ininterruptos de revezamento, salvo negociação coletiva;

- V. art. 58, CLT.
- V. Súmula 675, STF.
- ** V. Súmula 423, TST.

XV – repouso semanal remunerado, preferencialmente aos domingos;

- V. art. 39, §§ 2° e 3°, CF.
- V. art. 67, CLT.

XVI – remuneração do serviço extraordinário superior, no mínimo, em cinquenta por cento à do normal;

- V. art. 39, §§ 2° e 3°, CF.
- V. art. 59, CLT.

XVII – gozo de férias anuais remuneradas com, pelo menos, um terço a mais do que o salário normal;

- V. art. 39, §§ 2° e 3°, CF.
- V. arts. 7°, 129, 142 e 143, CLT.
- V. Súmula 386, STJ.

XVIII – licença à gestante, sem prejuízo do emprego e do salário, com a duração de cento e vinte dias;

Art. 7°

Constituição Federal

- O STF, na ADIn 1.946-5 (*DJU* 16.05.2003 e *DOU* 03.06.2003), julgou parcialmente procedente o pedido formulado na ação para dar "ao art. 14 da EC n. 20/1998, sem redução de texto, interpretação conforme a CF, para excluir sua aplicação ao salário da licença à gestante a que se refere o art. 7°, inciso XVIII da referida Carta".
- V. art. 39, §§ 2° e 3°, CF.
- V. arts. 391 e 392, CLT.
- V. Lei 11.770/2008 (Programa Empresa Cidadã – licença-maternidade).
- V. Dec. 7.052/2009 (Regulamenta a Lei 11.770/2008).

XIX – licença-paternidade, nos termos fixados em lei;

- V. art. 39, §§ 2° e 3°, CF.
- V. art. 10, § 1°, ADCT.

XX – proteção do mercado de trabalho da mulher, mediante incentivos específicos, nos termos da lei;

- V. art. 39, §§ 2° e 3°, CF.
- V. art. 372, CLT.

XXI – aviso-prévio proporcional ao tempo de serviço, sendo no mínimo de trinta dias, nos termos da lei;

- V. arts. 7° e 487, CLT.

XXII – redução dos riscos inerentes ao trabalho, por meio de normas de saúde, higiene e segurança;

- V. art. 39, §§ 2° e 3°, CF.
- V. arts. 154 e 192, CLT.

XXIII – adicional de remuneração para as atividades penosas, insalubres ou perigosas, na forma da lei;

- V. art. 39, § 2°, CF.
- V. arts. 154, 192 e 193, CLT.

XXIV – aposentadoria;

- V. art. 154, CLT.
- V. art. 42 e ss., Lei 8.213/1991 (Planos de Benefícios da Previdência Social).

XXV – assistência gratuita aos filhos e dependentes desde o nascimento até 5 (cinco) anos de idade em creches e pré-escolas;

- Inciso XXV com redação determinada pela Emenda Constitucional n. 53/2006.
- V. art. 142, § 3°, VIII, CF.

XXVI – reconhecimento das convenções e acordos coletivos de trabalho;

- V. art. 611, CLT.

XXVII – proteção em face de automação, na forma da lei;

XXVIII – seguro contra acidentes de trabalho, a cargo do empregador, sem excluir a indenização a que este está obrigado, quando incorrer em dolo ou culpa;

- V. arts. 12 e 154, CLT.
- V. Lei 6.338/1976 (Indenização por acidente de trabalho).
- V. art. 83, I, Lei 11.101/2005 (Lei de Recuperação de Empresas e Falência).
- V. Súmula vinculante 22, STF.

XXIX – ação, quanto aos créditos resultantes das relações de trabalho, com prazo prescricional de 5 (cinco) anos para os trabalhadores urbanos e rurais, até o limite de 2 (dois) anos após a extinção do contrato de trabalho;

- Inciso XXIX com redação determinada pela Emenda Constitucional n. 28/2000, e retificado no *DOU* 29.05.2000.
- V. art. 11, I e II, CLT.
- V. art. 10, Lei 5.889/1973 (Trabalho rural).

a) (Revogada pela Emenda Constitucional n. 28/2000.)
b) (Revogada pela Emenda Constitucional n. 28/2000.)

XXX – proibição de diferença de salários, de exercício de funções e de critério de admissão por motivo de sexo, idade, cor ou estado civil;

- V. art. 39, § 3°, CF.
- V. Lei 9.029/1995 (Proíbe a exigência de atestados de gravidez e esterilização para efeitos admissionais).
- V. Súmula 683, STF.

XXXI – proibição de qualquer discriminação no tocante a salário e critérios de admissão do trabalhador portador de deficiência;

XXXII – proibição de distinção entre trabalho manual, técnico e intelectual ou entre os profissionais respectivos;

XXXIII – proibição de trabalho noturno, perigoso ou insalubre a menores de dezoito e de qualquer trabalho a menores de dezesseis anos, salvo na condição de aprendiz, a partir de quatorze anos;

- Inciso XXXIII com redação determinada pela Emenda Constitucional n. 20/1998.
- V. art. 227, CF.
- V. arts. 192, 402 e 792, CLT.

XXXIV – igualdade de direitos entre o trabalhador com vínculo empregatício permanente e o trabalhador avulso.

Art. 8°

CONSTITUIÇÃO FEDERAL

Parágrafo único. São assegurados à categoria dos trabalhadores domésticos os direitos previstos nos incisos IV, VI, VII, VIII, X, XIII, XV, XVI, XVII, XVIII, XIX, XXI, XXII, XXIV, XXVI, XXX, XXXI e XXXIII e, atendidas as condições estabelecidas em lei e observada a simplificação do cumprimento das obrigações tributárias, principais e acessórias, decorrentes da relação de trabalho e suas peculiaridades, os previstos nos incisos I, II, III, IX, XII, XXV e XXVIII, bem como a sua integração à previdência social.

- Parágrafo único com redação determinada pela EC n. 72/2013.
- V. art. 7°, CLT.
- V. LC 150/2015 (Contrato de trabalho doméstico).

Art. 8° É livre a associação profissional ou sindical, observado o seguinte:

- V. arts. 511, 515, 524, 537, 543, 553, 558 e 570, CLT.

I – a lei não poderá exigir autorização do Estado para a fundação de sindicato, ressalvado o registro no órgão competente, vedadas ao Poder Público a interferência e a intervenção na organização sindical;

- V. Súmula 677, STF.

II – é vedada a criação de mais de uma organização sindical, em qualquer grau, representativa de categoria profissional ou econômica, na mesma base territorial, que será definida pelos trabalhadores ou empregadores interessados, não podendo ser inferior à área de um Município;

- V. Súmula 677, STF.

III – ao sindicato cabe a defesa dos direitos e interesses coletivos ou individuais da categoria, inclusive em questões judiciais ou administrativas;

IV – a assembleia geral fixará a contribuição que, em se tratando de categoria profissional, será descontada em folha, para custeio do sistema confederativo da representação sindical respectiva, independentemente da contribuição prevista em lei;

- V. Súmula Vinculante 40, STF.
- V. Súmula 666, STF.
- V. Súmula 396, STJ.

V – ninguém será obrigado a filiar-se ou a manter-se filiado a sindicato;

- • V. OJ 20, SDC.

VI – é obrigatória a participação dos sindicatos nas negociações coletivas de trabalho;

VII – o aposentado filiado tem direito a votar e ser votado nas organizações sindicais;

VIII – é vedada a dispensa do empregado sindicalizado a partir do registro da candidatura a cargo de direção ou representação sindical e, se eleito, ainda que suplente, até um ano após o final do mandato, salvo se cometer falta grave nos termos da lei.

- V. art. 543, CLT.

Parágrafo único. As disposições deste artigo aplicam-se à organização de sindicatos rurais e de colônias de pescadores, atendidas as condições que a lei estabelecer.

- V. Lei 11.699/2008 (Colônias, Federações e Confederação Nacional dos Pescadores, regulamentando este parágrafo).

Art. 9° É assegurado o direito de greve, competindo aos trabalhadores decidir sobre a oportunidade de exercê-lo e sobre os interesses que devam por meio dele defender.

- V. art. 114, II, CF.
- V. Lei 7.783/1989 (Direito de greve).

§ 1° A lei definirá os serviços ou atividades essenciais e disporá sobre o atendimento das necessidades inadiáveis da comunidade.

§ 2° Os abusos cometidos sujeitam os responsáveis às penas da lei.

Art. 10. É assegurada a participação dos trabalhadores e empregadores nos colegiados dos órgãos públicos em que seus interesses profissionais ou previdenciários sejam objeto de discussão e deliberação.

Art. 11. Nas empresas de mais de duzentos empregados, é assegurada a eleição de um representante destes com a finalidade exclusiva de promover-lhes o entendimento direto com os empregadores.

- V. art. 543, CLT.

Capítulo III
DA NACIONALIDADE

- V. art. 5°, LXXI, CF.
- •• V. art. XV, Declaração Universal dos Direitos Humanos.
- •• V. art. 20, Dec. 678/1992 (Promulga a Convenção Americana sobre Direitos Humanos – Pacto de São José da Costa Rica).

Art. 12. São brasileiros:

I – natos:

Constituição Federal

a) os nascidos na República Federativa do Brasil, ainda que de pais estrangeiros, desde que estes não estejam a serviço de seu país;
b) os nascidos no estrangeiro, de pai brasileiro ou mãe brasileira, desde que qualquer deles esteja a serviço da República Federativa do Brasil;
c) os nascidos no estrangeiro de pai brasileiro ou de mãe brasileira, desde que sejam registrados em repartição brasileira competente ou venham a residir na República Federativa do Brasil e optem, em qualquer tempo, depois de atingida a maioridade, pela nacionalidade brasileira;

- Alínea *c* com redação determinada pela Emenda Constitucional n. 54/2007.

II – naturalizados:

- V. Lei 818/1949 (Aquisição, perda e reaquisição da nacionalidade e perda dos direitos políticos).
- V. art. 111 e ss., Lei 6.815/1980 (Estatuto do Estrangeiro).
- V. art. 119 e ss., Dec. 86.715/1981 (Regulamenta a Lei 6.815/1980).
- V. Dec. 3.453/2000 (Delega competência ao Ministro da Justiça para declarar a perda e a requisição da nacionalidade brasileira).

a) os que, na forma da lei, adquiram a nacionalidade brasileira, exigidas aos originários de países de língua portuguesa apenas residência por um ano ininterrupto e idoneidade moral;
b) os estrangeiros de qualquer nacionalidade residentes na República Federativa do Brasil há mais de quinze anos ininterruptos e sem condenação penal, desde que requeiram a nacionalidade brasileira.

- Alínea *b* com redação determinada pela Emenda Constitucional de Revisão n. 3/1994.

§ 1º Aos portugueses com residência permanente no País, se houver reciprocidade em favor de brasileiros, serão atribuídos os direitos inerentes ao brasileiro, salvo os casos previstos nesta Constituição.

- § 1º com redação determinada pela Emenda Constitucional de Revisão n. 3/1994.
- •• V. Dec. 3.927/2001 (Promulga o Tratado de Amizade, Cooperação e Consulta entre Brasil e Portugal).

§ 2º A lei não poderá estabelecer distinção entre brasileiros natos e naturalizados, salvo nos casos previstos nesta Constituição.

§ 3º São privativos de brasileiro nato os cargos:
I – de Presidente e Vice-Presidente da República;
II – de Presidente da Câmara dos Deputados;
III – de Presidente do Senado Federal;
IV – de Ministro do Supremo Tribunal Federal;
V – da carreira diplomática;
VI – de oficial das Forças Armadas;
VII – de Ministro de Estado da Defesa.

- Inciso VII acrescentado pela Emenda Constitucional n. 23/1999.

§ 4º Será declarada a perda da nacionalidade do brasileiro que:
I – tiver cancelada sua naturalização, por sentença judicial, em virtude de atividade nociva ao interesse nacional;
II – adquirir outra nacionalidade, salvo nos casos:

- Inciso II com redação determinada pela Emenda Constitucional de Revisão n. 3/1994.
- V. Dec. 3.453/2000 (Delega competência ao Ministro da Justiça para declarar a perda e a requisição da nacionalidade brasileira).

a) de reconhecimento de nacionalidade originária pela lei estrangeira;
b) de imposição de naturalização, pela norma estrangeira, ao brasileiro residente em Estado estrangeiro, como condição para permanência em seu território ou para o exercício de direitos civis.

Art. 13. A língua portuguesa é o idioma oficial da República Federativa do Brasil.
§ 1º São símbolos da República Federativa do Brasil a bandeira, o hino, as armas e o selo nacionais.

- V. Lei 5.700/1971 (Símbolos nacionais).

§ 2º Os Estados, o Distrito Federal e os Municípios poderão ter símbolos próprios.

Capítulo IV
DOS DIREITOS POLÍTICOS

- V. art. 5º, LXXI, CF.
- •• V. art. XXI, Declaração Universal dos Direitos Humanos.
- •• V. art. 23, Dec. 678/1992 (Promulga a Convenção Americana sobre Direitos Humanos – Pacto de São José da Costa Rica).

Art. 14

Art. 14. A soberania popular será exercida pelo sufrágio universal e pelo voto direto e secreto, com valor igual para todos, e, nos termos da lei, mediante:
- V. Lei 4.737/1965 (Código Eleitoral).
- V. Lei 9.709/1998 (Regulamenta a execução do disposto nos incisos I, II e III do art. 14 da CF).

I – plebiscito;
- V. art. 18, §§ 3º e 4º, CF.
- V. arts. 1º, I, 2º, § 2º, 3º a 10 e 12, Lei 9.709/1998 (Regulamenta a execução do disposto nos incisos I, II e III do art. 14 da CF).

II – referendo;
- V. arts. 1º, II, 2º, § 2º, 3º, 6º, 8º e 10 a 12, Lei 9.709/1998 (Regulamenta a execução do disposto nos incisos I, II e III do art. 14 da CF).

III – iniciativa popular.
- V. art. 61, § 2º, CF.
- V. arts. 1º, III, 13 e 14, Lei 9.709/1998 (Regulamenta a execução do disposto nos incisos I, II e III do art. 14 da CF).

§ 1º O alistamento eleitoral e o voto são:
- V. arts. 42 a 81 e 133 a 156, Lei 4.737/1965 (Código Eleitoral).

I – obrigatórios para os maiores de dezoito anos;
- V. Lei 9.274/1996 (Anistia relativamente às eleições de 3 de outubro e de 15 de novembro dos anos de 1992 e 1994).

II – facultativos para:
a) os analfabetos;
b) os maiores de setenta anos;
c) os maiores de dezesseis e menores de dezoito anos.

§ 2º Não podem alistar-se como eleitores os estrangeiros e, durante o período do serviço militar obrigatório, os conscritos.

§ 3º São condições de elegibilidade, na forma da lei:
I – a nacionalidade brasileira;
II – o pleno exercício dos direitos políticos;
- V. art. 47, I, CP.

III – o alistamento eleitoral;
IV – o domicílio eleitoral na circunscrição;
V – a filiação partidária;
- V. Lei 9.096/1995 (Partidos políticos).
- V. Emenda Constitucional n. 91/2016 (Desfiliação partidária).

VI – a idade mínima de:
a) trinta e cinco anos para Presidente e Vice-Presidente da República e Senador;
b) trinta anos para Governador e Vice-Governador de Estado e do Distrito Federal;
c) vinte e um anos para Deputado Federal, Deputado Estadual ou Distrital, Prefeito, Vice-Prefeito e juiz de paz;
d) dezoito anos para Vereador.
- V. Dec.-lei 201/1967 (Responsabilidade de Prefeitos e Vereadores).

§ 4º São inelegíveis os inalistáveis e os analfabetos.

§ 5º O Presidente da República, os Governadores de Estado e do Distrito Federal, os Prefeitos e quem os houver sucedido ou substituído no curso dos mandatos poderão ser reeleitos para um único período subsequente.
- § 5º com redação determinada pela Emenda Constitucional n. 16/1997.

§ 6º Para concorrerem a outros cargos, o Presidente da República, os Governadores de Estado e do Distrito Federal e os Prefeitos devem renunciar aos respectivos mandatos até seis meses antes do pleito.

§ 7º São inelegíveis, no território de jurisdição do titular, o cônjuge e os parentes consanguíneos ou afins, até o segundo grau ou por adoção, do Presidente da República, de Governador de Estado ou Território, do Distrito Federal, de Prefeito ou de quem os haja substituído dentro dos seis meses anteriores ao pleito, salvo se já titular de mandato eletivo e candidato à reeleição.
- V. Súmula vinculante 18, STF.

§ 8º O militar alistável é elegível, atendidas as seguintes condições:
I – se contar menos de dez anos de serviço, deverá afastar-se da atividade;
II – se contar mais de dez anos de serviço, será agregado pela autoridade superior e, se eleito, passará automaticamente, no ato da diplomação, para a inatividade.
- V. art. 42, § 1º, CF.

§ 9º Lei complementar estabelecerá outros casos de inelegibilidade e os prazos de sua cessação, a fim de proteger a probidade administrativa, a moralidade para o exercício do mandato, considerada a vida pregressa do candidato, e a normalidade e legitimidade das eleições contra a influência do poder econômico ou o abuso do exercício de função, cargo ou emprego na administração direta ou indireta.

- § 9º com redação determinada pela Emenda Constitucional de Revisão n. 4/1994.
- V. art. 37, § 4º, CF.
- V. LC 64/1990 (Inelegibilidades).
- V. LC 135/2010 (Altera a LC 64/1990).

§ 10. O mandato eletivo poderá ser impugnado ante a Justiça Eleitoral no prazo de quinze dias contados da diplomação, instruída a ação com provas de abuso do poder econômico, corrupção ou fraude.

§ 11. A ação de impugnação de mandato tramitará em segredo de justiça, respondendo o autor, na forma da lei, se temerária ou de manifesta má-fé.

Art. 15. É vedada a cassação de direitos políticos, cuja perda ou suspensão só se dará nos casos de:

- V. Lei 9.096/1995 (Partidos políticos).

I – cancelamento da naturalização por sentença transitada em julgado;
II – incapacidade civil absoluta;
III – condenação criminal transitada em julgado, enquanto durarem seus efeitos;

- V. art. 92, I, CP.

IV – recusa de cumprir obrigação a todos imposta ou prestação alternativa, nos termos do art. 5º, VIII;

- V. art. 143, CF.
- V. Lei 8.239/1991 (Prestação de serviço alternativo ao serviço militar).

V – improbidade administrativa, nos termos do art. 37, § 4º.

Art. 16. A lei que alterar o processo eleitoral entrará em vigor na data de sua publicação, não se aplicando à eleição que ocorra até 1 (um) ano da data de sua vigência.

- Artigo com redação determinada pela Emenda Constitucional n. 4/1993.
- V. Lei 9.504/1997 (Normas para as eleições).

Capítulo V
DOS PARTIDOS POLÍTICOS

Art. 17. É livre a criação, fusão, incorporação e extinção de partidos políticos, resguardados a soberania nacional, o regime democrático, o pluripartidarismo, os direitos fundamentais da pessoa humana e observados os seguintes preceitos:

- V. Lei 9.096/1995 (Partidos políticos).
- V. Lei 9.504/1997 (Normas para as eleições).
- V. Emenda Constitucional n. 91/2016 (Desfiliação partidária).

I – caráter nacional;
II – proibição de recebimento de recursos financeiros de entidade ou governo estrangeiros ou de subordinação a estes;
III – prestação de contas à Justiça Eleitoral;
IV – funcionamento parlamentar de acordo com a lei.

§ 1º É assegurada aos partidos políticos autonomia para definir sua estrutura interna, organização e funcionamento e para adotar os critérios de escolha e o regime de suas coligações eleitorais, sem obrigatoriedade de vinculação entre as candidaturas em âmbito nacional, estadual, distrital ou municipal, devendo seus estatutos estabelecer normas de disciplina e fidelidade partidária.

- § 1º com redação determinada pela Emenda Constitucional n. 52/2006.
- O STF, na ADIn 3.685-8 (*DOU* 31.03.2006 e *DJU* 10.08.2006), julgou procedente a ação "para fixar que o § 1º do artigo 17 da Constituição, com a redação dada pela Emenda Constitucional n. 52, de 8 de março de 2006, não se aplica às eleições de 2006, remanescendo aplicável à tal eleição a redação original do mesmo artigo".

§ 2º Os partidos políticos, após adquirirem personalidade jurídica, na forma da lei civil, registrarão seus estatutos no Tribunal Superior Eleitoral.

§ 3º Os partidos políticos têm direito a recursos do fundo partidário e acesso gratuito ao rádio e à televisão, na forma da lei.

- V. art. 241, Lei 4.737/1965 (Código Eleitoral).

§ 4º É vedada a utilização pelos partidos políticos de organização paramilitar.

TÍTULO III
DA ORGANIZAÇÃO
DO ESTADO

Capítulo I
DA ORGANIZAÇÃO
POLÍTICO-ADMINISTRATIVA

Art. 18. A organização político-administrativa da República Federativa do Brasil compreende a União, os Estados, o Distrito Federal e os Municípios, todos autônomos, nos termos desta Constituição.

§ 1º Brasília é a Capital Federal.
§ 2º Os Territórios Federais integram a União, e sua criação, transformação em Es-

tado ou reintegração ao Estado de origem serão reguladas em lei complementar.

§ 3º Os Estados podem incorporar-se entre si, subdividir-se ou desmembrar-se para se anexarem a outros, ou formarem novos Estados ou Territórios Federais, mediante aprovação da população diretamente interessada, através de plebiscito, e do Congresso Nacional, por lei complementar.

- V. arts. 3º e 4º, Lei 9.709/1998 (Regulamenta a execução do disposto nos incisos I, II e III do art. 14 da CF).

§ 4º A criação, a incorporação, a fusão e o desmembramento de Municípios far-se-ão por lei estadual, dentro do período determinado por lei complementar federal, e dependerão de consulta prévia, mediante plebiscito, às populações dos Municípios envolvidos, após divulgação dos Estudos de Viabilidade Municipal, apresentados e publicados na forma da lei.

- § 4º com redação determinada pela Emenda Constitucional n. 15/1996.
- V. art. 5º, Lei 9.709/1998 (Regulamenta a execução do disposto nos incisos I, II e III do art. 14 da CF).

Art. 19. É vedado à União, aos Estados, ao Distrito Federal e aos Municípios:

I – estabelecer cultos religiosos ou igrejas, subvencioná-los, embaraçar-lhes o funcionamento ou manter com eles ou seus representantes relações de dependência ou aliança, ressalvada, na forma da lei, a colaboração de interesse público;

II – recusar fé aos documentos públicos;

III – criar distinções entre brasileiros ou preferências entre si.

- V. art. 325, CLT.

Capítulo II
DA UNIÃO

Art. 20. São bens da União:

- V. art. 176, §§ 1º a 4º, CF.
- V. Dec.-lei 9.760/1946 (Bens imóveis da União).

I – os que atualmente lhe pertencem e os que lhe vierem a ser atribuídos;

- V. Súmula 650, STF.

II – as terras devolutas indispensáveis à defesa das fronteiras, das fortificações e construções militares, das vias federais de comunicação e à preservação ambiental, definidas em lei;

- V. Lei 4.504/1964 (Estatuto da Terra).
- V. Dec.-lei 227/1967 (Altera o Dec.-lei 1.985/1940).
- V. Dec.-lei 1.135/1970 (Organização, competência e funcionamento do Conselho de Segurança Nacional).
- V. Lei 6.383/1976 (Processo discriminatório de terras devolutas da União).
- V. Lei 6.431/1977 (Doação de porções de terras devolutas a Municípios incluídos na região da Amazônia Legal).
- V. Lei 6.442/1977 (Áreas de proteção para o funcionamento das estações radiogoniométricas de alta frequência do Ministério da Marinha e de radiomonitoragem do Ministério das Comunicações).
- V. Lei 6.634/1979 (Faixa de fronteira).
- V. Lei 6.925/1981 (Altera o Dec.-lei 1.414/1975).
- V. Lei 9.314/1996 (Altera o Dec.-lei 227/1967).
- V. Súmula 477, STF.

III – os lagos, rios e quaisquer correntes de água em terrenos de seu domínio, ou que banhem mais de um Estado, sirvam de limites com outros países, ou se estendam a território estrangeiro ou dele provenham, bem como os terrenos marginais e as praias fluviais;

- V. Dec. 1.265/1994 (Política marítima nacional).

IV – as ilhas fluviais e lacustres nas zonas limítrofes com outros países; as praias marítimas; as ilhas oceânicas e as costeiras, excluídas, destas, as que contenham a sede de Municípios, exceto aquelas áreas afetadas ao serviço público e a unidade ambiental federal, e as referidas no art. 26, II;

- Inciso IV com redação determinada pela Emenda Constitucional n. 46/2005.
- V. Dec. 1.265/1994 (Política marítima nacional).

V – os recursos naturais da plataforma continental e da zona econômica exclusiva;

- V. Lei 8.617/1993 (Mar territorial).
- V. Dec. 1.265/1994 (Política marítima nacional).

VI – o mar territorial;

- V. Lei 8.617/1993 (Mar territorial).
- V. Dec. 1.265/1994 (Política marítima nacional).

VII – os terrenos de marinha e seus acrescidos;

VIII – os potenciais de energia hidráulica;

IX – os recursos minerais, inclusive os do subsolo;

Constituição Federal

X – as cavidades naturais subterrâneas e os sítios arqueológicos e pré-históricos;

XI – as terras tradicionalmente ocupadas pelos índios.

- V. Súmula 650, STF.

§ 1º É assegurada, nos termos da lei, aos Estados, ao Distrito Federal e aos Municípios, bem como a órgãos da administração direta da União, participação no resultado da exploração de petróleo ou gás natural, de recursos hídricos para fins de geração de energia elétrica e de outros recursos minerais no respectivo território, plataforma continental, mar territorial ou zona econômica exclusiva, ou compensação financeira por essa exploração.

- V. art. 177, CF.
- V. Lei 7.990/1989 (Exploração de recursos energéticos e compensação financeira).
- V. Lei 8.001/1990 (Percentuais da distribuição da compensação da Lei 7.990/1989).
- V. Dec. 1/1991 (Pagamento da compensação financeira da Lei 7.990/1989).

§ 2º A faixa de até cento e cinquenta quilômetros de largura, ao longo das fronteiras terrestres, designada como faixa de fronteira, é considerada fundamental para defesa do território nacional, e sua ocupação e utilização serão reguladas em lei.

- V. Dec.-lei 1.135/1970 (Organização, competência e funcionamento do Conselho de Segurança Nacional).
- V. Lei 6.634/1979 (Faixa de fronteira).

Art. 21. Compete à União:

I – manter relações com Estados estrangeiros e participar de organizações internacionais;

II – declarar a guerra e celebrar a paz;

III – assegurar a defesa nacional;

IV – permitir, nos casos previstos em lei complementar, que forças estrangeiras transitem pelo território nacional ou nele permaneçam temporariamente;

V – decretar o estado de sítio, o estado de defesa e a intervenção federal;

VI – autorizar e fiscalizar a produção e o comércio de material bélico;

VII – emitir moeda;

VIII – administrar as reservas cambiais do País e fiscalizar as operações de natureza financeira, especialmente as de crédito, câmbio e capitalização, bem como as de seguros e de previdência privada;

IX – elaborar e executar planos nacionais e regionais de ordenação do território e de desenvolvimento econômico e social;

- V. Lei 9.491/1997 (Programa Nacional de Desestatização).

X – manter o serviço postal e o correio aéreo nacional;

- V. Lei 6.538/1978 (Serviços postais).

XI – explorar, diretamente ou mediante autorização, concessão ou permissão, os serviços de telecomunicações, nos termos da lei, que disporá sobre a organização dos serviços, a criação de um órgão regulador e outros aspectos institucionais;

- Inciso XI com redação determinada pela Emenda Constitucional n. 8/1995.
- V. art. 246, CF.
- V. Lei 9.295/1996 (Serviços de telecomunicações).
- V. Lei 9.472/1997 (Organização dos serviços de telecomunicações).

XII – explorar, diretamente ou mediante autorização, concessão ou permissão:

- V. Lei 4.117/1962 (Código Brasileiro de Telecomunicações).
- V. Dec. 2.196/1997 (Regulamento de Serviços Especiais).
- V. Dec. 2.197/1997 (Regulamento de Serviço Limitado).
- V. Dec. 2.198/1997 (Regulamento de Serviços Público-Restritos).

a) os serviços de radiodifusão sonora e de sons e imagens;

- Alínea *a* com redação determinada pela Emenda Constitucional n. 8/1995.
- V. art. 246, CF.
- V. Lei 9.472/1997 (Organização dos serviços de telecomunicações).

b) os serviços e instalações de energia elétrica e o aproveitamento energético dos cursos de água, em articulação com os Estados onde se situam os potenciais hidroenergéticos;

c) a navegação aérea, aeroespacial e a infraestrutura aeroportuária;

- V. Lei 7.565/1986 (Código Brasileiro de Aeronáutica).
- V. Lei 9.994/2000 (Programa de Desenvolvimento Científico e Tecnológico do Setor Espacial).

d) os serviços de transporte ferroviário e aquaviário entre portos brasileiros e fronteiras nacionais, ou que transponham os limites de Estado ou Território;

- V. Lei 9.277/1996 (Autoriza a União a delegar aos Municípios, Estados da Federação e ao Distrito Federal a administração e exploração de rodovias e portos federais).
- V. Lei 9.432/1997 (Transporte aquaviário).

e) os serviços de transporte rodoviário interestadual e internacional de passageiros;

f) os portos marítimos, fluviais e lacustres;

- V. Dec. 1.265/1994 (Política marítima nacional).

XIII – organizar e manter o Poder Judiciário, o Ministério Público do Distrito Federal e dos Territórios e a Defensoria Pública dos Territórios;

- Inciso XIII com redação determinada pela Emenda Constitucional n. 69/2012 (*DOU* 30.03.2012), em vigor na data de sua publicação, produzindo efeitos após decorridos 120 (cento e vinte) dias de sua publicação oficial (v. art. 4º, da referida EC).

XIV – organizar e manter a polícia civil, a polícia militar e o corpo de bombeiros militar do Distrito Federal, bem como prestar assistência financeira ao Distrito Federal para a execução de serviços públicos, por meio de fundo próprio;

- Inciso XIV com redação determinada pela Emenda Constitucional n. 19/1998.
- V. art. 25, Emenda Constitucional n. 19/1998.
- V. Súmula Vinculante 39, STF.
- V. Súmula 647, STF.

XV – organizar e manter os serviços oficiais de estatística, geografia, geologia e cartografia de âmbito nacional;

XVI – exercer a classificação, para efeito indicativo, de diversões públicas e de programas de rádio e televisão;

- V. art. 23, ADCT.

XVII – conceder anistia;

XVIII – planejar e promover a defesa permanente contra as calamidades públicas, especialmente as secas e as inundações;

XIX – instituir sistema nacional de gerenciamento de recursos hídricos e definir critérios de outorga de direitos de seu uso;

- V. Lei 9.433/1997 (Política Nacional de Recursos Hídricos e Sistema Nacional de Gerenciamento de Recursos Hídricos).

XX – instituir diretrizes para o desenvolvimento urbano, inclusive habitação, saneamento básico e transportes urbanos;

- V. Lei 11.445/2007 (Diretrizes nacionais para o saneamento básico).
- V. Lei 12.587/2012 (Política Nacional de Mobilidade Urbana).

XXI – estabelecer princípios e diretrizes para o sistema nacional de viação;

- V. Lei 12.379/2011 (Sistema Nacional de Viação – SNV).

XXII – executar os serviços de polícia marítima, aeroportuária e de fronteiras;

- Inciso XXII com redação determinada pela Emenda Constitucional n. 19/1998.
- V. Súmula Vinculante 36, STF.

XXIII – explorar os serviços e instalações nucleares de qualquer natureza e exercer monopólio estatal sobre a pesquisa, a lavra, o enriquecimento e reprocessamento, a industrialização e o comércio de minérios nucleares e seus derivados, atendidos os seguintes princípios e condições:

a) toda atividade nuclear em território nacional somente será admitida para fins pacíficos e mediante aprovação do Congresso Nacional;

b) sob regime de permissão, são autorizadas a comercialização e a utilização de radioisótopos para a pesquisa e usos médicos, agrícolas e industriais;

- Alínea *b* com redação determinada pela Emenda Constitucional n. 49/2006.

c) sob regime de permissão, são autorizadas a produção, comercialização e utilização de radioisótopos de meia-vida igual ou inferior a duas horas;

- Alínea *c* acrescentada pela Emenda Constitucional n. 49/2006.

d) a responsabilidade civil por danos nucleares independe da existência de culpa;

- Primitiva alínea *c* renumerada pela Emenda Constitucional n. 49/2006.
- V. Lei 9.425/1996 (Concessão de pensão especial às vítimas do acidente nuclear ocorrido em Goiânia).

XXIV – organizar, manter e executar a inspeção do trabalho;

- V. art. 174, CF.

XXV – estabelecer as áreas e as condições para o exercício da atividade de garimpagem, em forma associativa.

Art. 22

Constituição Federal

- V. Lei 11.685/2008 (Estatuto do Garimpeiro).

Art. 22. Compete privativamente à União legislar sobre:

I – direito civil, comercial, penal, processual, eleitoral, agrário, marítimo, aeronáutico, espacial e do trabalho;

- V. Lei 556/1850 (Código Comercial).
- V. Dec.-lei 2.848/1940 (Código Penal).
- V. Dec.-lei 3.689/1941 (Código de Processo Penal).
- V. Dec.-lei 5.452/1943 (Consolidação das Leis do Trabalho).
- V. Lei 4.504/1964 (Estatuto da Terra).
- V. Lei 4.737/1965 (Código Eleitoral).
- V. Lei 4.947/1966 (Fixa normas de direito agrário).
- V. Lei 7.565/1986 (Código Brasileiro de Aeronáutica).
- V. Dec. 1.265/1994 (Política marítima nacional).
- V. Lei 10.406/2002 (Código Civil).
- V. Lei 13.105/2015 (Código de Processo Civil).
- V. Súmula Vinculante 46, STF.
- V. Súmula 722, STF.
- •• V. Súmula vinculante 46, STF.

II – desapropriação;

- V. arts. 184 e 185, I e II, CF.
- V. art. 1.275, V, CC.
- V. Dec.-lei 3.365/1941 (Desapropriação por utilidade pública).
- V. Lei 4.132/1962 (Desapropriação por interesse social).
- V. Dec.-lei 1.075/1970 (Imissão de posse, *initio litis*, em imóveis residenciais urbanos).
- V. Lei 6.602/1978 (Desapropriação por utilidade pública – alterações).

III – requisições civis e militares, em caso de iminente perigo e em tempo de guerra;

IV – águas, energia, informática, telecomunicações e radiodifusão;

- V. Lei 4.117/1962 (Código Brasileiro de Telecomunicações).
- V. Lei 9.295/1996 (Serviços de telecomunicações).
- V. Dec. 2.196/1997 (Regulamento de Serviços Especiais).
- V. Dec. 2.197/1997 (Regulamento de Serviço Limitado).
- V. Dec. 2.198/1997 (Regulamento de Serviços Público-Restritos).
- V. Lei 9.984/2000 (Agência Nacional de Águas – ANA).

V – serviço postal;

- V. Lei 6.538/1978 (Serviços postais).

VI – sistema monetário e de medidas, títulos e garantias dos metais;

VII – política de crédito, câmbio, seguros e transferência de valores;

- V. Súmula vinculante 32, STF.

VIII – comércio exterior e interestadual;

IX – diretrizes da política nacional de transportes;

X – regime dos portos, navegação lacustre, fluvial, marítima, aérea e aeroespacial;

- V. Dec. 1.265/1994 (Política marítima nacional).
- V. Lei 9.277/1996 (Autoriza a União a delegar aos Municípios, Estados da Federação e ao Distrito Federal a administração e exploração de rodovias e portos federais).
- V. Lei 9.994/2000 (Programa de Desenvolvimento Científico e Tecnológico do Setor Espacial).

XI – trânsito e transporte;

- V. Lei 9.503/1997 (Código de Trânsito Brasileiro).

XII – jazidas, minas, outros recursos minerais e metalurgia;

XIII – nacionalidade, cidadania e naturalização;

- V. Lei 6.815/1980 (Estatuto do Estrangeiro).
- V. Dec. 86.715/1981 (Regulamenta a Lei 6.815/1980).

XIV – populações indígenas;

- V. art. 231, CF.
- V. Lei 6.001/1973 (Estatuto do Índio).

XV – emigração e imigração, entrada, extradição e expulsão de estrangeiros;

XVI – organização do sistema nacional de emprego e condições para o exercício de profissões;

XVII – organização judiciária, do Ministério Público do Distrito Federal e dos Territórios e da Defensoria Pública dos Territórios, bem como organização administrativa destes;

- Inciso XVII com redação determinada pela Emenda Constitucional n. 69/2012 (*DOU* 30.03.2012), em vigor na data de sua publicação, produzindo efeitos após decorridos 120 (cento e vinte) dias de sua publicação oficial (v. art. 4º, da referida EC).
- •• V. Súmula vinculante 39, STF.

XVIII – sistema estatístico, sistema cartográfico e de geologia nacionais;

XIX – sistemas de poupança, captação e garantia da poupança popular;

- V. Lei 8.177/1991 (Desindexação da economia).

XX – sistemas de consórcios e sorteios;

- V. Súmula vinculante 2, STF.

XXI – normas gerais de organização, efetivos, material bélico, garantias, convocação e mobilização das polícias militares e corpos de bombeiros militares;

XXII – competência da polícia federal e das polícias rodoviária e ferroviária federais;

XXIII – seguridade social;

Art. 23

Constituição Federal

- V. Lei 8.212/1991 (Organização da Seguridade Social e Plano de Custeio).

XXIV – diretrizes e bases da educação nacional;
- V. Lei 9.394/1996 (Diretrizes e bases da educação nacional).

XXV – registros públicos;
- V. Lei 6.015/1973 (Lei de Registros Públicos).

XXVI – atividades nucleares de qualquer natureza;

XXVII – normas gerais de licitação e contratação, em todas as modalidades, para as administrações públicas diretas, autárquicas e fundacionais da União, Estados, Distrito Federal e Municípios, obedecido o disposto no art. 37, XXI, e para as empresas públicas e sociedades de economia mista, nos termos do art. 173, § 1º, III;
- Inciso XXVII com redação determinada pela Emenda Constitucional n. 19/1998.
- V. art. 37, XXI, CF.
- V. Lei 8.666/1993 (Lei de Licitações).

XXVIII – defesa territorial, defesa aeroespacial, defesa marítima, defesa civil e mobilização nacional;
- V. Dec. 7.257/2010 (Sistema Nacional de Defesa Civil – Sindec).

XXIX – propaganda comercial.
- V. Lei 8.078/1990 (Código de Defesa do Consumidor).

Parágrafo único. Lei complementar poderá autorizar os Estados a legislar sobre questões específicas das matérias relacionadas neste artigo.

Art. 23. É competência comum da União, dos Estados, do Distrito Federal e dos Municípios:

I – zelar pela guarda da Constituição, das leis e das instituições democráticas e conservar o patrimônio público;

II – cuidar da saúde e assistência pública, da proteção e garantia das pessoas portadoras de deficiência;
- V. art. 203, V, CF.

III – proteger os documentos, as obras e outros bens de valor histórico, artístico e cultural, os monumentos, as paisagens naturais notáveis e os sítios arqueológicos;
- V. LC 140/2011 (Ações de cooperação para a proteção do meio ambiente).

IV – impedir a evasão, a destruição e a descaracterização de obras de arte e de outros bens de valor histórico, artístico e cultural;

V – proporcionar os meios de acesso à cultura, à educação, à ciência, à tecnologia, à pesquisa e à inovação;
- Inciso V com redação determinada pela Emenda Constitucional n. 85/2015.

VI – proteger o meio ambiente e combater a poluição em qualquer de suas formas;
- V. Lei 6.938/1981 (Política nacional do meio ambiente).
- V. Lei 9.605/1998 (Lei de Crimes Ambientais).
- V. Dec. 6.514/2008 (Infrações e sanções administrativas ao meio ambiente, e processo administrativo federal para apuração destas infrações).
- V. LC 140/2011 (Ações de cooperação para a proteção do meio ambiente).

VII – preservar as florestas, a fauna e a flora;
- V. Lei 5.197/1967 (Código de Caça).
- V. Dec.-lei 221/1967 (Código de Pesca).
- V. LC 140/2011 (Ações de cooperação para a proteção do meio ambiente).
- V. Emenda Constitucional n. 91/2016 (Desfiliação partidária).

VIII – fomentar a produção agropecuária e organizar o abastecimento alimentar;

IX – promover programas de construção de moradias e a melhoria das condições habitacionais e de saneamento básico;
- V. Lei 11.445/2007 (Diretrizes nacionais para o saneamento básico).

X – combater as causas da pobreza e os fatores de marginalização, promovendo a integração social dos setores desfavorecidos;
- V. Emenda Constitucional n. 31/2000 (Fundo de Combate e Erradicação da Pobreza).

XI – registrar, acompanhar e fiscalizar as concessões de direitos de pesquisa e exploração de recursos hídricos e minerais em seus territórios;

XII – estabelecer e implantar política de educação para a segurança do trânsito.

Parágrafo único. Leis complementares fixarão normas para a cooperação entre a União e os Estados, o Distrito Federal e os Municípios, tendo em vista o equilíbrio do desenvolvimento e do bem-estar em âmbito nacional.
- Parágrafo único com redação determinada pela Emenda Constitucional n. 53/2006.

Art. 24. Compete à União, aos Estados e ao Distrito Federal legislar concorrentemente sobre:

I – direito tributário, financeiro, penitenciário, econômico e urbanístico;

Constituição Federal

- V. Lei 4.320/1964 (Lei de Orçamentos).
- V. Lei 5.172/1966 (Código Tributário Nacional).
- V. Lei 7.210/1984 (Lei de Execução Penal).

II – orçamento;

III – juntas comerciais;

- V. Lei 8.934/1994 (Registro público de empresas mercantis).
- V. Dec. 1.800/1996 (Regulamenta a Lei 8.934/1994).

IV – custas dos serviços forenses;

- V. Lei 9.289/1996 (Custas na Justiça Federal).

V – produção e consumo;

VI – florestas, caça, pesca, fauna, conservação da natureza, defesa do solo e dos recursos naturais, proteção do meio ambiente e controle da poluição;

- V. Lei 5.197/1967 (Código de Caça).
- V. Dec.-lei 221/1967 (Código de Pesca).
- V. Lei 9.605/1998 (Lei de Crimes Ambientais).
- V. Lei 9.795/1999 (Educação ambiental).
- V. Dec. 6.514/2008 (Infrações e sanções administrativas ao meio ambiente, e processo administrativo federal para apuração destas infrações).
- V. Lei 12.651/2012 (Novo Código Florestal).

VII – proteção ao patrimônio histórico, cultural, artístico, turístico e paisagístico;

VIII – responsabilidade por dano ao meio ambiente, ao consumidor, a bens e direitos de valor artístico, estético, histórico, turístico e paisagístico;

- V. Lei 7.347/1985 (Ação civil pública).
- V. Lei 8.625/1993 (Lei Orgânica Nacional do Ministério Público).
- V. Dec. 6.514/2008 (Infrações e sanções administrativas ao meio ambiente, e processo administrativo federal para apuração destas infrações).

IX – educação, cultura, ensino, desporto, ciência, tecnologia, pesquisa, desenvolvimento e inovação;

- Inciso IX com redação determinada pela Emenda Constitucional n. 85/2015.

X – criação, funcionamento e processo do juizado de pequenas causas;

- V. art. 98, I, CF.
- V. Lei 9.099/1995 (Juizados Especiais Cíveis e Criminais).

XI – procedimentos em matéria processual;

- V. art. 98, I, CF.
- V. Lei 9.099/1995 (Juizados Especiais Cíveis e Criminais).

XII – previdência social, proteção e defesa da saúde;

- V. Lei 9.273/1996 (Torna obrigatória a inclusão de dispositivo de segurança que impeça a reutilização das seringas descartáveis).

XIII – assistência jurídica e defensoria pública;

- V. Lei 1.060/1950 (Assistência judiciária).

XIV – proteção e integração social das pessoas portadoras de deficiência;

- V. art. 203, V, CF.

XV – proteção à infância e à juventude;

- V. Lei 8.069/1990 (Estatuto da Criança e do Adolescente).

XVI – organização, garantias, direitos e deveres das polícias civis.

§ 1º No âmbito da legislação concorrente, a competência da União limitar-se-á a estabelecer normas gerais.

§ 2º A competência da União para legislar sobre normas gerais não exclui a competência suplementar dos Estados.

§ 3º Inexistindo lei federal sobre normas gerais, os Estados exercerão a competência legislativa plena, para atender a suas peculiaridades.

§ 4º A superveniência de lei federal sobre normas gerais suspende a eficácia da lei estadual, no que lhe for contrário.

Capítulo III
DOS ESTADOS FEDERADOS

Art. 25. Os Estados organizam-se e regem-se pelas Constituições e leis que adotarem, observados os princípios desta Constituição.

- V. Súmula Vinculante 42, STF.

§ 1º São reservadas aos Estados as competências que não lhes sejam vedadas por esta Constituição.

- V. art. 19, CF.

§ 2º Cabe aos Estados explorar diretamente, ou mediante concessão, os serviços locais de gás canalizado, na forma da lei, vedada a edição de medida provisória para a sua regulamentação.

- § 2º com redação determinada pela Emenda Constitucional n. 5/1995.
- V. art. 246, CF.
- V. Lei 9.478/1997 (Política energética nacional e atividades relativas ao monopólio do petróleo).

§ 3º Os Estados poderão, mediante lei complementar, instituir regiões metropolitanas, aglomerações urbanas e microrregiões, constituídas por agrupamentos de municípios limítrofes, para integrar a organização, o planejamento e a execução de funções públicas de interesse comum.

Art. 26. Incluem-se entre os bens dos Estados:

I – as águas superficiais ou subterrâneas, fluentes, emergentes e em depósito, ressalvadas, neste caso, na forma da lei, as decorrentes de obras da União;

- V. art. 29, Dec. 24.643/1934 (Código das Águas).
- V. Lei 9.984/2000 (Agência Nacional de Águas – ANA).

II – as áreas, nas ilhas oceânicas e costeiras, que estiverem no seu domínio, excluídas aquelas sob domínio da União, Municípios ou terceiros;

III – as ilhas fluviais e lacustres não pertencentes à União;

IV – as terras devolutas não compreendidas entre as da União.

Art. 27. O número de Deputados à Assembleia Legislativa corresponderá ao triplo da representação do Estado na Câmara dos Deputados e, atingindo o número de trinta e seis, será acrescido de tantos quantos forem os Deputados Federais acima de doze.

- V. art. 32, CF.

§ 1º Será de quatro anos o mandato dos Deputados Estaduais, aplicando-se-lhes as regras desta Constituição sobre sistema eleitoral, inviolabilidade, imunidades, remuneração, perda de mandato, licença, impedimentos e incorporação às Forças Armadas.

§ 2º O subsídio dos Deputados Estaduais será fixado por lei de iniciativa da Assembleia Legislativa, na razão de, no máximo, setenta e cinco por cento daquele estabelecido, em espécie, para os Deputados Federais, observado o que dispõem os arts. 39, § 4º, 57, § 7º, 150, II, 153, III, e 153, § 2º, I.

- § 2º com redação determinada pela Emenda Constitucional n. 19/1998.

§ 3º Compete às Assembleias Legislativas dispor sobre seu regimento interno, polícia e serviços administrativos de sua secretaria, e prover os respectivos cargos.

§ 4º A lei disporá sobre a iniciativa popular no processo legislativo estadual.

- V. art. 6º, Lei 9.709/1998 (Regulamenta a execução do disposto nos incisos I, II e III do art. 14 da CF).

Art. 28. A eleição do Governador e do Vice-Governador de Estado, para mandato de quatro anos, realizar-se-á no primeiro domingo de outubro, em primeiro turno, e no último domingo de outubro, em segundo turno, se houver, do ano anterior ao término do mandato de seus antecessores, e a posse ocorrerá em primeiro de janeiro do ano subsequente, observado, quanto ao mais, o disposto no art. 77.

- *Caput* com redação determinada pela Emenda Constitucional n. 16/1997.

§ 1º Perderá o mandato o Governador que assumir outro cargo ou função na administração pública direta ou indireta, ressalvada a posse em virtude de concurso público e observado o disposto no art. 38, I, IV e V.

- Primitivo parágrafo único renumerado pela Emenda Constitucional n. 19/1998.
- V. art. 29, XIV, CF.

§ 2º Os subsídios do Governador, do Vice-Governador e dos Secretários de Estado serão fixados por lei de iniciativa da Assembleia Legislativa, observado o que dispõem os arts. 37, XI, 39, § 4º, 150, II, 153, III, e 153, § 2º, I.

- § 2º acrescentado pela Emenda Constitucional n. 19/1998.

Capítulo IV
DOS MUNICÍPIOS

Art. 29. O Município reger-se-á por lei orgânica, votada em dois turnos, com o interstício mínimo de dez dias, e aprovada por dois terços dos membros da Câmara Municipal, que a promulgará, atendidos os princípios estabelecidos nesta Constituição, na Constituição do respectivo Estado e os seguintes preceitos:

- V. Súmula Vinculante 42, STF.

I – eleição do Prefeito, do Vice-Prefeito e dos Vereadores, para mandato de quatro anos, mediante pleito direto e simultâneo realizado em todo o País;

II – eleição do Prefeito e do Vice-Prefeito realizada no primeiro domingo de outubro do ano anterior ao término do mandato dos que devam suceder, aplicadas as regras do

Art. 29

CONSTITUIÇÃO FEDERAL

art. 77 no caso de Municípios com mais de duzentos mil eleitores;

- Inciso II com redação determinada pela Emenda Constitucional n. 16/1997.

III – posse do Prefeito e do Vice-Prefeito no dia 1º de janeiro do ano subsequente ao da eleição;

IV – para a composição das Câmaras Municipais, será observado o limite máximo de:

- Inciso IV com redação determinada pela Emenda Constitucional n. 58/2009 (*DOU* 24.09.2009), em vigor na data de sua promulgação, produzindo efeitos a partir do processo eleitoral de 2008 (v. art. 3º, I, da referida EC).
- O STF, na Med. Caut. em ADIn 4.307-2 (*DJE* 08.10.2009, divulgado em 07.10.2009), deferiu medida cautelar com efeito *ex tunc*, *ad referendum* do Plenário, para sustar os efeitos do inciso I do art. 3º da EC n. 58/2009. A cautelar concedida foi referendada pelo Tribunal (*DOU* e *DJE* 27.11.2009). O STF, na ADIn 4.307 (*DOU* e *DJE* 23.04.2013), julgou procedente a ação direta.

a) 9 (nove) Vereadores, nos Municípios de até 15.000 (quinze mil) habitantes;
b) 11 (onze) Vereadores, nos Municípios de mais de 15.000 (quinze mil) habitantes e de até 30.000 (trinta mil) habitantes;
c) 13 (treze) Vereadores, nos Municípios com mais de 30.000 (trinta mil) habitantes e de até 50.000 (cinquenta mil) habitantes;
d) 15 (quinze) Vereadores, nos Municípios de mais de 50.000 (cinquenta mil) habitantes e de até 80.000 (oitenta mil) habitantes;
e) 17 (dezessete) Vereadores, nos Municípios de mais de 80.000 (oitenta mil) habitantes e de até 120.000 (cento e vinte mil) habitantes;
f) 19 (dezenove) Vereadores, nos Municípios de mais de 120.000 (cento e vinte mil) habitantes e de até 160.000 (cento e sessenta mil) habitantes;
g) 21 (vinte e um) Vereadores, nos Municípios de mais de 160.000 (cento e sessenta mil) habitantes e de até 300.000 (trezentos mil) habitantes;
h) 23 (vinte e três) Vereadores, nos Municípios de mais de 300.000 (trezentos mil) habitantes e de até 450.000 (quatrocentos e cinquenta mil) habitantes;
i) 25 (vinte e cinco) Vereadores, nos Municípios de mais de 450.000 (quatrocentos e cinquenta mil) habitantes e de até 600.000 (seiscentos mil) habitantes;
j) 27 (vinte e sete) Vereadores, nos Municípios de mais de 600.000 (seiscentos mil) habitantes e de até 750.000 (setecentos e cinquenta mil) habitantes;
k) 29 (vinte e nove) Vereadores, nos Municípios de mais de 750.000 (setecentos e cinquenta mil) habitantes e de até 900.000 (novecentos mil) habitantes;
l) 31 (trinta e um) Vereadores, nos Municípios de mais de 900.000 (novecentos mil) habitantes e de até 1.050.000 (um milhão e cinquenta mil) habitantes;
m) 33 (trinta e três) Vereadores, nos Municípios de mais de 1.050.000 (um milhão e cinquenta mil) habitantes e de até 1.200.000 (um milhão e duzentos mil) habitantes;
n) 35 (trinta e cinco) Vereadores, nos Municípios de mais de 1.200.000 (um milhão e duzentos mil) habitantes e de até 1.350.000 (um milhão e trezentos e cinquenta mil) habitantes;
o) 37 (trinta e sete) Vereadores, nos Municípios de 1.350.000 (um milhão e trezentos e cinquenta mil) habitantes e de até 1.500.000 (um milhão e quinhentos mil) habitantes;
p) 39 (trinta e nove) Vereadores, nos Municípios de mais de 1.500.000 (um milhão e quinhentos mil) habitantes e de até 1.800.000 (um milhão e oitocentos mil) habitantes;
q) 41 (quarenta e um) Vereadores, nos Municípios de mais de 1.800.000 (um milhão e oitocentos mil) habitantes e de até 2.400.000 (dois milhões e quatrocentos mil) habitantes;
r) 43 (quarenta e três) Vereadores, nos Municípios de mais de 2.400.000 (dois milhões e quatrocentos mil) habitantes e de até 3.000.000 (três milhões) de habitantes;
s) 45 (quarenta e cinco) Vereadores, nos Municípios de mais de 3.000.000 (três milhões) de habitantes e de até 4.000.000 (quatro milhões) de habitantes;
t) 47 (quarenta e sete) Vereadores, nos Municípios de mais de 4.000.000 (quatro milhões) de habitantes e de até 5.000.000 (cinco milhões) de habitantes;
u) 49 (quarenta e nove) Vereadores, nos Municípios de mais de 5.000.000 (cinco mi-

Art. 29

lhões) de habitantes e de até 6.000.000 (seis milhões) de habitantes;
v) 51 (cinquenta e um) Vereadores, nos Municípios de mais de 6.000.000 (seis milhões) de habitantes e de até 7.000.000 (sete milhões) de habitantes;
w) 53 (cinquenta e três) Vereadores, nos Municípios de mais de 7.000.000 (sete milhões) de habitantes e de até 8.000.000 (oito milhões) de habitantes; e
x) 55 (cinquenta e cinco) Vereadores, nos Municípios de mais de 8.000.000 (oito milhões) de habitantes;
V – subsídios do Prefeito, do Vice-Prefeito e dos Secretários Municipais fixados por lei de iniciativa da Câmara Municipal, observado o que dispõem os arts. 37, XI, 39, § 4º, 150, II, 153, III, e 153, § 2º, I;

- Inciso V com redação determinada pela Emenda Constitucional n. 19/1998.

VI – o subsídio dos Vereadores será fixado pelas respectivas Câmaras Municipais em cada legislatura para a subsequente, observado o que dispõe esta Constituição, observados os critérios estabelecidos na respectiva Lei Orgânica e os seguintes limites máximos:

- Inciso VI com redação determinada pela Emenda Constitucional n. 25/2000 (*DOU* 15.02.2000), em vigor em 1º.01.2001.

a) em Municípios de até dez mil habitantes, o subsídio máximo dos Vereadores corresponderá a vinte por cento do subsídio dos Deputados Estaduais;
b) em Municípios de dez mil e um a cinquenta mil habitantes, o subsídio máximo dos Vereadores corresponderá a trinta por cento do subsídio dos Deputados Estaduais;
c) em Municípios de cinquenta mil e um a cem mil habitantes, o subsídio máximo dos Vereadores corresponderá a quarenta por cento do subsídio dos Deputados Estaduais;
d) em Municípios de cem mil e um a trezentos mil habitantes, o subsídio máximo dos Vereadores corresponderá a cinquenta por cento do subsídio dos Deputados Estaduais;
e) em Municípios de trezentos mil e um a quinhentos mil habitantes, o subsídio máximo dos Vereadores corresponderá a sessenta por cento do subsídio dos Deputados Estaduais;
f) em Municípios de mais de quinhentos mil habitantes, o subsídio máximo dos Vereadores corresponderá a setenta e cinco por cento do subsídio dos Deputados Estaduais;
VII – o total da despesa com a remuneração dos Vereadores não poderá ultrapassar o montante de cinco por cento da receita do município;

- Inciso VII acrescentado pela Emenda Constitucional n. 1/1992.

VIII – inviolabilidade dos Vereadores por suas opiniões, palavras e votos no exercício do mandato e na circunscrição do Município;

- Primitivo inciso VI renumerado pela Emenda Constitucional n. 1/1992.

IX – proibições e incompatibilidades, no exercício da vereança, similares, no que couber, ao disposto nesta Constituição para os membros do Congresso Nacional e, na Constituição do respectivo Estado, para os membros da Assembleia Legislativa;

- Primitivo inciso VII renumerado pela Emenda Constitucional n. 1/1992.

X – julgamento do Prefeito perante o Tribunal de Justiça;

- Primitivo inciso VIII renumerado pela Emenda Constitucional n. 1/1992.
- V. Dec.-lei 201/1967 (Responsabilidade de Prefeitos e Vereadores).
- V. Súmulas 702 e 703, STF.

XI – organização das funções legislativas e fiscalizadoras da Câmara Municipal;

- Primitivo inciso IX renumerado pela Emenda Constitucional n. 1/1992.

XII – cooperação das associações representativas no planejamento municipal;

- Primitivo inciso X renumerado pela Emenda Constitucional n. 1/1992.

XIII – iniciativa popular de projetos de lei de interesse específico do Município, da cidade ou de bairros, através de manifestação de, pelo menos, cinco por cento do eleitorado;

- Primitivo inciso XI renumerado pela Emenda Constitucional n. 1/1992.

XIV – perda do mandato do Prefeito, nos termos do art. 28, parágrafo único.

- Primitivo inciso XII renumerado pela Emenda Constitucional n. 1/1992.
- A Emenda Constitucional n. 19/1998 transformou o parágrafo único do art. 28 em § 1º.

Art. 30

Constituição Federal

Art. 29-A. O total da despesa do Poder Legislativo Municipal, incluídos os subsídios dos Vereadores e excluídos os gastos com inativos, não poderá ultrapassar os seguintes percentuais, relativos ao somatório da receita tributária e das transferências previstas no § 5º do art. 153 e nos arts. 158 e 159, efetivamente realizado no exercício anterior:

- *Caput* acrescentado pela Emenda Constitucional n. 25/2000 (*DOU* 15.02.2000), em vigor em 1º.01.2001.

I – 7% (sete por cento) para Municípios com população de até 100.000 (cem mil) habitantes;

- Inciso I com redação determinada pela Emenda Constitucional n. 58/2009 (*DOU* 24.09.2009), em vigor na data de sua promulgação, produzindo efeitos a partir de 1º de janeiro do ano subsequente ao da promulgação desta Emenda (v. art. 3º, II, da referida EC).

II – 6% (seis por cento) para Municípios com população entre 100.000 (cem mil) e 300.000 (trezentos mil) habitantes;

- Inciso II com redação determinada pela Emenda Constitucional n. 58/2009 (*DOU* 24.09.2009), em vigor na data de sua promulgação, produzindo efeitos a partir de 1º de janeiro do ano subsequente ao da promulgação desta Emenda (v. art. 3º, II, da referida EC).

III – 5% (cinco por cento) para Municípios com população entre 300.001 (trezentos mil e um) e 500.000 (quinhentos mil) habitantes;

- Inciso III com redação determinada pela Emenda Constitucional n. 58/2009 (*DOU* 24.09.2009), em vigor na data de sua promulgação, produzindo efeitos a partir de 1º de janeiro do ano subsequente ao da promulgação desta Emenda (v. art. 3º, II, da referida EC).

IV – 4,5% (quatro inteiros e cinco décimos por cento) para Municípios com população entre 500.001 (quinhentos mil e um) e 3.000.000 (três milhões) de habitantes;

- Inciso IV com redação determinada pela Emenda Constitucional n. 58/2009 (*DOU* 24.09.2009), em vigor na data de sua promulgação, produzindo efeitos a partir de 1º de janeiro do ano subsequente ao da promulgação desta Emenda (v. art. 3º, II, da referida EC).

V – 4% (quatro por cento) para Municípios com população entre 3.000.001 (três milhões e um) e 8.000.000 (oito milhões) de habitantes;

- Inciso V acrescentado pela Emenda Constitucional n. 58/2009 (*DOU* 24.09.2009), em vigor na data de sua promulgação, produzindo efeitos a partir de 1º de janeiro do ano subsequente ao da promulgação desta Emenda (v. art. 3º, II, da referida EC).

VI – 3,5% (três inteiros e cinco décimos por cento) para Municípios com população acima de 8.000.001 (oito milhões e um) habitantes.

- Inciso VI acrescentado pela Emenda Constitucional n. 58/2009 (*DOU* 24.09.2009), em vigor na data de sua promulgação, produzindo efeitos a partir de 1º de janeiro do ano subsequente ao da promulgação desta Emenda (v. art. 3º, II, da referida EC).

§ 1º A Câmara Municipal não gastará mais de setenta por cento de sua receita com folha de pagamento, incluído o gasto com o subsídio de seus Vereadores.

- § 1º acrescentado pela Emenda Constitucional n. 25/2000 (*DOU* 15.02.2000), em vigor em 1º.01.2001.

§ 2º Constitui crime de responsabilidade do Prefeito Municipal:

- § 2º acrescentado pela Emenda Constitucional n. 25/2000 (*DOU* 15.02.2000), em vigor em 1º.01.2001.

I – efetuar repasse que supere os limites definidos neste artigo;

II – não enviar o repasse até o dia vinte de cada mês; ou

III – enviá-lo a menor em relação à proporção fixada na Lei Orçamentária.

§ 3º Constitui crime de responsabilidade do Presidente da Câmara Municipal o desrespeito ao § 1º deste artigo.

- § 3º acrescentado pela Emenda Constitucional n. 25/2000 (*DOU* 15.02.2000), em vigor em 1º.01.2001.

Art. 30. Compete aos Municípios:

I – legislar sobre assuntos de interesse local;

- V. Súmulas Vinculantes 38 e 42, STF.
- V. Súmula 645, STF.

II – suplementar a legislação federal e a estadual no que couber;

III – instituir e arrecadar os tributos de sua competência, bem como aplicar suas rendas, sem prejuízo da obrigatoriedade de prestar contas e publicar balancetes nos prazos fixados em lei;

Art. 31

CONSTITUIÇÃO FEDERAL

- V. art. 156, CF.

IV – criar, organizar e suprimir distritos, observada a legislação estadual;

V – organizar e prestar, diretamente ou sob regime de concessão ou permissão, os serviços públicos de interesse local, incluído o de transporte coletivo, que tem caráter essencial;

- • V. Lei 8.987/1995 (Concessão e permissão da prestação de serviços públicos).

VI – manter, com a cooperação técnica e financeira da União e do Estado, programas de educação infantil e de ensino fundamental;

- Inciso VI com redação determinada pela Emenda Constitucional n. 53/2006.

VII – prestar, com cooperação técnica e financeira da União e do Estado, serviços de atendimento à saúde da população;

VIII – promover, no que couber, adequado ordenamento territorial, mediante planejamento e controle do uso, do parcelamento e da ocupação do solo urbano;

- V. art. 182, CF.

IX – promover a proteção do patrimônio histórico-cultural local, observada a legislação e a ação fiscalizadora federal e estadual.

Art. 31. A fiscalização do Município será exercida pelo Poder Legislativo Municipal, mediante controle externo, e pelos sistemas de controle interno do Poder Executivo Municipal, na forma da lei.

§ 1º O controle externo da Câmara Municipal será exercido com o auxílio dos Tribunais de Contas dos Estados ou do Município ou dos Conselhos ou Tribunais de Contas dos Municípios, onde houver.

§ 2º O parecer prévio, emitido pelo órgão competente sobre as contas que o Prefeito deve anualmente prestar, só deixará de prevalecer por decisão de dois terços dos membros da Câmara Municipal.

§ 3º As contas dos Municípios ficarão, durante sessenta dias, anualmente, à disposição de qualquer contribuinte, para exame e apreciação, o qual poderá questionar-lhes a legitimidade, nos termos da lei.

§ 4º É vedada a criação de Tribunais, Conselhos ou órgãos de Contas Municipais.

Capítulo V
DO DISTRITO FEDERAL E DOS TERRITÓRIOS

Seção I
Do Distrito Federal

- A Lei Orgânica do Distrito Federal foi publicada no Diário da Câmara Legislativa do DF, de 08.06.1993 (suplemento especial).

Art. 32. O Distrito Federal, vedada sua divisão em Municípios, reger-se-á por lei orgânica, votada em dois turnos com interstício mínimo de dez dias, e aprovada por dois terços da Câmara Legislativa, que a promulgará, atendidos os princípios estabelecidos nesta Constituição.

§ 1º Ao Distrito Federal são atribuídas as competências legislativas reservadas aos Estados e Municípios.

- V. Súmula 642, STF.

§ 2º A eleição do Governador e do Vice-Governador, observadas as regras do art. 77, e dos Deputados Distritais coincidirá com a dos Governadores e Deputados Estaduais, para mandato de igual duração.

§ 3º Aos Deputados Distritais e à Câmara Legislativa aplica-se o disposto no art. 27.

§ 4º Lei federal disporá sobre a utilização, pelo Governo do Distrito Federal, das polícias civil e militar e do corpo de bombeiros militar.

- V. Dec.-lei 667/1969 (Polícias militares e corpos de bombeiros militares dos Estados, dos Territórios e do Distrito Federal).
- V. Lei 6.450/1977 (Organização básica da polícia militar do Distrito Federal).
- V. Lei 7.289/1984 (Estatuto dos Policiais Militares da Polícia Militar do Distrito Federal).
- V. Lei 7.479/1986 (Estatuto dos Bombeiros Militares do Corpo de Bombeiros do Distrito Federal).

Seção II
Dos Territórios

Art. 33. A lei disporá sobre a organização administrativa e judiciária dos Territórios.

- V. Lei 11.697/2008 (Organização judiciária do Distrito Federal e dos Territórios).

§ 1º Os Territórios poderão ser divididos em Municípios, aos quais se aplicará, no que couber, o disposto no Capítulo IV deste Título.

Constituição Federal

§ 2º As contas do Governo do Território serão submetidas ao Congresso Nacional, com parecer prévio do Tribunal de Contas da União.

§ 3º Nos Territórios Federais com mais de cem mil habitantes, além do Governador nomeado na forma desta Constituição, haverá órgãos judiciários de primeira e segunda instância, membros do Ministério Público e defensores públicos federais; a lei disporá sobre as eleições para a Câmara Territorial e sua competência deliberativa.

Capítulo VI
DA INTERVENÇÃO

Art. 34. A União não intervirá nos Estados nem no Distrito Federal, exceto para:
I – manter a integridade nacional;
- V. art. 1º, CF.

II – repelir invasão estrangeira ou de uma unidade da Federação em outra;
III – pôr termo a grave comprometimento da ordem pública;
IV – garantir o livre exercício de qualquer dos Poderes nas unidades da Federação;
- V. art. 36, I, CF.

V – reorganizar as finanças da unidade da Federação que:
a) suspender o pagamento da dívida fundada por mais de dois anos consecutivos, salvo motivo de força maior;
b) deixar de entregar aos Municípios receitas tributárias fixadas nesta Constituição, dentro dos prazos estabelecidos em lei;
- V. art. 10, LC 63/1990 (Critérios e prazos de crédito das parcelas do produto da arrecadação de impostos de competência dos Estados e de transferências por estes recebidas pertencentes aos Municípios).

VI – prover a execução de lei federal, ordem ou decisão judicial;
- V. art. 36, § 3º, CF.
- V. Súmula 637, STF.

VII – assegurar a observância dos seguintes princípios constitucionais:
- V. art. 36, III e § 3º, CF.

a) forma republicana, sistema representativo e regime democrático;
b) direitos da pessoa humana;
c) autonomia municipal;
d) prestação de contas da administração pública, direta e indireta;
e) aplicação do mínimo exigido da receita resultante de impostos estaduais, compreendida a proveniente de transferências, na manutenção e desenvolvimento do ensino e nas ações e serviços públicos de saúde.
- Alínea e acrescentada pela Emenda Constitucional n. 29/2000.

Art. 35. O Estado não intervirá em seus Municípios, nem a União nos Municípios localizados em Território Federal, exceto quando:
I – deixar de ser paga, sem motivo de força maior, por dois anos consecutivos, a dívida fundada;
II – não forem prestadas contas devidas, na forma da lei;
III – não tiver sido aplicado o mínimo exigido da receita municipal na manutenção e desenvolvimento do ensino e nas ações e serviços públicos de saúde;
- Inciso III com redação determinada pela Emenda Constitucional n. 29/2000.

IV – o Tribunal de Justiça der provimento a representação para assegurar a observância de princípios indicados na Constituição Estadual, ou para prover a execução de lei, de ordem ou de decisão judicial.

Art. 36. A decretação da intervenção dependerá:
I – no caso do art. 34, IV, de solicitação do Poder Legislativo ou do Poder Executivo coacto ou impedido, ou de requisição do Supremo Tribunal Federal, se a coação for exercida contra o Poder Judiciário;
II – no caso de desobediência a ordem ou decisão judiciária, de requisição do Supremo Tribunal Federal, do Superior Tribunal de Justiça ou do Tribunal Superior Eleitoral;
III – de provimento, pelo Supremo Tribunal Federal, de representação do Procurador-Geral da República, na hipótese do art. 34, VII, e no caso de recusa à execução de lei federal.
- Inciso III com redação determinada pela Emenda Constitucional n. 45/2004.
- V. Lei 12.562/2011 (Regulamenta o inciso III do art. 36 da CF).

IV – *(Revogado pela Emenda Constitucional n. 45/2004.)*

Art. 37

CONSTITUIÇÃO FEDERAL

§ 1º O decreto de intervenção, que especificará a amplitude, o prazo e as condições de execução e que, se couber, nomeará o interventor, será submetido à apreciação do Congresso Nacional ou da Assembleia Legislativa do Estado, no prazo de vinte e quatro horas.

§ 2º Se não estiver funcionando o Congresso Nacional ou a Assembleia Legislativa, far-se-á convocação extraordinária, no mesmo prazo de vinte e quatro horas.

§ 3º Nos casos do art. 34, VI e VII, ou do art. 35, IV, dispensada a apreciação pelo Congresso Nacional ou pela Assembleia Legislativa, o decreto limitar-se-á a suspender a execução do ato impugnado, se essa medida bastar ao restabelecimento da normalidade.

§ 4º Cessados os motivos da intervenção, as autoridades afastadas de seus cargos a estes voltarão, salvo impedimento legal.

Capítulo VII
DA ADMINISTRAÇÃO PÚBLICA

Seção I
Disposições gerais

Art. 37. A administração pública direta e indireta de qualquer dos Poderes da União, dos Estados, do Distrito Federal e dos Municípios obedecerá aos princípios de legalidade, impessoalidade, moralidade, publicidade e eficiência e, também, ao seguinte:

- *Caput* com redação determinada pela Emenda Constitucional n. 19/1998.
- V. art. 19, ADCT.
- V. Lei 8.112/1990 (Regime jurídico dos servidores públicos civis da União, das autarquias e das fundações públicas federais).
- V. Lei 8.727/1993 (Reescalonamento, pela União, de dívidas das administrações direta e indireta dos Estados, do Distrito Federal e dos Municípios).
- V. Lei 8.730/1993 (Obrigatoriedade de declaração de bens e rendas para o exercício de cargos, empregos e funções nos Poderes Executivo, Legislativo e Judiciário).
- V. Súmula vinculante 13, STF.
- •• V. art. 5º, IV, Lei 12.846/2013 (Responsabilização administrativa e civil de pessoas jurídicas pela prática de atos contra a administração pública, nacional ou estrangeira).

I – os cargos, empregos e funções públicas são acessíveis aos brasileiros que preencham os requisitos estabelecidos em lei, assim como aos estrangeiros, na forma da lei;

- Inciso I com redação determinada pela Emenda Constitucional n. 19/1998.
- V. art. 7º, CLT.
- V. arts. 3º e 5º, Lei 8.112/1990 (Regime jurídico dos servidores públicos civis da União, das autarquias e das fundações públicas federais).
- V. Súmula Vinculante 44, STF.
- V. Súmula 686, STF.

II – a investidura em cargo ou emprego público depende de aprovação prévia em concurso público de provas ou de provas e títulos, de acordo com a natureza e a complexidade do cargo ou emprego, na forma prevista em lei, ressalvadas as nomeações para cargo em comissão declarado em lei de livre nomeação e exoneração;

- Inciso II com redação determinada pela Emenda Constitucional n. 19/1998.
- V. art. 7º, CLT.
- V. arts. 11 e 12, Lei 8.112/1990 (Regime jurídico dos servidores públicos civis da União, das autarquias e das fundações públicas federais).
- V. Lei 9.962/2000 (Disciplina o regime de emprego público).
- V. Súmula Vinculante 43, STF.
- V. Súmula 685, STF.
- •• V. Súmula vinculante 44, STF.

III – o prazo de validade do concurso público será de até dois anos, prorrogável uma vez, por igual período;

- V. art. 12, Lei 8.112/1990 (Regime jurídico dos servidores públicos civis da União, das autarquias e das fundações públicas federais).

IV – durante o prazo improrrogável previsto no edital de convocação, aquele aprovado em concurso público de provas ou de provas e títulos será convocado com prioridade sobre novos concursados para assumir cargo ou emprego, na carreira;

- V. art. 7º, CLT.

V – as funções de confiança, exercidas exclusivamente por servidores ocupantes de cargo efetivo, e os cargos em comissão, a serem preenchidos por servidores de carreira nos casos, condições e percentuais mínimos previstos em lei, destinam-se apenas às atribuições de direção, chefia e assessoramento;

- Inciso V com redação determinada pela Emenda Constitucional n. 19/1998.

VI – é garantido ao servidor público civil o direito à livre associação sindical;

VII – o direito de greve será exercido nos termos e nos limites definidos em lei específica;

- Inciso VII com redação determinada pela Emenda Constitucional n. 19/1998.

Art. 37

Constituição Federal

- V. Lei 7.783/1989 (Direito de greve).

VIII – a lei reservará percentual dos cargos e empregos públicos para as pessoas portadoras de deficiência e definirá os critérios de sua admissão;

- V. Lei 7.853/1989 (Integração social das pessoas portadoras de deficiência).
- V. art. 5º, § 2º, Lei 8.112/1990 (Regime jurídico dos servidores públicos civis da União, das autarquias e das fundações públicas federais).
- V. Súmula 377, STJ.
- ** V. Súmula 522, STJ.

IX – a lei estabelecerá os casos de contratação por tempo determinado para atender a necessidade temporária de excepcional interesse público;

- V. Lei 8.745/1993 (Contratação por tempo determinado para atender a necessidade temporária de excepcional interesse público).
- V. Lei 9.849/1999 (Altera a Lei 8.745/1993).
- V. art. 30, Lei 10.871/2004 (Criação de carreiras e organização de cargos efetivos das autarquias especiais).

X – a remuneração dos servidores públicos e o subsídio de que trata o § 4º do art. 39 somente poderão ser fixados ou alterados por lei específica, observada a iniciativa privativa em cada caso, assegurada revisão geral anual, sempre na mesma data e sem distinção de índices;

- Inciso X com redação determinada pela Emenda Constitucional n. 19/1998.
- V. arts. 39, § 4º, 95, III, e 128, § 5º, I, c, CF.
- V. Lei 7.706/1988 (Revisão de vencimentos, salários, soldos e proventos dos servidores civis e militares).
- V. MP 2.215-10/2001 (Reestruturação da remuneração dos militares das Forças Armadas)
- V. Súmula Vinculante 37, STF.
- ** V. Súmula vinculante 42, STF.

XI – a remuneração e o subsídio dos ocupantes de cargos, funções e empregos públicos da administração direta, autárquica e fundacional, dos membros de qualquer dos Poderes da União, dos Estados, do Distrito Federal e dos Municípios, dos detentores de mandato eletivo e dos demais agentes políticos e os proventos, pensões ou outra espécie remuneratória, percebidos cumulativamente ou não, incluídas as vantagens pessoais ou de qualquer outra natureza, não poderão exceder o subsídio mensal, em espécie, dos Ministros do Supremo Tribunal Federal, aplicando-se como limite, nos Municípios, o subsídio do Prefeito, e nos Estados e no Distrito Federal, o subsídio mensal do Governador no âmbito do Poder Executivo, o subsídio dos Deputados Estaduais e Distritais no âmbito do Poder Legislativo e o subsídio dos Desembargadores do Tribunal de Justiça, limitado a noventa inteiros e vinte e cinco centésimos por cento do subsídio mensal, em espécie, dos Ministros do Supremo Tribunal Federal, no âmbito do Poder Judiciário, aplicável este limite aos membros do Ministério Público, aos Procuradores e aos Defensores Públicos;

- Inciso XI com redação determinada pela Emenda Constitucional n. 41/2003.
- O STF, na ADIn 3.854-1 (*DOU* e *DJU* 08.03.2007), concedeu liminar para, "dando interpretação conforme à Constituição ao artigo 37, inciso XI, e § 12, da Constituição da República, o primeiro dispositivo, na redação da EC n. 41/2003, e o segundo, introduzido pela EC n. 47/2005, excluir a submissão dos membros da magistratura estadual ao subteto de remuneração [...]".
- V. arts. 27, § 2º, 28, § 2º, 29, V e VI, 39, §§ 4º e 5º, 49, VII e VIII, 93, V, 95, III, 128, § 5º, I, c, e 142, § 3º, VIII, CF.
- V. art. 3º, § 3º, Emenda Constitucional n. 20/1998.
- V. arts. 7º e 8º, Emenda Constitucional n. 41/2003.
- V. Lei 8.112/1990 (Regime jurídico dos servidores públicos civis da União, das autarquias e das fundações públicas federais).
- V. Lei Delegada 13/1992 (Gratificações de atividade para os servidores civis do Poder Executivo).
- V. Lei 12.042/2009 (Revisão do subsídio do Procurador-Geral da República).

XII – os vencimentos dos cargos do Poder Legislativo e do Poder Judiciário não poderão ser superiores aos pagos pelo Poder Executivo;

- V. art. 135, CF.
- V. art. 42, Lei 8.112/1990 (Regime jurídico dos servidores públicos civis da União, das autarquias e das fundações públicas federais).
- V. Lei 8.852/1994 (Aplicação dos arts. 37, XI e XII, e 39, § 1º, CF).

XIII – é vedada a vinculação ou equiparação de quaisquer espécies remuneratórias para o efeito de remuneração de pessoal do serviço público;

- Inciso XIII com redação determinada pela Emenda Constitucional n. 19/1998.
- V. art. 142, § 3º, VIII.
- V. Súmula Vinculante 42, STF.

XIV – os acréscimos pecuniários percebidos por servidor público não serão computados nem acumulados para fins de concessão de acréscimos ulteriores;

Art. 37

CONSTITUIÇÃO FEDERAL

- Inciso XIV com redação determinada pela Emenda Constitucional n. 19/1998.
- V. art. 142, § 3º, VIII, CF.

XV – o subsídio e os vencimentos dos ocupantes de cargos e empregos públicos são irredutíveis, ressalvado o disposto nos incisos XI e XIV deste artigo e nos arts. 39, § 4º, 150, II, 153, III, e 153, § 2º, I;

- Inciso XV com redação determinada pela Emenda Constitucional n. 19/1998.
- V. art. 142, § 3º, VIII, CF.

XVI – é vedada a acumulação remunerada de cargos públicos, exceto, quando houver compatibilidade de horários, observado em qualquer caso o disposto no inciso XI:

- Caput do inciso XVI com redação determinada pela Emenda Constitucional n. 19/1998.

a) a de dois cargos de professor;

- Alínea a com redação determinada pela Emenda Constitucional n. 19/1998.

b) a de um cargo de professor com outro, técnico ou científico;

- Alínea b com redação determinada pela Emenda Constitucional n. 19/1998.

c) a de dois cargos ou empregos privativos de profissionais de saúde, com profissões regulamentadas;

- Alínea c com redação determinada pela Emenda Constitucional n. 34/2001.
- V. arts. 118 a 120, Lei 8.112/1990 (Regime jurídico dos servidores públicos civis da União, das autarquias e das fundações públicas federais).

XVII – a proibição de acumular estende-se a empregos e funções e abrange autarquias, fundações, empresas públicas, sociedades de economia mista, suas subsidiárias, e sociedades controladas, direta ou indiretamente, pelo poder público;

- Inciso XVII com redação determinada pela Emenda Constitucional n. 19/1998.
- V. art. 118, § 1º, Lei 8.112/1990 (Regime jurídico dos servidores públicos civis da União, das autarquias e das fundações públicas federais).

XVIII – a administração fazendária e seus servidores fiscais terão, dentro de suas áreas de competência e jurisdição, precedência sobre os demais setores administrativos, na forma da lei;

XIX – somente por lei específica poderá ser criada autarquia e autorizada a instituição de empresa pública, de sociedade de economia mista e de fundação, cabendo à lei complementar, neste último caso, definir as áreas de sua atuação;

- Inciso XIX com redação determinada pela Emenda Constitucional n. 19/1998.

XX – depende de autorização legislativa, em cada caso, a criação de subsidiárias das entidades mencionadas no inciso anterior, assim como a participação de qualquer delas em empresa privada;

XXI – ressalvados os casos especificados na legislação, as obras, serviços, compras e alienações serão contratados mediante processo de licitação pública que assegure igualdade de condições a todos os concorrentes, com cláusulas que estabeleçam obrigações de pagamento, mantidas as condições efetivas da proposta, nos termos da lei, o qual somente permitirá as exigências de qualificação técnica e econômica indispensáveis à garantia do cumprimento das obrigações.

- V. art. 22, XXVII, CF.
- V. art. 3º, Lei 8.666/1993 (Lei de Licitações).
- V. Lei 8.883/1994 (Altera a Lei 8.666/1993).
- V. Lei 9.854/1999 (Altera a Lei 8.666/1993).
- V. Súmula 333, STJ.

XXII – as administrações tributárias da União, dos Estados, do Distrito Federal e dos Municípios, atividades essenciais ao funcionamento do Estado, exercidas por servidores de carreiras específicas, terão recursos prioritários para a realização de suas atividades e atuarão de forma integrada, inclusive com o compartilhamento de cadastros e de informações fiscais, na forma da lei ou convênio.

- Inciso XXII acrescentado pela Emenda Constitucional n. 42/2003.

§ 1º A publicidade dos atos, programas, obras, serviços e campanhas dos órgãos públicos deverá ter caráter educativo, informativo ou de orientação social, dela não podendo constar nomes, símbolos ou imagens que caracterizem promoção pessoal de autoridades ou servidores públicos.

- V. Lei 8.389/1991 (Conselho de Comunicação Social).

§ 2º A não observância do disposto nos incisos II e III implicará a nulidade do ato e a punição da autoridade responsável, nos termos da lei.

Constituição Federal

- V. arts. 116 a 142, Lei 8.112/1990 (Regime jurídico dos servidores públicos civis da União, das autarquias e das fundações públicas federais).
- V. Lei 8.429/1992 (Enriquecimento ilícito – sanções aplicáveis).

§ 3º A lei disciplinará as formas de participação do usuário na administração pública direta e indireta, regulando especialmente:

- § 3º com redação determinada pela Emenda Constitucional n. 19/1998.

I – as reclamações relativas à prestação dos serviços públicos em geral, asseguradas a manutenção de serviços de atendimento ao usuário e a avaliação periódica, externa e interna, da qualidade dos serviços;

II – o acesso dos usuários a registros administrativos e a informações sobre atos de governo, observado o disposto no art. 5º, X e XXXIII;

- V. Lei 12.527/2011 (Lei Geral de Acesso à Informação Pública).
- V. Dec. 7.724/2012 (Regulamenta a Lei 12.527/2012).

III – a disciplina da representação contra o exercício negligente ou abusivo de cargo, emprego ou função na administração pública.

§ 4º Os atos de improbidade administrativa importarão a suspensão dos direitos políticos, a perda da função pública, a indisponibilidade dos bens e o ressarcimento ao erário, na forma e gradação previstas em lei, sem prejuízo da ação penal cabível.

- V. art. 15, V, CF.
- V. Dos crimes praticados por funcionário público contra a administração em geral, Capítulo I do Título XI, CP.
- V. Dec.-lei 3.240/1941 (Crimes contra a Fazenda Pública – sequestro de bens).
- V. Dec.-lei 502/1969 (Confisco de bens).
- V. Lei 8.026/1990 (Aplicação da pena de demissão a funcionário público).
- V. Lei 8.027/1990 (Conduta dos servidores públicos civis da União, das autarquias e das fundações públicas).
- V. Lei 8.112/1990 (Regime jurídico dos servidores públicos civis da União, das autarquias e das fundações públicas federais).
- V. art. 3º, Lei 8.137/1990 (Crimes contra a ordem tributária, econômica e contra as relações de consumo).
- V. Lei 8.429/1992 (Enriquecimento ilícito – sanções aplicáveis).
- V. arts. 81 a 99, Lei 8.666/1993 (Lei de Licitações).

§ 5º A lei estabelecerá os prazos de prescrição para ilícitos praticados por qualquer agente, servidor ou não, que causem prejuízos ao erário, ressalvadas as respectivas ações de ressarcimento.

- V. art. 142, Lei 8.112/1990 (Regime jurídico dos servidores públicos civis da União, das autarquias e das fundações públicas federais).
- V. art. 23, Lei 8.429/1992 (Enriquecimento ilícito – sanções aplicáveis).

§ 6º As pessoas jurídicas de direito público e as de direito privado prestadoras de serviços públicos responderão pelos danos que seus agentes, nessa qualidade, causarem a terceiros, assegurado o direito de regresso contra o responsável nos casos de dolo ou culpa.

- V. art. 43, CC.
- V. Lei 6.453/1977 (Responsabilidade civil e criminal por danos nucleares).

§ 7º A lei disporá sobre os requisitos e as restrições ao ocupante de cargo ou emprego da administração direta e indireta que possibilite o acesso a informações privilegiadas.

- § 7º acrescentado pela Emenda Constitucional n. 19/1998.

§ 8º A autonomia gerencial, orçamentária e financeira dos órgãos e entidades da administração direta e indireta poderá ser ampliada mediante contrato, a ser firmado entre seus administradores e o poder público, que tenha por objeto a fixação de metas de desempenho para o órgão ou entidade, cabendo à lei dispor sobre:

- § 8º acrescentado pela Emenda Constitucional n. 19/1998.

I – o prazo de duração do contrato;

II – os controles e critérios de avaliação de desempenho, direitos, obrigações e responsabilidade dos dirigentes;

III – a remuneração do pessoal.

§ 9º O disposto no inciso XI aplica-se às empresas públicas e às sociedades de economia mista, e suas subsidiárias, que receberem recursos da União, dos Estados, do Distrito Federal ou dos Municípios para pagamento de despesas de pessoal ou de custeio em geral.

- § 9º acrescentado pela Emenda Constitucional n. 19/1998.

Art. 38

CONSTITUIÇÃO FEDERAL

§ 10. É vedada a percepção simultânea de proventos de aposentadoria decorrentes do art. 40 ou dos arts. 42 e 142 com a remuneração de cargo, emprego ou função pública, ressalvados os cargos acumuláveis na forma desta Constituição, os cargos eletivos e os cargos em comissão declarados em lei de livre nomeação e exoneração.

- § 10 acrescentado pela Emenda Constitucional n. 20/1998.

§ 11. Não serão computadas, para efeito dos limites remuneratórios de que trata o inciso XI do *caput* deste artigo, as parcelas de caráter indenizatório previstas em lei.

- § 11 acrescentado pela Emenda Constitucional n. 47/2005 (*DOU* 06.07.2005), em vigor na data de sua publicação, com efeitos retroativos à data de vigência da Emenda Constitucional n. 41/2003 (*DOU* 31.12.2003).
- V. art. 4º, Emenda Constitucional n. 47/2005.

§ 12. Para os fins do disposto no inciso XI do *caput* deste artigo, fica facultado aos Estados e ao Distrito Federal fixar, em seu âmbito, mediante emenda às respectivas Constituições e Lei Orgânica, como limite único, o subsídio mensal dos Desembargadores do respectivo Tribunal de Justiça, limitado a noventa inteiros e vinte e cinco centésimos por cento do subsídio mensal dos Ministros do Supremo Tribunal Federal, não se aplicando o disposto neste parágrafo aos subsídios dos Deputados Estaduais e Distritais e dos Vereadores.

- § 12 acrescentado pela Emenda Constitucional n. 47/2005 (*DOU* 06.07.2005), em vigor na data de sua publicação, com efeitos retroativos à data de vigência da Emenda Constitucional n. 41/2003 (*DOU* 31.12.2003).

Art. 38. Ao servidor público da administração direta, autárquica e fundacional, no exercício de mandato eletivo, aplicam-se as seguintes disposições:

- *Caput* com redação determinada pela Emenda Constitucional n. 19/1998.
- V. art. 28, CF.
- V. Lei 8.112/1990 (Regime jurídico dos servidores públicos civis da União, das autarquias e das fundações públicas federais).

I – tratando-se de mandato eletivo federal, estadual ou distrital, ficará afastado de seu cargo, emprego ou função;

- V. art. 28, § 1º, CF.

II – investido no mandato de Prefeito, será afastado do cargo, emprego ou função, sendo-lhe facultado optar pela sua remuneração;

III – investido no mandato de Vereador, havendo compatibilidade de horários, perceberá as vantagens de seu cargo, emprego ou função, sem prejuízo da remuneração do cargo eletivo, e, não havendo compatibilidade, será aplicada a norma do inciso anterior;

IV – em qualquer caso que exija o afastamento para o exercício de mandato eletivo, seu tempo de serviço será contado para todos os efeitos legais, exceto para promoção por merecimento;

- V. art. 28, § 1º, CF.

V – para efeito de benefício previdenciário, no caso de afastamento, os valores serão determinados como se no exercício estivesse.

- V. art. 28, § 1º, CF.

Seção II
Dos servidores públicos

- Rubrica da Seção II renomeada pela Emenda Constitucional n. 18/1998.
- V. Súmula 378, STJ.

Art. 39. A União, os Estados, o Distrito Federal e os Municípios instituirão conselho de política de administração e remuneração de pessoal, integrado por servidores designados pelos respectivos Poderes.

- Artigo com redação determinada pela Emenda Constitucional n. 19/1998.
- O STF, na ADIn 2.135-4 (*DOU* e *DJU* 14.08.2007), deferiu parcialmente a medida cautelar, com efeitos *ex nunc*, para suspender a eficácia do art. 39, *caput*, da CF, com a redação determinada pela EC n. 19/1998. De acordo com o voto do relator, em função da liminar concedida, volta a vigorar a redação original: "Art. 39. A União, os Estados, o Distrito Federal e os Municípios instituirão, no âmbito de sua competência, regime jurídico único e planos de carreira para os servidores da administração pública direta, das autarquias e das fundações públicas".
- V. art. 24, ADCT.
- V. Lei 8.026/1990 (Aplicação da pena de demissão a funcionário público).
- V. Lei 8.027/1990 (Conduta dos servidores públicos civis da União, das autarquias e das fundações públicas).

Art. 40

Constituição Federal

- V. Lei 8.112/1990 (Regime jurídico dos servidores públicos civis da União, das autarquias e das fundações públicas federais).

§ 1º A fixação dos padrões de vencimento e dos demais componentes do sistema remuneratório observará:

- V. Súmula vinculante 4, STF.
- • V. Súmula vinculante 51, STF.

I – a natureza, o grau de responsabilidade e a complexidade dos cargos componentes de cada carreira;
II – os requisitos para a investidura;
III – as peculiaridades dos cargos.

- V. art. 41, § 4º, Lei 8.112/1990 (Regime jurídico dos servidores públicos civis da União, das autarquias e das fundações públicas federais).
- V. Lei 8.448/1992 (Regulamenta o art. 39, § 1º, CF).
- V. Res. CN 1/1992 (Poderes ao Presidente da República para legislar sobre revisão e instituição de gratificações de atividade dos servidores do Poder Executivo, civis e militares, com o fim específico de lhes assegurar a isonomia).
- V. Lei 8.852/1994 (Aplicação dos arts. 37, XI e XII, e 39, § 1º, CF).
- V. Lei 9.367/1996 (Fixa critérios para unificação das tabelas de vencimentos dos servidores).

§ 2º A União, os Estados e o Distrito Federal manterão escolas de governo para a formação e o aperfeiçoamento dos servidores públicos, constituindo-se a participação nos cursos um dos requisitos para a promoção na carreira, facultada, para isso, a celebração de convênios ou contratos entre os entes federados.

§ 3º Aplica-se aos servidores ocupantes de cargo público o disposto no art. 7º, IV, VII, VIII, IX, XII, XIII, XV, XVI, XVII, XVIII, XIX, XX, XXII e XXX, podendo a lei estabelecer requisitos diferenciados de admissão quando a natureza do cargo o exigir.

- V. Dec.-lei 5.452/1943 (Consolidação das Leis do Trabalho).
- V. Súmula vinculante 16, STF.

§ 4º O membro de Poder, o detentor de mandato eletivo, os Ministros de Estado e os Secretários Estaduais e Municipais serão remunerados exclusivamente por subsídio fixado em parcela única, vedado o acréscimo de qualquer gratificação, adicional, abono, prêmio, verba de representação ou outra espécie remuneratória, obedecido, em qualquer caso, o disposto no art. 37, X e XI.

- V. arts. 27, § 2º, 28, § 2º, 29, V e VI, 37, XV, 48, XV, 49, VII e VIII, 93, V, 95, III, 128, § 5º, I, c, e 135, CF.
- V. Lei 11.144/2005 (Subsídio do Procurador Geral da República).
- V. Lei 12.042/2009 (Revisão do subsídio do Procurador-Geral da República).

§ 5º Lei da União, dos Estados, do Distrito Federal e dos Municípios poderá estabelecer a relação entre a maior e a menor remuneração dos servidores públicos, obedecido, em qualquer caso, o disposto no art. 37, XI.

§ 6º Os Poderes Executivo, Legislativo e Judiciário publicarão anualmente os valores do subsídio e da remuneração dos cargos e empregos públicos.

§ 7º Lei da União, dos Estados, do Distrito Federal e dos Municípios disciplinará a aplicação de recursos orçamentários provenientes da economia com despesas correntes em cada órgão, autarquia e fundação, para aplicação no desenvolvimento de programas de qualidade e produtividade, treinamento e desenvolvimento, modernização, reaparelhamento e racionalização do serviço público, inclusive sob a forma de adicional ou prêmio de produtividade.

§ 8º A remuneração dos servidores públicos organizados em carreira poderá ser fixada nos termos do § 4º.

Art. 40. Aos servidores titulares de cargos efetivos da União, dos Estados, do Distrito Federal e dos Municípios, incluídas suas autarquias e fundações, é assegurado regime de previdência de caráter contributivo e solidário, mediante contribuição do respectivo ente público, dos servidores ativos e inativos e dos pensionistas, observados critérios que preservem o equilíbrio financeiro e atuarial e o disposto neste artigo.

- *Caput* com redação determinada pela Emenda Constitucional n. 41/2003.
- V. arts. 37, § 10, 73, § 3º, e 93, VI, CF.
- V. arts. 4º e 6º, Emenda Constitucional n. 41/2003.
- V. art. 3º, Emenda Constitucional n. 47/2005.
- V. art. 3º, Lei 12.618/2012 (Regime de Previdência Complementar para os servidores públicos federais).

§ 1º Os servidores abrangidos pelo regime de previdência de que trata este artigo serão aposentados, calculados os seus proventos

Art. 40

Constituição Federal

a partir dos valores fixados na forma dos §§ 3º e 17:

- Caput do § 1º com redação determinada pela Emenda Constitucional n. 41/2003.
- V. art. 2º, § 5º, Emenda Constitucional n. 41/2003.

I – por invalidez permanente, sendo os proventos proporcionais ao tempo de contribuição, exceto se decorrente de acidente em serviço, moléstia profissional ou doença grave, contagiosa ou incurável, na forma da lei;

- Inciso I com redação determinada pela Emenda Constitucional n. 41/2003.

II – compulsoriamente, com proventos proporcionais ao tempo de contribuição, aos 70 (setenta) anos de idade, ou aos 75 (setenta e cinco) anos de idade, na forma de lei complementar;

- Inciso II com redação determinada pela Emenda Constitucional n. 88/2015.
- V. arts. 2º, § 5º, e 3º, § 1º, Emenda Constitucional n. 41/2003.

III – voluntariamente, desde que cumprido tempo mínimo de dez anos de efetivo exercício no serviço público e cinco anos no cargo efetivo em que se dará a aposentadoria, observadas as seguintes condições:

- Inciso III acrescentado pela Emenda Constitucional n. 20/1998.
- V. art. 2º, § 1º, Emenda Constitucional n. 41/2003.

a) sessenta anos de idade e trinta e cinco de contribuição, se homem, e cinquenta e cinco anos de idade e trinta de contribuição, se mulher;

- V. art. 3º, § 1º, Emenda Constitucional n. 20/1998.

b) sessenta e cinco anos de idade, se homem, e sessenta anos de idade, se mulher, com proventos proporcionais ao tempo de contribuição.

§ 2º Os proventos de aposentadoria e as pensões, por ocasião de sua concessão, não poderão exceder a remuneração do respectivo servidor, no cargo efetivo em que se deu a aposentadoria ou que serviu de referência para a concessão da pensão.

- § 2º com redação determinada pela Emenda Constitucional n. 20/1998.

§ 3º Para o cálculo dos proventos de aposentadoria, por ocasião da sua concessão, serão consideradas as remunerações utilizadas como base para as contribuições do servidor aos regimes de previdência de que tratam este artigo e o art. 201, na forma da lei.

- § 3º com redação determinada pela Emenda Constitucional n. 41/2003.
- V. art. 2º, Emenda Constitucional n. 41/2003.
- V. art. 1º, Lei 10.887/2004 (Aplicação de disposições da EC n. 41/2003).

§ 4º É vedada a adoção de requisitos e critérios diferenciados para a concessão de aposentadoria aos abrangidos pelo regime de que trata este artigo, ressalvados, nos termos definidos em leis complementares, os casos de servidores:

- § 4º com redação determinada pela Emenda Constitucional n. 47/2005 (DOU 06.07.2005), em vigor na data de sua publicação, com efeitos retroativos à data de vigência da Emenda Constitucional n. 41/2003 (DOU 31.12.2003).

I – portadores de deficiência;

II – que exerçam atividades de risco;

III – cujas atividades sejam exercidas sob condições especiais que prejudiquem a saúde ou a integridade física.

- V. Súmula vinculante 33, STF.

§ 5º Os requisitos de idade e de tempo de contribuição serão reduzidos em cinco anos, em relação ao disposto no § 1º, III, a, para o professor que comprove exclusivamente tempo de efetivo exercício das funções de magistério na educação infantil e no ensino fundamental e médio.

- § 5º com redação determinada pela Emenda Constitucional n. 20/1998.
- V. arts. 2º, § 1º, e 6º, Emenda Constitucional n. 41/2003.
- V. art. 67, § 2º, Lei 9.394/1996 (Diretrizes e bases da educação nacional).
- V. Súmula 726, STF.

§ 6º Ressalvadas as aposentadorias decorrentes dos cargos acumuláveis na forma desta Constituição, é vedada a percepção de mais de uma aposentadoria à conta do regime de previdência previsto neste artigo.

- § 6º com redação determinada pela Emenda Constitucional n. 20/1998.

§ 7º Lei disporá sobre a concessão do benefício de pensão por morte, que será igual:

- § 7º com redação determinada pela Emenda Constitucional n. 41/2003.
- V. art. 42, § 2º, CF.

Constituição Federal

I – ao valor da totalidade dos proventos do servidor falecido, até o limite máximo estabelecido para os benefícios do regime geral de previdência social de que trata o art. 201, acrescido de setenta por cento da parcela excedente a este limite, caso aposentado à data do óbito; ou

II – ao valor da totalidade da remuneração do servidor no cargo efetivo em que se deu o falecimento, até o limite máximo estabelecido para os benefícios do regime geral de previdência social de que trata o art. 201, acrescido de setenta por cento da parcela excedente a este limite, caso em atividade na data do óbito.

§ 8º É assegurado o reajustamento dos benefícios para preservar-lhes, em caráter permanente, o valor real, conforme critérios estabelecidos em lei.

- § 8º com redação determinada pela Emenda Constitucional n. 41/2003.
- V. art. 2º, § 6º, Emenda Constitucional n. 41/2003.
- V. Súmula Vinculante 34, STF.

§ 9º O tempo de contribuição federal, estadual ou municipal será contado para efeito de aposentadoria e o tempo de serviço correspondente para efeito de disponibilidade.

- § 9º acrescentado pela Emenda Constitucional n. 20/1998.
- V. art. 42, § 1º, CF.

§ 10. A lei não poderá estabelecer qualquer forma de contagem de tempo de contribuição fictício.

- § 10 acrescentado pela Emenda Constitucional n. 20/1998.
- V. art. 4º, Emenda Constitucional n. 20/1998.

§ 11. Aplica-se o limite fixado no art. 37, XI, à soma total dos proventos de inatividade, inclusive quando decorrentes da acumulação de cargos ou empregos públicos, bem como de outras atividades sujeitas a contribuição para o regime geral de previdência social, e ao montante resultante da adição de proventos de inatividade com remuneração de cargo acumulável na forma desta Constituição, cargo em comissão declarado em lei de livre nomeação e exoneração, e de cargo eletivo.

- § 11 acrescentado pela Emenda Constitucional n. 20/1998.

§ 12. Além do disposto neste artigo, o regime de previdência dos servidores públicos titulares de cargo efetivo observará, no que couber, os requisitos e critérios fixados para o regime geral de previdência social.

- § 12 acrescentado pela Emenda Constitucional n. 20/1998.

§ 13. Ao servidor ocupante, exclusivamente, de cargo em comissão declarado em lei de livre nomeação e exoneração bem como de outro cargo temporário ou de emprego público, aplica-se o regime geral de previdência social.

- § 13 acrescentado pela Emenda Constitucional n. 20/1998.
- V. Lei 9.962/2000 (Disciplina o regime de emprego público).

§ 14. A União, os Estados, o Distrito Federal e os Municípios, desde que instituam regime de previdência complementar para os seus respectivos servidores titulares de cargo efetivo, poderão fixar, para o valor das aposentadorias e pensões a serem concedidas pelo regime de que trata este artigo, o limite máximo estabelecido para os benefícios do regime geral de previdência social de que trata o art. 201.

- § 14 acrescentado pela Emenda Constitucional n. 20/1998.
- V. Lei 12.618/2012 (Regime de Previdência Complementar para os servidores públicos federais).

§ 15. O regime de previdência complementar de que trata o § 14 será instituído por lei de iniciativa do respectivo Poder Executivo, observado o disposto no art. 202 e seus parágrafos, no que couber, por intermédio de entidades fechadas de previdência complementar, de natureza pública, que oferecerão aos respectivos participantes planos de benefícios somente na modalidade de contribuição definida.

- § 15 com redação determinada pela Emenda Constitucional n. 41/2003.
- V. Lei 12.618/2012 (Regime de Previdência Complementar para os servidores públicos federais).

§ 16. Somente mediante sua prévia e expressa opção, o disposto nos §§ 14 e 15 poderá ser aplicado ao servidor que tiver ingressado no serviço público até a data da publicação do ato de instituição do correspondente regime de previdência complementar.

Art. 41

Constituição Federal

- § 16 acrescentado pela Emenda Constitucional n. 20/1998.
- V. Lei 12.618/2012 (Regime de Previdência Complementar para os servidores públicos federais).

§ 17. Todos os valores de remuneração considerados para o cálculo do benefício previsto no § 3º serão devidamente atualizados, na forma da lei.

- § 17 acrescentado pela Emenda Constitucional n. 41/2003.
- V. art. 2º, Emenda Constitucional n. 41/2003.

§ 18. Incidirá contribuição sobre os proventos de aposentadorias e pensões concedidas pelo regime de que trata este artigo que superem o limite máximo estabelecido para os benefícios do regime geral de previdência social de que trata o art. 201, com percentual igual ao estabelecido para os servidores titulares de cargos efetivos.

- § 18 acrescentado pela Emenda Constitucional n. 41/2003.
- V. art. 4º, I e II, Emenda Constitucional n. 41/2003.

§ 19. O servidor de que trata este artigo que tenha completado as exigências para aposentadoria voluntária estabelecidas no § 1º, III, a, e que opte por permanecer em atividade fará jus a um abono de permanência equivalente ao valor da sua contribuição previdenciária até completar as exigências para aposentadoria compulsória contidas no § 1º, II.

- § 19 acrescentado pela Emenda Constitucional n. 41/2003.

§ 20. Fica vedada a existência de mais de um regime próprio de previdência social para os servidores titulares de cargos efetivos, e de mais de uma unidade gestora do respectivo regime em cada ente estatal, ressalvado o disposto no art. 142, § 3º, X.

- § 20 acrescentado pela Emenda Constitucional n. 41/2003.
- V. art. 2º, Emenda Constitucional n. 41/2003.

§ 21. A contribuição prevista no § 18 deste artigo incidirá apenas sobre as parcelas de proventos de aposentadoria e de pensão que superem o dobro do limite máximo estabelecido para os benefícios do regime geral de previdência social de que trata o art. 201 desta Constituição, quando o beneficiário, na forma da lei, for portador de doença incapacitante.

- § 21 acrescentado pela Emenda Constitucional n. 47/2005 (DOU 06.07.2005), em vigor na data de sua publicação, com efeitos retroativos à data de vigência da Emenda Constitucional n. 41/2003 (DOU 31.12.2003).

Art. 41. São estáveis após três anos de efetivo exercício os servidores nomeados para cargo de provimento efetivo em virtude de concurso público.

- Artigo com redação determinada pela Emenda Constitucional n. 19/1998.
- •• V. Súmula 390, TST.

§ 1º O servidor público estável só perderá o cargo:
I – em virtude de sentença judicial transitada em julgado;
II – mediante processo administrativo em que lhe seja assegurada ampla defesa;
III – mediante procedimento de avaliação periódica de desempenho, na forma de lei complementar, assegurada ampla defesa.

- V. art. 247, CF.

§ 2º Invalidada por sentença judicial a demissão do servidor estável, será ele reintegrado, e o eventual ocupante da vaga, se estável, reconduzido ao cargo de origem, sem direito a indenização, aproveitado em outro cargo ou posto em disponibilidade com remuneração proporcional ao tempo de serviço.

§ 3º Extinto o cargo ou declarada a sua desnecessidade, o servidor estável ficará em disponibilidade, com remuneração proporcional ao tempo de serviço, até seu adequado aproveitamento em outro cargo.

§ 4º Como condição para a aquisição da estabilidade, é obrigatória a avaliação especial de desempenho por comissão instituída para essa finalidade.

- V. art. 28, Emenda Constitucional n. 19/1998.

Seção III
Dos militares dos Estados, do Distrito Federal e dos Territórios

- Rubrica da Seção III renomeada pela Emenda Constitucional n. 18/1998.

Art. 42. Os membros das Polícias Militares e Corpos de Bombeiros Militares, instituições organizadas com base na hierarquia e disciplina, são militares dos Estados, do Distrito Federal e dos Territórios.

- *Caput* com redação determinada pela Emenda Constitucional n. 18/1998.
- V. MP 2.215-10/2001 (Reestruturação da remuneração dos militares das Forças Armadas).
- V. art. 37, § 10, CF.

§ 1º Aplicam-se aos militares dos Estados, do Distrito Federal e dos Territórios, além do que vier a ser fixado em lei, as disposições do art. 14, § 8º; do art. 40, § 9º; e do art. 142, §§ 2º e 3º, cabendo a lei estadual específica dispor sobre as matérias do art. 142, § 3º, inciso X, sendo as patentes dos oficiais conferidas pelos respectivos governadores.

- § 1º com redação determinada pela Emenda Constitucional n. 20/1998.

§ 2º Aos pensionistas dos militares dos Estados, do Distrito Federal e dos Territórios aplica-se o que for fixado em lei específica do respectivo ente estatal.

- § 2º com redação determinada pela Emenda Constitucional n. 41/2003.

Seção IV
Das regiões

Art. 43. Para efeitos administrativos, a União poderá articular sua ação em um mesmo complexo geoeconômico e social, visando ao seu desenvolvimento e à redução das desigualdades regionais.

§ 1º Lei complementar disporá sobre:
I – as condições para integração de regiões em desenvolvimento;
II – a composição dos organismos regionais que executarão, na forma da lei, os planos regionais, integrantes dos planos nacionais de desenvolvimento econômico e social, aprovados juntamente com estes.

- V. LC 124/2007 (Sudam).
- V. LC 125/2007 (Sudene).
- V. LC 129/2009 (Sudeco).

§ 2º Os incentivos regionais compreenderão, além de outros, na forma da lei:
I – igualdade de tarifas, fretes, seguros e outros itens de custos e preços de responsabilidade do Poder Público;
II – juros favorecidos para financiamento de atividades prioritárias;
III – isenções, reduções ou diferimento temporário de tributos federais devidos por pessoas físicas ou jurídicas;
IV – prioridade para o aproveitamento econômico e social dos rios e das massas de água represadas ou represáveis nas regiões de baixa renda, sujeitas a secas periódicas.

§ 3º Nas áreas a que se refere o § 2º, IV, a União incentivará a recuperação de terras áridas e cooperará com os pequenos e médios proprietários rurais para o estabelecimento, em suas glebas, de fontes de água e de pequena irrigação.

TÍTULO IV
DA ORGANIZAÇÃO DOS PODERES

Capítulo I
DO PODER LEGISLATIVO

Seção I
Do Congresso Nacional

Art. 44. O Poder Legislativo é exercido pelo Congresso Nacional, que se compõe da Câmara dos Deputados e do Senado Federal.

Parágrafo único. Cada legislatura terá a duração de quatro anos.

Art. 45. A Câmara dos Deputados compõe-se de representantes do povo, eleitos pelo sistema proporcional, em cada Estado, em cada Território e no Distrito Federal.

§ 1º O número total de Deputados, bem como a representação por Estado e pelo Distrito Federal, será estabelecido por lei complementar, proporcionalmente à população, procedendo-se aos ajustes necessários, no ano anterior às eleições, para que nenhuma daquelas unidades da Federação tenha menos de oito ou mais de setenta Deputados.

- V. LC 78/1993 (Fixação do número de deputados).

§ 2º Cada Território elegerá quatro Deputados.

Art. 46. O Senado Federal compõe-se de representantes dos Estados e do Distrito Federal, eleitos segundo o princípio majoritário.

§ 1º Cada Estado e o Distrito Federal elegerão três Senadores, com mandato de oito anos.

Art. 47

§ 2º A representação de cada Estado e do Distrito Federal será renovada de quatro em quatro anos, alternadamente, por um e dois terços.

§ 3º Cada Senador será eleito com dois suplentes.

Art. 47. Salvo disposição constitucional em contrário, as deliberações de cada Casa e de suas Comissões serão tomadas por maioria dos votos, presente a maioria absoluta de seus membros.

Seção II
Das atribuições do Congresso Nacional

Art. 48. Cabe ao Congresso Nacional, com a sanção do Presidente da República, não exigida esta para o especificado nos arts. 49, 51 e 52, dispor sobre todas as matérias de competência da União, especialmente sobre:

I – sistema tributário, arrecadação e distribuição de rendas;

II – plano plurianual, diretrizes orçamentárias, orçamento anual, operações de crédito, dívida pública e emissões de curso forçado;

- V. Lei 9.276/1996 (Plano Plurianual para o período de 1996/1999).

III – fixação e modificação do efetivo das Forças Armadas;

IV – planos e programas nacionais, regionais e setoriais de desenvolvimento;

V – limites do território nacional, espaço aéreo e marítimo e bens do domínio da União;

VI – incorporação, subdivisão ou desmembramento de áreas de Territórios ou Estados, ouvidas as respectivas Assembleias Legislativas;

- V. art. 4º, Lei 9.709/1998 (Regulamenta a execução do disposto nos incisos I, II e III do art. 14 da CF).

VII – transferência temporária da sede do Governo Federal;

VIII – concessão de anistia;

IX – organização administrativa, judiciária, do Ministério Público e da Defensoria Pública da União e dos Territórios e organização judiciária e do Ministério Público do Distrito Federal;

- Inciso IX com redação determinada pela Emenda Constitucional n. 69/2012 (*DOU* 30.03.2012), em vigor na data de sua publicação, produzindo efeitos após decorridos 120 (cento e vinte) dias de sua publicação oficial (v. art. 4º, da referida EC).

X – criação, transformação e extinção de cargos, empregos e funções públicas, observado o que estabelece o art. 84, VI, *b*;

- Inciso X com redação determinada pela Emenda Constitucional n. 32/2001.

XI – criação e extinção de Ministérios e órgãos da administração pública;

- Inciso XI com redação determinada pela Emenda Constitucional n. 32/2001.

XII – telecomunicações e radiodifusão;

- V. Lei 9.295/1996 (Serviços de telecomunicações).

XIII – matéria financeira, cambial e monetária, instituições financeiras e suas operações;

XIV – moeda, seus limites de emissão, e montante da dívida mobiliária federal;

XV – fixação do subsídio dos Ministros do Supremo Tribunal Federal, observado o que dispõem os arts. 39, § 4º; 150, II; 153, III; e 153, § 2º, I.

- Inciso XV com redação determinada pela Emenda Constitucional n. 41/2003.
- V. Lei 11.143/2005 (Subsídio de Ministro do Supremo Tribunal Federal).
- V. Lei 12.041/2009 (Revisão do subsídio de Ministro do STF).

Art. 49. É da competência exclusiva do Congresso Nacional:

- V. art. 48, CF.

I – resolver definitivamente sobre tratados, acordos ou atos internacionais que acarretem encargos ou compromissos gravosos ao patrimônio nacional;

II – autorizar o Presidente da República a declarar guerra, a celebrar a paz, a permitir que forças estrangeiras transitem pelo território nacional ou nele permaneçam temporariamente, ressalvados os casos previstos em lei complementar;

III – autorizar o Presidente e o Vice-Presidente da República a se ausentarem do País, quando a ausência exceder a quinze dias;

Constituição Federal

IV – aprovar o estado de defesa e a intervenção federal, autorizar o estado de sítio, ou suspender qualquer uma dessas medidas;
V – sustar os atos normativos do Poder Executivo que exorbitem do poder regulamentar ou dos limites de delegação legislativa;
VI – mudar temporariamente sua sede;
VII – fixar idêntico subsídio para os Deputados Federais e os Senadores, observado o que dispõem os arts. 37, XI, 39, § 4º, 150, II, 153, III, e 153, § 2º, I;

* Inciso VII com redação determinada pela Emenda Constitucional n. 19/1998.

VIII – fixar os subsídios do Presidente e do Vice-Presidente da República e dos Ministros de Estado, observado o que dispõem os arts. 37, XI, 39, § 4º, 150, II, 153, III, e 153, § 2º, I;

* Inciso VIII com redação determinada pela Emenda Constitucional n. 19/1998.

IX – julgar anualmente as contas prestadas pelo Presidente da República e apreciar os relatórios sobre a execução dos planos de governo;
X – fiscalizar e controlar, diretamente, ou por qualquer de suas Casas, os atos do Poder Executivo, incluídos os da administração indireta;
XI – zelar pela preservação de sua competência legislativa em face da atribuição normativa dos outros Poderes;
XII – apreciar os atos de concessão e renovação de concessão de emissoras de rádio e televisão;
XIII – escolher dois terços dos membros do Tribunal de Contas da União;

* V. Dec. Leg. 6/1993 (Escolha de Ministros do Tribunal de Contas da União pelo Congresso Nacional).

XIV – aprovar iniciativas do Poder Executivo referentes a atividades nucleares;
XV – autorizar referendo e convocar plebiscito;

* V. arts. 1º a 12, Lei 9.709/1998 (Regulamenta a execução do disposto nos incisos I, II e III do art. 14 da CF).

XVI – autorizar, em terras indígenas, a exploração e o aproveitamento de recursos hídricos e a pesquisa e lavra de riquezas minerais;
XVII – aprovar, previamente, a alienação ou concessão de terras públicas com área superior a dois mil e quinhentos hectares.

Art. 50. A Câmara dos Deputados e o Senado Federal, ou qualquer de suas Comissões, poderão convocar Ministro de Estado ou quaisquer titulares de órgãos diretamente subordinados à Presidência da República para prestarem, pessoalmente, informações sobre assunto previamente determinado, importando em crime de responsabilidade a ausência sem justificação adequada.

* *Caput* com redação determinada pela Emenda Constitucional de Revisão n. 2/1994.

§ 1º Os Ministros de Estado poderão comparecer ao Senado Federal, à Câmara dos Deputados, ou a qualquer de suas Comissões, por sua iniciativa e mediante entendimentos com a Mesa respectiva, para expor assunto de relevância de seu Ministério.
§ 2º As Mesas da Câmara dos Deputados e do Senado Federal poderão encaminhar pedidos escritos de informação a Ministros de Estado ou a qualquer das pessoas referidas no *caput* deste artigo, importando em crime de responsabilidade a recusa, ou o não atendimento, no prazo de trinta dias, bem como a prestação de informações falsas.

* § 2º com redação determinada pela Emenda Constitucional de Revisão n. 2/1994.

Seção III
Da Câmara dos Deputados

Art. 51. Compete privativamente à Câmara dos Deputados:

* V. art. 48, CF.

I – autorizar, por dois terços de seus membros, a instauração de processo contra o Presidente e o Vice-Presidente da República e os Ministros de Estado;
II – proceder à tomada de contas do Presidente da República, quando não apresentadas ao Congresso Nacional dentro de sessenta dias após a abertura da sessão legislativa;
III – elaborar seu regimento interno;
IV – dispor sobre sua organização, funcionamento, polícia, criação, transformação ou extinção dos cargos, empregos e funções de seus serviços, e a iniciativa de lei para fixa-

Art. 52

ção da respectiva remuneração, observados os parâmetros estabelecidos na lei de diretrizes orçamentárias;

- Inciso IV com redação determinada pela Emenda Constitucional n. 19/1998.

V – eleger membros do Conselho da República, nos termos do art. 89, VII.

Seção IV
Do Senado Federal

Art. 52. Compete privativamente ao Senado Federal:

- V. art. 48, CF.

I – processar e julgar o Presidente e o Vice-Presidente da República nos crimes de responsabilidade, bem como os Ministros de Estado e os Comandantes da Marinha, do Exército e da Aeronáutica nos crimes da mesma natureza conexos com aqueles;

- Inciso I com redação determinada pela Emenda Constitucional n. 23/1999.
- V. art. 102, I, c, CF.

II – processar e julgar os Ministros do Supremo Tribunal Federal, os membros do Conselho Nacional de Justiça e do Conselho Nacional do Ministério Público, o Procurador-Geral da República e o Advogado-Geral da União nos crimes de responsabilidade;

- Inciso II com redação determinada pela Emenda Constitucional n. 45/2004.
- V. arts. 103-B e 130-A, CF.
- V. art. 5º, Emenda Constitucional n. 45/2004.

III – aprovar previamente, por voto secreto, após arguição pública, a escolha de:
a) magistrados, nos casos estabelecidos nesta Constituição;
b) Ministros do Tribunal de Contas da União indicados pelo Presidente da República;
c) Governador de Território;
d) Presidente e Diretores do Banco Central;
e) Procurador-Geral da República;
f) titulares de outros cargos que a lei determinar;
IV – aprovar previamente, por voto secreto, após arguição em sessão secreta, a escolha dos chefes de missão diplomática de caráter permanente;
V – autorizar operações externas de natureza financeira, de interesse da União, dos Estados, do Distrito Federal, dos Territórios e dos Municípios;

- V. Res. SF 50/1993 (Operações de financiamento externo com recursos orçamentários da União).

VI – fixar, por proposta do Presidente da República, limites globais para o montante da dívida consolidada da União, dos Estados, do Distrito Federal e dos Municípios;
VII – dispor sobre limites globais e condições para as operações de crédito externo e interno da União, dos Estados, do Distrito Federal e dos Municípios, de suas autarquias e demais entidades controladas pelo Poder Público federal;

- V. Res. SF 50/1993 (Operações de financiamento externo com recursos orçamentários da União).

VIII – dispor sobre limites e condições para a concessão de garantia da União em operações de crédito externo e interno;
IX – estabelecer limites globais e condições para o montante da dívida mobiliária dos Estados, do Distrito Federal e dos Municípios;
X – suspender a execução, no todo ou em parte, de lei declarada inconstitucional por decisão definitiva do Supremo Tribunal Federal;
XI – aprovar, por maioria absoluta e por voto secreto, a exoneração, de ofício, do Procurador-Geral da República antes do término de seu mandato;
XII – elaborar seu regimento interno;
XIII – dispor sobre sua organização, funcionamento, polícia, criação, transformação ou extinção dos cargos, empregos e funções de seus serviços, e a iniciativa de lei para fixação da respectiva remuneração, observados os parâmetros estabelecidos na lei de diretrizes orçamentárias;

- Inciso XIII com redação determinada pela Emenda Constitucional n. 19/1998.

XIV – eleger membros do Conselho da República, nos termos do art. 89, VII;
XV – avaliar periodicamente a funcionalidade do Sistema Tributário Nacional, em sua estrutura e seus componentes, e o desempenho das administrações tributárias da União, dos Estados e do Distrito Federal e dos Municípios.

- Inciso XV acrescentado pela Emenda Constitucional n. 42/2003.

Parágrafo único. Nos casos previstos nos incisos I e II, funcionará como Presidente o do Supremo Tribunal Federal, limitando-se a condenação, que somente será proferida por dois terços dos votos do Senado Federal, à perda do cargo, com inabilitação, por oito anos, para o exercício de função pública, sem prejuízo das demais sanções judiciais cabíveis.

Seção V
Dos Deputados e dos Senadores

Art. 53. Os Deputados e Senadores são invioláveis, civil e penalmente, por quaisquer de suas opiniões, palavras e votos.

- Artigo com redação determinada pela Emenda Constitucional n. 35/2001.

§ 1º Os Deputados e Senadores, desde a expedição do diploma, serão submetidos a julgamento perante o Supremo Tribunal Federal.

- V. art. 102, I, b, CF.

§ 2º Desde a expedição do diploma, os membros do Congresso Nacional não poderão ser presos, salvo em flagrante de crime inafiançável. Nesse caso, os autos serão remetidos dentro de vinte e quatro horas à Casa respectiva, para que, pelo voto da maioria de seus membros, resolva sobre a prisão.

- V. art. 301, CPP.

§ 3º Recebida a denúncia contra o Senador ou Deputado, por crime ocorrido após a diplomação, o Supremo Tribunal Federal dará ciência à Casa respectiva, que, por iniciativa de partido político nela representado e pelo voto da maioria de seus membros, poderá, até a decisão final, sustar o andamento da ação.

§ 4º O pedido de sustação será apreciado pela Casa respectiva no prazo improrrogável de quarenta e cinco dias do seu recebimento pela Mesa Diretora.

§ 5º A sustação do processo suspende a prescrição, enquanto durar o mandato.

§ 6º Os Deputados e Senadores não serão obrigados a testemunhar sobre informações recebidas ou prestadas em razão do exercício do mandato, nem sobre as pessoas que lhes confiaram ou deles receberam informações.

§ 7º A incorporação às Forças Armadas de Deputados e Senadores, embora militares e ainda que em tempo de guerra, dependerá de prévia licença da Casa respectiva.

§ 8º As imunidades de Deputados ou Senadores subsistirão durante o estado de sítio, só podendo ser suspensas mediante o voto de dois terços dos membros da Casa respectiva, nos casos de atos praticados fora do recinto do Congresso Nacional, que sejam incompatíveis com a execução da medida.

- V. arts. 137 a 141, CF.
- V. arts. 138 a 145, CP.

Art. 54. Os Deputados e Senadores não poderão:
I – desde a expedição do diploma:
a) firmar ou manter contrato com pessoa jurídica de direito público, autarquia, empresa pública, sociedade de economia mista ou empresa concessionária de serviço público, salvo quando o contrato obedecer a cláusulas uniformes;
b) aceitar ou exercer cargo, função ou emprego remunerado, inclusive os de que sejam demissíveis *ad nutum*, nas entidades constantes da alínea anterior;
II – desde a posse:
a) ser proprietários, controladores ou diretores de empresa que goze de favor decorrente de contrato com pessoa jurídica de direito público, ou nela exercer função remunerada;
b) ocupar cargo ou função de que sejam demissíveis *ad nutum*, nas entidades referidas no inciso I, a;
c) patrocinar causa em que seja interessada qualquer das entidades a que se refere o inciso I, a;
d) ser titulares de mais de um cargo ou mandato público eletivo.

Art. 55. Perderá o mandato o Deputado ou Senador:
I – que infringir qualquer das proibições estabelecidas no artigo anterior;
II – cujo procedimento for declarado incompatível com o decoro parlamentar;
III – que deixar de comparecer, em cada sessão legislativa, à terça parte das sessões ordinárias da Casa a que pertencer, salvo licença ou missão por esta autorizada;

IV – que perder ou tiver suspensos os direitos políticos;
V – quando o decretar a Justiça Eleitoral, nos casos previstos nesta Constituição;
VI – que sofrer condenação criminal em sentença transitada em julgado.

- V. art. 92, I, CP.

§ 1º É incompatível com o decoro parlamentar, além dos casos definidos no regimento interno, o abuso das prerrogativas asseguradas a membro do Congresso Nacional ou a percepção de vantagens indevidas.

§ 2º Nos casos dos incisos I, II e VI, a perda do mandato será decidida pela Câmara dos Deputados ou pelo Senado Federal, por maioria absoluta, mediante provocação da respectiva Mesa ou de partido político representado no Congresso Nacional, assegurada ampla defesa.

- § 2º com redação determinada pela Emenda Constitucional n. 76/2013.

§ 3º Nos casos previstos nos incisos III a V, a perda será declarada pela Mesa da Casa respectiva, de ofício ou mediante provocação de qualquer de seus membros, ou de partido político representado no Congresso Nacional, assegurada ampla defesa.

§ 4º A renúncia de parlamentar submetido a processo que vise ou possa levar à perda do mandato, nos termos deste artigo, terá seus efeitos suspensos até as deliberações finais de que tratam os §§ 2º e 3º.

- § 4º acrescentado pela Emenda Constitucional de Revisão n. 6/1994.

Art. 56. Não perderá o mandato o Deputado ou Senador:
I – investido no cargo de Ministro de Estado, Governador de Território, Secretário de Estado, do Distrito Federal, de Território, de Prefeitura de Capital ou chefe de missão diplomática temporária;
II – licenciado pela respectiva Casa por motivo de doença, ou para tratar, sem remuneração, de interesse particular, desde que, neste caso, o afastamento não ultrapasse cento e vinte dias por sessão legislativa.

§ 1º O suplente será convocado nos casos de vaga, de investidura em funções previstas neste artigo ou de licença superior a cento e vinte dias.

§ 2º Ocorrendo vaga e não havendo suplente, far-se-á eleição para preenchê-la se faltarem mais de quinze meses para o término do mandato.

§ 3º Na hipótese do inciso I, o Deputado ou Senador poderá optar pela remuneração do mandato.

Seção VI
Das reuniões

Art. 57. O Congresso Nacional reunir-se-á, anualmente, na Capital Federal, de 2 de fevereiro a 17 de julho e de 1º de agosto a 22 de dezembro.

- *Caput* com redação determinada pela Emenda Constitucional n. 50/2006.

§ 1º As reuniões marcadas para essas datas serão transferidas para o primeiro dia útil subsequente, quando recaírem em sábados, domingos ou feriados.

§ 2º A sessão legislativa não será interrompida sem a aprovação do projeto de lei de diretrizes orçamentárias.

§ 3º Além de outros casos previstos nesta Constituição, a Câmara dos Deputados e o Senado Federal reunir-se-ão em sessão conjunta para:
I – inaugurar a sessão legislativa;
II – elaborar o regimento comum e regular a criação de serviços comuns às duas Casas;
III – receber o compromisso do Presidente e do Vice-Presidente da República;
IV – conhecer do veto e sobre ele deliberar.

§ 4º Cada uma das Casas reunir-se-á em sessões preparatórias, a partir de 1º de fevereiro, no primeiro ano da legislatura, para a posse de seus membros e eleição das respectivas Mesas, para mandato de 2 (dois) anos, vedada a recondução para o mesmo cargo na eleição imediatamente subsequente.

- § 4º com redação determinada pela Emenda Constitucional n. 50/2006, que manteve a redação original.

§ 5º A Mesa do Congresso Nacional será presidida pelo Presidente do Senado Federal, e os demais cargos serão exercidos, alternadamente, pelos ocupantes de cargos equivalentes na Câmara dos Deputados e no Senado Federal.

Constituição Federal

§ 6º A convocação extraordinária do Congresso Nacional far-se-á:

• *Caput* do § 6º com redação determinada pela Emenda Constitucional n. 50/2006, que manteve a redação original.

I – pelo Presidente do Senado Federal, em caso de decretação de estado de defesa ou de intervenção federal, de pedido de autorização para a decretação de estado de sítio e para o compromisso e a posse do Presidente e do Vice-Presidente da República;

II – pelo Presidente da República, pelos Presidentes da Câmara dos Deputados e do Senado Federal ou a requerimento da maioria dos membros de ambas as Casas, em caso de urgência ou interesse público relevante, em todas as hipóteses deste inciso com a aprovação da maioria absoluta de cada uma das Casas do Congresso Nacional.

• Inciso II com redação determinada pela Emenda Constitucional n. 50/2006.

§ 7º Na sessão legislativa extraordinária, o Congresso Nacional somente deliberará sobre a matéria para a qual foi convocado, ressalvada a hipótese do § 8º deste artigo, vedado o pagamento de parcela indenizatória, em razão da convocação.

• § 7º com redação determinada pela Emenda Constitucional n. 50/2006.

§ 8º Havendo medidas provisórias em vigor na data de convocação extraordinária do Congresso Nacional, serão elas automaticamente incluídas na pauta da convocação.

• § 8º acrescentado pela Emenda Constitucional n. 32/2001.

Seção VII
Das comissões

Art. 58. O Congresso Nacional e suas Casas terão comissões permanentes e temporárias, constituídas na forma e com as atribuições previstas no respectivo regimento ou no ato de que resultar sua criação.

§ 1º Na constituição das Mesas e de cada Comissão, é assegurada, tanto quanto possível, a representação proporcional dos partidos ou dos blocos parlamentares que participam da respectiva Casa.

§ 2º Às comissões, em razão da matéria de sua competência, cabe:

I – discutir e votar projeto de lei que dispensar, na forma do regimento, a competência do Plenário, salvo se houver recurso de um décimo dos membros da Casa;

II – realizar audiências públicas com entidades da sociedade civil;

III – convocar Ministro de Estado para prestar informações sobre assuntos inerentes a suas atribuições;

IV – receber petições, reclamações, representações ou queixas de qualquer pessoa contra atos ou omissões das autoridades ou entidades públicas;

V – solicitar depoimento de qualquer autoridade ou cidadão;

VI – apreciar programas de obras, planos nacionais, regionais e setoriais de desenvolvimento e sobre eles emitir parecer.

§ 3º As comissões parlamentares de inquérito, que terão poderes de investigação próprios das autoridades judiciais, além de outros previstos nos regimentos das respectivas Casas, serão criadas pela Câmara dos Deputados e pelo Senado Federal, em conjunto ou separadamente, mediante requerimento de um terço de seus membros, para a apuração de fato determinado e por prazo certo, sendo suas conclusões, se for o caso, encaminhadas ao Ministério Público, para que promova a responsabilidade civil ou criminal dos infratores.

• V. Lei 10.001/2000 (Prioridade nos procedimentos a serem adotados pelo Ministério Público a respeito das conclusões da Comissão Parlamentar de Inquérito).

§ 4º Durante o recesso, haverá uma Comissão representativa do Congresso Nacional, eleita por suas Casas na última sessão ordinária do período legislativo, com atribuições definidas no regimento comum, cuja composição reproduzirá, quanto possível, a proporcionalidade da representação partidária.

Seção VIII
Do processo legislativo

Subseção I
Disposição geral

Art. 59. O processo legislativo compreende a elaboração de:

I – emendas à Constituição;

Art. 60

II – leis complementares;
III – leis ordinárias;
IV – leis delegadas;
V – medidas provisórias;
- V. art. 73, ADCT.

VI – decretos legislativos;
- V. art. 3º, Lei 9.709/1998 (Regulamenta a execução do disposto nos incisos I, II e III do art. 14 da CF).

VII – resoluções.

Parágrafo único. Lei complementar disporá sobre a elaboração, redação, alteração e consolidação das leis.
- V. LC 95/1998 (Elaboração das leis).
- V. Dec. 4.176/2002 (Regulamenta a LC 95/1998).

Subseção II
Da emenda à Constituição

Art. 60. A Constituição poderá ser emendada mediante proposta:
I – de um terço, no mínimo, dos membros da Câmara dos Deputados ou do Senado Federal;
II – do Presidente da República;
III – de mais da metade das Assembleias Legislativas das unidades da Federação, manifestando-se, cada uma delas, pela maioria relativa de seus membros.

§ 1º A Constituição não poderá ser emendada na vigência de intervenção federal, de estado de defesa ou de estado de sítio.
- V. arts. 34 a 36 e 136 a 141, CF.

§ 2º A proposta será discutida e votada em cada Casa do Congresso Nacional, em dois turnos, considerando-se aprovada se obtiver, em ambos, três quintos dos votos dos respectivos membros.

§ 3º A emenda à Constituição será promulgada pelas Mesas da Câmara dos Deputados e do Senado Federal, com o respectivo número de ordem.

§ 4º Não será objeto de deliberação a proposta de emenda tendente a abolir:
I – a forma federativa de Estado;
- V. arts. 1º e 18, CF.

II – o voto direto, secreto, universal e periódico;
- V. arts. 1º, 14 e 81, § 1º, CF.
- V. Lei 9.709/1998 (Regulamenta a execução do disposto nos incisos I, II e III do art. 14 da CF).

III – a separação dos Poderes;
- V. art. 2º, CF.

IV – os direitos e garantias individuais.
- V. art. 5º, CF.

§ 5º A matéria constante de proposta de emenda rejeitada ou havida por prejudicada não pode ser objeto de nova proposta na mesma sessão legislativa.

Subseção III
Das leis

Art. 61. A iniciativa das leis complementares e ordinárias cabe a qualquer membro ou Comissão da Câmara dos Deputados, do Senado Federal ou do Congresso Nacional, ao Presidente da República, ao Supremo Tribunal Federal, aos Tribunais Superiores, ao Procurador-Geral da República e aos cidadãos, na forma e nos casos previstos nesta Constituição.

§ 1º São de iniciativa privativa do Presidente da República as leis que:
I – fixem ou modifiquem os efetivos das Forças Armadas;
II – disponham sobre:
a) criação de cargos, funções ou empregos públicos na administração direta e autárquica ou aumento de sua remuneração;
- V. Súmula 679, STF.

b) organização administrativa e judiciária, matéria tributária e orçamentária, serviços públicos e pessoal da administração dos Territórios;
c) servidores públicos da União e Territórios, seu regime jurídico, provimento de cargos, estabilidade e aposentadoria;
- Alínea c com redação determinada pela Emenda Constitucional n. 18/1998.

d) organização do Ministério Público e da Defensoria Pública da União, bem como normas gerais para a organização do Ministério Público e da Defensoria Pública dos Estados, do Distrito Federal e dos Territórios;
e) criação e extinção de Ministérios e órgãos da administração pública, observado o disposto no art. 84, VI;
- Alínea e com redação determinada pela Emenda Constitucional n. 32/2001.

f) militares das Forças Armadas, seu regime jurídico, provimento de cargos, promoções, estabilidade, remuneração, reforma e transferência para a reserva.

- Alínea *f* acrescentada pela Emenda Constitucional n. 18/1998.

§ 2º A iniciativa popular pode ser exercida pela apresentação à Câmara dos Deputados de projeto de lei subscrito por, no mínimo, um por cento do eleitorado nacional, distribuído pelo menos por cinco Estados, com não menos de três décimos por cento dos eleitores de cada um deles.

- V. arts. 1º, III, 13 e 14, Lei 9.709/1998 (Regulamenta a execução do disposto nos incisos I, II e III do art. 14 da CF).

Art. 62. Em caso de relevância e urgência, o Presidente da República poderá adotar medidas provisórias, com força de lei, devendo submetê-las de imediato ao Congresso Nacional.

- Artigo com redação determinada pela Emenda Constitucional n. 32/2001.
- V. art. 246, CF.
- V. Res. CN 1/2002 (Apreciação, pelo Congresso Nacional, das Medidas Provisórias a que se refere o art. 62 da CF).

§ 1º É vedada a edição de medidas provisórias sobre matéria:
I – relativa a:
a) nacionalidade, cidadania, direitos políticos, partidos políticos e direito eleitoral;
b) direito penal, processual penal e processual civil;
c) organização do Poder Judiciário e do Ministério Público, a carreira e a garantia de seus membros;
d) planos plurianuais, diretrizes orçamentárias, orçamento e créditos adicionais e suplementares, ressalvado o previsto no art. 167, § 3º;
II – que vise a detenção ou sequestro de bens, de poupança popular ou qualquer outro ativo financeiro;
III – reservada a lei complementar;
IV – já disciplinada em projeto de lei aprovado pelo Congresso Nacional e pendente de sanção ou veto do Presidente da República.
§ 2º Medida provisória que implique instituição ou majoração de impostos, exceto os previstos nos arts. 153, I, II, IV, V, e 154, II, só produzirá efeitos no exercício financeiro seguinte se houver sido convertida em lei até o último dia daquele em que foi editada.

§ 3º As medidas provisórias, ressalvado o disposto nos §§ 11 e 12 perderão eficácia, desde a edição, se não forem convertidas em lei no prazo de sessenta dias, prorrogável, nos termos do § 7º, uma vez por igual período, devendo o Congresso Nacional disciplinar, por decreto legislativo, as relações jurídicas delas decorrentes.
§ 4º O prazo a que se refere o § 3º contar-se-á da publicação da medida provisória, suspendendo-se durante os períodos de recesso do Congresso Nacional.
§ 5º A deliberação de cada uma das Casas do Congresso Nacional sobre o mérito das medidas provisórias dependerá de juízo prévio sobre o atendimento de seus pressupostos constitucionais.
§ 6º Se a medida provisória não for apreciada em até quarenta e cinco dias contados de sua publicação, entrará em regime de urgência, subsequentemente, em cada uma das Casas do Congresso Nacional, ficando sobrestadas, até que se ultime a votação, todas as demais deliberações legislativas da Casa em que estiver tramitando.
§ 7º Prorrogar-se-á uma única vez por igual período a vigência de medida provisória que, no prazo de sessenta dias, contado de sua publicação, não tiver a sua votação encerrada nas duas Casas do Congresso Nacional.
§ 8º As medidas provisórias terão sua votação iniciada na Câmara dos Deputados.
§ 9º Caberá à comissão mista de Deputados e Senadores examinar as medidas provisórias e sobre elas emitir parecer, antes de serem apreciadas, em sessão separada, pelo plenário de cada uma das Casas do Congresso Nacional.
§ 10. É vedada a reedição, na mesma sessão legislativa, de medida provisória que tenha sido rejeitada ou que tenha perdido sua eficácia por decurso de prazo.
§ 11. Não editado o decreto legislativo a que se refere o § 3º até sessenta dias após a rejeição ou perda de eficácia de medida provisória, as relações jurídicas constituídas e decorrentes de atos praticados durante sua vigência conservar-se-ão por ela regidas.
§ 12. Aprovado projeto de lei de conversão alterando o texto original da medida provi-

sória, esta manter-se-á integralmente em vigor até que seja sancionado ou vetado o projeto.

Art. 63. Não será admitido aumento da despesa prevista:

I – nos projetos de iniciativa exclusiva do Presidente da República, ressalvado o disposto no art. 166, §§ 3º e 4º;

II – nos projetos sobre organização dos serviços administrativos da Câmara dos Deputados, do Senado Federal, dos Tribunais Federais e do Ministério Público.

Art. 64. A discussão e votação dos projetos de lei de iniciativa do Presidente da República, do Supremo Tribunal Federal e dos Tribunais Superiores terão início na Câmara dos Deputados.

§ 1º O Presidente da República poderá solicitar urgência para apreciação de projetos de sua iniciativa.

§ 2º Se, no caso do § 1º, a Câmara dos Deputados e o Senado Federal não se manifestarem sobre a proposição, cada qual sucessivamente, em até quarenta e cinco dias, sobrestar-se-ão todas as demais deliberações legislativas da respectiva Casa, com exceção das que tenham prazo constitucional determinado, até que se ultime a votação.

* § 2º com redação determinada pela Emenda Constitucional n. 32/2001.

§ 3º A apreciação das emendas do Senado Federal pela Câmara dos Deputados far-se-á no prazo de dez dias, observado quanto ao mais o disposto no parágrafo anterior.

§ 4º Os prazos do § 2º não correm nos períodos de recesso do Congresso Nacional, nem se aplicam aos projetos de código.

Art. 65. O projeto de lei aprovado por uma Casa será revisto pela outra, em um só turno de discussão e votação, e enviado à sanção ou promulgação, se a Casa revisora o aprovar, ou arquivado, se o rejeitar.

Parágrafo único. Sendo o projeto emendado, voltará à Casa iniciadora.

Art. 66. A Casa na qual tenha sido concluída a votação enviará o projeto de lei ao Presidente da República, que, aquiescendo, o sancionará.

§ 1º Se o Presidente da República considerar o projeto, no todo ou em parte, inconstitucional ou contrário ao interesse público, vetá-lo-á total ou parcialmente, no prazo de quinze dias úteis, contados da data do recebimento, e comunicará, dentro de quarenta e oito horas, ao Presidente do Senado Federal os motivos do veto.

§ 2º O veto parcial somente abrangerá texto integral de artigo, de parágrafo, de inciso ou de alínea.

§ 3º Decorrido o prazo de quinze dias, o silêncio do Presidente da República importará sanção.

§ 4º O veto será apreciado em sessão conjunta, dentro de trinta dias a contar de seu recebimento, só podendo ser rejeitado pelo voto da maioria absoluta dos Deputados e Senadores.

* § 4º com redação determinada pela Emenda Constitucional n. 76/2013.

§ 5º Se o veto nã o for mantido, será o projeto enviado, para promulgação, ao Presidente da República.

§ 6º Esgotado sem deliberação o prazo estabelecido no § 4º, o veto será colocado na ordem do dia da sessão imediata, sobrestadas as demais proposições, até sua votação final.

* § 6º com redação determinada pela Emenda Constitucional n. 32/2001.

§ 7º Se a lei não for promulgada dentro de quarenta e oito horas pelo Presidente da República, nos casos dos §§ 3º e 5º, o Presidente do Senado a promulgará e, se este não fizer em igual prazo, caberá ao Vice-Presidente do Senado fazê-lo.

Art. 67. A matéria constante de projeto de lei rejeitado somente poderá constituir objeto de novo projeto, na mesma sessão legislativa, mediante proposta da maioria absoluta dos membros de qualquer das Casas do Congresso Nacional.

Art. 68. As leis delegadas serão elaboradas pelo Presidente da República, que deverá solicitar a delegação ao Congresso Nacional.

§ 1º Não serão objeto de delegação os atos de competência exclusiva do Congresso Nacional, os de competência privativa da Câmara dos Deputados ou do Senado Federal, a matéria reservada à lei complementar, nem a legislação sobre:

Constituição Federal

I – organização do Poder Judiciário e do Ministério Público, a carreira e a garantia de seus membros;
II – nacionalidade, cidadania, direitos individuais, políticos e eleitorais;
III – planos plurianuais, diretrizes orçamentárias e orçamentos.
§ 2º A delegação ao Presidente da República terá a forma de resolução do Congresso Nacional, que especificará seu conteúdo e os termos de seu exercício.
§ 3º Se a resolução determinar a apreciação do projeto pelo Congresso Nacional, este a fará em votação única, vedada qualquer emenda.

Art. 69. As leis complementares serão aprovadas por maioria absoluta.

Seção IX
Da fiscalização contábil, financeira e orçamentária

Art. 70. A fiscalização contábil, financeira, orçamentária, operacional e patrimonial da União e das entidades da administração direta e indireta, quanto à legalidade, legitimidade, economicidade, aplicação das subvenções e renúncia de receitas, será exercida pelo Congresso Nacional, mediante controle externo, e pelo sistema de controle interno de cada Poder.

Parágrafo único. Prestará contas qualquer pessoa física ou jurídica, pública ou privada, que utilize, arrecade, guarde, gerencie ou administre dinheiros, bens e valores públicos ou pelos quais a União responda, ou que, em nome desta, assuma obrigações de natureza pecuniária.

* Parágrafo único com redação determinada pela Emenda Constitucional n. 19/1998.

Art. 71. O controle externo, a cargo do Congresso Nacional, será exercido com o auxílio do Tribunal de Contas da União, ao qual compete:

* V. Lei 8.443/1992 (Lei Orgânica do Tribunal de Contas da União).
** V. Súmula 347, STF.

I – apreciar as contas prestadas anualmente pelo Presidente da República, mediante parecer prévio que deverá ser elaborado em sessenta dias a contar de seu recebimento;
II – julgar as contas dos administradores e demais responsáveis por dinheiros, bens e valores públicos da administração direta e indireta, incluídas as fundações e sociedades instituídas e mantidas pelo Poder Público federal, e as contas daqueles que derem causa à perda, extravio ou outra irregularidade de que resulte prejuízo ao erário público;
III – apreciar, para fins de registro, a legalidade dos atos de admissão de pessoal, a qualquer título, na administração direta e indireta, incluídas as fundações instituídas e mantidas pelo Poder Público, excetuadas as nomeações para cargo de provimento em comissão, bem como a das concessões de aposentadorias, reformas e pensões, ressalvadas as melhorias posteriores que não alterem o fundamento legal do ato concessório;

* V. Súmula vinculante 3, STF.

IV – realizar, por iniciativa própria, da Câmara dos Deputados, do Senado Federal, de Comissão técnica ou de inquérito, inspeções e auditorias de natureza contábil, financeira, orçamentária, operacional e patrimonial, nas unidades administrativas dos Poderes Legislativo, Executivo e Judiciário, e demais entidades referidas no inciso II;
V – fiscalizar as contas nacionais das empresas supranacionais de cujo capital social a União participe, de forma direta ou indireta, nos termos do tratado constitutivo;
VI – fiscalizar a aplicação de quaisquer recursos repassados pela União mediante convênio, acordo, ajuste ou outros instrumentos congêneres, a Estado, ao Distrito Federal ou a Município;
VII – prestar as informações solicitadas pelo Congresso Nacional, por qualquer de suas Casas, ou por qualquer das respectivas Comissões, sobre a fiscalização contábil, financeira, orçamentária, operacional e patrimonial e sobre resultados de auditorias e inspeções realizadas;
VIII – aplicar aos responsáveis, em caso de ilegalidade de despesa ou irregularidade de contas, as sanções previstas em lei, que estabelecerá, entre outras cominações, multa proporcional ao dano causado ao erário;
IX – assinar prazo para que o órgão ou entidade adote as providências necessárias ao

exato cumprimento da lei, se verificada ilegalidade;

X – sustar, se não atendido, a execução do ato impugnado, comunicando a decisão à Câmara dos Deputados e ao Senado Federal;

XI – representar ao Poder competente sobre irregularidades ou abusos apurados.

§ 1º No caso de contrato, o ato de sustação será adotado diretamente pelo Congresso Nacional, que solicitará, de imediato, ao Poder Executivo as medidas cabíveis.

§ 2º Se o Congresso Nacional ou o Poder Executivo, no prazo de noventa dias, não efetivar as medidas previstas no parágrafo anterior, o Tribunal decidirá a respeito.

§ 3º As decisões do Tribunal de que resulte imputação de débito ou multa terão eficácia de título executivo.

§ 4º O Tribunal encaminhará ao Congresso Nacional, trimestral e anualmente, relatório de suas atividades.

Art. 72. A Comissão mista permanente a que se refere o art. 166, § 1º, diante de indícios de despesas não autorizadas, ainda que sob a forma de investimentos não programados ou de subsídios não aprovados, poderá solicitar à autoridade governamental responsável que, no prazo de cinco dias, preste os esclarecimentos necessários.

• V. art. 16, § 2º, ADCT.

§ 1º Não prestados os esclarecimentos, ou considerados estes insuficientes, a Comissão solicitará ao Tribunal pronunciamento conclusivo sobre a matéria, no prazo de trinta dias.

§ 2º Entendendo o Tribunal irregular a despesa, a Comissão, se julgar que o gasto possa causar dano irreparável ou grave lesão à economia pública, proporá ao Congresso Nacional sua sustação.

Art. 73. O Tribunal de Contas da União, integrado por nove Ministros, tem sede no Distrito Federal, quadro próprio de pessoal e jurisdição em todo o território nacional, exercendo, no que couber, as atribuições previstas no art. 96.

• V. art. 84, XV, CF.
• V. Lei 8.443/1992 (Lei Orgânica do Tribunal de Contas da União).

§ 1º Os Ministros do Tribunal de Contas da União serão nomeados dentre brasileiros que satisfaçam os seguintes requisitos:

I – mais de trinta e cinco e menos de sessenta e cinco anos de idade;

II – idoneidade moral e reputação ilibada;

III – notórios conhecimentos jurídicos, contábeis, econômicos e financeiros ou de administração pública;

IV – mais de dez anos de exercício de função ou de efetiva atividade profissional que exija os conhecimentos mencionados no inciso anterior.

§ 2º Os Ministros do Tribunal de Contas da União serão escolhidos:

I – um terço pelo Presidente da República, com aprovação do Senado Federal, sendo dois alternadamente dentre auditores e membros do Ministério Público junto ao Tribunal, indicados em lista tríplice pelo Tribunal, segundo os critérios de antiguidade e merecimento;

II – dois terços pelo Congresso Nacional.

• V. Dec. Leg. 6/1993 (Escolha de Ministros do Tribunal de Contas da União pelo Congresso Nacional).

§ 3º Os Ministros do Tribunal de Contas da União terão as mesmas garantias, prerrogativas, impedimentos, vencimentos e vantagens dos Ministros do Superior Tribunal de Justiça, aplicando-se-lhes, quanto à aposentadoria e pensão, as normas constantes do art. 40.

• § 3º com redação determinada pela Emenda Constitucional n. 20/1998.

§ 4º O auditor, quando em substituição a Ministro, terá as mesmas garantias e impedimentos do titular e, quando no exercício das demais atribuições da judicatura, as de juiz de Tribunal Regional Federal.

Art. 74. Os Poderes Legislativo, Executivo e Judiciário manterão, de forma integrada, sistema de controle interno com a finalidade de:

I – avaliar o cumprimento das metas previstas no plano plurianual, a execução dos programas de governo e dos orçamentos da União;

II – comprovar a legalidade e avaliar os resultados, quanto à eficácia e eficiência, da gestão orçamentária, financeira e patrimonial

Constituição Federal

nos órgãos e entidades da administração federal, bem como da aplicação de recursos públicos por entidades de direito privado;
III – exercer o controle das operações de crédito, avais e garantias, bem como dos direitos e haveres da União;
IV – apoiar o controle externo no exercício de sua missão institucional.
§ 1º Os responsáveis pelo controle interno, ao tomarem conhecimento de qualquer irregularidade ou ilegalidade, dela darão ciência ao Tribunal de Contas da União, sob pena de responsabilidade solidária.
§ 2º Qualquer cidadão, partido político, associação ou sindicato é parte legítima para, na forma da lei, denunciar irregularidades ou ilegalidades perante o Tribunal de Contas da União.

* V. arts. 1º, XVI, e 53, Lei 8.443/1992 (Lei Orgânica do Tribunal de Contas da União).

Art. 75. As normas estabelecidas nesta seção aplicam-se, no que couber, à organização, composição e fiscalização dos Tribunais de Contas dos Estados e do Distrito Federal, bem como dos Tribunais e Conselhos de Contas dos Municípios.

** V. art. 31, § 4º, CF.

Parágrafo único. As Constituições estaduais disporão sobre os Tribunais de Contas respectivos, que serão integrados por sete Conselheiros.

Capítulo II
DO PODER EXECUTIVO

Seção I
Do Presidente e do Vice-Presidente da República

Art. 76. O Poder Executivo é exercido pelo Presidente da República, auxiliado pelos Ministros de Estado.

Art. 77. A eleição do Presidente e do Vice-Presidente da República realizar-se-á, simultaneamente, no primeiro domingo de outubro, em primeiro turno, e no último domingo de outubro, em segundo turno, se houver, do ano anterior ao do término do mandato presidencial vigente.

* Caput com redação determinada pela Emenda Constitucional n. 16/1997.
* V. arts. 28, 29, II, 32, § 2º, CF.

§ 1º A eleição do Presidente da República importará a do Vice-Presidente com ele registrado.
§ 2º Será considerado eleito Presidente o candidato que, registrado por partido político, obtiver a maioria absoluta de votos, não computados os em branco e os nulos.
§ 3º Se nenhum candidato alcançar maioria absoluta na primeira votação, far-se-á nova eleição em até vinte dias após a proclamação do resultado, concorrendo os dois candidatos mais votados e considerando-se eleito aquele que obtiver a maioria dos votos válidos.
§ 4º Se, antes de realizado o segundo turno, ocorrer morte, desistência ou impedimento legal de candidato, convocar-se-á, dentre os remanescentes, o de maior votação.
§ 5º Se, na hipótese dos parágrafos anteriores, remanescer, em segundo lugar, mais de um candidato com a mesma votação, qualificar-se-á o mais idoso.

Art. 78. O Presidente e o Vice-Presidente da República tomarão posse em sessão do Congresso Nacional, prestando o compromisso de manter, defender e cumprir a Constituição, observar as leis, promover o bem geral do povo brasileiro, sustentar a união, a integridade e a independência do Brasil.

Parágrafo único. Se, decorridos dez dias da data fixada para a posse, o Presidente ou o Vice-Presidente, salvo motivo de força maior, não tiver assumido o cargo, este será declarado vago.

Art. 79. Substituirá o Presidente, no caso de impedimento, e suceder-lhe-á, no de vaga, o Vice-Presidente.

Parágrafo único. O Vice-Presidente da República, além de outras atribuições que lhe forem conferidas por lei complementar, auxiliará o Presidente, sempre que por ele convocado para missões especiais.

Art. 80. Em caso de impedimento do Presidente e do Vice-Presidente, ou vacância dos respectivos cargos, serão sucessivamente chamados ao exercício da Presidência o Presidente da Câmara dos Deputados, o do

Senado Federal e o do Supremo Tribunal Federal.

Art. 81. Vagando os cargos de Presidente e Vice-Presidente da República, far-se-á eleição noventa dias depois de aberta a última vaga.

§ 1º Ocorrendo a vacância nos últimos dois anos do período presidencial, a eleição para ambos os cargos será feita trinta dias depois da última vaga, pelo Congresso Nacional, na forma da lei.

§ 2º Em qualquer dos casos, os eleitos deverão completar o período de seus antecessores.

Art. 82. O mandato do Presidente da República é de quatro anos e terá início em primeiro de janeiro do ano seguinte ao da sua eleição.

- Artigo com redação determinada pela Emenda Constitucional n. 16/1997.

Art. 83. O Presidente e o Vice-Presidente da República não poderão, sem licença do Congresso Nacional, ausentar-se do País por período superior a quinze dias, sob pena de perda do cargo.

Seção II
Das atribuições do Presidente da República

Art. 84. Compete privativamente ao Presidente da República:

I – nomear e exonerar os Ministros de Estado;

II – exercer, com o auxílio dos Ministros de Estado, a direção superior da administração federal;

III – iniciar o processo legislativo, na forma e nos casos previstos nesta Constituição;

IV – sancionar, promulgar e fazer publicar as leis, bem como expedir decretos e regulamentos para sua fiel execução;

V – vetar projetos de lei, total ou parcialmente;

- V. art. 66, §§ 1º a 7º, CF.

VI – dispor, mediante decreto, sobre:

- Inciso VI com redação determinada pela Emenda Constitucional n. 32/2001.

a) organização e funcionamento da administração federal, quando não implicar aumento de despesa nem criação ou extinção de órgãos públicos;

b) extinção de funções ou cargos públicos, quando vagos;

VII – manter relações com Estados estrangeiros e acreditar seus representantes diplomáticos;

VIII – celebrar tratados, convenções e atos internacionais, sujeitos a referendo do Congresso Nacional;

IX – decretar o estado de defesa e o estado de sítio;

X – decretar e executar a intervenção federal;

XI – remeter mensagem e plano de governo ao Congresso Nacional por ocasião da abertura da sessão legislativa, expondo a situação do País e solicitando as providências que julgar necessárias;

XII – conceder indulto e comutar penas, com audiência, se necessário, dos órgãos instituídos em lei;

- V. Dec. 1.860/1996 (Indulto especial e condicional).
- V. Dec. 2.002/1996 (Indulto e comutação de penas).

XIII – exercer o comando supremo das Forças Armadas, nomear os Comandantes da Marinha, do Exército e da Aeronáutica, promover seus oficiais-generais e nomeá-los para os cargos que lhes são privativos;

- Inciso XIII com redação determinada pela Emenda Constitucional n. 23/1999.

XIV – nomear, após aprovação pelo Senado Federal, os Ministros do Supremo Tribunal Federal e dos Tribunais Superiores, os Governadores de Territórios, o Procurador-Geral da República, o presidente e os diretores do Banco Central e outros servidores, quando determinado em lei;

XV – nomear, observado o disposto no art. 73, os Ministros do Tribunal de Contas da União;

XVI – nomear os magistrados, nos casos previstos nesta Constituição, e o Advogado-Geral da União;

XVII – nomear membros do Conselho da República, nos termos do art. 89, VII;

XVIII – convocar e presidir o Conselho da República e o Conselho de Defesa Nacional;

Constituição Federal

XIX – declarar guerra, no caso de agressão estrangeira, autorizado pelo Congresso Nacional ou referendado por ele, quando ocorrida no intervalo das sessões legislativas, e, nas mesmas condições, decretar, total ou parcialmente, a mobilização nacional;

- V. art. 5º, XLVII, *a*, CF.
- V. Lei 11.631/2007 (Mobilização nacional e Sistema Nacional de Mobilização – Sinamob).

XX – celebrar a paz, autorizado ou com o referendo do Congresso Nacional;

XXI – conferir condecorações e distinções honoríficas;

XXII – permitir, nos casos previstos em lei complementar, que forças estrangeiras transitem pelo território nacional ou nele permaneçam temporariamente;

- V. LC 90/1997 (Determina os casos em que forças estrangeiras possam transitar pelo território nacional ou nele permanecer temporariamente).

XXIII – enviar ao Congresso Nacional o plano plurianual, o projeto de lei de diretrizes orçamentárias e as propostas de orçamento previstos nesta Constituição;

XXIV – prestar, anualmente, ao Congresso Nacional, dentro de sessenta dias após a abertura da sessão legislativa, as contas referentes ao exercício anterior;

XXV – prover e extinguir os cargos públicos federais, na forma da lei;

XXVI – editar medidas provisórias com força de lei, nos termos do art. 62;

XXVII – exercer outras atribuições previstas nesta Constituição.

Parágrafo único. O Presidente da República poderá delegar as atribuições mencionadas nos incisos VI, XII e XXV, primeira parte, aos Ministros de Estado, ao Procurador-Geral da República ou ao Advogado-Geral da União, que observarão os limites traçados nas respectivas delegações.

Seção III
Da responsabilidade do Presidente da República

Art. 85. São crimes de responsabilidade os atos do Presidente da República que atentem contra a Constituição Federal e, especialmente, contra:

•• V. Súmula vinculante 46, STF.

I – a existência da União;

II – o livre exercício do Poder Legislativo, do Poder Judiciário, do Ministério Público e dos Poderes constitucionais das unidades da Federação;

III – o exercício dos direitos políticos, individuais e sociais;

IV – a segurança interna do País;

V – a probidade na administração;

- V. art. 37, § 4º, CF.

VI – a lei orçamentária;

VII – o cumprimento das leis e das decisões judiciais.

Parágrafo único. Esses crimes serão definidos em lei especial, que estabelecerá as normas de processo e julgamento.

- V. Lei 1.079/1950 (Crimes de responsabilidade).
- V. Súmula Vinculante 46, STF.
- V. Súmula 722, STF.

Art. 86. Admitida a acusação contra o Presidente da República, por dois terços da Câmara dos Deputados, será ele submetido a julgamento perante o Supremo Tribunal Federal, nas infrações penais comuns, ou perante o Senado Federal, nos crimes de responsabilidade.

§ 1º O Presidente ficará suspenso de suas funções:

I – nas infrações penais comuns, se recebida a denúncia ou queixa-crime pelo Supremo Tribunal Federal;

II – nos crimes de responsabilidade, após a instauração do processo pelo Senado Federal.

§ 2º Se, decorrido o prazo de cento e oitenta dias, o julgamento não estiver concluído, cessará o afastamento do Presidente, sem prejuízo do regular prosseguimento do processo.

§ 3º Enquanto não sobrevier sentença condenatória, nas infrações comuns, o Presidente da República não estará sujeito a prisão.

§ 4º O Presidente da República, na vigência de seu mandato, não pode ser responsabilizado por atos estranhos ao exercício de suas funções.

•• V. Lei 1.079/1950 (Crimes de responsabilidade).

Seção IV
Dos Ministros de Estado

Art. 87. Os Ministros de Estado serão escolhidos dentre brasileiros maiores de vinte um anos e no exercício dos direitos políticos.
Parágrafo único. Compete ao Ministro de Estado, além de outras atribuições estabelecidas nesta Constituição e na lei:
I – exercer a orientação, coordenação e supervisão dos órgãos e entidades da administração federal na área de sua competência e referendar os atos e decretos assinados pelo Presidente da República;
II – expedir instruções para a execução das leis, decretos e regulamentos;
III – apresentar ao Presidente da República relatório anual de sua gestão no Ministério;
IV – praticar os atos pertinentes às atribuições que lhe forem outorgadas ou delegadas pelo Presidente da República.

Art. 88. A lei disporá sobre a criação e extinção de Ministérios e órgãos da administração pública.

- Artigo com redação determinada pela Emenda Constitucional n. 32/2001.

Seção V
Do Conselho da República e do Conselho de Defesa Nacional

Subseção I
Do Conselho da República

Art. 89. O Conselho da República é órgão superior de consulta do Presidente da República, e dele participam:

- V. Lei 8.041/1990 (Organização e funcionamento do Conselho da República).

I – o Vice-Presidente da República;
II – o Presidente da Câmara dos Deputados;
III – o Presidente do Senado Federal;
IV – os líderes da maioria e da minoria na Câmara dos Deputados;
V – os líderes da maioria e da minoria no Senado Federal;
VI – o Ministro da Justiça;
VII – seis cidadãos brasileiros natos, com mais de trinta e cinco anos de idade, sendo dois nomeados pelo Presidente da República, dois eleitos pelo Senado Federal e dois eleitos pela Câmara dos Deputados, todos com mandato de três anos, vedada a recondução.

- V. arts. 51, V, 52, XIV, e 84, XVII, CF.

Art. 90. Compete ao Conselho da República pronunciar-se sobre:
I – intervenção federal, estado de defesa e estado de sítio;
II – as questões relevantes para a estabilidade das instituições democráticas.
§ 1º O Presidente da República poderá convocar Ministro de Estado para participar da reunião do Conselho, quando constar da pauta questão relacionada com o respectivo Ministério.
§ 2º A lei regulará a organização e o funcionamento do Conselho da República.

- V. Lei 8.041/1990 (Organização e funcionamento do Conselho da República).

Subseção II
Do Conselho de Defesa Nacional

Art. 91. O Conselho de Defesa Nacional é órgão de consulta do Presidente da República nos assuntos relacionados com a soberania nacional e a defesa do Estado democrático, e dele participam como membros natos:

- V. Lei 8.183/1991 (Conselho de Defesa Nacional).
- V. Dec. 893/1993 (Regulamento do Conselho de Defesa Nacional).

I – o Vice-Presidente da República;
II – o Presidente da Câmara dos Deputados;
III – o Presidente do Senado Federal;
IV – o Ministro da Justiça;
V – o Ministro de Estado da Defesa;

- Inciso V com redação determinada pela Emenda Constitucional n. 23/1999.

VI – o Ministro das Relações Exteriores;
VII – o Ministro do Planejamento;
VIII – os Comandantes da Marinha, do Exército e da Aeronáutica.

- Inciso VIII acrescentado pela Emenda Constitucional n. 23/1999.

§ 1º Compete ao Conselho de Defesa Nacional:
I – opinar nas hipóteses de declaração de guerra e de celebração da paz, nos termos desta Constituição;
II – opinar sobre a decretação do estado de defesa, do estado de sítio e da intervenção federal;

Art. 93

Constituição Federal

III – propor os critérios e condições de utilização de áreas indispensáveis à segurança do território nacional e opinar sobre seu efetivo uso, especialmente na faixa de fronteira e nas relacionadas com a preservação e a exploração dos recursos naturais de qualquer tipo;

IV – estudar, propor e acompanhar o desenvolvimento de iniciativas necessárias a garantir a independência nacional e a defesa do Estado democrático.

§ 2º A lei regulará a organização e o funcionamento do Conselho de Defesa Nacional.

- V. Lei 8.183/1991 (Conselho de Defesa Nacional).
- V. Dec. 893/1993 (Regulamento do Conselho de Defesa Nacional).

Capítulo III
DO PODER JUDICIÁRIO

Seção I
Disposições gerais

Art. 92. São órgãos do Poder Judiciário:
I – o Supremo Tribunal Federal;
I-A – o Conselho Nacional de Justiça;

- Inciso I-A acrescentado pela Emenda Constitucional n. 45/2004.
- V. art. 103-B, CF.
- V. art. 5º, Emenda Constitucional n. 45/2004.

II – o Superior Tribunal de Justiça;
III – os Tribunais Regionais Federais e Juízes Federais;
IV – os Tribunais e Juízes do Trabalho;
V – os Tribunais e Juízes Eleitorais;
VI – os Tribunais e Juízes Militares;
VII – os Tribunais e Juízes dos Estados e do Distrito Federal e Territórios.

§ 1º O Supremo Tribunal Federal, o Conselho Nacional de Justiça e os Tribunais Superiores têm sede na Capital Federal.

- § 1º acrescentado pela Emenda Constitucional n. 45/2004.
- V. art. 103-B, CF.

§ 2º O Supremo Tribunal Federal e os Tribunais Superiores têm jurisdição em todo o território nacional.

- § 2º acrescentado pela Emenda Constitucional n. 45/2004.

Art. 93. Lei complementar, de iniciativa do Supremo Tribunal Federal, disporá sobre o Estatuto da Magistratura, observados os seguintes princípios:

- V. LC 35/1979 (Lei Orgânica da Magistratura Nacional).

I – ingresso na carreira, cujo cargo inicial será o de juiz substituto, mediante concurso público de provas e títulos, com a participação da Ordem dos Advogados do Brasil em todas as fases, exigindo-se do bacharel em direito, no mínimo, 3 (três) anos de atividade jurídica e obedecendo-se, nas nomeações, à ordem de classificação;

- Inciso I com redação determinada pela Emenda Constitucional n. 45/2004.

II – promoção de entrância para entrância, alternadamente, por antiguidade e merecimento, atendidas as seguintes normas:

a) é obrigatória a promoção do juiz que figure por três vezes consecutivas ou cinco alternadas em lista de merecimento;

b) a promoção por merecimento pressupõe dois anos de exercício na respectiva entrância e integrar o juiz a primeira quinta parte da lista de antiguidade desta, salvo se não houver com tais requisitos quem aceite o lugar vago;

c) aferição do merecimento conforme o desempenho e pelos critérios objetivos de produtividade e presteza no exercício da jurisdição e pela frequência e aproveitamento em cursos oficiais ou reconhecidos de aperfeiçoamento;

- Alínea c com redação determinada pela Emenda Constitucional n. 45/2004.

d) na apuração de antiguidade, o tribunal somente poderá recusar o juiz mais antigo pelo voto fundamentado de dois terços de seus membros, conforme procedimento próprio, e assegurada ampla defesa, repetindo-se a votação até fixar-se a indicação;

- Alínea d com redação determinada pela Emenda Constitucional n. 45/2004.

e) não será promovido o juiz que, injustificadamente, retiver autos em seu poder além do prazo legal, não podendo devolvê-los ao cartório sem o devido despacho ou decisão;

- Alínea e acrescentada pela Emenda Constitucional n. 45/2004.

III – o acesso aos tribunais de segundo grau far-se-á por antiguidade e merecimento, al-

Art. 93

ternadamente, apurados na última ou única entrância;

- Inciso III com redação determinada pela Emenda Constitucional n. 45/2004.

IV – previsão de cursos oficiais de preparação, aperfeiçoamento e promoção de magistrados, constituindo etapa obrigatória do processo de vitaliciamento a participação em curso oficial ou reconhecido por escola nacional de formação e aperfeiçoamento de magistrados;

- Inciso IV com redação determinada pela Emenda Constitucional n. 45/2004.

V – o subsídio dos Ministros dos Tribunais Superiores corresponderá a noventa e cinco por cento do subsídio mensal fixado para os Ministros do Supremo Tribunal Federal e os subsídios dos demais magistrados serão fixados em lei e escalonados, em nível federal e estadual, conforme as respectivas categorias da estrutura judiciária nacional, não podendo a diferença entre uma e outra ser superior a dez por cento ou inferior a cinco por cento, nem exceder a noventa e cinco por cento do subsídio mensal dos Ministros dos Tribunais Superiores, obedecido, em qualquer caso, o disposto nos arts. 37, XI, e 39, § 4º;

- Inciso V com redação determinada pela Emenda Constitucional n. 19/1998.

VI – a aposentadoria dos magistrados e a pensão de seus dependentes observarão o disposto no art. 40;

- Inciso VI com redação determinada pela Emenda Constitucional n. 20/1998.

VII – o juiz titular residirá na respectiva comarca, salvo autorização do tribunal;

- Inciso VII com redação determinada pela Emenda Constitucional n. 45/2004.

VIII – o ato de remoção, disponibilidade e aposentadoria do magistrado, por interesse público, fundar-se-á em decisão por voto da maioria absoluta do respectivo tribunal ou do Conselho Nacional de Justiça, assegurada ampla defesa;

- Inciso VIII com redação determinada pela Emenda Constitucional n. 45/2004.
- V. arts. 95, II, e 103-B, CF.
- V. art. 5º, Emenda Constitucional n. 45/2004.

VIII-A – a remoção a pedido ou a permuta de magistrados de comarca de igual entrância atenderá, no que couber, ao disposto nas alíneas *a*, *b*, *c* e *e* do inciso II;

- Inciso VIII-A acrescentado pela Emenda Constitucional n. 45/2004.

IX – todos os julgamentos dos órgãos do Poder Judiciário serão públicos, e fundamentadas todas as decisões, sob pena de nulidade, podendo a lei limitar a presença, em determinados atos, às próprias partes e a seus advogados, ou somente a estes, em casos nos quais a preservação do direito à intimidade do interessado no sigilo não prejudique o interesse público à informação;

- Inciso IX com redação determinada pela Emenda Constitucional n. 45/2004.

X – as decisões administrativas dos tribunais serão motivadas e em sessão pública, sendo as disciplinares tomadas pelo voto da maioria absoluta de seus membros;

- Inciso X com redação determinada pela Emenda Constitucional n. 45/2004.

XI – nos tribunais com número superior a vinte e cinco julgadores, poderá ser constituído órgão especial, com o mínimo de onze e o máximo de vinte e cinco membros, para o exercício das atribuições administrativas e jurisdicionais delegadas da competência do tribunal pleno, provendo-se metade das vagas por antiguidade e a outra metade por eleição pelo tribunal pleno;

- Inciso XI com redação determinada pela Emenda Constitucional n. 45/2004.

XII – a atividade jurisdicional será ininterrupta, sendo vedado férias coletivas nos juízos e tribunais de segundo grau, funcionando, nos dias em que não houver expediente forense normal, juízes em plantão permanente;

- Inciso XII acrescentado pela Emenda Constitucional n. 45/2004.

XIII – o número de juízes na unidade jurisdicional será proporcional à efetiva demanda judicial e à respectiva população;

- Inciso XIII acrescentado pela Emenda Constitucional n. 45/2004.

XIV – os servidores receberão delegação para a prática de atos de administração e atos de mero expediente sem caráter decisório;

- Inciso XIV acrescentado pela Emenda Constitucional n. 45/2004.

Constituição Federal

XV – a distribuição de processos será imediata, em todos os graus de jurisdição.

• Inciso XV acrescentado pela Emenda Constitucional n. 45/2004.

Art. 94. Um quinto dos lugares dos Tribunais Regionais Federais, dos Tribunais dos Estados, e do Distrito Federal e Territórios será composto de membros, do Ministério Público, com mais de dez anos de carreira, e de advogados de notório saber jurídico e de reputação ilibada, com mais de dez anos de efetiva atividade profissional, indicados em lista sêxtupla pelos órgãos de representação das respectivas classes.

• V. arts. 104, p.u., II e 115, II, CF.

Parágrafo único. Recebidas as indicações, o tribunal formará lista tríplice, enviando-a ao Poder Executivo, que, nos vinte dias subsequentes, escolherá um de seus integrantes para nomeação.

Art. 95. Os juízes gozam das seguintes garantias:

I – vitaliciedade, que, no primeiro grau, só será adquirida após dois anos de exercício, dependendo a perda do cargo, nesse período, de deliberação do tribunal a que o juiz estiver vinculado, e, nos demais casos, de sentença judicial transitada em julgado;

II – inamovibilidade, salvo por motivo de interesse público, na forma do art. 93, VIII;

III – irredutibilidade de subsídio, ressalvado o disposto nos arts. 37, X e XI, 39, § 4º, 150, II, 153, III, e 153, § 2º, I.

• Inciso III com redação determinada pela Emenda Constitucional n. 19/1998.

Parágrafo único. Aos juízes é vedado:

• Caput do parágrafo único com redação determinada pela Emenda Constitucional n. 45/2004.

I – exercer, ainda que em disponibilidade, outro cargo ou função, salvo uma de magistério;

II – receber, a qualquer título ou pretexto, custas ou participação em processo;

III – dedicar-se à atividade político-partidária;

IV – receber, a qualquer título ou pretexto, auxílios ou contribuições de pessoas físicas, entidades públicas ou privadas, ressalvadas as exceções previstas em lei;

• Inciso IV acrescentado pela Emenda Constitucional n. 45/2004.

V – exercer a advocacia no juízo ou tribunal do qual se afastou, antes de decorridos três anos do afastamento do cargo por aposentadoria ou exoneração.

• Inciso V acrescentado Emenda Constitucional n. 45/2004.
• V. art. 128, § 6º, CF.

Art. 96. Compete privativamente:

• V. art. 4º, Emenda Constitucional n. 45/2004.

I – aos tribunais:

a) eleger seus órgãos diretivos e elaborar seus regimentos internos, com observância das normas de processo e das garantias processuais das partes, dispondo sobre a competência e o funcionamento dos respectivos órgãos jurisdicionais e administrativos;

b) organizar suas secretarias e serviços auxiliares e os dos juízos que lhes forem vinculados, velando pelo exercício da atividade correicional respectiva;

c) prover, na forma prevista nesta Constituição, os cargos de juiz de carreira da respectiva jurisdição;

d) propor a criação de novas varas judiciárias;

e) prover, por concurso público de provas, ou provas e títulos, obedecido o disposto no art. 169, parágrafo único, os cargos necessários à administração da Justiça, exceto os de confiança assim definidos em lei;

f) conceder licença, férias e outros afastamentos a seus membros e aos juízes e servidores que lhes forem imediatamente vinculados;

II – ao Supremo Tribunal Federal, aos Tribunais Superiores e aos Tribunais de Justiça propor ao Poder Legislativo respectivo, observado o disposto no art. 169:

a) a alteração do número de membros dos tribunais inferiores;

b) a criação e a extinção de cargos e a remuneração dos seus serviços auxiliares e dos juízos que lhes forem vinculados, bem como a fixação do subsídio de seus membros e dos juízes, inclusive dos tribunais inferiores, onde houver;

• Alínea b com redação determinada pela Emenda Constitucional n. 41/2003.

Art. 97

CONSTITUIÇÃO FEDERAL

c) a criação ou extinção dos tribunais inferiores;

d) a alteração da organização e da divisão judiciárias;

III – aos Tribunais de Justiça julgar os juízes estaduais e do Distrito Federal e Territórios, bem como os membros do Ministério Público, nos crimes comuns e de responsabilidade, ressalvada a competência da Justiça Eleitoral.

Art. 97. Somente pelo voto da maioria absoluta de seus membros ou dos membros do respectivo órgão especial poderão os tribunais declarar a inconstitucionalidade de lei ou ato normativo do Poder Público.

- V. Súmula vinculante 10, STF.

Art. 98. A União, no Distrito Federal e nos Territórios, e os Estados criarão:

I – juizados especiais, providos por juízes togados, ou togados e leigos, competentes para a conciliação, o julgamento e a execução de causas cíveis de menor complexidade e infrações penais de menor potencial ofensivo, mediante os procedimentos oral e sumaríssimo, permitidos, nas hipóteses previstas em lei, a transação e o julgamento de recursos por turmas de juízes de primeiro grau;

- V. Lei 9.099/1995 (Juizados Especiais Cíveis e Criminais).
- V. Súmulas Vinculantes 27 e 35, STF.
- V. Súmula 376, STJ.

II – justiça de paz, remunerada, composta de cidadãos eleitos pelo voto direto, universal e secreto, com mandato de quatro anos e competência para, na forma da lei, celebrar casamentos, verificar, de ofício ou em face de impugnação apresentada, o processo de habilitação e exercer atribuições conciliatórias, sem caráter jurisdicional, além de outras previstas na legislação.

- V. art. 30, ADCT.

§ 1º Lei federal disporá sobre a criação de juizados especiais no âmbito da Justiça Federal.

- Anterior parágrafo único renumerado pela Emenda Constitucional n. 45/2004.
- V. Lei 10.259/2001 (Juizados Especiais Cíveis e Criminais no âmbito da Justiça Federal).

§ 2º As custas e emolumentos serão destinados exclusivamente ao custeio dos serviços afetos às atividades específicas da Justiça.

- § 2º acrescentado pela Emenda Constitucional n. 45/2004.

Art. 99. Ao Poder Judiciário é assegurada autonomia administrativa e financeira.

§ 1º Os tribunais elaborarão suas propostas orçamentárias dentro dos limites estipulados conjuntamente com os demais Poderes na lei de diretrizes orçamentárias.

§ 2º O encaminhamento da proposta, ouvidos os outros tribunais interessados, compete:

- V. art. 134, § 2º, CF.

I – no âmbito da União, aos Presidentes do Supremo Tribunal Federal e dos Tribunais Superiores, com a aprovação dos respectivos tribunais;

II – no âmbito dos Estados e no do Distrito Federal e Territórios, aos Presidentes dos Tribunais de Justiça, com a aprovação dos respectivos tribunais.

§ 3º Se os órgãos referidos no § 2º não encaminharem as respectivas propostas orçamentárias dentro do prazo estabelecido na lei de diretrizes orçamentárias, o Poder Executivo considerará, para fins de consolidação da proposta orçamentária anual, os valores aprovados na lei orçamentária vigente, ajustados de acordo com os limites estipulados na forma do § 1º deste artigo.

- § 3º acrescentado pela Emenda Constitucional n. 45/2004.

§ 4º Se as propostas orçamentárias de que trata este artigo forem encaminhadas em desacordo com os limites estipulados na forma do § 1º, o Poder Executivo procederá aos ajustes necessários para fins de consolidação da proposta orçamentária anual.

- § 4º acrescentado pela Emenda Constitucional n. 45/2004.

§ 5º Durante a execução orçamentária do exercício, não poderá haver a realização de despesas ou a assunção de obrigações que extrapolem os limites estabelecidos na lei de diretrizes orçamentárias, exceto se previamente autorizadas, mediante a abertura de créditos suplementares ou especiais.

- § 5º acrescentado pela Emenda Constitucional n. 45/2004.

Art. 100

Constituição Federal

Art. 100. Os pagamentos devidos pelas Fazendas Públicas Federal, Estaduais, Distrital e Municipais, em virtude de sentença judiciária, far-se-ão exclusivamente na ordem cronológica de apresentação dos precatórios e à conta dos créditos respectivos, proibida a designação de casos ou de pessoas nas dotações orçamentárias e nos créditos adicionais abertos para este fim.

- Artigo com redação determinada pela Emenda Constitucional n. 62/2009.
- V. ADIn 4.357.
- V. art. 97, ADCT.
- V. Súmula 339, STJ.

§ 1º Os débitos de natureza alimentícia compreendem aqueles decorrentes de salários, vencimentos, proventos, pensões e suas complementações, benefícios previdenciários e indenizações por morte ou por invalidez, fundadas em responsabilidade civil, em virtude de sentença judicial transitada em julgado, e serão pagos com preferência sobre todos os demais débitos, exceto sobre aqueles referidos no § 2º deste artigo.

- V. Súmula vinculante 47, STF.
- V. Súmula 655, STF.

§ 2º Os débitos de natureza alimentícia cujos titulares tenham 60 (sessenta) anos de idade ou mais na data de expedição do precatório, ou sejam portadores de doença grave, definidos na forma da lei, serão pagos com preferência sobre todos os demais débitos, até o valor equivalente ao triplo do fixado em lei para os fins do disposto no § 3º deste artigo, admitido o fracionamento para essa finalidade, sendo que o restante será pago na ordem cronológica de apresentação do precatório.

- O STF, na ADIn 4.425 (*DJE* 19.12.2013), julgou procedente a ação para declarar a inconstitucionalidade da expressão "na data de expedição do precatório", contida no § 2º; os §§ 9º e 10; e das expressões "índice oficial de remuneração básica da caderneta de poupança" e "independentemente de sua natureza", constantes do § 12, todos dispositivos do art. 100 da CF, com a redação dada pela EC 62/2009 [...].

§ 3º O disposto no *caput* deste artigo relativamente à expedição de precatórios não se aplica aos pagamentos de obrigações definidas em leis como de pequeno valor que as Fazendas referidas devam fazer em virtude de sentença judicial transitada em julgado.

§ 4º Para os fins do disposto no § 3º, poderão ser fixados, por leis próprias, valores distintos às entidades de direito público, segundo as diferentes capacidades econômicas, sendo o mínimo igual ao valor do maior benefício do regime geral de previdência social.

§ 5º É obrigatória a inclusão, no orçamento das entidades de direito público, de verba necessária ao pagamento de seus débitos, oriundos de sentenças transitadas em julgado, constantes de precatórios judiciários apresentados até 1º de julho, fazendo-se o pagamento até o final do exercício seguinte, quando terão seus valores atualizados monetariamente.

- V. Súmula vinculante 17, STF.

§ 6º As dotações orçamentárias e os créditos abertos serão consignados diretamente ao Poder Judiciário, cabendo ao Presidente do Tribunal que proferir a decisão exequenda determinar o pagamento integral e autorizar, a requerimento do credor e exclusivamente para os casos de preterimento de seu direito de precedência ou de não alocação orçamentária do valor necessário à satisfação do seu débito, o sequestro da quantia respectiva.

§ 7º O Presidente do Tribunal competente que, por ato comissivo ou omissivo, retardar ou tentar frustrar a liquidação regular de precatórios incorrerá em crime de responsabilidade e responderá, também, perante o Conselho Nacional de Justiça.

§ 8º É vedada a expedição de precatórios complementares ou suplementares de valor pago, bem como o fracionamento, repartição ou quebra do valor da execução para fins de enquadramento de parcela do total ao que dispõe o § 3º deste artigo.

§ 9º No momento da expedição dos precatórios, independentemente de regulamentação, deles deverá ser abatido, a título de compensação, valor correspondente aos débitos líquidos e certos, inscritos ou não em dívida ativa e constituídos contra o credor original pela Fazenda Pública devedora, incluídas parcelas vincendas de parcelamentos, ressalvados aqueles cuja execução esteja suspensa em virtude de contestação administrativa ou judicial.

- O STF, na ADIn 4.425 (*DJE* 19.12.2013), julgou procedente a ação para declarar a inconstitucionalidade da expressão "na data de expedição do precatório", contida no § 2º; os §§ 9º e 10; e das expressões "índice oficial de remuneração básica da caderneta de poupança" e "independentemente de sua natureza", constantes do § 12, todos dispositivos do art. 100 da CF, com a redação dada pela EC 62/2009 [...].

§ 10. Antes da expedição dos precatórios, o Tribunal solicitará à Fazenda Pública devedora, para resposta em até 30 (trinta) dias, sob pena de perda do direito de abatimento, informação sobre os débitos que preencham as condições estabelecidas no § 9º, para os fins nele previstos.

- O STF, na ADIn 4.425 (*DJE* 19.12.2013), julgou procedente a ação para declarar a inconstitucionalidade da expressão "na data de expedição do precatório", contida no § 2º; os §§ 9º e 10; e das expressões "índice oficial de remuneração básica da caderneta de poupança" e "independentemente de sua natureza", constantes do § 12, todos dispositivos do art. 100 da CF, com a redação dada pela EC 62/2009 [...].

§ 11. É facultada ao credor, conforme estabelecido em lei da entidade federativa devedora, a entrega de créditos em precatórios para compra de imóveis públicos do respectivo ente federado.

§ 12. A partir da promulgação desta Emenda Constitucional, a atualização de valores de requisitórios, após sua expedição, até o efetivo pagamento, independentemente de sua natureza, será feita pelo índice oficial de remuneração básica da caderneta de poupança, e, para fins de compensação da mora, incidirão juros simples no mesmo percentual de juros incidentes sobre a caderneta de poupança, ficando excluída a incidência de juros compensatórios.

- O STF, na ADIn 4.425 (*DJE* 19.12.2013), julgou procedente a ação para declarar a inconstitucionalidade da expressão "na data de expedição do precatório", contida no § 2º; os §§ 9º e 10; e das expressões "índice oficial de remuneração básica da caderneta de poupança" e "independentemente de sua natureza", constantes do § 12, todos dispositivos do art. 100 da CF, com a redação dada pela EC 62/2009 [...].

§ 13. O credor poderá ceder, total ou parcialmente, seus créditos em precatórios a terceiros, independentemente da concordância do devedor, não se aplicando ao cessionário o disposto nos §§ 2º e 3º.

§ 14. A cessão de precatórios somente produzirá efeitos após comunicação, por meio de petição protocolizada, ao tribunal de origem e à entidade devedora.

§ 15. Sem prejuízo do disposto neste artigo, lei complementar a esta Constituição Federal poderá estabelecer regime especial para pagamento de crédito de precatórios de Estados, Distrito Federal e Municípios, dispondo sobre vinculações à receita corrente líquida e forma e prazo de liquidação.

§ 16. A seu critério exclusivo e na forma de lei, a União poderá assumir débitos, oriundos de precatórios, de Estados, Distrito Federal e Municípios, refinanciando-os diretamente.

Seção II
Do Supremo Tribunal Federal

Art. 101. O Supremo Tribunal Federal compõe-se de onze Ministros, escolhidos dentre cidadãos com mais de trinta e cinco e menos de sessenta e cinco anos de idade, de notável saber jurídico e reputação ilibada.

- V. Lei 8.038/1990 (Normas procedimentais perante o STJ e o STF).

Parágrafo único. Os Ministros do Supremo Tribunal Federal serão nomeados pelo Presidente da República, depois de aprovada a escolha pela maioria absoluta do Senado Federal.

Art. 102. Compete ao Supremo Tribunal Federal, precipuamente, a guarda da Constituição, cabendo-lhe:

I – processar e julgar, originariamente:

a) a ação direta de inconstitucionalidade de lei ou ato normativo federal ou estadual e a ação declaratória de constitucionalidade de lei ou ato normativo federal;

- Alínea *a* com redação determinada pela Emenda Constitucional n. 3/1993.
- V. Lei 9.868/1999 (Processo e julgamento da ação direta de inconstitucionalidade e da ação declaratória de constitucionalidade).
- V. Súmula 642, STF.

b) nas infrações penais comuns, o Presidente da República, o Vice-Presidente, os membros do Congresso Nacional, seus próprios Ministros e o Procurador-Geral da República;

Constituição Federal

c) nas infrações penais comuns e nos crimes de responsabilidade, os Ministros de Estado e os Comandantes da Marinha, do Exército e da Aeronáutica, ressalvado o disposto no art. 52, I, os membros dos Tribunais Superiores, os do Tribunal de Contas da União e os chefes de missão diplomática de caráter permanente;

- Alínea c com redação determinada pela Emenda Constitucional n. 23/1999.

d) o *habeas corpus*, sendo paciente qualquer das pessoas referidas nas alíneas anteriores; o mandado de segurança e o *habeas data* contra atos do Presidente da República, das Mesas da Câmara dos Deputados e do Senado Federal, do Tribunal de Contas da União, do Procurador-Geral da República e do próprio Supremo Tribunal Federal;

- V. Lei 9.507/1997 (*Habeas data*).
- V. Súmula 692, STF.

e) o litígio entre Estado estrangeiro ou organismo internacional e a União, o Estado, o Distrito Federal ou o Território;

f) as causas e os conflitos entre a União e os Estados, a União e o Distrito Federal, ou entre uns e outros, inclusive as respectivas entidades da administração indireta;

g) a extradição solicitada por Estado estrangeiro;

h) (Revogada pela Emenda Constitucional n. 45/2004.)

i) o *habeas corpus*, quando o coator for Tribunal Superior ou quando o coator ou o paciente for autoridade ou funcionário cujos atos estejam sujeitos diretamente à jurisdição do Supremo Tribunal Federal, ou se trate de crime sujeito à mesma jurisdição em uma única instância;

- Alínea *i* com redação determinada pela Emenda Constitucional n. 22/1999.
- V. Súmula 691, STF.

j) a revisão criminal e a ação rescisória de seus julgados;

l) a reclamação para a preservação de sua competência e garantia da autoridade de suas decisões;

- V. art. 13, Lei 8.038/1990 (Normas procedimentais perante o STJ e o STF).
- V. art. 156, RISTF.
- V. Súmula 734, STF.

m) a execução de sentença nas causas de sua competência originária, facultada a delegação de atribuições para a prática de atos processuais;

n) a ação em que todos os membros da magistratura sejam direta ou indiretamente interessados, e aquela em que mais da metade dos membros do tribunal de origem estejam impedidos ou sejam direta ou indiretamente interessados;

- V. Súmula 731, STF.

o) os conflitos de competência entre o Superior Tribunal de Justiça e quaisquer tribunais, entre Tribunais Superiores, ou entre estes e qualquer outro tribunal;

p) o pedido de medida cautelar das ações diretas de inconstitucionalidade;

q) o mandado de injunção, quando a elaboração da norma regulamentadora for atribuição do Presidente da República, do Congresso Nacional, da Câmara dos Deputados, do Senado Federal, das Mesas de uma dessas Casas Legislativas, do Tribunal de Contas da União, de um dos Tribunais Superiores, ou do próprio Supremo Tribunal Federal;

r) as ações contra o Conselho Nacional de Justiça e contra o Conselho Nacional do Ministério Público;

- Alínea *r* acrescentada pela Emenda Constitucional n. 45/2004.
- V. arts. 103-B e 130-A, CF.

II – julgar, em recurso ordinário:

a) o *habeas corpus*, o mandado de segurança, o *habeas data* e o mandado de injunção decididos em única instância pelos Tribunais Superiores, se denegatória a decisão;

- V. Lei 9.507/1997 (*Habeas data*).

b) o crime político;

III – julgar, mediante recurso extraordinário, as causas decididas em única ou última instância, quando a decisão recorrida:

- V. Lei 8.038/1990 (Normas procedimentais perante o STJ e o STF).
- V. Lei 8.658/1993 (Aplicação da Lei 8.038/1990 nos Tribunais de Justiça e nos Tribunais Regionais Federais).

a) contrariar dispositivo desta Constituição;

- V. Súmula 735, STF.

b) declarar a inconstitucionalidade de tratado ou lei federal;

Art. 103

c) julgar válida lei ou ato de governo local contestado em face desta Constituição;
d) julgar válida lei local contestada em face de lei federal.

- Alínea *d* acrescentada pela Emenda Constitucional n. 45/2004.
•• V. arts. 22 a 24, CF.

§ 1º A arguição de descumprimento de preceito fundamental, decorrente desta Constituição, será apreciada pelo Supremo Tribunal Federal, na forma da lei.

- § 1º com redação determinada pela Emenda Constitucional n. 3/1993.
- V. Lei 9.882/1999 (Processo e julgamento da arguição de descumprimento de preceito fundamental).

§ 2º As decisões definitivas de mérito, proferidas pelo Supremo Tribunal Federal, nas ações diretas de inconstitucionalidade e nas ações declaratórias de constitucionalidade, produzirão eficácia contra todos e efeito vinculante, relativamente aos demais órgãos do Poder Judiciário e à administração pública direta e indireta, nas esferas federal, estadual e municipal.

- § 2º com redação determinada pela Emenda Constitucional n. 45/2004.
•• V. art. 28, parágrafo único, Lei 9.868/1999 (Processo e julgamento da ação direta de inconstitucionalidade e da ação declaratória de constitucionalidade).

§ 3º No recurso extraordinário o recorrente deverá demonstrar a repercussão geral das questões constitucionais discutidas no caso, nos termos da lei, a fim de que o Tribunal examine a admissão do recurso, somente podendo recusá-lo pela manifestação de dois terços de seus membros.

- § 3º acrescentado pela Emenda Constitucional n. 45/2004.
- V. arts. 1.035, 1.036, *caput* e § 1.º, e 1.039, CPC/2015.
- V. Lei 11.418/2006 (Acrescenta ao CPC dispositivos que regulamentam o § 3º do art. 102 da CF – Repercussão Geral).

Art. 103. Podem propor a ação direta de inconstitucionalidade e a ação declaratória de constitucionalidade:

- *Caput* com redação determinada pela Emenda Constitucional n. 45/2004.

I – o Presidente da República;
II – a Mesa do Senado Federal;
III – a Mesa da Câmara dos Deputados;
IV – a Mesa de Assembleia Legislativa ou da Câmara Legislativa do Distrito Federal;

- Inciso IV com redação determinada pela Emenda Constitucional n. 45/2004.

V – o Governador de Estado ou do Distrito Federal;

- Inciso V com redação determinada pela Emenda Constitucional n. 45/2004.

VI – o Procurador-Geral da República;
VII – o Conselho Federal da Ordem dos Advogados do Brasil;
VIII – partido político com representação no Congresso Nacional;
IX – confederação sindical ou entidade de classe de âmbito nacional.

§ 1º O Procurador-Geral da República deverá ser previamente ouvido nas ações de inconstitucionalidade e em todos os processos de competência do Supremo Tribunal Federal.

§ 2º Declarada a inconstitucionalidade por omissão de medida para tornar efetiva norma constitucional, será dada ciência ao Poder competente para a adoção das providências necessárias e, em se tratando de órgão administrativo, para fazê-lo em trinta dias.

•• V. art. 12-H, Lei 9.868/1999 (Processo e julgamento da ação direta de inconstitucionalidade e da ação declaratória de constitucionalidade).

§ 3º Quando o Supremo Tribunal Federal apreciar a inconstitucionalidade, em tese, de norma legal ou ato normativo, citará, previamente, o Advogado-Geral da União, que defenderá o ato ou texto impugnado.

§ 4º *(Revogado pela Emenda Constitucional n. 45/2004.)*

Art. 103-A. O Supremo Tribunal Federal poderá, de ofício ou por provocação, mediante decisão de dois terços dos seus membros, após reiteradas decisões sobre matéria constitucional, aprovar súmula que, a partir de sua publicação na imprensa oficial, terá efeito vinculante em relação aos demais órgãos do Poder Judiciário e à administração pública direta e indireta, nas esferas federal, estadual e municipal, bem como proceder à sua revisão ou cancelamento, na forma estabelecida em lei.

- Artigo acrescentado pela Emenda Constitucional n. 45/2004.

Art. 103-B

CONSTITUIÇÃO FEDERAL

- V. art. 8º, Emenda Constitucional n. 45/2004.
- V. Lei 11.417/2006 (Regulamenta o art. 103-A da CF – Súmula vinculante).

§ 1º A súmula terá por objetivo a validade, a interpretação e a eficácia de normas determinadas, acerca das quais haja controvérsia atual entre órgãos judiciários ou entre esses e a administração pública que acarrete grave insegurança jurídica e relevante multiplicação de processos sobre questão idêntica.

§ 2º Sem prejuízo do que vier a ser estabelecido em lei, a aprovação, revisão ou cancelamento de súmula poderá ser provocada por aqueles que podem propor a ação direta de inconstitucionalidade.

§ 3º Do ato administrativo ou decisão judicial que contrariar a súmula aplicável ou que indevidamente a aplicar, caberá reclamação ao Supremo Tribunal Federal que, julgando-a procedente, anulará o ato administrativo ou cassará a decisão judicial reclamada, e determinará que outra seja proferida com ou sem a aplicação da súmula, conforme o caso.

- • V. art. 102, I, *l*, CF.
- • V. art. 13, Lei 8.038/1990 (Normas procedimentais perante o STJ e o STF).

Art. 103-B. O Conselho Nacional de Justiça compõe-se de 15 (quinze) membros com mandato de 2 (dois) anos, admitida 1 (uma) recondução, sendo:

- *Caput* com redação determinada pela Emenda Constitucional n. 61/2009.
- V. art. 5º, Emenda Constitucional n. 45/2004.
- V. Lei 11.364/2006 (Conselho Nacional de Justiça).

I – o Presidente do Supremo Tribunal Federal;

- Inciso I com redação determinada pela Emenda Constitucional n. 61/2009.

II – um Ministro do Superior Tribunal de Justiça, indicado pelo respectivo tribunal;

- Inciso II acrescentado pela Emenda Constitucional n. 45/2004.

III – um Ministro do Tribunal Superior do Trabalho, indicado pelo respectivo tribunal;

- Inciso III acrescentado pela Emenda Constitucional n. 45/2004.

IV – um desembargador de Tribunal de Justiça, indicado pelo Supremo Tribunal Federal;

- Inciso IV acrescentado pela Emenda Constitucional n. 45/2004.

V – um juiz estadual, indicado pelo Supremo Tribunal Federal;

- Inciso V acrescentado pela Emenda Constitucional n. 45/2004.

VI – um juiz de Tribunal Regional Federal, indicado pelo Superior Tribunal de Justiça;

- Inciso VI acrescentado pela Emenda Constitucional n. 45/2004.

VII – um juiz federal, indicado pelo Superior Tribunal de Justiça;

- Inciso VII acrescentado pela Emenda Constitucional n. 45/2004.

VIII – um juiz de Tribunal Regional do Trabalho, indicado pelo Tribunal Superior do Trabalho;

- Inciso VIII acrescentado pela Emenda Constitucional n. 45/2004.

IX – um juiz do trabalho, indicado pelo Tribunal Superior do Trabalho;

- Inciso IX acrescentado pela Emenda Constitucional n. 45/2004.

X – um membro do Ministério Público da União, indicado pelo Procurador-Geral da República;

- Inciso X acrescentado pela Emenda Constitucional n. 45/2004.

XI – um membro do Ministério Público estadual, escolhido pelo Procurador-Geral da República dentre os nomes indicados pelo órgão competente de cada instituição estadual;

- Inciso XI acrescentado pela Emenda Constitucional n. 45/2004.

XII – dois advogados, indicados pelo Conselho Federal da Ordem dos Advogados do Brasil;

- Inciso XII acrescentado pela Emenda Constitucional n. 45/2004.

XIII – dois cidadãos, de notável saber jurídico e reputação ilibada, indicados um pela Câmara dos Deputados e outro pelo Senado Federal.

- Inciso XIII acrescentado pela Emenda Constitucional n. 45/2004.

§ 1º O Conselho será presidido pelo Presidente do Supremo Tribunal Federal e, nas

Art. 103-B

suas ausências e impedimentos, pelo Vice-Presidente do Supremo Tribunal Federal.

- § 1º com redação determinada pela Emenda Constitucional n. 61/2009.

§ 2º Os demais membros do Conselho serão nomeados pelo Presidente da República, depois de aprovada a escolha pela maioria absoluta do Senado Federal.

- § 2º com redação determinada pela Emenda Constitucional n. 61/2009.

§ 3º Não efetuadas, no prazo legal, as indicações previstas neste artigo, caberá a escolha ao Supremo Tribunal Federal.

- § 3º acrescentado pela Emenda Constitucional n. 45/2004.

§ 4º Compete ao Conselho o controle da atuação administrativa e financeira do Poder Judiciário e do cumprimento dos deveres funcionais dos juízes, cabendo-lhe, além de outras atribuições que lhe forem conferidas pelo Estatuto da Magistratura:

- § 4º acrescentado pela Emenda Constitucional n. 45/2004.

I – zelar pela autonomia do Poder Judiciário e pelo cumprimento do Estatuto da Magistratura, podendo expedir atos regulamentares, no âmbito de sua competência, ou recomendar providências;

II – zelar pela observância do art. 37 e apreciar, de ofício ou mediante provocação, a legalidade dos atos administrativos praticados por membros ou órgãos do Poder Judiciário, podendo desconstituí-los, revê-los ou fixar prazo para que se adotem as providências necessárias ao exato cumprimento da lei, sem prejuízo da competência do Tribunal de Contas da União;

III – receber e conhecer das reclamações contra membros ou órgãos do Poder Judiciário, inclusive contra seus serviços auxiliares, serventias e órgãos prestadores de serviços notariais e de registro que atuem por delegação do poder público ou oficializados, sem prejuízo da competência disciplinar e correicional dos tribunais, podendo avocar processos disciplinares em curso e determinar a remoção, a disponibilidade ou a aposentadoria com subsídios ou proventos proporcionais ao tempo de serviço e aplicar outras sanções administrativas, assegurada ampla defesa;

IV – representar ao Ministério Público, no caso de crime contra a administração pública ou de abuso de autoridade;

V – rever, de ofício ou mediante provocação, os processos disciplinares de juízes e membros de tribunais julgados há menos de um ano;

VI – elaborar semestralmente relatório estatístico sobre processos e sentenças prolatadas, por unidade da Federação, nos diferentes órgãos do Poder Judiciário;

VII – elaborar relatório anual, propondo as providências que julgar necessárias, sobre a situação do Poder Judiciário no País e as atividades do Conselho, o qual deve integrar mensagem do Presidente do Supremo Tribunal Federal a ser remetida ao Congresso Nacional, por ocasião da abertura da sessão legislativa.

§ 5º O Ministro do Superior Tribunal de Justiça exercerá a função de Ministro-Corregedor e ficará excluído da distribuição de processos no Tribunal, competindo-lhe, além das atribuições que lhe forem conferidas pelo Estatuto da Magistratura, as seguintes:

- § 5º acrescentado pela Emenda Constitucional n. 45/2004.

I – receber as reclamações e denúncias, de qualquer interessado, relativas aos magistrados e aos serviços judiciários;

II – exercer funções executivas do Conselho, de inspeção e de correição geral;

III – requisitar e designar magistrados, delegando-lhes atribuições, e requisitar servidores de juízos ou tribunais, inclusive nos Estados, Distrito Federal e Territórios.

§ 6º Junto ao Conselho oficiarão o Procurador-Geral da República e o Presidente do Conselho Federal da Ordem dos Advogados do Brasil.

- § 6º acrescentado pela Emenda Constitucional n. 45/2004.

§ 7º A União, inclusive no Distrito Federal e nos Territórios, criará ouvidorias de justiça, competentes para receber reclamações e denúncias de qualquer interessado contra membros ou órgãos do Poder Judiciário, ou contra seus serviços auxiliares, representando diretamente ao Conselho Nacional de Justiça.

- § 7º acrescentado pela Emenda Constitucional n. 45/2004.

Seção III
Do Superior Tribunal de Justiça

Art. 104. O Superior Tribunal de Justiça compõe-se de, no mínimo, trinta e três Ministros.

- V. Lei 8.038/1990 (Normas procedimentais perante o STJ e o STF).

Parágrafo único. Os Ministros do Superior Tribunal de Justiça serão nomeados pelo Presidente da República, dentre brasileiros com mais de trinta e cinco e menos de sessenta e cinco anos, de notável saber jurídico e reputação ilibada, depois de aprovada a escolha pela maioria absoluta do Senado Federal, sendo:

- *Caput* do parágrafo único com redação determinada pela Emenda Constitucional n. 45/2004.

I – um terço dentre juízes dos Tribunais Regionais Federais e um terço dentre desembargadores dos Tribunais de Justiça, indicados em lista tríplice elaborada pelo próprio Tribunal;

II – um terço, em partes iguais, dentre advogados e membros do Ministério Público Federal, Estadual, do Distrito Federal e Territórios, alternadamente, indicados na forma do art. 94.

Art. 105. Compete ao Superior Tribunal de Justiça:

I – processar e julgar, originariamente:

a) nos crimes comuns, os Governadores dos Estados e do Distrito Federal, e, nestes e nos de responsabilidade, os desembargadores dos Tribunais de Justiça dos Estados e do Distrito Federal, os membros dos Tribunais de Contas dos Estados e do Distrito Federal, os dos Tribunais Regionais Federais, dos Tribunais Regionais Eleitorais e do Trabalho, os membros dos Conselhos ou Tribunais de Contas dos Municípios e os do Ministério Público da União que oficiem perante tribunais;

b) os mandados de segurança e os *habeas data* contra ato de Ministro de Estado, dos Comandantes da Marinha, do Exército e da Aeronáutica ou do próprio Tribunal;

- Alínea *b* com redação determinada pela Emenda Constitucional n. 23/1999.
- V. Lei 9.507/1997 (*Habeas data*).

c) os *habeas corpus*, quando o coator ou paciente for qualquer das pessoas mencionadas na alínea *a*, ou quando o coator for tribunal sujeito à sua jurisdição, Ministro de Estado ou Comandante da Marinha, do Exército ou da Aeronáutica, ressalvada a competência da Justiça Eleitoral;

- Alínea *c* com redação determinada pela Emenda Constitucional n. 23/1999.

d) os conflitos de competência entre quaisquer tribunais, ressalvado o disposto no art. 102, I, *o*, bem como entre tribunal e juízes a ele não vinculados e entre juízes vinculados a tribunais diversos;

e) as revisões criminais e as ações rescisórias de seus julgados;

f) a reclamação para a preservação de sua competência e garantia da autoridade de suas decisões;

- ** V. art. 13, Lei 8.038/1990 (Normas procedimentais perante o STJ e o STF).

g) os conflitos de atribuições entre autoridades administrativas e judiciárias da União, ou entre autoridades judiciárias de um Estado e administrativas de outro ou do Distrito Federal, ou entre as deste e da União;

h) o mandado de injunção, quando a elaboração da norma regulamentadora for atribuição de órgão, entidade ou autoridade federal, da administração direta ou indireta, excetuados os casos de competência do Supremo Tribunal Federal e dos órgãos da Justiça Militar, da Justiça Eleitoral, da Justiça do Trabalho e da Justiça Federal;

i) a homologação de sentenças estrangeiras e a concessão de *exequatur* às cartas rogatórias;

- Alínea *i* acrescentada pela Emenda Constitucional n. 45/2004.
- V. art. 109, X, CF.
- V. arts. 961 e 965, parágrafo único, CPC/2015.
- ** V. art. 15, Dec.-lei 4.657/1942 (Lei de Introdução às normas do Direito Brasileiro).

II – julgar, em recurso ordinário:

a) os *habeas corpus* decididos em única ou última instância pelos Tribunais Regionais Federais ou pelos Tribunais dos Estados, do

Distrito Federal e Territórios, quando a decisão for denegatória;

b) os mandados de segurança decididos em única instância pelos Tribunais Regionais Federais ou pelos Tribunais dos Estados, do Distrito Federal e Territórios, quando denegatória a decisão;

c) as causas em que forem partes Estado estrangeiro ou organismo internacional, de um lado, e, do outro, Município ou pessoa residente ou domiciliada no País;

III – julgar, em recurso especial, as causas decididas, em única ou última instância, pelos Tribunais Regionais Federais ou pelos Tribunais dos Estados, do Distrito Federal e Territórios, quando a decisão recorrida:

- V. Lei 8.038/1990 (Normas procedimentais perante o STJ e o STF).
- V. Lei 8.658/1993 (Aplicação da Lei 8.038/1990 nos Tribunais de Justiça e nos Tribunais Regionais Federais).
- V. Súmulas 320 e 418, STJ.

a) contrariar tratado ou lei federal, ou negar-lhes vigência;

•• V. Súmula 518, STJ.

b) julgar válido ato de governo local contestado em face de lei federal;

- Alínea b com redação determinada pela Emenda Constitucional n. 45/2004.

c) der a lei federal interpretação divergente da que lhe haja atribuído outro tribunal.

Parágrafo único. Funcionarão junto ao Superior Tribunal de Justiça:

- Parágrafo único com redação determinada pela Emenda Constitucional n. 45/2004.

I – a escola nacional de formação e aperfeiçoamento de magistrados, cabendo-lhe, dentre outras funções, regulamentar os cursos oficiais para o ingresso e promoção na carreira;

II – o Conselho da Justiça Federal, cabendo-lhe exercer, na forma da lei, a supervisão administrativa e orçamentária da Justiça Federal de primeiro e segundo graus, como órgão central do sistema e com poderes correicionais, cujas decisões terão caráter vinculante.

Seção IV
Dos Tribunais Regionais Federais e dos Juízes Federais

Art. 106. São órgãos da Justiça Federal:
I – os Tribunais Regionais Federais;

- V. Lei 7.727/1989 (Composição e instalação dos Tribunais Regionais Federais).

II – os Juízes Federais.

Art. 107. Os Tribunais Regionais Federais compõem-se de, no mínimo, sete juízes, recrutados, quando possível, na respectiva região e nomeados pelo Presidente da República dentre brasileiros com mais de trinta e menos de sessenta e cinco anos, sendo:

I – um quinto dentre advogados com mais de dez anos de efetiva atividade profissional e membros do Ministério Público Federal com mais de dez anos de carreira;

II – os demais, mediante promoção de juízes federais com mais de cinco anos de exercício, por antiguidade e merecimento, alternadamente.

- V. art. 27, § 9º, ADCT.

§ 1º A lei disciplinará a remoção ou permuta de juízes dos Tribunais Regionais Federais e determinará sua jurisdição e sede.

- Primitivo parágrafo único renumerado pela Emenda Constitucional n. 45/2004.

§ 2º Os Tribunais Regionais Federais instalarão a justiça itinerante, com a realização de audiências e demais funções da atividade jurisdicional, nos limites territoriais da respectiva jurisdição, servindo-se de equipamentos públicos e comunitários.

- § 2º acrescentado pela Emenda Constitucional n. 45/2004.

§ 3º Os Tribunais Regionais Federais poderão funcionar descentralizadamente, constituindo Câmaras regionais, a fim de assegurar o pleno acesso do jurisdicionado à justiça em todas as fases do processo.

- § 3º acrescentado pela Emenda Constitucional n. 45/2004.

Art. 108. Compete aos Tribunais Regionais Federais:
I – processar e julgar, originariamente:
a) os juízes federais da área de sua jurisdição, incluídos os da Justiça Militar e da Justiça do Trabalho, nos crimes comuns e de res-

Art. 109

CONSTITUIÇÃO FEDERAL

ponsabilidade, e os membros do Ministério Público da União, ressalvada a competência da Justiça Eleitoral;
b) as revisões criminais e as ações rescisórias de julgados seus ou dos juízes federais da região;
c) os mandados de segurança e os *habeas data* contra ato do próprio Tribunal ou de juiz federal;

- V. Lei 9.507/1997 (*Habeas data*).

d) os *habeas corpus*, quando a autoridade coatora for juiz federal;
e) os conflitos de competência entre juízes federais vinculados ao Tribunal;
II – julgar, em grau de recurso, as causas decididas pelos juízes federais e pelos juízes estaduais no exercício da competência federal da área de sua jurisdição.

Art. 109. Aos juízes federais compete processar e julgar:

- V. Lei 7.492/1986 (Crimes contra o sistema financeiro nacional).
- V. art. 70, Lei 11.343/2006 (Lei Antidrogas).
- • V. arts. 38, 42, 73, 107, 122, 140, 147, 151, 165, 173, 192 e 200, STJ.

I – as causas em que a União, entidade autárquica ou empresa pública federal forem interessadas na condição de autoras, rés, assistentes ou oponentes, exceto as de falência, as de acidentes de trabalho e as sujeitas à Justiça Eleitoral e à Justiça do Trabalho;

- V. Súmulas vinculantes 22 e 27, STF.
- V. Súmulas 324 e 365, STJ.
- • V. Súmula 489, STJ.

II – as causas entre Estado estrangeiro ou organismo internacional e Município ou pessoa domiciliada ou residente no País;
III – as causas fundadas em tratado ou contrato da União com Estado estrangeiro ou organismo internacional;
IV – os crimes políticos e as infrações penais praticadas em detrimento de bens, serviços ou interesse da União ou de suas entidades autárquicas ou empresas públicas, excluídas as contravenções e ressalvada a competência da Justiça Militar e da Justiça Eleitoral;

- • V. Súmula vinculante 36, STF.

V – os crimes previstos em tratado ou convenção internacional, quando, iniciada a execução no País, o resultado tenha ou devesse ter ocorrido no estrangeiro, ou reciprocamente;
V-A – as causas relativas a direitos humanos a que se refere o § 5º deste artigo;

- Inciso V-A acrescentado pela Emenda Constitucional n. 45/2004.

VI – os crimes contra a organização do trabalho e, nos casos determinados por lei, contra o sistema financeiro e a ordem econômico-financeira;

- V. Lei 8.137/1990 (Crimes contra a ordem tributária, econômica e contra as relações de consumo).
- V. Lei 8.176/1991 (Crimes contra a ordem econômica – Cria o sistema de estoques de combustíveis).

VII – os *habeas corpus*, em matéria criminal de sua competência ou quando o constrangimento provier de autoridade cujos atos não estejam diretamente sujeitos a outra jurisdição;
VIII – os mandados de segurança e os *habeas data* contra ato de autoridade federal, excetuados os casos de competência dos tribunais federais;

- V. Lei 9.507/1997 (*Habeas data*).

IX – os crimes cometidos a bordo de navios ou aeronaves, ressalvada a competência da Justiça Militar;

- V. art. 125, § 4º, CF.

X – os crimes de ingresso ou permanência irregular de estrangeiro, a execução de carta rogatória, após o *exequatur*, e de sentença estrangeira, após a homologação, as causas referentes à nacionalidade, inclusive a respectiva opção, e à naturalização;

- V. art. 105, I, *i*, CF.
- V. art. 965, CPC/2015.

XI – a disputa sobre direitos indígenas.
§ 1º As causas em que a União for autora serão aforadas na seção judiciária onde tiver domicílio a outra parte.
§ 2º As causas intentadas contra a União poderão ser aforadas na seção judiciária em que for domiciliado o autor, naquela onde houver ocorrido o ato ou fato que deu origem à demanda ou onde esteja situada a coisa, ou, ainda, no Distrito Federal.
§ 3º Serão processadas e julgadas na justiça estadual, no foro do domicílio dos segurados ou beneficiários, as causas em que fo-

rem parte instituição de previdência social e segurado, sempre que a comarca não seja sede de vara do juízo federal, e, se verificada essa condição, a lei poderá permitir que outras causas sejam também processadas e julgadas pela justiça estadual.

- V. Lei 5.010/1966 (Organiza a Justiça Federal de 1ª instância).
- V. Dec.-lei 253/1967 (Modifica a Lei 5.010/1966).

§ 4º Na hipótese do parágrafo anterior, o recurso cabível será sempre para o Tribunal Regional Federal na área de jurisdição do juiz de primeiro grau.

§ 5º Nas hipóteses de grave violação de direitos humanos, o Procurador-Geral da República, com a finalidade de assegurar o cumprimento de obrigações decorrentes de tratados internacionais de direitos humanos dos quais o Brasil seja parte, poderá suscitar, perante o Superior Tribunal de Justiça, em qualquer fase do inquérito ou processo, incidente de deslocamento de competência para a Justiça Federal.

- § 5º acrescentado pela Emenda Constitucional n. 45/2004.

Art. 110. Cada Estado, bem como o Distrito Federal, constituirá uma seção judiciária que terá por sede a respectiva Capital, e varas localizadas segundo o estabelecido em lei.

- V. Lei 5.010/1966 (Organiza a Justiça Federal de 1ª instância).

Parágrafo único. Nos Territórios Federais, a jurisdição e as atribuições cometidas aos juízes federais caberão aos juízes da justiça local, na forma da lei.

Seção V
Dos Tribunais e Juízes do Trabalho

- V. art. 644, CLT.

Art. 111. São órgãos da Justiça do Trabalho:
I – o Tribunal Superior do Trabalho;
II – os Tribunais Regionais do Trabalho;
III – Juízes do Trabalho.

- Inciso III com redação determinada pela Emenda Constitucional n. 24/1999.

§ 1º *(Revogado pela Emenda Constitucional n. 45/2004.)*

I – *(Revogado pela Emenda Constitucional n. 24/1999.)*
II – *(Revogado pela Emenda Constitucional n. 24/1999.)*
§ 2º *(Revogado pela Emenda Constitucional n. 45/2004.)*
§ 3º *(Revogado pela Emenda Constitucional n. 45/2004.)*

Art. 111-A. O Tribunal Superior do Trabalho compor-se-á de vinte e sete Ministros, escolhidos dentre brasileiros com mais de trinta e cinco e menos de sessenta e cinco anos, nomeados pelo Presidente da República após aprovação pela maioria absoluta do Senado Federal, sendo:

- Artigo acrescentado pela Emenda Constitucional n. 45/2004.

I – um quinto dentre advogados com mais de 10 (dez) anos de efetiva atividade profissional e membros do Ministério Público do Trabalho com mais de 10 (dez) anos de efetivo exercício, observado o disposto no art. 94;
II – os demais dentre juízes dos Tribunais Regionais do Trabalho, oriundos da magistratura da carreira, indicados pelo próprio Tribunal Superior.

§ 1º A lei disporá sobre a competência do Tribunal Superior do Trabalho.
§ 2º Funcionarão junto ao Tribunal Superior do Trabalho:
I – a Escola Nacional de Formação e Aperfeiçoamento de Magistrados do Trabalho, cabendo-lhe, dentre outras funções, regulamentar os cursos oficiais para o ingresso e promoção na carreira;
II – o Conselho Superior da Justiça do Trabalho, cabendo-lhe exercer, na forma da lei, a supervisão administrativa, orçamentária, financeira e patrimonial da Justiça do Trabalho de primeiro e segundo graus, como órgão central do sistema, cujas decisões terão efeito vinculante.

- V. art. 6º, Emenda Constitucional n. 45/2004.

Art. 112. A lei criará varas da Justiça do Trabalho, podendo, nas comarcas não abrangidas por sua jurisdição, atribuí-la aos juízes de direito, com recurso para o respectivo Tribunal Regional do Trabalho.

- Artigo com redação determinada pela Emenda Constitucional n. 45/2004.

Art. 114

Constituição Federal

Art. 113. A lei disporá sobre a constituição, investidura, jurisdição, competência, garantias e condições de exercício dos órgãos da Justiça do Trabalho.

- Artigo com redação determinada pela Emenda Constitucional n. 24/1999.
- V. arts. 643 a 673, CLT.
- V. LC 35/1979 (Lei Orgânica da Magistratura Nacional).

Art. 114. Compete à Justiça do Trabalho processar e julgar:

- *Caput* com redação determinada pela Emenda Constitucional n. 45/2004.
- V. art. 6º, § 2º, Lei 11.101/2005 (Lei de Recuperação de Empresas e Falência).
- V. Súmula vinculante 22, STF.
- V. Súmula 349, STJ.

I – as ações oriundas da relação de trabalho, abrangidos os entes de direito público externo e da administração pública direta e indireta da União, dos Estados, do Distrito Federal e dos Municípios;

- Inciso I acrescentado pela Emenda Constitucional n. 45/2004.
- O STF, na ADIn 3.395-6 (*DJU* 04.02.2005), concedeu liminar com efeito *ex tunc*, suspendendo *ad referendum* "... toda e qualquer interpretação dada ao inciso I do art. 114 da CF, na redação dada pela EC 45/2004, que inclua na competência da Justiça do Trabalho, a '... apreciação... de causas que ... sejam instauradas entre o Poder Público e seus servidores, a ele vinculados por típica relação de ordem estatutária ou de caráter jurídico-administrativo'". A liminar concedida foi referendada pelo Tribunal (*DJU* 10.11.2006).
- O STF, na ADIn 3.684-0 (*DJU* 03.08.2007), deferiu a medida cautelar, com eficácia *ex tunc*, para dar interpretação conforme, decidindo que "o disposto no art. 114, incs. I, IV e IX, da Constituição da República, acrescidos pela Emenda Constitucional n. 45, não atribui à Justiça do Trabalho competência para processar e julgar ações penais".

II – as ações que envolvam exercício do direito de greve;

- Inciso II acrescentado pela Emenda Constitucional n. 45/2004.
- V. art. 9º, CF.
- V. Lei 7.783/1989 (Direito de greve).
- V. Súmula vinculante 23, STF.

III – as ações sobre representação sindical, entre sindicatos, entre sindicatos e trabalhadores, e entre sindicatos e empregadores;

- Inciso III acrescentado pela Emenda Constitucional n. 45/2004.
- V. Lei 8.984/1995 (Estende a competência da Justiça do Trabalho).

IV – os mandados de segurança, *habeas corpus* e *habeas data*, quando o ato questionado envolver matéria sujeita à sua jurisdição;

- Inciso IV acrescentado pela Emenda Constitucional n. 45/2004.
- O STF, na ADIn 3.684-0 (*DJU* 03.08.2007), deferiu a medida cautelar, com eficácia *ex tunc*, para dar interpretação conforme, decidindo que "o disposto no art. 114, incs. I, IV e IX, da Constituição da República, acrescidos pela Emenda Constitucional n. 45, não atribui à Justiça do Trabalho competência para processar e julgar ações penais".
- V. art. 5º, LXVIII, LXIX, LXXII, CF.
- V. Lei 9.507/1997 (*Habeas data*).
- V. Lei 12.016/2009 (Nova Lei do Mandado de Segurança).

V – os conflitos de competência entre órgãos com jurisdição trabalhista, ressalvado o disposto no art. 102, I, *o*;

- Inciso V acrescentado pela Emenda Constitucional n. 45/2004.

VI – as ações de indenização por dano moral ou patrimonial, decorrentes da relação de trabalho;

- Inciso VI acrescentado pela Emenda Constitucional n. 45/2004.

VII – as ações relativas às penalidades administrativas impostas aos empregadores pelos órgãos de fiscalização das relações de trabalho;

- Inciso VII acrescentado pela Emenda Constitucional n. 45/2004.

VIII – a execução, de ofício, das contribuições sociais previstas no art. 195, I, *a*, e II, e seus acréscimos legais, decorrentes das sentenças que proferir;

- Inciso VIII acrescentado pela Emenda Constitucional n. 45/2004.
- ** V. Súmula vinculante 53, STF.

IX – outras controvérsias decorrentes da relação de trabalho, na forma da lei.

- Inciso IX acrescentado pela Emenda Constitucional n. 45/2004.
- O STF, na ADIn 3.684-0 (*DJU* 03.08.2007), deferiu a medida cautelar, com eficácia *ex tunc*, para dar interpretação conforme, decidindo que "o disposto no art. 114, incs. I, IV e IX, da Constituição da República, acrescidos pela Emenda Constitucional n. 45, não atribui à Justiça do Trabalho competência para processar e julgar ações penais".
- V. Súmula 736, STF.

Art. 115

§ 1º Frustrada a negociação coletiva, as partes poderão eleger árbitros.

§ 2º Recusando-se qualquer das partes à negociação coletiva ou à arbitragem, é facultado às mesmas, de comum acordo, ajuizar dissídio coletivo de natureza econômica, podendo a Justiça do Trabalho decidir o conflito, respeitadas as disposições mínimas legais de proteção ao trabalho, bem como as convencionadas anteriormente.

- § 2º com redação determinada pela Emenda Constitucional n. 45/2004.

§ 3º Em caso de greve em atividade essencial, com possibilidade de lesão do interesse público, o Ministério Público do Trabalho poderá ajuizar dissídio coletivo, competindo à Justiça do Trabalho decidir o conflito.

- § 3º com redação determinada pela Emenda Constitucional n. 45/2004.
- V. art. 9º, § 1º, CF.
- V. Lei 7.783/1989 (Direito de greve).

Art. 115. Os Tribunais Regionais do Trabalho compõem-se de, no mínimo, sete juízes, recrutados, quando possível, na respectiva região, e nomeados pelo Presidente da República dentre brasileiros com mais de trinta e menos de sessenta e cinco anos, sendo:

- Artigo com redação determinada pela Emenda Constitucional n. 45/2004.

I – um quinto dentre advogados com mais de 10 (dez) anos de efetiva atividade profissional e membros do Ministério Público do Trabalho com mais de 10 (dez) anos de efetivo exercício, observado o disposto no art. 94;

II – os demais, mediante promoção de juízes do trabalho por antiguidade e merecimento, alternadamente.

§ 1º Os Tribunais Regionais do Trabalho instalarão a justiça itinerante, com a realização de audiências e demais funções de atividade jurisdicional, nos limites territoriais da respectiva jurisdição, servindo-se de equipamentos públicos e comunitários.

§ 2º Os Tribunais Regionais do Trabalho poderão funcionar descentralizadamente, constituindo Câmaras regionais, a fim de assegurar o pleno acesso do jurisdicionado à justiça em todas as fases do processo.

Art. 116. Nas Varas do Trabalho, a jurisdição será exercida por um juiz singular.

- *Caput* com redação determinada pela Emenda Constitucional n. 24/1999.

Parágrafo único. *(Revogado pela Emenda Constitucional n. 24/1999.)*

Art. 117. *(Revogado pela Emenda Constitucional n. 24/1999.)*

Seção VI
Dos Tribunais e Juízes Eleitorais

- V. arts. 12 a 41, Lei 4.737/1965 (Código Eleitoral).

Art. 118. São órgãos da Justiça Eleitoral:
I – o Tribunal Superior Eleitoral;
II – os Tribunais Regionais Eleitorais;
III – os Juízes Eleitorais;
IV – as Juntas Eleitorais.

Art. 119. O Tribunal Superior Eleitoral compor-se-á, no mínimo, de sete membros, escolhidos:
I – mediante eleição, pelo voto secreto:
a) três juízes dentre os Ministros do Supremo Tribunal Federal;
b) dois juízes dentre os Ministros do Superior Tribunal de Justiça;
II – por nomeação do Presidente da República, dois juízes dentre seis advogados de notável saber jurídico e idoneidade moral, indicados pelo Supremo Tribunal Federal.

Parágrafo único. O Tribunal Superior Eleitoral elegerá seu Presidente e o Vice-Presidente dentre os Ministros do Supremo Tribunal Federal, e o Corregedor Eleitoral dentre os Ministros do Superior Tribunal de Justiça.

Art. 120. Haverá um Tribunal Regional Eleitoral na Capital de cada Estado e no Distrito Federal.

§ 1º Os Tribunais Regionais Eleitorais compor-se-ão:
I – mediante eleição, pelo voto secreto:
a) de dois juízes dentre os desembargadores do Tribunal de Justiça;
b) de dois juízes, dentre juízes de direito, escolhidos pelo Tribunal de Justiça;
II – de um juiz do Tribunal Regional Federal com sede na Capital do Estado ou no Distrito Federal, ou, não havendo, de juiz federal, escolhido, em qualquer caso, pelo Tribunal Regional Federal respectivo;

Art. 125

CONSTITUIÇÃO FEDERAL

III – por nomeação, pelo Presidente da República, de dois juízes dentre seis advogados de notável saber jurídico e idoneidade moral, indicados pelo Tribunal de Justiça.

§ 2º O Tribunal Regional Eleitoral elegerá seu Presidente e o Vice-Presidente dentre os desembargadores.

Art. 121. Lei complementar disporá sobre a organização e competência dos tribunais, dos juízes de direito e das juntas eleitorais.

- V. arts. 22, 23, 29, 30, 34, 40 e 41, Lei 4.737/1965 (Código Eleitoral).
- V. Súmula 368, STJ.

§ 1º Os membros dos tribunais, os juízes de direito e os integrantes das juntas eleitorais, no exercício de suas funções, e no que lhes for aplicável, gozarão de plenas garantias e serão inamovíveis.

§ 2º Os juízes dos tribunais eleitorais, salvo motivo justificado, servirão por dois anos, no mínimo, e nunca por mais de dois biênios consecutivos, sendo os substitutos escolhidos na mesma ocasião e pelo mesmo processo, em número igual para cada categoria.

§ 3º São irrecorríveis as decisões do Tribunal Superior Eleitoral, salvo as que contrariarem esta Constituição e as denegatórias de *habeas corpus* ou mandado de segurança.

§ 4º Das decisões dos Tribunais Regionais Eleitorais somente caberá recurso quando:
I – forem proferidas contra disposição expressa desta Constituição ou de lei;
II – ocorrer divergência na interpretação de lei entre dois ou mais tribunais eleitorais;
III – versarem sobre inelegibilidade ou expedição de diplomas nas eleições federais ou estaduais;
IV – anularem diplomas ou decretarem a perda de mandatos eletivos federais ou estaduais;
V – denegarem *habeas corpus*, mandado de segurança, *habeas data* ou mandado de injunção.

Seção VII
Dos Tribunais e Juízes Militares

Art. 122. São órgãos da Justiça Militar:
- V. Lei 8.457/1992 (Justiça Militar da União e funcionamento de seus serviços auxiliares).
- V. Lei 9.839/1999 (Veda a aplicação da Lei 9.099/1995 na Justiça Militar).

I – o Superior Tribunal Militar;
II – os Tribunais e Juízes Militares instituídos por lei.

Art. 123. O Superior Tribunal Militar compor-se-á de quinze Ministros vitalícios, nomeados pelo Presidente da República, depois de aprovada a indicação pelo Senado Federal, sendo três dentre oficiais-generais da Marinha, quatro dentre oficiais-generais do Exército, três dentre oficiais-generais da Aeronáutica, todos da ativa e do posto mais elevado da carreira, e cinco dentre civis.

Parágrafo único. Os Ministros civis serão escolhidos pelo Presidente da República dentre brasileiros maiores de trinta e cinco anos, sendo:
I – três dentre advogados de notório saber jurídico e conduta ilibada, com mais de dez anos de efetiva atividade profissional;
II – dois, por escolha paritária, dentre juízes auditores e membros do Ministério Público da Justiça Militar.

Art. 124. À Justiça Militar compete processar e julgar os crimes militares definidos em lei.
- V. Dec.-lei 1.002/1969 (Código de Processo Penal Militar).
- V. Lei 9.839/1999 (Veda a aplicação da Lei 9.099/1995 na Justiça Militar).

Parágrafo único. A lei disporá sobre a organização, o funcionamento e a competência da Justiça Militar.
- V. Lei 8.457/1992 (Justiça Militar da União e funcionamento de seus serviços auxiliares).

Seção VIII
Dos Tribunais e Juízes dos Estados

Art. 125. Os Estados organizarão sua Justiça, observados os princípios estabelecidos nesta Constituição.

§ 1º A competência dos tribunais será definida na Constituição do Estado, sendo a lei de organização judiciária de iniciativa do Tribunal de Justiça.
- V. art. 70, ADCT.
- V. Súmula Vinculante 45, STF.
- V. Súmula 721, STF.

Art. 126

CONSTITUIÇÃO FEDERAL

§ 2º Cabe aos Estados a instituição de representação de inconstitucionalidade de leis ou atos normativos estaduais ou municipais em face da Constituição Estadual, vedada a atribuição da legitimação para agir a um único órgão.

§ 3º A lei estadual poderá criar, mediante proposta do Tribunal de Justiça, a Justiça Militar estadual, constituída, em primeiro grau, pelos juízes de direito e pelos Conselhos de Justiça e, em segundo grau, pelo próprio Tribunal de Justiça, ou por Tribunal de Justiça Militar nos Estados em que o efetivo militar seja superior a vinte mil integrantes.

- § 3º com redação determinada pela Emenda Constitucional n. 45/2004.

§ 4º Compete à Justiça Militar estadual processar e julgar os militares dos Estados, nos crimes militares definidos em lei e as ações judiciais contra atos disciplinares militares, ressalvada a competência do júri quando a vítima for civil, cabendo ao tribunal competente decidir sobre a perda do posto e da patente dos oficiais e da graduação das praças.

- § 4º com redação determinada pela Emenda Constitucional n. 45/2004.
- V. Súmula 673, STF.

§ 5º Compete aos juízes de direito do juízo militar processar e julgar, singularmente, os crimes militares cometidos contra civis e as ações judiciais contra atos disciplinares militares, cabendo ao Conselho de Justiça, sob a presidência de juiz de direito, processar e julgar os demais crimes militares.

- § 5º acrescentado pela Emenda Constitucional n. 45/2004.

§ 6º O Tribunal de Justiça poderá funcionar descentralizadamente, constituindo Câmaras regionais, a fim de assegurar o pleno acesso do jurisdicionado à justiça em todas as fases do processo.

- § 6º acrescentado pela Emenda Constitucional n. 45/2004.

§ 7º O Tribunal de Justiça instalará a justiça itinerante, com a realização de audiências e demais funções da atividade jurisdicional, nos limites territoriais da respectiva jurisdição, servindo-se de equipamentos públicos e comunitários.

- § 7º acrescentado pela Emenda Constitucional n. 45/2004.

Art. 126. Para dirimir conflitos fundiários, o Tribunal de Justiça proporá a criação de varas especializadas, com competência exclusiva para questões agrárias.

- *Caput* com redação determinada pela Emenda Constitucional n. 45/2004.

Parágrafo único. Sempre que necessário à eficiente prestação jurisdicional, o juiz far-se-á presente no local do litígio.

Capítulo IV
DAS FUNÇÕES ESSENCIAIS À JUSTIÇA

Seção I
Do Ministério Público

- V. Lei 8.625/1993 (Lei Orgânica Nacional do Ministério Público).
- V. LC 75/1993 (Estatuto do Ministério Público da União).

Art. 127. O Ministério Público é instituição permanente, essencial à função jurisdicional do Estado, incumbindo-lhe a defesa da ordem jurídica, do regime democrático e dos interesses sociais e individuais indisponíveis.

§ 1º São princípios institucionais do Ministério Público a unidade, a indivisibilidade e a independência funcional.

§ 2º Ao Ministério Público é assegurada autonomia funcional e administrativa, podendo, observado o disposto no art. 169, propor ao Poder Legislativo a criação e extinção de seus cargos e serviços auxiliares, provendo-os por concurso público de provas ou de provas e títulos, a política remuneratória e os planos de carreira; a lei disporá sobre sua organização e funcionamento.

- § 2º com redação determinada pela Emenda Constitucional n. 19/1998.
- V. Lei 11.144/2005 (Subsídio do Procurador-Geral da República).

§ 3º O Ministério Público elaborará sua proposta orçamentária dentro dos limites estabelecidos na lei de diretrizes orçamentárias.

§ 4º Se o Ministério Público não encaminhar a respectiva proposta orçamentária dentro do prazo estabelecido na lei de diretrizes orçamentárias, o Poder Executivo considerará, para fins de consolidação da proposta orçamentária anual, os valores aprovados na lei orçamentária vigente, ajustados de acordo com os limites estipulados na forma do § 3º.

- § 4º acrescentado pela Emenda Constitucional n. 45/2004.

§ 5º Se a proposta orçamentária de que trata este artigo for encaminhada em desacordo com os limites estipulados na forma do § 3º, o Poder Executivo procederá aos ajustes necessários para fins de consolidação da proposta orçamentária anual.

- § 5º acrescentado pela Emenda Constitucional n. 45/2004.

§ 6º Durante a execução orçamentária do exercício, não poderá haver a realização de despesas ou a assunção de obrigações que extrapolem os limites estabelecidos na lei de diretrizes orçamentárias, exceto se previamente autorizadas, mediante a abertura de créditos suplementares ou especiais.

- § 6º acrescentado pela Emenda Constitucional n. 45/2004.

Art. 128. O Ministério Público abrange:

I – o Ministério Público da União, que compreende:

- V. LC 75/1993 (Estatuto do Ministério Público da União).

a) o Ministério Público Federal;
b) o Ministério Público do Trabalho;
c) o Ministério Público Militar;
d) o Ministério Público do Distrito Federal e Territórios;

II – os Ministérios Públicos dos Estados.

§ 1º O Ministério Público da União tem por chefe o Procurador-Geral da República, nomeado pelo Presidente da República dentre integrantes da carreira, maiores de trinta e cinco anos, após a aprovação de seu nome pela maioria absoluta dos membros do Senado Federal, para mandato de dois anos, permitida a recondução.

§ 2º A destituição do Procurador-Geral da República, por iniciativa do Presidente da República, deverá ser precedida de autorização da maioria absoluta do Senado Federal.

§ 3º Os Ministérios Públicos dos Estados e o do Distrito Federal e Territórios formarão lista tríplice dentre integrantes da carreira, na forma da lei respectiva, para escolha de seu Procurador-Geral, que será nomeado pelo Chefe do Poder Executivo, para mandato de dois anos, permitida uma recondução.

§ 4º Os Procuradores-Gerais nos Estados e no Distrito Federal e Territórios poderão ser destituídos por deliberação da maioria absoluta do Poder Legislativo, na forma da lei complementar respectiva.

§ 5º Leis complementares da União e dos Estados, cuja iniciativa é facultada aos respectivos Procuradores-Gerais, estabelecerão a organização, as atribuições e o estatuto de cada Ministério Público, observadas, relativamente a seus membros:

I – as seguintes garantias:

a) vitaliciedade, após dois anos de exercício, não podendo perder o cargo senão por sentença judicial transitada em julgado;
b) inamovibilidade, salvo por motivo de interesse público, mediante decisão do órgão colegiado competente do Ministério Público, pelo voto da maioria absoluta de seus membros, assegurada ampla defesa;

- Alínea b com redação determinada pela Emenda Constitucional n. 45/2004.

c) irredutibilidade de subsídio, fixado na forma do art. 39, § 4º, e ressalvado o disposto nos arts. 37, X e XI, 150, II, 153, III, 153, § 2º, I;

- Alínea c com redação determinada pela Emenda Constitucional n. 19/1998.
- V. Lei 11.144/2005 (Subsídio do Procurador-Geral da República).
- V. Lei 12.042/2009 (Revisão do subsídio do Procurador-Geral da República).

II – as seguintes vedações:

a) receber, a qualquer título e sob qualquer pretexto, honorários, percentagens ou custas processuais;
b) exercer a advocacia;
c) participar de sociedade comercial, na forma da lei;
d) exercer, ainda que em disponibilidade, qualquer outra função pública, salvo uma de magistério;
e) exercer atividade político-partidária;

- Alínea e com redação determinada pela Emenda Constitucional n. 45/2004.

f) receber, a qualquer título ou pretexto, auxílios ou contribuições de pessoas físicas, entidades públicas ou privadas, ressalvadas as exceções previstas em lei.

* Alínea *f* acrescentada pela Emenda Constitucional n. 45/2004.

§ 6º Aplica-se aos membros do Ministério Público o disposto no art. 95, parágrafo único, V.

* § 6º acrescentado pela Emenda Constitucional n. 45/2004.

Art. 129. São funções institucionais do Ministério Público:

I – promover, privativamente, a ação penal pública, na forma da lei;

* V. art. 100, § 1º, CP.
* V. art. 24, CPP.
* V. Lei 8.625/1993 (Lei Orgânica Nacional do Ministério Público).

II – zelar pelo efetivo respeito dos Poderes Públicos e dos serviços de relevância pública aos direitos assegurados nesta Constituição, promovendo as medidas necessárias a sua garantia;

III – promover o inquérito civil e a ação civil pública, para a proteção do patrimônio público e social, do meio ambiente e de outros interesses difusos e coletivos;

* V. Lei 7.347/1985 (Ação civil pública).
* V. Súmula 643, STF.
* V. Súmula 329, STJ.

IV – promover a ação de inconstitucionalidade ou representação para fins de intervenção da União e dos Estados, nos casos previstos nesta Constituição;

* V. arts. 34 a 36, CF.

V – defender judicialmente os direitos e interesses das populações indígenas;

* V. art. 231, CF.

VI – expedir notificações nos procedimentos administrativos de sua competência, requisitando informações e documentos para instruí-los, na forma da lei complementar respectiva;

VII – exercer o controle externo da atividade policial, na forma da lei complementar mencionada no artigo anterior;

* V. arts. 3º, 9º, 10 e 38, IV, LC 75/1993 (Estatuto do Ministério Público da União).

VIII – requisitar diligências investigatórias e a instauração de inquérito policial, indicados os fundamentos jurídicos de suas manifestações processuais;

IX – exercer outras funções que lhe forem conferidas, desde que compatíveis com sua finalidade, sendo-lhe vedada a representação judicial e a consultoria jurídica de entidades públicas.

§ 1º A legitimação do Ministério Público para as ações civis previstas neste artigo não impede a de terceiros, nas mesmas hipóteses, segundo o disposto nesta Constituição e na lei.

* V. Lei 7.347/1985 (Ação civil pública).

§ 2º As funções do Ministério Público só podem ser exercidas por integrantes da carreira, que deverão residir na comarca da respectiva lotação, salvo autorização do chefe da instituição.

* § 2º com redação determinada pela Emenda Constitucional n. 45/2004.

§ 3º O ingresso na carreira do Ministério Público far-se-á mediante concurso público de provas e títulos, assegurada a participação da Ordem dos Advogados do Brasil em sua realização, exigindo-se do bacharel em direito, no mínimo, 3 (três) anos de atividade jurídica e observando-se, nas nomeações, a ordem de classificação.

* § 3º com redação determinada pela Emenda Constitucional n. 45/2004.

§ 4º Aplica-se ao Ministério Público, no que couber, o disposto no art. 93.

* § 4º com redação determinada pela Emenda Constitucional n. 45/2004.

§ 5º A distribuição de processos no Ministério Público será imediata.

* § 5º acrescentado pela Emenda Constitucional n. 45/2004.

Art. 130. Aos membros do Ministério Público junto aos Tribunais de Contas aplicam-se as disposições desta seção pertinentes a direitos, vedações e forma de investidura.

Art. 130-A. O Conselho Nacional do Ministério Público compõe-se de quatorze membros nomeados pelo Presidente da República, depois de aprovada a escolha pela maioria absoluta do Senado Federal, para um mandato de 2 (dois) anos, admitida uma recondução, sendo:

- Artigo acrescentado pela Emenda Constitucional n. 45/2004.
- V. art. 5º, Emenda Constitucional n. 45/2004.

I – o Procurador-Geral da República, que o preside;
II – quatro membros do Ministério Público da União, assegurada a representação de cada uma de suas carreiras;
III – três membros do Ministério Público dos Estados;
IV – dois juízes, indicados um pelo Supremo Tribunal Federal e outro pelo Superior Tribunal de Justiça;
V – dois advogados, indicados pelo Conselho Federal da Ordem dos Advogados do Brasil;
VI – dois cidadãos de notável saber jurídico e reputação ilibada, indicados um pela Câmara dos Deputados e outro pelo Senado Federal.
§ 1º Os membros do Conselho oriundos do Ministério Público serão indicados pelos respectivos Ministérios Públicos, na forma da lei.

- V. Lei 11.372/2006 (Regulamenta o § 1º do art. 130-A da CF).

§ 2º Compete ao Conselho Nacional do Ministério Público o controle da atuação administrativa e financeira do Ministério Público e do cumprimento dos deveres funcionais de seus membros, cabendo-lhe:
I – zelar pela autonomia funcional e administrativa do Ministério Público, podendo expedir atos regulamentares, no âmbito de sua competência, ou recomendar providências;
II – zelar pela observância do art. 37 e apreciar, de ofício ou mediante provocação, a legalidade dos atos administrativos praticados por membros ou órgãos do Ministério Público da União e dos Estados, podendo desconstituí-los, revê-los ou fixar prazo para que se adotem as providências necessárias ao exato cumprimento da lei, sem prejuízo da competência dos Tribunais de Contas;
III – receber e conhecer das reclamações contra membros ou órgãos do Ministério Público da União ou dos Estados, inclusive contra seus serviços auxiliares, sem prejuízo da competência disciplinar e correicional da instituição, podendo avocar processos disciplinares em curso, determinar a remoção, a disponibilidade ou a aposentadoria com subsídios ou proventos proporcionais ao tempo de serviço e aplicar outras sanções administrativas, assegurada ampla defesa;
IV – rever, de ofício ou mediante provocação, os processos disciplinares de membros do Ministério Público da União ou dos Estados julgados há menos de 1 (um) ano;
V – elaborar relatório anual, propondo as providências que julgar necessárias sobre a situação do Ministério Público no País e as atividades do Conselho, o qual deve integrar a mensagem prevista no art. 84, XI.
§ 3º O Conselho escolherá, em votação secreta, um Corregedor nacional, dentre os membros do Ministério Público que o integram, vedada a recondução, competindo-lhe, além das atribuições que lhe forem conferidas pela lei, as seguintes:
I – receber reclamações e denúncias, de qualquer interessado, relativas aos membros do Ministério Público e dos seus serviços auxiliares;
II – exercer funções executivas do Conselho, de inspeção e correição geral;
III – requisitar e designar membros do Ministério Público, delegando-lhes atribuições, e requisitar servidores de órgãos do Ministério Público.
§ 4º O Presidente do Conselho Federal da Ordem dos Advogados do Brasil oficiará junto ao Conselho.
§ 5º Leis da União e dos Estados criarão ouvidorias do Ministério Público, competentes para receber reclamações e denúncias de qualquer interessado contra membros ou órgãos do Ministério Público, inclusive contra seus serviços auxiliares, representando diretamente ao Conselho Nacional do Ministério Público.

Seção II
Da Advocacia Pública

- Rubrica da Seção II renomeada pela Emenda Constitucional n. 19/1998.

Art. 131. A Advocacia-Geral da União é a instituição que, diretamente ou através de órgão vinculado, representa a União, judicial e extrajudicialmente, cabendo-lhe, nos termos da lei complementar que dispuser sobre sua organização e funcionamento, as atividades de consultoria e assessoramento jurídico do Poder Executivo.

- V. LC 73/1993 (Lei Orgânica da Advocacia-Geral da União).
- V. Dec. 767/1993 (Controle interno da Advocacia-Geral da União).
- V. Lei 9.028/1995 (Exercício das atribuições institucionais da Advocacia-Geral da União em caráter emergencial e provisório).
- V. Lei 9.469/1997 (Regulamenta o art. 4º, VI, da LC 73/1993).

§ 1º A Advocacia-Geral da União tem por chefe o Advogado-Geral da União, de livre nomeação pelo Presidente da República dentre cidadãos maiores de trinta e cinco anos, de notável saber jurídico e reputação ilibada.

§ 2º O ingresso nas classes iniciais das carreiras da instituição de que trata este artigo far-se-á mediante concurso público de provas e títulos.

§ 3º Na execução da dívida ativa de natureza tributária, a representação da União cabe à Procuradoria-Geral da Fazenda Nacional, observado o disposto em lei.

Art. 132. Os Procuradores dos Estados e do Distrito Federal, organizados em carreira, na qual o ingresso dependerá de concurso público de provas e títulos, com a participação da Ordem dos Advogados do Brasil em todas as suas fases, exercerão a representação judicial e a consultoria jurídica das respectivas unidades federadas.

- Artigo com redação determinada pela Emenda Constitucional n. 19/1998.

Parágrafo único. Aos procuradores referidos neste artigo é assegurada estabilidade após três anos de efetivo exercício, mediante avaliação de desempenho perante os órgãos próprios, após relatório circunstanciado das corregedorias.

Seção III
Da Advocacia

- Rubrica da Seção III com redação determinada pela Emenda Constitucional n. 80/2014.

Art. 133. O advogado é indispensável à administração da justiça, sendo inviolável por seus atos e manifestações no exercício da profissão, nos limites da lei.

- V. Lei 8.906/1994 (Estatuto da Advocacia e da OAB).
- •• V. Súmula vinculante 14, STF.

Seção IV
Da Defensoria Pública

- Seção IV acrescentada pela Emenda Constitucional n. 80/2014.

Art. 134. A Defensoria Pública é instituição permanente, essencial à função jurisdicional do Estado, incumbindo-lhe, como expressão e instrumento do regime democrático, fundamentalmente, a orientação jurídica, a promoção dos direitos humanos e a defesa, em todos os graus, judicial e extrajudicial, dos direitos individuais e coletivos, de forma integral e gratuita, aos necessitados, na forma do inciso LXXIV do art. 5º desta Constituição Federal.

- *Caput* com redação determinada pela Emenda Constitucional n. 80/2014.
- V. Súmula 421, STJ.

§ 1º Lei complementar organizará a Defensoria Pública da União e do Distrito Federal e dos Territórios e prescreverá normas gerais para sua organização nos Estados, em cargos de carreira, providos, na classe inicial, mediante concurso público de provas e títulos, assegurada a seus integrantes a garantia da inamovibilidade e vedado o exercício da advocacia fora das atribuições institucionais.

- Primitivo parágrafo único renumerado pela Emenda Constitucional n. 45/2004.
- V. LC 80/1994 (Organiza a Defensoria Pública da União e prescreve normas gerais para sua organização nos Estados).
- V. LC 98/1999 (Altera a LC 80/1994).

§ 2º Às Defensorias Públicas Estaduais são asseguradas autonomia funcional e administrativa e a iniciativa de sua proposta orçamentária dentro dos limites estabelecidos na lei de diretrizes orçamentárias e subordinação ao disposto no art. 99, § 2º.

- § 2º acrescentado pela Emenda Constitucional 45/2004.

§ 3º Aplica-se o disposto no § 2º às Defensorias Públicas da União e do Distrito Federal.

- § 3º acrescentado pela Emenda Constitucional n. 74/2013.

§ 4º São princípios institucionais da Defensoria Pública a unidade, a indivisibilidade e a independência funcional, aplicando-se também, no que couber, o disposto no art.

93 e no inciso II do art. 96 desta Constituição Federal.

- § 4º acrescentado pela Emenda Constitucional n. 80/2014.

Art. 135. Os servidores integrantes das carreiras disciplinadas nas Seções II e III deste Capítulo serão remunerados na forma do art. 39, § 4º.

- Artigo com redação determinada pela Emenda Constitucional n. 19/1998.
- V. art. 132, CF.

TÍTULO V
DA DEFESA DO ESTADO E DAS INSTITUIÇÕES DEMOCRÁTICAS

Capítulo I
DO ESTADO DE DEFESA E DO ESTADO DE SÍTIO

Seção I
Do estado de defesa

Art. 136. O Presidente da República pode, ouvidos o Conselho da República e o Conselho de Defesa Nacional, decretar estado de defesa para preservar ou prontamente restabelecer, em locais restritos e determinados, a ordem pública ou a paz social ameaçadas por grave e iminente instabilidade institucional ou atingidas por calamidades de grandes proporções na natureza.

- V. arts. 89 a 91, CF.
- V. Lei 8.041/1990 (Organização e funcionamento do Conselho da República).
- V. Lei 8.183/1991 (Conselho de Defesa Nacional).
- V. Dec. 893/1993 (Conselho de Defesa Nacional – Regulamento).

§ 1º O decreto que instituir o estado de defesa determinará o tempo de sua duração, especificará as áreas a serem abrangidas e indicará, nos termos e limites da lei, as medidas coercitivas a vigorarem, dentre as seguintes:
I – restrições aos direitos de:
a) reunião, ainda que exercida no seio das associações;
b) sigilo de correspondência;
c) sigilo de comunicação telegráfica e telefônica;
II – ocupação e uso temporário de bens e serviços públicos, na hipótese de calamidade pública, respondendo a União pelos danos e custos decorrentes.
§ 2º O tempo de duração do estado de defesa não será superior a trinta dias, podendo ser prorrogado uma vez, por igual período, se persistirem as razões que justificaram a sua decretação.
§ 3º Na vigência do estado de defesa:
I – a prisão por crime contra o Estado, determinada pelo executor da medida, será por este comunicada imediatamente ao juiz competente, que a relaxará, se não for legal, facultado ao preso requerer exame de corpo de delito à autoridade policial;
II – a comunicação será acompanhada de declaração, pela autoridade, do estado físico e mental do detido no momento de sua autuação;
III – a prisão ou detenção de qualquer pessoa não poderá ser superior a dez dias, salvo quando autorizada pelo Poder Judiciário;
IV – é vedada a incomunicabilidade do preso.
§ 4º Decretado o estado de defesa ou sua prorrogação, o Presidente da República, dentro de vinte e quatro horas, submeterá o ato com a respectiva justificação ao Congresso Nacional, que decidirá por maioria absoluta.
§ 5º Se o Congresso Nacional estiver em recesso, será convocado, extraordinariamente, no prazo de cinco dias.
§ 6º O Congresso Nacional apreciará o decreto dentro de dez dias contados de seu recebimento, devendo continuar funcionando enquanto vigorar o estado de defesa.
§ 7º Rejeitado o decreto, cessa imediatamente o estado de defesa.

Seção II
Do estado de sítio

Art. 137. O Presidente da República pode, ouvidos o Conselho da República e o Conselho de Defesa Nacional, solicitar ao Congresso Nacional autorização para decretar o estado de sítio nos casos de:
I – comoção grave de repercussão nacional ou ocorrência de fatos que comprovem a ineficácia de medida tomada durante o estado de defesa;

II – declaração de estado de guerra ou resposta a agressão armada estrangeira.
Parágrafo único. O Presidente da República, ao solicitar autorização para decretar o estado de sítio ou sua prorrogação, relatará os motivos determinantes do pedido, devendo o Congresso Nacional decidir por maioria absoluta.

Art. 138. O decreto do estado de sítio indicará sua duração, as normas necessárias a sua execução e as garantias constitucionais que ficarão suspensas, e, depois de publicado, o Presidente da República designará o executor das medidas específicas e as áreas abrangidas.

§ 1º O estado de sítio, no caso do art. 137, I, não poderá ser decretado por mais de trinta dias, nem prorrogado, de cada vez, por prazo superior; no do inciso II, poderá ser decretado por todo o tempo que perdurar a guerra ou a agressão armada estrangeira.

§ 2º Solicitada autorização para decretar o estado de sítio durante o recesso parlamentar, o Presidente do Senado Federal, de imediato, convocará extraordinariamente o Congresso Nacional para se reunir dentro de cinco dias, a fim de apreciar o ato.

§ 3º O Congresso Nacional permanecerá em funcionamento até o término das medidas coercitivas.

Art. 139. Na vigência do estado de sítio decretado com fundamento no art. 137, I, só poderão ser tomadas contra as pessoas as seguintes medidas:
I – obrigação de permanência em localidade determinada;
II – detenção em edifício não destinado a acusados ou condenados por crimes comuns;
III – restrições relativas à inviolabilidade da correspondência, ao sigilo das comunicações, à prestação de informações e à liberdade de imprensa, radiodifusão e televisão, na forma da lei;

- V. Lei 9.296/1996 (Escuta telefônica).

IV – suspensão da liberdade de reunião;
V – busca e apreensão em domicílio;
VI – intervenção nas empresas de serviços públicos;
VII – requisição de bens.
Parágrafo único. Não se inclui nas restrições do inciso III a difusão de pronunciamentos de parlamentares efetuados em suas Casas Legislativas, desde que liberada pela respectiva Mesa.

Seção III
Disposições gerais

Art. 140. A Mesa do Congresso Nacional, ouvidos os líderes partidários, designará Comissão composta de cinco de seus membros para acompanhar e fiscalizar a execução das medidas referentes ao estado de defesa e ao estado de sítio.

Art. 141. Cessado o estado de defesa ou o estado de sítio, cessarão também seus efeitos, sem prejuízo da responsabilidade pelos ilícitos cometidos por seus executores ou agentes.

Parágrafo único. Logo que cesse o estado de defesa ou o estado de sítio, as medidas aplicadas em sua vigência serão relatadas pelo Presidente da República, em mensagem ao Congresso Nacional, com especificação e justificação das providências adotadas, com relação nominal dos atingidos e indicação das restrições aplicadas.

Capítulo II
DAS FORÇAS ARMADAS

Art. 142. As Forças Armadas, constituídas pela Marinha, pelo Exército e pela Aeronáutica, são instituições nacionais permanentes e regulares, organizadas com base na hierarquia e na disciplina, sob a autoridade suprema do Presidente da República, e destinam-se à defesa da Pátria, à garantia dos poderes constitucionais e, por iniciativa de qualquer destes, da lei e da ordem.

- V. art. 37, X, CF.
- V. Lei 8.071/1990 (Efetivos do Exército em tempo de paz).

§ 1º Lei complementar estabelecerá as normas gerais a serem adotadas na organização, no preparo e no emprego das Forças Armadas.

- V. LC 97/1999 (Organização, preparo e emprego das Forças Armadas).

§ 2º Não caberá *habeas corpus* em relação a punições disciplinares militares.

- V. art. 42, § 1º, CF.
- V. Dec.-lei 1.001/1969 (Código Penal Militar).

§ 3º Os membros das Forças Armadas são denominados militares, aplicando-se-lhes,

Constituição Federal

além das que vierem a ser fixadas em lei, as seguintes disposições:
- *Caput* do § 3º acrescentado pela Emenda Constitucional n. 18/1998.
- V. art. 42, § 1º, CF.

I – as patentes, com prerrogativas, direitos e deveres a elas inerentes, são conferidas pelo Presidente da República e asseguradas em plenitude aos oficiais da ativa, da reserva ou reformados, sendo-lhes privativos os títulos e postos militares e, juntamente com os demais membros, o uso dos uniformes das Forças Armadas;
- Inciso I acrescentado pela Emenda Constitucional n. 18/1998.

II – o militar em atividade que tomar posse em cargo ou emprego público civil permanente, ressalvada a hipótese prevista no art. 37, inciso XVI, alínea c, será transferido para a reserva, nos termos da lei;
- Inciso II com redação determinada pela Emenda Constitucional n. 77/2014.

III – o militar da ativa que, de acordo com a lei, tomar posse em cargo, emprego ou função pública civil temporária, não eletiva, ainda que da administração indireta, ressalvada a hipótese prevista no art. 37, inciso XVI, alínea c, ficará agregado ao respectivo quadro e somente poderá, enquanto permanecer nessa situação, ser promovido por antiguidade, contando-se-lhe o tempo de serviço apenas para aquela promoção e transferência para a reserva, sendo depois de dois anos de afastamento, contínuos ou não, transferido para a reserva, nos termos da lei;
- Inciso III com redação determinada pela Emenda Constitucional n. 77/2014.

IV – ao militar são proibidas a sindicalização e a greve;
- Inciso IV acrescentado pela Emenda Constitucional n. 18/1998.

V – o militar, enquanto em serviço ativo, não pode estar filiado a partidos políticos;
- Inciso V acrescentado pela Emenda Constitucional n. 18/1998.

VI – o oficial só perderá o posto e a patente se for julgado indigno do oficialato ou com ele incompatível, por decisão de tribunal militar de caráter permanente, em tempo de paz, ou de tribunal especial, em tempo de guerra;
- Inciso VI acrescentado pela Emenda Constitucional n. 18/1998.

VII – o oficial condenado na justiça comum ou militar a pena privativa de liberdade superior a dois anos, por sentença transitada em julgado, será submetido ao julgamento previsto no inciso anterior;
- Inciso VII acrescentado pela Emenda Constitucional n. 18/1998.

VIII – aplica-se aos militares o disposto no art. 7º, incisos VIII, XII, XVII, XVIII, XIX e XXV, e no art. 37, incisos XI, XIII, XIV e XV, bem como, na forma da lei e com prevalência da atividade militar, no art. 37, inciso XVI, alínea c;
- Inciso VIII com redação determinada pela Emenda Constitucional n. 77/2014.

IX – *(Revogado pela Emenda Constitucional n. 41/2003.)*

X – a lei disporá sobre o ingresso nas Forças Armadas, os limites de idade, a estabilidade e outras condições de transferência do militar para a inatividade, os direitos, os deveres, a remuneração, as prerrogativas e outras situações especiais dos militares, consideradas as peculiaridades de suas atividades, inclusive aquelas cumpridas por força de compromissos internacionais e de guerra.
- Inciso X acrescentado pela Emenda Constitucional n. 18/1998.
- V. art. 42, § 1º, CF.

Art. 143. O serviço militar é obrigatório nos termos da lei.

§ 1º Às Forças Armadas compete, na forma da lei, atribuir serviço alternativo aos que, em tempo de paz, após alistados, alegarem imperativo de consciência, entendendo-se como tal o decorrente de crença religiosa e de convicção filosófica ou política, para se eximirem de atividades de caráter essencialmente militar.
- V. art. 5º, VIII, CF.
- V. Lei 8.239/1991 (Prestação de serviço alternativo ao serviço militar).

§ 2º As mulheres e os eclesiásticos ficam isentos do serviço militar obrigatório em tempo de paz, sujeitos, porém, a outros encargos que a lei lhes atribuir.
- V. Lei 8.239/1991 (Prestação de serviço alternativo ao serviço militar).

Capítulo III
DA SEGURANÇA PÚBLICA

Art. 144. A segurança pública, dever do Estado, direito e responsabilidade de todos,

Art. 144

CONSTITUIÇÃO FEDERAL

é exercida para a preservação da ordem pública e da incolumidade das pessoas e do patrimônio, através dos seguintes órgãos:
I – polícia federal;
II – polícia rodoviária federal;
III – polícia ferroviária federal;
IV – polícias civis;
V – polícias militares e corpos de bombeiros militares.
§ 1º A polícia federal, instituída por lei como órgão permanente, organizado e mantido pela União e estruturado em carreira, destina-se a:

• Caput do § 1º com redação determinada pela Emenda Constitucional n. 19/1998.

I – apurar infrações penais contra a ordem política e social ou em detrimento de bens, serviços e interesses da União ou de suas entidades autárquicas e empresas públicas, assim como outras infrações cuja prática tenha repercussão interestadual ou internacional e exija repressão uniforme, segundo se dispuser em lei;
II – prevenir e reprimir o tráfico ilícito de entorpecentes e drogas afins, o contrabando e o descaminho, sem prejuízo da ação fazendária e de outros órgãos públicos nas respectivas áreas de competência;

• V. Lei 11.343/2006 (Lei Antidrogas).

III – exercer as funções de polícia marítima, aeroportuária e de fronteiras;

• Inciso III com redação determinada pela Emenda Constitucional n. 19/1998.
• V. Súmula Vinculante 36, STF.

IV – exercer, com exclusividade, as funções de polícia judiciária da União.
§ 2º A polícia rodoviária federal, órgão permanente, organizado e mantido pela União e estruturado em carreira, destina-se, na forma da lei, ao patrulhamento ostensivo das rodovias federais.

• § 2º com redação determinada pela Emenda Constitucional n. 19/1998.

§ 3º A polícia ferroviária federal, órgão permanente, organizado e mantido pela União e estruturado em carreira, destina-se, na forma da lei, ao patrulhamento ostensivo das ferrovias federais.

• § 3º com redação determinada pela Emenda Constitucional n. 19/1998.

§ 4º Às polícias civis, dirigidas por delegados de polícia de carreira, incumbem, ressalvada a competência da União, as funções de polícia judiciária e a apuração de infrações penais, exceto as militares.
§ 5º Às polícias militares cabem a polícia ostensiva e a preservação da ordem pública; aos corpos de bombeiros militares, além das atribuições definidas em lei, incumbe a execução de atividades de defesa civil.

• V. Dec.-lei 667/1969 (Polícias militares e corpos de bombeiros militares dos Estados, dos Territórios e do Distrito Federal).

§ 6º As polícias militares e corpos de bombeiros militares, forças auxiliares e reserva do Exército subordinam-se, juntamente com as polícias civis, aos Governadores dos Estados, do Distrito Federal e dos Territórios.
§ 7º A lei disciplinará a organização e o funcionamento dos órgãos responsáveis pela segurança pública, de maneira a garantir a eficiência de suas atividades.

• V. Dec.-lei 200/1967 (Organização da administração federal).

§ 8º Os Municípios poderão constituir guardas municipais destinadas à proteção de seus bens, serviços e instalações, conforme dispuser a lei.
§ 9º A remuneração dos servidores policiais integrantes dos órgãos relacionados neste artigo será fixada na forma do § 4º do art. 39.

• § 9º acrescentado pela Emenda Constitucional n. 19/1998.

§ 10. A segurança viária, exercida para a preservação da ordem pública e da incolumidade das pessoas e do seu patrimônio nas vias públicas:

• § 10 acrescentado pela Emenda Constitucional n. 82/2014.

I – compreende a educação, engenharia e fiscalização de trânsito, além de outras atividades previstas em lei, que assegurem ao cidadão o direito à mobilidade urbana eficiente; e
II – compete, no âmbito dos Estados, do Distrito Federal e dos Municípios, aos respectivos órgãos ou entidades executivos e seus agentes de trânsito, estruturados em Carreira, na forma da lei.

Constituição Federal

TÍTULO VI
DA TRIBUTAÇÃO E DO ORÇAMENTO

Capítulo I
DO SISTEMA TRIBUTÁRIO NACIONAL

- V. Lei 8.137/1990 (Crimes contra a ordem tributária, econômica e contra as relações de consumo).
- V. Lei 8.981/1995 (Altera a legislação tributária federal).
- V. Dec. 2.730/1998 (Representação fiscal para fins penais).

Seção I
Dos princípios gerais

Art. 145. A União, os Estados, o Distrito Federal e os Municípios poderão instituir os seguintes tributos:

- V. arts. 1º a 5º, CTN.

I – impostos;

- V. art. 16 e ss., CTN.

II – taxas, em razão do exercício do poder de polícia ou pela utilização, efetiva ou potencial, de serviços públicos específicos e divisíveis, prestados ao contribuinte ou postos a sua disposição;

- V. art. 77 e ss., CTN.
- V. Lei 7.940/1989 (Taxa de fiscalização dos mercados de títulos e valores mobiliários).
- V. Lei 8.003/1990 (Legislação tributária federal – alterações).
- V. Súmulas Vinculantes 19 e 41, STF.
- V. Súmulas 665 e 670, STF.

III – contribuição de melhoria, decorrente de obras públicas.

- V. art. 81 e ss., CTN.

§ 1º Sempre que possível, os impostos terão caráter pessoal e serão graduados segundo a capacidade econômica do contribuinte, facultado à administração tributária, especialmente para conferir efetividade a esses objetivos, identificar, respeitados os direitos individuais e nos termos da lei, o patrimônio, os rendimentos e as atividades econômicas do contribuinte.

- V. Lei 8.021/1990 (Identificação dos contribuintes para fins fiscais).
- V. Súmulas 656 e 668, STF.

§ 2º As taxas não poderão ter base de cálculo própria de impostos.

- V. art. 77, parágrafo único, CTN.
- V. Súmula vinculante 29, STF.
- V. Súmula 665, STF.

Art. 146. Cabe à lei complementar:
I – dispor sobre conflitos de competência, em matéria tributária, entre a União, os Estados, o Distrito Federal e os Municípios;

- V. arts. 6º a 8º, CTN.

II – regular as limitações constitucionais ao poder de tributar;

- V. arts. 9º a 15, CTN.

III – estabelecer normas gerais em matéria de legislação tributária, especialmente sobre:

- V. art. 149, CF.

a) definição de tributos e de suas espécies, bem como, em relação aos impostos discriminados nesta Constituição, a dos respectivos fatos geradores, bases de cálculo e contribuintes;
b) obrigação, lançamento, crédito, prescrição e decadência tributários;
c) adequado tratamento tributário ao ato cooperativo praticado pelas sociedades cooperativas;
d) definição de tratamento diferenciado e favorecido para as microempresas e para as empresas de pequeno porte, inclusive regimes especiais ou simplificados no caso do imposto previsto no art. 155, II, das contribuições previstas no art. 195, I e §§ 12 e 13, e da contribuição a que se refere o art. 239.

- Alínea *d* acrescentada pela Emenda Constitucional n. 42/2003.
- V. art. 94, ADCT.

Parágrafo único. A lei complementar de que trata o inciso III, *d*, também poderá instituir um regime único de arrecadação dos impostos e contribuições da União, dos Estados, do Distrito Federal e dos Municípios, observado que:

- Parágrafo único acrescentado pela Emenda Constitucional n. 42/2003.

I – será opcional para o contribuinte;
II – poderão ser estabelecidas condições de enquadramento diferenciadas por Estado;
III – o recolhimento será unificado e centralizado e a distribuição da parcela de recursos pertencentes aos respectivos entes federados será imediata, vedada qualquer retenção ou condicionamento;

IV – a arrecadação, a fiscalização e a cobrança poderão ser compartilhadas pelos entes federados, adotado cadastro nacional único de contribuintes.

Art. 146-A. Lei complementar poderá estabelecer critérios especiais de tributação, com o objetivo de prevenir desequilíbrios da concorrência, sem prejuízo da competência da União, por lei, estabelecer normas de igual objetivo.

- Artigo acrescentado pela Emenda Constitucional n. 42/2003.

Art. 147. Competem à União, em Território Federal, os impostos estaduais e, se o Território não for dividido em Municípios, cumulativamente, os impostos municipais; ao Distrito Federal cabem os impostos municipais.

Art. 148. A União, mediante lei complementar, poderá instituir empréstimos compulsórios:

I – para atender a despesas extraordinárias, decorrentes de calamidade pública, de guerra externa ou sua iminência;

II – no caso de investimento público de caráter urgente e de relevante interesse nacional, observado o disposto no art. 150, III, *b*.

- V. art. 34, § 12, ADCT.

Parágrafo único. A aplicação dos recursos provenientes de empréstimo compulsório será vinculada à despesa que fundamentou sua instituição.

Art. 149. Compete exclusivamente à União instituir contribuições sociais, de intervenção no domínio econômico e de interesse das categorias profissionais ou econômicas, como instrumento de sua atuação nas respectivas áreas, observado o disposto nos arts. 146, III, e 150, I e III, e sem prejuízo do previsto no art. 195, § 6º, relativamente às contribuições a que alude o dispositivo.

§ 1º Os Estados, o Distrito Federal e os Municípios instituirão contribuição, cobrada de seus servidores, para o custeio, em benefício destes, do regime previdenciário de que trata o art. 40, cuja alíquota não será inferior à da contribuição dos servidores titulares de cargos efetivos da União.

- § 1º com redação determinada pela Emenda Constitucional n. 41/2003.

§ 2º As contribuições sociais e de intervenção no domínio econômico de que trata o *caput* deste artigo:

- *Caput* do § 2º acrescentado pela Emenda Constitucional n. 33/2001.

I – não incidirão sobre as receitas decorrentes de exportação;

- Inciso I acrescentado pela Emenda Constitucional n. 33/2001.

II – incidirão também sobre a importação de produtos estrangeiros ou serviços;

- Inciso II com redação determinada pela Emenda Constitucional n. 42/2003.

III – poderão ter alíquotas:

- Inciso III acrescentado pela Emenda Constitucional n. 33/2001.

a) *ad valorem*, tendo por base o faturamento, a receita bruta ou o valor da operação e, no caso de importação, o valor aduaneiro;
b) específica, tendo por base a unidade de medida adotada.

§ 3º A pessoa natural destinatária das operações de importação poderá ser equiparada a pessoa jurídica, na forma da lei.

- § 3º acrescentado pela Emenda Constitucional n. 33/2001.

§ 4º A lei definirá as hipóteses em que as contribuições incidirão uma única vez.

- § 4º acrescentado pela Emenda Constitucional n. 33/2001.

Art. 149-A. Os Municípios e o Distrito Federal poderão instituir contribuição, na forma das respectivas leis, para o custeio do serviço de iluminação pública, observado o disposto no art. 150, I e III.

- Artigo acrescentado pela Emenda Constitucional n. 39/2002.
- • V. Súmula vinculante 41, STF.

Parágrafo único. É facultada a cobrança da contribuição a que se refere o *caput*, na fatura de consumo de energia elétrica.

Seção II
Das limitações
do poder de tributar

Art. 150. Sem prejuízo de outras garantias asseguradas ao contribuinte, é vedado à União, aos Estados, ao Distrito Federal e aos Municípios:

- V. Lei 5.172/1966 (Código Tributário Nacional).

Art. 150

Constituição Federal

I – exigir ou aumentar tributo sem lei que o estabeleça;

- V. arts. 3º e 97, I e II, CTN.

II – instituir tratamento desigual entre contribuintes que se encontrem em situação equivalente, proibida qualquer distinção em razão de ocupação profissional ou função por eles exercida, independentemente da denominação jurídica dos rendimentos, títulos ou direitos;

III – cobrar tributos:

a) em relação a fatos geradores ocorridos antes do início da vigência da lei que os houver instituído ou aumentado;

- V. art. 9º, II, CTN.
- • V. Súmula 518, STJ.

b) no mesmo exercício financeiro em que haja sido publicada a lei que os instituiu ou aumentou;

- V. art. 195, § 6º, CF.
- • V. Súmula vinculante 50, STF.

c) antes de decorridos noventa dias da data em que haja sido publicada a lei que os instituiu ou aumentou, observado o disposto na alínea b;

- Alínea c acrescentada pela Emenda Constitucional n. 42/2003.

IV – utilizar tributo com efeito de confisco;

V – estabelecer limitações ao tráfego de pessoas ou bens, por meio de tributos interestaduais ou intermunicipais, ressalvada a cobrança de pedágio pela utilização de vias conservadas pelo Poder Público;

- V. art. 9º, III, CTN.

VI – instituir impostos sobre:

a) patrimônio, renda ou serviços, uns dos outros;

- V. art. 9º, IV, a, CTN.

b) templos de qualquer culto;

- V. art. 9º, IV, b, CTN.

c) patrimônio, renda ou serviços dos partidos políticos, inclusive suas fundações, das entidades sindicais dos trabalhadores, das instituições de educação e de assistência social, sem fins lucrativos, atendidos os requisitos da lei;

- V. arts. 9º, IV, c, e 14, CTN.
- V. Súmulas 724 e 730, STF.
- • V. Súmula vinculante 52, STF.

d) livros, jornais, periódicos e o papel destinado a sua impressão.

- V. art. 9º, IV, d, CTN.
- V. Súmula 657, STF.

e) fonogramas e videofonogramas musicais produzidos no Brasil contendo obras musicais ou litero musicais de autores brasileiros e/ou obras em geral interpretadas por artistas brasileiros bem como os suportes materiais ou arquivos digitais que os contenham, salvo na etapa de replicação industrial de mídias ópticas de leitura a laser.

- Alínea e acrescentada pela Emenda Constitucional n. 75/2013.

§ 1º A vedação do inciso III, b, não se aplica aos tributos previstos nos arts. 148, I, 153, I, II, IV e V; e 154, II; e a vedação do inciso III, c, não se aplica aos tributos previstos nos arts. 148, I, 153, I, II, III e V; e 154, II, nem à fixação da base de cálculo dos impostos previstos nos arts. 155, III, e 156, I.

- § 1º com redação determinada pela Emenda Constitucional n. 42/2003.

§ 2º A vedação do inciso VI, a, é extensiva às autarquias e às fundações instituídas e mantidas pelo Poder Público, no que se refere ao patrimônio, à renda e aos serviços, vinculados a suas finalidades essenciais ou às delas decorrentes.

§ 3º As vedações do inciso VI, a, e do parágrafo anterior não se aplicam ao patrimônio, à renda e aos serviços, relacionados com exploração de atividades econômicas regidas pelas normas aplicáveis a empreendimentos privados, ou em que haja contraprestação ou pagamento de preços ou tarifas pelo usuário, nem exonera o promitente comprador da obrigação de pagar imposto relativamente ao bem imóvel.

§ 4º As vedações expressas no inciso VI, alíneas b e c, compreendem somente o patrimônio, a renda e os serviços, relacionados com as finalidades essenciais das entidades nelas mencionadas.

§ 5º A lei determinará medidas para que os consumidores sejam esclarecidos acerca dos impostos que incidam sobre mercadorias e serviços.

§ 6º Qualquer subsídio ou isenção, redução de base de cálculo, concessão de crédito presumido, anistia ou remissão, relativos a impostos, taxas ou contribuições, só poderá ser

Art. 151

concedido mediante lei específica, federal, estadual ou municipal, que regule exclusivamente as matérias acima enumeradas ou o correspondente tributo ou contribuição, sem prejuízo do disposto no art. 155, § 2º, XII, *g*.

> § 6º com redação determinada pela Emenda Constitucional n. 3/1993.

§ 7º A lei poderá atribuir a sujeito passivo de obrigação tributária a condição de responsável pelo pagamento de imposto ou contribuição, cujo fato gerador deva ocorrer posteriormente, assegurada a imediata e preferencial restituição da quantia paga, caso não se realize o fato gerador presumido.

> § 7º acrescentado pela Emenda Constitucional n. 3/1993.

Art. 151.
É vedado à União:

I – instituir tributo que não seja uniforme em todo o território nacional ou que implique distinção ou preferência em relação a Estado, ao Distrito Federal ou a Município, em detrimento de outro, admitida a concessão de incentivos fiscais destinados a promover o equilíbrio do desenvolvimento socioeconômico entre as diferentes regiões do País;

- V. art. 10, CTN.
- V. Lei 9.440/1997 (Estabelece incentivos fiscais para o desenvolvimento regional).

II – tributar a renda das obrigações da dívida pública dos Estados, do Distrito Federal e dos Municípios, bem como a remuneração e os proventos dos respectivos agentes públicos, em níveis superiores aos que fixar para suas obrigações e para seus agentes;

III – instituir isenções de tributos da competência dos Estados, do Distrito Federal ou dos Municípios.

•• V. Súmula 575, STF.

Art. 152.
É vedado aos Estados, ao Distrito Federal e aos Municípios estabelecer diferença tributária entre bens e serviços, de qualquer natureza, em razão de sua procedência ou destino.

- V. art. 11, CTN.

Seção III
Dos impostos da União

Art. 153.
Compete à União instituir impostos sobre:

- V. art. 154, I, CF.

I – importação de produtos estrangeiros;

- V. Lei 7.810/1989 (Imposto de Importação – redução).
- V. Lei 8.003/1990 (Legislação tributária federal – alterações).
- V. Lei 8.032/1990 (Isenção ou redução do Imposto de Importação).
- V. Lei 9.449/1997 (Reduz o Imposto de Importação para produtos que especifica).
- •• V. Dec.-lei 37/1966 (Imposto de Importação).

II – exportação, para o exterior, de produtos nacionais ou nacionalizados;

- •• V. Dec.-lei 1.578/1977 (Imposto sobre a Exportação).

III – renda e proventos de qualquer natureza;

- V. arts. 27, § 2º, 28, § 2º, 29, V e VI, 37, XV, 48, XV, 49, VII e VIII, 95, III, 128, § 5º, I, *c*, CF.
- V. art. 34, § 2º, I, ADCT.
- V. Lei 8.034/1990 (Imposto de Renda – alterações – pessoas jurídicas).
- V. Lei 8.166/1991 (Imposto de Renda – não incidência sobre lucros ou dividendos distribuídos a residentes ou domiciliados no exterior, doados a instituições sem fins lucrativos).
- V. Lei 8.848/1994 (Imposto de Renda – alterações).
- V. Lei 8.849/1994 (Imposto de Renda – alterações).
- V. Lei 8.981/1995 (Altera a legislação tributária federal).
- V. Lei 9.316/1996 (Altera a legislação do Imposto de Renda e da Contribuição Social sobre o Lucro Líquido).
- V. Lei 9.430/1996 (Altera a legislação tributária federal).
- V. Lei 9.532/1997 (Altera a legislação tributária federal).

IV – produtos industrializados;

- V. art. 34, § 2º, I, ADCT.
- V. Lei 8.003/1990 (Legislação tributária federal – alterações).
- V. Lei 9.363/1996 (Crédito presumido do IPI para ressarcimento do valor do PIS/Pasep e Cofins).
- V. Lei 9.493/1997 (Isenções do IPI).
- •• V. Dec. 7.212/2010 (Regulamenta a cobrança, fiscalização, arrecadação e administração do IPI).

V – operações de crédito, câmbio e seguro, ou relativas a títulos ou valores mobiliários;

- V. arts. 63 a 67, CTN.
- V. Lei 8.894/1994 (IOF).
- V. Dec. 6.306/2007 (Regulamenta o Imposto sobre Operações de Crédito, Câmbio e Seguro, ou relativas a Títulos ou Valores Mobiliários – IOF).
- V. Súmula vinculante 32, STF.

VI – propriedade territorial rural;

- V. Lei 8.847/1994 (ITR).

Art. 155

Constituição Federal

- V. Lei 9.321/1996 (Programa Nacional de Fortalecimento da Agricultura Familiar – PRONAF).
- V. Lei 9.393/1996 (ITR e Títulos da Dívida Agrária).
- • V. Lei 11.250/2005 (Regulamenta o inc. III do § 4º do art. 153 da CF).

VII – grandes fortunas, nos termos de lei complementar.

§ 1º É facultado ao Poder Executivo, atendidas as condições e os limites estabelecidos em lei, alterar as alíquotas dos impostos enumerados nos incisos I, II, IV e V.

- V. art. 150, § 1º, CF.
- V. Lei 8.088/1990 (Atualização do Bônus do Tesouro Nacional e depósitos de poupança).

§ 2º O imposto previsto no inciso III:

- V. Dec.-lei 1.351/1974 (Altera a legislação do Imposto de Renda).

I – será informado pelos critérios da generalidade, da universalidade e da progressividade, na forma da lei;

- V. arts. 27, § 2º, 28, § 2º, 29, V e VI, 37, XV, 48, XV, 49, VII e VIII, 95, III, e 128, § 5º, I, c, CF.

II – *(Revogado pela Emenda Constitucional n. 20/1998.)*

§ 3º O imposto previsto no inciso IV:
I – será seletivo, em função da essencialidade do produto;
II – será não cumulativo, compensando-se o que for devido em cada operação com o montante cobrado nas anteriores;
III – não incidirá sobre produtos industrializados destinados ao exterior;
IV – terá reduzido seu impacto sobre a aquisição de bens de capital pelo contribuinte do imposto, na forma da lei.

- Inciso IV acrescentado pela Emenda Constitucional n. 42/2003.

§ 4º O imposto previsto no inciso VI do *caput*:

- § 4º com redação determinada pela Emenda Constitucional n. 42/2003.
- V. Lei 8.629/1993 (Regulamenta os dispositivos constitucionais relativos à reforma agrária).

I – será progressivo e terá suas alíquotas fixadas de forma a desestimular a manutenção de propriedades improdutivas;
II – não incidirá sobre pequenas glebas rurais, definidas em lei, quando as explore o proprietário que não possua outro imóvel;

- • V. art. 2º, Lei 9.393/1996 (Imposto sobre a Propriedade Territorial Rural – ITR).

III – será fiscalizado e cobrado pelos Municípios que assim optarem, na forma da lei, desde que não implique redução do imposto ou qualquer outra forma de renúncia fiscal.

- V. Lei 11.250/2005 (Regulamenta o inciso III do § 4º do art. 153 da CF).

§ 5º O ouro, quando definido em lei como ativo financeiro ou instrumento cambial, sujeita-se exclusivamente à incidência do imposto de que trata o inciso V do *caput* deste artigo, devido na operação de origem; a alíquota mínima será de um por cento, assegurada a transferência do montante da arrecadação nos seguintes termos:

- V. art. 74, § 2º, ADCT.
- V. Lei 7.766/1989 (Ouro como ativo financeiro).

I – trinta por cento para o Estado, o Distrito Federal ou o Território, conforme a origem;
II – setenta por cento para o Município de origem.

- V. art. 72, § 3º, ADCT.

Art. 154. A União poderá instituir:
I – mediante lei complementar, impostos não previstos no artigo anterior, desde que sejam não cumulativos e não tenham fato gerador ou base de cálculo próprios dos discriminados nesta Constituição;

- V. art. 195, § 4º, CF.
- V. art. 74, § 2º, ADCT.

II – na iminência ou no caso de guerra externa, impostos extraordinários, compreendidos ou não em sua competência tributária, os quais serão suprimidos, gradativamente, cessadas as causas de sua criação.

- V. art. 150, § 1º, CF.

Seção IV
Dos impostos dos Estados e do Distrito Federal

Art. 155. Compete aos Estados e ao Distrito Federal instituir impostos sobre:

- *Caput* com redação determinada pela Emenda Constitucional n. 3/1993.

I – transmissão *causa mortis* e doação, de quaisquer bens ou direitos;
II – operações relativas à circulação de mercadorias e sobre prestações de serviços de transporte interestadual e intermunicipal e

Art. 155

de comunicação, ainda que as operações e as prestações se iniciem no exterior;

- V. LC 24/1975 (Convênios para a concessão de isenção de ICMS).
- V. LC 87/1996 (ICMS).
- V. LC 102/2000 (Altera a LC 87/1996).
- V. Súmula 662, STF.
- V. Súmulas 334 e 457, STJ.
- •• V. Súmula vinculante 48, STF.

III – propriedade de veículos automotores.
§ 1º O imposto previsto no inciso I:

- *Caput* do § 1º com redação determinada pela Emenda Constitucional n. 3/1993.

I – relativamente a bens imóveis e respectivos direitos, compete ao Estado da situação do bem, ou ao Distrito Federal;
II – relativamente a bens móveis, títulos e créditos, compete ao Estado onde se processar o inventário ou arrolamento, ou tiver domicílio o doador, ou ao Distrito Federal;
III – terá a competência para sua instituição regulada por lei complementar:
a) se o doador tiver domicílio ou residência no exterior;
b) se o *de cujus* possuía bens, era residente ou domiciliado ou teve o seu inventário processado no exterior;
IV – terá suas alíquotas máximas fixadas pelo Senado Federal.

- •• V. Res. SF 9/1992 (Estabelece alíquota máxima para o Imposto sobre Transmissão *Causa Mortis* e Doação).

§ 2º O imposto previsto no inciso II atenderá ao seguinte:

- *Caput do* § 2º com redação determinada pela Emenda Constitucional n. 3/1993.
- V. Dec.-lei 406/1968 (Normas gerais de direito financeiro aplicáveis ao ICMS e ISS).
- V. LC 24/1975 (Convênios para concessão de isenções do ICMS).
- V. LC 101/2000 (Lei da Responsabilidade Fiscal).

I – será não cumulativo, compensando-se o que for devido em cada operação relativa à circulação de mercadorias ou prestação de serviços com o montante cobrado nas anteriores pelo mesmo ou outro Estado ou pelo Distrito Federal;
II – a isenção ou não incidência, salvo determinação em contrário da legislação:
a) não implicará crédito para compensação com o montante devido nas operações ou prestações seguintes;
b) acarretará a anulação do crédito relativo às operações anteriores;
III – poderá ser seletivo, em função da essencialidade das mercadorias e dos serviços;
IV – resolução do Senado Federal, de iniciativa do Presidente da República ou de um terço dos Senadores, aprovada pela maioria absoluta de seus membros, estabelecerá as alíquotas aplicáveis às operações e prestações, interestaduais e de exportação;
V – é facultado ao Senado Federal:
a) estabelecer alíquotas mínimas nas operações internas, mediante resolução de iniciativa de um terço e aprovada pela maioria absoluta de seus membros;
b) fixar alíquotas máximas nas mesmas operações para resolver conflito específico que envolva interesse de Estados, mediante resolução de iniciativa da maioria absoluta e aprovada por dois terços de seus membros;
VI – salvo deliberação em contrário dos Estados e do Distrito Federal, nos termos do disposto no inciso XII, *g*, as alíquotas internas, nas operações relativas à circulação de mercadorias e nas prestações de serviços, não poderão ser inferiores às previstas para as operações interestaduais;
VII – nas operações e prestações que destinem bens e serviços a consumidor final, contribuinte ou não do imposto, localizado em outro Estado, adotar-se-á a alíquota interestadual e caberá ao Estado de localização do destinatário o imposto correspondente à diferença entre a alíquota interna do Estado destinatário e a alíquota interestadual;

- *Caput* do inciso VII com redação determinada pela Emenda Constitucional n. 87/2015 (*DOU* 17.04.2015), em vigor na data de sua publicação, produzindo efeitos no ano subsequente e após 90 (noventa) dias desta.

a) *(Revogado pela Emenda Constitucional n. 87/2015 – DOU 17.04.2015, em vigor na data de sua publicação, produzindo efeitos no ano subsequente e após 90 (noventa) dias desta.)*
b) *(Revogado pela Emenda Constitucional n. 87/2015 – DOU 17.04.2015, em vigor na data de sua publicação, produzindo efeitos no ano subsequente e após 90 (noventa) dias desta.)*

Art. 155

Constituição Federal

VIII – a responsabilidade pelo recolhimento do imposto correspondente à diferença entre a alíquota interna e a interestadual de que trata o inciso VII será atribuída:

* Inciso VIII com redação determinada pela Emenda Constitucional n. 87/2015 (DOU 17.04.2015), em vigor na data de sua publicação, produzindo efeitos no ano subsequente e após 90 (noventa) dias desta.

a) ao destinatário, quando este for contribuinte do imposto;

b) ao remetente, quando o destinatário não for contribuinte do imposto;

IX – incidirá também:

a) sobre a entrada de bem ou mercadoria importados do exterior por pessoa física ou jurídica, ainda que não seja contribuinte habitual do imposto, qualquer que seja a sua finalidade, assim como sobre o serviço prestado no exterior, cabendo o imposto ao Estado onde estiver situado o domicílio ou o estabelecimento do destinatário da mercadoria, bem ou serviço;

* Alínea a com redação determinada pela Emenda Constitucional n. 33/2001.
* V. Súmula vinculante 48, STF.
* V. Súmulas 660 e 661, STF.

b) sobre o valor total da operação, quando mercadorias forem fornecidas com serviços não compreendidos na competência tributária dos Municípios;

X – não incidirá:

a) sobre operações que destinem mercadorias para o exterior, nem sobre serviços prestados a destinatários no exterior, assegurada a manutenção e o aproveitamento do montante do imposto cobrado nas operações e prestações anteriores;

* Alínea a com redação determinada pela Emenda Constitucional n. 42/2003.

b) sobre operações que destinem a outros Estados petróleo, inclusive lubrificantes, combustíveis líquidos e gasosos dele derivados, e energia elétrica;

c) sobre o ouro, nas hipóteses definidas no art. 153, § 5º;

* V. Lei 7.766/1989 (Ouro como ativo financeiro).

d) nas prestações de serviço de comunicação nas modalidades de radiodifusão sonora e de sons e imagens de recepção livre e gratuita;

* Alínea d acrescentada pela Emenda Constitucional n. 42/2003.

XI – não compreenderá, em sua base de cálculo, o montante do imposto sobre produtos industrializados, quando a operação, realizada entre contribuintes e relativa a produto destinado à industrialização ou à comercialização, configure fato gerador dos dois impostos;

XII – cabe à lei complementar:

* V. art. 4º, Emenda Constitucional n. 42/2003.

a) definir seus contribuintes;

b) dispor sobre substituição tributária;

c) disciplinar o regime de compensação do imposto;

d) fixar, para efeito de sua cobrança e definição do estabelecimento responsável, o local das operações relativas à circulação de mercadorias e das prestações de serviços;

e) excluir da incidência do imposto, nas exportações para o exterior, serviços e outros produtos além dos mencionados no inciso X, a;

f) prever casos de manutenção de crédito, relativamente à remessa para outro Estado e exportação para o exterior, de serviços e de mercadorias;

g) regular a forma como, mediante deliberação dos Estados e do Distrito Federal, isenções, incentivos e benefícios fiscais serão concedidos e revogados;

h) definir os combustíveis e lubrificantes sobre os quais o imposto incidirá uma única vez, qualquer que seja a sua finalidade, hipótese em que não se aplicará o disposto no inciso X, b;

* Alínea h acrescentada pela Emenda Constitucional n. 33/2001.

i) fixar a base de cálculo, de modo que o montante do imposto a integre, também na importação do exterior de bem, mercadoria ou serviço.

* Alínea i acrescentada pela Emenda Constitucional n. 33/2001.

§ 3º À exceção dos impostos de que tratam o inciso II do caput deste artigo e o art. 153, I e II, nenhum outro imposto poderá incidir sobre operações relativas a energia elétrica, serviços de telecomunicações, derivados de petróleo, combustíveis e minerais do País.

- § 3º com redação determinada pela Emenda Constitucional n. 33/2001.
- V. Súmula 659, STF.

§ 4º Na hipótese do inciso XII, *h*, observar-se-á o seguinte:

- § 4º acrescentado pela Emenda Constitucional n. 33/2001.

I – nas operações com os lubrificantes e combustíveis derivados de petróleo, o imposto caberá ao Estado onde ocorrer o consumo;

II – nas operações interestaduais, entre contribuintes, com gás natural e seus derivados, e lubrificantes e combustíveis não incluídos no inciso I deste parágrafo, o imposto será repartido entre os Estados de origem e de destino, mantendo-se a mesma proporcionalidade que ocorre nas operações com as demais mercadorias;

III – nas operações interestaduais com gás natural e seus derivados, e lubrificantes e combustíveis não incluídos no inciso I deste parágrafo, destinadas a não contribuinte, o imposto caberá ao Estado de origem;

IV – as alíquotas do imposto serão definidas mediante deliberação dos Estados e Distrito Federal, nos termos do § 2º, XII, *g*, observando-se o seguinte:

a) serão uniformes em todo o território nacional, podendo ser diferenciadas por produto;

b) poderão ser específicas, por unidade de medida adotada, ou *ad valorem*, incidindo sobre o valor da operação ou sobre o preço que o produto ou seu similar alcançaria em uma venda em condições de livre concorrência;

c) poderão ser reduzidas e restabelecidas, não se lhes aplicando o disposto no art. 150, III, *b*.

§ 5º As regras necessárias à aplicação do disposto no § 4º, inclusive as relativas à apuração e à destinação do imposto, serão estabelecidas mediante deliberação dos Estados e do Distrito Federal, nos termos do § 2º, XII, *g*.

- § 5º acrescentado pela Emenda Constitucional n. 33/2001.

§ 6º O imposto previsto no inciso III:

- § 6º acrescentado pela Emenda Constitucional n. 42/2003.

I – terá alíquotas mínimas fixadas pelo Senado Federal;

II – poderá ter alíquotas diferenciadas em função do tipo e utilização.

Seção V
Dos impostos dos Municípios

Art. 156. Compete aos Municípios instituir impostos sobre:

- V. art. 167, § 4º, CF.

I – propriedade predial e territorial urbana;

- V. arts. 32 a 34, CTN.

II – transmissão *inter vivos*, a qualquer título, por ato oneroso, de bens imóveis, por natureza ou acessão física, e de direitos reais sobre imóveis, exceto os de garantia, bem como cessão de direitos a sua aquisição;

- V. arts. 35 a 42, CTN.
- V. Súmula 656, STF.

III – serviços de qualquer natureza, não compreendidos no art. 155, II, definidos em lei complementar;

- Inciso III com redação determinada pela Emenda Constitucional n. 3/1993.
- • V. LC 116/2003 (Imposto sobre Serviços de Qualquer Natureza).

IV – *(Revogado pela Emenda Constitucional n. 3/1993.)*

§ 1º Sem prejuízo da progressividade no tempo a que se refere o art. 182, § 4º, inciso II, o imposto previsto no inciso I poderá:

- § 1º com redação determinada pela Emenda Constitucional n. 29/2000.
- V. arts. 182, §§ 2º e 4º, e 186, CF.
- V. Súmula 589, STF.

I – ser progressivo em razão do valor do imóvel; e

II – ter alíquotas diferentes de acordo com a localização e o uso do imóvel.

§ 2º O imposto previsto no inciso II:

I – não incide sobre a transmissão de bens ou direitos incorporados ao patrimônio de pessoa jurídica em realização de capital, nem sobre a transmissão de bens ou direitos decorrente de fusão, incorporação, cisão ou extinção de pessoa jurídica, salvo se, nesses casos, a atividade preponderante do adquirente for a compra e venda desses bens ou

Art. 159

Constituição Federal

direitos, locação de bens imóveis ou arrendamento mercantil;

II – compete ao Município da situação do bem.

§ 3º Em relação ao imposto previsto no inciso III do *caput* deste artigo, cabe à lei complementar:

- *Caput* do § 3º com redação determinada pela Emenda Constitucional n. 37/2002.

I – fixar as suas alíquotas máximas e mínimas;

- Inciso I com redação determinada pela Emenda Constitucional n. 37/2002.
- •• V. art. 88, I, ADCT.
- •• V. art. 8º, II, LC 116/2003 (Imposto sobre Serviços de Qualquer Natureza).

II – excluir da sua incidência exportações de serviços para o exterior;

- Inciso II com redação determinada pela Emenda Constitucional n. 3/1993.

III – regular a forma e as condições como isenções, incentivos e benefícios fiscais serão concedidos e revogados.

- Inciso III acrescentado pela Emenda Constitucional n. 37/2002.

§ 4º *(Revogado pela Emenda Constitucional n. 3/1993.)*

Seção VI
Da repartição das receitas tributárias

Art. 157. Pertencem aos Estados e ao Distrito Federal:

- V. art. 167, § 4º, CF.

I – o produto da arrecadação do imposto da União sobre renda e proventos de qualquer natureza, incidente na fonte, sobre rendimentos pagos, a qualquer título, por eles, suas autarquias e pelas fundações que instituírem e mantiverem;

- V. art. 159, § 1º, CF.
- V. Súmula 447, STJ.

II – vinte por cento do produto da arrecadação do imposto que a União instituir no exercício da competência que lhe é atribuída pelo art. 154, I.

- V. art. 72, § 3º, ADCT.

Art. 158. Pertencem aos Municípios:

I – o produto da arrecadação do imposto da União sobre renda e proventos de qualquer natureza, incidente na fonte, sobre rendimentos pagos, a qualquer título, por eles, suas autarquias e pelas fundações que instituírem e mantiverem;

- V. art. 159, § 1º, CF.

II – cinquenta por cento do produto da arrecadação do imposto da União sobre a propriedade territorial rural, relativamente aos imóveis neles situados, cabendo a totalidade na hipótese da opção a que se refere o art. 153, § 4º, III;

- Inciso II com redação determinada pela Emenda Constitucional n. 42/2003.
- V. art. 72, § 4º, ADCT.

III – cinquenta por cento do produto da arrecadação do imposto do Estado sobre a propriedade de veículos automotores licenciados em seus territórios;

- V. art. 1º, LC 63/1990 (Critérios e prazos de crédito das parcelas do produto da arrecadação de impostos de competência dos Estados e de transferências por estes recebidas, pertencentes aos Municípios).

IV – vinte e cinco por cento do produto da arrecadação do imposto do Estado sobre operações relativas à circulação de mercadorias e sobre prestações de serviços de transporte interestadual e intermunicipal e de comunicação.

- V. art. 1º, LC 63/1990 (Critérios e prazos de crédito das parcelas do produto da arrecadação de impostos de competência dos Estados e de transferências por estes recebidas, pertencentes aos Municípios).

Parágrafo único. As parcelas de receita pertencentes aos Municípios, mencionadas no inciso IV, serão creditadas conforme os seguintes critérios:

I – três quartos, no mínimo, na proporção do valor adicionado nas operações relativas à circulação de mercadorias e nas prestações de serviços, realizadas em seus territórios;

II – até um quarto, de acordo com o que dispuser lei estadual ou, no caso dos Territórios, lei federal.

Art. 159. A União entregará:

- V. art. 72, §§ 2º e 4º, ADCT.
- V. LC 62/1989 (Fundos de Participação – normas sobre cálculo e entrega).

Art. 159

CONSTITUIÇÃO FEDERAL

I – do produto da arrecadação dos impostos sobre renda e proventos de qualquer natureza e sobre produtos industrializados, 49% (quarenta e nove por cento), na seguinte forma:

- *Caput* do inciso I com redação determinada pela Emenda Constitucional n. 84/2014 (*DOU* 03.12.2014), em vigor na data de sua publicação, com efeitos financeiros a partir de 1º de janeiro do exercício subsequente.

a) vinte um inteiros e cinco décimos por cento ao Fundo de Participação dos Estados e do Distrito Federal;

- V. arts. 34, § 2º, II, e 60, § 2º, ADCT.
- V. LC 62/1989 (Estabelece normas sobre o cálculo, a entrega e o controle das liberações dos recursos dos Fundos de Participação).

b) vinte e dois inteiros e cinco décimos por cento ao Fundo de Participação dos Municípios;

- V. LC 62/1989 (Estabelece normas sobre o cálculo, a entrega e o controle das liberações dos recursos dos Fundos de Participação).

c) três por cento, para aplicação em programas de financiamento ao setor produtivo das Regiões Norte, Nordeste e Centro-Oeste, através de suas instituições financeiras de caráter regional, de acordo com os planos regionais de desenvolvimento, ficando assegurada ao semiárido do Nordeste a metade dos recursos destinados à Região, na forma que a lei estabelecer;

- V. Lei 7.827/1989 (Fundos Constitucionais de Financiamento).

d) um por cento ao Fundo de Participação dos Municípios, que será entregue no primeiro decêndio do mês de dezembro de cada ano;

- Alínea *d* acrescentada pela Emenda Constitucional n. 55/2007.
- V. art. 2º, Emenda Constitucional n. 55/2007, que determina que, no exercício de 2007, as alterações do art. 159 da CF previstas na referida Emenda Constitucional somente se aplicam sobre a arrecadação dos impostos sobre renda e proventos de qualquer natureza e sobre produtos industrializados realizada a partir de 1º.09.2007.

e) 1% (um por cento) ao Fundo de Participação dos Municípios, que será entregue no primeiro decêndio do mês de julho de cada ano;

- Alínea *e* acrescentada pela Emenda Constitucional n. 84/2014 (*DOU* 03.12.2014), em vigor na data de sua publicação, com efeitos financeiros a partir de 1º de janeiro do exercício subsequente.
- V. art. 2º, Emenda Constitucional n. 84/2014, que determina que a União entregará ao Fundo de Participação dos Municípios o percentual de 0,5% (cinco décimos por cento) do produto da arrecadação dos impostos sobre renda e proventos de qualquer natureza e sobre produtos industrializados no primeiro exercício em que esta Emenda Constitucional gerar efeitos financeiros, acrescentando-se 0,5% (cinco décimos por cento) a cada exercício, até que se alcance o percentual de 1% (um por cento).

II – do produto da arrecadação do imposto sobre produtos industrializados, dez por cento aos Estados e ao Distrito Federal, proporcionalmente ao valor das respectivas exportações de produtos industrializados;

- V. art. 1º, LC 63/1990 (Critérios e prazos de crédito das parcelas do produto da arrecadação de impostos de competência dos Estados e de transferências por estes recebidas, pertencentes aos Municípios).
- V. Lei 8.016/1990 (Entrega das cotas de participação dos Estados e do Distrito Federal na arrecadação do IPI de que trata o inciso II do art. 159 da CF/1988).

III – do produto da arrecadação da contribuição de intervenção no domínio econômico prevista no art. 177, § 4º, 29% (vinte e nove por cento) para os Estados e o Distrito Federal, distribuídos na forma da lei, observada a destinação a que se refere o inciso II, c, do referido parágrafo.

- Inciso III com redação determinada pela Emenda Constitucional n. 44/2004.
- V. art. 93, ADCT.

§ 1º Para efeito de cálculo da entrega a ser efetuada de acordo com o previsto no inciso I, excluir-se-á a parcela da arrecadação do imposto de renda e proventos de qualquer natureza pertencentes aos Estados, ao Distrito Federal e aos Municípios, nos termos do disposto nos arts. 157, I, e 158, I.

§ 2º A nenhuma unidade federada poderá ser destinada parcela superior a vinte por cento do montante a que se refere o inciso II, devendo o eventual excedente ser distribuído entre os demais participantes, mantido, em relação a esses, o critério de partilha nele estabelecido.

- V. LC 61/1989 (IPI – Fundo de Participação dos Estados).

Art. 163

CONSTITUIÇÃO FEDERAL

§ 3º Os Estados entregarão aos respectivos Municípios vinte e cinco por cento dos recursos que receberem nos termos do inciso II, observados os critérios estabelecidos no art. 158, parágrafo único, I e II.

- V. art. 1º, LC 63/1990 (Critérios e prazos de crédito das parcelas do produto da arrecadação de impostos de competência dos Estados e de transferências por estes recebidas, pertencentes aos Municípios).

§ 4º Do montante de recursos de que trata o inciso III que cabe a cada Estado, vinte e cinco por cento serão destinados aos seus Municípios, na forma da lei a que se refere o mencionado inciso.

- § 4º acrescentado pela Emenda Constitucional n. 42/2003.
- V. art. 93, ADCT.

Art. 160. É vedada a retenção ou qualquer restrição à entrega e ao emprego dos recursos atribuídos, nesta seção, aos Estados, ao Distrito Federal e aos Municípios, neles compreendidos adicionais e acréscimos relativos a impostos.

Parágrafo único. A vedação prevista neste artigo não impede a União e os Estados de condicionarem a entrega de recursos:

- Parágrafo único com redação determinada pela Emenda Constitucional n. 29/2000.

I – ao pagamento de seus créditos, inclusive de suas autarquias;

II – ao cumprimento do disposto no art. 198, § 2º, incisos II e III.

Art. 161. Cabe à lei complementar:
I – definir valor adicionado para fins do disposto no art. 158, parágrafo único, I;

- V. LC 63/1990 (Critérios e prazos de crédito das parcelas do produto da arrecadação de impostos de competência dos Estados e de transferências por estes recebidas, pertencentes aos Municípios).

II – estabelecer normas sobre a entrega dos recursos de que trata o art. 159, especialmente sobre os critérios de rateio dos fundos previstos em seu inciso I, objetivando promover o equilíbrio socioeconômico entre Estados e entre Municípios;

- V. art. 34, § 2º, ADCT.
- V. LC 62/1989 (Estabelece normas sobre o cálculo, a entrega e o controle das liberações dos recursos dos Fundos de Participação).

III – dispor sobre o acompanhamento, pelos beneficiários, do cálculo das quotas e da liberação das participações previstas nos arts. 157, 158 e 159.

- V. LC 62/1989 (Estabelece normas sobre o cálculo, a entrega e o controle das liberações dos recursos dos Fundos de Participação).

Parágrafo único. O Tribunal de Contas da União efetuará o cálculo das quotas referentes aos fundos de participação a que alude o inciso II.

Art. 162. A União, os Estados, o Distrito Federal e os Municípios divulgarão, até o último dia do mês subsequente ao da arrecadação, os montantes de cada um dos tributos arrecadados, os recursos recebidos, os valores de origem tributária entregues e a entregar e a expressão numérica dos critérios de rateio.

Parágrafo único. Os dados divulgados pela União serão discriminados por Estado e por Município; os dos Estados, por Município.

Capítulo II
DAS FINANÇAS PÚBLICAS

Seção I
Normas gerais

Art. 163. Lei complementar disporá sobre:

- V. art. 30, Emenda Constitucional n. 19/1998.
- V. Lei 4.320/1964 (Normas gerais de direito financeiro para elaboração e controle dos orçamentos e balanços da União, dos Estados, dos Municípios e do Distrito Federal).
- V. Lei 6.830/1980 (Lei de Execução Fiscal).
- V. Dec.-lei 1.833/1980 (Extingue a vinculação a categorias econômicas, na aplicação dos Estados, Distrito Federal, Territórios e Municípios, de recursos tributários transferidos pela União).

I – finanças públicas;

- V. LC 101/2000 (Lei da Responsabilidade Fiscal).

II – dívida pública externa e interna, incluída a das autarquias, fundações e demais entidades controladas pelo Poder Público;

- V. Lei 8.388/1991 (Diretrizes para o reescalonamento, pela União, de dívidas das administrações direta e indireta dos Estados, do Distrito Federal e dos Municípios).
- V. Dec. 456/1992 (Regulamenta a Lei 8.388/1991).

Art. 164

III – concessão de garantias pelas entidades públicas;
IV – emissão e resgate de títulos da dívida pública;
- V. art. 34, § 2º, I, ADCT.

V – fiscalização financeira da administração pública direta e indireta;
- Inciso V com redação determinada pela Emenda Constitucional n. 40/2003.
- V. Lei 4.595/1964 (Conselho Monetário Nacional).

VI – operações de câmbio realizadas por órgãos e entidades da União, dos Estados, do Distrito Federal e dos Municípios;
- V. Dec.-lei 9.025/1946 (Operações de câmbio).
- V. Dec.-lei 9.602/1946 (Operações de câmbio).
- V. Lei 1.807/1953 (Operações de câmbio).
- V. Lei 4.131/1962 (Aplicação do capital estrangeiro e as remessas de valores para o exterior).

VII – compatibilização das funções das instituições oficiais de crédito da União, resguardadas as características e condições operacionais plenas das voltadas ao desenvolvimento regional.
- V. Lei 4.595/1964 (Conselho Monetário Nacional).

Art. 164. A competência da União para emitir moeda será exercida exclusivamente pelo Banco Central.
§ 1º É vedado ao Banco Central conceder, direta ou indiretamente, empréstimos ao Tesouro Nacional e a qualquer órgão ou entidade que não seja instituição financeira.
§ 2º O Banco Central poderá comprar e vender títulos de emissão do Tesouro Nacional, com o objetivo de regular a oferta de moeda ou a taxa de juros.
§ 3º As disponibilidades de caixa da União serão depositadas no Banco Central; as dos Estados, do Distrito Federal, dos Municípios e dos órgãos ou entidades do Poder Público e das empresas por ele controladas, em instituições financeiras oficiais, ressalvados os casos previstos em lei.

Seção II
Dos orçamentos

Art. 165. Leis de iniciativa do Poder Executivo estabelecerão:
I – o plano plurianual;
II – as diretrizes orçamentárias;
III – os orçamentos anuais.

§ 1º A lei que instituir o plano plurianual estabelecerá, de forma regionalizada, as diretrizes, objetivos e metas da administração pública federal para as despesas de capital e outras delas decorrentes e para as relativas aos programas de duração continuada.
§ 2º A lei de diretrizes orçamentárias compreenderá as metas e prioridades da administração pública federal, incluindo as despesas de capital para o exercício financeiro subsequente, orientará a elaboração da lei orçamentária anual, disporá sobre as alterações na legislação tributária e estabelecerá a política de aplicação das agências financeiras oficiais de fomento.
§ 3º O Poder Executivo publicará, até trinta dias após o encerramento de cada bimestre, relatório resumido da execução orçamentária.
§ 4º Os planos e programas nacionais, regionais e setoriais previstos nesta Constituição serão elaborados em consonância com o plano plurianual e apreciados pelo Congresso Nacional.
- V. Lei 9.491/1997 (Programa Nacional de Desestatização).

§ 5º A lei orçamentária anual compreenderá:
I – o orçamento fiscal referente aos Poderes da União, seus fundos, órgãos e entidades da administração direta e indireta, inclusive fundações instituídas e mantidas pelo Poder Público;
II – o orçamento de investimento das empresas em que a União, direta ou indiretamente, detenha a maioria do capital social com direito a voto;
III – o orçamento da seguridade social, abrangendo todas as entidades e órgãos a ela vinculados, da administração direta ou indireta, bem como os fundos e fundações instituídos e mantidos pelo Poder Público.
§ 6º O projeto de lei orçamentária será acompanhado de demonstrativo regionalizado do efeito, sobre as receitas e despesas, decorrente de isenções, anistias, remissões, subsídios e benefícios de natureza financeira, tributária e creditícia.

Art. 166

CONSTITUIÇÃO FEDERAL

§ 7º Os orçamentos previstos no § 5º, I e II, deste artigo, compatibilizados com o plano plurianual, terão entre suas funções a de reduzir desigualdades inter-regionais, segundo critério populacional.

- V. art. 35, ADCT.

§ 8º A lei orçamentária anual não conterá dispositivo estranho à previsão da receita e à fixação da despesa, não se incluindo na proibição a autorização para abertura de créditos suplementares e contratação de operações de crédito, ainda que por antecipação de receita, nos termos da lei.

§ 9º Cabe à lei complementar:

- V. art. 168, CF.
- V. art. 35, § 2º, ADCT.
- V. Lei 4.320/1964 (Normas gerais de direito financeiro para elaboração e controle dos orçamentos e balanços da União, dos Estados, dos Municípios e do Distrito Federal).
- V. Dec.-lei 200/1967 (Organização da administração federal).
- V. Dec.-lei 900/1969 (Altera o Dec.-lei 200/1967).

I – dispor sobre o exercício financeiro, a vigência, os prazos, a elaboração e a organização do plano plurianual, da lei de diretrizes orçamentárias e da lei orçamentária anual;

II – estabelecer normas de gestão financeira e patrimonial da administração direta e indireta, bem como condições para a instituição e funcionamento de fundos.

- V. art. 35, § 2º, ADCT.
- V. LC 89/1997 (Fundo para Aparelhamento e Operacionalização das Atividades-fim da Polícia Federal – FUNAPOL).

III – dispor sobre critérios para a execução equitativa, além de procedimentos que serão adotados quando houver impedimentos legais e técnicos, cumprimento de restos a pagar e limitação das programações de caráter obrigatório, para a realização do disposto no § 11 do art. 166.

- Inciso III acrescentado pela Emenda Constitucional n. 86/2015 (*DOU* 18.03.2015), em vigor na data de sua publicação e produzirá efeitos a partir da execução orçamentária do exercício de 2014.

Art. 166. Os projetos de lei relativos ao plano plurianual, às diretrizes orçamentárias, ao orçamento anual e aos créditos adicionais serão apreciados pelas duas Casas do Congresso Nacional, na forma do regimento comum.

§ 1º Caberá a uma Comissão mista permanente de Senadores e Deputados:

- V. Res. CN 1/2006 (Comissão Mista Permanente a que se refere o § 1º do art. 166 da CF).

I – examinar e emitir parecer sobre os projetos referidos neste artigo e sobre as contas apresentadas anualmente pelo Presidente da República;

II – examinar e emitir parecer sobre os planos e programas nacionais, regionais e setoriais previstos nesta Constituição e exercer o acompanhamento e a fiscalização orçamentária, sem prejuízo da atuação das demais comissões do Congresso Nacional e de suas Casas, criadas de acordo com o art. 58.

§ 2º As emendas serão apresentadas na Comissão mista, que sobre elas emitirá parecer, e apreciadas, na forma regimental, pelo Plenário das duas Casas do Congresso Nacional.

§ 3º As emendas ao projeto de lei do orçamento anual ou aos projetos que o modifiquem somente podem ser aprovadas caso:

I – sejam compatíveis com o plano plurianual e com a lei de diretrizes orçamentárias;

II – indiquem os recursos necessários, admitidos apenas os provenientes de anulação de despesa, excluídas as que incidam sobre:

a) dotações para pessoal e seus encargos;
b) serviço da dívida;
c) transferências tributárias constitucionais para Estados, Municípios e Distrito Federal; ou

III – sejam relacionadas:

a) com a correção de erros ou omissões; ou
b) com os dispositivos do texto do projeto de lei.

§ 4º As emendas ao projeto de lei de diretrizes orçamentárias não poderão ser aprovadas quando incompatíveis com o plano plurianual.

- V. art. 63, I, CF.

§ 5º O Presidente da República poderá enviar mensagem ao Congresso Nacional para propor modificação nos projetos a que se refere este artigo enquanto não iniciada a votação, na Comissão mista, da parte cuja alteração é proposta.

Art. 166

CONSTITUIÇÃO FEDERAL

§ 6º Os projetos de lei do plano plurianual, das diretrizes orçamentárias e do orçamento anual serão enviados pelo Presidente da República ao Congresso Nacional, nos termos da lei complementar a que se refere o art. 165, § 9º.

§ 7º Aplicam-se aos projetos mencionados neste artigo, no que não contrariar o disposto nesta seção, as demais normas relativas ao processo legislativo.

§ 8º Os recursos que, em decorrência de veto, emenda ou rejeição do projeto de lei orçamentária anual, ficarem sem despesas correspondentes poderão ser utilizados, conforme o caso, mediante créditos especiais ou suplementares, com prévia e específica autorização legislativa.

§ 9º As emendas individuais ao projeto de lei orçamentária serão aprovadas no limite de 1,2% (um inteiro e dois décimos por cento) da receita corrente líquida prevista no projeto encaminhado pelo Poder Executivo, sendo que a metade deste percentual será destinada a ações e serviços públicos de saúde.

- § 9º acrescentado pela Emenda Constitucional n. 86/2015 (*DOU* 18.03.2015), em vigor na data de sua publicação e produzirá efeitos a partir da execução orçamentária do exercício de 2014.

§ 10. A execução do montante destinado a ações e serviços públicos de saúde previsto no § 9º, inclusive custeio, será computada para fins do cumprimento do inciso I do § 2º do art. 198, vedada a destinação para pagamento de pessoal ou encargos sociais.

- § 10 acrescentado pela Emenda Constitucional n. 86/2015 (*DOU* 18.03.2015), em vigor na data de sua publicação e produzirá efeitos a partir da execução orçamentária do exercício de 2014.

§ 11. É obrigatória a execução orçamentária e financeira das programações a que se refere o § 9º deste artigo, em montante correspondente a 1,2% (um inteiro e dois décimos por cento) da receita corrente líquida realizada no exercício anterior, conforme os critérios para a execução equitativa da programação definidos na lei complementar prevista no § 9º do art. 165.

- § 11 acrescentado pela Emenda Constitucional n. 86/2015 (*DOU* 18.03.2015), em vigor na data de sua publicação e produzirá efeitos a partir da execução orçamentária do exercício de 2014.

§ 12. As programações orçamentárias previstas no § 9º deste artigo não serão de execução obrigatória nos casos dos impedimentos de ordem técnica.

- § 12 acrescentado pela Emenda Constitucional n. 86/2015 (*DOU* 18.03.2015), em vigor na data de sua publicação e produzirá efeitos a partir da execução orçamentária do exercício de 2014.

§ 13. Quando a transferência obrigatória da União, para a execução da programação prevista no § 11 deste artigo, for destinada a Estados, ao Distrito Federal e a Municípios, independerá da adimplência do ente federativo destinatário e não integrará a base de cálculo da receita corrente líquida para fins de aplicação dos limites de despesa de pessoal de que trata o caput do art. 169.

- § 13 acrescentado pela Emenda Constitucional n. 86/2015 (*DOU* 18.03.2015), em vigor na data de sua publicação e produzirá efeitos a partir da execução orçamentária do exercício de 2014.

§ 14. No caso de impedimento de ordem técnica, no empenho de despesa que integre a programação, na forma do § 11 deste artigo, serão adotadas as seguintes medidas:

- § 14 acrescentado pela Emenda Constitucional n. 86/2015 (*DOU* 18.03.2015), em vigor na data de sua publicação e produzirá efeitos a partir da execução orçamentária do exercício de 2014.

I – até 120 (cento e vinte) dias após a publicação da lei orçamentária, o Poder Executivo, o Poder Legislativo, o Poder Judiciário, o Ministério Público e a Defensoria Pública enviarão ao Poder Legislativo as justificativas do impedimento;

II – até 30 (trinta) dias após o término do prazo previsto no inciso I, o Poder Legislativo indicará ao Poder Executivo o remanejamento da programação cujo impedimento seja insuperável;

III – até 30 de setembro ou até 30 (trinta) dias após o prazo previsto no inciso II, o Poder Executivo encaminhará projeto de lei sobre o remanejamento da programação cujo impedimento seja insuperável;

IV – se, até 20 de novembro ou até 30 (trinta) dias após o término do prazo previsto no inciso III, o Congresso Nacional não deliberar sobre o projeto, o remanejamento será implementado por ato do Poder Executivo, nos termos previstos na lei orçamentária.

Art. 167

§ 15. Após o prazo previsto no inciso IV do § 14, as programações orçamentárias previstas no § 11 não serão de execução obrigatória nos casos dos impedimentos justificados na notificação prevista no inciso I do § 14.

- § 15 acrescentado pela Emenda Constitucional n. 86/2015 (*DOU* 18.03.2015), em vigor na data de sua publicação e produzirá efeitos a partir da execução orçamentária do exercício de 2014.

§ 16. Os restos a pagar poderão ser considerados para fins de cumprimento da execução financeira prevista no § 11 deste artigo, até o limite de 0,6% (seis décimos por cento) da receita corrente líquida realizada no exercício anterior.

- § 16 acrescentado pela Emenda Constitucional n. 86/2015 (*DOU* 18.03.2015), em vigor na data de sua publicação e produzirá efeitos a partir da execução orçamentária do exercício de 2014.

§ 17. Se for verificado que a reestimativa da receita e da despesa poderá resultar no não cumprimento da meta de resultado fiscal estabelecida na lei de diretrizes orçamentárias, o montante previsto no § 11 deste artigo poderá ser reduzido em até a mesma proporção da limitação incidente sobre o conjunto das despesas discricionárias.

- § 17 acrescentado pela Emenda Constitucional n. 86/2015 (*DOU* 18.03.2015), em vigor na data de sua publicação e produzirá efeitos a partir da execução orçamentária do exercício de 2014.

§ 18. Considera-se equitativa a execução das programações de caráter obrigatório que atenda de forma igualitária e impessoal às emendas apresentadas, independentemente da autoria.

- § 18 acrescentado pela Emenda Constitucional n. 86/2015 (*DOU* 18.03.2015), em vigor na data de sua publicação e produzirá efeitos a partir da execução orçamentária do exercício de 2014.

Art. 167. São vedados:

I – o início de programas ou projetos não incluídos na lei orçamentária anual;

II – a realização de despesas ou a assunção de obrigações diretas que excedam os créditos orçamentários ou adicionais;

III – a realização de operações de créditos que excedam o montante das despesas de capital, ressalvadas as autorizadas mediante créditos suplementares ou especiais com finalidade precisa, aprovados pelo Poder Legislativo por maioria absoluta;

- V. art. 37, ADCT.

IV – a vinculação de receita de impostos a órgão, fundo ou despesa, ressalvadas a repartição do produto da arrecadação dos impostos a que se referem os arts. 158 e 159, a destinação de recursos para as ações e serviços públicos de saúde, para manutenção e desenvolvimento do ensino e para realização de atividades da administração tributária, como determinado, respectivamente, pelos arts. 198, § 2º, 212 e 37, XXII, e a prestação de garantias às operações de crédito por antecipação de receita, previstas no art. 165, § 8º, bem como o disposto no § 4º deste artigo;

- Inciso IV com redação determinada pela Emenda Constitucional n. 42/2003.

V – a abertura de crédito suplementar ou especial sem prévia autorização legislativa e sem indicação dos recursos correspondentes;

VI – a transposição, o remanejamento ou a transferência de recursos de uma categoria de programação para outra ou de um órgão para outro, sem prévia autorização legislativa;

VII – a concessão ou utilização de créditos ilimitados;

VIII – a utilização, sem autorização legislativa específica, de recursos dos orçamentos fiscal e da seguridade social para suprir necessidade ou cobrir déficit de empresas, fundações e fundos, inclusive dos mencionados no art. 165, § 5º;

IX – a instituição de fundos de qualquer natureza, sem prévia autorização legislativa;

X – a transferência voluntária de recursos e a concessão de empréstimos, inclusive por antecipação de receita, pelos Governos Federal e Estaduais e suas instituições financeiras, para pagamento de despesas com pessoal ativo, inativo e pensionista, dos Estados, do Distrito Federal e dos Municípios;

- Inciso X acrescentado pela Emenda Constitucional n. 19/1998.

XI – a utilização dos recursos provenientes das contribuições sociais de que trata o art. 195, I, *a*, e II, para a realização de despesas distintas do pagamento de benefícios do regime geral de previdência social de que trata o art. 201.

- Inciso XI acrescentado pela Emenda Constitucional n. 20/1998.

§ 1º Nenhum investimento cuja execução ultrapasse um exercício financeiro poderá ser iniciado sem prévia inclusão no plano plurianual, ou sem lei que autorize a inclusão, sob pena de crime de responsabilidade.

§ 2º Os créditos especiais e extraordinários terão vigência no exercício financeiro em que forem autorizados, salvo se o ato de autorização for promulgado nos últimos quatro meses daquele exercício, caso em que, reabertos nos limites de seus saldos, serão incorporados ao orçamento do exercício financeiro subsequente.

§ 3º A abertura de crédito extraordinário somente será admitida para atender a despesas imprevisíveis e urgentes, como as decorrentes de guerra, comoção interna ou calamidade pública, observado o disposto no art. 62.

- O art. 2º, § 6º, da Res. CN 1/2002 dispõe: "Quando se tratar de Medida Provisória que abra crédito extraordinário à lei orçamentária anual, conforme os arts. 62 e 167, § 3º da Constituição Federal, o exame e o parecer serão realizados pela Comissão Mista prevista no art. 166, § 1º, da Constituição, observando-se os prazos e o rito estabelecidos nesta Resolução".

§ 4º É permitida a vinculação de receitas próprias geradas pelos impostos a que se referem os arts. 155 e 156, e dos recursos de que tratam os arts. 157, 158 e 159, I, a e b, e II, para a prestação de garantia ou contragarantia à União e para pagamento de débitos para com esta.

- § 4º acrescentado pela Emenda Constitucional n. 3/1993.

§ 5º A transposição, o remanejamento ou a transferência de recursos de uma categoria de programação para outra poderão ser admitidos, no âmbito das atividades de ciência, tecnologia e inovação, com o objetivo de viabilizar os resultados de projetos restritos a essas funções, mediante ato do Poder Executivo, sem necessidade da prévia autorização legislativa prevista no inciso VI deste artigo.

- § 5º acrescentado pela Emenda Constitucional n. 85/2015.

Art. 168. Os recursos correspondentes às dotações orçamentárias, compreendidos os créditos suplementares e especiais, destinados aos órgãos dos Poderes Legislativo e Judiciário, do Ministério Público e da Defensoria Pública, ser-lhes-ão entregues até o dia 20 de cada mês, em duodécimos, na forma da lei complementar a que se refere o art. 165, § 9º.

- Artigo com redação determinada pela Emenda Constitucional n. 45/2004.

Art. 169. A despesa com pessoal ativo e inativo da União, dos Estados, do Distrito Federal e dos Municípios não poderá exceder os limites estabelecidos em lei complementar.

- Artigo com redação determinada pela Emenda Constitucional n. 19/1998.
- V. arts. 96, II, e 127, § 2º, CF.
- V. LC 101/2000 (Lei da Responsabilidade Fiscal).

§ 1º A concessão de qualquer vantagem ou aumento de remuneração, a criação de cargos, empregos e funções ou alteração de estrutura de carreiras, bem como a admissão ou contratação de pessoal, a qualquer título, pelos órgãos e entidades da administração direta ou indireta, inclusive fundações instituídas e mantidas pelo poder público, só poderão ser feitas:

- V. art. 96, I, e, CF.

I – se houver prévia dotação orçamentária suficiente para atender às projeções de despesa de pessoal e aos acréscimos dela decorrentes;

II – se houver autorização específica na lei de diretrizes orçamentárias, ressalvadas as empresas públicas e as sociedades de economia mista.

§ 2º Decorrido o prazo estabelecido na lei complementar referida neste artigo para a adaptação aos parâmetros ali previstos, serão imediatamente suspensos todos os repasses de verbas federais ou estaduais aos Estados, ao Distrito Federal e aos Municípios que não observarem os referidos limites.

§ 3º Para o cumprimento dos limites estabelecidos com base neste artigo, durante o prazo fixado na lei complementar referida no *caput*, a União, os Estados, o Distrito Federal e os Municípios adotarão as seguintes providências:

Constituição Federal

I – redução em pelo menos vinte por cento das despesas com cargos em comissão e funções de confiança;
II – exoneração dos servidores não estáveis.

- V. art. 33, Emenda Constitucional n. 19/1998.

§ 4º Se as medidas adotadas com base no parágrafo anterior não forem suficientes para assegurar o cumprimento da determinação da lei complementar referida neste artigo, o servidor estável poderá perder o cargo, desde que ato normativo motivado de cada um dos Poderes especifique a atividade funcional, o órgão ou unidade administrativa objeto da redução de pessoal.
§ 5º O servidor que perder o cargo na forma do parágrafo anterior fará jus a indenização correspondente a um mês de remuneração por ano de serviço.
§ 6º O cargo objeto da redução prevista nos parágrafos anteriores será considerado extinto, vedada a criação de cargo, emprego ou função com atribuições iguais ou assemelhadas pelo prazo de quatro anos.
§ 7º Lei federal disporá sobre as normas gerais a serem obedecidas na efetivação do disposto no § 4º.

- V. art. 247, CF.

TÍTULO VII
DA ORDEM ECONÔMICA E FINANCEIRA

Capítulo I
DOS PRINCÍPIOS GERAIS DA ATIVIDADE ECONÔMICA

Art. 170. A ordem econômica, fundada na valorização do trabalho humano e na livre iniciativa, tem por fim assegurar a todos existência digna, conforme os ditames da justiça social, observados os seguintes princípios:
I – soberania nacional;

- V. art. 1º, I, CF.

II – propriedade privada;

- V. art. 5º, XXII, CF.
- V. arts. 1.228 a 1.368-B, CC.

III – função social da propriedade;
IV – livre concorrência;

- V. Súmula 646, STF.
- • V. Súmula vinculante 49, STF.

V – defesa do consumidor;

- V. Lei 8.078/1990 (Código de Defesa do Consumidor).

VI – defesa do meio ambiente, inclusive mediante tratamento diferenciado conforme o impacto ambiental dos produtos e serviços e de seus processos de elaboração e prestação;

- Inciso VI com redação determinada pela Emenda Constitucional n. 42/2003.
- V. art. 5º, LXXIII, CF.
- V. Lei 7.347/1985 (Ação civil pública).

VII – redução das desigualdades regionais e sociais;

- V. art. 3º, III, CF.

VIII – busca do pleno emprego;

- V. arts. 6º e 7º, CF.
- V. art. 47, Lei 11.101/2005 (Lei de Recuperação de Empresas e Falência).

IX – tratamento favorecido para as empresas de pequeno porte constituídas sob as leis brasileiras e que tenham sua sede e administração no País.

- Inciso IX com redação determinada pela Emenda Constitucional n. 6/1995.
- V. art. 246, CF.
- V. LC 123/2006 (Supersimples).

Parágrafo único. É assegurado a todos o livre exercício de qualquer atividade econômica, independentemente de autorização de órgãos públicos, salvo nos casos previstos em lei.

- V. Súmula 646, STF.

Art. 171. *(Revogado pela Emenda Constitucional n. 6/1995.)*

Art. 172. A lei disciplinará, com base no interesse nacional, os investimentos de capital estrangeiro, incentivará os reinvestimentos e regulará a remessa de lucros.

- V. Lei 4.131/1962 (Aplicação do capital estrangeiro e as remessas de valores para o exterior).
- V. Dec.-lei 37/1966 (Reorganiza os serviços aduaneiros).
- V. Dec.-lei 94/1966 (Imposto de Renda).

Art. 173. Ressalvados os casos previstos nesta Constituição, a exploração direta de atividade econômica pelo Estado só será permitida quando necessária aos imperativos da segurança nacional ou a relevante interesse coletivo, conforme definidos em lei.

Art. 174

CONSTITUIÇÃO FEDERAL

§ 1º A lei estabelecerá o estatuto jurídico da empresa pública, da sociedade de economia mista e de suas subsidiárias que explorem atividade econômica de produção ou comercialização de bens ou de prestação de serviços, dispondo sobre:

- § 1º com redação determinada pela Emenda Constitucional n. 19/1998.

I – sua função social e formas de fiscalização pelo Estado e pela sociedade;

II – a sujeição ao regime jurídico próprio das empresas privadas, inclusive quanto aos direitos e obrigações civis, comerciais, trabalhistas e tributários;

III – licitação e contratação de obras, serviços, compras e alienações, observados os princípios da administração pública;

- V. art. 22, XXVII, CF.
- V. Súmula 333, STJ.

IV – a constituição e o funcionamento dos conselhos de administração e fiscal, com a participação de acionistas minoritários;

V – os mandatos, a avaliação de desempenho e a responsabilidade dos administradores.

§ 2º As empresas públicas e as sociedades de economia mista não poderão gozar de privilégios fiscais não extensivos às do setor privado.

§ 3º A lei regulamentará as relações da empresa pública com o Estado e a sociedade.

§ 4º A lei reprimirá o abuso do poder econômico que vise à dominação dos mercados, à eliminação da concorrência e ao aumento arbitrário dos lucros.

- V. Lei 8.137/1990 (Crimes contra a ordem tributária, econômica e contra as relações de consumo).
- V. Lei 8.176/1991 (Crimes contra a ordem econômica – Cria o sistema de estoques de combustíveis).
- V. Lei 8.884/1994 (Infrações à ordem econômica – CADE).
- V. Lei 9.069/1995 (Plano Real).
- V. Súmula 646, STF.

§ 5º A lei, sem prejuízo da responsabilidade individual dos dirigentes da pessoa jurídica, estabelecerá a responsabilidade desta, sujeitando-a às punições compatíveis com sua natureza, nos atos praticados contra a ordem econômica e financeira e contra a economia popular.

- V. Lei Del. 4/1962 (Intervenção no domínio econômico para assegurar a livre distribuição de produtos necessários ao consumo do povo).

Art. 174. Como agente normativo e regulador da atividade econômica, o Estado exercerá, na forma da lei, as funções de fiscalização, incentivo e planejamento, sendo este determinante para o setor público e indicativo para o setor privado.

§ 1º A lei estabelecerá as diretrizes e bases do planejamento do desenvolvimento nacional equilibrado, o qual incorporará e compatibilizará os planos nacionais e regionais de desenvolvimento.

§ 2º A lei apoiará e estimulará o cooperativismo e outras formas de associativismo.

- V. Lei 5.764/1971 (Política nacional de cooperativismo).
- V. Lei 9.867/1999 (Criação e funcionamento de cooperativas sociais).

§ 3º O Estado favorecerá a organização da atividade garimpeira em cooperativas, levando em conta a proteção do meio ambiente e a promoção econômico-social dos garimpeiros.

- V. Dec.-lei 227/1967 (Altera o Dec.-lei 1.985/1940).
- V. Lei 9.314/1996 (Altera o Dec.-lei 227/1967).
- V. Lei 11.685/2008 (Estatuto do Garimpeiro).

§ 4º As cooperativas a que se refere o parágrafo anterior terão prioridade na autorização ou concessão para pesquisa e lavra dos recursos e jazidas de minerais garimpáveis, nas áreas onde estejam atuando, e naquelas fixadas de acordo com o art. 21, XXV, na forma da lei.

Art. 175. Incumbe ao Poder Público, na forma da lei, diretamente ou sob regime de concessão ou permissão, sempre através de licitação, a prestação de serviços públicos.

- V. Lei 8.987/1995 (Concessão e permissão da prestação de serviços públicos).
- V. Lei 9.427/1996 (Agência Nacional de Energia Elétrica).
- V. Dec. 2.196/1997 (Regulamento de Serviços Especiais).
- V. Dec. 2.206/1997 (Regulamento do Serviço de TV a Cabo).
- V. Dec. 3.896/2001 (Serviços de Telecomunicações).
- V. Súmula 407, STJ.

Parágrafo único. A lei disporá sobre:

Constituição Federal

I – o regime das empresas concessionárias e permissionárias de serviços públicos, o caráter especial de seu contrato e de sua prorrogação, bem como as condições de caducidade, fiscalização e rescisão da concessão ou permissão;
II – os direitos dos usuários;
III – política tarifária;
IV – a obrigação de manter serviço adequado.

Art. 176. As jazidas, em lavra ou não, e demais recursos minerais e os potenciais de energia hidráulica constituem propriedade distinta da do solo, para efeito de exploração ou aproveitamento, e pertencem à União, garantida ao concessionário a propriedade do produto da lavra.

§ 1º A pesquisa e a lavra de recursos minerais e o aproveitamento dos potenciais a que se refere o *caput* deste artigo somente poderão ser efetuados mediante autorização ou concessão da União, no interesse nacional, por brasileiros ou empresa constituída sob as leis brasileiras e que tenham sua sede e administração no País, na forma da lei, que estabelecerá as condições específicas quando essas atividades se desenvolverem em faixa de fronteira ou terras indígenas.

- § 1º com redação determinada pela Emenda Constitucional n. 6/1995.
- V. art. 246, CF.
- V. Dec.-lei 227/1967 (Altera o Dec.-lei 1.985/1940).
- V. Lei 9.314/1996 (Altera o Dec.-lei 227/1967).

§ 2º É assegurada participação ao proprietário do solo nos resultados da lavra, na forma e no valor que dispuser a lei.

- V. Dec.-lei 227/1967 (Altera o Dec.-lei 1.985/1940).
- V. Lei 8.901/1994 (Altera o Dec.-lei 227/1967).
- V. Lei 9.314/1996 (Altera o Dec.-lei 227/1967).

§ 3º A autorização de pesquisa será sempre por prazo determinado, e as autorizações e concessões previstas neste artigo não poderão ser cedidas ou transferidas, total ou parcialmente, sem prévia anuência do poder concedente.

§ 4º Não dependerá de autorização ou concessão o aproveitamento do potencial de energia renovável de capacidade reduzida.

Art. 177

Art. 177. Constituem monopólio da União:

- V. Lei 9.478/1997 (Política energética nacional e atividades relativas ao monopólio do petróleo).
- V. Lei 11.909/2009 (Atividades relativas ao transporte de gás natural, de que trata o art. 177 da CF).

I – a pesquisa e a lavra das jazidas de petróleo e gás natural e outros hidrocarbonetos fluidos;
II – a refinação do petróleo nacional ou estrangeiro;

- V. art. 45, ADCT.

III – a importação e exportação dos produtos e derivados básicos resultantes das atividades previstas nos incisos anteriores;
IV – o transporte marítimo do petróleo bruto de origem nacional ou de derivados básicos de petróleo produzidos no País, bem assim o transporte, por meio de conduto, de petróleo bruto, seus derivados e gás natural de qualquer origem;
V – a pesquisa, a lavra, o enriquecimento, o reprocessamento, a industrialização e o comércio de minérios e minerais nucleares e seus derivados, com exceção dos radioisótopos cuja produção, comercialização e utilização poderão ser autorizadas sob regime de permissão, conforme as alíneas *b* e *c* do inciso XXIII do *caput* do art. 21 desta Constituição Federal.

- Inciso V com redação determinada pela Emenda Constitucional n. 49/2006.
- V. Lei 7.781/1989 (Altera a Lei 6.189/1974, que criou a CNEN e a NUCLEBRÁS).

§ 1º A União poderá contratar com empresas estatais ou privadas a realização das atividades previstas nos incisos I a IV deste artigo, observadas as condições estabelecidas em lei.

- § 1º com redação determinada pela Emenda Constitucional n. 9/1995.

§ 2º A lei a que se refere o § 1º disporá sobre:

- § 2º acrescentado pela Emenda Constitucional n. 9/1995.

I – a garantia do fornecimento dos derivados de petróleo em todo o território nacional;
II – as condições de contratação;

Art. 178

Constituição Federal

III – a estrutura e atribuições do órgão regulador do monopólio da União.

- V. Lei 9.478/1997 (Política energética nacional e atividades relativas ao monopólio do petróleo).

§ 3º A lei disporá sobre o transporte e a utilização de materiais radioativos no território nacional.

- Primitivo § 2º renumerado pela Emenda Constitucional n. 9/1995.

§ 4º A lei que instituir contribuição de intervenção no domínio econômico relativa às atividades de importação ou comercialização de petróleo e seus derivados, gás natural e seus derivados e álcool combustível deverá atender aos seguintes requisitos:

- § 4º acrescentado pela Emenda Constitucional n. 33/2001.
- V. Lei 10.336/2001 (CIDE).

I – a alíquota da contribuição poderá ser:
a) diferenciada por produto ou uso;
b) reduzida e restabelecida por ato do Poder Executivo, não se lhe aplicando o disposto no art. 150, III, *b*;
II – os recursos arrecadados serão destinados:
a) ao pagamento de subsídios a preços ou transporte de álcool combustível, gás natural e seus derivados e derivados de petróleo;
b) ao financiamento de projetos ambientais relacionados com a indústria do petróleo e do gás;
c) ao financiamento de programas de infraestrutura de transportes.

Art. 178. A lei disporá sobre a ordenação dos transportes aéreo, aquático e terrestre, devendo, quanto à ordenação do transporte internacional, observar os acordos firmados pela União, atendido o princípio da reciprocidade.

- Artigo com redação determinada pela Emenda Constitucional n. 7/1995.
- V. art. 246, CF.
- V. Dec.-lei 116/1967 (Operações inerentes ao transporte de mercadorias por via d'água).
- V. Lei 7.565/1986 (Código Brasileiro de Aeronáutica).
- V. Lei 11.442/2007 (Transporte rodoviário de cargas).

Parágrafo único. Na ordenação do transporte aquático, a lei estabelecerá as condições em que o transporte de mercadorias na cabotagem e a navegação interior poderão ser feitos por embarcações estrangeiras.

- V. art. 246, CF.

Art. 179. A União, os Estados, o Distrito Federal e os Municípios dispensarão às microempresas e às empresas de pequeno porte, assim definidas em lei, tratamento jurídico diferenciado, visando a incentivá-las pela simplificação de suas obrigações administrativas, tributárias, previdenciárias e creditícias, ou pela eliminação ou redução destas por meio de lei.

- V. art. 47, § 1º, ADCT.
- V. LC 123/2006 (Supersimples).

Art. 180. A União, os Estados, o Distrito Federal e os Municípios promoverão e incentivarão o turismo como fator de desenvolvimento social e econômico.

Art. 181. O atendimento de requisição de documento ou informação de natureza comercial, feita por autoridade administrativa ou judiciária estrangeira, a pessoa física ou jurídica residente ou domiciliada no País dependerá de autorização do Poder competente.

Capítulo II
DA POLÍTICA URBANA

Art. 182. A política de desenvolvimento urbano, executada pelo Poder Público municipal, conforme diretrizes gerais fixadas em lei, tem por objetivo ordenar o pleno desenvolvimento das funções sociais da cidade e garantir o bem-estar de seus habitantes.

- V. Lei 10.257/2001 (Estatuto da Cidade).
- V. Lei 12.587/2012 (Política Nacional de Mobilidade Urbana).

§ 1º O plano diretor, aprovado pela Câmara Municipal, obrigatório para cidades com mais de vinte mil habitantes, é o instrumento básico da política de desenvolvimento e de expansão urbana.

§ 2º A propriedade urbana cumpre sua função social quando atende às exigências fundamentais de ordenação da cidade expressas no plano diretor.

- V. art. 186, CF.
- V. Súmula 668, STF.

Constituição Federal

§ 3º As desapropriações de imóveis urbanos serão feitas com prévia e justa indenização em dinheiro.
§ 4º É facultado ao Poder Público municipal, mediante lei específica para área incluída no plano diretor, exigir, nos termos da lei federal, do proprietário do solo urbano não edificado, subutilizado ou não utilizado, que promova seu adequado aproveitamento, sob pena, sucessivamente de:
I – parcelamento ou edificação compulsórios;
II – imposto sobre a propriedade predial e territorial urbana progressivo no tempo;

* V. Súmula 668, STF.

III – desapropriação com pagamento mediante títulos da dívida pública de emissão previamente aprovada pelo Senado Federal, com prazo de resgate de até dez anos, em parcelas anuais, iguais e sucessivas, assegurados o valor real da indenização e os juros legais.

Art. 183. Aquele que possuir como sua área urbana de até duzentos e cinquenta metros quadrados, por cinco anos, ininterruptamente e sem oposição, utilizando-a para sua moradia ou de sua família, adquirir-lhe-á o domínio, desde que não seja proprietário de outro imóvel urbano ou rural.

* V. Lei 10.257/2001 (Estatuto da Cidade).

§ 1º O título de domínio e a concessão de uso serão conferidos ao homem ou à mulher, ou a ambos, independentemente do estado civil.
§ 2º Esse direito não será reconhecido ao mesmo possuidor mais de uma vez.
§ 3º Os imóveis públicos não serão adquiridos por usucapião.

Capítulo III
DA POLÍTICA AGRÍCOLA E FUNDIÁRIA E DA REFORMA AGRÁRIA

* V. Lei 4.504/1964 (Estatuto da Terra).
* V. Lei 8.174/1991 (Princípios da política agrícola).
* V. Lei 8.629/1993 (Regulamentação dos dispositivos constitucionais relativos à reforma agrária).

Art. 184. Compete à União desapropriar por interesse social, para fins de reforma agrária, o imóvel rural que não esteja cumprindo sua função social, mediante prévia e justa indenização em títulos da dívida agrária, com cláusula de preservação do valor real, resgatáveis no prazo de até vinte anos, a partir do segundo ano de sua emissão, e cuja utilização será definida em lei.

* V. Lei 8.629/1993 (Regulamentação dos dispositivos constitucionais relativos à reforma agrária).

§ 1º As benfeitorias úteis e necessárias serão indenizadas em dinheiro.
§ 2º O decreto que declarar o imóvel como de interesse social, para fins de reforma agrária, autoriza a União a propor a ação de desapropriação.
§ 3º Cabe à lei complementar estabelecer procedimento contraditório especial, de rito sumário, para o processo judicial de desapropriação.

* V. LC 76/1993 (Procedimento contraditório especial para o processo de desapropriação de imóvel rural por interesse social).

§ 4º O orçamento fixará anualmente o volume total de títulos da dívida agrária, assim como o montante de recursos para atender ao programa de reforma agrária no exercício.
§ 5º São isentas de impostos federais, estaduais e municipais as operações de transferência de imóveis desapropriados para fins de reforma agrária.

Art. 185. São insuscetíveis de desapropriação para fins de reforma agrária:

* V. Lei 8.629/1993 (Regulamentação dos dispositivos constitucionais relativos à reforma agrária).

I – a pequena e média propriedade rural, assim definida em lei, desde que seu proprietário não possua outra;
II – a propriedade produtiva.

Parágrafo único. A lei garantirá tratamento especial à propriedade produtiva e fixará normas para o cumprimento dos requisitos relativos a sua função social.

Art. 186. A função social é cumprida quando a propriedade rural atende, simultaneamente, segundo critérios e graus de exigência estabelecidos em lei, aos seguintes requisitos:

* V. Lei 8.629/1993 (Regulamentação dos dispositivos constitucionais relativos à reforma agrária).

I – aproveitamento racional e adequado;

Art. 187

II – utilização adequada dos recursos naturais disponíveis e preservação do meio ambiente;
III – observância das disposições que regulam as relações de trabalho;
IV – exploração que favoreça o bem-estar dos proprietários e dos trabalhadores.

Art. 187. A política agrícola será planejada e executada na forma da lei, com a participação efetiva do setor de produção, envolvendo produtores e trabalhadores rurais, bem como dos setores de comercialização, de armazenamento e de transportes, levando em conta, especialmente:

- V. Lei 8.171/1991 (Política agrícola).
- V. Lei 8.174/1991 (Princípios da política agrícola).

I – os instrumentos creditícios e fiscais;
II – os preços compatíveis com os custos de produção e a garantia de comercialização;
III – o incentivo à pesquisa e à tecnologia;
IV – a assistência técnica e extensão rural;
V – o seguro agrícola;
VI – o cooperativismo;
VII – a eletrificação rural e irrigação;
VIII – a habitação para o trabalhador rural.
§ 1º Incluem-se no planejamento agrícola as atividades agroindustriais, agropecuárias, pesqueiras e florestais.
§ 2º Serão compatibilizadas as ações de política agrícola e de reforma agrária.

Art. 188. A destinação de terras públicas e devolutas será compatibilizada com a política agrícola e com o plano nacional de reforma agrária.
§ 1º A alienação ou a concessão, a qualquer título, de terras públicas com área superior a dois mil e quinhentos hectares a pessoa física ou jurídica, ainda que por interposta pessoa, dependerá de prévia aprovação do Congresso Nacional.
§ 2º Excetuam-se do disposto no parágrafo anterior as alienações ou as concessões de terras públicas para fins de reforma agrária.

Art. 189. Os beneficiários da distribuição de imóveis rurais pela reforma agrária receberão títulos de domínio ou de concessão de uso, inegociáveis pelo prazo de dez anos.
Parágrafo único. O título de domínio e a concessão de uso serão conferidos ao homem ou à mulher, ou a ambos, independentemente do estado civil, nos termos e condições previstos em lei.

- V. Lei 8.629/1993 (Regulamentação dos dispositivos constitucionais relativos à reforma agrária).

Art. 190. A lei regulará e limitará a aquisição ou o arrendamento de propriedade rural por pessoa física ou jurídica estrangeira e estabelecerá os casos que dependerão de autorização do Congresso Nacional.

- V. Lei 8.629/1993 (Regulamentação dos dispositivos constitucionais relativos à reforma agrária).

Art. 191. Aquele que, não sendo proprietário de imóvel rural ou urbano, possua como seu, por cinco anos ininterruptos, sem oposição, área de terra, em zona rural, não superior a cinquenta hectares, tornando-a produtiva por seu trabalho ou de sua família, tendo nela sua moradia, adquirir-lhe-á a propriedade.
Parágrafo único. Os imóveis públicos não serão adquiridos por usucapião.

Capítulo IV
DO SISTEMA FINANCEIRO NACIONAL

Art. 192. O sistema financeiro nacional, estruturado de forma a promover o desenvolvimento equilibrado do País e a servir aos interesses da coletividade, em todas as partes que o compõem, abrangendo as cooperativas de crédito, será regulado por leis complementares que disporão, inclusive, sobre a participação do capital estrangeiro nas instituições que o integram.

- Artigo com redação determinada pela Emenda Constitucional n. 40/2003.

I – *(Revogado pela Emenda Constitucional n. 40/2003.)*
II – *(Revogado pela Emenda Constitucional n. 40/2003.)*
III – *(Revogado pela Emenda Constitucional n. 40/2003.)*
IV – *(Revogado pela Emenda Constitucional n. 40/2003.)*
V – *(Revogado pela Emenda Constitucional n. 40/2003.)*
VI – *(Revogado pela Emenda Constitucional n. 40/2003.)*
VII – *(Revogado pela Emenda Constitucional n. 40/2003.)*

Art. 195

CONSTITUIÇÃO FEDERAL

VIII – *(Revogado pela Emenda Constitucional n. 40/2003.)*
§ 1º *(Revogado pela Emenda Constitucional n. 40/2003.)*
§ 2º *(Revogado pela Emenda Constitucional n. 40/2003.)*
§ 3º *(Revogado pela Emenda Constitucional n. 40/2003.)*

TÍTULO VIII
DA ORDEM SOCIAL

Capítulo I
DISPOSIÇÃO GERAL

Art. 193. A ordem social tem como base o primado do trabalho, e como objetivo o bem-estar e a justiça sociais.

Capítulo II
DA SEGURIDADE SOCIAL

- V. Lei 8.212/1991 (Organização da Seguridade Social e Plano de Custeio).
- V. Lei 8.213/1991 (Planos de Benefícios da Previdência Social).
- V. Lei 8.742/1993 (Lei Orgânica da Assistência Social).
- V. Dec. 3.048/1999 (Regulamento da Previdência Social).

Seção I
Disposições gerais

Art. 194. A seguridade social compreende um conjunto integrado de ações de iniciativa dos Poderes Públicos e da sociedade, destinadas a assegurar os direitos relativos à saúde, à previdência e à assistência social.

Parágrafo único. Compete ao Poder Público, nos termos da lei, organizar a seguridade social, com base nos seguintes objetivos:

I – universalidade da cobertura e do atendimento;
II – uniformidade e equivalência dos benefícios e serviços às populações urbanas e rurais;
III – seletividade e distributividade na prestação dos benefícios e serviços;
IV – irredutibilidade do valor dos benefícios;
V – equidade na forma de participação no custeio;
VI – diversidade da base de financiamento;

VII – caráter democrático e descentralizado da administração, mediante gestão quadripartite, com participação dos trabalhadores, dos empregadores, dos aposentados e do Governo nos órgãos colegiados.

- Inciso VII com redação determinada pela Emenda Constitucional n. 20/1998.

Art. 195. A seguridade social será financiada por toda a sociedade, de forma direta e indireta, nos termos da lei, mediante recursos provenientes dos orçamentos da União, dos Estados, do Distrito Federal e dos Municípios, e das seguintes contribuições sociais:

- V. art. 12, Emenda Constitucional n. 20/1998.
- V. Lei 7.689/1988 (Contribuição Social sobre o lucro das pessoas jurídicas).
- V. Lei 7.894/1989 (Contribuição para Finsocial e PIS/Pasep).
- V. LC 70/1991 (Contribuição para financiamento da Seguridade Social).
- V. Lei 9.316/1996 (Altera a legislação do Imposto de Renda e da Contribuição Social sobre o Lucro Líquido).
- V. Lei 9.363/1996 (Crédito presumido do IPI para ressarcimento do valor do PIS/Pasep e Cofins).
- V. Lei 9.477/1997 (Fundo de Aposentadoria Programada Individual – Fapi).
- V. Súmulas 658 e 659, STF.

I – do empregador, da empresa e da entidade a ela equiparada na forma da lei, incidentes sobre:

- Inciso I com redação determinada pela Emenda Constitucional n. 20/1998.
- V. Súmula 688, STF.

a) a folha de salários e demais rendimentos do trabalho pagos ou creditados, a qualquer título, à pessoa física que lhe preste serviço, mesmo sem vínculo empregatício;

- V. arts. 114, VIII, e 167, XI, CF.

b) a receita ou o faturamento;
c) o lucro;
II – do trabalhador e dos demais segurados da previdência social, não incidindo contribuição sobre aposentadoria e pensão concedidas pelo regime geral de previdência social de que trata o art. 201;

- Inciso II com redação determinada pela Emenda Constitucional n. 20/1998.
- V. arts. 114, VIII, e 167, XI, CF.

III – sobre a receita de concursos de prognósticos;

Art. 195

- V. art. 4º, Lei 7.856/1989 (Destinação da renda de concursos de prognósticos).

IV – do importador de bens ou serviços do exterior, ou de quem a lei a ele equiparar.

- Inciso IV acrescentado pela Emenda Constitucional n. 42/2003.

§ 1º As receitas dos Estados, do Distrito Federal e dos Municípios destinadas à seguridade social constarão dos respectivos orçamentos, não integrando o orçamento da União.

§ 2º A proposta de orçamento da seguridade social será elaborada de forma integrada pelos órgãos responsáveis pela saúde, previdência social e assistência social, tendo em vista as metas e prioridades estabelecidas na lei de diretrizes orçamentárias, assegurada a cada área a gestão de seus recursos.

§ 3º A pessoa jurídica em débito com o sistema da seguridade social, como estabelecido em lei, não poderá contratar com o Poder Público nem dele receber benefícios ou incentivos fiscais ou creditícios.

- V. Capítulo X, Lei 8.212/1991 (Organização da Seguridade Social e Plano de Custeio).

§ 4º A lei poderá instituir outras fontes destinadas a garantir a manutenção ou expansão da seguridade social, obedecido o disposto no art. 154, I.

§ 5º Nenhum benefício ou serviço da seguridade social poderá ser criado, majorado ou estendido sem a correspondente fonte de custeio total.

§ 6º As contribuições sociais de que trata este artigo só poderão ser exigidas após decorridos noventa dias da data da publicação da lei que as houver instituído ou modificado, não se lhes aplicando o disposto no art. 150, III, *b*.

- V. art. 74, § 4º, ADCT.
- V. Súmula 669, STF.

§ 7º São isentas de contribuição para a seguridade social as entidades beneficentes de assistência social que atendam às exigências estabelecidas em lei.

- V. Súmula 659, STF.
- V. Súmula 352, STJ.

§ 8º O produtor, o parceiro, o meeiro e o arrendatário rurais e o pescador artesanal, bem como os respectivos cônjuges, que exerçam suas atividades em regime de economia familiar, sem empregados permanentes, contribuirão para a seguridade social mediante a aplicação de uma alíquota sobre o resultado da comercialização da produção e farão jus aos benefícios nos termos da lei.

- § 8º com redação determinada pela Emenda Constitucional n. 20/1998.

§ 9º As contribuições sociais previstas no inciso I do *caput* deste artigo poderão ter alíquotas ou bases de cálculo diferenciadas, em razão da atividade econômica, da utilização intensiva de mão de obra, do porte da empresa ou da condição estrutural do mercado de trabalho.

- § 9º com redação determinada pela Emenda Constitucional n. 47/2005 (*DOU* 06.07.2005), em vigor na data de sua publicação, com efeitos retroativos à data de vigência da Emenda Constitucional n. 41/2003 (*DOU* 31.12.2003).

§ 10. A lei definirá os critérios de transferência de recursos para o sistema único de saúde e ações de assistência social da União para os Estados, o Distrito Federal e os Municípios, e dos Estados para os Municípios, observada a respectiva contrapartida de recursos.

- § 10 acrescentado pela Emenda Constitucional n. 20/1998.

§ 11. É vedada a concessão de remissão ou anistia das contribuições sociais de que tratam os incisos I, *a*, e II deste artigo, para débitos em montante superior ao fixado em lei complementar.

- § 11 acrescentado pela Emenda Constitucional n. 20/1998.

§ 12. A lei definirá os setores de atividade econômica para os quais as contribuições incidentes na forma dos incisos I, *b*; e IV do *caput*, serão não cumulativas.

- § 12 acrescentado pela Emenda Constitucional n. 42/2003.

§ 13. Aplica-se o disposto no § 12 inclusive na hipótese de substituição gradual, total ou parcial, da contribuição incidente na forma do inciso I, *a*, pela incidente sobre a receita ou o faturamento.

- § 13 acrescentado pela Emenda Constitucional n. 42/2003.

Art. 198

CONSTITUIÇÃO FEDERAL

Seção II
Da saúde

- V. Lei 8.147/1990 (Alíquota do Finsocial).
- V. Lei 9.961/2000 (Agência Nacional de Saúde Suplementar – ANS).
- V. Dec. 3.327/2000 (Regulamento da Lei 9.961/2000).

Art. 196. A saúde é direito de todos e dever do Estado, garantido mediante políticas sociais e econômicas que visem à redução do risco de doença e de outros agravos e ao acesso universal e igualitário às ações e serviços para sua promoção, proteção e recuperação.

- V. Lei 9.273/1996 (Torna obrigatória a inclusão de dispositivo de segurança que impeça a reutilização das seringas descartáveis).
- V. Lei 9.313/1996 (Distribuição gratuita de medicamentos aos portadores e doentes de AIDS).
- V. Lei 9.797/1999 (Obrigatoriedade da cirurgia plástica reparadora da mama pela rede do SUS).

Art. 197. São de relevância pública as ações e serviços de saúde, cabendo ao Poder Público dispor, nos termos da lei, sobre sua regulamentação, fiscalização e controle, devendo sua execução ser feita diretamente ou através de terceiros e, também, por pessoa física ou jurídica de direito privado.

- V. Lei 8.080/1990 (Condições para a promoção, proteção e recuperação da saúde).
- V. Lei 9.273/1996 (Torna obrigatória a inclusão de dispositivo de segurança que impeça a reutilização das seringas descartáveis).

Art. 198. As ações e serviços públicos de saúde integram uma rede regionalizada e hierarquizada e constituem um sistema único, organizado de acordo com as seguintes diretrizes:

I – descentralização, com direção única em cada esfera de governo;

- V. Lei 8.080/1990 (Condições para a promoção, proteção e recuperação da saúde).

II – atendimento integral, com prioridade para as atividades preventivas, sem prejuízo dos serviços assistenciais;

III – participação da comunidade.

§ 1º O sistema único de saúde será financiado, nos termos do art. 195, com recursos do orçamento da seguridade social, da União, dos Estados, do Distrito Federal e dos Municípios, além de outras fontes.

- Primitivo parágrafo único renumerado pela Emenda Constitucional n. 29/2000.

§ 2º A União, os Estados, o Distrito Federal e os Municípios aplicarão, anualmente, em ações e serviços públicos de saúde recursos mínimos derivados da aplicação de percentuais calculados sobre:

- *Caput* do § 2º acrescentado pela Emenda Constitucional n. 29/2000.

I – no caso da União, a receita corrente líquida do respectivo exercício financeiro, não podendo ser inferior a 15% (quinze por cento);

- Inciso I com redação determinada pela Emenda Constitucional n. 86/2015 (*DOU* 18.03.2015), em vigor na data de sua publicação e produzirá efeitos a partir da execução orçamentária do exercício de 2014.
- V. art. 2º, Emenda Constitucional n. 86/2015, que estabelece progressão para o cumprimento deste dispositivo.

II – no caso dos Estados e do Distrito Federal, o produto da arrecadação dos impostos a que se refere o art. 155 e dos recursos de que tratam os arts. 157 e 159, inciso I, alínea *a*, e inciso II, deduzidas as parcelas que forem transferidas aos respectivos Municípios;

- Inciso II acrescentado pela Emenda Constitucional n. 29/2000.

III – no caso dos Municípios e do Distrito Federal, o produto da arrecadação dos impostos a que se refere o art. 156 e dos recursos de que tratam os arts. 158 e 159, inciso I, alínea *b* e § 3º.

- Inciso III acrescentado pela Emenda Constitucional n. 29/2000.

§ 3º Lei complementar, que será reavaliada pelo menos a cada 5 (cinco) anos, estabelecerá:

- *Caput* do § 3º acrescentado pela Emenda Constitucional n. 29/2000.

I – os percentuais de que tratam os incisos II e III do § 2º;

- Inciso I com redação determinada pela Emenda Constitucional n. 86/2015 (*DOU* 18.03.2015), em vigor na data de sua publicação e produzirá efeitos a partir da execução orçamentária do exercício de 2014.

II – os critérios de rateio dos recursos da União vinculados à saúde destinados aos Estados, ao Distrito Federal e aos Municípios,

Art. 199

e dos Estados destinados a seus respectivos Municípios, objetivando a progressiva redução das disparidades regionais;

- Inciso II acrescentado pela Emenda Constitucional n. 29/2000.

III – as normas de fiscalização, avaliação e controle das despesas com saúde nas esferas federal, estadual, distrital e municipal;

- Inciso III acrescentado pela Emenda Constitucional n. 29/2000.

IV – *(Revogado pela Emenda Constitucional n. 86/2015 – DOU 18.03.2015, em vigor na data de sua publicação e produzirá efeitos a partir da execução orçamentária do exercício de 2014.)*

§ 4º Os gestores locais do sistema único de saúde poderão admitir agentes comunitários de saúde e agentes de combate às endemias por meio de processo seletivo público, de acordo com a natureza e complexidade de suas atribuições e requisitos específicos para sua atuação.

- § 4º acrescentado pela Emenda Constitucional n. 51/2006.
- V. art. 2º, Emenda Constitucional n. 51/2006.

§ 5º Lei federal disporá sobre o regime jurídico, o piso salarial profissional nacional, as diretrizes para os Planos de Carreira e a regulamentação das atividades de agente comunitário de saúde e agente de combate às endemias, competindo à União, nos termos da lei, prestar assistência financeira complementar aos Estados, ao Distrito Federal e aos Municípios, para o cumprimento do referido piso salarial.

- § 5º com redação determinada pela Emenda Constitucional n. 63/2010.
- V. Lei 11.350/2006 (Regulamenta o § 5º do art. 198 da CF e dispõe sobre o aproveitamento de pessoal amparado pelo parágrafo único do art. 2º da EC n. 51/2006).

§ 6º Além das hipóteses previstas no § 1º do art. 41 e no § 4º do art. 169 da Constituição Federal, o servidor que exerça funções equivalentes às de agente comunitário de saúde ou de agente de combate às endemias poderá perder o cargo em caso de descumprimento dos requisitos específicos, fixados em lei, para o seu exercício.

- § 6º acrescentado pela Emenda Constitucional n. 51/2006.

Art. 199. A assistência à saúde é livre à iniciativa privada.

§ 1º As instituições privadas poderão participar de forma complementar do sistema único de saúde, segundo diretrizes deste, mediante contrato de direito público ou convênio, tendo preferência as entidades filantrópicas e as sem fins lucrativos.

§ 2º É vedada a destinação de recursos públicos para auxílios ou subvenções às instituições privadas com fins lucrativos.

§ 3º É vedada a participação direta ou indireta de empresas ou capitais estrangeiros na assistência à saúde no País, salvo nos casos previstos em lei.

- V. Lei 8.080/1990 (Condições para a promoção, proteção e recuperação da saúde).

§ 4º A lei disporá sobre as condições e os requisitos que facilitem a remoção de órgãos, tecidos ou substâncias humanas para fins de transplante, pesquisa e tratamento, bem como a coleta, processamento e transfusão de sangue e seus derivados, sendo vedado todo tipo de comercialização.

- V. Lei 8.501/1992 (Utilização de cadáver não reclamado para fins de estudo ou pesquisa científica).
- V. Lei 9.434/1997 (Transplantes).
- V. Dec. 2.268/1997 (Regulamenta a Lei 9.434/1997).
- V. Lei 10.205/2001 (Regulamenta o § 4º do art. 199 da CF).

Art. 200. Ao sistema único de saúde compete, além de outras atribuições, nos termos da lei:

- V. Lei 8.080/1990 (Condições para a promoção, proteção e recuperação da saúde).

I – controlar e fiscalizar procedimentos, produtos e substâncias de interesse para a saúde e participar da produção de medicamentos, equipamentos, imunobiológicos, hemoderivados e outros insumos;

- V. Lei 9.431/1997 (Programas de controle de infecções hospitalares).

II – executar as ações de vigilância sanitária e epidemiológica, bem como as de saúde do trabalhador;

III – ordenar a formação de recursos humanos na área de saúde;

IV – participar da formulação da política e da execução das ações de saneamento básico;

Constituição Federal

V – incrementar, em sua área de atuação, o desenvolvimento científico e tecnológico e a inovação;

- Inciso V com redação determinada pela Emenda Constitucional n. 85/2015.

VI – fiscalizar e inspecionar alimentos, compreendido o controle de seu teor nutricional, bem como bebidas e águas para consumo humano;

VII – participar do controle e fiscalização da produção, transporte, guarda e utilização de substâncias e produtos psicoativos, tóxicos e radioativos;

- V. Lei 7.802/1989 (Agrotóxicos).
- V. Lei 9.974/2000 (Altera a Lei 7.802/1989).

VIII – colaborar na proteção do meio ambiente, nele compreendido o do trabalho.

Seção III
Da previdência social

- V. Lei 8.147/1990 (Alíquota do Finsocial).

Art. 201. A previdência social será organizada sob a forma de regime geral, de caráter contributivo e de filiação obrigatória, observados critérios que preservem o equilíbrio financeiro e atuarial, e atenderá, nos termos da lei, a:

- *Caput* com redação determinada pela Emenda Constitucional n. 20/1998.
- V. arts. 167, XI, e 195, II, CF.
- V. art. 14, Emenda Constitucional n. 20/1998.
- V. arts. 4º, parágrafo único, I e II, e 5º, Emenda Constitucional n. 41/2003.
- V. Lei 8.213/1991 (Planos de Benefícios da Previdência Social).
- V. Dec. 3.048/1999 (Regulamento da Previdência Social).

I – cobertura dos eventos de doença, invalidez, morte e idade avançada;

II – proteção à maternidade, especialmente à gestante;

III – proteção ao trabalhador em situação de desemprego involuntário;

- V. Lei 7.998/1990 (Fundo de Amparo ao Trabalhador – FAT).
- V. Lei 10.779/2003 (Concessão do benefício de seguro-desemprego, durante o período de defeso, ao pescador profissional).

IV – salário-família e auxílio-reclusão para os dependentes dos segurados de baixa renda;

V – pensão por morte do segurado, homem ou mulher, ao cônjuge ou companheiro e dependentes, observado o disposto no § 2º.

§ 1º É vedada a adoção de requisitos e critérios diferenciados para a concessão de aposentadoria aos beneficiários do regime geral de previdência social, ressalvados os casos de atividades exercidas sob condições especiais que prejudiquem a saúde ou a integridade física e quando se tratar de segurados portadores de deficiência, nos termos definidos em lei complementar.

- § 1º com redação determinada pela Emenda Constitucional n. 47/2005 (*DOU* 06.07.2005), em vigor na data de sua publicação, com efeitos retroativos à data de vigência da Emenda Constitucional n. 41/2003 (*DOU* 31.12.2003).
- V. art. 15, Emenda Constitucional n. 20/1998.
- V. LC 142/2013 (Regulamenta o § 1º do art. 201 da CF).

§ 2º Nenhum benefício que substitua o salário de contribuição ou o rendimento do trabalho do segurado terá valor mensal inferior ao salário mínimo.

- § 2º com redação determinada pela Emenda Constitucional n. 20/1998.

§ 3º Todos os salários de contribuição considerados para o cálculo de benefício serão devidamente atualizados, na forma da lei.

- § 3º com redação determinada pela Emenda Constitucional n. 20/1998.

§ 4º É assegurado o reajustamento dos benefícios para preservar-lhes, em caráter permanente, o valor real, conforme critérios definidos em lei.

- § 4º com redação determinada pela Emenda Constitucional n. 20/1998.
- V. art. 3º, § 4º, Lei 11.430/2006 (Aumenta o valor dos benefícios da previdência social).

§ 5º É vedada a filiação ao regime geral de previdência social, na qualidade de segurado facultativo, de pessoa participante de regime próprio de previdência.

- § 5º com redação determinada pela Emenda Constitucional n. 20/1998.

§ 6º A gratificação natalina dos aposentados e pensionistas terá por base o valor dos proventos do mês de dezembro de cada ano.

- § 6º com redação determinada pela Emenda Constitucional n. 20/1998.

§ 7º É assegurada aposentadoria no regime geral de previdência social, nos termos da lei, obedecidas as seguintes condições:

- § 7º com redação determinada pela Emenda Constitucional n. 20/1998.

I – trinta e cinco anos de contribuição, se homem, e trinta anos de contribuição, se mulher;

II – sessenta e cinco anos de idade, se homem, e sessenta anos de idade, se mulher, reduzido em cinco anos o limite para os trabalhadores rurais de ambos os sexos e para os que exerçam suas atividades em regime de economia familiar, nestes incluídos o produtor rural, o garimpeiro e o pescador artesanal.

§ 8º Os requisitos a que se refere o inciso I do parágrafo anterior serão reduzidos em cinco anos, para o professor que comprove exclusivamente tempo de efetivo exercício das funções de magistério na educação infantil e no ensino fundamental e médio.

- § 8º com redação determinada pela Emenda Constitucional n. 20/1998.
- V. art. 67, § 2º, Lei 9.394/1996 (Diretrizes e bases da educação nacional).

§ 9º Para efeito de aposentadoria, é assegurada a contagem recíproca do tempo de contribuição na administração pública e na atividade privada, rural e urbana, hipótese em que os diversos regimes de previdência social se compensarão financeiramente, segundo critérios estabelecidos em lei.

- § 9º com redação determinada pela Emenda Constitucional n. 20/1998.
- V. Lei 9.796/1999 (Regime Geral de Previdência Social e regimes de previdência dos servidores da União, dos Estados, do Distrito Federal e dos Municípios, nos casos de contagem recíproca de tempo de contribuição para efeito de aposentadoria).

§ 10. Lei disciplinará a cobertura do risco de acidente do trabalho, a ser atendida concorrentemente pelo regime geral de previdência social e pelo setor privado.

- § 10 com redação determinada pela Emenda Constitucional n. 20/1998.

§ 11. Os ganhos habituais do empregado, a qualquer título, serão incorporados ao salário para efeito de contribuição previdenciária e consequente repercussão em benefícios, nos casos e na forma da lei.

- § 11 com redação determinada pela Emenda Constitucional n. 20/1998.

§ 12. Lei disporá sobre sistema especial de inclusão previdenciária para atender a trabalhadores de baixa renda e àqueles sem renda própria que se dediquem exclusivamente ao trabalho doméstico no âmbito de sua residência, desde que pertencentes a famílias de baixa renda, garantindo-lhes acesso a benefícios de valor igual a um salário mínimo.

- § 12 com redação determinada pela Emenda Constitucional n. 47/2005 (DOU 06.07.2005), em vigor na data de sua publicação, com efeitos retroativos à data de vigência da Emenda Constitucional n. 41/2003 (DOU 31.12.2003).

§ 13. O sistema especial de inclusão previdenciária de que trata o § 12 deste artigo terá alíquotas e carências inferiores às vigentes para os demais segurados do regime geral de previdência social.

- § 13 acrescentado pela Emenda Constitucional n. 47/2005 (DOU 06.07.2005), em vigor na data de sua publicação, com efeitos retroativos à data de vigência da Emenda Constitucional n. 41/2003 (DOU 31.12.2003).

Art. 202. O regime de previdência privada, de caráter complementar e organizado de forma autônoma em relação ao regime geral de previdência social, será facultativo, baseado na constituição de reservas que garantam o benefício contratado, e regulado por lei complementar.

- Artigo com redação determinada pela Emenda Constitucional n. 20/1998.
- V. art. 7º, Emenda Constitucional n. 20/1998.

§ 1º A lei complementar de que trata este artigo assegurará ao participante de planos de benefícios de entidades de previdência privada o pleno acesso às informações relativas à gestão de seus respectivos planos.

§ 2º As contribuições do empregador, os benefícios e as condições contratuais previstas nos estatutos, regulamentos e planos de benefícios das entidades de previdência privada não integram o contrato de trabalho dos participantes, assim como, à exceção dos benefícios concedidos, não integram a remuneração dos participantes, nos termos da lei.

§ 3º É vedado o aporte de recursos a entidade de previdência privada pela União, Estados, Distrito Federal e Municípios, suas autarquias, fundações, empresas públicas, sociedades de economia mista e outras entidades públicas, salvo na qualidade de patrocinador, situação na qual, em hipótese alguma, sua contribuição normal poderá exceder a do segurado.

* V. art. 5º, Emenda Constitucional n. 20/1998.

§ 4º Lei complementar disciplinará a relação entre a União, Estados, Distrito Federal ou Municípios, inclusive suas autarquias, fundações, sociedades de economia mista e empresas controladas direta ou indiretamente, enquanto patrocinadoras de entidades fechadas de previdência privada, e suas respectivas entidades fechadas de previdência privada.

§ 5º A lei complementar de que trata o parágrafo anterior aplicar-se-á, no que couber, às empresas privadas permissionárias ou concessionárias de prestação de serviços públicos, quando patrocinadoras de entidades fechadas de previdência privada.

§ 6º A lei complementar a que se refere o § 4º deste artigo estabelecerá os requisitos para a designação dos membros das diretorias das entidades fechadas de previdência privada e disciplinará a inserção dos participantes nos colegiados e instâncias de decisão em que seus interesses sejam objeto de discussão e deliberação.

Seção IV
Da assistência social

* V. Lei 8.147/1990 (Alíquota do Finsocial).

Art. 203. A assistência social será prestada a quem dela necessitar, independentemente da contribuição à seguridade social, e tem por objetivos:

* V. Lei 8.213/1991 (Planos de Benefícios da Previdência Social).
* V. Lei 8.742/1993 (Organização da Assistência Social).
* V. Lei 8.909/1994 (Prestação de serviços por entidades de assistência social, entidades beneficentes de assistência social e entidades de fins filantrópicos – Conselho Nacional de Assistência Social).
* V. Lei 9.429/1996 (Certificado de Entidades de Fins Filantrópicos).

I – a proteção à família, à maternidade, à infância, à adolescência e à velhice;

II – o amparo às crianças e adolescentes carentes;

III – a promoção da integração ao mercado de trabalho;

IV – a habilitação e reabilitação das pessoas portadoras de deficiência e a promoção de sua integração à vida comunitária;

V – a garantia de um salário mínimo de benefício mensal à pessoa portadora de deficiência e ao idoso que comprovem não possuir meios de prover à própria manutenção ou de tê-la provida por sua família, conforme dispuser a lei.

Art. 204. As ações governamentais na área da assistência social serão realizadas com recursos do orçamento da seguridade social, previstos no art. 195, além de outras fontes, e organizadas com base nas seguintes diretrizes:

I – descentralização político-administrativa, cabendo a coordenação e as normas gerais à esfera federal e a coordenação e a execução dos respectivos programas às esferas estadual e municipal, bem como a entidades beneficentes e de assistência social;

II – participação da população, por meio de organizações representativas, na formulação das políticas e no controle das ações em todos os níveis.

Parágrafo único. É facultado aos Estados e ao Distrito Federal vincular a programa de apoio à inclusão e promoção social até cinco décimos por cento de sua receita tributária líquida, vedada a aplicação desses recursos no pagamento de:

* Parágrafo único acrescentado pela Emenda Constitucional n. 42/2003.

I – despesas com pessoal e encargos sociais;

II – serviço da dívida;

III – qualquer outra despesa corrente não vinculada diretamente aos investimentos ou ações apoiados.

Art. 205

CONSTITUIÇÃO FEDERAL

Capítulo III
DA EDUCAÇÃO, DA CULTURA E DO DESPORTO

Seção I
Da educação

Art. 205. A educação, direito de todos e dever do Estado e da família, será promovida e incentivada com a colaboração da sociedade, visando ao pleno desenvolvimento da pessoa, seu preparo para o exercício da cidadania e sua qualificação para o trabalho.

- V. Lei 8.147/1990 (Alíquota do Finsocial).
- V. Lei 9.394/1996 (Diretrizes e bases da educação nacional).

Art. 206. O ensino será ministrado com base nos seguintes princípios:

I – igualdade de condições para o acesso e permanência na escola;

II – liberdade de aprender, ensinar, pesquisar e divulgar o pensamento, a arte e o saber;

III – pluralismo de ideias e de concepções pedagógicas, e coexistência de instituições públicas e privadas de ensino;

IV – gratuidade do ensino público em estabelecimentos oficiais;

- V. art. 242, CF.
- V. Súmula vinculante 12, STF.

V – valorização dos profissionais da educação escolar, garantidos, na forma da lei, planos de carreira, com ingresso exclusivamente por concurso público de provas e títulos, aos das redes públicas;

- Inciso V com redação determinada pela Emenda Constitucional n. 53/2006.
- V. Lei 9.424/1996 (Fundo de Manutenção e Desenvolvimento do Ensino Fundamental e de Valorização do Magistério).

VI – gestão democrática do ensino público, na forma da lei;

- V. Lei 9.394/1996 (Diretrizes e bases da educação nacional).

VII – garantia de padrão de qualidade;

VIII – piso salarial profissional nacional para os profissionais da educação escolar pública, nos termos de lei federal.

- Inciso VIII acrescentado pela Emenda Constitucional n. 53/2006.

Parágrafo único. A lei disporá sobre as categorias de trabalhadores considerados profissionais da educação básica e sobre a fixação de prazo para a elaboração ou adequação de seus planos de carreira, no âmbito da União, dos Estados, do Distrito Federal e dos Municípios.

- Parágrafo único acrescentado pela Emenda Constitucional n. 53/2006.

Art. 207. As universidades gozam de autonomia didático-científica, administrativa e de gestão financeira e patrimonial, e obedecerão ao princípio de indissociabilidade entre ensino, pesquisa e extensão.

§ 1º É facultado às universidades admitir professores, técnicos e cientistas estrangeiros, na forma da lei.

- § 1º acrescentado pela Emenda Constitucional n. 11/1996.

§ 2º O disposto neste artigo aplica-se às instituições de pesquisa científica e tecnológica.

- § 2º acrescentado pela Emenda Constitucional n. 11/1996.

Art. 208. O dever do Estado com a educação será efetivado mediante a garantia de:

I – educação básica obrigatória e gratuita dos 4 (quatro) aos 17 (dezessete) anos de idade, assegurada inclusive sua oferta gratuita para todos os que a ela não tiveram acesso na idade própria;

- Inciso I com redação determinada pela Emenda Constitucional n. 59/2009.
- V. art. 6º, Emenda Constitucional n. 59/2009, que determina que o disposto neste inciso deverá ser implementado progressivamente, até 2016, nos termos do Plano Nacional de Educação, com apoio técnico e financeiro da União.

II – progressiva universalização do ensino médio gratuito;

- Inciso II com redação determinada pela Emenda Constitucional n. 14/1996.
- V. art. 6º, Emenda Constitucional n. 14/1996.

III – atendimento educacional especializado aos portadores de deficiência, preferencialmente na rede regular de ensino;

- V. Lei 10.845/2004 (Programa de Complementação ao Atendimento Educacional Especializado às Pessoas Portadoras de Deficiência).

Art. 212

Constituição Federal

IV – educação infantil, em creche e pré-escola, às crianças até 5 (cinco) anos de idade;

- Inciso IV com redação determinada pela Emenda Constitucional n. 53/2006.

V – acesso aos níveis mais elevados do ensino, da pesquisa e da criação artística, segundo a capacidade de cada um;

VI – oferta de ensino noturno regular, adequado às condições do educando;

VII – atendimento ao educando, em todas as etapas da educação básica, por meio de programas suplementares de material didático-escolar, transporte, alimentação e assistência à saúde.

- Inciso VII com redação determinada pela Emenda Constitucional n. 59/2009.
- V. art. 212, § 4º, CF.

§ 1º O acesso ao ensino obrigatório e gratuito é direito público subjetivo.

§ 2º O não oferecimento do ensino obrigatório pelo Poder Público, ou sua oferta irregular, importa responsabilidade da autoridade competente.

§ 3º Compete ao Poder Público recensear os educandos no ensino fundamental, fazer-lhes a chamada e zelar, junto aos pais ou responsáveis, pela frequência à escola.

Art. 209. O ensino é livre à iniciativa privada, atendidas as seguintes condições:

I – cumprimento das normas gerais da educação nacional;

II – autorização e avaliação de qualidade pelo Poder Público.

Art. 210. Serão fixados conteúdos mínimos para o ensino fundamental, de maneira a assegurar formação básica comum e respeito aos valores culturais e artísticos, nacionais e regionais.

§ 1º O ensino religioso, de matrícula facultativa, constituirá disciplina dos horários normais das escolas públicas de ensino fundamental.

§ 2º O ensino fundamental regular será ministrado em língua portuguesa, assegurada às comunidades indígenas também a utilização de suas línguas maternas e processos próprios de aprendizagem.

Art. 211. A União, os Estados, o Distrito Federal e os Municípios organizarão em regime de colaboração seus sistemas de ensino.

- V. art. 60, § 1º, ADCT.
- V. art. 6º, Emenda Constitucional n. 14/1996.

§ 1º A União organizará o sistema federal de ensino e o dos Territórios, financiará as instituições de ensino públicas federais e exercerá, em matéria educacional, função redistributiva e supletiva, de forma a garantir equalização de oportunidades educacionais e padrão mínimo de qualidade do ensino mediante assistência técnica e financeira aos Estados, ao Distrito Federal e aos Municípios.

- § 1º com redação determinada pela Emenda Constitucional n. 14/1996.

§ 2º Os Municípios atuarão prioritariamente no ensino fundamental e na educação infantil.

- § 2º com redação determinada pela Emenda Constitucional n. 14/1996.

§ 3º Os Estados e o Distrito Federal atuarão prioritariamente no ensino fundamental e médio.

- § 3º acrescentado pela Emenda Constitucional n. 14/1996.

§ 4º Na organização de seus sistemas de ensino, a União, os Estados, o Distrito Federal e os Municípios definirão formas de colaboração, de modo a assegurar a universalização do ensino obrigatório.

- § 4º com redação determinada pela Emenda Constitucional n. 59/2009.

§ 5º A educação básica pública atenderá prioritariamente ao ensino regular.

- § 5º acrescentado pela Emenda Constitucional n. 53/2006.

Art. 212. A União aplicará, anualmente, nunca menos de dezoito, e os Estados, o Distrito Federal e os Municípios vinte e cinco por cento, no mínimo, da receita resultante de impostos, compreendida a proveniente de transferências, na manutenção e desenvolvimento do ensino.

- V. art. 167, IV, CF.
- V. arts. 60 e 72, §§ 2º e 3º e 76, § 3º, ADCT.
- V. Lei 9.424/1996 (Fundo de Manutenção e Desenvolvimento do Ensino Fundamental e de Valorização do Magistério).

Art. 213

- V. Lei 11.494/2007 (Fundo de Manutenção e Desenvolvimento da Educação Básica e de Valorização dos Profissionais da Educação – Fundeb).

§ 1º A parcela da arrecadação de impostos transferida pela União aos Estados, ao Distrito Federal e aos Municípios, ou pelos Estados aos respectivos Municípios, não é considerada, para efeito do cálculo previsto neste artigo, receita do governo que a transferir.

§ 2º Para efeito do cumprimento do disposto no *caput* deste artigo, serão considerados os sistemas de ensino federal, estadual e municipal e os recursos aplicados na forma do art. 213.

§ 3º A distribuição dos recursos públicos assegurará prioridade ao atendimento das necessidades do ensino obrigatório, no que se refere a universalização, garantia de padrão de qualidade e equidade, nos termos do plano nacional de educação.

- § 3º com redação determinada pela Emenda Constitucional n. 59/2009.

§ 4º Os programas suplementares de alimentação e assistência à saúde previstos no art. 208, VII, serão financiados com recursos provenientes de contribuições sociais e outros recursos orçamentários.

§ 5º A educação básica pública terá como fonte adicional de financiamento a contribuição social do salário-educação, recolhida pelas empresas na forma da lei.

- § 5º com redação determinada pela Emenda Constitucional n. 53/2006.
- V. art. 76, § 2º, ADCT.
- V. Lei 9.766/1998 (Salário-educação).
- V. Dec. 6.003/2006 (Regulamenta a arrecadação, a fiscalização e a cobrança da contribuição social do salário-educação, a que se refere o art. 212, § 5º, da CF).
- V. Súmula 732, STF.

§ 6º As cotas estaduais e municipais da arrecadação da contribuição social do salário-educação serão distribuídas proporcionalmente ao número de alunos matriculados na educação básica nas respectivas redes públicas de ensino.

- § 6º acrescentado pela Emenda Constitucional n. 53/2006.

Art. 213. Os recursos públicos serão destinados às escolas públicas, podendo ser dirigidos a escolas comunitárias, confessionais ou filantrópicas, definidas em lei, que:

- V. art. 212, CF.
- V. art. 61, ADCT.
- V. Lei 9.394/1996 (Diretrizes e bases da educação nacional).

I – comprovem finalidade não lucrativa e apliquem seus excedentes financeiros em educação;

II – assegurem a destinação de seu patrimônio a outra escola comunitária, filantrópica ou confessional, ou ao Poder Público, no caso de encerramento de suas atividades.

- V. art. 61, ADCT.

§ 1º Os recursos de que trata este artigo poderão ser destinados a bolsas de estudo para o ensino fundamental e médio, na forma da lei, para os que demonstrarem insuficiência de recursos, quando houver falta de vagas e cursos regulares da rede pública na localidade da residência do educando, ficando o Poder Público obrigado a investir prioritariamente na expansão de sua rede na localidade.

- V. Lei 9.394/1996 (Diretrizes e bases da educação nacional).

§ 2º As atividades de pesquisa, de extensão e de estímulo e fomento à inovação realizadas por universidades e/ou por instituições de educação profissional e tecnológica poderão receber apoio financeiro do Poder Público.

- § 2º com redação determinada pela Emenda Constitucional n. 85/2015.
- V. Lei 8.436/1992 (Programa do crédito educativo para estudantes carentes).

Art. 214. A lei estabelecerá o plano nacional de educação, de duração decenal, com o objetivo de articular o sistema nacional de educação em regime de colaboração e definir diretrizes, objetivos, metas e estratégias de implementação para assegurar a manutenção e desenvolvimento do ensino em seus diversos níveis, etapas e modalidades por meio de ações integradas dos poderes públicos das diferentes esferas federativas que conduzam a:

- *Caput* com redação determinada pela Emenda Constitucional n. 59/2009.
- V. Lei 9.394/1996 (Diretrizes e bases da educação nacional).

Constituição Federal

I – erradicação do analfabetismo;
II – universalização do atendimento escolar;
III – melhoria da qualidade do ensino;
IV – formação para o trabalho;
V – promoção humanística, científica e tecnológica do País;
VI – estabelecimento de meta de aplicação de recursos públicos em educação como proporção do produto interno bruto.

- Inciso VI acrescentado pela Emenda Constitucional n. 59/2009.

Seção II
Da cultura

Art. 215. O Estado garantirá a todos o pleno exercício dos direitos culturais e acesso às fontes da cultura nacional, e apoiará e incentivará a valorização e a difusão das manifestações culturais.

- V. Lei 8.313/1991 (Programa Nacional de Apoio à Cultura – Pronac).
- V. Lei 8.685/1993 (Mecanismos de fomento à atividade audiovisual).
- V. Lei 9.312/1996 (Modifica a Lei 8.313/1991).
- V. Dec. 2.290/1997 (Regulamenta o disposto no art. 5º, inciso VIII, da Lei 8.313/1991).
- V. Lei 9.874/1999 (Altera a Lei 8.313/1991).
- V. Lei 9.999/2000 (Altera a Lei 8.313/1991).
- V. MP 2.228-1/2001 (Agência Nacional do Cinema – Ancine).
- V. Lei 10.454/2002 (Remissão da Condecine e alteração da MP 2.228-1/2001).
- V. Dec. 4.456/2002 (Regulamenta o art. 67 da MP 2.228-1/2001).
- V. Dec. 5.761/2006 (Regulamenta a Lei 8.313/1991).
- V. Dec. 6.304/2007 (Regulamenta a Lei 8.685/1993).

§ 1º O Estado protegerá as manifestações das culturas populares, indígenas e afro-brasileiras, e das de outros grupos participantes do processo civilizatório nacional.

§ 2º A lei disporá sobre a fixação de datas comemorativas de alta significação para os diferentes segmentos étnicos nacionais.

§ 3º A lei estabelecerá o Plano Nacional de Cultura, de duração plurianual, visando ao desenvolvimento cultural do País e à integração das ações do poder público que conduzem à:

- § 3º acrescentado pela Emenda Constitucional n. 48/2005.

- V. Lei 12.343/2010 (Plano Nacional de Cultura – PNC e Sistema Nacional de Informação e Indicadores Culturais – SNIIC).

I – defesa e valorização do patrimônio cultural brasileiro;
II – produção, promoção e difusão de bens culturais;
III – formação de pessoal qualificado para a gestão da cultura em suas múltiplas dimensões;
IV – democratização do acesso aos bens de cultura;
V – valorização da diversidade étnica e regional.

Art. 216. Constituem patrimônio cultural brasileiro os bens de natureza material e imaterial, tomados individualmente ou em conjunto, portadores de referência à identidade, à ação, à memória dos diferentes grupos formadores da sociedade brasileira, nos quais se incluem:
I – as formas de expressão;
II – os modos de criar, fazer e viver;
III – as criações científicas, artísticas e tecnológicas;

- V. Lei 9.610/1998 (Direitos autorais).

IV – as obras, objetos, documentos, edificações e demais espaços destinados às manifestações artístico-culturais;
V – os conjuntos urbanos e sítios de valor histórico, paisagístico, artístico, arqueológico, paleontológico, ecológico e científico.

§ 1º O Poder Público, com a colaboração da comunidade, promoverá e protegerá o patrimônio cultural brasileiro, por meio de inventários, registros, vigilância, tombamento e desapropriação, e de outras formas de acautelamento e preservação.

- V. Lei 7.347/1985 (Ação civil pública).
- V. Lei 8.394/1991 (Preservação, organização e proteção dos acervos documentais privados dos Presidentes da República).

§ 2º Cabem à administração pública, na forma da lei, a gestão da documentação governamental e as providências para franquear sua consulta a quantos dela necessitem.

- V. Lei 8.159/1991 (Sistema nacional de arquivos públicos e privados).
- V. Lei 12.527/2011 (Lei Geral de Acesso à Informação Pública).
- V. Dec. 7.724/2012 (Regulamenta a Lei 12.527/2012).

Art. 216-A

CONSTITUIÇÃO FEDERAL

§ 3º A lei estabelecerá incentivos para a produção e o conhecimento de bens e valores culturais.
- V. Lei 8.313/1991 (Programa nacional de apoio à cultura).
- V. Lei 8.685/1993 (Mecanismos de fomento à atividade audiovisual).
- V. Lei 9.312/1996 (Modifica a Lei 8.313/1991).
- V. Lei 9.323/1996 (Altera o limite de dedução de que trata a Lei 8.685/1993).
- V. MP 2.228-1/2001 (Agência Nacional do Cinema – Ancine).
- V. Lei 10.454/2002 (Remissão da Condecine e alteração da MP 2.228-1/2001).
- V. Dec. 4.456/2002 (Regulamenta o art. 67 da MP 2.228-1/2001).
- V. Dec. 6.304/2007 (Regulamenta a Lei 8.685/1993).

§ 4º Os danos e ameaças ao patrimônio cultural serão punidos, na forma da lei.
- V. Lei 3.924/1961 (Movimentos arqueológicos e pré-históricos).
- V. Lei 4.717/1965 (Ação popular).
- V. Lei 7.347/1985 (Ação civil pública).

§ 5º Ficam tombados todos os documentos e os sítios detentores de reminiscências históricas dos antigos quilombos.

§ 6º É facultado aos Estados e ao Distrito Federal vincular a fundo estadual de fomento à cultura até cinco décimos por cento de sua receita tributária líquida, para o financiamento de programas e projetos culturais, vedada a aplicação desses recursos no pagamento de:
- § 6º acrescentado pela Emenda Constitucional n. 42/2003.

I – despesas com pessoal e encargos sociais;
II – serviço da dívida;
III – qualquer outra despesa corrente não vinculada diretamente aos investimentos ou ações apoiados.

Art. 216-A. O Sistema Nacional de Cultura, organizado em regime de colaboração, de forma descentralizada e participativa, institui um processo de gestão e promoção conjunta de políticas públicas de cultura, democráticas e permanentes, pactuadas entre os entes da Federação e a sociedade, tendo por objetivo promover o desenvolvimento humano, social e econômico com pleno exercício dos direitos culturais.
- Artigo acrescentado pela Emenda Constitucional n. 71/2012.

§ 1º O Sistema Nacional de Cultura fundamenta-se na política nacional de cultura e nas suas diretrizes, estabelecidas no Plano Nacional de Cultura, e rege-se pelos seguintes princípios:
I – diversidade das expressões culturais;
II – universalização do acesso aos bens e serviços culturais;
III – fomento à produção, difusão e circulação de conhecimento e bens culturais;
IV – cooperação entre os entes federados, os agentes públicos e privados atuantes na área cultural;
V – integração e interação na execução das políticas, programas, projetos e ações desenvolvidas;
VI – complementaridade nos papéis dos agentes culturais;
VII – transversalidade das políticas culturais;
VIII – autonomia dos entes federados e das instituições da sociedade civil;
IX – transparência e compartilhamento das informações;
X – democratização dos processos decisórios com participação e controle social;
XI – descentralização articulada e pactuada da gestão, dos recursos e das ações;
XII – ampliação progressiva dos recursos contidos nos orçamentos públicos para a cultura.

§ 2º Constitui a estrutura do Sistema Nacional de Cultura, nas respectivas esferas da Federação:
I – órgãos gestores da cultura;
II – conselhos de política cultural;
III – conferências de cultura;
IV – comissões intergestores;
V – planos de cultura;
VI – sistemas de financiamento à cultura;
VII – sistemas de informações e indicadores culturais;
VIII – programas de formação na área da cultura; e
IX – sistemas setoriais de cultura.

§ 3º Lei federal disporá sobre a regulamentação do Sistema Nacional de Cultura, bem como de sua articulação com os demais sistemas nacionais ou políticas setoriais de governo.

CONSTITUIÇÃO FEDERAL

§ 4º Os Estados, o Distrito Federal e os Municípios organizarão seus respectivos sistemas de cultura em leis próprias.

Seção III
Do desporto

Art. 217. É dever do Estado fomentar práticas desportivas formais e não formais, como direito de cada um, observados:
I – a autonomia das entidades desportivas dirigentes e associações, quanto a sua organização e funcionamento;
II – a destinação de recursos públicos para a promoção prioritária do desporto educacional e, em casos específicos, para a do desporto de alto rendimento;
III – o tratamento diferenciado para o desporto profissional e o não profissional;
IV – a proteção e o incentivo às manifestações desportivas de criação nacional.
§ 1º O Poder Judiciário só admitirá ações relativas à disciplina e às competições desportivas após esgotarem-se as instâncias da justiça desportiva, regulada em lei.
§ 2º A justiça desportiva terá o prazo máximo de sessenta dias, contados da instauração do processo, para proferir decisão final.
§ 3º O Poder Público incentivará o lazer, como forma de promoção social.

Capítulo IV
DA CIÊNCIA, TECNOLOGIA E INOVAÇÃO

* Rubrica do Capítulo IV com redação determinada pela Emenda Constitucional n. 85/2015.

Art. 218. O Estado promoverá e incentivará o desenvolvimento científico, a pesquisa, a capacitação científica e tecnológica e a inovação.

* *Caput* com redação determinada pela Emenda Constitucional n. 85/2015.

§ 1º A pesquisa científica básica e tecnológica receberá tratamento prioritário do Estado, tendo em vista o bem público e o progresso da ciência, tecnologia e inovação.

* § 1º com redação determinada pela Emenda Constitucional n. 85/2015.

§ 2º A pesquisa tecnológica voltar-se-á preponderantemente para a solução dos problemas brasileiros e para o desenvolvimento do sistema produtivo nacional e regional.
§ 3º O Estado apoiará a formação de recursos humanos nas áreas de ciência pesquisa, tecnologia e inovação, inclusive por meio do apoio às atividades de extensão tecnológica, e concederá aos que delas se ocupem meios e condições especiais de trabalho.

* § 3º com redação determinada pela Emenda Constitucional n. 85/2015.

§ 4º A lei apoiará e estimulará as empresas que invistam em pesquisa, criação de tecnologia adequada ao País, formação e aperfeiçoamento de seus recursos humanos e que pratiquem sistemas de remuneração que assegurem ao empregado, desvinculada do salário, participação nos ganhos econômicos resultantes da produtividade de seu trabalho.

* V. Lei 8.248/1991 (Capacitação e competitividade no setor de informática e automação).
* V. Lei 8.387/1991 (Altera e consolida a legislação sobre zona franca).
* V. Lei 9.257/1996 (Conselho Nacional de Ciência e Tecnologia).
* V. Lei 10.176/2001 (Altera as Leis 8.248/1991 e 8.387/1991 e o Dec.-lei 288/1967).

§ 5º É facultado aos Estados e ao Distrito Federal vincular parcela de sua receita orçamentária a entidades públicas de fomento ao ensino e à pesquisa científica e tecnológica.
§ 6º O Estado, na execução das atividades previstas no *caput*, estimulará a articulação entre entes, tanto públicos quanto privados, nas diversas esferas de governo.

* § 6º acrescentado pela Emenda Constitucional n. 85/2015.

§ 7º O Estado promoverá e incentivará a atuação no exterior das instituições públicas de ciência, tecnologia e inovação, com vistas à execução das atividades previstas no *caput*.

* § 7º acrescentado pela Emenda Constitucional n. 85/2015.

Art. 219. O mercado interno integra o patrimônio nacional e será incentivado de modo a viabilizar o desenvolvimento cultural e socioeconômico, o bem-estar da população e a autonomia tecnológica do País, nos termos de lei federal.

Art. 219-A

Parágrafo único. O Estado estimulará a formação e o fortalecimento da inovação nas empresas, bem como nos demais entes, públicos ou privados, a constituição e a manutenção de parques e polos tecnológicos e de demais ambientes promotores da inovação, a atuação dos inventores independentes e a criação, absorção, difusão e transferência de tecnologia.

- Parágrafo único acrescentado pela Emenda Constitucional n. 85/2015.

Art. 219-A. A União, os Estados, o Distrito Federal e os Municípios poderão firmar instrumentos de cooperação com órgãos e entidades públicos e com entidades privadas, inclusive para o compartilhamento de recursos humanos especializados e capacidade instalada, para a execução de projetos de pesquisa, de desenvolvimento científico e tecnológico e de inovação, mediante contrapartida financeira ou não financeira assumida pelo ente beneficiário, na forma da lei.

- Artigo acrescentado pela Emenda Constitucional n. 85/2015.

Art. 219-B. O Sistema Nacional de Ciência, Tecnologia e Inovação será organizado em regime de colaboração entre entes, tanto públicos quanto privados, com vistas a promover o desenvolvimento científico e tecnológico e a inovação.

- Artigo acrescentado pela Emenda Constitucional n. 85/2015.

§ 1º Lei federal disporá sobre as normas gerais do Sistema Nacional de Ciência, Tecnologia e Inovação.

§ 2º Os Estados, o Distrito Federal e os Municípios legislarão concorrentemente sobre suas peculiaridades.

Capítulo V
DA COMUNICAÇÃO SOCIAL

Art. 220. A manifestação do pensamento, a criação, a expressão e a informação, sob qualquer forma, processo ou veículo não sofrerão qualquer restrição, observado o disposto nesta Constituição.

- V. arts. 1º, III e IV, 3º, III e IV, 4º, II, 5º, IX, XII, XIV, XXVII, XXVIII e XXIX, CF.
- V. art. 1º, Lei 7.524/1986 (Manifestação, por militar inativo, de pensamento e opinião políticos ou filosóficos).
- V. arts. 36, 37, 43 e 44, Lei 8.078/1990 (Código de Defesa do Consumidor).
- V. art. 2º, Lei 8.389/1991 (Conselho de Comunicação Social).
- V. art. 7º, Lei 9.610/1998 (Direitos autorais).

§ 1º Nenhuma lei conterá dispositivo que possa constituir embaraço à plena liberdade de informação jornalística em qualquer veículo de comunicação social, observado o disposto no art. 5º, IV, V, X, XIII e XIV.

- V. art. 45, Lei 9.504/1997 (Normas para as eleições).

§ 2º É vedada toda e qualquer censura de natureza política, ideológica e artística.

- V. art. 139, III, CF.

§ 3º Compete à lei federal:

I – regular as diversões e espetáculos públicos, cabendo ao Poder Público informar sobre a natureza deles, as faixas etárias a que não se recomendem, locais e horários em que sua apresentação se mostre inadequada;

- V. art. 21, XVI, CF.
- V. arts. 74, 80, 247 e 258, Lei 8.069/1990 (Estatuto da Criança e do Adolescente).
- V. Lei 10.359/2001 (Obrigatoriedade de os novos aparelhos de televisão conterem dispositivo que possibilite o bloqueio temporário da recepção de programação inadequada).
- V. Portaria MJ 368/2014 (Regulamenta as disposições das Leis 8.069/1990, 10.359/2001 e 12.485/2011, relativas ao processo de classificação indicativa).

II – estabelecer os meios legais que garantam à pessoa e à família a possibilidade de se defenderem de programas ou programações de rádio e televisão que contrariem o disposto no art. 221, bem como da propaganda de produtos, práticas e serviços que possam ser nocivos à saúde e ao meio ambiente.

- V. arts. 9º e 10, Lei 8.078/1990 (Código de Defesa do Consumidor).
- V. art. 2º, Lei 8.389/1991 (Conselho de Comunicação Social).

§ 4º A propaganda comercial de tabaco, bebidas alcoólicas, agrotóxicos, medicamentos e terapias estará sujeita a restrições legais, nos termos do inciso II do parágrafo anterior, e conterá, sempre que necessário, advertência sobre os malefícios decorrentes de seu uso.

Constituição Federal

- V. Lei 9.294/1996 (Restrições ao uso e à propaganda de produtos fumígeros, bebidas alcoólicas, medicamentos, terapias e defensivos agrícolas).
- V. Lei 10.167/2000 (Altera a Lei 9.294/1996).

§ 5º Os meios de comunicação social não podem, direta ou indiretamente, ser objeto de monopólio ou oligopólio.

§ 6º A publicação de veículo impresso de comunicação independe de licença de autoridade.

- V. art. 114, parágrafo único, Lei 6.015/1973 (Lei de Registros Públicos).

Art. 221. A produção e a programação das emissoras de rádio e televisão atenderão aos seguintes princípios:

I – preferência a finalidades educativas, artísticas, culturais e informativas;

II – promoção da cultura nacional e regional e estímulo à produção independente que objetive sua divulgação;

- V. art. 2º, MP 2.228-1/2001 (Agência Nacional do Cinema – Ancine).
- V. Lei 10.454/2002 (Remissão da Condecine e alteração da MP 2.228-1/2001).
- V. Dec. 4.456/2002 (Regulamenta o art. 67 da MP 2.228-1/2001).

III – regionalização da produção cultural, artística e jornalística, conforme percentuais estabelecidos em lei;

- V. art. 3º, III, CF.

IV – respeito aos valores éticos e sociais da pessoa e da família.

- V. arts. 1º, III, 5º, XLII, XLIII, XLVIII, XLIX, L, 34, VII, *b*, 225 a 227 e 230, CF.
- V. art. 8º, III, Lei 11.340/2006 (Violência doméstica e familiar contra a mulher).

Art. 222. A propriedade de empresa jornalística e de radiodifusão sonora e de sons e imagens é privativa de brasileiros natos ou naturalizados há mais de dez anos, ou de pessoas jurídicas constituídas sob as leis brasileiras e que tenham sede no País.

- Artigo com redação determinada pela Emenda Constitucional n. 36/2002.

§ 1º Em qualquer caso, pelo menos setenta por cento do capital total e do capital votante das empresas jornalísticas e de radiodifusão sonora e de sons e imagens deverá pertencer, direta ou indiretamente, a brasileiros natos ou naturalizados há mais de dez anos, que exercerão obrigatoriamente a gestão das atividades e estabelecerão o conteúdo da programação.

§ 2º A responsabilidade editorial e as atividades de seleção e direção da programação veiculada são privativas de brasileiros natos ou naturalizados há mais de dez anos, em qualquer meio de comunicação social.

§ 3º Os meios de comunicação social eletrônica, independentemente da tecnologia utilizada para a prestação do serviço, deverão observar os princípios enunciados no art. 221, na forma de lei específica, que também garantirá a prioridade de profissionais brasileiros na execução de produções nacionais.

§ 4º Lei disciplinará a participação de capital estrangeiro nas empresas de que trata o § 1º.

- V. Lei 10.610/2002 (Participação de capital estrangeiro nas empresas jornalísticas e de radiodifusão).

§ 5º As alterações de controle societário das empresas de que trata o § 1º serão comunicadas ao Congresso Nacional.

Art. 223. Compete ao Poder Executivo outorgar e renovar concessão, permissão e autorização para o serviço de radiodifusão sonora e de sons e imagens, observado o princípio da complementaridade dos sistemas privado, público e estatal.

- V. arts 2º e 10, Dec. 52.795/1963 (Aprova o Regulamento dos Serviços de Radiodifusão).
- V. Dec.-lei 236/1967 (Complementa e modifica a Lei 4.117/1962).
- V. Dec. 88.066/1983 (Prorroga prazo das concessões outorgadas para exploração de serviços de radiodifusão).
- V. Decreto de 10 de maio de 1991 (Consolida decretos de outorga de concessões e de autorizações para execução dos serviços de radiodifusão).
- V. Dec. 2.108/1996 (Altera o Regulamento dos Serviços de Radiodifusão).

§ 1º O Congresso Nacional apreciará o ato no prazo do art. 64, §§ 2º e 4º, a contar do recebimento da mensagem.

§ 2º A não renovação da concessão ou permissão dependerá de aprovação de, no mínimo, dois quintos do Congresso Nacional, em votação nominal.

§ 3º O ato de outorga ou renovação somente produzirá efeitos legais após deliberação do Congresso Nacional, na forma dos parágrafos anteriores.

§ 4º O cancelamento da concessão ou permissão, antes de vencido o prazo, depende de decisão judicial.

§ 5º O prazo da concessão ou permissão será de dez anos para as emissoras de rádio e de quinze para as de televisão.

Art. 224. Para os efeitos do disposto neste capítulo, o Congresso Nacional instituirá, como seu órgão auxiliar, o Conselho de Comunicação Social, na forma da lei.

- V. Lei 6.650/1979 (Secretaria de Comunicação Social).
- V. Lei 8.389/1991 (Conselho de Comunicação Social).

Capítulo VI
DO MEIO AMBIENTE

Art. 225. Todos têm direito ao meio ambiente ecologicamente equilibrado, bem de uso comum do povo e essencial à sadia qualidade de vida, impondo-se ao Poder Público e à coletividade o dever de defendê-lo e preservá-lo para as presentes e futuras gerações.

- V. Lei 7.735/1989 (Instituto Brasileiro do Meio Ambiente e dos Recursos Naturais Renováveis).
- V. Lei 7.797/1989 (Fundo Nacional do Meio Ambiente).
- V. Dec. 3.524/2000 (Fundo Nacional do Meio Ambiente).
- V. Dec. 4.339/2002 (Princípios e diretrizes para a implementação da Política Nacional da Biodiversidade).
- V. Lei 11.284/2006 (Gestão de florestas públicas).

§ 1º Para assegurar a efetividade desse direito, incumbe ao Poder Público:

I – preservar e restaurar os processos ecológicos essenciais e prover o manejo ecológico das espécies e ecossistemas;

- V. Lei 9.985/2000 (Sistema Nacional de Unidades de Conservação da Natureza).

II – preservar a diversidade e a integridade do patrimônio genético do País e fiscalizar as entidades dedicadas à pesquisa e manipulação de material genético;

- V. Lei 9.985/2000 (Sistema Nacional de Unidades de Conservação da Natureza).
- V. Lei 11.105/2005 (Lei de Biossegurança).
- V. Lei 13.123/2015 (Regulamenta o inc. II do § 1º e o § 4º do art. 225 da CF/1988).

III – definir, em todas as unidades da Federação, espaços territoriais e seus componentes a serem especialmente protegidos, sendo a alteração e a supressão permitidas somente através de lei, vedada qualquer utilização que comprometa a integridade dos atributos que justifiquem sua proteção;

- V. Lei 9.985/2000 (Sistema Nacional de Unidades de Conservação da Natureza).

IV – exigir, na forma da lei, para instalação de obra ou atividade potencialmente causadora de significativa degradação do meio ambiente, estudo prévio de impacto ambiental, a que se dará publicidade;

- V. Lei 11.105/2005 (Lei de Biossegurança).

V – controlar a produção, a comercialização e o emprego de técnicas, métodos e substâncias que comportem risco para a vida, a qualidade de vida e o meio ambiente;

- V. Lei 7.802/1989 (Agrotóxicos).
- V. Lei 11.105/2005 (Lei de Biossegurança).

VI – promover a educação ambiental em todos os níveis de ensino e a conscientização pública para a preservação do meio ambiente;

- V. Lei 9.795/1999 (Educação ambiental).

VII – proteger a fauna e a flora, vedadas, na forma da lei, as práticas que coloquem em risco sua função ecológica, provoquem a extinção de espécies ou submetam os animais a crueldade.

- V. Lei 9.985/2000 (Sistema Nacional de Unidades de Conservação da Natureza).
- V. Lei 11.794/2008 (Regulamenta o inciso VII do § 1º do art. 225 da CF, estabelecendo procedimentos para o uso científico de animais).

§ 2º Aquele que explorar recursos minerais fica obrigado a recuperar o meio ambiente degradado, de acordo com solução técnica exigida pelo órgão público competente, na forma da lei.

§ 3º As condutas e atividades consideradas lesivas ao meio ambiente sujeitarão os infratores, pessoas físicas ou jurídicas, a sanções penais e administrativas, independentemente da obrigação de reparar os danos causados.

- V. Lei 9.605/1998 (Lei de Crimes Ambientais).
- V. Dec. 6.514/2008 (Infrações e sanções administrativas ao meio ambiente, e processo administrativo federal para apuração destas infrações).

Art. 227

CONSTITUIÇÃO FEDERAL

§ 4º A Floresta Amazônica brasileira, a Mata Atlântica, a Serra do Mar, o Pantanal Mato-Grossense e a Zona Costeira são patrimônio nacional, e sua utilização far-se-á, na forma da lei, dentro de condições que assegurem a preservação do meio ambiente, inclusive quanto ao uso dos recursos naturais.

- V. Lei 13.123/2015 (Regulamenta o inc. II do § 1º e o § 4º do art. 225 da CF/1988).

§ 5º São indisponíveis as terras devolutas ou arrecadadas pelos Estados, por ações discriminatórias, necessárias à proteção dos ecossistemas naturais.

§ 6º As usinas que operem com reator nuclear deverão ter sua localização definida em lei federal, sem o que não poderão ser instaladas.

Capítulo VII
DA FAMÍLIA, DA CRIANÇA, DO ADOLESCENTE, DO JOVEM E DO IDOSO

- Rubrica do Capítulo VII com redação determinada pela Emenda Constitucional n. 65/2010.
- V. Lei 8.069/1990 (Estatuto da Criança e do Adolescente).
- V. Lei 10.741/2003 (Estatuto do Idoso).

Art. 226. A família, base da sociedade, tem especial proteção do Estado.

§ 1º O casamento é civil e gratuita a celebração.

- V. arts. 1.533 a 1.542, CC.
- V. Lei 4.121/1962 (Estatuto da Mulher Casada).
- V. art. 67 e ss., Lei 6.015/1973 (Lei de Registros Públicos).

§ 2º O casamento religioso tem efeito civil, nos termos da lei.

- V. Lei 1.110/1950 (Reconhecimento dos efeitos civis do casamento religioso).
- V. Lei 6.015/1973 (Lei de Registros Públicos).

§ 3º Para efeito da proteção do Estado, é reconhecida a união estável entre o homem e a mulher como entidade familiar, devendo a lei facilitar sua conversão em casamento.

- V. Lei 8.971/1994 (Regula os direitos dos companheiros a alimentos e à sucessão).
- V. Lei 9.278/1996 (Regula o § 3º do art. 226 da CF).

§ 4º Entende-se, também, como entidade familiar a comunidade formada por qualquer dos pais e seus descendentes.

- V. art. 25, Lei 8.069/1990 (Estatuto da Criança e do Adolescente).
- V. Súmula 364, STJ.

§ 5º Os direitos e deveres referentes à sociedade conjugal são exercidos igualmente pelo homem e pela mulher.

- V. arts. 1.565 e 1.567, CC.
- V. art. 2º e ss., Lei 6.515/1977 (Lei do Divórcio).
- V. Súmula 364, STJ.

§ 6º O casamento civil pode ser dissolvido pelo divórcio.

- § 6º com redação determinada pela Emenda Constitucional n. 66/2010.
- V. Lei 6.515/1977 (Lei do Divórcio).

§ 7º Fundado nos princípios da dignidade da pessoa humana e da paternidade responsável, o planejamento familiar é livre decisão do casal, competindo ao Estado propiciar recursos educacionais e científicos para o exercício desse direito, vedada qualquer forma coercitiva por parte de instituições oficiais ou privadas.

- V. Lei 9.263/1996 (Planejamento familiar).

§ 8º O Estado assegurará a assistência à família na pessoa de cada um dos que a integram, criando mecanismos para coibir a violência no âmbito de suas relações.

- V. Lei 11.340/2006 (Violência doméstica e familiar contra a mulher).
- V. Súmula 536, STJ.

Art. 227. É dever da família, da sociedade e do Estado assegurar à criança, ao adolescente e ao jovem, com absoluta prioridade, o direito à vida, à saúde, à alimentação, à educação, ao lazer, à profissionalização, à cultura, à dignidade, ao respeito, à liberdade e à convivência familiar e comunitária, além de colocá-los a salvo de toda forma de negligência, discriminação, exploração, violência, crueldade e opressão.

- *Caput* com redação determinada pela Emenda Constitucional n. 65/2010.
- V. Lei 8.069/1990 (Estatuto da Criança e do Adolescente).
- V. Lei 12.288/2010 (Estatuto da Igualdade Racial).

§ 1º O Estado promoverá programas de assistência integral à saúde da criança, do adolescente e do jovem, admitida a participação de entidades não governamentais, mediante políticas específicas e obedecendo aos seguintes preceitos:

- *Caput* do § 1º com redação determinada pela Emenda Constitucional n. 65/2010.

Art. 228

CONSTITUIÇÃO FEDERAL

- V. Lei 8.642/1993 (Programa Nacional de Atenção Integral à Criança e ao Adolescente – Pronaica).

I – aplicação de percentual dos recursos públicos destinados à saúde na assistência materno-infantil;

II – criação de programas de prevenção e atendimento especializado para as pessoas portadoras de deficiência física, sensorial ou mental, bem como de integração social do adolescente e do jovem portador de deficiência, mediante o treinamento para o trabalho e a convivência, e a facilitação do acesso aos bens e serviços coletivos, com a eliminação de obstáculos arquitetônicos e de todas as formas de discriminação.

- Inciso II com redação determinada pela Emenda Constitucional n. 65/2010.
- V. arts. 7º a 14, Lei 8.069/1990 (Estatuto da Criança e do Adolescente).

§ 2º A lei disporá sobre normas de construção dos logradouros e dos edifícios de uso público e de fabricação de veículos de transporte coletivo, a fim de garantir acesso adequado às pessoas portadoras de deficiência.

- V. art. 244, CF.
- V. art. 3º, Lei 7.853/1989 (Apoio às pessoas portadoras de deficiência).

§ 3º O direito a proteção especial abrangerá os seguintes aspectos:

I – idade mínima de quatorze anos para admissão ao trabalho, observado o disposto no art. 7º, XXXIII;

II – garantia de direitos previdenciários e trabalhistas;

III – garantia de acesso do trabalhador adolescente e jovem à escola;

- Inciso III com redação determinada pela Emenda Constitucional n. 65/2010.

IV – garantia de pleno e formal conhecimento da atribuição de ato infracional, igualdade na relação processual e defesa técnica por profissional habilitado, segundo dispuser a legislação tutelar específica;

V – obediência aos princípios de brevidade, excepcionalidade e respeito à condição peculiar de pessoa em desenvolvimento, quando da aplicação de qualquer medida privativa da liberdade;

VI – estímulo do Poder Público, através de assistência jurídica, incentivos fiscais e subsídios, nos termos da lei, ao acolhimento, sob a forma de guarda, de criança ou adolescente órfão ou abandonado;

- V. arts. 33 a 35, Lei 8.069/1990 (Estatuto da Criança e do Adolescente).

VII – programas de prevenção e atendimento especializado à criança, ao adolescente e ao jovem dependente de entorpecentes e drogas afins.

- Inciso VII com redação determinada pela Emenda Constitucional n. 65/2010.
- V. Lei 11.343/2006 (Lei Antidrogas).

§ 4º A lei punirá severamente o abuso, a violência e a exploração sexual da criança e do adolescente.

- V. art. 217-A a 218-B, CP.
- V. art. 225 e ss., Lei 8.069/1990 (Estatuto da Criança e do Adolescente).

§ 5º A adoção será assistida pelo Poder Público, na forma da lei, que estabelecerá casos e condições de sua efetivação por parte de estrangeiros.

- V. arts 1.618 e 1.619, CC.
- V. arts. 39 a 52-D, Lei 8.069/1990 (Estatuto da Criança e do Adolescente).

§ 6º Os filhos, havidos ou não da relação do casamento, ou por adoção, terão os mesmos direitos e qualificações, proibidas quaisquer designações discriminatórias relativas à filiação.

- V. art. 41, §§ 1º e 2º, Lei 8.069/1990 (Estatuto da Criança e do Adolescente).
- V. Lei 8.560/1992 (Regula a investigação de paternidade dos filhos havidos fora do casamento).

§ 7º No atendimento dos direitos da criança e do adolescente levar-se-á em consideração o disposto no art. 204.

§ 8º A lei estabelecerá:

- § 8º acrescentado pela Emenda Constitucional n. 65/2010.

I – o estatuto da juventude, destinado a regular os direitos dos jovens;

II – o plano nacional de juventude, de duração decenal, visando à articulação das várias esferas do poder público para a execução de políticas públicas.

Art. 228. São penalmente inimputáveis os menores de dezoito anos, sujeitos às normas da legislação especial.

- V. art. 27, CP.
- V. art. 104, Lei 8.069/1990 (Estatuto da Criança e do Adolescente).

Art. 229. Os pais têm o dever de assistir, criar e educar os filhos menores, e os filhos maiores têm o dever de ajudar e amparar os pais na velhice, carência ou enfermidade.

- V. art. 22, Lei 8.069/1990 (Estatuto da Criança e do Adolescente).

Art. 230. A família, a sociedade e o Estado têm o dever de amparar as pessoas idosas, assegurando sua participação na comunidade, defendendo sua dignidade e bem-estar e garantindo-lhes o direito à vida.

- V. Lei 8.842/1994 (Conselho Nacional do Idoso).
- V. Lei 10.741/2003 (Estatuto do Idoso).

§ 1º Os programas de amparo aos idosos serão executados preferencialmente em seus lares.

§ 2º Aos maiores de sessenta e cinco anos é garantida a gratuidade dos transportes coletivos urbanos.

Capítulo VIII
DOS ÍNDIOS

Art. 231. São reconhecidos aos índios sua organização social, costumes, línguas, crenças e tradições, e os direitos originários sobre as terras que tradicionalmente ocupam, competindo à União demarcá-las, proteger e fazer respeitar todos os seus bens.

- V. Lei 6.001/1973 (Estatuto do Índio).
- V. Dec. 26/1991 (Educação indígena no Brasil).
- V. Dec. 1.775/1996 (Procedimento administrativo de demarcação das terras indígenas).
- V. Dec. 7.747/2012 (Política Nacional de Gestão Territorial e Ambiental de Terras Indígenas – PNGATI).

§ 1º São terras tradicionalmente ocupadas pelos índios as por eles habitadas em caráter permanente, as utilizadas para suas atividades produtivas, as imprescindíveis à preservação dos recursos ambientais necessários a seu bem-estar e as necessárias a sua reprodução física e cultural, segundo seus usos, costumes e tradições.

§ 2º As terras tradicionalmente ocupadas pelos índios destinam-se a sua posse permanente, cabendo-lhes o usufruto exclusivo das riquezas do solo, dos rios e dos lagos nelas existentes.

§ 3º O aproveitamento dos recursos hídricos, incluídos os potenciais energéticos, a pesquisa e a lavra das riquezas minerais em terras indígenas só podem ser efetivados com autorização do Congresso Nacional, ouvidas as comunidades afetadas, ficando-lhes assegurada participação nos resultados da lavra, na forma da lei.

- V. Dec.-lei 227/1967 (Altera o Dec.-lei 1.985/1940).
- V. Lei 9.314/1996 (Altera o Dec.-lei 227/1967).

§ 4º As terras de que trata este artigo são inalienáveis e indisponíveis, e os direitos sobre elas, imprescritíveis.

§ 5º É vedada a remoção dos grupos indígenas de suas terras, salvo, *ad referendum* do Congresso Nacional, em caso de catástrofe ou epidemia que ponha em risco sua população, ou no interesse da soberania do País, após deliberação do Congresso Nacional, garantido, em qualquer hipótese, o retorno imediato logo que cesse o risco.

§ 6º São nulos e extintos, não produzindo efeitos jurídicos, os atos que tenham por objeto a ocupação, o domínio e a posse das terras a que se refere este artigo, ou a exploração das riquezas naturais do solo, dos rios e dos lagos nelas existentes, ressalvado relevante interesse público da União, segundo o que dispuser lei complementar, não gerando a nulidade e a extinção direito a indenização ou a ações contra a União, salvo, na forma da lei, quanto às benfeitorias derivadas da ocupação de boa-fé.

- V. art. 62, Lei 6.001/1973 (Estatuto do Índio).

§ 7º Não se aplica às terras indígenas o disposto no art. 174, §§ 3º e 4º.

Art. 232. Os índios, suas comunidades e organizações são partes legítimas para ingressar em juízo em defesa de seus direitos e interesses, intervindo o Ministério Público em todos os atos do processo.

TÍTULO IX
DAS DISPOSIÇÕES
CONSTITUCIONAIS GERAIS

Art. 233. *(Revogado pela Emenda Constitucional n. 28/2000.)*

Art. 234

Art. 234. É vedado à União, direta ou indiretamente, assumir, em decorrência da criação de Estado, encargos referentes a despesas com pessoal inativo e com encargos e amortizações da dívida interna ou externa da administração pública, inclusive da indireta.

- V. art. 13, § 6º, ADCT.

Art. 235. Nos dez primeiros anos da criação de Estado, serão observadas as seguintes normas básicas:
I – a Assembleia Legislativa será composta de dezessete Deputados se a população do Estado for inferior a seiscentos mil habitantes, e de vinte e quatro, se igual ou superior a esse número, até um milhão e quinhentos mil;
II – o Governo terá no máximo dez Secretarias;
III – o Tribunal de Contas terá três membros, nomeados, pelo Governador eleito, dentre brasileiros de comprovada idoneidade e notório saber;
IV – o Tribunal de Justiça terá sete Desembargadores;
V – os primeiros Desembargadores serão nomeados pelo Governador eleito, escolhidos da seguinte forma:
a) cinco dentre os magistrados com mais de trinta e cinco anos de idade, em exercício na área do novo Estado ou do Estado originário;
b) dois dentre promotores, nas mesmas condições, e advogados de comprovada idoneidade e saber jurídico, com dez anos, no mínimo, de exercício profissional, obedecido o procedimento fixado na Constituição;
VI – no caso de Estado proveniente de Território Federal, os cinco primeiros Desembargadores poderão ser escolhidos dentre juízes de direito de qualquer parte do País;
VII – em cada Comarca, o primeiro Juiz de Direito, o primeiro Promotor de Justiça e o primeiro Defensor Público serão nomeados pelo Governador eleito após concurso público de provas e títulos;
VIII – até a promulgação da Constituição Estadual, responderão pela Procuradoria-Geral, pela Advocacia-Geral e pela Defensoria-Geral do Estado advogados de notório saber, com trinta e cinco anos de idade, no mínimo, nomeados pelo Governador eleito e demissíveis *ad nutum*;
IX – se o novo Estado for resultado de transformação de Território Federal, a transferência de encargos financeiros da União para pagamento dos servidores optantes que pertenciam à Administração Federal ocorrerá da seguinte forma:
a) no sexto ano de instalação, o Estado assumirá vinte por cento dos encargos financeiros para fazer face ao pagamento dos servidores públicos, ficando ainda o restante sob a responsabilidade da União;
b) no sétimo ano, os encargos do Estado serão acrescidos de trinta por cento e, no oitavo, dos restantes cinquenta por cento;
X – as nomeações que se seguirem às primeiras, para os cargos mencionados neste artigo, serão disciplinadas na Constituição Estadual;
XI – as despesas orçamentárias com pessoal não poderão ultrapassar cinquenta por cento da receita do Estado.

Art. 236. Os serviços notariais e de registro são exercidos em caráter privado, por delegação do Poder Público.

- V. art. 32, ADCT.
- V. Lei 8.935/1994 (Regulamenta o art. 236 da CF).

§ 1º Lei regulará as atividades, disciplinará a responsabilidade civil e criminal dos notários, dos oficiais de registro e de seus prepostos, e definirá a fiscalização de seus atos pelo Poder Judiciário.
§ 2º Lei federal estabelecerá normas gerais para fixação de emolumentos relativos aos atos praticados pelos serviços notariais e de registro.
§ 3º O ingresso na atividade notarial e de registro depende de concurso público de provas e títulos, não se permitindo que qualquer serventia fique vaga, sem abertura de concurso de provimento ou de remoção, por mais de seis meses.

Art. 237. A fiscalização e o controle sobre o comércio exterior, essenciais à defesa dos interesses fazendários nacionais, serão exercidos pelo Ministério da Fazenda.

Art. 238. A lei ordenará a venda e revenda de combustíveis de petróleo, álcool carburante e outros combustíveis derivados de matérias-primas renováveis, respeitados os princípios desta Constituição.

- V. Lei 9.478/1997 (Abastecimento nacional de combustíveis).
- V. Lei 9.847/1999 (Fiscalização das atividades relativas ao abastecimento nacional de combustíveis).

Art. 239. A arrecadação decorrente das contribuições para o Programa de Integração Social, criado pela Lei Complementar 7, de 7 de setembro de 1970, e para o Programa de Formação do Patrimônio do Servidor Público, criado pela Lei Complementar 8, de 3 de dezembro de 1970, passa, a partir da promulgação desta Constituição, a financiar, nos termos que a lei dispuser, o programa do seguro-desemprego e o abono de que trata o § 3º deste artigo.

- V. art. 72, §§ 2º e 3º, ADCT.
- V. Lei 7.998/1990 (Fundo de Amparo ao Trabalhador – FAT).
- V. Lei 9.715/1998 (PIS/Pasep).

§ 1º Dos recursos mencionados no *caput* deste artigo, pelo menos quarenta por cento serão destinados a financiar programas de desenvolvimento econômico, através do Banco Nacional de Desenvolvimento Econômico e Social, com critérios de remuneração que lhes preservem o valor.

§ 2º Os patrimônios acumulados do Programa de Integração Social e do Programa de Formação do Patrimônio do Servidor Público são preservados, mantendo-se os critérios de saque nas situações previstas nas leis específicas, com exceção da retirada por motivo de casamento, ficando vedada a distribuição da arrecadação de que trata o *caput* deste artigo, para depósito nas contas individuais dos participantes.

§ 3º Aos empregados que percebam de empregadores que contribuem para o Programa de Integração Social ou para o Programa de Formação do Patrimônio do Servidor Público, até dois salários mínimos de remuneração mensal, é assegurado o pagamento de um salário mínimo anual, computado neste valor o rendimento das contas individuais, no caso daqueles que já participavam dos referidos programas, até a data da promulgação desta Constituição.

§ 4º O financiamento do seguro-desemprego receberá uma contribuição adicional da empresa cujo índice de rotatividade da força de trabalho superar o índice médio da rotatividade do setor, na forma estabelecida por lei.

- V. Lei 7.998/1990 (Fundo de Amparo ao Trabalhador – FAT).
- V. Lei 8.352/1991 (Disponibilidades financeiras para o FAT).

Art. 240. Ficam ressalvadas do disposto no art. 195 as atuais contribuições compulsórias dos empregadores sobre a folha de salários, destinadas às entidades privadas de serviço social e de formação profissional vinculadas ao sistema sindical.

- V. Súmula 499, STJ.

Art. 241. A União, os Estados, o Distrito Federal e os Municípios disciplinarão por meio de lei os consórcios públicos e os convênios de cooperação entre os entes federados, autorizando a gestão associada de serviços públicos, bem como a transferência total ou parcial de encargos, serviços, pessoal e bens essenciais à continuidade dos serviços transferidos.

- Artigo com redação determinada pela Emenda Constitucional n. 19/1998.

Art. 242. O princípio do art. 206, IV, não se aplica às instituições educacionais oficiais criadas por lei estadual ou municipal e existentes na data da promulgação desta Constituição, que não sejam total ou preponderantemente mantidas com recursos públicos.

§ 1º O ensino da História do Brasil levará em conta as contribuições das diferentes culturas e etnias para a formação do povo brasileiro.

§ 2º O Colégio Pedro II, localizado na cidade do Rio de Janeiro, será mantido na órbita federal.

Art. 243. As propriedades rurais e urbanas de qualquer região do País onde forem localizadas culturas ilegais de plantas psicotrópicas ou a exploração de trabalho escravo na forma da lei serão expropriadas e destinadas à reforma agrária e a programas de habitação popular, sem qualquer indeniza-

Art. 244

CONSTITUIÇÃO FEDERAL

ção ao proprietário e sem prejuízo de outras sanções previstas em lei, observado, no que couber, o disposto no art. 5º.

* Artigo com redação determinada pela Emenda Constitucional n. 81/2014.
* V. Lei 8.257/1991 (Expropriação das glebas nas quais se localizem culturas ilegais de plantas psicotrópicas).
* V. Dec. 577/1992 (Culturas ilegais de plantas psicotrópicas).

Parágrafo único. Todo e qualquer bem de valor econômico apreendido em decorrência do tráfico ilícito de entorpecentes e drogas afins e da exploração de trabalho escravo será confiscado e reverterá a fundo especial com destinação específica, na forma da lei.

* V. Lei 11.343/2006 (Lei Antidrogas).

Art. 244. A lei disporá sobre a adaptação dos logradouros, dos edifícios de uso público e dos veículos de transporte coletivo atualmente existentes a fim de garantir acesso adequado às pessoas portadoras de deficiência, conforme o disposto no art. 227, § 2º.

* V. Lei 7.853/1989 (Apoio às pessoas portadoras de deficiência).
* V. Lei 8.899/1994 (Passe livre às pessoas portadoras de deficiência no sistema de transporte coletivo interestadual).

Art. 245. A lei disporá sobre as hipóteses e condições em que o Poder Público dará assistência aos herdeiros e dependentes carentes de pessoas vitimadas por crime doloso, sem prejuízo da responsabilidade civil do autor do ilícito.

* V. LC 79/1994 (Fundo Penitenciário Nacional – FUPEN).

Art. 246. É vedada a adoção de medida provisória na regulamentação de artigo da Constituição cuja redação tenha sido alterada por meio de emenda promulgada entre 1º de janeiro de 1995 até a promulgação desta emenda, inclusive.

* Artigo com redação determinada pela Emenda Constitucional n. 32/2001.
* V. art. 62, CF.

Art. 247. As leis previstas no inciso III do § 1º do art. 41 e no § 7º do art. 169 estabelecerão critérios e garantias especiais para a perda do cargo pelo servidor público estável que, em decorrência das atribuições de seu cargo efetivo, desenvolva atividades exclusivas de Estado.

* Artigo acrescentado pela Emenda Constitucional n. 19/1998.

Parágrafo único. Na hipótese de insuficiência de desempenho, a perda do cargo somente ocorrerá mediante processo administrativo em que lhe sejam assegurados o contraditório e a ampla defesa.

Art. 248. Os benefícios pagos, a qualquer título, pelo órgão responsável pelo regime geral de previdência social, ainda que à conta do Tesouro Nacional, e os não sujeitos ao limite máximo de valor fixado para os benefícios concedidos por esse regime observarão os limites fixados no art. 37, XI.

* Artigo acrescentado pela Emenda Constitucional n. 20/1998.

Art. 249. Com o objetivo de assegurar recursos para o pagamento de proventos de aposentadoria e pensões concedidas aos respectivos servidores e seus dependentes, em adição aos recursos dos respectivos tesouros, a União, os Estados, o Distrito Federal e os Municípios poderão constituir fundos integrados pelos recursos provenientes de contribuições e por bens, direitos e ativos de qualquer natureza, mediante lei que disporá sobre a natureza e administração desses fundos.

* Artigo acrescentado pela Emenda Constitucional n. 20/1998.

Art. 250. Com o objetivo de assegurar recursos para o pagamento dos benefícios concedidos pelo regime geral de previdência social, em adição aos recursos de sua arrecadação, a União poderá constituir fundo integrado por bens, direitos e ativos de qualquer natureza, mediante lei que disporá sobre a natureza e administração desse fundo.

* Artigo acrescentado pela Emenda Constitucional n. 20/1998.

Brasília, 5 de outubro de 1988.
Ulysses Guimarães
    Presidente
Mauro Benevides
    Vice-Presidente
Jorge Arbage
    Vice-Presidente

Art. 6º

ADCT

ATO DAS DISPOSIÇÕES CONSTITUCIONAIS TRANSITÓRIAS

Art. 1º O Presidente da República, o Presidente do Supremo Tribunal Federal e os membros do Congresso Nacional prestarão o compromisso de manter, defender e cumprir a Constituição, no ato e na data de sua promulgação.

Art. 2º No dia 7 de setembro de 1993 o eleitorado definirá, através de plebiscito, a forma (república ou monarquia constitucional) e o sistema de governo (parlamentarismo ou presidencialismo) que devem vigorar no País.
  • V. Emenda Constitucional n. 2/1992.
  • V. Lei 8.624/1993 (Regulamenta o art. 2º do ADCT).

§ 1º Será assegurada gratuidade na livre divulgação dessas formas e sistemas, através dos meios de comunicação de massa cessionários de serviço público.

§ 2º O Tribunal Superior Eleitoral, promulgada a Constituição, expedirá as normas regulamentadoras deste artigo.

Art. 3º A revisão constitucional será realizada após cinco anos, contados da promulgação da Constituição, pelo voto da maioria absoluta dos membros do Congresso Nacional, em sessão unicameral.
  • V. Emendas Constitucionais de Revisão n. 1 a 6/1994.

Art. 4º O mandato do atual Presidente da República terminará em 15 de março de 1990.

§ 1º A primeira eleição para Presidente da República após a promulgação da Constituição será realizada no dia 15 de novembro de 1989, não se lhe aplicando o disposto no art. 16 da Constituição.

§ 2º É assegurada a irredutibilidade da atual representação dos Estados e do Distrito Federal na Câmara dos Deputados.

§ 3º Os mandatos dos Governadores e dos Vice-Governadores eleitos em 15 de novembro de 1986 terminarão em 15 de março de 1991.

§ 4º Os mandatos dos atuais Prefeitos, Vice-Prefeitos e Vereadores terminarão no dia 1º de janeiro de 1989, com a posse dos eleitos.

Art. 5º Não se aplicam às eleições previstas para 15 de novembro de 1988 o disposto no art. 16 e as regras do art. 77 da Constituição.

§ 1º Para as eleições de 15 de novembro de 1988 será exigido domicílio eleitoral na circunscrição pelo menos durante os quatro meses anteriores ao pleito, podendo os candidatos que preencham este requisito, atendidas as demais exigências da lei, ter seu registro efetivado pela Justiça Eleitoral após a promulgação da Constituição.

§ 2º Na ausência de norma legal específica, caberá ao Tribunal Superior Eleitoral editar as normas necessárias à realização das eleições de 1988, respeitada a legislação vigente.

§ 3º Os atuais parlamentares federais e estaduais eleitos Vice-Prefeitos, se convocados a exercer a função de Prefeito, não perderão o mandato parlamentar.

§ 4º O número de vereadores por município será fixado, para a representação a ser eleita em 1988, pelo respectivo Tribunal Regional Eleitoral, respeitados os limites estipulados no art. 29, IV, da Constituição.

§ 5º Para as eleições de 15 de novembro de 1988, ressalvados os que já exercem mandato eletivo, são inelegíveis para qualquer cargo, no território de jurisdição do titular, o cônjuge e os parentes por consanguinidade ou afinidade, até o segundo grau, ou por adoção, do Presidente da República, do Governador do Estado, do Governador do Distrito Federal e do Prefeito que tenham exercido mais da metade do mandato.

Art. 6º Nos seis meses posteriores à promulgação da Constituição, parlamentares federais, reunidos em número não inferior a trinta, poderão requerer ao Tribunal Superior Eleitoral o registro de novo partido político, juntando ao requerimento o manifesto, o estatuto e o programa devidamente assinados pelos requerentes.

§ 1º O registro provisório, que será concedido de plano pelo Tribunal Superior Eleitoral, nos termos deste artigo, defere ao novo partido todos os direitos, deveres e prerrogativas dos atuais, entre eles o de participar, sob legenda própria, das eleições que vie-

145

Art. 7º

ADCT

rem a ser realizadas nos doze meses seguintes a sua formação.

§ 2º O novo partido perderá automaticamente seu registro provisório se, no prazo de vinte e quatro meses, contados de sua formação, não obtiver registro definitivo no Tribunal Superior Eleitoral, na forma que a lei dispuser.

Art. 7º O Brasil propugnará pela formação de um tribunal internacional dos direitos humanos.

Art. 8º É concedida anistia aos que, no período de 18 de setembro de 1946 até a data da promulgação da Constituição, foram atingidos, em decorrência de motivação exclusivamente política, por atos de exceção, institucionais ou complementares, aos que foram abrangidos pelo Decreto Legislativo 18, de 15 de dezembro de 1961, e aos atingidos pelo Dec.-lei 864, de 12 de setembro de 1969, asseguradas as promoções, na inatividade, ao cargo, emprego, posto ou graduação a que teriam direito se estivessem em serviço ativo, obedecidos os prazos de permanência em atividade previstos nas leis e regulamentos vigentes, respeitadas as características e peculiaridades das carreiras dos servidores públicos civis e militares e observados os respectivos regimes jurídicos.

• V. Súmula 674, STF.

§ 1º O disposto neste artigo somente gerará efeitos financeiros a partir da promulgação da Constituição, vedada a remuneração de qualquer espécie em caráter retroativo.

§ 2º Ficam assegurados os benefícios estabelecidos neste artigo aos trabalhadores do setor privado, dirigentes e representantes sindicais que, por motivos exclusivamente políticos, tenham sido punidos, demitidos ou compelidos ao afastamento das atividades remuneradas que exercem, bem como aos que foram impedidos de exercer atividades profissionais em virtude de pressões ostensivas ou expedientes oficiais sigilosos.

§ 3º Aos cidadãos que foram impedidos de exercer, na vida civil, atividade profissional específica, em decorrência das Portarias Reservadas do Ministério da Aeronáutica n. S-50-GM5, de 19 de junho de 1964, e n. S-285-GM5 será concedida reparação de natureza econômica, na forma que dispuser lei de iniciativa do Congresso Nacional e a entrar em vigor no prazo de doze meses a contar da promulgação da Constituição.

§ 4º Aos que, por força de atos institucionais, tenham exercido gratuitamente mandato eletivo de vereador serão computados, para efeito de aposentadoria no serviço público e previdência social, os respectivos períodos.

§ 5º A anistia concedida nos termos deste artigo aplica-se aos servidores públicos civis e aos empregados em todos os níveis de governo ou em suas fundações, empresas públicas ou empresas mistas sob controle estatal, exceto nos Ministérios militares, que tenham sido punidos ou demitidos por atividades profissionais interrompidas em virtude de decisão de seus trabalhadores, bem como em decorrência do Dec.-lei 1.632, de 4 de agosto de 1978, ou por motivos exclusivamente políticos, assegurada a readmissão dos que foram atingidos a partir de 1979, observado o disposto no § 1º.

Art. 9º Os que, por motivos exclusivamente políticos, foram cassados ou tiveram seus direitos políticos suspensos no período de 15 de julho a 31 de dezembro de 1969, por ato do então Presidente da República, poderão requerer ao Supremo Tribunal Federal o reconhecimento dos direitos e vantagens interrompidos pelos atos punitivos, desde que comprovem terem sido estes eivados de vício grave.

Parágrafo único. O Supremo Tribunal Federal proferirá a decisão no prazo de cento e vinte dias, a contar do pedido do interessado.

Art. 10. Até que seja promulgada a Lei Complementar a que se refere o art. 7º, I, da Constituição:

I – fica limitada a proteção nele referida ao aumento, para quatro vezes, da porcentagem prevista no art. 6º, *caput* e § 1º, da Lei 5.107, de 13 de setembro de 1966;

• V. Lei 8.036/1990 (Fundo de Garantia do Tempo de Serviço).

II – fica vedada a dispensa arbitrária ou sem justa causa:

a) do empregado eleito para cargo de direção de comissões internas de prevenção de

ADCT

acidentes, desde o registro de sua candidatura até um ano após o final de seu mandato;

• V. Súmula 676, STF.

b) da empregada gestante, desde a confirmação da gravidez até cinco meses após o parto.

§ 1º Até que a lei venha a disciplinar o disposto no art. 7º, XIX, da Constituição, o prazo da licença-paternidade a que se refere o inciso é de cinco dias.

§ 2º Até ulterior disposição legal, a cobrança das contribuições para o custeio das atividades dos sindicatos rurais será feita juntamente com a do imposto territorial rural, pelo mesmo órgão arrecadador.

§ 3º Na primeira comprovação do cumprimento das obrigações trabalhistas pelo empregador rural, na forma do art. 233, após a promulgação da Constituição, será certificada perante a Justiça do Trabalho a regularidade do contrato e das atualizações das obrigações trabalhistas de todo o período.

Art. 11. Cada Assembleia Legislativa, com poderes constituintes, elaborará a Constituição do Estado, no prazo de um ano, contado da promulgação da Constituição Federal, obedecidos os princípios desta.

Parágrafo único. Promulgada a Constituição do Estado, caberá à Câmara Municipal, no prazo de seis meses, votar a Lei Orgânica respectiva, em dois turnos de discussão e votação, respeitado o disposto na Constituição Federal e na Constituição Estadual.

Art. 12. Será criada, dentro de noventa dias da promulgação da Constituição, Comissão de Estudos Territoriais, com dez membros indicados pelo Congresso Nacional e cinco pelo Poder Executivo, com a finalidade de apresentar estudos sobre o território nacional e anteprojetos relativos a novas unidades territoriais, notadamente na Amazônia Legal e em áreas pendentes de solução.

§ 1º No prazo de um ano, a Comissão submeterá ao Congresso Nacional os resultados de seus estudos para, nos termos da Constituição, serem apreciados nos doze meses subsequentes, extinguindo-se logo após.

§ 2º Os Estados e os Municípios deverão no prazo de três anos, a contar da promulgação da Constituição, promover, mediante acordo ou arbitramento, a demarcação de suas linhas divisórias atualmente litigiosas, podendo para isso fazer alterações e compensações de área que atendam aos acidentes naturais, critérios históricos, conveniências administrativas e comodidade das populações limítrofes.

§ 3º Havendo solicitação dos Estados e Municípios interessados, a União poderá encarregar-se dos trabalhos demarcatórios.

§ 4º Se, decorrido o prazo de três anos, a contar da promulgação da Constituição, os trabalhos demarcatórios não tiverem sido concluídos, caberá à União determinar os limites das áreas litigiosas.

§ 5º Ficam reconhecidos e homologados os atuais limites do Estado do Acre com os Estados do Amazonas e de Rondônia, conforme levantamentos cartográficos e geodésicos realizados pela Comissão Tripartite integrada por representantes dos Estados e dos serviços técnico-especializados do Instituto Brasileiro de Geografia e Estatística.

Art. 13. É criado o Estado do Tocantins, pelo desmembramento da área descrita neste artigo, dando-se sua instalação no quadragésimo sexto dia após a eleição prevista no § 3º, mas não antes de 1º de janeiro de 1989.

§ 1º O Estado do Tocantins integra a Região Norte e limita-se com o Estado de Goiás pelas divisas norte dos Municípios de São Miguel do Araguaia, Porangatu, Formoso, Minaçu, Cavalcante, Monte Alegre de Goiás e Campos Belos, conservando a leste, norte e oeste as divisas atuais de Goiás com os Estados da Bahia, Piauí, Maranhão, Pará e Mato Grosso.

§ 2º O Poder Executivo designará uma das cidades do Estado para sua Capital provisória até a aprovação da sede definitiva do governo pela Assembleia Constituinte.

§ 3º O Governador, o Vice-Governador, os Senadores, os Deputados Federais e os Deputados Estaduais serão eleitos, em um único turno, até setenta e cinco dias após a promulgação da Constituição, mas não antes de 15 de novembro de 1988, a critério do

Art. 14

ADCT

Tribunal Superior Eleitoral, obedecidas, entre outras, as seguintes normas:

I – o prazo de filiação partidária dos candidatos será encerrado setenta e cinco dias antes da data das eleições;

II – as datas das convenções regionais partidárias destinadas a deliberar sobre coligações e escolha de candidatos, de apresentação de requerimento de registro dos candidatos escolhidos e dos demais procedimentos legais serão fixadas, em calendário especial, pela Justiça Eleitoral;

III – são inelegíveis os ocupantes de cargos estaduais ou municipais que não se tenham deles afastado, em caráter definitivo, setenta e cinco dias antes da data das eleições previstas neste parágrafo;

IV – ficam mantidos os atuais diretórios regionais dos partidos políticos do Estado de Goiás, cabendo às comissões executivas nacionais designar comissões provisórias no Estado do Tocantins, nos termos e para os fins previstos na lei.

§ 4º Os mandatos do Governador, do Vice-Governador, dos Deputados Federais e Estaduais eleitos na forma do parágrafo anterior extinguir-se-ão concomitantemente aos das demais unidades da Federação; o mandato do Senador eleito menos votado extinguir-se-á nessa mesma oportunidade, e os dos outros dois, juntamente com os dos Senadores eleitos em 1986, nos demais Estados.

§ 5º A Assembleia Estadual Constituinte será instalada no quadragésimo sexto dia da eleição de seus integrantes, mas não antes de 1º de janeiro de 1989, sob a presidência do Presidente do Tribunal Regional Eleitoral do Estado de Goiás, e dará posse, na mesma data, ao Governador e ao Vice-Governador eleitos.

§ 6º Aplicam-se à criação e instalação do Estado do Tocantins, no que couber, as normas legais disciplinadoras da divisão do Estado de Mato Grosso, observado o disposto no art. 234 da Constituição.

§ 7º Fica o Estado de Goiás liberado dos débitos e encargos decorrentes de empreendimentos no território do novo Estado, e autorizada a União, a seu critério, a assumir os referidos débitos.

Art. 14. Os Territórios Federais de Roraima e do Amapá são transformados em Estados Federados, mantidos seus atuais limites geográficos.

§ 1º A instalação dos Estados dar-se-á com a posse dos governadores eleitos em 1990.

§ 2º Aplicam-se à transformação e instalação dos Estados de Roraima e Amapá as normas e critérios seguidos na criação do Estado de Rondônia, respeitado o disposto na Constituição e neste Ato.

§ 3º O Presidente da República, até quarenta e cinco dias após a promulgação da Constituição, encaminhará à apreciação do Senado Federal os nomes dos governadores dos Estados de Roraima e do Amapá que exercerão o Poder Executivo até a instalação dos novos Estados com a posse dos governadores eleitos.

§ 4º Enquanto não concretizada a transformação em Estados, nos termos deste artigo, os Territórios Federais de Roraima e do Amapá serão beneficiados pela transferência de recursos prevista nos arts. 159, I, a, da Constituição, e 34, § 2º, II, deste Ato.

Art. 15. Fica extinto o Território Federal de Fernando de Noronha, sendo sua área reincorporada ao Estado de Pernambuco.

Art. 16. Até que se efetive o disposto no art. 32, § 2º, da Constituição, caberá ao Presidente da República, com a aprovação do Senado Federal, indicar o Governador e o Vice-Governador do Distrito Federal.

§ 1º A competência da Câmara Legislativa do Distrito Federal, até que se instale, será exercida pelo Senado Federal.

§ 2º A fiscalização contábil, financeira, orçamentária, operacional e patrimonial do Distrito Federal, enquanto não for instalada a Câmara Legislativa, será exercida pelo Senado Federal, mediante controle externo, com o auxílio do Tribunal de Contas do Distrito Federal, observado o disposto no art. 72 da Constituição.

§ 3º Incluem-se entre os bens do Distrito Federal aqueles que lhe vierem a ser atribuídos pela União na forma da lei.

Art. 17. Os vencimentos, a remuneração, as vantagens e os adicionais, bem como os proventos de aposentadoria que estejam sendo percebidos em desacordo com a

Art. 25

ADCT

Constituição serão imediatamente reduzidos aos limites dela decorrentes, não se admitindo, neste caso, invocação de direito adquirido ou percepção de excesso a qualquer título.

- V. art. 9º, Emenda Constitucional n. 41/2003.

§ 1º É assegurado o exercício cumulativo de dois cargos ou empregos privativos de médico que estejam sendo exercidos por médico militar na administração pública direta ou indireta.

§ 2º É assegurado o exercício cumulativo de dois cargos ou empregos privativos de profissionais de saúde que estejam sendo exercidos na administração pública direta ou indireta.

Art. 18. Ficam extintos os efeitos jurídicos de qualquer ato legislativo ou administrativo, lavrado a partir da instalação da Assembleia Nacional Constituinte, que tenha por objeto a concessão de estabilidade a servidor admitido sem concurso público, da administração direta ou indireta, inclusive das fundações instituídas e mantidas pelo Poder Público.

Art. 19. Os servidores públicos civis da União, dos Estados, do Distrito Federal e dos Municípios, da administração direta, autárquica e das fundações públicas, em exercício na data da promulgação da Constituição, há pelo menos cinco anos continuados, e que não tenham sido admitidos na forma regulada no art. 37, da Constituição, são considerados estáveis no serviço público.

§ 1º O tempo de serviço dos servidores referidos neste artigo será contado como título quando se submeterem a concurso para fins de efetivação, na forma da lei.

§ 2º O disposto neste artigo não se aplica aos ocupantes de cargos, funções e empregos de confiança ou em comissão, nem aos que a lei declare de livre exoneração, cujo tempo de serviço não será computado para os fins do *caput* deste artigo, exceto se se tratar de servidor.

§ 3º O disposto neste artigo não se aplica aos professores de nível superior, nos termos da lei.

Art. 20. Dentro de cento e oitenta dias, proceder-se-á à revisão dos direitos dos servidores públicos inativos e pensionistas e à atualização dos proventos e pensões a eles devidos, a fim de ajustá-los ao disposto na Constituição.

Art. 21. Os juízes togados de investidura limitada no tempo, admitidos mediante concurso público de provas e títulos e que estejam em exercício na data da promulgação da Constituição, adquirem estabilidade, observado o estágio probatório, e passam a compor quadro em extinção, mantidas as competências, prerrogativas e restrições da legislação a que se achavam submetidos, salvo as inerentes à transitoriedade da investidura.

Parágrafo único. A aposentadoria dos juízes de que trata este artigo regular-se-á pelas normas fixadas para os demais juízes estaduais.

Art. 22. É assegurado aos defensores públicos investidos na função até a data de instalação da Assembleia Nacional Constituinte o direito de opção pela carreira, com a observância das garantias e vedações previstas no art. 134, parágrafo único, da Constituição.

Art. 23. Até que se edite a regulamentação do art. 21, XVI, da Constituição, os atuais ocupantes do cargo de censor federal continuarão exercendo funções com este compatíveis, no Departamento de Polícia Federal, observadas as disposições constitucionais.

Parágrafo único. A lei referida disporá sobre o aproveitamento dos Censores Federais, nos termos deste artigo.

Art. 24. A União, os Estados, o Distrito Federal e os Municípios editarão leis que estabeleçam critérios para a compatibilização de seus quadros de pessoal ao disposto no art. 39 da Constituição e à reforma administrativa dela decorrente, no prazo de dezoito meses, contados da sua promulgação.

Art. 25. Ficam revogados, a partir de cento e oitenta dias da promulgação da Constituição, sujeito este prazo a prorrogação por lei, todos os dispositivos legais que atribuam ou deleguem a órgão do Poder Executivo competência assinalada pela Constituição ao Congresso Nacional, especialmente no que tange a:

Art. 26

ADCT

• V. Lei 7.763/1989 (Prorroga o prazo de dispositivos legais que menciona, com base no art. 25 do ADCT).

I – ação normativa;

II – alocação ou transferência de recursos de qualquer espécie.

§ 1º Os decretos-leis em tramitação no Congresso Nacional e por este não apreciados até a promulgação da Constituição terão seus efeitos regulados da seguinte forma:

I – se editados até 2 de setembro de 1988, serão apreciados pelo Congresso Nacional no prazo de até cento e oitenta dias a contar da promulgação da Constituição, não computado o recesso parlamentar;

II – decorrido o prazo definido no inciso anterior, e não havendo apreciação, os decretos-leis ali mencionados serão considerados rejeitados;

III – nas hipóteses definidas nos incisos I e II, terão plena validade os atos praticados na vigência dos respectivos decretos-leis, podendo o Congresso Nacional, se necessário, legislar sobre os efeitos deles remanescentes.

§ 2º Os decretos-leis editados entre 3 de setembro de 1988 e a promulgação da Constituição serão convertidos, nesta data, em medidas provisórias, aplicando-se-lhes as regras estabelecidas no art. 62, parágrafo único.

• V. art. 62, § 3º, CF.

Art. 26. No prazo de um ano a contar da promulgação da Constituição, o Congresso Nacional promoverá, através de Comissão mista, exame analítico e pericial dos atos e fatos geradores do endividamento externo brasileiro.

§ 1º A Comissão terá a força legal de Comissão parlamentar de inquérito para os fins de requisição e convocação, e atuará com o auxílio do Tribunal de Contas da União.

§ 2º Apurada irregularidade, o Congresso Nacional proporá ao Poder Executivo a declaração de nulidade do ato e encaminhará o processo ao Ministério Público Federal, que formalizará, no prazo de sessenta dias, a ação cabível.

Art. 27. O Superior Tribunal de Justiça será instalado sob a Presidência do Supremo Tribunal Federal.

§ 1º Até que se instale o Superior Tribunal de Justiça, o Supremo Tribunal Federal exercerá as atribuições e competências definidas na ordem constitucional precedente.

§ 2º A composição inicial do Superior Tribunal de Justiça far-se-á:

I – pelo aproveitamento dos Ministros do Tribunal Federal de Recursos;

II – pela nomeação dos Ministros que sejam necessários para completar o número estabelecido na Constituição.

§ 3º Para os efeitos do disposto na Constituição, os atuais Ministros do Tribunal Federal de Recursos serão considerados pertencentes à classe de que provieram, quando de sua nomeação.

§ 4º Instalado o Tribunal, os Ministros aposentados do Tribunal Federal de Recursos tornar-se-ão, automaticamente, Ministros aposentados do Superior Tribunal de Justiça.

§ 5º Os Ministros a que se refere o § 2º, II, serão indicados em lista tríplice pelo Tribunal Federal de Recursos, observado o disposto no art. 104, parágrafo único, da Constituição.

§ 6º Ficam criados cinco Tribunais Regionais Federais, a serem instalados no prazo de seis meses a contar da promulgação da Constituição, com a jurisdição e sede que lhes fixar o Tribunal Federal de Recursos, tendo em conta o número de processos e sua localização geográfica.

• V. Lei 7.727/1989 (Composição e instalação dos Tribunais Regionais Federais).

§ 7º Até que se instalem os Tribunais Regionais Federais, o Tribunal Federal de Recursos exercerá a competência a eles atribuída em todo o território nacional, cabendo-lhe promover sua instalação e indicar os candidatos a todos os cargos da composição inicial, mediante lista tríplice, podendo desta constar juízes federais de qualquer região, observado o disposto no § 9º.

§ 8º É vedado, a partir da promulgação da Constituição, o provimento de vagas de Ministros do Tribunal Federal de Recursos.

§ 9º Quando não houver juiz federal que conte o tempo mínimo previsto no art. 107, II, da Constituição, a promoção poderá contemplar juiz com menos de cinco anos no exercício do cargo.

Art. 33

ADCT

§ 10. Compete à Justiça Federal julgar as ações nela propostas até a data da promulgação da Constituição, e aos Tribunais Regionais Federais bem como ao Superior Tribunal de Justiça julgar as ações rescisórias das decisões até então proferidas pela Justiça Federal, inclusive daquelas cuja matéria tenha passado à competência de outro ramo do Judiciário.

§ 11. São criados, ainda, os seguintes Tribunais Regionais Federais: o da 6ª Região, com sede em Curitiba, Estado do Paraná, e jurisdição nos Estados do Paraná, Santa Catarina e Mato Grosso do Sul; o da 7ª Região, com sede em Belo Horizonte, Estado de Minas Gerais, e jurisdição no Estado de Minas Gerais; o da 8ª Região, com sede em Salvador, Estado da Bahia, e jurisdição nos Estados da Bahia e Sergipe; e o da 9ª Região, com sede em Manaus, Estado do Amazonas, e jurisdição nos Estados do Amazonas, Acre, Rondônia e Roraima.

- § 11 acrescentado pela Emenda Constitucional n. 73/2013.
- V. Med. Caut. em ADIn 5.017.
- V. art. 2º, Emenda Constitucional n. 73/2013 (Cria os Tribunais Regionais Federais da 6ª, 7ª, 8ª e 9ª Regiões).

Art. 28. Os juízes federais de que trata o art. 123, § 2º, da Constituição de 1967, com a redação dada pela Emenda Constitucional n. 7, de 1977, ficam investidos na titularidade de varas na Seção Judiciária para a qual tenham sido nomeados ou designados; na inexistência de vagas, proceder-se-á ao desdobramento das varas existentes.

Parágrafo único. Para efeito de promoção por antiguidade, o tempo de serviço desses juízes será computado a partir do dia de sua posse.

Art. 29. Enquanto não aprovadas as leis complementares relativas ao Ministério Público e à Advocacia-Geral da União, o Ministério Público Federal, a Procuradoria-Geral da Fazenda Nacional, as Consultorias Jurídicas dos Ministérios, as Procuradorias e Departamentos Jurídicos de autarquias federais com representação própria e os membros das Procuradorias das Universidades fundacionais públicas continuarão a exercer suas atividades na área das respectivas atribuições.

- V. LC 73/1993 (Lei Orgânica da Advocacia-Geral da União).
- V. LC 75/1993 (Estatuto do Ministério Público da União).
- V. Dec. 767/1993 (Controle interno da Advocacia-Geral da União).

§ 1º O Presidente da República, no prazo de cento e vinte dias, encaminhará ao Congresso Nacional projeto de lei complementar dispondo sobre a organização e o funcionamento da Advocacia-Geral da União.

§ 2º Aos atuais Procuradores da República, nos termos da Lei Complementar, será facultada a opção, de forma irretratável, entre as carreiras do Ministério Público Federal e da Advocacia-Geral da União.

§ 3º Poderá optar pelo regime anterior, no que respeita às garantias e vantagens, o membro do Ministério Público admitido antes da promulgação da Constituição, observando-se, quanto às vedações, a situação jurídica na data desta.

§ 4º Os atuais integrantes do quadro suplementar dos Ministérios Públicos do Trabalho e Militar que tenham adquirido estabilidade nessas funções passam a integrar o quadro da respectiva carreira.

§ 5º Cabe à atual Procuradoria-Geral da Fazenda Nacional, diretamente ou por delegação, que pode ser ao Ministério Público Estadual, representar judicialmente a União nas causas de natureza fiscal, na área da respectiva competência, até a promulgação das Leis Complementares previstas neste artigo.

Art. 30. A legislação que criar a justiça de paz manterá os atuais juízes de paz até a posse dos novos titulares, assegurando-lhes os direitos e atribuições conferidos a estes, e designará o dia para a eleição prevista no art. 98, II, da Constituição.

Art. 31. Serão estatizadas as serventias do foro judicial, assim definidas em lei, respeitados os direitos dos atuais titulares.

Art. 32. O disposto no art. 236 não se aplica aos serviços notariais e de registro que já tenham sido oficializados pelo Poder Público, respeitando-se o direito de seus servidores.

- V. Lei 8.935/1994 (Regulamenta o art. 236 da CF).

Art. 33. Ressalvados os créditos de natureza alimentar, o valor dos precatórios judi-

Art. 34

ciais pendentes de pagamento na data da promulgação da Constituição, incluído o remanescente de juros e correção monetária, poderá ser pago em moeda corrente, com atualização, em prestações anuais, iguais e sucessivas, no prazo máximo de oito anos, a partir de 1º de julho de 1989, por decisão editada pelo Poder Executivo até cento e oitenta dias da promulgação da Constituição.

• V. art. 97, § 15, ADCT.

Parágrafo único. Poderão as entidades devedoras, para o cumprimento do disposto neste artigo, emitir, em cada ano, no exato montante do dispêndio, títulos de dívida pública não computáveis para efeito do limite global de endividamento.

Art. 34. O sistema tributário nacional entrará em vigor a partir do primeiro dia do quinto mês seguinte ao da promulgação da Constituição, mantido, até então, o da Constituição de 1967, com redação dada pela Emenda n. 1, de 1969, e pelas posteriores.

§ 1º Entrarão em vigor com a promulgação da Constituição os arts. 148, 149, 150, 154, I, 156, III, e 159, I, c, revogadas as disposições em contrário da Constituição de 1967 e das Emendas que a modificaram, especialmente de seu art. 25, III.

§ 2º O Fundo de Participação dos Estados e do Distrito Federal e o Fundo de Participação dos Municípios obedecerão às seguintes determinações:

I – a partir da promulgação da Constituição, os percentuais serão, respectivamente, de dezoito por cento e de vinte por cento, calculados sobre o produto da arrecadação dos impostos referidos no art. 153, III e IV, mantidos os atuais critérios de rateio até a entrada em vigor da lei complementar a que se refere o art. 161, II;

II – o percentual relativo ao Fundo de Participação dos Estados e do Distrito Federal será acrescido de um ponto percentual no exercício financeiro de 1989 e, a partir de 1990, inclusive, à razão de meio ponto por exercício, até 1992, inclusive, atingindo em 1993 o percentual estabelecido no art. 159, I, a;

III – o percentual relativo ao Fundo de Participação dos Municípios, a partir de 1989, inclusive, será elevado à razão de meio ponto percentual por exercício financeiro, até atingir o estabelecido no art. 159, I, b.

§ 3º Promulgada a Constituição, a União, os Estados, o Distrito Federal e os Municípios poderão editar as leis necessárias à aplicação do sistema tributário nacional nela previsto.

§ 4º As leis editadas nos termos do parágrafo anterior produzirão efeitos a partir da entrada em vigor do sistema tributário nacional previsto na Constituição.

§ 5º Vigente o novo sistema tributário nacional, fica assegurada a aplicação da legislação anterior, no que não seja incompatível com ele e com a legislação referida nos §§ 3º e 4º.

• V. Súmula 663, STF.

§ 6º Até 31 de dezembro de 1989, o disposto no art. 150, III, b, não se aplica aos impostos de que tratam os arts. 155, I, a e b, e 156, II e III, que podem ser cobrados trinta dias após a publicação da lei que os tenha instituído ou aumentado.

• Em virtude da Emenda Constitucional n. 3/1993, a referência ao art. 155, I, a e b, passou a ser ao art. 155, I e II.

§ 7º Até que sejam fixadas em lei complementar, as alíquotas máximas do imposto municipal sobre vendas a varejo de combustíveis líquidos e gasosos não excederão a três por cento.

§ 8º Se, no prazo de sessenta dias contados da promulgação da Constituição, não for editada a lei complementar necessária à instituição do imposto de que trata o art. 155, I, b, os Estados e o Distrito Federal, mediante convênio celebrado nos termos da Lei Complementar 24, de 7 de janeiro de 1975, fixarão normas para regular provisoriamente a matéria.

• Em virtude da Emenda Constitucional n. 3/1993, a referência ao art. 155, I, a e b, passou a ser ao art. 155, I e II.
• V. LC 87/1996 (ICMS).

§ 9º Até que lei complementar disponha sobre a matéria, as empresas distribuidoras de energia elétrica, na condição de contribuintes ou de substitutos tributários, serão as responsáveis, por ocasião da saída do produto de seus estabelecimentos, ainda que destinado a outra unidade da Federação, pelo pagamento do imposto sobre operações relativas à circulação de mercadorias incidente sobre energia elétrica, desde a produção ou importação até a última operação, calculado o imposto sobre o preço então praticado na operação final e assegurado seu recolhimento ao Estado ou ao Distrito Federal, conforme o local onde deva ocorrer essa operação.

§ 10. Enquanto não entrar em vigor a lei prevista no art. 159, I, c, cuja promulgação se fará até 31 de dezembro de 1989, é assegurada a aplicação dos recursos previstos naquele dispositivo da seguinte maneira:

- V. Lei 7.827/1989 (Fundos Constitucionais de Financiamento).

I – seis décimos por cento na Região Norte, através do Banco da Amazônia S.A.;

II – um inteiro e oito décimos por cento na Região Nordeste, através do Banco do Nordeste do Brasil S.A.;

III – seis décimos por cento na Região Centro-Oeste, através do Banco do Brasil S.A.

§ 11. Fica criado, nos termos da lei, o Banco de Desenvolvimento do Centro-Oeste, para dar cumprimento, na referida região, ao que determinam os arts. 159, I, c, e 192, § 2º, da Constituição.

§ 12. A urgência prevista no art. 148, II, não prejudica a cobrança do empréstimo compulsório instituído, em benefício das Centrais Elétricas Brasileiras S.A. (Eletrobrás), pela Lei 4.156, de 28 de novembro de 1962, com as alterações posteriores.

Art. 35. O disposto no art. 165, § 7º, será cumprido de forma progressiva, no prazo de até dez anos, distribuindo-se os recursos entre as regiões macroeconômicas em razão proporcional à população, a partir da situação verificada no biênio 1986-1987.

§ 1º Para aplicação dos critérios de que trata este artigo, excluem-se das despesas totais as relativas:

I – aos projetos considerados prioritários no plano plurianual;

II – à segurança e defesa nacional;

III – à manutenção dos órgãos federais no Distrito Federal;

IV – ao Congresso Nacional, ao Tribunal de Contas da União e ao Poder Judiciário;

V – ao serviço da dívida da administração direta e indireta da União, inclusive fundações instituídas e mantidas pelo Poder Público federal.

§ 2º Até a entrada em vigor da Lei Complementar a que se refere o art. 165, § 9º, I e II, serão obedecidas as seguintes normas:

I – o projeto do plano plurianual, para vigência até o final do primeiro exercício financeiro do mandato presidencial subsequente, será encaminhado até quatro meses antes do encerramento do primeiro exercício financeiro e devolvido para sanção até o encerramento da sessão legislativa;

II – o projeto de lei de diretrizes orçamentárias será encaminhado até oito meses e meio antes do encerramento do exercício financeiro e devolvido para sanção até o encerramento do primeiro período da sessão legislativa;

III – o projeto de lei orçamentária da União será encaminhado até quatro meses antes do encerramento do exercício financeiro e devolvido para sanção até o encerramento da sessão legislativa.

Art. 36. Os fundos existentes na data da promulgação da Constituição, excetuados os resultantes de isenções fiscais que passem a integrar patrimônio privado e os que interessem à defesa nacional, extinguir-se-ão, se não forem ratificados pelo Congresso Nacional no prazo de dois anos.

Art. 37. A adaptação ao que estabelece o art. 167, III, deverá processar-se no prazo de cinco anos, reduzindo-se o excesso à base de, pelo menos, um quinto por ano.

Art. 38. Até a promulgação da lei complementar referida no art. 169, a União, os Estados, o Distrito Federal e os Municípios não poderão despender com pessoal mais do que sessenta e cinco por cento do valor das respectivas receitas correntes.

Parágrafo único. A União, os Estados, o Distrito Federal e os Municípios, quando a respectiva despesa de pessoal exceder o limite previsto neste artigo, deverão retornar àquele limite, reduzindo o percentual excedente à razão de um quinto por ano.

Art. 39. Para efeito do cumprimento das disposições constitucionais que impliquem variações de despesas e receitas da União, após a promulgação da Constituição, o Poder Executivo deverá elaborar e o Poder Le-

Art. 40

ADCT

gislativo apreciar projeto de revisão da lei orçamentária referente ao exercício financeiro de 1989.

Parágrafo único. O Congresso Nacional deverá votar no prazo de doze meses a Lei Complementar prevista no art. 161, II.

Art. 40. É mantida a Zona Franca de Manaus, com suas características de área livre de comércio, de exportação e importação, e de incentivos fiscais, pelo prazo de vinte e cinco anos, a partir da promulgação da Constituição.

- V. arts. 92 e 92-A, ADCT.

Parágrafo único. Somente por lei federal podem ser modificados os critérios que disciplinaram ou venham a disciplinar a aprovação dos projetos na Zona Franca de Manaus.

Art. 41. Os Poderes Executivos da União, dos Estados, do Distrito Federal e dos Municípios reavaliarão todos os incentivos fiscais de natureza setorial ora em vigor, propondo aos Poderes Legislativos respectivos as medidas cabíveis.

- V. arts. 151, I, 155, XII, *g*, 195, § 3º, e 227, § 3º, VI, CF.
- V. Lei 8.402/1992 (Incentivos fiscais).

§ 1º Considerar-se-ão revogados após dois anos, a partir da data da promulgação da Constituição, os incentivos que não forem confirmados por lei.

§ 2º A revogação não prejudicará os direitos que já tiverem sido adquiridos, àquela data, em relação a incentivos concedidos sob condição e com prazo certo.

§ 3º Os incentivos concedidos por convênio entre Estados, celebrados nos termos do art. 23, § 6º, da Constituição de 1967, com a redação da Emenda n. 1, de 17 de outubro de 1969, também deverão ser reavaliados e reconfirmados nos prazos deste artigo.

Art. 42. Durante 40 (quarenta) anos, a União aplicará dos recursos destinados à irrigação:

- Artigo com redação determinada pela Emenda Constitucional n. 89/2015.

I – 20% (vinte por cento) na Região Centro-Oeste;

II – 50% (cinquenta por cento) na Região Nordeste, preferencialmente no Semiárido.

Parágrafo único. Dos percentuais previstos nos incisos I e II do *caput*, no mínimo 50% (cinquenta por cento) serão destinados a projetos de irrigação que beneficiem agricultores familiares que atendam aos requisitos previstos em legislação específica.

Art. 43. Na data da promulgação da lei que disciplinar a pesquisa e a lavra de recursos e jazidas minerais, ou no prazo de um ano, a contar da promulgação da Constituição, tornar-se-ão sem efeito as autorizações, concessões e demais títulos atributivos de direitos minerários, caso os trabalhos de pesquisa ou de lavra não hajam sido comprovadamente iniciados nos prazos legais ou estejam inativos.

- V. Lei 7.886/1989 (Regulamenta o art. 43 do ADCT).

Art. 44. As atuais empresas brasileiras titulares de autorização de pesquisa, concessão de lavra de recursos minerais e de aproveitamento dos potenciais de energia hidráulica em vigor terão quatro anos, a partir da promulgação da Constituição, para cumprir os requisitos do art. 176, § 1º.

§ 1º Ressalvadas as disposições de interesse nacional previstas no texto constitucional, as empresas brasileiras ficarão dispensadas do cumprimento do disposto no art. 176, § 1º, desde que, no prazo de até quatro anos da data da promulgação da Constituição, tenham o produto de sua lavra e beneficiamento destinado a industrialização no território nacional, em seus próprios estabelecimentos ou em empresa industrial controladora ou controlada.

§ 2º Ficarão também dispensadas do cumprimento do disposto no art. 176, § 1º, as empresas brasileiras titulares de concessão de energia hidráulica para uso em seu processo de industrialização.

§ 3º As empresas brasileiras referidas no § 1º, somente poderão ter autorizações de pesquisa e concessões de lavra ou potenciais de energia hidráulica, desde que a energia e o produto da lavra sejam utilizados nos respectivos processos industriais.

Art. 45. Ficam excluídas do monopólio estabelecido pelo art. 177, II, da Constituição as refinarias em funcionamento no País amparadas pelo art. 43 e nas condições do art. 45 da Lei 2.004, de 3 de outubro de 1953.

Parágrafo único. Ficam ressalvados da vedação do art. 177, § 1º, os contratos de risco feitos com a Petróleo Brasileiro S.A.

ADCT

(Petrobrás), para pesquisa de petróleo, que estejam em vigor na data da promulgação da Constituição.

Art. 46. São sujeitos à correção monetária desde o vencimento, até seu efetivo pagamento, sem interrupção ou suspensão, os créditos junto a entidades submetidas aos regimes de intervenção ou liquidação extrajudicial, mesmo quando esses regimes sejam convertidos em falência.

Parágrafo único. O disposto neste artigo aplica-se também:

I – às operações realizadas posteriormente à decretação dos regimes referidos no *caput* deste artigo;

II – às operações de empréstimo, financiamento, refinanciamento, assistência financeira de liquidez, cessão ou sub-rogação de créditos ou cédulas hipotecárias, efetivação de garantia de depósitos do público ou de compra de obrigações passivas, inclusive as realizadas com recursos de fundos que tenham essas destinações;

III – aos créditos anteriores à promulgação da Constituição;

IV – aos créditos das entidades da administração pública anteriores à promulgação da Constituição, não liquidados até 1º de janeiro de 1988.

Art. 47. Na liquidação dos débitos, inclusive suas renegociações e composições posteriores, ainda que ajuizados, decorrentes de quaisquer empréstimos concedidos por bancos e por instituições financeiras, não existirá correção monetária desde que o empréstimo tenha sido concedido:

I – aos micro e pequenos empresários ou seus estabelecimentos no período de 28 de fevereiro de 1986 a 28 de fevereiro de 1987;

II – aos mini, pequenos e médios produtores rurais no período de 28 de fevereiro de 1986 a 31 de dezembro de 1987, desde que relativos a crédito rural.

§ 1º Consideram-se, para efeito deste artigo, microempresas as pessoas jurídicas e as firmas individuais com receitas anuais de até dez mil Obrigações do Tesouro Nacional, e pequenas empresas as pessoas jurídicas e as firmas individuais com receita anual de até vinte e cinco mil Obrigações do Tesouro Nacional.

• V. art. 179, CF.

§ 2º A classificação de mini, pequeno e médio produtor rural será feita obedecendo-se às normas de crédito rural vigentes à época do contrato.

§ 3º A isenção da correção monetária a que se refere este artigo só será concedida nos seguintes casos:

I – se a liquidação do débito inicial, acrescido de juros legais e taxas judiciais, vier a ser efetivada no prazo de noventa dias, a contar da data da promulgação da Constituição;

II – se a aplicação dos recursos não contrariar a finalidade do financiamento, cabendo o ônus da prova à instituição credora;

III – se não for demonstrado pela instituição credora que o mutuário dispõe de meios para o pagamento de seu débito, excluído desta demonstração seu estabelecimento, a casa de moradia e os instrumentos de trabalho e produção;

IV – se o financiamento inicial não ultrapassar o limite de cinco mil Obrigações do Tesouro Nacional;

V – se o beneficiário não for proprietário de mais de cinco módulos rurais.

§ 4º Os benefícios de que trata este artigo não se estendem aos débitos já quitados e aos devedores que sejam constituintes.

§ 5º No caso de operações com prazos de vencimento posteriores à data limite de liquidação da dívida, havendo interesse do mutuário, os bancos e as instituições financeiras promoverão, por instrumento próprio, alteração nas condições contratuais originais de forma a ajustá-las ao presente benefício.

§ 6º A concessão do presente benefício por bancos comerciais privados em nenhuma hipótese acarretará ônus para o Poder Público, ainda que através de refinanciamento e repasse de recursos pelo Banco Central.

§ 7º No caso de repasse a agentes financeiros oficiais ou cooperativas de crédito, o ônus recairá sobre a fonte de recursos originária.

Art. 48. O Congresso Nacional, dentro de cento e vinte dias da promulgação da Constituição, elaborará código de defesa do consumidor.

• V. Lei 8.078/1990 (Código de Defesa do Consumidor).

Art. 49

ADCT

Art. 49. A lei disporá sobre o instituto da enfiteuse em imóveis urbanos, sendo facultada aos foreiros, no caso de sua extinção, a remição dos aforamentos mediante aquisição do domínio direto, na conformidade do que dispuserem os respectivos contratos.

• V. Dec.-lei 9.760/1946 (Bens imóveis da União).

§ 1º Quando não existir cláusula contratual, serão adotados os critérios e bases hoje vigentes na legislação especial dos imóveis da União.

§ 2º Os direitos dos atuais ocupantes inscritos ficam assegurados pela aplicação de outra modalidade de contrato.

§ 3º A enfiteuse continuará sendo aplicada aos terrenos de marinha e seus acrescidos, situados na faixa de segurança, a partir da orla marítima.

§ 4º Remido o foro, o antigo titular do domínio direto deverá, no prazo de noventa dias, sob pena de responsabilidade, confiar à guarda do registro de imóveis competente toda a documentação a ele relativa.

Art. 50. Lei agrícola a ser promulgada no prazo de um ano disporá, nos termos da Constituição, sobre os objetivos e instrumentos de política agrícola, prioridades, planejamento de safras, comercialização, abastecimento interno, mercado externo e instituição de crédito fundiário.

• V. Lei 8.171/1991 (Princípios da política agrícola).

Art. 51. Serão revistos pelo Congresso Nacional, através de Comissão mista, nos três anos a contar da data da promulgação da Constituição, todas as doações, vendas e concessões de terras públicas com área superior a três mil hectares, realizadas no período de 1º de janeiro de 1962 a 31 de dezembro de 1987.

§ 1º No tocante às vendas, a revisão será feita com base exclusivamente no critério de legalidade da operação.

§ 2º No caso de concessões e doações, a revisão obedecerá aos critérios de legalidade e de conveniência do interesse público.

§ 3º Nas hipóteses previstas nos parágrafos anteriores, comprovada a ilegalidade, ou havendo interesse público, as terras reverterão ao patrimônio da União, dos Estados, do Distrito Federal ou dos Municípios.

Art. 52. Até que sejam fixadas as condições do art. 192, são vedados:

• *Caput* com redação determinada pela Emenda Constitucional n. 40/2003.

I – a instalação, no País, de novas agências de instituições financeiras domiciliadas no exterior;

II – o aumento do percentual de participação, no capital de instituições financeiras com sede no País, de pessoas físicas ou jurídicas residentes ou domiciliadas no exterior.

Parágrafo único. A vedação a que se refere este artigo não se aplica às autorizações resultantes de acordos internacionais, de reciprocidade, ou de interesse do Governo brasileiro.

Art. 53. Ao ex-combatente que tenha efetivamente participado de operações bélicas durante a Segunda Guerra Mundial, nos termos da Lei 5.315, de 12 de setembro de 1967, serão assegurados os seguintes direitos:

I – aproveitamento no serviço público, sem a exigência de concurso com estabilidade;

II – pensão especial correspondente à deixada por segundo-tenente das Forças Armadas, que poderá ser requerida a qualquer tempo, sendo inacumulável com quaisquer rendimentos recebidos dos cofres públicos, exceto os benefícios previdenciários, ressalvado o direito de opção;

III – em caso de morte, pensão à viúva ou companheira ou dependente, de forma proporcional, de valor igual à do inciso anterior;

IV – assistência médica, hospitalar e educacional gratuita, extensiva aos dependentes;

V – aposentadoria com proventos integrais aos vinte e cinco anos de serviço efetivo, em qualquer regime jurídico;

VI – prioridade na aquisição da casa própria, para os que não a possuam ou para suas viúvas ou companheiras.

Parágrafo único. A concessão da pensão especial do inciso II substitui, para todos os efeitos legais, qualquer outra pensão já concedida ao ex-combatente.

Art. 54. Os seringueiros recrutados nos termos do Dec.-lei 5.813, de 14 de setembro de 1943, e amparados pelo Dec.-lei 9.882, de 16 de setembro de 1946, recebe-

ADCT

rão, quando carentes, pensão mensal vitalícia no valor de dois salários mínimos.

* V. Lei 7.986/1989 (Regulamenta a concessão do benefício previsto no art. 54 do ADCT).

§ 1º O benefício é estendido aos seringueiros que, atendendo a apelo do Governo brasileiro, contribuíram para o esforço de guerra, trabalhando na produção de borracha, na Região Amazônica, durante a Segunda Guerra Mundial.

§ 2º Os benefícios estabelecidos neste artigo são transferíveis aos dependentes reconhecidamente carentes.

§ 3º A concessão do benefício far-se-á conforme lei a ser proposta pelo Poder Executivo dentro de cento e cinquenta dias da promulgação da Constituição.

Art. 54-A. Os seringueiros de que trata o art. 54 deste Ato das Disposições Constitucionais Transitórias receberão indenização, em parcela única, no valor de R$ 25.000,00 (vinte e cinco mil reais).

* Artigo acrescentado pela Emenda Constitucional n. 78/2014, em vigor no exercício financeiro seguinte ao da publicação.
* V. art. 2º, EC 78/2014 (Indenização devida aos seringueiros).

Art. 55. Até que seja aprovada a lei de diretrizes orçamentárias, trinta por cento, no mínimo, do orçamento da seguridade social, excluído o seguro-desemprego, serão destinados ao setor de saúde.

Art. 56. Até que a lei disponha sobre o art. 195, I, a arrecadação decorrente de, no mínimo, cinco dos seis décimos percentuais correspondentes à alíquota da contribuição de que trata o Dec.-lei 1.940, de 25 de maio de 1982, alterada pelo Dec.-lei 2.049, de 1º de agosto de 1983, pelo Decreto 91.236, de 8 de maio de 1985, e pela Lei 7.611, de 8 de julho de 1987, passa a integrar a receita da seguridade social, ressalvados, exclusivamente no exercício de 1988, os compromissos assumidos com programas e projetos em andamento.

Art. 57. Os débitos dos Estados e dos Municípios relativos às contribuições previdenciárias até 30 de junho de 1988 serão liquidados, com correção monetária, em cento e vinte parcelas mensais, dispensados os juros e multas sobre eles incidentes, desde que os devedores requeiram o parcelamento e iniciem seu pagamento no prazo de cento e oitenta dias a contar da promulgação da Constituição.

§ 1º O montante a ser pago em cada um dos dois primeiros anos não será inferior a cinco por cento do total do débito consolidado e atualizado, sendo o restante dividido em parcelas mensais de igual valor.

§ 2º A liquidação poderá incluir pagamentos na forma de cessão de bens e prestação de serviços, nos termos da Lei 7.578, de 23 de dezembro de 1986.

§ 3º Em garantia do cumprimento do parcelamento, os Estados e os Municípios consignarão, anualmente, nos respectivos orçamentos as dotações necessárias ao pagamento de seus débitos.

§ 4º Descumprida qualquer das condições estabelecidas para concessão do parcelamento, o débito será considerado vencido em sua totalidade, sobre ele incidindo juros de mora; nesta hipótese, parcela dos recursos correspondentes aos Fundos de Participação, destinada aos Estados e Municípios devedores, será bloqueada e repassada à previdência social para pagamento de seus débitos.

Art. 58. Os benefícios de prestação continuada, mantidos pela previdência social na data da promulgação da Constituição, terão seus valores revistos, a fim de que seja restabelecido o poder aquisitivo, expresso em número de salários mínimos, que tinham na data de sua concessão, obedecendo-se a esse critério de atualização até a implantação do plano de custeio e benefícios referidos no artigo seguinte.

* V. Súmula 687, STF.

Parágrafo único. As prestações mensais dos benefícios atualizadas de acordo com este artigo serão devidas e pagas a partir do sétimo mês a contar da promulgação da Constituição.

Art. 59. Os projetos de lei relativos à organização da seguridade social e aos planos de custeio e de benefício serão apresentados no prazo máximo de seis meses da promulgação da Constituição ao Congresso Nacional, que terá seis meses para apreciá-los.

Art. 60

ADCT

Parágrafo único. Aprovados pelo Congresso Nacional, os planos serão implantados progressivamente nos dezoito meses seguintes.

Art. 60. Até o 14º (décimo quarto) ano a partir da promulgação desta Emenda Constitucional, os Estados, o Distrito Federal e os Municípios destinarão parte dos recursos a que se refere o *caput* do art. 212 da Constituição Federal à manutenção e desenvolvimento da educação básica e à remuneração condigna dos trabalhadores da educação, respeitadas as seguintes disposições:

- Artigo com redação determinada pela Emenda Constitucional n. 53/2006 (*DOU* 20.12.2006), em vigor na data de sua publicação, mantidos os efeitos do art. 60 do ADCT, conforme estabelecido pela EC n. 14/1996, até o início da vigência dos Fundos, nos termos da EC n. 53/2006.
- V. Lei 11.494/2007 (Regulamenta o Fundo de Manutenção e Desenvolvimento da Educação Básica e de Valorização dos Profissionais da Educação – Fundeb, de que trata o art. 60 do ADCT).
- V. Dec. 6.253/2007 (Regulamenta a Lei 11.494/2007).

I – a distribuição dos recursos e de responsabilidades entre o Distrito Federal, os Estados e seus Municípios é assegurada mediante a criação, no âmbito de cada Estado e do Distrito Federal, de um Fundo de Manutenção e Desenvolvimento da Educação Básica e de Valorização dos Profissionais da Educação – FUNDEB, de natureza contábil;

II – os Fundos referidos no inciso I do *caput* deste artigo serão constituídos por 20% (vinte por cento) dos recursos a que se referem os incisos I, II e III do art. 155; o inciso II do *caput* do art. 157; os incisos II, III e IV do *caput* do art. 158; e as alíneas *a* e *b* do inciso I e o inciso II do *caput* do art. 159, todos da Constituição Federal, e distribuídos entre cada Estado e seus Municípios, proporcionalmente ao número de alunos das diversas etapas e modalidades da educação básica presencial, matriculados nas respectivas redes, nos respectivos âmbitos de atuação prioritária estabelecidos nos §§ 2º e 3º do art. 211 da Constituição Federal;

III – observadas as garantias estabelecidas nos incisos I, II, III e IV do *caput* do art. 208 da Constituição Federal e as metas de universalização da educação básica estabelecidas no Plano Nacional de Educação, a lei disporá sobre:

- V. Lei 9.424/1996 (Fundo de Manutenção e Desenvolvimento do Ensino Fundamental e de Valorização do Magistério).

a) a organização dos Fundos, a distribuição proporcional de seus recursos, as diferenças e as ponderações quanto ao valor anual por aluno entre etapas e modalidades da educação básica e tipos de estabelecimento de ensino;
b) a forma de cálculo do valor anual mínimo por aluno;
c) os percentuais máximos de apropriação dos recursos dos Fundos pelas diversas etapas e modalidades da educação básica, observados os arts. 208 e 214 da Constituição Federal, bem como as metas do Plano Nacional de Educação;
d) a fiscalização e o controle dos Fundos;
e) prazo para fixar, em lei específica, piso salarial profissional nacional para os profissionais do magistério público da educação básica;

- V. Lei 11.738/2008 (Regulamenta a alínea *e* do inciso III do *caput* do art. 60 do ADCT, para instituir o piso salarial profissional nacional para os profissionais do magistério público da educação básica).

IV – os recursos recebidos à conta dos Fundos instituídos nos termos do inciso I do *caput* deste artigo serão aplicados pelos Estados e Municípios exclusivamente nos respectivos âmbitos de atuação prioritária, conforme estabelecido nos §§ 2º e 3º do art. 211 da Constituição Federal;

V – a União complementará os recursos dos Fundos a que se refere o inciso I do *caput* deste artigo sempre que, no Distrito Federal e em cada Estado, o valor por aluno não alcançar o mínimo definido nacionalmente, fixado em observância ao disposto no inciso VII do *caput* deste artigo, vedada a utilização dos recursos a que se refere o § 5º do art. 212 da Constituição Federal;

VI – até 10% (dez por cento) da complementação da União prevista no inciso V do *caput* deste artigo poderá ser distribuída para os Fundos por meio de programas direcionados para a melhoria da qualidade da educação, na forma da lei a que se refere o inciso III do *caput* deste artigo;

Art. 60

ADCT

VII – a complementação da União de que trata o inciso V do *caput* deste artigo será de, no mínimo:
a) R$ 2.000.000.000,00 (dois bilhões de reais), no primeiro ano de vigência dos Fundos;
b) R$ 3.000.000.000,00 (três bilhões de reais), no segundo ano de vigência dos Fundos;
c) R$ 4.500.000.000,00 (quatro bilhões e quinhentos milhões de reais), no terceiro ano de vigência dos Fundos;
d) 10% (dez por cento) do total dos recursos a que se refere o inciso II do *caput* deste artigo, a partir do quarto ano de vigência dos Fundos;
VIII – a vinculação de recursos à manutenção e desenvolvimento do ensino estabelecida no art. 212 da Constituição Federal suportará, no máximo, 30% (trinta por cento) da complementação da União, considerando-se para os fins deste inciso os valores previstos no inciso VII do *caput* deste artigo;
IX – os valores a que se referem as alíneas *a*, *b*, e *c* do inciso VII do *caput* deste artigo serão atualizados, anualmente, a partir da promulgação desta Emenda Constitucional, de forma a preservar, em caráter permanente, o valor real da complementação da União;
X – aplica-se à complementação da União o disposto no art. 160 da Constituição Federal;
XI – o não cumprimento do disposto nos incisos V e VII do *caput* deste artigo importará crime de responsabilidade da autoridade competente;
XII – proporção não inferior a 60% (sessenta por cento) de cada Fundo referido no inciso I do *caput* deste artigo será destinada ao pagamento dos profissionais do magistério da educação básica em efetivo exercício.
§ 1º A União, os Estados, o Distrito Federal e os Municípios deverão assegurar, no financiamento da educação básica, a melhoria da qualidade de ensino, de forma a garantir padrão mínimo definido nacionalmente.
§ 2º O valor por aluno do ensino fundamental, no Fundo de cada Estado e do Distrito Federal, não poderá ser inferior ao praticado no âmbito do Fundo de Manutenção e Desenvolvimento do Ensino Fundamental e de Valorização do Magistério – Fundef, no ano anterior à vigência desta Emenda Constitucional.
§ 3º O valor anual mínimo por aluno do ensino fundamental, no âmbito do Fundo de Manutenção e Desenvolvimento da Educação Básica e de Valorização dos Profissionais da Educação – Fundeb, não poderá ser inferior ao valor mínimo fixado nacionalmente no ano anterior ao da vigência desta Emenda Constitucional.
§ 4º Para efeito de distribuição de recursos dos Fundos a que se refere o inciso I do *caput* deste artigo, levar-se-á em conta a totalidade das matrículas no ensino fundamental e considerar-se-á para a educação infantil, para o ensino médio e para a educação de jovens e adultos 1/3 (um terço) das matrículas no primeiro ano, 2/3 (dois terços) no segundo ano e sua totalidade a partir do terceiro ano.
§ 5º A porcentagem dos recursos de constituição dos Fundos, conforme o inciso II do *caput* deste artigo, será alcançada gradativamente nos primeiros 3 (três) anos de vigência dos Fundos, da seguinte forma:
I – no caso dos impostos e transferências constantes do inciso II do *caput* do art. 155; do inciso IV do *caput* do art. 158; e das alíneas *a* e *b* do inciso I e do inciso II do *caput* do art. 159 da Constituição Federal:
a) 16,66% (dezesseis inteiros e sessenta e seis centésimos por cento), no primeiro ano;
b) 18,33% (dezoito inteiros e trinta e três centésimos por cento), no segundo ano;
c) 20% (vinte por cento), a partir do terceiro ano;
II – no caso dos impostos e transferências constantes dos incisos I e III do *caput* do art. 155; do inciso II do *caput* do art. 157; e dos incisos II e III do *caput* do art. 158 da Constituição Federal:
a) 6,66% (seis inteiros e sessenta e seis centésimos por cento), no primeiro ano;
b) 13,33% (treze inteiros e trinta e três centésimos por cento), no segundo ano;
c) 20% (vinte por cento), a partir do terceiro ano.
§ 6º *(Revogado pela Emenda Constitucional n. 53/2006.)*
§ 7º *(Revogado pela Emenda Constitucional n. 53/2006.)*

Art. 61

ADCT

Art. 61. As entidades educacionais a que se refere o art. 213, bem como as fundações de ensino e pesquisa cuja criação tenha sido autorizada por lei, que preencham os requisitos dos incisos I e II do referido artigo e que, nos últimos três anos, tenham recebido recursos públicos, poderão continuar a recebê-los, salvo disposição legal em contrário.

Art. 62. A lei criará o Serviço Nacional de Aprendizagem Rural (Senar) nos moldes da legislação relativa ao Serviço Nacional de Aprendizagem Industrial (Senai) e ao Serviço Nacional de Aprendizagem do Comércio (Senac), sem prejuízo das atribuições dos órgãos públicos que atuam na área.

• V. Lei 8.315/1991 (Regulamenta o art. 62 do ADCT).

Art. 63. É criada uma Comissão composta de nove membros, sendo três do Poder Legislativo, três do Poder Judiciário e três do Poder Executivo, para promover as comemorações do centenário da proclamação da República e da promulgação da primeira Constituição republicana do país, podendo, a seu critério, desdobrar-se em tantas subcomissões quantas forem necessárias.

Parágrafo único. No desenvolvimento de suas atribuições, a Comissão promoverá estudos, debates e avaliações sobre a evolução política, social, econômica e cultural do País, podendo articular-se com os governos estaduais e municipais e com instituições públicas e privadas que desejem participar dos eventos.

Art. 64. A Imprensa Nacional e demais gráficas da União, dos Estados, do Distrito Federal e dos Municípios, da administração direta ou indireta, inclusive fundações instituídas e mantidas pelo Poder Público, promoverão edição popular do texto integral da Constituição, que será posta à disposição das escolas e dos cartórios, dos sindicatos, dos quartéis, das igrejas e de outras instituições representativas da comunidade, gratuitamente, de modo que cada cidadão brasileiro possa receber do Estado um exemplar da Constituição do Brasil.

Art. 65. O Poder Legislativo regulamentará, no prazo de doze meses, o art. 220, § 4º.

Art. 66. São mantidas as concessões de serviços públicos de telecomunicações atualmente em vigor, nos termos da lei.

Art. 67. A União concluirá a demarcação das terras indígenas no prazo de cinco anos a partir da promulgação da Constituição.

Art. 68. Aos remanescentes das comunidades dos quilombos que estejam ocupando suas terras é reconhecida a propriedade definitiva, devendo o Estado emitir-lhes os títulos respectivos.

Art. 69. Será permitido aos Estados manter consultorias jurídicas separadas de suas Procuradorias-Gerais ou Advocacias-Gerais, desde que, na data da promulgação da Constituição, tenham órgãos distintos para as respectivas funções.

Art. 70. Fica mantida a atual competência dos tribunais estaduais até que a mesma seja definida na Constituição do Estado, nos termos do art. 125, § 1º, da Constituição.

• V. art. 4º, Emenda Constitucional n. 45/2004.

Art. 71. É instituído, nos exercícios financeiros de 1994 e 1995, bem assim nos períodos de 1º de janeiro de 1996 a 30 de junho de 1997 e 1º de julho de 1997 a 31 de dezembro de 1999, o Fundo Social de Emergência, com o objetivo de saneamento financeiro da Fazenda Pública Federal e de estabilização econômica, cujos recursos serão aplicados prioritariamente no custeio das ações dos sistemas de saúde e educação, incluindo a complementação de recursos de que trata o § 3º do art. 60 do Ato das Disposições Constitucionais Transitórias, benefícios previdenciários e auxílios assistenciais de prestação continuada, inclusive liquidação de passivo previdenciário, e despesas orçamentárias associadas a programas de relevante interesse econômico e social.

• *Caput* com redação determinada pela Emenda Constitucional n. 17/1997.

§ 1º Ao Fundo criado por este artigo não se aplica o disposto na parte final do inciso II do § 9º do art. 165 da Constituição.

• § 1º acrescentado pela Emenda Constitucional n. 10/1996.

§ 2º O Fundo criado por este artigo passa a ser denominado Fundo de Estabilização Fiscal a partir do início do exercício financeiro de 1996.

Art. 72

ADCT

- § 2º acrescentado pela Emenda Constitucional n. 10/1996.

§ 3º O Poder Executivo publicará demonstrativo da execução orçamentária, de periodicidade bimestral, no qual se discriminarão as fontes e usos do Fundo criado por este artigo.

- § 3º acrescentado pela Emenda Constitucional n. 10/1996.

Art. 72. Integram o Fundo Social de Emergência:

- *Caput* acrescentado pela Emenda Constitucional de Revisão n. 1/1994.

I – o produto da arrecadação do imposto sobre renda e proventos de qualquer natureza incidente na fonte sobre pagamentos efetuados, a qualquer título, pela União, inclusive suas autarquias e fundações;

- Inciso I acrescentado pela Emenda Constitucional de Revisão n. 1/1994.

II – a parcela do produto da arrecadação do imposto sobre renda e proventos de qualquer natureza e do imposto sobre operações de crédito, câmbio e seguro, ou relativas a títulos e valores mobiliários, decorrente das alterações produzidas pela Lei 8.894, de 21 de junho de 1994, e pelas Leis 8.849 e 8.848, ambas de 28 de janeiro de 1994, e modificações posteriores;

- Inciso II com redação determinada pela Emenda Constitucional n. 10/1996.

III – a parcela do produto da arrecadação resultante da elevação da alíquota da contribuição social sobre o lucro dos contribuintes a que se refere o § 1º do art. 22 da Lei 8.212, de 24 de julho de 1991, a qual, nos exercícios financeiros de 1994 e 1995, bem assim no período de 1º de janeiro de 1996 a 30 de junho de 1997, passa a ser de trinta por cento, sujeita a alteração por lei ordinária, mantidas as demais normas da Lei 7.689, de 15 de dezembro de 1988;

- Inciso III com redação determinada pela Emenda Constitucional n. 10/1996.

IV – vinte por cento do produto da arrecadação de todos os impostos e contribuições da União, já instituídos ou a serem criados, excetuado o previsto nos incisos I, II e III, observado o disposto nos §§ 3º e 4º;

- Inciso IV com redação determinada pela Emenda Constitucional n. 10/1996.

V – a parcela do produto da arrecadação da contribuição de que trata a Lei Complementar 7, de 7 de setembro de 1970, devida pelas pessoas jurídicas a que se refere o inciso III deste artigo, a qual será calculada, nos exercícios financeiros de 1994 a 1995, bem assim nos períodos de 1º de janeiro de 1996 a 30 de junho de 1997 e de 1º de julho de 1997 a 31 de dezembro de 1999, mediante a aplicação da alíquota de setenta e cinco centésimos por cento, sujeita a alteração por lei ordinária posterior, sobre a receita bruta operacional, como definida na legislação do imposto sobre renda e proventos de qualquer natureza;

- Inciso V com redação determinada pela Emenda Constitucional n. 17/1997.

VI – outras receitas previstas em lei específica.

- Inciso VI acrescentado pela Emenda Constitucional de Revisão n. 1/1994.

§ 1º As alíquotas e a base de cálculo previstas nos incisos III e V aplicar-se-ão a partir do primeiro dia do mês seguinte aos noventa dias posteriores à promulgação desta Emenda.

- § 1º acrescentado pela Emenda Constitucional de Revisão n. 1/1994.

§ 2º As parcelas de que tratam os incisos I, II, III e V serão previamente deduzidas da base de cálculo de qualquer vinculação ou participação constitucional ou legal, não se lhes aplicando o disposto nos arts. 159, 212 e 239 da Constituição.

- § 2º com redação determinada pela Emenda Constitucional n. 10/1996.

§ 3º A parcela de que trata o inciso IV será previamente deduzida da base de cálculo das vinculações ou participações constitucionais previstas nos arts. 153, § 5º, 157, II, 212 e 239 da Constituição.

- § 3º com redação determinada pela Emenda Constitucional n. 10/1996.

§ 4º O disposto no parágrafo anterior não se aplica aos recursos previstos nos arts. 158, II, e 159 da Constituição.

- § 4º com redação determinada pela Emenda Constitucional n. 10/1996.

§ 5º A parcela dos recursos provenientes do imposto sobre renda e proventos de qualquer natureza, destinada ao Fundo Social de Emergência, nos termos do inciso II deste

Art. 73

ADCT

artigo, não poderá exceder a cinco inteiros e seis décimos por cento do total do produto da sua arrecadação.

- § 5º com redação determinada pela Emenda Constitucional n. 10/1996.

Art. 73. Na regulação do Fundo Social de Emergência não poderá ser utilizado o instrumento previsto no inciso V do art. 59 da Constituição.

- Artigo acrescentado pela Emenda Constitucional de Revisão n. 1/1994.

Art. 74. A União poderá instituir contribuição provisória sobre movimentação ou transmissão de valores e de créditos e direitos de natureza financeira.

- Artigo acrescentado pela Emenda Constitucional n. 12/1996.

§ 1º A alíquota da contribuição de que trata este artigo não excederá a vinte e cinco centésimos por cento, facultado ao Poder Executivo reduzi-la ou restabelecê-la, total ou parcialmente, nas condições e limites fixados em lei.

§ 2º À contribuição de que trata este artigo não se aplica o disposto nos arts. 153, § 5º, e 154, I, da Constituição.

§ 3º O produto da arrecadação da contribuição de que trata este artigo será destinado integralmente ao Fundo Nacional de Saúde, para financiamento das ações e serviços de saúde.

§ 4º A contribuição de que trata este artigo terá sua exigibilidade subordinada ao disposto no art. 195, § 6º, da Constituição, e não poderá ser cobrada por prazo superior a dois anos.

- V. Lei 9.311/1996 (Contribuição provisória sobre movimentação ou transmissão de valores e de créditos e direitos de natureza financeira – CPMF).

Art. 75. É prorrogada, por trinta e seis meses, a cobrança da contribuição provisória sobre movimentação ou transmissão de valores e de créditos e direitos de natureza financeira de que trata o art. 74, instituída pela Lei 9.311, de 24 de outubro de 1996, modificada pela Lei 9.539, de 12 de dezembro de 1997, cuja vigência é também prorrogada por idêntico prazo.

- Artigo acrescentado pela Emenda Constitucional n. 21/1999.

§ 1º Observado o disposto no § 6º do art. 195 da Constituição Federal, a alíquota da contribuição será de trinta e oito centésimos por cento, nos primeiros doze meses, e de trinta centésimos, nos meses subsequentes, facultado ao Poder Executivo reduzi-la total ou parcialmente, nos limites aqui definidos.

§ 2º O resultado do aumento da arrecadação, decorrente da alteração da alíquota, nos exercícios financeiros de 1999, 2000 e 2001, será destinado ao custeio da previdência social.

§ 3º É a União autorizada a emitir títulos da dívida pública interna, cujos recursos serão destinados ao custeio da saúde e da previdência social, em montante equivalente ao produto da arrecadação da contribuição, prevista e não realizada em 1999.

- O STF, na ADIn 2.031-5 (*DOU* e *DJU* 05.11.2003), julgou parcialmente procedente o pedido formulado na ação para declarar a inconstitucionalidade do § 3º do art. 75 do ADCT, incluído pela EC n. 21/1999.

Art. 76. São desvinculados de órgão, fundo ou despesa, até 31 de dezembro de 2015, 20% (vinte por cento) da arrecadação da União de impostos, contribuições sociais e de intervenção no domínio econômico, já instituídos ou que vierem a ser criados até a referida data, seus adicionais e respectivos acréscimos legais.

- Artigo com redação determinada pela Emenda Constitucional n. 68/2011.

§ 1º O disposto no *caput* não reduzirá a base de cálculo das transferências a Estados, Distrito Federal e Municípios, na forma do § 5º do art. 153, do inciso I do art. 157, dos incisos I e II do art. 158 e das alíneas *a*, *b* e *d* do inciso I e do inciso II do art. 159 da Constituição Federal, nem a base de cálculo das destinações a que se refere a alínea *c* do inciso I do art. 159 da Constituição Federal.

§ 2º Excetua-se da desvinculação de que trata o *caput* a arrecadação da contribuição social do salário-educação a que se re-fere o § 5º do art. 212 da Constituição Federal.

§ 3º Para efeito do cálculo dos recursos para manutenção e desenvolvimento do ensino de que trata o art. 212 da Constituição Federal, o percentual referido no *caput* será nulo.

Art. 77. Até o exercício financeiro de 2004, os recursos mínimos aplicados nas

ADCT

ações e serviços públicos de saúde serão equivalentes:

* Artigo acrescentado pela Emenda Constitucional n. 29/2000.

I – no caso da União:
a) no ano 2000, o montante empenhado em ações e serviços públicos de saúde no exercício financeiro de 1999 acrescido de, no mínimo, cinco por cento;
b) do ano 2001 ao ano 2004, o valor apurado no ano anterior, corrigido pela variação nominal do Produto Interno Bruto – PIB;
II – no caso dos Estados e do Distrito Federal, doze por cento do produto da arrecadação dos impostos a que se refere o art. 155 e dos recursos de que tratam os arts. 157 e 159, inciso I, alínea a, e inciso II, deduzidas as parcelas que forem transferidas aos respectivos Municípios; e
III – no caso dos Municípios e do Distrito Federal, quinze por cento do produto da arrecadação dos impostos a que se refere o art. 156 e dos recursos de que tratam os arts. 158 e 159, inciso I, alínea b e § 3º.
§ 1º Os Estados, o Distrito Federal e os Municípios que apliquem percentuais inferiores aos fixados nos incisos II e III deverão elevá-los gradualmente, até o exercício financeiro de 2004, reduzida a diferença à razão de, pelo menos, um quinto por ano, sendo que, a partir de 2000, a aplicação será de pelo menos sete por cento.
§ 2º Dos recursos da União apurados nos termos deste artigo, quinze por cento, no mínimo, serão aplicados nos Municípios, segundo o critério populacional, em ações e serviços básicos de saúde, na forma da lei.
§ 3º Os recursos dos Estados, do Distrito Federal e dos Municípios destinados às ações e serviços públicos de saúde e os transferidos pela União para a mesma finalidade serão aplicados por meio de Fundo de Saúde que será acompanhado e fiscalizado por Conselho de Saúde, sem prejuízo do disposto no art. 74 da Constituição Federal.
§ 4º Na ausência da lei complementar a que se refere o art. 198, § 3º, a partir do exercício financeiro de 2005, aplicar-se-á à União, aos Estados, ao Distrito Federal e aos Municípios o disposto neste artigo.

Art. 78. Ressalvados os créditos definidos em lei como de pequeno valor, os de natureza alimentícia, os de que trata o art. 33 deste Ato das Disposições Constitucionais Transitórias e suas complementações e os que já tiverem os seus respectivos recursos liberados ou depositados em juízo, os precatórios pendentes na data de promulgação desta Emenda e os que decorram de ações iniciais ajuizadas até 31 de dezembro de 1999 serão liquidados pelo seu valor real, em moeda corrente, acrescido de juros legais, em prestações anuais, iguais e sucessivas, no prazo máximo de dez anos, permitida a cessão dos créditos.

* Artigo acrescentado pela Emenda Constitucional n. 30/2000.
* V. art. 97, ADCT.
* O STF, na Med. Caut. em ADIn 2.356 e 2.362, deferiu a cautelar (DOU e DJE 07.12.2010; DJE 19.05.2011) para suspender a eficácia do art. 2º da Emenda Constitucional 30/2000, que introduziu o art. 78 no ADCT.

§ 1º É permitida a decomposição de parcelas, a critério do credor.
§ 2º As prestações anuais a que se refere o caput deste artigo terão, se não liquidadas até o final do exercício a que se referem, poder liberatório do pagamento de tributos da entidade devedora.

* V. art. 6º, Emenda Constitucional n. 62/2009.

§ 3º O prazo referido no caput deste artigo fica reduzido para dois anos, nos casos de precatórios judiciais originários de desapropriação de imóvel residencial do credor, desde que comprovadamente único à época da imissão na posse.
§ 4º O Presidente do Tribunal competente deverá, vencido o prazo ou em caso de omissão no orçamento, ou preterição ao direito de precedência, a requerimento do credor, requisitar ou determinar o sequestro de recursos financeiros da entidade executada, suficientes à satisfação da prestação.

Art. 79. É instituído, para vigorar até o ano de 2010, no âmbito do Poder Executivo Federal, o Fundo de Combate e Erradicação da Pobreza, a ser regulado por lei complementar com o objetivo de viabilizar a todos os brasileiros acesso a níveis dignos de subsistência, cujos recursos serão aplicados em ações suplementares de nutrição, habitação, educação, saúde, reforço de renda familiar e outros programas de relevante inte-

Art. 80

ADCT

resse social voltados para melhoria da qualidade de vida.

- Artigo acrescentado pela Emenda Constitucional n. 31/2000.
- V. art. 4º, Emenda Constitucional n. 42/2003.
- V. art. 1º, Emenda Constitucional n. 67/2010 (*DOU* 23.12.2010), que prorroga por tempo indeterminado, o prazo de vigência do Fundo de Combate e Erradicação da Pobreza a que se refere o *caput* do art. 79 do ADCT e, igualmente, o prazo de vigência da LC 111/2001.

Parágrafo único. O Fundo previsto neste artigo terá Conselho Consultivo e de Acompanhamento que conte com a participação de representantes da sociedade civil, nos termos da lei.

Art. 80. Compõem o Fundo de Combate e Erradicação da Pobreza:

- Artigo acrescentado pela Emenda Constitucional n. 31/2000.
- V. art. 4º, Emenda Constitucional n. 42/2003.

I – a parcela do produto da arrecadação correspondente a um adicional de oito centésimos por cento, aplicável de 18 de junho de 2000 a 17 de junho de 2002, na alíquota da contribuição social de que trata o art. 75 do Ato das Disposições Constitucionais Transitórias;

II – a parcela do produto da arrecadação correspondente a um adicional de cinco pontos percentuais na alíquota do Imposto sobre Produtos Industrializados – IPI, ou do imposto que vier a substituí-lo, incidente sobre produtos supérfluos e aplicável até a extinção do Fundo;

III – o produto da arrecadação do imposto de que trata o art. 153, inciso VII, da Constituição;

IV – dotações orçamentárias;

V – doações, de qualquer natureza, de pessoas físicas ou jurídicas do País ou do exterior;

VI – outras receitas, a serem definidas na regulamentação do referido Fundo.

§ 1º Aos recursos integrantes do Fundo de que trata este artigo não se aplica o disposto nos arts. 159 e 167, inciso IV, da Constituição, assim como qualquer desvinculação de recursos orçamentários.

§ 2º A arrecadação decorrente do disposto no inciso I deste artigo, no período compreendido entre 18 de junho de 2000 e o início da vigência da lei complementar a que se refere o art. 79, será integralmente repassada ao Fundo, preservado o seu valor real, em títulos públicos federais, progressivamente resgatáveis após 18 de junho de 2002, na forma da lei.

Art. 81. É instituído Fundo constituído pelos recursos recebidos pela União em decorrência da desestatização de sociedades de economia mista ou empresas públicas por ela controladas, direta ou indiretamente, quando a operação envolver a alienação do respectivo controle acionário a pessoa ou entidade não integrante da Administração Pública, ou de participação societária remanescente após a alienação, cujos rendimentos, gerados a partir de 18 de junho de 2002, reverterão ao Fundo de Combate e Erradicação da Pobreza.

- Artigo acrescentado pela Emenda Constitucional n. 31/2000.

§ 1º Caso o montante anual previsto nos rendimentos transferidos ao Fundo de Combate e Erradicação da Pobreza, na forma deste artigo, não alcance o valor de quatro bilhões de reais, far-se-á complementação na forma do art. 80, inciso IV, do Ato das Disposições Constitucionais Transitórias.

§ 2º Sem prejuízo do disposto no § 1º, o Poder Executivo poderá destinar ao Fundo a que se refere este artigo outras receitas decorrentes da alienação de bens da União.

§ 3º A constituição do Fundo a que se refere o *caput*, a transferência de recursos ao Fundo de Combate e Erradicação da Pobreza e as demais disposições referentes ao § 1º deste artigo serão disciplinadas em lei, não se aplicando o disposto no art. 165, § 9º, inciso II, da Constituição.

Art. 82. Os Estados, o Distrito Federal e os Municípios devem instituir Fundos de Combate à Pobreza, com os recursos de que trata este artigo e outros que vierem a destinar, devendo os referidos Fundos ser geridos por entidades que contem com a participação da sociedade civil.

- *Caput* acrescentado pela Emenda Constitucional n. 31/2000.
- V. art. 4º, Emenda Constitucional n. 42/2003.

§ 1º Para o financiamento dos Fundos Estaduais e Distrital, poderá ser criado adicional de até dois pontos percentuais na alíquota do Imposto sobre Circulação de Mercado-

ADCT

rias e Serviços – ICMS, sobre os produtos e serviços supérfluos e nas condições definidas na lei complementar de que trata o art. 155, § 2º, XII, da Constituição, não se aplicando, sobre este percentual, o disposto no art. 158, IV, da Constituição.

• § 1º com redação determinada pela Emenda Constitucional n. 42/2003.

§ 2º Para o financiamento dos Fundos Municipais, poderá ser criado adicional de até meio ponto percentual na alíquota do Imposto sobre Serviços ou do imposto que vier a substituí-lo, sobre serviços supérfluos.

• § 2º acrescentado pela Emenda Constitucional n. 31/2000.

Art. 83. Lei federal definirá os produtos e serviços supérfluos a que se referem os arts. 80, II, e 82, § 2º.

• Artigo com redação determinada pela Emenda Constitucional n. 42/2003.

Art. 84. A contribuição provisória sobre movimentação ou transmissão de valores e de créditos e direitos de natureza financeira, prevista nos arts. 74, 75 e 80, I, deste Ato das Disposições Constitucionais Transitórias, será cobrada até 31 de dezembro de 2004.

• Artigo acrescentado pela Emenda Constitucional n. 37/2002.
• V. art. 90, ADCT.

§ 1º Fica prorrogada, até a data referida no *caput* deste artigo, a vigência da Lei 9.311, de 24 de outubro de 1996, e suas alterações.

§ 2º Do produto da arrecadação da contribuição social de que trata este artigo será destinada a parcela correspondente à alíquota de:

I – vinte centésimos por cento ao Fundo Nacional de Saúde, para financiamento das ações e serviços de saúde;

II – dez centésimos por cento ao custeio da previdência social;

III – oito centésimos por cento ao Fundo de Combate e Erradicação da Pobreza, de que tratam os arts. 80 e 81 deste Ato das Disposições Constitucionais Transitórias.

§ 3º A alíquota da contribuição de que trata este artigo será de:

I – trinta e oito centésimos por cento, nos exercícios financeiros de 2002 e 2003;

II – *(Revogado pela Emenda Constitucional n. 42/2003.)*

Art. 85. A contribuição a que se refere o art. 84 deste Ato das Disposições Constitucionais Transitórias não incidirá, a partir do trigésimo dia da data de publicação desta Emenda Constitucional, nos lançamentos:

• Artigo acrescentado pela Emenda Constitucional n. 37/2002.

I – em contas-correntes de depósito especialmente abertas e exclusivamente utilizadas para operações de:

• V. art. 2º, Lei 10.892/2004 (*DOU* 14.07.2004), em vigor em 1º.10.2004, que dispõe sobre multas nos casos de utilização diversa da prevista na legislação das contas-correntes de depósito beneficiárias da alíquota 0 (zero), bem como da inobservância de normas baixadas pelo BACEN que resulte na falta de cobrança da CPMF devida.

a) câmaras e prestadoras de serviços de compensação e de liquidação de que trata o parágrafo único do art. 2º da Lei 10.214, de 27 de março de 2001;

b) companhias securitizadoras de que trata a Lei 9.514, de 20 de novembro de 1997;

c) sociedades anônimas que tenham por objeto exclusivo a aquisição de créditos oriundos de operações praticadas no mercado financeiro;

II – em contas-correntes de depósito, relativos a:

a) operações de compra e venda de ações, realizadas em recintos ou sistemas de negociação de bolsas de valores e no mercado de balcão organizado;

b) contratos referenciados em ações ou índices de ações, em suas diversas modalidades, negociados em bolsas de valores, de mercadorias e de futuros;

III – em contas de investidores estrangeiros, relativos a entradas no País e a remessas para o exterior de recursos financeiros empregados, exclusivamente, em operações e contratos referidos no inciso II deste artigo.

§ 1º O Poder Executivo disciplinará o disposto neste artigo no prazo de trinta dias da data de publicação desta Emenda Constitucional.

§ 2º O disposto no inciso I deste artigo aplica-se somente às operações relacionadas em ato do Poder Executivo, dentre aquelas que constituam o objeto social das referidas entidades.

Art. 86

ADCT

§ 3º O disposto no inciso II deste artigo aplica-se somente a operações e contratos efetuados por intermédio de instituições financeiras, sociedades corretoras de títulos e valores mobiliários, sociedades distribuidoras de títulos e valores mobiliários e sociedades corretoras de mercadorias.

Art. 86. Serão pagos conforme disposto no art. 100 da Constituição Federal, não se lhes aplicando a regra de parcelamento estabelecida no *caput* do art. 78 deste Ato das Disposições Constitucionais Transitórias, os débitos da Fazenda Federal, Estadual, Distrital ou Municipal oriundos de sentenças transitadas em julgado, que preencham, cumulativamente, as seguintes condições:

- Artigo acrescentado pela Emenda Constitucional n. 37/2002.

I – ter sido objeto de emissão de precatórios judiciários;

II – ter sido definidos como de pequeno valor pela lei de que trata o § 3º do art. 100 da Constituição Federal ou pelo art. 87 deste Ato das Disposições Constitucionais Transitórias;

III – estar, total ou parcialmente, pendentes de pagamento na data da publicação desta Emenda Constitucional.

§ 1º Os débitos a que se refere o *caput* deste artigo, ou os respectivos saldos, serão pagos na ordem cronológica de apresentação dos respectivos precatórios, com precedência sobre os de maior valor.

§ 2º Os débitos a que se refere o *caput* deste artigo, se ainda não tiverem sido objeto de pagamento parcial, nos termos do art. 78 deste Ato das Disposições Constitucionais Transitórias, poderão ser pagos em duas parcelas anuais, se assim dispuser a lei.

§ 3º Observada a ordem cronológica de sua apresentação, os débitos de natureza alimentícia previstos neste artigo terão precedência para pagamento sobre todos os demais.

Art. 87. Para efeito do que dispõem o § 3º do art. 100 da Constituição Federal e o art. 78 deste Ato das Disposições Constitucionais Transitórias serão considerados de pequeno valor, até que se dê a publicação oficial das respectivas leis definidoras pelos entes da Federação, observado o disposto no § 4º do art. 100 da Constituição Federal, os débitos ou obrigações consignados em precatório judiciário, que tenham valor igual ou inferior a:

- Artigo acrescentado pela Emenda Constitucional n. 37/2002.

I – quarenta salários mínimos, perante a Fazenda dos Estados e do Distrito Federal;

II – trinta salários mínimos, perante a Fazenda dos Municípios.

Parágrafo único. Se o valor da execução ultrapassar o estabelecido neste artigo, o pagamento far-se-á, sempre, por meio de precatório, sendo facultada à parte exequente a renúncia ao crédito do valor excedente, para que possa optar pelo pagamento do saldo sem o precatório, da forma prevista no § 3º do art. 100.

Art. 88. Enquanto lei complementar não disciplinar o disposto nos incisos I e III do § 3º do art. 156 da Constituição Federal, o imposto a que se refere o inciso III do *caput* do mesmo artigo:

- Artigo acrescentado pela Emenda Constitucional n. 37/2002.

I – terá alíquota mínima de dois por cento, exceto para os serviços a que se referem os itens 32, 33 e 34 da Lista de Serviços anexa ao Decreto-lei 406, de 31 de dezembro de 1968;

II – não será objeto de concessão de isenções, incentivos e benefícios fiscais, que resulte, direta ou indiretamente, na redução da alíquota mínima estabelecida no inciso I.

Art. 89. Os integrantes da carreira policial militar e os servidores municipais do ex-Território Federal de Rondônia que, comprovadamente, se encontravam no exercício regular de suas funções prestando serviço àquele ex-Território na data em que foi transformado em Estado, bem como os servidores e os policiais militares alcançados pelo disposto no art. 36 da Lei Complementar 41, de 22 de dezembro de 1981, e aqueles admitidos regularmente nos quadros do Estado de Rondônia até a data de posse do primeiro Governador eleito, em 15 de março de 1987, constituirão, mediante opção, quadro em extinção da administração federal, assegurados os direitos e as vantagens a eles inerentes, vedado o pagamento, a qualquer título, de diferenças remuneratórias.

- Artigo com redação determinada pela Emenda Constitucional n. 60/2009 (*DOU* 12.11.2009), em vigor na data de sua publicação, não produzindo efeitos retroativos.
- V. art. 1º, Emenda Constitucional n. 60/2009 (Quadro de servidores civis e militares do ex-Território Federal de Rondônia).

§ 1º Os membros da Polícia Militar continuarão prestando serviços ao Estado de Rondônia, na condição de cedidos, submetidos às corporações da Polícia Militar, observadas as atribuições de função compatíveis com o grau hierárquico.

§ 2º Os servidores a que se refere o *caput* continuarão prestando serviços ao Estado de Rondônia na condição de cedidos, até seu aproveitamento em órgão ou entidade da administração federal direta, autárquica ou fundacional.

Art. 90. O prazo previsto no *caput* do art. 84 deste Ato das Disposições Constitucionais Transitórias fica prorrogado até 31 de dezembro de 2007.

- Artigo acrescentado pela Emenda Constitucional n. 42/2003.

§ 1º Fica prorrogada, até a data referida no *caput* deste artigo, a vigência da Lei 9.311, de 24 de outubro de 1996, e suas alterações.

§ 2º Até a data referida no *caput* deste artigo, a alíquota da contribuição de que trata o art. 84 deste Ato das Disposições Constitucionais Transitórias será de trinta e oito centésimos por cento.

Art. 91. A União entregará aos Estados e ao Distrito Federal o montante definido em lei complementar, de acordo com critérios, prazos e condições nela determinados, podendo considerar as exportações para o exterior de produtos primários e semielaborados, a relação entre as exportações e as importações, os créditos decorrentes de aquisições destinadas ao ativo permanente e a efetiva manutenção e aproveitamento do crédito do imposto a que se refere o art. 155, § 2º, X, *a*.

- Artigo acrescentado pela Emenda Constitucional n. 42/2003.

§ 1º Do montante de recursos que cabe a cada Estado, setenta e cinco por cento pertencem ao próprio Estado, e vinte e cinco por cento, aos seus Municípios, distribuídos segundo os critérios a que se refere o art. 158, parágrafo único, da Constituição.

§ 2º A entrega de recursos prevista neste artigo perdurará, conforme definido em lei complementar, até que o imposto a que se refere o art. 155, II, tenha o produto de sua arrecadação destinado predominantemente, em proporção não inferior a oitenta por cento, ao Estado onde ocorrer o consumo das mercadorias, bens ou serviços.

§ 3º Enquanto não for editada a lei complementar de que trata o *caput*, em substituição ao sistema de entrega de recursos nele previsto, permanecerá vigente o sistema de entrega de recursos previsto no art. 31 e Anexo da Lei Complementar 87, de 13 de setembro de 1996, com a redação dada pela Lei Complementar 115, de 26 de dezembro de 2002.

§ 4º Os Estados e o Distrito Federal deverão apresentar à União, nos termos das instruções baixadas pelo Ministério da Fazenda, as informações relativas ao imposto de que trata o art. 155, II, declaradas pelos contribuintes que realizarem operações ou prestações com destino ao exterior.

Art. 92. São acrescidos dez anos ao prazo fixado no art. 40 deste Ato das Disposições Constitucionais Transitórias.

- Artigo acrescentado pela Emenda Constitucional n. 42/2003.

Art. 92-A. São acrescidos 50 (cinquenta) anos ao prazo fixado pelo art. 92 deste Ato das Disposições Constitucionais Transitórias.

- Artigo acrescentado pela Emenda Constitucional n. 83/2014.

Art. 93. A vigência do disposto no art. 159, III, e § 4º, iniciará somente após a edição da lei de que trata o referido inciso III.

- Artigo acrescentado pela Emenda Constitucional n. 42/2003.

Art. 94. Os regimes especiais de tributação para microempresas e empresas de pequeno porte próprios da União, dos Estados, do Distrito Federal e dos Municípios cessarão a partir da entrada em vigor do regime previsto no art. 146, III, *d*, da Constituição.

- Artigo acrescentado pela Emenda Constitucional n. 42/2003.

Art. 95

ADCT

Art. 95. Os nascidos no estrangeiro entre 7 de junho de 1994 e a data da promulgação desta Emenda Constitucional, filhos de pai brasileiro ou mãe brasileira, poderão ser registrados em repartição diplomática ou consular brasileira competente ou em ofício de registro, se vierem a residir na República Federativa do Brasil.

- Artigo acrescentado pela Emenda Constitucional n. 54/2007 (*DOU* 21.09.2007).

Art. 96. Ficam convalidados os atos de criação, fusão, incorporação e desmembramento de Municípios, cuja lei tenha sido publicada até 31 de dezembro de 2006, atendidos os requisitos estabelecidos na legislação do respectivo Estado à época de sua criação.

- Artigo acrescentado pela Emenda Constitucional n. 57/2008.

Art. 97. Até que seja editada a lei complementar de que trata o § 15 do art. 100 da Constituição Federal, os Estados, o Distrito Federal e os Municípios que, na data de publicação desta Emenda Constitucional, estejam em mora na quitação de precatórios vencidos, relativos às suas administrações direta e indireta, inclusive os emitidos durante o período de vigência do regime especial instituído por este artigo, farão esses pagamentos de acordo com as normas a seguir estabelecidas, sendo inaplicável o disposto no art. 100 desta Constituição Federal, exceto em seus §§ 2º, 3º, 9º, 10, 11, 12, 13 e 14, e sem prejuízo dos acordos de juízos conciliatórios já formalizados na data de promulgação desta Emenda Constitucional.

- Artigo acrescentado pela Emenda Constitucional n. 62/2009.
- V. ADIn 4.425.
- V. art. 3º, Emenda Constitucional n. 62/2009, que determina que a implantação do regime de pagamento criado por este artigo, deverá ocorrer no prazo de até 90 (noventa) dias, contados da publicação da referida EC.
- V. art. 100, CF.

§ 1º Os Estados, o Distrito Federal e os Municípios sujeitos ao regime especial de que trata este artigo optarão, por meio de ato do Poder Executivo:

I – pelo depósito em conta especial do valor referido pelo § 2º deste artigo; ou

II – pela adoção do regime especial pelo prazo de até 15 (quinze) anos, caso em que o percentual a ser depositado na conta especial a que se refere o § 2º deste artigo corresponderá, anualmente, ao saldo total dos precatórios devidos, acrescido do índice oficial de remuneração básica da caderneta de poupança e de juros simples no mesmo percentual de juros incidentes sobre a caderneta de poupança para fins de compensação da mora, excluída a incidência de juros compensatórios, diminuído das amortizações e dividido pelo número de anos restantes no regime especial de pagamento.

§ 2º Para saldar os precatórios, vencidos e a vencer, pelo regime especial, os Estados, o Distrito Federal e os Municípios devedores depositarão mensalmente, em conta especial criada para tal fim, 1/12 (um doze avos) do valor calculado percentualmente sobre as respectivas receitas correntes líquidas, apuradas no segundo mês anterior ao mês de pagamento, sendo que esse percentual, calculado no momento de opção pelo regime e mantido fixo até o final do prazo a que se refere o § 14 deste artigo, será:

I – para os Estados e para o Distrito Federal:

a) de, no mínimo, 1,5% (um inteiro e cinco décimos por cento), para os Estados das regiões Norte, Nordeste e Centro-Oeste, além do Distrito Federal, ou cujo estoque de precatórios pendentes das suas administrações direta e indireta corresponder a até 35% (trinta e cinco por cento) do total da receita corrente líquida;

b) de, no mínimo, 2% (dois por cento), para os Estados das regiões Sul e Sudeste, cujo estoque de precatórios pendentes das suas administrações direta e indireta corresponder a mais de 35% (trinta e cinco por cento) da receita corrente líquida;

II – para Municípios:

a) de, no mínimo, 1% (um por cento), para Municípios das regiões Norte, Nordeste e Centro-Oeste, ou cujo estoque de precatórios pendentes das suas administrações direta e indireta corresponder a até 35% (trinta e cinco por cento) da receita corrente líquida;

b) de, no mínimo, 1,5% (um inteiro e cinco décimos por cento), para Municípios das regiões Sul e Sudeste, cujo estoque de preca-

ADCT

tórios pendentes das suas administrações direta e indireta corresponder a mais de 35% (trinta e cinco por cento) da receita corrente líquida.

§ 3º Entende-se como receita corrente líquida, para os fins de que trata este artigo, o somatório das receitas tributárias, patrimoniais, industriais, agropecuárias, de contribuições e de serviços, transferências correntes e outras receitas correntes, incluindo as oriundas do § 1º do art. 20 da Constituição Federal, verificado no período compreendido pelo mês de referência e os 11 (onze) meses anteriores, excluídas as duplicidades, e deduzidas:

I – nos Estados, as parcelas entregues aos Municípios por determinação constitucional;

II – nos Estados, no Distrito Federal e nos Municípios, a contribuição dos servidores para custeio do seu sistema de previdência e assistência social e as receitas provenientes da compensação financeira referida no § 9º do art. 201 da Constituição Federal.

§ 4º As contas especiais de que tratam os §§ 1º e 2º serão administradas pelo Tribunal de Justiça local, para pagamento de precatórios expedidos pelos tribunais.

§ 5º Os recursos depositados nas contas especiais de que tratam os §§ 1º e 2º deste artigo não poderão retornar para Estados, Distrito Federal e Municípios devedores.

§ 6º Pelo menos 50% (cinquenta por cento) dos recursos de que tratam os §§ 1º e 2º deste artigo serão utilizados para pagamento de precatórios em ordem cronológica de apresentação, respeitadas as preferências definidas no § 1º, para os requisitórios do mesmo ano e no § 2º do art. 100, para requisitórios de todos os anos.

§ 7º Nos casos em que não se possa estabelecer a precedência cronológica entre 2 (dois) precatórios, pagar-se-á primeiramente o precatório de menor valor.

§ 8º A aplicação dos recursos restantes dependerá de opção a ser exercida por Estados, Distrito Federal e Municípios devedores, por ato do Poder Executivo, obedecendo à seguinte forma, que poderá ser aplicada isoladamente ou simultaneamente:

I – destinados ao pagamento dos precatórios por meio do leilão;

II – destinados a pagamento a vista de precatórios não quitados na forma do § 6º e do inciso I, em ordem única e crescente de valor por precatório;

III – destinados a pagamento por acordo direto com os credores, na forma estabelecida por lei própria da entidade devedora, que poderá prever criação e forma de funcionamento de câmara de conciliação.

§ 9º Os leilões de que trata o inciso I do § 8º deste artigo:

I – serão realizados por meio de sistema eletrônico administrado por entidade autorizada pela Comissão de Valores Mobiliários ou pelo Banco Central do Brasil;

II – admitirão a habilitação de precatórios, ou parcela de cada precatório indicada pelo seu detentor, em relação aos quais não esteja pendente, no âmbito do Poder Judiciário, recurso ou impugnação de qualquer natureza, permitida por iniciativa do Poder Executivo a compensação com débitos líquidos e certos, inscritos ou não em dívida ativa e constituídos contra devedor originário pela Fazenda Pública devedora até a data da expedição do precatório, ressalvados aqueles cuja exigibilidade esteja suspensa nos termos da legislação, ou que já tenham sido objeto de abatimento nos termos do § 9º do art. 100 da Constituição Federal;

III – ocorrerão por meio de oferta pública a todos os credores habilitados pelo respectivo ente federativo devedor;

IV – considerarão automaticamente habilitado o credor que satisfaça o que consta no inciso II;

V – serão realizados tantas vezes quanto necessário em função do valor disponível;

VI – a competição por parcela do valor total ocorrerá a critério do credor, com deságio sobre o valor desta;

VII – ocorrerão na modalidade deságio, associado ao maior volume ofertado cumulado ou não com o maior percentual de deságio, pelo maior percentual de deságio, podendo ser fixado valor máximo por credor, ou por outro critério a ser definido em edital;

VIII – o mecanismo de formação de preço constará nos editais publicados para cada leilão;

IX – a quitação parcial dos precatórios será homologada pelo respectivo Tribunal que o expediu.

§ 10. No caso de não liberação tempestiva dos recursos de que tratam o inciso II do § 1º e os §§ 2º e 6º deste artigo:

I – haverá o sequestro de quantia nas contas de Estados, Distrito Federal e Municípios devedores, por ordem do Presidente do Tribunal referido no § 4º, até o limite do valor não liberado;

II – constituir-se-á, alternativamente, por ordem do Presidente do Tribunal requerido, em favor dos credores de precatórios, contra Estados, Distrito Federal e Municípios devedores, direito líquido e certo, autoaplicável e independentemente de regulamentação, à compensação automática com débitos líquidos lançados por esta contra aqueles, e, havendo saldo em favor do credor, o valor terá automaticamente poder liberatório do pagamento de tributos de Estados, Distrito Federal e Municípios devedores, até onde se compensarem;

III – o chefe do Poder Executivo responderá na forma da legislação de responsabilidade fiscal e de improbidade administrativa;

IV – enquanto perdurar a omissão, a entidade devedora:

a) não poderá contrair empréstimo externo ou interno;

b) ficará impedida de receber transferências voluntárias;

V – a União reterá os repasses relativos ao Fundo de Participação dos Estados e do Distrito Federal e ao Fundo de Participação dos Municípios, e os depositará nas contas especiais referidas no § 1º, devendo sua utilização obedecer ao que prescreve o § 5º, ambos deste artigo.

§ 11. No caso de precatórios relativos a diversos credores, em litisconsórcio, admite-se o desmembramento do valor, realizado pelo Tribunal de origem do precatório, por credor, e, por este, a habilitação do valor total a que tem direito, não se aplicando, neste caso, a regra do § 3º do art. 100 da Constituição Federal.

§ 12. Se a lei a que se refere o § 4º do art. 100 não estiver publicada em até 180 (cento e oitenta) dias, contados da data de publicação desta Emenda Constitucional, será considerado, para os fins referidos, em relação a Estados, Distrito Federal e Municípios devedores, omissos na regulamentação, o valor de:

I – 40 (quarenta) salários mínimos para Estados e para o Distrito Federal;

II – 30 (trinta) salários mínimos para Municípios.

§ 13. Enquanto Estados, Distrito Federal e Municípios devedores estiverem realizando pagamentos de precatórios pelo regime especial, não poderão sofrer sequestro de valores, exceto no caso de não liberação tempestiva dos recursos de que tratam o inciso II do § 1º e o § 2º deste artigo.

§ 14. O regime especial de pagamento de precatório previsto no inciso I do § 1º vigorará enquanto o valor dos precatórios devidos for superior ao valor dos recursos vinculados, nos termos do § 2º, ambos deste artigo, ou pelo prazo fixo de até 15 (quinze) anos, no caso da opção prevista no inciso II do § 1º.

§ 15. Os precatórios parcelados na forma do art. 33 ou do art. 78 deste Ato das Disposições Constitucionais Transitórias e ainda pendentes de pagamento ingressarão no regime especial com o valor atualizado das parcelas não pagas relativas a cada precatório, bem como o saldo dos acordos judiciais e extrajudiciais.

§ 16. A partir da promulgação desta Emenda Constitucional, a atualização de valores de requisitórios, até o efetivo pagamento, independentemente de sua natureza, será feita pelo índice oficial de remuneração básica da caderneta de poupança, e, para fins de compensação da mora, incidirão juros simples no mesmo percentual de juros incidentes sobre a caderneta de poupança, ficando excluída a incidência de juros compensatórios.

§ 17. O valor que exceder o limite previsto no § 2º do art. 100 da Constituição Federal será pago, durante a vigência do regime especial, na forma prevista nos §§ 6º e 7º ou nos incisos I, II e III do § 8º deste artigo, devendo os valores dispendidos para o atendimento do disposto no § 2º do art. 100 da Constituição Federal serem computados para efeito do § 6º deste artigo.

§ 18. Durante a vigência do regime especial a que se refere este artigo, gozarão também da preferência a que se refere o § 6º os titu-

ADCT

lares originais de precatórios que tenham completado 60 (sessenta) anos de idade até a data da promulgação desta Emenda Constitucional.

Art. 98. O número de defensores públicos na unidade jurisdicional será proporcional à efetiva demanda pelo serviço da Defensoria Pública e à respectiva população.

- Artigo acrescentado pela Emenda Constitucional n. 80/2014.

§ 1º No prazo de 8 (oito) anos, a União, os Estados e o Distrito Federal deverão contar com defensores públicos em todas as unidades jurisdicionais, observado o disposto no *caput* deste artigo.

§ 2º Durante o decurso do prazo previsto no § 1º deste artigo, a lotação dos defensores públicos ocorrerá, prioritariamente, atendendo as regiões com maiores índices de exclusão social e adensamento populacional.

Art. 99. Para efeito do disposto no inciso VII do § 2º do art. 155, no caso de operações e prestações que destinem bens e serviços a consumidor final não contribuinte localizado em outro Estado, o imposto correspondente à diferença entre a alíquota interna e a interestadual será partilhado entre os Estados de origem e de destino, na seguinte proporção:

- Artigo acrescentado pela Emenda Constitucional n. 87/2015 (*DOU* 17.04.2015), em vigor na data de sua publicação, produzindo efeitos no ano subsequente e após 90 (noventa) dias desta.

I – para o ano de 2015: 20% (vinte por cento) para o Estado de destino e 80% (oitenta por cento) para o Estado de origem;
II – para o ano de 2016: 40% (quarenta por cento) para o Estado de destino e 60% (sessenta por cento) para o Estado de origem;
III – para o ano de 2017: 60% (sessenta por cento) para o Estado de destino e 40% (quarenta por cento) para o Estado de origem;
IV – para o ano de 2018: 80% (oitenta por cento) para o Estado de destino e 20% (vinte por cento) para o Estado de origem;
V – a partir do ano de 2019: 100% (cem por cento) para o Estado de destino.

Art. 100. Até que entre em vigor a lei complementar de que trata o inciso II do § 1º do art. 40 da Constituição Federal, os Ministros do Supremo Tribunal Federal, dos Tribunais Superiores e do Tribunal de Contas da União aposentar-se-ão, compulsoriamente, aos 75 (setenta e cinco) anos de idade, nas condições do art. 52 da Constituição Federal.

- Artigo acrescentado pela Emenda Constitucional n. 88/2015.

Brasília, 5 de outubro de 1988.
Ulysses Guimarães
   Presidente
Mauro Benevides
   Vice-Presidente
Jorge Arbage
   Vice-Presidente

EMENDAS À CONSTITUIÇÃO DA REPÚBLICA FEDERATIVA DO BRASIL

EC N. 1, DE 31 DE MARÇO DE 1992

Dispõe sobre a remuneração dos Deputados Estaduais e dos Vereadores.

As Mesas da Câmara dos Deputados e do Senado Federal, nos termos do § 3º do artigo 60, da Constituição Federal, promulgam a seguinte Emenda ao texto constitucional:

Art. 1º O § 2º do artigo 27 da Constituição passa a vigorar com a seguinte redação:

• Alteração processada no texto do referido artigo.

Art. 2º São acrescentados ao artigo 29 da Constituição os seguintes incisos, VI e VII, renumerando-se os demais:

• Acréscimos processados no texto do referido artigo.

Art. 3º Esta Emenda Constitucional entra em vigor na data de sua publicação.

Brasília, 31 de março de 1992.

Mesa da Câmara dos Deputados: *Ibsen Pinheiro*, Presidente

Mesa do Senado Federal: *Mauro Benevides*, Presidente

(*DOU* 06.04.1992)

EC N. 2, DE 25 DE AGOSTO DE 1992

Dispõe sobre o plebiscito previsto no art. 2º do Ato das Disposições Constitucionais Transitórias.

As Mesas da Câmara dos Deputados e do Senado Federal, nos termos do § 3º do artigo 60 da Constituição Federal, promulgam a seguinte Emenda ao texto constitucional:

Artigo único. O plebiscito de que trata o artigo 2º do Ato das Disposições Constitucionais Transitórias realizar-se-á no dia 21 de abril de 1993.

§ 1º A forma e o sistema de governo definidos pelo plebiscito terão vigência em 1º de janeiro de 1995.

§ 2º A lei poderá dispor sobre a realização do plebiscito, inclusive sobre a gratuidade da livre divulgação das formas e sistemas de governo, através dos meios de comunicação de massa concessionários ou permissionários de serviço público, assegurada igualdade de tempo e paridade de horários.

§ 3º A norma constante do parágrafo anterior não exclui a competência do Tribunal Superior Eleitoral para expedir instruções necessárias à realização da consulta plebiscitária.

Brasília, 25 de agosto de 1992.

Mesa da Câmara dos Deputados: *Ibsen Pinheiro*, Presidente

Mesa do Senado Federal: *Mauro Benevides*, Presidente

(*DOU* 1º.09.1992)

EC N. 3, DE 17 DE MARÇO DE 1993

Altera dispositivos da Constituição Federal.

As Mesas da Câmara dos Deputados e do Senado Federal, nos termos do § 3º do art. 60 da Constituição Federal, promulgam a seguinte Emenda ao texto constitucional:

Art. 1º Os dispositivos da Constituição Federal abaixo enumerados passam a vigorar com as seguintes alterações:

• Alterações do art. 40, § 6º; art. 42, § 10; art. 102, I, *a*, §§ 1º e 2º; art. 103, § 4º; art. 150, §§ 6º e 7º; art. 155, I a III, §§ 1º, 2º, *caput*, e § 3º; art. 156, III, § 3º, I e II; art. 160, parágrafo único e art. 167, IV, § 4º processadas no texto da Constituição.

Art. 2º A União poderá instituir, nos termos de lei complementar, com vigência até 31 de dezembro de 1994, imposto sobre

EC n. 4/1993

EMENDAS CONSTITUCIONAIS

movimentação ou transmissão de valores e de créditos e direitos de natureza financeira.

§ 1º A alíquota do imposto de que trata este artigo não excederá a vinte e cinco centésimos por cento, facultado ao Poder Executivo reduzi-la ou restabelecê-la, total ou parcialmente, nas condições e limites fixados em lei.

§ 2º Ao imposto de que trata este artigo não se aplica o art. 150, III, *b*, e VI, nem o disposto no § 5º do artigo 153 da Constituição.

§ 3º O produto da arrecadação do imposto de que trata este artigo não se encontra sujeito a qualquer modalidade de repartição com outra entidade federada.

§ 4º *(Revogado pela Emenda Constitucional de Revisão n. 1/1994.)*

Art. 3º A eliminação do adicional ao Imposto sobre a Renda, de competência dos Estados, decorrente desta Emenda Constitucional, somente produzirá efeitos a partir de 1º de janeiro de 1996, reduzindo-se a correspondente alíquota, pelo menos, a dois e meio por cento no exercício financeiro de 1995.

Art. 4º A eliminação do imposto sobre vendas a varejo de combustíveis líquidos e gasosos, de competência dos Municípios, decorrente desta Emenda Constitucional, somente produzirá efeitos a partir de 1º de janeiro de 1996, reduzindo-se a correspondente alíquota, pelo menos, a um e meio por cento no exercício financeiro de 1995.

Art. 5º Até 31 de dezembro de 1999, os Estados, o Distrito Federal e os Municípios somente poderão emitir títulos da dívida pública no montante necessário ao refinanciamento do principal devidamente atualizado de suas obrigações, representadas por essa espécie de títulos, ressalvado o disposto no art. 33, parágrafo único, do Ato das Disposições Constitucionais Transitórias.

Art. 6º Revogam-se o inciso IV e o § 4º do art. 156 da Constituição Federal.

Brasília, 17 de março de 1993.

Mesa da Câmara dos Deputados: *Deputado Inocêncio Oliveira*, Presidente

Mesa do Senado Federal: *Senador Humberto Lucena*, Presidente

(DOU 18.03.1993)

EC N. 4,
DE 14 DE SETEMBRO DE 1993

Dá nova redação ao art. 16 da Constituição Federal.

As Mesas da Câmara dos Deputados e do Senado Federal, nos termos do § 3º do art. 60 da Constituição Federal, promulgam a seguinte Emenda ao texto constitucional:

Artigo único. O art. 16 da Constituição Federal passa a vigorar com a seguinte redação:

• Alteração processada no texto do referido artigo.

Brasília, 14 de setembro de 1993.

Mesa da Câmara dos Deputados: *Deputado Inocêncio Oliveira*, Presidente

Mesa do Senado Federal: *Senador Humberto Lucena*, Presidente

(DOU 15.09.1993)

EC DE REVISÃO N. 1,
DE 1º DE MARÇO DE 1994

A Mesa do Congresso Nacional, nos termos do art. 60 da Constituição Federal, combinado com o art. 3º do Ato das Disposições Constitucionais Transitórias, promulga a seguinte Emenda Constitucional:

Art. 1º Ficam incluídos os arts. 71, 72 e 73 no Ato das Disposições Constitucionais Transitórias, com a seguinte redação:

• Acréscimos processados no texto do Ato das Disposições Constitucionais Transitórias.

Art. 2º Fica revogado o § 4º do art. 2º da Emenda Constitucional n. 3, de 1993.

Art. 3º Esta Emenda entra em vigor na data de sua publicação.

Brasília, 1º de março de 1994.

Humberto Lucena, Presidente

(DOU 02.03.1994)

EC DE REVISÃO N. 2,
DE 7 DE JUNHO DE 1994

A Mesa do Congresso Nacional, nos termos do art. 60 da Constituição Federal, combinado com o art. 3º do Ato das Disposições Constitucionais Transitórias, promulga a seguinte Emenda Constitucional:

Art. 1º É acrescentada a expressão "ou quaisquer titulares de órgãos diretamente

EMENDAS CONSTITUCIONAIS

subordinados à Presidência da República" ao texto do art. 50 da Constituição, que passa a vigorar com a redação seguinte:

• Acréscimo processado no texto do referido artigo.

Art. 2º É acrescentada a expressão "ou a qualquer das pessoas referidas no *caput* deste artigo" ao § 2º do art. 50, que passa a vigorar com a redação seguinte:

• Acréscimo processado no texto do referido artigo.

Art. 3º Esta Emenda Constitucional entra em vigor na data de sua publicação.

Brasília, 7 de junho de 1994.

Humberto Lucena, Presidente

(*DOU* 09.06.1994)

EC DE REVISÃO N. 3,
DE 7 DE JUNHO DE 1994

A Mesa do Congresso Nacional, nos termos do art. 60 da Constituição Federal, combinado com o art. 3º do Ato das Disposições Constitucionais Transitórias, promulga a seguinte Emenda Constitucional:

Art. 1º A alínea *c* do inciso I, a alínea *b* do inciso II, o § 1º e o inciso II do § 4º do art. 12 da Constituição Federal passam a vigorar com a seguinte redação:

• Alterações processadas no texto do referido artigo.

Art. 2º Esta Emenda Constitucional entra em vigor na data de sua publicação.

Brasília, 7 de junho de 1994.

Humberto Lucena, Presidente

(*DOU* 09.06.1994)

EC DE REVISÃO N. 4,
DE 7 DE JUNHO DE 1994

A Mesa do Congresso Nacional, nos termos do art. 60 da Constituição Federal, combinado com o art. 3º do Ato das Disposições Constitucionais Transitórias, promulga a seguinte Emenda Constitucional:

Art. 1º São acrescentadas ao § 9º do art. 14 da Constituição as expressões "a probidade administrativa, a moralidade para o exercício do mandato, considerada a vida pregressa do candidato, e", após a expressão "a fim de proteger", passando o dispositivo a vigorar com a seguinte redação:

• Acréscimos processados no texto do referido artigo.

Art. 2º Esta Emenda Constitucional entra em vigor na data de sua publicação.

Brasília, 7 de junho de 1994.

Humberto Lucena, Presidente

(*DOU* 09.06.1994)

EC DE REVISÃO N. 5,
DE 7 DE JUNHO DE 1994

A Mesa do Congresso Nacional, nos termos do art. 60 da Constituição Federal, combinado com o art. 3º do Ato das Disposições Constitucionais Transitórias, promulga a seguinte Emenda Constitucional:

Art. 1º No art. 82 fica substituída a expressão "cinco anos" por "quatro anos".

• Alteração processada no texto do referido artigo.

Art. 2º Esta Emenda Constitucional entra em vigor no dia 1º de janeiro de 1995.

Brasília, 7 de junho de 1994.

Humberto Lucena, Presidente

(*DOU* 09.06.1994)

EC DE REVISÃO N. 6,
DE 7 DE JUNHO DE 1994

A Mesa do Congresso Nacional, nos termos do art. 60 da Constituição Federal, combinado com o art. 3º do Ato das Disposições Constitucionais Transitórias, promulga a seguinte Emenda Constitucional:

Art. 1º Fica acrescido, no art. 55, o § 4º, com a seguinte redação:

• Acréscimo processado no texto do referido artigo.

Art. 2º Esta Emenda Constitucional entra em vigor na data de sua publicação.

Brasília, 7 de junho de 1994.

Humberto Lucena, Presidente

(*DOU* 09.06.1994)

EC n. 5/1995

EMENDAS CONSTITUCIONAIS

EC N. 5,
DE 15 DE AGOSTO DE 1995

Altera o § 2º do art. 25 da Constituição Federal.

As Mesas da Câmara dos Deputados e do Senado Federal, nos termos do § 3º do art. 60 da Constituição Federal, promulgam a seguinte Emenda ao texto constitucional:

Artigo único. O § 2º do art. 25 da Constituição Federal passa a vigorar com a seguinte redação:

- Alteração processada no texto do referido artigo.

Brasília, 15 de agosto de 1995.

Mesa da Câmara dos Deputados: *Deputado Luís Eduardo,* Presidente

Mesa do Senado Federal: *Senador José Sarney,* Presidente

(*DOU* 16.08.1995)

EC N. 6,
DE 15 DE AGOSTO DE 1995

Altera o inciso IX do art. 170, o art. 171 e o § 1º do art. 176 da Constituição Federal.

As Mesas da Câmara dos Deputados e do Senado Federal, nos termos do § 3º do art. 60 da Constituição Federal, promulgam a seguinte Emenda ao texto constitucional:

Art. 1º O inciso IX do art. 170 e o § 1º do art. 176 da Constituição Federal passam a vigorar com a seguinte redação:

- Alterações processadas no texto dos referidos artigos.

Art. 2º Fica incluído o seguinte art. 246 no Título IX – "Das Disposições Constitucionais Gerais":

- Inclusão processada no texto do referido Título.

Art. 3º Fica revogado o art. 171 da Constituição Federal.

Brasília, 15 de agosto de 1995.

Mesa da Câmara dos Deputados: *Deputado Luís Eduardo,* Presidente

Mesa do Senado Federal: *Senador José Sarney,* Presidente

(*DOU* 16.08.1995)

EC N. 7,
DE 15 DE AGOSTO DE 1995

Altera o art. 178 da Constituição Federal e dispõe sobre a adoção de Medidas Provisórias.

As Mesas da Câmara dos Deputados e do Senado Federal, nos termos do § 3º do art. 60 da Constituição Federal, promulgam a seguinte Emenda ao texto constitucional:

Art. 1º O art. 178 da Constituição Federal passa a vigorar com a seguinte redação:

- Alteração processada no texto do referido artigo.

Art. 2º Fica incluído o seguinte art. 246 no Título IX – "Das Disposições Constitucionais Gerais":

- Inclusão processada no texto do referido Título.

Brasília, 15 de agosto de 1995.

Mesa da Câmara dos Deputados: *Deputado Luís Eduardo,* Presidente

Mesa do Senado Federal: *Senador José Sarney,* Presidente

(*DOU* 16.08.1995)

EC N. 8,
DE 15 DE AGOSTO DE 1995

Altera o inciso XI e a alínea a do inciso XII do art. 21 da Constituição Federal.

As Mesas da Câmara dos Deputados e do Senado Federal, nos termos do § 3º do art. 60 da Constituição Federal, promulgam a seguinte Emenda ao texto constitucional:

Art. 1º O inciso XI e a alínea *a* do inciso XII do art. 21 da Constituição Federal passam a vigorar com a seguinte redação:

- Alterações processadas no texto do referido artigo.

Art. 2º É vedada a adoção de medida provisória para regulamentar o disposto no inciso XI do art. 21 com a redação dada por esta emenda constitucional.

Brasília, 15 de agosto de 1995.

Mesa da Câmara dos Deputados: *Deputado Luís Eduardo,* Presidente

Mesa do Senado Federal: *Senador José Sarney,* Presidente

(*DOU* 16.08.1995)

EMENDAS CONSTITUCIONAIS

EC N. 9, DE 9 DE NOVEMBRO DE 1995

Dá nova redação ao art. 177 da Constituição Federal, alterando e inserindo parágrafos.

As mesas da Câmara dos Deputados e do Senado Federal, nos termos do § 3º do art. 60 da Constituição Federal, promulgam a seguinte Emenda ao texto constitucional:

Art. 1º O § 1º do art. 177 da Constituição Federal passa a vigorar com a seguinte redação:

- Alteração processada no texto do referido artigo.

Art. 2º Inclua-se um parágrafo, a ser enumerado como § 2º com a redação seguinte, passando o atual § 2º para § 3º, no art. 177 da Constituição Federal:

- Alterações processadas no texto do referido artigo.

Art. 3º É vedada a edição de medida provisória para a regulamentação da matéria prevista nos incisos I a IV dos §§ 1º e 2º do art. 177 da Constituição Federal.

Brasília, 9 de novembro de 1995.

Mesa da Câmara dos Deputados: *Deputado Luís Eduardo,* Presidente

Mesa do Senado Federal: *Senador José Sarney,* Presidente

(*DOU* 10.11.1995)

EC N. 10, DE 4 DE MARÇO DE 1996

Altera os arts. 71 e 72 do Ato das Disposições Constitucionais Transitórias, introduzidos pela Emenda Constitucional de Revisão n. 1, de 1994.

As Mesas da Câmara dos Deputados e do Senado Federal, nos termos do § 3º do art. 60 da Constituição Federal, promulgam a seguinte Emenda ao texto constitucional:

Art. 1º O art. 71 do Ato das Disposições Constitucionais Transitórias passa a vigorar com a seguinte redação:

- Alteração processada no texto do Ato das Disposições Constitucionais Transitórias.

Art. 2º O art. 72 do Ato das Disposições Constitucionais Transitórias passa a vigorar com a seguinte redação:

- Alteração processada no texto do Ato das Disposições Constitucionais Transitórias.

Art. 3º Esta Emenda Constitucional entra em vigor na data de sua publicação.

Brasília, 4 de março de 1996.

Mesa da Câmara dos Deputados: *Deputado Luís Eduardo,* Presidente

Mesa do Senado Federal: *Senador José Sarney,* Presidente

(*DOU* 07.03.1996)

EC N. 11, DE 30 DE ABRIL DE 1996

Permite a admissão de professores, técnicos e cientistas estrangeiros pelas universidades brasileiras e concede autonomia às instituições de pesquisa científica e tecnológica.

As Mesas da Câmara dos Deputados e do Senado Federal, nos termos do § 3º do art. 60 da Constituição Federal, promulgam a seguinte Emenda ao texto constitucional:

Art. 1º São acrescentados ao art. 207 da Constituição Federal dois parágrafos com a seguinte redação:

- Acréscimos processados no texto do referido artigo.

Art. 2º Esta Emenda entra em vigor na data de sua publicação.

Brasília, 30 de abril de 1996.

Mesa da Câmara dos Deputados: *Deputado Luís Eduardo,* Presidente

Mesa do Senado Federal: *Senador José Sarney,* Presidente

(*DOU* 02.05.1996)

EC N. 12, DE 15 DE AGOSTO DE 1996

Outorga competência à União, para instituir contribuição provisória sobre movimentação ou transmissão de valores e de créditos e direitos de natureza financeira.

As Mesas da Câmara dos Deputados e do Senado Federal promulgam, nos termos do

EC n. 13/1996

EMENDAS CONSTITUCIONAIS

§ 3º do art. 60 da Constituição Federal, a seguinte Emenda ao texto constitucional:

Artigo único. Fica incluído o art. 74 no Ato das Disposições Constitucionais Transitórias, com a seguinte redação:

- Acréscimo processado no texto do Ato das Disposições Constitucionais Transitórias.

Brasília, em 15 de agosto de 1996.

Mesa da Câmara dos Deputados: *Deputado Luís Eduardo,* Presidente

Mesa do Senado Federal: *Senador José Sarney,* Presidente

(*DOU* 16.08.1996)

EC N. 13,
DE 21 DE AGOSTO DE 1996

Dá nova redação ao inciso II do art. 192 da Constituição Federal.

As Mesas da Câmara dos Deputados e do Senado Federal, nos termos do § 3º do art. 60 da Constituição Federal, promulgam a seguinte Emenda ao texto constitucional:

Artigo único. O inciso II do art. 192 da Constituição Federal passa a vigorar com a seguinte redação:

- Alteração processada no texto do referido artigo.

Brasília, 21 de agosto de 1996.

Mesa da Câmara dos Deputados: *Deputado Luís Eduardo,* Presidente

Mesa do Senado Federal: *Senador José Sarney,* Presidente

(*DOU* 22.08.1996)

EC N. 14,
DE 12 DE SETEMBRO DE 1996

Modifica os arts. 34, 208, 211 e 212 da Constituição Federal e dá nova redação ao art. 60 do Ato das Disposições Constitucionais Transitórias.

As Mesas da Câmara dos Deputados e do Senado Federal, nos termos do § 3º do art. 60 da Constituição Federal, promulgam a seguinte Emenda ao texto constitucional:

Art. 1º É acrescentada no inciso VII do art. 34, da Constituição Federal, a alínea *e*, com a seguinte redação:

- Acréscimo processado no texto do referido artigo.

Art. 2º É dada nova redação aos incisos I e II do art. 208 da Constituição Federal nos seguintes termos:

- Alterações processadas no texto do referido artigo.

Art. 3º É dada nova redação aos §§ 1º e 2º do art. 211 da Constituição Federal e nele são inseridos mais dois parágrafos passando a ter a seguinte redação:

- Alterações processadas e §§ 3º e 4º acrescentados no texto do referido artigo.

Art. 4º É dada nova redação ao § 5º do art. 212 da Constituição Federal nos seguintes termos:

- Alteração processada no texto do referido artigo.

Art. 5º É alterado o art. 60 do Ato das Disposições Constitucionais Transitórias e nele são inseridos novos parágrafos, passando o artigo a ter a seguinte redação:

- Alteração e acréscimos processados no texto do referido artigo.

Art. 6º Esta Emenda entra em vigor a primeiro de janeiro do ano subsequente ao de sua promulgação.

Brasília, 12 de setembro de 1996.

Mesa da Câmara dos Deputados: *Deputado Luiz Eduardo,* Presidente

Mesa do Senado Federal: *Senador José Sarney,* Presidente

(*DOU* 13.09.1996)

EC N. 15,
DE 12 DE SETEMBRO DE 1996

Dá nova redação ao § 4º do art. 18 da Constituição Federal.

As Mesas da Câmara dos Deputados e do Senado Federal, nos termos do § 3º do art. 60 da Constituição Federal, promulgam a seguinte Emenda ao texto constitucional:

Artigo único. O § 4º do art. 18 da Constituição Federal passa a vigorar com a seguinte redação:

- Alteração processada no texto do referido artigo.

Brasília, 12 de setembro de 1996.

Mesa da Câmara dos Deputados: *Deputado Luiz Eduardo,* Presidente

Mesa do Senado Federal: *Senador José Sarney,* Presidente

(*DOU* 13.09.1996)

EMENDAS CONSTITUCIONAIS

EC N. 16,
DE 4 DE JUNHO DE 1997

Dá nova redação ao § 5º do art. 14, ao caput do art. 28, ao inciso II do art. 29, ao caput do art. 77 e ao art. 82 da Constituição Federal.

As Mesas da Câmara dos Deputados e do Senado Federal, nos termos do § 3º do art. 60 da Constituição Federal, promulgam a seguinte Emenda ao texto constitucional:

Art. 1º O § 5º do art. 14, o *caput* do art. 28, o inciso II do art. 29, o *caput* do art. 77 e o art. 82 da Constituição Federal passam a vigorar com a seguinte redação:

• Alterações processadas no texto dos referidos artigos.

Art. 2º Esta Emenda Constitucional entra em vigor na data de sua publicação.

Brasília, 4 de junho de 1997.

Mesa da Câmara dos Deputados: *Deputado Michel Temer,* Presidente

Mesa do Senado Federal: *Senador Antônio Carlos Magalhães,* Presidente

(*DOU* 05.06.1997)

EC N. 17,
DE 22 DE NOVEMBRO DE 1997

Altera dispositivos dos arts. 71 e 72 do Ato das Disposições Constitucionais Transitórias, introduzidos pela Emenda Constitucional de Revisão n. 1, de 1994.

As Mesas da Câmara dos Deputados e do Senado Federal, nos termos do § 3º do art. 60 da Constituição Federal, promulgam a seguinte Emenda ao texto constitucional:

Art. 1º O *caput* do art. 71 do Ato das Disposições Constitucionais Transitórias passa a vigorar com a seguinte redação:

• Alteração processada no texto do referido artigo.

Art. 2º O inc. V do art. 72 do Ato das Disposições Constitucionais Transitórias passa a vigorar com a seguinte redação:

• Alteração processada no texto do referido artigo.

Art. 3º A União repassará aos Municípios, do produto da arrecadação do Imposto sobre a Renda e Proventos de Qualquer Natureza, tal como considerado na constituição dos fundos de que trata o art. 159, I, da Constituição, excluída a parcela referida no art. 72, I, do Ato das Disposições Constitucionais Transitórias, os seguintes percentuais:

I – um inteiro e cinquenta e seis centésimos por cento, no período de 1º de julho de 1997 a 31 de dezembro de 1997;

II – um inteiro e oitocentos e setenta e cinco milésimos por cento, no período de 1º de janeiro de 1998 a 31 de dezembro de 1998;

III – dois inteiros e cinco décimos por cento, no período de 1º de janeiro de 1999 a 31 de dezembro de 1999.

Parágrafo único. O repasse dos recursos de que trata este artigo obedecerá à mesma periodicidade e aos mesmos critérios de repartição e normas adotadas no Fundo de Participação dos Municípios, observado o disposto no art. 160 da Constituição.

Art. 4º Os efeitos do disposto nos arts. 71 e 72 do Ato das Disposições Constitucionais Transitórias, com a redação dada pelos arts. 1º e 2º desta Emenda, são retroativos a 1º de julho de 1997.

Parágrafo único. As parcelas de recursos destinados ao Fundo de Estabilização Fiscal e entregues na forma do art. 159, I, da Constituição, no período compreendido entre 1º de julho de 1997 e a data de promulgação desta Emenda, serão deduzidas das cotas subsequentes, limitada a dedução a um décimo do valor total entregue em cada mês.

Art. 5º Observado o disposto no artigo anterior, a União aplicará as disposições do art. 3º desta Emenda retroativamente a 1º de julho de 1997.

Art. 6º Esta Emenda Constitucional entra em vigor na data de sua publicação.

Brasília, 22 de novembro de 1997.

Mesa da Câmara dos Deputados: *Deputado Michel Temer,* Presidente

Mesa do Senado Federal: *Senador Antonio Carlos Magalhães,* Presidente

(*DOU* 25.11.1997)

EC N. 18,
DE 5 DE FEVEREIRO DE 1998

Dispõe sobre o regime constitucional dos militares.

As Mesas da Câmara dos Deputados e do Senado Federal, nos termos do § 3º do art. 60 da Constituição Federal, promulgam a seguinte Emenda ao texto constitucional:

Art. 1º O art. 37, inciso XV, da Constituição passa a vigorar com a seguinte redação:

- Alteração processada no texto do referido artigo.

Art. 2º A Seção II do Capítulo VII do Título III da Constituição passa a denominar-se "DOS SERVIDORES PÚBLICOS" e a Seção III do Capítulo VII do Título III da Constituição Federal passa a denominar-se "DOS MILITARES DOS ESTADOS, DO DISTRITO FEDERAL E DOS TERRITÓRIOS", dando-se ao art. 42 a seguinte redação:

- Alterações processadas no texto do referido artigo e das referidas Seções.

Art. 3º O inciso II do § 1º do art. 61 da Constituição passa a vigorar com as seguintes alterações:

- Alteração processada no texto do referido artigo.

Art. 4º Acrescente-se o seguinte § 3º ao art. 142 da Constituição.

- Acréscimo processado no texto do referido artigo.

Art. 5º Esta Emenda Constitucional entra em vigor na data de sua publicação.

Brasília, 5 de fevereiro de 1998.

Mesa da Câmara dos Deputados: *Deputado Michel Temer,* Presidente

Mesa do Senado Federal: *Senador Antonio Carlos Magalhães,* Presidente

(*DOU* 06.02.1998)

EC N. 19,
DE 4 DE JUNHO DE 1998

Modifica o regime e dispõe sobre princípios e normas da Administração Pública, servidores e agentes políticos, controle de despesas e finanças públicas e custeio de atividades a cargo do Distrito Federal, e dá outras providências.

As Mesas da Câmara dos Deputados e do Senado Federal, nos termos do § 3º do art. 60 da Constituição Federal, promulgam esta Emenda ao texto constitucional:

Art. 1º Os incisos XIV e XXII do art. 21 e XXVII do art. 22 da Constituição Federal passam a vigorar com a seguinte redação:

- Alterações processadas no texto dos referidos artigos.

Art. 2º O § 2º do art. 27 e os incisos V e VI do art. 29 da Constituição Federal passam a vigorar com a seguinte redação, inserindo-se § 2º no art. 28 e renumerando-se para o § 1º o atual parágrafo único:

- Alterações processadas no texto dos referidos artigos.

Art. 3º O *caput,* os incisos I, II, V, VII, X, XI, XIII, XIV, XV, XVI, XVII e XIX e o § 3º do art. 37 da Constituição Federal passam a vigorar com a seguinte redação, acrescendo-se ao artigo os §§ 7º a 9º:

- Alterações e acréscimos processados no texto do referido artigo.

Art. 4º O *caput* do art. 38 da Constituição Federal passa a vigorar com a seguinte redação:

- Alteração processada no texto do referido artigo.

Art. 5º O art. 39 da Constituição Federal passa a vigorar com a seguinte redação:

- Alteração processada no texto do referido artigo.
- V. ADIn 2.135-4.

Art. 6º O art. 41 da Constituição Federal passa a vigorar com a seguinte redação:

- Alteração processada no texto do referido artigo.

Art. 7º O art. 48 da Constituição Federal passa a vigorar acrescido do seguinte inciso XV:

- Acréscimo processado no texto do referido artigo.

Art. 8º Os incisos VII e VIII do art. 49 da Constituição Federal passam a vigorar com a seguinte redação:

- Alterações processadas no texto do referido artigo.

Art. 9º O inciso IV do art. 51 da Constituição Federal passa a vigorar com a seguinte redação:

- Alteração processada no texto do referido artigo.

EC n. 19/1998

EMENDAS CONSTITUCIONAIS

Art. 10. O inciso XIII do art. 52 da Constituição Federal passa a vigorar com a seguinte redação:

• Alteração processada no texto do referido artigo.

Art. 11. O § 7º do art. 57 da Constituição Federal passa a vigorar com a seguinte redação:

• Alteração processada no texto do referido artigo.

Art. 12. O parágrafo único do art. 70 da Constituição Federal passa a vigorar com a seguinte redação:

• Alteração processada no texto do referido artigo.

Art. 13. O inciso V do art. 93, o inciso III do art. 95 e a alínea *b* do inciso II do art. 96 da Constituição Federal passam a vigorar com a seguinte redação:

• Alterações processadas no texto dos referidos artigos.

Art. 14. O § 2º do art. 127 da Constituição Federal passa a vigorar com a seguinte redação:

• Alteração processada no texto do referido artigo.

Art. 15. A alínea c do inciso I do § 5º do art. 128 da Constituição Federal passa a vigorar com a seguinte redação:

• Alteração processada no texto do referido artigo.

Art. 16. A Seção II do Capítulo IV do Título IV da Constituição Federal passa a denominar-se "DA ADVOCACIA PÚBLICA".

• Alteração processada no texto da referida Seção.

Art. 17. O art. 132 da Constituição Federal passa a vigorar com a seguinte redação:

• Alteração processada no texto do referido artigo.

Art. 18. O art. 135 da Constituição Federal passa a vigorar com a seguinte redação:

• Alteração processada no texto do referido artigo.

Art. 19. O § 1º e seu inciso III e os §§ 2º e 3º do art. 144 da Constituição Federal passam a vigorar com a seguinte redação, inserindo-se no artigo § 9º:

• Alterações e acréscimo processados no texto do referido artigo.

Art. 20. O *caput* do art. 167 da Constituição Federal passa a vigorar acrescido de inciso X, com a seguinte redação:

• Acréscimo processado no texto do referido artigo.

Art. 21. O art. 169 da Constituição Federal passa a vigorar com a seguinte redação:

• Alteração processada no texto do referido artigo.

Art. 22. O § 1º do art. 173 da Constituição Federal passa a vigorar com a seguinte redação:

• Alteração processada no texto do referido artigo.

Art. 23. O inciso V do art. 206 da Constituição Federal passa a vigorar com a seguinte redação:

• Alteração processada no texto do referido artigo.

Art. 24. O art. 241 da Constituição Federal passa a vigorar com a seguinte redação:

• Alteração processada no texto do referido artigo.

Art. 25. Até a instituição do fundo a que se refere o inciso XIV do art. 21 da Constituição Federal, compete à União manter os atuais compromissos financeiros com a prestação de serviços públicos do Distrito Federal.

Art. 26. No prazo de dois anos da promulgação desta Emenda, as entidades da administração indireta terão seus estatutos revistos quanto à respectiva natureza jurídica, tendo em conta a finalidade e as competências efetivamente executadas.

Art. 27. O Congresso Nacional, dentro de cento e vinte dias da promulgação desta Emenda, elaborará lei de defesa do usuário de serviços públicos.

Art. 28. É assegurado o prazo de dois anos de efetivo exercício para aquisição da estabilidade aos atuais servidores em estágio probatório, sem prejuízo da avaliação a que se refere o § 4º do art. 41 da Constituição Federal.

Art. 29. Os subsídios, vencimentos, remuneração, proventos da aposentadoria e pensões e quaisquer outras espécies remuneratórias adequar-se-ão, a partir da promulgação desta Emenda, aos limites decorrentes da Constituição Federal, não se admitindo a percepção de excesso a qualquer título.

Art. 30. O projeto de lei complementar a que se refere o art. 163 da Constituição Federal será apresentado pelo Poder Executivo ao Congresso Nacional no prazo máximo de cento e oitenta dias da promulgação desta Emenda.

EC n. 20/1998

EMENDAS CONSTITUCIONAIS

Art. 31. Os servidores públicos federais da administração direta e indireta, os servidores municipais e os integrantes da carreira policial militar dos ex-Territórios Federais do Amapá e de Roraima que comprovadamente encontravam-se no exercício regular de suas funções prestando serviços àqueles ex-Territórios na data em que foram transformados em Estados, os servidores e os policiais militares admitidos regularmente pelos governos dos Estados do Amapá e de Roraima no período entre a transformação e a efetiva instalação desses Estados em outubro de 1993 e, ainda, os servidores nesses Estados com vínculo funcional já reconhecido pela União integrarão, mediante opção, quadro em extinção da administração federal.

- Artigo com redação determinada pela Emenda Constitucional n. 79/2014.

§ 1º O enquadramento referido no *caput* para os servidores ou para os policiais militares admitidos regularmente entre a transformação e a instalação dos Estados em outubro de 1993 deverá dar-se no cargo em que foram originariamente admitidos ou em cargo equivalente.

§ 2º Os integrantes da carreira policial militar a que se refere o *caput* continuarão prestando serviços aos respectivos Estados, na condição de cedidos, submetidos às disposições estatutárias a que estão sujeitas as corporações das respectivas Polícias Militares, observados as atribuições de função compatíveis com seu grau hierárquico e o direito às devidas promoções.

§ 3º Os servidores a que se refere o *caput* continuarão prestando serviços aos respectivos Estados e a seus Municípios, na condição de cedidos, até seu aproveitamento em órgão ou entidade da administração federal direta, autárquica ou fundacional.

Art. 32. A Constituição Federal passa a vigorar acrescida do seguinte artigo:

- Artigo 247 acrescentado ao texto da Constituição.

Art. 33. Consideram-se servidores não estáveis, para os fins do art. 169, § 3º, II, da Constituição Federal aqueles admitidos na administração direta, autárquica e fundacional sem concurso público de provas ou de provas e títulos após o dia 5 de outubro de 1983.

Art. 34. Esta Emenda Constitucional entra em vigor na data de sua promulgação.

Brasília, 4 de junho de 1998.

Mesa da Câmara dos Deputados: *Deputado Michel Temer,* Presidente

Mesa do Senado Federal: *Senador Antonio Carlos Magalhães,* Presidente

(*DOU* 05.06.1998)

EC N. 20, DE 15 DE DEZEMBRO DE 1998

Modifica o sistema de previdência social, estabelece normas de transição e dá outras providências.

- V. Súmula Vinculante 34, STF.

As Mesas da Câmara dos Deputados e do Senado Federal, nos termos do § 3º do art. 60 da Constituição Federal, promulgam a seguinte emenda ao texto constitucional:

Art. 1º A Constituição Federal passa a vigorar com as seguintes alterações:

- Alterações do art. 7º, XII, XXXIII; art. 37, § 10; art. 40; §§ 1º a 16; art. 42, §§ 1º e 2º; art. 73, § 3º; art. 93, VI; art. 100, § 3º; art. 114, § 3º; art. 142, § 3º, IX; art. 167, XI; art. 194, parágrafo único, VII; art. 195, I, II e §§ 8º a 11; art. 201, I a V, §§ 1º a 11 e art. 202, §§ 1º a 6º processadas no texto da Constituição.

Art. 2º A Constituição Federal, nas Disposições Constitucionais Gerais, é acrescida dos seguintes artigos:

- Artigos 248, 249 e 250 acrescentados no texto da Constituição.

Art. 3º É assegurada a concessão de aposentadoria e pensão, a qualquer tempo, aos servidores públicos e aos segurados do regime geral de previdência social, bem como aos seus dependentes, que, até a data da publicação desta Emenda, tenham cumprido os requisitos para a obtenção destes benefícios, com base nos critérios da legislação então vigente.

§ 1º O servidor de que trata este artigo, que tenha completado as exigências para aposentadoria integral e que opte por permanecer em atividade fará jus à isenção da contribuição previdenciária até completar as exigências para aposentadoria contidas no art. 40, § 1º, III, *a*, da Constituição Federal.

EMENDAS CONSTITUCIONAIS

§ 2º Os proventos da aposentadoria a ser concedida aos servidores públicos referidos no *caput*, em termos integrais ou proporcionais ao tempo de serviço já exercido até a data de publicação desta Emenda, bem como as pensões de seus dependentes, serão calculados de acordo com a legislação em vigor à época em que foram atendidas as prescrições nela estabelecidas para a concessão destes benefícios ou nas condições da legislação vigente.

§ 3º São mantidos todos os direitos e garantias assegurados nas disposições constitucionais vigentes à data de publicação desta Emenda aos servidores e militares, inativos e pensionistas, aos anistiados e aos ex-combatentes, assim como àqueles que já cumpriram, até aquela data, os requisitos para usufruírem tais direitos, observado o disposto no art. 37, XI, da Constituição Federal.

Art. 4º Observado o disposto no art. 40, § 10, da Constituição Federal, o tempo de serviço considerado pela legislação vigente para efeito de aposentadoria, cumprido até que a lei discipline a matéria, será contado como tempo de contribuição.

- V. art. 2º, Emenda Constitucional n. 41/2003.

Art. 5º O disposto no art. 202, § 3º, da Constituição Federal, quanto à exigência de paridade entre a contribuição da patrocinadora e a contribuição do segurado, terá vigência no prazo de dois anos a partir da publicação desta Emenda, ou, caso ocorra antes, na data de publicação da lei complementar a que se refere o § 4º do mesmo artigo.

Art. 6º As entidades fechadas de previdência privada patrocinadas por entidades públicas, inclusive empresas públicas e sociedades de economia mista, deverão rever, no prazo de dois anos, a contar da publicação desta Emenda, seus planos de benefícios e serviços, de modo a ajustá-los atuarialmente a seus ativos, sob pena de intervenção, sendo seus dirigentes e os de suas respectivas patrocinadoras responsáveis civil e criminalmente pelo descumprimento do disposto neste artigo.

Art. 7º Os projetos das leis complementares previstas no art. 202 da Constituição Federal deverão ser apresentados ao Congresso Nacional no prazo máximo de noventa dias após a publicação desta Emenda.

Art. 8º *(Revogado pela Emenda Constitucional n. 41/2003.)*

Art. 9º Observado o disposto no art. 4º desta Emenda e ressalvado o direito de opção à aposentadoria pelas normas por ela estabelecidas para o regime geral de previdência social, é assegurado o direito à aposentadoria ao segurado que se tenha filiado ao regime geral de previdência social, até a data de publicação desta Emenda, quando, cumulativamente, atender aos seguintes requisitos:

I – contar com cinquenta e três anos de idade, se homem, e quarenta e oito anos de idade, se mulher; e

II – contar tempo de contribuição igual, no mínimo, à soma de:

a) trinta e cinco anos, se homem, e trinta anos, se mulher; e

b) um período adicional de contribuição equivalente a vinte por cento do tempo que, na data da publicação desta Emenda, faltaria para atingir o limite de tempo constante da alínea anterior.

§ 1º O segurado de que trata este artigo, desde que atendido o disposto no inciso I do *caput*, e observado o disposto no art. 4º desta Emenda, pode aposentar-se com valores proporcionais ao tempo de contribuição, quando atendidas as seguintes condições:

I – contar tempo de contribuição igual, no mínimo, à soma de:

a) trinta anos, se homem, e vinte e cinco anos, se mulher; e

b) um período adicional de contribuição equivalente a quarenta por cento do tempo que, na data da publicação desta Emenda, faltaria para atingir o limite de tempo constante da alínea anterior;

II – o valor da aposentadoria proporcional será equivalente a setenta por cento do valor da aposentadoria a que se refere o *caput*, acrescido de cinco por cento por ano de contribuição que supere a soma a que se re-

EC n. 21/1999

EMENDAS CONSTITUCIONAIS

fere o inciso anterior, até o limite de cem por cento.

§ 2º O professor que, até a data da publicação desta Emenda, tenha exercido atividade de magistério e que opte por aposentar-se na forma do disposto no *caput*, terá o tempo de serviço exercido até a publicação desta Emenda contado com o acréscimo de dezessete por cento, se homem, e de vinte por cento, se mulher, desde que se aposente, exclusivamente, com tempo de efetivo exercício de atividade de magistério.

Art. 10. *(Revogado pela Emenda Constitucional n. 41/2003.)*

Art. 11. A vedação prevista no art. 37, § 10, da Constituição Federal, não se aplica aos membros de poder e aos inativos, servidores e militares, que, até a publicação desta Emenda, tenham ingressado novamente no serviço público por concurso público de provas ou de provas e títulos, e pelas demais formas previstas na Constituição Federal, sendo-lhes proibida a percepção de mais de uma aposentadoria pelo regime de previdência a que se refere o art. 40 da Constituição Federal, aplicando-se-lhes, em qualquer hipótese, o limite de que trata o § 11 deste mesmo artigo.

Art. 12. Até que produzam efeitos as leis que irão dispor sobre as contribuições de que trata o art. 195 da Constituição Federal, são exigíveis as estabelecidas em lei, destinadas ao custeio da seguridade social e dos diversos regimes previdenciários.

Art. 13. Até que a lei discipline o acesso ao salário-família e auxílio-reclusão para os servidores, segurados e seus dependentes, esses benefícios serão concedidos apenas àqueles que tenham renda bruta mensal igual ou inferior a R$ 360,00 (trezentos e sessenta reais), que, até a publicação da lei, serão corrigidos pelos mesmos índices aplicados aos benefícios do regime geral de previdência social.

Art. 14. O limite máximo para o valor dos benefícios do regime geral de previdência social de que trata o art. 201 da Constituição Federal é fixado em R$ 1.200,00 (um mil e duzentos reais), devendo, a partir da data da publicação desta Emenda, ser reajustado de forma a preservar, em caráter permanente, seu valor real, atualizado pelos mesmos índices aplicados aos benefícios do regime geral de previdência social.

- O STF, na ADIn 1.946-5 (*DJU* 16.05.2003; *DOU* 03.06.2003), julgou parcialmente procedente o pedido formulado na ação para dar "ao art. 14 da EC n. 20/1998, sem redução de texto, interpretação conforme a CF, para excluir sua aplicação ao salário da licença à gestante a que se refere o art. 7º, inciso XVIII da referida Carta".

Art. 15. Até que a lei complementar a que se refere o art. 201, § 1º, da Constituição Federal, seja publicada, permanece em vigor o disposto nos arts. 57 e 58 da Lei 8.213, de 24 de julho de 1991, na redação vigente à data da publicação desta Emenda.

Art. 16. Esta Emenda Constitucional entra em vigor na data de sua publicação.

Art. 17. Revoga-se o inciso II do § 2º do art. 153 da Constituição Federal.

Brasília, 15 de dezembro de 1998.

Mesa da Câmara dos Deputados: *Deputado Michel Temer*, Presidente

Mesa do Senado Federal: *Senador Antonio Carlos Magalhães*, Presidente

(*DOU* 16.12.1998)

EC N. 21,
DE 18 DE MARÇO DE 1999

Prorroga, alterando a alíquota, a contribuição provisória sobre movimentação ou transmissão de valores e de créditos e de direitos de natureza financeira, a que se refere o art. 74 do Ato das Disposições Constitucionais Transitórias.

As Mesas da Câmara dos Deputados e do Senado Federal, nos termos do § 3º do art. 60 da Constituição Federal, promulgam a seguinte Emenda ao texto constitucional:

Art. 1º Fica incluído o art. 75 no Ato das Disposições Constitucionais Transitórias, com a seguinte redação:

- Inclusão processada no texto do Ato das Disposições Constitucionais Transitórias.

Art. 2º Esta Emenda entra em vigor na data de sua publicação.

EMENDAS CONSTITUCIONAIS

Brasília, 18 de março de 1999.

Mesa da Câmara dos Deputados: *Deputado Michel Temer,* Presidente

Mesa do Senado Federal: *Senador Antonio Carlos Magalhães,* Presidente

(*DOU* 19.03.1999)

EC N. 22,
DE 18 DE MARÇO DE 1999

Acrescenta parágrafo único ao art. 98 e altera as alíneas i do inciso I do art. 102 e c do inciso I do art. 105 da Constituição Federal.

As Mesas da Câmara dos Deputados e do Senado Federal, nos termos do § 3º do art. 60 da Constituição Federal, promulgam a seguinte Emenda ao texto constitucional:

Art. 1º É acrescentado ao art. 98 da Constituição Federal o seguinte parágrafo único:

- Acréscimo processado no texto do referido artigo.

Art. 2º A alínea *i* do inciso I do art. 102 da Constituição Federal passa a vigorar com a seguinte redação:

- Alteração processada no texto do referido artigo.

Art. 3º A alínea c do inciso I do art. 105 da Constituição Federal passa a vigorar com a seguinte redação:

- Alteração processada no texto do referido artigo.

Art. 4º Esta Emenda Constitucional entra em vigor na data de sua publicação.

Brasília, 18 de março de 1999.

Mesa da Câmara dos Deputados: *Deputado Michel Temer,* Presidente

Mesa do Senado Federal: *Senador Antonio Carlos Magalhães,* Presidente

(*DOU* 19.03.1999)

EC N. 23,
DE 2 DE SETEMBRO DE 1999

Altera os arts. 12, 52, 84, 91, 102 e 105 da Constituição Federal (criação do Ministério da Defesa).

As Mesas da Câmara dos Deputados e do Senado Federal, nos termos do § 3º do art. 60 da Constituição Federal, promulgam a seguinte Emenda ao texto constitucional:

Art. 1º Os arts. 12, 52, 84, 91, 102 e 105 da Constituição Federal, passam a vigorar com as seguintes alterações:

- Alterações processadas no texto dos referidos artigos.

Art. 2º Esta Emenda Constitucional entra em vigor na data de sua publicação.

Brasília, 2 de setembro de 1999.

Mesa da Câmara dos Deputados: *Deputado Michel Temer,* Presidente

Mesa do Senado Federal: *Senador Antonio Carlos Magalhães,* Presidente

(*DOU* 03.09.1999)

EC N. 24,
DE 9 DE DEZEMBRO DE 1999

Altera dispositivos da Constituição Federal pertinentes à representação classista na Justiça do Trabalho.

As Mesas da Câmara dos Deputados e do Senado Federal, nos termos do § 3º do art. 60 da Constituição Federal, promulgam a seguinte Emenda ao texto constitucional:

Art. 1º Os arts. 111, 112, 113, 115 e 116 da Constituição Federal passam a vigorar com a seguinte redação:

- Alterações processadas no texto dos referidos artigos.

Art. 2º É assegurado o cumprimento dos mandatos dos atuais ministros classistas temporários do Tribunal Superior do Trabalho e dos atuais juízes classistas temporários dos Tribunais Regionais do Trabalho e das Juntas de Conciliação e Julgamento.

Art. 3º Esta Emenda Constitucional entra em vigor na data de sua publicação.

Art. 4º Revoga-se o art. 117 da Constituição Federal.

Brasília, em 9 de dezembro de 1999.

Mesa da Câmara dos Deputados: *Deputado Michel Temer,* Presidente

Mesa do Senado Federal: *Senador Antonio Carlos Magalhães,* Presidente

(*DOU* 10.12.1999)

EC n. 25/2000

EMENDAS CONSTITUCIONAIS

EC N. 25,
DE 14 DE FEVEREIRO DE 2000

Altera o inciso VI do art. 29 e acrescenta o art. 29-A à Constituição Federal, que dispõem sobre limites de despesas com o Poder Legislativo Municipal.

As Mesas da Câmara dos Deputados e do Senado Federal, nos termos do § 3º do art. 60 da Constituição Federal, promulgam a seguinte Emenda ao texto constitucional:

Art. 1º O inciso VI do art. 29 da Constituição Federal passa a vigorar com a seguinte redação:

• Alteração processada no texto do referido artigo.

Art. 2º A Constituição Federal passa a vigorar acrescida do seguinte art. 29-A:

• Acréscimo processado no texto da Constituição.

Art. 3º Esta Emenda Constitucional entra em vigor em 1º de janeiro de 2001.

Brasília, 14 de fevereiro de 2000.

Mesa da Câmara dos Deputados: *Deputado Michel Temer,* Presidente

Mesa do Senado Federal: *Senador Antonio Carlos Magalhães,* Presidente

(DOU 15.02.2000)

EC N. 26,
DE 14 DE FEVEREIRO DE 2000

Altera a redação do art. 6º da Constituição Federal.

As Mesas da Câmara dos Deputados e do Senado Federal, nos termos do § 3º do art. 60 da Constituição Federal, promulgam a seguinte Emenda ao texto constitucional:

Art. 1º O art. 6º da Constituição Federal passa a vigorar com a seguinte redação:

• Alteração processada no texto do referido artigo.

Art. 2º Esta Emenda Constitucional entra em vigor na data de sua publicação.

Brasília, 14 de fevereiro de 2000.

Mesa da Câmara dos Deputados: *Deputado Michel Temer,* Presidente

Mesa do Senado Federal: *Senador Antonio Carlos Magalhães,* Presidente

(DOU 15.02.2000)

EC N. 27,
DE 21 DE MARÇO DE 2000

Acrescenta o art. 76 ao Ato das Disposições Constitucionais Transitórias, instituindo a desvinculação de arrecadação de impostos e contribuições sociais da União.

As Mesas da Câmara dos Deputados e do Senado Federal, nos termos do § 3º do art. 60 da Constituição Federal, promulgam a seguinte Emenda ao texto constitucional:

Art. 1º É incluído o art. 76 ao Ato das Disposições Constitucionais Transitórias, com a seguinte redação:

• Acréscimo processado no texto do Ato das Disposições Constitucionais Transitórias.

Art. 2º Esta Emenda Constitucional entra em vigor na data de sua publicação.

Brasília, 21 de março de 2000.

Mesa da Câmara dos Deputados: *Deputado Michel Temer,* Presidente

Mesa do Senado Federal: *Senador Antonio Carlos Magalhães,* Presidente

(DOU 22.03.2000)

EC N. 28,
DE 25 DE MAIO DE 2000

Dá nova redação ao inciso XXIX do art. 7º e revoga o art. 233 da Constituição Federal.

As Mesas da Câmara dos Deputados e do Senado Federal, nos termos do § 3º do art. 60 da Constituição Federal, promulgam a seguinte Emenda ao texto constitucional:

Art. 1º O inciso XXIX do art. 7º da Constituição Federal passa a vigorar com a seguinte redação:

• Alteração processada no texto do referido artigo.

Art. 2º Revoga-se o art. 233 da Constituição Federal.

Art. 3º Esta Emenda Constitucional entra em vigor na data de sua publicação.

Brasília, em 25 de maio de 2000.

Mesa da Câmara dos Deputados: *Deputado Michel Temer,* Presidente

Mesa do Senado Federal: *Senador Antonio Carlos Magalhães,* Presidente

(DOU 29.05.2000)

EC n. 29/2000

EMENDAS CONSTITUCIONAIS

EC N. 29,
DE 13 DE SETEMBRO DE 2000

Altera os arts. 34, 35, 156, 160, 167 e 198 da Constituição Federal e acrescenta artigo ao Ato das Disposições Constitucionais Transitórias, para assegurar os recursos mínimos para o financiamento das ações e serviços públicos de saúde.

As Mesas da Câmara dos Deputados e do Senado Federal, nos termos do § 3º do art. 60 da Constituição Federal, promulgam a seguinte Emenda ao texto constitucional:

Art. 1º A alínea e do inciso VII do art. 34 passa a vigorar com a seguinte redação:

- Alteração processada no texto do referido artigo.

Art. 2º O inciso III do art. 35 passa a vigorar com a seguinte redação:

- Alteração processada no texto do referido artigo.

Art. 3º O § 1º do art. 156 da Constituição Federal passa a vigorar com a seguinte redação:

- Alteração processada no texto do referido artigo.

Art. 4º O parágrafo único do art. 160 passa a vigorar com a seguinte redação:

- Alteração processada no texto do referido artigo.

Art. 5º O inciso IV do art. 167 passa a vigorar com a seguinte redação:

- Alteração processada no texto do referido artigo.

Art. 6º O art. 198 passa a vigorar acrescido dos seguintes §§ 2º e 3º, numerando-se o atual parágrafo único como § 1º:

- Acréscimos processados no texto do referido artigo.

Art. 7º O Ato das Disposições Constitucionais Transitórias passa a vigorar acrescido do seguinte art. 77:

- Acréscimo processado no texto do Ato das Disposições Constitucionais Transitórias.

Art. 8º Esta Emenda Constitucional entra em vigor na data de sua publicação.

Brasília, 13 de setembro de 2000.

Mesa da Câmara dos Deputados: *Deputado Michel Temer,* Presidente

Mesa do Senado Federal: *Senador Antonio Carlos Magalhães,* Presidente

(*DOU* 14.09.2000)

EC N. 30,
DE 13 DE SETEMBRO DE 2000

Altera a redação do art. 100 da Constituição Federal e acrescenta o art. 78 no Ato das Disposições Constitucionais Transitórias, referente ao pagamento de precatórios judiciários.

As Mesas da Câmara dos Deputados e do Senado Federal, nos termos do § 3º do art. 60 da Constituição Federal, promulgam a seguinte Emenda ao texto constitucional:

Art. 1º O art. 100 da Constituição Federal passa a vigorar com a seguinte redação:

- Alteração processada no texto do referido artigo.

Art. 2º É acrescido, no Ato das Disposições Constitucionais Transitórias, o art. 78, com a seguinte redação:

- Acréscimo processado no texto do Ato das Disposições Constitucionais Transitórias.
- O STF, na Med. Caut. em ADIn 2.356 e 2.362, deferiu a cautelar (*DOU* e *DJE* 07.12.2010; *DJE* 19.05.2011) para suspender a eficácia do art. 2º da Emenda Constitucional 30/2000.

Art. 3º Esta Emenda Constitucional entra em vigor na data de sua publicação.

Brasília, em 13 de setembro de 2000.

Mesa da Câmara dos Deputados: *Deputado Michel Temer,* Presidente

Mesa do Senado Federal: *Senador Antonio Carlos Magalhães,* Presidente

(*DOU* 14.09.2000)

EC N. 31,
DE 14 DE DEZEMBRO DE 2000

Altera o Ato das Disposições Constitucionais Transitórias, introduzindo artigos que criam o Fundo de Combate e Erradicação da Pobreza.

As Mesas da Câmara dos Deputados e do Senado Federal, nos termos do § 3º do art. 60 da Constituição Federal, promulgam a seguinte emenda ao texto constitucional:

Art. 1º A Constituição Federal, no Ato das Disposições Constitucionais Transitórias, é acrescida dos seguintes artigos:

- Artigos 79, 80, 81, 82 e 83 acrescentados no texto do Ato das Disposições Constitucionais Transitórias.

EC n. 32/2001

EMENDAS CONSTITUCIONAIS

Art. 2º Esta Emenda Constitucional entra em vigor na data de sua publicação.
Brasília, 14 de dezembro de 2000.

Mesa da Câmara dos Deputados: *Deputado Michel Temer,* Presidente

Mesa do Senado Federal: *Senador Antonio Carlos Magalhães,* Presidente

(*DOU* 18.12.2000)

EC N. 32,
DE 11 DE SETEMBRO DE 2001

Altera dispositivos dos arts. 48, 57, 61, 62, 64, 66, 84, 88 e 246 da Constituição Federal, e dá outras providências.

As Mesas da Câmara dos Deputados e do Senado Federal, nos termos do § 3º do art. 60 da Constituição Federal, promulgam a seguinte Emenda ao texto constitucional:

Art. 1º Os arts. 48, 57, 61, 62, 64, 66, 84, 88 e 246 da Constituição Federal passam a vigorar com as seguintes alterações:

• Alterações processadas no texto dos referidos artigos.

Art. 2º As medidas provisórias editadas em data anterior à da publicação desta emenda continuam em vigor até que medida provisória ulterior as revogue explicitamente ou até deliberação definitiva do Congresso Nacional.

Art. 3º Esta Emenda Constitucional entra em vigor na data de sua publicação.
Brasília, 11 de setembro de 2001.

Mesa da Câmara dos Deputados: *Deputado Aécio Neves,* Presidente

Mesa do Senado Federal: *Senador Edison Lobão,* Presidente

(*DOU* 12.09.2001)

EC N. 33,
DE 11 DE DEZEMBRO DE 2001

Altera os arts. 149, 155 e 177 da Constituição Federal.

As Mesas da Câmara dos Deputados e do Senado Federal, nos termos do § 3º do art. 60 da Constituição Federal, promulgam a seguinte Emenda ao texto constitucional:

Art. 1º O art. 149 da Constituição Federal passa a vigorar acrescido dos seguintes parágrafos, renumerando-se o atual parágrafo único para § 1º:

• Parágrafo único renumerado e §§ 2º a 4º acrescentados no texto do referido artigo.

Art. 2º O art. 155 da Constituição Federal passa a vigorar com as seguintes alterações:

• Alterações processadas no texto do referido artigo.

Art. 3º O art. 177 da Constituição Federal passa a vigorar acrescido do seguinte parágrafo:

• § 4º acrescentado no texto do referido artigo.

Art. 4º Enquanto não entrar em vigor a lei complementar de que trata o art. 155, § 2º, XII, *h*, da Constituição Federal, os Estados e o Distrito Federal, mediante convênio celebrado nos termos do § 2º, XII, *g*, do mesmo artigo, fixarão normas para regular provisoriamente a matéria.

Art. 5º Esta Emenda Constitucional entra em vigor na data de sua promulgação.
Brasília, 11 de dezembro de 2001.

Mesa da Câmara dos Deputados: *Deputado Aécio Neves,* Presidente

Mesa do Senado Federal: *Senador Ramez Tebet,* Presidente

(*DOU* 12.12.2001)

EC N. 34,
DE 13 DE DEZEMBRO DE 2001

Dá nova redação à alínea c do inciso XVI do art. 37 da Constituição Federal.

As Mesas da Câmara dos Deputados e do Senado Federal, nos termos do § 3º do art. 60 da Constituição Federal, promulgam a seguinte Emenda ao texto constitucional:

Art. 1º A alínea c do inciso XVI do art. 37 da Constituição Federal passa a vigorar com a seguinte redação:

• Alteração processada no texto do referido artigo.

Art. 2º Esta Emenda Constitucional entra em vigor na data de sua publicação.
Brasília, 13 de dezembro de 2001.

Mesa da Câmara dos Deputados: *Deputado Aécio Neves,* Presidente

Mesa do Senado Federal: *Senador Ramez Tebet,* Presidente

(*DOU* 14.12.2001)

EC n. 35/2001

EMENDAS CONSTITUCIONAIS

EC N. 35,
DE 20 DE DEZEMBRO DE 2001

Dá nova redação ao art. 53 da Constituição Federal.

As Mesas da Câmara dos Deputados e do Senado Federal, nos termos do § 3º do art. 60 da Constituição Federal, promulgam a seguinte Emenda ao texto constitucional:

Art. 1º O art. 53 da Constituição Federal passa a vigorar com as seguintes alterações:

- Alterações processadas no texto do referido artigo.

Art. 2º Esta Emenda Constitucional entra em vigor na data de sua publicação.

Brasília, 20 de dezembro de 2001.

Mesa da Câmara dos Deputados: *Deputado Aécio Neves,* Presidente

Mesa do Senado Federal: *Senador Ramez Tebet,* Presidente

(DOU 21.12.2001)

EC N. 36,
DE 28 DE MAIO DE 2002

Dá nova redação ao art. 222 da Constituição Federal, para permitir a participação de pessoas jurídicas no capital social de empresas jornalísticas e de radiodifusão sonora e de sons e imagens, nas condições que especifica.

As Mesas da Câmara dos Deputados e do Senado Federal, nos termos do § 3º do art. 60 da Constituição Federal, promulgam a seguinte Emenda ao texto constitucional:

Art. 1º O art. 222 da Constituição Federal passa a vigorar com a seguinte redação:

- Alteração processada no texto do referido artigo.

Art. 2º Esta Emenda Constitucional entra em vigor na data de sua publicação.

Brasília, 28 de maio de 2002.

Mesa da Câmara dos Deputados: *Deputado Aécio Neves,* Presidente

Mesa do Senado Federal: *Senador Ramez Tebet,* Presidente

(DOU 29.05.2002)

EC N. 37,
DE 12 DE JUNHO DE 2002

Altera os arts. 100 e 156 da Constituição Federal e acrescenta os arts. 84, 85, 86, 87 e 88 ao Ato das Disposições Constitucionais Transitórias.

As Mesas da Câmara dos Deputados e do Senado Federal, nos termos do § 3º do art. 60 da Constituição Federal, promulgam a seguinte Emenda ao texto constitucional:

Art. 1º O art. 100 da Constituição Federal passa a vigorar acrescido do seguinte § 4º, renumerando-se os subsequentes:

- § 4º acrescentado e renumeração processada no texto do referido artigo.

Art. 2º O § 3º do art. 156 da Constituição Federal passa a vigorar com a seguinte redação:

- Alteração processada no texto do referido artigo.

Art. 3º O Ato das Disposições Constitucionais Transitórias passa a vigorar acrescido dos seguintes arts. 84, 85, 86, 87 e 88:

- Acréscimos processados no texto do Ato das Disposições Constitucionais Transitórias.

Art. 4º Esta Emenda Constitucional entra em vigor na data de sua publicação.

Brasília, em 12 de junho de 2002.

Mesa da Câmara dos Deputados: *Deputado Aécio Neves,* Presidente

Mesa do Senado Federal: *Senador Ramez Tebet,* Presidente

(DOU 13.06.2002)

EC N. 38,
DE 12 DE JUNHO DE 2002

Acrescenta o art. 89 ao Ato das Disposições Constitucionais Transitórias, incorporando os Policiais Militares do extinto Território Federal de Rondônia aos Quadros da União.

As Mesas da Câmara dos Deputados e do Senado Federal, nos termos do § 3º do art. 60 da Constituição Federal, promulgam a seguinte Emenda ao texto constitucional:

Art. 1º O Ato das Disposições Constitucionais Transitórias passa a vigorar acrescido do seguinte art. 89:

- Acréscimo processado no texto do Ato das Disposições Constitucionais Transitórias.

Art. 2º Esta Emenda Constitucional entra em vigor na data de sua publicação.

Brasília, em 12 de junho de 2002.

Mesa da Câmara dos Deputados: *Deputado Aécio Neves,* Presidente

Mesa do Senado Federal: *Senador Ramez Tebet,* Presidente

(*DOU* 13.06.2002)

EC N. 39,
DE 19 DE DEZEMBRO DE 2002

Acrescenta o art. 149-A à Constituição Federal (instituindo contribuição para custeio do serviço de iluminação pública nos Municípios e no Distrito Federal).

As Mesas da Câmara dos Deputados e do Senado Federal, nos termos do § 3º do art. 60 da Constituição Federal, promulgam a seguinte Emenda ao texto constitucional:

Art. 1º A Constituição Federal passa a vigorar acrescida do seguinte art. 149-A:

- Acréscimo processado no texto da Constituição.

Art. 2º Esta Emenda Constitucional entra em vigor na data de sua publicação.

Brasília, em 19 de dezembro de 2002.

Mesa da Câmara dos Deputados: *Deputado Efraim Morais,* Presidente

Mesa do Senado Federal: *Senador Ramez Tebet,* Presidente

(*DOU* 20.12.2002)

EC N. 40,
DE 29 DE MAIO DE 2003

Altera o inciso V do art. 163 e o art. 192 da Constituição Federal, e o caput do art. 52 do Ato das Disposições Constitucionais Transitórias.

As Mesas da Câmara dos Deputados e do Senado Federal, nos termos do § 3º do art. 60 da Constituição Federal, promulgam a seguinte Emenda ao texto constitucional:

Art. 1º O inciso V do art. 163 da Constituição Federal passa a vigorar com a seguinte redação:

- Alteração processada no texto do referido artigo.

Art. 2º O art. 192 da Constituição Federal passa a vigorar com a seguinte redação:

- Alteração processada no texto do referido artigo.

Art. 3º O *caput* do art. 52 do Ato das Disposições Constitucionais Transitórias passa a vigorar com a seguinte redação:

- Alteração processada no texto do referido artigo.

Art. 4º Esta Emenda Constitucional entra em vigor na data de sua publicação.

Brasília, em 29 de maio de 2003.

Mesa da Câmara dos Deputados: *Deputado João Paulo Cunha,* Presidente

Mesa do Senado Federal: *Senador José Sarney,* Presidente

(*DOU* 30.05.2003)

EC N. 41,
DE 19 DE DEZEMBRO DE 2003

Modifica os arts. 37, 40, 42, 48, 96, 149 e 201 da Constituição Federal, revoga o inciso IX do § 3º do art. 142 da Constituição Federal e dispositivos da Emenda Constitucional n. 20, de 15 de dezembro de 1998, e dá outras providências.

- V. Súmula Vinculante 34, STF.

As Mesas da Câmara dos Deputados e do Senado Federal, nos termos do § 3º do art. 60 da Constituição Federal, promulgam a seguinte Emenda ao texto constitucional:

Art. 1º A Constituição Federal passa a vigorar com as seguintes alterações:

- Alterações do art. 37, XI; art. 40, *caput*, § 1º, I, § 3º, § 7º, I e II, § 8º, § 15 e §§ 17 a 20; art. 42, § 2º; art. 48, XV; art. 96, II, *b*; art. 149, § 1º e art. 201, § 12 processadas no texto da Constituição.

Art. 2º Observado o disposto no art. 4º da Emenda Constitucional n. 20, de 15 de dezembro de 1998, é assegurado o direito de opção pela aposentadoria voluntária com proventos calculados de acordo com o art. 40, §§ 3º e 17, da Constituição Federal, àquele que tenha ingressado regularmente em cargo efetivo na Administração Pública direta, autárquica e fundacional, até a data da publicação daquela Emenda, quando o servidor, cumulativamente:

- V. art. 1º, Lei 10.887/2004 (Dispõe sobre a aplicação de disposições da EC n. 41/2003).
- V. art. 3º, Emenda Constitucional n. 47/2005.

I – tiver cinquenta e três anos de idade, se homem, e quarenta e oito anos de idade, se mulher;

II – tiver cinco anos de efetivo exercício no cargo em que se der a aposentadoria;

III – contar tempo de contribuição igual, no mínimo, à soma de:

a) trinta e cinco anos, se homem, e trinta anos, se mulher; e

b) um período adicional de contribuição equivalente a vinte por cento do tempo que, na data de publicação daquela Emenda, faltaria para atingir o limite de tempo constante da alínea a deste inciso.

§ 1º O servidor de que trata este artigo que cumprir as exigências para aposentadoria na forma do caput terá os seus proventos de inatividade reduzidos para cada ano antecipado em relação aos limites de idade estabelecidos pelo art. 40, § 1º, III, a, e § 5º da Constituição Federal, na seguinte proporção:

I – três inteiros e cinco décimos por cento, para aquele que completar as exigências para aposentadoria na forma do caput até 31 de dezembro de 2005;

II – cinco por cento, para aquele que completar as exigências para aposentadoria na forma do caput a partir de 1º de janeiro de 2006.

§ 2º Aplica-se ao magistrado e ao membro do Ministério Público e de Tribunal de Contas o disposto neste artigo.

§ 3º Na aplicação do disposto no § 2º deste artigo, o magistrado ou o membro do Ministério Público ou de Tribunal de Contas, se homem, terá o tempo de serviço exercido até a data de publicação da Emenda Constitucional n. 20, de 15 de dezembro de 1998, contado com acréscimo de dezessete por cento, observado o disposto no § 1º deste artigo.

§ 4º O professor, servidor da União, dos Estados, do Distrito Federal e dos Municípios, incluídas suas autarquias e fundações, que, até a data de publicação da Emenda Constitucional n. 20, de 15 de dezembro de 1998, tenha ingressado, regularmente, em cargo efetivo de magistério e que opte por aposentar-se na forma do disposto no caput, terá o tempo de serviço exercido até a publicação daquela Emenda contado com o acréscimo de dezessete por cento, se homem, e de vinte por cento, se mulher, desde que se aposente, exclusivamente, com tempo de efetivo exercício nas funções de magistério, observado o disposto no § 1º.

§ 5º O servidor de que trata este artigo, que tenha completado as exigências para aposentadoria voluntária estabelecidas no caput, e que opte por permanecer em atividade, fará jus a um abono de permanência equivalente ao valor da sua contribuição previdenciária até completar as exigências para aposentadoria compulsória contidas no art. 40, § 1º, II, da Constituição Federal.

§ 6º Às aposentadorias concedidas de acordo com este artigo aplica-se o disposto no art. 40, § 8º, da Constituição Federal.

Art. 3º É assegurada a concessão, a qualquer tempo, de aposentadoria aos servidores públicos, bem como pensão aos seus dependentes, que, até a data de publicação desta Emenda tenham cumprido todos os requisitos para obtenção desses benefícios, com base nos critérios da legislação então vigente.

§ 1º O servidor de que trata este artigo que opte por permanecer em atividade tendo completado as exigências para aposentadoria voluntária e que conte com, no mínimo, vinte e cinco anos de contribuição, se mulher, ou trinta anos de contribuição, se homem, fará jus a um abono de permanência equivalente ao valor da sua contribuição previdenciária até completar as exigências para aposentadoria compulsória contidas no art. 40, § 1º, II, da Constituição Federal.

§ 2º Os proventos da aposentadoria a ser concedida aos servidores públicos referidos no caput, em termos integrais ou proporcionais ao tempo de contribuição já exercido até a data de publicação desta Emenda, bem como as pensões de seus dependentes, serão calculados de acordo com a legislação em vigor à época em que foram atendidos os requisitos nela estabelecidos para a

EC n. 41/2003

concessão desses benefícios ou nas condições da legislação vigente.

Art. 4º Os servidores inativos e os pensionistas da União, dos Estados, do Distrito Federal e dos Municípios, incluídas suas autarquias e fundações, em gozo de benefícios na data de publicação desta Emenda, bem como os alcançados pelo disposto no seu art. 3º, contribuirão para o custeio do regime de que trata o art. 40 da Constituição Federal com percentual igual ao estabelecido para os servidores titulares de cargos efetivos.

Parágrafo único. A contribuição previdenciária a que se refere o *caput* incidirá apenas sobre a parcela dos proventos e das pensões que supere:

I – cinquenta por cento do limite máximo estabelecido para os benefícios do regime geral de previdência social de que trata o art. 201 da Constituição Federal, para os servidores inativos e os pensionistas dos Estados, do Distrito Federal e dos Municípios;

- O STF, nas ADIns 3.105-8 e 3.128-7 (*DOU* e *DJU* 27.08.2004), julgou inconstitucionais as expressões "cinquenta por cento do" e "sessenta por cento do", contidas, respectivamente, nos incisos I e II do parágrafo único do art. 4º da EC n. 41/2003, pelo que se aplica, então, à hipótese do art. 4º da EC n. 41/2003 o § 18 do art. 40 do texto permanente da Constituição, introduzido pela mesma Emenda Constitucional.

II – sessenta por cento do limite máximo estabelecido para os benefícios do regime geral de previdência social de que trata o art. 201 da Constituição Federal, para os servidores inativos e os pensionistas da União.

- O STF, nas ADIns 3.105-8 e 3.128-7 (*DOU* e *DJU* 27.08.2004), julgou inconstitucionais as expressões "cinquenta por cento do" e "sessenta por cento do", contidas, respectivamente, nos incisos I e II do parágrafo único do art. 4º da EC n. 41/2003, pelo que se aplica, então, à hipótese do art. 4º da EC n. 41/2003 o § 18 do art. 40 do texto permanente da Constituição, introduzido pela mesma Emenda Constitucional.

Art. 5º O limite máximo para o valor dos benefícios do regime geral de previdência social de que trata o art. 201 da Constituição Federal é fixado em R$ 2.400,00 (dois mil e quatrocentos reais), devendo, a partir da data de publicação desta Emenda, ser reajustado de forma a preservar, em caráter permanente, seu valor real, atualizado pelos mesmos índices aplicados aos benefícios do regime geral de previdência social.

Art. 6º Ressalvado o direito de opção à aposentadoria pelas normas estabelecidas pelo art. 40 da Constituição Federal ou pelas regras estabelecidas pelo art. 2º desta Emenda, o servidor da União, dos Estados, do Distrito Federal e dos Municípios, incluídas suas autarquias e fundações, que tenha ingressado no serviço público até a data de publicação desta Emenda poderá aposentar-se com proventos integrais, que corresponderão à totalidade da remuneração do servidor no cargo efetivo em que se der a aposentadoria, na forma da lei, quando, observadas as reduções de idade e tempo de contribuição contidas no § 5º do art. 40 da Constituição Federal, vier a preencher, cumulativamente, as seguintes condições:

- V. arts. 2º e 3º, Emenda Constitucional n. 47/2005.

I – sessenta anos de idade, se homem, e cinquenta e cinco anos de idade, se mulher;

II – trinta e cinco anos de contribuição, se homem, e trinta anos de contribuição, se mulher;

III – vinte anos de efetivo exercício no serviço público; e

IV – dez anos de carreira e cinco anos de efetivo exercício no cargo em que se der a aposentadoria.

Parágrafo único. *(Revogado pela Emenda Constitucional n. 47/2005 (DOU 06.07.2005), em vigor na data de sua publicação, com efeitos retroativos à data de vigência da Emenda Constitucional n. 41/2003.)*

Art. 6º-A. O servidor da União, dos Estados, do Distrito Federal e dos Municípios, incluídas suas autarquias e fundações, que tenha ingressado no serviço público até a data de publicação desta Emenda Constitucional e que tenha se aposentado ou venha a se aposentar por invalidez permanente, com fundamento no inciso I do § 1º do art. 40 da Constituição Federal, tem direito a proventos de aposentadoria calculados com base

EMENDAS CONSTITUCIONAIS

na remuneração do cargo efetivo em que se der a aposentadoria, na forma da lei, não sendo aplicáveis as disposições constantes dos §§ 3º, 8º e 17 do art. 40 da Constituição Federal.

• Artigo acrescentado pela Emenda Constitucional n. 70/2012.

Parágrafo único. Aplica-se ao valor dos proventos de aposentadorias concedidas com base no *caput* o disposto no art. 7º desta Emenda Constitucional, observando-se igual critério de revisão às pensões derivadas dos proventos desses servidores.

Art. 7º Observado o disposto no art. 37, XI, da Constituição Federal, os proventos de aposentadoria dos servidores públicos titulares de cargo efetivo e as pensões dos seus dependentes pagos pela União, Estados, Distrito Federal e Municípios, incluídas suas autarquias e fundações, em fruição na data de publicação desta Emenda, bem como os proventos de aposentadoria dos servidores e as pensões dos dependentes abrangidos pelo art. 3º desta Emenda, serão revistos na mesma proporção e na mesma data, sempre que se modificar a remuneração dos servidores em atividade, sendo também estendidos aos aposentados e pensionistas quaisquer benefícios ou vantagens posteriormente concedidos aos servidores em atividade, inclusive quando decorrentes da transformação ou reclassificação do cargo ou função em que se deu a aposentadoria ou que serviu de referência para a concessão da pensão, na forma da lei.

Art. 8º Até que seja fixado o valor do subsídio de que trata o art. 37, XI, da Constituição Federal, será considerado, para os fins do limite fixado naquele inciso, o valor da maior remuneração atribuída por lei na data de publicação desta Emenda a Ministro do Supremo Tribunal Federal, a título de vencimento, de representação mensal e da parcela recebida em razão de tempo de serviço, aplicando-se como limite, nos Municípios, o subsídio do Prefeito, e nos Estados e no Distrito Federal, o subsídio mensal do Governador no âmbito do Poder Executivo, o subsídio dos Deputados Estaduais e Distritais no âmbito do Poder Legislativo e o subsídio dos Desembargadores do Tribunal de Justiça, limitado a noventa inteiros e vinte e cinco centésimos por cento da maior remuneração mensal de Ministro do Supremo Tribunal Federal a que se refere este artigo, no âmbito do Poder Judiciário, aplicável este limite aos membros do Ministério Público, aos Procuradores e aos Defensores Públicos.

Art. 9º Aplica-se o disposto no art. 17 do Ato das Disposições Constitucionais Transitórias aos vencimentos, remunerações e subsídios dos ocupantes de cargos, funções e empregos públicos da administração direta, autárquica e fundacional, dos membros de qualquer dos Poderes da União, dos Estados, do Distrito Federal e dos Municípios, dos detentores de mandato eletivo e dos demais agentes políticos e os proventos, pensões ou outra espécie remuneratória percebidos cumulativamente ou não, incluídas as vantagens pessoais ou de qualquer outra natureza.

Art. 10. Revogam-se o inciso IX do § 3º do art. 142 da Constituição Federal, bem como os arts. 8º e 10 da Emenda Constitucional n. 20, de 15 de dezembro de 1998.

Art. 11. Esta Emenda Constitucional entra em vigor na data de sua publicação.

Brasília, em 19 de dezembro de 2003.

Mesa da Câmara dos Deputados: *Deputado João Paulo Cunha,* Presidente

Mesa do Senado Federal: *Senador José Sarney,* Presidente

(*DOU* 31.12.2003)

EC N. 42, DE 19 DE DEZEMBRO DE 2003

Altera o Sistema Tributário Nacional e dá outras providências.

As Mesas da Câmara dos Deputados e do Senado Federal, nos termos do § 3º do art. 60 da Constituição Federal, promulgam a seguinte Emenda ao texto constitucional:

Art. 1º Os artigos da Constituição a seguir enumerados passam a vigorar com as seguintes alterações:

• Alterações do art. 37, XXII; art. 52, XV; art. 146, III, *d*, parágrafo único, I e IV; art. 146-A; art. 149, § 2º, II; art. 150, III, *c*, § 1º; art.153, § 3º, IV e § 4º, I a III; art. 155, § 2º, X, *a, d,* § 6º, I e II; art. 158, II; art.

EC n. 43/2004

EMENDAS CONSTITUCIONAIS

159, III e § 4º; art. 167, IV; art. 170, VI; art. 195, IV, §§ 12 e 13; art. 204, parágrafo único, I a III e art. 216, § 6º, I a III processadas no texto da Constituição.

Art. 2º Os artigos do Ato das Disposições Constitucionais Transitórias a seguir enumerados passam a vigorar com as seguintes alterações:

- Alterações do art. 76, *caput* e § 1º; art. 82, § 1º e art. 83 processadas no texto do Ato das Disposições Constitucionais Transitórias.

Art. 3º O Ato das Disposições Constitucionais Transitórias passa a vigorar acrescido dos seguintes artigos:

- Artigos 90, 91, 92, 93 e 94 acrescentados no texto do Ato das Disposições Constitucionais Transitórias.

Art. 4º Os adicionais criados pelos Estados e pelo Distrito Federal até a data da promulgação desta Emenda, naquilo em que estiverem em desacordo com o previsto nesta Emenda, na Emenda Constitucional n. 31, de 14 de dezembro de 2000, ou na lei complementar de que trata o art. 155, § 2º, XII, da Constituição, terão vigência, no máximo, até o prazo previsto no art. 79 do Ato das Disposições Constitucionais Transitórias.

Art. 5º O Poder Executivo, em até sessenta dias contados da data da promulgação desta Emenda, encaminhará ao Congresso Nacional projeto de lei, sob o regime de urgência constitucional, que disciplinará os benefícios fiscais para a capacitação do setor de tecnologia da informação, que vigerão até 2019 nas condições que estiverem em vigor no ato da aprovação desta Emenda.

Art. 6º Fica revogado o inciso II do § 3º do art. 84 do Ato das Disposições Constitucionais Transitórias.

Brasília, em 19 de dezembro de 2003.

Mesa da Câmara dos Deputados: *Deputado João Paulo Cunha,* Presidente

Mesa do Senado Federal: *Senador José Sarney,* Presidente

(*DOU* 31.12.2003)

EC N. 43, DE 15 DE ABRIL DE 2004

Altera o art. 42 do Ato das Disposições Constitucionais Transitórias, prorrogando, por 10 (dez) anos, a aplicação, por parte da União, de percentuais mínimos do total dos recursos destinados à irrigação nas Regiões Centro-Oeste e Nordeste.

As Mesas da Câmara dos Deputados e do Senado Federal, nos termos do § 3º do art. 60 da Constituição Federal, promulgam a seguinte Emenda ao texto constitucional:

Art. 1º O *caput* do art. 42 do Ato das Disposições Constitucionais Transitórias passa a vigorar com a seguinte redação:

- Alteração processada no texto do referido artigo.

Art. 2º Esta Emenda Constitucional entra em vigor na data de sua publicação.

Mesa da Câmara dos Deputados: *Deputado João Paulo Cunha,* Presidente

Mesa do Senado Federal: *Senador José Sarney,* Presidente

(*DOU* 16.04.2004)

EC N. 44, DE 30 DE JUNHO DE 2004

Altera o Sistema Tributário Nacional e dá outras providências.

As Mesas da Câmara dos Deputados e do Senado Federal, nos termos do § 3º do art. 60 da Constituição Federal, promulgam a seguinte Emenda ao texto constitucional:

Art. 1º O inciso III do art. 159 da Constituição passa a vigorar com a seguinte redação:

- Alteração processada no texto do referido artigo.

Art. 2º Esta Emenda à Constituição entra em vigor na data de sua publicação.

Mesa da Câmara dos Deputados: *Deputado João Paulo Cunha,* Presidente

Mesa do Senado Federal: *Senador José Sarney,* Presidente

(*DOU* 1º.07.2004)

EC n. 45/2004

EMENDAS CONSTITUCIONAIS

EC N. 45,
DE 8 DE DEZEMBRO DE 2004

Altera dispositivos dos arts. 5º, 36, 52, 92, 93, 95, 98, 99, 102, 103, 104, 105, 107, 109, 111, 112, 114, 115, 125, 126, 127, 128, 129, 134 e 168 da Constituição Federal, e acrescenta os arts. 103-A, 103-B, 111-A e 130-A, e dá outras providências.

• V. Súmula 367, STJ.

As Mesas da Câmara dos Deputados e do Senado Federal, nos termos do § 3º do art. 60 da Constituição Federal, promulgam a seguinte Emenda ao texto constitucional:

Art. 1º Os arts. 5º, 36, 52, 92, 93, 95, 98, 99, 102, 103, 104, 105, 107, 109, 111, 112, 114, 115, 125, 126, 127, 128, 129, 134 e 168 da Constituição Federal passam a vigorar com a seguinte redação:

• Alterações processadas no texto dos referidos artigos.

Art. 2º A Constituição Federal passa a vigorar acrescida dos seguintes arts. 103-A, 103-B, 111-A e 130-A:

• Acréscimos processados no texto da Constituição.

Art. 3º A lei criará o Fundo de Garantia das Execuções Trabalhistas, integrado pelas multas decorrentes de condenações trabalhistas e administrativas oriundas da fiscalização do trabalho, além de outras receitas.

Art. 4º Ficam extintos os tribunais de Alçada, onde houver, passando os seus membros a integrar os Tribunais de Justiça dos respectivos Estados, respeitadas a antiguidade e classe de origem.

Parágrafo único. No prazo de 180 (cento e oitenta) dias, contado da promulgação desta Emenda, os Tribunais de Justiça, por ato administrativo, promoverão a integração dos membros dos tribunais extintos em seus quadros, fixando-lhes a competência e remetendo, em igual prazo, ao Poder Legislativo, proposta de alteração da organização e da divisão judiciária correspondentes, assegurados os direitos dos inativos e pensionistas e o aproveitamento dos servidores no Poder Judiciário estadual.

Art. 5º O Conselho Nacional de Justiça e o Conselho Nacional do Ministério Público serão instalados no prazo de 180 (cento e oitenta) dias a contar da promulgação desta Emenda, devendo a indicação ou escolha de seus membros ser efetuada até 30 (trinta) dias antes do termo final.

§ 1º Não efetuadas as indicações e escolha dos nomes para os Conselhos Nacional de Justiça e do Ministério Público dentro do prazo fixado no *caput* deste artigo, caberá, respectivamente, ao Supremo Tribunal Federal e ao Ministério Público da União realizá-las.

§ 2º Até que entre em vigor o Estatuto da Magistratura, o Conselho Nacional de Justiça, mediante resolução, disciplinará seu funcionamento e definirá as atribuições do Ministro-Corregedor.

Art. 6º O Conselho Superior da Justiça do Trabalho será instalado no prazo de cento e oitenta dias, cabendo ao Tribunal Superior do Trabalho regulamentar seu funcionamento por resolução, enquanto não promulgada a lei a que se refere o art. 111-A, § 2º, II.

Art. 7º O Congresso Nacional instalará, imediatamente após a promulgação desta Emenda Constitucional, comissão especial mista, destinada a elaborar, em cento e oitenta dias, os projetos de lei necessários à regulamentação da matéria nela tratada, bem como promover alterações na legislação federal objetivando tornar mais amplo o acesso à Justiça e mais célere a prestação jurisdicional.

Art. 8º As atuais súmulas do Supremo Tribunal Federal somente produzirão efeito vinculante após sua confirmação por dois terços de seus integrantes e publicação na imprensa oficial.

Art. 9º São revogados o inciso IV do art. 36; a alínea *h* do inciso I do art. 102; o § 4º do art. 103; e os §§ 1º a 3º do art. 111.

Art. 10. Esta Emenda Constitucional entra em vigor na data de sua publicação.

Brasília, em 8 de dezembro de 2004.

Mesa da Câmara dos Deputados: *Deputado João Paulo Cunha*, Presidente

Mesa do Senado Federal: *Senador José Sarney*, Presidente

(DOU 31.12.2004)

EC n. 46/2005

EMENDAS CONSTITUCIONAIS

EC N. 46, DE 5 DE MAIO DE 2005

Altera o inciso IV do art. 20 da Constituição Federal.

As Mesas da Câmara dos Deputados e do Senado Federal, nos termos do § 3º do art. 60 da Constituição Federal, promulgam a seguinte Emenda ao texto constitucional:

Art. 1º O inciso IV do art. 20 da Constituição Federal passa a vigorar com a seguinte redação:

• Alteração processada no texto do referido artigo.

Art. 2º Esta Emenda Constitucional entra em vigor na data de sua publicação.

Brasília, em 5 de maio de 2005.

Mesa da Câmara dos Deputados: *Deputado Severino Cavalcanti*, Presidente

Mesa do Senado Federal: *Senador Renan Calheiros*, Presidente

(*DOU* 06.05.2005)

EC N. 47, DE 5 DE JULHO DE 2005

Altera os arts. 37, 40, 195 e 201 da Constituição Federal, para dispor sobre a previdência social, e dá outras providências.

• V. Súmula Vinculante 34, STF.

As Mesas da Câmara dos Deputados e do Senado Federal, nos termos do § 3º do art. 60 da Constituição Federal, promulgam a seguinte Emenda ao texto constitucional:

Art. 1º Os arts. 37, 40, 195 e 201 da Constituição Federal passam a vigorar com a seguinte redação:

• Alterações processadas no texto dos referidos artigos.

Art. 2º Aplica-se aos proventos de aposentadorias dos servidores públicos que se aposentarem na forma do *caput* do art. 6º da Emenda Constitucional n. 41, de 2003, o disposto no art. 7º da mesma Emenda.

Art. 3º Ressalvado o direito de opção à aposentadoria pelas normas estabelecidas pelo art. 40 da Constituição Federal ou pelas regras estabelecidas pelos arts. 2º e 6º da Emenda Constitucional n. 41, de 2003, o servidor da União, dos Estados, do Distrito Federal e dos Municípios, incluídas suas autarquias e fundações, que tenha ingressado no serviço público até 16 de dezembro de 1998 poderá aposentar-se com proventos integrais, desde que preencha, cumulativamente, as seguintes condições:

I – trinta e cinco anos de contribuição, se homem, e trinta anos de contribuição, se mulher;

II – vinte e cinco anos de efetivo exercício no serviço público, quinze anos de carreira e cinco anos no cargo em que se der a aposentadoria;

III – idade mínima resultante da redução, relativamente aos limites do art. 40, § 1º, inciso III, alínea *a*, da Constituição Federal, de um ano de idade para cada ano de contribuição que exceder a condição prevista no inciso I do *caput* deste artigo.

Parágrafo único. Aplica-se ao valor dos proventos de aposentadorias concedidas com base neste artigo o disposto no art. 7º da Emenda Constitucional n. 41, de 2003, observando-se igual critério de revisão às pensões derivadas dos proventos de servidores falecidos que tenham se aposentado em conformidade com este artigo.

Art. 4º Enquanto não editada a lei a que se refere o § 11 do art. 37 da Constituição Federal, não será computada, para efeito dos limites remuneratórios de que trata o inciso XI do *caput* do mesmo artigo, qualquer parcela de caráter indenizatório, assim definida pela legislação em vigor na data de publicação da Emenda Constitucional n. 41, de 2003.

Art. 5º Revoga-se o parágrafo único do art. 6º da Emenda Constitucional n. 41, de 19 de dezembro de 2003.

Art. 6º Esta Emenda Constitucional entra em vigor na data de sua publicação, com efeitos retroativos à data de vigência da Emenda Constitucional n. 41, de 2003.

Brasília, em 5 de julho de 2005.

Mesa da Câmara dos Deputados: *Deputado Severino Cavalcanti*, Presidente

Mesa do Senado Federal: *Senador Renan Calheiros*, Presidente

(*DOU* 06.07.2005)

EC n. 48/2005

EMENDAS CONSTITUCIONAIS

EC N. 48,
DE 10 DE AGOSTO DE 2005

Acrescenta o § 3º ao art. 215 da Constituição Federal, instituindo o Plano Nacional de Cultura.

As Mesas da Câmara dos Deputados e do Senado Federal, nos termos do art. 60 da Constituição Federal, promulgam a seguinte Emenda ao texto constitucional:

Art. 1º O art. 215 da Constituição Federal passa a vigorar acrescido do seguinte § 3º:

- Acréscimo processado no texto do referido artigo.

Art. 2º Esta Emenda Constitucional entra em vigor na data de sua publicação.

Brasília, em 10 de agosto de 2005.

Mesa da Câmara dos Deputados: *Deputado Severino Cavalcanti,* Presidente

Mesa do Senado Federal: *Senador Renan Calheiros,* Presidente

(DOU 11.08.2005)

EC N. 49,
DE 8 DE FEVEREIRO DE 2006

Altera a redação da alínea b e acrescenta alínea c ao inciso XXIII do caput do art. 21 e altera a redação do inciso V do caput do art. 177 da Constituição Federal para excluir do monopólio da União a produção, a comercialização e a utilização de radioisótopos de meia-vida curta, para usos médicos, agrícolas e industriais.

As Mesas da Câmara dos Deputados e do Senado Federal, nos termos do art. 60 da Constituição Federal, promulgam a seguinte Emenda ao texto constitucional:

Art. 1º O inciso XXIII do art. 21 da Constituição Federal passa a vigorar com a seguinte redação:

- Alteração processada no texto do referido artigo.

Art. 2º O inciso V do caput do art. 177 da Constituição Federal passa a vigorar com a seguinte redação:

- Alteração processada no texto do referido artigo.

Art. 3º Esta Emenda Constitucional entra em vigor na data de sua publicação.

Brasília, em 8 de fevereiro de 2006.

Mesa da Câmara dos Deputados: *Deputado Aldo Rebelo,* Presidente

Mesa do Senado Federal: *Senador Renan Calheiros,* Presidente

(DOU 09.02.2006)

EC N. 50,
DE 14 DE FEVEREIRO DE 2006

Modifica o art. 57 da Constituição Federal.

As Mesas da Câmara dos Deputados e do Senado Federal, nos termos do art. 60 da Constituição Federal, promulgam a seguinte Emenda ao texto constitucional:

Art. 1º O art. 57 da Constituição Federal passa a vigorar com a seguinte redação:

- Alteração processada no texto do referido artigo.

Art. 2º Esta Emenda Constitucional entra em vigor na data de sua publicação.

Brasília, em 14 de fevereiro de 2006.

Mesa da Câmara dos Deputados: *Deputado Aldo Rebelo,* Presidente

Mesa do Senado Federal: *Senador Renan Calheiros,* Presidente

(DOU 15.02.2006)

EC N. 51,
DE 14 DE FEVEREIRO DE 2006

Acrescenta os §§ 4º, 5º e 6º ao art. 198 da Constituição Federal.

As Mesas da Câmara dos Deputados e do Senado Federal, nos termos do art. 60 da Constituição Federal, promulgam a seguinte Emenda ao texto constitucional:

Art. 1º O art. 198 da Constituição Federal passa a vigorar acrescido dos seguintes §§ 4º, 5º e 6º:

- Acréscimos processados no texto do referido artigo.

Art. 2º Após a promulgação da presente Emenda Constitucional, os agentes comunitários de saúde e os agentes de combate às endemias somente poderão ser contratados diretamente pelos Estados, pelo Distrito Federal ou pelos Municípios na forma do § 4º do art. 198 da Constituição Federal, observado o limite de gasto estabelecido na Lei

EC n. 52/2006

EMENDAS CONSTITUCIONAIS

Complementar de que trata o art. 169 da Constituição Federal.

Parágrafo único. Os profissionais que, na data de promulgação desta Emenda e a qualquer título, desempenharem as atividades de agente comunitário de saúde ou de agente de combate às endemias, na forma da lei, ficam dispensados de se submeter ao processo seletivo público a que se refere o § 4º do art. 198 da Constituição Federal, desde que tenham sido contratados a partir de anterior processo de Seleção Pública efetuado por órgãos ou entes da administração direta ou indireta de Estado, Distrito Federal ou Município ou por outras instituições com a efetiva supervisão e autorização da administração direta dos entes da federação.

Art. 3º Esta Emenda Constitucional entra em vigor na data da sua publicação.

Brasília, em 14 de fevereiro de 2006.

Mesa da Câmara dos Deputados: *Deputado Aldo Rebelo,* Presidente

Mesa do Senado Federal: *Senador Renan Calheiros,* Presidente

(*DOU* 15.02.2006)

EC N. 52,
DE 8 DE MARÇO DE 2006

Dá nova redação ao § 1º do art. 17 da Constituição Federal para disciplinar as coligações eleitorais.

As Mesas da Câmara dos Deputados e do Senado Federal, nos termos do § 3º do art. 60 da Constituição Federal, promulgam a seguinte Emenda ao texto constitucional:

Art. 1º O § 1º do art. 17 da Constituição Federal passa a vigorar com a seguinte redação:

- Alteração processada no texto do referido artigo.

Art. 2º Esta Emenda Constitucional entra em vigor na data de sua publicação, aplicando-se às eleições que ocorrerão no ano de 2002.

Brasília, em 8 de março de 2006.

Mesa da Câmara dos Deputados: *Deputado Aldo Rebelo,* Presidente

Mesa do Senado Federal: *Senador Renan Calheiros,* Presidente

(*DOU* 09.03.2006)

EC N. 53,
DE 19 DE DEZEMBRO DE 2006

Dá nova redação aos arts. 7º, 23, 30, 206, 208, 211 e 212 da Constituição Federal e ao art. 60 do Ato das Disposições Constitucionais Transitórias.

As Mesas da Câmara dos Deputados e do Senado Federal, nos termos do § 3º do art. 60 da Constituição Federal, promulgam a seguinte Emenda ao texto constitucional:

Art. 1º A Constituição Federal passa a vigorar com as seguintes alterações:

- Alterações do art. 7º, XXV; art. 23, parágrafo único; art. 30, VI; art. 206, V, VIII e parágrafo único; art. 208, IV; art. 211, § 5º e art. 212, §§ 5º e 6º processadas no texto da Constituição.

Art. 2º O art. 60 do Ato das Disposições Constitucionais Transitórias passa a vigorar com a seguinte redação:

- Alterações processadas no texto do Ato das Disposições Constitucionais Transitórias.

Art. 3º Esta Emenda Constitucional entra em vigor na data de sua publicação, mantidos os efeitos do art. 60 do Ato das Disposições Constitucionais Transitórias, conforme estabelecido pela Emenda Constitucional n. 14, de 12 de setembro de 1996, até o início da vigência dos Fundos, nos termos desta Emenda Constitucional.

Brasília, em 19 de dezembro de 2006.

Mesa da Câmara dos Deputados: *Deputado Aldo Rebelo,* Presidente

Mesa do Senado Federal: *Senador Renan Calheiros,* Presidente

(*DOU* 20.12.2006)

EC N. 54,
DE 20 DE SETEMBRO DE 2007

Dá nova redação à alínea c do inciso I do art. 12 da Constituição Federal e acrescenta art. 95 ao Ato das Disposições Constitucionais Transitórias, assegurando o registro nos consulados de brasileiros nascidos no estrangeiro.

As Mesas da Câmara dos Deputados e do Senado Federal, nos termos do § 3º do art. 60 da Constituição Federal, promulgam a seguinte Emenda ao texto constitucional:

EC n. 55/2007

EMENDAS CONSTITUCIONAIS

Art. 1º A alínea c do inciso I do art. 12 da Constituição Federal passa a vigorar com a seguinte redação:

- Alteração processada no texto do referido artigo.

Art. 2º O Ato das Disposições Constitucionais Transitórias passa a vigorar acrescido do seguinte art. 95:

- Alteração processada no texto do Ato das Disposições Constitucionais Transitórias.

Art. 3º Esta Emenda Constitucional entra em vigor na data de sua publicação.

Mesa da Câmara dos Deputados: *Deputado Arlindo Chinaglia*, Presidente

Mesa do Senado Federal: *Senador Renan Calheiros*, Presidente

(*DOU* 21.09.2007)

EC N. 55, DE 20 DE SETEMBRO DE 2007

Altera o art. 159 da Constituição Federal, aumentando a entrega de recursos pela União ao Fundo de Participação dos Municípios.

As Mesas da Câmara dos Deputados e do Senado Federal, nos termos do § 3º do art. 60 da Constituição Federal, promulgam a seguinte Emenda ao texto constitucional:

Art. 1º O art. 159 da Constituição Federal passa a vigorar com as seguintes alterações:

- Alterações processadas no texto da Constituição.

Art. 2º No exercício de 2007, as alterações do art. 159 da Constituição Federal previstas nesta Emenda Constitucional somente se aplicam sobre a arrecadação dos impostos sobre renda e proventos de qualquer natureza e sobre produtos industrializados realizada a partir de 1º de setembro de 2007.

Art. 3º Esta Emenda Constitucional entra em vigor na data de sua publicação.

Mesa da Câmara dos Deputados: *Deputado Arlindo Chinaglia*, Presidente

Mesa do Senado Federal: *Senador Renan Calheiros*, Presidente

(*DOU* 21.09.2007)

EC N. 56, DE 20 DE DEZEMBRO DE 2007

Prorroga o prazo previsto no caput do art. 76 do Ato das Disposições Constitucionais Transitórias e dá outras providências.

As Mesas da Câmara dos Deputados e do Senado Federal, nos termos do § 3º do art. 60 da Constituição Federal, promulgam a seguinte Emenda ao texto constitucional:

Art. 1º O *caput* do art. 76 do Ato das Disposições Constitucionais Transitórias passa a vigorar com a seguinte redação:

- Alteração processada no texto do Ato das Disposições Constitucionais Transitórias.

Art. 2º Esta Emenda Constitucional entra em vigor na data da sua publicação.

Brasília, em 20 de dezembro de 2007.

Mesa da Câmara dos Deputados: *Deputado Arlindo Chinaglia*, Presidente

Mesa do Senado Federal: *Senador Garibaldi Alves Filho*, Presidente

(*DOU* 21.12.2007)

EC N. 57, DE 18 DE DEZEMBRO DE 2008

Acrescenta artigo ao Ato das Disposições Constitucionais Transitórias para convalidar os atos de criação, fusão, incorporação e desmembramento de Municípios.

As Mesas da Câmara dos Deputados e do Senado Federal, nos termos do § 3º do art. 60 da Constituição Federal, promulgam a seguinte Emenda ao texto constitucional:

Art. 1º O Ato das Disposições Constitucionais Transitórias passa a vigorar acrescido do seguinte art. 96:

- Acréscimo processado no texto do Ato das Disposições Constitucionais Transitórias.

Art. 2º Esta Emenda Constitucional entra em vigor na data de sua publicação.

Brasília, em 18 de dezembro de 2008.

Mesa da Câmara dos Deputados: *Deputado Arlindo Chinaglia*, Presidente

Mesa do Senado Federal: *Senador Garibaldi Alves Filho*, Presidente

(*DOU* 18.12.2008, edição extra)

EC n. 58/2009

EMENDAS CONSTITUCIONAIS

EC N. 58, DE 23 DE SETEMBRO DE 2009

Altera a redação do inciso IV do caput do art. 29 e do art. 29-A da Constituição Federal, tratando das disposições relativas à recomposição das Câmaras Municipais.

As Mesas da Câmara dos Deputados e do Senado Federal, nos termos do § 3º do art. 60 da Constituição Federal, promulgam a seguinte Emenda ao texto constitucional:

Art. 1º O inciso IV do *caput* do art. 29 da Constituição Federal passa a vigorar com a seguinte redação:

- Alteração processada no texto do referido artigo.

Art. 2º O art. 29-A da Constituição Federal passa a vigorar com a seguinte redação:

- Alteração processada no texto do referido artigo.

Art. 3º Esta Emenda Constitucional entra em vigor na data de sua promulgação, produzindo efeitos:

I – o disposto no art. 1º, a partir do processo eleitoral de 2008; e

- V. O STF, na ADIn 4.307 (*DJE* 28.10.2013), julgou procedente a ação para declarar a inconstitucionalidade do disposto no inc. I do art. 3º da Emenda Constitucional n. 58/2010.
- O STF, na Med. Caut. em ADIn 4.310, (*DJE* 14.08.2012), deferiu medida cautelar com efeitos ex tunc, para sustar os efeitos do inciso I do art. 3º da EC n. 58/2009.

II – o disposto no art. 2º, a partir de 1º de janeiro do ano subsequente ao da promulgação desta Emenda.

Brasília, em 23 de setembro de 2009.

Mesa da Câmara dos Deputados: *Deputado Michel Temer*, Presidente

Mesa do Senado Federal: *Senador José Sarney*, Presidente

(*DOU* 24.09.2009)

EC N. 59, DE 11 DE NOVEMBRO DE 2009

Acrescenta § 3º ao art. 76 do Ato das Disposições Constitucionais Transitórias para reduzir, anualmente, a partir do exercício de 2009, o percentual da Desvinculação das Receitas da União incidente sobre os recursos destinados à manutenção e desenvolvimento do ensino de que trata o art. 212 da Constituição Federal, dá nova redação aos incisos I e VII do art. 208, de forma a prever a obrigatoriedade do ensino de quatro a dezessete anos e ampliar a abrangência dos programas suplementares para todas as etapas da educação básica, e dá nova redação ao § 4º do art. 211 e ao § 3º do art. 212 e ao caput do art. 214, com a inserção neste dispositivo de inciso VI.

As Mesas da Câmara dos Deputados e do Senado Federal, nos termos do § 3º do art. 60 da Constituição Federal, promulgam a seguinte Emenda ao texto constitucional:

Art. 1º Os incisos I e VII do art. 208 da Constituição Federal, passam a vigorar com as seguintes alterações:

- Alterações processadas no texto do referido artigo.

Art. 2º O § 4º do art. 211 da Constituição Federal passa a vigorar com a seguinte redação:

- Alteração processada no texto do referido artigo.

Art. 3º O § 3º do art. 212 da Constituição Federal passa a vigorar com a seguinte redação:

- Alteração processada no texto do referido artigo.

Art. 4º O *caput* do art. 214 da Constituição Federal passa a vigorar com a seguinte redação, acrescido do inciso VI:

- Alterações processadas no texto do referido artigo.

Art. 5º O art. 76 do Ato das Disposições Constitucionais Transitórias passa a vigorar acrescido do seguinte § 3º:

- Acréscimo processado no texto do Ato das Disposições Constitucionais Transitórias.

Art. 6º O disposto no inciso I do art. 208 da Constituição Federal deverá ser implementado progressivamente, até 2016, nos termos do Plano Nacional de Educação, com apoio técnico e financeiro da União.

Art. 7º Esta Emenda Constitucional entra em vigor na data da sua publicação.

Brasília, em 11 de novembro de 2009.

EMENDAS CONSTITUCIONAIS

Mesa da Câmara dos Deputados: *Deputado Michel Temer,* Presidente

Mesa do Senado Federal: *Senador José Sarney,* Presidente

(*DOU* 12.11.2009)

EC N. 60,
DE 11 DE NOVEMBRO DE 2009

Altera o art. 89 do Ato das Disposições Constitucionais Transitórias para dispor sobre o quadro de servidores civis e militares do ex-Território Federal de Rondônia.

As Mesas da Câmara dos Deputados e do Senado Federal, nos termos do § 3º do art. 60 da Constituição Federal, promulgam a seguinte Emenda ao texto constitucional:

Art. 1º O art. 89 do Ato das Disposições Constitucionais Transitórias passa a vigorar com a seguinte redação, vedado o pagamento, a qualquer título, em virtude de tal alteração, de ressarcimentos ou indenizações, de qualquer espécie, referentes a períodos anteriores à data de publicação desta Emenda Constitucional:

- Alteração processada no texto do Ato das Disposições Contitucionais Transitórias.

Art. 2º Esta Emenda Constitucional entra em vigor na data de sua publicação, não produzindo efeitos retroativos.

Brasília, em 11 de novembro de 2009.

Mesa da Câmara dos Deputados: *Deputado Michel Temer,* Presidente

Mesa do Senado Federal: *Senador José Sarney,* Presidente

(*DOU* 12.11.2009)

EC N. 61,
DE 11 DE NOVEMBRO DE 2009

Altera o art. 103-B da Constituição Federal, para modificar a composição do Conselho Nacional de Justiça.

As Mesas da Câmara dos Deputados e do Senado Federal, nos termos do § 3º do art. 60 da Constituição Federal, promulgam a seguinte Emenda ao texto constitucional:

Art. 1º O art. 103-B da Constituição Federal passa a vigorar com a seguinte redação:

- Alteração processada no texto do referido artigo.

Art. 2º Esta Emenda Constitucional entra em vigor na data de sua publicação.

Brasília, em 11 de novembro de 2009.

Mesa da Câmara dos Deputados: *Deputado Michel Temer,* Presidente

Mesa do Senado Federal: *Senador José Sarney,* Presidente

(*DOU* 12.11.2009)

EC N. 62,
DE 9 DE DEZEMBRO DE 2009

Altera o art. 100 da Constituição Federal e acrescenta o art. 97 ao Ato das Disposições Constitucionais Transitórias, instituindo regime especial de pagamento de precatórios pelos Estados, Distrito Federal e Municípios.

- O STF, na ADIn 4.425 (*DJE* 19.12.2013), julgou procedente a ação para declarar a inconstitucionalidade da expressão "na data de expedição do precatório", contida no § 2º; os §§ 9º e 10; e das expressões "índice oficial de remuneração básica da caderneta de poupança" e "independentemente de sua natureza", constantes do § 12, todos dispositivos do art. 100 da CF, com a redação dada pela EC 62/2009 [...].

As Mesas da Câmara dos Deputados e do Senado Federal, nos termos do § 3º do art. 60 da Constituição Federal, promulgam a seguinte Emenda ao texto constitucional:

Art. 1º O art. 100 da Constituição Federal passa a vigorar com a seguinte redação:

- Alteração processada no texto do referido artigo.

Art. 2º O Ato das Disposições Constitucionais Transitórias passa a vigorar acrescido do seguinte art. 97:

- Acréscimo processado no texto do Ato das Disposições Constitucionais Transitórias.

Art. 3º A implantação do regime de pagamento criado pelo art. 97 do Ato das Disposições Constitucionais Transitórias deverá ocorrer no prazo de até 90 (noventa dias), contados da data da publicação desta Emenda Constitucional.

Art. 4º A entidade federativa voltará a observar somente o disposto no art. 100 da Constituição Federal:

I – no caso de opção pelo sistema previsto no inciso I do § 1º do art. 97 do Ato das Disposições Constitucionais Transitórias, quando o valor dos precatórios devidos for inferior ao dos recursos destinados ao seu pagamento;

EC n. 63/2010

EMENDAS CONSTITUCIONAIS

II – no caso de opção pelo sistema previsto no inciso II do § 1º do art. 97 do Ato das Disposições Constitucionais Transitórias, ao final do prazo.

Art. 5º Ficam convalidadas todas as cessões de precatórios efetuadas antes da promulgação desta Emenda Constitucional, independentemente da concordância da entidade devedora.

Art. 6º Ficam também convalidadas todas as compensações de precatórios com tributos vencidos até 31 de outubro de 2009 da entidade devedora, efetuadas na forma do disposto no § 2º do art. 78 do ADCT, realizadas antes da promulgação desta Emenda Constitucional.

Art. 7º Esta Emenda Constitucional entra em vigor na data de sua publicação.

Brasília, em 9 de dezembro de 2009.

Mesa da Câmara dos Deputados: *Deputado Michel Temer,* Presidente

Mesa do Senado Federal: *Senador Marconi Perillo,* 1º Vice-Presidente, no exercício da Presidência

(DOU 10.12.2009)

EC N. 63, DE 4 DE FEVEREIRO DE 2010

Altera o § 5º do art. 198 da Constituição Federal para dispor sobre piso salarial profissional nacional e diretrizes para os Planos de Carreira de agentes comunitários de saúde e de agentes de combate às endemias.

As Mesas da Câmara dos Deputados e do Senado Federal, nos termos do art. 60 da Constituição Federal, promulgam a seguinte Emenda ao texto constitucional:

Art. 1º O § 5º do art. 198 da Constituição Federal passa a vigorar com a seguinte redação:

• Alteração processada no texto do referido artigo.

Art. 2º Esta Emenda Constitucional entra em vigor na data de sua publicação.

Brasília, em 4 de fevereiro de 2010.

Mesa da Câmara dos Deputados: *Deputado Michel Temer,* Presidente

Mesa do Senado Federal: *Senador José Sarney,* Presidente

(DOU 05.02.2010)

EC N. 64, DE 4 DE FEVEREIRO DE 2010

Altera o art. 6º da Constituição Federal, para introduzir a alimentação como direito social.

As Mesas da Câmara dos Deputados e do Senado Federal, nos termos do art. 60 da Constituição Federal, promulgam a seguinte Emenda ao texto constitucional:

Art. 1º O art. 6º da Constituição Federal passa a vigorar com a seguinte redação:

• Alteração processada no texto do referido artigo.

Art. 2º Esta Emenda Constitucional entra em vigor na data de sua publicação.

Brasília, em 4 de fevereiro de 2010.

Mesa da Câmara dos Deputados: *Deputado Michel Temer,* Presidente

Mesa do Senado Federal: *Senador José Sarney,* Presidente

(DOU 05.02.2010)

EC N. 65, DE 13 DE JULHO DE 2010

Altera a denominação do Capítulo VII do Título VIII da Constituição Federal e modifica o seu art. 227, para cuidar dos interesses da juventude.

As Mesas da Câmara dos Deputados e do Senado Federal, nos termos do art. 60 da Constituição Federal, promulgam a seguinte Emenda ao texto constitucional:

Art. 1º O Capítulo VII do Título VIII da Constituição Federal passa a denominar-se "Da Família, da Criança, do Adolescente, do Jovem e do Idoso".

Art. 2º O art. 227 da Constituição Federal passa a vigorar com a seguinte redação:

• Alterações processadas no texto do referido artigo.

Art. 3º Esta Emenda Constitucional entra em vigor na data de sua publicação.

Brasília, em 13 de julho de 2010.

Mesa da Câmara dos Deputados: *Deputado Michel Temer,* Presidente

Mesa do Senado Federal: *Senador José Sarney,* Presidente

(DOU 14.07.2010)

EC n. 66/2010

EMENDAS CONSTITUCIONAIS

EC N. 66,
DE 13 DE JULHO DE 2010

Dá nova redação ao § 6º do art. 226 da Constituição Federal, que dispõe sobre a dissolubilidade do casamento civil pelo divórcio, suprimindo o requisito de prévia separação judicial por mais de 1 (um) ano ou de comprovada separação de fato por mais de 2 (dois) anos.

As Mesas da Câmara dos Deputados e do Senado Federal, nos termos do art. 60 da Constituição Federal, promulgam a seguinte Emenda ao texto constitucional:

Art. 1º O § 6º do art. 226 da Constituição Federal passa a vigorar com a seguinte redação:

- Alteração processada no texto do referido artigo.

Art. 2º Esta Emenda Constitucional entra em vigor na data de sua publicação.

Brasília, em 13 de julho de 2010.

Mesa da Câmara dos Deputados: *Deputado Michel Temer,* Presidente

Mesa do Senado Federal: *Senador José Sarney,* Presidente

(DOU 14.07.2010)

EC N. 67,
DE 22 DE DEZEMBRO DE 2010

Prorroga, por tempo indeterminado, o prazo de vigência do Fundo de Combate e Erradicação da Pobreza.

As Mesas da Câmara dos Deputados e do Senado Federal, nos termos do § 3º do art. 60 da Constituição Federal, promulgam a seguinte Emenda ao texto constitucional:

Art. 1º Prorrogam-se, por tempo indeterminado, o prazo de vigência do Fundo de Combate e Erradicação da Pobreza a que se refere o *caput* do art. 79 do Ato das Disposições Constitucionais Transitórias e, igualmente, o prazo de vigência da Lei Complementar 111, de 6 de julho de 2001, que "Dispõe sobre o Fundo de Combate e Erradicação da Pobreza, na forma prevista nos arts. 79, 80 e 81 do Ato das Disposições Constitucionais Transitórias".

Art. 2º Esta Emenda Constitucional entra em vigor na data de sua publicação.

Brasília, em 22 de dezembro de 2010.

Mesa da Câmara dos Deputados: *Deputado Marco Maia,* Presidente

Mesa do Senado Federal: *Senador José Sarney,* Presidente

(DOU 23.12.2010)

EC N. 68,
DE 21 DE DEZEMBRO DE 2011

Altera o art. 76 do Ato das Disposições Constitucionais Transitórias.

As Mesas da Câmara dos Deputados e do Senado Federal, nos termos do § 3º do art. 60 da Constituição Federal, promulgam a seguinte Emenda ao texto constitucional:

Art. 1º O art. 76 do Ato das Disposições Constitucionais Transitórias passa a vigorar com a seguinte redação:

- Alterações processadas no texto do referido artigo.

Art. 2º Esta Emenda Constitucional entra em vigor na data da sua publicação.

Brasília, 21 de dezembro de 2011.

Mesa da Câmara dos Deputados: *Deputado Marco Maia,* Presidente

Mesa do Senado Federal: *Senador José Sarney,* Presidente

(DOU 22.12.2011)

EC N. 69,
DE 29 DE MARÇO DE 2012

Altera os arts. 21, 22 e 48 da Constituição Federal, para transferir da União para o Distrito Federal as atribuições de organizar e manter a Defensoria Pública do Distrito Federal.

As Mesas da Câmara dos Deputados e do Senado Federal, nos termos do art. 60 da Constituição Federal, promulgam a seguinte Emenda ao texto constitucional:

Art. 1º Os arts. 21, 22 e 48 da Constituição Federal passam a vigorar com a seguinte redação:

- Alterações processadas no texto dos referidos artigos.

Art. 2º Sem prejuízo dos preceitos estabelecidos na Lei Orgânica do Distrito Federal, aplicam-se à Defensoria Pública do Distrito Federal os mesmos princípios e regras

EC n. 70/2012

EMENDAS CONSTITUCIONAIS

que, nos termos da Constituição Federal, regem as Defensorias Públicas dos Estados.

Art. 3º O Congresso Nacional e a Câmara Legislativa do Distrito Federal, imediatamente após a promulgação desta Emenda Constitucional e de acordo com suas competências, instalarão comissões especiais destinadas a elaborar, em 60 (sessenta) dias, os projetos de lei necessários à adequação da legislação infraconstitucional à matéria nela tratada.

Art. 4º Esta Emenda Constitucional entra em vigor na data de sua publicação, produzindo efeitos quanto ao disposto no art. 1º após decorridos 120 (cento e vinte) dias de sua publicação oficial.

Brasília, 29 de março de 2012.

Mesa da Câmara dos Deputados: *Deputado Marco Maia*, Presidente

Mesa do Senado Federal: *Senador José Sarney*, Presidente

(*DOU* 30.03.2012)

EC N. 70,
DE 29 DE MARÇO DE 2012

Acrescenta art. 6º-A à Emenda Constitucional 41, de 2003, para estabelecer critérios para o cálculo e a correção dos proventos da aposentadoria por invalidez dos servidores públicos que ingressaram no serviço público até a data da publicação daquela Emenda Constitucional.

As Mesas da Câmara dos Deputados e do Senado Federal, nos termos do § 3º do art. 60 da Constituição Federal, promulgam a seguinte Emenda ao texto constitucional:

Art. 1º A Emenda Constitucional 41, de 19 de dezembro de 2003, passa a vigorar acrescida do seguinte art. 6º-A:

• Acréscimo processado no texto da referida Emenda Constitucional.

Art. 2º A União, os Estados, o Distrito Federal e os Municípios, assim como as respectivas autarquias e fundações, procederão, no prazo de 180 (cento e oitenta) dias da entrada em vigor desta Emenda Constitucional, à revisão das aposentadorias, e das pensões delas decorrentes, concedidas a partir de 1º de janeiro de 2004, com base na redação dada ao § 1º do art. 40 da Constituição Federal pela Emenda Constitucional 20, de 15 de dezembro de 1998, com efeitos financeiros a partir da data de promulgação desta Emenda Constitucional.

Art. 3º Esta Emenda Constitucional entra em vigor na data de sua publicação.

Brasília, 29 de março de 2012.

Mesa da Câmara dos Deputados: *Deputado Marco Maia*, Presidente

Mesa do Senado Federal: *Senador José Sarney*, Presidente

(*DOU* 30.03.2012)

EC N. 71,
DE 29 DE NOVEMBRO DE 2012

Acrescenta o art. 216-A à Constituição Federal para instituir o Sistema Nacional de Cultura.

As Mesas da Câmara dos Deputados e do Senado Federal, nos termos do § 3º do art. 60 da Constituição Federal, promulgam a seguinte Emenda ao texto constitucional:

Art. 1º A Constituição Federal passa a vigorar acrescida do seguinte art. 216-A:

• Acréscimo processado no texto da Constituição.

Art. 2º Esta Emenda Constitucional entra em vigor na data de sua publicação.

Brasília, em 29 de novembro de 2012.

Mesa da Câmara dos Deputados: *Deputado Marco Maia*, Presidente

Mesa do Senado Federal: *Senador José Sarney*, Presidente

(*DOU* 30.11.2012)

EC N. 72,
DE 2 DE ABRIL DE 2013

Altera a redação do parágrafo único do art. 7º da Constituição Federal para estabelecer a igualdade de direitos trabalhistas entre os trabalhadores domésticos e os demais trabalhadores urbanos e rurais.

As Mesas da Câmara dos Deputados e do Senado Federal, nos termos do § 3º do art. 60 da Constituição Federal, promulgam a seguinte Emenda ao texto constitucional:

EC n. 73/2013

EMENDAS CONSTITUCIONAIS

Artigo único. O parágrafo único do art. 7º da Constituição Federal passa a vigorar com a seguinte redação:

• Alteração processada no texto do referido artigo.

Brasília, em 2 de abril de 2013.

Mesa da Câmara dos Deputados: *Deputado Henrique Eduardo Alves,* Presidente

Mesa do Senado Federal: *Senador Renan Calheiros,* Presidente

(*DOU* 03.04.2013)

EC N. 73, DE 6 DE JUNHO DE 2013

Cria os Tribunais Regionais Federais da 6ª, 7ª, 8ª e 9ª Regiões.

• O STF, na Med. Caut. em ADIn 5.017 (*DJE* 01.08.2013), sujeito ao referendo do Colegiado, deferiu medida cautelar para suspender os efeitos da EC 73/2013.

As Mesas da Câmara dos Deputados e do Senado Federal, nos termos do § 3º do art. 60 da Constituição Federal, promulgam a seguinte Emenda ao texto Constitucional:

Art. 1º O art. 27 do Ato das Disposições Constitucionais Transitórias passa a vigorar acrescido do seguinte § 11:

• Acréscimo processado no texto do referido artigo.

Art. 2º Os Tribunais Regionais Federais da 6ª, 7ª, 8ª e 9ª Regiões deverão ser instalados no prazo de 6 (seis) meses, a contar da promulgação desta Emenda Constitucional.

Art. 3º Esta Emenda Constitucional entra em vigor na data de sua publicação.

Brasília, em 6 de junho de 2013.

Mesa da Câmara dos Deputados: *Deputado André Vargas,* 1º Vice-Presidente no exercício da Presidência

Mesa do Senado Federal: *Senador Romero Jucá,* 2º Vice-Presidente no exercício da Presidência

(*DOU* 07.06.2013)

EC N. 74, DE 6 DE AGOSTO DE 2013

Altera o art. 134 da Constituição Federal.

As Mesas da Câmara dos Deputados e do Senado Federal, nos termos do § 3º do art. 60 da Constituição Federal, promulgam a seguinte Emenda ao texto constitucional:

Art. 1º O art. 134 da Constituição Federal passa a vigorar acrescido do seguinte § 3º:

• Acréscimo processado no texto do referido artigo.

Art. 2º Esta Emenda Constitucional entra em vigor na data de sua publicação.

Brasília, em 6 de agosto de 2013.

Mesa da Câmara dos Deputados: *Deputado Henrique Eduardo Alves,* Presidente

Mesa do Senado Federal: *Senador Renan Calheiros,* Presidente

(*DOU* 07.08.2013)

EC N. 75, DE 15 DE OUTUBRO DE 2013

Acrescenta a alínea e ao inciso VI do art. 150 da Constituição Federal, instituindo imunidade tributária sobre os fonogramas e videofonogramas musicais produzidos no Brasil contendo obras musicais ou lítero musicais de autores brasileiros e/ou obras em geral interpretadas por artistas brasileiros bem como os suportes materiais ou arquivos digitais que os contenham.

As Mesas da Câmara dos Deputados e do Senado Federal, nos termos do § 3º do art. 60 da Constituição Federal, promulgam a seguinte Emenda ao texto constitucional:

Art. 1º O inciso VI do art. 150 da Constituição Federal passa a vigorar acrescido da seguinte alínea e:

• Acréscimo processado no texto do referido artigo.

Art. 2º Esta Emenda Constitucional entra em vigor na data de sua publicação.

Brasília, em 15 de outubro de 2013.

Mesa da Câmara dos Deputados: *Deputado Henrique Eduardo Alves,* Presidente

Mesa do Senado Federal: *Senador Renan Calheiros,* Presidente

(*DOU* 16.10.2013)

EC N. 76, DE 28 DE NOVEMBRO DE 2013

Altera o § 2º do art. 55 e o § 4º do art. 66 da Constituição Federal, para abolir a votação secreta nos casos de perda de mandato de Deputado ou Senador e de apreciação de veto.

As Mesas da Câmara dos Deputados e do Senado Federal, nos termos do § 3º do art.

EC n. 77/2014

EMENDAS CONSTITUCIONAIS

60 da Constituição Federal, promulgam a seguinte Emenda ao texto constitucional:

Art. 1º Os arts. 55 e 66 da Constituição Federal passam a vigorar com as seguintes alterações:

• Alterações processadas no texto dos referidos artigos.

Art. 2º Esta Emenda Constitucional entra em vigor na data de sua publicação.

Brasília, em 28 de novembro de 2013.

Mesa da Câmara dos Deputados: *Deputado Henrique Eduardo Alves,* Presidente

Mesa do Senado Federal: *Senador Renan Calheiros,* Presidente

(DOU 29.11.2013)

EC N. 77, DE 11 DE FEVEREIRO DE 2014

Altera os incisos II, III e VIII do § 3º do art. 142 da Constituição Federal, para estender aos profissionais de saúde das Forças Armadas a possibilidade de cumulação de cargo a que se refere o art. 37, inciso XVI, alínea c.

As Mesas da Câmara dos Deputados e do Senado Federal, nos termos do § 3º do art. 60 da Constituição Federal, promulgam a seguinte Emenda ao texto constitucional:

Artigo único. Os incisos II, III e VIII do § 3º do art. 142 da Constituição Federal passam a vigorar com as seguintes alterações:

• Alterações processadas no texto do referido artigo.

Brasília, em 11 de fevereiro de 2014.

Mesa da Câmara dos Deputados: *Deputado Henrique Eduardo Alves,* Presidente

Mesa do Senado Federal: *Senador Renan Calheiros,* Presidente

(DOU 12.02.2014)

EC N. 78, DE 14 DE MAIO DE 2014

Acrescenta art. 54-A ao Ato das Disposições Constitucionais Transitórias, para dispor sobre indenização devida aos seringueiros de que trata o art. 54 desse Ato.

As Mesas da Câmara dos Deputados e do Senado Federal, nos termos do § 3º do art. 60 da Constituição Federal, promulgam a seguinte Emenda ao texto constitucional:

Art. 1º O Ato das Disposições Constitucionais Transitórias passa a vigorar acrescido do seguinte art. 54-A:

• Acréscimo processado no texto do ADCT.

Art. 2º A indenização de que trata o art. 54-A do Ato das Disposições Constitucionais Transitórias somente se estende aos dependentes dos seringueiros que, na data de entrada em vigor desta Emenda Constitucional, detenham a condição de dependentes na forma do § 2º do art. 54 do Ato das Disposições Constitucionais Transitórias, devendo o valor de R$ 25.000,00 (vinte e cinco mil reais) ser rateado entre os pensionistas na proporção de sua cota-parte na pensão.

Art. 3º Esta Emenda Constitucional entra em vigor no exercício financeiro seguinte ao de sua publicação.

Brasília, em 14 de maio de 2014.

Mesa da Câmara dos Deputados: *Deputado Henrique Eduardo Alves,* Presidente

Mesa do Senado Federal: *Senador Renan Calheiros,* Presidente

(DOU 15.05.2014)

EC N. 79, DE 27 DE MAIO DE 2014

Altera o art. 31 da Emenda Constitucional n. 19, de 4 de junho de 1998, para prever a inclusão, em quadro em extinção da Administração Federal, de servidores e policiais militares admitidos pelos Estados do Amapá e de Roraima, na fase de instalação dessas unidades federadas, e dá outras providências.

As Mesas da Câmara dos Deputados e do Senado Federal, nos termos do § 3º do art. 60 da Constituição Federal, promulgam a seguinte Emenda ao texto constitucional:

Art. 1º O art. 31 da Emenda Constitucional n. 19, de 4 de junho de 1998, passa a vigorar com a seguinte redação:

• Alterações processadas no texto do referido artigo.

Art. 2º Para fins do enquadramento disposto no *caput* do art. 31 da Emenda Constitucional n. 19, de 4 de junho de

EMENDAS CONSTITUCIONAIS

1998, e no caput do art. 89 do Ato das Disposições Constitucionais Transitórias, é reconhecido o vínculo funcional, com a União, dos servidores regularmente admitidos nos quadros dos Municípios integrantes dos ex-Territórios do Amapá, de Roraima e de Rondônia em efetivo exercício na data de transformação desses ex-Territórios em Estados.

Art. 3º Os servidores dos ex-Territórios do Amapá, de Roraima e de Rondônia incorporados a quadro em extinção da União serão enquadrados em cargos de atribuições equivalentes ou assemelhadas, integrantes de planos de cargos e carreiras da União, no nível de progressão alcançado, assegurados os direitos, vantagens e padrões remuneratórios a eles inerentes.

Art. 4º Cabe à União, no prazo máximo de 180 (cento e oitenta) dias, contado a partir da data de publicação desta Emenda Constitucional, regulamentar o enquadramento de servidores estabelecido no art. 31 da Emenda Constitucional n. 19, de 4 de junho de 1998, e no art. 89 do Ato das Disposições Constitucionais Transitórias.

Parágrafo único. No caso de a União não regulamentar o enquadramento previsto no *caput*, o optante tem direito ao pagamento retroativo das diferenças remuneratórias desde a data do encerramento do prazo para a regulamentação referida neste artigo.

Art. 5º A opção para incorporação em quadro em extinção da União, conforme disposto no art. 31 da Emenda Constitucional n. 19, de 4 de junho de 1998, e no art. 89 do Ato das Disposições Constitucionais Transitórias, deverá ser formalizada pelos servidores e policiais militares interessados perante a administração, no prazo máximo de 180 (cento e oitenta) dias, contado a partir da regulamentação prevista no art. 4º.

Art. 6º Os servidores admitidos regularmente que comprovadamente se encontravam no exercício de funções policiais nas Secretarias de Segurança Pública dos ex-Territórios do Amapá, de Roraima e de Rondônia na data em que foram transformados em Estados serão enquadrados no quadro da Polícia Civil dos ex-Territórios, no prazo de 180 (cento e oitenta) dias, assegurados os direitos, vantagens e padrões remuneratórios a eles inerentes.

Art. 7º Aos servidores admitidos regularmente pela União nas Carreiras do Grupo Tributação, Arrecadação e Fiscalização de que trata a Lei 6.550, de 5 de julho de 1978, cedidos aos Estados do Amapá, de Roraima e de Rondônia são assegurados os mesmos direitos remuneratórios auferidos pelos integrantes das Carreiras correspondentes do Grupo Tributação, Arrecadação e Fiscalização da União de que trata a Lei 5.645, de 10 de dezembro de 1970.

Art. 8º Os proventos das aposentadorias, pensões, reformas e reservas remuneradas, originadas no período de outubro de 1988 a outubro de 1993, passam a ser mantidos pela União a partir da data de publicação desta Emenda Constitucional, vedado o pagamento, a qualquer título, de valores referentes a períodos anteriores a sua publicação.

Art. 9º É vedado o pagamento, a qualquer título, em virtude das alterações promovidas por esta Emenda Constitucional, de remunerações, proventos, pensões ou indenizações referentes a períodos anteriores à data do enquadramento, salvo o disposto no parágrafo único do art. 4º.

Art. 10. Esta Emenda Constitucional entra em vigor na data de sua publicação.

Brasília, em 27 de maio de 2014.

Mesa da Câmara dos Deputados: Deputado *Henrique Eduardo Alves*, Presidente

Mesa do Senado Federal: Senador *Renan Calheiros*, Presidente

(DOU 28.05.2014)

EC N. 80, DE 4 DE JUNHO DE 2014

Altera o Capítulo IV – Das Funções Essenciais à Justiça, do Título IV – Da Organização dos Poderes, e acrescenta artigo ao Ato das Disposições Constitucionais Transitórias da Constituição Federal.

As Mesas da Câmara dos Deputados e do Senado Federal, nos termos do § 3º do art.

EC n. 81/2014

EMENDAS CONSTITUCIONAIS

60 da Constituição Federal, promulgam a seguinte Emenda ao texto constitucional:

Art. 1º O Capítulo IV – Das Funções Essenciais à Justiça, do Título IV – Da Organização dos Poderes, passa a vigorar com as seguintes alterações:

- Alterações processadas no texto do referido Capítulo.

Art. 2º O Ato das Disposições Constitucionais Transitórias passa a vigorar acrescido do seguinte art. 98:

- Acréscimo processado no texto do ADCT.

Art. 3º Esta Emenda Constitucional entra em vigor na data de sua publicação.

Brasília, em 4 de junho de 2014.

Mesa da Câmara dos Deputados: Deputado *Henrique Eduardo Alves*, Presidente

Mesa do Senado Federal: Senador *Renan Calheiros*, Presidente

(DOU 05.06.2014)

EC N. 81, DE 5 DE JUNHO DE 2014

Dá nova redação ao art. 243 da Constituição Federal.

As Mesas da Câmara dos Deputados e do Senado Federal, nos termos do § 3º do art. 60 da Constituição Federal, promulgam a seguinte Emenda ao texto constitucional:

Art. 1º O art. 243 da Constituição Federal passa a vigorar com a seguinte redação:

- Alterações processadas no texto do referido artigo.

Art. 2º Esta Emenda Constitucional entra em vigor na data de sua publicação.

Brasília, em 5 de junho de 2014

Mesa da Câmara dos Deputados: Deputado *Henrique Eduardo Alves*, Presidente

Mesa do Senado Federal: Senador *Renan Calheiros*, Presidente

(DOU 06.06.2014)

EC N. 82, DE 16 DE JULHO DE 2014

Inclui o § 10 ao art. 144 da Constituição Federal, para disciplinar a segurança viária no âmbito dos Estados, do Distrito Federal e dos Municípios.

As Mesas da Câmara dos Deputados e do Senado Federal, nos termos do § 3º do art. 60 da Constituição Federal, promulgam a seguinte Emenda ao texto constitucional:

Art. 1º O art. 144 da Constituição Federal passa a vigorar acrescido do seguinte § 10:

- Acréscimo processado no texto do referido artigo.

Art. 2º Esta Emenda Constitucional entra em vigor na data de sua publicação.

Brasília, em 16 de julho de 2014.

Mesa da Câmara dos Deputados: Deputado *Henrique Eduardo Alves*, Presidente

Mesa do Senado Federal: Senador *Renan Calheiros*, Presidente

(DOU 17.07.2014)

EC N. 83, DE 5 DE AGOSTO DE 2014

Acrescenta o art. 92-A ao Ato das Disposições Constitucionais Transitórias – ADCT.

As Mesas da Câmara dos Deputados e do Senado Federal, nos termos do § 3º do art. 60 da Constituição Federal, promulgam a seguinte Emenda ao texto constitucional:

Art. 1º O Ato das Disposições Constitucionais Transitórias passa a vigorar acrescido do seguinte art. 92-A:

- Acréscimo processado no texto do ADCT.

Art. 2º Esta Emenda Constitucional entra em vigor na data de sua publicação.

Brasília, em 5 de agosto de 2014.

Mesa da Câmara dos Deputados: Deputado *Henrique Eduardo Alves*, Presidente

Mesa do Senado Federal: Senador *Renan Calheiros*, Presidente

(DOU 06.08.2014)

EC n. 84/2014

EMENDAS CONSTITUCIONAIS

EC N. 84, DE 2 DE DEZEMBRO DE 2014

Altera o art. 159 da Constituição Federal para aumentar a entrega de recursos pela União para o Fundo de Participação dos Municípios.

As Mesas da Câmara dos Deputados e do Senado Federal, nos termos do § 3º do art. 60 da Constituição Federal, promulgam a seguinte Emenda ao texto constitucional:

Art. 1º O art. 159 da Constituição Federal passa a vigorar com a seguinte redação:

- Alterações processadas no texto do referido artigo.

Art. 2º Para os fins do disposto na alínea *e* do inciso I do *caput* do art. 159 da Constituição Federal, a União entregará ao Fundo de Participação dos Municípios o percentual de 0,5% (cinco décimos por cento) do produto da arrecadação dos impostos sobre renda e proventos de qualquer natureza e sobre produtos industrializados no primeiro exercício em que esta Emenda Constitucional gerar efeitos financeiros, acrescentando-se 0,5% (cinco décimos por cento) a cada exercício, até que se alcance o percentual de 1% (um por cento).

Art. 3º Esta Emenda Constitucional entra em vigor na data de sua publicação, com efeitos financeiros a partir de 1º de janeiro do exercício subsequente.

Brasília, em 2 de dezembro de 2014.

Mesa da Câmara dos Deputados: Deputado *Henrique Eduardo Alves*, Presidente

Mesa do Senado Federal: Senador *Renan Calheiros*, Presidente

(DOU 03.12.2014)

EC N. 85, DE 26 DE FEVEREIRO DE 2015

Altera e adiciona dispositivos na Constituição Federal para atualizar o tratamento das atividades de ciência, tecnologia e inovação.

As Mesas da Câmara dos Deputados e do Senado Federal, nos termos do § 3º do art. 60 da Constituição Federal, promulgam a seguinte Emenda ao texto constitucional:

Art. 1º A Constituição Federal passa a vigorar com as seguintes alterações:

- Alterações processadas no texto da Constituição.

Art. 2º O Capítulo IV do Título VIII da Constituição Federal passa a vigorar acrescido dos seguintes arts. 219-A e 219-B:

- Acréscimos processados no texto da Constituição.

Art. 3º Esta Emenda Constitucional entra em vigor na data de sua publicação.

Brasília, em 26 de fevereiro de 2015.

Mesa da Câmara dos Deputados: Deputado *Eduardo Cunha*, Presidente

Mesa do Senado Federal: Senador *Renan Calheiros*, Presidente

(DOU 27.02.2015; rep. 03.03.2015)

EC N. 86, DE 17 DE MARÇO DE 2015

Altera os arts. 165, 166 e 198 da Constituição Federal, para tornar obrigatória a execução da programação orçamentária que especifica.

As Mesas da Câmara dos Deputados e do Senado Federal, nos termos do § 3º do art. 60 da Constituição Federal, promulgam a seguinte Emenda ao texto constitucional:

Art. 1º Os arts. 165, 166 e 198 da Constituição Federal passam a vigorar com as seguintes alterações:

- Alterações processadas no texto dos referidos artigos.

Art. 2º O disposto no inciso I do § 2º do art. 198 da Constituição Federal será cumprido progressivamente, garantidos, no mínimo:

I – 13,2% (treze inteiros e dois décimos por cento) da receita corrente líquida no primeiro exercício financeiro subsequente ao da promulgação desta Emenda Constitucional;

II – 13,7% (treze inteiros e sete décimos por cento) da receita corrente líquida no segundo exercício financeiro subsequente ao da promulgação desta Emenda Constitucional;

III – 14,1% (quatorze inteiros e um décimo por cento) da receita corrente líquida no terceiro exercício financeiro subsequente ao da promulgação desta Emenda Constitucional;

EC n. 87/2015

EMENDAS CONSTITUCIONAIS

IV – 14,5% (quatorze inteiros e cinco décimos por cento) da receita corrente líquida no quarto exercício financeiro subsequente ao da promulgação desta Emenda Constitucional;

V – 15% (quinze por cento) da receita corrente líquida no quinto exercício financeiro subsequente ao da promulgação desta Emenda Constitucional.

Art. 3º As despesas com ações e serviços públicos de saúde custeados com a parcela da União oriunda da participação no resultado ou da compensação financeira pela exploração de petróleo e gás natural, de que trata o § 1º do art. 20 da Constituição Federal, serão computadas para fins de cumprimento do disposto no inciso I do § 2º do art. 198 da Constituição Federal.

Art. 4º Esta Emenda Constitucional entra em vigor na data de sua publicação e produzirá efeitos a partir da execução orçamentária do exercício de 2014.

Art. 5º Fica revogado o inciso IV do § 3º do art. 198 da Constituição Federal.

Brasília, em 17 de março de 2015.

Mesa da Câmara dos Deputados: Deputado *Eduardo Cunha*, Presidente

Mesa do Senado Federal: Senador *Renan Calheiros*, Presidente

(DOU 18.03.2015)

EC N. 87, DE 16 DE ABRIL DE 2015

Altera o § 2º do art. 155 da Constituição Federal e inclui o art. 99 no Ato das Disposições Constitucionais Transitórias, para tratar da sistemática de cobrança do imposto sobre operações relativas à circulação de mercadorias e sobre prestações de serviços de transporte interestadual e intermunicipal e de comunicação incidente sobre as operações e prestações que destinem bens e serviços a consumidor final, contribuinte ou não do imposto, localizado em outro Estado.

As Mesas da Câmara dos Deputados e do Senado Federal, nos termos do § 3º do art. 60 da Constituição Federal, promulgam a seguinte Emenda ao texto constitucional:

Art. 1º Os incisos VII e VIII do § 2º do art. 155 da Constituição Federal passam a vigorar com as seguintes alterações:

- Alterações processadas no texto do referido artigo.

Art. 2º O Ato das Disposições Constitucionais Transitórias passa a vigorar acrescido do seguinte art. 99:

- Acréscimo processado no texto do ADCT.

Art. 3º Esta Emenda Constitucional entra em vigor na data de sua publicação, produzindo efeitos no ano subsequente e após 90 (noventa) dias desta.

Brasília, em 16 de abril de 2015.

Mesa da Câmara dos Deputados: Deputado *Eduardo Cunha*, Presidente

Mesa do Senado Federal: Senador *Renan Calheiros*, Presidente

(DOU 17.04.2015)

EC N. 88, DE 7 DE MAIO DE 2015

Altera o art. 40 da Constituição Federal, relativamente ao limite de idade para a aposentadoria compulsória do servidor público em geral, e acrescenta dispositivo ao Ato das Disposições Constitucionais Transitórias.

As Mesas da Câmara dos Deputados e do Senado Federal, nos termos do § 3º do art. 60 da Constituição Federal, promulgam a seguinte Emenda ao texto constitucional:

Art. 1º O art. 40 da Constituição Federal passa a vigorar com a seguinte alteração:

- Alteração processada no texto do referido artigo.

Art. 2º O Ato das Disposições Constitucionais Transitórias passa a vigorar acrescido do seguinte art. 100:

- Acréscimo processado no texto do ADCT.

Art. 3º Esta Emenda Constitucional entra em vigor na data de sua publicação.

Brasília, em 7 de maio de 2015.

Mesa da Câmara dos Deputados: Deputado *Eduardo Cunha*, Presidente

Mesa do Senado Federal: Senador *Renan Calheiros*, Presidente

(DOU 08.05.2015)

EMENDAS CONSTITUCIONAIS

EC N. 89,
DE 15 DE SETEMBRO DE 2015

Dá nova redação ao art. 42 do Ato das Disposições Constitucionais Transitórias, ampliando o prazo em que a União deverá destinar às Regiões Centro-Oeste e Nordeste percentuais mínimos dos recursos destinados à irrigação.

As Mesas da Câmara dos Deputados e do Senado Federal, nos termos do art. 60 da Constituição Federal, promulgam a seguinte Emenda ao texto constitucional:

Art. 1º O art. 42 do Ato das Disposições Constitucionais Transitórias passa a vigorar com a seguinte redação:

"Art. 42. Durante 40 (quarenta) anos, a União aplicará dos recursos destinados à irrigação:

"I – 20% (vinte por cento) na Região Centro-Oeste;

"II – 50% (cinquenta por cento) na Região Nordeste, preferencialmente no Semiárido.

"Parágrafo único. Dos percentuais previstos nos incisos I e II do *caput*, no mínimo 50% (cinquenta por cento) serão destinados a projetos de irrigação que beneficiem agricultores familiares que atendam aos requisitos previstos em legislação específica."

Art. 2º Esta Emenda Constitucional entra em vigor na data de sua publicação.

Brasília, em 15 de setembro de 2015.

Mesa da Câmara dos Deputados: Deputado *Eduardo Cunha, Presidente*

Mesa do Senado Federal: Senador Renan Calheiros, *Presidente*

(*DOU* 16.09.2015)

EC N. 90,
DE 15 DE SETEMBRO DE 2015

Dá nova redação ao art. 6º da Constituição Federal, para introduzir o transporte como direito social.

As Mesas da Câmara dos Deputados e do Senado Federal, nos termos do art. 60 da Constituição Federal, promulgam a seguinte Emenda ao texto constitucional:

Artigo único. O art. 6º da Constituição Federal de 1988 passa a vigorar com a seguinte redação:

"Art. 6º São direitos sociais a educação, a saúde, a alimentação, o trabalho, a moradia, o transporte, o lazer, a segurança, a previdência social, a proteção à maternidade e à infância, a assistência aos desamparados, na forma desta Constituição."

Brasília, em 15 de setembro de 2015.

Mesa da Câmara dos Deputados: Deputado Eduardo Cunha, *Presidente*

Mesa do Senado Federal: Senador Renan Calheiros, *Presidente*

(*DOU* 16.09.2015)

EC N. 91,
DE 18 DE FEVEREIRO DE 2016

Altera a Constituição Federal para estabelecer a possibilidade, excepcional e em período determinado, de desfiliação partidária, sem prejuízo do mandato.

As Mesas da Câmara dos Deputados e do Senado Federal, nos termos do § 3º do art. 60 da Constituição Federal, promulgam a seguinte Emenda ao texto constitucional:

Art. 1º É facultado ao detentor de mandato eletivo desligar-se do partido pelo qual foi eleito nos 30 (trinta) dias seguintes à promulgação desta Emenda Constitucional, sem prejuízo do mandato, não sendo essa desfiliação considerada para fins de distribuição dos recursos do Fundo Partidário e de acesso gratuito ao tempo de rádio e televisão.

Art. 2º Esta Emenda Constitucional entra em vigor na data de sua publicação.

Brasília, em 18 de fevereiro de 2016.

Mesa da Câmara dos Deputados: Deputado Eduardo Cunha, *Presidente*

Mesa do Senado Federal: Senador Renan Calheiros, *Presidente*

(*DOU* 19.02.2016)

LEI DE INTRODUÇÃO ÀS NORMAS DO DIREITO BRASILEIRO

DECRETO-LEI 4.657, DE 4 DE SETEMBRO DE 1942

Lei de Introdução às normas do Direito Brasileiro.

- Ementa com redação determinada pela Lei 12.376/2010.

O Presidente da República, usando da atribuição que lhe confere o art. 180 da Constituição, decreta:

Art. 1º Salvo disposição contrária, a lei começa a vigorar em todo o país 45 (quarenta e cinco) dias depois de oficialmente publicada.

- V. art. 62, §§ 3º, 4º, 6º e 7º, CF.
- V. arts. 101 a 104, CTN.
- V. art. 8º, LC 95/1998 (Elaboração das Leis).

§ 1º Nos Estados estrangeiros, a obrigatoriedade da lei brasileira, quando admitida, se inicia 3 (três) meses depois de oficialmente publicada.

- V. art. 16, Lei 2.145/1953 (Carteira de Comércio Exterior).

§ 2º *(Revogado pela Lei 12.036/2009.)*

§ 3º Se, antes de entrar a lei em vigor, ocorrer nova publicação de seu texto, destinada a correção, o prazo deste artigo e dos parágrafos anteriores começará a correr da nova publicação.

§ 4º As correções a texto de lei já em vigor consideram-se lei nova.

Art. 2º Não se destinando à vigência temporária, a lei terá vigor até que outra a modifique ou revogue.

- V. LC 95/1998 (Elaboração das Leis).

§ 1º A lei posterior revoga a anterior quando expressamente o declare, quando seja com ela incompatível ou quando regule inteiramente a matéria de que tratava a lei anterior.

§ 2º A lei nova, que estabeleça disposições gerais ou especiais a par das já existentes, não revoga nem modifica a lei anterior.

§ 3º Salvo disposição em contrário, a lei revogada não se restaura por ter a lei revogadora perdido a vigência.

Art. 3º Ninguém se escusa de cumprir a lei, alegando que não a conhece.

Art. 4º Quando a lei for omissa, o juiz decidirá o caso de acordo com a analogia, os costumes e os princípios gerais de direito.

- V. arts. 140, 375 e 723, CPC/2015.
- V. arts. 100, 101 e 107 a 111, CTN.
- V. art. 8º, CLT.
- V. art. 2º, Lei 9.307/1996 (Arbitragem).

Art. 5º Na aplicação da lei, o juiz atenderá aos fins sociais a que ela se dirige e às exigências do bem comum.

- V. art. 5º, LIV, CF.
- V. arts. 107 a 111, CTN.
- V. art. 6º, Lei 9.099/1995 (Juizados Especiais Cíveis e Criminais).

Art. 6º A lei em vigor terá efeito imediato e geral, respeitados o ato jurídico perfeito, o direito adquirido e a coisa julgada.

- Artigo com redação determinada pela Lei 3.238/1957.
- V. art. 5º, XXXVI, CF.
- V. art. 1.787, CC.

§ 1º Reputa-se ato jurídico perfeito o já consumado segundo a lei vigente ao tempo em que se efetuou.

§ 2º Consideram-se adquiridos assim os direitos que o seu titular, ou alguém por ele, possa exercer, como aqueles cujo começo do exercício tenha termo pré-fixo, ou condição preestabelecida inalterável, a arbítrio de outrem.

- V. arts. 121, 126, 130, 131 e 135, CC.

§ 3º Chama-se coisa julgada ou caso julgado a decisão judicial de que já não caiba recurso.

- V. art. 5º, XXXVI, CF.
- V. arts. 121, 126 a 128, 131 e 135, CC.
- V. arts. 337, § 1º, e 502, CPC/2015.

Dec.-lei 4.657/1942

Lei de Introdução

Art. 7º A lei do país em que for domiciliada a pessoa determina as regras sobre o começo e o fim da personalidade, o nome, a capacidade e os direitos de família.

- V. arts. 1º a 10, 22 a 39, 70 a 78 e 1.511 a 1.638, CC.
- V. Dec. 66.605/1970 (Convenção sobre Consentimento para Casamento).
- V. arts. 55 a 58, Lei 6.015/1973 (Lei de Registros Públicos).
- V. arts. 31, 42 e ss., Lei 6.815/1980 (Estatuto do Estrangeiro).

§ 1º Realizando-se o casamento no Brasil, será aplicada a lei brasileira quanto aos impedimentos dirimentes e às formalidades da celebração.

- V. arts. 1.517, 1.521, 1.523 e 1.533 a 1542, CC.
- V. arts. 8º e 9º, Lei 1.110/1950 (Reconhecimento dos efeitos civis do casamento religioso).
- V. Lei 6.015/1973 (Lei de Registros Públicos).

§ 2º O casamento de estrangeiros poderá celebrar-se perante autoridades diplomáticas ou consulares do país de ambos os nubentes.

- § 2º com redação determinada pela Lei 3.238/1957.
- V. art. 1.544, CC.

§ 3º Tendo os nubentes domicílio diverso, regerá os casos de invalidade do matrimônio a lei do primeiro domicílio conjugal.

- V. arts. 1.548 a 1.564, CC.

§ 4º O regime de bens, legal ou convencional, obedece à lei do país em que tiverem os nubentes domicílio, e, se este for diverso, à do primeiro domicílio conjugal.

- V. arts. 1.639 a 1.653, CC.

§ 5º O estrangeiro casado, que se naturalizar brasileiro, pode, mediante expressa anuência de seu cônjuge, requerer ao juiz, no ato de entrega do decreto de naturalização, se apostile ao mesmo a adoção do regime de comunhão parcial de bens, respeitados os direitos de terceiros e dada esta adoção ao competente registro.

- § 5º com redação determinada pela Lei 6.515/1977.
- V. arts. 1.658 a 1.666, CC.

§ 6º O divórcio realizado no estrangeiro, se um ou ambos os cônjuges forem brasileiros, só será reconhecido no Brasil depois de 1 (um) ano da data da sentença, salvo se houver sido antecedida de separação judicial por igual prazo, caso em que a homologação produzirá efeito imediato, obedecidas as condições estabelecidas para a eficácia das sentenças estrangeiras no país. O Superior Tribunal de Justiça, na forma de seu regimento interno, poderá reexaminar, a requerimento do interessado, decisões já proferidas em pedidos de homologação de sentenças estrangeiras de divórcio de brasileiros, a fim de que passem a produzir todos os efeitos legais.

- § 6º com redação determinada pela Lei 12.036/2009.
- V. art. 15.
- V. arts. 105, I, *i*, e 227, § 6º, CF.
- V. art. 961, CPC/2015.

§ 7º Salvo o caso de abandono, o domicílio do chefe da família estende-se ao outro cônjuge e aos filhos não emancipados, e o do tutor ou curador aos incapazes sob sua guarda.

- V. arts. 226, § 5º, e 227, § 6º, CF.
- V. arts. 3º, 4º e 76, parágrafo único, CC.
- V. Lei 10.216/2001 (Proteção a pessoas portadoras de transtornos mentais).

§ 8º Quando a pessoa não tiver domicílio, considerar-se-á domiciliada no lugar de sua residência ou naquele em que se encontre.

- V. arts. 70, 71 e 73, CC.
- V. art. 46, § 3º, CPC/2015.

Art. 8º Para qualificar os bens e regular as relações a eles concernentes, aplicar-se-á a lei do país em que estiverem situados.

- V. Lei 8.617/1993 (Mar territorial).

§ 1º Aplicar-se-á a lei do país em que for domiciliado o proprietário, quanto aos bens móveis que ele trouxer ou se destinarem a transporte para outros lugares.

§ 2º O penhor regula-se pela lei do domicílio que tiver a pessoa, em cuja posse se encontre a coisa apenhada.

- V. arts. 1.431 a 1.435, 1.438 a 1.440, 1.442, 1.445, 1.446, 1.451 a 1.460 e 1.467 a 1.471, CC.

Art. 9º Para qualificar e reger as obrigações, aplicar-se-á a lei do país em que se constituírem.

§ 1º Destinando-se a obrigação a ser executada no Brasil e dependendo de forma essencial, será esta observada, admitidas as peculiaridades da lei estrangeira quanto aos requisitos extrínsecos do ato.

- V. Dec.-lei 857/1969 (Moeda para pagamento de obrigações exequíveis no Brasil).

Dec.-lei 4.657/1942

Lei de Introdução

§ 2º A obrigação resultante do contrato reputa-se constituída no lugar em que residir o proponente.
- V. art. 435, CC.

Art. 10. A sucessão por morte ou por ausência obedece à lei do país em que era domiciliado o defunto ou o desaparecido, qualquer que seja a natureza e a situação dos bens.
- V. arts. 26 a 39 e 1.784 a 1.990, CC.

§ 1º A sucessão de bens de estrangeiros, situados no país, será regulada pela lei brasileira em benefício do cônjuge ou dos filhos brasileiros, ou de quem os represente, sempre que não lhes seja mais favorável a lei pessoal do *de cujus*.
- § 1º com redação determinada pela Lei 9.047/1995.
- V. art. 5º, XXXI, CF.
- V. arts. 1.851 a 1.856, CC.

§ 2º A lei do domicílio do herdeiro ou legatário regula a capacidade para suceder.
- V. art. 5º, XXX e XXXI, CF.
- V. arts. 1.787, 1.799, 1.801 e 1.802, CC.
- V. arts. 23, II, 48 e 610, CPC/2015.

Art. 11. As organizações destinadas a fins de interesse coletivo, como as sociedades e as fundações, obedecem à lei do Estado em que se constituírem.
- V. arts. 62, 63, 65 a 69 e 681 a 1.141, CC.
- V. art. 75, § 3º, CPC/2015.

§ 1º Não poderão, entretanto, ter no Brasil filiais, agências ou estabelecimentos antes de serem os atos constitutivos aprovados pelo Governo brasileiro, ficando sujeitas à lei brasileira.
- V. art. 170, parágrafo único, CF.
- V. arts. 21, parágrafo único, e 75, IX, § 3º, CPC/2015.
- V. Dec. 24.643/1934 (Código de Águas).
- V. Dec.-lei 2.980/1941 (Loterias).
- V. art. 74, Dec.-lei 73/1966 (Sistema Nacional de Seguros Privados).
- V. art. 12, Dec.-lei 200/1967 (Alterações nos atos que regem o funcionamento das sociedades estrangeiras).
- V. Dec.-lei 227/1967 (Código de Mineração).
- V. art. 32, II, Lei 8.934/1994 (Registro público de empresas mercantis e atividades afins).

§ 2º Os Governos estrangeiros, bem como as organizações de qualquer natureza, que eles tenham constituído, dirijam ou hajam investido de funções públicas, não poderão adquirir no Brasil bens imóveis ou suscetíveis de desapropriação.

§ 3º Os Governos estrangeiros podem adquirir a propriedade dos prédios necessários à sede dos representantes diplomáticos ou dos agentes consulares.
- V. Lei 4.331/1964 (Aquisição de imóveis no Distrito Federal por governos estrangeiros).

Art. 12. É competente a autoridade judiciária brasileira, quando for o réu domiciliado no Brasil ou aqui tiver de ser cumprida a obrigação.
- V. arts. 21 a 25, CPC/2015.

§ 1º Só à autoridade judiciária brasileira compete conhecer das ações relativas a imóveis situados no Brasil.
- V. art. 23, I, CPC/2015.

§ 2º A autoridade judiciária brasileira cumprirá, concedido o *exequatur* e segundo a forma estabelecida pela lei brasileira, as diligências deprecadas por autoridade estrangeira competente, observando a lei desta, quanto ao objeto das diligências.
- V. arts. 105, I, *i*, e 109, X, CF.
- V. arts. 21, 23, 36, 46, § 3º, 47, 256 e 268, § 1º, CPC/2015.

Art. 13. A prova dos fatos ocorridos em país estrangeiro rege-se pela lei que nele vigorar, quanto ao ônus e aos meios de produzir-se, não admitindo os tribunais brasileiros provas que a lei brasileira desconheça.
- V. art. 224, CC.
- V. arts. 372, 374 e 376, CPC/2015.
- V. art. 32, *caput*, Lei 6.015/1973 (Lei de Registros Públicos).

Art. 14. Não conhecendo a lei estrangeira, poderá o juiz exigir de quem a invoca prova do texto e da vigência.
- V. art. 376, CPC/2015.
- V. art. 116, RISTF.

Art. 15. Será executada no Brasil a sentença proferida no estrangeiro, que reúna os seguintes requisitos:
- V. art. 12, § 2º.
- V. arts. 36, *caput*, 268, 961 e 965, CPC/2015.
- V. arts. 13, IX, 52, III, 215 a 347, I, e 367, RISTF

a) haver sido proferida por juiz competente;
- V. Súmula 381, STF.

b) terem sido as partes citadas ou haver-se legalmente verificado a revelia;

Lei 12.376/2010

LEI DE INTRODUÇÃO

c) ter passado em julgado e estar revestida das formalidades necessárias para a execução no lugar em que foi proferida;

- V. Súmula 420, STF.

d) estar traduzida por intérprete autorizado;
e) ter sido homologada pelo Supremo Tribunal Federal.

- Com a promulgação da EC n. 45/2004, que modificou o art. 105, I, *i*, da CF, a competência para homologação de sentença estrangeira passou a ser do Superior Tribunal de Justiça.
- V. art. 105, I, *i*, CF.
- V. art. 961, CPC/2015.
- V. art. 9º, CP.
- V. arts. 787 a 790, CPP.
- V. art. 35, Lei 9.307/1996 (Arbitragem).

Parágrafo único. *(Revogado pela Lei 12.036/2009.)*

Art. 16. Quando, nos termos dos artigos precedentes, se houver de aplicar a lei estrangeira, ter-se-á em vista a disposição desta, sem considerar-se qualquer remissão por ela feita a outra lei.

Art. 17. As leis, atos e sentenças de outro país, bem como quaisquer declarações de vontade, não terão eficácia no Brasil, quando ofenderem a soberania nacional, a ordem pública e os bons costumes.

- V. art. 781, CPP.

Art. 18. Tratando-se de brasileiros, são competentes as autoridades consulares brasileiras para lhes celebrar o casamento e os mais atos de Registro Civil e de tabelionato, inclusive o registro de nascimento e de óbito dos filhos de brasileiro ou brasileira nascidos no país da sede do Consulado.

- Artigo com redação determinada pela Lei 3.238/1957.
- V. art. 19.
- V. Dec. 360/1935 (Funções consulares).
- V. art. 32, § 3º, Lei 6.015/1973 (Lei de Registros Públicos).

§ 1º As autoridades consulares brasileiras também poderão celebrar a separação consensual e o divórcio consensual de brasileiros, não havendo filhos menores ou incapazes do casal e observados os requisitos legais quanto aos prazos, devendo constar da respectiva escritura pública as disposições relativas à descrição e à partilha dos bens comuns e à pensão alimentícia e, ainda, ao acordo quanto à retomada pelo cônjuge de seu nome de solteiro ou à manutenção do nome adotado quando se deu o casamento.

- § 1º acrescentado pela Lei 12.874/2013 (*DOU* 30.10.2013), em vigor após decorridos 120 (cento e vinte) dias de sua publicação oficial.

§ 2º É indispensável a assistência de advogado, devidamente constituído, que se dará mediante a subscrição de petição, juntamente com ambas as partes, ou com apenas uma delas, caso a outra constitua advogado próprio, não se fazendo necessário que a assinatura do advogado conste da escritura pública.

- § 2º acrescentado pela Lei 12.874/2013 (*DOU* 30.10.2013), em vigor após decorridos 120 (cento e vinte) dias de sua publicação oficial.

Art. 19. Reputam-se válidos todos os atos indicados no artigo anterior e celebrados pelos cônsules brasileiros na vigência do Dec.-lei 4.657, de 4 de setembro de 1942, desde que satisfaçam todos os requisitos legais.

- Artigo acrescentado pela Lei 3.238/1957.

Parágrafo único. No caso em que a celebração desses atos tiver sido recusada pelas autoridades consulares, com fundamento no art. 18 do mesmo Decreto-lei, ao interessado é facultado renovar o pedido dentre em 90 (noventa) dias contados da data da publicação desta Lei.

Rio de Janeiro, 4 de setembro de 1942; 121º da Independência e 54º da República.

Getúlio Vargas

(DOU 09.09.1942;
ret. 08.10.1942 e 17.06.1943)

LEI 12.376, DE 30 DE DEZEMBRO DE 2010

Altera a ementa do Decreto-lei 4.657, de 4 de setembro de 1942.

O Presidente da República:

Faço saber que o Congresso Nacional decreta e eu sanciono a seguinte Lei:

Lei 12.376/2010

Lei de Introdução

Art. 1º Esta Lei altera a ementa do Decreto-lei 4.657, de 4 de setembro de 1942, ampliando o seu campo de aplicação.

Art. 2º A ementa do Decreto-lei 4.657, de 4 de setembro de 1942, passa a vigorar com a seguinte redação:
"Lei de Introdução às normas do Direito Brasileiro."

Art. 3º Esta Lei entra em vigor na data de sua publicação.

Brasília, 30 de dezembro de 2010; 189º da Independência e 122º da República.

Luiz Inácio Lula da Silva

(*DOU* 31.12.2010)

CÓDIGO CIVIL

Índice Sistemático do Código Civil

Código Civil

ÍNDICE SISTEMÁTICO DO CÓDIGO CIVIL

LEI 10.406, DE 10 DE JANEIRO DE 2002

PARTE GERAL

LIVRO I
DAS PESSOAS

TÍTULO I
DAS PESSOAS NATURAIS

Arts. 1º a 39, **233**

Capítulo I – Da personalidade e da capacidade (arts. 1º a 10), **233**

Capítulo II – Dos direitos da personalidade (arts. 11 a 21), **235**

Capítulo III – Da ausência (arts. 22 a 39), **236**

  Seção I – Da curadoria dos bens do ausente (arts. 22 a 25), **236**

  Seção II – Da sucessão provisória (arts. 26 a 36), **237**

  Seção III – Da sucessão definitiva (arts. 37 a 39), **238**

TÍTULO II
DAS PESSOAS JURÍDICAS

Arts. 40 a 69, **238**

Capítulo I – Disposições gerais (arts. 40 a 52), **238**

Capítulo II – Das associações (arts. 53 a 61), **240**

Capítulo III – Das fundações (arts. 62 a 69), **242**

TÍTULO III
DO DOMICÍLIO

Arts. 70 a 78, **243**

LIVRO II
DOS BENS

TÍTULO ÚNICO
DAS DIFERENTES CLASSES DE BENS

Arts. 79 a 103, **244**

Capítulo I – Dos bens considerados em si mesmos (arts. 79 a 91), **244**

  Seção I – Dos bens imóveis (arts. 79 a 81), **244**

  Seção II – Dos bens móveis (arts. 82 a 84), **244**

  Seção III – Dos bens fungíveis e consumíveis (arts. 85 e 86), **244**

  Seção IV – Dos bens divisíveis (arts. 87 e 88), **245**

  Seção V – Dos bens singulares e coletivos (arts. 89 a 91), **245**

Capítulo II – Dos bens reciprocamente considerados (arts. 92 a 97), **245**

Capítulo III – Dos bens públicos (arts. 98 a 103), **245**

LIVRO III
DOS FATOS JURÍDICOS

TÍTULO I
DO NEGÓCIO JURÍDICO

Arts. 104 a 184, **246**

Capítulo I – Disposições gerais (arts. 104 a 114), **246**

ÍNDICE SISTEMÁTICO DO CC

Capítulo II – Da representação (arts. 115 a 120), **247**

Capítulo III – Da condição, do termo e do encargo (arts. 121 a 137), **248**

Capítulo IV – Dos defeitos do negócio jurídico (arts. 138 a 165), **249**

    Seção I – Do erro ou ignorância (arts. 138 a 144), **249**

    Seção II – Do dolo (arts. 145 a 150), **250**

    Seção III – Da coação (arts. 151 a 155), **250**

    Seção IV – Do estado de perigo (art. 156), **251**

    Seção V – Da lesão (art. 157), **251**

    Seção VI – Da fraude contra credores (arts. 158 a 165), **251**

Capítulo V – Da invalidade do negócio jurídico (arts. 166 a 184), **252**

TÍTULO II
DOS ATOS JURÍDICOS LÍCITOS

Art. 185, **253**

TÍTULO III
DOS ATOS ILÍCITOS

Arts. 186 a 188, **253**

TÍTULO IV
DA PRESCRIÇÃO E DA DECADÊNCIA

Arts. 189 a 211, **254**

Capítulo I – Da prescrição (arts. 189 a 206), **254**

    Seção I – Disposições gerais (arts. 189 a 196), **254**

    Seção II – Das causas que impedem ou suspendem a prescrição (arts. 197 a 201), **254**

    Seção III – Das causas que interrompem a prescrição (arts. 202 a 204), **255**

    Seção IV – Dos prazos da prescrição (arts. 205 e 206), **255**

Capítulo II – Da decadência (arts. 207 a 211), **257**

TÍTULO V
DA PROVA

Arts. 212 a 232, **257**

PARTE ESPECIAL
LIVRO I
DO DIREITO DAS OBRIGAÇÕES

TÍTULO I
DAS MODALIDADES DAS OBRIGAÇÕES

Arts. 233 a 285, **259**

Capítulo I – Das obrigações de dar (arts. 233 a 246), **259**

    Seção I – Das obrigações de dar coisa certa (arts. 233 a 242), **259**

    Seção II – Das obrigações de dar coisa incerta (arts. 243 a 246), **260**

Capítulo II – Das obrigações de fazer (arts. 247 a 249), **260**

Capítulo III – Das obrigações de não fazer (arts. 250 e 251), **261**

Capítulo IV – Das obrigações alternativas (arts. 252 a 256), **261**

Capítulo V – Das obrigações divisíveis e indivisíveis (arts. 257 a 263), **261**

Capítulo VI – Das obrigações solidárias (arts. 264 a 285), **262**

    Seção I – Disposições gerais (arts. 264 a 266), **262**

    Seção II – Da solidariedade ativa (arts. 267 a 274), **262**

    Seção III – Da solidariedade passiva (arts. 275 a 285), **263**

TÍTULO II
DA TRANSMISSÃO DAS OBRIGAÇÕES

Arts. 286 a 303, **263**

Índice Sistemático do CC

Capítulo I – Da cessão de crédito (arts. 286 a 298), **263**

Capítulo II – Da assunção de dívida (arts. 299 a 303), **264**

TÍTULO III
DO ADIMPLEMENTO E EXTINÇÃO DAS OBRIGAÇÕES

Arts. 304 a 388, **265**

Capítulo I – Do pagamento (arts. 304 a 333), **265**

Seção I – De quem deve pagar (arts. 304 a 307), **265**

Seção II – Daqueles a quem se deve pagar (arts. 308 a 312), **265**

Seção III – Do objeto do pagamento e sua prova (arts. 313 a 326), **265**

Seção IV – Do lugar do pagamento (arts. 327 a 330), **266**

Seção V – Do tempo do pagamento (arts. 331 a 333), **267**

Capítulo II – Do pagamento em consignação (arts. 334 a 345), **267**

Capítulo III – Do pagamento com sub-rogação (arts. 346 a 351), **268**

Capítulo IV – Da imputação do pagamento (arts. 352 a 355), **269**

Capítulo V – Da dação em pagamento (arts. 356 a 359), **269**

Capítulo VI – Da novação (arts. 360 a 367), **269**

Capítulo VII – Da compensação (arts. 368 a 380), **270**

Capítulo VIII – Da confusão (arts. 381 a 384), **271**

Capítulo IX – Da remissão das dívidas (arts. 385 a 388), **271**

TÍTULO IV
DO INADIMPLEMENTO DAS OBRIGAÇÕES

Arts. 389 a 420, **271**

Capítulo I – Disposições gerais (arts. 389 a 393), **271**

Capítulo II – Da mora (arts. 394 a 401), **272**

Capítulo III – Das perdas e danos (arts. 402 a 405), **272**

Capítulo IV – Dos juros legais (arts. 406 e 407), **273**

Capítulo V – Da cláusula penal (arts. 408 a 416), **273**

Capítulo VI – Das arras ou sinal (arts. 417 a 420), **274**

TÍTULO V
DOS CONTRATOS EM GERAL

Arts. 421 a 480, **274**

Capítulo I – Disposições gerais (arts. 421 a 471), **274**

Seção I – Preliminares (arts. 421 a 426), **274**

Seção II – Da formação dos contratos (arts. 427 a 435), **275**

Seção III – Da estipulação em favor de terceiro (arts. 436 a 438), **275**

Seção IV – Da promessa de fato de terceiro (arts. 439 e 440), **276**

Seção V – Dos vícios redibitórios (arts. 441 a 446), **276**

Seção VI – Da evicção (arts. 447 a 457), **277**

Seção VII – Dos contratos aleatórios (arts. 458 a 461), **277**

Seção VIII – Do contrato preliminar (arts. 462 a 466), **278**

Seção IX – Do contrato com pessoa a declarar (arts. 467 a 471), **278**

223

ÍNDICE SISTEMÁTICO DO CC

Capítulo II – Da extinção do contrato (arts. 472 a 480), **278**

  Seção I – Do distrato (arts. 472 e 473), **278**

  Seção II – Da cláusula resolutiva (arts. 474 e 475), **279**

  Seção III – Da exceção de contrato não cumprido (arts. 476 e 477), **279**

  Seção IV – Da resolução por onerosidade excessiva (arts. 478 a 480), **279**

TÍTULO VI
DAS VÁRIAS ESPÉCIES DE CONTRATO

Arts. 481 a 853, **279**

Capítulo I – Da compra e venda (arts. 481 a 532), **279**

  Seção I – Disposições gerais (arts. 481 a 504), **279**

  Seção II – Das cláusulas especiais à compra e venda (arts. 505 a 532), **282**

    Subseção I – Da retrovenda (arts. 505 a 508), **282**

    Subseção II – Da venda a contento e da sujeita a prova (arts. 509 a 512), **282**

    Subseção III – Da preempção ou preferência (arts. 513 a 520), **282**

    Subseção IV – Da venda com reserva de domínio (arts. 521 a 528), **283**

    Subseção V – Da venda sobre documentos (arts. 529 a 532), **284**

Capítulo II – Da troca ou permuta (art. 533), **284**

Capítulo III – Do contrato estimatório (arts. 534 a 537), **284**

Capítulo IV – Da doação (arts. 538 a 564), **284**

  Seção I – Disposições gerais (arts. 538 a 554), **284**

  Seção II – Da revogação da doação (arts. 555 a 564), **286**

Capítulo V – Da locação de coisas (arts. 565 a 578), **286**

Capítulo VI – Do empréstimo (arts. 579 a 592), **288**

  Seção I – Do comodato (arts. 579 a 585), **288**

  Seção II – Do mútuo (arts. 586 a 592), **288**

Capítulo VII – Da prestação de serviço (arts. 593 a 609), **289**

Capítulo VIII – Da empreitada (arts. 610 a 626), **290**

Capítulo IX – Do depósito (arts. 627 a 652), **292**

  Seção I – Do depósito voluntário (arts. 627 a 646), **292**

  Seção II – Do depósito necessário (arts. 647 a 652), **293**

Capítulo X – Do mandato (arts. 653 a 692), **294**

  Seção I – Disposições gerais (arts. 653 a 666), **294**

  Seção II – Das obrigações do mandatário (arts. 667 a 674), **295**

  Seção III – Das obrigações do mandante (arts. 675 a 681), **296**

  Seção IV – Da extinção do mandato (arts. 682 a 691), **297**

  Seção V – Do mandato judicial (art. 692), **298**

Capítulo XI – Da comissão (arts. 693 a 709), **298**

Capítulo XII – Da agência e distribuição (arts. 710 a 721), **299**

Capítulo XIII – Da corretagem (arts. 722 a 729), **300**

Capítulo XIV – Do transporte (arts. 730 a 756), **300**

  Seção I – Disposições gerais (arts. 730 a 733), **300**

Índice Sistemático do CC

Seção II – Do transporte de pessoas (arts. 734 a 742), *301*

Seção III – Do transporte de coisas (arts. 743 a 756), *302*

Capítulo XV – Do seguro (arts. 757 a 802), *303*

Seção I – Disposições gerais (arts. 757 a 777), *303*

Seção II – Do seguro de dano (arts. 778 a 788), *305*

Seção III – Do seguro de pessoa (arts. 789 a 802), *306*

Capítulo XVI – Da constituição de renda (arts. 803 a 813), *308*

Capítulo XVII – Do jogo e da aposta (arts. 814 a 817), *308*

Capítulo XVIII – Da fiança (arts. 818 a 839), *309*

Seção I – Disposições gerais (arts. 818 a 826), *309*

Seção II – Dos efeitos da fiança (arts. 827 a 836), *310*

Seção III – Da extinção da fiança (arts. 837 a 839), *310*

Capítulo XIX – Da transação (arts. 840 a 850), *311*

Capítulo XX – Do compromisso (arts. 851 a 853), *312*

TÍTULO VII
DOS ATOS UNILATERAIS

Arts. 854 a 886, *312*

Capítulo I – Da promessa de recompensa (arts. 854 a 860), *312*

Capítulo II – Da gestão de negócios (arts. 861 a 875), *312*

Capítulo III – Do pagamento indevido (arts. 876 a 883), *314*

Capítulo IV – Do enriquecimento sem causa (arts. 884 a 886), *314*

TÍTULO VIII
DOS TÍTULOS DE CRÉDITO

Arts. 887 a 926, *315*

Capítulo I – Disposições gerais (arts. 887 a 903), *315*

Capítulo II – Do título ao portador (arts. 904 a 909), *317*

Capítulo III – Do título à ordem (arts. 910 a 920), *318*

Capítulo IV – Do título nominativo (arts. 921 a 926), *319*

TÍTULO IX
DA RESPONSABILIDADE CIVIL

Arts. 927 a 954, *320*

Capítulo I – Da obrigação de indenizar (arts. 927 a 943), *320*

Capítulo II – Da indenização (arts. 944 a 954), *322*

TÍTULO X
DAS PREFERÊNCIAS E PRIVILÉGIOS CREDITÓRIOS

Arts. 955 a 965, *324*

LIVRO II
DO DIREITO DE EMPRESA

TÍTULO I
DO EMPRESÁRIO

Arts. 966 a 980, *325*

Capítulo I – Da caracterização e da inscrição (arts. 966 a 971), *325*

Capítulo II – Da capacidade (arts. 972 a 980), *327*

TÍTULO I-A
DA EMPRESA INDIVIDUAL DE RESPONSABILIDADE LIMITADA

Art. 980-A, *328*

ÍNDICE SISTEMÁTICO DO CC

TÍTULO II
DA SOCIEDADE

Arts. 981 a 1.141, *328*

Capítulo Único – Disposições gerais (arts. 981 a 985), *328*

Subtítulo I
DA SOCIEDADE NÃO PERSONIFICADA

Arts. 986 a 996, *329*

Capítulo I – Da sociedade em comum (arts. 986 a 990), *329*

Capítulo II – Da sociedade em conta de participação (arts. 991 a 996), *329*

Subtítulo II
DA SOCIEDADE PERSONIFICADA

Arts. 997 a 1.141, *330*

Capítulo I – Da sociedade simples (arts. 997 a 1.038), *330*

  Seção I – Do contrato social (arts. 997 a 1.000), *330*

  Seção II – Dos direitos e obrigações dos sócios (arts. 1.001 a 1.009), *331*

  Seção III – Da administração (arts. 1.010 a 1.021), *332*

  Seção IV – Das relações com terceiros (arts. 1.022 a 1.027), *333*

  Seção V – Da resolução da sociedade em relação a um sócio (arts. 1.028 a 1.032), *334*

  Seção VI – Da dissolução (arts. 1.033 a 1.038), *335*

Capítulo II – Da sociedade em nome coletivo (arts. 1.039 a 1.044), *336*

Capítulo III – Da sociedade em comandita simples (arts. 1.045 a 1.051), *336*

Capítulo IV – Da sociedade limitada (arts. 1.052 a 1.087), *337*

  Seção I – Disposições preliminares (arts. 1.052 a 1.054), *337*

  Seção II – Das quotas (arts. 1.055 a 1.059), *337*

  Seção III – Da administração (arts. 1.060 a 1.065), *338*

  Seção IV – Do conselho fiscal (arts. 1.066 a 1.070), *339*

  Seção V – Das deliberações dos sócios (arts. 1.071 a 1.080), *340*

  Seção VI – Do aumento e da redução do capital (arts. 1.081 a 1.084), *342*

  Seção VII – Da resolução da sociedade em relação a sócios minoritários (arts. 1.085 e 1.086), *342*

  Seção VIII – Da dissolução (art. 1.087), *343*

Capítulo V – Da sociedade anônima (arts. 1.088 e 1.089), *343*

  Seção Única – Da caracterização (arts. 1.088 e 1.089), *343*

Capítulo VI – Da sociedade em comandita por ações (arts. 1.090 a 1.092), *343*

Capítulo VII – Da sociedade cooperativa (arts. 1.093 a 1.096), *343*

Capítulo VIII – Das sociedades coligadas (arts. 1.097 a 1.101), *344*

Capítulo IX – Da liquidação da sociedade (arts. 1.102 a 1.112), *344*

Capítulo X – Da transformação, da incorporação, da fusão e da cisão das sociedades (arts. 1.113 a 1.122), *346*

Capítulo XI – Da sociedade dependente de autorização (arts. 1.123 a 1.141), *347*

  Seção I – Disposições gerais (arts. 1.123 a 1.125), *347*

  Seção II – Da sociedade nacional (arts. 1.126 a 1.133), *347*

  Seção III – Da sociedade estrangeira (arts. 1.134 a 1.141), *348*

Índice Sistemático do CC

TÍTULO III
DO ESTABELECIMENTO

Arts. 1.142 a 1.149, *350*

Capítulo Único – Disposições gerais (arts. 1.142 a 1.149), *350*

TÍTULO IV
DOS INSTITUTOS COMPLEMENTARES

Arts. 1.150 a 1.195, *351*

Capítulo I – Do registro (arts. 1.150 a 1.154), *351*

Capítulo II – Do nome empresarial (arts. 1.155 a 1.168), *352*

Capítulo III – Dos prepostos (arts. 1.169 a 1.178), *353*

Seção I – Disposições gerais (arts. 1.169 a 1.171), *353*

Seção II – Do gerente (arts. 1.172 a 1.176), *353*

Seção III – Do contabilista e outros auxiliares (arts. 1.177 e 1.178), *354*

Capítulo IV – Da escrituração (arts. 1.179 a 1.195), *354*

LIVRO III
DO DIREITO DAS COISAS

TÍTULO I
DA POSSE

Arts. 1.196 a 1.224, *357*

Capítulo I – Da posse e sua classificação (arts. 1.196 a 1.203), *357*

Capítulo II – Da aquisição da posse (arts. 1.204 a 1.209), *358*

Capítulo III – Dos efeitos da posse (arts. 1.210 a 1.222), *358*

Capítulo IV – Da perda da posse (arts. 1.223 e 1.224), *359*

TÍTULO II
DOS DIREITOS REAIS

Arts. 1.225 a 1.227, *360*

Capítulo Único – Disposições gerais (arts. 1.225 a 1.227), *360*

TÍTULO III
DA PROPRIEDADE

Arts. 1.228 a 1.368-A, *360*

Capítulo I – Da propriedade em geral (arts. 1.228 a 1.237), *360*

Seção I – Disposições preliminares (arts. 1.228 a 1.232), *360*

Seção II – Da descoberta (arts. 1.233 a 1.237), *362*

Capítulo II – Da aquisição da propriedade imóvel (arts. 1.238 a 1.259), *362*

Seção I – Da usucapião (arts. 1.238 a 1.244), *362*

Seção II – Da aquisição pelo registro do título (arts. 1.245 a 1.247), *363*

Seção III – Da aquisição por acessão (arts. 1.248 a 1.259), *364*

Subseção I – Das ilhas (art. 1.249), *364*

Subseção II – Da aluvião (art. 1.250), *364*

Subseção III – Da avulsão (art. 1.251), *364*

Subseção IV – Do álveo abandonado (art. 1.252), *365*

Subseção V – Das construções e plantações (arts. 1.253 a 1.259), *365*

Capítulo III – Da aquisição da propriedade móvel (arts. 1.260 a 1.274), *366*

Seção I – Da usucapião (arts. 1.260 a 1.262), *366*

Seção II – Da ocupação (art. 1.263), *366*

Seção III – Do achado do tesouro (arts. 1.264 a 1.266), *366*

Seção IV – Da tradição (arts. 1.267 e 1.268), *366*

Seção V – Da especificação (arts. 1.269 a 1.271), *366*

ÍNDICE SISTEMÁTICO DO CC

Seção VI – Da confusão, da comissão e da adjunção (arts. 1.272 a 1.274), **367**

Capítulo IV – Da perda da propriedade (arts. 1.275 e 1.276), **367**

Capítulo V – Dos direitos de vizinhança (arts. 1.277 a 1.313), **368**

Seção I – Do uso anormal da propriedade (arts. 1.277 a 1.281), **368**

Seção II – Das árvores limítrofes (arts. 1.282 a 1.284), **368**

Seção III – Da passagem forçada (art. 1.285), **368**

Seção IV – Da passagem de cabos e tubulações (arts. 1.286 e 1.287), **368**

Seção V – Das águas (arts. 1.288 a 1.296), **369**

Seção VI – Dos limites entre prédios e do direito de tapagem (arts. 1.297 e 1.298), **370**

Seção VII – Do direito de construir (arts. 1.299 a 1.313), **370**

Capítulo VI – Do condomínio geral (arts. 1.314 a 1.330), **372**

Seção I – Do condomínio voluntário (arts. 1.314 a 1.326), **372**

Subseção I – Dos direitos e deveres dos condôminos (arts. 1.314 a 1.322), **372**

Subseção II – Da administração do condomínio (arts. 1.323 a 1.326), **373**

Seção II – Do condomínio necessário (arts. 1.327 a 1.330), **373**

Capítulo VII – Do condomínio edilício (arts. 1.331 a 1.358), **373**

Seção I – Disposições gerais (arts. 1.331 a 1.346), **373**

Seção II – Da administração do condomínio (arts. 1.347 a 1.356), **376**

Seção III – Da extinção do condomínio (arts. 1.357 e 1.358), **377**

Capítulo VIII – Da propriedade resolúvel (arts. 1.359 e 1.360), **378**

Capítulo IX – Da propriedade fiduciária (arts. 1.361 a 1.368-B), **378**

TÍTULO IV
DA SUPERFÍCIE

Arts. 1.369 a 1.377, **379**

TÍTULO V
DAS SERVIDÕES

Arts. 1.378 a 1.389, **380**

Capítulo I – Da constituição das servidões (arts. 1.378 e 1.379), **380**

Capítulo II – Do exercício das servidões (arts. 1.380 a 1.386), **380**

Capítulo III – Da extinção das servidões (arts. 1.387 a 1.389), **380**

TÍTULO VI
DO USUFRUTO

Arts. 1.390 a 1.411, **381**

Capítulo I – Disposições gerais (arts. 1.390 a 1.393), **381**

Capítulo II – Dos direitos do usufrutuário (arts. 1.394 a 1.399), **381**

Capítulo III – Dos deveres do usufrutuário (arts. 1.400 a 1.409), **382**

Capítulo IV – Da extinção do usufruto (arts. 1.410 e 1.411), **383**

TÍTULO VII
DO USO

Arts. 1.412 e 1.413, **383**

TÍTULO VIII
DA HABITAÇÃO

Arts. 1.414 a 1.416, **383**

ÍNDICE SISTEMÁTICO DO CC

TÍTULO IX
DO DIREITO DO PROMITENTE COMPRADOR

Arts. 1.417 e 1.418, **384**

TÍTULO X
DO PENHOR, DA HIPOTECA E DA ANTICRESE

Arts. 1.419 a 1.510, **384**

Capítulo I – Disposições gerais (arts. 1.419 a 1.430), **384**

Capítulo II – Do penhor (arts. 1.431 a 1.472), **385**

Seção I – Da constituição do penhor (arts. 1.431 e 1.432), **385**

Seção II – Dos direitos do credor pignoratício (arts. 1.433 e 1.434), **386**

Seção III – Das obrigações do credor pignoratício (art. 1.435), **386**

Seção IV – Da extinção do penhor (arts. 1.436 e 1.437), **386**

Seção V – Do penhor rural (arts. 1.438 a 1.446), **387**

Subseção I – Disposições gerais (arts. 1.438 a 1.441), **387**

Subseção II – Do penhor agrícola (arts. 1.442 e 1.443), **387**

Subseção III – Do penhor pecuário (arts. 1.444 a 1.446), **388**

Seção VI – Do penhor industrial e mercantil (arts. 1.447 a 1.450), **388**

Seção VII – Do penhor de direitos e títulos de crédito (arts. 1.451 a 1.460), **389**

Seção VIII – Do penhor de veículos (arts. 1.461 a 1.466), **390**

Seção IX – Do penhor legal (arts. 1.467 a 1.472), **390**

Capítulo III – Da hipoteca (arts. 1.473 a 1.505), **390**

Seção I – Disposições gerais (arts. 1.473 a 1.488), **390**

Seção II – Da hipoteca legal (arts. 1.489 a 1.491), **393**

Seção III – Do registro da hipoteca (arts. 1.492 a 1.498), **393**

Seção IV – Da extinção da hipoteca (arts. 1.499 a 1.501), **394**

Seção V – Da hipoteca de vias férreas (arts. 1.502 a 1.505), **394**

Capítulo IV – Da anticrese (arts. 1.506 a 1.510), **395**

LIVRO IV
DO DIREITO DE FAMÍLIA

TÍTULO I
DO DIREITO PESSOAL

Arts. 1.511 a 1.638, **395**

Subtítulo I
DO CASAMENTO

Arts. 1.511 a 1.590, **395**

Capítulo I – Disposições gerais (arts. 1.511 a 1.516), **395**

Capítulo II – Da capacidade para o casamento (arts. 1.517 a 1.520), **396**

Capítulo III – Dos impedimentos (arts. 1.521 e 1.522), **397**

Capítulo IV – Das causas suspensivas (arts. 1.523 e 1.524), **397**

Capítulo V – Do processo de habilitação para o casamento (arts. 1.525 a 1.532), **398**

Capítulo VI – Da celebração do casamento (arts. 1.533 a 1.542), **399**

Capítulo VII – Das provas do casamento (arts. 1.543 a 1.547), **400**

Capítulo VIII – Da invalidade do casamento (arts. 1.548 a 1.564), **401**

ÍNDICE SISTEMÁTICO DO CC

Capítulo IX – Da eficácia do casamento (arts. 1.565 a 1.570), **403**

Capítulo X – Da dissolução da sociedade e do vínculo conjugal (arts. 1.571 a 1.582), **404**

Capítulo XI – Da proteção da pessoa dos filhos (arts. 1.583 a 1.590), **406**

Subtítulo II
DAS RELAÇÕES DE PARENTESCO

Arts. 1.591 a 1.638, **408**

Capítulo I – Disposições gerais (arts. 1.591 a 1.595), **408**

Capítulo II – Da filiação (arts. 1.596 a 1.606), **408**

Capítulo III – Do reconhecimento dos filhos (arts. 1.607 a 1.617), **409**

Capítulo IV – Da adoção (arts. 1.618 a 1.629), **410**

Capítulo V – Do poder familiar (arts. 1.630 a 1.638), **411**

Seção I – Disposições gerais (arts. 1.630 a 1.633), **411**

Seção II – Do exercício do poder familiar (art. 1.634), **411**

Seção III – Da suspensão e extinção do poder familiar (arts. 1.635 a 1.638), **411**

TÍTULO II
DO DIREITO PATRIMONIAL

Arts. 1.639 a 1.722, **412**

Subtítulo I
DO REGIME DE BENS ENTRE OS CÔNJUGES

Arts. 1.639 a 1.688, **412**

Capítulo I – Disposições gerais (arts. 1.639 a 1.652), **412**

Capítulo II – Do pacto antenupcial (arts. 1.653 a 1.657), **414**

Capítulo III – Do regime de comunhão parcial (arts. 1.658 a 1.666), **414**

Capítulo IV – Do regime de comunhão universal (arts. 1.667 a 1.671), **415**

Capítulo V – Do regime de participação final nos aquestos (arts. 1.672 a 1.686), **416**

Capítulo VI – Do regime de separação de bens (arts. 1.687 e 1.688), **417**

Subtítulo II
DO USUFRUTO E DA ADMINISTRAÇÃO DOS BENS DE FILHOS MENORES

Arts. 1.689 a 1.693, **417**

Subtítulo III
DOS ALIMENTOS

Arts. 1.694 a 1.710, **418**

Subtítulo IV
DO BEM DE FAMÍLIA

Arts. 1.711 a 1.722, **420**

TÍTULO III
DA UNIÃO ESTÁVEL

Arts. 1.723 a 1.727, **421**

TÍTULO IV
DA TUTELA E DA CURATELA

Arts. 1.728 a 1.783, **421**

Capítulo I – Da tutela (arts. 1.728 a 1.766), **421**

Seção I – Dos tutores (arts. 1.728 a 1.734), **421**

Seção II – Dos incapazes de exercer a tutela (art. 1.735), **422**

Seção III – Da escusa dos tutores (arts. 1.736 a 1.739), **423**

Seção IV – Do exercício da tutela (arts. 1.740 a 1.752), **423**

Seção V – Dos bens do tutelado (arts. 1.753 e 1.754), **424**

Índice Sistemático do CC

Seção VI – Da prestação de contas (arts. 1.755 a 1.762), **425**

Seção VII – Da cessação da tutela (arts. 1.763 a 1.766), **425**

Capítulo II – Da curatela (arts. 1.767 a 1.783), **426**

Seção I – Dos interditos (arts. 1.767 a 1.778), **426**

Seção II – Da curatela do nascituro e do enfermo ou portador de deficiência física (arts. 1.779 e 1.780), **427**

Seção III – Do exercício da curatela (arts. 1.781 a 1.783), **427**

Capítulo III – Da tomada de decisão apoiada (art. 1.783-A), **427**

Livro V
Do Direito das Sucessões

Título I
Da Sucessão em Geral

Arts. 1.784 a 1.828, **428**

Capítulo I – Disposições gerais (arts. 1.784 a 1.790), **428**

Capítulo II – Da herança e de sua administração (arts. 1.791 a 1.797), **429**

Capítulo III – Da vocação hereditária (arts. 1.798 a 1.803), **429**

Capítulo IV – Da aceitação e renúncia da herança (arts. 1.804 a 1.813), **430**

Capítulo V – Dos excluídos da sucessão (arts. 1.814 a 1.818), **431**

Capítulo VI – Da herança jacente (arts. 1.819 a 1.823), **432**

Capítulo VII – Da petição de herança (arts. 1.824 a 1.828), **433**

Título II
Da Sucessão Legítima

Arts. 1.829 a 1.856, **433**

Capítulo I – Da ordem da vocação hereditária (arts. 1.829 a 1.844), **433**

Capítulo II – Dos herdeiros necessários (arts. 1.845 a 1.850), **435**

Capítulo III – Do direito de representação (arts. 1.851 a 1.856), **435**

Título III
Da Sucessão Testamentária

Arts. 1.857 a 1.990, **435**

Capítulo I – Do testamento em geral (arts. 1.857 a 1.859), **435**

Capítulo II – Da capacidade de testar (arts. 1.860 e 1.861), **436**

Capítulo III – Das formas ordinárias do testamento (arts. 1.862 a 1.880), **436**

Seção I – Disposições gerais (arts. 1.862 e 1.863), **436**

Seção II – Do testamento público (arts. 1.864 a 1.867), **436**

Seção III – Do testamento cerrado (arts. 1.868 a 1.875), **437**

Seção IV – Do testamento particular (arts. 1.876 a 1.880), **437**

Capítulo IV – Dos codicilos (arts. 1.881 a 1.885), **438**

Capítulo V – Dos testamentos especiais (arts. 1.886 a 1.896), **438**

Seção I – Disposições gerais (arts. 1.886 e 1.887), **438**

Seção II – Do testamento marítimo e do testamento aeronáutico (arts. 1.888 a 1.892), **438**

Seção III – Do testamento militar (arts. 1.893 a 1.896), **439**

Capítulo VI – Das disposições testamentárias (arts. 1.897 a 1.911), **439**

Capítulo VII – Dos legados (arts. 1.912 a 1.940), **441**

Seção I – Disposições gerais (arts. 1.912 a 1.922), **441**

ÍNDICE Sistemático do CC

Seção II – Dos efeitos do legado e do seu pagamento (arts. 1.923 a 1.938), *441*

Seção III – Da caducidade dos legados (arts. 1.939 e 1.940), *443*

Capítulo VIII – Do direito de acrescer entre herdeiros e legatários (arts. 1.941 a 1.946), *443*

Capítulo IX – Das substituições (arts. 1.947 a 1.960), *444*

Seção I – Da substituição vulgar e da recíproca (arts. 1.947 a 1.950), *444*

Seção II – Da substituição fideicomissária (arts. 1.951 a 1.960), *444*

Capítulo X – Da deserdação (arts. 1.961 a 1.965), *445*

Capítulo XI – Da redução das disposições testamentárias (arts. 1.966 a 1.968), *445*

Capítulo XII – Da revogação do testamento (arts. 1.969 a 1.972), *446*

Capítulo XIII – Do rompimento do testamento (arts. 1.973 a 1.975), *446*

Capítulo XIV – Do testamenteiro (arts. 1.976 a 1.990), *446*

TÍTULO IV
DO INVENTÁRIO E DA PARTILHA

Arts. 1.991 a 2.027, *447*

Capítulo I – Do inventário (art. 1.991), *447*

Capítulo II – Dos sonegados (arts. 1.992 a 1.996), *447*

Capítulo III – Do pagamento das dívidas (arts. 1.997 a 2.001), *448*

Capítulo IV – Da colação (arts. 2.002 a 2.012), *448*

Capítulo V – Da partilha (arts. 2.013 a 2.022), *450*

Capítulo VI – Da garantia dos quinhões hereditários (arts. 2.023 a 2.026), *450*

Capítulo VII – Da anulação da partilha (art. 2.027), *451*

Livro Complementar
DAS DISPOSIÇÕES FINAIS E TRANSITÓRIAS

Arts. 2.028 a 2.046, *451*

CÓDIGO CIVIL

LEI 10.406,
DE 10 DE JANEIRO DE 2002

Institui o Código Civil.

O Presidente da República:
Faço saber que o Congresso Nacional decreta e eu sanciono a seguinte Lei:

PARTE GERAL
LIVRO I
DAS PESSOAS
TÍTULO I
DAS PESSOAS NATURAIS
Capítulo I
DA PERSONALIDADE E DA CAPACIDADE

Art. 1° Toda pessoa é capaz de direitos e deveres na ordem civil.

- V. arts. 3º a 5º e 11 a 21, CC.
- V. art. 70, CPC/2015.

Art. 2° A personalidade civil da pessoa começa do nascimento com vida; mas a lei põe a salvo, desde a concepção, os direitos do nascituro.

- V. arts. 5º, 115 a 120, 166, I, 542, 1.597, 1.598, 1.609, parágrafo único, 1.690, *caput*, 1.779, 1.799, I, 1.800 e 1.952, CC.
- V. arts. 50, 71, 178, II, 650, 896, CPC/2015.
- V. arts. 124 e 128, CP.
- V. art. 7º, *caput*, Dec.-Lei 4.657/1942 (Lei de Introdução às normas do Direito Brasileiro).
- V. arts. 50 a 66, Lei 6.015/1973 (Lei de Registros Públicos).
- V. arts. 7º a 10, 228 e 229, Lei 8.069/1990 (Estatuto da Criança e do Adolescente).
- ** V. arts. 3º a 5º, Lei 11.105/2005 (Lei de Biossegurança).

Art. 3° São absolutamente incapazes de exercer pessoalmente os atos da vida civil os menores de 16 (dezesseis) anos.

- *Caput* com redação determinada pela Lei 13.146/2015 (*DOU* 07.07.2015), em vigor após decorridos 180 (cento e oitenta) dias de sua publicação oficial.
- V. arts. 5º, 22 a 25, 76, 105, 115 a 120, 166, I, 198, I, 471, 543, 1.634, V, e 1.781, CC.
- V. arts. 71, 72 e 447, § 1º, CPC/2015.
- ** V. arts. 70 a 72, CPC/2015.

I – (*Revogado pela Lei 13.146/2015 – DOU 07.07.2015, em vigor após decorridos 180 (cento e oitenta) dias de sua publicação oficial.*)

II – (*Revogado pela Lei 13.146/2015 – DOU 07.07.2015, em vigor após decorridos 180 (cento e oitenta) dias de sua publicação oficial.*)

III – (*Revogado pela Lei 13.146/2015 – DOU 07.07.2015, em vigor após decorridos 180 (cento e oitenta) dias de sua publicação oficial.*)

Art. 4° São incapazes, relativamente a certos atos ou à maneira de os exercer:

- *Caput* com redação determinada pela Lei 13.146/2015 (*DOU* 07.07.2015), em vigor após decorridos 180 (cento e oitenta) dias de sua publicação oficial.
- V. arts. 171, I, 1.634, V, 1.642, VI, 1.647, 1.649 e 1.651, CC.
- V. arts. 71, 72, 74 e 447, § 1º, CPC/2015.
- V. arts. 34, 50, parágrafo único, e 52, CPP.
- V. arts. 2º, 36, 42, 60, 104 e 142, Lei 8.069/1990 (Estatuto da Criança e do Adolescente).
- ** V. arts. 70 a 72, CPC/2015.

I – os maiores de 16 (dezesseis) e menores de 18 (dezoito) anos;

- V. arts. 5º, parágrafo único, 180, 666, 1.634, V, 1.690 e 1.747, I, CC.
- V. art. 793, CLT.
- V. art. 73, Lei 4.375/1964 (Lei do Serviço Militar).

II – os ébrios habituais e os viciados em tóxico;

- Inciso II com redação determinada pela Lei 13.146/2015 (*DOU* 07.07.2015), em vigor após decorridos 180 (cento e oitenta) dias de sua publicação oficial.
- V. art. 1.767, I a III, CC.
- V. art. 30, § 5º, Dec.-lei 891/1938 (Aprova a Lei de Fiscalização de Entorpecentes).
- V. Lei 10.216/2001 (Proteção e direitos das pessoas portadoras de transtornos mentais).
- V. Lei 11.343/2006 (Lei Antidrogas).

Art. 5°

CÓDIGO CIVIL

III – aqueles que, por causa transitória ou permanente, não puderem exprimir sua vontade;
- Inciso III com redação determinada pela Lei 13.146/2015 (DOU 07.07.2015), em vigor após decorridos 180 (cento e oitenta) dias de sua publicação oficial.
- V. arts. 1.767, IV, e 1.777, CC.

IV – os pródigos.
- V. arts. 1.767, V, e 1.782, CC.
- V. art. 72, CPC/2015.

Parágrafo único. A capacidade dos indígenas será regulada por legislação especial.
- Parágrafo único com redação determinada pela Lei 13.146/2015 (DOU 07.07.2015), em vigor após decorridos 180 (cento e oitenta) dias de sua publicação oficial.
- V. arts. 231 e 232, CF.
- V. Lei 6.001/1973 (Estatuto do Índio).
- V. art. 50, § 2º, Lei 6.015/1973 (Lei de Registros Públicos).
- V. Dec. 7.747/2012 (Política Nacional de Gestão Territorial e Ambiental de Terras Indígenas – PNGATI).

Art. 5° A menoridade cessa aos 18 (dezoito) anos completos, quando a pessoa fica habilitada à prática de todos os atos da vida civil.
- V. arts. 666, 1.635, II, e 1.763, I, CC.
- V. arts. 27, 65, I, e 115, CP.
- V. arts. 15, 34, 50, parágrafo único, 52, 262 e 564, III, c, CPP.
- V. art. 792, CLT.
- V. arts. 1º e 13, Lei 9.307/1996 (Arbitragem).

Parágrafo único. Cessará, para os menores, a incapacidade:
- V. art. 73, Lei 4.375/1964 (Lei do Serviço Militar).
- V. art. 725, I, CPC/2015.

I – pela concessão dos pais, ou de um deles na falta do outro, mediante instrumento público, independentemente de homologação judicial, ou por sentença do juiz, ouvido o tutor, se o menor tiver 16 (dezesseis) anos completos;
- V. arts. 9º, II, 666 e 1.635, II, CC.
- V. art. 725, I, CPC/2015.
- V. art. 148, parágrafo único, e, Lei 8.069/1990 (Estatuto da Criança e do Adolescente).

II – pelo casamento;

III – pelo exercício de emprego público efetivo;
- V. art. 5º, V, Lei 8.112/1990 (Regime jurídico único dos servidores públicos civis da União).

IV – pela colação de grau em curso de ensino superior;

V – pelo estabelecimento civil ou comercial, ou pela existência de relação de emprego, desde que, em função deles, o menor com 16 (dezesseis) anos completos tenha economia própria.
- V. art. 3º, CLT.

Art. 6° A existência da pessoa natural termina com a morte; presume-se esta, quanto aos ausentes, nos casos em que a lei autoriza a abertura de sucessão definitiva.
- V. arts. 22 a 39, CC.
- V. arts. 104 a 106, 744 e 745, CPC/2015.
- V. art. 107, I, CP.
- V. art. 62, CPP.
- V. arts. 88 e 89, Lei 6.015/1973 (Lei de Registros Públicos).
- V. Súmula 331, STF.
- V. art. 110, CPC/2015.
- V. arts. 77 a 88, Lei 6.015/1973 (Lei de Registros Públicos).

Art. 7° Pode ser declarada a morte presumida, sem decretação de ausência:
- V. arts. 22 a 39, CC.
- V. Dec.-lei 5.782/1943 (Morte presumida de servidor público).
- V. Dec.-lei 6.239/1944 (Morte presumida de militar da Aeronáutica).
- V. art. 88, Lei 6.015/1973 (Lei de Registros Públicos).
- V. Lei 9.140/1995 (Reconhece como mortas pessoas desaparecidas entre 1961 a 1979).

I – se for extremamente provável a morte de quem estava em perigo de vida;

II – se alguém, desaparecido em campanha ou feito prisioneiro, não for encontrado até 2 (dois) anos após o término da guerra.

Parágrafo único. A declaração da morte presumida, nesses casos, somente poderá ser requerida depois de esgotadas as buscas e averiguações, devendo a sentença fixar a data provável do falecimento.

Art. 8° Se dois ou mais indivíduos falecerem na mesma ocasião, não se podendo averiguar se algum dos comorientes precedeu aos outros, presumir-se-ão simultaneamente mortos.

Art. 9° Serão registrados em registro público:
- V. Lei 3.764/1960 (Rito sumaríssimo para retificações no registro civil).
- V. Lei 6.015/1973 (Lei de Registros Públicos).
- V. Lei 6.815/1980 (Estatuto do Estrangeiro).

CÓDIGO CIVIL

I – os nascimentos, casamentos e óbitos;
* V. arts. 1.512, 1.516, 1.543 e 1.604, CC.
* V. arts. 241 a 243, CP.
* V. art. 18, Dec.-lei 4.657/1942 (Lei de Introdução às normas do Direito Brasileiro).
* V. arts. 12 e 13, Lei 6.001/1973 (Estatuto do Índio).
* V. arts. 29, I a III, 50 a 66, 70 a 75 e 77 a 88, Lei 6.015/1973 (Lei de Registros Públicos).

II – a emancipação por outorga dos pais ou por sentença do juiz;
* V. art. 5º, parágrafo único, I, CC.
* V. art. 725, I, CPC/2015.
* V. arts. 13, § 2º, 29, IV, e 89 a 91, Lei 6.015/1973 (Lei de Registros Públicos).

III – a interdição por incapacidade absoluta ou relativa;
* V. Lei 6.001/1973 (Estatuto do Índio).
* V. arts. 29, V, 92, 93, 104 e 107, § 1º, Lei 6.015/1973 (Lei de Registros Públicos).

IV – a sentença declaratória de ausência e de morte presumida.
* V. arts. 29, I a VIII, e 94, Lei 6.015/1973 (Lei de Registros Públicos).

Art. 10. Far-se-á averbação em registro público:
I – das sentenças que decretarem a nulidade ou anulação do casamento, o divórcio, a separação judicial e o restabelecimento da sociedade conjugal;
* V. art. 1.571, II, III e IV, CC.
* V. arts. 29, § 1º, a, 100 e 101, Lei 6.015/1973 (Lei de Registros Públicos).
* V. Lei 6.515/1977 (Lei do Divórcio).

II – dos atos judiciais ou extrajudiciais que declararem ou reconhecerem a filiação;
* V. arts. 1.607 a 1.617, CC.
* V. arts. 29, § 1º, b, c e d, e 102, Lei 6.015/1973 (Lei de Registros Públicos).
* V. arts. 26 e 27, Lei 8.069/1990 (Estatuto da Criança e do Adolescente).
* V. art. 1º, Lei 8.560/1992 (Investigação de paternidade).

III – *(Revogado pela Lei 12.010/2009 – DOU 04.08.2009, em vigor noventa dias após a data de sua publicação.)*

Capítulo II
DOS DIREITOS DA PERSONALIDADE

Art. 11. Com exceção dos casos previstos em lei, os direitos da personalidade são intransmissíveis e irrenunciáveis, não podendo o seu exercício sofrer limitação voluntária.
* V. arts. 1º, III, 3º, IV, e 5º, V, VI, IX, X, XII, CF.
* V. art. 52, CC.
* V. arts. 1º a 85, Lei 8.069/1990 (Estatuto da Criança e do Adolescente).
* * V. Lei 9.609/1998 (Lei do *Software*).
* * V. Lei 9.610/1998 (Direito Autoral).
* * V. arts. 8º a 28, Lei 10.741/2003 (Estatuto do Idoso).

Art. 12. Pode-se exigir que cesse a ameaça, ou a lesão, a direito da personalidade, e reclamar perdas e danos, sem prejuízo de outras sanções previstas em lei.
* V. arts. 5º, X, LXVIII, LXIX e LXXI, e 142, § 2º, CF.
* V. arts. 186, 402 a 405, 927, 935, 944 a 954, CC.
* V. arts. 150 a 154-B e 208, CP.
* V. arts. 282 a 284, 647 e 648, CPP.
* V. Lei 9.507/1997 (*Habeas data*).
* V. Súmula 37, STJ.
* * V. art. 461, CC.
* * V. art. 6º, Lei 8.078/1990 (Código de Defesa do Consumidor).

Parágrafo único. Em se tratando de morto, terá legitimação para requerer a medida prevista neste artigo o cônjuge sobrevivente, ou qualquer parente em linha reta, ou colateral até o quarto grau.
* V. arts. 20, parágrafo único, 943, 1.591 e 1.592, CC.
* V. art. 6º, VI, Lei 8.078/1990 (Código de Defesa do Consumidor).
* V. art. 138, § 2º, CP.

Art. 13. Salvo por exigência médica, é defeso o ato de disposição do próprio corpo, quando importar diminuição permanente da integridade física, ou contrariar os bons costumes.

Parágrafo único. O ato previsto neste artigo será admitido para fins de transplante, na forma estabelecida em lei especial.
* V. art. 199, § 4º, CF.
* V. art. 9º, Lei 9.434/1997 (Transplante de órgãos).
* V. Dec. 2.268/1997 (Regulamenta a Lei 9.434/1997).

Art. 14. É válida, com objetivo científico, ou altruístico, a disposição gratuita do próprio corpo, no todo ou em parte, para depois da morte.
* V. art. 199, § 4º, CF.
* V. Lei 8.501/1992 (Utilização de cadáver não reclamado, para fins de estudos ou pesquisas científicas).

Art. 15

CÓDIGO CIVIL

- V. art. 1º, Lei 9.434/1997 (Transplante de órgãos).
- V. Dec. 2.268/1997 (Regulamenta a Lei 9.434/1997).

Parágrafo único. O ato de disposição pode ser livremente revogado a qualquer tempo.

- V. art. 9º, § 5º, Lei 9.434/1997 (Transplante de órgãos).
- V. art. 14, § 8º, Dec. 2.268/1997 (Regulamenta a Lei 9.434/1997).

Art. 15. Ninguém pode ser constrangido a submeter-se, com risco de vida, a tratamento médico ou a intervenção cirúrgica.

- V. art. 5º, II e III, CF.

Art. 16. Toda pessoa tem direito ao nome, nele compreendidos o prenome e o sobrenome.

- V. art. 227, § 6º, CF.
- V. arts. 1.565, § 1º, 1.571, § 2º e 1.578, CC.
- V. arts. 54, 4, 55, 59 e 60, Lei 6.015/1973 (Lei de Registros Públicos).

Art. 17. O nome da pessoa não pode ser empregado por outrem em publicações ou representações que a exponham ao desprezo público, ainda quando não haja intenção difamatória.

- V. art. 5º, X, CF.
- V. Súmula 221, STJ.

Art. 18. Sem autorização, não se pode usar o nome alheio em propaganda comercial.

Art. 19. O pseudônimo adotado para atividades lícitas goza da proteção que se dá ao nome.

Art. 20. Salvo se autorizadas, ou se necessárias à administração da justiça ou à manutenção da ordem pública, a divulgação de escritos, a transmissão da palavra, ou a publicação, a exposição ou a utilização da imagem de uma pessoa poderão ser proibidas, a seu requerimento e sem prejuízo da indenização que couber, se lhe atingirem a honra, a boa fama ou a respeitabilidade, ou se se destinarem a fins comerciais.

- V. art. 5º, V e X, CF.
- V. arts. 186 a 188 e 953, CC.
- V. arts. 143 e 247, Lei 8.069/1990 (Estatuto da Criança e do Adolescente).
- V. Lei 9.610/1998 (Direitos autorais).
- V. Súmula 221, STJ.

Parágrafo único. Em se tratando de morto ou de ausente, são partes legítimas para requerer essa proteção o cônjuge, os ascendentes ou os descendentes.

- V. arts. 12, parágrafo único, 22 a 25 e 943, CC.

Art. 21. A vida privada da pessoa natural é inviolável, e o juiz, a requerimento do interessado, adotará as providências necessárias para impedir ou fazer cessar ato contrário a esta norma.

- V. art. 5º, X e 226, § 7º, CF.
- V. art. 1.513, CC.

Capítulo III
DA AUSÊNCIA

Seção I
Da curadoria dos bens do ausente

Art. 22. Desaparecendo uma pessoa do seu domicílio sem dela haver notícia, se não houver deixado representante ou procurador a quem caiba administrar-lhe os bens, o juiz, a requerimento de qualquer interessado ou do Ministério Público, declarará a ausência, e nomear-lhe-á curador.

- V. arts. 6º, 7º, 9º, IV, 198, II, 335, III, 428, II e III, 1.728, I, e 1.759, CC.
- V. arts. 49, 72, parágrafo único, 178, 242, § 1º, 548, 626, 671, I, 744 e 745, CPC/2015.
- V. arts. 29, VI, e 94, Lei 6.015/1973 (Lei de Registros Públicos).
- V. art. 94, III, f, Lei 11.101/2005 (Lei de Recuperação de Empresas e Falência).
- • V. arts. 671, I, 744 e 745, CPC/2015.

Art. 23. Também se declarará a ausência, e se nomeará curador, quando o ausente deixar mandatário que não queira ou não possa exercer ou continuar o mandato, ou se os seus poderes forem insuficientes.

- V. arts. 653 e 682, CC.
- V. art. 744, CPC/2015.

Art. 24. O juiz, que nomear o curador, fixar-lhe-á os poderes e obrigações, conforme as circunstâncias, observando, no que for aplicável, o disposto a respeito dos tutores e curadores.

- V. arts. 1.728 a 1.783, CC.
- V. art. 739, §§ 1.º e 2.º, 759 e 760, CPC/2015.

Art. 25. O cônjuge do ausente, sempre que não esteja separado judicialmente, ou

Código Civil

de fato por mais de 2 (dois) anos antes da declaração da ausência, será o seu legítimo curador.

• V. arts. 1.570, 1.651, 1.775 e 1.783, CC.

§ 1º Em falta do cônjuge, a curadoria dos bens do ausente incumbe aos pais ou aos descendentes, nesta ordem, não havendo impedimento que os iniba de exercer o cargo.

§ 2º Entre os descendentes, os mais próximos precedem os mais remotos.

§ 3º Na falta das pessoas mencionadas, compete ao juiz a escolha do curador.

• V. art. 744, CPC/2015.

Seção II
Da sucessão provisória

Art. 26. Decorrido 1 (um) ano da arrecadação dos bens do ausente, ou, se ele deixou representante ou procurador, em se passando 3 (três) anos, poderão os interessados requerer que se declare a ausência e se abra provisoriamente a sucessão.

• V. art. 5º, XXXI, CF.
• V. art. 28, § 1º, CC.
• V. arts. 744 e 745, CPC/2015.
• V. art. 104, parágrafo único, Lei 6.015/1973 (Lei de Registros Públicos).

Art. 27. Para o efeito previsto no artigo anterior, somente se consideram interessados:

• V. art. 28, § 1º, CC.
• V. art. 745, § 1.º, CPC/2015.

I – o cônjuge não separado judicialmente;
II – os herdeiros presumidos, legítimos ou testamentários;
III – os que tiverem sobre os bens do ausente direito dependente de sua morte;

• V. art. 1.951, CC.

IV – os credores de obrigações vencidas e não pagas.

Art. 28. A sentença que determinar a abertura da sucessão provisória só produzirá efeito 180 (cento e oitenta) dias depois de publicada pela imprensa; mas, logo que passe em julgado, proceder-se-á à abertura do testamento, se houver, e ao inventário e partilha dos bens, como se o ausente fosse falecido.

• V. art. 104, parágrafo único, Lei 6.015/1973 (Lei de Registros Públicos).

§ 1º Findo o prazo a que se refere o art. 26, e não havendo interessados na sucessão provisória, cumpre ao Ministério Público requerê-la ao juízo competente.

• V. art. 745, § 1.º, CPC/2015.

§ 2º Não comparecendo herdeiro ou interessado para requerer o inventário até 30 (trinta) dias depois de passar em julgado a sentença que mandar abrir a sucessão provisória, proceder-se-á à arrecadação dos bens do ausente pela forma estabelecida nos arts. 1.819 a 1.823.

• V. art. 104, parágrafo único, Lei 6.015/1973 (Lei de Registros Públicos).

Art. 29. Antes da partilha, o juiz, quando julgar conveniente, ordenará a conversão dos bens móveis, sujeitos a deterioração ou a extravio, em imóveis ou em títulos garantidos pela União.

• V. art. 33, CC.
• V. art. 730, CPC/2015.

Art. 30. Os herdeiros, para se imitirem na posse dos bens do ausente, darão garantias da restituição deles, mediante penhores ou hipotecas equivalentes aos quinhões respectivos.

• V. art. 34, CC.

§ 1º Aquele que tiver direito à posse provisória, mas não puder prestar a garantia exigida neste artigo, será excluído, mantendo-se os bens que lhe deviam caber sob a administração do curador, ou de outro herdeiro designado pelo juiz, e que preste essa garantia.

• V. art. 34, CC.

§ 2º Os ascendentes, os descendentes e o cônjuge, uma vez provada a sua qualidade de herdeiros, poderão, independentemente de garantia, entrar na posse dos bens do ausente.

• V. art. 723, CPC/2015.

Art. 31. Os imóveis do ausente só se poderão alienar, não sendo por desapropriação, ou hipotecar, quando o ordene o juiz, para lhes evitar a ruína.

• V. art. 730, CPC/2015.

Art. 32. Empossados nos bens, os sucessores provisórios ficarão representando ativa e passivamente o ausente, de modo que contra eles correrão as ações pendentes e as que de futuro àquele forem movidas.

Art. 33. O descendente, ascendente ou cônjuge que for sucessor provisório do ausente, fará seus todos os frutos e rendimentos dos bens que a este couberem; os outros sucessores, porém, deverão capitalizar metade desses frutos e rendimentos, segundo o disposto no art. 29, de acordo com o representante do Ministério Público, e prestar anualmente contas ao juiz competente.

Parágrafo único. Se o ausente aparecer, e ficar provado que a ausência foi voluntária e injustificada, perderá ele, em favor do sucessor, sua parte nos frutos e rendimentos.

Art. 34. O excluído, segundo o art. 30, da posse provisória poderá, justificando falta de meios, requerer lhe seja entregue metade dos rendimentos do quinhão que lhe tocaria.

- V. art. 30, § 1º, CC.

Art. 35. Se durante a posse provisória se provar a época exata do falecimento do ausente, considerar-se-á, nessa data, aberta a sucessão em favor dos herdeiros, que o eram àquele tempo.

- V. art. 1.784, CC.
- V. art. 745, § 3º, CPC/2015.

Art. 36. Se o ausente aparecer, ou se lhe provar a existência, depois de estabelecida a posse provisória, cessarão para logo as vantagens dos sucessores nela imitidos, ficando, todavia, obrigados a tomar as medidas assecuratórias precisas, até a entrega dos bens a seu dono.

Seção III
Da sucessão definitiva

Art. 37. Dez anos depois de passada em julgado a sentença que concede a abertura da sucessão provisória, poderão os interessados requerer a sucessão definitiva e o levantamento das cauções prestadas.

- V. art. 6º, CC.
- V. art. 745, §§ 3º e 4º, CPC/2015.

Art. 38. Pode-se requerer a sucessão definitiva, também, provando-se que o ausente conta 80 (oitenta) anos de idade, e que de cinco datam as últimas notícias dele.

- V. art. 6º, CC.
- V. art. 745, § 3º, CPC/2015.

Art. 39. Regressando o ausente nos dez anos seguintes à abertura da sucessão definitiva, ou algum de seus descendentes ou ascendentes, aquele ou estes haverão só os bens existentes no estado em que se acharem, os sub-rogados em seu lugar, ou o preço que os herdeiros e demais interessados houverem recebido pelos bens alienados depois daquele tempo.

- V. art. 745 § 4º, CPC/2015.

Parágrafo único. Se, nos dez anos a que se refere este artigo, o ausente não regressar, e nenhum interessado promover a sucessão definitiva, os bens arrecadados passarão ao domínio do Município ou do Distrito Federal, se localizados nas respectivas circunscrições, incorporando-se ao domínio da União, quando situados em território federal.

- V. arts. 1.822 e 1.844, CC.

TÍTULO II
DAS PESSOAS JURÍDICAS

Capítulo I
DISPOSIÇÕES GERAIS

Art. 40. As pessoas jurídicas são de direito público, interno ou externo, e de direito privado.

Art. 41. São pessoas jurídicas de direito público interno:

- V. arts. 8º e 17, § 2º, CF.
- V. art. 75, I a III, CPC/2015.
- • V. Lei 11.107/2005 (Consórcios Públicos).

I – a União;
II – os Estados, o Distrito Federal e os Territórios;
III – os Municípios;
IV – as autarquias, inclusive as associações públicas;

- Inciso IV com redação determinada pela Lei 11.107/2005.
- V. art. 20, Lei 4.717/1965 (Ação popular).
- V. art. 5º, I, Dec.-lei 200/1967 (Autarquias).

V – as demais entidades de caráter público criadas por lei.

Parágrafo único. Salvo disposição em contrário, as pessoas jurídicas de direito público, a que se tenha dado estrutura de direito privado, regem-se, no que couber, quanto ao seu funcionamento, pelas normas deste Código.

CÓDIGO CIVIL

Art. 42. São pessoas jurídicas de direito público externo os Estados estrangeiros e todas as pessoas que forem regidas pelo direito internacional público.

Art. 43. As pessoas jurídicas de direito público interno são civilmente responsáveis por atos dos seus agentes que nessa qualidade causem danos a terceiros, ressalvado direito regressivo contra os causadores do dano, se houver, por parte destes, culpa ou dolo.

- V. art. 37, § 6º, CF.
- V. arts. 186, 927 a 954, CC.
- V. art. 125, II, CPC/2015.
- V. Lei 4.619/1965 (Ação regressiva da União contra seus agentes).
- V. art. 6º, § 2º, Lei 4.898/1965 (Abuso de autoridade).
- V. arts. 121 a 126-A, Lei 8.112/1990 (Regime jurídico único dos servidores públicos civis da União).
- V. Lei 10.309/2001 (Responsabilidade civil da União, perante terceiros, no caso de atentados terroristas ou atos de guerra).
- V. Lei 10.744/2003 (Responsabilidade civil da União, perante terceiros por atentados terroristas, atos de guerra ou eventos correlatos, contra aeronaves brasileiras).
- V. Súmula 39, STJ.

Art. 44. São pessoas jurídicas de direito privado:

- V. art. 173, §§ 1º a 3º, CF.
- V. arts. 2.031 a 2.034, CC.
- V. art. 11, Dec.-lei 4.657/1942 (Lei de Introdução às normas do Direito Brasileiro).
- V. art. 5º, Dec.-lei 200/1967 (Organização da administração federal).
- V. art. 1º, Lei 9.096/1995 (Partidos políticos).
- V. Súmulas 39 e 42, STJ.

I – as associações;

- V. art. 5º, XVII e XXI, CF.
- V. arts. 53 a 61, CC.

II – as sociedades;

- V. arts. 981 a 1.141, CC.

III – as fundações;

- V. arts. 62 a 69, CC.
- V. arts. 764 e 765, CPC/2015.

IV – as organizações religiosas;

- Inciso IV acrescentado pela Lei 10.825/2003.
- ** V. art. 19, I, CF.

V – os partidos políticos.

- Inciso V acrescentado pela Lei 10.825/2003.
- V. art. 17, CF.

VI – as empresas individuais de responsabilidade limitada.

- Inciso VI acrescentado pela Lei 12.441/2011 (*DOU* 12.07.2011), em vigor 180 (cento e oitenta) dias após a data de sua publicação.

§ 1º São livres a criação, a organização, a estruturação interna e o funcionamento das organizações religiosas, sendo vedado ao poder público negar-lhes reconhecimento ou registro dos atos constitutivos e necessários ao seu funcionamento.

- § 1º acrescentado pela Lei 10.825/2003.
- ** V. Lei 9.096/1995 (Partidos políticos).

§ 2º As disposições concernentes às associações aplicam-se subsidiariamente às sociedades que são objeto do Livro II da Parte Especial deste Código.

- Primitivo parágrafo único renumerado pela Lei 10.825/2003.

§ 3º Os partidos políticos serão organizados e funcionarão conforme o disposto em lei específica.

- § 3º acrescentado pela Lei 10.825/2003.

Art. 45. Começa a existência legal das pessoas jurídicas de direito privado com a inscrição do ato constitutivo no respectivo registro, precedida, quando necessário, de autorização ou aprovação do Poder Executivo, averbando-se no registro todas as alterações por que passar o ato constitutivo.

- V. arts. 207 a 211, 985, 998, 999, parágrafo único, 1.000, 1.012, 1.134, 1.135 e 1.150 a 1.154, CC.
- V. Dec. 916/1890 (Cria o registro de firmas ou razões comerciais).
- V. Dec.-lei 9.085/1946 (Registro civil das pessoas jurídicas).
- V. Lei 4.503/1964 (Institui o Cadastro Geral de Pessoas Jurídicas no Ministério da Fazenda).
- V. arts. 114 a 126, Lei 6.015/1973 (Lei de Registros Públicos).
- V. Lei 6.739/1979 (Matrícula e registro de imóveis rurais).
- V. Lei 7.433/1985 (Requisitos para lavratura de escrituras públicas).
- V. Dec. 93.240/1986 (Regulamenta a Lei 7.433/1985).
- V. arts. 1º, § 2º, e 15, § 1º, Lei 8.906/1994 (Estatuto da Advocacia e da OAB).
- V. Lei 8.934/1994 (Registro Público de Empresas Mercantis e Atividades Afins).
- V. arts. 7º a 11, Lei 9.096/1995 (Partidos políticos).
- V. Lei 9.279/1996 (Propriedade industrial).
- V. Dec. 1.800/1996 (Regulamenta a Lei 8.934/1994).
- V. art. 241, §§ 1º a 3º, Dec. 3.000/1999 (Regulamento do Imposto de Renda).

Art. 46

CÓDIGO CIVIL

Parágrafo único. Decai em 3 (três) anos o direito de anular a constituição das pessoas jurídicas de direito privado, por defeito do ato respectivo, contado o prazo da publicação de sua inscrição no registro.

Art. 46. O registro declarará:
- V. arts. 998, 1.000, 1.033 e 1.150, CC.
- V. arts. 120 e 121, Lei 6.015/1973 (Lei de Registros Públicos).

I – a denominação, os fins, a sede, o tempo de duração e o fundo social, quando houver;
II – o nome e a individualização dos fundadores ou instituidores, e dos diretores;
III – o modo por que se administra e representa, ativa e passivamente, judicial e extrajudicialmente;

•• V. art. 75, VIII, CPC/2015.

IV – se o ato constitutivo é reformável no tocante à administração, e de que modo;
V – se os membros respondem, ou não, subsidiariamente, pelas obrigações sociais;
VI – as condições de extinção da pessoa jurídica e o destino do seu patrimônio, nesse caso.

Art. 47. Obrigam a pessoa jurídica os atos dos administradores, exercidos nos limites de seus poderes definidos no ato constitutivo.
- V. arts. 43, 989, 997, VI, e 1.010 a 1.021, CC.
- V. art. 75, CPC/2015.
- V. art. 37, CPP.

•• V. art. 75, III, CPC/2015.

Art. 48. Se a pessoa jurídica tiver administração coletiva, as decisões se tomarão pela maioria de votos dos presentes, salvo se o ato constitutivo dispuser de modo diverso.
- V. arts. 1.010 e 1.014, CC.

Parágrafo único. Decai em 3 (três) anos o direito de anular as decisões a que se refere este artigo, quando violarem a lei ou estatuto, ou forem eivadas de erro, dolo, simulação ou fraude.

Art. 49. Se a administração da pessoa jurídica vier a faltar, o juiz, a requerimento de qualquer interessado, nomear-lhe-á administrador provisório.
- V. art. 614, CPC/2015.

Art. 50. Em caso de abuso da personalidade jurídica, caracterizado pelo desvio de finalidade, ou pela confusão patrimonial, pode o juiz decidir, a requerimento da parte, ou do Ministério Público quando lhe couber intervir no processo, que os efeitos de certas e determinadas relações de obrigações sejam estendidos aos bens particulares dos administradores ou sócios da pessoa jurídica.
- V. art. 795, §§ 1º e 2º, CPC/2015.
- V. art. 135, CTN.
- V. art. 2º, CLT.
- V. art. 28, Lei 8.078/1990 (Código de Defesa do Consumidor).

•• V. arts. 133 a 137, CPC/2015.

Art. 51. Nos casos de dissolução da pessoa jurídica ou cassada a autorização para seu funcionamento, ela subsistirá para os fins de liquidação, até que esta se conclua.
- V. arts. 1.033 a 1.038 e 1.125, CC.

§ 1º Far-se-á, no registro onde a pessoa jurídica estiver inscrita, a averbação de sua dissolução.
§ 2º As disposições para a liquidação das sociedades aplicam-se, no que couber, às demais pessoas jurídicas de direito privado.
§ 3º Encerrada a liquidação, promover-se-á o cancelamento da inscrição da pessoa jurídica.

Art. 52. Aplica-se às pessoas jurídicas, no que couber, a proteção dos direitos da personalidade.
- V. arts. 11 a 21, CC.
- V. Súmula 227, STJ.

Capítulo II
DAS ASSOCIAÇÕES

Art. 53. Constituem-se as associações pela união de pessoas que se organizem para fins não econômicos.
- V. arts. 5º, XVII a XXI, 8º, 17 e 174, CF.
- V. arts. 40, 44 a 52, 75, 2.031 e 2.033, CC.
- V. art. 75, CPC/2015.
- V. arts. 511 a 521, CLT.
- V. art. 11, Dec.-lei 4.657/1942 (Lei de Introdução às normas do Direito Brasileiro).
- V. Dec.-lei 4.684/1942 (Condições para a fundação e o funcionamento de associações para a defesa nacional).
- V. arts. 35 a 43, Lei 4.380/1964 (BNH).
- V. arts. 62 a 65, Lei 4.728/1965 (Mercado de capitais – Alienação fiduciária).
- V. Dec.-lei 70/1966 (Associações de poupança e empréstimo e cédula hipotecária).
- V. arts. 6º, *a*, 12 e 22, Lei 5.197/1967 (Proteção à fauna).

- V. arts. 114, I, e 120, Lei 6.015/1973 (Lei de Registros Públicos).
- V. Lei 8.909/1994 (Associações).
- V. Lei 9.096/1995 (Partidos políticos).
- V. Lei 9.637/1998 (Qualificação de entidades como organizações sociais).
- V. Lei 9.790/1999 (Organizações da Sociedade Civil de Interesse Público).
- V. Dec. 3.100/1999 (Regulamenta a Lei 9.790/1999).
- V. LC 109/2001 (Regime de Previdência Complementar).

Parágrafo único. Não há, entre os associados, direitos e obrigações recíprocos.

Art. 54. Sob pena de nulidade, o estatuto das associações conterá:

- V. art. 5º, XVII a XXI, CF.

I – a denominação, os fins e a sede da associação;

II – os requisitos para a admissão, demissão e exclusão dos associados;

III – os direitos e deveres dos associados;

IV – as fontes de recursos para sua manutenção;

V – o modo de constituição e de funcionamento dos órgãos deliberativos;

- Inciso V com redação determinada pela Lei 11.127/2005.

VI – as condições para a alteração das disposições estatutárias e para a dissolução;

VII – a forma de gestão administrativa e de aprovação das respectivas contas.

- Inciso VII acrescentado pela Lei 11.127/2005.

Art. 55. Os associados devem ter iguais direitos, mas o estatuto poderá instituir categorias com vantagens especiais.

Art. 56. A qualidade de associado é intransmissível, se o estatuto não dispuser o contrário.

Parágrafo único. Se o associado for titular de quota ou fração ideal do patrimônio da associação, a transferência daquela não importará, de per si, na atribuição da qualidade de associado ao adquirente ou ao herdeiro, salvo disposição diversa do estatuto.

Art. 57. A exclusão do associado só é admissível havendo justa causa, assim reconhecida em procedimento que assegure direito de defesa e de recurso, nos termos previstos no estatuto.

- *Caput* com redação determinada pela Lei 11.127/2005.

Parágrafo único. *(Revogado pela Lei 11.127/2005.)*

Art. 58. Nenhum associado poderá ser impedido de exercer direito ou função que lhe tenha sido legitimamente conferido, a não ser nos casos e pela forma previstos na lei ou no estatuto.

Art. 59. Compete privativamente à assembleia geral:

- Artigo com redação determinada pela Lei 11.127/2005.

I – destituir os administradores;

II – alterar o estatuto.

Parágrafo único. Para as deliberações a que se referem os incisos I e II deste artigo é exigido deliberação da assembleia especialmente convocada para esse fim, cujo *quorum* será o estabelecido no estatuto, bem como os critérios de eleição dos administradores.

Art. 60. A convocação dos órgãos deliberativos far-se-á na forma do estatuto, garantido a 1/5 (um quinto) dos associados o direito de promovê-la.

- Artigo com redação determinada pela Lei 11.127/2005.

Art. 61. Dissolvida a associação, o remanescente do seu patrimônio líquido, depois de deduzidas, se for o caso, as quotas ou frações ideais referidas no parágrafo único do art. 56, será destinado à entidade de fins não econômicos designada no estatuto, ou, omisso este, por deliberação dos associados, à instituição municipal, estadual ou federal, de fins idênticos ou semelhantes.

- V. art. 5º, XIX, CF.

§ 1º Por cláusula do estatuto ou, no seu silêncio, por deliberação dos associados, podem estes, antes da destinação do remanescente referida neste artigo, receber em restituição, atualizado o respectivo valor, as contribuições que tiverem prestado ao patrimônio da associação.

§ 2º Não existindo no Município, no Estado, no Distrito Federal ou no Território, em que a associação tiver sede, instituição nas condições indicadas neste artigo, o que remanescer do seu patrimônio se devolverá à Fazenda do Estado, do Distrito Federal ou da União.

Capítulo III
DAS FUNDAÇÕES

Art. 62. Para criar uma fundação, o seu instituidor fará, por escritura pública ou testamento, dotação especial de bens livres, especificando o fim a que se destina, e declarando, se quiser, a maneira de administrá-la.

- V. arts. 40, 44 a 52, 65, 75, 215 e 2.031 a 2.033, CC.
- V. arts. 764 e 765, CPC/2015.
- V. art. 11, Dec.-lei 4.657/1942 (Lei de Introdução às normas do Direito Brasileiro).
- V. arts. 114, I, 119, parágrafo único, e 120, Lei 6.015/1973 (Lei de Registros Públicos).

Parágrafo único. A fundação somente poderá constituir-se para fins de:

- Parágrafo único com redação determinada pela Lei 13.151/2015.
- V. Lei 8.958/1994 (Relações entre as instituições federais de ensino superior e de pesquisa e as fundações de apoio).

I – assistência social;
II – cultura, defesa e conservação do patrimônio histórico e artístico;
III – educação;
IV – saúde;
V – segurança alimentar e nutricional;
VI – defesa, preservação e conservação do meio ambiente e promoção do desenvolvimento sustentável;
VII – pesquisa científica, desenvolvimento de tecnologias alternativas, modernização de sistemas de gestão, produção e divulgação de informações e conhecimentos técnicos e científicos;
VIII – promoção da ética, da cidadania, da democracia e dos direitos humanos;
IX – atividades religiosas; e
X – *(Vetado.)*

Art. 63. Quando insuficientes para constituir a fundação, os bens a ela destinados serão, se de outro modo não dispuser o instituidor, incorporados em outra fundação que se proponha a fim igual ou semelhante.

Art. 64. Constituída a fundação por negócio jurídico entre vivos, o instituidor é obrigado a transferir-lhe a propriedade, ou outro direito real, sobre os bens dotados, e, se não o fizer, serão registrados, em nome dela, por mandado judicial.

Art. 65. Aqueles a quem o instituidor cometer a aplicação do patrimônio, em tendo ciência do encargo, formularão logo, de acordo com as suas bases (art. 62), o estatuto da fundação projetada, submetendo-o, em seguida, à aprovação da autoridade competente, com recurso ao juiz.

- V. arts. 764 e 765, CPC/2015.

Parágrafo único. Se o estatuto não for elaborado no prazo assinado pelo instituidor, ou, não havendo prazo, em 180 (cento e oitenta) dias, a incumbência caberá ao Ministério Público.

Art. 66. Velará pelas fundações o Ministério Público do Estado onde situadas.

- V. arts. 764 e 765, CPC/2015.
- V. art. 25, Lei 8.625/1993 (Lei Orgânica Nacional do Ministério Público).
- V. art. 72, LC 109/2001 (Regime de Previdência Complementar).

§ 1º Se funcionarem no Distrito Federal ou em Território, caberá o encargo ao Ministério Público do Distrito Federal e Territórios.

- § 1º com redação determinada pela Lei 13.151/2015.

§ 2º Se estenderem a atividade por mais de um Estado, caberá o encargo, em cada um deles, ao respectivo Ministério Público.

Art. 67. Para que se possa alterar o estatuto da fundação é mister que a reforma:
I – seja deliberada por 2/3 (dois terços) dos competentes para gerir e representar a fundação;
II – não contrarie ou desvirtue o fim desta;
III – seja aprovada pelo órgão do Ministério Público no prazo máximo de 45 (quarenta e cinco) dias, findo o qual ou no caso de o Ministério Público a denegar, poderá o juiz supri-la, a requerimento do interessado.

- Inciso III com redação determinada pela Lei 13.151/2015.
- V. arts. 764 e 765, CPC/2015.

Art. 68. Quando a alteração não houver sido aprovada por votação unânime, os administradores da fundação, ao submeterem o estatuto ao órgão do Ministério Público, requererão que se dê ciência à minoria vencida para impugná-la, se quiser, em 10 (dez) dias.

CÓDIGO CIVIL

Art. 69. Tornando-se ilícita, impossível ou inútil a finalidade a que visa a fundação, ou vencido o prazo de sua existência, o órgão do Ministério Público, ou qualquer interessado, lhe promoverá a extinção, incorporando-se o seu patrimônio, salvo disposição em contrário no ato constitutivo, ou no estatuto, em outra fundação, designada pelo juiz, que se proponha a fim igual ou semelhante.
- V. art. 765, CPC/2015.

TÍTULO III
DO DOMICÍLIO

Art. 70. O domicílio da pessoa natural é o lugar onde ela estabelece a sua residência com ânimo definitivo.
- V. art. 5º, XI, CF.
- V. arts. 327, 1.566, II, 1.569 e 1.711, CC.
- V. arts. 45 a 53, 62 e 63, CPC/2015.
- V. arts. 127 e 159, CTN.
- V. arts. 7º, 10 e 12, Dec.-lei 4.657/1942 (Lei de Introdução às normas do Direito Brasileiro).
- V. arts. 28 a 32, Dec. 3.000/1999 (Regulamento do Imposto de Renda).

Art. 71. Se, porém, a pessoa natural tiver diversas residências, onde, alternadamente, viva, considerar-se-á domicílio seu qualquer delas.
- V. art. 46, § 1º, CPC/2015.
- V. Súmula 483, STF.

Art. 72. É também domicílio da pessoa natural, quanto às relações concernentes à profissão, o lugar onde esta é exercida.
- V. art. 10, § 1º, Lei 8.906/1994 (Estatuto da Advocacia e OAB).

Parágrafo único. Se a pessoa exercitar profissão em lugares diversos, cada um deles constituirá domicílio para as relações que lhe corresponderem.

Art. 73. Ter-se-á por domicílio da pessoa natural, que não tenha residência habitual, o lugar onde for encontrada.
- V. art. 46, § 2º, CPC/2015.
- V. art. 7º, § 8º, Dec.-lei 4.657/1942 (Lei de Introdução às normas do Direito Brasileiro).

Art. 74. Muda-se o domicílio, transferindo a residência, com a intenção manifesta de o mudar.

Parágrafo único. A prova da intenção resultará do que declarar a pessoa às municipalidades dos lugares, que deixa, e para onde vai, ou, se tais declarações não fizer, da própria mudança, com as circunstâncias que a acompanharem.

Art. 75. Quanto às pessoas jurídicas, o domicílio é:
I – da União, o Distrito Federal;
- V. art. 109, §§ 1º a 4º, CF.
- V. arts. 45, I e 51, CPC/2015.

II – dos Estados e Territórios, as respectivas capitais;
- V. art. 45, I e 51, CPC/2015.

III – do Município, o lugar onde funcione a administração municipal;

IV – das demais pessoas jurídicas, o lugar onde funcionarem as respectivas diretorias e administrações, ou onde elegerem domicílio especial no seu estatuto ou atos constitutivos.
- V. art. 53, III, *a*, CPC/2015.

§ 1º Tendo a pessoa jurídica diversos estabelecimentos em lugares diferentes, cada um deles será considerado domicílio para os atos nele praticados.
- V. art. 53, III, *b*, CPC/2015.
- V. Súmula 363, STF.

§ 2º Se a administração, ou diretoria, tiver a sede no estrangeiro, haver-se-á por domicílio da pessoa jurídica, no tocante às obrigações contraídas por cada uma das suas agências, o lugar do estabelecimento, sito no Brasil, a que ela corresponder.
- V. art. 21, I e parágrafo único, CPC/2015.
- V. art. 3º, Lei 11.101/2005 (Lei de Recuperação de Empresas e Falência).
- • V. Súmula 363, STF.

Art. 76. Têm domicílio necessário o incapaz, o servidor público, o militar, o marítimo e o preso.

Parágrafo único. O domicílio do incapaz é o do seu representante ou assistente; o do servidor público, o lugar em que exercer permanentemente suas funções; o do militar, onde servir, e, sendo da Marinha ou da Aeronáutica, a sede do comando a que se encontrar imediatamente subordinado; o do marítimo, onde o navio estiver matriculado; e o do preso, o lugar em que cumprir a sentença.
- V. arts. 3º e 4º, CC.
- V. art. 7º, § 7º, Dec.-lei 4.657/1942 (Lei de Introdução às normas do Direito Brasileiro).
- V. art. 50, CPC/2015.

Art. 77

CÓDIGO CIVIL

Art. 77. O agente diplomático do Brasil, que, citado no estrangeiro, alegar extraterritorialidade sem designar onde tem, no país, o seu domicílio, poderá ser demandado no Distrito Federal ou no último ponto do território brasileiro onde o teve.

Art. 78. Nos contratos escritos, poderão os contratantes especificar domicílio onde se exercitem e cumpram os direitos e obrigações deles resultantes.

- V. art. 327, CC.
- V. arts. 47, 62 e 63, CPC/2015.
- V. art. 1º, Dec.-lei 4.597/1942 (Prescrição das ações contra a Fazenda Pública).
- V. Súmula 335, STF.

LIVRO II
DOS BENS

TÍTULO ÚNICO
DAS DIFERENTES CLASSES DE BENS

Capítulo I
DOS BENS CONSIDERADOS EM SI MESMOS

Seção I
Dos bens imóveis

Art. 79. São bens imóveis o solo e tudo quanto se lhe incorporar natural ou artificialmente.

- V. arts. 20, VIII a X, e 176, CF.
- V. arts. 92 a 97, 1.229 e 1.230, CC.
- V. art. 145, Dec. 24.643/1934 (Código de Águas).
- V. Lei 4.591/1964 (Condomínio em edificações e incorporações imobiliárias).
- V. Dec.-lei 227/1967 (Código de Mineração).
- V. Súmula 329, STF.
- V. Súmula 238, STJ.
- •• V. arts. 1.248 a 1.259, CC.

Art. 80. Consideram-se imóveis para os efeitos legais:
I – os direitos reais sobre imóveis e as ações que os asseguram;

- V. arts. 1.225 e 1.227, CC.
- V. Dec. 24.778/1934 (Caução de hipoteca e penhor).
- V. Súmula 329, STF.

II – o direito à sucessão aberta.

- V. art. 5º, XXX e XXXI, CF.
- V. art. 1.784, CC.

Art. 81. Não perdem o caráter de imóveis:
I – as edificações que, separadas do solo, mas conservando a sua unidade, forem removidas para outro local;
II – os materiais provisoriamente separados de um prédio, para nele se reempregarem.

- V. art. 84, CC.

Seção II
Dos bens móveis

Art. 82. São móveis os bens suscetíveis de movimento próprio, ou de remoção por força alheia, sem alteração da substância ou da destinação econômico-social.

- •• V. arts. 1.267 e 1.268, CC.

Art. 83. Consideram-se móveis para os efeitos legais:
I – as energias que tenham valor econômico;

- V. art. 155, § 3º, CP.

II – os direitos reais sobre objetos móveis e as ações correspondentes;

III – os direitos pessoais de caráter patrimonial e respectivas ações.

- V. arts. 233 a 251, CC.
- V. art. 5º, Lei 9.279/1996 (Propriedade industrial).
- V. art. 3º, Lei 9.610/1998 (Direitos autorais).

Art. 84. Os materiais destinados a alguma construção, enquanto não forem empregados, conservam sua qualidade de móveis; readquirem essa qualidade os provenientes da demolição de algum prédio.

- V. art. 81, II, CC.

Seção III
Dos bens fungíveis e consumíveis

Art. 85. São fungíveis os móveis que podem substituir-se por outros da mesma espécie, qualidade e quantidade.

- V. arts. 243, 247, 307, parágrafo único, e 369, CC.

Art. 86. São consumíveis os bens móveis cujo uso importa destruição imediata da própria substância, sendo também considerados tais os destinados à alienação.

- V. art. 1.392, § 1º, CC.

Seção IV
Dos bens divisíveis

Art. 87. Bens divisíveis são os que se podem fracionar sem alteração na sua substância, diminuição considerável de valor, ou prejuízo do uso a que se destinam.
- V. arts. 177, 257 a 263, 314, 414 e 415, CC.

Art. 88. Os bens naturalmente divisíveis podem tornar-se indivisíveis por determinação da lei ou por vontade das partes.
- V. arts. 105, 263, 504, 844, 1.320, 1.386 e 1.791, CC.
- V. art. 65, Lei 4.504/1964 (Estatuto da Terra).

Seção V
Dos bens singulares e coletivos

Art. 89. São singulares os bens que, embora reunidos, se consideram de per si, independentemente dos demais.

Art. 90. Constitui universalidade de fato a pluralidade de bens singulares que, pertinentes à mesma pessoa, tenham destinação unitária.
- V. art. 1.791, CC.
- V. arts. 36, § 5º, e 38, Lei 7.565/1986 (Código Brasileiro de Aeronáutica).

Parágrafo único. Os bens que formam essa universalidade podem ser objeto de relações jurídicas próprias.

Art. 91. Constitui universalidade de direito o complexo de relações jurídicas, de uma pessoa, dotadas de valor econômico.

Capítulo II
DOS BENS RECIPROCAMENTE CONSIDERADOS

Art. 92. Principal é o bem que existe sobre si, abstrata ou concretamente; acessório, aquele cuja existência supõe a do principal.
- V. arts. 184, 233, 287, 364, 822 e 1.209, CC.

Art. 93. São pertenças os bens que, não constituindo partes integrantes, se destinam, de modo duradouro, ao uso, ao serviço ou ao aformoseamento de outro.

Art. 94. Os negócios jurídicos que dizem respeito ao bem principal não abrangem as pertenças, salvo se o contrário resultar da lei, da manifestação de vontade, ou das circunstâncias do caso.

Art. 95. Apesar de ainda não separados do bem principal, os frutos e produtos podem ser objeto de negócio jurídico.
- V. arts. 79, 237 e 1.214 a 1.216, CC.

Art. 96. As benfeitorias podem ser voluptuárias, úteis ou necessárias.
- V. arts. 453, 571, 578, 1.219 e 1.222, 1.248 a 1.259 e 1.922, parágrafo único, CC.
- V. art. 24, Dec. 59.566/1966 (Regulamenta dispositivos da Lei 4.504/1964).

§ 1º São voluptuárias as de mero deleite ou recreio, que não aumentam o uso habitual do bem, ainda que o tornem mais agradável ou sejam de elevado valor.

§ 2º São úteis as que aumentam ou facilitam o uso do bem.

§ 3º São necessárias as que têm por fim conservar o bem ou evitar que se deteriore.

Art. 97. Não se consideram benfeitorias os melhoramentos ou acréscimos sobrevindos ao bem sem a intervenção do proprietário, possuidor ou detentor.
- V. art. 1.248, CC.

Capítulo III
DOS BENS PÚBLICOS

Art. 98. São públicos os bens do domínio nacional pertencentes às pessoas jurídicas de direito público interno; todos os outros são particulares, seja qual for a pessoa a que pertencerem.
- V. arts. 5º, LXXIII, 20, 26 e 176, *caput*, CF.
- V. art. 16, § 3º, ADCT.
- V. art. 102, CC.
- V. Dec. 24.643/1934 (Código de Águas).
- V. Dec.-lei 3.236/1941 (Jazidas de petróleo e gases naturais).
- V. Dec.-lei 9.760/1946 (Bens imóveis da União).
- V. Dec. 28.840/1950 (Plataforma submarina).
- V. art. 1º, Lei 4.717/1965 (Ação popular).
- V. Lei 6.383/1976 (Processo discriminatório de terras devolutas da União).
- V. Lei 6.634/1979 (Faixa de fronteira).
- V. Dec. 85.064/1980 (Regulamenta a Lei 6.634/1979).
- V. Lei 8.617/1993 (Mar territorial).
- V. Súmulas 340 e 650, STF.

Art. 99. São bens públicos:
- V. Súmula 477, STF.

I – os de uso comum do povo, tais como rios, mares, estradas, ruas e praças;
- V. arts. 20, I a XI, 26, 176, 191 e 225, CF.
- V. Dec. 24.643/1934 (Código de Águas).

Art. 100

- V. art. 5º, Dec.-lei 2.490/1940 (Aforamento dos terrenos de marinha).
- V. Dec.-lei 7.937/1945 (Loteamento de terrenos de marinha).
- V. Dec.-lei 9.760/1946 (Bens imóveis da União).
- V. art. 10, Lei 7.661/1988 (Plano Nacional de Gerenciamento Costeiro).

II – os de uso especial, tais como edifícios ou terrenos destinados a serviço ou estabelecimento da administração federal, estadual, territorial ou municipal, inclusive os de suas autarquias;

- V. Dec.-lei 9.760/1946 (Bens imóveis da União).

III – os dominicais, que constituem o patrimônio das pessoas jurídicas de direito público, como objeto de direito pessoal, ou real, de cada uma dessas entidades.

- V. arts. 183, § 3º e 191, parágrafo único, CF.
- V. Dec.-lei 25/1937 (Proteção do patrimônio histórico e artístico).
- V. art. 200, Dec.-lei 9.760/1946 (Bens imóveis da União).
- V. Súmula 340, STF.

Parágrafo único. Não dispondo a lei em contrário, consideram-se dominicais os bens pertencentes às pessoas jurídicas de direito público a que se tenha dado estrutura de direito privado.

- V. arts. 183, § 3º e 191, parágrafo único, CF.
- V. art. 200, Dec.-lei 9.760/1946 (Bens imóveis da União).
- V. Súmula 340, STF.

Art. 100. Os bens públicos de uso comum do povo e os de uso especial são inalienáveis, enquanto conservarem a sua qualificação, na forma que a lei determinar.

- V. arts. 183, § 3º e 191, parágrafo único, CF.
- V. art. 200, Dec.-lei 9.760/1946 (Bens imóveis da União).
- V. art. 23, Lei 9.636/1998 (Regularização, administração, aforamento e alienação de bens imóveis da União).
- V. Dec. 3.725/2001 (Regulamenta a Lei 9.636/1998).
- V. Súmula 340, STF.

Art. 101. Os bens públicos dominicais podem ser alienados, observadas as exigências da lei.

- V. art. 23, Lei 9.636/1998 (Regularização, administração, aforamento e alienação de bens imóveis da União).
- V. Dec. 3.725/2001 (Regulamenta a Lei 9.636/1998).

Art. 102. Os bens públicos não estão sujeitos a usucapião.

- V. arts. 183, § 3º e 191, parágrafo único, CF.
- V. arts. 1.238 a 1.244, CC.
- V. art. 200, Dec.-lei 9.760/1946 (Bens imóveis da União).
- V. Súmula 340, STF.

Art. 103. O uso comum dos bens públicos pode ser gratuito ou retribuído, conforme for estabelecido legalmente pela entidade a cuja administração pertencerem.

- V. art. 29, Lei 6.383/1976 (Processo discriminatório de terras devolutas da União).

LIVRO III
DOS FATOS JURÍDICOS

TÍTULO I
DO NEGÓCIO JURÍDICO

Capítulo I
DISPOSIÇÕES GERAIS

Art. 104. A validade do negócio jurídico requer:

- V. arts. 107 a 114, 166, 167, 171 a 184 e 2.035, CC.
- V. arts. 6º, V, e 51, § 1º, III, Lei 8.078/1990 (Código de Defesa do Consumidor).

I – agente capaz;

- V. arts. 1º, 3º, 4º, 105, 166, I, e 171, I, CC.

II – objeto lícito, possível, determinado ou determinável;

- V. arts. 106 e 166, II, CC.

III – forma prescrita ou não defesa em lei.

- V. arts. 107 a 114, 166, IV, e 421, CC.

Art. 105. A incapacidade relativa de uma das partes não pode ser invocada pela outra em benefício próprio, nem aproveita aos cointeressados capazes, salvo se, neste caso, for indivisível o objeto do direito ou da obrigação comum.

- V. arts. 4º, 87, 88, 104, I, 180, 257 a 263 e 314, CC.

Art. 106. A impossibilidade inicial do objeto não invalida o negócio jurídico se for relativa, ou se cessar antes de realizada a condição a que ele estiver subordinado.

- V. arts. 104, II, 123 e 124, CC.

Art. 119

CÓDIGO CIVIL

Art. 107. A validade da declaração de vontade não dependerá de forma especial, senão quando a lei expressamente a exigir.

- V. arts. 104, III, 108, 109, 183, 184 e 212, CC.
- V. art. 369 e 372, CPC/2015.
- • V. art. 188, CPC/2015.

Art. 108. Não dispondo a lei em contrário, a escritura pública é essencial à validade dos negócios jurídicos que visem à constituição, transferência, modificação ou renúncia de direitos reais sobre imóveis de valor superior a trinta vezes o maior salário mínimo vigente no País.

- V. arts. 215, 1.227, 1.245, 1.640, parágrafo único, 1.653 e 1.711, CC.
- V. arts. 17, § 4º, e 74, Dec.-lei 9.760/1946 (Bens imóveis da União).
- V. art. 61, Lei 4.380/1964 (BNH).
- V. art. 221, Lei 6.015/1973 (Lei de Registros Públicos).
- V. art. 26, Lei 6.766/1979 (Parcelamento do solo urbano).
- V. art. 7º, Dec.-lei 2.375/1987 (Terras públicas).
- V. art. 33, Lei 7.652/1988 (Registro da propriedade marítima).
- V. art. 38, Lei 9.514/1997 (Sistema de Financiamento Imobiliário e alienação fiduciária de coisa imóvel).
- V. art. 8º, Lei 10.188/2001 (Programa de Arrendamento Residencial).
- V. arts. 10, 35 e 48, Lei 10.257/2001 (Estatuto da Cidade).

Art. 109. No negócio jurídico celebrado com a cláusula de não valer sem instrumento público, este é da substância do ato.

- V. arts. 104, III, 212 e 215, CC.
- V. art. 1º, II, Lei 8.560/1992 (Investigação de paternidade).

Art. 110. A manifestação de vontade subsiste ainda que o seu autor haja feito a reserva mental de não querer o que manifestou, salvo se dela o destinatário tinha conhecimento.

- V. art. 112, CC.

Art. 111. O silêncio importa anuência, quando as circunstâncias ou os usos o autorizarem, e não for necessária a declaração de vontade expressa.

- V. art. 539, CC.

Art. 112. Nas declarações de vontade se atenderá mais à intenção nelas consubstanciada do que ao sentido literal da linguagem.

- V. arts. 114, 133, 819 e 1.899, CC.
- V. art. 47, Lei 8.078/1990 (Código de Defesa do Consumidor).
- V. art. 4º, Lei 9.610/1998 (Direitos autorais).
- V. Súmula 530, STJ.

Art. 113. Os negócios jurídicos devem ser interpretados conforme a boa-fé e os usos do lugar de sua celebração.

- V. arts. 164, 422, 423, 1.201 e 1.202, CC.
- V. art. 4º, Lei 9.610/1998 (Direitos autorais).
- • V. art. 5º, CPC/2015.

Art. 114. Os negócios jurídicos benéficos e a renúncia interpretam-se estritamente.

- V. arts. 108, 112, 191, 538, 819, 828, I, 1.410, I, 1.425, III, e 1.806, CC.
- V. art. 4º, Lei 9.610/1998 (Direitos autorais).

Capítulo II
DA REPRESENTAÇÃO

Art. 115. Os poderes de representação conferem-se por lei ou pelo interessado.

- V. arts. 2º, 120, 653, 1.542, § 2º, 1.634, V, 1.690, 1.747, I, e 1.774, CC.
- V. art. 75, CPC/2015.
- • V. art. 70, CPC/2015.

Art. 116. A manifestação de vontade pelo representante, nos limites de seus poderes, produz efeitos em relação ao representado.

- V. arts. 3º, 4º, 112, 149, 213, parágrafo único, 662, 928, 1.205, I, e 1.634, CC.

Art. 117. Salvo se o permitir a lei ou o representado, é anulável o negócio jurídico que o representante, no seu interesse ou por conta de outrem, celebrar consigo mesmo.

- V. arts. 138 a 184 e 685, CC.
- V. Súmula 165, STF.
- V. Súmula 60, STJ.

Parágrafo único. Para esse efeito, tem-se como celebrado pelo representante o negócio realizado por aquele em quem os poderes houverem sido substabelecidos.

Art. 118. O representante é obrigado a provar às pessoas, com quem tratar em nome do representado, a sua qualidade e a extensão de seus poderes, sob pena de, não o fazendo, responder pelos atos que a estes excederem.

- V. arts. 653, 665, 673 e 679, CC.

Art. 119. É anulável o negócio concluído pelo representante em conflito de interesses com o representado, se tal fato era ou devia ser do conhecimento de quem com aquele tratou.

• V. arts. 138 a 184, CC.

Parágrafo único. É de cento e oitenta dias, a contar da conclusão do negócio ou da cessação da incapacidade, o prazo de decadência para pleitear-se a anulação prevista neste artigo.

Art. 120. Os requisitos e os efeitos da representação legal são os estabelecidos nas normas respectivas; os da representação voluntária são os da Parte Especial deste Código.

• V. arts. 115, 653 a 692, 1.634, V, 1.690 e 1.747, I, CC.

Capítulo III
DA CONDIÇÃO, DO TERMO E DO ENCARGO

Art. 121. Considera-se condição a cláusula que, derivando exclusivamente da vontade das partes, subordina o efeito do negócio jurídico a evento futuro e incerto.

• V. arts. 125, 127, 131, 135, 136, 167, § 1º, II, 855, 1.613, 1.808, 1.897 e 1.900, CC.

Art. 122. São lícitas, em geral, todas as condições não contrárias à lei, à ordem pública ou aos bons costumes; entre as condições defesas se incluem as que privarem de todo efeito o negócio jurídico, ou o sujeitarem ao puro arbítrio de uma das partes.

• V. arts. 332 e 489, CC.
• V. art. 51, IX, X, XI e XIII, Lei 8.078/1990 (Código de Defesa do Consumidor).
• V. Portaria SDE 4/1998 (Cláusulas abusivas em aditamento ao elenco do art. 51 da Lei 8.078/1990).
• V. Portaria SDE 3/2001 (Elenca as cláusulas abusivas).
• V. Portaria SDE 5/2002 (Complementa o elenco de cláusulas abusivas constante do art. 51 da Lei 8.078/1990).
• V. Súmula 530, STJ.

Art. 123. Invalidam os negócios jurídicos que lhes são subordinados:

• V. art. 137, CC.

I – as condições física ou juridicamente impossíveis, quando suspensivas;

• V. arts. 106 e 166, II, CC.

II – as condições ilícitas, ou de fazer coisa ilícita;

• V. arts. 122 e 166, II e III, CC.

III – as condições incompreensíveis ou contraditórias.

Art. 124. Têm-se por inexistentes as condições impossíveis, quando resolutivas, e as de não fazer coisa impossível.

Art. 125. Subordinando-se a eficácia do negócio jurídico à condição suspensiva, enquanto esta se não verificar, não se terá adquirido o direito, a que ele visa.

• V. arts. 121, 131, 135, 199, I, 234, 332, 509, 1.923, CC.

Art. 126. Se alguém dispuser de uma coisa sob condição suspensiva, e, pendente esta, fizer quanto àquela novas disposições, estas não terão valor, realizada a condição, se com ela forem incompatíveis.

• V. art. 135, CC.

Art. 127. Se for resolutiva a condição, enquanto esta se não realizar, vigorará o negócio jurídico, podendo exercer-se desde a conclusão deste o direito por ele estabelecido.

• V. arts. 135, 397, 401 e 1.359, CC.
• V. art. 12, Dec.-lei 58/1937 (Loteamento e venda de terrenos para pagamento em prestações).

Art. 128. Sobrevindo a condição resolutiva, extingue-se, para todos os efeitos, o direito a que ela se opõe; mas, se aposta a um negócio de execução continuada ou periódica, a sua realização, salvo disposição em contrário, não tem eficácia quanto aos atos já praticados, desde que compatíveis com a natureza da condição pendente e conforme aos ditames de boa-fé.

• V. arts. 135, 1.359 e 1.360, CC.

Art. 129. Reputa-se verificada, quanto aos efeitos jurídicos, a condição cujo implemento for maliciosamente obstado pela parte a quem desfavorecer, considerando-se, ao contrário, não verificada a condição maliciosamente levada a efeito por aquele a quem aproveita o seu implemento.

Art. 130. Ao titular do direito eventual, nos casos de condição suspensiva ou resolutiva, é permitido praticar os atos destinados a conservá-lo.

• V. art. 6º, § 2º, Dec.-lei 4.657/1942 (Lei de Introdução às normas do Direito Brasileiro).

CÓDIGO CIVIL

Art. 131. O termo inicial suspende o exercício, mas não a aquisição do direito.
- V. art. 5º, XXXVI, CF.
- V. arts. 125, 135, 1.613 e 1.924, CC.
- V. art. 6º, § 2º, Dec.-lei 4.657/1942 (Lei de Introdução às normas do Direito Brasileiro).

Art. 132. Salvo disposição legal ou convencional em contrário, computam-se os prazos, excluído o dia do começo, e incluído o do vencimento.
- V. arts. 216 e 224, *caput*, CPC/2015.
- V. art. 10, CP.
- V. art. 798, CPP.
- V. art. 775, CLT.
- V. art. 210, CTN.
- V. Dec.-lei 3.602/1941 (Contagem dos prazos em processos ou causas de natureza fiscal ou administrativa).
- V. Lei 662/1949 (Feriados nacionais).
- V. Lei 810/1949 (Ano civil).
- V. Lei 1.408/1951 (Prorrogação de prazos judiciais).
- V. Lei 6.802/1980 (Feriado de Nossa Senhora Aparecida).
- V. Lei 7.089/1983 (Veda cobrança de juros de mora sobre título vencido em feriado, sábado ou domingo).
- V. Lei 9.093/1995 (Feriados).
- V. Lei 9.800/1999 (Utilização de sistema de transmissão de dados).
- V. art. 993, Dec. 3.000/1999 (Regulamento do Imposto de Renda).
- V. Lei 10.607/2002 (Feriados nacionais).
- V. art. 212, CPC/2015.

§ 1º Se o dia do vencimento cair em feriado, considerar-se-á prorrogado o prazo até o seguinte dia útil.
- V. art. 214, *caput* e I, e 216, CPC/2015.
- V. art. 798, § 3º, CPP.
- V. art. 775, parágrafo único, CLT.

§ 2º Meado considera-se, em qualquer mês, o seu décimo quinto dia.

§ 3º Os prazos de meses e anos expiram no dia de igual número do de início, ou no imediato, se faltar exata correspondência.

§ 4º Os prazos fixados por hora contar-se-ão de minuto a minuto.

Art. 133. Nos testamentos, presume-se o prazo em favor do herdeiro, e, nos contratos, em proveito do devedor, salvo, quanto a esses, se do teor do instrumento, ou das circunstâncias, resultar que se estabeleceu a benefício do credor, ou de ambos os contratantes.
- V. art. 112, CC.

Art. 134. Os negócios jurídicos entre vivos, sem prazo, são exequíveis desde logo, salvo se a execução tiver de ser feita em lugar diverso ou depender de tempo.
- V. arts. 123 a 130, 474 e 1.359, CC.

Art. 135. Ao termo inicial e final aplicam-se, no que couber, as disposições relativas à condição suspensiva e resolutiva.
- V. arts. 123 a 130, CC.

Art. 136. O encargo não suspende a aquisição nem o exercício do direito, salvo quando expressamente imposto no negócio jurídico, pelo disponente, como condição suspensiva.
- V. arts. 121, 539, 553, 564, II, 1.938, CC.

Art. 137. Considera-se não escrito o encargo ilícito ou impossível, salvo se constituir o motivo determinante da liberalidade, caso em que se invalida o negócio jurídico.
- V. art. 123, I e II, CC.

Capítulo IV
DOS DEFEITOS DO NEGÓCIO JURÍDICO

- V. art. 138, Lei 11.101/2005 (Lei de Recuperação de Empresas e Falência).

Seção I
Do erro ou ignorância

Art. 138. São anuláveis os negócios jurídicos, quando as declarações de vontade emanarem de erro substancial que poderia ser percebido por pessoa de diligência normal, em face das circunstâncias do negócio.
- V. arts. 48, 171, II, 177, 178, II, 849, 877, 1.559, 1.812, 1.909 e 2.027, CC.
- V. arts. 393, 446, II, e 966, VIII e § 1º, CPC/2015.

Art. 139. O erro é substancial quando:
- V. arts. 1.556, 1.557, 1.559 e 1.903, CC.
- V. art. 37, § 1º, Lei 8.078/1990 (Código de Defesa do Consumidor).

I – interessa à natureza do negócio, ao objeto principal da declaração, ou a alguma das qualidades a ele essenciais;

II – concerne à identidade ou à qualidade essencial da pessoa a quem se refira a declaração de vontade, desde que tenha influído nesta de modo relevante;
- V. arts. 1.556, 1.557, I, e 1.903, CC.

III – sendo de direito e não implicando recusa à aplicação da lei, for o motivo único ou principal do negócio jurídico.

- V. art. 3º, Dec.-lei 4.657/1942 (Lei de Introdução às normas do Direito Brasileiro).

Art. 140. O falso motivo só vicia a declaração de vontade quando expresso como razão determinante.

- V. art. 166, III, CC.

Art. 141. A transmissão errônea da vontade por meios interpostos é anulável nos mesmos casos em que o é a declaração direta.

Art. 142. O erro de indicação da pessoa ou da coisa, a que se referir a declaração de vontade, não viciará o negócio quando, por seu contexto e pelas circunstâncias, se puder identificar a coisa ou pessoa cogitada.

- V. art. 1.903, CC.

Art. 143. O erro de cálculo apenas autoriza a retificação da declaração de vontade.

Art. 144. O erro não prejudica a validade do negócio jurídico quando a pessoa, a quem a manifestação de vontade se dirige, se oferecer para executá-la na conformidade da vontade real do manifestante.

- V. arts. 172 a 175, CC.

Seção II
Do dolo

- V. art. 101, Lei 11.101/2005 (Lei de Recuperação de Empresas e Falência).

Art. 145. São os negócios jurídicos anuláveis por dolo, quando este for a sua causa.

- V. arts. 171, II, 177, 178, II, 180, 849, 1.812, 1.909 e 2.027, CC.
- V. arts. 393, 446, II, e 966, VII, CPC/2015.

Art. 146. O dolo acidental só obriga à satisfação das perdas e danos, e é acidental quando, a seu despeito, o negócio seria realizado, embora por outro modo.

Art. 147. Nos negócios jurídicos bilaterais, o silêncio intencional de uma das partes a respeito de fato ou qualidade que a outra parte haja ignorado, constitui omissão dolosa, provando-se que sem ela o negócio não se teria celebrado.

- V. arts. 441 a 446, 766 e 773, CC.
- V. art. 678-2, CCo.

Art. 148. Pode também ser anulado o negócio jurídico por dolo de terceiro, se a parte a quem aproveite dele tivesse ou devesse ter conhecimento; em caso contrário, ainda que subsista o negócio jurídico, o terceiro responderá por todas as perdas e danos da parte a quem ludibriou.

Art. 149. O dolo do representante legal de uma das partes só obriga o representado a responder civilmente até a importância do proveito que teve; se, porém, o dolo for do representante convencional, o representado responderá solidariamente com ele por perdas e danos.

- V. art. 932, CC.

Art. 150. Se ambas as partes procederem com dolo, nenhuma pode alegá-lo para anular o negócio, ou reclamar indenização.

Seção III
Da coação

Art. 151. A coação, para viciar a declaração da vontade, há de ser tal que incuta ao paciente fundado temor de dano iminente e considerável à sua pessoa, à sua família, ou aos seus bens.

- V. arts. 171, II, 177, 178, I, 849, 1.558, 1.559, 1.812, 1.909 e 2.027, CC.
- V. arts. 393, 446, II, e 966, VII, CPC/2015.
- V. art. 146, CP.

Parágrafo único. Se disser respeito a pessoa não pertencente à família do paciente, o juiz, com base nas circunstâncias, decidirá se houve coação.

Art. 152. No apreciar a coação, ter-se-ão em conta o sexo, a idade, a condição, a saúde, o temperamento do paciente e todas as demais circunstâncias que possam influir na gravidade dela.

Art. 153. Não se considera coação a ameaça do exercício normal de um direito, nem o simples temor reverencial.

Art. 154. Vicia o negócio jurídico a coação exercida por terceiro, se dela tivesse ou devesse ter conhecimento a parte a que aproveite, e esta responderá solidariamente com aquele por perdas e danos.

- V. arts. 275 a 285, CC.

Art. 155. Subsistirá o negócio jurídico, se a coação decorrer de terceiro, sem que a parte a que aproveite dela tivesse ou devesse ter conhecimento; mas o autor da coação responderá por todas as perdas e danos que houver causado ao coacto.

CÓDIGO CIVIL

Seção IV
Do estado de perigo

Art. 156. Configura-se o estado de perigo quando alguém, premido da necessidade de salvar-se, ou a pessoa de sua família, de grave dano conhecido pela outra parte, assume obrigação excessivamente onerosa.

- V. art. 171, II, CC.
- V. art. 24, CP.
- • V. art. 39, Lei 8.078/1990 (Código de Defesa do Consumidor).

Parágrafo único. Tratando-se de pessoa não pertencente à família do declarante, o juiz decidirá segundo as circunstâncias.

- • V. arts. 1.591 a 1.595, CC.

Seção V
Da lesão

Art. 157. Ocorre a lesão quando uma pessoa, sob premente necessidade, ou por inexperiência, se obriga a prestação manifestamente desproporcional ao valor da prestação oposta.

- V. art. 171, II, CC.
- • V. art. 39, Lei 8.078/1990 (Código de Defesa do Consumidor).

§ 1º Aprecia-se a desproporção das prestações segundo os valores vigentes ao tempo em que foi celebrado o negócio jurídico.

§ 2º Não se decretará a anulação do negócio, se for oferecido suplemento suficiente, ou se a parte favorecida concordar com a redução do proveito.

- • V. art. 317, CC.
- • V. art. 6º, V, Lei 8.078/1990 (Código de Defesa do Consumidor).

Seção VI
Da fraude contra credores

- V. art. 130, Lei 11.101/2005 (Lei de Recuperação de Empresas e Falência).

Art. 158. Os negócios de transmissão gratuita de bens ou remissão de dívida, se os praticar o devedor já insolvente, ou por eles reduzido à insolvência, ainda quando o ignore, poderão ser anulados pelos credores quirografários, como lesivos dos seus direitos.

- V. arts. 161, 171, II, 177, 178, II, 1.812 e 2.027, CC.
- V. arts. 774, I, 789, 792, 856, § 3º, CPC/2015.
- V. art. 179, CP.
- V. art. 185, CTN.
- V. art. 216, Lei 6.015/1973 (Lei de Registros Públicos).

§ 1º Igual direito assiste aos credores cuja garantia se tornar insuficiente.

§ 2º Só os credores que já o eram ao tempo daqueles atos podem pleitear a anulação deles.

- V. Súmula 195, STJ.

Art. 159. Serão igualmente anuláveis os contratos onerosos do devedor insolvente, quando a insolvência for notória, ou houver motivo para ser conhecida do outro contratante.

- V. art. 161, CC.
- V. art. 216, Lei 6.015/1973 (Lei de Registros Públicos).

Art. 160. Se o adquirente dos bens do devedor insolvente ainda não tiver pago o preço e este for, aproximadamente, o corrente, desobrigar-se-á depositando-o em juízo, com a citação de todos os interessados.

- V. art. 335, CC.
- V. arts. 539 a 549, CPC/2015.

Parágrafo único. Se inferior, o adquirente, para conservar os bens, poderá depositar o preço que lhes corresponda ao valor real.

Art. 161. A ação, nos casos dos arts. 158 e 159, poderá ser intentada contra o devedor insolvente, a pessoa que com ele celebrou a estipulação considerada fraudulenta, ou terceiros adquirentes que hajam procedido de má-fé.

- V. art. 178, II, CC.

Art. 162. O credor quirografário, que receber do devedor insolvente o pagamento da dívida ainda não vencida, ficará obrigado a repor, em proveito do acervo sobre que se tenha de efetuar o concurso de credores, aquilo que recebeu.

Art. 163. Presumem-se fraudatórias dos direitos dos outros credores as garantias de dívidas que o devedor insolvente tiver dado a algum credor.

- V. art. 1.419, CC.

Art. 164. Presumem-se, porém, de boa-fé e valem os negócios ordinários indispensáveis à manutenção de estabelecimento mercantil, rural, ou industrial, ou à subsistência do devedor e de sua família.

• V. art. 113, CC.

Art. 165. Anulados os negócios fraudulentos, a vantagem resultante reverterá em proveito do acervo sobre que se tenha de efetuar o concurso de credores.

Parágrafo único. Se esses negócios tinham por único objeto atribuir direitos preferenciais, mediante hipoteca, penhor ou anticrese, sua invalidade importará somente na anulação da preferência ajustada.

• V. arts. 184 e 1.419 a 1.510, CC.

Capítulo V
DA INVALIDADE DO NEGÓCIO JURÍDICO

Art. 166. É nulo o negócio jurídico quando:

• V. arts. 104 e 2.035, CC.
• V. art. 96, III, Lei 11.101/2005 (Lei de Recuperação de Empresas e Falência).

I – celebrado por pessoa absolutamente incapaz;

• V. arts. 3º, 104, I, 105, 1.548, I, e 1.860, CC.

II – for ilícito, impossível ou indeterminável o seu objeto;

• V. arts. 104, II, 106, 123, 124 e 762, CC.
• V. art. 17, Dec.-lei 4.657/1942 (Lei de Introdução às normas do Direito Brasileiro).

III – o motivo determinante, comum a ambas as partes, for ilícito;

IV – não revestir a forma prescrita em lei;

• V. arts. 104, III, 107 e 1.653, CC.

V – for preterida alguma solenidade que a lei considere essencial para a sua validade;

VI – tiver por objetivo fraudar lei imperativa;

• V. art. 1.802, CC.
• V. art. 9º, CLT.
• V. art. 11, Dec. 22.626/1933 (Juros nos contratos).

VII – a lei taxativamente o declarar nulo, ou proibir-lhe a prática, sem cominar sanção.

• V. arts. 209, 489, 548, 549, 795, 907, 912, parágrafo único, 1.428, 1.516, § 3º, 1.548, II, 1.900, 1.912 e 1.959, CC.
• V. arts. 37 a 39, Lei 6.766/1979 (Parcelamento do solo urbano).
• V. art. 18, § 1º, Lei 7.357/1985 (Cheque).

Art. 167. É nulo o negócio jurídico simulado, mas subsistirá o que se dissimulou, se válido for na substância e na forma.

• V. art. 96, III, Lei 11.101/2005 (Lei de Recuperação de Empresas e Falência).

§ 1º Haverá simulação nos negócios jurídicos quando:

I – aparentarem conferir ou transmitir direitos a pessoas diversas daquelas às quais realmente se conferem, ou transmitem;

II – contiverem declaração, confissão, condição ou cláusula não verdadeira;

III – os instrumentos particulares forem antedatados, ou pós-datados.

• V. art. 409, CPC/2015.

§ 2º Ressalvam-se os direitos de terceiros de boa-fé em face dos contraentes do negócio jurídico simulado.

Art. 168. As nulidades dos artigos antecedentes podem ser alegadas por qualquer interessado, ou pelo Ministério Público, quando lhe couber intervir.

• V. art. 1.549, CC.

Parágrafo único. As nulidades devem ser pronunciadas pelo juiz, quando conhecer do negócio jurídico ou dos seus efeitos e as encontrar provadas, não lhe sendo permitido supri-las, ainda que a requerimento das partes.

• V. art. 282, CPC/2015.
• V. Súmula 346, STF.

Art. 169. O negócio jurídico nulo não é suscetível de confirmação, nem convalesce pelo decurso do tempo.

• V. art. 367, CC.

Art. 170. Se, porém, o negócio jurídico nulo contiver os requisitos de outro, subsistirá este quando o fim a que visavam as partes permitir supor que o teriam querido, se houvessem previsto a nulidade.

• V. Súmula 530, STJ.

Art. 171. Além dos casos expressamente declarados na lei, é anulável o negócio jurídico:

• V. arts. 154, 177, 182 a 184, CC.

I – por incapacidade relativa do agente;

• V. arts. 4º, 105, 180 e 181, CC.

Art. 186

Código Civil

II – por vício resultante de erro, dolo, coação, estado de perigo, lesão ou fraude contra credores.
- V. arts. 138 a 165, CC.

Art. 172. O negócio anulável pode ser confirmado pelas partes, salvo direito de terceiro.
- V. arts. 175 e 367, CC.

Art. 173. O ato de confirmação deve conter a substância do negócio celebrado e a vontade expressa de mantê-lo.

Art. 174. É escusada a confirmação expressa, quando o negócio já foi cumprido em parte pelo devedor, ciente do vício que o inquinava.

Art. 175. A confirmação expressa, ou a execução voluntária de negócio anulável, nos termos dos arts. 172 a 174, importa a extinção de todas as ações, ou exceções, de que contra ele dispusesse o devedor.

Art. 176. Quando a anulabilidade do ato resultar da falta de autorização de terceiro, será validado se este a der posteriormente.
- V. art. 496, CC.

Art. 177. A anulabilidade não tem efeito antes de julgada por sentença, nem se pronuncia de ofício; só os interessados a podem alegar, e aproveita exclusivamente aos que a alegarem, salvo o caso de solidariedade ou indivisibilidade.
- V. arts. 87, 88, 171 e 257 a 285, CC.

Art. 178. É de 4 (quatro) anos o prazo de decadência para pleitear-se a anulação do negócio jurídico, contado:
- V. arts. 207 a 211, CC.

I – no caso de coação, do dia em que ela cessar;
- V. arts. 151 a 155, CC.

II – no de erro, dolo, fraude contra credores, estado de perigo ou lesão, do dia em que se realizou o negócio jurídico;
- V. arts. 138 a 150, 156 a 165 e 167, § 1º, CC.

III – no de atos de incapazes, do dia em que cessar a incapacidade.
- V. arts. 3º e 4º, CC.

Art. 179. Quando a lei dispuser que determinado ato é anulável, sem estabelecer prazo para pleitear-se a anulação, será este de 2 (dois) anos, a contar da data da conclusão do ato.

Art. 180. O menor, entre 16 (dezesseis) e 18 (dezoito) anos, não pode, para eximir-se de uma obrigação, invocar a sua idade se dolosamente a ocultou quando inquirido pela outra parte, ou se, no ato de obrigar-se, declarou-se maior.
- V. arts. 4º, I, e 145, CC.

Art. 181. Ninguém pode reclamar o que, por uma obrigação anulada, pagou a um incapaz, se não provar que reverteu em proveito dele a importância paga.
- V. arts. 221 e 310, CC.

Art. 182. Anulado o negócio jurídico, restituir-se-ão as partes ao estado em que antes dele se achavam, e, não sendo possível restituí-las, serão indenizadas com o equivalente.

Art. 183. A invalidade do instrumento não induz a do negócio jurídico sempre que este puder provar-se por outro meio.

Art. 184. Respeitada a intenção das partes, a invalidade parcial de um negócio jurídico não o prejudicará na parte válida, se esta for separável; a invalidade da obrigação principal implica a das obrigações acessórias, mas a destas não induz a da obrigação principal.
- V. arts. 92 e 165, parágrafo único, CC.
- V. art. 51, § 2º, Lei 8.078/1990 (Código de Defesa do Consumidor).

TÍTULO II
DOS ATOS JURÍDICOS LÍCITOS

Art. 185. Aos atos jurídicos lícitos, que não sejam negócios jurídicos, aplicam-se, no que couber, as disposições do Título anterior.

TÍTULO III
DOS ATOS ILÍCITOS

Art. 186. Aquele que, por ação ou omissão voluntária, negligência ou imprudência, violar direito e causar dano a outrem, ainda que exclusivamente moral, comete ato ilícito.
- V. art. 5º, V e X, CF.
- V. arts. 12, 43, 475 a 477 e 927 a 954, CC.
- V. arts. 81, 143, 161 e 302, CPC/2015.
- V. art. 243, *caput*, IX, e §§ 1º a 3º, Lei 4.737/1965 (Código Eleitoral).
- V. Súmulas 227, 388 e 403, STJ.

Art. 187

Art. 187. Também comete ato ilícito o titular de um direito que, ao exercê-lo, excede manifestamente os limites impostos pelo seu fim econômico ou social, pela boa-fé ou pelos bons costumes.

- V. arts. 927 a 954 e 1.277, CC.

Art. 188. Não constituem atos ilícitos:

- V. arts. 23 a 25, CP.

I – os praticados em legítima defesa ou no exercício regular de um direito reconhecido;

- V. art. 930, parágrafo único, CC.

II – a deterioração ou destruição da coisa alheia, ou a lesão a pessoa, a fim de remover perigo iminente.

- V. arts. 929 e 930, *caput*, CC.

Parágrafo único. No caso do inciso II, o ato será legítimo somente quando as circunstâncias o tornarem absolutamente necessário, não excedendo os limites do indispensável para a remoção do perigo.

- V. art. 23, parágrafo único, CP.

TÍTULO IV
DA PRESCRIÇÃO E DA DECADÊNCIA

Capítulo I
DA PRESCRIÇÃO

Seção I
Disposições gerais

Art. 189. Violado o direito, nasce para o titular a pretensão, a qual se extingue, pela prescrição, nos prazos a que aludem os arts. 205 e 206.

- V. arts. 882 e 2.028, CC.
- V. art. 82, § 1º, Lei 11.101/2005 (Lei de Recuperação de Empresas e Falência).

Art. 190. A exceção prescreve no mesmo prazo em que a pretensão.

Art. 191. A renúncia da prescrição pode ser expressa ou tácita, e só valerá, sendo feita, sem prejuízo de terceiro, depois que a prescrição se consumar; tácita é a renúncia quando se presume de fatos do interessado, incompatíveis com a prescrição.

Art. 192. Os prazos de prescrição não podem ser alterados por acordo das partes.

Art. 193. A prescrição pode ser alegada em qualquer grau de jurisdição, pela parte a quem aproveita.

- V. arts. 302, IV, 487, II, 903, §§ 2º e 5º, e 910, § 2º, CPC/2015.
- V. art. 96, II, Lei 11.101/2005 (Lei de Recuperação de Empresas e Falência).
- V. Súmula 150, STF.

Art. 194. *(Revogado pela Lei 11.280/2006 – DOU 17.02.2006 – em vigor 90 (noventa) dias após a data de sua publicação.)*

Art. 195. Os relativamente incapazes e as pessoas jurídicas têm ação contra os seus assistentes ou representantes legais, que derem causa à prescrição, ou não a alegarem oportunamente.

- V. arts. 4º, 40 a 44, 197 a 199 e 208, CC.

Art. 196. A prescrição iniciada contra uma pessoa continua a correr contra o seu sucessor.

Seção II
Das causas que impedem ou suspendem a prescrição

Art. 197. Não corre a prescrição:

- V. art. 4º, Dec. 20.910/1932 (Prescrição quinquenal).
- V. art. 157, Lei 11.101/2005 (Lei de Recuperação de Empresas e Falência).

I – entre os cônjuges, na constância da sociedade conjugal;

II – entre ascendentes e descendentes, durante o poder familiar;

III – entre tutelados ou curatelados e seus tutores ou curadores, durante a tutela ou curatela.

Art. 198. Também não corre a prescrição:

- V. art. 157, Lei 11.101/2005 (Lei de Recuperação de Empresas e Falência).

I – contra os incapazes de que trata o art. 3º;

- V. art. 208, CC.
- V. art. 440, CLT.

II – contra os ausentes do País em serviço público da União, dos Estados ou dos Municípios;

III – contra os que se acharem servindo nas Forças Armadas, em tempo de guerra.

- V. Lei 19/1947 (Prescrição das ações não propostas por brasileiros empenhados na guerra).

Código Civil

Art. 199. Não corre igualmente a prescrição:
- V. art. 157, Lei 11.101/2005 (Lei de Recuperação de Empresas e Falência).

I – pendendo condição suspensiva;
- V. art. 125, CC.

II – não estando vencido o prazo;
- V. art. 131, CC.

III – pendendo ação de evicção.
- V. arts. 447 a 457, CC.

Art. 200. Quando a ação se originar de fato que deva ser apurado no juízo criminal, não correrá a prescrição antes da respectiva sentença definitiva.

Art. 201. Suspensa a prescrição em favor de um dos credores solidários, só aproveitam os outros se a obrigação for indivisível.
- V. arts. 257 a 264, CC.

Seção III
Das causas que interrompem a prescrição

Art. 202. A interrupção da prescrição, que somente poderá ocorrer uma vez, dar-se-á:
- V. art. 203, CC.
- V. art. 174, parágrafo único, CTN.
- V. Dec. 20.910/1932 (Prescrição quinquenal).
- V. Dec.-lei 4.597/1942 (Prescrição das ações contra a Fazenda Pública).
- V. art. 901, Dec. 3.000/1999 (Regulamento do Imposto de Renda).
- V. arts. 6º, *caput*, e 157, Lei 11.101/2005 (Lei de Recuperação de Empresas e Falência).
- V. Súmula 154, STF.
- V. Súmula 248, TFR.

I – por despacho do juiz, mesmo incompetente, que ordenar a citação, se o interessado a promover no prazo e na forma da lei processual;
- V. arts. 59, 240, *caput*, §§ 1º, 2º, 4º e 5º, 240, § 4º, e 802, *caput*, CPC/2015.
- V. Súmula 78, TFR.

II – por protesto, nas condições do inciso antecedente;
- V. arts. 726, 728 e 729, CPC/2015.

III – por protesto cambial;
- V. Súmula 153, STF.

IV – pela apresentação do título de crédito em juízo de inventário ou em concurso de credores;
- V. art. 908, *caput*, CPC/2015.

V – por qualquer ato judicial que constitua em mora o devedor;
- V. art. 397, parágrafo único, CC.

VI – por qualquer ato inequívoco, ainda que extrajudicial, que importe reconhecimento do direito pelo devedor.

Parágrafo único. A prescrição interrompida recomeça a correr da data do ato que a interrompeu, ou do último ato do processo para a interromper.
- V. Súmula 383, STF.

Art. 203. A prescrição pode ser interrompida por qualquer interessado.

Art. 204. A interrupção da prescrição por um credor não aproveita aos outros; semelhantemente, a interrupção operada contra o codevedor, ou seu herdeiro, não prejudica aos demais coobrigados.

§ 1º A interrupção por um dos credores solidários aproveita aos outros; assim como a interrupção efetuada contra o devedor solidário envolve os demais e seus herdeiros.
- V. arts. 264 a 285, CC.

§ 2º A interrupção operada contra um dos herdeiros do devedor solidário não prejudica os outros herdeiros ou devedores, senão quando se trate de obrigações e direitos indivisíveis.
- V. arts. 87, 88 e 257 a 263, CC.

§ 3º A interrupção produzida contra o principal devedor prejudica o fiador.

Seção IV
Dos prazos da prescrição

Art. 205. A prescrição ocorre em 10 (dez) anos, quando a lei não lhe haja fixado prazo menor.
- V. arts. 149, 440 e 916, CLT.
- V. art. 12, Lei 6.453/1977 (Responsabilidade civil e criminal por danos nucleares).
- V. art. 26, Lei 8.078/1990 (Código de Defesa do Consumidor).
- V. Súmulas 149 a 151, 443, 445 e 494, STF.
- V. Súmulas 39, 85, 106, 119, 143 e 412, STJ.
- V. Súmulas 107, 108 e 219, TFR.

Art. 206. Prescreve:
§ 1º Em 1 (um) ano:
- V. art. 36, parágrafo único, Lei 5.764/1971 (Política Nacional de Cooperativismo – sociedades cooperativas).
- V. Súmula 151, STF.

I – a pretensão dos hospedeiros ou fornecedores de víveres destinados a consumo no próprio estabelecimento, para o pagamento da hospedagem ou dos alimentos;

II – a pretensão do segurado contra o segurador, ou a deste contra aquele, contado o prazo:

- V. Súmula 101, STJ.

a) para o segurado, no caso de seguro de responsabilidade civil, da data em que é citado para responder à ação de indenização proposta pelo terceiro prejudicado, ou da data que a este indeniza, com a anuência do segurador;

b) quanto aos demais seguros, da ciência do fato gerador da pretensão;

III – a pretensão dos tabeliães, auxiliares da justiça, serventuários judiciais, árbitros e peritos, pela percepção de emolumentos, custas e honorários;

IV – a pretensão contra os peritos, pela avaliação dos bens que entraram para a formação do capital de sociedade anônima, contado da publicação da ata da assembleia que aprovar o laudo;

V – a pretensão dos credores não pagos contra os sócios ou acionistas e os liquidantes, contado o prazo da publicação da ata de encerramento da liquidação da sociedade.

§ 2º Em 2 (dois) anos, a pretensão para haver prestações alimentares, a partir da data em que se vencerem.

- V. art. 948, II, CC.
- V. art. 975, CPC/2015.
- V. art. 119, CLT.
- V. art. 169, CTN.
- V. art. 23, Lei 5.478/1968 (Ação de alimentos).

§ 3º Em 3 (três) anos:

I – a pretensão relativa a aluguéis de prédios urbanos ou rústicos;

II – a pretensão para receber prestações vencidas de rendas temporárias ou vitalícias;

III – a pretensão para haver juros, dividendos ou quaisquer prestações acessórias, pagáveis, em períodos não maiores de 1 (um) ano, com capitalização ou sem ela;

IV – a pretensão de ressarcimento de enriquecimento sem causa;

V – a pretensão de reparação civil;

VI – a pretensão de restituição dos lucros ou dividendos recebidos de má-fé, correndo o prazo da data em que foi deliberada a distribuição;

VII – a pretensão contra as pessoas em seguida indicadas por violação da lei ou do estatuto, contado o prazo:

a) para os fundadores, da publicação dos atos constitutivos da sociedade anônima;

b) para os administradores, ou fiscais, da apresentação, aos sócios, do balanço referente ao exercício em que a violação tenha sido praticada, ou da reunião ou assembleia geral que dela deva tomar conhecimento;

c) para os liquidantes, da primeira assembleia semestral posterior à violação;

VIII – a pretensão para haver o pagamento de título de crédito, a contar do vencimento, ressalvadas as disposições de lei especial;

IX – a pretensão do beneficiário contra o segurador, e a do terceiro prejudicado, no caso de seguro de responsabilidade civil obrigatório.

- V. Súmula 405, STJ.

§ 4º Em 4 (quatro) anos, a pretensão relativa à tutela, a contar da data da aprovação das contas.

- V. art. 43, Lei 5.764/1971 (Política Nacional de Cooperativismo – sociedades cooperativas).

§ 5º Em 5 (cinco) anos:

- V. art. 5º, XXIX, CF.
- V. art. 11, CLT.
- V. art. 168, CTN.
- V. art. 12, Lei 1.060/1950 (Assistência judiciária).
- V. art. 6º, Lei 7.542/1986 (Exploração de bens afundados em águas sob jurisdição nacional).
- V. art. 27, Lei 8.078/1990 (Código de Defesa do Consumidor).
- V. arts. 103 e 104, Lei 8.213/1991 (Planos de Benefícios da Previdência Social).
- V. Súmula 264, STF.

I – a pretensão de cobrança de dívidas líquidas constantes de instrumento público ou particular;

II – a pretensão dos profissionais liberais em geral, procuradores judiciais, curadores e professores pelos seus honorários, contado o prazo da conclusão dos serviços, da cessação dos respectivos contratos ou mandato;

- V. art. 25, Lei 8.906/1994 (Estatuto da Advocacia e da OAB).

III – a pretensão do vencedor para haver do vencido o que despendeu em juízo.

Art. 215

CÓDIGO CIVIL

Capítulo II
DA DECADÊNCIA

Art. 207. Salvo disposição legal em contrário, não se aplicam à decadência as normas que impedem, suspendem ou interrompem a prescrição.
- V. arts. 197 a 204, CC.
- • V. art. 26, Lei 8.078/1990 (Código de Defesa do Consumidor).

Art. 208. Aplica-se à decadência o disposto nos arts. 195 e 198, inciso I.

Art. 209. É nula a renúncia à decadência fixada em lei.
- V. art. 191, CC.

Art. 210. Deve o juiz, de ofício, conhecer da decadência, quando estabelecida por lei.
- V. arts. 316, 354, *caput*, 487, II, CPC/2015.

Art. 211. Se a decadência for convencional, a parte a quem aproveita pode alegá-la em qualquer grau de jurisdição, mas o juiz não pode suprir a alegação.

TÍTULO V
DA PROVA

Art. 212. Salvo o negócio a que se impõe forma especial, o fato jurídico pode ser provado mediante:
- V. art. 5º, XII e LVI, CF.
- V. arts. 369 e 372, CPC/2015.

I – confissão;
- V. arts. 213 e 214, CC.
- V. arts. 389 a 395, CPC/2015.

II – documento;
- V. arts. 107 a 109 e 215 a 226, CC.
- V. arts. 384, *caput*, 405 a 438, CPC/2015.
- V. Lei 7.115/1983 (Prova documental).
- V. Lei 7.116/1983 (Validade nacional das carteiras de identidade).
- V. Lei 12.527/2011 (Lei Geral de Acesso à Informação Pública).

III – testemunha;
- V. arts. 227 a 229, CC.
- V. arts. 357, §§ 4º e 5º, 442 a 448, 450 a 463, CPC/2015.

IV – presunção;
- V. art. 375, CPC/2015.

V – perícia.
- V. arts. 231 e 232, CC.
- V. arts. 81, § 3º, 467 a 480, e 809, §§ 1º e 2º, CPC/2015.

Art. 213. Não tem eficácia a confissão se provém de quem não é capaz de dispor do direito a que se referem os fatos confessados.
- V. art. 392, *caput*, CPC/2015.

Parágrafo único. Se feita a confissão por um representante, somente é eficaz nos limites em que este pode vincular o representado.

Art. 214. A confissão é irrevogável, mas pode ser anulada se decorreu de erro de fato ou de coação.
- V. art. 393, CPC/2015.

Art. 215. A escritura pública, lavrada em notas de tabelião, é documento dotado de fé pública, fazendo prova plena.

§ 1º Salvo quando exigidos por lei outros requisitos, a escritura pública deve conter:
- V. Lei 7.433/1985 (Requisitos para lavratura de escrituras públicas).

I – data e local de sua realização;

II – reconhecimento da identidade e capacidade das partes e de quantos hajam comparecido ao ato, por si, como representantes, intervenientes ou testemunhas;

III – nome, nacionalidade, estado civil, profissão, domicílio e residência das partes e demais comparecentes, com a indicação, quando necessário, do regime de bens do casamento, nome do outro cônjuge e filiação;

IV – manifestação clara da vontade das partes e dos intervenientes;

V – referência ao cumprimento das exigências legais e fiscais inerentes à legitimidade do ato;

VI – declaração de ter sido lida na presença das partes e demais comparecentes, ou de que todos a leram;

VII – assinatura das partes e dos demais comparecentes, bem como a do tabelião ou seu substituto legal, encerrando o ato.

§ 2º Se algum comparecente não puder ou não souber escrever, outra pessoa capaz assinará por ele, a seu rogo.

§ 3º A escritura será redigida na língua nacional.
- V. art. 148, Lei 6.015/1973 (Lei de Registros Públicos).

§ 4º Se qualquer dos comparecentes não souber a língua nacional e o tabelião não entender o idioma em que se expressa, deverá comparecer tradutor público para servir de intérprete, ou, não o havendo na localidade, outra pessoa capaz que, a juízo do tabelião, tenha idoneidade e conhecimento bastantes.

§ 5º Se algum dos comparecentes não for conhecido do tabelião, nem puder identificar-se por documento, deverão participar do ato pelo menos duas testemunhas que o conheçam e atestem sua identidade.

Art. 216. Farão a mesma prova que os originais as certidões textuais de qualquer peça judicial, do protocolo das audiências, ou de outro qualquer livro a cargo do escrivão, sendo extraídas por ele, ou sob a sua vigilância, e por ele subscritas, assim como os traslados de autos, quando por outro escrivão consertados.

- V. art. 425, I e III, CPC/2015.

Art. 217. Terão a mesma força probante os traslados e as certidões, extraídos por tabelião ou oficial de registro, de instrumentos ou documentos lançados em suas notas.

- V. art. 425, II, CPC/2015.
- V. art. 830, CLT.
- V. Lei 5.433/1968 (Microfilmagem de documentos oficiais).
- V. Dec. 84.451/1980 (Atos notariais e de registro civil do serviço consular).
- V. Lei 8.935/1994 (Serviços notariais e de registro).
- V. Dec. 1.799/1996 (Regulamenta a Lei 5.433/1968).

Art. 218. Os traslados e as certidões considerar-se-ão instrumentos públicos, se os originais se houverem produzido em juízo como prova de algum ato.

Art. 219. As declarações constantes de documentos assinados presumem-se verdadeiras em relação aos signatários.

- V. art. 408, *caput*, CPC/2015.
- V. Lei 7.115/1983 (Prova documental).

Parágrafo único. Não tendo relação direta, porém, com as disposições principais ou com a legitimidade das partes, as declarações enunciativas não eximem os interessados em sua veracidade do ônus de prová-las.

- V. art. 408, parágrafo único, CPC/2015.

Art. 220. A anuência ou a autorização de outrem, necessária à validade de um ato, provar-se-á do mesmo modo que este, e constará, sempre que se possa, do próprio instrumento.

Art. 221. O instrumento particular, feito e assinado, ou somente assinado por quem esteja na livre disposição e administração de seus bens, prova as obrigações convencionais de qualquer valor; mas os seus efeitos, bem como os da cessão, não se operam, a respeito de terceiros, antes de registrado no registro público.

- V. arts. 288 e 289, CC.
- V. art. 412, CPC/2015.
- V. art. 2º, *caput* e § 1º, Lei 492/1937 (Penhor rural e cédula pignoratícia).
- V. arts. 127, I, 129-9, 156 e 161, Lei 6.015/1973 (Lei de Registros Públicos).
- V. art. 31, Lei 6.766/1979 (Parcelamento do solo urbano).
- V. Dec. 83.936/1979 (Simplificação de exigências de documentos).

Parágrafo único. A prova do instrumento particular pode suprir-se pelas outras de caráter legal.

- V. art. 183, CC.
- V. art. 408, parágrafo único, CPC/2015.

Art. 222. O telegrama, quando lhe for contestada a autenticidade, faz prova mediante conferência com o original assinado.

- V. arts. 413 e 414, CPC/2015.

Art. 223. A cópia fotográfica de documento, conferida por tabelião de notas, valerá como prova de declaração da vontade, mas, impugnada sua autenticidade, deverá ser exibido o original.

- V. arts. 423 e 424, CPC/2015.
- V. art. 2º, Dec.-lei 2.148/1940 (Certidões de tempo de serviço).

Parágrafo único. A prova não supre a ausência do título de crédito, ou do original, nos casos em que a lei ou as circunstâncias condicionarem o exercício do direito à sua exibição.

Art. 224. Os documentos redigidos em língua estrangeira serão traduzidos para o português para ter efeitos legais no País.

- V. arts. 162, I, e 192, parágrafo único, CPC/2015.
- V. art. 148, Lei 6.015/1973 (Lei de Registros Públicos).

Art. 225. As reproduções fotográficas, cinematográficas, os registros fonográficos e, em geral, quaisquer outras reproduções mecânicas ou eletrônicas de fatos ou de coisas fazem prova plena destes, se a parte,

Art. 233

CÓDIGO CIVIL

contra quem forem exibidos, não lhes impugnar a exatidão.

- V. art. 422, CPC/2015.

Art. 226. Os livros e fichas dos empresários e sociedades provam contra as pessoas a que pertencem, e, em seu favor, quando, escriturados sem vício extrínseco ou intrínseco, forem confirmados por outros subsídios.

- V. arts. 1.191 e 1.192, CC.
- V. arts. 417 a 421, CPC/2015.

Parágrafo único. A prova resultante dos livros e fichas não é bastante nos casos em que a lei exige escritura pública, ou escrito particular revestido de requisitos especiais, e pode ser ilidida pela comprovação da falsidade ou inexatidão dos lançamentos.

- V. art. 215, CC.

Art. 227. *(Revogado pela Lei 13.105/2015 – DOU 17.03.2015, em vigor após decorrido 1 (um) ano da data de sua publicação oficial.)*

Parágrafo único. Qualquer que seja o valor do negócio jurídico, a prova testemunhal é admissível como subsidiária ou complementar da prova por escrito.

- V. art. 444 e 445, CPC/2015.

Art. 228. Não podem ser admitidos como testemunhas:

- V. art. 3º, I e II, CC.
- V. arts. 447, §§ 1º a 3º, 452 e 457, *caput*, CPC/2015.
- V. art. 206, CPP.
- V. art. 829, CLT.
- V. art. 42, Lei 6.015/1973 (Lei de Registros Públicos).

I – os menores de 16 (dezesseis) anos;

II – *(Revogado pela Lei 13.146/2015 – DOU 07.07.2015, em vigor após decorridos 180 (cento e oitenta) dias de sua publicação oficial.)*

III – *(Revogado pela Lei 13.146/2015 – DOU 07.07.2015, em vigor após decorridos 180 (cento e oitenta) dias de sua publicação oficial.)*

IV – o interessado no litígio, o amigo íntimo ou o inimigo capital das partes;

V – os cônjuges, os ascendentes, os descendentes e os colaterais, até o terceiro grau de alguma das partes, por consanguinidade, ou afinidade.

§ 1º Para a prova de fatos que só elas conheçam, pode o juiz admitir o depoimento das pessoas a que se refere este artigo.

- Primitivo parágrafo único renumerado pela Lei 13.146/2015 (*DOU* 07.07.2015), em vigor após decorridos 180 (cento e oitenta) dias de sua publicação oficial.
- V. art. 447, § 4º, CPC/2015.

§ 2º A pessoa com deficiência poderá testemunhar em igualdade de condições com as demais pessoas, sendo-lhe assegurados todos os recursos de tecnologia assistiva.

- § 2º acrescentado pela Lei 13.146/2015 (*DOU* 07.07.2015), em vigor após decorridos 180 (cento e oitenta) dias de sua publicação oficial.

Art. 229. *(Revogado pela Lei 13.105/2015 – DOU 17.03.2015, em vigor após decorrido 1 (um) ano da data de sua publicação oficial.)*

Art. 230. *(Revogado pela Lei 13.105/2015 – DOU 17.03.2015, em vigor após decorrido 1 (um) ano da data de sua publicação oficial.)*

Art. 231. Aquele que se nega a submeter-se a exame médico necessário não poderá aproveitar-se de sua recusa.

Art. 232. A recusa à perícia médica ordenada pelo juiz poderá suprir a prova que se pretendia obter com o exame.

PARTE ESPECIAL

LIVRO I
DO DIREITO DAS OBRIGAÇÕES

TÍTULO I
DAS MODALIDADES DAS OBRIGAÇÕES

Capítulo I
DAS OBRIGAÇÕES DE DAR

Seção I
Das obrigações de dar coisa certa

Art. 233. A obrigação de dar coisa certa abrange os acessórios dela embora não mencionados, salvo se o contrário resultar do título ou das circunstâncias do caso.

- V. arts. 92 a 97, CC.
- V. arts. 806 a 810, CPC/2015.

Art. 234. Se, no caso do artigo antecedente, a coisa se perder, sem culpa do devedor, antes da tradição, ou pendente a condição suspensiva, fica resolvida a obrigação para ambas as partes; se a perda resultar de culpa do devedor, responderá este pelo equivalente e mais perdas e danos.
- V. arts. 125, 239, 248, 250, 256, 389, 402 a 405, 444, 458, 492, 611 e 1.267, parágrafo único, CC.

Art. 235. Deteriorada a coisa, não sendo o devedor culpado, poderá o credor resolver a obrigação, ou aceitar a coisa, abatido de seu preço o valor que perdeu.
- V. art. 240, CC.

Art. 236. Sendo culpado o devedor, poderá o credor exigir o equivalente, ou aceitar a coisa no estado em que se acha, com direito a reclamar, em um ou em outro caso, indenização das perdas e danos.
- V. arts. 239, 389 e 402 a 405, CC.

Art. 237. Até a tradição pertence ao devedor a coisa, com os seus melhoramentos e acrescidos, pelos quais poderá exigir aumento no preço; se o credor não anuir, poderá o devedor resolver a obrigação.
- V. art. 1.267, parágrafo único, CC.

Parágrafo único. Os frutos percebidos são do devedor, cabendo ao credor os pendentes.
- V. arts. 1.214 e 1.215, CC.

Art. 238. Se a obrigação for de restituir coisa certa, e esta, sem culpa do devedor, se perder antes da tradição, sofrerá o credor a perda, e a obrigação se resolverá, ressalvados os seus direitos até o dia da perda.
- V. art. 241, CC.

Art. 239. Se a coisa se perder por culpa do devedor, responderá este pelo equivalente, mais perdas e danos.
- V. arts. 234, 2ª parte, e 402 a 405, CC.

Art. 240. Se a coisa restituível se deteriorar sem culpa do devedor, recebê-la-á o credor, tal qual se ache, sem direito a indenização; se por culpa do devedor, observar-se-á o disposto no art. 239.

Art. 241. Se, no caso do art. 238, sobrevier melhoramento ou acréscimo à coisa, sem despesa ou trabalho do devedor, lucrará o credor, desobrigado de indenização.

Art. 242. Se para o melhoramento, ou aumento, empregou o devedor trabalho ou dispêndio, o caso se regulará pelas normas deste Código atinentes às benfeitorias realizadas pelo possuidor de boa-fé ou de má-fé.
- V. arts. 1.219 a 1.222, CC.

Parágrafo único. Quanto aos frutos percebidos, observar-se-á, do mesmo modo, o disposto neste Código, acerca do possuidor de boa-fé ou de má-fé.
- V. arts. 1.214 e 1.216, CC.

Seção II
Das obrigações de dar coisa incerta

Art. 243. A coisa incerta será indicada, ao menos, pelo gênero e pela quantidade.
- V. arts. 811 a 813, CPC/2015.

Art. 244. Nas coisas determinadas pelo gênero e pela quantidade, a escolha pertence ao devedor, se o contrário não resultar do título da obrigação; mas não poderá dar a coisa pior, nem será obrigado a prestar a melhor.
- V. arts. 342, 1.929 e 1.931, CC.

Art. 245. Cientificado da escolha o credor, vigorará o disposto na Seção antecedente.
- V. arts. 233 a 242, CC.

Art. 246. Antes da escolha, não poderá o devedor alegar perda ou deterioração da coisa, ainda que por força maior ou caso fortuito.
- V. art. 393, CC.

Capítulo II
DAS OBRIGAÇÕES DE FAZER

Art. 247. Incorre na obrigação de indenizar perdas e danos o devedor que recusar a prestação a ele só imposta, ou só por ele exequível.
- V. arts. 85 e 402 a 405, CC.
- V. arts. 497 a 500, 536, *caput* e §§ 1º e 2º, 537, *caput* e § 1º, 538, *caput* e § 3º, 814 a 821, CPC/2015.
- V. art. 213, Lei 8.069/1990 (Estatuto da Criança e do Adolescente).
- V. art. 52, V e VI, Lei 9.099/1995 (Juizados Especiais Cíveis e Criminais).

Art. 248. Se a prestação do fato tornar-se impossível sem culpa do devedor, resol-

ver-se-á a obrigação; se por culpa dele, responderá por perdas e danos.
- V. arts. 402 a 405, CC.

Art. 249. Se o fato puder ser executado por terceiro, será livre ao credor mandá-lo executar à custa do devedor, havendo recusa ou mora deste, sem prejuízo da indenização cabível.
- V. arts. 389, 394 e 402 a 405, CC.

Parágrafo único. Em caso de urgência, pode o credor, independentemente de autorização judicial, executar ou mandar executar o fato, sendo depois ressarcido.

Capítulo III
DAS OBRIGAÇÕES DE NÃO FAZER

Art. 250. Extingue-se a obrigação de não fazer, desde que, sem culpa do devedor, se lhe torne impossível abster-se do ato, que se obrigou a não praticar.
- V. arts. 497, 499, 500, 536, caput, § 1º, 537, caput, § 1º, 814, 822 e 823, CPC/2015.
- V. art. 52, V, Lei 9.099/1995 (Juizados Especiais Cíveis e Criminais).

Art. 251. Praticado pelo devedor o ato, a cuja abstenção se obrigara, o credor pode exigir dele que o desfaça, sob pena de se desfazer à sua custa, ressarcindo o culpado perdas e danos.
- V. arts. 389, 394 e 402 a 405, CC.

Parágrafo único. Em caso de urgência, poderá o credor desfazer ou mandar desfazer, independentemente de autorização judicial, sem prejuízo do ressarcimento devido.

Capítulo IV
DAS OBRIGAÇÕES ALTERNATIVAS

Art. 252. Nas obrigações alternativas, a escolha cabe ao devedor, se outra coisa não se estipulou.
- V. arts. 342, 1.932 e 1.933, CC.
- V. arts. 543 e 800, CPC/2015.

§ 1º Não pode o devedor obrigar o credor a receber parte em uma prestação e parte em outra.
- V. art. 314, CC.

§ 2º Quando a obrigação for de prestações periódicas, a faculdade de opção poderá ser exercida em cada período.

§ 3º No caso de pluralidade de optantes, não havendo acordo unânime entre eles, decidirá o juiz, findo o prazo por este assinado para a deliberação.

§ 4º Se o título deferir a opção a terceiro, e este não quiser, ou não puder exercê-la, caberá ao juiz a escolha se não houver acordo entre as partes.
- V. art. 1.930, CC.

Art. 253. Se uma das duas prestações não puder ser objeto de obrigação ou se tornada inexequível, subsistirá o débito quanto à outra.

Art. 254. Se, por culpa do devedor, não se puder cumprir nenhuma das prestações, não competindo ao credor a escolha, ficará aquele obrigado a pagar o valor da que por último se impossibilitou, mais as perdas e danos que o caso determinar.
- V. arts. 389 e 402 a 405, CC.

Art. 255. Quando a escolha couber ao credor e uma das prestações tornar-se impossível por culpa do devedor, o credor terá direito de exigir a prestação subsistente ou o valor da outra, com perdas e danos; se, por culpa do devedor, ambas as prestações se tornarem inexequíveis, poderá o credor reclamar o valor de qualquer das duas, além da indenização por perdas e danos.
- V. arts. 389 e 402 a 405, CC.

Art. 256. Se todas as prestações se tornarem impossíveis sem culpa do devedor, extinguir-se-á a obrigação.
- V. arts. 234 e 393, CC.

Capítulo V
DAS OBRIGAÇÕES DIVISÍVEIS E INDIVISÍVEIS

Art. 257. Havendo mais de um devedor ou mais de um credor em obrigação divisível, esta presume-se dividida em tantas obrigações, iguais e distintas, quantos os credores ou devedores.
- V. arts. 87, 88, 105 e 265, CC.

Art. 258. A obrigação é indivisível quando a prestação tem por objeto uma coisa ou um fato não suscetíveis de divisão, por sua natureza, por motivo de ordem econômica, ou dada a razão determinante do negócio jurídico.

Art. 259. Se, havendo dois ou mais devedores, a prestação não for divisível, cada um será obrigado pela dívida toda.
- V. art. 264, CC.

Parágrafo único. O devedor, que paga a dívida, sub-roga-se no direito do credor em relação aos outros coobrigados.
- V. art. 346, CC.

Art. 260. Se a pluralidade for dos credores, poderá cada um destes exigir a dívida inteira; mas o devedor ou devedores se desobrigarão, pagando:
- V. art. 267, CC.

I – a todos conjuntamente;

II – a um, dando este caução de ratificação dos outros credores.

Art. 261. Se um só dos credores receber a prestação por inteiro, a cada um dos outros assistirá o direito de exigir dele em dinheiro a parte que lhe caiba no total.

Art. 262. Se um dos credores remitir a dívida, a obrigação não ficará extinta para com os outros; mas estes só a poderão exigir, descontada a quota do credor remitente.

Parágrafo único. O mesmo critério se observará no caso de transação, novação, compensação ou confusão.
- V. arts. 360 a 384 e 840 a 850, CC.

Art. 263. Perde a qualidade de indivisível a obrigação que se resolver em perdas e danos.
- V. arts. 402 a 405, CC.

§ 1º Se, para efeito do disposto neste artigo, houver culpa de todos os devedores, responderão todos por partes iguais.

§ 2º Se for de um só a culpa, ficarão exonerados os outros, respondendo só esse pelas perdas e danos.

Capítulo VI
DAS OBRIGAÇÕES SOLIDÁRIAS
Seção I
Disposições gerais

Art. 264. Há solidariedade, quando na mesma obrigação concorre mais de um credor, ou mais de um devedor, cada um com direito, ou obrigado, à dívida toda.
- V. arts. 257 e 258, CC.
- V. arts. 130, III, e 1.005, parágrafo único, CPC/2015.

Art. 265. A solidariedade não se presume; resulta da lei ou da vontade das partes.
- V. arts. 257 e 942, CC.
- V. arts. 124 e 125, CTN.
- V. arts. 7º, parágrafo único, 18, *caput*, 19, *caput*, 25, §§ 1º e 2º, 28, § 3º, e 34, Lei 8.078/1990 (Código de Defesa do Consumidor).
- V. Súmula 26, STJ.

Art. 266. A obrigação solidária pode ser pura e simples para um dos cocredores ou codevedores, e condicional, ou a prazo, ou pagável em lugar diferente, para o outro.

Seção II
Da solidariedade ativa

Art. 267. Cada um dos credores solidários tem direito a exigir do devedor o cumprimento da prestação por inteiro.
- V. art. 260, CC.

Art. 268. Enquanto alguns dos credores solidários não demandarem o devedor comum, a qualquer daqueles poderá este pagar.

Art. 269. O pagamento feito a um dos credores solidários extingue a dívida até o montante do que foi pago.

Art. 270. Se um dos credores solidários falecer deixando herdeiros, cada um destes só terá direito a exigir e receber a quota do crédito que corresponder ao seu quinhão hereditário, salvo se a obrigação for indivisível.

Art. 271. Convertendo-se a prestação em perdas e danos, subsiste, para todos os efeitos, a solidariedade.
- V. arts. 402 a 405, CC.

Art. 272. O credor que tiver remitido a dívida ou recebido o pagamento responderá aos outros pela parte que lhes caiba.
- V. arts. 277 e 388, CC.

Art. 273. A um dos credores solidários não pode o devedor opor as exceções pessoais oponíveis aos outros.

Art. 274. O julgamento contrário a um dos credores solidários não atinge os demais, mas o julgamento favorável aproveita-lhes, sem prejuízo de exceção pessoal que o devedor tenha direito de invocar em relação a qualquer deles.
- Artigo com redação determinada pela Lei 13.105/2015 (*DOU* 17.03.2015), em vigor após decorrido 1 (um) ano da data de sua publicação oficial.

Seção III
Da solidariedade passiva

Art. 275. O credor tem direito a exigir e receber de um ou de alguns dos devedores, parcial ou totalmente, a dívida comum; se o pagamento tiver sido parcial, todos os demais devedores continuam obrigados solidariamente pelo resto.

- V. art. 333, parágrafo único, CC.
- V. arts. 130 e 1.005, parágrafo único, CPC/2015.

Parágrafo único. Não importará renúncia da solidariedade a propositura de ação pelo credor contra um ou alguns dos devedores.

Art. 276. Se um dos devedores solidários falecer deixando herdeiros, nenhum destes será obrigado a pagar senão a quota que corresponder ao seu quinhão hereditário, salvo se a obrigação for indivisível; mas todos reunidos serão considerados como um devedor solidário em relação aos demais devedores.

- V. arts. 87 e 88, 257 a 263, 1.792, 1.821 e 1.997, CC.

Art. 277. O pagamento parcial feito por um dos devedores e a remissão por ele obtida não aproveitam aos outros devedores, senão até à concorrência da quantia paga ou relevada.

- V. arts. 272 e 385 a 388, CC.
- V. art. 125, CTN.

Art. 278. Qualquer cláusula, condição ou obrigação adicional, estipulada entre um dos devedores solidários e o credor, não poderá agravar a posição dos outros sem consentimento destes.

- V. arts. 121 a 137, CC.

Art. 279. Impossibilitando-se a prestação por culpa de um dos devedores solidários, subsiste para todos o encargo de pagar o equivalente; mas pelas perdas e danos só responde o culpado.

- V. arts. 402 a 405, CC.

Art. 280. Todos os devedores respondem pelos juros da mora, ainda que a ação tenha sido proposta somente contra um; mas o culpado responde aos outros pela obrigação acrescida.

- V. arts. 394 e 406, CC.

Art. 281. O devedor demandado pode opor ao credor as exceções que lhe forem pessoais e as comuns a todos; não lhe aproveitando as exceções pessoais a outro codevedor.

- V. art. 177, CC.

Art. 282. O credor pode renunciar à solidariedade em favor de um, de alguns ou de todos os devedores.

- V. arts. 284 e 388, CC.

Parágrafo único. Se o credor exonerar da solidariedade um ou mais devedores, subsistirá a dos demais.

Art. 283. O devedor que satisfez a dívida por inteiro tem direito a exigir de cada um dos codevedores a sua quota, dividindo-se igualmente por todos a do insolvente, se o houver, presumindo-se iguais, no débito, as partes de todos os codevedores.

- V. arts. 346, 680 e 831, CC.

Art. 284. No caso de rateio entre os codevedores, contribuirão também os exonerados da solidariedade pelo credor, pela parte que na obrigação incumbia ao insolvente.

- V. art. 282, CC.

Art. 285. Se a dívida solidária interessar exclusivamente a um dos devedores, responderá este por toda ela para com aquele que pagar.

- V. art. 333, CC.

TÍTULO II
DA TRANSMISSÃO DAS OBRIGAÇÕES

Capítulo I
DA CESSÃO DE CRÉDITO

Art. 286. O credor pode ceder o seu crédito, se a isso não se opuser a natureza da obrigação, a lei, ou a convenção com o devedor; a cláusula proibitiva da cessão não poderá ser oposta ao cessionário de boa-fé, se não constar do instrumento da obrigação.

- V. arts. 347, 348, 358, 377, 497, parágrafo único, 498, 1.149 e 1.749, II e III, CC.
- V. art. 16, Dec.-lei 70/1966 (Associações de poupança e empréstimo e cédula hipotecária).
- V. arts. 18 e 28, Lei 9.514/1997 (Sistema de Financiamento Imobiliário e alienação fiduciária de coisa imóvel).
- V. art. 83, § 4º, Lei 11.101/2005 (Lei de Recuperação de Empresas e Falência).
- V. art. 20, anexo, Dec. 57.663/1966 (Lei Uniforme de Câmbio).

Art. 287

Art. 287. Salvo disposição em contrário, na cessão de um crédito abrangem-se todos os seus acessórios.
- V. arts. 92, 348 e 364, CC.

Art. 288. É ineficaz, em relação a terceiros, a transmissão de um crédito, se não celebrar-se mediante instrumento público, ou instrumento particular revestido das solenidades do § 1º do art. 654.
- V. arts. 221, 347 e 348, CC.
- V. arts. 127, I, e 129-9, Lei 6.015/1973 (Lei de Registros Públicos).

Art. 289. O cessionário de crédito hipotecário tem o direito de fazer averbar a cessão no registro do imóvel.
- V. art. 346, II, CC.
- V. arts. 246, Lei 6.015/1973 (Lei de Registros Públicos).

Art. 290. A cessão do crédito não tem eficácia em relação ao devedor, senão quando a este notificada; mas por notificado se tem o devedor que, em escrito público ou particular, se declarou ciente da cessão feita.
- V. arts. 312, 347, 348 e 377, CC.
- V. art. 35, Lei 9.514/1997 (Sistema de Financiamento Imobiliário e alienação fiduciária de coisa imóvel).

Art. 291. Ocorrendo várias cessões do mesmo crédito, prevalece a que se completar com a tradição do título do crédito cedido.
- V. arts. 347 e 348, CC.
- V. art. 16, Dec.-lei 70/1966 (Associações de poupança e empréstimo e cédula hipotecária).

Art. 292. Fica desobrigado o devedor que, antes de ter conhecimento da cessão, paga ao credor primitivo, ou que, no caso de mais de uma cessão notificada, paga ao cessionário que lhe apresenta, com o título de cessão, o da obrigação cedida; quando o crédito constar de escritura pública, prevalecerá a prioridade da notificação.
- V. arts. 215, 347 e 348, CC.

Art. 293. Independentemente do conhecimento da cessão pelo devedor, pode o cessionário exercer os atos conservatórios do direito cedido.

Art. 294. O devedor pode opor ao cessionário as exceções que lhe competirem, bem como as que, no momento em que veio a ter conhecimento da cessão, tinha contra o cedente.
- V. arts. 347 e 348, CC.

- V. art. 16, Dec.-lei 70/1966 (Associações de poupança e empréstimo e cédula hipotecária).

Art. 295. Na cessão por título oneroso, o cedente, ainda que não se responsabilize, fica responsável ao cessionário pela existência do crédito ao tempo em que lhe cedeu; a mesma responsabilidade lhe cabe nas cessões por título gratuito, se tiver procedido de má-fé.
- V. arts. 347 e 348, CC.

Art. 296. Salvo estipulação em contrário, o cedente não responde pela solvência do devedor.
- V. arts. 347 e 348, CC.

Art. 297. O cedente, responsável ao cessionário pela solvência do devedor, não responde por mais do que daquele recebeu, com os respectivos juros; mas tem de ressarcir-lhe as despesas da cessão e as que o cessionário houver feito com a cobrança.
- V. arts. 347 e 348, CC.

Art. 298. O crédito, uma vez penhorado, não pode mais ser transferido pelo credor que tiver conhecimento da penhora; mas o devedor que o pagar, não tendo notificação dela, fica exonerado, subsistindo somente contra o credor os direitos de terceiro.
- V. arts. 312, 347 e 348, CC.
- V. art. 240, Lei 6.015/1973 (Lei de Registros Públicos).

Capítulo II
DA ASSUNÇÃO DE DÍVIDA

Art. 299. É facultado a terceiro assumir a obrigação do devedor, com o consentimento expresso do credor, ficando exonerado o devedor primitivo, salvo se aquele, ao tempo da assunção, era insolvente e o credor o ignorava.

Parágrafo único. Qualquer das partes pode assinar prazo ao credor para que consinta na assunção da dívida, interpretando-se o seu silêncio como recusa.
- •• V. art. 111, CC.

Art. 300. Salvo assentimento expresso do devedor primitivo, consideram-se extintas, a partir da assunção da dívida, as garantias especiais por ele originariamente dadas ao credor.

Art. 301. Se a substituição do devedor vier a ser anulada, restaura-se o débito, com todas as suas garantias, salvo as garantias prestadas por terceiros, exceto se este conhecia o vício que inquinava a obrigação.

Art. 302. O novo devedor não pode opor ao credor as exceções pessoais que competiam ao devedor primitivo.

Art. 303. O adquirente de imóvel hipotecado pode tomar a seu cargo o pagamento do crédito garantido; se o credor, notificado, não impugnar em 30 (trinta) dias a transferência do débito, entender-se-á dado o assentimento.

• V. art. 1.479, CC.

TÍTULO III
DO ADIMPLEMENTO E EXTINÇÃO DAS OBRIGAÇÕES

Capítulo I
DO PAGAMENTO

Seção I
De quem deve pagar

Art. 304. Qualquer interessado na extinção da dívida pode pagá-la, usando, se o credor se opuser, dos meios conducentes à exoneração do devedor.

• V. arts. 334, 346, III, e 394, CC.
• V. art. 158, II, Lei 11.101/2005 (Lei de Recuperação de Empresas e Falência).

Parágrafo único. Igual direito cabe ao terceiro não interessado, se o fizer em nome e à conta do devedor, salvo oposição deste.

Art. 305. O terceiro não interessado, que paga a dívida em seu próprio nome, tem direito a reembolsar-se do que pagou; mas não se sub-roga nos direitos do credor.

• V. arts. 346, III, 347, 348, 871, 872 e 880, CC.

Parágrafo único. Se pagar antes de vencida a dívida, só terá direito ao reembolso no vencimento.

Art. 306. O pagamento feito por terceiro, com desconhecimento ou oposição do devedor, não obriga a reembolsar aquele que pagou, se o devedor tinha meios para ilidir a ação.

Art. 307. Só terá eficácia o pagamento que importar transmissão da propriedade, quando feito por quem possa alienar o objeto em que ele consistiu.

• V. arts. 356 a 359 e 1.268, CC.

Parágrafo único. Se se der em pagamento coisa fungível, não se poderá mais reclamar do credor que, de boa-fé, a recebeu e consumiu, ainda que o solvente não tivesse o direito de aliená-la.

• V. art. 85, CC.

Seção II
Daqueles a quem se deve pagar

Art. 308. O pagamento deve ser feito ao credor ou a quem de direito o represente, sob pena de só valer depois de por ele ratificado, ou tanto quanto reverter em seu proveito.

• V. arts. 171 a 179, 335, 662, 673, 873 e 905, CC.

Art. 309. O pagamento feito de boa-fé ao credor putativo é válido, ainda provado depois que não era credor.

• V. art. 113, CC.

Art. 310. Não vale o pagamento cientemente feito ao credor incapaz de quitar, se o devedor não provar que em benefício dele efetivamente reverteu.

• V. arts. 3º, 4º e 181, CC.

Art. 311. Considera-se autorizado a receber o pagamento o portador da quitação, salvo se as circunstâncias contrariarem a presunção daí resultante.

• V. art. 320, CC.

Art. 312. Se o devedor pagar ao credor, apesar de intimado da penhora feita sobre o crédito, ou da impugnação a ele oposta por terceiros, o pagamento não valerá contra estes, que poderão constranger o devedor a pagar de novo, ficando-lhe ressalvado o regresso contra o credor.

• V. arts. 290, 298, 876 e 1.460, parágrafo único, CC.
• V. arts. 855 e 856, CPC/2015.

Seção III
Do objeto do pagamento e sua prova

Art. 313. O credor não é obrigado a receber prestação diversa da que lhe é devida, ainda que mais valiosa.

- V. arts. 233 a 242 e 356, CC.
- V. arts. 806 a 810, CPC/2015.

Art. 314. Ainda que a obrigação tenha por objeto prestação divisível, não pode o credor ser obrigado a receber, nem o devedor a pagar, por partes, se assim não se ajustou.

- V. arts. 87, 88, 252, 257, 258, 414, 415 e 844, CC.
- V. art. 22, § 1º, Dec. 2.044/1908 (Letra de câmbio e nota promissória).

Art. 315. As dívidas em dinheiro deverão ser pagas no vencimento, em moeda corrente e pelo valor nominal, salvo o disposto nos artigos subsequentes.

- V. arts. 327, 328 e 393, CC.
- V. art. 162, CTN.
- V. art. 9º, Dec.-lei 4.657/1942 (Lei de Introdução às normas do Direito Brasileiro).
- V. art. 1º, Dec.-lei 857/1969 (Moeda de pagamento de obrigações exequíveis no Brasil).
- V. Lei 9.069/1995 (Plano Real).
- V. art. 1º, *caput*, Lei 10.192/2001 (Medidas complementares ao Plano Real).

Art. 316. É lícito convencionar o aumento progressivo de prestações sucessivas.

- V. Lei 5.670/1971 (Cálculo da correção monetária).
- V. Lei 6.899/1981 (Correção monetária nos débitos oriundos de decisão judicial).
- V. arts. 1º, parágrafo único, II e III, e 2º, Lei 10.192/2001 (Medidas complementares ao Plano Real).

Art. 317. Quando, por motivos imprevisíveis, sobrevier desproporção manifesta entre o valor da prestação devida e o do momento de sua execução, poderá o juiz corrigi-lo, a pedido da parte, de modo que assegure, quanto possível, o valor real da prestação.

- V. art. 478, CC.

Art. 318. São nulas as convenções de pagamento em ouro ou em moeda estrangeira, bem como para compensar a diferença entre o valor desta e o da moeda nacional, excetuados os casos previstos na legislação especial.

- V. art. 1º, Dec.-lei 857/1969 (Moeda de pagamento de obrigações exequíveis no Brasil).
- V. art. 6º, Lei 8.880/1994 (Sistema Monetário Nacional).
- V. art. 1º, parágrafo único, Lei 10.192/2001 (Medidas complementares ao Plano Real).

Art. 319. O devedor que paga tem direito a quitação regular, e pode reter o pagamento, enquanto não lhe seja dada.

- V. arts. 335, I, e 396, CC.
- V. art. 205, CTN.

Art. 320. A quitação, que sempre poderá ser dada por instrumento particular, designará o valor e a espécie da dívida quitada, o nome do devedor, ou quem por este pagou, o tempo e o lugar do pagamento, com a assinatura do credor, ou do seu representante.

- V. art. 477, §§ 1º e 2º, CLT.
- V. arts. 129-7 e 251, I, Lei 6.015/1973 (Lei de Registros Públicos).

Parágrafo único. Ainda sem os requisitos estabelecidos neste artigo valerá a quitação, se de seus termos ou das circunstâncias resultar haver sido paga a dívida.

Art. 321. Nos débitos, cuja quitação consista na devolução do título, perdido este, poderá o devedor exigir, retendo o pagamento, declaração do credor que inutilize o título desaparecido.

Art. 322. Quando o pagamento for em quotas periódicas, a quitação da última estabelece, até prova em contrário, a presunção de estarem solvidas as anteriores.

Art. 323. Sendo a quitação do capital sem reserva dos juros, estes presumem-se pagos.

Art. 324. A entrega do título ao devedor firma a presunção do pagamento.

- V. arts. 321, 386 e 902, §§ 1º e 2º, CC.

Parágrafo único. Ficará sem efeito a quitação assim operada se o credor provar, em 60 (sessenta) dias, a falta do pagamento.

Art. 325. Presumem-se a cargo do devedor as despesas com o pagamento e a quitação; se ocorrer aumento por fato do credor, suportará este a despesa acrescida.

Art. 326. Se o pagamento se houver de fazer por medida, ou peso, entender-se-á, no silêncio das partes, que aceitaram os do lugar da execução.

Seção IV
Do lugar do pagamento

Art. 327. Efetuar-se-á o pagamento no domicílio do devedor, salvo se as partes convencionarem diversamente, ou se o contrário resultar da lei, da natureza da obrigação ou das circunstâncias.

- V. arts. 70 a 78, e 394, CC.
- V. art. 159, CTN.

Art. 336

CÓDIGO CIVIL

Parágrafo único. Designados dois ou mais lugares, cabe ao credor escolher entre eles.

Art. 328. Se o pagamento consistir na tradição de um imóvel, ou em prestações relativas a imóvel, far-se-á no lugar onde situado o bem.

- V. art. 341, CC.

Art. 329. Ocorrendo motivo grave para que se não efetue o pagamento no lugar determinado, poderá o devedor fazê-lo em outro, sem prejuízo para o credor.

Art. 330. O pagamento reiteradamente feito em outro local faz presumir renúncia do credor relativamente ao previsto no contrato.

- V. art. 114, CC.

Seção V
Do tempo do pagamento

Art. 331. Salvo disposição legal em contrário, não tendo sido ajustada época para o pagamento, pode o credor exigi-lo imediatamente.

- V. arts. 134, 333, 397, parágrafo único, 592 e 939, CC.
- V. art. 160, CTN.
- V. art. 52, § 2º, Lei 8.078/1990 (Código de Defesa do Consumidor).

Art. 332. As obrigações condicionais cumprem-se na data do implemento da condição, cabendo ao credor a prova de que deste teve ciência o devedor.

- V. arts. 121 a 130, CC.

Art. 333. Ao credor assistirá o direito de cobrar a dívida antes de vencido o prazo estipulado no contrato ou marcado neste Código:

- V. arts. 476, 477, 590, 939, 941, 1.425 e 1.465, CC.

I – no caso de falência do devedor, ou de concurso de credores;

- V. art. 955, CC.
- V. arts. 908 e 909, CPC/2015.
- V. art. 18, Lei 6.024/1974 (Intervenção e liquidação extrajudicial).
- V. art. 77, Lei 11.101/2005 (Lei de Recuperação de Empresas e Falência).

II – se os bens, hipotecados ou empenhados, forem penhorados em execução por outro credor;

- V. art. 1.425, § 2º, CC.

- V. art. 856, § 2º, CPC/2015.

III – se cessarem, ou se se tornarem insuficientes, as garantias do débito, fidejussórias, ou reais, e o devedor, intimado, se negar a reforçá-las.

- V. art. 826, CC.
- V. art. 49, II, LC 109/2001 (Regime de Previdência Complementar).

Parágrafo único. Nos casos deste artigo, se houver, no débito, solidariedade passiva, não se reputará vencido quanto aos outros devedores solventes.

- V. arts. 264 a 285, CC.

Capítulo II
DO PAGAMENTO EM CONSIGNAÇÃO

Art. 334. Considera-se pagamento, e extingue a obrigação, o depósito judicial ou em estabelecimento bancário da coisa devida, nos casos e forma legais.

- V. arts. 539 a 549, CPC/2015.
- V. art. 164, CTN.
- V. art. 33, Dec.-lei 3.365/1941 (Desapropriações por utilidade pública).

Art. 335. A consignação tem lugar:

- V. arts. 539 a 549, CPC/2015.

I – se o credor não puder, ou, sem justa causa, recusar receber o pagamento, ou dar quitação na devida forma;

- V. arts. 304, 319 a 324, 635 e 641, CC.

II – se o credor não for, nem mandar receber a coisa no lugar, tempo e condição devidos;

- V. arts. 327 a 333 e 341, CC.

III – se o credor for incapaz de receber, for desconhecido, declarado ausente, ou residir em lugar incerto ou de acesso perigoso ou difícil;

- V. arts. 3º, 4º, 22, 160 e 955, CC.

IV – se ocorrer dúvida sobre quem deva legitimamente receber o objeto do pagamento;

- V. arts. 344 e 345, CC.
- V. arts. 547 e 548, CPC/2015.

V – se pender litígio sobre o objeto do pagamento.

- V. arts. 344 e 345, CC.

Art. 336. Para que a consignação tenha força de pagamento, será mister concorram, em relação às pessoas, ao objeto, mo-

do e tempo, todos os requisitos sem os quais não é válido o pagamento.
- V. arts. 304 a 333, CC.

Art. 337. O depósito requerer-se-á no lugar do pagamento, cessando, tanto que se efetue, para o depositante, os juros da dívida e os riscos, salvo se for julgado improcedente.
- V. arts. 327 a 329, CC.
- V. art. 540, CPC/2015.

Art. 338. Enquanto o credor não declarar que aceita o depósito, ou não o impugnar, poderá o devedor requerer o levantamento, pagando as respectivas despesas, e subsistindo a obrigação para todas as consequências de direito.

Art. 339. Julgado procedente o depósito, o devedor já não poderá levantá-lo, embora o credor consinta, senão de acordo com os outros devedores e fiadores.

Art. 340. O credor que, depois de contestar a lide ou aceitar o depósito, aquiescer no levantamento, perderá a preferência e a garantia que lhe competiam com respeito à coisa consignada, ficando para logo desobrigados os codevedores e fiadores que não tenham anuído.

Art. 341. Se a coisa devida for imóvel ou corpo certo que deva ser entregue no mesmo lugar onde está, poderá o devedor citar o credor para vir ou mandar recebê-la, sob pena de ser depositada.
- V. arts. 328 e 335, II, CC.
- V. art. 540, CPC/2015.

Art. 342. Se a escolha da coisa indeterminada competir ao credor, será ele citado para esse fim, sob cominação de perder o direito e de ser depositada a coisa que o devedor escolher; feita a escolha pelo devedor, proceder-se-á como no artigo antecedente.
- V. arts. 244, 252, 255 e 256, CC.
- V. art. 543, CPC/2015.

Art. 343. As despesas com o depósito, quando julgado procedente, correrão à conta do credor, e, no caso contrário, à conta do devedor.
- V. art. 546, CPC/2015.

Art. 344. O devedor de obrigação litigiosa exonerar-se-á mediante consignação, mas, se pagar a qualquer dos pretendidos credores, tendo conhecimento do litígio, assumirá o risco do pagamento.
- V. art. 856, § 2º, CPC/2015.

Art. 345. Se a dívida se vencer, pendendo litígio entre credores que se pretendem mutuamente excluir, poderá qualquer deles requerer a consignação.

Capítulo III
DO PAGAMENTO COM SUB-ROGAÇÃO

Art. 346. A sub-rogação opera-se, de pleno direito, em favor:
- V. arts. 289 e 350, CC.
- V. art. 13, parágrafo único, Lei 8.078/1990 (Código de Defesa do Consumidor).

I – do credor que paga a dívida do devedor comum;
- V. arts. 304 e 1.478, CC.

II – do adquirente do imóvel hipotecado, que paga a credor hipotecário, bem como do terceiro que efetiva o pagamento para não ser privado de direito sobre imóvel;
- V. arts. 1.479 e 1.481, CC.

III – do terceiro interessado, que paga a dívida pela qual era ou podia ser obrigado, no todo ou em parte.
- V. arts. 259, 283, 304, 305, 786, 800 e 831, CC.
- V. art. 728, CCo.
- V. Súmula 94, TFR.

Art. 347. A sub-rogação é convencional:
- V. art. 129-9, Lei 6.015/1973 (Lei de Registros Públicos).

I – quando o credor recebe o pagamento de terceiro e expressamente lhe transfere todos os seus direitos;
- V. arts. 305 e 348, CC.

II – quando terceira pessoa empresta ao devedor a quantia precisa para solver a dívida, sob a condição expressa de ficar o mutuante sub-rogado nos direitos do credor satisfeito.

Art. 348. Na hipótese do inciso I do artigo antecedente, vigorará o disposto quanto à cessão do crédito.
- V. arts. 286 a 298, CC.

Art. 349. A sub-rogação transfere ao novo credor todos os direitos, ações, privilégios e garantias do primitivo, em relação à dívida, contra o devedor principal e os fiadores.
- V. arts. 786 e 800, CC.
- V. art. 728, CCo.
- V. Súmulas 188 e 257, STF.

Art. 350. Na sub-rogação legal o sub-rogado não poderá exercer os direitos e as ações do credor, senão até à soma que tiver desembolsado para desobrigar o devedor.
- V. art. 346, CC.

Art. 351. O credor originário, só em parte reembolsado, terá preferência ao sub-rogado, na cobrança da dívida restante, se os bens do devedor não chegarem para saldar inteiramente o que a um e outro dever.

Capítulo IV
DA IMPUTAÇÃO DO PAGAMENTO

Art. 352. A pessoa obrigada por dois ou mais débitos da mesma natureza, a um só credor, tem o direito de indicar a qual deles oferece pagamento, se todos forem líquidos e vencidos.
- V. arts. 355 e 379, CC.
- V. art. 163, CTN.

Art. 353. Não tendo o devedor declarado em qual das dívidas líquidas e vencidas quer imputar o pagamento, se aceitar a quitação de uma delas, não terá direito a reclamar contra a imputação feita pelo credor, salvo provando haver ele cometido violência ou dolo.
- V. art. 379, CC.

Art. 354. Havendo capital e juros, o pagamento imputar-se-á primeiro nos juros vencidos, e depois no capital, salvo estipulação em contrário, ou se o credor passar a quitação por conta do capital.
- V. arts. 379, 406 e 407, CC.
- V. Súmula, 464, STJ.

Art. 355. Se o devedor não fizer a indicação do art. 352, e a quitação for omissa quanto à imputação, esta se fará nas dívidas líquidas e vencidas em primeiro lugar. Se as dívidas forem todas líquidas e vencidas ao mesmo tempo, a imputação far-se-á na mais onerosa.
- V. art. 379, CC.

Capítulo V
DA DAÇÃO EM PAGAMENTO

Art. 356. O credor pode consentir em receber prestação diversa da que lhe é devida.
- V. arts. 313 e 838, III, CC.
- V. art. 50, IX, Lei 11.101/2005 (Lei de Recuperação de Empresas e Falência).

Art. 357. Determinado o preço da coisa dada em pagamento, as relações entre as partes regular-se-ão pelas normas do contrato de compra e venda.
- V. arts. 481 a 532, CC.

Art. 358. Se for título de crédito a coisa dada em pagamento, a transferência importará em cessão.
- V. arts. 286 a 298, CC.

Art. 359. Se o credor for evicto da coisa recebida em pagamento, restabelecer-se-á a obrigação primitiva, ficando sem efeito a quitação dada, ressalvados os direitos de terceiros.
- V. arts. 447 a 457 e 838, III, CC.

Capítulo VI
DA NOVAÇÃO

Art. 360. Dá-se a novação:
- V. art. 50, IX, Lei 11.101/2005 (Lei de Recuperação de Empresas e Falência).

I – quando o devedor contrai com o credor nova dívida para extinguir e substituir a anterior;
II – quando novo devedor sucede ao antigo, ficando este quite com o credor;
III – quando, em virtude de obrigação nova, outro credor é substituído ao antigo, ficando o devedor quite com este.

Art. 361. Não havendo ânimo de novar, expresso ou tácito mas inequívoco, a segunda obrigação confirma simplesmente a primeira.

Art. 362. A novação por substituição do devedor pode ser efetuada independentemente de consentimento deste.

Art. 363. Se o novo devedor for insolvente, não tem o credor, que o aceitou, ação regressiva contra o primeiro, salvo se este obteve por má-fé a substituição.

Art. 364. A novação extingue os acessórios e garantias da dívida, sempre que não houver estipulação em contrário. Não aproveitará, contudo, ao credor ressalvar o penhor, a hipoteca ou a anticrese, se os bens dados em garantia pertencerem a terceiro que não foi parte na novação.

- V. arts. 92, 233, 287 e 822, CC.

Art. 365. Operada a novação entre o credor e um dos devedores solidários, somente sobre os bens do que contrair a nova obrigação subsistem as preferências e garantias do crédito novado. Os outros devedores solidários ficam por esse fato exonerados.

- V. arts. 275 a 285, CC.

Art. 366. Importa exoneração do fiador a novação feita sem seu consenso com o devedor principal.

- V. arts. 837 e 838, CC.

Art. 367. Salvo as obrigações simplesmente anuláveis, não podem ser objeto de novação obrigações nulas ou extintas.

- V. arts. 166 a 173, CC.

Capítulo VII
DA COMPENSAÇÃO

Art. 368. Se duas pessoas forem ao mesmo tempo credor e devedor uma da outra, as duas obrigações extinguem-se, até onde se compensarem.

- V. arts. 1.221, 1.707 e 1.919, CC.

Art. 369. A compensação efetua-se entre dívidas líquidas, vencidas e de coisas fungíveis.

- V. art. 85, CC.

Art. 370. Embora sejam do mesmo gênero as coisas fungíveis, objeto das duas prestações, não se compensarão, verificando-se que diferem na qualidade, quando especificada no contrato.

- V. art. 85, CC.

Art. 371. O devedor somente pode compensar com o credor o que este lhe dever; mas o fiador pode compensar sua dívida com a de seu credor ao afiançado.

- V. arts. 376, 828, II, e 837, CC.

Art. 372. Os prazos de favor, embora consagrados pelo uso geral, não obstam a compensação.

Art. 373. A diferença de causa nas dívidas não impede a compensação, exceto:
I – se provier de esbulho, furto ou roubo;

- V. art. 1.210, CC.
- V. arts. 155, 157 e 161, § 1º, II, CP.

II – se uma se originar de comodato, depósito ou alimentos;

- V. arts. 579 a 585, 627 a 652, 638 e 1.694 a 1.710, CC.

III – se uma for de coisa não suscetível de penhora.

- V. arts. 312, 839 e 1.481, § 4º, CC.
- V. arts. 528, § 8º, 794, 797, 799, I, 824 a 875, e 905, II, CPC/2015.

Art. 374. *(Revogado pela Lei 10.677/2003.)*

Art. 375. Não haverá compensação quando as partes, por mútuo acordo, a excluírem, ou no caso de renúncia prévia de uma delas.

- V. arts. 114 e 385 a 388, CC.

Art. 376. Obrigando-se por terceiro uma pessoa, não pode compensar essa dívida com a que o credor dele lhe dever.

- V. arts. 371 e 439, CC.

Art. 377. O devedor que, notificado, nada opõe à cessão que o credor faz a terceiros dos seus direitos, não pode opor ao cessionário a compensação, que antes da cessão teria podido opor ao cedente. Se, porém, a cessão lhe não tiver sido notificada, poderá opor ao cessionário compensação do crédito que antes tinha contra o cedente.

- V. art. 290, CC.

Art. 378. Quando as duas dívidas não são pagáveis no mesmo lugar, não se podem compensar sem dedução das despesas necessárias à operação.

- V. arts. 325 e 327, CC.

Art. 379. Sendo a mesma pessoa obrigada por várias dívidas compensáveis, serão observadas, no compensá-las, as regras estabelecidas quanto à imputação do pagamento.

- V. arts. 352 a 355, CC.

Art. 380. Não se admite a compensação em prejuízo de direito de terceiro. O devedor que se torne credor do seu credor, depois de penhorado o crédito deste, não pode opor ao exequente a compensação, de que contra o próprio credor dispõria.

Capítulo VIII
DA CONFUSÃO

Art. 381. Extingue-se a obrigação, desde que na mesma pessoa se confundam as qualidades de credor e devedor.

- V. arts. 262, parágrafo único, e 1.436, IV, CC.
- V. Súmula 421, STJ.

Art. 382. A confusão pode verificar-se a respeito de toda a dívida, ou só de parte dela.

- V. art. 1.436, § 2º, CC.

Art. 383. A confusão operada na pessoa do credor ou devedor solidário só extingue a obrigação até a concorrência da respectiva parte no crédito, ou na dívida, subsistindo quanto ao mais a solidariedade.

- V. arts. 264 a 285, CC.

Art. 384. Cessando a confusão, para logo se restabelece, com todos os seus acessórios, a obrigação anterior.

Capítulo IX
DA REMISSÃO DAS DÍVIDAS

Art. 385. A remissão da dívida, aceita pelo devedor, extingue a obrigação, mas sem prejuízo de terceiro.

- V. arts. 158 e 1.436, V, CC.
- V. art. 172, CTN.

Art. 386. A devolução voluntária do título da obrigação, quando por escrito particular, prova desoneração do devedor e seus coobrigados, se o credor for capaz de alienar, e o devedor capaz de adquirir.

- V. art. 324, CC.

Art. 387. A restituição voluntária do objeto empenhado prova a renúncia do credor à garantia real, não a extinção da dívida.

- V. art. 1.436, III e § 1º, CC.

Art. 388. A remissão concedida a um dos codevedores extingue a dívida na parte a ele correspondente; de modo que, ainda reservando o credor a solidariedade contra os outros, já lhes não pode cobrar o débito sem dedução da parte remitida.

- V. arts. 277 e 282, CC.

TÍTULO IV
DO INADIMPLEMENTO DAS OBRIGAÇÕES

Capítulo I
DISPOSIÇÕES GERAIS

Art. 389. Não cumprida a obrigação, responde o devedor por perdas e danos, mais juros e atualização monetária segundo índices oficiais regularmente estabelecidos, e honorários de advogado.

- V. arts. 234, 255, 316, 393 a 416 e 475 a 477, CC.
- V. arts. 82, § 2º, 84 a 86, CPC/2015.
- V. art. 10, Dec.-lei 15/1966 (Reajustes salariais).
- V. art. 52, V, Lei 9.099/1995 (Juizados Especiais Cíveis e Criminais).
- V. art. 84, Lei 8.078/1990 (Código de Defesa do Consumidor).
- ** V. art. 5º, X, CF
- ** V. arts. 422 e 927, CC.

Art. 390. Nas obrigações negativas o devedor é havido por inadimplente desde o dia em que executou o ato de que se devia abster.

- V. arts. 250 e 251, CC.
- V. arts. 814, 822 e 823, CPC/2015.

Art. 391. Pelo inadimplemento das obrigações respondem todos os bens do devedor.

- V. art. 789, CPC/2015.

Art. 392. Nos contratos benéficos, responde por simples culpa o contratante, a quem o contrato aproveite, e por dolo aquele a quem não favoreça. Nos contratos onerosos, responde cada uma das partes por culpa, salvo as exceções previstas em lei.

- V. arts. 234, 476, 477, 582 e 667, CC.
- V. Súmula 145, STJ.

Art. 393. O devedor não responde pelos prejuízos resultantes de caso fortuito ou força maior, se expressamente não se houver por eles responsabilizado.

- V. arts. 394 a 400, 492, 625, 642, 650, 667, 735, 737, 753, e 936, CC.

Parágrafo único. O caso fortuito ou de força maior verifica-se no fato necessário, cujos efeitos não era possível evitar ou impedir.

Capítulo II
DA MORA

- V. Súmula 380, STJ.

Art. 394. Considera-se em mora o devedor que não efetuar o pagamento e o credor que não quiser recebê-lo no tempo, lugar e forma que a lei ou a convenção estabelecer.

- V. arts. 202, V, 320, 327 a 333, 389 a 393, 396 e 401, CC.

Art. 395. Responde o devedor pelos prejuízos a que sua mora der causa, mais juros, atualização dos valores monetários segundo índices oficiais regularmente estabelecidos, e honorários de advogado.

- V. arts. 280, 389 a 393, 406 e 706, CC.
- V. art. 161, CTN.

Parágrafo único. Se a prestação, devido à mora, se tornar inútil ao credor, este poderá enjeitá-la, e exigir a satisfação das perdas e danos.

- V. arts. 402 a 405, CC.

Art. 396. Não havendo fato ou omissão imputável ao devedor, não incorre este em mora.

- V. art. 280, CC.
- V. Súmula 369, STJ.

Art. 397. O inadimplemento da obrigação, positiva e líquida, no seu termo, constitui de pleno direito em mora o devedor.

- V. arts. 398, 407, 408 e 763, CC.

Parágrafo único. Não havendo termo, a mora se constitui mediante interpelação judicial ou extrajudicial.

- V. arts. 127, 135, 331, 405, 562 e 1.925, CC.
- V. arts. 726, 728 e 729, CPC/2015.
- V. Dec.-lei 745/1969 (Contratos a que se refere o art. 22 do Dec.-lei 58/1937).
- V. Súmula 76, STJ.

Art. 398. Nas obrigações provenientes de ato ilícito, considera-se o devedor em mora, desde que o praticou.

- V. arts. 186 a 188 e 927, CC.
- V. Súmula 54, STJ.

Art. 399. O devedor em mora responde pela impossibilidade da prestação, embora essa impossibilidade resulte de caso fortuito ou de força maior, se estes ocorrerem durante o atraso; salvo se provar isenção de culpa, ou que o dano sobreviria ainda quando a obrigação fosse oportunamente desempenhada.

- V. arts. 393, 552, 562 e 862, CC.

Art. 400. A mora do credor subtrai o devedor isento de dolo à responsabilidade pela conservação da coisa, obriga o credor a ressarcir as despesas empregadas em conservá-la, e sujeita-o a recebê-la pela estimação mais favorável ao devedor, se o seu valor oscilar entre o dia estabelecido para o pagamento e o da sua efetivação.

- V. arts. 492, § 2º, 611, 629 e 753, CC.

Art. 401. Purga-se a mora:

- V. Súmula 369, STJ.

I – por parte do devedor, oferecendo este a prestação mais a importância dos prejuízos decorrentes do dia da oferta;

- V. art. 404, CC.
- V. art. 14, caput e § 1º, Dec. 3.079/1938 (Regulamenta o Dec.-lei 58/1937).
- V. art. 63, Lei 4.591/1964 (Condomínio em edificações e incorporações imobiliárias).
- V. art. 1º, VI, Lei 4.864/1965 (Estímulo à indústria de construção civil).
- V. arts. 31, § 1º, 34 e 37, Dec.-lei 70/1966 (Associações de poupança e empréstimo e cédula hipotecária).
- V. art. 32, parágrafo único, Dec. 59.566/1966 (Regulamenta dispositivos da Lei 4.504/1964).
- V. art. 3º, §§ 1º e 3º, Dec.-lei 911/1969 (Alienação fiduciária).
- V. art. 32, Lei 6.766/1979 (Parcelamento do solo urbano).
- V. art. 62, Lei 8.245/1991 (Locação de imóveis urbanos).
- V. Súmula 122, STF.

II – por parte do credor, oferecendo-se este a receber o pagamento e sujeitando-se aos efeitos da mora até a mesma data.

- V. art. 33, Lei 6.766/1979 (Parcelamento do solo urbano).

Capítulo III
DAS PERDAS E DANOS

Art. 402. Salvo as exceções expressamente previstas em lei, as perdas e danos devidas ao credor abrangem, além do que ele efetivamente perdeu, o que razoavelmente deixou de lucrar.

- V. arts. 186, 234, 236, 247, 251, 255, 389, 416, 475, 927 e 944 a 954, CC.

- V. Súmula 412, STF.
- V. art. 5º, X, CF.
- V. art. 79, CPC/2015.

Art. 403. Ainda que a inexecução resulte de dolo do devedor, as perdas e danos só incluem os prejuízos efetivos e os lucros cessantes por efeito dela direto e imediato, sem prejuízo do disposto na lei processual.
- V. arts. 816 e 821, CPC/2015.

Art. 404. As perdas e danos, nas obrigações de pagamento em dinheiro, serão pagas com atualização monetária segundo índices oficiais regularmente estabelecidos, abrangendo juros, custas e honorários de advogado, sem prejuízo da pena convencional.
- V. arts. 396 e 406 a 416, CC.
- V. art. 322, § 1º, CPC/2015.

Parágrafo único. Provado que os juros da mora não cobrem o prejuízo, e não havendo pena convencional, pode o juiz conceder ao credor indenização suplementar.

Art. 405. Contam-se os juros de mora desde a citação inicial.
- V. arts. 394 a 398, 406, 407, 670 e 1.762, CC.
- V. arts. 59, 240 e 241, CPC/2015.
- V. Súmula 163, STF.
- V. Súmulas 54 e 426, STJ.

Capítulo IV
DOS JUROS LEGAIS

Art. 406. Quando os juros moratórios não forem convencionados, ou o forem sem taxa estipulada, ou quando provierem de determinação da lei, serão fixados segundo a taxa que estiver em vigor para a mora do pagamento de impostos devidos à Fazenda Nacional.
- V. art. 192, CF.
- V. arts. 354, 395, 405 e 591, CC.
- V. art. 161, § 1º, CTN.
- V. art. 1º, Dec. 22.626/1933 (Juros nos contratos).
- V. arts. 15-A e 15-B, Dec.-lei 3.365/1941 (Desapropriações por utilidade pública).
- V. art. 4º, Lei 1.521/1951 (Crimes contra a economia popular).
- V. art. 5º, Lei 4.380/1964 (BNH).
- V. Lei 4.414/1964 (Pagamento de juros moratórios pela União, Estados, Distrito Federal, Municípios e autarquias).
- V. art. 63, § 8º, Lei 4.591/1964 (Condomínio em edificações e incorporações imobiliárias).
- V. art. 1º, Lei 7.089/1983 (Veda a cobrança de juros de mora sobre título vencido em feriado, sábado e domingo).
- V. art. 52, Lei 8.078/1990 (Código de Defesa do Consumidor).
- V. Súmula 618, STF.
- V. Súmulas 176, 379 e 530, STJ.

Art. 407. Ainda que se não alegue prejuízo, é obrigado o devedor aos juros da mora que se contarão assim às dívidas em dinheiro, como às prestações de outra natureza, uma vez que lhes esteja fixado o valor pecuniário por sentença judicial, arbitramento, ou acordo entre as partes.
- V. arts. 394 a 401, 404, 405, 552, 677, 869 e 1.762, CC.
- V. arts. 59, 240 e 241, CPC/2015.
- V. Lei 7.089/1983 (Veda a cobrança de juros de mora sobre título vencido em feriado, sábado e domingo).
- V. art. 49, IV, LC 109/2001 (Regime de Previdência Complementar).
- V. arts. 77 e 124, Lei 11.101/2005 (Lei de Recuperação de Empresas e Falência).
- V. Súmula 426, STJ.

Capítulo V
DA CLÁUSULA PENAL

Art. 408. Incorre de pleno direito o devedor na cláusula penal, desde que, culposamente, deixe de cumprir a obrigação ou se constitua em mora.
- V. arts. 397, 740 e 847, CC.
- V. art. 9º, Dec. 22.626/1933 (Juros nos contratos).
- V. art. 11, f, Dec.-lei 58/1937 (Loteamento e venda de terrenos para pagamento em prestações).
- V. art. 11, f, Dec. 3.079/1938 (Regulamenta o Dec.-lei 58/1937).
- V. art. 2º, § 1º, Dec.-lei 911/1969 (Alienação fiduciária).
- V. art. 26, V, Lei 6.766/1979 (Parcelamento do solo urbano).
- V. art. 149, I, Lei 7.565/1986 (Código Brasileiro de Aeronáutica).
- V. art. 28, Lei 9.615/1998 (Desporto).
- V. art. 83, § 3º, Lei 11.101/2005 (Lei de Recuperação de Empresas e Falência).

Art. 409. A cláusula penal estipulada conjuntamente com a obrigação, ou em ato posterior, pode referir-se à inexecução completa da obrigação, à de alguma cláusula especial ou simplesmente à mora.

Art. 410. Quando se estipular a cláusula penal para o caso de total inadimplemento da obrigação, esta converter-se-á em alternativa a benefício do credor.

Art. 411. Quando se estipular a cláusula penal para o caso de mora, ou em segurança especial de outra cláusula determinada, terá o credor o arbítrio de exigir a satisfação da pena cominada, juntamente com o desempenho da obrigação principal.

• V. art. 404, CC.

Art. 412. O valor da cominação imposta na cláusula penal não pode exceder o da obrigação principal.

Art. 413. A penalidade deve ser reduzida equitativamente pelo juiz se a obrigação principal tiver sido cumprida em parte, ou se o montante da penalidade for manifestamente excessivo, tendo-se em vista a natureza e a finalidade do negócio.

• V. art. 572, CC.
• V. art. 4º, Lei 8.245/1991 (Locação de imóveis urbanos).

Art. 414. Sendo indivisível a obrigação, todos os devedores, caindo em falta um deles, incorrerão na pena; mas esta só se poderá demandar integralmente do culpado, respondendo cada um dos outros somente pela sua quota.

• V. arts. 87, 88 e 257 a 263, CC.

Parágrafo único. Aos não culpados fica reservada a ação regressiva contra aquele que deu causa à aplicação da pena.

• V. art. 125, II, CPC/2015.

Art. 415. Quando a obrigação for divisível, só incorre na pena o devedor ou o herdeiro do devedor que a infringir, e proporcionalmente à sua parte na obrigação.

• V. arts. 87, 88, 257 a 263 e 314, CC.

Art. 416. Para exigir a pena convencional, não é necessário que o credor alegue prejuízo.

Parágrafo único. Ainda que o prejuízo exceda ao previsto na cláusula penal, não pode o credor exigir indenização suplementar se assim não foi convencionado. Se o tiver sido, a pena vale como mínimo da indenização, competindo ao credor provar o prejuízo excedente.

Capítulo VI
DAS ARRAS OU SINAL

Art. 417. Se, por ocasião da conclusão do contrato, uma parte der à outra, a título de arras, dinheiro ou outro bem móvel, deverão as arras, em caso de execução, ser restituídas ou computadas na prestação devida, se do mesmo gênero da principal.

Art. 418. Se a parte que deu as arras não executar o contrato, poderá a outra tê-lo por desfeito, retendo-as; se a inexecução for de quem recebeu as arras, poderá quem as deu haver o contrato por desfeito, e exigir sua devolução mais o equivalente, com atualização monetária segundo índices oficiais regularmente estabelecidos, juros e honorários de advogado.

Art. 419. A parte inocente pode pedir indenização suplementar, se provar maior prejuízo, valendo as arras como taxa mínima. Pode, também, a parte inocente exigir a execução do contrato, com as perdas e danos, valendo as arras como o mínimo da indenização.

Art. 420. Se no contrato for estipulado o direito de arrependimento para qualquer das partes, as arras ou sinal terão função unicamente indenizatória. Neste caso, quem as deu perdê-las-á em benefício da outra parte; e quem as recebeu devolvê-las-á, mais o equivalente. Em ambos os casos não haverá direito a indenização suplementar.

• V. art. 463, CC.
• V. Súmula 412, STF.

TÍTULO V
DOS CONTRATOS EM GERAL

Capítulo I
DISPOSIÇÕES GERAIS

Seção I
Preliminares

Art. 421. A liberdade de contratar será exercida em razão e nos limites da função social do contrato.

• V. art. 2.035, parágrafo único, CC.

Art. 422. Os contratantes são obrigados a guardar, assim na conclusão do contrato,

Código Civil

como em sua execução, os princípios de probidade e boa-fé.
- V. arts. 113, 187, 765 e 1.741, CC.
- V. art. 51, IV, Lei 8.078/1990 (Código de Defesa do Consumidor).
- V. art. 22, IV, Dec. 2.181/1997 (Sistema Nacional de Defesa do Consumidor – SNDC).

Art. 423. Quando houver no contrato de adesão cláusulas ambíguas ou contraditórias, dever-se-á adotar a interpretação mais favorável ao aderente.
- V. arts. 47 e 54, Lei 8.078/1990 (Código de Defesa do Consumidor).

Art. 424. Nos contratos de adesão, são nulas as cláusulas que estipulem a renúncia antecipada do aderente a direito resultante da natureza do negócio.
- V. art. 51, I, Lei 8.078/1990 (Código de Defesa do Consumidor).

Art. 425. É lícito às partes estipular contratos atípicos, observadas as normas gerais fixadas neste Código.

Art. 426. Não pode ser objeto de contrato a herança de pessoa viva.
- V. arts. 1.655 e 2.018, CC.

Seção II
Da formação dos contratos

Art. 427. A proposta de contrato obriga o proponente, se o contrário não resultar dos termos dela, da natureza do negócio, ou das circunstâncias do caso.
- V. arts. 107 e 138, CC.

Art. 428. Deixa de ser obrigatória a proposta:
I – se, feita sem prazo a pessoa presente, não foi imediatamente aceita. Considera-se também presente a pessoa que contrata por telefone ou por meio de comunicação semelhante;
- V. art. 49, Lei 8.078/1990 (Código de Defesa do Consumidor).

II – se, feita sem prazo a pessoa ausente, tiver decorrido tempo suficiente para chegar a resposta ao conhecimento do proponente;
III – se, feita a pessoa ausente, não tiver sido expedida a resposta dentro do prazo dado;
IV – se, antes dela, ou simultaneamente, chegar ao conhecimento da outra parte a retratação do proponente.

Art. 429. A oferta ao público equivale a proposta quando encerra os requisitos essenciais ao contrato, salvo se o contrário resultar das circunstâncias ou dos usos.
- V. art. 30, Lei 8.078/1990 (Código de Defesa do Consumidor).

Parágrafo único. Pode revogar-se a oferta pela mesma via de sua divulgação, desde que ressalvada esta faculdade na oferta realizada.

Art. 430. Se a aceitação, por circunstância imprevista, chegar tarde ao conhecimento do proponente, este comunicá-lo-á imediatamente ao aceitante, sob pena de responder por perdas e danos.
- V. arts. 402 a 405, CC.

Art. 431. A aceitação fora do prazo, com adições, restrições, ou modificações, importará nova proposta.

Art. 432. Se o negócio for daqueles em que não seja costume a aceitação expressa, ou o proponente a tiver dispensado, reputar-se-á concluído o contrato, não chegando a tempo a recusa.
- V. art. 659, CC.

Art. 433. Considera-se inexistente a aceitação, se antes dela ou com ela chegar ao proponente a retratação do aceitante.

Art. 434. Os contratos entre ausentes tornam-se perfeitos desde que a aceitação é expedida, exceto:
I – no caso do artigo antecedente;
II – se o proponente se houver comprometido a esperar resposta;
III – se ela não chegar no prazo convencionado.

Art. 435. Reputar-se-á celebrado o contrato no lugar em que foi proposto.
- V. art. 9º, § 2º, Dec.-lei 4.657/1942 (Lei de Introdução às normas do Direito Brasileiro).

Seção III
Da estipulação em favor de terceiro

Art. 436. O que estipula em favor de terceiro pode exigir o cumprimento da obrigação.
- V. art. 553, CC.
- • V. arts. 790 a 792, CC.

Parágrafo único. Ao terceiro, em favor de quem se estipulou a obrigação, também é permitido exigi-la, ficando, todavia, sujeito às condições e normas do contrato, se a ele anuir, e o estipulante não o inovar nos termos do art. 438.

Art. 437. Se ao terceiro, em favor de quem se fez o contrato, se deixar o direito de reclamar-lhe a execução, não poderá o estipulante exonerar o devedor.

Art. 438. O estipulante pode reservar-se o direito de substituir o terceiro designado no contrato, independentemente da sua anuência e da do outro contratante.

- V. arts. 436, 791 e 792, CC.

Parágrafo único. A substituição pode ser feita por ato entre vivos ou por disposição de última vontade.

Seção IV
Da promessa de fato de terceiro

- • V. arts. 710 a 721, CC.

Art. 439. Aquele que tiver prometido fato de terceiro responderá por perdas e danos, quando este o não executar.

- V. arts. 402 a 405, CC.

Parágrafo único. Tal responsabilidade não existirá se o terceiro for o cônjuge do promitente, dependendo da sua anuência o ato a ser praticado, e desde que, pelo regime do casamento, a indenização, de algum modo, venha a recair sobre os seus bens.

Art. 440. Nenhuma obrigação haverá para quem se comprometer por outrem, se este, depois de se ter obrigado, faltar à prestação.

Seção V
Dos vícios redibitórios

Art. 441. A coisa recebida em virtude de contrato comutativo pode ser enjeitada por vícios ou defeitos ocultos, que a tornem imprópria ao uso a que é destinada, ou lhe diminuam o valor.

- V. arts. 138, 139, I, 442, 484, 500, 501, 503, 509, 510 e 568, CC.
- V. arts. 12 a 25, 35, 41 e 51, II, Lei 8.078/1990 (Código de Defesa do Consumidor).

Parágrafo único. É aplicável a disposição deste artigo às doações onerosas.

- V. arts. 136, 540, 552 e 553, CC.

Art. 442. Em vez de rejeitar a coisa, redibindo o contrato (art. 441), pode o adquirente reclamar abatimento no preço.

- V. art. 616, CC.
- V. arts. 18, § 1º, III, 19, I, e 20, III, Lei 8.078/1990 (Código de Defesa do Consumidor).

Art. 443. Se o alienante conhecia o vício ou defeito da coisa, restituirá o que recebeu com perdas e danos; se o não conhecia, tão somente restituirá o valor recebido, mais as despesas do contrato.

- V. arts. 402 a 405, CC.

Art. 444. A responsabilidade do alienante subsiste ainda que a coisa pereça em poder do alienatário, se perecer por vício oculto, já existente ao tempo da tradição.

Art. 445. O adquirente decai do direito de obter a redibição ou abatimento no preço no prazo de 30 (trinta) dias se a coisa for móvel, e de 1 (um) ano se for imóvel, contado da entrega efetiva; se já estava na posse, o prazo conta-se da alienação, reduzido à metade.

- V. art. 446, CC.
- V. arts. 26 e 27, Lei 8.078/1990 (Código de Defesa do Consumidor).

§ 1º Quando o vício, por sua natureza, só puder ser conhecido mais tarde, o prazo contar-se-á do momento em que dele tiver ciência, até o prazo máximo de 180 (cento e oitenta) dias, em se tratando de bens móveis; e de 1 (um) ano, para os imóveis.

§ 2º Tratando-se de venda de animais, os prazos de garantia por vícios ocultos serão os estabelecidos em lei especial, ou, na falta desta, pelos usos locais, aplicando-se o disposto no parágrafo antecedente se não houver regras disciplinando a matéria.

Art. 446. Não correrão os prazos do artigo antecedente na constância de cláusula de garantia; mas o adquirente deve denunciar o defeito ao alienante nos 30 (trinta) dias seguintes ao seu descobrimento, sob pena de decadência.

- V. arts. 207 a 211, CC.
- V. art. 50, Lei 8.078/1990 (Código de Defesa do Consumidor).

CÓDIGO CIVIL

Seção VI
Da evicção

Art. 447. Nos contratos onerosos, o alienante responde pela evicção. Subsiste esta garantia ainda que a aquisição se tenha realizado em hasta pública.

• V. arts. 199, III, 295, 359, 552, 845, 1.005, 1.939, III, e 2.024 a 2.026, CC.
• V. art. 125, I, CPC/2015.

Art. 448. Podem as partes, por cláusula expressa, reforçar, diminuir ou excluir a responsabilidade pela evicção.

• V. art. 449, CC.

Art. 449. Não obstante a cláusula que exclui a garantia contra a evicção, se esta se der, tem direito o evicto a receber o preço que pagou pela coisa evicta, se não soube do risco da evicção, ou, dele informado, não o assumiu.

• V. art. 448, CC.

Art. 450. Salvo estipulação em contrário, tem direito o evicto, além da restituição integral do preço ou das quantias que pagou:
I – à indenização dos frutos que tiver sido obrigado a restituir;
•• V. art. 95, CC.
II – à indenização pelas despesas dos contratos e pelos prejuízos que diretamente resultarem da evicção;
III – às custas judiciais e aos honorários do advogado por ele constituído.
Parágrafo único. O preço, seja a evicção total ou parcial, será o do valor da coisa, na época em que se evenceu, e proporcional ao desfalque sofrido, no caso de evicção parcial.

Art. 451. Subsiste para o alienante esta obrigação, ainda que a coisa alienada esteja deteriorada, exceto havendo dolo do adquirente.

• V. arts. 145 a 150, CC.

Art. 452. Se o adquirente tiver auferido vantagens das deteriorações, e não tiver sido condenado a indenizá-las, o valor das vantagens será deduzido da quantia que lhe houver de dar o alienante.

Art. 453. As benfeitorias necessárias ou úteis, não abonadas ao que sofreu a evicção, serão pagas pelo alienante.

• V. arts. 96, §§ 2º e 3º, 97 e 454, CC.

Art. 454. Se as benfeitorias abonadas ao que sofreu a evicção tiverem sido feitas pelo alienante, o valor delas será levado em conta na restituição devida.

• V. art. 453, CC.

Art. 455. Se parcial, mas considerável, for a evicção, poderá o evicto optar entre a rescisão do contrato e a restituição da parte do preço correspondente ao desfalque sofrido. Se não for considerável, caberá somente direito a indenização.

• V. art. 442, CC.

Art. 456. *(Revogado pela Lei 13.105/2015 – DOU 17.03.2015, em vigor após decorrido 1 (um) ano da data de sua publicação oficial.)*

Art. 457. Não pode o adquirente demandar pela evicção, se sabia que a coisa era alheia ou litigiosa.

Seção VII
Dos contratos aleatórios

Art. 458. Se o contrato for aleatório, por dizer respeito a coisas ou fatos futuros, cujo risco de não virem a existir um dos contratantes assuma, terá o outro direito de receber integralmente o que lhe foi prometido, desde que de sua parte não tenha havido dolo ou culpa, ainda que nada do avençado venha a existir.

• V. arts. 757 a 777, CC.

Art. 459. Se for aleatório, por serem objeto dele coisas futuras, tomando o adquirente a si o risco de virem a existir em qualquer quantidade, terá também direito o alienante a todo o preço, desde que de sua parte não tiver concorrido culpa, ainda que a coisa venha a existir em quantidade inferior à esperada.
Parágrafo único. Mas, se da coisa nada vier a existir, alienação não haverá, e o alienante restituirá o preço recebido.

Art. 460. Se for aleatório o contrato, por se referir a coisas existentes, mas expostas a risco, assumido pelo adquirente, terá igualmente direito o alienante a todo o preço, posto que a coisa já não existisse, em parte, ou de todo, no dia do contrato.

Art. 461. A alienação aleatória a que se refere o artigo antecedente poderá ser anu-

277

Art. 462

lada como dolosa pelo prejudicado, se provar que o outro contratante não ignorava a consumação do risco, a que no contrato se considerava exposta a coisa.

Seção VIII
Do contrato preliminar

Art. 462. O contrato preliminar, exceto quanto à forma, deve conter todos os requisitos essenciais ao contrato a ser celebrado.

* V. art. 11, Dec.-lei 58/1937 (Loteamento e venda de terrenos para pagamento em prestações).
* V. art. 26, Lei 6.766/1979 (Parcelamento do solo urbano).

Art. 463. Concluído o contrato preliminar, com observância do disposto no artigo antecedente, e desde que dele não conste cláusula de arrependimento, qualquer das partes terá o direito de exigir a celebração do definitivo, assinando prazo à outra para que o efetive.

* V. arts. 420, 1.417 e 1.418, CC.
* V. art. 15, Dec.-lei 58/1937 (Loteamento e venda de terrenos para pagamento em prestações).
* V. arts. 221, II, 223 e 225, § 1º, Lei 6.015/1973 (Lei de Registros Públicos).
* V. art. 25, Lei 6.766/1979 (Parcelamento do solo urbano).
* V. Súmula 166, STF.

Parágrafo único. O contrato preliminar deverá ser levado ao registro competente.

* V. arts. 221, II, 223 e 225, § 1º, Lei 6.015/1973 (Lei de Registros Públicos).
* V. Súmulas 167 e 412, STF.
* V. Súmula 76, STJ.

Art. 464. Esgotado o prazo, poderá o juiz, a pedido do interessado, suprir a vontade da parte inadimplente, conferindo caráter definitivo ao contrato preliminar, salvo se a isto se opuser a natureza da obrigação.

* V. art. 1.418, CC.
* V. arts. 497, 499, 500, 536, *caput* e § 1º, 537, *caput* e § 1º, CPC/2015.
* V. arts. 16 e 22, Dec.-lei 58/1937 (Loteamento e venda de terrenos para pagamento em prestações).
* V. art. 69, Lei 4.380/1964 (BNH).
* V. Súmulas 168 e 413, STF.

Art. 465. Se o estipulante não der execução ao contrato preliminar, poderá a outra parte considerá-lo desfeito, e pedir perdas e danos.

* V. arts. 389 e 402 a 405, CC.

Art. 466. Se a promessa de contrato for unilateral, o credor, sob pena de ficar a mesma sem efeito, deverá manifestar-se no prazo nela previsto, ou, inexistindo este, no que lhe for razoavelmente assinado pelo devedor.

Seção IX
Do contrato com pessoa a declarar

Art. 467. No momento da conclusão do contrato, pode uma das partes reservar-se a faculdade de indicar a pessoa que deve adquirir os direitos e assumir as obrigações dele decorrentes.

Art. 468. Essa indicação deve ser comunicada à outra parte no prazo de 5 (cinco) dias da conclusão do contrato, se outro não tiver sido estipulado.

Parágrafo único. A aceitação da pessoa nomeada não será eficaz se não se revestir da mesma forma que as partes usaram para o contrato.

Art. 469. A pessoa, nomeada de conformidade com os artigos antecedentes, adquire os direitos e assume as obrigações decorrentes do contrato, a partir do momento em que este foi celebrado.

Art. 470. O contrato será eficaz somente entre os contratantes originários:

I – se não houver indicação de pessoa, ou se o nomeado se recusar a aceitá-la;

II – se a pessoa nomeada era insolvente, e a outra pessoa o desconhecia no momento da indicação.

Art. 471. Se a pessoa a nomear era incapaz ou insolvente no momento da nomeação, o contrato produzirá seus efeitos entre os contratantes originários.

* V. arts. 3º a 5º e 104, I, CC.

Capítulo II
DA EXTINÇÃO DO CONTRATO

Seção I
Do distrato

Art. 472. O distrato faz-se pela mesma forma exigida para o contrato.

* V. art. 251, Lei 6.015/1973 (Lei de Registros Públicos).

Art. 473. A resilição unilateral, nos casos em que a lei expressa ou implicitamente o permita, opera mediante denúncia notificada à outra parte.
- V. art. 6º, Lei 8.245/1991 (Locação de imóveis urbanos).

Parágrafo único. Se, porém, dada a natureza do contrato, uma das partes houver feito investimentos consideráveis para a sua execução, a denúncia unilateral só produzirá efeito depois de transcorrido prazo compatível com a natureza e o vulto dos investimentos.

Seção II
Da cláusula resolutiva

Art. 474. A cláusula resolutiva expressa opera de pleno direito; a tácita depende de interpelação judicial.
- V. arts. 127, 128 e 130, CC.
- V. arts. 726, 728 e 729, CPC/2015.

Art. 475. A parte lesada pelo inadimplemento pode pedir a resolução do contrato, se não preferir exigir-lhe o cumprimento, cabendo, em qualquer dos casos, indenização por perdas e danos.
- V. arts. 186, 389, 402 a 405 e 927, CC.

Seção III
Da exceção de contrato não cumprido

Art. 476. Nos contratos bilaterais, nenhum dos contratantes, antes de cumprida a sua obrigação, pode exigir o implemento da do outro.
- V. arts. 333 e 491, CC.

Art. 477. Se, depois de concluído o contrato, sobrevier a uma das partes contratantes diminuição em seu patrimônio capaz de comprometer ou tornar duvidosa a prestação pela qual se obrigou, pode a outra recusar-se à prestação que lhe incumbe, até que aquela satisfaça a que lhe compete ou dê garantia bastante de satisfazê-la.
- V. arts. 333, III, 495, 590 e 810, CC.

Seção IV
Da resolução por onerosidade excessiva

Art. 478. Nos contratos de execução continuada ou diferida, se a prestação de uma das partes se tornar excessivamente onerosa, com extrema vantagem para a outra, em virtude de acontecimentos extraordinários e imprevisíveis, poderá o devedor pedir a resolução do contrato. Os efeitos da sentença que a decretar retroagirão à data da citação.
- V. arts. 157, 621, 625 e 884 a 886, CC.
- V. arts. 6º, V, e 51, IV e § 1º, III, Lei 8.078/1990 (Código de Defesa do Consumidor).

Art. 479. A resolução poderá ser evitada, oferecendo-se o réu a modificar equitativamente as condições do contrato.

Art. 480. Se no contrato as obrigações couberem a apenas uma das partes, poderá ela pleitear que a sua prestação seja reduzida, ou alterado o modo de executá-la, a fim de evitar a onerosidade excessiva.

TÍTULO VI
DAS VÁRIAS ESPÉCIES DE CONTRATO

Capítulo I
DA COMPRA E VENDA

Seção I
Disposições gerais

Art. 481. Pelo contrato de compra e venda, um dos contratantes se obriga a transferir o domínio de certa coisa, e o outro, a pagar-lhe certo preço em dinheiro.
- V. arts. 357, 521 a 528, 533, 1.361 a 1.368, 1.417 e 1.418, CC.
- V. arts. 730 e 879 a 903, CPC/2015.
- V. Dec.-lei 58/1937 (Loteamento e venda de terrenos para pagamento em prestações).
- V. Dec. 3.079/1938 (Regulamenta o Dec.-lei 58/1937).
- V. Lei 4.380/1964 (BNH).
- V. Dec.-lei 911/1969 (Alienação fiduciária).
- V. Lei 5.709/1971 (Aquisição de imóvel rural por estrangeiro residente no Brasil).
- V. art. 129-5, Lei 6.015/1973 (Lei de Registros Públicos).
- V. Lei 6.766/1979 (Parcelamento do solo urbano).
- V. Lei 8.025/1990 (Alienação de bens imóveis residenciais de propriedade da União).
- V. Lei 8.078/1990 (Código de Defesa do Consumidor).

Art. 482. A compra e venda, quando pura, considerar-se-á obrigatória e perfeita, desde que as partes acordarem no objeto e no preço.

• V. arts. 417 a 420, 485 e 486, CC.

Art. 483. A compra e venda pode ter por objeto coisa atual ou futura. Neste caso, ficará sem efeito o contrato se esta não vier a existir, salvo se a intenção das partes era de concluir contrato aleatório.

• V. arts. 458 a 461, CC.

Art. 484. Se a venda se realizar à vista de amostras, protótipos ou modelos, entender-se-á que o vendedor assegura ter a coisa as qualidades que a elas correspondem.

• V. arts. 441 a 446, CC.

Parágrafo único. Prevalece a amostra, o protótipo ou o modelo, se houver contradição ou diferença com a maneira pela qual se descreveu a coisa no contrato.

Art. 485. A fixação do preço pode ser deixada ao arbítrio de terceiro, que os contratantes logo designarem ou prometerem designar. Se o terceiro não aceitar a incumbência, ficará sem efeito o contrato, salvo quando acordarem os contratantes designar outra pessoa.

Art. 486. Também se poderá deixar a fixação do preço à taxa de mercado ou de bolsa, em certo e determinado dia e lugar.

Art. 487. É lícito às partes fixar o preço em função de índices ou parâmetros, desde que suscetíveis de objetiva determinação.

Art. 488. Convencionada a venda sem fixação de preço ou de critérios para a sua determinação, se não houver tabelamento oficial, entende-se que as partes se sujeitaram ao preço corrente nas vendas habituais do vendedor.

• V. arts. 422 e 2.035, parágrafo único, CC.

Parágrafo único. Na falta de acordo, por ter havido diversidade de preço, prevalecerá o termo médio.

Art. 489. Nulo é o contrato de compra e venda, quando se deixa ao arbítrio exclusivo de uma das partes a fixação do preço.

• V. art. 122, CC.
• V. art. 51, X, Lei 8.078/1990 (Código de Defesa do Consumidor).

Art. 490. Salvo cláusula em contrário, ficarão as despesas de escritura e registro a cargo do comprador, e a cargo do vendedor as da tradição.

• V. art. 533, I, CC.

Art. 491. Não sendo a venda a crédito, o vendedor não é obrigado a entregar a coisa antes de receber o preço.

• V. arts. 476 e 477, CC.

Art. 492. Até o momento da tradição, os riscos da coisa correm por conta do vendedor, e os do preço por conta do comprador.

• V. arts. 234, 237, 246, 458, 1.267 e 1.268, CC.

§ 1º Todavia, os casos fortuitos, ocorrentes no ato de contar, marcar ou assinalar coisas, que comumente se recebem, contando, pesando, medindo ou assinalando, e que já tiverem sido postas à disposição do comprador, correrão por conta deste.

• V. art. 393, parágrafo único, CC.

§ 2º Correrão também por conta do comprador os riscos das referidas coisas, se estiver em mora de as receber, quando postas à sua disposição no tempo, lugar e pelo modo ajustados.

• V. art. 400, CC.

Art. 493. A tradição da coisa vendida, na falta de estipulação expressa, dar-se-á no lugar onde ela se encontrava, ao tempo da venda.

• V. arts. 328 e 1.267, CC.

Art. 494. Se a coisa for expedida para lugar diverso, por ordem do comprador, por sua conta correrão os riscos, uma vez entregue a quem haja de transportá-la, salvo se das instruções dele se afastar o vendedor.

• V. arts. 749, 750 e 754, CC.

Art. 495. Não obstante o prazo ajustado para o pagamento, se antes da tradição o comprador cair em insolvência, poderá o vendedor sobrestar na entrega da coisa, até que o comprador lhe dê caução de pagar no tempo ajustado.

• V. art. 477, CC.

Art. 496. É anulável a venda de ascendente a descendente, salvo se os outros descendentes e o cônjuge do alienante expressamente houverem consentido.

• V. arts. 176, 179 e 533, II, CC.
• V. Súmula 494, STF.

Art. 504

Código Civil

Parágrafo único. Em ambos os casos, dispensa-se o consentimento do cônjuge se o regime de bens for o da separação obrigatória.
- V. art. 1.641, CC.

Art. 497. Sob pena de nulidade, não podem ser comprados, ainda que em hasta pública:
- V. arts. 166 a 170, CC.
- V. art. 895, *caput*, CPC/2015.
- V. art. 177, Lei 11.101/2005 (Lei de Recuperação de Empresas e Falência).

I – pelos tutores, curadores, testamenteiros e administradores, os bens confiados à sua guarda ou administração;
- V. arts. 580, 1.749, I, 1.774, 1.781 e 1.977, *caput*, CC.
- V. Súmula 165, STF.

II – pelos servidores públicos, em geral, os bens ou direitos da pessoa jurídica a que servirem, ou que estejam sob sua administração direta ou indireta;
- V. art. 24, VI, Dec.-lei 411/1969 (Administração dos territórios federais).
- V. art. 117, IX, Lei 8.112/1990 (Regime jurídico único dos servidores públicos civis da União).

III – pelos juízes, secretários de tribunais, arbitradores, peritos e outros serventuários ou auxiliares da justiça, os bens ou direitos sobre que se litigar em tribunal, juízo ou conselho, no lugar onde servirem, ou a que se estender a sua autoridade;
- V. art. 498, CC.

IV – pelos leiloeiros e seus prepostos, os bens de cuja venda estejam encarregados.
- V. art. 36, *b*, Dec. 21.981/1932 (Leiloeiro).
- V. art. 7º, II, Lei 4.021/1961 (Leiloeiro rural).

Parágrafo único. As proibições deste artigo estendem-se à cessão de crédito.
- V. arts. 286 a 298 e 1.749, III, CC.

Art. 498. A proibição contida no inciso III do artigo antecedente, não compreende os casos de compra e venda ou cessão entre coerdeiros, ou em pagamento de dívida, ou para garantia de bens já pertencentes a pessoas designadas no referido inciso.

Art. 499. É lícita a compra e venda entre cônjuges, com relação a bens excluídos da comunhão.
- V. arts. 1.641, 1.656, 1.659, 1.668, 1.673 e 1.687, CC.

Art. 500. Se, na venda de um imóvel, se estipular o preço por medida de extensão, ou se determinar a respectiva área, e esta não corresponder, em qualquer dos casos, às dimensões dadas, o comprador terá o direito de exigir o complemento da área, e, não sendo isso possível, o de reclamar a resolução do contrato ou abatimento proporcional ao preço.
- V. arts. 441 a 446 e 500, CC.

§ 1º Presume-se que a referência às dimensões foi simplesmente enunciativa, quando a diferença encontrada não exceder de 1/20 (um vigésimo) da área total enunciada, ressalvado ao comprador o direito de provar que, em tais circunstâncias, não teria realizado o negócio.

§ 2º Se em vez de falta houver excesso, e o vendedor provar que tinha motivos para ignorar a medida exata da área vendida, caberá ao comprador, à sua escolha, completar o valor correspondente ao preço ou devolver o excesso.

§ 3º Não haverá complemento de área, nem devolução de excesso, se o imóvel for vendido como coisa certa e discriminada, tendo sido apenas enunciativa a referência às suas dimensões, ainda que não conste, de modo expresso, ter sido a venda *ad corpus*.

Art. 501. Decai do direito de propor as ações previstas no artigo antecedente o vendedor ou o comprador que não o fizer no prazo de 1 (um) ano, a contar do registro do título.
- V. arts. 207 a 211, CC.

Parágrafo único. Se houver atraso na imissão de posse no imóvel, atribuível ao alienante, a partir dela fluirá o prazo de decadência.

Art. 502. O vendedor, salvo convenção em contrário, responde por todos os débitos que gravem a coisa até o momento da tradição.
- V. arts. 492 e 533, CC.

Art. 503. Nas coisas vendidas conjuntamente, o defeito oculto de uma não autoriza a rejeição de todas.
- V. arts. 441 a 445, CC.

Art. 504. Não pode um condômino em coisa indivisível vender a sua parte a estranhos, se outro consorte a quiser, tanto por tanto. O condômino, a quem não se der conhecimento da venda, poderá depositando o preço, haver para si a parte vendida a estranhos, se o requerer no prazo de 180 (cento e oitenta) dias, sob pena de decadência.

- V. arts. 87, 88, 207 a 211, 513 a 520, 1.314, 1.320 e 1.322, CC.
- V. art. 92, § 3º, Lei 4.504/1964 (Estatuto da Terra).
- V. art. 34, Lei 8.245/1991 (Locação de imóveis urbanos).

Parágrafo único. Sendo muitos os condôminos, preferirá o que tiver benfeitorias de maior valor e, na falta de benfeitorias, o de quinhão maior. Se as partes forem iguais, haverão a parte vendida os comproprietários, que a quiserem, depositando previamente o preço.

Seção II
Das cláusulas especiais à compra e venda

Subseção I
Da retrovenda

Art. 505. O vendedor de coisa imóvel pode reservar-se o direito de recobrá-la no prazo máximo de decadência de 3 (três) anos, restituindo o preço recebido e reembolsando as despesas do comprador, inclusive as que, durante o período de resgate, se efetuaram com a sua autorização escrita, ou para a realização de benfeitorias necessárias.

- V. arts. 96, § 3º, e 207 a 211, CC.

Art. 506. Se o comprador se recusar a receber as quantias a que faz jus, o vendedor, para exercer o direito de resgate, as depositará judicialmente.

- V. arts. 334 a 345, CC.
- V. arts. 539 a 545, CPC/2015.

Parágrafo único. Verificada a insuficiência do depósito judicial, não será o vendedor restituído no domínio da coisa, até e enquanto não for integralmente pago o comprador.

Art. 507. O direito de retrato, que é cessível e transmissível a herdeiros e legatários, poderá ser exercido contra o terceiro adquirente.

- V. art. 1.359, CC.
- V. art. 167, I-29, Lei 6.015/1973 (Lei de Registros Públicos).

Art. 508. Se a duas ou mais pessoas couber o direito de retrato sobre o mesmo imóvel, e só uma o exercer, poderá o comprador intimar as outras para nele acordarem, prevalecendo o pacto em favor de quem haja efetuado o depósito, contanto que seja integral.

Subseção II
Da venda a contento e da sujeita a prova

Art. 509. A venda feita a contento do comprador entende-se realizada sob condição suspensiva, ainda que a coisa lhe tenha sido entregue; e não se reputará perfeita, enquanto o adquirente não manifestar seu agrado.

- V. arts. 122, 125, 135, 234, 492 e 611, CC.
- V. Lei 5.966/1973 (Sistema Nacional de Metrologia, Normalização e Qualidade Industrial).

Art. 510. Também a venda sujeita a prova presume-se feita sob a condição suspensiva de que a coisa tenha as qualidades asseguradas pelo vendedor e seja idônea para o fim a que se destina.

- V. arts. 125, 135, 234 e 492, CC.

Art. 511. Em ambos os casos, as obrigações do comprador, que recebeu, sob condição suspensiva, a coisa comprada, são as de mero comodatário, enquanto não manifeste aceitá-la.

- V. arts. 579 a 585, CC.

Art. 512. Não havendo prazo estipulado para a declaração do comprador, o vendedor terá direito de intimá-lo, judicial ou extrajudicialmente, para que o faça em prazo improrrogável.

Subseção III
Da preempção ou preferência

Art. 513. A preempção, ou preferência, impõe ao comprador a obrigação de oferecer ao vendedor a coisa que aquele vai vender, ou dar em pagamento, para que este use de seu direito de prelação na compra, tanto por tanto.

- V. arts. 504, 516, 518 e 1.359, CC.
- V. arts. 27 e 34, Lei 8.245/1991 (Locação de imóveis urbanos).

Código Civil

Parágrafo único. O prazo para exercer o direito de preferência não poderá exceder a 180 (cento e oitenta) dias, se a coisa for móvel, ou a 2 (dois) anos, se imóvel.

Art. 514. O vendedor pode também exercer o seu direito de prelação, intimando o comprador, quando lhe constar que este vai vender a coisa.

Art. 515. Aquele que exerce a preferência está, sob pena de a perder, obrigado a pagar, em condições iguais, o preço encontrado, ou o ajustado.

- V. art. 504, CC.

Art. 516. Inexistindo prazo estipulado, o direito de preempção caducará, se a coisa for móvel, não se exercendo nos 3 (três) dias, e, se for imóvel, não se exercendo nos 60 (sessenta) dias subsequentes à data em que o comprador tiver notificado o vendedor.

- V. art. 28, Lei 8.245/1991 (Locação de imóveis urbanos).

Art. 517. Quando o direito de preempção for estipulado a favor de dois ou mais indivíduos em comum, só pode ser exercido em relação à coisa no seu todo. Se alguma das pessoas, a quem ele toque, perder ou não exercer o seu direito, poderão as demais utilizá-lo na forma sobredita.

Art. 518. Responderá por perdas e danos o comprador, se alienar a coisa sem ter dado ao vendedor ciência do preço e das vantagens que por ela lhe oferecem. Responderá solidariamente o adquirente, se tiver procedido de má-fé.

- V. arts. 275 e 285 e 402 a 405, CC.
- V. art. 33, Lei 8.245/1991 (Locação de imóveis urbanos).

Art. 519. Se a coisa expropriada para fins de necessidade ou utilidade pública, ou por interesse social, não tiver o destino para que se desapropriou, ou não for utilizada em obras ou serviços públicos, caberá ao expropriado direito de preferência, pelo preço atual da coisa.

- V. art. 35, Dec.-lei 3.365/1941 (Desapropriações por utilidade pública).

Art. 520. O direito de preferência não se pode ceder nem passa aos herdeiros.

Subseção IV
Da venda com reserva de domínio

- V. art. 119, IV, Lei 11.101/2005 (Lei de Recuperação de Empresas e Falência).

Art. 521. Na venda de coisa móvel, pode o vendedor reservar para si a propriedade, até que o preço esteja integralmente pago.

- V. arts. 523 e 1.359, CC.

Art. 522. A cláusula de reserva de domínio será estipulada por escrito e depende de registro no domicílio do comprador para valer contra terceiros.

- V. art. 129-5, Lei 6.015/1973 (Lei de Registros Públicos).

Art. 523. Não pode ser objeto de venda com reserva de domínio a coisa insuscetível de caracterização perfeita, para estremá-la de outras congêneres. Na dúvida, decide-se a favor do terceiro adquirente de boa-fé.

- V. art. 85, CC.

Art. 524. A transferência de propriedade ao comprador dá-se no momento em que o preço esteja integralmente pago. Todavia, pelos riscos da coisa responde o comprador, a partir de quando lhe foi entregue.

- V. arts. 492 e 587, CC.

Art. 525. O vendedor somente poderá executar a cláusula de reserva de domínio após constituir o comprador em mora, mediante protesto do título ou interpelação judicial.

- V. arts. 394 a 401, CC.
- V. arts. 726, 728 e 729, CPC/2015.

Art. 526. Verificada a mora do comprador, poderá o vendedor mover contra ele a competente ação de cobrança das prestações vencidas e vincendas e o mais que lhe for devido; ou poderá recuperar a posse da coisa vendida.

Art. 527. Na segunda hipótese do artigo antecedente, é facultado ao vendedor reter as prestações pagas até o necessário para cobrir a depreciação da coisa, as despesas feitas e o mais que de direito lhe for devido. O excedente será devolvido ao comprador; e o que faltar lhe será cobrado, tudo na forma da lei processual.

Art. 528

Art. 528. Se o vendedor receber o pagamento à vista, ou, posteriormente, mediante financiamento de instituição do mercado de capitais, a esta caberá exercer os direitos e ações decorrentes do contrato, a benefício de qualquer outro. A operação financeira e a respectiva ciência do comprador constarão do registro do contrato.

Subseção V
Da venda sobre documentos

Art. 529. Na venda sobre documentos, a tradição da coisa é substituída pela entrega do seu título representativo e dos outros documentos exigidos pelo contrato ou, no silêncio deste, pelos usos.

Parágrafo único. Achando-se a documentação em ordem, não pode o comprador recusar o pagamento, a pretexto de defeito de qualidade ou do estado da coisa vendida, salvo se o defeito já houver sido comprovado.

Art. 530. Não havendo estipulação em contrário, o pagamento deve ser efetuado na data e no lugar da entrega dos documentos.

Art. 531. Se entre os documentos entregues ao comprador figurar apólice de seguro que cubra os riscos do transporte, correm estes à conta do comprador, salvo se, ao ser concluído o contrato, tivesse o vendedor ciência da perda ou avaria da coisa.

Art. 532. Estipulado o pagamento por intermédio de estabelecimento bancário, caberá a este efetuá-lo contra a entrega dos documentos, sem obrigação de verificar a coisa vendida, pela qual não responde.

Parágrafo único. Nesse caso, somente após a recusa do estabelecimento bancário a efetuar o pagamento, poderá o vendedor pretendê-lo, diretamente do comprador.

Capítulo II
DA TROCA OU PERMUTA

Art. 533. Aplicam-se à troca as disposições referentes à compra e venda, com as seguintes modificações:

- V. arts. 481 a 532, CC.

I – salvo disposição em contrário, cada um dos contratantes pagará por metade as despesas com o instrumento da troca;

- V. art. 490, CC.

II – é anulável a troca de valores desiguais entre ascendentes e descendentes, sem consentimento dos outros descendentes e do cônjuge do alienante.

- V. arts. 179 e 496, CC.
- V. Súmula 494, STF.

Capítulo III
DO CONTRATO ESTIMATÓRIO

Art. 534. Pelo contrato estimatório, o consignante entrega bens móveis ao consignatário, que fica autorizado a vendê-los, pagando àquele o preço ajustado, salvo se preferir, no prazo estabelecido, restituir-lhe a coisa consignada.

Art. 535. O consignatário não se exonera da obrigação de pagar o preço, se a restituição da coisa, em sua integridade, se tornar impossível, ainda que por fato a ele não imputável.

Art. 536. A coisa consignada não pode ser objeto de penhora ou sequestro pelos credores do consignatário, enquanto não pago integralmente o preço.

Art. 537. O consignante não pode dispor da coisa antes de lhe ser restituída ou de lhe ser comunicada a restituição.

Capítulo IV
DA DOAÇÃO

Seção I
Disposições gerais

Art. 538. Considera-se doação o contrato em que uma pessoa, por liberalidade, transfere do seu patrimônio bens ou vantagens para o de outra.

- V. art. 155, I, CF.
- V. arts. 547 a 550, 879, 1.642, V, 1.647, IV, e 1.663, § 2º, CC.
- V. art. 17, I, b, Lei 8.666/1993 (Licitações e contratos da administração pública).
- V. art. 9º, Lei 9.434/1997 (Remoção de órgãos, tecidos e partes do corpo humano para fins de transplante e tratamento).
- V. Súmula 328, STF.

CÓDIGO CIVIL

Art. 539. O doador pode fixar prazo ao donatário, para declarar se aceita ou não a liberalidade. Desde que o donatário, ciente do prazo, não faça, dentro dele, a declaração, entender-se-á que aceitou, se a doação não for sujeita a encargo.

• V. arts. 111, 136, 441, parágrafo único, 553, 562, 564, II, 1.748, II e 1.938, CC.

Art. 540. A doação feita em contemplação do merecimento do donatário não perde o caráter de liberalidade, como não perde a doação remuneratória, ou a gravada, no excedente ao valor dos serviços remunerados ou ao encargo imposto.

• V. arts. 136, 441 e 564, CC.

Art. 541. A doação far-se-á por escritura pública ou instrumento particular.

• V. art. 108, CC.
• V. arts. 167, I-33, e 218, Lei 6.015/1973 (Lei de Registros Públicos).

Parágrafo único. A doação verbal será válida, se, versando sobre bens móveis e de pequeno valor, se lhe seguir incontinenti a tradição.

• V. art. 1.267, CC.

Art. 542. A doação feita ao nascituro valerá, sendo aceita pelo seu representante legal.

• V. arts. 2º, 1.630, 1.633 e 1.779, CC.

Art. 543. Se o donatário for absolutamente incapaz, dispensa-se a aceitação, desde que se trate de doação pura.

• V. arts. 3º, 4º, 1.748, II, e 1.781, CC.

Art. 544. A doação de ascendentes a descendentes, ou de um cônjuge a outro, importa adiantamento do que lhes cabe por herança.

• V. arts. 1.789, 1.846, 1.847 e 2.002 a 2.012, CC.

Art. 545. A doação em forma de subvenção periódica ao beneficiado extingue-se morrendo o doador, salvo se este outra coisa dispuser, mas não poderá ultrapassar a vida do donatário.

Art. 546. A doação feita em contemplação de casamento futuro com certa e determinada pessoa, quer pelos nubentes entre si, quer por terceiro a um deles, a ambos, ou aos filhos que, de futuro, houverem um do outro, não pode ser impugnada por falta de aceitação, e só ficará sem efeito se o casamento não se realizar.

• V. arts. 552 e 564, IV, CC.

Art. 547. O doador pode estipular que os bens doados voltem ao seu patrimônio, se sobreviver ao donatário.

• V. art. 1.359, CC.

Parágrafo único. Não prevalece cláusula de reversão em favor de terceiro.

Art. 548. É nula a doação de todos os bens sem reserva de parte, ou renda suficiente para a subsistência do doador.

Art. 549. Nula é também a doação quanto à parte que exceder à de que o doador, no momento da liberalidade, poderia dispor em testamento.

• V. arts. 1.789, 1.846, 1.967, 2.007 e 2.008, CC.

Art. 550. A doação do cônjuge adúltero ao seu cúmplice pode ser anulada pelo outro cônjuge, ou por seus herdeiros necessários, até 2 (dois) anos depois de dissolvida a sociedade conjugal.

• V. arts. 793 e 1.642, V, CC.

Art. 551. Salvo declaração em contrário, a doação em comum a mais de uma pessoa entende-se distribuída entre elas por igual.

Parágrafo único. Se os donatários, em tal caso, forem marido e mulher, subsistirá na totalidade a doação para o cônjuge sobrevivo.

Art. 552. O doador não é obrigado a pagar juros moratórios, nem é sujeito às consequências da evicção ou do vício redibitório. Nas doações para casamento com certa e determinada pessoa, o doador ficará sujeito à evicção, salvo convenção em contrário.

• V. arts. 406, 407, 441 a 457 e 1.939, III, CC.

Art. 553. O donatário é obrigado a cumprir os encargos da doação, caso forem a benefício do doador, de terceiro, ou do interesse geral.

• V. arts. 136, 137, 436 a 438, 540, 555, 564, 1.748, II, 1.781 e 1.938, CC.

Parágrafo único. Se desta última espécie for o encargo, o Ministério Público poderá exigir sua execução, depois da morte do doador, se este não tiver feito.

Art. 554. A doação a entidade futura caducará se, em 2 (dois) anos, esta não estiver constituída regularmente.

Art. 555

CÓDIGO CIVIL

Seção II
Da revogação da doação

Art. 555. A doação pode ser revogada por ingratidão do donatário, ou por inexecução do encargo.

• V. arts. 390, 397, 553, 557, 559 e 562, CC.

Art. 556. Não se pode renunciar antecipadamente o direito de revogar a liberalidade por ingratidão do donatário.

Art. 557. Podem ser revogadas por ingratidão as doações:

• V. arts. 1.814 e 1.961 a 1.963, CC.

I – se o donatário atentou contra a vida do doador ou cometeu crime de homicídio doloso contra ele;

• V. art. 561, CC.

II – se cometeu contra ele ofensa física;
III – se o injuriou gravemente ou o caluniou;
IV – se, podendo ministrá-los, recusou ao doador os alimentos de que este necessitava.

Art. 558. Pode ocorrer também a revogação quando o ofendido, nos casos do artigo anterior, for o cônjuge, ascendente, descendente, ainda que adotivo, ou irmão do doador.

Art. 559. A revogação por qualquer desses motivos deverá ser pleiteada dentro de 1 (um) ano, a contar de quando chegue ao conhecimento do doador o fato que a autorizar, e de ter sido o donatário o seu autor.

Art. 560. O direito de revogar a doação não se transmite aos herdeiros do doador, nem prejudica os do donatário. Mas aqueles podem prosseguir na ação iniciada pelo doador, continuando-a contra os herdeiros do donatário, se este falecer depois de ajuizada a lide.

Art. 561. No caso de homicídio doloso do doador, a ação caberá aos seus herdeiros, exceto se aquele houver perdoado.

• V. art. 557, I, CC.

Art. 562. A doação onerosa pode ser revogada por inexecução do encargo, se o donatário incorrer em mora. Não havendo prazo para o cumprimento, o doador poderá notificar judicialmente o donatário, assinando-lhe prazo razoável para que cumpra a obrigação assumida.

• V. arts. 390, 397, 399 e 553, CC.
• V. arts. 726 a 729, CPC/2015.

Art. 563. A revogação por ingratidão não prejudica os direitos adquiridos por terceiros, nem obriga o donatário a restituir os frutos percebidos antes da citação válida; mas sujeita-o a pagar os posteriores, e, quando não possa restituir em espécie as coisas doadas, a indenizá-la pelo meio-termo do seu valor.

• V. art. 1.360, CC.

Art. 564. Não se revogam por ingratidão:

I – as doações puramente remuneratórias;

• V. art. 540, CC.

II – as oneradas com encargo já cumprido;
III – as que se fizerem em cumprimento de obrigação natural;

• V. arts. 814 e 882, CC.

IV – as feitas para determinado casamento.

• V. art. 546, CC.

Capítulo V
DA LOCAÇÃO DE COISAS

Art. 565. Na locação de coisas, uma das partes se obriga a ceder à outra, por tempo determinado ou não, o uso e gozo de coisa não fungível, mediante certa retribuição.

• V. arts. 85, 206, § 3º, I, e 2.036, CC.
• V. arts. 64, § 1º, e 86 a 98, Dec.-lei 9.760/1946 (Bens imóveis da União).
• V. art. 1º, parágrafo único, Lei 8.245/1991 (Locação de imóveis urbanos).
• V. Lei 8.494/1992 (Reajuste dos contratos de locação residencial).
• V. arts. 17, I, f, e 24, X, Lei 8.666/1993 (Licitações e contratos da administração pública).

Art. 566. O locador é obrigado:

• V. art. 22, I a III, Lei 8.245/1991 (Locação de imóveis urbanos).

I – a entregar ao locatário a coisa alugada, com suas pertenças, em estado de servir ao uso a que se destina, e a mantê-la nesse estado, pelo tempo do contrato, salvo cláusula expressa em contrário;
II – a garantir-lhe, durante o tempo do contrato, o uso pacífico da coisa.

• V. arts. 441 e 568, CC.

Art. 567. Se, durante a locação, se deteriorar a coisa alugada, sem culpa do locatário, a este caberá pedir redução proporcional do aluguel, ou resolver o contrato, caso já não sirva a coisa para o fim a que se destinava.

286

Art. 568. O locador resguardará o locatário dos embaraços e turbações de terceiros, que tenham ou pretendam ter direitos sobre a coisa alugada, e responderá pelos seus vícios, ou defeitos, anteriores à locação.

- V. arts. 441 a 457, 566, II, e 569, III, CC.
- V. art. 22, IV, Lei 8.245/1991 (Locação de imóveis urbanos).

Art. 569. O locatário é obrigado:

- V. art. 23, I a V, Lei 8.245/1991 (Locação de imóveis urbanos).

I – a servir-se da coisa alugada para os usos convencionados ou presumidos, conforme a natureza dela e as circunstâncias, bem como tratá-la com o mesmo cuidado como se sua fosse;

- V. art. 570, CC.

II – a pagar pontualmente o aluguel nos prazos ajustados, e, em falta de ajuste, segundo o costume do lugar;

- V. arts. 9º, III, e 62, Lei 8.245/1991 (Locação de imóveis urbanos).

III – a levar ao conhecimento do locador as turbações de terceiros, que se pretendam fundadas em direito;

IV – a restituir a coisa, finda a locação, no estado em que a recebeu, salvas as deteriorações naturais ao uso regular.

- V. arts. 575, 1.402 e 1.508, CC.

Art. 570. Se o locatário empregar a coisa em uso diverso do ajustado, ou do a que se destina, ou se ela se danificar por abuso do locatário, poderá o locador, além de rescindir o contrato, exigir perdas e danos.

- V. arts. 402 a 405 e 569, I, CC.
- V. art. 9º, II, Lei 8.245/1991 (Locação de imóveis urbanos).

Art. 571. Havendo prazo estipulado à duração do contrato, antes do vencimento não poderá o locador reaver a coisa alugada, senão ressarcindo ao locatário as perdas e danos resultantes, nem o locatário devolvê-la ao locador, senão pagando, proporcionalmente, a multa prevista no contrato.

- V. arts. 402 a 404, CC.
- V. art. 4º, *caput*, Lei 8.245/1991 (Locação de imóveis urbanos).

Parágrafo único. O locatário gozará do direito de retenção, enquanto não for ressarcido.

- V. art. 578, CC.

Art. 572. Se a obrigação de pagar o aluguel pelo tempo que faltar constituir indenização excessiva, será facultado ao juiz fixá-la em bases razoáveis.

- V. arts. 413, 884 a 886 e 2.035, parágrafo único, CC.

Art. 573. A locação por tempo determinado cessa de pleno direito findo o prazo estipulado, independentemente de notificação ou aviso.

- V. arts. 472 a 475, CC.
- V. arts. 46, *caput*, 47, 48 e 56, Lei 8.245/1991 (Locação de imóveis urbanos).

Art. 574. Se, findo o prazo, o locatário continuar na posse da coisa alugada, sem oposição do locador, presumir-se-á prorrogada a locação pelo mesmo aluguel, mas sem prazo determinado.

- V. arts. 46, § 1º, 47, 50 e 56, parágrafo único, Lei 8.245/1991 (Locação de imóveis urbanos).

Art. 575. Se, notificado o locatário, não restituir a coisa, pagará, enquanto a tiver em seu poder, o aluguel que o locador arbitrar, e responderá pelo dano que ela venha a sofrer, embora proveniente de caso fortuito.

- V. art. 393, CC.
- V. arts. 703 a 706, CPC/2015.

Parágrafo único. Se o aluguel arbitrado for manifestamente excessivo, poderá o juiz reduzi-lo, mas tendo sempre em conta o seu caráter de penalidade.

- V. arts. 884 a 886, CC.

Art. 576. Se a coisa for alienada durante a locação, o adquirente não ficará obrigado a respeitar o contrato, se nele não for consignada a cláusula da sua vigência no caso de alienação, e não constar de registro.

- V. arts. 8º e 27 a 34, Lei 8.245/1991 (Locação de imóveis urbanos).
- V. Súmula 442, STF.

§ 1º O registro a que se refere este artigo será o de Títulos e Documentos do domicílio do locador, quando a coisa for móvel; e será o Registro de Imóveis da respectiva circunscrição, quando imóvel.

- V. arts. 129-1, 167, I-3, e 169, III, Lei 6.015/1973 (Lei de Registros Públicos).

§ 2º Em se tratando de imóvel, e ainda no caso em que o locador não esteja obrigado a respeitar o contrato, não poderá ele despedir o locatário, senão observado o prazo de 90 (noventa) dias após a notificação.

• V. arts. 703 a 706, CPC/2015.

Art. 577. Morrendo o locador ou o locatário, transfere-se aos seus herdeiros a locação por tempo determinado.

• V. arts. 10 e 11, Lei 8.245/1991 (Locação de imóveis urbanos).

Art. 578. Salvo disposição em contrário, o locatário goza do direito de retenção, no caso de benfeitorias necessárias, ou no de benfeitorias úteis, se estas houverem sido feitas com expresso consentimento do locador.

• V. arts. 96, 571, parágrafo único, e 1.219, CC.
• V. arts. 35 e 36, Lei 8.245/1991 (Locação de imóveis urbanos).
• V. Súmula 158, STF.

Capítulo VI
DO EMPRÉSTIMO

Seção I
Do comodato

Art. 579. O comodato é o empréstimo gratuito de coisas não fungíveis. Perfaz-se com a tradição do objeto.

• V. art. 85, CC.

Art. 580. Os tutores, curadores e em geral todos os administradores de bens alheios não poderão dar em comodato, sem autorização especial, os bens confiados à sua guarda.

• V. arts. 497, I, 1.741, 1.749, II, 1.774 e 1.781, CC.

Art. 581. Se o comodato não tiver prazo convencional, presumir-se-lhe-á o necessário para o uso concedido; não podendo o comodante, salvo necessidade imprevista e urgente, reconhecida pelo juiz, suspender o uso e gozo da coisa emprestada, antes de findo o prazo convencional, ou o que se determine pelo uso outorgado.

• V. arts. 472 a 475, CC.

Art. 582. O comodatário é obrigado a conservar, como se sua própria fora, a coisa emprestada, não podendo usá-la senão de acordo com o contrato ou a natureza dela, sob pena de responder por perdas e danos. O comodatário constituído em mora, além de por ela responder, pagará, até restituí-la, o aluguel da coisa que for arbitrado pelo comodante.

• V. arts. 397, 399 e 402 a 405, CC.

Art. 583. Se, correndo risco o objeto do comodato juntamente com outros do comodatário, antepuser este a salvação dos seus abandonando o do comodante, responderá pelo dano ocorrido, ainda que se possa atribuir a caso fortuito, ou força maior.

• V. arts. 238 a 240 e 393, parágrafo único, CC.

Art. 584. O comodatário não poderá jamais recobrar do comodante as despesas feitas com o uso e gozo da coisa emprestada.

• V. arts. 241 e 242, CC.

Art. 585. Se duas ou mais pessoas forem simultaneamente comodatárias de uma coisa, ficarão solidariamente responsáveis para com o comodante.

• V. arts. 275 a 285, CC.

Seção II
Do mútuo

Art. 586. O mútuo é o empréstimo de coisas fungíveis. O mutuário é obrigado a restituir ao mutuante o que dele recebeu em coisa do mesmo gênero, qualidade e quantidade.

• V. arts. 85, 591 e 645, CC.

Art. 587. Este empréstimo transfere o domínio da coisa emprestada ao mutuário, por cuja conta correm todos os riscos dela desde a tradição.

• V. art. 645, CC.

Art. 588. O mútuo feito a pessoa menor, sem prévia autorização daquele sob cuja guarda estiver, não pode ser reavido nem do mutuário, nem de seus fiadores.

• V. arts. 3º, I, 4º, I, 180, parágrafo único, 824 e 837, CC.

Art. 589. Cessa a disposição do artigo antecedente:

I – se a pessoa, de cuja autorização necessitava o mutuário para contrair o empréstimo, o ratificar posteriormente;

• V. arts. 172 a 175, CC.

II – se o menor, estando ausente essa pessoa, se viu obrigado a contrair o empréstimo para os seus alimentos habituais;

CÓDIGO CIVIL

III – se o menor tiver bens ganhos com o seu trabalho. Mas, em tal caso, a execução do credor não lhes poderá ultrapassar as forças;

- V. art. 1.693, II, CC.

IV – se o empréstimo reverteu em benefício do menor;

- V. art. 181, CC.

V – se o menor obteve o empréstimo maliciosamente.

- V. art. 180, CC.

Art. 590. O mutuante pode exigir garantia da restituição, se antes do vencimento o mutuário sofrer notória mudança em sua situação econômica.

- V. arts. 333 e 477, CC.

Art. 591. Destinando-se o mútuo a fins econômicos, presumem-se devidos juros, os quais, sob pena de redução, não poderão exceder a taxa a que se refere o art. 406, permitida a capitalização anual.

- V. art. 192, CF.
- V. Dec. 22.626/1933 (Juros nos contratos).
- V. Dec.-lei 1.113/1939 (Taxas de juros nos empréstimos sob penhor).
- V. arts. 8º e 9º, Dec.-lei 3.200/1941 (Organização e proteção da família).
- V. art. 7º, Lei 1.046/1950 (Consignação em folha de pagamento).
- V. art. 4º, a, Lei 1.521/1951 (Crimes contra a economia popular).
- V. art. 10, § 1º, Lei 4.380/1964 (BNH).
- V. Lei 8.177/1991 (Desindexação da economia).
- V. arts. 4º e 5º, Lei 9.514/1997 (Sistema de Financiamento Imobiliário e alienação fiduciária de coisa imóvel).
- V. Súmula 530, STJ.

Art. 592. Não se tendo convencionado expressamente, o prazo do mútuo será:

- V. art. 331, CC.

I – até a próxima colheita, se o mútuo for de produtos agrícolas, assim para o consumo, como para semeadura;

II – de 30 (trinta) dias, pelo menos, se for de dinheiro;

III – do espaço de tempo que declarar o mutuante, se for de qualquer outra coisa fungível.

Capítulo VII
DA PRESTAÇÃO DE SERVIÇO

Art. 593. A prestação de serviço, que não estiver sujeita às leis trabalhistas ou a lei especial, reger-se-á pelas disposições deste Capítulo.

- V. arts. 1º a 3º, CLT.
- V. arts. 1º a 4º, Lei 5.889/1973 (Trabalhador rural).
- V. LC 150/2015 (Contrato de Trabalho Doméstico).

Art. 594. Toda a espécie de serviço ou trabalho lícito, material ou imaterial, pode ser contratada mediante retribuição.

- V. arts. 3º, parágrafo único, e 5º, CLT.

Art. 595. No contrato de prestação de serviço, quando qualquer das partes não souber ler, nem escrever, o instrumento poderá ser assinado a rogo e subscrito por duas testemunhas.

- V. art. 456, CLT.

Art. 596. Não se tendo estipulado, nem chegado a acordo as partes, fixar-se-á por arbitramento a retribuição, segundo o costume do lugar, o tempo de serviço e sua qualidade.

- V. art. 606, CC.
- V. arts. 460 e 461, CLT.

Art. 597. A retribuição pagar-se-á depois de prestado o serviço, se, por convenção, ou costume, não houver de ser adiantada, ou paga em prestações.

- V. art. 459, CLT.

Art. 598. A prestação de serviço não se poderá convencionar por mais de 4 (quatro) anos, embora o contrato tenha por causa o pagamento de dívida de quem o presta, ou se destine à execução de certa e determinada obra. Neste caso, decorridos 4 (quatro) anos, dar-se-á por findo o contrato, ainda que não concluída a obra.

- V. art. 149, CP.
- V. art. 445, CLT.

Art. 599. Não havendo prazo estipulado, nem se podendo inferir da natureza do contrato, ou do costume do lugar, qualquer das partes, a seu arbítrio, mediante prévio aviso, pode resolver o contrato.

- V. arts. 472 a 475 e 607, CC.
- V. art. 487, CLT.

Parágrafo único. Dar-se-á o aviso:
I – com antecedência de 8 (oito) dias, se o salário se houver fixado por tempo de 1 (um) mês, ou mais;
II – com antecipação de 4 (quatro) dias, se o salário se tiver ajustado por semana, ou quinzena;
III – de véspera, quando se tenha contratado por menos de 7 (sete) dias.

Art. 600. Não se conta no prazo do contrato o tempo em que o prestador de serviço, por culpa sua, deixou de servir.

• V. art. 453, CLT.

Art. 601. Não sendo o prestador de serviço contratado para certo e determinado trabalho, entender-se-á que se obrigou a todo e qualquer serviço compatível com as suas forças e condições.

• V. art. 456, parágrafo único, CLT.

Art. 602. O prestador de serviço contratado por tempo certo, ou por obra determinada, não se pode ausentar, ou despedir, sem justa causa, antes de preenchido o tempo, ou concluída a obra.

• V. arts. 443 e 478 a 481, CLT.
• V. Lei 9.601/1998 (Contrato de trabalho por prazo determinado).

Parágrafo único. Se se despedir sem justa causa, terá direito à retribuição vencida, mas responderá por perdas e danos. O mesmo dar-se-á, se despedido por justa causa.

• V. arts. 402 a 405, CC.
• V. arts. 457, § 1º, 482 e 483, CLT.

Art. 603. Se o prestador de serviço for despedido sem justa causa, a outra parte será obrigada a pagar-lhe por inteiro a retribuição vencida, e por metade a que lhe tocaria de então ao termo legal do contrato.

• V. art. 479, CLT.

Art. 604. Findo o contrato, o prestador de serviço tem direito a exigir da outra parte a declaração de que o contrato está findo. Igual direito lhe cabe, se for despedido sem justa causa, ou se tiver havido motivo justo para deixar o serviço.

Art. 605. Nem aquele a quem os serviços são prestados, poderá transferir a outrem o direito aos serviços ajustados, nem o prestador de serviços, sem aprazimento da outra parte, dar substituto que os preste.

• V. art. 609, CC.
• V. arts. 448 e 468, CLT.

Art. 606. Se o serviço for prestado por quem não possua título de habilitação, ou não satisfaça requisitos outros estabelecidos em lei, não poderá quem os prestou cobrar a retribuição normalmente correspondente ao trabalho executado. Mas se deste resultar benefício para a outra parte, o juiz atribuirá a quem o prestou uma compensação razoável, desde que tenha agido com boa-fé.

• V. arts. 422 e 596, CC.

Parágrafo único. Não se aplica a segunda parte deste artigo, quando a proibição da prestação de serviço resultar de lei de ordem pública.

Art. 607. O contrato de prestação de serviço acaba com a morte de qualquer das partes. Termina, ainda, pelo escoamento do prazo, pela conclusão da obra, pela rescisão do contrato mediante aviso-prévio, por inadimplemento de qualquer das partes ou pela impossibilidade da continuação do contrato, motivada por força maior.

• V. arts. 393, parágrafo único, 472 a 477, 599 e 626, CC.

Art. 608. Aquele que aliciar pessoas obrigadas em contrato escrito a prestar serviço a outrem pagará a este a importância que ao prestador de serviço, pelo ajuste desfeito, houvesse de caber durante 2 (dois) anos.

• V. art. 207, CP.

Art. 609. A alienação do prédio agrícola, onde a prestação dos serviços se opera, não importa a rescisão do contrato, salvo ao prestador opção entre continuá-lo com o adquirente da propriedade ou com o primitivo contratante.

• V. art. 605, CC.

Capítulo VIII
DA EMPREITADA

Art. 610. O empreiteiro de uma obra pode contribuir para ela só com seu trabalho ou com ele e os materiais.

§ 1º A obrigação de fornecer os materiais não se presume; resulta da lei ou da vontade das partes.

Art. 621

CÓDIGO CIVIL

§ 2º O contrato para elaboração de um projeto não implica a obrigação de executá-lo, ou de fiscalizar-lhe a execução.

Art. 611. Quando o empreiteiro fornece os materiais, correm por sua conta os riscos até o momento da entrega da obra, a contento de quem a encomendou, se este não estiver em mora de receber. Mas se estiver, por sua conta correrão os riscos.

- V. arts. 234, 394, 400, 509, 511, 512 e 615, CC.

Art. 612. Se o empreiteiro só forneceu mão de obra, todos os riscos em que não tiver culpa correrão por conta do dono.

- V. art. 614, CC.

Art. 613. Sendo a empreitada unicamente de lavor (art. 610), se a coisa perecer antes de entregue, sem mora do dono nem culpa do empreiteiro, este perderá a retribuição, se não provar que a perda resultou de defeito dos materiais e que em tempo reclamara contra a sua quantidade ou qualidade.

Art. 614. Se a obra constar de partes distintas, ou for de natureza das que se determinam por medida, o empreiteiro terá direito a que também se verifique por medida, ou segundo as partes em que se dividir, podendo exigir o pagamento na proporção da obra executada.

§ 1º Tudo o que se pagou presume-se verificado.

§ 2º O que se mediu presume-se verificado se, em 30 (trinta) dias, a contar da medição, não forem denunciados os vícios ou defeitos pelo dono da obra ou por quem estiver incumbido da sua fiscalização.

Art. 615. Concluída a obra de acordo com o ajuste, ou o costume do lugar, o dono é obrigado a recebê-la. Poderá, porém, rejeitá-la, se o empreiteiro se afastou das instruções recebidas e dos planos dados, ou das regras técnicas em trabalhos de tal natureza.

- V. arts. 441, 476 e 477, CC.

Art. 616. No caso da segunda parte do artigo antecedente, pode quem encomendou a obra, em vez de enjeitá-la, recebê-la com abatimento no preço.

- V. art. 442, CC.

Art. 617. O empreiteiro é obrigado a pagar os materiais que recebeu, se por imperícia ou negligência os inutilizar.

- V. arts. 186, 932, III, e 933, CC.

Art. 618. Nos contratos de empreitada de edifícios ou outras construções consideráveis, o empreiteiro de materiais e execução responderá, durante o prazo irredutível de 5 (cinco) anos, pela solidez e segurança do trabalho, assim em razão dos materiais, como do solo.

- V. arts. 622, 937 e 1.280, CC.

Parágrafo único. Decairá do direito assegurado neste artigo o dono da obra que não propuser a ação contra o empreiteiro, nos 180 (cento e oitenta) dias seguintes ao aparecimento do vício ou defeito.

Art. 619. Salvo estipulação em contrário, o empreiteiro que se incumbir de executar uma obra, segundo plano aceito por quem a encomendou, não terá direito a exigir acréscimo no preço, ainda que sejam introduzidas modificações no projeto, a não ser que estas resultem de instruções escritas do dono da obra.

- V. arts. 478 a 480, CC.

Parágrafo único. Ainda que não tenha havido autorização escrita, o dono da obra é obrigado a pagar ao empreiteiro os aumentos e acréscimos, segundo o que for arbitrado, se, sempre presente à obra, por continuadas visitas, não podia ignorar o que se estava passando, e nunca protestou.

Art. 620. Se ocorrer diminuição no preço do material ou da mão de obra superior a 1/10 (um décimo) do preço global convencionado, poderá este ser revisto, a pedido do dono da obra, para que se lhe assegure a diferença apurada.

- V. arts. 478 e 884 a 886, CC.

Art. 621. Sem anuência de seu autor, não pode o proprietário da obra introduzir modificações no projeto por ele aprovado, ainda que a execução seja confiada a terceiros, a não ser que, por motivos supervenientes ou razões de ordem técnica, fique comprovada a inconveniência ou a excessiva onerosidade de execução do projeto em sua forma originária.

- V. art. 478, CC.
- V. arts. 7º, X, 24, IV, e 26, Lei 9.610/1998 (Direitos autorais).

Parágrafo único. A proibição deste artigo não abrange alterações de pouca monta, ressalvada sempre a unidade estética da obra projetada.

Art. 622

CÓDIGO CIVIL

Art. 622. Se a execução da obra for confiada a terceiros, a responsabilidade do autor do projeto respectivo, desde que não assuma a direção ou fiscalização daquela, ficará limitada aos danos resultantes de defeitos previstos no art. 618 e seu parágrafo único.

Art. 623. Mesmo após iniciada a construção, pode o dono da obra suspendê-la, desde que pague ao empreiteiro as despesas e lucros relativos aos serviços já feitos, mais indenização razoável, calculada em função do que ele teria ganho, se concluída a obra.

Art. 624. Suspensa a execução da empreitada sem justa causa, responde o empreiteiro por perdas e danos.

- V. arts. 402 a 405, CC.

Art. 625. Poderá o empreiteiro suspender a obra:
I – por culpa do dono, ou por motivo de força maior;

- V. art. 393, parágrafo único, CC.

II – quando, no decorrer dos serviços, se manifestarem dificuldades imprevisíveis de execução, resultantes de causas geológicas ou hídricas, ou outras semelhantes, de modo que torne a empreitada excessivamente onerosa, e o dono da obra se opuser ao reajuste do preço inerente ao projeto por ele elaborado, observados os preços;

- V. arts. 478 a 480, CC.

III – se as modificações exigidas pelo dono da obra, por seu vulto e natureza, forem desproporcionais ao projeto aprovado, ainda que o dono se disponha a arcar com o acréscimo de preço.

- V. arts. 478 a 480, CC.

Art. 626. Não se extingue o contrato de empreitada pela morte de qualquer das partes, salvo se ajustado em consideração às qualidades pessoais do empreiteiro.

- V. art. 607, CC.

Capítulo IX
DO DEPÓSITO

Seção I
Do depósito voluntário

Art. 627. Pelo contrato de depósito recebe o depositário um objeto móvel, para guardar, até que o depositante o reclame.

- V. arts. 640, 645, 646, 652, 751 e 1.435, CC.
- V. Lei 2.313/1954 (Prazos dos contratos de depósito regular e voluntário).
- V. art. 1º, § 1º, Lei 2.666/1955 (Penhor de produtos agrícolas).
- • V. Súmula vinculante 25, STF.

Art. 628. O contrato de depósito é gratuito, exceto se houver convenção em contrário, se resultante de atividade negocial ou se o depositário o praticar por profissão.

- V. art. 651, CC.

Parágrafo único. Se o depósito for oneroso e a retribuição do depositário não constar de lei, nem resultar de ajuste, será determinada pelos usos do lugar, e, na falta destes, por arbitramento.

Art. 629. O depositário é obrigado a ter na guarda e conservação da coisa depositada o cuidado e diligência que costuma com o que lhe pertence, bem como a restituí-la, com todos os frutos e acrescidos, quando o exija o depositante.

- V. art. 648, CC.

Art. 630. Se o depósito se entregou fechado, colado, selado, ou lacrado, nesse mesmo estado se manterá.

Art. 631. Salvo disposição em contrário, a restituição da coisa deve dar-se no lugar em que tiver de ser guardada. As despesas de restituição correm por conta do depositante.

Art. 632. Se a coisa houver sido depositada no interesse de terceiro, e o depositário tiver sido cientificado deste fato pelo depositante, não poderá ele exonerar-se restituindo a coisa a este, sem consentimento daquele.

Art. 633. Ainda que o contrato fixe prazo à restituição, o depositário entregará o depósito logo que se lhe exija, salvo se tiver o direito de retenção a que se refere o art. 644, se o objeto for judicialmente embargado, se sobre ele pender execução, notificada ao depositário, ou se houver motivo razoável de suspeitar que a coisa foi dolosamente obtida.

- V. arts. 634 e 638, CC.

Art. 634. No caso do artigo antecedente, última parte, o depositário, expondo o fundamento da suspeita, requererá que se recolha o objeto ao depósito público.

- V. arts. 334, 335, IV, e 638, CC.
- V. arts. 539 a 545, CPC/2015.

Código Civil

Art. 635. Ao depositário será facultado, outrossim, requerer depósito judicial da coisa, quando, por motivo plausível, não a possa guardar, e o depositante não queira recebê-la.

- V. arts. 334, 335, I, e 641, CC.
- V. arts. 539 a 545, CPC/2015.

Art. 636. O depositário, que por força maior houver perdido a coisa depositada e recebido outra em seu lugar, é obrigado a entregar a segunda ao depositante, e ceder-lhe as ações que no caso tiver contra o terceiro responsável pela restituição da primeira.

- V. art. 393, parágrafo único, CC.

Art. 637. O herdeiro do depositário, que de boa-fé vendeu a coisa depositada, é obrigado a assistir o depositante na reivindicação, e a restituir ao comprador o preço recebido.

- V. arts. 447, 879, 1.792 e 1.821, CC.

Art. 638. Salvo os casos previstos nos arts. 633 e 634, não poderá o depositário furtar-se à restituição do depósito, alegando não pertencer a coisa ao depositante, ou opondo compensação, exceto se noutro depósito se fundar.

- V. arts. 373, II, e 629, CC.

Art. 639. Sendo dois ou mais depositantes, e divisível a coisa, a cada um só entregará o depositário a respectiva parte, salvo se houver entre eles solidariedade.

- V. arts. 87, 260 e 264 a 285, CC.

Art. 640. Sob pena de responder por perdas e danos, não poderá o depositário, sem licença expressa do depositante, servir-se da coisa depositada, nem a dar em depósito a outrem.

- V. arts. 402 a 405, CC.

Parágrafo único. Se o depositário, devidamente autorizado, confiar a coisa em depósito a terceiro, será responsável se agiu com culpa na escolha deste.

Art. 641. Se o depositário se tornar incapaz, a pessoa que lhe assumir a administração dos bens diligenciará imediatamente restituir a coisa depositada e, não querendo ou não podendo o depositante recebê-la, recolhê-la-á ao depósito público ou promoverá nomeação de outro depositário.

- V. arts. 3º, II e III, 4º, II a IV, 334 e 335, I, CC.
- V. arts. 539 a 545, CPC/2015.

Art. 642. O depositário não responde pelos casos de força maior; mas, para que lhe valha a escusa, terá de prová-los.

- V. art. 393, parágrafo único, CC.

Art. 643. O depositante é obrigado a pagar ao depositário as despesas feitas com a coisa, e os prejuízos que do depósito provierem.

Art. 644. O depositário poderá reter o depósito até que se lhe pague a retribuição devida, o líquido valor das despesas, ou dos prejuízos a que se refere o artigo anterior, provando imediatamente esses prejuízos ou essas despesas.

- V. art. 633, CC.

Parágrafo único. Se essas dívidas, despesas ou prejuízos não forem provados suficientemente, ou forem ilíquidos, o depositário poderá exigir caução idônea do depositante ou, na falta desta, a remoção da coisa para o depósito público, até que se liquidem.

Art. 645. O depósito de coisas fungíveis, em que o depositário se obrigue a restituir objetos do mesmo gênero, qualidade e quantidade, regular-se-á pelo disposto acerca do mútuo.

- V. arts. 85 e 586 a 592, CC.
- V. art. 9º, Lei 8.866/1994 (Depositário infiel de valor pertencente à Fazenda Pública).

Art. 646. O depósito voluntário provar-se-á por escrito.

- V. art. 129-2, Lei 6.015/1973 (Lei de Registros Públicos).

Seção II
Do depósito necessário

Art. 647. É depósito necessário:
I – o que se faz em desempenho de obrigação legal;

- V. art. 648, *caput*, CC.
- V. art. 1º, Lei 8.866/1994 (Depositário infiel de valor pertencente à Fazenda Pública).

II – o que se efetua por ocasião de alguma calamidade, como o incêndio, a inundação, o naufrágio ou o saque.

- V. art. 648, parágrafo único, CC.

Art. 648. O depósito a que se refere o inciso I do artigo antecedente, reger-se-á pela

Art. 649

CÓDIGO CIVIL

disposição da respectiva lei, e, no silêncio ou deficiência dela, pelas concernentes ao depósito voluntário.

- V. arts. 627 a 646, CC.
- V. Lei 2.313/1954 (Prazos dos contratos de depósito regular e voluntário).
- V. art. 1º, Lei 8.866/1994 (Depositário infiel de valor pertencente à Fazenda Pública).

Parágrafo único. As disposições deste artigo aplicam-se aos depósitos previstos no inciso II do artigo antecedente, podendo estes certificarem-se por qualquer meio de prova.

Art. 649. Aos depósitos previstos no artigo antecedente é equiparado o das bagagens dos viajantes ou hóspedes nas hospedarias onde estiverem.

- V. arts. 650, 651, 932, IV, e 1.467, I, CC.

Parágrafo único. Os hospedeiros responderão como depositários, assim como pelos furtos e roubos que perpetrarem as pessoas empregadas ou admitidas nos seus estabelecimentos.

Art. 650. Cessa, nos casos do artigo antecedente, a responsabilidade dos hospedeiros, se provarem que os fatos prejudiciais aos viajantes ou hóspedes não podiam ter sido evitados.

- V. art. 393, parágrafo único, CC.

Art. 651. O depósito necessário não se presume gratuito. Na hipótese do art. 649, a remuneração pelo depósito está incluída no preço da hospedagem.

- V. art. 628, CC.

Art. 652. Seja o depósito voluntário ou necessário, o depositário que não o restituir quando exigido será compelido a fazê-lo mediante prisão não excedente a 1 (um) ano, e ressarcir os prejuízos.

- V. art. 5º, LXVII, CF.
- V. art. 168, § 1º, I, CP.
- V. art. 11-1, Dec. 1.102/1903 (Armazéns gerais).
- V. art. 27, § 4º, Dec. 21.981/1932 (Leiloeiro).
- V. arts. 23 e 35, Lei 492/1937 (Penhor rural e cédula pignoratícia).
- V. art. 17, Lei 4.021/1961 (Leiloeiro rural).
- V. art. 4º, Dec.-lei 911/1969 (Alienação fiduciária).
- V. Lei 8.866/1994 (Depositário infiel de valor pertencente à Fazenda Pública).
- V. art. 108, § 1º, Lei 11.101/2005 (Lei de Recuperação de Empresas e Falência).

Capítulo X
DO MANDATO

Seção I
Disposições gerais

Art. 653. Opera-se o mandato quando alguém recebe de outrem poderes para, em seu nome, praticar atos ou administrar interesses. A procuração é o instrumento do mandato.

- V. art. 54, II, c, CF.
- V. arts. 115 a 120, 692, 709, 721, 873 e 1.011, § 2º, CC.
- V. art. 744, CPC/2015.
- V. arts. 513, a, e 791, CLT.
- V. Lei 1.134/1950 (Representação dos associados de classes).
- V. art. 117, XI, Lei 8.112/1990 (Regime jurídico único dos servidores públicos civis da União).

Art. 654. Todas as pessoas capazes são aptas para dar procuração mediante instrumento particular, que valerá desde que tenha a assinatura do outorgante.

- V. arts. 3º a 5º, 109, 219, 657, 666 e 1.018, CC.
- V. art. 50, parágrafo único, CPP.
- V. art. 792, CLT.
- V. art. 50, § 3º, Lei 6.015/1973 (Lei de Registros Públicos).

§ 1º O instrumento particular deve conter a indicação do lugar onde foi passado, a qualificação do outorgante e do outorgado, a data e o objetivo da outorga com a designação e a extensão dos poderes conferidos.

- V. art. 105, CPC/2015.

§ 2º O terceiro com quem o mandatário tratar poderá exigir que a procuração traga a firma reconhecida.

- V. art. 158, Lei 6.015/1973 (Lei de Registros Públicos).

Art. 655. Ainda quando se outorgue mandato por instrumento público, pode substabelecer-se mediante instrumento particular.

- V. arts. 109 e 657, CC.

Art. 656. O mandato pode ser expresso ou tácito, verbal ou escrito.

- V. arts. 657 e 1.324, CC.
- V. art. 513, CLT.

- V. Lei 1.134/1950 (Representação dos associados de classes).

Art. 657. A outorga do mandato está sujeita à forma exigida por lei para o ato a ser praticado. Não se admite mandato verbal quando o ato deva ser celebrado por escrito.

- V. arts. 109 e 215, CC.

Art. 658. O mandato presume-se gratuito quando não houver sido estipulada retribuição, exceto se o seu objeto corresponder ao daqueles que o mandatário trata por ofício ou profissão lucrativa.

Parágrafo único. Se o mandato for oneroso, caberá ao mandatário a retribuição prevista em lei ou no contrato. Sendo estes omissos, será ela determinada pelos usos do lugar, ou, na falta destes, por arbitramento.

- V. art. 676, CC.

Art. 659. A aceitação do mandato pode ser tácita, e resulta do começo de execução.

- V. art. 432, CC.

Art. 660. O mandato pode ser especial a um ou mais negócios determinadamente, ou geral a todos os do mandante.

Art. 661. O mandato em termos gerais só confere poderes de administração.

- V. art. 30, § 3º, Dec.-lei 891/1938 (Aprova a Lei de Fiscalização de Entorpecentes).

§ 1º Para alienar, hipotecar, transigir, ou praticar outros quaisquer atos que exorbitem da administração ordinária, depende a procuração de poderes especiais e expressos.

- V. art. 105, CPC/2015.

§ 2º O poder de transigir não importa o de firmar compromisso.

- V. arts. 840 a 853, CC.
- V. Lei 9.307/1996 (Lei de Arbitragem).

Art. 662. Os atos praticados por quem não tenha mandato, ou o tenha sem poderes suficientes, são ineficazes em relação àquele em cujo nome foram praticados, salvo se este os ratificar.

- V. arts. 172, 176, 665, 672, 673, 679 e 873, CC.

Parágrafo único. A ratificação há de ser expressa, ou resultar de ato inequívoco, e retroagirá à data do ato.

- V. arts. 173 a 175, CC.
- V. art. 104, § 2º, CPC/2015.

Art. 663. Sempre que o mandatário estipular negócios expressamente em nome do mandante, será este o único responsável; ficará, porém, o mandatário pessoalmente obrigado, se agir no seu próprio nome, ainda que o negócio seja de conta do mandante.

- V. art. 1.652, II, CC.

Art. 664. O mandatário tem o direito de reter, do objeto da operação que lhe foi cometida, quanto baste para pagamento de tudo que lhe for devido em consequência do mandato.

- V. arts. 644, 681, 708 e 742, CC.

Art. 665. O mandatário que exceder os poderes do mandato, ou proceder contra eles, será considerado mero gestor de negócios, enquanto o mandante lhe não ratificar os atos.

- V. arts. 172 a 175, 662, 673, 675, 678 e 861 a 875, CC.

Art. 666. O maior de 16 (dezesseis) e menor de 18 (dezoito) anos não emancipado pode ser mandatário, mas o mandante não tem ação contra ele senão de conformidade com as regras gerais, aplicáveis às obrigações contraídas por menores.

- V. arts. 4º, I, 5º, 171, I, 180 a 182 e 654, CC.

Seção II
Das obrigações do mandatário

Art. 667. O mandatário é obrigado a aplicar toda sua diligência habitual na execução do mandato, e a indenizar qualquer prejuízo causado por culpa sua ou daquele a quem substabelecer, sem autorização, poderes que devia exercer pessoalmente.

- V. arts. 866 e 867, CC.

§ 1º Se, não obstante proibição do mandante, o mandatário se fizer substituir na execução do mandato, responderá ao seu constituinte pelos prejuízos ocorridos sob a gerência do substituto, embora provenientes de caso fortuito, salvo provando que o caso teria sobrevindo, ainda que não tivesse havido substabelecimento.

- V. art. 393, parágrafo único, CC.

§ 2º Havendo poderes de substabelecer, só serão imputáveis ao mandatário os danos causados pelo substabelecido, se tiver agido com culpa na escolha deste ou nas instruções dadas a ele.

§ 3º Se a proibição de substabelecer constar da procuração, os atos praticados pelo substabelecido não obrigam o mandante, salvo ratificação expressa, que retroagirá à data do ato.

§ 4º Sendo omissa a procuração quanto ao substabelecimento, o procurador será responsável se o substabelecido proceder culposamente.

Art. 668. O mandatário é obrigado a dar contas de sua gerência ao mandante, transferindo-lhe as vantagens provenientes do mandato, por qualquer título que seja.

• V. arts. 685 e 1.980, CC.

Art. 669. O mandatário não pode compensar os prejuízos a que deu causa com os proveitos que, por outro lado, tenha granjeado ao seu constituinte.

Art. 670. Pelas somas que devia entregar ao mandante ou recebeu para despesa, mas empregou em proveito seu, pagará o mandatário juros, desde o momento em que abusou.

• V. arts. 406, 407 e 677, CC.

Art. 671. Se o mandatário, tendo fundos ou crédito do mandante, comprar, em nome próprio, algo que devera comprar para o mandante, por ter sido expressamente designado no mandato, terá este ação para obrigá-lo à entrega da coisa comprada.

• V. arts. 806 a 813, CPC/2015.

Art. 672. Sendo dois ou mais os mandatários nomeados no mesmo instrumento, qualquer deles poderá exercer os poderes outorgados, se não forem expressamente declarados conjuntos, nem especificamente designados para atos diferentes, ou subordinados a atos sucessivos. Se os mandatários forem declarados conjuntos, não terá eficácia o ato praticado sem interferência de todos, salvo havendo ratificação, que retroagirá à data do ato.

• V. arts. 264 a 285, 662 e 867, parágrafo único, CC.

Art. 673. O terceiro que, depois de conhecer os poderes do mandatário, com ele celebrar negócio jurídico exorbitante do mandato, não tem ação contra o mandatário, salvo se este lhe prometeu ratificação do mandante ou se responsabilizou pessoalmente.

• V. art. 662, CC.

Art. 674. Embora ciente da morte, interdição ou mudança de estado do mandante, deve o mandatário concluir o negócio já começado, se houver perigo na demora.

• V. arts. 682, II e III, 689 e 865, CC.

Seção III
Das obrigações do mandante

Art. 675. O mandante é obrigado a satisfazer todas as obrigações contraídas pelo mandatário, na conformidade do mandato conferido, e adiantar a importância das despesas necessárias à execução dele, quando o mandatário lho pedir.

• V. arts. 665, 673, 678 e 869, CC.

Art. 676. É obrigado o mandante a pagar ao mandatário a remuneração ajustada e as despesas da execução do mandato, ainda que o negócio não surta o esperado efeito, salvo tendo o mandatário culpa.

• V. arts. 658 e 677 a 680, CC.

Art. 677. As somas adiantadas pelo mandatário, para a execução do mandato, vencem juros desde a data do desembolso.

• V. arts. 406, 407 e 670, CC.

Art. 678. É igualmente obrigado o mandante a ressarcir ao mandatário as perdas que este sofrer com a execução do mandato, sempre que não resultem de culpa sua ou de excesso de poderes.

• V. arts. 186, 402 a 405, 665, 673 e 675, CC.

Art. 679. Ainda que o mandatário contrarie as instruções do mandante, se não exceder os limites do mandato, ficará o mandante obrigado para com aqueles com quem o seu procurador contratou; mas terá contra este ação pelas perdas e danos resultantes da inobservância das instruções.

• V. arts. 402 a 405, 662, 665 e 673, CC.

Art. 680. Se o mandato for outorgado por duas ou mais pessoas, e para negócio comum, cada uma ficará solidariamente responsável ao mandatário por todos os compromissos e efeitos do mandato, salvo direito regressivo, pelas quantias que pagar, contra os outros mandantes.

- V. arts. 275 a 285, CC.

Art. 681. O mandatário tem sobre a coisa de que tenha a posse em virtude do mandato, direito de retenção, até se reembolsar do que no desempenho do encargo despendeu.

- V. arts. 644, 664, 708 e 742, CC.
- V. art. 83, IV, *c*, Lei 11.101/2005 (Lei de Recuperação de Empresas e Falência).

Seção IV
Da extinção do mandato

Art. 682. Cessa o mandato:

- V. art. 689, CC.
- V. art. 120, *caput*, Lei 11.101/2005 (Lei de Recuperação de Empresas e Falência).

I – pela revogação ou pela renúncia;

- V. arts. 686 a 689, CC.
- V. arts. 111 e 112, *caput* e § 1º, CPC/2015.
- V. art. 5º, § 3º, Lei 8.906/1994 (Estatuto da Advocacia e da OAB).

II – pela morte ou interdição de uma das partes;

- V. arts. 674 e 689 a 691, CC.
- V. arts. 313, I, e 1.004, CPC/2015.

III – pela mudança de estado que inabilite o mandante a conferir os poderes, ou o mandatário para os exercer;

- V. arts. 3º e 4º, CC.
- V. art. 120, § 2º, Lei 11.101/2005 (Lei de Recuperação de Empresas e Falência).

IV – pelo término do prazo ou pela conclusão do negócio.

Art. 683. Quando o mandato contiver a cláusula de irrevogabilidade e o mandante o revogar, pagará perdas e danos.

- V. arts. 402 a 405, CC.

Art. 684. Quando a cláusula de irrevogabilidade for condição de um negócio bilateral, ou tiver sido estipulada no exclusivo interesse do mandatário, a revogação do mandato será ineficaz.

Art. 685. Conferido o mandato com a cláusula "em causa própria", a sua revogação não terá eficácia, nem se extinguirá pela morte de qualquer das partes, ficando o mandatário dispensado de prestar contas, e podendo transferir para si os bens móveis ou imóveis objeto do mandato, obedecidas as formalidades legais.

- V. art. 117, CC.

Art. 686. A revogação do mandato, notificada somente ao mandatário, não se pode opor aos terceiros que, ignorando-a, de boa-fé com ele trataram; mas ficam salvas ao constituinte as ações que no caso lhe possam caber contra o procurador.

- V. art. 689, CC.
- V. art. 111, CPC/2015.

Parágrafo único. É irrevogável o mandato que contenha poderes de cumprimento ou confirmação de negócios encetados, aos quais se ache vinculado.

Art. 687. Tanto que for comunicada ao mandatário a nomeação de outro, para o mesmo negócio, considerar-se-á revogado o mandato anterior.

Art. 688. A renúncia do mandato será comunicada ao mandante, que, se for prejudicado pela sua inoportunidade, ou pela falta de tempo, a fim de prover à substituição do procurador, será indenizado pelo mandatário, salvo se este provar que não podia continuar no mandato sem prejuízo considerável, e que não lhe era dado substabelecer.

- V. art. 112, *caput* e § 1º, CPC/2015.

Art. 689. São válidos, a respeito dos contratantes de boa-fé, os atos com estes ajustados em nome do mandante pelo mandatário, enquanto este ignorar a morte daquele ou a extinção do mandato, por qualquer outra causa.

- V. arts. 674 e 686, CC.

Art. 690. Se falecer o mandatário, pendente o negócio a ele cometido, os herdeiros, tendo ciência do mandato, avisarão o mandante, e providenciarão a bem dele, como as circunstâncias exigirem.

Art. 691. Os herdeiros, no caso do artigo antecedente, devem limitar-se às medidas conservatórias, ou continuar os negócios pendentes que se não possam demorar sem perigo, regulando-se os seus serviços dentro desse limite, pelas mesmas normas a que os do mandatário estão sujeitos.

Seção V
Do mandato judicial

Art. 692. O mandato judicial fica subordinado às normas que lhe dizem respeito, constantes da legislação processual, e, supletivamente, às estabelecidas neste Código.

- V. arts. 653 a 691, CC.
- V. arts. 103 a 107, 111, 112, 260, II, 287, 313, I, 550 e 1.004, CPC/2015.
- V. art. 266, CPP.
- V. arts. 791 e 839, *a*, CLT.
- V. art. 16, Lei 1.060/1950 (Assistência judiciária).
- V. arts. 4º, 5º, 15, § 3º, 27 a 30 e 42, Lei 8.906/1994 (Estatuto da Advocacia e da OAB).
- V. arts. 9º, 41, § 2º, e 68, Lei 9.099/1995 (Juizados Especiais Cíveis e Criminais).

Capítulo XI
DA COMISSÃO

Art. 693. O contrato de comissão tem por objeto a aquisição ou a venda de bens pelo comissário, em seu próprio nome, à conta do comitente.

- V. art. 709, CC.

Art. 694. O comissário fica diretamente obrigado para com as pessoas com quem contratar, sem que estas tenham ação contra o comitente, nem este contra elas, salvo se o comissário ceder seus direitos a qualquer das partes.

Art. 695. O comissário é obrigado a agir de conformidade com as ordens e instruções do comitente, devendo, na falta destas, não podendo pedi-las a tempo, proceder segundo os usos em casos semelhantes.

Parágrafo único. Ter-se-ão por justificados os atos do comissário, se deles houver resultado vantagem para o comitente, e ainda no caso em que, não admitindo demora a realização do negócio, o comissário agiu de acordo com os usos.

Art. 696. No desempenho das suas incumbências o comissário é obrigado a agir com cuidado e diligência, não só para evitar qualquer prejuízo ao comitente, mas ainda para lhe proporcionar o lucro que razoavelmente se podia esperar do negócio.

Parágrafo único. Responderá o comissário, salvo motivo de força maior, por qualquer prejuízo que, por ação ou omissão, ocasionar ao comitente.

- V. art. 393, parágrafo único, CC.

Art. 697. O comissário não responde pela insolvência das pessoas com quem tratar, exceto em caso de culpa e no do artigo seguinte.

- V. art. 698, CC.

Art. 698. Se do contrato de comissão constar a cláusula *del credere*, responderá o comissário solidariamente com as pessoas com que houver tratado em nome do comitente, caso em que, salvo estipulação em contrário, o comissário tem direito a remuneração mais elevada, para compensar o ônus assumido.

- V. arts. 275 a 285 e 697, CC.

Art. 699. Presume-se o comissário autorizado a conceder dilação do prazo para pagamento, na conformidade dos usos do lugar onde se realizar o negócio, se não houver instruções diversas do comitente.

Art. 700. Se houver instruções do comitente proibindo prorrogação de prazos para pagamento, ou se esta não for conforme os usos locais, poderá o comitente exigir que o comissário pague incontinenti ou responda pelas consequências da dilação concedida, procedendo-se de igual modo se o comissário não der ciência ao comitente dos prazos concedidos e de quem é seu beneficiário.

Art. 701. Não estipulada a remuneração devida ao comissário, será ela arbitrada segundo os usos correntes no lugar.

Art. 702. No caso de morte do comissário, ou, quando, por motivo de força maior, não puder concluir o negócio, será devida pelo comitente uma remuneração proporcional aos trabalhos realizados.

- V. art. 393, parágrafo único, CC.

Art. 703. Ainda que tenha dado motivo à dispensa, terá o comissário direito a ser remunerado pelos serviços úteis prestados ao comitente, ressalvado a este o direito de exigir daquele os prejuízos sofridos.

- V. art. 705, CC.

Art. 704. Salvo disposição em contrário, pode o comitente, a qualquer tempo, alterar as instruções dadas ao comissário, entendendo-se por elas regidos também os negócios pendentes.

Art. 705. Se o comissário for despedido sem justa causa, terá direito a ser remunerado pelos trabalhos prestados, bem como a ser ressarcido pelas perdas e danos resultantes de sua dispensa.

• V. arts. 402 a 405 e 703, CC.

Art. 706. O comitente e o comissário são obrigados a pagar juros um ao outro; o primeiro pelo que o comissário houver adiantado para cumprimento de suas ordens; e o segundo pela mora na entrega dos fundos que pertencerem ao comitente.

• V. arts. 394 a 401, 406 e 407, CC.

Art. 707. O crédito do comissário, relativo a comissões e despesas feitas, goza de privilégio geral, no caso de falência ou insolvência do comitente.

• V. arts. 158, 333, I, e 955 a 965, CC.
• V. art. 83, V, Lei 11.101/2005 (Lei de Recuperação de Empresas e Falência).

Art. 708. Para reembolso das despesas feitas, bem como para recebimento das comissões devidas, tem o comissário direito de retenção sobre os bens e valores em seu poder em virtude da comissão.

• V. arts. 644, 664 e 681 e 742, CC.
• V. art. 83, IV, c, Lei 11.101/2005 (Lei de Recuperação de Empresas e Falência).

Art. 709. São aplicáveis à comissão, no que couber, as regras sobre mandato.

• V. arts. 653 a 691, CC.

Capítulo XII
DA AGÊNCIA E DISTRIBUIÇÃO

Art. 710. Pelo contrato de agência, uma pessoa assume, em caráter não eventual e sem vínculos de dependência, a obrigação de promover, à conta de outra, mediante retribuição, a realização de certos negócios, em zona determinada, caracterizando-se a distribuição quando o agente tiver à sua disposição a coisa a ser negociada.

• V. arts. 721 e 775, CC.
• V. Lei 4.886/1965 (Representantes comerciais autônomos).
• V. Lei 6.729/1979 (Produtores e distribuidores de veículos automotores de via terrestre).

Parágrafo único. O proponente pode conferir poderes ao agente para que este o represente na conclusão dos contratos.

Art. 711. Salvo ajuste, o proponente não pode constituir, ao mesmo tempo, mais de um agente, na mesma zona, com idêntica incumbência; nem pode o agente assumir o encargo de nela tratar de negócios do mesmo gênero, à conta de outros proponentes.

Art. 712. O agente, no desempenho que lhe foi cometido, deve agir com toda diligência, atendo-se às instruções recebidas do proponente.

Art. 713. Salvo estipulação diversa, todas as despesas com a agência ou distribuição correm a cargo do agente ou distribuidor.

Art. 714. Salvo ajuste, o agente ou distribuidor terá direito à remuneração correspondente aos negócios concluídos dentro de sua zona, ainda que sem a sua interferência.

Art. 715. O agente ou distribuidor tem direito à indenização se o proponente, sem justa causa, cessar o atendimento das propostas ou reduzi-lo tanto que se torna antieconômica a continuação do contrato.

Art. 716. A remuneração será devida ao agente também quando o negócio deixar de ser realizado por fato imputável ao proponente.

Art. 717. Ainda que dispensado por justa causa, terá o agente direito a ser remunerado pelos serviços úteis prestados ao proponente, sem embargo de haver este perdas e danos pelos prejuízos sofridos.

• V. arts. 186, 402 a 405, CC.

Art. 718. Se a dispensa se der sem culpa do agente, terá ele direito à remuneração até então devida, inclusive sobre os negócios pendentes, além das indenizações previstas em lei especial.

Art. 719. Se o agente não puder continuar o trabalho por motivo de força maior, terá direito à remuneração correspondente aos serviços realizados, cabendo esse direito aos herdeiros no caso de morte.

- V. art. 393, parágrafo único, CC.

Art. 720. Se o contrato for por tempo indeterminado, qualquer das partes poderá resolvê-lo, mediante aviso-prévio de 90 (noventa) dias, desde que transcorrido prazo compatível com a natureza e o vulto do investimento exigido do agente.

- V. arts. 474 e 475, CC.

Parágrafo único. No caso de divergência entre as partes, o juiz decidirá da razoabilidade do prazo e do valor devido.

Art. 721. Aplicam-se ao contrato de agência e distribuição, no que couber, as regras concernentes ao mandato e à comissão e as constantes de lei especial.

- V. arts. 653 a 709, CC.

Capítulo XIII
DA CORRETAGEM

Art. 722. Pelo contrato de corretagem, uma pessoa, não ligada a outra em virtude de mandato, de prestação de serviços ou por qualquer relação de dependência, obriga-se a obter para a segunda um ou mais negócios, conforme as instruções recebidas.

- V. art. 729, CC.
- V. Lei 2.146/1953 (Corretor de valores).
- V. Lei 4.594/1964 (Corretor de seguros).
- V. Lei 6.530/1978 (Corretor de imóveis).

Art. 723. O corretor é obrigado a executar a mediação com diligência e prudência, e a prestar ao cliente, espontaneamente, todas as informações sobre o andamento do negócio.

- Artigo com redação determinada pela Lei 12.236/2010.

Parágrafo único. Sob pena de responder por perdas e danos, o corretor prestará ao cliente todos os esclarecimentos acerca da segurança ou do risco do negócio, das alterações de valores e de outros fatores que possam influir nos resultados da incumbência.

- V. arts. 402 a 405, CC.

Art. 724. A remuneração do corretor, se não estiver fixada em lei, nem ajustada entre as partes, será arbitrada segundo a natureza do negócio e os usos locais.

Art. 725. A remuneração é devida ao corretor uma vez que tenha conseguido o resultado previsto no contrato de mediação, ou ainda que este não se efetive em virtude de arrependimento das partes.

Art. 726. Iniciado e concluído o negócio diretamente entre as partes, nenhuma remuneração será devida ao corretor; mas se, por escrito, for ajustada a corretagem com exclusividade, terá o corretor direito à remuneração integral, ainda que realizado o negócio sem a sua mediação, salvo se comprovada sua inércia ou ociosidade.

Art. 727. Se, por não haver prazo determinado, o dono do negócio dispensar o corretor, e o negócio se realizar posteriormente, como fruto da sua mediação, a corretagem lhe será devida; igual solução se adotará se o negócio se realizar após a decorrência do prazo contratual, mas por efeito dos trabalhos do corretor.

Art. 728. Se o negócio se concluir com a intermediação de mais de um corretor, a remuneração será paga a todos em partes iguais, salvo ajuste em contrário.

Art. 729. Os preceitos sobre corretagem constantes deste Código não excluem a aplicação de outras normas da legislação especial.

- V. art. 721, CC.

Capítulo XIV
DO TRANSPORTE

Seção I
Disposições gerais

Art. 730. Pelo contrato de transporte alguém se obriga, mediante retribuição, a transportar, de um lugar para outro, pessoas ou coisas.

Art. 731. O transporte exercido em virtude de autorização, permissão ou concessão, rege-se pelas normas regulamentares e pelo que for estabelecido naqueles atos, sem prejuízo do disposto neste Código.

Art. 732. Aos contratos de transporte, em geral, são aplicáveis, quando couber, desde que não contrariem as disposições deste Código, os preceitos constantes da legislação especial e de tratados e convenções internacionais.

- V. Dec. 2.681/1912 (Responsabilidade civil das estradas de ferro).
- V. Dec.-lei 3.326/1941 (Transporte de malas postais).
- V. Dec. 1.832/1996 (Aprova o Regulamento dos Transportes Ferroviários).
- V. Lei 9.432/1997 (Ordenação do transporte aquaviário).

Art. 733. Nos contratos de transporte cumulativo, cada transportador se obriga a cumprir o contrato relativamente ao respectivo percurso, respondendo pelos danos nele causados a pessoas e coisas.

- V. art. 756, CC.

§ 1º O dano, resultante do atraso ou da interrupção da viagem, será determinado em razão da totalidade do percurso.

§ 2º Se houver substituição de algum dos transportadores no decorrer do percurso, a responsabilidade solidária estender-se-á ao substituto.

- V. arts. 275 a 285, CC.

Seção II
Do transporte de pessoas

Art. 734. O transportador responde pelos danos causados às pessoas transportadas e suas bagagens, salvo motivo de força maior, sendo nula qualquer cláusula excludente da responsabilidade.

- V. arts. 186, 393, parágrafo único, 789 a 802 e 927 a 954, CC.

Parágrafo único. É lícito ao transportador exigir a declaração do valor da bagagem a fim de fixar o limite da indenização.

- V. art. 750, CC.

Art. 735. A responsabilidade contratual do transportador por acidente com o passageiro não é elidida por culpa de terceiro, contra o qual tem ação regressiva.

- V. art. 125, II, CPC/2015.

Art. 736. Não se subordina às normas do contrato de transporte o feito gratuitamente, por amizade ou cortesia.

Parágrafo único. Não se considera gratuito o transporte quando, embora feito sem remuneração, o transportador auferir vantagens indiretas.

Art. 737. O transportador está sujeito aos horários e itinerários previstos, sob pena de responder por perdas e danos, salvo motivo de força maior.

- V. arts. 393, parágrafo único, e 402 a 405, CC.

Art. 738. A pessoa transportada deve sujeitar-se às normas estabelecidas pelo transportador, constantes no bilhete ou afixadas à vista dos usuários, abstendo-se de quaisquer atos que causem incômodo ou prejuízo aos passageiros, danifiquem o veículo, ou dificultem ou impeçam a execução normal do serviço.

Parágrafo único. Se o prejuízo sofrido pela pessoa transportada for atribuível à transgressão de normas e instruções regulamentares, o juiz reduzirá equitativamente a indenização, na medida em que a vítima houver concorrido para a ocorrência do dano.

- V. art. 945, CC.

Art. 739. O transportador não pode recusar passageiros, salvo os casos previstos nos regulamentos, ou se as condições de higiene ou de saúde do interessado o justificarem.

Art. 740. O passageiro tem direito a rescindir o contrato de transporte antes de iniciada a viagem, sendo-lhe devida a restituição do valor da passagem, desde que feita a comunicação ao transportador em tempo de ser renegociada.

§ 1º Ao passageiro é facultado desistir do transporte, mesmo depois de iniciada a viagem, sendo-lhe devida a restituição do valor correspondente ao trecho não utilizado, desde que provado que outra pessoa haja sido transportada em seu lugar.

§ 2º Não terá direito ao reembolso do valor da passagem o usuário que deixar de embarcar, salvo se provado que outra pessoa foi transportada em seu lugar, caso em que lhe será restituído o valor do bilhete não utilizado.

§ 3º Nas hipóteses previstas neste artigo, o transportador terá direito de reter até 5% (cinco por cento) da importância a ser restituída ao passageiro, a título de multa compensatória.

- V. arts. 472 a 475, CC.

Art. 741. Interrompendo-se a viagem por qualquer motivo alheio à vontade do transportador, ainda que em consequência de evento imprevisível, fica ele obrigado a concluir o transporte contratado em outro veículo da mesma categoria, ou, com a anuência do passageiro, por modalidade diferente, à sua custa, correndo também por sua conta as despesas de estada e alimentação do usuário, durante a espera de novo transporte.

Art. 742. O transportador, uma vez executado o transporte, tem direito de retenção sobre a bagagem de passageiro e outros objetos pessoais deste, para garantir-se do pagamento do valor da passagem que não tiver sido feito no início ou durante o percurso.

• V. arts. 644, 664, 681 e 708, CC.

Seção III
Do transporte de coisas

Art. 743. A coisa, entregue ao transportador, deve estar caracterizada pela sua natureza, valor, peso e quantidade, e o mais que for necessário para que não se confunda com outras, devendo o destinatário ser indicado ao menos pelo nome e endereço.

Art. 744. Ao receber a coisa, o transportador emitirá conhecimento com a menção dos dados que a identifiquem, obedecido o disposto em lei especial.

Parágrafo único. O transportador poderá exigir que o remetente lhe entregue, devidamente assinada, a relação discriminada das coisas a serem transportadas, em duas vias, uma das quais, por ele devidamente autenticada, ficará fazendo parte integrante do conhecimento.

Art. 745. Em caso de informação inexata ou falsa descrição no documento a que se refere o artigo antecedente, será o transportador indenizado pelo prejuízo que sofrer, devendo a ação respectiva ser ajuizada no prazo de 120 (cento e vinte) dias, a contar daquele ato, sob pena de decadência.

• V. arts. 207 a 211 e 422, CC.

Art. 746. Poderá o transportador recusar a coisa cuja embalagem seja inadequada, bem como a que possa pôr em risco a saúde das pessoas, ou danificar o veículo e outros bens.

• V. Dec. 96.044/1988 (Regulamento para o Transporte Rodoviário de Produtos Perigosos).

Art. 747. O transportador deverá obrigatoriamente recusar a coisa cujo transporte ou comercialização não sejam permitidos, ou que venha desacompanhada dos documentos exigidos por lei ou regulamento.

Art. 748. Até a entrega da coisa, pode o remetente desistir do transporte e pedi-la de volta, ou ordenar seja entregue a outro destinatário, pagando, em ambos os casos, os acréscimos de despesa decorrentes da contraordem, mais as perdas e danos que houver.

• V. arts. 402 a 405, CC.

Art. 749. O transportador conduzirá a coisa ao seu destino, tomando todas as cautelas necessárias para mantê-la em bom estado e entregá-la no prazo ajustado ou previsto.

• V. art. 494, CC.

Art. 750. A responsabilidade do transportador, limitada ao valor constante do conhecimento, começa no momento em que ele, ou seus prepostos, recebem a coisa; termina quando é entregue ao destinatário, ou depositada em juízo, se aquele não for encontrado.

• V. arts. 334 a 337, 494, 734, parágrafo único, e 778 a 788, 927, 932, III, 933, 942 a 944 e 946, CC.

Art. 751. A coisa, depositada ou guardada nos armazéns do transportador, em virtude de contrato de transporte, rege-se, no que couber, pelas disposições relativas a depósito.

• V. arts. 627 a 652, CC.

Art. 752. Desembarcadas as mercadorias, o transportador não é obrigado a dar aviso ao destinatário, se assim não foi convencionado, dependendo também de ajuste a entrega a domicílio, e devem constar do conhecimento de embarque as cláusulas de aviso ou de entrega a domicílio.

Art. 753. Se o transporte não puder ser feito ou sofrer longa interrupção, o transportador solicitará, incontinenti, instruções ao remetente, e zelará pela coisa, por cujo perecimento ou deterioração responderá, salvo força maior.

- V. art. 393, parágrafo único, CC.

§ 1º Perdurando o impedimento, sem motivo imputável ao transportador e sem manifestação do remetente, poderá aquele depositar a coisa em juízo, ou vendê-la, obedecidos os preceitos legais e regulamentares, ou os usos locais, depositando o valor.

- V. arts. 539 a 549, CPC/2015.

§ 2º Se o impedimento for responsabilidade do transportador, este poderá depositar a coisa, por sua conta e risco, mas só poderá vendê-la se perecível.

- V. arts. 539 a 549, CPC/2015.

§ 3º Em ambos os casos, o transportador deve informar o remetente da efetivação do depósito ou da venda.

§ 4º Se o transportador mantiver a coisa depositada em seus próprios armazéns, continuará a responder pela sua guarda e conservação, sendo-lhe devida, porém, uma remuneração pela custódia, a qual poderá ser contratualmente ajustada ou se conformará aos usos adotados em cada sistema de transporte.

- V. arts. 628, 629, 647 e 651, CC.

Art. 754. As mercadorias devem ser entregues ao destinatário, ou a quem apresentar o conhecimento endossado, devendo aquele que as receber conferi-las e apresentar as reclamações que tiver, sob pena de decadência dos direitos.

- V. arts. 207 a 211 e 494, CC.

Parágrafo único. No caso de perda parcial ou de avaria não perceptível à primeira vista, o destinatário conserva a sua ação contra o transportador, desde que denuncie o dano em 10 (dez) dias a contar da entrega.

Art. 755. Havendo dúvida acerca de quem seja o destinatário, o transportador deve depositar a mercadoria em juízo, se não lhe for possível obter instruções do remetente; se a demora puder ocasionar a deterioração da coisa, o transportador deverá vendê-la, depositando o saldo em juízo.

- V. arts. 334 e 335, CC.
- V. arts. 539 a 549, CPC/2015.

Art. 756. No caso de transporte cumulativo, todos os transportadores respondem solidariamente pelo dano causado perante o remetente, ressalvada a apuração final da responsabilidade entre eles, de modo que o ressarcimento recaia, por inteiro, ou proporcionalmente, naquele ou naqueles em cujo percurso houver ocorrido o dano.

- V. arts. 275 a 285 e 733, CC.

Capítulo XV
DO SEGURO

Seção I
Disposições gerais

Art. 757. Pelo contrato de seguro, o segurador se obriga, mediante o pagamento do prêmio, a garantir interesse legítimo do segurado, relativo a pessoa ou a coisa, contra riscos predeterminados.

- V. arts. 206, §§ 1º, II, e 3º, IX, 768, 777 e 785, CC.
- V. art. 4º, Dec. 59.195/1966 (Cobrança de prêmios de seguros privados).
- V. Súmula 465, STJ.

Parágrafo único. Somente pode ser parte, no contrato de seguro, como segurador, entidade para tal fim legalmente autorizada.

Art. 758. O contrato de seguro prova-se com a exibição da apólice ou do bilhete do seguro, e, na falta deles, por documento comprobatório do pagamento do respectivo prêmio.

Art. 759. A emissão da apólice deverá ser precedida de proposta escrita com a declaração dos elementos essenciais do interesse a ser garantido e do risco.

- V. arts. 427 e 768, CC.
- V. art. 666, parte final, CCo.

Art. 760. A apólice ou o bilhete de seguro serão nominativos, à ordem ou ao portador, e mencionarão os riscos assumidos, o início e o fim de sua validade, o limite da garantia e o prêmio devido, e, quando for o caso, o nome do segurado e o do beneficiário.

- V. arts. 147 e 791 a 793, CC.
- V. art. 667, CCo.

Parágrafo único. No seguro de pessoas, a apólice ou o bilhete não podem ser ao portador.

- V. arts. 791 a 793, CC.

Art. 761. Quando o risco for assumido em cosseguro, a apólice indicará o segurador que administrará o contrato e representará os demais, para todos os seus efeitos.

- V. arts. 667, parte final, 668 e 687, 1ª parte, CCo.

Art. 762. Nulo será o contrato para garantia de risco proveniente de ato doloso do segurado, do beneficiário, ou de representante de um ou de outro.

- V. arts. 145 a 150 e 798, CC.

Art. 763. Não terá direito a indenização o segurado que estiver em mora no pagamento do prêmio, se ocorrer o sinistro antes de sua purgação.

- V. arts. 394 a 401, CC.

Art. 764. Salvo disposição especial, o fato de se não ter verificado o risco, em previsão do qual se faz o seguro, não exime o segurado de pagar o prêmio.

- V. art. 773, CC.

Art. 765. O segurado e o segurador são obrigados a guardar na conclusão e na execução do contrato, a mais estrita boa-fé e veracidade, tanto a respeito do objeto como das circunstâncias e declarações a ele concernentes.

- V. arts. 422, 762, 766, 768, 773, 778 e 781, CC.
- V. art. 171, § 2º, V, CP.
- V. art. 678, CCo.
- V. Súmula 465, STJ.

Art. 766. Se o segurado, por si ou por seu representante, fizer declarações inexatas ou omitir circunstâncias que possam influir na aceitação da proposta ou na taxa do prêmio, perderá o direito à garantia, além de ficar obrigado ao prêmio vencido.

- V. arts. 149 e 778, CC.
- V. art. 679, 1ª parte, CCo.

Parágrafo único. Se a inexatidão ou omissão nas declarações não resultar de má-fé do segurado, o segurador terá direito a resolver o contrato, ou a cobrar, mesmo após o sinistro, a diferença do prêmio.

- V. art. 765, CC.

Art. 767. No seguro à conta de outrem, o segurador pode opor ao segurado quaisquer defesas que tenha contra o estipulante, por descumprimento das normas de conclusão do contrato, ou de pagamento do prêmio.

Art. 768. O segurado perderá o direito à garantia se agravar intencionalmente o risco objeto do contrato.

- V. arts. 757, 759, 765 e 769, CC.

Art. 769. O segurado é obrigado a comunicar ao segurador, logo que saiba, todo incidente suscetível de agravar consideravelmente o risco coberto, sob pena de perder o direito à garantia, se provar que silenciou de má-fé.

- V. arts. 422, 765, 768, 770 e 773, CC.

§ 1º O segurador, desde que o faça nos 15 (quinze) dias seguintes ao recebimento do aviso da agravação do risco sem culpa do segurado, poderá dar-lhe ciência, por escrito, de sua decisão de resolver o contrato.

- V. art. 473, CC.

§ 2º A resolução só será eficaz 30 (trinta) dias após a notificação, devendo ser restituída pelo segurador a diferença do prêmio.

Art. 770. Salvo disposição em contrário, a diminuição do risco no curso do contrato não acarreta a redução do prêmio estipulado; mas, se a redução do risco for considerável, o segurado poderá exigir a revisão do prêmio, ou a resolução do contrato.

- V. arts. 473 e 769, CC.

Art. 771. Sob pena de perder o direito à indenização, o segurado participará o sinistro ao segurador, logo que o saiba, e tomará as providências imediatas para minorar-lhe as consequências.

- V. arts. 779 e 787, § 1º, CC.
- V. art. 719, CCo.

Parágrafo único. Correm à conta do segurador, até o limite fixado no contrato, as despesas de salvamento consequente ao sinistro.

Art. 772. A mora do segurador em pagar o sinistro obriga à atualização monetária da indenização devida segundo índices oficiais regularmente estabelecidos, sem prejuízo dos juros moratórios.

- V. arts. 389, 394 a 401, 406 e 407, CC.
- V. Lei 5.488/1968 (Correção monetária nos contratos de seguros).
- V. Dec. 85.266/1980 (Atualização dos valores monetários dos seguros obrigatórios do Dec. 61.867/1967).

Código Civil

- V. Súmula 25, TFR.

Art. 773. O segurador que, ao tempo do contrato, sabe estar passado o risco de que o segurado se pretende cobrir, e, não obstante, expede a apólice, pagará em dobro o prêmio estipulado.

- V. arts. 147, 764, 765 e 769, CC.
- V. art. 679, parte final, CCo.

Art. 774. A recondução tácita do contrato pelo mesmo prazo, mediante expressa cláusula contratual, não poderá operar mais de uma vez.

Art. 775. Os agentes autorizados do segurador presumem-se seus representantes para todos os atos relativos aos contratos que agenciarem.

- V. arts. 115 a 120, 710 a 721, CC.
- V. Lei 4.594/1964 (Corretor de seguros).
- V. Dec. 56.900/1965 (Regime de corretagem de seguros).

Art. 776. O segurador é obrigado a pagar em dinheiro o prejuízo resultante do risco assumido, salvo se convencionada a reposição da coisa.

- V. arts. 206, § 1º, II, 778, 781 e 782, CC.
- V. Súmula 188, STF.

Art. 777. O disposto no presente Capítulo aplica-se, no que couber, aos seguros regidos por leis próprias.

- V. arts. 666 a 730, CCo.
- V. Dec.-lei 2.063/1940 (Operações de seguros privados).
- V. Dec.-lei 5.384/1943 (Beneficiários do seguro de vida).
- V. Dec.-lei 73/1966 (Sistema Nacional de Seguros Privados).
- V. Dec. 59.195/1966 (Cobrança de prêmios de seguros privados).
- V. Dec. 59.428/1966 (Seguros na colonização).
- V. Dec. 60.459/1967 (Regulamenta o Dec.-lei 73/1966).
- V. Dec. 61.867/1967 (Regulamenta os seguros obrigatórios previstos no art. 20 do Dec.-lei 73/1966).
- V. Lei 6.194/1974 (Seguro obrigatório de danos pessoais causados por veículos automotores de via terrestre ou por sua carga).
- V. Lei 6.704/1979 (Seguro de crédito à exportação).
- V. Lei 8.374/1991 (Seguro obrigatório de danos pessoais causados por embarcações ou sua carga).
- V. Lei 9.477/1997 (Fundo de Aposentadoria Programada Individual – Fapi e seu plano de incentivo).
- V. art. 5º, § 3º, Lei 9.514/1997 (Sistema de Financiamento Imobiliário e alienação fiduciária de coisa imóvel).
- V. Lei 9.656/1998 (Planos e seguros privados de assistência à saúde).
- V. Lei 10.185/2001 (Especialização das sociedades seguradoras em planos privados de assistência à saúde).
- V. Súmula 402, STJ.

Seção II
Do seguro de dano

Art. 778. Nos seguros de dano, a garantia prometida não pode ultrapassar o valor do interesse segurado no momento da conclusão do contrato, sob pena do disposto no art. 766, e sem prejuízo da ação penal que no caso couber.

- V. arts. 765, 776, 781, 782 e 789, CC.

Art. 779. O risco do seguro compreenderá todos os prejuízos resultantes ou consequentes, como sejam os estragos ocasionados para evitar o sinistro, minorar o dano, ou salvar a coisa.

- V. art. 771, CC.
- V. art. 710, CCo.

Art. 780. A vigência da garantia, no seguro de coisas transportadas, começa no momento em que são pelo transportador recebidas, e cessa com a sua entrega ao destinatário.

- V. arts. 750 e 1.425, IV, CC.
- V. arts. 705 a 707, CCo.

Art. 781. A indenização não pode ultrapassar o valor do interesse segurado no momento do sinistro, e, em hipótese alguma, o limite máximo da garantia fixado na apólice, salvo em caso de mora do segurador.

- V. arts. 394 a 401, 765, 776, 778, 782, 783 e 789, CC.

Art. 782. O segurado que, na vigência do contrato, pretender obter novo seguro sobre o mesmo interesse, e contra o mesmo risco junto a outro segurador, deve previamente comunicar sua intenção por escrito ao primeiro, indicando a soma por que pretende segurar-se, a fim de se comprovar a obediência ao disposto no art. 778.

- V. arts. 765, 778, 781 e 789, CC.
- V. art. 687, parte final, CCo.

Art. 783. Salvo disposição em contrário, o seguro de um interesse por menos do que valha acarreta a redução proporcional da indenização, no caso de sinistro parcial.

- V. art. 781, CC.

Art. 784. Não se inclui na garantia o sinistro provocado por vício intrínseco da coisa segurada, não declarado pelo segurado.

- V. art. 441, CC.

Parágrafo único. Entende-se por vício intrínseco o defeito próprio da coisa, que se não encontra normalmente em outras da mesma espécie.

Art. 785. Salvo disposição em contrário, admite-se a transferência do contrato a terceiro com a alienação ou cessão do interesse segurado.

- V. arts. 286 a 303, 760 e 959, I, CC.
- V. arts. 675 e 676, CCo.
- V. Súmula 465, STJ.

§ 1º Se o instrumento contratual é nominativo, a transferência só produz efeitos em relação ao segurador mediante aviso escrito assinado pelo cedente e pelo cessionário.

§ 2º A apólice ou o bilhete à ordem só se transfere por endosso em preto, datado e assinado pelo endossante e pelo endossatário.

Art. 786. Paga a indenização, o segurador sub-roga-se, nos limites do valor respectivo, nos direitos e ações que competirem ao segurado contra o autor do dano.

- V. arts. 346, III, e 800, CC.
- V. art. 125, II, CPC/2015.
- V. art. 728, CCo.
- V. Súmulas 151 e 188, STF.
- V. Súmulas 94 e 124, TFR.

§ 1º Salvo dolo, a sub-rogação não tem lugar se o dano foi causado pelo cônjuge do segurado, seus descendentes ou ascendentes, consanguíneos ou afins.

§ 2º É ineficaz qualquer ato do segurado que diminua ou extinga, em prejuízo do segurador, os direitos a que se refere este artigo.

Art. 787. No seguro de responsabilidade civil, o segurador garante o pagamento de perdas e danos devidos pelo segurado a terceiro.

- V. arts. 402 a 405, 927, 934 e 944 a 947, CC.
- V. Súmula 529, STJ.

§ 1º Tão logo saiba o segurado das consequências de ato seu, suscetível de lhe acarretar a responsabilidade incluída na garantia, comunicará o fato ao segurador.

- V. art. 771, CC.

§ 2º É defeso ao segurado reconhecer sua responsabilidade ou confessar a ação, bem como transigir com o terceiro prejudicado, ou indenizá-lo diretamente, sem anuência expressa do segurador.

- V. art. 795, CC.

§ 3º Intentada a ação contra o segurado, dará este ciência da lide ao segurador.

- V. art. 125, II, CPC/2015.

§ 4º Subsistirá a responsabilidade do segurado perante o terceiro, se o segurador for insolvente.

Art. 788. Nos seguros de responsabilidade legalmente obrigatórios, a indenização por sinistro será paga pelo segurador diretamente ao terceiro prejudicado.

- V. art. 20, Dec.-lei 73/1966 (Sistema Nacional de Seguros Privados).
- V. Dec. 61.867/1967 (Regulamenta os seguros obrigatórios previstos no art. 20 do Dec.-lei 73/1966).
- V. Lei 6.194/1974 (Seguro obrigatório de danos pessoais causados por veículos automotores de via terrestre ou por sua carga).
- V. Lei 8.374/1991 (Seguro obrigatório de danos pessoais causados por embarcações ou sua carga).

Parágrafo único. Demandado em ação direta pela vítima do dano, o segurador não poderá opor a exceção de contrato não cumprido pelo segurado, sem promover a citação deste para integrar o contraditório.

- V. arts. 476 e 477, CC.
- V. arts. 113 a 118 e 125, II, CPC/2015.

Seção III
Do seguro de pessoa

Art. 789. Nos seguros de pessoas, o capital segurado é livremente estipulado pelo proponente, que pode contratar mais de um seguro sobre o mesmo interesse, com o mesmo ou diversos seguradores.

- V. arts. 778 e 782, CC.

Art. 790. No seguro sobre a vida de outros, o proponente é obrigado a declarar,

sob pena de falsidade, o seu interesse pela preservação da vida do segurado.
* V. art. 760, parágrafo único, CC.

Parágrafo único. Até prova em contrário, presume-se o interesse, quando o segurado é cônjuge, ascendente ou descendente do proponente.

Art. 791. Se o segurado não renunciar à faculdade, ou se o seguro não tiver como causa declarada a garantia de alguma obrigação, é lícita a substituição do beneficiário, por ato entre vivos ou de última vontade.
* V. arts. 438, 538, 760 e 1.857, CC.

Parágrafo único. O segurador, que não for cientificado oportunamente da substituição, desobrigar-se-á pagando o capital segurado ao antigo beneficiário.

Art. 792. Na falta de indicação da pessoa ou beneficiário, ou se por qualquer motivo não prevalecer a que for feita, o capital segurado será pago por metade ao cônjuge não separado judicialmente, e o restante aos herdeiros do segurado, obedecida a ordem da vocação hereditária.
* V. art. 1.829, CC.
* V. Dec.-lei 5.384/1943 (Beneficiários do seguro de vida).

Parágrafo único. Na falta das pessoas indicadas neste artigo, serão beneficiários os que provarem que a morte do segurado os privou dos meios necessários à subsistência.

Art. 793. É válida a instituição do companheiro como beneficiário, se ao tempo do contrato o segurado era separado judicialmente, ou já se encontrava separado de fato.
* V. arts. 550 e 1.801, III, CC.

Art. 794. No seguro de vida ou de acidentes pessoais para o caso de morte, o capital estipulado não está sujeito às dívidas do segurado, nem se considera herança para todos os efeitos de direito.
* V. art. 833, IX, CPC/2015.

Art. 795. É nula, no seguro de pessoa, qualquer transação para pagamento reduzido do capital segurado.
* V. arts. 787, § 2º, e 840, CC.

Art. 796. O prêmio, no seguro de vida, será conveniado por prazo limitado, ou por toda a vida do segurado.

Parágrafo único. Em qualquer hipótese, no seguro individual, o segurador não terá ação para cobrar o prêmio vencido, cuja falta de pagamento, nos prazos previstos, acarretará, conforme se estipular, a resolução do contrato, com a restituição da reserva já formada, ou a redução do capital garantido proporcionalmente ao prêmio pago.

Art. 797. No seguro de vida para o caso de morte, é lícito estipular-se um prazo de carência, durante o qual o segurador não responde pela ocorrência do sinistro.

Parágrafo único. No caso deste artigo o segurador é obrigado a devolver ao beneficiário o montante da reserva técnica já formada.

Art. 798. O beneficiário não tem direito ao capital estipulado quando o segurado se suicida nos primeiros 2 (dois) anos de vigência inicial do contrato, ou da sua recondução depois de suspenso, observado o disposto no parágrafo único do artigo antecedente.
* V. Súmula 105, STF.

Parágrafo único. Ressalvada a hipótese prevista neste artigo, é nula a cláusula contratual que exclui o pagamento do capital por suicídio do segurado.
* V. Súmula 61, STJ.

Art. 799. O segurador não pode eximir-se ao pagamento do seguro, ainda que da apólice conste a restrição, se a morte ou a incapacidade do segurado provier da utilização de meio de transporte mais arriscado, da prestação de serviço militar, da prática de esporte, ou de atos de humanidade em auxílio de outrem.

Art. 800. Nos seguros de pessoas, o segurador não pode sub-rogar-se nos direitos e ações do segurado, ou do beneficiário, contra o causador do sinistro.
* V. arts. 346, 349 e 786, CC.

Art. 801. O seguro de pessoas pode ser estipulado por pessoa natural ou jurídica em proveito de grupo que a ela, de qualquer modo, se vincule.

§ 1º O estipulante não representa o segurador perante o grupo segurado, e é o único responsável, para com o segurador, pelo cumprimento de todas as obrigações contratuais.

• V. Súmula 101, STJ.

§ 2º A modificação da apólice em vigor dependerá da anuência expressa de segurados que representem 3/4 (três quartos) do grupo.

Art. 802. Não se compreende nas disposições desta Seção a garantia do reembolso de despesas hospitalares ou de tratamento médico, nem o custeio das despesas de luto e de funeral do segurado.

• V. Lei 9.656/1998 (Planos e seguros privados de assistência à saúde).
• V. Lei 10.185/2001 (Especialização das sociedades seguradoras em planos privados de assistência à saúde).

Capítulo XVI
DA CONSTITUIÇÃO DE RENDA

Art. 803. Pode uma pessoa, pelo contrato de constituição de renda, obrigar-se para com outra a uma prestação periódica, a título gratuito.

• V. art. 813, CC.

Art. 804. O contrato pode ser também a título oneroso, entregando-se bens móveis ou imóveis à pessoa que se obriga a satisfazer as prestações a favor do credor ou de terceiros.

• V. art. 809, CC.

Art. 805. Sendo o contrato a título oneroso, pode o credor, ao contratar, exigir que o rendeiro lhe preste garantia real, ou fidejussória.

• V. arts. 810, 818 e 1.419, CC.

Art. 806. O contrato de constituição de renda será feito a prazo certo, ou por vida, podendo ultrapassar a vida do devedor mas não a do credor, seja ele o contratante, seja terceiro.

• V. art. 808, CC.

Art. 807. O contrato de constituição de renda requer escritura pública.

• V. arts. 108 e 215, CC.
• V. art. 167, I-8, Lei 6.015/1973 (Lei de Registros Públicos).

Art. 808. É nula a constituição de renda em favor de pessoa já falecida, ou que, nos 30 (trinta) dias seguintes, vier a falecer de moléstia que já sofria, quando foi celebrado o contrato.

• V. art. 806, CC.

Art. 809. Os bens dados em compensação da renda caem, desde a tradição, no domínio da pessoa que por aquela se obrigou.

• V. arts. 804 e 1.359, CC.

Art. 810. Se o rendeiro, ou censuário, deixar de cumprir a obrigação estipulada, poderá o credor da renda acioná-lo, tanto para que lhe pague as prestações atrasadas como para que lhe dê garantias das futuras, sob pena de rescisão do contrato.

• V. arts. 472, 475 e 477, CC.

Art. 811. O credor adquire o direito à renda dia a dia, se a prestação não houver de ser paga adiantada, no começo de cada um dos períodos prefixos.

Art. 812. Quando a renda for constituída em benefício de duas ou mais pessoas, sem determinação da parte de cada uma, entende-se que os seus direitos são iguais; e, salvo estipulação diversa, não adquirirão os sobrevivos direito à parte dos que morrerem.

• V. art. 257, CC.

Art. 813. A renda constituída por título gratuito pode, por ato do instituidor, ficar isenta de todas as execuções pendentes e futuras.

• V. art. 833, I, CPC/2015.

Parágrafo único. A isenção prevista neste artigo prevalece de pleno direito em favor dos montepios e pensões alimentícias.

• V. art. 833, VII, CPC/2015.

Capítulo XVII
DO JOGO E DA APOSTA

Art. 814. As dívidas de jogo ou de aposta não obrigam a pagamento; mas não se pode recobrar a quantia, que voluntariamente se pagou, salvo se foi ganha por dolo, ou se o perdente é menor ou interdito.

• V. arts. 166, II, 816 e 882, CC.
• V. arts. 50 a 58, Dec.-lei 3.688/1941 (Lei das Contravenções Penais).
• V. Dec.-lei 9.215/1946 (Proíbe a prática ou exploração de jogos de azar).

§ 1º Estende-se esta disposição a qualquer contrato que encubra ou envolva reconhecimento, novação ou fiança de dívida de jo-

Código Civil

go; mas a nulidade resultante não pode ser oposta ao terceiro de boa-fé.

- V. arts. 360 a 367, 818 a 839 e 882, CC.

§ 2º O preceito contido neste artigo tem aplicação, ainda que se trate de jogo não proibido, só se excetuando os jogos e apostas legalmente permitidos.

§ 3º Excetuam-se, igualmente, os prêmios oferecidos ou prometidos para o vencedor em competição de natureza esportiva, intelectual ou artística, desde que os interessados se submetam às prescrições legais e regulamentares.

Art. 815. Não se pode exigir reembolso do que se emprestou para jogo ou aposta, no ato de apostar ou jogar.

- V. arts. 579, 586 e 816, CC.

Art. 816. As disposições dos arts. 814 e 815 não se aplicam aos contratos sobre títulos de bolsa, mercadorias ou valores, em que se estipulem a liquidação exclusivamente pela diferença entre o preço ajustado e a cotação que eles tiverem no vencimento do ajuste.

Art. 817. O sorteio para dirimir questões ou dividir coisas comuns considera-se sistema de partilha ou processo de transação, conforme o caso.

- V. arts. 840 e 858, CC.

Capítulo XVIII
DA FIANÇA

Seção I
Disposições gerais

Art. 818. Pelo contrato de fiança, uma pessoa garante satisfazer ao credor uma obrigação assumida pelo devedor, caso este não a cumpra.

- V. arts. 814, § 1º, 1.425, I, 1.642, IV, 1.645 e 1.647, III, a 1.650, CC.
- V. arts. 477, 481, 483, 527, 535, 548-4, 580, 595, 604, 609, 612, 784 e 785, CCo.
- V. art. 30, Dec. 21.981/1932 (Leiloeiro).
- V. Dec. 91.271/1985 (Veda a concessão, por entidades estatais, de aval, fiança ou outras garantias).
- V. arts. 37, II, 40, V, e 71, V, Lei 8.245/1991 (Locação de imóveis urbanos).

Art. 819. A fiança dar-se-á por escrito, e não admite interpretação extensiva.

- V. arts. 114, 823 e 830, CC.
- V. art. 129-3, Lei 6.015/1973 (Lei de Registros Públicos).
- V. Súmula 214, STJ.

Art. 819-A. *(Vetado.)*

- Artigo acrescentado pela Lei 10.931/2004.

Art. 820. Pode-se estipular a fiança, ainda que sem consentimento do devedor ou contra a sua vontade.

Art. 821. As dívidas futuras podem ser objeto de fiança; mas o fiador, neste caso, não será demandado senão depois que se fizer certa e líquida a obrigação do principal devedor.

Art. 822. Não sendo limitada, a fiança compreenderá todos os acessórios da dívida principal, inclusive as despesas judiciais, desde a citação do fiador.

- V. art. 92, CC.

Art. 823. A fiança pode ser de valor inferior ao da obrigação principal e contraída em condições menos onerosas, e, quando exceder o valor da dívida, ou for mais onerosa que ela, não valerá senão até ao limite da obrigação afiançada.

- V. arts. 114 e 830, CC.

Art. 824. As obrigações nulas não são suscetíveis de fiança, exceto se a nulidade resultar apenas de incapacidade pessoal do devedor.

- V. arts. 814, § 1º, e 837, CC.

Parágrafo único. A exceção estabelecida neste artigo não abrange o caso de mútuo feito a menor.

- V. art. 588, CC.

Art. 825. Quando alguém houver de oferecer fiador, o credor não pode ser obrigado a aceitá-lo se não for pessoa idônea, domiciliada no município onde tenha de prestar a fiança, e não possua bens suficientes para cumprir a obrigação.

Art. 826. Se o fiador se tornar insolvente ou incapaz, poderá o credor exigir que seja substituído.

- V. arts. 333, III, e 477, CC.
- V. art. 40, Lei 8.245/1991 (Locação de imóveis urbanos).

Seção II
Dos efeitos da fiança

Art. 827. O fiador demandado pelo pagamento da dívida tem direito a exigir, até a contestação da lide, que sejam primeiro executados os bens do devedor.

- V. arts. 371, 828, 838 e 839, CC.
- V. arts. 130, 335, *caput* e 794, CPC/2015.

Parágrafo único. O fiador que alegar o benefício de ordem, a que se refere este artigo, deve nomear bens do devedor, sitos no mesmo município, livres e desembargados, quantos bastem para solver o débito.

Art. 828. Não aproveita este benefício ao fiador:
I – se ele o renunciou expressamente;
II – se se obrigou como principal pagador, ou devedor solidário;

- V. arts. 264, 265, 275 a 285 e 838, CC.

III – se o devedor for insolvente, ou falido.

- V. art. 839, CC.

Art. 829. A fiança conjuntamente prestada a um só débito por mais de uma pessoa importa o compromisso de solidariedade entre elas, se declaradamente não se reservarem o benefício de divisão.

- V. arts. 275 a 285, 819 e 838, CC.

Parágrafo único. Estipulado este benefício, cada fiador responde unicamente pela parte que, em proporção, lhe couber no pagamento.

- V. arts. 823 e 830, CC.
- V. art. 130, CPC/2015.

Art. 830. Cada fiador pode fixar no contrato a parte da dívida que toma sob sua responsabilidade, caso em que não será por mais obrigado.

- V. arts. 114, 823 e 829, parágrafo único, CC.

Art. 831. O fiador que pagar integralmente a dívida fica sub-rogado nos direitos do credor; mas só poderá demandar a cada um dos outros fiadores pela respectiva quota.

- V. arts. 283, 304, 346, III, e 838, II, CC.
- V. art. 130, CPC/2015.

Parágrafo único. A parte do fiador insolvente distribuir-se-á pelos outros.

- V. art. 284, CC.

Art. 832. O devedor responde também perante o fiador por todas as perdas e danos que este pagar, e pelos que sofrer em razão da fiança.

- V. arts. 402 a 405, CC.

Art. 833. O fiador tem direito aos juros do desembolso pela taxa estipulada na obrigação principal, e, não havendo taxa convencionada, aos juros legais da mora.

- V. arts. 406 e 407, CC.

Art. 834. Quando o credor, sem justa causa, demorar a execução iniciada contra o devedor, poderá o fiador promover-lhe o andamento.

- V. art. 778, IV, CPC/2015.

Art. 835. O fiador poderá exonerar-se da fiança que tiver assinado sem limitação de tempo, sempre que lhe convier, ficando obrigado por todos os efeitos da fiança, durante 60 (sessenta) dias após a notificação do credor.

Art. 836. A obrigação do fiador passa aos herdeiros; mas a responsabilidade da fiança se limita ao tempo decorrido até a morte do fiador, e não pode ultrapassar as forças da herança.

- V. arts. 1.792, 1.821 e 1.997, CC.

Seção III
Da extinção da fiança

Art. 837. O fiador pode opor ao credor as exceções que lhe forem pessoais, e as extintivas da obrigação que competem ao devedor principal, se não provierem simplesmente de incapacidade pessoal, salvo o caso do mútuo feito a pessoa menor.

- V. arts. 204, 366, 371, 376, 588, 814, § 1º, 824 e 844, CC.

Art. 838. O fiador, ainda que solidário, ficará desobrigado:

- V. arts. 827 a 829, CC.

I – se, sem consentimento seu, o credor conceder moratória ao devedor;
II – se, por fato do credor, for impossível a sub-rogação nos seus direitos e preferências;

- V. art. 346, III, CC.

III – se o credor, em pagamento da dívida, aceitar amigavelmente do devedor objeto

CÓDIGO CIVIL

diverso do que este era obrigado a lhe dar, ainda que depois venha a perdê-lo por evicção.

- V. arts. 356 a 359 e 447 a 457, CC.

Art. 839. Se for invocado o benefício da excussão e o devedor, retardando-se a execução, cair em insolvência, ficará exonerado o fiador que o invocou, se provar que os bens por ele indicados eram, ao tempo da penhora, suficientes para a solução da dívida afiançada.

- V. art. 827, CC.
- V. art. 794, *caput*, CPC/2015.

Capítulo XIX
DA TRANSAÇÃO

Art. 840. É lícito aos interessados prevenirem ou terminarem o litígio mediante concessões mútuas.

- V. arts. 262, 661 e 817, CC.
- V. arts. 90, 122, 359, 487, III, *b*, 910, § 2º, 903, §§ 2º e 5º, e 924, III, CPC/2015.

Art. 841. Só quanto a direitos patrimoniais de caráter privado se permite a transação.

- V. arts. 661, 846 e 852, CC.
- V. art. 171, CTN.
- V. Lei 9.469/1997 (Intervenção da União em causas em que figurarem entes da administração pública).

Art. 842. A transação far-se-á por escritura pública, nas obrigações em que a lei o exige, ou por instrumento particular, nas em que ela o admite; se recair sobre direitos contestados em juízo, será feita por escritura pública, ou por termo nos autos, assinado pelos transigentes e homologado pelo juiz.

- V. arts. 107 a 109 e 215, CC.

Art. 843. A transação interpreta-se restritivamente, e por ela não se transmitem, apenas se declaram ou reconhecem direitos.

- V. art. 114, CC.

Art. 844. A transação não aproveita, nem prejudica senão aos que nela intervierem, ainda que diga respeito a coisa indivisível.

- V. arts. 87, 88, 257 a 263 e 314, CC.

§ 1º Se for concluída entre o credor e o devedor, desobrigará o fiador.

- V. art. 838, CC.

§ 2º Se entre um dos credores solidários e o devedor, extingue a obrigação deste para com os outros credores.

- V. arts. 267 a 274, CC.

§ 3º Se entre um dos devedores solidários e seu credor, extingue a dívida em relação aos codevedores.

- V. arts. 275 a 285, CC.

Art. 845. Dada a evicção da coisa renunciada por um dos transigentes, ou por ele transferida à outra parte, não revive a obrigação extinta pela transação; mas ao evicto cabe o direito de reclamar perdas e danos.

- V. arts. 402 a 405 e 447 a 457, CC.

Parágrafo único. Se um dos transigentes adquirir, depois da transação, novo direito sobre a coisa renunciada ou transferida, a transação feita não o inibirá de exercê-lo.

Art. 846. A transação concernente a obrigações resultantes de delito não extingue a ação penal pública.

- V. art. 841, CC.

Art. 847. É admissível, na transação, a pena convencional.

- V. arts. 408 a 416, CC.

Art. 848. Sendo nula qualquer das cláusulas da transação, nula será esta.

- V. arts. 166 a 170, CC.

Parágrafo único. Quando a transação versar sobre diversos direitos contestados, independentes entre si, o fato de não prevalecer em relação a um não prejudicará os demais.

Art. 849. A transação só se anula por dolo, coação, ou erro essencial quanto à pessoa ou coisa controversa.

- V. arts. 138 a 155 e 171, CC.

Parágrafo único. A transação não se anula por erro de direito a respeito das questões que foram objeto de controvérsia entre as partes.

- V. art. 139, III, CC.

Art. 850. É nula a transação a respeito do litígio decidido por sentença passada em julgado, se dela não tinha ciência algum dos transatores, ou quando, por título ulteriormente descoberto, se verificar que nenhum

Art. 851

deles tinha direito sobre o objeto da transação.

- V. art. 138, Lei 11.101/2005 (Lei de Recuperação de Empresas e Falência).

Capítulo XX
DO COMPROMISSO

Art. 851. É admitido compromisso, judicial ou extrajudicial, para resolver litígios entre pessoas que podem contratar.

- V. art. 661, CC.
- V. arts. 42 e 485, VII, CPC/2015.
- V. arts. 1º e 9º, Lei 9.307/1996 (Arbitragem).

Art. 852. É vedado compromisso para solução de questões de estado, de direito pessoal de família e de outras que não tenham caráter estritamente patrimonial.

- V. arts. 661 e 841, CC.
- V. art. 1º, Lei 9.307/1996 (Arbitragem).

Art. 853. Admite-se nos contratos a cláusula compromissória, para resolver divergências mediante juízo arbitral, na forma estabelecida em lei especial.

- V. art. 3º, Lei 9.307/1996 (Arbitragem).

TÍTULO VII
DOS ATOS UNILATERAIS

Capítulo I
DA PROMESSA DE RECOMPENSA

Art. 854. Aquele que, por anúncios públicos, se comprometer a recompensar, ou gratificar, a quem preencha certa condição, ou desempenhe certo serviço, contrai obrigação de cumprir o prometido.

- V. art. 427, CC.
- V. Lei 5.768/1971 (Distribuição gratuita de prêmios, mediante sorteio, vale brinde ou concurso).

Art. 855. Quem quer que, nos termos do artigo antecedente, fizer o serviço, ou satisfizer a condição, ainda que não pelo interesse da promessa, poderá exigir a recompensa estipulada.

- V. art. 121, CC.

Art. 856. Antes de prestado o serviço ou preenchida a condição, pode o promitente revogar a promessa, contanto que o faça com a mesma publicidade; se houver assinado prazo à execução da tarefa, entender-se-á que renuncia o arbítrio de retirar, durante ele, a oferta.

- V. art. 859, CC.

Parágrafo único. O candidato de boa-fé, que houver feito despesas, terá direito a reembolso.

Art. 857. Se o ato contemplado na promessa for praticado por mais de um indivíduo, terá direito à recompensa o que primeiro o executou.

Art. 858. Sendo simultânea a execução, a cada um tocará quinhão igual na recompensa; se esta não for divisível, conferir-se-á por sorteio, e o que obtiver a coisa dará ao outro o valor de seu quinhão.

- V. art. 817, CC.

Art. 859. Nos concursos que se abrirem com promessa pública de recompensa, é condição essencial, para valerem, a fixação de um prazo, observadas também as disposições dos parágrafos seguintes.

- V. art. 856, CC.

§ 1º A decisão da pessoa nomeada, nos anúncios, como juiz, obriga os interessados.
§ 2º Em falta de pessoa designada para julgar o mérito dos trabalhos que se apresentarem, entender-se-á que o promitente se reservou essa função.
§ 3º Se os trabalhos tiverem mérito igual, proceder-se-á de acordo com os arts. 857 e 858.

Art. 860. As obras premiadas, nos concursos de que trata o artigo antecedente, só ficarão pertencendo ao promitente, se assim for estipulado na publicação da promessa.

Capítulo II
DA GESTÃO DE NEGÓCIOS

Art. 861. Aquele que, sem autorização do interessado, intervém na gestão de negócio alheio, dirigi-lo-á segundo o interesse e a vontade presumível de seu dono, ficando responsável a este e às pessoas com que tratar.

- V. arts. 665, 873 e 874, CC.
- V. arts. 121 e 53, IV, *b*, CPC/2015.

Art. 862. Se a gestão foi iniciada contra a vontade manifesta ou presumível do interessado, responderá o gestor até pelos casos fortuitos, não provando que teriam sobrevindo, ainda quando se houvesse abstido.

• V. arts. 393, parágrafo único, 399, 868 e 874, CC.

Art. 863. No caso do artigo antecedente, se os prejuízos da gestão excederem o seu proveito, poderá o dono do negócio exigir que o gestor restitua as coisas ao estado anterior, ou o indenize da diferença.

• V. arts. 870 e 874, CC.

Art. 864. Tanto que se possa, comunicará o gestor ao dono do negócio a gestão que assumiu, aguardando-lhe a resposta, se da espera não resultar perigo.

Art. 865. Enquanto o dono não providenciar, velará o gestor pelo negócio, até o levar a cabo, esperando, se aquele falecer durante a gestão, as instruções dos herdeiros, sem se descuidar, entretanto, das medidas que o caso reclame.

• V. art. 674, CC.

Art. 866. O gestor envidará toda sua diligência habitual na administração do negócio, ressarcindo ao dono o prejuízo resultante de qualquer culpa na gestão.

• V. arts. 667, 862 e 868, CC.

Art. 867. Se o gestor se fizer substituir por outrem, responderá pelas faltas do substituto, ainda que seja pessoa idônea, sem prejuízo da ação que a ele, ou ao dono do negócio, contra ela possa caber.

• V. arts. 275, 285 e 667, CC.

Parágrafo único. Havendo mais de um gestor, solidária será a sua responsabilidade.

• V. arts. 275 a 285 e 672, CC.

Art. 868. O gestor responde pelo caso fortuito quando fizer operações arriscadas, ainda que o dono costumasse fazê-las, ou quando preterir interesse deste em proveito de interesses seus.

• V. art. 393, parágrafo único, CC.

Parágrafo único. Querendo o dono aproveitar-se da gestão, será obrigado a indenizar o gestor das despesas necessárias, que tiver feito, e dos prejuízos, que por motivo da gestão, houver sofrido.

Art. 869. Se o negócio for utilmente administrado, cumprirá ao dono as obrigações contraídas em seu nome, reembolsando ao gestor as despesas necessárias ou úteis que houver feito, com os juros legais, desde o desembolso, respondendo ainda pelos prejuízos que este houver sofrido por causa da gestão.

• V. arts. 305, 406, 407, 675, 870, 873 e 874, CC.

§ 1º A utilidade, ou necessidade, da despesa, apreciar-se-á não pelo resultado obtido, mas segundo as circunstâncias da ocasião em que se fizerem.

§ 2º Vigora o disposto neste artigo, ainda quando o gestor, em erro quanto ao dono do negócio, der a outra pessoa as contas da gestão.

Art. 870. Aplica-se a disposição do artigo antecedente, quando a gestão se proponha a acudir a prejuízos iminentes, ou redunde em proveito do dono do negócio ou da coisa; mas a indenização ao gestor não excederá, em importância, as vantagens obtidas com a gestão.

• V. art. 874, CC.

Art. 871. Quando alguém, na ausência do indivíduo obrigado a alimentos, por ele os prestar a quem se devem, poder-lhes-á reaver do devedor a importância, ainda que este não ratifique o ato.

• V. arts. 305, 872, parágrafo único, 1.694, 1.696 a 1.698 e 1.700, CC.

Art. 872. Nas despesas do enterro, proporcionadas aos usos locais e à condição do falecido, feitas por terceiro, podem ser cobradas da pessoa que teria a obrigação de alimentar a que veio a falecer, ainda mesmo que esta não tenha deixado bens.

• V. arts. 1.694, 1.696 a 1.698 e 1.700, CC.

Parágrafo único. Cessa o disposto neste artigo e no antecedente, em se provando que o gestor fez essas despesas com o simples intento de bem-fazer.

Art. 873. A ratificação pura e simples do dono do negócio retroage ao dia do começo da gestão, e produz todos os efeitos do mandato.

• V. arts. 172, 653, 654, 656 a 662, 665 a 670, 672 a 683, 686 a 692 e 1.205, II, CC.

Art. 874. Se o dono do negócio, ou da coisa, desaprovar a gestão, considerando-a contrária aos seus interesses, vigorará o disposto nos arts. 862 e 863, salvo o estabelecido nos arts. 869 e 870.

- V. art. 871, CC.

Art. 875. Se os negócios alheios forem conexos ao do gestor, de tal arte que se não possam gerir separadamente, haver-se-á o gestor por sócio daquele cujos interesses agenciar de envolta com os seus.

Parágrafo único. No caso deste artigo, aquele em cujo benefício interveio o gestor só é obrigado na razão das vantagens que lograr.

Capítulo III
DO PAGAMENTO INDEVIDO

Art. 876. Todo aquele que recebeu o que lhe não era devido fica obrigado a restituir; obrigação que incumbe àquele que recebe dívida condicional antes de cumprida a condição.

- V. arts. 125, 290, 312 e 880, CC.
- V. arts. 165 a 169, CTN.
- V. Súmulas 71 e 546, STF.

Art. 877. Àquele que voluntariamente pagou o indevido incumbe a prova de tê-lo feito por erro.

Art. 878. Aos frutos, acessões, benfeitorias e deteriorações sobrevindas à coisa dada em pagamento indevido, aplica-se o disposto neste Código sobre o possuidor de boa-fé ou de má-fé, conforme o caso.

- V. arts. 1.214 a 1.222, CC.

Art. 879. Se aquele que indevidamente recebeu um imóvel o tiver alienado em boa-fé, por título oneroso, responde somente pela quantia recebida; mas, se agiu de má-fé, além do valor do imóvel, responde por perdas e danos.

- V. arts. 402 a 405, CC.

Parágrafo único. Se o imóvel foi alienado por título gratuito, ou se, alienado por título oneroso, o terceiro adquirente agiu de má-fé, cabe ao que pagou por erro o direito de reivindicação.

- V. art. 538, CC.

Art. 880. Fica isento de restituir pagamento indevido aquele que, recebendo-o como parte de dívida verdadeira, inutilizou o título, deixou prescrever a pretensão ou abriu mão das garantias que asseguravam seu direito; mas aquele que pagou dispõe de ação regressiva contra o verdadeiro devedor e seu fiador.

- V. art. 305, CC.
- V. art. 125, II, CPC/2015.

Art. 881. Se o pagamento indevido tiver consistido no desempenho de obrigação de fazer ou para eximir-se da obrigação de não fazer, aquele que recebeu a prestação fica na obrigação de indenizar o que a cumpriu, na medida do lucro obtido.

- V. arts. 247 a 251, CC.
- V. arts. 814 a 823, CPC/2015.

Art. 882. Não se pode repetir o que se pagou para solver dívida prescrita, ou cumprir obrigação judicialmente inexigível.

- V. arts. 191, 564, III, e 814, CC.

Art. 883. Não terá direito à repetição aquele que deu alguma coisa para obter fim ilícito, imoral, ou proibido por lei.

- V. art. 814, CC.

Parágrafo único. No caso deste artigo, o que se deu reverterá em favor de estabelecimento local de beneficência, a critério do juiz.

Capítulo IV
DO ENRIQUECIMENTO SEM CAUSA

Art. 884. Aquele que, sem justa causa, se enriquecer à custa de outrem, será obrigado a restituir o indevidamente auferido, feita a atualização dos valores monetários.

- V. arts. 206, § 3º, IV, e 478 a 480, CC.

Parágrafo único. Se o enriquecimento tiver por objeto coisa determinada, quem a recebeu é obrigado a restituí-la, e, se a coisa não mais subsistir, a restituição se fará pelo valor do bem na época em que foi exigido.

Art. 885. A restituição é devida, não só quando não tenha havido causa que justifique o enriquecimento, mas também se esta deixou de existir.

Art. 886. Não caberá a restituição por enriquecimento, se a lei conferir ao lesado outros meios para se ressarcir do prejuízo sofrido.

CÓDIGO CIVIL

TÍTULO VIII
DOS TÍTULOS DE CRÉDITO

Capítulo I
DISPOSIÇÕES GERAIS

Art. 887. O título de crédito, documento necessário ao exercício do direito literal e autônomo nele contido, somente produz efeito quando preencha os requisitos da lei.

- V. arts. 206, § 3º, VIII, 223 e 889, CC.
- V. art. 784, I, CPC/2015.
- V. arts. 1º, 2º, 75 e 76, Anexo I, Dec. 57.663/1966 (Lei Uniforme – Letras de Câmbio e Notas Promissórias).
- V. art. 2º, § 1º, Lei 5.474/1968 (Lei das Duplicatas).
- V. arts. 1º e 2º, Lei 7.357/1985 (Lei do Cheque).

Art. 888. A omissão de qualquer requisito legal, que tire ao escrito a sua validade como título de crédito, não implica a invalidade do negócio jurídico que lhe deu origem.

Art. 889. Deve o título de crédito conter a data da emissão, a indicação precisa dos direitos que confere, e a assinatura do emitente.

§ 1º É à vista o título de crédito que não contenha indicação de vencimento.

- V. art. 331, CC.

§ 2º Considera-se lugar de emissão e de pagamento, quando não indicado no título, o domicílio do emitente.

- V. arts. 2º e 76, Anexo I, Dec. 57.663/1966 (Lei Uniforme – Letras de Câmbio e Notas Promissórias).
- V. art. 2º, I e II, Lei 7.357/1985 (Lei do Cheque).
- V. Súmula 387, STF.

§ 3º O título poderá ser emitido a partir dos caracteres criados em computador ou meio técnico equivalente e que constem da escrituração do emitente, observados os requisitos mínimos previstos neste artigo.

Art. 890. Consideram-se não escritas no título a cláusula de juros, a proibitiva de endosso, a excludente de responsabilidade pelo pagamento ou por despesas, a que dispense a observância de termos e formalidade de prescritas, e a que, além dos limites fixados em lei, exclua ou restrinja direitos e obrigações.

- V. art. 44, Dec. 2.044/1908 (Letra de câmbio e nota promissória).
- V. arts. 1º e 5º, Anexo I, Dec. 57.663/1966 (Lei Uniforme – Letras de Câmbio e Notas Promissórias).

Art. 891. O título de crédito, incompleto ao tempo da emissão, deve ser preenchido de conformidade com os ajustes realizados.

- V. art. 10, Anexo I, Dec. 57.663/1966 (Lei Uniforme – Letras de Câmbio e Notas Promissórias).
- V. art. 16, Lei 7.357/1985 (Lei do Cheque).

Parágrafo único. O descumprimento dos ajustes previstos neste artigo pelos que deles participaram, não constitui motivo de oposição ao terceiro portador, salvo se este, ao adquirir o título, tiver agido de má-fé.

- V. Súmula 387, STF.

Art. 892. Aquele que, sem ter poderes, ou excedendo os que tem, lança a sua assinatura em título de crédito, como mandatário ou representante de outrem, fica pessoalmente obrigado, e, pagando o título, tem ele os mesmos direitos que teria o suposto mandante ou representado.

- V. art. 662, CC.
- V. arts. 1º, V, 8º, 14 e 46, Dec. 2.044/1908 (Letra de câmbio e nota promissória).
- V. arts. 8º, Anexo I e 2º, Anexo II, Dec. 57.663/1966 (Lei Uniforme – Letras de Câmbio e Notas Promissórias).

Art. 893. A transferência do título de crédito implica a de todos os direitos que lhe são inerentes.

- V. art. 17, Anexo I, Dec. 57.595/1966 (Lei Uniforme – Cheque).
- V. arts. 14 e 16, Anexo I, Dec. 57.663/1966 (Lei Uniforme – Letras de Câmbio e Notas Promissórias).
- V. art. 20, Lei 7.357/1985 (Lei do Cheque).
- V. art. 1º, *caput*, Lei 8.021/1990 (Identificação dos contribuintes para fins fiscais).

Art. 894. O portador de título representativo de mercadoria tem o direito de transferi-lo, de conformidade com as normas que regulam a sua circulação, ou de receber aquela independentemente de quaisquer formalidades, além da entrega do título devidamente quitado.

- V. arts. 15, 16, 18 e 20 a 22, Dec. 1.102/1903 (Armazéns gerais).

Art. 895. Enquanto o título de crédito estiver em circulação, só ele poderá ser dado em garantia, ou ser objeto de medidas judi-

ciais, e não, separadamente, os direitos ou mercadorias que representa.
- V. art. 17, Dec. 1.102/1903 (Armazéns gerais).

Art. 896. O título de crédito não pode ser reivindicado do portador que o adquiriu de boa-fé e na conformidade das normas que disciplinam a sua circulação.
- V. art. 39, § 2º, Dec. 2.044/1908 (Letra de câmbio e nota promissória).
- V. art. 21, Anexo I, Dec. 57.595/1966 (Lei Uniforme – Cheque).
- V. art. 16, Anexo I, Dec. 57.663/1966 (Lei Uniforme – Letras de Câmbio e Notas Promissórias).
- V. art. 24, *caput*, Lei 7.357/1985 (Lei do Cheque).

Art. 897. O pagamento de título de crédito, que contenha obrigação de pagar soma determinada, pode ser garantido por aval.
- V. arts. 899, 900 e 1.647, III, CC.
- V. art. 14, 1ª parte, Dec. 2.044/1908 (Letra de câmbio e nota promissória).
- V. art. 30, Anexo I, Dec. 57.663/1966 (Lei Uniforme – Letras de câmbio e notas promissórias).
- V. art. 12, *caput*, Lei 5.474/1968 (Duplicatas).
- V. art. 29, Lei 7.357/1985 (Lei do Cheque).

Parágrafo único. É vedado o aval parcial.
- V. art. 30, Anexo I, Dec. 57.663/1966 (Lei Uniforme – Letras de Câmbio e Notas Promissórias).
- V. art. 25, Lei 5.474/1968 (Lei das Duplicatas).
- V. art. 29, Lei 7.357/1985 (Lei do Cheque).

Art. 898. O aval deve ser dado no verso ou no anverso do próprio título.
- V. arts. 14 e 44, § 1º, Dec. 2.044/1908 (Letra de câmbio e nota promissória).
- V. art. 26, Anexo I, Dec. 57.595/1966 (Lei Uniforme – Cheque).
- V. arts. 2º, Anexo II, e 31, Anexo I, Dec. 57.663/1966 (Lei Uniforme – Letras de câmbio e notas promissórias).
- V. art. 30, Lei 7.357/1985 (Lei do Cheque).
- V. Súmula 189, STF.

§ 1º Para a validade do aval, dado no anverso do título, é suficiente a simples assinatura do avalista.
- V. art. 1.647, III, CC.

§ 2º Considera-se não escrito o aval cancelado.

Art. 899. O avalista equipara-se àquele cujo nome indicar; na falta de indicação, ao emitente ou devedor final.
- V. art. 15, Dec. 2.044/1908 (Letra de câmbio e nota promissória).
- V. art. 12, *caput*, Lei 5.474/1968 (Duplicatas).
- V. art. 31, Lei 7.357/1985 (Lei do Cheque).

§ 1º Pagando o título, tem o avalista ação de regresso contra o seu avalizado e demais coobrigados anteriores.
- V. art. 125, II, CPC/2015.

§ 2º Subsiste a responsabilidade do avalista, ainda que nula a obrigação daquele a quem se equipara, a menos que a nulidade decorra de vício de forma.
- V. art. 27, Anexo I, Dec. 57.595/1966 (Lei Uniforme – Cheque).
- V. art. 32, Anexo I, Dec. 57.663/1966 (Lei Uniforme – Letras de câmbio e notas promissórias).

Art. 900. O aval posterior ao vencimento produz os mesmos efeitos do anteriormente dado.
- V. art. 12, parágrafo único, Lei 5.474/1968 (Lei das Duplicatas).

Art. 901. Fica validamente desonerado o devedor que paga título de crédito ao legítimo portador, no vencimento, sem oposição, salvo se agiu de má-fé.
- V. arts. 309 e 311, CC.
- V. art. 23, Dec. 2.044/1908 (Letra de câmbio e nota promissória).

Parágrafo único. Pagando, pode o devedor exigir do credor, além da entrega do título, quitação regular.
- V. arts. 319 a 321 e 324, CC.
- V. art. 34, 1ª parte, Anexo I, Dec. 57.595/1966 (Lei Uniforme – Cheque).
- V. arts. 39, 1ª parte, e 40, 2ª parte, Anexo I, Dec. 57.663/1966 (Lei Uniforme – Letras de câmbio e notas promissórias).

Art. 902. Não é o credor obrigado a receber o pagamento antes do vencimento do título, e aquele que o paga, antes do vencimento, fica responsável pela validade do pagamento.
- V. art. 315, CC.
- V. art. 22, Dec. 2.044/1908 (Letra de câmbio e nota promissória).

§ 1º No vencimento, não pode o credor recusar pagamento, ainda que parcial.
- V. art. 34, 2ª parte, Anexo I, Dec. 57.595/1966 (Lei Uniforme – Cheque).
- V. arts. 39, 2ª parte, e 40, 1ª parte, Anexo I, Dec. 57.663/1966 (Lei Uniforme – Letras de câmbio e notas promissórias).
- V. art. 38, parágrafo único, Lei 7.357/1985 (Lei do Cheque).

§ 2º No caso de pagamento parcial, em que se não opera a tradição do título, além da quitação em separado, outra deverá ser firmada no próprio título.

Art. 903. Salvo disposição diversa em lei especial, regem-se os títulos de crédito pelo disposto neste Código.

- V. arts. 291, 910, § 2º, 1.226, 1.267 e 1.268, CC.
- V. art. 856, CPC/2015.
- V. Dec. 177-A/1893 (Emissão de empréstimos em obrigações ao portador – debêntures – das companhias ou sociedades anônimas).
- V. Dec. 1.102/1903 (Armazéns gerais).
- V. Dec. 2.044/1908 (Letra de câmbio e nota promissória).
- V. Dec.-lei 2.627/1940 (Sociedades por ações).
- V. Dec.-lei 2.980/1941 (Serviço de loterias).
- V. Dec.-lei 3.545/1941 (Regula a compra e venda de títulos da dívida pública).
- V. Dec.-lei 6.259/1944 (Serviço de loterias).
- V. Dec.-lei 7.390/1945 (Emissão de obrigações ao portador).
- V. Lei Del. 3/1962 (Altera o Dec. 1.102/1903).
- V. Lei 4.380/1964 (BNH).
- V. Lei 4.728/1965 (Mercado de capitais – Alienação fiduciária).
- V. Dec.-lei 14/1966 (Autoriza bancos privados a emitir certificados de depósito bancário).
- V. Dec.-lei 70/1966 (Associações de poupança e empréstimo e cédula hipotecária).
- V. Dec. 57.595/1966 (Lei Uniforme – Cheques).
- V. Dec. 57.663/1966 (Lei Uniforme – Letras de Câmbio e Notas Promissórias).
- V. Dec.-lei 167/1967 (Títulos de crédito rural).
- V. Dec.-lei 204/1967 (Exploração de loterias).
- V. Lei 5.474/1968 (Duplicata).
- V. Dec.-lei 413/1969 (Títulos de crédito industrial).
- V. Lei 5.709/1971 (Aquisição de imóvel rural por estrangeiro residente no Brasil).
- V. Lei 5.764/1971 (Política Nacional de Cooperativismo – sociedades cooperativas).
- V. Dec. 74.965/1974 (Regulamenta a Lei 5.709/1971).
- V. Lei 6.313/1975 (Títulos de crédito à exportação).
- V. Lei 6.404/1976 (Sociedades por ações).
- V. Lei 6.840/1980 (Títulos de crédito comercial).
- V. Lei 7.357/1985 (Lei do Cheque).
- V. Dec.-lei 2.478/1988 (Letras hipotecárias).
- V. Lei 7.684/1988 (Letras hipotecárias).
- V. Lei 8.088/1990 (Atualização do BTN e dos depósitos de poupança).
- V. Lei 8.929/1994 (Cédula de produto rural).
- V. Dec. 1.240/1994 (Promulga a Convenção Interamericana sobre Conflitos de Leis em Matéria de Cheques).
- V. Lei 9.138/1995 (Crédito rural).
- V. Lei 9.514/1997 (Sistema de Financiamento Imobiliário e alienação fiduciária de coisa imóvel).
- V. Lei 9.611/1998 (Transporte multimodal de cargas).
- V. Dec. 3.859/2001 (Títulos da dívida pública mobiliária federal).
- V. Lei 10.931/2004 (Patrimônio de afetação de incorporações imobiliárias, Letra de Crédito Imobiliário, Cédula de Crédito Imobiliário, Cédula de Crédito Bancário).

Capítulo II
DO TÍTULO AO PORTADOR

Art. 904. A transferência de título ao portador se faz por simples tradição.

- V. arts. 291, 910, § 2º, 1.226, 1.267 e 1.268, CC.
- V. art. 856, CPC/2015.
- V. Lei 8.021/1990 (Identificação do contribuinte para fins fiscais).
- • V. art. 69, Lei 9.069/1995 (Plano Real).

Art. 905. O possuidor de título ao portador tem direito à prestação nele indicada, mediante a sua simples apresentação ao devedor.

- V. arts. 308 a 312, CC.

Parágrafo único. A prestação é devida ainda que o título tenha entrado em circulação contra a vontade do emitente.

Art. 906. O devedor só poderá opor ao portador exceção fundada em direito pessoal, ou em nulidade de sua obrigação.

- V. arts. 281, 915 a 917, § 3º, e 918, § 2º, CC.
- V. art. 51, Dec. 2.044/1908 (Letra de câmbio e nota promissória).
- V. art. 17, Anexo I, Dec. 57.663/1966 (Lei Uniforme – Letras de Câmbio e Notas Promissórias).

Art. 907. É nulo o título ao portador emitido sem autorização de lei especial.

- V. art. 292, CP.

Art. 908. O possuidor de título dilacerado, porém identificável, tem direito a obter do emitente a substituição do anterior, mediante a restituição do primeiro e o pagamento das despesas.

Art. 909. O proprietário, que perder ou extraviar título, ou for injustamente desapossado dele, poderá obter novo título em juízo, bem como impedir sejam pagos a outrem capital e rendimentos.

- V. art. 1.268, CC.
- V. art. 259, II, CPC/2015.
- V. Lei 891/1949 (Recuperação de título da dívida pública).
- V. art. 71, Lei 4.728/1965 (Mercado de capitais – Alienação fiduciária).

- V. Dec. 83.974/1979 (Resgate de títulos da dívida pública federal ao portador, destruídos, perdidos ou extraviados).
- V. Lei 8.021/1990 (Identificação do contribuinte para fins fiscais).

Parágrafo único. O pagamento, feito antes de ter ciência da ação referida neste artigo, exonera o devedor, salvo se se provar que ele tinha conhecimento do fato.

Capítulo III
DO TÍTULO À ORDEM

Art. 910. O endosso deve ser lançado pelo endossante no verso ou anverso do próprio título.

- V. arts. 920 e 923, CC.
- V. art. 13, Anexo I, Dec. 57.663/1966 (Lei Uniforme – Letras de Câmbio e Notas Promissórias).

§ 1º Pode o endossante designar o endossatário, e para validade do endosso, dado no verso do título, é suficiente a simples assinatura do endossante.

- V. art. 16, Anexo I, Dec. 57.595/1966 (Lei Uniforme – Cheque).
- V. art. 13, Anexo I, Dec. 57.663/1966 (Lei Uniforme – Letras de Câmbio e Notas Promissórias).
- V. art. 19, § 1º, Lei 7.357/1985 (Lei do Cheque).

§ 2º A transferência por endosso completa-se com a tradição do título.

- V. art. 904, CC.
- V. art. 8º, *caput*, 1ª parte, Dec. 2.044/1908 (Letra de câmbio e nota promissória).

§ 3º Considera-se não escrito o endosso cancelado, total ou parcialmente.

- V. art. 19, 2ª parte, Anexo I, Dec. 57.595/1966 (Lei Uniforme – Cheque).
- V. arts. 12 e 16, 2ª parte, Anexo I, Dec. 57.663/1966 (Lei Uniforme – Letras de Câmbio e Notas Promissórias).
- V. art. 22, *caput*, 2ª parte, Lei 7.357/1985 (Lei do Cheque).

Art. 911. Considera-se legítimo possuidor o portador do título à ordem com série regular e ininterrupta de endossos, ainda que o último seja em branco.

- V. art. 19, 1ª parte, Anexo I, Dec. 57.595/1966 (Lei Uniforme – Cheque).
- V. art. 16, Anexo I, Dec. 57.663/1966 (Lei Uniforme – Letras de Câmbio e Notas Promissórias).
- V. art. 22, *caput*, 1ª parte, Lei 7.357/1985 (Lei do Cheque).

Parágrafo único. Aquele que paga o título está obrigado a verificar a regularidade da série de endossos, mas não a autenticidade das assinaturas.

Art. 912. Considera-se não escrita no endosso qualquer condição a que o subordine o endossante.

- V. art. 15, 1ª parte, Anexo I, Dec. 57.595/1966 (Lei Uniforme – Cheque).
- V. art. 12, 1ª parte, Anexo I, Dec. 57.663/1966 (Lei Uniforme – Letras de câmbio e notas promissórias).
- V. art. 18, *caput*, Lei 7.357/1985 (Lei do Cheque).

Parágrafo único. É nulo o endosso parcial.

- V. art. 8º, § 3º, Dec. 2.044/1908 (Letra de câmbio e nota promissória).
- V. art. 15, 1ª parte, Anexo I, Dec. 57.595/1966 (Lei Uniforme – Cheque).
- V. art. 12, Anexo I, Dec. 57.663/1966 (Lei Uniforme – Letras de Câmbio e Notas Promissórias).
- V. art. 18, § 1º, Lei 7.357/1985 (Lei do Cheque).

Art. 913. O endossatário de endosso em branco pode mudá-lo para endosso em preto, completando-o com o seu nome ou de terceiro; pode endossar novamente o título, em branco ou em preto; ou pode transferi-lo sem novo endosso.

- V. art. 17, Anexo I, Dec. 57.595/1966 (Lei Uniforme – Cheque).
- V. art. 14, Anexo I, Dec. 57.663/1966 (Lei Uniforme – Letras de câmbio e notas promissórias).
- V. art. 20, Lei 7.357/1985 (Lei do Cheque).

Art. 914. Ressalvada cláusula expressa em contrário, constante do endosso, não responde o endossante pelo cumprimento da prestação constante do título.

- V. art. 18, Anexo I, Dec. 57.595/1966 (Lei Uniforme – Cheque).
- V. art. 15, Anexo I, Dec. 57.663/1966 (Lei Uniforme – Letras de Câmbio e Notas Promissórias).
- V. art. 21, Lei 7.357/1985 (Lei do Cheque).

§ 1º Assumindo responsabilidade pelo pagamento, o endossante se torna devedor solidário.

- V. arts. 275 a 285, CC.

§ 2º Pagando o título, tem o endossante ação de regresso contra os coobrigados anteriores.

- V. art. 125, II, CPC/2015.

Art. 915. O devedor, além das exceções fundadas nas relações pessoais que tiver com o portador, só poderá opor a este as exceções relativas à forma do título e ao seu conteúdo literal, à falsidade da própria assinatura, a defeito de capacidade ou de representação no momento da subscrição, e à falta de requisito necessário ao exercício da ação.

- V. arts. 906, 916, 917, § 3º, e 918, § 2º, CC.
- V. art. 17, Anexo I, Dec. 57.663/1966 (Lei Uniforme – Letras de Câmbio e Notas Promissórias).

Art. 916. As exceções, fundadas em relação do devedor com os portadores precedentes, somente poderão ser por ele opostas ao portador, se este, ao adquirir o título, tiver agido de má-fé.

- V. arts. 906, 915, 917, § 3º, e 918, § 2º, CC.
- V. art. 22, Anexo I, Dec. 57.595/1966 (Lei Uniforme – Cheque).
- V. art. 17, Anexo I, Dec. 57.663/1966 (Lei Uniforme – Letras de câmbio e notas promissórias).
- V. art. 25, Lei 7.357/1985 (Lei do Cheque).

Art. 917. A cláusula constitutiva de mandato, lançada no endosso, confere ao endossatário o exercício dos direitos inerentes ao título, salvo restrição expressamente estatuída.

- V. art. 653, CC.
- V. art. 23, Anexo I, Dec. 57.595/1966 (Lei Uniforme – Cheque).
- V. art. 18, Anexo I, Dec. 57.663/1966 (Lei Uniforme – Letras de câmbio e notas promissórias).
- V. art. 26, Lei 7.357/1985 (Lei do Cheque).

§ 1º O endossatário de endosso-mandato só pode endossar novamente o título na qualidade de procurador, com os mesmos poderes que recebeu.

§ 2º Com a morte ou a superveniente incapacidade do endossante, não perde eficácia o endosso-mandato.

§ 3º Pode o devedor opor ao endossatário de endosso-mandato somente as exceções que tiver contra o endossante.

- V. arts. 906, 915, 916 e 918, § 2º, CC.

Art. 918. A cláusula constitutiva de penhor, lançada no endosso, confere ao endossatário o exercício dos direitos inerentes ao título.

- V. art. 1.458, CC.
- V. art. 19, Anexo I, Dec. 57.663/1966 (Lei Uniforme – Letras de câmbio e notas promissórias).

§ 1º O endossatário de endosso-penhor só pode endossar novamente o título na qualidade de procurador.

§ 2º Não pode o devedor opor ao endossatário de endosso-penhor as exceções que tinha contra o endossante, salvo se aquele tiver agido de má-fé.

- V. arts. 906, 915 a 917, § 3º, CC.

Art. 919. A aquisição de título à ordem, por meio diverso do endosso, tem efeito de cessão civil.

- V. arts. 286 a 298, CC.

Art. 920. O endosso posterior ao vencimento produz os mesmos efeitos do anterior.

- V. art. 8º, § 2º, Dec. 2.044/1908 (Letra de câmbio e nota promissória).
- V. art. 24, 1ª parte, Anexo I, Dec. 57.595/1966 (Lei Uniforme – Cheque).
- V. art. 20, Anexo I, Dec. 57.663/1966 (Lei Uniforme – Letras de Câmbio e Notas Promissórias).

Capítulo IV
DO TÍTULO NOMINATIVO

Art. 921. É título nominativo o emitido em favor de pessoa cujo nome conste no registro do emitente.

Art. 922. Transfere-se o título nominativo mediante termo, em registro do emitente, assinado pelo proprietário e pelo adquirente.

Art. 923. O título nominativo também pode ser transferido por endosso que contenha o nome do endossatário.

- V. art. 910, CC.

§ 1º A transferência mediante endosso só tem eficácia perante o emitente, uma vez feita a competente averbação em seu registro, podendo o emitente exigir do endossatário que comprove a autenticidade da assinatura do endossante.

§ 2º O endossatário, legitimado por série regular e ininterrupta de endossos, tem o direito de obter a averbação no registro do emitente, comprovada a autenticidade das assinaturas de todos os endossantes.

§ 3º Caso o título original contenha o nome do primitivo proprietário, tem direito o adquirente a obter do emitente novo título, em seu nome, devendo a emissão do novo título constar no registro do emitente.

Art. 924. Ressalvada proibição legal, pode o título nominativo ser transformado em

Art. 925

à ordem ou ao portador, a pedido do proprietário e à sua custa.

- V. arts. 904 a 920, CC.
- V. Lei 8.021/1990 (Identificação do contribuinte para fins fiscais).

Art. 925. Fica desonerado de responsabilidade o emitente que de boa-fé fizer a transferência pelos modos indicados nos artigos antecedentes.

Art. 926. Qualquer negócio ou medida judicial, que tenha por objeto o título, só produz efeito perante o emitente ou terceiros, uma vez feita a competente averbação no registro do emitente.

TÍTULO IX
DA RESPONSABILIDADE CIVIL

Capítulo I
DA OBRIGAÇÃO DE INDENIZAR

Art. 927. Aquele que, por ato ilícito (arts. 186 e 187), causar dano a outrem, fica obrigado a repará-lo.

- V. arts. 5º, V, X e LXXV, e 37, § 6º, CF.
- V. arts. 43, 186 a 188, 206, § 3º, V, 475 a 477, 612, 613, 617, 734, 784, 944 a 954 e 1.942, CC.
- V. arts. 77, VI, 81, 143, 161, 302 e 718, CPC/2015.
- V. art. 91, I, CP.
- V. art. 64, CPP.
- V. art. 136, § 2º, Lei 11.101/2005 (Lei de Recuperação de Empresas e Falência).
- V. Súmulas 28, 161, 229, 491, 492 e 562, STF.
- V. Súmulas 37, 43, 130, 145, 186, 227, 388 e 403, STJ.
- • V. arts. 17 e 32, parágrafo único, Lei 8.906/1994 (Estatuto da Advocacia e da OAB)

Parágrafo único. Haverá obrigação de reparar o dano, independentemente de culpa, nos casos especificados em lei, ou quando a atividade normalmente desenvolvida pelo autor do dano implicar, por sua natureza, risco para os direitos de outrem.

- V. arts. 77, VI, 81, 143, 161, 302 e 718, CPC/2015.
- V. Dec. 2.681/1912 (Responsabilidade civil das estradas de ferro).
- V. Dec.-lei 3.415/1941 (Prisão administrativa, depósito e guarda dos bens apreendidos aos acusados de crime contra a Fazenda Nacional).
- V. art. 243, Lei 4.737/1965 (Código Eleitoral).
- V. art. 6º, § 2º, Lei 4.898/1965 (Abuso de autoridade).
- V. Dec. 61.867/1967 (Regulamenta os seguros obrigatórios previstos no art. 20 do Dec.-lei 73/1966).
- V. arts. 21, 28, 30 e 246, Lei 6.015/1973 (Lei de Registros Públicos).
- V. arts. 10, 97, 159 e 244, Lei 6.404/1976 (Sociedades por ações).
- V. Lei 6.453/1977 (Responsabilidade civil por danos nucleares).
- V. Dec. 79.437/1977 (Promulga a Convenção Internacional sobre Responsabilidade Civil em Danos Causados por Poluição por Óleo).
- V. art. 49, LC 35/1979 (Lei Orgânica da Magistratura Nacional).
- V. Dec. 83.540/1979 (Regulamenta a aplicação da Convenção Internacional sobre Responsabilidade Civil em Danos Causados por Poluição de Óleo).
- V. Lei 7.195/1984 (Responsabilidade civil das agências de empregados).
- V. Lei 7.347/1985 (Ação civil pública).
- V. Lei 7.565/1986 (Código Brasileiro de Aeronáutica).
- V. art. 1º, § 3º, Dec. 93.240/1986 (Regulamenta a Lei 7.433/1985, sobre os requisitos para a lavratura de escrituras públicas).
- V. art. 101, Lei 8.078/1990 (Código de Defesa do Consumidor).
- V. arts. 121 a 126-A, Lei 8.112/1990 (Regime jurídico único dos servidores públicos civis da União).
- V. Lei 8.429/1992 (Sanções aplicáveis aos agentes públicos em casos de enriquecimento ilícito).
- V. Dec. 911/1993 (Promulga a Convenção de Viena sobre Responsabilidade Civil por Danos Nucleares).
- V. arts. 22 a 24, Lei 8.935/1994 (Serviços notariais e de registro).
- V. art. 21, Lei 9.263/1996 (Planejamento familiar).
- V. art. 25, Lei 9.966/2000 (Prevenção, controle e fiscalização da poluição por óleo em águas).
- V. arts. 8º e 11, Dec. 3.724/2001 (Regulamenta o art. 6º da LC 105/2001, sobre requisição, acesso e uso, pela SRF, de informações referentes a operações e serviços das instituições financeiras).
- V. art. 80, Dec. 4.954/2004 (Regulamenta a Lei 6.894/1980, sobre a inspeção e fiscalização da produção e do comércio de fertilizantes, corretivos, inoculantes ou biofertilizantes destinados à agricultura).
- V. Súmulas 28, 492 e 562, STF.
- V. Súmulas 37, 43, 186 e 227, STJ.

Art. 928. O incapaz responde pelos prejuízos que causar, se as pessoas por ele responsáveis não tiverem obrigação de fazê-lo ou não dispuserem de meios suficientes.

- V. arts. 3º e 4º, CC.

Código Civil

• V. arts. 50 e 72, I, CPC/2015.

Parágrafo único. A indenização prevista neste artigo, que deverá ser equitativa, não terá lugar se privar do necessário o incapaz ou as pessoas que dele dependem.

Art. 929. Se a pessoa lesada, ou o dono da coisa, no caso do inciso II do art. 188, não forem culpados do perigo, assistir-lhes-á direito à indenização do prejuízo que sofreram.

• V. arts. 186, 188, II, e 927, parágrafo único, CC.
• V. art. 65, CPP.

Art. 930. No caso do inciso II do art. 188, se o perigo ocorrer por culpa de terceiro, contra este terá o autor do dano ação regressiva para haver a importância que tiver ressarcido ao lesado.

• V. arts. 186, 188, II, 735, e 927, parágrafo único, CC.
• V. art. 125, II, CPC/2015.

Parágrafo único. A mesma ação competirá contra aquele em defesa de quem se causou o dano (art. 188, inciso I).

• V. art. 125, II, CPC/2015.

Art. 931. Ressalvados outros casos previstos em lei especial, os empresários individuais e as empresas respondem independentemente de culpa pelos danos causados pelos produtos postos em circulação.

• V. art. 186, CC.
• V. arts. 6º, VI e VII, 7º, parágrafo único, 8º a 28 e 35, III, Lei 8.078/1990 (Código de Defesa do Consumidor).

Art. 932. São também responsáveis pela reparação civil:

• V. arts. 149, 186, 265, 275 a 285, 927, 933 e 942, parágrafo único, CC.
• V. art. 64, CPP.

I – os pais, pelos filhos menores que estiverem sob sua autoridade e em sua companhia;

• V. art. 928, CC.
• V. art. 116, Lei 8.069/1990 (Estatuto da Criança e do Adolescente).

II – o tutor e o curador, pelos pupilos e curatelados, que se acharem nas mesmas condições;

• V. art. 928, CC.

III – o empregador ou comitente, por seus empregados, serviçais e prepostos, no exercício do trabalho que lhes competir, ou em razão dele;

• V. art. 37, § 6º, CF.
• V. arts. 149 e 927, parágrafo único, CC.
• V. Súmula 341, STF.

IV – os donos de hotéis, hospedarias, casas ou estabelecimentos onde se albergue por dinheiro, mesmo para fins de educação, pelos seus hóspedes, moradores e educandos;

• V. arts. 647 a 650, CC.

V – os que gratuitamente houverem participado nos produtos do crime, até a concorrente quantia.

Art. 933. As pessoas indicadas nos incisos I a V do artigo antecedente, ainda que não haja culpa de sua parte, responderão pelos atos praticados pelos terceiros ali referidos.

• V. arts. 186, 1.175, 1.177 e 1.178, CC.

Art. 934. Aquele que ressarcir o dano causado por outrem pode reaver o que houver pago daquele por quem pagou, salvo se o causador do dano for descendente seu, absoluta ou relativamente incapaz.

• V. arts. 3º, 4º, 186, 304 a 307, 928 e 942, parágrafo único, CC.
• V. art. 125, II, CPC/2015.

Art. 935. A responsabilidade civil é independente da criminal, não se podendo questionar mais sobre a existência do fato, ou sobre quem seja o seu autor, quando estas questões se acharem decididas no juízo criminal.

• V. arts. 313, V, a, § 5º, e 315, CPC/2015.
• V. arts. 63 a 68, CP.
• V. arts. 63 a 67 e 92 a 94, CPP.
• V. Capítulo VII (Disposições Penais), Seção I (Dos crimes em espécie), Lei 11.101/2005 (Lei de Recuperação de Empresas e Falência).
• V. Súmula 18, STJ.

Art. 936. O dono, ou detentor, do animal ressarcirá o dano por este causado, se não provar culpa da vítima ou força maior.

• V. arts. 186, 393, parágrafo único, 945 e 1.297, § 3º, CC.
• V. art. 31, Dec.-lei 3.688/1941 (Lei das Contravenções Penais).

Art. 937. O dono de edifício ou construção responde pelos danos que resultarem de sua ruína, se esta provier de falta de reparos, cuja necessidade fosse manifesta.

- V. arts. 186, 393, 618 e 1.280, CC.

Art. 938. Aquele que habitar prédio, ou parte dele, responde pelo dano proveniente das coisas que dele caírem ou forem lançadas em lugar indevido.

- V. art. 932, IV, CC.

Art. 939. O credor que demandar o devedor antes de vencida a dívida, fora dos casos em que a lei o permita, ficará obrigado a esperar o tempo que faltava para o vencimento, a descontar os juros correspondentes, embora estipulados, e a pagar as custas em dobro.

- V. arts. 331 a 333, 941, 1.425 e 1.465, CC.
- V. arts. 79 a 81, CPC/2015.
- V. art. 32, parágrafo único, Lei 8.906/1994 (Estatuto da Advocacia e da OAB).

Art. 940. Aquele que demandar por dívida já paga, no todo ou em parte, sem ressalvar as quantias recebidas ou pedir mais do que for devido, ficará obrigado a pagar ao devedor, no primeiro caso, o dobro do que houver cobrado e, no segundo, o equivalente do que dele exigir, salvo se houver prescrição.

- V. art. 941, CC.
- V. arts. 79 a 81 e 776, CPC/2015.
- V. art. 42, parágrafo único, Lei 8.078/1990 (Código de Defesa do Consumidor).
- V. art. 32, parágrafo único, Lei 8.906/1994 (Estatuto da Advocacia e da OAB).
- V. Súmula 159, STF.

Art. 941. As penas previstas nos arts. 939 e 940 não se aplicarão quando o autor desistir da ação antes de contestada a lide, salvo ao réu o direito de haver indenização por algum prejuízo que prove ter sofrido.

- V. arts. 186 e 402 a 404, CC.
- V. arts. 485, VIII e § 4º, e 775, parágrafo único, CPC/2015

Art. 942. Os bens do responsável pela ofensa ou violação do direito de outrem ficam sujeitos à reparação do dano causado; e, se a ofensa tiver mais de um autor, todos responderão solidariamente pela reparação.

- V. arts. 5º, V, X, LXXV, e 37, § 6º, CF.
- V. arts. 275 a 285, 391, 932, 1.659, IV, e 1.668, V, CC.

- V. art. 789, CPC/2015.

Parágrafo único. São solidariamente responsáveis com os autores os coautores e as pessoas designadas no art. 932.

Art. 943. O direito de exigir reparação e a obrigação de prestá-la transmitem-se com a herança.

- V. arts. 12, parágrafo único, 20, 186, 787, 1.792, 1.821 e 1.997, CC.
- V. art. 75, VII, CPC/2015.

Capítulo II
DA INDENIZAÇÃO

Art. 944. A indenização mede-se pela extensão do dano.

- V. arts. 82, § 2º, 84 e 85, CPC/2015.
- V. art. 136, § 2º, Lei 11.101/2005 (Lei de Recuperação de Empresas e Falência).
- V. Súmula 37, STJ.

Parágrafo único. Se houver excessiva desproporção entre a gravidade da culpa e o dano, poderá o juiz reduzir, equitativamente, a indenização.

- V. arts. 884 a 886, CC.

Art. 945. Se a vítima tiver concorrido culposamente para o evento danoso, a sua indenização será fixada tendo-se em conta a gravidade de sua culpa em confronto com a do autor do dano.

- V. arts. 738, parágrafo único, e 936, CC.
- •• V. Súmula 28, STF.

Art. 946. Se a obrigação for indeterminada, e não houver na lei ou no contrato disposição fixando a indenização devida pelo inadimplente, apurar-se-á o valor das perdas e danos na forma que a lei processual determinar.

- V. arts. 402 a 405 e 408 a 416, CC.

Art. 947. Se o devedor não puder cumprir a prestação na espécie ajustada, substituir-se-á pelo seu valor, em moeda corrente.

- V. arts. 234, 240, 244, 248 e 249, CC.
- V. arts. 809, 816 e 823, CPC/2015.

Art. 948. No caso de homicídio, a indenização consiste, sem excluir outras reparações:

- V. art. 245, CF.
- V. arts. 186, 202, § 2º, 945 e 1.649 a 1.707, CC.

Art. 954

Código Civil

I – no pagamento das despesas com o tratamento da vítima, seu funeral e o luto da família;

II – na prestação de alimentos às pessoas a quem o morto os devia, levando-se em conta a duração provável da vida da vítima.

- V. arts. 1.694 a 1.710, CC.
- V. Súmulas 490, 491 e 493, STF.

Art. 949. No caso de lesão ou outra ofensa à saúde, o ofensor indenizará o ofendido das despesas do tratamento e dos lucros cessantes até ao fim da convalescença, além de algum outro prejuízo que o ofendido prove haver sofrido.

- V. arts. 402 e 951, CC.
- V. Súmulas 37 e 387, STJ.

Art. 950. Se da ofensa resultar defeito pelo qual o ofendido não possa exercer o seu ofício ou profissão, ou se lhe diminua a capacidade de trabalho, a indenização, além das despesas do tratamento e lucros cessantes até ao fim da convalescença, incluirá pensão correspondente à importância do trabalho para que se inabilitou, ou da depreciação que ele sofreu.

- V. arts. 186 e 951, CC.
- V. Súmulas 490 e 493, STF.

Parágrafo único. O prejudicado, se preferir, poderá exigir que a indenização seja arbitrada e paga de uma só vez.

Art. 951. O disposto nos arts. 948, 949 e 950 aplica-se ainda no caso de indenização devida por aquele que, no exercício de atividade profissional, por negligência, imprudência ou imperícia, causar a morte do paciente, agravar-lhe o mal, causar-lhe lesão, ou inabilitá-lo para o trabalho.

- V. arts. 932, III, 933 e 942, parágrafo único, CC.
- V. Lei 6.437/1977 (Infrações à legislação sanitária federal).
- V. arts. 14, § 4º, e 17, Lei 8.078/1990 (Código de Defesa do Consumidor).
- V. Lei 9.431/1997 (Obrigatoriedade da manutenção de Programa de Controle de Infecções Hospitalares pelos hospitais).
- V. Súmula 341, STJ.
- V. Súmula 37, STJ.
- • V. Súmula vinculante 22, STF.

Art. 952. Havendo usurpação ou esbulho do alheio, além da restituição da coisa, a indenização consistirá em pagar o valor das suas deteriorações e o devido a título de lucros cessantes; faltando a coisa, dever-se-á reembolsar o seu equivalente ao prejudicado.

- V. arts. 947, 1.210 e 1.228, CC.
- V. arts. 555, I, 556 e 560, CPC/2015.
- V. arts. 161 e 162, CP.
- V. Súmula 562, STF.

Parágrafo único. Para se restituir o equivalente, quando não exista a própria coisa, estimar-se-á ela pelo seu preço ordinário e pelo de afeição, contanto que este não se avantaje àquele.

- V. Súmula 37, STJ.

Art. 953. A indenização por injúria, difamação ou calúnia consistirá na reparação do dano que delas resulte ao ofendido.

- V. art. 5º, V e X, CF.
- V. arts. 138 a 145, CP.
- V. arts. 52 a 72, Lei 4.117/1962 (Código Brasileiro de Telecomunicações).
- V. art. 243, IX e §§ 1º a 3º, Lei 4.737/1965 (Código Eleitoral).
- V. art. 108, Lei 9.610/1998 (Direitos autorais).
- V. Súmula 562, STF.
- V. Súmula 37, STJ.

Parágrafo único. Se o ofendido não puder provar prejuízo material, caberá ao juiz fixar, equitativamente, o valor da indenização, na conformidade das circunstâncias do caso.

Art. 954. A indenização por ofensa à liberdade pessoal consistirá no pagamento das perdas e danos que sobrevierem ao ofendido, e se este não puder provar prejuízo, tem aplicação o disposto no parágrafo único do artigo antecedente.

- V. arts. 5º, XV a XVII e LXXV, e 37, § 6º, CF.
- V. arts. 12 e 402 a 405, CC.
- V. Súmula 37, STJ.

Parágrafo único. Consideram-se ofensivos da liberdade pessoal:

I – o cárcere privado;

- V. art. 148, CP.

II – a prisão por queixa ou denúncia falsa e de má-fé;

- V. arts. 339 e 340, CP.

III – a prisão ilegal.

- V. art. 5º, LXV, CF.
- • V. Súmula vinculante 11, STF.

Art. 955

TÍTULO X
DAS PREFERÊNCIAS E PRIVILÉGIOS CREDITÓRIOS

Art. 955. Procede-se à declaração de insolvência toda vez que as dívidas excedam à importância dos bens do devedor.
- V. arts. 373, I, CPC/2015.

Art. 956. A discussão entre os credores pode versar quer sobre a preferência entre eles disputada, quer sobre a nulidade, simulação, fraude, ou falsidade das dívidas e contratos.
- V. arts. 158 a 184 e 958, CC.
- V. art. 185, CTN.

Art. 957. Não havendo título legal à preferência, terão os credores igual direito sobre os bens do devedor comum.
- V. art. 958, CC.

Art. 958. Os títulos legais de preferência são os privilégios e os direitos reais.
- V. arts. 964, 965, 1.225 a 1.227 e 1.422, CC.
- V. arts. 186 a 192, CTN.
- V. art. 449, § 1º, CLT.
- V. arts. 4º, § 4º, e 29, Lei 6.830/1980 (Cobrança judicial da dívida ativa da Fazenda Pública).
- V. arts. 83, *caput*, I e 151, Lei 11.101/2005 (Lei de Recuperação de Empresas e Falência).

Art. 959. Conservam seus respectivos direitos os credores, hipotecários ou privilegiados:
- V. arts. 960 e 1.425, § 1º, CC.

I – sobre o preço do seguro da coisa gravada com hipoteca ou privilégio, ou sobre a indenização devida, havendo responsável pela perda ou danificação da coisa;
- V. arts. 785 e 1.425, IV, CC.

II – sobre o valor da indenização, se a coisa obrigada a hipoteca ou privilégio for desapropriada.
- V. art. 1.425, V, CC.
- V. Dec.-lei 3.365/1941 (Desapropriações por utilidade pública).

Art. 960. Nos casos a que se refere o artigo antecedente, o devedor do seguro, ou da indenização, exonera-se pagando sem oposição dos credores hipotecários ou privilegiados.

Art. 961. O crédito real prefere ao pessoal de qualquer espécie; o crédito pessoal privilegiado, ao simples; e o privilégio especial, ao geral.
- V. arts. 963, 1.419, 1.422 e 1.509, § 1º, CC.
- V. art. 83, Lei 11.101/2005 (Lei de Recuperação de Empresas e Falência).

Art. 962. Quando concorrerem aos mesmos bens, e por título igual, dois ou mais credores da mesma classe especialmente privilegiados, haverá entre eles rateio proporcional ao valor dos respectivos créditos, se o produto não bastar para o pagamento integral de todos.
- V. art. 908, *caput*, CPC/2015.

Art. 963. O privilégio especial só compreende os bens sujeitos, por expressa disposição de lei, ao pagamento do crédito que ele favorece; e o geral, todos os bens não sujeitos a crédito real nem a privilégio especial.
- V. arts. 964 e 965, CC.

Art. 964. Têm privilégio especial:
- V. art. 35, § 2º, Dec.-lei 70/1966 (Associações de poupança e empréstimo e cédula hipotecária).
- V. arts. 28, 45 e 53, Dec.-lei 167/1967 (Títulos de crédito rural).
- V. art. 17, Dec.-lei 413/1969 (Títulos de crédito industrial).
- V. Dec.-lei 496/1969 (Aeronaves de empresas em liquidação, falência ou concordata).
- V. art. 189, Lei 7.565/1986 (Código Brasileiro de Aeronáutica).
- V. art. 24, Lei 8.906/1994 (Estatuto da Advocacia e da OAB).
- V. art. 83, IV, *a*, Lei 11.101/2005 (Lei de Recuperação de Empresas e Falência).

I – sobre a coisa arrecadada e liquidada, o credor de custas e despesas judiciais feitas com a arrecadação e liquidação;

II – sobre a coisa salvada, o credor por despesas de salvamento;
- V. art. 13, Lei 7.203/1984 (Salvamento de embarcação).

III – sobre a coisa beneficiada, o credor por benfeitorias necessárias ou úteis;
- V. arts. 96, §§ 2º e 3º, e 1.219, CC.

IV – sobre os prédios rústicos ou urbanos, fábricas, oficinas, ou quaisquer outras construções, o credor de materiais, dinheiro, ou serviços para a sua edificação, reconstrução, ou melhoramento;

Código Civil

V – sobre os frutos agrícolas, o credor por sementes, instrumentos e serviços à cultura, ou à colheita;

VI – sobre as alfaias e utensílios de uso doméstico, nos prédios rústicos ou urbanos, o credor de aluguéis, quanto às prestações do ano corrente e do anterior;

VII – sobre os exemplares da obra existente na massa do editor, o autor dela, ou seus legítimos representantes, pelo crédito fundado contra aquele no contrato da edição;

- V. Lei 9.610/1998 (Direitos autorais).

VIII – sobre o produto da colheita, para a qual houver concorrido com o seu trabalho, e precipuamente a quaisquer outros créditos, ainda que reais, o trabalhador agrícola, quanto à dívida dos seus salários.

IX – sobre os produtos do abate, o credor por animais.

- Inciso IX acrescentado pela Lei 13.176/2015.

Art. 965. Goza de privilégio geral, na ordem seguinte, sobre os bens do devedor:

- V. art. 83, V, Lei 11.101/2005 (Lei de Recuperação de Empresas e Falência).

I – o crédito por despesa de seu funeral, feito segundo a condição do morto e o costume do lugar;

- V. art. 1.998, CC.

II – o crédito por custas judiciais, ou por despesas com a arrecadação e liquidação da massa;

III – o crédito por despesas com o luto do cônjuge sobrevivo e dos filhos do devedor falecido, se foram moderadas;

IV – o crédito por despesas com a doença de que faleceu o devedor, no semestre anterior à sua morte;

V – o crédito pelos gastos necessários à mantença do devedor falecido e sua família, no trimestre anterior ao falecimento;

VI – o crédito pelos impostos devidos à Fazenda Pública, no ano corrente e no anterior;

- V. art. 186, CTN.

VII – o crédito pelos salários dos empregados do serviço doméstico do devedor, nos seus derradeiros 6 (seis) meses de vida;

- V. art. 186, CTN.

VIII – os demais créditos de privilégio geral.

Livro II
DO DIREITO DE EMPRESA

Título I
DO EMPRESÁRIO

Capítulo I
DA CARACTERIZAÇÃO E DA INSCRIÇÃO

Art. 966. Considera-se empresário quem exerce profissionalmente atividade econômica organizada para a produção ou a circulação de bens ou de serviços.

- V. arts. 972 a 985, 1.156, 1.163 a 1.168, 2.031 e 2.037, CC.
- V. art. 1º, Lei 11.101/2005 (Lei de Recuperação de Empresas e Falência).

Parágrafo único. Não se considera empresário quem exerce profissão intelectual, de natureza científica, literária ou artística, ainda com o concurso de auxiliares ou colaboradores, salvo se o exercício da profissão constituir elemento de empresa.

- V. arts. 5º, X, e 53, Lei 9.610/1998 (Direitos autorais).

Art. 967. É obrigatória a inscrição do empresário no Registro Público de Empresas Mercantis da respectiva sede, antes do início de sua atividade.

- V. arts. 40, 44 a 52, 968, 969, 971, 979, 982, 984, 987, 990, 1.024 e 1.150 a 1.154, CC.
- V. art. 75, § 2º, CPC/2015.
- V. arts. 7º e 8º, Lei 4.728/1965 (Mercado de capitais – Alienação fiduciária).
- V. art. 72, Dec.-lei 73/1966 (Sistema Nacional de Seguros Privados).
- V. Dec. 60.459/1967 (Regulamenta o Dec.-lei 73/1966).
- V. arts. 2º, 32 e 43, Lei 8.934/1994 (Registro Público de Empresas Mercantis e Atividades Afins).
- V. Dec. 1.800/1996 (Regulamenta a Lei 8.934/1994).
- V. arts. 51, V, 97, § 1º, e 104, I, b, Lei 11.101/2005 (Lei de Recuperação de Empresas e Falência).

Art. 968. A inscrição do empresário far-se-á mediante requerimento que contenha:

- V. art. 971, CC.

I – o seu nome, nacionalidade, domicílio, estado civil e, se casado, o regime de bens;

Art. 969

- V. arts. 16 a 19, 70 a 74, 78, 977 a 980, 1.163 e 1.639 a 1.688, CC.

II – a firma, com a respectiva assinatura autógrafa que poderá ser substituída pela assinatura autenticada com certificação digital ou meio equivalente que comprove a sua autenticidade, ressalvado o disposto no inciso I do § 1º do art. 4º da Lei Complementar 123, de 14 de dezembro de 2006;

- Inciso II com redação determinada pela LC 147/2014.

III – o capital;
IV – o objeto e a sede da empresa.

- V. art. 75, IV e §§ 1º e 2º, CC.
- V. arts. 35, II, III, V, VII, VIII, 36 e 37, Lei 8.934/1994 (Registro Público de Empresas Mercantis e Atividades Afins).
- V. arts. 32, 34, 41 a 44, 46 e 53, Dec. 1.800/1996 (Regulamenta a Lei 8.934/1994).

§ 1º Com as indicações estabelecidas neste artigo, a inscrição será tomada por termo no livro próprio do Registro Público de Empresas Mercantis, e obedecerá a número de ordem contínuo para todos os empresários inscritos.

§ 2º À margem da inscrição, e com as mesmas formalidades, serão averbadas quaisquer modificações nela ocorrentes.

- V. arts. 976, 977, 979, 980, 999, parágrafo único, 1.003, parágrafo único, 1.012, 1.032, 1.048, 1.057, parágrafo único, 1.063, §§ 2º e 3º, 1.083, 1.084, § 3º, 1.086, 1.102, parágrafo único, 1.113, 1.121, 1.131, 1.136, 1.138, parágrafo único, 1.141, § 3º, 1.144 e 1.174, CC.

§ 3º Caso venha a admitir sócios, o empresário individual poderá solicitar ao Registro Público de Empresas Mercantis a transformação de seu registro de empresário para registro de sociedade empresária, observado, no que couber, o disposto nos arts. 1.113 a 1.115 deste Código.

- § 3º acrescentado pela LC 128/2008.

§ 4º O processo de abertura, registro, alteração e baixa do microempreendedor individual de que trata o art. 18-A da Lei Complementar 123, de 14 de dezembro de 2006, bem como qualquer exigência para o início de seu funcionamento deverão ter trâmite especial e simplificado, preferentemente eletrônico, opcional para o empreendedor, na forma a ser disciplinada pelo Comitê para Gestão da Rede Nacional para a Simplificação do Registro e da Legalização de Empresas e Negócios – CGSIM, de que trata o inciso III do art. 2º da mesma Lei.

- § 4º acrescentado pela Lei 12.470/2011.

§ 5º Para fins do disposto no § 4º, poderão ser dispensados o uso da firma, com a respectiva assinatura autógrafa, o capital, requerimentos, demais assinaturas, informações relativas à nacionalidade, estado civil e regime de bens, bem como remessa de documentos, na forma estabelecida pelo CGSIM.

- § 5º acrescentado pela Lei 12.470/2011.

Art. 969. O empresário que instituir sucursal, filial ou agência, em lugar sujeito à jurisdição de outro Registro Público de Empresas Mercantis, neste deverá também inscrevê-la, com a prova da inscrição originária.

- V. art. 1.000, CC.

Parágrafo único. Em qualquer caso, a constituição do estabelecimento secundário deverá ser averbada no Registro Público de Empresas Mercantis da respectiva sede.

Art. 970. A lei assegurará tratamento favorecido, diferenciado e simplificado ao empresário rural e ao pequeno empresário, quanto à inscrição e aos efeitos daí decorrentes.

- V. arts. 170, IX, e 179, CF.
- V. art. 1.179, § 2º, CC.
- V. Lei 4.504/1964 (Estatuto da Terra).
- V. Lei 4.829/1965 (Crédito rural).
- V. Dec. 58.380/1966 (Regulamenta o crédito rural).
- V. Lei 5.868/1972 (Sistema Nacional de Cadastro Rural).
- V. Dec. 72.106/1973 (Regulamenta a Lei 5.868/1972).
- V. LC 48/1984 (Isenção do ICM e do ISS à microempresa).
- V. Lei 8.171/1991 (Política agrícola).
- V. Lei 8.174/1991 (Princípios de política agrícola).
- V. Dec. 235/1991 (Regulamenta o disposto no art. 4º da Lei 8.174/1991).
- V. Lei 10.194/2001 (Sociedades de crédito ao microempreendedor).
- V. art. 68, LC 123/2006 (Supersimples).

Art. 971. O empresário, cuja atividade rural constitua sua principal profissão, pode, observadas as formalidades de que tratam o art. 968 e seus parágrafos, requerer inscrição no Registro Público de Empresas Mercantis da respectiva sede, caso em que, depois de inscrito, ficará equiparado, para todos os efeitos, ao empresário sujeito a registro.

- V. arts. 984 e 1.150 a 1.154, CC.

Capítulo II
DA CAPACIDADE

Art. 972. Podem exercer a atividade de empresário os que estiverem em pleno gozo da capacidade civil e não forem legalmente impedidos.

- V. arts. 54, II, *a*, 128, § 5°, II, *c*, 176, § 1°, 178, parágrafo único, 222 e 226, § 5°, CF.
- V. arts. 3° a 5°, parágrafo único, I e V, 9°, II, 180, 966, 974, 976 e 1.643, CC.
- V. art. 725, I, CPC/2015.
- V. art. 524, CCo.
- V. art. 482, *c*, CLT.
- V. art. 36, *a*, 1, Dec. 21.981/1932 (Leiloeiro).
- V. Dec.-lei 341/1938 (Apresentação de documentos por estrangeiros ao Registro do Comércio).
- V. art. 204, Dec.-lei 1.001/1969 (Código Penal Militar).
- V. arts. 21, § 1°, 99 e 106, Lei 6.815/1980 (Situação jurídica do estrangeiro).
- V. art. 29, Lei 6.880/1980 (Estatuto dos Militares).
- V. art. 117, X, Lei 8.112/1990 (Regime jurídico único dos servidores públicos civis da União).
- V. art. 44, III, Lei 8.625/1993 (Lei Orgânica Nacional do Ministério Público).
- V. arts. 102 e 181, I, e § 1°, Lei 11.101/2005 (Lei de Recuperação de Empresas e Falência).

Art. 973. A pessoa legalmente impedida de exercer atividade própria de empresário, se a exercer, responderá pelas obrigações contraídas.

- V. arts. 158 e 176, Lei 11.101/2005 (Lei de Recuperação de Empresas e Falência).
- • V. arts. 176 e 222, CF.

Art. 974. Poderá o incapaz, por meio de representante ou devidamente assistido, continuar a empresa antes exercida por ele enquanto capaz, por seus pais ou pelo autor de herança.

- V. arts. 3°, 4°, 115 a 120, 166, I, 178, III, 181, 892, 972 e 976, CC.

§ 1° Nos casos deste artigo, precederá autorização judicial, após exame das circunstâncias e dos riscos da empresa, bem como da conveniência em continuá-la, podendo a autorização ser revogada pelo juiz, ouvidos os pais, tutores ou representantes legais do menor ou do interdito, sem prejuízo dos direitos adquiridos por terceiros.

§ 2° Não ficam sujeitos ao resultado da empresa os bens que o incapaz já possuía, ao tempo da sucessão ou da interdição, desde que estranhos ao acervo daquela, devendo tais fatos constar do alvará que conceder a autorização.

§ 3° O Registro Público de Empresas Mercantis a cargo das Juntas Comerciais deverá registrar contratos ou alterações contratuais de sociedade que envolva sócio incapaz, desde que atendidos, de forma conjunta, os seguintes pressupostos:

- § 3° acrescentado pela Lei 12.399/2011.

I – o sócio incapaz não pode exercer a administração da sociedade;

II – o capital social deve ser totalmente integralizado;

III – o sócio relativamente incapaz deve ser assistido e o absolutamente incapaz deve ser representado por seus representantes legais.

Art. 975. Se o representante ou assistente do incapaz for pessoa que, por disposição de lei, não puder exercer atividade de empresário, nomeará, com a aprovação do juiz, um ou mais gerentes.

- V. arts. 972 e 1.172 a 1.176, CC.

§ 1° Do mesmo modo será nomeado gerente em todos os casos em que o juiz entender ser conveniente.

§ 2° A aprovação do juiz não exime o representante ou assistente do menor ou do interdito da responsabilidade pelos atos dos gerentes nomeados.

Art. 976. A prova da emancipação e da autorização do incapaz, nos casos do art. 974, e a de eventual revogação desta, serão inscritas ou averbadas no Registro Público de Empresas Mercantis.

- V. arts. 5° e 968, § 2°, CC.

Parágrafo único. O uso da nova firma caberá, conforme o caso, ao gerente; ou ao representante do incapaz; ou a este, quando puder ser autorizado.

- V. art. 974, § 1°, CC.

Art. 977

Art. 977. Faculta-se aos cônjuges contratar sociedade, entre si ou com terceiros, desde que não tenham casado no regime da comunhão universal de bens, ou no da separação obrigatória.

• V. arts. 1.641 e 1.667 a 1.671, CC.

Art. 978. O empresário casado pode, sem necessidade de outorga conjugal, qualquer que seja o regime de bens, alienar os imóveis que integrem o patrimônio da empresa ou gravá-los de ônus real.

• V. arts. 1.642 a 1.647, CC.

Art. 979. Além de no Registro Civil, serão arquivados e averbados, no Registro Público de Empresas Mercantis, os pactos e declarações antenupciais do empresário, o título de doação, herança, ou legado, de bens clausulados de incomunicabilidade ou inalienabilidade.

• V. arts. 1.653 a 1.657, 1.659, 1.660, 1.668, 1.674, 1.848 e 1.911, CC.
• V. arts. 167, I-12 e II-1, 244 e 245, Lei 6.015/1973 (Lei de Registros Públicos).

Art. 980. A sentença que decretar ou homologar a separação judicial do empresário e o ato de reconciliação não podem ser opostos a terceiros, antes de arquivados e averbados no Registro Público de Empresas Mercantis.

• V. art. 1.577, parágrafo único, CC.
• V. art. 167, II, ns. 5, 10 e 14, Lei 6.015/1973 (Lei de Registros Públicos).

TÍTULO I-A
DA EMPRESA INDIVIDUAL DE RESPONSABILIDADE LIMITADA

• Título I-A acrescentado pela Lei 12.441/2011 (*DOU* 12.07.2011), em vigor 180 (cento e oitenta) dias após a data de sua publicação.

Art. 980-A. A empresa individual de responsabilidade limitada será constituída por uma única pessoa titular da totalidade do capital social, devidamente integralizado, que não será inferior a 100 (cem) vezes o maior salário mínimo vigente no País.

• Artigo acrescentado pela Lei 12.441/2011 (*DOU* 12.07.2011), em vigor 180 (cento e oitenta) dias após a data de sua publicação.
•• V. arts. 1.053, 1.055, 1.060 e ss. e 1.010 e ss., CC.

§ 1º O nome empresarial deverá ser formado pela inclusão da expressão "EIRELI" após a firma ou a denominação social da empresa individual de responsabilidade limitada.

§ 2º A pessoa natural que constituir empresa individual de responsabilidade limitada somente poderá figurar em uma única empresa dessa modalidade.

§ 3º A empresa individual de responsabilidade limitada também poderá resultar da concentração das quotas de outra modalidade societária num único sócio, independentemente das razões que motivaram tal concentração.

§ 4º (*Vetado.*)

§ 5º Poderá ser atribuída à empresa individual de responsabilidade limitada constituída para a prestação de serviços de qualquer natureza a remuneração decorrente da cessão de direitos patrimoniais de autor ou de imagem, nome, marca ou voz de que seja detentor o titular da pessoa jurídica, vinculados à atividade profissional.

§ 6º Aplicam-se à empresa individual de responsabilidade limitada, no que couber, as regras previstas para as sociedades limitadas.

TÍTULO II
DA SOCIEDADE

Capítulo Único
DISPOSIÇÕES GERAIS

Art. 981. Celebram contrato de sociedade as pessoas que reciprocamente se obrigam a contribuir, com bens ou serviços, para o exercício de atividade econômica e a partilha, entre si, dos resultados.

• V. arts. 40, 44, II, 45 a 52, 966, 967, 986, 2.031 e 2.033, CC.
• V. art. 1º, Lei 11.101/2005 (Lei de Recuperação de Empresas e Falência).

Parágrafo único. A atividade pode restringir-se à realização de um ou mais negócios determinados.

• V. arts. 991 a 996, CC.

Art. 982. Salvo as exceções expressas, considera-se empresária a sociedade que tem por objeto o exercício de atividade própria de empresário sujeito a registro (art. 967); e, simples, as demais.

CÓDIGO CIVIL

- V. arts. 997 a 1.092 e 2.037, CC.
- V. art. 1º, Lei 11.101/2005 (Lei de Recuperação de Empresas e Falência).

Parágrafo único. Independentemente de seu objeto, considera-se empresária a sociedade por ações; e, simples, a cooperativa.

- V. arts. 1.088 a 1.096, CC.
- V. Lei 5.764/1971 (Política Nacional de Cooperativismo – sociedades cooperativas).
- V. Lei 6.404/1976 (Sociedades por ações).
- V. Lei 9.867/1999 (Cooperativas sociais).

Art. 983. A sociedade empresária deve constituir-se segundo um dos tipos regulados nos arts. 1.039 a 1.092; a sociedade simples pode constituir-se de conformidade com um desses tipos, e, não o fazendo, subordina-se às normas que lhe são próprias.

- V. arts. 997 a 1.038, CC.

Parágrafo único. Ressalvam-se as disposições concernentes à sociedade em conta de participação e à cooperativa, bem como as constantes de leis especiais que, para o exercício de certas atividades, imponham a constituição da sociedade segundo determinado tipo.

- V. arts. 991 a 996 e 1.093 a 1.096, CC.

Art. 984. A sociedade que tenha por objeto o exercício de atividade própria de empresário rural e seja constituída, ou transformada, de acordo com um dos tipos de sociedade empresária, pode, com as formalidades do art. 968, requerer inscrição no Registro Público de Empresas Mercantis da sua sede, caso em que, depois de inscrita, ficará equiparada, para todos os efeitos, à sociedade empresária.

- V. arts. 968, 970, 971 e 982, CC.

Parágrafo único. Embora já constituída a sociedade segundo um daqueles tipos, o pedido de inscrição se subordinará, no que for aplicável, às normas que regem a transformação.

- V. arts. 1.113 a 1.115, CC.

Art. 985. A sociedade adquire personalidade jurídica com a inscrição, no registro próprio e na forma da lei, dos seus atos constitutivos (arts. 45 e 1.150).

- V. art. 32, II, *a*, Lei 8.934/1994 (Registro Público de Empresas Mercantis e Atividades Afins).
- V. art. 32, II, *d*, Dec. 1.800/1996 (Regulamenta a Lei 8.934/1994).

Subtítulo I
DA SOCIEDADE NÃO PERSONIFICADA

Capítulo I
DA SOCIEDADE EM COMUM

Art. 986. Enquanto não inscritos os atos constitutivos, reger-se-á a sociedade, exceto por ações em organização, pelo disposto neste Capítulo, observadas, subsidiariamente e no que com ele forem compatíveis, as normas da sociedade simples.

- V. arts. 45, 990, 997 a 1.038, CC.
- •• V. art. 75, VII e § 2º, CPC/2015.
- •• V. arts. 1º, 48 e 97, Lei 11.101/2005 (Lei de Recuperação de Empresas e Falência).

Art. 987. Os sócios, nas relações entre si ou com terceiros, somente por escrito podem provar a existência da sociedade, mas os terceiros podem prová-la de qualquer modo.

- V. arts. 212 e 990, CC.
- V. art. 75, § 2º, CPC/2015.

Art. 988. Os bens e dívidas sociais constituem patrimônio especial, do qual os sócios são titulares em comum.

Art. 989. Os bens sociais respondem pelos atos de gestão praticados por qualquer dos sócios, salvo pacto expresso limitativo de poderes, que somente terá eficácia contra o terceiro que o conheça ou deva conhecer.

- V. arts. 1.015, parágrafo único, e 1.024, CC.
- V. arts. 789, 790, II, e 795, §§ 1º e 2º, CPC/2015.

Art. 990. Todos os sócios respondem solidária e ilimitadamente pelas obrigações sociais, excluído do benefício de ordem, previsto no art. 1.024, aquele que contratou pela sociedade.

- V. arts. 275 a 285, CC.

Capítulo II
DA SOCIEDADE EM CONTA DE PARTICIPAÇÃO

Art. 991. Na sociedade em conta de participação, a atividade constitutiva do objeto social é exercida unicamente pelo sócio ostensivo, em seu nome individual e sob sua própria e exclusiva responsabili-

Art. 992

CÓDIGO CIVIL

dade, participando os demais dos resultados correspondentes.
* V. arts. 983, parágrafo único, e 1.162, CC.

Parágrafo único. Obriga-se perante terceiro tão somente o sócio ostensivo; e, exclusivamente perante este, o sócio participante, nos termos do contrato social.

Art. 992. A constituição da sociedade em conta de participação independe de qualquer formalidade e pode provar-se por todos os meios de direito.
* V. art. 212, CC.

Art. 993. O contrato social produz efeito somente entre os sócios, e a eventual inscrição de seu instrumento em qualquer registro não confere personalidade jurídica à sociedade.

Parágrafo único. Sem prejuízo do direito de fiscalizar a gestão dos negócios sociais, o sócio participante não pode tomar parte nas relações do sócio ostensivo com terceiros, sob pena de responder solidariamente com este pelas obrigações em que intervier.
* V. arts. 275 a 285, CC.

Art. 994. A contribuição do sócio participante constitui, com a do sócio ostensivo, patrimônio especial, objeto da conta de participação relativa aos negócios sociais.

§ 1º A especialização patrimonial somente produz efeitos em relação aos sócios.

§ 2º A falência do sócio ostensivo acarreta a dissolução da sociedade e a liquidação da respectiva conta, cujo saldo constituirá crédito quirografário.
* V. art. 83, VI, Lei 11.101/2005 (Lei de Recuperação de Empresas e Falência).

§ 3º Falindo o sócio participante, o contrato social fica sujeito às normas que regulam os efeitos da falência nos contratos bilaterais do falido.
* V. art. 117, Lei 11.101/2005 (Lei de Recuperação de Empresas e Falência).

Art. 995. Salvo estipulação em contrário, o sócio ostensivo não pode admitir novo sócio sem o consentimento expresso dos demais.

Art. 996. Aplica-se à sociedade em conta de participação, subsidiariamente e no que com ela for compatível, o disposto para a sociedade simples, e a sua liquidação rege-se pelas normas relativas à prestação de contas, na forma da lei processual.
* V. arts. 997 a 1.038, CC.
* V. arts. 550 a 553, CPC/2015.

Parágrafo único. Havendo mais de um sócio ostensivo, as respectivas contas serão prestadas e julgadas no mesmo processo.

Subtítulo II
DA SOCIEDADE PERSONIFICADA

Capítulo I
DA SOCIEDADE SIMPLES

Seção I
Do contrato social

Art. 997. A sociedade constitui-se mediante contrato escrito, particular ou público, que, além de cláusulas estipuladas pelas partes, mencionará:
* V. art. 1.001, 1ª parte, CC.

I – nome, nacionalidade, estado civil, profissão e residência dos sócios, se pessoas naturais, e a firma ou a denominação, nacionalidade e sede dos sócios, se jurídicas;

II – denominação, objeto, sede e prazo da sociedade;

III – capital da sociedade, expresso em moeda corrente, podendo compreender qualquer espécie de bens, suscetíveis de avaliação pecuniária;

IV – a quota de cada sócio no capital social, e o modo de realizá-la;

V – as prestações a que se obriga o sócio, cuja contribuição consista em serviços;
* V. art. 1.006, CC.

VI – as pessoas naturais incumbidas da administração da sociedade, e seus poderes e atribuições;
* V. art. 1.015, parágrafo único, CC.

VII – a participação de cada sócio nos lucros e nas perdas;
* V. art. 1.007, CC.

VIII – se os sócios respondem, ou não, subsidiariamente, pelas obrigações sociais.

Parágrafo único. É ineficaz em relação a terceiros qualquer pacto separado, contrário ao disposto no instrumento do contrato.

Art. 998. Nos 30 (trinta) dias subsequentes à sua constituição, a sociedade deverá requerer a inscrição do contrato social no Registro Civil das Pessoas Jurídicas do local de sua sede.

- V. arts. 45, 46, 75, IV, e 1.150 a 1.154, CC.
- V. arts. 19, *caput*, 114, II, 120 e 121, Lei 6.015/1973 (Lei de Registros Públicos).

§ 1º O pedido de inscrição será acompanhado do instrumento autenticado do contrato, e, se algum sócio nele houver sido representado por procurador, o da respectiva procuração, bem como, se for o caso, da prova de autorização da autoridade competente.

- V. arts. 1.123 a 1.141, CC.

§ 2º Com todas as indicações enumeradas no artigo antecedente, será a inscrição tomada por termo no livro de registro próprio, e obedecerá a número de ordem contínua para todas as sociedades inscritas.

Art. 999. As modificações do contrato social, que tenham por objeto matéria indicada no art. 997, dependem do consentimento de todos os sócios; as demais podem ser decididas por maioria absoluta de votos, se o contrato não determinar a necessidade de deliberação unânime.

Parágrafo único. Qualquer modificação do contrato social será averbada, cumprindo-se as formalidades previstas no artigo antecedente.

- V. arts. 1.002, 1.003 e 2.033, CC.

Art. 1.000. A sociedade simples que instituir sucursal, filial ou agência na circunscrição de outro Registro Civil das Pessoas Jurídicas, neste deverá também inscrevê-la, com a prova da inscrição originária.

- V. arts. 969 e 982, CC.

Parágrafo único. Em qualquer caso, a constituição da sucursal, filial ou agência deverá ser averbada no Registro Civil da respectiva sede.

Seção II
Dos direitos e obrigações dos sócios

Art. 1.001. As obrigações dos sócios começam imediatamente com o contrato, se este não fixar outra data, e terminam quando, liquidada a sociedade, se extinguirem as responsabilidades sociais.

Art. 1.002. O sócio não pode ser substituído no exercício das suas funções, sem o consentimento dos demais sócios, expresso em modificação do contrato social.

- V. arts. 999, 1.018 e 1.019, CC.

Art. 1.003. A cessão total ou parcial de quota, sem a correspondente modificação do contrato social com o consentimento dos demais sócios, não terá eficácia quanto a estes e à sociedade.

- V. arts. 999 e 1.057, CC.

Parágrafo único. Até 2 (dois) anos depois de averbada a modificação do contrato, responde o cedente solidariamente com o cessionário, perante a sociedade e terceiros, pelas obrigações que tinha como sócio.

- V. arts. 275 a 285, e 1.057, parágrafo único, CC.

Art. 1.004. Os sócios são obrigados, na forma e prazo previstos, às contribuições estabelecidas no contrato social, e aquele que deixar de fazê-lo, nos 30 (trinta) dias seguintes ao da notificação pela sociedade, responderá perante esta pelo dano emergente da mora.

- V. arts. 394 a 401, 997, IV, 1.030 e 1.031, CC.

Parágrafo único. Verificada a mora, poderá a maioria dos demais sócios preferir, à indenização, a exclusão do sócio remisso, ou reduzir-lhe a quota ao montante já realizado, aplicando-se, em ambos os casos, o disposto no § 1º do art. 1.031.

- V. arts. 1.030, 1.032 e 1.052, CC.

Art. 1.005. O sócio que, a título de quota social, transmitir domínio, posse ou uso, responde pela evicção; e pela solvência do devedor, aquele que transferir crédito.

- V. arts. 297 e 447 a 457, CC.

Art. 1.006. O sócio, cuja contribuição consista em serviços, não pode, salvo convenção em contrário, empregar-se em atividade estranha à sociedade, sob pena de ser privado de seus lucros e dela excluído.

- V. arts. 997, V, e 1.030, CC.

Art. 1.007. Salvo estipulação em contrário, o sócio participa dos lucros e das perdas, na proporção das respectivas quotas, mas aquele, cuja contribuição consiste em serviços, somente participa dos lucros na proporção da média do valor das quotas.

- V. art. 997, VII, CC.

Art. 1.008. É nula a estipulação contratual que exclua qualquer sócio de participar dos lucros e das perdas.

- V. arts. 997, VII, e 1.007, CC.

Art. 1.009. A distribuição de lucros ilícitos ou fictícios acarreta responsabilidade solidária dos administradores que a realizarem e dos sócios que os receberem, conhecendo ou devendo conhecer-lhes a ilegitimidade.

- V. arts. 275 a 285, CC.

Seção III
Da administração

Art. 1.010. Quando, por lei ou pelo contrato social, competir aos sócios decidir sobre os negócios da sociedade, as deliberações serão tomadas por maioria de votos, contados segundo o valor das quotas de cada um.

- V. art. 1.072, CC.

§ 1º Para formação da maioria absoluta são necessários votos correspondentes a mais de metade do capital.
§ 2º Prevalece a decisão sufragada por maior número de sócios no caso de empate, e, se este persistir, decidirá o juiz.
§ 3º Responde por perdas e danos o sócio que, tendo em alguma operação interesse contrário ao da sociedade, participar da deliberação que a aprove graças a seu voto.

- V. arts. 402 a 405, 1.017, parágrafo único, e 1.071, CC.
- • V. arts. 318 e 319, CPC/2015.

Art. 1.011. O administrador da sociedade deverá ter, no exercício de suas funções, o cuidado e a diligência que todo homem ativo e probo costuma empregar na administração de seus próprios negócios.

- V. arts. 667 e 884 a 886, CC.

§ 1º Não podem ser administradores, além das pessoas impedidas por lei especial, os condenados a pena que vede, ainda que temporariamente, o acesso a cargos públicos; ou por crime falimentar, de prevaricação, peita ou suborno, concussão, peculato; ou contra a economia popular, contra o sistema financeiro nacional, contra as normas de defesa da concorrência, contra as relações de consumo, a fé pública ou a propriedade, enquanto perdurarem os efeitos da condenação.

- V. arts. 972 a 980 e 1.066, § 1º, CC.
- V. arts. 171 a 179, 289 a 337-D e 359-A a 359-H, CP.
- V. arts. 2º a 4º, Lei 1.521/1951 (Crimes contra a economia popular).
- V. art. 65, Lei 4.591/1964 (Condomínio em edificações e incorporações imobiliárias).
- V. arts. 27-C a 27-E, Lei 6.385/1976 (Mercado de valores mobiliários e Comissão de Valores Mobiliários).
- V. art. 153, Lei 6.404/1976 (Sociedades por ações).
- V. arts. 2º a 23, Lei 7.492/1986 (Crimes contra o Sistema Financeiro Nacional).
- V. arts. 61 a 76, Lei 8.078/1990 (Código de Defesa do Consumidor).
- V. arts. 1º a 7º, Lei 8.137/1990 (Crimes contra a ordem tributária, econômica e contra as relações de consumo).
- V. arts. 1º e 2º, Lei 8.176/1991 (Crimes contra a ordem econômica).
- V. arts. 9º a 11, Lei 8.429/1992 (Enriquecimento ilícito).
- V. arts. 89 a 98, Lei 8.666/1993 (Licitações e contratos da administração pública).
- V. art. 1º, Lei 9.613/1998 (Crimes de "lavagem" ou ocultação de bens, direitos e valores).
- V. arts. 48, 181, II, e Capítulo VII (Disposições Penais), Seção I (Dos crimes em espécie), Lei 11.101/2005 (Lei de Recuperação de Empresas e Falência).

§ 2º Aplicam-se à atividade dos administradores, no que couber, as disposições concernentes ao mandato.

- V. arts. 653 a 691, CC.

Art. 1.012. O administrador, nomeado por instrumento em separado, deve averbá-lo à margem da inscrição da sociedade, e, pelos atos que praticar, antes de requerer a averbação, responde pessoal e solidariamente com a sociedade.

- V. arts. 275 a 285, 999 e 1.019, parágrafo único, CC.
- • V. arts. 318 e 319, CPC/2015.

Art. 1.013. A administração da sociedade, nada dispondo o contrato social, compete separadamente a cada um dos sócios.
§ 1º Se a administração competir separadamente a vários administradores, cada um po-

de impugnar operação pretendida por outro, cabendo a decisão aos sócios, por maioria de votos.

§ 2º Responde por perdas e danos perante a sociedade o administrador que realizar operações, sabendo ou devendo saber que estava agindo em desacordo com a maioria.

- V. arts. 402 a 405, CC.
- •• V. arts. 318 e 319, CPC/2015.

Art. 1.014. Nos atos de competência conjunta de vários administradores, torna-se necessário o concurso de todos, salvo nos casos urgentes, em que a omissão ou retardo das providências possa ocasionar dano irreparável ou grave.

Art. 1.015. No silêncio do contrato, os administradores podem praticar todos os atos pertinentes à gestão da sociedade; não constituindo objeto social, a oneração ou a venda de bens imóveis depende do que a maioria dos sócios decidir.

Parágrafo único. O excesso por parte dos administradores somente pode ser oposto a terceiros se ocorrer pelo menos uma das seguintes hipóteses:

I – se a limitação de poderes estiver inscrita ou averbada no registro próprio da sociedade;

- V. art. 997, VI, CC.

II – provando-se que era conhecida do terceiro;

III – tratando-se de operação evidentemente estranha aos negócios da sociedade.

Art. 1.016. Os administradores respondem solidariamente perante a sociedade e os terceiros prejudicados, por culpa no desempenho de suas funções.

- V. arts. 275 a 285, 1.023 e 1.070, CC.
- V. arts. 789 a 796, CPC/2015.

Art. 1.017. O administrador que, sem consentimento escrito dos sócios, aplicar créditos ou bens sociais em proveito próprio ou de terceiros, terá de restituí-los à sociedade, ou pagar o equivalente, com todos os lucros resultantes, e, se houver prejuízo, por ele também responderá.

- V. arts. 402 a 405, CC.
- •• V. arts. 318 e 319, CPC/2015.

Parágrafo único. Fica sujeito às sanções o administrador que, tendo em qualquer operação interesse contrário ao da sociedade, tome parte na correspondente deliberação.

- V. art. 1.010, § 3º, CC.

Art. 1.018. Ao administrador é vedado fazer-se substituir no exercício de suas funções, sendo-lhe facultado, nos limites de seus poderes, constituir mandatários da sociedade, especificados no instrumento os atos e operações que poderão praticar.

- V. arts. 653 a 691, CC.

Art. 1.019. São irrevogáveis os poderes do sócio investido na administração por cláusula expressa do contrato social, salvo justa causa, reconhecida judicialmente, a pedido de qualquer dos sócios.

Parágrafo único. São revogáveis, a qualquer tempo, os poderes conferidos a sócio por ato separado, ou a quem não seja sócio.

- V. arts. 653 a 691, 1.012 e 1.022, CC.

Art. 1.020. Os administradores são obrigados a prestar aos sócios contas justificadas de sua administração, e a apresentar-lhes o inventário anualmente, bem como o balanço patrimonial e o de resultado econômico.

- V. arts. 1.065, 1.069, III, 1.078, I e § 3º, 1.140, 1.179 e 1.189, CC.
- V. art. 31, Lei 4.595/1964 (Política e instituições monetárias, bancárias e creditícias e Conselho Monetário Nacional).
- V. arts. 178 a 184-A, Lei 6.404/1976 (Sociedades por ações).
- V. art. 178, Lei 11.101/2005 (Lei de Recuperação de Empresas e Falência).
- •• V. art. 550, CPC/2015.

Art. 1.021. Salvo estipulação que determine época própria, o sócio pode, a qualquer tempo, examinar os livros e documentos, e o estado da caixa e da carteira da sociedade.

- V. arts. 109, III, 132, I, 142, III, e 163, I, VI e VII, Lei 6.404/1976 (Sociedades por ações).

Seção IV
Das relações com terceiros

Art. 1.022. A sociedade adquire direitos, assume obrigações e procede judicialmente, por meio de administradores com poderes especiais, ou, não os havendo, por intermédio de qualquer administrador.

Art. 1.023. Se os bens da sociedade não lhe cobrirem as dívidas, respondem os sócios pelo saldo, na proporção em que participem das perdas sociais, salvo cláusula de responsabilidade solidária.
* V. arts. 275 a 285 e 1.016, CC.
* V. arts. 790, II, e 795, CPC/2015.

Art. 1.024. Os bens particulares dos sócios não podem ser executados por dívidas da sociedade, senão depois de executados os bens sociais.
* V. art. 990, CC.
* V. arts. 790, II, e 795, CPC/2015.

Art. 1.025. O sócio, admitido em sociedade já constituída, não se exime das dívidas sociais anteriores à admissão.

Art. 1.026. O credor particular de sócio pode, na insuficiência de outros bens do devedor, fazer recair a execução sobre o que a este couber nos lucros da sociedade, ou na parte que lhe tocar em liquidação.

Parágrafo único. Se a sociedade não estiver dissolvida, pode o credor requerer a liquidação da quota do devedor, cujo valor, apurado na forma do art. 1.031, será depositado em dinheiro, no juízo da execução, até 90 (noventa) dias após aquela liquidação.
* V. art. 1.030, CC.

Art. 1.027. Os herdeiros do cônjuge de sócio, ou o cônjuge do que se separou judicialmente, não podem exigir desde logo a parte que lhes couber na quota social, mas concorrer à divisão periódica dos lucros, até que se liquide a sociedade.

Seção V
Da resolução da sociedade em relação a um sócio

Art. 1.028. No caso de morte de sócio, liquidar-se-á sua quota, salvo:
•• V. art. 599, CPC/2015.
I – se o contrato dispuser diferentemente;
II – se os sócios remanescentes optarem pela dissolução da sociedade;
* V. arts. 1.033 a 1.038, CC.
III – se, por acordo com os herdeiros, regular-se a substituição do sócio falecido.
* V. arts. 997, 999, 1.085 e 1.086, CC.

Art. 1.029. Além dos casos previstos na lei ou no contrato, qualquer sócio pode retirar-se da sociedade; se de prazo indeterminado, mediante notificação aos demais sócios, com antecedência mínima de 60 (sessenta) dias; se de prazo determinado, provando judicialmente justa causa.
•• V. art. 1.031, CC.
•• V. art. 599, CPC/2015.

Parágrafo único. Nos 30 (trinta) dias subsequentes à notificação, podem os demais sócios optar pela dissolução da sociedade.
* V. arts. 1.033 a 1.038, CC.

Art. 1.030. Ressalvado o disposto no art. 1.004 e seu parágrafo único, pode o sócio ser excluído judicialmente, mediante iniciativa da maioria dos demais sócios, por falta grave no cumprimento de suas obrigações, ou, ainda, por incapacidade superveniente.
•• V. arts. 1.031 e 1.034, II, CC.
•• V. art. 599, CPC/2015.

Parágrafo único. Será de pleno direito excluído da sociedade o sócio declarado falido, ou aquele cuja quota tenha sido liquidada nos termos do parágrafo único do art. 1.026.
* V. art. 123, Lei 11.101/2005 (Lei de Recuperação de Empresas e Falência)

Art. 1.031. Nos casos em que a sociedade se resolver em relação a um sócio, o valor da sua quota, considerada pelo montante efetivamente realizado, liquidar-se-á, salvo disposição contratual em contrário, com base na situação patrimonial da sociedade, à data da resolução, verificada em balanço especialmente levantado.
* V. art. 1.077, CC.
•• V. art. 599, CPC/2015.

§ 1º O capital social sofrerá a correspondente redução, salvo se os demais sócios suprirem o valor da quota.

§ 2º A quota liquidada será paga em dinheiro, no prazo de 90 (noventa) dias, a partir da liquidação, salvo acordo, ou estipulação contratual em contrário.

Art. 1.032. A retirada, exclusão ou morte do sócio, não o exime, ou a seus herdeiros, da responsabilidade pelas obrigações sociais anteriores, até 2 (dois) anos após averbada a resolução da sociedade; nem nos dois primeiros casos, pelas posteriores e em igual prazo, enquanto não se requerer a averbação.

- V. art. 968, § 2º, CC.

Seção VI
Da dissolução

Art. 1.033. Dissolve-se a sociedade quando ocorrer:

- V. arts. 51, 1.001, 1.044, 1.051 e 2.034, CC.
- V. Dec.-lei 368/1968 (Efeitos de débitos salariais).

I – o vencimento do prazo de duração, salvo se, vencido este e sem oposição de sócio, não entrar a sociedade em liquidação, caso em que se prorrogará por tempo indeterminado;

- V. art. 46, I, CC.

II – o consenso unânime dos sócios;

- V. art. 1.071, VI, CC.

III – a deliberação dos sócios, por maioria absoluta, na sociedade de prazo indeterminado;

IV – a falta de pluralidade de sócios, não reconstituída no prazo de 180 (cento e oitenta) dias;

V – a extinção, na forma da lei, de autorização para funcionar.

- V. arts. 1.037 e 1.123 a 1.141, CC.

Parágrafo único. Não se aplica o disposto no inciso IV caso o sócio remanescente, inclusive na hipótese de concentração de todas as cotas da sociedade sob sua titularidade, requeira, no Registro Público de Empresas Mercantis, a transformação do registro da sociedade para empresário individual ou para empresa individual de responsabilidade limitada, observado, no que couber, o disposto nos arts. 1.113 a 1.115 deste Código.

- Parágrafo único com redação determinada pela Lei 12.441/2011 (*DOU* 12.07.2011), em vigor 180 (cento e oitenta) dias após a data de sua publicação.

Art. 1.034. A sociedade pode ser dissolvida judicialmente, a requerimento de qualquer dos sócios, quando:

I – anulada a sua constituição;

II – exaurido o fim social, ou verificada a sua inexequibilidade.

- • V. art. 668, CPC/1939.
- • V. arts. 318 e 319, CPC/2015.

Art. 1.035. O contrato pode prever outras causas de dissolução, a serem verificadas judicialmente quando contestadas.

Art. 1.036. Ocorrida a dissolução, cumpre aos administradores providenciar imediatamente a investidura do liquidante, e restringir a gestão própria aos negócios inadiáveis, vedadas novas operações, pelas quais responderão solidária e ilimitadamente.

- V. arts. 275 a 285, CC.

Parágrafo único. Dissolvida de pleno direito a sociedade, pode o sócio requerer, desde logo, a liquidação judicial.

- V. arts. 1.102 a 1.112, CC.

Art. 1.037. Ocorrendo a hipótese prevista no inciso V do art. 1.033, o Ministério Público, tão logo lhe comunique a autoridade competente, promoverá a liquidação judicial da sociedade, se os administradores não o tiverem feito nos 30 (trinta) dias seguintes à perda da autorização, ou se o sócio não houver exercido a faculdade assegurada no parágrafo único do artigo antecedente.

- V. arts. 1.102 a 1.112 e 1.123 a 1.141, CC.

Parágrafo único. Caso o Ministério Público não promova a liquidação judicial da sociedade nos 15 (quinze) dias subsequentes ao recebimento da comunicação, a autoridade competente para conceder a autorização nomeará interventor com poderes para requerer a medida e administrar a sociedade até que seja nomeado o liquidante.

- V. art. 51, CC.

Art. 1.038. Se não estiver designado no contrato social, o liquidante será eleito por deliberação dos sócios, podendo a escolha recair em pessoa estranha à sociedade.

§ 1º O liquidante pode ser destituído, a todo tempo:

I – se eleito pela forma prevista neste artigo, mediante deliberação dos sócios;

II – em qualquer caso, por via judicial, a requerimento de um ou mais sócios, ocorrendo justa causa.

§ 2º A liquidação da sociedade se processa de conformidade com o disposto no Capítulo IX, deste Subtítulo.

- V. arts. 1.102 a 1.112, CC.

Art. 1.039

CÓDIGO CIVIL

Capítulo II
DA SOCIEDADE EM NOME COLETIVO

Art. 1.039. Somente pessoas físicas podem tomar parte na sociedade em nome coletivo, respondendo todos os sócios, solidária e ilimitadamente, pelas obrigações sociais.
- V. arts. 275 a 285 e 1.157, CC.
- V. arts. 20, 77, 81, *caput*, 123 e 190, Lei 11.101/2005 (Lei de Recuperação de Empresas e Falência).
- • V. art. 974, CC.

Parágrafo único. Sem prejuízo da responsabilidade perante terceiros, podem os sócios, no ato constitutivo, ou por unânime convenção posterior, limitar entre si a responsabilidade de cada um.

Art. 1.040. A sociedade em nome coletivo se rege pelas normas deste Capítulo e, no que seja omisso, pelas do Capítulo antecedente.

Art. 1.041. O contrato deve mencionar, além das indicações referidas no art. 997, a firma social.

Art. 1.042. A administração da sociedade compete exclusivamente a sócios, sendo o uso da firma, nos limites do contrato, privativo dos que tenham os necessários poderes.

Art. 1.043. O credor particular de sócio não pode, antes de dissolver-se a sociedade, pretender a liquidação da quota do devedor.

Parágrafo único. Poderá fazê-lo quando:
I – a sociedade houver sido prorrogada tacitamente;
II – tendo ocorrido prorrogação contratual, for acolhida judicialmente oposição do credor, levantada no prazo de 90 (noventa) dias, contado da publicação do ato dilatório.

Art. 1.044. A sociedade se dissolve de pleno direito por qualquer das causas enumeradas no art. 1.033 e, se empresária, também pela declaração da falência.
- V. arts. 982, 983 e 1.087, CC.
- V. arts. 94, 99 e 100, Lei 11.101/2005 (Lei de Recuperação de Empresas e Falência).

Capítulo III
DA SOCIEDADE EM COMANDITA SIMPLES

Art. 1.045. Na sociedade em comandita simples tomam parte sócios de duas categorias: os comanditados, pessoas físicas, responsáveis solidária e ilimitadamente pelas obrigações sociais; e os comanditários, obrigados somente pelo valor de sua quota.
- V. arts. 275 a 285, CC.
- V. arts. 20, 77, 81, *caput*, 123 e 190, Lei 11.101/2005 (Lei de Recuperação de Empresas e Falência).
- • V. art. 974, CC.

Parágrafo único. O contrato deve discriminar os comanditados e os comanditários.

Art. 1.046. Aplicam-se à sociedade em comandita simples as normas da sociedade em nome coletivo, no que forem compatíveis com as deste Capítulo.
- V. arts. 1.039 a 1.044, CC.

Parágrafo único. Aos comanditados cabem os mesmos direitos e obrigações dos sócios da sociedade em nome coletivo.

Art. 1.047. Sem prejuízo da faculdade de participar das deliberações da sociedade e de lhe fiscalizar as operações, não pode o comanditário praticar qualquer ato de gestão, nem ter o nome na firma social, sob pena de ficar sujeito às responsabilidades de sócio comanditado.

Parágrafo único. Pode o comanditário ser constituído procurador da sociedade, para negócio determinado e com poderes especiais.

Art. 1.048. Somente após averbada a modificação do contrato, produz efeito, quanto a terceiros, a diminuição da quota do comanditário, em consequência de ter sido reduzido o capital social, sempre sem prejuízo dos credores preexistentes.
- V. art. 968, § 2º, CC.

Art. 1.049. O sócio comanditário não é obrigado à reposição de lucros recebidos de boa-fé e de acordo com o balanço.

Parágrafo único. Diminuído o capital social por perdas supervenientes, não pode o comanditário receber quaisquer lucros, antes de reintegrado aquele.

Art. 1.050. No caso de morte de sócio comanditário, a sociedade, salvo disposição do contrato, continuará com os seus sucessores, que designarão quem os represente.

Art. 1.051. Dissolve-se de pleno direito a sociedade:

* V. art. 1.033, CC.

I – por qualquer das causas previstas no art. 1.044;

II – quando por mais de 180 (cento e oitenta) dias perdurar a falta de uma das categorias de sócio.

Parágrafo único. Na falta de sócio comanditado, os comanditários nomearão administrador provisório para praticar, durante o período referido no inciso II e sem assumir a condição de sócio, os atos de administração.

Capítulo IV
DA SOCIEDADE LIMITADA

Seção I
Disposições preliminares

Art. 1.052. Na sociedade limitada, a responsabilidade de cada sócio é restrita ao valor de suas quotas, mas todos respondem solidariamente pela integralização do capital social.

* V. arts. 275 a 285, 1.056, § 2º, e 1.158, § 3º, CC.
* V. arts. 2º e 9º, Dec. 3.708/1919 (Sociedades por quotas de responsabilidade limitada).
* V. art. 82, *caput*, Lei 11.101/2005 (Lei de Recuperação de Empresas e Falência).
* • V. art. 1.158, CC.

Art. 1.053. A sociedade limitada rege-se, nas omissões deste Capítulo, pelas normas da sociedade simples.

* V. arts. 997 a 1.038, CC.

Parágrafo único. O contrato social poderá prever a regência supletiva da sociedade limitada pelas normas da sociedade anônima.

* V. arts. 1.088 e 1.089, CC.
* V. art. 18, Dec. 3.708/1919 (Sociedades por quotas de responsabilidade limitada).
* V. Lei 6.404/1976 (Sociedades por ações).

Art. 1.054. O contrato mencionará, no que couber, as indicações do art. 997, e, se for o caso, a firma social.

* V. arts. 1.064 e 1.158, CC.
* V. arts. 2º e 3º, Dec. 3.708/1919 (Sociedades por quotas de responsabilidade limitada).

Seção II
Das quotas

Art. 1.055. O capital social divide-se em quotas, iguais ou desiguais, cabendo uma ou diversas a cada sócio.

* V. art. 4º, Dec. 3.708/1919 (Sociedades por quotas de responsabilidade limitada).

§ 1º Pela exata estimação de bens conferidos ao capital social respondem solidariamente todos os sócios, até o prazo de 5 (cinco) anos da data do registro da sociedade.

* V. arts. 275 a 285, CC.

§ 2º É vedada contribuição que consista em prestação de serviços.

* V. art. 4º, Dec. 3.708/1919 (Sociedades por quotas de responsabilidade limitada).

Art. 1.056. A quota é indivisível em relação à sociedade, salvo para efeito de transferência, caso em que se observará o disposto no artigo seguinte.

* V. art. 88, CC.
* V. art. 6º, Dec. 3.708/1919 (Sociedades por quotas de responsabilidade limitada).

§ 1º No caso de condomínio de quota, os direitos a ela inerentes somente podem ser exercidos pelo condômino representante, ou pelo inventariante do espólio de sócio falecido.

§ 2º Sem prejuízo do disposto no art. 1.052, os condôminos de quota indivisa respondem solidariamente pelas prestações necessárias à sua integralização.

Art. 1.057. Na omissão do contrato, o sócio pode ceder sua quota, total ou parcialmente, a quem seja sócio, independentemente de audiência dos outros, ou a estranho, se não houver oposição de titulares de mais de 1/4 (um quarto) do capital social.

* V. art. 1.081, § 2º, CC.

Parágrafo único. A cessão terá eficácia quanto à sociedade e terceiros, inclusive pa-

Art. 1.058

ra os fins do parágrafo único do art. 1.003, a partir da averbação do respectivo instrumento, subscrito pelos sócios anuentes.

- V. art. 968, § 2º, CC.

Art. 1.058. Não integralizada a quota de sócio remisso, os outros sócios podem, sem prejuízo do disposto no art. 1.004 e seu parágrafo único, tomá-la para si ou transferi-la a terceiros, excluindo o primitivo titular e devolvendo-lhe o que houver pago, deduzidos os juros da mora, as prestações estabelecidas no contrato mais as despesas.

- V. arts. 394 a 401 e 405 a 407, CC.
- V. art. 7º, Dec. 3.708/1919 (Sociedades por quotas de responsabilidade limitada).
- • V. arts. 318 e 319, CPC/2015.

Art. 1.059. Os sócios serão obrigados à reposição dos lucros e das quantias retiradas, a qualquer título, ainda que autorizados pelo contrato, quando tais lucros ou quantia se distribuírem com prejuízo do capital.

- V. art. 9º, Dec. 3.708/1919 (Sociedades por quotas de responsabilidade limitada).
- V. art. 45, § 8º, Lei 6.404/1976 (Sociedades por ações).

Seção III
Da administração

Art. 1.060. A sociedade limitada é administrada por uma ou mais pessoas designadas no contrato social ou em ato separado.
Parágrafo único. A administração atribuída no contrato a todos os sócios não se estende de pleno direito aos que posteriormente adquiram essa qualidade.

Art. 1.061. A designação de administradores não sócios dependerá de aprovação da unanimidade dos sócios, enquanto o capital não estiver integralizado, e de 2/3 (dois terços), no mínimo, após a integralização.

- Artigo com redação determinada pela Lei 12.375/2010.
- V. art. 1.076, CC.

Art. 1.062. O administrador designado em ato separado investir-se-á no cargo mediante termo de posse no livro de atas da administração.

- V. art. 149, *caput* e § 1º, Lei 6.404/1976 (Sociedades por ações).

Código Civil

§ 1º Se o termo não for assinado nos 30 (trinta) dias seguintes à designação, esta se tornará sem efeito.
§ 2º Nos dez dias seguintes ao da investidura, deve o administrador requerer seja averbada sua nomeação no registro competente, mencionando o seu nome, nacionalidade, estado civil, residência, com exibição de documento de identidade, o ato e a data da nomeação e o prazo de gestão.

Art. 1.063. O exercício do cargo de administrador cessa pela destituição, em qualquer tempo, do titular, ou pelo término do prazo se, fixado no contrato ou em ato separado, não houver recondução.
§ 1º Tratando-se de sócio nomeado administrador no contrato, sua destituição somente se opera pela aprovação de titulares de quotas correspondentes, no mínimo, a 2/3 (dois terços) do capital social, salvo disposição contratual diversa.

- V. art. 1.076, CC.

§ 2º A cessação do exercício do cargo de administrador deve ser averbada no registro competente, mediante requerimento apresentado nos 10 (dez) dias seguintes ao da ocorrência.

- V. art. 968, § 2º, CC.

§ 3º A renúncia de administrador torna-se eficaz, em relação à sociedade, desde o momento em que esta toma conhecimento da comunicação escrita do renunciante; e, em relação a terceiros, após a averbação e publicação.

- V. art. 968, § 2º, CC.
- V. art. 151, Lei 6.404/1976 (Sociedades por ações).

Art. 1.064. O uso da firma ou denominação social é privativo dos administradores que tenham os necessários poderes.

- V. arts. 1.054 e 1.158, CC.
- V. art. 13, Dec. 3.708/1919 (Sociedades por quotas de responsabilidade limitada).
- V. art. 138, Lei 6.404/1976 (Sociedades por ações).

Art. 1.065. Ao término de cada exercício social, proceder-se-á à elaboração do inventário, do balanço patrimonial e do balanço de resultado econômico.

Código Civil

- V. arts. 1.020, 1.069, III, 1.078, I e § 3º, 1.140, 1.179 e 1.189, CC.
- V. arts. 175 a 188, Lei 6.404/1976 (Sociedades por ações).

Seção IV
Do conselho fiscal

Art. 1.066. Sem prejuízo dos poderes da assembleia dos sócios, pode o contrato instituir conselho fiscal composto de três ou mais membros e respectivos suplentes, sócios ou não, residentes no País, eleitos na assembleia anual prevista no art. 1.078.

- V. arts. 1.071 a 1.080, CC.
- V. arts. 161, §§ 1º e 4º, *a*, e 162, *caput* e § 2º, Lei 6.404/1976 (Sociedades por ações).

§ 1º Não podem fazer parte do conselho fiscal, além dos inelegíveis enumerados no § 1º do art. 1.011, os membros dos demais órgãos da sociedade ou de outra por ela controlada, os empregados de quaisquer delas ou dos respectivos administradores, o cônjuge ou parente destes até o terceiro grau.

§ 2º É assegurado aos sócios minoritários, que representarem pelo menos 1/5 (um quinto) do capital social, o direito de eleger, separadamente, um dos membros do conselho fiscal e o respectivo suplente.

Art. 1.067. O membro ou suplente eleito, assinando termo de posse lavrado no livro de atas e pareceres do conselho fiscal, em que se mencione o seu nome, nacionalidade, estado civil, residência e a data da escolha, ficará investido nas suas funções, que exercerá, salvo cessação anterior, até a subsequente assembleia anual.

- V. art. 161, §§ 2º e 6º, Lei 6.404/1976 (Sociedades por ações).

Parágrafo único. Se o termo não for assinado nos 30 (trinta) dias seguintes ao da eleição, esta se tornará sem efeito.

Art. 1.068. A remuneração dos membros do conselho fiscal será fixada, anualmente, pela assembleia dos sócios que os eleger.

- V. art. 162, § 3º, Lei 6.404/1976 (Sociedades por ações).

Art. 1.069. Além de outras atribuições determinadas na lei ou no contrato social, aos membros do conselho fiscal incumbem, individual ou conjuntamente, os deveres seguintes:

- V. arts. 1.020, 1.065, 1.078, I e § 3º, 1.140, 1.179 e 1.189, CC.
- V. art. 163, IV a VIII, Lei 6.404/1976 (Sociedades por ações).

I – examinar, pelo menos trimestralmente, os livros e papéis da sociedade e o estado da caixa e da carteira, devendo os administradores ou liquidantes prestar-lhes as informações solicitadas;

II – lavrar no livro de atas e pareceres do conselho fiscal o resultado dos exames referidos no inciso I deste artigo;

III – exarar no mesmo livro e apresentar à assembleia anual dos sócios parecer sobre os negócios e as operações sociais do exercício em que servirem, tomando por base o balanço patrimonial e o de resultado econômico;

IV – denunciar os erros, fraudes ou crimes que descobrirem, sugerindo providências úteis à sociedade;

V – convocar a assembleia dos sócios se a diretoria retardar por mais de 30 (trinta) dias a sua convocação anual, ou sempre que ocorram motivos graves e urgentes;

- V. arts. 1.073, II, e 1.152, § 3º, CC.

VI – praticar, durante o período da liquidação da sociedade, os atos a que se refere este artigo, tendo em vista as disposições especiais reguladoras da liquidação.

- V. arts. 1.102 a 1.112, CC.

Art. 1.070. As atribuições e poderes conferidos pela lei ao conselho fiscal não podem ser outorgados a outro órgão da sociedade, e a responsabilidade de seus membros obedece à regra que define a dos administradores (art. 1.016).

- V. arts. 161, § 7º, e 163, §§ 5º e 7º, Lei 6.404/1976 (Sociedades por ações).

Parágrafo único. O conselho fiscal poderá escolher para assisti-lo no exame dos livros, dos balanços e das contas, contabilista legalmente habilitado, mediante remuneração aprovada pela assembleia dos sócios.

- V. Dec.-lei 9.295/1946 (Contador e guarda-livros).

Art. 1.071

CÓDIGO CIVIL

Seção V
Das deliberações dos sócios

Art. 1.071. Dependem da deliberação dos sócios, além de outras matérias indicadas na lei ou no contrato:

- V. art. 122, I a III, VIII e IX, Lei 6.404/1976 (Sociedades por ações).

I – a aprovação das contas da administração;

- V. arts. 1.010 e 1.065, CC.

II – a designação dos administradores, quando feita em ato separado;

- V. arts. 1.060, 1.061 e 1.076, II, CC.

III – a destituição dos administradores;

- V. arts. 1.063 e 1.076, II, CC.

IV – o modo de sua remuneração, quando não estabelecido no contrato;

- V. art. 1.076, II, CC.

V – a modificação do contrato social;

- V. arts. 1.076, I, e 1.081 a 1.086, CC.

VI – a incorporação, a fusão e a dissolução da sociedade, ou a cessação do estado de liquidação;

- V. arts. 1.033, 1.076, I, 1.087, e 1.102 a 1.122, CC.

VII – a nomeação e destituição dos liquidantes e o julgamento das suas contas;

- V. arts. 1.038 e 1.102 a 1.112, CC.

VIII – o pedido de concordata.

- V. arts. 1.072, § 4º, e 1.076, II, CC.
- V. art. 191, CTN.
- V. art. 95, § 2º, e, Lei 8.212/1991 (Organização da Seguridade Social e Plano de Custeio).
- V. arts. 47 a 72, Lei 11.101/2005 (Lei de Recuperação de Empresas e Falência).
- V. Súmulas 190 e 227, STF.

Art. 1.072. As deliberações dos sócios, obedecido o disposto no art. 1.010, serão tomadas em reunião ou em assembleia, conforme previsto no contrato social, devendo ser convocadas pelos administradores nos casos previstos em lei ou no contrato.

- V. arts. 122, parágrafo único, 123, *caput*, e 124, § 4º, Lei 6.404/1976 (Sociedades por ações).

§ 1º A deliberação em assembleia será obrigatória se o número dos sócios for superior a dez.

§ 2º Dispensam-se as formalidades de convocação previstas no § 3º do art. 1.152, quando todos os sócios comparecerem ou se declararem, por escrito, cientes do local, data, hora e ordem do dia.

§ 3º A reunião ou a assembleia tornam-se dispensáveis quando todos os sócios decidirem, por escrito, sobre a matéria que seria objeto delas.

§ 4º No caso do inciso VIII do artigo antecedente, os administradores, se houver urgência e com autorização de titulares de mais da metade do capital social, podem requerer concordata preventiva.

- V. art. 449, CLT.
- V. art. 122, parágrafo único, Lei 6.404/1976 (Sociedades por ações).
- V. arts. 47 a 72, Lei 11.101/2005 (Lei de Recuperação de Empresas e Falência).

§ 5º As deliberações tomadas de conformidade com a lei e o contrato vinculam todos os sócios, ainda que ausentes ou dissidentes.

- V. art. 1.080, CC.

§ 6º Aplica-se às reuniões dos sócios, nos casos omissos no contrato, o disposto na presente Seção sobre a assembleia.

- V. arts. 1.073 a 1.080, CC.

Art. 1.073. A reunião ou a assembleia podem também ser convocadas:

- V. art. 123, parágrafo único, Lei 6.404/1976 (Sociedades por ações).

I – por sócio, quando os administradores retardarem a convocação, por mais de 60 (sessenta) dias, nos casos previstos em lei ou no contrato, ou por titulares de mais de 1/5 (um quinto) do capital, quando não atendido, no prazo de 8 (oito) dias, pedido de convocação fundamentado, com indicação das matérias a serem tratadas;

II – pelo conselho fiscal, se houver, nos casos a que se refere o inciso V do art. 1.069.

Art. 1.074. A assembleia dos sócios instala-se com a presença, em primeira convocação, de titulares de no mínimo 3/4 (três quartos) do capital social, e, em segunda, com qualquer número.

- V. art. 125, *caput*, Lei 6.404/1976 (Sociedades por ações).

§ 1º O sócio pode ser representado na assembleia por outro sócio, ou por advogado, mediante outorga de mandato com especificação dos atos autorizados, devendo o ins-

trumento ser levado a registro, juntamente com a ata.
- V. arts. 653 a 691, CC.
- V. art. 126, § 1º, Lei 6.404/1976 (Sociedades por ações).

§ 2º Nenhum sócio, por si ou na condição de mandatário, pode votar matéria que lhe diga respeito diretamente.
- V. art. 1.120, § 3º, CC.

Art. 1.075. A assembleia será presidida e secretariada por sócios escolhidos entre os presentes.
- V. arts. 128 e 130, *caput*, Lei 6.404/1976 (Sociedades por ações).

§ 1º Dos trabalhos e deliberações será lavrada, no livro de atas da assembleia, ata assinada pelos membros da mesa e por sócios participantes da reunião, quantos bastem à validade das deliberações, mas sem prejuízo dos que queiram assiná-la.

§ 2º Cópia da ata autenticada pelos administradores, ou pela mesa, será, nos 20 (vinte) dias subsequentes à reunião, apresentada ao Registro Público de Empresas Mercantis para arquivamento e averbação.

§ 3º Ao sócio, que a solicitar, será entregue cópia autenticada da ata.

Art. 1.076. Ressalvado o disposto no art. 1.061 e no § 1º do art. 1.063, as deliberações dos sócios serão tomadas:
- V. art. 129, *caput* e § 1º, Lei 6.404/1976 (Sociedades por ações).

I – pelos votos correspondentes, no mínimo, a 3/4 (três quartos) do capital social, nos casos previstos nos incisos V e VI do art. 1.071;
II – pelos votos correspondentes a mais de metade do capital social, nos casos previstos nos incisos II, III, IV e VIII do art. 1.071;
III – pela maioria de votos dos presentes, nos demais casos previstos na lei ou no contrato, se este não exigir maioria mais elevada.

Art. 1.077. Quando houver modificação do contrato, fusão da sociedade, incorporação de outra, ou dela por outra, terá o sócio que dissentiu o direito de retirar-se da sociedade, nos 30 (trinta) dias subsequentes à reunião, aplicando-se, no silêncio do contrato social antes vigente, o disposto no art. 1.031.
- V. arts. 1.113 a 1.122, CC.

- V. art. 15, Dec. 3.708/1919 (Sociedades por quotas de responsabilidade limitada).
- V. art. 37, *caput*, Lei 6.404/1976 (Sociedades por ações).
- •• V. art. 599, CPC/2015.

Art. 1.078. A assembleia dos sócios deve realizar-se ao menos uma vez por ano, nos 4 (quatro) meses seguintes à ao (*sic*) término do exercício social, com o objetivo de:
- V. art. 132, Lei 6.404/1976 (Sociedades por ações).

I – tomar as contas dos administradores e deliberar sobre o balanço patrimonial e o de resultado econômico;
- V. arts. 1.020, 1.065, 1.069, III, 1.140, 1.179 e 1.189, CC.

II – designar administradores, quando for o caso;
III – tratar de qualquer outro assunto constante da ordem do dia.

§ 1º Até 30 (trinta) dias antes da data marcada para a assembleia, os documentos referidos no inciso I deste artigo devem ser postos, por escrito, e com a prova do respectivo recebimento, à disposição dos sócios que não exerçam a administração.
- V. art. 133, Lei 6.404/1976 (Sociedades por ações).

§ 2º Instalada a assembleia, proceder-se-á à leitura dos documentos referidos no parágrafo antecedente, os quais serão submetidos, pelo presidente, à discussão e votação, nesta não podendo tomar parte os membros da administração e, se houver, os do conselho fiscal.
- V. art. 1.074, § 2º, CC.
- V. art. 134, *caput*, Lei 6.404/1976 (Sociedades por ações).

§ 3º A aprovação, sem reserva, do balanço patrimonial e do de resultado econômico, salvo erro, dolo ou simulação, exonera de responsabilidade os membros da administração e, se houver, os do conselho fiscal.
- V. arts. 138 a 150, 167, 1.020, 1.065, 1.069, III, 1.140, 1.179 e 1.189, CC.
- V. art. 134, § 3º, Lei 6.404/1976 (Sociedades por ações).

§ 4º Extingue-se em 2 (dois) anos o direito de anular a aprovação a que se refere o parágrafo antecedente.

Art. 1.079. Aplica-se às reuniões dos sócios, nos casos omissos no contrato, o estabelecido nesta Seção sobre a assembleia, obedecido o disposto no § 1º do art. 1.072.
- V. art. 1.072, § 6º, CC.

Art. 1.080. As deliberações infringentes do contrato ou da lei tornam ilimitada a responsabilidade dos que expressamente as aprovaram.

- V. art. 1.072, § 5º, CC.
- V. art. 16, Dec. 3.708/1919 (Sociedades por quotas de responsabilidade limitada).

Seção VI
Do aumento e da redução do capital

- V. art. 50, VI, Lei 11.101/2005 (Lei de Recuperação de Empresas e Falência).

Art. 1.081. Ressalvado o disposto em lei especial, integralizadas as quotas, pode ser o capital aumentado, com a correspondente modificação do contrato.

- V. art. 166, Lei 6.404/1976 (Sociedades por ações).

§ 1º Até 30 (trinta) dias após a deliberação, terão os sócios preferência para participar do aumento, na proporção das quotas de que sejam titulares.

- V. art. 171, *caput*, Lei 6.404/1976 (Sociedades por ações).

§ 2º À cessão do direito de preferência, aplica-se o disposto no *caput* do art. 1.057.
§ 3º Decorrido o prazo da preferência, e assumida pelos sócios, ou por terceiros, a totalidade do aumento, haverá reunião ou assembleia dos sócios, para que seja aprovada a modificação do contrato.

- V. art. 1.071, V, CC.

Art. 1.082. Pode a sociedade reduzir o capital, mediante a correspondente modificação do contrato:

- V. art. 173, § 1º, Lei 6.404/1976 (Sociedades por ações).

I – depois de integralizado, se houver perdas irreparáveis;

- V. art. 1.083, CC.

II – se excessivo em relação ao objeto da sociedade.

- V. art. 1.084, CC.

Art. 1.083. No caso do inciso I do artigo antecedente, a redução do capital será realizada com a diminuição proporcional do valor nominal das quotas, tornando-se efetiva a partir da averbação, no Registro Público de Empresas Mercantis, da ata da assembleia que a tenha aprovado.

- V. art. 968, § 2º, CC.

Art. 1.084. No caso do inciso II do art. 1.082, a redução do capital será feita restituindo-se parte do valor das quotas aos sócios, ou dispensando-se as prestações ainda devidas, com diminuição proporcional, em ambos os casos, do valor nominal das quotas.

- V. art. 174, §§ 1º e 2º, Lei 6.404/1976 (Sociedades por ações).

§ 1º No prazo de 90 (noventa) dias, contado da data da publicação da ata da assembleia que aprovar a redução, o credor quirografário, por título líquido anterior a essa data, poderá opor-se ao deliberado.
§ 2º A redução somente se tornará eficaz se, no prazo estabelecido no parágrafo antecedente, não for impugnada, ou se provado o pagamento da dívida ou o depósito judicial do respectivo valor.
§ 3º Satisfeitas as condições estabelecidas no parágrafo antecedente, proceder-se-á à averbação, no Registro Público de Empresas Mercantis, da ata que tenha aprovado a redução.

- V. art. 968, § 2º, CC.

Seção VII
Da resolução da sociedade em relação a sócios minoritários

Art. 1.085. Ressalvado o disposto no art. 1.030, quando a maioria dos sócios, representativa de mais da metade do capital social, entender que um ou mais sócios estão pondo em risco a continuidade da empresa, em virtude de atos de inegável gravidade, poderá excluí-los da sociedade, mediante alteração do contrato social, desde que prevista neste a exclusão por justa causa.

Parágrafo único. A exclusão somente poderá ser determinada em reunião ou assembleia especialmente convocada para esse fim, ciente o acusado em tempo hábil para permitir seu comparecimento e o exercício do direito de defesa.

- V. arts. 1.028 a 1.032, CC.

Art. 1.086. Efetuado o registro da alteração contratual, aplicar-se-á o disposto nos arts. 1.031 e 1.032.

- V. art. 968, § 2º, CC.

Art. 1.094

CÓDIGO CIVIL

Seção VIII
Da dissolução

Art. 1.087. A sociedade dissolve-se, de pleno direito, por qualquer das causas previstas no art. 1.044.

• V. art. 1.033, CC.

Capítulo V
DA SOCIEDADE ANÔNIMA

Seção Única
Da caracterização

Art. 1.088. Na sociedade anônima ou companhia, o capital divide-se em ações, obrigando-se cada sócio ou acionista somente pelo preço de emissão das ações que subscrever ou adquirir.

• V. arts. 982, parágrafo único, e 1.160, CC.
• V. art. 1º, Lei 6.404/1976 (Sociedades por ações).

Art. 1.089. A sociedade anônima rege-se por lei especial, aplicando-se-lhe, nos casos omissos, as disposições deste Código.

• V. arts. 206, §§ 1º, IV, e 3º, VII, 1.053, parágrafo único, 1.126, parágrafo único, 1.128, 1.129, 1.132, 1.134, 1.160 e 1.187, parágrafo único, II, CC.
• V. arts. 59 a 73, Dec.-lei 2.627/1940 (Sociedades por ações).
• V. Lei 6.404/1976 (Sociedades por ações).

Capítulo VI
DA SOCIEDADE EM COMANDITA POR AÇÕES

Art. 1.090. A sociedade em comandita por ações tem o capital dividido em ações, regendo-se pelas normas relativas à sociedade anônima, sem prejuízo das modificações constantes deste Capítulo, e opera sob firma ou denominação.

• V. arts. 982, parágrafo único, 1.045 a 1.051, 1.088, 1.089 e 1.161, CC.
• V. arts. 280 a 284, Lei 6.404/1976 (Sociedades por ações).

Art. 1.091. Somente o acionista tem qualidade para administrar a sociedade e, como diretor, responde subsidiária e ilimitadamente pelas obrigações da sociedade.

• V. arts. 275 a 285, CC.
• V. art. 282, Lei 6.404/1976 (Sociedades por ações).

§ 1º Se houver mais de um diretor, serão solidariamente responsáveis, depois de esgotados os bens sociais.

• V. arts. 275 a 285, CC.

§ 2º Os diretores serão nomeados no ato constitutivo da sociedade, sem limitação de tempo, e somente poderão ser destituídos por deliberação de acionistas que representem no mínimo 2/3 (dois terços) do capital social.

§ 3º O diretor destituído ou exonerado continua, durante 2 (dois) anos, responsável pelas obrigações sociais contraídas sob sua administração.

Art. 1.092. A assembleia geral não pode, sem o consentimento dos diretores, mudar o objeto essencial da sociedade, prorrogar-lhe o prazo de duração, aumentar ou diminuir o capital social, criar debêntures, ou partes beneficiárias.

• V. art. 283, Lei 6.404/1976 (Sociedades por ações).

Capítulo VII
DA SOCIEDADE COOPERATIVA

Art. 1.093. A sociedade cooperativa reger-se-á pelo disposto no presente Capítulo, ressalvada a legislação especial.

• V. arts. 174, § 2º, 187, VI, e 192, CF.
• V. art. 1.159, CC.
• V. Lei 5.764/1971 (Política Nacional de Cooperativismo – sociedades cooperativas).
• V. Lei 9.867/1999 (Cooperativas sociais).
• V. LC 130/2009 (Sistema Nacional de Crédito Cooperativo).

Art. 1.094. São características da sociedade cooperativa:

• V. art. 4º, Lei 5.764/1971 (Política Nacional de Cooperativismo – sociedades cooperativas).

I – variabilidade, ou dispensa do capital social;

II – concurso de sócios em número mínimo necessário a compor a administração da sociedade, sem limitação de número máximo;

III – limitação do valor da soma de quotas do capital social que cada sócio poderá tomar;

IV – intransferibilidade das quotas do capital a terceiros estranhos à sociedade, ainda que por herança;

V – *quorum*, para a assembleia geral funcionar e deliberar, fundado no número de sócios presentes à reunião, e não no capital social representado;
VI – direito de cada sócio a um só voto nas deliberações, tenha ou não capital a sociedade, e qualquer que seja o valor de sua participação;
VII – distribuição dos resultados, proporcionalmente ao valor das operações efetuadas pelo sócio com a sociedade, podendo ser atribuído juro fixo ao capital realizado;
VIII – indivisibilidade do fundo de reserva entre os sócios, ainda que em caso de dissolução da sociedade.

Art. 1.095. Na sociedade cooperativa, a responsabilidade dos sócios pode ser limitada ou ilimitada.
§ 1º É limitada a responsabilidade na cooperativa em que o sócio responde somente pelo valor de suas quotas e pelo prejuízo verificado nas operações sociais, guardada a proporção de sua participação nas mesmas operações.

* V. art. 11, Lei 5.764/1971 (Política Nacional de Cooperativismo – sociedades cooperativas).

§ 2º É ilimitada a responsabilidade na cooperativa em que o sócio responde solidária e ilimitadamente pelas obrigações sociais.

* V. art. 12, Lei 5.764/1971 (Política Nacional de Cooperativismo – sociedades cooperativas).

Art. 1.096. No que a lei for omissa, aplicam-se as disposições referentes à sociedade simples, resguardadas as características estabelecidas no art. 1.094.

* V. arts. 997 a 1.038, CC.

Capítulo VIII
DAS SOCIEDADES COLIGADAS

Art. 1.097. Consideram-se coligadas as sociedades que, em suas relações de capital, são controladas, filiadas, ou de simples participação, na forma dos artigos seguintes.

* V. art. 1.188, parágrafo único, CC.
* V. arts. 243 a 264, Lei 6.404/1976 (Sociedades por ações).

Art. 1.098. É controlada:

* V. art. 243, § 2º, Lei 6.404/1976 (Sociedades por ações).

I – a sociedade de cujo capital outra sociedade possua a maioria dos votos nas deliberações dos quotistas ou da assembleia geral e o poder de eleger a maioria dos administradores;
II – a sociedade cujo controle, referido no inciso antecedente, esteja em poder de outra, mediante ações ou quotas possuídas por sociedades ou sociedades por esta já controladas.

Art. 1.099. Diz-se coligada ou filiada a sociedade de cujo capital outra sociedade participa com 10% (dez por cento) ou mais, do capital da outra, sem controlá-la.

* V. art. 243, § 1º, Lei 6.404/1976 (Sociedades por ações).

Art. 1.100. É de simples participação a sociedade de cujo capital outra sociedade possua menos de 10% (dez por cento) do capital com direito de voto.

* V. art. 243, § 1º, Lei 6.404/1976 (Sociedades por ações).

Art. 1.101. Salvo disposição especial de lei, a sociedade não pode participar de outra, que seja sua sócia, por montante superior, segundo o balanço, ao das próprias reservas, excluída a reserva legal.

* V. art. 244, §§ 1º, 2º, 4º e 5º, Lei 6.404/1976 (Sociedades por ações).

Parágrafo único. Aprovado o balanço em que se verifique ter sido excedido esse limite, a sociedade não poderá exercer o direito de voto correspondente às ações ou quotas em excesso, as quais devem ser alienadas nos 180 (cento e oitenta) dias seguintes àquela aprovação.

Capítulo IX
DA LIQUIDAÇÃO DA SOCIEDADE

Art. 1.102. Dissolvida a sociedade e nomeado o liquidante na forma do disposto neste Livro, procede-se à sua liquidação, de conformidade com os preceitos deste Capítulo, ressalvado o disposto no ato constitutivo ou no instrumento da dissolução.

* V. arts. 1.033 a 1.038 e 2.034, CC.
* V. arts. 208 e 209, Lei 6.404/1976 (Sociedades por ações).

Código Civil

Parágrafo único. O liquidante, que não seja administrador da sociedade, investir-se-á nas funções, averbada a sua nomeação no registro próprio.
- V. art. 968, § 2º, CC.

Art. 1.103. Constituem deveres do liquidante:
- V. arts. 210 a 212, Lei 6.404/1976 (Sociedades por ações).
- V. art. 22, Lei 11.101/2005 (Lei de Recuperação de Empresas e Falência).

I – averbar e publicar a ata, sentença ou instrumento de dissolução da sociedade;
II – arrecadar os bens, livros e documentos da sociedade, onde quer que estejam;
III – proceder, nos 15 (quinze) dias seguintes ao da sua investidura e com a assistência, sempre que possível, dos administradores, à elaboração do inventário e do balanço geral do ativo e do passivo;
IV – ultimar os negócios da sociedade, realizar o ativo, pagar o passivo e partilhar o remanescente entre os sócios ou acionistas;
V – exigir dos quotistas, quando insuficiente o ativo à solução do passivo, a integralização de suas quotas e, se for o caso, as quantias necessárias, nos limites da responsabilidade de cada um e proporcionalmente à respectiva participação nas perdas, repartindo-se, entre os sócios solventes e na mesma proporção, o devido pelo insolvente;
VI – convocar assembleia dos quotistas, cada 6 (seis) meses, para apresentar relatório e balanço do estado da liquidação, prestando conta dos atos praticados durante o semestre, ou sempre que necessário;
VII – confessar a falência da sociedade e pedir concordata, de acordo com as formalidades prescritas para o tipo de sociedade liquidanda;
- V. art. 97, Lei 11.101/2005 (Lei de Recuperação de Empresas e Falência).

VIII – finda a liquidação, apresentar aos sócios o relatório da liquidação e as suas contas finais;
IX – averbar a ata da reunião ou da assembleia, ou o instrumento firmado pelos sócios, que considerar encerrada a liquidação.

Parágrafo único. Em todos os atos, documentos ou publicações, o liquidante empregará a firma ou denominação social sempre seguida da cláusula "em liquidação" e de sua assinatura individual, com a declaração de sua qualidade.

Art. 1.104. As obrigações e a responsabilidade do liquidante regem-se pelos preceitos peculiares às dos administradores da sociedade liquidanda.
- V. arts. 1.010 a 1.021, CC.
- V. art. 217, Lei 6.404/1976 (Sociedades por ações).

Art. 1.105. Compete ao liquidante representar a sociedade e praticar todos os atos necessários à sua liquidação, inclusive alienar bens móveis ou imóveis, transigir, receber e dar quitação.
- V. art. 211, Lei 6.404/1976 (Sociedades por ações).

Parágrafo único. Sem estar expressamente autorizado pelo contrato social, ou pelo voto da maioria dos sócios, não pode o liquidante gravar de ônus reais os móveis e imóveis, contrair empréstimos, salvo quando indispensáveis ao pagamento de obrigações inadiáveis, nem prosseguir, embora para facilitar a liquidação, na atividade social.

Art. 1.106. Respeitados os direitos dos credores preferenciais, pagará o liquidante as dívidas sociais proporcionalmente, sem distinção entre vencidas e vincendas, mas, em relação a estas, com desconto.
- V. arts. 955 a 965, CC.
- V. art. 214, Lei 6.404/1976 (Sociedades por ações).

Parágrafo único. Se o ativo for superior ao passivo, pode o liquidante, sob sua responsabilidade pessoal, pagar integralmente as dívidas vencidas.

Art. 1.107. Os sócios podem resolver, por maioria de votos, antes de ultimada a liquidação, mas depois de pagos os credores, que o liquidante faça rateios por antecipação da partilha, à medida em que se apurem os haveres sociais.
- V. art. 215, *caput*, Lei 6.404/1976 (Sociedades por ações).

Art. 1.108. Pago o passivo e partilhado o remanescente, convocará o liquidante assembleia dos sócios para a prestação final de contas.

Art. 1.109

- V. art. 216, *caput*, Lei 6.404/1976 (Sociedades por ações).

Art. 1.109. Aprovadas as contas, encerra-se a liquidação, e a sociedade se extingue, ao ser averbada no registro próprio a ata da assembleia.

- V. art. 216, § 1º, Lei 6.404/1976 (Sociedades por ações).

Parágrafo único. O dissidente tem o prazo de 30 (trinta) dias, a contar da publicação da ata, devidamente averbada, para promover a ação que couber.

- V. art. 216, § 2º, Lei 6.404/1976 (Sociedades por ações).

Art. 1.110. Encerrada a liquidação, o credor não satisfeito só terá direito a exigir dos sócios, individualmente, o pagamento do seu crédito, até o limite da soma por eles recebida em partilha, e a propor contra o liquidante ação de perdas e danos.

- V. arts. 402 a 405, CC.
- V. art. 218, Lei 6.404/1976 (Sociedades por ações).

Art. 1.111. No caso de liquidação judicial, será observado o disposto na lei processual.

- V. art. 209, parágrafo único, Lei 6.404/1976 (Sociedades por ações).
- • V. arts. 318 e 319, CPC/2015.

Art. 1.112. No curso de liquidação judicial, o juiz convocará, se necessário, reunião ou assembleia para deliberar sobre os interesses da liquidação, e as presidirá, resolvendo sumariamente as questões suscitadas.

- V. art. 213, § 2º, Lei 6.404/1976 (Sociedades por ações).
- • V. arts. 318 e 319, CPC/2015.

Parágrafo único. As atas das assembleias serão, em cópia autêntica, apensadas ao processo judicial.

Capítulo X
DA TRANSFORMAÇÃO, DA INCORPORAÇÃO, DA FUSÃO E DA CISÃO DAS SOCIEDADES

- V. art. 50, II, Lei 11.101/2005 (Lei de Recuperação de Empresas e Falência).

Art. 1.113. O ato de transformação independe de dissolução ou liquidação da sociedade, e obedecerá aos preceitos reguladores da constituição e inscrição próprios do tipo em que vai converter-se.

- V. arts. 968, § 2º, e 2.033, CC.
- V. art. 220, Lei 6.404/1976 (Sociedades por ações).

Art. 1.114. A transformação depende do consentimento de todos os sócios, salvo se prevista no ato constitutivo, caso em que o dissidente poderá retirar-se da sociedade, aplicando-se, no silêncio do estatuto ou do contrato social, o disposto no art. 1.031.

- V. art. 221, *caput*, Lei 6.404/1976 (Sociedades por ações).

Art. 1.115. A transformação não modificará nem prejudicará, em qualquer caso, os direitos dos credores.

- V. art. 222, *caput*, Lei 6.404/1976 (Sociedades por ações).

Parágrafo único. A falência da sociedade transformada somente produzirá efeitos em relação aos sócios que, no tipo anterior, a eles estariam sujeitos, se o pedirem os titulares de créditos anteriores à transformação, e somente a estes beneficiará.

- V. art. 222, parágrafo único, Lei 6.404/1976 (Sociedades por ações).

Art. 1.116. Na incorporação, uma ou várias sociedades são absorvidas por outra, que lhes sucede em todos os direitos e obrigações, devendo todas aprová-la, na forma estabelecida para os respectivos tipos.

- V. arts. 223, § 1º, e 227, *caput*, Lei 6.404/1976 (Sociedades por ações).

Art. 1.117. A deliberação dos sócios da sociedade incorporada deverá aprovar as bases da operação e o projeto de reforma do ato constitutivo.

- V. art. 227, §§ 1º e 2º, Lei 6.404/1976 (Sociedades por ações).

§ 1º A sociedade que houver de ser incorporada tomará conhecimento desse ato, e, se o aprovar, autorizará os administradores a praticar o necessário à incorporação, inclusive a subscrição em bens pelo valor da diferença que se verificar entre o ativo e o passivo.

§ 2º A deliberação dos sócios da sociedade incorporadora compreenderá a nomeação dos peritos para a avaliação do patrimônio líquido da sociedade, que tenha de ser incorporada.

Art. 1.126

CÓDIGO CIVIL

Art. 1.118. Aprovados os atos da incorporação, a incorporadora declarará extinta a incorporada, e promoverá a respectiva averbação no registro próprio.

* V. art. 227, § 3º, Lei 6.404/1976 (Sociedades por ações).

Art. 1.119. A fusão determina a extinção das sociedades que se unem, para formar sociedade nova, que a elas sucederá nos direitos e obrigações.

* V. art. 228, *caput*, Lei 6.404/1976 (Sociedades por ações).

Art. 1.120. A fusão será decidida, na forma estabelecida para os respectivos tipos, pelas sociedades que pretendam unir-se.

* V. arts. 223, § 1º, e 228, §§ 1º e 2º, Lei 6.404/1976 (Sociedades por ações).

§ 1º Em reunião ou assembleia dos sócios de cada sociedade, deliberada a fusão e aprovado o projeto do ato constitutivo da nova sociedade, bem como o plano de distribuição do capital social, serão nomeados os peritos para a avaliação do patrimônio da sociedade.

§ 2º Apresentados os laudos, os administradores convocarão reunião ou assembleia dos sócios para tomar conhecimento deles, decidindo sobre a constituição definitiva da nova sociedade.

§ 3º É vedado aos sócios votar o laudo de avaliação do patrimônio da sociedade de que façam parte.

* V. art. 1.074, § 2º, CC.

Art. 1.121. Constituída a nova sociedade, aos administradores incumbe fazer inscrever, no registro próprio da sede, os atos relativos à fusão.

* V. art. 968, § 2º, CC.
* V. art. 228, § 3º, Lei 6.404/1976 (Sociedades por ações).

Art. 1.122. Até 90 (noventa) dias após publicados os atos relativos à incorporação, fusão ou cisão, o credor anterior, por ela prejudicado, poderá promover judicialmente a anulação deles.

* V. art. 232, Lei 6.404/1976 (Sociedades por ações).

§ 1º A consignação em pagamento prejudicará a anulação pleiteada.

§ 2º Sendo ilíquida a dívida, a sociedade poderá garantir-lhe a execução, suspendendo-se o processo de anulação.

§ 3º Ocorrendo, no prazo deste artigo, a falência da sociedade incorporadora, da sociedade nova ou da cindida, qualquer credor anterior terá direito a pedir a separação dos patrimônios, para o fim de serem os créditos pagos pelos bens das respectivas massas.

Capítulo XI
DA SOCIEDADE DEPENDENTE DE AUTORIZAÇÃO

Seção I
Disposições gerais

Art. 1.123. A sociedade que dependa de autorização do Poder Executivo para funcionar reger-se-á por este título, sem prejuízo do disposto em lei especial.

* V. arts. 45, 1.033, V, 1.125 e 1.133, CC.
** V. arts. 176 e 222, CF.

Parágrafo único. A competência para a autorização será sempre do Poder Executivo federal.

* V. Dec. 24.643/1934 (Código de Águas).
* V. Dec.-lei 2.980/1941 (Serviço de loterias).
* V. art. 18, *a*, Lei 4.594/1964 (Corretor de seguros).
* V. Dec.-lei 73/1966 (Sistema Nacional de Seguros Privados).
* V. Dec.-lei 227/1967 (Código de Mineração).

Art. 1.124. Na falta de prazo estipulado em lei ou em ato do poder público, será considerada caduca a autorização se a sociedade não entrar em funcionamento nos 12 (doze) meses seguintes à respectiva publicação.

Art. 1.125. Ao Poder Executivo é facultado, a qualquer tempo, cassar a autorização concedida a sociedade nacional ou estrangeira que infringir disposição de ordem pública ou praticar atos contrários aos fins declarados no seu estatuto.

Seção II
Da sociedade nacional

Art. 1.126. É nacional a sociedade organizada de conformidade com a lei brasileira e que tenha no País a sede de sua administração.

- V. art. 75, *caput*, IV e § 2º, CC.

Parágrafo único. Quando a lei exigir que todos ou alguns sócios sejam brasileiros, as ações da sociedade anônima revestirão, no silêncio da lei, a forma nominativa. Qualquer que seja o tipo da sociedade, na sua sede ficará arquivada cópia autêntica do documento comprobatório da nacionalidade dos sócios.

- V. arts. 176, § 1º, e 222, CF.
- V. art. 1.089, CC.
- V. Dec. 2.617/1998 (Composição do capital de empresas de telecomunicação).

Art. 1.127. Não haverá mudança de nacionalidade de sociedade brasileira sem o consentimento unânime dos sócios ou acionistas.

Art. 1.128. O requerimento de autorização de sociedade nacional deve ser acompanhado de cópia do contrato, assinada por todos os sócios, ou, tratando-se de sociedade anônima, de cópia, autenticada pelos fundadores, dos documentos exigidos pela lei especial.

- V. arts. 1.089 e 1.131, CC.

Parágrafo único. Se a sociedade tiver sido constituída por escritura pública, bastará juntar-se ao requerimento a respectiva certidão.

Art. 1.129. Ao Poder Executivo é facultado exigir que se procedam a alterações ou aditamento no contrato ou no estatuto, devendo os sócios, ou, tratando-se de sociedade anônima, os fundadores, cumprir as formalidades legais para revisão dos atos constitutivos, e juntar ao processo prova regular.

- V. arts. 1.089 e 1.131, CC.

Art. 1.130. Ao Poder Executivo é facultado recusar a autorização, se a sociedade não atender às condições econômicas, financeiras ou jurídicas especificadas em lei.

Art. 1.131. Expedido o decreto de autorização, cumprirá à sociedade publicar os atos referidos nos arts. 1.128 e 1.129, em 30 (trinta) dias, no órgão oficial da União, cujo exemplar representará prova para inscrição, no registro próprio, dos atos constitutivos da sociedade.

- V. arts. 968, § 2º, e 1.135, parágrafo único, CC.

Parágrafo único. A sociedade promoverá, também no órgão oficial da União e no prazo de 30 (trinta) dias, a publicação do termo de inscrição.

- V. art. 1.136, § 3º, CC.

Art. 1.132. As sociedades anônimas nacionais, que dependam de autorização do Poder Executivo para funcionar, não se constituirão sem obtê-la, quando seus fundadores pretenderem recorrer a subscrição pública para a formação do capital.

- V. art. 1.089, CC.

§ 1º Os fundadores deverão juntar ao requerimento cópias autênticas do projeto do estatuto e do prospecto.

§ 2º Obtida a autorização e constituída a sociedade, proceder-se-á à inscrição dos seus atos constitutivos.

Art. 1.133. Dependem de aprovação as modificações do contrato ou do estatuto de sociedade sujeita a autorização do Poder Executivo, salvo se decorrerem de aumento do capital social, em virtude de utilização de reservas ou reavaliação do ativo.

Seção III
Da sociedade estrangeira

- V. Dec. 5.664/2006 (Competência para autorizar o funcionamento no Brasil de sociedade estrangeira).

Art. 1.134. A sociedade estrangeira, qualquer que seja o seu objeto, não pode, sem autorização do Poder Executivo, funcionar no País, ainda que por estabelecimentos subordinados, podendo, todavia, ressalvados os casos expressos em lei, ser acionista de sociedade anônima brasileira.

- V. arts. 1.089 e 1.141, CC.
- V. art. 11, § 1º, Dec.-lei 4.657/1942 (Lei de Introdução às normas do Direito Brasileiro).
- V. Dec. 92.319/1986 (Funcionamento de empresas estrangeiras de transporte aéreo).
- V. Dec. 5.664/2006 (Competência para autorizar o funcionamento no Brasil de sociedade estrangeira).

§ 1º Ao requerimento de autorização devem juntar-se:

- V. art. 1.135, parágrafo único, CC.

I – prova de se achar a sociedade constituída conforme a lei de seu país;
II – inteiro teor do contrato ou do estatuto;
III – relação dos membros de todos os órgãos da administração da sociedade, com nome, nacionalidade, profissão, domicílio e, salvo quanto a ações ao portador, o valor da participação de cada um no capital da sociedade;
IV – cópia do ato que autorizou o funcionamento no Brasil e fixou o capital destinado às operações no território nacional;
V – prova de nomeação do representante no Brasil, com poderes expressos para aceitar as condições exigidas para a autorização;
VI – último balanço.
§ 2º Os documentos serão autenticados, de conformidade com a lei nacional da sociedade requerente, legalizados no consulado brasileiro da respectiva sede e acompanhados de tradução em vernáculo.

Art. 1.135. É facultado ao Poder Executivo, para conceder a autorização, estabelecer condições convenientes à defesa dos interesses nacionais.
Parágrafo único. Aceitas as condições, expedirá o Poder Executivo decreto de autorização, do qual constará o montante de capital destinado às operações no País, cabendo à sociedade promover a publicação dos atos referidos no art. 1.131 e no § 1º do art. 1.134.

• V. arts. 1.128 e 1.129, CC.

Art. 1.136. A sociedade autorizada não pode iniciar sua atividade antes de inscrita no registro próprio do lugar em que se deva estabelecer.

• V. art. 968, § 2º, CC.

§ 1º O requerimento de inscrição será instruído com exemplar da publicação exigida no parágrafo único do artigo antecedente, acompanhado de documento do depósito em dinheiro, em estabelecimento bancário oficial, do capital ali mencionado.
§ 2º Arquivados esses documentos, a inscrição será feita por termo em livro especial para as sociedades estrangeiras, com número de ordem contínuo para todas as sociedades inscritas; no termo constarão:
I – nome, objeto, duração e sede da sociedade no estrangeiro;
II – lugar da sucursal, filial ou agência, no País;
III – data e número do decreto de autorização;
IV – capital destinado às operações no País;
V – individuação do seu representante permanente.
§ 3º Inscrita a sociedade, promover-se-á a publicação determinada no parágrafo único do art. 1.131.

Art. 1.137. A sociedade estrangeira autorizada a funcionar ficará sujeita às leis e aos tribunais brasileiros, quanto aos atos ou operações praticados no Brasil.

• V. arts. 21 a 25, CPC/2015.
• V. art. 12, Dec.-lei 4.657/1942 (Lei de Introdução às normas do Direito Brasileiro).

Parágrafo único. A sociedade estrangeira funcionará no território nacional com o nome que tiver em seu país de origem, podendo acrescentar as palavras "do Brasil" ou "para o Brasil".

Art. 1.138. A sociedade estrangeira autorizada a funcionar é obrigada a ter, permanentemente, representante no Brasil, com poderes para resolver quaisquer questões e receber citação judicial pela sociedade.

• V. arts. 21, parágrafo único e 75, § 3º, CPC/2015.

Parágrafo único. O representante somente pode agir perante terceiros depois de arquivado e averbado o instrumento de sua nomeação.

• V. art. 968, § 2º, CC.

Art. 1.139. Qualquer modificação no contrato ou no estatuto dependerá da aprovação do Poder Executivo, para produzir efeitos no território nacional.

• V. Dec. 5.664/2006 (Competência para autorizar o funcionamento no Brasil de sociedade estrangeira).

Art. 1.140. A sociedade estrangeira deve, sob pena de lhe ser cassada a autorização, reproduzir no órgão oficial da União, e do Estado, se for o caso, as publicações que, segundo a sua lei nacional, seja obrigada a fazer relativamente ao balanço patrimonial

Art. 1.141

CÓDIGO CIVIL

e ao de resultado econômico, bem como aos atos de sua administração.

- V. arts. 1.020, 1.065, 1.078, I e § 3º, 1.179, 1.188 e 1.189, CC.

Parágrafo único. Sob pena, também, de lhe ser cassada a autorização, a sociedade estrangeira deverá publicar o balanço patrimonial e o de resultado econômico das sucursais, filiais ou agências existentes no País.

Art. 1.141. Mediante autorização do Poder Executivo, a sociedade estrangeira admitida a funcionar no País pode nacionalizar-se, transferindo sua sede para o Brasil.

- V. Dec. 5.664/2006 (Competência para autorizar o funcionamento no Brasil de sociedade estrangeira).

§ 1º Para o fim previsto neste artigo, deverá a sociedade, por seus representantes, oferecer, com o requerimento, os documentos exigidos no art. 1.134, e ainda a prova da realização do capital, pela forma declarada no contrato, ou no estatuto, e do ato em que foi deliberada a nacionalização.

§ 2º O Poder Executivo poderá impor as condições que julgar convenientes à defesa dos interesses nacionais.

§ 3º Aceitas as condições pelo representante, proceder-se-á, após a expedição do decreto de autorização, à inscrição da sociedade e publicação do respectivo termo.

- V. art. 968, § 2º, CC.

TÍTULO III
DO ESTABELECIMENTO

Capítulo Único
DISPOSIÇÕES GERAIS

- V. art. 50, VII, Lei 11.101/2005 (Lei de Recuperação de Empresas e Falência).

Art. 1.142. Considera-se estabelecimento todo complexo de bens organizado, para exercício da empresa, por empresário, ou por sociedade empresária.

- V. art. 90, CC.
- V. art. 109, Lei 11.101/2005 (Lei de Recuperação de Empresas e Falência).
- V. Súmula 451, STJ.
- ** V. art. 1.187, CC.

Art. 1.143. Pode o estabelecimento ser objeto unitário de direitos e de negócios jurídicos, translativos ou constitutivos, que sejam compatíveis com a sua natureza.

- V. arts. 90, parágrafo único, e 1.164, parágrafo único, CC.

Art. 1.144. O contrato que tenha por objeto a alienação, o usufruto ou arrendamento do estabelecimento, só produzirá efeitos quanto a terceiros depois de averbado à margem da inscrição do empresário, ou da sociedade empresária, no Registro Público de Empresas Mercantis, e de publicado na imprensa oficial.

- V. art. 968, § 2º, CC.
- ** V. art. 71, LC 123/2006 (Supersimples).

Art. 1.145. Se ao alienante não restarem bens suficientes para solver o seu passivo, a eficácia da alienação do estabelecimento depende do pagamento de todos os credores, ou do consentimento destes, de modo expresso ou tácito, em 30 (trinta) dias a partir de sua notificação.

- V. arts. 66, 94, III, c, e 129, VI, Lei 11.101/2005 (Lei de Recuperação de Empresas e Falência).
- ** V. arts. 94, III, c e 129, VI, Lei 11.101/2005 (Lei de Recuperação de Empresas e Falência).

Art. 1.146. O adquirente do estabelecimento responde pelo pagamento dos débitos anteriores à transferência, desde que regularmente contabilizados, continuando o devedor primitivo solidariamente obrigado pelo prazo de 1 (um) ano, a partir, quanto aos créditos vencidos, da publicação, e, quanto aos outros, da data do vencimento.

- V. arts. 275 a 285, CC.
- V. art. 448, CLT.
- V. art. 133, CTN.

Art. 1.147. Não havendo autorização expressa, o alienante do estabelecimento não pode fazer concorrência ao adquirente, nos 5 (cinco) anos subsequentes à transferência.

- ** V. arts. 318 e 319, CPC/2015.

Parágrafo único. No caso de arrendamento ou usufruto do estabelecimento, a proibição prevista neste artigo persistirá durante o prazo do contrato.

- V. art. 448, CLT.

CÓDIGO CIVIL

Art. 1.148. Salvo disposição em contrário, a transferência importa a sub-rogação do adquirente nos contratos estipulados para exploração do estabelecimento, se não tiverem caráter pessoal, podendo os terceiros rescindir o contrato em 90 (noventa) dias a contar da publicação da transferência, se ocorrer justa causa, ressalvada, neste caso, a responsabilidade do alienante.

- V. art. 448, CLT.
- • V. art. 13, Lei 8.245/1991(Locação de imóveis urbanos).

Art. 1.149. A cessão dos créditos referentes ao estabelecimento transferido produzirá efeito em relação aos respectivos devedores, desde o momento da publicação da transferência, mas o devedor ficará exonerado se de boa-fé pagar ao cedente.

- V. arts. 286 a 298, CC.

TÍTULO IV
DOS INSTITUTOS COMPLEMENTARES

Capítulo I
DO REGISTRO

Art. 1.150. O empresário e a sociedade empresária vinculam-se ao Registro Público de Empresas Mercantis a cargo das Juntas Comerciais, e a sociedade simples ao Registro Civil das Pessoas Jurídicas, o qual deverá obedecer às normas fixadas para aquele registro, e a sociedade simples adotar um dos tipos de sociedade empresária.

- V. arts. 45, 966 a 971, 976, 979, 980, 982 a 985, 998, 1.000, 1.075, § 2º, 1.083, 1.084, § 3º, 1.144, 1.174 e 1.181, CC.
- V. art. 75, § 2º, CPC/2015.
- V. Dec. 1.102/1903 (Armazéns gerais).
- V. Dec.-lei 9.085/1946 (Registro civil das pessoas jurídicas).
- V. arts. 1º, § 1º, II, e 114 a 121, Lei 6.015/1973 (Lei de Registros Públicos).
- V. Lei 6.385/1976 (Mercado de valores mobiliários e Comissão de Valores Mobiliários).
- V. arts. 95 a 97, Lei 6.404/1976 (Sociedades por ações).
- V. Lei 8.934/1994 (Registro Público de Empresas Mercantis e Atividades Afins).
- V. arts. 15 a 17, Lei 8.906/1994 (Estatuto da Advocacia e da OAB).
- V. Dec. 1.800/1996 (Regulamenta a Lei 8.934/1994).

Art. 1.151. O registro dos atos sujeitos à formalidade exigida no artigo antecedente será requerido pela pessoa obrigada em lei, e, no caso de omissão ou demora, pelo sócio ou qualquer interessado.

§ 1º Os documentos necessários ao registro deverão ser apresentados no prazo de 30 (trinta) dias, contado da lavratura dos atos respectivos.

§ 2º Requerido além do prazo previsto neste artigo, o registro somente produzirá efeito a partir da data de sua concessão.

§ 3º As pessoas obrigadas a requerer o registro responderão por perdas e danos, em caso de omissão ou demora.

- V. arts. 402 a 405, CC.
- V. art. 99, Lei 6.404/1976 (Sociedades por ações).

Art. 1.152. Cabe ao órgão incumbido do registro verificar a regularidade das publicações determinadas em lei, de acordo com o disposto nos parágrafos deste artigo.

§ 1º Salvo exceção expressa, as publicações ordenadas neste Livro serão feitas no órgão oficial da União ou do Estado, conforme o local da sede do empresário ou da sociedade, e em jornal de grande circulação.

- V. art. 98, Lei 6.404/1976 (Sociedades por ações).

§ 2º As publicações das sociedades estrangeiras serão feitas nos órgãos oficiais da União e do Estado onde tiverem sucursais, filiais ou agências.

§ 3º O anúncio de convocação da assembleia de sócios será publicado por três vezes, ao menos, devendo mediar, entre a data da primeira inserção e a da realização da assembleia, o prazo mínimo de 8 (oito) dias, para a primeira convocação, e de 5 (cinco) dias, para as posteriores.

- V. art. 1.072, § 2º, CC.
- V. art. 124, *caput* e § 1º, Lei 6.404/1976 (Sociedades por ações).

Art. 1.153. Cumpre à autoridade competente, antes de efetivar o registro, verificar a autenticidade e a legitimidade do signatário do requerimento, bem como fiscalizar a observância das prescrições legais concernentes ao ato ou aos documentos apresentados.

* V. art. 40, Lei 8.934/1994 (Registro Público de Empresas Mercantis e Negócios Afins).

Parágrafo único. Das irregularidades encontradas deve ser notificado o requerente, que, se for o caso, poderá saná-las, obedecendo às formalidades da lei.

* V. art. 40, §§ 2º e 3º, Lei 8.934/1994 (Registro Público de Empresas Mercantis e Negócios Afins).

Art. 1.154. O ato sujeito a registro, ressalvadas disposições especiais da lei, não pode, antes do cumprimento das respectivas formalidades, ser oposto a terceiro, salvo prova de que este o conhecia.

Parágrafo único. O terceiro não pode alegar ignorância, desde que cumpridas as referidas formalidades.

* V. art. 1.015, parágrafo único, I e II, CC.

Capítulo II
DO NOME EMPRESARIAL

Art. 1.155. Considera-se nome empresarial a firma ou a denominação adotada, de conformidade com este Capítulo, para o exercício de empresa.

* V. art. 61, Dec. 1.800/1996 (Regulamenta a Lei 8.934/1994).

Parágrafo único. Equipara-se ao nome empresarial, para os efeitos da proteção da lei, a denominação das sociedades simples, associações e fundações.

Art. 1.156. O empresário opera sob firma constituída por seu nome, completo ou abreviado, aditando-lhe, se quiser, designação mais precisa da sua pessoa ou do gênero de atividade.

* V. art. 966, CC.
* V. art. 62, Dec. 1.800/1996 (Regulamenta a Lei 8.934/1994).

Art. 1.157. A sociedade em que houver sócios de responsabilidade ilimitada operará sob firma, na qual somente os nomes daqueles poderão figurar, bastando para formá-la aditar ao nome de um deles a expressão "e companhia" ou sua abreviatura.

* V. arts. 1.041 e 1.047, CC.

Parágrafo único. Ficam solidária e ilimitadamente responsáveis pelas obrigações contraídas sob a firma social aqueles que, por seus nomes, figurarem na firma da sociedade de que trata este artigo.

* V. arts. 264 a 266 e 275 a 285, CC.

Art. 1.158. Pode a sociedade limitada adotar firma ou denominação, integradas pela palavra final "limitada" ou a sua abreviatura.

* V. arts. 1.054 e 1.064, CC.
* V. art. 3º, Dec. 3.708/1919 (Sociedades por quotas de responsabilidade limitada).

§ 1º A firma será composta com o nome de um ou mais sócios, desde que pessoas físicas, de modo indicativo da relação social.

§ 2º A denominação deve designar o objeto da sociedade, sendo permitido nela figurar o nome de um ou mais sócios.

§ 3º A omissão da palavra "limitada" determina a responsabilidade solidária e ilimitada dos administradores que assim empregarem a firma ou a denominação da sociedade.

* V. arts. 275 a 285 e 1.052, CC.

Art. 1.159. A sociedade cooperativa funciona sob denominação integrada pelo vocábulo "cooperativa".

* V. arts. 1.093 a 1.096, CC.
* V. art. 5º, Lei 5.764/1971 (Política Nacional de Cooperativismo – sociedades cooperativas).

Art. 1.160. A sociedade anônima opera sob denominação designativa do objeto social, integrada pelas expressões "sociedade anônima" ou "companhia", por extenso ou abreviadamente.

* V. arts. 1.088 e 1.089, CC.
* V. art. 3º, Lei 6.404/1976 (Sociedades por ações).

Parágrafo único. Pode constar da denominação o nome do fundador, acionista, ou pessoa que haja concorrido para o bom êxito da formação da empresa.

Art. 1.161. A sociedade em comandita por ações pode, em lugar de firma, adotar denominação designativa do objeto social, aditada da expressão "comandita por ações".

* V. arts. 1.090 a 1.092, CC.
* V. art. 281, parágrafo único, Lei 6.404/1976 (Sociedades por ações).

Código Civil

Art. 1.162. A sociedade em conta de participação não pode ter firma ou denominação.
- V. arts. 991 a 996, CC.

Art. 1.163. O nome de empresário deve distinguir-se de qualquer outro já inscrito no mesmo registro.
- V. art. 981, I, CC.
- V. art. 35, V, Lei 8.934/1994 (Registro Público de Empresas Mercantis e Atividades Afins).
- V. art. 62, § 2º, Dec. 1.800/1996 (Regulamenta a Lei 8.934/1994).

Parágrafo único. Se o empresário tiver nome idêntico ao de outros já inscritos, deverá acrescentar designação que o distinga.
- V. art. 3º, § 2º, Lei 6.404/1976 (Sociedades por ações).

Art. 1.164. O nome empresarial não pode ser objeto de alienação.
- V. art. 1.143, CC.

Parágrafo único. O adquirente de estabelecimento, por ato entre vivos, pode, se o contrato o permitir, usar o nome do alienante, precedido do seu próprio, com a qualificação de sucessor.

Art. 1.165. O nome de sócio que vier a falecer, for excluído ou se retirar, não pode ser conservado na firma social.
- V. art. 62, Dec. 1.800/1996 (Regulamenta a Lei 8.934/1994).

Art. 1.166. A inscrição do empresário, ou dos atos constitutivos das pessoas jurídicas, ou as respectivas averbações, no registro próprio, asseguram o uso exclusivo do nome nos limites do respectivo Estado.
- V. art. 5º, XXIX, CF.
- V. art. 195, V, Lei 9.279/1996 (Propriedade industrial).

Parágrafo único. O uso previsto neste artigo estender-se-á a todo o território nacional, se registrado na forma da lei especial.
- V. art. 61, § 2º, Dec. 1.800/1996 (Regulamenta a Lei 8.934/1994).

Art. 1.167. Cabe ao prejudicado, a qualquer tempo, ação para anular a inscrição do nome empresarial feita com violação da lei ou do contrato.
- •• V. arts. 318 e 319, CPC/2015.

Art. 1.168. A inscrição do nome empresarial será cancelada, a requerimento de qualquer interessado, quando cessar o exercício da atividade para que foi adotado, ou quando ultimar-se a liquidação da sociedade que o inscreveu.

Capítulo III
DOS PREPOSTOS

- V. art. 168, § 3º, Lei 11.101/2005 (Lei de Recuperação de Empresas e Falência).

Seção I
Disposições gerais

Art. 1.169. O preposto não pode, sem autorização escrita, fazer-se substituir no desempenho da preposição, sob pena de responder pessoalmente pelos atos do substituto e pelas obrigações por ele contraídas.

Art. 1.170. O preposto, salvo autorização expressa, não pode negociar por conta própria ou de terceiro, nem participar, embora indiretamente, de operação do mesmo gênero da que lhe foi cometida, sob pena de responder por perdas e danos e de serem retidos pelo preponente os lucros da operação.
- V. arts. 402 a 405, CC.

Art. 1.171. Considera-se perfeita a entrega de papéis, bens ou valores ao preposto, encarregado pelo preponente, se os recebeu sem protesto, salvo nos casos em que haja prazo para reclamação.

Seção II
Do gerente

Art. 1.172. Considera-se gerente o preposto permanente no exercício da empresa, na sede desta, ou em sucursal, filial ou agência.
- V. arts. 1.169 a 1.171, CC.

Art. 1.173. Quando a lei não exigir poderes especiais, considera-se o gerente autorizado a praticar todos os atos necessários ao exercício dos poderes que lhe foram outorgados.
- V. art. 108, § 1º, Lei 11.101/2005 (Lei de Recuperação de Empresas e Falência).

Parágrafo único. Na falta de estipulação diversa, consideram-se solidários os poderes conferidos a dois ou mais gerentes.

Art. 1.174. As limitações contidas na outorga de poderes, para serem opostas a terceiros, dependem do arquivamento e averbação do instrumento no Registro Público de Empresas Mercantis, salvo se provado serem conhecidas da pessoa que tratou com o gerente.

- V. arts. 968, § 2º, 1.154 e 1.184, CC.

Parágrafo único. Para o mesmo efeito e com idêntica ressalva, deve a modificação ou revogação do mandato ser arquivada e averbada no Registro Público de Empresas Mercantis.

Art. 1.175. O preponente responde com o gerente pelos atos que este pratique em seu próprio nome, mas à conta daquele.

- V. arts. 275 a 285, 932, III, 933, 1.177 e 1.178, CC.
- V. art. 297, Lei 7.565/1986 (Código Brasileiro de Aeronáutica).
- V. art. 34, Lei 8.078/1990 (Código de Defesa do Consumidor).

Art. 1.176. O gerente pode estar em juízo em nome do preponente, pelas obrigações resultantes do exercício da sua função.

- V. arts. 334, *caput*, I, II e § 11, 357, *caput*, e I a V, CPC/2015.
- V. art. 843, § 1º, CLT.
- V. art. 9º, § 4º, Lei 9.099/1995 (Juizados Especiais Cíveis e Criminais).

Seção III
Do contabilista e outros auxiliares

Art. 1.177. Os assentos lançados nos livros ou fichas do preponente, por qualquer dos prepostos encarregados de sua escrituração, produzem, salvo se houver procedido de má-fé, os mesmos efeitos como se o fossem por aquele.

- V. arts. 226, 932, III, 933, 1.175 e 1.178, CC.
- V. Dec.-lei 9.295/1946 (Contador e guarda-livros).
- V. Dec.-lei 806/1969 (Atuário).
- V. Dec. 66.408/1970 (Regulamentação do exercício da profissão de atuário).

Parágrafo único. No exercício de suas funções, os prepostos são pessoalmente responsáveis, perante os preponentes, pelos atos culposos; e, perante terceiros, solidariamente com o preponente, pelos atos dolosos.

- V. arts. 275 a 285, CC.

Art. 1.178. Os preponentes são responsáveis pelos atos de quaisquer prepostos, praticados nos seus estabelecimentos e relativos à atividade da empresa, ainda que não autorizados por escrito.

- V. arts. 932, III, 933, 1.175 e 1.177, CC.

Parágrafo único. Quando tais atos forem praticados fora do estabelecimento, somente obrigarão o preponente nos limites dos poderes conferidos por escrito, cujo instrumento pode ser suprido pela certidão ou cópia autêntica do seu teor.

Capítulo IV
DA ESCRITURAÇÃO

- V. arts. 51, § 1º, 105, V, 110, § 2º, I, e 178, Lei 11.101/2005 (Lei de Recuperação de Empresas e Falência).

Art. 1.179. O empresário e a sociedade empresária são obrigados a seguir um sistema de contabilidade, mecanizado ou não, com base na escrituração uniforme de seus livros, em correspondência com a documentação respectiva, e a levantar anualmente o balanço patrimonial e o do resultado econômico.

- V. arts. 1.020, 1.065, 1.069, III, 1.078, I e § 3º, 1.140 e 1.189, CC.
- V. art. 31, Lei 4.595/1964 (Política e instituições monetárias, bancárias e creditícias e Conselho Monetário Nacional).
- V. Dec.-lei 305/1967 (Legalização dos livros de escrituração das operações mercantis).
- V. Dec.-lei 486/1969 (Escrituração de livros mercantis).
- V. Dec. 64.567/1969 (Regulamenta o Dec.-lei 486/1969).
- V. arts. 176 a 178, Lei 6.404/1976 (Sociedades por ações).
- V. art. 178, Lei 11.101/2005 (Lei de Recuperação de Empresas e Falência).
- V. art. 68, LC 123/2006 (Supersimples).

§ 1º Salvo o disposto no art. 1.180, o número e a espécie de livros ficam a critério dos interessados.

- V. arts. 31 e 32, Dec. 21.981/1932 (Leiloeiro).
- V. art. 19, Lei 5.474/1968 (Duplicata).
- V. arts. 100 a 105, Lei 6.404/1976 (Sociedades por ações).
- V. art. 32 e ss., Lei 8.934/1994 (Registro Público de Empresas Mercantis e Atividades Afins).

§ 2º É dispensado das exigências deste artigo o pequeno empresário a que se refere o art. 970.

- V. LC 123/2006 (Supersimples).

Art. 1.180. Além dos demais livros exigidos por lei, é indispensável o Diário, que pode ser substituído por fichas no caso de escrituração mecanizada ou eletrônica.

- V. arts. 226, 1.184 e 1.185, CC.
- V. art. 7º, Dec. 1.102/1903 (Armazéns gerais).
- V. art. 31, Dec. 21.981/1932 (Regula a profissão de leiloeiro).
- V. art. 5º, § 3º, Dec.-lei 486/1969 (Escrituração de livros mercantis).
- V. art. 32 e ss., Lei 8.934/1994 (Registro Público de Empresas Mercantis e Atividades Afins).
- V. Dec. 6.022/2007 (Institui o Sistema Público de Escrituração Digital – SPED).

Parágrafo único. A adoção de fichas não dispensa o uso de livro apropriado para o lançamento do balanço patrimonial e do de resultado econômico.

- V. art. 8º, Dec.-lei 486/1969 (Escrituração de livros mercantis).

Art. 1.181. Salvo disposição especial de lei, os livros obrigatórios e, se for o caso, as fichas, antes de postos em uso, devem ser autenticados no Registro Público de Empresas Mercantis.

Parágrafo único. A autenticação não se fará sem que esteja inscrito o empresário, ou a sociedade empresária, que poderá fazer autenticar livros não obrigatórios.

Art. 1.182. Sem prejuízo do disposto no art. 1.174, a escrituração ficará sob a responsabilidade de contabilista legalmente habilitado, salvo se nenhum houver na localidade.

- V. arts. 1.177 e 1.178, CC.
- V. art. 297, *caput* e § 2º, CP.

Art. 1.183. A escrituração será feita em idioma e moeda corrente nacionais e em forma contábil, por ordem cronológica de dia, mês e ano, sem intervalos em branco, nem entrelinhas, borrões, rasuras, emendas ou transportes para as margens.

- V. arts. 417 a 419, CPC/2015.
- V. arts. 1º e 2º, Dec.-lei 486/1969 (Escrituração de livros mercantis).

Parágrafo único. É permitido o uso de código de números ou de abreviaturas, que constem de livro próprio, regularmente autenticado.

Art. 1.184. No Diário serão lançadas, com individuação, clareza e caracterização do documento respectivo, dia a dia, por escrita direta ou reprodução, todas as operações relativas ao exercício da empresa.

- V. art. 5º, *caput*, Dec.-lei 486/1969 (Livros mercantis).

§ 1º Admite-se a escrituração resumida do Diário, com totais que não excedam o período de 30 (trinta) dias, relativamente a contas cujas operações sejam numerosas ou realizadas fora da sede do estabelecimento, desde que utilizados livros auxiliares regularmente autenticados, para registro individualizado, e conservados os documentos que permitam a sua perfeita verificação.

- V. art. 5º, § 3º, Dec.-lei 486/1969 (Livros mercantis).

§ 2º Serão lançados no Diário o balanço patrimonial e o de resultado econômico, devendo ambos ser assinados por técnico em Ciências Contábeis legalmente habilitado e pelo empresário ou sociedade empresária.

- V. arts. 1.177, 1.178 e 1.182, CC.

Art. 1.185. O empresário ou sociedade empresária que adotar o sistema de fichas de lançamentos poderá substituir o livro Diário pelo livro Balancetes Diários e Balanços, observadas as mesmas formalidades extrínsecas exigidas para aquele.

Art. 1.186. O livro Balancetes Diários e Balanços será escriturado de modo que registre:

- V. art. 176, Lei 6.404/1976 (Sociedades por ações).

I – a posição diária de cada uma das contas ou títulos contábeis, pelo respectivo saldo, em forma de balancetes diários;

II – o balanço patrimonial e o de resultado econômico, no encerramento do exercício.

- V. art. 178, Lei 6.404/1976 (Sociedades por ações).

Art. 1.187. Na coleta dos elementos para o inventário serão observados os critérios de avaliação a seguir determinados:

- V. art. 176, Lei 6.404/1976 (Sociedades por ações).

I – os bens destinados à exploração da atividade serão avaliados pelo custo de aquisição, devendo, na avaliação dos que se desgastam ou depreciam com o uso, pela ação do tempo ou outros fatores, atender-se à desvalorização respectiva, criando-se fundos de amortização para assegurar-lhes a substituição ou a conservação do valor;

II – os valores mobiliários, matéria-prima, bens destinados à alienação, ou que constituem produtos ou artigos da indústria ou comércio da empresa, podem ser estimados pelo custo de aquisição ou de fabricação, ou pelo preço corrente, sempre que este for inferior ao preço de custo, e quando o preço corrente ou venal estiver acima do valor do custo de aquisição, ou fabricação, e os bens forem avaliados pelo preço corrente, a diferença entre este e o preço de custo não será levada em conta para a distribuição de lucros, nem para as percentagens referentes a fundos de reserva;

III – o valor das ações e dos títulos de renda fixa pode ser determinado com base na respectiva cotação da Bolsa de Valores; os não cotados e as participações não acionárias serão considerados pelo seu valor de aquisição;

IV – os créditos serão considerados de conformidade com o presumível valor de realização, não se levando em conta os prescritos ou de difícil liquidação, salvo se houver, quanto aos últimos, previsão equivalente.

Parágrafo único. Entre os valores do ativo podem figurar, desde que se preceda, anualmente, à sua amortização:

I – as despesas de instalação da sociedade, até o limite correspondente a 10% (dez por cento) do capital social;

II – os juros pagos aos acionistas da sociedade anônima, no período antecedente ao início das operações sociais, à taxa não superior a 12% (doze por cento) ao ano, fixada no estatuto;

III – a quantia efetivamente paga a título de aviamento de estabelecimento adquirido pelo empresário ou sociedade.

Art. 1.188. O balanço patrimonial deverá exprimir, com fidelidade e clareza, a situação real da empresa e, atendidas as peculiaridades desta, bem como as disposições das leis especiais, indicará, distintamente, o ativo e o passivo.

- V. arts. 178 a 184, Lei 6.404/1976 (Sociedades por ações).

Parágrafo único. Lei especial disporá sobre as informações que acompanharão o balanço patrimonial, em caso de sociedades coligadas.

- V. arts. 1.097 a 1.101, CC.
- V. arts. 247 a 250, Lei 6.404/1976 (Sociedades por ações).

Art. 1.189. O balanço de resultado econômico, ou demonstração da conta de lucros e perdas, acompanhará o balanço patrimonial e dele constarão crédito e débito, na forma da lei especial.

- V. arts. 1.020, 1.065, 1.069, III, 1.078, I e § 3º, 1.140 e 1.179, CC.

Art. 1.190. Ressalvados os casos previstos em lei, nenhuma autoridade, juiz ou tribunal, sob qualquer pretexto, poderá fazer ou ordenar diligência para verificar se o empresário ou a sociedade empresária observam, ou não, em seus livros e fichas, as formalidades prescritas em lei.

- V. art. 226, CC.
- V. art. 195, CTN.

Art. 1.191. O juiz só poderá autorizar a exibição integral dos livros e papéis de escrituração quando necessária para resolver questões relativas a sucessão, comunhão ou sociedade, administração ou gestão à conta de outrem, ou em caso de falência.

- V. art. 226, CC.
- V. arts. 355, 396 a 404 e 418 a 421, CPC/2015.
- V. art. 105, Lei 6.404/1976 (Sociedades por ações).

CÓDIGO CIVIL

- V. arts. 51, § 1º, 104, II, e 105, V, Lei 11.101/2005 (Lei de Recuperação de Empresas e Falência).
- V. Súmulas 260 e 390, STF.
- • V. arts. 318 e 319, CPC/2015.

§ 1º O juiz ou tribunal que conhecer de medida cautelar ou de ação pode, a requerimento ou de ofício, ordenar que os livros de qualquer das partes, ou de ambas, sejam examinados na presença do empresário ou da sociedade empresária a que pertencerem, ou de pessoas por estes nomeadas, para deles se extrair o que interessar à questão.

§ 2º Achando-se os livros em outra jurisdição, nela se fará o exame, perante o respectivo juiz.

Art. 1.192. Recusada a apresentação dos livros, nos casos do artigo antecedente, serão apreendidos judicialmente e, no do seu § 1º, ter-se-á como verdadeiro o alegado pela parte contrária para se provar pelos livros.

- V. arts. 396, 399 e 400, *caput*, I e II, CPC/2015.
- V. art. 330, CP.

Parágrafo único. A confissão resultante da recusa pode ser elidida por prova documental em contrário.

Art. 1.193. As restrições estabelecidas neste Capítulo ao exame da escrituração, em parte ou por inteiro, não se aplicam às autoridades fazendárias, no exercício da fiscalização do pagamento de impostos, nos termos estritos das respectivas leis especiais.

- V. arts. 195 e 198, CTN.
- V. art. 33, Lei 8.212/1991 (Organização da Seguridade Social e Plano de Custeio).
- V. Súmula 439, STF.

Art. 1.194. O empresário e a sociedade empresária são obrigados a conservar em boa guarda toda a escrituração, correspondência e mais papéis concernentes à sua atividade, enquanto não ocorrer prescrição ou decadência no tocante aos atos neles consignados.

- V. art. 4º, Dec.-lei 486/1969 (Escrituração de livros mercantis).
- V. art. 5º, Dec. 64.567/1969 (Regulamenta o Dec.-lei 486/1969).

Art. 1.195. As disposições deste Capítulo aplicam-se às sucursais, filiais ou agências, no Brasil, do empresário ou sociedade com sede em país estrangeiro.

Art. 1.200

LIVRO III
DO DIREITO DAS COISAS

TÍTULO I
DA POSSE

Capítulo I
DA POSSE E SUA CLASSIFICAÇÃO

Art. 1.196. Considera-se possuidor todo aquele que tem de fato o exercício, pleno ou não, de algum dos poderes inerentes à propriedade.

- V. arts. 1.199, 1.204, 1.208, 1.210, 1.223 e 1.784, CC.
- V. arts. 554 a 568, CPC/2015.
- • V. art. 1.228, CC.

Art. 1.197. A posse direta, de pessoa que tem a coisa em seu poder, temporariamente, em virtude de direito pessoal, ou real, não anula a indireta, de quem aquela foi havida, podendo o possuidor direto defender a sua posse contra o indireto.

- V. arts. 1.267, parágrafo único, e 1.394, CC.
- • V. art. 1.210, § 1º, CC.

Art. 1.198. Considera-se detentor aquele que, achando-se em relação de dependência para com outro, conserva a posse em nome deste e em cumprimento de ordens ou instruções suas.

- V. art. 339, CPC/2015.
- • V. art. 1.208, CC.

Parágrafo único. Aquele que começou a comportar-se do modo como prescreve este artigo, em relação ao bem e à outra pessoa, presume-se detentor, até que prove o contrário.

- • V. art. 1.203, CC.

Art. 1.199. Se duas ou mais pessoas possuírem coisa indivisa, poderá cada uma exercer sobre ela atos possessórios, contanto que não excluam os dos outros compossuidores.

- V. art. 1.314, CC.

Art. 1.200. É justa a posse que não for violenta, clandestina ou precária.

- V. art. 1.208, CC.

357

Art. 1.201

Art. 1.201. É de boa-fé a posse, se o possuidor ignora o vício, ou o obstáculo que impede a aquisição da coisa.
- V. arts. 113, 1.214 a 1.222 e 1.254 a 1.261, CC.

Parágrafo único. O possuidor com justo título tem por si a presunção de boa-fé, salvo prova em contrário, ou quando a lei expressamente não admite esta presunção.

Art. 1.202. A posse de boa-fé só perde este caráter no caso e desde o momento em que as circunstâncias façam presumir que o possuidor não ignora que possui indevidamente.
- V. art. 113, CC.

Art. 1.203. Salvo prova em contrário, entende-se manter a posse o mesmo caráter com que foi adquirida.
- V. arts. 1.206 e 1.207, CC.

Capítulo II
DA AQUISIÇÃO DA POSSE

Art. 1.204. Adquire-se a posse desde o momento em que se torna possível o exercício, em nome próprio, de qualquer dos poderes inerentes à propriedade.
- V. arts. 1.238 a 1.274, CC.
- • V. art. 1.228, CC.

Art. 1.205. A posse pode ser adquirida:
I – pela própria pessoa que a pretende ou por seu representante;
- V. art. 116, CC.

II – por terceiro sem mandato, dependendo de ratificação.
- V. art. 662, CC.

Art. 1.206. A posse transmite-se aos herdeiros ou legatários do possuidor com os mesmos caracteres.
- V. arts. 1.203, 1.207 e 1.784, CC.
- • V. arts. 1.798 a 1.801 e 1.912, CC.

Art. 1.207. O sucessor universal continua de direito a posse do seu antecessor; e ao sucessor singular é facultado unir sua posse à do antecessor, para os efeitos legais.
- V. arts. 80, II, 1.203, 1.206, 1.243 e 1.784, CC.

Art. 1.208. Não induzem posse os atos de mera permissão ou tolerância assim como não autorizam a sua aquisição os atos violentos, ou clandestinos, senão depois de cessar a violência ou a clandestinidade.
- V. arts. 1.200 e 1.203, CC.
- • V. art. 1.198, CC.

Art. 1.209. A posse do imóvel faz presumir, até prova contrária, a das coisas móveis que nele estiverem.
- V. art. 92, CC.

Capítulo III
DOS EFEITOS DA POSSE

Art. 1.210. O possuidor tem direito a ser mantido na posse em caso de turbação, restituído no de esbulho, e segurado de violência iminente, se tiver justo receio de ser molestado.
- V. arts. 554 a 568, CPC/2015.
- V. art. 3º, IV, Lei 9.099/1995 (Juizados Especiais Cíveis e Criminais).
- • V. art. 1.197, CC.

§ 1º O possuidor turbado, ou esbulhado, poderá manter-se ou restituir-se por sua própria força, contanto que o faça logo; os atos de defesa, ou de desforço, não podem ir além do indispensável à manutenção, ou restituição da posse.
- V. art. 1.224, CC.
- V. arts. 23, II, e 25, CP.

§ 2º Não obsta à manutenção ou reintegração na posse a alegação de propriedade, ou de outro direito sobre a coisa.
- V. Súmula 487, STF.

Art. 1.211. Quando mais de uma pessoa se disser possuidora, manter-se-á provisoriamente a que tiver a coisa, se não estiver manifesto que a obteve de alguma das outras por modo vicioso.
- V. art. 1.200, CC.

Art. 1.212. O possuidor pode intentar a ação de esbulho, ou a de indenização, contra o terceiro, que recebeu a coisa esbulhada sabendo que o era.
- V. art. 555, I, CPC/2015.

Art. 1.213. O disposto nos artigos antecedentes não se aplica às servidões não aparentes, salvo quando os respectivos títulos provierem do possuidor do prédio serviente, ou daqueles de quem este o houve.
- V. arts. 1.378 a 1.389, CC.
- V. Súmula 415, STF.

Art. 1.224

CÓDIGO CIVIL

Art. 1.214. O possuidor de boa-fé tem direito, enquanto ela durar, aos frutos percebidos.

- V. arts. 237, 242, 878, 1.201, 1.216, 1.232 e 1.253 a 1.259, CC.

Parágrafo único. Os frutos pendentes ao tempo em que cessar a boa-fé devem ser restituídos, depois de deduzidas as despesas da produção e custeio; devem ser também restituídos os frutos colhidos com antecipação.

- V. art. 1.396, parágrafo único, CC.

Art. 1.215. Os frutos naturais e industriais reputam-se colhidos e percebidos, logo que são separados; os civis reputam-se percebidos dia por dia.

- V. arts. 242, 878 e 1.396 a 1.398, CC.

Art. 1.216. O possuidor de má-fé responde por todos os frutos colhidos e percebidos, bem como pelos que, por culpa sua, deixou de perceber, desde o momento em que se constituiu de má-fé; tem direito às despesas da produção e custeio.

- V. arts. 237, 242, 878 e 1.214, CC.
- V. art. 71, Dec.-lei 9.760/1946 (Bens imóveis da União).
- • V. arts. 1.201 a 1.203, CC.

Art. 1.217. O possuidor de boa-fé não responde pela perda ou deterioração da coisa, a que não der causa.

- V. arts. 1.201 e 1.218, CC.
- • V. arts. 1.201 a 1.203, CC.

Art. 1.218. O possuidor de má-fé responde pela perda, ou deterioração da coisa, ainda que acidentais, salvo se provar que de igual modo se teriam dado, estando ela na posse do reivindicante.

- V. art. 1.217, CC.
- • V. arts. 1.201 a 1.203, CC.

Art. 1.219. O possuidor de boa-fé tem direito à indenização das benfeitorias necessárias e úteis, bem como, quanto às voluptuárias, se não lhe forem pagas, a levantá-las, quando o puder sem detrimento da coisa, e poderá exercer o direito de retenção pelo valor das benfeitorias necessárias e úteis.

- V. arts. 96, 97, 242, 878, 1.201, CC.
- V. art. 810, CPC/2015.

- V. art. 71, Dec.-lei 9.760/1946 (Bens imóveis da União).
- V. art. 95, VIII, Lei 4.504/1964 (Estatuto da Terra).
- V. art. 25, *caput* e § 1°, Dec. 59.566/1966 (Regulamenta dispositivos da Lei 4.504/1964).
- V. art. 34, Lei 6.766/1979 (Parcelamento do solo urbano).
- V. art. 51, XVI, Lei 8.078/1990 (Código de Defesa do Consumidor).
- V. art. 27, § 4°, Lei 9.514/1997 (Sistema de Financiamento Imobiliário e alienação fiduciária de coisa imóvel).
- V. Súmula 158, STF.
- • V. arts. 96, 97, 1.201 a 1.203, CC.

Art. 1.220. Ao possuidor de má-fé serão ressarcidas somente as benfeitorias necessárias; não lhe assiste o direito de retenção pela importância destas, nem o de levantar as voluptuárias.

- V. arts. 96, §§ 1° e 3°, 242 e 878, CC.
- V. art. 71, Dec.-lei 9.760/1946 (Bens imóveis da União).
- • V. arts. 96, 97, 1.201 a 1.203, CC.

Art. 1.221. As benfeitorias compensam-se com os danos, e só obrigam ao ressarcimento se ao tempo da evicção ainda existirem.

- V. arts. 242, 368 a 380, 447 a 457 e 878, CC.

Art. 1.222. O reivindicante, obrigado a indenizar as benfeitorias ao possuidor de má-fé, tem o direito de optar entre o seu valor atual e o seu custo; ao possuidor de boa-fé indenizará pelo valor atual.

- V. arts. 242 e 878, CC.

Capítulo IV
DA PERDA DA POSSE

Art. 1.223. Perde-se a posse quando cessa, embora contra a vontade do possuidor, o poder sobre o bem, ao qual se refere o art. 1.196.

- V. arts. 1.275 e 1.387 a 1.389, CC.

Art. 1.224. Só se considera perdida a posse para quem não presenciou o esbulho, quando, tendo notícia dele, se abstém de retornar a coisa, ou, tentando recuperá-la, é violentamente repelido.

- V. art. 1.210, CC.

Art. 1.225

CÓDIGO CIVIL

TÍTULO II
DOS DIREITOS REAIS

Capítulo Único
DISPOSIÇÕES GERAIS

Art. 1.225. São direitos reais:
- V. arts. 80, 108 e 2.038, CC.

I – a propriedade;
- V. arts. 1.228 a 1.368, CC.
- V. art. 8º, Dec.-lei 4.657/1942 (Lei de Introdução às normas do Direito Brasileiro).

II – a superfície;
- V. arts. 1.369 a 1.377, CC.

III – as servidões;
- V. arts. 1.378 a 1.389, CC.

IV – o usufruto;
- V. arts. 1.390 a 1.411, CC.

V – o uso;
- V. arts. 1.412 e 1.413, CC.

VI – a habitação;
- V. arts. 1.414 a 1.416, CC.

VII – o direito do promitente comprador do imóvel;
- V. arts. 1.417 e 1.418, CC.

VIII – o penhor;
- V. arts. 1.419 a 1.472, CC.

IX – a hipoteca;
- V. arts. 1.419 a 1.430 e 1.473 a 1.505, CC.

X – a anticrese;
- V. arts. 1.419 a 1.430 e 1.506 a 1.510, CC.

XI – a concessão de uso especial para fins de moradia;
- Inciso XI acrescentado pela Lei 11.481/2007.
- •• V. MP 2.220/2001 (Concessão de uso especial de imóvel em área urbana).

XII – a concessão de direito real de uso.
- Inciso XII acrescentado pela Lei 11.481/2007.

Art. 1.226. Os direitos reais sobre coisas móveis, quando constituídos, ou transmitidos por atos entre vivos, só se adquirem com a tradição.
- V. arts. 291, 529, 541, parágrafo único, 579, 904, 1.267, 1.268 e 1.458, CC.

Art. 1.227. Os direitos reais sobre imóveis constituídos, ou transmitidos por atos entre vivos, só se adquirem com o registro no Cartório de Registro de Imóveis dos referidos títulos (arts. 1.245 a 1.247), salvo os casos expressos neste Código.
- V. arts. 108, 215, 1.227, 1.275, parágrafo único, 1.369, 1.378, 1.391, 1.417, 1.492 e 1.500, CC.
- V. art. 167, Lei 6.015/1973 (Lei de Registros Públicos).

TÍTULO III
DA PROPRIEDADE

Capítulo I
DA PROPRIEDADE EM GERAL

Seção I
Disposições preliminares

Art. 1.228. O proprietário tem a faculdade de usar, gozar e dispor da coisa, e o direito de reavê-la do poder de quem quer que injustamente a possua ou detenha.
- V. arts. 5º, XXII a XXVI, 20, 26, 170, III e VI, 176, *caput*, 182, 184, 185, parágrafo único, 186, 216, 225, §§ 4º a 6º, e 243, CF.
- V. art. 16, § 3º, ADCT.
- V. arts. 952, 1.231, 1.359 e 1.784, V, CC.
- V. arts. 91, II, 155 a 170 e 180, CP.
- V. Dec. 24.643/1934 (Código de Águas).
- V. Dec.-lei 25/1937 (Proteção do patrimônio histórico e artístico).
- V. Dec.-lei 3.240/1941 (Sequestro de bens por crimes em prejuízo da Fazenda Pública).
- V. Dec.-lei 3.365/1941 (Desapropriações por utilidade pública).
- V. Dec.-lei 7.315-A/1945 (Requisição, ocupação e desapropriação de imóveis destinados à defesa nacional).
- V. Dec.-lei 7.841/1945 (Código de Águas Minerais).
- V. art. 2º, III, Lei Del. 4/1962 (Intervenção no domínio econômico).
- V. Lei 4.132/1962 (Casos de desapropriação por interesse social).
- V. Dec. 51.644-A/1962 (Aprova o Regulamento da Lei Del. 4/1962).
- V. Lei 4.504/1964 (Estatuto da Terra).
- V. Dec.-lei 2/1966 (Requisição de bens ou serviços essenciais ao abastecimento da população).
- V. Dec. 57.844/1966 (Regulamenta artigos do Dec.-lei 2/1966).

Código Civil

- V. arts. 11 a 14, Dec. 58.824/1966 (Promulga a Convenção 107 sobre as populações indígenas e tribais).
- V. Dec.-lei 227/1967 (Código de Mineração).
- V. Dec.-lei 1.075/1970 (Imissão de posse, *initio litis*, em imóveis residenciais urbanos).
- V. Lei 5.709/1971 (Aquisição de imóvel rural por estrangeiro residente no Brasil).
- V. arts. 17 a 46, Lei 6.001/1973 (Estatuto do Índio).
- V. Dec. 74.965/1974 (Regulamenta a Lei 5.709/1971).
- V. Lei 6.442/1977 (Áreas de proteção para o funcionamento de estações radiogoniométricas e de radiomonitoragem).
- V. Lei 6.634/1979 (Faixa de fronteira).
- V. Lei 6.766/1979 (Parcelamento do solo urbano).
- V. Dec. 85.064/1980 (Regulamenta a Lei 6.634/1979).
- V. Lei 6.938/1981 (Política Nacional do Meio Ambiente).
- V. art. 43, Lei 7.565/1986 (Código Brasileiro de Aeronáutica).
- V. arts. 1º, 4º e 15, Lei 8.257/1991 (Desapropriação das glebas com culturas ilegais de plantas psicotrópicas).
- V. Dec. 577/1992 (Expropriação de glebas com culturas ilegais de plantas psicotrópicas).
- V. arts. 1º a 4º e 18, LC 76/1993 (Processo de desapropriação de imóvel rural para reforma agrária).
- V. arts. 2º e 5º, Lei 8.629/1993 (Regulamentação dos dispositivos constitucionais relativos à reforma agrária).
- V. art. 10, Lei 9.074/1995 (Outorga e prorrogações das concessões e permissões de serviços públicos).
- V. Lei 9.279/1996 (Propriedade industrial).
- V. Dec. 1.775/1996 (Procedimento administrativo de demarcação das terras indígenas).
- V. Lei 9.456/1997 (Lei de proteção de cultivares).
- V. Lei 9.478/1997 (Política Energética Nacional).
- V. Lei 9.503/1997 (Código de Trânsito Brasileiro).
- V. art. 25, Lei 9.605/1998 (Sanções derivadas de lesões ao meio ambiente).
- V. art. 3º, Lei 9.610/1998 (Direitos autorais).
- V. Lei 9.985/2000 (Sistema Nacional de Unidades de Conservação da Natureza).
- V. Lei 10.257/2001 (Estatuto da Cidade).

§ 1º O direito de propriedade deve ser exercido em consonância com as suas finalidades econômicas e sociais e de modo que sejam preservados, de conformidade com o estabelecido em lei especial, a flora, a fauna, as belezas naturais, o equilíbrio ecológico e o patrimônio histórico e artístico, bem como evitada a poluição do ar e das águas.

- V. arts. 5º, XXII e XXIII, 170, II e III, e 216, IV e V, CF.
- V. art. 2.035, parágrafo único, CC.
- •• V. art. 1.291, CC.

§ 2º São defesos os atos que não trazem ao proprietário qualquer comodidade, ou utilidade, e sejam animados pela intenção de prejudicar outrem.

- V. art. 1.277 a 1.313, CC.

§ 3º O proprietário pode ser privado da coisa, nos casos de desapropriação, por necessidade ou utilidade pública ou interesse social, bem como no de requisição, em caso de perigo público iminente.

- V. arts. 5º, XXIV a XXVI, 182, 184 a 186 e 243, CF.
- V. arts. 519 e 1.275, V, CC.

§ 4º O proprietário também pode ser privado da coisa se o imóvel reivindicado consistir em extensa área, na posse ininterrupta e de boa-fé, por mais de 5 (cinco) anos, de considerável número de pessoas, e estas nela houverem realizado, em conjunto ou separadamente, obras e serviços considerados pelo juiz de interesse social e econômico relevante.

- V. arts. 2.029 e 2.030, CC.
- •• V. arts. 1.238 a 1.242, CC.

§ 5º No caso do parágrafo antecedente, o juiz fixará a justa indenização devida ao proprietário; pago o preço, valerá a sentença como título para o registro do imóvel em nome dos possuidores.

Art. 1.229. A propriedade do solo abrange a do espaço aéreo e subsolo correspondentes, em altura e profundidade úteis ao seu exercício, não podendo o proprietário opor-se a atividades que sejam realizadas, por terceiros, a uma altura ou profundidade tais, que não tenha ele interesse legítimo em impedi-las.

- V. arts. 20, IX, e 176, CF.
- V. arts. 79 e 1.310, CC.
- V. art. 21, § 1º, Lei 10.257/2001 (Estatuto da Cidade).
- •• V. art. 1.228, § 2º, CC.

Art. 1.230. A propriedade do solo não abrange as jazidas, minas e demais recursos minerais, os potenciais de energia hidráulica, os monumentos arqueológicos e outros bens referidos por leis especiais.

- V. arts. 22, XII e parágrafo único, 23, III e IV, 24, VII, 176, 177 e 216, V, CF.
- V. arts. 43 a 45, ADCT.
- V. arts. 79 e 1.392, § 2º, CC.

Art. 1.231

CÓDIGO CIVIL

Parágrafo único. O proprietário do solo tem o direito de explorar os recursos minerais de emprego imediato na construção civil, desde que não submetidos a transformação industrial, obedecido o disposto em lei especial.
- V. art. 2º, parágrafo único, Dec.-lei 227/1967 (Código de Mineração).
- V. art. 1º, Lei 6.567/1978 (Exploração e aproveitamento de substâncias minerais).

Art. 1.231. A propriedade presume-se plena e exclusiva, até prova em contrário.
- V. arts. 1.228, *caput*, e 1.359, CC.

Art. 1.232. Os frutos e mais produtos da coisa pertencem, ainda quando separados, ao seu proprietário, salvo se, por preceito jurídico especial, couberem a outrem.
- V. arts. 1.214 a 1.216 e 1.254 a 1.257, CC.
- • V. art. 95, CC.

Seção II
Da descoberta

Art. 1.233. Quem quer que ache coisa alheia perdida há de restituí-la ao dono ou legítimo possuidor.
- V. art. 1.263, CC.
- V. art. 746, CPC/2015.
- V. art. 169, parágrafo único, II, CP.

Parágrafo único. Não o conhecendo, o descobridor fará por encontrá-lo, e, se não o encontrar, entregará a coisa achada à autoridade competente.

Art. 1.234. Aquele que restituir a coisa achada, nos termos do artigo antecedente, terá direito a uma recompensa não inferior a 5% (cinco por cento) do seu valor, e à indenização pelas despesas que houver feito com a conservação e transporte da coisa, se o dono não preferir abandoná-la.

Parágrafo único. Na determinação do montante da recompensa, considerar-se-á o esforço desenvolvido pelo descobridor para encontrar o dono, ou o legítimo possuidor, as possibilidades que teria este de encontrar a coisa e a situação econômica de ambos.

Art. 1.235. O descobridor responde pelos prejuízos causados ao proprietário ou possuidor legítimo, quando tiver procedido com dolo.

Art. 1.236. A autoridade competente dará conhecimento da descoberta através da imprensa e outros meios de informação, somente expedindo editais se o seu valor os comportar.
- V. art. 746, § 2º, CPC/2015.

Art. 1.237. Decorridos 60 (sessenta) dias da divulgação da notícia pela imprensa, ou do edital, não se apresentando quem comprove a propriedade sobre a coisa, será esta vendida em hasta pública e, deduzidas do preço as despesas, mais a recompensa do descobridor, pertencerá o remanescente ao Município em cuja circunscrição se deparou o objeto perdido.
- V. arts. 730, CPC/2015.

Parágrafo único. Sendo de diminuto valor, poderá o Município abandonar a coisa em favor de quem a achou.

Capítulo II
DA AQUISIÇÃO
DA PROPRIEDADE IMÓVEL

Seção I
Da usucapião

Art. 1.238. Aquele que, por 15 (quinze) anos, sem interrupção, nem oposição, possuir como seu um imóvel, adquire-lhe a propriedade, independentemente de título e boa-fé; podendo requerer ao juiz que assim o declare por sentença, a qual servirá de título para o registro no Cartório de Registro de Imóveis.
- V. arts. 183, § 3º, 191, parágrafo único, e 231, § 4º, CF.
- V. arts. 102 e 2.029, CC.
- V. art. 259, I, CPC/2015.
- V. art. 200, Dec.-lei 9.760/1946 (Bens imóveis da União).
- V. art. 38, Lei 6.001/1973 (Estatuto do Índio).
- V. art. 167, I-28, Lei 6.015/1973 (Lei de Registros Públicos).
- V. Súmulas 237, 340 e 391, STF.

Parágrafo único. O prazo estabelecido neste artigo reduzir-se-á a 10 (dez) anos se o possuidor houver estabelecido no imóvel a sua moradia habitual, ou nele realizado obras ou serviços de caráter produtivo.
- V. art. 2.029, CC.
- V. art. 33, Lei 6.001/1973 (Estatuto do Índio).

Art. 1.239. Aquele que, não sendo proprietário de imóvel rural ou urbano, possua como sua, por 5 (cinco) anos ininterruptos, sem oposição, área de terra em zona rural não superior a cinquenta hectares, tornando-a produtiva por seu trabalho ou de sua família, tendo nela sua moradia, adquirir-lhe-á a propriedade.

- V. arts. 183, § 3º, 191, parágrafo único, e 231, § 4º, CF.
- V. arts. 200, Dec.-lei 9.760/1946 (Bens imóveis da União).
- V. art. 98, Lei 4.504/1964 (Estatuto da Terra).
- V. art. 38, Lei 6.001/1973 (Estatuto do Índio).
- V. at. 1º, *caput*, Lei 6.969/1981 (Usucapião especial).
- V. Dec. 87.620/1982 (Usucapião especial de imóveis rurais em terras devolutas).

Art. 1.240. Aquele que possuir, como sua, área urbana de até duzentos e cinquenta metros quadrados, por 5 (cinco) anos ininterruptamente e sem oposição, utilizando-a para sua moradia ou de sua família, adquirir-lhe-á o domínio, desde que não seja proprietário de outro imóvel urbano ou rural.

- V. arts. 183, §§ 1º a 3º, 191, parágrafo único, e 231, § 4º, CF.
- V. art. 200, Dec.-lei 9.760/1946 (Bens imóveis da União).
- V. art. 38, Lei 6.001/1973 (Estatuto do Índio).
- V. art. 9º, Lei 10.257/2001 (Estatuto da Cidade).

§ 1º O título de domínio e a concessão de uso serão conferidos ao homem ou à mulher, ou a ambos, independentemente do estado civil.

§ 2º O direito previsto no parágrafo antecedente não será reconhecido ao mesmo possuidor mais de uma vez.

Art. 1.240-A. Aquele que exercer, por 2 (dois) anos ininterruptamente e sem oposição, posse direta, com exclusividade, sobre imóvel urbano de até 250m² (duzentos e cinquenta metros quadrados) cuja propriedade divida com ex-cônjuge ou ex-companheiro que abandonou o lar, utilizando-o para sua moradia ou de sua família, adquirir-lhe-á o domínio integral, desde que não seja proprietário de outro imóvel urbano ou rural.

- Artigo acrescentado pela Lei 12.424/2011.

§ 1º O direito previsto no *caput* não será reconhecido ao mesmo possuidor mais de uma vez.

§ 2º *(Vetado).*

Art. 1.241. Poderá o possuidor requerer ao juiz seja declarada adquirida, mediante usucapião, a propriedade imóvel.

- V. arts. 259, I, CPC/2015.

Parágrafo único. A declaração obtida na forma deste artigo constituirá título hábil para o registro no Cartório de Registro de Imóveis.

- V. arts. 167, I-28, e 226, Lei 6.015/1973 (Lei de Registros Públicos).

Art. 1.242. Adquire também a propriedade do imóvel aquele que, contínua e incontestadamente, com justo título e boa-fé, o possuir por 10 (dez) anos.

- V. arts. 183, § 3º, 191, parágrafo único, e 231, § 4º, CF.
- V. arts. 1.201 a 1.203 e 1.379, CC.
- V. arts. 200, Dec.-lei 9.760/1946 (Bens imóveis da União).
- V. art. 38, Lei 6.001/1973 (Estatuto do Índio).

Parágrafo único. Será de 5 (cinco) anos o prazo previsto neste artigo se o imóvel houver sido adquirido, onerosamente, com base no registro constante do respectivo cartório, cancelada posteriormente, desde que os possuidores nele tiverem estabelecido a sua moradia, ou realizado investimentos de interesse social e econômico.

- V. art. 2.029, CC.

Art. 1.243. O possuidor pode, para o fim de contar o tempo exigido pelos artigos antecedentes, acrescentar à sua posse a dos seus antecessores (art. 1.207), contanto que todas sejam contínuas, pacíficas e, nos casos do art. 1.242, com justo título e de boa-fé.

- V. art. 1.262, CC.

Art. 1.244. Estende-se ao possuidor o disposto quanto ao devedor acerca das causas que obstam, suspendem ou interrompem a prescrição, as quais também se aplicam à usucapião.

- V. arts. 197 a 204 e 1.262, CC.

Seção II
Da aquisição pelo registro do título

Art. 1.245. Transfere-se entre vivos a propriedade mediante o registro do título translativo no Registro de Imóveis.

- V. arts. 1.227 e 1.275, parágrafo único, CC.

Art. 1.246

CÓDIGO CIVIL

- V. Lei 5.972/1973 (Registro da propriedade de bens imóveis pela União).
- V. arts. 1º, § 1º, IV, e 167 a 288, Lei 6.015/1973 (Lei de Registros Públicos).

§ 1º Enquanto não se registrar o título translativo, o alienante continua a ser havido como dono do imóvel.

§ 2º Enquanto não se promover, por meio de ação própria, a decretação de invalidade do registro, e o respectivo cancelamento, o adquirente continua a ser havido como dono do imóvel.

Art. 1.246. O registro é eficaz desde o momento em que se apresentar o título ao oficial do registro, e este o prenotar no protocolo.

- V. arts. 182, 183, 186 e 205, Lei 6.015/1973 (Lei de Registros Públicos).

Art. 1.247. Se o teor do registro não exprimir a verdade, poderá o interessado reclamar que se retifique ou anule.

- V. art. 1.245, § 2º, CC.
- V. arts. 212 a 214 e 216, Lei 6.015/1973 (Lei de Registros Públicos).

Parágrafo único. Cancelado o registro, poderá o proprietário reivindicar o imóvel, independentemente da boa-fé ou do título do terceiro adquirente.

Seção III
Da aquisição por acessão

Art. 1.248. A acessão pode dar-se:

- V. art. 1.474, CC.
- V. arts. 16 a 28, Dec. 24.643/1934 (Código de Águas).

I – por formação de ilhas;
- V. art. 1.249, CC.

II – por aluvião;
- V. art. 1.250, CC.

III – por avulsão;
- V. art. 1.251, CC.

IV – por abandono de álveo;
- V. art. 1.252, CC.

V – por plantações ou construções.
- V. arts. 1.253 a 1.259, CC.

Subseção I
Das ilhas

Art. 1.249. As ilhas que se formarem em correntes comuns ou particulares pertencem aos proprietários ribeirinhos fronteiros, observadas as regras seguintes:

- V. arts. 20, IV, e 26, II e III, CF.
- V. arts. 23 a 25, Dec. 24.643/1934 (Código de Águas).

I – as que se formarem no meio do rio consideram-se acréscimos sobrevindos aos terrenos ribeirinhos fronteiros de ambas as margens, na proporção de suas testadas, até a linha que dividir o álveo em duas partes iguais;

II – as que se formarem entre a referida linha e uma das margens consideram-se acréscimos aos terrenos ribeirinhos fronteiros desse mesmo lado;

III – as que se formarem pelo desdobramento de um novo braço do rio continuam a pertencer aos proprietários dos terrenos à custa dos quais se constituíram.

Subseção II
Da aluvião

Art. 1.250. Os acréscimos formados, sucessiva e imperceptivelmente, por depósitos e aterros naturais ao longo das margens das correntes, ou pelo desvio das águas destas, pertencem aos donos dos terrenos marginais, sem indenização.

- V. arts. 16 a 18, Dec. 24.643/1934 (Código de Águas).

Parágrafo único. O terreno aluvial, que se formar em frente de prédios de proprietários diferentes, dividir-se-á entre eles, na proporção da testada de cada um sobre a antiga margem.

Subseção III
Da avulsão

Art. 1.251. Quando, por força natural violenta, uma porção de terra se destacar de um prédio e se juntar a outro, o dono deste adquirirá a propriedade do acréscimo, se indenizar o dono do primeiro ou, sem indenização, se, em 1 (um) ano, ninguém houver reclamado.

- V. arts. 19 a 22, Dec. 24.643/1934 (Código de Águas).

Parágrafo único. Recusando-se ao pagamento de indenização, o dono do prédio a que se juntou a porção de terra deverá aquiescer a que se remova a parte acrescida.

Código Civil

Subseção IV
Do álveo abandonado

Art. 1.252. O álveo abandonado de corrente pertence aos proprietários ribeirinhos das duas margens, sem que tenham indenização os donos dos terrenos por onde as águas abrirem novo curso, entendendo-se que os prédios marginais se estendem até o meio do álveo.

- V. arts. 9º, 10, 26 e 27, Dec. 24.643/1934 (Código de Águas).

Subseção V
Das construções e plantações

Art. 1.253. Toda construção ou plantação existente em um terreno presume-se feita pelo proprietário e à sua custa, até que se prove o contrário.

Art. 1.254. Aquele que semeia, planta ou edifica em terreno próprio com sementes, plantas ou materiais alheios, adquire a propriedade destes; mas fica obrigado a pagar-lhes o valor, além de responder por perdas e danos, se agiu de má-fé.

- V. arts. 402 a 405, 1.214 a 1.222 e 1.232, CC.

Art. 1.255. Aquele que semeia, planta ou edifica em terreno alheio perde, em proveito do proprietário, as sementes, plantas e construções; se procedeu de boa-fé, terá direito a indenização.

•• V. arts. 1.214 a 1.222, CC.

Parágrafo único. Se a construção ou a plantação exceder consideravelmente o valor do terreno, aquele que, de boa-fé, plantou ou edificou, adquirirá a propriedade do solo, mediante pagamento da indenização fixada judicialmente, se não houver acordo.

•• V. arts. 1.214 a 1.222, CC.

Art. 1.256. Se de ambas as partes houve má-fé, adquirirá o proprietário as sementes, plantas e construções, devendo ressarcir o valor das acessões.

•• V. arts. 1.214 a 1.222, CC.

Parágrafo único. Presume-se má-fé no proprietário, quando o trabalho de construção, ou lavoura, se fez em sua presença e sem impugnação sua.

•• V. arts. 1.214 a 1.222, CC.

Art. 1.257. O disposto no artigo antecedente aplica-se ao caso de não pertencerem as sementes, plantas ou materiais a quem de boa-fé os empregou em solo alheio.

•• V. arts. 1.214 a 1.222, CC.

Parágrafo único. O proprietário das sementes, plantas ou materiais poderá cobrar do proprietário do solo a indenização devida, quando não puder havê-la do plantador ou construtor.

•• V. arts. 1.214 a 1.222, CC.

Art. 1.258. Se a construção, feita parcialmente em solo próprio, invade solo alheio em proporção não superior à vigésima parte deste, adquire o construtor de boa-fé a propriedade da parte do solo invadido, se o valor da construção exceder o dessa parte, e responde por indenização que represente, também, o valor da área perdida e a desvalorização da área remanescente.

- V. arts. 402 a 405, CC.

•• V. arts. 1.214 a 1.222, CC.

Parágrafo único. Pagando em décuplo as perdas e danos previstos neste artigo, o construtor de má-fé adquire a propriedade da parte do solo que invadiu, se em proporção à vigésima parte deste e o valor da construção exceder consideravelmente o dessa parte e não se puder demolir a porção invasora sem grave prejuízo para a construção.

Art. 1.259. Se o construtor estiver de boa-fé, e a invasão do solo alheio exceder a vigésima parte deste, adquire a propriedade da parte do solo invadido, e responde por perdas e danos que abranjam o valor que a invasão acrescer à construção, mais o da área perdida e o da desvalorização da área remanescente; se de má-fé, é obrigado a demolir o que nele construiu, pagando as perdas e danos apurados, que serão devidos em dobro.

- V. arts. 402 a 405, CC.

•• V. arts. 1.214 a 1.222, CC.

Capítulo III
DA AQUISIÇÃO DA PROPRIEDADE MÓVEL

Seção I
Da usucapião

Art. 1.260. Aquele que possuir coisa móvel como sua, contínua e incontestadamente durante 3 (três) anos, com justo título e boa-fé, adquirir-lhe-á a propriedade.

- V. arts. 1.208 e 1.242, *caput*, CC.
- V. arts. 1.238 a 1.242, CC.

Art. 1.261. Se a posse da coisa móvel se prolongar por 5 (cinco) anos, produzirá usucapião, independentemente de título ou boa-fé.

- V. art. 1.238, *caput*, CC.
- V. arts. 1.238 a 1.242, CC.

Art. 1.262. Aplica-se à usucapião das coisas móveis o disposto nos arts. 1.243 e 1.244.

- V. Lei 370/1937 (Dinheiro e objetos de valor depositados nos estabelecimentos bancários e comerciais).
- V. Lei 2.313/1954 (Prazos dos contratos de depósito regular e voluntário de bens).
- V. arts. 1.238 a 1.242, CC.

Seção II
Da ocupação

Art. 1.263. Quem se assenhorear de coisa sem dono para logo lhe adquire a propriedade, não sendo essa ocupação defesa por lei.

- V. arts. 1.233 a 1.237 e 1.264 a 1.266, CC.

Seção III
Do achado do tesouro

Art. 1.264. O depósito antigo de coisas preciosas, oculto e de cujo dono não haja memória, será dividido por igual entre o proprietário do prédio e o que achar o tesouro casualmente.

- V. art. 1.392, § 3º, CC.
- V. art. 169, parágrafo único, I, CP.
- V. arts. 17 a 19, Lei 3.924/1961 (Monumentos arqueológicos e pré-históricos).
- V. Lei 7.542/1986 (Exploração de bens afundados em águas sob jurisdição nacional).

Art. 1.265. O tesouro pertencerá por inteiro ao proprietário do prédio, se for achado por ele, ou em pesquisa que ordenou, ou por terceiro não autorizado.

Art. 1.266. Achando-se em terreno aforado, o tesouro será dividido por igual entre o descobridor e o enfiteuta, ou será deste por inteiro quando ele mesmo seja o descobridor.

- V. art. 2.038, CC.

Seção IV
Da tradição

Art. 1.267. A propriedade das coisas não se transfere pelos negócios jurídicos antes da tradição.

- V. arts. 234, 237, 238, 291, 444, 492, 495, 541, parágrafo único, 809, 1.197 e 1.226, CC.

Parágrafo único. Subentende-se a tradição quando o transmitente continua a possuir pelo constituto possessório; quando cede ao adquirente o direito à restituição da coisa, que se encontra em poder de terceiro; ou quando o adquirente já está na posse da coisa, por ocasião do negócio jurídico.

- V. art. 1.197, CC.

Art. 1.268. Feita por quem não seja proprietário, a tradição não aliena a propriedade, exceto se a coisa, oferecida ao público, em leilão ou estabelecimento comercial, for transferida em circunstâncias tais que, ao adquirente de boa-fé, como a qualquer pessoa, o alienante se afigurar dono.

- V. arts. 307 e 1.912, CC.
- V. art. 171, § 2º, I, CP.
- V. art. 1.226, CC.

§ 1º Se o adquirente estiver de boa-fé e o alienante adquirir depois a propriedade, considera-se realizada a transferência desde o momento em que ocorreu a tradição.

- V. art. 1.420, § 1º, CC.

§ 2º Não transfere a propriedade a tradição, quando tiver por título um negócio jurídico nulo.

- V. arts. 166 a 170, CC.

Seção V
Da especificação

Art. 1.269. Aquele que, trabalhando em matéria-prima em parte alheia, obtiver es-

Art. 1.276

CÓDIGO CIVIL

pécie nova, desta será proprietário, se não se puder restituir à forma anterior.

• V. art. 1.274, CC.

Art. 1.270. Se toda a matéria for alheia, e não se puder reduzir à forma precedente, será do especificador de boa-fé a espécie nova.

§ 1º Sendo praticável a redução, ou quando impraticável, se a espécie nova se obteve de má-fé, pertencerá ao dono da matéria-prima.

• V. art. 1.271, CC.

§ 2º Em qualquer caso, inclusive o da pintura em relação à tela, da escultura, escritura e outro qualquer trabalho gráfico em relação à matéria-prima, a espécie nova será do especificador, se o seu valor exceder consideravelmente o da matéria-prima.

Art. 1.271. Aos prejudicados, nas hipóteses dos arts. 1.269 e 1.270, se ressarcirá o dano que sofrerem, menos ao especificador de má-fé, no caso do § 1º do artigo antecedente, quando irredutível a especificação.

Seção VI
Da confusão, da comissão e da adjunção

• Comissão conforme publicação oficial. No CC/1916 consta Comistão.

Art. 1.272. As coisas pertencentes a diversos donos, confundidas, misturadas ou adjuntadas sem o consentimento deles, continuam a pertencer-lhes, sendo possível separá-las sem deterioração.

• V. art. 87, CC.

§ 1º Não sendo possível a separação das coisas, ou exigindo dispêndio excessivo, subsiste indiviso o todo, cabendo a cada um dos donos quinhão proporcional ao valor da coisa com que entrou para a mistura ou agregado.

§ 2º Se uma das coisas puder considerar-se principal, o dono sê-lo-á do todo, indenizando os outros.

• V. art. 92, CC.

Art. 1.273. Se a confusão, comissão ou adjunção se operou de má-fé, à outra parte caberá escolher entre adquirir a propriedade do todo, pagando o que não for seu, abatida a indenização que lhe for devida, ou renunciar ao que lhe pertencer, caso em que será indenizado.

Art. 1.274. Se da união de matérias de natureza diversa se formar espécie nova, à confusão, comissão ou adjunção aplicam-se as normas dos arts. 1.272 e 1.273.

• V. arts. 1.269 a 1.271, CC.

Capítulo IV
DA PERDA DA PROPRIEDADE

Art. 1.275. Além das causas consideradas neste Código, perde-se a propriedade:

I – por alienação;

II – pela renúncia;

III – por abandono;

IV – por perecimento da coisa;

V – por desapropriação.

• V. art. 1.228, § 3º, CC.

Parágrafo único. Nos casos dos incisos I e II, os efeitos da perda da propriedade imóvel serão subordinados ao registro do título transmissivo ou do ato renunciativo no Registro de Imóveis.

• V. art. 1.245, CC.
• V. art. 167, I-29, Lei 6.015/1973 (Lei de Registros Públicos).

Art. 1.276. O imóvel urbano que o proprietário abandonar, com a intenção de não mais o conservar em seu patrimônio, e que se não encontrar na posse de outrem, poderá ser arrecadado, como bem vago, e passar, 3 (três) anos depois, à propriedade do Município ou à do Distrito Federal, se se achar nas respectivas circunscrições.

• V. arts. 26, 1.819 e 1.844, CC.
• V. arts. 746, CPC/2015.

§ 1º O imóvel situado na zona rural, abandonado nas mesmas circunstâncias, poderá ser arrecadado, como bem vago, e passar, 3 (três) anos depois, à propriedade da União, onde quer que ele se localize.

§ 2º Presumir-se-á de modo absoluto a intenção a que se refere este artigo, quando, cessados os atos de posse, deixar o proprietário de satisfazer os ônus fiscais.

Art. 1.277

CÓDIGO CIVIL

Capítulo V
DOS DIREITOS DE VIZINHANÇA

Seção I
Do uso anormal da propriedade

Art. 1.277. O proprietário ou o possuidor de um prédio tem o direito de fazer cessar as interferências prejudiciais à segurança, ao sossego e à saúde dos que o habitam, provocadas pela utilização de propriedade vizinha.

- V. art. 1.336, IV, CC.
- V. art. 19, Lei 4.591/1964 (Condomínio em edificações e incorporações imobiliárias).
- • V. art. 1.228, § 2º, CC.

Parágrafo único. Proíbem-se as interferências considerando-se a natureza da utilização, a localização do prédio, atendidas as normas que distribuem as edificações em zonas, e os limites ordinários de tolerância dos moradores da vizinhança.

- V. art. 1º, parágrafo único, Lei 10.257/2001 (Estatuto da Cidade).

Art. 1.278. O direito a que se refere o artigo antecedente não prevalece quando as interferências forem justificadas por interesse público, caso em que o proprietário ou o possuidor, causador delas, pagará ao vizinho indenização cabal.

Art. 1.279. Ainda que por decisão judicial devam ser toleradas as interferências, poderá o vizinho exigir a sua redução, ou eliminação, quando estas se tornarem possíveis.

Art. 1.280. O proprietário ou o possuidor tem direito a exigir do dono do prédio vizinho a demolição, ou a reparação deste, quando ameace ruína, bem como que lhe preste caução pelo dano iminente.

- V. arts. 618 e 937, CC.

Art. 1.281. O proprietário ou o possuidor de um prédio, em que alguém tenha direito de fazer obras, pode, no caso de dano iminente, exigir do autor delas as necessárias garantias contra o prejuízo eventual.

- V. arts. 1.297 e 1.311 a 1.313, CC.

Seção II
Das árvores limítrofes

Art. 1.282. A árvore, cujo tronco estiver na linha divisória, presume-se pertencer em comum aos donos dos prédios confinantes.

- V. art. 1.327, CC.

Art. 1.283. As raízes e os ramos de árvore, que ultrapassarem a estrema do prédio, poderão ser cortados, até o plano vertical divisório, pelo proprietário do terreno invadido.

Art. 1.284. Os frutos caídos de árvore do terreno vizinho pertencem ao dono do solo onde caírem, se este for de propriedade particular.

Seção III
Da passagem forçada

Art. 1.285. O dono do prédio que não tiver acesso a via pública, nascente ou porto, pode, mediante pagamento de indenização cabal, constranger o vizinho a lhe dar passagem, cujo rumo será judicialmente fixado, se necessário.

- V. arts. 1.378 a 1.389, CC.

§ 1º Sofrerá o constrangimento o vizinho cujo imóvel mais natural e facilmente se prestar à passagem.
§ 2º Se ocorrer alienação parcial do prédio, de modo que uma das partes perca o acesso a via pública, nascente ou porto, o proprietário da outra deve tolerar a passagem.
§ 3º Aplica-se o disposto no parágrafo antecedente ainda quando, antes da alienação, existia passagem através de imóvel vizinho, não estando o proprietário deste constrangido, depois, a dar uma outra.

Seção IV
Da passagem de cabos e tubulações

Art. 1.286. Mediante recebimento de indenização que atenda, também, à desvalorização da área remanescente, o proprietário é obrigado a tolerar a passagem, através de seu imóvel, de cabos, tubulações e outros condutos subterrâneos de serviços de utilidade pública, em proveito de proprietários vizinhos, quando de outro modo for impossível ou excessivamente onerosa.

Art. 1.296

CÓDIGO CIVIL

• V. art. 1.294, CC.

Parágrafo único. O proprietário prejudicado pode exigir que a instalação seja feita de modo menos gravoso ao prédio onerado, bem como, depois, seja removida, à sua custa, para outro local do imóvel.

Art. 1.287. Se as instalações oferecerem grave risco, será facultado ao proprietário do prédio onerado exigir a realização de obras de segurança.

• V. art. 1.294, CC.

Seção V
Das águas

•• V. arts. 1.228, § 1º, CC.

Art. 1.288. O dono ou o possuidor do prédio inferior é obrigado a receber as águas que correm naturalmente do superior, não podendo realizar obras que embaracem o seu fluxo; porém a condição natural e anterior do prédio inferior não pode ser agravada por obras feitas pelo dono ou possuidor do prédio superior.

• V. art. 69, Dec. 24.643/1934 (Código de Águas).

Art. 1.289. Quando as águas, artificialmente levadas ao prédio superior, ou aí colhidas, correrem dele para o inferior, poderá o dono deste reclamar que se desviem, ou se lhe indenize o prejuízo que sofrer.

• V. art. 92, Dec. 24.643/1934 (Código de Águas).

Parágrafo único. Da indenização será deduzido o valor do benefício obtido.

Art. 1.290. O proprietário de nascente, ou do solo onde caem águas pluviais, satisfeitas as necessidades de seu consumo, não pode impedir, ou desviar o curso natural das águas remanescentes pelos prédios inferiores.

• V. arts. 90 e 103, parágrafo único, item 2º, Dec. 24.643/1934 (Código de Águas).

Art. 1.291. O possuidor do imóvel superior não poderá poluir as águas indispensáveis às primeiras necessidades da vida dos possuidores dos imóveis inferiores; as demais, que poluir, deverá recuperar, ressarcindo os danos que estes sofrerem, se não for possível a recuperação ou o desvio do curso artificial das águas.

• V. art. 1.309, CC.
• V. art. 71, Dec. 24.643/1934 (Código de Águas).

•• V. arts. 1.228, § 1º, CC.

Art. 1.292. O proprietário tem direito de construir barragens, açudes, ou outras obras para represamento de água em seu prédio; se as águas represadas invadirem prédio alheio, será o seu proprietário indenizado pelo dano sofrido, deduzido o valor do benefício obtido.

• V. art. 119, Dec. 24.643/1934 (Código de Águas).

Art. 1.293. É permitido a quem quer que seja, mediante prévia indenização aos proprietários prejudicados, construir canais, através de prédios alheios, para receber as águas a que tenha direito, indispensáveis às primeiras necessidades da vida, e, desde que não cause prejuízo considerável à agricultura e à indústria, bem como para o escoamento de águas supérfluas ou acumuladas, ou a drenagem de terrenos.

• V. art. 1.296, CC.
• V. arts. 117 a 138, Dec. 24.643/1934 (Código de Águas).

§ 1º Ao proprietário prejudicado, em tal caso, também assiste direito a ressarcimento pelos danos que de futuro lhe advenham da infiltração ou irrupção das águas, bem como da deterioração das obras destinadas a canalizá-las.

§ 2º O proprietário prejudicado poderá exigir que seja subterrânea a canalização que atravessa áreas edificadas, pátios, hortas, jardins ou quintais.

§ 3º O aqueduto será construído de maneira que cause o menor prejuízo aos proprietários dos imóveis vizinhos, e a expensas do seu dono, a quem incumbem também as despesas de conservação.

Art. 1.294. Aplica-se ao direito de aqueduto o disposto nos arts. 1.286 e 1.287.

Art. 1.295. O aqueduto não impedirá que os proprietários cerquem os imóveis e construam sobre ele, sem prejuízo para a sua segurança e conservação; os proprietários dos imóveis poderão usar das águas do aqueduto para as primeiras necessidades da vida.

Art. 1.296. Havendo no aqueduto águas supérfluas, outros poderão canalizá-las, para os fins previstos no art. 1.293, mediante pagamento de indenização aos proprietários prejudicados e ao dono do aqueduto, de im-

Art. 1.297

CÓDIGO CIVIL

portância equivalente às despesas que então seriam necessárias para a condução das águas até o ponto de derivação.

Parágrafo único. Têm preferência os proprietários dos imóveis atravessados pelo aqueduto.

Seção VI
Dos limites entre prédios e do direito de tapagem

Art. 1.297. O proprietário tem direito a cercar, murar, valar ou tapar de qualquer modo o seu prédio, urbano ou rural, e pode constranger o seu confinante a proceder com ele à demarcação entre os dois prédios, a aviventar rumos apagados e a renovar marcos destruídos ou arruinados, repartindo-se proporcionalmente entre os interessados as respectivas despesas.

- V. arts. 1.327 a 1.330, CC.
- V. arts. 89 e 569 a 587, CPC/2015.
- V. art. 167, I-23, Lei 6.015/1973 (Lei de Registros Públicos).
- •• V. arts. 1.327 a 1.330, CC.

§ 1º Os intervalos, muros, cercas e os tapumes divisórios, tais como sebes vivas, cercas de arame ou de madeira, valas ou banquetas, presumem-se, até prova em contrário, pertencer a ambos os proprietários confinantes, sendo estes obrigados, de conformidade com os costumes da localidade, a concorrer, em partes iguais, para as despesas de sua construção e conservação.

- •• V. arts. 1.327 a 1.330, CC.

§ 2º As sebes vivas, as árvores, ou plantas quaisquer, que servem de marco divisório, só podem ser cortadas, ou arrancadas, de comum acordo entre proprietários.

- •• V. arts. 1.327 a 1.330, CC.

§ 3º A construção de tapumes especiais para impedir a passagem de animais de pequeno porte, ou para outro fim, pode ser exigida de quem provocou a necessidade deles, pelo proprietário, que não está obrigado a concorrer para as despesas.

- V. art. 1.313, II, CC.
- •• V. arts. 1.327 a 1.330, CC.

Art. 1.298. Sendo confusos, os limites, em falta de outro meio, se determinarão de conformidade com a posse justa; e, não se achando ela provada, o terreno contestado se dividirá por partes iguais entre os prédios, ou, não sendo possível a divisão cômoda, se adjudicará a um deles, mediante indenização ao outro.

- V. art. 1.327, CC.
- •• V. arts. 1.327 a 1.330, CC.

Seção VII
Do direito de construir

Art. 1.299. O proprietário pode levantar em seu terreno as construções que lhe aprouver, salvo o direito dos vizinhos e os regulamentos administrativos.

- V. art. 18, Dec.-lei 25/1937 (Proteção do patrimônio histórico e artístico).
- V. art. 43, Lei 7.565/1986 (Código Brasileiro de Aeronáutica).
- V. Súmula 142, TFR.
- •• V. arts. 1.277 e 1.298, CC.

Art. 1.300. O proprietário construirá de maneira que o seu prédio não despeje águas, diretamente, sobre o prédio vizinho.

- V. art. 105, Dec. 24.643/1934 (Código de Águas).
- •• V. arts. 1.288 a 1.296, CC.

Art. 1.301. É defeso abrir janelas, ou fazer eirado, terraço ou varanda, a menos de metro e meio do terreno vizinho.

- V. Súmulas 120 e 414, STF.
- •• V. arts. 1.288 a 1.298, CC.

§ 1º As janelas cuja visão não incida sobre a linha divisória, bem como as perpendiculares, não poderão ser abertas a menos de setenta e cinco centímetros.

§ 2º As disposições deste artigo não abrangem as aberturas para luz ou ventilação, não maiores de dez centímetros de largura sobre vinte de comprimento e construídas a mais de dois metros de altura de cada piso.

Art. 1.302. O proprietário pode, no lapso de ano e dia após a conclusão da obra, exigir que se desfaça janela, sacada, terraço ou goteira sobre o seu prédio; escoado o prazo, não poderá, por sua vez, edificar sem atender ao disposto no artigo antecedente, nem impedir, ou dificultar, o escoamento das águas da goteira, com prejuízo para o prédio vizinho.

- V. art. 1.312, CC.

Parágrafo único. Em se tratando de vãos, ou aberturas para luz, seja qual for a quantidade, altura e disposição, o vizinho poderá, a todo tempo, levantar a sua edificação, ou contramuro, ainda que lhes vede a claridade.

Art. 1.303. Na zona rural, não será permitido levantar edificações a menos de três metros do terreno vizinho.

Art. 1.304. Nas cidades, vilas e povoados cuja edificação estiver adstrita a alinhamento, o dono de um terreno pode nele edificar, madeirando na parede divisória do prédio contíguo, se ela suportar a nova construção; mas terá de embolsar ao vizinho metade do valor da parede e do chão correspondentes.

- V. arts. 1.327 a 1.330, CC.

Art. 1.305. O confinante, que primeiro construir, pode assentar a parede divisória até meia espessura no terreno contíguo, sem perder por isso o direito a haver meio valor dela se o vizinho a travejar, caso em que o primeiro fixará a largura e a profundidade do alicerce.

- • V. arts. 1.297, 1.298, 1.327 a 1.330, CC.

Parágrafo único. Se a parede divisória pertencer a um dos vizinhos, e não tiver capacidade para ser travejada pelo outro, não poderá este fazer-lhe alicerce ao pé sem prestar caução àquele, pelo risco a que expõe a construção anterior.

Art. 1.306. O condômino da parede-meia pode utilizá-la até ao meio da espessura, não pondo em risco a segurança ou a separação dos dois prédios, e avisando previamente o outro condômino das obras que ali tenciona fazer; não pode sem consentimento do outro, fazer, na parede-meia, armários, ou obras semelhantes, correspondendo a outras, da mesma natureza, já feitas do lado oposto.

- • V. arts. 1.297, 1.298, 1.327 a 1.330, CC.

Art. 1.307. Qualquer dos confinantes pode altear a parede divisória, se necessário reconstruindo-a, para suportar o alteamento; arcará com todas as despesas, inclusive de conservação, ou com metade, se o vizinho adquirir meação também na parte aumentada.

- • V. arts. 1.297, 1.298, 1.327 a 1.330, CC.

Art. 1.308. Não é lícito encostar à parede divisória chaminés, fogões, fornos ou quaisquer aparelhos ou depósitos suscetíveis de produzir infiltrações ou interferências prejudiciais ao vizinho.

- • V. arts. 1.297, 1.298, 1.327 a 1.330, CC.

Parágrafo único. A disposição anterior não abrange as chaminés ordinárias e os fogões de cozinha.

Art. 1.309. São proibidas construções capazes de poluir, ou inutilizar, para uso ordinário, a água do poço, ou nascente alheia, a elas preexistentes.

- V. art. 1.291, CC.
- V. art. 98, Dec. 24.643/1934 (Código de Águas).
- • V. arts. 1.228, § 1º, 1.288 a 1.298, 1.327 a 1.330, CC.

Art. 1.310. Não é permitido fazer escavações ou quaisquer obras que tirem ao poço ou à nascente de outrem a água indispensável às suas necessidades normais.

- V. arts. 96 e 97, Dec. 24.643/1934 (Código de Águas).
- • V. arts. 1.288 a 1.296, CC.

Art. 1.311. Não é permitida a execução de qualquer obra ou serviço suscetível de provocar desmoronamento ou deslocação de terra, ou que comprometa a segurança do prédio vizinho, senão após haverem sido feitas as obras acautelatórias.

- V. art. 1.281, CC.
- • V. arts. 1.280 e 1.281, CC.

Parágrafo único. O proprietário do prédio vizinho tem direito a ressarcimento pelos prejuízos que sofrer, não obstante haverem sido realizadas as obras acautelatórias.

Art. 1.312. Todo aquele que violar as proibições estabelecidas nesta Seção é obrigado a demolir as construções feitas, respondendo por perdas e danos.

- V. arts. 402 a 405 e 1.302, CC.
- V. art. 99, Dec. 24.643/1934 (Código de Águas).
- • V. arts. 1.280 e 1.281, CC.

Art. 1.313. O proprietário ou ocupante do imóvel é obrigado a tolerar que o vizinho entre no prédio, mediante prévio aviso, para:

I – dele temporariamente usar, quando indispensável à reparação, construção, re-

Art. 1.314

construção ou limpeza de sua casa ou do muro divisório;

II – apoderar-se de coisas suas, inclusive animais que aí se encontrem casualmente.

- V. art. 1.297, § 3º, CC.

§ 1º O disposto neste artigo aplica-se aos casos de limpeza ou reparação de esgotos, goteiras, aparelhos higiênicos, poços e nascentes e ao aparo de cerca viva.

§ 2º Na hipótese do inciso II, uma vez entregues as coisas buscadas pelo vizinho, poderá ser impedida a sua entrada no imóvel.

§ 3º Se do exercício do direito assegurado neste artigo provier dano, terá o prejudicado direito a ressarcimento.

- V. art. 1.281, CC.

Capítulo VI
DO CONDOMÍNIO GERAL

Seção I
Do condomínio voluntário

Subseção I
Dos direitos e deveres dos condôminos

Art. 1.314. Cada condômino pode usar da coisa conforme sua destinação, sobre ela exercer todos os direitos compatíveis com a indivisão, reivindicá-la de terceiro, defender a sua posse e alhear a respectiva parte ideal, ou gravá-la.

- V. arts. 504, 1.199, 1.320, 1.327 a 1.330 e 1.791, parágrafo único, CC.
- • V. art. 1.199, CC.

Parágrafo único. Nenhum dos condôminos pode alterar a destinação da coisa comum, nem dar posse, uso ou gozo dela a estranhos, sem o consenso dos outros.

Art. 1.315. O condômino é obrigado, na proporção de sua parte, a concorrer para as despesas de conservação ou divisão da coisa, e a suportar os ônus a que estiver sujeita.

- V. art. 3º, Lei 2.757/1956 (Situação dos empregados de prédios de apartamentos residenciais).

Parágrafo único. Presumem-se iguais as partes ideais dos condôminos.

- V. art. 1.325, § 3º, CC.

Art. 1.316. Pode o condômino eximir-se do pagamento das despesas e dívidas, renunciando à parte ideal.

§ 1º Se os demais condôminos assumem as despesas e as dívidas, a renúncia lhes aproveita, adquirindo a parte ideal de quem renunciou, na proporção dos pagamentos que fizerem.

§ 2º Se não há condômino que faça os pagamentos, a coisa comum será dividida.

- V. art. 1.318, CC.

Art. 1.317. Quando a dívida houver sido contraída por todos os condôminos, sem se discriminar a parte de cada um na obrigação, nem se estipular solidariedade, entende-se que cada qual se obrigou proporcionalmente ao seu quinhão na coisa comum.

- V. arts. 275 a 285, CC.

Art. 1.318. As dívidas contraídas por um dos condôminos em proveito da comunhão, e durante ela, obrigam o contratante; mas terá este ação regressiva contra os demais.

- V. art. 1.316, § 2º, CC.
- V. art. 125, II, CPC/2015.

Art. 1.319. Cada condômino responde aos outros pelos frutos que percebeu da coisa e pelo dano que lhe causou.

- V. art. 1.326, CC.

Art. 1.320. A todo tempo será lícito ao condômino exigir a divisão da coisa comum, respondendo o quinhão de cada um pela sua parte nas despesas da divisão.

- V. arts. 88, 504 e 1.322, CC.
- V. arts. 569, 570, 572 e 588 a 598, CPC/2015.

§ 1º Podem os condôminos acordar que fique indivisa a coisa comum por prazo não maior de 5 (cinco) anos, suscetível de prorrogação ulterior.

§ 2º Não poderá exceder de 5 (cinco) anos a indivisão estabelecida pelo doador ou pelo testador.

§ 3º A requerimento de qualquer interessado e se graves razões o aconselharem, pode o juiz determinar a divisão da coisa comum antes do prazo.

Art. 1.321. Aplicam-se à divisão do condomínio, no que couber, as regras de partilha de herança (arts. 2.013 a 2.022).

CÓDIGO CIVIL

Art. 1.322. Quando a coisa for indivisível, e os consortes não quiserem adjudicá-la a um só, indenizando os outros, será vendida e repartido o apurado, preferindo-se, na venda, em condições iguais de oferta, o condômino ao estranho, e entre os condôminos aquele que tiver na coisa benfeitorias mais valiosas, e, não as havendo, o de quinhão maior.

- V. arts. 87, 88, 96, 97, 504, 1.489, IV, e 2.019, CC.
- V. art. 725, IV, CPC/2015.
- V. art. 65, Lei 4.504/1964 (Estatuto da Terra).
- V. art. 8º, Lei 5.868/1972 (Sistema Nacional de Cadastro Rural).
- V. Dec. 72.106/1973 (Regulamenta a Lei 5.868/1972).
- V. art. 53, Lei 6.766/1979 (Parcelamento do solo urbano).
- V. Lei 10.257/2001 (Estatuto da Cidade).
- V. art. 96, CC.

Parágrafo único. Se nenhum dos condôminos tem benfeitorias na coisa comum e participam todos do condomínio em partes iguais, realizar-se-á licitação entre estranhos e, antes de adjudicada a coisa àquele que ofereceu maior lanço, proceder-se-á à licitação entre os condôminos, a fim de que a coisa seja adjudicada a quem afinal oferecer melhor lanço, preferindo, em condições iguais, o condômino ao estranho.

Subseção II
Da administração do condomínio

Art. 1.323. Deliberando a maioria sobre a administração da coisa comum, escolherá o administrador, que poderá ser estranho ao condomínio; resolvendo alugá-la, preferir-se-á, em condições iguais, o condômino ao que não o é.

- V. art. 725, IV, CPC/2015.

Art. 1.324. O condômino que administrar sem oposição dos outros presume-se representante comum.

- V. arts. 115 a 120 e 656, CC.
- V. art. 2º, Lei 2.757/1956 (Situação dos empregados de prédios de apartamentos residenciais).

Art. 1.325. A maioria será calculada pelo valor dos quinhões.

§ 1º As deliberações serão obrigatórias, sendo tomadas por maioria absoluta.

§ 2º Não sendo possível alcançar maioria absoluta, decidirá o juiz, a requerimento de qualquer condômino, ouvidos os outros.

§ 3º Havendo dúvida quanto ao valor do quinhão, será este avaliado judicialmente.

- V. art. 1.315, parágrafo único, CC.

Art. 1.326. Os frutos da coisa comum, não havendo em contrário estipulação ou disposição de última vontade, serão partilhados na proporção dos quinhões.

- V. arts. 1.315, parágrafo único, 1.319 e 1.325, § 3º, CC.

Seção II
Do condomínio necessário

Art. 1.327. O condomínio por meação de paredes, cercas, muros e valas regula-se pelo disposto neste Código (arts. 1.297 e 1.298; 1.304 a 1.307).

- V. arts. 1.282 a 1.284, CC.

Art. 1.328. O proprietário que tiver direito a estremar um imóvel com paredes, cercas, muros, valas ou valados, tê-lo-á igualmente a adquirir meação na parede, muro, valado ou cerca do vizinho, embolsando-lhe metade do que atualmente valer a obra e o terreno por ela ocupado (art. 1.297).

- V. art. 1.330, CC.

Art. 1.329. Não convindo os dois no preço da obra, será este arbitrado por peritos, a expensas de ambos os confinantes.

Art. 1.330. Qualquer que seja o valor da meação, enquanto aquele que pretender a divisão não o pagar ou depositar, nenhum uso poderá fazer na parede, muro, vala, cerca ou qualquer outra obra divisória.

Capítulo VII
DO CONDOMÍNIO EDILÍCIO

Seção I
Disposições gerais

Art. 1.331. Pode haver, em edificações, partes que são propriedade exclusiva, e partes que são propriedade comum dos condôminos.

- V. arts. 1º, § 2º, e 3º, Lei 4.591/1964 (Condomínio em edificações e incorporações imobiliárias).

Art. 1.332

CÓDIGO CIVIL

§ 1º As partes suscetíveis de utilização independente, tais como apartamentos, escritórios, salas, lojas e sobrelojas, com as respectivas frações ideais no solo e nas outras partes comuns, sujeitam-se à propriedade exclusiva, podendo ser alienadas e gravadas livremente por seus proprietários, exceto os abrigos para veículos, que não poderão ser alienados ou alugados a pessoas estranhas ao condomínio, salvo autorização expressa na convenção de condomínio.

- § 1º com redação determinada pela Lei 12.607/2012 (*DOU* 05.04.2012), em vigor 45 (quarenta e cinco) dias após a data de sua publicação, de acordo com o art. 1º do Dec.-lei 4.657/1942.

§ 2º O solo, a estrutura do prédio, o telhado, a rede geral de distribuição de água, esgoto, gás e eletricidade, a calefação e refrigeração centrais, e as demais partes comuns, inclusive o acesso ao logradouro público, são utilizados em comum pelos condôminos, não podendo ser alienados separadamente, ou divididos.

§ 3º A cada unidade imobiliária caberá, como parte inseparável, uma fração ideal no solo e nas outras partes comuns, que será identificada em forma decimal ou ordinária no instrumento de instituição do condomínio.

- § 3º com redação determinada pela Lei 10.931/2004.

§ 4º Nenhuma unidade imobiliária pode ser privada do acesso ao logradouro público.

§ 5º O terraço de cobertura é parte comum, salvo disposição contrária da escritura de constituição do condomínio.

- V. art. 1.344, CC.

Art. 1.332. Institui-se o condomínio edilício por ato entre vivos ou testamento, registrado no Cartório de Registro de Imóveis, devendo constar daquele ato, além do disposto em lei especial:

- V. art. 7º, Lei 4.591/1964 (Condomínio em edificações e incorporações imobiliárias).
- V. art. 167, I-17, Lei 6.015/1973 (Lei de Registros Públicos).
- V. Súmula 260, STJ.

I – a discriminação e individualização das unidades de propriedade exclusiva, estremadas uma das outras e das partes comuns;

II – a determinação da fração ideal atribuída a cada unidade, relativamente ao terreno e partes comuns;

III – o fim a que as unidades se destinam.

Art. 1.333. A convenção que constitui o condomínio edilício deve ser subscrita pelos titulares de, no mínimo, 2/3 (dois terços) das frações ideais e torna-se, desde logo, obrigatória para os titulares de direito sobre as unidades, ou para quantos sobre elas tenham posse ou detenção.

- V. art. 9º, §§ 1º e 2º, Lei 4.591/1964 (Condomínio em edificações e incorporações imobiliárias).

Parágrafo único. Para ser oponível contra terceiros, a convenção do condomínio deverá ser registrada no Cartório de Registro de Imóveis.

Art. 1.334. Além das cláusulas referidas no art. 1.332 e das que os interessados houverem por bem estipular, a convenção determinará:

- V. art. 9º, § 3º, Lei 4.591/1964 (Condomínio em edificações e incorporações imobiliárias).

I – a quota proporcional e o modo de pagamento das contribuições dos condôminos para atender às despesas ordinárias e extraordinárias do condomínio;

II – sua forma de administração;

III – a competência das assembleias, forma de sua convocação e *quorum* exigido para as deliberações;

IV – as sanções a que estão sujeitos os condôminos, ou possuidores;

V – o regimento interno.

§ 1º A convenção poderá ser feita por escritura pública ou por instrumento particular.

§ 2º São equiparados aos proprietários, para os fins deste artigo, salvo disposição em contrário, os promitentes compradores e os cessionários de direitos relativos às unidades autônomas.

Art. 1.335. São direitos do condômino:

- V. art. 19, Lei 4.591/1964 (Condomínio em edificações e incorporações imobiliárias).

I – usar, fruir e livremente dispor das suas unidades;

- - V. art. 1.228, CC.

II – usar das partes comuns, conforme a sua destinação, e contanto que não exclua a utilização dos demais compossuidores;

III – votar nas deliberações da assembleia e delas participar, estando quite.

Art. 1.336. São deveres do condômino:
- V. arts. 10, *caput* e § 1º, 12, *caput* e § 3º, e 21, *caput*, Lei 4.591/1964 (Condomínio em edificações e incorporações imobiliárias).

I – contribuir para as despesas do condomínio na proporção das suas frações ideais, salvo disposição em contrário na convenção;
- Inciso I com redação determinada pela Lei 10.931/2004.

II – não realizar obras que comprometam a segurança da edificação;
III – não alterar a forma e a cor da fachada, das partes e esquadrias externas;
IV – dar às suas partes a mesma destinação que tem a edificação, e não as utilizar de maneira prejudicial ao sossego, salubridade e segurança dos possuidores, ou aos bons costumes.
- V. art. 1.277, CC.

§ 1º O condômino que não pagar a sua contribuição ficará sujeito aos juros moratórios convencionados ou, não sendo previstos, os de 1% (um por cento) ao mês e multa de até 2% (dois por cento) sobre o débito.

§ 2º O condômino, que não cumprir qualquer dos deveres estabelecidos nos incisos II a IV, pagará a multa prevista no ato constitutivo ou na convenção, não podendo ela ser superior a cinco vezes o valor de suas contribuições mensais, independentemente das perdas e danos que se apurarem; não havendo disposição expressa, caberá à assembleia geral, por 2/3 (dois terços) no mínimo dos condôminos restantes, deliberar sobre a cobrança da multa.

Art. 1.337. O condômino, ou possuidor, que não cumpre reiteradamente com os seus deveres perante o condomínio poderá, por deliberação de 3/4 (três quartos) dos condôminos restantes, ser constrangido a pagar multa correspondente até ao quíntuplo do valor atribuído à contribuição para as despesas condominiais, conforme a gravidade das faltas e a reiteração, independentemente das perdas e danos que se apurem.
- V. arts. 402 a 405, CC.

- V. art. 21, *caput*, Lei 4.591/1964 (Condomínio em edificações e incorporações imobiliárias).

Parágrafo único. O condômino ou possuidor que, por seu reiterado comportamento antissocial, gerar incompatibilidade de convivência com os demais condôminos ou possuidores, poderá ser constrangido a pagar multa correspondente ao décuplo do valor atribuído à contribuição para as despesas condominiais, até ulterior deliberação da assembleia.

Art. 1.338. Resolvendo o condômino alugar área no abrigo para veículos, preferir-se-á, em condições iguais, qualquer dos condôminos a estranhos, e, entre todos, os possuidores.
- V. art. 2º, §§ 1º e 2º, Lei 4.591/1964 (Condomínio em edificações e incorporações imobiliárias).
- • V. art. 1.196, CC.
- • V. Súmula 449, STJ.

Art. 1.339. Os direitos de cada condômino às partes comuns são inseparáveis de sua propriedade exclusiva; são também inseparáveis das frações ideais correspondentes as unidades imobiliárias, com as suas partes acessórias.
- V. art. 3º, Lei 4.591/1964 (Condomínio em edificações e incorporações imobiliárias).

§ 1º Nos casos deste artigo é proibido alienar ou gravar os bens em separado.

§ 2º É permitido ao condômino alienar parte acessória de sua unidade imobiliária a outro condômino, só podendo fazê-lo a terceiro se essa faculdade constar do ato constitutivo do condomínio, e se a ela não se opuser a respectiva assembleia geral.

Art. 1.340. As despesas relativas a partes comuns de uso exclusivo de um condômino, ou de alguns deles, incumbem a quem delas se serve.

Art. 1.341. A realização de obras no condomínio depende:
- V. art. 12, § 4º, Lei 4.591/1964 (Condomínio em edificações e incorporações imobiliárias).

I – se voluptuárias, de voto de 2/3 (dois terços) dos condôminos;
II – se úteis, de voto da maioria dos condôminos.

§ 1º As obras ou reparações necessárias podem ser realizadas, independentemente de autorização, pelo síndico, ou, em caso de

Art. 1.342

CÓDIGO CIVIL

omissão ou impedimento deste, por qualquer condômino.

§ 2º Se as obras ou reparos necessários forem urgentes e importarem em despesas excessivas, determinada sua realização, o síndico ou o condômino que tomou a iniciativa delas dará ciência à assembleia, que deverá ser convocada imediatamente.

§ 3º Não sendo urgentes, as obras ou reparos necessários, que importarem em despesas excessivas, somente poderão ser efetuadas após autorização da assembleia, especialmente convocada pelo síndico, ou, em caso de omissão ou impedimento deste, por qualquer dos condôminos.

§ 4º O condômino que realizar obras ou reparos necessários será reembolsado das despesas que efetuar, não tendo direito à restituição das que fizer com obras ou reparos de outra natureza, embora de interesse comum.

Art. 1.342. A realização de obras, em partes comuns, em acréscimo às já existentes, a fim de lhes facilitar ou aumentar a utilização, depende da aprovação de 2/3 (dois terços) dos votos dos condôminos, não sendo permitidas construções, nas partes comuns, suscetíveis de prejudicar a utilização, por qualquer dos condôminos, das partes próprias, ou comuns.

* V. art. 10, IV, Lei 4.591/1964 (Condomínio em edificações e incorporações imobiliárias).

Art. 1.343. A construção de outro pavimento, ou, no solo comum, de outro edifício, destinado a conter novas unidades imobiliárias, depende da aprovação da unanimidade dos condôminos.

* V. art. 1.351, CC.

Art. 1.344. Ao proprietário do terraço de cobertura incumbem as despesas da sua conservação, de modo que não haja danos às unidades imobiliárias inferiores.

* V. art. 1.331, § 5º, CC.

Art. 1.345. O adquirente de unidade responde pelos débitos do alienante, em relação ao condomínio, inclusive multas e juros moratórios.

Art. 1.346. É obrigatório o seguro de toda a edificação contra o risco de incêndio ou destruição, total ou parcial.

* V. art. 13, Lei 4.591/1964 (Condomínio em edificações e incorporações imobiliárias).

Seção II
Da administração do condomínio

Art. 1.347. A assembleia escolherá um síndico, que poderá não ser condômino, para administrar o condomínio, por prazo não superior a 2 (dois) anos, o qual poderá renovar-se.

* V. art. 22, *caput*, Lei 4.591/1964 (Condomínio em edificações e incorporações imobiliárias).

Art. 1.348. Compete ao síndico:

* V. arts. 22, §§ 1º e 2º, e 24, *caput*, Lei 4.591/1964 (Condomínio em edificações e incorporações imobiliárias).

I – convocar a assembleia dos condôminos;

II – representar, ativa e passivamente, o condomínio, praticando, em juízo ou fora dele, os atos necessários à defesa dos interesses comuns;

•• V. arts. 115 a 120, CC.

III – dar imediato conhecimento à assembleia da existência de procedimento judicial ou administrativo, de interesse do condomínio;

IV – cumprir e fazer cumprir a convenção, o regimento interno e as determinações da assembleia;

•• V. arts. 1.333 e 1.334, CC.

V – diligenciar a conservação e a guarda das partes comuns e zelar pela prestação dos serviços que interessem aos possuidores;

VI – elaborar o orçamento da receita e da despesa relativa a cada ano;

VII – cobrar dos condôminos as suas contribuições, bem como impor e cobrar as multas devidas;

•• V. arts. 1.336 e 1.337, CC.

VIII – prestar contas à assembleia, anualmente e quando exigidas;

IX – realizar o seguro da edificação.

•• V. arts. 757 a 788, CC.

§ 1º Poderá a assembleia investir outra pessoa, em lugar do síndico, em poderes de representação.

•• V. arts. 115 a 120, CC.

§ 2º O síndico pode transferir a outrem, total ou parcialmente, os poderes de representação ou as funções administrativas, me-

CÓDIGO CIVIL

diante aprovação da assembleia, salvo disposição em contrário da convenção.

•• V. arts. 115 a 120, CC.

Art. 1.349. A assembleia, especialmente convocada para o fim estabelecido no § 2º do artigo antecedente, poderá, pelo voto da maioria absoluta de seus membros, destituir o síndico que praticar irregularidades, não prestar contas, ou não administrar convenientemente o condomínio.

• V. art. 22, § 5º, Lei 4.591/1964 (Condomínio em edificações e incorporações imobiliárias).

Art. 1.350. Convocará o síndico, anualmente, reunião da assembleia dos condôminos, na forma prevista na convenção, a fim de aprovar o orçamento das despesas, as contribuições dos condôminos e a prestação de contas, e eventualmente eleger-lhe o substituto e alterar o regimento interno.

• V. arts. 24, *caput*, e 27, Lei 4.591/1964 (Condomínio em edificações e incorporações imobiliárias).

§ 1º Se o síndico não convocar a assembleia, 1/4 (um quarto) dos condôminos poderá fazê-lo.

§ 2º Se a assembleia não se reunir, o juiz decidirá, a requerimento de qualquer condômino.

Art. 1.351. Depende da aprovação de 2/3 (dois terços) dos votos dos condôminos a alteração da convenção; a mudança da destinação do edifício, ou da unidade imobiliária, depende da aprovação pela unanimidade dos condôminos.

• Artigo com redação determinada pela Lei 10.931/2004.
• V. art. 1.343, CC.
• V. art. 25, parágrafo único, Lei 4.591/1964 (Condomínio em edificações e incorporações imobiliárias).
•• V. arts. 1.333 e 1.334, CC.

Art. 1.352. Salvo quando exigido *quorum* especial, as deliberações da assembleia serão tomadas, em primeira convocação, por maioria de votos dos condôminos presentes que representem pelo menos metade das frações ideais.

• V. art. 24, § 3º, Lei 4.591/1964 (Condomínio em edificações e incorporações imobiliárias).

Parágrafo único. Os votos serão proporcionais às frações ideais no solo e nas outras partes comuns pertencentes a cada condômino, salvo disposição diversa da convenção de constituição do condomínio.

Art. 1.353. Em segunda convocação, a assembleia poderá deliberar por maioria dos votos dos presentes, salvo quando exigido *quorum* especial.

Art. 1.354. A assembleia não poderá deliberar se todos os condôminos não forem convocados para a reunião.

Art. 1.355. Assembleias extraordinárias poderão ser convocadas pelo síndico ou por 1/4 (um quarto) dos condôminos.

• V. art. 25, *caput*, Lei 4.591/1964 (Condomínio em edificações e incorporações imobiliárias).

Art. 1.356. Poderá haver no condomínio um conselho fiscal, composto de três membros, eleitos pela assembleia, por prazo não superior a 2 (dois) anos, ao qual compete dar parecer sobre as contas do síndico.

• V. art. 23, Lei 4.591/1964 (Condomínio em edificações e incorporações imobiliárias).

Seção III
Da extinção do condomínio

Art. 1.357. Se a edificação for total ou consideravelmente destruída, ou ameace ruína, os condôminos deliberarão em assembleia sobre a reconstrução, ou venda, por votos que representem metade mais uma das frações ideais.

• V. art. 14, *caput* e §§ 2º e 3º, Lei 4.591/1964 (Condomínio em edificações e incorporações imobiliárias).

§ 1º Deliberada a reconstrução, poderá o condômino eximir-se do pagamento das despesas respectivas, alienando os seus direitos a outros condôminos, mediante avaliação judicial.

§ 2º Realizada a venda, em que se preferirá, em condições iguais de oferta, o condômino ao estranho, será repartido o apurado entre os condôminos, proporcionalmente ao valor das suas unidades imobiliárias.

Art. 1.358. Se ocorrer desapropriação, a indenização será repartida na proporção a que se refere o § 2º do artigo antecedente.

•• V. art. 1.275, V, CC.

Art. 1.359

Capítulo VIII
DA PROPRIEDADE RESOLÚVEL

Art. 1.359. Resolvida a propriedade pelo implemento da condição ou pelo advento do termo, entendem-se também resolvidos os direitos reais concedidos na sua pendência, e o proprietário, em cujo favor se opera a resolução, pode reivindicar a coisa do poder de quem a possua ou detenha.

- V. arts. 121, 127, 128, 131, 135, 165, 507, 547, 1.225 e 1.953, CC.

Art. 1.360. Se a propriedade se resolver por outra causa superveniente, o possuidor, que a tiver adquirido por título anterior à sua resolução, será considerado proprietário perfeito, restando à pessoa, em cujo benefício houve a resolução, ação contra aquele cuja propriedade se resolveu para haver a própria coisa ou o seu valor.

- V. arts. 557 a 563, CC.

Capítulo IX
DA PROPRIEDADE FIDUCIÁRIA

Art. 1.361. Considera-se fiduciária a propriedade resolúvel de coisa móvel infungível que o devedor, com escopo de garantia, transfere ao credor.

- V. art. 85, CC.
- V. arts. 22 e 23, Lei 4.864/1965 (Estímulo à indústria de construção civil).
- V. Dec.-lei 911/1969 (Alienação fiduciária).
- V. arts. 148 a 152, Lei 7.565/1986 (Código Brasileiro de Aeronáutica).
- V. arts. 6º a 9º, Lei 8.668/1993 (Fundos de Investimento Imobiliário).
- V. arts. 22 a 33, Lei 9.514/1997 (Sistema de Financiamento Imobiliário e alienação fiduciária de coisa imóvel).

§ 1º Constitui-se a propriedade fiduciária com o registro do contrato, celebrado por instrumento público ou particular, que lhe serve de título, no Registro de Títulos e Documentos do domicílio do devedor, ou, em se tratando de veículos, na repartição competente para o licenciamento, fazendo-se a anotação no certificado de registro.

- V. arts. 129-5 e 167, I-35, Lei 6.015/1973 (Lei de Registros Públicos).

§ 2º Com a constituição da propriedade fiduciária, dá-se o desdobramento da posse, tornando-se o devedor possuidor direto da coisa.

- V. art. 1.197, CC.

§ 3º A propriedade superveniente, adquirida pelo devedor, torna eficaz, desde o arquivamento, a transferência da propriedade fiduciária.

Art. 1.362. O contrato, que serve de título à propriedade fiduciária, conterá:
I – o total da dívida, ou sua estimativa;
II – o prazo, ou a época do pagamento;
III – a taxa de juros, se houver;
IV – a descrição da coisa objeto da transferência, com os elementos indispensáveis à sua identificação.

Art. 1.363. Antes de vencida a dívida, o devedor, a suas expensas e risco, pode usar a coisa segundo sua destinação, sendo obrigado, como depositário:

- V. arts. 627 a 652, CC.

I – a empregar na guarda da coisa a diligência exigida por sua natureza;
II – a entregá-la ao credor, se a dívida não for paga no vencimento.

Art. 1.364. Vencida a dívida, e não paga, fica o credor obrigado a vender, judicial ou extrajudicialmente, a coisa a terceiros, a aplicar o preço no pagamento de seu crédito e das despesas de cobrança, e a entregar o saldo, se houver, ao devedor.

- V. art. 1.366, CC.

Art. 1.365. É nula a cláusula que autoriza o proprietário fiduciário a ficar com a coisa alienada em garantia, se a dívida não for paga no vencimento.

- V. art. 1.428, CC.

Parágrafo único. O devedor pode, com a anuência do credor, dar seu direito eventual à coisa em pagamento da dívida, após o vencimento desta.

Art. 1.366. Quando, vendida a coisa, o produto não bastar para o pagamento da dívida e das despesas de cobrança, continuará o devedor obrigado pelo restante.

Art. 1.367. A propriedade fiduciária em garantia de bens móveis ou imóveis sujeita-se às disposições do Capítulo I do Título X do Livro III da Parte Especial deste Código e, no que for específico, à legislação especial pertinente,

não se equiparando, para quaisquer efeitos, à propriedade plena de que trata o art. 1.231.
• Artigo com redação determinada pela Lei 13.043/2014.

Art. 1.368. O terceiro, interessado ou não, que pagar a dívida, se sub-rogará de pleno direito no crédito e na propriedade fiduciária.
• V. arts. 346 a 351, CC.

Art. 1.368-A. As demais espécies de propriedade fiduciária ou de titularidade fiduciária submetem-se à disciplina específica das respectivas leis especiais, somente se aplicando as disposições deste Código naquilo que não for incompatível com a legislação especial.
• Artigo acrescentado pela Lei 10.931/2004.

Art. 1.368-B. A alienação fiduciária em garantia de bem móvel ou imóvel confere direito real de aquisição ao fiduciante, seu cessionário ou sucessor.
• Artigo acrescentado pela Lei 13.043/2014.

Parágrafo único. O credor fiduciário que se tornar proprietário pleno do bem, por efeito de realização da garantia, mediante consolidação da propriedade, adjudicação, dação ou outra forma pela qual lhe tenha sido transmitida a propriedade plena, passa a responder pelo pagamento dos tributos sobre a propriedade e a posse, taxas, despesas condominiais e quaisquer outros encargos, tributários ou não, incidentes sobre o bem objeto da garantia, a partir da data em que vier a ser imitido na posse direta do bem.

TÍTULO IV
DA SUPERFÍCIE

Art. 1.369. O proprietário pode conceder a outrem o direito de construir ou de plantar em seu terreno, por tempo determinado, mediante escritura pública devidamente registrada no Cartório de Registro de Imóveis.
• V. art. 1.225, II, CC.
• V. art. 167, I-39, Lei 6.015/1973 (Lei de Registros Públicos).
• V. arts. 21 a 24, Lei 10.257/2001 (Estatuto da Cidade).
•• V. art. 21, § 1º, Lei 10.257/2001 (Estatuto da Cidade).

Parágrafo único. O direito de superfície não autoriza obra no subsolo, salvo se for inerente ao objeto da concessão.

Art. 1.370. A concessão da superfície será gratuita ou onerosa; se onerosa, estipularão as partes se o pagamento será feito de uma só vez, ou parceladamente.
•• V. art. 21, § 2º, Lei 10.257/2001 (Estatuto da Cidade).

Art. 1.371. O superficiário responderá pelos encargos e tributos que incidirem sobre o imóvel.
• V. art. 21, § 3º, Lei 10.257/2001 (Estatuto da Cidade).

Art. 1.372. O direito de superfície pode transferir-se a terceiros e, por morte do superficiário, aos seus herdeiros.
• V. art. 1.784, CC.
• V. art. 21, §§ 4º e 5º, Lei 10.257/2001 (Estatuto da Cidade).

Parágrafo único. Não poderá ser estipulado pelo concedente, a nenhum título, qualquer pagamento pela transferência.

Art. 1.373. Em caso de alienação do imóvel ou do direito de superfície, o superficiário ou o proprietário tem direito de preferência, em igualdade de condições.
• V. art. 22, Lei 10.257/2001 (Estatuto da Cidade).

Art. 1.374. Antes do termo final, resolver-se-á a concessão se o superficiário der ao terreno destinação diversa daquela para que foi concedida.
• V. art. 24, § 1º, Lei 10.257/2001 (Estatuto da Cidade).

Art. 1.375. Extinta a concessão, o proprietário passará a ter a propriedade plena sobre o terreno, construção ou plantação, independentemente de indenização, se as partes não houverem estipulado o contrário.
• V. art. 24, *caput*, Lei 10.257/2001 (Estatuto da Cidade).

Art. 1.376. No caso de extinção do direito de superfície em consequência de desapropriação, a indenização cabe ao proprietário e ao superficiário, no valor correspondente ao direito real de cada um.
•• V. art. 1.275, V, CC.

Art. 1.377. O direito de superfície, constituído por pessoa jurídica de direito público interno, rege-se por este Código, no que não for diversamente disciplinado em lei especial.

Art. 1.378

CÓDIGO CIVIL

TÍTULO V
DAS SERVIDÕES

Capítulo I
DA CONSTITUIÇÃO DAS SERVIDÕES

Art. 1.378. A servidão proporciona utilidade para o prédio dominante, e grava o prédio serviente, que pertence a diverso dono, e constitui-se mediante declaração expressa dos proprietários, ou por testamento, e subsequente registro no Cartório de Registro de Imóveis.

- V. arts. 1.225, III, 1.227, 1.285 e 1.286, CC.
- V. arts. 12, 17, 29, 35, 77 e 117 a 138, Dec. 24.643/1934 (Código de Águas).
- V. arts. 17 e 23, Dec.-lei 3.236/1941 (Regime legal de jazidas de petróleo e gases naturais).
- V. arts. 59 a 62, Dec.-lei 227/1967 (Código de Mineração).
- V. arts. 81 a 85, Dec. 62.934/1968 (Regulamenta o Dec.-lei 227/1967).
- V. art. 167, I-6, Lei 6.015/1973 (Lei de Registros Públicos).
- V. art. 7º, Dec.-lei 1.865/1981 (Ocupação provisória de imóveis para pesquisa e lavra de minérios com elementos nucleares).

Art. 1.379. O exercício incontestado e contínuo de uma servidão aparente, por 10 (dez) anos, nos termos do art. 1.242, autoriza o interessado a registrá-la em seu nome no Registro de Imóveis, valendo-lhe como título a sentença que julgar consumado a usucapião.

- V. arts. 259, I, CPC/2015.
- V. art. 167, I-28, Lei 6.015/1973 (Lei de Registros Públicos).
- V. Súmula 415, STF.

Parágrafo único. Se o possuidor não tiver título, o prazo da usucapião será de 20 (vinte) anos.

Capítulo II
DO EXERCÍCIO DAS SERVIDÕES

Art. 1.380. O dono de uma servidão pode fazer todas as obras necessárias à sua conservação e uso, e, se a servidão pertencer a mais de um prédio, serão as despesas rateadas entre os respectivos donos.

Art. 1.381. As obras a que se refere o artigo antecedente devem ser feitas pelo dono do prédio dominante, se o contrário não dispuser expressamente o título.

Art. 1.382. Quando a obrigação incumbir ao dono do prédio serviente, este poderá exonerar-se, abandonando, total ou parcialmente, a propriedade ao dono do dominante.

Parágrafo único. Se o proprietário do prédio dominante se recusar a receber a propriedade do serviente, ou parte dela, caber-lhe-á custear as obras.

Art. 1.383. O dono do prédio serviente não poderá embaraçar de modo algum o exercício legítimo da servidão.

•• V. art. 1.210, CC.

Art. 1.384. A servidão pode ser removida, de um local para outro, pelo dono do prédio serviente e à sua custa, se em nada diminuir as vantagens do prédio dominante, ou pelo dono deste e à sua custa, se houver considerável incremento da utilidade e não prejudicar o prédio serviente.

Art. 1.385. Restringir-se-á o exercício da servidão às necessidades do prédio dominante, evitando-se, quanto possível, agravar o encargo ao prédio serviente.

§ 1º Constituída para certo fim, a servidão não se pode ampliar a outro.

§ 2º Nas servidões de trânsito, a de maior inclui a de menor ônus, e a menor exclui a mais onerosa.

§ 3º Se as necessidades da cultura, ou da indústria, do prédio dominante impuserem à servidão maior largueza, o dono do serviente é obrigado a sofrê-la; mas tem direito a ser indenizado pelo excesso.

Art. 1.386. As servidões prediais são indivisíveis, e subsistem, no caso de divisão dos imóveis, em benefício de cada uma das porções do prédio dominante, e continuam a gravar cada uma das do prédio serviente, salvo se, por natureza, ou destino, só se aplicarem a certa parte de um ou de outro.

- V. arts. 87 e 88, CC.

Capítulo III
DA EXTINÇÃO DAS SERVIDÕES

Art. 1.387. Salvo nas desapropriações, a servidão, uma vez registrada, só se extingue, com respeito a terceiros, quando cancelada.

Parágrafo único. Se o prédio dominante estiver hipotecado, e a servidão se mencionar

no título hipotecário, será também preciso, para a cancelar, o consentimento do credor.
- V. art. 256, Lei 6.015/1973 (Lei de Registros Públicos).
•• V. arts. 1.473 a 1.505, CC.

Art. 1.388. O dono do prédio serviente tem direito, pelos meios judiciais, ao cancelamento do registro, embora o dono do prédio dominante lho impugne:
- V. art. 257, Lei 6.015/1973 (Lei de Registros Públicos).

I – quando o titular houver renunciado a sua servidão;
II – quando tiver cessado, para o prédio dominante, a utilidade ou a comodidade, que determinou a constituição da servidão;
III – quando o dono do prédio serviente resgatar a servidão.

Art. 1.389. Também se extingue a servidão, ficando ao dono do prédio serviente a faculdade de fazê-la cancelar, mediante a prova da extinção:
I – pela reunião dos dois prédios no domínio da mesma pessoa;
II – pela supressão das respectivas obras por efeito de contrato, ou de outro título expresso;
III – pelo não uso, durante 10 (dez) anos contínuos.

TÍTULO VI
DO USUFRUTO

Capítulo I
DISPOSIÇÕES GERAIS

Art. 1.390. O usufruto pode recair em um ou mais bens, móveis ou imóveis, em um patrimônio inteiro, ou parte deste, abrangendo-lhe, no todo ou em parte, os frutos e utilidades.
- V. art. 231, § 2º, CF.
- V. arts. 1.225, IV, 1.410, VIII, 1.413, 1.416, 1.652, I, 1.689, I, 1.693, 1.816, parágrafo único, 1.921 e 1.946, CC.
- V. arts. 867 e 879, II, CPC/2015.
- V. art. 17, Dec.-lei 3.200/1941 (Organização e proteção da família).
- V. arts. 2º, IX, 22, 24, 26, 39, II, e 40, II, Lei 6.001/1973 (Estatuto do Índio).
- V. art. 21, § 1º, Lei 6.515/1977 (Dissolução da sociedade conjugal e do casamento).
- V. art. 2º, Lei 8.971/1994 (Direito dos companheiros a alimentos e à sucessão).

Art. 1.391. O usufruto de imóveis, quando não resulte de usucapião, constituir-se-á mediante registro no Cartório de Registro de Imóveis.
- V. art. 1.227, CC.
- V. art. 167, I-7, Lei 6.015/1973 (Lei de Registros Públicos).
•• V. arts. 1.238 a 1.242, CC.

Art. 1.392. Salvo disposição em contrário, o usufruto estende-se aos acessórios da coisa e seus acrescidos.
- V. arts. 92, 96, 97 e 1.248, CC.
•• V. arts. 92 a 97, CC.

§ 1º Se, entre os acessórios e os acrescidos, houver coisas consumíveis, terá o usufrutuário o dever de restituir, findo o usufruto, as que ainda houver e, das outras, o equivalente em gênero, qualidade e quantidade, ou, não sendo possível, o seu valor, estimado ao tempo da restituição.
- V. art. 86, CC.

§ 2º Se há no prédio em que recai o usufruto florestas ou os recursos minerais a que se refere o art. 1.230, devem o dono e o usufrutuário prefixar-lhe a extensão do gozo e a maneira de exploração.

§ 3º Se o usufruto recai sobre universalidade ou quota-parte de bens, o usufrutuário tem direito à parte do tesouro achado por outrem, e ao preço pago pelo vizinho do prédio usufruído, para obter meação em parede, cerca, muro, vala ou valado.
- V. arts. 90, 91, 1.264 a 1.266, 1.297 e 1.328, CC.

Art. 1.393. Não se pode transferir o usufruto por alienação; mas o seu exercício pode ceder-se por título gratuito ou oneroso.
- V. arts. 1.399 e 1.410, CC.

Capítulo II
DOS DIREITOS DO USUFRUTUÁRIO

Art. 1.394. O usufrutuário tem direito à posse, uso, administração e percepção dos frutos.
- V. arts. 1.196, 1.197, 1.395 a 1.398, 1.400 a 1.404, 1.410, VII, 1.412 e 1.413, CC.

Art. 1.395. Quando o usufruto recai em títulos de crédito, o usufrutuário tem direito a perceber os frutos e a cobrar as respectivas dívidas.
•• V. arts. 887 a 926, CC.

Parágrafo único. Cobradas as dívidas, o usufrutuário aplicará, de imediato, a importância em títulos da mesma natureza, ou em títulos da dívida pública federal, com cláusula de atualização monetária segundo índices oficiais regularmente estabelecidos.

• V. art. 1.410, VII, CC.

Art. 1.396. Salvo direito adquirido por outrem, o usufrutuário faz seus os frutos naturais, pendentes ao começar o usufruto, sem encargo de pagar as despesas de produção.

• V. art. 1.215, CC.

Parágrafo único. Os frutos naturais, pendentes ao tempo em que cessa o usufruto, pertencem ao dono, também sem compensação das despesas.

• V. art. 1.214, parágrafo único, CC.

Art. 1.397. As crias dos animais pertencem ao usufrutuário, deduzidas quantas bastem para inteirar as cabeças de gado existentes ao começar o usufruto.

Art. 1.398. Os frutos civis, vencidos na data inicial do usufruto, pertencem ao proprietário, e ao usufrutuário os vencidos na data em que cessa o usufruto.

• V. art. 1.215, CC.

Art. 1.399. O usufrutuário pode usufruir em pessoa, ou mediante arrendamento, o prédio, mas não mudar-lhe a destinação econômica, sem expressa autorização do proprietário.

• V. arts. 1.393 e 1.410, VIII, CC.

Capítulo III
DOS DEVERES DO USUFRUTUÁRIO

Art. 1.400. O usufrutuário, antes de assumir o usufruto, inventariará, à sua custa, os bens que receber, determinando o estado em que se acham, e dará caução, fidejussória ou real, se lha exigir o dono, de velar-lhes pela conservação, e entregá-los findo o usufruto.

• V. arts. 1.394, 1.652, I, e 1.689, I, CC.

Parágrafo único. Não é obrigado à caução o doador que se reservar o usufruto da coisa doada.

Art. 1.401. O usufrutuário que não quiser ou não puder dar caução suficiente perderá o direito de administrar o usufruto; e, neste caso, os bens serão administrados pelo proprietário, que ficará obrigado, mediante caução, a entregar ao usufrutuário o rendimento deles, deduzidas as despesas de administração, entre as quais se incluirá a quantia fixada pelo juiz como remuneração do administrador.

Art. 1.402. O usufrutuário não é obrigado a pagar as deteriorações resultantes do exercício regular do usufruto.

• V. art. 569, IV, CC.

Art. 1.403. Incumbem ao usufrutuário:
I – as despesas ordinárias de conservação dos bens no estado em que os recebeu;

•• V. art. 23, parágrafo único, Lei 8.245/1991(Locação de imóveis urbanos).

II – as prestações e os tributos devidos pela posse ou rendimento da coisa usufruída.

Art. 1.404. Incumbem ao dono as reparações extraordinárias e as que não forem de custo módico; mas o usufrutuário lhe pagará os juros do capital despendido com as que forem necessárias à conservação, ou aumentarem o rendimento da coisa usufruída.

•• V. art. 22, parágrafo único, Lei 8.245/1991(Locação de imóveis urbanos).

§ 1º Não se consideram módicas as despesas superiores a 2/3 (dois terços) do líquido rendimento em 1 (um) ano.

§ 2º Se o dono não fizer as reparações a que está obrigado, e que são indispensáveis à conservação da coisa, o usufrutuário pode realizá-las, cobrando daquele a importância despendida.

Art. 1.405. Se o usufruto recair num patrimônio, ou parte deste, será o usufrutuário obrigado aos juros da dívida que onerar o patrimônio ou a parte dele.

• V. arts. 90 e 91, CC.

Art. 1.406. O usufrutuário é obrigado a dar ciência ao dono de qualquer lesão produzida contra a posse da coisa, ou os direitos deste.

Art. 1.407. Se a coisa estiver segurada, incumbe ao usufrutuário pagar, durante o usufruto, as contribuições do seguro.

• V. arts. 1.408 e 1.410, V, CC.
•• V. arts. 757 a 788, CC.

§ 1º Se o usufrutuário fizer o seguro, ao proprietário caberá o direito dele resultante contra o segurador.

CÓDIGO CIVIL

§ 2º Em qualquer hipótese, o direito do usufrutuário fica sub-rogado no valor da indenização do seguro.

Art. 1.408. Se um edifício sujeito a usufruto for destruído sem culpa do proprietário, não será este obrigado a reconstruí-lo, nem o usufruto se restabelecerá, se o proprietário reconstruir à sua custa o prédio; mas se a indenização do seguro for aplicada à reconstrução do prédio, restabelecer-se-á o usufruto.

- V. art. 1.410, V, CC.
- •• V. art. 1.275, IV, CC.

Art. 1.409. Também fica sub-rogada no ônus do usufruto, em lugar do prédio, a indenização paga, se ele for desapropriado, ou a importância do dano, ressarcido pelo terceiro responsável no caso de danificação ou perda.

- V. art. 1.410, V, CC.

Capítulo IV
DA EXTINÇÃO DO USUFRUTO

Art. 1.410. O usufruto extingue-se, cancelando-se o registro no Cartório de Registro de Imóveis:

- V. art. 725, VI, CPC/2015.
- V. arts. 248 a 250, Lei 6.015/1973 (Lei de Registros Públicos).

I – pela renúncia ou morte do usufrutuário;

- V. art. 1.921, CC.

II – pelo termo de sua duração;

III – pela extinção da pessoa jurídica, em favor de quem o usufruto foi constituído, ou, se ela perdurar, pelo decurso de 30 (trinta) anos da data em que se começou a exercer;

IV – pela cessação do motivo de que se origina;

V – pela destruição da coisa, guardadas as disposições dos arts. 1.407, 1.408, 2ª parte e 1.409;

- V. arts. 85, 1.392, § 1º, e 1.395, CC.

VI – pela consolidação;

- V. arts. 85, 1.392, § 1º, e 1.395, CC.

VII – por culpa do usufrutuário, quando aliena, deteriora, ou deixa arruinar os bens, não lhes acudindo com os reparos de conservação, ou quando, no usufruto de títulos de crédito, não dá às importâncias recebidas a aplicação prevista no parágrafo único do art. 1.395;

VIII – pelo não uso, ou não fruição, da coisa em que o usufruto recai (arts. 1.390 e 1.399).

Art. 1.411. Constituído o usufruto em favor de duas ou mais pessoas, extinguir-se-á a parte em relação a cada uma das que falecerem, salvo se, por estipulação expressa, o quinhão desses couber ao sobrevivente.

- V. art. 1.946, CC.

TÍTULO VII
DO USO

Art. 1.412. O usuário usará da coisa e perceberá os seus frutos, quanto o exigirem as necessidades suas e de sua família.

- V. Dec. 24.643/1934 (Código de Águas).
- V. arts. 7º e 8º, Dec.-lei 271/1967 (Loteamento urbano).
- V. art. 167, I-7, Lei 6.015/73 (Lei de Registros Públicos).
- V. art. 4º, § 1º, Dec. 98.897/1990 (Reservas extrativistas).
- V. Dec. 980/1993 (Cessão de uso e administração de imóveis residenciais da União).
- V. art. 2º, Lei 8.955/1994 (Contrato de franquia empresarial – *Franchising*).
- V. arts. 14 e 15, Lei 9.433/1997 (Política Nacional de Recursos Hídricos).

§ 1º Avaliar-se-ão as necessidades pessoais do usuário conforme a sua condição social e o lugar onde viver.

§ 2º As necessidades da família do usuário compreendem as de seu cônjuge, dos filhos solteiros e das pessoas de seu serviço doméstico.

Art. 1.413. São aplicáveis ao uso, no que não for contrário à sua natureza, as disposições relativas ao usufruto.

- V. arts. 1.390 a 1.411, CC.

TÍTULO VIII
DA HABITAÇÃO

Art. 1.414. Quando o uso consistir no direito de habitar gratuitamente casa alheia, o titular deste direito não a pode alugar, nem emprestar, mas simplesmente ocupá-la com sua família.

- V. arts. 1.225, VI, e 1.831, CC.
- V. art. 7º, parágrafo único, Lei 9.278/1996 (Companheiros – Regula o § 3º do art. 226 da CF).

Art. 1.415. Se o direito real de habitação for conferido a mais de uma pessoa, qualquer delas que sozinha habite a casa não terá de pagar aluguel à outra, ou às outras, mas não as pode inibir de exercerem, querendo, o direito, que também lhes compete, de habitá-la.
- •• V. art. 1.831, CC.

Art. 1.416. São aplicáveis à habitação, no que não for contrário à sua natureza, as disposições relativas ao usufruto.
- V. arts. 1.390 a 1.411, CC.
- •• V. art. 1.831, CC.

TÍTULO IX
DO DIREITO DO PROMITENTE COMPRADOR

Art. 1.417. Mediante promessa de compra e venda, em que se não pactuou arrependimento, celebrada por instrumento público ou particular, e registrada no Cartório de Registro de Imóveis, adquire o promitente comprador direito real à aquisição do imóvel.
- V. arts. 463 e 1.225, VII, CC.
- V. arts. 5º e 22, Dec.-lei 58/1937 (Loteamento e venda de terrenos para pagamento em prestações).
- V. art. 5º, Dec. 3.079/1938 (Regulamento o Dec.-lei 58/1937).
- V. arts. 62 a 69, Lei 4.380/1964 (BNH).
- V. art. 11, Lei 4.504/1964 (Estatuto da Terra).
- V. arts. 32, § 2º, e 35, § 4º, Lei 4.591/1964 (Condomínio em edificações e incorporações imobiliárias).
- V. art. 69, Dec. 59.428/1966 (Seguros na colonização).
- V. art. 167, I-20, Lei 6.015/1973 (Lei de Registros Públicos).
- V. art. 25, Lei 6.766/1979 (Parcelamento do solo urbano).
- V. Súmula 166, STF.
- •• V. arts. 417 a 420, CC.

Art. 1.418. O promitente comprador, titular de direito real, pode exigir do promitente vendedor, ou de terceiros, a quem os direitos deste forem cedidos, a outorga da escritura definitiva de compra e venda, conforme o disposto no instrumento preliminar; e, se houver recusa, requerer ao juiz a adjudicação do imóvel.
- V. arts. 108 e 464, CC.
- V. arts. 16 e 22, Dec.-lei 58/1937 (Loteamento e venda de terrenos para pagamento em prestações).
- V. art. 32, § 2º, Lei 4.591/1964 (Condomínio em edificações e incorporações imobiliárias).

TÍTULO X
DO PENHOR, DA HIPOTECA E DA ANTICRESE

Capítulo I
DISPOSIÇÕES GERAIS

Art. 1.419. Nas dívidas garantidas por penhor, anticrese ou hipoteca, o bem dado em garantia fica sujeito, por vínculo real, ao cumprimento da obrigação.
- V. arts. 30, 165, parágrafo único, 364, 805, 961 e 1.225, VIII a X, CC.
- V. art. 83, II, Lei 11.101/2005 (Lei de Recuperação de Empresas e Falência).

Art. 1.420. Só aquele que pode alienar poderá empenhar, hipotecar ou dar em anticrese; só os bens que se podem alienar poderão ser dados em penhor, anticrese ou hipoteca.
- V. arts. 1.647, 1.691, 1.717 e 1.848, CC.

§ 1º A propriedade superveniente torna eficaz, desde o registro, as garantias reais estabelecidas por quem não era dono.
- V. arts. 845, 1.268 e 1.912, CC.

§ 2º A coisa comum a dois ou mais proprietários não pode ser dada em garantia real, na sua totalidade, sem o consentimento de todos; mas cada um pode individualmente dar em garantia real a parte que tiver.
- V. arts. 87 e 1.314, CC.
- •• V. art. 1.314, CC.

Art. 1.421. O pagamento de uma ou mais prestações da dívida não importa exoneração correspondente da garantia, ainda que esta compreenda vários bens, salvo disposição expressa no título ou na quitação.
- V. art. 7º, Dec. 22.626/1933 (Juros nos contratos).
- •• V. arts. 319 a 326, CC.

Art. 1.422. O credor hipotecário e o pignoratício têm o direito de excutir a coisa hipotecada ou empenhada, e preferir, no pagamento, a outros credores, observada, quanto à hipoteca, a prioridade no registro.
- V. arts. 958 a 961 e 1.493, parágrafo único, CC.
- V. arts. 784, V, 842, 905, II, e 909, CPC/2015.

Parágrafo único. Excetuam-se da regra estabelecida neste artigo as dívidas que, em virtude de outras leis, devam ser pagas precipuamente a quaisquer outros créditos.
- V. art. 964, CC.

Código Civil

- V. notas aos arts. 955 a 965, CC.

Art. 1.423. O credor anticrético tem direito a reter em seu poder o bem, enquanto a dívida não for paga; extingue-se esse direito decorridos 15 (quinze) anos da data de sua constituição.

- V. arts. 1.506 a 1.510, CC.

Art. 1.424. Os contratos de penhor, anticrese ou hipoteca declararão, sob pena de não terem eficácia:

I – o valor do crédito, sua estimação, ou valor máximo;
II – o prazo fixado para pagamento;
III – a taxa dos juros, se houver;

** V. arts. 406 e 407, CC.

IV – o bem dado em garantia com as suas especificações.

Art. 1.425. A dívida considera-se vencida:

- V. art. 333, CC.

I – se, deteriorando-se, ou depreciando-se o bem dado em segurança, desfalcar a garantia, e o devedor, intimado, não a reforçar ou substituir;
II – se o devedor cair em insolvência ou falir;

- V. art. 77, Lei 11.101/2005 (Lei de Recuperação de Empresas e Falência).

III – se as prestações não forem pontualmente pagas, toda vez que deste modo se achar estipulado o pagamento. Neste caso, o recebimento posterior da prestação atrasada importa renúncia do credor ao seu direito de execução imediata;

- V. art. 401, I, CC.
** V. art. 322, CC.

IV – se perecer o bem dado em garantia, e não for substituído;
V – se se desapropriar o bem dado em garantia, hipótese na qual se depositará a parte do preço que for necessária para o pagamento integral do credor.

- V. art. 959, II, CC.
** V. art. 1.275, V, CC.

§ 1º Nos casos de perecimento da coisa dada em garantia, esta se sub-rogará na indenização do seguro, ou no ressarcimento do dano, em benefício do credor, a quem assistirá sobre ela preferência até seu completo reembolso.

- V. art. 959, CC.

§ 2º Nos casos dos incisos IV e V, só se vencerá a hipoteca antes do prazo estipulado, se o perecimento, ou a desapropriação recair sobre o bem dado em garantia, e esta não abranger outras; subsistindo, no caso contrário, a dívida reduzida, com a respectiva garantia sobre os demais bens, não desapropriados ou destruídos.

Art. 1.426. Nas hipóteses do artigo anterior, de vencimento antecipado da dívida, não se compreendem os juros correspondentes ao tempo ainda não decorrido.

Art. 1.427. Salvo cláusula expressa, o terceiro que presta garantia real por dívida alheia não fica obrigado a substituí-la, ou reforçá-la, quando, sem culpa sua, se perca, deteriore, ou desvalorize.

Art. 1.428. É nula a cláusula que autoriza o credor pignoratício, anticrético ou hipotecário a ficar com o objeto da garantia, se a dívida não for paga no vencimento.

- V. arts. 1.365, 1.433, IV, e 1.435, V, CC.
- V. art. 23, § 3º, Lei 4.864/1965 (Estímulo à indústria de construção civil).

Parágrafo único. Após o vencimento, poderá o devedor dar a coisa em pagamento da dívida.

Art. 1.429. Os sucessores do devedor não podem remir parcialmente o penhor ou a hipoteca na proporção dos seus quinhões; qualquer deles, porém, pode fazê-lo no todo.

Parágrafo único. O herdeiro ou sucessor que fizer a remição fica sub-rogado nos direitos do credor pelas quotas que houver satisfeito.

Art. 1.430. Quando, excutido o penhor, ou executada a hipoteca, o produto não bastar para pagamento da dívida e despesas judiciais, continuará o devedor obrigado pessoalmente pelo restante.

Capítulo II
DO PENHOR

Seção I
Da constituição do penhor

Art. 1.431. Constitui-se o penhor pela transferência efetiva da posse que, em garantia do débito ao credor ou a quem o represente, faz o devedor, ou alguém por ele, de uma coisa móvel, suscetível de alienação.

- V. arts. 30, 165, parágrafo único, 364, 1.225, VIII, e 1.419 a 1.430, CC.
- V. art. 8º, § 2º, Dec.-lei 4.567/1942 (Lei de Introdução às normas do Direito Brasileiro).
- V. arts. 585, III, 615, II, 619, 813, III, 827 e 1.047, II, CPC.
- V. arts. 171, § 2º, III, e 293, II e IV, CP.
- • V. art. 1.196, CC.

Parágrafo único. No penhor rural, industrial, mercantil e de veículos, as coisas empenhadas continuam em poder do devedor, que as deve guardar e conservar.

Art. 1.432. O instrumento do penhor deverá ser levado a registro, por qualquer dos contratantes; o do penhor comum será registrado no Cartório de Títulos e Documentos.

- V. arts. 183, 221, 1.438, 1.448, 1.452, 1.453, 1.458 e 1.462, CC.
- V. arts. 127, II, e 145, Lei 6.015/1973 (Lei de Registros Públicos).

Seção II
Dos direitos do credor pignoratício

Art. 1.433. O credor pignoratício tem direito:
I – à posse da coisa empenhada;

- • V. art. 1.196, CC.

II – à retenção dela, até que o indenizem das despesas devidamente justificadas, que tiver feito, não sendo ocasionadas por culpa sua;

- • V. art. 1.219, CC.

III – ao ressarcimento do prejuízo que houver sofrido por vício da coisa empenhada;
IV – a promover a execução judicial, ou a venda amigável, se lhe permitir expressamente o contrato, ou lhe autorizar o devedor mediante procuração;

- V. arts. 1.428 e 1.435, V, CC.

V – a apropriar-se dos frutos da coisa empenhada que se encontra em seu poder;

- V. art. 1.435, III, CC.

VI – a promover a venda antecipada, mediante prévia autorização judicial, sempre que haja receio fundado de que a coisa empenhada se perca ou deteriore, devendo o preço ser depositado. O dono da coisa empenhada pode impedir a venda antecipada, substituindo-a, ou oferecendo outra garantia real idônea.

Art. 1.434. O credor não pode ser constrangido a devolver a coisa empenhada, ou uma parte dela, antes de ser integralmente pago, podendo o juiz, a requerimento do proprietário, determinar que seja vendida apenas uma das coisas, ou parte da coisa empenhada, suficiente para o pagamento do credor.

Seção III
Das obrigações do credor pignoratício

Art. 1.435. O credor pignoratício é obrigado:
I – à custódia da coisa, como depositário, e a ressarcir ao dono a perda ou deterioração de que for culpado, podendo ser compensada na dívida, até à concorrente quantia, a importância da responsabilidade;

- V. arts. 368 a 380, 627 a 652, 1.428 e 1.431, parágrafo único, CC.

II – à defesa da posse da coisa empenhada e a dar ciência, ao dono dela, das circunstâncias que tornarem necessário o exercício de ação possessória;

- • V. art. 1.210, CC.

III – a imputar o valor dos frutos, de que se apropriar (art. 1.433, inciso V) nas despesas de guarda e conservação, nos juros e no capital da obrigação garantida, sucessivamente;
IV – a restituí-la, com os respectivos frutos e acessões, uma vez paga a dívida;

- V. arts. 652 e 1.445, CC.

V – a entregar o que sobeje do preço, quando a dívida for paga, no caso do inciso IV do art. 1.433.

- V. art. 1.428, CC.
- V. art. 907, CPC/2015.

Seção IV
Da extinção do penhor

Art. 1.436. Extingue-se o penhor:
I – extinguindo-se a obrigação;

- V. art. 1.435, IV, CC.

II – perecendo a coisa;

- V. arts. 1.359 e 1.435, I, CC.

III – renunciando o credor;

- V. art. 1.436, § 1º, CC.

IV – confundindo-se na mesma pessoa as qualidades de credor e de dono da coisa;

- V. arts. 381 a 384 e 1.436, § 2º, CC.

V – dando-se a adjudicação judicial, a remissão ou a venda da coisa empenhada, feita pelo credor ou por ele autorizada.

- V. arts. 1.435, V, e 1.445, CC.

§ 1º Presume-se a renúncia do credor quando consentir na venda particular do penhor sem reserva de preço, quando restituir a sua posse ao devedor, ou quando anuir à sua substituição por outra garantia.

- V. art. 387, CC.

§ 2º Operando-se a confusão tão somente quanto a parte da dívida pignoratícia, subsistirá inteiro o penhor quanto ao resto.

- V. arts. 382 e 1.421, CC.

Art. 1.437. Produz efeitos a extinção do penhor depois de averbado o cancelamento do registro, à vista da respectiva prova.

- V. art. 250, Lei 6.015/1973 (Lei de Registros Públicos).

Seção V
Do penhor rural

Subseção I
Disposições gerais

Art. 1.438. Constitui-se o penhor rural mediante instrumento público ou particular, registrado no Cartório de Registro de Imóveis da circunscrição em que estiverem situadas as coisas empenhadas.

- V. arts. 1º e 2º, Lei 492/1937 (Penhor rural e cédula pignoratícia).
- V. Dec.-lei 2.612/1940 (Registro do penhor rural).
- V. Lei 2.666/1955 (Penhor de produtos agrícolas).
- V. Lei 4.829/1965 (Crédito rural).
- V. arts. 51 a 65, Dec. 59.566/1966 (Regulamenta dispositivos da Lei 4.504/1964).
- V. art. 9º, Dec.-lei 167/1967 (Títulos de crédito rural).
- V. art. 167, I-15, Lei 6.015/1973 (Lei de Registros Públicos).
- V. Lei 8.929/1994 (Cédula de produto rural).

Parágrafo único. Prometendo pagar em dinheiro a dívida, que garante com penhor rural, o devedor poderá emitir, em favor do credor, cédula rural pignoratícia, na forma determinada em lei especial.

- V. arts. 14 a 21, Lei 492/1937 (Penhor rural e cédula pignoratícia).

Art. 1.439. O penhor agrícola e o penhor pecuário não podem ser convencionados por prazos superiores aos das obrigações garantidas.

- *Caput* com redação determinada pela Lei 12.873/2013.
- V. arts. 61 e 62, Dec.-lei 167/1967 (Títulos de crédito rural).

§ 1º Embora vencidos os prazos, permanece a garantia, enquanto subsistirem os bens que a constituem.

§ 2º A prorrogação deve ser averbada à margem do registro respectivo, mediante requerimento do credor e do devedor.

Art. 1.440. Se o prédio estiver hipotecado, o penhor rural poderá constituir-se independentemente da anuência do credor hipotecário, mas não lhe prejudica o direito de preferência, nem restringe a extensão da hipoteca, ao ser executada.

Art. 1.441. Tem o credor direito a verificar o estado das coisas empenhadas, inspecionando-as onde se acharem, por si ou por pessoa que credenciar.

- V. arts. 1.450 e 1.464, CC.
- V. art. 3º, § 2º, Lei 492/1937 (Penhor rural e cédula pignoratícia).

Subseção II
Do penhor agrícola

Art. 1.442. Podem ser objeto de penhor:

- V. arts. 6º a 9º, Lei 492/1937 (Penhor rural e cédula pignoratícia).
- V. Lei 2.666/1955 (Penhor de produtos agrícolas).
- V. art. 25, I, Lei 4.829/1965 (Crédito rural).

I – máquinas e instrumentos de agricultura;
II – colheitas pendentes, ou em via de formação;

- V. art. 1.443, CC.

III – frutos acondicionados ou armazenados;
IV – lenha cortada e carvão vegetal;
V – animais do serviço ordinário de estabelecimento agrícola.

Art. 1.443. O penhor agrícola que recai sobre colheita pendente, ou em via de formação, abrange a imediatamente seguinte, no caso de frustrar-se ou ser insuficiente a que se deu em garantia.

- V. art. 1.439, CC.
- V. art. 7º, § 1º, Lei 492/1937 (Penhor rural e cédula pignoratícia).

Parágrafo único. Se o credor não financiar a nova safra, poderá o devedor constituir com outrem novo penhor, em quantia máxima equivalente à do primeiro; o segundo penhor terá preferência sobre o primeiro, abrangendo este apenas o excesso apurado na colheita seguinte.

Subseção III
Do penhor pecuário

Art. 1.444. Podem ser objeto de penhor os animais que integram a atividade pastoril, agrícola ou de lacticínios.

- V. art. 1.439, CC.
- V. arts. 10 a 13, Lei 492/1937 (Penhor rural e cédula pignoratícia).
- V. art. 25, II, Lei 4.829/1965 (Crédito rural).
- V. Dec.-lei 167/1967 (Títulos de crédito rural).
- V. art. 127, IV, Lei 6.015/1973 (Lei de Registros Públicos).

Art. 1.445. O devedor não poderá alienar os animais empenhados sem prévio consentimento, por escrito, do credor.

- V. art. 1.435, IV, CC.
- V. arts. 12 e 35, Lei 492/1937 (Penhor rural e cédula pignoratícia).

Parágrafo único. Quando o devedor pretende alienar o gado empenhado ou, por negligência, ameace prejudicar o credor, poderá este requerer se depositem os animais sob a guarda de terceiro, ou exigir que se lhe pague a dívida de imediato.

Art. 1.446. Os animais da mesma espécie, comprados para substituir os mortos, ficam sub-rogados no penhor.

- V. art. 12, §§ 2º e 3º, Lei 492/1937 (Penhor rural e cédula pignoratícia).

Parágrafo único. Presume-se a substituição prevista neste artigo, mas não terá eficácia contra terceiros, se não constar de menção adicional ao respectivo contrato, a qual deverá ser averbada.

Seção VI
Do penhor industrial e mercantil

Art. 1.447. Podem ser objeto de penhor máquinas, aparelhos, materiais, instrumentos, instalados e em funcionamento, com os acessórios ou sem eles; animais, utilizados na indústria; sal e bens destinados à exploração das salinas; produtos de suinocultura, animais destinados à industrialização de carnes e derivados; matérias-primas e produtos industrializados.

- V. art. 25, III e IV, Lei 4.829/1965 (Crédito rural).
- V. art. 15, Dec.-lei 167/1967 (Títulos de crédito rural).
- V. art. 20, Dec.-lei 413/1969 (Títulos de crédito industrial).
- V. art. 7º, Lei 8.929/1994 (Cédula de produto rural).

Parágrafo único. Regula-se pelas disposições relativas aos armazéns gerais o penhor das mercadorias neles depositadas.

- V. Dec. 1.102/1903 (Armazéns gerais).

Art. 1.448. Constitui-se o penhor industrial, ou o mercantil, mediante instrumento público ou particular, registrado no Cartório de Registro de Imóveis da circunscrição onde estiverem situadas as coisas empenhadas.

- V. art. 167, I-4, Lei 6.015/1973 (Lei de Registros Públicos).

Parágrafo único. Prometendo pagar em dinheiro a dívida, que garante com penhor industrial ou mercantil, o devedor poderá emitir, em favor do credor, cédula do respectivo crédito, na forma e para os fins que a lei especial determinar.

Art. 1.449. O devedor não pode, sem o consentimento por escrito do credor, alterar as coisas empenhadas ou mudar-lhes a situação, nem delas dispor. O devedor que, anuindo o credor, alienar as coisas empenhadas, deverá repor outros bens da mesma natureza, que ficarão sub-rogados no penhor.

- V. art. 1.435, IV, CC.

Art. 1.450. Tem o credor direito a verificar o estado das coisas empenhadas, inspecionando-as onde se acharem, por si ou por pessoa que credenciar.

- V. arts. 1.441 e 1.464, CC.

CÓDIGO CIVIL

Seção VII
Do penhor de direitos e títulos de crédito

Art. 1.451. Podem ser objeto de penhor direitos, suscetíveis de cessão, sobre coisas móveis.
- V. art. 83, II, CC.
- V. Dec. 24.778/1934 (Caução de hipoteca e penhor).
- •• V. arts. 887 a 926, CC.

Art. 1.452. Constitui-se o penhor de direito mediante instrumento público ou particular, registrado no Registro de Títulos e Documentos.
- V. art. 127, III, Lei 6.015/1973 (Lei de Registros Públicos).
- •• V. arts. 887 a 926, CC.

Parágrafo único. O titular de direito empenhado deverá entregar ao credor pignoratício os documentos comprobatórios desse direito, salvo se tiver interesse legítimo em conservá-los.
- •• V. arts. 887 a 926, CC.

Art. 1.453. O penhor de crédito não tem eficácia senão quando notificado ao devedor; por notificado tem-se o devedor que, em instrumento público ou particular, declarar-se ciente da existência do penhor.
- V. art. 83, III, CC.
- •• V. arts. 887 a 926, CC.

Art. 1.454. O credor pignoratício deve praticar os atos necessários à conservação e defesa do direito empenhado e cobrar os juros e mais prestações acessórias compreendidas na garantia.
- V. art. 1.435, III, CC.
- •• V. arts. 887 a 926, CC.

Art. 1.455. Deverá o credor pignoratício cobrar o crédito empenhado, assim que se torne exigível. Se este consistir numa prestação pecuniária, depositará a importância recebida, de acordo com o devedor pignoratício, ou onde o juiz determinar; se consistir na entrega da coisa, nesta se sub-rogará o penhor.
- •• V. arts. 887 a 926, CC.

Parágrafo único. Estando vencido o crédito pignoratício, tem o credor direito a reter, da quantia recebida, o que lhe é devido, restituindo o restante ao devedor; ou a excutir a coisa a ele entregue.

Art. 1.456. Se o mesmo crédito for objeto de vários penhores, só ao credor pignoratício, cujo direito prefira aos demais, o devedor deve pagar; responde por perdas e danos aos demais credores o credor preferente que, notificado por qualquer um deles, não promover oportunamente a cobrança.
- V. arts. 402 a 405, CC.
- •• V. arts. 887 a 926, CC.

Art. 1.457. O titular do crédito empenhado só pode receber o pagamento com a anuência, por escrito, do credor pignoratício, caso em que o penhor se extinguirá.
- •• V. arts. 887 a 926, CC.

Art. 1.458. O penhor, que recai sobre título de crédito, constitui-se mediante instrumento público ou particular ou endosso pignoratício, com a tradição do título ao credor, regendo-se pelas Disposições Gerais deste Título e, no que couber, pela presente Seção.
- V. art. 918, CC.
- •• V. arts. 887 a 926, CC.

Art. 1.459. Ao credor, em penhor de título de crédito, compete o direito de:
- •• V. arts. 887 a 926, CC.

I – conservar a posse do título e recuperá-la de quem quer que o detenha;

II – usar dos meios judiciais convenientes para assegurar os seus direitos, e os do credor do título empenhado;

III – fazer intimar ao devedor do título que não pague ao seu credor, enquanto durar o penhor;
- V. art. 1.460, CC.

IV – receber a importância consubstanciada no título e os respectivos juros, se exigíveis, restituindo o título ao devedor, quando este solver a obrigação.

Art. 1.460. O devedor do título empenhado que receber a intimação prevista no inciso III do artigo antecedente, ou se der por ciente do penhor, não poderá pagar ao seu credor. Se o fizer, responderá solidariamente por este, por perdas e danos, perante o credor pignoratício.
- V. arts. 264 a 285 e 402 a 405, CC.
- •• V. arts. 887 a 926, CC.

Parágrafo único. Se o credor der quitação ao devedor do título empenhado, deverá saldar imediatamente a dívida, em cuja garantia se constituiu o penhor.

Seção VIII
Do penhor de veículos

Art. 1.461. Podem ser objeto de penhor os veículos empregados em qualquer espécie de transporte ou condução.

Art. 1.462. Constitui-se o penhor, a que se refere o artigo antecedente, mediante instrumento público ou particular, registrado no Cartório de Títulos e Documentos do domicílio do devedor, e anotado no certificado de propriedade.

- V. art. 129-7, Lei 6.015/1973 (Lei de Registros Públicos).

Parágrafo único. Prometendo pagar em dinheiro a dívida garantida com o penhor, poderá o devedor emitir cédula de crédito, na forma e para os fins que a lei especial determinar.

Art. 1.463. Não se fará o penhor de veículos sem que estejam previamente segurados contra furto, avaria, perecimento e danos causados a terceiros.

Art. 1.464. Tem o credor direito a verificar o estado do veículo empenhado, inspecionando-o onde se achar, por si ou por pessoa que credenciar.

- V. arts. 1.441 e 1.450, CC.

Art. 1.465. A alienação, ou a mudança, do veículo empenhado sem prévia comunicação ao credor importa no vencimento antecipado do crédito pignoratício.

Art. 1.466. O penhor de veículos só se pode convencionar pelo prazo máximo de 2 (dois) anos, prorrogável até o limite de igual tempo, averbada a prorrogação à margem do registro respectivo.

Seção IX
Do penhor legal

Art. 1.467. São credores pignoratícios, independentemente de convenção:

- V. arts. 30, 1.469 e 1.470, CC.
- V. art. 31, Lei 6.533/1978 (Regulamentação das profissões de artista e de técnico em espetáculos de diversões).
- V. art. 61, Dec. 82.385/1978 (Regulamenta a Lei 6.533/1978).

I – os hospedeiros, ou fornecedores de pousada ou alimento, sobre as bagagens, móveis, joias ou dinheiro que os seus consumidores ou fregueses tiverem consigo nas respectivas casas ou estabelecimentos, pelas despesas ou consumo que aí tiverem feito;

- V. arts. 206, § 1º, I, e 1.468, CC.

II – o dono do prédio rústico ou urbano, sobre os bens móveis que o rendeiro ou inquilino tiver guarnecendo o mesmo prédio, pelos aluguéis ou rendas.

Art. 1.468. A conta das dívidas enumeradas no inciso I do artigo antecedente será extraída conforme a tabela impressa, prévia e ostensivamente exposta na casa, dos preços de hospedagem, da pensão ou dos gêneros fornecidos, sob pena de nulidade do penhor.

Art. 1.469. Em cada um dos casos do art. 1.467, o credor poderá tomar em garantia um ou mais objetos até o valor da dívida.

Art. 1.470. Os credores, compreendidos no art. 1.467, podem fazer efetivo o penhor, antes de recorrerem à autoridade judiciária, sempre que haja perigo na demora, dando aos devedores comprovante dos bens de que se apossarem.

Art. 1.471. Tomado o penhor, requererá o credor, ato contínuo, a sua homologação judicial.

- V. arts. 703 a 706, CPC/2015.

Art. 1.472. Pode o locatário impedir a constituição do penhor mediante caução idônea.

- V. arts. 37 a 42, Lei 8.245/1991 (Locação de imóveis urbanos).

Capítulo III
DA HIPOTECA

Seção I
Disposições gerais

Art. 1.473. Podem ser objeto de hipoteca:

- V. arts. 30, 165, parágrafo único, 364, 959, 1.225, IX, e 1.419 a 1.430, CC.
- V. arts. 674, IV, 784, V, 799, I, 804, § 6º, CPC/2015.
- V. art. 25, VIII, Lei 4.829/1965 (Crédito rural).
- V. Dec.-lei 70/1966 (Associações de poupança e empréstimo e cédula hipotecária).
- V. art. 30, VIII, Dec. 58.380/1966 (Regulamento o crédito rural).

Art. 1.480

CÓDIGO CIVIL

- V. arts. 20 a 26, 68 e 69, Dec.-lei 167/1967 (Títulos de crédito rural).
- V. arts. 19, III, e 24 a 26, Dec.-lei 413/1969 (Títulos de crédito industrial).
- V. art. 167, I-2, Lei 6.015/1973 (Lei de Registros Públicos).
- V. arts. 5º, I, e 6º, Lei 8.929/1994 (Cédula de produto rural).

I – os imóveis e os acessórios dos imóveis conjuntamente com eles;

- V. arts. 79 a 81 e 92 a 97, CC.

II – o domínio direto;

- V. art. 2.038, CC.

III – o domínio útil;

- V. art. 2.038, CC.

IV – as estradas de ferro;

- V. arts. 1.502 a 1.505, CC.

V – os recursos naturais a que se refere o art. 1.230, independentemente do solo onde se acham;

VI – os navios;

VII – as aeronaves;

VIII – o direito de uso especial para fins de moradia;

- Inciso VIII acrescentado pela Lei 11.481/2007.

IX – o direito real de uso;

- Inciso IX acrescentado pela Lei 11.481/2007.

X – a propriedade superficiária.

- Inciso X acrescentado pela Lei 11.481/2007.

Parágrafo único. A hipoteca dos navios e das aeronaves reger-se-á pelo disposto em lei especial.

- V. Lei 7.565/1986 (Código Brasileiro de Aeronáutica).
- V. Lei 7.652/1988 (Registro da propriedade marítima).

§ 2º Os direitos de garantia instituídos nas hipóteses dos incisos IX e X do *caput* deste artigo ficam limitados à duração da concessão ou direito de superfície, caso tenham sido transferidos por período determinado.

- § 2º acrescentado pela Lei 11.481/2007.
- Numeração do § 2º de acordo com a Lei 11.481/2007, que nada mencionou a respeito da renumeração do atual parágrafo único deste artigo.

Art. 1.474. A hipoteca abrange todas as acessões, melhoramentos ou construções do imóvel. Subsistem os ônus reais constituídos e registrados, anteriormente à hipoteca, sobre o mesmo imóvel.

- V. arts. 94 a 97 e 1.248 a 1.259, CC.
- •• V. arts. 1.255 a 1.259, CC.

Art. 1.475. É nula a cláusula que proíbe ao proprietário alienar imóvel hipotecado.

- V. arts. 303 e 1.479, CC.
- •• V. art. 166, VII, CC.

Parágrafo único. Pode convencionar-se que vencerá o crédito hipotecário, se o imóvel for alienado.

Art. 1.476. O dono do imóvel hipotecado pode constituir outra hipoteca sobre ele, mediante novo título, em favor do mesmo ou de outro credor.

Art. 1.477. Salvo o caso de insolvência do devedor, o credor da segunda hipoteca, embora vencida, não poderá executar o imóvel antes de vencida a primeira.

Parágrafo único. Não se considera insolvente o devedor por faltar ao pagamento das obrigações garantidas por hipotecas posteriores à primeira.

Art. 1.478. Se o devedor da obrigação garantida pela primeira hipoteca não se oferecer, no vencimento, para pagá-la, o credor da segunda pode promover-lhe a extinção, consignando a importância e citando o primeiro credor para recebê-la e o devedor para pagá-la; se este não pagar, o segundo credor, efetuando o pagamento, se sub-rogará nos direitos da hipoteca anterior, sem prejuízo dos que lhe competirem contra o devedor comum.

- V. art. 346, I, CC.
- V. arts. 266 a 276, Lei 6.015/1973 (Lei de Registros Públicos).

Parágrafo único. Se o primeiro credor estiver promovendo a execução da hipoteca, o credor da segunda depositará a importância do débito e as despesas judiciais.

Art. 1.479. O adquirente do imóvel hipotecado, desde que não se tenha obrigado pessoalmente a pagar as dívidas aos credores hipotecários, poderá exonerar-se da hipoteca, abandonando-lhes o imóvel.

- V. arts. 303, 1.475 e 1.480, parágrafo único, CC.

Art. 1.480. O adquirente notificará o vendedor e os credores hipotecários, deferindo-lhes, conjuntamente, a posse do imóvel, ou o depositará em juízo.

- V. art. 346, II, CC.

Art. 1.481

Parágrafo único. Poderá o adquirente exercer a faculdade de abandonar o imóvel hipotecado, até as 24 (vinte e quatro) horas subsequentes à citação, com que se inicia o procedimento executivo.

Art. 1.481. Dentro em 30 (trinta) dias, contados do registro do título aquisitivo, tem o adquirente do imóvel hipotecado o direito de remi-lo, citando os credores hipotecários e propondo importância não inferior ao preço por que o adquiriu.

- V. art. 831, CC.
- V. arts. 266 a 276, Lei 6.015/1973 (Lei de Registros Públicos).

§ 1º Se o credor impugnar o preço da aquisição ou a importância oferecida, realizar-se-á licitação, efetuando-se a venda judicial a quem oferecer maior preço, assegurada preferência ao adquirente do imóvel.

§ 2º Não impugnado pelo credor, o preço da aquisição ou o preço proposto pelo adquirente, haver-se-á por definitivamente fixado para a remissão do imóvel, que ficará livre de hipoteca, uma vez pago ou depositado o preço.

- V. art. 1.499, V, CC.
- Mantivemos a expressão "remissão" conforme publicação oficial. O correto seria "remição".

§ 3º Se o adquirente deixar de remir o imóvel, sujeitando-o a execução, ficará obrigado a ressarcir os credores hipotecários da desvalorização que, por sua culpa, o mesmo vier a sofrer, além das despesas judiciais da execução.

- V. arts. 402 a 404, CC.

§ 4º Disporá de ação regressiva contra o vendedor o adquirente que ficar privado do imóvel em consequência de licitação ou penhora, o que pagar a hipoteca, o que, por causa de adjudicação ou licitação, desembolsar com o pagamento da hipoteca importância excedente à da compra e o que suportar custas e despesas judiciais.

- V. art. 346, II, CC.
- V. art. 125, II, CPC/2015.

Art. 1.482. *(Revogado pela Lei 13.105/2015 – DOU 17.03.2015, em vigor após decorrido 1 (um) ano da data de sua publicação oficial.)*

Art. 1.483. *(Revogado pela Lei 13.105/2015 – DOU 17.03.2015, em vigor após decorrido 1 (um) ano da data de sua publicação oficial.)*

Art. 1.484. É lícito aos interessados fazer constar das escrituras o valor entre si ajustado dos imóveis hipotecados, o qual, devidamente atualizado, será a base para as arrematações, adjudicações e remições, dispensada a avaliação.

- V. art. 871, I, CPC/2015.

Art. 1.485. Mediante simples averbação, requerida por ambas as partes, poderá prorrogar-se a hipoteca, até 30 (trinta) anos da data do contrato. Desde que perfaça esse prazo, só poderá subsistir o contrato de hipoteca reconstituindo-se por novo título e novo registro; e, nesse caso, lhe será mantida a precedência, que então lhe competir.

- Artigo com redação determinada pela Lei 10.931/2004.
- V. art. 1.498, CC.
- V. art. 238, Lei 6.015/1973 (Lei de Registros Públicos).

Art. 1.486. Podem o credor e o devedor, no ato constitutivo da hipoteca, autorizar a emissão da correspondente cédula hipotecária, na forma e para os fins previstos em lei especial.

- V. Dec.-lei 70/1966 (Associações de poupança e empréstimo e cédula hipotecária).

Art. 1.487. A hipoteca pode ser constituída para garantia de dívida futura ou condicionada, desde que determinado o valor máximo do crédito a ser garantido.

- V. arts. 121 a 137, CC.

§ 1º Nos casos deste artigo, a execução da hipoteca dependerá de prévia e expressa concordância do devedor quanto à verificação da condição, ou ao montante da dívida.

§ 2º Havendo divergência entre o credor e o devedor, caberá àquele fazer prova de seu crédito. Reconhecido este, o devedor responderá, inclusive, por perdas e danos, em razão da superveniente desvalorização do imóvel.

- V. arts. 402 a 405, CC.

Art. 1.488. Se o imóvel, dado em garantia hipotecária, vier a ser loteado, ou se nele se constituir condomínio edilício, poderá o ônus ser dividido, gravando cada lote ou unidade autônoma, se o requererem ao juiz o credor, o devedor ou os donos, obedecida a proporção entre o valor de cada um deles e o crédito.

• •• V. art. 1.331, CC.

§ 1º O credor só poderá se opor ao pedido de desmembramento do ônus, provando que o mesmo importa em diminuição de sua garantia.

§ 2º Salvo convenção em contrário, todas as despesas judiciais ou extrajudiciais necessárias ao desmembramento do ônus correm por conta de quem o requerer.

§ 3º O desmembramento do ônus não exonera o devedor originário da responsabilidade a que se refere o art. 1.430, salvo anuência do credor.

Seção II
Da hipoteca legal

Art. 1.489. A lei confere hipoteca:

- V. arts. 30 e 2.040, CC.
- V. arts. 495 e 759, § 1º, CPC/2015.
- V. arts. 470, 564, 565, 626, 632 a 634, 658 e 662, CCo.
- V. art. 7º, § 1º, Lei 6.001/1973 (Estatuto do Índio).

I – às pessoas de direito público interno (art. 41) sobre os imóveis pertencentes aos encarregados da cobrança, guarda ou administração dos respectivos fundos e rendas;

- V. art. 4º, § 2º-2, Dec.-lei 3.240/1941 (Sequestro de bens por crimes em prejuízo da Fazenda Pública).

II – aos filhos, sobre os imóveis do pai ou da mãe que passar a outras núpcias, antes de fazer o inventário do casal anterior;

- V. arts. 1.523, I, 1.568 e 1.641, CC.

III – ao ofendido, ou aos seus herdeiros, sobre os imóveis do delinquente, para satisfação do dano causado pelo delito e pagamento das despesas judiciais;

- V. arts. 186 e 927 a 954, CC.
- V. arts. 134 a 144-A, CPP.

IV – ao coerdeiro, para garantia do seu quinhão ou torna da partilha, sobre o imóvel adjudicado ao herdeiro reponente;

- V. arts. 1.322 e 2.019, CC.

V – ao credor sobre o imóvel arrematado, para garantia do pagamento do restante do preço da arrematação.

Art. 1.490. O credor da hipoteca legal, ou quem o represente, poderá, provando a insuficiência dos imóveis especializados, exigir do devedor que seja reforçado com outros.

Art. 1.491. A hipoteca legal pode ser substituída por caução de títulos da dívida pública federal ou estadual, recebidos pelo valor de sua cotação mínima no ano corrente; ou por outra garantia, a critério do juiz, a requerimento do devedor.

- V. art. 1.451, CC.

Seção III
Do registro da hipoteca

Art. 1.492. As hipotecas serão registradas no cartório do lugar do imóvel, ou no de cada um deles, se o título se referir a mais de um.

- V. arts. 1.497 e 1.502, CC.
- V. art. 111, Lei 4.504/1964 (Estatuto da Terra).
- V. arts. 13 e 44, Dec.-lei 70/1966 (Associações de poupança e empréstimo e cédula hipotecária).
- V. arts. 167, I-2, e 169, II, Lei 6.015/1973 (Lei de Registros Públicos).
- V. art. 12, Lei 8.929/1994 (Cédula de produto rural).

Parágrafo único. Compete aos interessados, exibido o título, requerer o registro da hipoteca.

Art. 1.493. Os registros e averbações seguirão a ordem em que forem requeridas, verificando-se ela pela da sua numeração sucessiva no protocolo.

- V. art. 1.422, *caput*, CC.

Parágrafo único. O número de ordem determina a prioridade, e esta a preferência entre as hipotecas.

- V. art. 186, Lei 6.015/1973 (Lei de Registros Públicos).

Art. 1.494. Não se registrarão no mesmo dia duas hipotecas, ou uma hipoteca e outro direito real, sobre o mesmo imóvel, em favor de pessoas diversas, salvo se as escrituras, do mesmo dia, indicarem a hora em que foram lavradas.

- V. arts. 190 a 192, Lei 6.015/1973 (Lei de Registros Públicos).

Art. 1.495. Quando se apresentar ao oficial do registro título de hipoteca que mencione a constituição de anterior, não registrada, sobrestará ele na inscrição da no-

Art. 1.496

va, depois de a prenotar, até 30 (trinta) dias, aguardando que o interessado inscreva a precedente; esgotado o prazo, sem que se requeira a inscrição desta, a hipoteca ulterior será registrada e obterá preferência.

- V. art. 189, Lei 6.015/1973 (Lei de Registros Públicos).

Art. 1.496. Se tiver dúvida sobre a legalidade do registro requerido, o oficial fará, ainda assim, a prenotação do pedido. Se a dúvida, dentro em 90 (noventa) dias, for julgada improcedente, o registro efetuar-se-á com o mesmo número que teria na data da prenotação; no caso contrário, cancelada esta, receberá o registro o número correspondente à data em que se tornar a requerer.

- V. arts. 198 a 207, Lei 6.015/1973 (Lei de Registros Públicos).

Art. 1.497. As hipotecas legais, de qualquer natureza, deverão ser registradas e especializadas.

- V. art. 1.492, CC.
- •• V. art. 1.489, CC.

§ 1º O registro e a especialização das hipotecas legais incumbem a quem está obrigado a prestar a garantia, mas os interessados podem promover a inscrição delas, ou solicitar ao Ministério Público que o faça.

- V. art. 1.489, CC.

§ 2º As pessoas, às quais incumbir o registro e a especialização das hipotecas legais, estão sujeitas a perdas e danos pela omissão.

- V. arts. 402 a 405, CC.

Art. 1.498. Vale o registro da hipoteca, enquanto a obrigação perdurar; mas a especialização, em completando 20 (vinte) anos, deve ser renovada.

- V. art. 1.485, CC.

Seção IV
Da extinção da hipoteca

Art. 1.499. A hipoteca extingue-se:
I – pela extinção da obrigação principal;
II – pelo perecimento da coisa;

- V. arts. 1.275, IV, e 1.425, § 2º, CC.

III – pela resolução da propriedade;

- V. arts. 1.359 e 1.360, CC.

IV – pela renúncia do credor;

V – pela remição;

- V. art. 1.481, § 2º, CC.

VI – pela arrematação ou adjudicação.

- V. art. 1.501, CC.
- V. arts. 879 a 903, CPC/2015.

Art. 1.500. Extingue-se ainda a hipoteca com a averbação, no Registro de Imóveis, do cancelamento do registro, à vista da respectiva prova.

- V. arts. 1º, § 4º, e 16, §§ 1º, c, e 5º, Dec. 3.079/1938 (Regulamenta o Dec.-lei 58/1937).
- V. arts. 251 e 259, Lei 6.015/1973 (Lei de Registros Públicos).

Art. 1.501. Não extinguirá a hipoteca, devidamente registrada, a arrematação ou adjudicação, sem que tenham sido notificados judicialmente os respectivos credores hipotecários, que não forem de qualquer modo partes na execução.

- V. arts. 674, IV, 784, V, 799, I, 804, § 6º, 889, caput, CPC/2015.
- V. arts. 29 e 31, Dec.-lei 70/1966 (Associações de poupança e empréstimo e cédula hipotecária).
- V. art. 142, Lei 11.101/2005 (Lei de Recuperação de Empresas e Falência).

Seção V
Da hipoteca de vias férreas

Art. 1.502. As hipotecas sobre as estradas de ferro serão registradas no Município da estação inicial da respectiva linha.

- V. arts. 1.473 e 1.492, CC.
- V. Dec.-lei 3.109/1941 (Registro de alienações de estradas de ferro).
- V. art. 171, Lei 6.015/1973 (Lei de Registros Públicos).

Art. 1.503. Os credores hipotecários não podem embaraçar a exploração da linha, nem contrariar as modificações, que a administração deliberar, no leito da estrada, em suas dependências, ou no seu material.

Art. 1.504. A hipoteca será circunscrita à linha ou às linhas especificadas na escritura e ao respectivo material de exploração, no estado em que ao tempo da execução estiverem; mas os credores hipotecários poderão opor-se à venda da estrada, à de suas linhas, de seus ramais ou de parte considerável do material de exploração; bem como à fusão com outra empresa, sempre que com isso a garantia do débito enfraquecer.

CÓDIGO CIVIL

Art. 1.505. Na execução das hipotecas será intimado o representante da União ou do Estado, para, dentro em 15 (quinze) dias, remir a estrada de ferro hipotecada, pagando o preço da arrematação ou da adjudicação.

- V. art. 22, Dec.-lei 25/1937 (Proteção do patrimônio histórico e artístico).

Capítulo IV
DA ANTICRESE

Art. 1.506. Pode o devedor ou outrem por ele, com a entrega do imóvel ao credor, ceder-lhe o direito de perceber, em compensação da dívida, os frutos e rendimentos.

- V. arts. 165, parágrafo único, 364, 1.225, X, e 1.419 a 1.430, CC.
- V. arts. 674, IV, 784, V, 799, I, 804, § 6º, 889, *caput*, CPC/2015.
- V. art. 167, I-11, Lei 6.015/1973 (Lei de Registros Públicos).
- V. art. 17, § 3º, Lei 9.514/1997 (Sistema de Financiamento Imobiliário e alienação fiduciária de coisa imóvel).
- • V. art. 95, CC.

§ 1º É permitido estipular que os frutos e rendimentos do imóvel sejam percebidos pelo credor à conta de juros, mas se o seu valor ultrapassar a taxa máxima permitida em lei para as operações financeiras, o remanescente será imputado ao capital.

- • V. art. 95, CC.

§ 2º Quando a anticrese recair sobre bem imóvel, este poderá ser hipotecado pelo devedor ao credor anticrético, ou a terceiros, assim como o imóvel hipotecado poderá ser dado em anticrese.

Art. 1.507. O credor anticrético pode administrar os bens dados em anticrese e fruir seus frutos e utilidades, mas deverá apresentar anualmente balanço, exato e fiel, de sua administração.

- V. art. 1.509, CC.

§ 1º Se o devedor anticrético não concordar com o que se contém no balanço, por ser inexato, ou ruinosa a administração, poderá impugná-lo e, se o quiser, requerer a transformação em arrendamento, fixando o juiz o valor mensal do aluguel, o qual poderá ser corrigido anualmente.

§ 2º O credor anticrético pode, salvo pacto em sentido contrário, arrendar os bens dados em anticrese a terceiro, mantendo, até ser pago, direito de retenção do imóvel, embora o aluguel desse arrendamento não seja vinculativo para o devedor.

- V. art. 1.423, CC.

Art. 1.508. O credor anticrético responde pelas deteriorações que, por culpa sua, o imóvel vier a sofrer, e pelos frutos e rendimentos que, por sua negligência, deixar de perceber.

- V. art. 569, IV, CC.

Art. 1.509. O credor anticrético pode vindicar os seus direitos contra o adquirente dos bens, os credores quirografários e os hipotecários posteriores ao registro da anticrese.

- V. arts. 961 e 1.507, CC.
- V. art. 83, II, Lei 11.101/2005 (Lei de Recuperação de Empresas e Falência).

§ 1º Se executar os bens por falta de pagamento da dívida, ou permitir que outro credor o execute, sem opor o seu direito de retenção ao exequente, não terá preferência sobre o preço.

- V. art. 1.423, CC.

§ 2º O credor anticrético não terá preferência sobre a indenização do seguro, quando o prédio seja destruído, nem, se forem desapropriados os bens, com relação à desapropriação.

- V. art. 1.425, § 1º, CC.

Art. 1.510. O adquirente dos bens dados em anticrese poderá remi-los, antes do vencimento da dívida, pagando a sua totalidade à data do pedido de remição e imitir-se-á, se for o caso, na sua posse.

LIVRO IV
DO DIREITO DE FAMÍLIA

TÍTULO I
DO DIREITO PESSOAL

Subtítulo I
DO CASAMENTO

Capítulo I
DISPOSIÇÕES GERAIS

Art. 1.511. O casamento estabelece comunhão plena de vida, com base na igualdade de direitos e deveres dos cônjuges.

- V. art. 226, § 5º, CF.
- V. arts. 1.565, 1.567, 1.568 e 1.573, CC.

Art. 1.512

- •• V. arts. 5º, I e 226, § 5º,CF.
- •• V. arts. 1.565 a 1.570 e 1.573, CC.

Art. 1.512. O casamento é civil e gratuita a sua celebração.

- • V. art. 226, § 1º, CF.

Parágrafo único. A habilitação para o casamento, o registro e a primeira certidão serão isentos de selos, emolumentos e custas, para as pessoas cuja pobreza for declarada, sob as penas da lei.

- • V. art. 1.515, CC.
- • V. arts. 6º e 41, Dec.-lei 3.200/1941 (Organização e proteção da família).
- • V. art. 30, Lei 6.015/1973 (Lei de Registros Públicos).

Art. 1.513. É defeso a qualquer pessoa, de direito público ou privado, interferir na comunhão de vida instituída pela família.

- • V. art. 1.565, § 2º, CC.
- • V. art. 226, § 7º, CF.
- •• V. arts. 41, 44, 1.565, § 2º, 1.634, 1.639, 1.642 e 1.643, CC.
- •• V. Lei 9.263/1996 (Planejamento familiar).

Art. 1.514. O casamento se realiza no momento em que o homem e a mulher manifestam, perante o juiz, a sua vontade de estabelecer vínculo conjugal, e o juiz os declara casados.

- • V. arts. 1.535, 1.538 e 1.542, CC.
- •• V. arts. 1.535, 1.538, 1.540, 1.541, § 2º e 1.542, CC.

Art. 1.515. O casamento religioso, que atender às exigências da lei para a validade do casamento civil, equipara-se a este, desde que registrado no registro próprio, produzindo efeitos a partir da data de sua celebração.

- • V. art. 226, § 2º, CF.
- • V. arts. 1.512 e 1.543, CC.
- • V. arts. 1º e 7º, Lei 1.110/1950 (Reconhecimento dos efeitos civis do casamento religioso).
- • V. art. 75, Lei 6.015/1973 (Lei de Registros Públicos).
- •• V. arts. 1.512, 1.516 a 1.524 e 1.543, CC.
- •• V. arts. 71 a 75, Lei 6.015/1973 (Lei de Registros Públicos).

Art. 1.516. O registro do casamento religioso submete-se aos mesmos requisitos exigidos para o casamento civil.

- • V. arts. 72 a 74, Lei 6.015/1973 (Lei de Registros Públicos).

Código Civil

- •• V. arts. 1.515, 1.525 a 1.527, 1.531, 1.536 e 1.554, CC.
- •• V. arts. 70 a 75, Lei 6.015/1973 (Lei de Registros Públicos).

§ 1º O registro civil do casamento religioso deverá ser promovido dentro de 90 (noventa) dias de sua realização, mediante comunicação do celebrante ao ofício competente, ou por iniciativa de qualquer interessado, desde que haja sido homologada previamente a habilitação regulada neste Código. Após o referido prazo, o registro dependerá de nova habilitação.

- •• V. arts. 1.525 a 1.532, CC.
- •• V. art. 73, Lei 6.015/1973 (Lei de Registros Públicos).

§ 2º O casamento religioso, celebrado sem as formalidades exigidas neste Código, terá efeitos civis se, a requerimento do casal, for registrado, a qualquer tempo, no registro civil, mediante prévia habilitação perante a autoridade competente e observado o prazo do art. 1.532.

- • V. arts. 1.525 a 1.532, CC.
- •• V. art. 74, Lei 6.015/1973 (Lei de Registros Públicos).

§ 3º Será nulo o registro civil do casamento religioso se, antes dele, qualquer dos consorciados houver contraído com outrem casamento civil.

- • V. art. 1.521, VI, CC.
- •• V. art. 1.515, VI, CC.

Capítulo II
DA CAPACIDADE PARA O CASAMENTO

Art. 1.517. O homem e a mulher com dezesseis anos podem casar, exigindo-se autorização de ambos os pais, ou de seus representantes legais, enquanto não atingida a maioridade civil.

- • V. arts. 5º, caput e parágrafo único, II, 1.519, 1.537, 1.550, I e II, 1.634, 1.690 e 1.747, I, CC.
- •• V. arts. 5º, I, 226, § 5º e 227, § 6º, CF.
- •• V. arts. 1.519, 1.537, 1.550, 1.551, 1.555, § 2º, 1.558, I e II, 1.612, 1.631, 1.633, 1.641, II, 1.690 e 1.747, I, CC.
- •• V. arts. 4º, 5º, 39 a 52, Lei 8.069/1990 (Estatuto da Criança e do Adolescente).

Parágrafo único. Se houver divergência entre os pais, aplica-se o disposto no parágrafo único do art. 1.631.

Art. 1.523

CÓDIGO CIVIL

- • • V. arts. 1.520, 1.551 a 1.553, 1.555, 1.560, § 1º, 1.631, parágrafo único e 1.641, CC.
- • • V. Dec. 66.605/1970 (Convenção sobre consentimento para casamento).

Art. 1.518. Até a celebração do casamento podem os pais ou tutores revogar a autorização.

- Artigo com redação determinada pela Lei 13.146/2015 (*DOU* 07.07.2015), em vigor após decorridos 180 (cento e oitenta) dias de sua publicação oficial.
- • • V. art. 1.535, CC.

Art. 1.519. A denegação do consentimento, quando injusta, pode ser suprida pelo juiz.

- V. art. 148, parágrafo único, *c*, Lei 8.069/1990 (Estatuto da Criança e do Adolescente).

Art. 1.520. Excepcionalmente, será permitido o casamento de quem ainda não alcançou a idade núbil (art. 1.517), para evitar imposição ou cumprimento de pena criminal ou em caso de gravidez.

- V. arts. 1.550, I, e 1.551, CC.
- V. art. 69, § 1º, Lei 6.015/1973 (Lei de Registros Públicos).
- • • V. art. 1.517, CC.
- • • V. art. 69, § 1º, Lei 6.015/1973 (Lei de Registros Públicos).

Capítulo III
DOS IMPEDIMENTOS

Art. 1.521. Não podem casar:

- V. arts. 1.529 e 1.723, § 1º, CC.
- V. art. 7º, § 1º, Dec.-lei 4.657/1942 (Lei de Introdução às normas do Direito Brasileiro).
- V. arts. 236 e 237, CP.

I – os ascendentes com os descendentes, seja o parentesco natural ou civil;

- V. arts. 1.591 e 1.593, CC.

II – os afins em linha reta;

- V. arts. 1.591 e 1.595, CC.

III – o adotante com quem foi cônjuge do adotado e o adotado com quem o foi do adotante;

- V. art. 41, Lei 8.069/1990 (Estatuto da Criança e do Adolescente).

IV – os irmãos, unilaterais ou bilaterais, e demais colaterais, até o terceiro grau inclusive;

- V. art. 1.592, CC.
- V. arts. 1º a 3º, Dec.-lei 3.200/1941 (Organização e proteção da família).
- V. art. 1º, Lei 5.891/1973 (Exame médico na habilitação de casamento entre colaterais de terceiro grau).

V – o adotado com o filho do adotante;

- V. art. 41, Lei 8.069/1990 (Estatuto da Criança e do Adolescente).

VI – as pessoas casadas;

- V. art. 1.723, § 1º, CC.
- V. art. 235, CP.

VII – o cônjuge sobrevivente com o condenado por homicídio ou tentativa de homicídio contra o seu consorte.

Art. 1.522. Os impedimentos podem ser opostos, até o momento da celebração do casamento, por qualquer pessoa capaz.

Parágrafo único. Se o juiz, ou o oficial de registro, tiver conhecimento da existência de algum impedimento, será obrigado a declará-lo.

Capítulo IV
DAS CAUSAS SUSPENSIVAS

Art. 1.523. Não devem casar:

- V. arts. 1.529, 1.641, I, e 1.723, § 2º, CC.

I – o viúvo ou a viúva que tiver filho do cônjuge falecido, enquanto não fizer inventário dos bens do casal e der partilha aos herdeiros;

- V. art. 1.489, II, CC.

II – a viúva, ou a mulher cujo casamento se desfez por ser nulo ou ter sido anulado, até 10 (dez) meses depois do começo da viuvez, ou da dissolução da sociedade conjugal;

- V. arts. 1.597, II, e 1.598, CC.

III – o divorciado, enquanto não houver sido homologada ou decidida a partilha dos bens do casal;

IV – o tutor ou o curador e os seus descendentes, ascendentes, irmãos, cunhados ou sobrinhos, com a pessoa tutelada ou curatelada, enquanto não cessar a tutela ou curatela, e não estiverem saldadas as respectivas contas.

Parágrafo único. É permitido aos nubentes solicitar ao juiz que não lhes sejam aplicadas as causas suspensivas previstas nos incisos I, III e IV deste artigo, provando-se a inexistência de prejuízo, respectivamente, para o herdeiro, para o ex-cônjuge e para a pessoa tutelada ou curatelada; no caso do inciso II, a nubente deverá provar nascimento de filho, ou inexistência de gravidez, na fluência do prazo.

Art. 1.524. As causas suspensivas da celebração do casamento podem ser arguidas pelos parentes em linha reta de um dos nubentes, sejam consanguíneos ou afins, e pelos colaterais em segundo grau, sejam também consanguíneos ou afins.

• V. arts. 1.591 a 1.595, CC.

Capítulo V
DO PROCESSO DE HABILITAÇÃO PARA O CASAMENTO

Art. 1.525. O requerimento de habilitação para o casamento será firmado por ambos os nubentes, de próprio punho, ou, a seu pedido, por procurador, e deve ser instruído com os seguintes documentos:

• V. art. 1.542, CC.
• V. art. 7º, § 1º, Dec.-lei 4.657/1942 (Lei de Introdução às normas do Direito Brasileiro).
• V. art. 4º, Lei 1.110/1950 (Reconhecimento dos efeitos civis do casamento religioso).
• V. arts. 67 a 69, Lei 6.015/1973 (Lei de Registros Públicos).

I – certidão de nascimento ou documento equivalente;

• V. arts. 1.517 e 1.550, I e II, CC.

II – autorização por escrito das pessoas sob cuja dependência legal estiverem, ou ato judicial que a supra;

• V. arts. 1.517, 1.519, 1.550, II, e 1.555, CC.

III – declaração de duas testemunhas maiores, parentes ou não, que atestem conhecê-los e afirmem não existir impedimento que os iniba de casar;

• V. art. 228, CC.
• V. arts. 342 e 343, CP.

IV – declaração do estado civil, do domicílio e da residência atual dos contraentes e de seus pais, se forem conhecidos;

• V. art. 1.521, VI, CC.

V – certidão de óbito do cônjuge falecido, de sentença declaratória de nulidade ou de anulação de casamento, transitada em julgado, ou do registro da sentença de divórcio.

• V. arts. 1.548 a 1.564, CC.

Art. 1.526. A habilitação será feita pessoalmente perante o oficial do Registro Civil, com a audiência do Ministério Público.

• Artigo com redação determinada pela Lei 12.133/2009 (*DOU* 18.12.2009), em vigor após decorridos 30 (trinta) dias de sua publicação oficial.
• V. art. 67, § 1º, Lei 6.015/1973 (Lei de Registros Públicos).

Parágrafo único. Caso haja impugnação do oficial, do Ministério Público ou de terceiro, a habilitação será submetida ao juiz.

Art. 1.527. Estando em ordem a documentação, o oficial extrairá o edital, que se afixará durante 15 (quinze) dias nas circunscrições do Registro Civil de ambos os nubentes, e, obrigatoriamente, se publicará na imprensa local, se houver.

• V. arts. 44 e 67, §§ 3º e 4º, Lei 6.015/1973 (Lei de Registros Públicos).

Parágrafo único. A autoridade competente, havendo urgência, poderá dispensar a publicação.

• V. arts. 1.539 e 1.540, CC.
• V. arts. 67, §§ 3º e 4º, 69 e 76, Lei 6.015/1973 (Lei de Registros Públicos).

Art. 1.528. É dever do oficial do registro esclarecer os nubentes a respeito dos fatos que podem ocasionar a invalidade do casamento, bem como sobre os diversos regimes de bens.

• V. arts. 1.548, 1.550, 1.551, 1.556, 1.558, 1.639 a 1.652 e 1.640, parágrafo único, CC.
• V. art. 28, Lei 6.015/1973 (Lei de Registros Públicos).

Art. 1.529. Tanto os impedimentos quanto as causas suspensivas serão opostos em declaração escrita e assinada, instruída com as provas do fato alegado, ou com a indicação do lugar onde possam ser obtidas.

• V. arts. 1.521 e 1.523, CC.

Art. 1.530. O oficial do registro dará aos nubentes ou a seus representantes nota da oposição, indicando os fundamentos, as provas e o nome de quem a ofereceu.

• V. art. 67, § 5º, Lei 6.015/1973 (Lei de Registros Públicos).

Parágrafo único. Podem os nubentes requerer prazo razoável para fazer prova contrária aos fatos alegados, e promover as ações civis e criminais contra o oponente de má-fé.

Código Civil

Art. 1.531. Cumpridas as formalidades dos arts. 1.526 e 1.527 e verificada a inexistência de fato obstativo, o oficial do registro extrairá o certificado de habilitação.
- V. art. 2º, Lei 1.110/1950 (Reconhecimento dos efeitos civis do casamento religioso).
- V. art. 71, Lei 6.015/1973 (Lei de Registros Públicos).

Art. 1.532. A eficácia da habilitação será de 90 (noventa) dias, a contar da data em que foi extraído o certificado.
- V. arts. 2º e 3º, Lei 1.110/1950 (Reconhecimento dos efeitos civis do casamento religioso).
- V. art. 71, Lei 6.015/1973 (Lei de Registros Públicos).

Capítulo VI
DA CELEBRAÇÃO DO CASAMENTO

Art. 1.533. Celebrar-se-á o casamento, no dia, hora e lugar previamente designados pela autoridade que houver de presidir o ato, mediante petição dos contraentes, que se mostrem habilitados com a certidão do art. 1.531.
- V. arts. 1.542 e 1.726, CC.
- V. arts. 18 e 19, Dec.-lei 4.657/1942 (Lei de Introdução às normas do Direito Brasileiro).
- V. arts. 238 e 239, CP.
- V. art. 8º, Lei 9.278/1996 (Companheiros – Regula o § 3º do art. 226 da CF).

Art. 1.534. A solenidade realizar-se-á na sede do cartório, com toda publicidade, a portas abertas, presentes pelo menos 2 (duas) testemunhas, parentes ou não dos contraentes, ou, querendo as partes e consentindo a autoridade celebrante, noutro edifício público ou particular.
- V. art. 228, CC.
- V. art. 70, parágrafo único, Lei 6.015/1973 (Lei de Registros Públicos).

§ 1º Quando o casamento for em edifício particular, ficará este de portas abertas durante o ato.
§ 2º Serão quatro as testemunhas na hipótese do parágrafo anterior e se algum dos contraentes não souber ou não puder escrever.

Art. 1.535. Presentes os contraentes, em pessoa ou por procurador especial, juntamente com as testemunhas e o oficial do registro, o presidente do ato, ouvida aos nubentes a afirmação de que pretendem casar por livre e espontânea vontade, declarará efetuado o casamento, nestes termos:
"De acordo com a vontade que ambos acabais de afirmar perante mim, de vos receberdes por marido e mulher, eu, em nome da lei, vos declaro casados."
- V. arts. 1.514, 1.538 e 1.542, CC.

Art. 1.536. Do casamento, logo depois de celebrado, lavrar-se-á o assento no livro de registro. No assento, assinado pelo presidente do ato, pelos cônjuges, as testemunhas, e o oficial do registro, serão exarados:
- V. art. 70, Lei 6.015/1973 (Lei de Registros Públicos).

I – os prenomes, sobrenomes, datas de nascimento, profissão, domicílio e residência atual dos cônjuges;
- V. art. 1.565, § 1º, CC.

II – os prenomes, sobrenomes, datas de nascimento ou de morte, domicílio e residência atual dos pais;

III – o prenome e sobrenome do cônjuge precedente e a data da dissolução do casamento anterior;

IV – a data da publicação dos proclamas e da celebração do casamento;

V – a relação dos documentos apresentados ao oficial do registro;

VI – o prenome, sobrenome, profissão, domicílio e residência atual das testemunhas;

VII – o regime do casamento, com a declaração da data e do cartório em cujas notas foi lavrada a escritura antenupcial, quando o regime não for o da comunhão parcial, ou o obrigatoriamente estabelecido.
- V. art. 1.641, CC.

Art. 1.537. O instrumento da autorização para casar transcrever-se-á integralmente na escritura antenupcial.
- V. arts. 215, 220, 1.517, 1.525, II, 1.634, III, e 1.690, parágrafo único, CC.

Art. 1.538. A celebração do casamento será imediatamente suspensa se algum dos contraentes:
I – recusar a solene afirmação da sua vontade;
II – declarar que esta não é livre e espontânea;
III – manifestar-se arrependido.

Parágrafo único. O nubente que, por algum dos fatos mencionados neste artigo, der causa à suspensão do ato, não será admitido a retratar-se no mesmo dia.

Art. 1.539. No caso de moléstia grave de um dos nubentes, o presidente do ato irá celebrá-lo onde se encontrar o impedido, sendo urgente, ainda que à noite, perante duas testemunhas que saibam ler e escrever.

- V. art. 1.527, parágrafo único, CC.

§ 1º A falta ou impedimento da autoridade competente para presidir o casamento suprir-se-á por qualquer dos seus substitutos legais, e a do oficial do Registro Civil por outro *ad hoc*, nomeado pelo presidente do ato.

§ 2º O termo avulso, lavrado pelo oficial *ad hoc*, será registrado no respectivo registro dentro em 5 (cinco) dias, perante duas testemunhas, ficando arquivado.

Art. 1.540. Quando algum dos contraentes estiver em iminente risco de vida, não obtendo a presença da autoridade à qual incumba presidir o ato, nem a de seu substituto, poderá o casamento ser celebrado na presença de seis testemunhas, que com os nubentes não tenham parentesco em linha reta, ou, na colateral, até segundo grau.

- V. arts. 1.527, parágrafo único, 1.591 e 1.592, CC.
- V. art. 76, Lei 6.015/1973 (Lei de Registros Públicos).

Art. 1.541. Realizado o casamento, devem as testemunhas comparecer perante a autoridade judicial mais próxima, dentro em 10 (dez) dias, pedindo que lhes tome por termo a declaração de:

- V. art. 76, Lei 6.015/1973 (Lei de Registros Públicos).

I – que foram convocadas por parte do enfermo;

II – que este parecia em perigo de vida, mas em seu juízo;

III – que, em sua presença, declararam os contraentes, livre e espontaneamente, receber-se por marido e mulher.

§ 1º Autuado o pedido e tomadas as declarações, o juiz procederá às diligências necessárias para verificar se os contraentes podiam ter-se habilitado, na forma ordinária, ouvidos os interessados que o requererem, dentro em 15 (quinze) dias.

§ 2º Verificada a idoneidade dos cônjuges para o casamento, assim o decidirá a autoridade competente, com recurso voluntário às partes.

§ 3º Se da decisão não se tiver recorrido, ou se ela passar em julgado, apesar dos recursos interpostos, o juiz mandará registrá-la no livro do Registro dos Casamentos.

§ 4º O assento assim lavrado retrotrairá os efeitos do casamento, quanto ao estado dos cônjuges, à data da celebração.

§ 5º Serão dispensadas as formalidades deste e do artigo antecedente, se o enfermo convalescer e puder ratificar o casamento na presença da autoridade competente e do oficial do registro.

Art. 1.542. O casamento pode celebrar-se mediante procuração, por instrumento público, com poderes especiais.

- V. art. 657, CC.

§ 1º A revogação do mandato não necessita chegar ao conhecimento do mandatário; mas, celebrado o casamento sem que o mandatário ou o outro contraente tivessem ciência da revogação, responderá o mandante por perdas e danos.

- V. arts. 402 a 405 e 1.550, *caput*, V, e parágrafo único, CC.

§ 2º O nubente que não estiver em iminente risco de vida poderá fazer-se representar no casamento nuncupativo.

§ 3º A eficácia do mandato não ultrapassará 90 (noventa) dias.

§ 4º Só por instrumento público se poderá revogar o mandato.

Capítulo VII
DAS PROVAS DO CASAMENTO

Art. 1.543. O casamento celebrado no Brasil prova-se pela certidão do registro.

- V. arts. 1.515 e 1.516, CC.
- V. arts. 70 e 74, parágrafo único, Lei 6.015/1973 (Lei de Registros Públicos).

Parágrafo único. Justificada a falta ou perda do registro civil, é admissível qualquer outra espécie de prova.

- V. Dec.-lei 7.485/1945 (Prova do casamento nas habilitações aos benefícios do seguro social).

CÓDIGO CIVIL

Art. 1.544. O casamento de brasileiro, celebrado no estrangeiro, perante as respectivas autoridades ou os cônsules brasileiros, deverá ser registrado em 180 (cento e oitenta) dias, a contar da volta de um ou de ambos os cônjuges ao Brasil, no cartório do respectivo domicílio, ou, em sua falta, no 1º Ofício da Capital do Estado em que passarem a residir.

- V. arts. 13, 18 e 19, Dec.-lei 4.657/1942 (Lei de Introdução às normas do Direito Brasileiro).
- V. art. 32, Lei 6.015/1973 (Lei de Registros Públicos).

Art. 1.545. O casamento de pessoas que, na posse do estado de casadas, não possam manifestar vontade, ou tenham falecido, não se pode contestar em prejuízo da prole comum, salvo mediante certidão do Registro Civil que prove que já era casada alguma delas, quando contraiu o casamento impugnado.

Art. 1.546. Quando a prova da celebração legal do casamento resultar de processo judicial, o registro da sentença no livro do Registro Civil produzirá, tanto no que toca aos cônjuges como no que respeita aos filhos, todos os efeitos civis desde a data do casamento.

Art. 1.547. Na dúvida entre as provas favoráveis e contrárias, julgar-se-á pelo casamento, se os cônjuges, cujo casamento se impugna, viverem ou tiverem vivido na posse do estado de casados.

Capítulo VIII
DA INVALIDADE DO CASAMENTO

Art. 1.548. É nulo o casamento contraído:

- V. art. 1.596, CC.
- V. art. 8º, Lei 1.110/1950 (Reconhecimento dos efeitos civis do casamento religioso).

I – *(Revogado pela Lei 13.146/2015 – DOU 07.07.2015, em vigor após decorridos 180 (cento e oitenta) dias de sua publicação oficial.)*

II – por infringência de impedimento.

- V. arts. 1.521 e 1.561, CC.
- • V. art. 227, § 6º, CF.
- • V. arts. 3º, 10, 1.521, I a VII, 1.522, 1.561 e 1.596, CC.

Art. 1.549. A decretação de nulidade de casamento, pelos motivos previstos no artigo antecedente, pode ser promovida mediante ação direta, por qualquer interessado, ou pelo Ministério Público.

- • V. art. 1.521, CC.

Art. 1.550. É anulável o casamento:

- V. art. 1.561, CC.
- V. art. 8º, Lei 1.110/1950 (Reconhecimento dos efeitos civis do casamento religioso).
- • V. arts. 1.556 a 1.561, CC.

I – de quem não completou a idade mínima para casar;

- V. arts. 1.517, 1.520 e 1.551, CC.
- • V. art. 1.555, CC.

II – do menor em idade núbil, quando não autorizado por seu representante legal;

- V. arts. 1.517, 1.519 e 1.555, CC.
- • V. art. 1.520, CC.

III – por vício da vontade, nos termos dos arts. 1.556 a 1.558;

- • V. arts. 1.556 e 1.558, IV, CC.

IV – do incapaz de consentir ou manifestar, de modo inequívoco, o consentimento;

- V. arts. 3º, 4º, II e III, e 1.560, I, CC.
- • V. arts. 1.767, III e IV, e 1.772, CC.

V – realizado pelo mandatário, sem que ele ou o outro contraente soubesse da revogação do mandato, e não sobrevindo coabitação entre os cônjuges;

- V. arts. 1.542 e 1.560, § 2º, CC.

VI – por incompetência da autoridade celebrante.

- V. arts. 1.554 e 1.560, II, CC.

§ 1º Equipara-se à revogação a invalidade do mandato judicialmente decretada.

- Primitivo parágrafo único renumerado pela Lei 13.146/2015 (*DOU* 07.07.2015), em vigor após decorridos 180 (cento e oitenta) dias de sua publicação oficial.

§ 2º A pessoa com deficiência mental ou intelectual em idade núbia poderá contrair matrimônio, expressando sua vontade diretamente ou por meio de seu responsável ou curador.

- § 2º acrescentado pela Lei 13.146/2015 (*DOU* 07.07.2015), em vigor após decorridos 180 (cento e oitenta) dias de sua publicação oficial.

Art. 1.551

Art. 1.551. Não se anulará, por motivo de idade, o casamento de que resultou gravidez.

- V. arts. 1.517, 1.520 e 1.550, I e II, CC.

Art. 1.552. A anulação do casamento dos menores de 16 (dezesseis) anos será requerida:

- V. arts. 1.551, 1.555 e 1.560, § 1º, CC.
- • V. arts. 3º, 1.517 e 1.550, I, CC.

I – pelo próprio cônjuge menor;
II – por seus representantes legais;
III – por seus ascendentes.

Art. 1.553. O menor que não atingiu a idade núbil poderá, depois de completá-la, confirmar seu casamento, com a autorização de seus representantes legais, se necessária, ou com suprimento judicial.

- V. arts. 1.517 e 1.519, CC.

Art. 1.554. Subsiste o casamento celebrado por aquele que, sem possuir a competência exigida na lei, exercer publicamente as funções de juiz de casamentos e, nessa qualidade, tiver registrado o ato no Registro Civil.

- V. art. 1.550, VI, CC.

Art. 1.555. O casamento do menor em idade núbil, quando não autorizado por seu representante legal, só poderá ser anulado se a ação for proposta em 180 (cento e oitenta) dias, por iniciativa do incapaz, ao deixar de sê-lo, de seus representantes legais ou de seus herdeiros necessários.

- V. arts. 1.517, 1.550, II, 1.551 e 1.560, I, CC.
- • V. arts. 1.550, II e 1.845, CC.

§ 1º O prazo estabelecido neste artigo será contado do dia em que cessou a incapacidade, no primeiro caso; a partir do casamento, no segundo; e, no terceiro, da morte do incapaz.

§ 2º Não se anulará o casamento quando à sua celebração houverem assistido os representantes legais do incapaz, ou tiverem, por qualquer modo, manifestado sua aprovação.

Art. 1.556. O casamento pode ser anulado por vício da vontade, se houve por parte de um dos nubentes, ao consentir, erro essencial quanto à pessoa do outro.

- V. arts. 138, 139, II, e 1.557, CC.
- V. art. 236, CP.

- • V. art. 1.550, III, CC.

Art. 1.557. Considera-se erro essencial sobre a pessoa do outro cônjuge:

- V. arts. 139, II, e 1.560, III, CC.
- • V. art. 1.556, CC.

I – o que diz respeito à sua identidade, sua honra e boa fama, sendo esse erro tal que o seu conhecimento ulterior torne insuportável a vida em comum ao cônjuge enganado;
II – a ignorância de crime, anterior ao casamento, que, por sua natureza, torne insuportável a vida conjugal;
III – a ignorância, anterior ao casamento, de defeito físico irremediável que não caracterize deficiência ou de moléstia grave e transmissível, por contágio ou por herança, capaz de pôr em risco a saúde do outro cônjuge ou de sua descendência;

- Inciso III com redação determinada pela Lei 13.146/2015 (DOU 07.07.2015), em vigor após decorridos 180 (cento e oitenta) dias de sua publicação oficial.
- • V. art. 1.559, CC.

IV – *(Revogado pela Lei 13.146/2015 – DOU 07.07.2015, em vigor após decorridos 180 (cento e oitenta) dias de sua publicação oficial.)*

Art. 1.558. É anulável o casamento em virtude de coação, quando o consentimento de um ou de ambos os cônjuges houver sido captado mediante fundado temor de mal considerável e iminente para a vida, a saúde e a honra, sua ou de seus familiares.

- V. arts. 151 a 155, CC.
- V. art. 147, CP.
- • V. arts. 1.550, III e 1.560, IV, CC.

Art. 1.559. Somente o cônjuge que incidiu em erro, ou sofreu coação, pode demandar a anulação do casamento; mas a coabitação, havendo ciência do vício, valida o ato, ressalvadas as hipóteses dos incisos III e IV do art. 1.557.

- V. arts. 138, 139, II, 151 a 155, 1.557, 1.558 e 1.560, IV, CC.
- • V. art. 1.560, III, CC.

Art. 1.560. O prazo para ser intentada a ação de anulação do casamento, a contar da data da celebração, é de:

I – 180 (cento e oitenta) dias, no caso do inciso IV do art. 1.550;

II – 2 (dois) anos, se incompetente a autoridade celebrante;
- V. arts. 1.550, VI, e 1.554, CC.

III – 3 (três) anos, nos casos dos incisos I a IV do art. 1.557;
- V. arts. 1.556 e 1.559, CC.

IV – 4 (quatro) anos, se houver coação.
- V. arts. 1.558 e 1.559, CC.

§ 1º Extingue-se, em 180 (cento e oitenta) dias, o direito de anular o casamento dos menores de 16 (dezesseis) anos, contado o prazo para o menor do dia em que perfez essa idade; e da data do casamento, para seus representantes legais ou ascendentes.
- V. arts. 1.517 e 1.552, CC.

§ 2º Na hipótese do inciso V do art. 1.550, o prazo para anulação do casamento é de 180 (cento e oitenta) dias, a partir da data em que o mandante tiver conhecimento da celebração.
- V. art. 1.550, parágrafo único, CC.

Art. 1.561. Embora anulável ou mesmo nulo, se contraído de boa-fé por ambos os cônjuges, o casamento, em relação a estes como aos filhos, produz todos os efeitos até o dia da sentença anulatória.
- V. art. 227, § 6º, CF.
- V. arts. 1.596 e 1.617, CC.
- V. art. 20, Lei 8.069/1990 (Estatuto da Criança e do Adolescente).
- ** V. arts. 1.563, 1.564, I e II, 1.595, § 2º, 1.596, 1.597 e 1.617, CC.

§ 1º Se um dos cônjuges estava de boa-fé ao celebrar o casamento, os seus efeitos civis só a ele e aos filhos aproveitarão.
- V. art. 1.564, CC.

§ 2º Se ambos os cônjuges estavam de má-fé ao celebrar o casamento, os seus efeitos civis só aos filhos aproveitarão.
- V. art. 14, parágrafo único, Lei 6.515/1977 (Dissolução da sociedade conjugal e do casamento).

Art. 1.562. Antes de mover a ação de nulidade do casamento, a de anulação, a de separação judicial, a de divórcio direto ou a de dissolução de união estável, poderá requerer a parte, comprovando sua necessidade, a separação de corpos, que será concedida pelo juiz com a possível brevidade.
- V. arts. 1.575, 1.580 e 1.585, CC.

- V. arts. 7º, § 1º, e 8º, Lei 6.515/1977 (Dissolução da sociedade conjugal e do casamento).

Art. 1.563. A sentença que decretar a nulidade do casamento retroagirá à data da sua celebração, sem prejudicar a aquisição de direitos, a título oneroso, por terceiros de boa-fé, nem a resultante de sentença transitada em julgado.
- ** V. art. 5º, XXXVI, CF.
- ** V. art. 6º, §§ 2º e 3º, Dec.-lei 4.657/1942 (Lei de Introdução às normas do Direito Brasileiro).
- ** V. art. 100, Lei 6.015/1973 (Lei de Registros Públicos).

Art. 1.564. Quando o casamento for anulado por culpa de um dos cônjuges, este incorrerá:
- ** V. art. 1.639, CC.

I – na perda de todas as vantagens havidas do cônjuge inocente;
- V. art. 1.561, § 1º, CC.

II – na obrigação de cumprir as promessas que lhe fez no contrato antenupcial.
- V. arts. 1.653 a 1.657, CC.

Capítulo IX
DA EFICÁCIA DO CASAMENTO

Art. 1.565. Pelo casamento, homem e mulher assumem mutuamente a condição de consortes, companheiros e responsáveis pelos encargos da família.
- V. art. 226, § 5º, CF.
- V. arts. 1.511, 1.567 e 1.568, CC.
- V. art. 83, Lei 8.112/1990 (Regime jurídico único dos servidores públicos civis da União).
- ** V. arts. 226, §§ 1º a 3º, e 227, §§ 6º e 7º, CF.
- ** V. arts. 5º, parágrafo único, e 1.595, §§ 1º e 2º, CC.

§ 1º Qualquer dos nubentes, querendo, poderá acrescer ao seu o sobrenome do outro.
- V. arts. 1.571, § 2º, e 1.578, CC.
- ** V. Súmula 51, TFR.

§ 2º O planejamento familiar é de livre decisão do casal, competindo ao Estado propiciar recursos educacionais e financeiros para o exercício desse direito, vedado qualquer tipo de coerção por parte de instituições privadas ou públicas.
- V. art. 226, §§ 5º e 7º, CF.
- V. art. 1.513, CC.
- V. Lei 9.263/1996 (Planejamento familiar).

Art. 1.566

- • V. Lei 9.029/1995 (Proibição de práticas discriminatórias para efeitos admissionais).
- • V. Lei 9.799/1999 (Acesso da mulher ao mercado de trabalho).

Art. 1.566. São deveres de ambos os cônjuges:
- V. art. 226, § 5º, CF.
- V. arts. 1.511, 1.572, 1.573 e 1.724, CC.
- V. art. 5º, Lei 6.515/1977 (Dissolução da sociedade conjugal e do casamento).

I – fidelidade recíproca;
- V. art. 1.573, I, CC.
- • V. art. 1.576, CC.

II – vida em comum, no domicílio conjugal;
- V. arts. 1.562, 1.569 e 1.573, IV, CC.
- • V. arts. 1.511, 1.562, 1.569 e 1.573, III e IV, CC.

III – mútua assistência;
- V. arts. 1.568 e 1.694, CC.
- V. art. 244, CP.

IV – sustento, guarda e educação dos filhos;
- V. arts. 227 e 229, CF.
- V. arts. 1.568, 1.634, I e II, e 1.638, CC.
- V. arts. 244 a 247, CP.
- V. art. 22, Lei 8.069/1990 (Estatuto da Criança e do Adolescente).
- • V. art. 226, § 5º, CF.
- • V. arts. 19 a 24 e 155 a 163, Lei 8.069/1990 (Estatuto da Criança e do Adolescente).

V – respeito e consideração mútuos.
- V. art. 1.573, CC.
- • V. arts. 1.573, III, e 1.724, CC.

Art. 1.567. A direção da sociedade conjugal será exercida, em colaboração, pelo marido e pela mulher, sempre no interesse do casal e dos filhos.
- V. art. 226, § 5º, CF.
- V. arts. 1.642, 1.643, 1.647 e 1.651, CC.

Parágrafo único. Havendo divergência, qualquer dos cônjuges poderá recorrer ao juiz, que decidirá tendo em consideração aqueles interesses.
- V. art. 1.648, CC.
- V. arts. 73 e 74, CPC/2015.

Art. 1.568. Os cônjuges são obrigados a concorrer, na proporção de seus bens e dos rendimentos do trabalho, para o sustento da família e a educação dos filhos, qualquer que seja o regime patrimonial.
- V. art. 226, § 5º, CF.
- V. arts. 1.565, 1.566, III e IV, e 1.688, CC.

Art. 1.569. O domicílio do casal será escolhido por ambos os cônjuges, mas um e outro podem ausentar-se do domicílio conjugal para atender a encargos públicos, ao exercício de sua profissão, ou a interesses particulares relevantes.
- V. art. 226, § 5º, CF.
- V. arts. 72 e 1.573, IV, CC.
- • V. arts. 70 a 78, 1.566, II e 1.573, IV, CC.
- • V. Súmula 1, STF.

Art. 1.570. Se qualquer dos cônjuges estiver em lugar remoto ou não sabido, encarcerado por mais de 180 (cento e oitenta) dias, interditado judicialmente ou privado, episodicamente, de consciência, em virtude de enfermidade ou de acidente, o outro exercerá com exclusividade a direção da família, cabendo-lhe a administração dos bens.
- V. arts. 25, 1.647 a 1.651 e 1.775, CC.
- • V. arts. 76, 1.567, 1.568 e 1.783, CC.

Capítulo X
DA DISSOLUÇÃO DA SOCIEDADE E DO VÍNCULO CONJUGAL

Art. 1.571. A sociedade conjugal termina:
- V. arts. 2º, 17 e 18, Lei 6.515/1977 (Dissolução da sociedade conjugal e do casamento).
- • V. art. 10, CC.

I – pela morte de um dos cônjuges;
- V. arts. 6º e 7º, CC.
- • V. art. 1.523, I e II, CC.

II – pela nulidade ou anulação do casamento;
- V. arts. 1.548 a 1.564, CC.

III – pela separação judicial;
- V. arts. 980, 1.027 e 1.572 a 1.578, CC.
- V. arts. 3º a 23, Lei 6.515/1977 (Dissolução da sociedade conjugal e do casamento).

IV – pelo divórcio.
- V. arts. 1.579 a 1.582, CC.
- V. arts. 24 a 33, Lei 6.515/1977 (Dissolução da sociedade conjugal e do casamento).
- • V. art. 226, § 6º, CF.
- • V. art. 731, CPC/2015.

§ 1º O casamento válido só se dissolve pela morte de um dos cônjuges ou pelo divórcio, aplicando-se a presunção estabelecida neste Código quanto ao ausente.
- V. arts. 22 a 39, CC.

•• V. arts. 6º e 7º, I e II, CC.

§ 2º Dissolvido o casamento pelo divórcio direto ou por conversão, o cônjuge poderá manter o nome de casado; salvo, no segundo caso, dispondo em contrário a sentença de separação judicial.

• V. arts. 1.565, § 1º, e 1.578, CC.

Art. 1.572. Qualquer dos cônjuges poderá propor a ação de separação judicial, imputando ao outro qualquer ato que importe grave violação dos deveres do casamento e torne insuportável a vida em comum.

• V. arts. 1.566, 1.573 e 1.724, CC.
• V. art. 5º, Lei 6.515/1977 (Dissolução da sociedade conjugal e do casamento).
•• V. art. 1.571, CC.

§ 1º A separação judicial pode também ser pedida se um dos cônjuges provar ruptura da vida em comum há mais de 1 (um) ano e a impossibilidade de sua reconstituição.

§ 2º O cônjuge pode ainda pedir a separação judicial quando o outro estiver acometido de doença mental grave, manifestada após o casamento, que torne impossível a continuação da vida em comum, desde que, após uma duração de 2 (dois) anos, a enfermidade tenha sido reconhecida de cura improvável.

§ 3º No caso do § 2º, reverterão ao cônjuge enfermo, que não houver pedido a separação judicial, os remanescentes dos bens que levou para o casamento, e se o regime dos bens adotado o permitir, a meação dos adquiridos na constância da sociedade conjugal.

Art. 1.573. Podem caracterizar a impossibilidade da comunhão de vida a ocorrência de algum dos seguintes motivos:

• V. arts. 1.566, 1.572, §§ 1º e 2º, e 1.724, CC.

I – adultério;

• A Lei 11.106/2005 revogou o art. 240 do CP que tratava do crime de adultério.

II – tentativa de morte;

III – sevícia ou injúria grave;

•• V. Lei 11.340/2006 (Violência doméstica e familiar contra a mulher).

IV – abandono voluntário do lar conjugal, durante um ano contínuo;

•• V. art. 1.566, II, CC.

V – condenação por crime infamante;

VI – conduta desonrosa.

•• V. art. 1.566, V, CC.

Parágrafo único. O juiz poderá considerar outros fatos que tornem evidente a impossibilidade da vida em comum.

•• V. arts. 1.566 e 1.575, §§ 1º e 3º, CC.
•• V. art. 5º, Dec.-lei 4.657/1942 (Lei de Introdução às normas do Direito Brasileiro).

Art. 1.574. Dar-se-á a separação judicial por mútuo consentimento dos cônjuges se forem casados por mais de 1 (um) ano e o manifestarem perante o juiz, sendo por ele devidamente homologada a convenção.

• V. art. 731, *caput*, CPC/2015.
• V. arts. 4º e 34, § 2º, Lei 6.515/1977 (Dissolução da sociedade conjugal e do casamento).

Parágrafo único. O juiz pode recusar a homologação e não decretar a separação judicial se apurar que a convenção não preserva suficientemente os interesses dos filhos ou de um dos cônjuges.

Art. 1.575. A sentença de separação judicial importa a separação de corpos e a partilha de bens.

• V. arts. 980, 1.562, 1.572, § 3º, 1.576, 1.580, 1.581, 1.585 e 1.639 a 1.688, CC.
• V. art. 7º, Lei 6.515/1977 (Dissolução da sociedade conjugal e do casamento).

Parágrafo único. A partilha de bens poderá ser feita mediante proposta dos cônjuges e homologada pelo juiz ou por este decidida.

Art. 1.576. A separação judicial põe termo aos deveres de coabitação e fidelidade recíproca e ao regime de bens.

• V. arts. 1.566, I e II, e 1.639 a 1.688, CC.
• V. art. 3º, *caput* e § 1º, Lei 6.515/1977 (Dissolução da sociedade conjugal e do casamento).

•• V. art. 1.575, CC.

Parágrafo único. O procedimento judicial da separação caberá somente aos cônjuges, e, no caso de incapacidade, serão representados pelo curador, pelo ascendente ou pelo irmão.

• V. arts. 3º, II e III, 4º, II, 1.767, I a III, e 1.780, CC.
•• V. art. 3º, Lei 6.515/1977 (Dissolução da sociedade conjugal e do casamento).

Art. 1.577. Seja qual for a causa da separação judicial e o modo como esta se faça, é lícito aos cônjuges restabelecer, a todo tempo, a sociedade conjugal, por ato regular em juízo.

- V. art. 46, Lei 6.515/1977 (Dissolução da sociedade conjugal e do casamento).
- V. art. 5º, XXXVI, CF.
- V. art. 980, CC.
- V. art. 6º, § 2º, Dec.-lei 4.657/1942 (Lei de Introdução às normas do Direito Brasileiro).
- V. art. 101 e 107, § 2º, Lei 6.515/1977 (Dissolução da sociedade conjugal e do casamento).

Parágrafo único. A reconciliação em nada prejudicará o direito de terceiros, adquirido antes e durante o estado de separado, seja qual for o regime de bens.

- V. arts. 29, § 1º, a, 101, 107, § 2º, e 167, II-10, Lei 6.015/1973 (Lei de Registros Públicos).

Art. 1.578. O cônjuge declarado culpado na ação de separação judicial perde o direito de usar o sobrenome do outro, desde que expressamente requerido pelo cônjuge inocente e se a alteração não acarretar:

- V. arts. 1.565, § 1º, e 1.571, § 2º, CC.
- V. arts. 17, 18 e 25, parágrafo único, Lei 6.515/1977 (Dissolução da sociedade conjugal e do casamento).

I – evidente prejuízo para a sua identificação;
II – manifesta distinção entre o seu nome de família e o dos filhos havidos da união dissolvida;
III – dano grave reconhecido na decisão judicial.
§ 1º O cônjuge inocente na ação de separação judicial poderá renunciar, a qualquer momento, ao direito de usar o sobrenome do outro.
§ 2º Nos demais casos caberá a opção pela conservação do nome de casado.

Art. 1.579. O divórcio não modificará os direitos e deveres dos pais em relação aos filhos.

- V. art. 27, Lei 6.515/1977 (Dissolução da sociedade conjugal e do casamento).

Parágrafo único. Novo casamento de qualquer dos pais, ou de ambos, não poderá importar restrições aos direitos e deveres previstos neste artigo.

- V. art. 229, CF.
- V. arts. 1.584, I, 1.586, 1.634, 1.636 e 1.703, CC.
- V. art. 22, Lei 8.069/1990 (Estatuto da Criança e do Adolescente).

Art. 1.580. Decorrido 1 (um) ano do trânsito em julgado da sentença que houver decretado a separação judicial, ou da decisão concessiva da medida cautelar de separação de corpos, qualquer das partes poderá requerer sua conversão em divórcio.

- V. Emenda Constitucional n. 66/2010 (Dissolução do casamento civil pelo divórcio).
- V. art. 226, § 6º, CF.
- V. arts. 1.562, 1.571, IV, e 1.575, CC.
- V. art. 7º, § 6º, Dec.-lei 4.657/1942 (Lei de Introdução às normas do Direito Brasileiro).
- V. arts. 25, *caput*, e 40, *caput*, Lei 6.515/1977 (Dissolução da sociedade conjugal e do casamento).
- V. art. 1.523, III, CC.

§ 1º A conversão em divórcio da separação judicial dos cônjuges será decretada por sentença, da qual não constará referência à causa que a determinou.
§ 2º O divórcio poderá ser requerido, por um ou por ambos os cônjuges, no caso de comprovada separação de fato por mais de 2 (dois) anos.

Art. 1.581. O divórcio pode ser concedido sem que haja prévia partilha de bens.

- V. arts. 1.523, *caput*, III, e parágrafo único, 1.575 e 1.576, CC.
- V. art. 731, I e parágrafo único, CPC/2015.
- V. art. 31, Lei 6.515/1977 (Dissolução da sociedade conjugal e do casamento).
- V. Súmula 197, STJ.

Art. 1.582. O pedido de divórcio somente competirá aos cônjuges.

- V. art. 24, parágrafo único, Lei 6.515/1977 (Dissolução da sociedade conjugal e do casamento).

Parágrafo único. Se o cônjuge for incapaz para propor a ação ou defender-se, poderá fazê-lo o curador, o ascendente ou o irmão.

Capítulo XI
DA PROTEÇÃO DA PESSOA DOS FILHOS

Art. 1.583. A guarda será unilateral ou compartilhada.

- *Caput* com redação determinada pela Lei 11.698/2008 (*DOU* 16.06.2008), em vigor 60 (sessenta) dias após a data de sua publicação.
- V. arts. 1.589 e 1.590, CC.
- V. art. 9º, Lei 6.515/1977 (Dissolução da sociedade conjugal e do casamento).

§ 1º Compreende-se por guarda unilateral a atribuída a um só dos genitores ou a alguém que o substitua (art. 1.584, § 5º) e, por guarda compartilhada a responsabilização conjunta e o exercício de direitos e deveres do pai e da mãe que não vivam sob o mesmo teto, concernentes ao poder familiar dos filhos comuns.

- § 1º acrescentado pela Lei 11.698/2008 (DOU 16.06.2008), em vigor 60 (sessenta) dias após a data de sua publicação.

§ 2º Na guarda compartilhada, o tempo de convívio com os filhos deve ser dividido de forma equilibrada com a mãe e com o pai, sempre tendo em vista as condições fáticas e os interesses dos filhos.

- Caput do § 2º com redação determinada pela Lei 13.058/2014.

I – (Revogado pela Lei 13.058/2014);
II – (Revogado pela Lei 13.058/2014);
III – (Revogado pela Lei 13.058/2014).

§ 3º Na guarda compartilhada, a cidade considerada base de moradia dos filhos será aquela que melhor atender aos interesses dos filhos.

- § 3º com redação determinada pela Lei 13.058/2014.

§ 4º (Vetado.)

- § 4º acrescentado pela Lei 11.698/2008 (DOU 16.06.2008), em vigor 60 (sessenta) dias após a data de sua publicação.

§ 5º A guarda unilateral obriga o pai ou a mãe que não a detenha a supervisionar os interesses dos filhos, e, para possibilitar tal supervisão, qualquer dos genitores sempre será parte legítima para solicitar informações e/ou prestação de contas, objetivas ou subjetivas, em assuntos ou situações que direta ou indiretamente afetem a saúde física e psicológica e a educação de seus filhos.

- § 5º acrescentado pela Lei 13.058/2014.

Art. 1.584. A guarda, unilateral ou compartilhada, poderá ser:

- Caput com redação determinada pela Lei 11.698/2008 (DOU 16.06.2008), em vigor 60 (sessenta) dias após a data de sua publicação.
- V. arts. 1.586 e 1.612, CC.
- V. art. 10, Lei 6.515/1977 (Dissolução da sociedade conjugal e do casamento).

I – requerida, por consenso, pelo pai e pela mãe, ou por qualquer deles, em ação autônoma de separação, de divórcio, de dissolução de união estável ou em medida cautelar;
II – decretada pelo juiz, em atenção a necessidades específicas do filho, ou em razão da distribuição de tempo necessário ao convívio deste com o pai e com a mãe.

§ 1º Na audiência de conciliação, o juiz informará ao pai e à mãe o significado da guarda compartilhada, a sua importância, a similitude de deveres e direitos atribuídos aos genitores e as sanções pelo descumprimento de suas cláusulas.

- § 1º acrescentado pela Lei 11.698/2008 (DOU 16.06.2008), em vigor 60 (sessenta) dias após a data de sua publicação.

§ 2º Quando não houver acordo entre a mãe e o pai quanto à guarda do filho, encontrando-se ambos os genitores aptos a exercer o poder familiar, será aplicada a guarda compartilhada, salvo se um dos genitores declarar ao magistrado que não deseja a guarda do menor.

- § 2º com redação determinada pela Lei 13.058/2014.

§ 3º Para estabelecer as atribuições do pai e da mãe e os períodos de convivência sob guarda compartilhada, o juiz, de ofício ou a requerimento do Ministério Público, poderá basear-se em orientação técnico-profissional ou de equipe interdisciplinar, que deverá visar à divisão equilibrada do tempo com o pai e com a mãe.

- § 3º com redação determinada pela Lei 13.058/2014.

§ 4º A alteração não autorizada ou o descumprimento imotivado de cláusula de guarda unilateral ou compartilhada poderá implicar a redução de prerrogativas atribuídas ao seu detentor.

- § 4º com redação determinada pela Lei 13.058/2014.

§ 5º Se o juiz verificar que o filho não deve permanecer sob a guarda do pai ou da mãe, deferirá a guarda a pessoa que revele compatibilidade com a natureza da medida, considerados, de preferência, o grau de parentesco e as relações de afinidade e afetividade.

- § 5º com redação determinada pela Lei 13.058/2014.

§ 6º Qualquer estabelecimento público ou privado é obrigado a prestar informações a qualquer dos genitores sobre os filhos destes, sob pena de multa de R$ 200,00 (duzentos reais) a R$ 500,00 (quinhentos reais) por dia pelo não atendimento da solicitação.

- § 6º acrescentado pela Lei 13.058/2014.

Art. 1.585. Em sede de medida cautelar de separação de corpos, em sede de medida cautelar de guarda ou em outra sede de fixação liminar de guarda, a decisão sobre guarda de filhos, mesmo que provisória, será proferida preferencialmente após a oitiva de ambas as partes perante o juiz, salvo se a proteção aos interesses dos filhos exigir a concessão de liminar sem a oitiva da outra parte, aplicando-se as disposições do art. 1.584.

* Artigo com redação determinada pela Lei 13.058/2014.
* V. art. 1.562, CC.

Art. 1.586. Havendo motivos graves, poderá o juiz, em qualquer caso, a bem dos filhos, regular de maneira diferente da estabelecida nos artigos antecedentes a situação deles para com os pais.

* V. art. 13, Lei 6.515/1977 (Dissolução da sociedade conjugal e do casamento).

Art. 1.587. No caso de invalidade do casamento, havendo filhos comuns, observar-se-á o disposto nos arts. 1.584 e 1.586.

* V. arts. 1.548 a 1.564, CC.
* V. art. 14, *caput*, Lei 6.515/1977 (Dissolução da sociedade conjugal e do casamento).

Art. 1.588. O pai ou a mãe que contrair novas núpcias não perde o direito de ter consigo os filhos, que só lhe poderão ser retirados por mandado judicial, provado que não são tratados convenientemente.

* V. art. 1.636, CC.

Art. 1.589. O pai ou a mãe, em cuja guarda não estejam os filhos, poderá visitá-los e tê-los em sua companhia, segundo o que acordar com o outro cônjuge, ou for fixado pelo juiz, bem como fiscalizar sua manutenção e educação.

* V. art. 15, Lei 6.515/1977 (Dissolução da sociedade conjugal e do casamento).

Parágrafo único. O direito de visita estende-se a qualquer dos avós, a critério do juiz, observados os interesses da criança ou do adolescente.

* Parágrafo único acrescentado pela Lei 12.398/2011.

Art. 1.590. As disposições relativas à guarda e prestação de alimentos aos filhos menores estendem-se aos maiores incapazes.

* V. arts. 3º, II e III, e 4º, II e III, CC.
* V. art. 16, Lei 6.515/1977 (Dissolução da sociedade conjugal e do casamento).

Subtítulo II
DAS RELAÇÕES DE PARENTESCO

Capítulo I
DISPOSIÇÕES GERAIS

Art. 1.591. São parentes em linha reta as pessoas que estão umas para com as outras na relação de ascendentes e descendentes.

Art. 1.592. São parentes em linha colateral ou transversal, até o quarto grau, as pessoas provenientes de um só tronco, sem descenderem uma da outra.

Art. 1.593. O parentesco é natural ou civil, conforme resulte de consanguinidade ou outra origem.

Art. 1.594. Contam-se, na linha reta, os graus de parentesco pelo número de gerações, e, na colateral, também pelo número delas, subindo de um dos parentes até ao ascendente comum, e descendo até encontrar o outro parente.

Art. 1.595. Cada cônjuge ou companheiro é aliado aos parentes do outro pelo vínculo da afinidade.

§ 1º O parentesco por afinidade limita-se aos ascendentes, aos descendentes e aos irmãos do cônjuge ou companheiro.

§ 2º Na linha reta, a afinidade não se extingue com a dissolução do casamento ou da união estável.

Capítulo II
DA FILIAÇÃO

Art. 1.596. Os filhos, havidos ou não da relação de casamento, ou por adoção, terão os mesmos direitos e qualificações, proibidas quaisquer designações discriminatórias relativas à filiação.

* V. art. 227, § 6º, CF.
* V. art. 20, Lei 8.069/1990 (Estatuto da Criança e do Adolescente).

Art. 1.597. Presumem-se concebidos na constância do casamento os filhos:

Código Civil

I – nascidos 180 (cento e oitenta) dias, pelo menos, depois de estabelecida a convivência conjugal;
  • V. art. 1.598, CC.
II – nascidos nos 300 (trezentos) dias subsequentes à dissolução da sociedade conjugal, por morte, separação judicial, nulidade e anulação do casamento;
  • V. art. 1.523, II, CC.
III – havidos por fecundação artificial homóloga, mesmo que falecido o marido;
IV – havidos, a qualquer tempo, quando se tratar de embriões excedentários, decorrentes de concepção artificial homóloga;
V – havidos por inseminação artificial heteróloga, desde que tenha prévia autorização do marido.

Art. 1.598. Salvo prova em contrário, se, antes de decorrido o prazo previsto no inciso II do art. 1.523, a mulher contrair novas núpcias e lhe nascer algum filho, este se presume do primeiro marido, se nascido dentro dos 300 (trezentos) dias a contar da data do falecimento deste e, do segundo, se o nascimento ocorrer após esse período e já decorrido o prazo a que se refere o inciso I do art. 1.597.

Art. 1.599. A prova da impotência do cônjuge para gerar, à época da concepção, ilide a presunção da paternidade.

Art. 1.600. Não basta o adultério da mulher, ainda que confessado, para ilidir a presunção legal da paternidade.
  • A Lei 11.106/2005 revogou o art. 240 do CP que tratava do crime de adultério.
  • V. art. 1.602, CC.

Art. 1.601. Cabe ao marido o direito de contestar a paternidade dos filhos nascidos de sua mulher, sendo tal ação imprescritível.
  •• V. art. 227, § 6º, CF.
  •• V. art. 1.596, CC.
  •• V. arts. 102, § 1º e 29, § 1º, *b*, Lei 6.015/1973 (Lei de Registros Públicos).
  •• V. art. 27, Lei 8.069/1990 (Estatuto da Criança e do Adolescente).

Parágrafo único. Contestada a filiação, os herdeiros do impugnante têm direito de prosseguir na ação.

Art. 1.602. Não basta a confissão materna para excluir a paternidade.
  • V. art. 1.600, CC.

  •• V. art. 1.601, CC.

Art. 1.603. A filiação prova-se pela certidão do termo de nascimento registrada no Registro Civil.
  • V. art. 9º, I, CC.
  • V. arts. 29, I e § 1º, *b* e *d*, 50 a 66 e 102, ns. 1 e 2, Lei 6.015/1973 (Lei de Registros Públicos).
  •• V. art. 227, § 6º, CF.

Art. 1.604. Ninguém pode vindicar estado contrário ao que resulta do registro de nascimento, salvo provando-se erro ou falsidade do registro.
  • V. art. 1.608, CC.
  • V. arts. 241 a 243, CP.
  • V. art. 113, Lei 6.015/1973 (Lei de Registros Públicos).
  •• V. art. 9º, I, CC.
  •• V. art. 114, Lei 6.015/1973 (Lei de Registros Públicos).
  •• V. art. 125, XIII, Lei 6.815/1980 (Estatuto do Estrangeiro).

Art. 1.605. Na falta, ou defeito, do termo de nascimento, poderá provar-se a filiação por qualquer modo admissível em direito:
  • V. arts. 212 a 232, CC.
  •• V. art. 227, § 6º, CF.

I – quando houver começo de prova por escrito, proveniente dos pais, conjunta ou separadamente;
II – quando existirem veementes presunções resultantes de fatos já certos.

Art. 1.606. A ação de prova de filiação compete ao filho, enquanto viver, passando aos herdeiros, se ele morrer menor ou incapaz.
  • V. arts. 1.615 e 1.616, CC.
  • V. Lei 8.560/1992 (Investigação de paternidade).
  •• V. Súmula 149, STF.

Parágrafo único. Se iniciada a ação pelo filho, os herdeiros poderão continuá-la, salvo se julgado extinto o processo.

Capítulo III
DO RECONHECIMENTO DOS FILHOS

Art. 1.607. O filho havido fora do casamento pode ser reconhecido pelos pais, conjunta ou separadamente.
  • V. art. 1.596, CC.
  • V. art. 59, Lei 6.015/1973 (Lei de Registros Públicos).

- V. art. 26, *caput*, Lei 8.069/1990 (Estatuto da Criança e do Adolescente).
- V. Lei 8.560/1992 (Investigação de paternidade).
- • V. Súmula 301, STJ.

Art. 1.608. Quando a maternidade constar do termo do nascimento do filho, a mãe só poderá contestá-la, provando a falsidade do termo, ou das declarações nele contidas.

- V. art. 1.604, CC.
- V. arts. 241 a 243, CP.
- V. art. 113, Lei 6.015/1973 (Lei de Registros Públicos).

Art. 1.609. O reconhecimento dos filhos havidos fora do casamento é irrevogável e será feito:

- V. art. 26, Lei 8.069/1990 (Estatuto da Criança e do Adolescente).
- V. art. 1º, Lei 8.560/1992 (Investigação de paternidade).

I – no registro do nascimento;
II – por escritura pública ou escrito particular, a ser arquivado em cartório;
III – por testamento, ainda que incidentalmente manifestado;

- V. art. 1.610, CC.

IV – por manifestação direta e expressa perante o juiz, ainda que o reconhecimento não haja sido o objeto único e principal do ato que o contém.

Parágrafo único. O reconhecimento pode preceder o nascimento do filho ou ser posterior ao seu falecimento, se ele deixar descendentes.

- V. art. 26, parágrafo único, Lei 8.069/1990 (Estatuto da Criança e do Adolescente).

Art. 1.610. O reconhecimento não pode ser revogado, nem mesmo quando feito em testamento.

- V. art. 1.609, III, CC.

Art. 1.611. O filho havido fora do casamento, reconhecido por um dos cônjuges, não poderá residir no lar conjugal sem o consentimento do outro.

- V. art. 15, Dec.-lei 3.200/1941 (Organização e proteção da família).

Art. 1.612. O filho reconhecido, enquanto menor, ficará sob a guarda do genitor que o reconheceu, e, se ambos o reconhecerem e não houver acordo, sob a de quem melhor atender aos interesses do menor.

- V. art. 26, *caput*, Lei 8.069/1990 (Estatuto da Criança e do Adolescente).
- V. arts. 1.584, 1.586 e 1.633, CC.
- V. art. 16, Dec.-lei 3.200/1941 (Organização e proteção da família).

Art. 1.613. São ineficazes a condição e o termo apostos ao ato de reconhecimento do filho.

- V. arts. 121, 131 e 135, CC.

Art. 1.614. O filho maior não pode ser reconhecido sem o seu consentimento, e o menor pode impugnar o reconhecimento, nos quatro anos que se seguirem à maioridade, ou à emancipação.

- V. art. 5º, *caput* e parágrafo único, CC.
- V. art. 4º, Lei 8.560/1992 (Investigação de paternidade).

Art. 1.615. Qualquer pessoa, que justo interesse tenha, pode contestar a ação de investigação de paternidade, ou maternidade.

- V. art. 1.606, CC.

Art. 1.616. A sentença que julgar procedente a ação de investigação produzirá os mesmos efeitos do reconhecimento; mas poderá ordenar que o filho se crie e eduque fora da companhia dos pais ou daquele que lhe contestou essa qualidade.

- V. art. 109, § 4º, Lei 6.015/1973 (Lei de Registros Públicos).

Art. 1.617. A filiação materna ou paterna pode resultar de casamento declarado nulo, ainda mesmo sem as condições do putativo.

- V. arts. 1.548, 1.550, 1.556, 1.558 e 1.561, CC.

Capítulo IV
DA ADOÇÃO

- V. Res. CNJ 54/2008 (Implantação e funcionamento do Cadastro Nacional de Adoção).

Art. 1.618. A adoção de crianças e adolescentes será deferida na forma prevista pela Lei 8.069, de 13 de julho de 1990 – Estatuto da Criança e do Adolescente.

- *Caput* com redação determinada pela Lei 12.010/2009 (*DOU* 04.08.2009), em vigor 90 (noventa) dias após a data de sua publicação.

Parágrafo único. *(Revogado pela Lei 12.010/2009 – DOU 04.08.2009, em vigor noventa dias após a data de sua publicação.)*

CÓDIGO CIVIL

Art. 1.619. A adoção de maiores de 18 (dezoito) anos dependerá da assistência efetiva do poder público e de sentença constitutiva, aplicando-se, no que couber, as regras gerais da Lei 8.069, de 13 de julho de 1990 – Estatuto da Criança e do Adolescente.

- Artigo com redação determinada pela Lei 12.010/2009 (*DOU* 04.08.2009), em vigor 90 (noventa) dias após a data de sua publicação.

Arts. 1.620 a 1.629. *(Revogados pela Lei 12.010/2009 – DOU 04.08.2009, em vigor noventa dias após a data de sua publicação.)*

Capítulo V
DO PODER FAMILIAR

Seção I
Disposições gerais

Art. 1.630. Os filhos estão sujeitos ao poder familiar, enquanto menores.

- V. arts. 5º, 1.612, 1.633, 1.635 e 1.638, CC.

Art. 1.631. Durante o casamento e a união estável, compete o poder familiar aos pais; na falta ou impedimento de um deles, o outro o exercerá com exclusividade.

- V. arts. 1.511, 1.567, 1.588, 1.637 e 1.690, CC.
- V. art. 21, Lei 8.069/1990 (Estatuto da Criança e do Adolescente).

Parágrafo único. Divergindo os pais quanto ao exercício do poder familiar, é assegurado a qualquer deles recorrer ao juiz para solução do desacordo.

Art. 1.632. A separação judicial, o divórcio e a dissolução da união estável não alteram as relações entre pais e filhos senão quanto ao direito, que aos primeiros cabe, de terem em sua companhia os segundos.

- V. arts. 1.583 a 1.586 e 1.589, CC.
- V. arts. 9º a 27, Lei 6.515/1977 (Dissolução da sociedade conjugal e do casamento).

Art. 1.633. O filho, não reconhecido pelo pai, fica sob poder familiar exclusivo da mãe; se a mãe não for conhecida ou capaz de exercê-lo, dar-se-á tutor ao menor.

- V. art. 1.612, CC.
- V. art. 16, Dec.-lei 3.200/1941 (Organização e proteção da família).

Seção II
Do exercício do poder familiar

Art. 1.634. Compete a ambos os pais, qualquer que seja a sua situação conjugal, o pleno exercício do poder familiar, que consiste em, quanto aos filhos:

- Artigo com redação determinada pela Lei 13.058/2014.
- V. arts. 1.637 e 1.638, CC.
- V. arts. 136 e 244 a 247, CP.
- V. art. 22, Lei 8.069/1990 (Estatuto da Criança e do Adolescente).

I – dirigir-lhes a criação e a educação;

- V. art. 1.566, IV, CC.

II – exercer a guarda unilateral ou compartilhada nos termos do art. 1.584;

- V. arts. 1.583 a 1.588, 1.612 e 1.632, CC.
- V. arts. 33 a 35, Lei 8.069/1990 (Estatuto da Criança e do Adolescente).

III – conceder-lhes ou negar-lhes consentimento para casarem;

- V. arts. 1.517, 1.519 e 1.550, II, CC.

IV – conceder-lhes ou negar-lhes consentimento para viajarem ao exterior;

- V. arts. 1.729 e 1.730, CC.

V – conceder-lhes ou negar-lhes consentimento para mudarem sua residência permanente para outro Município;

- V. arts. 3º, 4º, 115 a 120 e 1.747, I, CC.
- V. art. 439, CLT.

VI – nomear-lhes tutor por testamento ou documento autêntico, se o outro dos pais não lhe sobreviver, ou o sobrevivo não puder exercer o poder familiar;

- V. arts. 248 e 249, CP.

VII – representá-los judicial e extrajudicialmente até os 16 (dezesseis) anos, nos atos da vida civil, e assisti-los, após essa idade, nos atos em que forem partes, suprindo-lhes o consentimento;

- V. art. 136, CP.

VIII – reclamá-los de quem ilegalmente os detenha;

IX – exigir que lhes prestem obediência, respeito e os serviços próprios de sua idade e condição.

Seção III
Da suspensão e extinção do poder familiar

Art. 1.635. Extingue-se o poder familiar:
I – pela morte dos pais ou do filho;

II – pela emancipação, nos termos do art. 5º, parágrafo único;
III – pela maioridade;
- V. art. 5º, CC.

IV – pela adoção;
V – por decisão judicial, na forma do artigo 1.638.

Art. 1.636. O pai ou a mãe que contrai novas núpcias, ou estabelece união estável, não perde, quanto aos filhos do relacionamento anterior, os direitos ao poder familiar, exercendo-os sem qualquer interferência do novo cônjuge ou companheiro.

- V. art. 1.588, CC.

Parágrafo único. Igual preceito ao estabelecido neste artigo aplica-se ao pai ou à mãe solteiros que casarem ou estabelecerem união estável.

Art. 1.637. Se o pai, ou a mãe, abusar de sua autoridade, faltando aos deveres a eles inerentes ou arruinando os bens dos filhos, cabe ao juiz, requerendo algum parente, ou o Ministério Público, adotar a medida que lhe pareça reclamada pela segurança do menor e seus haveres, até suspendendo o poder familiar, quando convenha.

- V. arts. 1.638, IV, e 1.691, CC.
- V. arts. 24, 129, X, e 155 a 163, Lei 8.069/1990 (Estatuto da Criança e do Adolescente).

Parágrafo único. Suspende-se igualmente o exercício do poder familiar ao pai ou à mãe condenados por sentença irrecorrível, em virtude de crime cuja pena exceda a 2 (dois) anos de prisão.

- V. art. 92, II, CP.

Art. 1.638. Perderá por ato judicial o poder familiar o pai ou a mãe que:

- V. art. 1.635, V, CC.
- V. art. 92, II, CP.
- V. arts. 24, 129, X, 130, 148, parágrafo único, b, e 155 a 163, Lei 8.069/1990 (Estatuto da Criança e do Adolescente).

I – castigar imoderadamente o filho;
- V. art. 136, CP.

II – deixar o filho em abandono;
- V. arts. 244 e 246, CP.

III – praticar atos contrários à moral e aos bons costumes;
- V. arts. 226, II, 245 e 247, CP.

IV – incidir, reiteradamente, nas faltas previstas no artigo antecedente.

TÍTULO II
DO DIREITO PATRIMONIAL

Subtítulo I
DO REGIME DE BENS ENTRE OS CÔNJUGES

- V. art. 2.039, CC.

Capítulo I
DISPOSIÇÕES GERAIS

Art. 1.639. É lícito aos nubentes, antes de celebrado o casamento, estipular, quanto aos seus bens, o que lhes aprouver.

- V. arts. 108, 1.536, VII, 1.564, II, 1.640, 1.641, 1.653 a 1.657, 1.662, 1.668, IV, 1.688, 1.725 e 2.039, CC.
- V. art. 7º, §§ 4º e 5º, Dec.-lei 4.657/1942 (Lei de Introdução às normas do Direito Brasileiro).
- V. art. 3º, caput, Lei 6.515/1977 (Dissolução da sociedade conjugal e do casamento).

§ 1º O regime de bens entre os cônjuges começa a vigorar desde a data do casamento.
§ 2º É admissível alteração do regime de bens, mediante autorização judicial em pedido motivado de ambos os cônjuges, apurada a procedência das razões invocadas e ressalvados os direitos de terceiros.

Art. 1.640. Não havendo convenção, ou sendo ela nula ou ineficaz, vigorará, quanto aos bens entre os cônjuges, o regime da comunhão parcial.

- V. arts. 1.653, 1.655 e 1.657, CC.

Parágrafo único. Poderão os nubentes, no processo de habilitação, optar por qualquer dos regimes que este código regula. Quanto à forma, reduzir-se-á a termo a opção pela comunhão parcial, fazendo-se o pacto antenupcial por escritura pública, nas demais escolhas.

- V. arts. 215, 1.528, 1.658, 1.667, 1.672 e 1.687, CC.
- •• V. Súmula 377, STF.

Art. 1.641. É obrigatório o regime da separação de bens no casamento:

- V. art. 977, CC.
- •• V. Súmula 377, STF.

Código Civil

I – das pessoas que o contraírem com inobservância das causas suspensivas da celebração do casamento;
- V. art. 1.523, CC.

II – da pessoa maior de 70 (setenta) anos;
- Inciso II com redação determinada pela Lei 12.344/2010.

III – de todos os que dependerem, para casar, de suprimento judicial.
- V. arts. 1.517, 1.519, 1.634, III, 1.747, I, 1.774 e 1.781, CC.

Art. 1.642. Qualquer que seja o regime de bens, tanto o marido quanto a mulher podem livremente:
- V. art. 226, § 5º, CF.
- V. arts. 499, 550, 1.643 e 1.647, CC.

I – praticar todos os atos de disposição e de administração necessários ao desempenho de sua profissão, com as limitações estabelecidas no inciso I do art. 1.647;

II – administrar os bens próprios;
- V. arts. 1.663, § 1º, 1.665 e 1.666, CC.

III – desobrigar ou reivindicar os imóveis que tenham sido gravados ou alienados sem o seu consentimento ou sem suprimento judicial;
- V. arts. 1.645 e 1.646, CC.

IV – demandar a rescisão dos contratos de fiança e doação, ou a invalidação do aval, realizados pelo outro cônjuge com infração do disposto nos incisos III e IV do art. 1.647;
- V. arts. 1.645, 1.646 e 1.647, III e IV, CC.

V – reivindicar os bens comuns, móveis ou imóveis, doados ou transferidos pelo outro cônjuge ao concubino, desde que provado que os bens não foram adquiridos pelo esforço comum destes, se o casal estiver separado de fato por mais de 5 (cinco) anos;
- V. arts. 550, 1.645 e 1.647, parágrafo único, CC.

VI – praticar todos os atos que não lhes forem vedados expressamente.

Art. 1.643. Podem os cônjuges, independentemente de autorização um do outro:
- V. art. 1.664, CC.

I – comprar, ainda a crédito, as coisas necessárias à economia doméstica;

II – obter, por empréstimo, as quantias que a aquisição dessas coisas possa exigir.

Art. 1.644. As dívidas contraídas para os fins do artigo antecedente obrigam solidariamente ambos os cônjuges.
- V. arts. 275 a 285, CC.

Art. 1.645. As ações fundadas nos incisos III, IV e V do art. 1.642 competem ao cônjuge prejudicado e a seus herdeiros.

Art. 1.646. No caso dos incisos III e IV do art. 1.642, o terceiro, prejudicado com a sentença favorável ao autor, terá direito regressivo contra o cônjuge, que realizou o negócio jurídico, ou seus herdeiros.
- V. art. 125, II, CPC/2015.

Art. 1.647. Ressalvado o disposto no art. 1.648, nenhum dos cônjuges pode, sem autorização do outro, exceto no regime da separação absoluta:
- V. arts. 220, 1.649 e 1.650, CC.
- V. art. 3º, Lei 8.245/1991 (Locação de imóveis urbanos).

I – alienar ou gravar de ônus real os bens imóveis;
- V. arts. 496, 499, 533, II, 978, 1.420, 1.438, parágrafo único, 1.642, III, 1.648, 1.659, I e II, 1.668, I, II e IV, 1.687 e 1.783, CC.
- V. art. 11, parágrafo único, Lei 492/1937 (Penhor rural e cédula pignoratícia).
- V. art. 11, § 2º, Dec.-lei 58/1937 (Loteamento e venda de terrenos para pagamento em prestações).
- V. art. 17, § 2º, Dec.-lei 70/1966 (Associações de poupança e empréstimo e cédula hipotecária).
- V. art. 18, VII e § 3º, Lei 6.766/1979 (Parcelamento do solo urbano).

II – pleitear, como autor ou réu, acerca desses bens ou direitos;
- V. art. 73, §§ 1º e 2º, CPC/2015.
- V. art. 16, Dec.-lei 3.365/1941 (Desapropriações por utilidade pública).

III – prestar fiança ou aval;
- V. art. 1.642, IV, CC.
- V. Súmula 332, STJ.

IV – fazer doação, não sendo remuneratória, de bens comuns, ou dos que possam integrar futura meação.
- V. arts. 544, 550, 1.642, III e IV, e 1.675, CC.

Parágrafo único. São válidas as doações nupciais feitas aos filhos quando casarem ou estabelecerem economia separada.

Art. 1.648. Cabe ao juiz, nos casos do artigo antecedente, suprir a outorga, quando um dos cônjuges a denegue sem motivo justo, ou lhe seja impossível concedê-la.

- V. arts. 1.567, parágrafo único, e 1.570, CC.
- V. arts. 74 e 725, IV e V, CPC/2015.

Art. 1.649. A falta de autorização, não suprida pelo juiz, quando necessária (art. 1.647), tornará anulável o ato praticado, podendo o outro cônjuge pleitear-lhe a anulação, até 2 (dois) anos depois de terminada a sociedade conjugal.

- V. art. 74, parágrafo único, CPC/2015.

Parágrafo único. A aprovação torna válido o ato, desde que feita por instrumento público, ou particular, autenticado.

Art. 1.650. A decretação de invalidade dos atos praticados sem outorga, sem consentimento, ou sem suprimento do juiz, só poderá ser demandada pelo cônjuge a quem cabia concedê-la, ou por seus herdeiros.

- V. art. 1.642, CC.

Art. 1.651. Quando um dos cônjuges não puder exercer a administração dos bens que lhe incumbe, segundo o regime de bens, caberá ao outro:

- V. arts. 25, 1.567, 1.570 e 1.775, CC.

I – gerir os bens comuns e os do consorte;
II – alienar os bens móveis comuns;
III – alienar os imóveis comuns e os móveis ou imóveis do consorte, mediante autorização judicial.

Art. 1.652. O cônjuge, que estiver na posse dos bens particulares do outro, será para este e seus herdeiros responsável:

- V. arts. 1.659, 1.668 e 1.783, CC.

I – como usufrutuário, se o rendimento for comum;

- V. arts. 1.391, 1.400 a 1.409 e 1.660, V, CC.

II – como procurador, se tiver mandato expresso ou tácito para os administrar;

- V. arts. 663 e 667 a 674, CC.

III – como depositário, se não for usufrutuário, nem administrador.

- V. arts. 627 a 652, 1.659, I, e 1.687, CC.

Capítulo II
DO PACTO ANTENUPCIAL

Art. 1.653. É nulo o pacto antenupcial se não for feito por escritura pública, e ineficaz se não lhe seguir o casamento.

- V. arts. 108, 166, IV, 215, 1.536, VII, 1.537, 1.564, II, 1.639, 1.642, 1.657, 1.668, IV, e 1.688, CC.

Art. 1.654. A eficácia do pacto antenupcial, realizado por menor, fica condicionada à aprovação de seu representante legal, salvo as hipóteses de regime obrigatório de separação de bens.

- V. art. 1.641, CC.

Art. 1.655. É nula a convenção ou cláusula dela que contravenha disposição absoluta de lei.

Art. 1.656. No pacto antenupcial, que adotar o regime de participação final nos aquestos, poder-se-á convencionar a livre disposição dos bens imóveis, desde que particulares.

- V. arts. 1.672 a 1.686, CC.

Art. 1.657. As convenções antenupciais não terão efeito perante terceiros senão depois de registradas, em livro especial, pelo oficial do Registro de Imóveis do domicílio dos cônjuges.

- V. art. 979, CC.
- V. arts. 167, I-12 e II-1, e 178, V, Lei 6.015/1973 (Lei de Registros Públicos).

Capítulo III
DO REGIME DE COMUNHÃO PARCIAL

Art. 1.658. No regime de comunhão parcial, comunicam-se os bens que sobrevierem ao casal, na constância do casamento, com as exceções dos artigos seguintes.

Art. 1.659. Excluem-se da comunhão:
I – os bens que cada cônjuge possuir ao casar, e os que lhe sobrevierem, na constância do casamento, por doação ou sucessão, e os sub-rogados em seu lugar;
II – os bens adquiridos com valores exclusivamente pertencentes a um dos cônjuges em sub-rogação dos bens particulares;

- V. art. 1.661, CC.

III – as obrigações anteriores ao casamento;

- V. arts. 1.661 e 1.668, III, CC.

IV – as obrigações provenientes de atos ilícitos, salvo reversão em proveito do casal;
- V. art. 942, CC.

V – os bens de uso pessoal, os livros e instrumentos de profissão;
- V. art. 1.668, V, CC.

VI – os proventos do trabalho pessoal de cada cônjuge;
- V. art. 1.668, V, CC.

VII – as pensões, meios-soldos, montepios e outras rendas semelhantes.
- V. art. 1.668, V, CC.

Art. 1.660. Entram na comunhão:
I – os bens adquiridos na constância do casamento por título oneroso, ainda que só em nome de um dos cônjuges;
II – os bens adquiridos por fato eventual, com ou sem o concurso de trabalho ou despesa anterior;
III – os bens adquiridos por doação, herança ou legado, em favor de ambos os cônjuges;
IV – as benfeitorias em bens particulares de cada cônjuge;
- V. arts. 96 e 97, CC.

V – os frutos dos bens comuns, ou dos particulares de cada cônjuge, percebidos na constância do casamento, ou pendentes ao tempo de cessar a comunhão.

Art. 1.661. São incomunicáveis os bens cuja aquisição tiver por título uma causa anterior ao casamento.
- V. art. 1.659, II, CC.

Art. 1.662. No regime da comunhão parcial, presumem-se adquiridos na constância do casamento os bens móveis, quando não se provar que o foram em data anterior.
- V. arts. 82 a 84, CC.

Art. 1.663. A administração do patrimônio comum compete a qualquer dos cônjuges.
- V. arts. 1.567 a 1.569 e 1.665, CC.

§ 1º As dívidas contraídas no exercício da administração obrigam os bens comuns e particulares do cônjuge que os administra, e os do outro na razão do proveito que houver auferido.
- V. arts. 1.642, II, 1.666 e 1.677, CC.

§ 2º A anuência de ambos os cônjuges é necessária para os atos, a título gratuito, que impliquem cessão do uso ou gozo dos bens comuns.

§ 3º Em caso de malversação dos bens, o juiz poderá atribuir a administração a apenas um dos cônjuges.

Art. 1.664. Os bens da comunhão respondem pelas obrigações contraídas pelo marido ou pela mulher para atender aos encargos da família, às despesas de administração e às decorrentes de imposição legal.
- V. arts. 1.643 e 1.663, § 1º, CC.

Art. 1.665. A administração e a disposição dos bens constitutivos do patrimônio particular competem ao cônjuge proprietário, salvo convenção diversa em pacto antenupcial.
- V. arts. 1.642, II, e 1.663, caput, CC.

Art. 1.666. As dívidas, contraídas por qualquer dos cônjuges na administração de seus bens particulares e em benefício destes, não obrigam os bens comuns.
- V. arts. 1.642, II, 1.663, § 1º, e 1.677, CC.

Capítulo IV
DO REGIME
DE COMUNHÃO UNIVERSAL

Art. 1.667. O regime de comunhão universal importa a comunicação de todos os bens presentes e futuros dos cônjuges e suas dívidas passivas, com as exceções do artigo seguinte.
- V. arts. 977, 1.640, 1.641, 1.651 e 1.652, CC.

Art. 1.668. São excluídos da comunhão:
- V. arts. 1.652, 1.669 e 1.783, CC.

I – os bens doados ou herdados com a cláusula de incomunicabilidade e os sub-rogados em seu lugar;
II – os bens gravados de fideicomisso e o direito do herdeiro fideicomissário, antes de realizada a condição suspensiva;
- V. arts. 1.951 a 1.960, CC.

III – as dívidas anteriores ao casamento, salvo se provierem de despesas com seus aprestos, ou reverterem em proveito comum;
- V. art. 1.659, III, CC.

Art. 1.669

IV – as doações antenupciais feitas por um dos cônjuges ao outro com a cláusula de incomunicabilidade;
V – os bens referidos nos incisos V a VII do art. 1.659.

Art. 1.669. A incomunicabilidade dos bens enumerados no artigo antecedente não se estende aos frutos, quando se percebam ou vençam durante o casamento.

Art. 1.670. Aplica-se ao regime da comunhão universal o disposto no Capítulo antecedente, quanto à administração dos bens.

• V. arts. 1.663 a 1.666, CC.

Art. 1.671. Extinta a comunhão, e efetuada a divisão do ativo e do passivo, cessará a responsabilidade de cada um dos cônjuges para com os credores do outro.

• V. arts. 1.571 e 1.639, § 1º, CC.

Capítulo V
DO REGIME DE PARTICIPAÇÃO FINAL NOS AQUESTOS

Art. 1.672. No regime de participação final nos aquestos, cada cônjuge possui patrimônio próprio, consoante disposto no artigo seguinte, e lhe cabe, à época da dissolução da sociedade conjugal, direito à metade dos bens adquiridos pelo casal, a título oneroso, na constância do casamento.

• V. arts. 1.571, 1.656 e 1.673, CC.

Art. 1.673. Integram o patrimônio próprio os bens que cada cônjuge possuía ao casar e os por ele adquiridos, a qualquer título, na constância do casamento.

Parágrafo único. A administração desses bens é exclusiva de cada cônjuge, que os poderá livremente alienar, se forem móveis.

• V. arts. 1.647, I, 1.656 e 1.676, CC.

Art. 1.674. Sobrevindo a dissolução da sociedade conjugal, apurar-se-á o montante dos aquestos, excluindo-se da soma dos patrimônios próprios:

• V. art. 1.571, CC.

I – os bens anteriores ao casamento e os que em seu lugar se sub-rogaram;
II – os que sobrevieram a cada cônjuge por sucessão ou liberalidade;
III – as dívidas relativas a esses bens.

Parágrafo único. Salvo prova em contrário, presumem-se adquiridos durante o casamento os bens móveis.

• V. art. 1.680, CC.

Art. 1.675. Ao determinar-se o montante dos aquestos, computar-se-á o valor das doações feitas por um dos cônjuges, sem a necessária autorização do outro; nesse caso, o bem poderá ser reivindicado pelo cônjuge prejudicado ou por seus herdeiros, ou declarado no monte partilhável, por valor equivalente ao da época da dissolução.

• V. arts. 1.642, V, e 1.647, IV e parágrafo único, CC.

Art. 1.676. Incorpora-se ao monte o valor dos bens alienados em detrimento da meação, se não houver preferência do cônjuge lesado, ou de seus herdeiros, de os reivindicar.

• V. art. 1.673, parágrafo único, CC.

Art. 1.677. Pelas dívidas posteriores ao casamento, contraídas por um dos cônjuges, somente este responderá, salvo prova de terem revertido, parcial ou totalmente, em benefício do outro.

• V. arts. 1.663, § 1º, e 1.666, CC.

Art. 1.678. Se um dos cônjuges solveu uma dívida do outro com bens do seu patrimônio, o valor do pagamento deve ser atualizado e imputado, na data da dissolução, à meação do outro cônjuge.

Art. 1.679. No caso de bens adquiridos pelo trabalho conjunto, terá cada um dos cônjuges uma quota igual no condomínio ou no crédito por aquele modo estabelecido.

Art. 1.680. As coisas móveis, em face de terceiros, presumem-se do domínio do cônjuge devedor, salvo se o bem for de uso pessoal do outro.

• V. art. 1.674, parágrafo único, CC.

Art. 1.681. Os bens imóveis são de propriedade do cônjuge cujo nome constar no registro.

Parágrafo único. Impugnada a titularidade, caberá ao cônjuge proprietário provar a aquisição regular dos bens.

Código Civil

Art. 1.682. O direito à meação não é renunciável, cessível ou penhorável na vigência do regime matrimonial.

Art. 1.683. Na dissolução do regime de bens por separação judicial ou por divórcio, verificar-se-á o montante dos aquestos à data em que cessou a convivência.

* V. art. 1.571, III e IV, CC.

Art. 1.684. Se não for possível nem conveniente a divisão de todos os bens em natureza, calcular-se-á o valor de alguns ou de todos para reposição em dinheiro ao cônjuge não proprietário.

Parágrafo único. Não se podendo realizar a reposição em dinheiro, serão avaliados e, mediante autorização judicial, alienados tantos bens quantos bastarem.

Art. 1.685. Na dissolução da sociedade conjugal por morte, verificar-se-á a meação do cônjuge sobrevivente de conformidade com os artigos antecedentes, deferindo-se a herança aos herdeiros na forma estabelecida neste Código.

* V. art. 1.571, I, CC.

Art. 1.686. As dívidas de um dos cônjuges, quando superiores à sua meação, não obrigam ao outro, ou a seus herdeiros.

* V. art. 1.792, CC.

Capítulo VI
DO REGIME DE SEPARAÇÃO DE BENS

Art. 1.687. Estipulada a separação de bens, estes permanecerão sob a administração exclusiva de cada um dos cônjuges, que os poderá livremente alienar ou gravar de ônus real.

* V. arts. 977, 1.639, 1.641, 1.642, 1.647, 1.651 e 1.653, CC.

Art. 1.688. Ambos os cônjuges são obrigados a contribuir para as despesas do casal na proporção dos rendimentos de seu trabalho e de seus bens, salvo estipulação em contrário no pacto antenupcial.

* V. arts. 1.567 a 1.569 e 1.639, CC.

Subtítulo II
DO USUFRUTO E DA ADMINISTRAÇÃO DOS BENS DE FILHOS MENORES

Art. 1.689. O pai e a mãe, enquanto no exercício do poder familiar:

* V. arts. 1.631, 1.693 e 1.733, CC.

I – são usufrutuários dos bens dos filhos;

* V. arts. 1.390 a 1.411, CC.

II – têm a administração dos bens dos filhos menores sob sua autoridade.

* V. arts. 3º a 5º, 1.637, *caput*, e 1.691, *caput*, CC.

Art. 1.690. Compete aos pais, e na falta de um deles ao outro, com exclusividade, representar os filhos menores de 16 (dezesseis) anos, bem como assisti-los até completarem a maioridade ou serem emancipados.

* V. arts. 3º a 5º, 115 a 120, 1.566, IV e 1.631, CC.
* V. arts. 792 e 793, CLT.
* V. art. 142, *caput*, Lei 8.069/1990 (Estatuto da Criança e do Adolescente).

Parágrafo único. Os pais devem decidir em comum as questões relativas aos filhos e a seus bens; havendo divergência, poderá qualquer deles recorrer ao juiz para a solução necessária.

* V. art. 1.517, parágrafo único, CC.

Art. 1.691. Não podem os pais alienar, ou gravar de ônus real os imóveis dos filhos, nem contrair, em nome deles, obrigações que ultrapassem os limites da simples administração, salvo por necessidade ou evidente interesse da prole, mediante prévia autorização do juiz.

* V. arts. 1.637 e 1.689, II, CC.

Parágrafo único. Podem pleitear a declaração de nulidade dos atos previstos neste artigo:

I – os filhos;

II – os herdeiros;

III – o representante legal.

Art. 1.692. Sempre que no exercício do poder familiar colidir o interesse dos pais com o do filho, a requerimento deste ou do Ministério Público o juiz lhe dará curador especial.

Art. 1.693

- V. arts. 142, parágrafo único, e 148, parágrafo único, f, Lei 8.069/1990 (Estatuto da Criança e do Adolescente).

Art. 1.693. Excluem-se do usufruto e da administração dos pais:

- V. art. 1.689, CC.

I – os bens adquiridos pelo filho havido fora do casamento, antes do reconhecimento;

II – os valores auferidos pelo filho maior de 16 (dezesseis) anos, no exercício de atividade profissional e os bens com tais recursos adquiridos;

- V. art. 4º, I, CC.

III – os bens deixados ou doados ao filho, sob a condição de não serem usufruídos, ou administrados, pelos pais;

- V. art. 1.816, CC.

IV – os bens que aos filhos couberem na herança, quando os pais forem excluídos da sucessão.

- V. arts. 1.814 e 1.816, parágrafo único, CC.

Subtítulo III
DOS ALIMENTOS

- V. Lei 11.804/2008 (Alimentos gravídicos).
- •• V. Súmula 226, STF.
- •• V. Súmula 1, STJ.

Art. 1.694. Podem os parentes, os cônjuges ou companheiros pedir uns aos outros os alimentos de que necessitem para viver de modo compatível com a sua condição social, inclusive para atender às necessidades de sua educação.

- V. art. 5º, LXVII, CF.
- V. arts. 206, § 2º, 557, IV, 1.697, 1.698, 1.700, 1.701, 1.740, I, e 1.920, CC.
- V. Dec. 56.826/1965 (Promulga a Convenção sobre Prestação de Alimentos no Estrangeiro).
- V. Lei 5.478/1968 (Ação de alimentos).
- V. arts. 19 a 23, Lei 6.515/1977 (Dissolução da sociedade conjugal e do casamento).
- V. art. 1º, Lei 8.971/1994 (Direito dos companheiros a alimentos e à sucessão).
- V. art. 7º, Lei 9.278/1996 (Companheiros – Regula o § 3º do art. 226 da CF).
- V. Dec. 2.428/1997 (Promulga a Convenção Interamericana sobre Obrigação Alimentar).
- •• V. Súmula 358, STJ.

§ 1º Os alimentos devem ser fixados na proporção das necessidades do reclamante e dos recursos da pessoa obrigada.

- V. art. 1.699, CC.

§ 2º Os alimentos serão apenas os indispensáveis à subsistência, quando a situação de necessidade resultar de culpa de quem os pleiteia.

Art. 1.695. São devidos os alimentos quando quem os pretende não tem bens suficientes, nem pode prover, pelo seu trabalho, à própria mantença, e aquele, de quem se reclamam, pode fornecê-los, sem desfalque do necessário ao seu sustento.

- V. art. 229, CF.
- V. art. 244, CP.

Art. 1.696. O direito à prestação de alimentos é recíproco entre pais e filhos, e extensivo a todos os ascendentes, recaindo a obrigação nos mais próximos em grau, uns em falta de outros.

- V. art. 229, CF.
- V. art. 871, CC.
- V. Súmula 358, STJ.
- •• V. art. 1.698, CC.
- V. art. 244, CP.

Art. 1.697. Na falta dos ascendentes cabe a obrigação aos descendentes, guardada a ordem de sucessão e, faltando estes, aos irmãos, assim germanos como unilaterais.

- V. art. 871, CC.

Art. 1.698. Se o parente, que deve alimentos em primeiro lugar, não estiver em condições de suportar totalmente o encargo, serão chamados a concorrer os de grau imediato; sendo várias as pessoas obrigadas a prestar alimentos, todas devem concorrer na proporção dos respectivos recursos, e, intentada ação contra uma delas, poderão as demais ser chamadas a integrar a lide.

- •• V. art. 1.694, § 1º, CC.
- •• V. arts. 12 e 14, Lei 10.741/2003 (Estatuto do Idoso).

Art. 1.699. Se, fixados os alimentos, sobrevier mudança na situação financeira de quem os supre, ou na de quem os recebe, poderá o interessado reclamar ao juiz, conforme as circunstâncias, exoneração, redução ou majoração do encargo.

- V. art. 1.694, § 1º, CC.
- V. art. 15, Lei 5.478/1968 (Ação de alimentos).
- V. art. 28, Lei 6.515/1977 (Dissolução da sociedade conjugal e do casamento).
- •• V. art. 13, Lei 5.478/1977 (Ação de alimentos).

Art. 1.710

CÓDIGO CIVIL

Art. 1.700. A obrigação de prestar alimentos transmite-se aos herdeiros do devedor, na forma do art. 1.694.
- V. arts. 948 e 1.997, CC.
- V. art. 23, Lei 6.515/1977 (Dissolução da sociedade conjugal e do casamento).
- ** V. arts. 948, 1.694, 1.792, 1.821, e 1.997, CC.

Art. 1.701. A pessoa obrigada a suprir alimentos poderá pensionar o alimentando, ou dar-lhe hospedagem e sustento, sem prejuízo do dever de prestar o necessário à sua educação, quando menor.
- V. arts. 1.920 e 1.928, CC.
- V. art. 25, Lei 5.478/1968 (Ação de alimentos).

Parágrafo único. Compete ao juiz, se as circunstâncias o exigirem, fixar a forma do cumprimento da prestação.
- V. arts. 911 a 913, CPC/2015.
- V. art. 7º, Dec.-lei 3.200/1941 (Organização e proteção da família).
- V. arts. 17 e 18, Lei 5.478/1968 (Ação de alimentos).

Art. 1.702. Na separação judicial litigiosa, sendo um dos cônjuges inocente e desprovido de recursos, prestar-lhe-á o outro a pensão alimentícia que o juiz fixar, obedecidos os critérios estabelecidos no art. 1.694.
- V. art. 19, Lei 6.515/1977 (Dissolução da sociedade conjugal e do casamento).
- ** V. art. 1.694, § 1º, CC.

Art. 1.703. Para a manutenção dos filhos, os cônjuges separados judicialmente contribuirão na proporção de seus recursos.
- V. art. 1.568, CC.
- V. art. 20, Lei 6.515/1977 (Dissolução da sociedade conjugal e do casamento).
- ** V. art. 1.698, 2ª parte, CC.

Art. 1.704. Se um dos cônjuges separados judicialmente vier a necessitar de alimentos, será o outro obrigado a prestá-los mediante pensão a ser fixada pelo juiz, caso não tenha sido declarado culpado na ação de separação judicial.
- ** V. art. 1.702, CC.

Parágrafo único. Se o cônjuge declarado culpado vier a necessitar de alimentos, e não tiver parentes em condições de prestá-los, nem aptidão para o trabalho, o outro cônjuge será obrigado a assegurá-los, fixando o juiz o valor indispensável à sobrevivência.
- V. art. 19, Lei 6.515/1977 (Dissolução da sociedade conjugal e do casamento).
- ** V. arts. 1.572 e 1.694, § 2º.

Art. 1.705. Para obter alimentos, o filho havido fora do casamento pode acionar o genitor, sendo facultado ao juiz determinar, a pedido de qualquer das partes, que a ação se processe em segredo de justiça.
- V. art. 7º, Lei 8.560/1992 (Investigação de paternidade).

Art. 1.706. Os alimentos provisionais serão fixados pelo juiz, nos termos da lei processual.
- V. art. 7º, Dec.-lei 3.200/1941 (Organização e proteção da família).
- V. art. 7º, Lei 8.560/1992 (Investigação de paternidade).
- V. Súmula 226, STF.

Art. 1.707. Pode o credor não exercer, porém lhe é vedado renunciar o direito a alimentos, sendo o respectivo crédito insuscetível de cessão, compensação ou penhora.
- V. art. 833, IV, CPC/2015.
- V. Súmula 379, STF.
- V. Súmula 64, TFR.

Art. 1.708. Com o casamento, a união estável ou o concubinato do credor, cessa o dever de prestar alimentos.
- V. art. 29, Lei 6.515/1977 (Dissolução da sociedade conjugal e do casamento).
- V. art. 1º, Lei 8.971/1994 (Direito dos companheiros a alimentos e à sucessão).
- ** V. arts. 557, 1.723, 1.727 e 1.814, I e II, CC.

Parágrafo único. Com relação ao credor cessa, também, o direito a alimentos, se tiver procedimento indigno em relação ao devedor.

Art. 1.709. O novo casamento do cônjuge devedor não extingue a obrigação constante da sentença de divórcio.
- V. art. 30, Lei 6.515/1977 (Dissolução da sociedade conjugal e do casamento).

Art. 1.710. As prestações alimentícias, de qualquer natureza, serão atualizadas segundo índice oficial regularmente estabelecido.
- V. art. 22, Lei 6.515/1977 (Dissolução da sociedade conjugal e do casamento).

Art. 1.711

Subtítulo IV
DO BEM DE FAMÍLIA

Art. 1.711. Podem os cônjuges, ou a entidade familiar, mediante escritura pública ou testamento, destinar parte de seu patrimônio para instituir bem de família, desde que não ultrapasse 1/3 (um terço) do patrimônio líquido existente ao tempo da instituição, mantidas as regras sobre a impenhorabilidade do imóvel residencial estabelecida em lei especial.

- V. arts. 8º, § 5º, e 19, Dec.-lei 3.200/1941 (Organização e proteção da família).
- V. art. 1º, Lei 8.009/1990 (Impenhorabilidade do bem de família).
- V. art. 108, § 4º, Lei 11.101/2005 (Lei de Recuperação de Empresas e Falência).
- V. Súmula 364, STJ.
- • V. Súmula 205, STJ.

Parágrafo único. O terceiro poderá igualmente instituir bem de família por testamento ou doação, dependendo a eficácia do ato da aceitação expressa de ambos os cônjuges beneficiados ou da entidade familiar beneficiada.

- V. art. 1.714, CC.
- V. art. 833, I, CPC/2015.

Art. 1.712. O bem de família consistirá em prédio residencial urbano ou rural, com suas pertenças e acessórios, destinando-se em ambos os casos a domicílio familiar, e poderá abranger valores mobiliários, cuja renda será aplicada na conservação do imóvel e no sustento da família.

- V. art. 1.717, CC.
- V. art. 1º, parágrafo único, Lei 8.009/1990 (Impenhorabilidade do bem de família).

Art. 1.713. Os valores mobiliários, destinados aos fins previstos no artigo antecedente, não poderão exceder o valor do prédio instituído em bem de família, à época de sua instituição.

§ 1º Deverão os valores mobiliários ser devidamente individualizados no instrumento de instituição do bem de família.

§ 2º Se se tratar de títulos nominativos, a sua instituição como bem de família deverá constar dos respectivos livros de registro.

- V. arts. 921 a 926, CC.

§ 3º O instituidor poderá determinar que a administração dos valores mobiliários seja confiada a instituição financeira, bem como disciplinar a forma de pagamento da respectiva renda aos beneficiários, caso em que a responsabilidade dos administradores obedecerá às regras do contrato de depósito.

- V. arts. 627 a 652 e 1.718, CC.

Art. 1.714. O bem de família, quer instituído pelos cônjuges ou por terceiro, constitui-se pelo registro de seu título no Registro de Imóveis.

- V. art. 1.711, parágrafo único, CC.
- V. arts. 167, I-1, e 260 a 265, Lei 6.015/1973 (Lei de Registros Públicos).

Art. 1.715. O bem de família é isento de execução por dívidas posteriores à sua instituição, salvo as que provierem de tributos relativos ao prédio, ou de despesas de condomínio.

- V. art. 833, I, CPC/2015.
- V. arts. 1º e 3º, Lei 8.009/1990 (Impenhorabilidade do bem de família).
- V. art. 108, § 4º, Lei 11.101/2005 (Lei de Recuperação de Empresas e Falência).

Parágrafo único. No caso de execução pelas dívidas referidas neste artigo, o saldo existente será aplicado em outro prédio, como bem de família, ou em títulos da dívida pública, para sustento familiar, salvo se motivos relevantes aconselharem outra solução, a critério do juiz.

Art. 1.716. A isenção de que trata o artigo antecedente durará enquanto viver um dos cônjuges, ou, na falta destes, até que os filhos completem a maioridade.

- V. art. 1.722, CC.

Art. 1.717. O prédio e os valores mobiliários, constituídos como bem da família, não podem ter destino diverso do previsto no art. 1.712 ou serem alienados sem o consentimento dos interessados e seus representantes legais, ouvido o Ministério Público.

Art. 1.718. Qualquer forma de liquidação da entidade administradora, a que se refere o § 3º do art. 1.713, não atingirá os valores a ela confiados, ordenando o juiz a sua transferência para outra instituição seme-

Art. 1.728

CÓDIGO CIVIL

lhante, obedecendo-se, no caso de falência, ao disposto sobre pedido de restituição.

- V. arts. 85 a 93, Lei 11.101/2005 (Lei de Recuperação de Empresas e Falência).

Art. 1.719. Comprovada a impossibilidade da manutenção do bem de família nas condições em que foi instituído, poderá o juiz, a requerimento dos interessados, extingui-lo ou autorizar a sub-rogação dos bens que o constituem em outros, ouvidos o instituidor e o Ministério Público.

Art. 1.720. Salvo disposição em contrário do ato de instituição, a administração do bem de família compete a ambos os cônjuges, resolvendo o juiz em caso de divergência.

Parágrafo único. Com o falecimento de ambos os cônjuges, a administração passará ao filho mais velho, se for maior, e, do contrário, a seu tutor.

- V. arts. 1.728, I, e 1.741, CC.

Art. 1.721. A dissolução da sociedade conjugal não extingue o bem de família.

- V. art. 1.571, CC.

Parágrafo único. Dissolvida a sociedade conjugal pela morte de um dos cônjuges, o sobrevivente poderá pedir a extinção do bem de família, se for o único bem do casal.

Art. 1.722. Extingue-se, igualmente, o bem de família com a morte de ambos os cônjuges e a maioridade dos filhos, desde que não sujeitos a curatela.

- V. arts. 1.716 e 1.767, CC.

TÍTULO III
DA UNIÃO ESTÁVEL

Art. 1.723. É reconhecida como entidade familiar a união estável entre o homem e a mulher, configurada na convivência pública, contínua e duradoura e estabelecida com o objetivo de constituição de família.

- V. art. 226, § 3º, CF.
- V. arts. 793, 1.562, 1.727, e 1.790, CC.
- V. art. 1º, Lei 9.278/1996 (Companheiros – Regula o § 3º do art. 226 da CF).
- V. Súmula 382, STF.
- •• V. arts. 793, 1.523 e 1.727, CC.
- •• V art. 732, CPC/2015.

§ 1º A união estável não se constituirá se ocorrerem os impedimentos do art. 1.521; não se aplicando a incidência do inciso VI no caso de a pessoa casada se achar separada de fato ou judicialmente.

§ 2º As causas suspensivas do art. 1.523 não impedirão a caracterização da união estável.

Art. 1.724. As relações pessoais entre os companheiros obedecerão aos deveres de lealdade, respeito e assistência, e de guarda, sustento e educação dos filhos.

- V. arts. 1.566, 1.572 e 1.573, CC.
- V. art. 2º, Lei 9.278/1996 (Companheiros – Regula o § 3º do art. 226 da CF).
- •• V. arts. 1.583 a 1.590 e 1.694, CC.

Art. 1.725. Na união estável, salvo contrato escrito entre os companheiros, aplica-se às relações patrimoniais, no que couber, o regime da comunhão parcial de bens.

- V. arts. 1.658 a 1.666, CC.
- V. art. 5º, Lei 9.278/1996 (Companheiros – Regula o § 3º do art. 226 da CF).
- •• V. art. 1.641, I e II, CC.

Art. 1.726. A união estável poderá converter-se em casamento, mediante pedido dos companheiros ao juiz e assento no Registro Civil.

- V. art. 8º, Lei 9.278/1996 (Companheiros – Regula o § 3º do art. 226 da CF).

Art. 1.727. As relações não eventuais entre o homem e a mulher, impedidos de casar, constituem concubinato.

- V. arts. 550, 1.521, 1.642, V, 1.645, 1.723, § 1º, e 1.801, III, CC.

TÍTULO IV
DA TUTELA, DA CURATELA E DA TOMADA DE DECISÃO APOIADA

- Rubrica do Título IV com redação determinada pela Lei 13.146/2015 (DOU 07.07.2015), em vigor após decorridos 180 (cento e oitenta) dias de sua publicação oficial.

Capítulo I
DA TUTELA

Seção I
Dos tutores

Art. 1.728. Os filhos menores são postos em tutela:

- V. arts. 3º a 5º, CC.
- V. arts. 759 a 763, CPC/2015.

421

I – com o falecimento dos pais, ou sendo estes julgados ausentes;
- V. art. 1.635, I, CC.

II – em caso de os pais decaírem do poder familiar.
- V. arts. 1.635, V, e 1.638, CC.

Art. 1.729. O direito de nomear tutor compete aos pais, em conjunto.
- V. arts. 1.634, IV, e 1.730, CC.

Parágrafo único. A nomeação deve constar de testamento ou de qualquer outro documento autêntico.
- V. arts. 1.857 a 1.859, CC.

Art. 1.730. É nula a nomeação de tutor pelo pai ou pela mãe que, ao tempo de sua morte, não tinha o poder familiar.
- V. arts. 1.630 a 1.638, CC.

Art. 1.731. Em falta de tutor nomeado pelos pais incumbe a tutela aos parentes consanguíneos do menor, por esta ordem:
- V. arts. 1.591 a 1.594, 1.735 e 1.736, CC.

I – aos ascendentes, preferindo o de grau mais próximo ao mais remoto;

II – aos colaterais até o terceiro grau, preferindo os mais próximos aos mais remotos, e, no mesmo grau, os mais velhos aos mais moços; em qualquer dos casos, o juiz escolherá entre eles o mais apto a exercer a tutela em benefício do menor.

Art. 1.732. O juiz nomeará tutor idôneo e residente no domicílio do menor:
- V. arts. 759 a 763, CPC/2015.
- V. art. 148, parágrafo único, *a* e *b*, Lei 8.069/1990 (Estatuto da Criança e do Adolescente).

I – na falta de tutor testamentário ou legítimo;
- V. arts. 1.729, parágrafo único, e 1.731, CC.

II – quando estes forem excluídos ou escusados da tutela;
- V. arts. 1.735, 1.736, 1.764, II, e 1.766, CC.

III – quando removidos por não idôneos o tutor legítimo e o testamentário.
- V. arts. 1.735 e 1.764, III, CC.

Art. 1.733. Aos irmãos órfãos dar-se-á um só tutor.
- V. arts. 1.735 a 1.737, CC.

§ 1º No caso de ser nomeado mais de um tutor por disposição testamentária sem indicação de precedência, entende-se que a tutela foi cometida ao primeiro, e que os outros lhe sucederão pela ordem de nomeação, se ocorrer morte, incapacidade, escusa ou qualquer outro impedimento.
- V. art. 1.897, CC.

§ 2º Quem institui um menor herdeiro, ou legatário seu, poderá nomear-lhe curador especial para os bens deixados, ainda que o beneficiário se encontre sob o poder familiar, ou tutela.
- V. art. 1.630, CC.

Art. 1.734. As crianças e os adolescentes cujos pais forem desconhecidos, falecidos ou que tiverem sido suspensos ou destituídos do poder familiar terão tutores nomeados pelo Juiz ou serão incluídos em programa de colocação familiar, na forma prevista pela Lei 8.069, de 13 de julho de 1990 – Estatuto da Criança e do Adolescente.
- Artigo com redação determinada pela Lei 12.010/2009 (*DOU* 04.08.2009), em vigor 90 (noventa) dias após a data de sua publicação.
- V. art. 1.752, *caput*, CC.
- V. arts. 28 a 38 e 90 a 94, Lei 8.069/1990 (Estatuto da Criança e do Adolescente).

Seção II
Dos incapazes de exercer a tutela

Art. 1.735. Não podem ser tutores e serão exonerados da tutela, caso a exerçam:
- V. art. 1.764, III, e 1.766, CC.
- V. arts. 761 a 762, CPC/2015.

I – aqueles que não tiverem a livre administração de seus bens;

II – aqueles que, no momento de lhes ser deferida a tutela, se acharem constituídos em obrigação para com o menor, ou tiverem que fazer valer direitos contra este, e aqueles cujos pais, filhos ou cônjuges tiverem demanda contra o menor;
- V. art. 1.751, CC.

III – os inimigos do menor, ou de seus pais, ou que tiverem sido por estes expressamente excluídos da tutela;

IV – os condenados por crime de furto, roubo, estelionato, falsidade, contra a família ou os costumes, tenham ou não cumprido pena;
- V. arts. 92, II, 248 e 249, CP.
- V. art. 692, CPP.
- V. art. 249, Lei 8.069/1990 (Estatuto da Criança e do Adolescente).

Art. 1.746

CÓDIGO CIVIL

V – as pessoas de mau procedimento, ou falhas em probidade, e as culpadas de abuso em tutorias anteriores;
VI – aqueles que exercerem função pública incompatível com a boa administração da tutela.

Seção III
Da escusa dos tutores

Art. 1.736. Podem escusar-se da tutela:
I – mulheres casadas;
II – maiores de 60 (sessenta) anos;
III – aqueles que tiverem sob sua autoridade mais de três filhos;
IV – os impossibilitados por enfermidade;
V – aqueles que habitarem longe do lugar onde se haja de exercer a tutela;
VI – aqueles que já exercerem tutela ou curatela;
VII – militares em serviço.

Art. 1.737. Quem não for parente do menor não poderá ser obrigado a aceitar a tutela, se houver no lugar parente idôneo, consanguíneo ou afim, em condições de exercê-la.

• V. arts. 1.591 a 1.595, CC.

Art. 1.738. A escusa apresentar-se-á nos 10 (dez) dias subsequentes à designação, sob pena de entender-se renunciado o direito de alegá-la; se o motivo escusatório ocorrer depois de aceita a tutela, os 10 (dez) dias contar-se-ão do em que ele sobrevier.

• V. art. 760, *caput*, I e II, e § 1.º, CPC/2015.

Art. 1.739. Se o juiz não admitir a escusa, exercerá o nomeado a tutela, enquanto o recurso interposto não tiver provimento, e responderá desde logo pelas perdas e danos que o menor venha a sofrer.

• V. arts. 402 a 404, CC.
• V. art. 760, § 2.º, CPC/2015.

Seção IV
Do exercício da tutela

Art. 1.740. Incumbe ao tutor, quanto à pessoa do menor:

• V. arts. 932, II, 1.634 e 1.768, I, CC.
• V. arts. 3º a 5º, Lei 8.069/1990 (Estatuto da Criança e do Adolescente).

I – dirigir-lhe a educação, defendê-lo e prestar-lhe alimentos, conforme os seus haveres e condição;
II – reclamar do juiz que providencie, como houver por bem, quando o menor haja mister correção;
III – adimplir os demais deveres que normalmente cabem aos pais, ouvida a opinião do menor, se este já contar 12 (doze) anos de idade.

Art. 1.741. Incumbe ao tutor, sob a inspeção do juiz, administrar os bens do tutelado, em proveito deste, cumprindo seus deveres com zelo e boa-fé.

• V. arts. 1.742, 1.745, 1.746 e 1.752, CC.
• V. art. 249, Lei 8.069/1990 (Estatuto da Criança e do Adolescente).

Art. 1.742. Para fiscalização dos atos do tutor, pode o juiz nomear um protutor.

• V. art. 1.752, §§ 1º e 2º, CC.

Art. 1.743. Se os bens e interesses administrativos exigirem conhecimentos técnicos, forem complexos, ou realizados em lugares distantes do domicílio do tutor, poderá este, mediante aprovação judicial, delegar a outras pessoas físicas ou jurídicas o exercício parcial da tutela.

Art. 1.744. A responsabilidade do juiz será:

• V. art. 143, CPC/2015.

I – direta e pessoal, quando não tiver nomeado o tutor, ou não o houver feito oportunamente;
II – subsidiária, quando não tiver exigido garantia legal do tutor, nem o removido, tanto que se tornou suspeito.

Art. 1.745. Os bens do menor serão entregues ao tutor mediante termo especificado deles e seus valores, ainda que os pais o tenham dispensado.

• V. arts. 1.743 e 1.746, CC.

Parágrafo único. Se o patrimônio do menor for de valor considerável, poderá o juiz condicionar o exercício da tutela à prestação de caução bastante, podendo dispensá-la se o tutor for de reconhecida idoneidade.

• V. art. 2.040, CC.
• V. art. 759, § 1º, CPC/2015.

Art. 1.746. Se o menor possuir bens, será sustentado e educado a expensas deles,

Art. 1.747

arbitrando o juiz para tal fim as quantias que lhe pareçam necessárias, considerado o rendimento da fortuna do pupilo quando o pai ou a mãe não as houver fixado.

• V. arts. 1.743 e 1.753, CC.

Art. 1.747. Compete mais ao tutor:
I – representar o menor, até os 16 (dezesseis) anos, nos atos da vida civil, e assisti-lo, após essa idade, nos atos em que for parte;

• V. arts. 3º, I, 4º, I, 5º, 115 a 120 e 1.634, V, CC.

II – receber as rendas e pensões do menor, e as quantias a ele devidas;

• V. art. 1.753, § 2º, CC.

III – fazer-lhe as despesas de subsistência e educação, bem como as de administração, conservação e melhoramentos de seus bens;

• V. art. 1.754, CC.

IV – alienar os bens do menor destinados a venda;

• V. arts. 1.748, IV, e 1.750, CC.

V – promover-lhe, mediante preço conveniente, o arrendamento de bens de raiz.

Art. 1.748. Compete também ao tutor, com autorização do juiz:
I – pagar as dívidas do menor;

• V. art. 1.754, CC.

II – aceitar por ele heranças, legados ou doações, ainda que com encargos;

• V. art. 539, CC.

III – transigir;
IV – vender-lhe os bens móveis, cuja conservação não convier, e os imóveis nos casos em que for permitido;

• V. art. 1.750, CC.

V – propor em juízo as ações, ou nelas assistir ao menor, e promover todas as diligências a bem deste, assim como defendê-lo nos pleitos contra ele movidos.

Parágrafo único. No caso de falta de autorização, a eficácia de ato do tutor depende da aprovação ulterior do juiz.

Art. 1.749. Ainda com a autorização judicial, não pode o tutor, sob pena de nulidade:

• V. art. 1.523, IV, CC.

I – adquirir por si, ou por interposta pessoa, mediante contrato particular, bens móveis ou imóveis pertencentes ao menor;

• V. arts. 79 a 84 e 497, I, CC.

II – dispor dos bens do menor a título gratuito;

• V. art. 580, CC.

III – constituir-se cessionário de crédito ou de direito, contra o menor.

• V. arts. 286 a 298, CC.

Art. 1.750. Os imóveis pertencentes aos menores sob tutela somente podem ser vendidos quando houver manifesta vantagem, mediante prévia avaliação judicial e aprovação do juiz.

• V. art. 1.747, IV e 1.748, IV, CC.

Art. 1.751. Antes de assumir a tutela, o tutor declarará tudo o que o menor lhe deva, sob pena de não lhe poder cobrar, enquanto exerça a tutoria, salvo provando que não conhecia o débito quando a assumiu.

• V. art. 1.735, II, CC.

Art. 1.752. O tutor responde pelos prejuízos que, por culpa, ou dolo, causar ao tutelado; mas tem direito a ser pago pelo que realmente despender no exercício da tutela, salvo no caso do art. 1.734, e a perceber remuneração proporcional à importância dos bens administrados.

• V. arts. 197, III, 402 a 405, 1.741 e 1.760, CC.

§ 1º Ao protutor será arbitrada uma gratificação módica pela fiscalização efetuada.

• V. art. 1.742, CC.

§ 2º São solidariamente responsáveis pelos prejuízos as pessoas às quais competia fiscalizar a atividade do tutor, e as que concorreram para o dano.

• V. arts. 275 a 285, CC.

Seção V
Dos bens do tutelado

Art. 1.753. Os tutores não podem conservar em seu poder dinheiro dos tutelados, além do necessário para as despesas ordinárias com o seu sustento, a sua educação e a administração de seus bens.

• V. art. 1.746, CC.
• V. art. 168, § 1º, II, CP.

§ 1º Se houver necessidade, os objetos de ouro e prata, pedras preciosas e móveis serão avaliados por pessoa idônea e, após autorização judicial, alienados, e o seu produto convertido em títulos, obrigações e letras de responsabilidade direta ou indireta da União ou dos Estados, atendendo-se preferentemente à rentabilidade, e recolhidos ao estabelecimento bancário oficial ou aplicado na aquisição de imóveis, conforme for determinado pelo juiz.

• V. art. 1.754, II, CC.
• V. art. 840, I, CPC/2015.

§ 2º O mesmo destino previsto no parágrafo antecedente terá o dinheiro proveniente de qualquer outra procedência.

§ 3º Os tutores respondem pela demora na aplicação dos valores acima referidos, pagando os juros legais desde o dia em que deveriam dar esse destino, o que não os exime da obrigação, que o juiz fará efetiva, da referida aplicação.

• V. arts. 406 e 407, CC.

Art. 1.754. Os valores que existirem em estabelecimento bancário oficial, na forma do artigo antecedente, não se poderão retirar, senão mediante ordem do juiz, e somente:

I – para as despesas com o sustento e educação do tutelado, ou a administração de seus bens;

• V. art. 1.747, III, CC.

II – para se comprarem bens imóveis e títulos, obrigações ou letras, nas condições previstas no § 1º do artigo antecedente;

• V. arts. 79 a 81 e 887 a 926, CC.

III – para se empregarem em conformidade com o disposto por quem os houver doado, ou deixado;

IV – para se entregarem aos órfãos, quando emancipados, ou maiores, ou, mortos eles, aos seus herdeiros.

• V. art. 5º, CC.

Seção VI
Da prestação de contas

Art. 1.755. Os tutores, embora o contrário tivessem disposto os pais dos tutelados, são obrigados a prestar contas da sua administração.

• V. art. 1.783, CC.
• V. art. 553, CPC/2015.

Art. 1.756. No fim de cada ano de administração, os tutores submeterão ao juiz o balanço respectivo, que, depois de aprovado, se anexará aos autos do inventário.

Art. 1.757. Os tutores prestarão contas de 2 (dois) em 2 (dois) anos, e também quando, por qualquer motivo, deixarem o exercício da tutela ou toda vez que o juiz achar conveniente.

• V. art. 553, CPC/2015.

Parágrafo único. As contas serão prestadas em juízo, e julgadas depois da audiência dos interessados, recolhendo o tutor imediatamente a estabelecimento bancário oficial os saldos, ou adquirindo bens imóveis, ou títulos, obrigações ou letras, na forma do § 1º do art. 1.753.

Art. 1.758. Finda a tutela pela emancipação ou maioridade, a quitação do menor não produzirá efeito antes de aprovadas as contas pelo juiz, subsistindo inteira, até então, a responsabilidade do tutor.

• V. arts. 5º e 206, § 4º, CC.

Art. 1.759. Nos casos de morte, ausência, ou interdição do tutor, as contas serão prestadas por seus herdeiros ou representantes.

Art. 1.760. Serão levadas a crédito do tutor todas as despesas justificadas e reconhecidamente proveitosas ao menor.

• V. art. 1.752, caput, CC.

Art. 1.761. As despesas com a prestação das contas serão pagas pelo tutelado.

Art. 1.762. O alcance do tutor, bem como o saldo contra o tutelado, são dívidas de valor e vencem juros desde o julgamento definitivo das contas.

• V. arts. 406 a 407, CC.

Seção VII
Da cessação da tutela

Art. 1.763. Cessa a condição de tutelado:

I – com a maioridade ou a emancipação do menor;

• V. art. 5º, CC.

II – ao cair o menor sob o poder familiar, no caso de reconhecimento ou adoção.

• V. arts. 1.607 e 1.630, CC.

Art. 1.764. Cessam as funções do tutor:

Art. 1.765

I – ao expirar o termo, em que era obrigado a servir;
- V. art. 1.765, CC.
- V. art. 763, *caput* e § 1.º, CPC/2015.

II – ao sobrevir escusa legítima;
- V. arts. 1.736 e 1.737, CC.

III – ao ser removido.
- V. arts. 1.735 e 1.766, CC.
- V. arts. 761 a 763, CPC/2015.

Art. 1.765. O tutor é obrigado a servir por espaço de 2 (dois) anos.
Parágrafo único. Pode o tutor continuar no exercício da tutela, além do prazo previsto neste artigo, se o quiser e o juiz julgar conveniente ao menor.
- V. art. 763, *caput* e § 1.º, CPC/2015.

Art. 1.766. Será destituído o tutor, quando negligente, prevaricador ou incurso em incapacidade.
- V. art. 1.735, CC.
- V. arts. 761 a 762, CPC/2015.
- V. art. 164, Lei 8.069/1990 (Estatuto da Criança e do Adolescente).

Capítulo II
DA CURATELA

Seção I
Dos interditos

Art. 1.767. Estão sujeitos a curatela:
- V. arts. 3º e 4º, CC.
- V. arts. 747 a 763, CPC/2015.

I – aqueles que, por causa transitória ou permanente, não puderem exprimir sua vontade;
- Inciso I com redação determinada pela Lei 13.146/2015 (DOU 07.07.2015), em vigor após decorridos 180 (cento e oitenta) dias de sua publicação oficial.
- V. arts. 1.777 e 1.780, CC.
- V. art. 447, § 1º, I e II, CPC/2015.

II – (Revogado pela Lei 13.146/2015 – DOU 07.07.2015, em vigor após decorridos 180 (cento e oitenta) dias de sua publicação oficial.)

III – os deficientes mentais, os ébrios habituais e os viciados em tóxicos;
- V. art. 1.777, CC.
- V. art. 30, *caput* e § 5º, Dec.-lei 891/1938 (Aprova a Lei de Fiscalização de Entorpecentes).
- V. Lei 11.343/2006 (Lei Antidrogas).

IV – (Revogado pela Lei 13.146/2015 – DOU 07.07.2015, em vigor após decorridos 180 (cento e oitenta) dias de sua publicação oficial.)

V – os pródigos.
- V. art. 1.782, CC.

Art. 1.768. (Revogado pela Lei 13.105/2015 – DOU 17.03.2015, em vigor após decorrido 1 (um) ano da data de sua publicação oficial.)

Art. 1.769. (Revogado pela Lei 13.105/2015 – DOU 17.03.2015, em vigor após decorrido 1 (um) ano da data de sua publicação oficial.)

Art. 1.770. (Revogado pela Lei 13.105/2015 – DOU 17.03.2015, em vigor após decorrido 1 (um) ano da data de sua publicação oficial.)

Art. 1.771. (Revogado pela Lei 13.105/2015 – DOU 17.03.2015, em vigor após decorrido 1 (um) ano da data de sua publicação oficial.)

Art. 1.772. (Revogado pela Lei 13.105/2015 – DOU 17.03.2015, em vigor após decorrido 1 (um) ano da data de sua publicação oficial.)

Art. 1.773. (Revogado pela Lei 13.105/2015 – DOU 17.03.2015, em vigor após decorrido 1 (um) ano da data de sua publicação oficial.)

Art. 1.774. Aplicam-se à curatela as disposições concernentes à tutela, com as modificações dos artigos seguintes.
- V. arts. 1.728 a 1.766 e 1.781, CC.

Art. 1.775. O cônjuge ou companheiro, não separado judicialmente ou de fato, é, de direito, curador do outro, quando interdito.
- V. arts. 25, 1.570, 1.651 e 1.783, CC.

§ 1º Na falta do cônjuge ou companheiro, é curador legítimo o pai ou a mãe; na falta destes, o descendente que se demonstrar mais apto.
§ 2º Entre os descendentes, os mais próximos precedem aos mais remotos.
§ 3º Na falta das pessoas mencionadas neste artigo, compete ao juiz a escolha do curador.
- V. art. 206, § 5º, II, CC.
- V. art. 755, I, CPC/2015.

Art. 1.783-A

CÓDIGO CIVIL

Art. 1.775-A. Na nomeação de curador para a pessoa com deficiência, o juiz poderá estabelecer curatela compartilhada a mais de uma pessoa.

- Artigo acrescentado pela Lei 13.146/2015 (*DOU* 07.07.2015), em vigor após decorridos 180 (cento e oitenta) dias de sua publicação oficial.

Art. 1.776. *(Revogado pela Lei 13.146/2015 – DOU 07.07.2015, em vigor após decorridos 180 (cento e oitenta) dias de sua publicação oficial.)*

Art. 1.777. As pessoas referidas no inciso I do art. 1.767 receberão todo o apoio necessário para ter preservado o direito à convivência familiar e comunitária, sendo evitado o seu recolhimento em estabelecimento que os afaste desse convívio.

- Artigo com redação determinada pela Lei 13.146/2015 (*DOU* 07.07.2015), em vigor após decorridos 180 (cento e oitenta) dias de sua publicação oficial.
- V. arts. 26, 98 e 99, CP.

Art. 1.778. A autoridade do curador estende-se à pessoa e aos bens dos filhos do curatelado, observado o art. 5º.

- V. art. 1.779, parágrafo único, CC.

Seção II
Da curatela do nascituro e do enfermo ou portador de deficiência física

Art. 1.779. Dar-se-á curador ao nascituro, se o pai falecer estando grávida a mulher, e não tendo o poder familiar.

- V. arts. 2º e 1.638, CC.

Parágrafo único. Se a mulher estiver interdita, seu curador será o do nascituro.

Art. 1.780. *(Revogado pela Lei 13.146/2015 – DOU 07.07.2015, em vigor após decorridos 180 (cento e oitenta) dias de sua publicação oficial.)*

Seção III
Do exercício da curatela

Art. 1.781. As regras a respeito do exercício da tutela aplicam-se ao da curatela, com a restrição do art. 1.772 e as desta Seção.

- V. arts. 1.740 a 1.752 e 1.774, CC.

Art. 1.782. A interdição do pródigo só o privará de, sem curador, emprestar, transigir, dar quitação, alienar, hipotecar, demandar ou ser demandado, e praticar, em geral, os atos que não sejam de mera administração.

- V. arts. 4º, IV, 1.767, V, e 1.772, CC.

Art. 1.783. Quando o curador for o cônjuge e o regime de bens do casamento for de comunhão universal, não será obrigado à prestação de contas, salvo determinação judicial.

- V. arts. 1.652, 1.668 e 1.775, CC.

Capítulo III
DA TOMADA DE DECISÃO APOIADA

- Capítulo III acrescentado pela Lei 13.146/2015 (*DOU* 07.07.2015), em vigor após decorridos 180 (cento e oitenta) dias de sua publicação oficial.

Art. 1.783-A. A tomada de decisão apoiada é o processo pelo qual a pessoa com deficiência elege pelo menos 2 (duas) pessoas idôneas, com as quais mantenha vínculos e que gozem de sua confiança, para prestar-lhe apoio na tomada de decisão sobre atos da vida civil, fornecendo-lhes os elementos e informações necessários para que possa exercer sua capacidade.

- Artigo acrescentado pela Lei 13.146/2015 (*DOU* 07.07.2015), em vigor após decorridos 180 (cento e oitenta) dias de sua publicação oficial.

§ 1º Para formular pedido de tomada de decisão apoiada, a pessoa com deficiência e os apoiadores devem apresentar termo em que constem os limites do apoio a ser oferecido e os compromissos dos apoiadores, inclusive o prazo de vigência do acordo e o respeito à vontade, aos direitos e aos interesses da pessoa que devem apoiar.

§ 2º O pedido de tomada de decisão apoiada será requerido pela pessoa a ser apoiada, com indicação expressa das pessoas aptas a prestarem o apoio previsto no *caput* deste artigo.

§ 3º Antes de se pronunciar sobre o pedido de tomada de decisão apoiada, o juiz, assistido por equipe multidisciplinar, após oitiva do Ministério Público, ouvirá pessoalmente o requerente e as pessoas que lhe prestarão apoio.

§ 4º A decisão tomada por pessoa apoiada terá validade e efeitos sobre terceiros, sem restrições, desde que esteja inserida nos limites do apoio acordado.

§ 5º Terceiro com quem a pessoa apoiada mantenha relação negocial pode solicitar que os apoiadores contra-assinem o contrato ou acordo, especificando, por escrito, sua função em relação ao apoiado.

§ 6º Em caso de negócio jurídico que possa trazer risco ou prejuízo relevante, havendo divergência de opiniões entre a pessoa apoiada e um dos apoiadores, deverá o juiz, ouvido o Ministério Público, decidir sobre a questão.

§ 7º Se o apoiador agir com negligência, exercer pressão indevida ou não adimplir as obrigações assumidas, poderá a pessoa apoiada ou qualquer pessoa apresentar denúncia ao Ministério Público ou ao juiz.

§ 8º Se procedente a denúncia, o juiz destituirá o apoiador e nomeará, ouvida a pessoa apoiada e se for de seu interesse, outra pessoa para prestação de apoio.

§ 9º A pessoa apoiada pode, a qualquer tempo, solicitar o término de acordo firmado em processo de tomada de decisão apoiada.

§ 10. O apoiador pode solicitar ao juiz a exclusão de sua participação do processo de tomada de decisão apoiada, sendo seu desligamento condicionado à manifestação do juiz sobre a matéria.

§ 11. Aplicam-se à tomada de decisão apoiada, no que couber, as disposições referentes à prestação de contas na curatela.

LIVRO V
DO DIREITO DAS SUCESSÕES

TÍTULO I
DA SUCESSÃO EM GERAL

Capítulo I
DISPOSIÇÕES GERAIS

Art. 1.784. Aberta a sucessão, a herança transmite-se, desde logo, aos herdeiros legítimos e testamentários.

- V. art. 5º, XXVII, XXX e XXXI, CF.
- V. arts. 35, 80, II, 91, 426, 1.206, 1.207, 1.788, 1.791, 1.797, 1.829, 1.923 e 1.997, CC.
- •• V. arts. 36 e 1.829 a 1.844, CC.

Art. 1.785. A sucessão abre-se no lugar do último domicílio do falecido.

- V. art. 5º, XXXI, CF.

- V. arts. 70 a 78, CC.
- V. arts. 23, II, e 48, CPC/2015.
- V. art. 10, Dec.-lei 4.657/1942 (Lei de Introdução às normas do Direito Brasileiro).
- V. Súmula 58, TFR.

Art. 1.786. A sucessão dá-se por lei ou por disposição de última vontade.

- V. arts. 426, 1.788, 1.789, 1.829, 1.857 e 1.897, CC.
- •• V. art. 5º, XXXI, CF.
- •• V. art. 2.012, CC.

Art. 1.787. Regula a sucessão e a legitimação para suceder a lei vigente ao tempo da abertura daquela.

- V. art. 5º, XXXI, CF.
- V. art. 2.042, CC.
- V. arts. 6º e 10, § 2º, Dec.-lei 4.657/1942 (Lei de Introdução às normas do Direito Brasileiro).
- •• V. arts 70 a 78 e 2.042, CC.
- •• V. art. 10, § 2º, Dec.-lei 4.657/1942 (Lei de Introdução às normas do Direito Brasileiro).

Art. 1.788. Morrendo a pessoa sem testamento, transmite a herança aos herdeiros legítimos; o mesmo ocorrerá quanto aos bens que não forem compreendidos no testamento; e subsiste a sucessão legítima se o testamento caducar, ou for julgado nulo.

- V. arts. 1.829, 1.850, 1.906, 1.908, 1.909, 1.939, 1.940, 1.943, 1.944, 1.966, 1.969 a 1.975 e 1.977, CC.

Art. 1.789. Havendo herdeiros necessários, o testador só poderá dispor da metade da herança.

- V. arts. 549, 1.845, 1.846, 1.961, 1.973 a 1.975 e 2.018, CC.
- •• V. art. 544, 1.845 a 1.850, 1.961 a 1.965 e 2.018, CC.

Art. 1.790. A companheira ou o companheiro participará da sucessão do outro, quanto aos bens adquiridos onerosamente na vigência da união estável, nas condições seguintes:

- V. art. 2º, Lei 8.971/1994 (Direito dos companheiros a alimentos e à sucessão).
- •• V. art. 1.844, CC.
- •• V. art. 5º, Dec.-lei 4.657/1942 (Lei de Introdução às normas do Direito Brasileiro).
- •• V. art. 7º, parágrafo único, Lei 9.278/1996 (União estável).

I – se concorrer com filhos comuns, terá direito a uma quota equivalente à que por lei for atribuída ao filho;

II – se concorrer com descendentes só do autor da herança, tocar-lhe-á a metade do que couber a cada um daqueles;
III – se concorrer com outros parentes sucessíveis, terá direito a 1/3 (um terço) da herança;
IV – não havendo parentes sucessíveis, terá direito à totalidade da herança.

Capítulo II
DA HERANÇA E DE SUA ADMINISTRAÇÃO

Art. 1.791. A herança defere-se como um todo unitário, ainda que vários sejam os herdeiros.
Parágrafo único. Até a partilha, o direito dos coerdeiros, quanto à propriedade e posse da herança, será indivisível, e regular-se-á pelas normas relativas ao condomínio.
- V. arts. 88, 91, 1.314 a 1.322, 2.019 e 2.023, CC.
- V. arts. 647 a 673, CPC/2015.

Art. 1.792. O herdeiro não responde por encargos superiores às forças da herança; incumbe-lhe, porém, a prova do excesso, salvo se houver inventário que a escuse, demonstrando o valor dos bens herdados.
- V. arts. 836, 943, 1.821 e 1.997, CC.
- V. art. 796, CPC/2015.

Art. 1.793. O direito à sucessão aberta, bem como o quinhão de que disponha o coerdeiro, pode ser objeto de cessão por escritura pública.
- V. arts. 80, II, 215, 426 e 1.794, CC.

§ 1º Os direitos, conferidos ao herdeiro em consequência de substituição ou de direito de acrescer, presumem-se não abrangidos pela cessão feita anteriormente.
- V. arts. 1.941 a 1.960, CC.

§ 2º É ineficaz a cessão, pelo coerdeiro, de seu direito hereditário sobre qualquer bem da herança considerado singularmente.
- V. arts. 89, 91 e 1.791, CC.

§ 3º Ineficaz é a disposição, sem prévia autorização do juiz da sucessão, por qualquer herdeiro, de bem componente do acervo hereditário, pendente a indivisibilidade.
- V. arts. 88 e 1.791, CC.

Art. 1.794. O coerdeiro não poderá ceder a sua quota hereditária a pessoa estranha à sucessão, se outro coerdeiro a quiser, tanto por tanto.
- V. arts. 504 e 1.795, parágrafo único, CC.

Art. 1.795. O coerdeiro, a quem não se der conhecimento da cessão, poderá, depositado o preço, haver para si a quota cedida a estranho, se o requerer até 180 (cento e oitenta) dias após a transmissão.
- V. art. 504, CC.

Parágrafo único. Sendo vários os coerdeiros a exercer a preferência, entre eles se distribuirá o quinhão cedido, na proporção das respectivas quotas hereditárias.
- V. art. 1.794, CC.

Art. 1.796. No prazo de 30 (trinta) dias, a contar da abertura da sucessão, instaurar-se-á inventário do patrimônio hereditário, perante o juízo competente no lugar da sucessão, para fins de liquidação e, quando for o caso, de partilha da herança.
- V. arts 1.785 e 2.013 a 2.022, CC.
- V. arts. 48 e 610 a 673, CPC/2015.
- V. Lei 6.858/1980 (Pagamento, aos dependentes ou sucessores, de valores não recebidos em vida pelos respectivos titulares).
- V. Dec. 85.845/1981 (Regulamenta a Lei 6.858/1980).
- ** V. Súmula 542, STF.

Art. 1.797. Até o compromisso do inventariante, a administração da herança caberá, sucessivamente:
- V. arts. 613 a 617, CPC/2015.

I – ao cônjuge ou companheiro, se com o outro convivia ao tempo da abertura da sucessão;
- V. art. 1.723, CC.

II – ao herdeiro que estiver na posse e administração dos bens, e, se houver mais de um nessas condições, ao mais velho;
- V. art. 1.984, CC.

III – ao testamenteiro;
- V. arts. 1.976, 1.977 e 1.990, CC.

IV – a pessoa de confiança do juiz, na falta ou escusa das indicadas nos incisos antecedentes, ou quando tiverem de ser afastadas por motivo grave levado ao conhecimento do juiz.

Capítulo III
DA VOCAÇÃO HEREDITÁRIA

Art. 1.798. Legitimam-se a suceder as pessoas nascidas ou já concebidas no momento da abertura da sucessão.
- V. arts. 2º, 1.784 e 1.906, CC.
- ** V. arts. 1.787 e 1.799, I, CC.

Art. 1.799

Art. 1.799. Na sucessão testamentária podem ainda ser chamados a suceder:
- V. arts. 1.947, 1.948 e 1.960, CC.

I – os filhos, ainda não concebidos, de pessoas indicadas pelo testador, desde que vivas estas ao abrir-se a sucessão;
- V. arts. 2º, 542, 1.800 e 1.952, CC.

II – as pessoas jurídicas;
- V. arts. 40 a 61, CC.
- V. art. 11, § 2º, Dec.-lei 4.657/1942 (Lei de Introdução às normas do Direito Brasileiro).

III – as pessoas jurídicas, cuja organização for determinada pelo testador sob a forma de fundação.
- V. arts. 62 a 69, CC.
- V. art. 11, § 2º, Dec.-lei 4.657/1942 (Lei de Introdução às normas do Direito Brasileiro).
- • V. arts. 10, § 2º, Dec.-lei 4.657/1942 (Lei de Introdução às normas do Direito Brasileiro).

Art. 1.800. No caso do inciso I do artigo antecedente, os bens da herança serão confiados, após a liquidação ou partilha, a curador nomeado pelo juiz.
- • V. art. 1.799, I, CC.

§ 1º Salvo disposição testamentária em contrário, a curatela caberá à pessoa cujo filho o testador esperava ter por herdeiro, e, sucessivamente, às pessoas indicadas no art. 1.775.

§ 2º Os poderes, deveres e responsabilidades do curador, assim nomeado, regem-se pelas disposições concernentes à curatela dos incapazes, no que couber.
- V. arts. 1.767 a 1.783, CC.
- • V. art. 1.740, CC.

§ 3º Nascendo com vida o herdeiro esperado, ser-lhe-á deferida a sucessão, com os frutos e rendimentos relativos à deixa, a partir da morte do testador.

§ 4º Se, decorridos 2 (dois) anos após a abertura da sucessão, não for concebido o herdeiro esperado, os bens reservados, salvo disposição em contrário do testador, caberão aos herdeiros legítimos.
- V. art. 1.829, CC.

Art. 1.801. Não podem ser nomeados herdeiros nem legatários:
- V. art. 1.900, V, CC.

I – a pessoa que, a rogo, escreveu o testamento, nem o seu cônjuge ou companheiro, ou os seus ascendentes e irmãos;
- • V. art. 1.802, CC.

II – as testemunhas do testamento;
- V. arts. 1.864, II, 1.868, II e III, 1.876, §§ 1º e 2º, 1.888, 1.893, 1.894 e 1.896, CC.

III – o concubino do testador casado, salvo se este, sem culpa sua, estiver separado de fato do cônjuge há mais de 5 (cinco) anos;
- V. arts. 1.803 e 1.830, CC.
- • V. arts. 1.723, § 1º e 1.727, CC.
- • V. Súmula 447, STF.

IV – o tabelião, civil ou militar, ou o comandante ou escrivão, perante quem se fizer, assim como o que fizer ou aprovar o testamento.
- V. arts. 1.864, I, 1.868, III, 1.869, 1.870, 1.874, 1.888, 1.889, 1.893, §§ 1º a 3º, e 1.894, CC.

Art. 1.802. São nulas as disposições testamentárias em favor de pessoas não legitimadas a suceder, ainda quando simuladas sob a forma de contrato oneroso, ou feitas mediante interposta pessoa.
- V. arts. 267, § 1º, I, 1.801 e 1.900, V, CC.
- • V. art. 1.799, CC.

Parágrafo único. Presumem-se pessoas interpostas os ascendentes, os descendentes, os irmãos e o cônjuge ou companheiro do não legitimado a suceder.

Art. 1.803. É lícita a deixa ao filho do concubino, quando também o for do testador.
- V. Súmula 447, STF.
- • V. art. 227, § 6º, CF.

Capítulo IV
DA ACEITAÇÃO E RENÚNCIA DA HERANÇA

Art. 1.804. Aceita a herança, torna-se definitiva a sua transmissão ao herdeiro, desde a abertura da sucessão.
- V. arts. 1.784 e 1.812, CC.

Parágrafo único. A transmissão tem-se por não verificada quando o herdeiro renuncia à herança.
- V. art. 129, V, Lei 11.101/2005 (Lei de Recuperação de Empresas e Falência).

Art. 1.805. A aceitação da herança, quando expressa, faz-se por declaração escrita; quando tácita, há de resultar tão somente de atos próprios da qualidade de herdeiro.
- V. art. 1.807, CC.

Art. 1.814

CÓDIGO CIVIL

§ 1º Não exprimem aceitação de herança os atos oficiosos, como o funeral do finado, os meramente conservatórios, ou os de administração e guarda provisória.
§ 2º Não importa igualmente aceitação a cessão gratuita, pura e simples, da herança, aos demais coerdeiros.

Art. 1.806. A renúncia da herança deve constar expressamente de instrumento público ou termo judicial.

- V. arts. 108, 215, 1.647, 1.807, 1.812, 1.954 e 2.008, CC.
- V. art. 129, V, Lei 11.101/2005 (Lei de Recuperação de Empresas e Falência).

Art. 1.807. O interessado em que o herdeiro declare se aceita, ou não, a herança, poderá, 20 (vinte) dias após aberta a sucessão, requerer ao juiz prazo razoável, não maior de 30 (trinta) dias, para, nele, se pronunciar o herdeiro, sob pena de se haver a herança por aceita.

Art. 1.808. Não se pode aceitar ou renunciar a herança em parte, sob condição ou a termo.

- V. arts. 121 a 137, CC.

§ 1º O herdeiro, a quem se testarem legados, pode aceitá-los, renunciando a herança; ou, aceitando-a, repudiá-los.

- V. arts. 1.912 a 1.946, CC.

§ 2º O herdeiro, chamado, na mesma sucessão, a mais de um quinhão hereditário, sob títulos sucessórios diversos, pode livremente deliberar quanto aos quinhões que aceita e aos que renuncia.

Art. 1.809. Falecendo o herdeiro antes de declarar se aceita a herança, o poder de aceitar passa-lhe aos herdeiros, a menos que se trate de vocação adstrita a uma condição suspensiva, ainda não verificada.

- V. arts. 125, 1.897 e 1.933, CC.

Parágrafo único. Os chamados à sucessão do herdeiro falecido antes da aceitação, desde que concordem em receber a segunda herança, poderão aceitar ou renunciar a primeira.

Art. 1.810. Na sucessão legítima, a parte do renunciante acresce à dos outros herdeiros da mesma classe e, sendo ele o único desta, devolve-se aos da subsequente.

- V. arts. 1.829 a 1.856, CC.

Art. 1.811. Ninguém pode suceder, representando herdeiro renunciante. Se, porém, ele for o único legítimo da sua classe, ou se todos os outros da mesma classe renunciarem a herança, poderão os filhos vir à sucessão, por direito próprio, e por cabeça.

- V. arts. 1.829, 1.835 e 1.851 a 1.856, CC.

Art. 1.812. São irrevogáveis os atos de aceitação ou de renúncia da herança.

- V. arts. 138 a 165, CC.

Art. 1.813. Quando o herdeiro prejudicar os seus credores, renunciando à herança, poderão eles, com autorização do juiz, aceitá-la em nome do renunciante.

- V. arts. 158 a 165 e 391, CC.
- V. arts. 789 e 790, I, CPC/2015.
- V. art. 129, V, Lei 11.101/2005 (Lei de Recuperação de Empresas e Falência).

§ 1º A habilitação dos credores se fará no prazo de 30 (trinta) dias seguintes ao conhecimento do fato.
§ 2º Pagas as dívidas do renunciante, prevalece a renúncia quanto ao remanescente, que será devolvido aos demais herdeiros.

Capítulo V
DOS EXCLUÍDOS DA SUCESSÃO

Art. 1.814. São excluídos da sucessão os herdeiros ou legatários:

- V. arts. 557, 935, 1.818, 1.939, IV, e 1.961 a 1.965, CC.
- •• V. arts. 138 a 140 e 339, CP.
- •• V. art. 65, CPP.

I – que houverem sido autores, coautores ou partícipes de homicídio doloso, ou tentativa deste, contra a pessoa de cuja sucessão se tratar, seu cônjuge, companheiro, ascendente ou descendente;

II – que houverem acusado caluniosamente em juízo o autor da herança ou incorrerem em crime contra a sua honra, ou de seu cônjuge ou companheiro;

III – que, por violência ou meios fraudulentos, inibirem ou obstarem o autor da herança de dispor livremente de seus bens por ato de última vontade.

Art. 1.815

Art. 1.815. A exclusão do herdeiro ou legatário, em qualquer desses casos de indignidade, será declarada por sentença.

- V. art. 1.939, IV, CC.

Parágrafo único. O direito de demandar a exclusão do herdeiro ou legatário extingue-se em 4 (quatro) anos, contados da abertura da sucessão.

- V. art. 1.965, parágrafo único, CC.

Art. 1.816. São pessoais os efeitos da exclusão; os descendentes do herdeiro excluído sucedem, como se ele morto fosse antes da abertura da sucessão.

- V. arts. 1.835 e 1.961 a 1.965, CC.

Parágrafo único. O excluído da sucessão não terá direito ao usufruto ou à administração dos bens que a seus sucessores couberem na herança, nem à sucessão eventual desses bens.

- V. arts. 1.689 e 1.693, IV, CC.

Art. 1.817. São válidas as alienações onerosas de bens hereditários a terceiros de boa-fé, e os atos de administração legalmente praticados pelo herdeiro, antes da sentença de exclusão; mas aos herdeiros subsiste, quando prejudicados, o direito de demandar-lhe perdas e danos.

- V. arts. 402 a 405, 1.360 e 1.827, CC.

Parágrafo único. O excluído da sucessão é obrigado a restituir os frutos e rendimentos que dos bens da herança houver percebido, mas tem direito a ser indenizado das despesas com a conservação deles.

- •• V. art. 884, CC.

Art. 1.818. Aquele que incorreu em atos que determinem a exclusão da herança será admitido a suceder, se o ofendido o tiver expressamente reabilitado em testamento, ou em outro ato autêntico.

- V. art. 1.814, CC.

Parágrafo único. Não havendo reabilitação expressa, o indigno, contemplado em testamento do ofendido, quando o testador, ao testar, já conhecia a causa da indignidade, pode suceder no limite da disposição testamentária.

Capítulo VI
DA HERANÇA JACENTE

Art. 1.819. Falecendo alguém sem deixar testamento nem herdeiro legítimo notoriamente conhecido, os bens da herança, depois de arrecadados, ficarão sob a guarda e administração de um curador, até a sua entrega ao sucessor devidamente habilitado ou à declaração de sua vacância.

- V. arts. 26 e 28, § 2º, CC.
- V. arts. 75, VI, e 738 a 740, CPC/2015.

Art. 1.820. Praticadas as diligências de arrecadação e ultimado o inventário, serão expedidos editais na forma da lei processual, e, decorrido 1 (um) ano de sua primeira publicação, sem que haja herdeiro habilitado, ou penda habilitação, será a herança declarada vacante.

- V. arts. 687 a 692, 741, *caput* e §§ 1º e 2º e 743, *caput* e § 1º, CPC/2015.

Art. 1.821. É assegurado aos credores o direito de pedir o pagamento das dívidas reconhecidas, nos limites das forças da herança.

- V. arts. 836, 1.792 e 1.997, *caput*, CC.
- V. art. 741, § 4º, CPC/2015.

Art. 1.822. A declaração de vacância da herança não prejudicará os herdeiros que legalmente se habilitarem; mas, decorridos 5 (cinco) anos da abertura da sucessão, os bens arrecadados passarão ao domínio do Município ou do Distrito Federal, se localizados nas respectivas circunscrições, incorporando-se ao domínio da União quando situados em território federal.

- V. arts. 28, § 2º, 39 e 1.844, CC.
- V. art. 739, CPC/2015.

Parágrafo único. Não se habilitando até a declaração de vacância, os colaterais ficarão excluídos da sucessão.

- V. arts. 1.592 e 1.594, CC.
- V. art. 743, § 2º, CPC/2015.

Art. 1.823. Quando todos os chamados a suceder renunciarem à herança, será esta desde logo declarada vacante.

- V. arts. 1.805, 1.806 e 1.812, CC.

Capítulo VII
DA PETIÇÃO DE HERANÇA

Art. 1.824. O herdeiro pode, em ação de petição de herança, demandar o reconhecimento de seu direito sucessório, para obter a restituição da herança, ou de parte dela, contra quem, na qualidade de herdeiro, ou mesmo sem título, a possua.

- V. art. 205, CC.
- V. art. 628, CPC/2015.
- ** V. Súmula 149, STF.

Art. 1.825. A ação de petição de herança, ainda que exercida por um só dos herdeiros, poderá compreender todos os bens hereditários.

- ** V. art. 1.791, parágrafo único, CC.

Art. 1.826. O possuidor da herança está obrigado à restituição dos bens do acervo, fixando-se-lhe a responsabilidade segundo a sua posse, observado o disposto nos arts. 1.214 a 1.222.

- ** V. arts. 1.214 a 1.222, CC.

Parágrafo único. A partir da citação, a responsabilidade do possuidor se há de aferir pelas regras concernentes à posse de má-fé e à mora.

- V. arts. 394 a 401 e 405, CC.
- ** V. arts. 1.220 a 1.222, CC.

Art. 1.827. O herdeiro pode demandar os bens da herança, mesmo em poder de terceiros, sem prejuízo da responsabilidade do possuidor originário pelo valor dos bens alienados.

Parágrafo único. São eficazes as alienações feitas, a título oneroso, pelo herdeiro aparente a terceiro de boa-fé.

- V. art. 1.817, CC.

Art. 1.828. O herdeiro aparente, que de boa-fé houver pago um legado, não está obrigado a prestar o equivalente ao verdadeiro sucessor, ressalvado a este o direito de proceder contra quem o recebeu.

- ** V. art. 1.934, CC.

TÍTULO II
DA SUCESSÃO LEGÍTIMA

Capítulo I
DA ORDEM DA VOCAÇÃO HEREDITÁRIA

Art. 1.829. A sucessão legítima defere-se na ordem seguinte:

- V. art. 5º, XXXI, CF.
- V. arts. 1.784, 1.788 e 2.041, CC.
- V. art. 10, § 1º, Dec.-lei 4.657/1942 (Lei de Introdução às normas do Direito Brasileiro).

I – aos descendentes, em concorrência com o cônjuge sobrevivente, salvo se casado este com o falecido no regime da comunhão universal, ou no da separação obrigatória de bens (art. 1.640, parágrafo único); ou se, no regime da comunhão parcial, o autor da herança não houver deixado bens particulares;

- O regime da separação obrigatória de bens encontra-se no art. 1.641, e não no art. 1.640, parágrafo único.
- V. art. 227, § 6º, CF.
- V. arts. 1.591, 1.594, 1.596, 1.641, 1.658 a 1.671, 1.837 e 1.845, CC.

II – aos ascendentes, em concorrência com o cônjuge;

- V. arts. 1.591, 1.594 e 1.845, CC.

III – ao cônjuge sobrevivente;

- V. arts. 1.790, 1.830 e 1.845, CC.
- V. art. 2º, Lei 8.971/1994 (Direito dos companheiros a alimentos e à sucessão).

IV – aos colaterais.

- V. arts. 1.592, 1.594 e 1.839, CC.

Art. 1.830. Somente é reconhecido direito sucessório ao cônjuge sobrevivente se, ao tempo da morte do outro, não estavam separados judicialmente, nem separados de fato há mais de 2 (dois) anos, salvo prova, neste caso, de que essa convivência se tornara impossível sem culpa do sobrevivente.

- V. art. 1.839, CC.

Art. 1.831. Ao cônjuge sobrevivente, qualquer que seja o regime de bens, será assegurado, sem prejuízo da participação que lhe caiba na herança, o direito real de habitação relativamente ao imóvel destinado à residência da família, desde que seja o único daquela natureza a inventariar.

- V. arts. 1.225, VI, e 1.414 a 1.416, CC.

Art. 1.832

CÓDIGO CIVIL

- V. art. 7º, parágrafo único, Lei 9.278/1996 (Companheiros – Regula o § 3º do art. 226 da CF).
- • V. art. 1.225, VI, CC.

Art. 1.832. Em concorrência com os descendentes (art. 1.829, inciso I) caberá ao cônjuge quinhão igual ao dos que sucederem por cabeça, não podendo a sua quota ser inferior à quarta parte da herança, se for ascendente dos herdeiros com que concorrer.

- • V. arts. 1.596 a 1.619, 1.791, 1.829, I, 1.830 a 1.847, CC.
- • V. art. 4º, Dec.-lei 4.657/1942 (Lei de Introdução às normas do Direito Brasileiro).

Art. 1.833. Entre os descendentes, os em grau mais próximo excluem os mais remotos, salvo o direito de representação.

- V. arts. 1.594 e 1.851, CC.
- • V. arts. 1.835 a 1.856, CC.

Art. 1.834. Os descendentes da mesma classe têm os mesmos direitos à sucessão de seus ascendentes.

- • V. arts. 1.561 e 1.609, CC.
- V. art. 41, Lei 8.069/1990 (Estatuto da Criança e do Adolescente).

Art. 1.835. Na linha descendente, os filhos sucedem por cabeça, e os outros descendentes, por cabeça ou por estirpe, conforme se achem ou não no mesmo grau.

- V. art. 227, § 6º, CF.
- V. arts. 1.810, 1.811, 1.816 e 1.852, CC.
- • V. arts. 1.596 e 1.833, CC.

Art. 1.836. Na falta de descendentes, são chamados à sucessão os ascendentes, em concorrência com o cônjuge sobrevivente.

§ 1º Na classe dos ascendentes, o grau mais próximo exclui o mais remoto, sem distinção de linhas.

- V. arts. 1.594 e 1.852, CC.

§ 2º Havendo igualdade em grau e diversidade em linha, os ascendentes da linha paterna herdam a metade, cabendo a outra aos da linha materna.

Art. 1.837. Concorrendo com ascendente em primeiro grau, ao cônjuge tocará 1/3 (um terço) da herança; caber-lhe-á a metade desta se houver um só ascendente, ou se maior for aquele grau.

- • V. art.1.830, CC.

Art. 1.838. Em falta de descendentes e ascendentes, será deferida a sucessão por inteiro ao cônjuge sobrevivente.

- V. art. 2º, Lei 8.971/1994 (Direito dos companheiros a alimentos e à sucessão).

Art. 1.839. Se não houver cônjuge sobrevivente, nas condições estabelecidas no art. 1.830, serão chamados a suceder os colaterais até o quarto grau.

- V. arts. 1.592, 1.594 e 1.850, CC.
- • V. arts. 1.830 e 1.840, CC.

Art. 1.840. Na classe dos colaterais, os mais próximos excluem os mais remotos, salvo o direito de representação concedido aos filhos de irmãos.

- V. arts. 1.592, 1.594, 1.810, 1.811, 1.816, 1.841, 1.843 e 1.851 a 1.856, CC.

Art. 1.841. Concorrendo à herança do falecido irmãos bilaterais com irmãos unilaterais, cada um destes herdará metade do que cada um daqueles herdar.

- V. art. 1.843, § 3º, CC.

Art. 1.842. Não concorrendo à herança irmão bilateral, herdarão, em partes iguais, os unilaterais.

Art. 1.843. Na falta de irmãos, herdarão os filhos destes e, não os havendo, os tios.

§ 1º Se concorrerem à herança somente filhos de irmãos falecidos, herdarão por cabeça.

- V. art. 1.853, CC.

§ 2º Se concorrem filhos de irmãos bilaterais com filhos de irmãos unilaterais, cada um destes herdará a metade do que herdar cada um daqueles.

§ 3º Se todos forem filhos de irmãos bilaterais, ou todos de irmãos unilaterais, herdarão por igual.

- V. art. 1.841, CC.

Art. 1.844. Não sobrevivendo cônjuge, ou companheiro, nem parente algum sucessível, ou tendo eles renunciado a herança, esta se devolve ao Município ou ao Distrito Federal, se localizada nas respectivas circunscrições, ou à União, quando situada em território federal.

- V. art. 1.822, CC.
- V. art. 1º, § 2º, Lei 6.858/1980 (Pagamento, aos dependentes ou sucessores, de valores não recebidos em vida pelos respectivos titulares).

Código Civil

- V. art. 7º, Dec. 85.845/1981 (Regulamenta a Lei 6.858/1980).
- • V. art. 1.790, IV, CC.

Capítulo II
DOS HERDEIROS NECESSÁRIOS

Art. 1.845. São herdeiros necessários os descendentes, os ascendentes e o cônjuge.
- V. arts. 1.814, 1.829, I a III, e 1.961 a 1.963, CC.
- • V. arts. 549, 1.814, 1.829, I a III, 1.830, 1.847, 1.961 a 1.965 e 2.018, CC.

Art. 1.846. Pertence aos herdeiros necessários, de pleno direito, a metade dos bens da herança, constituindo a legítima.
- V. arts. 544, 549, 1.789, 1.814, 1.847, 1.961 a 1.963 e 2.018, CC.

Art. 1.847. Calcula-se a legítima sobre o valor dos bens existentes na abertura da sucessão, abatidas as dívidas e as despesas do funeral, adicionando-se, em seguida, o valor dos bens sujeitos a colação.
- V. arts. 544, 1.789, 1.967, 1.998, 2.002 a 2.012 e 2.018, CC.

Art. 1.848. Salvo se houver justa causa, declarada no testamento, não pode o testador estabelecer cláusula de inalienabilidade, impenhorabilidade, e de incomunicabilidade, sobre os bens da legítima.
- V. arts. 1.668, I e IV, 1.911, *caput*, e 2.042, CC.
- V. arts. 833 e 834, CPC/2015.
- V. arts. 167, II-11, e 247, Lei 6.015/1973 (Lei de Registros Públicos).
- V. Súmula 49, STF.

§ 1º Não é permitido ao testador estabelecer a conversão dos bens da legítima em outros de espécie diversa.
§ 2º Mediante autorização judicial e havendo justa causa, podem ser alienados os bens gravados, convertendo-se o produto em outros bens, que ficarão sub-rogados nos ônus dos primeiros.
- V. art. 1.911, parágrafo único, CC.
- V. art. 725, II, CPC/2015.

Art. 1.849. O herdeiro necessário, a quem o testador deixar a sua parte disponível, ou algum legado, não perderá o direito à legítima.
- • V. art. 1.789, CC.

Art. 1.850. Para excluir da sucessão os herdeiros colaterais, basta que o testador disponha de seu patrimônio sem os contemplar.
- V. arts. 1.592, 1.788, 1.829, IV, 1.839 e 1.906, CC.
- • V. art. 1.908, CC.

Capítulo III
DO DIREITO DE REPRESENTAÇÃO

Art. 1.851. Dá-se o direito de representação, quando a lei chama certos parentes do falecido a suceder em todos os direitos, em que ele sucederia, se vivo fosse.
- V. arts. 1.811, 1.816, 1.833 e 1.840, CC.
- • V. art. 1.854 a 1.856, CC.

Art. 1.852. O direito de representação dá-se na linha reta descendente, mas nunca na ascendente.
- V. arts. 1.591 e 1.835, CC.

Art. 1.853. Na linha transversal, somente se dá o direito de representação em favor dos filhos de irmãos do falecido, quando com irmãos deste concorrerem.
- V. arts. 1.592 e 1.840 a 1.843, CC.

Art. 1.854. Os representantes só podem herdar, como tais, o que herdaria o representado, se vivo fosse.

Art. 1.855. O quinhão do representado partir-se-á por igual entre os representantes.
- • V. arts. 1.851 e 1.854, CC.

Art. 1.856. O renunciante à herança de uma pessoa poderá representá-la na sucessão de outra.
- • V. arts. 1.806, 1.810, 1.811 e 1.815, CC.

TÍTULO III
DA SUCESSÃO TESTAMENTÁRIA

Capítulo I
DO TESTAMENTO EM GERAL

Art. 1.857. Toda pessoa capaz pode dispor, por testamento, da totalidade dos seus bens, ou de parte deles, para depois de sua morte.
- V. arts. 62, 791, 1.784, 1.788, 1.819, 1.860 a 1.862, 1.881 a 1.886 e 1.969 a 1.975, CC.

§ 1º A legítima dos herdeiros necessários não poderá ser incluída no testamento.
- V. arts. 1.845 a 1.847 e 1.966 a 1.968, CC.

- V. arts. 1.845 a 1.848 e 1.961 a 1.968, CC.

§ 2º São válidas as disposições testamentárias de caráter não patrimonial, ainda que o testador somente a elas se tenha limitado.

- V. arts. 14, 1.332, 1.378, 1.609, III, 1.634, IV, 1.711, 1.729, parágrafo único, 1.818 e 1.848, CC.
- V. art. 7º, Lei 4.591/1964 (Condomínio em edificações e incorporações imobiliárias).
- V. art. 26, *caput*, Lei 8.069/1990 (Estatuto da Criança e do Adolescente).
- V. art. 1º, III, Lei 8.560/1992 (Investigação de paternidade).

Art. 1.858. O testamento é ato personalíssimo, podendo ser mudado a qualquer tempo.

- V. arts. 1.609, III, 1.863 e 1.969 a 1.972, CC.

Art. 1.859. Extingue-se em 5 (cinco) anos o direito de impugnar a validade do testamento, contado o prazo da data do seu registro.

- V. arts. 1.900, 1.903 e 1.909, CC.

Capítulo II
DA CAPACIDADE DE TESTAR

Art. 1.860. Além dos incapazes, não podem testar os que, no ato de fazê-lo, não tiverem pleno discernimento.

- V. arts. 3º, 4º, II e III, 166, 1.782, 1.866, 1.867, 1.872, 1.873 e 1.881, CC.

Parágrafo único. Podem testar os maiores de 16 (dezesseis) anos.

Art. 1.861. A incapacidade superveniente do testador não invalida o testamento, nem o testamento do incapaz se valida com a superveniência da capacidade.

Capítulo III
DAS FORMAS ORDINÁRIAS DO TESTAMENTO

Seção I
Disposições gerais

Art. 1.862. São testamentos ordinários:
I – o público;

- V. arts. 1.864 a 1.867, CC.

II – o cerrado;

- V. arts. 1.868 a 1.875, CC.

III – o particular.

- V. arts. 1.876 a 1.880, CC.

Art. 1.863. É proibido o testamento conjuntivo, seja simultâneo, recíproco ou correspectivo.

- V. art. 1.858, CC.

Seção II
Do testamento público

Art. 1.864. São requisitos essenciais do testamento público:

- V. art. 736, CPC/2015.

I – ser escrito por tabelião ou por seu substituto legal em seu livro de notas, de acordo com as declarações do testador, podendo este servir-se de minuta, notas ou apontamentos;

II – lavrado o instrumento, ser lido em voz alta pelo tabelião ao testador e a duas testemunhas, a um só tempo; ou pelo testador, se o quiser, na presença destas e do oficial;

- V. art. 228, CC.

III – ser o instrumento, em seguida à leitura, assinado pelo testador, pelas testemunhas e pelo tabelião.

- V. art. 1.865, CC.

Parágrafo único. O testamento público pode ser escrito manualmente ou mecanicamente, bem como ser feito pela inserção da declaração de vontade em partes impressas de livro de notas, desde que rubricadas todas as páginas pelo testador, se mais de uma.

Art. 1.865. Se o testador não souber, ou não puder assinar, o tabelião ou seu substituto legal assim o declarará, assinando, neste caso, pelo testador, e, a seu rogo, uma das testemunhas instrumentárias.

Art. 1.866. O indivíduo inteiramente surdo, sabendo ler, lerá o seu testamento, e, se não o souber, designará quem o leia em seu lugar, presentes as testemunhas.

Art. 1.867. Ao cego só se permite o testamento público, que lhe será lido, em voz alta, duas vezes, uma pelo tabelião ou por seu substituto legal, e a outra por uma das testemunhas, designada pelo testador, fazendo-se de tudo circunstanciada menção no testamento.

Seção III
Do testamento cerrado

Art. 1.868. O testamento escrito pelo testador, ou por outra pessoa, a seu rogo, e por aquele assinado, será válido se aprovado pelo tabelião ou seu substituto legal, observadas as seguintes formalidades:

- V. arts. 1.801, 1.870, 1.871 e 1.972, CC.
- V. arts. 735 a 737, CPC/2015.
- ● ● V. arts. 228 e 1.801, I, CC.

I – que o testador o entregue ao tabelião em presença de duas testemunhas;

- V. art. 228, CC.

II – que o testador declare que aquele é o seu testamento e quer que seja aprovado;
III – que o tabelião lavre, desde logo, o auto de aprovação, na presença de duas testemunhas, e o leia, em seguida, ao testador e testemunhas;
IV – que o auto de aprovação seja assinado pelo tabelião, pelas testemunhas e pelo testador.

Parágrafo único. O testamento cerrado pode ser escrito mecanicamente, desde que seu subscritor numere e autentique, com a sua assinatura, todas as páginas.

Art. 1.869. O tabelião deve começar o auto de aprovação imediatamente depois da última palavra do testador, declarando, sob sua fé, que o testador lhe entregou para ser aprovado na presença das testemunhas; passando a cerrar e coser o instrumento aprovado.

Parágrafo único. Se não houver espaço na última folha do testamento, para início da aprovação, o tabelião aporá nele o seu sinal público, mencionando a circunstância no auto.

Art. 1.870. Se o tabelião tiver escrito o testamento a rogo do testador, poderá, não obstante, aprová-lo.

Art. 1.871. O testamento pode ser escrito em língua nacional ou estrangeira, pelo próprio testador, ou por outrem, a seu rogo.

- ● ● V. art. 1.868, CC.

Art. 1.872. Não pode dispor de seus bens em testamento cerrado quem não saiba ou não possa ler.

Art. 1.873. Pode fazer testamento cerrado o surdo-mudo, contanto que o escreva todo, e o assine de sua mão, e que, ao entregá-lo ao oficial público, ante as duas testemunhas, escreva, na face externa do papel ou do envoltório, que aquele é o seu testamento, cuja aprovação lhe pede.

Art. 1.874. Depois de aprovado e cerrado, será o testamento entregue ao testador, e o tabelião lançará, no seu livro, nota do lugar, dia, mês e ano em que o testamento foi aprovado e entregue.

- ● ● V. art. 1.972, CC.

Art. 1.875. Falecido o testador, o testamento será apresentado ao juiz, que o abrirá e o fará registrar, ordenando seja cumprido, se não achar vício externo que o torne eivado de nulidade ou suspeito de falsidade.

- V. art. 1.972, CC.
- V. arts. 735 a 737, CPC/2015.

Seção IV
Do testamento particular

Art. 1.876. O testamento particular pode ser escrito de próprio punho ou mediante processo mecânico.

§ 1º Se escrito de próprio punho, são requisitos essenciais à sua validade seja lido e assinado por quem o escreveu, na presença de pelo menos três testemunhas, que o devem subscrever.

- V. arts. 228 e 1.880, CC.

§ 2º Se elaborado por processo mecânico, não pode conter rasuras ou espaços em branco, devendo ser assinado pelo testador, depois de o ter lido na presença de pelo menos três testemunhas, que o subscreverão.

Art. 1.877. Morto o testador, publicar-se-á em juízo o testamento, com citação dos herdeiros legítimos.

- V. art. 1.829, CC.
- V. art. 737, CPC/2015.

Art. 1.878. Se as testemunhas forem contestes sobre o fato da disposição, ou, ao menos, sobre a sua leitura perante elas, e se reconhecerem as próprias assinaturas, assim como a do testador, o testamento será confirmado.

- V. art. 297, § 2º, CP.

Art. 1.879

Parágrafo único. Se faltarem testemunhas, por morte ou ausência, e se pelo menos uma delas o reconhecer, o testamento poderá ser confirmado, se, a critério do juiz, houver prova suficiente de sua veracidade.

Art. 1.879. Em circunstâncias excepcionais declaradas na cédula, o testamento particular de próprio punho e assinado pelo testador, sem testemunhas, poderá ser confirmado, a critério do juiz.

Art. 1.880. O testamento particular pode ser escrito em língua estrangeira, contanto que as testemunhas a compreendam.
• • V. art. 1.876, CC.

Capítulo IV
DOS CODICILOS

Art. 1.881. Toda pessoa capaz de testar poderá, mediante escrito particular seu, datado e assinado, fazer disposições especiais sobre o seu enterro, sobre esmolas de pouca monta a certas e determinadas pessoas, ou, indeterminadamente, aos pobres de certo lugar, assim como legar móveis, roupas ou joias, de pouco valor, de seu uso pessoal.
• V. arts. 1.860, 1.902 e 1.998, CC.
• V. art. 737, § 3º, CPC/2015.

Art. 1.882. Os atos a que se refere o artigo antecedente, salvo direito de terceiro, valerão como codicilos, deixe ou não testamento o autor.

Art. 1.883. Pelo modo estabelecido no art. 1.881, poder-se-ão nomear ou substituir testamenteiros.
• V. arts. 1.976 a 1.990, CC.
• • V. art. 1.881, CC.

Art. 1.884. Os atos previstos nos artigos antecedentes revogam-se por atos iguais, e consideram-se revogados, se, havendo testamento posterior, de qualquer natureza, este os não confirmar ou modificar.
• V. art. 1.969, CC.

Art. 1.885. Se estiver fechado o codicilo, abrir-se-á do mesmo modo que o testamento cerrado.
• V. art. 1.875, CC.
• V. arts. 735 a 737, CPC/2015.
• • V. art. 1.868, CC.

Capítulo V
DOS TESTAMENTOS ESPECIAIS

Seção I
Disposições gerais

Art. 1.886. São testamentos especiais:
• V. arts. 1.888 a 1.896, CC.
• • V. arts. 1.887 a 1.896, CC.
I – o marítimo;
II – o aeronáutico;
III – o militar.

Art. 1.887. Não se admitem outros testamentos especiais além dos contemplados neste Código.
• • V. arts. 1.866, I a III, e 1.888 a 1.896, CC.

Seção II
Do testamento marítimo e do testamento aeronáutico

Art. 1.888. Quem estiver em viagem, a bordo de navio nacional, de guerra ou mercante, pode testar perante o comandante, em presença de duas testemunhas, por forma que corresponda ao testamento público ou ao cerrado.
• V. arts. 1.801, II e IV, 1.864 a 1.875 e 1.886, I e II, CC.
• V. art. 737, § 3º, CPC/2015.

Parágrafo único. O registro do testamento será feito no diário de bordo.

Art. 1.889. Quem estiver em viagem, a bordo de aeronave militar ou comercial, pode testar perante pessoa designada pelo comandante, observado o disposto no artigo antecedente.

Art. 1.890. O testamento marítimo ou aeronáutico ficará sob a guarda do comandante, que o entregará às autoridades administrativas do primeiro porto ou aeroporto nacional, contra recibo averbado no diário de bordo.
• • V. art. 1.801, I, CC.

Art. 1.891. Caducará o testamento marítimo, ou aeronáutico, se o testador não morrer na viagem, nem nos 90 (noventa) dias subsequentes ao seu desembarque em terra, onde possa fazer, na forma ordinária, outro testamento.

CÓDIGO CIVIL

Art. 1.892. Não valerá o testamento marítimo, ainda que feito no curso de uma viagem, se, ao tempo em que se fez, o navio estava em porto onde o testador pudesse desembarcar e testar na forma ordinária.

Seção III
Do testamento militar

Art. 1.893. O testamento dos militares e demais pessoas a serviço das Forças Armadas em campanha, dentro do País ou fora dele, assim como em praça sitiada, ou que esteja de comunicações interrompidas, poderá fazer-se, não havendo tabelião ou seu substituto legal, ante duas, ou três testemunhas, se o testador não puder, ou não souber assinar, caso em que assinará por ele uma delas.

- V. arts. 1.801, II e IV, 1.886, III, e 1.896, CC.
- V. art. 737, § 3º, CPC/2015.

§ 1º Se o testador pertencer a corpo ou seção de corpo destacado, o testamento será escrito pelo respectivo comandante, ainda que de graduação ou posto inferior.
§ 2º Se o testador estiver em tratamento em hospital, o testamento será escrito pelo respectivo oficial de saúde, ou pelo diretor do estabelecimento.
§ 3º Se o testador for o oficial mais graduado, o testamento será escrito por aquele que o substituir.

Art. 1.894. Se o testador souber escrever, poderá fazer o testamento de seu punho, contanto que o date e assine por extenso, e o apresente aberto ou cerrado, na presença de duas testemunhas ao auditor, ou ao oficial de patente, que lhe faça as vezes neste mister.

Parágrafo único. O auditor, ou o oficial a quem o testamento se apresente notará, em qualquer parte dele, lugar, dia, mês e ano, em que lhe for apresentado, nota esta que será assinada por ele e pelas testemunhas.

Art. 1.895. Caduca o testamento militar, desde que, depois dele, o testador esteja, 90 (noventa) dias seguidos, em lugar onde possa testar na forma ordinária, salvo se esse testamento apresentar as solenidades prescritas no parágrafo único do artigo antecedente.

•• V. art. 1.894, parágrafo único, CC.

Art. 1.896. As pessoas designadas no art. 1.893, estando empenhadas em combate, ou feridas, podem testar oralmente, confiando a sua última vontade a duas testemunhas.

- V. art. 1.801, II, CC.
- V. art. 737, § 3º, CPC/2015.

Parágrafo único. Não terá efeito o testamento se o testador não morrer na guerra ou convalescer do ferimento.

Capítulo VI
DAS DISPOSIÇÕES TESTAMENTÁRIAS

Art. 1.897. A nomeação de herdeiro, ou legatário, pode fazer-se pura e simplesmente, sob condição, para certo fim ou modo, ou por certo motivo.

- V. arts. 62, 121, 136, 137, 1.693, III, e 1.733, § 2º, CC.

Art. 1.898. A designação do tempo em que deva começar ou cessar o direito do herdeiro, salvo nas disposições fideicomissárias, ter-se-á por não escrita.

- V. arts. 1.924, 1.928 e 1.951 a 1.960, CC.

Art. 1.899. Quando a cláusula testamentária for suscetível de interpretações diferentes, prevalecerá a que melhor assegure a observância da vontade do testador.

- V. arts. 112 e 133, CC.
- V. Súmula 49, STF.

Art. 1.900. É nula a disposição:

- V. arts. 166, 1.859, 1.903 e 1.909, CC.

I – que institua herdeiro ou legatário sob a condição captatória de que este disponha, também por testamento, em benefício do testador, ou de terceiro;
II – que se refira a pessoa incerta, cuja identidade não se possa averiguar;

- V. art. 1.901, I, CC.

IV – que deixe a arbítrio do herdeiro, ou de outrem, fixar o valor do legado;

- V. art. 1.901, II, CC.

V – que favoreça as pessoas a que se referem os arts. 1.801 e 1.802.

- V. art. 1.803, CC.

Art. 1.901. Valerá a disposição:

I – em favor de pessoa incerta que deva ser determinada por terceiro, dentre duas ou mais pessoas mencionadas pelo testador, ou pertencentes a uma família, ou a um corpo coletivo, ou a um estabelecimento por ele designado;

• V. art. 1.900, III, CC.

II – em remuneração de serviços prestados ao testador, por ocasião da moléstia de que faleceu, ainda que fique ao arbítrio do herdeiro ou de outrem determinar o valor do legado.

• V. art. 1.900 IV, CC.

Art. 1.902. A disposição geral em favor dos pobres, dos estabelecimentos particulares de caridade, ou dos de assistência pública, entender-se-á relativa aos pobres do lugar do domicílio do testador ao tempo de sua morte, ou dos estabelecimentos aí sitos, salvo se manifestamente constar que tinha em mente beneficiar os de outra localidade.

• V. art. 1.881, CC.

Parágrafo único. Nos casos deste artigo, as instituições particulares preferirão sempre às públicas.

Art. 1.903. O erro na designação da pessoa do herdeiro, do legatário, ou da coisa legada anula a disposição, salvo se, pelo contexto do testamento, por outros documentos, ou por fatos inequívocos, se puder identificar a pessoa ou coisa a que o testador queria referir-se.

• V. arts. 142, 1.859, 1.899, 1.900 e 1.909, CC.

Art. 1.904. Se o testamento nomear dois ou mais herdeiros, sem discriminar a parte de cada um, partilhar-se-á por igual, entre todos, a porção disponível do testador.

•• V. art. 1.789, CC.

Art. 1.905. Se o testador nomear certos herdeiros individualmente e outros coletivamente, a herança será dividida em tantas quotas quantos forem os indivíduos e os grupos designados.

Art. 1.906. Se forem determinadas as quotas de cada herdeiro, e não absorverem toda a herança, o remanescente pertencerá aos herdeiros legítimos, segundo a ordem da vocação hereditária.

• V. arts. 1.788, 1.829, 1.850 e 1.966, CC.
•• V. art. 1.908, CC.

Art. 1.907. Se forem determinados os quinhões de uns e não os de outros herdeiros, distribuir-se-á por igual a estes últimos o que restar, depois de completas as porções hereditárias dos primeiros.

• V. arts. 1.788 e 1.850, CC.
•• V. art. 1.904, CC.

Art. 1.908. Dispondo o testador que não caiba ao herdeiro instituído certo e determinado objeto, dentre os da herança, tocará ele aos herdeiros legítimos.

•• V. arts. 1.788, 1.850 e 1.906, CC.

Art. 1.909. São anuláveis as disposições testamentárias inquinadas de erro, dolo ou coação.

• V. arts. 138 a 155, 171 a 185, 1.788, 1.859, 1.900 e 1.903, CC.

Parágrafo único. Extingue-se em 4 (quatro) anos o direito de anular a disposição, contados de quando o interessado tiver conhecimento do vício.

Art. 1.910. A ineficácia de uma disposição testamentária importa a das outras que, sem aquela, não teriam sido determinadas pelo testador.

• V. arts. 184 e 185, CC.

Art. 1.911. A cláusula de inalienabilidade, imposta aos bens por ato de liberalidade, implica impenhorabilidade e incomunicabilidade.

• V. arts. 1.693, III, 1.733, § 2º, e 1.848, *caput*, CC.
• V. arts. 833 e 834, CPC/2015.
• V. art. 4º, Lei 2.666/1955 (Penhor de produtos agrícolas).
• V. arts. 167, II-11, e 247, Lei 6.015/1973 (Lei de Registros Públicos).
• V. art. 169, § 2º, Lei 6.404/1976 (Sociedades por ações).
• V. art. 30, Lei 6.830/1980 (Cobrança judicial da dívida ativa da Fazenda Pública).
• V. art. 108, § 4º, Lei 11.101/2005 (Lei de Recuperação de Empresas e Falência).
• V. Súmula 49, STF.

Parágrafo único. No caso de desapropriação de bens clausulados, ou de sua alienação, por conveniência econômica do donatário ou do herdeiro, mediante autorização judicial, o produto da venda converter-se-á em outros bens, sobre os quais incidirão as restrições apostas aos primeiros.

• V. art. 1.848, § 2º, CC.
• V. arts. 723 e 725, II, CPC/2015.

Art. 1.923

CÓDIGO CIVIL

* V. art. 31, Dec.-lei 3.365/1941 (Desapropriações por utilidade pública).
* V. Dec.-lei 6.777/1944 (Sub-rogação de imóveis gravados ou inalienáveis).

Capítulo VII
DOS LEGADOS

Seção I
Disposições gerais

Art. 1.912. É ineficaz o legado de coisa certa que não pertença ao testador no momento da abertura da sucessão.

* V. arts. 1.268, § 1º, 1.420, § 1º, e 1.939, II, CC.

Art. 1.913. Se o testador ordenar que o herdeiro ou legatário entregue coisa de sua propriedade a outrem, não o cumprindo ele, entender-se-á que renunciou à herança ou ao legado.

* V. art. 1.935, CC.

Art. 1.914. Se tão somente em parte a coisa legada pertencer ao testador, ou, no caso do artigo antecedente, ao herdeiro ou ao legatário, só quanto a essa parte valerá o legado.

* V. arts. 1.916 e 1.939, II, CC.
** V. arts. 1.912 e 1.913, CC.

Art. 1.915. Se o legado for de coisa que se determine pelo gênero, será o mesmo cumprido, ainda que tal coisa não exista entre os bens deixados pelo testador.

* V. art. 85, CC.
** V. arts. 1.929 a 1.931, CC.

Art. 1.916. Se o testador legar coisa sua, singularizando-a, só terá eficácia o legado se, ao tempo do seu falecimento, ela se achava entre os bens da herança; se a coisa legada existir entre os bens do testador, mas em quantidade inferior à do legado, este será eficaz apenas quanto à existente.

* V. arts. 1.914 e 1.939, II, CC.

Art. 1.917. O legado de coisa que deva encontrar-se em determinado lugar só terá eficácia se nele for achada, salvo se removida a título transitório.

Art. 1.918. O legado de crédito, ou de quitação de dívida, terá eficácia somente até a importância desta, ou daquele, ao tempo da morte do testador.

§ 1º Cumpre-se o legado, entregando o herdeiro ao legatário o título respectivo.
§ 2º Este legado não compreende as dívidas posteriores à data do testamento.

Art. 1.919. Não o declarando expressamente o testador, não se reputará compensação da sua dívida o legado que ele faça ao credor.

* V. arts. 368 a 380, CC.

Parágrafo único. Subsistirá integralmente o legado, se a dívida lhe foi posterior, e o testador a solveu antes de morrer.

Art. 1.920. O legado de alimentos abrange o sustento, a cura, o vestuário e a casa, enquanto o legatário viver, além da educação, se ele for menor.

* V. art. 1.928, parágrafo único, CC.
** V. art. 1.967, § 1º, CC.

Art. 1.921. O legado de usufruto, sem fixação de tempo, entende-se deixado ao legatário por toda a sua vida.

* V. art. 1.410, I, CC.

Art. 1.922. Se aquele que legar um imóvel lhe ajuntar depois novas aquisições, estas, ainda que contíguas, não se compreendem no legado, salvo expressa declaração em contrário do testador.

Parágrafo único. Não se aplica o disposto neste artigo às benfeitorias necessárias, úteis ou voluptuárias feitas no prédio legado.

* V. art. 96, CC.
** V. arts. 92 e 1.937, CC.

Seção II
Dos efeitos do legado e do seu pagamento

Art. 1.923. Desde a abertura da sucessão, pertence ao legatário a coisa certa, existente no acervo, salvo se o legado estiver sob condição suspensiva.

* V. arts. 121, 125, 131, 135, 1.784, 1.900, I, e 1.937, CC.
** V. art. 1.924, CC.

§ 1º Não se defere de imediato a posse da coisa, nem nela pode o legatário entrar por autoridade própria.
§ 2º O legado de coisa certa existente na herança transfere também ao legatário os frutos que produzir, desde a morte do testa-

dor, exceto se dependente de condição suspensiva, ou de termo inicial.

Art. 1.924. O direito de pedir o legado não se exercerá, enquanto se litigue sobre a validade do testamento, e, nos legados condicionais, ou a prazo, enquanto esteja pendente a condição ou o prazo não se vença.

• V. arts. 125 e 131, CC.
•• V. arts. 121 e 1.923, CC.

Art. 1.925. O legado em dinheiro só vence juros desde o dia em que se constituir em mora a pessoa obrigada a prestá-lo.

• V. arts. 394, 397, 406 e 407, CC.
•• V. art. 1.923, § 2º, CC.

Art. 1.926. Se o legado consistir em renda vitalícia ou pensão periódica, esta ou aquela correrá da morte do testador.

• V. art. 1.918, parágrafo único, CC.

Art. 1.927. Se o legado for de quantidades certas, em prestações periódicas, datará da morte do testador o primeiro período, e o legatário terá direito a cada prestação, uma vez encetado cada um dos períodos sucessivos, ainda que venha a falecer antes do termo dele.

Art. 1.928. Sendo periódicas as prestações, só no termo de cada período se poderão exigir.

Parágrafo único. Se as prestações forem deixadas a título de alimentos, pagar-se-ão no começo de cada período, sempre que outra coisa não tenha disposto o testador.

• V. art. 1.920, CC.

Art. 1.929. Se o legado consiste em coisa determinada pelo gênero, ao herdeiro tocará escolhê-la, guardando o meio-termo entre as congêneres da melhor e pior qualidade.

• V. arts. 244 e 1.931, CC.
•• V. art. 1.915, CC.

Art. 1.930. O estabelecido no artigo antecedente será observado, quando a escolha for deixada a arbítrio de terceiro; e, se este não a quiser ou não a puder exercer, ao juiz competirá fazê-la, guardado o disposto na última parte do artigo antecedente.

• V. art. 252, § 4º, CC.
•• V. art. 1.929, CC.

Art. 1.931. Se a opção foi deixada ao legatário, este poderá escolher, do gênero determinado, a melhor coisa que houver na herança; e, se nesta não existir coisa de tal gênero, dar-lhe-á de outra congênere o herdeiro, observada a disposição na última parte do art. 1.929.

• V. art. 244, CC.
•• V. art. 252 e 1.929, 2ª parte, CC.

Art. 1.932. No legado alternativo, presume-se deixada ao herdeiro a opção.

• V. art. 252, *caput*, CC.
•• V. arts. 256 e 1.940, CC.

Art. 1.933. Se o herdeiro ou legatário a quem couber a opção falecer antes de exercê-la, passará este poder aos seus herdeiros.

• V. art. 1.809, CC.

Art. 1.934. No silêncio do testamento, o cumprimento dos legados incumbe aos herdeiros e, não os havendo, aos legatários, na proporção do que herdaram.

Parágrafo único. O encargo estabelecido neste artigo, não havendo disposição testamentária em contrário, caberá ao herdeiro ou legatário incumbido pelo testador da execução do legado; quando indicados mais de um, os onerados dividirão entre si o ônus, na proporção do que recebam da herança.

Art. 1.935. Se algum legado consistir em coisa pertencente a herdeiro ou legatário (art. 1.913), só a ele incumbirá cumpri-lo, com regresso contra os coerdeiros, pela quota de cada um, salvo se o contrário expressamente dispôs o testador.

• V. art. 125, II, CPC/2015.
•• V. art. 1.913, CC.

Art. 1.936. As despesas e os riscos da entrega do legado correm à conta do legatário, se não dispuser diversamente o testador.

Art. 1.937. A coisa legada entregar-se-á, com seus acessórios, no lugar e estado em que se achava ao falecer o testador, passando ao legatário com todos os encargos que a onerarem.

• V. art. 1.923, CC.
•• V. art. 1.922, parágrafo único, CC.

Código Civil

Art. 1.938. Nos legados com encargo, aplica-se ao legatário o disposto neste Código quanto às doações de igual natureza.
- V. arts. 136 e 553, CC.
- •• V. arts. 555 e 562, CC.

Seção III
Da caducidade dos legados

Art. 1.939. Caducará o legado:
- V. arts. 1.788 e 1.973 a 1.975, CC.

I – se, depois do testamento, o testador modificar a coisa legada, ao ponto de já não ter a forma nem lhe caber a denominação que possuía;

II – se o testador, por qualquer título, alienar no todo ou em parte a coisa legada; nesse caso, caducará até onde ela deixou de pertencer ao testador;
- V. arts. 1.912, 1.914 e 1.916, CC.

III – se a coisa perecer ou for evicta, vivo ou morto o testador, sem culpa do herdeiro ou legatário incumbido do seu cumprimento;
- V. art. 552, CC.
- •• V. arts. 447 a 457, 927 e 1.934, CC.

IV – se o legatário for excluído da sucessão, nos termos do art. 1.815;

V – se o legatário falecer antes do testador.

Art. 1.940. Se o legado for de duas ou mais coisas alternativamente, e algumas delas perecerem, subsistirá quanto às restantes; perecendo parte de uma, valerá, quanto ao seu remanescente, o legado.
- V. art. 253, CC.
- •• V. arts. 1.932 e 1.939, CC.

Capítulo VIII
DO DIREITO DE ACRESCER ENTRE HERDEIROS E LEGATÁRIOS

Art. 1.941. Quando vários herdeiros, pela mesma disposição testamentária, forem conjuntamente chamados à herança em quinhões não determinados, e qualquer deles não puder ou não quiser aceitá-la, a sua parte acrescerá à dos coerdeiros, salvo o direito do substituto.
- V. art. 1.943, CC.
- •• V. art. 1.947, CC.

Art. 1.942. O direito de acrescer competirá aos colegatários, quando nomeados conjuntamente a respeito de uma só coisa, determinada e certa, ou quando o objeto do legado não puder ser dividido sem risco de desvalorização.
- V. art. 87, CC.
- •• V. arts. 1.929 e 1.943, CC.

Art. 1.943. Se um dos coerdeiros ou colegatários, nas condições do artigo antecedente, morrer antes do testador; se renunciar a herança ou legado, ou destes for excluído, e, se a condição sob a qual foi instituído não se verificar, acrescerá o seu quinhão, salvo o direito do substituto, à parte dos coerdeiros ou colegatários conjuntos.
- V. arts. 125, 1.810, 1.814 e 1.974, CC.

Parágrafo único. Os coerdeiros ou colegatários, aos quais acresceu o quinhão daquele que não quis ou não pôde suceder, ficam sujeitos às obrigações ou encargos que o oneravam.
- V. art. 136, CC.

Art. 1.944. Quando não se efetua o direito de acrescer, transmite-se aos herdeiros legítimos a quota vaga do nomeado.
- V. arts. 1.788, 1.906 e 1.908, CC.

Parágrafo único. Não existindo o direito de acrescer entre os colegatários, a quota do que faltar acresce ao herdeiro ou ao legatário incumbido de satisfazer esse legado, ou a todos os herdeiros, na proporção dos seus quinhões, se o legado se deduziu da herança.

Art. 1.945. Não pode o beneficiário do acréscimo repudiá-lo separadamente da herança ou legado que lhe caiba, salvo se o acréscimo comportar encargos especiais impostos pelo testador; nesse caso, uma vez repudiado, reverte o acréscimo para a pessoa a favor de quem os encargos foram instituídos.

Art. 1.946. Legado um só usufruto conjuntamente a duas ou mais pessoas, a parte da que faltar acresce aos colegatários.
- V. art. 1.411, CC.

Parágrafo único. Se não houver conjunção entre os colegatários, ou se, apesar de conjuntos, só lhes foi legada certa parte do usufruto, consolidar-se-ão na propriedade as quotas dos que faltarem, à medida que eles forem faltando.

Capítulo IX
DAS SUBSTITUIÇÕES

Seção I
Da substituição vulgar e da recíproca

Art. 1.947. O testador pode substituir outra pessoa ao herdeiro ou ao legatário nomeado, para o caso de um ou outro não querer ou não poder aceitar a herança ou o legado, presumindo-se que a substituição foi determinada para as duas alternativas, ainda que o testador só a uma se refira.

•• V. art. 1.799, CC.

Art. 1.948. Também é lícito ao testador substituir muitas pessoas por uma só, ou vice-versa, e ainda substituir com reciprocidade ou sem ela.

Art. 1.949. O substituto fica sujeito à condição ou encargo imposto ao substituído, quando não for diversa a intenção manifestada pelo testador, ou não resultar outra coisa da natureza da condição ou do encargo.

• V. arts. 121 e 136, CC.

Art. 1.950. Se, entre muitos coerdeiros ou legatários de partes desiguais, for estabelecida substituição recíproca, a proporção dos quinhões fixada na primeira disposição entender-se-á mantida na segunda; se, com as outras anteriormente nomeadas, for incluída mais alguma pessoa na substituição, o quinhão vago pertencerá em partes iguais aos substitutos.

Seção II
Da substituição fideicomissária

Art. 1.951. Pode o testador instituir herdeiros ou legatários, estabelecendo que, por ocasião de sua morte, a herança ou o legado se transmita ao fiduciário, resolvendo-se o direito deste, por sua morte, a certo tempo ou sob certa condição, em favor de outrem, que se qualifica de fideicomissário.

• V. arts. 27, III, 1.668, II, 1.898, 1.959 e 1960, CC.
• V. art. 167, II-11, Lei 6.015/1973 (Lei de Registros Públicos).
• V. art. 169, § 2º, Lei 6.404/1976 (Sociedades por ações).

Art. 1.952. A substituição fideicomissária somente se permite em favor dos não concebidos ao tempo da morte do testador.

• V. arts. 2º, 1.784, 1.799, I, e 1.959, CC.

Parágrafo único. Se, ao tempo da morte do testador, já houver nascido o fideicomissário, adquirirá este a propriedade dos bens fideicometidos, convertendo-se em usufruto o direito do fiduciário.

• V. arts. 1.390 a 1.411, CC.

Art. 1.953. O fiduciário tem a propriedade da herança ou legado, mas restrita e resolúvel.

• V. arts. 1.231, 1.359 e 1.360, CC.

Parágrafo único. O fiduciário é obrigado a proceder ao inventário dos bens gravados, e a prestar caução de restituí-los se o exigir o fideicomissário.

Art. 1.954. Salvo disposição em contrário do testador, se o fiduciário renunciar a herança ou o legado, defere-se ao fideicomissário o poder de aceitar.

• V. arts. 1.806 e 1.943, CC.
•• V. art. 1.944, CC.

Art. 1.955. O fideicomissário pode renunciar a herança ou o legado, e, neste caso, o fideicomisso caduca, deixando de ser resolúvel a propriedade do fiduciário, se não houver disposição contrária do testador.

• V. art. 1.958, CC.
•• V. arts. 1.805, 1.806 e 1.813, CC.

Art. 1.956. Se o fideicomissário aceitar a herança ou o legado, terá direito à parte que, ao fiduciário, em qualquer tempo acrescer.

Art. 1.957. Ao sobrevir a sucessão, o fideicomissário responde pelos encargos da herança que ainda restarem.

Art. 1.958. Caduca o fideicomisso se o fideicomissário morrer antes do fiduciário, ou antes de realizar-se a condição resolutória do direito deste último; nesse caso, a propriedade consolida-se no fiduciário, nos termos do art. 1.955.

•• V. art. 1.955, CC.

Art. 1.959. São nulos os fideicomissos além do segundo grau.

• V. art. 1.594, CC.

Art. 1.968

CÓDIGO CIVIL

Art. 1.960. A nulidade da substituição ilegal não prejudica a instituição, que valerá sem o encargo resolutório.

Capítulo X
DA DESERDAÇÃO

Art. 1.961. Os herdeiros necessários podem ser privados de sua legítima, ou deserdados, em todos os casos em que podem ser excluídos da sucessão.

• V. arts. 1.789, 1.814 a 1.818, 1.846, 1.962, 1.963 e 1.965, parágrafo único, CC.

Art. 1.962. Além das causas mencionadas no art. 1.814, autorizam a deserdação dos descendentes por seus ascendentes:

I – ofensa física;

II – injúria grave;

III – relações ilícitas com a madrasta ou com o padrasto;

IV – desamparo do ascendente em alienação mental ou grave enfermidade.

Art. 1.963. Além das causas enumeradas no art. 1.814, autorizam a deserdação dos ascendentes pelos descendentes:

I – ofensa física;

II – injúria grave;

III – relações ilícitas com a mulher ou companheira do filho ou a do neto, ou com o marido ou companheiro da filha ou o da neta;

IV – desamparo do filho ou neto com deficiência mental ou grave enfermidade.

Art. 1.964. Somente com expressa declaração de causa pode a deserdação ser ordenada em testamento.

• V. art. 1.975, CC.

Art. 1.965. Ao herdeiro instituído, ou àquele a quem aproveite a deserdação, incumbe provar a veracidade da causa alegada pelo testador.

Parágrafo único. O direito de provar a causa da deserdação extingue-se no prazo de 4 (quatro) anos, a contar da data da abertura do testamento.

• V. art. 1.815, parágrafo único, CC.

Capítulo XI
DA REDUÇÃO DAS DISPOSIÇÕES TESTAMENTÁRIAS

Art. 1.966. O remanescente pertencerá aos herdeiros legítimos, quando o testador só em parte dispuser da quota hereditária disponível.

• V. arts. 1.788, 1.829, 1.846, 1.847, 1.906 e 1.908, CC.

Art. 1.967. As disposições que excederem a parte disponível reduzir-se-ão aos limites dela, de conformidade com o disposto nos parágrafos seguintes.

• V. arts. 549, 1.846, 1.847 e 2.007, CC.

§ 1º Em se verificando excederem as disposições testamentárias a porção disponível, serão proporcionalmente reduzidas as quotas do herdeiro ou herdeiros instituídos, até onde baste, e, não bastando, também os legados, na proporção do seu valor.

§ 2º Se o testador, prevenindo o caso, dispuser que se inteirem, de preferência, certos herdeiros e legatários, a redução far-se-á nos outros quinhões ou legados, observando-se a seu respeito a ordem estabelecida no parágrafo antecedente.

Art. 1.968. Quando consistir em prédio divisível o legado sujeito a redução, far-se-á esta dividindo-o proporcionalmente.

• V. art. 87, CC.

§ 1º Se não for possível a divisão, e o excesso do legado montar a mais de um 1/4 (um quarto) do valor do prédio, o legatário deixará inteiro na herança o imóvel legado, ficando com o direito de pedir aos herdeiros o valor que couber na parte disponível; se o excesso não for de mais de 1/4 (um quarto), aos herdeiros fará tornar em dinheiro o legatário, que ficará com o prédio.

§ 2º Se o legatário for ao mesmo tempo herdeiro necessário, poderá inteirar sua legítima no mesmo imóvel, de preferência aos outros, sempre que ela e a parte subsistente do legado lhe absorverem o valor.

• V. arts. 1.845 a 1.847 e 1.849, CC.

445

Capítulo XII
DA REVOGAÇÃO DO TESTAMENTO

Art. 1.969. O testamento pode ser revogado pelo mesmo modo e forma como pode ser feito.

- V. art. 1.609, III, CC.
- V. art. 1º, III, Lei 8.560/1992 (Investigação de paternidade).
- • V. art. 1.855, CC.

Art. 1.970. A revogação do testamento pode ser total ou parcial.

Parágrafo único. Se parcial, ou se o testamento posterior não contiver cláusula revogatória expressa, o anterior subsiste em tudo que não for contrário ao posterior.

Art. 1.971. A revogação produzirá seus efeitos, ainda quando o testamento, que a encerra, vier a caducar por exclusão, incapacidade ou renúncia do herdeiro nele nomeado; não valerá, se o testamento revogatório for anulado por omissão ou infração de solenidades essenciais ou por vícios intrínsecos.

- • V. arts. 1.891 e 1.895, CC.

Art. 1.972. O testamento cerrado que o testador abrir ou dilacerar, ou for aberto ou dilacerado com seu consentimento, haver-se-á como revogado.

- V. arts. 1.868 a 1.875, CC.

Capítulo XIII
DO ROMPIMENTO DO TESTAMENTO

Art. 1.973. Sobrevindo descendente sucessível ao testador, que não o tinha ou não o conhecia quando testou, rompe-se o testamento em todas as suas disposições, se esse descendente sobreviver ao testador.

- V. arts. 1.789, 1.845 a 1.847, 1.939 e 1.940, CC.

Art. 1.974. Rompe-se também o testamento feito na ignorância de existirem outros herdeiros necessários.

- V. arts. 1.789, 1.845 a 1.847, 1.939 e 1.940, CC.

Art. 1.975. Não se rompe o testamento, se o testador dispuser da sua metade, não contemplando os herdeiros necessários de cuja existência saiba, ou quando os exclua dessa parte.

- V. arts. 1.789, 1.845 a 1.847, 1.850, 1.939, 1.940 e 1.964, CC.

Capítulo XIV
DO TESTAMENTEIRO

Art. 1.976. O testador pode nomear um ou mais testamenteiros, conjuntos ou separados, para lhe darem cumprimento às disposições de última vontade.

- V. arts. 1.883 e 1.986, CC.
- V. arts. 735, § 5º, CPC/2015.

Art. 1.977. O testador pode conceder ao testamenteiro a posse e a administração da herança, ou de parte dela, não havendo cônjuge ou herdeiros necessários.

- V. arts. 1.797, III, e 1.845, CC.
- V. art. 617, V, CPC/2015.

Parágrafo único. Qualquer herdeiro pode requerer partilha imediata, ou devolução da herança, habilitando o testamenteiro com os meios necessários para o cumprimento dos legados, ou dando caução de prestá-los.

Art. 1.978. Tendo o testamenteiro a posse e a administração dos bens, incumbe-lhe requerer inventário e cumprir o testamento.

- V. arts. 615 e 616, IV, CPC/2015.

Art. 1.979. O testamenteiro nomeado, ou qualquer parte interessada, pode requerer, assim como o juiz pode ordenar, de ofício, ao detentor do testamento, que o leve a registro.

- V. arts. 735, §§ 2º a 4º, CPC/2015.

Art. 1.980. O testamenteiro é obrigado a cumprir as disposições testamentárias, no prazo marcado pelo testador, e a dar contas do que recebeu e despendeu, subsistindo sua responsabilidade enquanto durar a execução do testamento.

- V. art. 1.983, CC.
- V. arts. 735, § 5º, CPC/2015.

Art. 1.981. Compete ao testamenteiro, com ou sem o concurso do inventariante e dos herdeiros instituídos, defender a validade do testamento.

Art. 1.982. Além das atribuições exaradas nos artigos antecedentes, terá o testa-

Art. 1.994

CÓDIGO CIVIL

menteiro as que lhe conferir o testador, nos limites da lei.

Art. 1.983. Não concedendo o testador prazo maior, cumprirá o testamenteiro o testamento e prestará contas em 180 (cento e oitenta) dias, contados da aceitação da testamentaria.

• V. arts. 735, § 5º, CPC/2015.

Parágrafo único. Pode esse prazo ser prorrogado se houver motivo suficiente.

Art. 1.984. Na falta de testamenteiro nomeado pelo testador, a execução testamentária compete a um dos cônjuges, e, em falta destes, ao herdeiro nomeado pelo juiz.

• V. art. 1.797, CC.
• V. art. 617, CPC/2015.
•• V. art. 226, § 5º, CF.

Art. 1.985. O encargo da testamentaria não se transmite aos herdeiros do testamenteiro, nem é delegável; mas o testamenteiro pode fazer-se representar em juízo e fora dele, mediante mandatário com poderes especiais.

• V. arts. 653, 660 e 692, CC.

Art. 1.986. Havendo simultaneamente mais de um testamenteiro, que tenha aceitado o cargo, poderá cada qual exercê-lo, em falta dos outros; mas todos ficam solidariamente obrigados a dar conta dos bens que lhes forem confiados, salvo se cada um tiver, pelo testamento, funções distintas, e a elas se limitar.

• V. arts. 275 a 285 e 1.976, CC.
•• V. arts. 264 a 285 e 1.976, CC.

Art. 1.987. Salvo disposição testamentária em contrário, o testamenteiro, que não seja herdeiro ou legatário, terá direito a um prêmio, que, se o testador não o houver fixado, será de 1 (um) a 5% (cinco por cento), arbitrado pelo juiz, sobre a herança líquida, conforme a importância dela e maior ou menor dificuldade na execução do testamento.

• V. art. 1.989, CC.

Parágrafo único. O prêmio arbitrado será pago à conta da parte disponível, quando houver herdeiro necessário.

• V. arts. 1.845 a 1.847, CC.

Art. 1.988. O herdeiro ou o legatário nomeado testamenteiro poderá preferir o prêmio à herança ou ao legado.

Art. 1.989. Reverterá à herança o prêmio que o testamenteiro perder, por ser removido ou por não ter cumprido o testamento.

• V. arts. 1.796, 1.978 e 1.987, CC.

Art. 1.990. Se o testador tiver distribuído toda a herança em legados, exercerá o testamenteiro as funções de inventariante.

• V. arts. 1.797, III, 1.912 a 1.938 e 1.991, CC.
• V. arts. 617 a 625, CPC/2015.

TÍTULO IV
DO INVENTÁRIO E DA PARTILHA

Capítulo I
DO INVENTÁRIO

Art. 1.991. Desde a assinatura do compromisso até a homologação da partilha, a administração da herança será exercida pelo inventariante.

• V. arts. 1.797, 1.977, 1.978 e 1.990, CC.
• V. arts. 75, VII e § 1º, 617 a 625, CPC/2015.

Capítulo II
DOS SONEGADOS

Art. 1.992. O herdeiro que sonegar bens da herança, não os descrevendo no inventário quando estejam em seu poder, ou, com o seu conhecimento, no de outrem, ou que os omitir na colação, a que os deva levar, ou que deixar de restituí-los, perderá o direito que sobre eles lhe cabia.

• V. arts. 2.002 a 2.012 e 2.022, CC.
• V. arts. 621 e 669, I, CPC/2015.

Art. 1.993. Além da pena cominada no artigo antecedente, se o sonegador for o próprio inventariante, remover-se-á, em se provando a sonegação, ou negando ele a existência dos bens, quando indicados.

• V. art. 622, VI, CPC/2015.
•• V. art. 1.992, CC.

Art. 1.994. A pena de sonegados só se pode requerer e impor em ação movida pelos herdeiros ou pelos credores da herança.

• V. art. 641, CPC/2015.
•• V. arts. 205 e 2.022, CC.

Parágrafo único. A sentença que se proferir na ação de sonegados, movida por qualquer dos herdeiros ou credores, aproveita aos demais interessados.

Art. 1.995. Se não se restituírem os bens sonegados, por já não os ter o sonegador em seu poder, pagará ele a importância dos valores que ocultou, mais as perdas e danos.

- V. arts. 402 a 405, CC.
- V. art. 641, § 2º, CPC/2015.
- • V. art. 1.993, CC.

Art. 1.996. Só se pode arguir de sonegação o inventariante depois de encerrada a descrição dos bens, com a declaração, por ele feita, de não existirem outros por inventariar e partir, assim como arguir o herdeiro, depois de declarar-se no inventário que não os possui.

- V. art. 621, CPC/2015.

Capítulo III
DO PAGAMENTO DAS DÍVIDAS

Art. 1.997. A herança responde pelo pagamento das dívidas do falecido; mas, feita a partilha, só respondem os herdeiros, cada qual em proporção da parte que na herança lhe coube.

- V. arts. 276, 836, 943, 1.700, 1.792 e 1.821, CC.
- V. arts. 789, 796, 642 a 646 e 659, CPC/2015.
- V. art. 23, Lei 6.515/1977 (Dissolução da sociedade conjugal e do casamento).
- V. art. 29, Lei 6.830/1980 (Cobrança judicial da dívida ativa da Fazenda Pública).
- V. art. 23, I, Dec. 3.000/1999 (Regulamento do Imposto de Renda).

§ 1º Quando, antes da partilha, for requerido no inventário o pagamento de dívidas constantes de documentos, revestidos de formalidades legais, constituindo prova bastante da obrigação, e houver impugnação, que não se funde na alegação de pagamento, acompanhada de prova valiosa, o juiz mandará reservar, em poder do inventariante, bens suficientes para solução do débito, sobre os quais venha a recair oportunamente a execução.

- V. arts. 637, 638 e 643, CPC/2015.
- V. art. 189, CTN.
- V. art. 31, Lei 6.830/1980 (Cobrança judicial da dívida ativa da Fazenda Pública).

- V. art. 23, § 2º, I, Lei 9.532/1997 (Altera a legislação tributária federal).
- V. art. 23, II, Dec. 3.000/1999 ((Regulamento do Imposto de Renda).

§ 2º No caso previsto no parágrafo antecedente, o credor será obrigado a iniciar a ação de cobrança no prazo de 30 (trinta) dias, sob pena de se tornar de nenhum efeito a providência indicada.

- V. art. 668, I, CPC/2015.

Art. 1.998. As despesas funerárias, haja ou não herdeiros legítimos, sairão do monte da herança; mas as de sufrágios por alma do falecido só obrigarão a herança quando ordenadas em testamento ou codicilo.

- V. arts. 965, I, 1.847 e 1.881, CC.

Art. 1.999. Sempre que houver ação regressiva de uns contra outros herdeiros, a parte do coerdeiro insolvente dividir-se-á em proporção entre os demais.

- V. art. 125, II, CPC/2015.

Art. 2.000. Os legatários e credores da herança podem exigir que do patrimônio do falecido se discrimine o do herdeiro, e, em concurso com os credores deste, ser-lhes-ão preferidos no pagamento.

Art. 2.001. Se o herdeiro for devedor ao espólio, sua dívida será partilhada igualmente entre todos, salvo se a maioria consentir que o débito seja imputado inteiramente no quinhão do devedor.

Capítulo IV
DA COLAÇÃO

Art. 2.002. Os descendentes que concorrerem à sucessão do ascendente comum são obrigados, para igualar as legítimas, a conferir o valor das doações que dele em vida receberam, sob pena de sonegação.

- V. arts. 544, 1.995, 2.010 e 2.011, CC.
- V. arts. 639 a 641, CPC/2015.

Parágrafo único. Para cálculo da legítima, o valor dos bens conferidos será computado na parte indisponível, sem aumentar a disponível.

- V. arts. 1.846 e 1.847, CC.

Art. 2.003. A colação tem por fim igualar, na proporção estabelecida neste Código, as legítimas dos descendentes e do cônjuge sobrevivente, obrigando também os donatários que, ao tempo do falecimento do doador, já não possuírem os bens doados.

• V. art. 2.009, CC.

Parágrafo único. Se, computados os valores das doações feitas em adiantamento de legítima, não houver no acervo bens suficientes para igualar as legítimas dos descendentes e do cônjuge, os bens assim doados serão conferidos em espécie, ou, quando deles já não disponha o donatário, pelo seu valor ao tempo da liberalidade.

• V. art. 2.004, CC.

Art. 2.004. O valor de colação dos bens doados será aquele, certo ou estimativo, que lhes atribuir o ato de liberalidade.

• V. art. 639, CPC/2015.

§ 1º Se do ato de doação não constar valor certo, nem houver estimação feita naquela época, os bens serão conferidos na partilha pelo que então se calcular valessem ao tempo da liberalidade.

§ 2º Só o valor dos bens doados entrará em colação; não assim o das benfeitorias acrescidas, as quais pertencerão ao herdeiro donatário, correndo também à conta deste os rendimentos ou lucros, assim como os danos e perdas que eles sofrerem.

• V. arts. 96 e 402 a 405, CC.

Art. 2.005. São dispensadas da colação as doações que o doador determinar saiam da parte disponível, contanto que não a excedam, computado o seu valor ao tempo da doação.

• V. arts. 549 e 1.857, § 1º, CC.

Parágrafo único. Presume-se imputada na parte disponível a liberalidade feita a descendente que, ao tempo do ato, não seria chamado à sucessão na qualidade de herdeiro necessário.

Art. 2.006. A dispensa da colação pode ser outorgada pelo doador em testamento, ou no próprio título de liberalidade.

Art. 2.007. São sujeitas à redução as doações em que se apurar excesso quanto ao que o doador poderia dispor, no momento da liberalidade.

• V. arts. 549 e 1.966 a 1.968, CC.

§ 1º O excesso será apurado com base no valor que os bens doados tinham, no momento da liberalidade.

§ 2º A redução da liberalidade far-se-á pela restituição ao monte do excesso assim apurado; a restituição será em espécie, ou, se não mais existir o bem em poder do donatário, em dinheiro, segundo o seu valor ao tempo da abertura da sucessão, observadas, no que forem aplicáveis, as regras deste Código sobre a redução das disposições testamentárias.

§ 3º Sujeita-se a redução, nos termos do parágrafo antecedente, a parte da doação feita a herdeiros necessários que exceder a legítima e mais a quota disponível.

§ 4º Sendo várias as doações a herdeiros necessários, feitas em diferentes datas, serão elas reduzidas a partir da última, até a eliminação do excesso.

Art. 2.008. Aquele que renunciou a herança ou dela foi excluído, deve, não obstante, conferir as doações recebidas, para o fim de repor o que exceder o disponível.

• V. arts. 1.804 a 1.818, 1.961 a 1.963 e 1.966 a 1.968, CC.
• V. art. 640, CPC/2015.

Art. 2.009. Quando os netos, representando os seus pais, sucederem aos avós, serão obrigados a trazer à colação, ainda que não o hajam herdado, o que os pais teriam de conferir.

• V. arts. 1.851 e 1.852, CC.

Art. 2.010. Não virão à colação os gastos ordinários do ascendente com o descendente, enquanto menor, na sua educação, estudos, sustento, vestuário, tratamento nas enfermidades, enxoval, assim como as despesas de casamento, ou as feitas no interesse de sua defesa em processo-crime.

•• V. art. 1.694, CC.

Art. 2.011. As doações remuneratórias de serviços feitos ao ascendente também não estão sujeitas a colação.

Art. 2.012. Sendo feita a doação por ambos os cônjuges, no inventário de cada um se conferirá por metade.

•• V. art. 2.004, § 1º, CC.

Capítulo V
DA PARTILHA

Art. 2.013. O herdeiro pode sempre requerer a partilha, ainda que o testador o proíba, cabendo igual faculdade aos seus cessionários e credores.

• V. arts. 349, 1.796 e 2.023, CC.
• V. arts. 616, II, V e VI, 647, *caput* e 651 a 658, CPC/2015.

Art. 2.014. Pode o testador indicar os bens e valores que devem compor os quinhões hereditários, deliberando ele próprio a partilha, que prevalecerá, salvo se o valor dos bens não corresponder às quotas estabelecidas.

• V. art. 2.018, CC.

Art. 2.015. Se os herdeiros forem capazes, poderão fazer partilha amigável, por escritura pública, termo nos autos do inventário, ou escrito particular, homologado pelo juiz.

• V. arts. 657 e 659 a 667, CPC/2015.

Art. 2.016. Será sempre judicial a partilha, se os herdeiros divergirem, assim como se algum deles for incapaz.

• V. arts. 3º a 5º, CC.
• V. art. 657, CPC/2015.
•• V. Súmula 265, STF.

Art. 2.017. No partilhar os bens, observar-se-á, quanto ao seu valor, natureza e qualidade, a maior igualdade possível.

• V. art. 2.024, CC.

Art. 2.018. É válida a partilha feita por ascendente, por ato entre vivos ou de última vontade, contanto que não prejudique a legítima dos herdeiros necessários.

• V. arts. 1.789, 1.845 a 1.847 e 2.014, CC.

Art. 2.019. Os bens insuscetíveis de divisão cômoda, que não couberem na meação do cônjuge sobrevivente ou no quinhão de um só herdeiro, serão vendidos judicialmente, partilhando-se o valor apurado, a não ser que haja acordo para serem adjudicados a todos.

• V. arts. 1.322 e 1.489, IV, CC.

§ 1º Não se fará a venda judicial se o cônjuge sobrevivente ou um ou mais herdeiros requererem lhes seja adjudicado o bem, repondo aos outros, em dinheiro, a diferença, após avaliação atualizada.

§ 2º Se a adjudicação for requerida por mais de um herdeiro, observar-se-á o processo da licitação.

Art. 2.020. Os herdeiros em posse dos bens da herança, o cônjuge sobrevivente e o inventariante são obrigados a trazer ao acervo os frutos que perceberam, desde a abertura da sucessão; têm direito ao reembolso das despesas necessárias e úteis que fizeram, e respondem pelo dano a que, por dolo ou culpa, deram causa.

• V. art. 614, CPC/2015.

Art. 2.021. Quando parte da herança consistir em bens remotos do lugar do inventário, litigiosos, ou de liquidação morosa ou difícil, poderá proceder-se, no prazo legal, à partilha dos outros, reservando-se aqueles para uma ou mais sobrepartilhas, sob a guarda e a administração do mesmo ou diverso inventariante, e consentimento da maioria dos herdeiros.

• V. art. 669, *caput*, III e IV, e parágrafo único, CPC/2015.

Art. 2.022. Ficam sujeitos à sobrepartilha os bens sonegados e quaisquer outros bens da herança de que se tiver ciência após a partilha.

• V. art. 669, *caput*, I e II, CPC/2015.
•• V. arts. 1.992 a 1.996 e 2.021, CC.

Capítulo VI
DA GARANTIA DOS QUINHÕES HEREDITÁRIOS

Art. 2.023. Julgada a partilha, fica o direito de cada um dos herdeiros circunscrito aos bens do seu quinhão.

•• V. art. 2.013, CC.

Art. 2.024. Os coerdeiros são reciprocamente obrigados a indenizar-se no caso de evicção dos bens aquinhoados.

• V. arts. 447 a 457 e 2.017, CC.

Art. 2.025. Cessa a obrigação mútua estabelecida no artigo antecedente, havendo convenção em contrário, e bem assim dando-se a evicção por culpa do evicto, ou por fato posterior à partilha.

• V. arts. 447 a 457, CC.

Art. 2.026. O evicto será indenizado pelos coerdeiros na proporção de suas quotas hereditárias, mas, se algum deles se achar

Art. 2.036

CÓDIGO CIVIL

insolvente, responderão os demais na mesma proporção, pela parte desse, menos a quota que corresponderia ao indenizado.

* V. arts. 447 a 457, CC.

Capítulo VII
DA ANULAÇÃO DA PARTILHA

Art. 2.027. A partilha é anulável pelos vícios e defeitos que invalidam, em geral, os negócios jurídicos.

* *Caput* com redação determinada pela Lei 13.105/2015 (*DOU* 17.03.2015), em vigor após decorrido 1 (um) ano da data de sua publicação oficial.
* V. arts. 138 a 184 e 441 a 446, CC.
* V. art. 658, CPC/2015.

Parágrafo único. Extingue-se em 1 (um) ano o direito de anular a partilha.

* V. art. 657, parágrafo único, CPC/2015.

LIVRO COMPLEMENTAR
DAS DISPOSIÇÕES FINAIS E TRANSITÓRIAS

Art. 2.028. Serão os da lei anterior os prazos, quando reduzidos por este Código, e se, na data de sua entrada em vigor, já houver transcorrido mais da metade do tempo estabelecido na lei revogada.

Art. 2.029. Até 2 (dois) anos após a entrada em vigor deste Código, os prazos estabelecidos no parágrafo único do art. 1.238 e no parágrafo único do art. 1.242 serão acrescidos de 2 (dois) anos, qualquer que seja o tempo transcorrido na vigência do anterior, Lei 3.071, de 1º de janeiro de 1916.

Art. 2.030. O acréscimo de que trata o artigo antecedente, será feito nos casos a que se refere o § 4º do art. 1.228.

** V. arts. 5º, XXIII, 170, III, 182, § 2º e 186, CF.
** V. arts. 1.228, § 4º e 2.029, CC.

Art. 2.031. As associações, sociedades e fundações, constituídas na forma das leis anteriores, bem como os empresários, deverão se adaptar às disposições deste Código até 11 de janeiro de 2007.

* *Caput* com redação determinada pela Lei 11.127/2005.
* V. arts. 44, I a III, 45, 46, 53 a 69 e 966 a 1.195, CC.

* V. Portaria SPC 2/2004 (Estatutos das entidades fechadas de previdência complementar em face do art. 2.031 do CC).

Parágrafo único. O disposto neste artigo não se aplica às organizações religiosas nem aos partidos políticos.

* Parágrafo único acrescentado pela Lei 10.825/2003.

Art. 2.032. As fundações, instituídas segundo a legislação anterior, inclusive as de fins diversos dos previstos no parágrafo único do art. 62, subordinam-se, quanto ao seu funcionamento, ao disposto neste Código.

* V. arts. 62 a 69, CC.
** V. arts. 44, III e 45, CC.

Art. 2.033. Salvo o disposto em lei especial, as modificações dos atos constitutivos das pessoas jurídicas referidas no art. 44, bem como a sua transformação, incorporação, cisão ou fusão, regem-se desde logo por este Código.

* V. arts. 53 a 69 e 981 a 1.195, CC.

Art. 2.034. A dissolução e a liquidação das pessoas jurídicas referidas no artigo antecedente, quando iniciadas antes da vigência deste Código, obedecerão ao disposto nas leis anteriores.

* V. arts. 1.033 a 1.038 e 1.102 a 1.112, CC.

Art. 2.035. A validade dos negócios e demais atos jurídicos, constituídos antes da entrada em vigor deste Código, obedece ao disposto nas leis anteriores, referidas no art. 2.045, mas os seus efeitos, produzidos após a vigência deste Código, aos preceitos dele se subordinam, salvo se houver sido prevista pelas partes determinada forma de execução.

* V. art. 5º, XXXVI, CF.
* V. arts. 104 a 114 e 166 a 185, CC.
* V. arts. 1º e 6º, Dec.-lei 4.657/1942 (Lei de Introdução às normas do Direito Brasileiro).
** V. arts. 421, 422, 2.044 e 2.045, CC.

Parágrafo único. Nenhuma convenção prevalecerá se contrariar preceitos de ordem pública, tais como os estabelecidos por este Código para assegurar a função social da propriedade e dos contratos.

Art. 2.036. A locação de prédio urbano, que esteja sujeita à lei especial, por esta continua a ser regida.

* V. arts. 565 a 578, CC.
* V. Lei 8.245/1991 (Locação de imóveis urbanos).
** V. art. 835, CC.

Art. 2.037

CÓDIGO CIVIL

Art. 2.037. Salvo disposição em contrário, aplicam-se aos empresários e sociedades empresárias as disposições de lei não revogadas por este Código, referentes a comerciantes, ou a sociedades comerciais, bem como a atividades mercantis.

- V. arts. 966 a 1.195, CC.

Art. 2.038. Fica proibida a constituição de enfiteuses e subenfiteuses, subordinando-se as existentes, até sua extinção, às disposições do Código Civil anterior, Lei 3.071, de 1º de janeiro de 1916, e leis posteriores.

- V. art. 49, ADCT.
- V. art. 549, CPC/2015.
- V. Dec.-lei 2.490/1940 (Aforamento dos terrenos de marinha).
- V. Dec.-lei 3.438/1941 (Esclarece e amplia o Dec.-lei 2.490/1940).
- V. Dec.-lei 4.120/1942 (Altera a legislação sobre terrenos de marinha).
- V. Dec.-lei 9.760/1946 (Bens imóveis da União).
- V. art. 167, I-10, Lei 6.015/1973 (Lei de Registros Públicos).
- V. art. 34, § 1º, Dec. 85.064/1980 (Regulamenta a Lei 6.634/1979).
- V. Dec.-lei 2.398/1987 (Foros, laudêmios e taxas de ocupação de imóveis da União).
- V. Dec. 95.760/1988 (Regulamenta o art. 3º do Dec.-lei 2.398/1987).
- V. arts. 6º, § 1º, 7º, § 1º, e 12, § 4º, LC 76/1993 (Processo de desapropriação de imóvel rural para reforma agrária).
- V. Lei 9.636/1998 (Regularização, administração, aforamento e alienação de bens imóveis da União).
- V. Súmula 170, STF.

§ 1º Nos aforamentos a que se refere este artigo é defeso:
I – cobrar laudêmio ou prestação análoga nas transmissões de bem aforado, sobre o valor das construções ou plantações;
II – constituir subenfiteuse.

§ 2º A enfiteuse dos terrenos de marinha e acrescidos regula-se por lei especial.

Art. 2.039. O regime de bens nos casamentos celebrados na vigência do Código Civil anterior, Lei 3.071, de 1º de janeiro de 1916, é o por ele estabelecido.

- V. art. 5º, XXXVI, CF.
- V. art. 6º, Dec.-lei 4.657/1942 (Lei de Introdução às normas do Direito Brasileiro).

Art. 2.040. A hipoteca legal dos bens do tutor ou curador, inscrita em conformidade com o inciso IV do art. 827 do Código Civil anterior, Lei 3.071, de 1º de janeiro de 1916, poderá ser cancelada, obedecido o disposto no parágrafo único do art. 1.745 deste Código.

- •• V. arts. 1.489, 1.745, parágrafo único, 1.774 e 1.781, CC.
- •• V. art. 251, Lei 6.015/1973 (Lei de Registros Públicos).
- •• V. art. 37, Lei 8.069/1990 (Estatuto da Criança e do Adolescente).

Art. 2.041. As disposições deste Código relativas à ordem da vocação hereditária (arts. 1.829 a 1.844) não se aplicam à sucessão aberta antes de sua vigência, prevalecendo o disposto na lei anterior (Lei 3.071, de 1º de janeiro de 1916).

- •• V. arts. 1.784, 1.787, 1.829 e 1.844, CC.

Art. 2.042. Aplica-se o disposto no *caput* do art. 1.848, quando aberta a sucessão no prazo de 1 (um) ano após a entrada em vigor deste Código, ainda que o testamento tenha sido feito na vigência do anterior, Lei 3.071, de 1º de janeiro de 1916; se, no prazo, o testador não aditar o testamento para declarar a justa causa de cláusula aposta à legítima, não subsistirá a restrição.

- •• V. art. 1.848, CC.

Art. 2.043. Até que por outra forma se disciplinem, continuam em vigor as disposições de natureza processual, administrativa ou penal, constantes de leis cujos preceitos de natureza civil hajam sido incorporados a este Código.

Art. 2.044. Este Código entrará em vigor 1 (um) ano após a sua publicação.

- V. art. 8º, § 1º, LC 95/1998 (Elaboração, redação, alteração e consolidação das leis).

Art. 2.045. Revogam-se a Lei 3.071, de 1º de janeiro de 1916 – Código Civil e a Parte Primeira do Código Comercial, Lei 556, de 25 de junho de 1850.

Art. 2.046. Todas as remissões, em diplomas legislativos, aos Códigos referidos no artigo antecedente, consideram-se feitas às disposições correspondentes deste Código.

Brasília, 10 de janeiro de 2002; 181º da Independência e 114º da República.
Fernando Henrique Cardoso

(*DOU* 11.01.2002)

CÓDIGO DE PROCESSO CIVIL

Índice Sistemático do Código de Processo Civil

Código de Processo Civil

Índice Sistemático do Código de Processo Civil

LEI 13.105, DE 16 DE MARÇO DE 2015

PARTE GERAL

LIVRO I
DAS NORMAS PROCESSUAIS CIVIS

TÍTULO ÚNICO
DAS NORMAS FUNDAMENTAIS E DA APLICAÇÃO DAS NORMAS PROCESSUAIS

Arts. 1º a 15, **463**

Capítulo I – Das normas fundamentais do processo civil (arts. 1º a 12), **463**

Capítulo II – Da aplicação das normas processuais (arts. 13 a 15), **464**

LIVRO II
DA FUNÇÃO JURISDICIONAL

TÍTULO I
DA JURISDIÇÃO E DA AÇÃO

Arts. 16 a 20, **465**

TÍTULO II
DOS LIMITES DA JURISDIÇÃO NACIONAL E DA COOPERAÇÃO INTERNACIONAL

Arts. 21 a 41, **465**

Capítulo I – Dos limites da jurisdição nacional (arts. 21 a 25), **465**

Capítulo II – Da cooperação internacional (arts. 26 a 41), **466**

Seção I – Disposições gerais (arts. 26 e 27), **466**

Seção II – Do auxílio direto (arts. 28 a 34), **467**

Seção III – Da carta rogatória (arts. 35 e 36), **467**

Seção IV – Disposições comuns às seções anteriores (arts. 37 a 41), **468**

TÍTULO III
DA COMPETÊNCIA INTERNA

Arts. 42 a 69, **468**

Capítulo I – Da competência (arts. 42 a 66), **468**

Seção I – Disposições gerais (arts. 42 a 53), **468**

Seção II – Da modificação da competência (arts. 54 a 63), **471**

Seção III – Da incompetência (arts. 64 a 66), **472**

Capítulo II – Da cooperação nacional (arts. 67 a 69), **472**

LIVRO III
DOS SUJEITOS DO PROCESSO

TÍTULO I
DAS PARTES E DOS PROCURADORES

Arts. 70 a 112, **473**

Capítulo I – Da capacidade processual (arts. 70 a 76), **473**

Capítulo II – Dos deveres das partes e de seus procuradores (arts. 77 a 102), **475**

Seção I – Dos deveres (arts. 77 e 78), **475**

Seção II – Da responsabilidade das partes por dano processual (arts. 79 a 81), **476**

Seção III – Das despesas, dos honorários advocatícios e das multas (arts. 82 a 97), **477**

Seção IV – Da gratuidade da justiça (arts. 98 a 102), **481**

ÍNDICE SISTEMÁTICO DO CPC

Capítulo III – Dos procuradores (arts. 103 a 107), **483**

Capítulo IV – Da sucessão das partes e dos procuradores (arts. 108 a 112), **485**

TÍTULO II
DO LITISCONSÓRCIO

Arts. 113 a 118, **486**

TÍTULO III
DA INTERVENÇÃO DE TERCEIROS

Arts. 119 a 138, **486**

Capítulo I – Da assistência (arts. 119 a 124), **486**

   Seção I – Disposições comuns (arts. 119 e 120), **486**

   Seção II – Da assistência simples (arts. 121 a 123), **487**

   Seção III – Da assistência litisconsorcial (art. 124), **487**

Capítulo II – Da denunciação da lide (arts. 125 a 129), **487**

Capítulo III – Do chamamento ao processo (arts. 130 a 132), **488**

Capítulo IV – Do incidente de desconsideração da personalidade jurídica (arts. 133 a 137), **489**

Capítulo V – Do *amicus curiae* (art. 138), **489**

TÍTULO IV
DO JUIZ E DOS AUXILIARES DA JUSTIÇA

Arts. 139 a 175, **489**

Capítulo I – Dos poderes, dos deveres e da responsabilidade do juiz (arts. 139 a 143), **489**

Capítulo II – Dos impedimentos e da suspeição (arts. 144 a 148), **491**

Capítulo III – Dos auxiliares da justiça (art. 149 a 175), **493**

   Seção I – Do escrivão, do chefe de secretaria e do oficial de justiça (arts. 150 a 155), **493**

   Seção II – Do perito (arts. 156 a 158), **494**

   Seção III – Do depositário e do administrador (arts. 159 a 161), **495**

   Seção IV – Do intérprete e do tradutor (arts. 162 a 164), **496**

   Seção V – Dos conciliadores e mediadores judiciais (arts. 165 a 175), **496**

TÍTULO V
DO MINISTÉRIO PÚBLICO

Arts. 176 a 181, **498**

TÍTULO VI
DA ADVOCACIA PÚBLICA

Arts. 182 a 184, **499**

TÍTULO VII
DA DEFENSORIA PÚBLICA

Arts. 185 a 187, **500**

LIVRO IV
DOS ATOS PROCESSUAIS

TÍTULO I
DA FORMA, DO TEMPO E DO LUGAR DOS ATOS PROCESSUAIS

Arts. 188 a 235, **500**

Capítulo I – Da forma dos atos processuais (arts. 188 a 211), **500**

   Seção I – Dos atos em geral (arts. 188 a 192), **500**

   Seção II – Da prática eletrônica de atos processuais (arts. 193 a 199), **501**

   Seção III – Dos atos das partes (arts. 200 a 202), **502**

   Seção IV – Dos pronunciamentos do juiz (arts. 203 a 205), **503**

   Seção V – Dos atos do escrivão ou do chefe de secretaria (arts. 206 a 211), **503**

Capítulo II – Do tempo e do lugar dos atos processuais (arts. 212 a 217), **504**

   Seção I – Do tempo (arts. 212 a 216), **504**

   Seção II – Do lugar (art. 217), **505**

Capítulo III – Dos prazos (arts. 218 a 235), **505**

   Seção I – Disposições gerais (arts. 218 a 232), **505**

   Seção II – Da verificação dos prazos e das penalidades (arts. 233 a 235), **508**

ÍNDICE SISTEMÁTICO DO CPC

TÍTULO II
DA COMUNICAÇÃO DOS ATOS PROCESSUAIS
Arts. 236 a 275, **509**

Capítulo I – Disposições gerais (arts. 236 e 237), **509**

Capítulo II – Da citação (arts. 238 a 259), **509**

Capítulo III – Das cartas (arts. 260 a 268), **514**

Capítulo IV – Das intimações (arts. 269 a 275), **515**

TÍTULO III
DAS NULIDADES
Arts. 276 a 283, **517**

TÍTULO IV
DA DISTRIBUIÇÃO E DO REGISTRO
Arts. 284 a 290, **518**

TÍTULO V
DO VALOR DA CAUSA
Arts. 291 a 293, **519**

LIVRO V
DA TUTELA PROVISÓRIA
TÍTULO I
DISPOSIÇÕES GERAIS
Arts. 294 a 299, **519**

TÍTULO II
DA TUTELA DE URGÊNCIA
Arts. 300 a 310, **520**

Capítulo I – Disposições gerais (arts. 300 a 302), **520**

Capítulo II – Do procedimento da tutela antecipada requerida em caráter antecedente (arts. 303 e 304), **521**

Capítulo III – Do procedimento da tutela cautelar requerida em caráter antecedente (arts. 305 a 310), **522**

TÍTULO III
DA TUTELA DA EVIDÊNCIA
Art. 311, **522**

LIVRO VI
DA FORMAÇÃO, DA SUSPENSÃO E DA EXTINÇÃO DO PROCESSO
TÍTULO I
DA FORMAÇÃO DO PROCESSO
Art. 312, **523**

TÍTULO II
DA SUSPENSÃO DO PROCESSO
Arts. 313 a 315, **523**

TÍTULO III
DA EXTINÇÃO DO PROCESSO
Arts. 316 e 317, **524**

PARTE ESPECIAL
LIVRO I
DO PROCESSO DE CONHECIMENTO E DO CUMPRIMENTO DE SENTENÇA
TÍTULO I
DO PROCEDIMENTO COMUM
Arts. 318 a 512, **525**

Capítulo I – Disposições gerais (art. 318), **525**

Capítulo II – Da petição inicial (arts. 319 a 331), **525**

Seção I – Dos requisitos da petição inicial (arts. 319 a 321), **525**

Seção II – Do pedido (arts. 322 a 329), **526**

Seção III – Do indeferimento da petição inicial (arts. 330 e 331), **527**

Capítulo III – Da improcedência liminar do pedido (art. 332), **528**

Capítulo IV – Da conversão da ação individual em ação coletiva (art. 333), **528**

Capítulo V – Da audiência de conciliação ou de mediação (art. 334), **528**

Capítulo VI – Da contestação (arts. 335 a 342), **529**

Capítulo VII – Da reconvenção (art. 343), **532**

Capítulo VIII – Da revelia (arts. 344 a 346), **532**

ÍNDICE SISTEMÁTICO DO CPC

Capítulo IX – Das providências preliminares e do saneamento (arts. 347 a 353), **533**

Seção I – Da não incidência dos efeitos da revelia (arts. 348 e 349), **533**

Seção II – Do fato impeditivo, modificativo ou extintivo do direito do autor (art. 350), **533**

Seção III – Das alegações do réu (arts. 351 a 353), **533**

Capítulo X – Do julgamento conforme o estado do processo (arts. 354 a 357), **533**

Seção I – Da extinção do processo (art. 354), **533**

Seção II – Do julgamento antecipado do mérito (art. 355), **533**

Seção III – Do julgamento antecipado parcial do mérito (art. 356), **534**

Seção IV – Do saneamento e da organização do processo (art. 357), **534**

Capítulo XI – Da audiência de instrução e julgamento (arts. 358 a 368), **535**

Capítulo XII – Das provas (arts. 369 a 484), **537**

Seção I – Disposições gerais (arts. 369 a 380), **537**

Seção II – Da produção antecipada da prova (arts. 381 a 383), **539**

Seção III – Da ata notarial (art. 384), **539**

Seção IV – Do depoimento pessoal (arts. 385 a 388), **540**

Seção V – Da confissão (arts. 389 a 395), **540**

Seção VI – Da exibição de documento ou coisa (arts. 396 a 404), **541**

Seção VII – Da prova documental (arts. 405 a 438), **542**

Subseção I – Da força probante dos documentos (arts. 405 a 429), **542**

Subseção II – Da arguição de falsidade (arts. 430 a 433), **546**

Subseção III – Da produção da prova documental (arts. 434 a 438), **547**

Seção VIII – Dos documentos eletrônicos (arts. 439 a 441), **548**

Seção IX – Da prova testemunhal (arts. 442 a 463), **548**

Subseção I – Da admissibilidade e do valor da prova testemunhal (arts. 442 a 449), **548**

Subseção II – Da produção da prova testemunhal (arts. 450 a 463), **549**

Seção X – Da prova pericial (arts. 464 a 480), **553**

Seção XI – Da inspeção judicial (arts. 481 a 484), **556**

Capítulo XIII – Da sentença e da coisa julgada (arts. 485 a 508), **557**

Seção I – Disposições gerais (arts. 485 a 488), **557**

Seção II – Dos elementos e dos efeitos da sentença (arts. 489 a 495), **558**

Seção III – Da remessa necessária (art. 496), **560**

Seção IV – Do julgamento das ações relativas às prestações de fazer, de não fazer e de entregar coisa (arts. 497 a 501), **561**

Seção V – Da coisa julgada (arts. 502 a 508), **562**

Capítulo XIV – Da liquidação de sentença (arts. 509 a 512), **563**

TÍTULO II
DO CUMPRIMENTO DA SENTENÇA

Arts. 513 a 538, **563**

Capítulo I – Disposições gerais (arts. 513 a 519), **563**

Capítulo II – Do cumprimento provisório da sentença que reconhece a exigibilidade de obrigação de pagar quantia certa (arts. 520 a 522), **565**

Capítulo III – Do cumprimento definitivo da sentença que reconhece a exigibilidade de obrigação de pagar quantia certa (arts. 523 a 527), **566**

Capítulo IV – Do cumprimento de sentença que reconheça a exigibilidade de obrigação de prestar alimentos (arts. 528 a 533), **569**

Índice Sistemático do CPC

Capítulo V – Do cumprimento de sentença que reconheça a exigibilidade de obrigação de pagar quantia certa pela Fazenda Pública (arts. 534 a 535), **571**

Capítulo VI – Do cumprimento de sentença que reconheça a exigibilidade de obrigação de fazer, de não fazer ou de entregar coisa (arts. 536 a 538), **572**

Seção I – Do cumprimento de sentença que reconheça a exigibilidade de obrigação de fazer ou de não fazer (arts. 536 e 537), **572**

Seção II – Do cumprimento de sentença que reconheça a exigibilidade de obrigação de entregar coisa (arts. 538), **574**

TÍTULO III
DOS PROCEDIMENTOS ESPECIAIS

Arts. 539 a 770, **574**

Capítulo I – Da ação de consignação em pagamento (arts. 539 a 549), **574**

Capítulo II – Da ação de exigir contas (arts. 550 a 553), **576**

Capítulo III – Das ações possessórias (arts. 554 a 568), **576**

Seção I – Disposições gerais (arts. 554 a 559), **576**

Seção II – Da manutenção e da reintegração de posse (arts. 560 a 566), **577**

Seção III – Do interdito proibitório (arts. 567 e 568), **578**

Capítulo IV – Da ação de divisão e da demarcação de terras particulares (arts. 569 a 598), **579**

Seção I – Disposições gerais (arts. 569 a 573), **579**

Seção II – Da demarcação (arts. 574 a 587), **579**

Seção III – Da divisão (arts. 588 a 598), **581**

Capítulo V – Da ação de dissolução parcial de sociedade (arts. 599 a 609), **583**

Capítulo VI – Do inventário e da partilha (arts. 610 a 673), **584**

Seção I – Disposições gerais (arts. 610 a 614), **584**

Seção II – Da legitimidade para requerer o inventário (arts. 615 e 616), **585**

Seção III – Do inventariante e das primeiras declarações (arts. 617 a 625), **585**

Seção IV – Das citações e das impugnações (arts. 626 a 629), **587**

Seção V – Da avaliação e do cálculo do imposto (arts. 630 a 638), **588**

Seção VI – Das colações (arts. 639 a 641), **589**

Seção VII – Do pagamento das dívidas (arts. 642 a 646), **590**

Seção VIII – Da partilha (arts. 647 a 658), **590**

Seção IX – Do arrolamento (arts. 659 a 667), **592**

Seção X – Disposições comuns a todas as seções (arts. 668 a 673), **593**

Capítulo VII – Dos embargos de terceiro (arts. 674 a 681), **594**

Capítulo VIII – Da oposição (arts. 682 a 686), **596**

Capítulo IX – Da habilitação (arts. 687 a 692), **596**

Capítulo X – Das ações de família (arts. 693 a 699), **596**

Capítulo XI – Da ação monitória (arts. 700 a 702), **597**

Capítulo XII – Da homologação do penhor legal (arts. 703 a 706), **599**

Capítulo XIII – Da regulação de avaria grossa (arts. 707 a 711), **600**

Capítulo XIV – Da restauração de autos (arts. 712 a 718), **600**

Capítulo XV – Dos procedimentos de jurisdição voluntária (arts. 719 a 770), **601**

Seção I – Disposições gerais (arts. 719 a 725), **601**

Seção II – Da notificação e da interpelação (arts. 726 a 729), **602**

Seção III – Da alienação judicial (art. 730), **603**

ÍNDICE SISTEMÁTICO DO CPC

Seção IV – Do divórcio e da separação consensuais, da extinção consensual de união estável e da alteração do regime de bens do matrimônio (arts. 731 a 734), **603**
Seção V – Dos testamentos e dos codicilos (arts. 735 a 737), **604**
Seção VI – Da herança jacente (arts. 738 a 743), **605**
Seção VII – Dos bens dos ausentes (arts. 744 e 745), **606**
Seção VIII – Das coisas vagas (art. 746), **607**
Seção IX – Da interdição (arts. 747 a 758), **607**
Seção X – Disposições comuns à tutela e à curatela (arts. 759 a 763), **609**
Seção XI – Da organização e da fiscalização das fundações (arts. 764 e 765), **610**
Seção XII – Da ratificação dos protestos marítimos e dos processos testemunháveis formados a bordo (arts. 766 a 770), **611**

LIVRO II
DO PROCESSO DE EXECUÇÃO

TÍTULO I
DA EXECUÇÃO EM GERAL

Arts. 771 a 796, **611**
Capítulo I – Disposições gerais (arts. 771 a 777), **611**
Capítulo II – Das partes (arts. 778 a 780), **612**
Capítulo III – Da competência (arts. 781 e 782), **613**
Capítulo IV – Dos requisitos necessários para realizar qualquer execução (arts. 783 a 788), **614**
Seção I – Do título executivo (arts. 783 a 785), **614**
Seção II – Da exigibilidade da obrigação (arts. 786 a 788), **615**
Capítulo V – Da responsabilidade patrimonial (arts. 789 a 796), **615**

TÍTULO II
DAS DIVERSAS ESPÉCIES DE EXECUÇÃO

Arts. 797 a 913, **617**
Capítulo I – Disposições gerais (arts. 797 a 805), **617**
Capítulo II – Da execução para a entrega de coisa (arts. 806 a 813), **620**

Seção I – Da entrega de coisa certa (arts. 806 a 810), **620**
Seção II – Da entrega de coisa incerta (arts. 811 a 813), **620**
Capítulo III – Da execução das obrigações de fazer ou de não fazer (arts. 814 a 823), **621**
Seção I – Disposições comuns (art. 814), **621**
Seção II – Da obrigação de fazer (arts. 815 a 821), **621**
Seção III – Da obrigação de não fazer (arts. 822 e 823), **622**
Capítulo IV – Da execução por quantia certa (arts. 824 a 909), **622**
Seção I – Disposições gerais (arts. 824 a 826), **622**
Seção II – Da citação do devedor e do arresto (arts. 827 a 830), **622**
Seção III – Da penhora, do depósito e da avaliação (arts. 831 a 875), **623**
Subseção I – Do objeto da penhora (arts. 831 a 836), **623**
Subseção II – Da documentação da penhora, de seu registro e do depósito (arts. 837 a 844), **625**
Subseção III – Do lugar de realização da penhora (arts. 845 e 846), **626**
Subseção IV – Das modificações da penhora (arts. 847 a 853), **627**
Subseção V – Da penhora de dinheiro em depósito ou em aplicação financeira (art. 854), **628**
Subseção VI – Da penhora de créditos (arts. 855 a 860), **629**
Subseção VII – Da penhora das quotas ou das ações de sociedades personificadas (art. 861), **630**
Subseção VIII – Da penhora de empresa, de outros estabelecimentos e de semoventes (arts. 862 a 865), **631**
Subseção IX – Da penhora de percentual de faturamento de empresa (art. 866), **631**
Subseção X – Da penhora de frutos e rendimentos de coisa móvel ou imóvel (arts. 867 a 869), **632**

ÍNDICE SISTEMÁTICO DO CPC

Subseção XI – Da avaliação (arts. 870 a 875), **632**

Seção IV – Da expropriação de bens (arts. 876 a 903), **634**

Subseção I – Da adjudicação (arts. 876 a 878), **634**

Subseção II – Da alienação (arts. 879 a 903), **635**

Seção V – Da satisfação do crédito (arts. 904 a 909), **641**

Capítulo V – Da execução contra a Fazenda Pública (art. 910), **642**

Capítulo VI – Da execução de alimentos (arts. 911 a 913), **642**

TÍTULO III
DOS EMBARGOS À EXECUÇÃO

Arts. 914 a 920, **643**

TÍTULO IV
DA SUSPENSÃO E DA EXTINÇÃO DO PROCESSO DE EXECUÇÃO

Arts. 921 a 925, **645**

Capítulo I – Da suspensão do processo de execução (arts. 921 a 923), **645**

Capítulo II – Da extinção do processo de execução (arts. 924 e 925), **646**

LIVRO III
DOS PROCESSOS NOS TRIBUNAIS E DOS MEIOS DE IMPUGNAÇÃO DAS DECISÕES JUDICIAIS

TÍTULO I
DA ORDEM DOS PROCESSOS E DOS PROCESSOS DE COMPETÊNCIA ORIGINÁRIA DOS TRIBUNAIS

Arts. 926 a 993, **646**

Capítulo I – Disposições gerais (arts. 926 a 928), **646**

Capítulo II – Da ordem dos processos no tribunal (arts. 929 a 946), **647**

Capítulo III – Do incidente de assunção de competência (art. 947), **651**

Capítulo IV – Do incidente de arguição de inconstitucionalidade (arts. 948 a 950), **652**

Capítulo V – Do conflito de competência (arts. 951 a 959), **652**

Capítulo VI – Da homologação de decisão estrangeira e da concessão do *exequatur* à carta rogatória (arts. 960 a 965), **653**

Capítulo VII – Da ação rescisória (arts. 966 a 975), **655**

Capítulo VIII – Do incidente de resolução de demandas repetitivas (arts. 976 a 987), **657**

Capítulo IX – Da reclamação (arts. 988 a 993), **660**

TÍTULO II
DOS RECURSOS

Arts. 994 a 1.044, **661**

Capítulo I – Disposições gerais (arts. 994 a 1.008), **661**

Capítulo II – Da apelação (arts. 1.009 a 1.014), **663**

Capítulo III – Do agravo de instrumento (arts. 1.015 a 1.020), **665**

Capítulo IV – Do agravo interno (art. 1.021), **667**

Capítulo V – Dos embargos de declaração (arts. 1.022 a 1.026), **667**

Capítulo VI – Dos recursos para o Supremo Tribunal Federal e para o Superior Tribunal de Justiça (arts. 1.027 a 1.044), **669**

Seção I – Do recurso ordinário (arts. 1.027 e 1.028), **669**

Seção II – Do recurso extraordinário e do recurso especial (arts. 1.029 a 1.041), **669**

Subseção I – Disposições gerais (arts. 1.029 a 1.035), **669**

Subseção II – Do julgamento dos recursos extraordinário e especial repetitivos (arts. 1.036 a 1.041), **672**

Seção III – Do agravo em recurso especial e em recurso extraordinário (art. 1.042), **675**

Seção IV – Dos embargos de divergência (arts. 1.043 e 1.044), **676**

LIVRO COMPLEMENTAR
DISPOSIÇÕES FINAIS E TRANSITÓRIAS

Arts. 1.045 a 1.072, **677**

CÓDIGO DE PROCESSO CIVIL

LEI 13.105,
DE 16 DE MARÇO DE 2015

Código de Processo Civil.

A Presidenta da República:
Faço saber que o Congresso Nacional decreta e eu sanciono a seguinte Lei:

PARTE GERAL
LIVRO I
DAS NORMAS PROCESSUAIS CIVIS
TÍTULO ÚNICO
DAS NORMAS FUNDAMENTAIS E DA APLICAÇÃO DAS NORMAS PROCESSUAIS

Capítulo I
DAS NORMAS FUNDAMENTAIS DO PROCESSO CIVIL

Art. 1º O processo civil será ordenado, disciplinado e interpretado conforme os valores e as normas fundamentais estabelecidos na Constituição da República Federativa do Brasil, observando-se as disposições deste Código.

- Sem correspondência no CPC/1973.

Art. 2º O processo começa por iniciativa da parte e se desenvolve por impulso oficial, salvo as exceções previstas em lei.

- Correspondência: art. 262, CPC/1973.
- V. arts. 736, 738 e 744, CPC/2015.

Art. 3º Não se excluirá da apreciação jurisdicional ameaça ou lesão a direito.

- Sem correspondência no CPC/1973.
- V. art. 5º, XXXV, CF.

§ 1º É permitida a arbitragem, na forma da lei.

- Sem correspondência no CPC/1973.

§ 2º O Estado promoverá, sempre que possível, a solução consensual dos conflitos.

- Sem correspondência no CPC/1973.

§ 3º A conciliação, a mediação e outros métodos de solução consensual de conflitos deverão ser estimulados por juízes, advogados, defensores públicos e membros do Ministério Público, inclusive no curso do processo judicial.

- Correspondência: art. 125, *caput* e IV, CPC/1973.

Art. 4º As partes têm o direito de obter em prazo razoável a solução integral do mérito, incluída a atividade satisfativa.

- Sem correspondência no CPC/1973.
- V. art. 5º, LXXVIII, CF.
- •• V. art. 5º, LXXVII, CF.

Art. 5º Aquele que de qualquer forma participa do processo deve comportar-se de acordo com a boa-fé.

- Correspondência: art. 14, *caput* e II, CPC/1973.
- V. arts. 79 a 81, CPC/2015.
- •• V. arts. 142, 322, § 2º, e 489, § 3º, CPC/2015.

Art. 6º Todos os sujeitos do processo devem cooperar entre si para que se obtenha, em tempo razoável, decisão de mérito justa e efetiva.

- Sem correspondência no CPC/1973.

Art. 7º É assegurada às partes paridade de tratamento em relação ao exercício de direitos e faculdades processuais, aos meios de defesa, aos ônus, aos deveres e à aplicação de sanções processuais, competindo ao juiz zelar pelo efetivo contraditório.

- Correspondência: art. 125, I, CPC/1973.
- V. arts. 139, I, 180, 183 e 229, CPC/2015.
- V. art. 5º, *caput* e I, CF.

Art. 8º Ao aplicar o ordenamento jurídico, o juiz atenderá aos fins sociais e às exigências do bem comum, resguardando e promovendo a dignidade da pessoa humana e observando a proporcionalidade, a razoabilidade, a legalidade, a publicidade e a eficiência.

- Sem correspondência no CPC/1973.
- V. art. 5º, LX, CF.

Art. 9º

Art. 9º Não se proferirá decisão contra uma das partes sem que ela seja previamente ouvida.

• Sem correspondência no CPC/1973.
• V. art. 5º, LV, CF.

Parágrafo único. O disposto no *caput* não se aplica:

•• V. art. 294, CPC/2015.

I – à tutela provisória de urgência;
II – às hipóteses de tutela da evidência previstas no art. 311, incisos II e III;
III – à decisão prevista no art. 701.

Art. 10. O juiz não pode decidir, em grau algum de jurisdição, com base em fundamento a respeito do qual não se tenha dado às partes oportunidade de se manifestar, ainda que se trate de matéria sobre a qual deva decidir de ofício.

• Sem correspondência no CPC/1973.
• V. art. 5º, LV, CF.

Art. 11. Todos os julgamentos dos órgãos do Poder Judiciário serão públicos, e fundamentadas todas as decisões, sob pena de nulidade.

• Correspondência: arts. 131, 155, *caput* e 165, CPC/1973.
• V. arts. 368, 489 e 490, CPC/2015.

Parágrafo único. Nos casos de segredo de justiça, pode ser autorizada a presença somente das partes, de seus advogados, de defensores públicos ou do Ministério Público.

• Correspondência: art. 155, I e II, CPC/1973.
• V. art. 189, CPC/2015.
• V. arts. 5º, LX e 93, IX, CF.

Art. 12. Os juízes e os tribunais atenderão, preferencialmente, à ordem cronológica de conclusão para proferir sentença ou acórdão.

• *Caput* com redação determinada pela Lei 13.256/2016.
• Sem correspondência no CPC/1973.
• V. art. 153, CPC/2015.

§ 1º A lista de processos aptos a julgamento deverá estar permanentemente à disposição para consulta pública em cartório e na rede mundial de computadores.

§ 2º Estão excluídos da regra do *caput*:
I – as sentenças proferidas em audiência, homologatórias de acordo ou de improcedência liminar do pedido;
II – o julgamento de processos em bloco para aplicação de tese jurídica firmada em julgamento de casos repetitivos;
III – o julgamento de recursos repetitivos ou de incidente de resolução de demandas repetitivas;
IV – as decisões proferidas com base nos arts. 485 e 932;
V – o julgamento de embargos de declaração;
VI – o julgamento de agravo interno;
VII – as preferências legais e as metas estabelecidas pelo Conselho Nacional de Justiça;
VIII – os processos criminais, nos órgãos jurisdicionais que tenham competência penal;
IX – a causa que exija urgência no julgamento, assim reconhecida por decisão fundamentada.

§ 3º Após elaboração de lista própria, respeitar-se-á a ordem cronológica das conclusões entre as preferências legais.

• V. art. 1.046, § 5º, CPC/2015.

§ 4º Após a inclusão do processo na lista de que trata o § 1º, o requerimento formulado pela parte não altera a ordem cronológica para a decisão, exceto quando implicar a reabertura da instrução ou a conversão do julgamento em diligência.

§ 5º Decidido o requerimento previsto no § 4º, o processo retornará à mesma posição em que anteriormente se encontrava na lista.

§ 6º Ocupará o primeiro lugar na lista prevista no § 1º ou, conforme o caso, no § 3º, o processo que:
I – tiver sua sentença ou acórdão anulado, salvo quando houver necessidade de realização de diligência ou de complementação da instrução;
II – se enquadrar na hipótese do art. 1.040, inciso II.

Capítulo II
DA APLICAÇÃO DAS NORMAS PROCESSUAIS

Art. 13. A jurisdição civil será regida pelas normas processuais brasileiras, ressalvadas as disposições específicas previstas em tra-

Art. 21

CÓDIGO DE PROCESSO CIVIL

tados, convenções ou acordos internacionais de que o Brasil seja parte.

- Sem correspondência no CPC/1973.

Art. 14. A norma processual não retroagirá e será aplicável imediatamente aos processos em curso, respeitados os atos processuais praticados e as situações jurídicas consolidadas sob a vigência da norma revogada.

- Correspondência: art. 1.211, CPC/1973.
- V. art. 1.046, CPC/2015.

Art. 15. Na ausência de normas que regulem processos eleitorais, trabalhistas ou administrativos, as disposições deste Código lhes serão aplicadas supletiva e subsidiariamente.

- Sem correspondência no CPC/1973.

LIVRO II
DA FUNÇÃO JURISDICIONAL
TÍTULO I
DA JURISDIÇÃO E DA AÇÃO

Art. 16. A jurisdição civil é exercida pelos juízes e pelos tribunais em todo o território nacional, conforme as disposições deste Código.

- Correspondência: art. 1º, CPC/1973.
- V. arts. 318, 539 e 719, CPC/2015.

Art. 17. Para postular em juízo é necessário ter interesse e legitimidade.

- Correspondência: art. 3º, CPC/1973.
- V. arts. 330, II e III, 337, XI, 354 e 485, VI, CPC/2015.

Art. 18. Ninguém poderá pleitear direito alheio em nome próprio, salvo quando autorizado pelo ordenamento jurídico.

- Correspondência: art. 6º, CPC/1973.
- V. arts. 109, § 1º, 329, 330, II e 485, VI, *e*, CPC/2015.
- V. arts. 5º, XXI e LXX, e 103, I a IX, CF.
- V. art. 861, CC.
- V. art. 68, CPP.
- V. Lei 1.134/1950 (Representação dos associados de classes).
- V. art. 1º, Lei 4.717/1965 (Ação popular).
- V. Lei 7.347/1985 (Ação civil pública).
- V. art. 81, Lei 8.078/1990 (Código de Defesa do Consumidor).
- V. Lei 8.906/1994 (Estatuto da Advocacia e da OAB).

Parágrafo único. Havendo substituição processual, o substituído poderá intervir como assistente litisconsorcial.

- Sem correspondência no CPC/1973.

Art. 19. O interesse do autor pode limitar-se à declaração:

- Correspondência: art. 4º, *caput*, CPC/1973.
- V. arts. 20 e 322, CPC/2015.

I – da existência, da inexistência ou do modo de ser de uma relação jurídica;

- Correspondência: art. 4º, I, CPC/1973.
- V. art. 784, § 1º, CPC/2015.

II – da autenticidade ou da falsidade de documento.

- Correspondência: art. 4º, II, CPC/1973.

Art. 20. É admissível a ação meramente declaratória, ainda que tenha ocorrido a violação do direito.

- Correspondência: art. 4º, parágrafo único, CPC/1973.
- V. art. 313, V, *a*, CPC/2015.
- V. Súmula 258, STF.

TÍTULO II
DOS LIMITES DA JURISDIÇÃO NACIONAL E DA COOPERAÇÃO INTERNACIONAL
Capítulo I
DOS LIMITES DA JURISDIÇÃO NACIONAL

Art. 21. Compete à autoridade judiciária brasileira processar e julgar as ações em que:

- Correspondência: art. 88, CPC/1973.

I – o réu, qualquer que seja a sua nacionalidade, estiver domiciliado no Brasil;

- V. arts. 70 a 78, CC.
- V. art. 12, Dec.-lei 4.657/1942 (Lei de Introdução às normas do Direito Brasileiro).

II – no Brasil tiver de ser cumprida a obrigação;

- V. art. 12, Dec.-lei 4.657/1942 (Lei de Introdução às normas do Direito Brasileiro).

III – o fundamento seja fato ocorrido ou ato praticado no Brasil.

Parágrafo único. Para o fim do disposto no inciso I, considera-se domiciliada no Brasil a pessoa jurídica estrangeira que nele tiver agência, filial ou sucursal.

- V. art. 75, IX e § 3º, CPC/2015.

Art. 22

Art. 22. Compete, ainda, à autoridade judiciária brasileira processar e julgar as ações:

• Sem correspondência no CPC/1973.

I – de alimentos, quando:
a) o credor tiver domicílio ou residência no Brasil;
b) o réu mantiver vínculos no Brasil, tais como posse ou propriedade de bens, recebimento de renda ou obtenção de benefícios econômicos;
II – decorrentes de relações de consumo, quando o consumidor tiver domicílio ou residência no Brasil;
III – em que as partes, expressa ou tacitamente, se submeterem à jurisdição nacional.

Art. 23. Compete à autoridade judiciária brasileira, com exclusão de qualquer outra:

• Correspondência: art. 89, *caput*, CPC/1973.
•• V. art. 963, I, CPC/2015.

I – conhecer de ações relativas a imóveis situados no Brasil;

• Correspondência: art. 89, I, CPC/1973.
• V. art. 47, CPC/2015.
• V. art. 12, § 1º, Dec.-lei 4.657/1942 (Lei de Introdução às normas do Direito Brasileiro).

II – em matéria de sucessão hereditária, proceder à confirmação de testamento particular e ao inventário e à partilha de bens situados no Brasil, ainda que o autor da herança seja de nacionalidade estrangeira ou tenha domicílio fora do território nacional;

• Correspondência: art. 89, II, CPC/1973.
• V. art. 10, Dec.-lei 4.657/1942 (Lei de Introdução às normas do Direito Brasileiro).

III – em divórcio, separação judicial ou dissolução de união estável, proceder à partilha de bens situados no Brasil, ainda que o titular seja de nacionalidade estrangeira ou tenha domicílio fora do território nacional.

• Sem correspondência no CPC/1973.

Art. 24. A ação proposta perante tribunal estrangeiro não induz litispendência e não obsta a que a autoridade judiciária brasileira conheça da mesma causa e das que lhe são conexas, ressalvadas as disposições em contrário de tratados internacionais e acordos bilaterais em vigor no Brasil.

• Correspondência: art. 90, CPC/1973.
• V. art. 102, I, *e*, CF.

• V. arts. 55 e 57 e 337, §§ 1º a 3º, CPC/2015.

Parágrafo único. A pendência de causa perante a jurisdição brasileira não impede a homologação de sentença judicial estrangeira quando exigida para produzir efeitos no Brasil.

• Sem correspondência no CPC/1973.

Art. 25. Não compete à autoridade judiciária brasileira o processamento e o julgamento da ação quando houver cláusula de eleição de foro exclusivo estrangeiro em contrato internacional, arguida pelo réu na contestação.

• Sem correspondência no CPC/1973.

§ 1º Não se aplica o disposto no *caput* às hipóteses de competência internacional exclusiva previstas neste Capítulo.
§ 2º Aplica-se à hipótese do *caput* o art. 63, §§ 1º a 4º.

Capítulo II
DA COOPERAÇÃO INTERNACIONAL

Seção I
Disposições gerais

Art. 26. A cooperação jurídica internacional será regida por tratado de que o Brasil faz parte e observará:

• Sem correspondência no CPC/1973.

I – o respeito às garantias do devido processo legal no Estado requerente;
II – a igualdade de tratamento entre nacionais e estrangeiros, residentes ou não no Brasil, em relação ao acesso à justiça e à tramitação dos processos, assegurando-se assistência judiciária aos necessitados;
III – a publicidade processual, exceto nas hipóteses de sigilo previstas na legislação brasileira ou na do Estado requerente;
IV – a existência de autoridade central para recepção e transmissão dos pedidos de cooperação;
V – a espontaneidade na transmissão de informações a autoridades estrangeiras.

§ 1º Na ausência de tratado, a cooperação jurídica internacional poderá realizar-se com base em reciprocidade, manifestada por via diplomática.

Art. 36

CÓDIGO DE PROCESSO CIVIL

§ 2º Não se exigirá a reciprocidade referida no § 1º para homologação de sentença estrangeira.

§ 3º Na cooperação jurídica internacional não será admitida a prática de atos que contrariem ou que produzam resultados incompatíveis com as normas fundamentais que regem o Estado brasileiro.

§ 4º O Ministério da Justiça exercerá as funções de autoridade central na ausência de designação específica.

Art. 27. A cooperação jurídica internacional terá por objeto:

• Sem correspondência no CPC/1973.

I – citação, intimação e notificação judicial e extrajudicial;
II – colheita de provas e obtenção de informações;
III – homologação e cumprimento de decisão;
IV – concessão de medida judicial de urgência;
V – assistência jurídica internacional;
VI – qualquer outra medida judicial ou extrajudicial não proibida pela lei brasileira.

Seção II
Do auxílio direto

Art. 28. Cabe auxílio direto quando a medida não decorrer diretamente de decisão de autoridade jurisdicional estrangeira a ser submetida a juízo de delibação no Brasil.

• Sem correspondência no CPC/1973.

Art. 29. A solicitação de auxílio direto será encaminhada pelo órgão estrangeiro interessado à autoridade central, cabendo ao Estado requerente assegurar a autenticidade e a clareza do pedido.

• Sem correspondência no CPC/1973.

Art. 30. Além dos casos previstos em tratados de que o Brasil faz parte, o auxílio direto terá os seguintes objetos:

• Sem correspondência no CPC/1973.

I – obtenção e prestação de informações sobre o ordenamento jurídico e sobre processos administrativos ou jurisdicionais findos ou em curso;
II – colheita de provas, salvo se a medida for adotada em processo, em curso no estrangeiro, de competência exclusiva de autoridade judiciária brasileira;
III – qualquer outra medida judicial ou extrajudicial não proibida pela lei brasileira.

Art. 31. A autoridade central brasileira comunicar-se-á diretamente com suas congêneres e, se necessário, com outros órgãos estrangeiros responsáveis pela tramitação e pela execução de pedidos de cooperação enviados e recebidos pelo Estado brasileiro, respeitadas disposições específicas constantes de tratado.

• Sem correspondência no CPC/1973.

Art. 32. No caso de auxílio direto para a prática de atos que, segundo a lei brasileira, não necessitem de prestação jurisdicional, a autoridade central adotará as providências necessárias para seu cumprimento.

• Sem correspondência no CPC/1973.

Art. 33. Recebido o pedido de auxílio direto passivo, a autoridade central o encaminhará à Advocacia-Geral da União, que requererá em juízo a medida solicitada.

• Sem correspondência no CPC/1973.

Parágrafo único. O Ministério Público requererá em juízo a medida solicitada quando for autoridade central.

Art. 34. Compete ao juízo federal do lugar em que deva ser executada a medida apreciar pedido de auxílio direto passivo que demande prestação de atividade jurisdicional.

• Sem correspondência no CPC/1973.

Seção III
Da carta rogatória

Art. 35. *(Vetado.)*

Art. 36. O procedimento da carta rogatória perante o Superior Tribunal de Justiça é de jurisdição contenciosa e deve assegurar às partes as garantias do devido processo legal.

• Correspondência: art. 211, CPC/1973.
• V. art. 105, I, *i*, CF.
• V. art. 215, RISTF.
•• V. art. 109, X, CF.

§ 1º A defesa restringir-se-á à discussão quanto ao atendimento dos requisitos para que o pronunciamento judicial estrangeiro produza efeitos no Brasil.

• Sem correspondência no CPC/1973.

§ 2º Em qualquer hipótese, é vedada a revisão do mérito do pronunciamento judicial estrangeiro pela autoridade judiciária brasileira.

• Sem correspondência no CPC/1973.

Seção IV
Disposições comuns às seções anteriores

Art. 37. O pedido de cooperação jurídica internacional oriundo de autoridade brasileira competente será encaminhado à autoridade central para posterior envio ao Estado requerido para lhe dar andamento.

• Sem correspondência no CPC/1973.

Art. 38. O pedido de cooperação oriundo de autoridade brasileira competente e os documentos anexos que o instruem serão encaminhados à autoridade central, acompanhados de tradução para a língua oficial do Estado requerido.

• Sem correspondência no CPC/1973.

Art. 39. O pedido passivo de cooperação jurídica internacional será recusado se configurar manifesta ofensa à ordem pública.

• Sem correspondência no CPC/1973.

Art. 40. A cooperação jurídica internacional para execução de decisão estrangeira dar-se-á por meio de carta rogatória ou de ação de homologação de sentença estrangeira, de acordo com o art. 960.

• Sem correspondência no CPC/1973.

Art. 41. Considera-se autêntico o documento que instruir pedido de cooperação jurídica internacional, inclusive tradução para a língua portuguesa, quando encaminhado ao Estado brasileiro por meio de autoridade central ou por via diplomática, dispensando-se ajuramentação, autenticação ou qualquer procedimento de legalização.

• Sem correspondência no CPC/1973.

Parágrafo único. O disposto no *caput* não impede, quando necessária, a aplicação pelo Estado brasileiro do princípio da reciprocidade de tratamento.

TÍTULO III
DA COMPETÊNCIA INTERNA

Capítulo I
DA COMPETÊNCIA

Seção I
Disposições gerais

Art. 42. As causas cíveis serão processadas e decididas pelo juiz nos limites de sua competência, ressalvado às partes o direito de instituir juízo arbitral, na forma da lei.

• Correspondência: art. 86, CPC/1973.
• V. art. 5º, XXXV, CF.
• V. Lei 9.307/1996 (Arbitragem).
•• V. art. 2º, Lei 7.347/1985 (Ação civil pública).
•• V. art. 101, I, Lei 8.078/1990 (Código de Defesa do Consumidor).
•• V. art. 58, II, Lei 8.245/1991 (Lei de Locações).
•• V. art. 3º, Lei 11.101/2005 (Lei de Recuperação de Empresas e Falência).

Art. 43. Determina-se a competência no momento do registro ou da distribuição da petição inicial, sendo irrelevantes as modificações do estado de fato ou de direito ocorridas posteriormente, salvo quando suprimirem órgão judiciário ou alterarem a competência absoluta.

• Correspondência: art. 87, CPC/1973.
• V. art. 312, CPC/2015.
• V. Súmulas 1, 4, 10, 11, 15, 32 a 34, 46, 58, 66, 82, 97, 137, 170 e 173, STJ.

Art. 44. Obedecidos os limites estabelecidos pela Constituição Federal, a competência é determinada pelas normas previstas neste Código ou em legislação especial, pelas normas de organização judiciária e, ainda, no que couber, pelas constituições dos Estados.

• Correspondência: arts. 91 e 93, CPC/1973.
• V. arts. 54 e 62, CPC/2015.
• V. arts. 102, 105, 108 e 125, § 1º, CF.

Art. 45. Tramitando o processo perante outro juízo, os autos serão remetidos ao juízo federal competente se nele intervier a União, suas empresas públicas, entidades autárquicas e fundações, ou conselho de fiscalização de atividade profissional, na

qualidade de parte ou de terceiro interveniente, exceto as ações:
- Correspondência: art. 99, I e II, CPC/1973.
- V. arts. 109, I, e 110, CF.

I – de recuperação judicial, falência, insolvência civil e acidente de trabalho;
- Correspondência: art. 99, parágrafo único, I, CPC/1973.
- V. art. 109, I, CF.

II – sujeitas à justiça eleitoral e à justiça do trabalho.
- Sem correspondência no CPC/1973.
- V. art. 109, I, CF.

§ 1º Os autos não serão remetidos se houver pedido cuja apreciação seja de competência do juízo perante o qual foi proposta a ação.
- Correspondência: art. 99, parágrafo único, CPC/1973.

§ 2º Na hipótese do § 1º, o juiz, ao não admitir a cumulação de pedidos em razão da incompetência para apreciar qualquer deles, não examinará o mérito daquele em que exista interesse da União, de suas entidades autárquicas ou de suas empresas públicas.
- Sem correspondência no CPC/1973.

§ 3º O juízo federal restituirá os autos ao juízo estadual sem suscitar conflito se o ente federal cuja presença enseje a remessa for excluído do processo.
- Sem correspondência no CPC/1973.

Art. 46. A ação fundada em direito pessoal ou em direito real sobre bens móveis será proposta, em regra, no foro de domicílio do réu.
- Correspondência: art. 94, *caput*, CPC/1973.
- V. arts. 62 e 63, CPC/2015.

§ 1º Tendo mais de um domicílio, o réu será demandado no foro de qualquer deles.
- Correspondência: art. 94, § 1º, CPC/1973.
- V. arts. 70 a 78, CC.

§ 2º Sendo incerto ou desconhecido o domicílio do réu, ele poderá ser demandado onde for encontrado ou no foro de domicílio do autor.
- Correspondência: art. 94, § 2º, CPC/1973.

§ 3º Quando o réu não tiver domicílio ou residência no Brasil, a ação será proposta no foro de domicílio do autor, e, se este também residir fora do Brasil, a ação será proposta em qualquer foro.
- Correspondência: art. 94, § 3º, CPC/1973.
- V. art. 12, Dec.-lei 4.657/1942 (Lei de Introdução às normas do Direito Brasileiro).

§ 4º Havendo 2 (dois) ou mais réus com diferentes domicílios, serão demandados no foro de qualquer deles, à escolha do autor.
- Correspondência: art. 94, § 4º, CPC/1973.

§ 5º A execução fiscal será proposta no foro de domicílio do réu, no de sua residência ou no do lugar onde for encontrado.
- Sem correspondência no CPC/1973.
- V. arts. 127 e 159, CTN.

Art. 47. Para as ações fundadas em direito real sobre imóveis é competente o foro de situação da coisa.
- Correspondência: art. 95, *caput*, 1ª parte, CPC/1973.
- V. arts. 62, 63, 554 a 598, CPC/2015.
- V. arts. 328 e 341, CC.
- V. art. 12, Dec.-lei 4.657/1942 (Lei de Introdução às normas do Direito Brasileiro).
- V. art. 48, Lei 6.766/1979 (Parcelamento do solo urbano).
- V. Súmula 218, STF.

§ 1º O autor pode optar pelo foro de domicílio do réu ou pelo foro de eleição se o litígio não recair sobre direito de propriedade, vizinhança, servidão, divisão e demarcação de terras e de nunciação de obra nova.
- Correspondência: art. 95, *caput*, 2ª parte, CPC/1973.
- V. art. 58, II, Lei 8.245/1991 (Locação de imóveis urbanos).

§ 2º A ação possessória imobiliária será proposta no foro de situação da coisa, cujo juízo tem competência absoluta.
- Correspondência: art. 95, *caput*, 1ª parte, CPC/1973.

Art. 48. O foro de domicílio do autor da herança, no Brasil, é o competente para o inventário, a partilha, a arrecadação, o cumprimento de disposições de última vontade, a impugnação ou anulação de partilha extrajudicial e para todas as ações em que o espólio for réu, ainda que o óbito tenha ocorrido no estrangeiro.
- Correspondência: art. 96, *caput*, CPC/1973.
- V. arts. 23, II, 610 a 673 e 735 a 743, CPC/2015.
- V. arts. 73 e 1.785, CC.

Parágrafo único. Se o autor da herança não possuía domicílio certo, é competente:

- Correspondência: art. 96, parágrafo único, CPC/1973.

I – o foro de situação dos bens imóveis;
II – havendo bens imóveis em foros diferentes, qualquer destes;
III – não havendo bens imóveis, o foro do local de qualquer dos bens do espólio.

Art. 49. A ação em que o ausente for réu será proposta no foro de seu último domicílio, também competente para a arrecadação, o inventário, a partilha e o cumprimento de disposições testamentárias.

- Correspondência: art. 97, CPC/1973.
- V. arts. 744 a 745, CPC/2015.
- V. arts. 22 a 25, 27, 29 a 36, 38 e 39, CC.

Art. 50. A ação em que o incapaz for réu será proposta no foro de domicílio de seu representante ou assistente.

- Correspondência: art. 98, CPC/1973.
- V. art. 76, CC.

Art. 51. É competente o foro de domicílio do réu para as causas em que seja autora a União.

- V. arts. 109, I, e 110, CF.

Parágrafo único. Se a União for a demandada, a ação poderá ser proposta no foro de domicílio do autor, no de ocorrência do ato ou fato que originou a demanda, no de situação da coisa ou no Distrito Federal.

- Correspondência: art. 99, I, CPC/1973.

Art. 52. É competente o foro de domicílio do réu para as causas em que seja autor Estado ou o Distrito Federal.

- Sem correspondência no CPC/1973.

Parágrafo único. Se Estado ou o Distrito Federal for o demandado, a ação poderá ser proposta no foro de domicílio do autor, no de ocorrência do ato ou fato que originou a demanda, no de situação da coisa ou na capital do respectivo ente federado.

Art. 53. É competente o foro:

- Correspondência: art. 100, *caput*, CPC/1973.

I – para a ação de divórcio, separação, anulação de casamento e reconhecimento ou dissolução de união estável:

- Correspondência: art. 100, I, CPC/1973.

a) de domicílio do guardião de filho incapaz;
b) do último domicílio do casal, caso não haja filho incapaz;
c) de domicílio do réu, se nenhuma das partes residir no antigo domicílio do casal;
II – de domicílio ou residência do alimentando, para a ação em que se pedem alimentos;

- Correspondência: art. 100, II, CPC/1973.
- V. art. 26, Lei 5.478/1968 (Ação de alimentos).
- V. Súmula 1, STJ.

III – do lugar:

- Correspondência: art. 100, IV, CPC/1973.

a) onde está a sede, para a ação em que for ré pessoa jurídica;

- Correspondência: art. 100, IV, *a*, CPC/1973.
- V. art. 75, CC.

b) onde se acha agência ou sucursal, quanto às obrigações que a pessoa jurídica contraiu;

- Correspondência: art. 100, IV, *b*, CPC/1973.
- V. Súmula 363, STF.

c) onde exerce suas atividades, para a ação em que for ré sociedade ou associação sem personalidade jurídica;

- Correspondência: art. 100, IV, *c*, CPC/1973.

d) onde a obrigação deve ser satisfeita, para a ação em que se lhe exigir o cumprimento;

- Correspondência: art. 100, IV, *d*, CPC/1973.
- V. art. 540, CPC/2015.
- V. arts. 327 e 328, CC.

e) de residência do idoso, para a causa que verse sobre direito previsto no respectivo estatuto;

- Sem correspondência no CPC/1973.

f) da sede da serventia notarial ou de registro, para a ação de reparação de dano por ato praticado em razão do ofício;

- Sem correspondência no CPC/1973.

IV – do lugar do ato ou fato para a ação:

- Correspondência: art. 100, V, CPC/1973.

a) de reparação de dano;

- Correspondência: art. 100, V, *a*, CPC/1973.

b) em que for réu administrador ou gestor de negócios alheios;

- V. arts. 861 a 875 CC.
- Correspondência: art. 100, V, *b*, CPC/1973.

Art. 63

CÓDIGO DE PROCESSO CIVIL

V – de domicílio do autor ou do local do fato, para a ação de reparação de dano sofrido em razão de delito ou acidente de veículos, inclusive aeronaves.
- Correspondência: art. 100, parágrafo único, CPC/1973.

Seção II
Da modificação da competência

Art. 54. A competência relativa poderá modificar-se pela conexão ou pela continência, observado o disposto nesta Seção.
- Correspondência: art. 102, CPC/1973.
- V. arts. 24, 43, 65, 152, IV, *d*, 286 e 327, CPC/2015.

Art. 55. Reputam-se conexas duas ou mais ações quando lhes for comum o pedido ou a causa de pedir.
- Correspondência: art. 103, CPC/1973.
- V. arts. 113, II, e 319, III, CPC/2015.
- V. Súmula 383, STJ.

§ 1º Os processos de ações conexas serão reunidos para decisão conjunta, salvo se um deles já houver sido sentenciado.
- Correspondência: art. 105, CPC/1973.

§ 2º Aplica-se o disposto no *caput*:
- Sem correspondência no CPC/1973.

I – à execução de título extrajudicial e à ação de conhecimento relativa ao mesmo ato jurídico;

II – às execuções fundadas no mesmo título executivo.

§ 3º Serão reunidos para julgamento conjunto os processos que possam gerar risco de prolação de decisões conflitantes ou contraditórias caso decididos separadamente, mesmo sem conexão entre eles.
- Sem correspondência no CPC/1973.

Art. 56. Dá-se a continência entre 2 (duas) ou mais ações quando houver identidade quanto às partes e à causa de pedir, mas o pedido de uma, por ser mais amplo, abrange o das demais.
- Correspondência: art. 104, CPC/1973.
- V. art. 337, §§ 1º a 3º, CPC/2015.

Art. 57. Quando houver continência e a ação continente tiver sido proposta anteriormente, no processo relativo à ação contida será proferida sentença sem resolução de mérito, caso contrário, as ações serão necessariamente reunidas.
- Correspondência: art. 105, CPC/1973.
- V. art. 337, VIII, CPC/2015.

Art. 58. A reunião das ações propostas em separado far-se-á no juízo prevento, onde serão decididas simultaneamente.
- Correspondência: arts. 105 e 106, CPC/1973.
- V. art. 337, VIII, CPC/2015.
- V. art. 6º, § 8º, Lei 11.101/2005 (Lei de Recuperação de Empresas e Falência).

Art. 59. O registro ou a distribuição da petição inicial torna prevento o juízo.
- Correspondência: arts. 106 e 219, CPC/1973.
- V. arts. 240, 312 e 802, CPC/2015.
- V. art. 6º, § 8º, Lei 11.101/2005 (Lei de Recuperação de Empresas e Falência).

Art. 60. Se o imóvel se achar situado em mais de um Estado, comarca, seção ou subseção judiciária, a competência territorial do juízo prevento estender-se-á sobre a totalidade do imóvel.
- Correspondência: art. 107, CPC/1973.
- V. arts. 47, 240 e 312, CPC/2015.

Art. 61. A ação acessória será proposta no juízo competente para a ação principal.
- Correspondência: art. 108, CPC/1973.
- V. arts. 674, e 712, CPC/2015.
- V. arts. 76 e 134, Lei 11.101/2005 (Lei de Recuperação de Empresas e Falência).

Art. 62. A competência determinada em razão da matéria, da pessoa ou da função é inderrogável por convenção das partes.
- Correspondência: art. 111, 1ª parte, CPC/1973.
- V. art. 1º, Dec.-lei 4.597/1942 (Prescrição das ações contra a Fazenda Pública).

Art. 63. As partes podem modificar a competência em razão do valor e do território, elegendo foro onde será proposta ação oriunda de direitos e obrigações.
- Correspondência: art. 111, 2ª parte, CPC/1973.
- V. art. 78, CC.
- V. art. 58, II, Lei 8.245/1991 (Locação de imóveis urbanos).
- V. Súmula 335, STF.

§ 1º A eleição de foro só produz efeito quando constar de instrumento escrito e aludir expressamente a determinado negócio jurídico.
- Correspondência: art. 111, § 1º, CPC/1973.

Art. 64

CÓDIGO DE PROCESSO CIVIL

§ 2º O foro contratual obriga os herdeiros e sucessores das partes.
- Correspondência: art. 111, § 2º, CPC/1973.

§ 3º Antes da citação, a cláusula de eleição de foro, se abusiva, pode ser reputada ineficaz de ofício pelo juiz, que determinará a remessa dos autos ao juízo do foro de domicílio do réu.
- Correspondência: art. 112, parágrafo único, CPC/1973.

§ 4º Citado, incumbe ao réu alegar a abusividade da cláusula de eleição de foro na contestação, sob pena de preclusão.
- Sem correspondência no CPC/1973.
- V. arts. 65 e 337, II, CPC/2015.

Seção III
Da incompetência

Art. 64. A incompetência, absoluta ou relativa, será alegada como questão preliminar de contestação.
- Correspondência: arts. 112, *caput* e 301, II, CPC/1973.
- V. arts. 62, 335, 337, II, 340, 535, V, 917, V, 957 e 966, II, CPC/2015.

§ 1º A incompetência absoluta pode ser alegada em qualquer tempo e grau de jurisdição e deve ser declarada de ofício.
- Correspondência: art. 113, CPC/1973.
- V. Súmula 33, STJ.

§ 2º Após manifestação da parte contrária, o juiz decidirá imediatamente a alegação de incompetência.
- Correspondência: art. 311, CPC/1973.

§ 3º Caso a alegação de incompetência seja acolhida, os autos serão remetidos ao juízo competente.
- Correspondência: art. 311, CPC/1973.

§ 4º Salvo decisão judicial em sentido contrário, conservar-se-ão os efeitos de decisão proferida pelo juízo incompetente até que outra seja proferida, se for o caso, pelo juízo competente.
- Correspondência: art. 113, § 2º, CPC/1973.

Art. 65. Prorrogar-se-á a competência relativa se o réu não alegar a incompetência em preliminar de contestação.
- Correspondência: art. 114, CPC/1973.
- V. art. 337, II e § 5º, CPC/2015.

Parágrafo único. A incompetência relativa pode ser alegada pelo Ministério Público nas causas em que atuar.
- Correspondência: art. 116, CPC/1973.

Art. 66. Há conflito de competência quando:
- Correspondência: art. 115, *caput*, CPC/1973.
- V. arts. 102, I, *o*, 105, I, *d*, e 108, I, *e*, CF.

I – 2 (dois) ou mais juízes se declaram competentes;
- Correspondência: art. 115, I, CPC/1973.
- V. arts. 240 e 485, V, CPC/2015.

II – 2 (dois) ou mais juízes se consideram incompetentes, atribuindo um ao outro a competência;
- Correspondência: art. 115, II, CPC/1973.
- V. arts. 240 e 485, V, CPC/2015.

III – entre 2 (dois) ou mais juízes surge controvérsia acerca da reunião ou separação de processos.
- Correspondência: art. 115, III, CPC/1973.
- V. art. 57, CPC/2015.

Parágrafo único. O juiz que não acolher a competência declinada deverá suscitar o conflito, salvo se a atribuir a outro juízo.
- Sem correspondência no CPC/1973.

Capítulo II
DA COOPERAÇÃO NACIONAL

Art. 67. Aos órgãos do Poder Judiciário, estadual ou federal, especializado ou comum, em todas as instâncias e graus de jurisdição, inclusive aos tribunais superiores, incumbe o dever de recíproca cooperação, por meio de seus magistrados e servidores.
- Sem correspondência no CPC/1973.

Art. 68. Os juízos poderão formular entre si pedido de cooperação para prática de qualquer ato processual.
- Sem correspondência no CPC/1973.

Art. 69. O pedido de cooperação jurisdicional deve ser prontamente atendido, prescinde de forma específica e pode ser executado como:
- Sem correspondência no CPC/1973.
- V. arts. 236 e ss., CPC/2015.

I – auxílio direto;

Código de Processo Civil

II – reunião ou apensamento de processos;
III – prestação de informações;
IV – atos concertados entre os juízes cooperantes.

§ 1º As cartas de ordem, precatória e arbitral seguirão o regime previsto neste Código.

§ 2º Os atos concertados entre os juízes cooperantes poderão consistir, além de outros, no estabelecimento de procedimento para:

I – a prática de citação, intimação ou notificação de ato;
II – a obtenção e apresentação de provas e a coleta de depoimentos;
III – a efetivação de tutela provisória;
IV – a efetivação de medidas e providências para recuperação e preservação de empresas;
V – a facilitação de habilitação de créditos na falência e na recuperação judicial;
VI – a centralização de processos repetitivos;
VII – a execução de decisão jurisdicional.

§ 3º O pedido de cooperação judiciária pode ser realizado entre órgãos jurisdicionais de diferentes ramos do Poder Judiciário.

Livro III
DOS SUJEITOS DO PROCESSO

Título I
DAS PARTES E DOS PROCURADORES

Capítulo I
DA CAPACIDADE PROCESSUAL

Art. 70. Toda pessoa que se encontre no exercício de seus direitos tem capacidade para estar em juízo.

- Correspondência: art. 7º, CPC/1973.
- V. arts. 75 e 76, CPC/2015.
- V. art. 15, § 1º, Lei 8.906/1994 (Estatuto da Advocacia e da OAB).
- V. art. 8º, § 2º, Lei 9.099/1995 (Juizados Especiais Cíveis e Criminais).

Art. 71. O incapaz será representado ou assistido por seus pais, por tutor ou por curador, na forma da lei.

- Correspondência: art. 8º, CPC/1973.
- V. art. 178, II, CPC/2015.

- V. arts. 3º, 4º, 1.690, 1.692, 1.747, I, 1.748, V, 1.767, 1.774, 1.775, 1.778, 1.779, 1.781 e 1.782, CC.
- V. arts. 7º a 11, Lei 6.001/1973 (Estatuto do Índio).
- V. art. 21, Lei 8.069/1990 (Estatuto da Criança e do Adolescente).

Art. 72. O juiz nomeará curador especial ao:

- Correspondência: art. 9º, CPC/1973.
- V. arts. 245, §§ 4º e 5º, 341, parágrafo único, e 671, CPC/2015.

I – incapaz, se não tiver representante legal ou se os interesses deste colidirem com os daquele, enquanto durar a incapacidade;

- V. art. 1.692, CC.

II – réu preso revel, bem como ao réu revel citado por edital ou com hora certa, enquanto não for constituído advogado.

- V. art. 8º, Lei 9.099/1995 (Juizados Especiais Cíveis e Criminais).

Parágrafo único. A curatela especial será exercida pela Defensoria Pública, nos termos da lei.

Art. 73. O cônjuge necessitará do consentimento do outro para propor ação que verse sobre direito real imobiliário, salvo quando casados sob o regime de separação absoluta de bens.

- Correspondência: art. 10, *caput*, CPC/1973.
- V. art. 114 e 321, CPC/2015.

§ 1º Ambos os cônjuges serão necessariamente citados para a ação:

- Correspondência: art. 10, § 1º, CPC/1973.
- V. art. 226, § 5º, CF.
- V. arts. 1.567, 1.570, 1.644, 1.647 a 1.649, 1.651, 1.663, *caput* e § 1º, e 1.666, CC.

I – que verse sobre direito real imobiliário, salvo quando casados sob o regime de separação absoluta de bens;

- Correspondência: art. 10, § 1º, I, CPC/1973.

II – resultante de fato que diga respeito a ambos os cônjuges ou de ato praticado por eles;

- Correspondência: art. 10, § 1º, II, CPC/1973.

III – fundada em dívida contraída por um dos cônjuges a bem da família;

- Correspondência: art. 10, § 1º, III, CPC/1973.

IV – que tenha por objeto o reconhecimento, a constituição ou a extinção de ônus sobre imóvel de um ou de ambos os cônjuges.

• Correspondência: art. 10, § 1º, IV, CPC/1973.

§ 2º Nas ações possessórias, a participação do cônjuge do autor ou do réu somente é indispensável nas hipóteses de composse ou de ato por ambos praticado.

• Correspondência: art. 10, § 2º, CPC/1973.

§ 3º Aplica-se o disposto neste artigo à união estável comprovada nos autos.

• Sem correspondência no CPC/1973.

Art. 74. O consentimento previsto no art. 73 pode ser suprido judicialmente quando for negado por um dos cônjuges sem justo motivo, ou quando lhe seja impossível concedê-lo.

• Correspondência: art. 11, CPC/1973.
• V. arts. 76, 337, IX, 351, 485, IV, CPC/2015.
• V. art. 226, § 5º, CF.
• V. art. 1.648, CC.

Parágrafo único. A falta de consentimento, quando necessário e não suprido pelo juiz, invalida o processo.

Art. 75. Serão representados em juízo, ativa e passivamente:

• Correspondência: art. 12, caput, CPC/1973.
• V. arts. 110, 116, 739, § 1º, I, CPC/2015.
• V. art. 132, CF.

I – a União, pela Advocacia-Geral da União, diretamente ou mediante órgão vinculado;

• Correspondência: art. 12, I, CPC/1973.

II – o Estado e o Distrito Federal, por seus procuradores;

• Correspondência: art. 12, I, CPC/1973.

III – o Município, por seu prefeito ou procurador;

• Correspondência: art. 12, II, CPC/1973.
• V. art. 22, III, n, Lei 11.101/2005 (Lei de Recuperação de Empresas e Falência).

IV – a autarquia e a fundação de direito público, por quem a lei do ente federado designar;

• Sem correspondência no CPC/1973.

V – a massa falida, pelo administrador judicial;

• Correspondência: art. 12, III, CPC/1973.

VI – a herança jacente ou vacante, por seu curador;

• Correspondência: art. 12, IV, CPC/1973.
• V. art. 1.819, CC.

VII – o espólio, pelo inventariante;

• Correspondência: art. 12, V, CPC/1973.

VIII – a pessoa jurídica, por quem os respectivos atos constitutivos designarem ou, não havendo essa designação, por seus diretores;

• Correspondência: art. 12, VI, CPC/1973.
• V. art. 47, CC.
• V. art. 68, § 3º, Lei 6.404/1976 (Sociedades por ações).

IX – a sociedade e a associação irregulares e outros entes organizados sem personalidade jurídica, pela pessoa a quem couber a administração de seus bens;

• Correspondência: art. 12, VII, CPC/1973.
• V. art. 987, CC.

X – a pessoa jurídica estrangeira, pelo gerente, representante ou administrador de sua filial, agência ou sucursal aberta ou instalada no Brasil;

• Correspondência: art. 12, VIII, CPC/1973.

XI – o condomínio, pelo administrador ou síndico.

• Correspondência: art. 12, IX, CPC/1973.
• V. art. 1.324, CC.
• V. art. 22, § 1º, a, Lei 4.591/1964 (Condomínio em edificações e as incorporações imobiliárias).

§ 1º Quando o inventariante for dativo, os sucessores do falecido serão intimados no processo no qual o espólio seja parte.

• Correspondência: art. 12, § 1º, CPC/1973.

§ 2º A sociedade ou associação sem personalidade jurídica não poderá opor a irregularidade de sua constituição quando demandada.

• Correspondência: art. 12, § 2º, CPC/1973.

§ 3º O gerente de filial ou agência presume-se autorizado pela pessoa jurídica estrangeira a receber citação para qualquer processo.

• Correspondência: art. 12, § 3º, CPC/1973.

§ 4º Os Estados e o Distrito Federal poderão ajustar compromisso recíproco para prática de ato processual por seus procuradores em favor de outro ente federado, mediante

convênio firmado pelas respectivas procuradorias.
- Sem correspondência no CPC/1973.
- V. art. 1.324, CC.

Art. 76. Verificada a incapacidade processual ou a irregularidade da representação da parte, o juiz suspenderá o processo e designará prazo razoável para que seja sanado o vício.
- Correspondência: art. 13, *caput*, 1ª parte, CPC/1973.
- V. arts. 313, I, 321, 337, IX, e 485, IV, CPC/2015.

§ 1º Descumprida a determinação, caso o processo esteja na instância originária:
- Correspondência: art. 13, *caput*, 2ª parte, CPC/1973.

I – o processo será extinto, se a providência couber ao autor;
- Correspondência: art. 13, I, CPC/1973.

II – o réu será considerado revel, se a providência lhe couber;
- Correspondência: art. 13, II, CPC/1973.

III – o terceiro será considerado revel ou excluído do processo, dependendo do polo em que se encontre.
- Correspondência: art. 13, III, CPC/1973.

§ 2º Descumprida a determinação em fase recursal perante tribunal de justiça, tribunal regional federal ou tribunal superior, o relator:
- Sem correspondência no CPC/1973.

I – não conhecerá do recurso, se a providência couber ao recorrente;

II – determinará o desentranhamento das contrarrazões, se a providência couber ao recorrido.

Capítulo II
DOS DEVERES DAS PARTES E DE SEUS PROCURADORES

Seção I
Dos deveres

Art. 77. Além de outros previstos neste Código, são deveres das partes, de seus procuradores e de todos aqueles que de qualquer forma participem do processo:
- Correspondência: art. 14, *caput*, CPC/1973.

I – expor os fatos em juízo conforme a verdade;
- Correspondência: art. 14, I, CPC/1973.

II – não formular pretensão ou de apresentar defesa quando cientes de que são destituídas de fundamento;
- Correspondência: art. 14, III, CPC/1973.

III – não produzir provas e não praticar atos inúteis ou desnecessários à declaração ou à defesa do direito;
- Correspondência: art. 14, IV, CPC/1973.
- V. arts. 202, 459, § 2º, e 966, III, CPC/2015.

IV – cumprir com exatidão as decisões jurisdicionais, de natureza provisória ou final, e não criar embaraços à sua efetivação;
- Correspondência: art. 14, V, CPC/1973.
- V. art. 379, CPC/2015.

V – declinar, no primeiro momento que lhes couber falar nos autos, o endereço residencial ou profissional onde receberão intimações, atualizando essa informação sempre que ocorrer qualquer modificação temporária ou definitiva;
- Correspondência: art. 238, parágrafo único, CPC/1973.

VI – não praticar inovação ilegal no estado de fato de bem ou direito litigioso.
- Correspondência: art. 879, III, CPC/1973.

§ 1º Nas hipóteses dos incisos IV e VI, o juiz advertirá qualquer das pessoas mencionadas no *caput* de que sua conduta poderá ser punida como ato atentatório à dignidade da justiça.
- Sem correspondência no CPC/1973.
- V. art. 360, I e II, CPC/2015.

§ 2º A violação ao disposto nos incisos IV e VI constitui ato atentatório à dignidade da justiça, devendo o juiz, sem prejuízo das sanções criminais, civis e processuais cabíveis, aplicar ao responsável multa de até 20% (vinte por cento) do valor da causa, de acordo com a gravidade da conduta.
- Correspondência: art. 14, parágrafo único, CPC/1973.

§ 3º Não sendo paga no prazo a ser fixado pelo juiz, a multa prevista no § 2º será inscrita como dívida ativa da União ou do Estado após o trânsito em julgado da decisão que a fixou, e sua execução observará o procedi-

Art. 78

mento da execução fiscal, revertendo-se aos fundos previstos no art. 97.

• Correspondência: art. 14, parágrafo único, CPC/1973.

§ 4º A multa estabelecida no § 2º poderá ser fixada independentemente da incidência das previstas nos arts. 523, § 1º, e 536, § 1º.

• Sem correspondência no CPC/1973.

§ 5º Quando o valor da causa for irrisório ou inestimável, a multa prevista no § 2º poderá ser fixada em até 10 (dez) vezes o valor do salário mínimo.

• Sem correspondência no CPC/1973.

§ 6º Aos advogados públicos ou privados e aos membros da Defensoria Pública e do Ministério Público não se aplica o disposto nos §§ 2º a 5º, devendo eventual responsabilidade disciplinar ser apurada pelo respectivo órgão de classe ou corregedoria, ao qual o juiz oficiará.

• Correspondência: art. 14, parágrafo único, 1ª parte, CPC/1973.

§ 7º Reconhecida violação ao disposto no inciso VI, o juiz determinará o restabelecimento do estado anterior, podendo, ainda, proibir a parte de falar nos autos até a purgação do atentado, sem prejuízo da aplicação do § 2º.

• Sem correspondência no CPC/1973.

§ 8º O representante judicial da parte não pode ser compelido a cumprir decisão em seu lugar.

• Sem correspondência no CPC/1973.

Art. 78. É vedado às partes, a seus procuradores, aos juízes, aos membros do Ministério Público e da Defensoria Pública e a qualquer pessoa que participe do processo empregar expressões ofensivas nos escritos apresentados.

• Correspondência: art. 15, *caput*, 1ª parte, CPC/1973.

§ 1º Quando expressões ou condutas ofensivas forem manifestadas oral ou presencialmente, o juiz advertirá o ofensor de que não as deve usar ou repetir, sob pena de lhe ser cassada a palavra.

• Correspondência: art. 15, parágrafo único, CPC/1973.
• V. art. 360, CPC/2015.
• V. art. 142, I, CP.

§ 2º De ofício ou a requerimento do ofendido, o juiz determinará que as expressões ofensivas sejam riscadas e, a requerimento do ofendido, determinará a expedição de certidão com inteiro teor das expressões ofensivas e a colocará à disposição da parte interessada.

• Correspondência: art. 15, *caput*, 2ª parte, CPC/1973.

Seção II
Da responsabilidade das partes por dano processual

Art. 79. Responde por perdas e danos aquele que litigar de má-fé como autor, réu ou interveniente.

• Correspondência: art. 16, CPC/1973.
• V. arts. 302, 776, CPC/2015.

Art. 80. Considera-se litigante de má-fé aquele que:

• Correspondência: art. 17, CPC/1973.
• V. arts. 77, 142, 772, II, 774, CPC/2015.
• V. art. 32, Lei 8.906/1994 (Estatuto da Advocacia e da OAB).

I – deduzir pretensão ou defesa contra texto expresso de lei ou fato incontroverso;

II – alterar a verdade dos fatos;

III – usar do processo para conseguir objetivo ilegal;

IV – opuser resistência injustificada ao andamento do processo;

V – proceder de modo temerário em qualquer incidente ou ato do processo;

VI – provocar incidente manifestamente infundado;

VII – interpuser recurso com intuito manifestamente protelatório.

Art. 81. De ofício ou a requerimento, o juiz condenará o litigante de má-fé a pagar multa, que deverá ser superior a 1% (um por cento) e inferior a 10% (dez por cento) do valor corrigido da causa, a indenizar a parte contrária pelos prejuízos que esta sofreu e a arcar com os honorários advocatícios e com todas as despesas que efetuou.

• Correspondência: art. 18, CPC/1973.
• V. arts. 130, 339 e 718, CPC/2015.
• V. art. 32, Lei 8.906/1994 (Estatuto da Advocacia e da OAB).

Art. 85

CÓDIGO DE PROCESSO CIVIL

§ 1º Quando forem 2 (dois) ou mais os litigantes de má-fé, o juiz condenará cada um na proporção de seu respectivo interesse na causa ou solidariamente aqueles que se coligaram para lesar a parte contrária.

- Correspondência: art. 18, § 1º, CPC/1973.
- V. art. 130, CPC/2015.

§ 2º Quando o valor da causa for irrisório ou inestimável, a multa poderá ser fixada em até 10 (dez) vezes o valor do salário mínimo.

- Sem correspondência no CPC/1973.

§ 3º O valor da indenização será fixado pelo juiz ou, caso não seja possível mensurá-lo, liquidado por arbitramento ou pelo procedimento comum, nos próprios autos.

- Correspondência: art. 18, § 2º, CPC/1973.

Seção III
Das despesas, dos honorários advocatícios e das multas

Art. 82. Salvo as disposições concernentes à gratuidade da justiça, incumbe às partes prover as despesas dos atos que realizarem ou requererem no processo, antecipando-lhes o pagamento, desde o início até a sentença final ou, na execução, até a plena satisfação do direito reconhecido no título.

- Correspondência: art. 19, *caput*, CPC/1973.
- V. arts 88, 268, 290, 462, 701, § 1º e 974, CPC/2015.
- V. art. 5º, LXXIII e LXXIV, CF.
- V. Lei 1.060/1950 (Lei de Assistência Judiciária).
- V. art. 12, Lei 4.717/1965 (Ação popular).
- V. art. 39, Lei 6.830/1980 (Execução fiscal).
- V. Lei 6.899/1981 (Correção monetária nos débitos oriundos de decisão judicial).
- V. art. 18, Lei 7.347/1985 (Ação civil pública).
- V. art. 62, II, *d*, Lei 8.245/1991 (Locação de imóveis urbanos).
- V. arts. 46, 91 e 130, LC 80/1994 (Defensoria Pública da União).
- V. art. 4º, II, Lei 9.289/1996 (Custas na Justiça Federal).

§ 1º Incumbe ao autor adiantar as despesas relativas a ato cuja realização o juiz determinar de ofício ou a requerimento do Ministério Público, quando sua intervenção ocorrer como fiscal da ordem jurídica.

- Correspondência: art. 19, § 2º, CPC/1973.
- V. arts. 91, 95 e 266, CPC/2015.

§ 2º A sentença condenará o vencido a pagar ao vencedor as despesas que antecipou.

- Correspondência: art. 10, 1ª parte, CPC/1973.
- V. art. 30, Dec.-lei 3.365/1941 (Desapropriações por utilidade pública).
- V. art. 22, parágrafo único, Lei 6.515/1977 (Lei do Divórcio).
- V. art. 61, Lei 8.245/1991 (Locação de imóveis urbanos).

Art. 83. O autor, brasileiro ou estrangeiro, que residir fora do Brasil ou deixar de residir no país ao longo da tramitação de processo prestará caução suficiente ao pagamento das custas e dos honorários de advogado da parte contrária nas ações que propuser, se não tiver no Brasil bens imóveis que lhes assegurem o pagamento.

- Correspondência: art. 835, CPC/1973.
- V. art. 97, § 2º, Lei 11.101/2005 (Lei de Recuperação de Empresas e Falência).

§ 1º Não se exigirá a caução de que trata o *caput*:

- Correspondência: art. 836, *caput*, CPC/1973.

I – quando houver dispensa prevista em acordo ou tratado internacional de que o Brasil faz parte;

- Sem correspondência no CPC/1973.

II – na execução fundada em título extrajudicial e no cumprimento de sentença;

- Correspondência: art. 836, I, CPC/1973.

III – na reconvenção.

- Correspondência: art. 836, II, CPC/1973.

§ 2º Verificando-se no trâmite do processo que se desfalcou a garantia, poderá o interessado exigir reforço da caução, justificando seu pedido com a indicação da depreciação do bem dado em garantia e a importância do reforço que pretende obter.

- Correspondência: art. 837, CPC/1973.
- V. art. 782, CPC/2015.

Art. 84. As despesas abrangem as custas dos atos do processo, a indenização de viagem, a remuneração do assistente técnico e a diária de testemunha.

- Correspondência: art. 20, § 2º, CPC/1973.
- V. arts. 462 e 701, § 1º, CPC/2015.

Art. 85. A sentença condenará o vencido a pagar honorários ao advogado do vencedor.

- Correspondência: art. 20, *caput*, 1ª parte, CPC/1973.

Art. 85

- V. art. 27, § 1º, Dec.-lei 3.365/1941 (Desapropriação por utilidade pública).
- V. art. 12, Lei 4.717/1965 (Ação popular).
- V. art. 22, parágrafo único, Lei 6.515/1977 (Lei do Divórcio).
- V. Súmulas 185, 234, 256, 257, 389, 512 e 616, STF.
- V. Súmulas 14, 105, 110, 111, 345 e 453, STJ.

§ 1º São devidos honorários advocatícios na reconvenção, no cumprimento de sentença, provisório ou definitivo, na execução, resistida ou não, e nos recursos interpostos, cumulativamente.

- Correspondência: art. 34, CPC/1973.
- •• V. arts. 343, 513 e 827, CPC/2015.
- •• V. Súmula 517, STJ.

§ 2º Os honorários serão fixados entre o mínimo de dez e o máximo de 20% (vinte por cento) sobre o valor da condenação, do proveito econômico obtido ou, não sendo possível mensurá-lo, sobre o valor atualizado da causa, atendidos:

- Correspondência: art. 20, § 3º, CPC/1973.
- V. arts. 291, CPC/2015.
- V. arts. 61 e 62, II, d, Lei 8.245/1991 (Locação de imóveis urbanos).

I – o grau de zelo do profissional;

- Correspondência: art. 20, § 3º, a, CPC/1973.

II – o lugar de prestação do serviço;

- Correspondência: art. 20, § 3º, b, CPC/1973.

III – a natureza e a importância da causa;

- Correspondência: art. 20, § 3º, c, CPC/1973.

IV – o trabalho realizado pelo advogado e o tempo exigido para o seu serviço.

- Correspondência: art. 20, § 3º, c, CPC/1973.

§ 3º Nas causas em que a Fazenda Pública for parte, a fixação dos honorários observará os critérios estabelecidos nos incisos I a IV do § 2º e os seguintes percentuais:

- Correspondência: art. 20, § 4º, CPC/1973.

I – mínimo de dez e máximo de 20% (vinte por cento) sobre o valor da condenação ou do proveito econômico obtido até 200 (duzentos) salários mínimos;

- Sem correspondência no CPC/1973.

II – mínimo de oito e máximo de 10% (dez por cento) sobre o valor da condenação ou do proveito econômico obtido acima de 200 (duzentos) salários mínimos até 2.000 (dois mil) salários mínimos;

- Sem correspondência no CPC/1973.

III – mínimo de cinco e máximo de 8% (oito por cento) sobre o valor da condenação ou do proveito econômico obtido acima de 2.000 (dois mil) salários mínimos até 20.000 (vinte mil) salários mínimos;

- Sem correspondência no CPC/1973.

IV – mínimo de três e máximo de 5% (cinco por cento) sobre o valor da condenação ou do proveito econômico obtido acima de 20.000 (vinte mil) salários mínimos até 100.000 (cem mil) salários mínimos;

- Sem correspondência no CPC/1973.

V – mínimo de um e máximo de 3% (três por cento) sobre o valor da condenação ou do proveito econômico obtido acima de 100.000 (cem mil) salários mínimos.

- Sem correspondência no CPC/1973.

§ 4º Em qualquer das hipóteses do § 3º:

- Sem correspondência no CPC/1973.

I – os percentuais previstos nos incisos I a V devem ser aplicados desde logo, quando for líquida a sentença;

- Sem correspondência no CPC/1973.

II – não sendo líquida a sentença, a definição do percentual, nos termos previstos nos incisos I a V, somente ocorrerá quando liquidado o julgado;

- Sem correspondência no CPC/1973.

III – não havendo condenação principal ou não sendo possível mensurar o proveito econômico obtido, a condenação em honorários dar-se-á sobre o valor atualizado da causa;

- Sem correspondência no CPC/1973.

IV – será considerado o salário mínimo vigente quando prolatada sentença líquida ou o que estiver em vigor na data da decisão de liquidação.

- Sem correspondência no CPC/1973.

§ 5º Quando, conforme o caso, a condenação contra a Fazenda Pública ou o benefício econômico obtido pelo vencedor ou o valor da causa for superior ao valor previsto no inciso I do § 3º, a fixação do percentual de honorários deve observar a faixa inicial e, naquilo que a exceder, a faixa subsequente, e assim sucessivamente.

• Sem correspondência no CPC/1973.

§ 6º Os limites e critérios previstos nos §§ 2º e 3º aplicam-se independentemente de qual seja o conteúdo da decisão, inclusive aos casos de improcedência ou de sentença sem resolução de mérito.

• Sem correspondência no CPC/1973.

§ 7º Não serão devidos honorários no cumprimento de sentença contra a Fazenda Pública que enseje expedição de precatório, desde que não tenha sido impugnada.

• Sem correspondência no CPC/1973.

§ 8º Nas causas em que for inestimável ou irrisório o proveito econômico ou, ainda, quando o valor da causa for muito baixo, o juiz fixará o valor dos honorários por apreciação equitativa, observando o disposto nos incisos do § 2º.

• Correspondência: art. 20, § 4º, CPC/1973.

§ 9º Na ação de indenização por ato ilícito contra pessoa, o percentual de honorários incidirá sobre a soma das prestações vencidas acrescida de 12 (doze) prestações vincendas.

• Correspondência: art. 20, § 5º, CPC/1973.

§ 10. Nos casos de perda do objeto, os honorários serão devidos por quem deu causa ao processo.

• Sem correspondência no CPC/1973.

§ 11. O tribunal, ao julgar recurso, majorará os honorários fixados anteriormente levando em conta o trabalho adicional realizado em grau recursal, observando, conforme o caso, o disposto nos §§ 2º a 6º, sendo vedado ao tribunal, no cômputo geral da fixação de honorários devidos ao advogado do vencedor, ultrapassar os respectivos limites estabelecidos nos §§ 2º e 3º para a fase de conhecimento.

• Sem correspondência no CPC/1973.

§ 12. Os honorários referidos no § 11 são cumuláveis com multas e outras sanções processuais, inclusive as previstas no art. 77.

• Sem correspondência no CPC/1973.

§ 13. As verbas de sucumbência arbitradas em embargos à execução rejeitados ou julgados improcedentes e em fase de cumprimento de sentença serão acrescidas no valor do débito principal, para todos os efeitos legais.

• Sem correspondência no CPC/1973.

§ 14. Os honorários constituem direito do advogado e têm natureza alimentar, com os mesmos privilégios dos créditos oriundos da legislação do trabalho, sendo vedada a compensação em caso de sucumbência parcial.

• Sem correspondência no CPC/1973.
• V. arts. 22 a 26, Lei 8.906/1994 (Estatuto da Advocacia e da OAB).

§ 15. O advogado pode requerer que o pagamento dos honorários que lhe caibam seja efetuado em favor da sociedade de advogados que integra na qualidade de sócio, aplicando-se à hipótese o disposto no § 14.

• Sem correspondência no CPC/1973.

§ 16. Quando os honorários forem fixados em quantia certa, os juros moratórios incidirão a partir da data do trânsito em julgado da decisão.

• Sem correspondência no CPC/1973.
• V. Lei 6.899/1981 (Correção monetária nos débitos oriundos de decisão judicial).

§ 17. Os honorários serão devidos quando o advogado atuar em causa própria.

• Correspondência: art. 20, *caput*, 2ª parte, CPC/1973.

§ 18. Caso a decisão transitada em julgado seja omissa quanto ao direito aos honorários ou ao seu valor, é cabível ação autônoma para sua definição e cobrança.

• Sem correspondência no CPC/1973.
•• V. Súmula 453, STJ.

§ 19. Os advogados públicos perceberão honorários de sucumbência, nos termos da lei.

• Sem correspondência no CPC/1973.

Art. 86. Se cada litigante for, em parte, vencedor e vencido, serão proporcionalmente distribuídas entre eles as despesas.

• Correspondência: art. 21, *caput*, CPC/1973.
• V. arts. 87 e 997, CPC/2015.
• V. art. 14, Lei 9.289/1996 (Custas na Justiça Federal).

Parágrafo único. Se um litigante sucumbir em parte mínima do pedido, o outro responderá, por inteiro, pelas despesas e pelos honorários.

- Correspondência: art. 21, parágrafo único, CPC/1973.

Art. 87. Concorrendo diversos autores ou diversos réus, os vencidos respondem proporcionalmente pelas despesas e pelos honorários.

- Correspondência: art. 23, CPC/1973.
- V. art. 86, CPC/2015.
- V. art. 257, CC.

§ 1º A sentença deverá distribuir entre os litisconsortes, de forma expressa, a responsabilidade proporcional pelo pagamento das verbas previstas no *caput*.

- Sem correspondência no CPC/1973.

§ 2º Se a distribuição de que trata o § 1º não for feita, os vencidos responderão solidariamente pelas despesas e pelos honorários.

- Sem correspondência no CPC/1973.

Art. 88. Nos procedimentos de jurisdição voluntária, as despesas serão adiantadas pelo requerente e rateadas entre os interessados.

- Correspondência: art. 24, CPC/1973.
- V. arts. 82 e 719, CPC/2015.

Art. 89. Nos juízos divisórios, não havendo litígio, os interessados pagarão as despesas proporcionalmente a seus quinhões.

- Correspondência: art. 24, CPC/1973.
- V. arts. 569 a 598, CPC/2015.
- V. art. 1.320, CC.
- V. art. 14, § 4º, Lei 9.289/1996 (Custas na Justiça Federal).

Art. 90. Proferida sentença com fundamento em desistência, em renúncia ou em reconhecimento do pedido, as despesas e os honorários serão pagos pela parte que desistiu, renunciou ou reconheceu.

- Correspondência: art. 26, *caput*, CPC/1973.
- V. arts. 485, VIII e § 4º, e 487, III, a e *c*, CPC/2015.

§ 1º Sendo parcial a desistência, a renúncia ou o reconhecimento, a responsabilidade pelas despesas e pelos honorários será proporcional à parcela reconhecida, à qual se renunciou ou da qual se desistiu.

- Correspondência: art. 26, § 1º, CPC/1973.

§ 2º Havendo transação e nada tendo as partes disposto quanto às despesas, estas serão divididas igualmente.

- Correspondência: art. 26, § 2º, CPC/1973.

§ 3º Se a transação ocorrer antes da sentença, as partes ficam dispensadas do pagamento das custas processuais remanescentes, se houver.

- Sem correspondência no CPC/1973.

§ 4º Se o réu reconhecer a procedência do pedido e, simultaneamente, cumprir integralmente a prestação reconhecida, os honorários serão reduzidos pela metade.

- Sem correspondência no CPC/1973.

Art. 91. As despesas dos atos processuais praticados a requerimento da Fazenda Pública, do Ministério Público ou da Defensoria Pública serão pagas ao final pelo vencido.

- Correspondência: art. 27, CPC/1973.
- V. art. 82, § 1º, CPC/2015.

§ 1º As perícias requeridas pela Fazenda Pública, pelo Ministério Público ou pela Defensoria Pública poderão ser realizadas por entidade pública ou, havendo previsão orçamentária, ter os valores adiantados por aquele que requerer a prova.

- Sem correspondência no CPC/1973.
- V. art. 39, Lei 6.830/1980 (Execução fiscal).

§ 2º Não havendo previsão orçamentária no exercício financeiro para adiantamento dos honorários periciais, eles serão pagos no exercício seguinte ou ao final, pelo vencido, caso o processo se encerre antes do adiantamento a ser feito pelo ente público.

- Sem correspondência no CPC/1973.

Art. 92. Quando, a requerimento do réu, o juiz proferir sentença sem resolver o mérito, o autor não poderá propor novamente a ação sem pagar ou depositar em cartório as despesas e os honorários a que foi condenado.

- Correspondência: art. 28, CPC/1973.
- V. arts. 485, § 2º, e 486, *caput*, CPC/2015.

Art. 93. As despesas de atos adiados ou cuja repetição for necessária ficarão a cargo da parte, do auxiliar da justiça, do órgão do Ministério Público ou da Defensoria Pública

Art. 98

CÓDIGO DE PROCESSO CIVIL

ou do juiz que, sem justo motivo, houver dado causa ao adiamento ou à repetição.

- Correspondência: art. 29, CPC/1973.
- V. arts. 143, 233 e 362, § 3º, CPC/2015.

Art. 94. Se o assistido for vencido, o assistente será condenado ao pagamento das custas em proporção à atividade que houver exercido no processo.

- Correspondência: art. 32, CPC/1973.
- V. arts. 119, 121 e 124, CPC/2015.

Art. 95. Cada parte adiantará a remuneração do assistente técnico que houver indicado, sendo a do perito adiantada pela parte que houver requerido a perícia ou rateada quando a perícia for determinada de ofício ou requerida por ambas as partes.

- Correspondência: art. 33, *caput*, CPC/1973.
- V. arts. 82, 84 e 464 a 480, CPC/2015.
- V. art. 10, Lei 9.289/1996 (Custas na Justiça Federal).

§ 1º O juiz poderá determinar que a parte responsável pelo pagamento dos honorários do perito deposite em juízo o valor correspondente.

- Correspondência: art. 33, parágrafo único, 1ª parte, CPC/1973.

§ 2º A quantia recolhida em depósito bancário à ordem do juízo será corrigida monetariamente e paga de acordo com o art. 465, § 4º.

- Correspondência: art. 33, parágrafo único, 2ª parte, CPC/1973.

§ 3º Quando o pagamento da perícia for de responsabilidade de beneficiário de gratuidade da justiça, ela poderá ser:

- Sem correspondência no CPC/1973.

I – custeada com recursos alocados no orçamento do ente público e realizada por servidor do Poder Judiciário ou por órgão público conveniado;

- Sem correspondência no CPC/1973.

II – paga com recursos alocados no orçamento da União, do Estado ou do Distrito Federal, no caso de ser realizada por particular, hipótese em que o valor será fixado conforme tabela do tribunal respectivo ou, em caso de sua omissão, do Conselho Nacional de Justiça.

- Sem correspondência no CPC/1973.

§ 4º Na hipótese do § 3º, o juiz, após o trânsito em julgado da decisão final, oficiará a Fazenda Pública para que promova, contra quem tiver sido condenado ao pagamento das despesas processuais, a execução dos valores gastos com a perícia particular ou com a utilização de servidor público ou da estrutura de órgão público, observando-se, caso o responsável pelo pagamento das despesas seja beneficiário de gratuidade da justiça, o disposto no art. 98, § 2º.

- Sem correspondência no CPC/1973.

§ 5º Para fins de aplicação do § 3º, é vedada a utilização de recursos do fundo de custeio da Defensoria Pública.

- Sem correspondência no CPC/1973.

Art. 96. O valor das sanções impostas ao litigante de má-fé reverterá em benefício da parte contrária, e o valor das sanções impostas aos serventuários pertencerá ao Estado ou à União.

- Correspondência: art. 35, CPC/1973.
- V. arts. 80, 81, 202, 258, 468, § 1º, 896, § 2º, 897 e 968, II, CPC/2015.

Art. 97. A União e os Estados podem criar fundos de modernização do Poder Judiciário, aos quais serão revertidos os valores das sanções pecuniárias processuais destinadas à União e aos Estados, e outras verbas previstas em lei.

- Sem correspondência no CPC/1973.

Seção IV
Da gratuidade da justiça

Art. 98. A pessoa natural ou jurídica, brasileira ou estrangeira, com insuficiência de recursos para pagar as custas, as despesas processuais e os honorários advocatícios tem direito à gratuidade da justiça, na forma da lei.

- Sem correspondência no CPC/1973.
- ** V. Súmula 481, STJ.

§ 1º A gratuidade da justiça compreende:
I – as taxas ou as custas judiciais;
II – os selos postais;
III – as despesas com publicação na imprensa oficial, dispensando-se a publicação em outros meios;

Art. 99

IV – a indenização devida à testemunha que, quando empregada, receberá do empregador salário integral, como se em serviço estivesse;
V – as despesas com a realização de exame de código genético – DNA e de outros exames considerados essenciais;
VI – os honorários do advogado e do perito e a remuneração do intérprete ou do tradutor nomeado para apresentação de versão em português de documento redigido em língua estrangeira;
VII – o custo com a elaboração de memória de cálculo, quando exigida para instauração da execução;
VIII – os depósitos previstos em lei para interposição de recurso, para propositura de ação e para a prática de outros atos processuais inerentes ao exercício da ampla defesa e do contraditório;
IX – os emolumentos devidos a notários ou registradores em decorrência da prática de registro, averbação ou qualquer outro ato notarial necessário à efetivação de decisão judicial ou à continuidade de processo judicial no qual o benefício tenha sido concedido.

§ 2º A concessão de gratuidade não afasta a responsabilidade do beneficiário pelas despesas processuais e pelos honorários advocatícios decorrentes de sua sucumbência.

§ 3º Vencido o beneficiário, as obrigações decorrentes de sua sucumbência ficarão sob condição suspensiva de exigibilidade e somente poderão ser executadas se, nos 5 (cinco) anos subsequentes ao trânsito em julgado da decisão que as certificou, o credor demonstrar que deixou de existir a situação de insuficiência de recursos que justificou a concessão de gratuidade, extinguindo-se, passado esse prazo, tais obrigações do beneficiário.

§ 4º A concessão de gratuidade não afasta o dever de o beneficiário pagar, ao final, as multas processuais que lhe sejam impostas.

§ 5º A gratuidade poderá ser concedida em relação a algum ou a todos os atos processuais, ou consistir na redução percentual de despesas processuais que o beneficiário tiver de adiantar no curso do procedimento.

§ 6º Conforme o caso, o juiz poderá conceder direito ao parcelamento de despesas processuais que o beneficiário tiver de adiantar no curso do procedimento.

§ 7º Aplica-se o disposto no art. 95, §§ 3º a 5º, ao custeio dos emolumentos previstos no § 1º, inciso IX, do presente artigo, observada a tabela e as condições da lei estadual ou distrital respectiva.

§ 8º Na hipótese do § 1º, inciso IX, havendo dúvida fundada quanto ao preenchimento atual dos pressupostos para a concessão de gratuidade, o notário ou registrador, após praticar o ato, pode requerer, ao juízo competente para decidir questões notariais ou registrais, a revogação total ou parcial do benefício ou a sua substituição pelo parcelamento de que trata o § 6º deste artigo, caso em que o beneficiário será citado para, em 15 (quinze) dias, manifestar-se sobre esse requerimento.

Art. 99. O pedido de gratuidade da justiça pode ser formulado na petição inicial, na contestação, na petição para ingresso de terceiro no processo ou em recurso.

• Sem correspondência no CPC/1973.

§ 1º Se superveniente à primeira manifestação da parte na instância, o pedido poderá ser formulado por petição simples, nos autos do próprio processo, e não suspenderá seu curso.

§ 2º O juiz somente poderá indeferir o pedido se houver nos autos elementos que evidenciem a falta dos pressupostos legais para a concessão de gratuidade, devendo, antes de indeferir o pedido, determinar à parte a comprovação do preenchimento dos referidos pressupostos.

§ 3º Presume-se verdadeira a alegação de insuficiência deduzida exclusivamente por pessoa natural.

§ 4º A assistência do requerente por advogado particular não impede a concessão de gratuidade da justiça.

§ 5º Na hipótese do § 4º, o recurso que verse exclusivamente sobre valor de honorários de sucumbência fixados em favor do advogado de beneficiário estará sujeito a preparo, salvo se o próprio advogado demonstrar que tem direito à gratuidade.

Art. 104

§ 6º O direito à gratuidade da justiça é pessoal, não se estendendo a litisconsorte ou a sucessor do beneficiário, salvo requerimento e deferimento expressos.

§ 7º Requerida a concessão de gratuidade da justiça em recurso, o recorrente estará dispensado de comprovar o recolhimento do preparo, incumbindo ao relator, neste caso, apreciar o requerimento e, se indeferi-lo, fixar prazo para realização do recolhimento.

Art. 100. Deferido o pedido, a parte contrária poderá oferecer impugnação na contestação, na réplica, nas contrarrazões de recurso ou, nos casos de pedido superveniente ou formulado por terceiro, por meio de petição simples, a ser apresentada no prazo de 15 (quinze) dias, nos autos do próprio processo, sem suspensão de seu curso.

- Sem correspondência no CPC/1973.
- V. art. 337, XIII, CPC/2015.

Parágrafo único. Revogado o benefício, a parte arcará com as despesas processuais que tiver deixado de adiantar e pagará, em caso de má-fé, até o décuplo de seu valor a título de multa, que será revertida em benefício da Fazenda Pública estadual ou federal e poderá ser inscrita em dívida ativa.

Art. 101. Contra a decisão que indeferir a gratuidade ou a que acolher pedido de sua revogação caberá agravo de instrumento, exceto quando a questão for resolvida na sentença, contra a qual caberá apelação.

- Sem correspondência no CPC/1973.
- V. art. 1.015, V, CPC/2015.

§ 1º O recorrente estará dispensado do recolhimento de custas até decisão do relator sobre a questão, preliminarmente ao julgamento do recurso.

§ 2º Confirmada a denegação ou a revogação da gratuidade, o relator ou o órgão colegiado determinará ao recorrente o recolhimento das custas processuais, no prazo de 5 (cinco) dias, sob pena de não conhecimento do recurso.

Art. 102. Sobrevindo o trânsito em julgado de decisão que revoga a gratuidade, a parte deverá efetuar o recolhimento de todas as despesas de cujo adiantamento foi dispensada, inclusive as relativas ao recurso interposto, se houver, no prazo fixado pelo juiz, sem prejuízo de aplicação das sanções previstas em lei.

- Sem correspondência no CPC/1973.

Parágrafo único. Não efetuado o recolhimento, o processo será extinto sem resolução de mérito, tratando-se do autor, e, nos demais casos, não poderá ser deferida a realização de nenhum ato ou diligência requerida pela parte enquanto não efetuado o depósito.

Capítulo III
DOS PROCURADORES

Art. 103. A parte será representada em juízo por advogado regularmente inscrito na Ordem dos Advogados do Brasil.

- Correspondência: art. 36, *caput*, 1ª parte, CPC/1973.
- Correspondência: art. 36, *caput*, 2ª parte, CPC/1973.
- V. arts. 111, 287 e 313, § 3º, CPC/2015.
- V. arts. 133 e 134, CF.
- V. art. 692, CC.
- V. art. 355, CP.
- V. art. 791, §§ 1º e 2º, CLT.
- V. art. 47, Dec.-lei 3.688/1941 (Lei das Contravenções Penais).
- V. art. 6º, § 5º, Lei 818/1949 (Nacionalidade brasileira).
- V. Lei 3.836/1960 (Entrega de autos aos advogados).
- V. art. 2º, Lei 5.478/1968 (Ação de alimentos).
- V. art. 13, Lei 6.367/1976 (Acidente do trabalho).
- V. art. 1º, I, Lei 8.906/1994 (Estatuto da Advocacia e da OAB).
- V. art. 9º, Lei 9.099/1995 (Juizados Especiais Cíveis e Criminais).

Parágrafo único. É lícito à parte postular em causa própria quando tiver habilitação legal.

Art. 104. O advogado não será admitido a postular em juízo sem procuração, salvo para evitar preclusão, decadência ou prescrição, ou para praticar ato considerado urgente.

- Correspondência: art. 37, *caput*, 1ª parte, CPC/1973.
- V. art. 287, parágrafo único, III, CPC/2015.
- V. art. 692, CC.
- V. art. 16, Lei 1.060/1950 (Lei de Assistência Judiciária).

Art. 105

- V. art. 5º, § 1º, Lei 8.906/1994 (Estatuto da Advocacia e da OAB).
- V. Súmula 115, STJ.

§ 1º Nas hipóteses previstas no *caput*, o advogado deverá, independentemente de caução, exibir a procuração no prazo de 15 (quinze) dias, prorrogável por igual período por despacho do juiz.

- Correspondência: art. 37, *caput*, 2ª parte, CPC/1973.
- V. art. 5º, § 1º, Lei 8.906/1994 (Estatuto da Advocacia e da OAB).

§ 2º O ato não ratificado será considerado ineficaz relativamente àquele em cujo nome foi praticado, respondendo o advogado pelas despesas e por perdas e danos.

- Correspondência: art. 37, parágrafo único, CPC/1973.

Art. 105. A procuração geral para o foro, outorgada por instrumento público ou particular assinado pela parte, habilita o advogado a praticar todos os atos do processo, exceto receber citação, confessar, reconhecer a procedência do pedido, transigir, desistir, renunciar ao direito sobre o qual se funda a ação, receber, dar quitação, firmar compromisso e assinar declaração de hipossuficiência econômica, que devem constar de cláusula específica.

- Correspondência: art. 38, *caput*, CPC/1973.
- V. arts. 242, 390, § 1º, e 618, III, CPC/2015.
- V. arts. 654 e 692, CC.
- V. art. 16, parágrafo único, *a*, Lei 1.060/1950 (Lei de Assistência Judiciária).

§ 1º A procuração pode ser assinada digitalmente, na forma da lei.

- Correspondência: art. 38, parágrafo único, CPC/1973.

§ 2º A procuração deverá conter o nome do advogado, seu número de inscrição na Ordem dos Advogados do Brasil e endereço completo.

- Sem correspondência no CPC/1973.

§ 3º Se o outorgado integrar sociedade de advogados, a procuração também deverá conter o nome dessa, seu número de registro na Ordem dos Advogados do Brasil e endereço completo.

- Sem correspondência no CPC/1973.

§ 4º Salvo disposição expressa em sentido contrário constante do próprio instrumento, a procuração outorgada na fase de conhecimento é eficaz para todas as fases do processo, inclusive para o cumprimento de sentença.

- Sem correspondência no CPC/1973.

Art. 106. Quando postular em causa própria, incumbe ao advogado:

- Correspondência: art. 39, *caput*, CPC/1973.

I – declarar, na petição inicial ou na contestação, o endereço, seu número de inscrição na Ordem dos Advogados do Brasil e o nome da sociedade de advogados da qual participa, para o recebimento de intimações;

- Correspondência: art. 39, I, CPC/1973.

II – comunicar ao juízo qualquer mudança de endereço.

- Correspondência: art. 39, II, CPC/1973.

§ 1º Se o advogado descumprir o disposto no inciso I, o juiz ordenará que se supra a omissão, no prazo de 5 (cinco) dias, antes de determinar a citação do réu, sob pena de indeferimento da petição.

- Correspondência: art. 39, parágrafo único, 1ª parte, CPC/1973.
- V. arts. 76, 321 e 330, IV, CPC/2015.

§ 2º Se o advogado infringir o previsto no inciso II, serão consideradas válidas as intimações enviadas por carta registrada ou meio eletrônico ao endereço constante dos autos.

- Correspondência: art. 39, parágrafo único, 2ª parte, CPC/1973.

Art. 107. O advogado tem direito a:

- Correspondência: art. 40, *caput*, CPC/1973.
- V. arts. 207, parágrafo único e 289, CPC/2015.
- V. art. 7º, Lei 8.906/1994 (Estatuto da Advocacia e da OAB).

I – examinar, em cartório de fórum e secretaria de tribunal, mesmo sem procuração, autos de qualquer processo, independentemente da fase de tramitação, assegurados a obtenção de cópias e o registro de anotações, salvo na hipótese de segredo de justiça, nas quais apenas o advogado constituído terá acesso aos autos;

- Correspondência: art. 40, I, CPC/1973.
- V. art. 189, § 1º, CPC/2015.

Art. 112

CÓDIGO DE PROCESSO CIVIL

II – requerer, como procurador, vista dos autos de qualquer processo, pelo prazo de 5 (cinco) dias;

- Correspondência: art. 40, II, CPC/1973.

III – retirar os autos do cartório ou da secretaria, pelo prazo legal, sempre que neles lhe couber falar por determinação do juiz, nos casos previstos em lei.

- Correspondência: art. 40, IIII, CPC/1973.
- V. art. 234, CPC/2015.

§ 1º Ao receber os autos, o advogado assinará carga em livro ou documento próprio.

- Correspondência: art. 40, § 1º, CPC/1973.

§ 2º Sendo o prazo comum às partes, os procuradores poderão retirar os autos somente em conjunto ou mediante prévio ajuste, por petição nos autos.

- Correspondência: art. 40, § 2º, 1ª parte, CPC/1973.

§ 3º Na hipótese do § 2º, é lícito ao procurador retirar os autos para obtenção de cópias, pelo prazo de 2 (duas) a 6 (seis) horas, independentemente de ajuste e sem prejuízo da continuidade do prazo.

- Correspondência: art. 40, § 2º, 2ª parte, CPC/1973.

§ 4º O procurador perderá no mesmo processo o direito a que se refere o § 3º se não devolver os autos tempestivamente, salvo se o prazo for prorrogado pelo juiz.

- Sem correspondência no CPC/1973.

Capítulo IV
DA SUCESSÃO DAS PARTES E DOS PROCURADORES

Art. 108. No curso do processo, somente é lícita a sucessão voluntária das partes nos casos expressos em lei.

- Correspondência: art. 41, CPC/1973.
- V. arts. 43, 329, 778 e 779, CPC/2015.

Art. 109. A alienação da coisa ou do direito litigioso por ato entre vivos, a título particular, não altera a legitimidade das partes.

- Correspondência: art. 42, *caput*, CPC/1973.
- V. art. 808, CPC/2015.

§ 1º O adquirente ou cessionário não poderá ingressar em juízo, sucedendo o alienante ou cedente, sem que o consinta a parte contrária.

- Correspondência: art. 42, § 1º, CPC/1973.

§ 2º O adquirente ou cessionário poderá intervir no processo como assistente litisconsorcial do alienante ou cedente.

- Correspondência: art. 42, § 2º, CPC/1973.
- V. arts. 119 a 123, CPC/2015.

§ 3º Estendem-se os efeitos da sentença proferida entre as partes originárias ao adquirente ou cessionário.

- Correspondência: art. 42, § 3º, CPC/1973.
- V. arts. 779, II, III e 790, I, CPC/2015.

Art. 110. Ocorrendo a morte de qualquer das partes, dar-se-á a sucessão pelo seu espólio ou pelos seus sucessores, observado o disposto no art. 313, §§ 1º e 2º.

- Correspondência: art. 43, CPC/1973.
- V. arts. 75, VI e § 1º, 485, IX, 618, 687 e 1.004, CPC/2015.

Art. 111. A parte que revogar o mandato outorgado a seu advogado constituirá, no mesmo ato, outro que assuma o patrocínio da causa.

- Correspondência: art. 44, CPC/1973.
- V. art. 687, CC.
- • V. art. 5º, Lei 8.906/1994 (Estatuto da Advocacia e a OAB).

Parágrafo único. Não sendo constituído novo procurador no prazo de 15 (quinze) dias, observar-se-á o disposto no art. 76.

- Sem correspondência no CPC/1973.

Art. 112. O advogado poderá renunciar ao mandato a qualquer tempo, provando, na forma prevista neste Código, que comunicou a renúncia ao mandante, a fim de que este nomeie sucessor.

- Correspondência: art. 45, 1ª parte, CPC/1973.
- V. art. 313, I, § 1º, CPC/2015.
- V. arts. 682 e 688, CC.
- • V. art. 5º, Lei 8.906/1994 (Estatuto da Advocacia e a OAB).

§ 1º Durante os 10 (dez) dias seguintes, o advogado continuará a representar o mandante, desde que necessário para lhe evitar prejuízo.

- Correspondência: art. 45, 2ª parte, CPC/1973.

§ 2º Dispensa-se a comunicação referida no *caput* quando a procuração tiver sido outorgada a vários advogados e a parte continuar representada por outro, apesar da renúncia.

- Sem correspondência no CPC/1973.

Art. 113

TÍTULO II
DO LITISCONSÓRCIO

Art. 113. Duas ou mais pessoas podem litigar, no mesmo processo, em conjunto, ativa ou passivamente, quando:

- Correspondência: art. 46, *caput*, CPC/1973.
- V. art. 5º, § 5º, Lei 7.347/1985 (Ação civil pública).
- V. art. 14, § 2º, Lei 9.289/1996 (Custas na Justiça Federal).
- V. art. 94, § 1º, Lei 11.101/2005 (Lei de Recuperação de Empresas e Falência).

I – entre elas houver comunhão de direitos ou de obrigações relativamente à lide;

- Correspondência: art. 46, I, CPC/1973.

II – entre as causas houver conexão pelo pedido ou pela causa de pedir;

- Correspondência: art. 46, III, CPC/1973.

III – ocorrer afinidade de questões por ponto comum de fato ou de direito.

- Correspondência: art. 46, IV, CPC/1973.

§ 1º O juiz poderá limitar o litisconsórcio facultativo quanto ao número de litigantes na fase de conhecimento, na liquidação de sentença ou na execução, quando este comprometer a rápida solução do litígio ou dificultar a defesa ou o cumprimento da sentença.

- Correspondência: art. 46, parágrafo único, 1ª parte, CPC/1973.
- V. art. 139, II, CPC/2015.

§ 2º O requerimento de limitação interrompe o prazo para manifestação ou resposta, que recomeçará da intimação da decisão que o solucionar.

- Correspondência: art. 46, parágrafo único, 2ª parte, CPC/1973.

Art. 114. O litisconsórcio será necessário por disposição de lei ou quando, pela natureza da relação jurídica controvertida, a eficácia da sentença depender da citação de todos que devam ser litisconsortes.

- Correspondência: art. 47, *caput*, CPC/1973.
- V. art. 569, II, CPC/2015.
- V. art. 6º, Lei 4.717/1965 (Ação popular).
- V. art. 94, Lei 8.078/1990 (Código de Defesa do Consumidor).

Art. 115. A sentença de mérito, quando proferida sem a integração do contraditório, será:

- Correspondência: art. 47, *caput*, CPC/1973.

I – nula, se a decisão deveria ser uniforme em relação a todos que deveriam ter integrado o processo;

- Correspondência: art. 47, *caput*, CPC/1973.

II – ineficaz, nos outros casos, apenas para os que não foram citados.

- Correspondência: art. 47, *caput*, CPC/1973.

Parágrafo único. Nos casos de litisconsórcio passivo necessário, o juiz determinará ao autor que requeira a citação de todos que devam ser litisconsortes, dentro do prazo que assinar, sob pena de extinção do processo.

- Correspondência: art. 47, parágrafo único, CPC/1973.
- V. art. 569, II, CPC/2015.

Art. 116. O litisconsórcio será unitário quando, pela natureza da relação jurídica, o juiz tiver de decidir o mérito de modo uniforme para todos os litisconsortes.

- Correspondência: art. 47, *caput*, CPC/1973.
- V. art. 354, CPC/2015.

Art. 117. Os litisconsortes serão considerados, em suas relações com a parte adversa, como litigantes distintos, exceto no litisconsórcio unitário, caso em que os atos e as omissões de um não prejudicarão os outros, mas os poderão beneficiar.

- Correspondência: art. 48, CPC/1973.
- V. arts. 345, I, 391, 997 e 1.005, CPC/2015.

Art. 118. Cada litisconsorte tem o direito de promover o andamento do processo, e todos devem ser intimados dos respectivos atos.

- Correspondência: art. 49, CPC/1973.
- V. art. 229, CPC/2015.

TÍTULO III
DA INTERVENÇÃO DE TERCEIROS
Capítulo I
DA ASSISTÊNCIA
Seção I
Disposições comuns

Art. 119. Pendendo causa entre 2 (duas) ou mais pessoas, o terceiro juridicamente interessado em que a sentença seja favorável a uma delas poderá intervir no processo para assisti-la.

- Correspondência: art. 50, *caput*, CPC/1973.

Código de Processo Civil

- V. arts. 109, § 2º, 124 e 364, §§ 1º e 2º, CPC/2015.
- V. art. 6º, Lei 4.717/1965 (Ação popular).
- V. art. 14, § 2º, Lei 9.289/1996 (Custas na Justiça Federal).

Parágrafo único. A assistência será admitida em qualquer procedimento e em todos os graus de jurisdição, recebendo o assistente o processo no estado em que se encontre.

- Correspondência: art. 50, parágrafo único, CPC/1973.

Art. 120. Não havendo impugnação no prazo de 15 (quinze) dias, o pedido do assistente será deferido, salvo se for caso de rejeição liminar.

- Sem correspondência no CPC/1973.

Parágrafo único. Se qualquer parte alegar que falta ao requerente interesse jurídico para intervir, o juiz decidirá o incidente, sem suspensão do processo.

- Correspondência: art. 51, CPC/1973.
- V. arts. 178, I, e 330, III, CPC/2015.

Seção II
Da assistência simples

Art. 121. O assistente simples atuará como auxiliar da parte principal, exercerá os mesmos poderes e sujeitar-se-á aos mesmos ônus processuais que o assistido.

- Correspondência: art. 52, *caput*, CPC/1973.

Parágrafo único. Sendo revel ou, de qualquer outro modo, omisso o assistido, o assistente será considerado seu substituto processual.

- Correspondência: art. 50, parágrafo único, CPC/1973.

Art. 122. A assistência simples não obsta a que a parte principal reconheça a procedência do pedido, desista da ação, renuncie ao direito sobre o que se funda a ação ou transija sobre direitos controvertidos.

- Correspondência: art. 53, CPC/1973.

Art. 123. Transitada em julgado a sentença no processo em que interveio o assistente, este não poderá, em processo posterior, discutir a justiça da decisão, salvo se alegar e provar que:

- Correspondência: art. 55, *caput*, CPC/1973.

I – pelo estado em que recebeu o processo ou pelas declarações e pelos atos do assistido, foi impedido de produzir provas suscetíveis de influir na sentença;

- Correspondência: art. 55, I, CPC/1973.

II – desconhecia a existência de alegações ou de provas das quais o assistido, por dolo ou culpa, não se valeu.

- Correspondência: art. 55, II, CPC/1973.

Seção III
Da assistência litisconsorcial

Art. 124. Considera-se litisconsorte da parte principal o assistente sempre que a sentença influir na relação jurídica entre ele e o adversário do assistido.

- Correspondência: art. 54, CPC/1973.

Capítulo II
DA DENUNCIAÇÃO DA LIDE

Art. 125. É admissível a denunciação da lide, promovida por qualquer das partes:

- Correspondência: art. 70, *caput*, CPC/1973.

I – ao alienante imediato, no processo relativo à coisa cujo domínio foi transferido ao denunciante, a fim de que possa exercer os direitos que da evicção lhe resultam;

- Correspondência: art. 70, I, CPC/1973.
- V. arts. 447 a 457, CC.

II – àquele que estiver obrigado, por lei ou pelo contrato, a indenizar, em ação regressiva, o prejuízo de quem for vencido no processo.

- Correspondência: art. 70, III, CPC/1973.
- V. arts. 1.197 e 1.646, CC.
- V. Súmula 188, STF.

§ 1º O direito regressivo será exercido por ação autônoma quando a denunciação da lide for indeferida, deixar de ser promovida ou não for permitida.

- Sem correspondência no CPC/1973.

§ 2º Admite-se uma única denunciação sucessiva, promovida pelo denunciado, contra seu antecessor imediato na cadeia dominial ou quem seja responsável por indenizá-lo, não podendo o denunciado sucessivo promover nova denunciação, hipótese em que eventual direito de regresso será exercido por ação autônoma.

- Sem correspondência no CPC/1973.

Art. 126

Art. 126. A citação do denunciado será requerida na petição inicial, se o denunciante for autor, ou na contestação, se o denunciante for réu, devendo ser realizada na forma e nos prazos previstos no art. 131.

• Correspondência: art. 71, CPC/1973.

Art. 127. Feita a denunciação pelo autor, o denunciado poderá assumir a posição de litisconsorte do denunciante e acrescentar novos argumentos à petição inicial, procedendo-se em seguida à citação do réu.

• Correspondência: art. 74, CPC/1973.
• V. arts. 113 a 118 e 131, CPC/2015.

Art. 128. Feita a denunciação pelo réu:

• Correspondência: art. 75, *caput*, CPC/1973.

I – se o denunciado contestar o pedido formulado pelo autor, o processo prosseguirá tendo, na ação principal, em litisconsórcio, denunciante e denunciado;

• Correspondência: art. 75, I, CPC/1973.

II – se o denunciado for revel, o denunciante pode deixar de prosseguir com sua defesa, eventualmente oferecida, e abster-se de recorrer, restringindo sua atuação à ação regressiva;

• Correspondência: art. 75, II, CPC/1973.
• V. art. 344, CPC/2015.

III – se o denunciado confessar os fatos alegados pelo autor na ação principal, o denunciante poderá prosseguir com sua defesa ou, aderindo a tal reconhecimento, pedir apenas a procedência da ação de regresso.

• Correspondência: art. 75, III, CPC/1973.
• V. art. 389, CPC/2015.

Parágrafo único. Procedente o pedido da ação principal, pode o autor, se for o caso, requerer o cumprimento da sentença também contra o denunciado, nos limites da condenação deste na ação regressiva.

• Sem correspondência no CPC/1973.
•• V. Súmula 537, STJ.

Art. 129. Se o denunciante for vencido na ação principal, o juiz passará ao julgamento da denunciação da lide.

• Correspondência: art. 76, CPC/1973.
• V. art. 101, II, Lei 8.078/1990 (Código de Defesa do Consumidor).

Parágrafo único. Se o denunciante for vencedor, a ação de denunciação não terá o seu pedido examinado, sem prejuízo da condenação do denunciante ao pagamento das verbas de sucumbência em favor do denunciado.

• Sem correspondência no CPC/1973.

Capítulo III
DO CHAMAMENTO AO PROCESSO

Art. 130. É admissível o chamamento ao processo, requerido pelo réu:

• Correspondência: art. 77, *caput*, CPC/1973.
• V. art. 231, § 1º, CPC/2015.

I – do afiançado, na ação em que o fiador for réu;

• Correspondência: art. 77, I, CPC/1973.
• V. arts. 818, 827 e 831, CC.

II – dos demais fiadores, na ação proposta contra um ou alguns deles;

• Correspondência: art. 77, II, CPC/1973.

III – dos demais devedores solidários, quando o credor exigir de um ou de alguns o pagamento da dívida comum.

• Correspondência: art. 77, III, CPC/1973.
• V. arts. 264, 265, e 275, CC.

Art. 131. A citação daqueles que devam figurar em litisconsórcio passivo será requerida pelo réu na contestação e deve ser promovida no prazo de 30 (trinta) dias, sob pena de ficar sem efeito o chamamento.

• Correspondência: art. 78, CPC/1973.

Parágrafo único. Se o chamado residir em outra comarca, seção ou subseção judiciárias, ou em lugar incerto, o prazo será de 2 (dois) meses.

• Correspondência: art. 72, CPC/1973.

Art. 132. A sentença de procedência valerá como título executivo em favor do réu que satisfizer a dívida, a fim de que possa exigi-la, por inteiro, do devedor principal, ou, de cada um dos codevedores, a sua quota, na proporção que lhes tocar.

• Correspondência: art. 80, CPC/1973.
• V. art. 778, CPC/2015.

Capítulo IV
DO INCIDENTE DE DESCONSIDERAÇÃO DA PERSONALIDADE JURÍDICA

Art. 133. O incidente de desconsideração da personalidade jurídica será instaurado a pedido da parte ou do Ministério Público, quando lhe couber intervir no processo.

- Sem correspondência no CPC/1973.
- V. art. 50, CC.
- V. art. 2º, § 2º, CLT.
- V. art. 28, Lei 8.078/1990 (Código de Defesa do Consumidor).

§ 1º O pedido de desconsideração da personalidade jurídica observará os pressupostos previstos em lei.

§ 2º Aplica-se o disposto neste Capítulo à hipótese de desconsideração inversa da personalidade jurídica.

Art. 134. O incidente de desconsideração é cabível em todas as fases do processo de conhecimento, no cumprimento de sentença e na execução fundada em título executivo extrajudicial.

- Sem correspondência no CPC/1973.

§ 1º A instauração do incidente será imediatamente comunicada ao distribuidor para as anotações devidas.

§ 2º Dispensa-se a instauração do incidente se a desconsideração da personalidade jurídica for requerida na petição inicial, hipótese em que será citado o sócio ou a pessoa jurídica.

§ 3º A instauração do incidente suspenderá o processo, salvo na hipótese do § 2º.

§ 4º O requerimento deve demonstrar o preenchimento dos pressupostos legais específicos para desconsideração da personalidade jurídica.

Art. 135. Instaurado o incidente, o sócio ou a pessoa jurídica será citado para manifestar-se e requerer as provas cabíveis no prazo de 15 (quinze) dias.

- Sem correspondência no CPC/1973.

Art. 136. Concluída a instrução, se necessária, o incidente será resolvido por decisão interlocutória.

- Sem correspondência no CPC/1973.

Parágrafo único. Se a decisão for proferida pelo relator, cabe agravo interno.

Art. 137. Acolhido o pedido de desconsideração, a alienação ou a oneração de bens, havida em fraude de execução, será ineficaz em relação ao requerente.

- Sem correspondência no CPC/1973.

Capítulo V
DO *AMICUS CURIAE*

Art. 138. O juiz ou o relator, considerando a relevância da matéria, a especificidade do tema objeto da demanda ou a repercussão social da controvérsia, poderá, por decisão irrecorrível, de ofício ou a requerimento das partes ou de quem pretenda manifestar-se, solicitar ou admitir a participação de pessoa natural ou jurídica, órgão ou entidade especializada, com representatividade adequada, no prazo de 15 (quinze) dias de sua intimação.

- Sem correspondência no CPC/1973.
- V. art. 7º, § 2º, Lei 9.868/1999 (Processo e julgamento da ADIn e da ADC).

§ 1º A intervenção de que trata o *caput* não implica alteração de competência nem autoriza a interposição de recursos, ressalvadas a oposição de embargos de declaração e a hipótese do § 3º.

§ 2º Caberá ao juiz ou ao relator, na decisão que solicitar ou admitir a intervenção, definir os poderes do *amicus curiae*.

§ 3º O *amicus curiae* pode recorrer da decisão que julgar o incidente de resolução de demandas repetitivas.

TÍTULO IV
DO JUIZ E DOS AUXILIARES DA JUSTIÇA

Capítulo I
DOS PODERES, DOS DEVERES E DA RESPONSABILIDADE DO JUIZ

Art. 139. O juiz dirigirá o processo conforme as disposições deste Código, incumbindo-lhe:

- Correspondência: art. 125, *caput*, CPC/1973.
- V. arts. 2º, 11, 57, 180, 203 a 205, 226, 229, 235, 359, 370 e 772, CPC/2015.

Art. 140

CÓDIGO DE PROCESSO CIVIL

I – assegurar às partes igualdade de tratamento;
- Correspondência: art. 125, I, CPC/1973.
- V. art. 5º, *caput*, I , CF.

II – velar pela duração razoável do processo;
- Correspondência: art. 125, II, CPC/1973.
- V. art. 5º, LXXVIII, CF.
- V. art. 35, II, LC 35/1979 (Lei Orgânica da Magistratura Nacional).

III – prevenir ou reprimir qualquer ato contrário à dignidade da justiça e indeferir postulações meramente protelatórias;
- Correspondência: art. 125, III, CPC/1973.

IV – determinar todas as medidas indutivas, coercitivas, mandamentais ou sub-rogatórias necessárias para assegurar o cumprimento de ordem judicial, inclusive nas ações que tenham por objeto prestação pecuniária;
- Sem correspondência no CPC/1973.

V – promover, a qualquer tempo, a autocomposição, preferencialmente com auxílio de conciliadores e mediadores judiciais;
- Correspondência: art. 125, IV, CPC/1973.

VI – dilatar os prazos processuais e alterar a ordem de produção dos meios de prova, adequando-os às necessidades do conflito de modo a conferir maior efetividade à tutela do direito;
- Sem correspondência no CPC/1973.
- V. art. 35, III, LC 35/1979 (Lei Orgânica da Magistratura Nacional).

VII – exercer o poder de polícia, requisitando, quando necessário, força policial, além da segurança interna dos fóruns e tribunais;
- Correspondência: art. 445, CPC/1973.

VIII – determinar, a qualquer tempo, o comparecimento pessoal das partes, para inquiri-las sobre os fatos da causa, hipótese em que não incidirá a pena de confesso;
- Correspondência: art. 342, CPC/1973.

IX – determinar o suprimento de pressupostos processuais e o saneamento de outros vícios processuais;
- Sem correspondência no CPC/1973.

X – quando se deparar com diversas demandas individuais repetitivas, oficiar o Ministério Público, a Defensoria Pública e, na medida do possível, outros legitimados a que se referem o art. 5º da Lei 7.347, de 24 de julho de 1985, e o art. 82 da Lei 8.078, de 11 de setembro de 1990, para, se for o caso, promover a propositura da ação coletiva respectiva.
- Sem correspondência no CPC/1973.

Parágrafo único. A dilação de prazos prevista no inciso VI somente pode ser determinada antes de encerrado o prazo regular.
- Sem correspondência no CPC/1973.

Art. 140. O juiz não se exime de decidir sob a alegação de lacuna ou obscuridade do ordenamento jurídico.
- Correspondência: art. 126, CPC/1973.
- V. art. 375, CPC/2015.
- V. art. 4º, Dec.-lei 4.657/1942 (Lei de Introdução às normas do Direito Brasileiro).

Parágrafo único. O juiz só decidirá por equidade nos casos previstos em lei.
- Correspondência: art. 127, CPC/1973.

Art. 141. O juiz decidirá o mérito nos limites propostos pelas partes, sendo-lhe vedado conhecer de questões não suscitadas a cujo respeito a lei exige iniciativa da parte.
- Correspondência: art. 128, CPC/1973.
- V. arts. 322, 324, 488 e 492, CPC/2015.

Art. 142. Convencendo-se, pelas circunstâncias, de que autor e réu se serviram do processo para praticar ato simulado ou conseguir fim vedado por lei, o juiz proferirá decisão que impeça os objetivos das partes, aplicando, de ofício, as penalidades da litigância de má-fé.
- Correspondência: art. 129, CPC/1973.
- V. arts. 80 e 139, CPC/2015.

Art. 143. O juiz responderá, civil e regressivamente, por perdas e danos quando:
- Correspondência: art. 133, *caput*, CPC/1973.
- V. arts. 402 a 404, CC.

I – no exercício de suas funções, proceder com dolo ou fraude;
- Correspondência: art. 133, I, CPC/1973.
- V. art. 37, § 6º, CF.
- V. art. 319, CP.

II – recusar, omitir ou retardar, sem justo motivo, providência que deva ordenar de ofício ou a requerimento da parte.
- Correspondência: art. 133, II, CPC/1973.
- V. arts. 93, 226 e 235, CPC/2015.
- V. art. 35, II e III, LC 35/1979 (Lei Orgânica da Magistratura Nacional).

Art. 145

CÓDIGO DE PROCESSO CIVIL

Parágrafo único. As hipóteses previstas no inciso II somente serão verificadas depois que a parte requerer ao juiz que determine a providência e o requerimento não for apreciado no prazo de 10 (dez) dias.

- Correspondência: art. 133, parágrafo único, CPC/1973.
- V. art. 49, parágrafo único, LC 35/1979 (Lei Orgânica da Magistratura Nacional).

Capítulo II
DOS IMPEDIMENTOS E DA SUSPEIÇÃO

Art. 144. Há impedimento do juiz, sendo-lhe vedado exercer suas funções no processo:

- Correspondência: art. 134, *caput*, CPC/1973.
- V. arts. 146 e 966, II, CPC/2015.
- V. arts. 14 e 20, Lei 9.307/1996 (Arbitragem).
- V. Súmula 252, STF.

I – em que interveio como mandatário da parte, oficiou como perito, funcionou como membro do Ministério Público ou prestou depoimento como testemunha;

- Correspondência: art. 134, II, CPC/1973.

II – de que conheceu em outro grau de jurisdição, tendo proferido decisão;

- Correspondência: art. 134, III, CPC/1973.
- V. art. 277, parágrafo único, RISTF.

III – quando nele estiver postulando, como defensor público, advogado ou membro do Ministério Público, seu cônjuge ou companheiro, ou qualquer parente, consanguíneo ou afim, em linha reta ou colateral, até o terceiro grau, inclusive;

- Correspondência: art. 134, IV, CPC/1973.

IV – quando for parte no processo ele próprio, seu cônjuge ou companheiro, ou parente, consanguíneo ou afim, em linha reta ou colateral, até o terceiro grau, inclusive;

- Correspondência: art. 134, V, CPC/1973.

V – quando for sócio ou membro de direção ou de administração de pessoa jurídica parte no processo;

- Correspondência: art. 134, VI, CPC/1973.

VI – quando for herdeiro presuntivo, donatário ou empregador de qualquer das partes;

- Correspondência: art. 135, III, CPC/1973.

VII – em que figure como parte instituição de ensino a qual tenha relação de emprego ou decorrente de contrato de prestação de serviços;

- Sem correspondência no CPC/1973.

VIII – em que figure como parte cliente do escritório de advocacia de seu cônjuge, companheiro ou parente, consanguíneo ou afim, em linha reta ou colateral, até o terceiro grau, inclusive, mesmo que patrocinado por advogado de outro escritório;

- Sem correspondência no CPC/1973.

IX – quando promover ação contra a parte ou seu advogado.

- Sem correspondência no CPC/1973.

§ 1º Na hipótese do inciso III, o impedimento só se verifica quando o defensor público, o advogado ou o membro do Ministério Público já integrava o processo antes do início da atividade judicante do juiz.

- Correspondência: art. 134, parágrafo único, 1ª parte, CPC/1973.

§ 2º É vedada a criação de fato superveniente a fim de caracterizar impedimento do juiz.

- Correspondência: art. 134, parágrafo único, 2ª parte, CPC/1973.

§ 3º O impedimento previsto no inciso III também se verifica no caso de mandato conferido a membro de escritório de advocacia que tenha em seus quadros advogado que individualmente ostente a condição nele prevista, mesmo que não intervenha diretamente no processo.

- Sem correspondência no CPC/1973.

Art. 145. Há suspeição do juiz:
- Correspondência: art. 135, *caput*, CPC/1973.
- V. art. 146, CPC/2015.
- V. Lei 9.307/1996 (Arbitragem).

I – amigo íntimo ou inimigo de qualquer das partes ou de seus advogados;

- Correspondência: art. 135, I, CPC/1973.

II – que receber presentes de pessoas que tiverem interesse na causa antes ou depois de iniciado o processo, que aconselhar alguma das partes acerca do objeto da causa ou que subministrar meios para atender às despesas do litígio;

- Correspondência: art. 135, IV, CPC/1973.

Art. 146

III – quando qualquer das partes for sua credora ou devedora, de seu cônjuge ou companheiro ou de parentes destes, em linha reta até o terceiro grau, inclusive;

• Correspondência: art. 135, II, CPC/1973.

IV – interessado no julgamento do processo em favor de qualquer das partes.

• Correspondência: art. 135, V, CPC/1973.

§ 1º Poderá o juiz declarar-se suspeito por motivo de foro íntimo, sem necessidade de declarar suas razões.

• Correspondência: art. 135, parágrafo único, CPC/1973.

§ 2º Será ilegítima a alegação de suspeição quando:

• Sem correspondência no CPC/1973.

I – houver sido provocada por quem a alega;

• Sem correspondência no CPC/1973.

II – a parte que a alega houver praticado ato que signifique manifesta aceitação do arguido.

• Sem correspondência no CPC/1973.

Art. 146. No prazo de 15 (quinze) dias, a contar do conhecimento do fato, a parte alegará o impedimento ou a suspeição, em petição específica dirigida ao juiz do processo, na qual indicará o fundamento da recusa, podendo instruí-la com documentos em que se fundar a alegação e com rol de testemunhas.

• Correspondência: art. 312, CPC/1973.
• V. art. 966, II, CPC/2015.

§ 1º Se reconhecer o impedimento ou a suspeição ao receber a petição, o juiz ordenará imediatamente a remessa dos autos a seu substituto legal, caso contrário, determinará a autuação em apartado da petição e, no prazo de 15 (quinze) dias, apresentará suas razões, acompanhadas de documentos e de rol de testemunhas, se houver, ordenando a remessa do incidente ao tribunal.

• Correspondência: art. 313, CPC/1973.

§ 2º Distribuído o incidente, o relator deverá declarar os seus efeitos, sendo que, se o incidente for recebido:

• Correspondência: art. 306, CPC/1973.

I – sem efeito suspensivo, o processo voltará a correr;

• Sem correspondência no CPC/1973.

II – com efeito suspensivo, o processo permanecerá suspenso até o julgamento do incidente.

• Sem correspondência no CPC/1973.

§ 3º Enquanto não for declarado o efeito em que é recebido o incidente ou quando este for recebido com efeito suspensivo, a tutela de urgência será requerida ao substituto legal.

• Sem correspondência no CPC/1973.

§ 4º Verificando que a alegação de impedimento ou de suspeição é improcedente, o tribunal rejeitá-la-á.

• Correspondência: art. 314, CPC/1973.

§ 5º Acolhida a alegação, tratando-se de impedimento ou de manifesta suspeição, o tribunal condenará o juiz nas custas e remeterá os autos ao seu substituto legal, podendo o juiz recorrer da decisão.

• Correspondência: art. 314, CPC/1973.

§ 6º Reconhecido o impedimento ou a suspeição, o tribunal fixará o momento a partir do qual o juiz não poderia ter atuado.

• Sem correspondência no CPC/1973.

§ 7º O tribunal decretará a nulidade dos atos do juiz, se praticados quando já presente o motivo de impedimento ou de suspeição.

• Sem correspondência no CPC/1973.

Art. 147. Quando 2 (dois) ou mais juízes forem parentes, consanguíneos ou afins, em linha reta ou colateral, até o terceiro grau, inclusive, o primeiro que conhecer do processo impede que o outro nele atue, caso em que o segundo se escusará, remetendo os autos ao seu substituto legal.

• Correspondência: art. 136, CPC/1973.

Art. 148. Aplicam-se os motivos de impedimento e de suspeição:

• Correspondência: arts. 137 e 138, caput, CPC/1973.

I – ao membro do Ministério Público;

• Correspondência: art. 138, I, CPC/1973.

II – aos auxiliares da justiça;

• Correspondência: art. 138, II, CPC/1973.
• V. arts. 158 e 466, CPC/2015.

III – aos demais sujeitos imparciais do processo.

• Correspondência: art. 138, III e IV, CPC/1973.

Art. 152

CÓDIGO DE PROCESSO CIVIL

§ 1º A parte interessada deverá arguir o impedimento ou a suspeição, em petição fundamentada e devidamente instruída, na primeira oportunidade em que lhe couber falar nos autos.

• Correspondência: art. 138, § 1º, CPC/1973.

§ 2º O juiz mandará processar o incidente em separado e sem suspensão do processo, ouvindo o arguido no prazo de 15 (quinze) dias e facultando a produção de prova, quando necessária.

• Correspondência: art. 138, § 1º, CPC/1973.

§ 3º Nos tribunais, a arguição a que se refere o § 1º será disciplinada pelo regimento interno.

• Sem correspondência no CPC/1973.

§ 4º O disposto nos §§ 1º e 2º não se aplica à arguição de impedimento ou de suspeição de testemunha.

• Sem correspondência no CPC/1973.

Capítulo III
DOS AUXILIARES DA JUSTIÇA

Art. 149. São auxiliares da Justiça, além de outros cujas atribuições sejam determinadas pelas normas de organização judiciária, o escrivão, o chefe de secretaria, o oficial de justiça, o perito, o depositário, o administrador, o intérprete, o tradutor, o mediador, o conciliador judicial, o partidor, o distribuidor, o contabilista e o regulador de avarias.

• Correspondência: art. 139, CPC/1973.
• V. arts. 156 a 175, 206 a 211 e 233, CPC/2015.

Seção I
Do escrivão, do chefe de secretaria e do oficial de justiça

Art. 150. Em cada juízo haverá um ou mais ofícios de justiça, cujas atribuições serão determinadas pelas normas de organização judiciária.

• Correspondência: art. 140, CPC/1973.

Art. 151. Em cada comarca, seção ou subseção judiciária haverá, no mínimo, tantos oficiais de justiça quantos sejam os juízos.

• Sem correspondência no CPC/1973.

Art. 152. Incumbe ao escrivão ou ao chefe de secretaria:

• Correspondência: art. 141, *caput*, CPC/1973.
• V. arts. 206 a 211, CPC/2015.

I – redigir, na forma legal, os ofícios, os mandados, as cartas precatórias e os demais atos que pertençam ao seu ofício;

• Correspondência: art. 141, I, CPC/1973.
• V. art.107, II e III, CPC/2015.

II – efetivar as ordens judiciais, realizar citações e intimações, bem como praticar todos os demais atos que lhe forem atribuídos pelas normas de organização judiciária;

• Correspondência: art. 141, II, CPC/1973.
• V. arts. 228, 238, 241 e 269, CPC/2015.

III – comparecer às audiências ou, não podendo fazê-lo, designar servidor para substituí-lo;

• Correspondência: art. 141, III, CPC/1973.

IV – manter sob sua guarda e responsabilidade os autos, não permitindo que saiam do cartório, exceto:

• Correspondência: art. 141, IV, CPC/1973.

a) quando tenham de seguir à conclusão do juiz;

• Correspondência: art. 141, IV, *a*, CPC/1973.

b) com vista a procurador, à Defensoria Pública, ao Ministério Público ou à Fazenda Pública;

• Correspondência: art. 141, IV, *b*, CPC/1973.
• V. art. 7º, XV e XVI, Lei 8.906/1994 (Estatuto da Advocacia e da OAB).

c) quando devam ser remetidos ao contabilista ou ao partidor;

• Correspondência: art. 141, IV, *c*, CPC/1973.

d) quando forem remetidos a outro juízo em razão da modificação da competência;

• Correspondência: art. 141, IV, *d*, CPC/1973.
• V. art. 43, *in fine*, CPC/2015.

V – fornecer certidão de qualquer ato ou termo do processo, independentemente de despacho, observadas as disposições referentes ao segredo de justiça;

• Correspondência: art. 141, V, CPC/1973.

VI – praticar, de ofício, os atos meramente ordinatórios.

• Correspondência: art. 162, § 4º, CPC/1973.

Art. 153

CÓDIGO DE PROCESSO CIVIL

§ 1º O juiz titular editará ato a fim de regulamentar a atribuição prevista no inciso VI.
- Sem correspondência no CPC/1973.

§ 2º No impedimento do escrivão ou chefe de secretaria, o juiz convocará substituto e, não o havendo, nomeará pessoa idônea para o ato.
- Correspondência: art. 142, CPC/1973.

Art. 153. O escrivão ou o chefe de secretaria atenderá, preferencialmente, à ordem cronológica de recebimento para publicação e efetivação dos pronunciamentos judiciais.
- *Caput* com redação determinada pela Lei 13.256/2016.
- Sem correspondência no CPC/1973.
- V. arts. 12 e 1.046, § 5º, CPC/2015.

§ 1º A lista de processos recebidos deverá ser disponibilizada, de forma permanente, para consulta pública.

§ 2º Estão excluídos da regra do *caput*:
I – os atos urgentes, assim reconhecidos pelo juiz no pronunciamento judicial a ser efetivado;
II – as preferências legais.

§ 3º Após elaboração de lista própria, respeitar-se-ão a ordem cronológica de recebimento entre os atos urgentes e as preferências legais.

§ 4º A parte que se considerar preterida na ordem cronológica poderá reclamar, nos próprios autos, ao juiz do processo, que requisitará informações ao servidor, a serem prestadas no prazo de 2 (dois) dias.

§ 5º Constatada a preterição, o juiz determinará o imediato cumprimento do ato e a instauração de processo administrativo disciplinar contra o servidor.

Art. 154. Incumbe ao oficial de justiça:
- Correspondência: art. 143, *caput*, CPC/1973.
- V. arts. 148, II e 782, CPC/2015.

I – fazer pessoalmente citações, prisões, penhoras, arrestos e demais diligências próprias do seu ofício, sempre que possível na presença de 2 (duas) testemunhas, certificando no mandado o ocorrido, com menção ao lugar, ao dia e à hora;
- Correspondência: art. 143, I, CPC/1973.

II – executar as ordens do juiz a que estiver subordinado;
- Correspondência: art. 143, II, CPC/1973.

III – entregar o mandado em cartório após seu cumprimento;
- Correspondência: art. 143, III, CPC/1973.

IV – auxiliar o juiz na manutenção da ordem;
- Correspondência: art. 143, IV, CPC/1973.

V – efetuar avaliações, quando for o caso;
- Correspondência: art. 143, V, CPC/1973.
- V. art. 870, CPC/2015.

VI – certificar, em mandado, proposta de autocomposição apresentada por qualquer das partes, na ocasião de realização de ato de comunicação que lhe couber.
- Sem correspondência no CPC/1973.

Parágrafo único. Certificada a proposta de autocomposição prevista no inciso VI, o juiz ordenará a intimação da parte contrária para manifestar-se, no prazo de 5 (cinco) dias, sem prejuízo do andamento regular do processo, entendendo-se o silêncio como recusa.
- Sem correspondência no CPC/1973.

Art. 155. O escrivão, o chefe de secretaria e o oficial de justiça são responsáveis, civil e regressivamente, quando:
- Correspondência: art. 144, *caput*, CPC/1973.
- V. art. 37, § 6º, CF.

I – sem justo motivo, se recusarem a cumprir no prazo os atos impostos pela lei ou pelo juiz a que estão subordinados;
- Correspondência: art. 144, I, CPC/1973.

II – praticarem ato nulo com dolo ou culpa.
- Correspondência: art. 144, II, CPC/1973.

Seção II
Do perito

Art. 156. O juiz será assistido por perito quando a prova do fato depender de conhecimento técnico ou científico.
- Correspondência: art. 145, *caput*, CPC/1973.
- V. art. 468, CPC/2015.

§ 1º Os peritos serão nomeados entre os profissionais legalmente habilitados e os órgãos técnicos ou científicos devidamente inscritos em cadastro mantido pelo tribunal ao qual o juiz está vinculado.
- Correspondência: art. 145, § 1º, CPC/1973.

§ 2º Para formação do cadastro, os tribunais devem realizar consulta pública, por meio de divulgação na rede mundial de computadores ou em jornais de grande circulação, além de consulta direta a universidades, a conselhos de classe, ao Ministério Público, à Defensoria Pública e à Ordem dos Advogados do Brasil, para a indicação de profissionais ou de órgãos técnicos interessados.

• Sem correspondência no CPC/1973.

§ 3º Os tribunais realizarão avaliações e reavaliações periódicas para manutenção do cadastro, considerando a formação profissional, a atualização do conhecimento e a experiência dos peritos interessados.

• Sem correspondência no CPC/1973.

§ 4º Para verificação de eventual impedimento ou motivo de suspeição, nos termos dos arts. 148 e 467, o órgão técnico ou científico nomeado para realização da perícia informará ao juiz os nomes e os dados de qualificação dos profissionais que participarão da atividade.

• Sem correspondência no CPC/1973.

§ 5º Na localidade onde não houver inscrito no cadastro disponibilizado pelo tribunal, a nomeação do perito é de livre escolha pelo juiz e deverá recair sobre profissional ou órgão técnico ou científico comprovadamente detentor do conhecimento necessário à realização da perícia.

• Correspondência: art. 145, § 2º, CPC/1973.

Art. 157. O perito tem o dever de cumprir o ofício no prazo que lhe designar o juiz, empregando toda sua diligência, podendo escusar-se do encargo alegando motivo legítimo.

• Correspondência: art. 146, *caput*, CPC/1973.
• V. arts. 164, 466 e 477, CPC/2015.

§ 1º A escusa será apresentada no prazo de 15 (quinze) dias, contado da intimação, da suspeição ou do impedimento supervenientes, sob pena de renúncia ao direito de alegá-la.

• Correspondência: art. 146, parágrafo único, CPC/1973.
• V. art. 467, CPC/2015.

§ 2º Será organizada lista de peritos na vara ou na secretaria, com disponibilização dos documentos exigidos para habilitação à consulta de interessados, para que a nomeação seja distribuída de modo equitativo, observadas a capacidade técnica e a área de conhecimento.

• Sem correspondência no CPC/1973.

Art. 158. O perito que, por dolo ou culpa, prestar informações inverídicas responderá pelos prejuízos que causar à parte e ficará inabilitado para atuar em outras perícias no prazo de 2 (dois) a 5 (cinco) anos, independentemente das demais sanções previstas em lei, devendo o juiz comunicar o fato ao respectivo órgão de classe para adoção das medidas que entender cabíveis.

• Correspondência: art. 147, CPC/1973.
• V. art. 164, CPC/2015.
• V. arts. 142, III e 342, CP.

Seção III
Do depositário e do administrador

Art. 159. A guarda e a conservação de bens penhorados, arrestados, sequestrados ou arrecadados serão confiadas a depositário ou a administrador, não dispondo a lei de outro modo.

• Correspondência: art. 148, CPC/1973.
• V. art. 840, CPC/2015.

Art. 160. Por seu trabalho o depositário ou o administrador perceberá remuneração que o juiz fixará levando em conta a situação dos bens, ao tempo do serviço e às dificuldades de sua execução.

• Correspondência: art. 149, *caput*, CPC/1973.

Parágrafo único. O juiz poderá nomear um ou mais prepostos por indicação do depositário ou do administrador.

• Correspondência: art. 149, parágrafo único, CPC/1973.

Art. 161. O depositário ou o administrador responde pelos prejuízos que, por dolo ou culpa, causar à parte, perdendo a remuneração que lhe foi arbitrada, mas tem o direito a haver o que legitimamente despendeu no exercício do encargo.

• Correspondência: art. 150, CPC/1973.
• V. art. 553, CPC/2015.

Parágrafo único. O depositário infiel responde civilmente pelos prejuízos causados, sem prejuízo de sua responsabilidade penal e da imposição de sanção por ato atentatório à dignidade da justiça.

- Sem correspondência no CPC/1973.
- V. art. 5º, LXVII, CF.
- V. art. 168, § 1º, II, CP.

Seção IV
Do intérprete e do tradutor

Art. 162. O juiz nomeará intérprete ou tradutor quando necessário para:

- Correspondência: art. 151, *caput*, CPC/1973.

I – traduzir documento redigido em língua estrangeira;

- Correspondência: art. 151, I, CPC/1973.

II – verter para o português as declarações das partes e das testemunhas que não conhecerem o idioma nacional;

- Correspondência: art. 151, II, CPC/1973.

III – realizar a interpretação simultânea dos depoimentos das partes e testemunhas com deficiência auditiva que se comuniquem por meio da Língua Brasileira de Sinais, ou equivalente, quando assim for solicitado.

- Correspondência: art. 151, III, CPC/1973.

Art. 163. Não pode ser intérprete ou tradutor quem:

- Correspondência: art. 152, *caput*, CPC/1973.
- V. art. 192, CPC/2015.

I – não tiver a livre administração de seus bens;

- Correspondência: art. 152, I, CPC/1973.

II – for arrolado como testemunha ou atuar como perito no processo;

- Correspondência: art. 152, II, CPC/1973.

III – estiver inabilitado para o exercício da profissão por sentença penal condenatória, enquanto durarem seus efeitos.

- Correspondência: art. 152, III, CPC/1973.
- V. art. 47, II, CP.

Art. 164. O intérprete ou tradutor, oficial ou não, é obrigado a desempenhar seu ofício, aplicando-se-lhe o disposto nos arts. 157 e 158.

- Correspondência: art. 153, CPC/1973.
- V. art. 148, CPC/2015.

Seção V
Dos conciliadores e mediadores judiciais

Art. 165. Os tribunais criarão centros judiciários de solução consensual de conflitos, responsáveis pela realização de sessões e audiências de conciliação e mediação e pelo desenvolvimento de programas destinados a auxiliar, orientar e estimular a autocomposição.

- Sem correspondência no CPC/1973.

§ 1º A composição e a organização dos centros serão definidas pelo respectivo tribunal, observadas as normas do Conselho Nacional de Justiça.

§ 2º O conciliador, que atuará preferencialmente nos casos em que não houver vínculo anterior entre as partes, poderá sugerir soluções para o litígio, sendo vedada a utilização de qualquer tipo de constrangimento ou intimidação para que as partes conciliem.

§ 3º O mediador, que atuará preferencialmente nos casos em que houver vínculo anterior entre as partes, auxiliará aos interessados a compreender as questões e os interesses em conflito, de modo que eles possam, pelo restabelecimento da comunicação, identificar, por si próprios, soluções consensuais que gerem benefícios mútuos.

- V. Res. CNJ 125/2010 (Política Judiciária Nacional de tratamento adequado dos conflitos de interesses no âmbito do Poder Judiciário).

Art. 166. A conciliação e a mediação são informadas pelos princípios da independência, da imparcialidade, da autonomia da vontade, da confidencialidade, da oralidade, da informalidade e da decisão informada.

- Sem correspondência no CPC/1973.
- V. Res. CNJ 125/2010 (Política Judiciária Nacional de tratamento adequado dos conflitos de interesses no âmbito do Poder Judiciário).

§ 1º A confidencialidade estende-se a todas as informações produzidas no curso do procedimento, cujo teor não poderá ser utilizado para fim diverso daquele previsto por expressa deliberação das partes.

§ 2º Em razão do dever de sigilo, inerente às suas funções, o conciliador e o mediador, assim como os membros de suas equipes, não poderão divulgar ou depor acerca de fatos ou elementos oriundos da conciliação ou da mediação.

§ 3º Admite-se a aplicação de técnicas negociais, com o objetivo de proporcionar ambiente favorável à autocomposição.

§ 4º A mediação e a conciliação serão regidas conforme a livre autonomia dos interessados, inclusive no que diz respeito à definição das regras procedimentais.

Art. 167. Os conciliadores, os mediadores e as câmaras privadas de conciliação e mediação serão inscritos em cadastro nacional e em cadastro de tribunal de justiça ou de tribunal regional federal, que manterá registro de profissionais habilitados, com indicação de sua área profissional.

- Sem correspondência no CPC/1973.
- V. Res. CNJ 125/2010 (Política Judiciária Nacional de tratamento adequado dos conflitos de interesses no âmbito do Poder Judiciário).

§ 1º Preenchendo o requisito da capacitação mínima, por meio de curso realizado por entidade credenciada, conforme parâmetro curricular definido pelo Conselho Nacional de Justiça em conjunto com o Ministério da Justiça, o conciliador ou o mediador, com o respectivo certificado, poderá requerer sua inscrição no cadastro nacional e no cadastro de tribunal de justiça ou de tribunal regional federal.

§ 2º Efetivado o registro, que poderá ser precedido de concurso público, o tribunal remeterá ao diretor do foro da comarca, seção ou subseção judiciária onde atuará o conciliador ou o mediador os dados necessários para que seu nome passe a constar da respectiva lista, a ser observada na distribuição alternada e aleatória, respeitado o princípio da igualdade dentro da mesma área de atuação profissional.

§ 3º Do credenciamento das câmaras e do cadastro de conciliadores e mediadores constarão todos os dados relevantes para a sua atuação, tais como o número de processos de que participou, o sucesso ou insucesso da atividade, a matéria sobre a qual versou a controvérsia, bem como outros dados que o tribunal julgar relevantes.

§ 4º Os dados colhidos na forma do § 3º serão classificados sistematicamente pelo tribunal, que os publicará, ao menos anualmente, para conhecimento da população e para fins estatísticos e de avaliação da conciliação, da mediação, das câmaras privadas de conciliação e de mediação, dos conciliadores e dos mediadores.

§ 5º Os conciliadores e mediadores judiciais cadastrados na forma do *caput*, se advogados, estarão impedidos de exercer a advocacia nos juízos em que desempenhem suas funções.

§ 6º O tribunal poderá optar pela criação de quadro próprio de conciliadores e mediadores, a ser preenchido por concurso público de provas e títulos, observadas as disposições deste Capítulo.

Art. 168. As partes podem escolher, de comum acordo, o conciliador, o mediador ou a câmara privada de conciliação e de mediação.

- Sem correspondência no CPC/1973.
- V. Res. CNJ 125/2010 (Política Judiciária Nacional de tratamento adequado dos conflitos de interesses no âmbito do Poder Judiciário).

§ 1º O conciliador ou mediador escolhido pelas partes poderá ou não estar cadastrado no tribunal.

§ 2º Inexistindo acordo quanto à escolha do mediador ou conciliador, haverá distribuição entre aqueles cadastrados no registro do tribunal, observada a respectiva formação.

§ 3º Sempre que recomendável, haverá a designação de mais de um mediador ou conciliador.

Art. 169. Ressalvada a hipótese do art. 167, § 6º, o conciliador e o mediador receberão pelo seu trabalho remuneração prevista em tabela fixada pelo tribunal, conforme parâmetros estabelecidos pelo Conselho Nacional de Justiça.

- Sem correspondência no CPC/1973.
- V. Res. CNJ 125/2010 (Política Judiciária Nacional de tratamento adequado dos conflitos de interesses no âmbito do Poder Judiciário).

§ 1º A mediação e a conciliação podem ser realizadas como trabalho voluntário, observada a legislação pertinente e a regulamentação do tribunal.

§ 2º Os tribunais determinarão o percentual de audiências não remuneradas que deverão ser suportadas pelas câmaras privadas de conciliação e mediação, com o fim de atender aos processos em que deferida gratuidade da justiça, como contrapartida de seu credenciamento.

Art. 170. No caso de impedimento, o conciliador ou mediador o comunicará imediatamente, de preferência por meio eletrônico, e devolverá os autos ao juiz do processo ou ao coordenador do centro judiciário de solução de conflitos, devendo este realizar nova distribuição.

* Sem correspondência no CPC/1973.
* V. Res. CNJ 125/2010 (Política Judiciária Nacional de tratamento adequado dos conflitos de interesses no âmbito do Poder Judiciário).

Parágrafo único. Se a causa de impedimento for apurada quando já iniciado o procedimento, a atividade será interrompida, lavrando-se ata com relatório do ocorrido e solicitação de distribuição para novo conciliador ou mediador.

Art. 171. No caso de impossibilidade temporária do exercício da função, o conciliador ou mediador informará o fato ao centro, preferencial-mente por meio eletrônico, para que, durante o período em que perdurar a impossibilidade, não haja novas distribuições.

* Sem correspondência no CPC/1973.
* V. Res. CNJ 125/2010 (Política Judiciária Nacional de tratamento adequado dos conflitos de interesses no âmbito do Poder Judiciário).

Art. 172. O conciliador e o mediador ficam impedidos, pelo prazo de 1 (um) ano, contado do término da última audiência em que atuaram, de assessorar, representar ou patrocinar qualquer das partes.

* Sem correspondência no CPC/1973.
* V. Res. CNJ 125/2010 (Política Judiciária Nacional de tratamento adequado dos conflitos de interesses no âmbito do Poder Judiciário).

Art. 173. Será excluído do cadastro de conciliadores e mediadores aquele que:

* Sem correspondência no CPC/1973.
* V. Res. CNJ 125/2010 (Política Judiciária Nacional de tratamento adequado dos conflitos de interesses no âmbito do Poder Judiciário).

I – agir com dolo ou culpa na condução da conciliação ou da mediação sob sua responsabilidade ou violar qualquer dos deveres decorrentes do art. 166, §§ 1º e 2º;

II – atuar em procedimento de mediação ou conciliação, apesar de impedido ou suspeito.

§ 1º Os casos previstos neste artigo serão apurados em processo administrativo.

§ 2º O juiz do processo ou o juiz coordenador do centro de conciliação e mediação, se houver, verificando atuação inadequada do mediador ou conciliador, poderá afastá-lo de suas atividades por até 180 (cento e oitenta) dias, por decisão fundamentada, informando o fato imediatamente ao tribunal para instauração do respectivo processo administrativo.

Art. 174. A União, os Estados, o Distrito Federal e os Municípios criarão câmaras de mediação e conciliação, com atribuições relacionadas à solução consensual de conflitos no âmbito administrativo, tais como:

* Sem correspondência no CPC/1973.
* V. Res. CNJ 125/2010 (Política Judiciária Nacional de tratamento adequado dos conflitos de interesses no âmbito do Poder Judiciário).

I – dirimir conflitos envolvendo órgãos e entidades da administração pública;

II – avaliar a admissibilidade dos pedidos de resolução de conflitos, por meio de conciliação, no âmbito da administração pública;

III – promover, quando couber, a celebração de termo de ajustamento de conduta.

Art. 175. As disposições desta Seção não excluem outras formas de conciliação e mediação extrajudiciais vinculadas a órgãos institucionais ou realizadas por intermédio de profissionais independentes, que poderão ser regulamentadas por lei específica.

* Sem correspondência no CPC/1973.
* V. Res. CNJ 125/2010 (Política Judiciária Nacional de tratamento adequado dos conflitos de interesses no âmbito do Poder Judiciário).

Parágrafo único. Os dispositivos desta Seção aplicam-se, no que couber, às câmaras privadas de conciliação e mediação.

TÍTULO V
DO MINISTÉRIO PÚBLICO

Art. 176. O Ministério Público atuará na defesa da ordem jurídica, do regime demo-

crático e dos interesses e direitos sociais e individuais indisponíveis.
- Sem correspondência no CPC/1973.
- V. art. 127, CF.
- V. art. 1º, Lei 8.625/1993 (Lei Orgânica Nacional do Ministério Público).

Art. 177. O Ministério Público exercerá o direito de ação em conformidade com suas atribuições constitucionais.
- Correspondência: art. 81, CPC/1973.
- V. arts. 82, § 1º, 91, 180, 778, § 1º, I, 967, III e 996, CPC/2015.
- V. art. 129, CF.
- V. art. 32, Lei 8.625/1993 (Lei Orgânica Nacional do Ministério Público).

Art. 178. O Ministério Público será intimado para, no prazo de 30 (trinta) dias, intervir como fiscal da ordem jurídica nas hipóteses previstas em lei ou na Constituição Federal e nos processos que envolvam:
- Correspondência: art. 82, *caput*, CPC/1973.
- V. arts. 279, 626, 721, 735, § 2º, 737, § 2º e 740, § 6º, CPC/2015.
- V. arts. 6º, § 4º, Lei 4.717/1965 (Ação popular).
- V. art. 9º, Lei 5.478/1968 (Ação de alimentos).
- V. art. 5º, I, Lei 7.347/1985 (Ação civil pública).

I – interesse público ou social;
- Correspondência: art. 82, III, 2ª parte, CPC/1973.

II – interesse de incapaz;
- Correspondência: art. 82, I, CPC/1973.

III – litígios coletivos pela posse de terra rural ou urbana.
- Correspondência: art. 82, III, 1ª parte, CPC/1973.

Parágrafo único. A participação da Fazenda Pública não configura, por si só, hipótese de intervenção do Ministério Público.
- Sem correspondência no CPC/1973.

Art. 179. Nos casos de intervenção como fiscal da ordem jurídica, o Ministério Público:
- Correspondência: art. 83, *caput*, CPC/1973.
- V. arts. 180 e 234, CPC/2015.

I – terá vista dos autos depois das partes, sendo intimado de todos os atos do processo;
- Correspondência: art. 83, I, CPC/1973.

II – poderá produzir provas, requerer as medidas processuais pertinentes e recorrer.
- Correspondência: art. 83, II, CPC/1973.

Art. 180. O Ministério Público gozará de prazo em dobro para manifestar-se nos autos, que terá início a partir de sua intimação pessoal, nos termos do art. 183, § 1º.
- Correspondência: art. 188, CPC/1973.
- V. art. 230, CPC/2015.
- V. art. 5º, § 5º, Lei 1.060/1950 (Lei de Assistência Judiciária).
- V. art. 10, Lei 9.469/1997 (Estende às autarquias e fundações públicas o disposto nos arts. 188 e 475, *caput* e II, CPC).
- V. Súmula 116, STJ.

§ 1º Findo o prazo para manifestação do Ministério Público sem o oferecimento de parecer, o juiz requisitará os autos e dará andamento ao processo.
- Sem correspondência no CPC/1973.

§ 2º Não se aplica o benefício da contagem em dobro quando a lei estabelecer, de forma expressa, prazo próprio para o Ministério Público.
- Sem correspondência no CPC/1973.

Art. 181. O membro do Ministério Público será civil e regressivamente responsável quando agir com dolo ou fraude no exercício de suas funções.
- Correspondência: art. 85, CPC/1973.
- V. art. 37, § 6º, CF.

TÍTULO VI
DA ADVOCACIA PÚBLICA

Art. 182. Incumbe à Advocacia Pública, na forma da lei, defender e promover os interesses públicos da União, dos Estados, do Distrito Federal e dos Municípios, por meio da representação judicial, em todos os âmbitos federativos, das pessoas jurídicas de direito público que integram a administração direta e indireta.
- Sem correspondência no CPC/1973.
- V. arts. 37, § 6º e 131, CF.

Art. 183. A União, os Estados, o Distrito Federal, os Municípios e suas respectivas autarquias e fundações de direito público gozarão de prazo em dobro para todas as suas manifestações processuais, cuja contagem terá início a partir da intimação pessoal.
- Correspondência: art. 188, CPC/1973.
- V. arts. 180 e 230, CPC/2015.

Art. 184

CÓDIGO DE PROCESSO CIVIL

- V. art. 5º, § 5º, Lei 1.060/1950 (Lei de Assistência Judiciária).
- V. art. 10, Lei 9.469/1997 (Estende às autarquias e fundações públicas o disposto nos arts. 188 e 475, caput e II, CPC).
- V. Súmula 116, STJ.

§ 1º A intimação pessoal far-se-á por carga, remessa ou meio eletrônico.

- Sem correspondência no CPC/1973.

§ 2º Não se aplica o benefício da contagem em dobro quando a lei estabelecer, de forma expressa, prazo próprio para o ente público.

- Sem correspondência no CPC/1973.

Art. 184. O membro da Advocacia Pública será civil e regressivamente responsável quando agir com dolo ou fraude no exercício de suas funções.

- Sem correspondência no CPC/1973.

TÍTULO VII
DA DEFENSORIA PÚBLICA

Art. 185. A Defensoria Pública exercerá a orientação jurídica, a promoção dos direitos humanos e a defesa dos direitos individuais e coletivos dos necessitados, em todos os graus, de forma integral e gratuita.

- Sem correspondência no CPC/1973.
- V. art. 134, CF.
- V. LC 80/1994 (Lei Orgânica da Defensoria Pública).
- V. LC 132/2009 (Altera a LC 80/1994).

Art. 186. A Defensoria Pública gozará de prazo em dobro para todas as suas manifestações processuais.

- Sem correspondência no CPC/1973.
- V. art. 5º, § 5º, Lei 1.060/1950 (Lei de Assistência Judiciária).
- V. art. 43, I, LC 80/1994 (Lei Orgânica da Defensoria Pública).

§ 1º O prazo tem início com a intimação pessoal do defensor público, nos termos do art. 183, § 1º.

- V. art. 230, CPC/2015.

§ 2º A requerimento da Defensoria Pública, o juiz determinará a intimação pessoal da parte patrocinada quando o ato processual depender de providência ou informação que somente por ela possa ser realizada ou prestada.

§ 3º O disposto no caput aplica-se aos escritórios de prática jurídica das faculdades de Direito reconhecidas na forma da lei e às entidades que prestam assistência jurídica gratuita em razão de convênios firmados com a Defensoria Pública.

§ 4º Não se aplica o benefício da contagem em dobro quando a lei estabelecer, de forma expressa, prazo próprio para a Defensoria Pública.

Art. 187. O membro da Defensoria Pública será civil e regressivamente responsável quando agir com dolo ou fraude no exercício de suas funções.

- Sem correspondência no CPC/1973.
- V. art. 37, § 6º, CF.

LIVRO IV
DOS ATOS PROCESSUAIS
TÍTULO I
DA FORMA, DO TEMPO E DO LUGAR DOS ATOS PROCESSUAIS

Capítulo I
DA FORMA DOS ATOS PROCESSUAIS
Seção I
Dos atos em geral

Art. 188. Os atos e os termos processuais independem de forma determinada, salvo quando a lei expressamente a exigir, considerando-se válidos os que, realizados de outro modo, lhe preencham a finalidade essencial.

- Correspondência: art. 154, CPC/1973.
- V. arts. 277 e 283, CPC/2015.

Art. 189. Os atos processuais são públicos, todavia tramitam em segredo de justiça os processos:

- Correspondência: art. 155, caput, CPC/1973.
- V. art. 5º, LX , CF.
- V. art. 368, CPC/2015.

I – em que o exija o interesse público ou social;

- Correspondência: art. 155, I, CPC/1973.

Código de Processo Civil

II – que versem sobre casamento, separação de corpos, divórcio, separação, união estável, filiação, alimentos e guarda de crianças e adolescentes;

- Correspondência: art. 155, II, CPC/1973.

III – em que constem dados protegidos pelo direito constitucional à intimidade;

- Sem correspondência no CPC/1973.

IV – que versem sobre arbitragem, inclusive sobre cumprimento de carta arbitral, desde que a confidencialidade estipulada na arbitragem seja comprovada perante o juízo.

- Sem correspondência no CPC/1973.

§ 1º O direito de consultar os autos de processo que tramite em segredo de justiça e de pedir certidões de seus atos é restrito às partes e aos seus procuradores.

- Correspondência: art. 155, parágrafo único, 1ª parte, CPC/1973.
- V. arts. 5º, XXXIV, b e 133, CF.

§ 2º O terceiro que demonstrar interesse jurídico pode requerer ao juiz certidão do dispositivo da sentença, bem como de inventário e de partilha resultantes de divórcio ou separação.

- Correspondência: art. 155, parágrafo único, 2ª parte, CPC/1973.

Art. 190. Versando o processo sobre direitos que admitam autocomposição, é lícito às partes plenamente capazes estipular mudanças no procedimento para ajustá-lo às especificidades da causa e convencionar sobre os seus ônus, poderes, faculdades e deveres processuais, antes ou durante o processo.

- Correspondência: art. 181, CPC/1973.

Parágrafo único. De ofício ou a requerimento, o juiz controlará a validade das convenções previstas neste artigo, recusando-lhes aplicação somente nos casos de nulidade ou de inserção abusiva em contrato de adesão ou em que alguma parte se encontre em manifesta situação de vulnerabilidade.

- Sem correspondência no CPC/1973.

Art. 191. De comum acordo, o juiz e as partes podem fixar calendário para a prática dos atos processuais, quando for o caso.

- Correspondência: art. 181, § 1º, CPC/1973.
- V. art. 277, CPC/2015.

§ 1º O calendário vincula as partes e o juiz, e os prazos nele previstos somente serão modificados em casos excepcionais, devidamente justificados.

- Sem correspondência no CPC/1973.

§ 2º Dispensa-se a intimação das partes para a prática de ato processual ou a realização de audiência cujas datas tiverem sido designadas no calendário.

- Sem correspondência no CPC/1973.

Art. 192. Em todos os atos e termos do processo é obrigatório o uso da língua portuguesa.

- Correspondência: art. 156, CPC/1973.
- V. art. 162, CPC/2015.
- V. art. 13, CF.

Parágrafo único. O documento redigido em língua estrangeira somente poderá ser juntado aos autos quando acompanhado de versão para a língua portuguesa tramitada por via diplomática ou pela autoridade central, ou firmada por tradutor juramentado.

- Correspondência: art. 157, CPC/1973.
- V. art. 224, CC.
- V. art. 129, 6º, Lei 6.015/1973 (Lei de Registros Públicos).
- V. Súmula 259, STF.

Seção II
Da prática eletrônica de atos processuais

Art. 193. Os atos processuais podem ser total ou parcialmente digitais, de forma a permitir que sejam produzidos, comunicados, armazenados e validados por meio eletrônico, na forma da lei.

- Correspondência: art. 169, § 2º, CPC/1973.
- V. Lei 6.015/1973 (Lei de Registros Públicos).

Parágrafo único. O disposto nesta Seção aplica-se, no que for cabível, à prática de atos notariais e de registro.

- Sem correspondência no CPC/1973.

Art. 194. Os sistemas de automação processual respeitarão a publicidade dos atos, o acesso e a participação das partes e de seus procuradores, inclusive nas audiências e sessões de julgamento, observadas as garantias da disponibilidade, independência da

Art. 195

plataforma computacional, acessibilidade e interoperabilidade dos sistemas, serviços, dados e informações que o Poder Judiciário administre no exercício de suas funções.

- Sem correspondência no CPC/1973.
- V. art. 5º, XXXV e LX, CF.

Art. 195. O registro de ato processual eletrônico deverá ser feito em padrões abertos, que atenderão aos requisitos de autenticidade, integridade, temporalidade, não repúdio, conservação e, nos casos que tramitem em segredo de justiça, confidencialidade, observada a infraestrutura de chaves públicas unificada nacionalmente, nos termos da lei.

- Correspondência: art. 154, parágrafo único, CPC/1973.
- V. art. 5º, LX, CF.
- V. MP 2.200/2001 (Infraestrutura de Chaves Públicas Brasileira – ICP-Brasil).

Art. 196. Compete ao Conselho Nacional de Justiça e, supletivamente, aos tribunais, regulamentar a prática e a comunicação oficial de atos processuais por meio eletrônico e velar pela compatibilidade dos sistemas, disciplinando a incorporação progressiva de novos avanços tecnológicos e editando, para esse fim, os atos que forem necessários, respeitadas as normas fundamentais deste Código.

- Correspondência: art. 154, parágrafo único, CPC/1973.
- V. Res. CNJ 185/2013 (Sistema Processo Judicial Eletrônico – PJe).

Art. 197. Os tribunais divulgarão as informações constantes de seu sistema de automação em página própria na rede mundial de computadores, gozando a divulgação de presunção de veracidade e confiabilidade.

- Sem correspondência no CPC/1973.
- V. Res. CNJ 185/2013 (Sistema Processo Judicial Eletrônico – PJe).

Parágrafo único. Nos casos de problema técnico do sistema e de erro ou omissão do auxiliar da justiça responsável pelo registro dos andamentos, poderá ser configurada a justa causa prevista no art. 223, *caput* e § 1º.

- Sem correspondência no CPC/1973.

Art. 198. As unidades do Poder Judiciário deverão manter gratuitamente, à disposição dos interessados, equipamentos necessários à prática de atos processuais e à consulta e ao acesso ao sistema e aos documentos dele constantes.

- Sem correspondência no CPC/1973.
- V. art. 5º, XIV, XXXIII e XXXIV, *b*, CF.
- V. Lei 12.527/2011 (Acesso às informações sigilosas do governo).
- V. Res. CNJ 185/2013 (Sistema Processo Judicial Eletrônico – PJe).

Parágrafo único. Será admitida a prática de atos por meio não eletrônico no local onde não estiverem disponibilizados os equipamentos previstos no *caput*.

- Sem correspondência no CPC/1973.

Art. 199. As unidades do Poder Judiciário assegurarão às pessoas com deficiência acessibilidade aos seus sítios na rede mundial de computadores, ao meio eletrônico de prática de atos judiciais, à comunicação eletrônica dos atos processuais e à assinatura eletrônica.

- Sem correspondência no CPC/1973.
- V. art. 5º, *caput*, CF.
- V. Dec. 3.298/1999 (Política Nacional para a Integração da Pessoa Portadora de Deficiência).
- V. Res. CNJ 185/2013 (Sistema Processo Judicial Eletrônico – PJe).

Seção III
Dos atos das partes

Art. 200. Os atos das partes consistentes em declarações unilaterais ou bilaterais de vontade produzem imediatamente a constituição, modificação ou extinção de direitos processuais.

- Correspondência: art. 158, *caput*, CPC/1973.
- V. arts. 90, 105, 122, 485, VIII, §§ 4º e 5º e 775, CPC/2015.

Parágrafo único. A desistência da ação só produzirá efeitos após homologação judicial.

- Correspondência: art. 158, parágrafo único, CPC/1973.

Art. 201. As partes poderão exigir recibo de petições, arrazoados, papéis e documentos que entregarem em cartório.

- Correspondência: art. 160, CPC/1973.

Art. 209

CÓDIGO DE PROCESSO CIVIL

Art. 202. É vedado lançar nos autos cotas marginais ou interlineares, as quais o juiz mandará riscar, impondo a quem as escrever multa correspondente à ½ (metade) do salário mínimo.
- Correspondência: art. 161, CPC/1973.
- V. art. 96, CPC/2015.

Seção IV
Dos pronunciamentos do juiz

Art. 203. Os pronunciamentos do juiz consistirão em sentenças, decisões interlocutórias e despachos.
- Correspondência: art. 162, *caput*, CPC/1973.
- V. arts. 226, 330, 336, 481 e 1.009, CPC/2015.

§ 1º Ressalvadas as disposições expressas dos procedimentos especiais, sentença é o pronunciamento por meio do qual o juiz, com fundamento nos arts. 485 e 487, põe fim à fase cognitiva do procedimento comum, bem como extingue a execução.
- Correspondência: art. 162, § 1º, CPC/1973.

§ 2º Decisão interlocutória é todo pronunciamento judicial de natureza decisória que não se enquadre no § 1º.
- Correspondência: art. 162, § 2º, CPC/1973.
- V. art. 1.015, CPC/2015.

§ 3º São despachos todos os demais pronunciamentos do juiz praticados no processo, de ofício ou a requerimento da parte.
- Correspondência: art. 162, § 3º, CPC/1973.

§ 4º Os atos meramente ordinatórios, como a juntada e a vista obrigatória, independem de despacho, devendo ser praticados de ofício pelo servidor e revistos pelo juiz quando necessário.
- Correspondência: art. 162, § 4º, CPC/1973.
- V. art. 93, XIV, CF.

Art. 204. Acórdão é o julgamento colegiado proferido pelos tribunais.
- Correspondência: art. 163, CPC/1973.

Art. 205. Os despachos, as decisões, as sentenças e os acórdãos serão redigidos, datados e assinados pelos juízes.
- Correspondência: art. 164, *caput*, 1ª parte, CPC/1973.
- V. arts. 209 e 210, CPC/2015.

§ 1º Quando os pronunciamentos previstos no *caput* forem proferidos oralmente, o servidor os documentará, submetendo-os aos juízes para revisão e assinatura.
- Correspondência: art. 164, *caput*, 2ª parte, CPC/1973.

§ 2º A assinatura dos juízes, em todos os graus de jurisdição, pode ser feita eletronicamente, na forma da lei.
- Correspondência: art. 164, parágrafo único, CPC/1973.

§ 3º Os despachos, as decisões interlocutórias, o dispositivo das sentenças e a ementa dos acórdãos serão publicados no Diário de Justiça Eletrônico.
- Sem correspondência no CPC/1973.

Seção V
Dos atos do escrivão ou do chefe de secretaria

Art. 206. Ao receber a petição inicial de processo, o escrivão ou o chefe de secretaria a autuará, mencionando o juízo, a natureza do processo, o número de seu registro, os nomes das partes e a data de seu início, e procederá do mesmo modo em relação aos volumes em formação.
- Correspondência: art. 166, CPC/1973.
- V. art. 152, CPC/2015.
- V. art. 16, Lei 9.099/1995 (Juizados Especiais Cíveis e Criminais).

Art. 207. O escrivão ou o chefe de secretaria numerará e rubricará todas as folhas dos autos.
- Correspondência: art. 167, *caput*, CPC/1973.

Parágrafo único. À parte, ao procurador, ao membro do Ministério Público, ao defensor público e aos auxiliares da justiça é facultado rubricar as folhas correspondentes aos atos em que intervierem.
- Correspondência: art. 167, parágrafo único, CPC/1973.

Art. 208. Os termos de juntada, vista, conclusão e outros semelhantes constarão de notas datadas e rubricadas pelo escrivão ou pelo chefe de secretaria.
- Correspondência: art. 168, CPC/1973.

Art. 209. Os atos e os termos do processo serão assinados pelas pessoas que neles

503

Art. 210

intervierem, todavia, quando essas não puderem ou não quiserem firmá-los, o escrivão ou o chefe de secretaria certificará a ocorrência.

• Correspondência: art. 169, *caput*, CPC/1973.

§ 1º Quando se tratar de processo total ou parcialmente documentado em autos eletrônicos, os atos processuais praticados na presença do juiz poderão ser produzidos e armazenados de modo integralmente digital em arquivo eletrônico inviolável, na forma da lei, mediante registro em termo, que será assinado digitalmente pelo juiz e pelo escrivão ou chefe de secretaria, bem como pelos advogados das partes.

• Correspondência: art. 169, § 2º, CPC/1973.

§ 2º Na hipótese do § 1º, eventuais contradições na transcrição deverão ser suscitadas oralmente no momento de realização do ato, sob pena de preclusão, devendo o juiz decidir de plano e ordenar o registro, no termo, da alegação e da decisão.

• Correspondência: art. 169, § 3º, CPC/1973.

Art. 210. É lícito o uso da taquigrafia, da estenotipia ou de outro método idôneo em qualquer juízo ou tribunal.

• Correspondência: art. 170, CPC/1973.
• V. art. 205, CPC/2015.

Art. 211. Não se admitem nos atos e termos processuais espaços em branco, salvo os que forem inutilizados, assim como entrelinhas, emendas ou rasuras, exceto quando expressamente ressalvadas.

• Correspondência: art. 171, CPC/1973.
• V. art. 426, CPC/2015.

Capítulo II
DO TEMPO E DO LUGAR DOS ATOS PROCESSUAIS

Seção I
Do tempo

Art. 212. Os atos processuais serão realizados em dias úteis, das 6 (seis) às 20 (vinte) horas.

• Correspondência: art. 172, *caput*, CPC/1973.

§ 1º Serão concluídos após as 20 (vinte) horas os atos iniciados antes, quando o adiamento prejudicar a diligência ou causar grave dano.

• Correspondência: art. 172, § 1º, CPC/1973.

§ 2º Independentemente de autorização judicial, as citações, intimações e penhoras poderão realizar-se no período de férias forenses, onde as houver, e nos feriados ou dias úteis fora do horário estabelecido neste artigo, observado o disposto no art. 5º, inciso XI, da Constituição Federal.

• Correspondência: art. 172, § 2º, CPC/1973.
• V. arts. 214 e 900, CPC/2015.

§ 3º Quando o ato tiver de ser praticado por meio de petição em autos não eletrônicos, essa deverá ser protocolada no horário de funcionamento do fórum ou tribunal, conforme o disposto na lei de organização judiciária local.

• Correspondência: art. 172, § 3º, CPC/1973.

Art. 213. A prática eletrônica de ato processual pode ocorrer em qualquer horário até as 24 (vinte e quatro) horas do último dia do prazo.

• Sem correspondência no CPC/1973.
• V. Res. CNJ 185/2013 (Sistema Processo Judicial Eletrônico – Pje).

Parágrafo único. O horário vigente no juízo perante o qual o ato deve ser praticado será considerado para fins de atendimento do prazo.

Art. 214. Durante as férias forenses e nos feriados, não se praticarão atos processuais, excetuando-se:

• Correspondência: art. 173, *caput*, CPC/1973.
• V. art. 216, CPC/2015.
• V. art. 93, XII, CF.
• V. art. 66, § 1º, LC 35/1979 (Lei Orgânica da Magistratura Nacional).

I – os atos previstos no art. 212, § 2º;

• Correspondência: art. 173, II, CPC/1973.

II – a tutela de urgência.

• Sem correspondência no CPC/1973.

Art. 215. Processam-se durante as férias forenses, onde as houver, e não se suspendem pela superveniência delas:

• Correspondência: art. 174, *caput*, CPC/1973.
• V. art. 1º, Lei 6.338/1976 (Ações que têm curso nas férias).
• V. art. 58, I, Lei 8.245/1991 (Locação de imóveis urbanos).

CÓDIGO DE PROCESSO CIVIL

I – os procedimentos de jurisdição voluntária e os necessários à conservação de direitos, quando puderem ser prejudicados pelo adiamento;

• Correspondência: art. 174, I, CPC/1973.
• V. arts. 719 a 770, CPC/2015.
• V. art. 39, Dec.-lei 3.365/1941 (Desapropriação por utilidade pública).
• V. art. 2º, § 1º, LC 76/1993 (Reforma agrária).

II – a ação de alimentos e os processos de nomeação ou remoção de tutor e curador;

• Correspondência: art. 174, II, CPC/1973.
• V. arts. 528 a 531 e 911 a 913, CPC/2015.

III – os processos que a lei determinar.

• Correspondência: art. 174, III, CPC/1973.

Art. 216. Além dos declarados em lei, são feriados, para efeito forense, os sábados, os domingos e os dias em que não haja expediente forense.

• Correspondência: art. 175, CPC/1973.
• V. arts. 1º e 2º, Lei 9.093/1995 (Feriados).

Seção II
Do lugar

Art. 217. Os atos processuais realizar-se-ão ordinariamente na sede do juízo, ou, excepcionalmente, em outro lugar em razão de deferência, de interesse da justiça, da natureza do ato ou de obstáculo arguido pelo interessado e acolhido pelo juiz.

• Correspondência: art. 176, CPC/1973.
• V. arts. 454 e 483, CPC/2015.

Capítulo III
DOS PRAZOS
Seção I
Disposições gerais

Art. 218. Os atos processuais serão realizados nos prazos prescritos em lei.

• Correspondência: art. 177, 1ª parte, CPC/1973.

§ 1º Quando a lei for omissa, o juiz determinará os prazos em consideração à complexidade do ato.

• Correspondência: art. 177, 2ª parte, CPC/1973.

§ 2º Quando a lei ou o juiz não determinar prazo, as intimações somente obrigarão a comparecimento após decorridas 48 (quarenta e oito) horas.

• Correspondência: art. 192, CPC/1973.

§ 3º Inexistindo preceito legal ou prazo determinado pelo juiz, será de 5 (cinco) dias o prazo para a prática de ato processual a cargo da parte.

• Correspondência: art. 185, CPC/1973.

§ 4º Será considerado tempestivo o ato praticado antes do termo inicial do prazo.

• Sem correspondência no CPC/1973.

Art. 219. Na contagem de prazo em dias, estabelecido por lei ou pelo juiz, computar-se-ão somente os dias úteis.

• Correspondência: art. 178, CPC/1973.

Parágrafo único. O disposto neste artigo aplica-se somente aos prazos processuais.

• Sem correspondência no CPC/1973.

Art. 220. Suspende-se o curso do prazo processual nos dias compreendidos entre 20 de dezembro e 20 de janeiro, inclusive.

• Correspondência: art. 179, CPC/1973.

§ 1º Ressalvadas as férias individuais e os feriados instituídos por lei, os juízes, os membros do Ministério Público, da Defensoria Pública e da Advocacia Pública e os auxiliares da Justiça exercerão suas atribuições durante o período previsto no *caput*.

• Sem correspondência no CPC/1973.

§ 2º Durante a suspensão do prazo, não se realizarão audiências nem sessões de julgamento.

• Sem correspondência no CPC/1973.

Art. 221. Suspende-se o curso do prazo por obstáculo criado em detrimento da parte ou ocorrendo qualquer das hipóteses do art. 313, devendo o prazo ser restituído por tempo igual ao que faltava para sua complementação.

• Correspondência: art. 180, CPC/1973.
• V. Súmula 173, STF.

Parágrafo único. Suspendem-se os prazos durante a execução de programa instituído pelo Poder Judiciário para promover a autocomposição, incumbindo aos tribunais especificar, com antecedência, a duração dos trabalhos.

• Sem correspondência no CPC/1973.

Art. 222

Art. 222. Na comarca, seção ou subseção judiciária onde for difícil o transporte, o juiz poderá prorrogar os prazos por até 2 (dois) meses.
- Correspondência: art. 182, *caput*, 2ª parte, CPC/1973.
- V. arts. 225 e 1.004, CPC/2015.

§ 1º Ao juiz é vedado reduzir prazos peremptórios sem anuência das partes.
- Correspondência: art. 182, *caput*, 1ª parte, CPC/1973.

§ 2º Havendo calamidade pública, o limite previsto no *caput* para prorrogação de prazos poderá ser excedido.
- Correspondência: art. 182, parágrafo único, CPC/1973.

Art. 223. Decorrido o prazo, extingue-se o direito de praticar ou de emendar o ato processual, independentemente de declaração judicial, ficando assegurado, porém, à parte provar que não o realizou por justa causa.
- Correspondência: art. 183, *caput*, CPC/1973.
- V. arts. 507 e 1.004, CPC/2015.

§ 1º Considera-se justa causa o evento alheio à vontade da parte e que a impediu de praticar o ato por si ou por mandatário.
- Correspondência: art. 183, § 1º, CPC/1973.
- • V. art. 485, CPC/2015.

§ 2º Verificada a justa causa, o juiz permitirá à parte a prática do ato no prazo que lhe assinar.
- Correspondência: art. 183, § 2º, CPC/1973.

Art. 224. Salvo disposição em contrário, os prazos serão contados excluindo o dia do começo e incluindo o dia do vencimento.
- Correspondência: art. 184, *caput*, CPC/1973.
- V. arts. 214, 230 a 232, 975, § 1º e 1.003, CPC/2015.
- V. art. 132, CC.
- V. art. 210, CTN.
- V. art. 775, CLT.

§ 1º Os dias do começo e do vencimento do prazo serão protraídos para o primeiro dia útil seguinte, se coincidirem com dia em que o expediente forense for encerrado antes ou iniciado depois da hora normal ou houver indisponibilidade da comunicação eletrônica.

- Correspondência: art. 184, § 1º, CPC/1973.
- V. art. 5º, §§ 1º e 2º, Lei 11.419/2006 (Informatização do processo judicial).

§ 2º Considera-se como data de publicação o primeiro dia útil seguinte ao da disponibilização da informação no *Diário da Justiça* eletrônico.
- Sem correspondência no CPC/1973.

§ 3º A contagem do prazo terá início no primeiro dia útil que seguir ao da publicação.
- Correspondência: art. 184, § 2º, CPC/1973.
- V. art. 4º, § 4º, Lei 11.419/2006 (Informatização do processo judicial).

Art. 225. A parte poderá renunciar ao prazo estabelecido exclusivamente em seu favor, desde que o faça de maneira expressa.
- Correspondência: art. 186, CPC/1973.

Art. 226. O juiz proferirá:
- Correspondência: art. 189, *caput*, CPC/1973.

I – os despachos no prazo de 5 (cinco) dias;
- Correspondência: art. 189, I, CPC/1973.

II – as decisões interlocutórias no prazo de 10 (dez) dias;
- Correspondência: art. 189, II, CPC/1973.

III – as sentenças no prazo de 30 (trinta) dias.
- Sem correspondência no CPC/1973.
- V. arts. 235 e 366, CPC/2015.

Art. 227. Em qualquer grau de jurisdição, havendo motivo justificado, pode o juiz exceder, por igual tempo, os prazos a que está submetido.
- Correspondência: art. 187, CPC/1973.
- V. art. 226, CPC/2015.
- V. arts. 35, II, e 39, LC 35/1979 (Lei Orgânica da Magistratura Nacional).

Art. 228. Incumbirá ao serventuário remeter os autos conclusos no prazo de 1 (um) dia e executar os atos processuais no prazo de 5 (cinco) dias, contado da data em que:
- Correspondência: art. 190, *caput*, CPC/1973.
- V. arts. 155, I, e 233, CPC/2015.

I – houver concluído o ato processual anterior, se lhe foi imposto pela lei;
- Correspondência: art. 190, I, CPC/1973.

II – tiver ciência da ordem, quando determinada pelo juiz.
- Correspondência: art. 190, II, CPC/1973.

Art. 231

§ 1º Ao receber os autos, o serventuário certificará o dia e a hora em que teve ciência da ordem referida no inciso II.
- Correspondência: art. 190, parágrafo único, CPC/1973.

§ 2º Nos processos em autos eletrônicos, a juntada de petições ou de manifestações em geral ocorrerá de forma automática, independentemente de ato de serventuário da justiça.
- Sem correspondência no CPC/1973.

Art. 229. Os litisconsortes que tiverem diferentes procuradores, de escritórios de advocacia distintos, terão prazos contados em dobro para todas as suas manifestações, em qualquer juízo ou tribunal, independentemente de requerimento.
- Correspondência: art. 191, CPC/1973.
- V. arts. 107, § 2º, 231, § 1º, 1.004, CPC/2015.

§ 1º Cessa a contagem do prazo em dobro se, havendo apenas 2 (dois) réus, é oferecida defesa por apenas um deles.
- Sem correspondência no CPC/1973.
- V. Súmula 641, STF.

§ 2º Não se aplica o disposto no *caput* aos processos em autos eletrônicos.
- Sem correspondência no CPC/1973.

Art. 230. O prazo para a parte, o procurador, a Advocacia Pública, a Defensoria Pública e o Ministério Público será contado da citação, da intimação ou da notificação.
- Correspondência: art. 240, CPC/1973.
- V. art. 43, I, LC 80/1994 (Lei Orgânica da Defensoria Pública).

Art. 231. Salvo disposição em sentido diverso, considera-se dia do começo do prazo:
- Correspondência: art. 241, *caput*, CPC/1973.
- V. arts. 224, § 3º, 230, 318 e 915, CPC/2015.

I – a data de juntada aos autos do aviso de recebimento, quando a citação ou a intimação for pelo correio;
- Correspondência: art. 241, I, CPC/1973.

II – a data de juntada aos autos do mandado cumprido, quando a citação ou a intimação for por oficial de justiça;
- Correspondência: art. 241, II, CPC/1973.
- V. art. 362, CPP.

III – a data de ocorrência da citação ou da intimação, quando ela se der por ato do escrivão ou do chefe de secretaria;
- Sem correspondência no CPC/1973.

IV – o dia útil seguinte ao fim da dilação assinada pelo juiz, quando a citação ou a intimação for por edital;
- Correspondência: art. 241, V, CPC/1973.

V – o dia útil seguinte à consulta ao teor da citação ou da intimação ou ao término do prazo para que a consulta se dê, quando a citação ou a intimação for eletrônica;
- Sem correspondência no CPC/1973.

VI – a data de juntada do comunicado de que trata o art. 232 ou, não havendo esse, a data de juntada da carta aos autos de origem devidamente cumprida, quando a citação ou a intimação se realizar em cumprimento de carta;
- Correspondência: art. 241, IV, CPC/1973.

VII – a data de publicação, quando a intimação se der pelo Diário da Justiça impresso ou eletrônico;
- Sem correspondência no CPC/1973.

VIII – o dia da carga, quando a intimação se der por meio da retirada dos autos, em carga, do cartório ou da secretaria.
- Sem correspondência no CPC/1973.

§ 1º Quando houver mais de um réu, o dia do começo do prazo para contestar corresponderá à última das datas a que se referem os incisos I a VI do *caput*.
- Correspondência: art. 241, III, CPC/1973.

§ 2º Havendo mais de um intimado, o prazo para cada um é contado individualmente.
- Sem correspondência no CPC/1973.

§ 3º Quando o ato tiver de ser praticado diretamente pela parte ou por quem, de qualquer forma, participe do processo, sem a intermediação de representante judicial, o dia do começo do prazo para cumprimento da determinação judicial corresponderá à data em que se der a comunicação.
- Sem correspondência no CPC/1973.

§ 4º Aplica-se o disposto no inciso II do *caput* à citação com hora certa.
- Sem correspondência no CPC/1973.

Art. 232. Nos atos de comunicação por carta precatória, rogatória ou de ordem, a realização da citação ou da intimação será imediatamente informada, por meio eletrônico, pelo juiz deprecado ao juiz deprecante.

- Correspondência: art. 738, § 2º, CPC/1973.

Seção II
Da verificação dos prazos e das penalidades

Art. 233. Incumbe ao juiz verificar se o serventuário excedeu, sem motivo legítimo, os prazos estabelecidos em lei.

- Correspondência: art. 193, CPC/1973.
- V. art. 228, CPC/2015.
- V. art. 5º, LV, CF.
- V. art. 35, III, LC 35/1979 (Lei Orgânica da Magistratura Nacional).

§ 1º Constatada a falta, o juiz ordenará a instauração de processo administrativo, na forma da lei.

- Correspondência: art. 194, CPC/1973.

§ 2º Qualquer das partes, o Ministério Público ou a Defensoria Pública poderá representar ao juiz contra o serventuário que injustificadamente exceder os prazos previstos em lei.

- Correspondência: art. 198, CPC/1973.

Art. 234. Os advogados públicos ou privados, o defensor público e o membro do Ministério Público devem restituir os autos no prazo do ato a ser praticado.

- Correspondência: art. 195, CPC/1973.
- V. art. 7º, XV e XVI, Lei 8.906/1994 (Estatuto da Advocacia e da OAB).

§ 1º É lícito a qualquer interessado exigir os autos do advogado que exceder prazo legal.

- Correspondência: art. 196, *caput*, 1ª parte, CPC/1973.
- V. art. 34, XXII, Lei 8.906/1994 (Estatuto da Advocacia e da OAB).

§ 2º Se, intimado, o advogado não devolver os autos no prazo de 3 (três) dias, perderá o direito à vista fora de cartório e incorrerá em multa correspondente à ½ (metade) do salário mínimo.

- Correspondência: art. 196, *caput*, 2ª parte, CPC/1973.

§ 3º Verificada a falta, o juiz comunicará o fato à seção local da Ordem dos Advogados do Brasil para procedimento disciplinar e imposição de multa.

- Correspondência: art. 196, parágrafo único, CPC/1973.

§ 4º Se a situação envolver membro do Ministério Público, da Defensoria Pública ou da Advocacia Pública, a multa, se for o caso, será aplicada ao agente público responsável pelo ato.

- Correspondência: art. 197, CPC/1973.

§ 5º Verificada a falta, o juiz comunicará o fato ao órgão competente responsável pela instauração de procedimento disciplinar contra o membro que atuou no feito.

- Sem correspondência no CPC/1973.
- V. art. 37, I, Lei 8.906/1994 (Estatuto da Advocacia e da OAB).

Art. 235. Qualquer parte, o Ministério Público ou a Defensoria Pública poderá representar ao corregedor do tribunal ou ao Conselho Nacional de Justiça contra juiz ou relator que injustificadamente exceder os prazos previstos em lei, regulamento ou regimento interno.

- Correspondência: arts. 198 e 199, CPC/1973.

§ 1º Distribuída a representação ao órgão competente e ouvido previamente o juiz, não sendo caso de arquivamento liminar, será instaurado procedimento para apuração da responsabilidade, com intimação do representado por meio eletrônico para, querendo, apresentar justificativa no prazo de 15 (quinze) dias.

- Correspondência: art. 198, CPC/1973.

§ 2º Sem prejuízo das sanções administrativas cabíveis, em até 48 (quarenta e oito) horas após a apresentação ou não da justificativa de que trata o § 1º, se for o caso, o corregedor do tribunal ou o relator no Conselho Nacional de Justiça determinará a intimação do representado por meio eletrônico para que, em 10 (dez) dias, pratique o ato.

- Correspondência: art. 198, CPC/1973.

§ 3º Mantida a inércia, os autos serão remetidos ao substituto legal do juiz ou do relator contra o qual se representou para decisão em 10 (dez) dias.

- Correspondência: art. 198, CPC/1973.

TÍTULO II
DA COMUNICAÇÃO DOS ATOS PROCESSUAIS

Capítulo I
DISPOSIÇÕES GERAIS

Art. 236. Os atos processuais serão cumpridos por ordem judicial.

• Correspondência: art. 200, 1ª parte, CPC/1973.

§ 1º Será expedida carta para a prática de atos fora dos limites territoriais do tribunal, da comarca, da seção ou da subseção judiciárias, ressalvadas as hipóteses previstas em lei.

• Correspondência: art. 200, 2ª parte, CPC/1973.

§ 2º O tribunal poderá expedir carta para juízo a ele vinculado, se o ato houver de se realizar fora dos limites territoriais do local de sua sede.

• Correspondência: art. 200, 2ª parte, CPC/1973.

§ 3º Admite-se a prática de atos processuais por meio de videoconferência ou outro recurso tecnológico de transmissão de sons e imagens em tempo real.

• Sem correspondência no CPC/1973.

Art. 237. Será expedida carta:

• Correspondência: art. 201, CPC/1973.
• V. arts. 845, § 2º, e 914, § 2º, CPC/2015.

I – de ordem, pelo tribunal, na hipótese do § 2º do art. 236;

• Correspondência: art. 201, CPC/1973.

II – rogatória, para que órgão jurisdicional estrangeiro pratique ato de cooperação jurídica internacional, relativo a processo em curso perante órgão jurisdicional brasileiro;

• Correspondência: art. 201, CPC/1973.
• V. art. 256, § 1º, CPC/2015.

III – precatória, para que órgão jurisdicional brasileiro pratique ou determine o cumprimento, na área de sua competência territorial, de ato relativo a pedido de cooperação judiciária formulado por órgão jurisdicional de competência territorial diversa;

• Correspondência: art. 201, CPC/1973.

IV – arbitral, para que órgão do Poder Judiciário pratique ou determine o cumprimento, na área de sua competência territorial, de ato objeto de pedido de cooperação judiciária formulado por juízo arbitral, inclusive os que importem efetivação de tutela provisória.

• Sem correspondência no CPC/1973.

Parágrafo único. Se o ato relativo a processo em curso na justiça federal ou em tribunal superior houver de ser praticado em local onde não haja vara federal, a carta poderá ser dirigida ao juízo estadual da respectiva comarca.

• Sem correspondência no CPC/1973.

Capítulo II
DA CITAÇÃO

Art. 238. Citação é o ato pelo qual são convocados o réu, o executado ou o interessado para integrar a relação processual.

• Correspondência: art. 213, CPC/1973.

Art. 239. Para a validade do processo é indispensável a citação do réu ou do executado, ressalvadas as hipóteses de indeferimento da petição inicial ou de improcedência liminar do pedido.

• Correspondência: art. 214, caput, CPC/1973.
• V. arts. 280, 332, 337, I, e 910, § 2º, CPC/2015.

§ 1º O comparecimento espontâneo do réu ou do executado supre a falta ou a nulidade da citação, fluindo a partir desta data o prazo para apresentação de contestação ou de embargos à execução.

• Correspondência: art. 214, §§ 1º e 2º, CPC/1973.

§ 2º Rejeitada a alegação de nulidade, tratando-se de processo de:

• Sem correspondência no CPC/1973.

I – conhecimento, o réu será considerado revel;

II – execução, o feito terá seguimento.

Art. 240. A citação válida, ainda quando ordenada por juízo incompetente, induz litispendência, torna litigiosa a coisa e constitui em mora o devedor, ressalvado o disposto nos arts. 397 e 398 da Lei 10.406, de 10 de janeiro de 2002 (Código Civil).

• Correspondência: art. 219, caput, CPC/1973.
• V. arts. 58, 312, CPC/2015.
• V. arts. 397 e 398, CC.

§ 1º A interrupção da prescrição, operada pelo despacho que ordena a citação, ainda que proferido por juízo incompetente, retroagirá à data de propositura da ação.

- Correspondência: art. 219, § 1º, CPC/1973.
- V. art. 8º, § 2º, Lei 6.830/1980 (Execução fiscal).

§ 2º Incumbe ao autor adotar, no prazo de 10 (dez) dias, as providências necessárias para viabilizar a citação, sob pena de não se aplicar o disposto no § 1º.

- Correspondência: art. 219, § 2º, 1ª parte, CPC/1973.
- V. art. 802, CPC/2015.

§ 3º A parte não será prejudicada pela demora imputável exclusivamente ao serviço judiciário.

- Correspondência: art. 219, § 2º, 2ª parte, CPC/1973.

§ 4º O efeito retroativo a que se refere o § 1º aplica-se à decadência e aos demais prazos extintivos previstos em lei.

- Correspondência: art. 220, CPC/1973.

Art. 241. Transitada em julgado a sentença de mérito proferida em favor do réu antes da citação, incumbe ao escrivão ou ao chefe de secretaria comunicar-lhe o resultado do julgamento.

- Correspondência: art. 219, § 6º, CPC/1973.
- V. arts. 152, II, 494, 502 e 505, CPC/2015.

Art. 242. A citação será pessoal, podendo, no entanto, ser feita na pessoa do representante legal ou do procurador do réu, do executado ou do interessado.

- Correspondência: art. 215, *caput*, CPC/1973.
- V. arts. 71, 73, §§ 1º, 2º e 3º e 215, CPC/2015.

§ 1º Na ausência do citando, a citação será feita na pessoa de seu mandatário, administrador, preposto ou gerente, quando a ação se originar de atos por eles praticados.

- Correspondência: art. 215, § 1º, CPC/1973.
- V. art. 119, Lei 6.404/1976 (Sociedades por ações).

§ 2º O locador que se ausentar do Brasil sem cientificar o locatário de que deixou, na localidade onde estiver situado o imóvel, procurador com poderes para receber citação será citado na pessoa do administrador do imóvel encarregado do recebimento dos aluguéis, que será considerado habilitado para representar o locador em juízo.

- Correspondência: art. 215, § 2º, CPC/1973.
- V. art. 58, IV, Lei 8.245/1991 (Locação de imóveis urbanos).

§ 3º A citação da União, dos Estados, do Distrito Federal, dos Municípios e de suas respectivas autarquias e fundações de direito público será realizada perante o órgão de Advocacia Pública responsável por sua representação judicial.

- Sem correspondência no CPC/1973.
- V. art. 75, CPC/2015.

Art. 243. A citação poderá ser feita em qualquer lugar em que se encontre o réu, o executado ou o interessado.

- Correspondência: art. 216, *caput*, CPC/1973.

Parágrafo único. O militar em serviço ativo será citado na unidade em que estiver servindo, se não for conhecida sua residência ou nela não for encontrado.

- Correspondência: art. 216, parágrafo único, CPC/1973.

Art. 244. Não se fará a citação, salvo para evitar o perecimento do direito:

- Correspondência: art. 217, *caput*, CPC/1973.
- V. art. 332, CPC/2015.

I – de quem estiver participando de ato de culto religioso;

- Correspondência: art. 217, I, CPC/1973.

II – de cônjuge, de companheiro ou de qualquer parente do morto, consanguíneo ou afim, em linha reta ou na linha colateral em segundo grau, no dia do falecimento e nos 7 (sete) dias seguintes;

- Correspondência: art. 217, II, CPC/1973.

III – de noivos, nos 3 (três) primeiros dias seguintes ao casamento;

- Correspondência: art. 217, III, CPC/1973.

IV – de doente, enquanto grave o seu estado.

- Correspondência: art. 217, IV, CPC/1973.

Art. 245. Não se fará citação quando se verificar que o citando é mentalmente incapaz ou está impossibilitado de recebê-la.

- Correspondência: art. 218, *caput*, CPC/1973.
- V. art. 178, II, CPC/2015.
- V. arts. 1.767 e 1.775, CC.

§ 1º O oficial de justiça descreverá e certificará minuciosamente a ocorrência.

- Correspondência: art. 218, § 1º, 1ª parte, CPC/1973.

Art. 248

CÓDIGO DE PROCESSO CIVIL

§ 2º Para examinar o citando, o juiz nomeará médico, que apresentará laudo no prazo de 5 (cinco) dias.
- Correspondência: art. 218, § 1º, 2ª parte, CPC/1973.

§ 3º Dispensa-se a nomeação de que trata o § 2º se pessoa da família apresentar declaração do médico do citando que ateste a incapacidade deste.
- Sem correspondência no CPC/1973.

§ 4º Reconhecida a impossibilidade, o juiz nomeará curador ao citando, observando, quanto à sua escolha, a preferência estabelecida em lei e restringindo a nomeação à causa.
- Correspondência: art. 218, § 2º, CPC/1973.

§ 5º A citação será feita na pessoa do curador, a quem incumbirá a defesa dos interesses do citando.
- Correspondência: art. 218, § 3º, CPC/1973.

Art. 246. A citação será feita:
- Correspondência: art. 221, *caput*, CPC/1973.
- V. art. 18, Lei 9.099/1995 (Juizados Especiais Cíveis e Criminais).

I – pelo correio;
- Correspondência: art. 221, I, CPC/1973.
- V. art. 58, IV, Lei 8.245/1991 (Locação de imóveis urbanos).

II – por oficial de justiça;
- Correspondência: art. 221, II, CPC/1973.

III – pelo escrivão ou chefe de secretaria, se o citando comparecer em cartório;
- Sem correspondência no CPC/1973.

IV – por edital;
- Correspondência: art. 221, III, CPC/1973.

V – por meio eletrônico, conforme regulado em lei.
- Correspondência: art. 221, IV, CPC/1973.
- V. art. 9º, Lei 11.419/2006 (Informatização do processo judicial).

§ 1º Com exceção das microempresas e das empresas de pequeno porte, as empresas públicas e privadas são obrigadas a manter cadastro nos sistemas de processo em autos eletrônicos, para efeito de recebimento de citações e intimações, as quais serão efetuadas preferencialmente por esse meio.
- Sem correspondência no CPC/1973.

§ 2º O disposto no § 1º aplica-se à União, aos Estados, ao Distrito Federal, aos Municípios e às entidades da administração indireta.
- Sem correspondência no CPC/1973.

§ 3º Na ação de usucapião de imóvel, os confinantes serão citados pessoalmente, exceto quando tiver por objeto unidade autônoma de prédio em condomínio, caso em que tal citação é dispensada.
- Sem correspondência no CPC/1973.

Art. 247. A citação será feita pelo correio para qualquer comarca do país, exceto:
- Correspondência: art. 222, *caput*, CPC/1973.
- V. art. 249, CPC/2015.

I – nas ações de estado, observado o disposto no art. 695, § 3º;
- Correspondência: art. 222, *a*, CPC/1973.

II – quando o citando for incapaz;
- Correspondência: art. 222, *b*, CPC/1973.

III – quando o citando for pessoa de direito público;
- Correspondência: art. 222, *c*, CPC/1973.

IV – quando o citando residir em local não atendido pela entrega domiciliar de correspondência;
- Correspondência: art. 222, *e*, CPC/1973.

V – quando o autor, justificadamente, a requerer de outra forma.
- Correspondência: art. 222, *f*, CPC/1973.

Art. 248. Deferida a citação pelo correio, o escrivão ou o chefe de secretaria remeterá ao citando cópias da petição inicial e do despacho do juiz e comunicará o prazo para resposta, o endereço do juízo e o respectivo cartório.
- Correspondência: art. 223, *caput*, CPC/1973.
- V. Súmula 429, STJ.

§ 1º A carta será registrada para entrega ao citando, exigindo-lhe o carteiro, ao fazer a entrega, que assine o recibo.
- Correspondência: art. 223, parágrafo único, 1ª parte, CPC/1973.

§ 2º Sendo o citando pessoa jurídica, será válida a entrega do mandado a pessoa com poderes de gerência geral ou de administração ou, ainda, a funcionário responsável pelo recebimento de correspondências.
- Correspondência: art. 223, parágrafo único, 2ª parte, CPC/1973.

Art. 249

§ 3º Da carta de citação no processo de conhecimento constarão os requisitos do art. 250.

- Correspondência: art. 942, CPC/1973.

§ 4º Nos condomínios edilícios ou nos loteamentos com controle de acesso, será válida a entrega do mandado a funcionário da portaria responsável pelo recebimento de correspondência, que, entretanto, poderá recusar o recebimento, se declarar, por escrito, sob as penas da lei, que o destinatário da correspondência está ausente.

- Sem correspondência no CPC/1973.

Art. 249. A citação será feita por meio de oficial de justiça nas hipóteses previstas neste Código ou em lei, ou quando frustrada a citação pelo correio.

- Correspondência: art. 224, CPC/1973.
- V. art. 626, § 1º, CPC/2015.

Art. 250. O mandado que o oficial de justiça tiver de cumprir conterá:

- Correspondência: art. 225, *caput*, CPC/1973.
- V. art. 626, CPC/2015.

I – os nomes do autor e do citando e seus respectivos domicílios ou residências;

- Correspondência: art. 225, I, CPC/1973.

II – a finalidade da citação, com todas as especificações constantes da petição inicial, bem como a menção do prazo para contestar, sob pena de revelia, ou para embargar a execução;

- Correspondência: art. 225, II, CPC/1973.

III – a aplicação de sanção para o caso de descumprimento da ordem, se houver;

- Correspondência: art. 225, III, CPC/1973.
- V. arts. 537 e 814, CPC/2015.

IV – se for o caso, a intimação do citando para comparecer, acompanhado de advogado ou de defensor público, à audiência de conciliação ou de mediação, com a menção do dia, da hora e do lugar do comparecimento;

- Correspondência: art. 225, IV, CPC/1973.

V – a cópia da petição inicial, do despacho ou da decisão que deferir tutela provisória;

- Correspondência: art. 225, V, CPC/1973.

VI – a assinatura do escrivão ou do chefe de secretaria e a declaração de que o subscreve por ordem do juiz.

- Correspondência: art. 225, VII, CPC/1973.

Art. 251. Incumbe ao oficial de justiça procurar o citando e, onde o encontrar, citá-lo:

- Correspondência: art. 226, *caput*, CPC/1973.
- V. arts. 214, II, 216, 626, § 1º, e 829, CPC/2015.

I – lendo-lhe o mandado e entregando-lhe a contrafé;

- Correspondência: art. 226, I, CPC/1973.

II – portando por fé se recebeu ou recusou a contrafé;

- Correspondência: art. 226, II, CPC/1973.

III – obtendo a nota de ciente ou certificando que o citando não a apôs no mandado.

- Correspondência: art. 226, III, CPC/1973.

Art. 252. Quando, por 2 (duas) vezes, o oficial de justiça houver procurado o citando em seu domicílio ou residência sem o encontrar, deverá, havendo suspeita de ocultação, intimar qualquer pessoa da família ou, em sua falta, qualquer vizinho de que, no dia útil imediato, voltará a fim de efetuar a citação, na hora que designar.

- Correspondência: art. 227, CPC/1973.

Parágrafo único. Nos condomínios edilícios ou nos loteamentos com controle de acesso, será válida a intimação a que se refere o *caput* feita a funcionário da portaria responsável pelo recebimento de correspondência.

- Sem correspondência no CPC/1973.

Art. 253. No dia e na hora designados, o oficial de justiça, independentemente de novo despacho, comparecerá ao domicílio ou à residência do citando a fim de realizar a diligência.

- Correspondência: art. 228, *caput*, CPC/1973.
- V. art. 231, § 4º, CPC/2015.
- V. art. 362, CPP.

§ 1º Se o citando não estiver presente, o oficial de justiça procurará informar-se das razões da ausência, dando por feita a citação, ainda que o citando se tenha ocultado em outra comarca, seção ou subseção judiciárias.

- Correspondência: art. 228, § 1º, CPC/1973.

§ 2º A citação com hora certa será efetivada mesmo que a pessoa da família ou o vizinho que houver sido intimado esteja ausente, ou

Art. 258

se, embora presente, a pessoa da família ou o vizinho se recusar a receber o mandado.

• Sem correspondência no CPC/1973.

§ 3º Da certidão da ocorrência, o oficial de justiça deixará contrafé com qualquer pessoa da família ou vizinho, conforme o caso, declarando-lhe o nome.

• Correspondência: art. 228, § 2º, CPC/1973.

§ 4º O oficial de justiça fará constar do mandado a advertência de que será nomeado curador especial se houver revelia.

• Sem correspondência no CPC/1973.

Art. 254. Feita a citação com hora certa, o escrivão ou chefe de secretaria enviará ao réu, executado ou interessado, no prazo de 10 (dez) dias, contado da data da juntada do mandado aos autos, carta, telegrama ou correspondência eletrônica, dando-lhe de tudo ciência.

• Correspondência: art. 229, CPC/1973.
• V. art. 72, II, CPC/2015.

Art. 255. Nas comarcas contíguas de fácil comunicação e nas que se situem na mesma região metropolitana, o oficial de justiça poderá efetuar, em qualquer delas, citações, intimações, notificações, penhoras e quaisquer outros atos executivos.

• Correspondência: art. 230, CPC/1973.
• V. arts. 274 e 782, § 1º, CPC/2015.

Art. 256. A citação por edital será feita:

• Correspondência: art. 231, *caput*, CPC/1973.
• V. arts. 72, II, 231, IV, 246, IV, 513, IV, 576, 589, 626, § 1º, 830, § 2º, e 876, § 3º, CPC/2015.

I – quando desconhecido ou incerto o citando;

• Correspondência: art. 231, I, CPC/1973.

II – quando ignorado, incerto ou inacessível o lugar em que se encontrar o citando;

• Correspondência: art. 231, II, CPC/1973.

III – nos casos expressos em lei.

• Correspondência: art. 231, III, CPC/1973.

§ 1º Considera-se inacessível, para efeito de citação por edital, o país que recusar o cumprimento de carta rogatória.

• Correspondência: art. 231, § 1º, CPC/1973.

§ 2º No caso de ser inacessível o lugar em que se encontrar o réu, a notícia de sua citação será divulgada também pelo rádio, se na comarca houver emissora de radiodifusão.

• Correspondência: art. 231, § 2º, CPC/1973.

§ 3º O réu será considerado em local ignorado ou incerto se infrutíferas as tentativas de sua localização, inclusive mediante requisição pelo juízo de informações sobre seu endereço nos cadastros de órgãos públicos ou de concessionárias de serviços públicos.

• Sem correspondência no CPC/1973.

Art. 257. São requisitos da citação por edital:

• Correspondência: art. 232, *caput*, CPC/1973.
• V. art. 259, CPC/2015.
• V. art. 4º, § 1º, Lei 6.739/1979 (Matrícula e registro de imóveis rurais).
• V. art. 5º, § 2º, Lei 6.969/1981 (Aquisição de imóveis rurais por usucapião especial).

I – a afirmação do autor ou a certidão do oficial informando a presença das circunstâncias autorizadoras;

• Correspondência: art. 232, I, CPC/1973.

II – a publicação do edital na rede mundial de computadores, no sítio do respectivo tribunal e na plataforma de editais do Conselho Nacional de Justiça, que deve ser certificada nos autos;

• Correspondência: art. 232, III, CPC/1973.
• V. Lei 8.639/1993 (Uso de caracteres nas publicações obrigatórias).
• V. Res. CNJ 185/2013 (Sistema Processo Judicial Eletrônico – PJe).

III – a determinação, pelo juiz, do prazo, que variará entre 20 (vinte) e 60 (sessenta) dias, fluindo da data da publicação única ou, havendo mais de uma, da primeira;

• Correspondência: art. 232, IV, CPC/1973.

IV – a advertência de que será nomeado curador especial em caso de revelia.

• Correspondência: art. 232, V, CPC/1973.

Parágrafo único. O juiz poderá determinar que a publicação do edital seja feita também em jornal local de ampla circulação ou por outros meios, considerando as peculiaridades da comarca, da seção ou da subseção judiciárias.

• Correspondência: art. 232, III, CPC/1973.

Art. 258. A parte que requerer a citação por edital, alegando dolosamente a ocorrência das circunstâncias autorizadoras para

sua realização, incorrerá em multa de 5 (cinco) vezes o salário mínimo.
- Correspondência: art. 233, *caput*, CPC/1973.
- V. art. 4º, § 1º, Lei 6.739/1979 (Matrícula e registro de imóveis rurais).

Parágrafo único. A multa reverterá em benefício do citando.
- Correspondência: art. 233, parágrafo único, CPC/1973.
- V. art. 96, CPC/2015.

Art. 259. Serão publicados editais:
- Sem correspondência no CPC/1973.

I – na ação de usucapião de imóvel;
- Correspondência: art. 942, CPC/1973.
- V. art. 5º, § 2º, Lei 6.969/1981 (Aquisição de imóveis rurais por usucapião especial).

II – na ação de recuperação ou substituição de título ao portador;
- Correspondência: art. 908, I, CPC/1973.

III – em qualquer ação em que seja necessária, por determinação legal, a provocação, para participação no processo, de interessados incertos ou desconhecidos.
- Sem correspondência no CPC/1973.
- V. art. 4º, § 1º, Lei 6.739/1979 (Matrícula e registro de imóveis rurais).

Capítulo III
DAS CARTAS

Art. 260. São requisitos das cartas de ordem, precatória e rogatória:
- Correspondência: art. 202, *caput*, CPC/1973.
- V. arts. 255, 264, 469 e 632, CPC/2015.

I – a indicação dos juízes de origem e de cumprimento do ato;
- Correspondência: art. 202, I, CPC/1973.

II – o inteiro teor da petição, do despacho judicial e do instrumento do mandato conferido ao advogado;
- Correspondência: art. 202, II, CPC/1973.

III – a menção do ato processual que lhe constitui o objeto;
- Correspondência: art. 202, III, CPC/1973.

IV – o encerramento com a assinatura do juiz.
- Correspondência: art. 202, IV, CPC/1973.

§ 1º O juiz mandará trasladar para a carta quaisquer outras peças, bem como instruí-la com mapa, desenho ou gráfico, sempre que esses documentos devam ser examinados, na diligência, pelas partes, pelos peritos ou pelas testemunhas.
- Correspondência: art. 202 § 1º, CPC/1973.

§ 2º Quando o objeto da carta for exame pericial sobre documento, este será remetido em original, ficando nos autos reprodução fotográfica.
- Correspondência: art. 202, § 2º, CPC/1973.
- V. art. 632, CPC/2015.

§ 3º A carta arbitral atenderá, no que couber, aos requisitos a que se refere o *caput* e será instruída com a convenção de arbitragem e com as provas da nomeação do árbitro e de sua aceitação da função.
- Sem correspondência no CPC/1973.

Art. 261. Em todas as cartas o juiz fixará o prazo para cumprimento, atendendo à facilidade das comunicações e à natureza da diligência.
- Correspondência: art. 203, CPC/1973.
- V. arts. 268, 313, V, *b*, e 377, CPC/2015.

§ 1º As partes deverão ser intimadas pelo juiz do ato de expedição da carta.
- Sem correspondência no CPC/1973.

§ 2º Expedida a carta, as partes acompanharão o cumprimento da diligência perante o juízo destinatário, ao qual compete a prática dos atos de comunicação.
- Sem correspondência no CPC/1973.

§ 3º A parte a quem interessar o cumprimento da diligência cooperará para que o prazo a que se refere o *caput* seja cumprido.
- Sem correspondência no CPC/1973.

Art. 262. A carta tem caráter itinerante, podendo, antes ou depois de lhe ser ordenado o cumprimento, ser encaminhada a juízo diverso do que dela consta, a fim de se praticar o ato.
- Correspondência: art. 204, CPC/1973.

Parágrafo único. O encaminhamento da carta a outro juízo será imediatamente comunicado ao órgão expedidor, que intimará as partes.
- Sem correspondência no CPC/1973.

Art. 263. As cartas deverão, preferencialmente, ser expedidas por meio eletrôni-

co, caso em que a assinatura do juiz deverá ser eletrônica, na forma da lei.
- Correspondência: art. 202, § 3º, CPC/1973.
- V. art. 7º, Lei 11.419/2006 (Informatização do processo judicial).

Art. 264. A carta de ordem e a carta precatória por meio eletrônico, por telefone ou por telegrama conterão, em resumo substancial, os requisitos mencionados no art. 250, especialmente no que se refere à aferição da autenticidade.
- Correspondência: arts. 205 e 206, CPC/1973.
- V. art. 413, CPC/2015.

Art. 265. O secretário do tribunal, o escrivão ou o chefe de secretaria do juízo deprecante transmitirá, por telefone, a carta de ordem ou a carta precatória ao juízo em que houver de se cumprir o ato, por intermédio do escrivão do primeiro ofício da primeira vara, se houver na comarca mais de um ofício ou de uma vara, observando-se, quanto aos requisitos, o disposto no art. 264.
- Correspondência: art. 207, *caput*, CPC/1973.

§ 1º O escrivão ou o chefe de secretaria, no mesmo dia ou no dia útil imediato, telefonará ou enviará mensagem eletrônica ao secretário do tribunal, ao escrivão ou ao chefe de secretaria do juízo deprecante, lendo-lhe os termos da carta e solicitando-lhe que os confirme.
- Correspondência: art. 207, § 1º, CPC/1973.

§ 2º Sendo confirmada, o escrivão ou o chefe de secretaria submeterá a carta a despacho.
- Correspondência: art. 207, § 2º, CPC/1973.

Art. 266. Serão praticados de ofício os atos requisitados por meio eletrônico e de telegrama, devendo a parte depositar, contudo, na secretaria do tribunal ou no cartório do juízo deprecante, a importância correspondente às despesas que serão feitas no juízo em que houver de praticar-se o ato.
- Correspondência: art. 208, CPC/1973.
- V. art. 82, CPC/2015.

Art. 267. O juiz recusará cumprimento a carta precatória ou arbitral, devolvendo-a com decisão motivada quando:
- Correspondência: art. 209, *caput*, CPC/1973.

I – a carta não estiver revestida dos requisitos legais;
- Correspondência: art. 209, I, CPC/1973.

II – faltar ao juiz competência em razão da matéria ou da hierarquia;
- Correspondência: art. 209, II, CPC/1973.

III – o juiz tiver dúvida acerca de sua autenticidade.
- Correspondência: art. 209, III, CPC/1973.

Parágrafo único. No caso de incompetência em razão da matéria ou da hierarquia, o juiz deprecado, conforme o ato a ser praticado, poderá remeter a carta ao juiz ou ao tribunal competente.
- Sem correspondência no CPC/1973.

Art. 268. Cumprida a carta, será devolvida ao juízo de origem no prazo de 10 (dez) dias, independentemente de traslado, pagas as custas pela parte.
- Correspondência: art. 212, CPC/1973.

Capítulo IV
DAS INTIMAÇÕES

Art. 269. Intimação é o ato pelo qual se dá ciência a alguém dos atos e dos termos do processo.
- Correspondência: art. 234, CPC/1973.

§ 1º É facultado aos advogados promover a intimação do advogado da outra parte por meio do correio, juntando aos autos, a seguir, cópia do ofício de intimação e do aviso de recebimento.
- Sem correspondência no CPC/1973.

§ 2º O ofício de intimação deverá ser instruído com cópia do despacho, da decisão ou da sentença.
- Sem correspondência no CPC/1973.

§ 3º A intimação da União, dos Estados, do Distrito Federal, dos Municípios e de suas respectivas autarquias e fundações de direito público será realizada perante o órgão de Advocacia Pública responsável por sua representação judicial.
- Sem correspondência no CPC/1973.

Art. 270. As intimações realizam-se, sempre que possível, por meio eletrônico, na forma da lei.
- Correspondência: art. 237, parágrafo único, CPC/1973.
- V. art. 5º, Lei 11.419/2006 (Informatização do processo judicial).

Art. 271

Parágrafo único. Aplica-se ao Ministério Público, à Defensoria Pública e à Advocacia Pública o disposto no § 1º do art. 246.

• Correspondência: art. 236, § 2º, CPC/1973.

Art. 271. O juiz determinará de ofício as intimações em processos pendentes, salvo disposição em contrário.

• Correspondência: art. 235, CPC/1973.

Art. 272. Quando não realizadas por meio eletrônico, consideram-se feitas as intimações pela publicação dos atos no órgão oficial.

• Correspondência: art. 236, *caput*, CPC/1973.
• V. arts. 239, § 1º, e 363, CPC/2015.

§ 1º Os advogados poderão requerer que, na intimação a eles dirigida, figure apenas o nome da sociedade a que pertençam, desde que devidamente registrada na Ordem dos Advogados do Brasil.

• Sem correspondência no CPC/1973.
• V. Súmula 427, TST.

§ 2º Sob pena de nulidade, é indispensável que da publicação constem os nomes das partes e de seus advogados, com o respectivo número de inscrição na Ordem dos Advogados do Brasil, ou, se assim requerido, da sociedade de advogados.

• Correspondência: art. 236, § 1º, CPC/1973.

§ 3º A grafia dos nomes das partes não deve conter abreviaturas.

• Correspondência: art. 169, § 1º, CPC/1973.

§ 4º A grafia dos nomes dos advogados deve corresponder ao nome completo e ser a mesma que constar da procuração ou que estiver registrada na Ordem dos Advogados do Brasil.

• Sem correspondência no CPC/1973.

§ 5º Constando dos autos pedido expresso para que as comunicações dos atos processuais sejam feitas em nome dos advogados indicados, o seu desatendimento implicará nulidade.

• Sem correspondência no CPC/1973.

§ 6º A retirada dos autos do cartório ou da secretaria em carga pelo advogado, por pessoa credenciada a pedido do advogado ou da sociedade de advogados, pela Advocacia Pública, pela Defensoria Pública ou pelo Ministério Público implicará intimação de qualquer decisão contida no processo retirado, ainda que pendente de publicação.

• Sem correspondência no CPC/1973.
• V. art. 3º, § 2º, Lei 8.906/1994 (Estatuto da Advocacia e da OAB).

§ 7º O advogado e a sociedade de advogados deverão requerer o respectivo credenciamento para a retirada de autos por preposto.

• Sem correspondência no CPC/1973.

§ 8º A parte arguirá a nulidade da intimação em capítulo preliminar do próprio ato que lhe caiba praticar, o qual será tido por tempestivo se o vício for reconhecido.

• Correspondência: art. 245, *caput*, CPC/1973.

§ 9º Não sendo possível a prática imediata do ato diante da necessidade de acesso prévio aos autos, a parte limitar-se-á a arguir a nulidade da intimação, caso em que o prazo será contado da intimação da decisão que a reconheça.

• Sem correspondência no CPC/1973.

Art. 273. Se inviável a intimação por meio eletrônico e não houver na localidade publicação em órgão oficial, incumbirá ao escrivão ou chefe de secretaria intimar de todos os atos do processo os advogados das partes:

• Correspondência: art. 237, *caput*, CPC/1973.
• V. arts. 183, 186, §§ 1º e 2º, 255, 308, § 3º, 385, 485, § 1º, 528, *caput*, 675, parágrafo único, 841, § 2º, 854, § 2º, e 1.019, II, CPC/2015.
• V. Lei 11.419/2006 (Informatização do processo judicial).

I – pessoalmente, se tiverem domicílio na sede do juízo;

• Correspondência: art. 237, I, CPC/1973.

II – por carta registrada, com aviso de recebimento, quando forem domiciliados fora do juízo.

• Correspondência: art. 237, II, CPC/1973.

Art. 274. Não dispondo a lei de outro modo, as intimações serão feitas às partes, aos seus representantes legais, aos advogados e aos demais sujeitos do processo pelo correio ou, se presentes em cartório, diretamente pelo escrivão ou chefe de secretaria.

• Correspondência: art. 238, *caput*, CPC/1973.
• V. arts. 255 e 782, § 1º, CPC/2015.

Parágrafo único. Presumem-se válidas as intimações dirigidas ao endereço constante dos autos, ainda que não recebidas pessoalmente pelo interessado, se a modificação temporária ou definitiva não tiver sido devidamente comunicada ao juízo, fluindo os prazos a partir da juntada aos autos do comprovante de entrega da correspondência no primitivo endereço.

- Correspondência: art. 238, parágrafo único, CPC/1973.

Art. 275. A intimação será feita por oficial de justiça quando frustrada a realização por meio eletrônico ou pelo correio.

- Correspondência: art. 239, *caput*, CPC/1973.
- V. Lei 11.419/2006 (Informatização do processo judicial).

§ 1º A certidão de intimação deve conter:

- Correspondência: art. 239, parágrafo único, CPC/1973.

I – a indicação do lugar e a descrição da pessoa intimada, mencionando, quando possível, o número de seu documento de identidade e o órgão que o expediu;

- Correspondência: art. 239, parágrafo único, I, CPC/1973.

II – a declaração de entrega da contrafé;

- Correspondência: art. 239, parágrafo único, II, CPC/1973.

III – a nota de ciente ou a certidão de que o interessado não a após no mandado.

- Correspondência: art. 239, parágrafo único, III, CPC/1973.

§ 2º Caso necessário, a intimação poderá ser efetuada com hora certa ou por edital.

- Sem correspondência no CPC/1973.

TÍTULO III
DAS NULIDADES

Art. 276. Quando a lei prescrever determinada forma sob pena de nulidade, a decretação desta não pode ser requerida pela parte que lhe deu causa.

- Correspondência: art. 243, CPC/1973.
- V. arts. 74, parágrafo único, 272, § 2º, e 803, CPC/2015.

Art. 277. Quando a lei prescrever determinada forma, o juiz considerará válido o ato se, realizado de outro modo, lhe alcançar a finalidade.

- Correspondência: art. 244, CPC/1973.
- V. arts. 188 e 282, § 2º, CPC/2015.

Art. 278. A nulidade dos atos deve ser alegada na primeira oportunidade em que couber à parte falar nos autos, sob pena de preclusão.

- Correspondência: art. 245, *caput*, CPC/1973.
- V. arts. 223, § 1º, 342, II, e 507, CPC/2015.

Parágrafo único. Não se aplica o disposto no *caput* às nulidades que o juiz deva decretar de ofício, nem prevalece a preclusão provando a parte legítimo impedimento.

- Correspondência: art. 245, parágrafo único, CPC/1973.
- V. art. 485, § 3º, CPC/2015.

Art. 279. É nulo o processo quando o membro do Ministério Público não for intimado a acompanhar o feito em que deva intervir.

- Correspondência: art. 246, *caput*, CPC/1973.
- V. arts. 178 e 282, CPC/2015.

§ 1º Se o processo tiver tramitado sem conhecimento do membro do Ministério Público, o juiz invalidará os atos praticados a partir do momento em que ele deveria ter sido intimado.

- Correspondência: art. 246, parágrafo único, CPC/1973.

§ 2º A nulidade só pode ser decretada após a intimação do Ministério Público, que se manifestará sobre a existência ou a inexistência de prejuízo.

- Sem correspondência no CPC/1973.

Art. 280. As citações e as intimações serão nulas quando feitas sem observância das prescrições legais.

- Correspondência: art. 247, CPC/1973.
- V. arts. 239 e 535, I, CPC/2015.

Art. 281. Anulado o ato, consideram-se de nenhum efeito todos os subsequentes que dele dependam, todavia, a nulidade de uma parte do ato não prejudicará as outras que dela sejam independentes.

- Correspondência: art. 248, CPC/1973.

Art. 282

Art. 282. Ao pronunciar a nulidade, o juiz declarará que atos são atingidos e ordenará as providências necessárias a fim de que sejam repetidos ou retificados.

- Correspondência: art. 249, *caput*, CPC/1973.
- V. arts. 188, 352, 932, parágrafo único, e 938, § 1º, CPC/2015.

§ 1º O ato não será repetido nem sua falta será suprida quando não prejudicar a parte.

- Correspondência: art. 249, § 1º, CPC/1973.

§ 2º Quando puder decidir o mérito a favor da parte a quem aproveite a decretação da nulidade, o juiz não a pronunciará nem mandará repetir o ato ou suprir-lhe a falta.

- Correspondência: art. 249, § 2º, CPC/1973.

Art. 283. O erro de forma do processo acarreta unicamente a anulação dos atos que não possam ser aproveitados, devendo ser praticados os que forem necessários a fim de se observarem as prescrições legais.

- Correspondência: art. 250, *caput*, CPC/1973.

Parágrafo único. Dar-se-á o aproveitamento dos atos praticados desde que não resulte prejuízo à defesa de qualquer parte.

- Correspondência: art. 250, parágrafo único, CPC/1973.

TÍTULO IV
DA DISTRIBUIÇÃO E DO REGISTRO

Art. 284. Todos os processos estão sujeitos a registro, devendo ser distribuídos onde houver mais de um juiz.

- Correspondência: art. 251, CPC/1973.
- V. arts. 206 e 286, parágrafo único, CPC/2015.

Art. 285. A distribuição, que poderá ser eletrônica, será alternada e aleatória, obedecendo-se rigorosa igualdade.

- Correspondência: art. 252, CPC/1973.
- V. Lei 11.419/2006 (Informatização do processo judicial).

Parágrafo único. A lista de distribuição deverá ser publicada no Diário de Justiça.

- Sem correspondência no CPC/1973.

Art. 286. Serão distribuídas por dependência as causas de qualquer natureza:

- Correspondência: art. 253, *caput*, CPC/1973.
- V. arts. 642, § 1º, e 676, CPC/2015.

I – quando se relacionarem, por conexão ou continência, com outra já ajuizada;

- Correspondência: art. 253, I, CPC/1973.
- V. art. 54, CPC/2015.

II – quando, tendo sido extinto o processo sem resolução de mérito, for reiterado o pedido, ainda que em litisconsórcio com outros autores ou que sejam parcialmente alterados os réus da demanda;

- Correspondência: art. 253, II, CPC/1973.

III – quando houver ajuizamento de ações nos termos do art. 55, § 3º, ao juízo prevento.

- Correspondência: art. 253, III, CPC/1973.

Parágrafo único. Havendo intervenção de terceiro, reconvenção ou outra hipótese de ampliação objetiva do processo, o juiz, de ofício, mandará proceder à respectiva anotação pelo distribuidor.

- Correspondência: art. 253, parágrafo único, CPC/1973.
- V. arts. 119, 124, 125, 130 e 343, CPC/2015.

Art. 287. A petição inicial deve vir acompanhada de procuração, que conterá os endereços do advogado, eletrônico e não eletrônico.

- Correspondência: art. 254, *caput*, CPC/1973.

Parágrafo único. Dispensa-se a juntada da procuração:

- Correspondência: art. 254, *caput*, CPC/1973.

I – no caso previsto no art. 104;

- Correspondência: art. 254, III, CPC/1973.

II – se a parte estiver representada pela Defensoria Pública;

- Sem correspondência no CPC/1973.

III – se a representação decorrer diretamente de norma prevista na Constituição Federal ou em lei.

- Sem correspondência no CPC/1973.

Art. 288. O juiz, de ofício ou a requerimento do interessado, corrigirá o erro ou compensará a falta de distribuição.

- Correspondência: art. 255, CPC/1973.

Art. 289. A distribuição poderá ser fiscalizada pela parte, por seu procurador, pelo Ministério Público e pela Defensoria Pública.

- Correspondência: art. 256, CPC/1973.

Art. 290. Será cancelada a distribuição do feito se a parte, intimada na pessoa de seu advogado, não realizar o pagamento das custas e despesas de ingresso em 15 (quinze) dias.
  • Correspondência: art. 257, CPC/1973.

TÍTULO V
DO VALOR DA CAUSA

Art. 291. A toda causa será atribuído valor certo, ainda que não tenha conteúdo econômico imediatamente aferível.
  • Correspondência: art. 258, CPC/1973.

Art. 292. O valor da causa constará da petição inicial ou da reconvenção e será:
  • Correspondência: art. 259, *caput*, CPC/1973.
  • V. arts. 319, V e 322, CPC/2015.
  • V. art. 58, III, Lei 8.245/1991 (Locação de imóveis urbanos).

I – na ação de cobrança de dívida, a soma monetariamente corrigida do principal, dos juros de mora vencidos e de outras penalidades, se houver, até a data de propositura da ação;
  • Correspondência: art. 259, I, CPC/1973.

II – na ação que tiver por objeto a existência, a validade, o cumprimento, a modificação, a resolução, a resilição ou a rescisão de ato jurídico, o valor do ato ou o de sua parte controvertida;
  • Correspondência: art. 259, V, CPC/1973.

III – na ação de alimentos, a soma de 12 (doze) prestações mensais pedidas pelo autor;
  • Correspondência: art. 259, VI, CPC/1973.

IV – na ação de divisão, de demarcação e de reivindicação, o valor de avaliação da área ou do bem objeto do pedido;
  • Correspondência: art. 259, III, CPC/1973.

V – na ação indenizatória, inclusive a fundada em dano moral, o valor pretendido;
  • Sem correspondência no CPC/1973.

VI – na ação em que há cumulação de pedidos, a quantia correspondente à soma dos valores de todos eles;
  • Correspondência: art. 259, II, CPC/1973.
  • V. arts. 327 e 555, CPC/2015.

VII – na ação em que os pedidos são alternativos, o de maior valor;
  • Correspondência: art. 259, III, CPC/1973.

VIII – na ação em que houver pedido subsidiário, o valor do pedido principal.
  • Correspondência: art. 259, IV, CPC/1973.

§ 1º Quando se pedirem prestações vencidas e vincendas, considerar-se-á o valor de umas e outras.
  • Correspondência: art. 260, 1ª parte, CPC/1973.

§ 2º O valor das prestações vincendas será igual a uma prestação anual, se a obrigação for por tempo indeterminado ou por tempo superior a 1 (um) ano, e, se por tempo inferior, será igual à soma das prestações.
  • Correspondência: art. 260, 2ª parte, CPC/1973.

§ 3º O juiz corrigirá, de ofício e por arbitramento, o valor da causa quando verificar que não corresponde ao conteúdo patrimonial em discussão ou ao proveito econômico perseguido pelo autor, caso em que se procederá ao recolhimento das custas correspondentes.
  • Sem correspondência no CPC/1973.

Art. 293. O réu poderá impugnar, em preliminar da contestação, o valor atribuído à causa pelo autor, sob pena de preclusão, e o juiz decidirá a respeito, impondo, se for o caso, a complementação das custas.
  • Correspondência: art. 261, CPC/1973.

LIVRO V
DA TUTELA PROVISÓRIA

TÍTULO I
DISPOSIÇÕES GERAIS

Art. 294. A tutela provisória pode fundamentar-se em urgência ou evidência.
  • Sem correspondência no CPC/1973.
  • V. art. 102, I, *p*, CF.
  • V. Lei 2.770/1956 (Suprime a concessão de medidas liminares nas ações e procedimentos judiciais de qualquer natureza que visem à liberação de bens, mercadorias ou coisas de procedência estrangeira).

Parágrafo único. A tutela provisória de urgência, cautelar ou antecipada, pode ser concedida em caráter antecedente ou incidental.
  • Correspondência: art. 796, CPC/1973.

Art. 295

Art. 295. A tutela provisória requerida em caráter incidental independe do pagamento de custas.

- Sem correspondência no CPC/1973.

Art. 296. A tutela provisória conserva sua eficácia na pendência do processo, mas pode, a qualquer tempo, ser revogada ou modificada.

- Correspondência: arts. 273, § 4º e 807, *caput*, CPC/1973.
- V. art. 313, CPC/2015.

Parágrafo único. Salvo decisão judicial em contrário, a tutela provisória conservará a eficácia durante o período de suspensão do processo.

- Correspondência: art. 807, parágrafo único, CPC/1973.

Art. 297. O juiz poderá determinar as medidas que considerar adequadas para efetivação da tutela provisória.

- Correspondência: art. 798, CPC/1973.
- V. arts. 519 e 695, CPC/2015.

Parágrafo único. A efetivação da tutela provisória observará as normas referentes ao cumprimento provisório da sentença, no que couber.

- Correspondência: art. 273, § 3º, CPC/1973.

Art. 298. Na decisão que conceder, negar, modificar ou revogar a tutela provisória, o juiz motivará seu convencimento de modo claro e preciso.

- Correspondência: art. 273, § 1º, CPC/1973.
- V. arts. 11, 203 e 489, II, CPC/2015.
- V. art. 93, IX, CF.

Art. 299. A tutela provisória será requerida ao juízo da causa e, quando antecedente, ao juízo competente para conhecer do pedido principal.

- Correspondência: art. 800, *caput*, CPC/1973.
- V. arts. 55 a 57, 61 e 286, CPC/2015.

Parágrafo único. Ressalvada disposição especial, na ação de competência originária de tribunal e nos recursos a tutela provisória será requerida ao órgão jurisdicional competente para apreciar o mérito.

- Correspondência: art. 800, parágrafo único, CPC/1973.

TÍTULO II
DA TUTELA DE URGÊNCIA
Capítulo I
DISPOSIÇÕES GERAIS

Art. 300. A tutela de urgência será concedida quando houver elementos que evidenciem a probabilidade do direito e o perigo de dano ou o risco ao resultado útil do processo.

- Correspondência: art. 273, I, CPC/1973.
- V. arts. 302, II, 497 e 969, CPC/2015.

§ 1º Para a concessão da tutela de urgência, o juiz pode, conforme o caso, exigir caução real ou fidejussória idônea para ressarcir os danos que a outra parte possa vir a sofrer, podendo a caução ser dispensada se a parte economicamente hipossuficiente não puder oferecê-la.

- Correspondência: art. 804, CPC/1973.

§ 2º A tutela de urgência pode ser concedida liminarmente ou após justificação prévia.

- Correspondência: art. 804, 1ª parte, CPC/1973.
- V. art. 84, § 3º, Lei 8.078/1990 (Código de Defesa do Consumidor).

§ 3º A tutela de urgência de natureza antecipada não será concedida quando houver perigo de irreversibilidade dos efeitos da decisão.

- Correspondência: art. 273, § 2º, CPC/1973.

Art. 301. A tutela de urgência de natureza cautelar pode ser efetivada mediante arresto, sequestro, arrolamento de bens, registro de protesto contra alienação de bem e qualquer outra medida idônea para asseguração do direito.

- Correspondência: arts. 798 e 799, CPC/1973.

Art. 302. Independentemente da reparação por dano processual, a parte responde pelo prejuízo que a efetivação da tutela de urgência causar à parte adversa, se:

- Correspondência: art. 811, *caput*, CPC/1973.

I – a sentença lhe for desfavorável;

- Correspondência: art. 811, I, CPC/1973.

II – obtida liminarmente a tutela em caráter antecedente, não fornecer os meios necessários para a citação do requerido no prazo de 5 (cinco) dias;

- Correspondência: art. 811, II, CPC/1973.

III – ocorrer a cessação da eficácia da medida em qualquer hipótese legal;

• Correspondência: art. 811, III, CPC/1973.

IV – o juiz acolher a alegação de decadência ou prescrição da pretensão do autor.

• Correspondência: art. 811, IV, CPC/1973.

Parágrafo único. A indenização será liquidada nos autos em que a medida tiver sido concedida, sempre que possível.

• Correspondência: art. 811, parágrafo único, CPC/1973.

Capítulo II
DO PROCEDIMENTO DA TUTELA ANTECIPADA REQUERIDA EM CARÁTER ANTECEDENTE

Art. 303. Nos casos em que a urgência for contemporânea à propositura da ação, a petição inicial pode limitar-se ao requerimento da tutela antecipada e à indicação do pedido de tutela final, com a exposição da lide, do direito que se busca realizar e do perigo de dano ou do risco ao resultado útil do processo.

• Sem correspondência no CPC/1973.
• V. art. 319, CPC/2015.
• V. art. 5º, XXXV e LXXVIII, e § 1º, CF.
• V. art. 7º, § 5º, Lei 12.016/2009 (Nova Lei do Mandado de Segurança).

§ 1º Concedida a tutela antecipada a que se refere o *caput* deste artigo:
I – o autor deverá aditar a petição inicial, com a complementação de sua argumentação, a juntada de novos documentos e a confirmação do pedido de tutela final, em 15 (quinze) dias ou em outro prazo maior que o juiz fixar;
II – o réu será citado e intimado para a audiência de conciliação ou de mediação na forma do art. 334;
III – não havendo autocomposição, o prazo para contestação será contado na forma do art. 335.
§ 2º Não realizado o aditamento a que se refere o inciso I do § 1º deste artigo, o processo será extinto sem resolução do mérito.
§ 3º O aditamento a que se refere o inciso I do § 1º deste artigo dar-se-á nos mesmos autos, sem incidência de novas custas processuais.

§ 4º Na petição inicial a que se refere o *caput* deste artigo, o autor terá de indicar o valor da causa, que deve levar em consideração o pedido de tutela final.
§ 5º O autor indicará na petição inicial, ainda, que pretende valer-se do benefício previsto no *caput* deste artigo.
§ 6º Caso entenda que não há elementos para a concessão de tutela antecipada, o órgão jurisdicional determinará a emenda da petição inicial em até 5 (cinco) dias, sob pena de ser indeferida e de o processo ser extinto sem resolução de mérito.

Art. 304. A tutela antecipada, concedida nos termos do art. 303, torna-se estável se da decisão que a conceder não for interposto o respectivo recurso.

• Sem correspondência no CPC/1973.
• V. art. 5º, LXXVIII, CF.

§ 1º No caso previsto no *caput*, o processo será extinto.
§ 2º Qualquer das partes poderá demandar a outra com o intuito de rever, reformar ou invalidar a tutela antecipada estabilizada nos termos do *caput*.

• V. art. 5º, LV, CF.

§ 3º A tutela antecipada conservará seus efeitos enquanto não revista, reformada ou invalidada por decisão de mérito proferida na ação de que trata o § 2º.
§ 4º Qualquer das partes poderá requerer o desarquivamento dos autos em que foi concedida a medida, para instruir a petição inicial da ação a que se refere o § 2º, prevento o juízo em que a tutela antecipada foi concedida.

• V. art. 59, CPC/2015.

§ 5º O direito de rever, reformar ou invalidar a tutela antecipada, previsto no § 2º deste artigo, extingue-se após 2 (dois) anos, contados da ciência da decisão que extinguiu o processo, nos termos do § 1º.

• V. art. 975, CPC/2015.

§ 6º A decisão que concede a tutela não fará coisa julgada, mas a estabilidade dos respectivos efeitos só será afastada por decisão que a revir, reformar ou invalidar, proferida em ação ajuizada por uma das partes, nos termos do § 2º deste artigo.

Art. 305

Capítulo III
DO PROCEDIMENTO DA TUTELA CAUTELAR REQUERIDA EM CARÁTER ANTECEDENTE

Art. 305. A petição inicial da ação que visa à prestação de tutela cautelar em caráter antecedente indicará a lide e seu fundamento, a exposição sumária do direito que se objetiva assegurar e o perigo de dano ou o risco ao resultado útil do processo.

• Correspondência: art. 801, CPC/1973.
• V. art. 319, CPC/2015.

Parágrafo único. Caso entenda que o pedido a que se refere o *caput* tem natureza antecipada, o juiz observará o disposto no art. 303.

• Sem correspondência no CPC/1973.

Art. 306. O réu será citado para, no prazo de 5 (cinco) dias, contestar o pedido e indicar as provas que pretende produzir.

• Correspondência: art. 802, CPC/1973.
• V. arts. 180, 214, 229, 250, II, e 347, CPC/2015.

Art. 307. Não sendo contestado o pedido, os fatos alegados pelo autor presumir-se-ão aceitos pelo réu como ocorridos, caso em que o juiz decidirá dentro de 5 (cinco) dias.

• Correspondência: art. 803, *caput*, CPC/1973.
• V. arts. 341 e 714 , CPC/2015.

Parágrafo único. Contestado o pedido no prazo legal, observar-se-á o procedimento comum.

• Correspondência: art. 803, parágrafo único, CPC/1973.
• V. arts. 679, e 761, parágrafo único, CPC/2015.

Art. 308. Efetivada a tutela cautelar, o pedido principal terá de ser formulado pelo autor no prazo de 30 (trinta) dias, caso em que será apresentado nos mesmos autos em que deduzido o pedido de tutela cautelar, não dependendo do adiantamento de novas custas processuais.

• Correspondência: art. 806, CPC/1973.
• V. arts. 302, III, e 309, I, CPC/2015.
• V. art. 11, Lei 8.397/1992 (Medida cautelar fiscal).

§ 1º O pedido principal pode ser formulado conjuntamente com o pedido de tutela cautelar.

• Sem correspondência no CPC/1973.

§ 2º A causa de pedir poderá ser aditada no momento de formulação do pedido principal.

• Sem correspondência no CPC/1973.

§ 3º Apresentado o pedido principal, as partes serão intimadas para a audiência de conciliação ou de mediação, na forma do art. 334, por seus advogados ou pessoalmente, sem necessidade de nova citação do réu.

• Sem correspondência no CPC/1973.

§ 4º Não havendo autocomposição, o prazo para contestação será contado na forma do art. 335.

• Sem correspondência no CPC/1973.

Art. 309. Cessa a eficácia da tutela concedida em caráter antecedente, se:

• Correspondência: art. 808, *caput*, CPC/1973.
• V. arts. 302, III, 485, 487 e 668, CPC/2015.

I – o autor não deduzir o pedido principal no prazo legal;

• Correspondência: art. 808, I, CPC/1973.

II – não for efetivada dentro de 30 (trinta) dias;

• Correspondência: art. 808, II, CPC/1973.

III – o juiz julgar improcedente o pedido principal formulado pelo autor ou extinguir o processo sem resolução de mérito.

• Correspondência: art. 808, III, CPC/1973.
• V. art. 485, CPC/2015.

Parágrafo único. Se por qualquer motivo cessar a eficácia da tutela cautelar, é vedado à parte renovar o pedido, salvo sob novo fundamento.

• Correspondência: art. 808, parágrafo único, CPC/1973.

Art. 310. O indeferimento da tutela cautelar não obsta a que a parte formule o pedido principal, nem influi no julgamento desse, salvo se o motivo do indeferimento for o reconhecimento de decadência ou de prescrição.

• Correspondência: art. 810, CPC/1973.

TÍTULO III
DA TUTELA DA EVIDÊNCIA

Art. 311. A tutela da evidência será concedida, independentemente da demonstração de perigo de dano ou de risco ao resultado útil do processo, quando:

- Correspondência: art. 273, *caput*, CPC/1973.
- V. art. 5º, LXXVIII, CF.

I – ficar caracterizado o abuso do direito de defesa ou o manifesto propósito protelatório da parte;

- Correspondência: art. 273, II, CPC/1973.
- V. art. 80, IV e VI, CPC/2015.

II – as alegações de fato puderem ser comprovadas apenas documentalmente e houver tese firmada em julgamento de casos repetitivos ou em súmula vinculante;

- Sem correspondência no CPC/1973.

III – se tratar de pedido reipersecutório fundado em prova documental adequada do contrato de depósito, caso em que será decretada a ordem de entrega do objeto custodiado, sob cominação de multa;

- Sem correspondência no CPC/1973.

IV – a petição inicial for instruída com prova documental suficiente dos fatos constitutivos do direito do autor, a que o réu não oponha prova capaz de gerar dúvida razoável.

- Sem correspondência no CPC/1973.

Parágrafo único. Nas hipóteses dos incisos II e III, o juiz poderá decidir liminarmente.

- Sem correspondência no CPC/1973.

LIVRO VI
DA FORMAÇÃO, DA SUSPENSÃO E DA EXTINÇÃO DO PROCESSO

TÍTULO I
DA FORMAÇÃO DO PROCESSO

Art. 312. Considera-se proposta a ação quando a petição inicial for protocolada, todavia, a propositura da ação só produz quanto ao réu os efeitos mencionados no art. 240 depois que for validamente citado.

- Correspondência: art. 263, CPC/1973.
- V. arts. 43, 59 e 240, CPC/2015.

TÍTULO II
DA SUSPENSÃO DO PROCESSO

Art. 313. Suspende-se o processo:

- Correspondência: art. 265, *caput*, CPC/1973.
- V. arts. 221 e 921, I, CPC/2015.

I – pela morte ou pela perda da capacidade processual de qualquer das partes, de seu representante legal ou de seu procurador;

- Correspondência: art. 265, I, CPC/1973.
- V. arts. 75 e 76, CPC/2015.

II – pela convenção das partes;

- Correspondência: art. 265, II, CPC/1973.

III – pela arguição de impedimento ou de suspeição;

- Correspondência: art. 265, III, CPC/1973.
- V. art. 146, CPC/2015.
- V. arts. 277 a 287, RISTF.
- V. arts. 272 a 282, RISTJ.

IV – pela admissão de incidente de resolução de demandas repetitivas;

- Sem correspondência no CPC/1973.

V – quando a sentença de mérito:

- Correspondência: art. 265, IV, CPC/1973.

a) depender do julgamento de outra causa ou da declaração de existência ou de inexistência de relação jurídica que constitua o objeto principal de outro processo pendente;

- Correspondência: art. 265, IV, *a*, CPC/1973.

b) tiver de ser proferida somente após a verificação de determinado fato ou a produção de certa prova, requisitada a outro juízo;

- Correspondência: art. 265, IV, *b*, CPC/1973.

VI – por motivo de força maior;

- Correspondência: art. 265, V, CPC/1973.

VII – quando se discutir em juízo questão decorrente de acidentes e fatos da navegação de competência do Tribunal Marítimo;

- Sem correspondência no CPC/1973.

VIII – nos demais casos que este Código regula.

- Correspondência: art. 265, VI, CPC/1973.

§ 1º Na hipótese do inciso I, o juiz suspenderá o processo, nos termos do art. 689.

- Correspondência: art. 265, § 1º, CPC/1973.

§ 2º Não ajuizada ação de habilitação, ao tomar conhecimento da morte, o juiz determinará a suspensão do processo e observará o seguinte:

- Sem correspondência no CPC/1973.
- V. arts. 110, 687 e 1.004, CPC/2015.

I – falecido o réu, ordenará a intimação do autor para que promova a citação do res-

Art. 314

pectivo espólio, de quem for o sucessor ou, se for o caso, dos herdeiros, no prazo que designar, de no mínimo 2 (dois) e no máximo 6 (seis) meses;

- Sem correspondência no CPC/1973.

II – falecido o autor e sendo transmissível o direito em litígio, determinará a intimação de seu espólio, de quem for o sucessor ou, se for o caso, dos herdeiros, pelos meios de divulgação que reputar mais adequados, para que manifestem interesse na sucessão processual e promovam a respectiva habilitação no prazo designado, sob pena de extinção do processo sem resolução de mérito.

- Sem correspondência no CPC/1973.

§ 3º No caso de morte do procurador de qualquer das partes, ainda que iniciada a audiência de instrução e julgamento, o juiz determinará que a parte constitua novo mandatário, no prazo de 15 (quinze) dias, ao final do qual extinguirá o processo sem resolução de mérito, se o autor não nomear novo mandatário, ou ordenará o prosseguimento do processo à revelia do réu, se falecido o procurador deste.

- Correspondência: art. 265, § 2º, CPC/1973.
- V. art. 346, CPC/2015.

§ 4º O prazo de suspensão do processo nunca poderá exceder 1 (um) ano nas hipóteses do inciso V e 6 (seis) meses naquela prevista no inciso II.

- Correspondência: art. 265, §§ 3º e 5º, CPC/1973.

§ 5º O juiz determinará o prosseguimento do processo assim que esgotados os prazos previstos no § 4º.

- Correspondência: art. 265, §§ 3º e 5º, CPC/1973.

Art. 314. Durante a suspensão é vedado praticar qualquer ato processual, podendo o juiz, todavia, determinar a realização de atos urgentes a fim de evitar dano irreparável, salvo no caso de arguição de impedimento e de suspeição.

- Correspondência: art. 266, CPC/1973.
- V. arts. 214, 220, 297 e 923, CPC/2015.

Art. 315. Se o conhecimento do mérito depender de verificação da existência de fato delituoso, o juiz pode determinar a suspensão do processo até que se pronuncie a justiça criminal.

- Correspondência: art. 110, *caput*, CPC/1973.
- V. arts. 313, V, *a* e § 4º, e 516, III, CPC/2015.
- V. art. 935, CC.
- V. art. 91, I, CP.
- V. arts. 64 e 65, CPP.
- V. art. 103, § 4º, Lei 8.078/1990 (Código de Defesa do Consumidor).

§ 1º Se a ação penal não for proposta no prazo de 3 (três) meses, contado da intimação do ato de suspensão, cessará o efeito desse, incumbindo ao juiz cível examinar incidentemente a questão prévia.

- Correspondência: art. 110, parágrafo único, CPC/1973.

§ 2º Proposta a ação penal, o processo ficará suspenso pelo prazo máximo de 1 (um) ano, ao final do qual aplicar-se-á o disposto na parte final do § 1º.

- Sem correspondência no CPC/1973.

TÍTULO III
DA EXTINÇÃO DO PROCESSO

Art. 316. A extinção do processo dar-se-á por sentença.

- Correspondência: art. 329, CPC/1973.
- V. arts. 485 e 487, CPC/2015.

Art. 317. Antes de proferir decisão sem resolução de mérito, o juiz deverá conceder à parte oportunidade para, se possível, corrigir o vício.

- Sem correspondência no CPC/1973.
- V. art. 5º, LV, CF.
- V. art. 487, CPC/2015.

PARTE ESPECIAL
LIVRO I
DO PROCESSO DE CONHECIMENTO E DO CUMPRIMENTO DE SENTENÇA

Art. 321

CÓDIGO DE PROCESSO CIVIL

TÍTULO I
DO PROCEDIMENTO COMUM

Capítulo I
DISPOSIÇÕES GERAIS

Art. 318. Aplica-se a todas as causas o procedimento comum, salvo disposição em contrário deste Código ou de lei.

- Correspondência: art. 271, CPC/1973.
- V. arts. 283, 327, § 2º, CPC/2015.

Parágrafo único. O procedimento comum aplica-se subsidiariamente aos demais procedimentos especiais e ao processo de execução.

- Correspondência: art. 272, parágrafo único, CPC/1973.

Capítulo II
DA PETIÇÃO INICIAL

Seção I
Dos requisitos da petição inicial

Art. 319. A petição inicial indicará:

- Correspondência: art. 282, *caput*, CPC/1973.
- V. art. 2º, Lei 5.741/1971 (Proteção de bens imóveis do SFH).
- V. arts. 67, I, 68, I, e 71, Lei 8.245/1991 (Locação de imóveis urbanos).
- V. art. 37, Lei 9.307/1996 (Arbitragem).
- • V. arts. 246 a 259, 294 a 310 e 330, § 2º, CPC/2015.

I – o juízo a que é dirigida;

- Correspondência: art. 282, I, CPC/1973.
- • V. arts. 46 a 53, CPC/2015.

II – os nomes, os prenomes, o estado civil, a existência de união estável, a profissão, o número de inscrição no Cadastro de Pessoas Físicas ou no Cadastro Nacional da Pessoa Jurídica, o endereço eletrônico, o domicílio e a residência do autor e do réu;

- Correspondência: art. 282, II, CPC/1973.
- • V. art. 77, V, CPC/2015.

III – o fato e os fundamentos jurídicos do pedido;

- Correspondência: art. 282, III, CPC/1973.

IV – o pedido com as suas especificações;

- Correspondência: art. 282, IV, CPC/1973.
- • V. arts. 322 a 327, CPC/2015.

V – o valor da causa;

- Correspondência: art. 282, V, CPC/1973.
- • V. arts. 291 e 292, CPC/2015.

VI – as provas com que o autor pretende demonstrar a verdade dos fatos alegados;

- Correspondência: art. 282, VI, CPC/1973.
- • V. art. 434, CPC/2015.

VII – a opção do autor pela realização ou não de audiência de conciliação ou de mediação.

- Sem correspondência no CPC/1973.
- • V. arts. 334, § 5º, CPC/2015.

§ 1º Caso não disponha das informações previstas no inciso II, poderá o autor, na petição inicial, requerer ao juiz diligências necessárias a sua obtenção.

- Sem correspondência no CPC/1973.

§ 2º A petição inicial não será indeferida se, a despeito da falta de informações a que se refere o inciso II, for possível a citação do réu.

- Sem correspondência no CPC/1973.

§ 3º A petição inicial não será indeferida pelo não atendimento ao disposto no inciso II deste artigo se a obtenção de tais informações tornar impossível ou excessivamente oneroso o acesso à justiça.

- Sem correspondência no CPC/1973.
- • V. arts. 99 e 1.048, CPC/2015.

Art. 320. A petição inicial será instruída com os documentos indispensáveis à propositura da ação.

- Correspondência: art. 283, CPC/1973.
- V. arts. 83, 290, 341, II, 345, III, 406, 434, 435 e 798, I, *a*, CPC/2015.
- V. art. 46, Lei 6.766/1979 (Parcelamento do solo urbano).
- • V. art. 801, CPC/2015.

Art. 321. O juiz, ao verificar que a petição inicial não preenche os requisitos dos arts. 319 e 320 ou que apresenta defeitos e irregularidades capazes de dificultar o julgamento de mérito, determinará que o autor, no prazo de 15 (quinze) dias, a emende ou a complete, indicando com precisão o que deve ser corrigido ou completado.

- Correspondência: art. 284, *caput*, CPC/1973.
- V. arts. 330, 331, 337, IV, e 485, I, CPC/2015.
- V. art. 106, Lei 11.101/2005 (Lei de Recuperação de Empresas e Falência).

Art. 322

Parágrafo único. Se o autor não cumprir a diligência, o juiz indeferirá a petição inicial.
- Correspondência: art. 284, parágrafo único, CPC/1973.
- • V. arts. 485, I, e 801, CPC/2015.

Seção II
Do pedido

Art. 322. O pedido deve ser certo.
- Correspondência: art. 286, *caput*, 1ª parte, CPC/1973.
- V. art. 329, CPC/2015.
- V. art. 14, Lei 9.099/1995 (Juizados Especiais Cíveis e Criminais).
- • V. arts. 294 e 492, CPC/2015.

§ 1º Compreendem-se no principal os juros legais, a correção monetária e as verbas de sucumbência, inclusive os honorários advocatícios.
- Correspondência: art. 293, CPC/1973.
- V. arts. 406 e 407, CC.
- V. Súmula 254, STF.
- V. Súmula 176, STJ.

§ 2º A interpretação do pedido considerará o conjunto da postulação e observará o princípio da boa-fé.
- Sem correspondência no CPC/1973.

Art. 323. Na ação que tiver por objeto cumprimento de obrigação em prestações sucessivas, essas serão consideradas incluídas no pedido, independentemente de declaração expressa do autor, e serão incluídas na condenação, enquanto durar a obrigação, se o devedor, no curso do processo, deixar de pagá-las ou de consigná-las.
- Correspondência: art. 290, CPC/1973.

Art. 324. O pedido deve ser determinado.
- Correspondência: art. 286, *caput*, 1ª parte, CPC/1973.
- V. art. 329, CPC/2015.
- V. art. 14, Lei 9.099/1995 (Juizados Especiais Cíveis e Criminais).

§ 1º É lícito, porém, formular pedido genérico:
- Correspondência: art. 286, *caput*, 2ª parte, CPC/1973.

I – nas ações universais, se o autor não puder individuar os bens demandados;
- Correspondência: art. 286, I, CPC/1973.

II – quando não for possível determinar, desde logo, as consequências do ato ou do fato;
- Correspondência: art. 286, II, CPC/1973.

III – quando a determinação do objeto ou do valor da condenação depender de ato que deva ser praticado pelo réu.
- Correspondência: art. 286, III, CPC/1973.

§ 2º O disposto neste artigo aplica-se à reconvenção.
- Sem correspondência no CPC/1973.

Art. 325. O pedido será alternativo quando, pela natureza da obrigação, o devedor puder cumprir a prestação de mais de um modo.
- Correspondência: art. 288, *caput*, CPC/1973.
- V. art. 292, VII, CPC/2015.
- V. art. 15, Lei 9.099/1995 (Juizados Especiais Cíveis e Criminais).

Parágrafo único. Quando, pela lei ou pelo contrato, a escolha couber ao devedor, o juiz lhe assegurará o direito de cumprir a prestação de um ou de outro modo, ainda que o autor não tenha formulado pedido alternativo.
- Correspondência: art. 288, parágrafo único, CPC/1973.
- V. arts. 252 a 256, CC.

Art. 326. É lícito formular mais de um pedido em ordem subsidiária, a fim de que o juiz conheça do posterior, quando não acolher o anterior.
- Correspondência: art. 289, CPC/1973.
- V. art. 292, VIII, CPC/2015.

Parágrafo único. É lícito formular mais de um pedido, alternativamente, para que o juiz acolha um deles.
- Sem correspondência no CPC/1973.

Art. 327. É lícita a cumulação, em um único processo, contra o mesmo réu, de vários pedidos, ainda que entre eles não haja conexão.
- Correspondência: art. 292, *caput*, CPC/1973.
- V. arts. 55, 283 e 292, VI, CPC/2015.
- V. Súmula 170, STJ.

§ 1º São requisitos de admissibilidade da cumulação que:

Art. 330

CÓDIGO DE PROCESSO CIVIL

• Correspondência: art. 292, § 1º, CPC/1973.

I – os pedidos sejam compatíveis entre si;

• Correspondência: art. 292, § 1º, I, CPC/1973.

II – seja competente para conhecer deles o mesmo juízo;

• Correspondência: art. 292, § 1º, II, CPC/1973.
•• V. Súmula 170, STJ.

III – seja adequado para todos os pedidos o tipo de procedimento.

• Correspondência: art. 292, § 1º, III, CPC/1973.

§ 2º Quando, para cada pedido, corresponder tipo diverso de procedimento, será admitida a cumulação se o autor empregar o procedimento comum, sem prejuízo do emprego das técnicas processuais diferenciadas previstas nos procedimentos especiais a que se sujeitam um ou mais pedidos cumulados, que não forem incompatíveis com as disposições sobre o procedimento comum.

• Correspondência: art. 292, § 2º, CPC/1973.

§ 3º O inciso I do § 1º não se aplica às cumulações de pedidos de que trata o art. 326.

• Sem correspondência no CPC/1973.

Art. 328. Na obrigação indivisível com pluralidade de credores, aquele que não participou do processo receberá sua parte, deduzidas as despesas na proporção de seu crédito.

• Correspondência: art. 291, CPC/1973.
• V. arts. 260 e 261, CC.

Art. 329. O autor poderá:

• Sem correspondência no CPC/1973.
•• V. arts. 342 e 493, CPC/2015.

I – até a citação, aditar ou alterar o pedido ou a causa de pedir, independentemente de consentimento do réu;

• Correspondência: art. 294, CPC/1973.
• V. art. 2º, § 8º, Lei 6.830/1980 (Execução fiscal).

II – até o saneamento do processo, aditar ou alterar o pedido e a causa de pedir, com consentimento do réu, assegurado o contraditório mediante a possibilidade de manifestação deste no prazo mínimo de 15 (quinze) dias, facultado o requerimento de prova suplementar.

• Correspondência: art. 264, CPC/1973.

Parágrafo único. Aplica-se o disposto neste artigo à reconvenção e à respectiva causa de pedir.

• Sem correspondência no CPC/1973.
•• V. art. 343, CPC/2015.

Seção III
Do indeferimento da petição inicial

Art. 330. A petição inicial será indeferida quando:

• Correspondência: art. 295, *caput*, CPC/1973.
• V. arts. 120, 178, 225, 487, 554, 918 e 968, CPC/2015.
•• V. arts. 485, I, 918, II, 924, 968, § 3º, CPC/2015.

I – for inepta;

• Correspondência: art. 295, I, CPC/1973.

II – a parte for manifestamente ilegítima;

• Correspondência: art. 295, II, CPC/1973.
•• V. arts. 17 e 485, VI, CPC/2015.

III – o autor carecer de interesse processual;

• Correspondência: art. 295, III, CPC/1973.
• V. arts. 17 e 19, CPC/2015.
•• V. art. 120, *caput*, CPC/2015.

IV – não atendidas as prescrições dos arts. 106 e 321.

• Correspondência: art. 295, VI, CPC/1973.

§ 1º Considera-se inepta a petição inicial quando:

• Correspondência: art. 295, parágrafo único, CPC/1973.
• V. arts. 485, I, CPC/2015.

I – lhe faltar pedido ou causa de pedir;

• Correspondência: art. 295, parágrafo único, I, CPC/1973.

II – o pedido for indeterminado, ressalvadas as hipóteses legais em que se permite o pedido genérico;

• Sem correspondência no CPC/1973.

III – da narração dos fatos não decorrer logicamente a conclusão;

• Correspondência: art. 295, parágrafo único, II, CPC/1973.

IV – contiver pedidos incompatíveis entre si.

• Correspondência: art. 295, parágrafo único, IV, CPC/1973.

§ 2º Nas ações que tenham por objeto a revisão de obrigação decorrente de empréstimo, de financiamento ou de alienação de bens, o autor terá de, sob pena de inépcia, discriminar na petição inicial, dentre as obrigações contratuais, aquelas que pretende controverter, além de quantificar o valor incontroverso do débito.

• Correspondência: art. 285-B, *caput*, CPC/1973.

§ 3º Na hipótese do § 2º, o valor incontroverso deverá continuar a ser pago no tempo e modo contratados.

• Correspondência: art. 285-B, § 1º, CPC/1973.

Art. 331. Indeferida a petição inicial, o autor poderá apelar, facultado ao juiz, no prazo de 5 (cinco) dias, retratar-se.

• Correspondência: art. 296, *caput*, CPC/1973.

• V. art. 198, VII, Lei 8.069/1990 (Estatuto da Criança e do Adolescente).

•• V. art. 1.009, CPC/2015.

§ 1º Se não houver retratação, o juiz mandará citar o réu para responder ao recurso.

• Correspondência: art. 296, parágrafo único, CPC/1973.

§ 2º Sendo a sentença reformada pelo tribunal, o prazo para a contestação começará a correr da intimação do retorno dos autos, observado o disposto no art. 334.

• Sem correspondência no CPC/1973.

§ 3º Não interposta a apelação, o réu será intimado do trânsito em julgado da sentença.

• Sem correspondência no CPC/1973.

Capítulo III
DA IMPROCEDÊNCIA LIMINAR DO PEDIDO

Art. 332. Nas causas que dispensem a fase instrutória, o juiz, independentemente da citação do réu, julgará liminarmente improcedente o pedido que contrariar:

• Correspondência: art. 295-A, *caput*, CPC/1973.

I – enunciado de súmula do Supremo Tribunal Federal ou do Superior Tribunal de Justiça;

• Sem correspondência no CPC/1973.

II – acórdão proferido pelo Supremo Tribunal Federal ou pelo Superior Tribunal de Justiça em julgamento de recursos repetitivos;

• Sem correspondência no CPC/1973.

III – entendimento firmado em incidente de resolução de demandas repetitivas ou de assunção de competência;

• Sem correspondência no CPC/1973.

IV – enunciado de súmula de tribunal de justiça sobre direito local.

• Sem correspondência no CPC/1973.

§ 1º O juiz também poderá julgar liminarmente improcedente o pedido se verificar, desde logo, a ocorrência de decadência ou de prescrição.

• Correspondência: art. 295, IV, CPC/1973.

• V. art. 487, II, CPC/2015.

§ 2º Não interposta a apelação, o réu será intimado do trânsito em julgado da sentença, nos termos do art. 241.

• Sem correspondência no CPC/1973.

§ 3º Interposta a apelação, o juiz poderá retratar-se em 5 (cinco) dias.

• Correspondência: art. 285-A, § 1º, CPC/1973.

•• V. art. 1.009, CPC/2015.

§ 4º Se houver retratação, o juiz determinará o prosseguimento do processo, com a citação do réu, e, se não houver retratação, determinará a citação do réu para apresentar contrarrazões, no prazo de 15 (quinze) dias.

• Correspondência: art. 285-A, § 2º, CPC/1973.

Capítulo IV
DA CONVERSÃO DA AÇÃO INDIVIDUAL EM AÇÃO COLETIVA

Art. 333. (Vetado.)

Capítulo V
DA AUDIÊNCIA DE CONCILIAÇÃO OU DE MEDIAÇÃO

Art. 334. Se a petição inicial preencher os requisitos essenciais e não for o caso de improcedência liminar do pedido, o juiz designará audiência de conciliação ou de mediação com antecedência mínima de 30 (trinta) dias, devendo ser citado o réu com pelo menos 20 (vinte) dias de antecedência.

• Correspondência: art. 331, *caput*, CPC/1973.

• V. arts. 3º, § 2º, 103 e 190, CPC/2015.

Art. 335

CÓDIGO DE PROCESSO CIVIL

- V. Res. CNJ 125/2010 (Política Judiciária Nacional de tratamento adequado dos conflitos de interesses no âmbito do Poder Judiciário).
- • V. arts. 3º, § 3º, 238, 250, IV, 319, VII, CPC/2015.

§ 1º O conciliador ou mediador, onde houver, atuará necessariamente na audiência de conciliação ou de mediação, observando o disposto neste Código, bem como as disposições da lei de organização judiciária.

- Sem correspondência no CPC/1973.
- • V. arts. 165 a 175, CPC/2015.

§ 2º Poderá haver mais de uma sessão destinada à conciliação e à mediação, não podendo exceder a 2 (dois) meses da data de realização da primeira sessão, desde que necessárias à composição das partes.

- Sem correspondência no CPC/1973.

§ 3º A intimação do autor para a audiência será feita na pessoa de seu advogado.

- Sem correspondência no CPC/1973.

§ 4º A audiência não será realizada:

- Sem correspondência no CPC/1973.

I – se ambas as partes manifestarem, expressamente, desinteresse na composição consensual;

- Correspondência: art. 331, § 3º, CPC/1973.

II – quando não se admitir a autocomposição.

- Correspondência: art. 331, caput, CPC/1973.

§ 5º O autor deverá indicar, na petição inicial, seu desinteresse na autocomposição, e o réu deverá fazê-lo, por petição, apresentada com 10 (dez) dias de antecedência, contados da data da audiência.

- Sem correspondência no CPC/1973.
- • V. art. 319, VII, CPC/2015.

§ 6º Havendo litisconsórcio, o desinteresse na realização da audiência deve ser manifestado por todos os litisconsortes.

- Sem correspondência no CPC/1973.

§ 7º A audiência de conciliação ou de mediação pode realizar-se por meio eletrônico, nos termos da lei.

- Sem correspondência no CPC/1973.

§ 8º O não comparecimento injustificado do autor ou do réu à audiência de conciliação é considerado ato atentatório à dignidade da justiça e será sancionado com multa de até 2% (dois por cento) da vantagem econômica pretendida ou do valor da causa, revertida em favor da União ou do Estado.

- Sem correspondência no CPC/1973.

§ 9º As partes devem estar acompanhadas por seus advogados ou defensores públicos.

- Sem correspondência no CPC/1973.

§ 10. A parte poderá constituir representante, por meio de procuração específica, com poderes para negociar e transigir.

- Sem correspondência no CPC/1973.

§ 11. A autocomposição obtida será reduzida a termo e homologada por sentença.

- Correspondência: art. 331, § 1º, CPC/1973.

§ 12. A pauta das audiências de conciliação ou de mediação será organizada de modo a respeitar o intervalo mínimo de 20 (vinte) minutos entre o início de uma e o início da seguinte.

- Sem correspondência no CPC/1973.

Capítulo VI
DA CONTESTAÇÃO

Art. 335. O réu poderá oferecer contestação, por petição, no prazo de 15 (quinze) dias, cujo termo inicial será a data:

- Correspondência: art. 297, caput, CPC/1973.
- V. arts. 17, 180, 337, 340, 343, 344 e 434, CPC/2015.
- • V. arts. 183, 186, 218, 219, 229 e 231, CPC/2015.

I – da audiência de conciliação ou de mediação, ou da última sessão de conciliação, quando qualquer parte não comparecer ou, comparecendo, não houver autocomposição;

- Sem correspondência no CPC/1973.
- • V. art. 334, CPC/2015.

II – do protocolo do pedido de cancelamento da audiência de conciliação ou de mediação apresentado pelo réu, quando ocorrer a hipótese do art. 334, § 4º, inciso I;

- Sem correspondência no CPC/1973.

III – prevista no art. 231, de acordo com o modo como foi feita a citação, nos demais casos.

- Sem correspondência no CPC/1973.

§ 1º No caso de litisconsórcio passivo, ocorrendo a hipótese do art. 334, § 6º, o termo inicial previsto no inciso II será, para cada

um dos réus, a data de apresentação de seu respectivo pedido de cancelamento da audiência.
- Correspondência: art. 298, *caput*, CPC/1973.
- V. art. 229, CPC/2015.

§ 2º Quando ocorrer a hipótese do art. 334, § 4º, inciso II, havendo litisconsórcio passivo e o autor desistir da ação em relação a réu ainda não citado, o prazo para resposta correrá da data de intimação da decisão que homologar a desistência.
- Correspondência: art. 298, parágrafo único, CPC/1973.

Art. 336. Incumbe ao réu alegar, na contestação, toda a matéria de defesa, expondo as razões de fato e de direito com que impugna o pedido do autor e especificando as provas que pretende produzir.
- Correspondência: art. 300, CPC/1973.
- V. arts. 106, I, e 341, parágrafo único, CPC/2015.
- ** V. art. 77, V, CPC/2015.

Art. 337. Incumbe ao réu, antes de discutir o mérito, alegar:
- Correspondência: art. 301, *caput*, CPC/1973.
- V. arts. 351, 485, I, IV e § 1º, e 486, § 3º, CPC/2015.
- ** V. art. 351, CPC/2015.

I – inexistência ou nulidade da citação;
- Correspondência: art. 301, I, CPC/1973.
- V. arts. 239, § 1º, 280 e 485, IV e § 1º, CPC/2015.
- ** V. arts. 239, § 1º, e 280 a 282, CPC/2015.

II – incompetência absoluta e relativa;
- Correspondência: art. 301, II, CPC/1973.
- V. art. 62, CPC/2015.
- ** V. arts. 64, 65 e 340, CPC/2015.

III – incorreção do valor da causa;
- Sem correspondência no CPC/1973.
- ** V. art. 293, CPC/2015.

IV – inépcia da petição inicial;
- Correspondência: art. 301, III, CPC/1973.
- V. art. 330, I, CPC/2015.
- ** V. arts. 330, I e § 1º, e 485, I, CPC/2015.

V – perempção;
- Correspondência: art. 301, IV, CPC/1973.
- ** V. arts. 485, V, e 486, § 3º, CPC/2015.

VI – litispendência;
- Correspondência: art. 301, V, CPC/1973.
- ** V. arts. 240, 485, V, e 486, § 1º, CPC/2015.

VII – coisa julgada;
- Correspondência: art. 301, VI, CPC/1973.
- V. art. 5º, XXXVI, CF.
- ** V. arts. 485, V, 486, § 1º, e 502, CPC/2015.

VIII – conexão;
- Correspondência: art. 301, VII, CPC/1973.
- ** V. art. 55, CPC/2015.

IX – incapacidade da parte, defeito de representação ou falta de autorização;
- Correspondência: art. 301, VIII, CPC/1973.
- V. arts. 3º, 4º e 1.634, V, CC.
- ** V. arts. 70 a 76, CPC/2015.

X – convenção de arbitragem;
- Correspondência: art. 301, IX, CPC/1973.
- ** V. arts. 485, VII, e 1.015, III, CPC/2015.
- ** V. Lei 9.307/1996 (Lei de Arbitragem).

XI – ausência de legitimidade ou de interesse processual;
- Correspondência: art. 301, X, CPC/1973.
- ** V. arts. 17, 339 e 485, VI, CPC/2015.

XII – falta de caução ou de outra prestação que a lei exige como preliminar;
- Correspondência: art. 301, XI, CPC/1973.
- ** V. arts. 678, p.u., e 1.166, CPC/2015.

XIII – indevida concessão do benefício de gratuidade de justiça.
- Sem correspondência no CPC/1973.
- ** V. art. 100, CPC/2015.

§ 1º Verifica-se a litispendência ou a coisa julgada quando se reproduz ação anteriormente ajuizada.
- Correspondência: art. 301, § 1º, CPC/1973.
- V. art. 312, CPC/2015.

§ 2º Uma ação é idêntica a outra quando possui as mesmas partes, a mesma causa de pedir e o mesmo pedido.
- Correspondência: art. 301, § 2º, CPC/1973.

§ 3º Há litispendência quando se repete ação que está em curso.
- Correspondência: art. 301, § 3º, 1ª parte, CPC/1973.

§ 4º Há coisa julgada quando se repete ação que já foi decidida por decisão transitada em julgado.
- Correspondência: art. 301, § 3º, 2ª parte, CPC/1973.

§ 5º Excetuadas a convenção de arbitragem e a incompetência relativa, o juiz conhecerá de ofício das matérias enumeradas neste artigo.

- Correspondência: art. 301, § 4º, CPC/1973.

§ 6º A ausência de alegação da existência de convenção de arbitragem, na forma prevista neste Capítulo, implica aceitação da jurisdição estatal e renúncia ao juízo arbitral.

- Sem correspondência no CPC/1973.

Art. 338. Alegando o réu, na contestação, ser parte ilegítima ou não ser o responsável pelo prejuízo invocado, o juiz facultará ao autor, em 15 (quinze) dias, a alteração da petição inicial para substituição do réu.

- Sem correspondência no CPC/1973.

Parágrafo único. Realizada a substituição, o autor reembolsará as despesas e pagará os honorários ao procurador do réu excluído, que serão fixados entre 3% (três) e 5% (cinco por cento) do valor da causa ou, sendo este irrisório, nos termos do art. 85, § 8º.

- Sem correspondência no CPC/1973.

Art. 339. Quando alegar sua ilegitimidade, incumbe ao réu indicar o sujeito passivo da relação jurídica discutida sempre que tiver conhecimento, sob pena de arcar com as despesas processuais e de indenizar o autor pelos prejuízos decorrentes da falta de indicação.

- Correspondência: arts. 62, 63 e 69, CPC/1973.
- V. arts. 79 a 81, CPC/2015.

§ 1º O autor, ao aceitar a indicação, procederá, no prazo de 15 (quinze) dias, à alteração da petição inicial para a substituição do réu, observando-se, ainda, o parágrafo único do art. 338.

- Sem correspondência no CPC/1973.

§ 2º No prazo de 15 (quinze) dias, o autor pode optar por alterar a petição inicial para incluir, como litisconsorte passivo, o sujeito indicado pelo réu.

- Sem correspondência no CPC/1973.

Art. 340. Havendo alegação de incompetência relativa ou absoluta, a contestação poderá ser protocolada no foro de domicílio do réu, fato que será imediatamente comunicado ao juiz da causa, preferencialmente por meio eletrônico.

- Correspondência: art. 305, parágrafo único, CPC/1973.
- V. arts. 53 e 64, CPC/2015.

§ 1º A contestação será submetida a livre distribuição ou, se o réu houver sido citado por meio de carta precatória, juntada aos autos dessa carta, seguindo-se a sua imediata remessa para o juízo da causa.

- Sem correspondência no CPC/1973.

§ 2º Reconhecida a competência do foro indicado pelo réu, o juízo para o qual for distribuída a contestação ou a carta precatória será considerado prevento.

- Correspondência: art. 311, CPC/1973.

§ 3º Alegada a incompetência nos termos do *caput*, será suspensa a realização da audiência de conciliação ou de mediação, se tiver sido designada.

- Sem correspondência no CPC/1973.

§ 4º Definida a competência, o juízo competente designará nova data para a audiência de conciliação ou de mediação.

- Sem correspondência no CPC/1973.

Art. 341. Incumbe também ao réu manifestar-se precisamente sobre as alegações de fato constantes da petição inicial, presumindo-se verdadeiras as não impugnadas, salvo se:

- Correspondência: art. 302, *caput*, CPC/1973.
- V. arts. 334, 337, § 5º, e 535, VI, CPC/2015.
- * V. arts. 345, 392 e 434, CPC/2015.

I – não for admissível, a seu respeito, a confissão;

- Correspondência: art. 302, I, CPC/1973.

II – a petição inicial não estiver acompanhada de instrumento que a lei considerar da substância do ato;

- Correspondência: art. 302, II, CPC/1973.

III – estiverem em contradição com a defesa, considerada em seu conjunto.

- Correspondência: art. 302, III, CPC/1973.

Parágrafo único. O ônus da impugnação especificada dos fatos não se aplica ao defensor público, ao advogado dativo e ao curador especial.

- Correspondência: art. 302, parágrafo único, CPC/1973.

Art. 342. Depois da contestação, só é lícito ao réu deduzir novas alegações quando:

- Correspondência: art. 303, *caput*, CPC/1973.
- V. arts. 337, § 5º, e 535, VI, CPC/2015.
- * V. arts. 332, § 1º, CPC/2015.

Art. 343

I – relativas a direito ou a fato superveniente;
- Correspondência: art. 303, I, CPC/1973.

II – competir ao juiz conhecer delas de ofício;
- Correspondência: art. 303, II, CPC/1973.

III – por expressa autorização legal, puderem ser formuladas em qualquer tempo e grau de jurisdição.
- Correspondência: art. 303, III, CPC/1973.

Capítulo VII
DA RECONVENÇÃO

Art. 343. Na contestação, é lícito ao réu propor reconvenção para manifestar pretensão própria, conexa com a ação principal ou com o fundamento da defesa.
- Correspondência: art. 315, CPC/1973.
- V. arts. 55, CPC/2015.
- V. art. 36, *caput*, Lei 6.515/1977 (Lei do Divórcio).
- V. art. 16, § 3º, Lei 6.830/1980 (Execução fiscal).
- V. art. 7º, Lei 9.289/1996 (Custas na Justiça Federal).
- • V. arts. 85, § 1º, 286, p.u., 292 e 487, I, CPC/2015.

§ 1º Proposta a reconvenção, o autor será intimado, na pessoa de seu advogado, para apresentar resposta no prazo de 15 (quinze) dias.
- Correspondência: art. 316, CPC/1973.
- • V. art. 335, CPC/2015.

§ 2º A desistência da ação ou a ocorrência de causa extintiva que impeça o exame de seu mérito não obsta ao prosseguimento do processo quanto à reconvenção.
- Correspondência: art. 317, CPC/1973.
- • V. art. 485, § 4º, CPC/2015.

§ 3º A reconvenção pode ser proposta contra o autor e terceiro.
- Sem correspondência no CPC/1973.

§ 4º A reconvenção pode ser proposta pelo réu em litisconsórcio com terceiro.
- Sem correspondência no CPC/1973.

§ 5º Se o autor for substituto processual, o reconvinte deverá afirmar ser titular de direito em face do substituído, e a reconvenção deverá ser proposta em face do autor, também na qualidade de substituto processual.
- Correspondência: art. 315, parágrafo único, CPC/1973.
- • V. art. 18, p.u., CPC/2015.

§ 6º O réu pode propor reconvenção independentemente de oferecer contestação.
- Sem correspondência no CPC/1973.

Capítulo VIII
DA REVELIA

Art. 344. Se o réu não contestar a ação, será considerado revel e presumir-se-ão verdadeiras as alegações de fato formuladas pelo autor.
- Correspondência: art. 319, CPC/1973.
- V. arts. 76, §1º, II, 240, 308, 355, II, 546 e 702, CPC/2015.
- • V. arts. 72, II, 239, § 2º, 503, § 1º, II, e 524, § 1º, I, CPC/2015.

Art. 345. A revelia não produz o efeito mencionado no art. 344 se:
- Correspondência: art. 320, *caput*, CPC/1973.

I – havendo pluralidade de réus, algum deles contestar a ação;
- Correspondência: art. 320, I, CPC/1973.
- V. art. 231, § 1º, CPC/2015.
- • V. arts. 113 a 118 e 231, § 1º, CPC/2015.

II – o litígio versar sobre direitos indisponíveis;
- Correspondência: art. 320, II, CPC/1973.
- V. art. 392, CPC/2015.
- • V. art. 373, § 3º, I, CPC/2015.

III – a petição inicial não estiver acompanhada de instrumento que a lei considere indispensável à prova do ato;
- Correspondência: art. 320, III, CPC/1973.
- • V. arts. 320, 341, II, e 406, CPC/2015.

IV – as alegações de fato formuladas pelo autor forem inverossímeis ou estiverem em contradição com prova constante dos autos.
- Sem correspondência no CPC/1973.
- • V. art. 319, III, CPC/2015.

Art. 346. Os prazos contra o revel que não tenha patrono nos autos fluirão da data de publicação do ato decisório no órgão oficial.
- Correspondência: art. 322, *caput*, CPC/1973.

Parágrafo único. O revel poderá intervir no processo em qualquer fase, recebendo-o no estado em que se encontrar.
- Correspondência: art. 322, parágrafo único, CPC/1973.
- V. art. 355, II, CPC/2015.

Art. 355

Capítulo IX
DAS PROVIDÊNCIAS PRELIMINARES E DO SANEAMENTO

Art. 347. Findo o prazo para a contestação, o juiz tomará, conforme o caso, as providências preliminares constantes das seções deste Capítulo.

- Correspondência: art. 323, CPC/1973.

Seção I
Da não incidência dos efeitos da revelia

Art. 348. Se o réu não contestar a ação, o juiz, verificando a inocorrência do efeito da revelia previsto no art. 344, ordenará que o autor especifique as provas que pretenda produzir, se ainda não as tiver indicado.

- Correspondência: art. 324, CPC/1973.
- V. arts. 329, 344 a 346, e 355, II, CPC/2015.

Art. 349. Ao réu revel será lícita a produção de provas, contrapostas às alegações do autor, desde que se faça representar nos autos a tempo de praticar os atos processuais indispensáveis a essa produção.

- Sem correspondência no CPC/1973.
- V. art. 356, CPC/2015.
- V. Súmula 231, STF.

Seção II
Do fato impeditivo, modificativo ou extintivo do direito do autor

Art. 350. Se o réu alegar fato impeditivo, modificativo ou extintivo do direito do autor, este será ouvido no prazo de 15 (quinze) dias, permitindo-lhe o juiz a produção de prova.

- Correspondência: art. 326, CPC/1973.
- V. arts. 373, II, e 535, VI, CPC/2015.

Seção III
Das alegações do réu

Art. 351. Se o réu alegar qualquer das matérias enumeradas no art. 337, o juiz determinará a oitiva do autor no prazo de 15 (quinze) dias, permitindo-lhe a produção de prova.

- Correspondência: art. 327, 1ª parte, CPC/1973.
- V. art. 276, CPC/2015.

Art. 352. Verificando a existência de irregularidades ou de vícios sanáveis, o juiz determinará sua correção em prazo nunca superior a 30 (trinta) dias.

- Correspondência: art. 327, 2ª parte, CPC/1973.
- V. arts. 76 e 283, CPC/2015.

Art. 353. Cumpridas as providências preliminares ou não havendo necessidade delas, o juiz proferirá julgamento conforme o estado do processo, observando o que dispõe o Capítulo X.

- Correspondência: art. 328, CPC/1973.

Capítulo X
DO JULGAMENTO CONFORME O ESTADO DO PROCESSO

Seção I
Da extinção do processo

Art. 354. Ocorrendo qualquer das hipóteses previstas nos arts. 485 e 487, incisos II e III, o juiz proferirá sentença.

- Correspondência: art. 329, CPC/1973.
- V. arts. 485, 487, II e III, CPC/2015.

Parágrafo único. A decisão a que se refere o *caput* pode dizer respeito a apenas parcela do processo, caso em que será impugnável por agravo de instrumento.

- Sem correspondência no CPC/1973.

Seção II
Do julgamento antecipado do mérito

Art. 355. O juiz julgará antecipadamente o pedido, proferindo sentença com resolução de mérito, quando:

- Correspondência: art. 330, *caput*, CPC/1973.
- V. arts. 345, 348, 485 e 487, II e III, 550, § 4º e 920, II, CPC/2015.

I – não houver necessidade de produção de outras provas;

- Correspondência: art. 330, I, CPC/1973.
- V. art. 37, *caput*, Lei 6.515/1977 (Lei do Divórcio).

- V. art. 87, § 3º, Lei 11.101/2005 (Lei de Recuperação de Empresas e Falência).

II – o réu for revel, ocorrer o efeito previsto no art. 344 e não houver requerimento de prova, na forma do art. 349.

- Correspondência: art. 330, II, CPC/1973.

Seção III
Do julgamento antecipado parcial do mérito

Art. 356. O juiz decidirá parcialmente o mérito quando um ou mais dos pedidos formulados ou parcela deles:

- Correspondência: art. 273, § 6º, 1ª parte, CPC/1973.

I – mostrar-se incontroverso;

- Correspondência: art. 273, § 6º, 2ª parte, CPC/1973.

II – estiver em condições de imediato julgamento, nos termos do art. 355.

- Sem correspondência no CPC/1973.

§ 1º A decisão que julgar parcialmente o mérito poderá reconhecer a existência de obrigação líquida ou ilíquida.

- Sem correspondência no CPC/1973.

§ 2º A parte poderá liquidar ou executar, desde logo, a obrigação reconhecida na decisão que julgar parcialmente o mérito, independentemente de caução, ainda que haja recurso contra essa interposto.

- Sem correspondência no CPC/1973.

§ 3º Na hipótese do § 2º, se houver trânsito em julgado da decisão, a execução será definitiva.

- Sem correspondência no CPC/1973.

§ 4º A liquidação e o cumprimento da decisão que julgar parcialmente o mérito poderão ser processados em autos suplementares, a requerimento da parte ou a critério do juiz.

- Sem correspondência no CPC/1973.

§ 5º A decisão proferida com base neste artigo é impugnável por agravo de instrumento.

- Sem correspondência no CPC/1973.

Seção IV
Do saneamento e da organização do processo

Art. 357. Não ocorrendo nenhuma das hipóteses deste Capítulo, deverá o juiz, em decisão de saneamento e de organização do processo:

- Correspondência: art. 331, *caput*, CPC/1973.
- V. art. 139, V, CPC/2015.

I – resolver as questões processuais pendentes, se houver;

- Correspondência: art. 331, § 2º, CPC/1973.

II – delimitar as questões de fato sobre as quais recairá a atividade probatória, especificando os meios de prova admitidos;

- Correspondência: art. 331, § 2º, CPC/1973.

III – definir a distribuição do ônus da prova, observado o art. 373;

- Correspondência: art. 331, § 2º, CPC/1973.

IV – delimitar as questões de direito relevantes para a decisão do mérito;

- Correspondência: art. 331, § 2º, CPC/1973.

V – designar, se necessário, audiência de instrução e julgamento.

- Correspondência: art. 331, § 2º, CPC/1973.
- V. art. 15, IV, Lei 11.101/2005 (Lei de Recuperação de Empresas e Falência).

§ 1º Realizado o saneamento, as partes têm o direito de pedir esclarecimentos ou solicitar ajustes, no prazo comum de 5 (cinco) dias, findo o qual a decisão se torna estável.

- Sem correspondência no CPC/1973.

§ 2º As partes podem apresentar ao juiz, para homologação, delimitação consensual das questões de fato e de direito a que se referem os incisos II e IV, a qual, se homologada, vincula as partes e o juiz.

- Sem correspondência no CPC/1973.

§ 3º Se a causa apresentar complexidade em matéria de fato ou de direito, deverá o juiz designar audiência para que o saneamento seja feito em cooperação com as partes, oportunidade em que o juiz, se for o caso, convidará as partes a integrar ou esclarecer suas alegações.

- Sem correspondência no CPC/1973.

§ 4º Caso tenha sido determinada a produção de prova testemunhal, o juiz fixará prazo comum não superior a 15 (quinze) dias para que as partes apresentem rol de testemunhas.

- Correspondência: art. 407, *caput*, CPC/1973.

§ 5º Na hipótese do § 3º, as partes devem levar, para a audiência prevista, o respectivo rol de testemunhas.

- Correspondência: art. 407, *caput*, CPC/1973.

§ 6º O número de testemunhas arroladas não pode ser superior a 10 (dez), sendo 3 (três), no máximo, para a prova de cada fato.

- Correspondência: art. 407, parágrafo único, CPC/1973.

§ 7º O juiz poderá limitar o número de testemunhas levando em conta a complexidade da causa e dos fatos individualmente considerados.

- Sem correspondência no CPC/1973.

§ 8º Caso tenha sido determinada a produção de prova pericial, o juiz deve observar o disposto no art. 465 e, se possível, estabelecer, desde logo, calendário para sua realização.

- Sem correspondência no CPC/1973.
- V. art. 156, CPC/2015.

§ 9º As pautas deverão ser preparadas com intervalo mínimo de 1 (uma) hora entre as audiências.

- Sem correspondência no CPC/1973.

Capítulo XI
DA AUDIÊNCIA DE INSTRUÇÃO E JULGAMENTO

Art. 358. No dia e na hora designados, o juiz declarará aberta a audiência de instrução e julgamento e mandará apregoar as partes e os respectivos advogados, bem como outras pessoas que dela devam participar.

- Correspondência: art. 450, CPC/1973.
- V. art. 400, CPP.
- V. art. 28, Lei 9.099/1995 (Juizados Especiais Cíveis e Criminais).

Art. 359. Instalada a audiência, o juiz tentará conciliar as partes, independentemente do emprego anterior de outros métodos de solução consensual de conflitos, como a mediação e a arbitragem.

- Correspondência: art. 448, CPC/1973.
- V. Lei 9.307/1996 (Arbitragem).

Art. 360. O juiz exerce o poder de polícia, incumbindo-lhe:

- Correspondência: art. 445, *caput*, CPC/1973.

I – manter a ordem e o decoro na audiência;

- Correspondência: art. 445, I, CPC/1973.
- V. art.139, IV e VII, CPC/2015.

II – ordenar que se retirem da sala de audiência os que se comportarem inconvenientemente;

- Correspondência: art. 445, II, CPC/1973
- V. art. 78, § 1º, CPC/2015.

III – requisitar, quando necessário, força policial;

- Correspondência: art. 445, III, CPC/1973.
- V. arts. 139, IV e VII, e 782, CPC/2015.

IV – tratar com urbanidade as partes, os advogados, os membros do Ministério Público e da Defensoria Pública e qualquer pessoa que participe do processo;

- Sem correspondência no CPC/1973.

V – registrar em ata, com exatidão, todos os requerimentos apresentados em audiência.

- Sem correspondência no CPC/1973.

Art. 361. As provas orais serão produzidas em audiência, ouvindo-se nesta ordem, preferencialmente:

- Correspondência: art. 452, *caput*, CPC/1973.
- V. art. 36, Lei 9.099/1995 (Juizados Especiais Cíveis e Criminais).

I – o perito e os assistentes técnicos, que responderão aos quesitos de esclarecimentos requeridos no prazo e na forma do art. 477, caso não respondidos anteriormente por escrito;

- Correspondência: art. 452, I, CPC/1973.

II – o autor e, em seguida, o réu, que prestarão depoimentos pessoais;

- Correspondência: art. 452, II, CPC/1973.
- V. arts. 385 a 388, CPC/2015.

III – as testemunhas arroladas pelo autor e pelo réu, que serão inquiridas.

- Correspondência: art. 452, III, CPC/1973.
- V. arts. 456 a 459, CPC/2015.

Parágrafo único. Enquanto depuserem o perito, os assistentes técnicos, as partes e as testemunhas, não poderão os advogados e o Ministério Público intervir ou apartear, sem licença do juiz.

- Correspondência: art. 446, parágrafo único, CPC/1973.

Art. 362

Art. 362. A audiência poderá ser adiada:
- Correspondência: art. 453, *caput*, CPC/1973.

I – por convenção das partes;
- Correspondência: art. 453, I, CPC/1973.

II – se não puder comparecer, por motivo justificado, qualquer pessoa que dela deva necessariamente participar;
- Correspondência: art. 453, II, CPC/1973.

III – por atraso injustificado de seu início em tempo superior a 30 (trinta) minutos do horário marcado.
- Sem correspondência no CPC/1973.

§ 1º O impedimento deverá ser comprovado até a abertura da audiência, e, não o sendo, o juiz procederá à instrução.
- Correspondência: art. 453, § 1º, CPC/1973.

§ 2º O juiz poderá dispensar a produção das provas requeridas pela parte cujo advogado ou defensor público não tenha comparecido à audiência, aplicando-se a mesma regra ao Ministério Público.
- Correspondência: art. 453, § 2º, CPC/1973.

§ 3º Quem der causa ao adiamento responderá pelas despesas acrescidas.
- Correspondência: art. 453, § 3º, CPC/1973.
- V. arts. 93 e 462, CPC/2015.

Art. 363. Havendo antecipação ou adiamento da audiência, o juiz, de ofício ou a requerimento da parte, determinará a intimação dos advogados ou da sociedade de advogados para ciência da nova designação.
- Correspondência: art. 242, § 2º, CPC/1973.

Art. 364. Finda a instrução, o juiz dará a palavra ao advogado do autor e do réu, bem como ao membro do Ministério Público, se for o caso de sua intervenção, sucessivamente, pelo prazo de 20 (vinte) minutos para cada um, prorrogável por 10 (dez) minutos, a critério do juiz.
- Correspondência: art. 454, *caput*, CPC/1973.
- V. art. 10, CPC/2015.

§ 1º Havendo litisconsorte ou terceiro interveniente, o prazo, que formará com o da prorrogação um só todo, dividir-se-á entre os do mesmo grupo, se não convencionarem de modo diverso.
- Correspondência: art. 454, § 1º, CPC/1973.

§ 2º Quando a causa apresentar questões complexas de fato ou de direito, o debate oral poderá ser substituído por razões finais escritas, que serão apresentadas pelo autor e pelo réu, bem como pelo Ministério Público, se for o caso de sua intervenção, em prazos sucessivos de 15 (quinze) dias, assegurada vista dos autos.
- Correspondência: art. 454, § 3º, CPC/1973.

Art. 365. A audiência é una e contínua, podendo ser excepcional e justificadamente cindida na ausência de perito ou de testemunha, desde que haja concordância das partes.
- Correspondência: art. 455, 1ª parte, CPC/1973.

Parágrafo único. Diante da impossibilidade de realização da instrução, do debate e do julgamento no mesmo dia, o juiz marcará seu prosseguimento para a data mais próxima possível, em pauta preferencial.
- Correspondência: art. 455, 2ª parte, CPC/1973.

Art. 366. Encerrado o debate ou oferecidas as razões finais, o juiz proferirá sentença em audiência ou no prazo de 30 (trinta) dias.
- Correspondência: art. 456, CPC/1973.
- V. art. 58, CPC/2015.

Art. 367. O servidor lavrará, sob ditado do juiz, termo que conterá, em resumo, o ocorrido na audiência, bem como, por extenso, os despachos, as decisões e a sentença, se proferida no ato.
- Correspondência: art. 457, *caput*, CPC/1973.

§ 1º Quando o termo não for registrado em meio eletrônico, o juiz rubricar-lhe-á as folhas, que serão encadernadas em volume próprio.
- Correspondência: art. 457, § 1º, CPC/1973.

§ 2º Subscreverão o termo o juiz, os advogados, o membro do Ministério Público e o escrivão ou chefe de secretaria, dispensadas as partes, exceto quando houver ato de disposição para cuja prática os advogados não tenham poderes.
- Correspondência: art. 457, § 2º, CPC/1973.
- V. art. 209, CPC/2015.

§ 3º O escrivão ou chefe de secretaria trasladará para os autos cópia autêntica do termo de audiência.
- Correspondência: art. 457, § 3º, CPC/1973.

Art. 373

CÓDIGO DE PROCESSO CIVIL

§ 4º Tratando-se de autos eletrônicos, observar-se-á o disposto neste Código, em legislação específica e nas normas internas dos tribunais.

- Correspondência: art. 457, § 4º, CPC/1973.

§ 5º A audiência poderá ser integralmente gravada em imagem e em áudio, em meio digital ou analógico, desde que assegure o rápido acesso das partes e dos órgãos julgadores, observada a legislação específica.

- Sem correspondência no CPC/1973.
- V. arts. 210 e 460, CPC/2015.

§ 6º A gravação a que se refere o § 5º também pode ser realizada diretamente por qualquer das partes, independentemente de autorização judicial.

- Sem correspondência no CPC/1973.

Art. 368. A audiência será pública, ressalvadas as exceções legais.

- Correspondência: art. 444, CPC/1973.
- V. arts. 11 e 189, CPC/2015.
- V. art. 93, IX, CF.
- V. art. 792, § 1º, CPP.

Capítulo XII
DAS PROVAS

Seção I
Disposições gerais

Art. 369. As partes têm o direito de empregar todos os meios legais, bem como os moralmente legítimos, ainda que não especificados neste Código, para provar a verdade dos fatos em que se funda o pedido ou a defesa e influir eficazmente na convicção do juiz.

- Correspondência: art. 332, CPC/1973.
- V. art. 5º, LVI, CF.
- V. art. 179, II, CPC/2015.
- V. art. 212, CC.
- V. art. 157, CPP.
- V. Lei 9.296/1996 (Interceptação de comunicações telefônicas).

Art. 370. Caberá ao juiz, de ofício ou a requerimento da parte, determinar as provas necessárias ao julgamento do mérito.

- Correspondência: art. 130, 1ª parte, CPC/1973.
- V. arts. 139, VI e 480, CPC/2015.

Parágrafo único. O juiz indeferirá, em decisão fundamentada, as diligências inúteis ou meramente protelatórias.

- Correspondência: art. 130, 2ª parte, CPC/1973.
- V. arts. 77, III e 139, III, CPC/2015.

Art. 371. O juiz apreciará a prova constante dos autos, independentemente do sujeito que a tiver promovido, e indicará na decisão as razões da formação de seu convencimento.

- Correspondência: art. 131, CPC/1973.
- V. arts. 11 e 489, II, CPC/2015.

Art. 372. O juiz poderá admitir a utilização de prova produzida em outro processo, atribuindo-lhe o valor que considerar adequado, observado o contraditório.

- Correspondência: art. 332, CPC/1973.

Art. 373. O ônus da prova incumbe:

- Correspondência: art. 333, *caput*, CPC/1973.

I – ao autor, quanto ao fato constitutivo de seu direito;

- Correspondência: art. 333, I, CPC/1973.
- V. art. 319, VI, CPC/2015.

II – ao réu, quanto à existência de fato impeditivo, modificativo ou extintivo do direito do autor.

- Correspondência: art. 333, II, CPC/1973.
- V. art. 336, CPC/2015.

§ 1º Nos casos previstos em lei ou diante de peculiaridades da causa relacionadas à impossibilidade ou à excessiva dificuldade de cumprir o encargo nos termos do *caput* ou à maior facilidade de obtenção da prova do fato contrário, poderá o juiz atribuir o ônus da prova de modo diverso, desde que o faça por decisão fundamentada, caso em que deverá dar à parte a oportunidade de se desincumbir do ônus que lhe foi atribuído.

- Sem correspondência no CPC/1973.
- V. art. 841, CC.
- V. arts. 6º, VIII, 38 e 51, VI, Lei 8.078/1990 (Código de Defesa do Consumidor).

§ 2º A decisão prevista no § 1º deste artigo não pode gerar situação em que a desincumbência do encargo pela parte seja impossível ou excessivamente difícil.

- Sem correspondência no CPC/1973.

Art. 374

§ 3º A distribuição diversa do ônus da prova também pode ocorrer por convenção das partes, salvo quando:
- Correspondência: art. 333, parágrafo único, *caput*, CPC/1973.

I – recair sobre direito indisponível da parte;
- Correspondência: art. 333, parágrafo único, I, CPC/1973.
- V. arts. 345, II e 392, CPC/2015.

II – tornar excessivamente difícil a uma parte o exercício do direito.
- Correspondência: art. 333, parágrafo único, II, CPC/1973.

§ 4º A convenção de que trata o § 3º pode ser celebrada antes ou durante o processo.
- Sem correspondência no CPC/1973.

Art. 374. Não dependem de prova os fatos:
- Correspondência: art. 334, *caput*, CPC/1973.

I – notórios;
- Correspondência: art. 334, I, CPC/1973.

II – afirmados por uma parte e confessados pela parte contrária;
- Correspondência: art. 334, II, CPC/1973.
- V. arts. 341 e 389 a 395, CPC/2015.

III – admitidos no processo como incontroversos;
- Correspondência: art. 334, III, CPC/1973.

IV – em cujo favor milita presunção legal de existência ou de veracidade.
- Correspondência: art. 334, IV, CPC/1973.

Art. 375. O juiz aplicará às regras de experiência comum subministradas pela observação do que ordinariamente acontece e, ainda, as regras de experiência técnica, ressalvado, quanto a estas, o exame pericial.
- Correspondência: art. 335, CPC/1973.
- V. art. 140, CPC/2015.

Art. 376. A parte que alegar direito municipal, estadual, estrangeiro ou consuetudinário provar-lhe-á o teor e a vigência, se assim o juiz determinar.
- Correspondência: art. 337, CPC/1973.
- V. art. 14, Dec.-lei 4.657/1942 (Lei de Introdução às normas do Direito Brasileiro).

Art. 377. A carta precatória, a carta rogatória e o auxílio direto suspenderão o julgamento da causa no caso previsto no art. 313, inciso V, alínea *b*, quando, tendo sido requeridos antes da decisão de saneamento, a prova neles solicitada for imprescindível.
- Correspondência: art. 338, *caput*, CPC/1973.
- V. art. 313, V, *b* e § 4º, CPC/2015.

Parágrafo único. A carta precatória e a carta rogatória não devolvidas no prazo ou concedidas sem efeito suspensivo poderão ser juntadas aos autos a qualquer momento.
- Correspondência: art. 338, parágrafo único, CPC/1973.

Art. 378. Ninguém se exime do dever de colaborar com o Poder Judiciário para o descobrimento da verdade.
- Correspondência: art. 339, CPC/1973.
- V. art. 5º, CPC/2015.

Art. 379. Preservado o direito de não produzir prova contra si própria, incumbe à parte:
- Correspondência: art. 340, *caput*, CPC/1973.
- V. art. 5º, II, CF.

I – comparecer em juízo, respondendo ao que lhe for interrogado;
- Correspondência: art. 340, I, CPC/1973.

II – colaborar com o juízo na realização de inspeção judicial que for considerada necessária;
- Correspondência: art. 340, II, CPC/1973.
- V. arts. 481 a 484, CPC/2015.

III – praticar o ato que lhe for determinado.
- Correspondência: art. 340, III, CPC/1973.

Art. 380. Incumbe ao terceiro, em relação a qualquer causa:
- Correspondência: art. 341, *caput*, CPC/1973.

I – informar ao juiz os fatos e as circunstâncias de que tenha conhecimento;
- Correspondência: art. 341, I, CPC/1973.

II – exibir coisa ou documento que esteja em seu poder.
- Correspondência: art. 341, II, CPC/1973.
- V. arts. 396 a 404, CPC/2015.
- V. art. 5º, XIV, CF.

Parágrafo único. Poderá o juiz, em caso de descumprimento, determinar, além da imposição de multa, outras medidas indutivas, coercitivas, mandamentais ou sub-rogatórias.
- Sem correspondência no CPC/1973.

Art. 384

Seção II
Da produção antecipada da prova

Art. 381. A produção antecipada da prova será admitida nos casos em que:

- Correspondência: art. 846, CPC/1973.
- V. arts. 214, II e 464, CPC/2015.
- V. art. 108, Lei 8.213/1991 (Planos de Benefícios da Previdência Social).

I – haja fundado receio de que venha a tornar-se impossível ou muito difícil a verificação de certos fatos na pendência da ação;

- Correspondência: art. 849, CPC/1973.

II – a prova a ser produzida seja suscetível de viabilizar a autocomposição ou outro meio adequado de solução de conflito;

- Sem correspondência no CPC/1973.

III – o prévio conhecimento dos fatos possa justificar ou evitar o ajuizamento de ação.

- Sem correspondência no CPC/1973.

§ 1º O arrolamento de bens observará o disposto nesta Seção quando tiver por finalidade apenas a realização de documentação e não a prática de atos de apreensão.

- Sem correspondência no CPC/1973.

§ 2º A produção antecipada da prova é da competência do juízo do foro onde esta deva ser produzida ou do foro de domicílio do réu.

- Correspondência: art. 800, CPC/1973.

§ 3º A produção antecipada da prova não previne a competência do juízo para a ação que venha a ser proposta.

- Correspondência: art. 800, CPC/1973.

§ 4º O juízo estadual tem competência para produção antecipada de prova requerida em face da União, de entidade autárquica ou de empresa pública federal se, na localidade, não houver vara federal.

- Sem correspondência no CPC/1973.
- V. art. 109, § 3º, CF.
- V. art. 15, II, Lei 5.010/1966 (Justiça Federal).

§ 5º Aplica-se o disposto nesta Seção àquele que pretender justificar a existência de algum fato ou relação jurídica para simples documento e sem caráter contencioso, que exporá, em petição circunstanciada, a sua intenção.

- Correspondência: art. 861, CPC/1973.

Art. 382. Na petição, o requerente apresentará as razões que justificam a necessidade de antecipação da prova e mencionará com precisão os fatos sobre os quais a prova há de recair.

- Correspondência: art. 848, *caput*, CPC/1973.

§ 1º O juiz determinará, de ofício ou a requerimento da parte, a citação de interessados na produção da prova ou no fato a ser provado, salvo se inexistente caráter contencioso.

- Correspondência: art. 848, parágrafo único, CPC/1973.

§ 2º O juiz não se pronunciará sobre a ocorrência ou a inocorrência do fato, nem sobre as respectivas consequências jurídicas.

- Sem correspondência no CPC/1973.

§ 3º Os interessados poderão requerer a produção de qualquer prova no mesmo procedimento, desde que relacionada ao mesmo fato, salvo se a sua produção conjunta acarretar excessiva demora.

- Sem correspondência no CPC/1973.

§ 4º Neste procedimento, não se admitirá defesa ou recurso, salvo contra decisão que indeferir totalmente a produção da prova pleiteada pelo requerente originário.

- Sem correspondência no CPC/1973.

Art. 383. Os autos permanecerão em cartório durante 1 (um) mês para extração de cópias e certidões pelos interessados.

- Correspondência: art. 851, CPC/1973.

Parágrafo único. Findo o prazo, os autos serão entregues ao promovente da medida.

- Sem correspondência no CPC/1973.

Seção III
Da ata notarial

Art. 384. A existência e o modo de existir de algum fato podem ser atestados ou documentados, a requerimento do interessado, mediante ata lavrada por tabelião.

- Correspondência: art. 364, CPC/1973.

Parágrafo único. Dados representados por imagem ou som gravados em arquivos eletrônicos poderão constar da ata notarial.

- Sem correspondência no CPC/1973.

Seção IV
Do depoimento pessoal

Art. 385. Cabe à parte requerer o depoimento pessoal da outra parte, a fim de que esta seja interrogada na audiência de instrução e julgamento, sem prejuízo do poder do juiz de ordená-lo de ofício.

- Correspondência: art. 343, *caput*, CPC/1973.
- V. arts. 379, I, e 389, CPC/2015.

§ 1º Se a parte, pessoalmente intimada para prestar depoimento pessoal e advertida da pena de confesso, não comparecer ou, comparecendo, se recusar a depor, o juiz aplicar-lhe-á a pena.

- Correspondência: art. 343, § 1º, CPC/1973.

§ 2º É vedado a quem ainda não depôs assistir ao interrogatório da outra parte.

- Correspondência: art. 344, parágrafo único, CPC/1973.

§ 3º O depoimento pessoal da parte que residir em comarca, seção ou subseção judiciária diversa daquela onde tramita o processo poderá ser colhido por meio de videoconferência ou outro recurso tecnológico de transmissão de sons e imagens em tempo real, o que poderá ocorrer, inclusive, durante a realização da audiência de instrução e julgamento.

- Sem correspondência no CPC/1973.

Art. 386. Quando a parte, sem motivo justificado, deixar de responder ao que lhe for perguntado ou empregar evasivas, o juiz, apreciando as demais circunstâncias e os elementos de prova, declarará, na sentença, se houve recusa de depor.

- Correspondência: art. 345, CPC/1973.

Art. 387. A parte responderá pessoalmente sobre os fatos articulados, não podendo servir-se de escritos anteriormente preparados, permitindo-lhe o juiz, todavia, a consulta a notas breves, desde que objetivem completar esclarecimentos.

- Correspondência: art. 346, CPC/1973.

Art. 388. A parte não é obrigada a depor sobre fatos:

- Correspondência: art. 347, *caput*, CPC/1973.
- V. art. 186, CPP.

I – criminosos ou torpes que lhe forem imputados;

- Correspondência: art. 347, I, CPC/1973.

II – a cujo respeito, por estado ou profissão, deva guardar sigilo;

- Correspondência: art. 347, II, CPC/1973.
- V. art. 154, CP.

III – acerca dos quais não possa responder sem desonra própria, de seu cônjuge, de seu companheiro ou de parente em grau sucessível;

- Sem correspondência no CPC/1973.

IV – que coloquem em perigo a vida do depoente ou das pessoas referidas no inciso III.

- Sem correspondência no CPC/1973.

Parágrafo único. Esta disposição não se aplica às ações de estado e de família.

- Correspondência: art. 347, parágrafo único, CPC/1973.

Seção V
Da confissão

Art. 389. Há confissão, judicial ou extrajudicial, quando a parte admite a verdade de fato contrário ao seu interesse e favorável ao do adversário.

- Correspondência: art. 348, CPC/1973.
- V. arts. 117 e 371, CPC/2015.
- V. art. 212, I, CC.
- V. art. 186, parágrafo único, CPP.

Art. 390. A confissão judicial pode ser espontânea ou provocada.

- Correspondência: art. 349, *caput*, 1ª parte, CPC/1973.
- V. art. 105, CPC/2015.

§ 1º A confissão espontânea pode ser feita pela própria parte ou por representante com poder especial.

- Correspondência: art. 349, parágrafo único, CPC/1973.

§ 2º A confissão provocada constará do termo de depoimento pessoal.

- Correspondência: art. 349, *caput*, 2ª parte, CPC/1973.

Art. 391. A confissão judicial faz prova contra o confitente, não prejudicando, todavia, os litisconsortes.

- Correspondência: art. 350, *caput*, CPC/1973.

- V. arts. 117 e 128, III, CPC/2015.

Parágrafo único. Nas ações que versarem sobre bens imóveis ou direitos reais sobre imóveis alheios, a confissão de um cônjuge ou companheiro não valerá sem a do outro, salvo se o regime de casamento for o de separação absoluta de bens.

- Correspondência: art. 350, parágrafo único, CPC/1973.

Art. 392. Não vale com o confissão a admissão, em juízo, de fatos relativos a direitos indisponíveis.

- Correspondência: art. 351, CPC/1973.
- V. art. 345, II, CPC/2015.

§ 1º A confissão será ineficaz se feita por quem não for capaz de dispor do direito a que se referem os fatos confessados.

- Sem correspondência no CPC/1973.

§ 2º A confissão feita por um representante somente é eficaz nos limites em que este pode vincular o representado.

- Sem correspondência no CPC/1973.

Art. 393. A confissão é irrevogável, mas pode ser anulada se decorreu de erro de fato ou de coação.

- Correspondência: art. 352, *caput*, CPC/1973.
- V. arts. 138 e 151, CC.
- V. art. 344, CP.

Parágrafo único. A legitimidade para a ação prevista no *caput* é exclusiva do confitente e pode ser transferida a seus herdeiros se ele falecer após a propositura.

- Correspondência: art. 352, parágrafo único, CPC/1973.

Art. 394. A confissão extrajudicial, quando feita oralmente, só terá eficácia nos casos em que a lei não exija prova literal.

- Correspondência: art. 353, CPC/1973.

Art. 395. A confissão é, em regra, indivisível, não podendo a parte que a quiser invocar como prova aceitá-la no tópico que a beneficiar e rejeitá-la no que lhe for desfavorável, porém cindir-se-á quando o confitente a ela aduzir fatos novos, capazes de constituir fundamento de defesa de direito material ou de reconvenção.

- Correspondência: art. 354, CPC/1973.
- V. arts. 343, 412, parágrafo único, e 419, CPC/2015.

Seção VI
Da exibição de documento ou coisa

Art. 396. O juiz pode ordenar que a parte exiba documento ou coisa que se encontre em seu poder.

- Correspondência: art. 355, CPC/1973.
- V. arts. 380, II, e 772, III, CPC/2015.

Art. 397. O pedido formulado pela parte conterá:

- Correspondência: art. 356, *caput*, CPC/1973.

I – a individuação, tão completa quanto possível, do documento ou da coisa;

- Correspondência: art. 356, I, CPC/1973.

II – a finalidade da prova, indicando os fatos que se relacionam com o documento ou com a coisa;

- Correspondência: art. 356, II, CPC/1973.

III – as circunstâncias em que se funda o requerente para afirmar que o documento ou a coisa existe e se acha em poder da parte contrária.

- Correspondência: art. 356, III, CPC/1973.

Art. 398. O requerido dará sua resposta nos 5 (cinco) dias subsequentes à sua intimação.

- Correspondência: art. 357, 1ª parte, CPC/1973.
- V. arts. 373 e 400, I, CPC/2015.

Parágrafo único. Se o requerido afirmar que não possui o documento ou a coisa, o juiz permitirá que o requerente prove, por qualquer meio, que a declaração não corresponde à verdade.

- Correspondência: art. 357, 2ª parte, CPC/1973.

Art. 399. O juiz não admitirá a recusa se:

- Correspondência: art. 358, *caput*, CPC/1973.

I – o requerido tiver obrigação legal de exibir;

- Correspondência: art. 358, I, CPC/1973.
- V. art. 195, CTN.

II – o requerido tiver aludido ao documento ou à coisa, no processo, com o intuito de constituir prova;

- Correspondência: art. 358, II, CPC/1973.

III – o documento, por seu conteúdo, for comum às partes.

- Correspondência: art. 358, III, CPC/1973.

Art. 400

Art. 400. Ao decidir o pedido, o juiz admitirá como verdadeiros os fatos que, por meio do documento ou da coisa, a parte pretendia provar se:

- Correspondência: art. 359, *caput*, CPC/1973.

I – o requerido não efetuar a exibição nem fizer nenhuma declaração no prazo do art. 398;

- Correspondência: art. 359, I, CPC/1973.

II – a recusa for havida por ilegítima.

- Correspondência: art. 359, II, CPC/1973.

Parágrafo único. Sendo necessário, o juiz pode adotar medidas indutivas, coercitivas, mandamentais ou sub-rogatórias para que o documento seja exibido.

- Sem correspondência no CPC/1973.

Art. 401. Quando o documento ou a coisa estiver em poder de terceiro, o juiz ordenará sua citação para responder no prazo de 15 (quinze) dias.

- Correspondência: art. 360, CPC/1973.
- V. art. 379, II, CPC/2015.

Art. 402. Se o terceiro negar a obrigação de exibir ou a posse do documento ou da coisa, o juiz designará audiência especial, tomando-lhe o depoimento, bem como o das partes e, se necessário, o de testemunhas, e em seguida proferirá decisão.

- Correspondência: art. 361, CPC/1973.

Art. 403. Se o terceiro, sem justo motivo, se recusar a efetuar a exibição, o juiz ordenar-lhe-á que proceda ao respectivo depósito em cartório ou em outro lugar designado, no prazo de 5 (cinco) dias, impondo ao requerente que o ressarça pelas despesas que tiver.

- Correspondência: art. 362, CPC/1973.
- V. art. 330, CP.

Parágrafo único. Se o terceiro descumprir a ordem, o juiz expedirá mandado de apreensão, requisitando, se necessário, força policial, sem prejuízo da responsabilidade por crime de desobediência, pagamento de multa e outras medidas indutivas, coercitivas, mandamentais ou sub-rogatórias necessárias para assegurar a efetivação da decisão.

- Sem correspondência no CPC/1973.
- V. art. 380, parágrafo único, CPC/2015.

Art. 404. A parte e o terceiro se escusam de exibir, em juízo, o documento ou a coisa se:

- Correspondência: art. 363, *caput*, CPC/1973.
- V. arts. 388, II, 674 e 856, CPC/2015.

I – concernente a negócios da própria vida da família;

- Correspondência: art. 363, I, CPC/1973.

II – sua apresentação puder violar dever de honra;

- Correspondência: art. 363, II, CPC/1973.

III – sua publicidade redundar em desonra à parte ou ao terceiro, bem como a seus parentes consanguíneos ou afins até o terceiro grau, ou lhes representar perigo de ação penal;

- Correspondência: art. 363, III, CPC/1973.
- V. art. 5º, X, CF.

IV – sua exibição acarretar a divulgação de fatos a cujo respeito, por estado ou profissão, devam guardar segredo;

- Correspondência: art. 363, IV, CPC/1973.
- V. art. 388, II, CPC/2015.
- V. art. 5º, XIV, CF.
- V. art. 154, CP.
- V. art. 34, VII, Lei 8.906/1994 (Estatuto da Advocacia e da OAB).

V – subsistirem outros motivos graves que, segundo o prudente arbítrio do juiz, justifiquem a recusa da exibição;

- Correspondência: art. 363, V, CPC/1973.

VI – houver disposição legal que justifique a recusa da exibição.

- Sem correspondência no CPC/1973.
- V. art. 8º, § 2º, Lei 7.347/1985 (Ação civil pública).

Parágrafo único. Se os motivos de que tratam os incisos I a VI do *caput* disserem respeito a apenas uma parcela do documento, a parte ou o terceiro exibirá a outra em cartório, para dela ser extraída cópia reprográfica, de tudo sendo lavrado auto circunstanciado.

- Correspondência: art. 363, parágrafo único, CPC/1973.

Seção VII
Da prova documental

Subseção I
Da força probante dos documentos

Art. 405. O documento público faz prova não só da sua formação, mas também

Art. 412

CÓDIGO DE PROCESSO CIVIL

dos fatos que o escrivão, o chefe de secretaria, o tabelião ou o servidor declarar que ocorreram em sua presença.

- Correspondência: art. 364, CPC/1973.

Art. 406. Quando a lei exigir instrumento público como da substância do ato, nenhuma outra prova, por mais especial que seja, pode suprir-lhe a falta.

- Correspondência: art. 366, CPC/1973.
- V. art. 215, CC.

Art. 407. O documento feito por oficial público incompetente ou sem a observância das formalidades legais, sendo subscrito pelas partes, tem a mesma eficácia probatória do documento particular.

- Correspondência: art. 367, CPC/1973.

Art. 408. As declarações constantes do documento particular escrito e assinado ou somente assinado presumem-se verdadeiras em relação ao signatário.

- Correspondência: art. 368, *caput*, CPC/1973.
- V. art. 219, CC.
- V. art. 429, II, CPC/2015.

Parágrafo único. Quando, todavia, contiver declaração de ciência de determinado fato, o documento particular prova a ciência, mas não o fato em si, incumbindo o ônus de prová-lo ao interessado em sua veracidade.

- Correspondência: art. 368, parágrafo único, CPC/1973.

Art. 409. A data do documento particular, quando a seu respeito surgir dúvida ou impugnação entre os litigantes, provar-se-á por todos os meios de direito.

- Correspondência: art. 370, *caput*, 1ª parte, CPC/1973.

Parágrafo único. Em relação a terceiros, considerar-se-á datado o documento particular:

- Correspondência: art. 370, *caput*, 2ª parte, CPC/1973.
- V. Súmula 132, STJ.

I – no dia em que foi registrado;

- Correspondência: art. 370, I, CPC/1973.

II – desde a morte de algum dos signatários;

- Correspondência: art. 370, II, CPC/1973.

III – a partir da impossibilidade física que sobreveio a qualquer dos signatários;

- Correspondência: art. 370, III, CPC/1973.

IV – da sua apresentação em repartição pública ou em juízo;

- Correspondência: art. 370, IV, CPC/1973.

V – do ato ou do fato que estabeleça, de modo certo, a anterioridade da formação do documento.

- Correspondência: art. 370, V, CPC/1973.

Art. 410. Considera-se autor do documento particular:

- Correspondência: art. 371, *caput*, CPC/1973.

I – aquele que o fez e o assinou;

- Correspondência: art. 371, I, CPC/1973.

II – aquele por conta de quem ele foi feito, estando assinado;

- Correspondência: art. 371, II, CPC/1973.

III – aquele que, mandando compô-lo, não o firmou porque, conforme a experiência comum, não se costuma assinar, como livros empresariais e assentos domésticos.

- Correspondência: art. 371, III, CPC/1973.

Art. 411. Considera-se autêntico o documento quando:

- Correspondência: art. 369, *caput*, 1ª parte, CPC/1973.

I – o tabelião reconhecer a firma do signatário;

- Correspondência: art. 369, *caput*, 2ª parte, CPC/1973.
- V. art. 654, § 2º, CC.
- V. art. 13, § 1º, Lei 6.015/1973 (Lei de Registros Públicos).

II – a autoria estiver identificada por qualquer outro meio legal de certificação, inclusive eletrônico, nos termos da lei;

- Sem correspondência no CPC/1973.

III – não houver impugnação da parte contra quem foi produzido o documento.

- Sem correspondência no CPC/1973.

Art. 412. O documento particular de cuja autenticidade não se duvida prova que o seu autor fez a declaração que lhe é atribuída.

- Correspondência: art. 373, *caput*, CPC/1973.
- V. art. 219, CC.

Parágrafo único. O documento particular admitido expressa ou tacitamente é indivisível, sendo vedado à parte que pretende utilizar-se dele aceitar os fatos que lhe são favoráveis e recusar os que são contrários ao seu interesse, salvo se provar que estes não ocorreram.

- Correspondência: art. 373, parágrafo único, CPC/1973.
- V. arts. 395 e 419, CPC/2015.

Art. 413. O telegrama, o radiograma ou qualquer outro meio de transmissão tem a mesma força probatória do documento particular se o original constante da estação expedidora tiver sido assinado pelo remetente.

- Correspondência: art. 374, *caput*, CPC/1973.

Parágrafo único. A firma do remetente poderá ser reconhecida pelo tabelião, declarando-se essa circunstância no original depositado na estação expedidora.

- Correspondência: art. 374, parágrafo único, CPC/1973.

Art. 414. O telegrama ou o radiograma presume-se conforme com o original, provando as datas de sua expedição e de seu recebimento pelo destinatário.

- Correspondência: art. 375, CPC/1973.

Art. 415. As cartas e os registros domésticos provam contra quem os escreveu quando:

- Correspondência: art. 376, *caput*, CPC/1973.
- V. art. 219, CC.

I – enunciam o recebimento de um crédito;

- Correspondência: art. 376, I, CPC/1973.

II – contêm anotação que visa a suprir a falta de título em favor de quem é apontado como credor;

- Correspondência: art. 376, II, CPC/1973.

III – expressam conhecimento de fatos para os quais não se exija determinada prova.

- Correspondência: art. 376, III, CPC/1973.

Art. 416. A nota escrita pelo credor em qualquer parte de documento representativo de obrigação, ainda que não assinada, faz prova em benefício do devedor.

- Correspondência: art. 377, *caput*, CPC/1973.
- V. art. 112, CC.
- V. art. 47, Lei 8.078/1990 (Código de Defesa do Consumidor).

Parágrafo único. Aplica-se essa regra tanto para o documento que o credor conservar em seu poder quanto para aquele que se achar em poder do devedor ou de terceiro.

- Correspondência: art. 377, parágrafo único, CPC/1973.

Art. 417. Os livros empresariais provam contra seu autor, sendo lícito ao empresário, todavia, demonstrar, por todos os meios permitidos em direito, que os lançamentos não correspondem à verdade dos fatos.

- Correspondência: art. 378, CPC/1973.
- V. art. 19, Lei 5.474/1968 (Duplicatas).
- V. art. 100, Lei 6.404/1976 (Sociedades por ações).

Art. 418. Os livros empresariais que preencham os requisitos exigidos por lei provam a favor de seu autor no litígio entre empresários.

- Correspondência: art. 379, CPC/1973.
- V. art. 226, CC.

Art. 419. A escrituração contábil é indivisível, e, se dos fatos que resultam dos lançamentos, uns são favoráveis ao interesse de seu autor e outros lhe são contrários, ambos serão considerados em conjunto, como unidade.

- Correspondência: art. 380, CPC/1973.
- V. art. 422, CPC/2015.
- V. art. 1.183, CC.

Art. 420. O juiz pode ordenar, a requerimento da parte, a exibição integral dos livros empresariais e dos documentos do arquivo:

- Correspondência: art. 381, *caput*, CPC/1973.
- V. art. 620, § 1º, CPC/2015.
- V. art. 105, Lei 6.404/1976 (Sociedades por ações).

I – na liquidação de sociedade;

- Correspondência: art. 381, I, CPC/1973.
- V. art. 22, III, *b*, Lei 11.101/2005 (Lei de Recuperação de Empresas e Falência).

II – na sucessão por morte de sócio;

- Correspondência: art. 381, II, CPC/1973.

III – quando e como determinar a lei.

- Correspondência: art. 381, III, CPC/1973.

Art. 421. O juiz pode, de ofício, ordenar à parte a exibição parcial dos livros e dos do-

cumentos, extraindo-se deles a suma que interessar ao litígio, bem como reproduções autenticadas.
- Correspondência: art. 382, CPC/1973.
- V. Súmula 260, STF.

Art. 422. Qualquer reprodução mecânica, como a fotográfica, a cinematográfica, a fonográfica ou de outra espécie, tem aptidão para fazer prova dos fatos ou das coisas representadas, se a sua conformidade com o documento original não for impugnada por aquele contra quem foi produzida.
- Correspondência: art. 383, *caput*, CPC/1973.
- V. Lei 5.433/1968 (Microfilmagem de documentos).
- V. art. 141, Lei 6.015/1973 (Lei de Registros Públicos).

§ 1º As fotografias digitais e as extraídas da rede mundial de computadores fazem prova das imagens que reproduzem, devendo, se impugnadas, ser apresentada a respectiva autenticação eletrônica ou, não sendo possível, realizada perícia.
- Correspondência: art. 383, parágrafo único, CPC/1973.

§ 2º Se se tratar de fotografia publicada em jornal ou revista, será exigido um exemplar original do periódico, caso impugnada a veracidade pela outra parte.
- Sem correspondência no CPC/1973.

§ 3º Aplica-se o disposto neste artigo à forma impressa de mensagem eletrônica.
- Sem correspondência no CPC/1973.

Art. 423. As reproduções dos documentos particulares, fotográficas ou obtidas por outros processos de repetição, valem como certidões sempre que o escrivão ou o chefe de secretaria certificar sua conformidade com o original.
- Correspondência: art. 384, CPC/1973.

Art. 424. A cópia de documento particular tem o mesmo valor probante que o original, cabendo ao escrivão, intimadas as partes, proceder à conferência e certificar a conformidade entre a cópia e o original.
- Correspondência: art. 485, CPC/1973.
- V. arts. 407, 408, 411 e 425, CPC/2015.

Art. 425. Fazem a mesma prova que os originais:

- Correspondência: art. 365, *caput*, CPC/1973.
- V. arts. 192 e 424, CPC/2015.
- V. art. 161, Lei 6.015/1973 (Lei de Registros Públicos).

I – as certidões textuais de qualquer peça dos autos, do protocolo das audiências ou de outro livro a cargo do escrivão ou do chefe de secretaria, se extraídas por ele ou sob sua vigilância e por ele subscritas;
- Correspondência: art. 365, I, CPC/1973.
- V. arts. 216 a 218 e 224, CC.

II – os traslados e as certidões extraídas por oficial público de instrumentos ou documentos lançados em suas notas;
- Correspondência: art. 365, II, CPC/1973.
- V. arts. 216 a 218 e 224, CC.

III – as reproduções dos documentos públicos, desde que autenticadas por oficial público ou conferidas em cartório com os respectivos originais;
- Correspondência: art. 365, III, CPC/1973.
- V. arts. 216 a 218 e 224, CC.
- V. Lei 5.433/1968 (Microfilmagem de documentos).

IV – as cópias reprográficas de peças do próprio processo judicial declaradas autênticas pelo advogado, sob sua responsabilidade pessoal, se não lhes for impugnada a autenticidade;
- Correspondência: art. 365, IV, CPC/1973.

V – os extratos digitais de bancos de dados públicos e privados, desde que atestado pelo seu emitente, sob as penas da lei, que as informações conferem com o que consta na origem;
- Correspondência: art. 365, V, CPC/1973.

VI – as reproduções digitalizadas de qualquer documento público ou particular, quando juntadas aos autos pelos órgãos da justiça e seus auxiliares, pelo Ministério Público e seus auxiliares, pela Defensoria Pública e seus auxiliares, pelas procuradorias, pelas repartições públicas em geral e por advogados, ressalvada a alegação motivada e fundamentada de adulteração.
- Correspondência: art. 365, VI, CPC/1973.
- V. Lei 5.433/1968 (Microfilmagem de documentos).

§ 1º Os originais dos documentos digitalizados mencionados no inciso VI deverão ser

Art. 426

preservados pelo seu detentor até o final do prazo para propositura de ação rescisória.

• Correspondência: art. 365, § 1º, CPC/1973.

§ 2º Tratando-se de cópia digital de título executivo extrajudicial ou de documento relevante à instrução do processo, o juiz poderá determinar seu depósito em cartório ou secretaria.

• Correspondência: art. 365, § 2º, CPC/1973.

Art. 426. O juiz apreciará fundamentadamente a fé que deva merecer o documento, quando em ponto substancial e sem ressalva contiver entrelinha, emenda, borrão ou cancelamento.

• Correspondência: art. 386, CPC/1973.

• V. art. 211, CPC/2015.

Art. 427. Cessa a fé do documento público ou particular sendo-lhe declarada judicialmente a falsidade.

• Correspondência: art. 387, *caput*, CPC/1973.

Parágrafo único. A falsidade consiste em:

• Correspondência: art. 387, parágrafo único, *caput*, CPC/1973.

I – formar documento não verdadeiro;

• Correspondência: art. 387, parágrafo único, I, CPC/1973.

II – alterar documento verdadeiro.

• Correspondência: art. 387, parágrafo único, II, CPC/1973.

Art. 428. Cessa a fé do documento particular quando:

• Correspondência: art. 388, *caput*, CPC/1973.

I – for impugnada sua autenticidade e enquanto não se comprovar sua veracidade;

• Correspondência: art. 388, I, CPC/1973.

II – assinado em branco, for impugnado seu conteúdo, por preenchimento abusivo.

• Correspondência: art. 388, II, CPC/1973.

Parágrafo único. Dar-se-á abuso quando aquele que recebeu documento assinado com texto não escrito no todo ou em parte formá-lo ou completá-lo por si ou por meio de outrem, violando o pacto feito com o signatário.

• Correspondência: art. 388, parágrafo único, CPC/1973.

Art. 429. Incumbe o ônus da prova quando:

• Correspondência: art. 389, *caput*, CPC/1973.

I – se tratar de falsidade de documento ou de preenchimento abusivo, à parte que a arguir;

• Correspondência: art. 389, I, CPC/1973.

II – se tratar de impugnação da autenticidade, à parte que produziu o documento.

• Correspondência: art. 389, II, CPC/1973.

Subseção II
Da arguição de falsidade

Art. 430. A falsidade deve ser suscitada na contestação, na réplica ou no prazo de 15 (quinze) dias, contado a partir da intimação da juntada do documento aos autos.

• Correspondência: art. 390, CPC/1973.

Parágrafo único. Uma vez arguida, a falsidade será resolvida como questão incidental, salvo se a parte requerer que o juiz a decida como questão principal, nos termos do inciso II do art. 19.

• Sem correspondência no CPC/1973.

Art. 431. A parte arguirá a falsidade expondo os motivos em que funda a sua pretensão e os meios com que provará o alegado.

• Correspondência: art. 391, CPC/1973.

Art. 432. Depois de ouvida a outra parte no prazo de 15 (quinze) dias, será realizado o exame pericial.

• Correspondência: art. 392, *caput*, CPC/1973.

• V. art. 478, CPC/2015.

Parágrafo único. Não se procederá ao exame pericial se a parte que produziu o documento concordar em retirá-lo.

• Correspondência: art. 392, parágrafo único, CPC/1973.

Art. 433. A declaração sobre a falsidade do documento, quando suscitada como questão principal, constará da parte dispositiva da sentença e sobre ela incidirá também a autoridade da coisa julgada.

• Correspondência: art. 395, CPC/1973.

Subseção III
Da produção da prova documental

Art. 434. Incumbe à parte instruir a petição inicial ou a contestação com os documentos destinados a provar suas alegações.

- Correspondência: art. 396, CPC/1973.
- V. arts. 350, 351, 396, 401 e 700, § 5º, CPC/2015.

Parágrafo único. Quando o documento consistir em reprodução cinematográfica ou fonográfica, a parte deverá trazê-lo nos termos do *caput*, mas sua exposição será realizada em audiência, intimando-se previamente as partes.

- Sem correspondência no CPC/1973.

Art. 435. É lícito às partes, em qualquer tempo, juntar aos autos documentos novos, quando destinados a fazer prova de fatos ocorridos depois dos articulados ou para contrapô-los aos que foram produzidos nos autos.

- Correspondência: art. 397, CPC/1973.

Parágrafo único. Admite-se também a juntada posterior de documentos formados após a petição inicial ou a contestação, bem como dos que se tornaram conhecidos, acessíveis ou disponíveis após esses atos, cabendo à parte que os produzir comprovar o motivo que a impediu de juntá-los anteriormente e incumbindo ao juiz, em qualquer caso, avaliar a conduta da parte de acordo com o art. 5º.

- Sem correspondência no CPC/1973.

Art. 436. A parte, intimada a falar sobre documento constante dos autos, poderá:

- Sem correspondência no CPC/1973.

I – impugnar a admissibilidade da prova documental;

II – impugnar sua autenticidade;

- V. art. 11, § 2º, Lei 11.419/2006 (Informatização do processo judicial).

III – suscitar sua falsidade, com ou sem deflagração do incidente de arguição de falsidade;

- V. arts. 297 a 305, CP.
- V. art. 11, § 2º, Lei 11.419/2006 (Informatização do processo judicial).

IV – manifestar-se sobre seu conteúdo.

Parágrafo único. Nas hipóteses dos incisos II e III, a impugnação deverá basear-se em argumentação específica, não se admitindo alegação genérica de falsidade.

Art. 437. O réu manifestar-se-á na contestação sobre os documentos anexados à inicial, e o autor manifestar-se-á na réplica sobre os documentos anexados à contestação.

- Correspondência: art. 396, CPC/1973.
- V. art. 1.001, CPC/2015.

§ 1º Sempre que uma das partes requerer a juntada de documento aos autos, o juiz ouvirá, a seu respeito, a outra parte, que disporá do prazo de 15 (quinze) dias para adotar qualquer das posturas indicadas no art. 436.

- Correspondência: art. 398, CPC/1973.
- V. arts. 350, 351 e 396, CPC/2015.

§ 2º Poderá o juiz, a requerimento da parte, dilatar o prazo para manifestação sobre a prova documental produzida, levando em consideração a quantidade e a complexidade da documentação.

- Sem correspondência no CPC/1973.
- V. art. 401, CPC/2015.

Art. 438. O juiz requisitará às repartições públicas, em qualquer tempo ou grau de jurisdição:

- Correspondência: art. 399, *caput*, CPC/1973.
- V. art. 1º, § 6º, Lei 4.717/1965 (Ação popular).
- V. art. 41, parágrafo único, Lei 6.830/1980 (Execução fiscal).

I – as certidões necessárias à prova das alegações das partes;

- Correspondência: art. 399, I, CPC/1973.
- V. art. 5º, XXXIV, *b*, CF.
- V. art. 8º, Lei 7.347/1985 (Ação civil pública).

II – os procedimentos administrativos nas causas em que forem interessados a União, os Estados, o Distrito Federal, os Municípios ou entidades da administração indireta.

- Correspondência: art. 399, II, CPC/1973.

§ 1º Recebidos os autos, o juiz mandará extrair, no prazo máximo e improrrogável de 1 (um) mês, certidões ou reproduções fotográficas das peças que indicar e das que forem indicadas pelas partes, e, em seguida, devolverá os autos à repartição de origem.

- Correspondência: art. 399, § 1º, CPC/1973.

Art. 439

CÓDIGO DE PROCESSO CIVIL

§ 2º As repartições públicas poderão fornecer todos os documentos em meio eletrônico, conforme disposto em lei, certificando, pelo mesmo meio, que se trata de extrato fiel do que consta em seu banco de dados ou no documento digitalizado.

- Correspondência: art. 399, § 2º, CPC/1973.

Seção VIII
Dos documentos eletrônicos

Art. 439. A utilização de documentos eletrônicos no processo convencional dependerá de sua conversão à forma impressa e da verificação de sua autenticidade, na forma da lei.

- Sem correspondência no CPC/1973.
- V. Lei 11.419/2006 (Informatização do processo judicial).
- V. Res. CNJ 185/2013 (Sistema Processo Judicial Eletrônico – PJe).

Art. 440. O juiz apreciará o valor probante do documento eletrônico não convertido, assegurado às partes o acesso ao seu teor.

- Sem correspondência no CPC/1973.
- V. Lei 11.419/2006 (Informatização do processo judicial).
- V. Res. CNJ 185/2013 (Sistema Processo Judicial Eletrônico – Pje).

Art. 441. Serão admitidos documentos eletrônicos produzidos e conservados com a observância da legislação específica.

- Sem correspondência no CPC/1973.
- V. Lei 11.419/2006 (Informatização do processo judicial).
- V. Res. CNJ 185/2013 (Sistema Processo Judicial Eletrônico – PJe).

Seção IX
Da prova testemunhal

Subseção I
Da admissibilidade e do valor
da prova testemunhal

Art. 442. A prova testemunhal é sempre admissível, não dispondo a lei de modo diverso.

- Correspondência: art. 400, primeira parte, CPC/1973.
- V. art. 365, CPC/2015.

Art. 443. O juiz indeferirá a inquirição de testemunhas sobre fatos:

- Correspondência: art. 400, segunda parte, CPC/1973.

I – já provados por documento ou confissão da parte;

- Correspondência: art. 400, I, CPC/1973.
- V. arts. 355 e 389 a 395, CPC/2015.

II – que só por documento ou por exame pericial puderem ser provados.

- Correspondência: art. 400, II, CPC/1973.
- V. art. 156, CPC/2015.

Art. 444. Nos casos em que a lei exigir prova escrita da obrigação, é admissível a prova testemunhal quando houver começo de prova por escrito, emanado da parte contra a qual se pretende produzir a prova.

- Correspondência: art. 402, *caput* e I CPC/1973.
- V. arts. 227, parágrafo único, e 228, CC.

Art. 445. Também se admite a prova testemunhal quando o credor não pode ou não podia, moral ou materialmente, obter a prova escrita da obrigação, em casos como o de parentesco, de depósito necessário ou de hospedagem em hotel ou em razão das práticas comerciais do local onde contraída a obrigação.

- Correspondência: art. 402, II, CPC/1973.

Art. 446. É lícito à parte provar com testemunhas:

- Correspondência: art. 404, *caput*, CPC/1973.

I – nos contratos simulados, a divergência entre a vontade real e a vontade declarada;

- Correspondência: art. 404, I, CPC/1973.
- V. art. 167, § 1º, CC.

II – nos contratos em geral, os vícios de consentimento.

- Correspondência: art. 404, II, CPC/1973.
- V. arts. 138, 145 e 158, *caput*, CC.

Art. 447. Podem depor como testemunhas todas as pessoas, exceto as incapazes, impedidas ou suspeitas.

- Correspondência: art. 405, *caput*, CPC/1973.
- V. arts. 385 e 457, § 1º, CPC/2015.
- V. art. 228, CC.

§ 1º São incapazes:

- Correspondência: art. 405, § 1º, *caput*, CPC/1973.

Art. 450

CÓDIGO DE PROCESSO CIVIL

I – o interdito por enfermidade ou deficiência mental;

• Correspondência: art. 405, § 1º, I, CPC/1973.

II – o que, acometido por enfermidade ou retardamento mental, ao tempo em que ocorreram os fatos, não podia discerni-los, ou, ao tempo em que deve depor, não está habilitado a transmitir as percepções;

• Correspondência: art. 405, § 1º, II, CPC/1973.

III – o que tiver menos de 16 (dezesseis) anos;

• Correspondência: art. 405, § 1º, III, CPC/1973.

IV – o cego e o surdo, quando a ciência do fato depender dos sentidos que lhes faltam.

• Correspondência: art. 405, § 1º, IV, CPC/1973.

§ 2º São impedidos:

• Correspondência: art. 405, § 2º, caput, CPC/1973.
• V. art. 452, CPC/2015.

I – o cônjuge, o companheiro, o ascendente e o descendente em qualquer grau e o colateral, até o terceiro grau, de alguma das partes, por consanguinidade ou afinidade, salvo se o exigir o interesse público ou, tratando-se de causa relativa ao estado da pessoa, não se puder obter de outro modo a prova que o juiz repute necessária ao julgamento do mérito;

• Correspondência: art. 405, § 2º, I, CPC/1973.

II – o que é parte na causa;

• Correspondência: art. 405, § 2º, II, CPC/1973.

III – o que intervém em nome de uma parte, como o tutor, o representante legal da pessoa jurídica, o juiz, o advogado e outros que assistam ou tenham assistido as partes.

• Correspondência: art. 405, § 2º, III, CPC/1973.
• V. art. 7º, XIX, Lei 8.906/1994 (Estatuto da Advocacia e da OAB).

§ 3º São suspeitos:

• Correspondência: art. 405, § 3º, caput, CPC/1973.

I – o inimigo da parte ou o seu amigo íntimo;

• Correspondência: art. 405, § 3º, III, CPC/1973.

II – o que tiver interesse no litígio.

• Correspondência: art. 405, § 3º, IV, CPC/1973.
• V. arts. 119, 125, e 682, CPC/2015.

§ 4º Sendo necessário, pode o juiz admitir o depoimento das testemunhas menores, impedidas ou suspeitas.

• Correspondência: art. 405, § 4º, CPC/1973.
• V. art. 457, § 1º, CPC/2015.

§ 5º Os depoimentos referidos no § 4º serão prestados independentemente de compromisso, e o juiz lhes atribuirá o valor que possam merecer.

• Correspondência: art. 405, § 4º, CPC/1973.

Art. 448. A testemunha não é obrigada a depor sobre fatos:

• Correspondência: art. 406, caput, CPC/1973.
• V. arts. 388, e 457, § 2º, CPC/2015.

I – que lhe acarretem grave dano, bem como ao seu cônjuge ou companheiro e aos seus parentes consanguíneos ou afins, em linha reta ou colateral, até o terceiro grau;

• Correspondência: art. 406, I, CPC/1973.

II – a cujo respeito, por estado ou profissão, deva guardar sigilo.

• Correspondência: art. 406, II, CPC/1973.
• V. arts. 388 e 404, IV, CPC/2015.
• V. arts. 153 e 154, CP.
• V. art. 7º, XIX, Lei 8.906/1994 (Estatuto da Advocacia e a OAB).

Art. 449. Salvo disposição especial em contrário, as testemunhas devem ser ouvidas na sede do juízo.

• Correspondência: art. 336, caput, CPC/1973.
• V. arts. 36, 260 a 268, 361, 381 a 391 e 453, CPC/2015.

Parágrafo único. Quando a parte ou a testemunha, por enfermidade ou por outro motivo relevante, estiver impossibilitada de comparecer, mas não de prestar depoimento, o juiz designará, conforme as circunstâncias, dia, hora e lugar para inquiri-la.

• Correspondência: art. 336, parágrafo único, CPC/1973.

Subseção II
Da produção da prova testemunhal

Art. 450. O rol de testemunhas conterá, sempre que possível, o nome, a profissão, o estado civil, a idade, o número de inscrição no Cadastro de Pessoas Físicas, o número de registro de identidade e o endereço completo da residência e do local de trabalho.

• Correspondência: art. 407, CPC/1973.

Art. 451. Depois de apresentado o rol de que tratam os §§ 4º e 5º do art. 357, a parte só pode substituir a testemunha:

- Correspondência: art. 408, *caput*, CPC/1973.

I – que falecer;

- Correspondência: art. 408, I, CPC/1973.

II – que, por enfermidade, não estiver em condições de depor;

- Correspondência: art. 408, II, CPC/1973.

III – que, tendo mudado de residência ou de local de trabalho, não for encontrada.

- Correspondência: art. 408, III, CPC/1973.

Art. 452. Quando for arrolado como testemunha, o juiz da causa:

- Correspondência: art. 409, *caput*, CPC/1973.

I – declarar-se-á impedido, se tiver conhecimento de fatos que possam influir na decisão, caso em que será vedado à parte que o incluiu no rol desistir de seu depoimento;

- Correspondência: art. 409, I, CPC/1973.
- V. art. 144, I, CPC/2015.

II – se nada souber, mandará excluir o seu nome.

- Correspondência: art. 409, II, CPC/1973.

Art. 453. As testemunhas depõem, na audiência de instrução e julgamento, perante o juiz da causa, exceto:

- Correspondência: art. 410, *caput*, CPC/1973.
- V. arts. 217 e 449, CPC/2015.

I – as que prestam depoimento antecipadamente;

- Correspondência: art. 410, I, CPC/1973.
- V. art. 381, CPC/2015.

II – as que são inquiridas por carta.

- Correspondência: art. 410, II, CPC/1973.
- V. arts. 36 e 260 a 268, CPC/2015.

§ 1º A oitiva de testemunha que residir em comarca, seção ou subseção judiciária diversa daquela onde tramita o processo poderá ser realizada por meio de videoconferência ou outro recurso tecnológico de transmissão e recepção de sons e imagens em tempo real, o que poderá ocorrer, inclusive, durante a audiência de instrução e julgamento.

- Sem correspondência no CPC/1973.

§ 2º Os juízos deverão manter equipamento para a transmissão e recepção de sons e imagens a que se refere o § 1º.

- Sem correspondência no CPC/1973.

Art. 454. São inquiridos em sua residência ou onde exercem sua função:

- Correspondência: art. 411, *caput*, CPC/1973.
- V. art. 33, I, LC 35/1979 (Lei Orgânica da Magistratura Nacional).
- V. art. 40, I, Lei 8.625/1993 (Lei Orgânica Nacional do Ministério Público).

I – o presidente e o vice-presidente da República;

- Correspondência: art. 411, I, CPC/1973.

II – os ministros de Estado;

- Correspondência: art. 411, III, CPC/1973.

III – os ministros do Supremo Tribunal Federal, os conselheiros do Conselho Nacional de Justiça e os ministros do Superior Tribunal de Justiça, do Superior Tribunal Militar, do Tribunal Superior Eleitoral, do Tribunal Superior do Trabalho e do Tribunal de Contas da União;

- Correspondência: art. 411, IV, CPC/1973.

IV – o procurador-geral da República e os conselheiros do Conselho Nacional do Ministério Público;

- Correspondência: art. 411, V, CPC/1973.

V – o advogado-geral da União, o procurador-geral do Estado, o procurador-geral do Município, o defensor público-geral federal e o defensor público-geral do Estado;

- Sem correspondência no CPC/1973.

VI – os senadores e os deputados federais;

- Correspondência: art. 411, VI, CPC/1973.

VII – os governadores dos Estados e do Distrito Federal;

- Correspondência: art. 411, VII, CPC/1973.

VIII – o prefeito;

- Sem correspondência no CPC/1973.

IX – os deputados estaduais e distritais;

- Correspondência: art. 411, VIII, CPC/1973.

X – os desembargadores dos Tribunais de Justiça, dos Tribunais Regionais Federais, dos Tribunais Regionais do Trabalho e dos Tribunais Regionais Eleitorais e os conselheiros dos Tribunais de Contas dos Estados e do Distrito Federal;

Código de Processo Civil

- Correspondência: art. 411, IX, CPC/1973.

XI – o procurador-geral de justiça;

- Sem correspondência no CPC/1973.

XII – o embaixador de país que, por lei ou tratado, concede idêntica prerrogativa a agente diplomático do Brasil.

- Correspondência: art. 411, X, CPC/1973.

§ 1º O juiz solicitará à autoridade que indique dia, hora e local a fim de ser inquirida, remetendo-lhe cópia da petição inicial ou da defesa oferecida pela parte que a arrolou como testemunha.

- Correspondência: art. 411, parágrafo único, CPC/1973.

§ 2º Passado 1 (um) mês sem manifestação da autoridade, o juiz designará dia, hora e local para o depoimento, preferencialmente na sede do juízo.

- Sem correspondência no CPC/1973.

§ 3º O juiz também designará dia, hora e local para o depoimento, quando a autoridade não comparecer, injustificadamente, à sessão agendada para a colheita de seu testemunho no dia, hora e local por ela mesma indicados.

- Sem correspondência no CPC/1973.

Art. 455. Cabe ao advogado da parte informar ou intimar a testemunha por ele arrolada do dia, da hora e do local da audiência designada, dispensando-se a intimação do juízo.

- Correspondência: art. 412, *caput*, CPC/1973.

§ 1º A intimação deverá ser realizada por carta com aviso de recebimento, cumprindo ao advogado juntar aos autos, com antecedência de pelo menos 3 (três) dias da data da audiência, cópia da correspondência de intimação e do comprovante de recebimento.

- Correspondência: art. 412, § 3º, CPC/1973.

§ 2º A parte pode comprometer-se a levar a testemunha à audiência, independentemente da intimação de que trata o § 1º, presumindo-se, caso a testemunha não compareça, que a parte desistiu de sua inquirição.

- Correspondência: art. 412, § 1º, CPC/1973.

§ 3º A inércia na realização da intimação a que se refere o § 1º importa desistência da inquirição da testemunha.

- Sem correspondência no CPC/1973.

§ 4º A intimação será feita pela via judicial quando:

- Sem correspondência no CPC/1973.

I – for frustrada a intimação prevista no § 1º deste artigo;

- Sem correspondência no CPC/1973.

II – sua necessidade for devidamente demonstrada pela parte ao juiz;

- Sem correspondência no CPC/1973.

III – figurar no rol de testemunhas servidor público ou militar, hipótese em que o juiz o requisitará ao chefe da repartição ou ao comando do corpo em que servir;

- Correspondência: art. 412, § 2º, CPC/1973.

IV – a testemunha houver sido arrolada pelo Ministério Público ou pela Defensoria Pública;

- Sem correspondência no CPC/1973.

V – a testemunha for uma daquelas previstas no art. 454.

- Sem correspondência no CPC/1973.

§ 5º A testemunha que, intimada na forma do § 1º ou do § 4º, deixar de comparecer sem motivo justificado será conduzida e responderá pelas despesas do adiamento.

- Correspondência: art. 412, *caput*, segunda parte, CPC/1973.
- V. art. 5º, CPC/2015.

Art. 456. O juiz inquirirá as testemunhas separada e sucessivamente, primeiro as do autor e depois as do réu, e providenciará para que uma não ouça o depoimento das outras.

- Correspondência: art. 413, CPC/1973.

Parágrafo único. O juiz poderá alterar a ordem estabelecida no *caput* se as partes concordarem.

- Sem correspondência no CPC/1973.

Art. 457. Antes de depor, a testemunha será qualificada, declarará ou confirmará seus dados e informará se tem relações de parentesco com a parte ou interesse no objeto do processo.

- Correspondência: art. 414, *caput*, CPC/1973.

Art. 458

§ 1º É lícito à parte contraditar a testemunha, arguindo-lhe a incapacidade, o impedimento ou a suspeição, bem como, caso a testemunha negue os fatos que lhe são imputados, provar a contradita com documentos ou com testemunhas, até 3 (três), apresentadas no ato e inquiridas em separado.

- Correspondência: art. 414, § 1º, 1ª parte, CPC/1973.

§ 2º Sendo provados ou confessados os fatos a que se refere o § 1º, o juiz dispensará a testemunha ou lhe tomará o depoimento como informante.

- Correspondência: art. 414, § 1º, 2ª parte, CPC/1973.

§ 3º A testemunha pode requerer ao juiz que a escuse de depor, alegando os motivos previstos neste Código, decidindo o juiz de plano após ouvidas as partes.

- Correspondência: art. 414, § 2º, CPC/1973.

Art. 458. Ao início da inquirição, a testemunha prestará o compromisso de dizer a verdade do que souber e lhe for perguntado.

- Correspondência: art. 415, *caput*, CPC/1973.
- V. arts. 5º e 447, § 4º, CPC/2015.

Parágrafo único. O juiz advertirá à testemunha que incorre em sanção penal quem faz afirmação falsa, cala ou oculta a verdade.

- Correspondência: art. 415, parágrafo único, CPC/1973.
- V. art. 342, CP.

Art. 459. As perguntas serão formuladas pelas partes diretamente à testemunha, começando pela que a arrolou, não admitindo o juiz aquelas que puderem induzir a resposta, não tiverem relação com as questões de fato objeto da atividade probatória ou importarem repetição de outra já respondida.

- Correspondência: art. 416, *caput*, CPC/1973.
- V. arts. 442 e 443, CPC/2015.
- V. art. 212, CPP.

§ 1º O juiz poderá inquirir a testemunha tanto antes quanto depois da inquirição feita pelas partes.

- Sem correspondência no CPC/1973.

§ 2º As testemunhas devem ser tratadas com urbanidade, não se lhes fazendo perguntas ou considerações impertinentes, capciosas ou vexatórias.

- Correspondência: art. 416, § 1º, CPC/1973.

§ 3º As perguntas que o juiz indeferir serão transcritas no termo, se a parte o requerer.

- Correspondência: art. 416, § 2º, CPC/1973.

Art. 460. O depoimento poderá ser documentado por meio de gravação.

- Correspondência: art. 417, *caput*, CPC/1973.
- V. Lei 11.419/2006 (Informatização do processo judicial).

§ 1º Quando digitado ou registrado por taquigrafia, estenotipia ou outro método idôneo de documentação, o depoimento será assinado pelo juiz, pelo depoente e pelos procuradores.

- Correspondência: art. 417, § 1º, CPC/1973.

§ 2º Se houver recurso em processo em autos não eletrônicos, o depoimento somente será digitado quando for impossível o envio de sua documentação eletrônica.

- Correspondência: art. 417, § 2º, CPC/1973.

§ 3º Tratando-se de autos eletrônicos, observar-se-á o disposto neste Código e na legislação específica sobre a prática eletrônica de atos processuais.

- Correspondência: art. 417, § 2º, CPC/1973.

Art. 461. O juiz pode ordenar, de ofício ou a requerimento da parte:

- Correspondência: art. 418, *caput*, CPC/1973.

I – a inquirição de testemunhas referidas nas declarações da parte ou das testemunhas;

- Correspondência: art. 418, I, CPC/1973.
- V. art. 370, CPC/2015.

II – a acareação de 2 (duas) ou mais testemunhas ou de alguma delas com a parte, quando, sobre fato determinado que possa influir na decisão da causa, divergirem as suas declarações.

- Correspondência: art. 418, II, CPC/1973.
- V. art. 80, II , CPC/2015.

§ 1º Os acareados serão reperguntados para que expliquem os pontos de divergência, reduzindo-se a termo o ato de acareação.

- Sem correspondência no CPC/1973.

CÓDIGO DE PROCESSO CIVIL

§ 2º A acareação pode ser realizada por videoconferência ou por outro recurso tecnológico de transmissão de sons e imagens em tempo real.
- Sem correspondência no CPC/1973.

Art. 462. A testemunha pode requerer ao juiz o pagamento da despesa que efetuou para comparecimento à audiência, devendo a parte pagá-la logo que arbitrada ou depositá-la em cartório dentro de 3 (três) dias.
- Correspondência: art. 419, *caput*, CPC/1973.
- V. art. 84, CPC/2015.

Art. 463. O depoimento prestado em juízo é considerado serviço público.
- Correspondência: art. 419, parágrafo único, CPC/1973.

Parágrafo único. A testemunha, quando sujeita ao regime da legislação trabalhista, não sofre, por comparecer à audiência, perda de salário nem desconto no tempo de serviço.

Seção X
Da prova pericial

Art. 464. A prova pericial consiste em exame, vistoria ou avaliação.
- Correspondência: art. 420, *caput*, CPC/1973.
- V. art. 381, CPC/2015.

§ 1º O juiz indeferirá a perícia quando:
- Correspondência: art. 420, parágrafo único, *caput*, CPC/1973.

I – a prova do fato não depender de conhecimento especial de técnico;
- Correspondência: art. 420, parágrafo único, I, CPC/1973.

II – for desnecessária em vista de outras provas produzidas;
- Correspondência: art. 420, parágrafo único, II, CPC/1973.

III – a verificação for impraticável.
- Correspondência: art. 420, parágrafo único, III, CPC/1973.

§ 2º De ofício ou a requerimento das partes, o juiz poderá, em substituição à perícia, determinar a produção de prova técnica simplificada, quando o ponto controvertido for de menor complexidade.
- Sem correspondência no CPC/1973.

§ 3º A prova técnica simplificada consistirá apenas na inquirição de especialista, pelo juiz, sobre ponto controvertido da causa que demande especial conhecimento científico ou técnico.
- Sem correspondência no CPC/1973.

§ 4º Durante a arguição, o especialista, que deverá ter formação acadêmica específica na área objeto de seu depoimento, poderá valer-se de qualquer recurso tecnológico de transmissão de sons e imagens com o fim de esclarecer os pontos controvertidos da causa.
- Sem correspondência no CPC/1973.
- V. Lei 11.419/2006 (Informatização do processo judicial).
- V. Res. CNJ 185/2013 (Sistema Processo Judicial Eletrônico – PJe).

Art. 465. O juiz nomeará perito especializado no objeto da perícia e fixará de imediato o prazo para a entrega do laudo.
- Correspondência: art. 421, *caput*, CPC/1973.
- V. art. 160, CPP.
- V. art. 35, Lei 9.099/1995 (Juizados Especiais Cíveis e Criminais).

§ 1º Incumbe às partes, dentro de 15 (quinze) dias contados da intimação do despacho de nomeação do perito:
- Correspondência: art. 421, § 1º, CPC/1973.

I – arguir o impedimento ou a suspeição do perito, se for o caso;
- Correspondência: art. 423, CPC/1973.
- V. art. 467, CPC/2015.

II – indicar assistente técnico;
- Correspondência: art. 421,§1º,I, CPC/1973.

III – apresentar quesitos.
- Correspondência: art. 421,§1º,II, CPC/1973.
- V. art. 470, II, CPC/2015.

§ 2º Ciente da nomeação, o perito apresentará em 5 (cinco) dias:
- Sem correspondência no CPC/1973.

I – proposta de honorários;
- Sem correspondência no CPC/1973.

II – currículo, com comprovação de especialização;
- Sem correspondência no CPC/1973.

III – contatos profissionais, em especial o endereço eletrônico, para onde serão dirigidas as intimações pessoais.
- Sem correspondência no CPC/1973.

Art. 466

§ 3º As partes serão intimadas da proposta de honorários para, querendo, manifestar-se no prazo comum de 5 (cinco) dias, após o que o juiz arbitrará o valor, intimando-se as partes para os fins do art. 95.

• Sem correspondência no CPC/1973.

§ 4º O juiz poderá autorizar o pagamento de até 50% (cinquenta por cento) dos honorários arbitrados a favor do perito no início dos trabalhos, devendo o remanescente ser pago apenas ao final, depois de entregue o laudo e prestados todos os esclarecimentos necessários.

• Sem correspondência no CPC/1973.

§ 5º Quando a perícia for inconclusiva ou deficiente, o juiz poderá reduzir a remuneração inicialmente arbitrada para o trabalho.

• Sem correspondência no CPC/1973.

§ 6º Quando tiver de realizar-se por carta, poder-se-á proceder à nomeação de perito e à indicação de assistentes técnicos no juízo ao qual se requisitar a perícia.

• Correspondência: art. 428, CPC/1973.

Art. 466. O perito cumprirá escrupulosamente o encargo que lhe foi cometido, independentemente de termo de compromisso.

• Correspondência: art. 422, 1ª parte, CPC/1973.

§ 1º Os assistentes técnicos são de confiança da parte e não estão sujeitos a impedimento ou suspeição.

• Correspondência: art. 422, 2ª parte, CPC/1973.

§ 2º O perito deve assegurar aos assistentes das partes o acesso e o acompanhamento das diligências e dos exames que realizar, com prévia comunicação, comprovada nos autos, com antecedência mínima de 5 (cinco) dias.

• Sem correspondência no CPC/1973.

Art. 467. O perito pode escusar-se ou ser recusado por impedimento ou suspeição.

• Correspondência: art. 423, CPC/1973.

Parágrafo único. O juiz, ao aceitar a escusa ou ao julgar procedente a impugnação, nomeará novo perito.

• Correspondência: art. 423, CPC/1973.

Art. 468. O perito pode ser substituído quando:

• Correspondência: art. 424, *caput*, CPC/1973.

I – faltar-lhe conhecimento técnico ou científico;

• Correspondência: art. 424, I, CPC/1973.

II – sem motivo legítimo, deixar de cumprir o encargo no prazo que lhe foi assinado.

• Correspondência: art. 424, II, CPC/1973.

§ 1º No caso previsto no inciso II, o juiz comunicará a ocorrência à corporação profissional respectiva, podendo, ainda, impor multa ao perito, fixada tendo em vista o valor da causa e o possível prejuízo decorrente do atraso no processo.

• Correspondência: art. 424, parágrafo único, CPC/1973.

§ 2º O perito substituído restituirá, no prazo de 15 (quinze) dias, os valores recebidos pelo trabalho não realizado, sob pena de ficar impedido de atuar como perito judicial pelo prazo de 5 (cinco) anos.

• Sem correspondência no CPC/1973.

§ 3º Não ocorrendo a restituição voluntária de que trata o § 2º, a parte que tiver realizado o adiantamento dos honorários poderá promover execução contra o perito, na forma dos arts. 513 e seguintes deste Código, com fundamento na decisão que determinar a devolução do numerário.

• Sem correspondência no CPC/1973.

Art. 469. As partes poderão apresentar quesitos suplementares durante a diligência, que poderão ser respondidos pelo perito previamente ou na audiência de instrução e julgamento.

• Correspondência: art. 425, 1ª parte, CPC/1973.

Parágrafo único. O escrivão dará à parte contrária ciência da juntada dos quesitos aos autos.

• Correspondência: art. 425, 2ª parte, CPC/1973.

Art. 470. Incumbe ao juiz:

• Correspondência: art. 426, *caput*, CPC/1973.

I – indeferir quesitos impertinentes;

• Correspondência: art. 426, I, CPC/1973.

II – formular os quesitos que entender necessários ao esclarecimento da causa.

• Correspondência: art. 426, II, CPC/1973.

Art. 471. As partes podem, de comum acordo, escolher o perito, indicando-o mediante requerimento, desde que:

- Sem correspondência no CPC/1973.
- V. arts. 370 e 465, § 1º, III, CPC/2015.

I – sejam plenamente capazes;

II – a causa possa ser resolvida por autocomposição.

§ 1º As partes, ao escolher o perito, já devem indicar os respectivos assistentes técnicos para acompanhar a realização da perícia, que se realizará em data e local previamente anunciados.

§ 2º O perito e os assistentes técnicos devem entregar, respectivamente, laudo e pareceres em prazo fixado pelo juiz.

§ 3º A perícia consensual substitui, para todos os efeitos, a que seria realizada por perito nomeado pelo juiz.

Art. 472. O juiz poderá dispensar prova pericial quando as partes, na inicial e na contestação, apresentarem, sobre as questões de fato, pareceres técnicos ou documentos elucidativos que considerar suficientes.

- Correspondência: art. 427, CPC/1973.

Art. 473. O laudo pericial deverá conter:

- Sem correspondência no CPC/1973.

I – a exposição do objeto da perícia;

- Sem correspondência no CPC/1973.

II – a análise técnica ou científica realizada pelo perito;

- Sem correspondência no CPC/1973.

III – a indicação do método utilizado, esclarecendo-o e demonstrando ser predominantemente aceito pelos especialistas da área do conhecimento da qual se originou;

- Sem correspondência no CPC/1973.

IV – resposta conclusiva a todos os quesitos apresentados pelo juiz, pelas partes e pelo órgão do Ministério Público.

- Sem correspondência no CPC/1973.

§ 1º No laudo, o perito deve apresentar sua fundamentação em linguagem simples e com coerência lógica, indicando como alcançou suas conclusões.

- Sem correspondência no CPC/1973.

§ 2º É vedado ao perito ultrapassar os limites de sua designação, bem como emitir opiniões pessoais que excedam o exame técnico ou científico do objeto da perícia.

- Sem correspondência no CPC/1973.

§ 3º Para o desempenho de sua função, o perito e os assistentes técnicos podem valer-se de todos os meios necessários, ouvindo testemunhas, obtendo informações, solicitando documentos que estejam em poder da parte, de terceiros ou em repartições públicas, bem como instruir o laudo com planilhas, mapas, plantas, desenhos, fotografias ou outros elementos necessários ao esclarecimento do objeto da perícia.

- Correspondência: art. 429, CPC/1973.

Art. 474. As partes terão ciência da data e do local designados pelo juiz ou indicados pelo perito para ter início a produção da prova.

- Correspondência: art. 431-A, CPC/1973.

Art. 475. Tratando-se de perícia complexa que abranja mais de uma área de conhecimento especializado, o juiz poderá nomear mais de um perito, e a parte, indicar mais de um assistente técnico.

- Correspondência: art. 431-B, CPC/1973.

Art. 476. Se o perito, por motivo justificado, não puder apresentar o laudo dentro do prazo, o juiz poderá conceder-lhe, por uma vez, prorrogação pela 1/2 (metade) do prazo originalmente fixado.

- Correspondência: art. 432, CPC/1973.
- V. arts. 223, § 2º, 472 e 477, CPC/2015.

Art. 477. O perito protocolará o laudo em juízo, no prazo fixado pelo juiz, pelo menos 20 (vinte) dias antes da audiência de instrução e julgamento.

- Correspondência: art. 433, *caput*, CPC/1973.

§ 1º As partes serão intimadas para, querendo, manifestar-se sobre o laudo do perito do juízo no prazo comum de 15 (quinze) dias, podendo o assistente técnico de cada uma das partes, em igual prazo, apresentar seu respectivo parecer.

- Correspondência: art. 433, parágrafo único, CPC/1973.
- V. art. 107, § 2º, CPC/2015.

§ 2º O perito do juízo tem o dever de, no prazo de 15 (quinze) dias, esclarecer ponto:

- Correspondência: art. 435, parágrafo único, CPC/1973.

Art. 478

CÓDIGO DE PROCESSO CIVIL

I – sobre o qual exista divergência ou dúvida de qualquer das partes, do juiz ou do órgão do Ministério Público;

• Sem correspondência no CPC/1973.

II – divergente apresentado no parecer do assistente técnico da parte.

• Sem correspondência no CPC/1973.

§ 3º Se ainda houver necessidade de esclarecimentos, a parte requererá ao juiz que mande intimar o perito ou o assistente técnico a comparecer à audiência de instrução e julgamento, formulando, desde logo, as perguntas, sob forma de quesitos.

• Correspondência: art. 435, *caput*, CPC/1973.
• V. art. 361, I, CPC/2015.

§ 4º O perito ou o assistente técnico será intimado por meio eletrônico, com pelo menos 10 (dez) dias de antecedência da audiência.

• Correspondência: art. 435, parágrafo único, CPC/1973.

Art. 478. Quando o exame tiver por objeto a autenticidade ou a falsidade de documento ou for de natureza médico-legal, o perito será escolhido, de preferência, entre os técnicos dos estabelecimentos oficiais especializados, a cujos diretores o juiz autorizará a remessa dos autos, bem como do material sujeito a exame.

• Correspondência: art. 434, CPC/1973.

§ 1º Nas hipóteses de gratuidade de justiça, os órgãos e as repartições oficiais deverão cumprir a determinação judicial com preferência, no prazo estabelecido.

• Sem correspondência no CPC/1973.

§ 2º A prorrogação do prazo referido no § 1º pode ser requerida motivadamente.

• Sem correspondência no CPC/1973.

§ 3º Quando o exame tiver por objeto a autenticidade da letra e da firma, o perito poderá requisitar, para efeito de comparação, documentos existentes em repartições públicas e, na falta destes, poderá requerer ao juiz que a pessoa a quem se atribuir a autoria do documento lance em folha de papel, por cópia ou sob ditado, dizeres diferentes, para fins de comparação.

• Correspondência: art. 434, parágrafo único, CPC/1973.

Art. 479. O juiz apreciará a prova pericial de acordo com o disposto no art. 371, indicando na sentença os motivos que o levaram a considerar ou a deixar de considerar as conclusões do laudo, levando em conta o método utilizado pelo perito.

• Correspondência: art. 436, CPC/1973.
• V. art. 371, CPC/2015.
•• V. Súmula 301, STJ.

Art. 480. O juiz determinará, de ofício ou a requerimento da parte, a realização de nova perícia quando a matéria não estiver suficientemente esclarecida.

• Correspondência: art. 437, CPC/1973.
• V. art. 370, CPC/2015.

§ 1º A segunda perícia tem por objeto os mesmos fatos sobre os quais recaiu a primeira e destina-se a corrigir eventual omissão ou inexatidão dos resultados a que esta conduziu.

• Correspondência: art. 438, CPC/1973.

§ 2º A segunda perícia rege-se pelas disposições estabelecidas para a primeira.

• Correspondência: art. 439, *caput*, CPC/1973

§ 3º A segunda perícia não substitui a primeira, cabendo ao juiz apreciar o valor de uma e de outra.

• Correspondência: art. 439, parágrafo único, CPC/1973.

Seção XI
Da inspeção judicial

Art. 481. O juiz, de ofício ou a requerimento da parte, pode, em qualquer fase do processo, inspecionar pessoas ou coisas, a fim de se esclarecer sobre fato que interesse à decisão da causa.

• Correspondência: art. 440, CPC/1973.
• V. arts. 370 e 379, II, CPC/2015.
• V. art. 35, parágrafo único, Lei 9.099/1995 (Juizados Especiais Cíveis e Criminais).

Art. 482. Ao realizar a inspeção, o juiz poderá ser assistido por um ou mais peritos.

• Correspondência: art. 441, CPC/1973.

Art. 483. O juiz irá ao local onde se encontre a pessoa ou a coisa quando:

• Correspondência: art. 442, *caput*, CPC/1973.
• V. art. 126, parágrafo único, CF.

Art. 485

CÓDIGO DE PROCESSO CIVIL

I – julgar necessário para a melhor verificação ou interpretação dos fatos que deva observar;
  • Correspondência: art. 442, I, CPC/1973.

II – a coisa não puder ser apresentada em juízo sem consideráveis despesas ou graves dificuldades;
  • Correspondência: art. 442, II, CPC/1973.

III – determinar a reconstituição dos fatos.
  • Correspondência: art. 442, III, CPC/1973.

Parágrafo único. As partes têm sempre direito a assistir à inspeção, prestando esclarecimentos e fazendo observações que considerem de interesse para a causa.
  • Correspondência: art. 442, parágrafo único, CPC/1973.

Art. 484. Concluída a diligência, o juiz mandará lavrar auto circunstanciado, mencionando nele tudo quanto for útil ao julgamento da causa.
  • Correspondência: art. 443, *caput*, CPC/1973.

Parágrafo único. O auto poderá ser instruído com desenho, gráfico ou fotografia.
  • Correspondência: art. 443, parágrafo único, CPC/1973.

Capítulo XIII
DA SENTENÇA E DA COISA JULGADA

Seção I
Disposições gerais

Art. 485. O juiz não resolverá o mérito quando:
  • Correspondência: art. 267, *caput*, CPC/1973.
  • V. arts. 354, 486, 490, 1.009 e 1.013, § 3º, CPC/2015.
  • V. art. 6º, § 5º, Lei 12.016/2009 (Nova Lei do Mandado de Segurança).
  •• V. art. 203, CPC/2015.

I – indeferir a petição inicial;
  • Correspondência: art. 267, I, CPC/1973.
  • V. arts. 330, 337, IV a VII e §§ 1º a 4º, CPC/2015.

II – o processo ficar parado durante mais de 1 (um) ano por negligência das partes;
  • Correspondência: art. 267, II, CPC/1973.

III – por não promover os atos e as diligências que lhe incumbir, o autor abandonar a causa por mais de 30 (trinta) dias;
  • Correspondência: art. 267, III, CPC/1973.
  • V. arts. 321, parágrafo único e 486, § 3º, CPC/2015.
  • V. Súmula 216, STF.

IV – verificar a ausência de pressupostos de constituição e de desenvolvimento válido e regular do processo;
  • Correspondência: art. 267, IV, CPC/1973.

V – reconhecer a existência de perempção, de litispendência ou de coisa julgada;
  • Correspondência: art. 267, V, CPC/1973.
  • V. art. 337, V a VII e §§ 1º a 4º, CPC/2015.
  • V. art. 5º, XXXVI, CF.

VI – verificar ausência de legitimidade ou de interesse processual;
  • Correspondência: art. 267, VI, CPC/1973.
  • V. art. 17, CPC/2015.

VII – acolher a alegação de existência de convenção de arbitragem ou quando o juízo arbitral reconhecer sua competência;
  • Correspondência: art. 267, VII, CPC/1973.

VIII – homologar a desistência da ação;
  • Correspondência: art. 267, VIII, CPC/1973.
  • V. art. 200, parágrafo único, CPC/2015.

IX – em caso de morte da parte, a ação for considerada intransmissível por disposição legal; e
  • Correspondência: art. 267, IX, CPC/1973.

X – nos demais casos prescritos neste Código.
  • Correspondência: art. 267, XI, CPC/1973.

§ 1º Nas hipóteses descritas nos incisos II e III, a parte será intimada pessoalmente para suprir a falta no prazo de 5 (cinco) dias.
  • Correspondência: art. 267, § 1º, CPC/1973.

§ 2º No caso do § 1º, quanto ao inciso II, as partes pagarão proporcionalmente as custas, e, quanto ao inciso III, o autor será condenado ao pagamento das despesas e dos honorários de advogado.
  • Correspondência: art. 267, § 2º, CPC/1973.
  • V. arts. 90 e 92, CPC/2015.

§ 3º O juiz conhecerá de ofício da matéria constante dos incisos IV, V, VI e IX, em qual-

Art. 486

CÓDIGO DE PROCESSO CIVIL

quer tempo e grau de jurisdição, enquanto não ocorrer o trânsito em julgado.

• Correspondência: art. 267, § 3º, CPC/1973.

§ 4º Oferecida a contestação, o autor não poderá, sem o consentimento do réu, desistir da ação.

• Correspondência: art. 267, § 4º, CPC/1973.

§ 5º A desistência da ação pode ser apresentada até a sentença.

• Sem correspondência no CPC/1973.
• V. art. 775, CPC/2015.

§ 6º Oferecida a contestação, a extinção do processo por abandono da causa pelo autor depende de requerimento do réu.

• Sem correspondência no CPC/1973.

§ 7º Interposta a apelação em qualquer dos casos de que tratam os incisos deste artigo, o juiz terá 5 (cinco) dias para retratar-se.

• Sem correspondência no CPC/1973.

Art. 486. O pronunciamento judicial que não resolve o mérito não obsta a que a parte proponha de novo a ação.

• Correspondência: art. 268, *caput*, 1ª parte, CPC/1973.

§ 1º No caso de extinção em razão de litispendência e nos casos dos incisos I, IV, VI e VII do art. 485, a propositura da nova ação depende da correção do vício que levou à sentença sem resolução do mérito.

• Sem correspondência no CPC/1973.

§ 2º A petição inicial, todavia, não será despachada sem a prova do pagamento ou do depósito das custas e dos honorários de advogado.

• Correspondência: art. 268, *caput*, 2ª parte, CPC/1973.

§ 3º Se o autor der causa, por 3 (três) vezes, a sentença fundada em abandono da causa, não poderá propor nova ação contra o réu com o mesmo objeto, ficando-lhe ressalvada, entretanto, a possibilidade de alegar em defesa o seu direito.

• Correspondência: art. 268, parágrafo único, CPC/1973.
• V. art. 485, III, e § 1º, CPC/2015.

Art. 487. Haverá resolução de mérito quando o juiz:

• Correspondência: art. 269, *caput*, CPC/1973.

• V. arts. 141, 354, 924, 1.009, 1.010, §§ 1º e 2º, CPC/2015.

I – acolher ou rejeitar o pedido formulado na ação ou na reconvenção;

• Correspondência: art. 269, I, CPC/1973.

II – decidir, de ofício ou a requerimento, sobre a ocorrência de decadência ou prescrição;

• Correspondência: art. 269, IV, CPC/1973.
• V. art. 96, II, Lei 11.101/2005 (Lei de Recuperação de Empresas e Falência).

III – homologar:

• Sem correspondência no CPC/1973.

a) o reconhecimento da procedência do pedido formulado na ação ou na reconvenção;

• Correspondência: art. 269, II, CPC/1973.

b) a transação;

• Correspondência: art. 269, III, CPC/1973.

c) a renúncia à pretensão formulada na ação ou na reconvenção.

• Correspondência: art. 269, V, CPC/1973.

Parágrafo único. Ressalvada a hipótese do § 1º do art. 332, a prescrição e a decadência não serão reconhecidas sem que antes seja dada às partes oportunidade de manifestar-se.

• Sem correspondência no CPC/1973.
• V. arts. 115, 1.009 e 1.010, §§ 1º e 2º, CPC/2015.

Art. 488. Desde que possível, o juiz resolverá o mérito sempre que a decisão for favorável à parte a quem aproveitaria eventual pronunciamento nos termos do art. 485.

• Sem correspondência no CPC/1973.

Seção II
Dos elementos
e dos efeitos da sentença

Art. 489. São elementos essenciais da sentença:

• Correspondência: art. 458, *caput*, CPC/1973.
• V. art. 381, CPP.
• V. art. 99, Lei 11.101/2005 (Lei de Recuperação de Empresas e Falência).

I – o relatório, que conterá os nomes das partes, a identificação do caso, com a suma do pedido e da contestação, e o registro das principais ocorrências havidas no andamento do processo;

• Correspondência: art. 458, I, CPC/1973.

Art. 493

CÓDIGO DE PROCESSO CIVIL

II – os fundamentos, em que o juiz analisará as questões de fato e de direito;
- Correspondência: art. 458, II, CPC/1973.
- V. arts. 11 e 371, CPC/2015.

III – o dispositivo, em que o juiz resolverá as questões principais que as partes lhe submeterem.
- Correspondência: art. 458, III, CPC/1973.

§ 1º Não se considera fundamentada qualquer decisão judicial, seja ela interlocutória, sentença ou acórdão, que:
- Sem correspondência no CPC/1973.

I – se limitar à indicação, à reprodução ou à paráfrase de ato normativo, sem explicar sua relação com a causa ou a questão decidida;
- Sem correspondência no CPC/1973.

II – empregar conceitos jurídicos indeterminados, sem explicar o motivo concreto de sua incidência no caso;
- Sem correspondência no CPC/1973.

III – invocar motivos que se prestariam a justificar qualquer outra decisão;
- Sem correspondência no CPC/1973.

IV – não enfrentar todos os argumentos deduzidos no processo capazes de, em tese, infirmar a conclusão adotada pelo julgador;
- Sem correspondência no CPC/1973.
- V. art. 140, CPC/2015.

V – se limitar a invocar precedente ou enunciado de súmula, sem identificar seus fundamentos determinantes nem demonstrar que o caso sob julgamento se ajusta àqueles fundamentos;
- Sem correspondência no CPC/1973.

VI – deixar de seguir enunciado de súmula, jurisprudência ou precedente invocado pela parte, sem demonstrar a existência de distinção no caso em julgamento ou a superação do entendimento.
- Sem correspondência no CPC/1973.

§ 2º No caso de colisão entre normas, o juiz deve justificar o objeto e os critérios gerais da ponderação efetuada, enunciando as razões que autorizam a interferência na norma afastada e as premissas fáticas que fundamentam a conclusão.
- Sem correspondência no CPC/1973.

§ 3º A decisão judicial deve ser interpretada a partir da conjugação de todos os seus elementos e em conformidade com o princípio da boa-fé.
- Sem correspondência no CPC/1973.

Art. 490. O juiz resolverá o mérito acolhendo ou rejeitando, no todo ou em parte, os pedidos formulados pelas partes.
- Correspondência: art. 459, *caput*, CPC/1973.
- V. art. 322, CPC/2015.

Art. 491. Na ação relativa à obrigação de pagar quantia, ainda que formulado pedido genérico, a decisão definirá desde logo a extensão da obrigação, o índice de correção monetária, a taxa de juros, o termo inicial de ambos e a periodicidade da capitalização dos juros, se for o caso, salvo quando:
- Sem correspondência no CPC/1973.
- V. arts. 322 a 324, CPC/2015.

I – não for possível determinar, de modo definitivo, o montante devido;
- Sem correspondência no CPC/1973.

II – a apuração do valor devido depender da produção de prova de realização demorada ou excessivamente dispendiosa, assim reconhecida na sentença.
- Sem correspondência no CPC/1973.

§ 1º Nos casos previstos neste artigo, seguir-se-á a apuração do valor devido por liquidação.
- Correspondência: art. 475-A, *caput*, CPC/1973.

§ 2º O disposto no *caput* também se aplica quando o acórdão alterar a sentença.
- Sem correspondência no CPC/1973.

Art. 492. É vedado ao juiz proferir decisão de natureza diversa da pedida, bem como condenar a parte em quantidade superior ou em objeto diverso do que lhe foi demandado.
- Correspondência: art. 460, *caput*, CPC/1973.
- V. art. 141, CPC/2015.

Parágrafo único. A decisão deve ser certa, ainda que resolva relação jurídica condicional.
- Correspondência: art. 460, parágrafo único, CPC/1973.

Art. 493. Se, depois da propositura da ação, algum fato constitutivo, modificativo ou extintivo do direito influir no julgamento do mérito, caberá ao juiz tomá-lo em consideração, de ofício ou a requerimento da parte, no momento de proferir a decisão.

- Correspondência: art. 462, CPC/1973.
- V. arts. 329 e 342, CPC/2015.

Parágrafo único. Se constatar de ofício o fato novo, o juiz ouvirá as partes sobre ele antes de decidir.

- Sem correspondência no CPC/1973.

Art. 494. Publicada a sentença, o juiz só poderá alterá-la:

- Correspondência: art. 463, *caput*, CPC/1973.
- V. art. 505, CPC/2015.

I – para corrigir-lhe, de ofício ou a requerimento da parte, inexatidões materiais ou erros de cálculo;

- Correspondência: art. 463, I, CPC/1973.
- V. art. 656, CPC/2015.
- V. art. 96, § 6º, RISTF.
- V. art. 103, § 2º, RISTJ.

II – por meio de embargos de declaração.

- Correspondência: art. 463, II, CPC/1973.
- V. arts. 1.021 a 1.023, CPC/2015.

Art. 495. A decisão que condenar o réu ao pagamento de prestação consistente em dinheiro e a que determinar a conversão de prestação de fazer, de não fazer ou de dar coisa em prestação pecuniária valerão como título constitutivo de hipoteca judiciária.

- Correspondência: art. 466, *caput*, CPC/1973.
- V. art. 1.489, CC.

§ 1º A decisão produz a hipoteca judiciária:

- Correspondência: art. 466, parágrafo único, *caput*, CPC/1973.

I – embora a condenação seja genérica;

- Correspondência: art. 466, parágrafo único, I, CPC/1973.

II – ainda que o credor possa promover o cumprimento provisório da sentença ou esteja pendente arresto sobre bem do devedor;

- Correspondência: art. 466, parágrafo único, II e III, CPC/1973.

III – mesmo que impugnada por recurso dotado de efeito suspensivo.

- Sem correspondência no CPC/1973.

§ 2º A hipoteca judiciária poderá ser realizada mediante apresentação de cópia da sentença perante o cartório de registro imobiliário, independentemente de ordem judicial, de declaração expressa do juiz ou de demonstração de urgência.

- Sem correspondência no CPC/1973.

§ 3º No prazo de até 15 (quinze) dias da data de realização da hipoteca, a parte informá-la-á ao juízo da causa, que determinará a intimação da outra parte para que tome ciência do ato.

- Sem correspondência no CPC/1973.

§ 4º A hipoteca judiciária, uma vez constituída, implicará, para o credor hipotecário, o direito de preferência, quanto ao pagamento, em relação a outros credores, observada a prioridade no registro.

- Sem correspondência no CPC/1973.

§ 5º Sobrevindo a reforma ou a invalidação da decisão que impôs o pagamento de quantia, a parte responderá, independentemente de culpa, pelos danos que a outra parte tiver sofrido em razão da constituição da garantia, devendo o valor da indenização ser liquidado e executado nos próprios autos.

- Sem correspondência no CPC/1973.

Seção III
Da remessa necessária

Art. 496. Está sujeita ao duplo grau de jurisdição, não produzindo efeito senão depois de confirmada pelo tribunal, a sentença:

- Correspondência: art. 475, *caput*, CPC/1973.
- V. art. 4º, § 3º, Lei 818/1949 (Nacionalidade brasileira).
- V. art. 19, *caput*, Lei 4.717/1965 (Ação popular).
- V. art. 4º, § 1º, Lei 7.853/1989 (Apoio às pessoas portadoras de deficiência).

I – proferida contra a União, os Estados, o Distrito Federal, os Municípios e suas respectivas autarquias e fundações de direito público;

- Correspondência: art. 475, I, CPC/1973.
- V. art. 784, IX, CPC/2015.
- V. Lei 6.830/1980 (Execução fiscal).

Art. 498

- V. art. 10, Lei 9.469/1997 (Estende às autarquias e fundações públicas o disposto nos arts. 188 e 475, *caput* e II, do CPC/1973).
- V. Súmulas 45 e 325, STJ.

II – que julgar procedentes, no todo ou em parte, os embargos à execução fiscal.

- Correspondência: art. 475, II, CPC/1973.
- V. Súmulas 45 e 325, STJ.

§ 1º Nos casos previstos neste artigo, não interposta a apelação no prazo legal, o juiz ordenará a remessa dos autos ao tribunal, e, se não o fizer, o presidente do respectivo tribunal avocá-los-á.

- Correspondência: art. 475, § 1º, CPC/1973.

§ 2º Em qualquer dos casos referidos no § 1º, o tribunal julgará a remessa necessária.

- Correspondência: art. 475, § 2º, CPC/1973.

§ 3º Não se aplica o disposto neste artigo quando a condenação ou o proveito econômico obtido na causa for de valor certo e líquido inferior a:

- Correspondência: art. 475, § 2º, CPC/1973.
- ** V. Súmula 490, STJ.

I – 1.000 (mil) salários mínimos para a União e as respectivas autarquias e fundações de direito público;

II – 500 (quinhentos) salários mínimos para os Estados, o Distrito Federal, as respectivas autarquias e fundações de direito público e os Municípios que constituam capitais dos Estados;

III – 100 (cem) salários mínimos para todos os demais Municípios e respectivas autarquias e fundações de direito público.

§ 4º Também não se aplica o disposto neste artigo quando a sentença estiver fundada em:

- Correspondência: art. 475, § 3º, CPC/1973.

I – súmula de tribunal superior;

- Correspondência: art. 475, § 3º, CPC/1973.
- V. Lei 11.417/2006 (Súmula vinculante).

II – acórdão proferido pelo Supremo Tribunal Federal ou pelo Superior Tribunal de Justiça em julgamento de recursos repetitivos;

- Correspondência: art. 475, § 3º, CPC/1973.

III – entendimento firmado em incidente de resolução de demandas repetitivas ou de assunção de competência;

- Sem correspondência no CPC/1973.

IV – entendimento coincidente com orientação vinculante firmada no âmbito administrativo do próprio ente público, consolidada em manifestação, parecer ou súmula administrativa.

- Sem correspondência no CPC/1973.

Seção IV
Do julgamento das ações relativas às prestações de fazer, de não fazer e de entregar coisa

Art. 497. Na ação que tenha por objeto a prestação de fazer ou de não fazer, o juiz, se procedente o pedido, concederá a tutela específica ou determinará providências que assegurem a obtenção de tutela pelo resultado prático equivalente.

- Correspondência: art. 461, *caput*, CPC/1973.
- V. arts. 513, 536 e 538, CPC/2015.
- V. art. 11, Lei 7.347/1985 (Ação civil pública).
- V. art. 213, *caput*, Lei 8.069/1990 (Estatuto da Criança e do Adolescente).
- V. art. 84, *caput*, Lei 8.078/1990 (Código de Defesa do Consumidor).
- V. art. 52, V e VI, Lei 9.099/1995 (Juizados Especiais Cíveis e Criminais).
- V. art. 7º, § 5º, Lei 12.016/2009 (Nova Lei do Mandado de Segurança).

Parágrafo único. Para a concessão da tutela específica destinada a inibir a prática, a reiteração ou a continuação de um ilícito, ou a sua remoção, é irrelevante a demonstração da ocorrência de dano ou da existência de culpa ou dolo.

- Sem correspondência no CPC/1973.

Art. 498. Na ação que tenha por objeto a entrega de coisa, o juiz, ao conceder a tutela específica, fixará o prazo para o cumprimento da obrigação.

- Correspondência: art. 461-A, *caput*, CPC/1973.
- V. art. 538, CPC/2015.

Parágrafo único. Tratando-se de entrega de coisa determinada pelo gênero e pela quantidade, o autor individualizá-la-á na petição inicial, se lhe couber a escolha, ou, se a escolha couber ao réu, este a entregará individualizada, no prazo fixado pelo juiz.

- Correspondência: art. 461-A, § 1º, CPC/1973.

Art. 499. A obrigação somente será convertida em perdas e danos se o autor o requerer ou se impossível a tutela específica ou a obtenção de tutela pelo resultado prático equivalente.
- Correspondência: art. 461, § 1º, CPC/1973.
- V. art. 84, § 1º, Lei 8.078/1990 (Código de Defesa do Consumidor).

Art. 500. A indenização por perdas e danos dar-se-á sem prejuízo da multa fixada periodicamente para compelir o réu ao cumprimento específico da obrigação.
- Correspondência: art. 461, § 2º, CPC/1973.
- V. art. 84, § 2º, Lei 8.078/1990 (Código de Defesa do Consumidor).

Art. 501. Na ação que tenha por objeto a emissão de declaração de vontade, a sentença que julgar procedente o pedido, uma vez transitada em julgado, produzirá todos os efeitos da declaração não emitida.
- Correspondência: art. 466-A, CPC/1973.

Seção V
Da coisa julgada

Art. 502. Denomina-se coisa julgada material a autoridade que torna imutável e indiscutível a decisão de mérito não mais sujeita a recurso.
- Correspondência: art. 467, CPC/1973.
- V. art. 337, VII e §§ 1º e 4º, CPC/2015.
- V. art. 5º, XXXVI, CF.
- V. art. 65, CPP.
- V. art. 6º, § 3º, Dec.-lei 4.657/1942 (Lei de Introdução às normas do Direito Brasileiro).

Art. 503. A decisão que julgar total ou parcialmente o mérito tem força de lei nos limites da questão principal expressamente decidida.
- Correspondência: art. 468, CPC/1973.
- V. arts. 141, 486 e 490 e 492, CPC/2015.

§ 1º O disposto no *caput* aplica-se à resolução de questão prejudicial, decidida expressa e incidentemente no processo, se:
- Sem correspondência no CPC/1973.

I – dessa resolução depender o julgamento do mérito;
II – a seu respeito tiver havido contraditório prévio e efetivo, não se aplicando no caso de revelia;
III – o juízo tiver competência em razão da matéria e da pessoa para resolvê-la como questão principal.

§ 2º A hipótese do § 1º não se aplica se no processo houver restrições probatórias ou limitações à cognição que impeçam o aprofundamento da análise da questão prejudicial.
- Sem correspondência no CPC/1973.

Art. 504. Não fazem coisa julgada:
- Correspondência: art. 469, *caput*, CPC/1973.

I – os motivos, ainda que importantes para determinar o alcance da parte dispositiva da sentença;
- Correspondência: art. 469, I, CPC/1973.

II – a verdade dos fatos, estabelecida como fundamento da sentença.
- Correspondência: art. 469, II, CPC/1973.

Art. 505. Nenhum juiz decidirá novamente as questões já decididas relativas à mesma lide, salvo:
- Correspondência: art. 471, *caput*, CPC/1973.
- V. art. 493 e 494, CPC/2015.

I – se, tratando-se de relação jurídica de trato continuado, sobreveio modificação no estado de fato ou de direito, caso em que poderá a parte pedir a revisão do que foi estatuído na sentença;
- Correspondência: art. 471, I, CPC/1973.
- V. art. 1.699, CC.
- V. art. 15, Lei 5.478/1968 (Ação de alimentos).

II – nos demais casos prescritos em lei.
- Correspondência: art. 471, II, CPC/1973.

Art. 506. A sentença faz coisa julgada às partes entre as quais é dada, não prejudicando terceiros.
- Correspondência: art. 472, CPC/1973.
- V. arts. 109, § 3º, e 123, CPC/2015.
- V. art. 16, Lei 7.347/1985 (Ação civil pública).

Art. 507. É vedado à parte discutir no curso do processo as questões já decididas a cujo respeito se operou a preclusão.
- Correspondência: art. 473, CPC/1973.
- V. arts. 278 e 1.012, CPC/2015.

Art. 508. Transitada em julgado a decisão de mérito, considerar-se-ão deduzidas e repelidas todas as alegações e as defesas que a parte poderia opor tanto ao acolhimento quanto à rejeição do pedido.
- Correspondência: art. 474, CPC/1973.

Art. 513

Capítulo XIV
DA LIQUIDAÇÃO DE SENTENÇA

Art. 509. Quando a sentença condena ao pagamento de quantia ilíquida, proceder-se-á à sua liquidação, a requerimento do credor ou do devedor:

- Correspondência: art. 475-A, *caput*, CPC/1973.
- V. art. 63, CP.
- V. Res. CSJT 8/2005 (Estabelece a Tabela Única para atualização e conversão de débitos trabalhistas – Sistema Único de Cálculo – SUCJT).

I – por arbitramento, quando determinado pela sentença, convencionado pelas partes ou exigido pela natureza do objeto da liquidação;

- Correspondência: art. 475-C, CPC/1973.

II – pelo procedimento comum, quando houver necessidade de alegar e provar fato novo.

- Correspondência: art. 475-E, CPC/1973.

§ 1º Quando na sentença houver uma parte líquida e outra ilíquida, ao credor é lícito promover simultaneamente a execução daquela e, em autos apartados, a liquidação desta.

- Correspondência: art. 475-I, § 2º, CPC/1973.

§ 2º Quando a apuração do valor depender apenas de cálculo aritmético, o credor poderá promover, desde logo, o cumprimento da sentença.

- Correspondência: art. 475-B, *caput*, CPC/1973.

§ 3º O Conselho Nacional de Justiça desenvolverá e colocará à disposição dos interessados programa de atualização financeira.

- Sem correspondência no CPC/1973.

§ 4º Na liquidação é vedado discutir de novo a lide ou modificar a sentença que a julgou.

- Correspondência: art. 475-G, CPC/1973.

Art. 510. Na liquidação por arbitramento, o juiz intimará as partes para a apresentação de pareceres ou documentos elucidativos, no prazo que fixar, e, caso não possa decidir de plano, nomeará perito, observando-se, no que couber, o procedimento da prova pericial.

- Correspondência: arts. 475-C e 475-D, CPC/1973.

Art. 511. Na liquidação pelo procedimento comum, o juiz determinará a intimação do requerido, na pessoa de seu advogado ou da sociedade de advogados a que estiver vinculado, para, querendo, apresentar contestação no prazo de 15 (quinze) dias, observando-se, a seguir, no que couber, o disposto no Livro I da Parte Especial deste Código.

- Correspondência: arts. 475-E e 475-F, CPC/1973.

Art. 512. A liquidação poderá ser realizada na pendência de recurso, processando-se em autos apartados no juízo de origem, cumprindo ao liquidante instruir o pedido com cópias das peças processuais pertinentes.

- Correspondência: art. 475-A, § 2º, CPC/1973.

TÍTULO II
DO CUMPRIMENTO DA SENTENÇA

Capítulo I
DISPOSIÇÕES GERAIS

Art. 513. O cumprimento da sentença será feito segundo as regras deste Título, observando-se, no que couber e conforme a natureza da obrigação, o disposto no Livro II da Parte Especial deste Código.

- Correspondência: art. 475-I, CPC/1973.

§ 1º O cumprimento da sentença que reconhece o dever de pagar quantia, provisório ou definitivo, far-se-á a requerimento do exequente.

- Sem correspondência no CPC/1973.

§ 2º O devedor será intimado para cumprir a sentença:

- Sem correspondência no CPC/1973.
- V. arts. 269 a 275, CPC/2015.

I – pelo Diário da Justiça, na pessoa de seu advogado constituído nos autos;
II – por carta com aviso de recebimento, quando representado pela Defensoria Pública ou quando não tiver procurador constituído nos autos, ressalvada a hipótese do inciso IV;
III – por meio eletrônico, quando, no caso do § 1º do art. 246, não tiver procurador constituído nos autos;

- V. Lei 11.419/2006 (Informatização do processo judicial).

Art. 514

CÓDIGO DE PROCESSO CIVIL

IV – por edital, quando, citado na forma do art. 256, tiver sido revel na fase de conhecimento.

•• V. art. 344, CPC/2015.

§ 3º Na hipótese do § 2º, incisos II e III, considera-se realizada a intimação quando o devedor houver mudado de endereço sem prévia comunicação ao juízo, observado o disposto no parágrafo único do art. 274.

• Sem correspondência no CPC/1973.

• V. Lei 11.419/2006 (Informatização do processo judicial).

§ 4º Se o requerimento a que alude o § 1º for formulado após 1 (um) ano do trânsito em julgado da sentença, a intimação será feita na pessoa do devedor, por meio de carta com aviso de recebimento encaminhada ao endereço constante dos autos, observado o disposto no parágrafo único do art. 274 e no § 3º deste artigo.

• Sem correspondência no CPC/1973.

§ 5º O cumprimento da sentença não poderá ser promovido em face do fiador, do coobrigado ou do corresponsável que não tiver participado da fase de conhecimento.

• Sem correspondência no CPC/1973.

Art. 514. Quando o juiz decidir relação jurídica sujeita a condição ou termo, o cumprimento da sentença dependerá de demonstração de que se realizou a condição ou de que ocorreu o termo.

• Correspondência: art. 572, CPC/1973.

• V. arts. 535, III, 798, I, c, 803, III, e 917, § 2º, V, CPC/2015.

• V. arts. 121 a 135, CC.

Art. 515. São títulos executivos judiciais, cujo cumprimento dar-se-á de acordo com os artigos previstos neste Título:

• Correspondência: art. 475-N, caput, CPC/1973.

• V. Res. CNJ 125/2010 (Política Judiciária Nacional de tratamento adequado dos conflitos de interesses no âmbito do Poder Judiciário).

•• V. art. 784, CPC/2015.

I – as decisões proferidas no processo civil que reconheçam a exigibilidade de obrigação de pagar quantia, de fazer, de não fazer ou de entregar coisa;

• Correspondência: art. 475-N, I, CPC/1973.

•• V. art. 487, CPC/2015.

II – a decisão homologatória de autocomposição judicial;

• Correspondência: art. 475-N, III, CPC/1973.

•• V. arts. 334, § 11, e 487, III, CPC/2015.

III – a decisão homologatória de autocomposição extrajudicial de qualquer natureza;

• Correspondência: art. 475-N, V, CPC/1973.

• V. art. 57, caput, Lei 9.099/1995 (Juizados Especiais Cíveis e Criminais).

IV – o formal e a certidão de partilha, exclusivamente em relação ao inventariante, aos herdeiros e aos sucessores a título singular ou universal;

• Correspondência: art. 475-N, VII, CPC/1973.

V – o crédito de auxiliar da justiça, quando as custas, emolumentos ou honorários tiverem sido aprovados por decisão judicial;

• Correspondência: art. 585, VI, CPC/1973.

•• V. art. 149, CPC/2015.

VI – a sentença penal condenatória transitada em julgado;

• Correspondência: art. 585, II, CPC/1973.

•• V. art. 387, IV, CPP.

VII – a sentença arbitral;

• Correspondência: art. 585, IV, CPC/1973.

• V. art. 31, Lei 9.307/1996 (Lei de Arbitragem).

VIII – a sentença estrangeira homologada pelo Superior Tribunal de Justiça;

• Correspondência: art. 585, VI, CPC/1973.

•• V. arts. 105, I, i, e 109, X, CF.

IX – a decisão interlocutória estrangeira, após a concessão do exequatur à carta rogatória pelo Superior Tribunal de Justiça;

• Sem correspondência no CPC/1973.

X – (Vetado).

§ 1º Nos casos dos incisos VI a IX, o devedor será citado no juízo cível para o cumprimento da sentença ou para a liquidação no prazo de 15 (quinze) dias.

• Correspondência: art. 475-N, parágrafo único, CPC/1973.

•• V. art. 319, CPC/2015.

§ 2º A autocomposição judicial pode envolver sujeito estranho ao processo e versar sobre relação jurídica que não tenha sido deduzida em juízo.

• Sem correspondência no CPC/1973.

Art. 516. O cumprimento da sentença efetuar-se-á perante:

• Correspondência: art. 475-P, caput, CPC/1973.

Art. 520

CÓDIGO DE PROCESSO CIVIL

I – os tribunais, nas causas de sua competência originária;

• Correspondência: art. 475-P, I, CPC/1973.

II – o juízo que decidiu a causa no primeiro grau de jurisdição;

• Correspondência: art. 475-P, II, CPC/1973.

III – o juízo cível competente, quando se tratar de sentença penal condenatória, de sentença arbitral, de sentença estrangeira ou de acórdão proferido pelo Tribunal Marítimo.

• Correspondência: art. 475-P, III, CPC/1973.
•• V. arts. 46 e 53, CPC/2015.

Parágrafo único. Nas hipóteses dos incisos II e III, o exequente poderá optar pelo juízo do atual domicílio do executado, pelo juízo do local onde se encontrem os bens sujeitos à execução ou pelo juízo do local onde deva ser executada a obrigação de fazer ou de não fazer, casos em que a remessa dos autos do processo será solicitada ao juízo de origem.

• Correspondência: art. 475-P, parágrafo único, CPC/1973.

Art. 517. A decisão judicial transitada em julgado poderá ser levada a protesto, nos termos da lei, depois de transcorrido o prazo para pagamento voluntário previsto no art. 523.

• Sem correspondência no CPC/1973.

§ 1º Para efetivar o protesto, incumbe ao exequente apresentar certidão de teor da decisão.

§ 2º A certidão de teor da decisão deverá ser fornecida no prazo de 3 (três) dias e indicará o nome e a qualificação do exequente e do executado, o número do processo, o valor da dívida e a data de decurso do prazo para pagamento voluntário.

§ 3º O executado que tiver proposto ação rescisória para impugnar a decisão exequenda pode requerer, a suas expensas e sob sua responsabilidade, a anotação da propositura da ação à margem do título protestado.

§ 4º A requerimento do executado, o protesto será cancelado por determinação do juiz, mediante ofício a ser expedido ao cartório, no prazo de 3 (três) dias, contado da data de protocolo do requerimento, desde que comprovada a satisfação integral da obrigação.

Art. 518. Todas as questões relativas à validade do procedimento de cumprimento da sentença e dos atos executivos subsequentes poderão ser arguidas pelo executado nos próprios autos e nestes serão decididas pelo juiz.

• Sem correspondência no CPC/1973.
• V. arts. 1.009 e 1.014, CPC/2015.

Art. 519. Aplicam-se as disposições relativas ao cumprimento da sentença, provisório ou definitivo, e à liquidação, no que couber, às decisões que concederem tutela provisória.

• Correspondência: art. 273, § 3º, CPC/1973.
• V. art. 300 e ss., CPC/2015.

Capítulo II
DO CUMPRIMENTO PROVISÓRIO DA SENTENÇA QUE RECONHECE A EXIGIBILIDADE DE OBRIGAÇÃO DE PAGAR QUANTIA CERTA

Art. 520. O cumprimento provisório da sentença impugnada por recurso desprovido de efeito suspensivo será realizado da mesma forma que o cumprimento definitivo, sujeitando-se ao seguinte regime:

• Correspondência: art. 475-O, *caput*, CPC/1973.

I – corre por iniciativa e responsabilidade do exequente, que se obriga, se a sentença for reformada, a reparar os danos que o executado haja sofrido;

• Correspondência: art. 475-O, I, CPC/1973.

II – fica sem efeito, sobrevindo decisão que modifique ou anule a sentença objeto da execução, restituindo-se as partes ao estado anterior e liquidando-se eventuais prejuízos nos mesmos autos;

• Correspondência: art. 475-O, II, CPC/1973.

III – se a sentença objeto de cumprimento provisório for modificada ou anulada apenas em parte, somente nesta ficará sem efeito a execução;

• Correspondência: art. 475-O, § 1º, CPC/1973.

IV – o levantamento de depósito em dinheiro e a prática de atos que importem transferência de posse ou alienação de propriedade ou de outro direito real, ou dos quais possa resultar grave dano ao executado, dependem de caução suficiente e idônea, arbitrada de plano pelo juiz e prestada nos próprios autos.

• Correspondência: art. 475-O, III, CPC/1973.

§ 1º No cumprimento provisório da sentença, o executado poderá apresentar impugnação, se quiser, nos termos do art. 525.

• Sem correspondência no CPC/1973.

§ 2º A multa e os honorários a que se refere o § 1º do art. 523 são devidos no cumprimento provisório de sentença condenatória ao pagamento de quantia certa.

• Sem correspondência no CPC/1973.

§ 3º Se o executado comparecer tempestivamente e depositar o valor, com a finalidade de isentar-se da multa, o ato não será havido como incompatível com o recurso por ele interposto.

• Sem correspondência no CPC/1973.

§ 4º A restituição ao estado anterior a que se refere o inciso II não implica o desfazimento da transferência de posse ou da alienação de propriedade ou de outro direito real eventualmente já realizada, ressalvado, sempre, o direito à reparação dos prejuízos causados ao executado.

• Sem correspondência no CPC/1973.

§ 5º Ao cumprimento provisório de sentença que reconheça obrigação de fazer, de não fazer ou de dar coisa aplica-se, no que couber, o disposto neste Capítulo.

• Sem correspondência no CPC/1973.

Art. 521. A caução prevista no inciso IV do art. 520 poderá ser dispensada nos casos em que:

• Correspondência: art. 475-O, § 2º, *caput*, CPC/1973.

I – o crédito for de natureza alimentar, independentemente de sua origem;

• Correspondência: art. 475-O, I, CPC/1973.

II – o credor demonstrar situação de necessidade;

• Correspondência: art. 475-O, I, CPC/1973.

III – pender o agravo do art. 1.042;

• Inciso III com redação determinada pela Lei 13.256/2016.

• Correspondência: art. 475-O, § 2º, II, CPC/1973 (parcial).

IV – a sentença a ser provisoriamente cumprida estiver em consonância com súmula da jurisprudência do Supremo Tribunal Federal ou do Superior Tribunal de Justiça ou em conformidade com acórdão proferido no julgamento de casos repetitivos.

• Sem correspondência no CPC/1973.

Parágrafo único. A exigência de caução será mantida quando da dispensa possa resultar manifesto risco de grave dano de difícil ou incerta reparação.

• Correspondência: art. 475-O, § 2º, II, CPC/1973.

Art. 522. O cumprimento provisório da sentença será requerido por petição dirigida ao juízo competente.

• Correspondência: art. 475-O, § 3º, CPC/1973.

Parágrafo único. Não sendo eletrônicos os autos, a petição será acompanhada de cópias das seguintes peças do processo, cuja autenticidade poderá ser certificada pelo próprio advogado, sob sua responsabilidade pessoal:

• Correspondência: art. 475-O, § 3º, CPC/1973.

I – decisão exequenda;

• Correspondência: art. 475-O, § 3º, I, CPC/1973.

II – certidão de interposição do recurso não dotado de efeito suspensivo;

• Correspondência: art. 475-O, § 3º, II, CPC/1973.

III – procurações outorgadas pelas partes;

• Correspondência: art. 475-O, § 3º, III, CPC/1973.

IV – decisão de habilitação, se for o caso;

• Correspondência: art. 475-O, § 3º, IV, CPC/1973.

V – facultativamente, outras peças processuais consideradas necessárias para demonstrar a existência do crédito.

• Correspondência: art. 475-O, § 3º, V, CPC/1973.

Capítulo III
DO CUMPRIMENTO DEFINITIVO DA SENTENÇA QUE RECONHECE A EXIGIBILIDADE DE OBRIGAÇÃO DE PAGAR QUANTIA CERTA

Art. 523. No caso de condenação em quantia certa, ou já fixada em liquidação, e no caso de decisão sobre parcela incontroversa, o cumprimento definitivo da senten-

Art. 525

CÓDIGO DE PROCESSO CIVIL

ça far-se-á a requerimento do exequente, sendo o executado intimado para pagar o débito, no prazo de 15 (quinze) dias, acrescido de custas, se houver.

• Correspondência: art. 475-J, *caput*, CPC/1973.

§ 1º Não ocorrendo pagamento voluntário no prazo do *caput*, o débito será acrescido de multa de 10% (dez por cento) e, também, de honorários de advogado de 10% (dez por cento).

• Correspondência: art. 475-J, *caput*, CPC/1973.

§ 2º Efetuado o pagamento parcial no prazo previsto no *caput*, a multa e os honorários previstos no § 1º incidirão sobre o restante.

• Correspondência: art. 475-J, § 4º, CPC/1973.

§ 3º Não efetuado tempestivamente o pagamento voluntário, será expedido, desde logo, mandado de penhora e avaliação, seguindo-se os atos de expropriação.

• Correspondência: art. 475-J, *caput*, CPC/1973.
• V. art. 872, CPC/2015.

Art. 524. O requerimento previsto no art. 523 será instruído com demonstrativo discriminado e atualizado do crédito, devendo a petição conter:

• Sem correspondência no CPC/1973.

I – o nome completo, o número de inscrição no Cadastro de Pessoas Físicas ou no Cadastro Nacional da Pessoa Jurídica do exequente e do executado, observado o disposto no art. 319, §§ 1º a 3º;

• Sem correspondência no CPC/1973.

II – o índice de correção monetária adotado;

• Sem correspondência no CPC/1973.

III – os juros aplicados e as respectivas taxas;

• Sem correspondência no CPC/1973.

IV – o termo inicial e o termo final dos juros e da correção monetária utilizados;

• Sem correspondência no CPC/1973.

V – a periodicidade da capitalização dos juros, se for o caso;

• Sem correspondência no CPC/1973.

VI – especificação dos eventuais descontos obrigatórios realizados;

• Sem correspondência no CPC/1973.

VII – indicação dos bens passíveis de penhora, sempre que possível.

• Correspondência: art. 475-J, § 3º, CPC/1973.

§ 1º Quando o valor apontado no demonstrativo aparentemente exceder os limites da condenação, a execução será iniciada pelo valor pretendido, mas a penhora terá por base a importância que o juiz entender adequada.

• Correspondência: art. 475-B, § 4º, CPC/1973.

§ 2º Para a verificação dos cálculos, o juiz poderá valer-se de contabilista do juízo, que terá o prazo máximo de 30 (trinta) dias para efetuá-la, exceto se outro lhe for determinado.

• Correspondência: art. 475-B, § 3º, CPC/1973.

§ 3º Quando a elaboração do demonstrativo depender de dados em poder de terceiros ou do executado, o juiz poderá requisitá-los, sob cominação do crime de desobediência.

• Correspondência: art. 475-B, §§ 1º e 2º, CPC/1973.

§ 4º Quando a complementação do demonstrativo depender de dados adicionais em poder do executado, o juiz poderá, a requerimento do exequente, requisitá-los, fixando prazo de até 30 (trinta) dias para o cumprimento da diligência.

• Correspondência: art. 475-B, § 1º, CPC/1973.

§ 5º Se os dados adicionais a que se refere o § 4º não forem apresentados pelo executado, sem justificativa, no prazo designado, reputar-se-ão corretos os cálculos apresentados pelo exequente apenas com base nos dados de que dispõe.

• Correspondência: art. 475-B, § 2º, CPC/1973.

Art. 525. Transcorrido o prazo previsto no art. 523 sem o pagamento voluntário, inicia-se o prazo de 15 (quinze) dias para que o executado, independentemente de penhora ou nova intimação, apresente, nos próprios autos, sua impugnação.

• Correspondência: art. 475-J, § 1º, CPC/1973.
• V. arts. 872 e 1.061, CPC/2015.

§ 1º Na impugnação, o executado poderá alegar:

• Correspondência: art. 475-L, *caput*, CPC/1973.
• V. art. 917, CPC/2015.

I – falta ou nulidade da citação se, na fase de conhecimento, o processo correu à revelia;

• Correspondência: art. 475-L, I, CPC/1973.

Art. 525

II – ilegitimidade de parte;
• Correspondência: art. 475-L, IV, CPC/1973.

III – inexequibilidade do título ou inexigibilidade da obrigação;
• Correspondência: art. 475-L, II, CPC/1973.

IV – penhora incorreta ou avaliação errônea;
• Correspondência: art. 475-L, III, CPC/1973.

V – excesso de execução ou cumulação indevida de execuções;
• Correspondência: art. 475-L, V, CPC/1973.

VI – incompetência absoluta ou relativa do juízo da execução;
• Sem correspondência no CPC/1973.

VII – qualquer causa modificativa ou extintiva da obrigação, como pagamento, novação, compensação, transação ou prescrição, desde que supervenientes à sentença.
• Correspondência: art. 475-L, VI, CPC/1973.

§ 2º A alegação de impedimento ou suspeição observará o disposto nos arts. 146 e 148.
• Sem correspondência no CPC/1973.

§ 3º Aplica-se à impugnação o disposto no art. 229.
• Sem correspondência no CPC/1973.

§ 4º Quando o executado alegar que o exequente, em excesso de execução, pleiteia quantia superior à resultante da sentença, cumprir-lhe-á declarar de imediato o valor que entende correto, apresentando demonstrativo discriminado e atualizado de seu cálculo.
• Correspondência: art. 475-L, § 2º, CPC/1973.

§ 5º Na hipótese do § 4º, não apontado o valor correto ou não apresentado o demonstrativo, a impugnação será liminarmente rejeitada, se o excesso de execução for o seu único fundamento, ou, se houver outro, a impugnação será processada, mas o juiz não examinará a alegação de excesso de execução.
• Sem correspondência no CPC/1973.

§ 6º A apresentação de impugnação não impede a prática dos atos executivos, inclusive os de expropriação, podendo o juiz, a requerimento do executado e desde que garantido o juízo com penhora, caução ou depósito suficientes, atribuir-lhe efeito suspensivo, se seus fundamentos forem relevantes e se o prosseguimento da execução for manifestamente suscetível de causar ao executado grave dano de difícil ou incerta reparação.
• Correspondência: art. 475-M, *caput*, CPC/1973.

§ 7º A concessão de efeito suspensivo a que se refere o § 6º não impedirá a efetivação dos atos de substituição, de reforço ou de redução da penhora e de avaliação dos bens.
• Correspondência: art. 739-A, § 6º, CPC/1973.

§ 8º Quando o efeito suspensivo atribuído à impugnação disser respeito apenas a parte do objeto da execução, esta prosseguirá quanto à parte restante.
• Correspondência: art. 739-A, § 3º, CPC/1973.

§ 9º A concessão de efeito suspensivo à impugnação deduzida por um dos executados não suspenderá a execução contra os que não impugnaram, quando o respectivo fundamento disser respeito exclusivamente ao impugnante.
• Correspondência: art. 739-A, § 4º, CPC/1973.

§ 10. Ainda que atribuído efeito suspensivo à impugnação, é lícito ao exequente requerer o prosseguimento da execução, oferecendo e prestando, nos próprios autos, caução suficiente e idônea a ser arbitrada pelo juiz.
• Correspondência: art. 475-M, § 1º, CPC/1973.

§ 11. As questões relativas a fato superveniente ao término do prazo para apresentação da impugnação, assim como aquelas relativas à validade e à adequação da penhora, da avaliação e dos atos executivos subsequentes, podem ser arguidas por simples petição, tendo o executado, em qualquer dos casos, o prazo de 15 (quinze) dias para formular esta arguição, contado da comprovada ciência do fato ou da intimação do ato.
• Sem correspondência no CPC/1973.

§ 12. Para efeito do disposto no inciso III do § 1º deste artigo, considera-se também inexigível a obrigação reconhecida em título executivo judicial fundado em lei ou ato normativo considerado inconstitucional pelo Supremo Tribunal Federal, ou fundado em aplicação ou interpretação da lei ou do ato normativo tido pelo Supremo Tribunal Federal como incompatível com a Constituição Federal, em controle de constitucionalidade concentrado ou difuso.

- Correspondência: art. 741, parágrafo único, CPC/1973.
- V. art. 27, Lei 9.868/1999 (Processo e julgamento da ADIn e da ADC).

§ 13. No caso do § 12, os efeitos da decisão do Supremo Tribunal Federal poderão ser modulados no tempo, em atenção à segurança jurídica.

- Sem correspondência no CPC/1973.

§ 14. A decisão do Supremo Tribunal Federal referida no § 12 deve ser anterior ao trânsito em julgado da decisão exequenda.

- Sem correspondência no CPC/1973.

§ 15. Se a decisão referida no § 12 for proferida após o trânsito em julgado da decisão exequenda, caberá ação rescisória, cujo prazo será contado do trânsito em julgado da decisão proferida pelo Supremo Tribunal Federal.

- Sem correspondência no CPC/1973.
- V. art. 966, CPC/2015.
- V. Súmula 343, STF.

Art. 526. É lícito ao réu, antes de ser intimado para o cumprimento da sentença, comparecer em juízo e oferecer em pagamento o valor que entender devido, apresentando memória discriminada do cálculo.

- Sem correspondência no CPC/1973.
- V. art. 525, § 5º, CPC/2015.

§ 1º O autor será ouvido no prazo de 5 (cinco) dias, podendo impugnar o valor depositado, sem prejuízo do levantamento do depósito a título de parcela incontroversa.

§ 2º Concluindo o juiz pela insuficiência do depósito, sobre a diferença incidirão multa de 10% (dez por cento) e honorários advocatícios, também fixados em 10% (dez por cento), seguindo-se a execução com penhora e atos subsequentes.

§ 3º Se o autor não se opuser, o juiz declarará satisfeita a obrigação e extinguirá o processo.

- V. art. 924, II, CPC/2015.

Art. 527. Aplicam-se as disposições deste Capítulo ao cumprimento provisório da sentença, no que couber.

- Correspondência: art. 475-O, *caput*, CPC/1973.

Capítulo IV
DO CUMPRIMENTO DE SENTENÇA QUE RECONHEÇA A EXIGIBILIDADE DE OBRIGAÇÃO DE PRESTAR ALIMENTOS

Art. 528. No cumprimento de sentença que condene ao pagamento de prestação alimentícia ou de decisão interlocutória que fixe alimentos, o juiz, a requerimento do exequente, mandará intimar o executado pessoalmente para, em 3 (três) dias, pagar o débito, provar que o fez ou justificar a impossibilidade de efetuá-lo.

- Correspondência: arts. 732 e 733, CPC/1973.
- V. arts. 523, 531 e 911, CPC/2015.
- V. arts. 1.694 a 1.710, CC.
- V. Súmula 144, STJ.

§ 1º Caso o executado, no prazo referido no *caput*, não efetue o pagamento, não prove que o efetuou ou não apresente justificativa da impossibilidade de efetuá-lo, o juiz mandará protestar o pronunciamento judicial, aplicando-se, no que couber, o disposto no art. 517.

- Sem correspondência no CPC/1973.

§ 2º Somente a comprovação de fato que gere a impossibilidade absoluta de pagar justificará o inadimplemento.

- Sem correspondência no CPC/1973.

§ 3º Se o executado não pagar ou se a justificativa apresentada não for aceita, o juiz, além de mandar protestar o pronunciamento judicial na forma do § 1º, decretar-lhe-á a prisão pelo prazo de 1 (um) a 3 (três) meses.

- Correspondência: art. 733, § 1º, CPC/1973.
- V. art. 5º, LXVII, CF.
- V. art. 244, CP.
- V. art. 19, Lei 5.478/1968 (Ação de alimentos).

§ 4º A prisão será cumprida em regime fechado, devendo o preso ficar separado dos presos comuns.

- Sem correspondência no CPC/1973.

§ 5º O cumprimento da pena não exime o executado do pagamento das prestações vencidas e vincendas.

- Correspondência: art. 733, § 2º, CPC/1973.

Art. 529

§ 6º Paga a prestação alimentícia, o juiz suspenderá o cumprimento da ordem de prisão.
- Correspondência: art. 733, § 3º, CPC/1973.

§ 7º O débito alimentar que autoriza a prisão civil do alimentante é o que compreende até as 3 (três) prestações anteriores ao ajuizamento da execução e as que se vencerem no curso do processo.
- Sem correspondência no CPC/1973.
- V. Súmula 309, STJ.

§ 8º O exequente pode optar por promover o cumprimento da sentença ou decisão desde logo, nos termos do disposto neste Livro, Título II, Capítulo III, caso em que não será admissível a prisão do executado, e, recaindo a penhora em dinheiro, a concessão de efeito suspensivo à impugnação não obsta a que o exequente levante mensalmente a importância da prestação.
- Correspondência: art. 732, parágrafo único, CPC/1973.

§ 9º Além das opções previstas no art. 516, parágrafo único, o exequente pode promover o cumprimento da sentença ou decisão que condena ao pagamento de prestação alimentícia no juízo de seu domicílio.
- Sem correspondência no CPC/1973.

Art. 529. Quando o executado for funcionário público, militar, diretor ou gerente de empresa ou empregado sujeito à legislação do trabalho, o exequente poderá requerer o desconto em folha de pagamento da importância da prestação alimentícia.
- Correspondência: art. 734, *caput*, CPC/1973.
- V. arts. 833, IV e 911 a 913, CPC/2015.
- V. art. 1.701, parágrafo único, CC.
- V. art. 462, CLT.
- V. art. 115, IV, Lei 8.213/1991 (Planos de Benefícios da Previdência Social).

§ 1º Ao proferir a decisão, o juiz oficiará à autoridade, à empresa ou ao empregador, determinando, sob pena de crime de desobediência, o desconto a partir da primeira remuneração posterior do executado, a contar do protocolo do ofício.
- Correspondência: art. 734, parágrafo único, CPC/1973.
- V. art. 22, parágrafo único, Lei 5.478/1968 (Ação de alimentos).

§ 2º O ofício conterá o nome e o número de inscrição no Cadastro de Pessoas Físicas do exequente e do executado, a importância a ser descontada mensalmente, o tempo de sua duração e a conta na qual deve ser feito o depósito.
- Sem correspondência no CPC/1973.

§ 3º Sem prejuízo do pagamento dos alimentos vincendos, o débito objeto de execução pode ser descontado dos rendimentos ou rendas do executado, de forma parcelada, nos termos do *caput* deste artigo, contanto que, somado à parcela devida, não ultrapasse 50% (cinquenta por cento) de seus ganhos líquidos.
- Sem correspondência no CPC/1973.

Art. 530. Não cumprida a obrigação, observar-se-á o disposto nos arts. 831 e seguintes.
- Correspondência: art. 732, CPC/1973.
- V. arts. 1.694 a 1.710, CC.
- V. art. 244, CP.
- V. Súmula 144, STJ.

Art. 531. O disposto neste Capítulo aplica-se aos alimentos definitivos ou provisórios.
- Sem correspondência no CPC/1973.
- V. arts. 1.694 a 1.710, CC.
- V. art. 19, Lei 5.478/1968 (Ação de alimentos).

§ 1º A execução dos alimentos provisórios, bem como a dos alimentos fixados em sentença ainda não transitada em julgado, se processa em autos apartados.

§ 2º O cumprimento definitivo da obrigação de prestar alimentos será processado nos mesmos autos em que tenha sido proferida a sentença.

Art. 532. Verificada a conduta procrastinatória do executado, o juiz deverá, se for o caso, dar ciência ao Ministério Público dos indícios da prática do crime de abandono material.
- Sem correspondência no CPC/1973.
- V. art. 244, CP.

Art. 533. Quando a indenização por ato ilícito incluir prestação de alimentos, caberá ao executado, a requerimento do exequente, constituir capital cuja renda assegure o pagamento do valor mensal da pensão.

CÓDIGO DE PROCESSO CIVIL

- Correspondência: art. 475-Q, *caput*, CPC/1973.
- V. arts. 186 a 188, e 927, CC.

§ 1º O capital a que se refere o *caput*, representado por imóveis ou por direitos reais sobre imóveis suscetíveis de alienação, títulos da dívida pública ou aplicações financeiras em banco oficial, será inalienável e impenhorável enquanto durar a obrigação do executado, além de constituir-se em patrimônio de afetação.

- Correspondência: art. 475-Q, § 1º, CPC/1973.

§ 2º O juiz poderá substituir a constituição do capital pela inclusão do exequente em folha de pagamento de pessoa jurídica de notória capacidade econômica ou, a requerimento do executado, por fiança bancária ou garantia real, em valor a ser arbitrado de imediato pelo juiz.

- Correspondência: art. 475-Q, § 2º, CPC/1973.

§ 3º Se sobrevier modificação nas condições econômicas, poderá a parte requerer, conforme as circunstâncias, redução ou aumento da prestação.

- Correspondência: art. 475-Q, § 3º, CPC/1973.

§ 4º A prestação alimentícia poderá ser fixada tomando por base o salário mínimo.

- Correspondência: art. 475-Q, § 4º, CPC/1973.

§ 5º Finda a obrigação de prestar alimentos, o juiz mandará liberar o capital, cessar o desconto em folha ou cancelar as garantias prestadas.

- Correspondência: art. 475-Q, § 5º, CPC/1973.

Capítulo V
DO CUMPRIMENTO DE SENTENÇA QUE RECONHEÇA A EXIGIBILIDADE DE OBRIGAÇÃO DE PAGAR QUANTIA CERTA PELA FAZENDA PÚBLICA

Art. 534. No cumprimento de sentença que impuser à Fazenda Pública o dever de pagar quantia certa, o exequente apresentará demonstrativo discriminado e atualizado do crédito contendo:

- Correspondência: art. 730, *caput*, CPC/1973.
- V. arts. 496 e 910, CPC/2015.
- V. art. 100, CF.
- V. arts. 128 e 130, Lei 8.213/1991 (Planos de Benefícios da Previdência Social).
- V. art. 17, § 1º, Lei 10.259/2001 (Juizados Especiais Federais).
- V. Súmula 339, STJ.

I – o nome completo e o número de inscrição no Cadastro de Pessoas Físicas ou no Cadastro Nacional da Pessoa Jurídica do exequente;

- Sem correspondência no CPC/1973.

II – o índice de correção monetária adotado;

- Sem correspondência no CPC/1973.

III – os juros aplicados e as respectivas taxas;

- Sem correspondência no CPC/1973.

IV – o termo inicial e o termo final dos juros e da correção monetária utilizados;

- Sem correspondência no CPC/1973.

V – a periodicidade da capitalização dos juros, se for o caso;

- Sem correspondência no CPC/1973.

VI – a especificação dos eventuais descontos obrigatórios realizados.

- Sem correspondência no CPC/1973.

§ 1º Havendo pluralidade de exequentes, cada um deverá apresentar o seu próprio demonstrativo, aplicando-se à hipótese, se for o caso, o disposto nos §§ 1º e 2º do art. 113.

- Sem correspondência no CPC/1973.

§ 2º A multa prevista no § 1º do art. 523 não se aplica à Fazenda Pública.

- Sem correspondência no CPC/1973.

Art. 535. A Fazenda Pública será intimada na pessoa de seu representante judicial, por carga, remessa ou meio eletrônico, para, querendo, no prazo de 30 (trinta) dias e nos próprios autos, impugnar a execução, podendo arguir:

- Correspondência: arts. 730, *caput*, e 741, *caput*, CPC/1973.
- V. arts. 239, 344, 496, 516, 778 a 783, 918, II, e 921, II, CPC/2015.
- V. art. 5º, parágrafo único, Lei 5.741/1971 (Proteção de financiamento de bens imóveis – SFH).
- V. Súmula 150, STF.
- V. Súmula 339, STJ.

I – falta ou nulidade da citação se, na fase de conhecimento, o processo correu à revelia;

- Correspondência: art. 741, I, CPC/1973.

II – ilegitimidade de parte;

- Correspondência: art. 741, III, CPC/1973.

III – inexequibilidade do título ou inexigibilidade da obrigação;

- Correspondência: art. 741, II, CPC/1973.

IV – excesso de execução ou cumulação indevida de execuções;

- Correspondência: art. 741, IV e V, CPC/1973.

V – incompetência absoluta ou relativa do juízo da execução;

- Correspondência: art. 741, VII, CPC/1973.

VI – qualquer causa modificativa ou extintiva da obrigação, como pagamento, novação, compensação, transação ou prescrição, desde que supervenientes ao trânsito em julgado da sentença.

- Correspondência: art. 741, VI, CPC/1973.
- V. arts. 917 e 921, CPC/2015.
- V. arts. 304 a 388, CC.

§ 1º A alegação de impedimento ou suspeição observará o disposto nos arts. 146 e 148.

- Sem correspondência no CPC/1973.

§ 2º Quando se alegar que o exequente, em excesso de execução, pleiteia quantia superior à resultante do título, cumprirá à executada declarar de imediato o valor que entende correto, sob pena de não conhecimento da arguição.

- Sem correspondência no CPC/1973.

§ 3º Não impugnada a execução ou rejeitadas as arguições da executada:

- Sem correspondência no CPC/1973.
- V. arts. 189 a 211, CC.
- V. arts. 128 e 130, Lei 8.213/1991 (Planos de Benefícios da Previdência Social).
- V. art. 17, § 1º, Lei 10.259/2001 (Juizados Especiais Federais).

I – expedir-se-á, por intermédio do presidente do tribunal competente, precatório em favor do exequente, observando-se o disposto na Constituição Federal;

- Correspondência: art. 730, I e II, CPC/1973.
- V. art. 100, CF.

II – por ordem do juiz, dirigida à autoridade na pessoa de quem o ente público foi citado para o processo, o pagamento de obrigação de pequeno valor será realizado no prazo de 2 (dois) meses contado da entrega da requisição, mediante depósito na agência de banco oficial mais próxima da residência do exequente.

- Sem correspondência no CPC/1973.

§ 4º Tratando-se de impugnação parcial, a parte não questionada pela executada será, desde logo, objeto de cumprimento.

- Sem correspondência no CPC/1973.

§ 5º Para efeito do disposto no inciso III do *caput* deste artigo, considera-se também inexigível a obrigação reconhecida em título executivo judicial fundado em lei ou ato normativo considerado inconstitucional pelo Supremo Tribunal Federal, ou fundado em aplicação ou interpretação da lei ou do ato normativo tido pelo Supremo Tribunal Federal como incompatível com a Constituição Federal, em controle de constitucionalidade concentrado ou difuso.

- Correspondência: art. 741, parágrafo único, CPC/1973.

§ 6º No caso do § 5º, os efeitos da decisão do Supremo Tribunal Federal poderão ser modulados no tempo, de modo a favorecer a segurança jurídica.

- Sem correspondência no CPC/1973.

§ 7º A decisão do Supremo Tribunal Federal referida no § 5º deve ter sido proferida antes do trânsito em julgado da decisão exequenda.

- Sem correspondência no CPC/1973.

§ 8º Se a decisão referida no § 5º for proferida após o trânsito em julgado da decisão exequenda, caberá ação rescisória, cujo prazo será contado do trânsito em julgado da decisão proferida pelo Supremo Tribunal Federal.

- Sem correspondência no CPC/1973.

Capítulo VI
DO CUMPRIMENTO DE SENTENÇA QUE RECONHEÇA A EXIGIBILIDADE DE OBRIGAÇÃO DE FAZER, DE NÃO FAZER OU DE ENTREGAR COISA

Seção I
Do cumprimento de sentença que reconheça a exigibilidade de obrigação de fazer ou de não fazer

Art. 536. No cumprimento de sentença que reconheça a exigibilidade de obrigação de fazer ou de não fazer, o juiz poderá, de

Art. 537

CÓDIGO DE PROCESSO CIVIL

ofício ou a requerimento, para a efetivação da tutela específica ou a obtenção de tutela pelo resultado prático equivalente, determinar as medidas necessárias à satisfação do exequente.

- Correspondência: art. 461, *caput*, CPC/1973.
- V. arts. 5º, 496, I, 497, CPC/2015.
- V. art. 11, Lei 7.347/1985 (Ação civil pública).
- V. art. 213, *caput*, Lei 8.069/1990 (Estatuto da Criança e do Adolescente).
- V. art. 84, *caput*, § 5º, Lei 8.078/1990 (Código de Defesa do Consumidor).

§ 1º Para atender ao disposto no *caput*, o juiz poderá determinar, entre outras medidas, a imposição de multa, a busca e apreensão, a remoção de pessoas e coisas, o desfazimento de obras e o impedimento de atividade nociva, podendo, caso necessário, requisitar o auxílio de força policial.

- Correspondência: art. 461, § 5º, CPC/1973.
- V. art. 11, Lei 7.347/1985 (Ação civil pública).
- V. art. 52, V e VI, Lei 9.099/1995 (Juizados Especiais Cíveis e Criminais).

§ 2º O mandado de busca e apreensão de pessoas e coisas será cumprido por 2 (dois) oficiais de justiça, observando-se o disposto no art. 846, §§ 1º a 4º, se houver necessidade de arrombamento.

- Correspondência: art. 461-A, § 2º, CPC/1973.

§ 3º O executado incidirá nas penas de litigância de má-fé quando injustificadamente descumprir a ordem judicial, sem prejuízo de sua responsabilização por crime de desobediência.

- Sem correspondência no CPC/1973.

§ 4º No cumprimento de sentença que reconheça a exigibilidade de obrigação de fazer ou de não fazer, aplica-se o art. 525, no que couber.

- Sem correspondência no CPC/1973.

§ 5º O disposto neste artigo aplica-se, no que couber, ao cumprimento de sentença que reconheça deveres de fazer e de não fazer de natureza não obrigacional.

- Sem correspondência no CPC/1973.

Art. 537. A multa independe de requerimento da parte e poderá ser aplicada na fase de conhecimento, em tutela provisória ou na sentença, ou na fase de execução, desde que seja suficiente e compatível com a obrigação e que se determine prazo razoável para cumprimento do preceito.

- Correspondência: art. 461, § 4º, CPC/1973.
- V. art. 500, CPC/2015.
- V. art. 213, § 2º, Lei 8.069/1990 (Estatuto da Criança e do Adolescente).
- V. art. 84, § 4º, Lei 8.078/1990 (Código de Defesa do Consumidor).
- V. Súmula 410, STJ.

§ 1º O juiz poderá, de ofício ou a requerimento, modificar o valor ou a periodicidade da multa vincenda ou excluí-la, caso verifique que:

- Correspondência: art. 461, § 6º, CPC/1973.

I – se tornou insuficiente ou excessiva;

- Correspondência: art. 461, § 6º, CPC/1973.

II – o obrigado demonstrou cumprimento parcial superveniente da obrigação ou justa causa para o descumprimento.

- Sem correspondência no CPC/1973.

§ 2º O valor da multa será devido ao exequente.

- Sem correspondência no CPC/1973.

§ 3º A decisão que fixa a multa é passível de cumprimento provisório, devendo ser depositada em juízo, permitido o levantamento do valor após o trânsito em julgado da sentença favorável à parte.

- § 3º com redação determinada pela Lei 13.256/2016.
- Sem correspondência no CPC/1973.

§ 4º A multa será devida desde o dia em que se configurar o descumprimento da decisão e incidirá enquanto não for cumprida a decisão que a tiver cominado.

- Sem correspondência no CPC/1973.

§ 5º O disposto neste artigo aplica-se, no que couber, ao cumprimento de sentença que reconheça deveres de fazer e de não fazer de natureza não obrigacional.

- Sem correspondência no CPC/1973.

Art. 538

CÓDIGO DE PROCESSO CIVIL

Seção II
Do cumprimento de sentença que reconheça a exigibilidade de obrigação de entregar coisa

Art. 538. Não cumprida a obrigação de entregar coisa no prazo estabelecido na sentença, será expedido mandado de busca e apreensão ou de imissão na posse em favor do credor, conforme se tratar de coisa móvel ou imóvel.

* Correspondência: art. 461-A, § 2º, CPC/1973.
* V. art. 513, CPC/2015.

§ 1º A existência de benfeitorias deve ser alegada na fase de conhecimento, em contestação, de forma discriminada e com atribuição, sempre que possível e justificadamente, do respectivo valor.

* Sem correspondência no CPC/1973.

§ 2º O direito de retenção por benfeitorias deve ser exercido na contestação, na fase de conhecimento.

* Sem correspondência no CPC/1973.

§ 3º Aplicam-se ao procedimento previsto neste artigo, no que couber, as disposições sobre o cumprimento de obrigação de fazer ou de não fazer.

* Correspondência: art. 461-A, § 3º, CPC/1973.

TÍTULO III
DOS PROCEDIMENTOS ESPECIAIS
Capítulo I
DA AÇÃO DE CONSIGNAÇÃO EM PAGAMENTO

Art. 539. Nos casos previstos em lei, poderá o devedor ou terceiro requerer, com efeito de pagamento, a consignação da quantia ou da coisa devida.

* Correspondência: art. 890, *caput*, CPC/1973.
* V. art. 542, I, CPC/2015.

§ 1º Tratando-se de obrigação em dinheiro, poderá o valor ser depositado em estabelecimento bancário, oficial onde houver, situado no lugar do pagamento, cientificando-se o credor por carta com aviso de recebimento, assinado o prazo de 10 (dez) dias para a manifestação de recusa.

* Correspondência: art. 890, § 1º, CPC/1973.
* V. art. 248, §§1º e 2º, CPC/2015.

§ 2º Decorrido o prazo do § 1º, contado do retorno do aviso de recebimento, sem a manifestação de recusa, considerar-se-á o devedor liberado da obrigação, ficando à disposição do credor a quantia depositada.

* Correspondência: art. 890, § 2º, CPC/1973.

§ 3º Ocorrendo a recusa, manifestada por escrito ao estabelecimento bancário, poderá ser proposta, dentro de 1 (um) mês, a ação de consignação, instruindo-se a inicial com a prova do depósito e da recusa.

* Correspondência: art. 890, § 3º, CPC/1973.
* V. arts. 334 a 345, CC.
* V. art. 164, CTN.
* V. art. 67, Lei 8.245/1991 (Locação de imóveis urbanos).

§ 4º Não proposta a ação no prazo do § 3º, ficará sem efeito o depósito, podendo levantá-lo o depositante.

* Correspondência: art. 890, § 4º, CPC/1973.

Art. 540. Requerer-se-á a consignação no lugar do pagamento, cessando para o devedor, à data do depósito, os juros e os riscos, salvo se a demanda for julgada improcedente.

* Correspondência: art. 891, CPC/1973.
* V. art. 53, III, *d*, CPC/2015.
* V. arts. 327 e 328, CC.

Art. 541. Tratando-se de prestações sucessivas, consignada uma delas, pode o devedor continuar a depositar, no mesmo processo e sem mais formalidades, as que se forem vencendo, desde que o faça em até 5 (cinco) dias contados da data do respectivo vencimento.

* Correspondência: art. 892, CPC/1973.
* V. art. 323, CPC/2015.
* V. art. 67, III, Lei 8.245/1991 (Locação de imóveis urbanos).

Art. 542. Na petição inicial, o autor requererá:

* Correspondência: art. 893, *caput*, CPC/1973.

I – o depósito da quantia ou da coisa devida, a ser efetivado no prazo de 5 (cinco) dias contados do deferimento, ressalvada a hipótese do art. 539, § 3º;

* Correspondência: art. 893, I, CPC/1973.
* V. art. 62, II, Lei 8.245/1991 (Locação de imóveis urbanos).

II – a citação do réu para levantar o depósito ou oferecer contestação.

- Correspondência: art. 893, II, CPC/1973.

Parágrafo único. Não realizado o depósito no prazo do inciso I, o processo será extinto sem resolução do mérito.

- Sem correspondência no CPC/1973.

Art. 543. Se o objeto da prestação for coisa indeterminada e a escolha couber ao credor, será este citado para exercer o direito dentro de 5 (cinco) dias, se outro prazo não constar de lei ou do contrato, ou para aceitar que o devedor a faça, devendo o juiz, ao despachar a petição inicial, fixar lugar, dia e hora em que se fará a entrega, sob pena de depósito.

- Correspondência: art. 894, CPC/1973.
- V. art. 811, CPC/2015.
- V. arts. 252 e 342, CC.

Art. 544. Na contestação, o réu poderá alegar que:

- Correspondência: art. 896, *caput*, CPC/1973.
- V. arts. 180, 183, 229, 231 e 335 CPC/2015.

I – não houve recusa ou mora em receber a quantia ou a coisa devida;

- Correspondência: art. 896, I, CPC/1973.

II – foi justa a recusa;

- Correspondência: art. 896, II, CPC/1973.

III – o depósito não se efetuou no prazo ou no lugar do pagamento;

- Correspondência: art. 896, III, CPC/1973.

IV – o depósito não é integral.

- Correspondência: art. 896, IV, CPC/1973.
- V. art. 545, CPC/2015.

Parágrafo único. No caso do inciso IV, a alegação somente será admissível se o réu indicar o montante que entende devido.

- Correspondência: art. 896, parágrafo único, CPC/1973.

Art. 545. Alegada a insuficiência do depósito, é lícito ao autor completá-lo, em 10 (dez) dias, salvo se corresponder a prestação cujo inadimplemento acarrete a rescisão do contrato.

- Correspondência: art. 899, *caput*, CPC/1973.

§ 1º No caso do *caput*, poderá o réu levantar, desde logo, a quantia ou a coisa depositada, com a consequente liberação parcial do autor, prosseguindo o processo quanto à parcela controvertida.

- Correspondência: art. 890, § 1º, CPC/1973.

§ 2º A sentença que concluir pela insuficiência do depósito determinará, sempre que possível, o montante devido e valerá como título executivo, facultado ao credor promover-lhe o cumprimento nos mesmos autos, após liquidação, se necessária.

- Correspondência: art. 890, § 2º, CPC/1973.

Art. 546. Julgado procedente o pedido, o juiz declarará extinta a obrigação e condenará o réu ao pagamento de custas e honorários advocatícios.

- Correspondência: art. 897, *caput*, CPC/1973.

Parágrafo único. Proceder-se-á do mesmo modo se o credor receber e der quitação.

- Correspondência: art. 897, parágrafo único, CPC/1973.

Art. 547. Se ocorrer dúvida sobre quem deva legitimamente receber o pagamento, o autor requererá o depósito e a citação dos possíveis titulares do crédito para provarem o seu direito.

- Correspondência: art. 895, CPC/1973.
- V. arts. 266, 335, IV, e 344, CC.

Art. 548. No caso do art. 547:

- Correspondência: art. 898, CPC/1973.
- V. art. 547, CPC/2015.

I – não comparecendo pretendente algum, converter-se-á o depósito em arrecadação de coisas vagas;

- V. arts. 744 e 745, CPC/2015.

II – comparecendo apenas um, o juiz decidirá de plano;

III – comparecendo mais de um, o juiz declarará efetuado o depósito e extinta a obrigação, continuando o processo a correr unicamente entre os presuntivos credores, observado o procedimento comum.

Art. 549. Aplica-se o procedimento estabelecido neste Capítulo, no que couber, ao resgate do aforamento.

- Correspondência: art. 900, CPC/1973.

Capítulo II
DA AÇÃO DE EXIGIR CONTAS

Art. 550. Aquele que afirmar ser titular do direito de exigir contas requererá a citação do réu para que as preste ou ofereça contestação no prazo de 15 (quinze) dias.

- Correspondência: arts. 914 e 915, *caput*, CPC/1973.
- V. art. 34, XXI, Lei 8.906/1994 (Estatuto da Advocacia e da OAB).
- V. Súmula 259, STJ.

§ 1º Na petição inicial, o autor especificará, detalhadamente, as razões pelas quais exige as contas, instruindo-a com documentos comprobatórios dessa necessidade, se existirem.

- Sem correspondência no CPC/1973.

§ 2º Prestadas as contas, o autor terá 15 (quinze) dias para se manifestar, prosseguindo-se o processo na forma do Capítulo X do Título I deste Livro.

- Correspondência: art. 915, § 1º, CPC/1973.

§ 3º A impugnação das contas apresentadas pelo réu deverá ser fundamentada e específica, com referência expressa ao lançamento questionado.

- Sem correspondência no CPC/1973.

§ 4º Se o réu não contestar o pedido, observar-se-á o disposto no art. 355.

- Correspondência: art. 915, § 2º, 1ª parte, CPC/1973.

§ 5º A decisão que julgar procedente o pedido condenará o réu a prestar as contas no prazo de 15 (quinze) dias, sob pena de não lhe ser lícito impugnar as que o autor apresentar.

- Correspondência: art. 915, § 2º, 2ª parte, CPC/1973.

§ 6º Se o réu apresentar as contas no prazo previsto no § 5º, seguir-se-á o procedimento do § 2º, caso contrário, o autor apresentá-las-á no prazo de 15 (quinze) dias, podendo o juiz determinar a realização de exame pericial, se necessária.

- Correspondência: art. 915, § 3º, CPC/1973.

Art. 551. As contas do réu serão apresentadas na forma adequada, especificando-se as receitas, a aplicação das despesas e os investimentos, se houver.

- Correspondência: art. 917, CPC/1973.

§ 1º Havendo impugnação específica e fundamentada pelo autor, o juiz estabelecerá prazo razoável para que o réu apresente os documentos justificativos dos lançamentos individualmente impugnados.

- Sem correspondência no CPC/1973.

§ 2º As contas do autor, para os fins do art. 550, § 5º, serão apresentadas na forma adequada, já instruídas com os documentos justificativos, especificando-se as receitas, a aplicação das despesas e os investimentos, se houver, bem como o respectivo saldo.

- Correspondência: art. 917, CPC/1973.

Art. 552. A sentença apurará o saldo e constituirá título executivo judicial.

- Correspondência: art. 918, CPC/1973.

Art. 553. As contas do inventariante, do tutor, do curador, do depositário e de qualquer outro administrador serão prestadas em apenso aos autos do processo em que tiver sido nomeado.

- Correspondência: art. 919, CPC/1973.

Parágrafo único. Se qualquer dos referidos no *caput* for condenado a pagar o saldo e não o fizer no prazo legal, o juiz poderá destituí-lo, sequestrar os bens sob sua guarda, glosar o prêmio ou a gratificação a que teria direito e determinar as medidas executivas necessárias à recomposição do prejuízo.

Capítulo III
DAS AÇÕES POSSESSÓRIAS

Seção I
Disposições gerais

Art. 554. A propositura de uma ação possessória em vez de outra não obstará a que o juiz conheça do pedido e outorgue a proteção legal correspondente àquela cujos pressupostos estejam provados.

- Correspondência: art. 920, CPC/1973.
- V. art. 674, CPC/2015.
- V. arts. 1.196, 1.200 e 1.210, CC.
- V. art. 3º, IV, Lei 9.099/1995 (Juizados Especiais Cíveis e Criminais).

§ 1º No caso de ação possessória em que figure no polo passivo grande número de pessoas, serão feitas a citação pessoal dos ocupantes que forem encontrados no local e a citação por edital dos demais, determinando-se, ainda, a intimação do Ministério Público e, se envolver pessoas em situação de hipossuficiência econômica, da Defensoria Pública.

- Sem correspondência no CPC/1973.
- V. arts. 47 e 73, § 2º, CPC/2015.

§ 2º Para fim da citação pessoal prevista no § 1º, o oficial de justiça procurará os ocupantes no local por uma vez, citando-se por edital os que não forem encontrados.

- Sem correspondência no CPC/1973.

§ 3º O juiz deverá determinar que se dê ampla publicidade da existência da ação prevista no § 1º e dos respectivos prazos processuais, podendo, para tanto, valer-se de anúncios em jornal ou rádio locais, da publicação de cartazes na região do conflito e de outros meios.

- Sem correspondência no CPC/1973.

Art. 555. É lícito ao autor cumular ao pedido possessório o de:

- Correspondência: art. 921, *caput*, CPC/1973.

I – condenação em perdas e danos;

- Correspondência: art. 921, I, CPC/1973.

II – indenização dos frutos.

- Correspondência: art. 921, III, CPC/1973.

Parágrafo único. Pode o autor requerer, ainda, imposição de medida necessária e adequada para:

- Sem correspondência no CPC/1973.

I – evitar nova turbação ou esbulho;

- Correspondência: art. 921, II, CPC/1973.
- V. art. 161, §1º, II, CP.

II – cumprir-se a tutela provisória ou final.

- Sem correspondência no CPC/1973.

Art. 556. É lícito ao réu, na contestação, alegando que foi o ofendido em sua posse, demandar a proteção possessória e a indenização pelos prejuízos resultantes da turbação ou do esbulho cometido pelo autor.

- Correspondência: art. 922, CPC/1973.
- V. art. 31, 2ª parte, Lei 9.099/1995 (Juizados Especiais Cíveis e Criminais).

Art. 557. Na pendência de ação possessória é vedado, tanto ao autor quanto ao réu, propor ação de reconhecimento do domínio, exceto se a pretensão for deduzida em face de terceira pessoa.

- Correspondência: art. 923, CPC/1973.
- V. Súmula 487, STF.

Parágrafo único. Não obsta à manutenção ou à reintegração de posse a alegação de propriedade ou de outro direito sobre a coisa.

- Sem correspondência no CPC/1973.
- V. art. 1.210, § 2º, CC.

Art. 558. Regem o procedimento de manutenção e de reintegração de posse as normas da Seção II deste Capítulo quando a ação for proposta dentro de ano e dia da turbação ou do esbulho afirmado na petição inicial.

- Correspondência: art. 924, CPC/1973.

Parágrafo único. Passado o prazo referido no *caput*, será comum o procedimento, não perdendo, contudo, o caráter possessório.

Art. 559. Se o réu provar, em qualquer tempo, que o autor provisoriamente mantido ou reintegrado na posse carece de idoneidade financeira, no caso de sucumbência, responder por perdas e danos, o juiz designar-lhe-á o prazo de 5 (cinco) dias para requerer caução, real ou fidejussória, sob pena de ser depositada a coisa litigiosa, ressalvada a impossibilidade da parte economicamente hipossuficiente.

- Correspondência: art. 925, CPC/1973.

Seção II
Da manutenção e da reintegração de posse

Art. 560. O possuidor tem direito a ser mantido na posse em caso de turbação e reintegrado em caso de esbulho.

- Correspondência: art. 926, CPC/1973.
- V. art. 1.210, CC.

Art. 561. Incumbe ao autor provar:

- Correspondência: art. 927, *caput*, CPC/1973.
- V. art. 373, I, CPC/2015.

I – a sua posse;

- Correspondência: art. 927, I, CPC/1973.

- V. art. 1.196, CC.

II – a turbação ou o esbulho praticado pelo réu;
- Correspondência: art. 927, II, CPC/1973.
- V. art. 1.210, CC.

III – a data da turbação ou do esbulho;
- Correspondência: art. 927, III, CPC/1973.
- V. art. 1.210, CC.

IV – a continuação da posse, embora turbada, na ação de manutenção, ou a perda da posse, na ação de reintegração.
- Correspondência: art. 927, IV, CPC/1973.
- V. art. 1.210, CC.

Art. 562. Estando a petição inicial devidamente instruída, o juiz deferirá, sem ouvir o réu, a expedição do mandado liminar de manutenção ou de reintegração, caso contrário, determinará que o autor justifique previamente o alegado, citando-se o réu para comparecer à audiência que for designada.
- Correspondência: art. 928, *caput*, CPC/1973.
- V. art. 564, parágrafo único, CPC/2015.

Parágrafo único. Contra as pessoas jurídicas de direito público não será deferida a manutenção ou a reintegração liminar sem prévia audiência dos respectivos representantes judiciais.
- Correspondência: art. 928, parágrafo único, CPC/1973.

Art. 563. Considerada suficiente a justificação, o juiz fará logo expedir mandado de manutenção ou de reintegração.
- Correspondência: art. 929, CPC/1973.

Art. 564. Concedido ou não o mandado liminar de manutenção ou de reintegração, o autor promoverá, nos 5 (cinco) dias subsequentes, a citação do réu para, querendo, contestar a ação no prazo de 15 (quinze) dias.
- Correspondência: art. 930, *caput*, CPC/1973.

Parágrafo único. Quando for ordenada a justificação prévia, o prazo para contestar será contado da intimação da decisão que deferir ou não a medida liminar.
- Correspondência: art. 930, parágrafo único, CPC/1973.

Art. 565. No litígio coletivo pela posse de imóvel, quando o esbulho ou a turbação afirmado na petição inicial houver ocorrido há mais de ano e dia, o juiz, antes de apreciar o pedido de concessão da medida liminar, deverá designar audiência de mediação, a realizar-se em até 30 (trinta) dias, que observará o disposto nos §§ 2º e 4º.
- Sem correspondência no CPC/1973.

§ 1º Concedida a liminar, se essa não for executada no prazo de 1 (um) ano, a contar da data de distribuição, caberá ao juiz designar audiência de mediação, nos termos dos §§ 2º a 4º deste artigo.

§ 2º O Ministério Público será intimado para comparecer à audiência, e a Defensoria Pública será intimada sempre que houver parte beneficiária de gratuidade da justiça.

§ 3º O juiz poderá comparecer à área objeto do litígio quando sua presença se fizer necessária à efetivação da tutela jurisdicional.

§ 4º Os órgãos responsáveis pela política agrária e pela política urbana da União, de Estado ou do Distrito Federal e de Município onde se situe a área objeto do litígio poderão ser intimados para a audiência, a fim de se manifestarem sobre seu interesse no processo e sobre a existência de possibilidade de solução para o conflito possessório.

§ 5º Aplica-se o disposto neste artigo ao litígio sobre propriedade de imóvel.

Art. 566. Aplica-se, quanto ao mais, o procedimento comum.
- Correspondência: art. 931, CPC/1973.

Seção III
Do interdito proibitório

Art. 567. O possuidor direto ou indireto que tenha justo receio de ser molestado na posse poderá requerer ao juiz que o segure da turbação ou esbulho iminente, mediante mandado proibitório em que se comine ao réu determinada pena pecuniária caso transgrida o preceito.
- Correspondência: art. 932, CPC/1973.

Art. 568. Aplica-se ao interdito proibitório o disposto na Seção II deste Capítulo.
- Correspondência: art. 933, CPC/1973.

Capítulo IV
DA AÇÃO DE DIVISÃO E DA DEMARCAÇÃO DE TERRAS PARTICULARES

Seção I
Disposições gerais

Art. 569. Cabe:
- Correspondência: art. 946, *caput*, CPC/1973.
- V. arts. 47, 60 e 588, CPC/2015.

I – ao proprietário a ação de demarcação, para obrigar o seu confinante a estremar os respectivos prédios, fixando-se novos limites entre eles ou aviventando-se os já apagados;
- Correspondência: art. 946, I, CPC/1973.
- V. art. 574, CPC/2015.
- V. arts. 1.297 e 1.298, CC.
- V. Lei 6.383/1976 (Processo discriminatório de terras devolutas da União).

II – ao condômino a ação de divisão, para obrigar os demais consortes a estremar os quinhões.
- Correspondência: art. 946, II, CPC/1973.
- V. arts. 1.297, 1.298, 1.320, CC.
- V. Lei 6.383/1976 (Processo discriminatório de terras devolutas da União).

Art. 570. É lícita a cumulação dessas ações, caso em que deverá processar-se primeiramente a demarcação total ou parcial da coisa comum, citando-se os confinantes e os condôminos.
- Correspondência: art. 947, CPC/1973.

Art. 571. A demarcação e a divisão poderão ser realizadas por escritura pública, desde que maiores, capazes e concordes todos os interessados, observando-se, no que couber, os dispositivos deste Capítulo.
- Sem correspondência no CPC/1973.

Art. 572. Fixados os marcos da linha de demarcação, os confinantes considerar-se-ão terceiros quanto ao processo divisório, ficando-lhes, porém, ressalvado o direito de vindicar os terrenos de que se julguem despojados por invasão das linhas limítrofes constitutivas do perímetro ou de reclamar indenização correspondente ao seu valor.

- Correspondência: art. 948, CPC/1973.

§ 1º No caso do *caput*, serão citados para a ação todos os condôminos, se a sentença homologatória da divisão ainda não houver transitado em julgado, e todos os quinhoeiros dos terrenos vindicados, se a ação for proposta posteriormente.
- Correspondência: art. 949, *caput*, CPC/1973.

§ 2º Neste último caso, a sentença que julga procedente a ação, condenando a restituir os terrenos ou a pagar a indenização, valerá como título executivo em favor dos quinhoeiros para haverem dos outros condôminos que forem parte na divisão ou de seus sucessores a título universal, na proporção que lhes tocar, a composição pecuniária do desfalque sofrido.
- Correspondência: art. 949, parágrafo único, CPC/1973.

Art. 573. Tratando-se de imóvel georreferenciado, com averbação no registro de imóveis, pode o juiz dispensar a realização de prova pericial.
- Sem correspondência no CPC/1973.

Seção II
Da demarcação

Art. 574. Na petição inicial, instruída com os títulos da propriedade, designar-se-á o imóvel pela situação e pela denominação, descrever-se-ão os limites por constituir, aviventar ou renovar e nomear-se-ão todos os confinantes da linha demarcanda.
- Correspondência: art. 950, CPC/1973.
- V. arts. 292, IV, 319, 320, 569, I, CPC/2015.
- V. arts. 1.297 e 1.298, CC.

Art. 575. Qualquer condômino é parte legítima para promover a demarcação do imóvel comum, requerendo a intimação dos demais para, querendo, intervir no processo.
- Correspondência: art. 952, CPC/1973.

Art. 576. A citação dos réus será feita por correio, observado o disposto no art. 247.
- Correspondência: art. 953, CPC/1973.

Parágrafo único. Será publicado edital, nos termos do inciso III do art. 259.

Art. 577. Feitas as citações, terão os réus o prazo comum de 15 (quinze) dias para contestar.
- Correspondência: art. 954, CPC/1973.

Art. 578. Após o prazo de resposta do réu, observar-se-á o procedimento comum.
- Correspondência: art. 955, CPC/1973.

Art. 579. Antes de proferir a sentença, o juiz nomeará um ou mais peritos para levantar o traçado da linha demarcanda.
- Correspondência: art. 956, CPC/1973.

Art. 580. Concluídos os estudos, os peritos apresentarão minucioso laudo sobre o traçado da linha demarcanda, considerando os títulos, os marcos, os rumos, a fama da vizinhança, as informações de antigos moradores do lugar e outros elementos que coligirem.
- Correspondência: art. 957, *caput*, CPC/1973.

Art. 581. A sentença que julgar procedente o pedido determinará o traçado da linha demarcanda.
- Correspondência: art. 958, CPC/1973.

Parágrafo único. A sentença proferida na ação demarcatória determinará a restituição da área invadida, se houver, declarando o domínio ou a posse do prejudicado, ou ambos.
- Sem correspondência no CPC/1973.

Art. 582. Transitada em julgado a sentença, o perito efetuará a demarcação e colocará os marcos necessários.
- Correspondência: art. 959, CPC/1973.
- V. art. 22, parágrafo único, Lei 6.383/1976 (Processo discriminatório de terras devolutas da União).

Parágrafo único. Todas as operações serão consignadas em planta e memorial descritivo com as referências convenientes para a identificação, em qualquer tempo, dos pontos assinalados, observada a legislação especial que dispõe sobre a identificação do imóvel rural.
- V. art. 583, CPC/2015.

Art. 583. As plantas serão acompanhadas das cadernetas de operações de campo e do memorial descritivo, que conterá:
- Correspondência: art. 962, *caput*, CPC/1973.
- V. art. 22, parágrafo único, Lei 6.383/1976 (Processo discriminatório de terras devolutas da União).

I – o ponto de partida, os rumos seguidos e a aviventação dos antigos com os respectivos cálculos;
- Correspondência: art. 962, I, CPC/1973.

II – os acidentes encontrados, as cercas, os valos, os marcos antigos, os córregos, os rios, as lagoas e outros;
- Correspondência: art. 962, II, CPC/1973.

III – a indicação minuciosa dos novos marcos cravados, dos antigos aproveitados, das culturas existentes e da sua produção anual;
- Correspondência: art. 962, III, CPC/1973.

IV – a composição geológica dos terrenos, bem como a qualidade e a extensão dos campos, das matas e das capoeiras;
- Correspondência: art. 962, IV, CPC/1973.

V – as vias de comunicação;
- Correspondência: art. 962, V, CPC/1973.

VI – as distâncias a pontos de referência, tais como rodovias federais e estaduais, ferrovias, portos, aglomerações urbanas e polos comerciais;
- Correspondência: art. 962, VI, CPC/1973.

VII – a indicação de tudo o mais que for útil para o levantamento da linha ou para a identificação da linha já levantada.
- Correspondência: art. 962, VII, CPC/1973.

Art. 584. É obrigatória a colocação de marcos tanto na estação inicial, dita marco primordial, quanto nos vértices dos ângulos, salvo se algum desses últimos pontos for assinalado por acidentes naturais de difícil remoção ou destruição.
- Correspondência: art. 963, CPC/1973.
- V. arts. 583 e 596, CPC/2015.
- V. art. 22, parágrafo único, Lei 6.383/1976 (Processo discriminatório de terras devolutas da União).

Art. 585. A linha será percorrida pelos peritos, que examinarão os marcos e os rumos, consignando em relatório escrito a exatidão do memorial e da planta apresentados pelo agrimensor ou as divergências porventura encontradas.
- Correspondência: art. 964, CPC/1973.
- V. art. 596, CPC/2015.

- V. art. 22, parágrafo único, Lei 6.383/1976 (Processo discriminatório de terras devolutas da União).

Art. 586. Juntado aos autos o relatório dos peritos, o juiz determinará que as partes se manifestem sobre ele no prazo comum de 15 (quinze) dias.

- Correspondência: art. 965, CPC/1973.

Parágrafo único. Executadas as correções e as retificações que o juiz determinar, lavrar-se-á, em seguida, o auto de demarcação em que os limites demarcandos serão minuciosamente descritos de acordo com o memorial e a planta.

- V. art. 597, CPC/2015.
- V. art. 22, parágrafo único, Lei 6.383/1976 (Processo discriminatório de terras devolutas da União).

Art. 587. Assinado o auto pelo juiz e pelos peritos, será proferida a sentença homologatória da demarcação.

- Correspondência: art. 966, CPC/1973.
- V. art. 1.012, § 1º, I, CPC/2015.
- V. art. 22, parágrafo único, Lei 6.383/1976 (Processo discriminatório de terras devolutas da União).

Seção III
Da divisão

Art. 588. A petição inicial será instruída com os títulos de domínio do promovente e conterá:

- Correspondência: art. 967, *caput*, CPC/1973.
- V. arts. 89, 319, 320 e 569, II, CPC/2015.
- V. art. 1.320, CC.

I – a indicação da origem da comunhão e a denominação, a situação, os limites e as características do imóvel;

- Correspondência: art. 967, I, CPC/1973.

II – o nome, o estado civil, a profissão e a residência de todos os condôminos, especificando-se os estabelecidos no imóvel com benfeitorias e culturas;

- Correspondência: art. 967, II, CPC/1973.

III – as benfeitorias comuns.

- Correspondência: art. 967, III, CPC/1973.

Art. 589. Feitas as citações como preceitua o art. 576, prosseguir-se-á na forma dos arts. 577 e 578.

- Correspondência: art. 968, CPC/1973.

Art. 590. O juiz nomeará um ou mais peritos para promover a medição do imóvel e as operações de divisão, observada a legislação especial que dispõe sobre a identificação do imóvel rural.

- Correspondência: art. 969, CPC/1973.

Parágrafo único. O perito deverá indicar as vias de comunicação existentes, as construções e as benfeitorias, com a indicação dos seus valores e dos respectivos proprietários e ocupantes, as águas principais que banham o imóvel e quaisquer outras informações que possam concorrer para facilitar a partilha.

- Correspondência: art. 975, CPC/1973.

Art. 591. Todos os condôminos serão intimados a apresentar, dentro de 10 (dez) dias, os seus títulos, se ainda não o tiverem feito, e a formular os seus pedidos sobre a constituição dos quinhões.

- Correspondência: art. 970, CPC/1973.

Art. 592. O juiz ouvirá as partes no prazo comum de 15 (quinze) dias.

- Correspondência: art. 971, *caput*, CPC/1973.

§ 1º Não havendo impugnação, o juiz determinará a divisão geodésica do imóvel.

- Correspondência: art. 971, parágrafo único, CPC/1973.

§ 2º Havendo impugnação, o juiz proferirá, no prazo de 10 (dez) dias, decisão sobre os pedidos e os títulos que devam ser atendidos na formação dos quinhões.

- Correspondência: art. 971, parágrafo único, CPC/1973.

Art. 593. Se qualquer linha do perímetro atingir benfeitorias permanentes dos confinantes feitas há mais de 1 (um) ano, serão elas respeitadas, bem como os terrenos onde estiverem, os quais não se computarão na área dividenda.

- Correspondência: art. 973, *caput*, CPC/1973.
- V. arts. 96 e 97, CC.

Art. 594. Os confinantes do imóvel dividendo podem demandar a restituição dos terrenos que lhes tenham sido usurpados.

- Correspondência: art. 974, CPC/1973.

§ 1º Serão citados para a ação todos os condôminos, se a sentença homologatória da divisão ainda não houver transitado em julgado, e todos os quinhoeiros dos terrenos vindicados, se a ação for proposta posteriormente.

• Correspondência: art. 974, § 1º, CPC/1973.

§ 2º Nesse último caso terão os quinhoeiros o direito, pela mesma sentença que os obrigar à restituição, a haver dos outros condôminos do processo divisório ou de seus sucessores a título universal a composição pecuniária proporcional ao desfalque sofrido.

• Correspondência: art. 974, § 2º, CPC/1973.

Art. 595. Os peritos proporão, em laudo fundamentado, a forma da divisão, devendo consultar, quanto possível, a comodidade das partes, respeitar, para adjudicação a cada condômino, a preferência dos terrenos contíguos às suas residências e benfeitorias e evitar o retalhamento dos quinhões em glebas separadas.

• Correspondência: art. 978, caput, CPC/1973.

Art. 596. Ouvidas as partes, no prazo comum de 15 (quinze) dias, sobre o cálculo e o plano da divisão, o juiz deliberará a partilha.

• Correspondência: art. 979, caput, CPC/1973.
• V. arts. 96, 97 e 1.378 a 1.389, CC.

Parágrafo único. Em cumprimento dessa decisão, o perito procederá à demarcação dos quinhões, observando, além do disposto nos arts. 584 e 585, as seguintes regras:

• Correspondência: art. 979, caput, CPC/1973.

I – as benfeitorias comuns que não comportarem divisão cômoda serão adjudicadas a um dos condôminos mediante compensação;

• Correspondência: art. 979, I, CPC/1973.

II – instituir-se-ão as servidões que forem indispensáveis em favor de uns quinhões sobre os outros, incluindo o respectivo valor no orçamento para que, não se tratando de servidões naturais, seja compensado o condômino aquinhoado com o prédio serviente;

• Correspondência: art. 979, II, CPC/1973.

III – as benfeitorias particulares dos condôminos que excederem à área a que têm direito serão adjudicadas ao quinhoeiro vizinho mediante reposição;

• Correspondência: art. 979, III, CPC/1973.

IV – se outra coisa não acordarem as partes, as compensações e as reposições serão feitas em dinheiro.

• Correspondência: art. 979, IV, CPC/1973.

Art. 597. Terminados os trabalhos e desenhados na planta os quinhões e as servidões aparentes, o perito organizará o memorial descritivo.

• Correspondência: art. 980, caput, CPC/1973.

§ 1º Cumprido o disposto no art. 586, o escrivão, em seguida, lavrará o auto de divisão, acompanhado de uma folha de pagamento para cada condômino.

• Correspondência: art. 980, caput, CPC/1973.

§ 2º Assinado o auto pelo juiz e pelo perito, será proferida sentença homologatória da divisão.

• Correspondência: art. 980, caput, CPC/1973.

§ 3º O auto conterá:

• Correspondência: art. 980, § 1º, caput, CPC/1973.

I – a confinação e a extensão superficial do imóvel;

• Correspondência: art. 980, § 1º, I, CPC/1973.

II – a classificação das terras com o cálculo das áreas de cada consorte e com a respectiva avaliação ou, quando a homogeneidade das terras não determinar diversidade de valores, a avaliação do imóvel na sua integridade;

• Correspondência: art. 980, § 1º, II, CPC/1973.

III – o valor e a quantidade geométrica que couber a cada condômino, declarando-se as reduções e as compensações resultantes da diversidade de valores das glebas componentes de cada quinhão.

• Correspondência: art. 980, § 1º, III, CPC/1973.

§ 4º Cada folha de pagamento conterá:

• Correspondência: art. 980, § 2º, caput, CPC/1973.

I – a descrição das linhas divisórias do quinhão, mencionadas as confinantes;

• Correspondência: art. 980, § 2º, I, CPC/1973.

II – a relação das benfeitorias e das culturas do próprio quinhoeiro e das que lhe foram adjudicadas por serem comuns ou mediante compensação;

• Correspondência: art. 980, § 2º, II, CPC/1973.

III – a declaração das servidões instituídas, especificados os lugares, a extensão e o modo de exercício.
• Correspondência: art. 980, § 2º, III, CPC/1973.

Art. 598. Aplica-se às divisões o disposto nos arts. 575 a 578.
• Correspondência: art. 981, CPC/1973.

Capítulo V
DA AÇÃO DE DISSOLUÇÃO PARCIAL DE SOCIEDADE

Art. 599. A ação de dissolução parcial de sociedade pode ter por objeto:
• Sem correspondência no CPC/1973.
• V. arts. 1.028 a 1.038, 1.085, 1.086, e 1.089, CC.
• V. art. 4º, Lei 6.404/1976 (Sociedades por ações).

I – a resolução da sociedade empresária contratual ou simples em relação ao sócio falecido, excluído ou que exerceu o direito de retirada ou recesso; e
II – a apuração dos haveres do sócio falecido, excluído ou que exerceu o direito de retirada ou recesso; ou
III – somente a resolução ou a apuração de haveres.
§ 1º A petição inicial será necessariamente instruída com o contrato social consolidado.
§ 2º A ação de dissolução parcial de sociedade pode ter também por objeto a sociedade anônima de capital fechado quando demonstrado, por acionista ou acionistas que representem 5% (cinco por cento) ou mais do capital social, que não pode preencher o seu fim.

Art. 600. A ação pode ser proposta:
• Sem correspondência no CPC/1973.
• V. art. 113, CPC/2015.

I – pelo espólio do sócio falecido, quando a totalidade dos sucessores não ingressar na sociedade;
II – pelos sucessores, após concluída a partilha do sócio falecido;
III – pela sociedade, se os sócios sobreviventes não admitirem o ingresso do espólio ou dos sucessores do falecido na sociedade, quando esse direito decorrer do contrato social;
IV – pelo sócio que exerceu o direito de retirada ou recesso, se não tiver sido providenciada, pelos demais sócios, a alteração contratual consensual formalizando o desligamento, depois de transcorridos 10 (dez) dias do exercício do direito;
• V. art. 5º, XX, CF.

V – pela sociedade, nos casos em que a lei não autoriza a exclusão extrajudicial; ou
VI – pelo sócio excluído.

Parágrafo único. O cônjuge ou companheiro do sócio cujo casamento, união estável ou convivência terminou poderá requerer a apuração de seus haveres na sociedade, que serão pagos à conta da quota social titulada por este sócio.

Art. 601. Os sócios e a sociedade serão citados para, no prazo de 15 (quinze) dias, concordar com o pedido ou apresentar contestação.
• Sem correspondência no CPC/1973.
• V. art. 113, CPC/2015.

Parágrafo único. A sociedade não será citada se todos os seus sócios o forem, mas ficará sujeita aos efeitos da decisão e à coisa julgada.

Art. 602. A sociedade poderá formular pedido de indenização compensável com o valor dos haveres a apurar.
• Sem correspondência no CPC/1973.
• V. art. 1.107, CC.

Art. 603. Havendo manifestação expressa e unânime pela concordância da dissolução, o juiz a decretará, passando-se imediatamente à fase de liquidação.
• Sem correspondência no CPC/1973.
• V. arts. 1.102 a 1.112, CC.

§ 1º Na hipótese prevista no *caput*, não haverá condenação em honorários advocatícios de nenhuma das partes, e as custas serão rateadas segundo a participação das partes no capital social.
§ 2º Havendo contestação, observar-se-á o procedimento comum, mas a liquidação da sentença seguirá o disposto neste Capítulo.

Art. 604. Para apuração dos haveres, o juiz:
• Sem correspondência no CPC/1973.
• V. art. 1.107, CC.

Art. 605

I – fixará a data da resolução da sociedade;
II – definirá o critério de apuração dos haveres à vista do disposto no contrato social; e
III – nomeará o perito.

§ 1º O juiz determinará à sociedade ou aos sócios que nela permanecerem que depositem em juízo a parte incontroversa dos haveres devidos.

§ 2º O depósito poderá ser, desde logo, levantando pelo ex-sócio, pelo espólio ou pelos sucessores.

§ 3º Se o contrato social estabelecer o pagamento dos haveres, será observado o que nele se dispõs no depósito judicial da parte incontroversa.

Art. 605. A data da resolução da sociedade será:

* Sem correspondência no CPC/1973.

I – no caso de falecimento do sócio, a do óbito;
II – na retirada imotivada, o sexagésimo dia seguinte ao do recebimento, pela sociedade, da notificação do sócio retirante;
III – no recesso, o dia do recebimento, pela sociedade, da notificação do sócio dissidente;
IV – na retirada por justa causa de sociedade por prazo determinado e na exclusão judicial de sócio, a do trânsito em julgado da decisão que dissolver a sociedade; e
V – na exclusão extrajudicial, a data da assembleia ou da reunião de sócios que a tiver deliberado.

Art. 606. Em caso de omissão do contrato social, o juiz definirá, como critério de apuração de haveres, o valor patrimonial apurado em balanço de determinação, tomando-se por referência a data da resolução e avaliando-se bens e direitos do ativo, tangíveis e intangíveis, a preço de saída, além do passivo também a ser apurado de igual forma.

* Sem correspondência no CPC/1973.
* V. arts. 1.020, 1.065 e 1.069, CC.

Parágrafo único. Em todos os casos em que seja necessária a realização de perícia, a nomeação do perito recairá preferencialmente sobre especialista em avaliação de sociedades.

Art. 607. A data da resolução e o critério de apuração de haveres podem ser revistos pelo juiz, a pedido da parte, a qualquer tempo antes do início da perícia.

* Sem correspondência no CPC/1973.

Art. 608. Até a data da resolução, integram o valor devido ao ex-sócio, ao espólio ou aos sucessores a participação nos lucros ou os juros sobre o capital próprio declarados pela sociedade e, se for o caso, a remuneração como administrador.

* Sem correspondência no CPC/1973.

Parágrafo único. Após a data da resolução, o ex-sócio, o espólio ou os sucessores terão direito apenas à correção monetária dos valores apurados e aos juros contratuais ou legais.

Art. 609. Uma vez apurados, os haveres do sócio retirante serão pagos conforme disciplinar o contrato social e, no silêncio deste, nos termos do § 2º do art. 1.031 da Lei 10.406, de 10 de janeiro de 2002 (Código Civil).

* Sem correspondência no CPC/1973.
* V. art. 1.107, CC.

Capítulo VI
DO INVENTÁRIO E DA PARTILHA

Seção I
Disposições gerais

Art. 610. Havendo testamento ou interessado incapaz, proceder-se-á ao inventário judicial.

* Correspondência: art. 982, *caput*, CPC/1973.
* V. arts. 3º e 4º, CC.

§ 1º Se todos forem capazes e concordes, o inventário e a partilha poderão ser feitos por escritura pública, a qual constituirá documento hábil para qualquer ato de registro, bem como para levantamento de importância depositada em instituições financeiras.

* Correspondência: art. 982, *caput*, CPC/1973.
* V. arts. 215 e 2.015, CC.

§ 2º O tabelião somente lavrará a escritura pública se todas as partes interessadas estiverem assistidas por advogado ou por de-

fensor público, cuja qualificação e assinatura constarão do ato notarial.
- Correspondência: art. 982, § 1º, CPC/1973.
- V. Res. CNJ 35/2007 (Disciplina a aplicação da Lei 11.441/2007 pelos serviços notariais e de registro).

Art. 611. O processo de inventário e de partilha deve ser instaurado dentro de 2 (dois) meses, a contar da abertura da sucessão, ultimando-se nos 12 (doze) meses subsequentes, podendo o juiz prorrogar esses prazos, de ofício ou a requerimento de parte.
- Correspondência: art. 983, CPC/1973.
- V. Res. CNJ 35/2007 (Disciplina a aplicação da Lei 11.441/2007 pelos serviços notariais e de registro).

Art. 612. O juiz decidirá todas as questões de direito desde que os fatos relevantes estejam provados por documento, só remetendo para as vias ordinárias as questões que dependerem de outras provas.
- Correspondência: art. 984, CPC/1973.
- V. arts. 627, §§ 1º a 3º, 628, 641, § 2º, e 643, CPC/2015.

Art. 613. Até que o inventariante preste o compromisso, continuará o espólio na posse do administrador provisório.
- Correspondência: art. 985, CPC/1973.

Art. 614. O administrador provisório representa ativa e passivamente o espólio, é obrigado a trazer ao acervo os frutos que desde a abertura da sucessão percebeu, tem direito ao reembolso das despesas necessárias e úteis que fez e responde pelo dano a que, por dolo ou culpa, der causa.
- Correspondência: art. 986, CPC/1973.

Seção II
Da legitimidade
para requerer o inventário

Art. 615. O requerimento de inventário e de partilha incumbe a quem estiver na posse e na administração do espólio, no prazo estabelecido no art. 611.
- Correspondência: art. 987, CPC/1973.

Parágrafo único. O requerimento será instruído com a certidão de óbito do autor da herança.

Art. 616. Têm, contudo, legitimidade concorrente:
- Correspondência: art. 988, caput, CPC/1973.

I – o cônjuge ou companheiro supérstite;
- Correspondência: art. 988, I, CPC/1973.

II – o herdeiro;
- Correspondência: art. 988, II, CPC/1973.

III – o legatário;
- Correspondência: art. 988, III, CPC/1973.

IV – o testamenteiro;
- Correspondência: art. 988, IV, CPC/1973.

V – o cessionário do herdeiro ou do legatário;
- Correspondência: art. 988, V, CPC/1973.

VI – o credor do herdeiro, do legatário ou do autor da herança;
- Correspondência: art. 988, VI, CPC/1973.

VII – o Ministério Público, havendo herdeiros incapazes;
- Correspondência: art. 988, VIII, CPC/1973.

VIII – a Fazenda Pública, quando tiver interesse;
- Correspondência: art. 988, IX, CPC/1973.

IX – o administrador judicial da falência do herdeiro, do legatário, do autor da herança ou do cônjuge ou companheiro supérstite.
- Correspondência: art. 988, VII, CPC/1973.

Seção III
Do inventariante e
das primeiras declarações

Art. 617. O juiz nomeará inventariante na seguinte ordem:
- Correspondência: art. 990, caput, CPC/1973.
- V. arts. 613 e 625, CPC/2015.

I – o cônjuge ou companheiro sobrevivente, desde que estivesse convivendo com o outro ao tempo da morte deste;
- Correspondência: art. 990, I, CPC/1973.

II – o herdeiro que se achar na posse e na administração do espólio, se não houver cônjuge ou companheiro sobrevivente ou se estes não puderem ser nomeados;
- Correspondência: art. 990, II, CPC/1973.

III – qualquer herdeiro, quando nenhum deles estiver na posse e na administração do espólio;
- Correspondência: art. 990, III, CPC/1973.

IV – o herdeiro menor, por seu representante legal;
- Sem correspondência no CPC/1973.

V – o testamenteiro, se lhe tiver sido confiada a administração do espólio ou se toda a herança estiver distribuída em legados;
- Correspondência: art. 990, IV, CPC/1973.

VI – o cessionário do herdeiro ou do legatário;
- Sem correspondência no CPC/1973.

VII – o inventariante judicial, se houver;
- Correspondência: art. 990, V, CPC/1973.

VIII – pessoa estranha idônea, quando não houver inventariante judicial.
- Correspondência: art. 990, VI, CPC/1973.

Parágrafo único. O inventariante, intimado da nomeação, prestará, dentro de 5 (cinco) dias, o compromisso de bem e fielmente desempenhar a função.
- Correspondência: art. 990, parágrafo único, CPC/1973.
- V. art. 625, CPC/2015.

Art. 618. Incumbe ao inventariante:
- Correspondência: art. 991, CPC/1973.

I – representar o espólio ativa e passivamente, em juízo ou fora dele, observando-se, quanto ao dativo, o disposto no art. 75, § 1º;
- V. art. 622, IV, CPC/2015.

II – administrar o espólio, velando-lhe os bens com a mesma diligência que teria se seus fossem;
- V. art. 622, IV, CPC/2015.

III – prestar as primeiras e as últimas declarações pessoalmente ou por procurador com poderes especiais;
- V. arts. 620, 622, I, 636, CPC/2015.

IV – exibir em cartório, a qualquer tempo, para exame das partes, os documentos relativos ao espólio;

V – juntar aos autos certidão do testamento, se houver;

VI – trazer à colação os bens recebidos pelo herdeiro ausente, renunciante ou excluído;
- V. arts. 639 a 641, CPC/2015.

VII – prestar contas de sua gestão ao deixar o cargo ou sempre que o juiz lhe determinar;
- V. art. 550, CPC/2015.

VIII – requerer a declaração de insolvência.

Art. 619. Incumbe ainda ao inventariante, ouvidos os interessados e com autorização do juiz:
- Correspondência: art. 992, CPC/1973.

I – alienar bens de qualquer espécie;

II – transigir em juízo ou fora dele;
- V. arts. 840 a 850, CC.

III – pagar dívidas do espólio;
- V. arts. 642 a 646, CPC/2015.
- V. arts. 134, IV, parágrafo único, e 192, CTN.

IV – fazer as despesas necessárias para a conservação e o melhoramento dos bens do espólio.

Art. 620. Dentro de 20 (vinte) dias contados da data em que prestou o compromisso, o inventariante fará as primeiras declarações, das quais se lavrará termo circunstanciado, assinado pelo juiz, pelo escrivão e pelo inventariante, no qual serão exarados:
- Correspondência: art. 993, *caput*, CPC/1973.

I – o nome, o estado, a idade e o domicílio do autor da herança, o dia e o lugar em que faleceu e se deixou testamento;
- Correspondência: art. 993, I, CPC/1973.

II – o nome, o estado, a idade, o endereço eletrônico e a residência dos herdeiros e, havendo cônjuge ou companheiro supérstite, além dos respectivos dados pessoais, o regime de bens do casamento ou da união estável;
- Correspondência: art. 993, II, CPC/1973.

III – a qualidade dos herdeiros e o grau de parentesco com o inventariado;
- Correspondência: art. 993, III, CPC/1973.

IV – a relação completa e individualizada de todos os bens do espólio, inclusive aqueles que devem ser conferidos à colação, e dos bens alheios que nele forem encontrados, descrevendo-se:
- Correspondência: art. 993, IV, CPC/1973.

a) os imóveis, com as suas especificações, nomeadamente local em que se encontram, extensão da área, limites, confrontações, benfeitorias, origem dos títulos, números das matrículas e ônus que os gravam;
b) os móveis, com os sinais característicos;
c) os semoventes, seu número, suas espécies, suas marcas e seus sinais distintivos;

d) o dinheiro, as joias, os objetos de ouro e prata e as pedras preciosas, declarando-se-lhes especificadamente a qualidade, o peso e a importância;

e) os títulos da dívida pública, bem como as ações, as quotas e os títulos de sociedade, mencionando-se-lhes o número, o valor e a data;

f) as dívidas ativas e passivas, indicando-se-lhes as datas, os títulos, a origem da obrigação e os nomes dos credores e dos devedores;

g) direitos e ações;

h) o valor corrente de cada um dos bens do espólio.

§ 1º O juiz determinará que se proceda:

- Correspondência: art. 993, parágrafo único, CPC/1973.

I – ao balanço do estabelecimento, se o autor da herança era empresário individual;

II – à apuração de haveres, se o autor da herança era sócio de sociedade que não anônima.

§ 2º As declarações podem ser prestadas mediante petição, firmada por procurador com poderes especiais, à qual o termo se reportará.

- Sem correspondência no CPC/1973.

Art. 621. Só se pode arguir sonegação ao inventariante depois de encerrada a descrição dos bens, com a declaração, por ele feita, de não existirem outros por inventariar.

- Correspondência: art. 994, CPC/1973.

Art. 622. O inventariante será removido de ofício ou a requerimento:

- Correspondência: art. 995, CPC/1973.

I – se não prestar, no prazo legal, as primeiras ou as últimas declarações;

- V. arts. 626, § 2º, 627, 633 e 634, CPC/2015.

II – se não der ao inventário andamento regular, se suscitar dúvidas infundadas ou se praticar atos meramente protelatórios;

III – se, por culpa sua, bens do espólio se deteriorarem, forem dilapidados ou sofrerem dano;

- V. art. 674, CPC/2015.

IV – se não defender o espólio nas ações em que for citado, se deixar de cobrar dívidas ativas ou se não promover as medidas necessárias para evitar o perecimento de direitos;

V – se não prestar contas ou se as que prestar não forem julgadas boas;

- V. art. 420, II, CPC/2015.

VI – se sonegar, ocultar ou desviar bens do espólio.

- V. arts. 1.992 a 1.996, CC.

Art. 623. Requerida a remoção com fundamento em qualquer dos incisos do art. 622, será intimado o inventariante para, no prazo de 15 (quinze) dias, defender-se e produzir provas.

- Correspondência: art. 996, CPC/1973.

Parágrafo único. O incidente da remoção correrá em apenso aos autos do inventário.

Art. 624. Decorrido o prazo, com a defesa do inventariante ou sem ela, o juiz decidirá.

- Correspondência: art. 997, CPC/1973.

Parágrafo único. Se remover o inventariante, o juiz nomeará outro, observada a ordem estabelecida no art. 617.

Art. 625. O inventariante removido entregará imediatamente ao substituto os bens do espólio e, caso deixe de fazê-lo, será compelido mediante mandado de busca e apreensão ou de imissão na posse, conforme se tratar de bem móvel ou imóvel, sem prejuízo da multa a ser fixada pelo juiz em montante não superior a 3% (três por cento) do valor dos bens inventariados.

- Correspondência: art. 998, CPC/1973.

Seção IV
Das citações e das impugnações

Art. 626. Feitas as primeiras declarações, o juiz mandará citar, para os termos do inventário e da partilha, o cônjuge, o companheiro, os herdeiros e os legatários e intimar a Fazenda Pública, o Ministério Público, se houver herdeiro incapaz ou ausente, e o testamenteiro, se houver testamento.

- Correspondência: art. 999, CPC/1973.
- V. arts. 256 a 258, CPC/2015.

§ 1º O cônjuge ou o companheiro, os herdeiros e os legatários serão citados, pelo cor-

Art. 627

reio, observado o disposto no art. 247, sendo, ainda, publicado edital, nos termos do inciso III do art. 259.

§ 2º Das primeiras declarações extrair-se-ão tantas cópias quantas forem as partes.

§ 3º A citação será acompanhada de cópia das primeiras declarações.

§ 4º Incumbe ao escrivão remeter cópias à Fazenda Pública, ao Ministério Público, ao testamenteiro, se houver, e ao advogado, se a parte já estiver representada nos autos.

Art. 627. Concluídas as citações, abrir-se-á vista às partes, em cartório e pelo prazo comum de 15 (quinze) dias, para que se manifestem sobre as primeiras declarações, incumbindo às partes:

- Correspondência: art. 1.000, *caput*, CPC/1973.
- V. arts. 624, 629, 630, 639 e 668, I, CPC/2015.

I – arguir erros, omissões e sonegação de bens;

- Correspondência: art. 1.000, I, CPC/1973.

II – reclamar contra a nomeação de inventariante;

- Correspondência: art. 1.000, III, CPC/1973.
- V. art. 617, CPC/2015.

III – contestar a qualidade de quem foi incluído no título de herdeiro.

- Correspondência: art. 1.000, III, CPC/1973.

§ 1º Julgando procedente a impugnação referida no inciso I, o juiz mandará retificar as primeiras declarações.

- Correspondência: art. 1.000, parágrafo único, CPC/1973.

§ 2º Se acolher o pedido de que trata o inciso II, o juiz nomeará outro inventariante, observada a preferência legal.

- Correspondência: art. 1.000, parágrafo único, CPC/1973.

§ 3º Verificando que a disputa sobre a qualidade de herdeiro a que alude o inciso III demanda produção de provas que não a documental, o juiz remeterá a parte às vias ordinárias e sobrestará, até o julgamento da ação, a entrega do quinhão que na partilha couber ao herdeiro admitido.

- Correspondência: art. 1.000, parágrafo único, CPC/1973.
- V. art. 612, CPC/2015.

Art. 628. Aquele que se julgar preterido poderá demandar sua admissão no inventário, requerendo-a antes da partilha.

- Correspondência: art. 1.001, CPC/1973.
- V. art. 668, I, CPC/2015.

§ 1º Ouvidas as partes no prazo de 15 (quinze) dias, o juiz decidirá.

§ 2º Se para solução da questão for necessária a produção de provas que não a documental, o juiz remeterá o requerente às vias ordinárias, mandando reservar, em poder do inventariante, o quinhão do herdeiro excluído até que se decida o litígio.

- V. art. 612, CPC/2015.

Art. 629. A Fazenda Pública, no prazo de 15 (quinze) dias, após a vista de que trata o art. 627, informará ao juízo, de acordo com os dados que constam de seu cadastro imobiliário, o valor dos bens de raiz descritos nas primeiras declarações.

- Correspondência: art. 1.002, CPC/1973.
- V. art. 633, CPC/2015.

Seção V
Da avaliação e do cálculo do imposto

Art. 630. Findo o prazo previsto no art. 627 sem impugnação ou decidida a impugnação que houver sido oposta, o juiz nomeará, se for o caso, perito para avaliar os bens do espólio, se não houver na comarca avaliador judicial.

- Correspondência: art. 1.003, CPC/1973.
- V. arts. 156 a 158, CPC/2015.

Parágrafo único. Na hipótese prevista no art. 620, § 1º, o juiz nomeará perito para avaliação das quotas sociais ou apuração dos haveres.

Art. 631. Ao avaliar os bens do espólio, o perito observará, no que for aplicável, o disposto nos arts. 872 e 873.

- Correspondência: art. 1.004, CPC/1973.

Art. 632. Não se expedirá carta precatória para a avaliação de bens situados fora da comarca onde corre o inventário se eles forem de pequeno valor ou perfeitamente conhecidos do perito nomeado.

- Correspondência: art. 1.006, CPC/1973.

Art. 641

Art. 633. Sendo capazes todas as partes, não se procederá à avaliação se a Fazenda Pública, intimada pessoalmente, concordar de forma expressa com o valor atribuído, nas primeiras declarações, aos bens do espólio.
- Correspondência: art. 1.007, CPC/1973.
- V. art. 629, CPC/2015.

Art. 634. Se os herdeiros concordarem com o valor dos bens declarados pela Fazenda Pública, a avaliação cingir-se-á aos demais.
- Correspondência: art. 1.008, CPC/1973.

Art. 635. Entregue o laudo de avaliação, o juiz mandará que as partes se manifestem no prazo de 15 (quinze) dias, que correrá em cartório.
- Correspondência: art. 1.009, CPC/1973.

§ 1º Versando a impugnação sobre o valor dado pelo perito, o juiz a decidirá de plano, à vista do que constar dos autos.
§ 2º Julgando procedente a impugnação, o juiz determinará que o perito retifique a avaliação, observando os fundamentos da decisão.

Art. 636. Aceito o laudo ou resolvidas as impugnações suscitadas a seu respeito, lavrar-se-á em seguida o termo de últimas declarações, no qual o inventariante poderá emendar, aditar ou completar as primeiras.
- Correspondência: art. 1.011, CPC/1973.
- V. art. 622, I, CPC/2015.

Art. 637. Ouvidas as partes sobre as últimas declarações no prazo comum de 15 (quinze) dias, proceder-se-á ao cálculo do tributo.
- Correspondência: art. 1.012, CPC/1973.
- V. Súmulas 112 a 115, 331 e 590, STF.

Art. 638. Feito o cálculo, sobre ele serão ouvidas todas as partes no prazo comum de 5 (cinco) dias, que correrá em cartório, e, em seguida, a Fazenda Pública.
- Correspondência: art. 1.013, CPC/1973.

§ 1º Se acolher eventual impugnação, o juiz ordenará nova remessa dos autos ao contabilista, determinando as alterações que devam ser feitas no cálculo.
§ 2º Cumprido o despacho, o juiz julgará o cálculo do tributo.

Seção VI
Das colações

Art. 639. No prazo estabelecido no art. 627, o herdeiro obrigado à colação conferirá por termo nos autos ou por petição à qual o termo se reportará os bens que recebeu ou, se já não os possuir, trar-lhes-á o valor.
- Correspondência: art. 1.014, CPC/1973.
- V. arts. 2.002 a 2.012, CC.

Parágrafo único. Os bens a serem conferidos na partilha, assim como as acessões e as benfeitorias que o donatário fez, calcular-se-ão pelo valor que tiverem ao tempo da abertura da sucessão.

Art. 640. O herdeiro que renunciou à herança ou o que dela foi excluído não se exime, pelo fato da renúncia ou da exclusão, de conferir, para o efeito de repor a parte inoficiosa, as liberalidades que obteve do doador.
- Correspondência: art. 1.015, *caput*, CPC/1973.
- V. art. 2.007, CC.

§ 1º É lícito ao donatário escolher, dentre os bens doados, tantos quantos bastem para perfazer a legítima e a metade disponível, entrando na partilha o excedente para ser dividido entre os demais herdeiros.
- Correspondência: art. 1.015, § 1º, CPC/1973.

§ 2º Se a parte inoficiosa da doação recair sobre bem imóvel que não comporte divisão cômoda, o juiz determinará que sobre ela se proceda a licitação entre os herdeiros.
- Correspondência: art. 1.015, § 2º, CPC/1973.

§ 3º O donatário poderá concorrer na licitação referida no § 2º, em igualdade de condições, terá preferência sobre os herdeiros.
- Correspondência: art. 1.015, § 2º, CPC/1973.

Art. 641. Se o herdeiro negar o recebimento dos bens ou a obrigação de os conferir, o juiz, ouvidas as partes no prazo comum de 15 (quinze) dias, decidirá à vista das alegações e das provas produzidas.
- Correspondência: art. 1.016, CPC/1973
- V. art. 612, CPC/2015.

§ 1º Declarada improcedente a oposição, se o herdeiro, no prazo improrrogável de 15 (quinze) dias, não proceder à conferência, o juiz mandará sequestrar-lhe, para serem in-

Art. 642

ventariados e partilhados, os bens sujeitos à colação ou imputar ao seu quinhão hereditário o valor deles, se já não os possuir.

§ 2º Se a matéria exigir dilação probatória diversa da documental, o juiz remeterá as partes às vias ordinárias, não podendo o herdeiro receber o seu quinhão hereditário, enquanto pender a demanda, sem prestar caução correspondente ao valor dos bens sobre os quais versar a conferência.

• V. art. 83, CPC/2015.

Seção VII
Do pagamento das dívidas

Art. 642. Antes da partilha, poderão os credores do espólio requerer ao juízo do inventário o pagamento das dívidas vencidas e exigíveis.

• Correspondência: art. 1.017, *caput*, CPC/1973.
• V. art. 619, III, CPC/2015.
• V. arts. 1.997 a 2.001, CC.
• V. arts. 187 a 189, CTN.
• V. art. 4º, § 4º, Lei 6.830/1980 (Execução fiscal).

§ 1º A petição, acompanhada de prova literal da dívida, será distribuída por dependência e autuada em apenso aos autos do processo de inventário.

• Correspondência: art. 1.017, § 1º, CPC/1973.

§ 2º Concordando as partes com o pedido, o juiz, ao declarar habilitado o credor, mandará que se faça separação de dinheiro ou, em sua falta, de bens suficientes para o pagamento.

• Correspondência: art. 1.017, § 2º, CPC/1973.

§ 3º Separados os bens, tantos quantos forem necessários para o pagamento dos credores habilitados, o juiz mandará aliená-los, observando-se as disposições deste Código relativas à expropriação.

• Correspondência: art. 1.017, § 3º, CPC/1973.
• V. arts. 647 e 825 CPC/2015

§ 4º Se o credor requerer que, em vez de dinheiro, lhe sejam adjudicados, para o seu pagamento, os bens já reservados, o juiz deferir-lhe-á o pedido, concordando todas as partes.

• Correspondência: art. 1.017, § 4º, CPC/1973.

§ 5º Os donatários serão chamados a pronunciar-se sobre a aprovação das dívidas, sempre que haja possibilidade de resultar delas a redução das liberalidades.

• Sem correspondência no CPC/1973.

Art. 643. Não havendo concordância de todas as partes sobre o pedido de pagamento feito pelo credor, será o pedido remetido às vias ordinárias.

• Correspondência: art. 1.018, CPC/1973.
• V. arts. 612 e 688, I, CPC/2015.
• V. art. 1.997, § 2º, CC.

Parágrafo único. O juiz mandará, porém, reservar, em poder do inventariante, bens suficientes para pagar o credor quando a dívida constar de documento que comprove suficientemente a obrigação e a impugnação não se fundar em quitação.

Art. 644. O credor de dívida líquida e certa, ainda não vencida, pode requerer habilitação no inventário.

• Correspondência: art. 1.019, CPC/1973.

Parágrafo único. Concordando as partes com o pedido referido no *caput*, o juiz, ao julgar habilitado o crédito, mandará que se faça separação de bens para o futuro pagamento.

• Correspondência: art. 1.019, CPC/1973.

Art. 645. O legatário é parte legítima para manifestar-se sobre as dívidas do espólio:

• Correspondência: art. 1.020, CPC/1973.

I – quando toda a herança for dividida em legados;

II – quando o reconhecimento das dívidas importar redução dos legados.

Art. 646. Sem prejuízo do disposto no art. 860, é lícito aos herdeiros, ao separarem bens para o pagamento de dívidas, autorizar que o inventariante os indique à penhora no processo em que o espólio for executado.

• Correspondência: art. 1.021, CPC/1973.
• V. arts. 1.912 a 1.940, CC.

Seção VIII
Da partilha

Art. 647. Cumprido o disposto no art. 642, § 3º, o juiz facultará às partes que, no prazo comum de 15 (quinze) dias, formulem o pedido de quinhão e, em seguida, proferirá a decisão de deliberação da partilha, resolvendo os pedidos das partes e designando os bens que devam constituir quinhão de cada herdeiro e legatário.

- Correspondência: art. 1.022, CPC/1973.
- V. art. 659, § 1º, CPC/2015.
- V. arts. 2.013 a 2.021, CC.

Parágrafo único. O juiz poderá, em decisão fundamentada, deferir antecipadamente a qualquer dos herdeiros o exercício dos direitos de usar e de fruir de determinado bem, com a condição de que, ao término do inventário, tal bem integre a cota desse herdeiro, cabendo a este, desde o deferimento, todos os ônus e bônus decorrentes do exercício daqueles direitos.

- Sem correspondência no CPC/1973.

Art. 648. Na partilha, serão observadas as seguintes regras:

- Sem correspondência no CPC/1973.

I – a máxima igualdade possível quanto ao valor, à natureza e à qualidade dos bens;
II – a prevenção de litígios futuros;
III – a máxima comodidade dos coerdeiros, do cônjuge ou do companheiro, se for o caso.

Art. 649. Os bens insuscetíveis de divisão cômoda que não couberem na parte do cônjuge ou companheiro supérstite ou no quinhão de um só herdeiro serão licitados entre os interessados ou vendidos judicialmente, partilhando-se o valor apurado, salvo se houver acordo para que sejam adjudicados a todos.

- Sem correspondência no CPC/1973.

Art. 650. Se um dos interessados for nascituro, o quinhão que lhe caberá será reservado em poder do inventariante até o seu nascimento.

- Correspondência: art. 878, CPC/1973.
- V. arts. 2º, 1.630 a 1.638 e 1.779, CC.

Art. 651. O partidor organizará o esboço da partilha de acordo com a decisão judicial, observando nos pagamentos a seguinte ordem:

- Correspondência: art. 1.023, CPC/1973.

I – dívidas atendidas;
II – meação do cônjuge;
III – meação disponível;
IV – quinhões hereditários, a começar pelo coerdeiro mais velho.

Art. 652. Feito o esboço, as partes manifestar-se-ão sobre esse no prazo comum de 15 (quinze) dias, e, resolvidas as reclamações, a partilha será lançada nos autos.

- Correspondência: art. 1.024, CPC/1973.

Art. 653. A partilha constará:

- Correspondência: art. 1.025, CPC/1973.

I – de auto de orçamento, que mencionará:
a) os nomes do autor da herança, do inventariante, do cônjuge ou companheiro supérstite, dos herdeiros, dos legatários e dos credores admitidos;
b) o ativo, o passivo e o líquido partível, com as necessárias especificações;
c) o valor de cada quinhão;
II – de folha de pagamento para cada parte, declarando a quota a pagar-lhe, a razão do pagamento e a relação dos bens que lhe compõem o quinhão, as características que os individualizam e os ônus que os gravam.

Parágrafo único. O auto e cada uma das folhas serão assinados pelo juiz e pelo escrivão.

Art. 654. Pago o imposto de transmissão a título de morte e juntada aos autos certidão ou informação negativa de dívida para com a Fazenda Pública, o juiz julgará por sentença a partilha.

- Correspondência: art. 1.026, CPC/1973.
- V. art. 656, CPC/2015.
- V. art. 192, CTN.
- V. art. 22, § 2º, Lei 4.947/1966 (Direito agrário).

Parágrafo único. A existência de dívida para com a Fazenda Pública não impedirá o julgamento da partilha, desde que o seu pagamento esteja devidamente garantido.

- Sem correspondência no CPC 1973.

Art. 655. Transitada em julgado a sentença mencionada no art. 654, receberá o herdeiro os bens que lhe tocarem e um formal de partilha, do qual constarão as seguintes peças:

- Sem correspondência no CPC/1973.

I – termo de inventariante e título de herdeiros;
II – avaliação dos bens que constituíram o quinhão do herdeiro;

Art. 656

III – pagamento do quinhão hereditário;
IV – quitação dos impostos;
V – sentença.

Parágrafo único. O formal de partilha poderá ser substituído por certidão de pagamento do quinhão hereditário quando esse não exceder a 5 (cinco) vezes o salário mínimo, caso em que se transcreverá nela a sentença de partilha transitada em julgado.

Art. 656. A partilha, mesmo depois de transitada em julgado a sentença, pode ser emendada nos mesmos autos do inventário, convindo todas as partes, quando tenha havido erro de fato na descrição dos bens, podendo o juiz, de ofício ou a requerimento da parte, a qualquer tempo, corrigir-lhe as inexatidões materiais.

• Correspondência: art. 1.028, CPC/1973.

Art. 657. A partilha amigável, lavrada em instrumento público, reduzida a termo nos autos do inventário ou constante de escrito particular homologado pelo juiz, pode ser anulada por dolo, coação, erro essencial ou intervenção de incapaz, observado o disposto no § 4º do art. 966.

• Correspondência: art. 1.029, CPC/1973.
• V. arts. 171, 2.015 e 2.027, CC.

Parágrafo único. O direito à anulação de partilha amigável extingue-se em 1 (um) ano, contado esse prazo:
I – no caso de coação, do dia em que ela cessou;
II – no caso de erro ou dolo, do dia em que se realizou o ato;
III – quanto ao incapaz, do dia em que cessar a incapacidade.

Art. 658. É rescindível a partilha julgada por sentença:

• Correspondência: art. 1.030, CPC/1973.
• V. arts. 657 e 966, CPC/2015.

I – nos casos mencionados no art. 657;
II – se feita com preterição de formalidades legais;
III – se preteriu herdeiro ou incluiu quem não o seja.

Seção IX
Do arrolamento

Art. 659. A partilha amigável, celebrada entre partes capazes, nos termos da lei, será homologada de plano pelo juiz, com observância dos arts. 660 a 663.

• Correspondência: art. 1.031, CPC/1973.
• V. Res. CNJ 35/2007 (Disciplina a aplicação da Lei 11.441/2007 pelos serviços notariais e de registro).

§ 1º O disposto neste artigo aplica-se, também, ao pedido de adjudicação, quando houver herdeiro único.
§ 2º Transitada em julgado a sentença de homologação de partilha ou de adjudicação, será lavrado o formal de partilha ou elaborada a carta de adjudicação e, em seguida, serão expedidos os alvarás referentes aos bens e às rendas por ele abrangidos, intimando-se o fisco para lançamento administrativo do imposto de transmissão e de outros tributos porventura incidentes, conforme dispuser a legislação tributária, nos termos do § 2º do art. 662.

Art. 660. Na petição de inventário, que se processará na forma de arrolamento sumário, independentemente da lavratura de termos de qualquer espécie, os herdeiros:

• Correspondência: art. 1.032, CPC/1973.
• V. art. 659, CPC/2015.

I – requererão ao juiz a nomeação do inventariante que designarem;

• V. arts. 613 e 618 a 625, CPC/2015.

II – declararão os títulos dos herdeiros e os bens do espólio, observado o disposto no art. 630;
III – atribuirão valor aos bens do espólio, para fins de partilha.

Art. 661. Ressalvada a hipótese prevista no parágrafo único do art. 663, não se procederá à avaliação dos bens do espólio para nenhuma finalidade.

• Correspondência: art. 1.033, CPC/1973.
• V. art. 659, CPC/2015.

Art. 662. No arrolamento, não serão conhecidas ou apreciadas questões relativas ao lançamento, ao pagamento ou à quitação de taxas judiciárias e de tributos inci-

Art. 668

CÓDIGO DE PROCESSO CIVIL

dentes sobre a transmissão da propriedade dos bens do espólio.

- Correspondência: art. 1.034, CPC/1973.
- V. arts. 659, 664, § 4º, CPC/2015.

§ 1º A taxa judiciária, se devida, será calculada com base no valor atribuído pelos herdeiros, cabendo ao fisco, se apurar em processo administrativo valor diverso do estimado, exigir a eventual diferença pelos meios adequados ao lançamento de créditos tributários em geral.

§ 2º O imposto de transmissão será objeto de lançamento administrativo, conforme dispuser a legislação tributária, não ficando as autoridades fazendárias adstritas aos valores dos bens do espólio atribuídos pelos herdeiros.

Art. 663. A existência de credores do espólio não impedirá a homologação da partilha ou da adjudicação, se forem reservados bens suficientes para o pagamento da dívida.

- Correspondência: art. 1.035, CPC/1973.
- V. arts. 630, 642, §§ 2º a 4º, 644 e 659, CPC/2015.

Parágrafo único. A reserva de bens será realizada pelo valor estimado pelas partes, salvo se o credor, regularmente notificado, impugnar a estimativa, caso em que se promoverá a avaliação dos bens a serem reservados.

- V. art. 661, CPC/2015.

Art. 664. Quando o valor dos bens do espólio for igual ou inferior a 1.000 (mil) salários mínimos, o inventário processar-se-á na forma de arrolamento, cabendo ao inventariante nomeado, independentemente de assinatura de termo de compromisso, apresentar, com suas declarações, a atribuição de valor aos bens do espólio e o plano da partilha.

- Correspondência: art. 1.036, CPC/1973.
- V. art. 1º, Lei 6.858/1980 (Pagamento aos dependentes ou sucessores de valores não recebidos em vida).
- V. Lei 7.730/1989 (Extinção da OTN).
- V. art. 112, Lei 8.213/1991 (Planos de Benefícios da Previdência Social).

§ 1º Se qualquer das partes ou o Ministério Público impugnar a estimativa, o juiz nomeará avaliador, que oferecerá laudo em 10 (dez) dias.

§ 2º Apresentado o laudo, o juiz, em audiência que designar, deliberará sobre a partilha, decidindo de plano todas as reclamações e mandando pagar as dívidas não impugnadas.

§ 3º Lavrar-se-á de tudo um só termo, assinado pelo juiz, pelo inventariante e pelas partes presentes ou por seus advogados.

§ 4º Aplicam-se a essa espécie de arrolamento, no que couber, as disposições do art. 672, relativamente ao lançamento, ao pagamento e à quitação da taxa judiciária e do imposto sobre a transmissão da propriedade dos bens do espólio.

§ 5º Provada a quitação dos tributos relativos aos bens do espólio e às suas rendas, o juiz julgará a partilha.

Art. 665. O inventário processar-se-á também na forma do art. 664, ainda que haja interessado incapaz, desde que concordem todas as partes e o Ministério Público.

- Correspondência: art. 982, CPC/1973.
- V. art. 178, II, CPC/2015.
- V. Res. CNJ 35/2007 (Disciplina a aplicação da Lei 11.441/2007 pelos serviços notariais e de registro).

Art. 666. Independerá de inventário ou de arrolamento o pagamento dos valores previstos na Lei 6.858, de 24 de novembro de 1980.

- Correspondência: art. 1.037, CPC/1973.

Art. 667. Aplicam-se subsidiariamente a esta Seção as disposições das Seções VII e VIII deste Capítulo.

- Correspondência: art. 1.038, CPC/1973.

Seção X
Disposições comuns a todas as seções

Art. 668. Cessa a eficácia da tutela provisória prevista nas Seções deste Capítulo:

- Correspondência: art. 1.039, CPC/1973.
- V. arts. 309 e 310, CPC/2015.

I – se a ação não for proposta em 30 (trinta) dias contados da data em que da decisão foi intimado o impugnante, o herdeiro excluído ou o credor não admitido;

II – se o juiz extinguir o processo de inventário com ou sem resolução de mérito.

Art. 669. São sujeitos à sobrepartilha os bens:

- Correspondência: art. 1.040, CPC/1973.

I – sonegados;

- V. arts. 1.992 a 1.996, CC.

II – da herança descobertos após a partilha;

- V. art. 59, CPC/2015.

III – litigiosos, assim como os de liquidação difícil ou morosa;

IV – situados em lugar remoto da sede do juízo onde se processa o inventário.

- V. art. 59, CPC/2015.

Parágrafo único. Os bens mencionados nos incisos III e IV serão reservados à sobrepartilha sob a guarda e a administração do mesmo ou de diverso inventariante, a consentimento da maioria dos herdeiros.

- V. art. 656, CPC/2015.

Art. 670. Na sobrepartilha dos bens, observar-se-á o processo de inventário e de partilha.

- Correspondência: art. 1.041, CPC/1973.

Parágrafo único. A sobrepartilha correrá nos autos do inventário do autor da herança.

Art. 671. O juiz nomeará curador especial:

- Correspondência: art. 1.042, CPC/1973.

I – ao ausente, se não o tiver;

II – ao incapaz, se concorrer na partilha com o seu representante, desde que exista colisão de interesses.

- V. art. 72, I, CPC/2015.
- V. art. 1.692, CC.

Art. 672. É lícita a cumulação de inventários para a partilha de heranças de pessoas diversas quando houver:

- Correspondência: arts. 1.043 e 1.044, CPC/1973.

I – identidade de pessoas entre as quais devam ser repartidos os bens;

- Correspondência: arts. 1.043 e 1.044, CPC/1973.

II – heranças deixadas pelos dois cônjuges ou companheiros;

- Correspondência: arts. 1.043 e 1.044, CPC/1973.

III – dependência de uma das partilhas em relação à outra.

- Correspondência: arts. 1.043 e 1.044, CPC/1973.

Parágrafo único. No caso previsto no inciso III, se a dependência for parcial, por haver outros bens, o juiz pode ordenar a tramitação separada, se melhor convier ao interesse das partes ou à celeridade processual.

- Sem correspondência no CPC/1973.

Art. 673. No caso previsto no art. 672, inciso II, prevalecerão as primeiras declarações, assim como o laudo de avaliação, salvo se alterado o valor dos bens.

- Correspondência: art. 1.045, CPC/1973.

Capítulo VII
DOS EMBARGOS DE TERCEIRO

- V. Súmula 303, STJ.

Art. 674. Quem, não sendo parte no processo, sofrer constrição ou ameaça de constrição sobre bens que possua ou sobre os quais tenha direito incompatível com o ato constritivo, poderá requerer seu desfazimento ou sua inibição por meio de embargos de terceiro.

- Correspondência: art. 1.046, *caput*, CPC/1973.
- V. arts. 790, III, 792, § 4º, 799, IX, 808 a 810, 844, 845, 868, § 1º, 967, II, e 996, CPC/2015.

§ 1º Os embargos podem ser de terceiro proprietário, inclusive fiduciário, ou possuidor.

- Correspondência: art. 1.046, § 1º, CPC/1973.
- V. art. 790, III, CPC/2015.
- V. Súmulas 84, STJ.

§ 2º Considera-se terceiro, para ajuizamento dos embargos:

- Correspondência: art. 1.046, § 3º, CPC/1973.

I – o cônjuge ou companheiro, quando defende a posse de bens próprios ou de sua meação, ressalvado o disposto no art. 843;

- Correspondência: art. 1.046, § 3º, CPC/1973.
- V. art. 734, CPC/2015.
- V. Súmula 134, STJ.

II – o adquirente de bens cuja constrição decorreu de decisão que declara a ineficácia da alienação realizada em fraude à execução;

• Sem correspondência no CPC/1973.

III – quem sofre constrição judicial de seus bens por força de desconsideração da personalidade jurídica, de cujo incidente não fez parte;

• Sem correspondência no CPC/1973.

IV – o credor com garantia real para obstar expropriação judicial do objeto de direito real de garantia, caso não tenha sido intimado, nos termos legais dos atos expropriatórios respectivos.

• Correspondência: art. 1.047, II, CPC/1973.
• V. art. 416, CPC/2015.

Art. 675. Os embargos podem ser opostos a qualquer tempo no processo de conhecimento enquanto não transitada em julgado a sentença e, no cumprimento de sentença ou no processo de execução, até 5 (cinco) dias depois da adjudicação, da alienação por iniciativa particular ou da arrematação, mas sempre antes da assinatura da respectiva carta.

• Correspondência: art. 1.048, CPC/1973.
• V. art. 214, I, CPC/2015.

Parágrafo único. Caso identifique a existência de terceiro titular de interesse em embargar o ato, o juiz mandará intimá-lo pessoalmente.

• Sem correspondência no CPC/1973

Art. 676. Os embargos serão distribuídos por dependência ao juízo que ordenou a constrição e autuados em apartado.

• Correspondência: art. 1.049, CPC/1973.
• V. art. 914, CPC/2015.

Parágrafo único. Nos casos de ato de constrição realizado por carta, os embargos serão oferecidos no juízo deprecado, salvo se indicado pelo juízo deprecante o bem constrito ou se já devolvida a carta.

• Sem correspondência no CPC/1973

Art. 677. Na petição inicial, o embargante fará a prova sumária de sua posse ou de seu domínio e da qualidade de terceiro, oferecendo documentos e rol de testemunhas.

• Correspondência: art. 1.050, *caput*, CPC/1973.
• V. art. 1.197, CC.

§ 1º É facultada a prova da posse em audiência preliminar designada pelo juiz.

• Correspondência: art. 1.050, § 1º, CPC/1973.

§ 2º O possuidor direto pode alegar, além de sua posse, o domínio alheio.

• Correspondência: art. 1.050, § 2º, CPC/1973.
• V. art. 1.197, CC.

§ 3º A citação será pessoal, se o embargado não tiver procurador constituído nos autos da ação principal.

• Correspondência: art. 1.050, § 3º, CPC/1973.

§ 4º Será legitimado passivo o sujeito a quem o ato de constrição aproveita, assim como o será seu adversário no processo principal quando for sua a indicação do bem para a constrição judicial.

• Sem correspondência no CPC/1973.

Art. 678. A decisão que reconhecer suficientemente provado o domínio ou a posse determinará a suspensão das medidas constritivas sobre os bens litigiosos objeto dos embargos, bem como a manutenção ou a reintegração provisória da posse, se o embargante a houver requerido.

• Correspondência: art. 1.051, CPC/1973.

Parágrafo único. O juiz poderá condicionar a ordem de manutenção ou de reintegração provisória de posse à prestação de caução pelo requerente, ressalvada a impossibilidade da parte economicamente hipossuficiente.

• Correspondência: art. 1.051, CPC/1973.

Art. 679. Os embargos poderão ser contestados no prazo de 15 (quinze) dias, findo o qual se seguirá o procedimento comum.

• Correspondência: art. 1.053, CPC/1973.

Art. 680. Contra os embargos do credor com garantia real, o embargado somente poderá alegar que:

• Correspondência: art. 1.054, CPC/1973.

I – o devedor comum é insolvente;
II – o título é nulo ou não obriga a terceiro;
III – outra é a coisa dada em garantia.

Art. 681. Acolhido o pedido inicial, o ato de constrição judicial indevida será cancelado, com o reconhecimento do domínio, da manutenção da posse ou da reintegração definitiva do bem ou do direito ao embargante.

• Sem correspondência no CPC/1973.

Capítulo VIII
DA OPOSIÇÃO

Art. 682. Quem pretender, no todo ou em parte, a coisa ou o direito sobre que controvertem autor e réu poderá, até ser proferida a sentença, oferecer oposição contra ambos.

- Correspondência: art. 56, CPC/1973.
- V. art. 364, CPC/2015.
- V. art. 14, § 2º, Lei 9.289/1996 (Custas na Justiça Federal).

Art. 683. O opoente deduzirá o pedido em observação aos requisitos exigidos para propositura da ação.

- Correspondência: art. 57, CPC/1973.
- V. arts. 231, 238, 242, 246, 249 e 256, CPC/2015.

Parágrafo único. Distribuída a oposição por dependência, serão os opostos citados, na pessoa de seus respectivos advogados, para contestar o pedido no prazo comum de 15 (quinze) dias.

- Correspondência: art. 57, CPC/1973.

Art. 684. Se um dos opostos reconhecer a procedência do pedido, contra o outro prosseguirá o opoente.

- Correspondência: art. 58, CPC/1973.

Art. 685. Admitido o processamento, a oposição será apensada aos autos e tramitará simultaneamente à ação originária, sendo ambas julgadas pela mesma sentença.

- Correspondência: art. 59, CPC/1973.

Parágrafo único. Se a oposição for proposta após o início da audiência de instrução, o juiz suspenderá o curso do processo ao fim da produção das provas, salvo se concluir que a unidade da instrução atende melhor ao princípio da duração razoável do processo.

- Correspondência: art. 60, CPC/1973.

Art. 686. Cabendo ao juiz decidir simultaneamente a ação originária e a oposição, desta conhecerá em primeiro lugar.

- Correspondência: art. 61, CPC/1973.

Capítulo IX
DA HABILITAÇÃO

Art. 687. A habilitação ocorre quando, por falecimento de qualquer das partes, os interessados houverem de suceder-lhe no processo.

- Correspondência: art. 1.055, CPC/1973.
- V. arts. 108 a 110, e 313, I e § 1º, CPC/2015.

Art. 688. A habilitação pode ser requerida:

- Correspondência: art. 1.056, CPC/1973.

I – pela parte, em relação aos sucessores do falecido;
II – pelos sucessores do falecido, em relação à parte.

Art. 689. Proceder-se-á à habilitação nos autos do processo principal, na instância em que estiver, suspendendo-se, a partir de então, o processo.

- Correspondência: art. 1.060, CPC/1973.
- V. art. 110, CPC/2015.

Art. 690. Recebida a petição, o juiz ordenará a citação dos requeridos para se pronunciarem no prazo de 5 (cinco) dias.

- Correspondência: art. 1.057, CPC/1973.

Parágrafo único. A citação será pessoal, se a parte não tiver procurador constituído nos autos.

Art. 691. O juiz decidirá o pedido de habilitação imediatamente, salvo se este for impugnado e houver necessidade de dilação probatória diversa da documental, caso em que determinará que o pedido seja autuado em apartado e disporá sobre a instrução.

- Sem correspondência no CPC/1973
- V. art. 745, CPC/2015.

Art. 692. Transitada em julgado a sentença de habilitação, o processo principal retomará o seu curso, e cópia da sentença será juntada aos autos respectivos.

- Correspondência: art. 1.062, CPC/1973.

Capítulo X
DAS AÇÕES DE FAMÍLIA

Art. 693. As normas deste Capítulo aplicam-se aos processos contenciosos de divórcio, separação, reconhecimento e extin-

ção de união estável, guarda, visitação e filiação.
- Sem correspondência no CPC/1973.
- V. arts. 1.511 a 1.767 e 1.774 a 1.783, CC.

Parágrafo único. A ação de alimentos e a que versar sobre interesse de criança ou de adolescente observarão o procedimento previsto em legislação específica, aplicando-se, no que couber, as disposições deste Capítulo.
- V. art. 148, parágrafo único, g, Lei 8.069/1990 (Estatuto da Criança e do Adolescente).

Art. 694. Nas ações de família, todos os esforços serão empreendidos para a solução consensual da controvérsia, devendo o juiz dispor do auxílio de profissionais de outras áreas de conhecimento para a mediação e conciliação.
- Sem correspondência no CPC/1973.
- V. Res. CNJ 125/2010 (Política Judiciária Nacional de tratamento adequado dos conflitos de interesses no âmbito do Poder Judiciário).

Parágrafo único. A requerimento das partes, o juiz pode determinar a suspensão do processo enquanto os litigantes se submetem a mediação extrajudicial ou a atendimento multidisciplinar.

Art. 695. Recebida a petição inicial e, se for o caso, tomadas as providências referentes à tutela provisória, o juiz ordenará a citação do réu para comparecer à audiência de mediação e conciliação, observado o disposto no art. 694.
- Sem correspondência no CPC/1973.
- V. arts. 238, 246, 249, 294 a 299, CPC/2015.
- V. Res. CNJ 125/2010 (Política Judiciária Nacional de tratamento adequado dos conflitos de interesses no âmbito do Poder Judiciário).

§ 1º O mandado de citação conterá apenas os dados necessários à audiência e deverá estar desacompanhado de cópia da petição inicial, assegurado ao réu o direito de examinar seu conteúdo a qualquer tempo.
§ 2º A citação ocorrerá com antecedência mínima de 15 (quinze) dias da data designada para a audiência.
§ 3º A citação será feita na pessoa do réu.
- V. art. 242, CPC/2015.

§ 4º Na audiência, as partes deverão estar acompanhadas de seus advogados ou de defensores públicos.

Art. 696. A audiência de mediação e conciliação poderá dividir-se em tantas sessões quantas sejam necessárias para viabilizar a solução consensual, sem prejuízo de providências jurisdicionais para evitar o perecimento do direito.
- Sem correspondência no CPC/1973.
- V. Res. CNJ 125/2010 (Política Judiciária Nacional de tratamento adequado dos conflitos de interesses no âmbito do Poder Judiciário).

Art. 697. Não realizado o acordo, passarão a incidir, a partir de então, as normas do procedimento comum, observado o art. 335.
- Sem correspondência no CPC/1973.
- V. arts. 269 a 275, CPC/2015.

Art. 698. Nas ações de família, o Ministério Público somente intervirá quando houver interesse de incapaz e deverá ser ouvido previamente à homologação de acordo.
- Correspondência: art. 82, caput, I, CPC/1973.
- V. art. 178, CPC/2015.

Art. 699. Quando o processo envolver discussão sobre fato relacionado a abuso ou a alienação parental, o juiz, ao tomar o depoimento do incapaz, deverá estar acompanhado por especialista.
- Sem correspondência no CPC/1973.
- V. art. 1.638, CC.
- V. art. 19, Lei 8.069/1990 (Estatuto da Criança e do Adolescente).
- V. Lei 12.318/2010 (Alienação parental).

Capítulo XI
DA AÇÃO MONITÓRIA

Art. 700. A ação monitória pode ser proposta por aquele que afirmar, com base em prova escrita sem eficácia de título executivo, ter direito de exigir do devedor capaz:
- Correspondência: art. 1.102-A, CPC/1973.
- V. Súmulas 299 e 384, STJ.
- V. Súmulas 274, 503 e 504, STJ.

I – o pagamento de quantia em dinheiro;
- Correspondência: art. 1.102-A, CPC/1973.

II – a entrega de coisa fungível ou infungível ou de bem móvel ou imóvel;
- Correspondência: art. 1.102-A, CPC/1973.

III – o adimplemento de obrigação de fazer ou de não fazer.

• Sem correspondência no CPC/1973.

§ 1º A prova escrita pode consistir em prova oral documentada, produzida antecipadamente nos termos do art. 381.

• Sem correspondência no CPC/1973.

§ 2º Na petição inicial, incumbe ao autor explicitar, conforme o caso:

• Sem correspondência no CPC/1973.
•• V. Súmula 531, STJ.

I – a importância devida, instruindo-a com memória de cálculo;

• Sem correspondência no CPC/1973.

II – o valor atual da coisa reclamada;

• Sem correspondência no CPC/1973.

III – o conteúdo patrimonial em discussão ou o proveito econômico perseguido.

• Sem correspondência no CPC/1973.

§ 3º O valor da causa deverá corresponder à importância prevista no § 2º, incisos I a III.

• Sem correspondência no CPC/1973.

§ 4º Além das hipóteses do art. 330, a petição inicial será indeferida quando não atendido o disposto no § 2º deste artigo.

• Sem correspondência no CPC/1973.

§ 5º Havendo dúvida quanto à idoneidade de prova documental apresentada pelo autor, o juiz intimá-lo-á para, querendo, emendar a petição inicial, adaptando-a ao procedimento comum.

• Sem correspondência no CPC/1973.

§ 6º É admissível ação monitória em face da Fazenda Pública.

• Sem correspondência no CPC/1973.
• V. Súmula 339, STJ.

§ 7º Na ação monitória, admite-se citação por qualquer dos meios permitidos para o procedimento comum.

• Sem correspondência no CPC/1973.

Art. 701. Sendo evidente o direito do autor, o juiz deferirá a expedição de mandado de pagamento, de entrega de coisa ou para execução de obrigação de fazer ou de não fazer, concedendo ao réu prazo de 15 (quinze) dias para o cumprimento e o pagamento de honorários advocatícios de 5% (cinco por cento) do valor atribuído à causa.

• Correspondência: art. 1.102-B, CPC/1973.

§ 1º O réu será isento do pagamento de custas processuais se cumprir o mandado no prazo.

• Correspondência: art. 1.102-C, § 1º, CPC/1973.

§ 2º Constituir-se-á de pleno direito o título executivo judicial, independentemente de qualquer formalidade, se não realizado o pagamento e não apresentados os embargos previstos no art. 702, observando-se, no que couber, o Título II do Livro I da Parte Especial.

• Correspondência: art. 1.102-C, CPC/1973.

§ 3º É cabível ação rescisória da decisão prevista no caput quando ocorrer a hipótese do § 2º.

• Sem correspondência no CPC/1973.

§ 4º Sendo a ré Fazenda Pública, não apresentados os embargos previstos no art. 702, aplicar-se-á o disposto no art. 496, observando-se, a seguir, no que couber, o Título II do Livro I da Parte Especial.

• Sem correspondência no CPC/1973.

§ 5º Aplica-se a ação monitória, no que couber, o art. 916.

• Sem correspondência no CPC/1973.

Art. 702. Independentemente de prévia segurança do juízo, o réu poderá opor, nos próprios autos, no prazo previsto no art. 701, embargos à ação monitória.

• Correspondência: art. 1.102-C, caput e § 2º, CPC/1973.
• V. arts. 824 a 910, CPC/2015.

§ 1º Os embargos podem se fundar em matéria passível de alegação como defesa no procedimento comum.

• Sem correspondência no CPC/1973.

§ 2º Quando o réu alegar que o autor pleiteia quantia superior à devida, cumprir-lhe-á declarar de imediato o valor que entende correto, apresentando demonstrativo discriminado e atualizado da dívida.

• Sem correspondência no CPC/1973.

§ 3º Não apontado o valor correto ou não apresentado o demonstrativo, os embargos serão liminarmente rejeitados, se esse for o seu único fundamento, e, se houver outro fundamento, os embargos serão processados, mas o juiz deixará de examinar a alegação de excesso.

• Sem correspondência no CPC/1973.

CÓDIGO DE PROCESSO CIVIL

§ 4º A oposição dos embargos suspende a eficácia da decisão referida no *caput* do art. 701 até o julgamento em primeiro grau.
• Correspondência: art. 1.102-C, CPC/1973.

§ 5º O autor será intimado para responder aos embargos no prazo de 15 (quinze) dias.
• Sem correspondência no CPC/1973.

§ 6º Na ação monitória admite-se a reconvenção, sendo vedado o oferecimento de reconvenção à reconvenção.
• Sem correspondência no CPC/1973.
• V. art. 343, CPC/2015.
•• V. Súmula 292, STJ.

§ 7º A critério do juiz, os embargos serão autuados em apartado, se parciais, constituindo-se de pleno direito o título executivo judicial em relação à parcela incontroversa.
• Sem correspondência no CPC/1973.
•• V. Súmula 282, STJ.

§ 8º Rejeitados os embargos, constituir-se-á de pleno direito o título executivo judicial, prosseguindo-se o processo em observância ao disposto no Título II do Livro I da Parte Especial, no que for cabível.
• Correspondência: art. 1.102-C, § 3º, CPC/1973.

§ 9º Cabe apelação contra a sentença que acolhe ou rejeita os embargos.
• Sem correspondência no CPC/1973.
• V. art. 1.009, CPC/2015.

§ 10. O juiz condenará o autor de ação monitória proposta indevidamente e de má-fé ao pagamento, em favor do réu, de multa de até 10% (dez por cento) sobre o valor da causa.
• Sem correspondência no CPC/1973.
• V. art. 5º, CPC/2015.

§ 11. O juiz condenará o réu que de má-fé opuser embargos à ação monitória ao pagamento de multa de até 10% (dez por cento) sobre o valor atribuído à causa, em favor do autor.
• Sem correspondência no CPC/1973.
• V. art. 5º, CPC/2015.

Capítulo XII
DA HOMOLOGAÇÃO DO PENHOR LEGAL

Art. 703. Tomado o penhor legal nos casos previstos em lei, requererá o credor, ato contínuo, a homologação.

• Correspondência: art. 874, *caput*, 1ª parte, CPC/1973.
• V. arts. 1.467 a 1.472,CC.
• V. art. 16, Dec. 5.492/1928 (Organização das empresas de diversões).

§ 1º Na petição inicial, instruída com o contrato de locação ou a conta pormenorizada das despesas, a tabela dos preços e a relação dos objetos retidos, o credor pedirá a citação do devedor para pagar ou contestar na audiência preliminar que for designada.
• Correspondência: art. 874, *caput*, 2ª parte, CPC/1973.

§ 2º A homologação do penhor legal poderá ser promovida pela via extrajudicial mediante requerimento, que conterá os requisitos previstos no § 1º deste artigo, do credor a notário de sua livre escolha.
• Sem correspondência no CPC/1973.

§ 3º Recebido o requerimento, o notário promoverá a notificação extrajudicial do devedor para, no prazo de 5 (cinco) dias, pagar o débito ou impugnar sua cobrança, alegando por escrito uma das causas previstas no art. 704, hipótese em que o procedimento será encaminhado ao juízo competente para decisão.
• Sem correspondência no CPC/1973.

§ 4º Transcorrido o prazo sem manifestação do devedor, o notário formalizará a homologação do penhor legal por escritura pública.
• Sem correspondência no CPC/1973.

Art. 704. A defesa só pode consistir em:
• Correspondência: art. 875, *caput*, CPC/1973.

I – nulidade do processo;
• Correspondência: art. 875, I, CPC/1973.

II – extinção da obrigação;
• Correspondência: art. 875, II, CPC/1973.

III – não estar a dívida compreendida entre as previstas em lei ou não estarem os bens sujeitos a penhor legal;
• Correspondência: art. 875, III, CPC/1973.

IV – alegação de haver sido ofertada caução idônea, rejeitada pelo credor.
• Sem correspondência no CPC/1973.

Art. 705. A partir da audiência preliminar, observar-se-á o procedimento comum.
• Sem correspondência no CPC/1973.

Art. 706

CÓDIGO DE PROCESSO CIVIL

Art. 706. Homologado judicialmente o penhor legal, consolidar-se-á a posse do autor sobre o objeto.

• Correspondência: art. 876, 1ª parte, CPC/1973.

§ 1º Negada a homologação, o objeto será entregue ao réu, ressalvado ao autor o direito de cobrar a dívida pelo procedimento comum, salvo se acolhida a alegação de extinção da obrigação.

• Correspondência: art. 876, 2ª parte, CPC/1973.

§ 2º Contra a sentença caberá apelação, e, na pendência de recurso, poderá o relator ordenar que a coisa permaneça depositada ou em poder do autor.

• Sem correspondência no CPC/1973.
• V. arts. 1.007 a 1.012, CPC/2015.

Capítulo XIII
DA REGULAÇÃO DE AVARIA GROSSA

Art. 707. Quando inexistir consenso acerca da nomeação de um regulador de avarias, o juiz de direito da comarca do primeiro porto onde o navio houver chegado, provocado por qualquer parte interessada, nomeará um de notório conhecimento.

• Sem correspondência no CPC/1973.

Art. 708. O regulador declarará justificadamente se os danos são passíveis de rateio na forma de avaria grossa e exigirá das partes envolvidas a apresentação de garantias idôneas para que possam ser liberadas as cargas aos consignatários.

• Sem correspondência no CPC/1973.

§ 1º A parte que não concordar com o regulador quanto à declaração de abertura da avaria grossa deverá justificar suas razões ao juiz, que decidirá no prazo de 10 (dez) dias.

§ 2º Se o consignatário não apresentar garantia idônea a critério do regulador, este fixará o valor da contribuição provisória com base nos fatos narrados e nos documentos que instruírem a petição inicial, que deverá ser caucionado sob a forma de depósito judicial ou de garantia bancária.

§ 3º Recusando-se o consignatário a prestar caução, o regulador requererá ao juiz a alienação judicial de sua carga na forma dos arts. 879 a 903.

§ 4º É permitido o levantamento, por alvará, das quantias necessárias ao pagamento das despesas da alienação a serem arcadas pelo consignatário, mantendo-se o saldo remanescente em depósito judicial até o encerramento da regulação.

Art. 709. As partes deverão apresentar nos autos os documentos necessários à regulação da avaria grossa em prazo razoável a ser fixado pelo regulador.

• Sem correspondência no CPC/1973.

Art. 710. O regulador apresentará o regulamento da avaria grossa no prazo de até 12 (doze) meses, contado da data da entrega dos documentos nos autos pelas partes, podendo o prazo ser estendido a critério do juiz.

• Sem correspondência no CPC/1973.

§ 1º Oferecido o regulamento da avaria grossa, dele terão vista as partes pelo prazo comum de 15 (quinze) dias, e, não havendo impugnação, o regulamento será homologado por sentença.

§ 2º Havendo impugnação ao regulamento, o juiz decidirá no prazo de 10 (dez) dias, após a oitiva do regulador.

Art. 711. Aplicam-se ao regulador de avarias os arts. 156 a 158, no que couber.

• Sem correspondência no CPC/1973.
• V. arts. 762 a 765, CCo.

Capítulo XIV
DA RESTAURAÇÃO DE AUTOS

Art. 712. Verificado o desaparecimento dos autos, eletrônicos ou não, pode o juiz, de ofício, qualquer das partes ou o Ministério Público, se for o caso, promover-lhes a restauração.

• Correspondência: art. 1.063, *caput*, CPC/1973.
• V. art. 47, Lei 6.515/1977 (Lei do Divórcio).

Parágrafo único. Havendo autos suplementares, nesses prosseguirá o processo.

• Correspondência: art. 1.063, parágrafo único, CPC/1973.

Art. 713. Na petição inicial, declarará a parte o estado do processo ao tempo do desaparecimento dos autos, oferecendo:

• Correspondência: art. 1.064, *caput*, CPC/1973.

I – certidões dos atos constantes do protocolo de audiências do cartório por onde haja corrido o processo;
- Correspondência: art. 1.064, I, CPC/1973.

II – cópia das peças que tenha em seu poder;
- Correspondência: art. 1.064, II, CPC/1973.

III – qualquer outro documento que facilite a restauração.
- Correspondência: art. 1.064, III, CPC/1973.

Art. 714. A parte contrária será citada para contestar o pedido no prazo de 5 (cinco) dias, cabendo-lhe exibir as cópias, as contrafés e as reproduções dos atos e dos documentos que estiverem em seu poder.
- Correspondência: art. 1.065, *caput*, CPC/1973.

§ 1º Se a parte concordar com a restauração, lavrar-se-á o auto que, assinado pelas partes e homologado pelo juiz, suprirá o processo desaparecido.
- Correspondência: art. 1.065, § 1º, CPC/1973.

§ 2º Se a parte não contestar ou se a concordância for parcial, observar-se-á o procedimento comum.
- Correspondência: art. 1.065, § 2º, CPC/1973.

Art. 715. Se a perda dos autos tiver ocorrido depois da produção das provas em audiência, o juiz, se necessário, mandará repeti-las.
- Correspondência: art. 1.066, *caput*, CPC/1973.

§ 1º Serão reinquiridas as mesmas testemunhas, que, em caso de impossibilidade, poderão ser substituídas de ofício ou a requerimento.
- Correspondência: art. 1.066, § 1º, CPC/1973.

§ 2º Não havendo certidão ou cópia do laudo, far-se-á nova perícia, sempre que possível pelo mesmo perito.
- Correspondência: art. 1.066, § 2º, CPC/1973.

§ 3º Não havendo certidão de documentos, esses serão reconstituídos mediante cópias ou, na falta dessas, pelos meios ordinários de prova.
- Correspondência: art. 1.066, § 3º, CPC/1973.

§ 4º Os serventuários e os auxiliares da justiça não podem eximir-se de depor como testemunhas a respeito de atos que tenham praticado ou assistido.
- Correspondência: art. 1.066, § 4º, CPC/1973.

§ 5º Se o juiz houver proferido sentença da qual ele próprio ou o escrivão possua cópia, esta será juntada aos autos e terá a mesma autoridade da original.
- Correspondência: art. 1.066, § 5º, CPC/1973.

Art. 716. Julgada a restauração, seguirá o processo os seus termos.
- Correspondência: art. 1.067, *caput*, CPC/1973.
- V. art. 1.009, CPC/2015.

Parágrafo único. Aparecendo os autos originais, neles se prosseguirá, sendo-lhes apensados os autos da restauração.
- Correspondência: art. 1.067, § 1º, CPC/1973.

Art. 717. Se o desaparecimento dos autos tiver ocorrido no tribunal, o processo de restauração será distribuído, sempre que possível, ao relator do processo.
- Correspondência: art. 1.068, *caput*, CPC/1973.
- V. arts. 298 a 303, RISTF.

§ 1º A restauração far-se-á no juízo de origem quanto aos atos nele realizados.
- Correspondência: art. 1.068, § 1º, CPC/1973.

§ 2º Remetidos os autos ao tribunal, nele completar-se-á a restauração e proceder-se-á ao julgamento.
- Correspondência: art. 1.068, § 2º, CPC/1973.

Art. 718. Quem houver dado causa ao desaparecimento dos autos responderá pelas custas da restauração e pelos honorários de advogado, sem prejuízo da responsabilidade civil ou penal em que incorrer.
- Correspondência: art. 1.069, CPC/1973.
- V. arts. 79 a 81, e 143, I, CPC/2015.

Capítulo XV
DOS PROCEDIMENTOS DE JURISDIÇÃO VOLUNTÁRIA

Seção I
Disposições gerais

Art. 719. Quando este Código não estabelecer procedimento especial, regem os procedimentos de jurisdição voluntária as disposições constantes desta Seção.
- Correspondência: art. 1.103, CPC/1973.
- V. art. 215, I, CPC/2015.

Art. 720. O procedimento terá início por provocação do interessado, do Ministério

Público ou da Defensoria Pública, cabendo-lhes formular o pedido devidamente instruído com os documentos necessários e com a indicação da providência judicial.

- Correspondência: art. 1.104, CPC/1973.

Art. 721. Serão citados todos os interessados, bem como intimado o Ministério Público, nos casos do art. 178, para que se manifestem, querendo, no prazo de 15 (quinze) dias.

- Correspondência: arts. 1.105 e 1.106, CPC/1973.
- V. arts. 178 e 279, CPC/2015.

Art. 722. A Fazenda Pública será sempre ouvida nos casos em que tiver interesse.

- Correspondência: art. 1.108, CPC/1973.
- V. art. 178, parágrafo único, CPC/2015.

Art. 723. O juiz decidirá o pedido no prazo de 10 (dez) dias.

- Correspondência: art. 1.109, 1ª parte, CPC/1973.

Parágrafo único. O juiz não é obrigado a observar critério de legalidade estrita, podendo adotar em cada caso a solução que considerar mais conveniente ou oportuna.

- Correspondência: art. 1.109, 2ª parte, CPC/1973.

Art. 724. Da sentença caberá apelação.

- Correspondência: art. 1.110, CPC/1973.
- V. art. 1.008, CPC/2015.

Art. 725. Processar-se-á na forma estabelecida nesta Seção o pedido de:

- Correspondência: art. 1.112, *caput*, CPC/1973.
- V. art. 322, CPC/2015.

I – emancipação;

- Correspondência: art. 1.112, I, CPC/1973.
- V. art. 9º, II, CC.
- V. arts. 29, IV, 90 e 91, Lei 6.015/1973 (Lei de Registros Públicos).

II – sub-rogação;

- Correspondência: art. 1.112, II, CPC/1973.
- V. art. 857, § 1º, CPC/2015.
- V. arts. 346 a 351, CC.

III – alienação, arrendamento ou oneração de bens de crianças ou adolescentes, de órfãos e de interditos;

- Correspondência: art. 1.112, III, CPC/1973.
- V. art. 5º, parágrafo único, CC.

IV – alienação, locação e administração da coisa comum;

- Correspondência: art. 1.112, IV, CPC/1973.

V – alienação de quinhão em coisa comum;

- Correspondência: art. 1.112, V, CPC/1973.

VI – extinção de usufruto, quando não decorrer da morte do usufrutuário, do termo da sua duração ou da consolidação, e de fideicomisso, quando decorrer de renúncia ou quando ocorrer antes do evento que caracterizar a condição resolutória;

- Correspondência: art. 1.112, VI, CPC/1973.
- V. arts. 322 e 857, § 1º, CPC/2015.
- V. arts. 1.390 a 1.411, CC.

VII – expedição de alvará judicial;

- Sem correspondência no CPC/1973.

VIII – homologação de autocomposição extrajudicial, de qualquer natureza ou valor.

- Sem correspondência no CPC/1973.

Parágrafo único. As normas desta Seção aplicam-se, no que couber, aos procedimentos regulados nas seções seguintes.

- Sem correspondência no CPC/1973.

Seção II
Da notificação e da interpelação

Art. 726. Quem tiver interesse em manifestar formalmente sua vontade a outrem sobre assunto juridicamente relevante poderá notificar pessoas participantes da mesma relação jurídica para dar lhes ciência de seu propósito.

- Correspondência: art. 867, CPC/1973.

§ 1º Se a pretensão for a de dar conhecimento geral ao público, mediante edital, o juiz só a deferirá se a tiver por fundada e necessária ao resguardo de direito.

- Correspondência: art. 870, *caput* e I, CPC/1973.
- V. arts. 256 e 258, CPC/2015.

§ 2º Aplica-se o disposto nesta Seção, no que couber, ao protesto judicial.

- Correspondência: art. 873, CPC/1973.

Art. 727. Também poderá o interessado interpelar o requerido, no caso do art. 726, para que faça ou deixe de fazer o que o requerente entenda ser de seu direito.

- Sem correspondência no CPC/1973.

Art. 733

Art. 728. O requerido será previamente ouvido antes do deferimento da notificação ou do respectivo edital:

- Correspondência: art. 870, parágrafo único, CPC/1973.

I – se houver suspeita de que o requerente, por meio da notificação ou do edital, pretende alcançar fim ilícito;

- Correspondência: art. 870, parágrafo único, CPC/1973.

II – se tiver sido requerida a averbação da notificação em registro público.

- Sem correspondência no CPC/1973.

Art. 729. Deferida e realizada a notificação ou interpelação, os autos serão entregues ao requerente.

- Correspondência: art. 872, CPC/1973.

Seção III
Da alienação judicial

Art. 730. Nos casos expressos em lei, não havendo acordo entre os interessados sobre o modo como se deve realizar a alienação do bem, o juiz, de ofício ou a requerimento dos interessados ou do depositário, mandará aliená-lo em leilão, observando-se o disposto na Seção I deste Capítulo e, no que couber, o disposto nos arts. 879 a 903.

- Correspondência: art. 1.113, *caput*, CPC/1973.
- V. arts. 642, 742, 881, 883 e 884, e 891, CPC/2015.

Seção IV
Do divórcio e da separação consensuais, da extinção consensual de união estável e da alteração do regime de bens do matrimônio

Art. 731. A homologação do divórcio ou da separação consensuais, observados os requisitos legais, poderá ser requerida em petição assinada por ambos os cônjuges, da qual constarão:

- Correspondência: arts. 1.120, *caput*, e 1.121, *caput*, CPC/1973.
- V. art. 5º, I, e 226, § 6º, CF.
- V. arts. 4º, 31, 34 e 40, § 2º, Lei 6.515/1977 (Lei do Divórcio).

I – as disposições relativas à descrição e à partilha dos bens comuns;

- Correspondência: art. 1.121, I, CPC/1973.
- V. art. 43, Lei 6.515/1977 (Lei do Divórcio).

II – as disposições relativas à pensão alimentícia entre os cônjuges;

- Correspondência: art. 1.121, IV, CPC/1973.
- V. Súmula 379, STF.

III – o acordo relativo à guarda dos filhos incapazes e ao regime de visitas; e

- Correspondência: art. 1.121, II, CPC/1973.
- V. art. 1.634, II, CC.
- V. arts. 9º e 15, Lei 6.515/1977 (Lei do Divórcio).

IV – o valor da contribuição para criar e educar os filhos.

- Correspondência: art. 1.121, III, CPC/1973.
- V. art. 20, Lei 6.515/1977 (Lei do Divórcio).

Parágrafo único. Se os cônjuges não acordarem sobre a partilha dos bens, far-se-á esta depois de homologado o divórcio, na forma estabelecida nos arts. 647 a 658.

- Correspondência: art. 1.121, § 1º, CPC/1973.

Art. 732. As disposições relativas ao processo de homologação judicial de divórcio ou de separação consensuais aplicam-se, no que couber, ao processo de homologação da extinção consensual de união estável.

- Sem correspondência no CPC/1973.
- V. Lei 11.441/2007 (Inventário, partilha, separação consensual e divórcio consensual por via administrativa).
- V. Res. CNJ 35/2007 (Disciplina a aplicação da Lei 11.441/2007 pelos serviços notariais e de registro).

Art. 733. O divórcio consensual, a separação consensual e a extinção consensual de união estável, não havendo nascituro ou filhos incapazes e observados os requisitos legais, poderão ser realizados por escritura pública, da qual constarão as disposições de que trata o art. 731.

- Correspondência: art. 1.124-A, *caput*, CPC/1973.
- V. Res. CNJ 35/2007 (Disciplina a aplicação da Lei 11.441/2007 pelos serviços notariais e de registro).

§ 1º A escritura não depende de homologação judicial e constitui título hábil para qualquer ato de registro, bem como para levantamento de importância depositada em instituições financeiras.

- Correspondência: art. 1.124-A, § 1º, CPC/1973.

§ 2º O tabelião somente lavrará a escritura se os interessados estiverem assistidos por advogado ou por defensor público, cuja qualificação e assinatura constarão do ato notarial.

- Correspondência: art. 1.124-A, § 2º, CPC/1973.

Art. 734. A alteração do regime de bens do casamento, observados os requisitos legais, poderá ser requerida, motivadamente, em petição assinada por ambos os cônjuges, na qual serão expostas as razões que justificam a alteração, ressalvados os direitos de terceiros.

- Sem correspondência no CPC/1973.
- V. art. 1.639, § 2º, CC.

§ 1º Ao receber a petição inicial, o juiz determinará a intimação do Ministério Público e a publicação de edital que divulgue a pretendida alteração de bens, somente podendo decidir depois de decorrido o prazo de 30 (trinta) dias da publicação do edital.

§ 2º Os cônjuges, na petição inicial ou em petição avulsa, podem propor ao juiz meio alternativo de divulgação da alteração do regime de bens, a fim de resguardar direitos de terceiros.

§ 3º Após o trânsito em julgado da sentença, serão expedidos mandados de averbação aos cartórios de registro civil e de imóveis e, caso qualquer dos cônjuges seja empresário, ao Registro Público de Empresas Mercantis e Atividades Afins.

Seção V
Dos testamentos e dos codicilos

Art. 735. Recebendo testamento cerrado, o juiz, se não achar vício externo que o torne suspeito de nulidade ou falsidade, o abrirá e mandará que o escrivão o leia em presença do apresentante.

- Correspondência: art. 1.125, *caput*, CPC/1973.
- V. arts. 553 e 736, CPC/2015.
- V. arts. 1.868 a 1.875, CC.

§ 1º Do termo de abertura constarão o nome do apresentante e como ele obteve o testamento, a data e o lugar do falecimento do testador, com as respectivas provas, e qualquer circunstância digna de nota.

- Correspondência: art. 1.125, parágrafo único, CPC/1973.

§ 2º Depois de ouvido o Ministério Público, não havendo dúvidas a serem esclarecidas, o juiz mandará registrar, arquivar e cumprir o testamento.

- Correspondência: art. 1.126, CPC/1973.

§ 3º Feito o registro, será intimado o testamenteiro para assinar o termo da testamentária.

- Correspondência: art. 1.127, CPC/1973.
- V. arts. 1.976 a 1.990, CC.

§ 4º Se não houver testamenteiro nomeado ou se ele estiver ausente ou não aceitar o encargo, o juiz nomeará testamenteiro dativo, observando-se a preferência legal.

- Correspondência: art. 1.127, CPC/1973.
- V. arts. 1.976 a 1.990, CC.

§ 5º O testamenteiro deverá cumprir as disposições testamentárias e prestar contas em juízo do que recebeu e despendeu, observando-se o disposto em lei.

- Correspondência: art. 1.135, CPC/1973.
- V. arts. 1.976 a 1.990, CC.

Art. 736. Qualquer interessado, exibindo o traslado ou a certidão de testamento público, poderá requerer ao juiz que ordene o seu cumprimento, observando-se, no que couber, o disposto nos parágrafos do art. 735.

- Correspondência: art. 1.128, CPC/1973.
- V. arts. 1.864 a 1.867, CC.

Art. 737. A publicação do testamento particular poderá ser requerida, depois da morte do testador, pelo herdeiro, pelo legatário ou pelo testamenteiro, bem como pelo terceiro detentor do testamento, se impossibilitado de entregá-lo a algum dos outros legitimados para requerê-la.

- Correspondência: art. 1.130, CPC/1973.
- V. arts. 1.876 a 1.885, CC.

§ 1º Serão intimados os herdeiros que não tiverem requerido a publicação do testamento.

- Correspondência: art. 1.131, CPC/1973.

§ 2º Verificando a presença dos requisitos da lei, ouvido o Ministério Público, o juiz confirmará o testamento.

- Correspondência: art. 1.133, CPC/1973.

§ 3º Aplica-se o disposto neste artigo ao codicilo e aos testamentos marítimo, aeronáutico, militar e nuncupativo.
- Correspondência: art. 1.134, CPC/1973.
- V. arts. 1.888 a 1.896, CC.

§ 4º Observar-se-á, no cumprimento do testamento, o disposto nos parágrafos do art. 735.
- Sem correspondência no CPC/1973.

Seção VI
Da herança jacente

Art. 738. Nos casos em que a lei considere jacente a herança, o juiz em cuja comarca tiver domicílio o falecido procederá imediatamente à arrecadação dos respectivos bens.
- Correspondência: art. 1.142, CPC/1973.
- V. arts. 1.819 e 1.823, CC.

Art. 739. A herança jacente ficará sob a guarda, a conservação e a administração de um curador até a respectiva entrega ao sucessor legalmente habilitado ou até a declaração de vacância.
- Correspondência: art. 1.143, CPC/1973.
- V. art. 75, VI, CPC/2015.
- V. art. 1.819, CC.

§ 1º Incumbe ao curador:
- Correspondência: art. 1.144, *caput*, CPC/1973.

I – representar a herança em juízo ou fora dele, com intervenção do Ministério Público;
- Correspondência: art. 1.144, I, CPC/1973.

II – ter em boa guarda e conservação os bens arrecadados e promover a arrecadação de outros porventura existentes;
- Correspondência: art. 1.144, II, CPC/1973.

III – executar as medidas conservatórias dos direitos da herança;
- Correspondência: art. 1.144, III, CPC/1973.

IV – apresentar mensalmente ao juiz balancete da receita e da despesa;
- Correspondência: art. 1.144, IV, CPC/1973.

V – prestar contas ao final de sua gestão.
- Correspondência: art. 1.144, V, CPC/1973.
- V. art. 553, CPC/2015.

§ 2º Aplica-se ao curador o disposto nos arts. 159 a 161.
- Correspondência: art. 1.144, parágrafo único, CPC/1973.

Art. 740. O juiz ordenará que o oficial de justiça, acompanhado do escrivão ou do chefe de secretaria e do curador, arrole os bens e descreva-os em auto circunstanciado.
- Correspondência: art. 1.145, CPC/1973.

§ 1º Não podendo comparecer ao local, o juiz requisitará à autoridade policial que proceda à arrecadação e ao arrolamento dos bens, com 2 (duas) testemunhas, que assistirão às diligências.
- Correspondência: art. 1.148, CPC/1973.

§ 2º Não estando ainda nomeado o curador, o juiz designará depositário e lhe entregará os bens, mediante simples termo nos autos, depois de compromissado.
- Correspondência: art. 1.145, § 1º, CPC/1973.

§ 3º Durante a arrecadação, o juiz ou a autoridade policial inquirirá os moradores da casa e da vizinhança sobre a qualificação do falecido, o paradeiro de seus sucessores e a existência de outros bens, lavrando-se de tudo auto de inquirição e informação.
- Correspondência: art. 1.150, CPC/1973.

§ 4º O juiz examinará reservadamente os papéis, as cartas missivas e os livros domésticos e, verificando que não apresentam interesse, mandará empacotá-los e lacrá-los para serem assim entregues aos sucessores do falecido ou queimados quando os bens forem declarados vacantes.
- Correspondência: art. 1.147, CPC/1973.

§ 5º Se constar ao juiz a existência de bens em outra comarca, mandará expedir carta precatória a fim de serem arrecadados.
- Correspondência: art. 1.149, CPC/1973.

§ 6º Não se fará a arrecadação, ou essa será suspensa, quando, iniciada, apresentarem-se para reclamar os bens o cônjuge ou companheiro, o herdeiro ou o testamenteiro notoriamente reconhecido e não houver oposição motivada do curador, de qualquer interessado, do Ministério Público ou do representante da Fazenda Pública.
- Correspondência: art. 1.151, CPC/1973.

Art. 741. Ultimada a arrecadação, o juiz mandará expedir edital, que será publicado na rede mundial de computadores, no sítio do tribunal a que estiver vinculado o juízo e na plataforma de editais do Conselho Nacional de Justiça, onde permanecerá por 3 (três) meses, ou, não havendo sítio, no órgão oficial e na imprensa da comarca, por 3 (três) vezes com intervalos de 1 (um) mês, para que os sucessores do falecido venham a habilitar-se no prazo de 6 (seis) meses contado da primeira publicação.

- Correspondência: art. 1.152, *caput*, CPC/1973.
- V. arts. 642 a 646, e 743, CPC/2015.

§ 1º Verificada a existência de sucessor ou de testamenteiro em lugar certo, far-se-á a sua citação, sem prejuízo do edital.

- Correspondência: art. 1.152, § 1º, CPC/1973.

§ 2º Quando o falecido for estrangeiro, será também comunicado o fato à autoridade consular.

- Correspondência: art. 1.152, § 2º, CPC/1973.

§ 3º Julgada a habilitação do herdeiro, reconhecida a qualidade do testamenteiro ou provada a identidade do cônjuge ou companheiro, a arrecadação converter-se-á em inventário.

- Correspondência: art. 1.153, CPC/1973.

§ 4º Os credores da herança poderão habilitar-se como nos inventários ou propor a ação de cobrança.

- Correspondência: art. 1.154, CPC/1973.
- V. arts. 642 a 646, CPC/2015.

Art. 742. O juiz poderá autorizar a alienação.

- Correspondência: art. 1.155, *caput*, CPC/1973.
- V. art. 730, CPC/2015.

I – de bens móveis, se forem de conservação difícil ou dispendiosa;

- Correspondência: art. 1.155, I, CPC/1973.

II – de semoventes, quando não empregados na exploração de alguma indústria;

- Correspondência: art. 1.155, II, CPC/1973.

III – de títulos e papéis de crédito, havendo fundado receio de depreciação;

- Correspondência: art. 1.155, III, CPC/1973.

IV – de ações de sociedade quando, reclamada a integralização, não dispuser a herança de dinheiro para o pagamento;

- Correspondência: art. 1.155, IV, CPC/1973.

V – de bens imóveis:

- Correspondência: art. 1.155, V, CPC/1973.

a) se ameaçarem ruína, não convindo a reparação;

- Correspondência: art. 1.155, V, *a*, CPC/1973.

b) se estiverem hipotecados e vencer-se a dívida, não havendo dinheiro para o pagamento.

- Correspondência: art. 1.155, V, *b*, CPC/1973.

§ 1º Não se procederá, entretanto, à venda se a Fazenda Pública ou o habilitando adiantar a importância para as despesas.

- Correspondência: art. 1.155, parágrafo único, CPC/1973.

§ 2º Os bens com valor de afeição, como retratos, objetos de uso pessoal, livros e obras de arte, só serão alienados depois de declarada a vacância da herança.

- Correspondência: art. 1.156, CPC/1973.

Art. 743. Passado 1 (um) ano da primeira publicação do edital e não havendo herdeiro habilitado nem habilitação pendente, será a herança declarada vacante.

- Correspondência: art. 1.157, *caput*, CPC/1973.
- V. arts. 1.820 e 1.822, CC.

§ 1º Pendendo habilitação, a vacância será declarada pela mesma sentença que a julgar improcedente, aguardando-se, no caso de serem diversas as habilitações, o julgamento da última.

- Correspondência: art. 1.157, parágrafo único, CPC/1973.

§ 2º Transitada em julgado a sentença que declarou a vacância, o cônjuge, o companheiro, os herdeiros e os credores só poderão reclamar o seu direito por ação direta.

- Correspondência: art. 1.158, CPC/1973.

Seção VII
Dos bens dos ausentes

Art. 744. Declarada a ausência nos casos previstos em lei, o juiz mandará arrecadar os bens do ausente e nomear-lhes-á curador na forma estabelecida na Seção VI, observando-se o disposto em lei.

- Correspondência: arts. 1.159 e 1.160, CPC/1973.
- V. arts. 671, I e 745, CPC/2015.
- V. arts. 22, 36, 38 e 39, CC.

Código de Processo Civil

- V. arts. 29, VI, e 94, Lei 6.015/1973 (Lei de Registros Públicos).

Art. 745. Feita a arrecadação, o juiz mandará publicar editais na rede mundial de computadores, no sítio do tribunal a que estiver vinculado e na plataforma de editais do Conselho Nacional de Justiça, onde permanecerá por 1 (um) ano, ou, não havendo sítio, no órgão oficial e na imprensa da comarca, durante 1 (um) ano, reproduzida de 2 (dois) em 2 (dois) meses, anunciando a arrecadação e chamando o ausente a entrar na posse de seus bens.

- Correspondência: art. 1.161, CPC/1973.
- V. Súmula 331, STF.

§ 1º Findo o prazo previsto no edital, poderão os interessados requerer a abertura da sucessão provisória, observando-se o disposto em lei.

- Correspondência: art. 1.163, *caput*, CPC/1973.
- V. art. 26, CC.

§ 2º O interessado, ao requerer a abertura da sucessão provisória, pedirá a citação pessoal dos herdeiros presentes e do curador e, por editais, a dos ausentes para requererem habilitação, na forma dos arts. 689 a 692.

- Correspondência: art. 1.164, CPC/1973.

§ 3º Presentes os requisitos legais, poderá ser requerida a conversão da sucessão provisória em definitiva.

- Correspondência: art. 1.167, CPC/1973.
- V. arts. 37 e 38, CC.

§ 4º Regressando o ausente ou algum de seus descendentes ou ascendentes para requerer ao juiz a entrega de bens, serão citados para contestar o pedido os sucessores provisórios ou definitivos, o Ministério Público e o representante da Fazenda Pública, seguindo-se o procedimento comum.

- Correspondência: arts. 1.168 e 1.169, CPC/1973.
- V. art. 39, CC.

Seção VIII
Das coisas vagas

Art. 746. Recebendo do descobridor coisa alheia perdida, o juiz mandará lavrar o respectivo auto, do qual constará a descrição do bem e as declarações do descobridor.

- Correspondência: art. 1.170, *caput*, CPC/1973.
- V. arts. 1.233 a 1.237, CC.
- V. art. 169, parágrafo único, II, CP.

§ 1º Recebida a coisa por autoridade policial, esta a remeterá em seguida ao juízo competente.

- Correspondência: art. 1.170, parágrafo único, CPC/1973.

§ 2º Depositada a coisa, o juiz mandará publicar edital na rede mundial de computadores, no sítio do tribunal a que estiver vinculado e na plataforma de editais do Conselho Nacional de Justiça ou, não havendo sítio, no órgão oficial e na imprensa da comarca, para que o dono ou o legítimo possuidor a reclame, salvo se se tratar de coisa de pequeno valor e não for possível a publicação no sítio do tribunal, caso em que o edital será apenas afixado no trio do edifício do fórum.

- Correspondência: art. 1.171, § 2º, CPC/1973.

§ 3º Observar-se-á, quanto ao mais, o disposto em lei.

- Sem correspondência no CPC/1973.

Seção IX
Da interdição

Art. 747. A interdição pode ser promovida:

- Correspondência: art. 1.177, *caput*, CPC/1973.

I – pelo cônjuge ou companheiro;

- Correspondência: art. 1.177, I e II, CPC/1973.

II – pelos parentes ou tutores;

- Correspondência: art. 1.177, I e II, CPC/1973.
- V. arts. 1.767, 1.774 a 1.778 e 1.781 a 1.783, CC.

III – pelo representante da entidade em que se encontra abrigado o interditando;

- Sem correspondência no CPC/1973.

IV – pelo Ministério Público.

- Correspondência: art. 1.177, III, CPC/1973.
- V. art. 177, CPC/2015.

Parágrafo único. A legitimidade deverá ser comprovada por documentação que acompanhe a petição inicial.

- Correspondência: art. 1.180, CPC/1973.

Art. 748. O Ministério Público só promoverá interdição em caso de doença mental grave:

- Correspondência: art. 1.178, I, CPC/1973.

Art. 749

I – se as pessoas designadas nos incisos I, II e III do art. 747 não existirem ou não promoverem a interdição;

• Correspondência: art. 1.178, II, CPC/1973.

II – se, existindo, forem incapazes as pessoas mencionadas nos incisos I e II do art. 747.

• Correspondência: art. 1.178, III, CPC/1973.

Art. 749. Incumbe ao autor, na petição inicial, especificar os fatos que demonstram a incapacidade do interditando para administrar seus bens e, se for o caso, para praticar atos da vida civil, bem como o momento em que a incapacidade se revelou.

• Correspondência: art. 1.180, CPC/1973.

Parágrafo único. Justificada a urgência, o juiz pode nomear curador provisório ao interditando para a prática de determinados atos.

• Sem correspondência no CPC/1973.

Art. 750. O requerente deverá juntar laudo médico para fazer prova de suas alegações ou informar a impossibilidade de fazê-lo.

• Sem correspondência no CPC/1973.

Art. 751. O interditando será citado para, em dia designado, comparecer perante o juiz, que o entrevistará minuciosamente acerca de sua vida, negócios, bens, vontades, preferências e laços familiares e afetivos e sobre o que mais lhe parecer necessário para convencimento quanto à sua capacidade para praticar atos da vida civil, devendo ser reduzidas a termo as perguntas e respostas.

• Correspondência: art. 1.181, CPC/1973.

§ 1º Não podendo o interditando deslocar-se, o juiz o ouvirá no local onde estiver.

• Sem correspondência no CPC/1973.

§ 2º A entrevista poderá ser acompanhada por especialista.

• Sem correspondência no CPC/1973.

§ 3º Durante a entrevista, é assegurado o emprego de recursos tecnológicos capazes de permitir ou de auxiliar o interditando a expressar suas vontades e preferências e a responder às perguntas formuladas.

• Sem correspondência no CPC/1973.

§ 4º A critério do juiz, poderá ser requisitada a oitiva de parentes e de pessoas próximas.

• Sem correspondência no CPC/1973.

Art. 752. Dentro do prazo de 15 (quinze) dias contado da entrevista, o interditando poderá impugnar o pedido.

• Correspondência: art. 1.182, *caput*, CPC/1973.

§ 1º O Ministério Público intervirá como fiscal da ordem jurídica.

• Correspondência: art. 1.182, § 1º, CPC/1973.
• V. art. 178, CPC/2015.

§ 2º O interditando poderá constituir advogado, e, caso não o faça, deverá ser nomeado curador especial.

• Correspondência: art. 1.182, § 2º, CPC/1973.

§ 3º Caso o interditando não constitua advogado, o seu cônjuge, companheiro ou qualquer parente sucessível poderá intervir como assistente.

• Correspondência: art. 1.182, § 3º, CPC/1973.

Art. 753. Decorrido o prazo previsto no art. 752, o juiz determinará a produção de prova pericial para avaliação da capacidade do interditando para praticar atos da vida civil.

• Correspondência: art. 1.183, *caput*, CPC/1973.

§ 1º A perícia pode ser realizada por equipe composta por expertos com formação multidisciplinar.

• Sem correspondência no CPC/1973.

§ 2º O laudo pericial indicará especificadamente, se for o caso, os atos para os quais haverá necessidade de curatela.

• Sem correspondência no CPC/1973.

Art. 754. Apresentado o laudo, produzidas as demais provas e ouvidos os interessados, o juiz proferirá sentença.

• Correspondência: art. 1.183, *caput*, CPC/1973.

Art. 755. Na sentença que decretar a interdição, o juiz:

• Sem correspondência no CPC/1973.

I – nomeará curador, que poderá ser o requerente da interdição, e fixará os limites da curatela, segundo o estado e o desenvolvimento mental do interdito;

• Correspondência: art. 1.183, parágrafo único, CPC/1973.

II – considerará as características pessoais do interdito, observando suas potencialidades, habilidades, vontades e preferências.

- Sem correspondência no CPC/1973.

§ 1º A curatela deve ser atribuída a quem melhor possa atender aos interesses do curatelado.

- Sem correspondência no CPC/1973.

§ 2º Havendo, ao tempo da interdição, pessoa incapaz sob a guarda e a responsabilidade do interdito, o juiz atribuirá a curatela a quem melhor puder atender aos interesses do interdito e do incapaz.

- Sem correspondência no CPC/1973.

§ 3º A sentença de interdição será inscrita no registro de pessoas naturais e imediatamente publicada na rede mundial de computadores, no sítio do tribunal a que estiver vinculado o juízo e na plataforma de editais do Conselho Nacional de Justiça, onde permanecerá por 6 (seis) meses, na imprensa local, 1 (uma) vez, e no órgão oficial, por 3 (três) vezes, com intervalo de 10 (dez) dias, constando do edital os nomes do interdito e do curador, a causa da interdição, os limites da curatela e, não sendo total a interdição, os atos que o interdito poderá praticar autonomamente.

- Correspondência: art. 1.184, CPC/1973.
- V. art. 9º, III, CC.
- V. arts. 29, V, 92 e 107, § 1º, Lei 6.015/1973 (Lei de Registros Públicos).

Art. 756. Levantar-se-á a curatela quando cessar a causa que a determinou.

- Correspondência: art. 1.186, *caput*, CPC/1973.

§ 1º O pedido de levantamento da curatela poderá ser feito pelo interdito, pelo curador ou pelo Ministério Público e será apensado aos autos da interdição.

- Correspondência: art. 1.186, § 1º, CPC/1973.

§ 2º O juiz nomeará perito ou equipe multidisciplinar para proceder ao exame do interdito e designará audiência de instrução e julgamento após a apresentação do laudo.

- Correspondência: art. 1.186, § 1º, CPC/1973.

§ 3º Acolhido o pedido, o juiz decretará o levantamento da interdição e determinará a publicação da sentença, após o trânsito em julgado, na forma do art. 755, § 3º, ou, não sendo possível, na imprensa local e no órgão oficial, por 3 (três) vezes, com intervalo de 10 (dez) dias, seguindo-se a averbação no registro de pessoas naturais.

- Correspondência: art. 1.186, § 2º, CPC/1973.

§ 4º A interdição poderá ser levantada parcialmente quando demonstrada a capacidade do interdito para praticar alguns atos da vida civil.

- Sem correspondência no CPC/1973.

Art. 757. A autoridade do curador estende-se à pessoa e aos bens do incapaz que se encontrar sob a guarda e a responsabilidade do curatelado ao tempo da interdição, salvo se o juiz considerar outra solução como mais conveniente aos interesses do incapaz.

- Sem correspondência no CPC/1973.
- V. art. 1.778, CC.

Art. 758. O curador deverá buscar tratamento e apoio apropriados à conquista da autonomia pelo interdito.

- Sem correspondência no CPC/1973.

Seção X
Disposições comuns à tutela e à curatela

Art. 759. O tutor ou o curador será intimado a prestar compromisso no prazo de 5 (cinco) dias contado da:

- Correspondência: art. 1.187, *caput*, CPC/1973.
- V. arts. 71 e 747, CPC/2015.

I – nomeação feita em conformidade com a lei;

- Correspondência: art. 1.187, I, CPC/1973.
- V. art. 215, II, CPC/2015.

II – intimação do despacho que mandar cumprir o testamento ou o instrumento público que o houver instituído.

- Correspondência: art. 1.187, II, CPC/1973.

§ 1º O tutor ou o curador prestará o compromisso por termo em livro rubricado pelo juiz.

- Correspondência: art. 1.188, CPC/1973.
- V. art. 553, CPC/2015.

§ 2º Prestado o compromisso, o tutor ou o curador assume a administração dos bens do tutelado ou do interditado.

- Correspondência: art. 1.188, CPC/1973.

Art. 760. O tutor ou o curador poderá eximir-se do encargo apresentando escusa ao juiz no prazo de 5 (cinco) dias contado:

- Correspondência: art. 1.192, *caput*, CPC/1973.
- V. arts. 1.736 a 1.739, CC.

I – antes de aceitar o encargo, da intimação para prestar compromisso;

- Correspondência: art. 1.192, I, CPC/1973.

II – depois de entrar em exercício, do dia em que sobrevier o motivo da escusa.

- Correspondência: art. 1.192, II, CPC/1973.

§ 1º Não sendo requerida a escusa no prazo estabelecido neste artigo, considerar-se-á renunciado o direito de alegá-la.

- Correspondência: art. 1.192, parágrafo único, CPC/1973.

§ 2º O juiz decidirá de plano o pedido de escusa, e, não o admitindo, exercerá o nomeado a tutela ou a curatela enquanto não for dispensado por sentença transitada em julgado.

- Correspondência: art. 1.193, CPC/1973.

Art. 761. Incumbe ao Ministério Público ou a quem tenha legítimo interesse requerer, nos casos previstos em lei, a remoção do tutor ou do curador.

- Correspondência: art. 1.194, CPC/1973.
- V. arts. 1.735, 1.766, 1.774 e 1.781, CC.

Parágrafo único. O tutor ou o curador será citado para contestar a arguição no prazo de 5 (cinco) dias, findo o qual observar-se-á o procedimento comum.

- Correspondência: arts. 1.195 e 1.196, CPC/1973.

Art. 762. Em caso de extrema gravidade, o juiz poderá suspender o tutor ou o curador do exercício de suas funções, nomeando substituto interino.

- Correspondência: art. 1.197, CPC/1973.

Art. 763. Cessando as funções do tutor ou do curador pelo decurso do prazo em que era obrigado a servir, ser-lhe-á lícito requerer a exoneração do encargo.

- Correspondência: art. 1.198, CPC/1973.

§ 1º Caso o tutor ou o curador não requeira a exoneração do encargo dentro dos 10 (dez) dias seguintes à expiração do termo, entender-se-á reconduzido, salvo se o juiz o dispensar.

- Correspondência: art. 1.198, CPC/1973.

§ 2º Cessada a tutela ou a curatela, é indispensável a prestação de contas pelo tutor ou pelo curador, na forma da lei civil.

- Sem correspondência no CPC/1973.

Seção XI
Da organização e da fiscalização das fundações

Art. 764. O juiz decidirá sobre a aprovação do estatuto das fundações e de suas alterações sempre que o requeira o interessado, quando:

- Correspondência: art. 1.201, § 1º, CPC/1973.
- V. art. 5º, XXXV, CF.

I – ela for negada previamente pelo Ministério Público ou por este forem exigidas modificações com as quais o interessado não concorde;

- Correspondência: art. 1.201, § 1º, CPC/1973.

II – o interessado discordar do estatuto elaborado pelo Ministério Público.

- Correspondência: art. 1.202, I e II, CPC/1973.

§ 1º O estatuto das fundações deve observar o disposto na Lei 10.406, de 10 de janeiro de 2002 (Código Civil).

- Sem correspondência no CPC/1973.

§ 2º Antes de suprir a aprovação, o juiz poderá mandar fazer no estatuto modificações a fim de adaptá-lo ao objetivo do instituidor.

- Correspondência: art. 1.201, § 2º, CPC/1973.

Art. 765. Qualquer interessado ou o Ministério Público promoverá em juízo a extinção da fundação quando:

- Correspondência: art. 1.204, *caput*, CPC/1973.
- V. art. 69, CC.

I – se tornar ilícito o seu objeto;

- Correspondência: art. 1.204, I, CPC/1973.

II – for impossível a sua manutenção;

- Correspondência: art. 1.204, II, CPC/1973.

III – vencer o prazo de sua existência.

- Correspondência: art. 1.204, III, CPC/1973.

Art. 772

CÓDIGO DE PROCESSO CIVIL

Seção XII
Da ratificação dos protestos marítimos e dos processos testemunháveis formados a bordo

Art. 766. Todos os protestos e os processos testemunháveis formados a bordo e lançados no livro Diário da Navegação deverão ser apresentados pelo comandante ao juiz de direito do primeiro porto, nas primeiras 24 (vinte e quatro) horas de chegada da embarcação, para sua ratificação judicial.

• Sem correspondência no CPC/1973.

Art. 767. A petição inicial conterá a transcrição dos termos lançados no livro Diário da Navegação e deverá ser instruída com cópias das páginas que contenham os termos que serão ratificados, dos documentos de identificação do comandante e das testemunhas arroladas, do rol de tripulantes, do documento de registro da embarcação e, quando for o caso, do manifesto das cargas sinistradas e a qualificação de seus consignatários, traduzidos, quando for o caso, de forma livre para o português.

• Sem correspondência no CPC/1973.
• V. art. 319, CPC/2015.

Art. 768. A petição inicial deverá ser distribuída com urgência e encaminhada ao juiz, que ouvirá, sob compromisso a ser prestado no mesmo dia, o comandante e as testemunhas em número mínimo de 2 (duas) e máximo de 4 (quatro), que deverão comparecer ao ato independentemente de intimação.

• Sem correspondência no CPC/1973.

§ 1º Tratando-se de estrangeiros que não dominem a língua portuguesa, o autor deverá fazer-se acompanhar por tradutor, que prestará compromisso em audiência.

§ 2º Caso o autor não se faça acompanhar por tradutor, o juiz deverá nomear outro que preste compromisso em audiência.

Art. 769. Aberta a audiência, o juiz mandará apregoar os consignatários das cargas indicados na petição inicial e outros eventuais interessados, nomeando para os ausentes curador para o ato.

• Sem correspondência no CPC/1973.
• V. arts. 22 a 25, CC.

Art. 770. Inquiridos o comandante e as testemunhas, o juiz, convencido da veracidade dos termos lançados no Diário da Navegação, em audiência, ratificará por sentença o protesto ou o processo testemunhável lavrado a bordo, dispensado o relatório.

• Sem correspondência no CPC/1973.

Parágrafo único. Independentemente do trânsito em julgado, o juiz determinará a entrega dos autos ao autor ou ao seu advogado, mediante a apresentação de traslado.

LIVRO II
DO PROCESSO DE EXECUÇÃO
TÍTULO I
DA EXECUÇÃO EM GERAL
Capítulo I
DISPOSIÇÕES GERAIS

Art. 771. Este Livro regula o procedimento da execução fundada em título extrajudicial, e suas disposições aplicam-se, também, no que couber, aos procedimentos especiais de execução, aos atos executivos realizados no procedimento de cumprimento de sentença, bem como aos efeitos de atos ou fatos processuais a que a lei atribuir força executiva.

• Sem correspondência no CPC/1973.
• V. art. 513, CPC/2015.

Parágrafo único. Aplicam-se subsidiariamente à execução as disposições do Livro I da Parte Especial.

• Correspondência: art. 598, CPC/1973.

Art. 772. O juiz pode, em qualquer momento do processo:

• Correspondência: art. 152, I, CPC/1973.

I – ordenar o comparecimento das partes;

• Correspondência: art. 152, I, CPC/1973.

II – advertir o executado de que seu procedimento constitui ato atentatório à dignidade da justiça;

• Correspondência: art. 152, I, CPC/1973.

III – determinar que sujeitos indicados pelo exequente forneçam informações em geral relacionadas ao objeto da execução, tais co-

Art. 773

CÓDIGO DE PROCESSO CIVIL

mo documentos e dados que tenham em seu poder, assinando-lhes prazo razoável.
- Sem correspondência no CPC/1973.

Art. 773. O juiz poderá, de ofício ou a requerimento, determinar as medidas necessárias ao cumprimento da ordem de entrega de documentos e dados.
- Sem correspondência no CPC/1973.

Parágrafo único. Quando, em decorrência do disposto neste artigo, o juízo receber dados sigilosos para os fins da execução, o juiz adotará as medidas necessárias para assegurar a confidencialidade.

Art. 774. Considera-se atentatória à dignidade da justiça a conduta comissiva ou omissiva do executado que:
- Correspondência: art. 600, *caput*, CPC/1973.
- V. art. 5º, CPC/2015.

I – frauda a execução;
- Correspondência: art. 600, I, CPC/1973.
- V. arts. 792, 808, 856, § 3º, CPC/2015.

II – se opõe maliciosamente à execução, empregando ardis e meios artificiosos;
- Correspondência: art. 600, II, CPC/1973.

III – dificulta ou embaraça a realização da penhora;
- Sem correspondência no CPC/1973.

IV – resiste injustificadamente às ordens judiciais;
- Correspondência: art. 600, III, CPC/1973.

V – intimado, não indica ao juiz quais são e onde estão os bens sujeitos à penhora e os respectivos valores, nem exibe prova de sua propriedade e, se for o caso, certidão negativa de ônus.
- Correspondência: art. 600, IV, CPC/1973.

Parágrafo único. Nos casos previstos neste artigo, o juiz fixará multa em montante não superior a 20% (vinte por cento) do valor atualizado do débito em execução, a qual será revertida em proveito do exequente, exigível nos próprios autos do processo, sem prejuízo de outras sanções de natureza processual ou material.
- Correspondência: art. 601, CPC/1973.

Art. 775. O exequente tem o direito de desistir de toda a execução ou de apenas alguma medida executiva.
- Correspondência: art. 569, *caput*, CPC/1973.

- V. art. 200, parágrafo único, CPC/2015.

Parágrafo único. Na desistência da execução, observar-se-á o seguinte:
- Correspondência: art. 569, parágrafo único, CPC/1973.

I – serão extintos a impugnação e os embargos que versarem apenas sobre questões processuais, pagando o exequente as custas processuais e os honorários advocatícios;
- Correspondência: art. 569, parágrafo único, *a*, CPC/1973.

II – nos demais casos, a extinção dependerá da concordância do impugnante ou do embargante.
- Correspondência: art. 569, parágrafo único, *b*, CPC/1973.
- V. art. 485, § 4º, CPC/2015.

Art. 776. O exequente ressarcirá ao executado os danos que este sofreu, quando a sentença, transitada em julgado, declarar inexistente, no todo ou em parte, a obrigação que ensejou a execução.
- Correspondência: art. 574, CPC/1973.

Art. 777. A cobrança de multas ou de indenizações decorrentes de litigância de má-fé ou de prática de ato atentatório à dignidade da justiça será promovida nos próprios autos do processo.
- Correspondência: art. 739-B, CPC/1973.

Capítulo II
DAS PARTES

Art. 778. Pode promover a execução forçada o credor a quem a lei confere título executivo.
- Correspondência: art. 566, *caput* e I, CPC/1973.
- V. arts. 109, § 1º, 177, 328 e 784, CPC/2015.

§ 1º Podem promover a execução forçada ou nela prosseguir, em sucessão ao exequente originário:
- Correspondência: art. 567, *caput*, CPC/1973.

I – o Ministério Público, nos casos previstos em lei;
- Correspondência: art. 566, II, CPC/1973.

II – o espólio, os herdeiros ou os sucessores do credor, sempre que, por morte deste, lhes for transmitido o direito resultante do título executivo;
- Correspondência: art. 567, I, CPC/1973.

Art. 782

CÓDIGO DE PROCESSO CIVIL

- V. art. 75, VII, 485, IX, 687 a 692, CPC/2015.

III – o cessionário, quando o direito resultante do título executivo lhe for transferido por ato entre vivos;
- Correspondência: art. 567, II, CPC/1973.
- V. arts. 287 a 289, CC.

IV – o sub-rogado, nos casos de sub-rogação legal ou convencional.
- Correspondência: art. 567, III, CPC/1973.
- V. art. 857, CPC/2015.
- V. arts. 346 a 351, 831 e 834, CC.

§ 2º A sucessão prevista no § 1º independe de consentimento do executado.
- Sem correspondência no CPC/1973.

Art. 779. A execução pode ser promovida contra:
- Correspondência: art. 568, *caput*, CPC/1973.
- V. art. 789, CPC/2015.

I – o devedor, reconhecido como tal no título executivo;
- Correspondência: art. 568, I, CPC/1973.

II – o espólio, os herdeiros ou os sucessores do devedor;
- Correspondência: art. 568, II, CPC/1973.

III – o novo devedor que assumiu, com o consentimento do credor, a obrigação resultante do título executivo;
- Correspondência: art. 568, III, CPC/1973.
- V. art. 109, § 1º, CPC/2015.

IV – o fiador do débito constante em título extrajudicial;
- Correspondência: art. 568, IV, CPC/1973.
- V. art. 794, CPC/2015.

V – o responsável titular do bem vinculado por garantia real ao pagamento do débito;
- Sem correspondência no CPC/1973.

VI – o responsável tributário, assim definido em lei.
- Correspondência: art. 568, V, CPC/1973.
- V. arts. 121, parágrafo único, 128 a 138, CTN.

Art. 780. O exequente pode cumular várias execuções, ainda que fundadas em títulos diferentes, quando o executado for o mesmo e desde que para todas elas seja competente o mesmo juízo e idêntico o procedimento.
- Correspondência: art. 573, CPC/1973.
- V. arts. 327, CPC/2015.
- V. Súmula 17, STJ.

Capítulo III
DA COMPETÊNCIA

Art. 781. A execução fundada em título extrajudicial será processada perante o juízo competente, observando-se o seguinte:
- Correspondência: art. 576, CPC/1973.
- V. arts. 21, 23 e 24, 42 a 63, 951 a 959, CPC/2015.

I – a execução poderá ser proposta no foro de domicílio do executado, de eleição constante do título ou, ainda, de situação dos bens a ela sujeitos;
- Sem correspondência no CPC/1973.

II – tendo mais de um domicílio, o executado poderá ser demandado no foro de qualquer deles;
- Sem correspondência no CPC/1973.

III – sendo incerto ou desconhecido o domicílio do executado, a execução poderá ser proposta no lugar onde for encontrado ou no foro de domicílio do exequente;
- Sem correspondência no CPC/1973.

IV – havendo mais de um devedor, com diferentes domicílios, a execução será proposta no foro de qualquer deles, à escolha do exequente;
- Sem correspondência no CPC/1973.

V – a execução poderá ser proposta no foro do lugar em que se praticou o ato ou em que ocorreu o fato que deu origem ao título, mesmo que nele não mais resida o executado.
- Sem correspondência no CPC/1973.

Art. 782. Não dispondo a lei de modo diverso, o juiz determinará os atos executivos, e o oficial de justiça os cumprirá.
- Correspondência: art. 577, CPC/1973.
- V. arts. 154, 155 e 233, CPC/2015.

§ 1º O oficial de justiça poderá cumprir os atos executivos determinados pelo juiz também nas comarcas contíguas, de fácil comunicação, e nas que se situem na mesma região metropolitana.
- Correspondência: art. 230, CPC/1973.

§ 2º Sempre que, para efetivar a execução, for necessário o emprego de força policial, o juiz a requisitará.
- Correspondência: art. 579, CPC/1973.
- V. arts. 360, III, e 846, CPC/2015.

§ 3º A requerimento da parte, o juiz pode determinar a inclusão do nome do executado em cadastros de inadimplentes.
* Sem correspondência no CPC/1973.

§ 4º A inscrição será cancelada imediatamente se for efetuado o pagamento, se for garantida a execução ou se a execução for extinta por qualquer outro motivo.
* Sem correspondência no CPC/1973.

§ 5º O disposto nos §§ 3º e 4º aplica-se à execução definitiva de título judicial.
* Sem correspondência no CPC/1973.

Capítulo IV
DOS REQUISITOS NECESSÁRIOS PARA REALIZAR QUALQUER EXECUÇÃO

Seção I
Do título executivo

Art. 783. A execução para cobrança de crédito fundar-se-á sempre em título de obrigação certa, líquida e exigível.
* Correspondência: art. 586, CPC/1973.
* V. art. 803, I, CPC/2015.
* V. arts. 52 a 74, Lei 6.404/1976 (Sociedades por ações).
* V. art. 2º, Lei 6.458/1977 (Adapta a Lei 5.474/1968 ao CPC).

Art. 784. São títulos executivos extrajudiciais:
* Correspondência: art. 585, *caput*, CPC/1973.

I – a letra de câmbio, a nota promissória, a duplicata, a debênture e o cheque;
* Correspondência: art. 585, I, CPC/1973.
* V. arts. 49, 50, 51 e 56, Dec. 2.044/1908 (Letra de câmbio e nota promissória).
* V. Dec. 57.595/1966 (Convenções para adoção de uma Lei Uniforme em matéria de cheques).
* V. arts. 41 e 44, Dec.-lei 167/1967 (Títulos de crédito rural).
* V. arts. 15 e 22, Lei 5.474/1968 (Duplicatas).
* V. Dec.-lei 413/1969 (Títulos de crédito industrial).
* V. Lei 7.357/1985 (Cheque).

II – a escritura pública ou outro documento público assinado pelo devedor;
* Correspondência: art. 585, II, CPC/1973.
* V. art. 215, CC.

III – o documento particular assinado pelo devedor e por 2 (duas) testemunhas;
* Correspondência: art. 585, II, CPC/1973.
* V. art. 221, CC.
* V. Súmula 300, STJ.

IV – o instrumento de transação referendado pelo Ministério Público, pela Defensoria Pública, pela Advocacia Pública, pelos advogados dos transatores ou por conciliador ou mediador credenciado por tribunal;
* Correspondência: art. 585, II, CPC/1973.
* V. art. 57, parágrafo único, Lei 9.099/1995 (Juizados Especiais Cíveis e Criminais).

V – o contrato garantido por hipoteca, penhor, anticrese ou outro direito real de garantia e aquele garantido por caução;
* Correspondência: art. 585, III, CPC/1973.
* V. arts. 1.419 a 1.510, CC.
* V. arts. 1º a 13 e 31, Lei 492/1937 (Penhor rural e a cédula pignoratícia).
* V. arts. 29, 32, § 2º, 35, § 1º, e 38, Dec.-lei 70/1966 (Cédula hipotecária).

VI – o contrato de seguro de vida em caso de morte;
* Correspondência: art. 585, III, CPC/1973.
* V. Dec.-lei 5.384/1943 (Beneficiários do seguro de vida).

VII – o crédito decorrente de foro e laudêmio;
* Correspondência: art. 585, IV, CPC/1973.

VIII – o crédito, documentalmente comprovado, decorrente de aluguel de imóvel, bem como de encargos acessórios, tais como taxas e despesas de condomínio;
* Correspondência: art. 585, V, CPC/1973.
* V. art. 1.315, CC.
* V. Lei 4.591/1964 (Condomínio em edificações e as incorporações imobiliárias).

IX – a certidão de dívida ativa da Fazenda Pública da União, dos Estados, do Distrito Federal e dos Municípios, correspondente aos créditos inscritos na forma da lei;
* Correspondência: art. 585, VII, CPC/1973.
* V. arts. 201 a 204, CTN.
* V. arts. 2º e 3º, Lei 6.830/1980 (Execução fiscal).

X – o crédito referente às contribuições ordinárias ou extraordinárias de condomínio edilício, previstas na respectiva convenção ou aprovadas em assembleia geral, desde que documentalmente comprovadas;

- Sem correspondência no CPC/1973.
- V. arts. 1.315, CC.
- V. Lei 4.591/1964 (Condomínio em edificações e as incorporações imobiliárias).

XI – a certidão expedida por serventia notarial ou de registro relativa a valores de emolumentos e demais despesas devidas pelos atos por ela praticados, fixados nas tabelas estabelecidas em lei;

- Sem correspondência no CPC/1973.

XII – todos os demais títulos aos quais, por disposição expressa, a lei atribuir força executiva.

- Correspondência: art. 585, VIII, CPC/1973.
- V. arts. 32, § 2º, 35, § 1º, e 38, Dec.-lei 70/1966 (Cédula hipotecária).
- V. art. 10, Lei 5.741/1971 (Sistema Financeiro da Habitação).
- V. art. 107, I, Lei 6.404/1976 (Sociedades por ações).
- V. art. 211, Lei 8.069/1990 (Estatuto da Criança e do Adolescente).
- V. art. 24, Lei 8.906/1994 (Estatuto da Advocacia e da OAB).
- V. arts. 49, § 1º, e 142, § 6º, III, Lei 11.101/2005 (Lei de Recuperação de Empresas e Falência).

§ 1º A propositura de qualquer ação relativa a débito constante de título executivo não inibe o credor de promover-lhe a execução.

- Correspondência: art. 585, § 1º, CPC/1973.
- V. Súmula 317, STJ.

§ 2º Os títulos executivos extrajudiciais oriundos de país estrangeiro não dependem de homologação para serem executados.

- Correspondência: art. 585, § 2º, CPC/1973.
- V. art. 13, Dec.-lei 4.657/1942 (Lei de Introdução às normas do Direito Brasileiro).

§ 3º O título estrangeiro só terá eficácia executiva quando satisfeitos os requisitos de formação exigidos pela lei do lugar de sua celebração e quando o Brasil for indicado como o lugar de cumprimento da obrigação.

- Correspondência: art. 585, § 2º, CPC/1973.

Art. 785. A existência de título executivo extrajudicial não impede a parte de optar pelo processo de conhecimento, a fim de obter título executivo judicial.

- Sem correspondência no CPC/1973.

Seção II
Da exigibilidade da obrigação

Art. 786. A execução pode ser instaurada caso o devedor não satisfaça a obrigação certa, líquida e exigível consubstanciada em título executivo.

- Correspondência: art. 580, CPC/1973.

Parágrafo único. A necessidade de simples operações aritméticas para apurar o crédito exequendo não retira a liquidez da obrigação constante do título.

- Sem correspondência no CPC/1973.

Art. 787. Se o devedor não for obrigado a satisfazer sua prestação senão mediante a contraprestação do credor, este deverá provar que a adimpliu ao requerer a execução, sob pena de extinção do processo.

- Correspondência: art. 615, *caput* e IV, CPC/1973.

Parágrafo único. O executado poderá eximir-se da obrigação, depositando em juízo a prestação ou a coisa, caso em que o juiz não permitirá que o credor a receba sem cumprir a contraprestação que lhe tocar.

- Correspondência: art. 582, parágrafo único, CPC/1973.

Art. 788. O credor não poderá iniciar a execução ou nela prosseguir se o devedor cumprir a obrigação, mas poderá recusar o recebimento da prestação se ela não corresponder ao direito ou à obrigação estabelecidos no título executivo, caso em que poderá requerer a execução forçada, ressalvado ao devedor o direito de embargá-la.

- Correspondência: art. 581, CPC/1973.
- V. art. 914, CPC/2015.
- V. art. 313, CC.

Capítulo V
DA RESPONSABILIDADE PATRIMONIAL

Art. 789. O devedor responde com todos os seus bens presentes e futuros para o cumprimento de suas obrigações, salvo as restrições estabelecidas em lei.

- Correspondência: art. 591, CPC/1973.
- V. art. 824, CPC/2015.

Art. 790

Art. 790. São sujeitos à execução os bens:

- Correspondência: art. 592, *caput*, CPC/1973.
- V. art. 779, CPC/2015.

I – do sucessor a título singular, tratando-se de execução fundada em direito real ou obrigação reipersecutória;

- Correspondência: art. 592, I, CPC/1973.

II – do sócio, nos termos da lei;

- Correspondência: art. 592, II, CPC/1973.
- V. art. 795, CPC/2015.

III – do devedor, ainda que em poder de terceiros;

- Correspondência: art. 592, III, CPC/1973.

IV – do cônjuge ou companheiro, nos casos em que seus bens próprios ou de sua meação respondem pela dívida;

- Correspondência: art. 592, IV, CPC/1973.
- V. art. 1.642, CC.

V – alienados ou gravados com ônus real em fraude à execução;

- Correspondência: art. 592, V, CPC/1973.

VI – cuja alienação ou gravação com ônus real tenha sido anulada em razão do reconhecimento, em ação autônoma, de fraude contra credores;

- Sem correspondência no CPC/1973.

VII – do responsável, nos casos de desconsideração da personalidade jurídica.

- Sem correspondência no CPC/1973.

Art. 791. Se a execução tiver por objeto obrigação de que seja sujeito passivo o proprietário de terreno submetido ao regime do direito de superfície, ou o superficiário, responderá pela dívida, exclusivamente, o direito real do qual é titular o executado, recaindo a penhora ou outros atos de constrição exclusivamente sobre o terreno, no primeiro caso, ou sobre a construção ou a plantação, no segundo caso.

- Sem correspondência no CPC/1973.

§ 1º Os atos de constrição a que se refere o *caput* serão averbados separadamente na matrícula do imóvel, com a identificação do executado, do valor do crédito e do objeto sobre o qual recai o gravame, devendo o oficial destacar o bem que responde pela dívida, se o terreno, a construção ou a plantação, de modo a assegurar a publicidade da responsabilidade patrimonial de cada um deles pelas dívidas e pelas obrigações que a eles estão vinculadas.

§ 2º Aplica-se, no que couber, o disposto neste artigo à enfiteuse, à concessão de uso especial para fins de moradia e à concessão de direito real de uso.

Art. 792. A alienação ou a oneração de bem é considerada fraude à execução:

- Correspondência: art. 593, *caput*, CPC/1973.
- V. arts. 774, 808, CPC/2015.
- V. art. 185, CTN.
- V. arts. 216 e 240, Lei 6.015/1973 (Lei de Registros Públicos).

I – quando sobre o bem pender ação fundada em direito real ou com pretensão reipersecutória, desde que a pendência do processo tenha sido averbada no respectivo registro público, se houver;

- Correspondência: art. 593, I, CPC/1973.
- V. Súmula 375, STJ.

II – quando tiver sido averbada, no registro do bem, a pendência do processo de execução, na forma do art. 828;

- Sem correspondência no CPC/1973.
- V. art. 828, § 3º, CPC/2015.
- V. Súmula 375, STJ.

III – quando tiver sido averbado, no registro do bem, hipoteca judiciária ou outro ato de constrição judicial originário do processo onde foi arguida a fraude;

- Sem correspondência no CPC/1973.

IV – quando, ao tempo da alienação ou da oneração, tramitava contra o devedor ação capaz de reduzi-lo à insolvência;

- Correspondência: art. 593, II, CPC/1973.

V – nos demais casos expressos em lei.

- Correspondência: art. 593, III, CPC/1973.
- V. Súmula 375, STJ.

§ 1º A alienação em fraude à execução é ineficaz em relação ao exequente.

- Sem correspondência no CPC/1973.

§ 2º No caso de aquisição de bem não sujeito a registro, o terceiro adquirente tem o ônus de provar que adotou as cautelas necessárias para a aquisição, mediante a exibição das certidões pertinentes, obtidas no

domicílio do vendedor e no local onde se encontra o bem.
- Sem correspondência no CPC/1973.

§ 3º Nos casos de desconsideração da personalidade jurídica, a fraude à execução verifica-se a partir da citação da parte cuja personalidade se pretende desconsiderar.
- Sem correspondência no CPC/1973.

§ 4º Antes de declarar a fraude à execução, o juiz deverá intimar o terceiro adquirente, que, se quiser, poderá opor embargos de terceiro, no prazo de 15 (quinze) dias.
- Sem correspondência no CPC/1973.

Art. 793. O exequente que estiver, por direito de retenção, na posse de coisa pertencente ao devedor não poderá promover a execução sobre outros bens senão depois de excutida a coisa que se achar em seu poder.
- Correspondência: art. 594, CPC/1973.
- V. arts. 319, 476, 477, 491, 495, 578, 644, 664, 681, 708, 1.219, 1.220, 1.423, 1.433, II, 1.434 e 1.507 a 1.509, CC.

Art. 794. O fiador, quando executado, tem o direito de exigir que primeiro sejam executados os bens do devedor situados na mesma comarca, livres e desembargados, indicando-os pormenorizadamente à penhora.
- Correspondência: art. 595, *caput*, CPC/1973.
- V. arts. 827 e 828, CC.

§ 1º Os bens do fiador ficarão sujeitos à execução se os do devedor, situados na mesma comarca que os seus, forem insuficientes à satisfação do direito do credor.
- Correspondência: art. 595, *caput*, CPC/1973.

§ 2º O fiador que pagar a dívida poderá executar o afiançado nos autos do mesmo processo.
- Correspondência: art. 595, parágrafo único, CPC/1973.

§ 3º O disposto no *caput* não se aplica se o fiador houver renunciado ao benefício de ordem.
- Sem correspondência no CPC/1973.

Art. 795. Os bens particulares dos sócios não respondem pelas dívidas da sociedade, senão nos casos previstos em lei.
- Correspondência: art. 596, *caput*, CPC/1973.
- V. art. 790, II, CPC/2015.

- V. art. 1.022, CC.
- V. arts. 134, VII, e 135, I, CTN.

§ 1º O sócio réu, quando responsável pelo pagamento da dívida da sociedade, tem o direito de exigir que primeiro sejam excutidos os bens da sociedade.
- Correspondência: art. 596, *caput*, CPC/1973.

§ 2º Incumbe ao sócio que alegar o benefício do § 1º nomear quantos bens da sociedade situados na mesma comarca, livres e desembargados, bastem para pagar o débito.
- Correspondência: art. 596, § 1º, CPC/1973.

§ 3º O sócio que pagar a dívida poderá executar a sociedade nos autos do mesmo processo.
- Correspondência: art. 596, § 2º, CPC/1973.

§ 4º Para a desconsideração da personalidade jurídica é obrigatória a observância do incidente previsto neste Código.
- Sem correspondência no CPC/1973.

Art. 796. O espólio responde pelas dívidas do falecido, mas, feita a partilha, cada herdeiro responde por elas dentro das forças da herança e na proporção da parte que lhe coube.
- Correspondência: art. 597, CPC/1973.
- V. arts. 1.792, 1.821 e 1.997, CC.

TÍTULO II
DAS DIVERSAS ESPÉCIES DE EXECUÇÃO

Capítulo I
DISPOSIÇÕES GERAIS

Art. 797. Ressalvado o caso de insolvência do devedor, em que tem lugar o concurso universal, realiza-se a execução no interesse do exequente que adquire, pela penhora, o direito de preferência sobre os bens penhorados.
- Correspondência: art. 612, CPC/1973.
- V. art. 187, parágrafo único, CTN.

Parágrafo único. Recaindo mais de uma penhora sobre o mesmo bem, cada exequente conservará o seu título de preferência.
- Correspondência: art. 613, CPC/1973.

Art. 798

Art. 798. Ao propor a execução, incumbe ao exequente:

- Correspondência: art. 614, *caput*, CPC/1973.

I – instruir a petição inicial com:

- Correspondência: art. 614, *caput*, CPC/1973.

a) o título executivo extrajudicial;

- Correspondência: art. 614, I, CPC/1973.

b) o demonstrativo do débito atualizado até a data de propositura da ação, quando se tratar de execução por quantia certa;

- Correspondência: art. 614, II, CPC/1973.

c) a prova de que se verificou a condição ou ocorreu o termo, se for o caso;

- Correspondência: art. 614, III, CPC/1973.

d) a prova, se for o caso, de que adimpliu a contraprestação que lhe corresponde ou que lhe assegura o cumprimento, se o executado não for obrigado a satisfazer a sua prestação senão mediante a contraprestação do exequente;

- Correspondência: art. 615, IV, CPC/1973.

II – indicar:

- Correspondência: art. 615, I, CPC/1973.

a) a espécie de execução de sua preferência, quando por mais de um modo puder ser realizada;

- Correspondência: art. 615, I, CPC/1973.

b) os nomes completos do exequente e do executado e seus números de inscrição no Cadastro de Pessoas Físicas ou no Cadastro Nacional da Pessoa Jurídica;

- Sem correspondência no CPC/1973.

c) os bens suscetíveis de penhora, sempre que possível.

- Correspondência: art. 652, § 2º, CPC/1973.

Parágrafo único. O demonstrativo do débito deverá conter:

- Sem correspondência no CPC/1973.

I – o índice de correção monetária adotado;

- Sem correspondência no CPC/1973.

II – a taxa de juros aplicada;

- Sem correspondência no CPC/1973.

III – os termos inicial e final de incidência do índice de correção monetária e da taxa de juros utilizados;

- Sem correspondência no CPC/1973.

IV – a periodicidade da capitalização dos juros, se for o caso;

- Sem correspondência no CPC/1973.

V – a especificação de desconto obrigatório realizado.

- Sem correspondência no CPC/1973.

Art. 799. Incumbe ainda ao exequente:

- Correspondência: art. 615, *caput*, CPC/1973.

I – requerer a intimação do credor pignoratício, hipotecário, anticrético ou fiduciário, quando a penhora recair sobre bens gravados por penhor, hipoteca, anticrese ou alienação fiduciária;

- Correspondência: art. 615, II, CPC/1973.

II – requerer a intimação do titular de usufruto, uso ou habitação, quando a penhora recair sobre bem gravado por usufruto, uso ou habitação;

- Correspondência: art. 615, II, CPC/1973.

III – requerer a intimação do promitente comprador, quando a penhora recair sobre bem em relação ao qual haja promessa de compra e venda registrada;

- Sem correspondência no CPC/1973.

IV – requerer a intimação do promitente vendedor, quando a penhora recair sobre direito aquisitivo derivado de promessa de compra e venda registrada;

- Sem correspondência no CPC/1973.

V – requerer a intimação do superficiário, enfiteuta ou concessionário, em caso de direito de superfície, enfiteuse, concessão de uso especial para fins de moradia ou concessão de direito real de uso, quando a penhora recair sobre imóvel submetido ao regime do direito de superfície, enfiteuse ou concessão;

- Sem correspondência no CPC/1973.

VI – requerer a intimação do proprietário de terreno com regime de direito de superfície, enfiteuse, concessão de uso especial para fins de moradia ou concessão de direito real de uso, quando a penhora recair sobre direitos do superficiário, do enfiteuta ou do concessionário;

- Sem correspondência no CPC/1973.

VII – requerer a intimação da sociedade, no caso de penhora de quota social ou de ação

Art. 804

de sociedade anônima fechada, para o fim previsto no art. 876, § 7º;

- Sem correspondência no CPC/1973.

VIII – pleitear, se for o caso, medidas urgentes;

- Correspondência: art. 615, III, CPC/1973.

IX – proceder à averbação em registro público do ato de propositura da execução e dos atos de constrição realizados, para conhecimento de terceiros.

- Correspondência: art. 615-A, CPC/1973.

Art. 800. Nas obrigações alternativas, quando a escolha couber ao devedor, esse será citado para exercer a opção e realizar a prestação dentro de 10 (dez) dias, se outro prazo não lhe foi determinado em lei ou em contrato.

- Correspondência: art. 571, *caput*, CPC/1973.
- V. arts. 252 a 256, CC.

§ 1º Devolver-se-á ao credor a opção, se o devedor não a exercer no prazo determinado.

- Correspondência: art. 571, § 1º, CPC/1973.

§ 2º A escolha será indicada na petição inicial da execução quando couber ao credor exercê-la.

- Correspondência: art. 571, § 2º, CPC/1973.

Art. 801. Verificando que a petição inicial está incompleta ou que não está acompanhada dos documentos indispensáveis à propositura da execução, o juiz determinará que o exequente a corrija, no prazo de 15 (quinze) dias, sob pena de indeferimento.

- Correspondência: art. 616, CPC/1973.

Art. 802. Na execução, o despacho que ordena a citação, desde que realizada em observância ao disposto no § 2º do art. 240, interrompe a prescrição, ainda que proferido por juízo incompetente.

- Correspondência: art. 617, CPC/1973.
- V. Súmula 150, STF.

Parágrafo único. A interrupção da prescrição retroagirá à data de propositura da ação.

- Correspondência: art. 219, § 1º, CPC/1973.

Art. 803. É nula a execução se:

- Correspondência: art. 618, *caput*, CPC/1973.

I – o título executivo extrajudicial não corresponder a obrigação certa, líquida e exigível;

- Correspondência: art. 618, I, CPC/1973.

II – o executado não for regularmente citado;

- Correspondência: art. 618, II, CPC/1973.

III – for instaurada antes de se verificar a condição ou de ocorrer o termo.

- Correspondência: art. 618, III, CPC/1973.

Parágrafo único. A nulidade de que cuida este artigo será pronunciada pelo juiz, de ofício ou a requerimento da parte, independentemente de embargos à execução.

- Sem correspondência no CPC/1973.

Art. 804. A alienação de bem gravado por penhor, hipoteca ou anticrese será ineficaz em relação ao credor pignoratício, hipotecário ou anticrético não intimado.

- Correspondência: art. 619, CPC/1973.
- V. art. 1.501, CC.

§ 1º A alienação de bem objeto de promessa de compra e venda ou de cessão registrada será ineficaz em relação ao promitente comprador ou ao cessionário não intimado.

- Sem correspondência no CPC/1973.

§ 2º A alienação de bem sobre o qual tenha sido instituído direito de superfície, seja do solo, da plantação ou da construção, será ineficaz em relação ao concedente ou ao concessionário não intimado.

- Sem correspondência no CPC/1973.

§ 3º A alienação de direito aquisitivo de bem objeto de promessa de venda, de promessa de cessão ou de alienação fiduciária será ineficaz em relação ao promitente vendedor, ao promitente cedente ou ao proprietário fiduciário não intimado.

- Sem correspondência no CPC/1973.

§ 4º A alienação de imóvel sobre o qual tenha sido instituída enfiteuse, concessão de uso especial para fins de moradia ou concessão de direito real de uso será ineficaz em relação ao enfiteuta ou ao concessionário não intimado.

- Sem correspondência no CPC/1973.

§ 5º A alienação de direitos do enfiteuta, do concessionário de direito real de uso ou do concessionário de uso especial para fins de moradia será ineficaz em relação ao proprietário do respectivo imóvel não intimado.

• Sem correspondência no CPC/1973.

§ 6º A alienação de bem sobre o qual tenha sido instituído usufruto, uso ou habitação será ineficaz em relação ao titular desses direitos reais não intimado.

• Correspondência: art. 619, CPC/1973.

Art. 805. Quando por vários meios o exequente puder promover a execução, o juiz mandará que se faça pelo modo menos gravoso para o executado.

• Correspondência: art. 620, CPC/1973.

Parágrafo único. Ao executado que alegar ser a medida executiva mais gravosa incumbe indicar outros meios mais eficazes e menos onerosos, sob pena de manutenção dos atos executivos já determinados.

• Correspondência: art. 668, CPC/1973.
• V. Súmula 417, STJ.

Capítulo II
DA EXECUÇÃO PARA A ENTREGA DE COISA

Seção I
Da entrega de coisa certa

Art. 806. O devedor de obrigação de entrega de coisa certa, constante de título executivo extrajudicial, será citado para, em 15 (quinze) dias, satisfazer a obrigação.

• Correspondência: art. 621, *caput*, CPC/1973.
• V. arts. 233 a 242 e 313, CC.
• V. art. 35, I, Lei 8.078/1990 (Código de Defesa do Consumidor).

§ 1º Ao despachar a inicial, o juiz poderá fixar multa por dia de atraso no cumprimento da obrigação, ficando o respectivo valor sujeito a alteração, caso se revele insuficiente ou excessivo.

• Correspondência: art. 621, parágrafo único, CPC/1973.

§ 2º Do mandado de citação constará ordem para imissão na posse ou busca e apreensão, conforme se tratar de bem imóvel ou móvel, cujo cumprimento se dará de imediato, se o executado não satisfizer a obrigação no prazo que lhe foi designado.

• Correspondência: art. 625, CPC/1973.

Art. 807. Se o executado entregar a coisa, será lavrado o termo respectivo e considerada satisfeita a obrigação, prosseguindo-se a execução para o pagamento de frutos ou o ressarcimento de prejuízos, se houver.

• Correspondência: art. 624, CPC/1973.
• V. arts. 233, 234 e 236, CC.

Art. 808. Alienada a coisa quando já litigiosa, será expedido mandado contra o terceiro adquirente, que somente será ouvido após depositá-la.

• Correspondência: art. 626, CPC/1973.

Art. 809. O exequente tem direito a receber, além de perdas e danos, o valor da coisa, quando essa se deteriorar, não lhe for entregue, não for encontrada ou não for reclamada do poder de terceiro adquirente.

• Correspondência: art. 628, CPC/1973.
• V. arts. 402 a 405, CC.

§ 1º Não constando do título o valor da coisa e sendo impossível sua avaliação, o exequente apresentará estimativa, sujeitando-a ao arbitramento judicial.

§ 2º Serão apurados em liquidação o valor da coisa e os prejuízos.

Art. 810. Havendo benfeitorias indenizáveis feitas na coisa pelo executado ou por terceiros de cujo poder ela houver sido tirada, a liquidação prévia é obrigatória.

• Correspondência: art. 628, CPC/1973.
• V. arts. 96, 242 e 1.219 a 1.222, CC.

Parágrafo único. Havendo saldo:
I – em favor do executado ou de terceiros, o exequente o depositará ao requerer a entrega da coisa;
II – em favor do exequente, esse poderá cobrá-lo nos autos do mesmo processo.

Seção II
Da entrega de coisa incerta

Art. 811. Quando a execução recair sobre coisa determinada pelo gênero e pela quantidade, o executado será citado para entregá-la individualizada, se lhe couber a escolha.

• Correspondência: art. 629, CPC/1973.
• V. arts. 85, 243 a 246, CC
• V. art. 15, Lei 8.929/1994 (Cédula de produto rural).

Código de Processo Civil

Parágrafo único. Se a escolha couber ao exequente, esse deverá indicá-la na petição inicial.

Art. 812. Qualquer das partes poderá, no prazo de 15 (quinze) dias, impugnar a escolha feita pela outra, e o juiz decidirá de plano ou, se necessário, ouvindo perito de sua nomeação.

• Correspondência: art. 630, CPC/1973.

Art. 813. Aplicar-se-ão à execução para entrega de coisa incerta, no que couber, as disposições da Seção I deste Capítulo.

• Correspondência: art. 631, CPC/1973.

Capítulo III
DA EXECUÇÃO DAS OBRIGAÇÕES DE FAZER OU DE NÃO FAZER

Seção I
Disposições comuns

Art. 814. Na execução de obrigação de fazer ou de não fazer fundada em título extrajudicial, ao despachar a inicial, o juiz fixará multa por período de atraso no cumprimento da obrigação e a data a partir da qual será devida.

• Correspondência: art. 645, CPC/1973.

Parágrafo único. Se o valor da multa estiver previsto no título e for excessivo, o juiz poderá reduzi-lo.

Seção II
Da obrigação de fazer

Art. 815. Quando o objeto da execução for obrigação de fazer, o executado será citado para satisfazê-la no prazo que o juiz lhe designar, se outro não estiver determinado no título executivo.

• Correspondência: art. 632, CPC/1973.
• V. arts. 247 a 249, CC.
• V. Súmula 410, STJ.

Art. 816. Se o executado não satisfizer a obrigação no prazo designado, é lícito ao exequente, nos próprios autos do processo, requerer a satisfação da obrigação à custa do executado ou perdas e danos, hipótese em que se converterá em indenização.

• Correspondência: art. 633, CPC/1973.
• V. art. 249, CC.
• V. arts. 35 e 84, Lei 8.078/1990 (Código de Defesa do Consumidor).

Parágrafo único. O valor das perdas e danos será apurado em liquidação, seguindo-se a execução para cobrança de quantia certa.

Art. 817. Se a obrigação puder ser satisfeita por terceiro, é lícito ao juiz autorizar, a requerimento do exequente, que aquele a satisfaça à custa do executado.

• Correspondência: art. 634, CPC/1973.

Parágrafo único. O exequente adiantará as quantias previstas na proposta que, ouvidas as partes, o juiz houver aprovado.

Art. 818. Realizada a prestação, o juiz ouvirá as partes no prazo de 10 (dez) dias e, não havendo impugnação, considerará satisfeita a obrigação.

• Correspondência: art. 635, CPC/1973.

Parágrafo único. Caso haja impugnação, o juiz a decidirá.

Art. 819. Se o terceiro contratado não realizar a prestação no prazo ou se o fizer de modo incompleto ou defeituoso, poderá o exequente requerer ao juiz, no prazo de 15 (quinze) dias, que o autorize a concluí-la ou a repará-la à custa do contratante.

• Correspondência: art. 636, CPC/1973.

Parágrafo único. Ouvido o contratante no prazo de 15 (quinze) dias, o juiz mandará avaliar o custo das despesas necessárias e o condenará a pagá-lo.

Art. 820. Se o exequente quiser executar ou mandar executar, sob sua direção e vigilância, as obras e os trabalhos necessários à realização da prestação, terá preferência, em igualdade de condições de oferta, em relação ao terceiro.

• Correspondência: art. 637, CPC/1973.

Parágrafo único. O direito de preferência deverá ser exercido no prazo de 5 (cinco) dias, após aprovada a proposta do terceiro.

Art. 821. Na obrigação de fazer, quando se convencionar que o executado a satisfaça pessoalmente, o exequente poderá requerer ao juiz que lhe assine prazo para cumpri-la.

• Correspondência: art. 638, CPC/1973.

Art. 822

Parágrafo único. Havendo recusa ou mora do executado, sua obrigação pessoal será convertida em perdas e danos, caso em que se observará o procedimento de execução por quantia certa.

- V. art. 247, CC.

Seção III
Da obrigação de não fazer

Art. 822. Se o executado praticou ato a cuja abstenção estava obrigado por lei ou por contrato, o exequente requererá ao juiz que assine prazo ao executado para desfazê-lo.

- Correspondência: art. 642, CPC/1973.
- V. art. 251, *caput*, CC.

Art. 823. Havendo recusa ou mora do executado, o exequente requererá ao juiz que mande desfazer o ato à custa daquele, que responderá por perdas e danos.

- Correspondência: art. 643, CPC/1973.

Parágrafo único. Não sendo possível desfazer-se o ato, a obrigação resolve-se em perdas e danos, caso em que, após a liquidação, se observará o procedimento de execução por quantia certa.

- V. arts. 402 a 405, CC.

Capítulo IV
DA EXECUÇÃO POR QUANTIA CERTA

Seção I
Disposições gerais

Art. 824. A execução por quantia certa realiza-se pela expropriação de bens do executado, ressalvadas as execuções especiais.

- Correspondência: art. 646, CPC/1973.

Art. 825. A expropriação consiste em:

- Correspondência: art. 647, *caput*, CPC/1973.

I – adjudicação;

- Correspondência: art. 647, I, CPC/1973.

II – alienação;

- Correspondência: art. 647, II e III, CPC/1973.

III – apropriação de frutos e rendimentos de empresa ou de estabelecimentos e de outros bens.

- Correspondência: art. 647, IV, CPC/1973.

Art. 826. Antes de adjudicados ou alienados os bens, o executado pode, a todo tempo, remir a execução, pagando ou consignando a importância atualizada da dívida, acrescida de juros, custas e honorários advocatícios.

- Correspondência: art. 651, CPC/1973.
- V. art. 19, I e II, Lei 6.830/1980 (Execução fiscal).

Seção II
Da citação do devedor e do arresto

Art. 827. Ao despachar a inicial, o juiz fixará, de plano, os honorários advocatícios de 10% (dez por cento), a serem pagos pelo executado.

- Correspondência: art. 652-A, *caput*, CPC/1973.
- •• V. art. 85, § 1º, CPC/2015.

§ 1º No caso de integral pagamento no prazo de 3 (três) dias, o valor dos honorários advocatícios será reduzido pela metade.

- Correspondência: art. 652-A, parágrafo único, CPC/1973.

§ 2º O valor dos honorários poderá ser elevado até 20% (vinte por cento), quando rejeitados os embargos à execução, podendo a majoração, caso não opostos os embargos, ocorrer ao final do procedimento executivo, levando-se em conta o trabalho realizado pelo advogado do exequente.

- Sem correspondência no CPC/1973.

Art. 828. O exequente poderá obter certidão de que a execução foi admitida pelo juiz, com identificação das partes e do valor da causa, para fins de averbação no registro de imóveis, de veículos ou de outros bens sujeitos a penhora, arresto ou indisponibilidade.

- Correspondência: art. 615-A, *caput*, CPC/1973.

§ 1º No prazo de 10 (dez) dias de sua concretização, o exequente deverá comunicar ao juízo as averbações efetivadas.

- Correspondência: art. 615-A, § 1º, CPC/1973.

§ 2º Formalizada penhora sobre bens suficientes para cobrir o valor da dívida, o exequente providenciará, no prazo de 10 (dez) dias, o cancelamento das averbações relativas àqueles não penhorados.

- Correspondência: art. 615-A, § 2º, CPC/1973.

CÓDIGO DE PROCESSO CIVIL

§ 3º O juiz determinará o cancelamento das averbações, de ofício ou a requerimento, caso o exequente não o faça no prazo.

- Sem correspondência no CPC/1973.

§ 4º Presume-se em fraude à execução a alienação ou a oneração de bens efetuada após a averbação.

- Correspondência: art. 615-A, § 3º, CPC/1973.

§ 5º O exequente que promover averbação manifestamente indevida ou não cancelar as averbações nos termos do § 2º indenizará a parte contrária, processando-se o incidente em autos apartados.

- Correspondência: art. 615-A, § 4º, CPC/1973.

Art. 829. O executado será citado para pagar a dívida no prazo de 3 (três) dias, contado da citação.

- Correspondência: art. 652, CPC/1973.
- V. art. 8º, Lei 6.830/1980 (Execução fiscal).
- V. Lei 8.397/1992 (Medida cautelar fiscal).

§ 1º Do mandado de citação constarão, também, a ordem de penhora e a avaliação a serem cumpridas pelo oficial de justiça tão logo verificado o não pagamento no prazo assinalado, de tudo lavrando-se auto, com intimação do executado.

§ 2º A penhora recairá sobre os bens indicados pelo exequente, salvo se outros forem indicados pelo executado e aceitos pelo juiz, mediante demonstração de que a constrição proposta lhe será menos onerosa e não trará prejuízo ao exequente.

Art. 830. Se o oficial de justiça não encontrar o executado, arrestar-lhe-á tantos bens quantos bastem para garantir a execução.

- Correspondência: art. 653-A, *caput*, CPC/1973.
- V. art. 11, Lei 6.830/1980 (Execução fiscal).

§ 1º Nos 10 (dez) dias seguintes à efetivação do arresto, o oficial de justiça procurará o executado 2 (duas) vezes em dias distintos e, havendo suspeita de ocultação, realizará a citação com hora certa, certificando pormenorizadamente o ocorrido.

- Correspondência: art. 653, parágrafo único, CPC/1973.

§ 2º Incumbe ao exequente requerer a citação por edital, uma vez frustradas a pessoal e a com hora certa.

- Correspondência: art. 654, CPC/1973.

§ 3º Aperfeiçoada a citação e transcorrido o prazo de pagamento, o arresto converter-se-á em penhora, independentemente de termo.

- Sem correspondência no CPC/1973.

Seção III
Da penhora, do depósito e da avaliação

Subseção I
Do objeto da penhora

Art. 831. A penhora deverá recair sobre tantos bens quantos bastem para o pagamento do principal atualizado, dos juros, das custas e dos honorários advocatícios.

- Correspondência: art. 659, CPC/1973.

Art. 832. Não estão sujeitos à execução os bens que a lei considera impenhoráveis ou inalienáveis.

- Correspondência: art. 648, *caput*, CPC/1973.
- V. arts. 1.711, *caput*, 1.714, 1.717 e 1.722, CC.
- V. Lei 8.009/1990 (Impenhorabilidade do bem de família).

Art. 833. São impenhoráveis:

- Correspondência: art. 649, *caput*, CPC/1973.
- V. Lei 4.673/1965 (Impenhorabilidade sobre os bens penhorados em execução fiscal).
- V. art. 69, Dec.-lei 167/1967 (Títulos de crédito rural).
- V. art. 57, Dec.-lei 413/1969 (Títulos de crédito industrial).
- V. art. 5º, parágrafo único, Dec.-lei 911/1969 (Alienação fiduciária).
- V. art. 10, parte final, Lei 6.830/1980 (Execução fiscal).

I – os bens inalienáveis e os declarados, por ato voluntário, não sujeitos à execução;

- Correspondência: art. 649, I, CPC/1973.

II – os móveis, os pertences e as utilidades domésticas que guarnecem a residência do executado, salvo os de elevado valor ou os que ultrapassem as necessidades comuns correspondentes a um médio padrão de vida;

- Correspondência: art. 649, II, CPC/1973.

III – os vestuários, bem como os pertences de uso pessoal do executado, salvo se de elevado valor;

- Correspondência: art. 649, III, CPC/1973.

IV – os vencimentos, os subsídios, os soldos, os salários, as remunerações, os proventos de aposentadoria, as pensões, os pecúlios e os montepios, bem como as quantias recebidas por liberalidade de terceiro e destinadas ao sustento do devedor e de sua família, os ganhos de trabalhador autônomo e os honorários de profissional liberal, ressalvado o § 2º;

- Correspondência: art. 649, IV, CPC/1973.
- V. art. 114, Lei 8.213/1991 (Planos de Benefícios da Previdência Social).

V – os livros, as máquinas, as ferramentas, os utensílios, os instrumentos ou outros bens móveis necessários ou úteis ao exercício da profissão do executado;

- Correspondência: art. 649, V, CPC/1973.
- V. art. 5º, parágrafo único, Dec.-lei 911/1969 (Alienação fiduciária).
- V. Súmula 451, STJ.

VI – o seguro de vida;

- Correspondência: art. 649, VI, CPC/1973.

VII – os materiais necessários para obras em andamento, salvo se essas forem penhoradas;

- Correspondência: art. 649, VII, CPC/1973.
- V. arts. 81, II, e 84, CC.

VIII – a pequena propriedade rural, assim definida em lei, desde que trabalhada pela família;

- Correspondência: art. 649, VIII, CPC/1973.
- V. art. 5º, XXVI, CF.
- V. art. 4º, § 2º, Lei 8.009/1990 (Impenhorabilidade do bem de família).

IX – os recursos públicos recebidos por instituições privadas para aplicação compulsória em educação, saúde ou assistência social;

- Correspondência: art. 649, IX, CPC/1973.

X – a quantia depositada em caderneta de poupança, até o limite de 40 (quarenta) salários mínimos;

- Correspondência: art. 649, X, CPC/1973.

XI – os recursos públicos do fundo partidário recebidos por partido político, nos termos da lei;

- Correspondência: art. 649, XI, CPC/1973.

XII – os créditos oriundos de alienação de unidades imobiliárias, sob regime de incorporação imobiliária, vinculados à execução da obra.

- Sem correspondência no CPC/1973.

§ 1º A impenhorabilidade não é oponível à execução de dívida relativa ao próprio bem, inclusive àquela contraída para sua aquisição.

- Correspondência: art. 649, § 1º, CPC/1973.

§ 2º O disposto nos incisos IV e X do *caput* não se aplica à hipótese de penhora para pagamento de prestação alimentícia, independentemente de sua origem, bem como às importâncias excedentes a 50 (cinquenta) salários mínimos mensais, devendo a constrição observar o disposto no art. 528, § 8º, e no art. 529, § 3º.

- Correspondência: art. 649, § 2º, CPC/1973.

§ 3º Incluem-se na impenhorabilidade prevista no inciso V do *caput* os equipamentos, os implementos e as máquinas agrícolas pertencentes a pessoa física ou a empresa individual produtora rural, exceto quando tais bens tenham sido objeto de financiamento e estejam vinculados em garantia a negócio jurídico ou quando respondam por dívida de natureza alimentar, trabalhista ou previdenciária.

- Sem correspondência no CPC/1973.

Art. 834. Podem ser penhorados, à falta de outros bens, os frutos e os rendimentos dos bens inalienáveis.

- Correspondência: art. 650, CPC/1973.

Art. 835. A penhora observará, preferencialmente, a seguinte ordem:

- Correspondência: art. 655, *caput*, CPC/1973.
- V. art. 11, Lei 6.830/1980 (Execução fiscal).

I – dinheiro, em espécie ou em depósito ou aplicação em instituição financeira;

- Correspondência: art. 655, I, CPC/1973.
- V. Súmula 328, STJ.

II – títulos da dívida pública da União, dos Estados e do Distrito Federal com cotação em mercado;

- Correspondência: art. 655, IX, CPC/1973.

III – títulos e valores mobiliários com cotação em mercado;

- Correspondência: art. 655, X, CPC/1973.

IV – veículos de via terrestre;

- Correspondência: art. 655, II, CPC/1973.

Art. 840

CÓDIGO DE PROCESSO CIVIL

V – bens imóveis;
- Correspondência: art. 655, IV, CPC/1973.
- V. arts. 79 e 80, CC.

VI – bens móveis em geral;
- Correspondência: art. 655, III, CPC/1973.
- V. arts. 82 e 83, CC.

VII – semoventes;
- Sem correspondência no CPC/1973.

VIII – navios e aeronaves;
- Correspondência: art. 655, V, CPC/1973.
- V. art. 155, Lei 7.565/1986 (Código Brasileiro de Aeronáutica).

IX – ações e quotas de sociedades simples e empresárias;
- Correspondência: art. 655, VI, CPC/1973

X – percentual do faturamento de empresa devedora;
- Correspondência: art. 655, VII, CPC/1973

XI – pedras e metais preciosos;
- Correspondência: art. 655, VIII, CPC/1973

XII – direitos aquisitivos derivados de promessa de compra e venda e de alienação fiduciária em garantia;
- Sem correspondência no CPC/1973.

XIII – outros direitos.
- Correspondência: art. 655, XI, CPC/1973.

§ 1º É prioritária a penhora em dinheiro, podendo o juiz, nas demais hipóteses, alterar a ordem prevista no *caput* de acordo com as circunstâncias do caso concreto.
- Sem correspondência no CPC/1973.
- V. Súmulas 406 e 417, STJ.

§ 2º Para fins de substituição da penhora, equiparam-se a dinheiro a fiança bancária e o seguro garantia judicial, desde que em valor não inferior ao do débito constante da inicial, acrescido de 30% (trinta por cento).
- Correspondência: art. 656, § 2º, CPC/1973.

§ 3º Na execução de crédito com garantia real, a penhora recairá sobre a coisa dada em garantia, e, se a coisa pertencer a terceiro garantidor, este também será intimado da penhora.
- Correspondência: art. 656, § 1º, CPC/1973.

Art. 836. Não se levará a efeito a penhora quando ficar evidente que o produto da execução dos bens encontrados será totalmente absorvido pelo pagamento das custas da execução.
- Correspondência: art. 659, § 2º, CPC/1973.

§ 1º Quando não encontrar bens penhoráveis, independentemente de determinação judicial expressa, o oficial de justiça descreverá na certidão os bens que guarnecem a residência ou o estabelecimento do executado, quando este for pessoa jurídica.
- Correspondência: art. 659, § 3º, CPC/1973.

§ 2º Elaborada a lista, o executado ou seu representante legal será nomeado depositário provisório de tais bens até ulterior determinação do juiz.
- Sem correspondência no CPC/1973.

Subseção II
Da documentação da penhora, de seu registro e do depósito

Art. 837. Obedecidas as normas de segurança instituídas sob critérios uniformes pelo Conselho Nacional de Justiça, a penhora de dinheiro e as averbações de penhoras de bens imóveis e móveis podem ser realizadas por meio eletrônico.
- Correspondência: art. 659, § 6º, CPC/1973.

Art. 838. A penhora será realizada mediante auto ou termo, que conterá:
- Correspondência: art. 665, CPC/1973.

I – a indicação do dia, do mês, do ano e do lugar em que foi feita;

II – os nomes do exequente e do executado;

III – a descrição dos bens penhorados, com as suas características;

IV – a nomeação do depositário dos bens.
- V. Súmula 319, STJ.

Art. 839. Considerar-se-á feita a penhora mediante a apreensão e o depósito dos bens, lavrando-se um só auto se as diligências forem concluídas no mesmo dia.
- Correspondência: art. 664, CPC/1973.

Parágrafo único. Havendo mais de uma penhora, serão lavrados autos individuais.

Art. 840. Serão preferencialmente depositados:
- Correspondência: art. 666, *caput*, CPC/1973.

I – as quantias em dinheiro, os papéis de crédito e as pedras e os metais preciosos, no

Art. 841

CÓDIGO DE PROCESSO CIVIL

Banco do Brasil, na Caixa Econômica Federal ou em banco do qual o Estado ou o Distrito Federal possua mais da metade do capital social integralizado, ou, na falta desses estabelecimentos, em qualquer instituição de crédito designada pelo juiz;

• Correspondência: art. 666, I, CPC/1973.
• V. Dec.-lei 1.737/1979 (Depósitos de interesse da administração pública efetuados na Caixa Econômica Federal).
• V. art. 32, Lei 6.830/1980 (Execução fiscal).

II – os móveis, os semoventes, os imóveis urbanos e os direitos aquisitivos sobre imóveis urbanos, em poder do depositário judicial;

• Correspondência: art. 666, II, CPC/1973.

III – os imóveis rurais, os direitos aquisitivos sobre imóveis rurais, as máquinas, os utensílios e os instrumentos necessários ou úteis à atividade agrícola, mediante caução idônea, em poder do executado.

• Sem correspondência no CPC/1973.

§ 1º No caso do inciso II do *caput*, se não houver depositário judicial, os bens ficarão em poder do exequente.

• Sem correspondência no CPC/1973.

§ 2º Os bens poderão ser depositados em poder do executado nos casos de difícil remoção ou quando anuir o exequente.

• Correspondência: art. 666, § 1º, CPC/1973.

§ 3º As joias, as pedras e os objetos preciosos deverão ser depositados com registro do valor estimado de resgate.

• Correspondência: art. 666, § 2º, CPC/1973.

Art. 841. Formalizada a penhora por qualquer dos meios legais, dela será imediatamente intimado o executado.

• Sem correspondência no CPC/1973.

§ 1º A intimação da penhora será feita ao advogado do executado ou à sociedade de advogados a que aquele pertença.

• Correspondência: art. 659, § 5º, CPC/1973.

§ 2º Se não houver constituído advogado nos autos, o executado será intimado pessoalmente, de preferência por via postal.

• Correspondência: art. 652, § 4º, CPC/1973.

§ 3º O disposto no § 1º não se aplica aos casos de penhora realizada na presença do executado, que se reputa intimado.

• Sem correspondência no CPC/1973.

§ 4º Considera-se realizada a intimação a que se refere o § 2º quando o executado houver mudado de endereço sem prévia comunicação ao juízo, observado o disposto no parágrafo único do art. 274.

• Correspondência: art. 652, § 5º, CPC/1973.

Art. 842. Recaindo a penhora sobre bem imóvel ou direito real sobre imóvel, será intimado também o cônjuge do executado, salvo se forem casados em regime de separação absoluta de bens.

• Correspondência: art. 655, § 2º, CPC/1973.

Art. 843. Tratando-se de penhora de bem indivisível, o equivalente à quota-parte do coproprietário ou do cônjuge alheio à execução recairá sobre o produto da alienação do bem.

• Correspondência: art. 655-B, CPC/1973.

§ 1º É reservada ao coproprietário ou ao cônjuge não executado a preferência na arrematação do bem em igualdade de condições.

• Sem correspondência no CPC/1973.

§ 2º Não será levada a efeito expropriação por preço inferior ao da avaliação na qual o valor auferido seja incapaz de garantir, ao coproprietário ou ao cônjuge alheio à execução, o correspondente à sua quota-parte calculado sobre o valor da avaliação.

• Sem correspondência no CPC/1973.

Art. 844. Para presunção absoluta de conhecimento por terceiros, cabe ao exequente providenciar a averbação do arresto ou da penhora no registro competente, mediante apresentação de cópia do auto ou do termo, independentemente de mandado judicial.

• Correspondência: art. 659, § 4º, CPC/1973.
• V. Súmula 375, STJ.

Subseção III
Do lugar de realização da penhora

Art. 845. Efetuar-se-á a penhora onde se encontrem os bens, ainda que sob a posse, a detenção ou a guarda de terceiros.

• Correspondência: art. 659, § 1º, CPC/1973.

§ 1º A penhora de imóveis, independentemente de onde se localizem, quando apresentada certidão da respectiva matrícula, e

CÓDIGO DE PROCESSO CIVIL

a penhora de veículos automotores, quando apresentada certidão que ateste a sua existência, serão realizadas por termo nos autos.

• Correspondência: art. 659, § 5º, CPC/1973.

§ 2º Se o executado não tiver bens no foro do processo, não sendo possível a realização da penhora nos termos do § 1º, a execução será feita por carta, penhorando-se, avaliando-se e alienando-se os bens no foro da situação.

• Correspondência: art. 658, CPC/1973.

Art. 846. Se o executado fechar as portas da casa a fim de obstar a penhora dos bens, o oficial de justiça comunicará o fato ao juiz, solicitando-lhe ordem de arrombamento.

• Correspondência: art. 660, CPC/1973.

§ 1º Deferido o pedido, 2 (dois) oficiais de justiça cumprirão o mandado, arrombando cômodos e móveis em que se presuma estarem os bens, e lavrarão de tudo auto circunstanciado, que será assinado por 2 (duas) testemunhas presentes à diligência.

• Correspondência: art. 661, CPC/1973.

§ 2º Sempre que necessário, o juiz requisitará força policial, a fim de auxiliar os oficiais de justiça na penhora dos bens.

• Correspondência: art. 662, CPC/1973.

§ 3º Os oficiais de justiça lavrarão em duplicata o auto da ocorrência, entregando uma via ao escrivão ou ao chefe de secretaria, para ser juntada aos autos, e a outra à autoridade policial a quem couber a apuração criminal dos eventuais delitos de desobediência ou de resistência.

• Correspondência: art. 663, caput, CPC/1973.
• V. arts. 329 e 330, CP.

§ 4º Do auto da ocorrência constará o rol de testemunhas, com a respectiva qualificação.

• Correspondência: art. 663, parágrafo único, CPC/1973.

Subseção IV
Das modificações da penhora

Art. 847. O executado pode, no prazo de 10 (dez) dias contado da intimação da penhora, requerer a substituição do bem penhorado, desde que comprove que lhe será menos onerosa e não trará prejuízo ao exequente.

• Correspondência: art. 668, caput, CPC/1973.
• V. art. 15, I, Lei 6.830/1980 (Execução fiscal).

§ 1º O juiz só autorizará a substituição se o executado:

• Correspondência: art. 668, parágrafo único, caput, CPC/1973.

I – comprovar as respectivas matrículas e os registros por certidão do correspondente ofício, quanto aos bens imóveis;

• Correspondência: art. 668, parágrafo único, I, CPC/1973.

II – descrever os bens móveis, com todas as suas propriedades e características, bem como o estado deles e o lugar onde se encontram;

• Correspondência: art. 668, parágrafo único, II, CPC/1973.

III – descrever os semoventes, com indicação de espécie, de número, de marca ou sinal e do local onde se encontram;

• Correspondência: art. 668, parágrafo único, III, CPC/1973.

IV – identificar os créditos, indicando quem seja o devedor, qual a origem da dívida, o título que a representa e a data do vencimento; e

• Correspondência: art. 668, parágrafo único, IV, CPC/1973.

V – atribuir, em qualquer caso, valor aos bens indicados à penhora, além de especificar os ônus e os encargos a que estejam sujeitos.

• Correspondência: art. 668, parágrafo único, V, CPC/1973.

§ 2º Requerida a substituição do bem penhorado, o executado deve indicar onde se encontram os bens sujeitos à execução, exibir a prova de sua propriedade e a certidão negativa ou positiva de ônus, bem como abster-se de qualquer atitude que dificulte ou embarace a realização da penhora.

• Correspondência: art. 656, § 1º, CPC/1973.

§ 3º O executado somente poderá oferecer bem imóvel em substituição caso o requeira com a expressa anuência do cônjuge, salvo se o regime for o de separação absoluta de bens.

• Correspondência: art. 656, § 3º, CPC/1973.

Art. 848

§ 4º O juiz intimará o exequente para manifestar-se sobre o requerimento de substituição do bem penhorado.

• Correspondência: art. 657, CPC/1973.

Art. 848. As partes poderão requerer a substituição da penhora se:

• Correspondência: art. 656, *caput*, CPC/1973.

I – ela não obedecer à ordem legal;

• Correspondência: art. 656, I, CPC/1973.

II – ela não incidir sobre os bens designados em lei, contrato ou ato judicial para o pagamento;

• Correspondência: art. 656, II, CPC/1973.

III – havendo bens no foro da execução, outros tiverem sido penhorados;

• Correspondência: art. 656, III, CPC/1973.

IV – havendo bens livres, ela tiver recaído sobre bens já penhorados ou objeto de gravame;

• Correspondência: art. 656, IV, CPC/1973.

V – ela incidir sobre bens de baixa liquidez;

• Correspondência: art. 656, V, CPC/1973.

VI – fracassar a tentativa de alienação judicial do bem; ou

• Correspondência: art. 656, VI, CPC/1973.

VII – o executado não indicar o valor dos bens ou omitir qualquer das indicações previstas em lei.

• Correspondência: art. 656, VII, CPC/1973.

Parágrafo único. A penhora pode ser substituída por fiança bancária ou por seguro garantia judicial, em valor não inferior ao do débito constante da inicial, acrescido de 30% (trinta por cento).

• Correspondência: art. 656, § 2º, CPC/1973.
• V. Súmula 406, STJ

Art. 849. Sempre que ocorrer a substituição dos bens inicialmente penhorados, será lavrado novo termo.

• Correspondência: art. 657, CPC/1973.

Art. 850. Será admitida a redução ou a ampliação da penhora, bem como sua transferência a outros bens, se, no curso do processo, o valor de mercado dos bens penhorados sofrer alteração significativa.

• Correspondência: art. 685, CPC/1973.

Art. 851. Não se procede à segunda penhora, salvo se:

• Correspondência: art. 667, *caput*, CPC/1973.

I – a primeira for anulada;

• Correspondência: art. 667, I, CPC/1973.

II – executados os bens, o produto da alienação não bastar para o pagamento do exequente;

• Correspondência: art. 667, II, CPC/1973.

III – o exequente desistir da primeira penhora, por serem litigiosos os bens ou por estarem submetidos a constrição judicial.

• Correspondência: art. 667, III, CPC/1973.

Art. 852. O juiz determinará a alienação antecipada dos bens penhorados quando:

• Correspondência: art. 670, *caput*, CPC/1973.

I – se tratar de veículos automotores, de pedras e metais preciosos e de outros bens móveis sujeitos à depreciação ou à deterioração;

• Correspondência: art. 670, I, CPC/1973.

II – houver manifesta vantagem.

• Correspondência: art. 670, II, CPC/1973.

Art. 853. Quando uma das partes requerer alguma das medidas previstas nesta Subseção, o juiz ouvirá sempre a outra, no prazo de 3 (três) dias, antes de decidir.

• Correspondência: arts. 670, parágrafo único e 657, *caput*, CPC/1973.

Parágrafo único. O juiz decidirá de plano qualquer questão suscitada.

• Correspondência: art. 657, parágrafo único, CPC/1973.

Subseção V
Da penhora de dinheiro em depósito ou em aplicação financeira

Art. 854. Para possibilitar a penhora de dinheiro em depósito ou em aplicação financeira, o juiz, a requerimento do exequente, sem dar ciência prévia do ato ao executado, determinará às instituições financeiras, por meio de sistema eletrônico gerido pela autoridade supervisora do sistema financeiro nacional, que torne indisponíveis ativos financeiros existentes em nome do executado, limitando-se a indisponibilidade ao valor indicado na execução.

• Correspondência: art. 655-A, *caput*, CPC/1973.

Art. 856

Código de Processo Civil

§ 1º No prazo de 24 (vinte e quatro) horas a contar da resposta, de ofício, o juiz determinará o cancelamento de eventual indisponibilidade excessiva, o que deverá ser cumprido pela instituição financeira em igual prazo.

• Sem correspondência no CPC/1973.

§ 2º Tornados indisponíveis os ativos financeiros do executado, este será intimado na pessoa de seu advogado ou, não o tendo, pessoalmente.

• Sem correspondência no CPC/1973.

§ 3º Incumbe ao executado, no prazo de 5 (cinco) dias, comprovar que:

• Correspondência: art. 655-A, § 2º, CPC/1973.

I – as quantias tornadas indisponíveis são impenhoráveis;

• Correspondência: art. 655-A, § 2º, CPC/1973.

II – ainda remanesce indisponibilidade excessiva de ativos financeiros.

• Sem correspondência no CPC/1973.

§ 4º Acolhida qualquer das arguições dos incisos I e II do § 3º, o juiz determinará o cancelamento de eventual indisponibilidade irregular ou excessiva, a ser cumprido pela instituição financeira em 24 (vinte e quatro) horas.

• Sem correspondência no CPC/1973.

§ 5º Rejeitada ou não apresentada a manifestação do executado, converter-se-á a indisponibilidade em penhora, sem necessidade de lavratura de termo, devendo o juiz da execução determinar à instituição financeira depositária que, no prazo de 24 (vinte e quatro) horas, transfira o montante indisponível para conta vinculada ao juízo da execução.

• Sem correspondência no CPC/1973.

§ 6º Realizado o pagamento da dívida por outro meio, o juiz determinará, imediatamente, por sistema eletrônico gerido pela autoridade supervisora do sistema financeiro nacional, a notificação da instituição financeira para que, em até 24 (vinte e quatro) horas, cancele a indisponibilidade.

• Sem correspondência no CPC/1973.

§ 7º As transmissões das ordens de indisponibilidade, de seu cancelamento e de determinação de penhora previstas neste artigo far-se-ão por meio de sistema eletrônico gerido pela autoridade supervisora do sistema financeiro nacional.

• Sem correspondência no CPC/1973.

§ 8º A instituição financeira será responsável pelos prejuízos causados ao executado em decorrência da indisponibilidade de ativos financeiros em valor superior ao indicado na execução ou pelo juiz, bem como na hipótese de não cancelamento da indisponibilidade no prazo de 24 (vinte e quatro) horas, quando assim determinar o juiz.

• Sem correspondência no CPC/1973.

§ 9º Quando se tratar de execução contra partido político, o juiz, a requerimento do exequente, determinará às instituições financeiras, por meio de sistema eletrônico gerido por autoridade supervisora do sistema bancário, que tornem indisponíveis ativos financeiros somente em nome do órgão partidário que tenha contraído a dívida executada ou que tenha dado causa à violação de direito ou ao dano, ao qual cabe exclusivamente a responsabilidade pelos atos praticados, na forma da lei.

• Correspondência: art. 655-A, § 4º, CPC/1973.

Subseção VI
Da penhora de créditos

Art. 855. Quando recair em crédito do executado, enquanto não ocorrer a hipótese prevista no art. 856, considerar-se-á feita a penhora pela intimação:

• Correspondência: art. 671, *caput*, CPC/1973.

I – ao terceiro devedor para que não pague ao executado, seu credor;

• Correspondência: art. 671, I, CPC/1973.
• V. art. 312, CC.

II – ao executado, credor do terceiro, para que não pratique ato de disposição do crédito.

• Correspondência: art. 671, II, CPC/1973.

Art. 856. A penhora de crédito representado por letra de câmbio, nota promissória, duplicata, cheque ou outros títulos far-se-á pela apreensão do documento, esteja ou não este em poder do executado.

• Correspondência: art. 672, *caput*, CPC/1973.
• V. art. 312, CC.

Art. 857

§ 1º Se o título não for apreendido, mas o terceiro confessar a dívida, será este tido como depositário da importância.

• Correspondência: art. 672, § 1º, CPC/1973.

§ 2º O terceiro só se exonerará da obrigação depositando em juízo a importância da dívida.

• Correspondência: art. 672, § 2º, CPC/1973.

§ 3º Se o terceiro negar o débito em conluio com o executado, a quitação que este lhe der caracterizará fraude à execução.

• Correspondência: art. 672, § 3º, CPC/1973.

§ 4º A requerimento do exequente, o juiz determinará o comparecimento, em audiência especialmente designada, do executado e do terceiro, a fim de lhes tomar os depoimentos.

• Correspondência: art. 672, § 4º, CPC/1973.

Art. 857. Feita a penhora em direito e ação do executado, e não tendo ele oferecido embargos ou sendo estes rejeitados, o exequente ficará sub-rogado nos direitos do executado até a concorrência de seu crédito.

• Correspondência: art. 673, *caput*, CPC/1973.

§ 1º O exequente pode preferir, em vez da sub-rogação, a alienação judicial do direito penhorado, caso em que declarará sua vontade no prazo de 10 (dez) dias contado da realização da penhora.

• Correspondência: art. 673, § 1º, CPC/1973.

§ 2º A sub-rogação não impede o sub-rogado, se não receber o crédito do executado, de prosseguir na execução, nos mesmos autos, penhorando outros bens.

• Correspondência: art. 673, § 2º, CPC/1973.

Art. 858. Quando a penhora recair sobre dívidas de dinheiro a juros, de direito a rendas ou de prestações periódicas, o exequente poderá levantar os juros, os rendimentos ou as prestações à medida que forem sendo depositados, abatendo-se do crédito as importâncias recebidas, conforme as regras de imputação do pagamento.

• Correspondência: art. 675, CPC/1973.

Art. 859. Recaindo a penhora sobre direito a prestação ou a restituição de coisa determinada, o executado será intimado para, no vencimento, depositá-la, correndo sobre ela a execução.

• Correspondência: art. 676, CPC/1973.

Art. 860. Quando o direito estiver sendo pleiteado em juízo, a penhora que recair sobre ele será averbada, com destaque, nos autos pertinentes ao direito e na ação correspondente à penhora, a fim de que esta seja efetivada nos bens que forem adjudicados ou que vierem a caber ao executado.

• Correspondência: art. 674, CPC/1973.

Subseção VII
Da penhora das quotas ou das ações de sociedades personificadas

Art. 861. Penhoradas as quotas ou as ações de sócio em sociedade simples ou empresária, o juiz assinará prazo razoável, não superior a 3 (três) meses, para que a sociedade:

• Sem correspondência no CPC/1973.

I – apresente balanço especial, na forma da lei;

II – ofereça as quotas ou as ações aos demais sócios, observado o direito de preferência legal ou contratual;

III – não havendo interesse dos sócios na aquisição das ações, proceda à liquidação das quotas ou das ações, depositando em juízo o valor apurado, em dinheiro.

§ 1º Para evitar a liquidação das quotas ou das ações, a sociedade poderá adquiri-las sem redução do capital social e com utilização de reservas, para manutenção em tesouraria.

§ 2º O disposto no *caput* e no § 1º não se aplica à sociedade anônima de capital aberto, cujas ações serão adjudicadas ao exequente ou alienadas em bolsa de valores, conforme o caso.

§ 3º Para os fins da liquidação de que trata o inciso III do *caput*, o juiz poderá, a requerimento do exequente ou da sociedade, nomear administrador, que deverá submeter à aprovação judicial a forma de liquidação.

§ 4º O prazo previsto no *caput* poderá ser ampliado pelo juiz, se o pagamento das quotas ou das ações liquidadas:

I – superar o valor do saldo de lucros ou reservas, exceto a legal, e sem diminuição do capital social, ou por doação; ou

II – colocar em risco a estabilidade financeira da sociedade simples ou empresária.

§ 5º Caso não haja interesse dos demais sócios no exercício de direito de preferência, não ocorra a aquisição das quotas ou das ações pela sociedade e a liquidação do inciso III do *caput* seja excessivamente onerosa para a sociedade, o juiz poderá determinar o leilão judicial das quotas ou das ações.

Subseção VIII
Da penhora de empresa, de outros estabelecimentos e de semoventes

Art. 862. Quando a penhora recair em estabelecimento comercial, industrial ou agrícola, bem como em semoventes, plantações ou edifícios em construção, o juiz nomeará administrador-depositário, determinando-lhe que apresente em 10 (dez) dias o plano de administração.

• Correspondência: art. 677, *caput*, CPC/1973.

§ 1º Ouvidas as partes, o juiz decidirá.

• Correspondência: art. 677, § 1º, CPC/1973.

§ 2º É lícito às partes ajustar a forma de administração e escolher o depositário, hipótese em que o juiz homologará por despacho a indicação.

• Correspondência: art. 677, § 2º, CPC/1973.

§ 3º Em relação aos edifícios em construção sob regime de incorporação imobiliária, a penhora somente poderá recair sobre as unidades imobiliárias ainda não comercializadas pelo incorporador.

• Sem correspondência no CPC/1973.

§ 4º Sendo necessário afastar o incorporador da administração da incorporação, será ela exercida pela comissão de representantes dos adquirentes ou, se se tratar de construção financiada, por empresa ou profissional indicado pela instituição fornecedora dos recursos para a obra, devendo ser ouvida, neste último caso, a comissão de representantes dos adquirentes.

• Sem correspondência no CPC/1973.

Art. 863. A penhora de empresa que funcione mediante concessão ou autorização far-se-á, conforme o valor do crédito, sobre a renda, sobre determinados bens ou sobre todo o patrimônio, e o juiz nomeará como depositário, de preferência, um de seus diretores.

• Correspondência: art. 678, *caput*, CPC/1973.

§ 1º Quando a penhora recair sobre a renda ou sobre determinados bens, o administrador-depositário apresentará a forma de administração e o esquema de pagamento, observando-se, quanto ao mais, o disposto em relação ao regime de penhora de frutos e rendimentos de coisa móvel e imóvel.

• Correspondência: art. 678, parágrafo único, 1ª parte, CPC/1973.

§ 2º Recaindo a penhora sobre todo o patrimônio, prosseguirá a execução em seus ulteriores termos, ouvindo-se, antes da arrematação ou da adjudicação, o ente público que houver outorgado a concessão.

• Correspondência: art. 678, parágrafo único, 2ª parte, CPC/1973.

Art. 864. A penhora de navio ou de aeronave não obsta que continuem navegando ou operando até a alienação, mas o juiz, ao conceder a autorização para tanto, não permitirá que saiam do porto ou do aeroporto antes que o executado faça o seguro usual contra riscos.

• Correspondência: art. 679, CPC/1973.
• V. art. 155, Lei 7.565/1986 (Código Brasileiro de Aeronáutica).

Art. 865. A penhora de que trata esta Subseção somente será determinada se não houver outro meio eficaz para a efetivação do crédito.

• Sem correspondência no CPC/1973.

Subseção IX
Da penhora de percentual de faturamento de empresa

Art. 866. Se o executado não tiver outros bens penhoráveis ou se, tendo-os, esses forem de difícil alienação ou insuficientes para saldar o crédito executado, o juiz poderá ordenar a penhora de percentual de faturamento de empresa.

• Sem correspondência no CPC/1973.

§ 1º O juiz fixará percentual que propicie a satisfação do crédito exequendo em tempo razoável, mas que não torne inviável o exercício da atividade empresarial.

• Sem correspondência no CPC/1973.

Art. 867

§ 2º O juiz nomeará administrador-depositário, o qual submeterá à aprovação judicial a forma de sua atuação e prestará contas mensalmente, entregando em juízo as quantias recebidas, com os respectivos balancetes mensais, a fim de serem imputadas no pagamento da dívida.

• Correspondência: art. 655-A, § 3º, CPC/1973.

§ 3º Na penhora de percentual de faturamento de empresa, observar-se-á, no que couber, o disposto quanto ao regime de penhora de frutos e rendimentos de coisa móvel e imóvel.

• Correspondência: art. 655-A, § 3º, CPC/1973.

Subseção X
Da penhora de frutos e rendimentos de coisa móvel ou imóvel

Art. 867. O juiz pode ordenar a penhora de frutos e rendimentos de coisa móvel ou imóvel quando a considerar mais eficiente para o recebimento do crédito e menos gravosa ao executado.

• Correspondência: art. 716, CPC/1973.
• V. arts. 805 e 863, § 1º, CPC/2015.

Art. 868. Ordenada a penhora de frutos e rendimentos, o juiz nomeará administrador-depositário, que será investido de todos os poderes que concernem à administração do bem e à fruição de seus frutos e utilidades, perdendo o executado o direito de gozo do bem, até que o exequente seja pago do principal, dos juros, das custas e dos honorários advocatícios.

• Correspondência: art. 717, CPC/1973.
• V. art. 863, § 1º, CPC/2015.
• V. Lei 6.899/1981 (Correção monetária nos débitos oriundos de decisão judicial).

§ 1º A medida terá eficácia em relação a terceiros a partir da publicação da decisão que a conceda ou de sua averbação no ofício imobiliário, em caso de imóveis.

• Correspondência: art. 718, CPC/1973.

§ 2º O exequente providenciará a averbação no ofício imobiliário mediante a apresentação de certidão de inteiro teor do ato, independentemente de mandado judicial.

• Correspondência: art. 722, § 1º, CPC/1973.

Art. 869. O juiz poderá nomear administrador-depositário o exequente ou o executado, ouvida a parte contrária, e, não havendo acordo, nomeará profissional qualificado para o desempenho da função.

• Correspondência: art. 719, CPC/1973.

§ 1º O administrador submeterá à aprovação judicial a forma de administração e a de prestar contas periodicamente.

• Sem correspondência no CPC/1973.
• V. art. 863, § 1º, CPC/2015.

§ 2º Havendo discordância entre as partes ou entre essas e o administrador, o juiz decidirá a melhor forma de administração do bem.

• Correspondência: art. 724, parágrafo único, CPC/1973.

§ 3º Se o imóvel estiver arrendado, o inquilino pagará o aluguel diretamente ao exequente, salvo se houver administrador.

• Correspondência: art. 723, CPC/1973.

§ 4º O exequente ou o administrador poderá celebrar locação do móvel ou do imóvel, ouvido o executado.

• Correspondência: art. 724, *caput*, CPC/1973.

§ 5º As quantias recebidas pelo administrador serão entregues ao exequente, a fim de serem imputadas ao pagamento da dívida.

• Correspondência: art. 722, CPC/1973.

§ 6º O exequente dará ao executado, por termo nos autos, quitação das quantias recebidas.

• Sem correspondência no CPC/1973.

Subseção XI
Da avaliação

Art. 870. A avaliação será feita pelo oficial de justiça.

• Correspondência: art. 680, CPC/1973.
• V. art. 154, V, CPC/2015.

Parágrafo único. Se forem necessários conhecimentos especializados e o valor da execução o comportar, o juiz nomeará avaliador, fixando-lhe prazo não superior a 10 (dez) dias para entrega do laudo.

• Correspondência: art. 680, CPC/1973.
• V. art. 13, Lei 6.830/1980 (Execução fiscal).

Art. 871. Não se procederá à avaliação quando:

• Correspondência: art. 684, *caput*, CPC/1973.

Art. 875

CÓDIGO DE PROCESSO CIVIL

I – uma das partes aceitar a estimativa feita pela outra;
- Correspondência: art. 684, I, CPC/1973.

II – se tratar de títulos ou de mercadorias que tenham cotação em bolsa, comprovada por certidão ou publicação no órgão oficial;
- Correspondência: art. 684, II, CPC/1973.

III – se tratar de títulos da dívida pública, de ações de sociedades e de títulos de crédito negociáveis em bolsa, cujo valor será o da cotação oficial do dia, comprovada por certidão ou publicação no órgão oficial;
- Correspondência: art. 682, CPC/1973.

IV – se tratar de veículos automotores ou de outros bens cujo preço médio de mercado possa ser conhecido por meio de pesquisas realizadas por órgãos oficiais ou de anúncios de venda divulgados em meios de comunicação, caso em que caberá a quem fizer a nomeação o encargo de comprovar a cotação de mercado.
- Sem correspondência no CPC/1973.

Parágrafo único. Ocorrendo a hipótese do inciso I deste artigo, a avaliação poderá ser realizada quando houver fundada dúvida do juiz quanto ao real valor do bem.
- Sem correspondência no CPC/1973.
- V. art. 631, CPC/2015.

Art. 872. A avaliação realizada pelo oficial de justiça constará de vistoria e de laudo anexados ao auto de penhora ou, em caso de perícia realizada por avaliador, de laudo apresentado no prazo fixado pelo juiz, devendo-se, em qualquer hipótese, especificar:
- Correspondência: art. 681, caput, CPC/1973.

I – os bens, com as suas características, e o estado em que se encontram;
- Correspondência: art. 681, I, CPC/1973.

II – o valor dos bens.
- Correspondência: art. 681, II, CPC/1973.

§ 1º Quando o imóvel for suscetível de cômoda divisão, a avaliação, tendo em conta o crédito reclamado, será realizada em partes, sugerindo-se, com a apresentação de memorial descritivo, os possíveis desmembramentos para alienação.
- Correspondência: art. 681, parágrafo único, CPC/1973.

§ 2º Realizada a avaliação e, sendo o caso, apresentada a proposta de desmembramento, as partes serão ouvidas no prazo de 5 (cinco) dias.
- Sem correspondência no CPC/1973.

Art. 873. É admitida nova avaliação quando:
- Correspondência: art. 683, caput, CPC/1973.
- V. art. 631, CPC/2015.

I – qualquer das partes arguir, fundamentadamente, a ocorrência de erro na avaliação ou dolo do avaliador;
- Correspondência: art. 683, I, CPC/1973.

II – se verificar, posteriormente à avaliação, que houve majoração ou diminuição no valor do bem;
- Correspondência: art. 683, II, CPC/1973.

III – o juiz tiver fundada dúvida sobre o valor atribuído ao bem na primeira avaliação.
- Correspondência: art. 683, III, CPC/1973.

Parágrafo único. Aplica-se o art. 480 à nova avaliação prevista no inciso III do caput deste artigo.
- Sem correspondência no CPC/1973.

Art. 874. Após a avaliação, o juiz poderá, a requerimento do interessado e ouvida a parte contrária, mandar:
- Correspondência: art. 685, caput, CPC/1973.
- V. art. 5º, LV, CF.

I – reduzir a penhora aos bens suficientes ou transferi-la para outros, se o valor dos bens penhorados for consideravelmente superior ao crédito do exequente e dos acessórios;
- Correspondência: art. 685, I, CPC/1973.
- V. art. 847, CPC/2015.
- V. art. 15, II, Lei 6.830/1980 (Execução fiscal).

II – ampliar a penhora ou transferi-la para outros bens mais valiosos, se o valor dos bens penhorados for inferior ao crédito do exequente.
- Correspondência: art. 685, II, CPC/1973.
- V. art. 847, CPC/2015.
- V. art. 15, II, Lei 6.830/1980 (Execução fiscal).

Art. 875. Realizadas a penhora e a avaliação, o juiz dará início aos atos de expropriação do bem.
- Correspondência: art. 685, parágrafo único, CPC/1973.
- V. arts. 876, 879 a 909, CPC/2015.

Art. 876

CÓDIGO DE PROCESSO CIVIL

Seção IV
Da expropriação de bens

Subseção I
Da adjudicação

Art. 876. É lícito ao exequente, oferecendo preço não inferior ao da avaliação, requerer que lhe sejam adjudicados os bens penhorados.

• Correspondência: art. 685-A, *caput*, CPC/1973.

§ 1º Requerida a adjudicação, o executado será intimado do pedido:

• Sem correspondência no CPC/1973.

I – pelo Diário da Justiça, na pessoa de seu advogado constituído nos autos;

• Sem correspondência no CPC/1973.

II – por carta com aviso de recebimento, quando representado pela Defensoria Pública ou quando não tiver procurador constituído nos autos;

• Sem correspondência no CPC/1973.

III – por meio eletrônico, quando, sendo o caso do § 1º do art. 246, não tiver procurador constituído nos autos.

• Sem correspondência no CPC/1973.

§ 2º Considera-se realizada a intimação quando o executado houver mudado de endereço sem prévia comunicação ao juízo, observado o disposto no art. 274, Parágrafo único.

• Sem correspondência no CPC/1973.

§ 3º Se o executado, citado por edital, não tiver procurador constituído nos autos, é dispensável a intimação prevista no § 1º.

• Sem correspondência no CPC/1973.

§ 4º Se o valor do crédito for:

• Correspondência: art. 685-A, § 1º, CPC/1973.

I – inferior ao dos bens, o requerente da adjudicação depositará de imediato a diferença, que ficará à disposição do executado;

• Correspondência: art. 685-A, § 1º, CPC/1973.

II – superior ao dos bens, a execução prosseguirá pelo saldo remanescente.

• Correspondência: art. 685-A, § 1º, CPC/1973.

§ 5º Idêntico direito pode ser exercido por aqueles indicados no art. 889, incisos II a VIII, pelos credores concorrentes que hajam penhorado o mesmo bem, pelo cônjuge, pelo companheiro, pelos descendentes ou pelos ascendentes do executado.

• Correspondência: art. 685-A, § 2º, CPC/1973.

§ 6º Se houver mais de um pretendente, proceder-se-á a licitação entre eles, tendo preferência, em caso de igualdade de oferta, o cônjuge, o companheiro, o descendente ou o ascendente, nessa ordem.

• Correspondência: art. 685-A, § 3º, CPC/1973.

§ 7º No caso de penhora de quota social ou de ação de sociedade anônima fechada realizada em favor de exequente alheio à sociedade, esta será intimada, ficando responsável por informar aos sócios a ocorrência da penhora, assegurando-se a estes a preferência.

• Correspondência: art. 685-A, § 4º, CPC/1973.

Art. 877. Transcorrido o prazo de 5 (cinco) dias, contado da última intimação, e decididas eventuais questões, o juiz ordenará a lavratura do auto de adjudicação.

• Correspondência: art. 685-A, § 5º, CPC/1973.

§ 1º Considera-se perfeita e acabada a adjudicação com a lavratura e a assinatura do auto pelo juiz, pelo adjudicatário, pelo escrivão ou chefe de secretaria, e, se estiver presente, pelo executado, expedindo-se:

• Correspondência: art. 685-B, *caput*, CPC/1973.

I – a carta de adjudicação e o mandado de imissão na posse, quando se tratar de bem imóvel;

• Correspondência: art. 685-B, *caput*, CPC/1973.

II – a ordem de entrega ao adjudicatário, quando se tratar de bem móvel.

• Correspondência: art. 685-B, *caput*, CPC/1973.

§ 2º A carta de adjudicação conterá a descrição do imóvel, com remissão à sua matrícula e aos seus registros, a cópia do auto de adjudicação e a prova de quitação do imposto de transmissão.

• Correspondência: art. 685-B, parágrafo único, CPC/1973.

§ 3º No caso de penhora de bem hipotecado, o executado poderá remi-lo até a assinatura do auto de adjudicação, oferecendo preço igual ao da avaliação, se não tiver havido licitantes, ou ao do maior lance oferecido.

• Sem correspondência no CPC/1973.

Art. 882

Código de Processo Civil

§ 4º Na hipótese de falência ou de insolvência do devedor hipotecário, o direito de remição previsto no § 3º será deferido à massa ou aos credores em concurso, não podendo o exequente recusar o preço da avaliação do imóvel.

• Sem correspondência no CPC/1973.

Art. 878. Frustradas as tentativas de alienação do bem, será reaberta oportunidade para requerimento de adjudicação, caso em que também se poderá pleitear a realização de nova avaliação.

• Sem correspondência no CPC/1973.

Subseção II
Da alienação

Art. 879. A alienação far-se-á:

• Correspondência: art. 647, *caput*, CPC/1973.

I – por iniciativa particular;

• Correspondência: art. 647, I, CPC/1973.

II – em leilão judicial eletrônico ou presencial.

• Correspondência: art. 647, II, CPC/1973.

Art. 880. Não efetivada a adjudicação, o exequente poderá requerer a alienação por sua própria iniciativa ou por intermédio de corretor ou leiloeiro público credenciado perante o órgão judiciário.

• Correspondência: art. 685-C, *caput*, CPC/1973.
• V. Res. CJF 160/2011 (Procedimento de alienação por iniciativa particular previsto no art. 685-C do CPC/1973).

§ 1º O juiz fixará o prazo em que a alienação deve ser efetivada, a forma de publicidade, o preço mínimo, as condições de pagamento, as garantias e, se for o caso, a comissão de corretagem.

• Correspondência: art. 685-C, § 1º, CPC/1973.

§ 2º A alienação será formalizada por termo nos autos, com a assinatura do juiz, do exequente, do adquirente e, se estiver presente, do executado, expedindo-se:

• Correspondência: art. 685-C, § 2º, CPC/1973.

I – a carta de alienação e o mandado de imissão na posse, quando se tratar de bem imóvel;

• Correspondência: art. 685-C, § 2º, CPC/1973.

II – a ordem de entrega ao adquirente, quando se tratar de bem móvel.

• Correspondência: art. 685-C, § 2º, CPC/1973.

§ 3º Os tribunais poderão editar disposições complementares sobre o procedimento da alienação prevista neste artigo, admitindo, quando for o caso, o concurso de meios eletrônicos, e dispor sobre o credenciamento dos corretores e leiloeiros públicos, os quais deverão estar em exercício profissional por não menos que 3 (três) anos.

• Correspondência: art. 685-C, § 3º, CPC/1973.

§ 4º Nas localidades em que não houver corretor ou leiloeiro público credenciado nos termos do § 3º, a indicação será de livre escolha do exequente.

• Sem correspondência no CPC/1973.

Art. 881. A alienação far-se-á em leilão judicial se não efetivada a adjudicação ou a alienação por iniciativa particular.

• Correspondência: art. 686, *caput*, CPC/1973.
• V. art. 871, CPC/2015.
• V. arts. 22 e 23, Lei 6.830/1980 (Execução fiscal).

§ 1º O leilão do bem penhorado será realizado por leiloeiro público.

• Sem correspondência no CPC/1973.

§ 2º Ressalvados os casos de alienação a cargo de corretores de bolsa de valores, todos os demais bens serão alienados em leilão público.

• Correspondência: art. 704, CPC/1973.

Art. 882. Não sendo possível a sua realização por meio eletrônico, o leilão será presencial.

• Sem correspondência no CPC/1973.
• V. arts. 22 e 23, *caput*, Lei 6.830/1980 (Execução fiscal).

§ 1º A alienação judicial por meio eletrônico será realizada, observando-se as garantias processuais das partes, de acordo com regulamentação específica do Conselho Nacional de Justiça.

• Sem correspondência no CPC/1973.

§ 2º A alienação judicial por meio eletrônico deverá atender aos requisitos de ampla publicidade, autenticidade e segurança, com observância das regras estabelecidas na legislação sobre certificação digital.

• Sem correspondência no CPC/1973.

§ 3º O leilão presencial será realizado no local designado pelo juiz.

• Correspondência: art. 686, § 2º, CPC/1973.

Art. 883

Art. 883. Caberá ao juiz a designação do leiloeiro público, que poderá ser indicado pelo exequente.

• Correspondência: art. 706, CPC/1973.

Art. 884. Incumbe ao leiloeiro público:

• Correspondência: art. 705, *caput*, CPC/1973.

I – publicar o edital, anunciando a alienação;

• Correspondência: art. 705, I, CPC/1973.

II – realizar o leilão onde se encontrem os bens ou no lugar designado pelo juiz;

• Correspondência: art. 705, II, CPC/1973.

III – expor aos pretendentes os bens ou as amostras das mercadorias;

• Correspondência: art. 705, III, CPC/1973.

IV – receber e depositar, dentro de 1 (um) dia, à ordem do juiz, o produto da alienação;

• Correspondência: art. 705, V, CPC/1973.

V – prestar contas nos 2 (dois) dias subsequentes ao depósito.

• Correspondência: art. 705, VI, CPC/1973.

Parágrafo único. O leiloeiro tem o direito de receber do arrematante a comissão estabelecida em lei ou arbitrada pelo juiz.

• Correspondência: art. 705, IV, CPC/1973.
• V. art. 23, § 2º, Lei 6.830/1980 (Execução fiscal).

Art. 885. O juiz da execução estabelecerá o preço mínimo, as condições de pagamento e as garantias que poderão ser prestadas pelo arrematante.

• Correspondência: art. 685-C, § 1º, CPC/1973.

Art. 886. O leilão será precedido de publicação de edital, que conterá:

• Correspondência: art. 686, *caput*, CPC/1973.
• V. art. 22, Lei 6.830/1980 (Execução fiscal).

I – a descrição do bem penhorado, com suas características, e, tratando-se de imóvel, sua situação e suas divisas, com remissão à matrícula e aos registros;

• Correspondência: art. 686, I, CPC/1973.

II – o valor pelo qual o bem foi avaliado, o preço mínimo pelo qual poderá ser alienado, as condições de pagamento e, se for o caso, a comissão do leiloeiro designado;

• Correspondência: art. 686, II, CPC/1973.

III – o lugar onde estiverem os móveis, os veículos e os semoventes e, tratando-se de créditos ou direitos, a identificação dos autos do processo em que foram penhorados;

• Correspondência: art. 686, III, CPC/1973.

IV – o sítio, na rede mundial de computadores, e o período em que se realizará o leilão, salvo se este se der de modo presencial, hipótese em que serão indicados o local, o dia e a hora de sua realização;

• Correspondência: art. 686, IV, CPC/1973.

V – a indicação de local, dia e hora de segundo leilão presencial, para a hipótese de não haver interessado no primeiro;

• Sem correspondência no CPC/1973.

VI – menção da existência de ônus, recurso ou processo pendente sobre os bens a serem leiloados.

• Correspondência: art. 686, V, CPC/1973.

Parágrafo único. No caso de títulos da dívida pública e de títulos negociados em bolsa, constará do edital o valor da última cotação.

• Correspondência: art. 686, § 1º, CPC/1973.

Art. 887. O leiloeiro público designado adotará providências para a ampla divulgação da alienação.

• Sem correspondência no CPC/1973.

§ 1º A publicação do edital deverá ocorrer pelo menos 5 (cinco) dias antes da data marcada para o leilão.

• Correspondência: art. 687, *caput*, CPC/1973.

§ 2º O edital será publicado na rede mundial de computadores, em sítio designado pelo juízo da execução, e conterá descrição detalhada e, sempre que possível, ilustrada dos bens, informando expressamente se o leilão se realizará de forma eletrônica ou presencial.

• Correspondência: art. 687, § 1º, CPC/1973.

§ 3º Não sendo possível a publicação na rede mundial de computadores ou considerando o juiz, em atenção às condições da sede do juízo, que esse modo de divulgação é insuficiente ou inadequado, o edital será afixado em local de costume e publicado, em resumo, pelo menos uma vez em jornal de ampla circulação local.

• Correspondência: art. 687, *caput*, CPC/1973.

§ 4º Atendendo ao valor dos bens e às condições da sede do juízo, o juiz poderá alterar a forma e a frequência da publicidade na imprensa, mandar publicar o edital em local de ampla circulação de pessoas e divulgar avisos em emissora de rádio ou televisão local, bem como em sítios distintos do indicado no § 2º.

• Correspondência: art. 687, § 2º, CPC/1973.

§ 5º Os editais de leilão de imóveis e de veículos automotores serão publicados pela imprensa ou por outros meios de divulgação, preferencialmente na seção ou no local reservados à publicidade dos respectivos negócios.

• Correspondência: art. 687, § 3º, CPC/1973.

§ 6º O juiz poderá determinar a reunião de publicações em listas referentes a mais de uma execução.

• Correspondência: art. 687, § 4º, CPC/1973.

Art. 888. Não se realizando o leilão por qualquer motivo, o juiz mandará publicar a transferência, observando-se o disposto no art. 887.

• Correspondência: art. 688, *caput*, CPC/1973.

Parágrafo único. O escrivão, o chefe de secretaria ou o leiloeiro que culposamente der causa à transferência responde pelas despesas da nova publicação, podendo o juiz aplicar-lhe a pena de suspensão por 5 (cinco) dias a 3 (três) meses, em procedimento administrativo regular.

• Correspondência: art. 688, parágrafo único, CPC/1973.

Art. 889. Serão cientificados da alienação judicial, com pelo menos 5 (cinco) dias de antecedência:

• Correspondência: art. 698, CPC/1973.

I – o executado, por meio de seu advogado ou, se não tiver procurador constituído nos autos, por carta registrada, mandado, edital ou outro meio idôneo;

• Correspondência: art. 687, § 5º, CPC/1973.
• V. art. 798, I, *b*, CPC/2015.
• V. Súmula 121, STJ.

II – o coproprietário de bem indivisível do qual tenha sido penhorada fração ideal;

• Sem correspondência no CPC/1973.

III – o titular de usufruto, uso, habitação, enfiteuse, direito de superfície, concessão de uso especial para fins de moradia ou concessão de direito real de uso, quando a penhora recair sobre bem gravado com tais direitos reais;

• Sem correspondência no CPC/1973.

IV – o proprietário do terreno submetido ao regime de direito de superfície, enfiteuse, concessão de uso especial para fins de moradia ou concessão de direito real de uso, quando a penhora recair sobre tais direitos reais;

• Sem correspondência no CPC/1973.

V – o credor pignoratício, hipotecário, anticrético, fiduciário ou com penhora anteriormente averbada, quando a penhora recair sobre bens com tais gravames, caso não seja o credor, de qualquer modo, parte na execução;

• Sem correspondência no CPC/1973.
• V. art. 804, CPC/2015.
• V. art. 1.501, CC.
• V. art. 251, II, Lei 6.015/1973 (Registros Públicos).

VI – o promitente comprador, quando a penhora recair sobre bem em relação ao qual haja promessa de compra e venda registrada;

• Sem correspondência no CPC/1973.

VII – o promitente vendedor, quando a penhora recair sobre direito aquisitivo derivado de promessa de compra e venda registrada;

• Sem correspondência no CPC/1973.

VIII – a União, o Estado e o Município, no caso de alienação de bem tombado.

• Sem correspondência no CPC/1973.

Parágrafo único. Se o executado for revel e não tiver advogado constituído, não constando dos autos seu endereço atual ou, ainda, não sendo ele encontrado no endereço constante do processo, a intimação considerar-se-á feita por meio do próprio edital de leilão.

• Sem correspondência no CPC/1973.

Art. 890. Pode oferecer lance quem estiver na livre administração de seus bens, com exceção:

• Correspondência: art. 690-A, *caput*, CPC/1973.

I – dos tutores, dos curadores, dos testamenteiros, dos administradores ou dos li-

Art. 891

quidantes, quanto aos bens confiados à sua guarda e à sua responsabilidade;

* Correspondência: art. 690-A, I, CPC/1973.

II – dos mandatários, quanto aos bens de cuja administração ou alienação estejam encarregados;

* Correspondência: art. 690-A, II, CPC/1973.

III – do juiz, do membro do Ministério Público e da Defensoria Pública, do escrivão, do chefe de secretaria e dos demais servidores e auxiliares da justiça, em relação aos bens e direitos objeto de alienação na localidade onde servirem ou a que se estender a sua autoridade;

* Correspondência: art. 690-A, III, CPC/1973.

IV – dos servidores públicos em geral, quanto aos bens ou aos direitos da pessoa jurídica a que servirem ou que estejam sob sua administração direta ou indireta;

* Sem correspondência no CPC/1973.

V – dos leiloeiros e seus prepostos, quanto aos bens de cuja venda estejam encarregados;

* Sem correspondência no CPC/1973.

VI – dos advogados de qualquer das partes.

* Sem correspondência no CPC/1973.

Art. 891. Não será aceito lance que ofereça preço vil.

* Correspondência: art. 692, CPC/1973.
* V. Súmula 128, STJ.

Parágrafo único. Considera-se vil o preço inferior ao mínimo estipulado pelo juiz e constante do edital, e, não tendo sido fixado preço mínimo, considera-se vil o preço inferior a 50% (cinquenta por cento) do valor da avaliação.

* Sem correspondência no CPC/1973.

Art. 892. Salvo pronunciamento judicial em sentido diverso, o pagamento deverá ser realizado de imediato pelo arrematante, por depósito judicial ou por meio eletrônico.

* Correspondência: art. 690, CPC/1973.
* V. art. 130, parágrafo único, CTN.

§ 1º Se o exequente arrematar os bens e for o único credor, não estará obrigado a exibir o preço, mas, se o valor dos bens exceder ao seu crédito, depositará, dentro de 3 (três) dias, a diferença, sob pena de tornar-se sem efeito a arrematação, e, nesse caso, realizar-se-á novo leilão, à custa do exequente.

* Correspondência: art. 690-A, parágrafo único, CPC/1973.

§ 2º Se houver mais de um pretendente, proceder-se-á entre eles à licitação, e, no caso de igualdade de oferta, terá preferência o cônjuge, o companheiro, o descendente ou o ascendente do executado, nessa ordem.

* Correspondência: art. 685-A, § 3º, CPC/1973.

§ 3º No caso de leilão de bem tombado, a União, os Estados e os Municípios terão, nessa ordem, o direito de preferência na arrematação, em igualdade de oferta.

* Sem correspondência no CPC/1973.

Art. 893. Se o leilão for de diversos bens e houver mais de um lançador, terá preferência aquele que se propuser a arrematá-los todos, em conjunto, oferecendo, para os bens que não tiverem lance, preço igual ao da avaliação e, para os demais, preço igual ao do maior lance que, na tentativa de arrematação individualizada, tenha sido oferecido para eles.

* Correspondência: art. 691, CPC/1973.
* V. art. 23, § 1º, Lei 6.830/1980 (Execução fiscal).

Art. 894. Quando o imóvel admitir cômoda divisão, o juiz, a requerimento do executado, ordenará a alienação judicial de parte dele, desde que suficiente para o pagamento do exequente e para a satisfação das despesas da execução.

* Correspondência: art. 702, *caput*, CPC/1973.
* V. art. 872, § 1º, CPC/2015.

§ 1º Não havendo lançador, far-se-á a alienação do imóvel em sua integridade.

* Correspondência: art. 702, *caput*, CPC/1973.

§ 2º A alienação por partes deverá ser requerida a tempo de permitir a avaliação das glebas destacadas e sua inclusão no edital, e, nesse caso, caberá ao executado instruir o requerimento com planta e memorial descritivo subscritos por profissional habilitado.

* Sem correspondência no CPC/1973.

Art. 895. O interessado em adquirir o bem penhorado em prestações poderá apresentar, por escrito:

* Correspondência: art. 690, § 1º, CPC/1973.

Art. 899

Código de Processo Civil

I – até o início do primeiro leilão, proposta de aquisição do bem por valor não inferior ao da avaliação;

• Sem correspondência no CPC/1973.

II – até o início do segundo leilão, proposta de aquisição do bem por valor que não seja considerado vil.

• Sem correspondência no CPC/1973.

§ 1º A proposta conterá, em qualquer hipótese, oferta de pagamento de pelo menos 25% (vinte e cinco por cento) do valor do lance à vista e o restante parcelado em até 30 (trinta) meses, garantido por caução idônea, quando se tratar de móveis, e por hipoteca do próprio bem, quando se tratar de imóveis.

• Correspondência: art. 690, § 1º, CPC/1973.

§ 2º As propostas para aquisição em prestações indicarão o prazo, a modalidade, o indexador de correção monetária e as condições de pagamento do saldo.

• Correspondência: art. 690, § 2º, CPC/1973.

§ 3º *(Vetado.)*

§ 4º No caso de atraso no pagamento de qualquer das prestações, incidirá multa de 10% (dez por cento) sobre a soma da parcela inadimplida com as parcelas vincendas.

• Sem correspondência no CPC/1973.

§ 5º O inadimplemento autoriza o exequente a pedir a resolução da arrematação ou promover, em face do arrematante, a execução do valor devido, devendo ambos os pedidos ser formulados nos autos da execução em que se deu a arrematação.

• Sem correspondência no CPC/1973.

§ 6º A apresentação da proposta prevista neste artigo não suspende o leilão.

• Sem correspondência no CPC/1973.

§ 7º A proposta de pagamento do lance à vista sempre prevalecerá sobre as propostas de pagamento parcelado.

• Sem correspondência no CPC/1973.

§ 8º Havendo mais de uma proposta de pagamento parcelado:

• Sem correspondência no CPC/1973.

I – em diferentes condições, o juiz decidirá pela mais vantajosa, assim compreendida, sempre, a de maior valor;

• Sem correspondência no CPC/1973.

II – em iguais condições, o juiz decidirá pela formulada em primeiro lugar.

• Sem correspondência no CPC/1973.

§ 9º No caso de arrematação a prazo, os pagamentos feitos pelo arrematante pertencerão ao exequente até o limite de seu crédito, e os subsequentes, ao executado.

• Correspondência: art. 690, § 4º, CPC/1973.

Art. 896. Quando o imóvel de incapaz não alcançar em leilão pelo menos 80% (oitenta por cento) do valor da avaliação, o juiz o confiará à guarda e à administração de depositário idôneo, adiando a alienação por prazo não superior a 1 (um) ano.

• Correspondência: art. 701, *caput*, CPC/1973.

§ 1º Se, durante o adiamento, algum pretendente assegurar, mediante caução idônea, o preço da avaliação, o juiz ordenará a alienação em leilão.

• Correspondência: art. 701, § 1º, CPC/1973.

§ 2º Se o pretendente à arrematação se arrepender, o juiz impor-lhe-á multa de 20% (vinte por cento) sobre o valor da avaliação, em benefício do incapaz, valendo a decisão como título executivo.

• Correspondência: art. 701, § 2º, CPC/1973.

§ 3º Sem prejuízo do disposto nos §§ 1º e 2º, o juiz poderá autorizar a locação do imóvel no prazo do adiamento.

• Correspondência: art. 701, § 3º, CPC/1973.

§ 4º Findo o prazo do adiamento, o imóvel será submetido a novo leilão.

• Correspondência: art. 701, § 4º, CPC/1973.

Art. 897. Se o arrematante ou seu fiador não pagar o preço no prazo estabelecido, o juiz impor-lhe-á, em favor do exequente, a perda da caução, voltando os bens a novo leilão, do qual não serão admitidos a participar o arrematante e o fiador remissos.

• Correspondência: art. 695, CPC/1973.

Art. 898. O fiador do arrematante que pagar o valor do lance e a multa poderá requerer que a arrematação lhe seja transferida.

• Correspondência: art. 696, CPC/1973.

Art. 899. Será suspensa a arrematação logo que o produto da alienação dos bens for suficiente para o pagamento do credor e para a satisfação das despesas da execução.

• Correspondência: art. 692, parágrafo único, CPC/1973.

Art. 900. O leilão prosseguirá no dia útil imediato, à mesma hora em que teve início, independentemente de novo edital, se for ultrapassado o horário de expediente forense.

• Correspondência: art. 689, CPC/1973.
• V. art. 212, CPC/2015.

Art. 901. A arrematação constará de auto que será lavrado de imediato e poderá abranger bens penhorados em mais de uma execução, nele mencionadas as condições nas quais foi alienado o bem.

• Correspondência: arts. 693 e 707, CPC/1973.

§ 1º A ordem de entrega do bem móvel ou a carta de arrematação do bem imóvel, com o respectivo mandado de imissão na posse, será expedida depois de efetuado o depósito ou prestadas as garantias pelo arrematante, bem como realizado o pagamento da comissão do leiloeiro e das demais despesas da execução.

• Correspondência: art. 693, parágrafo único, CPC/1973.

§ 2º A carta de arrematação conterá a descrição do imóvel, com remissão à sua matrícula ou individuação e aos seus registros, a cópia do auto de arrematação e a prova de pagamento do imposto de transmissão, além da indicação da existência de eventual ônus real ou gravame.

• Correspondência: art. 703, CPC/1973.

Art. 902. No caso de leilão de bem hipotecado, o executado poderá remi-lo até a assinatura do auto de arrematação, oferecendo preço igual ao do maior lance oferecido.

• Sem correspondência no CPC/1973.

Parágrafo único. No caso de falência ou insolvência do devedor hipotecário, o direito de remição previsto no *caput* defere-se à massa ou aos credores em concurso, não podendo o exequente recusar o preço da avaliação do imóvel.

Art. 903. Qualquer que seja a modalidade de leilão, assinado o auto pelo juiz, pelo arrematante e pelo leiloeiro, a arrematação será considerada perfeita, acabada e irretratável, ainda que venham a ser julgados procedentes os embargos do executado ou a ação autônoma de que trata o § 4º deste artigo, assegurada a possibilidade de reparação pelos prejuízos sofridos.

• Correspondência: art. 694, *caput*, CPC/1973.

§ 1º Ressalvadas outras situações previstas neste Código, a arrematação poderá, no entanto, ser:

• Correspondência: art. 694, § 1º, CPC/1973.

I – invalidada, quando realizada por preço vil ou com outro vício;

• Correspondência: art. 694, § 1º, I e V, CPC/1973.

II – considerada ineficaz, se não observado o disposto no art. 804;

• Sem correspondência no CPC/1973.

III – resolvida, se não for pago o preço ou se não for prestada a caução.

• Correspondência: art. 694, II, CPC/1973.

§ 2º O juiz decidirá acerca das situações referidas no § 1º, se for provocado em até 10 (dez) dias após o aperfeiçoamento da arrematação.

• Correspondência: art. 746, § 2º, CPC/1973

§ 3º Passado o prazo previsto no § 2º sem que tenha havido alegação de qualquer das situações previstas no § 1º, será expedida a carta de arrematação e, conforme o caso, a ordem de entrega ou mandado de imissão na posse.

• Correspondência: art. 693, parágrafo único, CPC/1973.

§ 4º Após a expedição da carta de arrematação ou da ordem de entrega, a invalidação da arrematação poderá ser pleiteada por ação autônoma, em cujo processo o arrematante figurará como litisconsorte necessário.

• Sem correspondência no CPC/1973.

§ 5º O arrematante poderá desistir da arrematação, sendo-lhe imediatamente devolvido o depósito que tiver feito:

• Correspondência: art. 746, § 1º, CPC/1973.

I – se provar, nos 10 (dez) dias seguintes, a existência de ônus real ou gravame não mencionado no edital;

• Sem correspondência no CPC/1973.

Art. 909

CÓDIGO DE PROCESSO CIVIL

II – se, antes de expedida a carta de arrematação ou a ordem de entrega, o executado alegar alguma das situações previstas no § 1º;

• Sem correspondência no CPC/1973.

III – uma vez citado para responder a ação autônoma de que trata o § 4º deste artigo, desde que apresente a desistência no prazo de que dispõe para responder a essa ação.

• Sem correspondência no CPC/1973.

§ 6º Considera-se ato atentatório à dignidade da justiça a suscitação infundada de vício com o objetivo de ensejar a desistência do arrematante, devendo o suscitante ser condenado, sem prejuízo da responsabilidade por perdas e danos, ao pagamento de multa, a ser fixada pelo juiz e devida ao exequente, em montante não superior a 20% (vinte por cento) do valor atualizado do bem.

• Correspondência: art. 746, § 3º, CPC/1973.

Seção V
Da satisfação do crédito

Art. 904. A satisfação do crédito exequendo far-se-á:

• Correspondência: art. 708, *caput*, CPC/1973.

I – pela entrega do dinheiro;

• Correspondência: art. 708, I, CPC/1973.

II – pela adjudicação dos bens penhorados.

• Correspondência: art. 708, II, CPC/1973.

Art. 905. O juiz autorizará que o exequente levante, até a satisfação integral de seu crédito, o dinheiro depositado para segurar o juízo ou o produto dos bens alienados, bem como do faturamento de empresa ou de outros frutos e rendimentos de coisas ou empresas penhoradas, quando:

• Correspondência: art. 709, *caput*, CPC/1973.
• V. art. 858, CPC/2015.

I – a execução for movida só a benefício do exequente singular, a quem, por força da penhora, cabe o direito de preferência sobre os bens penhorados e alienados;

• Correspondência: art. 709, I, CPC/1973.
• V. art. 797, CPC/2015.

II – não houver sobre os bens alienados outros privilégios ou preferências instituídos anteriormente à penhora.

• Correspondência: art. 709, II, CPC/1973.
• V. art. 908, CPC/2015.

Parágrafo único. Durante o plantão judiciário, veda-se a concessão de pedidos de levantamento de importância em dinheiro ou valores ou de liberação de bens apreendidos.

• Sem correspondência no CPC/1973.

Art. 906. Ao receber o mandado de levantamento, o exequente dará ao executado, por termo nos autos, quitação da quantia paga.

• Correspondência: art. 709, parágrafo único, CPC/1973.

Parágrafo único. A expedição de mandado de levantamento poderá ser substituída pela transferência eletrônica do valor depositado em conta vinculada ao juízo para outra indicada pelo exequente.

• Sem correspondência no CPC/1973.

Art. 907. Pago ao exequente o principal, os juros, as custas e os honorários, a importância que sobrar será restituída ao executado.

• Correspondência: art. 710, CPC/1973.
• V. art. 924, II, CPC/2015.
• V. Lei 6.899/1981 (Correção monetária nos débitos oriundos de decisão judicial).

Art. 908. Havendo pluralidade de credores ou exequentes, o dinheiro lhes será distribuído e entregue consoante a ordem das respectivas preferências.

• Correspondência: art. 711, CPC/1973.
• V. art. 797, CPC/2015.

§ 1º No caso de adjudicação ou alienação, os créditos que recaem sobre o bem, inclusive os de natureza *propter rem*, sub-rogam-se sobre o respectivo preço, observada a ordem de preferência.

• Sem correspondência no CPC/1973.

§ 2º Não havendo título legal à preferência, o dinheiro será distribuído entre os concorrentes, observando-se a anterioridade de cada penhora.

• Sem correspondência no CPC/1973.

Art. 909. Os exequentes formularão as suas pretensões, que versarão unicamente sobre o direito de preferência e a anterioridade da penhora, e, apresentadas as razões, o juiz decidirá.

• Correspondência: art. 712, CPC/1973.
• V. Súmula 563, STF.

Art. 910

Capítulo V
DA EXECUÇÃO CONTRA A FAZENDA PÚBLICA

Art. 910. Na execução fundada em título extrajudicial, a Fazenda Pública será citada para opor embargos em 30 (trinta) dias.

- Correspondência: art. 730, *caput*, CPC/1973.
- V. arts. 146, 239, 344, 496, II, 780 a 783, 917, 918 e 921, II, CPC/2015.
- V. art. 100, CF.
- V. arts. 100 e 101, CC.
- V. art. 130, Lei 8.213/1991 (Planos de Benefícios da Previdência Social).
- V. Súmula 150, STF.

§ 1º Não opostos embargos ou transitada em julgado a decisão que os rejeitar, expedir-se-á precatório ou requisição de pequeno valor em favor do exequente, observando-se o disposto no art. 100 da Constituição Federal.

- Correspondência: art. 730, I e II, CPC/1973.
- V. arts. 33, 78, 86, 87 e 97, ADCT.
- V. art. 128, Lei 8.213/1991 (Planos de Benefícios da Previdência Social).
- V. art. 17, § 1º, Lei 10.259/2001 (Juizados Especiais Federais).
- V. Súmulas 144, STJ.

§ 2º Nos embargos, a Fazenda Pública poderá alegar qualquer matéria que lhe seria lícito deduzir como defesa no processo de conhecimento.

- Correspondência: art. 741, I a VII, CPC/1973.
- V. Súmula 394, STJ.

§ 3º Aplica-se a este Capítulo, no que couber, o disposto nos artigos 534 e 535.

- Sem correspondência no CPC/1973.

Capítulo VI
DA EXECUÇÃO DE ALIMENTOS

Art. 911. Na execução fundada em título executivo extrajudicial que contenha obrigação alimentar, o juiz mandará citar o executado para, em 3 (três) dias, efetuar o pagamento das parcelas anteriores ao início da execução e das que se vencerem no seu curso, provar que o fez ou justificar a impossibilidade de fazê-lo.

- Correspondência: art. 733, *caput*, CPC/1973.
- V. art. 531, CPC/2015.
- V. art. 5º, LXVII, CF.
- V. Súmula 309, STJ.

Parágrafo único. Aplicam-se, no que couber, os §§ 2º a 7º do art. 528.

- Correspondência: art. 733, § 1º, CPC/1973.

Art. 912. Quando o executado for funcionário público, militar, diretor ou gerente de empresa, bem como empregado sujeito à legislação do trabalho, o exequente poderá requerer o desconto em folha de pagamento de pessoal da importância da prestação alimentícia.

- Correspondência: art. 734, *caput*, CPC/1973.
- V. art. 833, IV, CPC/2015.
- V. art. 1.701, parágrafo único, CC.
- V. art. 462, CLT.
- V. art. 22, parágrafo único, Lei 5.478/1968 (Ação de alimentos).
- V. art. 115, IV, Lei 8.213/1991 (Planos de Benefícios da Previdência Social).

§ 1º Ao despachar a inicial, o juiz oficiará à autoridade, à empresa ou ao empregador, determinando, sob pena de crime de desobediência, o desconto a partir da primeira remuneração posterior do executado, a contar do protocolo do ofício.

- Sem correspondência no CPC/1973.

§ 2º O ofício conterá os nomes e o número de inscrição no Cadastro de Pessoas Físicas do exequente e do executado, a importância a ser descontada mensalmente, a conta na qual deve ser feito o depósito e, se for o caso, o tempo de sua duração.

- Correspondência: art. 734, parágrafo único, CPC/1973.

Art. 913. Não requerida a execução nos termos deste Capítulo, observar-se-á o disposto no art. 824 e seguintes, com a ressalva de que, recaindo a penhora em dinheiro, a concessão de efeito suspensivo aos embargos à execução não obsta a que o exequente levante mensalmente a importância da prestação.

- Correspondência: art. 732, CPC/1973.
- V. arts. 1.694 a 1.710, CC.
- V. art. 244, CP.
- V. Súmula 144, STJ.

Art. 916

CÓDIGO DE PROCESSO CIVIL

TÍTULO III
DOS EMBARGOS À EXECUÇÃO

Art. 914. O executado, independentemente de penhora, depósito ou caução, poderá se opor à execução por meio de embargos.

- Correspondência: art. 736, *caput*, CPC/1973.
- V. arts. 260 a 268, 516, 676, 781, 845, § 2.º e 917, CPC/2015.
- V. arts. 16, Lei 6.830/1980 (Execução fiscal).

§ 1º Os embargos à execução serão distribuídos por dependência, autuados em apartado e instruídos com cópias das peças processuais relevantes, que poderão ser declaradas autênticas pelo próprio advogado, sob sua responsabilidade pessoal.

- Correspondência: art. 736, parágrafo único, CPC/1973.

§ 2º Na execução por carta, os embargos serão oferecidos no juízo deprecante ou no juízo deprecado, mas a competência para julgá-los é do juízo deprecante, salvo se versarem unicamente sobre vícios ou defeitos da penhora, da avaliação ou da alienação dos bens efetuadas no juízo deprecado.

- Correspondência: art. 747, CPC/1973.
- V. art. 20, Lei 6.830/1980 (Execução fiscal).
- V. Súmula 46, STJ.

Art. 915. Os embargos serão oferecidos no prazo de 15 (quinze) dias, contado, conforme o caso, na forma do art. 231.

- Correspondência: art. 738, *caput*, CPC/1973.

§ 1º Quando houver mais de um executado, o prazo para cada um deles embargar conta-se a partir da juntada do respectivo comprovante da citação, salvo no caso de cônjuges ou de companheiros, quando será contado a partir da juntada do último.

- Correspondência: art. 738, § 1º, CPC/1973.

§ 2º Nas execuções por carta, o prazo para embargos será contado:

- Correspondência: art. 738, § 2º, CPC/1973.

I – da juntada, na carta, da certificação da citação, quando versarem unicamente sobre vícios ou defeitos da penhora, da avaliação ou da alienação dos bens;

- Correspondência: art. 738, § 2º, CPC/1973.

II – da juntada, nos autos de origem, do comunicado de que trata o § 4º deste artigo ou, não havendo este, da juntada da carta devidamente cumprida, quando versarem sobre questões diversas da prevista no inciso I deste parágrafo.

- Correspondência: art. 738, § 2º, CPC/1973.

§ 3º Em relação ao prazo para oferecimento dos embargos à execução, não se aplica o disposto no art. 229.

- Correspondência: art. 738, § 3º, CPC/1973.

§ 4º Nos atos de comunicação por carta precatória, rogatória ou de ordem, a realização da citação será imediatamente informada, por meio eletrônico, pelo juiz deprecado ao juiz deprecante.

- Correspondência: art. 738, § 4º, CPC/1973.

Art. 916. No prazo para embargos, reconhecendo o crédito do exequente e comprovando o depósito de 30% (trinta por cento) do valor em execução, acrescido de custas e de honorários de advogado, o executado poderá requerer que lhe seja permitido pagar o restante em até 6 (seis) parcelas mensais, acrescidas de correção monetária e de juros de 1% (um por cento) ao mês.

- Correspondência: art. 745-A, *caput*, CPC/1973.

§ 1º O exequente será intimado para manifestar-se sobre o preenchimento dos pressupostos do *caput*, e o juiz decidirá o requerimento em 5 (cinco) dias.

- Sem correspondência no CPC/1973.

§ 2º Enquanto não apreciado o requerimento, o executado terá de depositar as parcelas vincendas, facultado ao exequente seu levantamento.

- Sem correspondência no CPC/1973

§ 3º Deferida a proposta, o exequente levantará a quantia depositada, e serão suspensos os atos executivos.

- Correspondência: art. 745-A, § 1º, CPC/1973

§ 4º Indeferida a proposta, seguir-se-ão os atos executivos, mantido o depósito, que será convertido em penhora.

- Correspondência: art. 745-A, § 1º, CPC/1973.

§ 5º O não pagamento de qualquer das prestações acarretará cumulativamente:

- Correspondência: art. 745-A, § 2º, CPC/1973.

I – o vencimento das prestações subsequentes e o prosseguimento do processo, com o imediato reinício dos atos executivos;

- Correspondência: art. 745-A, § 2º, CPC/1973.

Art. 917

II – a imposição ao executado de multa de 10% (dez por cento) sobre o valor das prestações não pagas.
• Correspondência: art. 745-A, § 2º, CPC/1973.

§ 6º A opção pelo parcelamento de que trata este artigo importa renúncia ao direito de opor embargos.
• Sem correspondência no CPC/1973.

§ 7º O disposto neste artigo não se aplica ao cumprimento da sentença.
• Sem correspondência no CPC/1973.

Art. 917. Nos embargos à execução, o executado poderá alegar:
• Correspondência: art. 745, *caput*, CPC/1973.
• V. art. 16, §§ 2º e 3º, Lei 6.830/1980 (Execução fiscal).
• V. art. 782, CPC/2015.

I – inexequibilidade do título ou inexigibilidade da obrigação;
• Correspondência: art. 745, I, CPC/1973.

II – penhora incorreta ou avaliação errônea;
• Correspondência: art. 745, II, CPC/1973.

III – excesso de execução ou cumulação indevida de execuções;
• Correspondência: art. 745, III, CPC/1973.

IV – retenção por benfeitorias necessárias ou úteis, nos casos de execução para entrega de coisa certa;
• Correspondência: art. 745, IV, CPC/1973.

V – incompetência absoluta ou relativa do juízo da execução;
• Sem correspondência no CPC/1973.
• V. art. 64, CPC/2015.

VI – qualquer matéria que lhe seria lícito deduzir como defesa em processo de conhecimento.
• Correspondência: art. 745, V, CPC/1973.

§ 1º A incorreção da penhora ou da avaliação poderá ser impugnada por simples petição, no prazo de 15 (quinze) dias, contado da ciência do ato.
• Sem correspondência no CPC/1973.

§ 2º Há excesso de execução quando:
• Correspondência: art. 743, *caput*, CPC/1973.

I – o exequente pleiteia quantia superior à do título;
• Correspondência: art. 743, I, CPC/1973.

II – ela recai sobre coisa diversa daquela declarada no título;
• Correspondência: art. 743, II, CPC/1973.

III – ela se processa de modo diferente do que foi determinado no título;
• Correspondência: art. 743, II, CPC/1973.

IV – o exequente, sem cumprir a prestação que lhe corresponde, exige o adimplemento da prestação do executado;
• Correspondência: art. 743, IV, CPC/1973.

V – o exequente não prova que a condição se realizou.
• Correspondência: art. 743, V, CPC/1973.
• V. art. 803, III, CPC/2015.

§ 3º Quando alegar que o exequente, em excesso de execução, pleiteia quantia superior à do título, o embargante declarará na petição inicial o valor que entende correto, apresentando demonstrativo discriminado e atualizado de seu cálculo.
• Correspondência: art. 739-A, § 5º, CPC/1973.

§ 4º Não apontado o valor correto ou não apresentado o demonstrativo, os embargos à execução:
• Correspondência: art. 739-A, § 5º, CPC/1973.

I – serão liminarmente rejeitados, sem resolução de mérito, se o excesso de execução for o seu único fundamento;
• Correspondência: art. 739-A, § 5º, CPC/1973.

II – serão processados, se houver outro fundamento, mas o juiz não examinará a alegação de excesso de execução.
• Correspondência: art. 739-A, § 5º, CPC/1973.

§ 5º Nos embargos de retenção por benfeitorias, o exequente poderá requerer a compensação de seu valor com o dos frutos ou dos danos considerados devidos pelo executado, cumprindo ao juiz, para a apuração dos respectivos valores, nomear perito, observando-se, então, o art. 464.
• Correspondência: art. 745, § 1º, CPC/1973.

§ 6º O exequente poderá a qualquer tempo ser imitido na posse da coisa, prestando caução ou depositando o valor devido pelas benfeitorias ou resultante da compensação.
• Correspondência: art. 745, § 2º, CPC/1973.

§ 7º A arguição de impedimento e suspeição observará o disposto nos arts. 146 e 148.
• Correspondência: art. 742, CPC/1973.

Código de Processo Civil

Art. 918. O juiz rejeitará liminarmente os embargos:
- Correspondência: art. 739, *caput*, CPC/1973.
- V. art. 1.012, § 1º, III, CPC/2015.

I – quando intempestivos;
- Correspondência: art. 739, I, CPC/1973.

II – nos casos de indeferimento da petição inicial e de improcedência liminar do pedido;
- Correspondência: art. 739, II, CPC/1973.

III – manifestamente protelatórios.
- Correspondência: art. 739, III, CPC/1973.

Parágrafo único. Considera-se conduta atentatória à dignidade da justiça o oferecimento de embargos manifestamente protelatórios.
- Sem correspondência no CPC/1973.

Art. 919. Os embargos à execução não terão efeito suspensivo.
- Correspondência: art. 739-A, *caput*, CPC/1973.

§ 1º O juiz poderá, a requerimento do embargante, atribuir efeito suspensivo aos embargos quando verificados os requisitos para a concessão da tutela provisória e desde que a execução já esteja garantida por penhora, depósito ou caução suficientes.
- Correspondência: art. 739-A, § 1º, CPC/1973.
- V. art. 921, II, CPC/2015.

§ 2º Cessando as circunstâncias que a motivaram, a decisão relativa aos efeitos dos embargos poderá, a requerimento da parte, ser modificada ou revogada a qualquer tempo, em decisão fundamentada.
- Correspondência: art. 739-A, § 2º, CPC/1973.

§ 3º Quando o efeito suspensivo atribuído aos embargos disser respeito apenas a parte do objeto da execução, esta prosseguirá quanto à parte restante.
- Correspondência: art. 739-A, § 3º, CPC/1973.

§ 4º A concessão de efeito suspensivo aos embargos oferecidos por um dos executados não suspenderá a execução contra os que não embargaram quando o respectivo fundamento disser respeito exclusivamente ao embargante.
- Correspondência: art. 739-A, § 4º, CPC/1973.

§ 5º A concessão de efeito suspensivo não impedirá a efetivação dos atos de substituição, de reforço ou de redução da penhora e de avaliação dos bens.
- Correspondência: art. 739-A, § 6º, CPC/1973.

Art. 920. Recebidos os embargos:
- Correspondência: art. 740, CPC/1973.

I – o exequente será ouvido no prazo de 15 (quinze) dias;
- Correspondência: art. 740, CPC/1973.
- V. art. 17, *caput*, Lei 6.830/1980 (Execução fiscal).

II – a seguir, o juiz julgará imediatamente o pedido ou designará audiência;
- Correspondência: art. 740, CPC/1973.
- V. arts. 334 e 358 a 368, CPC/2015.

III – encerrada a instrução, o juiz proferirá sentença.
- Correspondência: art. 740, CPC/1973.

TÍTULO IV
DA SUSPENSÃO E DA EXTINÇÃO DO PROCESSO DE EXECUÇÃO

Capítulo I
DA SUSPENSÃO DO PROCESSO DE EXECUÇÃO

Art. 921. Suspende-se a execução:
- Correspondência: art. 791, *caput*, CPC/1973.

I – nas hipóteses dos arts. 313 e 315, no que couber;
- Correspondência: art. 791, II, CPC/1973.

II – no todo ou em parte, quando recebidos com efeito suspensivo os embargos à execução;
- Correspondência: art. 791, I, CPC/1973.

III – quando o executado não possuir bens penhoráveis;
- Correspondência: art. 791, III, CPC/1973.
- V. art. 40, Lei 6.830/1980 (Execução fiscal).

IV – se a alienação dos bens penhorados não se realizar por falta de licitantes e o exequente, em 15 (quinze) dias, não requerer a adjudicação nem indicar outros bens penhoráveis;
- Sem correspondência no CPC/1973.

V – quando concedido o parcelamento de que trata o art. 916.
- Sem correspondência no CPC/1973.

Art. 922

§ 1º Na hipótese do inciso III, o juiz suspenderá a execução pelo prazo de 1 (um) ano, durante o qual se suspenderá a prescrição.
* Sem correspondência no CPC/1973.

§ 2º Decorrido o prazo máximo de 1 (um) ano sem que seja localizado o executado ou que sejam encontrados bens penhoráveis, o juiz ordenará o arquivamento dos autos.
* Sem correspondência no CPC/1973.

§ 3º Os autos serão desarquivados para prosseguimento da execução se a qualquer tempo forem encontrados bens penhoráveis.
* Sem correspondência no CPC/1973.

§ 4º Decorrido o prazo de que trata o § 1º sem manifestação do exequente, começa a correr o prazo de prescrição intercorrente.
* Sem correspondência no CPC/1973.

§ 5º O juiz, depois de ouvidas as partes, no prazo de 15 (quinze) dias, poderá, de ofício, reconhecer a prescrição de que trata o § 4º e extinguir o processo.
* Sem correspondência no CPC/1973.

Art. 922. Convindo as partes, o juiz declarará suspensa a execução durante o prazo concedido pelo exequente para que o executado cumpra voluntariamente a obrigação.
* Correspondência: art. 792, *caput*, CPC/1973.
* V. art. 313, II, CPC/2015.

Parágrafo único. Findo o prazo sem cumprimento da obrigação, o processo retomará o seu curso.
* Correspondência: art. 792, parágrafo único, CPC/1973.
* V. art. 313, §§ 4º e 5º, CPC/2015.

Art. 923. Suspensa a execução, não serão praticados atos processuais, podendo o juiz, entretanto, salvo no caso de arguição de impedimento ou de suspeição, ordenar providências urgentes.
* Correspondência: art. 793, CPC/1973.
* V. art. 314, CPC/2015.

Capítulo II
DA EXTINÇÃO DO PROCESSO DE EXECUÇÃO

Art. 924. Extingue-se a execução quando:
* Correspondência: art. 794, *caput*, CPC/1973.
* V. art. 487, III, *a*, CPC/2015.

I – a petição inicial for indeferida;
* Sem correspondência no CPC/1973.

II – a obrigação for satisfeita;
* Correspondência: art. 794, I, CPC/1973.
* V. arts. 807 e 818, CPC/2015.
* V. art. 304, CC.

III – o executado obtiver, por qualquer outro meio, a extinção total da dívida;
* Correspondência: art. 794, II, CPC/1973.

IV – o exequente renunciar ao crédito;
* Correspondência: art. 794, III, CPC/1973.

V – ocorrer a prescrição intercorrente.
* Sem correspondência no CPC/1973.

Art. 925. A extinção só produz efeito quando declarada por sentença.
* Correspondência: art. 795, CPC/1973.
* V. arts. 203, § 1º, e 494, CPC/2015.

LIVRO III
DOS PROCESSOS NOS TRIBUNAIS E DOS MEIOS DE IMPUGNAÇÃO DAS DECISÕES JUDICIAIS

TÍTULO I
DA ORDEM DOS PROCESSOS E DOS PROCESSOS DE COMPETÊNCIA ORIGINÁRIA DOS TRIBUNAIS

Capítulo I
DISPOSIÇÕES GERAIS

Art. 926. Os tribunais devem uniformizar sua jurisprudência e mantê-la estável, íntegra e coerente.
* Correspondência: art. 479, *caput*, CPC/1973.
* V. art. 93, XI, CF.
* V. arts. 16, parágrafo único, e 101, § 3º, *c*, LC 35/1979 (Lei Orgânica da Magistratura Nacional).
* V. art. 896, § 3º, CLT.

§ 1º Na forma estabelecida e segundo os pressupostos fixados no regimento interno, os tribunais editarão enunciados de súmula correspon-dentes a sua jurisprudência dominante.
* Correspondência: art. 479, parágrafo único, CPC/1973.

§ 2º Ao editar enunciados de súmula, os tribunais devem ater-se às circunstâncias fáticas dos precedentes que motivaram sua criação.
* Sem correspondência no CPC/1973.

Código de Processo Civil

Art. 927. Os juízes e os tribunais observarão:
- Sem correspondência no CPC/1973.

I – as decisões do Supremo Tribunal Federal em controle concentrado de constitucionalidade;
II – os enunciados de súmula vinculante;
- V. art. 103-A, CF.
- V. Lei 11.417/2006 (Súmula vinculante).

III – os acórdãos em incidente de assunção de competência ou de resolução de demandas repetitivas e em julgamento de recursos extraordinário e especial repetitivos;
IV – os enunciados das súmulas do Supremo Tribunal Federal em matéria constitucional e do Superior Tribunal de Justiça em matéria infraconstitucional;
V – a orientação do plenário ou do órgão especial aos quais estiverem vinculados.

§ 1º Os juízes e os tribunais observarão o disposto no art. 10 e no art. 489, § 1º, quando decidirem com fundamento neste artigo.

§ 2º A alteração de tese jurídica adotada em enunciado de súmula ou em julgamento de casos repetitivos poderá ser precedida de audiências públicas e da participação de pessoas, órgãos ou entidades que possam contribuir para a rediscussão da tese.

§ 3º Na hipótese de alteração de jurisprudência dominante do Supremo Tribunal Federal e dos tribunais superiores ou daquela oriunda de julgamento de casos repetitivos, pode haver modulação dos efeitos da alteração no interesse social e no da segurança jurídica.
- V. art. 27, Lei 9.868/1999 (Processo e julgamento da ação direta de inconstitucionalidade e da ação declaratória perante o Supremo Tribunal Federal).

§ 4º A modificação de enunciado de súmula, de jurisprudência pacificada ou de tese adotada em julgamento de casos repetitivos observará a necessidade de fundamentação adequada e específica, considerando os princípios da segurança jurídica, da proteção da confiança e da isonomia.
- V. art. 5º, I e LXXVIII, CF.

§ 5º Os tribunais darão publicidade a seus precedentes, organizando-os por questão jurídica decidida e divulgando-os, preferencialmente, na rede mundial de computadores.

- V. art. 5º, LX, CF.

Art. 928. Para os fins deste Código, considera-se julgamento de casos repetitivos a decisão proferida em:
- Sem correspondência no CPC/1973.
- V. arts. 102, III, e 105, III, CF.

I – incidente de resolução de demandas repetitivas;
II – recursos especial e extraordinário repetitivos.

Parágrafo único. O julgamento de casos repetitivos tem por objeto questão de direito material ou processual.

Capítulo II
DA ORDEM DOS PROCESSOS NO TRIBUNAL

Art. 929. Os autos serão registrados no protocolo do tribunal no dia de sua entrada, cabendo à secretaria ordená-los, com imediata distribuição.
- Correspondência: art. 547, *caput*, CPC/1973.
- V. art. 152, IV, CPC/2015.

Parágrafo único. A critério do tribunal, os serviços de protocolo poderão ser descentralizados, mediante delegação a ofícios de justiça de primeiro grau.
- Correspondência: art. 547, parágrafo único, CPC/1973.

Art. 930. Far-se-á a distribuição de acordo com o regimento interno do tribunal, observando-se a alternatividade, o sorteio eletrônico e a publicidade.
- Correspondência: art. 548, CPC/1973.

Parágrafo único. O primeiro recurso protocolado no tribunal tornará prevento o relator para eventual recurso subsequente interposto no mesmo processo ou em processo conexo.
- Sem correspondência no CPC/1973

Art. 931. Distribuídos, os autos serão imediatamente conclusos ao relator, que, em 30 (trinta) dias, depois de elaborar o voto, restituí-los-á, com relatório, à secretaria.
- Correspondência: art. 549, CPC/1973.

Art. 932. Incumbe ao relator:
- Correspondência: art. 557, CPC/1973.
- V. arts. 6º, 139 a 143, CPC/2015.

I – dirigir e ordenar o processo no tribunal, inclusive em relação à produção de prova, bem como, quando for o caso, homologar autocomposição das partes;

• Sem correspondência no CPC/1973.

II – apreciar o pedido de tutela provisória nos recursos e nos processos de competência originária do tribunal;

• Sem correspondência no CPC/1973.

III – não conhecer de recurso inadmissível, prejudicado ou que não tenha impugnado especificamente os fundamentos da decisão recorrida;

• Correspondência: art. 557, CPC/1973.

IV – negar provimento a recurso que for contrário a:

• Sem correspondência no CPC/1973.

a) súmula do Supremo Tribunal Federal, do Superior Tribunal de Justiça ou do próprio tribunal;

• Correspondência: art. 557, CPC/1973.

b) acórdão proferido pelo Supremo Tribunal Federal ou pelo Superior Tribunal de Justiça em julgamento de recursos repetitivos;

• Correspondência: art. 557, CPC/1973.

c) entendimento firmado em incidente de resolução de demandas repetitivas ou de assunção de competência;

• Sem correspondência no CPC/1973.

V – depois de facultada a apresentação de contrarrazões, dar provimento ao recurso se a decisão recorrida for contrária a:

• Sem correspondência no CPC/1973.

a) súmula do Supremo Tribunal Federal, do Superior Tribunal de Justiça ou do próprio tribunal;

• Correspondência: art. 557, CPC/1973.

b) acórdão proferido pelo Supremo Tribunal Federal ou pelo Superior Tribunal de Justiça em julgamento de recursos repetitivos;

• Correspondência: art. 557, CPC/1973.

c) entendimento firmado em incidente de resolução de demandas repetitivas ou de assunção de competência;

• Sem correspondência no CPC/1973.

VI – decidir o incidente de desconsideração da personalidade jurídica, quando este for instaurado originariamente perante o tribunal;

• Sem correspondência no CPC/1973.

VII – determinar a intimação do Ministério Público, quando for o caso;

• Sem correspondência no CPC/1973.

VIII – exercer outras atribuições estabelecidas no regimento interno do tribunal.

• Sem correspondência no CPC/1973.

Parágrafo único. Antes de considerar inadmissível o recurso, o relator concederá o prazo de 5 (cinco) dias ao recorrente para que seja sanado vício ou complementada a documentação exigível.

• Correspondência: art. 515, § 4º, CPC/1973.

Art. 933. Se o relator constatar a ocorrência de fato superveniente à decisão recorrida ou a existência de questão apreciável de ofício ainda não examinada que devam ser considerados no julgamento do recurso, intimará as partes para que se manifestem no prazo de 5 (cinco) dias.

• Sem correspondência no CPC/1973.

§ 1º Se a constatação ocorrer durante a sessão de julgamento, esse será imediatamente suspenso a fim de que as partes se manifestem especificamente.

§ 2º Se a constatação se der em vista dos autos, deverá o juiz que a solicitou encaminhá-los ao relator, que tomará as providências previstas no *caput* e, em seguida, solicitará a inclusão do feito em pauta para prosseguimento do julgamento, com submissão integral da nova questão aos julgadores.

Art. 934. Em seguida, os autos serão apresentados ao presidente, que designará dia para julgamento, ordenando, em todas as hipóteses previstas neste Livro, a publicação da pauta no órgão oficial.

• Correspondência: art. 552, *caput*, CPC/1973.

Art. 935. Entre a data de publicação da pauta e a da sessão de julgamento decorrerá, pelo menos, o prazo de 5 (cinco) dias, incluindo-se em nova pauta os processos que não tenham sido julgados, salvo aqueles cujo julgamento tiver sido expressamente adiado para a primeira sessão seguinte.

• Correspondência: art. 552, § 1º, CPC/1973.

Art. 938

Código de Processo Civil

§ 1º Às partes será permitida vista dos autos em cartório após a publicação da pauta de julgamento.

• Correspondência: art. 552, *caput*, CPC/1973.

§ 2º Afixar-se-á a pauta na entrada da sala em que se realizar a sessão de julgamento.

• Correspondência: art. 552, § 2º, CPC/1973.

Art. 936. Ressalvadas as preferências legais e regimentais, os recursos, a remessa necessária e os processos de competência originária serão julgados na seguinte ordem:

• Sem correspondência no CPC/1973.

I – aqueles nos quais houver sustentação oral, observada a ordem dos requerimentos;

• Sem correspondência no CPC/1973.

II – os requerimentos de preferência apresentados até o início da sessão de julgamento;

• Sem correspondência no CPC/1973.

III – aqueles cujo julgamento tenha iniciado em sessão anterior; e

• *Correspondência: art. 552, § 2º, CPC/1973

IV – os demais casos.

• Sem correspondência no CPC/1973.

Art. 937. Na sessão de julgamento, depois da exposição da causa pelo relator, o presidente dará a palavra, sucessivamente, ao recorrente, ao recorrido e, nos casos de sua intervenção, ao membro do Ministério Público, pelo prazo improrrogável de 15 (quinze) minutos para cada um, a fim de sustentarem suas razões, nas seguintes hipóteses, nos termos da parte final do *caput* do art. 1.021:

• Correspondência: art. 554, CPC/1973.

I – no recurso de apelação;

• Sem correspondência no CPC/1973.

II – no recurso ordinário;

• Sem correspondência no CPC/1973.

III – no recurso especial;

• Sem correspondência no CPC/1973.

IV – no recurso extraordinário;

• Sem correspondência no CPC/1973.

V – nos embargos de divergência;

• Sem correspondência no CPC/1973.

VI – na ação rescisória, no mandado de segurança e na reclamação;

• Sem correspondência no CPC/1973.

VII – *(Vetado.)*

VIII – no agravo de instrumento interposto contra decisões interlocutórias que versem sobre tutelas provisórias de urgência ou da evidência;

• Sem correspondência no CPC/1973.

IX – em outras hipóteses previstas em lei ou no regimento interno do tribunal.

• Sem correspondência no CPC/1973.

§ 1º A sustentação oral no incidente de resolução de demandas repetitivas observará o disposto no art. 984, no que couber.

• Sem correspondência no CPC/1973.

§ 2º O procurador que desejar proferir sustentação oral poderá requerer, até o início da sessão, que o processo seja julgado em primeiro lugar, sem prejuízo das preferências legais.

• Correspondência: art. 565, CPC/1973.

§ 3º Nos processos de competência originária previstos no inciso VI, caberá sustentação oral no agravo interno interposto contra decisão de relator que o extinga.

• Sem correspondência no CPC/1973.

§ 4º É permitido ao advogado com domicílio profissional em cidade diversa daquela onde está sediado o tribunal realizar sustentação oral por meio de videoconferência ou outro recurso tecnológico de transmissão de sons e imagens em tempo real, desde que o requeira até o dia anterior ao da sessão.

• Sem correspondência no CPC/1973.

Art. 938. A questão preliminar suscitada no julgamento será decidida antes do mérito, deste não se conhecendo caso seja incompatível com a decisão.

• Correspondência: art. 560, *caput*, CPC/1973.

§ 1º Constatada a ocorrência de vício sanável, inclusive aquele que possa ser conhecido de ofício, o relator determinará a realização ou a renovação do ato processual, no próprio tribunal ou em primeiro grau de jurisdição, intimadas as partes.

• Correspondência: art. 515, § 4º, CPC/1973.

§ 2º Cumprida a diligência de que trata o § 1º, o relator, sempre que possível, prosseguirá no julgamento do recurso.

• Correspondência: art. 515, § 4º, CPC/1973.

§ 3º Reconhecida a necessidade de produção de prova, o relator converterá o julgamento em diligência, que se realizará no tribunal ou em primeiro grau de jurisdição, decidindo-se o recurso após a conclusão da instrução.

• Correspondência: art. 560, parágrafo único, CPC/1973.

§ 4º Quando não determinadas pelo relator, as providências indicadas nos §§ 1º e 3º poderão ser determinadas pelo órgão competente para julgamento do recurso.

• Sem correspondência no CPC/1973.

Art. 939. Se a preliminar for rejeitada ou se a apreciação do mérito for com ela compatível, seguir-se-ão a discussão e o julgamento da matéria principal, sobre a qual deverão se pronunciar os juízes vencidos na preliminar.

• Correspondência: art. 561, CPC/1973.
• V. art. 1.013, § 1º, CPC/2015.

Art. 940. O relator ou outro juiz que não se considerar habilitado a proferir imediatamente seu voto poderá solicitar vista pelo prazo máximo de 10 (dez) dias, após o qual o recurso será reincluído em pauta para julgamento na sessão seguinte à data da devolução.

• Correspondência: art. 555, § 2º, CPC/1973.
• V. art. 121, LC 35/1979 (Lei Orgânica da Magistratura Nacional).

§ 1º Se os autos não forem devolvidos tempestivamente ou se não for solicitada pelo juiz prorrogação de prazo de no máximo mais 10 (dez) dias, o presidente do órgão fracionário os requisitará para julgamento do recurso na sessão ordinária subsequente, com publicação da pauta em que for incluído.

• Correspondência: art. 555, § 3º, CPC/1973.

§ 2º Quando requisitar os autos na forma do § 1º, se aquele que fez o pedido de vista ainda não se sentir habilitado a votar, o presidente convocará substituto para proferir voto, na forma estabelecida no regimento interno do tribunal.

• Sem correspondência no CPC/1973.

Art. 941. Proferidos os votos, o presidente anunciará o resultado do julgamento, designando para redigir o acórdão o relator ou, se vencido este, o autor do primeiro voto vencedor.

• Correspondência: art. 556, CPC/1973.

§ 1º O voto poderá ser alterado até o momento da proclamação do resultado pelo presidente, salvo aquele já proferido por juiz afastado ou substituído.

• Sem correspondência no CPC/1973.

§ 2º No julgamento de apelação ou de agravo de instrumento, a decisão será tomada, no órgão colegiado, pelo voto de 3 (três) juízes.

• Correspondência: art. 555, *caput*, CPC/1973.

§ 3º O voto vencido será necessariamente declarado e considerado parte integrante do acórdão para todos os fins legais, inclusive de pré-questionamento.

• Sem correspondência no CPC/1973.

Art. 942. Quando o resultado da apelação for não unânime, o julgamento terá prosseguimento em sessão a ser designada com a presença de outros julgadores, que serão convocados nos termos previamente definidos no regimento interno, em número suficiente para garantir a possibilidade de inversão do resultado inicial, assegurado às partes e a eventuais terceiros o direito de sustentar oralmente suas razões perante os novos julgadores.

• Correspondência: art. 530, CPC/1973.
• V. Súmulas 293, 354, 455 e 518, STF.
• V. Súmula 88, STJ.

§ 1º Sendo possível, o prosseguimento do julgamento dar-se-á na mesma sessão, colhendo-se os votos de outros julgadores que porventura componham o órgão colegiado.

• Sem correspondência no CPC/1973.

§ 2º Os julgadores que já tiverem votado poderão rever seus votos por ocasião do prosseguimento do julgamento.

• Sem correspondência no CPC/1973.

Art. 947

CÓDIGO DE PROCESSO CIVIL

§ 3º A técnica de julgamento prevista neste artigo aplica-se, igualmente, ao julgamento não unânime proferido em:

• Sem correspondência no CPC/1973.

I – ação rescisória, quando o resultado for a rescisão da sentença, devendo, nesse caso, seu prosseguimento ocorrer em órgão de maior composição previsto no regimento interno;

• Sem correspondência no CPC/1973.

II – agravo de instrumento, quando houver reforma da decisão que julgar parcialmente o mérito.

• Correspondência: art. 532, CPC/1973.

§ 4º Não se aplica o disposto neste artigo ao julgamento:

• Sem correspondência no CPC/1973.

I – do incidente de assunção de competência e ao de resolução de demandas repetitivas;

• Sem correspondência no CPC/1973.

II – da remessa necessária;

• Sem correspondência no CPC/1973.

III – não unânime proferido, nos tribunais, pelo plenário ou pela corte especial.

• Sem correspondência no CPC/1973.

Art. 943. Os votos, os acórdãos e os demais atos processuais podem ser registrados em documento eletrônico inviolável e assinados eletronicamente, na forma da lei, devendo ser impressos para juntada aos autos do processo quando este não for eletrônico.

• Correspondência: art. 556, parágrafo único, CPC/1973.

§ 1º Todo acórdão conterá ementa.

• Correspondência: art. 563, CPC/1973.

§ 2º Lavrado o acórdão, sua ementa será publicada no órgão oficial no prazo de 10 (dez) dias.

• Correspondência: art. 564, CPC/1973.

Art. 944. Não publicado o acórdão no prazo de 30 (trinta) dias, contado da data da sessão de julgamento, as notas taquigráficas o substituirão, para todos os fins legais, independentemente de revisão.

• Sem correspondência no CPC/1973.

Parágrafo único. No caso do *caput*, o presidente do tribunal lavrará, de imediato, as conclusões e a ementa e mandará publicar o acórdão.

Art. 945. *(Revogado pela Lei 13.256/2016.)*

Art. 946. O agravo de instrumento será julgado antes da apelação interposta no mesmo processo.

• Correspondência: art. 559, CPC/1973.

Parágrafo único. Se ambos os recursos de que trata o *caput* houverem de ser julgados na mesma sessão, terá precedência o agravo de instrumento.

• Correspondência: art. 559, CPC/1973.

Capítulo III
DO INCIDENTE DE ASSUNÇÃO DE COMPETÊNCIA

Art. 947. É admissível a assunção de competência quando o julgamento de recurso, de remessa necessária ou de processo de competência originária envolver relevante questão de direito, com grande repercussão social, sem repetição em múltiplos processos.

• Sem correspondência no CPC/1973.

§ 1º Ocorrendo a hipótese de assunção de competência, o relator proporá, de ofício ou a requerimento da parte, do Ministério Público ou da Defensoria Pública, que seja o recurso, a remessa necessária ou o processo de competência originária julgado pelo órgão colegiado que o regimento indicar.

• Correspondência: art. 555, § 1º, CPC/1973.

§ 2º O órgão colegiado julgará o recurso, a remessa necessária ou o processo de competência originária se reconhecer interesse público na assunção de competência.

• Correspondência: art. 555, § 1º, CPC/1973.

§ 3º O acórdão proferido em assunção de competência vinculará todos os juízes e órgãos fracionários, exceto se houver revisão de tese.

• Sem correspondência no CPC/1973.

§ 4º Aplica-se o disposto neste artigo quando ocorrer relevante questão de direito a respeito da qual seja conveniente a prevenção ou a composição de divergência entre câmaras ou turmas do tribunal.

• Sem correspondência no CPC/1973.

Art. 948

Capítulo IV
DO INCIDENTE DE ARGUIÇÃO DE INCONSTITUCIONALIDADE

Art. 948. Arguida, em controle difuso, a inconstitucionalidade de lei ou de ato normativo do poder público, o relator, após ouvir o Ministério Público e as partes, submeterá a questão à turma ou à câmara à qual competir o conhecimento do processo.

- Correspondência: art. 480, CPC/1973.
- V. arts. 52, X, 97, 102, III, *b*, 125, § 2º, e 129, IV, CF.

Art. 949. Se a arguição for:

- Correspondência: art. 481, *caput*, CPC/1973.

I – rejeitada, prosseguirá o julgamento;

- Correspondência: art. 481, *caput*, CPC/1973.

II – acolhida, a questão será submetida ao plenário do tribunal ou ao seu órgão especial, onde houver.

- Correspondência: art. 481, *caput*, CPC/1973.

Parágrafo único. Os órgãos fracionários dos tribunais não submeterão ao plenário ou ao órgão especial a arguição de inconstitucionalidade quando já houver pronunciamento destes ou do plenário do Supremo Tribunal Federal sobre a questão.

- Correspondência: art. 481, parágrafo único, CPC/1973.

Art. 950. Remetida cópia do acórdão a todos os juízes, o presidente do tribunal designará a sessão de julgamento.

- Correspondência: art. 482, *caput*, CPC/1973.

§ 1º As pessoas jurídicas de direito público responsáveis pela edição do ato questionado poderão manifestar-se no incidente de inconstitucionalidade se assim o requererem, observados os prazos e as condições previstos no regimento interno do tribunal.

- Correspondência: art. 482, § 1º, CPC/1973.

§ 2º A parte legitimada à propositura das ações previstas no art. 103 da Constituição Federal poderá manifestar-se, por escrito, sobre a questão constitucional objeto de apreciação, no prazo previsto pelo regimento interno, sendo-lhe assegurado o direito de apresentar memoriais ou de requerer a juntada de documentos.

- Correspondência: art. 482, § 2º, CPC/1973.

§ 3º Considerando a relevância da matéria e a representatividade dos postulantes, o relator poderá admitir, por despacho irrecorrível, a manifestação de outros órgãos ou entidades.

- Correspondência: art. 482, § 3º, CPC/1973.

Capítulo V
DO CONFLITO DE COMPETÊNCIA

Art. 951. O conflito de competência pode ser suscitado por qualquer das partes, pelo Ministério Público ou pelo juiz.

- Correspondência: art. 116, *caput*, CPC/1973.

Parágrafo único. O Ministério Público somente será ouvido nos conflitos de competência relativos aos processos previstos no art. 178, mas terá qualidade de parte nos conflitos que suscitar.

- Correspondência: art. 116, parágrafo único, CPC/1973.
- V. art. 279, CPC/2015.

Art. 952. Não pode suscitar conflito a parte que, no processo, arguiu incompetência relativa.

- Correspondência: art. 117, *caput*, CPC/1973.

Parágrafo único. O conflito de competência não obsta, porém, a que a parte que não o arguiu suscite a incompetência.

- Correspondência: art. 117, parágrafo único, CPC/1973.

Art. 953. O conflito será suscitado ao tribunal:

- Correspondência: art. 118, *caput*, CPC/1973.
- V. arts. 102, I, *o*, 105, I, *d*, e 108, I, *e*, CF.
- V. Súmula 59, STJ.

I – pelo juiz, por ofício;

- Correspondência: art. 118, I, CPC/1973.

II – pela parte e pelo Ministério Público, por petição.

- Correspondência: art. 118, II, CPC/1973.

Parágrafo único. O ofício e a petição serão instruídos com os documentos necessários à prova do conflito.

- Correspondência: art. 118, parágrafo único, CPC/1973.

Art. 954. Após a distribuição, o relator determinará a oitiva dos juízes em conflito

CÓDIGO DE PROCESSO CIVIL

ou, se um deles for suscitante, apenas do suscitado.

• Correspondência: art. 119, CPC/1973.

Parágrafo único. No prazo designado pelo relator, incumbirá ao juiz ou aos juízes prestar as informações.

• Correspondência: art. 119, CPC/1973.

Art. 955. O relator poderá, de ofício ou a requerimento de qualquer das partes, determinar, quando o conflito for positivo, o sobrestamento do processo e, nesse caso, bem como no de conflito negativo, designará um dos juízes para resolver, em caráter provisório, as medidas urgentes.

• Correspondência: art. 120, *caput*, CPC/1973.
• V. arts. 313, II, e 314, CPC/2015.

Parágrafo único. O relator poderá julgar de plano o conflito de competência quando sua decisão se fundar em:

• Correspondência: art. 120, parágrafo único, CPC/1973.

I – súmula do Supremo Tribunal Federal, do Superior Tribunal de Justiça ou do próprio tribunal;

• Sem correspondência no CPC/1973.

II – tese firmada em julgamento de casos repetitivos ou em incidente de assunção de competência.

• Sem correspondência no CPC/1973.

Art. 956. Decorrido o prazo designado pelo relator, será ouvido o Ministério Público, no prazo de 5 (cinco) dias, ainda que as informações não tenham sido prestadas, e, em seguida, o conflito irá a julgamento.

• Correspondência: art. 121, CPC/1973.
• V. arts. 178 e 279, CPC/2015.

Art. 957. Ao decidir o conflito, o tribunal declarará qual o juízo competente, pronunciando-se também sobre a validade dos atos do juízo incompetente.

• Correspondência: art. 122, *caput*, CPC/1973.
• V. arts. 43, 58, 59, 240, 281, 312 e 930 parágrafo único, CPC/2015.

Parágrafo único. Os autos do processo em que se manifestou o conflito serão remetidos ao juiz declarado competente.

• Correspondência: art. 122, parágrafo único, CPC/1973.

Art. 958. No conflito que envolva órgãos fracionários dos tribunais, desembargadores e juízes em exercício no tribunal, observar-se-á o que dispuser o regimento interno do tribunal.

• Correspondência: art. 123, CPC/1973.
• V. arts. 163 a 168, RISTF.
• V. arts. 193 a 198, RISTJ.

Art. 959. O regimento interno do tribunal regulará o processo e o julgamento do conflito de atribuições entre autoridade judiciária e autoridade administrativa.

• Correspondência: art. 124, CPC/1973.
• V. art. 105, I, *g*, CF.

Capítulo VI
DA HOMOLOGAÇÃO DE DECISÃO ESTRANGEIRA E DA CONCESSÃO DO *EXEQUATUR* À CARTA ROGATÓRIA

Art. 960. A homologação de decisão estrangeira será requerida por ação de homologação de decisão estrangeira, salvo disposição especial em sentido contrário prevista em tratado.

• Sem correspondência no CPC/1973.
• V. art. 105, I, *i*, CF.
•• V. art. 109, CF.

§ 1º A decisão interlocutória estrangeira poderá ser executada no Brasil por meio de carta rogatória.

• Sem correspondência no CPC/1973.

§ 2º A homologação obedecerá ao que dispuserem os tratados em vigor no Brasil e o Regimento Interno do Superior Tribunal de Justiça.

• Correspondência: art. 483, parágrafo único, CPC/1973.

§ 3º A homologação de decisão arbitral estrangeira obedecerá ao disposto em tratado e em lei, aplicando-se, subsidiariamente, as disposições deste Capítulo.

• Sem correspondência no CPC/1973.

Art. 961. A decisão estrangeira somente terá eficácia no Brasil após a homologação de sentença estrangeira ou a concessão do *exequatur* às cartas rogatórias, salvo disposição em sentido contrário de lei ou tratado.

Art. 962

- Correspondência: art. 483, CPC/1973.
- V. arts. 105, I, *i*, e 109, X, CF.
- V. art. 515, VIII, CPC/2015.
- V. art. 221, III, Lei 6.015/1973 (Lei de Registros Públicos).
- V. art. 36, Lei 9.307/1996 (Arbitragem).

§ 1º É passível de homologação a decisão judicial definitiva, bem como a decisão não judicial que, pela lei brasileira, teria natureza jurisdicional.

- Sem correspondência no CPC/1973.

§ 2º A decisão estrangeira poderá ser homologada parcialmente.

- Sem correspondência no CPC/1973.

§ 3º A autoridade judiciária brasileira poderá deferir pedidos de urgência e realizar atos de execução provisória no processo de homologação de decisão estrangeira.

- Correspondência: art. 484, CPC/1973.

§ 4º Haverá homologação de decisão estrangeira para fins de execução fiscal quando prevista em tratado ou em promessa de reciprocidade apresentada à autoridade brasileira.

- Sem correspondência no CPC/1973.

§ 5º A sentença estrangeira de divórcio consensual produz efeitos no Brasil, independentemente de homologação pelo Superior Tribunal de Justiça.

- Sem correspondência no CPC/1973.

§ 6º Na hipótese do § 5º, competirá a qualquer juiz examinar a validade da decisão, em caráter principal ou incidental, quando essa questão for suscitada em processo de sua competência.

- Sem correspondência no CPC/1973.

Art. 962. É passível de execução a decisão estrangeira concessiva de medida de urgência.

- Sem correspondência no CPC/1973.

§ 1º A execução no Brasil de decisão interlocutória estrangeira concessiva de medida de urgência dar-se-á por carta rogatória.

§ 2º A medida de urgência concedida sem audiência do réu poderá ser executada, desde que garantido o contraditório em momento posterior.

§ 3º O juízo sobre a urgência da medida compete exclusivamente à autoridade jurisdicional prolatora da decisão estrangeira.

§ 4º Quando dispensada a homologação para que a sentença estrangeira produza efeitos no Brasil, a decisão concessiva de medida de urgência dependerá, para produzir efeitos, de ter sua validade expressamente reconhecida pelo juiz competente para dar-lhe cumprimento, dispensada a homologação pelo Superior Tribunal de Justiça.

Art. 963. Constituem requisitos indispensáveis à homologação da decisão:

- Sem correspondência no CPC/1973.
- • V. arts. 105, I, *i*, e 109, X, CF.

I – ser proferida por autoridade competente;

- • V. art. 23, CPC/2015.

II – ser precedida de citação regular, ainda que verificada a revelia;
III – ser eficaz no país em que foi proferida;
IV – não ofender a coisa julgada brasileira;
V – estar acompanhada de tradução oficial, salvo disposição que a dispense prevista em tratado;
VI – não conter manifesta ofensa à ordem pública.

Parágrafo único. Para a concessão do *exequatur* às cartas rogatórias, observar-se-ão os pressupostos previstos no *caput* deste artigo e no art. 962, § 2º.

Art. 964. Não será homologada a decisão estrangeira na hipótese de competência exclusiva da autoridade judiciária brasileira.

- Sem correspondência no CPC/1973.

Parágrafo único. O dispositivo também se aplica à concessão do *exequatur* à carta rogatória.

Art. 965. O cumprimento de decisão estrangeira far-se-á perante o juízo federal competente, a requerimento da parte, conforme as normas estabelecidas para o cumprimento de decisão nacional.

- Correspondência: art. 484, CPC/1973.
- V. arts. 105, I, *i*, e 109, X, CF.
- V. art. 221, III, Lei 6.015/1973 (Lei de Registros Públicos).
- V. art. 36, Lei 9.307/1996 (Arbitragem).

Parágrafo único. O pedido de execução deverá ser instruído com cópia autenti-

Art. 966

CÓDIGO DE PROCESSO CIVIL

cada da decisão homologatória ou do *exequatur*, conforme o caso.
* Sem correspondência no CPC/1973.

Capítulo VII
DA AÇÃO RESCISÓRIA

Art. 966. A decisão de mérito, transitada em julgado, pode ser rescindida quando:
* Correspondência: art. 485, *caput*, CPC/1973.
* V. art. 487, CPC/2015.
* V. arts. 102, I, *j*, 105, I, *e*, e 108, I, *b*, CF.
* V. art. 59, Lei 9.099/1995 (Juizados Especiais Cíveis e Criminais).
* V. Súmula 343, STF.
** V. arts. 417, § 3º, 502, 525, § 15, 535, § 8º, 658 e 701, § 3º, CPC/2015.

I – se verificar que foi proferida por força de prevaricação, concussão ou corrupção do juiz;
* Correspondência: art. 485, I, CPC/1973.
* V. arts. 139 a 143, CPC/2015.
* V. arts. 316, 317 e 319, CP.

II – for proferida por juiz impedido ou por juízo absolutamente incompetente;
* Correspondência: art. 485, II, CPC/1973.
* V. arts. 144, 147 e 148, CPC/2015.
** V. art. 62, CPC/2015.

III – resultar de dolo ou coação da parte vencedora em detrimento da parte vencida ou, ainda, de simulação ou colusão entre as partes, a fim de fraudar a lei;
* Correspondência: art. 485, III, CPC/1973.
* V. art. 658, CPC/2015.
* V. arts. 145 a 155, 166 a 184, CC.

IV – ofender a coisa julgada;
* Correspondência: art. 485, IV, CPC/1973.
* V. art. 502, CPC/2015.
** V. art. 337, § 4º, CPC/2015.

V – violar manifestamente norma jurídica;
* Correspondência: art. 485, V, CPC/1973.

VI – for fundada em prova cuja falsidade tenha sido apurada em processo criminal ou venha a ser demonstrada na própria ação rescisória;
* Correspondência: art. 485, VI, CPC/1973.

VII – obtiver o autor, posteriormente ao trânsito em julgado, prova nova cuja existência ignorava ou de que não pôde fazer uso, capaz, por si só, de lhe assegurar pronunciamento favorável;
* Correspondência: art. 485, VII, CPC/1973.

VIII – for fundada em erro de fato verificável do exame dos autos.
* Correspondência: art. 485, IX, CPC/1973.

§ 1º Há erro de fato quando a decisão rescindenda admitir fato inexistente ou quando considerar inexistente fato efetivamente ocorrido, sendo indispensável, em ambos os casos, que o fato não represente ponto controvertido sobre o qual o juiz deveria ter se pronunciado.
* Correspondência: art. 485, § 1º, CPC/1973.

§ 2º Nas hipóteses previstas nos incisos do *caput*, será rescindível a decisão transitada em julgado que, embora não seja de mérito, impeça:
* Sem correspondência no CPC/1973.

I – nova propositura da demanda; ou
* Sem correspondência no CPC/1973.
** V. arts. 485, VI, e 486, § 1º, CPC/2015.

II – admissibilidade do recurso correspondente.
* Sem correspondência no CPC/1973.

§ 3º A ação rescisória pode ter por objeto apenas 1 (um) capítulo da decisão.
* Sem correspondência no CPC/1973.

§ 4º Os atos de disposição de direitos, praticados pelas partes ou por outros participantes do processo e homologados pelo juízo, bem como os atos homologatórios praticados no curso da execução, estão sujeitos à anulação, nos termos da lei.
* Correspondência: art. 486, CPC/1973.
* V. art. 138, CPC/2015.

§ 5º Cabe ação rescisória, com fundamento no inciso V do *caput* deste artigo, contra decisão baseada em enunciado de súmula ou acórdão proferido em julgamento de casos repetitivos que não tenha considerado a existência de distinção entre a questão discutida no processo e o padrão decisório que lhe deu fundamento.
* § 5º acrescentado pela Lei 13.256/2016.
* Sem correspondência no CPC/1973.

§ 6º Quando a ação rescisória fundar-se na hipótese do § 5º deste artigo, caberá ao autor, sob pena de inépcia, demonstrar, fundamentadamente, tratar-se de situação

Art. 967

particularizada por hipótese fática distinta ou de questão jurídica não examinada, a impor outra solução jurídica.

- § 6º acrescentado pela Lei 13.256/2016.
- Sem correspondência no CPC/1973.

Art. 967. Têm legitimidade para propor a ação rescisória:

- Correspondência: art. 487, *caput*, CPC/1973.
- V. arts. 96, 108 a 110, 125, 130, 178 e 974, CPC/2015.
- V. Súmula 175, STJ.

I – quem foi parte no processo ou o seu sucessor a título universal ou singular;

- Correspondência: art. 487, I, CPC/1973.
- ** V. arts. 108 a 110, CPC/2015.

II – o terceiro juridicamente interessado;

- Correspondência: art. 487, II, CPC/1973.

III – o Ministério Público:

- Correspondência: art. 487, III, CPC/1973.
- ** V. arts. 176 a 178, CPC/2015.

a) se não foi ouvido no processo em que lhe era obrigatória a intervenção;

- Correspondência: art. 487, III, *a*, CPC/1973.

b) quando a decisão rescindenda é o efeito de simulação ou de colusão das partes, a fim de fraudar a lei;

- Correspondência: art. 487, III, *b*, CPC/1973.

c) em outros casos em que se imponha sua atuação;

- Sem correspondência no CPC/1973.

IV – aquele que não foi ouvido no processo em que lhe era obrigatória a intervenção.

- Sem correspondência no CPC/1973.

Parágrafo único. Nas hipóteses do art. 178, o Ministério Público será intimado para intervir como fiscal da ordem jurídica quando não for parte.

- Sem correspondência no CPC/1973.

Art. 968. A petição inicial será elaborada com observância dos requisitos essenciais do art. 319, devendo o autor:

- Correspondência: art. 488, *caput*, CPC/1973.
- ** V. art. 425, § 1º, CPC/2015.

I – cumular ao pedido de rescisão, se for o caso, o de novo julgamento do processo;

- Correspondência: art. 488, I, CPC/1973.
- ** V. arts. 319 e 320, CPC/2015.

II – depositar a importância de 5% (cinco por cento) sobre o valor da causa, que se converterá em multa caso a ação seja, por unanimidade de votos, declarada inadmissível ou improcedente.

- Correspondência: art. 488, II, CPC/1973.
- V. arts. 96 e 974, CPC/2015.
- V. Súmula 175, STJ.
- ** V. art. 321, CPC/2015.

§ 1º Não se aplica o disposto no inciso II à União, aos Estados, ao Distrito Federal, aos Municípios, às suas respectivas autarquias e fundações de direito público, ao Ministério Público, à Defensoria Pública e aos que tenham obtido o benefício de gratuidade da justiça.

- Correspondência: art. 488, parágrafo único, CPC/1973.

§ 2º O depósito previsto no inciso II do *caput* deste artigo não será superior a 1.000 (mil) salários mínimos.

- Sem correspondência no CPC/1973.

§ 3º Além dos casos previstos no art. 330, a petição inicial será indeferida quando não efetuado o depósito exigido pelo inciso II do *caput* deste artigo.

- Correspondência: art. 490, II, CPC/1973.

§ 4º Aplica-se à ação rescisória o disposto no art. 332.

- Sem correspondência no CPC/1973.

§ 5º Reconhecida a incompetência do tribunal para julgar a ação rescisória, o autor será intimado para emendar a petição inicial, a fim de adequar o objeto da ação rescisória, quando a decisão apontada como rescindenda:

- Sem correspondência no CPC/1973.

I – não tiver apreciado o mérito e não se enquadrar na situação prevista no § 2º do art. 966;

- Sem correspondência no CPC/1973.

II – tiver sido substituída por decisão posterior.

- Sem correspondência no CPC/1973.

§ 6º Na hipótese do § 5º, após a emenda da petição inicial, será permitido ao réu complementar os fundamentos de defesa, e, em seguida, os autos serão remetidos ao tribunal competente.

- Sem correspondência no CPC/1973.

Art. 976

CÓDIGO DE PROCESSO CIVIL

Art. 969. A propositura da ação rescisória não impede o cumprimento da decisão rescindenda, ressalvada a concessão de tutela provisória.
- Correspondência: art. 489, CPC/1973.
- V. art. 297, CPC/2015.
- V. art. 15, MP 2.180-35/2001.
- •• V. art. 294, CPC/2015.

Art. 970. O relator ordenará a citação do réu, designando-lhe prazo nunca inferior a 15 (quinze) dias nem superior a 30 (trinta) dias para, querendo, apresentar resposta, ao fim do qual, com ou sem contestação, observar-se-á, no que couber, o procedimento comum.
- Correspondência: art. 491, CPC/1973.
- V. arts. 347 a 357, CPC/2015.
- •• V. arts. 335 a 342, CPC/2015.

Art. 971. Na ação rescisória, devolvidos os autos pelo relator, a secretaria do tribunal expedirá cópias do relatório e as distribuirá entre os juízes que compuserem o órgão competente para o julgamento.
- Correspondência: art. 553, CPC/1973.

Parágrafo único. A escolha de relator recairá, sempre que possível, em juiz que não haja participado do julgamento rescindendo.
- Sem correspondência no CPC/1973.
- V. Súmula 252, STF.

Art. 972. Se os fatos alegados pelas partes dependerem de prova, o relator poderá delegar a competência ao órgão que proferiu a decisão rescindenda, fixando prazo de 1 (um) a 3 (três) meses para a devolução dos autos.
- Correspondência: art. 492, CPC/1973.

Art. 973. Concluída a instrução, será aberta vista ao autor e ao réu para razões finais, sucessivamente, pelo prazo de 10 (dez) dias.
- Correspondência: art. 493, CPC/1973.

Parágrafo único. Em seguida, os autos serão conclusos ao relator, procedendo-se ao julgamento pelo órgão competente.
- Correspondência: art. 493, CPC/1973.
- V. Súmula 252, STF.
- •• V. art. 942, § 3º, I, CPC/2015.

Art. 974. Julgando procedente o pedido, o tribunal rescindirá a decisão, proferirá, se for o caso, novo julgamento e determinará a restituição do depósito a que se refere o inciso II do art. 968.
- Correspondência: art. 494, CPC/1973.

Parágrafo único. Considerando, por unanimidade, inadmissível ou improcedente o pedido, o tribunal determinará a reversão, em favor do réu, da importância do depósito, sem prejuízo do disposto no § 2º do art. 82.
- Sem correspondência no CPC/1973.

Art. 975. O direito à rescisão se extingue em 2 (dois) anos contados do trânsito em julgado da última decisão proferida no processo.
- Correspondência: art. 495, CPC/1973.
- •• V. Súmula 401, STJ.

§ 1º Prorroga-se até o primeiro dia útil imediatamente subsequente o prazo a que se refere o *caput*, quando expirar durante férias forenses, recesso, feriados ou em dia em que não houver expediente forense.
- Sem correspondência no CPC/1973.

§ 2º Se fundada a ação no inciso VII do art. 966, o termo inicial do prazo será a data de descoberta da prova nova, observado o prazo máximo de 5 (cinco) anos, contado do trânsito em julgado da última decisão proferida no processo.
- Sem correspondência no CPC/1973.

§ 3º Nas hipóteses de simulação ou de colusão das partes, o prazo começa a contar, para o terceiro prejudicado e para o Ministério Público, que não interveio no processo, a partir do momento em que têm ciência da simulação ou da colusão.
- Sem correspondência no CPC/1973.

Capítulo VIII
DO INCIDENTE DE RESOLUÇÃO DE DEMANDAS REPETITIVAS

Art. 976. É cabível a instauração do incidente de resolução de demandas repetitivas quando houver, simultaneamente:
- Sem correspondência no CPC/1973.

Art. 977

I – efetiva repetição de processos que contenham controvérsia sobre a mesma questão unicamente de direito;

II – risco de ofensa à isonomia e à segurança jurídica.

§ 1º A desistência ou o abandono do processo não impede o exame de mérito do incidente.

§ 2º Se não for o requerente, o Ministério Público intervirá obrigatoriamente no incidente e deverá assumir sua titularidade em caso de desistência ou de abandono.

§ 3º A inadmissão do incidente de resolução de demandas repetitivas por ausência de qualquer de seus pressupostos de admissibilidade não impede que, uma vez satisfeito o requisito, seja o incidente novamente suscitado.

§ 4º É incabível o incidente de resolução de demandas repetitivas quando um dos tribunais superiores, no âmbito de sua respectiva competência, já tiver afetado recurso para definição de tese sobre questão de direito material ou processual repetitiva.

§ 5º Não serão exigidas custas processuais no incidente de resolução de demandas repetitivas.

Art. 977. O pedido de instauração do incidente será dirigido ao presidente de tribunal:

• Sem correspondência no CPC/1973.

I – pelo juiz ou relator, por ofício;

II – pelas partes, por petição;

III – pelo Ministério Público ou pela Defensoria Pública, por petição.

Parágrafo único. O ofício ou a petição será instruído com os documentos necessários à demonstração do preenchimento dos pressupostos para a instauração do incidente.

Art. 978. O julgamento do incidente caberá ao órgão indicado pelo regimento interno dentre aqueles responsáveis pela uniformização de jurisprudência do tribunal.

• Sem correspondência no CPC/1973.

Parágrafo único. O órgão colegiado incumbido de julgar o incidente e de fixar a tese jurídica julgará igualmente o recurso, a remessa necessária ou o processo de competência originária de onde se originou o incidente.

Art. 979. A instauração e o julgamento do incidente serão sucedidos da mais ampla e específica divulgação e publicidade, por meio de registro eletrônico no Conselho Nacional de Justiça.

• Sem correspondência no CPC/1973.

§ 1º Os tribunais manterão banco eletrônico de dados atualizados com informações específicas sobre questões de direito submetidas ao incidente, comunicando-o imediatamente ao Conselho Nacional de Justiça para inclusão no cadastro.

§ 2º Para possibilitar a identificação dos processos abrangidos pela decisão do incidente, o registro eletrônico das teses jurídicas constantes do cadastro conterá, no mínimo, os fundamentos determinantes da decisão e os dispositivos normativos a ela relacionados.

§ 3º Aplica-se o disposto neste artigo ao julgamento de recursos repetitivos e da repercussão geral em recurso extraordinário.

Art. 980. O incidente será julgado no prazo de 1 (um) ano e terá preferência sobre os demais feitos, ressalvados os que envolvam réu preso e os pedidos de *habeas corpus*.

• Sem correspondência no CPC/1973.

Parágrafo único. Superado o prazo previsto no *caput*, cessa a suspensão dos processos prevista no art. 982, salvo decisão fundamentada do relator em sentido contrário.

Art. 981. Após a distribuição, o órgão colegiado competente para julgar o incidente procederá ao seu juízo de admissibilidade, considerando a presença dos pressupostos do art. 976.

• Sem correspondência no CPC/1973.

Art. 982. Admitido o incidente, o relator:

• Sem correspondência no CPC/1973.

I – suspenderá os processos pendentes, individuais ou coletivos, que tramitam no Estado ou na região, conforme o caso;

II – poderá requisitar informações a órgãos em cujo juízo tramita processo no qual se discute o objeto do incidente, que as prestarão no prazo de 15 (quinze) dias;

III – intimará o Ministério Público para, querendo, manifestar-se no prazo de 15 (quinze) dias.

§ 1º A suspensão será comunicada aos órgãos jurisdicionais competentes.

§ 2º Durante a suspensão, o pedido de tutela de urgência deverá ser dirigido ao juízo onde tramita o processo suspenso.

§ 3º Visando à garantia da segurança jurídica, qualquer legitimado mencionado no art. 977, incisos II e III, poderá requerer, ao tribunal competente para conhecer do recurso extraordinário ou especial, a suspensão de todos os processos individuais ou coletivos em curso no território nacional que versem sobre a questão objeto do incidente já instaurado.

§ 4º Independentemente dos limites da competência territorial, a parte no processo em curso no qual se discuta a mesma questão objeto do incidente é legitimada para requerer a providência prevista no § 3º deste artigo.

§ 5º Cessa a suspensão a que se refere o inciso I do *caput* deste artigo se não for interposto recurso especial ou recurso extraordinário contra a decisão proferida no incidente.

Art. 983. O relator ouvirá as partes e os demais interessados, inclusive pessoas, órgãos e entidades com interesse na controvérsia, que, no prazo comum de 15 (quinze) dias, poderão requerer a juntada de documentos, bem como as diligências necessárias para a elucidação da questão de direito controvertida, e, em seguida, manifestar-se-á o Ministério Público, no mesmo prazo.

• Sem correspondência no CPC/1973.

§ 1º Para instruir o incidente, o relator poderá designar data para, em audiência pública, ouvir depoimentos de pessoas com experiência e conhecimento na matéria.

§ 2º Concluídas as diligências, o relator solicitará dia para o julgamento do incidente.

Art. 984. No julgamento do incidente, observar-se-á a seguinte ordem:

• Sem correspondência no CPC/1973.

I – o relator fará a exposição do objeto do incidente;

II – poderão sustentar suas razões, sucessivamente:

a) o autor e o réu do processo originário e o Ministério Público, pelo prazo de 30 (trinta) minutos;

b) os demais interessados, no prazo de 30 (trinta) minutos, divididos entre todos, sendo exigida inscrição com 2 (dois) dias de antecedência.

§ 1º Considerando o número de inscritos, o prazo poderá ser ampliado.

§ 2º O conteúdo do acórdão abrangerá a análise de todos os fundamentos suscitados concernentes à tese jurídica discutida, sejam favoráveis ou contrários.

Art. 985. Julgado o incidente, a tese jurídica será aplicada:

• Sem correspondência no CPC/1973.

I – a todos os processos individuais ou coletivos que versem sobre idêntica questão de direito e que tramitem na área de jurisdição do respectivo tribunal, inclusive àqueles que tramitem nos juizados especiais do respectivo Estado ou região;

II – aos casos futuros que versem idêntica questão de direito e que venham a tramitar no território de competência do tribunal, salvo revisão na forma do art. 986.

§ 1º Não observada a tese adotada no incidente, caberá reclamação.

§ 2º Se o incidente tiver por objeto questão relativa a prestação de serviço concedido, permitido ou autorizado, o resultado do julgamento será comunicado ao órgão, ao ente ou à agência reguladora competente para fiscalização da efetiva aplicação, por parte dos entes sujeitos a regulação, da tese adotada.

Art. 986. A revisão da tese jurídica firmada no incidente far-se-á pelo mesmo tribunal, de ofício ou mediante requerimento dos legitimados mencionados no art. 977, inciso III.

• Sem correspondência no CPC/1973.

Art. 987. Do julgamento do mérito do incidente caberá recurso extraordinário ou especial, conforme o caso.

• Sem correspondência no CPC/1973.

§ 1º O recurso tem efeito suspensivo, presumindo-se a repercussão geral de questão constitucional eventualmente discutida.

§ 2º Apreciado o mérito do recurso, a tese jurídica adotada pelo Supremo Tribunal Federal ou pelo Superior Tribunal de Justiça será aplicada no território nacional a todos os processos individuais ou coletivos que versem sobre idêntica questão de direito.

Capítulo IX
DA RECLAMAÇÃO

Art. 988. Caberá reclamação da parte interessada ou do Ministério Público para:

- Sem correspondência no CPC/1973.
- V. arts. 156 a 162, RISTF.

I – preservar a competência do tribunal;

II – garantir a autoridade das decisões do tribunal;

III – garantir a observância de enunciado de súmula vinculante e de decisão do Supremo Tribunal Federal em controle concentrado de constitucionalidade;

- Inciso III com redação determinada pela Lei 13.256/2016.

IV – garantir a observância de acórdão proferido em julgamento de incidente de resolução de demandas repetitivas ou de incidente de assunção de competência;

- Inciso IV com redação determinada pela Lei 13.256/2016.

§ 1º A reclamação pode ser proposta perante qualquer tribunal, e seu julgamento compete ao órgão jurisdicional cuja competência se busca preservar ou cuja autoridade se pretenda garantir.

§ 2º A reclamação deverá ser instruída com prova documental e dirigida ao presidente do tribunal.

§ 3º Assim que recebida, a reclamação será autuada e distribuída ao relator do processo principal, sempre que possível.

§ 4º As hipóteses dos incisos III e IV compreendem a aplicação indevida da tese jurídica e sua não aplicação aos casos que a ela correspondam.

§ 5º É inadmissível a reclamação:

- § 5º com redação determinada pela Lei 13.256/2016.

I – proposta após o trânsito em julgado da decisão reclamada;

II – proposta para garantir a observância de acórdão de recurso extraordinário com repercussão geral reconhecida ou de acórdão proferido em julgamento de recursos extraordinário ou especial repetitivos, quando não esgotadas as instâncias ordinárias.

§ 6º A inadmissibilidade ou o julgamento do recurso interposto contra a decisão proferida pelo órgão reclamado não prejudica a reclamação.

Art. 989. Ao despachar a reclamação, o relator:

- Sem correspondência no CPC/1973.

I – requisitará informações da autoridade a quem for imputada a prática do ato impugnado, que as prestará no prazo de 10 (dez) dias;

II – se necessário, ordenará a suspensão do processo ou do ato impugnado para evitar dano irreparável;

III – determinará a citação do beneficiário da decisão impugnada, que terá prazo de 15 (quinze) dias para apresentar a sua contestação.

Art. 990. Qualquer interessado poderá impugnar o pedido do reclamante.

- Sem correspondência no CPC/1973.

Art. 991. Na reclamação que não houver formulado, o Ministério Público terá vista do processo por 5 (cinco) dias, após o decurso do prazo para informações e para o oferecimento da contestação pelo beneficiário do ato impugnado.

- Sem correspondência no CPC/1973.

Art. 992. Julgando procedente a reclamação, o tribunal cassará a decisão exorbitante de seu julgado ou determinará medida adequada à solução da controvérsia.

- Sem correspondência no CPC/1973.

Art. 993. O presidente do tribunal determinará o imediato cumprimento da decisão, lavrando-se o acórdão posteriormente.

- Sem correspondência no CPC/1973.

Art. 999

CÓDIGO DE PROCESSO CIVIL

TÍTULO II
DOS RECURSOS

Capítulo I
DISPOSIÇÕES GERAIS

Art. 994. São cabíveis os seguintes recursos:
- Correspondência: art. 496, *caput*, CPC/1973.
- V. art. 5º, LV, CF.

I – apelação;
- Correspondência: art. 496, I, CPC/1973.
- V. arts. 1.009 a 1.044, CPC/2015.

II – agravo de instrumento;
- Correspondência: art. 496, II, CPC/1973.

III – agravo interno;
- Sem correspondência no CPC/1973.

IV – embargos de declaração;
- Correspondência: art. 496, IV, CPC/1973.
- V. art. 1.003, § 5º, CPC/2015.

V – recurso ordinário;
- Correspondência: art. 496, V, CPC/1973.

VI – recurso especial;
- Correspondência: art. 496, VI, CPC/1973.

VII – recurso extraordinário;
- Correspondência: art. 496, VII, CPC/1973.

VIII – agravo em recurso especial ou extraordinário;
- Sem correspondência no CPC/1973.

IX – embargos de divergência.
- Correspondência: art. 496, VIII, CPC/1973.
- V. Súmulas 315 e 316, STJ.

Art. 995. Os recursos não impedem a eficácia da decisão, salvo disposição legal ou decisão judicial em sentido diverso.
- Correspondência: arts. 497, 520, *caput*, 542, § 2º e 558, *caput*, CPC/1973.
- V. arts. 1.026, *caput*, e 1.029, § 5º, CPC/2015.

Parágrafo único. A eficácia da decisão recorrida poderá ser suspensa por decisão do relator, se da imediata produção de seus efeitos houver risco de dano grave, de difícil ou impossível reparação, e ficar demonstrada a probabilidade de provimento do recurso.
- Correspondência: arts. 497, 520, *caput*, 542, § 2º e 558, *caput*, CPC/1973.
- V. arts. 987, § 1º, 989, II, 1.012, 1.019, I, CPC/2015.

- V. art. 14, Lei 7.347/1985 (Ação civil pública).

Art. 996. O recurso pode ser interposto pela parte vencida, pelo terceiro prejudicado e pelo Ministério Público, como parte ou como fiscal da ordem jurídica.
- Correspondência: art. 499, *caput*, CPC/1973.
- V. arts. 178, 682 e 967, CPC/2015.

Parágrafo único. Cumpre ao terceiro demonstrar a possibilidade de a decisão sobre a relação jurídica submetida à apreciação judicial atingir direito de que se afirme titular ou que possa discutir em juízo como substituto processual.
- Correspondência: art. 499, § 1º, CPC/1973.

Art. 997. Cada parte interporá o recurso independentemente, no prazo e com observância das exigências legais.
- Correspondência: art. 500, CPC/1973.

§ 1º Sendo vencidos autor e réu, ao recurso interposto por qualquer deles poderá aderir o outro.

§ 2º O recurso adesivo fica subordinado ao recurso independente, sendo-lhe aplicáveis as mesmas regras deste quanto aos requisitos de admissibilidade e julgamento no tribunal, salvo disposição legal diversa, observado, ainda, o seguinte:

I – será dirigido ao órgão perante o qual o recurso independente fora interposto, no prazo de que a parte dispõe para responder;

II – será admissível na apelação, no recurso extraordinário e no recurso especial;

III – não será conhecido, se houver desistência do recurso principal ou se for ele considerado inadmissível.

Art. 998. O recorrente poderá, a qualquer tempo, sem a anuência do recorrido ou dos litisconsortes, desistir do recurso.
- Correspondência: art. 501, CPC/1973.

Parágrafo único. A desistência do recurso não impede a análise de questão cuja repercussão geral já tenha sido reconhecida e daquela objeto de julgamento de recursos extraordinários ou especiais repetitivos.
- Sem correspondência no CPC/1973.

Art. 999. A renúncia ao direito de recorrer independe da aceitação da outra parte.
- Correspondência: art. 502, CPC/1973.
- V. art. 200, CPC/2015.

Art. 1.000

Art. 1.000. A parte que aceitar expressa ou tacitamente a decisão não poderá recorrer.

- Correspondência: art. 503, *caput*, CPC/1973.

Parágrafo único. Considera-se aceitação tácita a prática, sem nenhuma reserva, de ato incompatível com a vontade de recorrer.

- Correspondência: art. 503, parágrafo único, CPC/1973.

Art. 1.001. Dos despachos não cabe recurso.

- Correspondência: art. 504, CPC/1973.

Art. 1.002. A decisão pode ser impugnada no todo ou em parte.

- Correspondência: art. 505, CPC/1973.
- V. art. 1.013, § 1º, CPC/2015.

Art. 1.003. O prazo para interposição de recurso conta-se da data em que os advogados, a sociedade de advogados, a Advocacia Pública, a Defensoria Pública ou o Ministério Público são intimados da decisão.

- Correspondência: art. 242, *caput*, CPC/1973.
- V. arts. 183, 215, 216, 220 a 222, 225, 229, 231, 236 e 242, CPC/2015.
- V. Súmula 25, STJ.

§ 1º Os sujeitos previstos no *caput* considerar-se-ão intimados em audiência quando nesta for proferida a decisão.

- Correspondência: art. 242, § 1º, CPC/1973.

§ 2º Aplica-se o disposto no art. 231, incisos I a VI, ao prazo de interposição de recurso pelo réu contra decisão proferida anteriormente à citação.

- Sem correspondência no CPC/1973.

§ 3º No prazo para interposição de recurso, a petição será protocolada em cartório ou conforme as normas de organização judiciária, ressalvado o disposto em regra especial.

- Correspondência: art. 506, parágrafo único, CPC/1973.

§ 4º Para aferição da tempestividade do recurso remetido pelo correio, será considerada como data de interposição a data de postagem.

- Sem correspondência no CPC/1973.

§ 5º Exceptuados os embargos de declaração, o prazo para interpor os recursos e para responder-lhes é de 15 (quinze) dias.

- Correspondência: art. 508, CPC/1973.

§ 6º O recorrente comprovará a ocorrência de feriado local no ato de interposição do recurso.

- Sem correspondência no CPC/1973.

Art. 1.004. Se, durante o prazo para a interposição do recurso, sobrevier o falecimento da parte ou de seu advogado ou ocorrer motivo de força maior que suspenda o curso do processo, será tal prazo restituído em proveito da parte, do herdeiro ou do sucessor, contra quem começará a correr novamente depois da intimação.

- Correspondência: art. 507, CPC/1973.
- V. arts. 110, 222, 313, I e VI, e 687, CPC/2015.

Art. 1.005. O recurso interposto por um dos litisconsortes a todos aproveita, salvo se distintos ou opostos os seus interesses.

- Correspondência: art. 509, *caput*, CPC/1973.
- V. arts. 117 e 998, CPC/2015.

Parágrafo único. Havendo solidariedade passiva, o recurso interposto por um devedor aproveitará aos outros quando as defesas opostas ao credor lhes forem comuns.

- Correspondência: art. 509, parágrafo único, CPC/1973.
- V. arts. 275 a 285, CC.

Art. 1.006. Certificado o trânsito em julgado, com menção expressa da data de sua ocorrência, o escrivão ou o chefe de secretaria, independentemente de despacho, providenciará a baixa dos autos ao juízo de origem, no prazo de 5 (cinco) dias.

- Correspondência: art. 510, CPC/1973.

Art. 1.007. No ato de interposição do recurso, o recorrente comprovará, quando exigido pela legislação pertinente, o respectivo preparo, inclusive porte de remessa e de retorno, sob pena de deserção.

- Correspondência: art. 511, *caput*, CPC/1973.

§ 1º São dispensados de preparo, inclusive porte de remessa e de retorno, os recursos interpostos pelo Ministério Público, pela União, pelo Distrito Federal, pelos Estados, pelos Municípios, e respectivas autarquias, e pelos que gozam de isenção legal.

Art. 1.010

CÓDIGO DE PROCESSO CIVIL

• Correspondência: art. 511, § 1º, CPC/1973.

§ 2º A insuficiência no valor do preparo, inclusive porte de remessa e de retorno, implicará deserção se o recorrente, intimado na pessoa de seu advogado, não vier a supri-lo no prazo de 5 (cinco) dias.

• Correspondência: art. 511, § 2º, CPC/1973.

§ 3º É dispensado o recolhimento do porte de remessa e de retorno no processo em autos eletrônicos.

• Sem correspondência no CPC/1973.

§ 4º O recorrente que não comprovar, no ato de interposição do recurso, o recolhimento do preparo, inclusive porte de remessa e de retorno, será intimado, na pessoa de seu advogado, para realizar o recolhimento em dobro, sob pena de deserção.

• Sem correspondência no CPC/1973.

§ 5º É vedada a complementação se houver insuficiência parcial do preparo, inclusive porte de remessa e de retorno, no recolhimento realizado na forma do § 4º.

• Sem correspondência no CPC/1973.

§ 6º Provando o recorrente justo impedimento, o relator relevará a pena de deserção, por decisão irrecorrível, fixando-lhe prazo de 5 (cinco) dias para efetuar o preparo.

• Correspondência: art. 519, CPC/1973.
•• V. Súmula 484, STJ.

§ 7º O equívoco no preenchimento da guia de custas não implicará a aplicação da pena de deserção, cabendo ao relator, na hipótese de dúvida quanto ao recolhimento, intimar o recorrente para sanar o vício no prazo de 5 (cinco) dias.

• Sem correspondência no CPC/1973.

Art. 1.008. O julgamento proferido pelo tribunal substituirá a decisão impugnada no que tiver sido objeto de recurso.

• Correspondência: art. 512, CPC/1973.

Capítulo II
DA APELAÇÃO

Art. 1.009. Da sentença cabe apelação.

• Correspondência: art. 513, CPC/1973.
•• V. arts. 203, § 1º, 331, 332, § 3º, 485, 487, 490, 920, III, 937, I, e 1.003, § 5º, CPC/2015.
•• V. art. 198, VII, Lei 8.069/1990 (Estatuto da Criança e do Adolescente).

•• V. art. 100, Lei 11.101/2005 (Lei de Recuperação de Empresas e Falência).
•• V. art. 14, Lei 12.016/2009 (Nova Lei do Mandado de Segurança).

§ 1º As questões resolvidas na fase de conhecimento, se a decisão a seu respeito não comportar agravo de instrumento, não são cobertas pela preclusão e devem ser suscitadas em preliminar de apelação, eventualmente interposta contra a decisão final, ou nas contrarrazões.

• Sem correspondência no CPC/1973.
•• V. art. 1.015, CPC/2015.

§ 2º Se as questões referidas no § 1º forem suscitadas em contrarrazões, o recorrente será intimado para, em 15 (quinze) dias, manifestar-se a respeito delas.

• Sem correspondência no CPC/1973.

§ 3º O disposto no *caput* deste artigo aplica-se mesmo quando as questões mencionadas no art. 1.015 integrarem capítulo da sentença.

• Sem correspondência no CPC/1973.

Art. 1.010. A apelação, interposta por petição dirigida ao juízo de primeiro grau, conterá:

• Correspondência: art. 514, *caput*, CPC/1973.

I – os nomes e a qualificação das partes;

• Correspondência: art. 514, I, CPC/1973.

II – a exposição do fato e do direito;

• Correspondência: art. 514, II, CPC/1973.

III – as razões do pedido de reforma ou de decretação de nulidade;

• Sem correspondência no CPC/1973.

IV – o pedido de nova decisão.

• Correspondência: art. 514, III, CPC/1973.

§ 1º O apelado será intimado para apresentar contrarrazões no prazo de 15 (quinze) dias.

• Correspondência: art. 518, *caput*, CPC/1973.

§ 2º Se o apelado interpuser apelação adesiva, o juiz intimará o apelante para apresentar contrarrazões.

• Sem correspondência no CPC/1973.

§ 3º Após as formalidades previstas nos §§ 1º e 2º, os autos serão remetidos ao tribunal pelo juiz, independentemente de juízo de admissibilidade.

• Correspondência: art. 518, § 2º, CPC/1973.

Art. 1.011

Art. 1.011. Recebido o recurso de apelação no tribunal e distribuído imediatamente, o relator:

• Sem correspondência no CPC/1973.

I – decidi-lo-á monocraticamente apenas nas hipóteses do art. 932, incisos III a V;

II – se não for o caso de decisão monocrática, elaborará seu voto para julgamento do recurso pelo órgão colegiado.

Art. 1.012. A apelação terá efeito suspensivo.

• Correspondência: art. 518, § 2º, CPC/1973.

§ 1º Além de outras hipóteses previstas em lei, começa a produzir efeitos imediatamente após a sua publicação a sentença que:

• Correspondência: art. 520, *caput*, CPC/1973.
•• V. art. 3º, § 5º, Dec.-lei 911/1969 (Alienação fiduciária).
•• V. art. 90, Lei 11.101/2005 (Lei de Recuperação de Empresas e Falência).

I – homologa divisão ou demarcação de terras;

• Correspondência: art. 520, I, CPC/1973.

II – condena a pagar alimentos;

• Correspondência: art. 520, II, CPC/1973.

III – extingue sem resolução do mérito ou julga improcedentes os embargos do executado;

• Correspondência: art. 520, V, CPC/1973.
•• V. arts. 918 e 920, III, CPC/2015.

IV – julga procedente o pedido de instituição de arbitragem;

• Correspondência: art. 520, VI, CPC/1973.
•• V. Lei 9.307/1996 (Lei de Arbitragem).

V – confirma, concede ou revoga tutela provisória;

• Correspondência: art. 520, VII, CPC/1973.
•• V. art. 294, CPC/2015.

VI – decreta a interdição.

• Sem correspondência no CPC/1973.
•• V. arts. 754 e 755, CPC/2015.

§ 2º Nos casos do § 1º, o apelado poderá promover o pedido de cumprimento provisório depois de publicada a sentença.

• Correspondência: art. 521, CPC/1973.
•• V. art. 520, CPC/2015.

§ 3º O pedido de concessão de efeito suspensivo nas hipóteses do § 1º poderá ser formulado por requerimento dirigido ao:

• Sem correspondência no CPC/1973.

I – tribunal, no período compreendido entre a interposição da apelação e sua distribuição, ficando o relator designado para seu exame prevento para julgá-la;

• Sem correspondência no CPC/1973.

II – relator, se já distribuída a apelação.

• Sem correspondência no CPC/1973.

§ 4º Nas hipóteses do § 1º, a eficácia da sentença poderá ser suspensa pelo relator se o apelante demonstrar a probabilidade de provimento do recurso ou se, sendo relevante a fundamentação, houver risco de dano grave ou de difícil reparação.

• Sem correspondência no CPC/1973.

Art. 1.013. A apelação devolverá ao tribunal o conhecimento da matéria impugnada.

• Correspondência: art. 515, *caput*, CPC/1973.
•• V. arts. 141 e 492, CPC/2015.

§ 1º Serão, porém, objeto de apreciação e julgamento pelo tribunal todas as questões suscitadas e discutidas no processo, ainda que não tenham sido solucionadas, desde que relativas ao capítulo impugnado.

• Correspondência: art. 515, § 1º, CPC/1973.

§ 2º Quando o pedido ou a defesa tiver mais de um fundamento e o juiz acolher apenas um deles, a apelação devolverá ao tribunal o conhecimento dos demais.

• Correspondência: art. 515, § 2º, CPC/1973.

§ 3º Se o processo estiver em condições de imediato julgamento, o tribunal deve decidir desde logo o mérito quando:

• Correspondência: art. 515, § 3º, CPC/1973.

I – reformar sentença fundada no art. 485;

• Sem correspondência no CPC/1973.

II – decretar a nulidade da sentença por não ser ela congruente com os limites do pedido ou da causa de pedir;

• Sem correspondência no CPC/1973.

III – constatar a omissão no exame de um dos pedidos, hipótese em que poderá julgá-lo;

• Sem correspondência no CPC/1973.

IV – decretar a nulidade de sentença por falta de fundamentação.

• Sem correspondência no CPC/1973.

Art. 1.016

§ 4º Quando reformar sentença que reconheça a decadência ou a prescrição, o tribunal, se possível, julgará o mérito, examinando as demais questões, sem determinar o retorno do processo ao juízo de primeiro grau.
• Sem correspondência no CPC/1973.

§ 5º O capítulo da sentença que confirma, concede ou revoga a tutela provisória é impugnável na apelação.
• Sem correspondência no CPC/1973.
• V. art. 1.012, § 1º, V, CPC/2015.

Art. 1.014. As questões de fato não propostas no juízo inferior poderão ser suscitadas na apelação, se a parte provar que deixou de fazê-lo por motivo de força maior.
• Correspondência: art. 517, CPC/1973.

Capítulo III
DO AGRAVO DE INSTRUMENTO

Art. 1.015. Cabe agravo de instrumento contra as decisões interlocutórias que versarem sobre:
• Correspondência: art. 522, CPC/1973.
•• V. art. 203, § 2º, CPC/2015.

I – tutelas provisórias;
• Sem correspondência no CPC/1973.
•• V. art. 294, CPC/2015.

II – mérito do processo;
• Sem correspondência no CPC/1973.
•• V. art. 356, § 5º, CPC/2015.

III – rejeição da alegação de convenção de arbitragem;
• Sem correspondência no CPC/1973.
•• V. art. 337, X e § 6º, CPC/2015.
•• V. Lei 9.307/1996 (Lei de Arbitragem).

IV – incidente de desconsideração da personalidade jurídica;
• Sem correspondência no CPC/1973.
•• V. arts. 133 a 137, CPC/2015.

V – rejeição do pedido de gratuidade da justiça ou acolhimento do pedido de sua revogação;
• Sem correspondência no CPC/1973.
•• V. arts. 98 a 102 e 337, XIII, CPC/2015.

VI – exibição ou posse de documento ou coisa;
• Sem correspondência no CPC/1973.
•• V. arts. 396 a 404, CPC/2015.

VII – exclusão de litisconsorte;
• Sem correspondência no CPC/1973.

VIII – rejeição do pedido de limitação do litisconsórcio;
• Sem correspondência no CPC/1973.
•• V. art. 113,I, CPC/2015.

IX – admissão ou inadmissão de intervenção de terceiros;
• Sem correspondência no CPC/1973.

X – concessão, modificação ou revogação do efeito suspensivo aos embargos à execução;
• Sem correspondência no CPC/1973.
•• V. art. 919, § 1º, CPC/2015.

XI – redistribuição do ônus da prova nos termos do art. 373, § 1º;
• Sem correspondência no CPC/1973.
•• V. art. 373, §§ 1º e 3º, CPC/2015.

XII – *(Vetado.)*

XIII – outros casos expressamente referidos em lei.
• Sem correspondência no CPC/1973.
•• V. art. 354, p.u., CPC/2015.
•• V. art. 100, Lei 11.101/2005 (Lei de Recuperação de Empresas e Falência).
•• V. art. 7º, § 1º, Lei 12.016/2009 (Nova Lei do Mandado de Segurança).

Parágrafo único. Também caberá agravo de instrumento contra decisões interlocutórias proferidas na fase de liquidação de sentença ou de cumprimento de sentença, no processo de execução e no processo de inventário.
• Sem correspondência no CPC/1973.
•• V. arts. 509 e 610, CPC/2015.

Art. 1.016. O agravo de instrumento será dirigido diretamente ao tribunal competente, por meio de petição com os seguintes requisitos:
• Correspondência: art. 524, *caput*, CPC/1973.
•• V. art. 1.003, § 3º, CPC/2015.

I – os nomes das partes;
• Sem correspondência no CPC/1973.

II – a exposição do fato e do direito;
• Correspondência: art. 524, I, CPC/1973.

III – as razões do pedido de reforma ou de invalidação da decisão e o próprio pedido;
• Correspondência: art. 524, II, CPC/1973.

Art. 1.017

IV – o nome e o endereço completo dos advogados constantes do processo.

• Correspondência: art. 524, III, CPC/1973.

Art. 1.017. A petição de agravo de instrumento será instruída:

• Correspondência: art. 525, *caput*, CPC/1973.

I – obrigatoriamente, com cópias da petição inicial, da contestação, da petição que ensejou a decisão agravada, da própria decisão agravada, da certidão da respectiva intimação ou outro documento oficial que comprove a tempestividade e das procurações outorgadas aos advogados do agravante e do agravado;

• Correspondência: art. 525, I, CPC/1973.

II – com declaração de inexistência de qualquer dos documentos referidos no inciso I, feita pelo advogado do agravante, sob pena de sua responsabilidade pessoal;

• Sem correspondência no CPC/1973.

III – facultativamente, com outras peças que o agravante reputar úteis.

• Correspondência: art. 525, II, CPC/1973.

§ 1º Acompanhará a petição o comprovante do pagamento das respectivas custas e do porte de retorno, quando devidos, conforme tabela publicada pelos tribunais.

• Correspondência: art. 525, § 1º, CPC/1973.
•• V. art. 1.007, CPC/2015.

§ 2º No prazo do recurso, o agravo será interposto por:

• Correspondência: art. 525, § 2º, CPC/1973.
•• V. art. 1.003, § 3º, CPC/2015.

I – protocolo realizado diretamente no tribunal competente para julgá-lo;

II – protocolo realizado na própria comarca, seção ou subseção judiciárias;

III – postagem, sob registro, com aviso de recebimento;

IV – transmissão de dados tipo fac-símile, nos termos da lei;

V – outra forma prevista em lei.

§ 3º Na falta da cópia de qualquer peça ou no caso de algum outro vício que comprometa a admissibilidade do agravo de instrumento, deve o relator aplicar o disposto no art. 932, parágrafo único.

• Sem correspondência no CPC/1973.

§ 4º Se o recurso for interposto por sistema de transmissão de dados tipo fac-símile ou similar, as peças devem ser juntadas no momento de protocolo da petição original.

• Sem correspondência no CPC/1973.

§ 5º Sendo eletrônicos os autos do processo, dispensam-se as peças referidas nos incisos I e II do *caput*, facultando-se ao agravante anexar outros documentos que entender úteis para a compreensão da controvérsia.

• Sem correspondência no CPC/1973.

Art. 1.018. O agravante poderá requerer a juntada, aos autos do processo, de cópia da petição do agravo de instrumento, do comprovante de sua interposição e da relação dos documentos que instruíram o recurso.

• Correspondência: art. 526, *caput*, CPC/1973.
•• V. art. 201, CPC/2015.

§ 1º Se o juiz comunicar que reformou inteiramente a decisão, o relator considerará prejudicado o agravo de instrumento.

• Correspondência: art. 529, CPC/1973.

§ 2º Não sendo eletrônicos os autos, o agravante tomará a providência prevista no *caput*, no prazo de 3 (três) dias a contar da interposição do agravo de instrumento.

• Correspondência: art. 526, parágrafo único, CPC/1973.

§ 3º O descumprimento da exigência de que trata o § 2º, desde que arguido e provado pelo agravado, importa inadmissibilidade do agravo de instrumento.

• Correspondência: art. 526, parágrafo único, CPC/1973.

Art. 1.019. Recebido o agravo de instrumento no tribunal e distribuído imediatamente, se não for o caso de aplicação do art. 932, incisos III e IV, o relator, no prazo de 5 (cinco) dias:

• Correspondência: art. 527, *caput*, CPC/1973.

I – poderá atribuir efeito suspensivo ao recurso ou deferir, em antecipação de tutela, total ou parcialmente, a pretensão recursal, comunicando ao juiz sua decisão;

• Correspondência: art. 527, III, CPC/1973.
•• V. art. 1.021, CPC/2015.
•• V. art. 19, Lei 5.478/1968 (Lei de Alimentos).
•• V. art. 14, Lei 7.347/1985 (Ação civil pública).

Art. 1.023

CÓDIGO DE PROCESSO CIVIL

II – ordenará a intimação do agravado pessoalmente, por carta com aviso de recebimento, quando não tiver procurador constituído, ou pelo Diário da Justiça ou por carta com aviso de recebimento dirigida ao seu advogado, para que responda no prazo de 15 (quinze) dias, facultando-lhe juntar a documentação que entender necessária ao julgamento do recurso;

• Correspondência: art. 527, V, CPC/1973.

III – determinará a intimação do Ministério Público, preferencialmente por meio eletrônico, quando for o caso de sua intervenção, para que se manifeste no prazo de 15 (quinze) dias.

• Correspondência: art. 527, VI, CPC/1973.
•• V. art. 176, CPC/2015.

Art. 1.020. O relator solicitará dia para julgamento em prazo não superior a 1 (um) mês da intimação do agravado.

• Correspondência: art. 528, CPC/1973.

Capítulo IV
DO AGRAVO INTERNO

Art. 1.021. Contra decisão proferida pelo relator caberá agravo interno para o respectivo órgão colegiado, observadas, quanto ao processamento, as regras do regimento interno do tribunal.

• Correspondência: art. 545, CPC/1973.
• V. arts. 932, IV, e 937, CPC/2015.

§ 1º Na petição de agravo interno, o recorrente impugnará especificadamente os fundamentos da decisão agravada.

• Correspondência: art. 545, CPC/1973.

§ 2º O agravo será dirigido ao relator, que intimará o agravado para manifestar-se sobre o recurso no prazo de 15 (quinze) dias, ao final do qual, não havendo retratação, o relator levá-lo-á a julgamento pelo órgão colegiado, com inclusão em pauta.

• Correspondência: art. 545, CPC/1973.

§ 3º É vedado ao relator limitar-se à reprodução dos fundamentos da decisão agravada para julgar improcedente o agravo interno.

• Correspondência: art. 545, CPC/1973.

§ 4º Quando o agravo interno for declarado manifestamente inadmissível ou improcedente em votação unânime, o órgão colegiado, em decisão fundamentada, condenará o agravante a pagar ao agravado multa fixada entre um e 5% (cinco por cento) do valor atualizado da causa.

• Correspondência: art. 557, § 2º, CPC/1973.

§ 5º A interposição de qualquer outro recurso está condicionada ao depósito prévio do valor da multa prevista no § 4º, à exceção da Fazenda Pública e do beneficiário de gratuidade da justiça, que farão o pagamento ao final.

• Correspondência: art. 557, § 2º, CPC/1973.

Capítulo V
DOS EMBARGOS DE DECLARAÇÃO

Art. 1.022. Cabem embargos de declaração contra qualquer decisão judicial para:

• Correspondência: art. 535, *caput*, CPC/1973.
• V. art. 494, II, CPC/2015.

I – esclarecer obscuridade ou eliminar contradição;

• Correspondência: art. 535, I, CPC/1973.

II – suprir omissão de ponto ou questão sobre o qual devia se pronunciar o juiz de ofício ou a requerimento;

• Correspondência: art. 535, II, CPC/1973.

III – corrigir erro material.

• Sem correspondência no CPC/1973.

Parágrafo único. Considera-se omissa a decisão que:

• Sem correspondência no CPC/1973.

I – deixe de se manifestar sobre tese firmada em julgamento de casos repetitivos ou em incidente de assunção de competência aplicável ao caso sob julgamento;

• Sem correspondência no CPC/1973.
•• V. arts. 332, II, 927, II, 955, p.u., II, 968, IV, e 1.036, CPC/2015.

II – incorra em qualquer das condutas descritas no art. 489, § 1º.

• Sem correspondência no CPC/1973.

Art. 1.023. Os embargos serão opostos, no prazo de 5 (cinco) dias, em petição dirigida ao juiz, com indicação do erro, obscuridade, contradição ou omissão, e não se sujeitam a preparo.

• Correspondência: art. 536, CPC/1973.

Art. 1.024

§ 1º Aplica-se aos embargos de declaração o art. 229.

- Sem correspondência no CPC/1973.

§ 2º O juiz intimará o embargado para, querendo, manifestar-se, no prazo de 5 (cinco) dias, sobre os embargos opostos, caso seu eventual acolhimento implique a modificação da decisão embargada.

- Sem correspondência no CPC/1973.
- ** V. art. 7º, CPC/2015.

Art. 1.024. O juiz julgará os embargos em 5 (cinco) dias.

- Correspondência: art. 537, CPC/1973.

§ 1º Nos tribunais, o relator apresentará os embargos em mesa na sessão subsequente, proferindo voto, e, não havendo julgamento nessa sessão, será o recurso incluído em pauta automaticamente.

- Correspondência: art. 537, CPC/1973.

§ 2º Quando os embargos de declaração forem opostos contra decisão de relator ou outra decisão unipessoal proferida em tribunal, o órgão prolator da decisão embargada decidi-los-á monocraticamente.

- Sem correspondência no CPC/1973.

§ 3º O órgão julgador conhecerá dos embargos de declaração como agravo interno se entender ser este o recurso cabível, desde que determine previamente a intimação do recorrente para, no prazo de 5 (cinco) dias, complementar as razões recursais, de modo a ajustá-las às exigências do art. 1.021, § 1º.

- Sem correspondência no CPC/1973.

§ 4º Caso o acolhimento dos embargos de declaração implique modificação da decisão embargada, o embargado que já tiver interposto outro recurso contra a decisão originária tem o direito de complementar ou alterar suas razões, nos exatos limites da modificação, no prazo de 15 (quinze) dias, contado da intimação da decisão dos embargos de declaração.

- Sem correspondência no CPC/1973.

§ 5º Se os embargos de declaração forem rejeitados ou não alterarem a conclusão do julgamento anterior, o recurso interposto pela outra parte antes da publicação do julgamento dos embargos de declaração será processado e julgado independentemente de ratificação.

- Sem correspondência no CPC/1973.
- ** V. Súmula 418, STJ.

Art. 1.025. Consideram-se incluídos no acórdão os elementos que o embargante suscitou, para fins de pré-questionamento, ainda que os embargos de declaração sejam inadmitidos ou rejeitados, caso o tribunal superior considere existentes erro, omissão, contradição ou obscuridade.

- Sem correspondência no CPC/1973.
- V. Súmulas 282 e 356, STF.
- V. Súmulas 98, 211 e 320, STJ.

Art. 1.026. Os embargos de declaração não possuem efeito suspensivo e interrompem o prazo para a interposição de recurso.

- Correspondência: art. 538, *caput*, CPC/1973.
- V. arts. 220 e 313, CPC/2015.
- V. Súmula 418, STJ.
- ** V. art. 50, Lei 9.099/1995 (Juizados Especiais Cíveis e Criminais).

§ 1º A eficácia da decisão monocrática ou colegiada poderá ser suspensa pelo respectivo juiz ou relator se demonstrada a probabilidade de provimento do recurso ou, sendo relevante a fundamentação, se houver risco de dano grave ou de difícil reparação.

- Sem correspondência no CPC/1973.

§ 2º Quando manifestamente protelatórios os embargos de declaração, o juiz ou o tribunal, em decisão fundamentada, condenará o embargante a pagar ao embargado multa não excedente a 2% (dois por cento) sobre o valor atualizado da causa.

- Correspondência: art. 538, parágrafo único, CPC/1973.
- ** V. Súmula 98, STJ.

§ 3º Na reiteração de embargos de declaração manifestamente protelatórios, a multa será elevada a até 10% (dez por cento) sobre o valor atualizado da causa, e a interposição de qualquer recurso ficará condicionada ao depósito prévio do valor da multa, à exceção da Fazenda Pública e do beneficiário de gratuidade da justiça, que a recolherão ao final.

- Correspondência: art. 538, parágrafo único, CPC/1973.

§ 4º Não serão admitidos novos embargos de declaração se os 2 (dois) anteriores houverem sido considerados protelatórios.
• Sem correspondência no CPC/1973.

Capítulo VI
DOS RECURSOS PARA O SUPREMO TRIBUNAL FEDERAL E PARA O SUPERIOR TRIBUNAL DE JUSTIÇA

Seção I
Do recurso ordinário

Art. 1.027. Serão julgados em recurso ordinário:
• Correspondência: art. 539, *caput*, CPC/1973.
• V. art. 105, II, CF.

I – pelo Supremo Tribunal Federal, os mandados de segurança, os habeas data e os mandados de injunção decididos em única instância pelos tribunais superiores, quando denegatória a decisão;
• Correspondência: art. 539, I, CPC/1973.
•• V. art. 102, II, *a*, CF.

II – pelo Superior Tribunal de Justiça:
• Correspondência: art. 539, II, CPC/1973.
•• V. art. 105, II, CF.

a) os mandados de segurança decididos em única instância pelos tribunais regionais federais ou pelos tribunais de justiça dos Estados e do Distrito Federal e Territórios, quando denegatória a decisão;
• Correspondência: art. 539, II, *a*, CPC/1973.

b) os processos em que forem partes, de um lado, Estado estrangeiro ou organismo internacional e, de outro, Município ou pessoa residente ou domiciliada no País.
• Correspondência: art. 539, II, *b*, CPC/1973.

§ 1º Nos processos referidos no inciso II, alínea *b*, contra as decisões interlocutórias caberá agravo de instrumento dirigido ao Superior Tribunal de Justiça, nas hipóteses do art. 1.015.
• Correspondência: art. 539, parágrafo único, CPC/1973.

§ 2º Aplica-se ao recurso ordinário o disposto nos arts. 1.013, § 3º, e 1.029, § 5º.
• Sem correspondência no CPC/1973.

Art. 1.028. Ao recurso mencionado no art. 1.027, inciso II, alínea *b*, aplicam-se, quanto aos requisitos de admissibilidade e ao procedimento, as disposições relativas à apelação e o Regimento Interno do Superior Tribunal de Justiça.
• Correspondência: art. 540, CPC/1973.

§ 1º Na hipótese do art. 1.027, § 1º, aplicam-se as disposições relativas ao agravo de instrumento e o Regimento Interno do Superior Tribunal de Justiça.
• Sem correspondência no CPC/1973.

§ 2º O recurso previsto no art. 1.027, incisos I e II, alínea *a*, deve ser interposto perante o tribunal de origem, cabendo ao seu presidente ou vice-presidente determinar a intimação do recorrido para, em 15 (quinze) dias, apresentar as contrarrazões.
• Sem correspondência no CPC/1973.

§ 3º Findo o prazo referido no § 2º, os autos serão remetidos ao respectivo tribunal superior, independentemente de juízo de admissibilidade.
• Sem correspondência no CPC/1973.

Seção II
Do recurso extraordinário e do recurso especial

Subseção I
Disposições gerais

Art. 1.029. O recurso extraordinário e o recurso especial, nos casos previstos na Constituição Federal, serão interpostos perante o presidente ou o vice-presidente do tribunal recorrido, em petições distintas que conterão:
• Correspondência: art. 541, *caput*, CPC/1973.
• V. arts. 102, III, e 105, III, CF.
• V. Súmula 320, STJ.
•• V. Súmulas 279, 282, 733 e 735, STF.
•• V. Súmulas 7 e 211, STJ.

I – a exposição do fato e do direito;
• Correspondência: art. 541, I, CPC/1973.

II – a demonstração do cabimento do recurso interposto;
• Correspondência: art. 541, II, CPC/1973.

III – as razões do pedido de reforma ou de invalidação da decisão recorrida.
• Correspondência: art. 541, III, CPC/1973.

§ 1º Quando o recurso fundar-se em dissídio jurisprudencial, o recorrente fará a prova da divergência com a certidão, cópia ou citação do repositório de jurisprudência, oficial ou credenciado, inclusive em mídia eletrônica, em que houver sido publicado o acórdão divergente, ou ainda com a reprodução de julgado disponível na rede mundial de computadores, com indicação da respectiva fonte, devendo-se, em qualquer caso, mencionar as circunstâncias que identifiquem ou assemelhem os casos confrontados.

• Correspondência: art. 541, parágrafo único, CPC/1973.

§ 2º *(Revogado pela Lei 13.256/2016.)*

§ 3º O Supremo Tribunal Federal ou o Superior Tribunal de Justiça poderá desconsiderar vício formal de recurso tempestivo ou determinar sua correção, desde que não o repute grave.

• Sem correspondência no CPC/1973.

§ 4º Quando, por ocasião do processamento do incidente de resolução de demandas repetitivas, o presidente do Supremo Tribunal Federal ou do Superior Tribunal de Justiça receber requerimento de suspensão de processos em que se discuta questão federal constitucional ou infraconstitucional, poderá, considerando razões de segurança jurídica ou de excepcional interesse social, estender a suspensão a todo o território nacional, até ulterior decisão do recurso extraordinário ou do recurso especial a ser interposto.

• Sem correspondência no CPC/1973.

§ 5º O pedido de concessão de efeito suspensivo a recurso extraordinário ou a recurso especial poderá ser formulado por requerimento dirigido:

• Correspondência: art. 542, § 2º, CPC/1973.

I – ao tribunal superior respectivo, no período compreendido entre a publicação da decisão de admissão do recurso e sua distribuição, ficando o relator designado para seu exame prevento para julgá-lo;

• Inciso I com redação determinada pela Lei 13.256/2016.
• Sem correspondência no CPC/1973.

II – ao relator, se já distribuído o recurso;

• Sem correspondência no CPC/1973.

III – ao presidente ou ao vice-presidente do tribunal recorrido, no período compreendido entre a interposição do recurso e a publicação da decisão de admissão do recurso, assim como no caso de o recurso ter sido sobrestado, nos termos do art. 1.037.

• Inciso III com redação determinada pela Lei 13.256/2016.
• Sem correspondência no CPC/1973.

Art. 1.030. Recebida a petição do recurso pela secretaria do tribunal, o recorrido será intimado para apresentar contrarrazões no prazo de 15 (quinze) dias, findo o qual os autos serão conclusos ao presidente ou ao vice-presidente do tribunal recorrido, que deverá:

• Artigo com redação determinada pela Lei 13.256/2016.
• Correspondência: art. 542, § 1º, CPC/1973.

I – negar seguimento:

a) a recurso extraordinário que discuta questão constitucional à qual o Supremo Tribunal Federal não tenha reconhecido a existência de repercussão geral ou a recurso extraordinário interposto contra acórdão que esteja em conformidade com entendimento do Supremo Tribunal Federal exarado no regime de repercussão geral;

• Correspondência: art. 543-A, *caput*, CPC/1973.

b) a recurso extraordinário ou a recurso especial interposto contra acórdão que esteja em conformidade com entendimento do Supremo Tribunal Federal ou do Superior Tribunal de Justiça, respectivamente, exarado no regime de julgamento de recursos repetitivos;

• Sem correspondência no CPC/1973.

II – encaminhar o processo ao órgão julgador para realização do juízo de retratação, se o acórdão recorrido divergir do entendimento do Supremo Tribunal Federal ou do Superior Tribunal de Justiça exarado, conforme o caso, nos regimes de repercussão geral ou de recursos repetitivos;

• Correspondência: art. 543-B, § 3º, CPC/1973.

III – sobrestar o recurso que versar sobre controvérsia de caráter repetitivo ainda não decidida pelo Supremo Tribunal Federal ou pelo Superior Tribunal de Justiça, conforme se trate de matéria constitucional ou infraconstitucional;

• Sem correspondência no CPC/1973.

IV – selecionar o recurso como representativo de controvérsia constitucional ou infraconstitucional, nos termos do § 6º do art. 1.036;

• Correspondência: art. 543-C, § 1º, CPC/1973.

V – realizar o juízo de admissibilidade e, se positivo, remeter o feito ao Supremo Tribunal Federal ou ao Superior Tribunal de Justiça, desde que:

- Correspondência: art. 543, *caput*, CPC/1973.

a) o recurso ainda não tenha sido submetido ao regime de repercussão geral ou de julgamento de recursos repetitivos;
b) o recurso tenha sido selecionado como representativo da controvérsia; ou
c) o tribunal recorrido tenha refutado o juízo de retratação.

§ 1º Da decisão de inadmissibilidade proferida com fundamento no inciso V caberá agravo ao tribunal superior, nos termos do art. 1.042.

- Sem correspondência no CPC/1973.

§ 2º Da decisão proferida com fundamento nos incisos I e III caberá agravo interno, nos termos do art. 1.021.

- Correspondência: art. 545, CPC/1973.

Art. 1.031. Na hipótese de interposição conjunta de recurso extraordinário e recurso especial, os autos serão remetidos ao Superior Tribunal de Justiça.

- Correspondência: art. 543, *caput*, CPC/1973.

§ 1º Concluído o julgamento do recurso especial, os autos serão remetidos ao Supremo Tribunal Federal para apreciação do recurso extraordinário, se este não estiver prejudicado.

- Correspondência: art. 543, § 1º, CPC/1973.

§ 2º Se o relator do recurso especial considerar prejudicial o recurso extraordinário, em decisão irrecorrível, sobrestará o julgamento e remeterá os autos ao Supremo Tribunal Federal.

- Correspondência: art. 543, § 2º, CPC/1973.

§ 3º Na hipótese do § 2º, se o relator do recurso extraordinário, em decisão irrecorrível, rejeitar a prejudicialidade, devolverá os autos ao Superior Tribunal de Justiça para o julgamento do recurso especial.

- Correspondência: art. 543, § 3º, CPC/1973.

Art. 1.032. Se o relator, no Superior Tribunal de Justiça, entender que o recurso especial versa sobre questão constitucional, deverá conceder prazo de 15 (quinze) dias para que o recorrente demonstre a existência de repercussão geral e se manifeste sobre a questão constitucional.

- Sem correspondência no CPC/1973.
- V. art. 102, § 3º, CF.

Parágrafo único. Cumprida a diligência de que trata o *caput*, o relator remeterá o recurso ao Supremo Tribunal Federal, que, em juízo de admissibilidade, poderá devolvê-lo ao Superior Tribunal de Justiça.

Art. 1.033. Se o Supremo Tribunal Federal considerar como reflexa a ofensa à Constituição afirmada no recurso extraordinário, por pressupor a revisão da interpretação de lei federal ou de tratado, remetê-lo-á ao Superior Tribunal de Justiça para julgamento como recurso especial.

- Sem correspondência no CPC/1973.

Art. 1.034. Admitido o recurso extraordinário ou o recurso especial, o Supremo Tribunal Federal ou o Superior Tribunal de Justiça julgará o processo, aplicando o direito.

- Sem correspondência no CPC/1973.
- V. Súmula 456, STF

Parágrafo único. Admitido o recurso extraordinário ou o recurso especial por um fundamento, devolve-se ao tribunal superior o conhecimento dos demais fundamentos para a solução do capítulo impugnado.

Art. 1.035. O Supremo Tribunal Federal, em decisão irrecorrível, não conhecerá do recurso extraordinário quando a questão constitucional nele versada não tiver repercussão geral, nos termos deste artigo.

- Correspondência: art. 543-A, *caput*, CPC/1973.
- V. arts. 321 a 329, RISTF.
- • V. art. 102, § 3º, CF.

§ 1º Para efeito de repercussão geral, será considerada a existência ou não de questões relevantes do ponto de vista econômico, político, social ou jurídico que ultrapassem os interesses subjetivos do processo.

- Correspondência: art. 543-A, § 1º, CPC/1973.

§ 2º O recorrente deverá demonstrar a existência de repercussão geral para apreciação exclusiva pelo Supremo Tribunal Federal.

- Correspondência: art. 543-A, § 2º, CPC/1973.

§ 3º Haverá repercussão geral sempre que o recurso impugnar acórdão que:

- Correspondência: art. 543-A, § 3º, CPC/1973.

I – contrarie súmula ou jurisprudência dominante do Supremo Tribunal Federal;

- Correspondência: art. 543-A, § 3º, CPC/1973.

II – *(Revogado pela Lei 13.256/2016.)*

III – tenha reconhecido a inconstitucionalidade de tratado ou de lei federal, nos termos do art. 97 da Constituição Federal.

- Sem correspondência no CPC/1973.

§ 4º O relator poderá admitir, na análise da repercussão geral, a manifestação de terceiros, subscrita por procurador habilitado, nos termos do Regimento Interno do Supremo Tribunal Federal.

- Correspondência: art. 543-A, § 6º, CPC/1973.

§ 5º Reconhecida a repercussão geral, o relator no Supremo Tribunal Federal determinará a suspensão do processamento de todos os processos pendentes, individuais ou coletivos, que versem sobre a questão e tramitem no território nacional.

- Sem correspondência no CPC/1973.

§ 6º O interessado pode requerer, ao presidente ou ao vice-presidente do tribunal de origem, que exclua da decisão de sobrestamento e inadmita o recurso extraordinário que tenha sido interposto intempestivamente, tendo o recorrente o prazo de 5 (cinco) dias para manifestar-se sobre esse requerimento.

- Sem correspondência no CPC/1973.

§ 7º Da decisão que indeferir o requerimento referido no § 6º ou que aplicar entendimento firmado em regime de repercussão geral ou em julgamento de recursos repetitivos caberá agravo interno.

- § 7º com redação determinada pela Lei 13.256/2016.
- Sem correspondência no CPC/1973.

§ 8º Negada a repercussão geral, o presidente ou o vice-presidente do tribunal de origem negará seguimento aos recursos extraordinários sobrestados na origem que versem sobre matéria idêntica.

- Correspondência: art. 543-A, § 5º, CPC/1973.

§ 9º O recurso que tiver a repercussão geral reconhecida deverá ser julgado no prazo de 1 (um) ano e terá preferência sobre os demais feitos, ressalvados os que envolvam réu preso e os pedidos de *habeas corpus*.

- Sem correspondência no CPC/1973.

§ 10. *(Revogado pela Lei 13.256/2016.)*

§ 11. A súmula da decisão sobre a repercussão geral constará de ata, que será publicada no diário oficial e valerá como acórdão.

- Correspondência: art. 543-A, § 7º, CPC/1973.

Subseção II
Do julgamento dos recursos extraordinário e especial repetitivos

Art. 1.036. Sempre que houver multiplicidade de recursos extraordinários ou especiais com fundamento em idêntica questão de direito, haverá afetação para julgamento de acordo com as disposições desta Subseção, observado o disposto no Regimento Interno do Supremo Tribunal Federal e no do Superior Tribunal de Justiça.

- Correspondência: arts. 543-B, *caput*, e 543-C, *caput*, CPC/1973.
- V. art. 4º, Lei 11.418/2006, que determina que esta Lei se aplica aos recursos interpostos a partir do primeiro dia de sua vigência.
- V. Res. STJ 8/2008 (Procedimentos relativos ao processamento e julgamento de recursos especiais repetitivos).
- V. Provimento CFOAB 128/2008 (Parâmetros de atuação do Conselho Federal da OAB para manifestação em recursos especiais repetitivos – art. 543-C do CPC/1973).
- V. arts. 321 a 329, RISTF.

§ 1º O presidente ou o vice-presidente de tribunal de justiça ou de tribunal regional federal selecionará 2 (dois) ou mais recursos representativos da controvérsia, que serão encaminhados ao Supremo Tribunal Federal ou ao Superior Tribunal de Justiça para fins de afetação, determinando a suspensão do trâmite de todos os processos pendentes, individuais ou coletivos, que tramitem no Estado ou na região, conforme o caso.

- Correspondência: arts. 543-B, § 1º, e 543-C, § 1º, CPC/1973.

§ 2º O interessado pode requerer, ao presidente ou ao vice-presidente, que exclua da decisão de sobrestamento e inadmita o recurso especial ou o recurso extraordinário que tenha sido interposto intempestivamente, tendo o recorrente o prazo de 5 (cinco) dias para manifestar-se sobre esse requerimento.

- Sem correspondência no CPC/1973.

§ 3º Da decisão que indeferir o requerimento referido no § 2º caberá apenas agravo interno.
- § 3º com redação determinada pela Lei 13.256/2016.
- Sem correspondência no CPC/1973.

§ 4º A escolha feita pelo presidente ou vice-presidente do tribunal de justiça ou do tribunal regional federal não vinculará o relator no tribunal superior, que poderá selecionar outros recursos representativos da controvérsia.
- Sem correspondência no CPC/1973.

§ 5º O relator em tribunal superior também poderá selecionar 2 (dois) ou mais recursos representativos da controvérsia para julgamento da questão de direito independentemente da iniciativa do presidente ou do vice-presidente do tribunal de origem.
- Sem correspondência no CPC/1973.

§ 6º Somente podem ser selecionados recursos admissíveis que contenham abrangente argumentação e discussão a respeito da questão a ser decidida.
- Sem correspondência no CPC/1973.

Art. 1.037. Selecionados os recursos, o relator, no tribunal superior, constatando a presença do pressuposto do *caput* do art. 1.036, proferirá decisão de afetação, na qual:
- Sem correspondência no CPC/1973.
- V. arts. 1.014 e 1.022, CPC/2015.
- • V. arts. 311, II, 332, II, 927, III, 928, 932, IV, *b*, 955, II, 988, IV, 1.022, p.u., I, e 1.035, § 3º, II, CF.

I – identificará com precisão a questão a ser submetida a julgamento;
- Sem correspondência no CPC/1973.

II – determinará a suspensão do processamento de todos os processos pendentes, individuais ou coletivos, que versem sobre a questão e tramitem no território nacional;
- Sem correspondência no CPC/1973.

III – poderá requisitar aos presidentes ou aos vice-presidentes dos tribunais de justiça ou dos tribunais regionais federais a remessa de um recurso representativo da controvérsia.
- Sem correspondência no CPC/1973.

§ 1º Se, após receber os recursos selecionados pelo presidente ou pelo vice-presidente de tribunal de justiça ou de tribunal regional federal, não se proceder à afetação, o relator, no tribunal superior, comunicará o fato ao presidente ou ao vice-presidente que os houver enviado, para que seja revogada a decisão de suspensão referida no art. 1.036, § 1º.
- Sem correspondência no CPC/1973.

§ 2º *(Revogado pela Lei 13.256/2016.)*

§ 3º Havendo mais de uma afetação, será prevento o relator que primeiro tiver proferido a decisão a que se refere o inciso I do *caput*.
- Sem correspondência no CPC/1973.

§ 4º Os recursos afetados deverão ser julgados no prazo de 1 (um) ano e terão preferência sobre os demais feitos, ressalvados os que envolvam réu preso e os pedidos de *habeas corpus*.
- Correspondência: art. 543-C, § 6º, 2ª parte, CPC/1973.

§ 5º *(Revogado pela Lei 13.256/2016.)*

§ 6º Ocorrendo a hipótese do § 5º, é permitido a outro relator do respectivo tribunal superior afetar 2 (dois) ou mais recursos representativos da controvérsia na forma do art. 1.036.
- Sem correspondência no CPC/1973.

§ 7º Quando os recursos requisitados na forma do inciso III do *caput* contiverem outras questões além daquela que é objeto da afetação, caberá ao tribunal decidir esta em primeiro lugar e depois as demais, em acórdão específico para cada processo.
- Sem correspondência no CPC/1973.

§ 8º As partes deverão ser intimadas da decisão de suspensão de seu processo, a ser proferida pelo respectivo juiz ou relator quando informado da decisão a que se refere o inciso II do *caput*.
- Sem correspondência no CPC/1973.

§ 9º Demonstrando distinção entre a questão a ser decidida no processo e aquela a ser julgada no recurso especial ou extraordinário afetado, a parte poderá requerer o prosseguimento do seu processo.
- Sem correspondência no CPC/1973.

Art. 1.038

§ 10. O requerimento a que se refere o § 9º será dirigido:

• Sem correspondência no CPC/1973.

I – ao juiz, se o processo sobrestado estiver em primeiro grau;
II – ao relator, se o processo sobrestado estiver no tribunal de origem;
III – ao relator do acórdão recorrido, se for sobrestado recurso especial ou recurso extraordinário no tribunal de origem;
IV – ao relator, no tribunal superior, de recurso especial ou de recurso extraordinário cujo processamento houver sido sobrestado.

§ 11. A outra parte deverá ser ouvida sobre o requerimento a que se refere o § 9º, no prazo de 5 (cinco) dias.

• Sem correspondência no CPC/1973.

§ 12. Reconhecida a distinção no caso:

• Sem correspondência no CPC/1973.

I – dos incisos I, II e IV do § 10, o próprio juiz ou relator dará prosseguimento ao processo;
II – do inciso III do § 10, o relator comunicará a decisão ao presidente ou ao vice-presidente que houver determinado o sobrestamento, para que o recurso especial ou o recurso extraordinário seja encaminhado ao respectivo tribunal superior, na forma do art. 1.030, parágrafo único.

§ 13. Da decisão que resolver o requerimento a que se refere o § 9º caberá:

I – agravo de instrumento, se o processo estiver em primeiro grau;

•• V. art. 1.015, CPC/2015.

II – agravo interno, se a decisão for de relator.

•• V. art. 1.021, CPC/2015.
•• V. Súmulas 158, 168 168 e 316, STJ.

Art. 1.038. O relator poderá:

• Correspondência: art. 543-C, § 3º, 1ª parte, CPC/1973.

I – solicitar ou admitir manifestação de pessoas, órgãos ou entidades com interesse na controvérsia, considerando a relevância da matéria e consoante dispuser o regimento interno;

• Correspondência: art. 543-C, § 4º, CPC/1973.

II – fixar data para, em audiência pública, ouvir depoimentos de pessoas com experiência e conhecimento na matéria, com a finalidade de instruir o procedimento;

• Sem correspondência no CPC/1973.

III – requisitar informações aos tribunais inferiores a respeito da controvérsia e, cumprida a diligência, intimará o Ministério Público para manifestar-se.

• Correspondência: art. 543-C, § 3º, 2ª parte e § 5º, CPC/1973.

§ 1º No caso do inciso III, os prazos respectivos são de 15 (quinze) dias, e os atos serão praticados, sempre que possível, por meio eletrônico.

• Correspondência: art. 543-C, § 3º, 2ª parte e § 5º, CPC/1973.

§ 2º Transcorrido o prazo para o Ministério Público e remetida cópia do relatório aos demais ministros, haverá inclusão em pauta, devendo ocorrer o julgamento com preferência sobre os demais feitos, ressalvados os que envolvam réu preso e os pedidos de *habeas corpus*.

• Correspondência: art. 543-C, § 6º, CPC/1973.

§ 3º O conteúdo do acórdão abrangerá a análise dos fundamentos relevantes da tese jurídica discutida.

• § 3º com redação determinada pela Lei 13.256/2016.
• Sem correspondência no CPC/1973.

Art. 1.039. Decididos os recursos afetados, os órgãos colegiados declararão prejudicados os demais recursos versando sobre idêntica controvérsia ou os decidirão aplicando a tese firmada.

• Correspondência: art. 543-B, § 3º, CPC/1973.

Parágrafo único. Negada a existência de repercussão geral no recurso extraordinário afetado, serão considerados automaticamente inadmitidos os recursos extraordinários cujo processamento tenha sido sobrestado.

• Correspondência: art. 543-B, § 2º, CPC/1973.

Art. 1.040. Publicado o acórdão paradigma:

• Correspondência: art. 543-C, § 7º, CPC/1973.

I – o presidente ou o vice-presidente do tribunal de origem negará seguimento aos recursos especiais ou extraordinários sobrestados na origem, se o acórdão recorrido

Art. 1.042

CÓDIGO DE PROCESSO CIVIL

coincidir com a orientação do tribunal superior;

• Correspondência: art. 543-C, § 7º, I, CPC/1973.

II – o órgão que proferiu o acórdão recorrido, na origem, reexaminará o processo de competência originária, a remessa necessária ou o recurso anteriormente julgado, se o acórdão recorrido contrariar a orientação do tribunal superior;

• Correspondência: art. 543-C, § 7º, II, CPC/1973.

III – os processos suspensos em primeiro e segundo graus de jurisdição retomarão o curso para julgamento e aplicação da tese firmada pelo tribunal superior;

• Sem correspondência no CPC/1973.

IV – se os recursos versarem sobre questão relativa a prestação de serviço público objeto de concessão, permissão ou autorização, o resultado do julgamento será comunicado ao órgão, ao ente ou à agência reguladora competente para fiscalização da efetiva aplicação, por parte dos entes sujeitos a regulação, da tese adotada.

• Sem correspondência no CPC/1973.

§ 1º A parte poderá desistir da ação em curso no primeiro grau de jurisdição, antes de proferida a sentença, se a questão nela discutida for idêntica à resolvida pelo recurso representativo da controvérsia.

• Sem correspondência no CPC/1973.

§ 2º Se a desistência ocorrer antes de oferecida contestação, a parte ficará isenta do pagamento de custas e de honorários de sucumbência.

• Sem correspondência no CPC/1973.

§ 3º A desistência apresentada nos termos do § 1º independe de consentimento do réu, ainda que apresentada contestação.

• Sem correspondência no CPC/1973.

Art. 1.041. Mantido o acórdão divergente pelo tribunal de origem, o recurso especial ou extraordinário será remetido ao respectivo tribunal superior, na forma do art. 1.036, § 1º.

• Sem correspondência no CPC/1973.

§ 1º Realizado o juízo de retratação, com alteração do acórdão divergente, o tribunal de origem, se for o caso, decidirá as demais questões ainda não decididas cujo enfrentamento se tornou necessário em decorrência da alteração.

§ 2º Quando ocorrer a hipótese do inciso II do *caput* do art. 1.040 e o recurso versar sobre outras questões, caberá ao presidente ou ao vice-presidente do tribunal recorrido, depois do reexame pelo órgão de origem e independentemente de ratificação do recurso, sendo positivo o juízo de admissibilidade, determinar a remessa do recurso ao tribunal superior para julgamento das demais questões.

• § 2º com redação determinada pela Lei 13.256/2016.

Seção III
Do agravo em recurso especial e em recurso extraordinário

Art. 1.042. Cabe agravo contra decisão do presidente ou do vice-presidente do tribunal recorrido que inadmitir recurso extraordinário ou recurso especial, salvo quando fundada na aplicação de entendimento firmado em regime de repercussão geral ou em julgamento de recursos repetitivos.

• *Caput* com redação determinada pela Lei 13.256/2016.

• Correspondência: art. 544, *caput*, CPC/1973.

I – *(Revogado pela Lei 13.256/2016.)*
II – *(Revogado pela Lei 13.256/2016.)*
III – *(Revogado pela Lei 13.256/2016.)*
§ 1º *(Revogado pela Lei 13.256/2016.)*

§ 2º A petição de agravo será dirigida ao presidente ou ao vice-presidente do tribunal de origem e independe do pagamento de custas e despesas postais, aplicando-se a ela o regime de repercussão geral e de recursos repetitivos, inclusive quanto à possibilidade de sobrestamento e do juízo de retratação.

• § 2º com redação determinada pela Lei 13.256/2016.

• Correspondência: art. 544, § 2º, 1ª parte, CPC/1973.

§ 3º O agravado será intimado, de imediato, para oferecer resposta no prazo de 15 (quinze) dias.

• Correspondência: art. 544, § 2º, 2ª parte e § 3º, CPC/1973.

§ 4º Após o prazo de resposta, não havendo retratação, o agravo será remetido ao tribunal superior competente.

Art. 1.043

- Correspondência: art. 544, § 2º, 2ª parte e § 3º, CPC/1973.

§ 5º O agravo poderá ser julgado, conforme o caso, conjuntamente com o recurso especial ou extraordinário, assegurada, neste caso, sustentação oral, observando-se, ainda, o disposto no regimento interno do tribunal respectivo.

- Correspondência: art. 544, § 4º, CPC/1973.

§ 6º Na hipótese de interposição conjunta de recursos extraordinário e especial, o agravante deverá interpor um agravo para cada recurso não admitido.

- Correspondência: art. 544, § 1º, CPC/1973.

§ 7º Havendo apenas um agravo, o recurso será remetido ao tribunal competente, e, havendo interposição conjunta, os autos serão remetidos ao Superior Tribunal de Justiça.

- Sem correspondência no CPC/1973.

§ 8º Concluído o julgamento do agravo pelo Superior Tribunal de Justiça e, se for o caso, do recurso especial, independentemente de pedido, os autos serão remetidos ao Supremo Tribunal Federal para apreciação do agravo a ele dirigido, salvo se estiver prejudicado.

- Sem correspondência no CPC/1973.

Seção IV
Dos embargos de divergência

Art. 1.043. É embargável o acórdão de órgão fracionário que:

- Correspondência: art. 546, *caput*, CPC/1973.
- V. Súmulas 158, 168 e 316, STJ.

I – em recurso extraordinário ou em recurso especial, divergir do julgamento de qualquer outro órgão do mesmo tribunal, sendo os acórdãos, embargado e paradigma, de mérito;

- Correspondência: art. 546, I e II, CPC/1973.

II – *(Revogado pela Lei 13.256/2016.)*

III – em recurso extraordinário ou em recurso especial, divergir do julgamento de qualquer outro órgão do mesmo tribunal, sendo um acórdão de mérito e outro que não tenha conhecido do recurso, embora tenha apreciado a controvérsia;

- Correspondência: art. 546, I e II, CPC/1973.

IV – *(Revogado pela Lei 13.256/2016.)*

§ 1º Poderão ser confrontadas teses jurídicas contidas em julgamentos de recursos e de ações de competência originária.

- Sem correspondência no CPC/1973.

§ 2º A divergência que autoriza a interposição de embargos de divergência pode verificar-se na aplicação do direito material ou do direito processual.

- Sem correspondência no CPC/1973.

§ 3º Cabem embargos de divergência quando o acórdão paradigma for da mesma turma que proferiu a decisão embargada, desde que sua composição tenha sofrido alteração em mais da metade de seus membros.

- Sem correspondência no CPC/1973.

§ 4º O recorrente provará a divergência com certidão, cópia ou citação de repositório oficial ou credenciado de jurisprudência, inclusive em mídia eletrônica, onde foi publicado o acórdão divergente, ou com a reprodução de julgado disponível na rede mundial de computadores, indicando a respectiva fonte, e mencionará as circunstâncias que identificam ou assemelham os casos confrontados.

- Correspondência: art. 541, parágrafo único, CPC/1973.

§ 5º *(Revogado pela Lei 13.256/2016.)*

Art. 1.044. No recurso de embargos de divergência, será observado o procedimento estabelecido no regimento interno do respectivo tribunal superior.

- Correspondência: art. 546, parágrafo único, CPC/1973.

§ 1º A interposição de embargos de divergência no Superior Tribunal de Justiça interrompe o prazo para interposição de recurso extraordinário por qualquer das partes.

- Sem correspondência no CPC/1973.

§ 2º Se os embargos de divergência forem desprovidos ou não alterarem a conclusão do julgamento anterior, o recurso extraordinário interposto pela outra parte antes da publicação do julgamento dos embargos de divergência será processado e julgado independentemente de ratificação.

- Sem correspondência no CPC/1973.

Livro Complementar
DISPOSIÇÕES FINAIS E TRANSITÓRIAS

Art. 1.045. Este Código entra em vigor após decorrido 1 (um) ano da data de sua publicação oficial.

• Correspondência: art. 1.220, CPC/1973.

Art. 1.046. Ao entrar em vigor este Código, suas disposições se aplicarão desde logo aos processos pendentes, ficando revogada a Lei 5.869, de 11 de janeiro de 1973.

• Correspondência: art. 1.211, CPC/1973.

§ 1º As disposições da Lei 5.869, de 11 de janeiro de 1973, relativas ao procedimento sumário e aos procedimentos especiais que forem revogadas aplicar-se-ão às ações propostas e não sentenciadas até o início da vigência deste Código.

• Sem correspondência no CPC/1973.

§ 2º Permanecem em vigor as disposições especiais dos procedimentos regulados em outras leis, aos quais se aplicará supletivamente este Código.

• Sem correspondência no CPC/1973.

§ 3º Os processos mencionados no art. 1.218 da Lei 5.869, de 11 de janeiro de 1973, cujo procedimento ainda não tenha sido incorporado por lei submetem-se ao procedimento comum previsto neste Código.

• Sem correspondência no CPC/1973.

§ 4º As remissões a disposições do Código de Processo Civil revogado, existentes em outras leis, passam a referir-se às que lhes são correspondentes neste Código.

• Sem correspondência no CPC/1973.

§ 5º A primeira lista de processos para julgamento em ordem cronológica observará a antiguidade da distribuição entre os já conclusos na data da entrada em vigor deste Código.

• Sem correspondência no CPC/1973.

Art. 1.047. As disposições de direito probatório adotadas neste Código aplicam-se apenas às provas requeridas ou determinadas de ofício a partir da data de início de sua vigência.

• Sem correspondência no CPC/1973.

Art. 1.048. Terão prioridade de tramitação, em qualquer juízo ou tribunal, os procedimentos judiciais:

• Correspondência: art. 1.211-A, CPC/1973.
• V. Res. STF 408/2009 (Concessão de prioridade na tramitação de procedimentos judiciais às pessoas que especifica).

I – em que figure como parte ou interessado pessoa com idade igual ou superior a 60 (sessenta) anos ou portadora de doença grave, assim compreendida qualquer das enumeradas no art. 6º, inciso XIV, da Lei 7.713, de 22 de dezembro de 1988;

• Correspondência: art. 1.211-A, CPC/1973.
• V. art. 71, §§ 1º e 2º, Lei 10.741/2003 (Estatuto do Idoso).

II – regulados pela Lei 8.069, de 13 de julho de 1990 (Estatuto da Criança e do Adolescente).

• Sem correspondência no CPC/1973.

§ 1º A pessoa interessada na obtenção do benefício, juntando prova de sua condição, deverá requerê-lo à autoridade judiciária competente para decidir o feito, que determinará ao cartório do juízo as providências a serem cumpridas.

• Correspondência: art. 1.211-B, *caput*, CPC/1973.

§ 2º Deferida a prioridade, os autos receberão identificação própria que evidencie o regime de tramitação prioritária.

• Correspondência: art. 1.211-B, § 1º, CPC/1973.

§ 3º Concedida a prioridade, essa não cessará com a morte do beneficiado, estendendo-se em favor do cônjuge supérstite ou do companheiro em união estável.

• Correspondência: art. 1.211-C, CPC/1973.

§ 4º A tramitação prioritária independe de deferimento pelo órgão jurisdicional e deverá ser imediatamente concedida diante da prova da condição de beneficiário.

• Sem correspondência no CPC/1973.

Art. 1.049. Sempre que a lei remeter a procedimento previsto na lei processual sem especificá-lo, será observado o procedimento comum previsto neste Código.

• Sem correspondência no CPC/1973.

Parágrafo único. Na hipótese de a lei remeter ao procedimento sumário, será observado o procedimento comum previsto neste Código, com as modificações previstas na própria lei especial, se houver.

Art. 1.050. A União, os Estados, o Distrito Federal, os Municípios, suas respectivas entidades da administração indireta, o Ministério Público, a Defensoria Pública e a Advocacia Pública, no prazo de 30 (trinta) dias a contar da data da entrada em vigor deste Código, deverão se cadastrar perante a administração do tribunal no qual atuem para cumprimento do disposto nos arts. 246, § 2º, e 270, parágrafo único.

• Sem correspondência no CPC/1973.

Art. 1.051. As empresas públicas e privadas devem cumprir o disposto no art. 246, § 1º, no prazo de 30 (trinta) dias, a contar da data de inscrição do ato constitutivo da pessoa jurídica, perante o juízo onde tenham sede ou filial.

• Sem correspondência no CPC/1973.

Parágrafo único. O disposto no *caput* não se aplica às microempresas e às empresas de pequeno porte.

Art. 1.052. Até a edição de lei específica, as execuções contra devedor insolvente, em curso ou que venham a ser propostas, permanecem reguladas pelo Livro II, Título IV, da Lei 5.869, de 11 de janeiro de 1973.

• Sem correspondência no CPC/1973.

Art. 1.053. Os atos processuais praticados por meio eletrônico até a transição definitiva para certificação digital ficam convalidados, ainda que não tenham observado os requisitos mínimos estabelecidos por este Código, desde que tenham atingido sua finalidade e não tenha havido prejuízo à defesa de qualquer das partes.

• Sem correspondência no CPC/1973.

Art. 1.054. O disposto no art. 503, § 1º, somente se aplica aos processos iniciados após a vigência deste Código, aplicando-se aos anteriores o disposto nos arts. 5º, 325 e 470 da Lei 5.869, de 11 de janeiro de 1973.

• Sem correspondência no CPC/1973.

Art. 1.055. *(Vetado.)*

Art. 1.056. Considerar-se-á como termo inicial do prazo da prescrição prevista no art. 924, inciso V, inclusive para as execuções em curso, a data de vigência deste Código.

• Sem correspondência no CPC/1973.

Art. 1.057. O disposto no art. 525, §§ 14 e 15, e no art. 535, §§ 7º e 8º, aplica-se às decisões transitadas em julgado após a entrada em vigor deste Código, e, às decisões transitadas em julgado anteriormente, aplica-se o disposto no art. 475-L, § 1º, e no art. 741, parágrafo único, da Lei 5.869, de 11 de janeiro de 1973.

• Sem correspondência no CPC/1973.

Art. 1.058. Em todos os casos em que houver recolhimento de importância em dinheiro, esta será depositada em nome da parte ou do interessado, em conta especial movimentada por ordem do juiz, nos termos do art. 840, inciso I.

• Correspondência: art. 1.219, CPC/1973.

Art. 1.059. À tutela provisória requerida contra a Fazenda Pública aplica-se o disposto nos arts. 1º a 4º da Lei 8.437, de 30 de junho de 1992, e no art. 7º, § 2º, da Lei 12.016, de 7 de agosto de 2009.

• Sem correspondência no CPC/1973.

Art. 1.060. O inciso II do art. 14 da Lei 9.289, de 4 de julho de 1996, passa a vigorar com a seguinte redação:

• Sem correspondência no CPC/1973.

"Art. 14. [...]
"[...]
"II – aquele que recorrer da sentença adiantará a outra metade das custas, comprovando o adiantamento no ato de interposição do recurso, sob pena de deserção, observado o disposto nos §§ 1º a 7º do art. 1.007 do Código de Processo Civil;
"[...]"

Art. 1.061. O § 3º do art. 33 da Lei 9.307, de 23 de setembro de 1996 (Lei de Arbitragem), passa a vigorar com a seguinte redação:

• Sem correspondência no CPC/1973.

Código de Processo Civil

"Art. 33. [...]"
"[...]"
"§ 3º A decretação da nulidade da sentença arbitral também poderá ser requerida na impugnação ao cumprimento da sentença, nos termos dos arts. 525 e seguintes do Código de Processo Civil, se houver execução judicial."

Art. 1.062. O incidente de desconsideração da personalidade jurídica aplica-se ao processo de competência dos juizados especiais.

• Sem correspondência no CPC/1973.

Art. 1.063. Até a edição de lei específica, os juizados especiais cíveis previstos na Lei 9.099, de 26 de setembro de 1995, continuam competentes para o processamento e julgamento das causas previstas no art. 275, inciso II, da Lei 5.869, de 11 de janeiro de 1973.

• Sem correspondência no CPC/1973.

Art. 1.064. O *caput* do art. 48 da Lei 9.099, de 26 de setembro de 1995, passa a vigorar com a seguinte redação:

• Sem correspondência no CPC/1973.

"Art. 48. Caberão embargos de declaração contra sentença ou acórdão nos casos previstos no Código de Processo Civil.
"[...]"

Art. 1.065. O art. 50 da Lei 9.099, de 26 de setembro de 1995, passa a vigorar com a seguinte redação:

• Sem correspondência no CPC/1973.

"Art. 50. Os embargos de declaração interrompem o prazo para a interposição de recurso."

Art. 1.066. O art. 83 da Lei 9.099, de 26 de setembro de 1995, passam a vigorar com a seguinte redação:

• Sem correspondência no CPC/1973.

"Art. 83. Cabem embargos de declaração quando, em sentença ou acórdão, houver obscuridade, contradição ou omissão.
"[...]"
"§ 2º Os embargos de declaração interrompem o prazo para a interposição de recurso.

"[...]"

Art. 1.067. O art. 275 da Lei 4.737, de 15 de julho de 1965 (Código Eleitoral), passa a vigorar com a seguinte redação:

• Sem correspondência no CPC/1973.

"Art. 275. São admissíveis embargos de declaração nas hipóteses previstas no Código de Processo Civil.

"§ 1º Os embargos de declaração serão opostos no prazo de 3 (três) dias, contado da data de publicação da decisão embargada, em petição dirigida ao juiz ou relator, com a indicação do ponto que lhes deu causa.

"§ 2º Os embargos de declaração não estão sujeitos a preparo.

"§ 3º O juiz julgará os embargos em 5 (cinco) dias.

"§ 4º Nos tribunais:

"I – o relator apresentará os embargos em mesa na sessão subsequente, proferindo voto;

"II – não havendo julgamento na sessão referida no inciso I, será o recurso incluído em pauta;

"III – vencido o relator, outro será designado para lavrar o acórdão.

"§ 5º Os embargos de declaração interrompem o prazo para a interposição de recurso.

"§ 6º Quando manifestamente protelatórios os embargos de declaração, o juiz ou o tribunal, em decisão fundamentada, condenará o embargante a pagar ao embargado multa não excedente a 2 (dois) salários mínimos.

"§ 7º Na reiteração de embargos de declaração manifestamente protelatórios, a multa será elevada a até 10 (dez) salários mínimos."

Art. 1.068. O art. 274 e o *caput* do art. 2.027 da Lei 10.406, de 10 de janeiro de 2002 (Código Civil), passam a vigorar com a seguinte redação:

• Sem correspondência no CPC/1973.

"Art. 274. O julgamento contrário a um dos credores solidários não atinge os demais, mas o julgamento favorável aproveita-lhes, sem prejuízo de exceção pessoal que o devedor tenha direito de invocar em relação a qualquer deles."

Art. 1.069

"Art. 2.027. A partilha é anulável pelos vícios e defeitos que invalidam, em geral, os negócios jurídicos.

"[...]"

Art. 1.069. O Conselho Nacional de Justiça promoverá, periodicamente, pesquisas estatísticas para avaliação da efetividade das normas previstas neste Código.

• Sem correspondência no CPC/1973.

Art. 1.070. É de 15 (quinze) dias o prazo para a interposição de qualquer agravo, previsto em lei ou em regimento interno de tribunal, contra decisão de relator ou outra decisão unipessoal proferida em tribunal.

• Sem correspondência no CPC/1973.

Art. 1.071. O Capítulo III do Título V da Lei 6.015, de 31 de dezembro de 1973 (Lei de Registros Públicos), passa a vigorar acrescida do seguinte art. 216-A:

• Sem correspondência no CPC/1973.

"Art. 216-A. Sem prejuízo da via jurisdicional, é admitido o pedido de reconhecimento extrajudicial de usucapião, que será processado diretamente perante o cartório do registro de imóveis da comarca em que estiver situado o imóvel usucapiendo, a requerimento do interessado, representado por advogado, instruído com:

"I – ata notarial lavrada pelo tabelião, atestando o tempo de posse do requerente e seus antecessores, conforme o caso e suas circunstâncias;

"II – planta e memorial descritivo assinado por profissional legalmente habilitado, com prova de anotação de responsabilidade técnica no respectivo conselho de fiscalização profissional, e pelos titulares de direitos reais e de outros direitos registrados ou averbados na matrícula do imóvel usucapiendo e na matrícula dos imóveis confinantes;

"III – certidões negativas dos distribuidores da comarca da situação do imóvel e do domicílio do requerente;

"IV – justo título ou quaisquer outros documentos que demonstrem a origem, a continuidade, a natureza e o tempo da posse, tais como o pagamento dos impostos e das taxas que incidirem sobre o imóvel.

"§ 1º O pedido será autuado pelo registrador, prorrogando-se o prazo da pré-notação até o acolhimento ou a rejeição do pedido.

"§ 2º Se a planta não contiver a assinatura de qualquer um dos titulares de direitos reais e de outros direitos registrados ou averbados na matrícula do imóvel usucapiendo e na matrícula dos imóveis confinantes, esse será notificado pelo registrador competente, pessoalmente ou pelo correio com aviso de recebimento, para manifestar seu consentimento expresso em 15 (quinze) dias, interpretado o seu silêncio como discordância.

"§ 3º O oficial de registro de imóveis dará ciência à União, ao Estado, ao Distrito Federal e ao Município, pessoalmente, por intermédio do oficial de registro de títulos e documentos, ou pelo correio com aviso de recebimento, para que se manifestem, em 15 (quinze) dias, sobre o pedido.

"§ 4º O oficial de registro de imóveis promoverá a publicação de edital em jornal de grande circulação, onde houver, para a ciência de terceiros eventualmente interessados, que poderão se manifestar em 15 (quinze) dias.

"§ 5º Para a elucidação de qualquer ponto de dúvida, poderão ser solicitadas ou realizadas diligências pelo oficial de registro de imóveis.

"§ 6º Transcorrido o prazo de que trata o § 4º deste artigo, sem pendência de diligências na forma do § 5º deste artigo e achando-se em ordem a documentação, com inclusão da concordância expressa dos titulares de direitos reais e de outros direitos registrados ou averbados na matrícula do imóvel usucapiendo e na matrícula dos imóveis confinantes, o oficial de registro de imóveis registrará a aquisição do imóvel com as descrições apresentadas, sendo permitida a abertura de matrícula, se for o caso.

"§ 7º Em qualquer caso, é lícito ao interessado suscitar o procedimento de dúvida, nos termos desta Lei.

"§ 8º Ao final das diligências, se a documentação não estiver em ordem, o oficial de registro de imóveis rejeitará o pedido.

§ 9º A rejeição do pedido extrajudicial não impede o ajuizamento de ação de usucapião.

§ 10. Em caso de impugnação do pedido de reconhecimento extrajudicial de usucapião, apresentada por qualquer um dos titulares de direito reais e de outros direitos registrados ou averbados na matrícula do imóvel usucapiendo e na matrícula dos imóveis confinantes, por algum dos entes públicos ou por algum terceiro interessado, o oficial de registro de imóveis remeterá os autos ao juízo competente da comarca da situação do imóvel, cabendo ao requerente emendar a petição inicial para adequá-la ao procedimento comum."

Art. 1.072. Revogam-se:

• Sem correspondência no CPC/1973.

I – o art. 22 do Decreto-lei 25, de 30 de novembro de 1937;
II – os arts. 227, *caput*, 229, 230, 456, 1.482, 1.483 e 1.768 a 1.773 da Lei 10.406, de 10 de janeiro de 2002 (Código Civil);
III – os arts. 2º, 3º, 4º, 6º, 7º, 11, 12 e 17 da Lei 1.060, de 5 de fevereiro de 1950;
IV – os arts. 13 a 18, 26 a 29 e 38 da Lei 8.038, de 28 de maio de 1990;
V – os arts. 16 a 18 da Lei 5.478, de 25 de julho de 1968; e
VI – o art. 98, § 4º, da Lei 12.529, de 30 de novembro de 2011.

Brasília, 16 de março de 2015; 194º da Independência e 127º da República.
Dilma Rousseff

(*DOU* 17.03.2015)

CÓDIGO COMERCIAL

Índice Sistemático do Código Comercial

Código Comercial

ÍNDICE SISTEMÁTICO DO CÓDIGO COMERCIAL

LEI 556, DE 25 DE JUNHO DE 1850

PARTE PRIMEIRA
DO COMÉRCIO EM GERAL

Arts. 1° a 456 *(Revogados pela Lei 10.406/2002 – Novo Código Civil)*, **687**

PARTE SEGUNDA
DO COMÉRCIO MARÍTIMO

TÍTULO I
DAS EMBARCAÇÕES

Arts. 457 a 483, **687**

TÍTULO II
DOS PROPRIETÁRIOS, COMPARTES E CAIXAS DE NAVIOS

Arts. 484 a 495, **691**

TÍTULO III
DOS CAPITÃES OU MESTRES DE NAVIO

Arts. 496 a 537, **692**

TÍTULO IV
DO PILOTO E CONTRAMESTRE

Arts. 538 a 542, **697**

TÍTULO V
DO AJUSTE E SOLDADAS DOS OFICIAIS E GENTE DA TRIPULAÇÃO, SEUS DIREITOS E OBRIGAÇÕES

Arts. 543 a 565, **697**

TÍTULO VI
DOS FRETAMENTOS

Arts. 566 a 632, **700**

Capítulo I – Da natureza e forma do contrato de fretamento e das cartas-partidas (arts. 566 a 574), **700**

Capítulo II – Dos conhecimentos (arts. 575 a 589), **702**

Capítulo III – Dos direitos e obrigações do fretador e afretador (arts. 590 a 628), **703**

Capítulo IV – Dos passageiros (arts. 629 a 632), **708**

TÍTULO VII
DO CONTRATO DE DINHEIRO A RISCO OU CÂMBIO MARÍTIMO

Arts. 633 a 665, **708**

TÍTULO VIII
DOS SEGUROS MARÍTIMOS

Arts. 666 a 730, **712**

Capítulo I – Da natureza e forma do contrato de seguro marítimo (arts. 666 a 684), **712**

Capítulo II – Das coisas que podem ser objeto de seguro marítimo (arts. 685 a 691), **715**

Capítulo III – Da avaliação dos objetos segurados (arts. 692 a 701), **716**

Capítulo IV – Do começo e fim dos riscos (arts. 702 a 709), **717**

Capítulo V – Das obrigações recíprocas do segurador e do segurado (arts. 710 a 730), **717**

Índice Sistemático do CCo

TÍTULO IX
DO NAUFRÁGIO E SALVADOS

Arts. 731 a 739 *(Revogados pela Lei 7.542/ 1986)*, **720**

TÍTULO X
DAS ARRIBADAS FORÇADAS

Arts. 740 a 748, **720**

TÍTULO XI
DO DANO CAUSADO POR ABALROAÇÃO

Arts. 749 a 752, **720**

TÍTULO XII
DO ABANDONO

Arts. 753 a 760, **721**

TÍTULO XIII
DAS AVARIAS

Arts. 761 a 796, **722**

Capítulo I – Da natureza e classificação das avarias (arts. 761 a 771), **722**

Capítulo II – Da liquidação, repartição e contribuição da avaria grossa (arts. 772 a 796), **724**

PARTE TERCEIRA
DAS QUEBRAS

Arts. 797 a 913 *(Revogados pelo Dec.-lei 7.661/1945)*, **726**

TÍTULO ÚNICO
DA ADMINISTRAÇÃO DA JUSTIÇA NOS NEGÓCIOS E CAUSAS COMERCIAIS

Arts. 1º a 30 *(Revogados pelo Dec.-lei 1.608/1939)*, **726**

CÓDIGO COMERCIAL

LEI 556,
DE 25 DE JUNHO DE 1850

Código Comercial Brasileiro.

Dom PEDRO SEGUNDO, por graça de DEUS e unânime aclamação dos povos, Imperador Constitucional e defensor perpétuo do Brasil:
Fazemos saber a todos que a Assembleia Geral votou e nós queremos a Lei seguinte:

PARTE PRIMEIRA
DO COMÉRCIO EM GERAL

Arts. 1º a 456. *(Revogados pela Lei 10.406/2002 – Novo Código Civil.)*

PARTE SEGUNDA
DO COMÉRCIO MARÍTIMO

TÍTULO I
DAS EMBARCAÇÕES

- V. art. 178, CF.
- V. art. 967, CC.
- V. Dec.-lei 116/1967 (Transporte de mercadorias por via d'água nos portos brasileiros).
- V. Dec.-lei 190/1967 (Despacho de embarcações brasileiras empregadas na cabotagem).
- V. Dec. 64.385/1969 (Regulamenta o Dec.-lei 190/1967).
- V. Dec. 64.387/1969 (Regulamenta o Dec.-lei 116/1967).
- V. Lei 7.652/1988 (Aquisição da propriedade de embarcação).
- V. Lei 9.537/1997 (Segurança do tráfego aquaviário em águas sob jurisdição nacional).
- V. Dec. 2.596/1998 (Regulamenta a Lei 9.537/1997).

Art. 457. Somente podem gozar das prerrogativas e favores concedidos a embarcações brasileiras, as que verdadeiramente pertencerem a súditos do Império, sem que algum estrangeiro nelas possua parte ou interesse.

Provando-se que alguma embarcação, registrada debaixo do nome de brasileiro, pertence no todo ou em parte a estrangeiro, ou que este tem nela algum interesse, será apreendida como perdida; e metade do seu produto aplicado para o denunciante, havendo-o, e a outra metade a favor do cofre do Tribunal do Comércio respectivo.
Os súditos brasileiros domiciliados em país estrangeiro não podem possuir embarcação brasileira; salvo se nela for comparte alguma casa comercial brasileira estabelecida no Império.

Art. 458. Acontecendo que alguma embarcação brasileira passe por algum título a domínio de estrangeiro no todo ou em parte, não poderá navegar com a natureza de propriedade brasileira, enquanto não for alienada a súdito do Império.

Art. 459. É livre construir as embarcações pela forma e modo que mais conveniente parecer; nenhuma, porém, poderá aparelhar-se sem se reconhecer previamente, por vistoria feita na conformidade dos regulamentos do Governo, que se acha navegável.
O auto original da vistoria será depositado na secretaria do Tribunal do Comércio respectivo; e antes deste depósito nenhuma embarcação será admitida a registro.

Art. 460. Toda embarcação brasileira destinada à navegação do alto-mar, com exceção somente das que se empregarem exclusivamente nas pescarias das costas, deve ser registrada no Tribunal do Comércio do domicílio do seu proprietário ostensivo ou armador (art. 484), e sem constar do registro não será admitida a despacho.

- V. arts. 466, 1, e 567, 1, CCo.

Art. 461. O registro deve conter:
1. a declaração do lugar onde a embarcação foi construída, o nome do construtor, e a qualidade das madeiras principais;
2. as dimensões da embarcação em palmos e polegadas, e a sua capacidade em tonela-

das, comprovadas por certidão de arqueação com referência à sua data;
3. a armação de que usa, e quantas cobertas tem;
4. o dia em que foi lançada ao mar;
5. o nome de cada um dos donos ou compartes, e os seus respectivos domicílios;
6. menção especificada do quinhão de cada comparte, se for de mais de um proprietário, e a época da sua respectiva aquisição, com referência à natureza e data do título, que deverá acompanhar a petição para o registro. O nome da embarcação registrada e do seu proprietário ostensivo ou armador serão publicados por anúncios nos periódicos do lugar.

Art. 462. Se a embarcação for de construção estrangeira, além das especificações sobreditas, deverá declarar-se no registro a nação a que pertencia, o nome que tinha e o que tomou, e o título por que passou a ser de propriedade brasileira; podendo omitir-se, quando não conste dos documentos, o nome do construtor.

Art. 463. O proprietário armador prestará juramento por si ou por seu procurador, nas mãos do presidente do tribunal, de que a sua declaração é verídica, e de que todos os proprietários da embarcação são verdadeiramente súditos brasileiros, obrigando-se por termo a não fazer uso ilegal do registro, e a entregá-lo dentro de 1 (um) ano no mesmo tribunal, no caso da embarcação ser vendida, perdida ou julgada incapaz de navegar; pena de incorrer na multa no mesmo termo declarada, que o tribunal arbitrará.

Nos lugares onde não houver Tribunal do Comércio, todas as diligências sobreditas serão praticadas perante o juiz de direito do comércio, que enviará ao tribunal competente as devidas participações, acompanhadas dos documentos respectivos.

Art. 464. Todas as vezes que qualquer embarcação mudar de proprietário ou de nome, será o seu registro apresentado no Tribunal do Comércio respectivo para as competentes anotações.

Art. 465. Sempre que a embarcação mudar de capitão, será esta alteração anotada no registro, pela autoridade que tiver a seu cargo a matrícula dos navios, no porto onde a mudança tiver lugar.

Art. 466. Toda a embarcação brasileira em viagem é obrigada a ter a bordo:
1. o seu registro (art. 460);
2. o passaporte do navio;
3. o rol da equipagem ou matrícula;
4. a guia ou manifesto da Alfândega do porto brasileiro donde houver saído, feito na conformidade das leis, regulamentos e instruções fiscais;
5. a carta de fretamento nos casos em que este tiver lugar, e os conhecimentos da carga existente a bordo, se alguma existir;
6. os recibos das despesas dos portos donde sair, compreendidas as de pilotagem, ancoragem e mais direitos ou impostos de navegação;
7. um exemplar do Código Comercial.

Art. 467. A matrícula deve ser feita no porto do armamento da embarcação, e conter:

• V. art. 544, CCo.

1. os nomes do navio, capitão, oficiais e gente da tripulação, com declaração de suas idades, estado, naturalidade e domicílio, e o emprego de cada um a bordo;
2. o porto da partida e o do destino, e a torna-viagem, se esta for determinada;
3. as soldadas ajustadas, especificando-se, se são por viagem ou ao mês, por quantia certa ou a frete, quinhão ou lucro na viagem;
4. as quantias adiantadas, que se tiverem pago ou prometido pagar por conta das soldadas;
5. a assinatura do capitão, e de todos os oficiais do navio e mais indivíduos da tripulação que souberem escrever (arts. 511 e 512).

Art. 468. As alienações ou hipotecas de embarcações brasileiras destinadas à navegação do alto-mar, só podem fazer-se por escritura pública, na qual se deverá inserir o teor do seu registro, com todas as anotações que nele houver (arts. 472 e 474); pena de nulidade.

Todos os aprestos, aparelhos e mais pertences existentes a bordo de qualquer navio ao tempo da sua venda, deverão entender-se compreendidos nesta, ainda que deles se não faça expressa menção; salvo havendo no contrato convenção em contrário.

• V. arts. 92, 1.473, VI, e 1.474, CC.
• V. arts. 12 a 14, Lei 7.652/1988 (Registro da propriedade marítima).

Art. 469. Vendendo-se algum navio em viagem, pertencem ao comprador os fretes que vencerem nesta viagem; mas se na data do contrato o navio tiver chegado ao lugar do seu destino, serão do vendedor; salvo convenção em contrário.

Art. 470. No caso de venda voluntária, a propriedade da embarcação passa para o comprador com todos os seus encargos; salvo os direitos dos credores privilegiados que nela tiverem hipoteca tácita. Tais são:

• V. arts. 473 a 476, 479, 543 a 565 e 627, CCo.

1. os salários devidos por serviços prestados ao navio, compreendidos os de salvados e pilotagem;

• V. art. 627, CCo.

2. todos os direitos de porto e impostos de navegação;
3. os vencimentos de depositários e despesas necessárias feitas na guarda do navio, compreendido o aluguel dos armazéns de depósito dos aprestos e aparelhos do mesmo navio;
4. todas as despesas do custeio do navio e seus pertences, que houverem sido feitas para sua guarda e conservação depois da última viagem e durante a sua estadia no porto da venda;

• V. art. 472, CCo.

5. as soldadas do capitão, oficiais e gente da tripulação, vencidas na última viagem;
6. o principal e prêmio das letras de risco tomadas pelo capitão sobre o casco e aparelho ou sobre os fretes (art. 651) durante a última viagem, sendo o contrato celebrado e assinado antes do navio partir do porto onde tais obrigações forem contraídas;

• V. art. 472, CCo.

7. o principal e o prêmio de letras de risco, tomadas sobre o casco e aparelhos, ou fretes, antes de começar a última viagem, no porto da carga (art. 515);

• V. art. 472, CCo.

8. as quantias emprestadas ao capitão, ou dívidas por ele contraídas para o conserto e custeio do navio, durante a última viagem, com os respectivos prêmios de seguro, quando em virtude de tais empréstimos o capitão houver evitado firmar letras de risco (art. 515);

• V. art. 472, CCo.

9. faltas na entrega da carga, prêmios de seguro sobre o navio ou fretes, e avarias ordinárias, e tudo o que respeitar à última viagem somente.

Art. 471. São igualmente privilegiadas, ainda que contraídas fossem anteriormente à última viagem:

• V. arts. 473 a 476 e 479, CCo.

1. as dívidas provenientes do contrato da construção do navio e juros respectivos, por tempo de 3 (três) anos, a contar do dia em que a construção ficar acabada;
2. as despesas do conserto do navio e seus aparelhos, e juros respectivos, por tempo dos 2 (dois) últimos anos, a contar do dia em que o conserto terminou.

Art. 472. Os créditos provenientes das dívidas especificadas no artigo precedente, e nos ns. 4, 6, 7 e 8 do art. 470, só serão considerados como privilegiados quando tiverem sido lançados no Registro do Comércio em tempo útil (art. 10, n. 2) e as suas importâncias se acharem anotadas no registro da embarcação (art. 468).

As mesmas dívidas, sendo contraídas fora do Império, só serão atendidas achando-se autenticadas com o – Visto – do respectivo cônsul.

Art. 473. Os credores contemplados nos arts. 470 e 471 preferem entre si pela ordem dos números em que estão colocados; as dívidas, contempladas debaixo do mesmo número e contraídas no mesmo porto, precederão entre si pela ordem em que ficam classificadas, e entrarão em concurso sendo de idêntica natureza; porém, se dívidas idênticas se fizerem por necessidade em outros portos, ou no mesmo porto a que voltar o navio, as posteriores preferirão às anteriores.

Art. 474. Em seguimento dos créditos mencionados nos arts. 470 e 471, são também privilegiados o preço da compra do navio não pago, e os juros respectivos, por tempo de 3 (três) anos, a contar da data do instrumento do contrato; contanto, porém, que tais créditos constem de documentos inscritos lançados no Registro do Comércio em tempo útil, e a sua importância se ache anotada no registro da embarcação.

• V. arts. 468, 475, 476 e 479, CCo.

Art. 475. No caso de quebra ou insolvência do armador do navio, todos os créditos a cargo da embarcação, que se acharem nas precisas circunstâncias dos arts. 470, 471 e 474, preferirão sobre o preço do navio a outros credores da massa.

Art. 476. O vendedor de embarcação é obrigado a dar ao comprador uma nota por ele assinada de todos os créditos privilegiados a que a mesma embarcação possa achar-se obrigada (arts. 470, 471 e 474), a qual deverá ser incorporada na escritura da venda em seguimento do registro da embarcação. A falta de declaração de algum crédito privilegiado induz presunção de má-fé da parte do vendedor, contra o qual o comprador poderá intentar a ação criminal que seja competente, se for obrigado ao pagamento de algum crédito não declarado.

• V. art. 299, CP.

Art. 477. Nas vendas judiciais extingue-se toda a responsabilidade da embarcação para com todos e quaisquer credores, desde a data do termo da arrematação, e fica subsistindo somente sobre o preço, enquanto este se não levanta.

Todavia, se do registro do navio constar que este está obrigado por algum crédito privilegiado, o preço da arrematação será conservado em depósito, em tanto quanto baste para solução dos créditos privilegiados constantes do registro; e não poderá levantar-se antes de expirar o prazo da prescrição dos créditos privilegiados, ou se mostrar que estão todos pagos, ainda mesmo que o exequente seja credor privilegiado, salvo prestando fiança idônea; pena de nulidade do levantamento do depósito; competindo ao credor prejudicado ação para haver de quem indevidamente houver recebido, e de perdas e danos solidariamente contra o juiz e escrivão que tiverem passado e assinado a ordem ou mandado.

Art. 478. Ainda que as embarcações sejam reputadas bens móveis, contudo, nas vendas judiciais, se guardarão as regras que as leis prescrevem para as arrematações dos bens de raiz; devendo as ditas vendas, além da afixação dos editais nos lugares públicos, e particularmente nas praças do comércio, ser publicadas por três anúncios insertos, com o intervalo de 8 (oito) dias, nos jornais do lugar, que habitualmente publicarem anúncios, e, não os havendo, nos do lugar mais vizinho.

Nas mesmas vendas, as custas judiciais do processo da execução e arrematação preferem a todos os créditos privilegiados.

Art. 479. Enquanto durar a responsabilidade da embarcação por obrigações privilegiadas, pode esta ser embargada e detida, a requerimento de credores que apresentarem títulos legais (arts. 470, 471 e 474), em qualquer porto do Império onde se achar, estando sem carga ou não tendo recebido a bordo mais da quarta parte da que corresponder à sua lotação; o embargo, porém, não será admissível achando-se a embarcação com os despachos necessários para poder ser declarada desimpedida, qualquer que seja o estado da carga; salvo se a dívida proceder de fornecimentos feitos no mesmo porto, e para a mesma viagem.

Art. 480. Nenhuma embarcação pode ser embargada ou detida por dívida não privilegiada; salvo no porto da sua matrícula; e mesmo neste, unicamente nos casos em que os devedores são por direito obrigados a prestar caução em juízo, achando-se previamente intentadas as ações competentes.

Art. 481. Nenhuma embarcação, depois de ter recebido mais da quarta parte da carga correspondente à sua lotação, pode ser embargada ou detida por dívidas particulares do armador, exceto se estas tiverem sido contraídas para aprontar o navio para a mesma viagem, e o devedor não tiver outros bens com que possa pagar; mas, mesmo neste caso, se mandará levantar o embargo, dando os mais compartes fiança pelo valor de seus respectivos quinhões, assinando o capitão termo de voltar ao mesmo lugar finda a viagem, e prestando os interessados na expedição fiança idônea à satisfação da dívida, no caso da embarcação não voltar por qualquer incidente, ainda que seja de força maior. O capitão que deixar de cumprir o referido termo responderá pessoalmente pela dívida, salvo o caso de força maior, e a sua falta será qualificada de barataria.

- V. art. 712, CCo.
- V. art. 393, parágrafo único, CC.

Art. 482. Os navios estrangeiros surtos nos portos do Brasil não podem ser embargados nem detidos, ainda mesmo que se achem sem carga, por dívidas que não forem contraídas no território brasileiro em utilidade dos mesmos navios ou da sua carga; salvo provindo a dívida de letras de risco ou de câmbio sacadas em país estrangeiro no caso do art. 651, e vencidas em algum lugar do Império.

- V. Dec.-lei 666/1969 (Obrigatoriedade de transporte em navio de bandeira brasileira).

Art. 483. Nenhum navio pode ser detido ou embargado, nem executado na sua totalidade por dívidas particulares de um comparte; poderá, porém, ter lugar a execução no valor do quinhão do devedor, sem prejuízo da livre navegação do mesmo navio, prestando os mais compartes fiança idônea.

TÍTULO II
DOS PROPRIETÁRIOS, COMPARTES E CAIXAS DE NAVIOS

Art. 484. Todos os cidadãos brasileiros podem adquirir e possuir embarcações brasileiras; mas a sua armação e expedição só pode girar debaixo do nome e responsabilidade de um proprietário ou comparte, armador ou caixa, que tenha as qualidades requeridas para ser comerciante (arts. 1º e 4º).

- V. art. 460, CCo.

Art. 485. Quando os compartes de um navio fazem dele uso comum, esta sociedade ou parceria marítima regula-se pelas disposições das sociedades comerciais (Parte I, Título XV); salvo as determinações contidas no presente Título.

- V. arts. 981 a 1.181, CC.

Art. 486. Nas parcerias ou sociedades de navios, o parecer da maioria no valor dos interesses prevalece contra o da minoria nos mesmos interesses, ainda que esta seja representada pelo maior número de sócios e aquela por um só. Os votos computam-se na proporção dos quinhões; o menor quinhão será contado por um voto; no caso de empate decidirá a sorte, se os sócios não preferirem cometer a decisão a um terceiro.

Art. 487. Achando-se um navio necessitado de conserto, e convindo neste a maioria, os sócios dissidentes, se não quiserem anuir, serão obrigados a vender os seus quinhões aos outros compartes, estimando-se o preço antes de principiar-se o conserto; se estes não quiserem comprar, proceder-se-á à venda em hasta pública.

- V. art. 730, CPC/2015.

Art. 488. Se o menor número entender que a embarcação necessita de conserto e a maioria se opuser, a minoria tem direito para requerer que se proceda a vistoria judicial; decidindo-se que o conserto é necessário, todos os compartes são obrigados a contribuir para ele.

Art. 489. Se algum comparte na embarcação quiser vender o seu quinhão, será obrigado a afrontar os outros parceiros; estes têm direito a preferir na compra em igualdade de condições, contanto que efetuem a entrega do preço à vista, ou o consignem em juízo no caso de contestação. Resolvendo-se a venda do navio por deliberação da maioria, a minoria pode exigir que se faça em hasta pública.

- V. art. 730, CPC/2015.

Art. 490. Todos os compartes têm direito de preferir no fretamento a qualquer terceiro, em igualdade de condições; concorrendo na preferência para a mesma viagem dois ou mais compartes, preferirá o que tiver maior parte de interesses na embarcação; no caso de igualdade de interesses decidirá a sorte; todavia, esta preferência não dá direito para exigir que se varie o destino da viagem acordada pela maioria.

Art. 491. Toda a parceria ou sociedade de navio é administrada por um ou mais caixas, que representa em juízo e fora dele a todos os interessados, e os responsabiliza; salvo as restrições contidas no instrumento social, ou nos poderes do seu mandato, competentemente registrados (art. 10, n. 2).

Art. 492. O caixa deve ser nomeado dentre os compartes; salvo se todos convierem na nomeação de pessoa estranha à parceria; em todos os casos é necessário que o caixa tenha as qualidades exigidas no art. 484.

Art. 493. Ao caixa, não havendo estipulação em contrário, pertence nomear, ajustar e despedir o capitão e mais oficiais do navio, dar todas as ordens, e fazer todos os contratos relativos à administração, fretamento e viagens da embarcação; obrando sempre em conformidade do acordo da maioria e do seu mandato, debaixo de sua responsabilidade pessoal para com os compartes pelo que obrar contra o mesmo acordo, ou mandato.

Art. 494. Todos os proprietários e compartes são solidariamente responsáveis pelas dívidas que o capitão contrair para consertar, habilitar e aprovisionar o navio; sem que esta responsabilidade possa ser ilidida, alegando-se que o capitão excedeu os limites das suas faculdades, ou instruções, se os credores provarem que a quantia pedida foi empregada a benefício do navio (art. 517). Os mesmos proprietários e compartes são solidariamente responsáveis pelos prejuízos que o capitão causar a terceiro por falta da diligência que é obrigado a empregar para boa guarda, acondicionamento e conservação dos efeitos recebidos a bordo (art. 519). Esta responsabilidade cessa, fazendo aqueles abandono do navio e fretes vencidos e a vencer na respectiva viagem. Não é permitido o abandono ao proprietário ou comparte que for ao mesmo tempo capitão do navio.

- V. art. 517, CCo.
- V. art. 990, CC.

Art. 495. O caixa é obrigado a dar aos proprietários ou compartes, no fim de cada viagem, uma conta da sua gestão, tanto relativa ao estado do navio e parceria, como da viagem finda, acompanhada dos documentos competentes, e a pagar sem demora o saldo líquido que a cada um couber; os proprietários ou compartes são obrigados a examinar a conta do caixa logo que lhes for apresentada, e a pagar sem demora a quota respectiva aos seus quinhões. A aprovação das contas do caixa dada pela maioria dos compartes do navio não obsta a que a minoria dos sócios intente contra eles as ações que julgar competentes.

TÍTULO III
DOS CAPITÃES
OU MESTRES DE NAVIO

Art. 496. Para ser capitão ou mestre de embarcação brasileira, palavras sinônimas neste Código para todos os efeitos de direito, requer-se ser cidadão brasileiro, domiciliado no Império, com capacidade civil para poder contratar validamente.

Art. 497. O capitão é o comandante da embarcação; toda a tripulação lhe está sujeita, e é obrigada a obedecer e cumprir as suas ordens em tudo quanto for relativo ao serviço do navio.

Art. 498. O capitão tem a faculdade de impor penas correcionais aos indivíduos da tripulação que perturbarem a ordem do navio, cometerem faltas de disciplina, ou deixarem de fazer o serviço que lhes competir; e até mesmo de proceder à prisão por motivo de insubordinação, ou de qualquer outro crime cometido a bordo, ainda mesmo que o delinquente seja passageiro; formando os necessários processos, os quais é obrigado a entregar com os presos às autoridades competentes no primeiro porto do Império aonde entrar.

- V. arts. 545, 5, e 555, 1, CCo.

Art. 499. Pertence ao capitão escolher e ajustar a gente da equipagem, e despedi-la, nos casos em que a despedida possa ter lugar (art. 555), obrando de concerto com o dono ou armador, caixa, ou consignatário do navio, nos lugares onde estes se acharem presentes. O capitão não pode ser obrigado a receber na equipagem indivíduo algum contra a sua vontade.

Art. 500. O capitão que seduzir ou desencaminhar marinheiro matriculado em outra embarcação será punido com a multa de cem mil-réis por cada indivíduo que desencaminhar, e obrigado a entregar o marinheiro seduzido, existindo a bordo do seu navio; e se a embarcação por esta falta deixar de fazer-se à vela, será responsável pelas estadias da demora.

Art. 501. O capitão é obrigado a ter escrituração regular de tudo quanto diz respeito à administração do navio, e à sua navegação; tendo para este fim três livros distintos, encadernados e rubricados pela autoridade a cargo de quem estiver a matrícula dos navios; pena de responder por perdas e danos que resultarem da sua falta de escrituração regular.

Art. 502. No primeiro, que se denominará – *Livro da Carga* – assentará diariamente as entradas e saídas da carga, com declaração específica das marcas e números dos volumes, nomes dos carregadores e consignatários, portos da carga e descarga, fretes ajustados, e quaisquer outras circunstâncias ocorrentes que possam servir para futuros esclarecimentos. No mesmo livro se lançarão também os nomes dos passageiros, com declaração do lugar do seu destino, preço e condições da passagem, e a relação da sua bagagem.

Art. 503. O segundo livro será da – *Receita e Despesa da Embarcação*; e nele, debaixo de competentes títulos, se lançará, em forma de contas-correntes, tudo quanto o capitão receber e despender respectivamente à embarcação; abrindo-se assento a cada um dos indivíduos da tripulação, com declaração de seus vencimentos, e de qualquer ônus a que se achem obrigados, e a cargo do que receberem por conta de suas soldadas.

- V. art. 544, CCo.

Art. 504. No terceiro livro, que será denominado – *Diário da Navegação* – se assentarão diariamente, enquanto o navio se achar em algum porto, os trabalhos que tiverem lugar a bordo, e os consertos ou reparos do navio. No mesmo livro se assentará também toda a derrota da viagem, notando-se diariamente as observações que os capitães e os pilotos são obrigados a fazer, todas as ocorrências interessantes à navegação, acontecimentos extraordinários que possam ter lugar a bordo, e com especialidade os temporais, e os danos ou avarias que o navio ou a carga possam sofrer, as deliberações que se tomarem por acordo dos oficiais da embarcação, e os competentes protestos.

- V. art. 109, IX, CF.
- V. arts. 516, 526 e 539, CCo.

Art. 505. Todos os processos testemunháveis e protestos formados a bordo, tendentes a comprovar sinistros, avarias, ou quaisquer perdas, devem ser ratificados com juramento do capitão perante a autoridade competente do primeiro lugar onde chegar; a qual deverá interrogar o mesmo capitão, oficiais, gente da equipagem (art. 545, n. 7) e passageiros sobre a veracidade dos fatos e suas circunstâncias, tendo presente o Diário da Navegação, se houver sido salvo.

- V. arts. 526 e 743, CCo.

Art. 506. Na véspera da partida do porto da carga, fará o capitão inventariar, em presença do piloto e contramestre, as amarras, âncoras, velames e mastreação, com declaração do estado em que se acharem. Este inventário será assinado pelo capitão, piloto e contramestre. Todas as alterações que durante a viagem sofrer qualquer dos sobreditos artigos serão anotadas no Diário da Navegação, e com as mesmas assinaturas.

Art. 507. O capitão é obrigado a permanecer a bordo desde o momento em que começa a viagem de mar, até a chegada do navio a surgidouro seguro e bom porto; e a tomar os pilotos e práticos necessários em todos os lugares em que os regulamentos, o uso e prudência o exigirem; pena de responder por perdas e danos que da sua falta resultarem.

Art. 508. É proibido ao capitão abandonar a embarcação, por maior perigo que se ofereça, fora do caso de naufrágio; e julgando-se indispensável o abandono, é obrigado a empregar a maior diligência possível para salvar todos os efeitos do navio e carga, e com preferência os papéis e livros da embarcação, dinheiro e mercadorias de maior valor. Se apesar de toda a diligência os objetos tirados do navio, ou os que nele ficarem se perderem ou forem roubados sem culpa sua, o capitão não será responsável.

Art. 509. Nenhuma desculpa poderá desonerar o capitão que alterar a derrota que era obrigado a seguir, ou que praticar algum ato extraordinário de que possa provir dano ao navio ou à carga, sem ter precedido deliberação tomada em junta composta de todos os oficiais da embarcação, e na presença dos interessados do navio ou na carga, se algum se achar a bordo. Em tais deliberações, e em todas as mais que for obrigado a tomar com acordo dos oficiais do navio, o capitão tem voto de qualidade, e até mesmo poderá obrar contra o vencido, debaixo de sua responsabilidade pessoal, sempre que o julgar conveniente.

* V. arts. 539, 680, 764 e 770, CCo.

Art. 510. É proibido ao capitão entrar em porto estranho ao do seu destino; e, se ali for levado por força maior (art. 740), é obrigado a sair no primeiro tempo oportuno que se oferecer; pena de responder pelas perdas e danos que da demora resultarem ao navio ou à carga (art. 748).

* V. arts. 740 e 748, CCo.
* V. art. 393, parágrafo único, CC.

Art. 511. O capitão que entrar em porto estrangeiro é obrigado a apresentar-se ao cônsul do Império nas primeiras 24 (vinte e quatro) horas úteis, e a depositar nas suas mãos a guia ou manifesto da Alfândega, indo de algum porto do Brasil, e a matrícula; e a declarar, e fazer anotar nesta pelo mesmo cônsul, no ato da apresentação, toda e qualquer alteração que tenha ocorrido sobre o mar na tripulação do navio; e antes da saída as que ocorrerem durante a sua estada no mesmo porto.

Quando a entrada for em porto do Império, o depósito do manifesto terá lugar na Alfândega respectiva, havendo-a, e o da matrícula na repartição onde esta se costuma fazer com as sobreditas declarações.

* V. art. 467, 5, CCo.

Art. 512. Na volta da embarcação ao porto donde saiu, ou naquele onde largar o seu comando, é o capitão obrigado a apresentar a matrícula original na repartição encarregada da matrícula dos navios, dentro de 24 (vinte e quatro) horas úteis depois que der fundo, e a fazer as mesmas declarações ordenadas no artigo precedente.

Passados 8 (oito) dias depois do referido tempo, prescreve qualquer ação de procedimento, que possa ter lugar contra o capitão por faltas por ele cometidas na matrícula durante a viagem.

O capitão que não apresentar todos os indivíduos matriculados, ou não fizer constar devidamente a razão da falta, será multado, pela autoridade encarregada da matrícula dos navios, em cem mil-réis por cada pessoa que apresentar de menos, com recurso para o Tribunal do Comércio competente.

* V. arts. 467, 5, e 743, CCo.
* V. art. 967, CC.

Art. 513. Não se achando presentes os proprietários, seus mandatários ou consignatários, incumbe ao capitão ajustar fretamentos, segundo as instruções que tiver recebido (art. 569).

Art. 514. O capitão, nos portos onde residirem os donos, seus mandatários ou consignatários, não pode, sem autorização especial destes, fazer despesa alguma extraordinária com a embarcação.

Art. 515. É permitido ao capitão em falta de fundos, durante a viagem, não se achando presente algum dos proprietários da embarcação, seus mandatários ou consignatários, e na falta deles algum interessado na carga, ou mesmo se, achando-se presentes, não providenciarem, contrair dívidas, tomar dinheiro a risco sobre o casco e pertences do navio e remanescentes dos fretes depois de pagas as soldadas, e até mesmo, na falta absoluta de outro recurso, vender mercadorias da carga, para o reparo ou provisão da embarcação; declarando nos títulos das obrigações que assinar a causa de que estas procedem (art. 517).

As mercadorias da carga que em tais casos se venderem serão pagas aos carregadores pelo preço que outras de igual qualidade obtiverem no porto da descarga, ou pelo que por arbitradores se estimar no caso da venda ter compreendido todas as da mesma qualidade (art. 621).

* V. arts. 470, 7 e 8, 621, 633, 651, 695, 754 e 759, CCo.

Código Comercial

Art. 516. Para poder ter lugar alguma das providências autorizadas no artigo precedente, é indispensável:

- V. arts. 651 e 656, 5, CCo.
- V. arts. 754 e 755, Dec.-lei 1.608/1939 (Código de Processo Civil).

1. que o capitão prove falta absoluta de fundos em seu poder pertencentes à embarcação;
2. que não se ache presente o proprietário da embarcação, ou mandatário seu ou consignatário, e na sua falta algum dos interessados na carga; ou que, estando presentes, se dirigiu a eles e não providenciaram;
3. que a deliberação seja tomada de acordo com os oficiais da embarcação, lavrando-se no Diário da Navegação termo da necessidade da medida tomada (art. 504).

A justificação destes requisitos será feita perante o juiz de direito do comércio do porto onde se tomar o dinheiro a risco ou se venderem as mercadorias, e por ele julgada procedente, e nos portos estrangeiros perante os cônsules do Império.

Art. 517. O capitão que, nos títulos ou instrumentos das obrigações procedentes de despesas por ele feitas para fabrico, habilitação ou abastecimento da embarcação, deixar de declarar a causa de que procedem, ficará pessoalmente obrigado para com as pessoas com quem contratar; sem prejuízo da ação que estas possam ter contra os donos do navio provando que as quantias devidas foram efetivamente aplicadas a benefício deste (art. 494).

- V. art. 651, CCo.

Art. 518. O capitão que tomar dinheiro sobre o casco do navio e seus pertences, empenhar ou vender mercadorias, fora dos casos em que por este Código lhe é permitido, e o que for convencido de fraude em suas contas, além das indenizações de perdas e danos, ficará sujeito à ação criminal que no caso couber.

- V. art. 633, CCo.

Art. 519. O capitão é considerado verdadeiro depositário da carga e de quaisquer efeitos que receber a bordo, e como tal está obrigado à sua guarda, bom acondicionamento e conservação, e à sua pronta entrega à vista dos conhecimentos (arts. 586 e 587).

A responsabilidade do capitão a respeito da carga principia a correr desde o momento em que a recebe, e continua até o ato da sua entrega no lugar que se houver convencionado, ou que estiver em uso no porto da descarga.

- V. art. 494, CCo.

Art. 520. O capitão tem direito para ser indenizado pelos donos de todas as despesas necessárias que fizer em utilidade da embarcação com fundos próprios ou alheios, contanto que não tenha excedido as suas instruções, nem as faculdades que por sua natureza são inerentes à sua qualidade de capitão.

Art. 521. É proibido ao capitão pôr carga alguma no convés da embarcação sem ordem ou consentimento por escrito dos carregadores; pena de responder pessoalmente por todo o prejuízo que daí possa resultar.

- V. art. 790, CCo.

Art. 522. Estando a embarcação fretada por inteiro, se o capitão receber carga de terceiro, o afretador tem direito a fazê-la desembarcar.

- V. arts. 570 e 576, CCo.

Art. 523. O capitão, ou qualquer outro indivíduo da tripulação, que carregar na embarcação, ainda mesmo a pretexto de ser na sua câmara ou nos seus agasalhados, mercadorias de sua conta particular, sem consentimento por escrito do dono do navio ou dos afretadores, pode ser obrigado a pagar frete dobrado.

Art. 524. O capitão que navega em parceria a lucro comum sobre a carga não pode fazer comércio algum por sua conta particular a não haver convenção em contrário; pena de correrem por conta dele todos os riscos e perdas, e de pertencerem aos demais parceiros os lucros que houver.

Art. 525. É proibido ao capitão fazer com os carregadores ajustes públicos ou secretos que revertam em benefício seu particular, debaixo de qualquer título ou pretexto que seja; pena de correr por conta dele e dos carregadores todo o risco que acontecer, e de pertencer ao dono do navio todo o lucro que houver.

Art. 526. É obrigação do capitão resistir por todos os meios que lhe ditar a sua prudência a toda e qualquer violência que possa intentar-se contra a embarcação, seus pertences e carga; e se for obrigado a fazer entrega de tudo ou de parte, deverá munir-se com os competentes protestos e justificações no mesmo porto, ou no primeiro onde chegar (arts. 504 e 505).

Art. 527. O capitão não pode reter a bordo os efeitos da carga a título de segurança do frete; mas tem direito de exigir dos donos ou consignatários, no ato da entrega da carga, que depositem ou afiancem a importância do frete, avarias grossas e despesas a seu cargo; e na falta de pronto pagamento, depósito, ou fiança, poderá requerer embargo pelos fretes, avarias e despesas sobre as mercadorias da carga, enquanto estas se acharem em poder dos donos ou consignatários, ou estejam fora das estações públicas ou dentro delas; e mesmo para requerer a sua venda imediata, se forem de fácil deterioração, ou de guarda arriscada ou dispendiosa.

A ação de embargo prescreve passados 30 (trinta) dias a contar da data do último dia da descarga.

- V. art. 764, CCo.

Art. 528. Quando por ausência do consignatário, ou por se não apresentar o portador do conhecimento à ordem, o capitão ignorar a quem deva competentemente fazer a entrega, solicitará do juiz de direito do comércio, e onde o não houver da autoridade local a quem competir, que nomeie depositário para receber os gêneros, e pagar os fretes devidos por conta de quem pertencer.

- V. arts. 583 e 585, CCo.

Art. 529. O capitão é responsável por todas as perdas e danos que, por culpa sua, omissão ou imperícia, sobrevierem ao navio ou à carga; sem prejuízo das ações criminais a que a sua malversação ou dolo possa dar lugar (art. 608).

O capitão é também civilmente responsável pelos furtos, ou quaisquer danos praticados a bordo pelos indivíduos da tripulação nos objetos da carga, enquanto esta se achar debaixo da sua responsabilidade.

- V. art. 540, CCo.
- V. arts. 186, 188 e 927, CC.

Art. 530. Serão pagas pelo capitão todas as multas que forem impostas à embarcação por falta de exata observância das leis e regulamentos das Alfândegas e polícia dos portos; e igualmente os prejuízos que resultarem de discórdias entre os indivíduos da mesma tripulação no serviço desta, se não provar que empregou todos os meios convenientes para as evitar.

- V. art. 718, CCo.

Art. 531. O capitão que, fora do caso de inavegabilidade legalmente provada, vender o navio sem autorização especial dos donos, ficará responsável por perdas e danos, além da nulidade da venda, e do procedimento criminal que possa ter lugar.

Art. 532. O capitão que, sendo contratado para uma viagem certa, deixar de concluir sem causa justificada, responderá aos proprietários, afretadores e carregadores pelas perdas e danos que dessa falta resultarem.

Em reciprocidade, o capitão, que sem justa causa for despedido antes de finda a viagem, será pago da sua soldada por inteiro, posto à custa do proprietário ou afretador no lugar onde começou a viagem, e indenizado de quaisquer vantagens que possa ter perdido pela despedida.

Pode, porém, ser despedido antes da viagem começada, sem direito a indenização, não havendo ajuste em contrário.

Art. 533. Sendo a embarcação fretada para porto determinado, só pode o capitão negar-se a fazer a viagem, sobrevindo peste, guerra, bloqueio ou impedimento legítimo da embarcação sem limitação de tempo.

Art. 534. Acontecendo falecer algum passageiro ou indivíduo da tripulação durante a viagem, o capitão procederá a inventário de todos os bens que o falecido deixar, com assistência dos oficiais da embarcação e de duas testemunhas, que serão com preferência passageiros, pondo tudo em boa arrecadação, e logo que chegar ao porto da saída fará entrega do inventário e bens às autoridades competentes.

Art. 535. Finda a viagem, o capitão é obrigado a dar sem demora contas da sua gestão ao dono ou caixa do navio, com entrega do dinheiro que em si tiver, livros e todos os mais papéis. E o dono ou caixa é obrigado a ajustar as contas do capitão logo que as receber, e a pagar a soma que lhe for devida. Havendo contestação sobre a conta, o capitão tem direito para ser pago imediatamente das soldadas vencidas, prestando fiança de as repor, a haver lugar.

Art. 536. Sendo o capitão o único proprietário da embarcação, será simultaneamente responsável aos afretadores e carregadores por todas as obrigações impostas aos capitães e aos armadores.

Art. 537. Toda a obrigação pela qual o capitão, sendo comparte do navio, for responsável a parceria, tem privilégio sobre o quinhão e lucros que o mesmo tiver no navio e fretes.

TÍTULO IV
DO PILOTO E CONTRAMESTRE

Art. 538. A habilitação e deveres dos pilotos e contramestres são prescritos nos regulamentos de Marinha.

Art. 539. O piloto, quando julgar necessário mudar de rumo, comunicará ao capitão as razões que assim o exigem; e se este se opuser, desprezando as suas observações, que em tal caso deverá renovar-lhe na presença dos mais oficiais do navio, lançará o seu protesto no Diário da Navegação (art. 504), o qual deverá ser por todos assinado, e obedecerá às ordens do capitão, sobre quem recairá toda a responsabilidade.

• V. art. 509, CCo.

Art. 540. O piloto, que, por imperícia, omissão ou malícia, perder o navio ou lhe causar dano, será obrigado a ressarcir o prejuízo que sofrer o mesmo navio ou a carga; além de incorrer nas penas criminais que possam ter lugar; a responsabilidade do piloto não exclui a do capitão nos casos do art. 529.

Art. 541. Por morte ou impedimento do capitão recai o comando do navio no piloto, e na falta ou impedimento deste no contramestre, com todas as prerrogativas, faculdades, obrigações e responsabilidades inerentes ao lugar de capitão.

Art. 542. O contramestre que, recebendo ou entregando fazendas, não exige e entrega ao capitão as ordens, recibos, ou outros quaisquer documentos justificativos do seu ato, responde por perdas e danos daí resultantes.

TÍTULO V
DO AJUSTE E SOLDADAS DOS OFICIAIS E GENTE DA TRIPULAÇÃO, SEUS DIREITOS E OBRIGAÇÕES

• V. arts. 250, 251 e 261, CP.
• V. arts. 150 a 152, 248 a 252, 482 e 483, CLT.
• V. arts. 32 e 34, Dec.-lei 3.688/1941 (Lei das Contravenções Penais).

Art. 543. O capitão é obrigado a dar às pessoas da tripulação, que o exigirem, uma nota por ele assinada, em que se declare a natureza do ajuste e preço da soldada, e a lançar na mesma nota as quantias que se forem pagando por conta.

As condições do ajuste entre o capitão e a gente da tripulação, na falta de outro título do contrato, provam-se pelo rol da equipagem ou matrícula; subentendendo-se sempre compreendido no ajuste o sustento da tripulação.

Não constando pela matrícula, nem por outro escrito do contrato, o tempo determinado do ajuste, entende-se sempre que foi por viagem redonda ou de ida e volta ao lugar em que teve lugar a matrícula.

Art. 544. Achando-se o Livro da Receita e Despesa do navio conforme à matrícula (art. 467), e escriturado com regularidade (art. 503), fará inteira fé para solução de quaisquer dúvidas que possam suscitar-se sobre as condições do contrato das soldadas; quanto, porém, às quantias entregues por conta, prevalecerão, em caso de dúvida, os assentos lançados nas notas de que trata o artigo precedente.

Art. 545

Art. 545. São obrigações dos oficiais e gente da tripulação:
1. ir para bordo prontos para seguir viagem no tempo ajustado; pena de poderem ser despedidos;
2. não sair do navio nem passar a noite fora sem licença do capitão; pena de perdimento de 1 (um) mês de soldada;
3. não retirar os seus efeitos de bordo sem serem visitados pelo capitão, ou pelo seu segundo, debaixo da mesma pena;
4. obedecer sem contradição ao capitão e mais oficiais nas suas respectivas qualidades, e abster-se de brigas; debaixo das penas declaradas nos arts. 498 e 555;
5. auxiliar o capitão, em caso de ataque do navio, ou desastre sobrevindo à embarcação ou à carga, seja qual for a natureza do sinistro; pena de perdimento das soldadas vencidas;
6. finda a viagem, fundear e desaparelhar o navio, conduzi-lo a surgidouro seguro, e amarrá-lo, sempre que o capitão o exigir; pena de perdimento das soldadas vencidas;
7. prestar os depoimentos necessários para ratificação dos processos testemunháveis, e protestos formados a bordo (art. 505), recebendo pelos dias da demora uma indenização proporcional às soldadas que venciam; faltando a este dever não terão ação para demandar as soldadas vencidas.

Art. 546. Os oficiais e quaisquer outros indivíduos da tripulação, que, depois de matriculados, abandonarem a viagem antes de começada, ou se ausentarem antes de acabada, podem ser compelidos com prisão ao cumprimento do contrato, a repor o que se lhes houver pago adiantado, e a servir 1 (um) mês sem receberem soldada.

Art. 547. Se depois de matriculada a equipagem se romper a viagem no porto da matrícula por fato do dono, capitão, ou afretador, a todos os indivíduos da tripulação justos ao mês se abonará a soldada de 1 (um) mês, além da que tiverem vencido; aos que estiverem contratados por viagem abonar-se-á metade da soldada ajustada.
Se, porém, o rompimento da viagem tiver lugar depois da saída do porto da matrícula, os indivíduos justos ao mês têm direito a receber, não só pelo tempo vencido, mas também pelo que seria necessário para regressarem ao porto da saída, ou para chegarem ao do destino, fazendo-se a conta por aquele que se achar mais próximo; aos contratados por viagem redonda se pagará como se a viagem se achasse terminada.
Tanto os indivíduos da equipagem justos por viagem, como os justos ao mês, têm direito a que se lhes pague a despesa da passagem do porto da despedida para aquele onde ou para onde se ajustarem, que for mais próximo. Cessa esta obrigação sempre que os indivíduos da equipagem podem encontrar soldada no porto da despedida.

Art. 548. Rompendo-se a viagem por causa de força maior, a equipagem, se a embarcação se achar no porto do ajuste, só tem direito a exigir as soldadas vencidas.
São causas de força maior:
1. declaração de guerra, ou interdito de comércio entre o porto da saída e o porto do destino da viagem;
2. declaração de bloqueio do porto, ou peste declarada nele existente;
3. proibição de admissão no mesmo porto dos gêneros carregados na embarcação;
4. detenção ou embargo da embarcação (no caso de se não admitir fiança ou não ser possível dá-la), que exceda ao tempo de 90 (noventa) dias;
5. inavegabilidade da embarcação acontecida por sinistro.

Art. 549. Se o rompimento da viagem por causa de força maior acontecer achando-se a embarcação em algum porto de arribada, a equipagem contratada ao mês só tem direito a ser paga pelo tempo vencido desde a saída do porto até o dia em que for despedida, e a equipagem justa por viagem não tem direito a soldada alguma se a viagem não se conclui.

Art. 550. No caso de embargo ou detenção, os indivíduos da tripulação justos ao mês vencerão metade de suas soldadas durante o impedimento, não excedendo este de 90 (noventa) dias; findo este prazo caduca o ajuste. Aqueles, porém, que forem justos por viagem redonda são obrigados a cumprir seus contratos até o fim da viagem.

Todavia, se o proprietário da embarcação vier a receber indenização pelo embargo ou detenção, será obrigado a pagar as soldadas por inteiro aos que forem justos ao mês, e aos de viagem redonda na devida proporção.

Art. 551. Quando o proprietário, antes de começada a viagem, der à embarcação destino diferente daquele que tiver sido declarado no contrato, terá lugar novo ajuste; e os que se não ajustarem só terão direito a receber o vencido, ou a reter o que tiverem recebido adiantado.

• V. art. 556, CCo.

Art. 552. Se depois da chegada da embarcação ao porto do seu destino, e ultimada a descarga, o capitão, em lugar de fazer o seu retorno, fretar ou carregar a embarcação para ir a outro destino, é livre aos indivíduos da tripulação ajustarem-se de novo ou retirarem-se, não havendo no contrato estipulação em contrário.

Todavia, se o capitão, fora do Império, achar a bem navegar para outro porto livre, e nele carregar ou descarregar, a tripulação não pode despedir-se, posto que a viagem se prolongue além do ajuste; recebendo os indivíduos justos por viagem um aumento de soldada na proporção da prolongação.

Art. 553. Sendo a tripulação justa a partes ou quinhão no frete, não lhe será devida indenização alguma pelo rompimento, retardação ou prolongação da viagem causada por força maior; mas se o rompimento, retardação ou prolongação provier de fato dos carregadores, terá parte nas indenizações que se concederem ao navio; fazendo-se a divisão entre os donos do navio e a gente da tripulação, na mesma proporção em que o frete deveria ser dividido.

Se o rompimento, retardação ou prolongação provier de fato do capitão ou proprietário do navio, estes serão obrigados às indenizações proporcionais respectivas.

Quando a viagem for mudada para porto mais vizinho, ou abreviada por outra qualquer causa, os indivíduos da tripulação justos por viagem serão pagos por inteiro.

Art. 554. Se alguém da tripulação depois de matriculado for despedido sem justa causa, terá direito de haver a soldada contratada por inteiro, sendo redonda, e se for ao mês far-se-á a conta pelo termo médio do tempo que costuma gastar-se nas viagens para o porto do ajuste. Em tais casos o capitão não tem direito para exigir do dono do navio as indenizações que for obrigado a pagar; salvo tendo obrado com sua autorização.

Art. 555. São causas justas para a despedida:

• V. art. 545, 4, CCo.

1. perpetração de algum crime, ou desordem grave que perturbe a ordem da embarcação, reincidência em insubordinação, falta de disciplina ou de cumprimento de deveres (art. 498);
2. embriaguez habitual;
3. ignorância do mister para que o despedido se tiver ajustado;
4. qualquer ocorrência que o inabilite para desempenhar as suas obrigações, com exceção do caso prevenido no art. 560.

Art. 556. Os oficiais e gente da tripulação podem despedir-se, antes de começada a viagem, nos casos seguintes:

1. quando o capitão muda do destino ajustado (art. 551);
2. se depois do ajuste o Império é envolvido em guerra marítima, ou há notícias certas de peste no lugar do destino;
3. se assoldadados para ir em comboio, este não tem lugar;
4. morrendo o capitão, ou sendo despedido.

Art. 557. Nenhum indivíduo da tripulação pode intentar litígio contra o navio ou capitão, antes de terminada a viagem; todavia, achando-se o navio em bom porto, os indivíduos maltratados, ou a quem o capitão houver faltado com o devido sustento, poderão demandar a rescisão do contrato.

Art. 558. Sendo a embarcação apresada, ou naufragando, a tripulação não tem direito às soldadas vencidas na viagem do sinistro, nem o dono do navio a reclamar as que tiver pago adiantadas.

Art. 559. Se a embarcação aprisionada se recuperar achando-se ainda a tripulação a bordo, será esta paga de suas soldadas por inteiro.

Salvando-se do naufrágio alguma parte do navio ou da carga, a tripulação terá direito a ser paga das soldadas vencidas na última viagem, com preferência a outra qualquer dívida anterior, até onde chegar o valor da parte do navio que se puder salvar; e não chegando esta, ou se nenhuma parte se tiver salvado, pelos fretes da carga salva.

Entende-se última viagem, o tempo decorrido desde que a embarcação principiou a receber o lastro ou carga que tiver a bordo na ocasião do apresamento, ou naufrágio.

Se a tripulação estiver justa a partes, será paga somente pelos fretes dos salvados, e em devida proporção de rateio com o capitão.

- V. art. 760, CCo.

Art. 560. Não deixará de vencer a soldada ajustada qualquer indivíduo da tripulação que adoecer durante a viagem em serviço do navio, e o curativo será por conta deste; se, porém, a doença for adquirida fora do serviço do navio, cessará o vencimento da soldada enquanto ela durar, e a despesa do curativo será por conta das soldadas vencidas; e se estas não chegarem, por seus bens ou pelas soldadas que possam vir a vencer.

- V. art. 555, 4, CCo.

Art. 561. Falecendo algum indivíduo da tripulação durante a viagem, a despesa do seu enterro será paga por conta do navio; e seus herdeiros têm direito à soldada devida até o dia do falecimento, estando justo ao mês; até o porto do destino se a morte acontecer em caminho para ele, sendo o ajuste por viagem; e à de ida e volta acontecendo em torna-viagem, se o ajuste for por viagem redonda.

Art. 562. Qualquer que tenha sido o ajuste, o indivíduo da tripulação que for morto em defesa da embarcação será considerado como vivo para todos os vencimentos e quaisquer interesses que possam vir aos da sua classe, até que a mesma embarcação chegue ao porto do seu destino.

O mesmo benefício gozará o que for aprisionado em ato de defesa da embarcação, se esta chegar a salvamento.

Art. 563. Acabada a viagem, a tripulação tem ação para exigir o seu pagamento dentro de 3 (três) dias depois de ultimada a descarga, com os juros da lei no caso de mora (art. 449, n. 4).

Ajustando-se os oficiais e gente da tripulação para diversas viagens, poderão, terminada cada viagem, exigir as soldadas vencidas.

Art. 564. Todos os indivíduos da equipagem têm hipoteca tácita no navio e fretes para serem pagos das soldadas vencidas na última viagem com preferência a outras dívidas menos privilegiadas; e em nenhum caso o réu será ouvido sem depositar a quantia pedida.

Entender-se-á por equipagem ou tripulação para o dito efeito, e para todos os mais dispostos neste Título, o capitão, oficiais, marinheiros e todas as mais pessoas empregadas no serviço do navio, menos os sobrecargas.

- V. art. 759, CCo.

Art. 565. O navio e frete respondem para com os donos da carga pelos danos que sofrerem por delitos, culpa ou omissão culposa do capitão ou gente da tripulação, perpetrados em serviço do navio; salvas as ações dos proprietários da embarcação contra o capitão, e deste contra a gente da tripulação.

O salário do capitão e as soldadas da equipagem são hipoteca especial nestas ações.

- V. art. 765, CCo.

TÍTULO VI
DOS FRETAMENTOS

Capítulo I
DA NATUREZA E FORMA
DO CONTRATO DE FRETAMENTO
E DAS CARTAS-PARTIDAS

Art. 566. O contrato de fretamento de qualquer embarcação, quer seja na sua totalidade ou em parte, para uma ou mais viagens, quer seja à carga, colheita ou prancha, o que tem lugar quando o capitão recebe carga de quantos se apresentam, deve provar-se por escrito. No primeiro caso o instrumento que se chama *carta-partida* ou *carta de fretamento*, deve ser assinado pelo fretador e afretador, e por quaisquer outras pessoas que intervenham no contrato, do qual se dará a cada uma das partes um exemplar; e no segundo, o instrumento chama-se *conhecimento*, e basta ser assinado pelo capitão e o carregador. Entende-se por fretador o que dá, e por afretador o que toma a embarcação a frete.

Art. 567. A carta-partida deve enunciar:
1. o nome do capitão e o do navio, o porte deste, a nação a que pertence, e o porto do seu registro (art. 460);
2. o nome do fretador e o do afretador, e seus respectivos domicílios; se o fretamento for por conta de terceiro deverá também declarar-se o seu nome e domicílio;
3. a designação da viagem, se é redonda ou ao mês, para uma ou mais viagens, e se estas são de ida e volta ou somente para ida ou volta, e finalmente se a embarcação se freta no todo ou em parte;
4. o gênero e quantidade da carga que o navio deve receber, designada por toneladas, números, peso ou volume, e por conta de quem a mesma será conduzida para bordo, e deste para terra;
5. o tempo da carga e descarga, portos de escala quando a haja, as estadias e sobreestadias ou demoras, e a forma por que estas se hão de vencer e contar;
6. o preço do frete, quanto há de pagar-se de primagem ou gratificação, e de estadias e sobreestadias, e a forma, tempo e lugar do pagamento;
7. se há lugares reservados no navio, além dos necessários para uso e acomodação do pessoal e material do serviço da embarcação;
8. todas as mais estipulações em que as partes se acordarem.

Art. 568. As cartas de fretamento devem ser lançadas no Registro do Comércio, dentro de 15 (quinze) dias a contar da saída da embarcação nos lugares da residência dos Tribunais do Comércio, e nos outros, dentro do prazo que estes designarem (art. 31).

- V. art. 967, CC.
- V. art. 36 e ss., Lei 8.934/1994 (Registro de empresas mercantis e atividades afins).
- V. Dec. 1.800/1996 (Regulamenta a Lei 8.934/1994).

Art. 569. A carta de fretamento valerá como instrumento público tendo sido feita por intervenção e com assinatura de algum corretor de navios, ou na falta de corretor por tabelião que porte por fé ter sido passada na sua presença e de duas testemunhas com ele assinadas. A carta de fretamento que não for autenticada por alguma das duas referidas formas, obrigará as próprias partes mas não dará direito contra terceiro.
As cartas de fretamento assinadas pelo capitão valem ainda que este tenha excedido as faculdades das suas instruções; salvo o direito dos donos do navio por perdas e danos contra ele pelos abusos que cometer.

- V. art. 513, CCo.

Art. 570. Fretando-se o navio por inteiro, entende-se que fica somente reservada a câmara do capitão, os agasalhados da equipagem, e as acomodações necessárias para o material da embarcação.

- V. arts. 522 e 596, CCo.

Art. 571. Dissolve-se o contrato de fretamento, sem que haja lugar a exigência alguma de parte a parte:

- V. art. 573, CCo.
- V. art. 393, parágrafo único, CC.

1. se a saída da embarcação for impelida, antes da partida, por força maior sem limitação de tempo;
2. sobrevindo, antes de principiada a viagem, declaração de guerra, ou interdito de comércio com o país para onde a embarcação é destinada, em consequência do qual o navio e a carga conjuntamente não sejam considerados como propriedade neutra;
3. proibição de exportação de todas ou da maior parte das fazendas compreendidas na carta de fretamento do lugar donde a embarcação deva partir, ou de importação no de seu destino;
4. declaração de bloqueio do porto da carga ou do seu destino, antes da partida do navio.
Em todos os referidos casos as despesas da descarga serão por conta do afretador ou carregadores.

Art. 572. Se o interdito de comércio com o porto do destino do navio acontece durante a sua viagem, e se por este motivo o navio é obrigado a voltar com a carga, deve-se somente o frete pela ida, ainda que o navio tivesse sido fretado por ida e volta.

• V. art. 573, CCo.

Art. 573. Achando-se um navio fretado em lastro para outro porto onde deva carregar, dissolve-se o contrato, se chegando a esse porto sobrevier algum dos impedimentos designados nos arts. 571 e 572, sem que possa ter lugar indenização alguma por nenhuma das partes, quer o impedimento venha só do navio, quer do navio e carga. Se, porém, o impedimento nascer da carga e não do navio, o afretador será obrigado a pagar metade do frete ajustado.

Art. 574. Poderá igualmente rescindir-se o contrato de fretamento a requerimento do afretador, se o capitão lhe tiver ocultado a verdadeira bandeira da embarcação; ficando este pessoalmente responsável ao mesmo afretador por todas as despesas da carga e descarga, e por perdas e danos, se o valor do navio não chegar para satisfazer o prejuízo.

Capítulo II
DOS CONHECIMENTOS

Art. 575. O conhecimento deve ser datado, e declarar:

• V. arts. 586 e 587, CCo.

1. o nome do capitão, e o do carregador e consignatário (podendo omitir-se o nome deste se for à ordem), e o nome e porte do navio;
2. a qualidade e a quantidade dos objetos da carga, suas marcas e números, anotados à margem;
3. o lugar da partida e o do destino, com declaração das escalas, havendo-as;
4. o preço do frete e primagem, se esta for estipulada, e o lugar e forma do pagamento;
5. a assinatura do capitão (art. 577), e a do carregador.

Art. 576. Sendo a carga tomada em virtude de carta de fretamento, o portador do conhecimento não fica responsável por alguma condição ou obrigação especial contida na mesma carta, se o conhecimento não tiver a cláusula – *segundo a carta de fretamento*.

• V. art. 566, CCo.

Art. 577. O capitão é obrigado a assinar todas as vias de um mesmo conhecimento que o carregador exigir, devendo ser todas do mesmo teor e da mesma data, e conter o número da via. Uma via ficará em poder do capitão, as outras pertencem ao carregador. Se o capitão for ao mesmo tempo o carregador, os conhecimentos respectivos serão assinados por duas pessoas da tripulação a ele imediatas no comando do navio, e uma via será depositada nas mãos do armador ou do consignatário.

• V. art. 575, 5, CCo.

Art. 578. Os conhecimentos serão assinados e entregues dentro de 24 (vinte e quatro) horas, depois de ultimada a carga, em resgate dos recibos provisórios; pena de serem responsáveis por todos os danos que resultarem do retardamento da viagem, tanto o capitão como os carregadores que houverem sido remissos na entrega dos mesmos conhecimentos.

Art. 579. Seja qual for a natureza do conhecimento, não poderá o carregador variar a consignação por via de novos conhecimentos, sem que faça prévia entrega ao capitão de todas as vias que este houver assinado.

O capitão que assinar novos conhecimentos sem ter recolhido todas as vias do primeiro ficará responsável aos portadores legítimos que se apresentarem com alguma das mesmas vias.

Art. 580. Alegando-se extravio dos primeiros conhecimentos, o capitão não será obrigado a assinar segundos, sem que o carregador preste fiança à sua satisfação pelo valor da carga neles declarada.

Art. 581. Falecendo o capitão da embarcação antes de fazer-se à vela, ou deixando de exercer o seu ofício, os carregadores têm direito para exigir do sucessor que revalide com a sua assinatura os conhecimentos por aquele assinados, conferindo-se a carga com os mesmos conhecimentos; o capitão que os assinar sem esta conferência responderá pelas faltas; salvo se os carregadores convierem que ele declare nos conhecimentos que não conferiu a carga.

No caso de morte do capitão ou de ter sido despedido sem justa causa, serão pagas pelo dono do navio as despesas da conferência; mas se a despedida provier de fato do capitão, serão por conta deste.

Art. 582. Se as fazendas carregadas não tiverem sido entregues por número, peso ou medida, ou no caso de haver dúvida na contagem, o capitão pode declarar nos conhecimentos, que o mesmo número, peso ou medida lhe são desconhecidos; mas se o carregador não convier nesta declaração deverá proceder-se a nova contagem, correndo a despesa por conta de quem a tiver ocasionado.

Convindo o carregador na sobredita declaração, o capitão ficará somente obrigado a entregar no porto da descarga os efeitos que se acharem dentro da embarcação pertencentes ao mesmo carregador, sem que este tenha direito para exigir mais carga; salvo se provar que houve desvio da parte do capitão ou da tripulação.

Art. 583. Constando ao capitão que há diversos portadores das diferentes vias de um conhecimento das mesmas fazendas, ou tendo-se feito sequestro, arresto ou penhora nelas, é obrigado a pedir depósito judicial, por conta de quem pertencer.

Art. 584. Nenhuma penhora ou embargo de terceiro, que não for portador de alguma das vias de conhecimento, pode, fora do caso de reivindicação segundo as disposições deste Código (art. 874, n. 2), privar o portador do mesmo conhecimento da faculdade de requerer o depósito ou venda judicial das fazendas no caso sobredito; salvo o direito do exequente ou de terceiro oponente sobre o preço da venda.

Art. 585. O capitão pode requerer o depósito judicial todas as vezes que os portadores de conhecimentos se não apresentarem para receber a carga imediatamente que ele der princípio à descarga, e nos casos em que o consignatário esteja ausente ou seja falecido.

• V. arts. 527 e 528, CCo.

Art. 586. O conhecimento concebido nos termos enunciados no art. 575 faz inteira prova entre todas as partes interessadas na carga e frete, e entre elas e os seguradores; ficando salva a estes e aos donos do navio a prova em contrário.

• V. art. 519, CCo.

Art. 587. O conhecimento feito em forma regular (art. 575) tem força e é acionável como escritura pública.

Sendo passado à *ordem* é transferível e negociável por via de endosso.

• V. art. 519, CCo.

Art. 588. Contra os conhecimentos só pode opor-se falsidade, quitação, embargo, arresto ou penhora e depósito judicial, ou perdimento dos efeitos carregados por causa justificada.

Art. 589. Nenhuma ação entre o capitão e os carregadores ou seguradores será admissível em juízo se não for logo acompanhada do conhecimento original. A falta deste não pode ser suprida pelos recibos provisórios da carga; salvo provando-se que o carregador fez diligência para obtê-lo e que, fazendo-se o navio à vela sem o capitão o haver passado, interpôs competente protesto dentro dos primeiros 3 (três) dias úteis, contados da saída do navio, com intimação do armador, consignatário ou outro qualquer interessado, e na falta destes por editais; ou sendo a questão de seguros sobre sinistro acontecido no porto da carga, se provar que o mesmo sinistro aconteceu antes do conhecimento poder ser assinado.

Capítulo III
DOS DIREITOS E OBRIGAÇÕES DO FRETADOR E AFRETADOR

Art. 590. O fretador é obrigado a ter o navio prestes para receber a carga, e o afretador a efetuá-la no tempo marcado no contrato.

• V. art. 566, CCo.

Art. 591. Não se tendo determinado na carta de fretamento o tempo em que deve começar a carregar-se, entende-se que principia a correr desde o dia em que o capitão declarar que está pronto para receber a carga; se o tempo que deve durar a carga e a descarga não estiver fixado, ou quanto se há de pagar de primagem e estadias e sobreestadias, e o tempo e modo do pagamento, será tudo regulado pelo uso do porto onde uma ou outra deva efetuar-se.

Art. 592. Vencido o prazo, e o das estadias e sobreestadias que se tiverem ajustado, e, na falta de ajuste, as do uso no porto da carga, sem que o afretador tenha carregado efeitos alguns, terá o capitão a escolha, ou de resilir do contrato e exigir do afretador metade do frete ajustado e primagem com estadias e sobreestadias, ou de empreender a viagem sem carga, e finda ela exigir dele o frete por inteiro e primagem, com as avarias que forem devidas, estadias e sobreestadias.

• V. arts. 596 e 611, CCo.

Art. 593. Quando o afretador carrega só parte da carga no tempo aprazado, o capitão, vencido o tempo das estadias e sobreestadias, tem direito, ou de proceder a descarga por conta do mesmo afretador e pedir meio frete, ou de empreender a viagem com a parte da carga que tiver a bordo para haver o frete por inteiro no porto do seu destino, com as mais despesas declaradas no artigo antecedente.

• V. art. 596, CCo.

Art. 594. Renunciando o afretador ao contrato antes de começarem a correr os dias suplementares da carga, será obrigado a pagar metade do frete e primagem.

Art. 595. Sendo o navio fretado por inteiro, o afretador pode obrigar o fretador a que faça sair o navio logo que tiver metido a bordo carga suficiente para pagamento do frete e primagem, estadias e sobreestadias, ou prestado fiança ao pagamento. O capitão neste caso não pode tomar carga de terceiro sem consentimento por escrito do afretador, nem recusar-se à saída; salvo por falta de prontificação do navio, que, segundo as cláusulas do fretamento, não possa ser imputável ao fretador.

Art. 596. Tendo o fretador direito de fazer sair o navio sem carga ou só com parte dela (arts. 592 e 593), poderá, para segurança do frete e de outras indenizações a que haja lugar, completar a carga por outros carregadores, independente de consentimento do afretador; mas o benefício do novo frete pertencerá a este.

• V. arts. 606 e 611, CCo.

Art. 597. Se o fretador houver declarado na carta-partida maior capacidade daquela que o navio na realidade tiver, não excedendo da décima parte, o afretador terá opção para anular o contrato, ou exigir correspondente abatimento no frete, com indenização de perdas e danos; salvo se a declaração estiver conforme à lotação do navio.

Art. 598. O fretador pode fazer descarregar à custa do afretador os efeitos que este introduzir no navio além da carga ajustada na carta de fretamento; salvo prestando-se aquele a pagar o frete correspondente, se o navio os puder receber.

Art. 599. Os carregadores ou afretadores respondem pelos danos que resultarem, se, sem ciência e consentimento do capitão, introduzirem no navio fazendas, cuja saída ou entrada for proibida, e de qualquer outro fato ilícito que praticarem ao tempo da carga ou descarga; e, ainda que as fazendas sejam confiscadas, serão obrigados a pagar o frete e primagem por inteiro, e a avaria grossa.

• V. arts. 764 e 790, CCo.

Art. 600. Provando-se que o capitão consentiu na introdução das fazendas proibidas, ou que, chegando ao seu conhecimento em tempo, as não fez descarregar, ou sendo informado depois da viagem começada as não denunciar no ato da primeira visita da Alfândega que receber a bordo no porto do seu destino, ficará solidariamente obrigado para com todos os interessados por perdas e danos que resultarem ao navio ou à carga, e sem ação para haver o frete, nem indenização alguma do carregador, ainda que esta se tenha estipulado.

Art. 601. Estando o navio a frete de carga geral, não pode o capitão, depois que tiver recebido alguma parte da carga, recusar-se a receber a mais que se lhe oferecer por frete igual, não achando outro mais vantajoso; pena de poder ser compelido pelos carregadores dos efeitos recebidos a que se faça à vela com o primeiro vento favorável, e de pagar as perdas e danos que da demora resultarem.

Art. 602. Se o capitão, quando tomar frete à colheita ou à prancha, fixar o tempo durante o qual a embarcação estará à carga, findo o tempo marcado será obrigado a partir com o primeiro vento favorável; pena de responder pelas perdas e danos que resultarem do retardamento da viagem; salvo convindo na demora a maioria dos carregadores em relação ao valor do frete.

Art. 603. Não tendo o capitão fixado o tempo da partida, é obrigado a sair com o primeiro vento favorável depois que tiver recebido mais de dois terços da carga correspondente à lotação do navio, se assim o exigir a maioria dos carregadores em relação ao valor do frete, sem que nenhum dos outros possa retirar as fazendas que tiver a bordo.

Art. 604. Se o capitão, no caso do artigo antecedente, não puder obter mais de dois terços da carga dentro de 1 (um) mês depois que houver posto o navio a frete geral, poderá sub-rogar outra embarcação para transporte da carga que tiver a bordo, contanto que seja igualmente apta para fazer a viagem, pagando a despesa da baldeação da carga, e o aumento de frete e do prêmio do seguro; será, porém, lícito aos carregadores retirar de bordo as suas fazendas, sem pagar frete, sendo por conta deles a despesa de desarrumação e descarga, restituindo os recibos provisórios ou conhecimentos, e dando fiança pelos que tiverem remetido. Se o capitão não puder achar navio, e os carregadores não quiserem descarregar, será obrigado a sair 60 (sessenta) dias depois que houver posto o navio à carga, com a que tiver a bordo.

Art. 605. Não tendo a embarcação capacidade para receber toda a carga contratada com diversos carregadores ou afretadores, terá preferência a que se achar a bordo, e depois a que tiver prioridade na data dos contratos; e se estes forem todos da mesma data haverá lugar a rateio, ficando o capitão responsável pela indenização dos danos causados.

Art. 606. Fretando-se a embarcação para ir receber carga em outro porto, logo que lá chegar, deverá o capitão apresentar-se sem demora ao consignatário, exigindo dele que lhe declare por escrito na carta de fretamento o dia, mês e ano de sua apresentação; pena de não principiar a correr o tempo do fretamento antes da sua apresentação.

Recusando o consignatário fazer na carta de fretamento a declaração requerida, deverá protestar e fazer-lhe intimar o protesto, e avisar o afretador. Se passado o tempo devido para a carga, e o da demora ou de estadias e sobreestadias, o consignatário não tiver carregado o navio, o capitão, fazendo-o previamente intimar por via de novo protesto para efetuar a entrega da carga dentro do tempo ajustado, e não cumprindo ele, nem tendo recebido ordens do afretador, fará diligência para contratar carga por conta deste para o porto do seu destino; e com carga ou sem ela seguirá para ele, onde o afretador será obrigado a pagar-lhe o frete por inteiro com as demoras vencidas, fazendo encontro dos fretes da carga tomada por sua conta, se alguma houver tomado (art. 596).

- V. art. 397, CC.
- V. arts. 726, 728 e 729, CPC/2015.

Art. 607. Sendo um navio embargado na partida, em viagem, ou no lugar da descarga, por fato ou negligência do afretador ou de algum dos carregadores, ficará o culpado obrigado, para com o fretador ou capitão e os mais carregadores, pelas perdas e danos que o navio ou as fazendas vierem a sofrer provenientes desse fato.

Art. 608. O capitão é responsável ao dono do navio e ao afretador e carregadores por perdas e danos, se por culpa sua o navio for embargado ou retardado na partida, durante a viagem, ou no lugar do seu destino.

- V. art. 529, CCo.

Art. 609. Se antes de começada a viagem ou no curso dela, a saída da embarcação for impedida temporariamente por embargo ou força maior, subsistirá o contrato, sem haver lugar a indenizações de perdas e danos pelo retardamento. O carregador neste caso poderá descarregar os seus efeitos durante a demora, pagando a despesa, e prestando fiança de os tornar a carregar logo que cesse o impedimento, ou de pagar

Art. 610

CÓDIGO COMERCIAL

o frete por inteiro e estadias e sobreestadias, não os reembarcando.

• V. art. 612, CCo.
• V. art. 393, parágrafo único, CC.

Art. 610. Se o navio não puder entrar no porto do seu destino por declaração de guerra, interdito de comércio, ou bloqueio, o capitão é obrigado a seguir imediatamente para aquele que tenha sido prevenido na sua carta de ordens. Não se achando prevenido, procurará o porto mais próximo que não estiver impedido; e daí fará os avisos competentes ao fretador e afretadores, cujas ordens deve esperar por tanto tempo quanto seja necessário para receber a resposta. Não recebendo esta, o capitão deve voltar para o porto da saída com a carga.

Art. 611. Sendo arrestado um navio no curso da viagem por ordem de uma potência, nenhum frete será devido pelo tempo da detenção sendo fretado ao mês, nem aumento de frete se for por viagem. Quando o navio for fretado para 2 (dois) ou mais portos e acontecer que em um deles se saiba ter sido declarada guerra contra a potência a que pertence o navio ou a carga, o capitão, se nem esta nem aquele forem livres, quando não possa partir em comboio ou por algum outro modo seguro, deverá ficar no porto da notícia até receber ordens do dono do navio ou do afretador. Se só o navio não for livre, o fretador pode resilir do contrato, com direito ao frete vencido, estadias e sobreestadias e avaria grossa, pagando as despesas da descarga. Se, pelo contrário, só a carga não for livre, o afretador tem direito para rescindir o contrato, pagando a despesa da descarga, e o capitão procederá na conformidade dos arts. 592 e 596.

• V. art. 764, CCo.

Art. 612. Sendo o navio obrigado a voltar ao porto da saída, ou a arribar a outro qualquer por perigo de piratas ou de inimigos, podem os carregadores ou consignatários convir na sua total descarga, pagando as despesas desta e o frete da ida por inteiro, e prestando a fiança determinada no art. 609. Se o fretamento for ao mês, o frete é devido somente pelo tempo que o navio tiver sido empregado.

Art. 613. Se o capitão for obrigado a consertar a embarcação durante a viagem, o afretador, carregadores, ou consignatários, não querendo esperar pelo conserto, podem retirar as suas fazendas pagando todo o frete, estadias e sobreestadias e avaria grossa, havendo-a, as despesas da descarga e desarrumação.

• V. art. 764, CCo.

Art. 614. Não admitindo o navio conserto, o capitão é obrigado a fretar por sua conta, e sem poder exigir aumento algum do frete, uma ou mais embarcações para transportar a carga ao lugar do destino. Se o capitão não puder fretar outro ou outros navios dentro de 60 (sessenta) dias depois que o navio for julgado inavegável, e quando o conserto for impraticável, deverá requerer depósito judicial da carga e interpor os competentes protestos para sua ressalva; neste caso o contrato ficará rescisso, e somente se deverá o frete vencido. Se, porém, os afretadores ou carregadores provarem que o navio condenado por incapaz estava inavegável quando se fez à vela, não serão obrigados a frete algum, e terão ação de perdas e danos contra o fretador. Esta prova é admissível não obstante e contra os certificados da visita da saída.

• V. arts. 645, 746, 757 e 766, 5, CCo.

Art. 615. Ajustando-se os fretes por peso, sem se designar se é líquido ou bruto, deverá entender-se que é peso bruto; compreendendo-se nele qualquer espécie de capa, caixa ou vasilha em que as fazendas se acharem acondicionadas.

Art. 616. Quando o frete for justo por número, peso ou medida, e houver condição de que a carga será entregue no portaló do navio, o capitão tem direito de requerer que os efeitos sejam contados, medidos ou pesados a bordo do mesmo navio antes da descarga; e procedendo-se a esta diligência não responderá por faltas que possam aparecer em terra; se, porém, as fazendas se descarregarem sem se contarem, medirem ou pesarem, o consignatário terá direito de verificar em terra a identidade, número, medição ou peso, e o capitão será obrigado a conformar-se com o resultado desta verificação.

• V. art. 1.171, CC.

Art. 623

Código Comercial

Art. 617. Nos gêneros que por sua natureza são suscetíveis de aumento ou diminuição, independentemente de má arrumação ou falta de estiva, ou de defeito no vasilhame, como é, por exemplo, o sal, será por conta do dono qualquer diminuição ou aumento que os mesmos gêneros tiverem dentro do navio; e em um e outro caso deve-se frete do que se numerar, medir ou pesar no ato da descarga.

- V. arts. 529 e 711, CCo.
- V. art. 753, CC.
- V. arts. 3º a 6º e 9º, Dec.-lei 116/1967 (Transporte de mercadorias por via d'água nos portos brasileiros).

Art. 618. Havendo presunção de que as fazendas foram danificadas, roubadas ou diminuídas, o capitão é obrigado, e o consignatário e quaisquer outros interessados têm direito a requerer que sejam judicialmente visitadas e examinadas, e os danos estimados a bordo antes da descarga, ou dentro em 24 (vinte e quatro) horas depois; e ainda que este procedimento seja requerido pelo capitão não prejudicará os seus meios de defesa.

Se as fazendas forem entregues sem o referido exame, os consignatários têm direito de fazer proceder a exame judicial no preciso termo de 48 (quarenta e oito) horas depois da descarga; e passado este prazo não haverá mais lugar a reclamação alguma.

Todavia, não sendo a avaria ou diminuição visível por fora, o exame judicial poderá validamente fazer-se dentro de 10 (dez) dias depois que as fazendas passarem às mãos dos consignatários, nos termos do art. 211.

- V. art. 772, CCo.
- V. art. 1.171, CC.
- V. Súmula 261, STF.

Art. 619. O capitão ou fretador não pode reter fazendas no navio a pretexto de falta de pagamento de frete, avaria grossa ou despesas; poderá, porém, precedendo competente protesto, requerer o depósito de fazendas equivalentes, e pedir a venda delas, ficando-lhe direito salvo pelo resto contra o carregador, no caso de insuficiência do depósito.

A mesma disposição tem lugar quando o consignatário recusa receber a carga.

Nos dois referidos casos, se a avaria grossa não puder ser regulada imediatamente, é lícito ao capitão exigir o depósito judicial da soma que se arbitrar.

- V. art. 764, CCo.
- V. art. 7º, Dec.-lei 116/1967 (Transporte de mercadorias por via d'água nos portos brasileiros).

Art. 620. O capitão que entregar fazendas antes de receber o frete, avaria grossa e despesas, sem pôr em prática os meios do artigo precedente, ou os que lhe facultarem as leis ou usos do lugar da descarga, não terá ação para exigir o pagamento do carregador ou afretador, provando este que carregou as fazendas por conta de terceiro.

- V. art. 764, CCo.

Art. 621. Pagam frete por inteiro as fazendas que se deteriorarem por avaria, ou diminuírem por mau acondicionamento das vasilhas, caixas, capas ou outra qualquer cobertura em que forem carregadas, provando o capitão que o dano não procedeu de falta de arrumação ou de estiva (art. 624).

Pagam igualmente frete por inteiro as fazendas que o capitão é obrigado a vender nas circunstâncias previstas no art. 515.

O frete das fazendas alijadas para salvação comum do navio e da carga abona-se por inteiro como avaria grossa (art. 764).

- V. art. 12, Dec. 2.681/1912 (Responsabilidade civil das estradas de ferro).

Art. 622. Não se deve frete das mercadorias perdidas por naufrágio ou varação, roubo de piratas ou presa de inimigo, e, tendo-se pago adiantado, repete-se; salvo convenção em contrário.

Todavia, resgatando-se o navio e fazendas, ou salvando-se do naufrágio, deve-se o frete correspondente até o lugar da presa, ou naufrágio; e será pago por inteiro se o capitão conduzir as fazendas salvas até o lugar do destino, contribuindo este ao fretador por avaria grossa no dano, ou resgate.

- V. art. 764, CCo.

Art. 623. Salvando-se no mar ou nas praias, sem cooperação da tripulação, fazendas que fizeram parte da carga, e sendo

Art. 624

CÓDIGO COMERCIAL

depois de salvas entregues por pessoas estranhas, não se deve por elas frete algum.

• V. art. 723, CCo.

Art. 624. O carregador não pode abandonar as fazendas ao frete. Todavia pode ter lugar o abandono dos líquidos, cujas vasilhas se achem vazias ou quase vazias.

• V. arts. 621 e 711, 5, CCo.

Art. 625. A viagem para todos os efeitos do vencimento de fretes, se outra coisa se não ajustar, começa a correr desde o momento em que a carga fica debaixo da responsabilidade do capitão.

Art. 626. Os fretes e avarias grossas têm hipoteca tácita e especial nos efeitos que fazem objeto da carga, durante 30 (trinta) dias depois da entrega, se antes desse termo não houverem passado para o domínio de terceiro.

Art. 627. A dívida de fretes, primagem, estadias e sobreestadias, avarias e despesas da carga prefere a todas as outras sobre o valor dos efeitos carregados; salvo os casos de que trata o art. 470, n. 1.

Art. 628. O contrato de fretamento de um navio estrangeiro exequível no Brasil, há de ser determinado e julgado pelas regras estabelecidas neste Código, quer tenha sido ajustado dentro do Império, quer em país estrangeiro.

• V. art. 566, CCo.

Capítulo IV
DOS PASSAGEIROS

Art. 629. O passageiro de um navio deve achar-se a bordo no dia e hora que o capitão designar, quer no porto da partida, quer em qualquer outro de escala ou arribada; pena de ser obrigado ao pagamento do preço da sua passagem por inteiro, se o navio se fizer de vela sem ele.

• V. Lei 8.078/1990 (Código de Defesa do Consumidor).

Art. 630. Nenhum passageiro pode transferir a terceiro, sem consentimento do capitão, o seu direito de passagem.
Resilindo o passageiro do contrato antes da viagem começada, o capitão tem direito à metade do preço da passagem; e ao pagamento por inteiro, se aquele a não quiser continuar depois de começada.
Se o passageiro falecer antes da viagem começada, deve-se só metade do preço da passagem.

• V. Lei 8.078/1990 (Código de Defesa do Consumidor).

Art. 631. Se a viagem for suspensa ou interrompida por causa de força maior, no porto da partida, rescinde-se o contrato, sem que nem o capitão nem o passageiro tenham direito a indenização alguma; tendo lugar a suspensão ou interrupção em outro qualquer porto de escala ou arribada, deve somente o preço correspondente à viagem feita.
Interrompendo-se a viagem depois de começada por demora de conserto do navio, o passageiro pode tomar passagem em outro, pagando o preço correspondente à viagem feita. Se quiser esperar pelo conserto, o capitão não é obrigado ao seu sustento; salvo se o passageiro não encontrar outro navio em que comodamente se possa transportar, ou o preço da nova passagem exceder o da primeira, na proporção da viagem andada.

• V. art. 393, parágrafo único, CC.
• V. Lei 8.078/1990 (Código de Defesa do Consumidor).

Art. 632. O capitão tem hipoteca privilegiada para pagamento do preço da passagem em todos os efeitos que o passageiro tiver a bordo, e direito de os reter enquanto não for pago.
O capitão só responde pelo dano sobrevindo aos efeitos que o passageiro tiver a bordo debaixo da sua imediata guarda, quando o dano provier de fato seu ou da tripulação.

• V. Lei 8.078/1990 (Código de Defesa do Consumidor).

TÍTULO VII
DO CONTRATO DE DINHEIRO A RISCO OU CÂMBIO MARÍTIMO

Art. 633. O contrato de empréstimo a risco ou câmbio marítimo, pelo qual o dador estipula do tomador um prêmio certo e determinado por preço dos riscos de mar que

Art. 639

CÓDIGO COMERCIAL

toma sobre si, ficando com hipoteca especial no objeto sobre que recai o empréstimo, e sujeitando-se a perder o capital e prêmio se o dito objeto vier a perecer por efeito dos riscos tomados no tempo e lugar convencionados, só pode provar-se por instrumento público ou particular, o qual será registrado no Tribunal do Comércio dentro de 8 (oito) dias da data da escritura ou letra. Se o contrato tiver lugar em país estrangeiro por súditos brasileiros, o instrumento deverá ser autenticado com o – *visto* – do cônsul do Império, se aí o houver, e em todo o caso anotado no verso do registro da embarcação, se versar sobre o navio ou fretes. Faltando no instrumento do contrato alguma das sobreditas formalidades, ficará este subsistindo entre as próprias partes, mas não estabelecerá direitos contra terceiro.

É permitido fazer empréstimo a risco não só em dinheiro, mas também em efeitos próprios para o serviço e consumo do navio, ou que possam ser objeto de comércio; mas em tais casos a coisa emprestada deve ser estimada em valor fixo para ser paga com dinheiro.

- V. arts. 515 e 764, item 18, CCo.
- V. art. 967, CC.

Art. 634. O instrumento do contrato de dinheiro a risco deve declarar:
1. a data e o lugar em que o empréstimo se faz;
2. o capital emprestado, e o preço do risco, aquele e este especificados separadamente;
3. o nome do dador e o do tomador, com o do navio e o do seu capitão;
4. o objeto ou efeito sobre que recai o empréstimo;
5. os riscos tomados, com menção específica de cada um;
6. se o empréstimo tem lugar por uma ou mais viagens, qual a viagem, e por que termo;
7. a época do pagamento por embolso, e o lugar onde deva efetuar-se;
8. qualquer outra cláusula em que as partes convenham, contanto que não seja oposta à natureza deste contrato, ou proibida por lei.

O instrumento em que faltar alguma das declarações enunciadas será considerado como simples crédito de dinheiro de empréstimo ao prêmio da lei, sem hipoteca nos efeitos sobre que tiver sido dada, nem privilégio algum.

Art. 635. A escritura ou letra de risco exarada à ordem tem força de letra de câmbio contra o tomador e garantes, e é transferível e exeqüível por via de endosso, com os mesmos direitos e pelas mesmas ações que as letras de câmbio.

O cessionário toma o lugar de endossador, tanto a respeito do capital como do prêmio e dos riscos, mas a garantia da solvabilidade do tomador é restrita ao capital; salvo condição em contrário quanto ao prêmio.

Art. 636. Não sendo a escritura ou letra de risco passada à ordem, só pode ser transferida por cessão, com as mesmas formalidades e efeitos das cessões civis, sem outra responsabilidade da parte do cedente, que não seja a de garantir a existência da dívida.

- V. art. 286, CC.

Art. 637. Se no instrumento do contrato se não tiver feito menção específica dos riscos com reserva de algum, ou deixar de se estipular o tempo, entende-se que o dador do dinheiro tomará sobre si todos aqueles riscos marítimos, e pelo mesmo tempo que geralmente costumam receber os seguradores.

Art. 638. Não se declarando na escritura ou letra de risco que o empréstimo é só por ida ou só por volta, ou por uma e outra, o pagamento, recaindo o empréstimo sobre fazendas, é exeqüível no lugar do destino destas, declarado nos conhecimentos ou fretamento, e se recair sobre o navio, no fim de 2 (dois) meses depois da chegada ao porto do destino, se não aparelhar de volta.

Art. 639. O empréstimo a risco pode recair:
1. sobre o casco, fretes e pertences do navio;
2. sobre a carga;
3. sobre a totalidade destes objetos, conjunta ou separadamente, ou sobre uma parte determinada de cada um deles.

Art. 640. Recaindo o empréstimo a risco sobre o casco e pertences do navio, abrange na sua responsabilidade o frete da viagem respectiva.

Quando o contrato é celebrado sobre o navio e carga, o privilégio do dador é solidário sobre uma e outra coisa.

Se o empréstimo for feito sobre a carga ou sobre um objeto determinado do navio ou da carga, os seus efeitos não se estenderão além desse objeto ou da carga.

Art. 641. Para o contrato surtir o seu efeito legal, é necessário que exista dentro do navio no momento do sinistro a importância da soma dada de empréstimo a risco, em fazendas ou no seu equivalente.

Art. 642. Quando o objeto sobre que se toma dinheiro a risco não chega a pôr-se efetivamente em risco por não se efetuar a viagem, rescinde-se o contrato; e o dador neste caso tem direito para haver o capital com os juros da lei desde o dia da entrega do dinheiro ao tomador, sem outro algum prêmio, e goza do privilégio de preferência quanto ao capital somente.

• V. arts. 406 e 407, CC.

Art. 643. O tomador que não carregar efeitos no valor total da soma tomada a risco é obrigado a restituir o remanescente ao dador antes da partida do navio, ou todo se nenhum empregar; e se não restituir, dá-se ação pessoal contra o tomador pela parte descoberta, ainda que a parte coberta ou empregada venha a perder-se (art. 655).

O mesmo terá lugar quando o dinheiro a risco for tomado para habilitar o navio, se o tomador não chegar a fazer uso dele ou da coisa estimável, em todo ou em parte.

Art. 644. Quando no instrumento de risco sobre fazendas houver a faculdade de – *tocar e fazer escala* – ficam obrigados ao contrato, não só o dinheiro carregado em espécie para ser empregado na viagem, e as fazendas carregadas no lugar da partida, mas também as que forem carregadas em retorno por conta do tomador, sendo o contrato feito de ida e volta; e o tomador neste caso tem faculdade de trocá-las ou vendê-las e comprovar outras em todos os portos de escala.

Art. 645. Se ao tempo do sinistro parte dos efeitos objeto de risco já se achar em terra, a perda do dador será reduzida ao que tiver ficado dentro do navio; e se os efeitos salvos forem transportados em outro navio para o porto do destino originário (art. 614), neste continuam os riscos do dador.

Art. 646. O dador a risco sobre efeitos carregados em navio nominativamente designado no contrato não responde pela perda desses efeitos, ainda mesmo que seja acontecida por perigo de mar, se forem transferidos ou baldeados para outro navio, salvo provando-se legalmente que a baldeação tivera lugar por força maior.

• V. art. 393, parágrafo único, CC.

Art. 647. Em caso de sinistro, salvando-se alguns efeitos da carga objeto de risco, a obrigação do pagamento de dinheiro a risco fica reduzida ao valor dos mesmos objetos estimado pela forma determinada nos arts. 694 e segs. O dador neste caso tem direito para ser pago do principal e prêmio por esse mesmo valor até onde alcançar, deduzidas as despesas de salvados, e as soldadas vencidas nessa viagem.

Sendo o dinheiro dado sobre o navio, o privilégio do dador compreende não só os fragmentos náufragos do mesmo navio, mas também o frete adquirido pelas fazendas salvas, deduzidas as despesas de salvados, e as soldadas vencidas na viagem respectiva, não havendo dinheiro a risco ou seguro especial sobre esse frete.

• V. art. 688, CCo.

Art. 648. Havendo sobre o mesmo navio ou sobre a mesma carga um contrato de risco e outro de seguro (art. 650), o produto dos efeitos salvos será dividido entre o segurador e o dador a risco pelo seu capital somente na proporção de seus respectivos interesses.

Art. 649. Não precedendo ajuste em contrário, o dador conserva seus direitos íntegros contra o tomador, ainda mesmo que a perda ou dano da coisa objeto do risco provenha de alguma das causas enumeradas no art. 711.

Código Comercial

Art. 650. Quando alguns, mas não todos os riscos, ou uma parte somente do navio ou da carga se acham seguros, pode contrair-se empréstimo a risco pelos riscos ou parte não segura até à concorrência do seu valor por inteiro (art. 682).

Art. 651. As letras mercantis provenientes de dinheiro recebido pelo capitão para despesas indispensáveis do navio ou da carga nos termos dos arts. 515 e 516, e os prêmios do seguro correspondente, quando a sua importância houver sido realmente segurada, têm o privilégio de letras de empréstimo a risco, se contiverem declaração expressa de que o importe foi destinado para as referidas despesas; e são exequíveis, ainda mesmo que tais objetos se percam por qualquer evento posterior, provando o dador que o dinheiro foi efetivamente empregado em benefício do navio ou da carga (arts. 515 e 517).

• V. arts. 470, 6, 482, 695 e 791, CCo.

Art. 652. O empréstimo de dinheiro a risco sobre o navio tomado pelo capitão no lugar do domicílio do dono, sem autorização escrita deste, produz ação e privilégio somente na parte que o capitão possa ter no navio e frete; e não obriga o dono, ainda mesmo que se pretenda provar que o dinheiro foi aplicado em benefício da embarcação.

Art. 653. O empréstimo a risco sobre fazendas, contraído antes da viagem começada, deve ser mencionado nos conhecimentos e no manifesto da carga, com designação da pessoa a quem o capitão deve participar a chegada feliz no lugar do destino. Omitida aquela declaração, o consignatário, tendo aceitado letras de câmbio, ou feito adiantamento na fé dos conhecimentos, preferirá ao portador da letra de risco. Na falta de designação a quem deva participar a chegada, o capitão pode descarregar as fazendas, sem responsabilidade alguma pessoal para com o portador da letra de risco.

Art. 654. Se entre o dador a risco e o capitão se der algum conluio por cujo meio os armadores ou carregadores sofram prejuízo, será este indenizado solidariamente pelo dador e pelo capitão, contra os quais poderá intentar-se a ação criminal que competente seja.

• V. arts. 264 e 265, CC.

Art. 655. Incorre no crime de estelionato o tomador que receber dinheiro a risco por valor maior que o do objeto do risco, ou quando este não tenha sido efetivamente embarcado (art. 643); e no mesmo crime incorre também o dador que, não podendo ignorar esta circunstância, a não declarar à pessoa a quem endossar a letra de risco. No primeiro caso o tomador, e no segundo o dador respondem solidariamente pela importância da letra, ainda quando tenha perecido o objeto do risco.

• V. art. 643, CCo.
• V. arts. 264 e 265, CC.
• V. art. 171, CP.

Art. 656. É nulo o contrato de câmbio marítimo:
1. sendo o empréstimo feito a gente da tripulação;
2. tendo o empréstimo somente por objeto o frete a vencer, ou o lucro esperado de alguma negociação, ou um e outro simultânea e exclusivamente;
3. quando o dador não corre algum risco dos objetos sobre os quais se deu o dinheiro;
4. quando recai sobre objetos, cujos riscos já têm sido tomados por outrem no seu inteiro valor (art. 650);
5. faltando o registro, ou as formalidades exigidas no art. 516 para o caso de que aí se trata.

Em todos os referidos casos, ainda que o contrato não surta os seus efeitos legais, o tomador responde pessoalmente pelo principal mutuado e juros legais, posto que a coisa objeto do contrato tenha perecido no tempo e no lugar dos riscos.

Art. 657. O privilégio do dador a risco sobre o navio compreende proporcionalmente, não só os fragmentos náufragos do mesmo navio, mas também o frete adquirido pelas fazendas salvas, deduzidas as despesas de salvados e as soldadas devidas por essa viagem, não havendo seguro ou risco especial sobre o mesmo frete.

Art. 658. Se o contrato a risco compreender navio e carga, as fazendas conservadas são hipoteca do dador, ainda que o navio pereça; o mesmo é, *vice-versa*, quando o navio se salva e as fazendas se perdem.

Art. 659. É livre aos contraentes estipular o prêmio na quantidade, e o modo de pagamento que bem lhes pareça; mas uma vez concordado, a superveniência de risco não dá direito a exigência de aumento ou diminuição de prêmio; salvo se outra coisa for acordada no contrato.

Art. 660. Não estando fixada a época do pagamento, será este reputado vencido apenas tiverem cessado os riscos. Desse dia em diante correm para o dador os juros da lei sobre o capital e prêmio no caso de mora; a qual só pode provar-se pelo protesto.

Art. 661. O portador, na falta de pagamento no termo devido, é obrigado a protestar e a praticar todos os deveres dos portadores de letras de câmbio para vencimento dos juros, e conservação do direito regressivo sobre os garantes do instrumento de risco.

- V. Dec. 57.663/1966 (Convenções para adoção de uma Lei Uniforme em matéria de letra de câmbio e nota promissória).

Art. 662. O dador de dinheiro a risco adquire hipoteca no objeto sobre que recai o empréstimo, mas fica sujeito a perder todo o direito à soma mutuada, perecendo o objeto hipotecado no tempo e lugar, e pelos riscos convencionados; e só tem direito ao embolso do principal e prêmio por inteiro no caso de chegada a salvamento.

Art. 663. Incumbe ao tomador provar a perda, e justificar que os feitos, objeto do empréstimo, existiam na embarcação na ocasião do sinistro.

Art. 664. Acontecendo presa ou desastre de mar ao navio ou fazendas sobre que recaiu o empréstimo a risco, o tomador tem obrigação de noticiar o acontecimento ao dador, apenas tal nova chegar ao seu conhecimento. Achando-se o tomador a esse tempo no navio, ou próximo aos objetos sobre que recaiu o empréstimo, é obrigado a empregar na sua reclamação e salvação as diligências próprias de um administrador exato; pena de responder por perdas e danos que da sua falta resultarem.

Art. 665. Quando sobre contrato de dinheiro a risco ocorra caso que se não ache prevenido neste Título, procurar-se-á a sua decisão por analogia, quanto seja compatível, no Título – *Dos seguros marítimos* – e *vice-versa*.

- V. arts. 666 a 730, CCo.

TÍTULO VIII
DOS SEGUROS MARÍTIMOS

Capítulo I
DA NATUREZA E FORMA DO CONTRATO DE SEGURO MARÍTIMO

Art. 666. O contrato de seguro marítimo, pelo qual o segurador, tomando sobre si a fortuna e riscos do mar, se obriga a indenizar ao segurado da perda ou dano que possa sobrevir ao objeto do seguro, mediante um prêmio ou soma determinada, equivalente ao risco tomado, só pode provar-se por escrito, a cujo instrumento se chama *apólice*; contudo julga-se subsistente para obrigar reciprocamente ao segurador e ao segurado desde o momento em que as partes se convierem, assinando ambas a minuta, a qual deve conter todas as declarações, cláusulas e condições da apólice.

- V. arts. 757 a 802, CC.
- V. Dec.-lei 73/1966 (Sistema nacional de seguros privados).

Art. 667. A apólice de seguro deve ser assinada pelos seguradores, e conter:

- V. art. 689, CCo.
- V. arts. 758, 760 e 780, CC.

1. o nome e domicílio do segurador e o do segurado; declarando este se segura por sua conta ou por conta de terceiro, cujo nome pode omitir-se; omitindo-se o nome do segurado, o terceiro que faz o seguro em seu nome fica pessoal e solidariamente responsável.

A apólice em nenhum caso pode ser concedida ao portador;

2. o nome, classe e bandeira do navio, e o nome do capitão; salvo não tendo o segurado certeza do navio (art. 670);

Art. 674

CÓDIGO COMERCIAL

3. a natureza e qualidade do objeto seguro e o seu valor fixo ou estimado;
4. o lugar onde as mercadorias foram, deviam ou devam ser carregadas;
5. os portos ou ancoradouros, onde o navio deve carregar ou descarregar, e aqueles onde deva tocar por escala;

• V. art. 674, CCo.

6. o porto donde o navio partiu, devia ou deve partir; e a época da partida, quando esta houver sido positivamente ajustada;
7. menção especial de todos os riscos que o segurador toma sobre si;
8. o tempo e o lugar em que os riscos devem começar e acabar;
9. o prêmio do seguro, e o lugar, época e forma do pagamento;
10. o tempo, lugar e forma do pagamento no caso de sinistro;
11. declaração de que as partes se sujeitam à decisão arbitral, quando haja contestação, se elas assim o acordarem;
12. a data do dia em que se concluiu o contrato, com declaração, se antes, se depois do meio-dia;
13. e geralmente todas as outras condições em que as partes convenham.

Uma apólice pode conter dois ou mais seguros diferentes.

Art. 668. Sendo diversos os seguradores, cada um deve declarar a quantia por que se obriga, e esta declaração será datada e assinada. Na falta de declaração, a assinatura importa em responsabilidade solidária por todo o valor segurado.
Se um dos seguradores se obrigar por certa e determinada quantia, os seguradores que depois dele assinarem sem declaração da quantia por que se obrigam, ficarão responsáveis cada um por outra igual soma.

Art. 669. O seguro pode recair sobre a totalidade de um objeto ou sobre parte dele somente; e pode ser feito antes da viagem começada ou durante o curso dela, de ida e volta, ou só por ida ou só por volta, por viagem inteira ou por tempo limitado dela, e contra os riscos de viagem e transporte por mar somente, ou compreender também os riscos de transportes por canais e rios.

Art. 670. Ignorando o segurado a espécie de fazendas que hão de ser carregadas, ou não tendo certeza do navio em que o devam ser, pode efetuar validamente o seguro debaixo do nome genérico – *fazendas* – no primeiro caso, e – *sobre um ou mais navios* – no segundo; sem que o segurado seja obrigado a designar o nome do navio, uma vez que na apólice declare que o ignora, mencionando a data e assinatura da última carta de aviso ou ordens que tenha recebido.

Art. 671. Efetuando-se o seguro debaixo do nome genérico de – *fazendas* – o segurado é obrigado a provar, no caso de sinistro, que efetivamente se embarcaram as fazendas no valor declarado na apólice; e se o seguro se tiver feito – *sobre um ou mais navios* – incumbe-lhe provar que as fazendas seguras foram efetivamente embarcadas no navio que sofreu o sinistro (art. 716).

Art. 672. A designação geral – *fazendas* – não compreende moeda de qualidade alguma, nem joias, ouro ou prata, pérolas ou pedras preciosas, nem munições de guerra; em seguros desta natureza é necessário que se declare a espécie do objeto sobre que recai o seguro.

Art. 673. Suscitando-se dúvida sobre a inteligência de alguma ou algumas das condições e cláusulas da apólice, a sua decisão será determinada pelas regras seguintes:

• V. art. 112, CC.

1. as cláusulas escritas terão mais força do que as impressas;
2. as que forem claras, e expuserem a natureza, objeto ou fim do seguro, servirão de regra para esclarecer as obscuras, e para fixar a intenção das partes na celebração do contrato;
3. o costume geral, observado em casos idênticos na praça onde se celebrou o contrato, prevalecerá a qualquer significação diversa que as palavras possam ter em uso vulgar;
4. em caso de ambiguidade que exija interpretação, será esta feita segundo as regras estabelecidas no art. 131.

Art. 674. A cláusula de fazer escala compreende a faculdade de carregar e descarregar fazendas no lugar da escala, ainda que esta condição não seja expressa na apólice (art. 667, n. 5).

CÓDIGO COMERCIAL

Art. 675. A apólice de seguro é transferível e exequível por via de endosso, substituindo o endossado ao segurado em todas as suas obrigações, direitos e ações (art. 363).
• V. art. 785, CC.

Art. 676. Mudando os efeitos segurados de proprietário durante o tempo do contrato, o seguro passa para o novo dono, independente de transferência da apólice; salvo condição em contrário.

Art. 677. O contrato de seguro é nulo:
• V. art. 790, CCo.
• V. arts. 393, parágrafo único, 765 e 773, CC.

1. sendo feito por pessoa que não tenha interesse no objeto segurado;
2. recaindo sobre algum dos objetos proibidos no art. 686;
• V. art. 762, CC.
3. sempre que se provar fraude ou falsidade por alguma das partes;
• V. art. 778, CC.
4. quando o objeto do seguro não chega a pôr-se efetivamente em risco;
• V. art. 773, CC.
5. provando-se que o navio saiu antes da época designada na apólice, ou que se demorou além dela, sem ter sido obrigado por força maior;
6. recaindo o seguro sobre objetos já segurados no seu inteiro valor, e pelos mesmos riscos. Se, porém, o primeiro seguro não abranger o valor da coisa por inteiro, ou houver sido efetuado com exceção de algum ou alguns riscos, o seguro prevalecerá na parte, e pelos riscos executados;
• V. art. 782, CC.
7. o seguro de lucro esperado, que não fixar soma determinada sobre o valor do objeto do seguro;
8. sendo o seguro de mercadorias que se conduzirem em cima do convés, não se tendo feito na apólice declaração expressa desta circunstância;
• V. art. 790, CCo.
9. sobre objetos que na data do contrato se achavam já perdidos ou salvos, havendo presunção fundada de que o segurado ou segurador podia ter notícia do evento ao tempo em que se efetuou o seguro. Existe esta presunção, provando-se por alguma forma que a notícia tinha chegado ao lugar em que se fez o seguro, ou àquele donde se expediu a ordem para ele se efetuar ao tempo da data da apólice ou da expedição da mesma ordem, e que o segurado ou o segurador a sabia.

Se, porém, a apólice contiver a cláusula – *perdido ou não perdido* – ou *sobre boa ou má nova* – cessa a presunção; salvo provando-se fraude.
• V. art. 773, CC.

Art. 678. O seguro pode também anular-se:
• V. arts. 765 e 766, CC.

1. quando o segurado oculta a verdade ou diz o que não é verdade;
2. quando faz declaração errônea, calando, falsificando ou alterando fatos ou circunstâncias, ou produzindo fatos ou circunstâncias não existentes, de tal natureza e importância que, a não se terem ocultado, falsificado ou produzido, os seguradores, ou não houveram admitido o seguro, ou o teriam efetuado debaixo de prêmio maior e mais restritas condições.

Art. 679. No caso de fraude da parte do segurado, além da nulidade do seguro, será este condenado a pagar ao segurador o prêmio estipulado em dobro. Quando a fraude estiver da parte do segurador, será este condenado a retornar o prêmio recebido, e a pagar ao segurado outra igual quantia.
Em um e outro caso pode-se intentar ação criminal contra o fraudulento.
• V. arts. 766 e 773, CC.

Art. 680. A desviação voluntária da derrota da viagem, e a alteração na ordem das escalas, que não for obrigada por urgente necessidade ou força maior, anulará o seguro pelo resto da viagem (art. 509).
• V. art. 711, CCo.
• V. art. 393, CC.

Art. 681. Se o navio tiver vários pontos de escala designados na apólice, é lícito ao segurado alterar a ordem das escalas; mas em tal caso só poderá escalar em um único porto dos especificados na mesma apólice.

Código Comercial

Art. 682. Quando o seguro versar sobre dinheiro dado a risco, deve declarar-se na apólice, não só o nome do navio, do capitão, e do tomador do dinheiro, como outrossim fazer-se menção dos riscos que este quer segurar e o dador exceutuara, ou qual o valor descoberto sobre que é permitido o seguro (art. 650). Além desta declaração é necessário mencionar também na apólice a causa da dívida para que serviu o dinheiro.

- V. arts. 633 e 650, CCo.

Art. 683. Tendo-se efetuado sem fraude diversos seguros sobre o mesmo objeto, prevalecerá o mais antigo na data da apólice. Os seguradores cujas apólices forem posteriores são obrigados a restituir o prêmio recebido, retendo por indenização 0,5% (meio por cento) do valor segurado.

- V. arts. 778 e 782, CC.

Art. 684. Em todos os casos em que o seguro se anular por fato que não resulte diretamente de força maior, o segurador adquire o prêmio por inteiro, se o objeto do seguro se tiver posto em risco; e se não se tiver posto em risco, retém 0,5% (meio por cento) do valor segurado.

Anulando-se, porém, algum seguro por viagem redonda com prêmio ligado, o segurador adquire metade (tão somente) do prêmio ajustado.

- V. art. 764, CC.

Capítulo II
DAS COISAS QUE PODEM SER OBJETO DE SEGURO MARÍTIMO

Art. 685. Toda e qualquer coisa, todo e qualquer interesse apreciável a dinheiro, que tenha sido posto ou deva pôr-se a risco de mar, pode ser objeto de seguro marítimo, não havendo proibição em contrário.

Art. 686. É proibido o seguro:

- V. art. 677, item 2, CCo.

1. sobre coisas, cujo comércio não seja lícito pelas leis do Império, e sobre os navios nacionais ou estrangeiros que nesse comércio se empregarem;

- V. art. 762, CC.

2. sobre a vida de alguma pessoa livre;

- V. arts. 789 a 802, CC.
- V. Súmula 105, STF.
- V. Súmula 61, STJ.

3. sobre soldadas a vencer de qualquer indivíduo da tripulação.

Art. 687. O segurador pode ressegurar por outros seguradores os mesmos objetos que ele tiver segurado, com as mesmas ou diferentes condições, e por igual, maior ou menor prêmio.

O segurado pode tornar a segurar, quando o segurador ficar insolvente, antes da notícia da terminação do risco, pedindo em juízo anulação da primeira apólice; e se a esse tempo existir risco pelo qual seja devida alguma indenização ao segurado, entrará este pela sua importância na massa do segurador falido.

- V. arts. 778 e 782, CC.

Art. 688. Não se declarando na apólice de seguro de dinheiro a risco, se o seguro compreende o capital e o prêmio, entende-se que compreende só o capital, o qual, no caso de sinistro, será indenizado pela forma determinada no art. 647.

- V. art. 633, CCo.

Art. 689. Pode segurar-se o navio, seu frete e fazendas na mesma apólice, mas neste caso há de determinar-se o valor de cada objeto distintamente; faltando esta especificação, o seguro ficará reduzido ao objeto definido na apólice somente.

- V. arts. 672, 755 e 780, CCo.

Art. 690. Declarando-se genericamente na apólice, que se segura o navio sem outra alguma especificação, entende-se que o seguro compreende o casco e todos os pertences da embarcação, aprestos, aparelhos, mastreação e velame, lanchas, escaleres, botes, utensílios e vitualhas ou provisões; mas em nenhum caso os fretes nem o carregamento, ainda que este seja por conta do capitão, dono, ou armador do navio.

Art. 691. As apólices de seguro por ida e volta cobrem os riscos seguros que sobrevierem durante as estadias intermédias, ainda que esta cláusula seja omissa na apólice.

- V. art. 703, CCo.

Art. 692

Capítulo III
DA AVALIAÇÃO DOS OBJETOS SEGUROS

Art. 692. O valor do objeto do seguro deve ser declarado na apólice em quantia certa, sempre que o segurado tiver dele conhecimento exato.

No seguro de navio, esta declaração é essencialmente necessária, e faltando ela o seguro julga-se improcedente.

Nos seguros sobre fazendas, não tendo o segurado conhecimento exato do seu verdadeiro importe, basta que o valor se declare por estimativa.

* V. arts. 672, 700, 701 e 780, CCo.
* V. art. 760, CC.

Art. 693. O valor declarado na apólice, quer tenha a cláusula – *valha mais ou valha menos* –, quer a não tenha, será considerado em juízo como ajustado e admitido entre as partes para todos os efeitos do seguro. Contudo, se o segurador alegar que a coisa segura valia ao tempo do contrato um quarto menos, ou daí para cima, do preço em que o segurado a estimou, será admitido a reclamar a avaliação; incumbindo-lhe justificar a reclamação pelos meios de prova admissíveis em comércio. Para este fim, e em ajuda de outras provas, poderá o segurador obrigar o segurado à exibição dos documentos ou das razões em que se fundara para o cálculo da avaliação que dera na apólice; e se presumirá ter havido dolo da parte do segurado se ele se negar a esta exibição.

* V. art. 701, CCo.

Art. 694. Não se tendo declarado na apólice o valor certo do seguro sobre fazenda, será este determinado pelo preço da compra das mesmas fazendas, aumentado com as despesas que estas tiverem feito até o embarque, e mais o prêmio do seguro e a comissão de se efetuar, quando esta se tiver pago; por forma que, no caso de perda total, o segurado seja embolsado de todo o valor posto a risco. Na apólice de seguro sobre fretes sem valor fixo, será este determinado pela carta de fretamento, ou pelos conhecimentos, e pelo manifesto, ou livro da carga, cumulativamente em ambos os casos.

* V. arts. 566, 647, 696, 697, 700 e 779, CCo.

Art. 695. O valor do seguro sobre dinheiro a risco prova-se pelo contrato original, e o do seguro sobre despesas feitas com o navio ou carga durante a viagem (arts. 515 e 651) com as respectivas contas competentemente legalizadas.

* V. art. 633, CCo.

Art. 696. O valor de mercadorias provenientes de fábricas, lavras ou fazendas do segurado, que não for determinado na apólice, será avaliado pelo preço que outras tais mercadorias poderiam obter no lugar do desembarque, sendo aí vendidas, aumentado na forma do art. 694.

Art. 697. As fazendas adquiridas por troca estimam-se pelo preço que poderiam obter no mercado do lugar da descarga aquelas que por elas se trocaram, aumentado na forma do art. 694.

Art. 698. A avaliação em seguros feitos sobre moeda estrangeira faz-se, reduzindo-se esta ao valor da moeda corrente no Império pelo curso que o câmbio tinha na data da apólice.

* V. art. 2º, I, Dec.-lei 857/1969 (Moeda de pagamento de obrigações exequíveis no Brasil).

Art. 699. O segurador em nenhum caso pode obrigar o segurado a vender os objetos do seguro para determinar o seu valor.

Art. 700. Sempre que se provar que o segurado procedeu com fraude na declaração do valor declarado na apólice, ou na que posteriormente se fizer no caso de se não ter feito no ato do contrato (arts. 692 e 694), o juiz, reduzindo a estimação do objeto segurado ao seu verdadeiro valor, condenará o segurado a pagar ao segurador o dobro do prêmio estipulado.

* V. art. 778, CC.

Art. 701. A cláusula inserta na apólice – *valha mais ou valha menos* – não releva o segurado da condenação por fraude; nem pode ser valiosa sempre que se provar que o objeto seguro valia menos de um quarto que o preço fixado na apólice (arts. 692 e 693).

Capítulo IV
DO COMEÇO E FIM DOS RISCOS

Art. 702. Não constando da apólice do seguro o tempo em que os riscos devem começar e acabar, os riscos de seguro sobre navio principiam a correr por conta do segurador desde o momento em que a embarcação suspende a sua primeira âncora para velejar, e terminam depois que tem dado fundo e amarrado dentro do porto do seu destino, no lugar que aí for designado para descarregar, se levar carga, ou no lugar em que der fundo e amarrar, indo em lastro.

- V. art. 780, CC.

Art. 703. Segurando-se o navio por ida e volta, ou por mais de uma viagem, os riscos correm sem interrupção por conta do segurador, desde o começo da primeira viagem até o fim da última (art. 691).

Art. 704. No seguro de navios por estadia em algum porto, os riscos começam a correr desde que o navio dá fundo e se amarra no mesmo porto, e findam desde o momento em que suspende a sua primeira âncora para seguir viagem.

Art. 705. Sendo o seguro sobre mercadorias, os riscos têm princípio desde o momento em que elas se começam a embarcar nos cais ou à borda d'água do lugar da carga, e só terminam depois que são postas a salvo no lugar da descarga; ainda mesmo no caso do capitão ser obrigado a descarregá-las em algum porto de escala, ou de arribada forçada.

- V. art. 740, CCo.
- V. art. 780, CC.

Art. 706. Fazendo-se seguro sobre fazendas a transportar alternadamente por mar e terra, rios ou canais, em navios, barcos, carros ou animais, os riscos começam logo que os efeitos são entregues no lugar onde devem ser carregados, e só expiram quando são descarregados a salvamento no lugar do destino.

- V. art. 672, CCo.
- V. art. 780, CC.

Art. 707. Os riscos de seguro sobre frete têm o seu começo desde o momento e à medida que são recebidas a bordo as fazendas que pagam frete; e acabam logo que saem para fora do portaló do navio, e à proporção que vão saindo; salvo se por ajuste ou por uso do porto o navio for obrigado a receber a carga à beira d'água, e pô-la em terra por sua conta.

O risco do frete, neste caso, acompanha o risco das mercadorias.

Art. 708. A fortuna das somas mutuadas a risco principia e acaba para os seguradores na mesma época, e pela mesma forma que corre para o dador do dinheiro a risco; no caso, porém, de se não ter feito no instrumento do contrato a risco menção específica dos riscos tomados, ou se não houver estipulado o tempo, entende-se que os seguradores tomaram sobre si todos os riscos, e pelo mesmo tempo que geralmente costumam receber os dadores de dinheiro a risco.

- V. art. 633, CCo.

Art. 709. No seguro de lucro esperado, os riscos acompanham a sorte das fazendas respectivas.

Capítulo V
DAS OBRIGAÇÕES RECÍPROCAS DO SEGURADOR E DO SEGURADO

Art. 710. São a cargo do segurador todas as perdas e danos que sobrevierem ao objeto seguro por algum dos riscos especificados na apólice.

Art. 711. O segurador não responde por dano ou avaria que aconteça por fato do segurado, ou por alguma das causas seguintes:

- V. arts. 649 e 766, CCo.
- V. arts. 393, parágrafo único, 768, 769 e 784, CC.

1. desviação voluntária da derrota ordinária e usual da viagem;

2. alteração voluntária na ordem das escalas designadas na apólice; salvo a exceção estabelecida no art. 680;

3. prolongação voluntária da viagem, além do último porto atermado na apólice. Encurtando-se a viagem, o seguro surte pleno efeito, se o porto onde ela findar for de escala declarada na apólice; sem que o segu-

rado tenha direito para exigir redução do prêmio estipulado;
4. separação espontânea de comboio, ou de outro navio armado, tendo-se estipulado na apólice de ir em conserva dele;
5. diminuição e derramamento de líquido (art. 624);
6. falta de estiva, ou defeituosa arrumação da carga;
7. diminuição natural de gêneros, que por sua qualidade são suscetíveis de dissolução, diminuição ou quebra em peso ou medida entre o seu embarque e o desembarque; salvo tendo estado encalhado o navio, ou tendo sido descarregadas essas fazendas por ocasião de força maior; devendo-se, em tais casos, fazer dedução da diminuição ordinária que costuma haver em gêneros de semelhante natureza (art. 617);
8. quando a mesma diminuição natural acontecer em cereais, açúcar, café, farinhas, tabaco, arroz, queijos, frutas secas ou verdes, livros ou papel e outros gêneros de semelhante natureza, se a avaria não exceder a 10% (dez por cento) do valor seguro; salvo se a embarcação tiver estado encalhada, ou as mesmas fazendas tiverem sido descarregadas por motivo de força maior, ou o contrário se houver estipulado na apólice;
9. danificação de amarras, mastreação, velame ou outro qualquer pertence do navio, procedida do uso ordinário do seu destino;
10. vício intrínseco, má qualidade, ou mau acondicionamento do objeto seguro;
11. avaria simples ou particular, que incluída a despesa de documentos justificativos, não exceda de 3% (três por cento) do valor segurado;
12. rebeldia do capitão ou da equipagem; salvo havendo estipulação em contrário declarada na apólice. Esta estipulação é nula sendo o seguro feito pelo capitão, por conta dele ou alheia, ou por terceiro por conta do capitão.

Art. 712. Todo e qualquer ato por sua natureza criminoso praticado pelo capitão no exercício do seu emprego, ou pela tripulação, ou por um e outra conjuntamente, do qual aconteça dano grave ao navio ou à carga, em oposição à presumida vontade legal do dono do navio, é rebeldia.

Art. 713. O segurador que toma o risco de rebeldia responde pela perda ou dano procedente do ato de rebeldia do capitão ou da equipagem, ou seja por consequência imediata, ou ainda casualmente, uma vez que a perda ou dano tenha acontecido dentro do tempo dos riscos tomados, e na viagem e portos da apólice.

Art. 714. A cláusula – *livre de avaria* – desobriga os seguradores das avarias simples ou particulares; a cláusula – *livre de todas as avarias* – desonera-os também das grossas. Nenhuma destas cláusulas, porém, os isenta nos casos em que tiver lugar o abandono.

• V. arts. 753 a 760, CCo.

Art. 715. Nos seguros feitos com a cláusula – *livre de hostilidade* – o segurador é livre, se os efeitos segurados perecem ou se deterioram por efeito de hostilidade. O seguro, neste caso, cessa desde que foi retardada a viagem, ou mudada a derrota por causa das hostilidades.

Art. 716. Contendo o seguro sobre fazendas a cláusula – *carregadas em um ou mais navios* –, o seguro surte todos os efeitos, provando-se que as fazendas seguras foram carregadas por inteiro em um só navio, ou por partes em diversas embarcações.

• V. arts. 671 e 672, CCo.

Art. 717. Sendo necessário baldear-se a carga, depois de começada a viagem, para embarcação diferente da que tiver sido designada na apólice, por inavegabilidade ou força maior, os riscos continuam a correr por conta do segurador até o navio substituído chegar ao porto do destino, ainda mesmo que tal navio seja de diversa bandeira, não sendo esta inimiga.

• V. art. 393, parágrafo único, CC.

Art. 718. Ainda que o segurador não responda pelos danos que resultam ao navio por falta de exata observância das leis e regulamentos das Alfândegas e polícia dos portos (art. 530), esta falta não o desonera de responder pelos que daí sobrevierem à carga.

Art. 719. O segurado deve sem demora participar ao segurador, e, havendo mais de

Art. 730

CÓDIGO COMERCIAL

um, somente ao primeiro na ordem da subscrição, todas as notícias que receber de qualquer sinistro acontecido ao navio ou à carga. A omissão culposa do segurado a este respeito, pode ser qualificada de presunção de má-fé.

- V. art. 722, CCo.
- V. art. 771, CC.

Art. 720. Se passado 1 (um) ano a datar da saída do navio nas viagens para qualquer porto da América, ou 2 (dois) anos para outro qualquer porto do mundo, e, tendo expirado o tempo limitado na apólice, não houver notícia alguma do navio, presume-se este perdido, e o segurado pode fazer abandono ao segurador, e exigir o pagamento da apólice; o qual, todavia, será obrigado a restituir, se o navio se não houver perdido e se vier a provar que o sinistro aconteceu depois de ter expirado o termo dos riscos.

- V. art. 753, 4, CCo.

Art. 721. Nos casos de naufrágio ou varação, presa ou arresto de inimigo, o segurado é obrigado a empregar toda a diligência possível para salvar ou reclamar os objetos seguros, sem que para tais atos se faça necessária a procuração do segurador, do qual pode o segurado exigir o adiantamento do dinheiro preciso para a reclamação intentada ou que se possa intentar, sem que o mau sucesso desta prejudique ao embolso do segurado pelas despesas ocorridas.

- V. arts. 753 a 760, CCo.

Art. 722. Quando o segurado não pode fazer por si as devidas reclamações, por deverem ter lugar fora do Império, ou do seu domicílio, deve nomear para esse fim competente mandatário, avisando desta nomeação ao segurador (art. 719). Feita a nomeação e o aviso, cessa toda a sua responsabilidade, nem responde pelos atos do seu mandatário; ficando unicamente obrigado a fazer cessão ao segurador das ações que competirem, sempre que este o exigir.

Art. 723. O segurado, no caso de presa ou arresto de inimigo, só está obrigado a seguir os termos da reclamação até à promulgação da sentença da primeira instância.

Art. 724. Nos casos dos três artigos precedentes, o segurado é obrigado a obrar de acordo com os seguradores. Não havendo tempo para os consultar, obrará como melhor entender, correndo as despesas por conta dos mesmos seguradores.

Em caso de abandono admitido pelos seguradores, ou destes tomarem sobre si as diligências dos salvados ou das reclamações, cessam todas as sobreditas obrigações do capitão e do segurado.

Art. 725. O julgamento de um tribunal estrangeiro, ainda que baseado pareça em fundamentos manifestamente injustos, ou fatos notoriamente falsos ou desfigurados, não desonera o segurador, mostrando o segurado que empregou os meios ao seu alcance, e produziu as provas que lhe era possível prestar para prevenir a injustiça do julgamento.

- V. arts. 21, I e parágrafo único, e 53, III, *b*, CPC/2015.
- V. Súmula 363, STF.

Art. 726. Os objetos segurados que forem restituídos gratuitamente pelos apresadores voltam ao domínio de seus donos, ainda que a restituição tenha sido feita a favor do capitão ou de qualquer outra pessoa.

- V. Súmulas 151 e 188, STF.

Art. 727. Todo o ajuste que se fizer com os apresadores no alto-mar para resgatar a coisa segura é nulo; salvo havendo para isso autorização por escrito na apólice.

Art. 728. Pagando o segurador um dano acontecido à coisa segura, ficará sub-rogado em todos os direitos e ações que ao segurado competirem contra terceiro; e o segurado não pode praticar ato algum em prejuízo do direito adquirido dos seguradores.

- V. Súmulas 188 e 257, STF.

Art. 729. O prêmio do seguro é devido por inteiro, sempre que o segurado receber a indenização do sinistro.

- V. art. 764, CC.

Art. 730. O segurador é obrigado a pagar ao segurado as indenizações a que tiver direito, dentro de 15 (quinze) dias da apresentação da conta, instruída com os documentos respectivos; salvo se o prazo de pagamento tiver sido estipulado na apólice.

Art. 731

CÓDIGO COMERCIAL

TÍTULO IX
DO NAUFRÁGIO E SALVADOS

Arts. 731 a 739. *(Revogados pela Lei 7.542/1986.)*

TÍTULO X
DAS ARRIBADAS FORÇADAS

Art. 740. Quando um navio entra por necessidade em algum porto ou lugar distinto dos determinados na viagem a que se propusera, diz-se que fez arribada forçada (art. 510).

Art. 741. São causas justas para arribada forçada:
1. falta de víveres ou aguada;
2. qualquer acidente acontecido à equipagem, carga ou navio, que impossibilite este de continuar a navegar;
3. temor fundado de inimigo ou pirata.

Art. 742. Todavia, não será justificada a arribada:
1. se a falta de víveres ou de aguada proceder de não haver-se feito a provisão necessária segundo o costume e uso da navegação, ou de haver-se perdido e estragado por má arrumação ou descuido, ou porque o capitão vendesse alguma parte dos mesmos víveres ou aguada;
2. nascendo a inavegabilidade do navio de mau conserto, de falta de apercebimento ou esquipação, ou de má arrumação da carga;
3. se o temor de inimigo ou pirata não for fundado em fatos positivos que não deixem dúvida.

Art. 743. Dentro das primeiras 24 (vinte e quatro) horas úteis da entrada no porto de arribada, deve o capitão apresentar-se à autoridade competente para lhe tomar o protesto da arribada, que justificará perante a mesma autoridade (arts. 505 e 512).

Art. 744. As despesas ocasionadas pela arribada forçada correm por conta do fretador ou do afretador, ou de ambos, segundo for a causa que as motivou, com direito regressivo contra quem pertencer.

• V. arts. 763 e 764, IX e XI, CCo.

Art. 745. Sendo a arribada justificada, nem o dono do navio nem o capitão respondem pelos prejuízos que puderem resultar à carga; se, porém, não for justificada, um e outro serão responsáveis solidariamente até a concorrência do valor do navio e frete.

Art. 746. Só pode autorizar-se descarga no porto de arribada, sendo indispensavelmente necessária para conserto no navio, ou reparo de avaria da carga (art. 614). O capitão, neste caso, é responsável pela boa guarda e conservação dos efeitos descarregados; salvo unicamente os casos de força maior, ou de tal natureza que não possam ser prevenidos.

A descarga será reputada legal em juízo quando tiver sido autorizada pelo juiz de direito do comércio. Nos países estrangeiros compete aos cônsules do Império dar a autorização necessária, e onde os não houver será requerida à autoridade local competente.

• V. art. 967, CC.

Art. 747. A carga avariada será reparada. ou vendida, como parecer mais conveniente; mas em todo o caso deve preceder autorização competente.

Art. 748. O capitão não pode, debaixo de pretexto algum, diferir a partida do porto da arribada desde que cessa o motivo dela; pena de responder por perdas e danos resultantes da dilação voluntária (art. 510).

TÍTULO XI
DO DANO CAUSADO POR ABALROAÇÃO

Art. 749. Sendo um navio abalroado por outro, o dano inteiro causado ao navio abalroado e à sua carga será pago por aquele que tiver causado a abalroação, se esta tiver acontecido por falta de observância do regulamento do porto, imperícia, ou negligência do capitão ou da tripulação; fazendo-se a estimação por árbitros.

Art. 750. Todos os casos de abalroação serão decididos, na menor dilação possível, por peritos, que julgarão qual dos navios foi o causador do dano, conformando-se com as disposições do regulamento do porto, e os usos e prática do lugar. No caso dos árbitros declararem que não podem julgar com segurança qual navio foi culpado, sofrerá cada um o dano que tiver recebido.

- V. art. 32 , I, Lei 2.180/1954 (Tribunal Marítimo).
- V. Lei 5.056/1966 (Altera a Lei 2.180/1954).

Art. 751. Se, acontecendo a abalroação no alto-mar, o navio abalroado for obrigado a procurar porto de arribada para poder consertar, e se perder nessa derrota, a perda do navio presume-se causada pela abalroação.

Art. 752. Todas as perdas resultantes de abalroação pertencem à classe de avarias particulares ou simples; excetua-se o único caso em que o navio, para evitar dano maior de uma abalroação iminente, pica as suas amarras, e abalroa a outro para sua própria salvação (art. 764). Os danos que o navio ou a carga, neste caso, sofre, são repartidos pelo navio, frete e carga por avaria grossa.

- V. art. 766, CCo.

TÍTULO XII
DO ABANDONO

Art. 753. É lícito ao segurado fazer abandono dos objetos seguros, e pedir ao segurador a indenização de perda total nos seguintes casos:
1. presa ou arresto por ordem de potência estrangeira, 6 (seis) meses depois de sua intimação, se o arresto durar por mais deste tempo;
2. naufrágio, varação, ou outro qualquer sinistro de mar compreendido na apólice, de que resulte não poder o navio navegar, ou cujo conserto importe em três quartos ou mais do valor por que o navio foi segurado;
3. perda total do objeto seguro, ou deterioração que importe pelo menos três quartos do valor da coisa segurada (arts. 759 e 777);
4. falta de notícia do navio sobre que se fez o seguro, ou em que se embarcaram os efeitos seguros (art. 720).

Art. 754. O segurado não é obrigado a fazer abandono; mas se o não fizer nos casos em que este Código o permite, não poderá exigir do segurador indenização maior do que teria direito a pedir se houvera acontecido perda total; exceto nos casos de letra de câmbio passada pelo capitão (art. 515), de naufrágio, reclamação de presa, ou arresto de inimigo, e de abalroação.

Art. 755. O abandono só é admissível quando as perdas acontecem depois de começada a viagem.

Não pode ser parcial, deve compreender todos os objetos contidos na apólice. Todavia, se na mesma apólice se tiver segurado o navio e a carga, pode ter lugar o abandono de cada um dos dois objetos separadamente (art. 689).

Art. 756. Não é admissível o abandono por título de inavegabilidade, se o navio, sendo consertado, pode ser posto em estado de continuar a viagem até o lugar do destino; salvo se à vista das avaliações legais, a que se deve proceder, se vier no conhecimento de que as despesas do conserto excederiam pelo menos a três quartos do preço estimado na apólice.

Art. 757. No caso de inavegabilidade do navio, se o capitão, carregadores, ou pessoa que os represente não puderem fretar outro para transportar a carga ao seu destino dentro de 60 (sessenta) dias depois de julgada a inavegabilidade (art. 614), o segurado pode fazer abandono.

Art. 758. Quando nos casos de presa constar que o navio foi retomado antes de intimado o abandono, não é este admissível; salvo se o dano sofrido por causa da presa, e a despesa com o prêmio da retomada, ou salvagem importa em três quartos, pelo menos, do valor segurado, ou se em consequência da represa os efeitos seguros tiverem passado a domínio de terceiro.

Art. 759. O abandono do navio compreende os fretes das mercadorias que se puderem salvar, os quais serão considerados como pertencentes aos seguradores; salva a preferência que sobre os mesmos possa competir à equipagem por suas soldadas vencidas na viagem (art. 564), e a outros quaisquer credores privilegiados (art. 738).

• V. arts. 564 e 753, CCo.

Art. 760. Se os fretes se acharem seguros, os que forem devidos pelas mercadorias salvas, pertencerão aos seguradores dos mesmos fretes, deduzidas as despesas dos salvados, e as soldadas devidas à tripulação pela viagem (art. 559).

TÍTULO XIII
DAS AVARIAS

Capítulo I
DA NATUREZA E CLASSIFICAÇÃO DAS AVARIAS

Art. 761. Todas as despesas extraordinárias feitas a bem do navio ou da carga, conjunta ou separadamente, e todos os danos acontecidos àquele ou a esta, desde o embarque e partida até a sua volta e desembarque, são reputadas avarias.

Art. 762. Não havendo entre as partes convenção especial exarada na carta-partida ou no conhecimento, as avarias hão de qualificar-se, e regular-se pelas disposições deste Código.

Art. 763. As avarias são de duas espécies: avarias grossas ou comuns, e avarias simples ou particulares. A importância das primeiras é repartida proporcionalmente entre o navio, seu frete e a carga; e a das segundas é suportada, ou só pelo navio, ou só pela coisa que sofreu o dano ou deu causa à despesa.

• V. art. 3º, Dec.-lei 116/1967 (Transporte de mercadorias por via d'água nos portos brasileiros).

Art. 764. São avarias grossas:

• V. arts. 621, 633, 672, 740, 752 e 791, CCo.

1. tudo o que se dá ao inimigo, corsário ou pirata por composição ou a título de resgate do navio e fazendas, conjunta ou separadamente;
2. as coisas alijadas para salvação comum;
3. os cabos, mastros, velas e outros quaisquer aparelhos deliberadamente cortados, ou partidos por força de vela para salvação do navio e carga;
4. as âncoras, amarras e quaisquer outras coisas abandonadas para salvamento ou benefício comum;
5. os danos causados pelo alijamento às fazendas restantes a bordo;
6. os danos feitos deliberadamente ao navio para facilitar a evacuação d'agua e os danos acontecidos por esta ocasião à carga;
7. o tratamento, curativo, sustento e indenizações da gente da tripulação ferida ou mutilada defendendo o navio;
8. a indenização ou resgate da gente da tripulação mandada ao mar ou à terra em serviço do navio e da carga, e nessa ocasião aprisionada ou retida;
9. as soldadas e sustento da tripulação durante arribada forçada;
10. os direitos de pilotagem, e outros de entrada e saída num porto de arribada forçada;
11. os aluguéis de armazéns em que se depositem, em porto de arribada forçada, as fazendas que não puderem continuar a bordo durante o conserto do navio;
12. as despesas da reclamação do navio e carga feitas conjuntamente pelo capitão numa só instância, e o sustento e soldadas da gente da tripulação durante a mesma reclamação, uma vez que o navio e carga sejam relaxados e restituídos;

• V. art. 791, CCo.

13. os gastos de descarga, e salários para aliviar o navio e entrar numa barra ou porto, quando o navio é obrigado a fazê-lo por borrasca, ou perseguição de inimigo, e os danos acontecidos às fazendas pela descarga e recarga do navio em perigo;
14. os danos acontecidos ao corpo e quilha do navio, que premeditadamente se faz varar para prevenir perda total, ou presa do inimigo;
15. as despesas feitas para pôr a nado o navio encalhado, e toda a recompensa por serviços extraordinários feitos para prevenir a sua perda total, ou presa;
16. as perdas ou danos sobrevindos às fazendas carregadas em barcas ou lanchas, em consequência de perigo;

Código Comercial

17. as soldadas e sustento da tripulação, se o navio depois da viagem começada é obrigado a suspendê-la por ordem de potência estrangeira, ou por superveniência de guerra; e isto por todo o tempo que o navio e carga forem impedidos;
18. o prêmio do empréstimo a risco, tomado para fazer face a despesas que devam entrar na regra de avaria grossa;
19. o prêmio do seguro das despesas de avaria grossa, e as perdas sofridas na venda da parte da carga no porto de arribada forçada para fazer face às mesmas despesas;

- V. art. 791, CCo.

20. as custas judiciais para regular as avarias, e fazer a repartição das avarias grossas;
21. as despesas de uma quarentena extraordinária.

E, em geral, os danos causados deliberadamente em caso de perigo ou desastre imprevisto, e sofridos como consequência imediata destes eventos, bem como as despesas feitas em iguais circunstâncias, depois de deliberações motivadas (art. 509), em bem e salvamento comum do navio e mercadorias, desde a sua carga e partida até o seu retorno e descarga.

Art. 765. Não serão reputadas avarias grossas, posto que feitas voluntariamente e por deliberações motivadas para o bem do navio e carga, as despesas causadas por vício interno do navio, ou por falta ou negligência do capitão ou da gente da tripulação. Todas estas despesas são a cargo do capitão ou do navio (art. 565).

Art. 766. São avarias simples e particulares:
1. o dano acontecido às fazendas por borrasca, presa, naufrágio, ou encalhe fortuito, durante a viagem, e as despesas feitas para as salvar;
2. a perda de cabos, amarras, âncoras, velas e mastros, causada por borrasca ou outro acidente do mar;
3. as despesas de reclamação, sendo o navio e fazendas reclamadas separadamente;
4. o conserto particular de vasilhas, e as despesas feitas para conservar os efeitos avariados;
5. o aumento de frete e despesa de carga e descarga; quando declarado o navio inavegável, as fazendas são levadas ao lugar do destino por um ou mais navios (art. 614).

Em geral, as despesas feitas e o dano sofrido só pelo navio, ou só pela carga, durante o tempo dos riscos.

Art. 767. Se em razão de baixios ou bancos de areia conhecidos o navio não puder dar à vela do lugar da partida com a carga inteira, nem chegar ao lugar do destino sem descarregar parte da carga em barcas, as despesas feitas para aligeirar o navio não são reputadas avarias, e correm por conta do navio somente, não havendo na carta-partida ou nos conhecimentos estipulação em contrário.

- V. art. 566, CCo.

Art. 768. Não são igualmente reputadas avarias, mas simples despesas a cargo do navio, as despesas de pilotagem da costa e barras, e outras feitas por entrada e saída de abras ou rios; nem os direitos de licenças, visitas, tonelagem, marcas, ancoragem, e outros impostos de navegação.

Art. 769. Quando for indispensável lançar-se ao mar alguma parte da carga, deve começar-se pelas mercadorias e efeitos que estiverem em cima do convés; depois serão alijadas as mais pesadas e de menos valor, e dada igualdade, às que estiverem na coberta e mais à mão; fazendo-se toda a diligência possível para tomar nota das marcas e números dos volumes alijados.

Art. 770. Em seguimento da ata da deliberação que se houver tomado para o alijamento (art. 509) se fará declaração bem especificada das fazendas lançadas ao mar; e se pelo ato do alijamento algum dano tiver resultado ao navio ou à carga remanescente, se fará também menção deste acidente.

Art. 771. As danificações que sofrerem as fazendas postas a bordo de barcos para a sua condução ordinária, ou para aligeirar o navio em caso de perigo, serão reguladas pelas disposições estabelecidas neste Capítulo que lhes forem aplicáveis, segundo as diversas causas de que o dano resultar.

- V. art. 662, CCo.

Art. 772

CÓDIGO COMERCIAL

Capítulo II
DA LIQUIDAÇÃO, REPARTIÇÃO E CONTRIBUIÇÃO DA AVARIA GROSSA

Art. 772. Para que o dano sofrido pelo navio ou carga possa considerar-se avaria a cargo do segurador, é necessário que ele seja examinado por dois arbitradores peritos que declarem:
1. de que procedeu o dano;
2. a parte da carga que se acha avariada, e por que causa, indicando as suas marcas, números ou volumes;
3. tratando-se do navio ou dos seus pertences, quanto valem os objetos avariados, e em quanto poderá importar o seu conserto ou reposição.
Todas estas diligências, exames e vistorias serão determinadas pelo juiz de direito do respectivo distrito, e praticadas com citação dos interessados, por si ou seus procuradores; podendo o juiz, no caso de ausência das partes, nomear de ofício pessoa inteligente e idônea que as represente (art. 618).
As diligências, exames e vistorias sobre o casco do navio e seus pertences devem ser praticadas antes de dar-se princípio ao seu conserto, nos casos em que este possa ter lugar.

• V. Súmula 261, STF.

Art. 773. Os efeitos avariados serão sempre vendidos em público leilão a quem mais der, e pagos no ato da arrematação; e o mesmo se praticará com o navio, quando ele tenha de ser vendido segundo as disposições deste Código; em tais casos o juiz, se assim lhe parecer conveniente, ou se algum interessado o requerer, poderá determinar que o casco e cada um dos seus pertences se venda separadamente.

• V. art. 763, Dec.-lei 1.608/1939 (Código de Processo Civil).

Art. 774. A estimação do preço para o cálculo da avaria será feita sobre a diferença entre e respectivo rendimento bruto das fazendas sãs e o das avariadas, vendidas a dinheiro no tempo da entrega; e em nenhum caso pelo seu rendimento líquido, nem por aquele que, demorada a venda ou sendo a prazo, poderiam vir a obter.

Art. 775. Se o dono ou consignatário não quiser vender a parte das mercadorias sãs, não pode ser compelido; e o preço para o cálculo será em tal caso o corrente que as mesmas fazendas, se vendidas fossem ao tempo da entrega, poderiam obter no mercado, certificado pelos preços correntes do lugar, ou, na falta destes, atestado, debaixo de juramento por dois comerciantes acreditados de fazendas do mesmo gênero.

Art. 776. O segurador não é obrigado a pagar mais de dois terços do custo do conserto das avarias que tiverem acontecido ao navio segurado por fortuna do mar, contanto que o navio fosse estimado na apólice por seu verdadeiro valor, e os consertos não excedam de três quartos desse valor no dizer de arbitradores expertos. Julgando estes, porém, que pelos consertos o valor real do navio se aumentaria além do terço da soma que custariam, o segurador pagará as despesas, abatido o excedente valor do navio.

Art. 777. Excedendo as despesas a três quartos do valor do navio, julga-se este declarado inavegável a respeito dos seguradores; os quais, neste caso, serão obrigados, não tendo havido abandono, a pagar a soma segurada, abatendo-se nesta o valor do navio danificado ou dos seus fragmentos, segundo o dizer de arbitradores expertos.

• V. art. 753, III, CCo.

Art. 778. Tratando-se de avaria particular das mercadorias, e achando-se estas estimadas na apólice por valor certo, o cálculo do dano será feito sobre o preço que as mercadorias avariadas alcançarem no porto da entrega e o da venda das não avariadas no mesmo lugar e tempo, sendo de igual espécie e qualidade, ou se todas chegaram avariadas, sobre o preço que outras semelhantes não avariadas alcançaram ou poderiam alcançar; e a diferença, tomada a proporção entre umas e outras, será a soma devida ao segurado.

• V. art. 766, CCo.

Art. 779. Se o valor das mercadorias se não tiver fixado na apólice, a regra para achar-se a soma devida será a mesma do artigo precedente, contanto que primeiro se determine o valor das mercadorias não avariadas; o que se fará acrescentando às importâncias das faturas originais as despesas subsequentes (art. 694). E tomada a diferença proporcional entre o preço por que se venderam as não avariadas e as avariadas, se aplicará a proporção relativa à parte das fazendas avariadas pelo seu primeiro custo e despesas.

Art. 780. Contendo a apólice a cláusula de pagar-se avaria por marcas, volumes, caixas, sacas ou espécies, cada uma das partes designadas será considerada como um seguro separado para a forma da liquidação das avarias, ainda que essa parte se ache englobada no valor total do seguro (arts. 689 e 692).

Art. 781. Qualquer parte da carga, sendo objeto suscetível de avaliação separada, que se perca totalmente, ou que por algum dos riscos cobertos pela respectiva apólice fique tão danificada que não valha coisa alguma, será indenizada pelo segurador com perda total, ainda que relativamente ao todo ou à carga segura seja parcial, e o valor da parte perdida ou destruída pelo dano se ache incluído, ainda que indistintamente, no total do seguro.

Art. 782. Se a apólice contiver a cláusula de pagar avarias como perda de salvados, a diferença para menos do valor fixado na apólice, que resultar da venda líquida que os gêneros avariados produzirem no lugar onde se venderam, sem atenção alguma ao produto bruto que tenham no mercado do porto do seu destino, será a estimação da avaria.

Art. 783. A regulação, repartição ou rateio das avarias grossas serão feitos por árbitros, nomeados por ambas as partes, a instâncias do capitão.
Não se querendo as partes louvar, a nomeação de árbitros será feita pelo Tribunal do Comércio respectivo, ou pelo juiz de direito do comércio a que pertencer, nos lugares distantes do domicílio do mesmo tribunal.
Se o capitão for omisso em fazer efetuar o rateio das avarias grossas, pode a diligência ser promovida por outra qualquer pessoa que seja interessada.

• V. arts. 764 e 765, CCo.

Art. 784. O capitão tem direito para exigir, antes de abrir as escotilhas do navio, que os consignatários da carga prestem fiança idônea ao pagamento da avaria grossa, a que suas respectivas mercadorias forem obrigadas no rateio da contribuição comum.

• V. arts. 764 e 765, CCo.

Art. 785. Recusando-se os consignatários a prestar a fiança exigida, pode o capitão requerer o depósito judicial dos efeitos obrigados à contribuição, até ser pago, ficando o preço da venda sub-rogado, para se efetuar por ele o pagamento da avaria grossa, logo que o rateio tiver lugar.

• V. arts. 764 e 765, CCo.
• V. art. 765, Dec.-lei 1.608/1939 (Código de Processo Civil).
• V. art. 7º, Dec.-lei 116/1967 (Transporte de mercadorias por via d'água nos portos brasileiros).

Art. 786. A regulação e repartição das avarias grossas deverá fazer-se no porto da entrega da carga. Todavia, quando, por dano acontecido depois da saída, o navio for obrigado a regressar ao porto da carga, as despesas necessárias para reparar os danos da avaria grossa podem ser neste ajustadas.

• V. arts. 764 e 765, CCo.

Art. 787. Liquidando-se as avarias grossas ou comuns no porto da entrega da carga, hão de contribuir para a sua composição:

• V. arts. 764 e 765, CCo.

1. a carga, incluindo o dinheiro, prata, ouro, pedras preciosas, e todos os mais valores que se acharem a bordo;
2. o navio e seus pertences, pela sua avaliação no porto da descarga, qualquer que seja o seu estado;
3. os fretes, por metade do seu valor também.

Não entram para a contribuição o valor dos víveres que existirem a bordo para mantimento do navio, a bagagem do capitão, tripulação e passageiros, que for do seu uso pessoal, nem os objetos tirados do mar por mergulhadores à custa do dono.

Art. 788. Quando a liquidação se fizer no porto da carga, o valor da mesma será estimado pelas respectivas faturas, aumentando-se ao preço da compra as despesas até o

Art. 789

embarque; e quanto ao navio e frete se observarão as regras estabelecidas no artigo antecedente.

Art. 789. Quer a liquidação se faça no porto da carga, quer no da descarga, contribuirão para as avarias grossas as importâncias que forem ressarcidas por via da respectiva contribuição.

Art. 790. Os objetos carregados sobre o convés (arts. 521 e 677, n. 8), e os que tiverem sido embarcados sem conhecimento assinado pelo capitão (art. 599) e os que o proprietário ou seu representante, na ocasião do risco de mar, tiver mudado do lugar em que se achavam arrumados sem licença do capitão contribuem pelos respectivos valores, chegando a salvamento; mas o dono, no segundo caso, não tem direito para a indenização recíproca, ainda quando fiquem deteriorados, ou tenham sido alijados a benefício comum.

Art. 791. Salvando-se qualquer coisa em consequência de algum ato deliberado de que resultou avaria grossa, não pode quem sofreu o prejuízo causado por este ato exigir indenização alguma por contribuição dos objetos salvados, se estes por algum acidente não chegarem ao poder do dono ou consignatários, ou se, vindo ao seu poder, não tiverem valor algum; salvo os casos dos arts. 651 e 764, ns. 12 e 19.

• V. arts. 764 e 765, CCo.

Art. 792. No caso de alijamento, se o navio se tiver salvado do perigo que o motivou, mas, continuando a viagem, vier a perder-se depois, as fazendas salvas do segundo perigo são obrigadas a contribuir por avaria grossa para a perda das que foram alijadas na ocasião do primeiro.
Se o navio se perder no primeiro perigo e algumas fazendas se puderem salvar, estas não contribuem para a indenização das que foram alijadas na ocasião do desastre que causou o naufrágio.

• V. arts. 672, 764 e 765, CCo.

Art. 793. A sentença que homologa a repartição das avarias grossas com condenação de cada um dos contribuintes tem força definitiva, e pode executar-se logo, ainda que dela se recorra.

Art. 794. Se, depois de pago o rateio, os donos recobrarem os efeitos indenizados por avaria grossa, serão obrigados a repor *pro rata* a todos os contribuintes o valor líquido dos efeitos recobrados. Não tendo sido contemplados no rateio para a indenização, não estão obrigados a entrar para a contribuição da avaria grossa com o valor dos gêneros recobrados depois da partilha em que deixaram de ser considerados.

• V. arts. 764 e 765, CCo.

Art. 795. Se o segurador tiver pago uma perda total, e depois vier a provar-se que ela foi só parcial, o segurado não é obrigado a restituir o dinheiro recebido; mas neste caso o segurador fica sub-rogado em todos os direitos e ações do segurado, e faz suas todas as vantagens que puderem resultar dos efeitos salvos.

Art. 796. Se, independente de qualquer liquidação ou exame, o segurador se ajustar em preço certo de indenização, obrigando-se por escrito na apólice, ou de outra qualquer forma, a pagar dentro de certo prazo, e depois se recusar ao pagamento, exigindo que o segurado prove satisfatoriamente o valor real do dano, não será este obrigado à prova, senão no único caso em que o segurador tenha em tempo reclamado o ajuste por fraude manifesta da parte do mesmo segurado.

PARTE TERCEIRA
DAS QUEBRAS

Arts. 797 a 913. *(Revogados pelo Dec.-lei 7.661/1945.)*

TÍTULO ÚNICO
DA ADMINISTRAÇÃO DA JUSTIÇA NOS NEGÓCIOS E CAUSAS COMERCIAIS

• A matéria relativa a este Título é atualmente disciplinada pelo CPC.

Arts. 1° a 30. *(Revogados pelo Dec.-lei 1.608/1939.)*

Mandamos, portanto, a todas as autoridades, a quem o conhecimento e execução

Arts. 1° a 30

CÓDIGO COMERCIAL

da referida lei pertencer, que a cumpram e façam cumprir, e guardar tão inteiramente, como nela se contém. O Secretário de Estado dos Negócios da Justiça a faça imprimir, publicar e correr. Dada no Palácio do Rio de Janeiro, aos vinte e cinco de junho de mil oitocentos e cinquenta, vigésimo nono da Independência e do Império. Imperador, com rubrica e guarda. *Eusébio de Queirós Coutinho Matoso Câmara.*

Carta de Lei, pela qual V.M.I. manda executar o Decreto da Assembleia Geral, que houve por bem sancionar, sobre o Código Comercial do Império do Brasil, na forma acima declarada.

Para Vossa Majestade Imperial ver. *Antônio Álvares de Miranda Varejão a fez. Eusébio de Queirós Coutinho Matoso Câmara.*

Selada na Chancelaria do Império em 1° de julho de 1850. *Josino do Nascimento Silva.*

Publicada na Secretaria de Estado dos Negócios da Justiça em 1° de julho de 1850. *Josino do Nascimento Silva.*

Registrada a folha 8 do Livro 1° das Leis e Resoluções, Secretaria de Estado dos Negócios da Justiça, 1° de julho de 1850. *Manuel Antônio Ferreira da Silva.*

LEGISLAÇÃO CIVIL, PROCESSUAL CIVIL E EMPRESARIAL

LEGISLAÇÃO SELECIONADA

- Acessibilidade das pessoas portadoras de deficiência ou com mobilidade reduzida – Lei 10.098/2000

- Aditamento ao elenco de cláusulas abusivas do art. 51 da Lei 8.078/1990 – Portaria SDE 3/1999

- Aditamento ao elenco de cláusulas abusivas do art. 51 da Lei 8.078/1990 – Portaria SDE 3/2001

- Agravo de instrumento manifestamente inadmissível – Portaria SDE 4/1998

- Alienação fiduciária de coisa imóvel – Lei 9.514/1997

- Alienação parental – Lei 12.318/2010

- Altera as Leis 6.404/1976 (Lei das S.A.) e 6.385/1976 (Mercado de Valores Mobiliários) – Lei 10.303/2001

- Arrendamento residencial – Lei 10.188/2001

- Atendimento prioritário – Lei 10.048/2000

- Atividade de juiz leigo nos Juizados Especiais dos Estados e do DF – Resolução CNJ 174/2013

- Casamento entre pessoas do mesmo sexo – Resolução CNJ 175/2013

- Caução de hipoteca e penhor – Decreto 24.778/1934

- Combate à intimidação sistemática (*bullying*) – Lei 13.185/2015
- Complementa o elenco de cláusulas abusivas do art. 51 da Lei 8.078/1990 – Portaria SDE 5/2002
- Concessão comercial entre produtores e distribuidores de veículos automotores – Lei 6.729/1979
- Concessão de uso especial para fins de moradia e criação do Conselho Nacional de Desenvolvimento Urbano (CNDU) – MP 2.220/2001
- Condomínio e incorporação imobiliária – Lei 4.591/1964
- Cooperativas sociais – Lei 9.867/1999
- Cheque – Lei 7.357/1985
- CPC de 1939 – Decreto-lei 1.608/1939*
- Desapropriação – Lei 4.132/1962
- Direito dos companheiros – Lei 8.971/1994
- Disciplina o protesto de cheques para coibir fraudes – Provimento CNJ 30/2013
- Efeitos civis do casamento religioso – Lei 1.110/1950
- Estatuto da mulher casada – Lei 4.121/1962
- Estatuto da Pessoa com Deficiência – Lei 13.146/2015
- Expedição de certidões para a defesa de direitos e esclarecimentos de situações – Lei 9.051/1995
- Expedição de precatórios no âmbito do STJ – IN STJ 3/2014
- Gratuidade dos atos de registro, pelas associações de moradores, necessários à adaptação estatutária ao Código Civil – Lei 12.879/2014
- Lei do Mercado de Capitais – Lei 4.728/1965*
- Lei do *Software* – Lei 9.609/1998
- Lei dos Planos de Saúde – Lei 9.656/1998
- Loteamento – Decreto-lei 58/1937*
- Marco Civil da Internet – Lei 12.965/2014
- Medidas complementares ao Plano Real – Lei 10.192/2001
- Mercado de Valores Mobiliários e criação da CVM – Lei 6.385/1976
- Moeda de pagamento de obrigações exequíveis no Brasil – Decreto-lei 857/1969
- Obrigatoriedade de informação de tributos e registros que limitem ou impeçam a circulação de veículo – Lei 13.111/2015

- Organização e divisão judiciária (art. 144, § 5º, da CF) – Lei 5.621/1970
- Organização e proteção da família – Decreto-lei 3.200/1941*
- Organizações da sociedade civil de interesse público – Lei 9.790/1999
- Parcelamento do solo urbano (Lei de Loteamentos) – Lei 6.766/1979
- Patrimônio de afetação de incorporações imobiliárias – Lei 10.931/2004
- Pessoas portadoras de transtornos mentais – Lei 10.216/2001
- Políticas públicas para a primeira infância – Lei 13.257/2016
- Prazos judiciais – Lei 1.408/1951
- Procedimento na operação de arrendamento mercantil de veículo automotivo (*Leasing*) – Lei 11.649/2008
- Prestação de Alimentos no Estrangeiro (Convenção de Nova York) – Decreto 56.826/1965
- Prova documental – Lei 7.115/1983
- Registro tardio de nascimento – Provimento CNJ 28/2013
- Regularização fundiária de interesse social em imóveis da União – Lei 11.481/2007*
- Seguro obrigatório de danos pessoais causados por veículos automotores – Lei 6.194/1974
- Serviços notariais e de registro – Lei 10.169/2000
- Sistema de Consórcio – Lei 11.795/2008
- Sistema Financeiro da Habitação – SFH – Lei 5.741/1971
- Sistema Financeiro Nacional – Lei 4.595/1964
- Sistema Nacional de Crédito Cooperativo – Lei Complementar 130/2009
- Sistema de transmissão de dados para a prática de atos processuais – Lei 9.800/1999
- Sociedades de Advogados – Provimento CFOAB 112/2006
- Sociedades por quotas de responsabilidade limitada – Decreto 3.708/1919
- Transplante de órgãos – Lei 9.434/1997

* Conteúdo parcial de acordo com a matéria específica de cada Código ou Coletânea.

LEGISLAÇÃO CIVIL, PROCESSUAL CIVIL E EMPRESARIAL

DECRETO 1.102,
DE 21 DE NOVEMBRO DE 1903

Institui regras para o estabelecimento de empresas de armazéns gerais, determinando os direitos e obrigações dessas empresas.

O Presidente da República dos Estados Unidos do Brasil:
Faço saber que o Congresso Nacional decretou e eu sanciono a Resolução seguinte:

DOS ARMAZÉNS GERAIS
Capítulo I
ESTABELECIMENTO, OBRIGAÇÕES E DIREITOS DAS EMPRESAS DE ARMAZÉNS GERAIS

- V. art. 82, § 1º, Lei 5.764/1971 (Regime jurídico das sociedades cooperativas).

Art. 1º As pessoas naturais ou jurídicas, aptas para o exercício do comércio, que pretenderem estabelecer empresas de armazéns gerais, tendo por fim a guarda e conservação de mercadorias e a emissão de títulos especiais, que as representem, deverão declarar à Junta Comercial do respectivo distrito:

- V. arts. 3º, parágrafo único, 12 e 35.
- V. arts. 3º e 5º a 8º, Lei 8.934/1994 (Registro público de empresas mercantis e atividades afins).

1º) a sua firma, ou, se se tratar de sociedade anônima, a designação que lhe for própria, o capital da empresa e o domicílio;

2º) a denominação, a situação, o número, a capacidade, a comodidade e a segurança dos armazéns;

3º) a natureza das mercadorias que recebem em depósito;

4º) as operações e serviços a que se propõem.

A essas declarações juntarão:

a) o regulamento interno dos armazéns e da sala de vendas públicas;

b) a tarifa remuneratória do depósito e dos outros serviços;

c) a certidão do contrato social ou estatutos, devidamente registrados, se se tratar de pessoa jurídica.

§ 1º A Junta Comercial, verificando que o regulamento interno não infringe os preceitos da presente Lei, ordenará a matrícula do pretendente no Registro do Comércio e, dentro do prazo de 1 (um) mês, contado do dia desta matrícula, fará publicar, por edital, as declarações, o regulamento interno e a tarifa.

- V. art. 33.
- V. arts. 1º a 3º, Lei 8.934/1994 (Registro de empresas mercantis e atividades afins).

§ 2º Arquivado na secretaria da Junta Comercial um exemplar das folhas em que se fizer a publicação, o empresário assinará termo de responsabilidade, como fiel depositário dos gêneros e mercadorias que receber, e só depois de preenchida esta formalidade, que se fará conhecida de terceiros por novo edital da junta, poderão ser iniciados os serviços e operações que constituem objeto da empresa.

- V. arts. 3º e 5º a 8º, Lei 8.934/1994 (Registro de empresas mercantis e atividades afins).

§ 3º As alterações ao regimento interno e à tarifa entrarão em vigor 30 (trinta) dias depois da publicação, por edital, da Junta Comercial, e não se aplicarão aos depósitos realizados até a véspera do dia em que elas

Dec. 1.102/1903

entrarem em vigor, salvo se trouxerem vantagens ou benefícios aos depositantes.

- V. art. 4º.
- V. arts. 3º e 5º a 8º, Lei 8.934/1994 (Registro de empresas mercantis e atividades afins).

§ 4º Os administradores dos armazéns gerais, quando não forem os próprios empresários, os fiéis e outros prepostos, antes de entrarem em exercício, receberão do proponente uma nomeação escrita, que farão inscrever no Registro do Comércio (Código Comercial, arts. 74 e 10, n. 2).

- V. arts. 1º a 3º, Lei 8.934/1994 (Registro de empresas mercantis e atividades afins).

§ 5º Não poderão ser empresários, administradores ou fiéis de armazéns gerais os que tiverem sofrido condenação pelos crimes de falência culposa ou fraudulenta, estelionato, abuso de confiança, falsidade, roubo ou furto.

- V. art. 181, I, Lei 11.101/2005 (Lei de Recuperação de Empresas e Falência).

§ 6º As publicações a que se refere este artigo devem ser feitas no *Diário Oficial da União* ou do Estado e no jornal de maior circulação da sede dos armazéns gerais, e à custa do interessado.

Art. 2º O Governo Federal designará as Alfândegas que estiverem em condições de emitir os títulos de que trata o Capítulo II sobre mercadorias recolhidas em seus armazéns, e, por decreto expedido pelo Ministério da Fazenda, dará as instruções sobre o respectivo serviço e a tarifa.

Parágrafo único. Os títulos emanados destas repartições serão em tudo equiparados aos que as empresas particulares emitirem, e as mercadorias por eles representadas ficarão sob o regime da presente Lei.

- V. art. 3º.

Art. 3º Nas estações de estrada de ferro da União poderá o Governo, por intermédio do Ministério da Indústria, Viação e Obras Públicas, estabelecer armazéns gerais, expedindo as necessárias instruções e a tarifa, sendo aplicada às mercadorias em depósito e aos títulos emitidos a disposição do parágrafo único do art. 2º.

- Desmembrado o citado Ministério em Ministério da Indústria e Comércio e Ministério dos Transportes.

- V. art. 10, § 3º.

Parágrafo único. As companhias ou empresas particulares de estrada de ferro ficarão sujeitas às disposições do art. 1º se quiserem emitir os títulos de que trata o Capítulo II sobre mercadorias recolhidas a armazéns de suas estações, devendo apresentar, com as declarações a que se refere aquele artigo, autorização especial do Governo que lhes fez a concessão.

Art. 4º As empresas ou companhias de docas que recebem em seus armazéns mercadorias de importação e exportação (Dec. Leg. 1.746, de 13 de outubro de 1869, art. 1º) e os concessionários de entrepostos e trapiches alfandegados poderão solicitar do Governo Federal autorização para emitirem sobre mercadorias em depósito os títulos de que trata o Capítulo II, declarando as garantias que oferecem à Fazenda Nacional e apresentando o regulamento interno dos armazéns e a tarifa remuneratória do depósito e outros serviços a que se proponham.

Nestes regulamentos serão estabelecidas as relações das companhias de docas e concessionárias de entrepostos e trapiches alfandegados com os empregados aduaneiros.

A autorização para a emissão dos títulos e a aprovação do regulamento e tarifa serão dadas por decreto expedido pelo Ministério da Fazenda.

Nenhuma alteração será feita ao regulamento ou à tarifa sem as mesmas formalidades, prevalecendo a disposição da segunda parte do § 3º do art. 1º.

- V. arts. 33 e 35.

Parágrafo único. Obtida a autorização, as docas, os entrepostos particulares e os trapiches alfandegados ficarão sujeitos às disposições da presente Lei, adquirindo a qualidade de armazéns gerais.

Art. 5º Na porta principal dos entrepostos públicos ou armazéns das Alfândegas e das estações de estrada de ferro da União (arts. 2º e 3º), na dos estabelecimentos mantidos e custeados por empresas particulares (arts. 1º e 4º) e nas salas de vendas pú-

Dec. 1.102/1903

LEGISLAÇÃO

blicas (art. 28) serão afixadas, em lugar visível, as instruções oficiais ou o regulamento interno, e a tarifa e exemplares impressos destas peças serão entregues, gratuitamente, aos interessados que os solicitarem.

• V. art. 32.

Art. 6º Das mercadorias confiadas a sua guarda os armazéns gerais passarão recibo, declarando nele a natureza, quantidade, número e marcas, fazendo pesar, medir ou contar, no ato do recebimento, as que forem suscetíveis de ser pesadas, medidas ou contadas.

No verso deste recibo serão anotadas pelo armazém geral as retiradas parciais das mercadorias, durante o depósito.

Esta disposição não se aplica às mercadorias estrangeiras sujeitas a direitos de importação, a respeito das quais se observarão os regulamentos fiscais.

• V. arts. 10, § 1º, e 30.

Parágrafo único. O recibo será restituído no armazém geral contra a entrega das mercadorias ou dos títulos do art. 15, que, a pedido do dono, forem emitidos. A quem tiver o direito de livre disposição das mercadorias é facultado, durante o prazo do depósito (art. 10), substituir esses títulos por aquele recibo.

Art. 7º Além dos livros mencionados no art. 11 do Código Comercial, as empresas de armazéns gerais são obrigadas a ter, revestido das formalidades do art. 13 do mesmo Código, e escriturado rigorosamente dia a dia, um livro de entrada e saída de mercadorias, devendo os lançamentos ser feitos na forma do art. 88, II, do citado Código, sendo anotadas as consignações em pagamento (art. 22), as vendas e todas as circunstâncias que ocorrerem relativamente às mercadorias depositadas.

As docas, entrepostos particulares e trapiches alfandegados lançarão naquele livro as mercadorias estrangeiras sujeitas a direitos de importação sobre as quais, a pedido do dono, tenham de emitir os títulos do art. 15. O Governo, nas instruções que expedir para as Alfândegas e armazéns de estrada de ferro da União, determinará os livros destinados ao serviço do registro das mercadorias sobre as quais forem emitidos os títulos do art. 15 e seus requisitos de autenticidade.

• V. art. 32.

Art. 8º Não podem os armazéns gerais:
§ 1º Estabelecer preferência entre os depositantes a respeito de qualquer serviço.

• V. art. 32.

§ 2º Recusar o depósito, exceto:

a) se a mercadoria que se desejar armazenar não for tolerada pelo regulamento interno;
b) se não houver espaço para sua acomodação;
c) se, em virtude das condições em que ela se achar, puder danificar as já depositadas.

• V. art. 32.

§ 3º Abater o preço marcado na tarifa em benefício de qualquer depositante.

• V. art. 32.

§ 4º Exercer o comércio de mercadorias idênticas às que se propõem receber em depósito, e adquirir, para si ou para outrem, mercadorias expostas à venda em seus estabelecimentos, ainda que seja a pretexto de consumo particular.

• V. art. 32.

§ 5º Emprestar ou fazer, por conta própria ou alheia, qualquer negociação sobre os títulos que emitirem.

Art. 9º Serão permitidos aos interessados o exame e a verificação das mercadorias depositadas e a conferência das amostras, podendo, no regulamento interno do armazém, ser indicadas as horas para esse fim e tomadas as cautelas convenientes.

Parágrafo único. As mercadorias de que trata o art. 12 serão examinadas pelas amostras que deverão ser expostas no armazém.

Art. 10. O prazo do depósito, para os efeitos deste artigo, começará a correr da data da entrada da mercadoria nos armazéns gerais e será de 6 (seis) meses, podendo ser prorrogado livremente por acordo das partes.

Para as mercadorias estrangeiras sujeitas a direitos de importação e sobre as quais tenham sido emitidos os títulos do art. 15, o prazo de 6 (seis) meses poderá ser prorrogado até mais 1 (um) ano, pelo inspetor da Al-

Dec. 1.102/1903

LEGISLAÇÃO

fândega, se o estado das mercadorias garantir o pagamento integral daqueles direitos, armazenagens e as despesas e adiantamentos referidos no art. 14.

Se estas mercadorias estiverem depositadas nas docas, nos entrepostos particulares e nos trapiches alfandegados, a prorrogação do prazo dependerá também do consentimento da respectiva companhia ou concessionário.

• V. art. 6º, parágrafo único.

§ 1º Vencido o prazo do depósito, a mercadoria reputar-se-á abandonada, e o armazém geral dará aviso ao depositante marcando-lhe o prazo de 8 (oito) dias improrrogáveis para a retirada da mercadoria contra a entrega do recibo (art. 6º) ou dos títulos emitidos (art. 15).

Findo este prazo, que correrá do dia em que o aviso for registrado no Correio, o armazém geral mandará vender a mercadoria por corretor ou leiloeiro, em leilão público anunciado com antecedência de 3 (três) dias, pelo menos, observando-se as disposições do art. 28, §§ 3º, 4º, 6º e 7º.

• V. art. 29.

§ 2º Para prova do aviso bastarão a sua transcrição no copiador do armazém geral e o certificado do registro da expedição pelo Correio.

• V. art. 22, § 1º.

§ 3º O produto da venda, deduzidos os créditos indicados no art. 26, § 1º, se não for procurado por quem de direito, dentro do prazo de 8 (oito) dias, será depositado judicialmente por conta de quem pertencer.

As Alfândegas reterão em seus cofres esse saldo e a administração da estrada de ferro da União o recolherá à repartição fiscal designada pelo Governo nas instruções expedidas na conformidade do art. 3º.

• V. arts. 22, § 3º, e 24, § 4º.

§ 4º Não obstante o processo do art. 27, §§ 2º e 3º, verificado o caso do § 1º do presente artigo, o armazém geral ou a competente repartição federal fará vender a mercadoria, cientificando, com antecedência de 5 (cinco) dias, ao juiz daquele processo.

Deduzidos do produto da venda os créditos indicados no art. 26, § 1º, o líquido será posto à disposição do juiz.

É permitido ao que perder o título obstar a venda, ficando prorrogado o depósito por mais 3 (três) meses, se pagar os impostos fiscais e as despesas declaradas no art. 23, § 6º.

• V. art. 27, § 2º.

Art. 11. As empresas de armazéns gerais, além das responsabilidades especialmente estabelecidas nesta Lei, respondem:

1º) Pela guarda, conservação e pronta e fiel entrega das mercadorias que tiverem recebido em depósito, sob pena de serem presos os empresários, gerentes, superintendentes ou administradores sempre que não efetuarem aquela entrega dentro de 24 (vinte e quatro) horas depois que judicialmente forem requeridas.

Cessa a responsabilidade nos casos de avarias ou vícios provenientes da natureza e acondicionamento das mercadorias, e de força maior, salvo a disposição do art. 37, parágrafo único.

2º) Pela culpa, fraude ou dolo de seus empregados e prepostos e pelos furtos acontecidos aos gêneros e mercadorias dentro dos armazéns.

§ 1º A indenização devida pelos armazéns gerais, nos casos referidos neste artigo, será correspondente ao preço da mercadoria em bom estado no lugar e no tempo em que devia ser entregue.

O direito de indenização prescreve em 3 (três) meses, contados do dia em que a mercadoria foi ou devia ser entregue.

§ 2º Pelas Alfândegas e estradas de ferro da União responde diretamente a Fazenda Nacional, com ação regressiva contra seus funcionários culpados.

Art. 12. Nos armazéns gerais podem ser recebidas mercadorias da mesma natureza e qualidade, pertencentes a diversos donos, guardando-se misturadas.

Para este gênero de depósito deverão os armazéns gerais dispor de lugares próprios e se aparelhar para o bom desempenho do serviço.

Às declarações de que trata o art. 1º juntará o empresário a descrição minuciosa de todos

Dec. 1.102/1903

LEGISLAÇÃO

os aprestos do armazém, e a matrícula no Registro do Comércio somente será feita depois do exame, mandado proceder pela Junta Comercial, por profissionais e à custa do interessado.

- V. nota ao art. 1º.
- V. arts. 9º, parágrafo único, 15, § 1º, n. 5, e 16, parágrafo único.

§ 1º Neste depósito, além das disposições especiais na presente Lei, observar-se-ão as seguintes:

1º) o armazém geral não é obrigado a restituir a própria mercadoria recebida, mas pode entregar mercadoria da mesma qualidade;

- V. art. 28, § 7º.

2º) o armazém geral responde pelas perdas e avarias da mercadoria, ainda mesmo no caso de força maior.

§ 2º Relativamente às docas, entrepostos particulares e trapiches alfandegados, a atribuição acima conferida à Junta Comercial cabe ao Governo Federal.

Art. 13. Os armazéns gerais ficam sob a imediata fiscalização das Juntas Comerciais, às quais os empresários remeterão até o dia 15 dos meses de abril, julho, outubro e janeiro de cada ano um balanço, em resumo, das mercadorias que, no trimestre anterior, tiverem entrado e saído e das que existirem, bem como a demonstração do movimento dos títulos que emitirem, a importância dos valores que com os mesmos títulos forem negociados, as quantias consignadas, na conformidade do art. 22, e o movimento das vendas públicas, onde existirem as salas de que trata o Capítulo III.

Até o dia 15 de março as empresas apresentarão o balanço detalhado de todas as operações e serviços realizados, durante o ano anterior, nos armazéns gerais e salas de vendas públicas, fazendo-o acompanhar de um relatório circunstanciado, contendo as considerações que julgarem úteis.

- V. nota ao art. 1º.
- V. art. 32.

§ 1º As Alfândegas, docas, entrepostos particulares e trapiches alfandegados ficarão, porém, sob a exclusiva fiscalização do Ministério da Fazenda, e os armazéns das estações de estradas de ferro da União, sob a do Ministério da Indústria, Viação e Obras Públicas.

Os inspetores das Alfândegas, empresas, ou companhias de docas, concessionários de entrepostos e trapiches alfandegados e diretores de estradas de ferro federais enviarão, nas épocas acima designadas, os balanços trimensais e o balanço e o relatório anuais ao respectivo Ministério.

§ 2º O Ministério da Fazenda, o da Indústria, Viação e Obras Públicas e as Juntas Comerciais poderão, sempre que acharem conveniente, mandar inspecionar os armazéns sob sua fiscalização, a fim de verificarem se os balanços apresentados estão exatos, ou se têm sido fielmente cumpridas as instruções ou regulamento interno e a tarifa.

- V. nota ao art. 3º.

Art. 14. As empresas de armazéns gerais têm o direito de retenção para garantia do pagamento das armazenagens e despesas com a conservação e com as operações, benefícios e serviços prestados às mercadorias, a pedido do dono, dos adiantamentos feitos com fretes e seguro, e das comissões e juros, quando as mercadorias lhes tenham sido remetidas em consignação (Código Comercial, art. 189).

Esse direito de retenção pode ser oposto à massa falida do devedor.

Também têm as empresas de armazéns gerais direito de indenização pelos prejuízos que lhes venham por culpa ou dolo do depositante.

- V. arts. 10 e 26, § 1º.
- V. arts. 389 a 393 e 707, CC.
- V. art. 83, IV, c, Lei 11.101/2005 (Lei de Recuperação de Empresas e Falência).

Capítulo II
EMISSÃO, CIRCULAÇÃO E EXTINÇÃO DOS TÍTULOS EMITIDOS PELAS EMPRESAS DE ARMAZÉNS GERAIS

Art. 15. Os armazéns gerais emitirão, quando lhes for pedido pelo depositante, dois títulos unidos, mas separáveis à vonta-

Dec. 1.102/1903

de, denominados – conhecimento de depósito e *warrant*.

- V. arts. 6º, parágrafo único, 7º, 10, § 1º, 17 e 37, parágrafo único.
- V. art. 178, CP.

§ 1º Cada um destes títulos deve ter a ordem e conter, além da sua designação particular:

1º) a denominação da empresa do armazém geral e sua sede;

2º) o nome, profissão e domicílio do depositante ou de terceiro por este indicado;

3º) o lugar e o prazo do depósito, facultado aos interessados acordarem, entre si, na transferência posterior das mesmas mercadorias de um para outro armazém da emitente, ainda que se encontrem em localidade diversa da em que foi feito o depósito inicial. Em tais casos, far-se-ão, nos conhecimentos e *warrants* respectivos, as seguintes anotações:

a) local para onde se transferirá a mercadoria em depósito;

b) para os fins do art. 26, § 2º, as despesas decorrentes da transferência, inclusive as de seguro por todos os riscos;

- Item 3º com redação determinada pela Lei Del. 3/1962.

4º) a natureza e quantidade das mercadorias em depósito, designadas pelos nomes mais usados no comércio, seu peso, o estado dos envoltórios e todas as marcas e indicações próprias para estabelecerem a sua identidade, ressalvadas as peculiaridades das mercadorias depositadas a granel;

- Item 4º com redação determinada pela Lei Del. 3/1962.

5º) a qualidade da mercadoria, tratando-se daquelas a que se refere o art. 12;

6º) a indicação do segurador da mercadoria e o valor do seguro (art. 16);

7º) a declaração dos impostos e direitos fiscais, dos encargos e despesas a que a mercadoria está sujeita, e do dia em que começaram a correr as armazenagens (art. 26, § 2º);

- V. art. 26, § 2º.

8º) a data da emissão dos títulos e a assinatura do empresário ou pessoa devidamente habilitada por este.

§ 2º Os referidos títulos serão extraídos de um livro de talão, o qual conterá todas as declarações acima mencionadas e o número de ordem correspondente.

No verso do respectivo talão o depositante, ou terceiro por este autorizado, passará recibo dos títulos. Se a empresa, a pedido do depositante, os expedir pelo Correio, mencionará esta circunstância e o número e data do certificado do registro postal.

Anotar-se-ão também no verso do talão as ocorrências que se derem com os títulos dele extraídos, como substituição, restituição, perda, roubo etc.

§ 3º Os armazéns gerais são responsáveis para com terceiros pelas irregularidades e inexatidões encontradas nos títulos que emitirem, relativamente à quantidade, natureza e peso da mercadoria.

- V. art. 2º, Lei Del. 3/1962 (Altera o Dec. 1.102/1903).
- V. art. 82, Lei 5.764/1971 (Política Nacional de Cooperativismo).

Art. 16. As mercadorias, para servirem de base à emissão dos títulos, devem ser seguradas contra riscos de incêndio no valor designado pelo depositante.

Os armazéns gerais poderão ter apólices especiais ou abertas, para este fim.

No caso de sinistro, o armazém geral é competente para receber a indenização devida pelo segurador, e sobre esta exercerão a Fazenda Nacional, a empresa de armazéns gerais e os portadores de conhecimentos de depósito e *warrants*, os mesmos direitos e privilégios que tenham sobre a mercadoria segurada.

- V. art. 15, § 1º, n. 6.

Parágrafo único. As mercadorias de que trata o art. 12 serão seguradas em nome da empresa do armazém geral, a qual fica responsável pela indenização, no caso de sinistro.

Art. 17. Emitidos os títulos de que trata o art. 15, os gêneros e mercadorias não poderão sofrer embargo, penhora, sequestro ou qualquer outro embaraço que prejudique a sua livre e plena disposição, salvo nos casos do art. 27.

Dec. 1.102/1903

Legislação

O conhecimento de depósito e o *warrant*, ao contrário, podem ser penhorados, arrestados por dívidas ao portador.

Art. 18. O conhecimento de depósito e o *warrant* podem ser transferidos, unidos ou separados, por endosso.

§ 1º O endosso pode ser em branco; neste caso confere ao portador do título os direitos de cessionário.

§ 2º O endosso dos títulos unidos confere ao cessionário o direito de livre disposição da mercadoria depositada; o do *warrant* separado do conhecimento de depósito o direito de penhor sobre a mesma mercadoria e o do conhecimento de depósito a faculdade de dispor da mercadoria, salvo os direitos do credor, portador do *warrant*.

Art. 19. O primeiro endosso do *warrant* declarará a importância do crédito garantido pelo penhor da mercadoria, a taxa dos juros e a data do vencimento.

Essas declarações serão transcritas no conhecimento de depósito e assinadas pelos endossatários do *warrant*.

• V. art. 27, § 2º.

Art. 20. O portador dos dois títulos tem o direito de pedir a divisão da mercadoria em tantos lotes quantos lhe convenham, e a entrega de conhecimentos de depósito e *warrants* correspondentes a cada um dos lotes, sendo restituídos, e ficando anulados os títulos anteriormente emitidos.

Esta divisão somente será facultada se a mercadoria continuar a garantir os créditos preferenciais do art. 26, § 1º.

Parágrafo único. Outrossim, é permitido ao portador dos dois títulos pedir novos títulos a sua ordem, ou de terceiro que indicar, em substituição dos primitivos, que serão restituídos ao armazém geral e anulados.

Art. 21. A mercadoria depositada será retirada do armazém geral contra a entrega do conhecimento de depósito e do *warrant* correspondente, liberta pelo pagamento do principal e juros da dívida, se foi negociado.

Art. 22. Ao portador do conhecimento de depósito é permitido retirar a mercadoria antes do vencimento da dívida constante do *warrant*, consignando no armazém geral o principal e juros até o vencimento e pagando os impostos fiscais, armazenagens vencidas e mais despesas.

Da quantia consignada o armazém geral passará o recibo, extraído de um livro de talão.

• V. arts. 7º, 13 e 23.

§ 1º O armazém geral dará por carta registrada imediato aviso desta consignação ao primeiro endossador do *warrant*.

Este aviso, quando contestado, será provado nos termos do art. 10, § 2º.

§ 2º A consignação equivale a real e efetivo pagamento, e a quantia consignada será prontamente entregue ao credor mediante a restituição do *warrant* com a devida quitação.

§ 3º Se o *warrant* não for apresentado ao armazém geral até 8 (oito) dias depois do vencimento da dívida, a quantia consignada será levada a depósito judicial por conta de quem pertencer.

Nas Alfândegas e estradas de ferro federais, essa quantia terá o destino declarado no art. 10, § 3º, *in fine*.

• V. art. 32.

§ 4º A perda, o roubo ou extravio do *warrant* não prejudicarão o exercício do direito que este artigo confere ao portador do conhecimento de depósito.

Art. 23. O portador do *warrant* que, no dia do vencimento, não for pago, e que não achar consignada no armazém geral a importância do seu crédito e juros (art. 22), deverá interpor o respectivo protesto nos prazos e pela forma aplicáveis ao protesto das letras de câmbio, no caso de não pagamento.

O oficial dos protestos entregará ao protestante o respectivo instrumento, dentro do prazo de 3 (três) dias, sob pena de responsabilidade e de satisfazer perdas e danos.

• V. art. 27, § 3º.
• V. arts. 28 a 33, Dec. 2.044/1908 (Letra de câmbio e nota promissória).

§ 1º O portador do *warrant* fará vender em leilão, por intermédio do corretor, ou leiloeiro, que escolher as mercadorias especificadas no título, independente de formalidades judiciais.

• V. arts. 27, § 2º, e 29.

Dec. 1.102/1903

§ 2º Igual direito de venda cabe ao primeiro endossador que pagar a dívida do *warrant*, sem que seja necessário constituir em mora os endossadores do conhecimento de depósito.

§ 3º O corretor ou leiloeiro, encarregado da venda, depois de avisar o administrador do armazém geral ou o chefe da competente repartição federal, anunciará pela imprensa o leilão, com antecedência de 4 (quatro) dias, especificando as mercadorias conforme as declarações do *warrant* e declarando o dia e hora da venda, as condições dessa e o lugar onde podem ser examinadas aquelas mercadorias.

O agente da venda conformar-se-á em tudo com as disposições do regulamento interno dos armazéns e das salas de vendas públicas ou com as instruções oficiais, tratando-se de repartição federal.

§ 4º Se o arrematante não pagar o preço da venda aplicar-se-á a disposição do art. 28, § 6º.

§ 5º A perda ou extravio do conhecimento de depósito (art. 27, § 1º), a falência, os meios preventivos de sua declaração e a morte do devedor não suspendem nem interrompem a venda anunciada.

§ 6º O devedor poderá evitar a venda até o momento de ser a mercadoria adjudicada ao que maior lanço oferecer, pagando imediatamente a dívida do *warrant*, os impostos fiscais, despesas devidas ao armazém e todas as mais a que a execução deu lugar, inclusive custas do protesto, comissões do corretor ou agente de leilões e juros da mora.

• V. art. 10, § 4º.

§ 7º O portador do *warrant* que, em tempo útil, não interpuser o protesto por falta de pagamento, ou que, dentro de 10 (dez) dias, contados da data do instrumento do protesto, não promover a venda da mercadoria, conservará tão somente ação contra o primeiro endossador do *warrant* e contra os endossadores do conhecimento de depósito.

Art. 24. Efetuada a venda, o corretor ou leiloeiro dará a nota do contrato ou conta de venda ao armazém geral, o qual receberá o preço e entregará ao comprador a mercadoria.

§ 1º O armazém geral, imediatamente após o recebimento do produto da venda, fará as deduções dos créditos preferenciais do art. 26, § 1º, e, com o líquido, pagará o portador do *warrant* nos termos do art. 26, princípio.

• V. art. 32.

§ 2º O portador do *warrant*, que ficar integralmente pago, entregará ao armazém geral o título com a quitação; no caso contrário, o armazém geral mencionará no *warrant* o pagamento parcial feito e o restituirá ao portador.

§ 3º Pago o credor, o excedente do preço da venda será entregue ao portador do conhecimento de depósito contra a restituição deste título.

§ 4º As quantias reservadas ao portador do *warrant* ou ao do conhecimento de depósito, quando não reclamadas no prazo de 30 (trinta) dias depois da venda da mercadoria, terão o destino declarado no art. 10, § 3º.

• V. art. 32.

Art. 25. Se o portador do *warrant* não ficar integralmente pago, em virtude da insuficiência do produto líquido da venda da mercadoria ou da indenização do seguro, no caso de sinistro, tem ação para haver o saldo contra os endossadores anteriores solidariamente, observando-se a esse respeito as mesmas disposições (substanciais e processuais de fundo e de forma) relativas às letras de câmbio.

O prazo para a prescrição de ação regressiva corre do dia da venda.

Art. 26. O portador do *warrant* será pago do seu crédito, juros convencionais e da mora à razão de 6% (seis por cento) ao ano e despesas do protesto, precipuamente, pelo produto da venda da mercadoria.

• V. art. 24, § 1º.

§ 1º Preferem, porém, a este credor:

1º) a Fazenda Nacional, pelos direitos ou impostos que lhe forem devidos;

• V. arts. 20 e 24, § 1º.

2º) o corretor ou leiloeiro, pelas comissões taxadas em seus regimentos ou reguladas

Dec. 1.102/1903

por convenção entre ele e os comitentes, e pelas despesas com anúncio da venda;

• V. art. 15, § 1º, n. 3, *b*, e n. 7.

3º) o armazém geral, por todas as despesas declaradas no art. 14, a respeito das quais lhe é garantido o direito de retenção.

• V. art. 10, §§ 3º e 4º.

§ 2º Os créditos do § 1º, ns. 1 e 3, devem ser expressamente referidos nos títulos (art. 15, § 1º, n. 7), declarando-se a quantia exata dos impostos devidos à Fazenda Nacional e de todas as despesas líquidas até o momento da emissão daqueles títulos, sob pena de perda da preferência.

Todas as vezes que lhe for exigido pelo portador do conhecimento de depósito ou do *warrant* o armazém geral é obrigado a liquidar os créditos que preferem ao *warrant* e fornecer a nota da liquidação, datada e assinada, referindo-se ao número do título e ao nome da pessoa a ordem de quem foi emitido.

• V. art. 32.

Art. 27. Aquele que perder o título avisará ao armazém geral e anunciará o fato durante 3 (três) dias, pelo jornal de maior circulação da sede daquele armazém.

• V. art. 17.

§ 1º Se se tratar do conhecimento de depósito e correspondente *warrant*, ou só do primeiro, o interessado poderá obter duplicata ou a entrega da mercadoria, garantido o direito do portador do *warrant*, se este foi negociado, ou do saldo a sua disposição, se a mercadoria foi vendida, observando-se o processo do § 2º, que correrá perante o juiz do comércio em cuja jurisdição se achar o armazém geral.

• V. art. 23, § 5º.

§ 2º O interessado requererá a notificação do armazém geral para não entregar, sem ordem judicial, a mercadoria ou saldo disponível no caso de ser ou de ter sido ela vendida na conformidade dos arts. 10, § 4º, e 23, § 1º, e justificará sumariamente a sua propriedade.

O requerimento deve ser instruído com um exemplar do jornal em que for anunciada perda e com a cópia fiel do talão do título perdido, fornecida pelo armazém geral, e por este autenticada.

O armazém geral terá ciência do dia e da hora da justificação, e para esta, se o *warrant* foi negociado e ainda não voltou ao armazém geral, será citado o endossatário desse título, cujo nome devia constar do correspondente conhecimento do depósito perdido (art. 19, 2ª parte).

O juiz, na sentença que julgar procedente a justificação, mandará publicar editais com o prazo de 30 (trinta) dias para reclamações.

Estes editais produzirão todas as declarações constantes do talão do título perdido e serão publicados no *Diário Oficial* e no jornal onde o interessado anunciou a referida perda e afixados na porta do armazém e na sala de vendas públicas.

Não havendo reclamação, o juiz expedirá mandado conforme o requerido ao armazém geral ou depositário.

Sendo ordenada a duplicata, dela constará esta circunstância.

Se, porém, aparecer reclamação, o juiz marcará o prazo de 10 (dez) dias para prova, e, findos estes, arrazoando o embargante e o embargado em 5 (cinco) dias cada um, julgará afinal com apelação sem efeito suspensivo.

Estes prazos serão improrrogáveis e fatais e correrão em cartório, independente de lançamento em audiência.

• V. art. 10, § 4º.

§ 3º No caso de perda do *warrant*, o interessado, que provar a sua propriedade, tem o direito de receber a importância do crédito garantido.

Observar-se-á o mesmo processo do § 2º com as seguintes modificações:

a) para justificação sumária, serão citados o primeiro endossador e outros que forem conhecidos. O armazém será avisado do dia e hora da justificação, e notificado judicialmente da perda do título;

b) o mandado judicial de pagamento será expedido contra o primeiro endossador ou contra quem tiver em consignação ou depósito a importância correspondente à dívida do *warrant*.

Dec. 1.102/1903

O referido mandado, se a dívida não está vencida, será apresentado àquele primeiro endossador no dia do vencimento, sendo aplicável a disposição do art. 23 no caso de não pagamento.

• V. art. 10, § 4º.

§ 4º Cessa a responsabilidade do armazém geral e do devedor quando, em virtude de ordem judicial, emitir duplicata ou entregar a mercadoria ou o saldo em seu poder ou pagar a dívida. O prejudicado terá ação somente contra quem indevidamente dispôs da mercadoria ou embolsou a quantia.

§ 5º O que fica disposto sobre perda do título aplica-se aos casos de roubo, furto, extravio ou destruição.

Capítulo III
SALAS DE VENDAS PÚBLICAS

Art. 28. Anexas aos seus estabelecimentos, as empresas de armazéns gerais poderão ter salas apropriadas para vendas públicas, voluntárias, dos gêneros e mercadorias em depósito, observando-se as seguintes disposições:

• V. arts. 5º e 36.

§ 1º Estas salas serão franqueadas ao público, e os depositantes poderão ter aí exposição de amostras.

§ 2º É livre aos interessados escolher o agente da venda dentre os corretores ou leiloeiros da respectiva praça.

§ 3º A venda será anunciada pelo corretor ou leiloeiro, nos jornais locais, declarando-se o dia, hora e condições do leilão e da entrega da mercadoria, número, natureza e quantidade de cada lote, armazéns onde se acha, e as horas durante as quais pode ser examinada.

Além disso, afixará aviso na praça do comércio e na sala onde tenha de efetuar a venda.

• V. art. 10, § 1º.

§ 4º O público será admitido a examinar a mercadoria anunciada à venda, sendo proporcionadas todas as facilidades pelo administrador do armazém onde ela se achar.

• V. art. 10, § 1º.

§ 5º A venda será feita por atacado, não podendo cada lote ser de valor inferior a dois contos de réis, calculado pela cotação média da mercadoria.

• V. art. 29.

§ 6º Se o arrematante não pagar o preço no prazo marcado nos anúncios, e, na falta destes, dentro de 24 (vinte e quatro) horas depois da venda, será a mercadoria levada a novo leilão por sua conta e risco, ficando obrigado a completar o preço por que a comprou e perdendo em benefício do vendedor o sinal que houver dado.

Para a cobrança da diferença terá a parte interessada a ação executiva dos arts. 309 e segs. do Dec. 373, de 25 de novembro de 1850, devendo a petição inicial ser instruída com certidão extraída dos livros do corretor ou agentes de leilões.

• V. arts. 10, § 1º, e 23, § 4º.

§ 7º Tratando-se das mercadorias a que se refere o art. 12, observar-se-á o disposto no § 1º, n. 1, do mesmo artigo.

• V. art. 10, § 1º.

Art. 29. Onde existirem salas de vendas públicas serão nelas efetuadas as vendas de que tratam os arts. 10, § 1º, e 23, § 1º, não sendo então aplicável a disposição restritiva do art. 28, § 5º.

Capítulo IV
DISPOSIÇÕES FISCAIS E PENAIS

Art. 30. São sujeitos ao selo fixo de trezentos réis:

1º) o recibo das mercadorias depositadas nos armazéns gerais (art. 6º);
2º) o conhecimento de depósito.

O mesmo selo das letras de câmbio e de terra pagará o *warrant* quando, separado de depósito, for pela primeira vez endossado.

Art. 31. Não podem ser taxados pelos Estados nem pelas Municipalidades os depósitos nos armazéns gerais, bem como as compras e vendas realizadas nas salas anexas a estes armazéns.

Art. 32. Incorrerão na multa de duzentos mil-réis a cinco contos de réis os empresários de armazéns gerais, que não observarem as prescrições dos arts. 5º, 7º e 8º, §§ 1º a 4º, 13 e 22, § 3º, 24, §§ 1º e 4º, 26, § 2º, última parte.

Dec. 1.102/1903

LEGISLAÇÃO

Parágrafo único. A multa será imposta por quem tiver a seu cargo a fiscalização do armazém, e cobrada executivamente por intermédio do Ministério Público, se não for paga dentro de 8 (oito) dias depois de notificada, revertendo em benefício das misericórdias e orfanatos existentes na sede dos armazéns.

Art. 33. Será cassada a matrícula (art. 1º, § 1º) ou revogada a autorização (art. 4º), por quem a ordenou ou concedeu, nos casos seguintes:

1º) falência e meios preventivos ou liquidação da respectiva empresa;

2º) cessão ou transferência da empresa a terceiro, sem prévio aviso à Junta Comercial, ou sem autorização do Governo, nos casos em que esta for necessária;

3º) infração do regulamento interno em prejuízo do comércio ou da Fazenda Nacional.

Parágrafo único. A disposição deste artigo não prejudica a imposição das multas cominadas no art. 32, nem a aplicação das outras penas em que, porventura, tenham incorrido os empresários de armazéns e seus prepostos.

Art. 34. As penas estabelecidas para os casos dos arts. 32 e 33, ns. 2 e 3, só poderão ser impostas depois de ouvidos o empresário do armazém geral, o gerente ou superintendente das companhias de docas e os concessionários de entrepostos e trapiches alfandegados, em prazo razoável, facultando-se-lhe a leitura do inquérito, relatório, denúncia e provas colhidas.

Art. 35. Incorrerão nas penas de prisão celular por 1 (um) a 4 (quatro) anos e multa de cem mil-réis a um conto de réis:

* V. art. 2º, Lei 7.209/1984 (Reforma da Parte Geral do Código Penal).

1º) os que emitirem os títulos referidos no Capítulo II, sem que tenham cumprido as disposições dos arts. 1º e 4º desta Lei;

2º) os empresários ou administradores de armazéns gerais, que emitirem os ditos títulos sem que existam em depósito as mercadorias ou gêneros nele especificados; ou que emitirem mais de um conhecimento de depósito de *warrant* sobre as mesmas mercadorias ou gêneros, salvo os casos do art. 20;

3º) os empresários ou administradores de armazéns gerais que fizerem empréstimos ou quaisquer negociações, por conta própria ou de terceiro, sobre títulos que emitirem;

4º) os empresários ou administradores de armazéns gerais, que desviarem, no todo ou em parte, fraudarem ou substituírem por outras, as mercadorias confiadas a sua guarda, sem prejuízo da pena de prisão de que trata o art. 2º, n. 1;

5º) os empresários ou administradores de armazéns gerais, que não entregarem no devido tempo, a quem de direito, a importância das consignações de que trata o art. 22 e as quantias que lhe sejam confiadas nos termos desta Lei.

§ 1º Se a empresa for sociedade anônima ou comanditária por ações, incorrerão nas penas acima cominadas os seus administradores, superintendentes, gerentes ou fiéis de armazéns que para o fato criminoso tenham concorrido direta ou indiretamente.

§ 2º Se os títulos forem emitidos pelas repartições federais de que tratam os arts. 2º e 3º, incorrerão nas penas acima os fiéis ou quaisquer funcionários que concorram para o fato.

§ 3º Nesses crimes cabe a ação pública.

Capítulo V
DISPOSIÇÕES GERAIS

Art. 36. Ficam compreendidos na disposição do art. 19, § 3º, do Dec. 737, de 25 de novembro de 1850, os depósitos nos armazéns gerais e as operações sobre os títulos que as respectivas empresas emitirem e os contratos de compra e venda a que se refere o art. 28.

Art. 37. São nulas as convenções ou cláusulas que diminuam ou restrinjam as obrigações e responsabilidades que, por esta Lei, são impostas às empresas de armazéns gerais e aos que figurarem nos títulos que elas emitirem.

Parágrafo único. Ao contrário, podem os armazéns gerais se obrigar, por convenção com os depositantes e mediante a taxa combinada, a indenizar os prejuízos acontecidos à mercadoria por avarias, vícios intrínsecos, falta de acondicionamento e mesmo pelos casos de força maior.

Dec. 2.044/1908

LEGISLAÇÃO

Esta Convenção, para que tenha efeitos para com terceiros, deverá constar dos títulos de que trata o art. 15.

• V. art. 11.

Art. 38. A presente Lei não modifica as disposições do Capítulo V, do Título III da Parte I do Código Comercial, que continuam em inteiro vigor.

Art. 39. Revogam-se as disposições em contrário.

Rio de Janeiro, 21 de novembro de 1903; 81º da Independência e 14º da República.

Francisco de Paula Rodrigues Alves

DECRETO 2.044,
DE 31 DE DEZEMBRO DE 1908

Define a letra de câmbio e a nota promissória e regula as operações cambiais.

O Presidente da República dos Estados Unidos do Brasil:

Faço saber que o Congresso Nacional decreta e eu sanciono a seguinte Resolução:

TÍTULO I
DA LETRA DE CÂMBIO

Capítulo I
DO SAQUE

Art. 1º A letra de câmbio é uma ordem de pagamento e deve conter estes requisitos, lançados, por extenso, no contexto:

• V. Dec. 57.663/1966 (Convenções para adoção de uma Lei Uniforme em matéria de letras de câmbio e notas promissórias).
• V. Dec.-lei 286/1967 (Regularização de emissões ilegais de títulos).

I – a denominação "letra de câmbio" ou a denominação equivalente na língua em que for emitida;

II – a soma de dinheiro a pagar e a espécie de moeda;

• V. art. 25.

III – o nome da pessoa que deve pagá-la. Esta indicação pode ser inserida abaixo do contexto;

IV – o nome da pessoa a quem deve ser paga. A letra pode ser ao portador e também pode ser emitida por ordem e conta de terceiro. O sacador pode designar-se como tomador;

V – a assinatura do próprio punho do sacador ou do mandatário especial. A assinatura deve ser firmada abaixo do contexto.

Art. 2º Não será letra de câmbio o escrito a que faltar qualquer dos requisitos acima enumerados.

• V. art. 2º, Anexo I, Dec. 57.663/1966 (Convenções para adoção de uma Lei Uniforme em matéria de letras de câmbio e notas promissórias).

Art. 3º Esses requisitos são considerados lançados ao tempo da emissão da letra. A prova em contrário será admitida no caso de má-fé do portador.

• V. Súmula 387, STF.

Art. 4º Presume-se mandato ao portador para inserir a data e o lugar do saque, na letra que não os contiver.

Art. 5º Havendo diferença entre o valor lançado por algarismo e o que se achar por extenso no corpo da letra, este último será sempre considerado verdadeiro e a diferença não prejudicará a letra. Diversificando as indicações da soma de dinheiro no contexto, o título não será letra de câmbio.

• V. art. 6º, Anexo I, Dec. 57.663/1966 (Convenções para adoção de uma Lei Uniforme em matéria de letras de câmbio e notas promissórias).

Art. 6º A letra pode ser passada:

I – à vista;

• V. art. 20, § 1º.

II – a dia certo;
III – a tempo certo da data;
IV – a tempo certo da vista.

Art. 7º A época do pagamento deve ser precisa, uma e única para a totalidade da soma cambial.

Capítulo II
DO ENDOSSO

Art. 8º O endosso transmite a propriedade da letra de câmbio.

Para a validade do endosso, é suficiente a simples assinatura do próprio punho do endossador ou do mandatário especial, no verso da letra. O endossatário pode completar este endosso.

• V. art. 14, Anexo I, Dec. 57.663/1966 (Convenções para adoção de uma Lei Uniforme em matéria de letras de câmbio e notas promissórias).

Dec. 2.044/1908

LEGISLAÇÃO

§ 1º A cláusula "por procuração", lançada no endosso, indica o mandato com todos os poderes, salvo o caso de restrição, que deve ser expressa no mesmo endosso.

§ 2º O endosso posterior ao vencimento da letra tem o efeito de cessão civil.

- V. art. 20, Anexo I, Dec. 57.663/1966 (Convenções para adoção de uma Lei Uniforme em matéria de letras de câmbio e notas promissórias).

§ 3º É vedado o endosso parcial.

- V. art. 12, Anexo I, Dec. 57.663/1966 (Convenções para adoção de uma Lei Uniforme em matéria de letras de câmbio e notas promissórias).

Capítulo III
DO ACEITE

Art. 9º A apresentação da letra ao aceite é facultativa quando certa a data do vencimento. A letra a tempo certo da vista deve ser apresentada ao aceite do sacado, dentro do prazo nela marcado; na falta de designação, dentro de 6 (seis) meses contados da data da emissão do título, sob pena de perder o portador o direito regressivo contra o sacador, endossadores e avalistas.

- V. art. 25, Anexo I, Dec. 57.663/1966 (Convenções para adoção de uma Lei Uniforme em matéria de letras de câmbio e notas promissórias).

Parágrafo único. O aceite da letra, a tempo certo da vista, deve ser datado, presumindo-se, na falta de data, o mandato ao portador para inseri-la.

Art. 10. Sendo dois ou mais os sacados, o portador deve apresentar a letra ao primeiro nomeado; na falta ou recusa do aceite, ao segundo, se estiver domiciliado na mesma praça; assim, sucessivamente, sem embargo da forma da indicação na letra dos nomes dos sacados.

Art. 11. Para a validade do aceite é suficiente a simples assinatura do próprio punho do sacado ou do mandatário especial, no anverso da letra.
Vale, como aceite puro, a declaração que não traduzir inequivocamente a recusa, limitação ou modificação.

- V. art. 25, Anexo I, Dec. 57.663/1966 (Convenções para adoção de uma Lei Uniforme em matéria de letras de câmbio e notas promissórias).

Parágrafo único. Para os efeitos cambiais, a limitação ou modificação do aceite equivale à recusa, ficando, porém, o aceitante cambialmente vinculado, nos termos da limitação ou modificação.

Art. 12. O aceite, uma vez firmado, não pode ser cancelado nem retirado.

Art. 13. A falta ou recusa do aceite prova-se pelo protesto.

Capítulo IV
DO AVAL

Art. 14. O pagamento de uma letra de câmbio, independente do aceite e do endosso, pode ser garantido por aval. Para a validade do aval, é suficiente a simples assinatura do próprio punho do avalista ou do mandatário especial, no verso ou no anverso da letra.

- V. art. 31, Anexo I, Dec. 57.663/1966 (Convenções para adoção de uma Lei Uniforme em matéria de letras de câmbio e notas promissórias).
- V. Súmula 189, STF.

Art. 15. O avalista é equiparado àquele cujo nome indicar; na falta de indicação, àquele abaixo de cuja assinatura lançar a sua; fora destes casos, ao aceitante e, não estando aceita a letra, ao sacador.

- V. art. 6º.
- V. art. 30, Anexo I, Dec. 57.663/1966 (Convenções para adoção de uma Lei Uniforme em matéria de letras de câmbio e notas promissórias).

Capítulo V
DA MULTIPLICAÇÃO
DA LETRA DE CÂMBIO

Seção Única
Das duplicatas

Art. 16. O sacador, sob pena de responder por perdas e interesses, é obrigado a dar, ao portador, as vias de letra que este reclamar antes do vencimento, diferençadas, no contexto, por números de ordem ou pela ressalva, das que se extraviaram. Na falta da diferenciação ou da ressalva, que torne inequívoca a unicidade da obrigação, cada exemplar valerá como letra distinta.

§ 1º O endossador e o avalista, sob pena de responderem por perdas e interesses, são obrigados a repetir, na duplicata, o endosso e o aval firmados no original.

Dec. 2.044/1908

§ 2º O sacado fica cambialmente obrigado por cada um dos exemplares em que firmar o aceite.

§ 3º O endossador de dois ou mais exemplares da mesma letra a pessoas diferentes, e os sucessivos endossadores e avalistas ficam cambialmente obrigados.

§ 4º O detentor da letra expedida para o aceite é obrigado a entregá-la ao legítimo portador da duplicata, sob pena de responder por perdas e interesses.

Capítulo VI
DO VENCIMENTO

Art. 17. A letra à vista vence-se no ato da apresentação ao sacado.
A letra, a dia certo, vence-se nesse dia. A letra, a dias da data ou da vista, vence-se no último dia do prazo; não se conta, para a primeira, o dia do saque, e, para a segunda, o dia do aceite.
A letra a semanas, meses ou anos da data ou da vista vence no dia da semana, mês ou ano do pagamento, correspondente ao dia do saque ou dia do aceite. Na falta do dia correspondente, vence-se no último dia do mês do pagamento.

• V. art. 6º.

Art. 18. Sacada a letra em país onde vigorar outro calendário, sem a declaração do adotado, verifica-se o termo do vencimento contando-se do dia do calendário gregoriano, correspondente ao da emissão da letra pelo outro calendário.

• V. art. 37, Anexo I, Dec. 57.663/1966 (Convenções para adoção de uma Lei Uniforme em matéria de letras de câmbio e notas promissórias).

Art. 19. A letra é considerada vencida, quando protestada:
I – pela falta ou recusa do aceite;

• V. art. 13.

II – pela falência do aceitante.

• V. arts. 77 e 94, I e II, Lei 11.101/2005 (Lei de Recuperação de Empresas e Falência).

O pagamento, nestes casos, continua diferido até o dia do vencimento ordinário da letra, ocorrendo o aceite de outro sacado nomeado ou, na falta, a aquiescência do portador expressa no ato do protesto, ao aceite na letra, pelo interveniente voluntário.

Capítulo VII
DO PAGAMENTO

Art. 20. A letra deve ser apresentada ao sacado ou ao aceitante para o pagamento, no lugar designado e no dia do vencimento ou, sendo este dia feriado por lei, no primeiro dia útil imediato, sob pena de perder o portador o direito de regresso contra o sacador, endossadores e avalistas.

• V. art. 43.

§ 1º Será pagável à vista a letra que não indicar a época do vencimento. Será pagável, no lugar mencionado ao pé do nome do sacado, a letra que não indicar o lugar do pagamento.

É facultada a indicação alternativa de lugares de pagamento, tendo o portador direito de opção. A letra pode ser sacada sobre uma pessoa, para ser paga no domicílio de outra, indicada pelo sacador ou pelo aceitante.

§ 2º No caso de recusa ou falta de pagamento pelo aceitante, sendo dois ou mais os sacados, o portador deve apresentar a letra ao primeiro nomeado, se estiver domiciliado na mesma praça; assim sucessivamente, sem embargo da forma da indicação na letra dos nomes dos sacados.

• V. Súmula 189, STF.

§ 3º Sobrevindo caso fortuito ou força maior, a apresentação deve ser feita, logo que cessar o impedimento.

Art. 21. A letra à vista deve ser apresentada ao pagamento dentro do prazo nela marcado; na falta desta designação, dentro de 12 (doze) meses, contados da data da emissão do título, sob pena de perder o portador o direito de regresso contra o sacador, endossadores e avalistas.

Art. 22. O portador não é obrigado a receber o pagamento antes do vencimento da letra. Aquele que paga uma letra, antes do respectivo vencimento, fica responsável pela validade desse pagamento.

• V. art. 40, Anexo I, Dec. 57.663/1966 (Convenções para adoção de uma Lei Uniforme em matéria de letras de câmbio e notas promissórias).

§ 1º O portador é obrigado a receber o pagamento parcial, ao tempo do vencimento.

Dec. 2.044/1908

LEGISLAÇÃO

§ 2º O portador é obrigado a entregar a letra com a quitação àquele que efetua o pagamento; no caso do pagamento parcial, em que se não opera a tradição do título, além da quitação em separado, outra deve ser firmada na própria letra.

- V. art. 39, Anexo I, Dec. 57.663/1966 (Convenções para adoção de uma Lei Uniforme em matéria de letras de câmbio e notas promissórias).

Art. 23. Presume-se validamente desonerado aquele que paga a letra no vencimento, sem oposição.

Parágrafo único. A oposição ao pagamento é somente admissível no caso de extravio da letra, de falência ou incapacidade do portador para recebê-lo.

Art. 24. O pagamento feito pelo aceitante ou pelos respectivos avalistas desonera da responsabilidade cambial todos os coobrigados.

O pagamento feito pelo sacador, pelos endossadores ou respectivos avalistas desonera da responsabilidade cambial os coobrigados posteriores.

Parágrafo único. O endossador ou avalista, que paga ao endossatário ou ao avalista posterior, pode riscar o próprio endosso ou aval e os dos endossadores ou avalistas posteriores.

Art. 25. A letra de câmbio deve ser paga na moeda indicada. Designada moeda estrangeira, o pagamento, salvo determinação em contrário, expressa na letra, deve ser efetuado em moeda nacional, ao câmbio à vista do dia do vencimento e do lugar do pagamento; não havendo no lugar curso de câmbio, pelo da praça mais próxima.

- V. art. 41, Anexo I, Dec. 57.663/1966 (Convenções para adoção de uma Lei Uniforme em matéria de letras de câmbio e notas promissórias).

Art. 26. Se o pagamento de uma letra de câmbio não for exigido no vencimento, o aceitante pode, depois de expirado o prazo para o protesto por falta de pagamento, depositar o valor da mesma, por conta e risco do portador, independente de qualquer citação.

- V. art. 42, Anexo I, Dec. 57.663/1966 (Convenções para adoção de uma Lei Uniforme em matéria de letras de câmbio e notas promissórias).

Art. 27. A falta ou recusa, total ou parcial, de pagamento, prova-se pelo protesto.

Capítulo VIII
DO PROTESTO

Art. 28. A letra que houver de ser protestada por falta de aceite ou de pagamento deve ser entregue ao oficial competente, no primeiro dia útil que se seguir ao da recusa do aceite ou ao do vencimento, e o respectivo protesto tirado dentro de 3 (três) dias úteis.

- V. arts. 43 e 44, Anexo I, Dec. 57.663/1966 (Convenções para adoção de uma Lei Uniforme em matéria de letras de câmbio e notas promissórias).

Parágrafo único. O protesto deve ser tirado do lugar indicado na letra para o aceite ou para o pagamento. Sacada ou aceita a letra para ser paga em outro domicílio que não o do sacado, naquele domicílio deve ser tirado o protesto.

- V. Lei 6.690/1979 (Cancelamento de protesto de títulos cambiais).

Art. 29. O instrumento de protesto deve conter:

I – a data;

II – a transcrição literal da letra e das declarações nela inseridas pela ordem respectiva;

III – a certidão da intimação ao sacado ou ao aceitante ou aos outros sacados, nomeados na letra para aceitar ou pagar, a resposta dada ou a declaração da falta da resposta.

A intimação é dispensada no caso do sacado ou aceitante firmar na letra a declaração da recusa do aceite ou do pagamento e, na hipótese de protesto, por causa da falência do aceitante;

IV – a certidão de não haver sido encontrada ou de ser desconhecida a pessoa indicada para aceitar ou para pagar. Nesta hipótese, o oficial afixará a intimação nos lugares do estilo e, se possível, a publicará pela imprensa;

V – a indicação dos intervenientes voluntários e das firmas por eles honradas;

VI – a aquiescência do portador ao aceite por honra;

Dec. 2.044/1908

VII – a assinatura, com o sinal público, do oficial do protesto.

Parágrafo único. Este instrumento, depois de registrado no livro de protesto, deverá ser entregue ao detentor ou portador da letra ou àquele que houver efetuado o pagamento.

Art. 30. O portador é obrigado a dar aviso do protesto ao último endossador, dentro de 2 (dois) dias, contados da data do instrumento do protesto e cada endossatário, dentro de 2 (dois) dias, contados do recebimento do aviso, deve transmiti-lo ao seu endossador, sob pena de responder por perdas e interesses.

Não constando do endosso o domicílio ou a residência do endossador, o aviso deve ser transmitido ao endossador anterior, que houver satisfeito aquela formalidade.

- V. art. 36, § 7º.
- V. art. 45, Anexo I, Dec. 57.663/1966 (Convenções para adoção de uma Lei Uniforme em matéria de letras de câmbio e notas promissórias).

Parágrafo único. O aviso pode ser dado em carta registrada. Para esse fim, a carta será levada aberta ao Correio, onde, verificada a existência do aviso, se declarará o conteúdo da carta registrada no conhecimento e talão respectivo.

Art. 31. Recusada a entrega da letra por aquele que a recebeu para firmar o aceite ou para efetuar o pagamento, o protesto pode ser tirado por outro exemplar ou, na falta, pelas indicações do protestante.

Parágrafo único. Pela prova do fato, pode ser decretada a prisão do detentor da letra, salvo depositando este a soma cambial e a importância das despesas feitas.

Art. 32. O portador que não tira, em tempo útil e forma regular, o instrumento do protesto da letra perde o direito de regresso contra o sacador, endossadores e avalistas.

- V. art. 47, Anexo I, Dec. 57.663/1966 (Convenções para adoção de uma Lei Uniforme em matéria de letras de câmbio e notas promissórias).

Art. 33. O oficial que não lavra, em tempo útil e forma regular, o instrumento do protesto, além da pena em que incorrer, segundo o Código Penal, responde por perdas e interesses.

Capítulo IX
DA INTERVENÇÃO

Art. 34. No ato do protesto pela falta ou recusa do aceite, a letra pode ser aceita por terceiro, mediante a aquiescência do detentor ou portador.

A responsabilidade cambial deste interveniente é equiparada à do sacado que aceita.

- V. art. 27.
- V. art. 55, Anexo I, Dec. 57.663/1966 (Convenções para adoção de uma Lei Uniforme em matéria de letras de câmbio e notas promissórias).

Art. 35. No ato do protesto, excetuada apenas a hipótese do artigo anterior, qualquer pessoa tem o direito de intervir para efetuar o pagamento da letra, por honra de qualquer das firmas.

- V. art. 59, Anexo I, Dec. 57.663/1966 (Convenções para adoção de uma Lei Uniforme em matéria de letras de câmbio e notas promissórias).

§ 1º O pagamento, por honra da firma do aceitante ou dos respectivos avalistas, desonera da responsabilidade cambial todos os coobrigados.

O pagamento, por honra da firma do sacador, do endossador ou dos respectivos avalistas desonera da responsabilidade cambial todos os coobrigados posteriores.

§ 2º Não indicada a firma, entende-se ter sido honrada a do sacador; quando aceita a letra, a do aceitante.

§ 3º Sendo múltiplas as intervenções, concorram ou não coobrigados, deve ser preferido o interveniente que desonera maior número de firmas.

Múltiplas as intervenções pela mesma firma, deve ser preferido o interveniente coobrigado, na falta deste, o sacado; na falta de ambos, o detentor ou portador tem a opção. É vedada a intervenção ao aceitante ou ao respectivo avalista.

- V. art. 63, Anexo I, Dec. 57.663/1966 (Convenções para adoção de uma Lei Uniforme em matéria de letras de câmbio e notas promissórias).

Dec. 2.044/1908

LEGISLAÇÃO

Capítulo X
DA ANULAÇÃO DA LETRA

Art. 36. Justificando a propriedade e o extravio ou a destruição total ou parcial da letra, descrita com clareza e precisão, o proprietário pode requerer ao juiz competente do lugar do pagamento, na hipótese de extravio, a intimação do sacado ou do aceitante e dos coobrigados, para não pagarem a aludida letra, e a citação do detentor para apresentá-la em juízo, dentro do prazo de 3 (três) meses, e, nos casos de extravio e de destruição, a citação dos coobrigados para, dentro do referido prazo, oporem contestação firmada em defeito de forma do título ou, na falta de requisito essencial, ao exercício da ação cambial.

Estas citações e intimações devem ser feitas pela imprensa, publicadas no jornal oficial do Estado e no *Diário Oficial* para o Distrito Federal e nos periódicos indicados pelo juiz, além de afixadas nos lugares do estilo e na bolsa da praça do pagamento.

§ 1º O prazo de 3 (três) meses corre da data do vencimento; estando vencida a letra, da data da publicação no jornal oficial.

- V. art. 73, Anexo I, Dec. 57.663/1966 (Convenções para adoção de uma Lei Uniforme em matéria de letras de câmbio e notas promissórias).

§ 2º Durante o curso desse prazo, munido da certidão do requerimento e do despacho favorável do juiz, fica o proprietário autorizado a praticar todos os atos necessários à garantia do direito creditório, podendo, vencida a letra, reclamar do aceitante o depósito judicial da soma devida.

§ 3º Decorrido o prazo, sem se apresentar o portador legitimado (art. 39) da letra, ou sem a contestação do coobrigado (art. 36), o juiz decretará a nulidade do título extraviado ou destruído e ordenará, em benefício do proprietário, o levantamento do depósito da soma, caso tenha sido feito.

§ 4º Por esta sentença, fica o proprietário habilitado, para o exercício da ação executiva, contra o aceitante e os outros coobrigados.

§ 5º Apresentada a letra pelo portador legitimado (art. 39) ou oferecida a contestação (art. 36) pelo coobrigado, o juiz julgará prejudicado o pedido de anulação da letra, deixando, salvo à parte, o recurso aos meios ordinários.

§ 6º Da sentença proferida no processo cabe o recurso de agravo com efeito suspensivo.

§ 7º Este processo não impede o recurso à duplicata e nem para os efeitos da responsabilidade civil do coobrigado dispensa o aviso imediato do extravio, por cartas registradas endereçadas ao sacado, ao aceitante e aos outros coobrigados, pela forma indicada no parágrafo único do art. 30.

Capítulo XI
DO RESSAQUE

Art. 37. O portador da letra protestada pode haver o embolso da soma devida, pelo ressaque de nova letra de câmbio, à vista, sobre qualquer dos obrigados.

O ressacado que paga pode, por seu turno, ressacar sob qualquer dos coobrigados a ele anteriores.

- V. art. 47, Anexo I, Dec. 57.663/1966 (Convenções para adoção de uma Lei Uniforme em matéria de letras de câmbio e notas promissórias).

Parágrafo único. O ressaque deve ser acompanhado da letra protestada, do instrumento de protesto e da conta de retorno.

Art. 38. A conta de retorno deve indicar:
I – a soma cambial e a dos juros legais, desde o dia do vencimento;
II – a soma das despesas legais: protesto, comissão, porte de cartas, selos, e dos juros legais, desde o dia em que foram feitas;
III – o nome do ressacado;
IV – o preço do câmbio, certificado por corretor ou, na falta, por dois comerciantes.

§ 1º O recâmbio é regulado pelo curso do câmbio da praça do pagamento, sobre a praça do domicílio ou da residência do ressacado; o recâmbio, devido ao endossador ou ao avalista que ressaca, é regulado pelo curso do câmbio da praça do ressaque, sobre a praça da residência ou do domicílio do ressacado.

Dec. 2.044/1908

LEGISLAÇÃO

Não havendo curso de câmbio na praça do ressaque, o recâmbio é regulado pelo curso do câmbio da praça mais próxima.

§ 2º É facultado o cúmulo dos recâmbios nos sucessivos ressaques.

Capítulo XII
DOS DIREITOS E DAS OBRIGAÇÕES CAMBIAIS

Seção I
Dos direitos

Art. 39. O possuidor é considerado legítimo proprietário da letra ao portador e da letra endossada em branco.

O último endossatário é considerado legítimo proprietário da letra endossada em preto, se o primeiro endosso estiver assinado pelo tomador e cada um dos outros, pelo endossatário do endosso, imediatamente anterior.

Seguindo-se ao endosso em branco outro endosso presume-se haver o endossador deste adquirido por aquele a propriedade da letra.

- V. art. 36, §§ 3º e 5º.
- V. art. 1.196, CC.

§ 1º No caso de pluralidade de tomadores ou endossatários, conjuntos ou disjuntos, o tomador ou o endossatário possuidor da letra é considerado, para os efeitos cambiais, o credor único da obrigação.

§ 2º O possuidor, legitimado de acordo com este artigo, somente no caso de má-fé na aquisição, pode ser obrigado a abrir mão da letra de câmbio.

- V. art. 1.202, CC.

Art. 40. Quem paga não está obrigado a verificar a autenticidade dos endossos.

Parágrafo único. O interveniente voluntário que paga fica sub-rogado em todos os direitos daquele, cuja firma foi por ele honrada.

Art. 41. O detentor, embora sem título algum, está autorizado a praticar as diligências necessárias à garantia do crédito, a reclamar o aceite, a tirar os protestos, a exigir, ao tempo do vencimento, o depósito da soma cambial.

Seção II
Das obrigações

Art. 42. Pode obrigar-se, por letra de câmbio, quem tem a capacidade civil ou comercial.

- V. arts. 5º e 972, CC.

Parágrafo único. Tendo a capacidade pela lei brasileira, o estrangeiro fica obrigado pela declaração que firmar, sem embargo da sua incapacidade, pela lei do Estado a que pertencer.

Art. 43. As obrigações cambiais são autônomas e independentes umas das outras. O signatário da declaração cambial fica, por ela, vinculado e solidariamente responsável pelo aceite e pelo pagamento da letra, sem embargo da falsidade, da falsificação ou da nulidade de qualquer outra assinatura.

- V. arts. 264 e 265, CC.

Art. 44. Para os efeitos cambiais, são consideradas não escritas:

I – a cláusula de juros;

II – a cláusula proibitiva do endosso ou do protesto, a excludente da responsabilidade pelas despesas e qualquer outra, dispensando a observância dos termos ou das formalidades prescritas por esta Lei;

III – a cláusula proibitiva da apresentação da letra ao aceite do sacado;

IV – a cláusula excludente ou restritiva da responsabilidade e qualquer outra beneficiando o devedor ou o credor, além dos limites fixados por esta Lei.

§ 1º Para os efeitos cambiais, o endosso ou aval cancelado é considerado não escrito.

§ 2º Não é letra de câmbio o título em que o emitente exclui ou restringe a sua responsabilidade cambial.

- V. art. 2º.

Art. 45. Pelo aceite, o sacado fica cambialmente obrigado para com o sacador e respectivos avalistas.

§ 1º A letra endossada ao aceitante pode ser por este reendossada, antes do vencimento.

§ 2º Pelo reendosso da letra, endossada ao sacador, ao endossado ou ao avalista, conti-

Dec. 2.044/1908

nuam cambialmente obrigados os codevedores intermédios.

Art. 46. Aquele que assina a declaração cambial, como mandatário ou representante legal de outrem, sem estar devidamente autorizado, fica, por ela, pessoalmente obrigado.

Art. 47. A substância, os efeitos, a forma extrínseca e os meios de prova da obrigação cambial são regulados pela lei do lugar onde a obrigação foi firmada.

Art. 48. Sem embargo da desoneração da responsabilidade cambial o sacador ou aceitante fica obrigado a restituir ao portador com os juros legais, a soma com a qual se locupletou à custa deste.

A ação do portador, para este fim, é ordinária.

Capítulo XIII
DA AÇÃO CAMBIAL

Art. 49. A ação cambial é a executiva. Por ela tem também o credor o direito de reclamar a importância que receberia pelo ressaque (art. 38).

- V. art. 778 e ss., CPC/2015.

Art. 50. A ação cambial pode ser proposta contra um, alguns ou todos os coobrigados, sem estar o credor adstrito à observância da ordem dos endossos.

- V. art. 280, CC.

Art. 51. Na ação cambial, somente é admissível defesa fundada no direito pessoal do réu contra o autor, em defeito de forma do título e na falta de requisito necessário ao exercício da ação.

Capítulo XIV
DA PRESCRIÇÃO DA AÇÃO CAMBIAL

Art. 52. A ação cambial, contra o sacador, aceitante e respectivos avalistas, prescreve em 5 (cinco) anos.

A ação cambial contra o endossador e respectivo avalista prescreve em 12 (doze) meses.

Art. 53. O prazo da prescrição é contado do dia em que a ação pode ser proposta; para o endossador ou respectivo avalista que paga, do dia desse pagamento.

- V. Súmula 153, STF.

TÍTULO II
DA NOTA PROMISSÓRIA
Capítulo I
DA EMISSÃO

Art. 54. A nota promissória é uma promessa de pagamento e deve conter estes requisitos essenciais, lançados, por extenso, no contexto:

I – a denominação de "nota promissória" ou termo correspondente, na língua em que for emitida;
II – a soma de dinheiro a pagar;
III – o nome da pessoa a quem deve ser paga;
IV – a assinatura do próprio punho do emitente ou do mandatário especial.

§ 1º Presume-se ter o portador o mandato para inserir a data e lugar da emissão da nota promissória, que não contiver estes requisitos.

§ 2º Será pagável à vista a nota promissória que não indicar a época do vencimento. Será pagável no domicílio do emitente a nota promissória que não indicar o lugar do pagamento.

É facultada a indicação alternativa de lugar de pagamento, tendo o portador direito de opção.

§ 3º Diversificando as indicações da soma do dinheiro, será considerada verdadeira a que se achar lançada por extenso no contexto.

Diversificando no contexto as indicações da soma de dinheiro, o título não será nota promissória.

§ 4º Não será nota promissória o escrito ao qual faltar qualquer dos requisitos acima enumerados. Os requisitos essenciais são considerados lançados ao tempo da emissão da nota promissória. No caso de má-fé do portador, será admitida prova em contrário.

- V. art. 76, Anexo I, Dec. 57.663/1966 (Convenções para adoção de uma Lei Uniforme em matéria de letras de câmbio e notas promissórias).

Art. 55. A nota promissória pode ser passada:
I – à vista;

Dec. 3.708/1919

II – a dia certo;
III – a tempo certo da data.
Parágrafo único. A época do pagamento deve ser precisa e única para toda a soma devida.

Capítulo II
DISPOSIÇÕES GERAIS

Art. 56. São aplicáveis à nota promissória, com as modificações necessárias, todos os dispositivos do Título I desta Lei, exceto os que se referem ao aceite e às duplicatas. Para o efeito da aplicação de tais dispositivos, o emitente da nota promissória é equiparado ao aceitante da letra de câmbio.

Art. 57. Ficam revogados todos os artigos do Título XVI do Código Comercial e mais disposições em contrário.

Rio de Janeiro, 31 de dezembro de 1908; 87º da Independência e 20º da República.
Afonso Augusto Moreira Pena

DECRETO 3.708,
DE 10 DE JANEIRO DE 1919

Regula a constituição de sociedades por quotas, de responsabilidade limitada.

O Vice-Presidente da República dos Estados Unidos do Brasil, em exercício:
Faço saber que o Congresso Nacional decretou e eu sanciono a seguinte resolução:

Art. 1º Além das sociedades a que se referem os arts. 295, 311, 315 e 317 do Código Comercial, poderão constituir-se sociedades por quotas de responsabilidade limitada.

Art. 2º O título constitutivo regular-se-á pelas disposições dos arts. 300 a 302 e seus números do Código Comercial, devendo estipular ser limitada a responsabilidade dos sócios à importância total do capital social.

Art. 3º As sociedades por quotas, de responsabilidade limitada, adotarão uma firma ou denominação particular.

§ 1º A firma, quando não individualize todos os sócios, deve conter o nome ou firma de um deles, devendo a denominação, quando possível, dar a conhecer o objetivo da sociedade.

§ 2º A firma ou denominação social deve ser sempre seguida da palavra – limitada. Omitida esta declaração, serão havidos como solidária e ilimitadamente responsáveis os sócios gerentes e os que fizerem uso da firma social.

Art. 4º Nas sociedades por quotas de responsabilidade limitada não haverá sócios de indústria.

Art. 5º Para todos os efeitos, serão havidas como quotas distintas a quota primitiva de um sócio e as que posteriormente adquirir.

Art. 6º Devem exercer em comum os direitos respectivos os coproprietários da quota indivisa, que designarão entre si um que os represente no exercício dos direitos de sócio. Na falta desse representante, os atos praticados pela sociedade em relação a qualquer dos coproprietários produzem efeitos contra todos, inclusive quanto aos herdeiros dos sócios. Os coproprietários da quota indivisa respondem solidariamente pelas prestações que faltarem para completar o pagamento da mesma quota.

Art. 7º Em qualquer caso do art. 289 do Código Comercial poderão os outros sócios preferir a exclusão do sócio remisso. Sendo impossível cobrar amigavelmente do sócio, seus herdeiros ou sucessores a soma devida pelas suas quotas ou preferindo a sua exclusão, poderão os outros sócios tomar a si as quotas anuladas ou transferi-las a estranhos, pagando ao proprietário primitivo as entradas por ele realizadas, deduzindo os juros da mora e mais prestações estabelecidas no contrato e as despesas.

Art. 8º É lícito às sociedades a que se refere esta lei adquirir quotas liberadas, desde que o façam com fundos disponíveis e sem ofensa do capital estipulado no contrato. A aquisição dar-se-á por acordo dos sócios, ou verificada a exclusão de algum sócio remisso, mantendo-se intacto o capital durante o prazo da sociedade.

Art. 9º Em caso de falência, todos os sócios respondem solidariamente pela parte que faltar para preencher o pagamento das quotas não inteiramente liberadas. Assim, também, serão obrigados os sócios a repor os dividendos e valores recebidos, as quantias retiradas, a qualquer título, ainda que autorizadas pelo contrato, uma vez verificado que tais lucros, valores ou quantias foram distribuídos com prejuízos do capital realizado.

Art. 10. Os sócios gerentes ou que derem o nome à firma não respondem pessoalmente pelas obrigações contraídas em nome da sociedade, mas respondem para com esta e para com terceiros solidária e ilimitadamente pelo excesso de mandato e pelos atos praticados com violação do contrato ou da lei.

Art. 11. Cabe ação de perdas e danos, sem prejuízo da responsabilidade criminal, contra o sócio que usar indevidamente da firma social ou que dela abusar.

Art. 12. Os sócios gerentes poderão ser dispensados de caução pelo contrato social.

Art. 13. O uso da firma cabe aos sócios gerentes; se, porém, for omisso o contrato, todos os sócios dela poderão usar. É lícito aos gerentes delegar o uso da firma somente quando o contrato não contiver cláusula que se oponha a essa delegação. Tal delegação, contra disposição do contrato, dá ao sócio que a fizer pessoalmente a responsabilidade das obrigações contraídas pelo substituto, sem que possa reclamar da sociedade mais do que a sua parte das vantagens auferidas do negócio.

Art. 14. As sociedades por quotas, de responsabilidade limitada, responderão pelos compromissos assumidos pelos gerentes, ainda que sem o uso da firma social, se forem tais compromissos contraídos em seu nome ou proveito, nos limites dos poderes da gerência.

Art. 15. Assiste aos sócios que divergirem da alteração do contrato social a faculdade de se retirarem da sociedade, obtendo o reembolso da quantia correspondente ao seu capital, na proporção do último balanço aprovado. Ficam, porém, obrigados às prestações correspondentes às quotas respectivas, na parte em que essas prestações forem necessárias para pagamento das obrigações contraídas, até a data do registro definitivo da modificação do estatuto social.

Art. 16. As deliberações dos sócios, quando infringentes do contrato social ou da lei, dão responsabilidade ilimitada àqueles que expressamente hajam ajustado tais deliberações contra os preceitos contratuais ou legais.

Art. 17. A nulidade do contrato social não exonera os sócios das prestações correspondentes às suas quotas, na parte em que suas prestações forem necessárias para cumprimento das obrigações contraídas.

Art. 18. Serão observadas quanto às sociedades por quotas, de responsabilidade limitada, no que não for regulado no estatuto social, e na parte aplicável, as disposições da lei das sociedades anônimas.

Art. 19. Revogam-se as disposições em contrário.

Rio de Janeiro, 10 de janeiro de 1919, 98º da Independência e 31º da República.

Delfim Moreira da Costa Ribeiro

(*DOU* 15.01.1919)

DECRETO 20.910,
DE 6 DE JANEIRO DE 1932

Regula a prescrição quinquenal.

O Chefe do Governo Provisório da República dos Estados Unidos do Brasil, usando das atribuições contidas no art. 1º do Dec. 19.398, de 11 de novembro de 1930, decreta:

Art. 1º As dívidas passivas da União, dos Estados e dos Municípios, bem assim todo e qualquer direito ou ação contra a Fazenda federal, estadual ou municipal, seja qual for a sua natureza, prescrevem em 5 (cinco) anos, contados da data do ato ou fato do qual se originarem.

- V. art. 37, § 5º, CF.
- V. arts. 168 e 169, CTN.
- V. Súmulas 39, 85 e 467 STJ.
- V. Súmulas 107, 108 e 163, TFR.

Art. 2º Prescrevem igualmente no mesmo prazo todo o direito e as prestações correspondentes a pensões vencidas ou por vencerem, ao meio soldo e ao montepio civil e militar ou a quaisquer restituições ou diferenças.

Art. 3º Quando o pagamento se dividir por dias, meses ou anos, a prescrição atingirá progressivamente as prestações, à medida que completarem os prazos estabelecidos pelo presente decreto.

- V. Súmula 443, STF.
- V. Súmula 163, TFR.

Art. 4º Não corre a prescrição durante a demora que, no estudo, no reconhecimento ou no pagamento da dívida, considerada líquida, tiverem as repartições ou funcionários encarregados de estudar e apurá-la.

- V. arts. 197 a 199, CC.

Parágrafo único. A suspensão da prescrição, neste caso, verificar-se-á pela entrada do requerimento do titular do direito ou do credor nos livros ou protocolos das repartições públicas, com designação do dia, mês e ano.

Art. 5º *(Revogado pela Lei 2.211/1954.)*

Art. 6º O direito à reclamação administrativa, que não tiver prazo fixado em disposição de lei para ser formulada, prescreve em 1 (um) ano a contar da data do ato ou fato do qual a mesma se originar.

Art. 7º A citação inicial não interrompe a prescrição quando, por qualquer motivo, o processo tenha sido anulado.

- V. art. 240, *caput*, CPC/2015.

Art. 8º A prescrição somente poderá ser interrompida uma vez.

- V. art. 3º, Dec.-lei 4.597/1942 (Prescrição das ações contra a Fazenda Pública).

Art. 9º A prescrição interrompida recomeça a correr, pela metade do prazo, da data do ato que a interrompeu ou do último ato ou termo do respectivo processo.

- V. art. 3º, Dec.-lei 4.597/1942 (Prescrição das ações contra a Fazenda Pública).

Art. 10. O disposto nos artigos anteriores não altera as prescrições de menor prazo, constantes das leis e regulamentos, as quais ficam subordinadas às mesmas regras.

Art. 11. Revogam-se as disposições em contrário.

Rio de Janeiro, 6 de janeiro de 1932; 111º da Independência e 44º da República.
Getúlio Vargas

(*DOU* 08.01.1932)

DECRETO 22.626,
DE 7 DE ABRIL DE 1933

Dispõe sobre os juros nos contratos e dá outras providências.

O Chefe do Governo Provisório da República dos Estados Unidos do Brasil:
Considerando que todas as legislações modernas adotam normas severas para regular, impedir e reprimir os excessos praticados pela usura;
Considerando que é de interesse superior da economia do país não tenha o capital remuneração exagerada impedindo o desenvolvimento das classes produtoras; decreta:

Art. 1º É vedado, e será punido nos termos desta Lei, estipular em quaisquer contratos taxas de juros superiores ao dobro da taxa legal.

- V. art. 10.
- V. art. 406, CC.
- V. art. 161, CTN.
- V. Súmula 596, STF.
- V. Súmula 283, STJ.

§ 1º *(Revogado pelo Dec.-lei 182/1938.)*

§ 2º *(Revogado pelo Dec.-lei 182/1938.)*

§ 3º A taxa de juros deve ser estipulada em escritura pública ou escrito particular, e, não o sendo, entender-se-á que as partes acordaram nos juros de 6% (seis por cento) ao ano, a contar da data da propositura da respectiva ação ou do protesto cambial.

- V. art. 406, CC.

Art. 2º É vedado, a pretexto de comissão, receber taxas maiores do que as permitidas por esta Lei.

- V. art. 10.

Art. 3º As taxas de juros estabelecidas nesta Lei entrarão em vigor com a sua publi-

Dec. 22.626/1933

LEGISLAÇÃO

cação e a partir desta data serão aplicáveis aos contratos existentes ou já ajuizados.

Art. 4º É proibido contar juros dos juros; esta proibição não compreende a acumulação de juros vencidos aos saldos líquidos em conta-corrente de ano a ano.

- V. Súmula 121, STF.
- V. Súmulas 93 e 102, STJ.

Art. 5º Admite-se que pela mora dos juros contratados estes sejam elevados de 1% (um por cento) e não mais.

Art. 6º Tratando-se de operações a prazo superior a 6 (seis) meses, quando os juros ajustados forem pagos por antecipação, o cálculo deve ser feito de modo que a importância desses juros não exceda a que produziria a importância líquida da operação no prazo convencionado, às taxas máximas que esta Lei permite.

Art. 7º O devedor poderá sempre liquidar ou amortizar a dívida quando hipotecária ou pignoratícia antes do vencimento, sem sofrer imposição de multa, gravame ou encargo de qualquer natureza por motivo dessa antecipação.

- V. art. 1.426, CC.

§ 1º O credor poderá exigir que a amortização não seja inferior a 25% (vinte e cinco por cento) do valor inicial da dívida.

§ 2º Em caso de amortização, os juros só serão devidos sobre o saldo devedor.

Art. 8º As multas ou cláusulas penais, quando convencionadas, reputam-se estabelecidas para atender a despesas judiciais, e honorários de advogados, e não poderão ser exigidas quando não for intentada ação judicial para cobrança da respectiva obrigação.

- V. Súmula 616, STF.
- V. Súmula 119, TFR.

Parágrafo único. Quando se tratar de empréstimo até cem mil cruzeiros e com garantia hipotecária, as multas ou cláusulas penais convencionadas reputam-se estabelecidas para atender, apenas, a honorários de advogado, sendo as despesas judiciais pagas de acordo com a conta feita nos autos da ação judicial para cobrança da respectiva obrigação.

- Parágrafo único acrescentado pela Lei 3.942/1961.

Art. 9º Não é válida cláusula penal superior à importância de 10% (dez por cento) do valor da dívida.

- V. art. 412, CC.

Art. 10. As dívidas a que se refere o art. 1º, § 1º, *in fine*, e 2º, se existentes ao tempo da publicação desta Lei, quando efetivamente cobertas, poderão ser pagas em dez prestações anuais iguais e continuadas, se assim entender o devedor.

Parágrafo único. A falta de pagamento de uma prestação, decorrido 1 (um) ano da publicação desta Lei, determina o vencimento da dívida e dá ao credor o direito da excussão.

Art. 11. O contrato celebrado com infração desta Lei é nulo de pleno direito, ficando assegurada ao devedor a repetição do que houver pago a mais.

- V. art. 184, CC.

Art. 12. Os corretores e intermediários, que aceitarem negócios contrários ao texto da presente Lei, incorrerão em multa de cinco contos de réis a vinte contos de réis, aplicada pelo Ministro da Fazenda e, em caso de reincidência, serão demitidos, sem prejuízo de outras penalidades aplicáveis.

Art. 13. É considerada delito de usura toda a simulação ou prática tendente a ocultar a verdadeira taxa do juro ou a fraudar os dispositivos desta Lei, para o fim de sujeitar o devedor a maiores prestações ou encargos, além dos estabelecidos no respectivo título ou instrumento.

Penas: Prisão de 6 (seis) meses a 1 (um) ano e multas de cinco contos de réis a cinquenta contos de réis.

No caso de reincidência, tais penas serão elevadas ao dobro.

- V. art. 4º, Lei 1.521/1951 (Crimes contra a economia popular).

Parágrafo único. Serão responsáveis como coautores o agente e o intermediário, e em se tratando de pessoa jurídica, os que tiverem qualidade para representá-la.

Art. 14. A tentativa deste crime é punível nos termos da lei penal vigente.

Dec. 24.778/1934

Art. 15. São consideradas circunstâncias agravantes o fato de, para conseguir aceitação de exigências contrárias a esta Lei, valer-se o credor da inexperiência ou das paixões do menor, ou da deficiência ou doença mental de alguém, ainda que não esteja interdito, ou de circunstâncias aflitivas em que se encontre o devedor.

• V. art. 61, CP.

Art. 16. Continuam em vigor os arts. 24 parágrafo único, n. 4, e 27 do Dec. 5.746, de 9 de dezembro 1929, e art. 44, n. 1, do Dec. 2.044, de 17 de dezembro de 1908, e as disposições do Código Comercial no que não contravierem com esta Lei.

• V. arts. 83, VII, e 124, Lei 11.101/2005 (Lei de Recuperação de Empresas e Falência).

Art. 17. O Governo Federal baixará uma lei especial, dispondo sobre as casas de empréstimos, sobre penhores e congêneres.

• V. Dec.-lei 1.113/1939 (Taxas de juros nos empréstimos sob penhor).

Art. 18. O teor desta Lei será transmitido por telegrama a todos os interventores federais, para que a façam publicar incontinenti.

Art. 19. Revogam-se as disposições em contrário.

Rio de Janeiro, 7 de abril de 1933; 112º da Independência e 45º da República.
Getúlio Vargas

(*DOU* 08.04.1933)

DECRETO 24.778,
DE 14 DE JULHO DE 1934

Dispõe sobre a caução de hipoteca e penhor.

• V. arts. 1.451 a 1.460, CC.

O Chefe do Governo Provisório da República dos Estados Unidos do Brasil, usando das atribuições que lhe confere o art. 1º do Dec. 19.398, de 11 de novembro de 1930, e:
Considerando que se têm suscitado dúvidas quanto à validade do penhor, ou caução, de créditos hipotecários e pignoratícios, dúvidas que ainda perduram apesar de as ter resolvido, implicitamente, o Dec. 21.449, de 9 de junho de 1932, que inclui tais cauções entre as operações da Caixa de Mobilização Bancária;
Considerando que a exclusão desses penhores, contrariando, grandemente, as mais fortes exigências da economia contemporânea, não se funda em princípio jurídico essencial, visto como os *warrants*, debêntures e letras hipotecárias são, correntemente, objeto de caução, e a lei já conhece penhor, o agrícola, que recai sobre imóveis; decreta:

Art. 1º Podem ser objeto de penhor os créditos garantidos por hipoteca ou penhor, os quais, para esse efeito, considerar-se-ão coisa móvel.

• V. arts. 80, I, 1.451 a 1.460 e 1.473, CC.

Art. 2º O credor pignoratício poderá levar à praça os créditos dados em garantia, ou executá-los diretamente, para seu pagamento.

• V. art. 1.467, CC.

Art. 3º Revogam-se as disposições em contrário.

Rio de Janeiro, 14 de julho de 1934; 113º da Independência e 46º da República.
Getúlio Vargas

(*DOU* 14.07.1934)

DECRETO-LEI 58,
DE 10 DE DEZEMBRO DE 1937

Dispõe sobre o loteamento e a venda de terrenos para pagamento em prestações.

• V. arts. 1.417 e 1.418, CC.

O Presidente da República dos Estados Unidos do Brasil, usando da atribuição que lhe confere o art. 180 da Constituição:
Considerando o crescente desenvolvimento da loteação de terrenos para venda mediante o pagamento do preço em prestações;
Considerando que as transações assim realizadas não transferem o domínio ao comprador, uma vez que o art. 1.088 do Código Civil permite a qualquer das partes arre-

Dec.-lei 58/1937

pender-se antes de assinada a escritura da compra e venda;

* Refere-se ao CC/1916.

Considerando que esse dispositivo deixa praticamente sem amparo numerosos compradores de lotes, que têm assim por exclusiva garantia a seriedade, a boa-fé e a solvabilidade das empresas vendedoras;

Considerando que, para segurança das transações realizadas mediante contrato de compromisso de compra e venda de lotes, cumpre acautelar o compromissário contra futuras alienações ou onerações dos lotes comprometidos;

Considerando ainda que a loteação e venda de terrenos urbanos e rurais se opera frequentemente sem que aos compradores seja possível a verificação dos títulos de propriedade dos vendedores; decreta:

Art. 1º Os proprietários ou coproprietários de terras rurais ou terrenos urbanos, que pretendam vendê-los, divididos em lotes e por oferta pública, mediante pagamento do preço a prazo em prestações sucessivas e periódicas, são obrigados, antes de anunciar a venda, a depositar no cartório do registro de imóveis da circunscrição respectiva:

* V. art. 61, Lei 4.504/1964 (Estatuto da Terra).
* V. Lei 4.947/1966 (Direito agrário).
* V. Dec.-lei 271/1967 (Loteamento urbano, responsabilidade do loteador, concessão de uso e espaço aéreo).
* V. art. 167, I-19, Lei 6.015/1973 (Lei de Registros Públicos).
* V. Lei 6.766/1979 (Parcelamento do solo urbano).

I – um memorial por eles assinado ou por procuradores com poderes especiais, contendo:

a) denominação, área, limites, situação e outros característicos do imóvel;

b) relação cronológica dos títulos de domínio, desde 30 (trinta) anos, com indicação da natureza e data de cada um, e do número e data das transcrições, ou cópia autêntica dos títulos e prova de que se acham devidamente transcritos;

* V. art. 1º, I, b, Dec. 3.079/1938 (Loteamento e venda de terrenos para pagamento em prestações).
* V. art. 168, Lei 6.015/1973 (Lei de Registros Públicos).

c) plano de loteamento de que conste o programa de desenvolvimento urbano, ou de aproveitamento industrial ou agrícola; nesta última hipótese, informações sobre a qualidade das terras, águas, servidões ativas e passivas, estradas e caminhos, distância da sede do município e das estações de transportes de acesso mais fácil;

II – planta do imóvel, assinada também pelo engenheiro que haja efetuado a medição e o loteamento e com todos os requisitos técnicos e legais; indicadas a situação, as dimensões e a numeração dos lotes, as dimensões e a nomenclatura das vias de comunicação e espaços livres, as construções e benfeitorias, e as vias públicas de comunicação;

III – exemplar de caderneta ou do contrato tipo de compromisso de venda dos lotes;

IV – certidão negativa de impostos e de ônus reais;

V – certidão dos documentos referidos na letra b do n. I.

§ 1º Tratando-se de propriedade urbana, o plano e a planta de loteamento devem ser previamente aprovados pela Prefeitura Municipal, ouvidas, quanto ao que lhes disser respeito, as autoridades sanitárias, militares e, desde que se trate de área total ou parcialmente florestada, as autoridades florestais.

* § 1º com redação determinada pela Lei 4.778/1965.

§ 2º As certidões positivas da existência de ônus reais, de impostos e de qualquer ação real ou pessoal, bem como qualquer protesto de título de dívida civil ou comercial não impedem o registro.

§ 3º Se a propriedade estiver gravada de ônus real, o memorial será acompanhado de escritura pública em que o respectivo titular estipule as condições em que se obriga a liberar os lotes no ato do instrumento definitivo de compra e venda.

§ 4º O plano de loteamento poderá ser modificado quanto aos lotes não comprometidos e o de arruamento desde que a modificação não prejudique os lotes comprometidos ou definitivamente adquiridos, se a Pre-

Dec.-lei 58/1937

LEGISLAÇÃO

feitura Municipal aprovar a modificação. A planta e o memorial assim aprovados serão depositados no cartório do registro para nova inscrição, observando o disposto no art. 2º e parágrafos.

§ 5º O memorial, o plano de loteamento e os documentos depositados serão franqueados, pelo oficial do registro, ao exame de qualquer interessado, independentemente do pagamento de emolumentos, ainda que a título de busca.

O oficial, neste caso, receberá apenas as custas regimentais das certidões que fornecer.

§ 6º Sob pena de incorrerem em crime de fraude, os vendedores, se quiserem invocar, como argumento de propaganda, a proximidade do terreno com algum acidente geográfico, cidade, fonte hidromineral ou termal ou qualquer outro motivo de atração ou valorização, serão obrigados a declarar no memorial descritivo e a mencionar nas divulgações, anúncios e prospectos de propaganda, a distância métrica a que se situa o imóvel do ponto invocado ou tomado como referência.

- § 6º acrescentado pela Lei 5.532/1968.
- V. art. 10.

Art. 2º Recebidos o memorial e os documentos mencionados no art. 1º, o oficial do registro dará recibo ao depositante, e, depois de autuá-los e verificar a sua conformidade com a lei, tornará público o depósito por edital afixado no lugar do costume e publicado três vezes, durante 10 (dez) dias, no jornal oficial do Estado e em jornal da sede da comarca, ou que nesta circule.

- V. art. 345, Dec.-lei 1.608/1939 (CPC/1939).

§ 1º Decorridos 30 (trinta) dias da última publicação, e não havendo impugnação de terceiros, o oficial procederá ao registro se os documentos estiverem em ordem. Caso contrário, os autos serão desde logo conclusos ao juiz competente para conhecer da dúvida ou impugnação, publicada a sentença em cartório pelo oficial, que dela dará ciência aos interessados.

- § 1º com redação determinada pela Lei 6.014/1973.
- V. arts. 167, I-19, e 198, Lei 6.015/1973 (Lei de Registros Públicos).

§ 2º Da sentença que negar ou conceder o registro caberá apelação.

- § 2º com redação determinada pela Lei 6.014/1973.
- V. arts. 1.003, § 5º e 1.009, CPC/2015.

Art. 3º A inscrição torna inalienáveis, por qualquer título, as vias de comunicação e os espaços livres constantes do memorial e da planta.

- V. art. 22, Lei 6.766/1979 (Parcelamento do solo urbano).

Art. 4º Nos cartórios do registro imobiliário haverá um livro auxiliar na forma da lei respectiva e de acordo com o modelo anexo.

- Não publicamos nesta edição o referido modelo.

Nele se registrarão, resumidamente:

a) por inscrição, o memorial de propriedade loteada;

- V. arts. 167, I-19, e 168, Lei 6.015/1973 (Lei de Registros Públicos).

b) por averbação, os contratos de compromisso de venda e de financiamento, suas transferências e rescisões.

- V. art. 167, I-20 e II-3, Lei 6.015/1973 (Lei de Registros Públicos).

Parágrafo único. No livro de transcrição e à margem do registro da propriedade loteada, averbar-se-á a inscrição assim que efetuada.

Art. 5º A averbação atribui ao compromissário direito real oponível a terceiro, quanto à alienação ou oneração posterior, e far-se-á à vista do instrumento de compromisso de venda, em que o oficial lançará a nota indicativa do livro, página e data do assentamento.

- V. arts. 1.225, VII, 1.417 e 1.418, CC.

Art. 6º A inscrição não pode ser cancelada senão:

a) em cumprimento de sentença;

b) a requerimento do proprietário, enquanto nenhum lote for objeto de compromisso devidamente inscrito, ou mediante o consentimento de todos os compromissários ou seus cessionários, expresso em documento por eles assinado ou por procuradores com poderes especiais.

Art. 7º Cancela-se a averbação:

Dec.-lei 58/1937

Legislação

a) a requerimento das partes contratantes do compromisso de venda;
b) pela resolução do contrato;

- V. art. 14, § 3º.

c) pela transcrição do contrato definitivo de compra e venda;
d) por mandado judicial.

Art. 8º O registro instituído por esta Lei, tanto por inscrição quanto por averbação, não dispensa nem substitui o dos atos constitutivos ou translativos de direitos reais na forma e para os efeitos das leis e regulamentos dos registros públicos.

Art. 9º O adquirente por ato *inter vivos*, ainda que em hasta pública, ou por sucessão legítima ou testamentária, da propriedade loteada e inscrita, sub-roga-se nos direitos e obrigações dos alienantes, autores da herança ou testadores, sendo nula qualquer disposição em contrário.

- V. arts. 346 a 351, CC.

Art. 10. Nos anúncios e outras publicações de propaganda de venda de lotes a prestações, sempre se mencionará o número e data da inscrição do memorial e dos documentos no registro imobiliário.

- V. art. 20, V, Lei 6.530/1978 (Corretor de imóveis).

Art. 11. Do compromisso de compra e venda a que se refere esta Lei, contratado por instrumento público ou particular, constarão sempre as seguintes especificações:

- V. art. 26, Lei 6.766/1979 (Parcelamento do solo urbano).
- V. arts. 3º e 53, *caput*, Lei 8.078/1990 (Código de Defesa do Consumidor).
- V. Súmula 413, STF.

a) nome, nacionalidade, estado e domicílio dos contratantes;
b) denominação e situação da propriedade, número e data da inscrição;
c) descrição do lote ou dos lotes que forem objeto do compromisso, confrontações, áreas e outros característicos, bem como os números correspondentes na planta arquivada;
d) prazo, preço e forma de pagamento, e importância do sinal;
e) juros devidos sobre o débito em aberto e sobre as prestações vencidas e não pagas;
f) cláusula penal não superior a 10% (dez por cento) do débito e só exigível no caso de intervenção judicial;
g) declaração da existência ou inexistência de servidão ativa ou passiva e outros ônus reais ou quaisquer outras restrições ao direito de propriedade;
h) indicação do contratante a quem incumbe o pagamento das taxas e impostos.

§ 1º O contrato, que será manuscrito, datilografado ou impresso, com espaços em branco preenchíveis em cada caso, lavrar-se-á em duas vias, assinadas pelas partes, e por duas testemunhas, devidamente reconhecidas as firmas por tabelião.

Ambas as vias serão entregues dentro em 10 (dez) dias ao oficial do registro, para averbá-las e restituí-las devidamente anotadas a cada uma das partes.

§ 2º É indispensável a outorga uxória quando seja casado o vendedor.

- V. art. 1.647, CC.

§ 3º As procurações dos contratantes que não tiverem sido arquivadas anteriormente sê-lo-ão no cartório do registro, junto aos respectivos autos.

Art. 12. Subentende-se no contrato a condição resolutiva da legitimidade e validade do título de domínio.

- V. arts. 127 e 128, CC.

§ 1º Em caso de resolução, além de se devolverem as prestações recebidas, com juros convencionados, ou os da lei, desde a data do pagamento, haverá, quando provada a má-fé, direito a indenização de perdas e danos.

§ 2º O falecimento dos contratantes não resolve o contrato, que se transmitirá aos herdeiros.

Também não o resolve a sentença declaratória de falência; na dos proprietários, dar-lhe-ão cumprimento o síndico e o liquidatário; na dos compromissários, será ele arrecadado pelo síndico e vendido, em hasta pública, pelo liquidatário.

- V. art. 21.
- V. arts. 117, *caput*, e 142, *caput*, Lei 11.101/2005 (Lei de Recuperação de Empresas e Falência).

Dec.-lei 58/1937

LEGISLAÇÃO

Art. 13. O contrato transfere-se por simples trespasse lançado no verso das duas vias, ou por instrumento separado, sempre com as formalidades dos parágrafos do art. 11.

- V. art. 31, Lei 6.766/1979 (Parcelamento do solo urbano).

§ 1º No primeiro caso, presume-se a anuência do proprietário. A falta do consentimento não impede a transferência, mas torna os adquirentes e os alienantes solidários nos direitos e obrigações contratuais.

§ 2º Averbando transferência para a qual não conste o assentimento do proprietário, o oficial dela lhe dará ciência por escrito.

Art. 14. Vencida e não paga a prestação, considera-se o contrato rescindido 30 (trinta) dias depois de constituído em mora o devedor.

- V. art. 19.
- V. art. 1º, Dec.-lei 745/1969 (Contratos a que se refere o art. 22 do Dec.-lei 58/1937).
- V. Súmula 76, STJ.

§ 1º Para este efeito será ele intimado, a requerimento do compromitente, pelo oficial do registro a satisfazer as prestações vencidas e as que se vencerem até a data do pagamento, juros convencionados e custas da intimação.

§ 2º Purgada a mora, convalescerá o compromisso.

§ 3º Com a certidão de não haver sido feito pagamento em cartório, os compromitentes requererão ao oficial do registro o cancelamento da averbação.

Art. 15. Os compromissários têm o direito de, antecipando ou ultimando o pagamento integral do preço, e estando quites com os impostos e taxas, exigir a outorga da escritura de compra e venda.

- V. Súmula 166, STF.

Art. 16. Recusando-se os compromitentes a outorgar a escritura definitiva no caso do art. 15, o compromissário poderá propor, para o cumprimento da obrigação, ação de adjudicação compulsória, que tomará o rito sumaríssimo.

- Artigo com redação determinada pela Lei 6.014/1973.
- A Lei 9.245/1995 substituiu a expressão "sumaríssimo" por "sumário".

- V. art. 318, parágrafo único, CPC/2015.
- V. art. 69, Lei 4.380/1964 (BNH).
- V. Súmulas 166, 167, 168, 412 e 413, STF.
- V. Súmula 76, STJ.

§ 1º A ação não será acolhida se a parte, que a intentou, não cumprir a sua prestação nem a oferecer nos casos e formas legais.

§ 2º Julgada procedente a ação, a sentença, uma vez transitada em julgado, adjudicará o imóvel ao compromissário, valendo como título para a transcrição.

- V. art. 168, Lei 6.015/1973 (Lei de Registros Públicos).

§ 3º Das sentenças proferidas nos casos deste artigo, caberá apelação.

- V. arts. 1.003, § 5º e 1.009, CPC/2015.
- V. art. 19, Lei 6.015/1973 (Lei de Registros Públicos).

Art. 17. Pagas todas as prestações do preço, é lícito ao compromitente requerer a intimação judicial do compromissário para, no prazo de 30 (trinta) dias, que correrá em cartório, receber a escritura de compra e venda.

- V. art. 347, Dec.-lei 1.608/1939 (CPC/1939).

Parágrafo único. Não sendo assinada a escritura nesse prazo, depositar-se-á o lote comprometido por conta e risco do compromissário, respondendo este pelas despesas judiciais e custas do depósito.

- V. art. 539, CPC/2015.

Art. 18. Os proprietários ou coproprietários dos terrenos urbanos loteados a prestação, na forma desta Lei, que se dispuserem a fornecer aos compromissários, por empréstimo, recursos para a construção do prédio, nos lotes comprometidos, ou tomá-la por empreitada, por conta dos compromissários, depositarão no cartório do registro imobiliário um memorial indicando as condições gerais do empréstimo ou da empreitada e da amortização da dívida em prestações.

§ 1º O contrato, denominado de financiamento, será feito por instrumento público ou particular, com as especificações do art. 11, que lhe forem aplicáveis. Esse contrato será registrado, por averbação, no livro a que alude o art. 4º, fazendo-se-lhe resumida referência na coluna apropriada.

Dec.-lei 58/1937

LEGISLAÇÃO

§ 2º Com o memorial também se depositará o contrato tipo de financiamento, contendo as cláusulas gerais para todos os casos, com os claros a serem preenchidos em cada caso.

Art. 19. O contrato de compromisso não poderá ser transferido sem o de financiamento, nem este sem aquele. A rescisão do compromisso de venda acarretará a do contrato de financiamento, e vice-versa, na forma do art. 14.

Art. 20. O adquirente, por qualquer título, do lote fica solidariamente responsável, com o compromissário, pelas obrigações constantes e decorrentes do contrato de financiamento, se devidamente averbado.

- V. arts. 275 a 285, CC.

Art. 21. Em caso de falência, os contratos de compromisso de venda e de financiamento serão vendidos conjuntamente em hasta pública, anunciada dentro de 15 (quinze) dias, depois da primeira assembleia de credores, sob pena de destituição do liquidatário. Essa pena será aplicada pelo juiz a requerimento dos interessados, que poderão pedir designação de dia e hora para a hasta pública.

- V. art. 12, § 2º.
- V. art. 142, *caput*, Lei 11.101/2005 (Lei de Recuperação de Empresas e Falência).

DISPOSIÇÕES GERAIS

Art. 22. Os contratos, sem cláusula de arrependimento, de compromisso de compra e venda e cessão de direitos de imóveis não loteados, cujo preço tenha sido pago no ato de sua constituição ou deva sê-lo em uma ou mais prestações, desde que inscritos a qualquer tempo, atribuem aos compromissários direito real oponível a terceiros, e lhes conferem o direito de adjudicação compulsória nos termos dos arts. 16 desta Lei, 640 e 641 do Código de Processo Civil.

- Artigo com redação determinada pela Lei 6.014/1973.
- V. arts. 1.225, VII, 1.417 e 1.418, CC.
- V. art. 69, Lei 4.380/1964 (BNH).

- V. Dec.-lei 745/1969 (Contratos a que se refere o art. 22 do Dec.-lei 58/1937).
- V. arts. 167, I-9, e 168, Lei 6.015/1973 (Lei de Registros Públicos).
- V. art. 25, Lei 6.766/1979 (Parcelamento do solo urbano).
- V. Súmulas 167, 168, 412 e 413, STF.
- V. Súmula 76, STJ.

Art. 23. Nenhuma ação ou defesa se admitirá, fundada nos dispositivos desta Lei, sem apresentação de documento comprobatório do registro por ela instituído.

- V. Súmulas 167 e 168, STF.

Art. 24. Em todos os casos de procedimento judicial, o foro competente será o da situação do lote comprometido ou o a que se referir o contrato de financiamento, quando as partes não hajam contratado outro foro.

- V. art. 47, CPC/2015.

Art. 25. O oficial do registro perceberá:
a) pelo depósito e inscrição, a taxa fixa de cem mil-réis, além das custas que forem devidas pelos demais atos;
b) pela averbação, a de cinco mil-réis por via de compromisso de venda ou de financiamento;
c) pelo cancelamento de averbação, a de cinco mil-réis.

Art. 26. Todos os requerimentos e documentos atinentes ao registro se juntarão aos autos respectivos, independentemente de despacho judicial.

DISPOSIÇÕES TRANSITÓRIAS

Art. 1º Os proprietários de terras e terrenos loteados em curso de venda deverão, dentro de 3 (três) meses, proceder ao depósito e registro nos termos desta Lei, indicando no memorial os lotes já comprometidos cujas prestações estejam em dia. Se até 30 (trinta) dias depois de esgotado esse prazo não houverem cumprido o disposto na lei, incorrerão os vendedores em multas de dez contos de réis a vinte contos de réis, aplicadas no dobro, quando decorridos mais de 3 (três) meses.

Parágrafo único. Efetuada a inscrição da propriedade loteada, os compromissários apresentarão as suas cadernetas ou contra-

Dec.-lei 1.608/1939

LEGISLAÇÃO

tos para serem averbados, ainda que não tenham todos os requisitos do art. 11, contanto que sejam anteriores a esta Lei.

- V. art. 167, Lei 6.015/1973 (Lei de Registros Públicos).

Art. 2º As penhoras, arrestos e sequestros de imóveis, para os efeitos da apreciação da fraude de alienações posteriores, serão inscritos obrigatoriamente, dependendo da prova desse procedimento o curso da ação.

- V. arts. 158 a 165, CC.
- V. art. 792, CPC/2015.
- V. art. 348, Dec.-lei 1.608/1939 (CPC/1939).
- V. arts. 167, I-5, e 240, Lei 6.015/1973 (Lei de Registros Públicos).

Art. 3º A mudança de numeração, a construção, a reconstrução, a demolição, a adjudicação, o desmembramento, a alteração do nome por casamento ou desquite serão obrigatoriamente averbados nas transcrições dos imóveis a que se referirem, mediante prova, a critério do oficial do registro de imóveis.

- V. arts. 167, II-1, II-4 e II-5 da Lei 6.015/1973 (Lei de Registros Públicos).

Art. 4º Esta Lei entrará em vigor na data da sua publicação, revogadas as disposições em contrário.

- Deixamos de publicar o Anexo a este Decreto-lei.

Rio de Janeiro, 10 de dezembro de 1937; 116º da Independência e 49º da República.

Getúlio Vargas

(*DOU* 13.12.1937)

DECRETO-LEI 1.608,
DE 18 DE SETEMBRO DE 1939

Código de Processo Civil.

- Disposições do CPC antigo ainda em vigor, por força do art. 1.218 do CPC atual.

O Presidente da República, usando da atribuição que lhe confere o artigo 180 da Constituição, decreta a seguinte Lei:

[...]

DO LOTEAMENTO E VENDA DE IMÓVEIS A PRESTAÇÕES

- As normas do Código anterior com relação a esta matéria, mantidas em vigor, transitoriamente, pelo art. 1.218 do CPC atual, perderam a vigência.
- V. arts. 16 e 22, Dec.-lei 58/1937 (Loteamento e venda de terrenos para pagamentos em prestações).
- V. Lei 6.766/1979 (Parcelamento do solo urbano).

Art. 345. Quando terceiro impugnar o registro de imóvel loteado para a venda em prestações, ou quando o oficial tiver dúvida em registrá-lo, os autos serão conclusos ao juiz competente para conhecer da impugnação ou dúvida.

§ 1º A impugnação não fundada em direito real comprovado será rejeitada *in limine*.

§ 2º Se a impugnação for acompanhada de prova de direito real, o juiz dará vista ao impugnado pelo prazo de 5 (cinco) dias, findo o qual proferirá a decisão, que será publicada pelo oficial, em cartório, para ciência dos interessados.

§ 3º Em caso de dúvida manifestada pelo oficial, o juiz poderá ouvir quem promoveu o registro.

Art. 346. Recusando-se o comprometente a outorgar escritura definitiva de compra e venda, será intimado, se o requerer o compromissário, a dá-la nos 5 (cinco) dias seguintes, que correrão em cartório.

- V. art. 319, *caput* e I, II, III, IV, V e VI, CPC/2015.
- V. art. 27, Lei 6.766/1979 (Parcelamento do solo urbano).

§ 1º Se o comprometente nada alegar, o juiz, depositado o restante do preço, adjudicará o lote ao comprador, mandando:

a) que se consignem no termo, além de outras especificações, as cláusulas do compromisso;

b) que se expeça a carta de adjudicação, depois de pagos os impostos devidos, inclusive o de transmissão;

c) que se cancele a inscrição hipotecária relativa aos lotes adjudicados.

§ 2º Se, no prazo referido neste artigo, o comprometente alegar matéria relevante, o juiz mandará que o compromissário a conteste em 5 (cinco) dias.

Dec.-lei 1.608/1939

LEGISLAÇÃO

§ 3º Havendo alegações que dependam de prova, proceder-se-á de conformidade com o disposto no art. 685.

§ 4º Estando a propriedade hipotecada, será também citado o credor para autorizar o cancelamento parcial da inscrição, quanto aos lotes comprometidos.

Art. 347. O compromitente que houver recebido todas as prestações, e apresentar documento comprobatório do registro, poderá requerer a notificação do compromissário, para, no prazo de 30 (trinta) dias, que correrá em cartório, receber a escritura definitiva da compra e venda.

* V. art. 17, Dec.-lei 58/1937 (Loteamento e venda de terrenos para pagamento em prestações).

Parágrafo único. Não sendo assinada a escritura nesse prazo, o lote comprometido será depositado, por conta e risco do compromissário, que responderá pelas despesas judiciais e custas do depósito.

Art. 348. No mesmo despacho em que conceder penhora, arresto ou sequestro de imóvel loteado, o juiz, *ex officio*, mandará fazer, no registro, as devidas anotações.

* V. art. 167, I-5, Lei 6.015/1973 (Lei de Registros Públicos).

Art. 349. As multas previstas na lei civil serão impostas pelo juiz, à vista de comunicação documentada do oficial, e inscritas e cobradas pela União.

DA AÇÃO DE DESPEJO

* V. arts. 59 a 66, Lei 8.245/1991 (Locação de imóveis urbanos).

DA AÇÃO RENOVATÓRIA DO CONTRATO DE LOCAÇÃO DE IMÓVEIS DESTINADOS A FINS COMERCIAIS

* As normas do Código anterior com relação a esta matéria, mantidas em vigor pelo art. 1.218 do CPC atual, perderam a vigência com a publicação da Lei 6.014/1973, que em seus arts. 12 e 13 deu novos rumos processuais às ações relativas às locações reguladas pelo Dec. 24.150/1934.
* V. arts. 71 a 75, Lei 8.245/1991 (Locação de imóveis urbanos).

Dispositivos que, no entendimento de alguns, ainda, vigoram:

"Art. 355. Passada em julgado a sentença que decretar a renovação do contrato de arrendamento, executar-se-á no próprio juízo da ação, mediante mandado contra o oficial de Registro de Títulos e Documentos, que registrará a prorrogação, contando-se da data do registro o prazo de duração do contrato prorrogado.

§ 1º Se a sentença não houver passado em julgado até o dia do vencimento da locação, descontar-se-á do prazo renovado o tempo excedido.

§ 2º O mandado reproduzirá integralmente a decisão exequenda e as condições do contrato.

Art. 356. Se o contrato prorrogado estipular cláusula de vigência no caso de alienação, deverá ser registrado também no Registro de Imóveis.

Art. 357. Feito o registro do mandado, que se arquivará no cartório competente, dar-se-á ao locador ciência da data e número de ordem.

[...]

Art. 359. Ao fixar a indenização, o juiz atenderá à valorização do imóvel, para a qual o locatário haja contribuído, ao valor do fundo de comércio e à clientela do negócio.

Art. 360. Julgado improcedente o pedido de renovação do contrato, terá o locatário, para desocupar o imóvel, o prazo de 6 (seis) meses, da data em que transitar em julgado a decisão.

[...]".

DO PROCESSO DO REGISTRO TORRENS

* As normas do Código anterior com relação a esta matéria, mantidas em vigor pelo art. 1.218 do CPC atual, perderam a vigência com a publicação da Lei 6.015/1973, que passou a tratar do assunto nos seus arts. 277 a 288.

DAS AVERBAÇÕES OU RETIFICAÇÕES DO REGISTRO CIVIL

* As normas do Código anterior com relação a esta matéria, mantidas em vigor pelo art. 1.218 do CPC atual, perderam a vigência, uma vez que a Lei 6.015/1973 (Lei de Registros Públicos) passou a tratar do assunto em seus arts. 97 a 113.

DO BEM DE FAMÍLIA

* As normas do Código anterior com relação a esta matéria, mantidas em vigor pelo art. 1.218 do CPC atual, perderam a vigência, uma vez que a Lei 6.015/1973 (Lei de Registros Públicos) passou a tratar do assunto em seus arts. 260 a 265.
* V. arts. 1.711 a 1.722, CC.
* V. Lei 8.009/1990 (Impenhorabilidade do bem de família).

Dec.-lei 1.608/1939

LEGISLAÇÃO

DA DISSOLUÇÃO E LIQUIDAÇÃO DAS SOCIEDADES

Art. 655. A dissolução da sociedade civil, ou mercantil, nos casos previstos em lei ou no contrato social, poderá ser declarada, a requerimento de qualquer interessado, para o fim de ser promovida a liquidação judicial.

- V. arts. 1.029, 1.033 a 1.038, CC.
- V. Dec.-lei 41/1966 (Dissolução de sociedades civis).
- V. Lei 6.024/1974 (Intervenção e liquidação extrajudicial de instituições financeiras).
- V. arts. 206, II, e 209 e ss., Lei 6.404/1976 (Sociedades por ações).

Art. 656. A petição inicial será instruída com o contrato social ou com os estatutos.

§ 1º Nos casos de dissolução de pleno direito, o juiz ouvirá os interessados no prazo de 48 (quarenta e oito) horas e decidirá.

§ 2º Nos casos de dissolução contenciosa, apresentada a petição e ouvidos os interessados no prazo de 5 (cinco) dias, o juiz proferirá imediatamente a sentença, se julgar provadas as alegações do requerente.

Se a prova não for suficiente, o juiz designará audiência para instrução e julgamento, e procederá de conformidade com o disposto nos arts. 267 a 272.

- V. arts. 358 a 368, CPC/2015.

Art. 657. Se o juiz declarar, ou decretar, a dissolução, na mesma sentença nomeará liquidante a pessoa a quem pelo contrato, pelos estatutos, ou pela lei, competir tal função.

- V. art. 209, parágrafo único, Lei 6.404/1976 (Sociedades por ações).

§ 1º Se a lei, o contrato e os estatutos nada dispuserem a respeito, o liquidante será escolhido pelos interessados, por meio de votos entregues em cartório.

A decisão tomar-se-á por maioria, computada pelo capital dos sócios que votarem e, nas sociedades de capital variável, naquelas em que houver divergência, sobre o capital de cada sócio nas de fins não econômicos, pelo número de sócios votantes, tendo os sucessores apenas um voto.

§ 2º Se forem somente dois os sócios e divergirem, a escolha do liquidante será feita pelo juiz entre pessoas estranhas à sociedade.

§ 3º Em qualquer caso, porém, poderão os interessados, se concordes, indicar, em petição, o liquidante.

Art. 658. Nomeado, o liquidante assinará, dentro de 48 (quarenta e oito) horas, o respectivo termo; não comparecendo, ou recusando a nomeação, o juiz nomeará o imediato em votos ou terceiro estranho, se por aquele também recusada a nomeação.

Art. 659. Se houver fundado receio de rixa, crime, ou extravio, ou danificação de bens sociais, o juiz poderá, a requerimento do interessado, decretar o sequestro daqueles bens e nomear depositário idôneo para administrá-los, até nomeação do liquidante.

- V. art. 647, I, CC.

Art. 660. O liquidante deverá:

I – levantar o inventário dos bens e fazer o balanço da sociedade, nos 15 (quinze) dias seguintes à nomeação, prazo que o juiz poderá prorrogar por motivo justo;

- V. art. 1.103, CC.

II – promover a cobrança das dívidas ativas e pagar as passivas, certas e exigíveis, reclamando dos sócios, na proporção de suas quotas na sociedade, os fundos necessários, quando insuficientes os da caixa;

III – vender, com autorização do juiz, os bens de fácil deterioração ou de guarda dispendiosa, e os indispensáveis para os encargos da liquidação, quando se recusarem os sócios a suprir os fundos necessários;

IV – praticar os atos necessários para assegurar os direitos da sociedade, e representá-la ativa e passivamente nas ações que interessarem à liquidação, podendo contratar advogados e empregados com autorização do juiz e ouvidos os sócios;

V – apresentar, mensalmente, ou sempre que o juiz o determinar, balancete da liquidação;

- V. art. 1.103, CC.

Dec.-lei 1.608/1939

LEGISLAÇÃO

VI – propor a forma da divisão, ou partilha, ou do pagamento dos sócios, quando ultimada a liquidação, apresentando o relatório dos atos e operações que houver praticado;

VII – prestar contas de sua gestão, quando terminados os trabalhos, ou destituído das funções.

Art. 661. Os liquidantes serão destituídos pelo juiz, *ex officio*, ou a requerimento de qualquer interessado, se faltarem ao cumprimento do dever, ou retardarem injustificadamente o andamento do processo, ou procederem com dolo ou má-fé, ou tiverem interesse contrário ao da liquidação.

• V. arts. 1.104 e 1.105, CC.

Art. 662. As reclamações contra a nomeação do liquidante e os pedidos de sua destituição serão processados e julgados na forma do Título XXVIII deste Livro.

Art. 663. Feito o inventário e levantado o balanço, os interessados serão ouvidos no prazo comum de 5 (cinco) dias, e o juiz decidirá as reclamações, se as comportar a natureza do processo, ou, em caso contrário, remeterá os reclamantes para as vias ordinárias.

Art. 664. Apresentado o plano de partilha, sobre ele dirão os interessados, em prazo comum de 5 (cinco) dias, que correrá em cartório; e o liquidante, em seguida, dirá, em igual prazo, sobre as reclamações.

Art. 665. Vencidos os prazos do artigo antecedente e conclusos os autos, o juiz aprovará, ou não, o plano de partilha, homologando-a, por sentença, ou mandando proceder ao respectivo cálculo, depois de decidir as dúvidas e reclamações.

Art. 666. Se a impugnação formulada pelos interessados exigir prova, o juiz designará dia e hora para a audiência de instrução e julgamento.

Art. 667. Ao liquidante estranho o juiz arbitrará a comissão de 1% (um por cento) a 5% (cinco por cento) sobre o ativo líquido, atendendo à importância do acervo social e ao trabalho da liquidação.

Art. 668. Se a morte ou a retirada de qualquer dos sócios não causar a dissolução da sociedade, serão apurados exclusivamente os seus haveres fazendo-se o pagamento pelo modo estabelecido no contrato social, ou pelo convencionado, ou, ainda, pelo determinado na sentença.

• Artigo com redação determinada pelo Dec.-lei 4.565/1942.

Art. 669. A liquidação de firma individual far-se-á no juízo onde for requerido o inventário.

Art. 670. A sociedade civil com personalidade jurídica, que promover atividade ilícita ou imoral, será dissolvida por ação direta, mediante denúncia de qualquer do povo, ou do órgão do Ministério Público.

• V. Dec.-lei 9.085/1946 (Registro civil das pessoas jurídicas).
• V. art. 32, Lei 1.802/1953 (Crimes contra o Estado e a ordem política social).

Art. 671. A divisão e a partilha dos bens sociais serão feitas de acordo com os princípios que regem a partilha dos bens da herança.

Parágrafo único. Os bens que aparecerem depois de julgada a partilha serão sobrepartilhados pelo mesmo processo estabelecido para a partilha dos bens da herança.

• V. arts. 2.013 a 2.022, CC.

Art. 672. Não sendo mercantil a sociedade, as importâncias em dinheiro pertencentes à liquidação serão recolhidas ao Banco do Brasil, ou, se não houver agência desse Banco, a outro estabelecimento bancário acreditado, de onde só por alvará do juiz poderão ser retiradas.

Art. 673. Não havendo contrato ou instrumento de constituição de sociedade, que regule os direitos e obrigações dos sócios, a dissolução judicial será requerida pela forma do processo ordinário e a liquidação far-se-á pelo modo estabelecido para a liquidação das sentenças.

• V. Súmula 380, STF.

Dec.-lei 1.608/1939

LEGISLAÇÃO

Art. 674. A dissolução das sociedades anônimas far-se-á na forma do processo ordinário.

Se não for contestado, o juiz mandará que se proceda à liquidação, na forma estabelecida para a liquidação das sociedades civis ou mercantis.

- V. arts. 206 a 219, Lei 6.404/1976 (Sociedades por ações).

[...]

DOS PROTESTOS, NOTIFICAÇÕES E INTERPELAÇÕES E DOS PROTESTOS FORMADOS A BORDO

DOS PROTESTOS FORMADOS A BORDO

- Disposições revigoradas pela Lei 6.780/1980.

Art. 725. O protesto ou processo testemunhável formado a bordo declarará os motivos da determinação do capitão, conterá relatório circunstanciado do sinistro e referirá, em resumo, a derrota até o ponto do mesmo sinistro, declarando a altura em que ocorreu.

Art. 726. O protesto ou processo testemunhável será escrito pelo piloto, datado e assinado pelo capitão, pelos maiores da tripulação, imediato, chefe de máquina, médico, pilotos, mestres, e por igual número de passageiros, com a indicação dos respectivos domicílios.

Parágrafo único. Lavrar-se-á no diário de navegação ata, que precederá o protesto e conterá a determinação motivada do capitão.

Art. 727. Dentro das 24 (vinte e quatro) horas úteis da entrada do navio no porto, o capitão se apresentará ao juiz, fazendo-lhe entrega do protesto ou processo testemunhável, formado a bordo, e do diário de navegação.

O juiz não admitirá a ratificação, se a ata não constar do diário.

Art. 728. Feita a notificação dos interessados, o juiz, nomeando curador aos ausentes, procederá na forma do art. 685.

Art. 729. Finda a inquirição e conclusos os autos, o juiz, por sentença, ratificará o protesto, mandando dar instrumento à parte.

DA HABILITAÇÃO PARA CASAMENTO

- As normas do CPC/1939 relativas a esta matéria, mantidas em vigor pelo art. 1.218 do CPC atual, perderam a vigência, uma vez que a Lei 6.015/1973 (Lei de Registros Públicos) passou a tratar do assunto em seus arts. 67 a 69.

[...]

DO DINHEIRO A RISCO

Art. 754. Para que o capitão, à falta de outros meios, possa tomar dinheiro a risco sobre o casco e pertenças do navio e remanescentes dos fretes, ou vender mercadorias da carga, é indispensável:

I – que prove o pagamento das soldadas;

II – que prove absoluta falta de fundos em seu poder, pertencentes à embarcação;

III – que não se ache presente o proprietário da embarcação, ou mandatário ou consignatário, nem qualquer interessado na carga, ou que, presente qualquer deles, prove o capitão haver-lhe, sem resultado, pedido providências;

IV – que seja a deliberação tomada de acordo com os oficiais, lavrando-se, no diário de navegação, termo de que conste a necessidade da medida.

Art. 755. A justificação desses requisitos far-se-á perante o juiz de direito do porto onde se tomar o dinheiro a risco ou se venderem as mercadorias, e será julgada procedente para produzir os efeitos de direito.

DA VISTORIA DE FAZENDAS AVARIADAS

Art. 756. Salvo prova em contrário, o recebimento de bagagem ou mercadorias, sem protesto do destinatário, constituirá presunção de que foram entregues em bom estado e em conformidade com o documento de transporte.

§ 1º Em caso de avaria, o destinatário deverá protestar junto ao transportador dentro em 3 (três) dias do recebimento da bagagem, e

Dec.-lei 1.608/1939

LEGISLAÇÃO

em 5 (cinco) da data do recebimento da mercadoria.

§ 2º A reclamação, por motivo de atraso, far-se-á dentro de 15 (quinze) dias, contados daquele em que a bagagem ou mercadoria tiver sido posta à disposição do destinatário.

§ 3º O protesto, nos casos acima, far-se-á mediante ressalva no próprio documento de transporte, ou em separado.

§ 4º Salvo o caso de fraude do transportador, contra ele não se admitirá ação, se não houver protesto nos prazos deste artigo.

DA APREENSÃO DE EMBARCAÇÕES

Art. 757. Provando-se que navio registrado como nacional obteve o registro sub-repticiamente ou que perdeu, há mais de 6 (seis) meses, as condições para continuar considerado nacional, a autoridade fiscal competente do lugar, em que se houver realizado o registro ou do lugar onde se verificar a infração dos preceitos legais, apreenderá o navio, pondo-o imediatamente à disposição do juiz de direito da comarca.

• V. art. 457, CCo.

Art. 758. Enquanto o juiz não nomear depositário, exercerá tal função a autoridade a quem competia o registro, a qual procederá ao arrolamento e inventário do que existir a bordo, mediante termo assinado pelo capitão, ou pelo mestre, se o quiser assinar.

Art. 759. As mercadorias encontradas a bordo serão, para todos os efeitos, havidas como contrabando.

Parágrafo único. Serão da competência das autoridades fiscais a apreensão do contrabando e o processo administrativo, inclusive a aplicação de multas.

Art. 760. O juiz julgará por sentença a apreensão e mandará proceder à venda, em hasta pública, da coisa apreendida.

Art. 761. Efetuada a venda e deduzidas as despesas, inclusive a percentagem do depositário, arbitrada pelo juiz, depositar-se-á o saldo para ser levantado por quem de direito.

DA AVARIA A CARGO DO SEGURADOR

Art. 762. Para que o dano sofrido pelo navio ou por sua carga se considere avaria, a cargo do segurador, dois peritos arbitradores declararão, após os exames necessários:

I – a causa do dano;

II – a parte da carga avariada, como indicação de marcas, números ou volumes;

III – o valor dos objetos avariados e o custo provável do conserto ou restauração, se se tratar do navio ou de suas pertenças.

§ 1º As diligências, vistorias e exames se processarão com a presença dos interessados, por ordem do juiz de direito da comarca, que, na ausência das partes, nomeará, *ex officio*, pessoa idônea que as represente.

§ 2º As diligências, vistorias e exames relativos ao casco do navio e suas pertenças serão realizados antes de iniciado o conserto.

• V. art. 772, CCo.

Art. 763. Os efeitos avariados serão vendidos em leilão público a quem mais der, e pagos no ato da arrematação. Quando o navio tiver de ser vendido, o juiz determinará a venda, em separado, do casco e de cada pertença, se lhe parecer conveniente.

• V. art. 773, CCo.

Art. 764. A estimação do preço para o cálculo da avaria será feita em conformidade com o disposto na lei comercial.

• V. art. 774, CCo.

DAS AVARIAS

Art. 765. O capitão, antes de abrir as escotilhas do navio, poderá exigir dos consignatários da carga que caucionem o pagamento da avaria, a que suas respectivas mercadorias foram obrigadas no rateio da contribuição comum.

Recusando-se os consignatários a prestar a caução, o capitão poderá requerer depósito judicial dos efeitos obrigados à contribuição, ficando o preço da venda sub-rogado para com ele efetuar-se o pagamento da avaria comum, logo que se proceda ao rateio.

• V. arts. 619, 710 a 730, 761, 774, 784 e 787, CCo.

Dec.-lei 1.608/1939

LEGISLAÇÃO

Art. 766. Nos prazos de 60 (sessenta) dias, se se tratar de embarcadores residentes no Brasil, e de 120 (cento e vinte), se de residentes no estrangeiro, contados do dia em que tiver sido requerida a caução de que trata o artigo antecedente, o armador fornecerá os documentos necessários ao ajustador para regular a avaria, sob pena de ficar sujeito aos juros da mora.

O ajustador terá o prazo de 1 (um) ano, contado da data da entrega dos documentos, para apresentar o regulamento da avaria, sob pena de desconto de 10% (dez por cento) dos honorários, por mês de retardamento, aplicada pelo juiz, *ex officio*, e cobrável em selos, quando conclusos os autos para o despacho de homologação.

Art. 767. Oferecido o regulamento da avaria, dele terão vista os interessados em cartório, por 20 (vinte) dias. Não havendo impugnação, o regulamento será homologado; em caso contrário, terá o ajustador o prazo de 10 (dez) dias para contrariá-la, subindo o processo, em seguida, ao juiz.

Art. 768. A sentença que homologar a repartição das avarias comuns mandará indenizar cada um dos contribuintes, tendo força de definitiva e sendo exequível desde logo, ainda que dela se recorra.

DOS SALVADOS MARÍTIMOS

Art. 769. *(Revogado pela Lei 7.542/1986.)*
Art. 770. *(Revogado pela Lei 7.542/1986.)*
Art. 771. *(Revogado pela Lei 7.542/1986.)*

DAS ARRIBADAS FORÇADAS

Art. 772. Nos portos não alfandegados ou não habilitados competirá ao juiz autorizar a descarga do navio arribado que necessitar de conserto.

O juiz que autorizar a descarga comunicará logo o ocorrido à alfândega ou mesa de rendas mais próxima, a fim de que providencie de acordo com as leis alfandegárias.

- V. arts. 515 e 740 a 748, CCo.
- V. arts. 279 a 283, Consolidação das Leis das Alfândegas.

Art. 773. As providências do artigo precedente serão também autorizadas nos seguintes casos:
I – quando, abandonado o navio arribado, ou havido por inavegável, o capitão requererá depósito da carga ou baldeação desta para outro navio;
II – quando a descarga for necessária para aliviar navio encalhado em baixio ou banco, em águas jurisdicionais.

Art. 774. Nas hipóteses dos artigos anteriores, se necessária a venda de mercadorias da carga do navio arribado, para pagamento de despesas com seu conserto, ou com a descarga, ou com o depósito e reembarque das mercadorias, ou seu aparelhamento para navegação, ou outras despesas semelhantes, o capitão, ou o consignatário, requererá ao juiz, nos casos em que este for competente, autorização para a venda.

§ 1º A venda não será autorizada sem caução para garantia do pagamento dos impostos devidos.

§ 2º O juiz que autorizar a venda comunicará logo o fato à alfândega ou mesa de rendas mais próxima e ao Ministério da Fazenda.

§ 3º Igualmente se procederá no caso de ser requerida venda de mercadorias avariadas não suscetíveis de beneficiamento.

Art. 775. A decisão das dúvidas e contestações sobre a entrega das mercadorias, ou do seu produto, competirá privativamente ao juiz de direito, ainda que se trate de embarcações estrangeiras, quando não houver, na localidade, agente consular do país com o qual o Brasil tenha celebrado tratado ou convenção.

Parágrafo único. Ouvido, no prazo de 5 (cinco) dias, o órgão do Ministério Público, ou o procurador da República, se o houver na comarca, o juiz decidirá no mesmo prazo, à vista da promoção e das alegações e provas produzidas pelos interessados.
[...]
Rio de Janeiro, em 18 de setembro de 1939; 118º da Independência e 51º da República.
Getúlio Vargas

(*DOU* 13.10.1939)

Dec.-lei 3.200/1941

LEGISLAÇÃO

DECRETO-LEI 3.200,
DE 19 DE ABRIL DE 1941

Dispõe sobre a organização e proteção da família.

O Presidente da República, usando da atribuição que lhe confere o art. 180 da Constituição, decreta:

Capítulo I
DO CASAMENTO DE COLATERAIS DO TERCEIRO GRAU

Art. 1º O casamento de colaterais, legítimos ou ilegítimos, do terceiro grau, é permitido nos termos do presente Decreto-lei.

- V. art. 1.521, IV, CC.
- V. arts. 236 e 237, CP.

Art. 2º Os colaterais do terceiro grau, que pretendam casar-se, ou seus representantes legais, se forem menores, requererão ao juiz competente para a habilitação que nomeie dois médicos de reconhecida capacidade, isentos de suspeição, para examiná-los e atestar-lhes a sanidade, afirmando não haver inconveniente, sob o ponto de vista da saúde de qualquer deles e da prole, na realização do matrimônio.

- V. arts. 1º e 2º, Lei 5.891/1973 (Exame médico na habilitação de casamento entre colaterais de terceiro grau).

§ 1º Se os dois médicos divergirem quanto à conveniência do matrimônio, poderão os nubentes, conjuntamente, requerer ao juiz que nomeie terceiro, como desempatador.

§ 2º Sempre que, a critério do juiz, não for possível a nomeação de dois médicos idôneos, poderá ele incumbir do exame um só médico, cujo parecer será conclusivo.

§ 3º O exame médico será feito extrajudicialmente, sem qualquer formalidade, mediante simples apresentação do requerimento despachado pelo juiz.

§ 4º Poderá o exame médico concluir não apenas pela declaração da possibilidade ou da irrestrita inconveniência do casamento, mas ainda pelo reconhecimento de sua viabilidade em época ulterior, uma vez feito, por um dos nubentes ou por ambos, o necessário tratamento de saúde. Nesta última hipótese, provando a realização do tratamento, poderão os interessados pedir ao juiz que determine novo exame médico, na forma do presente artigo.

§ 5º *(Revogado pela Lei 5.891/1973.)*

§ 6º O atestado, constante de um só ou mais instrumentos, será entregue aos interessados, não podendo qualquer deles divulgar o que se refira ao outro, sob as penas do art. 153 do Código Penal.

- V. art. 8º, § 3º.

§ 7º Quando o atestado dos dois médicos, havendo ou não desempatador, ou do único médico, no caso do § 2º deste artigo, afirmar a inexistência de motivo que desaconselhe o matrimônio, poderão os interessados promover o processo de habilitação, apresentando, com o requerimento inicial, a prova de sanidade, devidamente autenticada. Se o atestado declarar a inconveniência do casamento, prevalecerá em toda a plenitude o impedimento matrimonial.

§ 8º Sempre que na localidade não se encontrar médico, que possa ser nomeado, o juiz designará profissional de localidade próxima, a que irão os nubentes.

§ 9º *(Revogado pela Lei 5.891/1973.)*

Art. 3º Se algum dos nubentes, para frustrar os efeitos do exame médico desfavorável, pretender habilitar-se, ou habilitar-se para casamento, perante outro juiz, incorrerá na pena do art. 237 do Código Penal.
[...]

Capítulo IX
DO BEM DE FAMÍLIA

Art. 19. Não há limite de valor para o bem de família desde que o imóvel seja a residência dos interessados por mais de 2 (dois) anos.

- Artigo com redação determinada pela Lei 6.742/1979.

[...]

Art. 43. Revogam-se as disposições em contrário.

Rio de Janeiro, 19 de abril de 1941; 120º da Independência e 53º da República.

Getúlio Vargas

(*DOU* 19.04.1941)

Dec.-lei 3.365/1941

LEGISLAÇÃO

DECRETO-LEI 3.365, DE 21 DE JUNHO DE 1941

Dispõe sobre desapropriações por utilidade pública.

O Presidente da República, usando da atribuição que lhe confere o art. 180 da Constituição, decreta:

DISPOSIÇÕES PRELIMINARES

Art. 1º A desapropriação por utilidade pública regular-se-á por esta Lei, em todo o território nacional.

- V. arts. 5º, XXIV, 182, §§ 3º e 4º, III, e 184 a 186, CF.
- V. art. 18, *a*, *b* e *d*, Lei 4.504/1964 (Estatuto da Terra).

Art. 2º Mediante declaração de utilidade pública, todos os bens poderão ser desapropriados, pela União, pelos Estados, Municípios, Distrito Federal e Territórios.

- V. Súmula 479, STF.
- V. Súmula 142, TFR.

§ 1º A desapropriação do espaço aéreo ou do subsolo só se tornará necessária, quando de sua utilização resultar prejuízo patrimonial do proprietário do solo.

§ 2º Os bens do domínio dos Estados, Municípios, Distrito Federal e Territórios poderão ser desapropriados pela União, e os dos Municípios pelos Estados, mas, em qualquer caso, ao ato deverá preceder autorização legislativa.

§ 3º É vedada a desapropriação, pelos Estados, Distrito Federal, Territórios e Municípios, de ações, cotas e direitos representativos do capital de instituições e empresas cujo funcionamento dependa de autorização do Governo Federal e se subordine à sua fiscalização, salvo mediante prévia autorização, por decreto do Presidente da República.

- § 3º acrescentado pelo Dec.-lei 856/1969.
- V. Súmula 157, STF.
- V. Súmula 62, TFR.

Art. 3º Os concessionários de serviços públicos e os estabelecimentos de caráter público ou que exerçam funções delegadas de poder público poderão promover desapropriações mediante autorização expressa, constante de lei ou contrato.

Art. 4º A desapropriação poderá abranger a área contígua necessária ao desenvolvimento da obra a que se destina, e as zonas que se valorizarem extraordinariamente, em consequência da realização do serviço. Em qualquer caso, a declaração de utilidade pública deverá compreendê-las, mencionando-se quais as indispensáveis à continuação da obra e as que se destinam à revenda.

Parágrafo único. Quando a desapropriação destinar-se à urbanização ou à reurbanização realizada mediante concessão ou parceria público-privada, o edital de licitação poderá prever que a receita decorrente da revenda ou utilização imobiliária integre projeto associado por conta e risco do concessionário, garantido ao poder concedente no mínimo o ressarcimento dos desembolsos com indenizações, quando estas ficarem sob sua responsabilidade.

- Parágrafo único acrescentado pela Lei 12.873/2013.

Art. 5º Consideram-se casos de utilidade pública:
a) a segurança nacional;
b) a defesa do Estado;
c) o socorro público em caso de calamidade;
d) a salubridade pública;
e) a criação e melhoramento de centros de população, seu abastecimento regular de meios de subsistência;
f) o aproveitamento industrial das minas e das jazidas minerais, das águas e da energia hidráulica;
g) a assistência pública, as obras de higiene e decoração, casas de saúde, clínicas, estações de clima e fontes medicinais;
h) a exploração ou a conservação dos serviços públicos;
i) a abertura, conservação e melhoramento de vias ou logradouros públicos; a execução de planos de urbanização; o parcelamento do solo, com ou sem edificação, para sua melhor utilização econômica, higiênica ou estética; a construção ou ampliação de distritos industriais;

- Alínea *i* com redação determinada pela Lei 9.785/1999.

j) o funcionamento dos meios de transporte coletivo;
k) a preservação e conservação dos monumentos históricos e artísticos, isolados ou integrados em conjuntos urbanos ou rurais, bem como as medidas necessárias a manter-lhes e realçar-lhes os aspectos mais valiosos ou característicos e, ainda, a proteção de paisagens e locais particularmente dotados pela natureza;
l) a preservação e a conservação adequada de arquivos, documentos e outros bens móveis de valor histórico ou artístico;
m) a construção de edifícios públicos, monumentos comemorativos e cemitérios;
n) a criação de estádios, aeródromos ou campos de pouso para aeronaves;
o) a reedição ou divulgação de obra ou invento de natureza científica, artística ou literária;
p) os demais casos previstos por leis especiais.
§ 1º A construção ou ampliação de distritos industriais, de que trata a alínea *i* do *caput* deste artigo, inclui o loteamento das áreas necessárias à instalação de indústrias e atividades correlatas, bem como a revenda ou locação dos respectivos lotes a empresas previamente qualificadas.

• § 1º acrescentado pela Lei 6.602/1978.

§ 2º A efetivação da desapropriação para fins de criação ou ampliação de distritos industriais depende de aprovação, prévia e expressa, pelo Poder Público competente, do respectivo projeto de implantação.

• § 2º acrescentado pela Lei 6.602/1978.

§ 3º Ao imóvel desapropriado para implantação de parcelamento popular, destinado às classes de menor renda, não se dará outra utilização nem haverá retrocessão.

• § 3º acrescentado pela Lei 9.785/1999.

Art. 6º A declaração de utilidade pública far-se-á por decreto do Presidente da República, governador, interventor ou prefeito.

Art. 7º Declarada a utilidade pública, ficam as autoridades administrativas autorizadas a penetrar nos prédios compreendidos na declaração, podendo recorrer, em caso de oposição, ao auxílio de força policial. Àquele que for molestado por excesso ou abuso de poder, cabe indenização por perdas e danos, sem prejuízo da ação penal.

• V. Súmula 23, STF.

Art. 8º O Poder Legislativo poderá tomar a iniciativa da desapropriação, cumprindo, neste caso, ao Executivo, praticar os atos necessários à sua efetivação.

Art. 9º Ao Poder Judiciário é vedado, no processo de desapropriação, decidir se se verificam ou não os casos de utilidade pública.

Art. 10. A desapropriação deverá efetivar-se mediante acordo ou intentar-se judicialmente dentro de 5 (cinco) anos, contados da data da expedição do respectivo decreto e findos os quais este caducará.
Neste caso, somente decorrido 1 (um) ano, poderá ser o mesmo bem objeto de nova declaração.

Parágrafo único. Extingue-se em 5 (cinco) anos o direito de propor ação que vise a indenização por restrições decorrentes de atos do Poder Público.

• Parágrafo único acrescentado pela MP 2.183-56/2001.
• V. Súmula 23, STF.

DO PROCESSO JUDICIAL

Art. 11. A ação, quando a União for autora, será proposta no Distrito Federal ou no foro da Capital do Estado onde for domiciliado o réu, perante o juízo privativo, se houver; sendo outro o autor, no foro da situação dos bens.

• V. Súmula 218, STF.

Art. 12. Somente os juízes que tiverem garantia da vitaliciedade, inamovibilidade e irredutibilidade de vencimentos poderão conhecer dos processos de desapropriação.

• V. art. 95, I, CF.

Art. 13. A petição inicial, além dos requisitos previstos no Código de Processo Civil, conterá a oferta do preço e será instruída com um exemplar do contrato, ou do jornal oficial que houver publicado o decreto de desapropriação, ou cópia autenticada dos mesmos, e a planta ou descrição dos bens e suas confrontações.

• V. arts. 319 a 321, CPC/2015.

Dec.-lei 3.365/1941

LEGISLAÇÃO

Parágrafo único. Sendo o valor da causa igual ou inferior a dois contos de réis, dispensam-se os autos suplementares..

Art. 14. Ao despachar a inicial, o juiz designará um perito de sua livre escolha, sempre que possível, técnico, para proceder à avaliação dos bens.

- V. art. 465, *caput*, e § 1º, CPC/2015.

Parágrafo único. O autor e o réu poderão indicar assistente técnico do perito.

- V. arts. 84, 95 e 465, § 1º, CPC/2015.

Art. 15. Se o expropriante alegar urgência e depositar quantia arbitrada de conformidade com o art. 685 do Código de Processo Civil, o juiz mandará imiti-lo provisoriamente na posse dos bens.

- Refere-se ao CPC/1939.
- V. art. 33, § 2º.
- V. Dec.-lei 1.075/1970 (Imissão de posse, *initio litis*, em imóveis residenciais urbanos).
- V. Súmula 476, STF.
- V. Súmulas 69 e 70, STJ.

§ 1º A imissão provisória poderá ser feita, independentemente da citação do réu, mediante o depósito:

- § 1º acrescentado pela Lei 2.786/1956.
- V. Súmula 652, STF.

a) do preço oferecido, se este for superior a vinte vezes o valor locativo, caso o imóvel esteja sujeito ao imposto predial;

b) da quantia correspondente a vinte vezes o valor locativo, estando o imóvel sujeito ao imposto predial e sendo menor o preço oferecido;

c) do valor cadastral do imóvel, para fins de lançamento do imposto territorial, urbano ou rural, caso o referido valor tenha sido atualizado no ano fiscal imediatamente anterior;

d) não tendo havido a atualização a que se refere o inciso c, o juiz fixará, independentemente de avaliação, a importância do depósito, tendo em vista a época em que houver sido fixado originariamente o valor cadastral e a valorização ou desvalorização posterior do imóvel.

§ 2º A alegação de urgência, que não poderá ser renovada, obrigará o expropriante a requerer a imissão provisória dentro do prazo improrrogável de 120 (cento e vinte) dias.

- § 2º acrescentado pela Lei 2.786/1956.

§ 3º Excedido o prazo fixado no parágrafo anterior não será concedida a imissão provisória.

- § 3º acrescentado pela Lei 2.786/1956.

§ 4º A imissão provisória na posse será registrada no registro de imóveis competente.

- § 4º acrescentado pela Lei 11.977/2009.

Art. 15-A. No caso de imissão prévia na posse, na desapropriação por necessidade ou utilidade pública e interesse social, inclusive para fins de reforma agrária, havendo divergência entre o preço ofertado em juízo e o valor do bem, fixado na sentença, expressos em termos reais, incidirão juros compensatórios de até 6% (seis por cento) ao ano sobre o valor da diferença eventualmente apurada, a contar da imissão na posse, vedado o cálculo de juros compostos.

- Artigo acrescentado pela MP 2.183-56/2001.
- O STF, na ADIn 2.332-2 (*DJU* 02.04.2004), deferiu medida liminar para suspender no art. 15-A do Dec.-lei 3.365/1941 a eficácia da expressão "de até 6% ao ano" e, também, "concedeu a liminar para dar, ao final do *caput* do art. 15-A, interpretação conforme à Carta da República, de que a base de cálculo dos juros compensatórios será a diferença eventualmente apurada entre 80% do preço ofertado em juízo e o valor do bem fixado na sentença".

§ 1º Os juros compensatórios destinam-se, apenas, a compensar a perda de renda comprovadamente sofrida pelo proprietário.

- O STF, na ADIn 2.332-2 (*DJU* 02.04.2004), deferiu medida liminar para suspender a eficácia do § 1º do art. 15-A.

§ 2º Não serão devidos juros compensatórios quando o imóvel possuir graus de utilização da terra e de eficiência na exploração iguais a zero.

- O STF, na ADIn 2.332-2 (*DJU* 02.04.2004), deferiu medida liminar para suspender a eficácia do § 2º do art. 15-A.

§ 3º O disposto no *caput* deste artigo aplica-se também às ações ordinárias de indenização por apossamento administrativo ou desapropriação indireta, bem assim às ações que visem a indenização por restrições decorrentes de atos do Poder Público, em especial aqueles destinados à proteção ambiental, incidindo os juros sobre o valor fixado na sentença.

§ 4º Nas ações referidas no § 3º, não será o Poder Público onerado por juros compensa-

Dec.-lei 3.365/1941

tórios relativos a período anterior à aquisição da propriedade ou posse titulada pelo autor da ação.

* O STF, na ADIn 2.332-2 (*DJU* 02.04.2004), deferiu medida liminar para suspender a eficácia do § 4º do art. 15-A.

Art. 15-B. Nas ações a que se refere o art. 15-A, os juros moratórios destinam-se a recompor a perda decorrente do atraso no efetivo pagamento da indenização fixada na decisão final de mérito, e somente serão devidos à razão de até 6% (seis por cento) ao ano, a partir de 1º de janeiro do exercício seguinte àquele em que o pagamento deveria ser feito, nos termos do art. 100 da Constituição.

* Artigo acrescentado pela MP 2.183-56/2001.

Art. 16. A citação far-se-á por mandado na pessoa do proprietário dos bens; a do marido dispensa a da mulher; a de um sócio, ou administrador, a dos demais, quando o bem pertencer a sociedade; a do administrador da coisa, no caso de condomínio, exceto o de edifício de apartamento constituindo cada um propriedade autônoma, a dos demais condôminos e a do inventariante, e, se não houver, a do cônjuge, herdeiro, ou legatário, detentor da herança, a dos demais interessados, quando o bem pertencer a espólio.

Parágrafo único. Quando não encontrar o citando, mas ciente de que se encontra no território da jurisdição do juiz, o oficial portador do mandado marcará desde logo hora certa para a citação, ao fim de 48 (quarenta e oito) horas, independentemente de nova diligência ou despacho.

Art. 17. Quando a ação não for proposta no foro do domicílio ou da residência do réu, a citação far-se-á por precatória, se o mesmo estiver em lugar certo, fora do território da jurisdição do juiz.

* V. arts. 260 a 268, CPC/2015.

Art. 18. A citação far-se-á por edital se o citando não for conhecido, ou estiver em lugar ignorado, incerto ou inacessível, ou, ainda, no estrangeiro, o que dois oficiais do juízo certificarão.

* V. arts. 257 e 258, CPC/2015.

Art. 19. Feita a citação, a causa seguirá com o rito ordinário.

* V. arts. 355 a 512, CPC/2015.
* V. Súmula 118, TFR.

Art. 20. A contestação só poderá versar sobre vício do processo judicial ou impugnação do preço; qualquer outra questão deverá ser decidida por ação direta.

Art. 21. A instância não se interrompe. No caso de falecimento do réu, ou perda de sua capacidade civil, o juiz, logo que disso tenha conhecimento, nomeará curador à lide, até que se habilite o interessado.

Parágrafo único. Os atos praticados da data do falecimento ou perda da capacidade à investidura do curador à lide poderão ser ratificados ou impugnados por ele, ou pelo representante do espólio ou do incapaz.

Art. 22. Havendo concordância sobre o preço, o juiz o homologará por sentença no despacho saneador.

* V. arts. 203, § 1º, 487, III, *b*, e 355, CPC/2015.

Art. 23. Findo o prazo para a contestação e não havendo concordância expressa quanto ao preço, o perito apresentará o laudo em cartório até 5 (cinco) dias, pelo menos, antes da audiência de instrução e julgamento.

§ 1º O perito poderá requisitar das autoridades públicas os esclarecimentos ou documentos que se tornarem necessários à elaboração do laudo, e deverá indicar nele, entre outras circunstâncias atendíveis para a fixação da indenização, as enumeradas no art. 27. Ser-lhe-ão abonadas, como custas, as despesas com certidões e, a arbítrio do juiz, as de outros documentos que juntar ao laudo.

§ 2º Antes de proferido o despacho saneador, poderá o perito solicitar prazo especial para apresentação do laudo.

Art. 24. Na audiência de instrução e julgamento proceder-se-á na conformidade do Código de Processo Civil. Encerrado o debate, o juiz proferirá sentença fixando o preço da indenização.

* V. arts. 358 a 368, CPC/2015.
* V. Súmulas 164, 254 e 618, STF.
* V. Súmulas 12, 56, 102, 113 e 408, STJ.
* V. Súmulas 70 e 110, TFR.

Parágrafo único. Se não se julgar habilitado a decidir, o juiz designará desde logo outra audiência que se realizará dentro de 10 (dez) dias, a fim de publicar a sentença.

Art. 25. O principal e os acessórios serão computados em parcelas autônomas.

* V. art. 42, Lei 6.766/1979 (Parcelamento do solo urbano).

Dec.-lei 3.365/1941

LEGISLAÇÃO

Parágrafo único. O juiz poderá arbitrar quantia módica para desmonte e transporte de maquinismos instalados e em funcionamento.

Art. 26. No valor da indenização que será contemporâneo da avaliação não se incluirão direitos de terceiros contra o expropriado.

- *Caput* com redação determinada pela Lei 2.786/1956.

§ 1º Serão atendidas as benfeitorias necessárias feitas após a desapropriação; as úteis, quando feitas com autorização do expropriante.

- Anterior parágrafo único renumerado pela Lei 4.686/1965.
- V. Súmula 23, STF.

§ 2º Decorrido prazo superior a 1 (um) ano a partir da avaliação, o juiz ou o tribunal, antes da decisão final, determinará a correção monetária do valor apurado, conforme índice que será fixado, trimestralmente, pela Secretaria de Planejamento da Presidência da República.

- § 2º com redação determinada pela Lei 6.306/1975.
- V. art. 1º, Lei 5.670/1971 (Cálculo da correção monetária).
- V. art. 1º, *caput*, Lei 6.423/1977 (Base para correção monetária).
- V. Súmulas 475 e 561, STF.
- V. Súmulas 67, 69 e 70, STJ.
- V. Súmulas 69, 70, 74 e 75, TFR.

Art. 27. O juiz indicará na sentença os fatos que motivaram o seu convencimento e deverá atender, especialmente, à estimação dos bens para efeitos fiscais; ao preço de aquisição e interesse que deles aufere o proprietário; à sua situação, estado de conservação e segurança; ao valor venal dos da mesma espécie, nos últimos 5 (cinco) anos, à valorização ou depreciação de área remanescente, pertencente ao réu.

§ 1º A sentença que fixar o valor da indenização quando este for superior ao preço oferecido condenará o desapropriante a pagar honorários do advogado, que serão fixados entre 0,5 (meio) e 5% (cinco por cento) do valor da diferença, observado o disposto no § 4º do art. 20 do Código de Processo Civil, não podendo os honorários ultrapassar R$ 151.000,00 (cento e cinquenta e um mil reais).

- § 1º com redação determinada pela MP 2.183-56/2001.
- O STF, na ADIn 2.332-2 (*DJU* 02.04.2004), deferiu, em parte, a medida liminar para suspender, no § 1º do art. 27 do Dec.-lei 3.365/1941, a eficácia da expressão "não podendo os honorários ultrapassar R$ 151.000,00 (cento e cinquenta e um mil reais)".
- V. Súmula 617, STF.
- V. Súmula 141, TFR.

§ 2º A transmissão da propriedade decorrente de desapropriação amigável ou judicial não ficará sujeita ao Imposto de Lucro Imobiliário.

- § 2º acrescentado pela Lei 2.786/1956.
- V. art. 42, Lei 6.766/1979 (Parcelamento do solo urbano).
- V. Súmula 39, TFR.

§ 3º O disposto no § 1º deste artigo se aplica:

- § 3º acrescentado pela MP 2.183-56/2001.

I – ao procedimento contraditório especial, de rito sumário, para o processo de desapropriação de imóvel rural, por interesse social, para fins de reforma agrária;

II – às ações de indenização por apossamento administrativo ou desapropriação indireta.

§ 4º O valor a que se refere o § 1º será atualizado, a partir de maio de 2000, no dia 1º de janeiro de cada ano, com base na variação acumulada do Índice de Preços ao Consumidor Amplo – IPCA do respectivo período.

- § 4º acrescentado pela MP 2.183-56/2001.

Art. 28. Da sentença que fixar o preço da indenização caberá apelação com efeito simplesmente devolutivo, quando interposta pelo expropriado, e com ambos os efeitos, quando o for pelo expropriante.

§ 1º A sentença que condenar a Fazenda Pública em quantia superior ao dobro da oferecida fica sujeita ao duplo grau de jurisdição.

- § 1º com redação determinada pela Lei 6.071/1974.

§ 2º Nas causas de valor igual ou inferior a dois contos de réis observar-se-á o disposto no art. 839 do Código de Processo Civil.

- Refere-se ao CPC/1939.

Legislação

Art. 29. Efetuando o pagamento ou a consignação, expedir-se-á, em favor do expropriante, mandado de imissão de posse valendo a sentença como título hábil para a transcrição no Registro de Imóveis.

Art. 30. As custas serão pagas pelo autor se o réu aceitar o preço oferecido; em caso contrário, pelo vencido, ou em proporção, na forma da lei.

- V. Súmula 69, TFR.

DISPOSIÇÕES FINAIS

Art. 31. Ficam sub-rogados no preço quaisquer ônus ou direitos que recaiam sobre o bem expropriado.

Art. 32. O pagamento do preço será prévio e em dinheiro.

- *Caput* com redação determinada pela Lei 2.786/1956.
- V. arts. 5º, XXIV, e 182, § 3º, CF.
- V. art. 5º, parágrafo único, Dec.-lei 1.075/1970 (Imissão de posse, *initio litis*, em imóveis residenciais urbanos).
- V. Súmula 416, STF.

§ 1º As dívidas fiscais serão deduzidas dos valores depositados, quando inscritas e ajuizadas.

- § 1º acrescentado pela Lei 11.977/2009.

§ 2º Incluem-se na disposição prevista no § 1º as multas decorrentes de inadimplemento e de obrigações fiscais.

- § 2º acrescentado pela Lei 11.977/2009.

§ 3º A discussão acerca dos valores inscritos ou executados será realizada em ação própria.

- § 3º acrescentado pela Lei 11.977/2009.

Art. 33. O depósito do preço fixado por sentença, à disposição do juiz da causa, é considerado pagamento prévio da indenização.

§ 1º O depósito far-se-á no Banco do Brasil ou, onde este não tiver agência, em estabelecimento bancário acreditado, a critério do juiz.

- Primitivo parágrafo único renumerado pela Lei 2.786/1956.

§ 2º O desapropriado, ainda que discorde do preço oferecido, do arbitrado ou do fixado pela sentença, poderá levantar até 80% (oitenta por cento) do depósito feito para o fim previsto neste e no art. 15, observado o processo estabelecido no art. 34.

- § 2º acrescentado pela Lei 2.786/1956.

Art. 34. O levantamento do preço será deferido mediante prova de propriedade, de quitação de dívidas fiscais que recaiam sobre o bem expropriado, e publicação de editais, com o prazo de 10 (dez) dias, para conhecimento de terceiros.

Parágrafo único. Se o juiz verificar que há dúvida fundada sobre o domínio, o preço ficará em depósito, ressalvada aos interessados a ação própria para disputá-lo.

- V. art. 5º, Dec.-lei 1.075/1970 (Imissão de posse, *initio litis*, em imóveis residenciais urbanos).
- V. Súmula 42, TFR.

Art. 35. Os bens expropriados, uma vez incorporados à Fazenda Pública, não podem ser objeto de reivindicação, ainda que fundada em nulidade do processo de desapropriação. Qualquer ação, julgada procedente, resolver-se-á em perdas e danos.

- V. art. 519, CC.

Art. 36. É permitida a ocupação temporária, que será indenizada, a final, por ação própria, de terrenos não edificados, vizinhos às obras e necessários à sua realização. O expropriante prestará caução, quando exigida.

Art. 37. Aquele cujo bem for prejudicado extraordinariamente em sua destinação econômica pela desapropriação de áreas contíguas terá direito a reclamar perdas e danos do expropriante.

Art. 38. O réu responderá perante terceiros, e por ação própria, pela omissão ou sonegação de quaisquer informações que possam interessar à marcha do processo ou ao recebimento da indenização.

Art. 39. A ação de desapropriação pode ser proposta durante as férias forenses, e não se interrompe pela superveniência destas.

- V. art. 93, XII, CF.
- V. arts. 214, *caput* e I, e 215, CPC/2015.

Lei 810/1949

LEGISLAÇÃO

Art. 40. O expropriante poderá constituir servidões, mediante indenização na forma desta Lei.

Art. 41. As disposições desta Lei aplicam-se aos processos de desapropriação em curso, não se permitindo depois de sua vigência outros termos e atos além dos por ela admitidos, nem o seu processamento por forma diversa da que por ela é regulada.

Art. 42. No que esta Lei for omissa aplica-se o Código de Processo Civil.

- V. Súmula 218, TFR.

Art. 43. Esta Lei entrará em vigor 10 (dez) dias depois de publicada, no Distrito Federal, e 30 (trinta) dias nos Estados e Território do Acre; revogadas as disposições em contrário.

Rio de Janeiro, em 21 de junho de 1941; 120º da Independência e 53º da República.

Getúlio Vargas

(*DOU* 18.07.1941)

LEI 810,
DE 6 DE SETEMBRO DE 1949

Define o ano civil.

O Presidente da República:

Faço saber que o Congresso Nacional decreta e eu sanciono a seguinte Lei:

Art. 1º Considera-se ano o período de 12 (doze) meses contado do dia do início ao dia e mês correspondentes do ano seguinte.

Art. 2º Considera-se mês o período de tempo contado do dia do início ao dia correspondente do mês seguinte.

Art. 3º Quando no ano ou mês do vencimento não houver o dia correspondente ao do início do prazo, este findará no primeiro dia subsequente.

Art. 4º Revogam-se as disposições em contrário.

Rio de Janeiro, 6 de setembro de 1949; 128º da Independência e 61º da República.

Eurico G. Dutra

(*DOU* 16.09.1949)

LEI 1.060,
DE 5 DE FEVEREIRO DE 1950

Estabelece normas para a concessão de assistência judiciária aos necessitados.

O Presidente da República:

Faço saber que o Congresso Nacional decreta e eu sanciono a seguinte Lei:

Art. 1º Os poderes públicos federal e estadual, independentemente da colaboração que possam receber dos municípios e da Ordem dos Advogados do Brasil – OAB, concederão assistência judiciária aos necessitados, nos termos desta Lei *(vetado)*.

- Artigo com redação determinada pela Lei 7.510/1986.
- V. art. 5º, LXXIV, CF.
- V. art. 82, CPC/2015.
- V. arts. 1º, §§ 2º a 4º, e 2º, § 3º, Lei 5.478/1968 (Ação de alimentos).
- V. arts. 22, § 1º, e 34, XII, Lei 8.906/1994 (Estatuto da Advocacia e da OAB).
- V. arts. 62 e 63, RISTF.
- V. arts. 114 a 116, RISTJ.

Art. 2º *(Revogado pela Lei 13.105/2015 – DOU 17.03.2015, em vigor após decorrido 1 (um) ano da data de sua publicação oficial.)*

Art. 3º *(Revogado pela Lei 13.105/2015 – DOU 17.03.2015, em vigor após decorrido 1 (um) ano da data de sua publicação oficial.)*

Art. 4º *(Revogado pela Lei 13.105/2015 – DOU 17.03.2015, em vigor após decorrido 1 (um) ano da data de sua publicação oficial.)*

Art. 5º O juiz, se não tiver fundadas razões para indeferir o pedido, deverá julgá-lo de plano, motivando ou não o deferimento dentro do prazo de 72 (setenta e duas) horas.

§ 1º Deferido o pedido, o juiz determinará que o serviço de assistência judiciária, organizado e mantido pelo Estado, onde houver, indique, no prazo de 2 (dois) dias úteis, o advogado que patrocinará a causa do necessitado.

§ 2º Se no Estado não houver serviço de assistência judiciária, por ele mantido, caberá a indicação à Ordem dos Advogados, por suas seções estaduais, ou subseções municipais.

§ 3º Nos municípios em que não existem Subseções da Ordem dos Advogados do Brasil, o próprio juiz fará a nomeação do advogado que patrocinará a causa do necessitado.

Lei 1.060/1950

Legislação

§ 4º Será preferido para a defesa da causa o advogado que o interessado indicar e que declare aceitar o encargo.

§ 5º Nos Estados onde a Assistência Judiciária seja organizada e por eles mantida, o Defensor Público, ou quem exerça cargo equivalente, será intimado pessoalmente de todos os atos do processo, em ambas as Instâncias, contando-se-lhes em dobro todos os prazos.

- § 5º acrescentado pela Lei 7.871/1989.
- V. art. 128, I, LC 80/1994 (Defensoria Pública da União).

Art. 6º *(Revogado pela Lei 13.105/2015 – DOU 17.03.2015, em vigor após decorrido 1 (um) ano da data de sua publicação oficial.)*

Art. 7º *(Revogado pela Lei 13.105/2015 – DOU 17.03.2015, em vigor após decorrido 1 (um) ano da data de sua publicação oficial.)*

Art. 8º Ocorrendo as circunstâncias mencionadas no artigo anterior, poderá o juiz, *ex officio*, decretar a revogação dos benefícios, ouvida a parte interessada dentro de 48 (quarenta e oito) horas improrrogáveis.

Art. 9º Os benefícios da assistência judiciária compreendem todos os atos do processo até decisão final do litígio, em todas as instâncias.

Art. 10. São individuais e concedidos em cada caso ocorrente os benefícios de assistência judiciária que se não transmitem ao cessionário de direito e se extinguem pela morte do beneficiário, podendo, entretanto, ser concedidos aos herdeiros que continuarem a demanda, e que necessitarem de tais favores na forma estabelecida nesta Lei.

Art. 11. *(Revogado pela Lei 13.105/2015 – DOU 17.03.2015, em vigor após decorrido 1 (um) ano da data de sua publicação oficial.)*

Art. 12. *(Revogado pela Lei 13.105/2015 – DOU 17.03.2015, em vigor após decorrido 1 (um) ano da data de sua publicação oficial.)*

Art. 13. Se o assistido puder atender, em parte, às despesas do processo, o juiz mandará pagar as custas, que serão rateadas entre os que tiverem direito ao seu recebimento.

Art. 14. Os profissionais liberais designados para o desempenho do encargo de defensor ou de perito, conforme o caso, salvo justo motivo previsto em lei ou, na sua omissão, a critério da autoridade judiciária competente, são obrigados ao respectivo cumprimento, sob pena de multa de mil cruzeiros a dez mil cruzeiros, sujeita ao reajustamento estabelecido na Lei 6.205, de 29 de abril de 1975, sem prejuízo da sanção disciplinar cabível.

- Artigo com redação determinada pela Lei 6.465/1977.
- V. art. 36, I, Lei 8.906/1994 (Estatuto da Advocacia e da OAB).

§ 1º Na falta de indicação pela assistência ou pela própria parte, o juiz solicitará a do órgão de classe respectivo.

§ 2º A multa prevista neste artigo reverterá em benefício do profissional que assumir o encargo na causa.

Art. 15. São motivos para a recusa do mandato pelo advogado designado ou nomeado:

1º) estar impedido de exercer a advocacia;
2º) ser procurador constituído pela parte contrária ou ter com ela relações profissionais de interesse atual;
3º) ter necessidade de se ausentar da sede do juízo para atender a outro mandato anteriormente outorgado ou para defender interesses próprios inadiáveis;
4º) já haver manifestado, por escrito, sua opinião contrária ao direito que o necessitado pretende pleitear;
5º) haver dado à parte contrária parecer escrito sobre a contenda.

Parágrafo único. A recusa será solicitada ao juiz que, de plano, a concederá, temporária ou definitivamente, ou a denegará.

Art. 16. Se o advogado, ao comparecer em juízo, não exibir o instrumento de mandato outorgado pelo assistido, o juiz determinará que se exarem na ata da audiência os termos da referida outorga.

Parágrafo único. O instrumento de mandato não será exigido, quando a parte for representada em juízo por advogado integrante de entidade de direito público incumbido, na forma da lei, de prestação de assistência judiciária gratuita, ressalvados:

- Parágrafo único acrescentado pela Lei 6.248/1975.

a) os atos previstos no art. 38 do Código de Processo Civil;

Lei 1.110/1950

LEGISLAÇÃO

b) o requerimento de abertura de inquérito por crime de ação privada, a proposição de ação penal privada ou o oferecimento de representação por crime de ação pública condicionada.

Art. 17. *(Revogado pela Lei 13.105/2015 – DOU 17.03.2015, em vigor após decorrido 1 (um) ano da data de sua publicação oficial.)*

Art. 18. Os acadêmicos de direito, a partir da 4ª série, poderão ser indicados pela assistência judiciária, ou nomeados pelo juiz para auxiliar o patrocínio das causas dos necessitados, ficando sujeitos às mesmas obrigações impostas por esta Lei aos advogados.

- V. art. 3º, § 2º, Lei 8.906/1994 (Estatuto da Advocacia e da OAB).

Art. 19. Esta Lei entrará em vigor 30 (trinta) dias depois de sua publicação no *Diário Oficial da União*, revogadas as disposições em contrário.

Rio de Janeiro, 5 de fevereiro de 1950; 129º da Independência e 62º da República.

Eurico G. Dutra

(DOU 13.02.1950)

LEI 1.110, DE 23 DE MAIO DE 1950

Regula o reconhecimento dos efeitos civis do casamento religioso.

O Presidente da República:
Faço saber que o Congresso Nacional decreta e eu sanciono a seguinte Lei:

Art. 1º O casamento religioso equivalerá ao civil, se observadas as prescrições desta Lei (Constituição Federal, art. 163, §§ 1º e 2º).

- Refere-se à CF/1946.
- V. art. 226, § 2º, CF.
- V. arts. 1.515 e 1.516, CC.

HABILITAÇÃO PRÉVIA

Art. 2º Terminada a habilitação para o casamento perante o oficial do registro civil (Código Civil, arts. 180 e 182 e seu parágrafo) é facultado aos nubentes, para se casarem perante a autoridade civil ou ministro religioso, requerer a certidão de que estão habilitados, na forma da lei civil, deixando-a, obrigatoriamente, em poder da autoridade celebrante, para ser arquivada.

- Refere-se ao CC/1916.
- V. arts. 1.525 a 1.532, CC.
- V. art. 71, Lei 6.015/1973 (Lei de Registros Públicos).

Art. 3º Dentro nos 3 (três) meses imediatos à entrega da certidão, a que se refere o artigo anterior (Código Civil, art. 181, § 1º), o celebrante do casamento religioso ou qualquer interessado poderá requerer a sua inscrição, no registro público.

- Refere-se ao CC/1916.
- V. arts. 1.531 e 1.532, CC.
- V. art. 73, *caput*, Lei 6.015/1973 (Lei de Registros Públicos).

§ 1º A prova do ato do casamento religioso, subscrita pelo celebrante, conterá os requisitos constantes dos incisos do art. 81 do Dec. 4.857, de 9 de novembro de 1939, exceto o de n. 5 (Lei dos Registros Públicos).

- V. arts. 72 e 299, Lei 6.015/1973 (Lei de Registros Públicos).

§ 2º O oficial do registro civil anotará a entrada no prazo do requerimento e, dentro em 24 (vinte e quatro) horas, fará a inscrição.

- V. art. 73, § 2º, Lei 6.015/1973 (Lei de Registros Públicos).

HABILITAÇÃO POSTERIOR

Art. 4º Os casamentos religiosos, celebrados sem a prévia habilitação perante o oficial do registro público, anteriores ou posteriores à presente Lei, poderão ser inscritos, desde que apresentados pelos nubentes, com o requerimento de inscrição, a prova do ato religioso e os documentos exigidos pelo art. 180 do Código Civil.

- Refere-se ao CC/1916.
- V. arts. 1.525 e 1.526, CC.

Parágrafo único. Se a certidão do ato do casamento não contiver os requisitos constantes dos incisos do art. 81 do Dec. 4.857, de 9 de novembro de 1939, exceto o de n. 5 (Lei dos Registros Públicos), os requerentes deverão suprir os que faltarem.

- V. arts. 74 e 299, Lei 6.015/1973 (Lei de Registros Públicos).

Art. 5º Processada a habilitação dos requerentes e publicados os editais, na forma do disposto no Código Civil, o oficial do registro certificará que está findo o processo de habilitação, sem nada que impeça o registro do casamento religioso já realizado.

- Refere-se ao CC/1916.
- V. arts. 1.525 a 1.532, CC.

Lei 1.408/1951

LEGISLAÇÃO

Art. 6º No mesmo dia, o juiz ordenará a inscrição do casamento religioso, de acordo com a prova do ato religioso e os dados constantes do processo, tendo em vista o disposto no art. 81 do Dec. 4.857, de 9 de novembro de 1939 (Lei dos Registros Públicos).

- V. nota ao art. 4º.

DISPOSIÇÕES FINAIS

Art. 7º A inscrição produzirá os efeitos jurídicos a contar do momento da celebração do casamento.

- V. art. 1.515, CC.
- V. art. 75, Lei 6.015/1973 (Lei de Registros Públicos).

Art. 8º A inscrição no Registro revalida os atos praticados com omissão de qualquer das formalidades exigidas, ressalvado o disposto nos arts. 207 e 209 do Código Civil.

- Refere-se ao CC/1916.
- V. arts. 1.548 e 1.550, CC.
- V. art. 7º, § 1º, Dec.-lei 4.657/1942 (Lei de Introdução às normas do Direito Brasileiro).

Art. 9º As ações, para invalidar efeitos civis de casamento religioso, obedecerão exclusivamente aos preceitos da lei civil.

- V. art. 7º, § 1º, Dec.-lei 4.657/1942 (Lei de Introdução às normas do Direito Brasileiro).

Art. 10. São derrogados os arts. 4º e 5º do Decreto-lei 3.200, de 19 de abril de 1941, e revogadas a Lei 379, de 16 de janeiro de 1937, e demais disposições em contrário.

Rio de Janeiro, 23 de maio de 1950; 129º da Independência e 62º da República.

Eurico G. Dutra

(*DOU* 27.05.1950)

LEI 1.408,
DE 9 DE AGOSTO DE 1951

Prorroga vencimento de prazos judiciais e dá outras providências.

O Presidente da República:
Faço saber que o Congresso Nacional decreta e eu sanciono a seguinte Lei:

Art. 1º Sempre que, por motivo de ordem pública, se fizer necessário o fechamento do Foro, de edifícios anexos ou de quaisquer dependências do serviço judiciário ou o respectivo expediente tiver de ser encerrado antes da hora legal, observar-se-á o seguinte:

- V. art. 224, CPC/2015.
- V. Súmula 310, STF.

a) os prazos serão restituídos aos interessados na medida que houverem sido atingidos pela providência tomada;

b) as audiências, que ficarem prejudicadas, serão realizadas em outro dia mediante designação da autoridade competente.

Art. 2º O fechamento extraordinário do Foro e dos edifícios anexos e as demais medidas, a que se refere o art. 1º, poderão ser determinados pelo presidente dos Tribunais de Justiça, nas comarcas onde esses tribunais tiverem a sede e pelos juízes de direito nas respectivas comarcas.

Art. 3º Os prazos judiciais que se iniciarem ou vencerem aos sábados serão prorrogados por 1 (um) dia útil.

- Artigo com redação determinada pela Lei 4.674/1965.
- V. art. 798, § 3º, CPP.

Art. 4º Se o jornal, que divulgar o expediente oficial do Foro, se publicar à tarde, serão dilatados de 1 (um) dia os prazos que devam correr de sua inserção nessa folha e feitas, na véspera da realização do ato oficial, as publicações que devam ser efetuadas no dia fixado para esse ato.

Art. 5º Não haverá expediente no Foro e nos ofícios de justiça, no "Dia da Justiça", nos feriados nacionais, na terça-feira de Carnaval, na Sexta-Feira Santa, e nos dias que a lei estadual designar.

- V. arts. 219 e 220, CPC/2015.
- V. art. 798, *caput*, CPP.

Parágrafo único. Os casamentos e atos de registro civil serão realizados em qualquer dia.

Art. 6º Esta Lei entrará em vigor na data de sua publicação, revogadas as disposições em contrário.

Rio de Janeiro, 9 de agosto de 1951; 130º da Independência e 63º da República.

Getúlio Vargas

(*DOU* 13.08.1951)

Lei 2.313/1954

LEGISLAÇÃO

LEI 2.313, DE 3 DE SETEMBRO DE 1954

Dispõe sobre os prazos dos contratos de depósito regular e voluntário de bens de qualquer espécie, e dá outras providências.

O Congresso Nacional decreta e eu promulgo, nos termos do art. 70, § 4º, da Constituição Federal, a seguinte Lei:

Art. 1º Os contratos de depósito regular e voluntário de bens de qualquer espécie extinguem-se no prazo de 25 (vinte e cinco) anos, podendo, entretanto, ser renovados por expressa aquiescência das partes.

- V. art. 1º, Dec. 40.395/1956 (Regulamenta a Lei 2.313/1954).

§ 1º Extintos esses contratos, pelo decurso do prazo, os bens depositados serão recolhidos ao Tesouro Nacional e, aí, devidamente relacionados, em nome dos seus proprietários, permanecerão, se não forem estes reclamados no prazo de 5 (cinco) anos, findo o qual se incorporarão ao patrimônio nacional.

- V. art. 2º, Dec. 40.395/1956 (Regulamenta a Lei 2.313/1954).

§ 2º Por ocasião desse recolhimento ao Tesouro Nacional, os depositários dele darão conhecimento aos interessados por meio de publicidade no *Diário Oficial*, e na imprensa local, onde houver, pelo menos três vezes.

- V. art. 4º, Dec. 40.395/1956 (Regulamenta a Lei 2.313/1954).

Art. 2º Os créditos resultantes de contratos de qualquer natureza que se encontrarem em poder de estabelecimentos bancários, comerciais e industriais e nas Caixas Econômicas, e não forem reclamados ou movimentadas as respectivas contas pelos credores por mais de 25 (vinte e cinco) anos serão recolhidos, observado o disposto no § 2º do art. 1º, ao Tesouro Nacional e aí escriturados em conta especial, sem juros, à disposição dos seus proprietários ou de seus sucessores, durante 5 (cinco) anos, em cujo termo se transferirão ao patrimônio nacional.

- V. art. 1º, Dec. 40.395/1956 (Regulamenta a Lei 2.313/1954).

§ 1º Excetuam-se do disposto neste artigo os depósitos populares feitos nos estabelecimentos mencionados, que são imprescritíveis, e os casos para os quais a lei determine prazo de prescrição menor de 25 (vinte e cinco) anos.

§ 2º Valerá como reclamação dos créditos e movimentação das contas a apresentação ou remessa, aos ditos estabelecimentos, da caderneta para contagem e lançamentos de juros, ou de qualquer documento pelo qual os credores acusem ciência dos seus saldos ou queiram deles conhecer, ressalvados também os meios idôneos admitidos em lei.

- V. art. 10, Dec. 40.395/1956 (Regulamenta a Lei 2.313/1954).

§ 3º Suspendem-se os prazos acima estipulados em tempo de guerra, pelo tempo que esta durar, em favor dos credores, a serviço das Forças Armadas dentro ou fora do País.

Art. 3º Revogam-se as disposições em contrário.

Senado Federal, em 3 de setembro de 1954.
Alexandre Marcondes Filho

(*DOU* 13.09.1954)

LEI 4.121, DE 27 DE AGOSTO DE 1962

Dispõe sobre a situação jurídica de mulher casada.

- V. arts. 1.565 a 1.570 e 1.639 a 1.688, CC.

O Presidente da República:
Faço saber que o Congresso Nacional decreta e eu sanciono a seguinte Lei:

Art. 1º Os arts. 6º, 233, 240, 242, 246, 248, 263, 269, 273, 326, 380, 393, 1.579 e 1.611 do Código Civil e 469 do Código de Processo Civil passam a vigorar com a seguinte redação:

- Referem-se, respectivamente, ao CC/1916 e ao CPC/1939.

Art. 2º A mulher, tendo bens ou rendimentos próprios, será obrigada, como no regime da separação de bens (art. 277 do Código Civil), a contribuir para as despesas comuns, se os bens comuns forem insuficientes para atendê-las.

- Refere-se ao CC/1916.
- V. art. 1.688, CC.

Art. 3º Pelos títulos de dívida de qualquer natureza, firmados por um só dos cônjuges, ainda que casados pelo regime de comu-

Lei 4.131/1962

nhão universal, somente responderão os bens particulares do signatário e os comuns até o limite de sua meação.
* V. Súmula 134, STJ.

Art. 4º Esta Lei entrará em vigor 45 (quarenta e cinco) dias após a sua publicação, revogadas as disposições em contrário.

Brasília, 27 de agosto de 1962; 141º da Independência e 74º da República.
João Goulart

(DOU 03.09.1962)

LEI 4.131, DE 3 DE SETEMBRO DE 1962

Disciplina a aplicação do capital estrangeiro e as remessas de valores para o exterior e dá outras providências.

* V. Dec. 55.762/1965 (Regulamenta a Lei 4.131/1962).

Faço saber que o Congresso Nacional decretou, o Presidente da República sancionou, nos termos, do § 2º do art. 70 da Constituição Federal, e eu, Auro Moura Andrade, Presidente do Senado Federal, promulgo, de acordo com o disposto no § 4º do mesmo artigo da Constituição, a seguinte Lei:

Art. 1º Consideram-se capitais estrangeiros, para os efeitos desta Lei, os bens, máquinas e equipamentos, entrados no Brasil sem dispêndio inicial de divisas, destinados à produção de bens ou serviços, bem como os recursos financeiros ou monetários introduzidos no país, para aplicação em atividades econômicas desde que, em ambas as hipóteses, pertençam a pessoas físicas ou jurídicas residentes, domiciliadas ou com sede no exterior.

Art. 2º Ao capital estrangeiro que se investir no País, será dispensado tratamento jurídico idêntico ao concedido ao capital nacional em igualdade de condições, sendo vedadas quaisquer discriminações não previstas na presente Lei.

Do registro dos capitais, remessas e reinvestimentos

Art. 3º Fica instituído, na Superintendência da Moeda e do Crédito, um serviço especial de registro de capitais estrangeiros, qualquer que seja sua forma de ingresso no País, bem como de operações financeiras com o exterior, no qual serão registrados:

a) os capitais estrangeiros que ingressarem no País sob a forma de investimento direto ou de empréstimo, quer em moeda, quer em bens;

b) as remessas feitas para o exterior com o retorno de capitais ou como rendimentos desses capitais, lucros, dividendos, juros, amortizações, bem como as de *royalties*, de pagamento de assistência técnica, ou por qualquer outro título que implique transferência de rendimentos para fora do País;

c) os reinvestimentos de lucros dos capitais estrangeiros;

d) as alterações do valor monetário do capital das empresas procedidas de acordo com a legislação em vigor.

Parágrafo único. O registro dos reinvestimentos a que se refere a letra c será devido, ainda que se trate de pessoa jurídica com sede no Brasil mas filiada a empresas estrangeiras ou controladas por maioria de ações pertencentes a pessoas físicas ou jurídicas com residência ou sede no estrangeiro.

Art. 4º O registro de capitais estrangeiros será efetuado na moeda do país de origem, e o de reinvestimento de lucro simultaneamente em moedas nacional e na moeda do país para o qual poderiam ter sido remetidos, realizada a conversão à taxa cambial do período durante o qual foi comprovadamente efetuado o reinvestimento.

* Artigo com redação determinada pela Lei 4.390/1964.

Parágrafo único. Se o capital for representado por bens, o registro será feito pelo seu preço no país de origem ou, na falta de comprovantes satisfatórios, segundo os valores apurados na contabilidade da empresa receptora do capital ou ainda pelo critério de avaliação que for determinado em regulamento.

Art. 5º O registro do investimento estrangeiro será requerido dentro de 30 (trinta) dias da data de seu ingresso no país e independente do pagamento de qualquer taxa ou emolumento. No mesmo prazo, a partir da data da aprovação do respectivo registro contábil, pelo órgão competente da empresa, proceder-se-á ao registro dos reinvestimentos de lucros.

Lei 4.131/1962

LEGISLAÇÃO

- Artigo com redação determinada pela Lei 4.390/1964.

§ 1º Os capitais estrangeiros e respectivos reinvestimentos de lucros já existentes no País, também estão sujeitos a registro, o qual será requerido por seus proprietários ou responsáveis pelas empresas em que estiverem aplicados dentro do prazo de 180 (cento e oitenta) dias, da data da publicação desta Lei.

§ 2º O Conselho da Superintendência da Moeda e do Crédito determinará quais os comprovantes a serem exigidos para concessão do registro dos capitais de que trata o parágrafo anterior.

Art. 6º A Superintendência da Moeda e do Crédito tomará as providências necessárias para que o registro dos dados a que se referem os artigos anteriores seja mantido atualizado, ficando as empresas obrigadas a prestar as informações que ela lhes solicitar.

Parágrafo único. O não fornecimento das informações regulamentares exigidas, ou a prestação de informações falsas, incompletas, incorretas ou fora dos prazos e das condições previstas na regulamentação em vigor constituem infrações sujeitas à multa prevista no art. 58 desta Lei.

- Parágrafo único acrescentado pela MP 2.224/2001.

Art. 7º Consideram-se reinvestimentos, para os efeitos desta Lei, os rendimentos auferidos por empresas estabelecidas no país e atribuídos a residentes e domiciliados no exterior, e que forem reaplicados nas mesmas empresas de que procedem ou em outro setor da economia nacional.

- Artigo com redação determinada pela Lei 4.390/1964.

Das remessas de juros, *royalties* e por assistência técnica

Art. 8º As remessas de juros de empréstimos, créditos e financiamentos serão consideradas como amortização do capital na parte que excederem da taxa de juros constante do contrato respectivo e de seu respectivo registro, cabendo à Sumoc impugnar e recusar a parte da taxa que exceder à taxa vigorante no mercado financeiro de onde procede o empréstimo, crédito ou financiamento, na data de sua realização, para operações do mesmo tipo e condições.

Art. 9º As pessoas físicas e jurídicas que desejarem fazer transferências para o exterior a título de lucros, dividendos, juros, amortizações, *royalties*, assistência técnica, científica, administrativa e semelhantes, deverão submeter aos órgãos competentes da Sumoc e da Divisão de Imposto sobre a Renda, os contratos e documentos que forem considerados necessários para justificar a remessa.

- Artigo com redação determinada pela Lei 4.390/1964.

§ 1º As remessas para o exterior dependem do registro da empresa na Sumoc e de prova de pagamento do imposto de renda que for devido.

§ 2º Em casos de registros requeridos e ainda não concedidos, nem denegados, a realização das transferências de que trata este artigo poderá ser feita dentro de 1 (um) ano, a partir da data desta Lei, mediante termo de responsabilidade assinado pelas empresas interessadas, prazo este prorrogável três vezes consecutivas, por ato do Presidente da República, em face de exposição do Ministro da Fazenda.

§ 3º No caso previsto pelo parágrafo anterior, as transferências sempre dependerão de prova de quitação do Imposto de Renda.

Art. 10. A Superintendência da Moeda e do Crédito poderá, quando considerar necessário, verificar a assistência técnica, administrativa ou semelhante, prestada a empresas estabelecidas no Brasil, que impliquem remessa de divisas para o exterior, tendo em vista apurar a efetividade dessa assistência.

- Artigo com redação determinada pela Lei 4.390/1964.

Art. 11. Os pedidos de registro de contrato, para efeito de transferências financeiras para o pagamento de *royalties*, devido pelo uso de patentes, marcas de indústria e de comércio ou outros títulos da mesma espécie, serão instruídos com certidão probatória da existência e vigência, no Brasil, dos respectivos privilégios concedidos pelo Departamento Nacional de Propriedade Industrial, bem como de documento hábil probatório de que eles não caducaram no país de origem.

- Artigo com redação determinada pela Lei 4.390/1964.

Lei 4.131/1962

LEGISLAÇÃO

Art. 12. As somas das quantias devidas a título de *royalties* pela exploração de patentes de invenção, ou uso de marcas de indústria e de comércio e por assistência técnica, científica, administrativa ou semelhante, poderão ser deduzidas, nas declarações de renda, para o efeito do art. 37 do Decreto 47.373, de 7 de dezembro de 1959, até o limite máximo de 5% (cinco por cento) da receita bruta do produto fabricado ou vendido.

§ 1º Serão estabelecidos e revistos periodicamente, mediante ato do Ministro da Fazenda, os coeficientes percentuais admitidos para as deduções a que se refere este artigo, considerados os tipos de produção ou atividades reunidos em grupos, segundo o grau de essencialidade.

§ 2º As deduções de que este artigo trata serão admitidas quando comprovadas as despesas de assistência técnica, científica, administrativa ou semelhantes, desde que efetivamente prestados tais serviços, bem como mediante o contrato de cessão ou licença de uso de marcas e de patentes de invenção, regularmente registrado no País, de acordo com as prescrições do Código de Propriedade Industrial.

§ 3º As despesas de assistência técnica, científica, administrativa e semelhantes, somente poderão ser deduzidas nos cinco primeiros anos do funcionamento da empresa ou da introdução do processo especial de produção, quando demonstrada sua necessidade, podendo este prazo ser prorrogado até mais cinco anos, por autorização do Conselho da Superintendência da Moeda e do Crédito.

Art. 13. Serão consideradas, como lucros distribuídos e tributados, de acordo com os arts. 43 e 44, as quantias devidas a título de *royalties* pela exploração de patentes de invenção e por assistência técnica, científica, administrativa ou semelhante, que não satisfizerem as condições ou excederem os limites previstos no artigo anterior.

Parágrafo único. Também serão tributados de acordo com os arts. 43 e 44 o total das quantias devidas a pessoas físicas ou jurídicas residentes ou sediadas no exterior, a título do uso de marcas de indústria e de comércio.

Art. 14. Não serão permitidas remessas para pagamentos de *royalties*, pelo uso de patentes de invenção e de marcas de indústria ou de comércio, entre filial ou subsidiária de empresa estabelecida no Brasil, e sua matriz com sede no exterior ou quando a maioria do capital da empresa no Brasil, pertença aos titulares do recebimento dos *royalties* no estrangeiro.

Parágrafo único. Nos casos de que trata este artigo não é permitida a dedução prevista no art. 12.

Art. 15. *(Revogado pelo Dec.-lei 37/1966.)*

Art. 16. Fica o Governo autorizado a celebrar acordos de cooperação administrativa com países estrangeiros, visando ao intercâmbio de informações de interesse fiscal e cambial, tais como remessas de lucros e *royalties*, pagamento de serviços de assistência técnica e semelhantes, valor de bens importados, alugueres de filmes cinematográficos, máquinas etc., bem como de quaisquer outros elementos que sirvam de base à incidência de tributos.

Parágrafo único. O Governo procurará celebrar, com os Estados e Municípios, acordos ou convênios de cooperação fiscal, visando a uma ação coordenada dos controles fiscais exercidos pelas repartições federais, estaduais e municipais, a fim de alcançar maior eficiência na fiscalização e arrecadação de quaisquer tributos e na repressão à evasão e sonegação fiscais.

Dos bens e depósitos no Exterior e das Normas de Contabilidade

Art. 17. *(Revogado pelo Dec.-lei 94/1966.)*
Art. 18. *(Revogado pelo Dec.-lei 94/1966.)*
Art. 19. *(Revogado pelo Dec.-lei 94/1966.)*

Art. 20. Por ato regulamentar, o Poder Executivo estabelecerá planos de contas e normas gerais de contabilidade, padronizadas para grupos homogêneos de atividades adaptáveis às necessidades e possibilidades das empresas de diversas dimensões.

Parágrafo único. Aprovados, por ato regulamentar, o plano de contas e as normas gerais contábeis a elas aplicáveis, todas as pessoas jurídicas do respectivo grupo de atividades serão obrigadas a observá-los em sua contabilidade, dentro dos prazos previstos em regulamento, que deverão

Lei 4.131/1962

permitir a adaptação ordenada dos sistemas em prática.

Art. 21. É obrigatória, nos balanços das empresas, inclusive sociedades anônimas, a discriminação da parcela de capital e dos créditos pertencentes a pessoas físicas ou jurídicas, residentes, domiciliadas ou com sede no exterior, registrados na Superintendência da Moeda e do Crédito.

Art. 22. Igual discriminação será feita na conta de lucros e perdas, para evidenciar a parcela de lucros, dividendos, juros e outros quaisquer proventos atribuídos a pessoas físicas ou jurídicas, residentes, domiciliadas ou com sede no estrangeiro cujos capitais estejam registrados na Superintendência da Moeda e do Crédito.

Dispositivos cambiais

Art. 23. As operações cambiais no mercado de taxa livre serão efetuadas através de estabelecimentos autorizados a operar em câmbio, com a intervenção de corretor oficial quando previsto em lei ou regulamento, respondendo ambos pela identidade do cliente, assim como pela correta classificação das informações por este prestadas, segundo normas fixadas pela Superintendência da Moeda e do Crédito.

§ 1º As operações que não se enquadrem claramente nos itens específicos do Código de Classificação adotado pela Sumoc, ou sejam classificáveis em rubricas residuais, como "Outros" e "Diversos", só poderão ser realizadas através do Banco do Brasil S.A.

§ 2º Constitui infração imputável ao estabelecimento bancário, ao corretor e ao cliente, punível com multa de 50 (cinquenta) a 300% (trezentos por cento) do valor da operação para cada um dos infratores, a declaração de falsa identidade no formulário que, em número de vias e segundo o modelo determinado pelo Banco Central do Brasil, será exigido em cada operação, assinado pelo cliente e visado pelo estabelecimento bancário e pelo corretor que nela intervierem.

• § 2º com redação determinada pela Lei 9.069/1995.

§ 3º Constitui infração, de responsabilidade exclusiva do cliente, punível com multa de 5 (cinco) a 100% (cem por cento) do valor da operação, a declaração de informações falsas no formulário a que se refere o § 2º.

• § 3º com redação determinada pela Lei 9.069/1995.

§ 4º Constitui infração, imputável ao estabelecimento bancário e ao corretor que intervierem na operação, punível com multa equivalente de 5 (cinco) a 100% (cem por cento) do respectivo valor, para cada um dos infratores, a classificação incorreta, dentro das normas fixadas pelo Conselho da Superintendência da Moeda e do Crédito, das informações prestadas pelo cliente no formulário a que se refere o § 2º deste artigo.

§ 5º Em caso de reincidência, poderá o Conselho da Superintendência da Moeda e do Crédito cassar a autorização para operar em câmbio aos estabelecimentos bancários que negligenciarem o cumprimento do disposto no presente artigo e propor à autoridade competente igual medida em relação aos corretores.

§ 6º O texto do presente artigo constará obrigatoriamente do formulário a que se refere o § 2º.

§ 7º A utilização do formulário a que se refere o § 2º deste artigo não é obrigatória nas operações de compra e de venda de moeda estrangeira de até o equivalente a US$ 10.000,00 (dez mil dólares norte-americanos), sendo autorizado ao Poder Executivo aumentar esse valor por ato normativo.

• § 7º com redação determinada pela Lei 13.017/2014.

Art. 24. Cumpre aos estabelecimentos bancários autorizados a operar em câmbio, transmitir à Superintendência da Moeda e do Crédito, diariamente, informações sobre montante de compra e venda de câmbio, com a especificação de suas finalidades, segundo a classificação estabelecida.

Parágrafo único. Quando os compradores ou vendedores de câmbio forem pessoas jurídicas, as informações estatísticas devem corresponder exatamente aos lançamentos contábeis correspondentes, destas empresas.

Art. 25. Os estabelecimentos bancários, que deixarem de informar o montante exato das operações realizadas, ficarão sujeitos à multa até o máximo correspondente a trinta vezes o maior salário mínimo anual vigorante no País, triplicada no caso de reincidência.

Parágrafo único. A multa será imposta pela Superintendência da Moeda e do Crédito, cabendo recurso de seu ato, sem efeito suspensivo, para o Conselho da Superintendência da Moeda e do Crédito, dentro do prazo de 15 (quinze) dias da data da intimação.

* Parágrafo único com redação determinada pela Lei 4.390/1964.

Art. 26. No caso de infrações repetidas, o Inspetor-Geral de Banco solicitará ao Diretor-Executivo da Superintendência da Moeda e do Crédito o cancelamento da autorização para operar em câmbio, do estabelecimento bancário por elas responsável, cabendo a decisão final ao Conselho da Superintendência da Moeda e do Crédito.

Art. 27. O Conselho da Superintendência da Moeda e do Crédito poderá determinar que as operações cambiais referentes a movimentos de capital sejam efetuadas no todo ou em parte, em mercado financeiro de câmbio, separado do mercado de exportação e importação, sempre que a situação cambial assim o recomendar.

Art. 28. Sempre que ocorrer grave desequilíbrio no balanço de pagamento ou houver sérias razões para prever a iminência de tal situação, poderá o Conselho da Superintendência da Moeda e do Crédito impor restrições, por prazo limitado à importação e às remessas de reinvestimentos dos capitais estrangeiros e, para este fim, outorgar ao Banco do Brasil monopólio total ou parcial das operações de câmbio.

* Artigo com redação determinada pela Lei 4.390/1964.

§ 1º No caso previsto neste artigo, ficam vedadas as remessas a título de retorno de capitais e limitada a remessa de seus lucros, até 10% (dez por cento) ao ano, sobre o capital e reinvestimentos registrados na moeda do país de origem, nos termos dos artigos 3º e 4º desta Lei.

§ 2º Os rendimentos que excederem a percentagem fixada pelo Conselho da Superintendência da Moeda e do Crédito, de acordo com o parágrafo anterior, deverão ser comunicados a essa Superintendência, a qual, na hipótese de se prolongar por mais de um exercício a restrição a que se refere este artigo poderá autorizar a remessa, no exercício seguinte, das quantias relativas ao excesso, quando os lucros nele auferidos não atingirem aquele limite.

§ 3º Nos mesmos casos deste artigo, poderá o Conselho da Superintendência da Moeda e do Crédito limitar a remessa de quantias a título de pagamento de *royalties* e assistência técnica, administrativa ou semelhante até o limite máximo cumulativo anual de 5% (cinco por cento) da receita bruta da empresa.

§ 4º Ainda nos casos deste artigo fica o Conselho da Sumoc autorizado a baixar instruções, limitando as despesas cambiais com "Viagens Internacionais".

§ 5º Não haverá, porém, restrições para as remessas de juros e quotas de amortização, constantes de contrato de empréstimo, devidamente registrados.

Art. 29. Sempre que se tornar aconselhável economizar a utilização das reservas de câmbio, é o Poder Executivo autorizado a exigir temporariamente, mediante instrução do Conselho da Superintendência da Moeda e do Crédito, um encargo financeiro, de caráter estritamente monetário, que recairá sobre a importação de mercadorias e sobre as transferências financeiras, até o máximo de 10% (dez por cento) sobre o valor dos produtos importados e até 50% (cinquenta por cento) sobre o valor de qualquer transferência financeira, inclusive para despesas com "Viagens Internacionais".

Parágrafo único. *(Revogado pela Lei 4.390/1964.)*

Art. 30. As importâncias arrecadadas por meio do encargo financeiro, previsto no artigo anterior, constituirão reserva monetária em cruzeiros, mantida na Superintendência da Moeda e do Crédito, em caixa própria, e será utilizada, quando julgado oportuno, exclusivamente na compra de ouro e de divisas, para reforço das reservas e disponibilidades cambiais.

Art. 31. *(Revogado pela Lei 4.390/1964.)*
Art. 32. *(Revogado pela Lei 4.390/1964.)*
Art. 33. *(Revogado pela Lei 4.390/1964.)*
Art. 34. Em qualquer circunstância e qualquer que seja o regime cambial vigente não poderão ser concedidas as compras de

Lei 4.131/1962

câmbio para remessa de lucros, juros, *royalties*, assistência técnica, retorno de capitais, condições mais favoráveis do que as que se aplicarem às remessas para pagamento de importações da categoria geral de que trata a Lei 3.244, de 14.08.1957.

Art. 35. A nomeação dos titulares dos órgãos que integram o Conselho da Superintendência da Moeda e do Crédito passa a depender de prévia aprovação do Senado Federal, excetuada a dos Ministros de Estado.

Art. 36. Os Membros do Conselho da Superintendência da Moeda e do Crédito ficam obrigados a fazer declaração de bens e rendas próprias e de suas esposas e dependentes, até 30 de abril de cada ano, devendo estes documentos ser examinados e arquivados no Tribunal de Contas da União, que comunicará o fato ao Senado Federal.

Parágrafo único. Os servidores da Superintendência da Moeda e do Crédito que tiverem responsabilidade e encargos regulamentares nos trabalhos relativos ao registro de capitais estrangeiros ou de sua fiscalização nos termos desta Lei, ficam igualmente obrigados à declaração de bens e rendas previstas neste artigo.

Disposições referentes ao crédito

Art. 37. O Tesouro Nacional e as entidades oficiais de crédito público da União e dos Estados, inclusive sociedades de economia mista por eles controladas, só poderão garantir empréstimos, créditos ou financiamentos obtidos no exterior, por empresas cuja maioria de capital com direito a voto pertença a pessoas não residentes no País, mediante autorização em decreto do Poder Executivo.

Art. 38. As empresas com maioria de capital estrangeiro, ou filiais de empresas sediadas no exterior, não terão acesso ao crédito das entidades e estabelecimentos mencionados no artigo anterior até o início comprovado de suas operações, excetuados projetos considerados de alto interesse para a economia nacional, mediante autorização especial do Conselho de Ministros.

Art. 39. As entidades, estabelecimentos de crédito, a que se refere o art. 37, só poderão conceder empréstimos, créditos ou financiamentos para novas inversões a serem realizadas no ativo fixo de empresa cuja maioria de capital, com direito a voto, pertença, a pessoas não residentes no País, quando elas estiverem aplicadas em setores de atividades e regiões econômicas de alto interesse nacional, definidos e enumerados em decreto do Poder Executivo, mediante audiência do Conselho Nacional de Economia.

- V. Dec. 2.233/1997 (Setores das atividades econômicas excluídos das restrições previstas no art. 39 da Lei 4.131/1962).

Parágrafo único. Também a aplicação de recursos provenientes de fundos públicos de investimentos, criados por lei, obedecerá à regra estabelecida neste artigo.

Art. 40. As sociedades de financiamento e de investimentos somente poderão colocar no mercado nacional de capitais ações e títulos emitidos pelas empresas controladas por capital estrangeiro ou subordinadas a empresas com sede no estrangeiro, que tiverem assegurado o direito de voto.

Dispositivos Fiscais

Art. 41. Estão sujeitos aos descontos de imposto de renda na fonte, nos termos da presente Lei, os seguintes rendimentos:

a) os dividendos de ações ao portador e quaisquer bonificações a elas atribuídas;

b) os interesses e quaisquer outros rendimentos e proventos de títulos ao portador, denominados "Partes Beneficiárias" ou "Partes de Fundador";

c) os lucros, dividendos e quaisquer outros benefícios e interesse de ações nominativas ou de quaisquer títulos nominativos do capital de pessoas jurídicas, percebidos por pessoas físicas ou jurídicas residentes, domiciliadas ou com sede no exterior, ou por filiais ou subsidiárias de empresas estrangeiras.

Art. 42. As pessoas jurídicas que tenham predominância de capital estrangeiro, ou sejam filiais ou subsidiárias de empresas com sede no exterior ficam sujeitas às normas e às alíquotas do imposto de renda estabelecidas na legislação deste tributo.

Lei 4.131/1962

Legislação

Art. 43. O montante dos lucros e dividendos líquidos relativos a investimentos em moeda estrangeira, distribuídos a pessoas físicas e jurídicas, residentes ou com sede no exterior, fica sujeito a um imposto suplementar de renda, sempre que a média das distribuições em um triênio, encerrado a partir de 1984, exceder a 12% (doze por cento) do capital e reinvestimentos registrados nos termos dos artigos 3º e 4º desta Lei.

* *Caput* com redação determinada pelo Dec.-lei 2.073/1983.

§ 1º O imposto suplementar de que trata este artigo será cobrado de acordo com a seguinte tabela:

* § 1º com redação determinada pela Lei 4.390/1964.

entre 12% e 15% de lucros sobre o capital e reinvestimentos	40% (quarenta por cento)
entre 15% e 25% de lucros	50% (cinquenta por cento)
acima de 25% de lucros	60% (sessenta por cento)

§ 2º O disposto neste artigo não se aplica aos dividendos e lucros reinvestidos no País nos termos do art. 7º desta Lei.

* § 2º com redação determinada pelo Dec.-lei 2.073/1983.

§ 3º O imposto suplementar será recolhido pela fonte pagadora e debitado ao beneficiário para desconto por ocasião das distribuições subsequentes.

* § 3º acrescentado pelo Dec.-lei 2.073/1983.

Art. 44. *(Revogado pela Lei 8.383/1991.)*

Art. 45. *(Revogado pela Lei 8.685/1993.)*

Art. 46. Os lucros provenientes da venda de propriedades imóveis, inclusive da cessão de direitos, quando o proprietário for pessoa física ou jurídica residente ou com sede no exterior ficam sujeitos a imposto às taxas previstas pelo art. 43.

Art. 47. Os critérios fixados para a importação de máquinas e equipamentos usados serão os mesmos, tanto para os investidores e empresas estrangeiras como para os nacionais.

Art. 48. Autorizada uma importação de máquinas e equipamentos usados, gozará de regime cambial idêntico ao vigorante para a importação de máquinas e equipamentos novos.

Art. 49. O Conselho de Política Aduaneira disporá da faculdade de reduzir ou de aumentar, até 30% (trinta por cento) as alíquotas do imposto que recaiam sobre máquinas e equipamentos, atendendo às peculiaridades das regiões a que se destinam, à concentração industrial em que venham a ser empregados e ao grau de utilização das máquinas e equipamentos antes de efetivar-se a importação.

Parágrafo único. Quando as máquinas e equipamentos forem transferidos da região a que inicialmente se destinavam, deverão os responsáveis pagar ao fisco a quantia correspondente à redução do imposto de que elas gozaram quando de sua importação, sempre que removidas para zonas em que a redução não seria concedida.

Outras disposições

Art. 50. Aos bancos estrangeiros autorizados a funcionar no Brasil, serão aplicadas as mesmas vedações ou restrições equivalentes às que a legislação vigorante nas praças em que tiverem sede suas matrizes impõe aos bancos brasileiros que neles desejam estabelecer-se.

Parágrafo único. O Conselho da Superintendência da Moeda e do Crédito baixará as instruções necessárias para que o disposto no presente artigo seja cumprido, no prazo de 2 (dois) anos, em relação aos bancos estrangeiros já em funcionamento no país.

Art. 51. Aos bancos estrangeiros cujas matrizes tenham sede em praças em que a legislação imponha restrições ao funcionamento de bancos brasileiros, fica vedado adquirir mais de 30% (trinta por cento) das ações com direito a voto, de bancos nacionais.

Art. 52. Na execução de um programa de planejamento geral, ouvido o Conselho Nacional de Economia, o Conselho de Ministros estabelecerá uma classificação de ativi-

Lei 4.132/1962

dades econômicas, segundo o seu grau de interesse para a economia nacional.

Parágrafo único. Essa classificação e suas eventuais alterações serão promulgadas mediante decreto e vigorarão por períodos não inferiores a 3 (três) anos.

Art. 53. O Conselho de Ministros poderá estabelecer, mediante decreto ouvido o Conselho Nacional de Economia:
I – que a inversão de capitais estrangeiros, em determinadas atividades, se faça com observância de uma escala de prioridade, em benefício de regiões menos desenvolvidas do país;
II – que os capitais assim investidos sejam isentos, em maior ou menor grau, das restrições previstas no art. 28;
III – que idêntico tratamento se aplique aos capitais investidos em atividades consideradas de maior interesse para a economia nacional.

Art. 54. Fica o Conselho de Ministros autorizado a promover entendimentos e convênios com as nações integrantes da Associação Latino-Americana de Livre Comércio tendentes à adoção por elas de uma legislação uniforme, em relação ao tratamento a ser dispensado aos capitais estrangeiros.

Art. 55. A Sumoc realizará, periodicamente, em colaboração com o Instituto Brasileiro de Geografia e Estatística, o censo dos capitais estrangeiros aplicados no País.

Art. 56. Os censos deverão realizar-se nas datas dos Recenseamentos Gerais do Brasil, registrando a situação das empresas e capitais estrangeiros, em 31 de dezembro do ano anterior.

Art. 57. Caberá à Sumoc elaborar o plano e os formulários do censo a que se referem os artigos anteriores, de modo a permitir uma análise completa da situação, movimentos e resultados dos capitais estrangeiros.

Parágrafo único. Com base nos censos realizados, a Sumoc elaborará relatório contendo ampla e pormenorizada exposição ao Conselho de Ministros e ao Congresso Nacional.

Art. 58. As infrações à presente Lei, ressalvadas as penalidades específicas constantes de seu texto, ficam sujeitas a multas de até R$ 100.000,00 (cem mil reais), a serem aplicadas pelo Banco Central do Brasil, na forma prescrita em regulamento a ser baixado pelo Conselho Monetário Nacional.

- Artigo com redação determinada pela Lei 9.069/1995.
- O art. 3º da MP 2.224/2001 (*DOU* 05.09.2001, edição extra) dispõe: "O valor máximo da multa prevista no art. 58 da Lei 4.131/1962, e no art. 67 da Lei 9.069/1995, passa a ser de R$ 250.000,00 (duzentos e cinquenta mil reais)".

Art. 59. Esta Lei entrará em vigor na data de sua publicação, revogadas as disposições em contrário.

Brasília, 3 de setembro de 1962; 141º da Independência e 74º da República.
Auro Moura Andrade
(*DOU* 27.09.1962; ret. 28.09.1962)

LEI 4.132, DE 10 DE SETEMBRO DE 1962

Define os casos de desapropriação por interesse social e dispõe sobre sua aplicação.

O Presidente da República:
Faço saber que o Congresso Nacional decreta e eu sanciono a seguinte Lei:

Art. 1º A desapropriação por interesse social será decretada para promover a justa distribuição da propriedade ou condicionar o seu uso ao bem-estar social, na forma do art. 147 da Constituição Federal.

- Refere-se à CF/1946.
- V. arts. 184 e 185, CF.

Art. 2º Considera-se de interesse social:
I – o aproveitamento de todo bem improdutivo ou explorado sem correspondência com as necessidades de habitação, trabalho e consumo dos centros de população a que deve ou possa suprir por seu destino econômico;
II – a instalação ou a intensificação das culturas nas áreas em cuja exploração não se obedeça a plano de zoneamento agrícola *(vetado)*;
III – o estabelecimento e a manutenção de colônias ou cooperativas de povoamento e trabalho agrícola;

Lei 4.591/1964

LEGISLAÇÃO

IV – a manutenção de posseiros em terrenos urbanos onde, com a tolerância expressa ou tácita do proprietário, tenham construído sua habitação, formando núcleos residenciais de mais de dez famílias;
V – a construção de casas populares;
VI – as terras e águas suscetíveis de valorização extraordinária, pela conclusão de obras e serviços públicos, notadamente de saneamento, portos, transporte, eletrificação, armazenamento de água e irrigação, no caso em que não sejam ditas áreas socialmente aproveitadas;
VII – a proteção do solo e a preservação de cursos e mananciais de água e de reservas florestais;
VIII – a utilização de áreas, locais ou bens que, por suas características, sejam apropriados ao desenvolvimento de atividades turísticas.

• Inciso VIII acrescentado pela Lei 6.513/1977.

§ 1º O disposto no item I deste artigo só se aplicará nos casos de bens retirados de produção ou tratando-se de imóveis rurais cuja produção, por ineficientemente explorados, seja inferior à média da região, atendidas as condições naturais do seu solo e sua situação em relação aos mercados.

§ 2º As necessidades de habitação, trabalho e consumo serão apuradas anualmente segundo a conjuntura e condições econômicas locais, cabendo o seu estudo e verificação às autoridades encarregadas de velar pelo bem-estar e pelo abastecimento das respectivas populações.

Art. 3º O expropriante tem o prazo de 2 (dois) anos, a partir da decretação da desapropriação por interesse social, para efetivar a aludida desapropriação e iniciar as providências de aproveitamento do bem expropriado.

Parágrafo único. *(Vetado.)*

Art. 4º Os bens desapropriados serão objeto de venda ou locação, a quem estiver em condições de dar-lhes a destinação social prevista.

Art. 5º No que esta Lei for omissa aplicam-se as normas legais que regulam a desapropriação por utilidade pública, inclusive no tocante ao processo e à justa indenização devida ao proprietário.

• V. Dec.-lei 3.365/1941 (Desapropriações por utilidade pública).

Art. 6º Revogam-se as disposições em contrário.

Brasília, 10 de setembro de 1962; 141º da Independência e 74º da República.
João Goulart

(*DOU* 07.11.1962)

LEI 4.591, DE 16 DE DEZEMBRO DE 1964

Dispõe sobre o condomínio em edificações e as incorporações imobiliárias.

• V. arts. 1.331 a 1.358, CC.

O Presidente da República:
Faço saber que o Congresso Nacional decreta e eu sanciono a seguinte Lei:

TÍTULO I
DO CONDOMÍNIO

• Na publicação oficial não consta a epígrafe do Cap. I do Tít. I.
• V. art. 205, Dec.-lei 9.760/1946 (Bens imóveis da União).

Art. 1º As edificações ou conjuntos de edificações, de um ou mais pavimentos, construídos sob a forma de unidades isoladas entre si, destinadas a fins residenciais ou não residenciais, poderão ser alienados, no todo ou em parte, objetivamente considerados, e constituirá, cada unidade, propriedade autônoma, sujeita às limitações desta Lei.

§ 1º Cada unidade será assinalada por designação especial, numérica ou alfabética, para efeitos de identificação e discriminação.

§ 2º A cada unidade caberá, como parte inseparável, uma fração ideal do terreno e coisas comuns, expressa sob forma decimal ou ordinária.

Art. 2º Cada unidade com saída para a via pública, diretamente ou por processo de passagem comum, será sempre tratada como objeto de propriedade exclusiva, qualquer que seja o número de suas peças e sua destinação, inclusive *(vetado)* edifí-

Lei 4.591/1964

LEGISLAÇÃO

cio-garagem, com ressalva das restrições que se lhe imponham.

* V. Súmula 449, STJ.

§ 1º O direito à guarda de veículos nas garagens ou locais a isso destinados nas edificações ou conjuntos de edificações será tratado como objeto de propriedade exclusiva, com ressalva das restrições que ao mesmo sejam impostas por instrumentos contratuais adequados, e será vinculada à unidade habitacional a que corresponder, no caso de não lhe ser atribuída fração ideal específica de terreno.

* § 1º acrescentado pela Lei 4.864/1965.

§ 2º O direito de que trata o § 1º deste artigo poderá ser transferido a outros condôminos independentemente da alienação da unidade a que corresponder, vedada sua transferência a pessoas estranhas ao condomínio.

* § 2º acrescentado pela Lei 4.864/1965.

§ 3º Nos edifícios-garagem, às vagas serão atribuídas frações ideais de terreno específicas.

* § 3º acrescentado pela Lei 4.864/1965.

Art. 3º O terreno em que se levantam a edificação ou o conjunto de edificações e suas instalações, bem como as fundações, paredes externas, o teto, as áreas internas de ventilação, e tudo o mais que sirva a qualquer dependência de uso comum dos proprietários ou titulares de direito à aquisição de unidades ou ocupantes, constituirão condomínio de todos, e serão insuscetíveis de divisão, ou de alienação destacada da respectiva unidade. Serão, também, insuscetíveis de utilização exclusiva por qualquer condômino *(vetado)*.

Art. 4º A alienação de cada unidade, a transferência de direitos pertinentes à sua aquisição e a constituição de direitos reais sobre ela independerão do consentimento dos condôminos *(vetado)*.

Parágrafo único. A alienação ou transferência de direitos de que trata este artigo dependerá de prova de quitação das obrigações do alienante para com o respectivo condomínio.

* Parágrafo único com redação determinada pela Lei 7.182/1984.

Art. 5º O condomínio por meação de parede, soalhos e tetos das unidades isoladas regular-se-á pelo disposto no Código Civil, no que lhe for aplicável.

* V. arts. 1.327 a 1.330, CC.

Art. 6º Sem prejuízo do disposto nesta Lei, regular-se-á pelas disposições de direito comum o condomínio por quota ideal de mais de uma pessoa sobre a mesma unidade autônoma.

* V. arts. 1.314 a 1.358, CC.

Art. 7º O condomínio por unidades autônomas instituir-se-á por ato entre vivos ou por testamento, com inscrição obrigatória no Registro de Imóveis, dele constando: a individualização de cada unidade, sua identificação e discriminação, bem como a fração ideal sobre o terreno e partes comuns, atribuída a cada unidade, dispensando-se a descrição interna da unidade.

* V. arts. 167, I-17, Lei 6.015/1973 (Lei de Registros Públicos).

Art. 8º Quando, em terreno onde não houver edificação, o proprietário, o promitente comprador, o cessionário deste ou o promitente cessionário sobre ele desejar erigir mais de uma edificação, observar-se-á também o seguinte:

* V. art. 9º, § 4º.
* V. art. 6º, Lei 4.864/1965 (Estímulo à indústria de construção civil).

a) em relação às unidades autônomas que se constituírem em casas térreas ou assobradadas, será discriminada a parte do terreno ocupada pela edificação e também aquela eventualmente reservada como de utilização exclusiva dessas casas, como jardim e quintal, bem assim a fração ideal do todo do terreno e de partes comuns, que corresponderá às unidades;

b) em relação às unidades autônomas que constituírem edifícios de dois ou mais pavimentos, será discriminada a parte do terreno ocupada pela edificação, aquela que eventualmente for reservada como de utilização exclusiva, correspondente às unidades do edifício, e ainda a fração ideal do todo do terreno e de partes comuns, que corresponderá a cada uma das unidades;

c) serão discriminadas as partes do total do terreno que poderão ser utilizadas em co-

Lei 4.591/1964

mum pelos titulares de direito sobre os vários tipos de unidades autônomas;
d) serão discriminadas as áreas que se constituírem em passagem comum para as vias públicas ou para as unidades entre si.

Capítulo II
DA CONVENÇÃO DE CONDOMÍNIO

Art. 9º Os proprietários, promitentes compradores, cessionários ou promitentes cessionários dos direitos pertinentes à aquisição de unidades autônomas, em edificações a serem construídas, em construção ou já construídas, elaborarão, por escrito, a Convenção de Condomínio, e deverão, também, por contrato ou por deliberação, em assembleia, aprovar o Regimento Interno da edificação ou conjunto de edificações.

§ 1º Far-se-á o registro da Convenção no Registro de Imóveis, bem como a averbação das suas eventuais alterações.

- V. art. 167, I-17, Lei 6.015/1973 (Lei de Registros Públicos).

§ 2º Considera-se aprovada, e obrigatória para os proprietários de unidades, promitentes compradores, cessionários e promitentes cessionários, atuais e futuros, como para qualquer ocupante, a Convenção que reúna as assinaturas de titulares de direitos que representem, no mínimo, 2/3 (dois terços) das frações ideais que compõem o condomínio.

§ 3º Além de outras normas aprovadas pelos interessados, a Convenção deverá conter:

a) a discriminação das partes de propriedade exclusiva, e as de condomínio, com especificações das diferentes áreas;
b) o destino das diferentes partes;
c) o modo de usar as coisas e serviços comuns;
d) encargos, forma e proporção das contribuições dos condôminos para as despesas de custeio e para as extraordinárias;
e) o modo de escolher o síndico e o Conselho Consultivo;
f) as atribuições do síndico, além das legais;
g) a definição da natureza gratuita ou remunerada de suas funções;
h) o modo e o prazo de convocação das assembleias gerais dos condôminos;
i) o *quorum* para os diversos tipos de votações;
j) a forma de contribuição para constituição de fundo de reserva;
l) a forma e o *quorum* para as alterações de convenção;
m) a forma e o *quorum* para a aprovação do Regimento Interno, quando não incluídos na própria Convenção.

§ 4º No caso de conjunto de edificações, a que se refere o art. 8º, a Convenção de Condomínio fixará os direitos e as relações de propriedade entre os condôminos das várias edificações, podendo estipular formas pelas quais se possam desmembrar e alienar porções do terreno, inclusive as edificadas.

- § 4º acrescentado pela Lei 4.864/1965.

Art. 10. É defeso a qualquer condômino:
I – alterar a forma externa da fachada;
II – decorar as partes e esquadrias externas com tonalidades ou cores diversas das empregadas no conjunto da edificação;
III – destinar a unidade a utilização diversa da finalidade do prédio, ou usá-la de forma nociva ou perigosa ao sossego, à salubridade e à segurança dos demais condôminos;
IV – embaraçar o uso das partes comuns.

§ 1º O transgressor ficará sujeito ao pagamento de multa prevista na Convenção ou no Regulamento do Condomínio, além de ser compelido a desfazer a obra ou abster-se da prática do ato, cabendo, ao síndico, com autorização judicial, mandar desmanchá-la, à custa do transgressor, se este não a desfizer no prazo que lhe for estipulado.

§ 2º O proprietário ou titular de direito à aquisição de unidade poderá fazer obra que (*vetado*) ou modifique sua fachada, se obtiver a aquiescência da unanimidade dos condôminos.

Art. 11. Para efeitos tributários, cada unidade autônoma será tratada como prédio isolado, contribuindo o respectivo condômino, diretamente, com as importâncias relativas aos impostos e taxas federais, estaduais e

Lei 4.591/1964

municipais, na forma dos respectivos lançamentos.

Capítulo III
DAS DESPESAS DO CONDOMÍNIO

Art. 12. Cada condômino concorrerá nas despesas do condomínio, recolhendo, nos prazos previstos na Convenção, a quota-parte que lhe couber em rateio.

§ 1º Salvo disposição em contrário na Convenção, a fixação da quota do rateio corresponderá à fração ideal de terreno de cada unidade.

§ 2º Cabe ao síndico arrecadar as contribuições, competindo-lhe promover, por via executiva, a cobrança judicial das quotas atrasadas.

§ 3º O condômino que não pagar a sua contribuição no prazo fixado na Convenção fica sujeito ao juro moratório de 1% (um por cento) ao mês, e multa de até 20% (vinte por cento) sobre o débito, que será atualizado, se o estipular a Convenção, com a aplicação dos índices de correção monetária levantados pelo Conselho Nacional de Economia, no caso de mora por período igual ou superior a 6 (seis) meses.

§ 4º As obras que interessarem à estrutura integral da edificação ou conjunto de edificações, ou ao serviço comum, serão feitas com o concurso pecuniário de todos os proprietários ou titulares de direito à aquisição de unidades, mediante orçamento prévio aprovado em Assembleia Geral, podendo incumbir-se de sua execução o síndico, ou outra pessoa, com aprovação da assembleia.

§ 5º A renúncia de qualquer condômino aos seus direitos, em caso algum valerá como escusa para exonerá-lo de seus encargos.

Capítulo IV
DO SEGURO, DO INCÊNDIO, DA DEMOLIÇÃO E DA RECONSTRUÇÃO OBRIGATÓRIA

Art. 13. Proceder-se-á ao seguro da edificação ou do conjunto de edificações, neste caso, discriminadamente, abrangendo todas as unidades autônomas e partes comuns, contra incêndio ou outro sinistro que cause destruição no todo ou em parte, computando-se o prêmio nas despesas ordinárias do condomínio.

Parágrafo único. O seguro de que trata este artigo será obrigatoriamente feito dentro de 120 (cento e vinte) dias, contados da data da concessão do "habite-se", sob pena de ficar o condomínio sujeito à multa mensal equivalente a 1/12 (um doze avos) do imposto predial, cobrável executivamente pela Municipalidade.

• V. art. 784, VII, CPC/2015.

Art. 14. Na ocorrência de sinistro total, ou que destrua mais de 2/3 (dois terços) de uma edificação, seus condôminos reunir-se-ão em assembleia especial, e deliberarão sobre a sua reconstrução ou venda do terreno e materiais, por *quorum* mínimo de votos que representem metade mais uma das frações ideais do respectivo terreno.

§ 1º Rejeitada a proposta de reconstrução, a mesma assembleia, ou outra para esse fim convocada, decidirá, pelo mesmo *quorum*, do destino a ser dado ao terreno, e aprovará a partilha do valor do seguro entre os condôminos, sem prejuízo do que receber cada um pelo seguro facultativo de sua unidade.

§ 2º Aprovada, a reconstrução será feita, guardados, obrigatoriamente, o mesmo destino, a mesma forma externa e a mesma disposição interna.

§ 3º Na hipótese do parágrafo anterior, a minoria não poderá ser obrigada a contribuir para a reedificação, caso em que a maioria poderá adquirir as partes dos dissidentes, mediante avaliação judicial, feita em vistoria.

• V. arts. 381 a 383, CPC/2015.

Art. 15. Na hipótese de que trata o § 3º do artigo antecedente, à maioria poderão ser adjudicadas, por sentença, as frações ideais da minoria.

• V. art. 17.

§ 1º Como condição para o exercício da ação prevista neste artigo, com a inicial, a maioria oferecerá e depositará, à disposição do juízo, as importâncias arbitradas na vis-

Lei 4.591/1964

toria para avaliação, prevalecendo as de eventual desempatador.

§ 2º Feito o depósito de que trata o parágrafo anterior, o juiz, liminarmente, poderá autorizar a adjudicação à maioria, e a minoria poderá levantar as importâncias depositadas; o oficial de registro de imóveis, nestes casos, fará constar do registro que a adjudicação foi resultante de medida liminar.

§ 3º Feito o depósito, será expedido o mandado de citação, com o prazo de 10 (dez) dias para a contestação *(vetado)*.

§ 4º Se não contestado, o juiz, imediatamente, julgará o pedido.

§ 5º Se contestado o pedido, seguirá o processo o rito ordinário.

• V. arts. 319 a 480, CPC/2015.

§ 6º Se a sentença fixar valor superior ao da avaliação feita na vistoria, o condomínio, em execução, restituirá à minoria a respectiva diferença, acrescida de juros de mora à razão de 1% (um por cento) ao mês, desde a data da concessão de eventual liminar, ou pagará o total devido, com os juros de mora a contar da citação.

§ 7º Transitada em julgado a sentença, servirá ela de título definitivo para a maioria, que deverá registrá-la no Registro de Imóveis.

§ 8º A maioria poderá pagar e cobrar da minoria, em execução de sentença, encargos fiscais necessários à adjudicação definitiva a cujo pagamento se recusar a minoria.

Art. 16. Em caso de sinistro que destrua menos de 2/3 (dois terços) da edificação, o síndico promoverá o recebimento do seguro e a reconstrução ou os reparos nas partes danificadas.

Art. 17. Os condôminos que representem, pelo menos, 2/3 (dois terços) do total de unidades isoladas e frações ideais correspondentes a 80% (oitenta por cento) do terreno e coisas comuns poderão decidir sobre a demolição e reconstrução do prédio, ou sua alienação, por motivos urbanísticos ou arquitetônicos, ou, ainda, no caso de condenação do edifício pela autoridade pública, em razão de sua insegurança ou insalubridade.

• Artigo com redação determinada pela Lei 6.709/1979.

§ 1º A minoria não fica obrigada a contribuir para as obras, mas assegura-se à maioria o direito de adquirir as partes dos dissidentes, mediante avaliação judicial, aplicando-se o processo previsto no art. 15.

§ 2º Ocorrendo desgaste, pela ação do tempo, das unidades habitacionais de uma edificação, que deprecie seu valor unitário em relação ao valor global do terreno onde se acha construída, os condôminos, pelo *quorum* mínimo de votos que representem 2/3 (dois terços) das unidades isoladas e frações ideais correspondentes a 80% (oitenta por cento) do terreno e coisas comuns, poderão decidir por sua alienação total, procedendo-se em relação à minoria na forma estabelecida no art. 15, e seus parágrafos, desta Lei.

§ 3º Decidida por maioria a alienação do prédio, o valor atribuído à quota dos condôminos vencidos será correspondente ao preço efetivo e, no mínimo, à avaliação prevista no § 2º ou, a critério desses, a imóvel localizado em área próxima ou adjacente com a mesma área útil de construção.

Art. 18. A aquisição parcial de uma edificação, ou de um conjunto de edificações, ainda que por força de desapropriação, importará no ingresso do adquirente no condomínio, ficando sujeito às disposições desta Lei, bem assim às da Convenção do Condomínio e do Regulamento Interno.

• Artigo com redação determinada pelo Dec.-lei 981/1969.

Capítulo V
UTILIZAÇÃO DA EDIFICAÇÃO OU DO CONJUNTO DE EDIFICAÇÕES

Art. 19. Cada condômino tem o direito de usar e fruir, com exclusividade, de sua unidade autônoma, segundo suas conveniências e interesses, condicionados, umas e outros, às normas de boa vizinhança, e poderá usar as

Lei 4.591/1964

LEGISLAÇÃO

partes e coisas comuns de maneira a não causar dano ou incômodo aos demais condôminos ou moradores, nem obstáculo ou embaraço ao bom uso das mesmas partes por todos.

Parágrafo único. *(Vetado.)*

Art. 20. Aplicam-se ao ocupante do imóvel, a qualquer título, todas as obrigações referentes ao uso, fruição e destino da unidade.

Art. 21. A violação de qualquer dos deveres estipulados na Convenção sujeitará o infrator à multa fixada na própria Convenção ou no Regimento Interno, sem prejuízo da responsabilidade civil ou criminal que, no caso, couber.

Parágrafo único. Compete ao síndico a iniciativa do processo e a cobrança da multa, por via executiva, em benefício do condomínio, e, em caso de omitir-se ele, a qualquer condômino.

• V. art. 784, IX, CPC/2015.

Capítulo VI
DA ADMINISTRAÇÃO DO CONDOMÍNIO

Art. 22. Será eleito, na forma prevista pela Convenção, um síndico do condomínio, cujo mandato não poderá exceder a 2 (dois) anos, permitida a reeleição.

§ 1º Compete ao síndico:

a) representar, ativa e passivamente, o condomínio, em juízo ou fora dele, e praticar os atos de defesa dos interesses comuns, nos limites das atribuições conferidas por esta Lei ou pela Convenção;

• V. art. 75, XI, CPC/2015.

b) exercer a administração interna da edificação ou do conjunto de edificações, no que respeita à sua vigilância, moralidade e segurança, bem como aos serviços que interessam a todos os moradores;

c) praticar os atos que lhe atribuírem as leis, a Convenção e o Regimento Interno;

d) impor as multas estabelecidas na Lei, na Convenção ou no Regimento Interno;

e) cumprir e fazer cumprir a Convenção e o Regimento Interno, bem como executar e fazer executar as deliberações da Assembleia;

f) prestar contas à Assembleia dos condôminos;

g) manter guardada durante o prazo de 5 (cinco) anos, para eventuais necessidades de verificação contábil, toda a documentação relativa ao condomínio.

§ 2º As funções administrativas podem ser delegadas a pessoas de confiança do síndico, e sob a sua inteira responsabilidade, mediante aprovação da Assembleia Geral dos condôminos.

§ 3º A Convenção poderá estipular que dos atos do síndico caiba recurso para a Assembleia, convocada pelo interessado.

§ 4º Ao síndico, que poderá ser condômino ou pessoa física ou jurídica estranha ao condomínio, será fixada a remuneração pela mesma assembleia que o eleger, salvo se a Convenção dispuser diferentemente.

§ 5º O síndico poderá ser destituído pela forma e sob as condições previstas na Convenção, ou, no silêncio desta, pelo voto de 2/3 (dois terços) dos condôminos, presentes, em assembleia geral especialmente convocada.

§ 6º A Convenção poderá prever a eleição de subsíndicos, definindo-lhes atribuições e fixando-lhes o mandato, que não poderá exceder de 2 (dois) anos, permitida a reeleição.

Art. 23. Será eleito, na forma prevista na Convenção, um Conselho Consultivo, constituído de três condôminos, com mandatos que não poderão exceder de 2 (dois) anos, permitida a reeleição.

Parágrafo único. Funcionará o Conselho como órgão consultivo do síndico, para assessorá-lo na solução dos problemas que digam respeito ao condomínio, podendo a Convenção definir suas atribuições específicas.

Capítulo VII
DA ASSEMBLEIA GERAL

Art. 24. Haverá, anualmente, uma assembleia geral ordinária dos condôminos, convocada pelo síndico na forma prevista na Convenção, à qual compete, além das

LEGISLAÇÃO

demais matérias inscritas na ordem do dia, aprovar, por maioria dos presentes, as verbas para as despesas de condomínio, compreendendo as de conservação da edificação ou conjunto de edificações, manutenção de seus serviços e correlatas.

§ 1º As decisões da Assembleia, tomadas, em cada caso, pelo *quorum* que a Convenção fixar, obrigam todos os condôminos.

§ 2º O síndico, nos oito dias subsequentes à Assembleia, comunicará aos condôminos o que tiver sido deliberado, inclusive no tocante à previsão orçamentária, o rateio das despesas, e promoverá a arrecadação, tudo na forma que a Convenção previr.

§ 3º Nas Assembleias Gerais, os votos serão proporcionais às frações ideais do terreno e partes comuns, pertencentes a cada condômino, salvo disposição diversa da Convenção.

§ 4º Nas decisões da Assembleia que não envolvam despesas extraordinárias do condomínio, o locatário poderá votar, caso o condômino-locador a ela não compareça.

- § 4º com redação determinada pela Lei 9.267/1996.
- V. art. 83, Lei 8.245/1991 (Locação de imóveis urbanos).

Art. 25. Ressalvado o disposto no § 3º do art. 22, poderá haver Assembleias Gerais Extraordinárias, convocadas pelo síndico ou por condôminos que representem um quarto, no mínimo, do condomínio, sempre que o exigirem os interesses gerais.

Parágrafo único. Salvo estipulação diversa da Convenção, esta só poderá ser modificada em Assembleia Geral Extraordinária, pelo voto mínimo de condôminos que representem 2/3 (dois terços) do total das frações ideais.

Art. 26. *(Vetado.)*

Art. 27. Se a Assembleia não se reunir para exercer qualquer dos poderes que lhe competem, 15 (quinze) dias após o pedido de convocação, o juiz decidirá a respeito, mediante requerimento dos interessados.

TÍTULO II
DAS INCORPORAÇÕES

Capítulo I
DISPOSIÇÕES GERAIS

Art. 28. As incorporações imobiliárias, em todo o território nacional, reger-se-ão pela presente Lei.

Parágrafo único. Para efeito desta Lei, considera-se incorporação imobiliária a atividade exercida com o intuito de promover e realizar a construção, para alienação total ou parcial, de edificações, ou conjunto de edificações compostas de unidades autônomas *(vetado)*.

Art. 29. Considera-se incorporador a pessoa física ou jurídica, comerciante ou não, que, embora não efetuando a construção, compromisse ou efetive a venda de frações ideais de terreno objetivando a vinculação de tais frações a unidades autônomas *(vetado)*, em edificações a serem construídas ou em construção sob regime condominial, ou que meramente aceita propostas para efetivação de tais transações, coordenando e levando a termo a incorporação e responsabilizando-se, conforme o caso, pela entrega, a certo prazo, preço e determinadas condições, das obras concluídas.

Parágrafo único. Presume-se a vinculação entre a alienação das frações do terreno e o negócio de construção, se, ao ser contratada a venda, ou promessa de venda ou de cessão das frações de terreno, já houver sido aprovado e estiver em vigor, ou pender de aprovação de autoridade administrativa, o respectivo projeto de construção, respondendo o alienante como incorporador.

Art. 30. Estende-se a condição de incorporador aos proprietários e titulares de direitos aquisitivos que contratem a construção de edifícios que se destinem a constituição em condomínio, sempre que iniciarem as alienações antes da conclusão das obras.

Arts. 30-A a 30-G. *(A MP 2.221/2001, que acrescentava os arts. 30-A a 30-G a este*

Lei 4.591/1964

LEGISLAÇÃO

Capítulo, foi revogada pela Lei 10.931/2004.)
- V. arts. 31-A a 31-F.

Art. 31. A iniciativa e a responsabilidade das incorporações imobiliárias caberão ao incorporador, que somente poderá ser:

a) o proprietário do terreno, o promitente comprador, o cessionário deste ou promitente cessionário com título que satisfaça os requisitos da alínea a do art. 32;

b) o construtor (Decretos 23.569, de 11 de dezembro de 1933, e 3.995, de 31 de dezembro de 1941, e Dec.-lei 8.620, de 10 de janeiro de 1946) ou corretor de imóveis (Lei 4.116, de 27 de agosto de 1962).
- V. Lei 5.194/1966 (Regulamenta o exercício das profissões de engenheiro, arquiteto e engenheiro-agrônomo).
- V. Lei 6.530/1978 (Corretor de imóveis).

c) o ente da Federação imitido na posse a partir de decisão proferida em processo judicial de desapropriação em curso ou o cessionário deste, conforme comprovado mediante registro no registro de imóveis competente.
- Alínea c acrescentada pela Lei 12.424/2011.

§ 1º No caso da alínea b, o incorporador será investido, pelo proprietário do terreno, o promitente comprador e cessionário deste ou o promitente cessionário, de mandato outorgado por instrumento público, onde se faça menção expressa desta Lei e se transcreva o disposto no § 4º do art. 35, para concluir todos os negócios tendentes à alienação das frações ideais do terreno, mas se obrigará pessoalmente pelos atos que praticar na qualidade de incorporador.
- V. arts. 32, m, e 35, §§ 3º e 4º.

§ 2º Nenhuma incorporação poderá ser proposta à venda sem a indicação expressa do incorporador, devendo também seu nome permanecer indicado ostensivamente no local da construção.

§ 3º Toda e qualquer incorporação, independentemente da forma por que seja constituída, terá um ou mais incorporadores solidariamente responsáveis, ainda que em fase subordinada a período de carência, referido no art. 34.
- V. arts. 275 a 285, CC.

Capítulo I-A
DO PATRIMÔNIO DE AFETAÇÃO

- Capítulo I-A acrescentado pela Lei 10.931/2004.
- V. arts. 1º a 10, Lei 10.931/2004 (Patrimônio de afetação de incorporações imobiliárias).

Art. 31-A. A critério do incorporador, a incorporação poderá ser submetida ao regime da afetação, pelo qual o terreno e as acessões objeto de incorporação imobiliária, bem como os demais bens e direitos a ela vinculados, manter-se-ão apartados do patrimônio do incorporador e constituirão patrimônio de afetação, destinado à consecução da incorporação correspondente e à entrega das unidades imobiliárias aos respectivos adquirentes.
- Artigo acrescentado pela Lei 10.931/2004.
- V. art. 2º, II, Lei 10.931/2004 (Patrimônio de afetação de incorporações imobiliárias).

§ 1º O patrimônio de afetação não se comunica com os demais bens, direitos e obrigações do patrimônio geral do incorporador ou de outros patrimônios de afetação por ele constituídos e só responde por dívidas e obrigações vinculadas à incorporação respectiva.

§ 2º O incorporador responde pelos prejuízos que causar ao patrimônio de afetação.

§ 3º Os bens e direitos integrantes do patrimônio de afetação somente poderão ser objeto de garantia real em operação de crédito cujo produto seja integralmente destinado à consecução da edificação correspondente e à entrega das unidades imobiliárias aos respectivos adquirentes.

§ 4º No caso de cessão, plena ou fiduciária, de direitos creditórios oriundos da comercialização das unidades imobiliárias componentes da incorporação, o produto da cessão também passará a integrar o patrimônio de afetação, observado o disposto no § 6º.

§ 5º As quotas de construção correspondentes a acessões vinculadas a frações ideais serão pagas pelo incorporador até que a responsabilidade pela sua construção tenha sido assumida por terceiros, nos termos da parte final do § 6º do art. 35.

§ 6º Os recursos financeiros integrantes do patrimônio de afetação serão utilizados para pagamento ou reembolso das despesas inerentes à incorporação.

§ 7º O reembolso do preço de aquisição do terreno somente poderá ser feito quando da alienação das unidades autônomas, na proporção das respectivas frações ideais, considerando-se tão somente os valores efetivamente recebidos pela alienação.

§ 8º Excluem-se do patrimônio de afetação:
I – os recursos financeiros que excederem a importância necessária à conclusão da obra (art. 44), considerando-se os valores a receber até sua conclusão e, bem assim, os recursos necessários à quitação de financiamento para a construção, se houver; e
II – o valor referente ao preço de alienação da fração ideal de terreno de cada unidade vendida, no caso de incorporação em que a construção seja contratada sob o regime por empreitada (art. 55) ou por administração (art. 58).

§ 9º No caso de conjuntos de edificações de que trata o art. 8º, poderão ser constituídos patrimônios de afetação separados, tantos quantos forem os:
I – subconjuntos de casas para as quais esteja prevista a mesma data de conclusão (art. 8º, alínea *a*); e
II – edifícios de dois ou mais pavimentos (art. 8º, alínea *b*).

§ 10. A constituição de patrimônios de afetação separados de que trata o § 9º deverá estar declarada no memorial de incorporação.

§ 11. Nas incorporações objeto de financiamento, a comercialização das unidades deverá contar com a anuência da instituição financiadora ou deverá ser a ela cientificada, conforme vier a ser estabelecido no contrato de financiamento.

§ 12. A contratação de financiamento e constituição de garantias, inclusive mediante transmissão, para o credor, da propriedade fiduciária sobre as unidades imobiliárias integrantes da incorporação, bem como a cessão, plena ou fiduciária, de direitos creditórios decorrentes da comercialização dessas unidades, não implicam a transferência para o credor de nenhuma das obrigações ou responsabilidades do cedente, do incorporador ou do construtor, permanecendo estes como únicos responsáveis pelas obrigações e pelos deveres que lhes são imputáveis.

Art. 31-B. Considera-se constituído o patrimônio de afetação mediante averbação, a qualquer tempo, no Registro de Imóveis, de termo firmado pelo incorporador e, quando for o caso, também pelos titulares de direitos reais de aquisição sobre o terreno.

- Artigo acrescentado pela Lei 10.931/2004.
- V. art. 2º, II, Lei 10.931/2004 (Patrimônio de afetação de incorporações imobiliárias).

Parágrafo único. A averbação não será obstada pela existência de ônus reais que tenham sido constituídos sobre o imóvel objeto da incorporação para garantia do pagamento do preço de sua aquisição ou do cumprimento de obrigação de construir o empreendimento.

Art. 31-C. A Comissão de Representantes e a instituição financiadora da construção poderão nomear, às suas expensas, pessoa física ou jurídica para fiscalizar e acompanhar o patrimônio de afetação.

- Artigo acrescentado pela Lei 10.931/2004.
- V. art. 2º, II, Lei 10.931/2004 (Patrimônio de afetação de incorporações imobiliárias).

§ 1º A nomeação a que se refere o *caput* não transfere para o nomeante qualquer responsabilidade pela qualidade da obra, pelo prazo de entrega do imóvel ou por qualquer outra obrigação decorrente da responsabilidade do incorporador ou do construtor, seja legal ou a oriunda dos contratos de alienação das unidades imobiliárias, de construção e de outros contratos eventualmente vinculados à incorporação.

§ 2º A pessoa que, em decorrência do exercício da fiscalização de que trata o *caput* deste artigo, obtiver acesso às informações comerciais, tributárias e de qualquer outra natureza referentes ao patrimônio afetado responderá pela falta de zelo, dedicação e sigilo destas informações.

§ 3º A pessoa nomeada pela instituição financiadora deverá fornecer cópia de seu relatório ou parecer à Comissão de Representantes, a requerimento desta, não constitu-

Lei 4.591/1964

indo esse fornecimento quebra de sigilo de que trata o § 2º deste artigo.

Art. 31-D. Incumbe ao incorporador:

- Artigo acrescentado pela Lei 10.931/2004.
- V. art. 2º, II, Lei 10.931/2004 (Patrimônio de afetação de incorporações imobiliárias).

I – promover todos os atos necessários à boa administração e à preservação do patrimônio de afetação, inclusive mediante adoção de medidas judiciais;

II – manter apartados os bens e direitos objeto de cada incorporação;

III – diligenciar a captação dos recursos necessários à incorporação e aplicá-los na forma prevista nesta Lei, cuidando de preservar os recursos necessários à conclusão da obra;

IV – entregar à Comissão de Representantes, no mínimo a cada 3 (três) meses, demonstrativo do estado da obra e de sua correspondência com o prazo pactuado ou com os recursos financeiros que integrem o patrimônio de afetação recebidos no período, firmados por profissionais habilitados, ressalvadas eventuais modificações sugeridas pelo incorporador e aprovadas pela Comissão de Representantes;

V – manter e movimentar os recursos financeiros do patrimônio de afetação em conta de depósito aberta especificamente para tal fim;

VI – entregar à Comissão de Representantes balancetes coincidentes com o trimestre civil, relativos a cada patrimônio de afetação;

VII – assegurar à pessoa nomeada nos termos do art. 31-C o livre acesso à obra, bem como aos livros, contratos, movimentação da conta de depósito exclusiva referida no inciso V deste artigo e quaisquer outros documentos relativos ao patrimônio de afetação; e

VIII – manter escrituração contábil completa, ainda que esteja desobrigado pela legislação tributária.

Art. 31-E. O patrimônio de afetação extinguir-se-á pela:

- Artigo acrescentado pela Lei 10.931/2004.
- V. art. 2º, II, Lei 10.931/2004 (Patrimônio de afetação de incorporações imobiliárias).

I – averbação da construção, registro dos títulos de domínio ou de direito de aquisição em nome dos respectivos adquirentes e, quando for o caso, extinção das obrigações do incorporador perante a instituição financiadora do empreendimento;

II – revogação em razão de denúncia da incorporação, depois de restituídas aos adquirentes as quantias por eles pagas (art. 36), ou de outras hipóteses previstas em lei; e

III – liquidação deliberada pela assembleia geral nos termos do art. 31-F, § 1º.

Art. 31-F. Os efeitos da decretação da falência ou da insolvência civil do incorporador não atingem os patrimônios de afetação constituídos, não integrando a massa concursal o terreno, as acessões e demais bens, direitos creditórios, obrigações e encargos objeto da incorporação.

- Artigo acrescentado pela Lei 10.931/2004.

§ 1º Nos 60 (sessenta) dias que se seguirem à decretação da falência ou da insolvência civil do incorporador, o condomínio dos adquirentes, por convocação da sua Comissão de Representantes ou, na sua falta, de 1/6 (um sexto) dos titulares de frações ideais, ou, ainda, por determinação do juiz prolator da decisão, realizará assembleia geral, na qual, por maioria simples, ratificará o mandato da Comissão de Representantes ou elegerá novos membros, e, em primeira convocação, por 2/3 (dois terços) dos votos dos adquirentes ou, em segunda convocação, pela maioria absoluta desses votos, instituirá o condomínio da construção, por instrumento público ou particular, e deliberará sobre os termos da continuação da obra ou da liquidação do patrimônio de afetação (art. 43, inciso III); havendo financiamento para construção, a convocação poderá ser feita pela instituição financiadora.

- V. art. 9º, Lei 10.931/2004 (Patrimônio de afetação de incorporações imobiliárias).

§ 2º O disposto no § 1º aplica-se também à hipótese de paralisação das obras prevista no art. 43, inciso VI.

§ 3º Na hipótese de que tratam os §§ 1º e 2º, a Comissão de Representantes ficará investida de mandato irrevogável para firmar com os adquirentes das unidades autônomas o contrato definitivo a que estiverem obrigados o incorporador, o titular do domínio e o titular dos direitos aquisitivos do

Lei 4.591/1964

LEGISLAÇÃO

imóvel objeto da incorporação em decorrência de contratos preliminares.

§ 4º O mandato a que se refere o § 3º será válido mesmo depois de concluída a obra.

§ 5º O mandato outorgado à Comissão de Representantes confere poderes para transmitir domínio, direito, posse e ação, manifestar a responsabilidade do alienante pela evicção e imitir os adquirentes na posse das unidades respectivas.

§ 6º Os contratos definitivos serão celebrados mesmo com os adquirentes que tenham obrigações a cumprir perante o incorporador ou a instituição financiadora, desde que comprovadamente adimplentes, situação em que a outorga do contrato fica condicionada à constituição de garantia real sobre o imóvel, para assegurar o pagamento do débito remanescente.

§ 7º Ainda na hipótese dos §§ 1º e 2º, a Comissão de Representantes ficará investida de mandato irrevogável para, em nome dos adquirentes, e em cumprimento da decisão da assembleia geral que deliberar pela liquidação do patrimônio de afetação, efetivar a alienação do terreno e das acessões, transmitindo posse, direito, domínio e ação, manifestar a responsabilidade pela evicção, imitir os futuros adquirentes na posse do terreno e das acessões.

§ 8º Na hipótese do § 7º, será firmado o respectivo contrato de venda, promessa de venda ou outra modalidade de contrato compatível com os direitos objeto da transmissão.

§ 9º A Comissão de Representantes cumprirá o mandato nos termos e nos limites estabelecidos pela deliberação da assembleia geral e prestará contas aos adquirentes, entregando-lhes o produto líquido da alienação, no prazo de 5 (cinco) dias da data em que tiver recebido o preço ou cada parcela do preço.

§ 10. Os valores pertencentes aos adquirentes não localizados deverão ser depositados em Juízo pela Comissão de Representantes.

§ 11. Caso decidam pela continuação da obra, os adquirentes ficarão automaticamente sub-rogados nos direitos, nas obrigações e nos encargos relativos à incorporação, inclusive aqueles relativos ao contrato de financiamento da obra, se houver.

§ 12. Para os efeitos do § 11 deste artigo, cada adquirente responderá individualmente pelo saldo porventura existente entre as receitas do empreendimento e o custo da conclusão da incorporação na proporção dos coeficientes de construção atribuíveis às respectivas unidades, se outro critério de rateio não for deliberado em assembleia geral por 2/3 (dois terços) dos votos dos adquirentes, observado o seguinte:

I – os saldos dos preços das frações ideais e acessões integrantes da incorporação que não tenham sido pagos ao incorporador até a data da decretação da falência ou da insolvência civil passarão a ser pagos à Comissão de Representantes, permanecendo o somatório desses recursos submetido à afetação, nos termos do art. 31-A, até o limite necessário à conclusão da incorporação;

II – para cumprimento do seu encargo de administradora da incorporação, a Comissão de Representantes fica investida de mandato legal, em caráter irrevogável, para, em nome do incorporador ou do condomínio de construção, conforme o caso, receber as parcelas do saldo do preço e dar quitação, bem como promover as medidas extrajudiciais ou judiciais necessárias a esse recebimento, praticando todos os atos relativos ao leilão de que trata o art. 63 ou os atos relativos à consolidação da propriedade e ao leilão de que tratam os arts. 26 e 27 da Lei 9.514, de 20 de novembro de 1997, devendo realizar a garantia e aplicar na incorporação todo o produto do recebimento do saldo do preço e do leilão;

III – consideram-se receitas do empreendimento os valores das parcelas a receber, vincendas e vencidas e ainda não pagas, de cada adquirente, correspondentes ao preço de aquisição das respectivas unidades ou do preço de custeio de construção, bem como os recursos disponíveis afetados; e

IV – compreendem-se no custo de conclusão da incorporação todo o custeio da cons-

Lei 4.591/1964

trução do edifício e a averbação da construção das edificações para efeito de individualização e discriminação das unidades, nos termos do art. 44.

§ 13. Havendo saldo positivo entre as receitas da incorporação e o custo da conclusão da incorporação, o valor correspondente a esse saldo deverá ser entregue à massa falida pela Comissão de Representantes.

§ 14. Para assegurar as medidas necessárias ao prosseguimento das obras ou à liquidação do patrimônio de afetação, a Comissão de Representantes, no prazo de 60 (sessenta) dias, a contar da data de realização da assembleia geral de que trata o § 1º, promoverá, em leilão público, com observância dos critérios estabelecidos pelo art. 63, a venda das frações ideais e respectivas acessões que, até a data da decretação da falência ou insolvência não tiverem sido alienadas pelo incorporador.

§ 15. Na hipótese de que trata o § 14, o arrematante ficará sub-rogado, na proporção atribuível à fração e acessões adquiridas, nos direitos e nas obrigações relativas ao empreendimento, inclusive nas obrigações de eventual financiamento, e, em se tratando da hipótese do art. 39 desta Lei, nas obrigações perante o proprietário do terreno.

§ 16. Dos documentos para anúncio da venda de que trata o § 14 e, bem assim, o inciso III do art. 43, constarão o valor das acessões não pagas pelo incorporador (art. 35, § 6º) e o preço da fração ideal do terreno e das acessões (arts. 40 e 41).

§ 17. No processo de venda de que trata o § 14, serão asseguradas, sucessivamente, em igualdade de condições com terceiros:

I – ao proprietário do terreno, nas hipóteses em que este seja pessoa distinta da pessoa do incorporador, a preferência para aquisição das acessões vinculadas à fração objeto da venda, a ser exercida nas 24 (vinte e quatro) horas seguintes à data designada para a venda; e

II – ao condomínio, caso não exercida a preferência de que trata o inciso I, ou caso não haja licitantes, a preferência para aquisição da fração ideal e acessões, desde que deliberada em assembleia geral, pelo voto da maioria simples dos adquirentes presentes, e exercida no prazo de 48 (quarenta e oito) horas a contar da data designada para a venda.

§ 18. Realizada a venda prevista no § 14, incumbirá à Comissão de Representantes, sucessivamente, nos 5 (cinco) dias que se seguirem ao recebimento do preço:

I – pagar as obrigações trabalhistas, previdenciárias e tributárias, vinculadas ao respectivo patrimônio de afetação, observada a ordem de preferência prevista na legislação, em especial o disposto no art. 186 do Código Tributário Nacional;

II – reembolsar aos adquirentes as quantias que tenham adiantado, com recursos próprios, para pagamento das obrigações referidas no inciso I;

III – reembolsar à instituição financiadora a quantia que esta tiver entregue para a construção, salvo se outra forma for convencionada entre as partes interessadas;

IV – entregar ao condomínio o valor que este tiver desembolsado para construção das acessões de responsabilidade do incorporador (§ 6º do art. 35 e § 5º do art. 31-A), na proporção do valor obtido na venda;

V – entregar ao proprietário do terreno, nas hipóteses em que este seja pessoa distinta da pessoa do incorporador, o valor apurado na venda, em proporção ao valor atribuído à fração ideal; e

VI – entregar à massa falida o saldo que porventura remanescer.

§ 19. O incorporador deve assegurar à pessoa nomeada nos termos do art. 31-C, o acesso a todas as informações necessárias à verificação do montante das obrigações referidas no § 12, inciso I, do art. 31-F vinculadas ao respectivo patrimônio de afetação.

§ 20. Ficam excluídas da responsabilidade dos adquirentes as obrigações relativas, de maneira direta ou indireta, ao imposto de renda e à contribuição social sobre o lucro, devidas pela pessoa jurídica do incorporador, inclusive por equiparação, bem como as obrigações oriundas de outras atividades do incorporador não relacionadas diretamente com as incorporações objeto de afetação.

Lei 4.591/1964

Capítulo II
DAS OBRIGAÇÕES E DIREITOS DO INCORPORADOR

Art. 32. O incorporador somente poderá negociar sobre unidades autônomas após ter arquivado, no cartório competente de Registro de Imóveis, os seguintes documentos:

- V. art. 68.
- V. art. 167, I-17, Lei 6.015/1973 (Lei de Registros Públicos).

a) título de propriedade de terreno, ou de promessa, irrevogável e irretratável, de compra e venda ou de cessão de direitos ou de permuta, do qual conste cláusula de imissão na posse do imóvel, não haja estipulações impeditivas de sua alienação em frações ideais e inclua consentimento para demolição e construção, devidamente registrado;

b) certidões negativas de impostos federais, estaduais e municipais, de protesto de títulos, de ações cíveis e criminais e de ônus reais relativamente ao imóvel, aos alienantes do terreno e ao incorporador;

c) histórico dos títulos de propriedade do imóvel, abrangendo os últimos 20 (vinte) anos, acompanhado de certidão dos respectivos registros;

d) projeto de construção devidamente aprovado pelas autoridades competentes;

e) cálculo das áreas das edificações, discriminando, além da global, a das partes comuns, e indicando, para cada tipo de unidade, a respectiva metragem de área construída;

f) certidão negativa de débito para com a Previdência Social, quando o titular de direitos sobre o terreno for responsável pela arrecadação das respectivas contribuições;

g) memorial descritivo das especificações da obra projetada, segundo modelo a que se refere o inciso IV, do art. 53, desta Lei;

h) avaliação do custo global da obra, atualizada à data do arquivamento, calculada de acordo com a norma do inciso III, do art. 53, com base nos custos unitários referidos no art. 54, discriminando-se, também, o custo de construção de cada unidade, devidamente autenticada pelo profissional responsável pela obra;

- V. art. 14, parágrafo único, Lei 4.864/1965 (Estímulo à indústria de construção civil).

i) discriminação das frações ideais de terreno, com as unidades autônomas que a elas corresponderão;

- V. art. 35.

j) minuta da futura Convenção de Condomínio que regerá a edificação ou o conjunto de edificações;

l) declaração em que se defina a parcela do preço de que trata o inciso II, do art. 39;

m) certidão do instrumento público de mandato, referido no § 1º do art. 31;

n) declaração expressa em que se fixe, se houver, o prazo de carência (art. 34);

o) atestado de idoneidade financeira, fornecido por estabelecimento de crédito que opere no País há mais de 5 (cinco) anos;

p) declaração, acompanhada de plantas elucidativas, sobre o número de veículos que a garagem comporta e os locais destinados à guarda dos mesmos.

§ 1º A documentação referida neste artigo, após o exame do oficial de registro de imóveis, será arquivada em cartório, fazendo-se o competente registro.

§ 2º Os contratos de compra e venda, promessa de venda, cessão ou promessa de cessão de unidades autônomas são irretratáveis e, uma vez registrados, conferem direito real oponível a terceiros, atribuindo direito à adjudicação compulsória perante o incorporador ou a quem o suceder, inclusive na hipótese de insolvência posterior ao término da obra.

- § 2º com redação determinada pela Lei 10.931/2004.
- V. art. 167, I-18, II-6, Lei 6.015/1973 (Lei de Registros Públicos).

§ 3º O número do registro referido no § 1º, bem como a indicação do cartório competente, constará, obrigatoriamente, dos anúncios, impressos, publicações, propostas, contratos, preliminares ou definitivos, referentes à incorporação, salvo dos anúncios "classificados".

- V. art. 64.
- V. art. 20, Lei 6.530/1978 (Corretor de imóveis).

Lei 4.591/1964

LEGISLAÇÃO

§ 4º O Registro de Imóveis dará certidão ou fornecerá, a quem o solicitar, cópia fotostática, heliográfica, termofax, microfilmagem ou outra equivalente, dos documentos especificados neste artigo, ou autenticará cópia apresentada pela parte interessada.

§ 5º A existência de ônus fiscais ou reais, salvo os impeditivos de alienação, não impedem o registro, que será feito com as devidas ressalvas, mencionando-se, em todos os documentos, extraídos do Registro, a existência e a extensão dos ônus.

§ 6º Os oficiais de Registro de Imóveis terão 15 (quinze) dias para apresentar, por escrito, todas as exigências que julgarem necessárias ao arquivamento, e, satisfeitas as referidas exigências, terão o prazo de 15 (quinze) dias para fornecer certidão, relacionando a documentação apresentada, e devolver, autenticadas, as segundas vias da mencionada documentação, com exceção dos documentos públicos. Em casos de divergência, o oficial levantará a dúvida segundo as normas processuais aplicáveis.

* V. art. 198 e ss., Lei 6.015/1973 (Lei de Registros Públicos).

§ 7º O oficial do registro de imóveis responde, civil e criminalmente, se efetuar o arquivamento de documentação contraveniente à lei ou der certidão *(vetado)* sem o arquivamento de todos os documentos exigidos.

§ 8º O oficial do registro de imóveis que não observar os prazos previstos no § 6º ficará sujeito à penalidade imposta pela autoridade judiciária competente em montante igual ao dos emolumentos devidos pelo registro de que trata este artigo, aplicável por quinzena ou fração de quinzena de superação de cada um daqueles prazos.

* § 8º acrescentado pela Lei 4.864/1965.

§ 9º O oficial do registro de imóveis não responde pela exatidão dos documentos que lhe forem apresentados para arquivamento em obediência ao disposto nas alíneas *e*, *g*, *h*, *l* e *p* deste artigo, desde que assinados pelo profissional responsável pela obra.

* § 9º acrescentado pela Lei 4.864/1965.

§ 10. As plantas do projeto aprovado (alínea *d* deste artigo) poderão ser apresentadas em cópia autenticada pelo profissional responsável pela obra, acompanhada de cópia de licença de construção.

* § 10 acrescentado pela Lei 4.864/1965.

§ 11. Até 30 de junho de 1966, se, dentro de 15 (quinze) dias da entrega ao Cartório do Registro de Imóveis da documentação completa prevista neste artigo, feita por carta enviada pelo Ofício de Títulos e Documentos, não tiver o Cartório de Imóveis entregue a certidão de arquivamento e registro, nem formulado, por escrito, as exigências previstas no § 6º, considerar-se-á de pleno direito completado o registro provisório.

* § 11 acrecentado pela Lei 4.864/1965.

§ 12. O registro provisório previsto no parágrafo anterior autoriza o incorporador a negociar as unidades da incorporação, indicando na sua publicação o número do Registro de Títulos e Documentos referente à remessa dos documentos ao Cartório de Imóveis, sem prejuízo, todavia, da sua responsabilidade perante o adquirente da unidade e da obrigação de satisfazer as exigências posteriormente formuladas pelo Cartório, bem como de completar o registro definitivo.

* § 12 acrescentado pela Lei 4.864/1965.

§ 13. Na incorporação sobre imóvel objeto de imissão na posse registrada conforme item 36 do inciso I do art. 167 da Lei 6.015, de 31 de dezembro de 1973, fica dispensada a apresentação, relativamente ao ente público, dos documentos mencionados nas alíneas *a*, *b*, *c*, *f* e *o* deste artigo, devendo o incorporador celebrar contrato de cessão de posse com os adquirentes das unidades autônomas, aplicando-se a regra prevista nos §§ 4º, 5º e 6º do art. 26 da Lei 6.766, de 19 de dezembro de 1979.

* § 13 acrescentado pela Lei 12.424/2011.

Art. 33. O registro da incorporação será válido pelo prazo de 120 (cento e vinte) dias, findo o qual, se ela ainda não se houver concretizado, o incorporador só poderá negociar unidades depois de atualizar a documentação a que se refere o artigo anterior, revalidado o registro por igual prazo.

* O art. 12 da Lei 4.864/1965 elevou o prazo previsto neste artigo para 180 (cento e oitenta) dias.

Lei 4.591/1964

Legislação

Art. 34. O incorporador poderá fixar, para efetivação da incorporação, prazo de carência, dentro do qual lhe é lícito desistir do empreendimento.

• V. arts. 31, § 3º, 32, *n*, e 45.

§ 1º A fixação do prazo de carência será feita pela declaração a que se refere a alínea *n*, do art. 32, onde se fixem as condições que autorizarão o incorporador a desistir do empreendimento.

§ 2º Em caso algum poderá o prazo de carência ultrapassar o termo final do prazo da validade do registro ou, se for o caso, de sua revalidação.

§ 3º Os documentos preliminares de ajuste, se houver, mencionarão, obrigatoriamente, o prazo de carência, inclusive para efeitos do art. 45.

§ 4º A desistência da incorporação será denunciada, por escrito, ao Registro de Imóveis *(vetado)* e comunicada, por escrito, a cada um dos adquirentes ou candidatos à aquisição, sob pena de responsabilidade civil e criminal do incorporador.

§ 5º Será averbada no registro da incorporação a desistência de que trata o parágrafo anterior, arquivando-se em cartório o respectivo documento.

§ 6º O prazo de carência é improrrogável.

Art. 35. O incorporador terá o prazo máximo de 45 (quarenta e cinco) dias, a contar do termo final do prazo de carência, se houver, para promover a celebração do competente contrato relativo à fração ideal de terreno, e, bem assim, do contrato de construção e da Convenção do Condomínio, de acordo com discriminação constante da alínea *i* do art. 32.

• O art. 13 da Lei 4.864/1965 elevou o prazo previsto neste artigo para 60 (sessenta) dias.
• V. art. 66, III.

§ 1º No caso de não haver prazo de carência, o prazo acima se contará da data de qualquer documento de ajuste preliminar.

§ 2º Quando houver prazo de carência, a obrigação somente deixará de existir se o incorporador tiver denunciado, dentro do mesmo prazo e nas condições previamente estabelecidas, por escrito, ao Registro de Imóveis, a não concretização do empreendimento.

§ 3º Se, dentro do prazo de carência, o incorporador não denunciar a incorporação, embora não se tenham reunido as condições a que se refere o § 1º, o outorgante do mandato, de que trata o § 1º, do art. 31, poderá fazê-lo nos 5 (cinco) dias subsequentes ao prazo de carência, e nesse caso ficará solidariamente responsável com o incorporador pela devolução das quantias que os adquirentes ou candidatos à aquisição houverem entregue ao incorporador, resguardado o direito de regresso sobre eles, dispensando-se, então, do cumprimento da obrigação fixada no *caput* deste artigo.

§ 4º Descumprida pelo incorporador e pelo mandante de que trata o § 1º do art. 31, a obrigação da outorga dos contratos referidos no *caput* deste artigo nos prazos ora fixados, a carta-proposta ou o documento de ajuste preliminar poderão ser averbados no Registro de Imóveis, averbação que conferirá direito real oponível a terceiros, com o consequente direito à obtenção compulsória do contrato correspondente.

• V. art. 31, § 1º.

§ 5º Na hipótese do parágrafo anterior, o incorporador incorrerá também na multa de 50% (cinquenta por cento) sobre a quantia que efetivamente tiver recebido, cobrável por via executiva, em favor do adquirente ou candidato à aquisição.

• V. art. 784, IX, CPC/2015.

§ 6º Ressalvado o disposto no art. 43, do contrato de construção deverá constar expressamente a menção dos responsáveis pelo pagamento da construção de cada uma das unidades. O incorporador responde, em igualdade de condições, com os demais contratantes, pelo pagamento da construção das unidades que não tenham tido a responsabilidade pela sua construção assumida por terceiros e até que o tenham.

Art. 36. No caso de denúncia de incorporação, nos termos do art. 34, se o incorporador, até 30 (trinta) dias a contar da denúncia, não restituir aos adquirentes as importâncias pagas, estes poderão cobrá-la por via executiva, reajustado o seu valor a con-

Lei 4.591/1964

LEGISLAÇÃO

tar da data do recebimento, em função do índice geral de preços mensalmente publicado pelo Conselho Nacional de Economia, que reflita as variações no poder aquisitivo da moeda nacional, e acrescido de juros de 6% (seis por cento) ao ano, sobre o total corrigido.

Art. 37. Se o imóvel estiver gravado de ônus real ou fiscal ou se contra os alienantes houver qualquer ação que possa comprometê-lo, o fato será obrigatoriamente mencionado em todos os documentos de ajuste, com a indicação de sua natureza e das condições de liberação.

• V. art. 66, II.

Art. 38. Também constará, obrigatoriamente, dos documentos de ajuste, se for o caso, o fato de encontrar-se ocupado o imóvel, esclarecendo-se a que título se deve esta ocupação e quais as condições de desocupação.

• V. art. 66, II.

Art. 39. Nas incorporações em que a aquisição do terreno se der com pagamento total ou parcial em unidades a serem construídas, deverão ser discriminadas em todos os documentos de ajuste:

I – a parcela que, se houver, será paga em dinheiro;

II – a quota-parte da área das unidades a serem entregues em pagamento do terreno que corresponderá a cada uma das unidades, a qual deverá ser expressa em metros quadrados.

• V. art. 32, I.

Parágrafo único. Deverá constar, também, de todos os documentos de ajuste, se o alienante do terreno ficou ou não sujeito a qualquer prestação ou encargo.

Art. 40. No caso de rescisão de contrato de alienação do terreno ou de fração ideal, ficarão rescindidas as cessões ou promessas de cessão de direitos correspondentes à aquisição do terreno.

§ 1º Nesta hipótese, consolidar-se-á, no alienante em cujo favor se opera a resolução, o direito sobre a construção porventura existente.

§ 2º No caso do parágrafo anterior, cada um dos ex-titulares de direito à aquisição de unidades autônomas haverá do mencionado alienante o valor da parcela de construção que haja adicionado à unidade, salvo se a rescisão houver sido causada pelo ex-titular.

§ 3º Na hipótese dos parágrafos anteriores, sob pena de nulidade, não poderá o alienante em cujo favor se operou a resolução voltar a negociar seus direitos sobre a unidade autônoma, sem a prévia indenização aos titulares, de que trata o § 2º.

§ 4º No caso do parágrafo anterior, se os ex-titulares tiverem de recorrer à cobrança judicial do que lhes for devido, somente poderão garantir o seu pagamento a unidade e respectiva fração de terreno objeto do presente artigo.

Art. 41. Quando as unidades imobiliárias forem contratadas pelo incorporador por preço global compreendendo quota de terreno e construção, inclusive com parte do pagamento após a entrega da unidade, discriminar-se-ão, no contrato, o preço da quota de terreno e o da construção.

§ 1º Poder-se-á estipular que, na hipótese de o adquirente atrasar o pagamento de parcela relativa à construção, os efeitos da mora recairão não apenas sobre a aquisição da parte construída, mas, também, sobre a fração ideal de terreno, ainda que esta tenha sido totalmente paga.

§ 2º Poder-se-á também estipular que, na hipótese de o adquirente atrasar o pagamento da parcela relativa à fração ideal de terreno, os efeitos da mora recairão não apenas sobre a aquisição da fração ideal, mas, também, sobre a parte construída, ainda que totalmente paga.

Art. 42. No caso de rescisão do contrato relativo à fração ideal de terreno e partes comuns, a pessoa em cujo favor se tenha operado a resolução sub-rogar-se-á nos direitos e obrigações contratualmente atribuídos ao inadimplente, com relação à construção.

Art. 43. Quando o incorporador contratar a entrega da unidade a prazo e preços certos, determinados ou determináveis, mesmo quando pessoa física, ser-lhe-ão impostas as seguintes normas:

• V. arts. 35, § 6º, 50 e 52.

Lei 4.591/1964

Legislação

I – informar obrigatoriamente aos adquirentes, por escrito, no mínimo de seis em seis meses, o estado da obra;

II – responder civilmente pela execução da incorporação, devendo indenizar os adquirentes ou compromissários, dos prejuízos que a estes advierem do fato de não se concluir a edificação ou de se retardar injustificadamente a conclusão das obras, cabendo-lhe ação regressiva contra o construtor, se for o caso e se a este couber a culpa;

• V. art. 57.

III – em caso de falência do incorporador, pessoa física ou jurídica, e não ser possível à maioria prosseguir na construção das edificações, os subscritores ou candidatos à aquisição de unidades serão credores privilegiados pelas quantias que houverem pago ao incorporador, respondendo subsidiariamente os bens pessoais deste;

• V. art. 57.

• V. art. 83, IV, c, Lei 11.101/2005 (Lei de Recuperação de Empresas e Falência).

IV – é vedado ao incorporador alterar o projeto, especialmente no que se refere à unidade do adquirente e às partes comuns, modificar as especificações, ou desviar-se do plano da construção, salvo autorização unânime dos interessados ou exigência legal;

• V. art. 57.

V – não poderá modificar as condições de pagamento nem reajustar o preço das unidades, ainda no caso de elevação dos preços dos materiais e da mão de obra, salvo se tiver sido expressamente ajustada a faculdade de reajustamento, procedendo-se, então, nas condições estipuladas;

VI – se o incorporador, sem justa causa devidamente comprovada, paralisar as obras por mais de 30 (trinta) dias, ou retardar-lhes excessivamente o andamento, poderá o juiz notificá-lo para que no prazo mínimo de 30 (trinta) dias as reinicie ou torne a dar-lhes o andamento normal. Desatendida a notificação, poderá o incorporador ser destituído pela maioria absoluta dos votos dos adquirentes, sem prejuízo da responsabilidade civil ou penal que couber, sujeito à cobrança executiva das importâncias comprovadamente devidas, facultando-se aos interessados prosseguir na obra *(vetado)*.

• V. art. 57.

• V. art. 784, IX, CPC/2015.

VII – em caso de insolvência do incorporador que tiver optado pelo regime da afetação e não sendo possível à maioria prosseguir na construção, a assembleia geral poderá, pelo voto de 2/3 (dois terços) dos adquirentes, deliberar pela venda do terreno, das acessões e demais bens e direitos integrantes do patrimônio de afetação, mediante leilão ou outra forma que estabelecer, distribuindo entre si, na proporção dos recursos que comprovadamente tiverem aportado, o resultado líquido da venda, depois de pagas as dívidas do patrimônio de afetação e deduzido e entregue ao proprietário do terreno a quantia que lhe couber, nos termos do art. 40; não se obtendo, na venda, a reposição dos aportes efetivados pelos adquirentes, reajustada na forma da lei e de acordo com os critérios do contrato celebrado com o incorporador, os adquirentes serão credores privilegiados pelos valores da diferença não reembolsada, respondendo subsidiariamente os bens pessoais do incorporador.

• Inciso VII acrescentado pela Lei 10.931/2004.

Art. 44. Após a concessão do "habite-se" pela autoridade administrativa, o incorporador deverá requerer *(vetado)* a averbação da construção das edificações, para efeito de individualização e discriminação das unidades, respondendo perante os adquirentes pelas perdas e danos que resultem da demora no cumprimento dessa obrigação.

• V. arts. 402 a 404, CC.

• V. art. 167, II-4, Lei 6.015/1973 (Lei de Registros Públicos).

§ 1º Se o incorporador não requerer a averbação *(vetado)* o construtor requerê-la-á *(vetado)* sob pena de ficar solidariamente responsável com o incorporador perante os adquirentes.

• V. arts. 275 a 285, CC.

Lei 4.591/1964

LEGISLAÇÃO

§ 2º Na omissão do incorporador e do construtor, a averbação poderá ser requerida por qualquer dos adquirentes de unidade.

Art. 45. É lícito ao incorporador recolher o Imposto do Selo devido, mediante apresentação dos contratos preliminares, até 10 (dez) dias a contar do vencimento do prazo de carência a que se refere o art. 34, extinta a obrigação se, dentro deste prazo, for denunciada a incorporação.

Art. 46. Quando o pagamento do Imposto sobre Lucro Imobiliário e respectivos acréscimos e adicionais for de responsabilidade do vendedor do terreno, será lícito ao adquirente reter o pagamento das últimas prestações anteriores à data limite em que é lícito pagar, sem reajuste, o referido imposto e os adicionais, caso o vendedor não apresente a quitação até 10 (dez) dias antes do vencimento das prestações cujo pagamento torne inferior ao débito fiscal a parte do preço a ser ainda paga até a referida data limite.

Parágrafo único. No caso de retenção pelo adquirente, esse ficará responsável, para todos os efeitos, perante o Fisco, pelo recolhimento do tributo, adicionais e acréscimos, inclusive pelos reajustamentos que vier a sofrer o débito fiscal *(vetado)*.

Art. 47. Quando se fixar no contrato que a obrigação do pagamento do Imposto sobre Lucro Imobiliário, acréscimos e adicionais devidos pelo alienante é transferida ao adquirente, dever-se-á explicitar o montante que tal obrigação atingiria, se sua satisfação se desse na data da escritura.

§ 1º Neste caso, o adquirente será tido, para todos os efeitos, como responsável perante o Fisco.

§ 2º Havendo parcela restituível, a restituição será feita ao adquirente e, se for o caso, em nome deste serão emitidas as Obrigações do Tesouro Nacional a que se refere o art. 4º da Lei 4.357, de 16 de julho de 1964.

§ 3º Para efeitos fiscais, não importará em aumento do preço de aquisição a circunstância de obrigar-se o adquirente ao pagamento do Imposto sobre Lucro Imobiliário, seus acréscimos e adicionais.

Capítulo III
DA CONSTRUÇÃO DE EDIFICAÇÕES EM CONDOMÍNIO

Seção I
Da construção em geral

Art. 48. A construção de imóveis, objeto de incorporação nos moldes previstos nesta Lei, poderá ser contratada sob o regime da empreitada ou da administração, conforme adiante definidos, e poderá estar incluída no contrato com o incorporador *(vetado)*, ou ser contratada diretamente entre os adquirentes e o construtor.

§ 1º O projeto e o memorial descritivo das edificações farão parte integrante e complementar do contrato.

§ 2º Do contrato deverá constar o prazo da entrega das obras e as condições e formas de sua eventual prorrogação.

• V. art. 53, V.

Art. 49. Os contratantes da construção, inclusive no caso do art. 43, para tratar de seus interesses, com relação a ela, poderão reunir-se em assembleia, cujas deliberações, desde que aprovadas por maioria simples dos votos presentes, serão válidas e obrigatórias para todos eles, salvo no que afetar ao direito de propriedade previsto na legislação.

§ 1º As Assembleias serão convocadas, pelo menos, por 1/3 (um terço) dos votos dos contratantes, pelo incorporador ou pelo construtor, com menção expressa do assunto a tratar, sendo admitido comparecimento de procurador bastante.

§ 2º A convocação da Assembleia será feita por carta registrada ou protocolo, com antecedência mínima de 5 (cinco) dias para a primeira convocação, e mais 3 (três) dias para a segunda, podendo ambas as convocações ser feitas no mesmo aviso.

§ 3º A Assembleia instalar-se-á, no mínimo, com metade dos contratantes, em primeira convocação, e com qualquer número, em segunda, sendo, porém, obrigatória a presença, em qualquer caso, do incorporador ou do construtor, quando convocantes, e,

Lei 4.591/1964

pelo menos, com metade dos contratantes que a tenham convocado, se for o caso.

§ 4º Na assembleia os votos dos contratantes serão proporcionais às respectivas frações ideais de terreno.

Art. 50. Será designada no contrato de construção ou eleita em assembleia geral uma Comissão de Representantes composta de três membros, pelo menos, escolhidos entre os adquirentes, para representá-los perante o construtor ou, no caso do art. 43, ao incorporador, em tudo o que interessar ao bom andamento da incorporação, e, em especial, perante terceiros, para praticar os atos resultantes da aplicação dos arts. 31-A a 31-F.

- *Caput* com redação determinada pela Lei 10.931/2004.

§ 1º Uma vez eleita a Comissão, cuja constituição se comprovará com a ata da Assembleia, devidamente inscrita no Registro de Títulos e Documentos, esta ficará de pleno direito investida dos poderes necessários para exercer todas as atribuições e praticar todos os atos que esta Lei e o contrato de construção lhe deferirem, sem necessidade de instrumento especial outorgado pelos contratantes ou, se for o caso, pelos que se sub-rogarem nos direitos e obrigações destes.

§ 2º A assembleia geral poderá, pela maioria absoluta dos votos dos adquirentes, alterar a composição da Comissão de Representantes e revogar qualquer de suas decisões, ressalvados os direitos de terceiros quanto aos efeitos já produzidos.

- § 2º com redação determinada pela Lei 10.931/2004.

§ 3º Respeitados os limites constantes desta Lei, o contrato poderá discriminar as atribuições da Comissão e deverá dispor sobre os mandatos de seus membros, sua destituição e a forma de preenchimento das vagas eventuais, sendo lícita a estipulação de que o mandato conferido a qualquer membro, no caso de sub-rogação de seu contrato a terceiros, se tenha por transferido, de pleno direito, ao sub-rogatário, salvo se este não o aceitar.

§ 4º Nas incorporações em que o número de contratantes de unidades for igual ou inferior a três, a totalidade deles exercerá, em conjunto, as atribuições que esta Lei confere à Comissão, aplicando-se, no que couber, o disposto nos parágrafos anteriores.

Art. 51. Nos contratos de construção, seja qual for seu regime, deverá constar expressamente a quem caberão as despesas com ligações de serviços públicos, devidas ao Poder Público, bem como as despesas indispensáveis à instalação, funcionamento e regulamentação do condomínio.

Parágrafo único. Quando o serviço público for explorado mediante concessão, os contratos de construção deverão também especificar a quem caberão as despesas com as ligações que incumbam às concessionárias, no caso de não estarem elas obrigadas a fazê-las, ou, em o estando, se a isto se recusarem ou alegarem impossibilidade.

Art. 52. Cada contratante da construção só será imitido na posse de sua unidade se estiver em dia com as obrigações assumidas, inclusive as relativas à construção, exercendo o construtor e o condomínio, até então, o direito de retenção sobre a respectiva unidade; no caso do art. 43, este direito será exercido pelo incorporador.

Art. 53. O Poder Executivo, através do Banco Nacional da Habitação, promoverá a celebração de contratos com a Associação Brasileira de Normas Técnicas (ABNT), no sentido de que esta, tendo em vista o disposto na Lei 4.150, de 21 de novembro de 1962, prepare, no prazo máximo de 120 (cento e vinte) dias, normas que estabeleçam, para cada tipo de prédio que padronizar:

I – critérios e normas para cálculo de custos unitários de construção, para uso dos sindicatos, na forma do art. 54;

II – critérios e normas para execução de orçamentos de custos de construção, para fins do disposto no art. 59;

III – critérios e normas para a avaliação de custo global de obra, para fins da alínea *h*, do art. 32;

- V. art. 55, § 5º.

Lei 4.591/1964

LEGISLAÇÃO

IV – modelo de memorial descritivo dos acabamentos de edificação, para fins do disposto no art. 32;

V – critério para entrosamento entre o cronograma das obras e o pagamento das prestações, que poderá ser introduzido nos contratos de incorporação inclusive para o efeito de aplicação do disposto no § 2º do art. 48.

§ 1º O número de tipos padronizados deverá ser reduzido e na fixação se atenderá primordialmente:

a) o número de pavimentos e a existência de pavimentos especiais (subsolo, *pilotis* etc.);

b) o padrão da construção (baixo, normal, alto), tendo em conta as condições de acabamento, a qualidade dos materiais empregados, os equipamentos, o número de elevadores e as inovações de conforto;

c) as áreas de construção.

§ 2º Para custear o serviço a ser feito pela ABNT, definido neste artigo, fica autorizado o Poder Executivo a abrir um crédito especial no valor de Cr$ 10.000.000,00 (dez milhões de cruzeiros), em favor do Banco Nacional da Habitação, vinculado a este fim, podendo o Banco adiantar a importância à ABNT, se necessário.

§ 3º No contrato a ser celebrado com a ABNT, estipular-se-á a atualização periódica das normas previstas neste artigo, mediante remuneração razoável.

Art. 54. Os sindicatos estaduais da indústria da construção civil ficam obrigados a divulgar mensalmente, até o dia 5 de cada mês, os custos unitários de construção a serem adotados nas respectivas regiões jurisdicionais, calculados com observância dos critérios e normas a que se refere o inciso I do artigo anterior.

- V. arts. 32, *h*, 53, I, e 55, § 5º.
- V. art. 14, Lei 4.864/1965 (Estímulo à indústria de construção civil).

§ 1º O sindicato estadual que deixar de cumprir a obrigação prevista neste artigo deixará de receber dos cofres públicos, enquanto perdurar a omissão, qualquer subvenção ou auxílio que pleiteie ou a que tenha direito.

§ 2º Na ocorrência de omissão de sindicato estadual, o construtor usará os índices fixados por outro sindicato estadual, em cuja região os custos de construção mais lhe pareçam aproximados dos da sua.

§ 3º Os orçamentos ou estimativas baseados nos custos unitários a que se refere este artigo só poderão ser considerados atualizados, em certo mês, para os efeitos desta Lei, se baseados em custos unitários relativos ao próprio mês ou a um dos dois meses anteriores.

Seção II
Da construção por empreitada

Art. 55. Nas incorporações em que a construção seja feita pelo regime de empreitada, esta poderá ser a preço fixo ou a preço reajustável por índices previamente determinados.

§ 1º Na empreitada a preço fixo, o preço da construção será irreajustável, independentemente das variações que sofrer o custo efetivo das obras e quaisquer que sejam suas causas.

§ 2º Na empreitada a preço reajustável, o preço fixado no contrato será reajustado na forma e nas épocas nele expressamente previstas, em função da variação dos índices adotados, também previstos obrigatoriamente no contrato.

§ 3º Nos contratos de construção por empreitada, a Comissão de Representantes fiscalizará o andamento da obra e a obediência ao projeto e às especificações, exercendo as demais obrigações inerentes à sua função representativa dos contratantes e fiscalizadora da construção.

§ 4º Nos contratos de construção fixados sob regime de empreitada, reajustável, a Comissão de Representantes fiscalizará, também, o cálculo do reajustamento.

§ 5º No contrato deverá ser mencionado o montante do orçamento atualizado da obra, calculado de acordo com as normas do inciso III do art. 53, com base nos custos unitários referidos no art. 54, quando o preço estipulado for inferior ao mesmo.

- V. art. 66, V.

Lei 4.591/1964

LEGISLAÇÃO

§ 6º Na forma de expressa referência, os contratos de empreitada entendem-se como sendo a preço fixo.

Art. 56. Em toda a publicidade ou propaganda escrita, destinada a promover a venda de incorporação com construção pelo regime de empreitada reajustável, em que conste preço, serão discriminados explicitamente o preço da fração ideal do terreno e o preço da construção, com indicação expressa da reajustabilidade.

• V. art. 64.

§ 1º As mesmas indicações deverão constar em todos os papéis utilizados para a realização da incorporação, tais como cartas, propostas, escrituras, contratos e documentos semelhantes.

§ 2º Esta exigência será dispensada nos anúncios "classificados" dos jornais.

Art. 57. Ao construtor que contratar, por empreitada a preço fixo, uma obra de incorporação, aplicar-se-á, no que couber, o disposto nos itens II, III, IV *(vetado)* e VI do art. 43.

Seção III
Da construção por administração

Art. 58. Nas incorporações em que a construção for contratada pelo regime de administração, também chamado "a preço de custo", será de responsabilidade dos proprietários ou adquirentes o pagamento do custo integral de obra, observadas as seguintes disposições:

I – todas as faturas, duplicatas, recibos e quaisquer documentos referentes às transações ou aquisições para construção serão emitidos em nome do condomínio dos contratantes da construção;

II – todas as contribuições dos condôminos para qualquer fim relacionado com a construção serão depositadas em contas abertas em nome do condomínio dos contratantes em estabelecimentos bancários, as quais serão movimentadas pela forma que for fixada no contrato.

Art. 59. No regime de construção por administração será obrigatório constar do respectivo contrato o montante do orçamento do custo da obra, elaborado com estrita observância dos critérios e normas referidos no inciso II do art. 53, e a data em que se iniciará efetivamente a obra.

• V. art. 62.

§ 1º Nos contratos lavrados até o término das fundações, este montante não poderá ser inferior ao da estimativa atualizada, a que se refere o § 3º do art. 54.

§ 2º Nos contratos celebrados após o término das fundações, este montante não poderá ser inferior à última revisão efetivada na forma do artigo seguinte.

§ 3º Às transferências e sub-rogações do contrato, em qualquer fase da obra, aplicar-se-á o disposto neste artigo.

Art. 60. As revisões da estimativa de custo da obra serão efetuadas, pelo menos semestralmente, em comum entre a Comissão de Representantes e o construtor. O contrato poderá estipular que, em função das necessidades da obra, sejam alteráveis os esquemas de contribuições quanto ao total, ao número, ao valor e à distribuição no tempo das prestações.

• V. art. 62.

Parágrafo único. Em caso de majoração de prestações, o novo esquema deverá ser comunicado aos contratantes, com antecedência mínima de 45 (quarenta e cinco) dias da data em que deverão ser efetuados os depósitos das primeiras prestações alteradas.

Art. 61. A Comissão de Representantes terá poderes para, em nome de todos os contratantes e na forma prevista no contrato:

a) examinar os balancetes organizados pelos construtores, dos recebimentos e despesas do condomínio dos contratantes, aprová-los ou impugná-los, examinando a documentação respectiva;

b) fiscalizar concorrências relativas às compras dos materiais necessários à obra ou aos serviços a ela pertinentes;

c) contratar, em nome do condomínio, com qualquer condômino, modificações por ele solicitadas em sua respectiva unidade, a serem administradas pelo construtor, desde que não prejudiquem unidade de outro

Lei 4.591/1964

condômino e não estejam em desacordo com o parecer técnico do construtor;
d) fiscalizar a arrecadação das contribuições destinadas à construção;
e) exercer as demais obrigações inerentes a sua função representativa dos contratantes e fiscalizadora da construção, e praticar todos os atos necessários ao funcionamento regular do condomínio.

Art. 62. Em toda publicidade ou propaganda escrita destinada a promover a venda de incorporação com construção, pelo regime de administração em que conste preço, serão discriminados explicitamente o preço da fração ideal de terreno e o montante do orçamento atualizado do custo da construção, na forma dos arts. 59 e 60, com a indicação do mês a que se refere o dito orçamento e do tipo padronizado a que se vincule o mesmo.

• V. art. 64.

§ 1º As mesmas indicações deverão constar em todos os papéis utilizados para a realização da incorporação, tais como cartas, propostas, escrituras, contratos e documentos semelhantes.

§ 2º Esta exigência será dispensada nos anúncios "classificados" dos jornais.

Capítulo IV
DAS INFRAÇÕES

Art. 63. É lícito estipular no contrato, sem prejuízo de outras sanções, que a falta de pagamento, por parte do adquirente ou contratante, de três prestações do preço da construção, quer estabelecidas inicialmente, quer alteradas ou criadas posteriormente, quando for o caso, depois de prévia notificação com o prazo de 10 (dez) dias para purgação da mora, implique na rescisão do contrato, conforme nele se fixar, ou que, na falta de pagamento pelo débito respondem os direitos à respectiva fração ideal de terreno e à parte construída adicionada, na forma abaixo estabelecida, se outra forma não fixar o contrato.

• V. art. 1º, § 1º, Lei 4.864/1965 (Estímulo à indústria da construção civil).

§ 1º Se o débito não for liquidado no prazo de 10 (dez) dias, após solicitação da Comissão de Representantes, esta ficará, desde logo, de pleno direito, autorizada a efetuar, no prazo que fixar, em público leilão anunciado pela forma que o contrato previr, a venda, promessa de venda ou de cessão, ou a cessão da quota de terreno e correspondente parte construída e direitos, bem como a sub-rogação do contrato de construção.

• V. art. 1º, VII, Lei 4.864/1965 (Estímulo à indústria da construção civil).

§ 2º Se o maior lanço obtido for inferior ao desembolso efetuado pelo inadimplente, para a quota do terreno e a construção, despesas acarretadas e as percentagens expressas no parágrafo seguinte, será realizada nova praça no prazo estipulado no contrato. Nesta segunda praça, será aceito o maior lanço apurado, ainda que inferior àquele total *(vetado)*.

§ 3º No prazo de 24 (vinte e quatro) horas após a realização do leilão final, o condomínio, por decisão unânime de Assembleia Geral, em condições de igualdade com terceiros, terá preferência na aquisição dos bens, caso em que serão adjudicados ao condomínio.

§ 4º Do preço que for apurado no leilão, serão deduzidas as quantias em débito, todas as despesas ocorridas, inclusive honorários de advogado e anúncios, e mais 5% (cinco por cento) a título de comissão e 10% (dez por cento) de multa compensatória, que reverterão em benefício do condomínio de todos os contratantes, com exceção do faltoso, ao qual será entregue o saldo, se houver.

§ 5º Para os fins das medidas estipuladas neste artigo, a Comissão de Representantes ficará investida de mandato irrevogável, isento do Imposto do Selo, na vigência do contrato geral de construção da obra, com poderes necessários para, em nome do condômino inadimplente, efetuar as citadas transações, podendo para este fim fixar preços, ajustar condições, sub-rogar o arrematante nos direitos e obrigações decorrentes do contrato de construção e da quota de terreno e construção; outorgar as competentes escrituras e contratos, receber preços, dar quitações; imitir o arrematante na posse do imóvel; transmitir domínio, direito e ação; responder pela evicção; receber cita-

Lei 4.591/1964

ção, propor e variar de ações; e também dos poderes *ad juditia*, a serem substabelecidos a advogado legalmente habilitado.

§ 6º A morte, falência ou concordata do condômino ou sua dissolução, se se tratar de sociedade, não revogará o mandato de que trata o parágrafo anterior, o qual poderá ser exercido pela Comissão de Representantes até a conclusão dos pagamentos devidos, ainda que a unidade pertença a menor de idade.

§ 7º Os eventuais débitos, fiscais ou para com a Previdência Social, não impedirão a alienação por leilão público. Neste caso, ao condômino somente será entregue o saldo, se houver, desde que prove estar quite com o Fisco e a Previdência Social, devendo a Comissão de Representantes, em caso contrário, consignar judicialmente a importância equivalente aos débitos existentes, dando ciência do fato à entidade credora.

• V. arts. 539 a 549, CPC/2015.

§ 8º Independentemente das disposições deste artigo e seus parágrafos, e como penalidades preliminares, poderá o contrato de construção estabelecer a incidência de multas e juros de mora em caso de atraso no depósito de contribuições, sem prejuízo do disposto no parágrafo seguinte.

• V. art. 1º, VII, Lei 4.864/1965 (Estímulo à indústria da construção civil).

§ 9º O contrato poderá dispor que o valor das prestações pagas com atraso seja corrigível em função da variação do índice geral de preços mensalmente publicado pelo Conselho Nacional de Economia, que reflita as oscilações do poder aquisitivo da moeda nacional.

§ 10. O membro da Comissão de Representantes que incorrer na falta prevista neste artigo estará sujeito à perda automática do mandato e deverá ser substituído segundo dispuser o contrato.

Art. 64. Os órgãos de informação e publicidade que divulgarem publicidade sem os requisitos exigidos pelo § 3º do art. 32 e pelos arts. 56 e 62, desta Lei, sujeitar-se-ão à multa em importância correspondente ao dobro do preço pago pelo anunciante, a qual reverterá em favor da respectiva Municipalidade.

Art. 65. É crime contra a economia popular promover incorporação, fazendo, em proposta, contratos, prospectos ou comunicação ao público ou aos interessados, afirmação falsa sobre a constituição do condomínio, alienação das frações ideais do terreno ou sobre a construção das edificações.
Pena – reclusão de 1 (um) a 4 (quatro) anos e multa de cinco a cinquenta vezes o maior salário mínimo legal vigente no País.

• V. arts. 1º a 11 e 28 a 31.

§ 1º Incorrem na mesma pena:
I – o incorporador, o corretor e o construtor, individuais, bem como os diretores ou gerentes de empresa coletiva, incorporadora, corretora ou construtora que, em proposta, contrato, publicidade, prospecto, relatório, parecer, balanço ou comunicação ao público ou aos condôminos, candidatos ou subscritores de unidades, fizerem afirmação falsa sobre a constituição do condomínio, alienação das frações ideais ou sobre a construção das edificações;
II – o incorporador, o corretor e o construtor individuais, bem como os diretores ou gerentes de empresa coletiva, incorporadora, corretora ou construtora que usar, ainda que a título de empréstimo, em proveito próprio ou de terceiro, bens ou haveres destinados a incorporação contratada por administração, sem prévia autorização dos interessados.

§ 2º O julgamento destes crimes será de competência de juízo singular, aplicando-se os arts. 5º, 6º e 7º da Lei 1.521, de 26 de dezembro de 1951.

§ 3º Em qualquer fase do procedimento criminal objeto deste artigo, a prisão do indiciado dependerá sempre de mandado do juízo referido no § 2º.

• § 3º com redação determinada pela Lei 4.864/1965.

Art. 66. São contravenções relativas à economia popular, puníveis na forma do art. 10 da Lei 1.521, de 26 de dezembro de 1951:
I – negociar o incorporador frações ideais de terreno, sem previamente satisfazer às exigências constantes desta Lei;

Lei 4.595/1964

LEGISLAÇÃO

• V. arts. 32 a 34.

II – omitir o incorporador, em qualquer documento de ajuste, as indicações a que se referem os arts. 37 e 38, desta Lei;

III – deixar o incorporador, sem justa causa, no prazo do art. 35 e ressalvada a hipótese de seus §§ 2º e 3º, de promover a celebração do contrato relativo à fração ideal de terreno, do contrato de construção ou da Convenção do Condomínio;

• V. arts. 9º a 11.

IV – *(Vetado.)*

V – omitir o incorporador, no contrato, a indicação a que se refere o § 5º do art. 55 desta Lei;

VI – paralisar o incorporador a obra, por mais de 30 (trinta) dias, ou retardar-lhe excessivamente o andamento sem justa causa.

Pena – multa de cinco a vinte vezes o maior salário mínimo legal vigente no País.

Parágrafo único. No caso de contratos relativos a incorporações, de que não participe o incorporador, responderão solidariamente pelas faltas capituladas neste artigo o construtor, o corretor, o proprietário ou titular de direitos aquisitivos do terreno, desde que figurem no contrato, com direito regressivo sobre o incorporador, se as faltas cometidas lhe forem imputáveis.

Capítulo V
DAS DISPOSIÇÕES FINAIS E TRANSITÓRIAS

Art. 67. Os contratos poderão consignar exclusivamente as cláusulas, termos ou condições variáveis ou específicas.

§ 1º As cláusulas comuns a todos os adquirentes não precisarão figurar expressamente nos respectivos contratos.

§ 2º Os contratos, no entanto, consignarão obrigatoriamente que as partes contratantes adotem e se comprometam a cumprir as cláusulas, termos e condições contratuais a que se refere o parágrafo anterior, sempre transcritas, verbo *ad verbum*, no respectivo cartório ou ofício, mencionando, inclusive, o número do Livro e das folhas do competente registro.

§ 3º Aos adquirentes, ao receberem os respectivos instrumentos, será obrigatoriamente entregue cópia, impressa ou mimeografada, autenticada, do contrato padrão contendo as cláusulas, termos e condições referidas no § 1º deste artigo.

§ 4º Os Cartórios de Registro de Imóveis, para os devidos efeitos, receberão dos incorporadores, autenticadamente, o instrumento a que se refere o parágrafo anterior.

Art. 68. Os proprietários ou titulares de direito aquisitivo sobre as terras rurais ou os terrenos onde pretendam construir ou mandar construir habitações isoladas para aliená-las antes de concluídas, mediante pagamento do preço a prazo, deverão, previamente, satisfazer às exigências constantes no art. 32, ficando sujeitos ao regime instituído nesta Lei para os incorporadores, no que lhes for aplicável.

Art. 69. O Poder Executivo baixará, no prazo de 90 (noventa) dias, regulamento sobre o registro no Registro de Imóveis *(vetado).*

Art. 70. A presente Lei entrará em vigor na data de sua publicação, revogados o Dec. 5.481, de 25 de junho de 1928 e quaisquer disposições em contrário.

Brasília, 16 de dezembro de 1964; 143º da Independência e 76º da República.

H. Castello Branco

(DOU 21.12.1964)

LEI 4.595, DE 31 DE DEZEMBRO DE 1964

Dispõe sobre a política e as instituições monetárias, bancárias e creditícias, cria o Conselho Monetário Nacional e dá outras providências.

O Presidente da República:

Faço saber que o Congresso Nacional decreta e eu sanciono a seguinte Lei:

Capítulo I
DO SISTEMA FINANCEIRO NACIONAL

• V. Súmulas 379 e 382, STJ.

Lei 4.595/1964

LEGISLAÇÃO

Art. 1° O Sistema Financeiro Nacional, estruturado e regulado pela presente Lei, será constituído:
I – do Conselho Monetário Nacional;
II – do Banco Central do Brasil;
III – do Banco do Brasil S.A.;
IV – do Banco Nacional do Desenvolvimento Econômico;

- O Banco Nacional do Desenvolvimento Econômico teve sua denominação alterada para Banco Nacional do Desenvolvimento Econômico e Social (BNDES).

V – das demais instituições financeiras públicas e privadas.

Capítulo II
DO CONSELHO MONETÁRIO NACIONAL

Art. 2° Fica extinto o Conselho da atual Superintendência da Moeda e do Crédito, e criado, em substituição, o Conselho Monetário Nacional, com a finalidade de formular a política da moeda e do crédito, como previsto nesta Lei, objetivando o progresso econômico e social do País.

Art. 3° A política do Conselho Monetário Nacional objetivará:
I – adaptar o volume dos meios de pagamentos às reais necessidades da economia nacional e seu processo de desenvolvimento;
II – regular o valor interno da moeda, para tanto prevenindo ou corrigindo os surtos inflacionários ou deflacionários de origem interna ou externa, as depressões econômicas e outros desequilíbrios oriundos de fenômenos conjunturais;
III – regular o valor externo da moeda e o equilíbrio no balanço de pagamento do País, tendo em vista a melhor utilização dos recursos em moeda estrangeira;
IV – orientar a aplicação dos recursos das instituições financeiras, quer públicas, quer privadas, tendo em vista propiciar, nas diferentes regiões do País, condições favoráveis ao desenvolvimento harmônico da economia nacional;
V – propiciar o aperfeiçoamento das instituições e dos instrumentos financeiros, com vistas à maior eficiência do sistema de pagamentos e de mobilização de recursos;
VI – zelar pela liquidez e solvência das instituições financeiras;
VII – coordenar as políticas monetária, creditícia, orçamentária, fiscal e da dívida pública, interna e externa.

Art. 4° Compete ao Conselho Monetário Nacional, segundo diretrizes estabelecidas pelo Presidente da República:

- *Caput* com redação determinada pela Lei 6.045/1974.
- V. arts. 15 e 22, § 3°.
- V. art. 22, VI, CF.
- V. arts. 9° e 10, Lei 9.069/1995 (Plano Real).

I – Autorizar as emissões de papel-moeda *(vetado)* as quais ficarão na prévia dependência de autorização legislativa, quando se destinarem ao financiamento direto, pelo Banco Central do Brasil, das operações de crédito com o Tesouro Nacional, nos termos do art. 49 desta Lei:

O Conselho Monetário Nacional pode, ainda, autorizar o Banco Central do Brasil a emitir, anualmente, até o limite de 10% (dez por cento) dos meios de pagamento existentes a 31 de dezembro do ano anterior, para atender às exigências das atividades produtivas e da circulação da riqueza do País, devendo, porém, solicitar autorização do Poder Legislativo, mediante mensagem do Presidente da República, para as emissões que, justificadamente, se tornarem necessárias além daquele limite.

Quando necessidades urgentes e imprevistas para o financiamento dessas atividades o determinarem, pode o Conselho Monetário Nacional autorizar as emissões que se fizerem indispensáveis, solicitando imediatamente, através de mensagem do Presidente da República, homologação do Poder Legislativo para as emissões assim realizadas.

- V. art. 4°, § 5°.

II – Estabelecer condições para que o Banco Central do Brasil emita papel-moeda *(vetado)* de curso forçado, nos termos e limites decorrentes desta Lei, bem como as normas reguladoras do meio circulante.
III – Aprovar os orçamentos monetários, preparados pelo Banco Central do Brasil, por meio dos quais se estimarão as necessidades globais de moeda e crédito.

Lei 4.595/1964

IV – Determinar as características gerais *(vetado)* das cédulas e das moedas.

V – Fixar as diretrizes e normas da política cambial, inclusive quanto à compra e venda de ouro e quaisquer operações em Direitos Especiais de Saque e em moeda estrangeira.

• Inciso V com redação determinada pelo Dec.-lei 581/1969.

VI – Disciplinar o crédito em todas as suas modalidades e as operações creditícias em todas as suas formas, inclusive aceites, avais e prestações de quaisquer garantias por parte das instituições financeiras.

VII – Coordenar a política de que trata o art. 3º desta Lei com a de investimentos do Governo Federal.

VIII – Regular a constituição, funcionamento e fiscalização dos que exercerem atividades subordinadas a esta Lei, bem como a aplicação das penalidades previstas.

• V. Súmula 19, STJ.

IX – Limitar, sempre que necessário, as taxas de juros, descontos, comissões e qualquer outra forma de remuneração de operações e serviços bancários ou financeiros, inclusive os prestados pelo Banco Central do Brasil, assegurando taxas favorecidas aos financiamentos que se destinem a promover:

• V. Súmula 294, STJ.

– recuperação e fertilização do solo;
– reflorestamento;
– combate a epizootias e pragas, nas atividades rurais;
– eletrificação rural;
– mecanização;
– irrigação;
– investimentos indispensáveis às atividades agropecuárias.

X – Determinar a percentagem máxima dos recursos que as instituições financeiras poderão emprestar a um mesmo cliente ou grupo de empresas.

XI – Estipular índices e outras condições técnicas sobre encaixes, mobilizações e outras relações patrimoniais, a serem observadas pelas instituições financeiras.

XII – Expedir normas gerais de contabilidade e estatísticas a serem observadas pelas instituições financeiras.

• V. art. 44, § 1º.

XIII – Delimitar, com periodicidade não inferior a 2 (dois) anos, o capital mínimo das instituições financeiras privadas, levando em conta sua natureza, bem como a localização de suas sedes e agências ou filiais.

XIV – Determinar recolhimento de até 60% (sessenta por cento) do total dos depósitos e/ou outros títulos contábeis das instituições financeiras, seja na forma de subscrição de letras ou obrigações do Tesouro Nacional ou compra de títulos da Dívida Pública Federal, seja através de recolhimento em espécie, em ambos os casos entregues ao Banco Central do Brasil, na forma e condições que o Conselho Monetário Nacional determinar, podendo este:

• Inciso XIV com redação determinada pelo Dec.-lei 1.959/1982.
• V. arts. 10, V, e 24, parágrafo único.

a) adotar percentagens diferentes em função: – das regiões geoeconômicas; – das prioridades que atribuir às aplicações; – da natureza das instituições financeiras;

b) determinar percentuais que não serão recolhidos, desde que tenham sido e reaplicados em financiamentos à agricultura, sob juros favorecidos e outras condições fixadas pelo Conselho Monetário Nacional.

XV – Estabelecer para as instituições financeiras públicas a dedução dos depósitos de pessoas jurídicas de direito público que lhes detenham o controle acionário, bem como dos das respectivas autarquias e sociedades de economia mista, no cálculo a que se refere o inciso anterior.

XVI – Enviar obrigatoriamente ao Congresso Nacional, até o último dia do mês subsequente, relatório e mapa demonstrativos da aplicação dos recolhimentos compulsórios *(vetado)*.

XVII – Regulamentar, fixando limites, prazos e outras condições, as operações de redescontos e de empréstimo, efetuadas com quaisquer instituições financeiras públicas e privadas de natureza bancária.

XVIII – Outorgar ao Banco Central do Brasil o monopólio das operações de câmbio quando ocorrer grave desequilíbrio no balanço de pagamentos ou houver sérias ra-

Lei 4.595/1964

LEGISLAÇÃO

zões para prever a iminência de tal situação.

XIX – Estabelecer normas a serem observadas pelo Banco Central do Brasil em suas transações com títulos públicos e de entidades de que participe o Estado.

XX – Autorizar o Banco Central do Brasil e as instituições financeiras públicas federais a efetuar a subscrição, compra e venda de ações e outros papéis emitidos ou de responsabilidade das sociedades de economia mista e empresas do Estado.

XXI – Disciplinar as atividades das bolsas de valores e dos corretores de fundos públicos.

• V. art. 1º, III, Lei 6.385/1976 (Mercado de valores mobiliários).

XXII – Estatuir normas para as operações das instituições financeiras públicas, para preservar sua solidez e adequar seu funcionamento aos objetivos desta Lei.

XXIII – Fixar, até quinze vezes a soma do capital realizado e reservas livres, o limite além do qual os excedentes dos depósitos das instituições financeiras serão recolhidos ao Banco Central do Brasil ou aplicados de acordo com as normas que o Conselho estabelecer.

XXIV – Decidir de sua própria organização, elaborando seu regimento interno no prazo máximo de 30 (trinta) dias.

XXV – Decidir da estrutura técnica e administrativa do Banco Central do Brasil e fixar seu quadro de pessoal, bem como estabelecer os vencimentos e vantagens de seus funcionários, servidores e diretores, cabendo ao presidente deste apresentar as respectivas propostas.

XXVI – Conhecer dos recursos de decisões do Banco Central do Brasil.

• V. art. 1º, I e III, Dec. 91.152/1985 (Conselho de Recursos do Sistema Financeiro Nacional).

XXVII – Aprovar o regimento interno e as contas do Banco Central do Brasil e decidir sobre seu orçamento e sobre seus sistemas de contabilidade, bem como sobre a forma e prazo de transferência de seus resultados para o Tesouro Nacional, sem prejuízo da competência do Tribunal de Contas da União.

• Inciso XXVII com redação determinada pelo Dec.-lei 2.376/1987.

XXVIII – Aplicar aos bancos estrangeiros que funcionem no País as mesmas vedações ou restrições equivalentes, que vigorem, nas praças de suas matrizes, em relação a bancos brasileiros ali instalados ou que nelas desejem estabelecer-se.

XXIX – Colaborar com o Senado Federal, na instrução dos processos de empréstimos externos dos Estados, do Distrito Federal e dos Municípios, para cumprimento do disposto no art. 63, II, da Constituição Federal.

• Refere-se à CF/1946.

XXX – Expedir normas e regulamentação para as designações e demais efeitos do art. 7º desta Lei.

XXXI – Baixar normas que regulem as operações de câmbio, inclusive *swaps*, fixando limites, taxas, prazos e outras condições.

XXXII – Regular os depósitos a prazo de instituições financeiras e demais sociedades autorizadas a funcionar pelo Banco Central do Brasil, inclusive entre aquelas sujeitas ao mesmo controle acionário ou coligadas.

• Inciso XXXII com redação determinada pelo Dec.-lei 2.290/1986.

§ 1º O Conselho Monetário Nacional, no exercício das atribuições previstas no inciso VIII deste artigo, poderá determinar que o Banco Central do Brasil recuse a autorização para o funcionamento de novas instituições financeiras, em função de conveniências de ordem geral.

§ 2º Competirá ao Banco Central do Brasil acompanhar a execução dos orçamentos monetários e relatar a matéria ao Conselho Monetário Nacional, apresentando as sugestões que considerar convenientes.

§ 3º As emissões de moeda metálica serão feitas sempre contra recolhimento *(vetado)* de igual montante em cédulas.

§ 4º O Conselho Monetário Nacional poderá convidar autoridades, pessoas ou entidades para prestar esclarecimentos considerados necessários.

§ 5º Nas hipóteses do art. 4º, I, e do § 6º do art. 49 desta Lei, se o Congresso Nacional negar homologação à emissão extraordinária efetuada, as autoridades responsáveis

Lei 4.595/1964

LEGISLAÇÃO

serão responsabilizadas nos termos da Lei 1.079, de 10 de abril de 1950.

§ 6º O Conselho Monetário Nacional encaminhará ao Congresso Nacional, até 31 de março de cada ano, relatório da evolução da situação monetária e creditícia do País no ano anterior, no qual descreverá, minuntemente, as providências adotadas para cumprimento dos objetivos estabelecidos nesta Lei, justificando, destacadamente, os montantes das emissões de papel-moeda que tenham sido feitas para atendimento das atividades produtivas.

§ 7º O Banco Nacional da Habitação é o principal instrumento de execução da política habitacional do Governo Federal e integra o sistema financeiro nacional, juntamente com as sociedades de crédito imobiliário, sob orientação, autorização, coordenação e fiscalização do Conselho Monetário Nacional e do Banco Central do Brasil, quanto à execução, nos termos desta Lei, revogadas as disposições especiais em contrário.

Art. 5º As deliberações do Conselho Monetário Nacional entendem-se de responsabilidade de seu presidente para os efeitos do art. 104, I, *b*, da Constituição Federal e obrigarão também os órgãos oficiais, inclusive autarquias e sociedades de economia mista, nas atividades que afetem o mercado financeiro e o de capitais.

- Refere-se à CF/1946.

Art. 6º O Conselho Monetário Nacional será integrado pelos seguintes membros:

- Artigo com redação determinada pela Lei 5.362/1967.
- V. art. 8º, Lei 9.069/1995 (Plano Real).

I – Ministro da Fazenda, que será o presidente;
II – presidente do Banco do Brasil S.A.;
III – presidente do Banco Nacional do Desenvolvimento Econômico;

- V. nota ao art. 1º, IV.

IV – sete membros nomeados pelo Presidente da República, após aprovação do Senado Federal, escolhidos entre brasileiros de ilibada reputação e notória capacidade em assuntos econômico-financeiros, com mandato de 7 (sete) anos, podendo ser reconduzidos.

- V. art. 63.

§ 1º O Conselho Monetário Nacional deliberará por maioria de votos, com a presença, no mínimo, de seis membros, cabendo ao presidente também o voto de qualidade.

§ 2º Poderão participar das reuniões do Conselho Monetário Nacional *(vetado)* o Ministro da Indústria e do Comércio e o Ministro para Assuntos de Planejamento e Economia, cujos pronunciamentos constarão obrigatoriamente da ata das reuniões.

§ 3º Em suas faltas ou impedimentos, o Ministro da Fazenda será substituído, na presidência do Conselho Monetário Nacional, pelo Ministro da Indústria e do Comércio, ou, na falta deste, pelo Ministro para Assuntos de Planejamento e Economia.

§ 4º Exclusivamente motivos relevantes, expostos em representação fundamentada do Conselho Monetário Nacional, poderão determinar a exoneração de seus membros referidos no inciso IV deste artigo.

§ 5º Vagando-se cargo com mandato o substituto será nomeado com observância no disposto no inciso IV deste artigo, para complementar o tempo do substituído.

§ 6º Os membros do Conselho Monetário Nacional, a que se refere o inciso IV deste artigo, devem ser escolhidos levando-se em atenção, o quanto possível, as diferentes regiões geoeconômicas do País.

Art. 7º Junto ao Conselho Monetário Nacional funcionarão as seguintes Comissões Consultivas:

- V. art. 11, Lei 9.069/1995 (Plano Real).

I – bancária, constituída de representantes:
1. do Conselho Nacional de Economia;
2. do Banco Central do Brasil;
3. do Banco do Brasil S.A.;
4. do Banco Nacional do Desenvolvimento Econômico;

- V. nota ao art. 1º, IV.

5. do Conselho Superior das Caixas Econômicas Federais;
6. do Banco Nacional de Crédito Cooperativo;

Lei 4.595/1964

LEGISLAÇÃO

- V. Lei 8.029/1990 (Extinção e dissolução de entidades da administração pública federal).
- V. Dec. 99.226/1990 (Dissolução de entidades da administração pública).

7. do Banco do Nordeste do Brasil S.A.;
8. do Banco de Crédito da Amazônia S.A.;
9. dos Bancos e Caixas Econômicas Estaduais;
10. dos bancos privados;
11. das sociedades de crédito, financiamento e investimentos;
12. das bolsas de valores;
13. do comércio;
14. da indústria;
15. da agropecuária;
16. das cooperativas que operam em crédito;

II – de mercado de capitais, constituída de representantes:
1. do Ministério da Indústria e do Comércio;
2. do Conselho Nacional de Economia;
3. do Banco Central do Brasil;
4. do Banco Nacional do Desenvolvimento Econômico;

- V. nota ao art. 1º, IV.

5. dos bancos privados;
6. das sociedades de crédito, financiamento e investimentos;
7. das bolsas de valores;
8. das companhias de seguros privados e capitalização;
9. da Caixa de Amortização;

III – de crédito rural, constituída de representantes:
1. do Ministério da Agricultura;
2. da Superintendência da Reforma Agrária;
3. da Superintendência Nacional de Abastecimento;
4. do Banco Central do Brasil;
5. da Carteira de Crédito Agrícola e Industrial do Banco do Brasil S.A.;
6. da Carteira de Colonização do Banco do Brasil S.A.;
7. do Banco Nacional de Crédito Cooperativo;
8. do Banco do Nordeste do Brasil S.A.;
9. do Banco de Crédito da Amazônia S.A.;
10. do Instituto Brasileiro do Café;

- V. Lei 8.029/1990 (Extinção e dissolução de entidades da administração pública federal).

11. do Instituto do Açúcar e do Álcool;

- V. Lei 8.029/1990 (Extinção e dissolução de entidades da administração pública federal).

12. dos bancos privados;
13. da Confederação Rural Brasileira;
14. das instituições financeiras públicas estaduais ou municipais, que operem em crédito rural;
15. das cooperativas de crédito agrícola;
IV – *(Vetado.)*
1 a 15. *(Vetados.)*

V – de crédito industrial, constituído de representantes:
1. do Ministério da Indústria e do Comércio;
2. do Ministério Extraordinário para os Assuntos de Planejamento e Economia;
3. do Banco Central do Brasil;
4. do Banco Nacional do Desenvolvimento Econômico;

- V. nota ao art. 1º, IV.

5. da Carteira de Crédito Agrícola e Industrial do Banco do Brasil S.A.;
6. dos bancos privados;
7. das sociedades de crédito, financiamento e investimentos;
8. da indústria.

§ 1º A organização e o funcionamento das Comissões Consultivas serão regulados pelo Conselho Monetário Nacional, inclusive prescrevendo normas que:

a) lhes concedam iniciativa própria junto ao mesmo Conselho;

b) estabeleçam prazos para o obrigatório preenchimento dos cargos nas referidas Comissões;

c) tornem obrigatória a audiência das Comissões Consultivas, pelo Conselho Monetário Nacional, no trato das matérias atinentes às finalidades específicas das referidas Comissões, ressalvados os casos em que se impuser sigilo.

§ 2º Os representantes a que se refere este artigo serão indicados pelas entidades nele referidas e designados pelo Conselho Monetário Nacional.

§ 3º O Conselho Monetário Nacional, pelo voto de 2/3 (dois terços) de seus membros, poderá ampliar a competência das Comissões Consultivas, bem como admitir a participação de representantes de entidades não mencionadas neste artigo, desde que tenham funções diretamente relacionadas com suas atribuições.

Capítulo III
DO BANCO CENTRAL DO BRASIL

Art. 8º A atual Superintendência da Moeda e do Crédito é transformada em autarquia federal, tendo sede e foro na Capital da República, sob a denominação de Banco Central do Brasil, com personalidade jurídica e patrimônio próprios, este constituído dos bens, direitos e valores que lhe são transferidos na forma desta Lei e ainda da apropriação dos juros e rendas resultantes, na data da vigência desta Lei, do disposto no art. 9º do Dec.-lei 8.495, de 28 de dezembro de 1945, dispositivo que ora é expressamente revogado.

Parágrafo único. Os resultados obtidos pelo Banco Central do Brasil, consideradas as receitas e despesas de todas as suas operações, serão, a partir de 1º de janeiro de 1988, apurados pelo regime de competência e transferidos para o Tesouro Nacional, após compensados eventuais prejuízos de exercícios anteriores.

• Parágrafo único com redação determinada pelo Dec.-lei 2.376/1987.

Art. 9º Compete ao Banco Central do Brasil cumprir e fazer cumprir as disposições que lhe são atribuídas pela legislação em vigor e as normas expedidas pelo Conselho Monetário Nacional.

• V. Súmulas 23 e 294, STJ.

Art. 10. Compete privativamente ao Banco Central do Brasil:

I – emitir moeda-papel e moeda metálica, nas condições e limites autorizados pelo Conselho Monetário Nacional *(vetado)*;

• V. arts. 21, VII, 48, XIV, e 164, §§ 1º a 3º, CF.

II – executar os serviços do meio circulante;

III – determinar o recolhimento de até 100% (cem por cento) do total dos depósitos à vista e de até 60% (sessenta por cento) de outros títulos contábeis das instituições financeiras, seja na forma de subscrição de Letras ou Obrigações do Tesouro Nacional ou compra de títulos da Dívida Pública Federal, seja através de recolhimento em espécie, em ambos os casos entregues ao Banco Central do Brasil, a forma e condições por ele determinadas, podendo:

• Inciso III acrescentado pela Lei 7.730/1989.

a) adotar percentagens diferentes em função:
1 – das regiões geoeconômicas;
2 – das prioridades que atribuir às aplicações;
3 – da natureza das instituições financeiras;
b) determinar percentuais que não serão recolhidos, desde que tenham sido reaplicados em financiamentos à agricultura, sob juros favorecidos e outras condições por ele fixadas;

IV – receber os recolhimentos compulsórios de que trata o inciso anterior e, ainda, os depósitos voluntários à vista das instituições financeiras, nos termos do inciso III e § 2º do art. 19;

• Primitivo inciso III renumerado e com redação determinada pela Lei 7.730/1989.

V – realizar operações de redesconto e empréstimo a instituições financeiras bancárias e as referidas no art. 4º, XIV, *b*, e no § 4º do art. 49 desta Lei;

• Primitivo inciso IV renumerado pela Lei 7.730/1989.

VI – exercer o controle do crédito sob todas as suas formas;

• Primitivo inciso V renumerado pela Lei 7.730/1989.

VII – efetuar o controle dos capitais estrangeiros, nos termos da lei;

• Primitivo inciso VI renumerado pela Lei 7.730/1989.

VIII – ser depositário das reservas oficiais de ouro de moeda estrangeira e de Direitos Especiais de Saque e fazer com estas últimas todas e quaisquer operações previstas no Convênio Constitutivo do Fundo Monetário Internacional;

• Anterior inciso VII com redação determinada pelo Dec.-lei 581/1969 e renumerado pela Lei 7.730/1989.

IX – exercer a fiscalização das instituições financeiras e aplicar as penalidades previstas;

• Primitivo inciso VIII renumerado pela Lei 7.730/1989.
• V. art. 44, § 8º.

X – conceder autorização às instituições financeiras, a fim de que possam:

Lei 4.595/1964

LEGISLAÇÃO

- Primitivo inciso IX renumerado pela Lei 7.730/1989.

a) funcionar no País;
b) instalar ou transferir suas sedes, ou dependências, inclusive no Exterior;
c) ser transformadas, fundidas, incorporadas ou encampadas;
d) praticar operações de câmbio, crédito real e venda habitual de títulos da dívida pública federal, estadual ou municipal, ações, debêntures, letras hipotecárias e outros títulos de crédito ou imobiliários;
e) ter prorrogados os prazos concedidos para funcionamento;
f) alterar seus estatutos;
g) alienar ou, por qualquer outra forma, transferir o seu controle acionário;

- Alínea g acrescentada pelo Dec.-lei 2.321/1987.

XI – estabelecer condições para a posse e para o exercício de quaisquer cargos de administração de instituições financeiras privadas, assim como para o exercício de quaisquer funções em órgãos consultivos, fiscais e semelhantes, segundo normas que forem expedidas pelo Conselho Monetário Nacional;

- Primitivo inciso X renumerado pela Lei 7.730/1989.
- V. art. 33.

XII – efetuar, como instrumento de política monetária, operações de compra e venda de títulos públicos federais;

- Primitivo inciso XI renumerado pela Lei 7.730/1989.

XIII – determinar que as matrizes das instituições financeiras registrem os cadastros das firmas que operam com suas agências há mais de 1 (um) ano.

- Primitivo inciso XII renumerado pela Lei 7.730/1989.

§ 1º No exercício das atribuições a que se refere o inciso IX deste artigo, com base nas normas estabelecidas pelo Conselho Monetário Nacional, o Banco Central do Brasil estudará os pedidos que lhe sejam formulados e resolverá conceder ou recusar a autorização pleiteada, podendo *(vetado)* incluir as cláusulas que reputar convenientes ao interesse público.

- O citado inciso IX foi renumerado para X pela Lei 7.730/1989.
- V. art. 13, Lei 4.728/1965 (Mercado de capitais).

§ 2º Observado o disposto no parágrafo anterior, as instituições financeiras estrangeiras dependem de autorização do Poder Executivo, mediante decreto, para que possam funcionar no País *(vetado)*.

Art. 11. Compete ao Banco Central do Brasil:
I – entender-se, em nome do Governo brasileiro, com as instituições financeiras estrangeiras e internacionais;
II – promover, como agente do Governo Federal, a colocação de empréstimos internos ou externos, podendo, também, encarregar-se dos respectivos serviços;
III – atuar no sentido de funcionamento regular do mercado cambial, da estabilidade relativa das taxas de câmbio e do equilíbrio no balanço de pagamentos podendo para esse fim comprar e vender ouro e moeda estrangeira, bem como realizar operações de crédito no exterior, inclusive as referentes aos Direitos Especiais de Saque e separar os mercados de câmbio financeiro e comercial;

- Inciso III com redação determinada pelo Dec.-lei 581/1969.

IV – efetuar compra e venda de títulos de sociedades de economia mista e empresas do Estado;
V – emitir títulos de responsabilidade própria, de acordo com as condições estabelecidas pelo Conselho Monetário Nacional;
VI – regular a execução dos serviços de compensação de cheques e outros papéis;
VII – exercer permanente vigilância nos mercados financeiros e de capitais sobre empresas que, direta, ou indiretamente, interfiram nesses mercados e em relação às modalidades ou processos operacionais que utilizem;
VIII – prover, sob controle do Conselho Monetário Nacional, os serviços de sua Secretaria.

§ 1º No exercício das atribuições a que se refere o inciso VIII do art. 10 desta Lei, o Banco Central do Brasil poderá examinar os livros e documentos das pessoas naturais ou jurídicas que detenham o controle acionário de instituição financeira, ficando essas pessoas sujeitas ao disposto no art. 44, § 8º, desta Lei.

819

Lei 4.595/1964

- § 1º acrescentado pelo Dec.-lei 2.321/1987.
- O citado inciso VIII foi renumerado para IX pela Lei 7.730/1989.

§ 2º O Banco Central do Brasil instalará delegacias, com autorização do Conselho Monetário Nacional, nas diferentes regiões geoeconômicas do País, tendo em vista a descentralização administrativa para distribuição e recolhimento da moeda e o cumprimento das decisões adotadas pelo mesmo Conselho ou prescritas em lei.

- Primitivo parágrafo único renumerado pelo Dec.-lei 2.321/1987.

Art. 12. O Banco Central do Brasil operará exclusivamente com instituições financeiras públicas e privadas, vedadas operações bancárias de qualquer natureza com outras pessoas de direito público ou privado, salvo as expressamente autorizadas por lei.

Art. 13. Os encargos e serviços de competência do Banco Central, quando por ele não executados diretamente, serão contratados de preferência com o Banco do Brasil S.A., exceto nos casos especialmente autorizados pelo Conselho Monetário Nacional.

- Artigo com redação determinada pelo Dec.-lei 278/1967.

Art. 14. O Banco Central do Brasil será administrado por uma diretoria de cinco membros, um dos quais será o presidente, escolhidos pelo Conselho Monetário Nacional dentre seus membros mencionados no inciso IV do art. 6º desta Lei.

- *Caput* com redação determinada pela Lei 5.362/1967.
- V. arts. 52, III, *d* e 84, XIV, CF.
- V. arts. 1º e 2º, Dec. 91.961/1985 (Diretoria do Banco Central do Brasil – Bacen).

§ 1º O presidente do Banco Central do Brasil será substituído pelo diretor que o Conselho Monetário Nacional designar.

§ 2º O término do mandato, a renúncia ou a perda da qualidade de membro do Conselho Monetário Nacional determinam, igualmente, a perda da função de diretor do Banco Central do Brasil.

Art. 15. O regimento interno do Banco Central do Brasil, a que se refere o inciso XXVII do art. 4º desta Lei, prescreverá as atribuições do presidente e dos diretores e especificará os casos que dependerão de deliberação da diretoria, a qual será tomada por maioria de votos, presentes no mínimo o presidente ou seu substituto eventual e dois outros diretores, cabendo ao presidente também o voto de qualidade.

Parágrafo único. A diretoria se reunirá, ordinariamente, uma vez por semana, e, extraordinariamente, sempre que necessário, por convocação do presidente ou a requerimento de, pelo menos, dois de seus membros.

Art. 16. Constituem receita do Banco Central do Brasil as rendas:

- *Caput* com redação determinada pelo Dec.-lei 2.376/1987.
- V. art. 24, parágrafo único.

I – de operações financeiras e de outras aplicações de seus recursos;
II – das suas operações de câmbio, da compra e venda de ouro e de quaisquer outras operações em moeda estrangeira;
III – eventuais, inclusive as derivadas de multas e de juros de mora aplicados por força do disposto na legislação em vigor.

§ 1º Do resultado das operações de câmbio de que trata o inciso II deste artigo, ocorrido a partir da data de entrada em vigor desta Lei, 75% (setenta e cinco por cento) da parte referente ao lucro realizado na compra e venda de moeda estrangeira destinar-se-á à formação de reserva monetária do Banco Central do Brasil, que registrará esses recursos em conta específica, na forma que for estabelecida pelo Conselho Monetário Nacional.

- § 1º acrescentado pelo Dec.-lei 2.076/1983.

§ 2º A critério do Conselho Monetário Nacional, poderão também ser destinados à reserva monetária de que trata o § 1º os recursos provenientes de rendimentos gerados por:

- § 2º acrescentado pelo Dec.-lei 2.076/1983.

a) suprimentos específicos do Banco Central do Brasil ao Banco do Brasil S.A., concedidos nos termos do § 1º, do art. 19, desta Lei;
b) suprimentos especiais do Banco Central do Brasil aos fundos e programas que administra.

§ 3º O Conselho Monetário Nacional estabelecerá, observado o disposto no § 1º do

Lei 4.595/1964

art. 19 desta Lei, a cada exercício, as bases da remuneração das operações referidas no § 2º e as condições para incorporação desses rendimentos à referida reserva monetária.

- § 3º acrescentado pelo Dec.-lei 2.076/1983.

Capítulo IV
DAS INSTITUIÇÕES FINANCEIRAS

Seção I
Da caracterização e subordinação

Art. 17. Consideram-se instituições financeiras, para os efeitos da legislação em vigor, as pessoas jurídicas públicas ou privadas, que tenham como atividade principal ou acessória a coleta, intermediação ou aplicação de recursos financeiros próprios ou de terceiros, em moeda nacional ou estrangeira, e a custódia de valor de propriedade de terceiros.

- V. art. 37.

Parágrafo único. Para os efeitos desta Lei e da legislação em vigor, equiparam-se às instituições financeiras as pessoas físicas que exerçam qualquer das atividades referidas neste artigo, de forma permanente ou eventual.

- V. art. 163, V, CF.
- V. Súmula 96, TFR.

Art. 18. As instituições financeiras somente poderão funcionar no País mediante prévia autorização do Banco Central do Brasil ou decreto do Poder Executivo, quando forem estrangeiras.

- V. art. 37.

§ 1º Além dos estabelecimentos bancários oficiais ou privados, das sociedades de crédito, financiamento e investimentos, das caixas econômicas e das cooperativas de crédito ou a seção de crédito das cooperativas que a tenham, também se subordinam às disposições e disciplinas desta Lei no que for aplicável, as bolsas de valores, companhias de seguros e de capitalização, as sociedades que efetuam distribuição de prêmios em imóveis, mercadoria ou dinheiro, mediante sorteio de títulos de sua emissão ou por qualquer forma, e as pessoas físicas ou jurídicas que exerçam, por conta própria ou de terceiros, atividade relacionada com a compra e venda de ações e outros quaisquer títulos, realizando, nos mercados financeiros e de capitais, operações ou serviços de natureza dos executados pelas instituições financeiras.

§ 2º O Banco Central do Brasil, no exercício da fiscalização que lhe compete, regulará as condições de concorrência entre instituições financeiras, coibindo-lhes os abusos com a aplicação da pena (*vetado*) nos termos desta Lei.

- V. art. 44, § 2º, *b*.

§ 3º Dependerão de prévia autorização do Banco Central do Brasil as campanhas destinadas à coleta de recursos do público, praticadas por pessoas físicas ou jurídicas abrangidas neste artigo, salvo para subscrição pública de ações, nos termos da lei das sociedades por ações.

Seção II
Do Banco do Brasil S.A.

Art. 19. Ao Banco do Brasil S.A. competirá, precipuamente, sob a supervisão do Conselho Monetário Nacional e como instrumento de execução da política creditícia e financeira do Governo Federal:

I – na qualidade de Agente Financeiro do Tesouro Nacional, sem prejuízo de outras funções que lhe venham a ser atribuídas e ressalvado o disposto no art. 8º da Lei 1.628, de 20 de junho de 1952:

a) receber, a crédito do Tesouro Nacional, as importâncias provenientes da arrecadação de tributos ou rendas federais e ainda o produto das operações de que trata o art. 49 desta Lei;

b) realizar os pagamentos e suprimentos necessários à execução do Orçamento Geral da União e leis complementares que lhe forem transmitidas pelo Ministério da Fazenda, as quais não poderão exceder o montante global dos recursos a que se refere a letra anterior, vedada a concessão, pelo Banco, de créditos de qualquer natureza ao Tesouro Nacional;

c) conceder aval, fiança e outras garantias, consoante expressa autorização legal;

d) adquirir e financiar estoques de produção exportável;

e) executar a política de preços mínimos dos produtos agropastoris;

Lei 4.595/1964

f) ser agente pagador e receber fora do País;

g) executar o serviço da dívida pública consolidada;

II – como principal executor dos serviços bancários de interesse do Governo Federal, inclusive suas autarquias, receber em depósito, com exclusividade, as disponibilidades de quaisquer entidades federais, compreendendo as repartições de todos os ministérios civis e militares, instituições de previdência e outras autarquias, comissões, departamentos, entidades em regime especial de administração e quaisquer pessoas físicas ou jurídicas responsáveis por adiantamentos, ressalvado o disposto no § 5º deste artigo, as exceções previstas em lei ou casos especiais, expressamente autorizadas pelo Conselho Monetário Nacional, por proposta do Banco Central do Brasil;

III – arrecadar os depósitos voluntários, à vista, das instituições de que trata o inciso III, do art. 10, desta Lei, escriturando as respectivas contas;

- Inciso III com redação determinada pelo Dec.-lei 2.284/1986.
- V. art. 10, IV.

IV – executar os serviços de compensação de cheques e outros papéis;

V – receber, com exclusividade, os depósitos de que tratam os arts. 38, item 3º, do Dec.-lei 2.627, de 26 de setembro de 1940, e 1º do Dec.-lei 5.956, de 1º de novembro de 1943, ressalvado o disposto no art. 27 desta Lei;

- V. art. 80, III, Lei 6.404/1976 (Sociedades por ações).

VI – realizar, por conta própria, operações de compra e venda de moeda estrangeira e, por conta do Banco Central do Brasil, nas condições estabelecidas pelo Conselho Monetário Nacional;

VII – realizar recebimentos ou pagamentos e outros serviços de interesse do Banco Central do Brasil, mediante contratação na forma do art. 13 desta Lei;

VIII – dar execução à política de comércio exterior *(vetado)*;

IX – financiar a aquisição e instalação da pequena e média propriedade rural, nos termos da legislação que regular a matéria;

X – financiar as atividades industriais e rurais, estas com o favorecimento referido no art. 4º, IX, e art. 53 desta Lei;

XI – difundir e orientar o crédito, inclusive as atividades comerciais suplementando a ação da rede bancária:

a) no financiamento das atividades econômicas, atendendo às necessidades creditícias das diferentes regiões do País;

b) no financiamento das exportações e importações.

§ 1º O Conselho Monetário Nacional assegurará recursos específicos que possibilitem ao Banco do Brasil S.A., sob adequada remuneração, o atendimento dos encargos previstos nesta Lei.

- V. art. 16, § 2º, *a*, e § 3º.

§ 2º Do montante global dos depósitos arrecadados, na forma do inciso III deste artigo, o Banco do Brasil S.A. colocará à disposição do Banco Central do Brasil, observadas as normas que forem estabelecidas pelo Conselho Monetário Nacional, a parcela que exceder as necessidades normais de movimentação das contas respectivas, em função dos serviços aludidos no inciso IV deste artigo.

- V. art. 16, § 3º.

§ 3º Os encargos referidos no inciso I deste artigo serão objeto de contratação entre o Banco do Brasil S.A. e a União Federal, esta representada pelo Ministro da Fazenda.

§ 4º O Banco do Brasil S.A. prestará ao Banco Central do Brasil todas as informações por este julgadas necessárias para a exata execução desta Lei.

§ 5º Os depósitos de que trata o inciso II deste artigo também poderão ser feitos nas Caixas Econômicas Federais, nos limites e condições fixados pelo Conselho Monetário Nacional.

Art. 20. O Banco do Brasil S.A. e o Banco Central do Brasil elaborarão, em conjunto, o programa global de aplicações e recursos do primeiro, para fins de inclusão nos orçamentos monetários de que trata o inciso III do art. 4º desta Lei.

Art. 21. O presidente e os diretores do Banco do Brasil S.A. deverão ser pessoas de reputação ilibada e notória capacidade.

Lei 4.595/1964

§ 1º A nomeação do presidente do Banco do Brasil S.A. será feita pelo Presidente da República, após aprovação do Senado Federal.

• V. art. 22, § 2º.

§ 2º As substituições eventuais do presidente do Banco do Brasil S.A. não poderão exceder o prazo de 30 (trinta) dias consecutivos, sem que o Presidente da República submeta ao Senado Federal o nome do substituto.

• V. art. 22, § 2º.

§ 3º *(Vetado.)*

§ 4º *(Vetado.)*

Seção III
Das instituições financeiras públicas

Art. 22. As instituições financeiras públicas são órgãos auxiliares da execução da política de crédito do Governo Federal.

§ 1º O Conselho Monetário Nacional regulará as atividades, capacidade e modalidade operacionais das instituições financeiras públicas federais, que deverão submeter à aprovação daquele órgão, com a prioridade por ele prescrita, seus programas de recursos e aplicações, de forma que se ajustem à política de crédito do Governo Federal.

§ 2º A escolha dos diretores ou administradores das instituições financeiras públicas federais e a nomeação dos respectivos presidentes e designação dos substitutos observarão o disposto no art. 21, §§ 1º e 2º, desta Lei.

§ 3º A atuação das instituições financeiras públicas será coordenada nos termos do art. 4º desta Lei.

Art. 23. O Banco Nacional do Desenvolvimento Econômico é o principal instrumento de execução de política de investimentos do Governo Federal, nos termos das Leis 1.628, de 20 de junho de 1952, e 2.973, de 26 de novembro de 1956.

• V. nota ao art. 1º, IV.

Art. 24. As instituições financeiras públicas não federais ficam sujeitas às disposições relativas às instituições financeiras privadas, assegurada a forma de constituição das existentes na data da publicação desta Lei.

Parágrafo único. As Caixas Econômicas Estaduais equiparam-se, no que couber, às Caixas Econômicas Federais, para os efeitos da legislação em vigor, estando isentas do recolhimento a que se refere o art. 4º, XIV, e à taxa de fiscalização, mencionada no art. 16 desta Lei.

Seção IV
Das instituições financeiras privadas

Art. 25. As instituições financeiras privadas, exceto as cooperativas de crédito, constituir-se-ão unicamente sob a forma de sociedade anônima, devendo a totalidade de seu capital com direito a voto ser representada por ações nominativas.

• Artigo com redação determinada pela Lei 5.710/1971.

§ 1º Observadas as normas fixadas pelo Conselho Monetário Nacional as instituições a que se refere este artigo poderão emitir até o limite de 50% (cinquenta por cento) de seu capital social em ações preferenciais, nas formas nominativas e ao portador, sem direito a voto, às quais não se aplicará o disposto no parágrafo único do art. 81 do Decreto-lei 2.627, de 26 de setembro de 1940.

§ 2º A emissão de ações preferenciais ao portador, que poderá ser feita em virtude de aumento de capital, conversão de ações ordinárias ou de ações preferenciais nominativas, ficará sujeita a alterações prévias dos Estatutos das Sociedades, a fim de que sejam neles incluídas as declarações sobre:

I – as vantagens, preferenciais e restrições atribuídas a cada classe de ações preferenciais, de acordo com o Decreto-lei 2.627, de 26 de setembro de 1940;

II – as formas e prazos em que poderá ser autorizada a conversão das ações, vedada a conversão das ações preferenciais em outro tipo de ações com direito a voto.

§ 3º Os títulos e cautelas representativas das ações preferenciais, emitidos nos termos dos parágrafos anteriores, deverão conter expressamente, as restrições ali especificadas.

Lei 4.595/1964

Art. 26. O capital inicial das instituições financeiras públicas e privadas será sempre realizado em moeda corrente.

Art. 27. Na subscrição do capital inicial e na de seus aumentos em moeda corrente, será exigida no ato a realização de, pelo menos, 50% (cinquenta por cento) do montante subscrito.

• V. art. 44, § 2º, b.

§ 1º As quantias recebidas dos subscritores de ações serão recolhidas no prazo de 5 (cinco) dias, contados do recebimento, ao Banco Central do Brasil, permanecendo indisponíveis até a solução do respectivo processo.

§ 2º O remanescente do capital subscrito, inicial ou aumentado, em moeda corrente, deverá ser integralizado dentro de 1 (um) ano da data da solução do respectivo processo.

Art. 28. Os aumentos de capital, que não forem realizados em moeda corrente, poderão decorrer da incorporação de reservas, segundo normas expedidas pelo Conselho Monetário Nacional, e da reavaliação da parcela dos bens do ativo imobilizado, representado por imóveis de uso e instalações, aplicados no caso, como limite máximo, os índices fixados pelo Conselho Nacional de Economia.

Art. 29. As instituições financeiras privadas deverão aplicar, de preferência, não menos de 50% (cinquenta por cento) dos depósitos do público que recolherem, na respectiva Unidade Federada ou Território.

§ 1º O Conselho Monetário Nacional poderá, em casos especiais, admitir que o percentual referido neste artigo seja aplicado em cada Estado e Território isoladamente ou por grupos de Estados e Territórios componentes da mesma região geoeconômica.

§ 2º *(Revogado pelo Dec.-lei 48/1966.)*

Art. 30. As instituições financeiras de direito privado, exceto as de investimento, só poderão participar de capital de quaisquer sociedades com prévia autorização do Banco Central do Brasil, solicitada justificadamente e concedida expressamente, ressalvados os casos de garantia de subscrição, nas condições que forem estabelecidas, em caráter geral, pelo Conselho Monetário Nacional.

• V. art. 64, § 2º.

Parágrafo único. *(Vetado.)*

Art. 31. As instituições financeiras levantarão balanços gerais a 30 de junho e 31 de dezembro de cada ano, obrigatoriamente, com observância das regras contábeis estabelecidas pelo Conselho Monetário Nacional.

Art. 32. As instituições financeiras públicas deverão comunicar ao Banco Central do Brasil a nomeação ou a eleição de diretores e membros de órgãos consultivos, fiscais e semelhantes, no prazo de 15 (quinze) dias da data de sua ocorrência.

Art. 33. As instituições financeiras privadas deverão comunicar ao Banco Central do Brasil os atos relativos à eleição de diretores e membros de órgãos consultivos, fiscais e semelhantes, no prazo de 15 (quinze) dias de sua ocorrência, de acordo com o estabelecido no art. 10, X, desta Lei.

• V. art. 44, § 2º, b.

§ 1º O Banco Central do Brasil, no prazo máximo de 60 (sessenta) dias, decidirá aceitar ou recusar o nome do eleito, que não atender às condições a que se refere o art. 10, X, desta Lei.

§ 2º A posse do eleito dependerá da aceitação a que se refere o parágrafo anterior.

§ 3º Oferecida integralmente a documentação prevista nas normas referidas no art. 10, X, desta Lei, e decorrido, sem manifestações do Banco Central do Brasil, o prazo mencionado no § 1º deste artigo, entender-se-á não ter havido recusa à posse.

Art. 34. É vedado às instituições financeiras conceder empréstimos ou adiantamentos:

I – a seus diretores e membros dos conselhos consultivo ou administrativo, fiscais e semelhantes, bem como aos respectivos cônjuges;

II – aos parentes, até segundo grau, das pessoas a que se refere o inciso anterior;

• V. art. 44, § 2º, b.

Lei 4.595/1964

LEGISLAÇÃO

III – às pessoas físicas ou jurídicas que participem de seu capital, com mais de 10% (dez por cento), salvo autorização específica do Banco Central do Brasil, em cada caso, quando se tratar de operações lastreadas por efeitos comerciais resultantes de transações de compra e venda ou penhor de mercadorias, em limites que forem fixados pelo Conselho Monetário Nacional, em caráter geral;

• V. art. 44, § 2º, b.

IV – às pessoas jurídicas de cujo capital participem, com mais de 10% (dez por cento);

• V. art. 44, § 2º, b.

V – às pessoas jurídicas de cujo capital participem com mais de 10% (dez por cento), quaisquer dos diretores ou administradores da própria instituição financeira, bem como seus cônjuges e respectivos parentes, até o segundo grau.

• V. art. 44, § 2º, b.

§ 1º A infração ao disposto no inciso I deste artigo constitui crime e sujeitará os responsáveis pela transgressão à pena de reclusão de 1 (um) a 4 (quatro) anos, aplicando-se, no que couber, o Código Penal e o Código de Processo Penal.

• V. art. 17, Lei 7.492/1986 (Lei do Colarinho Branco).

§ 2º O disposto no inciso IV deste artigo não se aplica às instituições financeiras públicas.

Art. 35. É vedado ainda às instituições financeiras:

• V. art. 44, § 2º, b.

I – emitir debêntures a partes beneficiárias;

II – adquirir bens imóveis não destinados ao próprio uso, salvo os recebidos em liquidação de empréstimos de difícil ou duvidosa solução, caso em que deverão vendê-los dentro do prazo de 1 (um) ano, a contar do recebimento, prorrogável até duas vezes, a critério do Banco Central do Brasil.

Parágrafo único. As instituições financeiras que não recebem depósitos do público poderão emitir debêntures, desde que previamente autorizadas pelo Banco Central do Brasil, em cada caso.

• Parágrafo único com redação determinada pelo Dec.-lei 2.290/1986.

Art. 36. As instituições financeiras não poderão manter aplicações em imóveis de uso próprio, que, somadas ao seu ativo em instalações, excedam o valor de seu capital realizado e reservas livres.

• V. art. 44, § 2º, b.

Art. 37. As instituições financeiras, entidades e pessoas referidas nos arts. 17 e 18 desta Lei, bem como os corretores de fundos públicos, ficam obrigados a fornecer ao Banco Central do Brasil, na forma por ele determinada, os dados ou informes julgados necessários para o fiel desempenho de suas atribuições.

• V. art. 44, § 2º, b.

Art. 38. *(Revogado pela LC 105/2001.)*

Art. 39. Aplicam-se às instituições financeiras estrangeiras, em funcionamento ou que venham a se instalar no País, as disposições da presente Lei, sem prejuízo das que se contêm na legislação vigente.

• V. art. 44, § 2º, b.

Art. 40. *(Revogado pela LC 130/2009.)*

Art. 41. *(Revogado pela LC 130/2009.)*

Capítulo V
DAS PENALIDADES

Art. 42. O art. 2º da Lei 1.808, de 7 de janeiro de 1953, terá a seguinte redação:

• A Lei 1.808/1953 foi revogada pela Lei 6.024/1974.

Art. 43. O responsável pela instituição financeira que autorizar a concessão de empréstimo ou adiantamento vedado nesta Lei, se o fato não constituir crime, ficará sujeito, sem prejuízo das sanções administrativas ou civis cabíveis, à multa igual ao dobro do valor do empréstimo ou adiantamento concedido, cujo processamento obedecerá, no que couber, ao disposto no art. 44 desta Lei.

Art. 44. As infrações aos dispositivos desta Lei sujeitam as instituições financeiras, seus diretores, membros de conselhos administrativos, fiscais e semelhantes, e gerentes, às seguintes penalidades, sem prejuízo de outras estabelecidas na legislação vigente:

• V. art. 66, Lei 9.069/1995 (Plano Real).

I – advertência;

Lei 4.595/1964

LEGISLAÇÃO

II – multa pecuniária variável;
III – suspensão do exercício de cargos;
IV – inabilitação temporária ou permanente para o exercício de cargos de direção na administração ou gerência em instituições financeiras;
V – cassação da autorização de funcionamento das instituições financeiras públicas, exceto as federais ou privadas;
VI – detenção, nos termos do § 7º deste artigo;
VII – reclusão, nos termos dos arts. 34 e 38 desta Lei.

§ 1º A pena de advertência será aplicada pela inobservância das disposições constantes da legislação em vigor, ressalvadas as sanções nela previstas, sendo cabível também nos casos de fornecimento de informações inexatas, de escrituração mantida em atraso ou processada em desacordo com as normas expedidas de conformidade com o art. 4º, XII, desta Lei.

§ 2º As multas serão aplicadas até duzentas vezes o maior salário mínimo vigente no País, sempre que as instituições financeiras, por negligência ou dolo:

• V. art. 2º, Lei 7.209/1984 (Reforma da Parte Geral do Código Penal).

a) advertidas por irregularidades que tenham sido praticadas, deixarem de saná-las no prazo que lhes for assinalado pelo Banco Central do Brasil;
b) infringirem as disposições desta Lei relativas ao capital, fundos de reserva, encaixe, recolhimentos compulsórios, taxa de fiscalização, serviços e operações, não atendimento ao disposto nos arts. 27 e 33, inclusive as vedadas nos arts. 34 (incisos II a V), 35 a 40 desta Lei, e abusos de concorrência (art. 18, § 2º);
c) opuserem embaraço à fiscalização do Banco Central do Brasil.

§ 3º As multas cominadas neste artigo serão pagas mediante recolhimento ao Banco Central do Brasil dentro do prazo de 15 (quinze) dias, contados do recebimento da respectiva notificação, ressalvado o disposto no § 5º deste artigo e serão cobradas judicialmente, com o acréscimo da mora de 1% (um por cento) ao mês, contada da data da aplicação da multa, quando não forem liquidadas naquele prazo.

§ 4º As penas referidas nos incisos III e IV deste artigo serão aplicadas quando forem verificadas infrações graves na condução dos interesses da instituição financeira ou quando da reincidência específica, devidamente caracterizada em transgressões anteriormente punidas com multa.

§ 5º As penas referidas nos incisos II, III e IV deste artigo, serão aplicadas pelo Banco Central do Brasil admitido recurso, com efeito suspensivo, ao Conselho Monetário Nacional, interposto dentro de 15 (quinze) dias, contados do recebimento da notificação.

• V. art. 1º, I, Dec. 91.152/1985 (Conselho de Recursos do Sistema Financeiro Nacional).

§ 6º É vedada qualquer participação em multas, as quais serão recolhidas integralmente ao Banco Central do Brasil.

§ 7º Quaisquer pessoas físicas ou jurídicas que atuem como instituição financeira, sem estar devidamente autorizadas pelo Banco Central do Brasil, ficam sujeitas à multa referida neste artigo e detenção de 1 (um) a 2 (dois) anos, ficando a esta sujeitos, quando pessoa jurídica, seus diretores e administradores.

• V. art. 47, Dec.-lei 3.688/1941 (Lei das Contravenções Penais).

§ 8º No exercício da fiscalização prevista no art. 10, VIII, desta Lei, o Banco Central do Brasil poderá exigir das instituições financeiras ou das pessoas físicas ou jurídicas, inclusive as referidas no parágrafo anterior, a exibição a funcionários seus, expressamente credenciados, de documentos, papéis e livros de escrituração, considerando-se a negativa de atendimento como embaraço à fiscalização, sujeitos à pena de multa, prevista no § 2º deste artigo, sem prejuízo de outras medidas e sanções cabíveis.

§ 9º A pena de cassação, referida no inciso V deste artigo, será aplicada pelo Conselho Monetário Nacional, por proposta do Banco Central do Brasil, nos casos de reincidência específica de infrações anteriormente punidas com as penas previstas nos incisos III e IV deste artigo.

Lei 4.595/1964

Art. 45. As instituições financeiras públicas não federais e as privadas estão sujeitas, nos termos da legislação vigente, à intervenção efetuada pelo Banco Central do Brasil ou à liquidação extrajudicial.
Parágrafo único. A partir da vigência desta Lei, as instituições de que trata este artigo não poderão impetrar concordata.

Capítulo VI
DISPOSIÇÕES GERAIS

Art. 46. Ficam transferidas as atribuições legais e regulamentares do Ministério da Fazenda relativamente ao meio circulante, inclusive as exercidas pela Caixa de Amortização para o Conselho Monetário Nacional, e *(vetado)* para o Banco Central do Brasil.

Art. 47. Será transferido à responsabilidade do Tesouro Nacional, mediante encampação, sendo definitivamente incorporado ao meio circulante, o montante das emissões feitas por solicitação da Carteira de Redesconto do Banco do Brasil S.A., e da Caixa de Mobilização Bancária.

§ 1º O valor correspondente à encampação será destinado à liquidação das responsabilidades financeiras do Tesouro Nacional no Banco do Brasil S.A, inclusive as decorrentes de operações de câmbio concluídas até a data da vigência desta Lei, mediante aprovação específica do Poder Legislativo, ao qual será submetida a lista completa dos débitos assim amortizados.

§ 2º Para a liquidação do saldo remanescente das responsabilidades do Tesouro Nacional, após a encampação das emissões atuais por solicitação da Carteira de Redescontos do Banco do Brasil S.A., e da Caixa de Mobilização Bancária, o Poder Executivo submeterá ao Poder Legislativo proposta específica, indicando os recursos e os meios necessários a esse fim.

Art. 48. Concluídos os acertos financeiros previstos no artigo anterior, a responsabilidade da moeda em circulação passará a ser do Banco Central do Brasil.

Art. 49. As operações de crédito da União, por antecipação de receita orçamentária ou a qualquer outro título dentro dos limites legalmente autorizados, somente serão realizadas mediante colocação de obrigações, apólices ou letras do Tesouro Nacional.

§ 1º A lei de orçamento, nos termos do art. 73, § 1º, II, da Constituição Federal, determinará, quando for o caso, a parcela do déficit que poderá ser coberta pela venda de títulos do Tesouro Nacional diretamente ao Banco Central do Brasil.

• Refere-se à CF/1946.

§ 2º O Banco Central do Brasil, mediante autorização do Conselho Monetário Nacional baseada na lei orçamentária do exercício, poderá adquirir diretamente letras do Tesouro Nacional, com emissão de papel-moeda.

§ 3º O Conselho Monetário Nacional decidirá, a seu exclusivo critério, a política de sustentação em bolsa da cotação dos títulos de emissão do Tesouro Nacional.

§ 4º No caso de despesas urgentes e inadiáveis do Governo Federal, a serem atendidas mediante critérios suplementares ou especiais, autorizados após a lei do orçamento, o Congresso Nacional determinará, especificamente, os recursos a serem utilizados na cobertura de tais despesas, estabelecendo, quando a situação do Tesouro Nacional for deficitária, a discriminação prevista neste artigo.

• V. art. 10, V.

§ 5º Na ocorrência das hipóteses citadas no parágrafo único do art. 75 da Constituição Federal, o Presidente da República poderá determinar que o Conselho Monetário Nacional, através do Banco Central do Brasil, faça aquisição de letras do Tesouro Nacional com a emissão de papel-moeda até o montante do crédito extraordinário que tiver sido decretado.

• Refere-se à CF/1946.

§ 6º O Presidente da República fará acompanhar a determinação ao Conselho Monetário Nacional, mencionada no parágrafo anterior, de cópia da mensagem que deverá dirigir ao Congresso Nacional, indicando os motivos que tornaram indispensável a emissão e solicitando a sua homologação.

Lei 4.595/1964

LEGISLAÇÃO

- V. art. 4º, § 5º.

§ 7º As letras do Tesouro Nacional, colocadas por antecipação de receita, não poderão ter vencimentos posteriores a 120 (cento e vinte) dias do encerramento do exercício respectivo.

§ 8º Até 15 de março do ano seguinte, o Poder Executivo enviará mensagem ao Poder Legislativo, propondo a forma de liquidação das letras do Tesouro Nacional emitidas no exercício anterior e não resgatadas.

§ 9º É vedada a aquisição dos títulos mencionados neste artigo pelo Banco do Brasil S.A., e pelas instituições bancárias de que a União detenha a maioria das ações.

- V. art. 4º, a, Dec.-lei 1.290/1973 (Aplicação financeira de disponibilidade pelas entidades da administração federal indireta e fundações supervisionadas pela União).

Art. 50. O Conselho Monetário Nacional, o Banco Central do Brasil, o Banco Nacional do Desenvolvimento Econômico, o Banco do Brasil S.A., o Banco do Nordeste do Brasil S.A. e o Banco de Crédito da Amazônia S.A. gozarão dos favores, isenções e privilégios, inclusive fiscais, que são próprios da Fazenda Nacional, ressalvado quanto aos três últimos o regime especial de tributação do Imposto de Renda a que estão sujeitos na forma da legislação em vigor.

- V. nota ao art. 1º, IV.

Parágrafo único. São mantidos os favores, isenções e privilégios de que atualmente gozam as instituições financeiras.

Art. 51. Ficam abolidas, após 3 (três) meses da data da vigência desta Lei, as exigências de "visto" em "pedidos de licença" para efeito de exportação, excetuadas as referentes às armas, munições, entorpecentes, materiais estratégicos, objetos e obras de valor artístico, cultural ou histórico.

Parágrafo único. Quando o interesse nacional exigir, o Conselho Monetário Nacional criará o "visto" ou exigência equivalente.

Art. 52. O quadro de pessoal do Banco Central do Brasil será constituído de:
I – pessoal próprio, admitido mediante concurso público de provas ou de títulos e provas, sujeita à pena de nulidade a admissão que se processar com inobservância destas exigências;

II – pessoal requisitado ao Banco do Brasil S.A. e a outras instituições financeiras federais, de comum acordo com as respectivas administrações;

III – pessoal requisitado a outras instituições e que venham prestando serviços à Superintendência da Moeda e do Crédito há mais de 1 (um) ano, contado da data da publicação desta Lei.

§ 1º O Banco Central do Brasil baixará, dentro de 90 (noventa) dias da vigência desta Lei, o estatuto de seus funcionários e servidores, no qual serão garantidos os direitos legalmente atribuídos a seus atuais servidores e mantidos deveres e obrigações que lhes são inerentes.

§ 2º Aos funcionários e servidores requisitados, na forma deste artigo, as instituições de origem lhes assegurarão os direitos e vantagens que lhes cabem ou lhes venham a ser atribuídos, como se em efetivo exercício nelas estivessem.

§ 3º Correrão por conta do Banco Central do Brasil todas as despesas decorrentes do cumprimento do disposto no parágrafo anterior, inclusive as de aposentadoria e pensão que sejam de responsabilidade das instituições de origem ali mencionadas, estas últimas rateadas proporcionalmente em função dos prazos de vigência da requisição.

§ 4º Os funcionários do quadro pessoal próprio permanecerão com seus direitos e garantias regidos pela legislação de proteção ao trabalho e de previdência social, incluídos na categoria profissional de bancários.

§ 5º Durante o prazo de 10 (dez) anos, contados da data da vigência desta Lei, e facultado aos funcionários de que tratam os incisos II e III deste artigo, manifestarem opção para transferência para o quadro do pessoal próprio do Banco Central do Brasil, desde que:

a) tenham sido admitidos nas respectivas instituições de origem, consoante determina o inciso I deste artigo;

b) estejam em exercício *(vetado)* há mais de 2 (dois) anos;

c) seja a opção feita pela diretoria do Banco Central do Brasil, que sobre ela deverá pronunciar-se conclusivamente no prazo máximo de 3 (três) meses, contados da entrega do respectivo requerimento.

Art. 53. *(Revogado pela Lei 4.829/1965.)*

Capítulo VII
DISPOSIÇÕES TRANSITÓRIAS

Art. 54. O Poder Executivo, com base em proposta do Conselho Monetário Nacional, que deverá ser apresentada dentro de 90 (noventa) dias de sua instalação, submeterá ao Poder Legislativo projeto de lei que institucionalize o crédito rural, regule seu campo específico e caracterize as modalidades de aplicação, indicando as respectivas fontes de recursos.

Parágrafo único. A Comissão Consultiva do Crédito Rural dará assessoramento ao Conselho Monetário Nacional, na elaboração da proposta que estabelecerá a coordenação das instituições existentes ou que venham a ser criadas, com o objetivo de garantir sua melhor utilização e da rede bancária privada na difusão do crédito rural, inclusive com redução de seu custo.

Art. 55. Ficam transferidas ao Banco Central do Brasil as atribuições cometidas por lei ao Ministério da Agricultura, no que concerne à autorização de funcionamento e fiscalização de cooperativas de crédito de qualquer tipo, bem assim da seção de crédito das cooperativas que a tenham.

Art. 56. Ficam extintas a Carteira de Redescontos do Banco do Brasil S.A. e a Caixa de Mobilização Bancária, incorporando-se seus bens, direitos e obrigações ao Banco Central do Brasil.

Parágrafo único. As atribuições e prerrogativas legais da Caixa de Mobilização Bancária passam a ser exercidas pelo Banco Central do Brasil, sem solução de continuidade.

Art. 57. Passam à competência do Conselho Monetário Nacional as atribuições de caráter normativo da legislação cambial vigente e as executivas ao Banco Central do Brasil e ao Banco do Brasil S.A., nos termos desta Lei.

Parágrafo único. Fica extinta a Fiscalização Bancária do Banco do Brasil S.A., passando suas atribuições e prerrogativas legais ao Banco Central do Brasil.

Art. 58. Os prejuízos decorrentes das operações de câmbio concluídas e eventualmente não regularizadas nos termos desta Lei, bem como os das operações de câmbio contratadas e não concluídas até a data de vigência desta Lei, pelo Banco do Brasil S.A., como mandatário do Governo Federal, serão, na medida em que se efetivarem, transferidos ao Banco Central do Brasil, sendo neste registrados como responsabilidade do Tesouro Nacional.

§ 1º Os débitos do Tesouro Nacional perante o Banco Central do Brasil, provenientes das transferências de que trata este artigo, serão regularizados com recursos orçamentários da União.

§ 2º O disposto neste artigo se aplica também aos prejuízos decorrentes de operações de câmbio que outras instituições financeiras federais, de natureza bancária, tenham realizado como mandatárias do Governo Federal.

Art. 59. É mantida, no Banco do Brasil S.A., a Carteira de Comércio Exterior, criada nos termos da Lei 2.145, de 29 de dezembro de 1953, e regulamentada pelo Dec. 42.820, de 16 de dezembro 1957, como órgão executor da política de comércio exterior *(vetado)*.

Art. 60. O valor equivalente aos recursos financeiros que, nos termos desta Lei, passarem à responsabilidade do Banco Central do Brasil, e estejam, na data de sua vigência, em poder do Banco do Brasil S.A., será neste escriturado em conta e em nome do primeiro, considerando-se como suprimento de recursos, nos termos do § 1º do art. 19 desta Lei.

Art. 61. Para cumprir as disposições desta Lei, o Banco do Brasil S.A. tomará providências no sentido de que seja remodelada sua estrutura administrativa, a fim de que possa eficazmente exercer os encargos e executar os serviços que lhe estão reserva-

Lei 4.717/1965

dos, como principal instrumento de execução da política de crédito do Governo Federal.

Art. 62. O Conselho Monetário Nacional determinará providências no sentido de que a transferência de atribuições dos órgãos existentes para o Banco Central do Brasil se processe sem solução de continuidade dos serviços atingidos por esta Lei.

Art. 63. Os mandatos dos primeiros membros do Conselho Monetário Nacional, a que alude o inciso IV do art. 6º desta Lei, serão respectivamente de 6 (seis), 5 (cinco), 4 (quatro), 3 (três), 2 (dois) e 1 (um) anos.

Art. 64. O Conselho Monetário Nacional fixará prazo de até 1 (um) ano de vigência desta Lei para a adaptação das instituições financeiras às disposições desta Lei.

§ 1º Em casos excepcionais o Conselho Monetário Nacional poderá prorrogar até mais de 1 (um) ano o prazo para que seja complementada a adaptação a que se refere este artigo.

§ 2º Será de 1 (um) ano, prorrogável, nos termos do parágrafo anterior, o prazo para cumprimento do estabelecido por força do art. 30 desta Lei.

Art. 65. Esta Lei entrará em vigor 90 (noventa) dias após a data de sua publicação, revogadas as disposições em contrário.

Brasília, 31 de dezembro de 1964; 143º da Independência e 76º da República.

H. Castello Branco

(DOU 31.12.1964)

LEI 4.717, DE 29 DE JUNHO DE 1965

Regula a ação popular.

O Presidente da República:
Faço saber que o Congresso Nacional decreta e eu sanciono a seguinte Lei:

DA AÇÃO POPULAR

Art. 1º Qualquer cidadão será parte legítima para pleitear a anulação ou a declaração de nulidade de atos lesivos ao patrimônio da União, do Distrito Federal, dos Estados e dos Municípios, de entidades autárquicas, de sociedades de economia mista (Constituição, art. 141, § 38), de sociedades mútuas de seguro nas quais a União represente os segurados ausentes, de empresas públicas, de serviços sociais autônomos, de instituições ou fundações para cuja criação ou custeio o tesouro público haja concorrido ou concorra com mais de 50% (cinquenta por cento) do patrimônio ou da receita anual de empresas incorporadas ao patrimônio da União, do Distrito Federal, dos Estados e dos Municípios, e de quaisquer pessoas jurídicas ou entidades subvencionadas pelos cofres públicos.

- Refere-se à CF/1946.
- V. arts. 3º, 4º, 6º e 17.
- V. art. 5º, LXXIII, CF.
- V. art. 17, CPC/2015.
- V. Súmula 365, STF.

§ 1º Consideram-se patrimônio público, para os fins referidos neste artigo, os bens e direitos de valor econômico, artístico, estético, histórico ou turístico.

- § 1º com redação determinada pela Lei 6.513/1977.

§ 2º Em se tratando de instituições ou fundações, para cuja criação ou custeio o tesouro público concorra com menos de 50% (cinquenta por cento) do patrimônio ou da receita ânua, bem como de pessoas jurídicas ou entidades subvencionadas, as consequências patrimoniais da invalidez dos atos lesivos terão por limite a repercussão deles sobre a contribuição dos cofres públicos.

§ 3º A prova da cidadania, para ingresso em juízo, será feita com o título eleitoral, ou com documento que a ele corresponda.

§ 4º Para instruir a inicial, o cidadão poderá requerer às entidades a que se refere este artigo, as certidões e informações que julgar necessárias, bastando para isso indicar a finalidade das mesmas.

§ 5º As certidões e informações, a que se refere o parágrafo anterior, deverão ser fornecidas dentro de 15 (quinze) dias da entrega, sob recibo, dos respectivos requerimentos, e só poderão ser utilizadas para a instrução de ação popular.

- V. art. 8º.

Lei 4.717/1965

Legislação

§ 6º Somente nos casos em que o interesse público, devidamente justificado, impuser sigilo, poderá ser negada certidão ou informação.

• V. art. 7º, I, b.

§ 7º Ocorrendo a hipótese do parágrafo anterior, a ação poderá ser proposta desacompanhada das certidões ou informações negadas, cabendo ao juiz, após apreciar os motivos do indeferimento e salvo em se tratando de razão de segurança nacional, requisitar umas e outras; feita a requisição, o processo correrá em segredo de justiça, que cessará com o trânsito em julgado de sentença condenatória.

Art. 2º São nulos os atos lesivos ao patrimônio das entidades mencionadas no artigo anterior, nos casos de:
a) incompetência;
b) vício de forma;
c) ilegalidade do objeto;
d) inexistência dos motivos;
e) desvio de finalidade.

Parágrafo único. Para a conceituação dos casos de nulidade observar-se-ão as seguintes normas:

a) a incompetência fica caracterizada quando o ato não se incluir nas atribuições legais do agente que o praticou;
b) o vício de forma consiste na omissão ou na observância incompleta ou irregular de formalidades indispensáveis à existência ou seriedade do ato;
c) a ilegalidade do objeto ocorre quando o resultado do ato importa em violação de lei, regulamento ou outro ato normativo;
d) a inexistência dos motivos se verifica quando a matéria de fato ou de direito, em que se fundamenta o ato, é materialmente inexistente ou juridicamente inadequada ao resultado obtido;
e) o desvio de finalidade se verifica quando o agente pratica o ato visando a fim diverso daquele previsto, explícita ou implicitamente, na regra de competência.

Art. 3º Os atos lesivos ao patrimônio das pessoas jurídicas de direito público ou privado, ou das entidades mencionadas no art. 1º, cujos vícios não se compreendam nas especificações do artigo anterior, serão anuláveis, segundo as prescrições legais, enquanto compatíveis com a natureza deles.

Art. 4º São também nulos os seguintes atos ou contratos, praticados ou celebrados por quaisquer das pessoas ou entidades referidas no art. 1º:

I – a admissão ao serviço público remunerado, com desobediência, quanto às condições de habilitação das normas legais, regulamentares ou constantes de instruções gerais;

II – a operação bancária ou de crédito real, quando:

a) for realizada com desobediência a normas legais, regulamentares, estatutárias, regimentais ou internas;
b) o valor real do bem dado em hipoteca ou penhor for inferior ao constante de escritura, contrato ou avaliação.

• V. art. 6º, § 2º.

III – a empreitada, a tarefa e a concessão do serviço público, quando:

a) o respectivo contrato houver sido celebrado sem prévia concorrência pública ou administrativa, sem que essa condição seja estabelecida em lei, regulamento ou norma geral;
b) no edital de concorrência forem incluídas cláusulas ou condições, que comprometam o seu caráter competitivo;
c) a concorrência administrativa for processada em condições que impliquem na limitação das possibilidades normais de competição;

IV – as modificações ou vantagens, inclusive prorrogações que forem admitidas, em favor do adjudicatário, durante a execução dos contratos de empreitada, tarefa e concessão de serviço público, sem que estejam previstas em lei ou nos respectivos instrumentos;

V – a compra e venda de bens móveis ou imóveis, nos casos em que não for cabível concorrência pública ou administrativa, quando:

a) for realizada com desobediência a normas legais regulamentares, ou constantes de instruções gerais;
b) o preço de compra dos bens for superior ao corrente no mercado, na época da operação;

Lei 4.717/1965

LEGISLAÇÃO

c) o preço de venda dos bens for inferior ao corrente no mercado, na época da operação;

VI – a concessão de licença de exportação ou importação, qualquer que seja a sua modalidade, quando:

a) houver sido praticada com violação das normas legais e regulamentares ou de instruções e ordens de serviço;

b) resultar em exceção ou privilégio, em favor de exportador ou importador;

VII – a operação de redesconto quando, sob qualquer aspecto, inclusive o limite de valor, desobedecer a normas legais, regulamentares ou constantes de instruções gerais;

VIII – o empréstimo concedido pelo Banco Central da República, quando:

a) concedido com desobediência de quaisquer normas legais, regulamentares, regimentais ou constantes de instruções gerais;

b) o valor dos bens dados em garantia, na época da operação, for inferior ao da avaliação;

IX – a emissão, quando efetuada sem observância das normas constitucionais, legais e regulamentadoras que regem a espécie.

DA COMPETÊNCIA

Art. 5º Conforme a origem do ato impugnado, é competente para conhecer da ação, processá-la e julgá-la o juiz que, de acordo com a organização judiciária de cada Estado, o for para as causas que interessem à União, ao Distrito Federal, ao Estado ou ao Município.

- V. arts. 108, II, e 109, I, CF.

§ 1º Para fins de competência, equiparam-se a atos da União, do Distrito Federal, do Estado ou dos Municípios os atos das pessoas criadas ou mantidas por essas pessoas jurídicas de direito público, bem como os atos das sociedades de que elas sejam acionistas e os das pessoas ou entidades por elas subvencionadas ou em relação às quais tenham interesse patrimonial.

§ 2º Quando o pleito interessar simultaneamente à União e a qualquer outra pessoa ou entidade, será competente o juiz das causas da União, se houver; quando interessar simultaneamente ao Estado e ao Município, será competente o juiz das causas do Estado, se houver.

§ 3º A propositura da ação prevenirá a jurisdição do juízo para todas as ações, que forem posteriormente intentadas contra as mesmas partes e sob os mesmos fundamentos.

§ 4º Na defesa do patrimônio público caberá a suspensão liminar do ato lesivo impugnado.

- § 4º acrescentado pela Lei 6.513/1977.

DOS SUJEITOS PASSIVOS DA AÇÃO E DOS ASSISTENTES

Art. 6º A ação será proposta contra as pessoas públicas ou privadas e as entidades referidas no art. 1º, contra as autoridades, funcionários ou administradores que houverem autorizado, aprovado, ratificado ou praticado o ato impugnado, ou que, por omissão, tiverem dado oportunidade à lesão, e contra os beneficiários diretos do mesmo.

§ 1º Se não houver beneficiário direto do ato lesivo, ou se for ele indeterminado ou desconhecido, a ação será proposta somente contra as outras pessoas indicadas neste artigo.

§ 2º No caso de que trata o inciso II, b, do art. 4º, quando o valor real do bem for inferior ao da avaliação, citar-se-ão como réus, além das pessoas públicas ou privadas e entidades referidas no art. 1º, apenas os responsáveis pela avaliação inexata e os beneficiários da mesma.

§ 3º A pessoa jurídica de direito público ou de direito privado, cujo ato seja objeto de impugnação, poderá abster-se de contestar o pedido, ou poderá atuar ao lado do autor, desde que isso se afigure útil ao interesse público, a juízo do respectivo representante legal ou dirigente.

§ 4º O Ministério Público acompanhará a ação, cabendo-lhe apressar a produção da prova e promover a responsabilidade, civil ou criminal, dos que nela incidirem, sendo-lhe vedado, em qualquer hipótese, assumir

Legislação

a defesa do ato impugnado ou dos seus autores.

• V. art. 25, IV, *b*, Lei 8.625/1993 (Lei Orgânica Nacional do Ministério Público).

§ 5º É facultado a qualquer cidadão habilitar-se como litisconsorte ou assistente do autor da ação popular.

• V. arts. 113 a 124, CPC/2015.

DO PROCESSO

Art. 7º A ação obedecerá ao procedimento ordinário, previsto no Código de Processo Civil, observadas as seguintes normas modificativas:

• V. arts. 319 a 496, CPC/2015.

I – Ao despachar a inicial, o juiz ordenará:

a) além da citação dos réus, a intimação do representante do Ministério Público;

b) a requisição às entidades indicadas na petição inicial, dos documentos que tiverem sido referidos pelo autor (art. 1º, § 6º), bem como a de outros que se lhe afigurem necessários ao esclarecimento dos fatos, fixando prazo de 15 (quinze) a 30 (trinta) dias para o atendimento.

• V. art. 8º.

§ 1º O representante do Ministério Público providenciará para que as requisições, a que se refere o inciso anterior, sejam atendidas dentro dos prazos fixados pelo juiz.

§ 2º Se os documentos e informações não puderem ser oferecidos nos prazos assinalados, o juiz poderá autorizar prorrogação dos mesmos, por prazo razoável.

II – Quando o autor preferir, a citação dos beneficiários far-se-á por edital com o prazo de 30 (trinta) dias, afixado na sede do juízo e publicado três vezes no jornal oficial do Distrito Federal, ou da Capital do Estado ou Território em que seja ajuizada a ação. A publicação será gratuita e deverá iniciar-se no máximo de 3 (três) dias após a entrega, na repartição competente, sob protocolo, de uma via autenticada do mandado.

• V. art. 9º.

III – Qualquer pessoa, beneficiada ou responsável pelo ato impugnado, cuja existência ou identidade se torne conhecida no curso do processo e antes de proferida sentença final de primeira instância, deverá ser citada para a integração do contraditório, sendo-lhe restituído o prazo para contestação e produção de provas. Salvo quanto a beneficiário, se a citação se houver feito na forma do inciso anterior.

IV – O prazo de contestação é de 20 (vinte) dias prorrogáveis por mais 20 (vinte), a requerimento do interessado, se particularmente difícil a produção de prova documental, e será comum a todos os interessados, correndo da entrega em cartório do mandado cumprido, ou, quando for o caso, do decurso do prazo assinado em edital.

V – Caso não requerida, até o despacho saneador, a produção de prova testemunhal ou pericial, o juiz ordenará vista às partes por 10 (dez) dias, para alegações, sendo-lhe os autos conclusos, para sentença, 48 (quarenta e oito) horas após a expiração desse prazo; havendo requerimento de prova, o processo tomará o rito ordinário.

VI – A sentença, quando não prolatada em audiência de instrução e julgamento, deverá ser proferida dentro de 15 (quinze) dias do recebimento dos autos pelo juiz.

Parágrafo único. O proferimento da sentença além do prazo estabelecido privará o juiz da inclusão em lista de merecimento para promoção, durante 2 (dois) anos, e acarretará a perda, para efeito de promoção por antiguidade, de tantos dias, quantos forem os do retardamento; salvo motivo justo, declinado nos autos e comprovado perante o órgão disciplinar competente.

Art. 8º Ficará sujeita à pena de desobediência, salvo motivo justo devidamente comprovado, a autoridade, o administrador ou o dirigente, que deixar de fornecer, no prazo fixado no art. 1º, § 5º, ou naquele que tiver sido estipulado pelo juiz (art. 7º, n. I, letra *b*), informações e certidão ou fotocópia de documentos necessários à instrução da causa.

• V. art. 330, CP.

Parágrafo único. O prazo contar-se-á do dia em que entregue, sob recibo, o requerimento do interessado ou o ofício de requisição (art. 1º, § 5º, e art. 7º, n. I, letra *b*).

Lei 4.717/1965

Art. 9º Se o autor desistir da ação ou der motivo à absolvição da instância, serão publicados editais nos prazos e condições previstos no art. 7º, inciso II, ficando assegurado a qualquer cidadão bem como ao representante do Ministério Público, dentro do prazo de 90 (noventa) dias da última publicação feita, promover o prosseguimento da ação.

Art. 10. As partes só pagarão custas e preparo a final.

Art. 11. A sentença que julgando procedente a ação popular decretar a invalidade do ato impugnado, condenará ao pagamento de perdas e danos os responsáveis pela sua prática e os beneficiários dele, ressalvada a ação regressiva contra os funcionários causadores de dano, quando incorrerem em culpa.

Art. 12. A sentença incluirá sempre, na condenação dos réus, o pagamento, ao autor, das custas e demais despesas judiciais e extrajudiciais, diretamente relacionadas com a ação e comprovadas, bem como o dos honorários de advogado.

- V. art. 5º, LXXIII, CF.
- V. art. 4º, IV, Lei 9.289/1996 (Custas na Justiça Federal).

Art. 13. A sentença que, apreciando o fundamento de direito do pedido, julgar a lide manifestamente temerária, condenará o autor ao pagamento do décuplo das custas.

- V. art. 5º, LXXIII, CF.

Art. 14. Se o valor da lesão ficar provado no curso da causa, será indicado na sentença; se depender de avaliação ou perícia, será apurado na execução.

§ 1º Quando a lesão resultar da falta ou isenção de qualquer pagamento, a condenação imporá o pagamento devido, com acréscimo de juros de mora e multa legal ou contratual, se houver.

- V. art. 240, *caput*, CPC/2015.
- V. arts. 405 e 407, CC.

§ 2º Quando a lesão resultar da execução fraudulenta, simulada ou irreal de contratos, a condenação versará sobre a reposição do débito, com juros de mora.

§ 3º Quando o réu condenado perceber dos cofres públicos, a execução far-se-á por desconto em folha até o integral ressarcimento do dano causado, se assim mais convier ao interesse público.

§ 4º A parte condenada a restituir bens ou valores ficará sujeita a sequestro e penhora, desde a prolação da sentença condenatória.

- V. arts. 831 a 875, CPC/2015.

Art. 15. Se, no curso da ação, ficar provada a infringência da lei penal, ou a prática de falta disciplinar a que a lei comine a pena de demissão ou a de rescisão do contrato de trabalho, o juiz, *ex officio*, determinará a remessa de cópia autenticada das peças necessárias às autoridades ou aos administradores a quem competir aplicar a sanção.

Art. 16. Caso decorridos 60 (sessenta) dias da publicação da sentença condenatória de segunda instância, sem que o autor ou terceiro promova a respectiva execução, o representante do Ministério Público a promoverá nos 30 (trinta) dias seguintes, sob pena de falta grave.

Art. 17. É sempre permitido às pessoas ou entidades referidas no art. 1º, ainda que hajam contestado a ação, promover, em qualquer tempo, e no que as beneficiar, a execução da sentença contra os demais réus.

Art. 18. A sentença terá eficácia de coisa julgada oponível *erga omnes*, exceto no caso de haver sido a ação julgada improcedente por deficiência de prova; neste caso, qualquer cidadão poderá intentar outra ação com idêntico fundamento, valendo-se de nova prova.

Art. 19. A sentença que concluir pela carência ou pela improcedência da ação está sujeita ao duplo grau de jurisdição, não produzindo efeito senão depois de confirmada pelo tribunal; da que julgar a ação procedente, caberá apelação, com efeito suspensivo.

- Artigo com redação determinada pela Lei 6.014/1973.

Lei 4.728/1965

LEGISLAÇÃO

§ 1º Das decisões interlocutórias cabe agravo de instrumento.

* V. arts. 994, II, 1.015 a 1.020, 932 e 995, CPC/2015.

§ 2º Das sentenças e decisões proferidas contra o autor da ação e suscetíveis de recurso, poderá recorrer qualquer cidadão e também o Ministério Público.

* V. art. 19.

DISPOSIÇÕES GERAIS

Art. 20. Para os fins desta Lei, consideram-se entidades autárquicas:

a) o serviço estatal descentralizado com personalidade jurídica, custeado mediante orçamento próprio, independente do orçamento geral;

b) as pessoas jurídicas especialmente instituídas por lei, para a execução de serviços de interesse público ou social, custeados por tributos de qualquer natureza ou por outros recursos oriundos do Tesouro Público;

c) as entidades de direito público ou privado a que a lei tiver atribuído competência para receber e aplicar contribuições parafiscais.

Art. 21. A ação prevista nesta Lei prescreve em 5 (cinco) anos.

Art. 22. Aplicam-se à ação popular as regras do Código de Processo Civil, naquilo em que não contrariem os dispositivos desta Lei, nem a natureza específica da ação.

Brasília, 29 de junho de 1965; 144º da Independência e 77º da República.

H. Castello Branco

(*DOU* 05.07.1965)

LEI 4.728,
DE 14 DE JULHO DE 1965

Disciplina o mercado de capitais e estabelece medidas para o seu desenvolvimento.

O Presidente da República:

Faço saber que o Congresso Nacional decreta e eu sanciono a seguinte Lei:

[...]

Seção XIV
Alienação Fiduciária em Garantia no Âmbito do Mercado Financeiro e de Capitais

* Rubrica da Seção com redação determinada pela Lei 10.931/2004.
* V. arts. 1.361 a 1.368-A, CC.

Art. 66. *(Revogado pela Lei 10.931/2004.)*

Art. 66-A. *(Revogado pela Lei 10.931/2004.)*

Art. 66-B. O contrato de alienação fiduciária celebrado no âmbito do mercado financeiro e de capitais, bem como em garantia de créditos fiscais e previdenciários, deverá conter, além dos requisitos definidos na Lei 10.406, de 10 de janeiro de 2002 – Código Civil, a taxa de juros, a cláusula penal, o índice de atualização monetária, se houver, e as demais comissões e encargos.

* Artigo acrescentado pela Lei 10.931/2004.

§ 1º Se a coisa objeto de propriedade fiduciária não se identifica por números, marcas e sinais no contrato de alienação fiduciária, cabe ao proprietário fiduciário o ônus da prova, contra terceiros, da identificação dos bens do seu domínio que se encontram em poder do devedor.

§ 2º O devedor que alienar, ou der em garantia a terceiros, coisa que já alienara fiduciariamente em garantia, ficará sujeito à pena prevista no art. 171, § 2º, I, do Código Penal.

§ 3º É admitida a alienação fiduciária de coisa fungível e a cessão fiduciária de direitos sobre coisas móveis, bem como de títulos de crédito, hipóteses em que, salvo disposição em contrário, a posse direta e indireta do bem objeto da propriedade fiduciária ou do título representativo do direito ou do crédito é atribuída ao credor, que, em caso de inadimplemento ou mora da obrigação garantida, poderá vender a terceiros o bem objeto da propriedade fiduciária independente de leilão, hasta pública ou qualquer outra medida judicial ou extrajudicial, devendo aplicar o preço da venda no pagamento do seu crédito e das despesas decorrentes da realização da garantia, entregando ao devedor o saldo, se houver, acompanhado do demonstrativo da operação realizada.

§ 4º No tocante à cessão fiduciária de direitos sobre coisas móveis ou sobre títulos de crédito aplica-se, também, o disposto nos arts. 18 a 20 da Lei 9.514, de 20 de novembro de 1997.

§ 5º Aplicam-se à alienação fiduciária e à cessão fiduciária de que trata esta Lei os arts. 1.421, 1.425, 1.426, 1.435 e 1.436 da Lei 10.406, de 10 de janeiro de 2002.

§ 6º Não se aplica à alienação fiduciária e à cessão fiduciária de que trata esta Lei o disposto no art. 644 da Lei 10.406, de 10 de janeiro de 2002.

[...]

Art. 83. A presente Lei entra em vigor na data de sua publicação.

Art. 84. Revogam-se as disposições em contrário.

Brasília, 14 de julho de 1965; 144º da Independência e 77º da República.

H. Castello Branco

(DOU 16.07.1965)

DECRETO 56.826,
DE 2 DE SETEMBRO DE 1965

Promulga a Convenção sobre prestação de alimentos no estrangeiro.

O Presidente da República,

Havendo o Congresso Nacional aprovado pelo Decreto Legislativo 10, de 1953, a Convenção sobre prestação de alimentos no estrangeiro, assinada pelo Brasil a 31 de dezembro de 1956;

Havendo a referida Convenção entrado em vigor, para o Brasil, a 14 de dezembro de 1960, trinta dias após o depósito do instrumento brasileiro de ratificação junto ao Secretário-Geral das Nações Unidas realizado a 14 de novembro de 1960;

E havendo a Procuradoria-Geral do Distrito Federal assumido no Brasil as funções de Autoridade Remetente e Instituição Intermediária, previstos nos parágrafos 1 e 2 do artigo 2 da Convenção, decreta:

Que a mesma apensa por cópia ao presente decreto, seja executada e cumprida tão inteiramente como nela se contém.

Brasília, 2 de setembro de 1965; 144º da Independência e 77º da República.

H. Castello Branco

(DOU 08.09.1965)

CONVENÇÃO SOBRE A PRESTAÇÃO DE ALIMENTOS NO ESTRANGEIRO

Preâmbulo

Considerando a urgência de uma solução para o problema humanitário surgido pela situação das pessoas sem recursos que dependem, para o seu sustento, de pessoas no estrangeiro,

Considerando que, no estrangeiro, a execução de ações sobre prestação de alimentos ou o cumprimento de decisões relativas ao assunto suscita sérias dificuldades legais e práticas, dispostas a prover os meios que permitam resolver estes problemas e vencer estas dificuldades, as Partes Contratantes convieram nas seguintes disposições:

Artigo I
Objeto de Convenção

1. A presente Convenção tem como objeto facilitar a uma pessoa, doravante designada como demandante, que se encontra no território de uma das Partes Contratantes, a obtenção de alimentos aos quais pretende ter direito por parte de outra pessoa, doravante designada como demandado, que se encontra sob jurisdição de outra Parte Contratante. Os organismos utilizados para este fim serão doravante designados como Autoridades Remetentes e Instituições Intermediárias.

2. Os meios jurídicos previstos na presente Convenção completarão, sem os substituir, quaisquer outros meios jurídicos existentes em direito interno ou internacional.

Artigo II
Designação das Instituições

1. Cada Parte Contratante designará, no momento do depósito do instrumento de ratificação ou de adesão, uma ou mais autoridades administrativas ou judiciárias que

exercerão em seu território as funções de Autoridades Remetentes.

2. Cada Parte Contratante designará, no momento do depósito do instrumento de ratificação ou adesão, um organismo público ou particular que exercerá em seu território as funções de Instituição Intermediária.

3. Cada Parte Contratante comunicará, sem demora, ao Secretário-Geral das Nações Unidas, as designações feitas de acordo com as disposições dos parágrafos 1 e 2, bem como qualquer modificação a respeito.

4. As Autoridades Remetentes e as Instituições Intermediárias poderão entrar em contato direto com as Autoridades Remetentes e as Instituições Intermediárias das outras Partes Contratantes.

Artigo III
Apresentação do Pedido à Autoridade Remetente

1. Se o demandante se encontrar no território de uma Parte Contratante, doravante designada como o Estado do demandante, e o demandante se encontrar sob a jurisdição de outra Parte Contratante, doravante designada como o Estado do demandado, o primeiro poderá encaminhar um pedido a uma Autoridade Remetente do Estado onde se encontrar para obter alimentos da parte do demandado.

2. Cada Parte Contratante informará o Secretário-Geral dos elementos de prova normalmente exigidos pela lei do Estado da Instituição Intermediária para justificar os pedidos de prestação de alimentos, assim como das condições em que estes elementos devem ser apresentados para serem admissíveis e das outras condições estabelecidas por lei.

3. O pedido deverá ser acompanhado de todos os documentos pertinentes, inclusive, se necessário for, de uma procuração que autorize a Instituição Intermediária a agir em nome do demandante ou a designar uma pessoa habilitada para o fazer; deverá ser igualmente, acompanhado de uma fotografia do demandante e, se possível, de uma fotografia do demandado.

4. A Autoridade Remetente tomará todas as medidas que estiverem ao seu alcance para assegurar o cumprimento dos requisitos exigidos pela lei do Estado da Instituição Intermediária; ressalvadas as disposições desta lei, o pedido incluirá as seguintes informações:

a) Nome e prenomes, endereços, data de nascimento, nacionalidade e profissão do demandante, bem como, se necessário for, nome e endereço de seu representante legal;
b) Nome e prenomes do demandado e, na medida em que o demandante deles tiver conhecimento, os seus endereços sucessivos durante os cinco últimos anos, sua data de nascimento, sua nacionalidade e sua profissão;
c) Uma exposição pormenorizada dos motivos nos quais for baseado o pedido, o objeto deste e quaisquer outras informações pertinentes, inclusive as relativas à situação econômica e familiar do demandante e do demandado.

Artigo IV
Transmissão de documentos

1. A Autoridade Remetente transmitirá os documentos à Instituição Intermediária designada pelo Estado do demandado, a menos que considere que o pedido não foi formulado de boa-fé.

2. Antes de transmitir os documentos a Autoridade Remetente certificar-se-á de que estes últimos se encontram, pela lei do Estado do demandante, em boa e devida forma.

3. A Autoridade Remetente poderá manifestar a Instituição Intermediária sua opinião sobre o mérito do pedido e recomendar que se conceda ao demandante assistência judiciária gratuita e isenção de custos.

Artigo V
Transmissão de Sentenças e outros Atos Judiciários

1. A Autoridade Remetente transmitirá, a pedido do demandante e em conformidade com as disposições com o artigo IV, qualquer decisão, em matéria de alimento, provisória ou definitiva ou qualquer outro ato judiciário emanado, em favor do de-

mandante, de tribunal competente de uma das Partes Contratantes, e, se necessário e possível, o relatório dos debates durante os quais esta decisão tenha sido tomada.

2. As decisões e atos judiciários referidos no parágrafo precedente poderão substituir ou completar os documentos mencionados no artigo III.

3. O procedimento previsto no artigo VI poderá incluir, conforme a lei do Estado do demandado, o exequatur ou o registro, ou ainda uma nova ação, baseada na decisão transmitida em virtude das disposições do parágrafo 1.

Artigo VI
Funções da Instituição Intermediária

1. A Instituição Intermediária, atuando dentro dos limites dos poderes conferidos pelo demandante, tomará, em nome deste, quaisquer medidas apropriadas para assegurar a prestação dos alimentos. Ela poderá, igualmente, transigir e, quando necessário, iniciar e prosseguir uma ação alimentar e fazer executar qualquer sentença, decisão ou outro ato judiciário.

2. A Instituição Intermediária manterá a Autoridade Remetente informada e, se não puder atuar, a notificará das razões e lhe devolverá a documentação.

3. Não obstante qualquer disposição da presente Convenção, a lei que regerá as ações mencionadas e qualquer questão conexa será a do Estado do demandado, inclusive em matéria de direito internacional privado.

Artigo VII
Cartas Rogatórias

Se a lei das duas Partes Contratantes interessadas admitir cartas rogatórias serão aplicáveis as seguintes disposições:

a) O tribunal ao qual tiver sido submetida a ação alimentar poderá, para obter documentos ou outras provas, pedir a execução de uma carta rogatória, seja ao tribunal competente da outra Parte Contratante em cujo território a carta deverá ser executada.

b) A fim de que as Partes possam assistir a este procedimento ou nele se fazer representar, a autoridade referida deverá informar a Autoridade Remetente e a Instituição Intermediária interessadas, bem como o demandado, da data e do lugar em que se procederá à medida solicitada.

c) A carta rogatória deverá ser executada com toda a diligência desejada; se não houver sido executada dentro de um período de quatro meses a partir da data do recebimento da carta pela autoridade requerida, a autoridade requerente deverá ser informada das razões da não execução ou do atraso.

d) A execução da carta rogatória não poderá dar lugar ao reembolso de taxas ou de despesas de qualquer natureza.

e) Só poderá negar se a execução da carta rogatória:

1) Se a autenticidade do documento não tiver sido provada.

2) Se a Parte Contratante em cujo território a carta rogatória deverá ser executada, julgar que esta última comprometeria a sua soberania ou a sua segurança.

Artigo VIII
Modificação das Decisões Judiciárias

As disposições da presente Convenção serão igualmente aplicáveis aos pedidos de modificação das decisões judiciárias sobre prestação de alimentos.

Artigo IX
Isenções e Facilidades

1. Nos procedimentos previstos na presente Convenção, os demandantes gozarão do tratamento e das isenções de custos e de despesas concedidas aos demandantes residentes no Estado em cujo território for proposta a ação.

2. Dos demandantes estrangeiros ou não residentes não poderá ser exigida uma caução *judicatum solvi*, ou qualquer outro pagamento ou depósito para garantir a cobertura das despesas.

Dec. 56.826/1965

3. As autoridades remetentes e as Instituições intermediárias não poderão perceber remuneração alguma pelos serviços que prestarem em conformidade com as disposições da presente Convenção.

Artigo X
Transferência de Fundos

As Partes Contratantes cuja lei imponha restrições à transferência de fundos para o estrangeiro, concederão a máxima prioridade à transferência de fundos destinados ao pagamento de alimentos ou à cobertura das despesas ocasionadas por qualquer procedimento judicial previsto na presente Convenção.

Artigo XI
Cláusula Federal

No caso de um Estado Federal ou não unitário, serão aplicadas as seguintes disposições:

a) No que concerne aos artigos da presente Convenção cuja execução dependa da ação legislativa do poder legislativo federal, as obrigações do Governo Federal serão, nesta medida, as mesmas que as das Partes que não são Estados federais;

b) No que concerne aos artigos da presente Convenção cuja a aplicação dependa da ação legislativa de cada um dos Estados, províncias ou cantões constitutivos e que não estejam, em virtude do sistema constitucional da Federação, obrigados a tomar medidas legislativas, o Governo Federal levará, no mais breve possível e com parecer favorável, os artigos mencionados ao conhecimento das autoridades competentes dos Estados províncias ou cantões;

c) Todo Estado federal que seja Parte na Presente Convenção fornecerá, a pedido de qualquer outra Parte Contratante lhe tenha sido transmitido pelo Secretário-Geral, um relato da legislação e das práticas em vigor na Federação e nas suas unidades constitutivas, no que concerne a determinada disposição da Convenção, indicando a medida em que, por uma ação legislativa ou outra, tal disposição tenha sido aplicada.

Artigo XII
Aplicação Territorial

As disposições da presente Convenção serão aplicadas, nas mesmas condições, aos territórios não autônomos, sob tutela e a qualquer território representado, no plano internacional, por uma Parte Contratante a menos que esta última, ao ratificar a presente Convenção ou a ela aderir, declare que esta não se aplicará a determinado território ou territórios que estejam nestas condições. Qualquer Parte Contratante que tenha feito esta declaração poderá ulteriormente, a qualquer momento, por notificação ao Secretário-Geral, estender a aplicação da Convenção aos territórios assim excluídos ou a qualquer um dentre eles.

Artigo XIII
Assinatura, Ratificação e Adesão

1. A presente Convenção ficará aberta, até 31 de dezembro de 1956, à assinatura de qualquer Estado-Membro da Organização das Nações Unidas, de qualquer Estado não membro que seja Parte no Estatuto da Corte Internacional de Justiça ou membro de uma agência especializada assim de como qualquer outro Estado não membro convidado, pelo Conselho Econômico e Social, a se tornar parte na Convenção.

2. A presente Convenção será ratificada. Os instrumentos de ratificação serão depositados em poder do Secretário-Geral.

3. Qualquer um dos Estados mencionados no parágrafo 1 do presente artigo poderá, a qualquer momento, aderir à presente Convenção. Os instrumentos de adesão serão depositados em poder do Secretário-Geral.

Artigo XIV
Entrada em Vigor

1. A presente Convenção entrará em vigor no trigésimo dia seguinte à data do depósito do terceiro instrumento de ratificação ou de adesão, efetuado em conformidade com as disposições do art. XIII.

Dec. 56.826/1965

LEGISLAÇÃO

2. Para cada um dos Estados que ratificarem ou que a ela aderirem depois do depósito do terceiro instrumento de ratificação ou de adesão, a Convenção entrará em vigor no trigésimo dia seguinte à data do depósito, por este Estado, do seu instrumento de ratificação ou de adesão.

Artigo XV
Denúncia

1. Qualquer Parte Contratante poderá denunciar a presente Convenção, por notificação dirigida ao Secretário-Geral. A denúncia poderá igualmente se aplicar a todos ou a um dos territórios mencionados no art. XII.
2. A denúncia entrará em vigor um ano após a data em que o Secretário-Geral tiver recebido a notificação, com exceção das questões que estiverem sendo tratadas no momento em que ela se tornar efetiva.

Artigo XVI
Solução de Controvérsias

Se surgir entre quaisquer das Partes Contratantes uma controvérsia relativa a interpretação ou à aplicação da presente Convenção, e se esta controvérsia não tiver sido resolvida por outros meios, será submetida à Corte Internacional da Justiça, seja por notificação de um acordo especial, seja a pedido de uma das partes na controvérsia.

Artigo XVII
Reservas

1. Se, no momento da assinatura, da ratificação ou da adesão, um Estado fizer uma reserva a um dos artigos da presente Convenção, o Secretário-Geral comunicará o texto da reserva às demais Partes Contratantes e aos outros Estados referidos no art. XIII; Qualquer Parte Contratante que não aceitar a reserva mencionada poderá, num prazo de noventa dias a contar da data desta comunicação, notificar ao Secretário-Geral que não aceita a reserva e neste caso, a convenção não entrará em vigor entre o Estado que apresentar a objeção e o Estado autor da reserva. Qualquer Estado que posteriormente, aderir à Convenção poderá, no momento do depósito do instrumento de adesão, efetuar uma notificação deste gênero.

2. Uma Parte Contratante poderá, a qualquer momento, retirar uma reserva que tenha formulado anteriormente, e deverá notificar esta decisão ao Secretário-Geral.

Artigo XVIII
Reciprocidade

Uma Parte Contratante poderá invocar as disposições da presente Convenção contra outras Partes Contratantes somente na medida em que ela mesma estiver obrigada pela Convenção.

Artigo XIX
Notificações do
Secretário-Geral

O Secretário-Geral notificará a todos os Estados-Membros das Nações Unidas e aos Estados não membros referidos no art. XIII:
a) As comunicações previstas no § 3º do art. II;
b) As informações recebidas em conformidade com as disposições do § 2º do art. III;
c) As declarações e notificações feitas em conformidade com as disposições do art. XII;
d) As assinaturas, ratificações e adesões feitas em conformidade com as disposições do art. XIII;
e) A data na qual a Convenção entrou em vigor, em conformidade com o § 1º do art. XIV;
f) As denúncias feitas em conformidade com as disposições do § 1º do art. XV;
g) As reservas e notificações feitas em conformidade com as disposições do art. XVII.
2. O Secretário-Geral notificará a todas as partes Contratantes os pedidos de revisão, bem como as respostas aos mesmos, enviadas em virtude do art. XX.

Artigo XX

1. Qualquer Parte Contratante poderá pedir a qualquer momento por notificação dirigida ao Secretário-Geral, a revisão da presente Convenção.
2. O Secretário-Geral transmitirá esta notificação a cada uma das Partes Contratantes, pedindo-lhes que lhe comuniquem, dentro de um prazo de quatro meses, se desejam a reunião de uma conferência para examinar a revisão proposta. Se a maioria da Partes Contratantes responder afir-

mativamente, o Secretário-Geral convocará esta conferência.

Artigo XXI
Depósito da Convenção e Línguas

O original da presente Convenção, cujos textos nas línguas inglesa, chinesa, espanhola, francesa e russa fazem igualmente fé, será depositado em poder do Secretário-Geral que enviará cópias autenticadas a todos os Estados referidos no art. XIII.

LEI 4.886, DE 9 DE DEZEMBRO DE 1965

Regula as atividades dos representantes comerciais autônomos.

O Presidente da República:
Faço saber que o Congresso Nacional decreta e eu sanciono a seguinte Lei:

Art. 1º Exerce a representação comercial autônoma a pessoa jurídica ou a pessoa física, sem relação de emprego, que desempenha, em caráter não eventual por conta de uma ou mais pessoas, a mediação para a realização de negócios mercantis, agenciando propostas ou pedidos, para transmiti-los aos representados, praticando ou não atos relacionados com a execução dos negócios.

• V. arts. 710 a 721, CC.

Parágrafo único. Quando a representação comercial incluir poderes atinentes ao mandato mercantil, serão aplicáveis, quanto ao exercício deste, os preceitos próprios da legislação comercial.

Art. 2º É obrigatório o registro dos que exerçam a representação comercial autônoma nos Conselhos Regionais criados pelo art. 6º desta Lei.

Parágrafo único. As pessoas que, na data da publicação da presente Lei, estiverem no exercício da atividade, deverão registrar-se nos Conselhos Regionais, no prazo de 90 (noventa) dias a contar da data em que estes forem instalados.

Art. 3º O candidato a registro, como representante comercial, deverá apresentar:
a) prova de identidade;
b) prova de quitação com o serviço militar, quando a ele obrigado;
c) prova de estar em dia com as exigências da legislação eleitoral;
d) folha corrida de antecedentes, expedida pelos cartórios criminais das comarcas em que o registrado houver sido domiciliado nos últimos 10 (dez) anos;
e) quitação com o Imposto Sindical.
§ 1º O estrangeiro é desobrigado da apresentação dos documentos constantes das alíneas *b* e *c* deste artigo.
§ 2º Nos casos de transferência ou de exercício simultâneo da profissão, em mais de uma região, serão feitas as devidas anotações na carteira profissional do interessado, pelos respectivos Conselhos Regionais.
§ 3º As pessoas jurídicas deverão fazer prova de sua existência legal.

Art. 4º Não pode ser representante comercial:
a) o que não pode ser comerciante;
b) o falido não reabilitado;

• V. art. 176, Lei 11.101/2005 (Lei de Recuperação de Empresas e Falência).

c) o que tenha sido condenado por infração penal de natureza infamante, tais como falsidade, estelionato, apropriação indébita, contrabando, roubo, furto, lenocínio ou crimes também punidos com a perda de cargo público;
d) o que estiver com seu registro comercial cancelado como penalidade.

Art. 5º Somente será devida remuneração, como mediador de negócios comerciais, a representante comercial devidamente registrado.

Art. 6º São criados o Conselho Federal e os Conselhos Regionais dos Representantes Comerciais, aos quais incumbirá a fiscalização do exercício da profissão, na forma desta Lei.

Parágrafo único. É vedado, aos Conselhos Federal e Regionais dos Representantes Comerciais, desenvolverem quaisquer atividades não compreendidas em suas finalidades previstas nesta Lei, inclusive as de caráter político e partidárias.

Art. 7º O Conselho Federal instalar-se-á dentro de 90 (noventa) dias, a contar da vigência da presente Lei, no Estado da Guanabara, onde funcionará provisoriamente,

Lei 4.886/1965

LEGISLAÇÃO

transferindo-se para a Capital da República, quando estiver em condições de fazê-lo a juízo da maioria dos Conselhos Regionais.

* A Lei Complementar 20/1974 ordenou a fusão dos Estados do Rio de Janeiro e da Guanabara, constituindo-se o atual Estado do Rio de Janeiro.

§ 1º O Conselho Federal será presidido por um dos seus membros, na forma que dispuser o Regimento Interno do Conselho, cabendo-lhe, além do próprio voto, o de qualidade, no caso de empate.

§ 2º A renda do Conselho Federal será constituída de 20% (vinte por cento) da renda bruta dos Conselhos Regionais.

Art. 8º O Conselho Federal será composto de representantes comerciais de cada Estado, eleitos pelos Conselhos Regionais, dentre seus membros, cabendo a cada Conselho Regional a escolha de dois delegados.

Art. 9º Compete ao Conselho Federal determinar o número dos Conselhos Regionais, o qual não poderá ser superior a um por Estado, Território Federal e Distrito Federal e estabelecer-lhes as bases territoriais.

Art. 10. Compete, privativamente, ao Conselho Federal:

I – elaborar o seu regimento interno;

* Primitiva alínea *a* renumerada pela Lei 12.246/2010.

II – dirimir as dúvidas suscitadas pelos Conselhos Regionais;

* Primitiva alínea *b* renumerada pela Lei 12.246/2010.

III – aprovar os regimentos internos dos Conselhos Regionais;

* Primitiva alínea *c* renumerada pela Lei 12.246/2010.

IV – julgar quaisquer recursos relativos às decisões dos Conselhos Regionais;

* Primitiva alínea *d* renumerada pela Lei 12.246/2010.

V – baixar instruções para a fiel observância da presente Lei;

* Primitiva alínea *e* renumerada pela Lei 12.246/2010.

VI – elaborar o Código de Ética Profissional;

* Primitiva alínea *f* renumerada pela Lei 12.246/2010.

VII – resolver os casos omissos.

* Primitiva alínea *g* renumerada pela Lei 12.246/2010.

VIII – fixar, mediante resolução, os valores das anuidades e emolumentos devidos pelos representantes comerciais, pessoas físicas e jurídicas, aos Conselhos Regionais dos Representantes Comerciais nos quais estejam registrados, observadas as peculiaridades regionais e demais situações inerentes à capacidade contributiva da categoria profissional nos respectivos Estados e necessidades de cada entidade, e respeitados os seguintes limites máximos:

* Inciso VIII acrescentado pela Lei 12.246/2010.

a) anuidade para pessoas físicas – até R$ 300,00 (trezentos reais);

b) (Vetada.)

c) anuidade para pessoas jurídicas, de acordo com as seguintes classes de capital social:

1. de R$ 1,00 (um real) a R$ 10.000,00 (dez mil reais) – até R$ 350,00 (trezentos e cinquenta reais);

2. de R$ 10.000,01 (dez mil reais e um centavo) a R$ 50.000,00 (cinquenta mil reais) – até R$ 420,00 (quatrocentos e vinte reais);

3. de R$ 50.000,01 (cinquenta mil reais e um centavo) a R$ 100.000,00 (cem mil reais) – até R$ 504,00 (quinhentos e quatro reais);

4. de R$ 100.000,01 (cem mil reais e um centavo) a R$ 300.000,00 (trezentos mil reais) – até R$ 604,00 (seiscentos e quatro reais);

5. de R$ 300.000,01 (trezentos mil reais e um centavo) a R$ 500.000,00 (quinhentos mil reais) – até R$ 920,00 (novecentos e vinte reais);

6. acima de R$ 500.000,00 (quinhentos mil reais) – até R$ 1.370,00 (mil, trezentos e setenta reais);

d) (Vetada.)

e) (Vetada.)

§ 1º *(Suprimido pela Lei 8.420/1992.)*

* Anterior parágrafo único renumerado pela Lei 12.246/2010.

§ 2º Os valores correspondentes aos limites máximos estabelecidos neste artigo serão corrigidos anualmente pelo índice oficial de preços ao consumidor.

* § 2º acrescentado pela Lei 12.246/2010.

§ 3º O pagamento da anuidade será efetuado pelo representante comercial, pessoa física ou jurídica, até o dia 31 de março de cada ano, com desconto de 10% (dez por cento), ou em até 3 (três) parcelas, sem descontos, vencendo-se a primeira em 30 de abril, a segunda em 31 de agosto e a terceira em 31 de dezembro de cada ano.

• § 3º acrescentado pela Lei 12.246/2010.

§ 4º Ao pagamento antecipado será concedido desconto de 20% (vinte por cento) até 31 de janeiro e 15% (quinze por cento) até 28 de fevereiro de cada ano.

• § 4º acrescentado pela Lei 12.246/2010.

§ 5º As anuidades que forem pagas após o vencimento serão acrescidas de 2% (dois por cento) de multa, 1% (um por cento) de juros de mora por mês de atraso e atualização monetária pelo índice oficial de preços ao consumidor.

• § 5º acrescentado pela Lei 12.246/2010.

§ 6º A filial ou representação de pessoa jurídica instalada em jurisdição de outro Conselho Regional que não o da sua sede pagará anuidade em valor que não exceda a 50% (cinquenta por cento) do que for pago pela matriz.

• § 6º acrescentado pela Lei 12.246/2010.

§ 7º *(Vetado.)*

• § 7º acrescentado pela Lei 12.246/2010.

§ 8º *(Vetado.)*

• § 8º acrescentado pela Lei 12.246/2010.

§ 9º O representante comercial pessoa física, como responsável técnico de pessoa jurídica devidamente registrada no Conselho Regional dos Representantes Comerciais, pagará anuidade em valor correspondente a 50% (cinquenta por cento) da anuidade devida pelos demais profissionais autônomos registrados no mesmo Conselho.

• § 9º acrescentado pela Lei 12.246/2010.

Art. 11. Dentro de 60 (sessenta) dias, contados da vigência da presente Lei, serão instalados os Conselhos Regionais correspondentes aos Estados onde existirem órgãos sindicais de representação da classe dos representantes comerciais, atualmente reconhecidos pelo Ministério do Trabalho e Previdência Social.

• V. art. 26.

Art. 12. Os Conselhos Regionais terão a seguinte composição:

• V. art. 26.

a) 2/3 (dois terços) de seus membros serão constituídos pelo presidente do mais antigo sindicato da classe do respectivo Estado e por diretores de sindicatos da classe, do mesmo Estado, eleitos estes em assembleia geral;

b) 1/3 (um terço) formado de representantes comerciais no exercício efetivo da profissão, eleitos em assembleia geral realizada no sindicato da classe.

§ 1º A secretaria do sindicato incumbido da realização das eleições organizará cédula única, por ordem alfabética dos candidatos, destinada à votação.

§ 2º Se os órgãos sindicais de representação da classe não tomarem as providências previstas quanto à instalação dos Conselhos Regionais, o Conselho Federal determinará, imediatamente, a sua constituição, mediante eleições em assembleia geral, com a participação dos representantes comerciais no exercício efetivo da profissão no respectivo Estado.

§ 3º Havendo, num mesmo Estado, mais de um sindicato de representantes comerciais, as eleições a que se refere este artigo se processarão na sede do sindicato da classe situado na Capital e, na sua falta, na sede do mais antigo.

§ 4º O Conselho Regional será presidido por um dos seus membros, na forma que dispuser o seu Regimento Interno, cabendo-lhe, além do próprio voto, o de qualidade, no caso de empate.

§ 5º Os Conselhos Regionais terão no máximo trinta membros e, no mínimo, o número que for fixado pelo Conselho Federal.

Art. 13. Os mandatos dos membros do Conselho Federal e dos Conselhos Regionais serão de 3 (três) anos.

§ 1º Todos os mandatos serão exercidos gratuitamente.

§ 2º A aceitação do cargo de presidente, secretário ou tesoureiro importará na obrigação de residir na localidade em que estiver sediado o respectivo Conselho.

Art. 14. O Conselho Federal e os Conselhos Regionais serão administrados por uma diretoria que não poderá exceder a um terço dos seus integrantes.

Art. 15. Os presidentes dos Conselhos Federal e Regionais completarão o prazo do

Lei 4.886/1965

LEGISLAÇÃO

seu mandato, caso sejam substituídos na presidência do sindicato.

Art. 16. Constituem renda dos Conselhos Regionais as contribuições e multas devidas pelos representantes comerciais, pessoas físicas ou jurídicas, neles registrados.

Art. 17. Compete aos Conselhos Regionais:
a) elaborar o seu regimento interno, submetendo-o à apreciação do Conselho Federal;
b) decidir sobre os pedidos de registros de representantes comerciais, pessoas físicas ou jurídicas, na conformidade desta Lei;
c) manter o cadastro profissional;
d) expedir as carteiras profissionais e anotá-las, quando necessário;
e) impor as sanções disciplinares previstas nesta Lei, mediante a feitura de processo adequado, de acordo com o disposto no art. 18;
f) arrecadar, cobrar e executar as anuidades e emolumentos devidos pelos representantes comerciais, pessoas físicas e jurídicas, registrados, servindo como título executivo extrajudicial a certidão relativa aos seus créditos.

- Alínea *f* com redação determinada pela Lei 12.246/2010.

Parágrafo único. *(Suprimido pela Lei 8.420/1992.)*

Art. 18. Compete aos Conselhos Regionais aplicar, ao representante comercial faltoso, as seguintes penas disciplinares:
a) advertência, sempre sem publicidade;
b) multa até a importância equivalente ao maior salário mínimo vigente no País;
c) suspensão do exercício profissional, até 1 (um) ano;
d) cancelamento do registro, com apreensão da carteira profissional.

§ 1º No caso de reincidência ou de falta manifestamente grave, o representante comercial poderá ser suspenso do exercício de sua atividade ou ter cancelado o seu registro.

§ 2º As penas disciplinares serão aplicadas após processo regular, sem prejuízo, quando couber, da responsabilidade civil ou criminal.

§ 3º O acusado deverá ser citado, inicialmente, dando-se-lhe ciência do inteiro teor da denúncia ou queixa, sendo-lhe assegurado, sempre, o amplo direito de defesa, por si ou por procurador regularmente constituído.

§ 4º O processo disciplinar será presidido por um dos membros do Conselho Regional, ao qual incumbirá coligir as provas necessárias.

§ 5º Encerradas as provas de iniciativa da autoridade processante, ao acusado será dado requerer e produzir as suas próprias provas, após o que lhe será assegurado o direito de apresentar, por escrito, defesa final e o de sustentar, oralmente, suas razões, na sessão do julgamento.

§ 6º Da decisão dos Conselhos Regionais caberá recurso voluntário, com efeito suspensivo, para o Conselho Federal.

Art. 19. Constituem faltas no exercício da profissão de representante comercial:
a) prejudicar, por dolo ou culpa, os interesses confiados aos seus cuidados;
b) auxiliar ou facilitar, por qualquer meio, o exercício da profissão aos que estiverem proibidos, impedidos ou não habilitados a exercê-la;
c) promover ou facilitar negócios ilícitos, bem como quaisquer transações que prejudiquem interesse da Fazenda Pública;
d) violar o sigilo profissional;
e) negar ao representado as competentes prestações de contas, recibos de quantias ou documentos que lhe tiverem sido entregues, para qualquer fim;
f) recusar a apresentação da carteira profissional, quando solicitada por quem de direito.

Art. 20. Observados os princípios desta Lei, o Conselho Federal dos Representantes Comerciais expedirá instruções relativas à aplicação das penalidades em geral e, em particular, aos casos em que couber imposições da pena de multa.

Art. 21. As repartições federais, estaduais e municipais, ao receberem tributos relativos à atividade do representante comercial, pessoa física ou jurídica, exigirão prova de seu registro no Conselho Regional da respectiva região.

Art. 22. Da propaganda deverá constar, obrigatoriamente, o número da carteira profissional.

Parágrafo único. As pessoas jurídicas farão constar, também, da propaganda, além do número da carteira do representante comercial responsável, o seu próprio número de registro no Conselho Regional.

Lei 4.886/1965

Legislação

Art. 23. O exercício financeiro dos Conselhos Federal e Regionais coincidirá com o ano civil.

Art. 24. As diretorias dos Conselhos Regionais prestarão contas da sua gestão ao próprio Conselho, até o dia 15 de fevereiro de cada ano.

- Artigo com redação determinada pela Lei 8.420/1992.

Art. 25. Os Conselhos Regionais prestarão contas até o último dia do mês de fevereiro de cada ano ao Conselho Federal.

- Artigo com redação determinada pela Lei 8.420/1992.

Parágrafo único. A diretoria do Conselho Federal prestará contas ao respectivo plenário até o último dia do mês de março de cada ano.

Art. 26. Os sindicatos incumbidos do processamento das eleições, a que se refere o art. 12, deverão tomar, dentro do prazo de 30 (trinta) dias, a contar da publicação desta Lei, as providências necessárias à instalação dos Conselhos Regionais dentro do prazo previsto no art. 11.

Art. 27. Do contrato de representação comercial, além dos elementos comuns e outros, a juízo dos interessados, constarão, obrigatoriamente:

- *Caput* com redação determinada pela Lei 8.420/1992.

a) condições e requisitos gerais da representação;
b) indicação genérica ou específica dos produtos ou artigos objeto da representação;
c) prazo certo ou indeterminado da representação;
d) indicação da zona ou zonas em que será exercida a representação;

- Alínea *d* com redação determinada pela Lei 8.420/1992.

e) garantia ou não, parcial ou total, ou por certo prazo, da exclusividade de zona ou setor de zona;
f) retribuição e época do pagamento, pelo exercício da representação, dependente da efetiva realização dos negócios, e recebimento, ou não, pelo representado, dos valores respectivos;
g) os casos em que se justifique a restrição de zona concedida com exclusividade;
h) obrigações e responsabilidades das partes contratantes;
i) exercício exclusivo ou não da representação a favor do representado;
j) indenização devida ao representante, pela rescisão do contrato fora dos casos previstos no art. 35, cujo montante não poderá ser inferior a 1/12 (um doze avos) do total da retribuição auferida durante o tempo em que exerceu a representação.

- Alínea *j* com redação determinada pela Lei 8.420/1992.
- V. art. 46.

§ 1º Na hipótese de contrato a prazo certo, a indenização corresponderá à importância equivalente à média mensal da retribuição auferida até a data da rescisão, multiplicada pela metade dos meses resultantes do prazo contratual.

- § 1º com redação determinada pela Lei 8.420/1992.

§ 2º O contrato com prazo determinado, uma vez prorrogado o prazo inicial, tácita ou expressamente, torna-se a prazo indeterminado.

- § 2º com redação determinada pela Lei 8.420/1992.

§ 3º Considera-se por prazo indeterminado todo contrato que suceder, dentro de 6 (seis) meses, a outro contrato, com ou sem determinação de prazo.

- § 3º com redação determinada pela Lei 8.420/1992.

Art. 28. O representante comercial fica obrigado a fornecer ao representado, segundo as disposições do contrato ou, sendo este omisso, quando lhe for solicitado, informações detalhadas sobre o andamento dos negócios a seu cargo, devendo dedicar-se à representação, de modo a expandir os negócios do representado e promover os seus produtos.

Art. 29. Salvo autorização expressa, não poderá o representante conceder abatimentos, descontos ou dilações, nem agir em desacordo com as instruções do representado.

Art. 30. Para que o representante possa exercer a representação em juízo, em nome do representado, requer-se mandato expresso. Incumbir-lhe-á, porém, tomar conhecimento das reclamações atinentes aos

Lei 4.886/1965

negócios, transmitindo-as ao representado e sugerindo as providências acauteladoras do interesse deste.

• V. art. 26.

Parágrafo único. O representante, quanto aos atos que praticar, responde segundo as normas do contrato e, sendo este omisso, na conformidade do direito comum.

Art. 31. Prevendo o contrato de representação a exclusividade de zona ou zonas, ou quando este for omisso, fará jus o representante à comissão pelos negócios aí realizados, ainda que diretamente pelo representado ou por intermédio de terceiros.

• Artigo com redação determinada pela Lei 8.420/1992.

Parágrafo único. A exclusividade de representação não se presume na ausência de ajustes expressos.

Art. 32. O representante comercial adquire o direito às comissões quando do pagamento dos pedidos ou propostas.

• Artigo com redação determinada pela Lei 8.420/1992.

§ 1º O pagamento das comissões deverá ser efetuado até o dia 15 do mês subsequente ao da liquidação da fatura, acompanhada das respectivas cópias das notas fiscais.

§ 2º As comissões pagas fora do prazo previsto no parágrafo anterior deverão ser corrigidas monetariamente.

§ 3º É facultado ao representante comercial emitir títulos de créditos para cobrança de comissões.

§ 4º As comissões deverão ser calculadas pelo valor total das mercadorias.

§ 5º Em caso de rescisão injusta do contrato por parte do representando, a eventual retribuição pendente, gerada por pedidos em carteira ou em fase de execução e recebimento, terá vencimento na data da rescisão.

• V. art. 46.

§ 6º *(Vetado.)*

§ 7º São vedadas na representação comercial alterações que impliquem, direta ou indiretamente, a diminuição da média dos resultados auferidos pelo representante nos últimos 6 (seis) meses de vigência.

Art. 33. Não sendo previstos, no contrato de representação, os prazos para recusa das propostas ou pedidos, que hajam sido entregues pelo representante, acompanhados dos requisitos exigíveis, ficará o representado obrigado a creditar-lhe a respectiva comissão, se não manifestar a recusa, por escrito, nos prazos de 15 (quinze), 30 (trinta), 60 (sessenta) ou 120 (cento e vinte) dias, conforme se trate de comprador domiciliado, respectivamente, na mesma praça, em outra do mesmo Estado, em outro Estado ou no estrangeiro.

• V. art. 42, § 4º.

§ 1º Nenhuma retribuição será devida ao representante comercial, se a falta de pagamento resultar de insolvência do comprador, bem como se o negócio vier a ser por ele desfeito ou for sustada a entrega de mercadorias devido à situação comercial do comprador, capaz de comprometer ou tornar duvidosa a liquidação.

§ 2º Salvo ajuste em contrário, as comissões devidas serão pagas mensalmente, expedindo o representado a conta respectiva, conforme cópias das faturas remetidas aos compradores, no respectivo período.

§ 3º Os valores das comissões para efeito tanto do pré-aviso como da indenização, prevista nesta Lei, deverão ser corrigidos monetariamente.

• § 3º com redação determinada pela Lei 8.420/1992.

Art. 34. A denúncia, por qualquer das partes, sem causa justificada, do contrato de representação, ajustado por tempo indeterminado e que haja vigorado por mais de 6 (seis) meses, obriga o denunciante, salvo outra garantia prevista no contrato, à concessão de pré-aviso, com antecedência mínima de 30 (trinta) dias, ou ao pagamento de importância igual a um terço das comissões auferidas pelo representante, nos 3 (três) meses anteriores.

• V. art. 46.

Art. 35. Constituem motivos justos para rescisão do contrato de representação comercial, pelo representado:

• V. arts. 27, *j*, 37 e 40, parágrafo único.

a) a desídia do representante no cumprimento das obrigações decorrentes do contrato;
b) a prática de atos que importem em descrédito comercial do representado;
c) a falta de cumprimento de quaisquer obrigações inerentes ao contrato de representação comercial;
d) a condenação definitiva por crime considerado infamante;
e) força maior.

Legislação

Art. 36. Constituem motivos justos para rescisão do contrato de representação comercial, pelo representante:
a) redução de esfera de atividade do representante em desacordo com as cláusulas do contrato;
b) a quebra, direta ou indireta, da exclusividade, se prevista no contrato;
c) a fixação abusiva de preços em relação à zona do representante, com o exclusivo escopo de impossibilitar-lhe ação regular;
d) o não pagamento de sua retribuição na época devida;
e) força maior.

Art. 37. Somente ocorrendo motivo justo para a rescisão do contrato, poderá o representado reter comissões devidas ao representante, com o fim de ressarcir-se de danos por este causados e, bem assim, nas hipóteses previstas no art. 35, a título de compensação.

Art. 38. Não serão prejudicados os direitos dos representantes comerciais quando, a título de cooperação, desempenhem, temporariamente, a pedido do representado, encargos ou atribuições diversos dos previstos no contrato de representação.

Art. 39. Para julgamento das controvérsias que surgirem entre representante e representado é competente a Justiça Comum e o Foro do domicílio do representante, aplicando-se o procedimento sumaríssimo previsto no art. 275 do Código de Processo Civil, ressalvada a competência do Juizado de Pequenas Causas.

- Artigo com redação determinada pela Lei 8.420/1992.
- V. Lei 9.099/1995 (Juizados Especiais Cíveis e Criminais).

Art. 40. Dentro de 180 (cento e oitenta) dias da publicação da presente Lei, serão formalizadas, entre representado e representantes, em documento escrito, as condições das representações comerciais vigentes.

Parágrafo único. A indenização devida pela rescisão dos contratos de representação comercial vigentes na data desta Lei, fora dos casos previstos no art. 35, e quando as partes não tenham usado da faculdade prevista neste artigo, será calculada, sobre a retribuição percebida, pelo representante, nos últimos 5 (cinco) anos anteriores à vigência desta Lei.

Art. 41. Ressalvada expressa vedação contratual, o representante comercial poderá exercer sua atividade para mais de uma empresa e empregá-la em outros misteres ou ramos de negócios.

- Artigo acrescentado pela Lei 8.420/1992.

Art. 42. Observadas as disposições constantes do artigo anterior, é facultado ao representante contratar com outros representantes comerciais a execução dos serviços relacionados com a representação.

- Artigo acrescentado pela Lei 8.420/1992.

§ 1º Na hipótese deste artigo, o pagamento das comissões a representante comercial contratado dependerá da liquidação da conta de comissão devida pelo representando ao representante contratante.

§ 2º Ao representante contratado, no caso de rescisão de representação será devida pelo representante contratante a participação no que houver recebido da representada a título de indenização e aviso-prévio, proporcionalmente às retribuições auferidas pelo representante contratado na vigência do contrato.

§ 3º Se o contrato referido no *caput* deste artigo for rescindido sem motivo justo pelo representante contratante, o representante contratado fará jus ao aviso-prévio e indenização na forma da lei.

§ 4º Os prazos de que trata o art. 33 desta Lei são aumentados em 10 (dez) dias quando se tratar de contrato realizado entre representantes comerciais.

Art. 43. É vedada no contrato de representação comercial a inclusão de cláusulas *del credere*.

- Artigo acrescentado pela Lei 8.420/1992.

Art. 44. No caso de falência do representado as importâncias por ele devidas ao representante comercial, relacionadas com a representação, inclusive comissões vencidas e vincendas, indenização e aviso-prévio, serão consideradas créditos da mesma natureza dos créditos trabalhistas.

- Artigo acrescentado pela Lei 8.420/1992.
- V. art. 6º, § 2º, Lei 11.101/2005 (Lei de Recuperação de Empresas e Falência).

Parágrafo único. Prescreve em 5 (cinco) anos a ação do representante comercial para

Dec. 57.595/1966

LEGISLAÇÃO

pleitear a retribuição que lhe é devida e os demais direitos que lhe são garantidos por esta Lei.

Art. 45. Não constitui motivo justo para rescisão do contrato de representação comercial o impedimento temporário do representante comercial que estiver em gozo do benefício de auxílio-doença concedido pela Previdência Social.

* Artigo acrescentado pela Lei 8.420/1992.

Art. 46. Os valores a que se referem a alínea *j* do art. 27, o § 5º do art. 32 e o art. 34 desta Lei serão corrigidos monetariamente com base na variação dos BTNs ou por outro indexador que venha a substituí-los e legislação ulterior aplicável à matéria.

* Artigo acrescentado pela Lei 8.420/1992.

Art. 47. Compete ao Conselho Federal dos Representantes Comerciais fiscalizar a execução da presente Lei.

* Artigo acrescentado pela Lei 8.420/1992.

Parágrafo único. Em caso de inobservância das prescrições legais, caberá intervenção do Conselho Federal nos Conselhos Regionais, por decisão da Diretoria do primeiro, *ad referendum* da reunião plenária, assegurado, em qualquer caso, o direito de defesa. A intervenção cessará quando do cumprimento da Lei.

Art. 48. Esta Lei entra em vigor na data de sua publicação.

* Artigo renumerado em razão dos acréscimos determinados pela Lei 8.420/1992.

Art. 49. Revogam-se as disposições em contrário.

* Artigo renumerado em razão dos acréscimos determinados pela Lei 8.420/1992.

Brasília, 9 de dezembro de 1965, 144º da Independência e 77º da República.
H. Castello Branco

(*DOU* 10.12.1965)

DECRETO 57.595,
DE 7 DE JANEIRO DE 1966

Promulga as Convenções para adoção de uma Lei Uniforme em matéria de cheques.

O Presidente da República:
Havendo o Governo brasileiro, por nota da Legação em Berna, datada de 26 de agosto de 1942, ao secretário-geral da Liga das Nações, aderido às seguintes Convenções assinadas em Genebra, a 19 de março de 1931:
1º) Convenção para adoção de uma Lei Uniforme sobre cheques, Anexos e Protocolo, com reservas aos arts. 2, 3, 4, 5, 6, 7, 8, 9, 10, 11, 12, 14, 15, 16, 17, 18, 19, 20, 21, 23, 25, 26, 29 e 30 do Anexo II;
2º) Convenção destinada a regular certos conflitos de leis em matéria de cheques e Protocolo;
3º) Convenção relativa ao Imposto de Selo em matéria de cheques e Protocolo;
Havendo as referidas Convenções entrado em vigor para o Brasil 90 (noventa) dias após a data do registro pela Secretaria-Geral da Liga das Nações, isto é, a 26 de novembro de 1942;
E havendo o Congresso Nacional aprovado pelo Dec. Leg. 54, de 1964, as referidas Convenções;
Decreta que as mesmas, apensas por cópia ao presente Decreto, sejam executadas e cumpridas tão inteiramente como nelas se contém, observadas as reservas feitas à Convenção relativa à Lei Uniforme sobre cheques.
Brasília, 7 de janeiro de 1966; 145º da Independência e 78º da República.
H. Castello Branco

(*DOU* 17.01.1966)

CONVENÇÃO PARA ADOÇÃO DE UMA LEI UNIFORME EM MATÉRIA DE CHEQUES

O Presidente do Reich Alemão; o Presidente Federal da República Austríaca; Sua Majestade o Rei dos Belgas; Sua Majestade o Rei da Dinamarca e da Islândia; o Presidente da República da Polônia, pela Cidade Livre de Dantzig; o Presidente da República do Equador; Sua Majestade o Rei da Espanha; o Presidente da República da Finlândia; o Presidente da República Francesa; o Presidente da República Helênica; Sua Alteza Sereníssima o Regente do Reino da Hungria; Sua Majestade o Rei da Itália; Sua Majestade o Imperador do Japão; Sua Alteza Real a Grã-Duquesa do Luxemburgo; o Presidente dos Estados Unidos do México; Sua Alteza Sereníssima o Príncipe de Mônaco; Sua Majestade o Rei da Noruega; Sua Ma-

Dec. 57.595/1966

LEGISLAÇÃO

jestade a Rainha da Holanda; o Presidente da República da Polônia; o Presidente da República Portuguesa; Sua Majestade o Rei da Rumânia; Sua Majestade o Rei da Suécia; o Conselho Federal Suíço; o Presidente da República Tchecoslovaca; o Presidente da República Turca; Sua Majestade o Rei da Iugoslávia,

Desejando evitar as dificuldades originadas pela diversidade de legislação nos vários países em que os cheques circulam e aumentar assim a segurança e rapidez das relações do comércio internacional,

Designaram como seus plenipotenciários,

Os quais, depois de terem apresentado os seus plenos poderes, achados em boa e devida forma, acordaram nas disposições seguintes:

Artigo 1º

As Altas Partes Contratantes obrigam-se a adotar nos territórios respectivos, quer num dos textos originais, quer nas suas línguas nacionais, a Lei Uniforme que constitui o Anexo I da presente Convenção.

Esta obrigação poderá ficar subordinada a certas reservas, que deverão eventualmente ser formuladas por cada uma das Altas Partes Contratantes no momento da sua ratificação ou adesão. Estas reservas deverão ser escolhidas entre as mencionadas no Anexo II da presente Convenção.

Todavia, as reservas a que se referem os arts. 9º, 22, 27 e 30 do citado Anexo II poderão ser feitas posteriormente à ratificação ou adesão, desde que sejam notificadas ao secretário-geral da Sociedade das Nações, o qual imediatamente comunicará o seu texto aos membros da Sociedade das Nações e aos Estados não membros em cujo nome tenha sido ratificada a presente Convenção ou que a ela tenham aderido. Essas reservas só produzirão efeitos 90 (noventa) dias depois de o secretário-geral ter recebido a referida notificação.

Qualquer das Altas Partes Contratantes poderá, em caso de urgência, fazer uso, depois da ratificação ou da adesão, das reservas indicadas nos arts. 17 e 28 do referido Anexo II. Neste caso deverá comunicar essas reservas direta e imediatamente a todas as outras Altas Partes Contratantes e ao secretário-geral da Sociedade das Nações. Esta notificação produzirá os seus efeitos 2 (dois) dias depois de recebida a dita comunicação pelas Altas Partes Contratantes.

Artigo 2º

A Lei Uniforme não será aplicável no território de cada uma das Altas Partes Contratantes aos cheques já passados à data da entrada em vigor da presente Convenção.

Artigo 3º

A presente Convenção, cujos textos em francês e inglês farão ambos igualmente fé, terá a data de hoje.

Poderá ser ulteriormente assinada, até 15 de julho de 1931, em nome de qualquer membro da Sociedade das Nações e qualquer Estado não membro.

Artigo 4º

A presente Convenção será ratificada.

Os instrumentos de ratificação serão transmitidos, antes de 1º de setembro de 1933, ao secretário-geral da Sociedade das Nações, que notificará imediatamente do seu depósito todos os membros da Sociedade das Nações e os Estados não membros em nome dos quais a presente Convenção tenha sido assinada ou que a ela tenham aderido.

Artigo 5º

A partir de 15 de julho de 1931, qualquer membro da Sociedade das Nações e qualquer Estado não membro poderá aderir à presente Convenção.

Esta adesão efetuar-se-á por meio de notificação ao secretário-geral da Sociedade das Nações, que será depositada nos Arquivos do Secretariado.

O secretário-geral notificará imediatamente desse depósito todos os membros da Sociedade das Nações e os Estados não membros em nome dos quais a presente Convenção tenha sido assinada ou que a ela tenham aderido.

Artigo 6º

A presente Convenção somente entrará em vigor depois de ter sido ratificada ou de a ela terem aderido sete membros da Sociedade das Nações ou Estados não membros, entre os quais deverão figurar três dos membros da Sociedade das Nações

Dec. 57.595/1966

LEGISLAÇÃO

com representação permanente no Conselho.

Começará vigorar 90 (noventa) dias depois de recebida pelo secretário-geral da Sociedade das Nações a sétima ratificação ou adesão, em conformidade com o disposto na alínea primeira do presente artigo.

O secretário-geral da Sociedade das Nações, nas notificações previstas nos arts. 4º e 5º, fará menção especial de terem sido recebidas as ratificações ou adesões a que se refere a alínea primeira do presente artigo.

Artigo 7º

As ratificações ou adesões, após a entrada em vigor da presente Convenção, em conformidade com o disposto no art. 6º, produzirão os seus efeitos 90 (noventa) dias depois da data da sua recepção pelo secretário-geral da Sociedade das Nações.

Artigo 8º

Exceto nos casos de urgência, a presente Convenção não poderá ser denunciada antes de decorrido um prazo de 2 (dois) anos a contar da data em que tiver começado a vigorar para o membro da Sociedade das Nações ou para o Estado não membro que a denuncia; esta denúncia produzirá os seus efeitos 90 (noventa) dias depois de recebida pelo secretário-geral a respectiva notificação.

Qualquer denúncia será imediatamente comunicada pelo secretário-geral da Sociedade das Nações a todas as Altas Partes Contratantes.

Nos casos de urgência a Alta Parte Contratante que efetuar a denúncia comunicará esse fato direta e imediatamente a todas as outras Altas Partes Contratantes, e a denúncia produzirá os seus efeitos 2 (dois) dias depois de recebida a dita comunicação pelas respectivas Altas Partes Contratantes. A Alta Parte Contratante que fizer a denúncia nestas condições dará igualmente conhecimento da sua decisão ao secretário-geral da Sociedade das Nações.

Qualquer denúncia só produzirá efeitos em relação à Alta Parte Contratante em nome da qual ela tenha sido feita.

Artigo 9º

Decorrido um prazo de 4 (quatro) anos da entrada em vigor da presente Convenção, qualquer membro da Sociedade das Nações ou Estado não membro a ela ligado poderá formular ao secretário-geral da Sociedade das Nações um pedido de revisão de algumas ou de todas as disposições da Convenção.

Se este pedido, comunicado aos outros membros ou Estados não membros para os quais a Convenção estiver então em vigor, for apoiado dentro do prazo de 1 (um) ano por seis, pelo menos, dentre eles, o Conselho da Sociedade das Nações decidirá se deve ser convocada uma Conferência para aquele fim.

Artigo 10

Qualquer das Altas Partes Contratantes poderá declarar no momento da assinatura, da ratificação ou da adesão que, aceitando a presente Convenção, não assume nenhuma obrigação pelo que respeita a todas ou parte das suas colônias, protetorados ou territórios sob a sua soberania ou mandato, caso em que a presente Convenção se não aplicará aos territórios mencionados nessa declaração. Qualquer das Altas Partes Contratantes poderá, posteriormente, comunicar ao secretário-geral da Sociedade das Nações o seu desejo de que a presente Convenção se aplique a todos ou parte dos seus territórios que tenham sido objeto da declaração prevista na alínea precedente, e nesse caso a presente Convenção aplicar-se-á aos territórios mencionados nessa comunicação 90 (noventa) dias depois desta ter sido recebida pelo secretário-geral da Sociedade das Nações.

As Altas Partes Contratantes reservam-se igualmente o direito, nos termos do art. 8º, de denunciar a presente Convenção pelo que se refere a todas ou parte das suas colônias, protetorados ou territórios sob a sua soberania ou mandato.

Artigo 11

A presente Convenção será registrada pelo secretário-geral da Sociedade das Nações desde que entre em vigor.

LEGISLAÇÃO

Em fé do que os plenipotenciários acima designados assinaram a presente Convenção.

Feito em Genebra, aos dezenove de março de mil novecentos e trinta e um, num só exemplar, que será depositado nos arquivos do Secretariado da Sociedade das Nações. Será transmitida cópia autêntica a todos os membros da Sociedade das Nações e a todos os Estados não membros representados na Conferência.

Alemanha: L. Quassowski, Dr. Albrecht, Erwin Patzold; Áustria: Dr. Guido Strobele; Bélgica: De La Vallée Poussin; Dinamarca: Helper, V. Efgtved; Cidade Livre de Dantzig: Jósef Sulkowski; Equador: Alej. Gastelú; Espanha: Francisco Bernis; Finlândia: F. Gruvall; França: Percerou; Grécia: R. Raphael, A. Contoumas; Hungria: Pelényi; Itália: Amedeo Giannini, Giovanni Zappala; Japão: N. Kawashima, Ukitsu Tanaka; Luxemburgo: Ch. G. Vermaire; México: Antonio Castro-Leal; Mônaco: C. Hentsch, *ad referendum*; Noruega: Stub Holmboe; Holanda: J. Kosters; Polônia: Jósef Sulkowski; Portugal: José Caieiro da Mata; Rumânia: C. Antoniade; Suécia: E. Marks von Wurtemberg, Birger Ekeberg, K. Dahlberg; Sob reserva de ratificação por S. M. o Rei da Suécia, com a aprovação do Riksdag; Suíça: Vischer Hulftegger; Checoslováquia: Dr. Karel Hermann-Otavsky; Turquia: Cemal Husnu; Iugoslávia: I. Choumenkovitch.

ANEXO I
LEI UNIFORME RELATIVA AO CHEQUE
Capítulo I
DA EMISSÃO E FORMA DO CHEQUE
Artigo 1º

O cheque contém:

• V. art. 1º, Lei 7.357/1985 (Cheque).

1º) a palavra "cheque" inserta no próprio texto do título e expressa na língua empregada para a redação deste título;
2º) o mandato puro e simples de pagar uma quantia determinada;
3º) o nome de quem deve pagar (sacado);
4º) a indicação do lugar em que o pagamento se deve efetuar;
5º) a indicação da data em que e do lugar onde o cheque é passado;
6º) a assinatura de quem passa o cheque (sacador).

Artigo 2º

O título a que faltar qualquer dos requisitos enumerados no artigo precedente não produz efeito como cheque, salvo nos casos determinados nas alíneas seguintes:

Na falta de indicação especial, o lugar designado ao lado do nome do sacado considera-se como sendo o lugar de pagamento. Se forem indicados vários lugares ao lado do nome do sacado, o cheque é pagável no primeiro lugar indicado.

Na ausência destas indicações ou de qualquer outra indicação, o cheque é pagável no lugar em que o sacado tem o seu estabelecimento principal.

O cheque sem indicação do lugar da sua emissão considera-se passado no lugar designado ao lado do nome do sacador.

• V. art. 2º, Lei 7.357/1985 (Cheque).

Artigo 3º

O cheque é sacado sobre um banqueiro que tenha fundos à disposição do sacador e em harmonia com uma convenção expressa ou tácita, segundo a qual o sacador tem o direito de dispor desses fundos por meio de cheque. A validade do título como cheque não fica, todavia, prejudicada no caso de inobservância destas prescrições.

• V. art. 4º, § 1º, Lei 7.357/1985 (Cheque).

Artigo 4º

O cheque não pode ser aceito. A menção de aceite lançada no cheque considera-se como não escrita.

Artigo 5º

O cheque pode ser feito pagável: a uma determinada pessoa, com ou sem cláusula expressa "à ordem"; a uma determinada pessoa, com a cláusula "não à ordem" ou outra equivalente; ao portador. O cheque passado a favor duma determinada pessoa, mas que contenha a menção "ou ao portador", ou outra equivalente, é considerado como cheque ao portador. O cheque sem

Dec. 57.595/1966

LEGISLAÇÃO

indicação do beneficiário é considerado como cheque ao portador.

- V. art. 8º, Lei 7.357/1985 (Cheque).
- V. art. 21, I, Lei 8.178/1991 (Preços e salários).

Artigo 6º
O cheque pode ser passado à ordem do próprio sacador.

O cheque pode ser sacado por conta de terceiro.

O cheque não pode ser passado sobre o próprio sacador, salvo no caso em que se trate dum cheque sacado por um estabelecimento sobre outro estabelecimento, ambos pertencentes ao mesmo sacador.

- V. Lei 8.021/1990 (Identificação dos contribuintes para fins fiscais).

Artigo 7º
Considera-se como não escrita qualquer estipulação de juros inserta no cheque.

- V. art. 10, Lei 7.357/1985 (Cheque).

Artigo 8º
O cheque pode ser pagável no domicílio de terceiro, quer na localidade onde o sacado tem o seu domicílio, quer numa outra localidade, sob a condição no entanto de que o terceiro seja banqueiro.

- V. arts. 1.177 e 1.178, CC.

Artigo 9º
O cheque cuja importância for expressa por extenso e em algarismos vale, em caso de divergência, pela quantia designada por extenso.

O cheque cuja importância for expressa várias vezes, quer por extenso, quer em algarismos, vale, em caso de divergência, pela menor quantia indicada.

Artigo 10
Se o cheque contém assinaturas de pessoas incapazes de se obrigarem por cheque, assinaturas falsas, assinaturas de pessoas fictícias, ou assinaturas que por qualquer outra razão não poderiam obrigar as pessoas que assinarem o cheque, ou em nome das quais ele foi assinado, as obrigações dos outros signatários não deixam por esse fato de ser válidas.

Artigo 11
Todo aquele que apuser a sua assinatura num cheque, como representante duma pessoa, para representar a qual não tinha de fato poderes, fica obrigado em virtude do cheque e, se o pagar, tem os mesmos direitos que o pretendido representado. A mesma regra se aplica ao representante que tenha excedido os seus poderes.

- V. arts. 1.177 e 1.178, CC.

Artigo 12
O sacador garante o pagamento. Considera-se como não escrita qualquer declaração pela qual o sacador se exima a esta garantia.

Artigo 13
Se um cheque incompleto no momento de ser passado tiver sido completado contrariamente aos acordos realizados, não pode a inobservância desses acordos ser motivo de oposição ao portador, salvo se este tiver adquirido o cheque de má-fé, ou, adquirindo-o, tenha cometido uma falta grave.

Capítulo II
DA TRANSMISSÃO

Artigo 14
O cheque estipulado pagável a favor duma determinada pessoa, com ou sem cláusula expressa "à ordem", é transmissível por via de endosso.

O cheque estipulado pagável a favor duma determinada pessoa, com a cláusula "não à ordem" ou outra equivalente, só é transmissível pela forma e com os efeitos duma cessão ordinária.

O endosso deve ser puro e simples, a favor do sacador ou de qualquer outro coobrigado. Essas pessoas podem endossar novamente o cheque.

Artigo 15
O endosso deve ser puro e simples. Considera-se como não escrita qualquer condição a que ele esteja subordinado.

É nulo o endosso parcial.

É nulo igualmente o endosso feito pelo sacado.

O endosso ao portador vale como endosso em branco.

O endosso ao sacado só vale como quitação, salvo no caso de o sacado ter vários estabelecimentos e de o endosso ser feito em benefício de um estabelecimento dife-

Dec. 57.595/1966

LEGISLAÇÃO

rente daquele sobre o qual o cheque foi sacado.

- V. art. 14, Anexo I, Dec. 57.663/1966 (Convenções para adoção de uma Lei Uniforme em matéria de letras de câmbio e notas promissórias).
- V. Lei 8.021/1990 (Identificação dos contribuintes para fins fiscais).

Artigo 16

O endosso deve ser escrito no cheque ou numa folha ligada a este (Anexo). Deve ser assinado pelo endossante.

O endosso pode não designar o beneficiário ou consistir simplesmente na assinatura do endossante (endosso em branco). Neste último caso o endosso, para ser válido, deve ser escrito no verso do cheque ou na folha anexa.

Artigo 17

O endosso transmite todos os direitos resultantes do cheque.

Se o endosso é em branco, o portador pode:

1º) preencher o espaço em branco, quer com o seu nome, quer com o nome de outra pessoa;

2º) endossar o cheque de novo em branco ou a outra pessoa;

3º) transferir o cheque a um terceiro sem preencher o espaço em branco nem o endossar.

Artigo 18

Salvo estipulação em contrário, o endossante garante o pagamento.

O endossante pode proibir um novo endosso, e neste caso não garante o pagamento às pessoas a quem o cheque for posteriormente endossado.

Artigo 19

O detentor de um cheque endossável é considerado portador legítimo se justifica o seu direito por uma série ininterrupta de endossos, mesmo se o último for em branco. Os endossos riscados são, para este efeito, considerados como não escritos. Quando o endosso em branco é seguido de um outro endosso, presume-se que o signatário deste adquiriu o cheque pelo endosso em branco.

Artigo 20

Um endosso num cheque passado ao portador torna o endossante responsável nos termos das disposições que regulam o direito de ação, mas nem por isso converte o título num cheque à ordem.

Artigo 21

Quando uma pessoa foi por qualquer maneira desapossada de um cheque, o detentor a cujas mãos ele foi parar – quer se trate de um cheque ao portador, quer se trate de um cheque endossável em relação ao qual o detentor justifique o seu direito pela forma indicada no art. 19 – não é obrigado a restituí-lo, a não ser que o tenha adquirido de má-fé, ou que, adquirindo-o, tenha cometido uma falta grave.

Artigo 22

As pessoas acionadas em virtude de um cheque não podem opor ao portador as exceções fundadas sobre as relações pessoais delas com o sacador, ou com os portadores anteriores, salvo se o portador ao adquirir o cheque tiver procedido conscientemente em detrimento do devedor.

Artigo 23

Quando um endosso contém a menção "valor a cobrar" (*valeur en recouvrement*), "para cobrança" (*pour encaissement*), "por procuração" (*par procuration*), ou qualquer outra menção que implique um simples mandato, o portador pode exercer todos os direitos resultantes do cheque, mas só pode endossá-lo na qualidade de procurador.

Os coobrigados neste caso só podem invocar contra o portador as exceções que eram oponíveis ao endossante.

O mandato que resulta de um endosso por procuração não se extingue por morte ou pela superveniência de incapacidade legal do mandatário.

Artigo 24

O endosso feito depois de protesto ou uma declaração equivalente, ou depois de ter terminado o prazo para apresentação, produz apenas os efeitos de uma cessão ordinária.

Salvo prova em contrário, presume-se que um endosso sem data haja sido feito antes do protesto ou das declarações equivalentes ou antes de findo o prazo indicado na alínea precedente.

Dec. 57.595/1966

Capítulo III
DO AVAL
Artigo 25

O pagamento de um cheque pode ser garantido no todo ou em parte do seu valor por um aval.
Esta garantia pode ser dada por um terceiro, excetuado o sacado, ou mesmo por um signatário do cheque.

Artigo 26

O aval é dado sobre o cheque ou sobre a folha anexa.
Exprime-se pelas palavras "bom para aval", ou por qualquer outra fórmula equivalente; é assinado pelo avalista.
Considera-se como resultante da simples aposição da assinatura do avalista na face do cheque, exceto quando se trate da assinatura do sacador.
O aval deve indicar a quem é prestado. Na falta desta indicação considera-se prestado ao sacador.

Artigo 27

O avalista é obrigado da mesma forma que a pessoa que ele garante.
A sua responsabilidade subsiste ainda mesmo que a obrigação que ele garantiu fosse nula por qualquer razão que não seja um vício de forma.
Pagando o cheque, o avalista adquire os direitos resultantes dele contra o garantido e contra os obrigados para com este em virtude do cheque.

Capítulo IV
DA APRESENTAÇÃO E DO PAGAMENTO
Artigo 28

O cheque é pagável à vista. Considera-se como não escrita qualquer menção em contrário.
O cheque apresentado a pagamento antes do dia indicado como data da emissão é pagável no dia da apresentação.

Artigo 29

O cheque pagável no país onde foi passado deve ser apresentado a pagamento no prazo de 8 (oito) dias.
O cheque passado num país diferente daquele em que é pagável deve ser apresentado respectivamente num prazo de 20 (vinte) dias ou de 70 (setenta) dias, conforme o lugar de emissão e o lugar de pagamento se encontrem situados na mesma ou em diferentes partes do mundo.
Para este efeito os cheques passados num país europeu e pagáveis num país à beira do Mediterrâneo, ou vice-versa, são considerados como passados e pagáveis na mesma parte do mundo.
Os prazos acima indicados começam a contar-se do dia indicado no cheque como data da emissão.

• V. Súmula 600, STF.

Artigo 30

Quando o cheque for passado num lugar e pagável noutro em que se adote um calendário diferente, a data da emissão será o dia correspondente no calendário do lugar do pagamento.

Artigo 31

A apresentação do cheque a uma câmara de compensação equivale à apresentação a pagamento.

Artigo 32

A revogação do cheque só produz efeito depois de findo o prazo de apresentação.
Se o cheque não tiver sido revogado, o sacado pode pagá-lo mesmo depois de findo o prazo.

Artigo 33

A morte do sacador ou a sua incapacidade posterior à emissão do cheque não invalidam os efeitos deste.

Artigo 34

O sacador pode exigir, ao pagar o cheque, que este lhe seja entregue munido de recibo passado pelo portador.
O portador não pode recusar um pagamento parcial.
No caso de pagamento parcial, o sacado pode exigir que desse pagamento se faça menção no cheque e que lhe seja entregue o respectivo recibo.

Artigo 35

O sacado que paga um cheque endossável é obrigado a verificar a regularidade da sucessão dos endossos, mas não a assinatura dos endossantes.

Legislação

Artigo 36

Quando um cheque é pagável numa moeda que não tem curso no lugar do pagamento, a sua importância pode ser paga, dentro do prazo da apresentação do cheque, na moeda do país em que é apresentado, segundo o seu valor no dia do pagamento. Se o pagamento não foi efetuado à apresentação, o portador pode, à sua escolha, pedir que o pagamento da importância do cheque na moeda do país em que é apresentado seja efetuado ao câmbio, quer do dia da apresentação, quer do dia do pagamento.

A determinação do valor da moeda estrangeira será feita segundo os usos do lugar de pagamento. O sacador pode, todavia, estipular que a soma a pagar seja calculada segundo uma taxa indicada no cheque.

As regras acima indicadas não se aplicam ao caso em que o sacador tenha estipulado que o pagamento deverá ser efetuado numa certa moeda especificada (cláusula de pagamento efetivo em moeda estrangeira). Se a importância do cheque for indicada numa moeda que tenha a mesma denominação mas valor diferente no país de emissão e no de pagamento, presume-se que se fez referência à moeda do lugar de pagamento.

Capítulo V
DOS CHEQUES CRUZADOS E CHEQUES A LEVAR EM CONTA

Artigo 37

O sacador ou o portador dum cheque pode cruzá-lo, produzindo assim os efeitos indicados no artigo seguinte.

O cruzamento efetua-se por meio de duas linhas paralelas traçadas na face do cheque e pode ser geral ou especial.

O cruzamento é geral quando consiste apenas nos dois traçados paralelos, ou se entre eles está escrita a palavra "banqueiro" ou outra equivalente; é especial quando tem escrito entre os dois traços o nome dum banqueiro.

O cruzamento geral pode ser convertido em cruzamento especial, mas este não pode ser convertido em cruzamento geral.

A inutilização do cruzamento ou do nome do banqueiro indicado considera-se como não feita.

* V. Lei 8.021/1990 (Identificação dos contribuintes para fins fiscais).

Artigo 38

Um cheque com cruzamento geral só pode ser pago pelo sacado a um banqueiro ou a um cliente do sacado.

Um cheque com cruzamento especial só pode ser pago pelo sacado ao banqueiro designado, ou, se este é o sacado, ao seu cliente. O banqueiro designado pode, contudo, recorrer a outro banqueiro para liquidar o cheque.

Um banqueiro só pode adquirir um cheque cruzado a um dos seus clientes ou a outro banqueiro. Não pode cobrá-lo por conta doutras pessoas que não sejam as acima indicadas.

Um cheque que contenha vários cruzamentos especiais só poderá ser pago pelo sacado no caso de se tratar de dois cruzamentos, dos quais um para liquidação por uma câmara de compensação.

O sacado ou o banqueiro que deixar de observar as disposições acima referidas é responsável pelo prejuízo que daí possa resultar até uma importância igual ao valor do cheque.

Artigo 39

O sacador ou o portador dum cheque podem proibir o seu pagamento em numerário inserindo na face do cheque transversalmente a menção "para levar em conta", ou outra equivalente.

Neste caso o sacado só pode fazer a liquidação do cheque por lançamento de escrita (crédito em conta, transferência duma conta para outra ou compensação). A liquidação por lançamento de escrita vale como pagamento.

A inutilização da menção "para levar em conta" considera-se como não feita.

O sacado que deixar de observar as disposições acima referidas é responsável pelo prejuízo que daí possa resultar até uma importância igual ao valor do cheque.

Dec. 57.595/1966

LEGISLAÇÃO

Capítulo VI
DA AÇÃO POR FALTA DE PAGAMENTO
Artigo 40

O portador pode exercer os seus direitos de ação contra os endossantes, sacador e outros coobrigados, se o cheque, apresentado em tempo útil, não for pago e se a recusa de pagamento for verificada:

1º) quer por um ato formal (protesto);

2º) quer por uma declaração do sacado, datada e escrita sobre o cheque, com a indicação do dia em que este foi apresentado;

3º) quer por uma declaração datada duma câmara de compensação, constatando que o cheque foi apresentado em tempo útil e não foi pago.

• V. Súmulas 24, 28 e 600, STF.

Artigo 41

O protesto ou declaração equivalente devem ser feitos antes de expirar o prazo para a apresentação.

Se o cheque for apresentado no último dia do prazo, o protesto ou a declaração equivalente podem ser feitos no primeiro dia útil seguinte.

Artigo 42

O portador deve avisar da falta de pagamento o seu endossante e o sacador, dentro dos 4 (quatro) dias úteis que se seguirem ao dia do protesto, ou da declaração equivalente, ou que contiver a cláusula "sem despesas". Cada um dos endossantes deve por sua vez, dentro dos 2 (dois) dias úteis que se seguirem ao da recepção do aviso, informar o seu endossante do aviso que recebeu, indicando os nomes e endereços dos que enviaram os avisos precedentes, e assim contam-se a partir da recepção do aviso precedente.

Quando, em conformidade com o disposto na alínea anterior, se avisou um signatário do cheque, deve avisar-se igualmente o seu avalista dentro do mesmo prazo de tempo.

No caso de um endossante não ter indicado o seu endereço, ou de o ter feito de maneira ilegível, basta que o aviso seja enviado ao endossante que o precede.

A pessoa que tenha de enviar um aviso pode fazê-lo por qualquer forma, mesmo pela simples devolução do cheque.

Essa pessoa deverá provar que o aviso foi enviado dentro do prazo prescrito. O prazo considerar-se-á como tendo sido observado desde que a carta que contém o aviso tenha sido posta no correio dentro dele.

A pessoa que não der o aviso dentro do prazo acima indicado não perde os seus direitos. Será responsável pelo prejuízo, se o houver, motivado pela sua negligência, sem que a responsabilidade possa exceder o valor do cheque.

Artigo 43

O sacador, um endossante ou um avalista, pode, pela cláusula "sem despesas", "sem protesto", ou outra cláusula equivalente, dispensar o portador de estabelecer um protesto ou outra declaração equivalente para exercer os seus direitos de ação.

Essa cláusula não dispensa o portador da apresentação do cheque dentro do prazo prescrito nem tampouco dos avisos a dar. A prova da inobservância do prazo incumbe àquele que dela se prevaleça contra o portador.

Se a cláusula foi escrita pelo sacador, produz os seus efeitos em relação a todos os signatários do cheque; se for inserida por um endossante ou por um avalista, só produz efeito em relação a esse endossante ou avalista. Se, apesar da cláusula escrita pelo sacador, o portador faz o protesto ou a declaração equivalente, as respectivas despesas serão por conta dele. Quando a cláusula emanar de um endossante ou de um avalista, as despesas do protesto, ou da declaração equivalente, se for feito, podem ser cobradas de todos os signatários do cheque.

Artigo 44

Todas as pessoas obrigadas em virtude de um cheque são solidariamente responsáveis para com o portador.

O portador tem o direito de proceder contra essas pessoas, individual ou coletivamente, sem necessidade de observar a ordem segundo a qual elas se obrigaram.

O mesmo direito tem todo o signatário dum cheque que o tenha pago.

Dec. 57.595/1966

A ação intentada contra um dos coobrigados não obsta ao procedimento contra os outros, embora esses se tivessem obrigado posteriormente àquele que foi acionado em primeiro lugar.

Artigo 45
O portador pode reclamar daquele contra o qual exerceu o seu direito de ação:
1º) a importância do cheque não pago;
2º) os juros à taxa de 6% (seis por cento) desde o dia da apresentação;
3º) as despesas do protesto ou da declaração equivalente, as dos avisos feitos e as outras despesas.

Artigo 46
A pessoa que tenha pago o cheque pode reclamar daqueles que são responsáveis para com ele:
1º) a importância integral que pagou;
2º) os juros da mesma importância, à taxa de 6% (seis por cento), desde o dia em que a pagou;
3º) as despesas por ela feitas.

Artigo 47
Qualquer dos coobrigados, contra o qual se intentou ou pode ser intentada uma ação, pode exigir, desde que reembolse o cheque, a sua entrega com o protesto ou declaração equivalente e um recibo.

Qualquer endossante que tenha pago o cheque pode inutilizar o seu endosso e os endossos dos endossantes subsequentes.

Artigo 48
Quando a apresentação do cheque, o seu protesto ou a declaração equivalente não puder efetuar-se dentro dos prazos indicados por motivo de obstáculo insuperável (prescrição legal declarada por um Estado qualquer ou caso de força maior), esses prazos serão prorrogados.

O portador deverá avisar imediatamente do caso de força maior o seu endossante e fazer menção datada e assinada desse aviso no cheque ou na folha anexa; para os demais aplicar-se-ão as disposições do art. 42.

Desde que tenha cessado o caso de força maior, o portador deve apresentar imediatamente o cheque a pagamento, e, caso haja motivo para tal, fazer o protesto ou uma declaração equivalente.

Se o caso de força maior se prolongar além de 15 (quinze) dias a contar da data em que o portador, mesmo antes de expirado o prazo para a apresentação, avisou o endossante do dito caso de força maior, podem promover-se ações sem que haja necessidade de apresentação, de protesto ou de declaração equivalente.

Não são considerados casos de força maior os fatos que sejam de interesse puramente pessoal do portador ou da pessoa por ele encarregada da apresentação do cheque ou de efetivar o protesto ou a declaração equivalente.

Capítulo VII
DA PLURALIDADE DE EXEMPLARES

Artigo 49
Excetuado o cheque ao portador, qualquer outro cheque emitido num país e pagável noutro país ou numa possessão ultramarina desse país, e vice-versa, ou ainda emitido e pagável na mesma possessão ou em diversas possessões ultramarinas do mesmo país, pode ser passado em vários exemplares idênticos. Quando um cheque é passado em vários exemplares, esses exemplares devem ser numerados no texto do próprio título, pois do contrário cada um será considerado como sendo um cheque distinto.

Artigo 50
O pagamento efetuado contra um dos exemplares é liberatório, mesmo quando não esteja estipulado que este pagamento anula o efeito dos outros.

O endossante que transmitiu os exemplares do cheque a várias pessoas, bem como os endossantes subsequentes, são responsáveis por todos os exemplares por eles assinados que não forem restituídos.

Capítulo VIII
DAS ALTERAÇÕES

Artigo 51
No caso de alteração do texto dum cheque, os signatários posteriores a essa alteração ficam obrigados nos termos do texto alte-

Dec. 57.595/1966

LEGISLAÇÃO

rado; os signatários anteriores são obrigados nos termos do original.

Capítulo IX
DA PRESCRIÇÃO

Artigo 52

Toda a ação do portador contra os endossantes, contra o sacador ou contra os demais coobrigados prescreve decorridos que sejam 6 (seis) meses, contados do termo do prazo de apresentação.

Toda a ação de um dos coobrigados no pagamento de um cheque contra os demais prescreve no prazo de 6 (seis) meses, contados do dia em que ele tenha pago o cheque ou do dia em que ele próprio foi acionado.

Artigo 53

A interrupção da prescrição só produz efeito em relação à pessoa para a qual a interrupção foi feita.

Capítulo X
DISPOSIÇÕES GERAIS

Artigo 54

Na presente Lei a palavra "banqueiro" compreende também as pessoas ou instituições assimiladas por lei aos banqueiros.

Artigo 55

A apresentação e o protesto dum cheque só podem efetuar-se em dia útil.

Quando o último dia do prazo prescrito na lei para a realização dos atos relativos ao cheque, e principalmente para a sua apresentação ou estabelecimento do protesto ou dum ato equivalente, for feriado legal, esse prazo é prorrogado até o primeiro dia útil que se seguir ao termo do mesmo. Os dias feriados intermédios são compreendidos na contagem do prazo.

Artigo 56

Os prazos previstos na presente Lei não compreendem o dia que marca o seu início.

Artigo 57

Não são admitidos dias de perdão, quer legal quer judicial.

ANEXO II

Artigo 1º

Qualquer das Altas Partes Contratantes pode prescrever que a obrigação de inserir nos cheques passados no seu território a palavra "cheque" prevista no art. 1º, n. 1, da Lei Uniforme, e bem assim a obrigação, a que se refere o n. 5 do mesmo artigo, de indicar o lugar onde o cheque é passado, só se aplicarão 6 (seis) meses após a entrada em vigor da presente Convenção.

Artigo 2º

Qualquer das Altas Partes Contratantes tem, pelo que respeita às obrigações contraídas em matéria de cheques no seu território, a faculdade de determinar de que maneira pode ser suprida a falta da assinatura, desde que por uma declaração autêntica escrita no cheque se possa constatar a vontade daquele que deveria ter assinado.

Artigo 3º

Por derrogação da alínea 3 do art. 2º da Lei Uniforme qualquer das Altas Partes Contratantes tem a faculdade de prescrever que um cheque sem indicação do lugar de pagamento e considerado pagável no lugar onde foi passado.

• V. art. 2º, I, Lei 7.357/1985 (Cheque).

Artigo 4º

Qualquer das Altas Partes Contratantes reserva-se a faculdade, quanto aos cheques passados e pagáveis no seu território, de decidir que os cheques sacados sobre pessoas que não sejam banqueiros ou entidades ou instituições assimiladas por lei aos banqueiros não são válidos como cheques. Qualquer das Altas Partes Contratantes reserva-se igualmente a faculdade de inserir na sua lei nacional o art. 3º da Lei Uniforme na forma e termos que melhor se adaptem ao uso que ela fizer das disposições da alínea precedente.

• V. art. 3º, Lei 7.357/1985 (Cheque).

Artigo 5º

Qualquer das Altas Partes Contratantes tem a faculdade de determinar em que momento deve o sacador ter fundos disponíveis em poder do sacado.

• V. art. 4º, § 1º, Lei 7.357/1985 (Cheque).

Dec. 57.595/1966

LEGISLAÇÃO

Artigo 6º
Qualquer das Altas Partes Contratantes tem a faculdade de admitir que o sacado inscreva sobre o cheque uma menção de certificação, confirmação, visto ou outra declaração equivalente e de regular os seus efeitos jurídicos; tal menção não deve ter, porém, o efeito dum aceite.

• V. art. 6º, Lei 7.357/1985 (Cheque).

Artigo 7º
Por derrogação dos arts. 5º e 14 da Lei Uniforme, qualquer das Altas Partes Contratantes reserva-se a faculdade de determinar, no que respeita aos cheques pagáveis no seu território que contenham a cláusula "não transmissível", que eles só podem ser pagos aos portadores que os tenham recebido com essa cláusula.

Artigo 8º
Qualquer das Altas Partes Contratantes reserva-se a faculdade de decidir se, fora dos casos previstos no art. 6º da Lei Uniforme, um cheque pode ser sacado sobre o próprio sacador.

Artigo 9º
Por derrogação do art. 6º da Lei Uniforme, qualquer das Altas Partes Contratantes, quer admita de uma maneira geral o cheque sacado sobre o próprio sacador (art. 8º do presente Anexo), quer o admita somente no caso de múltiplos estabelecimentos (art. 6º da Lei Uniforme), reserva-se o direito de proibir a emissão ao portador de cheques deste gênero.

Artigo 10
Qualquer das Altas Partes Contratantes, por derrogação do art. 8º da Lei Uniforme, reserva-se a faculdade de admitir que um cheque possa ser pago no domicílio de terceiro que não seja banqueiro.

• V. art. 11, Lei 7.357/1985 (Cheque).

Artigo 11
Qualquer das Altas Partes Contratantes reserva-se a faculdade de não inserir na sua lei nacional o art. 13 da Lei Uniforme.

Artigo 12
Qualquer das Altas Partes Contratantes reserva-se a faculdade de não aplicar o art. 21 da Lei Uniforme pelo que respeita a cheques ao portador.

Artigo 13
Por derrogação do art. 26 da Lei Uniforme qualquer das Altas Partes Contratantes tem a faculdade de admitir a possibilidade de ser dado um aval no seu território por ato separado em que se indique o lugar onde foi feito.

Artigo 14
Qualquer das Altas Partes Contratantes reserva-se a faculdade de prolongar o prazo fixado na alínea 1 do art. 29 da Lei Uniforme e de determinar os prazos da apresentação pelo que respeita aos territórios submetidos à sua soberania ou autoridade.

Qualquer das Altas Partes Contratantes, por derrogação da alínea 2 do art. 29 da Lei Uniforme, reserva-se a faculdade de prolongar os prazos previstos na referida alínea para os cheques emitidos e pagáveis em diferentes partes do mundo ou em diferentes países de outra parte do mundo que não seja a Europa.

Duas ou mais das Altas Partes Contratantes têm a faculdade, pelo que respeita aos cheques passados e pagáveis nos seus respectivos territórios, de acordarem entre si uma modificação dos prazos a que se refere a alínea 2 do art. 29 da Lei Uniforme.

Artigo 15
Para os efeitos da aplicação do art. 31 da Lei Uniforme, qualquer das Altas Partes Contratantes tem a faculdade de determinar as instituições que, segundo a lei nacional, devam ser consideradas câmaras de compensação.

Artigo 16
Qualquer das Altas Partes Contratantes, por derrogação do art. 32 da Lei Uniforme, reserva-se a faculdade de, no que respeita aos cheques pagáveis no seu território:
a) admitir a revogação do cheque mesmo antes de expirado o prazo de apresentação;
b) proibir a revogação do cheque mesmo depois de expirado o prazo de apresentação.

Qualquer das Altas Partes Contratantes tem, além disso, a faculdade de determinar as medidas a tomar em caso de perda ou roubo dum cheque e de regular os seus efeitos jurídicos.

Artigo 17
Pelo que se refere aos cheques pagáveis no seu território, qualquer das Altas Partes Contratantes tem a faculdade de sustar, se o julgar necessário em circunstâncias excepcionais relacionadas com a taxa de câmbio da moeda nacional, os efeitos da cláusula prevista no art. 36 da Lei Uniforme, relativa ao pagamento efetivo em moeda estrangeira. A mesma regra se aplica no que respeita à emissão no território nacional de cheques em moedas estrangeiras.

Artigo 18
Por derrogação dos arts. 37, 38 e 39 da Lei Uniforme, qualquer das Altas Partes Contratantes reserva-se a faculdade de só admitir na sua lei nacional os cheques cruzados ou os cheques para levar em conta. Todavia, os cheques cruzados e para levar em conta emitidos no estrangeiro e pagáveis no território de uma dessas Altas Partes Contratantes serão respectivamente considerados como cheques para levar em conta e como cheques cruzados.

Artigo 19
A Lei Uniforme não abrange a questão de saber se o portador tem direitos especiais sobre a provisão e quais são as consequências desses direitos.
O mesmo sucede relativamente a qualquer outra questão que diz respeito às relações jurídicas que serviram de base à emissão do cheque.

Artigo 20
Qualquer das Altas Partes Contratantes reserva-se a faculdade de não subordinar à apresentação do cheque e ao estabelecimento do protesto ou duma declaração equivalente em tempo útil a conservação do direito de ação contra o sacador, bem como a faculdade de determinar os efeitos dessa ação.

Artigo 21
Qualquer das Altas Partes Contratantes reserva-se a faculdade de determinar, pelo que respeita aos cheques pagáveis no seu território, que a verificação da recusa de pagamento prevista nos arts. 40 e 41 da Lei Uniforme, para a conservação do direito de ação deve ser obrigatoriamente feita por meio de protesto, com exclusão de qualquer outro ato equivalente.
Qualquer das Altas Partes Contratantes tem igualmente a faculdade de determinar que as declarações previstas nos ns. 2º e 3º do art. 40 da Lei Uniforme sejam transcritas num registro público dentro do prazo fixado para o protesto.

Artigo 22
Por derrogação do art. 42 da Lei Uniforme, qualquer das Altas Partes Contratantes tem a faculdade de manter ou de introduzir o sistema de aviso por intermédio de um agente público, que consiste no seguinte: ao fazer o protesto, o notário ou o funcionário incumbido desse serviço, em conformidade com a lei nacional, é obrigado a dar comunicação por escrito desse protesto às pessoas obrigadas pelo cheque, cujos endereços figurem nele, ou sejam conhecidos do agente que faz o protesto, ou sejam indicados pelas pessoas que exigiram o protesto. As despesas originadas por esses avisos serão adicionadas às despesas do protesto.

Artigo 23
Qualquer das Altas Partes Contratantes tem a faculdade de determinar, quanto aos cheques passados e pagáveis no seu território, que a taxa de juro a que se refere o art. 45, n. 2º, e o art. 46, n. 2º, da Lei Uniforme poderá ser substituída pela taxa legal em vigor no seu território.

Artigo 24
Por derrogação do art. 45 da Lei Uniforme, qualquer das Altas Partes Contratantes reserva-se a faculdade de inserir na lei nacional uma disposição determinando que o portador pode reclamar daquele contra o qual exerce o seu direito de ação uma comissão cuja importância será fixada pela mesma lei nacional.
Por derrogação do art. 46 da Lei Uniforme, a mesma regra é aplicável à pessoa que, tendo pago o cheque, reclama o seu valor aos que para com ele são responsáveis.

Artigo 25
Qualquer das Altas Partes Contratantes tem liberdade de decidir que, no caso de

perda de direitos ou de prescrição, no seu território subsistirá o direito de procedimento contra o sacador que não constituir provisão ou contra um sacador ou endossante que tenha feito lucros ilegítimos.

Artigo 26

A cada uma das Altas Partes Contratantes compete determinar na sua legislação nacional as causas de interrupção e de suspensão da prescrição das ações relativas a cheques que os seus tribunais são chamados a conhecer.

As outras Altas Partes Contratantes têm a faculdade de determinar as condições a que subordinarão o conhecimento de tais causas. O mesmo sucede quanto ao efeito de uma ação como meio de indicação do início do prazo de prescrição, a que se refere a alínea 2 do art. 52 da Lei Uniforme.

• V. arts. 59 a 62, Lei 7.357/1985 (Cheque).

Artigo 27

Qualquer das Altas Partes Contratantes tem a faculdade de determinar que certos dias úteis sejam assimilados aos dias feriados legais, pelo que respeita ao prazo de apresentação e a todos os atos relativos a cheques.

Artigo 28

Qualquer das Altas Partes Contratantes tem a faculdade de tomar medidas excepcionais de ordem geral relativas ao adiantamento do pagamento e aos prazos de tempo que dizem respeito a atos tendentes à conservação de direitos.

Artigo 29

Compete a cada uma das Altas Partes Contratantes, para os efeitos da aplicação da Lei Uniforme, determinar as pessoas que devem ser considerados banqueiros e as entidades ou instituições que, em virtude da natureza das suas funções, devem ser assimiladas a banqueiros.

Artigo 30

Qualquer das Altas Partes Contratantes reserva-se o direito de excluir, no todo ou em parte, da aplicação da Lei Uniforme os cheques postais e os cheques especiais, quer dos Bancos emissores, quer das caixas do Tesouro, quer das instituições públicas de crédito, na medida em que os instrumentos acima mencionados estejam submetidos a uma legislação especial.

Artigo 31

Qualquer das Altas Partes Contratantes compromete-se a reconhecer as disposições adotadas por outra das Altas Partes Contratantes em virtude dos arts. 1º a 13, 14, alíneas 1 e 2, 15 e 16, 18 a 25, 27, 29 e 30 do presente Anexo.

PROTOCOLO

Ao assinar a Convenção datada de hoje, estabelecendo uma Lei Uniforme em matéria de cheques, os abaixo assinados, devidamente autorizados, acordaram nas disposições seguintes:

A

Os membros da Sociedade das Nações e os Estados não membros que não tenham podido efetuar, antes de 1º de setembro de 1933, o depósito da ratificação da referida Convenção obrigam-se a enviar, dentro de 15 (quinze) dias, a contar daquela data, uma comunicação ao secretário-geral da Sociedade das Nações, dando-lhe a conhecer a situação em que se encontram no que diz respeito à ratificação.

B

Se em 1º de novembro de 1933 não se tiverem verificado as condições previstas na alínea 1 do art. 6º para a entrada em vigor da Convenção, o secretário-geral da Sociedade das Nações convocará uma reunião dos membros da Sociedade das Nações e Estados não membros que tenham assinado a Convenção ou a ela tenham aderido, a fim de ser examinada a situação e as medidas que devam porventura ser tomadas para a resolver.

C

As Altas Partes Contratantes comunicar-se-ão, reciprocamente, a partir da sua entrada em vigor, as disposições legislativas promulgadas nos respectivos territórios para tornar efetiva a Convenção.

Em fé do que os plenipotenciários acima mencionados assinaram o presente Protocolo.

Feito em Genebra, aos dezenove de março de mil novecentos e trinta e um, num só exemplar que será depositado nos arquivos

Dec. 57.595/1966

LEGISLAÇÃO

do Secretariado da Sociedade das Nações. Será transmitida cópia autêntica a todos os membros da Sociedade das Nações e a todos os Estados não membros representados na Conferência.

* Seguem as mesmas assinaturas colocadas após o art. 11 da Convenção para adoção de uma Lei Uniforme em matéria de cheques.

CONVENÇÃO DESTINADA A REGULAR CERTOS CONFLITOS DE LEIS EM MATÉRIA DE CHEQUES E PROTOCOLO

O Presidente do Reich Alemão; o Presidente Federal da República Austríaca; Sua Majestade o Rei dos Belgas; Sua Majestade o Rei da Dinamarca e da Islândia; o Presidente da República da Polônia, pela Cidade Livre de Dantzig; o Presidente da República do Equador; Sua Majestade o Rei da Espanha; o Presidente da República da Finlândia; o Presidente da República Francesa; o Presidente da República Helênica, Sua Alteza Seteníssima o Regente do Reino da Hungria; Sua Majestade o Rei da Itália; Sua Majestade o Imperador do Japão; Sua Alteza Real a Grã-Duquesa do Luxemburgo; o Presidente dos Estados Unidos do México; Sua Alteza Seteníssima o Príncipe de Mônaco; Sua Majestade o Rei da Noruega; Sua Majestade a Rainha da Holanda; o Presidente da República da Polônia; o Presidente da República Portuguesa; Sua Majestade o Rei da Rumânia; Sua Majestade o Rei da Suécia; o Conselho Federal Suíço; o Presidente da República Tchecoslovaca; o Presidente da República Turca; Sua Majestade o Rei da Iugoslávia,

Desejando adotar disposições para regular certos conflitos de leis em matéria de cheques, designaram seus plenipotenciários,

Os quais, depois de terem apresentado os seus plenos poderes, achados em boa e devida forma, acordaram nas disposições seguintes:

Artigo 1º

As Altas Partes Contratantes obrigam-se mutuamente a aplicar para a solução dos conflitos de leis em matéria de cheques, a seguir enumerados, as disposições constantes dos artigos seguintes:

Artigo 2º

A capacidade de uma pessoa para se obrigar por virtude de um cheque é regulada pela respectiva lei nacional. Se a lei nacional declarar competente a lei de um outro país, será aplicada esta última.

A pessoa incapaz, segundo a lei indicada na alínea precedente, é contudo havida como validamente obrigada se tiver aposto a sua assinatura em território de um país segundo cuja legislação teria sido considerada capaz.

Qualquer das Altas Partes Contratantes tem a faculdade de não reconhecer como válida a obrigação contraída em matéria de cheques por um dos seus nacionais, desde que para essa obrigação ser válida no território das outras Altas Partes Contratantes seja necessária a aplicação da alínea precedente deste artigo.

* V. arts. 3º e 4º, CC.

Artigo 3º

A lei do país em que o cheque é pagável determina quais as pessoas sobre as quais pode ser sacado um cheque.

Se, em conformidade com esta Lei, o título não for válido como cheque por causa da pessoa sobre quem é sacado, nem por isso deixam de ser válidas as assinaturas nele apostas em outros países cujas leis não contenham tal disposição.

Artigo 4º

A forma das obrigações contraídas em matéria de cheques é regulada pela lei do país em cujo território essas obrigações tenham sido assumidas. Será, todavia, suficiente o cumprimento das formas prescritas pela lei do lugar do pagamento.

No entanto, se as obrigações contraídas por virtude de um cheque não forem válidas nos termos da alínea precedente, mas o forem em face da legislação do país em que tenha posteriormente sido contraída uma outra obrigação, o fato de as primeiras obrigações serem irregulares quanto à forma não afeta a validade da obrigação posterior.

Qualquer das Altas Partes Contratantes tem a faculdade de determinar que as obrigações contraídas no estrangeiro por um dos seus nacionais, em matéria de cheques, serão válidas no seu próprio território em relação a qualquer outro dos seus nacionais desde que tenham sido contraídas na forma estabelecida na lei nacional.

Artigo 5º
A lei do país em cujo território as obrigações emergentes do cheque forem contraídas regula os efeitos dessas obrigações.

Artigo 6º
Os prazos para o exercício do direito de ação são regulados por todos os signatários pela lei do lugar da criação do título.

Artigo 7º
A lei do país em que o cheque é pagável regula:
1º) se o cheque é necessariamente à vista ou se pode ser sacado a um determinado prazo de vista, e também quais os efeitos de o cheque ser pós-datado;
2º) o prazo da apresentação;
3º) se o cheque pode ser aceito, certificado, confirmado ou visado, e quais os efeitos destas menções;
4º) se o portador pode exigir e se é obrigado a receber um pagamento parcial;
5º) se o cheque pode ser cruzado ou conter a cláusula "para levar em conta", ou outra expressão equivalente, e quais os efeitos desse cruzamento, dessa cláusula ou da expressão equivalente;
6º) se o portador tem direitos especiais sobre a provisão e qual a natureza desses direitos;
7º) se o sacador pode revogar o cheque ou opor-se ao seu pagamento;
8º) as medidas a tomar em caso de perda ou roubo do cheque;
9º) se é necessário um protesto, ou uma declaração equivalente para conservar o direito de ação contra o endossante, o sacador e os outros coobrigados.

Artigo 8º
A forma e os prazos do protesto, assim como a forma dos outros atos necessários ao exercício ou à conservação dos direitos em matéria de cheques são regulados pela lei do país em cujo território se deva fazer o protesto ou praticar os referidos atos.

Artigo 9º
Qualquer das Altas Partes Contratantes reserva-se a faculdade de não aplicar os princípios de direito internacional privado consignado na presente Convenção pelo que respeita:
1º) a uma obrigação contraída fora do território de uma das Altas Partes Contratantes;
2º) a uma lei que seria aplicável em conformidade com estes princípios, mas que não seja lei em vigor no território de uma das Altas Partes Contratantes.

Artigo 10
As disposições da presente Convenção não serão aplicáveis no território de cada uma das Altas Partes Contratantes, aos cheques já emitidos à data da entrada em vigor da Convenção.

Artigo 11
A presente Convenção, cujos textos francês e inglês farão, ambos, igualmente fé, terá a data de hoje.
Poderá ser ulteriormente assinada, até 15 de julho de 1931, em nome de qualquer membro da Liga das Nações e qualquer Estado não membro.

Artigo 12
A presente Convenção será ratificada.
Os instrumentos de ratificação serão transmitidos, antes de 1º de setembro de 1933, ao secretário-geral da Liga das Nações, que notificará imediatamente do seu depósito todos os membros da Liga das Nações e os Estados não membros em nome dos quais a presente Convenção tenha sido assinada ou que a ela tenham aderido.

Artigo 13
A partir de 15 de julho de 1931 qualquer membro da Liga das Nações e qualquer Estado não membro poderá aderir à presente Convenção.
Esta adesão efetuar-se-á por meio de notificação ao secretário-geral da Liga das Nações que será depositada nos arquivos do Secretariado.
O secretário-geral notificará imediatamente desse depósito todos os membros da Liga das Nações e os Estados não membros em nome dos quais a presente Convenção

tenha sido assinada ou que a ela tenham aderido.

Artigo 14

A presente Convenção somente entrará em vigor depois de ter sido ratificada ou de a ela terem aderido sete membros da Liga das Nações ou Estados não membros, entre os quais deverão figurar três dos membros da Liga das Nações com representação permanente no Conselho.

Começará vigorar 90 (noventa) dias depois de recebida pelo secretário-geral da Liga das Nações a sétima ratificação ou adesão, em conformidade com o disposto na alínea 1ª do presente artigo.

O secretário-geral da Liga das Nações, nas notificações previstas nos arts. 12 e 13, fará menção especial de terem sido recebidas as ratificações ou adesões a que se refere a alínea 1ª do presente artigo.

Artigo 15

As ratificações ou adesões após a entrada em vigor da presente Convenção em conformidade com o disposto no art. 14 produzirão os seus efeitos 90 (noventa) dias depois da data da sua recepção pelo secretário-geral da Liga das Nações.

Artigo 16

A presente Convenção não poderá ser denunciada antes de decorrido um prazo de 2 (dois) anos a contar da data em que ela tiver começado a vigorar para o membro da Liga das Nações ou para o Estado não membro que a denuncia; esta denúncia produzirá os seus efeitos 90 (noventa) dias depois de recebida pelo secretário-geral a respectiva notificação.

Qualquer denúncia será imediatamente comunicada pelo secretário-geral da Liga das Nações, a todos os membros da Liga das Nações e aos Estados não membros em nome dos quais a presente Convenção tenha sido assinada ou que a ela tenham aderido.

A denúncia só produzirá efeito em relação ao membro da Liga das Nações ou ao Estado não membro em nome do qual ela tenha sido feita.

Artigo 17

Decorrido um prazo de 4 (quatro) anos da entrada em vigor da presente Convenção, qualquer membro da Liga das Nações ou Estado não membro ligado à Convenção poderá formular ao secretário-geral da Liga das Nações um pedido de revisão de algumas ou de todas as suas disposições.

Se este pedido, comunicado aos outros membros ou Estados não membros para os quais a Convenção estiver então em vigor, for apoiado dentro do prazo de 1 (um) ano por 6 (seis), pelo menos, dentre eles, o Conselho da Liga das Nações decidirá se deve ser convocada uma conferência para aquele fim.

Artigo 18

Qualquer das Altas Partes Contratantes poderá declarar no momento da assinatura, da ratificação ou da adesão, que ao aceitar a presente Convenção não assume nenhuma obrigação pelo que respeita, a todas ou parte das suas colônias, protetorados ou territórios sob a sua soberania ou mandato, caso em que a presente Convenção se não aplicará aos territórios mencionados nessa declaração.

Qualquer das Altas Partes Contratantes poderá, posteriormente, comunicar ao secretário-geral da Liga das Nações o seu desejo de que a presente Convenção se aplique a todos ou parte dos seus territórios que tenham sido objeto da declaração prevista na alínea precedente, e nesse caso a presente Convenção aplicar-se-á aos territórios mencionados nessa comunicação 90 (noventa) dias depois de esta ter sido recebida pelo secretário-geral da Liga das Nações.

Qualquer das Altas Partes Contratantes poderá, a todo o tempo, declarar que deseja que a presente Convenção cesse de se aplicar a todas ou parte das suas colônias, protetorados ou territórios sob a sua soberania ou mandato, caso em que a Convenção deixará de se aplicar aos territórios mencionados nessa declaração 1 (um) ano após esta ter sido recebida pelo secretário-geral da Liga das Nações.

Artigo 19

A presente Convenção será registrada pelo secretário-geral da Liga das Nações desde que entre em vigor.

Dec. 57.663/1966

LEGISLAÇÃO

Em fé do que os plenipotenciários acima designados assinaram a presente Convenção.

Feito em Genebra, aos dezenove de março de mil novecentos e trinta e um, num só exemplar, que será depositado nos arquivos do Secretariado da Liga das Nações. Será transmitida cópia autêntica a todos os membros da Liga das Nações e a todos os Estados não membros representados na Conferência.

* Seguem as mesmas assinaturas colocadas após o art. 11 da Convenção para adoção de uma Lei Uniforme em matéria de cheques.

PROTOCOLO

Ao assinar a Convenção datada de hoje, destinada a regular certos conflitos de leis em matéria de cheques, os abaixo assinados, devidamente autorizados, acordaram nas disposições seguintes:

A

Os membros da Liga das Nações e os Estados não membros que não tenham podido efetuar, antes de 1º de setembro de 1933, o depósito da ratificação da referida Convenção obrigam-se a enviar, dentro de 15 (quinze) dias a partir daquela data, uma comunicação ao secretário-geral da Liga das Nações, dando-lhe a conhecer a situação em que se encontram no que diz respeito à ratificação.

B

Se, em 1º de novembro de 1933, não se tiverem verificado as condições previstas na alínea 1 do art. 14 para a entrada em vigor da Convenção, o secretário-geral da Liga das Nações convocará uma reunião dos membros da Liga das Nações e Estados não membros que tenham assinado a Convenção ou a ela tenham aderido, a fim de ser examinada a situação e as medidas que devam porventura ser tomadas para a resolver.

C

As Altas Partes Contratantes comunicar-se-ão, reciprocamente a partir de sua entrada em vigor, as disposições legislativas promulgadas nos respectivos territórios para tornar efetiva a Convenção.

Em fé do que os plenipotenciários acima designados assinaram a presente Convenção.

Feito em Genebra, aos dezenove de março de mil novecentos e trinta e um, num só exemplar, que será depositado nos arquivos do Secretariado da Liga das Nações. Será transmitida cópia autêntica a todos os membros da Liga das Nações e a todos os Estados não membros representados na Conferência.

* Seguem as mesmas assinaturas colocadas após o art. 11 da Convenção para adoção de uma Lei Uniforme em matéria de cheques.

CONVENÇÃO RELATIVA AO IMPOSTO DO SELO EM MATÉRIA DE CHEQUES

* Tributo extinto no Brasil.

DECRETO 57.663, DE 24 DE JANEIRO DE 1966

Promulga as Convenções para adoção de uma Lei Uniforme em matéria de letras de câmbio e notas promissórias.

O Presidente da República:

Havendo o Governo brasileiro, por nota da Legação em Berna, datada de 26 de agosto de 1942, ao secretário-geral da Liga das Nações, aderido às seguintes Convenções assinadas em Genebra, a 7 de junho de 1930:

1ª) Convenção para adoção de uma Lei Uniforme sobre letras de câmbio e notas promissórias, anexos e protocolo, com reservas aos arts. 2, 3, 5, 6, 7, 9, 10, 13, 15, 16, 17, 19 e 20 do Anexo II;

2ª) Convenção destinada a regular conflitos de leis em matéria de letras de câmbio e notas promissórias, com Protocolo;

3ª) Convenção relativa ao Imposto do Selo, em matéria de letras de câmbio e de notas promissórias, com Protocolo;

Havendo as referidas Convenções entrado em vigor para o Brasil 90 (noventa) dias após a data do registro pela Secretaria-Geral da Liga das Nações, isto é, a 26 de novembro de 1942;

865

Dec. 57.663/1966

LEGISLAÇÃO

E havendo o Congresso Nacional aprovado pelo Dec. Leg. 54, de 1964, as referidas Convenções;

Decreta que as mesmas, apensas por cópia ao presente Decreto, sejam executadas e cumpridas tão inteiramente como nelas se contém, observadas as reservas feitas à Convenção relativa à Lei Uniforme sobre letras de câmbio e notas promissórias.

Brasília, 24 de janeiro de 1966; 145º da Independência e 78º da República.

H. Castello Branco

(*DOU* 31.01.1966; ret. 02.03.1966)

CONVENÇÃO PARA A ADOÇÃO DE UMA LEI UNIFORME SOBRE LETRAS DE CÂMBIO E NOTAS PROMISSÓRIAS

O Presidente do Reich Alemão; o Presidente Federal da República Austríaca; Sua Majestade o Rei dos Belgas; o Presidente da República dos Estados Unidos do Brasil; o Presidente da República da Colômbia; Sua Majestade o Rei da Dinamarca; o Presidente da República da Polônia, pela Cidade Livre de Dantzig; o Presidente da República do Equador; Sua Majestade o Rei da Espanha; o Presidente da República da Finlândia; o Presidente da República Francesa; o Presidente da República Helênica; Sua Alteza Sereníssima o Regente do Reino da Hungria; Sua Majestade o Rei da Itália; Sua Majestade o Imperador do Japão; Sua Alteza Real a Grã-Duquesa do Luxemburgo; Sua Majestade o Rei da Noruega; Sua Majestade a Rainha da Holanda; o Presidente da República da Polônia; o Presidente da República Portuguesa; Sua Majestade o Rei da Suécia; o Conselho Federal Suíço; o Presidente da República da Tchecoslováquia; o Presidente da República da Turquia; Sua Majestade o Rei da Iugoslávia.

Desejando evitar as dificuldades originadas pela diversidade de legislação nos vários países em que as letras circulam e aumentar assim a segurança e rapidez das relações do comércio internacional;

Designaram como seus plenipotenciários:

Os quais, depois de terem apresentado os seus plenos poderes, achados em boa e devida forma, acordaram nas disposições seguintes:

Artigo 1º

As Altas Partes Contratantes obrigam-se a adotar nos territórios respectivos, quer num dos textos originais, quer nas suas línguas nacionais, a Lei Uniforme que constitui o Anexo I da presente Convenção.

Esta obrigação poderá ficar subordinada a certas reservas que deverão eventualmente ser formuladas por cada uma das Altas Partes Contratantes no momento da sua ratificação ou adesão. Estas reservas deverão ser recolhidas entre as mencionadas no Anexo II da presente Convenção.

Todavia, as reservas a que se referem os arts. 8º, 12 e 18 do citado Anexo II poderão ser feitas posteriormente à ratificação ou adesão, desde que sejam notificadas ao secretário-geral da Sociedade das Nações, o qual imediatamente comunicará o seu texto aos membros da Sociedade das Nações e aos Estados não membros em cujo nome tenha sido ratificada a presente Convenção ou que a ela tenham aderido. Essas reservas só produzirão efeitos 90 (noventa) dias depois de o secretário-geral ter recebido a referida notificação.

Qualquer das Altas Partes Contratantes poderá, em caso de urgência, fazer uso, depois da ratificação ou da adesão, das reservas indicadas nos arts. 7º e 22 do referido Anexo II. Neste caso deverá comunicar essas reservas direta e imediatamente a todas as outras Altas Partes Contratantes e ao secretário-geral da Sociedade das Nações. Esta notificação produzirá os seus efeitos 2 (dois) dias depois de recebida a dita comunicação pelas Altas Partes Contratantes.

Artigo 2º

A Lei Uniforme não será aplicável no território de cada uma das Altas Partes Contratantes às letras e notas promissórias já passadas à data da entrada em vigor da presente Convenção.

Artigo 3º

A presente Convenção, cujos textos francês e inglês farão, ambos, igualmente fé, terá a data de hoje.

Legislação

Poderá ser ulteriormente assinada, até 6 de setembro de 1930, em nome de qualquer membro da Sociedade das Nações e de qualquer Estado não membro.

Artigo 4º

A presente Convenção será ratificada.

Os instrumentos de ratificação serão transmitidos, antes de 1º de setembro de 1932, ao secretário-geral da Sociedade das Nações, que notificará imediatamente do seu depósito todos os membros da Sociedade das Nações e os Estados não membros que sejam Partes na presente Convenção.

Artigo 5º

A partir de 6 de setembro de 1930, qualquer membro da Sociedade das Nações e qualquer Estado não membro poderá aderir à presente Convenção.

Esta adesão efetuar-se-á por meio de notificação ao secretário-geral da Sociedade das Nações, que será depositada nos arquivos do Secretariado.

O secretário-geral notificará imediatamente desse depósito todos os Estados que tenham assinado ou aderido à presente Convenção.

Artigo 6º

A presente Convenção somente entrará em vigor depois de ter sido ratificada ou de a ela terem aderido sete membros da Sociedade das Nações ou Estados não membros, entre os quais deverão figurar três dos membros da Sociedade das Nações com representação permanente no Conselho.

Começará a vigorar 90 (noventa) dias depois de recebida pelo secretário-geral da Sociedade das Nações a 7ª ratificação ou adesão, em conformidade com o disposto na alínea primeira do presente artigo.

O secretário-geral da Sociedade das Nações, nas notificações previstas nos arts. 4º e 5º, fará menção especial de terem sido recebidas as ratificações ou adesões a que se refere a alínea primeira do presente artigo.

Artigo 7º

As ratificações ou adesões após a entrada em vigor da presente Convenção em conformidade com o disposto no art. 6º produzirão os seus efeitos 90 (noventa) dias depois da data da sua recepção pelo secretário-geral da Sociedade das Nações.

Artigo 8º

Exceto nos casos de urgência, a presente Convenção não poderá ser denunciada antes de decorrido um prazo de 2 (dois) anos a contar da data em que tiver começado a vigorar para o membro da Sociedade das Nações ou para o Estado não membro que a denuncia; esta denúncia produzirá os seus efeitos 90 (noventa) dias depois de recebida pelo secretário-geral a respectiva notificação.

Qualquer denúncia será imediatamente comunicada pelo secretário-geral da Sociedade das Nações a todas as outras Altas Partes Contratantes.

Nos casos de urgência, a Alta Parte Contratante que efetuar a denúncia comunicará esse fato direta e imediatamente a todas as outras Altas Partes Contratantes, e a denúncia produzirá os seus efeitos 2 (dois) dias depois de recebida a dita comunicação pelas respectivas Altas Partes Contratantes. A Alta Parte Contratante que fizer a denúncia nestas condições dará igualmente conhecimento da sua decisão ao secretário-geral da Sociedade das Nações.

Qualquer denúncia só produzirá efeitos em relação à Alta Parte Contratante em nome da qual ela tenha sido feita.

Artigo 9º

Decorrido um prazo de 4 (quatro) anos da entrada em vigor da presente Convenção, qualquer membro da Sociedade das Nações ou Estado não membro ligado à Convenção poderá formular ao secretário-geral da Sociedade das Nações um pedido de revisão de algumas ou de todas as suas disposições.

Se este pedido, comunicado aos outros membros ou Estados não membros para os quais a Convenção estiver em vigor, for apoiado dentro do prazo de 1 (um) ano por seis, pelo menos, dentre eles, o Conselho da Sociedade das Nações decidirá se deve ser convocada uma conferência para aquele fim.

Dec. 57.663/1966

Artigo 10

As Altas Partes Contratantes poderão declarar no momento da assinatura da ratificação ou da adesão que, aceitando a presente Convenção, não assumem nenhuma obrigação pelo que respeita a todas ou partes das suas colônias, protetorados ou territórios sob a sua soberania ou mandato, caso em que a presente Convenção se não aplicará aos territórios mencionados nessa declaração.

As Altas Partes Contratantes poderão a todo o tempo mais tarde notificar o secretário-geral da Sociedade das Nações de que desejam que a presente Convenção se aplique a todos ou parte dos territórios que tenham sido objeto da declaração prevista na alínea precedente, e nesse caso a Convenção aplicar-se-á aos territórios mencionados na comunicação 90 (noventa) dias depois de esta ter sido recebida pelo secretário-geral da Sociedade das Nações.

Da mesma forma, as Altas Partes Contratantes podem, nos termos do art. 8º, denunciar a presente Convenção para todas ou parte das suas colônias, protetorados ou territórios sob a sua soberania ou mandato.

Artigo 11

A presente Convenção será registrada pelo secretário-geral da Sociedade das Nações desde que entre em vigor. Será publicada, logo que for possível, na "Coleção de Tratados" da Sociedade das Nações.

Em fé do que os plenipotenciários acima designados assinaram a presente Convenção.

Feito em Genebra, aos sete de junho de mil novecentos e trinta, num só exemplar, que será depositado nos arquivos do Secretariado da Sociedade das Nações. Será transmitida cópia autêntica a todos os membros da Sociedade das Nações e a todos os Estados não membros representados na Conferência.

Alemanha: Leo Quassowski, Dr. Albrecht, Dr. Ullmann; Áustria: Dr. Strobele; Bélgica: Vte. P. Poullert de la Vallée Poussin; Brasil: Deoclécio de Campos; Colômbia: A. J. Restrepo; Dinamarca: A. Helper, V. Eigtved; Cidade Livre de Dantzig: Sulkowski; Equador: Alej. Gastolú; Espanha: Juan Gómez Monteio; Finlândia: F. Gronvall; França: J. Percerou; Grécia: R. Raphael; Hungria: Dr. Baranyai, Zoltán; Itália: Amedeo Giannini; Japão: M. Ohno, T. Shimada; Luxemburgo: Ch. G. Vermaire; Noruega: Stub Holmboe; Holanda: Molengraaff; Peru: J. M. Barreto; Polônia: Sulkowski; Portugal: José Caieiro da Matta; Suécia: E. Marks von Wurtemberg, Birger Ekeberg; Suíça: Vischer; Tchecoslováquia: Prof. Dr. Karel Hermann-Otavsky; Turquia: *ad referendum*, Mehmed Munir; Iugoslávia: I. Choumenkovitch.

ANEXO I
LEI UNIFORME RELATIVA ÀS LETRAS DE CÂMBIO E NOTAS PROMISSÓRIAS

TÍTULO I
DAS LETRAS

Capítulo I
DA EMISSÃO E FORMA DA LETRA

Artigo 1º

A letra contém:

- V. Dec.-lei 427/1969 (Tributação do Imposto de Renda na Fonte, registro de letras de câmbio e notas promissórias).
- V. Dec.-lei 1.700/1979 (Extingue o registro das letras de câmbio e notas promissórias).

1. a palavra "letra" inserta no próprio texto do título e expressa na língua empregada para a redação desse título;
2. o mandato puro e simples de pagar uma quantia determinada;
3. o nome daquele que deve pagar (sacado);
4. a época do pagamento;
5. a indicação do lugar em que se deve efetuar o pagamento;
6. o nome da pessoa a quem ou à ordem de quem deve ser paga;
7. a indicação da data em que, e do lugar onde a letra é passada;
8. a assinatura de quem passa a letra (sacador).

Artigo 2º

O escrito em que faltar algum dos requisitos indicados no artigo anterior não produ-

Dec. 57.663/1966

LEGISLAÇÃO

zirá efeito como letra, salvo nos casos determinados nas alíneas seguintes:
A letra em que se não indique a época do pagamento entende-se pagável à vista.
Na falta de indicação especial, o lugar designado ao lado do nome do sacado considera-se como sendo o lugar do pagamento, e, ao mesmo tempo, o lugar do domicílio do sacado.
A letra sem indicação do lugar onde foi passada considera-se como tendo-o sido no lugar designado, ao lado do nome do sacador.

- V. Súmula 387, STF.

Artigo 3º
A letra pode ser à ordem do próprio sacador.
Pode ser sacada sobre o próprio sacador.
Pode ser sacada por ordem e conta de terceiro.

Artigo 4º
A letra pode ser pagável no domicílio de terceiro, quer na localidade onde o sacado tem o seu domicílio, quer noutra localidade.

Artigo 5º
Numa letra pagável à vista ou a um certo termo de vista, pode o sacador estipular que a sua importância vencerá juros. Em qualquer outra espécie de letra a estipulação de juros será considerada como não escrita.
A taxa de juros deve ser indicada na letra; na falta de indicação, a cláusula de juros é considerada como não escrita.
Os juros contam-se da data da letra, se outra data não for indicada.

Artigo 6º
Se na letra a indicação da quantia a satisfazer se achar feita por extenso e em algarismos, e houver divergência entre uma e outra, prevalece a que estiver feita por extenso.
Se na letra a indicação da quantia a satisfazer se achar feita por mais de uma vez, quer por extenso, quer em algarismos, e houver divergências entre as diversas indicações, prevalecerá a que se achar feita pela quantia inferior.

Artigo 7º
Se a letra contém assinaturas de pessoas incapazes de se obrigarem por letras, assinaturas falsas, assinaturas de pessoas fictícias, ou assinaturas que por qualquer outra razão não poderiam obrigar as pessoas que assinaram a letra, ou em nome das quais ela foi assinada, as obrigações dos outros signatários nem por isso deixam de ser válidas.

Artigo 8º
Todo aquele que apuser a sua assinatura numa letra, como representante de uma pessoa, para representar a qual não tinha de fato poderes, fica obrigado em virtude da letra e, se a pagar, tem os mesmos direitos que o pretendido representado. A mesma regra se aplica ao representante que tenha excedido os seus poderes.

- V. art. 51, VIII, Lei 8.078/1990 (Código de Defesa do Consumidor).

Artigo 9º
O sacador é garante tanto da aceitação como do pagamento de letra.
O sacador pode exonerar-se da garantia da aceitação; toda e qualquer cláusula pela qual ele se exonere da garantia do pagamento considera-se como não escrita.

Artigo 10
Se uma letra incompleta no momento de ser passada tiver sido completada contrariamente aos acordos realizados, não pode a inobservância desses acordos ser motivo de oposição ao portador, salvo se este tiver adquirido a letra de má-fé ou, adquirindo-a, tenha cometido uma falta grave.

- V. art. 3º, Dec. 2.044/1908 (Letra de câmbio e nota promissória).
- V. Súmula 387, STF.

Capítulo II
DO ENDOSSO

Artigo 11
Toda letra de câmbio, mesmo que não envolva expressamente a cláusula à ordem, é transmissível por via de endosso.
Quando o sacador tiver inserido na letra as palavras "não à ordem", ou uma expressão equivalente, a letra só é transmissível pela forma e com os efeitos de uma cessão ordinária de créditos.

Dec. 57.663/1966

LEGISLAÇÃO

O endosso pode ser feito mesmo a favor do sacado, aceitando ou não, do sacador, ou de qualquer outro coobrigado. Estas pessoas podem endossar novamente a letra.

• • V. art. 290 e ss., CC.

Artigo 12
O endosso deve ser puro e simples. Qualquer condição a que ele seja subordinado considera-se como não escrita.
O endosso parcial é nulo.
O endosso ao portador vale como endosso em branco.

Artigo 13
O endosso deve ser escrito na letra ou numa folha ligada a esta (anexo). Deve ser assinado pelo endossante.
O endosso pode não designar o beneficiário, ou consistir simplesmente na assinatura do endossante (endosso em branco). Neste último caso, o endosso para ser válido deve ser escrito no verso da letra ou na folha anexa.

Artigo 14
O endosso transmite todos os direitos emergentes da letra.

• V. art. 1º, *caput*, Lei 8.021/1990 (Identificação dos contribuintes para fins fiscais).
• V. art. 19, § 2º, Lei 8.088/1990 (Atualização do Bônus do Tesouro Nacional).

Se o endosso for em branco, o portador pode:
1º) preencher o espaço em branco, quer com o seu nome, quer com o nome de outra pessoa;
2º) endossar de novo a letra em branco ou a favor de outra pessoa;
3º) remeter a letra a um terceiro, sem preencher o espaço em branco e sem a endossar.

Artigo 15
O endossante, salvo cláusula em contrário, é garante tanto da aceitação como do pagamento da letra.
O endossante pode proibir um novo endosso, e, neste caso, não garante o pagamento às pessoas a quem a letra for posteriormente endossada.

Artigo 16
O detentor de uma letra é considerado portador legítimo se justifica o seu direito por uma série ininterrupta de endossos, mesmo se o último for em branco. Os endossos riscados consideram-se, para este efeito, como não escritos. Quando um endosso em branco é seguido de um outro endosso, presume-se que o signatário deste adquiriu a letra pelo endosso em branco.
Se uma pessoa foi por qualquer maneira desapossada de uma letra, o portador dela, desde que justifique o seu direito pela maneira indicada na alínea precedente, não é obrigado a restituí-la, salvo se a adquiriu de má-fé ou se, adquirindo-a, cometeu uma falta grave.

• V. art. 70.

Artigo 17
As pessoas acionadas em virtude de uma letra não podem opor ao portador exceções fundadas sobre as relações pessoais delas com o sacador ou com os portadores anteriores, a menos que o portador ao adquirir a letra tenha procedido conscientemente em detrimento do devedor.

Artigo 18
Quando o endosso contém a menção "valor a cobrar" (*valeur en recouvrement*), "para cobrança" (*pour encaissement*), "por procuração" (*par procuration*), ou qualquer outra menção que implique um simples mandato, o portador pode exercer todos os direitos emergentes da letra, mas só pode endossá-la na qualidade de procurador.
Os coobrigados, neste caso, só podem invocar contra o portador as exceções que eram oponíveis ao endossante.
O mandato que resulta de um endosso por procuração não se extingue por morte ou sobrevinda incapacidade legal do mandatário.

Artigo 19
Quando o endosso contém a menção "valor em garantia", "valor em penhor" ou qualquer outra menção que implique uma caução, o portador pode exercer todos os direitos emergentes da letra, mas um endosso feito por ele só vale como endosso a título de procuração.
Os coobrigados não podem invocar contra o portador as exceções fundadas sobre as relações pessoais deles com o endossante, a menos que o portador, ao receber a letra,

tenha procedido conscientemente em detrimento do devedor.

Artigo 20
O endosso posterior ao vencimento tem os mesmos efeitos que o endosso anterior. Todavia, o endosso posterior ao protesto por falta de pagamento, ou feito depois de expirado o prazo fixado para se fazer o protesto, produz apenas os efeitos de uma cessão ordinária de créditos.

Salvo prova em contrário, presume-se que um endosso sem data foi feito antes de expirado o prazo fixado para se fazer o protesto.

•• V. art. 290 e ss., CC.

Capítulo III
DO ACEITE

Artigo 21
A letra pode ser apresentada, até o vencimento, ao aceite do sacado, no seu domicílio, pelo portador ou até por um simples detentor.

• V. art. 10, Dec. 2.044/1908 (Letra de câmbio e nota promissória).

Artigo 22
O sacador pode, em qualquer letra, estipular que ela será apresentada ao aceite, com ou sem fixação de prazo.

Pode proibir na própria letra a sua apresentação ao aceite, salvo se se tratar de uma letra pagável em domicílio de terceiro, ou de uma letra pagável em localidade diferente da do domicílio do sacado, ou de uma letra sacada a certo termo de vista.

O sacador pode também estipular que a apresentação ao aceite não poderá efetuar-se antes de determinada data.

Todo endossante pode estipular que a letra deve ser apresentada ao aceite, com ou sem fixação de prazo, salvo se ela tiver sido declarada não aceitável pelo sacador.

Artigo 23
As letras a certo termo de vista devem ser apresentadas ao aceite dentro do prazo de 1 (um) ano das suas datas.

O sacador pode reduzir este prazo ou estipular um prazo maior.

Esses prazos podem ser reduzidos pelos endossantes.

Artigo 24
O sacado pode pedir que a letra lhe seja apresentada uma segunda vez no dia seguinte ao da primeira apresentação. Os interessados somente podem ser admitidos a pretender que não foi dada satisfação a este pedido no caso de ele figurar no protesto.

O portador não é obrigado a deixar nas mãos do aceitante a letra apresentada ao aceite.

Artigo 25
O aceite é escrito na própria letra. Exprime-se pela palavra "aceite" ou qualquer outra palavra equivalente; o aceite é assinado pelo sacado. Vale como aceite a simples assinatura do sacado aposta na parte anterior da letra.

Quando se trate de uma letra pagável a certo termo de vista, ou que deva ser apresentada ao aceite dentro de um prazo determinado por estipulação especial, o aceite deve ser datado do dia em que foi dado, salvo se o portador exigir que a data seja a da apresentação. À falta de data, o portador, para conservar os seus direitos de recurso contra os endossantes e contra o sacador, deve fazer constar essa omissão por um protesto, feito em tempo útil.

Artigo 26
O aceite é puro e simples, mas o sacado pode limitá-lo a uma parte da importância sacada.

Qualquer outra modificação introduzida pelo aceite no enunciado da letra equivale a uma recusa de aceite. O aceitante fica, todavia, obrigado nos termos do seu aceite.

• V. art. 51.

Artigo 27
Quando o sacador tiver indicado na letra um lugar de pagamento diverso do domicílio do sacado, sem designar um terceiro em cujo domicílio o pagamento se deva efetuar, o sacado pode designar no ato do aceite a pessoa que deve pagar a letra. Na falta dessa indicação, considera-se que o aceitante se obriga, ele próprio, a efetuar o pagamento no lugar indicado na letra.

Se a letra é pagável no domicílio do sacado, este pode, no ato do aceite, indicar, para

Dec. 57.663/1966

ser efetuado o pagamento, um outro domicílio no mesmo lugar.

Artigo 28
O sacado obriga-se pelo aceite pagar a letra à data do vencimento.

Na falta de pagamento, o portador, mesmo no caso de ser ele o sacador, tem contra o aceitante um direito de ação resultante da letra, em relação a tudo que pode ser exigido nos termos dos arts. 48 e 49.

Artigo 29
Se o sacado, antes da restituição da letra, riscar o aceite que tiver dado, tal aceite é considerado como recusado. Salvo prova em contrário, a anulação do aceite considera-se feita antes da restituição da letra.

Se, porém, o sacado tiver informado por escrito o portador ou qualquer outro signatário da letra de que aceita, fica obrigado para com estes, nos termos do seu aceite.

Capítulo IV
DO AVAL

Artigo 30
O pagamento de uma letra pode ser no todo ou em parte garantido por aval.

Esta garantia é dada por um terceiro ou mesmo por um signatário da letra.

- V. art. 14, Dec. 2.044/1908 (Letra de câmbio e nota promissória).
- V. Súmula 26, STJ.

Artigo 31
O aval é escrito na própria letra ou numa folha anexa.

Exprime-se pelas palavras "bom para aval" ou por qualquer fórmula equivalente; e assinado pelo dador do aval.

O aval considera-se como resultante da simples assinatura do dador aposta na face anterior da letra, salvo se se trata das assinaturas do sacado ou do sacador.

O aval deve indicar por quem se dá. Na falta de indicação, entender-se-á pelo sacador.

Artigo 32
O dador de aval é responsável da mesma maneira que a pessoa por ele afiançada.

A sua obrigação mantém-se, mesmo no caso de a obrigação que ele garantiu ser nula por qualquer razão que não seja um vício de forma.

Se o dador de aval paga a letra, fica sub-rogado nos direitos emergentes da letra contra a pessoa a favor de quem foi dado o aval e contra os obrigados para com esta em virtude da letra.

Capítulo V
DO VENCIMENTO

Artigo 33
Uma letra pode ser sacada:
– à vista;
– a um certo termo de vista;
– a um certo termo de data;
– pagável num dia fixado.

As letras, quer com vencimentos diferentes, quer com vencimentos sucessivos, são nulas.

Artigo 34
A letra à vista é pagável à apresentação. Deve ser apresentada a pagamento dentro do prazo de 1 (um) ano, a contar da sua data. O sacador pode reduzir este prazo ou estipular um outro mais longo. Estes prazos podem ser encurtados pelos endossantes.

O sacador pode estipular que uma letra pagável à vista não deverá ser apresentada a pagamento antes de uma certa data. Nesse caso, o prazo para a apresentação conta-se dessa data.

Artigo 35
O vencimento de uma letra a certo termo de vista determina-se, quer pela data do aceite, quer pela do protesto. Na falta de protesto, o aceite não datado entende-se, no que respeita ao aceitante, como tendo sido dado no último dia do prazo para a apresentação ao aceite.

Artigo 36
O vencimento de uma letra sacada a 1 (um) ou mais meses de data ou de vista será na data correspondente do mês em que o pagamento se deve efetuar. Na falta de data correspondente, o vencimento será no último dia desse mês.

Quando a letra é sacada a 1 (um) ou mais meses e meio de data ou de vista, contam-se primeiro os meses inteiros.

Se o vencimento for fixado para o princípio, meado ou fim do mês, entende-se que a letra será vencível no primeiro, no dia 15 (quinze), ou no último dia desse mês.

Dec. 57.663/1966

LEGISLAÇÃO

As expressões "oito dias" ou "quinze dias" entendem-se não como 1 (uma) ou 2 (duas) semanas, mas como um prazo de 8 (oito) ou 15 (quinze) dias efetivos.

A expressão "meio mês" indica um prazo de 15 (quinze) dias.

Artigo 37

Quando uma letra é pagável num dia fixo num lugar em que o calendário é diferente do lugar de emissão, a data do vencimento é considerada como fixada segundo o calendário do lugar de pagamento.

Quando uma letra sacada entre duas praças que em calendários diferentes é pagável a certo termo de vista, o dia da emissão é referido ao dia correspondente do calendário do lugar de pagamento, para o efeito da determinação da data do vencimento.

Os prazos de apresentação das letras são calculados segundo as regras da alínea precedente.

Estas regras não se aplicam se uma cláusula da letra, ou até o simples enunciado do título, indicar que houve intenção de adotar regras diferentes.

Capítulo VI
DO PAGAMENTO

Artigo 38

O portador de uma letra pagável em dia fixo ou a certo termo de data ou de vista deve apresentá-la a pagamento no dia em que ela é pagável ou num dos 2 (dois) dias úteis seguintes.

A apresentação da letra a uma câmara de compensação equivale a apresentação a pagamento.

- V. art. 20, *caput*, Dec. 2.044/1908 (Letra de câmbio e nota promissória).

Artigo 39

O sacado que paga uma letra pode exigir que ela lhe seja entregue com a respectiva quitação.

O portador não pode recusar qualquer pagamento parcial.

No caso de pagamento parcial, o sacado pode exigir que desse pagamento se faça menção na letra e que dele lhe seja dada quitação.

Artigo 40

O portador de uma letra não pode ser obrigado a receber o pagamento dela antes do vencimento.

O sacado que paga uma letra antes do vencimento fá-lo sob sua responsabilidade.

Aquele que paga uma letra no vencimento fica validamente desobrigado, salvo se da sua parte tiver havido fraude ou falta grave. É obrigado a verificar a regularidade da sucessão dos endossos mas não a assinatura dos endossantes.

Artigo 41

Se numa letra se estipular o pagamento em moeda que não tenha curso legal no lugar do pagamento, pode a sua importância ser paga na moeda do país, segundo o seu valor no dia do vencimento. Se o devedor está em atraso, o portador pode, à sua escolha, pedir que o pagamento da importância da letra seja feito na moeda do país ao câmbio do dia do vencimento ou ao câmbio do dia do pagamento.

A determinação do valor da moeda estrangeira será feita segundo os usos do lugar de pagamento. O sacador pode, todavia, estipular que a soma a pagar seja calculada segundo um câmbio fixado na letra.

As regras acima indicadas não se aplicam ao caso em que o sacador tenha estipulado que o pagamento deverá ser efetuado numa certa moeda especificada (cláusula de pagamento efetivo numa moeda estrangeira).

Se a importância da letra for indicada numa moeda que tenha a mesma denominação mas valor diferente no país de emissão e no pagamento, presume-se que se fez referência à moeda do lugar de pagamento.

Artigo 42

Se a letra não for apresentada a pagamento dentro do prazo fixado no art. 38, qualquer devedor tem a faculdade de depositar a sua importância junto da autoridade competente a custa do portador e sob a responsabilidade deste.

Dec. 57.663/1966

LEGISLAÇÃO

Capítulo VII
DA AÇÃO POR FALTA DE ACEITE E FALTA DE PAGAMENTO

Artigo 43

O portador de uma letra pode exercer os seus direitos de ação contra os endossantes, sacador e outros coobrigados:

- V. art. 77, Lei 11.101/2005 (Lei de Recuperação de Empresas e Falência).

– no vencimento;
– se o pagamento não foi efetuado;
– mesmo antes do vencimento:

1º) se houve recusa total ou parcial de aceite;

2º) nos casos de falência do sacado, quer ele tenha aceite, quer não, de suspensão de pagamentos do mesmo, ainda que não constatada por sentença, ou de ter sido promovida, sem resultado, execução dos seus bens;

- V. art. 19, II, Dec. 2.044/1908 (Letra de câmbio e nota promissória).

3º) nos casos de falência do sacador de uma letra não aceitável.

- V. art. 19, II, Dec. 2.044/1908 (Letra de câmbio e nota promissória).

Artigo 44

A recusa de aceite ou de pagamento deve ser comprovada por um ato formal (protesto por falta de aceite ou falta de pagamento).

O protesto por falta de aceite deve ser feito nos prazos fixados para a apresentação ao aceite. Se, no caso previsto na alínea 1ª do art. 24, a primeira apresentação da letra tiver sido feita no último dia do prazo, pode fazer-se ainda o protesto no dia seguinte.

O protesto por falta de pagamento de uma letra pagável em dia fixo ou a certo termo de data ou de vista deve ser feito num dos 2 (dois) dias úteis seguintes àquele em que a letra é pagável. Se se trata de uma letra pagável à vista, o protesto deve ser feito nas condições indicadas na alínea precedente para o protesto por falta de aceite.

O protesto por falta de aceite dispensa a apresentação a pagamento e o protesto por falta de pagamento.

No caso de suspensão de pagamentos do sacado, quer seja aceitante, quer não, ou no caso de lhe ter sido promovida, sem resultado, execução dos bens, o portador da letra só pode exercer o seu direito de ação após apresentação da mesma ao sacado para pagamento e depois de feito o protesto.

No caso de falência declarada do sacado, quer seja aceitante, quer não, bem como no caso de falência declarada do sacador de uma letra não aceitável, a apresentação da sentença de declaração de falência é suficiente para que o portador da letra possa exercer o seu direito de ação.

- V. arts. 29 e 33, Dec. 2.044/1908 (Letra de câmbio e nota promissória).
- V. arts. 2º e 4º, Lei 6.690/1979 (Cancelamento de protesto de títulos cambiais).
- V. art. 48, Lei 7.357/1985 (Cheque).
- V. Súmula 153, STF.
- •• V. art. 53.

Artigo 45

O portador deve avisar da falta de aceite ou de pagamento o seu endossante e o sacador dentro dos 4 (quatro) dias úteis que se seguirem ao dia do protesto ou da apresentação, no caso de a letra conter a cláusula "sem despesas". Cada um dos endossantes deve, por sua vez, dentro dos 2 (dois) dias úteis que se seguirem ao da recepção do aviso, informar o seu endossante do aviso que recebeu, indicando os nomes e endereços dos que enviaram os avisos precedentes, e assim sucessivamente até se chegar ao sacador. Os prazos acima indicados contam-se a partir da recepção do aviso precedente.

Quando, em conformidade com o disposto na alínea anterior, se avisou um signatário da letra, deve avisar-se também o seu avalista dentro do mesmo prazo de tempo.

No caso de um endossante não ter indicado o seu endereço, ou de o ter feito de maneira ilegível, basta que o aviso seja enviado ao endossante que o precede.

A pessoa que tenha de enviar um aviso pode fazê-lo por qualquer forma, mesmo pela simples devolução da letra.

Essa pessoa deverá provar que o aviso foi enviado dentro do prazo prescrito. O prazo considerar-se-á como tendo sido observa-

Dec. 57.663/1966

do desde que a carta contendo o aviso tenha sido posta no Correio dentro dele.
A pessoa que não der o aviso dentro do prazo acima indicado não perde os seus direitos; será responsável pelo prejuízo, se o houver, motivado pela sua negligência, sem que a responsabilidade possa exceder a importância da letra.

Artigo 46
O sacador, um endossante ou um avalista pode, pela cláusula "sem despesas", "sem protesto", ou outra cláusula equivalente, dispensar o portador de fazer um protesto por falta de aceite ou falta de pagamento, para poder exercer os seus direitos de ação. Essa cláusula não dispensa o portador da apresentação da letra dentro do prazo prescrito nem tampouco dos avisos a dar. A prova da inobservância do prazo incumbe àquele que dela se prevaleça contra o portador.
Se a cláusula foi escrita pelo sacador produz os seus efeitos em relação a todos os signatários da letra; se for inserida por um endossante ou por avalista, só produz efeito em relação a esse endossante ou avalista. Se, apesar da cláusula escrita pelo sacador, o portador faz o protesto, as respectivas despesas serão de conta dele quando a cláusula emanar de um endossante ou de um avalista, as despesas do protesto, se for feito, podem ser cobradas de todos os signatários da letra.

Artigo 47
Os sacadores, aceitantes, endossantes ou avalistas de uma letra são todos solidariamente responsáveis para com o portador.
O portador tem o direito de acionar todas estas pessoas individualmente, sem estar adstrito a observar a ordem por que elas se obrigaram.
O mesmo direito possui qualquer dos signatários de uma letra quando a tenha pago.
A ação intentada contra um dos coobrigados não impede acionar os outros, mesmo os posteriores àquele que foi acionado em primeiro lugar.

Artigo 48
O portador pode reclamar daquele contra quem exerce o seu direito de ação:

1º) o pagamento da letra não aceite não paga, com juros se assim foi estipulado;
2º) os juros à taxa de 6% (seis por cento) desde a data do vencimento;

• V. Dec. 22.626/1933 (Juros nos contratos).

3º) as despesas do protesto, as dos avisos dados e as outras despesas.
Se a ação for interposta antes do vencimento da letra, a sua importância será reduzida de um desconto. Esse desconto será calculado de acordo com a taxa oficial de desconto (taxa de Banco) em vigor no lugar do domicílio do portador à data da ação.

Artigo 49
A pessoa que pagou uma letra pode reclamar dos seus garantes:
1º) a soma integral que pagou;
2º) os juros da dita soma, calculados à taxa de 6% (seis por cento), desde a data em que a pagou;

• V. Dec. 22.626/1933 (Juros nos contratos).

3º) as despesas que tiver feito.

Artigo 50
Qualquer dos coobrigados, contra o qual se intentou ou pode ser intentada uma ação, pode exigir, desde que pague a letra, que ela lhe seja entregue com o protesto e um recibo.
Qualquer dos endossantes que tenha pago uma letra pode riscar o seu endosso e os dos endossantes subsequentes.

Artigo 51
No caso de ação intentada depois de um aceite parcial, a pessoa que pagar a importância pela qual a letra não foi aceita pode exigir que esse pagamento seja mencionado na letra e que dele lhe seja dada quitação. O portador deve, além disso, entregar a essa pessoa uma cópia autêntica da letra e o protesto, de maneira a permitir o exercício de ulteriores direitos de ação.

Artigo 52
Qualquer pessoa que goze do direito de ação pode, salvo estipulação em contrário, embolsar-se por meio de uma nova letra (ressaque) à vista, sacada sobre um dos coobrigados e pagável no domicílio deste.
O ressaque inclui, além das importâncias indicadas nos arts. 48 e 49, um direito de

Dec. 57.663/1966

LEGISLAÇÃO

corretagem e a importância do selo do ressaque.

Se o ressaque é sacado pelo portador, a sua importância é fixada segundo a taxa para uma letra à vista, sacada do lugar onde a primitiva letra era pagável sobre o lugar do domicílio do coobrigado. Se o ressaque é sacado por um endossante a sua importância é fixada segundo a taxa para uma letra à vista, sacada do lugar onde o sacador do ressaque tem o seu domicílio sobre o lugar do domicílio do coobrigado.

Artigo 53

Depois de expirados os prazos fixados:
– para a apresentação de uma letra à vista ou a certo termo de vista;
– para se fazer o protesto por falta de aceite ou por falta de pagamento;
– para a apresentação a pagamento no caso da cláusula "sem despesas".

O portador perdeu os seus direitos de ação contra os endossantes, contra o sacador e contra os outros coobrigados, à exceção do aceitante.

Na falta de apresentação ao aceite no prazo estipulado pelo sacador, o portador perdeu os seus direitos de ação, tanto por falta de pagamento como por falta de aceite, a não ser que dos termos da estipulação se conclua que o sacador apenas teve em vista exonerar-se da garantia do aceite.

Se a estipulação de um prazo para a apresentação constar de um endosso, somente aproveita ao respectivo endossante.

•• V. art. 44.

Artigo 54

Quando a apresentação da letra ou o seu protesto não puder fazer-se dentro dos prazos indicados por motivo insuperável (prescrição legal declarada por um Estado qualquer ou outro caso de força maior), esses prazos serão prorrogados.

O portador deverá avisar imediatamente o seu endossante do caso de força maior e fazer menção desse aviso, datada e assinada, na letra ou numa folha anexa; para os demais são aplicáveis as disposições do art. 45.

Desde que tenha cessado o caso de força maior, o portador deve apresentar sem demora a letra ao aceite ou a pagamento, e, caso haja motivo para tal, fazer o protesto.

Se o caso de força maior se prolongar além de 30 (trinta) dias a contar da data do vencimento, podem promover-se ações sem que haja necessidade de apresentação ou protesto.

Para as letras à vista ou a certo termo de vista, o prazo de 30 (trinta) dias conta-se da data em que o portador, mesmo antes de expirado o prazo para a apresentação, deu o aviso do caso de força maior ao seu endossante; para as letras a certo termo de vista, o prazo de 30 (trinta) dias fica acrescido do prazo de vista indicado na letra.

Não são considerados casos de força maior os fatos que sejam de interesse puramente pessoal do portador ou da pessoa por ele encarregada da apresentação da letra ou de fazer o protesto.

Capítulo VIII
DA INTERVENÇÃO

1 – Disposições gerais

Artigo 55

O sacador, um endossante ou um avalista podem indicar uma pessoa para em caso de necessidade aceitar ou pagar.

A letra pode, nas condições a seguir indicadas, ser aceita ou paga por uma pessoa que intervenha por um devedor qualquer contra quem existe direito de ação:

O interveniente pode ser um terceiro, ou mesmo o sacado, ou uma pessoa já obrigada em virtude da letra, exceto o aceitante.

O interveniente é obrigado a participar, no prazo de 2 (dois) dias úteis, a sua intervenção à pessoa por quem interveio. Em caso de inobservância deste prazo, o interveniente é responsável pelo prejuízo, se o houver, resultante da sua negligência, sem que as perdas e danos possam exceder a importância da letra.

2 – Aceite por intervenção

Artigo 56

O aceite por intervenção pode realizar-se em todos os casos em que o portador de uma letra aceitável tem direito de ação antes do vencimento.

Quando na letra se indica uma pessoa para em caso de necessidade a aceitar ou a pagar no lugar do pagamento, o portador

Dec. 57.663/1966

não pode exercer o seu direito de ação antes do vencimento contra aquele que indicou essa pessoa e contra os signatários subsequentes a não ser que tenha apresentado a letra à pessoa designada e que, tendo esta recusado o aceite, se tenha feito o protesto.

Nos outros casos de intervenção, o portador pode recusar o aceite por intervenção. Se, porém, o admitir, perde o direito de ação antes do vencimento contra aquele por quem a aceitação foi dada e contra os signatários subsequentes.

Artigo 57

O aceite por intervenção será mencionado na letra e assinado pelo interveniente. Deverá indicar por honra de quem se fez a intervenção; na falta desta indicação, presume-se que interveio pelo sacador.

Artigo 58

O aceitante por intervenção fica obrigado para com o portador e para com os endossantes posteriores àquele por honra de quem interveio da mesma forma que este.

Não obstante o aceite por intervenção, aquele por honra de quem ele foi feito e os seus garantes podem exigir do portador, contra o pagamento da importância indicada, no art. 48, a entrega da letra, do instrumento do protesto e, havendo lugar, de uma conta com a respectiva quitação.

3 – Pagamento por intervenção

Artigo 59

O pagamento por intervenção pode realizar-se em todos os casos em que o portador de uma letra tem direito de ação à data do vencimento ou antes dessa data.

O pagamento deve abranger a totalidade da importância que teria a pagar aquele por honra de quem a intervenção se realizou.

O pagamento deve ser feito o mais tardar no dia seguinte ao último em que é permitido fazer o protesto por falta de pagamento.

Artigo 60

Se a letra foi aceita por intervenientes tendo o seu domicílio no lugar do pagamento, ou se foram indicadas pessoas tendo o seu domicílio no mesmo lugar para, em caso de necessidade, pagarem a letra, o portador deve apresentá-la a todas essas pessoas e, se houver lugar, fazer o protesto por falta de pagamento o mais tardar no dia seguinte e ao último em que era permitido fazer o protesto.

Na falta de protesto dentro deste prazo, aquele que tiver indicado pessoas para pagarem em caso de necessidade, ou por conta de quem a letra tiver sido aceita, bem como os endossantes posteriores, ficam desonerados.

Artigo 61

O portador que recusar o pagamento por intervenção perde o seu direito de ação contra aqueles que teriam ficado desonerados.

Artigo 62

O pagamento por intervenção deve ficar constatado por um recibo passado na letra, contendo a indicação da pessoa por honra de quem foi feito. Na falta desta indicação presume-se que o pagamento foi feito por honra do sacador.

A letra e o instrumento do protesto, se o houve, devem ser entregues à pessoa que pagou por intervenção.

Artigo 63

O que paga por intervenção fica sub-rogado nos direitos emergentes da letra contra aquele por honra de quem pagou e contra os que são obrigados para com este em virtude da letra. Não pode, todavia, endossar de novo a letra.

Os endossantes posteriores ao signatário por honra de quem foi feito o pagamento ficam desonerados.

Quando se apresentarem várias pessoas para pagar uma letra por intervenção, será preferida aquela que desonerar maior número de obrigados. Aquele que, com conhecimento de causa, intervir contrariamente a esta regra, perde os seus direitos de ação contra os que teriam sido desonerados.

Dec. 57.663/1966

LEGISLAÇÃO

Capítulo IX
DA PLURALIDADE DE EXEMPLARES E DAS CÓPIAS

1 – Pluralidade de exemplares

Artigo 64

A letra pode ser sacada por várias vias. Essas vias devem ser numeradas no próprio texto, na falta do que, cada via será considerada como uma letra distinta. O portador de uma letra que não contenha a indicação de ter sido sacada numa única via pode exigir à sua custa a entrega de várias vias. Para este efeito o portador deve dirigir-se ao seu endossante imediato, para que este o auxilie a proceder contra o seu próprio endossante e assim sucessivamente até se chegar ao sacador. Os endossantes são obrigados a reproduzir os endossos nas novas vias.

Artigo 65

O pagamento de uma das vias é liberatório, mesmo que não esteja estipulado que esse pagamento anula o efeito das outras. O sacado fica, porém, responsável por cada uma das vias que tenham o seu aceite e lhe não hajam sido restituídas.

O endossante que transferiu vias da mesma letra a várias pessoas e os endossantes subsequentes são responsáveis por todas as vias que contenham as suas assinaturas e que não hajam sido restituídas.

Artigo 66

Aquele que enviar ao aceite uma das vias da letra deve indicar nas outras o nome da pessoa em cujas mãos aquela se encontra. Essa pessoa é obrigada a entregar essa via ao portador legítimo doutro exemplar.

Se se recusar a fazê-lo, o portador só pode exercer seu direito de ação depois de ter feito constatar por um protesto:

1º) que a via enviada ao aceite lhe não foi restituída a seu pedido;

2º) que não foi possível conseguir o aceite ou o pagamento de uma outra via.

2 – Cópias

Artigo 67

O portador de uma letra tem o direito de tirar cópias dela.

A cópia deve reproduzir exatamente o original, com os endossos e todas as outras menções que nela figurem. Deve mencionar onde acaba a cópia.

A cópia pode ser endossada e avalizada da mesma maneira e produzindo os mesmos efeitos que o original.

Artigo 68

A cópia deve indicar a pessoa em cuja posse se encontra o título original. Esta é obrigada a remeter o dito título ao portador legítimo da cópia.

Se se recusar a fazê-lo, o portador só pode exercer o seu direito de ação contra as pessoas que tenham endossado ou avalizado a cópia, depois de ter feito constatar por um protesto que o original lhe não foi entregue a seu pedido.

Se o título original, em seguida ao último endosso feito antes de tirada a cópia, contiver a cláusula "daqui em diante só é válido o endosso na cópia" ou qualquer outra fórmula equivalente, é nulo qualquer endosso assinado ulteriormente no original.

Capítulo X
DAS ALTERAÇÕES

Artigo 69

No caso de alteração do texto de uma letra, os signatários posteriores a essa alteração ficam obrigados nos termos do texto alterado; os signatários anteriores são obrigados nos termos do texto original.

Capítulo XI
DA PRESCRIÇÃO

Artigo 70

Todas as ações contra o aceitante relativas a letras prescrevem em 3 (três) anos a contar do seu vencimento.

As ações do portador contra os endossantes e contra o sacador prescrevem num ano, a contar da data do protesto feito em tempo útil, ou da data do vencimento, se se trata de letra que contenha cláusula "sem despesas".

As ações dos endossantes uns contra os outros e contra o sacador prescrevem em 6 (seis) meses a contar do dia em que o en-

Dec. 57.663/1966

dossante pagou a letra ou em que ele próprio foi acionado.

- V. art. 259, II, CPC/2015.
- V. arts. 36 e 48, Dec. 2.044/1908 (Letra de câmbio e nota promissória).
- • V. art. 824, CPC/2015.

Artigo 71
A interrupção da prescrição só produz efeito em relação5 à pessoa para quem a interrupção foi feita.

Capítulo XII
DISPOSIÇÕES GERAIS
Artigo 72
O pagamento de uma letra cujo vencimento recai em dia feriado legal só pode ser exigido no primeiro dia útil seguinte. Da mesma maneira, todos os atos relativos a letras, especialmente a apresentação ao aceite e o protesto, somente podem ser feitos em dia útil.
Quando um desses atos tem de ser realizado num determinado prazo, e o último dia desse prazo é feriado legal, fica o dito prazo prorrogado até ao primeiro dia útil que se seguir ao seu termo.

Artigo 73
Os prazos legais ou convencionais não compreendem o dia que marca o seu início.

Artigo 74
Não são admitidos dias de perdão quer legal, quer judicial.

TÍTULO II
DA NOTA PROMISSÓRIA
Artigo 75
A nota promissória contém:

- V. art. 54, I, Dec. 2.044/1908 (Letra de câmbio e nota promissória).

1. denominação "nota promissória" inserta no próprio texto do título e expressa na língua empregada para a redação desse título;
2. a promessa pura e simples de pagar uma quantia determinada;
3. a época do pagamento;
4. a indicação do lugar em que se deve efetuar o pagamento;
5. o nome da pessoa a quem ou à ordem de quem deve ser paga;
6. a indicação da data em que e do lugar onde a nota promissória é passada;
7. a assinatura de quem passa a nota promissória (subscritor).

Artigo 76
O título em que faltar algum dos requisitos indicados no artigo anterior não produzirá efeito como nota promissória, salvo nos casos determinados das alíneas seguintes.
A nota promissória em que se não indique a época do pagamento será considerada à vista.
Na falta de indicação especial, o lugar onde o título foi passado considera-se como sendo o lugar do pagamento e, ao mesmo tempo, o lugar do domicílio do subscritor da nota promissória.
A nota promissória que não contenha indicação do lugar onde foi passada considera-se como tendo-o sido no lugar designado ao lado do nome do subscritor.

- V. Súmula 387, STF.

Artigo 77
São aplicáveis às notas promissórias, na parte em que não sejam contrárias à natureza deste título, as disposições relativas às letras e concernentes:
– endosso (arts. 11 a 20);
– vencimento (arts. 33 a 37);
– pagamento (arts. 38 a 42);
– direito de ação por falta de pagamento (arts. 43 a 50 e 52 a 54);
– pagamento por intervenção (arts. 55 e 59 a 63);
– cópias (arts. 67 e 68);
– alterações (art. 69);
– prescrição (arts. 70 e 71);
– dias feriados, contagem de prazos e interdição de dias de perdão (arts. 72 a 74).
São também aplicáveis às notas promissórias as disposições relativas às letras pagáveis no domicílio de terceiro ou numa localidade diversa da do domicílio do sacado (arts. 4º e 27), a estipulação de juros (art. 5º), as divergências das indicações da quantia a pagar (art. 6º), as consequências da aposição de uma assinatura nas condições indicadas no art. 7º, as da assinatura de uma pessoa que age sem poderes ou excedendo os seus poderes (art. 8º) e a letra em branco (art. 10).
São também aplicáveis às notas promissórias as disposições relativas ao aval (arts. 30

Dec. 57.663/1966

a 32); no caso previsto na última alínea do art. 31, se o aval não indicar a pessoa por quem é dado, entender-se-á ser pelo subscritor da nota promissória.

Artigo 78
O subscritor de uma nota promissória é responsável da mesma forma que o aceitante de uma letra.

As notas promissórias pagáveis a certo termo de vista devem ser presentes ao visto dos subscritores nos prazos fixados no art. 23. O termo de vista conta-se da data do visto dado pelo subscritor. A recusa do subscritor a dar o seu visto é comprovada por um protesto (art. 25), cuja data serve de início ao termo de vista.

ANEXO II

Artigo 1º
Qualquer das Altas Partes Contratantes pode prescrever que a obrigação de inserir nas letras passadas no seu território a palavra "letra", prevista no art. 1º, n. 1, da Lei Uniforme, só se aplicará 6 (seis) meses após a entrada em vigor da presente Convenção.

Artigo 2º
Qualquer das Altas Partes Contratantes tem, pelo que respeita às obrigações contraídas em matéria de letras no seu território, a faculdade de determinar de que maneira pode ser suprida a falta de assinatura, desde que por uma declaração autêntica escrita na letra se possa constatar a vontade daquele que deveria ter assinado.

Artigo 3º
Qualquer das Altas Partes Contratantes reserva-se a faculdade de não inserir o art. 10 da Lei Uniforme na sua lei nacional.

Artigo 4º
Por derrogação da alínea primeira do art. 31 da Lei Uniforme, qualquer das Altas Partes Contratantes tem a faculdade de admitir a possibilidade de ser dado um aval no seu território por ato separado em que se indique o lugar onde foi feito.

Artigo 5º
Qualquer das Altas Partes Contratantes pode completar o art. 38 da Lei Uniforme dispondo que, em relação às letras pagáveis no seu território, o portador deverá fazer a apresentação no próprio dia do vencimento; a inobservância desta obrigação só acarreta responsabilidade por perdas e danos.

As outras Altas Partes Contratantes terão a faculdade de fixar as condições em que reconhecerão uma tal obrigação.

Artigo 6º
A cada uma das Altas Partes Contratantes incumbe determinar, para os efeitos da aplicação da última alínea do art. 38, quais as instituições que, segundo a lei nacional, devam ser consideradas câmaras de compensação.

Artigo 7º
Pelo que se refere às letras pagáveis no seu território, qualquer das Altas Partes Contratantes tem a faculdade de sustar, se o julgar necessário, em circunstâncias excepcionais relacionadas com a taxa de câmbio da moeda nacional, os efeitos da cláusula prevista no art. 41 relativa ao pagamento efetivo em moeda estrangeira. A mesma regra se aplica no que respeita à emissão no território nacional de letras em moedas estrangeiras.

Artigo 8º
Qualquer das Altas Partes Contratantes tem a faculdade de determinar que os protestos a fazer no seu território possam ser substituídos por uma declaração datada, escrita na própria letra e assinada pelo sacado, exceto no caso de o sacador exigir no texto da letra que se faça um protesto com as formalidades devidas.

Qualquer das Altas Partes Contratantes tem igualmente a faculdade de determinar que a dita declaração seja transcrita num registro público no prazo fixado para os protestos.

No caso previsto nas alíneas precedentes o endosso sem data presume se ter sido feito anteriormente ao protesto.

Artigo 9º
Por derrogação da alínea terceira do art. 44 da Lei Uniforme, qualquer das Altas Partes Contratantes tem a faculdade de determinar que o protesto por falta de pagamento

Dec. 57.663/1966

LEGISLAÇÃO

deve ser feito no dia em que a letra é pagável ou num dos 2 (dois) dias úteis seguintes.

Artigo 10
Fica reservada para a legislação de cada uma das Altas Partes Contratantes a determinação precisa das situações jurídicas a que se referem os ns. 2 e 3 do art. 43 e os ns. 5 e 6 do art. 44 da Lei Uniforme.

Artigo 11
Por derrogação dos ns. 2 e 3 do art. 43 e do art. 74 da Lei Uniforme, qualquer das Altas Partes Contratantes reserva-se a faculdade de admitir na sua legislação a possibilidade, para os garantes de uma letra que tenham sido acionados, de ser concedido um alongamento de prazos, os quais não poderão em caso algum ir além da data do vencimento da letra.

Artigo 12
Por derrogação do art. 45 da Lei Uniforme, qualquer das Altas Partes Contratantes tem a faculdade de manter ou de introduzir o sistema de aviso por intermédio de um agente público, que consiste no seguinte: ao fazer o protesto por falta de aceite ou por falta de pagamento, o notário ou o funcionário público incumbido desse serviço, segundo a lei nacional, é obrigado a dar comunicação por escrito desse protesto às pessoas obrigadas pela letra, cujos endereços figuram nela, ou que sejam conhecidos do agente que faz o protesto, ou sejam indicados pelas pessoas que exigiram o protesto. As despesas originadas por esses avisos serão adicionadas às despesas do protesto.

Artigo 13
Qualquer das Altas Partes Contratantes tem a faculdade de determinar, no que respeita às letras passadas e pagáveis no seu território, que a taxa de juro a que referem os ns. 2 dos arts. 48 e 49 da Lei Uniforme poderá ser substituída pela taxa legal em vigor no território da respectiva Alta Parte Contratante.

Artigo 14
Por derrogação do art. 48 da Lei Uniforme, qualquer das Altas Partes Contratantes reserva-se a faculdade de inserir na lei nacional uma disposição pela qual o portador pode reclamar daquele contra quem exerce o seu direito de ação uma comissão cujo quantitativo será fixado pela mesma lei nacional.

A mesma doutrina se aplica, por derrogação do art. 49 da Lei Uniforme, no que se refere à pessoa que, tendo pago uma letra, reclama a sua importância aos seus garantes.

Artigo 15
Qualquer das Altas Partes Contratantes tem a liberdade de decidir que, no caso de perda de direitos ou de prescrição, no seu território subsistirá o direito de proceder contra o sacador que não constituir provisão ou contra um sacador ou endossante que tenha feito lucros ilegítimos. A mesma faculdade existe, em caso de prescrição, pelo que respeita ao aceitante que recebeu provisão ou tenha realizado lucros ilegítimos.

Artigo 16
A questão de saber se o sacador é obrigado a constituir provisão à data do vencimento e se o portador tem direitos especiais sobre essa provisão está fora do âmbito da Lei Uniforme.

O mesmo sucede relativamente a qualquer outra questão respeitante às relações jurídicas que serviram de base à emissão da letra.

Artigo 17
A cada uma das Altas Partes Contratantes compete determinar na sua legislação nacional as causas de interrupção e de suspensão da prescrição das ações relativas a letras que os seus tribunais são chamados a conhecer.

As outras Altas Partes Contratantes têm a faculdade de determinar as condições a que subordinarão o conhecimento de tais causas. O mesmo sucede quanto ao efeito de uma ação como meio de indicação do início do prazo de prescrição, a que se refere a alínea terceira do art. 70 da Lei Uniforme.

Artigo 18
Qualquer das Altas Partes Contratantes tem a faculdade de determinar que certos

Dec. 57.663/1966

dias úteis sejam assimilados aos dias feriados legais, pelo que respeita à apresentação ao aceite ou ao pagamento e demais atos relativos às letras.

Artigo 19
Qualquer das Altas Partes Contratantes pode determinar o nome a dar nas leis nacionais aos títulos a que se refere o art. 75 da Lei Uniforme ou dispensar esses títulos de qualquer denominação especial, uma vez que contenham a indicação expressa de que são à ordem.

Artigo 20
As disposições dos arts. 1º a 18 do presente Anexo, relativas às letras, aplicam-se igualmente às notas promissórias.

Artigo 21
Qualquer das Altas Partes Contratantes reserva-se a faculdade de limitar a obrigação assumida, em virtude do art. 1º da Convenção, exclusivamente às disposições relativas às letras, não introduzindo no seu território as disposições sobre notas promissórias constantes do Título II da Lei Uniforme. Neste caso, a Alta Parte Contratante que fizer uso desta reserva será considerada Parte Contratante apenas pelo que respeita às letras.

Qualquer das Altas Partes Contratantes reserva-se igualmente a faculdade de compilar num regulamento especial as disposições relativas às notas promissórias, regulamento que será inteiramente conforme com as estipulações do Título II da Lei Uniforme e que deverá reproduzir as disposições sobre letras referidas no mesmo título sujeitas apenas às modificações resultantes dos arts. 75, 76, 77 e 78 da Lei Uniforme e dos arts. 19 e 20 do presente Anexo.

Artigo 22
Qualquer das Altas Partes Contratantes tem a faculdade de tomar medidas excepcionais de ordem geral relativas à prorrogação dos prazos relativos a atos tendentes à conservação de direitos e à prorrogação do vencimento das letras.

Artigo 23
Cada uma das Altas Partes Contratantes obriga-se a reconhecer as disposições adotadas por qualquer das outras Altas Partes Contratantes em virtude dos arts. 1º a 4º, 6º, 8º a 16 e 18 a 21 do presente Anexo.

PROTOCOLO

Ao assinar a Convenção datada de hoje, estabelecendo uma Lei Uniforme em matéria de letras e notas promissórias, os abaixo-assinados, devidamente autorizados, acordaram nas disposições seguintes:

A
Os membros da Sociedade das Nações e os Estados não membros que não tenham podido efetuar antes de 1º de setembro de 1932 o depósito da ratificação da referida Convenção obrigam-se a enviar, dentro de 15 (quinze) dias, a contar daquela data, uma comunicação ao secretário-geral da Sociedade das Nações, dando-lhe a conhecer a situação em que se encontram no que diz respeito à ratificação.

B
Se, em 1º de novembro de 1932, não se tiverem verificado as condições previstas na alínea primeira do art. 6º para a entrada em vigor da Convenção, o secretário-geral da Sociedade nas Nações convocará uma reunião dos membros da Sociedade das Nações e dos Estados não membros que tenham assinado a Convenção ou a ela tenham aderido, a fim de serem examinadas a situação e as medidas que porventura devam ser tomadas para a resolver.

C
As Altas Partes Contratantes comunicar-se-ão reciprocamente, a partir da sua entrada em vigor, as disposições legislativas promulgadas nos respectivos territórios para tornar efetiva a Convenção.

Em fé do que os plenipotenciários acima mencionados assinaram o presente Protocolo.

Feito em Genebra, aos sete de junho de mil novecentos e trinta, num só exemplar, que será depositado nos arquivos do Secretariado da Sociedade das Nações, será transmitida cópia autêntica a todos os membros da Sociedade das Nações e a todos os Estados não membros representados na Conferência.

• Seguem as mesmas assinaturas colocadas após o art. 11 da Convenção.

Dec. 57.663/1966

LEGISLAÇÃO

CONVENÇÃO DESTINADA A REGULAR CERTOS CONFLITOS DE LEIS EM MATÉRIA DAS LETRAS DE CÂMBIO E NOTAS PROMISSÓRIAS E PROTOCOLO

O Presidente do Reich Alemão...
Desejando adotar disposições para resolver certos conflitos de leis em matéria de letras e de notas promissórias, designaram como seus plenipotenciários:
Os quais depois de terem apresentado os seus plenos poderes, achados em boa e devida forma, acordaram nas disposições seguintes:

Artigo 1º
As Altas Partes Contratantes obrigam-se mutuamente a aplicar para a solução dos conflitos de leis em matéria de letras e de notas promissórias, a seguir enumerados, as disposições constantes dos artigos seguintes.

Artigo 2º
A capacidade de uma pessoa para se obrigar por letra ou nota promissória é regulada pela respectiva lei nacional. Se a lei nacional declarar competente a lei de um outro país, será aplicada esta última.
A pessoa incapaz, segundo a lei indicada na alínea precedente, é contudo havida como validamente obrigada se tiver aposto a sua assinatura em território de um país segundo cuja legislação teria sido considerada capaz.
Qualquer das Altas Partes Contratantes tem a faculdade de não reconhecer a validade da obrigação contraída em matéria de letras ou notas promissórias por um dos seus nacionais, quando essa obrigação só seja válida no território das outras Altas Partes Contratantes pela aplicação da alínea anterior do presente artigo.

Artigo 3º
A forma das obrigações contraídas em matéria de letras e notas promissórias é regulada pela lei do país em cujo território essas obrigações tenham sido assumidas.
No entanto, se as obrigações assumidas em virtude de uma letra ou nota promissória não forem válidas nos termos da alínea precedente, mas o forem em face da legislação do país em que tenha posteriormente sido contraída uma outra obrigação, o fato de as primeiras obrigações serem irregulares quanto à forma não afeta a validade da obrigação posterior.
Qualquer das Altas Partes Contratantes tem a faculdade de determinar que as obrigações contraídas no estrangeiro por algum dos seus nacionais, em matéria de letras e notas promissórias, serão válidas no seu próprio território, em relação a qualquer outro dos seus nacionais, desde que tenham sido contraídas pela forma estabelecida na lei nacional.

Artigo 4º
Os efeitos das obrigações do aceitante de uma letra e do subscritor de uma nota promissória são determinados pela lei do lugar onde esses títulos sejam pagáveis.
Os efeitos provenientes das assinaturas dos outros coobrigados por letra ou nota promissória são determinados pela lei do país em cujo território as assinaturas forem apostas.

Artigo 5º
Os prazos para o exercício do direito de ação são determinados para todos os signatários pela lei do lugar de emissão do título.

Artigo 6º
A lei do lugar de emissão do título determina se o portador de uma letra adquire o crédito que originou a emissão do título.

Artigo 7º
A lei do país em que a letra é pagável determina se o aceite pode ser restrito a uma parte da importância a pagar ou se o portador é ou não obrigado a receber um pagamento parcial.
A mesma regra é aplicável ao pagamento de notas promissórias.

Artigo 8º
A forma e os prazos do protesto, assim como a forma dos outros atos necessários ao exercício ou à conservação dos direitos em matéria de letras e notas promissórias, são regulados pelas leis do país em cujo território se deva fazer o protesto ou praticar os referidos atos.

Dec. 57.663/1966

LEGISLAÇÃO

Artigo 9º
As medidas a tomar em caso de perda ou de roubo de uma letra ou de uma nota promissória são determinadas pela lei do país em que esses títulos sejam pagáveis.

Artigo 10
Qualquer das Altas Partes Contratantes reserva-se a faculdade de não aplicar os princípios de Direito Internacional privado consignados na presente Convenção, pelo que respeita:

1º) uma obrigação contraída fora do território de uma das Altas Partes Contratantes;
2º) a uma lei que seria aplicável em conformidade com estes princípios, mas que não seja lei em vigor no território de uma das Altas Partes Contratantes.

Artigo 11
As disposições da presente Convenção não serão aplicáveis, no território de cada uma das Altas Partes Contratantes, às letras e notas promissórias já criadas à data de entrada em vigor da Convenção.

Artigo 12
A presente Convenção, cujos textos francês e inglês farão, ambos, igualmente fé, terá a data de hoje.
Poderá ser ulteriormente assinada até 6 de setembro de 1930 em nome de qualquer membro da Sociedade das Nações e de qualquer Estado não membro.

Artigo 13
A presente Convenção será ratificada.
Os instrumentos de ratificação serão transmitidos, antes de 1º de setembro de 1932, ao secretário-geral da Sociedade das Nações, que notificará imediatamente do seu depósito todos os membros da Sociedade das Nações e os Estados não membros que sejam partes na presente Convenção.

Artigo 14
A partir de 6 de setembro de 1930, qualquer membro da Sociedade das Nações e qualquer Estado não membro poderá aderir à presente Convenção.
Esta adesão efetuar-se-á por meio de notificação ao secretário-geral da Sociedade das Nações, que será depositada nos arquivos do Secretariado.

O secretário-geral notificará imediatamente desse depósito todos os Estados que tenham assinado a presente Convenção ou a ela tenham aderido.

Artigo 15
A presente Convenção somente entrará em vigor depois de ter sido ratificada ou de a ela terem aderido sete membros da Sociedade das Nações ou Estados não membros, entre os quais deverão figurar três dos membros da Sociedade das Nações com representação no Conselho.
Começará a vigorar 90 (noventa) dias depois de recebida pelo secretário-geral da Sociedade das Nações a 7ª ratificação ou adesão, em conformidade com o disposto na alínea primeira do presente artigo.
O secretário-geral da Sociedade das Nações, nas notificações previstas nos arts. 13 e 14, fará menção especial de terem sido recebidas as ratificações ou adesões a que se refere a alínea primeira do presente artigo.

Artigo 16
As ratificações ou adesões após a entrada em vigor da presente Convenção, em conformidade com o disposto no art. 15 produzirão os seus efeitos 90 (noventa) dias depois da data da sua recepção pelo secretário-geral da Sociedade das Nações.

Artigo 17
A presente Convenção não poderá ser denunciada antes de decorrido um prazo de 2 (dois) anos a contar da data em que ela tiver começado a vigorar para o membro da Sociedade das Nações ou para o Estado não membro que a denuncia; esta denúncia produzirá os seus efeitos 90 (noventa) dias depois de recebida pelo secretário-geral a respectiva notificação.
Qualquer denúncia será imediatamente comunicada pelo secretário-geral da Sociedade das Nações a todas as outras Altas Partes Contratantes.
A denúncia só produzirá efeito em relação à Alta Parte Contratante em nome da qual ela tenha sido feita.

Artigo 18
Decorrido um prazo de 4 (quatro) anos da entrada em vigor da presente Convenção,

qualquer membro da Sociedade das Nações, ou Estado não membro ligado à Convenção poderá formular ao secretário-geral da Sociedade das Nações um pedido de revisão de algumas ou de todas as suas disposições.

Se este pedido, comunicado aos outros membros da Sociedade das Nações ou Estados não membros para os quais a Convenção estiver então em vigor, for apoiado dentro do prazo de 1 (um) ano por seis, pelo menos, dentre eles, o Conselho da Sociedade das Nações decidirá se deve ser convocada uma conferência para aquele fim.

Artigo 19

As Altas Partes Contratantes podem declarar no momento da assinatura da ratificação ou da adesão que, aceitando a presente Convenção, não assumem nenhuma obrigação pelo que respeita a todas ou parte das suas colônias, protetorados ou territórios sob a sua soberania ou mandato, caso em que a presente Convenção se não aplicará aos territórios mencionados nessa declaração.

As Altas Partes Contratantes poderão mais tarde notificar o secretário-geral da Sociedade das Nações de que desejam que a presente Convenção se aplique a todos ou parte dos territórios que tenham sido objeto da declaração prevista na alínea precedente, e nesse caso a Convenção aplicar-se-á aos territórios mencionados na comunicação, 90 (noventa) dias depois de esta ter sido recebida pelo secretário-geral da Sociedade das Nações.

As Altas Partes Contratantes podem a todo o tempo declarar que desejam que a presente Convenção cesse de se aplicar a toda ou parte das suas colônias, protetorados ou territórios sob a sua soberania ou mandato, caso em que a Convenção deixará de se aplicar aos territórios mencionados nessa declaração 1 (um) ano após esta ter sido recebida pelo secretário-geral da Sociedade das Nações.

Artigo 20

A presente Convenção será registrada pelo secretário-geral da Sociedade das Nações desde que entre em vigor. Será publicada, logo que for possível, na "Coleção de Tratados" da Sociedade das Nações.

Em fé do que os plenipotenciários acima designados assinaram a presente Convenção.

Feito em Genebra, aos sete de junho de mil novecentos e trinta, num só exemplar, que será depositado nos arquivos do Secretariado da Sociedade das Nações. Será transmitida cópia autêntica a todos os membros da Sociedade das Nações e a todos os Estados não membros representados na Conferência.

- Seguem as mesmas assinaturas colocadas após o art. 11 da Convenção para a adoção de uma Lei Uniforme sobre letras de câmbio e notas promissórias.

PROTOCOLO

Ao assinar a Convenção datada de hoje, destinada a regular certos conflitos de leis em matéria de letras e de notas promissórias, os abaixo-assinados, devidamente autorizados, acordaram nas disposições seguintes:

A

Os membros da Sociedade das Nações e os Estados não membros que não tenham podido efetuar, antes de 1º de setembro de 1932, o depósito da ratificação da referida Convenção, obrigam-se a enviar, dentro de 15 (quinze) dias a contar daquela data, uma comunicação ao secretário-geral da Sociedade das Nações dando-lhe a conhecer a situação em que se encontram no que diz respeito à ratificação.

B

Se, em 1º de novembro de 1932, não se tiverem verificado as condições previstas na alínea primeira do art. 15 para a entrada em vigor da Convenção, o secretário-geral da Sociedade das Nações convocará uma reunião dos membros da Sociedade das Nações e dos Estados não membros que tenham assinado a Convenção ou a ela tenham aderido, a fim de ser examinada a situação e as medidas que porventura devem ser tomadas para a resolver.

C

As Altas Partes Contratantes comunicar-se-ão, reciprocamente, a partir da sua en-

Dec.-lei 73/1966

trada em vigor, as disposições legislativas promulgadas nos respectivos territórios para tornar efetiva a Convenção.

Em fé do que os plenipotenciários acima mencionados assinaram o presente Protocolo.

Feito em Genebra, aos sete de junho de mil novecentos e trinta, num só exemplar, que será depositado nos arquivos do Secretariado da Sociedade das Nações, será transmitida cópia autêntica a todos os membros da Sociedade das Nações e a todos os Estados não membros representados na Conferência.

- Seguem as mesmas assinaturas colocadas após o art. 11 da Convenção para a adoção de uma Lei Uniforme sobre letras de câmbio e notas promissórias.

DECRETO-LEI 73,
DE 21 DE NOVEMBRO DE 1966

Dispõe sobre o Sistema Nacional de Seguros Privados, regula as operações de seguros e resseguros e dá outras providências.

- V. Dec. 60.459/1967 (Regulamenta o Dec.-lei 73/1966).
- V. LC 126/2007 (Política de resseguro, retrocessão e sua intermediação).

O Presidente da República, usando atribuição que lhe confere o art. 2º do Ato Complementar 23, de 20 de outubro de 1966, decreta:

Capítulo I
INTRODUÇÃO

Art. 1º Todas as operações de seguros privados realizados no País ficarão subordinadas às disposições do presente Decreto-lei.

Art. 2º O controle do Estado se exercerá pelos órgãos instituídos neste Decreto-lei, no interesse dos segurados e beneficiários dos contratos de seguro.

Art. 3º Consideram-se operações de seguros privados os seguros de coisas, pessoas, bens, responsabilidades, obrigações, direitos e garantias.

Parágrafo único. Ficam excluídos das disposições deste Decreto-lei os seguros do âmbito da Previdência Social, regidos pela legislação especial pertinente.

Art. 4º Integra-se nas operações de seguros privados o sistema de cosseguro, resseguro e retrocessão, por forma a pulverizar os riscos e fortalecer as relações econômicas do mercado.

- V. art. 11, § 3º.

Parágrafo único. Aplicam-se aos estabelecimentos autorizados a operar em resseguro e retrocessão, no que couber, as regras estabelecidas para as sociedades seguradoras.

- Parágrafo único acrescentado pela Lei 9.932/1999.

Art. 5º A política de seguros privados objetivará:

I – promover a expansão do mercado de seguros e propiciar condições operacionais necessárias para sua integração no processo econômico e social do País;

II – evitar evasão de divisas, pelo equilíbrio de balanço dos resultados do intercâmbio de negócios com o exterior;

III – firmar o princípio da reciprocidade em operações de seguro, condicionando a autorização para o funcionamento de empresas e firmas estrangeiras a igualdade de condições no país de origem;

IV – promover o aperfeiçoamento das Sociedades Seguradoras;

V – preservar a liquidez e a solvência das Sociedades Seguradoras;

VI – coordenar a política de seguros com a política de investimentos do Governo Federal, observados os critérios estabelecidos para as políticas monetária, creditícia e fiscal.

Art. 6º *(Revogado pela LC 126/2007.)*

Capítulo II
DO SISTEMA NACIONAL DE SEGUROS PRIVADOS

Art. 7º Compete privativamente ao Governo Federal formular a política de seguros privados, legislar sobre suas normas gerais e fiscalizar as operações no mercado nacional.

Dec.-lei 73/1966

LEGISLAÇÃO

Art. 8º Fica instituído o Sistema Nacional de Seguros Privados, regulado pelo presente Decreto-lei e constituído:
a) do Conselho Nacional de Seguros Privados – CNSP;
b) da Superintendência de Seguros Privados – Susep;
c) dos resseguradores;
  • Alínea c com redação determinada pela LC 126/2007.
d) das Sociedades autorizadas a operar em seguros privados;
e) dos corretores habilitados.

Capítulo III
DISPOSIÇÕES ESPECIAIS APLICÁVEIS AO SISTEMA

Art. 9º Os seguros serão contratados mediante propostas assinadas pelo segurado, seu representante legal ou por corretor habilitado, com emissão das respectivas apólices, ressalvado o disposto no artigo seguinte.

Art. 10. É autorizada a contratação de seguros por simples emissão de bilhete de seguro, mediante solicitação verbal do interessado.
§ 1º O CNSP regulamentará os casos previstos neste artigo, padronizando as cláusulas e os impressos necessários.
§ 2º Não se aplicam a tais seguros as disposições do art. 1.433 do Código Civil.
  • Refere-se ao CC/1916.
  • V. art. 758, CC.

Art. 11. Quando o seguro for contratado na forma estabelecida no artigo anterior, a boa-fé da Sociedade Seguradora, em sua aceitação, constitui presunção *juris tantum*.
§ 1º Sobrevindo o sinistro, a prova da ocorrência do risco coberto pelo seguro e a justificação de seu valor competirão ao segurado ou beneficiário.
§ 2º Será lícito à Sociedade Seguradora arguir a existência de circunstância relativa ao objeto ou interesse segurado cujo conhecimento prévio influiria na sua aceitação ou na taxa de seguro, para exonerar-se da responsabilidade assumida, até no caso de sinistro. Nessa hipótese, competirá ao segurado ou beneficiário provar que a Sociedade Seguradora teve ciência prévia da circunstância arguida.
§ 3º A violação ou inobservância pelo segurado, seu preposto ou beneficiário, de qualquer das condições estabelecidas para a contratação de seguros na forma do disposto no art. 4º exonera a Sociedade Seguradora da responsabilidade assumida.
§ 4º É vedada a realização de mais de um seguro cobrindo o mesmo objeto ou interesse, desde que qualquer deles seja contratado mediante a emissão de simples certificado, salvo nos casos de seguros de pessoas.

Art. 12. A obrigação do pagamento do prêmio pelo segurado vigerá a partir do dia previsto na apólice ou bilhete de seguro, ficando suspensa a cobertura do seguro até o pagamento do prêmio e demais encargos.
Parágrafo único. Qualquer indenização decorrente do contrato de seguros dependerá de prova de pagamento do prêmio devido, antes da ocorrência do sinistro.

Art. 13. As apólices não poderão conter cláusula que permita rescisão unilateral dos contratos de seguro ou por qualquer modo subtraia sua eficácia e validade além das situações previstas em Lei.

Art. 14. Fica autorizada a contratação de seguros com a cláusula de correção monetária para capitais e valores, observada a equivalência atuarial dos compromissos futuros assumidos pelas partes contratantes, na forma das instruções do Conselho Nacional de Seguros Privados.

Art. 15. *(Revogado pela Lei 9.932/1999 e pela LC 126/2007.)*

Arts. 16 e 17. *(Revogados, a partir da data da extinção do Fundo de Estabilidade do Seguro Rural, por força do art. 22, IV, da LC 137/2010 – DOU 27.08.2010; ret. 30.08.2010.)*

Art. 18. *(Revogado pela LC 126/2007.)*

Art. 19. *(Revogado, a partir de 1º de julho do ano seguinte ao do início de operação do Fundo, por força do art. 22, III, da LC 137/2010 – DOU 27.08.2010; ret. 30.08.2010.)*

Dec.-lei 73/1966

LEGISLAÇÃO

Art. 20. Sem prejuízo do disposto em leis especiais, são obrigatórios os seguros de:

- V. art. 144.

a) danos pessoais a passageiros de aeronaves comerciais;
b) responsabilidade civil do proprietário de aeronaves e do transportador aéreo;

- Alínea *b* com redação determinada pela Lei 8.374/1991.

c) responsabilidade civil do construtor de imóveis em zonas urbanas por danos a pessoas ou coisas;
d) bens dados em garantia de empréstimos ou financiamentos de instituições financeiras públicas;
e) garantia do cumprimento das obrigações do incorporador e construtor de imóveis;

- A Lei 10.931/2004 revogou a MP 2.221/2001, que suspendia a eficácia deste dispositivo.

f) garantia do pagamento a cargo de mutuário da construção civil, inclusive obrigação imobiliária;
g) edifícios divididos em unidades autônomas;
h) incêndio e transporte de bens pertencentes a pessoas jurídicas, situados no País ou nele transportados;
i) (Revogada pela LC 126/2007.)
j) crédito à exportação, quando julgado conveniente pelo CNSP, ouvido o Conselho Nacional do Comércio Exterior (Concex);

- Alínea *j* com redação determinada pelo Dec.-lei 826/1969.

l) danos pessoais causados por veículos automotores de vias terrestres e por embarcações, ou por sua carga, a pessoas transportadas ou não;

- Alínea *l* acrescentada pela Lei 8.374/1991.

m) responsabilidade civil dos transportadores terrestres, marítimos, fluviais e lacustres, por danos à carga transportada.

- Alínea *m* acrescentada pela Lei 8.374/1991.

Parágrafo único. Não se aplica à União a obrigatoriedade estatuída na alínea *h* deste artigo.

- Parágrafo único acrescentado pela Lei 10.190/2001.

Art. 21. Nos casos de seguros legalmente obrigatórios, o estipulante equipara-se ao segurado para os efeitos de contratação e manutenção de seguro.

§ 1º Para os efeitos deste Decreto-lei, estipulante é a pessoa que contrata seguro por conta de terceiros, podendo acumular a condição de beneficiário.

§ 2º Nos seguros facultativos o estipulante é mandatário dos segurados.

§ 3º O CNSP estabelecerá os direitos e obrigações do estipulante, quando for o caso, na regulamentação de cada ramo ou modalidade de seguro.

§ 4º O não recolhimento dos prêmios recebidos de segurados, nos prazos devidos, sujeita o estipulante à multa, imposta pela Susep, de importância igual ao dobro do valor dos prêmios por ele retidos, sem prejuízo da ação penal que couber.

- § 4º acrescentado pela Lei 5.627/1970.

Art. 22. As instituições financeiras públicas não poderão realizar operações ativas de crédito com as pessoas jurídicas e firmas individuais que não tenham em dia os seguros obrigatórios por lei, salvo mediante aplicação da parcela de crédito, que for concedido no pagamento dos prêmios em atraso.

Parágrafo único. Para participar de concorrências abertas pelo Poder Público, é indispensável comprovar o pagamento dos prêmios dos seguros legalmente obrigatórios.

Art. 23. (Revogado pela LC 126/2007.)

Art. 24. Poderão operar em seguros privados apenas Sociedades Anônimas ou Cooperativas, devidamente autorizadas.

Parágrafo único. As Sociedades Cooperativas operarão unicamente em seguros agrícolas, de saúde e de acidentes do trabalho.

Art. 25. As ações das Sociedades Seguradoras serão sempre nominativas.

Art. 26. As sociedades seguradoras não poderão requerer concordata e não estão sujeitas à falência, salvo, neste último caso, se decretada a liquidação extrajudicial, o ativo não for suficiente para o pagamento de pelo menos a metade dos credores quirografários, ou quando houver fundados indícios da ocorrência de crime falimentar.

- Artigo com redação determinada pela Lei 10.190/2001.

Dec.-lei 73/1966

LEGISLAÇÃO

• V. art. 2º, II, Lei 11.101/2005 (Lei de Recuperação de Empresas e Falência).

Art. 27. Serão processadas pela forma executiva as ações de cobrança dos prêmios dos contratos de seguro.

Art. 28. A partir da vigência deste Decreto-lei, a aplicação das reservas técnicas das Sociedades Seguradoras será feita conforme as diretrizes do Conselho Monetário Nacional.

• V. art. 17, b.

Art. 29. Os investimentos compulsórios das Sociedades Seguradoras obedecerão a critérios que garantam remuneração adequada, segurança e liquidez.

Parágrafo único. Nos casos de seguros contratados com a cláusula de correção monetária é obrigatório o investimento das respectivas reservas nas condições estabelecidas neste artigo.

Art. 30. As Sociedades Seguradoras não poderão conceder aos segurados comissões ou bonificações de qualquer espécie, nem vantagens especiais que importem dispensa ou redução de prêmio.

Art. 31. É assegurada ampla defesa em qualquer processo instaurado por infração ao presente Decreto-lei, sendo nulas as decisões proferidas com inobservância deste preceito.

Capítulo IV
DO CONSELHO NACIONAL DE SEGUROS PRIVADOS

Art. 32. É criado o Conselho Nacional de Seguros Privados – CNSP, ao qual compete primitivamente:

• V. Dec. 4.986/2004 (Conselho Nacional de Seguros Privados – CNSP).

I – fixar as diretrizes e normas da política de seguros privados;

II – regular a constituição, organização, funcionamento e fiscalização dos que exercerem atividades subordinadas a este Decreto-lei, bem como a aplicação das penalidades previstas;

III – estipular índices e demais condições técnicas sobre tarifas, investimentos e outras relações patrimoniais a serem observadas pelas Sociedades Seguradoras;

IV – fixar as características gerais dos contratos de seguros;

V – fixar normas gerais de contabilidade e estatística a serem observadas pelas Sociedades Seguradoras;

VI – delimitar o capital das sociedades seguradoras e dos resseguradores;

• Inciso VI com redação determinada pela LC 126/2007.

VII – estabelecer as diretrizes gerais das operações de resseguro;

VIII – disciplinar as operações de cosseguro;

• Inciso VIII com redação determinada pela LC 126/2007.

IX – *(Revogado pela LC 126/2007.)*

X – aplicar às Sociedades Seguradoras estrangeiras autorizadas a funcionar no País as mesmas vedações ou restrições equivalentes às que vigorarem nos países da matriz, em relação às Sociedades Seguradoras brasileiras ali instaladas ou que neles desejem estabelecer-se;

XI – prescrever os critérios de constituição das Sociedades Seguradoras, com fixação dos limites legais e técnicos das operações de seguro;

• V. Res. CNSP 321/2015 (Dispõe sobre provisões técnicas, ativos redutores da necessidade de cobertura das provisões técnicas, capital de risco baseado nos riscos de subscrição, de crédito, operacional e de mercado, patrimônio líquido ajustado, capital mínimo requerido, plano de regularização de solvência, limites de retenção, critérios para a realização de investimentos, normas contábeis, auditoria contábil e auditoria atuarial independentes e Comitê de Auditoria referentes a seguradoras, entidades abertas de previdência complementar, sociedades de capitalização e resseguradores).

XII – disciplinar a corretagem de seguros e a profissão de corretor;

XIII – *(Revogado pela LC 126/2007.)*

XIV – decidir sobre sua própria organização, elaborando o respectivo Regimento Interno;

XV – regular a organização, a composição e o funcionamento de suas Comissões Consultivas;

XVI – regular a instalação e o funcionamento das Bolsas de Seguro;

XVII – fixar as condições de constituição e extinção de entidades autorreguladoras do mercado de corretagem, sua forma jurídica, seus órgãos de administração e a forma de preenchimento de cargos administrativos;

• Inciso XVII acrescentado pela LC 137/2010.

Dec.-lei 73/1966

LEGISLAÇÃO

XVIII – regular o exercício do poder disciplinar das entidades autorreguladoras do mercado de corretagem sobre seus membros, inclusive do poder de impor penalidades e de excluir membros;

- Inciso XVIII acrescentado pela LC 137/2010.

XIX – disciplinar a administração das entidades autorreguladoras do mercado de corretagem e a fixação de emolumentos, comissões e quaisquer outras despesas cobradas por tais entidades, quando for o caso.

- Inciso XIX acrescentado pela LC 137/2010.

Art. 33. O CNSP será integrado pelos seguintes membros:

- Artigo restabelecido e com redação determinada pela Lei 10.190/2001.

I – Ministro de Estado da Fazenda, ou seu representante;
II – representante do Ministério da Justiça;
III – representante do Ministério da Previdência e Assistência Social;
IV – Superintendente da Superintendência de Seguros Privados – Susep;
V – representante do Banco Central do Brasil;
VI – representante da Comissão de Valores Mobiliários – CVM.

§ 1º O CNSP será presidido pelo Ministro de Estado da Fazenda e, na sua ausência, pelo Superintendente da Susep.

§ 2º O CNSP terá seu funcionamento regulado em regimento interno.

Art. 34. Com audiência obrigatória nas deliberações relativas às respectivas finalidades específicas, funcionarão junto ao CNSP as seguintes Comissões Consultivas:
I – de Saúde;
II – do Trabalho;
III – de Transporte;
IV – Mobiliária e de Habitação;
V – Rural;
VI – Aeronáutica;
VII – de Crédito;
VIII – de Corretores.

§ 1º O CNSP poderá criar outras Comissões Consultivas, desde que ocorra justificada necessidade.

§ 2º A organização, a composição e o funcionamento das Comissões Consultivas serão regulados pelo CNSP, cabendo ao seu Presidente designar os representantes que as integrarão, mediante indicação das entidades participantes delas.

Capítulo V
DA SUPERINTENDÊNCIA DE SEGUROS PRIVADOS

Seção I

Art. 35. Fica criada a Superintendência de Seguros Privados (Susep), entidade autárquica, jurisdicionada ao Ministério da Indústria e do Comércio, dotada de personalidade jurídica de Direito Público, com autonomia administrativa e financeira.

Parágrafo único. A sede da Susep será na cidade do Rio de Janeiro, Estado da Guanabara, até que o Poder Executivo a fixe, em definitivo, em Brasília.

Art. 36. Compete à Susep, na qualidade de executora da política traçada pelo CNSP, como órgão fiscalizador da constituição, organização, funcionamento e operações das Sociedades Seguradoras:

a) processar os pedidos de autorização, para constituição, organização, funcionamento, fusão, encampação, grupamento, transferência de controle acionário e reforma dos Estatutos das Sociedades Seguradoras, opinar sobre os mesmos e encaminhá-los ao CNSP;

b) baixar instruções e expedir circulares relativas à regulamentação das operações de seguro, de acordo com as diretrizes do CNSP;

c) fixar condições de apólices, planos de operações e tarifas a serem utilizadas obrigatoriamente pelo mercado segurador nacional;

d) aprovar os limites de operações das Sociedades Seguradoras, de conformidade com o critério fixado pelo CNSP;

e) examinar e aprovar as condições de coberturas especiais, bem como fixar as taxas aplicáveis;

f) autorizar a movimentação e liberação dos bens e valores obrigatoriamente inscritos em garantia das reservas técnicas e do capital vinculado;

Dec.-lei 73/1966

g) fiscalizar a execução das normas gerais de contabilidade e estatística fixadas pelo CNSP para as Sociedades Seguradoras;

h) fiscalizar as operações das Sociedades Seguradoras, inclusive o exato cumprimento deste Decreto-lei, de outras leis pertinentes, disposições regulamentares em geral, resoluções do CNSP e aplicar as penalidades cabíveis;

i) proceder à liquidação das Sociedades Seguradoras que tiverem cassada a autorização para funcionar no País;

j) organizar seus serviços, elaborar e executar seu orçamento;

k) fiscalizar as operações das entidades autorreguladoras do mercado de corretagem, inclusive o exato cumprimento deste Decreto-lei, de outras leis pertinentes, de disposições regulamentares em geral e de resoluções do Conselho Nacional de Seguros Privados (CNSP), e aplicar as penalidades cabíveis; e

- Alínea *k* acrescentada pela LC 137/2010.

l) celebrar convênios para a execução dos serviços de sua competência em qualquer parte do território nacional, observadas as normas da legislação em vigor.

- Alínea *l* acrescentada pela LC 137/2010.

Seção II
Da administração da Susep

Art. 37. A administração da Susep será exercida por um Superintendente, nomeado pelo Presidente da República, mediante indicação do Ministro da Indústria e do Comércio, que terá as suas atribuições definidas no Regulamento deste Decreto-lei e seus vencimentos fixados em Portaria do mesmo Ministro.

- Artigo com redação determinada pelo Dec.-lei 168/1967.

Parágrafo único. A organização interna da Susep constará de seu Regimento, que será aprovado pelo CNSP.

Seção III

Art. 38. Os cargos da Susep somente poderão ser preenchidas mediante concurso público de provas, ou de provas e títulos, salvo os da direção e os casos de contratação, por prazo determinado, de prestação de serviços técnicos ou de natureza especializada.

- Artigo com redação determinada pelo Dec.-lei 168/1967.

Parágrafo único. O pessoal da Susep reger-se-á pela legislação trabalhista e os seus níveis salariais serão fixados pelo Superintendente, com observância do mercado de trabalho, ouvido o CNSP.

Seção IV
Dos recursos financeiros

Art. 39. Do produto da arrecadação do imposto sobre operações financeiras a que se refere a Lei 5.143, de 20 de outubro de 1966, será destacada a parcela necessária ao custeio das atividades da Susep.

Art. 40. Constituem ainda recursos da Susep:

I – o produto das multas aplicadas pela Susep;

II – dotação orçamentária específica ou créditos especiais;

III – juros de depósitos bancários;

IV – a participação que lhe for atribuída pelo CNSP no fundo previsto no art. 16;

V – outras receitas ou valores adventícios, resultantes de suas atividades.

Capítulo VI
DO INSTITUTO DE RESSEGUROS DO BRASIL

Seção I
Da natureza jurídica, finalidade, constituição e competência

Art. 41. O IRB é uma sociedade de economia mista, dotada de personalidade jurídica própria de Direito Privado e gozando de autonomia administrativa e financeira.

Parágrafo único. O IRB será representado em juízo ou fora dele por seu Presidente e responderá no foro comum.

Art. 42. *(Revogado pela LC 126/2007.)*

Art. 43. O capital social do IRB é representado por ações escriturais, ordinárias e preferenciais, todas sem valor nominal.

- Artigo com redação determinada pela Lei 9.482/1997.

Dec.-lei 73/1966

Parágrafo único. As ações ordinárias, com direito a voto, representam, no mínimo, 50% (cinquenta por cento) do capital social.

Art. 44. *(Revogado pela LC 126/2007.)*

Art. 45. *(Revogado pela Lei 9.932/1999 e pela LC 126/2007.)*

Seção II
Da Administração e do Conselho Fiscal

Art. 46. São órgãos de administração do IRB o Conselho de Administração e a Diretoria.

- Artigo com redação determinada pela Lei 9.482/1997.

§ 1º O Conselho de Administração é composto por seis membros, eleitos pela Assembleia Geral, sendo:

I – três membros indicados pelo Ministro de Estado da Fazenda, dentre eles:
a) o Presidente do Conselho;
b) o Presidente do IRB, que será o Vice-Presidente do Conselho;

II – um membro indicado pelo Ministro de Estado do Planejamento e orçamento;

III – um membro indicado pelos acionistas detentores de ações preferenciais;

IV – um membro indicado pelos acionistas minoritários, detentores de ações ordinárias.

§ 2º A Diretoria do IRB é composta por seis membros, sendo o Presidente e o Vice-Presidente Executivo nomeados pelo Presidente da República, por indicação do Ministro de Estado da Fazenda, e os demais eleitos pelo Conselho, de Administração.

§ 3º Enquanto a totalidade das ações ordinárias permanecer com a União, aos acionistas detentores de ações preferenciais será facultado o direito de indicar até dois membros para o Conselho de Administração do IRB.

§ 4º Os membros do Conselho de Administração e da Diretoria do IRB terão mandato de três anos, observado o disposto na Lei 6.404, de 15 de dezembro de 1976.

Art. 47. O Conselho Fiscal do IRB é composto por cinco membros efetivos e respectivos suplentes, eleitos pela Assembleia Geral, sendo:

- Artigo com redação determinada pela Lei 9.482/1997.

I – três membros e respectivos suplentes indicados pelo Ministro de Estado da Fazenda, dentre os quais um representante do Tesouro Nacional;

II – um membro e respectivo suplente eleitos, em votação em separado, pelos acionistas minoritários detentores de ações ordinárias;

III – um membro e respectivo suplente eleitos pelos acionistas detentores de ações preferenciais sem direito a voto ou com voto restrito, excluído o acionista controlador, se detentor dessa espécie de ação.

Parágrafo único. Enquanto a totalidade das ações ordinárias permanecer com a União, aos acionistas detentores de ações preferenciais será facultado o direito de indicar até dois membros para o Conselho Fiscal do IRB.

Art. 48. Os estatutos fixarão a competência do Conselho de Administração e da Diretoria do IRB.

- Artigo com redação determinada pela Lei 9.482/1997.

Arts. 49 a 54. *(Revogados pela Lei 9.482/1997.)*

Seção III
Do pessoal

Art. 55. Os serviços do IRB serão executados por pessoal admitido mediante concurso público de provas ou de provas e títulos, cabendo aos Estatutos regular suas condições de realização, bem como os direitos, vantagens e deveres dos servidores, inclusive as punições aplicáveis.

§ 1º A nomeação para cargo em comissão será feita pelo Presidente, depois de aprovada sua criação pelo Conselho Técnico.

§ 2º É permitida a contratação de pessoal destinado a funções técnicas especializadas ou para serviços auxiliares de manutenção, transporte, higiene e limpeza.

§ 3º Ficam assegurados aos servidores do IRB os direitos decorrentes de normas legais em vigor, no que digam respeito à participação nos lucros, aposentadoria, enquadramento sindical, estabilidade de aplicação da legislação do trabalho.

§ 4º *(Revogado pela LC 126/2007.)*

Seção IV
Das operações

Arts. 56 a 71. *(Revogados pela Lei 9.932/1999 e pela LC 126/2007.)*

Capítulo VII
DAS SOCIEDADES SEGURADORAS

Seção I
Legislação aplicável

Art. 72. As Sociedades Seguradoras serão reguladas pela legislação geral no que lhes for aplicável e, em especial, pelas disposições do presente Decreto-lei.

Parágrafo único. Aplica-se às sociedades seguradoras o disposto no art. 25 da Lei 4.595, de 31 de dezembro de 1964, com a redação que lhe dá o art. 1º desta Lei.

* Parágrafo único acrescentado pela Lei 5.710/1971.

Art. 73. As Sociedades Seguradoras não poderão explorar qualquer outro ramo de comércio ou indústria.

Seção II
Da autorização para funcionamento

Art. 74. A autorização para funcionamento será concedida através de Portaria do Ministro da Indústria e do Comércio, mediante requerimento firmado pelos incorporadores, dirigidos ao CNSP e apresentado por intermédio da Susep.

Art. 75. Concedida a autorização para funcionamento, a Sociedade terá o prazo de noventa dias para comprovar, perante a Susep, o cumprimento de todas as formalidades legais ou exigências feitas no ato da autorização.

Art. 76. Feita a comprovação referida no artigo anterior, será expedida a carta-patente pelo Ministro da Indústria e do Comércio.

Art. 77. As alterações dos Estatutos das Sociedades Seguradoras dependerão de prévia autorização do Ministro da Indústria e do Comércio, ouvidos Susep e o CNSP.

Seção III
Das operações das sociedades seguradoras

Art. 78. As Sociedades Seguradoras só poderão operar em seguros para os quais tenham a necessária autorização, segundo os planos, tarifas e normas aprovadas pelo CNSP.

Art. 79. É vedado às Sociedades Seguradoras reter responsabilidades cujo valor ultrapasse os limites técnicos, fixados pela Susep de acordo com as normas aprovadas pelo CNSP e que levarão em conta:

a) a situação econômico-financeira das Sociedades Seguradoras;

b) as condições técnicas das respectivas carteiras;

c) *(Revogada pela LC 126/2007.)*

§ 1º *(Revogado pela LC 126/2007.)*

§ 2º Não haverá cobertura de resseguro para as responsabilidades assumidas pelas Sociedades Seguradoras em desacordo com as normas e instruções em vigor.

Art. 80. As operações de cosseguro obedecerão a critérios fixados pelo CNSP, quanto à obrigatoriedade e normas técnicas.

Art. 81. *(Revogado pela Lei 9.932/1999 e pela LC 126/2007.)*

Parágrafo único. *(Revogado pela LC 126/2007.)*

Art. 82. *(Revogado pela LC 126/2007.)*

Art. 83. As apólices, certificados e bilhetes de seguro mencionarão a responsabilidade máxima da Sociedade Seguradora, expressa em moeda nacional para cobertura dos riscos neles descritos e caracterizados.

Art. 84. Para garantia de todas as suas obrigações, as Sociedades Seguradoras constituirão reservas técnicas, fundos especiais e provisões, de conformidade com os critérios fixados pelo CNSP, além das reservas e fundos determinados em leis especiais.

* V. Res. CNSP 321/2015 (Dispõe sobre provisões técnicas, ativos redutores da necessidade de cobertura das provisões técnicas, capital de risco baseado nos riscos de subscrição, de crédito, operacional e de mercado, patrimônio líquido ajustado, capital mínimo requerido, plano de regularização de solvência, limites de retenção, cri-

Dec.-lei 73/1966

térios para a realização de investimentos, normas contábeis, auditoria contábil e auditoria atuarial independentes e Comitê de Auditoria referentes a seguradoras, entidades abertas de previdência complementar, sociedades de capitalização e resseguradores).

§ 1º *(Revogado pela Lei 11.941/2009.)*

§ 2º *(Revogado pela Lei 11.941/2009.)*

§ 3º *(Revogado pela Lei 11.941/2009.)*

Art. 85. Os bens garantidores das reservas técnicas, fundos e provisões serão registrados na Susep e não poderão ser alienados, prometidos alienar ou de qualquer forma gravados sem sua prévia e expressa autorização, sendo nulas, de pleno direito, as alienações realizadas ou os gravames constituídos com violação deste artigo.

Parágrafo único. Quando a garantia recair em bem imóvel, será obrigatoriamente inscrita no competente Cartório do Registro Geral de Imóveis, mediante simples requerimento firmado pela Sociedade Seguradora e pela Susep.

Art. 86. Os segurados e beneficiários que sejam credores por indenização ajustada ou por ajustar têm privilégio especial sobre reservas técnicas, fundos especiais ou provisões garantidoras das operações de seguro, de resseguro e de retrocessão.

* Artigo com redação determinada pela LC 126/2007.

Parágrafo único. Após o pagamento aos segurados e beneficiários mencionados no *caput* deste artigo, o privilégio citado será conferido, relativamente aos fundos especiais, reservas técnicas ou provisões garantidoras das operações de resseguro e de retrocessão, às sociedades seguradoras e, posteriormente, aos resseguradores.

Art. 87. As Sociedades Seguradoras não poderão distribuir lucros ou quaisquer fundos correspondentes às reservas patrimoniais, desde que essa distribuição possa prejudicar o investimento obrigatório do capital e reserva, de conformidade com os critérios estabelecidos neste Decreto-lei.

Art. 88. As sociedades seguradoras e os resseguradores obedecerão às normas e instruções dos órgãos regulador e fiscalizador de seguros sobre operações de seguro, cosseguro, resseguro e retrocessão, bem como lhes fornecerão dados e informações atinentes a quaisquer aspectos de suas atividades.

* Artigo com redação determinada pela LC 126/2007.

Parágrafo único. Os inspetores e funcionários credenciados do órgão fiscalizador de seguros terão livre acesso às sociedades seguradoras e aos resseguradores, deles podendo requisitar e apreender livros, notas técnicas e documentos, caracterizando-se como embaraço à fiscalização, sujeito às penas previstas neste Decreto-lei, qualquer dificuldade oposta aos objetivos deste artigo.

Capítulo VIII
DO REGIME ESPECIAL DE FISCALIZAÇÃO

Art. 89. Em caso de insuficiência de cobertura das reservas técnicas ou de má situação econômico-financeira da Sociedade Seguradora, a critério da Susep, poderá esta, além de outras providências cabíveis, inclusive fiscalização especial, nomear, por tempo indeterminado, às expensas da Sociedade Seguradora, um diretor-fiscal com as atribuições e vantagens que lhe forem indicadas pelo CNSP.

§ 1º Sempre que julgar necessário ou conveniente à defesa dos interesses dos segurados, a Susep verificará, nas indenizações, o fiel cumprimento do contrato, inclusive a exatidão do cálculo da reserva técnica e se as causas protelatórias do pagamento, porventura existentes, decorrem de dificuldades econômico-financeiras da empresa.

* Parágrafo único renumerado pelo Dec.-lei 1.115/1970.

§ 2º *(Revogado pela Lei 9.932/1999 e pela LC 126/2007.)*

Art. 90. Não surtindo efeito as medidas especiais ou a intervenção, a Susep encaminhará ao CNSP proposta de cassação da autorização para funcionamento da Sociedade Seguradora.

Parágrafo único. Aplica-se à intervenção a que se refere este artigo o disposto nos arts. 55 a 62 da Lei 6.435, de 15 de julho de 1977.

* Parágrafo único acrescentado pela Lei 10.190/2001.

Art. 91. O descumprimento de qualquer determinação do Diretor-Fiscal por Diretores, administradores, gerentes, fiscais ou funcionários da Sociedade Seguradora em regime especial de fiscalização acarretará o afastamento do infrator, sem prejuízo das sanções penais cabíveis.

Art. 92. Os administradores das Sociedades Seguradoras ficarão suspensos do exercício de suas funções desde que instaurado processo-crime por atos ou fatos relativos à respectiva gestão perdendo imediatamente seu mandato na hipótese de condenação.

Art. 93. Cassada a autorização de uma Sociedade Seguradora para funcionar, a alienação ou gravame de qualquer de seus bens dependerá de autorização da Susep, que, para salvaguarda dessa inalienabilidade, terá poderes para controlar o movimento de contas bancárias e promover o levantamento do respectivo ônus junto às Autoridades ou Registros Públicos.

Capítulo IX
DA LIQUIDAÇÃO DAS SOCIEDADES SEGURADORAS

Art. 94. A cessação das operações das Sociedades Seguradoras poderá ser:

- V. art. 2º, II, Lei 11.101/2005 (Lei de Recuperação de Empresas e Falência).

a) voluntária, por deliberação dos sócios em Assembleia Geral;
b) compulsória, por ato do Ministro da Indústria e do Comércio, nos termos deste Decreto-lei.

Art. 95. Nos casos de cessação voluntária das operações, os Diretores requererão ao Ministro da Indústria e do Comércio o cancelamento da autorização para funcionamento da Sociedade Seguradora, no prazo de 5 (cinco) dias da respectiva Assembleia Geral.

Parágrafo único. Devidamente instruído, o requerimento será encaminhado por intermédio da Susep, que opinará sobre a cessação deliberada.

Art. 96. Além dos casos previstos neste Decreto-lei ou em outras leis, ocorrerá a cessação compulsória das operações da Sociedade Seguradora que:

- V. art. 117.

a) praticar atos nocivos à política de seguros determinada pelo CNSP;
b) não formar as reservas, fundos e provisões a que esteja obrigada ou deixar de aplicá-las pela forma prescrita neste Decreto-lei;
c) acumular obrigações vultosas devidas aos resseguradores, a juízo do órgão fiscalizador de seguros, observadas as determinações do órgão regulador de seguros;

- Alínea *c* com redação determinada pela LC 126/2007.

d) configurar a insolvência econômico-financeira.

Art. 97. A liquidação voluntária ou compulsória das Sociedades Seguradoras será processada pela Susep.

Art. 98. O ato da cassação será publicado no *Diário Oficial da União*, produzindo imediatamente os seguintes efeitos:

a) suspensão das ações e execuções judiciais, excetuadas as que tiveram início anteriormente, quando intentadas por credores com privilégio sobre determinados bens da Sociedade Seguradora;
b) vencimento de todas as obrigações civis ou comerciais da Sociedade Seguradora liquidanda, incluídas as cláusulas penais dos contratos;
c) suspensão da incidência de juros, ainda que estipulados, se a massa liquidanda não bastar para o pagamento do principal;
d) cancelamento dos poderes de todos os órgãos de administração da Sociedade liquidanda.

Parágrafo único. Durante a liquidação, fica interrompida a prescrição extintiva contra ou a favor da massa liquidanda.

Art. 99. Além dos poderes gerais de administração, a Susep ficará investida de poderes especiais para representar a Sociedade Seguradora liquidanda ativa e passivamente, em juízo ou fora dele, podendo:

a) propor e contestar ações, inclusive para integralização de capital pelos acionistas;
b) nomear e demitir funcionários;
c) fixar os vencimentos de funcionários;
d) outorgar ou revogar mandatos;
e) transigir;
f) vender valores móveis e bens imóveis.

Dec.-lei 73/1966

Art. 100. Dentro de 90 (noventa) dias da cassação para funcionamento, a Susep levantará o balanço do ativo e do passivo da Sociedade Seguradora liquidanda e organizará:

a) o arrolamento pormenorizado dos bens do ativo, com as respectivas avaliações, especificando os garantidores das reservas técnicas ou do capital;

b) a lista dos credores por dívida de indenização de sinistro, capital garantidor de reservas técnicas ou restituição de prêmios com a indicação das respectivas importâncias;

c) a relação dos créditos da Fazenda Pública e da Previdência Social;

- Alínea c com redação determinada pela LC 126/2007.

d) a relação dos demais credores, com indicação das importâncias e procedência dos créditos, bem como sua classificação, de acordo com a legislação de falências.

Parágrafo único. (*Revogado pela Lei 9.932/1999.*)

Art. 101. Os interessados poderão impugnar o quadro geral de credores, mas decairão desse direito se não o exercerem no prazo de 15 (quinze) dias.

Art. 102. A Susep examinará as impugnações e fará publicar no *Diário Oficial da União* sua decisão, de la notificando os recorrentes por via postal, sob AR.

Parágrafo único. Da decisão da Susep caberá recurso para o Ministro da Indústria e do Comércio, no prazo de 15 (quinze) dias.

Art. 103. Depois da decisão relativa a seus créditos ou aos créditos contra os quais tenham reclamado, os credores não incluídos nas relações a que se refere o art. 100, os dela excluídos, os incluídos sem os privilégios a que se julguem com direito, inclusive por atribuição de importância inferior à reclamada, poderão prosseguir na ação já iniciada ou propor a que lhes competir.

Parágrafo único. Até que sejam julgadas as ações, a Susep reservará cota proporcional do ativo para garantia dos credores de que trata este artigo.

Art. 104. A Susep promoverá a realização do ativo e efetuará o pagamento dos credores pelo crédito apurado e aprovado, no prazo de 6 (seis) meses, observados os respectivos privilégios e classificação, de acordo com a cota apurada em rateio.

Art. 105. Ultimada a liquidação e levantado o balanço final, será o mesmo submetido à aprovação do Ministro da Indústria e do Comércio, com relatório da Susep.

Art. 106. A Susep terá direito à comissão de 5% (cinco por cento) sobre o ativo apurado nos trabalhos de liquidação, competindo ao Superintendente arbitrar a gratificação a ser paga aos inspetores e funcionários encarregados de executá-los.

Art. 107. Nos casos omissos, são aplicáveis as disposições da legislação de falências, desde que não contrariem as disposições do presente Decreto-lei.

Parágrafo único. Nos casos de cessação parcial, restrita às operações de um ramo, serão observadas as disposições deste Capítulo, na parte aplicável.

Capítulo X
DO REGIME REPRESSIVO

Art. 108. A infração às normas referentes às atividades de seguro, cosseguro, resseguro, retrocessão e capitalização sujeita, na forma definida pelo órgão regulador de seguros, a pessoa natural ou jurídica responsável às seguintes penalidades administrativas, aplicadas pelo órgão fiscalizador de seguros:

- *Caput* com redação determinada pela LC 137/2010.

I – advertência;

- Inciso I com redação determinada pela LC 126/2007.

II – suspensão do exercício das atividades ou profissão abrangidas por este Decreto-lei pelo prazo de até 180 (cento e oitenta) dias;

- Inciso II com redação determinada pela LC 126/2007.

III – inabilitação, pelo prazo de 2 (dois) anos a 10 (dez) anos, para o exercício de cargo ou função no serviço público e em empresas públicas, sociedades de economia mista e respectivas subsidiárias, entidades de previdência complementar, sociedades de capitalização, instituições financeiras, sociedades seguradoras e resseguradores;

- Inciso III com redação determinada pela LC 126/2007.

Dec.-lei 73/1966

Legislação

IV – multa de R$ 10.000,00 (dez mil reais) a R$ 1.000.000,00 (um milhão de reais); e

- Inciso IV com redação determinada pela LC 126/2007.

V – suspensão para atuação em 1 (um) ou mais ramos de seguro ou resseguro.

- Inciso V com redação determinada pela LC 126/2007.

VI a IX – *(Revogados pela LC 126/2007.)*

§ 1º Caso a penalidade prevista no inciso IV do *caput* deste artigo seja aplicada à pessoa natural, responderá solidariamente o ressegurador ou a sociedade seguradora ou de capitalização, assegurado o direito de regresso, e a penalidade poderá ser cumulada com aquelas constantes dos incisos I, II, III ou V do caput deste artigo.

- § 1º com redação determinada pela Lei 13.195/2015.

§ 2º Das decisões do órgão fiscalizador de seguros caberá recurso, no prazo de 30 (trinta) dias, com efeito suspensivo, ao órgão competente.

- § 2º acrescentado pela LC 126/2007.

§ 3º O recurso a que se refere o § 2º deste artigo, na hipótese do inciso IV do *caput* deste artigo, somente será conhecido se for comprovado pelo requerente o pagamento antecipado, em favor do órgão fiscalizador de seguros, de 30% (trinta por cento) do valor da multa aplicada.

- § 3º acrescentado pela LC 126/2007.

§ 4º Julgada improcedente a aplicação da penalidade de multa, o órgão fiscalizador de seguros devolverá, no prazo máximo de 90 (noventa) dias a partir de requerimento da parte interessada, o valor depositado.

- § 4º acrescentado pela LC 126/2007.

§ 5º Em caso de reincidência, a multa será agravada até o dobro em relação à multa anterior, conforme critérios estipulados pelo órgão regulador de seguros.

- § 5º acrescentado pela LC 126/2007.

Art. 109. Os Diretores, administradores, gerentes e fiscais das Sociedades Seguradoras responderão solidariamente com a mesma pelos prejuízos causados a terceiros, inclusive aos seus acionistas, em consequência do descumprimento de leis, normas e instruções referentes às operações de seguro, cosseguro, resseguro ou retrocessão, e em especial, pela falta de constituição das reservas obrigatórias.

Art. 110. Constitui crime contra a economia popular, punível de acordo com a legislação respectiva, a ação ou omissão, pessoal ou coletiva, de que decorra a insuficiência das reservas e de sua cobertura, vinculadas à garantia das obrigações das Sociedades Seguradoras.

Art. 111. Compete ao órgão fiscalizador de seguros expedir normas sobre relatórios e pareceres de prestadores de serviços de auditoria independente aos resseguradores, às sociedades seguradoras, às sociedades de capitalização e às entidades abertas de previdência complementar.

- *Caput* com redação determinada pela LC 126/2007.

a) *(Revogada pela LC 126/2007.)*
b) *(Revogada pela LC 126/2007.)*
c) *(Revogada pela LC 126/2007.)*
d) *(Revogada pela LC 126/2007.)*
e) *(Revogada pela LC 126/2007.)*
f) *(Revogada pela Lei 9.932/1999.)*
g) *(Revogada pela LC 126/2007.)*
h) *(Revogada pela LC 126/2007.)*
i) *(Revogada pela LC 126/2007.)*

§ 1º Os prestadores de serviços de auditoria independente aos resseguradores, às sociedades seguradoras, às sociedades de capitalização e às entidades abertas de previdência complementar responderão, civilmente, pelos prejuízos que causarem a terceiros em virtude de culpa ou dolo no exercício das funções previstas neste artigo.

- § 1º acrescentado pela LC 126/2007.

§ 2º Sem prejuízo do disposto no *caput* deste artigo, os prestadores de serviços de auditoria independente responderão administrativamente perante o órgão fiscalizador de seguros pelos atos praticados ou omissões em que houverem incorrido no desempenho das atividades de auditoria independente aos resseguradores, às sociedades seguradoras, às sociedades de capitalização e às entidades abertas de previdência complementar.

- § 2º acrescentado pela LC 126/2007.

Dec.-lei 73/1966

§ 3º Instaurado processo administrativo contra resseguradores, sociedades seguradoras, sociedades de capitalização e entidades abertas de previdência complementar, o órgão fiscalizador poderá, considerada a gravidade da infração, cautelarmente, determinar a essas empresas a substituição do prestador de serviços de auditoria independente.

- § 3º acrescentado pela LC 126/2007.

§ 4º Apurada a existência de irregularidade cometida pelo prestador de serviços de auditoria independente mencionado no *caput* deste artigo, serão a ele aplicadas as penalidades previstas no art. 108 deste Decreto-lei.

- § 4º acrescentado pela LC 126/2007.

§ 5º Quando as entidades auditadas relacionadas no *caput* deste artigo forem reguladas ou fiscalizadas pela Comissão de Valores Mobiliários ou pelos demais órgãos reguladores e fiscalizadores, o disposto neste artigo não afastará a competência desses órgãos para disciplinar e fiscalizar a atuação dos respectivos prestadores de serviço de auditoria independente e para aplicar, inclusive a esses auditores, as penalidades previstas na legislação própria.

- § 5º acrescentado pela LC 126/2007.

Art. 112. Às pessoas que deixarem de contratar os seguros legalmente obrigatórios, sem prejuízo de outras sanções legais, será aplicada multa de:

- Artigo com redação determinada pela LC 126/2007.

I – o dobro do valor do prêmio, quando este for definido na legislação aplicável; e

II – nos demais casos, o que for maior entre 10% (dez por cento) da importância segurável ou R$ 1.000,00 (mil reais).

Art. 113. As pessoas naturais ou jurídicas que realizarem operações de capitalização, seguro, cosseguro ou resseguro sem a devida autorização estão sujeitas às penalidades administrativas previstas no art. 108, aplicadas pelo órgão fiscalizador de seguros, aumentadas até o triplo.

- Artigo com redação determinada pela Lei 13.195/2015.

§ 1º Caso a penalidade de multa seja aplicada à pessoa natural, responderá solidariamente a pessoa jurídica, assegurado o direito de regresso, e a penalidade poderá ser cumulada com aquelas constantes dos incisos I, II, III e V do *caput* do art. 108.

§ 2º A multa prevista no *caput* será fixada com base na importância segurada ou em outro parâmetro a ser definido pelo órgão regulador de seguros.

Art. 114. *(Revogado pela LC 126/2007.)*

Art. 115. A suspensão de autorização para operar em determinado ramo de seguro será aplicada quando verificada má conduta técnica ou financeira dos respectivos negócios.

Art. 116. *(Revogado pela Lei 9.932/1999 e pela LC 126/2007.)*

Art. 117. A cassação da carta-patente se fará nas hipóteses de infringência dos arts. 81 e 82, nos casos previstos no art. 96 ou de reincidência na proibição estabelecida nas letras *c* e *i* do art. 111, todos do presente Decreto-lei.

Art. 118. As infrações serão apuradas mediante processo administrativo que tenha por base o auto, a representação ou a denúncia positivando fatos irregulares, e o CNSP disporá sobre as respectivas instaurações, recursos e seus efeitos, instâncias, prazos, perempção e outros atos processualísticos.

Art. 119. As multas aplicadas de conformidade com o disposto neste Capítulo e seguinte serão recolhidas aos cofres da Susep.

- V. art. 128, parágrafo único.

Art. 120. Os valores monetários das penalidades previstas nos artigos precedentes ficam sujeitos à correção monetária pelo CNSP.

Art. 121. Provada qualquer infração penal a Susep remeterá cópia do processo ao Ministério Público para fins de direito.

Capítulo XI
DOS CORRETORES DE SEGUROS

Art. 122. O corretor de seguros, pessoa física ou jurídica, é o intermediário legalmente autorizado a angariar e promover contratos de seguro entre as Sociedades Seguradoras e as pessoas físicas ou jurídicas de direito privado.

Dec.-lei 73/1966

Art. 123. O exercício da profissão de corretor de seguros depende de prévia habilitação e registro.

§ 1º A habilitação será feita perante a Susep, mediante prova de capacidade técnico-profissional, na forma das instruções baixadas pelo CNSP.

§ 2º O corretor de seguros poderá ter prepostos de sua livre escolha e designará, dentre eles, o que o substituirá.

§ 3º Os corretores e prepostos serão registrados na Susep, com obediência aos requisitos estabelecidos pelo CNSP.

Art. 124. As comissões de corretagem só poderão ser pagas a corretor de seguros devidamente habilitado.

Art. 125. É vedado aos corretores e seus prepostos:
a) aceitar ou exercer emprego de pessoa jurídica de direito público;
b) manter relação de emprego ou de direção com Sociedade Seguradora.

Parágrafo único. Os impedimentos deste artigo aplicam-se também aos sócios e diretores de empresas de corretagem.

Art. 126. O corretor de seguros responderá civilmente perante os segurados e as Sociedades Seguradoras pelos prejuízos que causar, por omissão, imperícia ou negligência no exercício da profissão.

Art. 127. Caberá responsabilidade profissional, perante a Susep, ao corretor que deixar de cumprir as leis, regulamentos e resoluções em vigor, ou que der causa dolosa ou culposa a prejuízos às Sociedades Seguradoras ou aos segurados.

Art. 127-A. As entidades autorreguladoras do mercado de corretagem terão autonomia administrativa, financeira e patrimonial, operando sob a supervisão da Superintendência de Seguros Privados (Susep), aplicando-se a elas, inclusive, o disposto no art. 108 deste Decreto-lei.

• Artigo acrescentado pela LC 137/2010.

Parágrafo único. Incumbe às entidades autorreguladoras do mercado de corretagem, na condição de órgãos auxiliares da Susep, fiscalizar os respectivos membros e as operações de corretagem que estes realizarem.

Art. 128. O corretor de seguros estará sujeito às penalidades seguintes:

a) multa;
b) suspensão temporária do exercício da profissão;
c) cancelamento do registro.

Parágrafo único. As penalidades serão aplicadas pela Susep, em processo regular, na forma prevista no art. 119 desta Lei.

Capítulo XII
DISPOSIÇÕES GERAIS E TRANSITÓRIAS
Seção I
Do Seguro-Saúde

Art. 129. Fica instituído o Seguro-Saúde para dar cobertura aos riscos de assistência médica e hospitalar.

Art. 130. A garantia do Seguro-Saúde consistirá no pagamento em dinheiro, efetuado pela Sociedade Seguradora, à pessoa física ou jurídica prestante da assistência médico-hospitalar ao segurado.

§ 1º A cobertura do Seguro-Saúde ficará sujeita ao regime de franquia, de acordo com os critérios fixados pelo CNSP.

§ 2º A livre escolha do médico e do hospital é condição obrigatória nos contratos referidos no artigo anterior.

Art. 131. Para os efeitos do art. 130 deste Decreto-lei, o CNSP estabelecerá tabelas de honorários médico-hospitalares e fixará percentuais de participação obrigatória dos segurados nos sinistros.

§ 1º Na elaboração das tabelas, o CNSP observará a média regional dos honorários e a renda média dos pacientes, incluindo a possibilidade da ampliação voluntária da cobertura pelo acréscimo do prêmio.

§ 2º Na fixação das percentagens de participação, o CNSP levará em conta os índices salariais dos segurados e seus encargos familiares.

Art. 132. O pagamento das despesas cobertas pelo Seguro-Saúde dependerá de apresentação da documentação médica e hospitalar que possibilite a identificação do sinistro.

Art. 133. É vedado às Sociedades Seguradoras acumular assistência financeira com assistência médico-hospitalar.

Art. 134. As sociedades civis ou comerciais que, na data deste Decreto-lei, tenham

Dec.-lei 73/1966

vendido títulos, contratos, garantias de saúde, segurança de saúde, benefícios de saúde, títulos de saúde ou seguros sob qualquer outra denominação, para atendimento médico, farmacêutico e hospitalar, integral ou parcial, ficam proibidas de efetuar novas transações do mesmo gênero, ressalvado o disposto no art. 144, § 1º.

§ 1º As sociedades civis e comerciais que se enquadrem no disposto neste artigo poderão continuar prestando os serviços neles referidos exclusivamente às pessoas físicas ou jurídicas com as quais os tenham ajustado antes da promulgação deste Decreto-lei, facultada opção bilateral pelo regime do Seguro-Saúde.

§ 2º No caso da opção prevista no parágrafo anterior, as pessoas jurídicas prestantes da assistência médica, farmacêutica e hospitalar, ora regulada, ficarão responsáveis pela contribuição do Seguro-Saúde devida pelas pessoas físicas optantes.

§ 3º Ficam excluídas das obrigações previstas neste artigo as sociedades beneficentes que estiverem em funcionamento na data da promulgação desse Decreto-lei, as quais poderão preferir o regime do Seguro-Saúde a qualquer tempo.

Art. 135. As entidades organizadas sem objetivo de lucro, por profissionais médicos e paramédicos e por estabelecimentos hospitalares, visando a institucionalizar suas atividades para a prática da medicina social e para a melhoria das condições técnicas e econômicas dos serviços assistenciais, isoladamente ou em regime de associação, poderão operar sistemas próprios de pré-pagamento de serviços médicos e/ou hospitalares, sujeitas ao que dispuser a regulamentação desta Lei, às resoluções do CNSP e à fiscalização dos órgãos competentes.

Seção II

Art. 136. Fica extinto o Departamento Nacional de Seguros Privados e Capitalização (DNSPC), da Secretaria do Comércio, do Ministério da Indústria e do Comércio, cujo acervo e documentação passarão para a Superintendência de Seguros Privados (Susep).

• Artigo com redação determinada pelo Dec.-lei 168/1967.

§ 1º Até que entre em funcionamento a Susep, as atribuições a ela conferidas pelo presente Decreto-lei continuarão a ser desempenhadas pelo DNSPC.

§ 2º Fica extinto, no Quadro de Pessoal do Ministério da Indústria e do Comércio, o cargo em comissão de Diretor-Geral do Departamento Nacional de Seguros Privados e Capitalização, símbolo 2-C.

§ 3º Serão considerados extintos, no Quadro de Pessoal do Ministério da Indústria e do Comércio, a partir da criação dos cargos correspondentes nos quadros da Susep, os oito cargos em comissão de Delegado Regional de Seguros, símbolo 5-C.

Art. 137. Os funcionários atualmente em exercício do DNSPC continuarão a integrar o Quadro de Pessoal do Ministério da Indústria e do Comércio.

• Artigo com redação determinada pelo Dec.-lei 168/1967.

Art. 138. Poderá a Susep requisitar servidores da administração pública federal, centralizada e descentralizada, sem prejuízo dos vencimentos e vantagens relativos aos cargos que ocuparem.

• Artigo com redação determinada pelo Dec.-lei 168/1967.

Art. 139. Os servidores requisitados antes da aprovação, pelo CNSP, do Quadro de Pessoal da Susep, poderão nele ser aproveitados, desde que consultados os interesses da autarquia e dos servidores.

• Artigo com redação determinada pelo Dec.-lei 168/1967.

Parágrafo único. O aproveitamento de que trata este artigo implica na aceitação do regime de pessoal da Susep devendo ser contado o tempo de serviço, no órgão de origem, para todos os efeitos legais.

Art. 140. As dotações consignadas no Orçamento da União, para o exercício de 1967, à conta do DNSPC, serão transferidas para a Susep, excluídas as relativas às despesas decorrentes de vencimentos e vantagens de pessoal permanente.

Art. 141. Fica dissolvida a Companhia Nacional de Seguro Agrícola, competindo ao Ministério da Agricultura promover sua liquidação e aproveitamento de seu pessoal.

Art. 142. Ficam incorporadas ao Fundo de Estabilidade do Seguro Rural:

Dec.-lei 167/1967

LEGISLAÇÃO

a) Fundo de Estabilidade do Seguro Agrário, a que se refere o art. 8º da Lei 2.168, de 11 de janeiro de 1954;

b) o Fundo de Estabilização previsto no art. 3º da Lei 4.430, de 20 de outubro de 1964.

Art. 143. Os órgãos do Poder Público que operam em seguros privados enquadrarão suas atividades ao regime deste Decreto-lei no prazo de 120 (cento e oitenta) dias, ficando autorizados a constituir a necessária Sociedade Anônima ou Cooperativa.

§ 1º As associações de classe, de beneficência e de socorros mútuos e os montepios que instituem pensões ou pecúlios, atualmente em funcionamento, ficam excluídos do regime estabelecido neste Decreto-lei, facultado ao CNSP mandar fiscalizá-los se e quando julgar conveniente.

§ 2º As Sociedades Seguradoras estrangeiras que operam no País adaptarão suas organizações às novas exigências legais, no prazo deste artigo e nas condições determinadas pelo CNSP.

Art. 144. O CNSP proporá ao Poder Executivo, no prazo de 180 (cento e oitenta) dias, as normas de regulamentação dos seguros obrigatórios previstos no art. 20 deste Decreto-lei.

Art. 145. Até a instalação do CNSP e da Susep, será mantida a jurisdição e a competência do DNSPC, conservadas em vigor as disposições legais e regulamentares, inclusive as baixadas pelo IRB, no que forem cabíveis.

Art. 146. O Poder Executivo fica autorizado a abrir o crédito especial de Cr$ 500.000.000 (quinhentos milhões de cruzeiros), no exercício de 1967, destinado à instalação do CNSP e da Susep.

Art. 147. *(Revogado pelo Dec.-lei 261/1967.)*

Art. 148. As resoluções do Conselho Nacional de Seguros Privados vigorarão imediatamente e serão publicadas no *Diário Oficial da União*.

Art. 149. O Poder Executivo regulamentará este Decreto-lei no prazo de 120 (cento e vinte) dias, vigendo idêntico prazo para a aprovação dos Estatutos do IRB.

• Artigo com redação determinada pelo Dec.-lei 168/1967.

Art. 150. *(Revogado pelo Dec.-lei 261/1967.)*

Art. 151. Para eleito do artigo precedente ficam suprimidos os cargos e funções de Delegado do Governo Federal e de liquidante designado pela sociedade, a que se referem os artigos 24 e 25 do Decreto 22.456, de 10 de fevereiro de 1933, ressalvadas as liquidações decretadas até dezembro de 1965.

Art. 152. O risco de acidente de trabalho continua a ser regido pela legislação específica, devendo ser objeto de nova legislação dentro de 90 (noventa) dias.

Art. 153. Este Decreto-lei entrará em vigor na data de sua publicação, ficando revogadas expressamente todas as disposições de leis, decretos e regulamentos que dispuserem em sentido contrário.

Brasília, 21 de novembro de 1966; 145º da Independência e 78º da República.

H. Castello Branco

(DOU 22.11.1966)

DECRETO-LEI 167,
DE 14 DE FEVEREIRO DE 1967

Dispõe sobre títulos de crédito rural e dá outras providências.

O Presidente da República, usando da atribuição que lhe confere o § 2º do art. 9º do Ato Institucional 4, de 7 de dezembro de 1966, decreta:

Capítulo I
DO FINANCIAMENTO RURAL

Art. 1º O financiamento rural concedido pelos órgãos integrantes do sistema nacional de crédito rural a pessoa física ou jurídica poderá efetuar-se por meio das cédulas de crédito rural previstas neste Decreto-lei.

• V. Súmula 93, STJ.

Parágrafo único. Faculta-se a utilização das cédulas para os financiamentos da mesma natureza concedidos pelas cooperativas rurais a seus associados ou às suas filiadas.

Dec.-lei 167/1967

Art. 2º O emitente da cédula fica obrigado a aplicar o financiamento nos fins ajustados, devendo comprovar essa aplicação no prazo e na forma exigidos pela instituição financiadora.

Parágrafo único. Nos casos de pluralidade de emitentes e não constando da cédula qualquer designação em contrário, a utilização do crédito poderá ser feita por qualquer um dos financiados, sob a responsabilidade solidária dos demais.

• V. arts. 275 a 285, CC.

Art. 3º A aplicação do financiamento poderá ajustar-se em orçamento assinado pelo financiado e autenticado pelo financiador, dele devendo constar expressamente qualquer alteração que convencionarem.

Parágrafo único. Na hipótese, far-se-á, na cédula, menção do orçamento, que a ela ficará vinculado.

Art. 4º Quando for concedido financiamento para utilização parcelada, o financiador abrirá com o valor do financiamento conta vinculada à operação, que o financiado movimentará por meio de cheques, saques, recibos, ordens, cartas ou quaisquer outros documentos, na forma e tempo previstos na cédula ou no orçamento.

• V. art. 37.

Art. 5º As importâncias fornecidas pelo financiador vencerão juros às taxas que o Conselho Monetário Nacional fixar e serão exigíveis em 30 de junho e 31 de dezembro ou no vencimento das prestações, se assim acordado entre as partes; no vencimento do título e na liquidação, ou por outra forma que vier a ser determinada por aquele Conselho, podendo o financiador, nas datas previstas, capitalizar tais encargos na conta vinculada à operação.

• V. art. 8º.
• V. Súmula 16, STJ.

Parágrafo único. Em caso de mora, a taxa de juros constante da cédula será elevável de 1% (um por cento) ao ano.

Art. 6º O financiado facultará ao financiador a mais ampla fiscalização da aplicação da quantia financiada, exibindo, inclusive, os elementos que lhe forem exigidos.

Art. 7º O credor poderá, sempre que julgar conveniente e por pessoas de sua indicação, não só percorrer todas e quaisquer dependências dos imóveis referidos no título, como verificar o andamento dos serviços neles existentes.

• V. art. 3º, § 2º, Lei 492/1937 (Penhor rural e cédula pignoratícia).

Art. 8º Para ocorrer às despesas com os serviços de fiscalização, poderá ser ajustada na cédula taxa de comissão de fiscalização exigível na forma do disposto no art. 5º, a qual será calculada sobre os saldos devedores da conta vinculada à operação, respondendo ainda o financiado pelo pagamento de quaisquer despesas que se verificarem com vistorias frustradas ou que forem efetuadas em consequência de procedimento seu que possa prejudicar as condições legais e cedulares.

Capítulo II

Seção I
Das cédulas de crédito rural

Art. 9º A cédula de crédito rural é promessa de pagamento em dinheiro, sem ou com garantia real cedularmente constituída, sob as seguintes denominações e modalidades:

• V. art. 1.438, CC.
• V. Súmula 93, STJ.

I – Cédula Rural Pignoratícia;

• V. arts. 14 a 19.

II – Cédula Rural Hipotecária;

• V. arts. 20 a 24.

III – Cédula Rural Pignoratícia e Hipotecária;

• V. arts. 25 e 26.

IV – Nota de Crédito Rural.

• V. arts. 27 e 28.

Art. 10. A cédula de crédito rural é título civil, líquido e certo, exigível pela soma dela constante ou do endosso, além dos juros, da comissão de fiscalização, se houver, e demais despesas que o credor fizer para segurança, regularidade e realização de seu direito creditório.

§ 1º Se o emitente houver deixado de levantar qualquer parcela do crédito referido

Dec.-lei 167/1967

ou tiver feito pagamentos parciais, o credor descontá-los-á da soma declarada na Cédula, tornando-se exigível apenas o saldo.

§ 2º Não constando do endosso o valor pelo qual se transfere a cédula, prevalecerá o da soma declarada no título acrescido dos acessórios, na forma deste artigo, deduzido o valor das quitações parciais passadas no próprio título.

Art. 11. Importa vencimento da cédula de crédito rural, independentemente de aviso ou interpelação judicial ou extrajudicial, a inadimplência de qualquer obrigação convencional ou legal do emitente do título ou, sendo o caso, do terceiro prestante da garantia real.

Parágrafo único. Verificado o inadimplemento, poderá ainda o credor considerar vencidos antecipadamente todos os financiamentos rurais concedidos ao emitente e dos quais seja credor.

Art. 12. A cédula de crédito rural poderá ser aditada, ratificada e retificada por meio de menções adicionais e de aditivos, datados e assinados pelo emitente e pelo credor.

Parágrafo único. Se não bastar o espaço existente, continuar-se-á em folha do mesmo formato, que fará parte integrante do documento cedular.

Art. 13. A cédula de crédito rural admite amortizações periódicas e prorrogações de vencimento que serão ajustadas mediante a inclusão de cláusula, na forma prevista neste Decreto-lei.

• V. art. 62.

Seção II
Da cédula rural pignoratícia

Art. 14. A cédula rural pignoratícia conterá os seguintes requisitos, lançados no contexto:

I – denominação "Cédula Rural Pignoratícia";

II – data e condições de pagamento; havendo prestações periódicas ou prorrogações de vencimento, acrescentar: "nos termos da cláusula Forma de Pagamento abaixo" ou "nos termos da cláusula Ajuste de Prorrogação abaixo";

III – nome do credor e a cláusula à ordem;

IV – valor do crédito deferido, lançado em algarismos e por extenso, com indicação da finalidade ruralista a que se destina o financiamento concedido e a forma de sua utilização;

V – descrição dos bens vinculados em penhor, que se indicarão pela espécie, qualidade, quantidade, marca ou período de produção, se for o caso, além do local ou depósito em que os mesmos bens se encontrarem;

VI – taxa dos juros a pagar, e da comissão de fiscalização, se houver, e o tempo de seu pagamento;

VII – praça do pagamento;

VIII – data e lugar da emissão;

IX – assinatura do próprio punho do emitente ou de representante com poderes especiais.

§ 1º As cláusulas "Forma de Pagamento" ou "Ajuste de Prorrogação", quando cabíveis, serão incluídas logo após a descrição da garantia, estabelecendo-se, na primeira, os valores e datas das prestações e, na segunda, as prorrogações previstas e as condições a que está sujeita sua efetivação.

• V. art. 20, § 1º.

§ 2º A descrição dos bens vinculados à garantia poderá ser feita em documento à parte, em duas vias, assinadas pelo emitente e autenticadas pelo credor, fazendo-se, na cédula, menção a essa circunstância, logo após a indicação do grau do penhor e de seu valor global.

• V. art. 20, § 1º.

Art. 15. Podem ser objeto do penhor cedular, nas condições deste Decreto-lei, os bens suscetíveis de penhor rural e de penhor mercantil.

• V. art. 6º, Lei 492/1937 (Penhor rural e cédula pignoratícia).

Art. 16. *(Revogado pelo Dec.-lei 784/1969.)*

Art. 17. Os bens apenhados continuam na posse imediata do emitente ou do terceiro prestante da garantia real, que responde por sua guarda e conservação como fiel depositário, seja pessoa física ou jurídica. Cuidando-se do penhor constituído por terceiro, o emitente da cédula responderá solida-

903

Dec.-lei 167/1967

LEGISLAÇÃO

riamente com o empenhador pela guarda e conservação dos bens apenhados.

• V. arts. 275 a 285 e 627 a 646, CC.

Art. 18. Antes da liquidação da cédula, não poderão os bens apenhados ser removidos das propriedades nela mencionadas, sob qualquer pretexto e para onde quer que seja, sem prévio consentimento escrito do credor.

Art. 19. Aplicam-se ao penhor constituído pela cédula rural pignoratícia as disposições dos Decs.-leis 1.271, de 16 de maio de 1939, 1.625, de 23 de setembro de 1939, e 4.312, de 20 de maio de 1942, e das Leis 492, de 30 de agosto de 1937, 2.666, de 6 de dezembro de 1955, e 2.931, de 27 de outubro de 1956, bem como os preceitos legais vigentes relativos a penhor rural e mercantil no que não colidirem com o presente Decreto-lei.

• V. arts. 1.438 a 1.446, CC.

Seção III
Da cédula rural hipotecária

Art. 20. A cédula rural hipotecária conterá os seguintes requisitos, lançados no contexto:

I – denominação "Cédula Rural Hipotecária";

II – data e condições de pagamento; havendo prestações periódicas ou prorrogações de vencimento, acrescentar: "nos termos da cláusula Forma de Pagamento abaixo" ou "nos termos da cláusula Ajuste de Prorrogação abaixo";

III – nome do credor e a cláusula à ordem;

IV – valor do crédito deferido, lançado em algarismos e por extenso, com indicação da finalidade ruralista a que se destina o financiamento concedido e a forma de sua utilização;

V – descrição do imóvel hipotecado com indicação do nome, se houver, dimensões, confrontações, benfeitorias, título e data de aquisição e anotações (número, livro e folha) do registro imobiliário;

VI – taxa dos juros a pagar e a da comissão de fiscalização, se houver, e tempo de seu pagamento;

VII – praça do pagamento;

VIII – data e lugar da emissão;

IX – assinatura do próprio punho do emitente ou de representante com poderes especiais.

§ 1º Aplicam-se a este artigo as disposições dos §§ 1º e 2º do art. 14 deste Decreto-lei.

§ 2º Se a descrição do imóvel hipotecado se processar em documento à parte, deverão constar também da cédula todas as indicações mencionadas no item V deste artigo, exceto confrontações e benfeitorias.

§ 3º A especificação dos imóveis hipotecados, pela descrição pormenorizada, poderá ser substituída pela anexação à cédula de seus respectivos títulos de propriedade.

• V. art. 32, § 4º.

§ 4º Nos casos do parágrafo anterior, deverão constar da cédula, além das indicações referidas no § 2º deste artigo, menção expressa à anexação dos títulos de propriedade e a declaração de que eles farão parte integrante da cédula até sua final liquidação.

Art. 21. São abrangidos pela hipoteca constituída as construções, respectivos terrenos, maquinismos, instalações e benfeitorias.

Parágrafo único. Pratica crime de estelionato e fica sujeito às penas do art. 171 do Código Penal aquele que fizer declarações falsas ou inexatas acerca da área dos imóveis hipotecados, de suas características, instalações e acessórios, da pacificidade de sua posse, ou omitir, na cédula, a declaração de já estarem eles sujeitos a outros ônus ou responsabilidade de qualquer espécie, inclusive fiscais.

Art. 22. Incorporam-se na hipoteca constituída as máquinas, aparelhos, instalações e construções, adquiridos ou executados com o crédito, assim como quaisquer outras benfeitorias acrescidas aos imóveis na vigência da cédula, as quais, uma vez realizadas, não poderão ser retiradas, alteradas ou destruídas, sem o consentimento do credor, por escrito.

Parágrafo único. Faculta-se ao credor exigir que o emitente faça averbar, à margem da inscrição principal, a constituição

Dec.-lei 167/1967

do direito real sobre os bens e benfeitorias referidos neste artigo.

- V. art. 246, *caput*, Lei 6.015/1973 (Lei de Registros Públicos).

Art. 23. Podem ser objeto de hipoteca cedular imóveis rurais e urbanos.

Art. 24. Aplicam-se à hipoteca cedular os princípios da legislação ordinária sobre hipoteca no que não colidirem com o presente Decreto-lei.

- V. arts. 1.473 a 1.488 e 1.492 a 1.501, CC.

Seção IV
Da cédula rural pignoratícia e hipotecária

Art. 25. A cédula rural pignoratícia e hipotecária conterá os seguintes requisitos, lançados no contexto:
I – denominação "Cédula Rural Pignoratícia e Hipotecária";
II – data e condições de pagamento; havendo prestações periódicas ou prorrogações de vencimento, acrescentar: "nos termos da cláusula Forma de Pagamento abaixo" ou "nos termos da cláusula Ajuste de Prorrogação abaixo";
III – nome do credor e a cláusula à ordem;
IV – valor do crédito deferido, lançado em algarismos e por extenso, com indicação da finalidade ruralista a que se destina o financiamento concedido e a forma de sua utilização;
V – descrição dos bens vinculados em penhor, os quais se indicarão pela espécie, qualidade, quantidade, marca ou período de produção, se for o caso, além do local ou depósito dos mesmos bens;
VI – descrição do imóvel hipotecado com indicação do nome, se houver, dimensões, confrontações, benfeitorias, título e data de aquisição e anotações (número, livro e folha) do registro imobiliário;
VII – taxa dos juros a pagar e da comissão de fiscalização, se houver, e tempo de seu pagamento;
VIII – praça do pagamento;
IX – data e lugar da emissão;
X – assinatura do próprio punho do emitente ou de representante com poderes especiais.

Art. 26. Aplica-se à hipoteca e ao penhor constituídos pela cédula rural pignoratícia e hipotecária o disposto nas Seções II e III do Capítulo II deste Decreto-lei.

Seção V
Da nota de crédito rural

Art. 27. A nota de crédito rural conterá os seguintes requisitos, lançados no contexto:
I – denominação "Nota de Crédito Rural";
II – data e condições de pagamento; havendo prestações periódicas ou prorrogações de vencimento, acrescentar: "nos termos da cláusula Forma de Pagamento abaixo" ou "nos termos da cláusula Ajuste de Prorrogação abaixo";
III – nome do credor e a cláusula à ordem;
IV – valor do crédito deferido, lançado em algarismos e por extenso, com indicação da finalidade ruralista a que se destina o financiamento concedido e a forma de sua utilização;
V – taxa dos juros a pagar e da comissão de fiscalização, se houver, e tempo de seu pagamento;
VI – praça de pagamento;
VII – data e lugar da emissão;
VIII – assinatura do próprio punho do emitente ou de representante com poderes especiais.

Art. 28. O crédito pela nota de crédito rural tem privilégio especial sobre os bens discriminados no art. 1.563 do Código Civil.

Art. 29. *(Revogado pelo Dec.-lei 784/1969.)*

Capítulo III
Seção I
Da inscrição e averbação da cédula de crédito rural

Art. 30. As cédulas de crédito rural, para terem eficácia contra terceiros, inscrevem-se no Cartório de Registro de Imóveis:

- V. art. 36.
- V. arts. 167, I-13, e 168, Lei 6.015/1973 (Lei de Registros Públicos).

a) a cédula rural pignoratícia, no da circunscrição em que esteja situado o imóvel de localização dos bens apenhados;

Dec.-lei 167/1967

LEGISLAÇÃO

b) a cédula rural hipotecária, no da circunscrição em que esteja situado o imóvel hipotecado;

c) a cédula rural pignoratícia e hipotecária, no da circunscrição em que esteja situado o imóvel de localização dos bens apenhados e no da circunscrição em que esteja situado o imóvel hipotecado;

d) a nota de crédito rural, no da circunscrição em que esteja situado o imóvel a cuja exploração se destina o financiamento cedular.

Parágrafo único. Sendo nota de crédito rural emitida por cooperativa, a inscrição far-se-á no Cartório de Registro de Imóveis do domicílio da emitente.

Art. 31. A inscrição far-se-á na ordem de apresentação da cédula a registro em livro próprio denominado "Registro de Cédulas de Crédito Rural", observado o disposto nos arts. 183, 188, 190 e 202 do Dec. 4.857, de 9 de novembro de 1939.

§ 1º Os livros destinados ao registro das cédulas de credito rural serão numerados em série crescente a começar de 1 (um) e cada livro conterá termo de abertura e termo de encerramento assinados pelo juiz de direito da comarca, que rubricará todas as folhas.

§ 2º As formalidades a que se refere o parágrafo anterior precederão à utilização do livro.

§ 3º Em cada Cartório, haverá, em uso, apenas um livro "Registro de Cédulas de Crédito Rural", utilizando-se o de número subsequente depois de findo o anterior.

Art. 32. A inscrição consistirá na anotação dos seguintes requisitos cedulares:

a) data do pagamento; havendo prestações periódicas ou ajuste de prorrogação, consignar, conforme o caso, a data de cada uma delas ou as condições a que está sujeita sua efetivação;

b) o nome do emitente, do financiador e do endossatário, se houver;

c) valor do crédito deferido e o de cada um dos pagamentos parcelados, se for o caso;

d) praça do pagamento;

e) data e lugar da emissão.

• V. art. 39, § 2º.

§ 1º Para a inscrição, o apresentante de título oferecerá, com o original da cédula, cópia tirada em impresso idêntico ao da cédula, com a declaração impressa "Via não negociável", em linhas paralelas transversais.

§ 2º O Cartório conferirá a exatidão da cópia, autenticando-a.

• V. art. 39, § 3º.

§ 3º Cada grupo de duzentas cópias será encadernado na ordem cronológica de seu arquivamento, em livro que o Cartório apresentará, no prazo de 15 (quinze) dias da completação do grupo, ao juiz de direito da comarca, para abri-lo e encerrá-lo, rubricando as respectivas folhas numeradas em série crescente a começar de 1 (um).

§ 4º Nos casos do § 3º do art. 20 deste Dec.-lei, à via da cédula destinada ao Cartório será anexada cópia dos títulos de domínio, salvo se os imóveis hipotecados se acharem registrados no mesmo Cartório.

Art. 33. Ao efetuar a inscrição ou qualquer averbação, o oficial do registro imobiliário mencionará, no respectivo ato, a existência de qualquer documento anexo à cédula e nele aporá sua rubrica, independentemente de outra qualquer formalidade.

Art. 34. O Cartório anotará a inscrição, com indicação do número de ordem, livro e folhas, bem como o valor dos emolumentos cobrados, no verso da cédula, além de mencionar, se for o caso, os anexos apresentados.

Parágrafo único. Pela inscrição da cédula, o oficial cobrará do interessado os seguintes emolumentos, dos quais 80% (oitenta por cento) caberão ao oficial do registro imobiliário e 20% (vinte por cento) ao juiz de direito da comarca, parcela que será recolhida ao Banco do Brasil S.A. e levantada quando das correições a que se refere o art. 40:

• A execução da expressão "e 20% (vinte por cento) ao juiz de direito da comarca, parcela que será recolhida ao Banco do Brasil S.A. e levantada quando das correições a que se refere o art. 40" teve sua eficácia suspensa por inconstitucionalidade pela Res. 8/1977, do Senado Federal.

Dec.-lei 167/1967

LEGISLAÇÃO

a) até Cr$ 200.000,00 (duzentos mil cruzeiros) – 0,1% (um décimo por cento);
b) de Cr$ 200.001,00 (duzentos mil e um cruzeiros) a Cr$ 500.000,00 (quinhentos mil cruzeiros) – 0,2% (dois décimos por cento);
c) de Cr$ 500.001,00 (quinhentos mil e um cruzeiros) a Cr$ 1.000.000,00 (um milhão de cruzeiros) – 0,3% (três décimos por cento);
d) de Cr$ 1.000.001,00 (um milhão e um cruzeiros) a Cr$ 1.500.000,00 (um milhão e quinhentos mil cruzeiros) – 0,4% (quatro décimos por cento);
e) acima de Cr$ 1.500.000,00 (um milhão e quinhentos mil cruzeiros) – 0,5% (cinco décimos por cento), máximo de 1/4 (um quarto) do salário mínimo da região.

Art. 35. O oficial recusará efetuar a inscrição se já houver registro anterior no grau de prioridade declarado no texto da cédula, considerando-se nulo o ato que infringir este dispositivo.

Art. 36. Para os fins previstos no art. 30 deste Decreto-lei, averbar-se-ão, à margem da inscrição da cédula, os endossos posteriores à inscrição, as menções adicionais, aditivos, avisos de prorrogação e qualquer ato que promova alteração na garantia ou nas condições pactuadas.

§ 1º Dispensa-se a averbação dos pagamentos parciais e do endosso das instituições financiadoras em operações de redesconto ou caução.

§ 2º Os emolumentos devidos pelos atos referidos neste artigo serão calculados na base de 10% (dez por cento) sobre os valores da tabela constante do parágrafo único do art. 34 deste Decreto-lei, cabendo ao oficial as mesmas percentagens estabelecidas naquele dispositivo.

• A execução da expressão "e ao juiz de direito da comarca" teve sua eficácia suspensa por inconstitucionalidade pela Res. 8/1977, do Senado Federal.

Art. 37. Os emolumentos devidos pela inscrição da cédula ou pela averbação de atos posteriores poderão ser pagos pelo credor, a débito da conta a que se refere o art. 4º deste Decreto-lei.

Art. 38. As inscrições das cédulas e as averbações posteriores serão efetuadas no prazo de 3 (três) dias úteis a contar da apresentação do título, sob pena de responsabilidade funcional do oficial encarregado de promover os atos necessários.

• V. art. 39, § 3º.

§ 1º A transgressão do disposto neste artigo poderá ser comunicada ao juiz de direito da comarca pelos interessados ou por qualquer pessoa que tenha conhecimento do fato.

§ 2º Recebida a comunicação, o juiz instaurará imediatamente inquérito administrativo.

§ 3º Apurada a irregularidade, o oficial pagará multa de valor correspondente aos emolumentos que seriam cobrados, por dia de atraso, aplicada pelo juiz de direito da comarca, devendo a respectiva importância ser recolhida, dentro de 15 (quinze) dias, a estabelecimento bancário que a transferirá ao Banco Central do Brasil, para crédito do Fundo Geral para a Agricultura e Indústria – Funadri, criado pelo Dec. 56.835, de 3 de setembro de 1965.

Seção II
Do cancelamento da inscrição da cédula de crédito rural

Art. 39. Cancela-se a inscrição mediante a averbação, no livro próprio, da ordem judicial competente ou prova da quitação da cédula, lançada no próprio título ou passada em documento em separado com força probante.

• V. arts. 248 a 254 e 259, Lei 6.015/1973 (Lei de Registros Públicos).

§ 1º Da averbação do cancelamento da inscrição constarão as características do instrumento de quitação, ou a declaração, sendo o caso, de que a quitação foi passada na própria cédula, indicando-se, em qualquer hipótese, o nome do quitante e a data da quitação; a ordem judicial de cancelamento será também referida na averbação, pela indicação da data do mandado, juízo de que procede, nome do juiz que

Dec.-lei 167/1967

o subscreve e demais características ocorrentes.

§ 2º Arquivar-se-á no Cartório a ordem judicial de cancelamento da inscrição ou uma das vias do documento particular da quitação da cédula, procedendo-se como se dispõe no § 3º do art. 32 deste Decreto-lei.

§ 3º Aplicam-se ao cancelamento da inscrição as disposições do § 2º, art. 36, e as do art. 38 e seus parágrafos.

Seção III
Da correição dos livros de inscrição da cédula de crédito rural

Art. 40. O juiz de direito da comarca procederá à correição no livro "Registro de Cédulas de Crédito Rural", uma vez por semestre, no mínimo.

- V. art. 34, parágrafo único.
- V. arts. 167, I-13, 168 e 178, II, Lei 6.015/1973 (Lei de Registros Públicos).

Capítulo IV
DA AÇÃO PARA COBRANÇA DE CÉDULA DE CRÉDITO RURAL

Art. 41. Cabe ação executiva para a cobrança da cédula rural.

- V. arts. 784 a 796, CPC/2015.

§ 1º Penhorados os bens constitutivos da garantia real, assistirá ao credor o direito de promover, a qualquer tempo, contestada ou não a ação, a venda daqueles bens, observado o disposto nos arts. 704 e 705 do Código de Processo Civil, podendo ainda levantar desde logo, mediante caução idônea, o produto líquido da venda, à conta e no limite de seu crédito, prosseguindo-se na ação.

- Refere-se ao CPC/1939.
- V. art. 44, parágrafo único.
- V. art. 83, CPC/2015.

§ 2º Decidida a ação por sentença passada em julgado, o credor restituirá a quantia ou o excesso levantado, conforme seja a ação julgada improcedente total ou parcialmente, sem prejuízos doutras cominações da lei processual.

- V. arts. 904 a 909, CPC/2015.

§ 3º Da caução a que se refere o § 1º dispensam-se as cooperativas rurais e as instituições financeiras públicas (art. 22 da Lei 4.595, de 31 de dezembro de 1964), inclusive o Banco do Brasil S.A.

Capítulo V
DA NOTA PROMISSÓRIA RURAL

Art. 42. Nas vendas a prazo de bens de natureza agrícola, extrativa ou pastoril, quando efetuadas diretamente por produtores rurais ou por suas cooperativas; nos recebimentos, pelas cooperativas, de produtos da mesma natureza entregues pelos seus cooperados, e nas entregas de bens de produção ou de consumo, feitas pelas cooperativas aos seus associados, poderá ser utilizada, como título de crédito, a nota promissória rural, nos termos deste Decreto-lei.

Parágrafo único. A nota promissória rural emitida pelas cooperativas a favor de seus cooperados, ao receberem produtos entregues por estes, constitui promessa de pagamento representativa de adiantamento por conta do preço dos produtos recebidos para venda.

Art. 43. A nota promissória rural conterá os seguintes requisitos, lançados no contexto:

I – denominação "Nota Promissória Rural";
II – data do pagamento;
III – nome da pessoa ou entidade que vende ou entrega os bens e a qual deve ser paga, seguido da cláusula à ordem;
IV – praça do pagamento;
V – soma a pagar em dinheiro, lançada em algarismos e por extenso, que corresponderá ao preço dos produtos adquiridos ou recebidos ou no adiantamento por conta do preço dos produtos recebidos para venda;
VI – indicação dos produtos objeto da compra e venda ou da entrega;
VII – data e lugar da emissão;
VIII – assinatura do próprio punho do emitente ou de representante com poderes especiais.

Art. 44. Cabe ação executiva para a cobrança da nota promissória rural.

Parágrafo único. Penhorados os bens indicados na nota promissória rural, ou, em sua vez, outros da mesma espécie, qualidade e quantidade pertencentes ao emitente, assistirá ao credor o direito de proceder nos termos do § 1º do art. 41, observado o disposto nos demais parágrafos do mesmo artigo.

Art. 45. A nota promissória rural goza de privilégio especial sobre os bens enumerados no art. 1.563 do Código Civil.

• Refere-se ao CC/1916.

Capítulo VI
DA DUPLICATA RURAL

Art. 46. Nas vendas a prazo de quaisquer bens de natureza agrícola, extrativa ou pastoril, quando efetuadas diretamente por produtores rurais ou por suas cooperativas, poderá ser utilizada também, como título de crédito, a duplicata rural, nos termos deste Decreto-lei.

Art. 47. Emitida a duplicata rural pelo vendedor, este ficará obrigado a entregá-la ou a remetê-la ao comprador, que a devolverá depois de assiná-la.

Art. 48. A duplicata rural conterá os seguintes requisitos, lançados no contexto:
I – denominação "Duplicata Rural";
II – data do pagamento, ou a declaração de dar-se a tantos dias da data da apresentação ou de ser à vista;
III – nome e domicílio do vendedor;
IV – nome e domicílio do comprador;
V – soma a pagar em dinheiro, lançada em algarismos e por extenso, que corresponderá ao preço dos produtos adquiridos;
VI – praça do pagamento;
VII – indicação dos produtos objeto da compra e venda;
VIII – data e lugar da emissão;
IX – cláusula à ordem;
X – reconhecimento de sua exatidão e a obrigação de pagá-la, para ser firmada do próprio punho do comprador ou de representante com poderes especiais;
XI – assinatura do próprio punho do vendedor ou de representante com poderes especiais.

Art. 49. A perda ou extravio da duplicata rural obriga o vendedor a extrair novo documento que contenha a expressão "segunda via" em linhas paralelas que cruzem o título.

Art. 50. A remessa da duplicata rural poderá ser feita diretamente pelo vendedor ou por seus representantes, por intermédio de instituições financiadoras, procuradores ou correspondentes, que se incumbem de apresentá-la ao comprador na praça ou no lugar de seu domicílio, podendo os intermediários devolvê-la depois de assinada ou conservá-la em seu poder até o momento do resgate, segundo as instruções de quem lhe cometeu o encargo.

Art. 51. Quando não for à vista, o comprador deverá devolver a duplicata rural ao apresentante dentro do prazo de 10 (dez) dias contados da data da apresentação, devidamente assinada ou acompanhada de declaração por escrito, contendo as razões da falta de aceite.

Parágrafo único. Na hipótese de não-devolução do título dentro do prazo a que se refere este artigo, assiste ao vendedor o direito de protestá-lo por falta de aceite.

Art. 52. Cabe ação executiva para cobrança da duplicata rural.

• V. art. 41.

Art. 53. A duplicata rural goza de privilégio especial sobre os bens enumerados no art. 1.563 do Código Civil.

• Refere-se ao CC/1916.

Art. 54. Incorrerá na pena de reclusão por 1 (um) a 4 (quatro) anos, além da multa de 10% (dez por cento) sobre o respectivo montante, o que expedir duplicata rural que não corresponda a uma venda efetiva de quaisquer dos bens a que se refere o art. 46, entregues real ou simbolicamente.

• V. art. 2º, Lei 7.209/1984 (Reforma da Parte Geral do Código Penal).

Capítulo VII
DISPOSIÇÕES ESPECIAIS
Seção I
Das garantias da cédula de crédito rural

Art. 55. Podem ser objeto de penhor cedular os gêneros oriundos da produção agrícola, extrativa ou pastoril, ainda que destinados a beneficiamento ou transformação.

Dec.-lei 167/1967

LEGISLAÇÃO

Art. 56. Podem ainda ser objeto de penhor cedular os seguintes bens e respectivos acessórios, quando destinados aos serviços das atividades rurais:
I – caminhões, camionetas de carga, furgões, jipes e quaisquer veículos automotores ou de tração mecânica;
II – carretas, carroças, carros, carroções e quaisquer veículos não automotores;
III – canoas, barcas, balsas e embarcações fluviais, com ou sem motores;
IV – máquinas e utensílios destinados ao preparo de rações ou ao beneficiamento, armazenagem, industrialização, frigorificação, conservação, acondicionamento e transporte de produtos e subprodutos agropecuários ou extrativos, ou utilizados nas atividades rurais, bem como bombas, motores, canos e demais pertences de irrigação;
V – incubadoras, chocadeiras, criadeiras, pinteiros e galinheiros desmontáveis ou móveis, gaiolas, bebedouros, campânulas e quaisquer máquinas e utensílios usados nas explorações avícolas e agropastoris.

Parágrafo único. O penhor será anotado nos assentamentos próprios da repartição competente para expedição de licença dos veículos, quando for o caso.

Art. 57. Os bens apenhados poderão ser objeto de novo penhor cedular e o simples registro da respectiva cédula equivalerá à averbação, na anterior, do penhor constituído em grau subsequente.

Art. 58. Em caso de mais de um financiamento, sendo os mesmos o emitente da cédula, o credor e os bens apenhados, poderá estender-se aos financiamentos subsequentes o penhor originariamente constituído, mediante menção da extensão nas cédulas posteriores, reputando-se um só penhor com cédulas rurais distintas.

§ 1º A extensão será apenas averbada à margem da inscrição anterior e não impede que sejam vinculados outros bens à garantia.

- V. arts. 167, I-13, 168 e 246, *caput*, Lei 6.015/1973 (Lei de Registros Públicos).

§ 2º Havendo vinculação de novos bens, além da averbação, estará a cédula também sujeita a inscrição no Cartório do Registro de Imóveis.

§ 3º Não será possível a extensão da garantia se tiver havido endosso ou se os bens vinculados já houverem sido objeto de nova gravação para com terceiros.

Art. 59. A venda dos bens apenhados ou hipotecados pela cédula de crédito rural depende de prévia anuência do credor, por escrito.

Art. 60. Aplicam-se à cédula de crédito rural, à nota promissória rural e à duplicata rural, no que forem cabíveis, as normas de direito cambial, inclusive quanto a aval, dispensado porém o protesto para assegurar o direito de regresso contra endossantes e seus avalistas.

§ 1º O endossatário ou o portador de nota promissória rural ou duplicata rural não tem direito de regresso contra o primeiro endossante e seus avalistas.

- § 1º acrescentado pela Lei 6.754/1979.

§ 2º É nulo o aval dado em nota promissória rural ou duplicata rural, salvo quando dado pelas pessoas físicas participantes da empresa emitente ou por outras pessoas jurídicas.

- § 2º acrescentado pela Lei 6.754/1979.

§ 3º Também são nulas quaisquer outras garantias, reais ou pessoais, salvo quando prestadas pelas pessoas físicas participantes da empresa emitente, por esta ou por outras pessoas jurídicas.

- § 3º acrescentado pela Lei 6.754/1979.

§ 4º Às transações realizadas entre produtores rurais e entre estes e suas cooperativas não se aplicam as disposições dos parágrafos anteriores.

- § 4º acrescentado pela Lei 6.754/1979.

Seção II
Dos prazos e prorrogações da cédula de crédito rural

Art. 61. O prazo do penhor rural, agrícola ou pecuário não excederá o prazo da obrigação garantida e, embora vencido o prazo,

Dec.-lei 167/1967

permanece a garantia, enquanto subsistirem os bens que a constituem.

* Artigo com redação determinada pela Lei 12.873/2013.

Parágrafo único. A prorrogação do penhor rural, inclusive decorrente de prorrogação da obrigação garantida prevista no *caput*, ocorre mediante a averbação à margem do registro respectivo, mediante requerimento do credor e do devedor.

Art. 62. As prorrogações de vencimento de que trata o art. 13 deste Decreto-lei serão anotadas na cédula pelo próprio credor, devendo ser averbadas à margem das respectivas inscrições, e seu processamento, quando cumpridas regularmente todas as obrigações, cedulares e legais, far-se-á por simples requerimento do credor ao oficial do registro de imóveis competente.

* V. art. 1.439, § 2º, CC.

Parágrafo único. Somente exigirão lavratura de aditivo as prorrogações que tiverem de ser concedidas sem o cumprimento das condições a que se subordinarem ou após o término do período estabelecido na cédula.

Capítulo VIII
DISPOSIÇÕES GERAIS

Art. 63. Dentro do prazo da cédula, o credor, se assim o entender, poderá autorizar o emitente a dispor de parte ou de todos os bens da garantia, na forma e condições que convencionarem.

* V. art. 12, *caput*, Lei 492/1937 (Penhor rural e cédula pignoratícia).

Art. 64. Os bens dados em garantia assegurarão o pagamento do principal, juros, comissões, pena convencional, despesas legais e convencionais com as preferências estabelecidas na legislação em vigor.

Art. 65. Se baixar no mercado o valor dos bens da garantia ou se se verificar qualquer ocorrência que determine diminuição ou depreciação da garantia constituída, o emitente reforçará essa garantia dentro do prazo de 15 (quinze) dias da notificação que o credor lhe fizer por carta enviada pelo Correio, sob registro, ou pelo oficial do registro de títulos e documentos da comarca.

* V. art. 12, §§ 2º e 3º, Lei 492/1937 (Penhor rural e cédula pignoratícia).

Parágrafo único. Nos casos de substituição de animais por morte ou inutilização, assiste ao credor o direito de exigir que os substitutos sejam da mesma espécie e categoria dos substituídos.

Art. 66. Quando o penhor for constituído por animais, o emitente da cédula fica obrigado a manter todo o rebanho, inclusive os animais adquiridos com o financiamento, se for o caso, protegidos pelas medidas sanitárias e profiláticas recomendadas em cada caso, contra a incidência de zoonoses, moléstias infecciosas ou parasitárias de ocorrência frequente na região.

Art. 67. Nos financiamentos pecuários, poderá ser convencionado que o emitente se obriga a não vender, sem autorização por escrito do credor, durante a vigência do título, crias fêmeas ou vacas aptas à procriação, assistindo ao credor, na hipótese de não observância dessas condições, o direito de dar por vencida a cédula e exigir o total da dívida dela resultante, independentemente de aviso extrajudicial ou interpelação judicial.

* V. art. 12, *caput*, Lei 492/1937 (Penhor rural e cédula pignoratícia).

Art. 68. Se os bens vinculados em penhor ou em hipoteca à cédula de crédito rural pertencerem a terceiros, estes subscreverão também o título, para que se constitua a garantia.

Art. 69. Os bens objeto de penhor ou de hipoteca constituídos pela cédula de crédito rural não serão penhorados, arrestados ou sequestrados por outras dívidas do emitente ou do terceiro empenhador ou hipotecante, cumprindo ao emitente ou ao terceiro empenhador ou hipotecante denunciar a existência da cédula às autoridades incumbidas da diligência ou a quem a determinou, sob pena de responderem pelos prejuízos resultantes de sua omissão.

* V. arts. 831 a 845, 852 e 853, CPC/2015.
* V. art. 108, § 4º, Lei 11.101/2005 (Lei de Recuperação de Empresas e Falência).

Dec.-lei 167/1967

LEGISLAÇÃO

Art. 70. O emitente da cédula de crédito rural, com ou sem garantia real, manterá em dia o pagamento dos tributos e encargos fiscais, previdenciários e trabalhistas de sua responsabilidade, inclusive a remuneração dos trabalhadores rurais, exibindo ao credor os respectivos comprovantes sempre que lhe forem exigidos.

Art. 71. Em caso de cobrança em processo contencioso ou não, judicial ou administrativo, o emitente da cédula de crédito rural, da nota promissória rural, ou o aceitante da duplicata rural responderá ainda pela multa de 10% (dez por cento) sobre o principal e acessórios em débito, devida a partir do primeiro despacho da autoridade competente na petição de cobrança ou de habilitação de crédito.

Art. 72. As cédulas de crédito rural, a nota promissória rural e a duplicata rural poderão ser redescontadas no Banco Central da República do Brasil, nas condições estabelecidas pelo Conselho Monetário Nacional.

• V. art. 42.

Art. 73. É também da competência do Conselho Monetário Nacional a fixação das taxas de desconto da nota promissória rural e da duplicata rural, que poderão ser elevadas de 1% (um por cento) ao ano em caso de mora.

Art. 74. Dentro do prazo da nota promissória rural e da duplicata rural poderão ser feitos pagamentos parciais.

Parágrafo único. Ocorrida a hipótese, o credor declarará, no verso do título, sobre sua assinatura, a importância recebida e a data do recebimento, tornando-se exigível apenas o saldo.

Art. 75. Na hipótese de nomeação, por qualquer circunstância, de depositário para os bens apenhados, instituído judicial ou convencionalmente, entrará ele também na posse imediata das máquinas e de todas as instalações e pertences acaso necessários à transformação dos referidos bens nos produtos a que se tiver obrigado o emitente na respectiva cédula.

Art. 76. Serão segurados, até final resgate da cédula, os bens nela descritos e caracterizados, observada a vigente legislação de seguros obrigatórios.

Art. 77. As cédulas de crédito rural, a nota promissória rural e a duplicata rural obedecerão aos modelos anexos ns. 1 a 6.

Parágrafo único. Sem caráter de requisição essencial, as cédulas de crédito rural poderão conter disposições que resultem das peculiaridades do financiamento rural.

Art. 78. A exigência constante do art. 22, da Lei 4.947, de 6 de abril de 1966, não se aplica às operações de crédito rural propostas por produtores rurais e suas cooperativas, de conformidade com o disposto no art. 37 da Lei 4.529, de 5 de novembro de 1965.

Parágrafo único. A comunicação do Instituto Brasileiro de Reforma Agrária, de ajuizamento da cobrança de dívida fiscal ou de multa, impedirá a concessão de crédito rural ao devedor, a partir da data do recebimento da comunicação, pela instituição financiadora, salvo se for depositado em juros o valor do débito em litígio.

• As funções que competiam ao Instituto Brasileiro de Reforma Agrária (Ibra), hoje extinto, são exercidas pelo Instituto Nacional de Colonização e Reforma Agrária (Incra).

Capítulo IX
DISPOSIÇÕES TRANSITÓRIAS

Art. 79. Este Decreto-lei entrará em vigor 90 (noventa) dias depois de publicado, revogando-se a Lei 3.253, de 27 de agosto de l957, e as disposições em contrário.

Art. 80. As folhas em branco dos livros de registro das "Cédulas de Crédito Rural" sob o império da Lei 3.253, de 27 de agosto de 1957, serão inutilizadas, na data da vigência do presente Decreto-lei pelo chefe da repartição arrecadadora federal a que pertencem, e devidamente guardados os livros.

Brasília, 14 de fevereiro de 1967; 146º da Independência e 79º da República.

H. Castello Branco

(*DOU* 15.02.1967)

Dec.-lei 261/1967

LEGISLAÇÃO

DECRETO-LEI 261,
DE 28 DE FEVEREIRO DE 1967

Dispõe sobre as sociedades de capitalização e dá outras providências.

O Presidente da República, usando das atribuições que lhe confere o art. 9º, § 2º, do Ato Institucional 4, de 7 de dezembro de 1966, decreta:

Art. 1º Todas as operações das sociedades de capitalização ficam subordinadas às disposições do presente Decreto-lei.

• V. art. 22, VII, CF.

Parágrafo único. Consideram-se sociedades de capitalização as que tiverem por objetivo fornecer ao público, de acordo com planos aprovados pelo Governo Federal, a constituição de um capital mínimo perfeitamente determinado em cada plano, e pago em moeda corrente em um prazo máximo indicado no mesmo plano, à pessoa que possuir um título segundo cláusulas e regras aprovadas e mencionadas no próprio título.

Art. 2º O controle do Estado se exercerá pelos órgãos referidos neste Decreto-lei, no interesse dos portadores de títulos de capitalização, e objetivando:

I – promover a expansão do mercado de capitalização e propiciar as condições operacionais necessárias à sua integração no progresso econômico e social do País;

II – promover o aperfeiçoamento do sistema de capitalização e das sociedades que nele operam;

III – preservar a liquidez e a solvência das sociedades de capitalização;

IV – coordenar a política de capitalização com a política de investimentos do Governo Federal, observados os critérios estabelecidos para as políticas monetária, creditícia e fiscal, bem como as características a que devem obedecer as aplicações de cobertura das reservas técnicas.

Art. 3º Fica instituído o Sistema Nacional de Capitalização, regulado pelo presente Decreto-lei e constituído:

I – do Conselho Nacional de Seguros Privados (CNSP);

II – da Superintendência de Seguros Privados (Susep);

III – das sociedades autorizadas a operar em capitalização.

§ 1º Compete privativamente ao Conselho Nacional de Seguros Privados (CNSP) fixar as diretrizes e normas da política de capitalização e regulamentar as operações das sociedades do ramo, relativamente às quais exercerá atribuições idênticas às estabelecidas para as sociedades de seguros, nos termos dos incisos I a VI, X a XII e XVII a XIX do art. 32 do Decreto-lei 73, de 21 de novembro de 1966.

• § 1º com redação determinada pela LC 137/2010.

§ 2º A Susep é o órgão executor da política de capitalização traçada pelo CNSP, cabendo-lhe fiscalizar a constituição, organização, funcionamento e operações das sociedades do ramo, relativamente às quais exercerá atribuições idênticas às estabelecidas para as sociedades de seguros, nos termos das alíneas a, b, c, g, h, i, k e l do art. 36 do Decreto-lei 73, de 1966.

• § 2º com redação determinada pela LC 137/2010.

Art. 4º As sociedades de capitalização estão sujeitas a disposições idênticas às estabelecidas nos seguintes artigos do Dec.-lei 73, de 21 de novembro de 1966, e, quando for o caso, seus incisos, alíneas e parágrafos: 7º, 25 a 31, 74 a 77, 84, 87 a 111, 113, 114, 116 a 121.

• V. art. 2º, II, Lei 11.101/2005 (Lei de Recuperação de Empresas e Falência).

Art. 5º O presente Decreto-lei entra em vigor na data de sua publicação.

Art. 6º Revogam-se o Dec. 22.456, de 10 de fevereiro de 1933, os arts. 147 e 150 do Dec.-lei 73, de 21 de novembro de 1966, e as demais disposições em contrário.

Brasília, 28 de fevereiro de 1967; 146º da Independência e 79º da República.

H. Castello Branco

(*DOU* 28.02.1967)

Lei 5.474/1968

LEGISLAÇÃO

LEI 5.474, DE 18 DE JULHO DE 1968

Dispõe sobre as duplicatas e dá outras providências.

O Presidente da República:
Faço saber que o Congresso Nacional decreta e eu sanciono a seguinte Lei:

Capítulo I
DA FATURA E DA DUPLICATA

Art. 1º Em todo o contrato de compra e venda mercantil entre partes domiciliadas no território brasileiro, com prazo não inferior a 30 (trinta) dias, contado da data da entrega ou despacho das mercadorias, o vendedor extrairá a respectiva fatura para apresentação ao comprador.

§ 1º A fatura discriminará as mercadorias vendidas ou, quando convier ao vendedor, indicará somente os números e valores das notas parciais expedidas por ocasião das vendas, despachos ou entregas das mercadorias.

§ 2º *(Revogado pelo Dec.-lei 436/1969.)*

Art. 2º No ato da emissão da fatura, dela poderá ser extraída uma duplicata para circulação como efeito comercial, não sendo admitida qualquer outra espécie de título de crédito para documentar o saque do vendedor pela importância faturada ao comprador.

• V. art. 19.

§ 1º A duplicata conterá:

I – a denominação "duplicata", a data de sua emissão e o número de ordem;
II – o número da fatura;
III – a data certa do vencimento ou uma declaração de ser a duplicata à vista;
IV – o nome e domicílio do vendedor e do comprador;
V – a importância a pagar, em algarismos e por extenso;
VI – a praça de pagamento;
VII – a cláusula à ordem;
VIII – a declaração do reconhecimento de sua exatidão e da obrigação de pagá-la, a ser assinada pelo comprador, como aceite cambial;
IX – a assinatura do emitente.

§ 2º Uma só duplicata não pode corresponder a mais de uma fatura.

§ 3º Nos casos de venda para pagamento em parcelas, poderá ser emitida duplicata única, em que se discriminarão todas as prestações e seus vencimentos, ou série de duplicatas, uma para cada prestação, distinguindo-se a numeração a que se refere o item I do § 1º deste artigo, pelo acréscimo de letra do alfabeto, em sequência.

Art. 3º A duplicata indicará sempre o valor total da fatura, ainda que o comprador tenha direito a qualquer rebate, mencionando o vendedor o valor líquido que o comprador deverá reconhecer como obrigação de pagar.

§ 1º Não se incluirão no valor total da duplicata os abatimentos de preços das mercadorias feitos pelo vendedor até o ato do faturamento, desde que constem da fatura.

§ 2º A venda mercantil para pagamento contra a entrega da mercadoria ou do conhecimento de transporte, sejam ou não da mesma praça vendedor e comprador, ou para pagamento em prazo inferior a 30 (trinta) dias, contado da entrega ou despacho das mercadorias, poderá representar-se, também, por duplicata, em que se declarará que o pagamento será feito nessas condições.

Art. 4º Nas vendas realizadas por consignatários ou comissários e faturadas em nome e por conta do consignante ou comitente, caberá àqueles cumprir os dispositivos desta Lei.

Art. 5º Quando a mercadoria for vendida por conta do consignatário, este é obrigado, na ocasião de expedir a fatura e a duplicata, a comunicar a venda ao consignante.

§ 1º Por sua vez, o consignante expedirá fatura e duplicata correspondente à mesma venda, a fim de ser esta assinada pelo consignatário, mencionando-se o prazo estipulado para a liquidação do saldo da conta.

§ 2º Fica o consignatário dispensado de emitir duplicata quando na comunicação a que se refere o § 1º declarar que o produto líquido apurado está à disposição do consignante.

Lei 5.474/1968

Capítulo II
DA REMESSA E DA DEVOLUÇÃO DA DUPLICATA

Art. 6º A remessa de duplicata poderá ser feita diretamente pelo vendedor ou por seus representantes, por intermédio de instituições financeiras, procuradores ou correspondentes que se incumbam de apresentá-la ao comprador na praça ou no lugar de seu estabelecimento, podendo os intermediários devolvê-la, depois de assinada, ou conservá-la em seu poder até o momento do resgate, segundo as instruções de quem lhes cometeu o encargo.

• V. art. 22, § 2º.

§ 1º O prazo para remessa da duplicata será de 30 (trinta) dias, contado da data de sua emissão.

§ 2º Se a remessa for feita por intermédio de representantes, instituições financeiras, procuradores ou correspondentes, estes deverão apresentar o título ao comprador dentro de 10 (dez) dias, contados da data de seu recebimento na praça de pagamento.

Art. 7º A duplicata, quando não for à vista, deverá ser devolvida pelo comprador ao apresentante dentro do prazo de 10 (dez) dias, contados da data de sua apresentação, devidamente assinada ou acompanhada de declaração, por escrito, contendo as razões da falta do aceite.

• V. art. 15, II, c.

§ 1º Havendo expressa concordância da instituição financeira cobradora, o sacado poderá reter a duplicata em seu poder até a data do vencimento, desde que comunique, por escrito, à apresentante, o aceite e a retenção.

§ 2º A comunicação de que trata o parágrafo anterior substituirá, quando necessário, no ato do protesto ou na execução judicial, a duplicata a que se refere.

• § 2º com redação determinada pela Lei 6.458/1977.

Art. 8º O comprador só poderá deixar de aceitar a duplicata por motivo de:

• V. arts. 15, II, c, e 16.

I – avaria ou não recebimento das mercadorias, quando não expedidas ou não entregues por sua conta e risco;

II – vícios, defeitos e diferenças na qualidade ou na quantidade das mercadorias, devidamente comprovados;

III – divergência nos prazos ou nos preços ajustados.

Capítulo III
DO PAGAMENTO DAS DUPLICATAS

Art. 9º É lícito ao comprador resgatar a duplicata antes de aceitá-la ou antes da data do vencimento.

§ 1º A prova do pagamento é o recibo, passado pelo legítimo portador ou por seu representante com poderes especiais, no verso do próprio título ou em documento, em separado, com referência expressa à duplicata.

§ 2º Constituirá, igualmente, prova de pagamento, total ou parcial, da duplicata, a liquidação de cheque, a favor do estabelecimento endossatário, no qual conste, no verso, que seu valor se destina à amortização ou liquidação da duplicata nele caracterizada.

Art. 10. No pagamento da duplicata poderão ser deduzidos quaisquer créditos a favor do devedor, resultantes de devolução de mercadorias, diferenças de preço, enganos verificados, pagamentos por conta e outros motivos assemelhados, desde que devidamente autorizados.

Art. 11. A duplicata admite reforma ou prorrogação do prazo de vencimento mediante declaração em separado ou nela escrita, assinada pelo vendedor ou endossatário, ou por representante com poderes especiais.

Parágrafo único. A reforma ou prorrogação de que trata este artigo, para manter a coobrigação dos demais intervenientes por endosso ou aval, requer a anuência expressa destes.

Art. 12. O pagamento da duplicata poderá ser assegurado por aval, sendo o avalista equiparado àquele cujo nome indicar; na

Lei 5.474/1968

LEGISLAÇÃO

falta da indicação, àquele abaixo de cuja firma lançar a sua; fora desses casos, ao comprador.

Parágrafo único. O aval dado posteriormente ao vencimento do título produzirá os mesmos efeitos que o prestado anteriormente àquela ocorrência.

Capítulo IV
DO PROTESTO

Art. 13. A duplicata é protestável por falta de aceite, de devolução ou de pagamento.

* Artigo com redação determinada pelo Dec.-lei 436/1969.

§ 1º Por falta de aceite, de devolução ou de pagamento, o protesto será tirado, conforme o caso, mediante apresentação da duplicata, da triplicata, ou, ainda, por simples indicações do portador, na falta de devolução do título.

§ 2º O fato de não ter sido exercida a faculdade de protestar o título, por falta de aceite ou de devolução, não elide a possibilidade de protesto por falta de pagamento.

§ 3º O protesto será tirado na praça de pagamento constante do título.

§ 4º O portador que não tirar o protesto da duplicata, em forma regular e dentro do prazo de 30 (trinta) dias, contado da data de seu vencimento, perderá o direito de regresso contra os endossantes e respectivos avalistas.

Art. 14. Nos casos de protesto, por falta de aceite, de devolução ou de pagamento, ou feitos por indicações do portador o instrumento de protesto deverá conter os requisitos enumerados no art. 29 do Dec. 2.044, de 31 de dezembro de 1908, exceto a transcrição mencionada no inciso II, que será substituída pela reprodução das indicações feitas pelo portador do título.

* Artigo com redação determinada pelo Dec.-lei 436/1969.
* V. art. 22, § 4º.
* V. art. 44, Anexo I, Dec. 57.663/1966 (Convenções para adoção de uma Lei Uniforme em matéria de letras de câmbio e notas promissórias).

Capítulo V
DO PROCESSO PARA COBRANÇA DA DUPLICATA

Art. 15. A cobrança judicial de duplicata ou triplicata será efetuada de conformidade com o processo aplicável aos títulos executivos extrajudiciais, de que cogita o Livro II do Código de Processo Civil, quando se tratar:

* Artigo com redação determinada pela Lei 6.458/1977.
* • V. art. 824, CPC/2015.

I – de duplicata ou triplicata aceita, protestada ou não;

II – de duplicata ou triplicata não aceita, contanto que, cumulativamente:
a) haja sido protestada;
b) esteja acompanhada de documento hábil comprobatório da entrega e recebimento da mercadoria; e
c) o sacado não tenha, comprovadamente, recusado o aceite, no prazo, nas condições e pelos motivos previstos nos arts. 7º e 8º desta Lei.

§ 1º Contra o sacador, os endossantes e respectivos avalistas caberá o processo de execução referido neste artigo, quaisquer que sejam a forma e as condições do protesto.

§ 2º Processar-se-á também da mesma maneira a execução de duplicata ou triplicata não aceita e não devolvida, desde que haja sido protestada mediante indicações do credor ou do apresentante do título, nos termos do art. 14, preenchidas as condições do inciso II deste artigo.

* V. art. 25.

Art. 16. Aplica-se o procedimento ordinário previsto no Código de Processo Civil à ação do credor contra o devedor, por duplicata ou triplicata que não preencha os requisitos do art. 15, I e II, e §§ 1º e 2º, bem como à ação para ilidir as razões invocadas pelo devedor para o não aceite do título, nos casos previstos no art. 8º.

* Artigo com redação determinada pela Lei 6.458/1977.

Art. 17. O foro competente para a cobrança judicial da duplicata ou da triplicata é o da praça de pagamento constante do título, ou outra de domicílio do comprador e, no caso de ação regressiva, a dos sacadores, dos endossantes e respectivos avalistas.

- Artigo com redação determinada pela Lei 6.458/1977.

Art. 18. A pretensão à execução da duplicata prescreve:

- Artigo com redação determinada pela Lei 6.458/1977.

I – contra o sacado e respectivos avalistas, em 3 (três) anos, contados da data do vencimento do título;

II – contra endossante e seus avalistas, em 1 (um) ano, contado da data do protesto;

III – de qualquer dos coobrigados, contra os demais, em 1 (um) ano, contado da data em que haja sido efetuado o pagamento do título.

§ 1º A cobrança judicial poderá ser proposta contra um ou contra todos os coobrigados, sem observância da ordem em que figurem no título.

§ 2º Os coobrigados da duplicata respondem solidariamente pelo aceite e pelo pagamento.

Capítulo VI
DA ESCRITA ESPECIAL

Art. 19. A adoção do regime de vendas de que trata o art. 2º desta Lei obriga o vendedor a ter e a escriturar o Livro de Registro de Duplicatas.

- V. art. 1.180, CC.

§ 1º No Registro de Duplicatas serão escrituradas, cronologicamente, todas as duplicatas emitidas, com o número de ordem, data e valor das faturas originárias e data de sua expedição; nome e domicílio do comprador; anotações das reformas; prorrogações e outras circunstâncias necessárias.

§ 2º Os Registros de Duplicatas, que não poderão conter emendas, borrões, rasuras ou entrelinhas, deverão ser conservados nos próprios estabelecimentos.

§ 3º O Registro de Duplicatas poderá ser substituído por qualquer sistema mecanizado, desde que os requisitos deste artigo sejam observados.

Capítulo VII
DAS DUPLICATA DE PRESTAÇÃO DE SERVIÇOS

Art. 20. As empresas, individuais ou coletivas, fundações ou sociedades civis, que se dediquem à prestação de serviços, poderão, também, na forma desta Lei, emitir fatura e duplicata.

- V. art. 22.

§ 1º A fatura deverá discriminar a natureza dos serviços prestados.

§ 2º A soma a pagar em dinheiro corresponderá ao preço dos serviços prestados.

§ 3º Aplicam-se à fatura e à duplicata ou triplicata de prestação de serviços, com as adaptações cabíveis, as disposições referentes à fatura e à duplicata ou triplicata de venda mercantil, constituindo documento hábil, para transcrição do instrumento de protesto, qualquer documento que comprove a efetiva prestação dos serviços e o vínculo contratual que a autorizou.

- § 3º acrescentado pelo Dec.-lei 436/1969.

Art. 21. O sacado poderá deixar de aceitar a duplicata de prestação de serviços por motivo de:

I – não correspondência com os serviços efetivamente contratados;

II – vícios ou defeitos na qualidade dos serviços prestados, devidamente comprovados;

III – divergências nos prazos ou nos preços ajustados.

Art. 22. Equiparam-se às entidades constantes do art. 20, para os efeitos da presente Lei, ressalvado o disposto no Capítulo VI, os profissionais liberais e os que prestam serviço de natureza eventual, desde que o valor do serviço ultrapasse a NCr$ 100,00 (cem cruzeiros novos).

§ 1º Nos casos deste artigo, o credor enviará ao devedor fatura ou conta que mencione a natureza e valor dos serviços prestados, data e local do pagamento e o vínculo contratual que deu origem aos serviços executados.

§ 2º Registrada a fatura ou conta no Cartório de Títulos e Documentos, será ela reme-

Lei 5.478/1968

LEGISLAÇÃO

tida ao devedor, com as cautelas constantes do art. 6º.

§ 3º O não pagamento da fatura ou conta no prazo nela fixado autorizará o credor a levá-la a protesto, valendo, na ausência do original, certidão do cartório competente.

§ 4º O instrumento do protesto, elaborado com as cautelas do art. 14, discriminando a fatura ou conta original ou a certidão do Cartório de Títulos e Documentos, autorizará o ajuizamento do competente processo de execução na forma prescrita nesta Lei.

- § 4º com redação determinada pela Lei 6.458/1977.

Capítulo VIII
DAS DISPOSIÇÕES GERAIS

Art. 23. A perda ou extravio da duplicata obrigará o vendedor a extrair triplicata, que terá os mesmos efeitos e requisitos e obedecerá às mesmas formalidades daquela.

Art. 24. Da duplicata poderão constar outras indicações, desde que não alterem sua feição característica.

Art. 25. Aplicam-se à duplicata e à triplicata, no que couber, os dispositivos da legislação sobre emissão, circulação e pagamento das Letras de Câmbio.

Art. 26. O art. 172 do Código Penal (Dec.-lei 2.848, de 7 de dezembro de 1940) passa a vigorar com a seguinte redação:

"Art. 172. Expedir ou aceitar duplicata que não corresponda, juntamente com a fatura respectiva, a uma venda efetiva de bens ou a uma real prestação de serviço.

"Pena – detenção de 1 (um) a 5 (cinco) anos, e multa equivalente a 20% (vinte por cento) sobre o valor da duplicata.

"Parágrafo único. Nas mesmas penas incorrerá aquele que falsificar ou adulterar a escrituração do Livro de Registro de Duplicatas."

Art. 27. O Conselho Monetário Nacional, por proposta do Ministério da Indústria e do Comércio, baixará, dentro de 120 (cento e vinte) dias da data da publicação desta Lei, normas para padronização formal dos títulos e documentos nela referidos fixando prazo para sua adoção obrigatória.

Art. 28. Esta Lei entrará em vigor 30 (trinta) dias após a data de sua publicação, revogando-se a Lei 187, de 15 de janeiro de 1936, a Lei 4.068, de 9 de junho de 1962, os Decs.-leis 265, de 28 de fevereiro de 1967; 320, de 29 de março de 1967; 331, de 21 de setembro de 1967 e 345, de 28 de dezembro de 1967, na parte referente às duplicatas e todas as demais disposições em contrário.

Brasília, 18 de julho de 1968; 147º da Independência e 80º da República.

A. Costa e Silva

(*DOU* 19.07.1968)

LEI 5.478,
DE 25 DE JULHO DE 1968

Dispõe sobre ação de alimentos e dá outras providências.

- V. arts. 1.694 a 1.710, CC.
- V. Lei 11.804/2008 (Alimentos gravídicos).
- V. Súmula 358, STJ.

O Presidente da República:

Faço saber que o Congresso Nacional decreta e eu sanciono a seguinte Lei:

Art. 1º A ação de alimentos é de rito especial, independe de prévia distribuição e de anterior concessão do benefício de gratuidade.

- V. arts. 5º, LXVII, 100, §§ 1º e 2º e 227, § 6º, CF.
- V. arts. 1.694 a 1.710, CC.
- V. arts. 53, II, 189, II, 292, III, 731, II e IV, 833, IV, 834, e 1.012, § 1º, II, CPC/2015.
- V. arts. 16, 19 a 23 e 28 a 30, Lei 6.515/1977 (Lei do Divórcio).

§ 1º A distribuição será determinada posteriormente por ofício do juízo, inclusive para o fim de registro do feito.

§ 2º A parte que não estiver em condições de pagar as custas do processo, sem prejuízo do sustento próprio ou de sua família, gozará do benefício da gratuidade, por simples afirmativa dessas condições perante o juiz, sob pena de pagamento até o décuplo das custas judiciais.

§ 3º Presume-se pobre, até prova em contrário, quem afirmar essa condição, nos termos desta Lei.

Lei 5.478/1968

Legislação

§ 4º A impugnação do direito à gratuidade não suspende o curso do processo de alimentos e será feita em autos apartados.

Art. 2º O credor, pessoalmente ou por intermédio de advogado, dirigir-se-á ao juiz competente, qualificando-se, e exporá suas necessidades, provando, apenas, o parentesco ou a obrigação de alimentar do devedor, indicando seu nome e sobrenome, residência ou local de trabalho, profissão e naturalidade, quanto ganha aproximadamente ou os recursos de que dispõe.

* V. art. 53, II, CPC/2015.

§ 1º Dispensar-se-á a produção inicial de documentos probatórios:

I – quando existente em notas, registros, repartições ou estabelecimentos públicos e ocorrer impedimento ou demora em extrair certidões;

II – quando estiverem em poder do obrigado as prestações alimentícias ou de terceiro residente em lugar incerto ou não sabido.

§ 2º Os documentos públicos ficam isentos de reconhecimento de firma.

§ 3º Se o credor comparecer pessoalmente e não indicar profissional que haja concordado em assisti-lo, o juiz designará desde logo quem o deva fazer.

Art. 3º O pedido será apresentado por escrito, em três vias, e deverá conter a indicação do juiz a quem for dirigido, os elementos referidos no artigo anterior e um histórico sumário dos fatos.

* V. arts. 292, III, e 319 a 321, CPC/2015.

§ 1º Se houver sido designado pelo juiz defensor para assistir o solicitante, na forma prevista no art. 2º, formulará o designado, dentro de 24 (vinte e quatro) horas da nomeação, o pedido, por escrito, podendo, se achar conveniente, indicar seja a solicitação verbal reduzida a termo.

§ 2º O termo previsto no parágrafo anterior será em três vias, datadas e assinadas pelo escrivão, observado, no que couber, o disposto no *caput* do presente artigo.

Art. 4º Ao despachar o pedido, o juiz fixará desde logo alimentos provisórios a serem pagos pelo devedor, salvo se o credor expressamente declarar que deles não necessita.

* V. art. 13, §§ 1º a 3º.

Parágrafo único. Se se tratar de alimentos provisórios pedidos pelo cônjuge, casado pelo regime da comunhão universal de bens, o juiz determinará igualmente que seja entregue ao credor, mensalmente, parte da renda líquida dos bens comuns, administrados pelo devedor.

Art. 5º O escrivão, dentro de 48 (quarenta e oito) horas, remeterá ao devedor a segunda via da petição ou do termo, juntamente com a cópia do despacho do juiz, e a comunicação do dia e hora da realização da audiência de conciliação e julgamento.

* V. art. 7º.
* V. art. 250, CPC/2015.

§ 1º Na designação da audiência o juiz fixará o prazo razoável que possibilite ao réu a contestação da ação proposta e a eventualidade de citação por edital.

* V. art. 7º.
* V. arts. 1.694 a 1.697 e 1.707, CC.
* V. art. 19, Lei 6.515/1977 (Lei do Divórcio).
* V. art. 41, Lei 8.069/1990 (Estatuto da Criança e do Adolescente).
* V. Súmula 379, STF.
* V. Súmula 64, TFR.

§ 2º A comunicação, que será feita mediante registro postal isento de taxas e com aviso de recebimento, importa em citação, para todos os efeitos legais.

* V. arts. 236, 237, 260 e 263, CPC/2015.

§ 3º Se o réu criar embaraços ao recebimento da citação, ou não for encontrado, repetir-se-á a diligência por intermédio do oficial de justiça, servindo de mandado a terceira via da petição ou do termo.

* V. art. 252, *caput*, CPC/2015.

§ 4º Impossibilitada a citação do réu por qualquer dos modos acima previstos, será ele citado por edital afixado na sede do juízo e publicado três vezes consecutivas no órgão oficial do Estado, correndo a despesa por conta do vencido, afinal, sendo previamente a conta juntada aos autos.

§ 5º O edital deverá conter um resumo do pedido inicial, a íntegra do despacho nele exarado, a data e a hora da audiência.

* V. art. 250, IV, CPC/2015.

Lei 5.478/1968

LEGISLAÇÃO

§ 6º O autor será notificado da data e hora da audiência no ato de recebimento da petição, ou da lavratura do termo.

- V. art. 9º.

§ 7º O juiz, ao marcar a audiência, oficiará ao empregador do réu, ou, se o mesmo for funcionário público, ao responsável por sua repartição, solicitando o envio, no máximo até a data marcada para a audiência, de informações sobre o salário ou os vencimentos do devedor, sob as penas previstas no art. 22 desta Lei.

§ 8º A citação do réu, mesmo no caso dos arts. 200 e 201 do Código de Processo Civil, far-se-á na forma do § 2º do art. 5º desta Lei.

- § 8º com redação determinada pela Lei 6.014/1973.

Art. 6º Na audiência de conciliação e julgamento deverão estar presentes autor e réu, independentemente de intimação e de comparecimento de seus representantes.

- V. art. 11, parágrafo único.

Art. 7º O não comparecimento do autor determina o arquivamento do pedido, e a ausência do réu importa em revelia, além de confissão quanto à matéria de fato.

- V. arts. 344 e 345, I a III, CPC/2015.
- V. art. 7º, Lei 8.560/1992 (Investigação de paternidade).

Art. 8º Autor e réu comparecerão à audiência acompanhados de suas testemunhas, três no máximo, apresentando, nessa ocasião, as demais provas.

- V. arts. 447, 450 e 457, § 1º, CPC/2015.

Art. 9º Aberta a audiência, lida a petição, ou o termo, e a resposta, se houver, ou dispensada a leitura, o juiz ouvirá as partes litigantes e o representante do Ministério Público, propondo conciliação.

- *Caput* com redação determinada pela Lei 6.014/1973.
- V. art. 127, *caput*, CF.
- V. art. 178, II, CPC/2015.

§ 1º Se houver acordo, lavrar-se-á o respectivo termo, que será assinado pelo juiz, escrivão, partes e representantes do Ministério Público.

- V. art. 1.707, CC.
- V. art. 487, III, *b*, CPC/2015.

§ 2º Não havendo acordo, o juiz tomará o depoimento pessoal das partes e das testemunhas, ouvidos os peritos se houver, podendo julgar o feito sem a mencionada produção de provas, se as partes concordarem.

- V. arts. 361, 385 a 388, 442 a 463, e 477, §§ 2º a 4º, CPC/2015.

Art. 10. A audiência de julgamento será contínua; mas, se não for possível por motivo de força maior concluí-la no mesmo dia, o juiz marcará a sua continuação para o primeiro dia desimpedido independentemente de novas intimações.

- V. art. 365, CPC/2015.

Art. 11. Terminada a instrução poderão as partes e o Ministério Público aduzir alegações finais, em prazo não excedente de 10 (dez) minutos para cada um.

Parágrafo único. Em seguida, o juiz renovará a proposta de conciliação e, não sendo aceita, ditará sua sentença, que conterá sucinto relatório do ocorrido na audiência.

Art. 12. Da sentença serão as partes intimadas, pessoalmente ou através de seus representantes, na própria audiência, ainda quando ausentes, desde que intimadas de sua realização.

Art. 13. O disposto nesta Lei aplica-se igualmente, no que couber, às ações ordinárias de desquite, nulidade e anulação de casamento, à revisão de sentenças proferidas em pedidos de alimentos e respectivas execuções.

§ 1º Os alimentos provisórios fixados na inicial poderão ser revistos a qualquer tempo, se houver modificação na situação financeira das partes, mas o pedido será sempre processado em apartado.

- V. art. 4º.
- V. art. 203, § 2º, CPC/2015.

§ 2º Em qualquer caso, os alimentos fixados retroagem à data da citação.

- V. Súmula 226, STF.
- V. Súmula 277, STJ.

§ 3º Os alimentos provisórios serão devidos até a decisão final, inclusive o julgamento do recurso extraordinário.

Lei 5.478/1968

LEGISLAÇÃO

Art. 14. Da sentença caberá apelação no efeito devolutivo.
* Artigo com redação determinada pela Lei 6.014/1973.
* V. arts. 203, § 1º, 1.009 e 1.012, § 1º, II, CPC/2015.

Art. 15. A decisão judicial sobre alimentos não transita em julgado e pode a qualquer tempo ser revista em face da modificação da situação financeira dos interessados.
* V. arts. 337, §§ 1º a 3º, e 502, CPC/2015.
* V. art. 28, Lei 6.515/1977 (Lei do Divórcio).

Art. 16. *(Revogado pela Lei 13.105/2015 – DOU 17.03.2015, em vigor após decorrido 1 (um) ano da data de sua publicação oficial.)*

Art. 17. *(Revogado pela Lei 13.105/2015 – DOU 17.03.2015, em vigor após decorrido 1 (um) ano da data de sua publicação oficial.)*

Art. 18. *(Revogado pela Lei 13.105/2015 – DOU 17.03.2015, em vigor após decorrido 1 (um) ano da data de sua publicação oficial.)*

Art. 19. O juiz, para instrução da causa, ou na execução da sentença ou do acordo, poderá tomar todas as providências necessárias para seu esclarecimento ou para o cumprimento do julgado ou do acordo, inclusive a decretação de prisão do devedor até 60 (sessenta) dias.
* V. art. 5º, LXVII, CF.
* V. art. 911, CPC/2015.

§ 1º O cumprimento integral da pena de prisão não eximirá o devedor do pagamento das prestações alimentícias, vincendas ou vencidas e não pagas.
* § 1º com redação determinada pela Lei 6.014/1973.

§ 2º Da decisão que decretar a prisão do devedor, caberá agravo de instrumento.
* § 2º com redação determinada pela Lei 6.014/1973.

§ 3º A interposição do agravo não suspende a execução da ordem de prisão.
* § 3º com redação determinada pela Lei 6.014/1973.
* V. art. 995, CPC/2015.

Art. 20. As repartições públicas, civis ou militares, inclusive do Imposto de Renda, darão todas as informações necessárias à instrução dos processos previstos nesta Lei e à execução do que for decidido ou acordado em juízo.

Art. 21. O art. 244 do Código Penal passa a vigorar com a seguinte redação:
"Art. 244. Deixar, sem justa causa, de prover a subsistência do cônjuge, ou de filho menor de 18 (dezoito) anos ou inapto para o trabalho ou de ascendente inválido ou valetudinário, não lhes proporcionando os recursos necessários ou faltando ao pagamento de pensão alimentícia judicialmente acordada, fixada ou majorada, deixar, sem justa causa, de socorrer descendente ou ascendente gravemente enfermo:
"Pena – Detenção de 1 (um) ano a 4 (quatro) anos e multa, de uma a dez vezes o maior salário mínimo vigente no País.
"Parágrafo único. Nas mesmas penas incide quem, sendo solvente, frustra ou ilide, de qualquer modo, inclusive por abandono injustificado de emprego ou função, o pagamento de pensão alimentícia judicialmente acordada, fixada ou majorada."

Art. 22. Constitui crime contra a administração da Justiça deixar o empregador ou funcionário público de prestar ao juízo competente as informações necessárias à instrução de processo ou execução de sentença ou acordo que fixe pensão alimentícia:
Pena – detenção de 6 (seis) meses a 1 (um) ano, sem prejuízo da pena acessória de suspensão do emprego de 30 (trinta) a 90 (noventa) dias.

Parágrafo único. Nas mesmas penas incide quem, de qualquer modo, ajuda o devedor a eximir-se ao pagamento de pensão alimentícia judicialmente acordada, fixada ou majorada, ou se recusa, ou procrastina a executar ordem de descontos em folhas de pagamento, expedida pelo juiz competente.

Art. 23. A prescrição quinquenal referida no art. 178, § 10, I, do Código Civil só alcança as prestações mensais e não o direito a alimentos, que, embora irrenunciável, pode ser provisoriamente dispensado.
* Refere-se ao CC/1916.
* V. art. 206, § 2º, CC.

Art. 24. A parte responsável pelo sustento da família, e que deixar a residência comum por motivo que não necessitará declarar, poderá tomar a iniciativa de comunicar ao juízo os rendimentos de que dispõe e de pedir a citação do credor, para comparecer à audiência de conciliação e julgamento destinada à fixação dos alimentos a que está obrigado.

• V. art. 6º e ss.

Art. 25. A prestação não pecuniária estabelecida no art. 403 do Código Civil só pode ser autorizada pelo juiz se a ela anuir o alimentando capaz.

• Refere-se ao CC/1916.
• V. art. 1.701, CC.

Art. 26. É competente para as ações de alimentos decorrentes da aplicação do Dec. Leg. 10, de 13 de novembro de 1958, e Dec. 56.826, de 2 de setembro de 1965, o juízo federal da capital da Unidade Federativa Brasileira em que reside o devedor, sendo considerada instituição intermediária, para os fins dos referidos decretos, a Procuradoria-Geral da República.

Parágrafo único. Nos termos do inciso III do art. 2º da Convenção Internacional sobre Ações de Alimentos, o Governo Brasileiro comunicará, sem demora, ao secretário-geral das Nações Unidas, o disposto neste artigo.

Art. 27. Aplicam-se supletivamente nos processos regulados por esta Lei as disposições do Código de Processo Civil.

Art. 28. Esta Lei entrará em vigor 30 (trinta) dias depois de sua publicação.

Art. 29. Revogam-se as disposições em contrário.

Brasília, 25 de julho de 1968; 147º da Independência e 80º da República.

A. Costa e Silva

(DOU 26.07.1968)

DECRETO-LEI 413,
DE 9 DE JANEIRO DE 1969

Dispõe sobre títulos de crédito industrial e dá outras providências.

O Presidente da República, no uso das atribuições que lhe confere o § 1º do art. 2º do Ato Institucional 5, de 13 de dezembro de 1968, decreta:

Capítulo I
DO FINANCIAMENTO INDUSTRIAL

Art. 1º O financiamento concedido por instituições financeiras a pessoa física ou jurídica que se dedique à atividade industrial poderá efetuar-se por meio da cédula de crédito industrial prevista neste Decreto-lei.

• V. Súmula 93, STJ.

Art. 2º O emitente da cédula fica obrigado a aplicar o financiamento nos fins ajustados, devendo comprovar essa aplicação no prazo e na forma exigidos pela instituição financiadora.

Art. 3º A aplicação do financiamento ajustar-se-á em orçamento, assinado, em duas vias, pelo emitente e pelo credor, dele devendo constar expressamente qualquer alteração que convencionarem.

Parágrafo único. Far-se-á, na cédula, menção do orçamento que a ela ficará vinculado.

Art. 4º O financiador abrirá, com o valor do financiamento, conta vinculada à operação, que o financiado movimentará por meio de cheques, saques, recibos, ordens, cartas ou quaisquer outros documentos, na forma e no tempo previstos na cédula ou no orçamento.

• V. art. 37.

Art. 5º As importâncias fornecidas pelo financiador vencerão juros e poderão sofrer correção monetária às taxas e aos índices que o Conselho Monetário Nacional fixar, calculados sobre os saldos devedores de conta vinculada à operação, e serão exigíveis em 30 de junho, 31 de dezembro, no vencimento, na liquidação da cédula ou, também, em outras datas convencionadas no título ou admitidas pelo referido Conselho.

• V. art. 8º.
• V. Súmula 93, STJ.

Parágrafo único. Em caso de mora, a taxa de juros constante da cédula será elevável de 1% (um por cento) ao ano.

Art. 6º O devedor facultará ao credor a mais ampla fiscalização do emprego da quantia financiada, exibindo, inclusive, os elementos que lhe forem exigidos.

Dec.-lei 413/1969

Legislação

Art. 7º O financiador poderá, sempre que julgar conveniente e por pessoas de sua indicação, não só percorrer todas e quaisquer dependências dos estabelecimentos industriais referidos no título, como verificar o andamento dos serviços neles existentes.

Art. 8º Para ocorrer às despesas com a fiscalização, poderá ser ajustada, na cédula, comissão fixada e exigível na forma do art. 5º deste Decreto-lei, calculada sobre os saldos devedores da conta vinculada à operação, respondendo ainda o financiado pelo pagamento de quaisquer despesas que se verificarem com vistorias frustradas ou que forem efetuadas em consequência de procedimento seu que possa prejudicar as condições legais e cedulares.

Capítulo II
DA CÉDULA DE CRÉDITO INDUSTRIAL

Art. 9º A cédula de crédito industrial é promessa de pagamento em dinheiro, com garantia real, cedularmente constituída.

Art. 10. A cédula de crédito industrial é título líquido e certo, exigível pela soma dela constante ou do endosso, além dos juros da comissão de fiscalização, se houver, e demais despesas que o credor fizer para segurança, regularidade e realização de seu direito creditório.

§ 1º Se o emitente houver deixado de levantar qualquer parcela do crédito deferido, ou tiver feito pagamentos parciais, o credor descontá-los-á da soma declarada na cédula, tornando-se exigível apenas o saldo.

§ 2º Não constando do endosso o valor pelo qual se transfere a cédula, prevalecerá o da soma declarada no título, acrescido dos acessórios, na forma deste artigo, deduzido o valor das quitações parciais passadas no próprio título.

Art. 11. Importa em vencimento antecipado da dívida resultante da cédula, independentemente de aviso ou de interpelação judicial, a inadimplência de qualquer obrigação do emitente do título ou, sendo o caso, do terceiro prestante da garantia real.

§ 1º Verificado o inadimplemento, poderá, ainda, o financiador considerar vencidos antecipadamente todos os financiamentos concedidos ao emitente e dos quais seja credor.

§ 2º A inadimplência, além de acarretar o vencimento antecipado da dívida resultante da cédula e permitir igual procedimento em relação a todos os financiamentos concedidos pelo financiador ao emitente e dos quais seja credor, facultará ao financiador a capitalização dos juros e da comissão de fiscalização, ainda que se trate de crédito fixo.

• V. art. 14, VI.

Art. 12. A cédula de crédito industrial poderá ser aditada, ratificada e retificada, por meio de menções adicionais e de aditivos, datados e assinados pelo emitente e pelo credor, lavrados em folha à parte do mesmo formato e que passarão a fazer parte integrante do documento cedular.

Art. 13. A cédula de crédito industrial admite amortizações periódicas que serão ajustadas mediante a inclusão de cláusula, na forma prevista neste Decreto-lei.

Art. 14. A cédula de crédito industrial conterá os seguintes requisitos, lançados no contexto:

I – denominação "Cédula de Crédito Industrial";

II – data do pagamento; se a cédula for emitida para pagamento parcelado, acrescentar-se-á cláusula discriminando valor e data de pagamento das prestações;

III – nome do credor e cláusula à ordem;

IV – valor do crédito deferido, lançado em algarismos e por extenso, e a forma de sua utilização;

V – descrição dos bens objeto do penhor, ou da alienação fiduciária, que se indicarão pela espécie, qualidade, quantidade e marca, se houver, além do local ou do depósito de sua situação, indicando-se, no caso de hipoteca, situação, dimensões, confrontações, benfeitorias, título e data de aquisição do imóvel e anotações (número, livro e folha) do registro imobiliário;

Dec.-lei 413/1969

LEGISLAÇÃO

VI – taxa de juros a pagar e comissão de fiscalização, se houver, e épocas em que serão exigíveis, podendo ser capitalizadas;

VII – obrigatoriedade de seguro dos bens objeto da garantia;

VIII – praça do pagamento;

IX – data e lugar da emissão;

X – assinatura do próprio punho do emitente ou de representante com poderes especiais.

§ 1º A cláusula discriminando os pagamentos parcelados, quando cabível, será incluída logo após a descrição das garantias.

§ 2º A descrição dos bens vinculados poderá ser feita em documento à parte, em duas vias, assinado pelo emitente e pelo credor, fazendo-se, na cédula, menção a essa circunstância, logo após a indicação do grau do penhor ou da hipoteca, da alienação fiduciária e de seu valor global.

§ 3º Da descrição a que se refere o inciso V deste artigo, dispensa-se qualquer alusão à data, forma e condições de aquisição dos bens apenhados. Dispensar-se-ão, também, para a caracterização do local ou do depósito dos bens apenhados ou alienados fiduciariamente, quaisquer referências a dimensões, confrontações, benfeitorias e a títulos de posse de domínio.

§ 4º Se a descrição do imóvel hipotecado se processar em documento à parte, deverão constar também da cédula todas as indicações mencionadas no item V deste artigo, exceto confrontações e benfeitorias.

§ 5º A especificação dos imóveis hipotecados, pela descrição pormenorizada, poderá ser substituída pela anexação à cédula de seus respectivos títulos de propriedade.

- V. art. 32, § 4º.

§ 6º Nos casos do parágrafo anterior, deverão constar da cédula, além das indicações referidas no § 4º deste artigo, menção expressa à anexação dos títulos de propriedade e a declaração de que eles farão parte integrante da cédula até sua final liquidação.

Capítulo III
DA NOTA DE CRÉDITO INDUSTRIAL

Art. 15. A nota de crédito industrial é promessa de pagamento em dinheiro, sem garantia real.

Art. 16. A nota de crédito industrial conterá os seguintes requisitos, lançados no contexto:

I – denominação "Nota de Crédito Industrial";

II – data do pagamento; se a nota for emitida para pagamento parcelado, acrescentar-se-á a cláusula discriminando valor e data de pagamento das prestações;

III – nome do credor e cláusula à ordem;

IV – valor do crédito deferido, lançado em algarismos e por extenso, e a forma de sua utilização;

V – taxa de juros a pagar e comissão de fiscalização, se houver, e épocas em que serão exigíveis, podendo ser capitalizadas;

VI – praça de pagamento;

VII – data e lugar da emissão;

VIII – assinatura do próprio punho do emitente ou de representante com poderes especiais.

Art. 17. O crédito pela nota de crédito industrial tem privilégio especial sobre os bens discriminados no art. 1.563 do Código Civil.

- Refere-se ao CC/1916.
- V. art. 41, item 2º.

Art. 18. Exceto no que se refere a garantias e à inscrição, aplicam-se à nota de crédito industrial as disposições deste Decreto-lei sobre cédula de crédito industrial.

- V. arts. 12, 14 e 19 a 41.

Capítulo IV
DAS GARANTIAS DA CÉDULA DE CRÉDITO INDUSTRIAL

Art. 19. A cédula de crédito industrial pode ser garantida por:

I – penhor cedular;

II – alienação fiduciária;

III – hipoteca cedular.

Art. 20. Podem ser objeto de penhor cedular nas condições deste Decreto-lei:

- V. art. 1.447, CC.

Dec.-lei 413/1969

LEGISLAÇÃO

I – máquinas e aparelhos utilizados na indústria, com ou sem os respectivos pertences;

II – matérias-primas, produtos industrializados e materiais empregados no processo produtivo, inclusive embalagens;

• V. art. 44.

III – animais destinados à industrialização de carnes, pescados, seus produtos e subprodutos, assim como os materiais empregados no processo produtivo, inclusive embalagens;

IV – sal que ainda esteja na salina, bem assim as instalações, máquinas, instrumentos, utensílios, animais de trabalho, veículos terrestres e embarcações, quando servirem à exploração salineira;

• V. art. 22, parágrafo único.

V – veículos automotores e equipamentos para execução de terraplenagem, pavimentação, extração de minério e construção civil, bem como quaisquer viaturas de tração mecânica, usadas nos transportes de passageiros e cargas e, ainda, nos serviços dos estabelecimentos industriais;

• V. art. 22, parágrafo único.

VI – dragas e implementos destinados à limpeza e à desobstrução de rios, portos e canais, ou à construção dos dois últimos, ou utilizados nos serviços dos estabelecimentos industriais;

• V. art. 22, parágrafo único.

VII – toda construção utilizada como meio de transporte por água, e destinada à indústria da navegação ou da pesca, quaisquer que sejam as suas características e lugar de tráfego;

• V. art. 22, parágrafo único.

VIII – todo aparelho manobrável em voo, apto a se sustentar, a circular no espaço aéreo mediante reações aerodinâmicas, e capaz de transportar pessoas ou coisas;

• V. art. 22, parágrafo único.

IX – letras de câmbio, promissórias, duplicatas, conhecimentos de embarques, ou conhecimentos de depósitos, unidos aos respectivos *warrants*;

• V. art. 28, parágrafo único.

X – outros bens que o Conselho Monetário Nacional venha a admitir como lastro dos financiamentos industriais.

Art. 21. Podem-se incluir na garantia os bens adquiridos ou pagos com financiamento, feita a respectiva averbação nos termos deste Decreto-lei.

Art. 22. Antes da liquidação da cédula, não poderão os bens apenhados ser removidos das propriedades nela mencionadas, sob qualquer pretexto e para onde quer que seja, sem prévio consentimento escrito do credor.

Parágrafo único. O disposto neste artigo não se aplica aos veículos referidos nos itens IV, V, VI, VII e VIII do art. 20 deste Decreto-lei, que poderão ser retirados temporariamente de seu local de situação, se assim o exigir a atividade financiada.

Art. 23. Aplicam-se ao penhor cedular os preceitos legais vigentes sobre penhor, no que não colidirem com o presente Decreto-lei.

• V. arts. 1.419 a 1.472, CC.

Art. 24. São abrangidos pela hipoteca constituída as construções, respectivos terrenos, instalações e benfeitorias.

Art. 25. Incorporam-se na hipoteca constituída as instalações e construções, adquiridas ou executadas com o crédito, assim como quaisquer outras benfeitorias acrescidas aos imóveis na vigência da cédula, as quais, uma vez realizadas, não poderão ser retiradas ou destruídas sem o consentimento do credor, por escrito.

Parágrafo único. Faculta-se ao credor exigir que o emitente faça averbar, à margem da inscrição principal, a constituição de direito real sobre os bens e benfeitorias referidos neste artigo.

Art. 26. Aplicam-se à hipoteca cedular os princípios da legislação ordinária sobre hipoteca, no que não colidirem com o presente Decreto-lei.

• V. arts. 1.419 a 1.430 e 1.473 a 1.505, CC.

Art. 27. Quando da garantia da cédula de crédito industrial fizer parte a alienação fiduciária, observar-se-ão as disposições

Dec.-lei 413/1969

LEGISLAÇÃO

constantes da Seção XIV da Lei 4.728, de 14 de julho de 1965, no que não colidirem com este Decreto-lei.

* V. Dec.-lei 911/1969 (Alienação fiduciária).

Art. 28. Os bens vinculados à cédula de crédito industrial continuam na posse imediata do emitente, ou do terceiro prestante da garantia real, que responderá por sua guarda e conservação como fiel depositário, seja pessoa física ou jurídica. Cuidando-se de garantia constituída por terceiro, este e o emitente da cédula responderão solidariamente pela guarda e conservação dos bens gravados.

Parágrafo único. O disposto neste artigo não se aplica aos papéis mencionados no item IX, art. 20, deste Decreto-lei, inclusive em consequência do endosso.

Capítulo V

Seção I
Da inscrição e averbação da cédula de crédito industrial

Art. 29. A cédula de crédito industrial somente vale contra terceiros desde a data da inscrição. Antes da inscrição, a cédula obriga apenas seus signatários.

* V. art. 36.

Art. 30. De acordo com a natureza da garantia constituída, a cédula de crédito industrial inscreve-se no Cartório de Registro de Imóveis da circunscrição do local de situação dos bens objeto do penhor cedular, da alienação fiduciária, ou em que esteja localizado o imóvel hipotecado.

Art. 31. A inscrição far-se-á na ordem de apresentação da cédula, em livro próprio denominado "Registro de Cédula de Crédito Industrial", observado o disposto nos arts. 183, 188, 190 e 202, do Dec. 4.857, de 9 de novembro de 1939.

* V. arts. 167, I-14, e 178, II, Lei 6.015/1973 (Lei de Registros Públicos).

§ 1º Os livros destinados à inscrição da cédula de crédito industrial serão numerados em série crescente a começar de um, e cada livro conterá termos de abertura e de encerramento, assinados pelo juiz de direito da comarca, que rubricará todas as folhas.

§ 2º As formalidades a que se refere o parágrafo anterior precederão à utilização do livro.

§ 3º Em cada Cartório haverá, em uso, apenas um livro "Registro de Cédula de Crédito Industrial", utilizando-se o de número subsequente depois de findo o anterior.

Art. 32. A inscrição consistirá na anotação dos seguintes requisitos cedulares:
a) data e forma do pagamento;
b) nome do emitente, do financiador e, quando houver, do terceiro prestante da garantia real e do endossatário;
c) valor do crédito deferido e forma de sua utilização;
d) praça do pagamento;
e) data e lugar da emissão.

§ 1º Para a inscrição, o apresentante do título oferecerá, com o original da cédula, cópia em impresso idêntico, com a declaração "Via não negociável", em linhas paralelas transversais.

§ 2º O Cartório conferirá a exatidão da cópia, autenticando-a.

§ 3º Cada grupo de duzentas cópias será encadernado na ordem cronológica de seu arquivamento, em livro que o Cartório apresentará no prazo de 15 (quinze) dias depois de completado o grupo, ao juiz de direito da comarca, para abri-lo e encerrá-lo, rubricando as respectivas folhas numeradas em série crescente a começar de um.

* V. art. 39, § 2º.

§ 4º Nos casos do § 5º do art. 14 deste Decreto-lei, à via da cédula destinada ao Cartório será anexada cópia dos títulos de domínio, salvo se os imóveis hipotecados se acharem registrados no mesmo Cartório.

Art. 33. Ao efetuar a inscrição ou qualquer averbação, o oficial do Registro de Imóveis mencionará, no respectivo ato, a existência de qualquer documento anexo à cédula e nele aporá sua rubrica, independentemente de qualquer formalidade.

Art. 34. O Cartório anotará a inscrição, com indicação do número de ordem, livro e folhas, bem como o valor dos emolumentos cobrados, no verso da cédula, além de mencionar, se for o caso, os anexos apresentados.

§ 1º Pela inscrição da cédula, serão cobrados do interessado, em todo o território nacional, os seguintes emolumentos, calculados sobre o valor do crédito referido:

a) até NCr$ 200,00 (duzentos cruzeiros novos) – 0,1% (um décimo por cento);

b) de NCr$ 200,01 (duzentos cruzeiros novos e um centavo) a NCr$ 500,00 (quinhentos cruzeiros novos) – 0,2% (dois décimos por cento);

c) de NCr$ 500,01 (quinhentos cruzeiros novos e um centavo) a NCr$ 1.000,00 (mil cruzeiros novos) – 0,3% (três décimos por cento);

d) de NCr$ 1.000,01 (mil cruzeiros novos e um centavo) a NCr$ 1.500,00 (mil e quinhentos cruzeiros novos) – 0,4% (quatro décimos por cento);

e) acima de NCr$ 1.500,00 (mil e quinhentos cruzeiros novos) – 0,5% (cinco décimos por cento) – até o máximo de 1/4 (um quarto) do salário mínimo da região.

§ 2º Cinquenta por cento dos emolumentos referidos no parágrafo anterior caberão ao oficial do registro de imóveis e os restantes 50% (cinquenta por cento) serão recolhidos ao Banco do Brasil S.A., a crédito do Tesouro Nacional.

- V. art. 2º, Lei 8.522/1992 (Extingue taxas, emolumentos, contribuições, parcelas da União das custas e emolumentos da Justiça do Distrito Federal).

Art. 35. O oficial recusará efetuar a inscrição, se já houver registro anterior no grau de prioridade declarado no texto da cédula, ou se os bens já houverem sido objeto de alienação fiduciária, considerando-se nulo o ato que infringir este dispositivo.

Art. 36. Para os fins previstos no art. 29 deste Decreto-lei averbar-se-ão, à margem da inscrição da cédula, os endossos posteriores à inscrição, as menções adicionais, aditivos e qualquer outro ato que promova alteração na garantia ou nas condições pactuadas.

§ 1º Dispensa-se a averbação dos pagamentos parciais e do endosso das instituições financiadoras em operações de redesconto ou caução.

§ 2º Os emolumentos devidos pelos atos referidos neste artigo serão calculados na base de 10% (dez por cento) sobre os valores da tabela constante do parágrafo único do art. 34 deste Decreto-lei, cabendo ao oficial do registro de imóveis e ao juiz de direito da comarca as mesmas percentagens estabelecidas naquele dispositivo.

- V. art. 95, parágrafo único, II, CF.
- V. art. 2º, Lei 8.522/1992 (Extingue taxas, emolumentos, contribuições, parcelas da União das custas e emolumentos da Justiça do Distrito Federal).

Art. 37. Os emolumentos devidos pela inscrição da cédula ou pela averbação de atos posteriores poderão ser pagos pelo credor, a débito da conta a que se refere o art. 4º deste Decreto-lei.

- V. art. 2º, Lei 8.522/1992 (Extingue taxas, emolumentos, contribuições, parcelas da União das custas e emolumentos da Justiça do Distrito Federal).

Art. 38. As inscrições das cédulas e as averbações posteriores serão efetuadas no prazo de 3 (três) dias úteis a contar da apresentação do título sob pena de responsabilidade funcional do oficial encarregado de promover os atos necessários.

§ 1º A transgressão do disposto neste artigo poderá ser comunicada ao juiz de direito da comarca pelos interessados ou por qualquer pessoa que tenha conhecimento do fato.

§ 2º Recebida a comunicação, o juiz instaurará imediatamente inquérito administrativo.

§ 3º Apurada a irregularidade, o oficial pagará multa de valor correspondente aos emolumentos cobrados, por dia de atraso, aplicada pelo juiz de direito da comarca, devendo a respectiva importância ser recolhida, dentro de 15 (quinze) dias, a estabelecimento bancário que a transferirá ao Banco Central do Brasil, para crédito do Fundo Geral para Agricultura e Indústria – Funagri, criado pelo Dec. 56.835, de 3 de setembro de 1965.

Dec.-lei 413/1969

Seção II
Do cancelamento da inscrição da cédula de crédito industrial

Art. 39. Cancela-se a inscrição mediante a averbação, no livro próprio:
I – da prova da quitação da cédula, lançada no próprio título ou passada em documento em separado com força probante;
II – da ordem judicial competente.

§ 1º No ato da averbação do cancelamento, o serventuário mencionará o nome daquele que pagou, o daquele que recebeu, a data do pagamento e, em se tratando de quitação em separado, as características desse instrumento; no caso de cancelamento por ordem judicial, esta também será mencionada na averbação, pela indicação da data do mandado, juízo de que procede, nome do juiz que os subscreveu e demais características ocorrentes.

§ 2º Arquivar-se-ão no Cartório a ordem judicial de cancelamento da inscrição ou uma das vias do documento da quitação da cédula, procedendo-se como se dispõe no § 3º do art. 32 deste Decreto-lei.

Seção III
Da correição dos livros de inscrição da cédula de crédito industrial

Art. 40. O juiz de direito da comarca procederá a correição no livro "Registro de Cédula de Crédito Industrial" uma vez por semestre, no mínimo.

Capítulo VI
DA AÇÃO PARA COBRANÇA DA CÉDULA DE CRÉDITO INDUSTRIAL

Art. 41. Independentemente da inscrição de que trata o art. 30 deste Decreto-lei, o processo judicial para cobrança da cédula de crédito industrial seguirá o procedimento seguinte:

• V. art. 824 e ss., CPC/2015.

1º) despachada a petição, serão os réus, sem que haja preparo ou expedição de mandado, citados pela simples entrega de outra via do requerimento, para, dentro de 24 (vinte e quatro) horas, pagar a dívida;

• V. art. 59.

2º) não depositado, naquele prazo, o montante do débito, proceder-se-á à penhora ou ao sequestro dos bens constitutivos da garantia ou, em se tratando de nota de crédito industrial, à daqueles enumerados no art. 1.563 do Código Civil (art. 17 deste Decreto-lei);

• Refere-se ao CC/1916.

3º) no que não colidirem com este Decreto-lei, observar-se-ão, quanto à penhora, as disposições do Capítulo III, Título III, do Livro VII do Código de Processo Civil;

• Refere-se ao CPC/1939.
• V. arts. 831 a 854, CPC/2015.

4º) feita a penhora, terão os réus, dentro de 48 (quarenta e oito) horas, prazo para impugnar o pedido;

5º) findo o termo referido no item anterior, o juiz, impugnado ou não o pedido, procederá a uma instrução sumária, facultando às partes a produção de provas, decidindo em seguida;

6º) a decisão será proferida dentro de 30 (trinta) dias, a contar da efetivação da penhora;

7º) não terão efeito suspensivo os recursos interpostos das decisões proferidas na ação de cobrança a que se refere este artigo;

8º) o foro competente será o da praça do pagamento da cédula de crédito industrial.

Capítulo VII
DISPOSIÇÕES ESPECIAIS

Art. 42. A concessão dos financiamentos previstos neste Decreto-lei bem como a constituição de suas garantias, pelas instituições de crédito, públicas e privadas, independe da exibição de comprovante de cumprimento de obrigações fiscais, da previdência social, ou de declaração de bens e certidão negativa de multas.

Parágrafo único. O ajuizamento da dívida fiscal ou previdenciária impedirá a concessão do financiamento industrial, desde que sua comunicação pela repartição competente às instituições de crédito seja por estas recebida antes da emissão da cédula, exceto se as garantias oferecidas assegura-

Dec.-lei 413/1969

rem a solvabilidade do crédito em litígio e da operação proposta pelo interessado.

Art. 43. Pratica crime de estelionato e fica sujeito às penas do art. 171 do Código Penal aquele que fizer declarações falsas ou inexatas acerca de bens oferecidos em garantia de cédula de crédito industrial, inclusive omitir declaração de já estarem eles sujeitos a outros ônus ou responsabilidade de qualquer espécie, até mesmo de natureza fiscal.

Art. 44. Quando, do penhor cedular, fizer parte matéria-prima, o emitente se obriga a manter em estoque, na vigência da cédula, uma quantidade desses mesmos bens ou dos produtos resultantes de sua transformação suficiente para a cobertura do saldo devedor por ela garantido.

Art. 45. A transformação da matéria-prima oferecida em penhor cedular não extingue o vínculo real, que se transfere para os produtos e subprodutos.

Parágrafo único. O penhor dos bens resultantes da transformação industrial poderá ser substituído pelos títulos de crédito representativos da comercialização daqueles produtos, a critério do credor, mediante endosso pleno.

Art. 46. O penhor cedular de máquinas e aparelhos utilizados na indústria tem preferência sobre o penhor legal do locador do imóvel de sua situação.

Parágrafo único. Para a constituição da garantia cedular a que se refere este artigo, dispensa-se o consentimento do locador.

Art. 47. Dentro do prazo estabelecido para utilização do crédito, poderá ser admitida a reutilização, pelo devedor, para novas aplicações, das parcelas entregues para amortização do débito.

Art. 48. Quando, do penhor ou da alienação fiduciária, fizerem parte veículos automotores, embarcações ou aeronaves o gravame será anotado nos assentamentos próprios da repartição competente para expedição de licença ou registro dos veículos.

Art. 49. Os bens onerados poderão ser objeto de nova garantia cedular e a simples inscrição da respectiva cédula equivalerá à averbação, à margem da anterior, do vínculo constituído em grau subsequente.

Art. 50. Em caso de mais de um financiamento, sendo os mesmos o emitente da cédula, o credor e os bens onerados, poderá estender-se aos financiamentos subsequentes o vínculo originariamente constituído, mediante referência à extensão nas cédulas posteriores, reputando-se uma só garantia com cédulas industriais distintas.

§ 1º A extensão será averbada à margem da inscrição anterior e não impede que sejam vinculados outros bens à garantia.

§ 2º Havendo vinculação de novos bens, além da averbação, estará a cédula sujeita à inscrição no Cartório do Registro de Imóveis.

§ 3º Não será possível a extensão se tiver havido endosso ou se os bens já houverem sido objeto de novo ônus em favor de terceiros.

Art. 51. A venda dos bens vinculados à cédula de crédito industrial depende de prévia anuência do credor, por escrito.

Art. 52. Aplicam-se à cédula de crédito industrial e à nota de crédito industrial, no que forem cabíveis, as normas do direito cambial, dispensado, porém, o protesto para garantir o direito de regresso contra endossantes e avalistas.

- V. Dec. 57.663/1966 (Convenções para adoção de uma Lei Uniforme em matéria de letras de câmbio e notas promissórias).

Capítulo VIII
DISPOSIÇÕES GERAIS

Art. 53. Dentro do prazo da cédula, o credor, se assim o entender, poderá autorizar o emitente a dispor de parte ou de todos os bens da garantia, na forma e condições que convencionarem.

Art. 54. Os bens dados em garantia assegurarão o pagamento do principal, juros, comissões, pena convencional, despesas legais e convencionais, com as preferências estabelecidas na legislação em vigor.

Art. 55. Se baixar no mercado o valor dos bens onerados ou se se verificar qualquer

Dec.-lei 413/1969

Legislação

ocorrência que determine sua diminuição ou depreciação, o emitente reforçará a garantia dentro do prazo de 15 (quinze) dias da notificação que o credor lhe fizer, por carta enviada pelo Correio; ou pelo oficial do Cartório de Títulos e Documentos da comarca.

Art. 56. Se os bens oferecidos em garantia de cédula de crédito industrial pertencerem a terceiros, estes subscreverão também o título para que se constitua o vínculo.

Art. 57. Os bens vinculados à cédula de crédito industrial não serão penhorados ou sequestrados por outras dívidas do emitente ou do terceiro prestante da garantia real, cumprindo a qualquer deles denunciar a existência da cédula às autoridades incumbidas da diligência, ou a quem a determinou, sob pena de responderem pelos prejuízos resultantes de sua omissão.

Art. 58. Em caso de cobrança em processo contencioso ou não judicial ou administrativo, o emitente da cédula de crédito industrial responderá ainda pela multa de 10% (dez por cento) sobre o principal e acessórios em débito, devida a partir do primeiro despacho da autoridade competente na petição de cobrança ou de habilitação do crédito.

Art. 59. No caso de execução judicial, os bens adquiridos ou pagos com o crédito concedido pela cédula de crédito industrial responderão primeiramente pela satisfação do título, não podendo ser vinculados ao pagamento de dívidas privilegiadas, enquanto não for liquidada a cédula.

Art. 60. O emitente da cédula manterá em dia o pagamento dos tributos e encargos fiscais, previdenciários e trabalhistas de sua responsabilidade, inclusive a remuneração dos empregados, exibindo ao credor os respectivos comprovantes sempre que lhe forem exigidos.

Art. 61. A cédula de crédito industrial e a nota de crédito industrial poderão ser redescontadas em condições estabelecidas pelo Conselho Monetário Nacional.

Art. 62. Da cédula de crédito industrial poderão constar outras condições da dívida ou obrigações do emitente, desde que não contrariem o disposto neste Decreto-lei e a natureza do título.

• V. art. 65.

Parágrafo único. O Conselho Monetário Nacional, observadas as condições no mercado de crédito, poderá fixar prazos de vencimento dos títulos de crédito industrial, bem como determinar a inclusão de denominações que caracterizem a destinação dos bens e as condições da operação.

Art. 63. Os bens apenhados poderão, se convier ao credor, ser entregues à guarda de terceiro fiel-depositário, que se sujeitará às obrigações e às responsabilidades legais e cedulares.

§ 1º Os direitos e as obrigações do terceiro fiel-depositário, inclusive a imissão, na posse, do imóvel da situação dos bens apenhados, independerão da lavratura de contrato de comodato e de prévio consentimento do locador, perdurando enquanto subsistir a dívida.

§ 2º Todas as despesas de guarda e conservação dos bens confiados ao terceiro fiel-depositário correrão, exclusivamente, por conta do devedor.

§ 3º Nenhuma responsabilidade terão credor e terceiro fiel-depositário pelos dispêndios que se tornarem precisos ou aconselháveis para boa conservação do imóvel e dos bens apenhados.

§ 4º O devedor é obrigado a providenciar tudo o que for reclamado pelo credor para a pronta execução dos reparos ou obras de que, porventura, necessitar o imóvel ou que forem exigidos para a perfeita armazenagem dos bens apenhados.

• V. arts. 627 a 652, CC.

Art. 64. Serão segurados, até final resgate da cédula, os bens nela descritos e caracterizados, observada a vigente legislação de seguros obrigatórios.

• V. arts. 757 a 802, CC.

Art. 65. A cédula de crédito industrial e a nota de crédito industrial obedecerão aos modelos anexos, os quais poderão ser padronizados e alterados pelo Conselho Monetário Nacional, observado o disposto no art. 62 deste Decreto-lei.

Art. 66. Este Decreto-lei entrará em vigor 90 (noventa) dias depois de publicado, revogando-se os Decs.-leis 265, de 28 de fevereiro de 1967, 320, de 29 de março de 1967, e 331, de 21 de setembro de 1967, na parte referente à cédula industrial pignoratícia, 1.271, de 16 de maio de 1939, 1.697, de 23 de outubro de 1939, 2.064, de 7 de março de 1940, 3.169, de 2 de abril de 1941, 4.191, de 18 de março de 1942, 4.312, de 20 de maio de 1942, e Leis 2.931, de 27 de outubro de 1956, e 3.408, de 16 de junho de 1958, e as demais disposições em contrário.

Brasília, 9 de janeiro de 1969; 148º da Independência e 81º da República.

A. Costa e Silva

(*DOU* 10.01.1969)

NOTA DE CRÉDITO INDUSTRIAL

N ...Vencimento em ...de ...de 19 ...
R$ ......
A ...de ...de 19 ...pagar ...por esta nota de crédito industrial a ...ou à sua ordem, a quantia de ...em moeda corrente, valor do crédito deferido para aplicação na forma do orçamento anexo e que será utilizado do seguinte modo: ...
Os juros são devidos à taxa de ...ao ano, exigíveis em 30 de junho, 31 de dezembro, no vencimento e na liquidação da cédula ...sendo de ...a comissão de fiscalização, exigível juntamente com os juros ....
O pagamento será efetuado na praça de ....

CÉDULA DE CRÉDITO INDUSTRIAL

N ...Vencimento em ...de ...de 19 ...
R$ ......
A ...de ...de 19 ...pagar ...por esta nota de crédito industrial a ...ou à sua ordem, a quantia de ...em moeda corrente, valor do crédito deferido para aplicação na forma do orçamento anexo e que será utilizado do seguinte modo: ...
Os juros são devidos à taxa de ...ao ano, exigíveis em 30 de junho, 31 de dezembro, no vencimento e na liquidação da cédula ...sendo de ...a comissão de fiscalização, exigível juntamente com os juros ....
O pagamento será efetuado na praça de ....
Os bens vinculados, obrigatoriamente segurados, são os seguintes: ....

DECRETO-LEI 448,
DE 3 DE FEVEREIRO DE 1969

Dispõe sobre a aplicação de penalidades às instituições financeiras, às sociedades e empresas integrantes do sistema de distribuição de títulos ou valores mobiliários e aos seus agentes autônomos, e dá outras providências.

O Presidente da República, no uso das atribuições que lhe confere o § 1º do artigo 2º, do Ato Institucional 5, de 13 de dezembro de 1968, decreta:

Art. 1º O descumprimento de normas legais ou regulamentares pelas instituições financeiras, sociedades e empresas integrantes do sistema de distribuição de títulos ou valores mobiliários, ou pelos seus agentes autônomos, contribuindo para gerar indisciplina ou para afetar a normalidade do mercado financeiro e de capitais será, por decisão do Banco Central do Brasil, considerado falta grave e por ele punido com a inabilidade temporária ou permanente dos administradores ou responsáveis, independentemente da aplicação da pena de advertência e outras, capituladas nas Leis 4.595, de 31 de dezembro de 1964, e 4.728, de 14 de julho de 1965.

• V. art. 173, CF.

Parágrafo único. A aplicação do disposto neste artigo não exime os responsáveis de outras penas previstas na legislação em vigor.

Art. 2º A reincidência em falta grave, punida na forma do artigo anterior, sujeita a pessoa física ou a empresa infratora a processo sumário de cassação do registro ou da carta-patente, e consequente liquidação extrajudicial, no caso de instituição financeira, independentemente da observância do que dispõe o § 9º do art. 44 da Lei 4.595, de 31 de dezembro de 1964, e o § 1º do art. 4º da

Dec.-lei 857/1969

LEGISLAÇÃO

Lei 4.728, de 14 de julho de 1965, sem prejuízo de outras sanções previstas na legislação em vigor.

• V. art. 1º, Lei 6.024/1974 (Intervenção e liquidação extrajudicial de instituições financeiras).

Art. 3º Das decisões do Banco Central do Brasil, relativas às penalidades previstas nos arts. 1º e 2º, caberá recurso, com efeito suspensivo, no prazo de 15 (quinze) dias, ao Conselho Monetário Nacional, a contar do recebimento da notificação.

• V. art. 1º, I, Dec. 91.152/1985 (Conselho de Recursos do Sistema Financeiro Nacional).

Art. 4º Este Decreto-lei entrará em vigor na data de sua publicação, revogadas as disposições em contrário.

Brasília, 3 de fevereiro de 1969; 148º da Independência e 81º da República.

A. Costa e Silva

(DOU 03.02.1969)

DECRETO-LEI 857,
DE 11 DE SETEMBRO DE 1969

Consolida e altera a legislação sobre moeda de pagamento de obrigações exequíveis no Brasil.

Os Ministros da Marinha de Guerra, do Exército e da Aeronáutica Militar, usando das atribuições que lhes confere o art. 1º do Ato Institucional 12, de 31 de agosto de 1969, combinado com o § 1º do art. 2º do Ato Institucional 5, de 13 de dezembro de 1968, decretam:

Art. 1º São nulos de pleno direito os contratos, títulos e quaisquer documentos, bem como as obrigações que, exequíveis no Brasil, estipulem pagamento em ouro, em moeda estrangeira, ou, por alguma forma, restrinjam ou recusem, nos seus efeitos, o curso legal do cruzeiro.

Art. 2º Não se aplicam as disposições do artigo anterior:

I – aos contratos e títulos referentes a importação ou exportação de mercadorias;

II – aos contratos de financiamento ou de prestação de garantias relativos às operações de exportação de bens e serviços vendidos a crédito para o exterior;

• Inciso II com redação determinada pela Lei 13.292/2016.

III – aos contratos de compra e venda de câmbio em geral;

IV – aos empréstimos e quaisquer outras obrigações cujo credor ou devedor seja pessoa residente e domiciliada no Exterior, excetuados os contratos de locação de imóveis situados no território nacional;

V – aos contratos que tenham por objeto a cessão, transferência, delegação, assunção ou modificação das obrigações referidas no item anterior ainda que ambas as partes contratantes sejam pessoas residentes ou domiciliadas no País.

Parágrafo único. Os contratos de locação de bens móveis que estipulem pagamento em moeda estrangeira ficam sujeitos, para sua validade, a registro prévio no Banco Central do Brasil.

Art. 3º No caso de rescisão judicial ou extrajudicial de contratos a que se refere o item I do art. 2º deste Decreto-lei, os pagamentos decorrentes do acerto entre as partes, ou da execução de sentença judicial, subordinam-se aos postulados da legislação de câmbio vigente.

• V. art. 77, Lei 11.101/2005 (Lei de Recuperação de Empresas e Falência).

Art. 4º O presente Decreto-lei entrará em vigor na data de sua publicação, revogados o Dec. 23.501, de 27 de novembro de 1933, a Lei 28, de 15 de fevereiro de 1936, o Dec.-lei 236, de 2 de fevereiro de 1938, o Dec.-lei 1.079, de 27 de janeiro de 1939, o Dec.-lei 6.650, de 29 de junho de 1944, o Dec.-lei 316, de 13 de março de 1967, e demais disposições em contrário, mantida a suspensão do § 1º do art. 947 do Código Civil.

• Refere-se ao CC/1916.
• V. Dec.-lei 238/1967 (Altera a Lei 4.862/1965).

Brasília, 11 de setembro de 1969; 148º da Independência e 81º da República.

Augusto Hamann Rademaker Grunewald
Aurélio de Lyra Tavares
Márcio de Souza e Mello

(DOU 12.09.1969)

Dec.-lei 911/1969

LEGISLAÇÃO

DECRETO-LEI 911,
DE 1º DE OUTUBRO DE 1969

Altera a redação do art. 66 da Lei 4.728, de 14 de julho de 1965, estabelece normas de processo sobre alienação fiduciária, e dá outras providências.

- V. arts. 1.361 a 1.368-A, CC.

Os Ministros da Marinha de Guerra, do Exército e da Aeronáutica Militar, usando das atribuições que lhes confere o art. 1º do Ato Institucional 5, de 13 de dezembro de 1968, decretam:

Art. 1º O art. 66, da Lei 4.728, de 14 de julho de 1965, passa a ter a seguinte redação:

- O referido artigo foi revogado pela Lei 10.931/2004.

Art. 2º No caso de inadimplemento ou mora nas obrigações contratuais garantidas mediante alienação fiduciária, o proprietário fiduciário ou credor poderá vender a coisa a terceiros, independentemente de leilão, hasta pública, avaliação prévia ou qualquer outra medida judicial ou extrajudicial, salvo disposição expressa em contrário prevista no contrato, devendo aplicar o preço da venda no pagamento de seu crédito e das despesas decorrentes e entregar ao devedor o saldo apurado, se houver, com a devida prestação de contas.

- *Caput* com redação determinada pela Lei 13.043/2014.

§ 1º O crédito a que se refere o presente artigo abrange o principal, juros e comissões, além das taxas, cláusula penal e correção monetária, quando expressamente convencionados pelas partes.

§ 2º A mora decorrerá do simples vencimento do prazo para pagamento e poderá ser comprovada por carta registrada com aviso de recebimento, não se exigindo que a assinatura constante do referido aviso seja a do próprio destinatário.

- § 2º com redação determinada pela Lei 13.043/2014.
- V. Súmulas 72 e 245, STJ.

§ 3º A mora e o inadimplemento de obrigações contratuais garantidas por alienação fiduciária, ou a ocorrência legal ou convencional de algum dos casos de antecipação de vencimento da dívida, facultarão ao credor considerar, de pleno direito, vencidas todas as obrigações contratuais, independentemente de aviso ou notificação judicial ou extrajudicial.

- V. Súmulas 72, STJ.

§ 4º Os procedimentos previstos no *caput* e no seu § 2º aplicam-se às operações de arrendamento mercantil previstas na forma da Lei 6.099, de 12 de setembro de 1974.

- § 4º acrescentado pela Lei 13.043/2014.

Art. 3º O proprietário fiduciário ou credor poderá, desde que comprovada a mora, na forma estabelecida pelo § 2º do art. 2º, ou o inadimplemento, requerer contra o devedor ou terceiro a busca e apreensão do bem alienado fiduciariamente, a qual será concedida liminarmente, podendo ser apreciada em plantão judiciário.

- *Caput* com redação determinada pela Lei 13.043/2014.
- V. art. 16, Lei 8.929/1994 (Cédula de produto rural).
- V. Súmula 72, STJ.

§ 1º Cinco dias após executada a liminar mencionada no *caput*, consolidar-se-ão a propriedade e a posse plena e exclusiva do bem no patrimônio do credor fiduciário, cabendo às repartições competentes, quando for o caso, expedir novo certificado de registro de propriedade em nome do credor, ou de terceiro por ele indicado, livre do ônus da propriedade fiduciária.

- § 1º com redação determinada pela Lei 10.931/2004.

§ 2º No prazo do § 1º, o devedor fiduciante poderá pagar a integralidade da dívida pendente, segundo os valores apresentados pelo credor fiduciário na inicial, hipótese na qual o bem lhe será restituído livre do ônus.

- § 2º com redação determinada pela Lei 10.931/2004.

§ 3º O devedor fiduciante apresentará resposta no prazo de 15 (quinze) dias da execução da liminar.

- § 3º com redação determinada pela Lei 10.931/2004.

§ 4º A resposta poderá ser apresentada ainda que o devedor tenha se utilizado da faculdade do § 2º, caso entenda ter havido pagamento a maior e desejar restituição.

- § 4º com redação determinada pela Lei 10.931/2004.

Dec.-lei 911/1969

§ 5º Da sentença cabe apelação apenas no efeito devolutivo.
- § 5º com redação determinada pela Lei 10.931/2004.
- V. arts. 1.009 e 1.012, § 2º, CPC/2015.

§ 6º Na sentença que decretar a improcedência da ação de busca e apreensão, o juiz condenará o credor fiduciário ao pagamento de multa, em favor do devedor fiduciante, equivalente a 50% (cinquenta por cento) do valor originalmente financiado, devidamente atualizado, caso o bem já tenha sido alienado.
- § 6º com redação determinada pela Lei 10.931/2004.

§ 7º A multa mencionada no § 6º não exclui a responsabilidade do credor fiduciário por perdas e danos.
- § 7º acrescentado pela Lei 10.931/2004.

§ 8º A busca e apreensão prevista no presente artigo constitui processo autônomo e independente de qualquer procedimento posterior.
- § 8º acrescentado pela Lei 10.931/2004.

§ 9º Ao decretar a busca e apreensão de veículo, o juiz, caso tenha acesso à base de dados do Registro Nacional de Veículos Automotores - Renavam, inserirá diretamente a restrição judicial na base de dados do Renavam, bem como retirará tal restrição após a apreensão.
- § 9º acrescentado pela Lei 13.043/2014.

§ 10. Caso o juiz não tenha acesso à base de dados prevista no § 9º, deverá oficiar ao departamento de trânsito competente para que:
- § 10 acrescentado pela Lei 13.043/2014.

I – registre o gravame referente à decretação da busca e apreensão do veículo; e
II – retire o gravame após a apreensão do veículo.

§ 11. O juiz também determinará a inserção do mandado a que se refere o § 9º em banco próprio de mandados.
- § 11 acrescentado pela Lei 13.043/2014.

§ 12. A parte interessada poderá requerer diretamente ao juízo da comarca onde foi localizado o veículo com vistas à sua apreensão, sempre que o bem estiver em comarca distinta daquela da tramitação da ação, bastando que em tal requerimento conste a cópia da petição inicial da ação e, quando for o caso, a cópia do despacho que concedeu a busca e apreensão do veículo.
- § 12 acrescentado pela Lei 13.043/2014.

§ 13. A apreensão do veículo será imediatamente comunicada ao juízo, que intimará a instituição financeira para retirar o veículo do local depositado no prazo máximo de 48 (quarenta e oito) horas.
- § 13 acrescentado pela Lei 13.043/2014.

§ 14. O devedor, por ocasião do cumprimento do mandado de busca e apreensão, deverá entregar o bem e seus respectivos documentos.
- § 14 acrescentado pela Lei 13.043/2014.

§ 15. As disposições deste artigo aplicam-se no caso de reintegração de posse de veículos referente às operações de arrendamento mercantil previstas na Lei 6.099, de 12 de setembro de 1974.
- § 15 acrescentado pela Lei 13.043/2014.

Art. 4º Se o bem alienado fiduciariamente não for encontrado ou não se achar na posse do devedor, fica facultado ao credor requerer, nos mesmos autos, a conversão do pedido de busca e apreensão em ação executiva, na forma prevista no Capítulo II do Livro II da Lei 5.869, de 11 de janeiro de 1973 - Código de Processo Civil.
- Artigo com redação determinada pela Lei 13.043/2014.

Art. 5º Se o credor preferir recorrer à ação executiva, direta ou a convertida na forma do art. 4º, ou, se for o caso ao executivo fiscal, serão penhorados, a critério do autor da ação, bens do devedor quantos bastem para assegurar a execução.
- *Caput* com redação determinada pela Lei 13.043/2014.
- V. arts. 778 a 925, CPC/2015.
- ** V. Súmula 384, STJ.

Parágrafo único. Não se aplica à alienação fiduciária o disposto nos incisos VI e VIII do art. 649 do Código de Processo Civil.
- Parágrafo único com redação determinada pela Lei 6.071/1974.

Art. 6º O avalista, fiador ou terceiro interessado que pagar a dívida do alienante ou devedor, se sub-rogará, de pleno direito, no crédito e na garantia constituída pela alienação fiduciária.
- V. arts. 346 a 351, CC.

Art. 6º-A. O pedido de recuperação judicial ou extrajudicial pelo devedor nos termos da Lei 11.101, de 9 de fevereiro de

Lei 5.621/1970

LEGISLAÇÃO

2005, não impede a distribuição e a busca e apreensão do bem.
- Artigo acrescentado pela Lei 13.043/2014.

Art. 7º Na falência do devedor alienante, fica assegurado ao credor ou proprietário fiduciário o direito de pedir, na forma prevista na lei, a restituição do bem alienado fiduciariamente.
- V. arts. 85 a 93, Lei 11.101/2005 (Lei de Recuperação de Empresas e Falência).

Parágrafo único. Efetivada a restituição, o proprietário fiduciário agirá na forma prevista neste Decreto-lei.

Art. 7º-A. Não será aceito bloqueio judicial de bens constituídos por alienação fiduciária nos termos deste Decreto-Lei, sendo que, qualquer discussão sobre concursos de preferências deverá ser resolvida pelo valor da venda do bem, nos termos do art. 2º.
- Artigo acrescentado pela Lei 13.043/2014.

Art. 8º O Conselho Nacional de Trânsito, no prazo máximo de 60 (sessenta) dias, a contar da vigência do presente Decreto-lei, expedirá normas regulamentares relativas à alienação fiduciária de veículos automotores.

Art. 8º-A. O procedimento judicial disposto neste Decreto-lei aplica-se exclusivamente às hipóteses da Seção XIV da Lei 4.728, de 14 de julho de 1965, ou quando o ônus da propriedade fiduciária tiver sido constituído para fins de garantia de débito fiscal ou previdenciário.
- Artigo acrescentado pela Lei 10.931/2004.

Art. 9º O presente Decreto-lei entrará em vigor na data de sua publicação, aplicando-se, desde logo, aos processos em curso, revogadas as disposições em contrário.

Brasília, 1º de outubro de 1969; 148º da Independência e 81º da República.
Augusto Hamann Rademaker Grünewald
Aurélio de Lyra Tavares
Márcio de Souza e Mello

(DOU 03.10.1969)

LEI 5.621, DE 4 DE NOVEMBRO DE 1970

Regulamenta o art. 144, § 5º, da Constituição e dá outras providências.

O Presidente da República:
Faço saber que o Congresso Nacional decreta e eu sanciono a seguinte Lei:

Art. 1º Caberá aos Tribunais de Justiça dos Estados dispor, em resolução aprovada pela maioria absoluta de seus membros, sobre a divisão e organização judiciárias.
- V. art. 125, § 1º, CF.
- V. art. 70, ADCT.

Art. 2º As alterações na divisão e organização judiciárias dos Estados somente poderão ser feitas de cinco em cinco anos, contados da vigência da primeira modificação posterior a esta Lei.

Art. 3º As alterações a que alude o artigo antecedente entrarão em vigor a 1º de janeiro do ano inicial de cada quinquênio.

§ 1º A alteração imediatamente subsequente a esta Lei vigorará a partir de 1º de janeiro do ano seguinte ao de sua promulgação.

§ 2º Se no quinquênio posterior ao da última alteração não for adotada modificação na divisão e organização judiciárias do Estado, esta poderá ser realizada a qualquer tempo, vigendo a 1º de janeiro do ano seguinte, quando se iniciará a contagem do novo quinquênio.

Art. 4º Ressalvado o disposto na Constituição (arts. 115, II, e 144, § 6º), deverão ser enviadas ao Governador do Estado, para a iniciativa do processo legislativo, as resoluções dos Tribunais de Justiça que impliquem em:
- Refere-se à CF/1969.

I – criação de cargos, funções ou empregos públicos;
II – aumento de vencimentos ou da despesa pública;
III – disciplina do regime jurídico dos servidores;
IV – forma e condições de provimento de cargos;
V – condições para aquisição de estabilidade.

Art. 5º A divisão judiciária compreende a criação, a alteração e a extinção das seções, circunscrições, comarcas, termos e distritos judiciários, bem como a sua classificação.
- V. art. 97, LC 35/1979 (Lei Orgânica da Magistratura Nacional).

Parágrafo único. Para a criação, a alteração, a extinção ou a classificação das comarcas e outras divisões judiciárias, os Estados observarão critérios uniformes com base em:

I – extensão territorial;

Lei 5.741/1971

LEGISLAÇÃO

II – número de habitantes;
III – número de eleitores;
IV – receita tributária;
V – movimento forense.

Art. 6º Respeitada a legislação federal, a organização judiciária compreende:

- V. art. 95, LC 35/1979 (Lei Orgânica da Magistratura Nacional).

I – constituição, estrutura, atribuições e competência dos tribunais, bem como de seus órgãos de direção e fiscalização;

- V. art. 128, § 5º, CF.
- V. Lei 8.625/1993 (Lei Orgânica Nacional do Ministério Público).

II – constituição, classificação, atribuições e competência dos juízes e varas;

- V. art. 21, III, LC 35/1979 (Lei Orgânica da Magistratura Nacional).

III – organização e disciplina da carreira dos magistrados;
IV – organização, classificação, disciplina e atribuições dos serviços auxiliares da justiça, inclusive tabelionatos e ofícios de registros públicos.
§ 1º Não se incluem na organização judiciária:

- § 1º conforme publicação oficial.

I – a organização e disciplina da carreira do Ministério Público;
II – a elaboração dos regimentos internos dos tribunais.

Art. 7º Esta Lei entra em vigor na data de sua publicação, revogadas as disposições em contrário.

Brasília, 4 de novembro de 1970; 149º da Independência e 82º da República.
Emílio G. Médici

(*DOU* 05.11.1970)

LEI 5.741, DE 1º DE DEZEMBRO DE 1971

Dispõe sobre a proteção do financiamento de bens imóveis vinculados ao Sistema Financeiro da Habitação.

O Presidente da República:
Faço saber que o Congresso Nacional decreta e eu sanciono a seguinte Lei:

Art. 1º Para a cobrança de crédito hipotecário vinculado ao Sistema Financeiro da Habitação criado pela Lei 4.380, de 21 de agosto de 1964, é lícito ao credor promover a execução de que tratam os arts. 31 e 32 do Dec.-lei 70, de 21 de novembro de 1966, ou ajuizar a ação executiva na forma da presente Lei.

- V. art. 21, Lei 8.004/1990 (Transferência de financiamento no âmbito do Sistema Financeiro da Habitação).

Art. 2º A execução terá início por petição escrita, com os requisitos do art. 282 do Código de Processo Civil, apresentada em três vias, servindo a segunda e terceira de mandado e contrafé, e sendo a primeira instruída com:

- Artigo com redação determinada pela Lei 6.071/1974.
- V. Súmula 199, STJ.

I – o título da dívida devidamente inscrita;
II – a indicação do valor das prestações e encargos cujo não pagamento deu lugar ao vencimento do contrato;

- V. art. 4º.

III – o saldo devedor, discriminadas as parcelas relativas a principal, juros, multa e outros encargos contratuais, fiscais e honorários advocatícios;

- V. Súmula 616, STF.
- V. Súmula 119, STJ.

IV – cópia dos avisos regulamentares reclamando o pagamento da dívida, expedidos segundo instruções do Banco Nacional da Habitação.

Art. 3º O devedor será citado para pagar o valor do crédito reclamado ou depositá-lo em juízo no prazo de 24 (vinte e quatro) horas, sob pena de lhe ser penhorado o imóvel hipotecado.
§ 1º A citação far-se-á na pessoa do réu e de seu cônjuge ou de seus representantes legais.

- § 1º com redação determinada pela Lei 8.004/1990.

§ 2º Se o executado e seu cônjuge se acharem fora da jurisdição da situação do imóvel, a citação far-se-á por meio de edital, pelo prazo de 10 (dez) dias, publicado, uma vez, no órgão oficial do Estado e, pelo menos, duas vezes, em jornal local de grande circulação, onde houver.

Art. 4º Se o executado não pagar a dívida indicada no inciso II do art. 2º, acrescida das

Lei 5.741/1971

custas e honorários de advogado ou não depositar o saldo devedor, efetuar-se-á a penhora do imóvel hipotecado, sendo nomeado depositário o exequente ou quem este indicar.

§ 1º Se o executado não estiver na posse direta do imóvel, o juiz ordenará a expedição de mandado de desocupação contra a pessoa que o estiver ocupando, para entregá-lo ao exequente no prazo de 10 (dez) dias.

§ 2º Se o executado estiver na posse direta do imóvel, o juiz ordenará que o desocupe no prazo de 30 (trinta) dias, entregando-o ao exequente.

Art. 5º O executado poderá opor embargos no prazo de 10 (dez) dias contados da penhora e que serão recebidos com efeito suspensivo, desde que alegue e prove:

• Artigo com redação determinada pela Lei 6.014/1973.

I – que depositou por inteiro a importância reclamada na inicial;

II – que resgatou a dívida, oferecendo desde logo a prova da quitação.

Parágrafo único. Os demais fundamentos de embargos, previstos no art. 741 do Código de Processo Civil, não suspendem a execução.

• Refere-se ao CPC/1939.

Art. 6º Rejeitados os embargos referidos no *caput* do artigo anterior, o juiz ordenará a venda do imóvel hipotecaedo em praça pública por preço não inferior ao saldo devedor, expedindo-se edital pelo prazo de 10 (dez) dias.

• V. Súmula 207, TFR.

Parágrafo único. O edital será fixado à porta do edifício onde tiver sede o juízo, e publicado três vezes, por extrato, em um dos jornais locais de maior circulação, onde houver.

Art. 7º Não havendo licitante na praça pública, o juiz adjudicará, dentro de 48 (quarenta e oito) horas, ao exequente o imóvel hipotecado, ficando exonerado o executado da obrigação de pagar o restante da dívida.

Art. 8º É lícito ao executado remir o imóvel penhorado, desde que deposite em juízo, até a assinatura do auto de arrematação, a importância que baste ao pagamento da dívida reclamada, mais custas e honorários advocatícios; caso em que convalescerá o contrato hipotecário.

Art. 9º Constitui crime de ação pública, punido com a pena de detenção de 6 (seis) meses a 2 (dois) anos e multa de cinco a vinte salários mínimos, invadir alguém, ou ocupar, com o fim de esbulho possessório, terreno ou unidade residencial, construída ou em construção, objeto de financiamento do Sistema Financeiro da Habitação.

• V. art. 2º, Lei 7.209/1984 (Reforma da Parte Geral do Código Penal).

§ 1º Se o agente usa de violência, incorre também nas penas a esta cominada.

§ 2º É isento da pena de esbulho o agente que, espontaneamente, desocupa o imóvel antes de qualquer medida coativa.

§ 3º O salário a que se refere este artigo é o maior mensal vigente no País, à época do fato.

Art. 10. A ação executiva, fundada em outra causa que não a falta de pagamento pelo executado das prestações vencidas, será processada na forma do Código de Processo Civil, que se aplicará, subsidiariamente, à ação executiva de que trata esta Lei.

• V. art. 778 e ss., CPC/2015.

Art. 11. Ficam dispensadas de averbação no Registro de Imóveis as alterações contratuais de qualquer natureza, desde que não importem em novação objetiva da dívida, realizadas em operações do Sistema Financeiro da Habitação, criado pela Lei 4.380, de 21 de agosto de 1964, sejam as operações consubstanciadas em instrumentos públicos ou particulares, ou em cédulas hipotecárias.

Parágrafo único. O registro da cédula hipotecária limitar-se-á à averbação de suas características originais, a que se refere o art. 13 do Dec.-lei 70, de 21 de novembro de 1966, ficando dispensadas de averbação também as alterações que decorram da circulação do título.

Art. 12. As entidades credoras integrantes do Sistema Financeiro da Habitação ficam obrigadas a fornecer, por escrito, no prazo de 5 (cinco) dias, as informações sobre as alterações de que trata o art. 11, quando requeridas por interessados.

Art. 13. Esta Lei entra em vigor na data de sua publicação.

Lei 5.764/1971

LEGISLAÇÃO

Art. 14. Revogam-se as disposições em contrário.
Brasília, 1º de dezembro de 1971; 150º da Independência e 83º da República.
Emílio G. Médici

(*DOU* 02.12.1971)

LEI 5.764, DE 16 DE DEZEMBRO DE 1971

Define a Política Nacional de Cooperativismo, institui o regime jurídico das sociedades cooperativas, e dá outras providências.

O Presidente da República:
Faço saber que o Congresso Nacional decreta e eu sanciono a seguinte Lei:

Capítulo I
DA POLÍTICA NACIONAL DE COOPERATIVISMO

- V. arts. 1.093 a 1.096, CC.
- V. arts. 827 a 860, CPC/2015.
- V. Lei 6.015/1973 (Lei de Registros Públicos).
- V. LC 130/2009 (Sistema Nacional de Crédito Cooperativo).

Art. 1º Compreende-se como Política Nacional de Cooperativismo a atividade decorrente das iniciativas ligadas ao sistema cooperativo originárias de setor público ou privado, isoladas ou coordenadas entre si, desde que reconhecido seu interesse público.

Art. 2º As atribuições do Governo Federal na coordenação e no estímulo às atividades de cooperativismo no território nacional serão exercidas na forma desta Lei e das normas que surgirem em sua decorrência.

Parágrafo único. A ação do Poder Público se exercerá, principalmente, mediante prestação de assistência técnica e de incentivos financeiros e creditórios especiais, necessários à criação, desenvolvimento e integração das entidades cooperativas.

Capítulo II
DAS SOCIEDADES COOPERATIVAS

- V. art. 5º, VIII, CF.

Art. 3º Celebram contrato de sociedade cooperativa as pessoas que reciprocamente se obrigam a contribuir com bens ou serviços para o exercício de uma atividade econômica, de proveito comum, sem objetivo de lucro.

- V. Súmula 380, STF.

Art. 4º As cooperativas são sociedades de pessoas, com forma e natureza jurídica próprias, de natureza civil, não sujeitas a falência, constituídas para prestar serviços aos associados, distinguindo-se das demais sociedades pelas seguintes características:

- V. art. 1.094, CC.

I – adesão voluntária, com número ilimitado de associados, salvo impossibilidade técnica de prestação de serviços;

II – variabilidade do capital social representado por quotas-partes;

III – limitação do número de quotas-partes do capital para cada associado, facultado, porém, o estabelecimento de critérios de proporcionalidade, se assim for mais adequado para o cumprimento dos objetivos sociais;

IV – incessibilidade das quotas-partes do capital a terceiros, estranhos à sociedade;

V – singularidade de voto, podendo as cooperativas centrais, federações e confederações de cooperativas, com exceção das que exerçam atividade de crédito, optar pelo critério da proporcionalidade;

VI – *quorum* para o funcionamento e deliberação da assembleia geral baseado no número de associados e não no capital;

VII – retorno das sobras líquidas do exercício, proporcionalmente às operações realizadas pelo associado, salvo deliberação em contrário da assembleia geral;

VIII – indivisibilidade dos Fundos de Reserva e de Assistência Técnica Educacional e Social;

IX – neutralidade política e indiscriminação religiosa, racial e social;

X – prestação de assistência aos associados, e, quando previsto nos estatutos, aos empregados da cooperativa;

XI – área de admissão de associados limitada às possibilidades de reunião, controle, operações e prestação de serviços.

Capítulo III
DO OBJETIVO E CLASSIFICAÇÃO DAS SOCIEDADES COOPERATIVAS

Art. 5º As sociedades cooperativas poderão adotar por objeto qualquer gênero de serviço, operação ou atividade, assegurando-se-lhes o direito exclusivo e exigindo-se-

Lei 5.764/1971

lhes a obrigação do uso da expressão "cooperativa" em sua denominação.
• V. art. 1.159, CC.

Parágrafo único. É vedado às cooperativas o uso da expressão "banco".

Art. 6º As sociedades cooperativas são consideradas:
I – singulares, as constituídas pelo número mínimo de vinte pessoas físicas, sendo excepcionalmente permitida a admissão de pessoas jurídicas que tenham por objeto as mesmas ou correlatas atividades econômicas das pessoas físicas ou, ainda, aquelas sem fins lucrativos;
II – cooperativas centrais ou federações de cooperativas, as constituídas de, no mínimo, três singulares, podendo, excepcionalmente, admitir associados individuais;
III – confederações de cooperativas, as constituídas, pelo menos, de três federações de cooperativas ou cooperativas centrais, da mesma ou de diferentes modalidades.
§ 1º Os associados individuais das cooperativas centrais e federações de cooperativas serão inscritos no Livro de Matrícula da sociedade e classificados em grupos visando à transformação, no futuro, em cooperativas singulares que a elas se filiarão.
§ 2º A exceção estabelecida no item II, *in fine*, do *caput* deste artigo não se aplica às centrais e federações que exerçam atividades de crédito.

Art. 7º As cooperativas singulares se caracterizam pela prestação direta de serviços aos associados.

Art. 8º As cooperativas centrais e federações de cooperativas objetivam organizar, em comum e em maior escala, os serviços econômicos e assistenciais de interesse das filiadas, integrando e orientando suas atividades, bem como facilitando a utilização recíproca dos serviços.

Parágrafo único. Para a prestação de serviços de interesse comum, é permitida a constituição de cooperativas centrais, às quais se associem outras cooperativas de objetivo e finalidades diversas.

Art. 9º As confederações de cooperativas têm por objetivo orientar e coordenar as atividades das filiadas, nos casos em que o vulto dos empreendimentos transcender o âmbito de capacidade ou conveniência de atuação das centrais e federações.

Art. 10. As cooperativas se classificam também de acordo com o objeto ou pela natureza das atividades desenvolvidas por elas ou por seus associados.
§ 1º Além das modalidades de cooperativas já consagradas, caberá ao respectivo órgão controlador apreciar e caracterizar outras que se apresentem.
§ 2º Serão consideradas mistas as cooperativas que apresentarem mais de um objeto de atividades.
§ 3º *(Revogado pela LC 130/2009.)*

Art. 11. As sociedades cooperativas serão de responsabilidade limitada, quando a responsabilidade do associado pelos compromissos da sociedade se limitar ao valor do capital por ele subscrito.
• V. art. 1.095, CC.

Art. 12. As sociedades cooperativas serão de responsabilidade ilimitada, quando a responsabilidade do associado pelos compromissos da sociedade for pessoal, solidária e não tiver limite.
• V. art. 1.095, CC.

Art. 13. A responsabilidade do associado para com terceiros, como membro da sociedade, somente poderá ser invocada depois de judicialmente exigida da cooperativa.

Capítulo IV
DA CONSTITUIÇÃO DAS SOCIEDADES COOPERATIVAS

Art. 14. A sociedade cooperativa constitui-se por deliberação da assembleia geral dos fundadores, constantes da respectiva ata ou por instrumento público.

Art. 15. O ato constitutivo, sob pena de nulidade, deverá declarar:
I – a denominação da entidade, sede e objeto de funcionamento;
II – o nome, nacionalidade, idade, estado civil, profissão e residência dos associados, fundadores que o assinaram, bem como o valor e número da quota-parte de cada um;
III – aprovação do estatuto da sociedade;
IV – o nome, nacionalidade, estado civil, profissão e residência dos associados eleitos para os órgãos de administração, fiscalização e outros.

Lei 5.764/1971

Art. 16. O ato constitutivo da sociedade e os estatutos, quando não transcritos naquele, serão assinados pelos fundadores.

Seção I
Da autorização de funcionamento

Art. 17. A cooperativa constituída na forma da legislação vigente apresentará ao respectivo órgão executivo federal de controle, no Distrito Federal, Estados ou Territórios, ou ao órgão local para isso credenciado, dentro de 30 (trinta) dias da data da constituição, para fins de autorização, requerimento acompanhado de quatro vias do ato constitutivo, estatuto e lista nominativa, além de outros documentos considerados necessários.

Art. 18. Verificada, no prazo máximo de 60 (sessenta) dias, a contar da data de entrada em seu protocolo, pelo respectivo órgão executivo federal de controle ou órgão local para isso credenciado, a existência de condições de funcionamento da cooperativa em constituição, bem como a regularidade da documentação apresentada, o órgão controlador devolverá, devidamente autenticadas, duas vias à cooperativa, acompanhadas de documentos dirigidos à Junta Comercial do Estado, onde a entidade estiver sediada, comunicando a aprovação do ato constitutivo da requerente.

§ 1º Dentro desse prazo, o órgão controlador, quando julgar conveniente, no interesse do fortalecimento do sistema, poderá ouvir o Conselho Nacional de Cooperativismo, caso em que não se verificará a aprovação automática prevista no parágrafo seguinte.

§ 2º A falta de manifestação do órgão controlador no prazo a que se refere este artigo implicará a aprovação do ato constitutivo e o seu subsequente arquivamento na Junta Comercial respectiva.

§ 3º Se qualquer das condições citadas neste artigo não for atendida satisfatoriamente, o órgão ao qual compete conceder a autorização dará ciência ao requerente, indicando as exigências a serem cumpridas no prazo de 60 (sessenta) dias, findos os quais, se não atendidas, o pedido será automaticamente arquivado.

§ 4º À parte é facultado interpor da decisão proferida pelo órgão controlador, nos Estados, Distrito Federal ou Territórios, recurso para a respectiva administração central, dentro do prazo de 30 (trinta) dias contado da data do recebimento da comunicação e, em segunda e última instância, ao Conselho Nacional de Cooperativismo, também no prazo de 30 (trinta) dias, exceção feita às cooperativas de crédito, às seções de crédito das cooperativas agrícolas mistas, e às cooperativas habitacionais, hipótese em que o recurso será apreciado pelo Conselho Monetário Nacional, no tocante às duas primeiras, e pelo Banco Nacional da Habitação em relação às últimas.

§ 5º Cumpridas as exigências, deverá o despacho do deferimento ou indeferimento da autorização ser exarado dentro de 60 (sessenta) dias, findos os quais, na ausência de decisão, o requerimento será considerado deferido. Quando a autorização depender de dois ou mais órgãos do Poder Público, cada um deles terá o prazo de 60 (sessenta) dias para se manifestar.

§ 6º Arquivados os documentos na Junta Comercial e feita a respectiva publicação, a cooperativa adquire personalidade jurídica, tornando-se apta a funcionar.

§ 7º A autorização caducará, independentemente de qualquer despacho, se a cooperativa não entrar em atividade dentro do prazo de 90 (noventa) dias contados da data em que forem arquivados os documentos na Junta Comercial.

§ 8º Cancelada a autorização, o órgão de controle expedirá comunicação à respectiva Junta Comercial, que dará baixa nos documentos arquivados.

§ 9º A autorização para funcionamento das cooperativas de habitação, das de crédito e das seções de crédito das cooperativas agrícolas mistas subordina-se, ainda, à política dos respectivos órgãos normativos.

§ 10. *(Revogado pela LC 130/2009.)*

Art. 19. A cooperativa escolar não estará sujeita ao arquivamento dos documentos de constituição, bastando remetê-los ao Instituto Nacional de Colonização e Reforma Agrária, ou respectivo órgão local de controle, devidamente autenticados pelo diretor do estabelecimento de ensino, ou a maior autoridade escolar do município, quando a cooperativa congregar associações de mais de um estabelecimento de ensino.

Art. 20. A reforma de estatutos obedecerá, no que couber, ao disposto nos artigos anteriores, observadas as prescrições dos órgãos normativos.

Seção II
Do estatuto social

Art. 21. O estatuto da cooperativa, além de atender ao disposto no art. 4º, deverá indicar:

I – a denominação, sede, prazo de duração, área de ação, objeto da sociedade, fixação do exercício social e da data do levantamento do balanço geral;
II – os direitos e deveres dos associados, natureza de suas responsabilidades e as condições de admissão, demissão, eliminação e exclusão e as normas para sua representação nas assembleias gerais;
III – o capital mínimo, o valor da quota-parte, o mínimo de quotas-partes a ser subscrito pelo associado, o modo de integralização das quotas-partes, bem como as condições de sua retirada nos casos de demissão, eliminação ou de exclusão do associado;
IV – a forma de devolução das sobras registradas aos associados, ou do rateio das perdas apuradas por insuficiência de contribuição para cobertura das despesas da sociedade;
V – o modo de administração e fiscalização, estabelecendo os respectivos órgãos, com definição de suas atribuições, poderes e funcionamento, a representação ativa e passiva da sociedade em juízo ou fora dele, o prazo do mandato, bem como o processo de substituição dos administradores e conselheiros fiscais;
VI – as formalidades de convocação das assembleias gerais e a maioria requerida para a sua instalação e validade de suas deliberações, vedado o direito de voto aos que nelas tiverem interesse particular sem privá-los da participação nos debates;
VII – os casos de dissolução voluntária da sociedade;
VIII – o modo e o processo de alienação ou oneração de bens imóveis da sociedade;
IX – o modo de reformar o estatuto;
X – o número mínimo de associados.

Capítulo V
DOS LIVROS

Art. 22. A sociedade cooperativa deverá possuir os seguintes livros:
I – de Matrícula;
II – de Atas das Assembleias Gerais;
III – de Atas dos Órgãos de Administração;
IV – de Atas do Conselho Fiscal;
V – de Presença dos Associados nas Assembleias Gerais;
VI – outros, fiscais e contábeis, obrigatórios.
Parágrafo único. É facultada a adoção de Livros de folhas soltas ou fichas.

Art. 23. No Livro de Matrícula, os associados serão inscritos por ordem cronológica de admissão, dele constando:
I – o nome, idade, estado civil, nacionalidade, profissão e residência do associado;
II – a data de sua admissão e, quando for o caso, de sua demissão a pedido, eliminação ou exclusão;
III – a conta-corrente das respectivas quotas-partes do capital social.

Capítulo VI
DO CAPITAL SOCIAL

Art. 24. O capital social será subdividido em quotas-partes, cujo valor unitário não poderá ser superior ao maior salário mínimo vigente no País.

• V. Lei 6.205/1975 (Descaracterização do salário mínimo como fator de correção monetária).

§ 1º Nenhum associado poderá subscrever mais de um terço do total das quotas-partes, salvo nas sociedades em que a subscrição deva ser diretamente proporcional ao movimento financeiro do cooperado ou ao quantitativo dos produtos a serem comercializados, beneficiados ou transformados, ou ainda, em relação à área cultivada ou ao número de plantas e animais em exploração.
§ 2º Não estão sujeitas ao limite estabelecido no parágrafo anterior as pessoas jurídicas de direito público que participem de cooperativas de eletrificação, irrigação e telecomunicações.
§ 3º É vedado às cooperativas distribuírem qualquer espécie de benefício às quotas-partes do capital ou estabelecer outras vantagens ou privilégios, financeiros ou não, em favor de quaisquer associados ou terceiros, excetuando-se os juros até o máximo de 12% (doze por cento) ao ano que incidirão sobre a parte integralizada.
§ 4º As quotas de que trata o *caput* deixam de integrar o patrimônio líquido da cooperativa quando se tornar exigível, na forma prevista no estatuto social e na legislação vigen-

Lei 5.764/1971

LEGISLAÇÃO

te, a restituição do capital integralizado pelo associado, em razão do seu desligamento, por demissão, exclusão ou eliminação.

• § 4º acrescentado pela Lei 13.097/2015.

Art. 25. Para a formação do capital social poder-se-á estipular que o pagamento das quotas-partes seja realizado mediante prestações periódicas, independentemente de chamada, por meio de contribuições ou outra forma estabelecida a critério dos respectivos órgãos executivos federais.

Art. 26. A transferência de quotas-partes será averbada no Livro de Matrícula, mediante termo que conterá as assinaturas do cedente, do cessionário e do diretor que o estatuto designar.

Art. 27. A integralização das quotas-partes e o aumento do capital social poderão ser feitos com bens avaliados previamente e após homologação em assembleia geral ou mediante retenção de determinada porcentagem do valor do movimento financeiro de cada associado.

§ 1º O disposto neste artigo não se aplica às cooperativas de crédito, às agrícolas mistas com seção de crédito e às habitacionais.

§ 2º Nas sociedades cooperativas em que a subscrição de capital for diretamente proporcional ao movimento ou à expressão econômica de cada associado, o estatuto deverá prever sua revisão periódica para ajustamento às condições vigentes.

Capítulo VII
DOS FUNDOS

Art. 28. As cooperativas são obrigadas a constituir:

I – Fundo de Reserva destinado a reparar perdas e atender ao desenvolvimento de suas atividades, constituído com 10% (dez por cento), pelo menos, das sobras líquidas do exercício;

II – Fundo de Assistência Técnica, Educacional e Social, destinado a prestação de assistência aos associados, seus familiares e, quando previsto nos estatutos, aos empregados da cooperativa, constituído de 5% (cinco por cento), pelo menos, das sobras líquidas apuradas no exercício.

§ 1º Além dos previstos neste artigo, a assembleia geral poderá criar outros fundos, inclusive rotativos, com recursos destinados a fins específicos fixando o modo de formação, aplicação e liquidação.

§ 2º Os serviços a serem atendidos pelo Fundo de Assistência Técnica, Educacional e Social poderão ser executados mediante convênio com entidades públicas e privadas.

Capítulo VIII
DOS ASSOCIADOS

Art. 29. O ingresso nas cooperativas é livre a todos que desejarem utilizar os serviços prestados pela sociedade, desde que adiram aos propósitos sociais e preencham as condições estabelecidas no estatuto, ressalvado o disposto no art. 4º, I, desta Lei.

§ 1º A admissão dos associados poderá ser restrita, a critério do órgão normativo respectivo, às pessoas que exerçam determinada atividade ou profissão, ou estejam vinculadas a determinada entidade.

§ 2º Poderão ingressar nas cooperativas de pesca e nas constituídas por produtores rurais ou extrativistas as pessoas jurídicas que pratiquem as mesmas atividades econômicas das pessoas físicas associadas.

§ 3º Nas cooperativas de eletrificação, irrigação e telecomunicações, poderão ingressar as pessoas jurídicas que se localizem na respectiva área de operações.

§ 4º Não poderão ingressar no quadro das cooperativas os agentes de comércio e empresários que operem no mesmo campo econômico da sociedade.

Art. 30. À exceção das cooperativas de crédito e das agrícolas mistas com seção de crédito, a admissão de associados, que se efetive mediante aprovação de seu pedido de ingresso pelo órgão de administração, complementa-se com a subscrição das quotas-partes de capital social e a sua assinatura no Livro de Matrícula.

Art. 31. O associado que aceitar e estabelecer relação empregatícia com a cooperativa perde o direito de votar e ser votado, até que sejam aprovadas as contas do exercício em que ele deixou o emprego.

Art. 32. A demissão do associado será unicamente a seu pedido.

Art. 33. A eliminação do associado é aplicada em virtude de infração legal ou estatutária, ou por fato especial previsto no estatuto, mediante termo firmado por quem de direito no Livro de Matrícula, com os motivos que a determinaram.

Legislação

Art. 34. A diretoria da cooperativa tem o prazo de 30 (trinta) dias para comunicar ao interessado a sua eliminação.
Parágrafo único. Da eliminação cabe recurso, com efeito suspensivo, à primeira assembleia geral.
Art. 35. A exclusão do associado será feita:
I – por dissolução da pessoa jurídica;
II – por morte da pessoa física;
III – por incapacidade civil não suprida;
IV – por deixar de atender aos requisitos estatutários de ingresso ou permanência na cooperativa.
Art. 36. A responsabilidade do associado perante terceiros, por compromissos da sociedade, perdura para os demitidos, eliminados ou excluídos até quando aprovadas as contas do exercício em que se deu o desligamento.
Parágrafo único. As obrigações dos associados falecidos, contraídas com a sociedade, e as oriundas de sua responsabilidade como associado em face de terceiros, passam aos herdeiros, prescrevendo, porém, após 1 (um) ano contado do dia da abertura da sucessão, ressalvados os aspectos peculiares das cooperativas de eletrificação rural e habitacionais.
Art. 37. A cooperativa assegurará a igualdade de direitos dos associados, sendo-lhe defeso:
I – remunerar a quem agencie novos associados;
II – cobrar prêmios ou ágio pela entrada de novos associados ainda a título de compensação das reservas;
III – estabelecer restrições de qualquer espécie ao livre exercício dos direitos sociais.

Capítulo IX
DOS ÓRGÃOS SOCIAIS

Seção I
Das assembleias gerais

Art. 38. A assembleia geral dos associados é o órgão supremo da sociedade, dentro dos limites legais e estatutários, tendo poderes para decidir os negócios relativos ao objeto da sociedade e tomar as resoluções convenientes ao desenvolvimento e defesa desta, e suas deliberações vinculam a todos, ainda que ausentes ou discordantes.

§ 1º As assembleias gerais serão convocadas com antecedência mínima de 10 (dez) dias, em primeira convocação, mediante editais afixados em locais apropriados das dependências comumente mais frequentadas pelos associados, publicação em jornal e comunicação aos associados por intermédio de circulares. Não havendo no horário estabelecido *quorum* de instalação, as assembleias poderão ser realizadas em segunda ou terceira convocações desde que assim permitam os estatutos e conste do respectivo edital, quando então será observado o intervalo mínimo de 1 (uma) hora entre a realização por uma ou outra convocação.

§ 2º A convocação será feita pelo presidente, ou por qualquer dos órgãos de administração, pelo Conselho Fiscal, ou, após solicitação não atendida, por um quinto dos associados em pleno gozo dos seus direitos.

§ 3º As deliberações nas assembleias gerais serão tomadas por maioria de votos dos associados presentes com direito de votar.

Art. 39. É da competência das assembleias gerais, ordinárias ou extraordinárias, a destituição dos membros dos órgãos de administração ou fiscalização.
Parágrafo único. Ocorrendo destituição que possa afetar a regularidade da administração ou fiscalização da entidade, poderá a assembleia designar administradores e conselheiros provisórios, até a posse dos novos, cuja eleição se efetuará no prazo máximo de 30 (trinta) dias.

Art. 40. Nas assembleias gerais o *quorum* de instalação será o seguinte:
I – dois terços do número de associados, em primeira convocação;
II – metade mais um dos associados em segunda convocação;
III – mínimo de dez associados na terceira convocação ressalvado o caso de cooperativas centrais e federações e confederações de cooperativas, que se instalarão com qualquer número.

Art. 41. Nas assembleias gerais das cooperativas centrais, federações e confederações de cooperativas, a representação será feita por delegados indicados na forma dos seus estatutos e credenciados pela diretoria das respectivas filiadas.

Lei 5.764/1971

LEGISLAÇÃO

Parágrafo único. Os grupos de associados individuais das cooperativas centrais e federações de cooperativas serão representados por um delegado, escolhido entre seus membros e credenciado pela respectiva administração.

Art. 42. Nas cooperativas singulares, cada associado presente não terá direito a mais de um voto, qualquer que seja o número de suas quotas-partes.

* Artigo com redação determinada pela Lei 6.981/1982.

§ 1º Não será permitida a representação por meio de mandatário.

§ 2º Quando o número de associados, nas cooperativas singulares, exceder a três mil, pode o estatuto estabelecer que os mesmos sejam representados, nas assembleias gerais, por delegados que tenham a qualidade de associados no gozo de seus direitos sociais e não exerçam cargos eletivos na sociedade.

§ 3º O estatuto determinará o número de delegados, a época e forma de sua escolha por grupos seccionais de associados de igual número e o tempo de duração da delegação.

§ 4º Admitir-se-á, também, a delegação definida no parágrafo anterior nas cooperativas singulares cujo número de associados seja inferior a três mil, desde que haja filiados residindo a mais de 50 km (cinquenta quilômetros) da sede.

§ 5º Os associados, integrantes de grupos seccionais, que não sejam delegados, poderão comparecer às assembleias gerais, privados, contudo, de voz e voto.

§ 6º As assembleias gerais compostas por delegados decidem sobre todas as matérias que, nos termos da lei ou dos estatutos, constituem objeto de decisão da assembleia geral dos associados.

Art. 43. Prescreve em 4 (quatro) anos a ação para anular as deliberações da assembleia geral viciadas de erro, dolo, fraude ou simulação, ou tomadas com violação da lei ou do estatuto, contado o prazo da data em que a assembleia foi realizada.

* V. arts. 138 a 150, 158 a 165 e 167, CC.

Seção II
Das assembleias gerais ordinárias

Art. 44. A assembleia geral ordinária, que se realizará anualmente nos 3 (três) primeiros meses após o término do exercício social, deliberará sobre os seguintes assuntos que deverão constar da ordem do dia:

I – prestação de contas dos órgãos de administração acompanhada de parecer do Conselho Fiscal, compreendendo:

a) relatório da gestão;
b) balanço;
c) demonstrativo das sobras apuradas ou das perdas decorrentes da insuficiência das contribuições para cobertura das despesas da sociedade e o parecer do Conselho Fiscal;

II – destinação das sobras apuradas ou rateio das perdas decorrentes da insuficiência das contribuições para cobertura das despesas da sociedade, deduzindo-se, no primeiro caso, as parcelas para os fundos obrigatórios;

III – eleição dos componentes dos órgãos de administração, do Conselho Fiscal e de outros, quando for o caso;

IV – quando previsto, a fixação do valor dos honorários, gratificações e cédula de presença dos membros do Conselho de Administração ou da diretoria e do Conselho Fiscal;

V – quaisquer assuntos de interesse social, excluídos os enumerados no art. 46.

§ 1º Os membros dos órgãos de administração e fiscalização não poderão participar da votação das matérias referidas nos itens I e IV deste artigo.

§ 2º À exceção das cooperativas de crédito e das agrícolas mistas com seção de crédito, a aprovação do relatório, balanço e contas dos órgãos de administração, desonera seus componentes de responsabilidade, ressalvados os casos de erro, dolo, fraude ou simulação, bem como a infração da lei ou do estatuto.

Seção III
Das assembleias gerais extraordinárias

Art. 45. A assembleia geral extraordinária realizar-se-á sempre que necessário e poderá deliberar sobre qualquer assunto de interesse da sociedade, desde que mencionado no edital de convocação.

Legislação

Art. 46. É da competência exclusiva da assembleia geral extraordinária deliberar sobre os seguintes assuntos:
I – reforma do estatuto;
II – fusão, incorporação ou desmembramento;
III – mudança do objeto da sociedade;
IV – dissolução voluntária da sociedade e nomeação de liquidantes;
V – contas do liquidante.

Parágrafo único. São necessários os votos de dois terços dos associados presentes, para tornar válidas as deliberações de que trata este artigo.

Seção IV
Dos órgãos de administração

Art. 47. A sociedade será administrada por uma diretoria ou Conselho de Administração, composto exclusivamente de associados eleitos pela assembleia geral, com mandato nunca superior a 4 (quatro) anos, sendo obrigatória a renovação de, no mínimo, um terço do Conselho de Administração.

§ 1º O estatuto poderá criar outros órgãos necessários à administração.

§ 2º A posse dos administradores e conselheiros fiscais das cooperativas mistas com seção de crédito e habitacionais fica sujeita à prévia homologação dos respectivos órgãos normativos.

Art. 48. Os órgãos de administração podem contratar gerentes técnicos ou comerciais, que não pertençam ao quadro de associados, fixando-lhes as atribuições e salários.

Art. 49. Ressalvada a legislação específica que rege as cooperativas de crédito, as seções de crédito das cooperativas agrícolas mistas e as de habitação, os administradores eleitos ou contratados não serão pessoalmente responsáveis pelas obrigações que contraírem em nome da sociedade, mas responderão solidariamente pelos prejuízos resultantes de seus atos, se procederem com culpa ou dolo.

• V. art. 36.

Parágrafo único. A sociedade responderá pelos atos a que se refere a última parte deste artigo se os houver ratificado ou deles logrado proveito.

Art. 50. Os participantes de ato ou operação social em que se oculte a natureza da sociedade podem ser declarados pessoalmente responsáveis pelas obrigações em nome dela contraídas, sem prejuízo das sanções penais cabíveis.

Art. 51. São inelegíveis, além das pessoas impedidas por lei, os condenados a pena que vede, ainda que temporariamente, o acesso a cargos públicos; ou por crime falimentar, de prevaricação, peita ou suborno, concussão, peculato, ou contra a economia popular, a fé pública ou a propriedade.

Parágrafo único. Não podem compor uma mesma diretoria ou Conselho de Administração, os parentes entre si até segundo grau, em linha reta ou colateral.

• V. art. 56, § 1º.

Art. 52. O diretor ou associado que, em qualquer operação, tenha interesse oposto ao da sociedade, não pode participar das deliberações referentes a essa operação, cumprindo-lhe acusar o seu impedimento.

Art. 53. Os componentes da Administração e do Conselho Fiscal, bem como os liquidantes, equiparam-se aos administradores das sociedades anônimas para efeito de responsabilidade criminal.

Art. 54. Sem prejuízo da ação que couber ao associado, a sociedade, por seus diretores, ou representada pelo associado escolhido em assembleia geral, terá direito de ação contra os administradores, para promover sua responsabilidade.

Art. 55. Os empregados de empresas que sejam eleitos diretores de sociedades cooperativas pelos mesmos criadas gozarão das garantias asseguradas aos dirigentes sindicais pelo art. 543 da Consolidação das Leis do Trabalho (Dec.-lei 5.452, de 1º de maio de 1943).

Seção V
Do Conselho Fiscal

Art. 56. A administração da sociedade será fiscalizada, assídua e minuciosamente,

Lei 5.764/1971

por um Conselho Fiscal, constituído de três membros efetivos e três suplentes, todos associados eleitos anualmente pela assembleia geral, sendo permitida apenas a reeleição de um terço dos seus componentes.

§ 1º Não podem fazer parte do Conselho Fiscal, além dos inelegíveis enumerados no art. 51, os parentes dos diretores até o segundo grau, em linha reta ou colateral, bem como os parentes entre si até esse grau.

• V. art. 51, parágrafo único.

§ 2º O associado não pode exercer cumulativamente cargos nos órgãos de administração e de fiscalização.

• V. art. 93, IV.

Capítulo X
FUSÃO, INCORPORAÇÃO E DESMEMBRAMENTO

Art. 57. Pela fusão, duas ou mais cooperativas formam nova sociedade.

§ 1º Deliberada a fusão, cada cooperativa interessada indicará nomes para comporem comissão mista que procederá aos estudos necessários à constituição da nova sociedade, tais como o levantamento patrimonial, balanço geral, plano de distribuição de quotas-partes, destino dos fundos de reserva e outros e o projeto de estatuto.

§ 2º Aprovado o relatório da comissão mista e constituída a nova sociedade em assembleia geral conjunta, os respectivos documentos serão arquivados, para aquisição de personalidade jurídica, na Junta Comercial competente, e duas vias dos mesmos, com a publicação do arquivamento, serão encaminhadas ao órgão executivo de controle ou ao órgão local credenciado.

• V. arts. 45 a 985, CC.

§ 3º Exclui-se do disposto no parágrafo anterior a fusão que envolver cooperativas que exerçam atividades de crédito. Nesse caso, aprovado o relatório da comissão mista e constituída a nova sociedade em assembleia geral conjunta, a autorização para funcionar e o registro dependerão de prévia anuência do Banco Central do Brasil.

Art. 58. A fusão determina a extinção das sociedades que se unem para formar a nova sociedade que lhe sucederá nos direitos e obrigações.

Art. 59. Pela incorporação, uma sociedade cooperativa absorve o patrimônio, recebe os associados, assume as obrigações e se investe nos direitos de outra ou outras cooperativas.

Parágrafo único. Na hipótese prevista neste artigo, serão obedecidas as mesmas formalidades estabelecidas para a fusão, limitadas as avaliações ao patrimônio da ou das sociedades incorporandas.

Art. 60. As sociedades cooperativas poderão desmembrar-se em tantas quantas forem necessárias para atender aos interesses dos seus associados, podendo uma das novas entidades ser constituída como cooperativa central ou federação de cooperativas, cujas autorizações de funcionamento e os arquivamentos serão requeridos conforme o disposto nos arts. 17 e segs.

Art. 61. Deliberado o desmembramento, a assembleia designará uma comissão para estudar as providências necessárias à efetivação da medida.

§ 1º O relatório apresentado pela comissão, acompanhado dos projetos de estatutos das novas cooperativas, será apreciado em nova assembleia especialmente convocada para esse fim.

§ 2º O plano de desmembramento preverá o rateio, entre as novas cooperativas, do ativo e passivo da sociedade desmembrada.

§ 3º No rateio previsto no parágrafo anterior, atribuir-se-á a cada nova cooperativa parte do capital social da sociedade desmembrada em quota correspondente à participação dos associados que passam a integrá-la.

§ 4º Quando uma das cooperativas for constituída como cooperativa central ou federação de cooperativas, prever-se-á o montante das quotas-partes que as associadas terão no capital social.

Art. 62. Constituídas as sociedades e observado o disposto nos arts. 17 e seguintes, proceder-se-á às transferências contábeis e patrimoniais necessárias à concretização das medidas adotadas.

Lei 5.764/1971

LEGISLAÇÃO

Capítulo XI
DA DISSOLUÇÃO E LIQUIDAÇÃO

• V. arts. 1.033 a 1.038, CC.

Art. 63. As sociedades cooperativas se dissolvem de pleno direito:

I – quando assim deliberar a assembleia geral, desde que os associados, totalizando o número mínimo exigido por esta Lei, não se disponham a assegurar a sua continuidade;

II – pelo decurso do prazo de duração;

III – pela consecução dos objetivos predeterminados;

IV – devido à alteração de sua forma jurídica;

V – pela redução do número mínimo de associados ou do capital social mínimo se, até a assembleia geral subsequente, realizada em prazo não inferior a 6 (seis) meses, eles não forem restabelecidos;

VI – pelo cancelamento da autorização para funcionar;

VII – pela paralisação de suas atividades por mais de 120 (cento e vinte) dias.

• V. art. 93, III.

Parágrafo único. A dissolução da sociedade importará no cancelamento da autorização para funcionar e do registro.

Art. 64. Quando a dissolução da sociedade não for promovida voluntariamente, nas hipóteses previstas no artigo anterior, a medida poderá ser tomada judicialmente a pedido de qualquer associado ou por iniciativa do órgão executivo federal.

Art. 65. Quando a dissolução for deliberada pela assembleia geral, esta nomeará um liquidante ou mais, e um Conselho Fiscal de três membros para proceder à sua liquidação.

§ 1º O processo de liquidação só poderá ser iniciado após a audiência do respectivo órgão executivo federal.

§ 2º A assembleia geral, nos limites de suas atribuições, poderá, em qualquer época, destituir os liquidantes e os membros do Conselho Fiscal, designando os seus substitutos.

Art. 66. Em todos os atos e operações, os liquidantes deverão usar a denominação da cooperativa, seguida da expressão: "Em liquidação".

Art. 67. Os liquidantes terão todos os poderes normais de administração podendo praticar atos e operações necessários à realização do ativo e pagamento do passivo.

Art. 68. São obrigações dos liquidantes:

I – providenciar o arquivamento, na Junta Comercial, da Ata da Assembleia Geral em que foi deliberada a liquidação;

II – comunicar à administração central do respectivo órgão executivo federal e ao Banco Nacional de Crédito Cooperativo S/A a sua nomeação, fornecendo cópia da Ata da Assembleia Geral que decidiu a matéria;

III – arrecadar os bens, livros e documentos da sociedade, onde quer que estejam;

IV – convocar os credores e devedores e promover o levantamento dos créditos e débitos da sociedade;

V – proceder nos 15 (quinze) dias seguintes ao de sua investidura e com a assistência, sempre que possível, dos administradores, ao levantamento do inventário e balanço geral do ativo e passivo;

VI – realizar o ativo social para saldar o passivo e reembolsar os associados de suas quotas-partes, destinando o remanescente, inclusive o dos fundos indivisíveis, ao Banco Nacional de Crédito Cooperativo S/A;

VII – exigir dos associados a integralização das respectivas quotas-partes do capital social não realizadas, quando o ativo não bastar para solução do passivo;

VIII – fornecer aos credores a relação dos associados, se a sociedade for de responsabilidade ilimitada e se os recursos apurados forem insuficientes para o pagamento das dívidas;

IX – convocar a assembleia geral, cada 6 (seis) meses ou sempre que necessário, para apresentar relatório e balanço do estado da liquidação e prestar contas dos atos praticados durante o período anterior;

X – apresentar à assembleia geral, finda a liquidação, o respectivo relatório e as contas finais;

Lei 5.764/1971

LEGISLAÇÃO

XI – averbar, no órgão competente, a Ata da Assembleia Geral que considerar encerrada a liquidação.

Art. 69. As obrigações e as responsabilidades dos liquidantes regem-se pelos preceitos peculiares aos dos administradores da sociedade liquidanda.

Art. 70. Sem autorização da assembleia não poderá o liquidante gravar de ônus os móveis e imóveis, contrair empréstimos, salvo quando indispensáveis para o pagamento de obrigações inadiáveis, nem prosseguir, embora para facilitar a liquidação, na atividade social.

Art. 71. Respeitados os direitos dos credores preferenciais, pagará o liquidante as dívidas sociais proporcionalmente e sem distinção entre vencidas ou não.

Art. 72. A assembleia geral poderá resolver, antes de ultimada a liquidação, mas depois de pagos os credores, que o liquidante faça rateios por antecipação da partilha, à medida em que se apurem os haveres sociais.

Art. 73. Solucionado o passivo, reembolsados os cooperados até o valor de suas quotas-partes e encaminhado o remanescente conforme o estatuído, convocará o liquidante assembleia geral para prestação final de contas.

Art. 74. Aprovadas as contas, encerra-se a liquidação e a sociedade se extingue, devendo a ata da assembleia ser arquivada na Junta Comercial e publicada.

Parágrafo único. O associado discordante terá o prazo de 30 (trinta) dias, a contar da publicação da ata, para promover a ação que couber.

Art. 75. A liquidação extrajudicial das cooperativas poderá ser promovida por iniciativa do respectivo órgão executivo federal, que designará o liquidante, e será processada de acordo com a legislação específica e demais disposições regulamentares, desde que a sociedade deixe de oferecer condições operacionais, principalmente por constatada insolvência.

§ 1º A liquidação extrajudicial, tanto quanto possível, deverá ser precedida de intervenção na sociedade.

§ 2º Ao interventor, além dos poderes expressamente concedidos no ato de intervenção, são atribuídas funções, prerrogativas e obrigações dos órgãos de administração.

Art. 76. A publicação no *Diário Oficial*, da Ata da Assembleia Geral da sociedade, que deliberou sua liquidação, ou da decisão do órgão executivo federal quando a medida for de sua iniciativa, implicará a sustação de qualquer ação judicial contra a cooperativa, pelo prazo de 1 (um) ano, sem prejuízo, entretanto, da fluência dos juros legais ou pactuados e seus acessórios.

Parágrafo único. Decorrido o prazo previsto neste artigo, sem que, por motivo relevante, esteja encerrada a liquidação, poderá ser o mesmo prorrogado, no máximo por mais 1 (um) ano, mediante decisão do órgão citado no artigo, publicada, com os mesmos efeitos, no *Diário Oficial*.

Art. 77. Na realização do ativo da sociedade, o liquidante deverá:

I – mandar avaliar, por avaliadores judiciais ou de instituições financeiras públicas, os bens de sociedade;

II – proceder à venda dos bens necessários ao pagamento do passivo da sociedade, observadas, no que couber, as normas constantes dos arts. 117 e 118 do Dec.-lei 7.661, de 21 de junho de 1945.

* V. art. 142, Lei 11.101/2005 (Lei de Recuperação de Empresas e Falência).

Art. 78. A liquidação das cooperativas de crédito e da seção de crédito das cooperativas agrícolas mistas reger-se-á pelas normas próprias legais e regulamentares.

Capítulo XII
DO SISTEMA OPERACIONAL DAS COOPERATIVAS

Seção I
Do ato cooperativo

Art. 79. Denominam-se atos cooperativos os praticados entre as cooperativas e seus associados, entre estes e aquelas e pe-

Lei 5.764/1971

las cooperativas entre si quando associadas, para a consecução dos objetivos sociais.
Parágrafo único. O ato cooperativo não implica operação de mercado, nem contrato de compra e venda de produto ou mercadoria.

Seção II
Das distribuições de despesas

Art. 80. As despesas da sociedade serão cobertas pelos associados mediante rateio na proporção direta da fruição de serviços.
Parágrafo único. A cooperativa poderá, para melhor atender à equanimidade de cobertura das despesas da sociedade, estabelecer:
I – rateio, em partes iguais, das despesas gerais da sociedade entre todos os associados, quer tenham ou não, no ano, usufruído dos serviços por ela prestados, conforme definidas no estatuto;
II – rateio, em razão diretamente proporcional, entre os associados que tenham usufruído dos serviços durante o ano, das sobras líquidas ou dos prejuízos verificados no balanço do exercício, excluídas as despesas gerais já atendidas na forma do item anterior.

Art. 81. A cooperativa que tiver adotado o critério de separar as despesas da sociedade e estabelecido o seu rateio na forma indicada no parágrafo único do artigo anterior deverá levantar separadamente as despesas gerais.

Seção III
Das operações da cooperativa

Art. 82. A cooperativa que se dedicar a vendas em comum poderá registrar-se como armazém geral, podendo também desenvolver as atividades previstas na Lei 9.973, de 29 de maio de 2000, e nessa condição expedir Conhecimento de Depósito, *Warrant*, Certificado de Depósito Agropecuário – CDA e *Warrant* Agropecuário – WA para os produtos de seus associados conservados em seus armazéns, próprios ou arrendados, sem prejuízo da emissão de outros títulos decorrentes de suas atividades normais, aplicando-se, no que couber, a legislação específica.

* *Caput* com redação determinada pela Lei 11.076/2004.

§ 1º Para efeito deste artigo, os armazéns da cooperativa se equiparam aos "armazéns gerais", com as prerrogativas e obrigações destes, ficando os componentes do Conselho de Administração ou Diretoria Executiva, emitente do título, responsáveis, pessoal e solidariamente, pela boa guarda e conservação dos produtos vinculados, respondendo criminal e civilmente pelas declarações constantes do título, como também por qualquer ação ou omissão que acarrete o desvio, deterioração ou perda dos produtos.

§ 2º Observado o disposto no § 1º, as cooperativas poderão operar unidades de armazenagem, embalagem e frigorificação, bem como armazéns gerais alfandegários, nos termos do disposto no Capítulo IV da Lei 5.025, de 10 de junho de 1966.

* V. Lei 5.025/1966 (Cria o Conselho Nacional do Comércio Exterior e dispõe sobre intercâmbio comercial).

Art. 83. A entrega da produção do associado à sua cooperativa significa a outorga a esta de plenos poderes para a sua livre disposição, inclusive para gravá-la e dá-la em garantia de operações de crédito realizadas pela sociedade, salvo se, tendo em vista os usos e costumes relativos à comercialização de determinados produtos, sendo de interesse do produtor, os estatutos dispuserem de outro modo.

Art. 84. *(Revogado pela LC 130/2009.)*

Art. 85. As cooperativas agropecuárias e de pesca poderão adquirir produtos de não associados, agricultores, pecuaristas ou pescadores, para completar lotes destinados ao cumprimento de contratos ou suprir capacidade ociosa de instalações industriais das cooperativas que as possuem.

Art. 86. As cooperativas poderão fornecer bens e serviços a não associados, desde que tal faculdade atenda aos objetivos sociais e esteja de conformidade com a presente Lei.
Parágrafo único. *(Revogado pela LC 130/2009.)*

Art. 87. Os resultados das operações das cooperativas com não associados, mencio-

Lei 5.764/1971

LEGISLAÇÃO

nados nos arts. 85 e 86, serão levados à conta do "Fundo de Assistência Técnica, Educacional e Social" e serão contabilizados em separado, de molde a permitir cálculo para incidência de tributos.

Art. 88. Poderão as cooperativas participar de sociedades não cooperativas para melhor atendimento dos próprios objetivos e de outros de caráter acessório ou complementar.

* Artigo com redação determinada pela MP 2.168-40/2001.

Seção IV
Dos prejuízos

Art. 89. Os prejuízos verificados no decorrer do exercício serão cobertos com recursos provenientes do Fundo de Reserva e, se insuficiente este, mediante rateio, entre os associados, na razão direta dos serviços usufruídos, ressalvada a opção prevista no parágrafo único do art. 80.

Seção V
Do sistema trabalhista

Art. 90. Qualquer que seja o tipo de cooperativa, não existe vínculo empregatício entre ela e seus associados.

Art. 91. As cooperativas igualam-se às demais empresas em relação aos seus empregados para os fins da legislação trabalhista e previdenciária.

Capítulo XIII
DA FISCALIZAÇÃO E CONTROLE

Art. 92. A fiscalização e o controle das sociedades cooperativas, nos termos desta Lei e dispositivos legais específicos, serão exercidos, de acordo com o objeto de funcionamento, da seguinte forma:

I – as de crédito e as seções de crédito das agrícolas mistas pelo Banco Central do Brasil;

II – as de habitação pelo Banco Nacional da Habitação;

III – as demais pelo Instituto Nacional de Colonização e Reforma Agrária.

§ 1º Mediante autorização do Conselho Nacional de Cooperativismo, os órgãos controladores federais poderão solicitar, quando julgarem necessário, a colaboração de outros órgãos administrativos, na execução das atribuições previstas neste artigo.

§ 2º As sociedades cooperativas permitirão quaisquer verificações determinadas pelos respectivos órgãos de controle, prestando os esclarecimentos que lhes forem solicitados, além de serem obrigadas a remeter-lhes anualmente a relação dos associados admitidos, demitidos, eliminados e excluídos no período, cópias de atas, de balanços e dos relatórios do exercício social e parecer do Conselho Fiscal.

Art. 93. O Poder Público por intermédio da administração central dos órgãos executivos federais competentes, por iniciativa própria ou solicitação da assembleia geral ou do Conselho Fiscal, intervirá nas cooperativas quando ocorrer um dos seguintes casos:

I – violação contumaz das disposições legais;

II – ameaça de insolvência em virtude de má administração da sociedade;

III – paralisação das atividades sociais por mais de 120 (cento e vinte) dias consecutivos;

* V. art. 63, VII.

IV – inobservância do art. 56, § 2º.

Parágrafo único. Aplica-se, no que couber, às cooperativas habitacionais, o disposto neste artigo.

Art. 94. Observar-se-á, no processo de intervenção, a disposição constante do § 2º do art. 75.

Capítulo XIV
DO CONSELHO NACIONAL DE COOPERATIVISMO

Art. 95. A orientação geral da política cooperativista nacional caberá ao Conselho Nacional de Cooperativismo – CNC, que passará a funcionar junto ao Instituto Nacional de Colonização e Reforma Agrária – Incra, com plena autonomia administrativa e financeira, na forma do art. 172 do Dec.-lei 200, de 25 de fevereiro de 1967, sob a presidência do Ministro da Agricultura e com-

Lei 5.764/1971

LEGISLAÇÃO

posto de oito membros indicados pelos seguintes representados:

* V. Dec. 200/1967 (Organização da administração federal – estabelece diretrizes para reforma administrativa).

I – Ministério do Planejamento e Coordenação-Geral;
II – Ministério da Fazenda, por intermédio do Banco Central do Brasil;
III – Ministério do Interior, por intermédio do Banco Nacional da Habitação;
IV – Ministério da Agricultura, por intermédio do Instituto Nacional de Colonização e Reforma Agrária – Incra, e do Banco Nacional de Crédito Cooperativo S/A;
V – Organização das Cooperativas Brasileiras.

Parágrafo único. A entidade referida no inciso V deste artigo contará com três elementos para fazer-se representar no Conselho.

Art. 96. O Conselho, que deverá reunir-se ordinariamente uma vez por mês, será presidido pelo Ministro da Agricultura, a quem caberá o voto de qualidade, sendo suas resoluções votadas por maioria simples, com a presença, no mínimo, de três representantes dos órgãos oficiais mencionados nos itens I a IV do artigo anterior.

Parágrafo único. Nos seus impedimentos eventuais, o substituto do presidente será o presidente do Instituto Nacional de Colonização e Reforma Agrária.

Art. 97. Ao Conselho Nacional de Cooperativismo compete:
I – editar atos normativos para a atividade cooperativista nacional;
II – baixar normas regulamentadoras, complementares e interpretativas, da legislação cooperativista;
III – organizar e manter atualizado o cadastro geral das cooperativas nacionais;
IV – decidir, em última instância, os recursos originários de decisões do respectivo órgão executivo federal;
V – apreciar os anteprojetos que objetivam a revisão da legislação cooperativista;
VI – estabelecer condições para o exercício de quaisquer cargos eletivos de administração ou fiscalização de cooperativas;
VII – definir as condições de funcionamento do empreendimento cooperativo, a que se refere o art. 18;
VIII – votar o seu próprio regimento;
IX – autorizar, onde houver condições, a criação de Conselhos Regionais de Cooperativismo, definindo-lhes as atribuições;
X – decidir sobre a aplicação do Fundo Nacional de Cooperativismo, nos termos do art. 102 desta Lei;
XI – estabelecer em ato normativo ou de caso a caso, conforme julgar necessário, o limite a ser observado nas operações com não associados a que se referem os arts. 85 e 86.

Parágrafo único. As atribuições do Conselho Nacional de Cooperativismo não se estendem às cooperativas de habitação, às de crédito e às seções de crédito das cooperativas agrícolas mistas, no que forem regidas por legislação própria.

Art. 98. O Conselho Nacional de Cooperativismo – CNC contará com uma secretaria executiva que se incumbirá de seus encargos administrativos, podendo seu secretário executivo requisitar funcionários de qualquer órgão da Administração Pública.

§ 1º O secretário executivo do Conselho Nacional de Cooperativismo será o diretor do Departamento de Desenvolvimento Rural do Instituto Nacional de Colonização e Reforma Agrária – Incra, devendo o Departamento referido incumbir-se dos encargos administrativos do Conselho Nacional de Cooperativismo.

§ 2º Para os impedimentos eventuais do secretário executivo, este indicará à apreciação do Conselho seu substituto.

Art. 99. Compete ao presidente do Conselho Nacional de Cooperativismo:
I – presidir às reuniões;
II – convocar as reuniões extraordinárias;
III – proferir o voto de qualidade.

Art. 100. Compete à Secretaria Executiva do Conselho Nacional de Cooperativismo:
I – dar execução às resoluções do Conselho;
II – comunicar as decisões do Conselho ao respectivo órgão executivo federal;
III – manter relações com os órgãos executivos federais, bem assim com quaisquer ou-

Lei 5.764/1971

tros órgãos públicos ou privados, nacionais ou estrangeiros, que possam influir no aperfeiçoamento do cooperativismo;

IV – transmitir aos órgãos executivos federais e entidade superior do movimento cooperativista nacional todas as informações relacionadas com a doutrina e prática cooperativistas de seu interesse;

V – organizar e manter atualizado o cadastro geral das cooperativas nacionais e expedir as respectivas certidões;

VI – apresentar ao Conselho, em tempo hábil, a proposta orçamentária do órgão, bem como o relatório anual de suas atividades;

VII – providenciar todos os meios que assegurem o regular funcionamento do Conselho;

VIII – executar quaisquer outras atividades necessárias ao pleno exercício das atribuições do Conselho.

Art. 101. O Ministério da Agricultura incluirá, em sua proposta orçamentária anual, os recursos financeiros solicitados pelo Conselho Nacional de Cooperativismo – CNC, para custear seu funcionamento.

Parágrafo único. As contas do Conselho Nacional de Cooperativismo – CNC, serão prestadas por intermédio do Ministério da Agricultura, observada a legislação específica que regula a matéria.

Art. 102. Fica mantido, junto ao Banco Nacional de Crédito Cooperativo S/A, o "Fundo Nacional de Cooperativismo", criado pelo Dec.-lei 59, de 21 de novembro de 1966, destinado a prover recursos de apoio ao movimento cooperativista nacional.

• V. art. 117.

§ 1º O Fundo de que trata este artigo será suprido por:

I – dotação incluída no orçamento do Ministério da Agricultura para o fim específico de incentivos às atividades cooperativas;

II – juros e amortizações dos financiamentos realizados com seus recursos;

III – doações, legados e outras rendas eventuais;

IV – dotações consignadas pelo Fundo Federal Agropecuário e pelo Instituto Nacional de Colonização e Reforma Agrária – Incra.

§ 2º Os recursos do Fundo, deduzido o necessário ao custeio de sua administração, serão aplicados pelo Banco Nacional de Crédito Cooperativo S/A, obrigatoriamente, em financiamento de atividades que interessem de maneira relevante ao abastecimento das populações, a critério do Conselho Nacional de Cooperativismo.

§ 3º O Conselho Nacional de Cooperativismo poderá, por conta do Fundo, autorizar a concessão de estímulos ou auxílios para execução de atividades que, pela sua relevância socioeconômicas, concorram para o desenvolvimento do sistema cooperativista nacional.

Capítulo XV
DOS ÓRGÃOS GOVERNAMENTAIS

Art. 103. As cooperativas permanecerão subordinadas, na parte normativa, ao Conselho Nacional de Cooperativismo, com exceção das de crédito, das seções de crédito das agrícolas mistas e das de habitação, cujas normas continuarão a ser baixadas pelo Conselho Monetário Nacional, relativamente às duas primeiras, e Banco Nacional da Habitação, com relação à última, observado o disposto no art. 92 desta Lei.

Parágrafo único. Os órgãos executivos federais, visando à execução descentralizada de seus serviços, poderão delegar sua competência, total ou parcialmente, a órgãos e entidades da administração estadual e municipal, bem como, excepcionalmente, a outros órgãos e entidades da administração federal.

Art. 104. Os órgãos executivos federais comunicarão todas as alterações havidas nas cooperativas sob a sua jurisdição ao Conselho Nacional de Cooperativismo, para fins de atualização do cadastro geral das cooperativas nacionais.

Capítulo XVI
DA REPRESENTAÇÃO DO SISTEMA COOPERATIVISTA

Art. 105. A representação do sistema cooperativista nacional cabe à Organização das Cooperativas Brasileiras – OCB, sociedade civil, com sede na Capital Federal, órgão técnico-consultivo do Governo, estruturada

nos termos desta Lei, sem finalidade lucrativa, competindo-lhe precipuamente:
a) manter a neutralidade política e indiscriminação racial, religiosa e social;
b) integrar todos os ramos das atividades cooperativistas;
c) manter registro de todas as sociedades cooperativas que, para todos os efeitos, integram a Organização das Cooperativas Brasileiras – OCB;
d) manter serviços de assistência geral ao sistema cooperativista, seja quanto à estrutura social, seja quanto aos métodos operacionais e orientação jurídica, mediante pareceres e recomendações, sujeitas, quando for o caso, à aprovação do Conselho Nacional de Cooperativismo – CNC;
e) denunciar ao Conselho Nacional de Cooperativismo práticas nocivas ao desenvolvimento cooperativista;
f) opinar nos processos que lhe sejam encaminhados pelo Conselho Nacional de Cooperativismo;
g) dispor de setores consultivos especializados, de acordo com os ramos de cooperativismo;
h) fixar a política da organização com base nas proposições emanadas de seus órgãos técnicos;
i) exercer outras atividades inerentes à sua condição de órgão de representação e defesa do sistema cooperativista;
j) manter relações de integração com as entidades congêneres do exterior e suas cooperativas.
§ 1º A Organização das Cooperativas Brasileiras – OCB será constituída de entidades, uma para cada Estado, Território e Distrito Federal, criadas com as mesmas características da organização nacional.
§ 2º As assembleias gerais do órgão central serão formadas pelos representantes credenciados das filiadas, um por entidade, admitindo-se proporcionalidade de voto.
§ 3º A proporcionalidade de voto, estabelecida no parágrafo anterior, ficará a critério da OCB, baseando-se no número de associados – pessoas físicas e as exceções previstas nesta Lei – que compõem o quadro das cooperativas filiadas.

§ 4º A composição da diretoria da Organização das Cooperativas Brasileiras – OCB será estabelecida em seus estatutos sociais.
§ 5º Para o exercício de cargos de diretoria e Conselho Fiscal, as eleições se processarão por escrutínio secreto, permitida a reeleição para mais um mandato consecutivo.

Art. 106. A atual Organização das Cooperativas Brasileiras e as suas filiadas ficam investidas das atribuições e prerrogativas conferidas nesta Lei, devendo, no prazo de 1 (um) ano, promover a adaptação de seus estatutos, e a transferência da sede nacional.

Art. 107. As cooperativas são obrigadas, para seu funcionamento, a registrar-se na Organização das Cooperativas Brasileiras ou na entidade estadual, se houver, mediante apresentação dos estatutos sociais e suas alterações posteriores.

Parágrafo único. Por ocasião do registro, a cooperativa pagará 10% (dez por cento) do maior salário mínimo vigente, se a soma do respectivo capital integralizado e fundos não exceder de 250 (duzentos e cinquenta) salários mínimos e 50% (cinquenta por cento) se aquele montante for superior.

- V. Lei 6.205/1975 (Descaracterização do salário mínimo como fator de correção monetária).

Art. 108. Fica instituída, além do pagamento previsto no parágrafo único do artigo anterior, a Contribuição Cooperativista, que será recolhida anualmente pela cooperativa após o encerramento de seu exercício social, a favor da Organização das Cooperativas Brasileiras de que trata o art. 105 desta Lei.
§ 1º A Contribuição Cooperativista constituir-se-á de importância correspondente a 0,2% (dois décimos por cento) do valor do capital integralizado e fundos da sociedade cooperativa, no exercício social do ano anterior, sendo o respectivo montante distribuído, por metade, a suas filiadas, quando constituídas.
§ 2º No caso das cooperativas centrais ou federações, a Contribuição de que trata o parágrafo anterior será calculada sobre os fundos e reservas existentes.

Lei 5.764/1971

LEGISLAÇÃO

§ 3º A Organização das Cooperativas Brasileiras poderá estabelecer um teto à Contribuição Cooperativista, com base em estudos elaborados pelo seu corpo técnico.

Capítulo XVII
DOS ESTÍMULOS CREDITÍCIOS

Art. 109. Caberá ao Banco Nacional de Crédito Cooperativo S/A estimular e apoiar as cooperativas, mediante concessão de financiamentos necessários ao seu desenvolvimento.

§ 1º Poderá o Banco Nacional de Crédito Cooperativo S/A receber depósitos das cooperativas de crédito e das seções de crédito das cooperativas agrícolas mistas.

§ 2º Poderá o Banco Nacional de Crédito Cooperativo S/A operar com pessoas físicas ou jurídicas, estranhas ao quadro social cooperativo, desde que haja benefício para as cooperativas e estas figurem na operação bancária.

§ 3º O Banco Nacional de Crédito Cooperativo S/A manterá linhas de crédito específicas para as cooperativas de acordo com o objeto e a natureza de suas atividades, a juros módicos e prazos adequados inclusive com sistema de garantias ajustado às peculiaridades das cooperativas a que se destinam.

§ 4º O Banco Nacional de Crédito Cooperativo S/A manterá linha especial de crédito para financiamento de quotas-partes de capital.

Art. 110. Fica extinta a contribuição de que trata o art. 13 do Dec.-lei 60, de 21 de novembro de 1966, com a redação dada pelo Dec.-lei 668, de 3 de julho de 1969.

Capítulo XVIII
DAS DISPOSIÇÕES GERAIS E TRANSITÓRIAS

Art. 111. Serão considerados como renda tributável os resultados positivos obtidos pelas cooperativas nas operações de que tratam os arts. 85, 86 e 88 desta Lei.

Art. 112. O Balanço Geral e o Relatório do exercício social que as cooperativas deverão encaminhar anualmente aos órgãos de controle serão acompanhados, a juízo destes, de parecer emitido por um serviço independente de auditoria credenciado pela Organização das Cooperativas Brasileiras.

Parágrafo único. Em casos especiais, tendo em vista a sede da Cooperativa, o volume de suas operações e outras circunstâncias dignas de consideração, a exigência da apresentação do parecer pode ser dispensada.

Art. 113. Atendidas as deduções determinadas pela legislação específica, às sociedades cooperativas ficará assegurada primeira prioridade para o recebimento de seus créditos de pessoas jurídicas que efetuem descontos na folha de pagamento de seus empregados, associados de cooperativas.

Art. 114. Fica estabelecido o prazo de 36 (trinta e seis) meses para que as cooperativas atualmente registradas nos órgãos competentes reformulem os seus estatutos, no que for cabível, adaptando-os ao disposto na presente Lei.

Art. 115. As Cooperativas dos Estados, Territórios ou do Distrito Federal, enquanto não constituírem seus órgãos de representação, serão convocadas às assembleias da OCB, como vogais, com 60 (sessenta) dias de antecedência, mediante editais publicados três vezes em jornal de grande circulação local.

Art. 116. A presente Lei não altera o disposto nos sistemas próprios instituídos para as cooperativas de habitação e cooperativas de crédito, aplicando-se ainda, no que couber, o regime instituído para essas últimas às seções de crédito das agrícolas mistas.

Art. 117. Esta Lei entrará em vigor na data de sua publicação, revogadas as disposições em contrário e especificamente o Dec.-lei 59, de 21 de novembro de 1966, bem como o Dec. 60.597, de 19 de abril de 1967.

Brasília, 16 de dezembro de 1971; 150º da Independência e 83º da República.

Emílio G. Médici

(*DOU* 16.12.1971)

Lei 6.015/1973

LEGISLAÇÃO

LEI 6.015,
DE 31 DE DEZEMBRO DE 1973

Dispõe sobre os Registros Públicos e dá outras providências.

• Todas as alterações decorrentes das Leis 6.140/1974 (*DOU* 29.01.1974) e 6.216/1975 (*DOU* 01.07.1975; ret. 04.07.1975) estão consolidadas na Lei 6.015/1973, republicada no *DOU* 16.09.1975.

O Presidente da República:
Faço saber que o Congresso Nacional decreta e eu sanciono a seguinte Lei:

TÍTULO I
DAS DISPOSIÇÕES GERAIS

Capítulo I
DAS ATRIBUIÇÕES

Art. 1º Os serviços concernentes aos Registros Públicos, estabelecidos pela legislação civil para autenticidade, segurança e eficácia dos atos jurídicos, ficam sujeitos ao regime estabelecido nesta Lei.
§ 1º Os registros referidos neste artigo são os seguintes:
I – o registro civil de pessoas naturais;
  • V. arts. 29 a 113.
  • V. arts. 6º, 9º e 10, CC.
II – o registro civil de pessoas jurídicas;
  • V. arts. 114 a 126.
  • V. arts. 44 a 46, CC.
III – o registro de títulos e documentos;
  • V. arts. 127 a 166.
IV – o registro de imóveis.
  • V. arts. 167 a 288.
  • V. art. 1.245, *caput*, CC.
  • V. Lei 7.433/1985 (Escrituras públicas).
§ 2º Os demais registros reger-se-ão por leis próprias.
Art. 2º Os registros indicados no § 1º do artigo anterior ficam a cargo dos serventuários privativos nomeados de acordo com o estabelecido na Lei de Organização Administrativa e Judiciária do Distrito Federal e dos Territórios e nas Resoluções sobre a Divisão e Organização Judiciária dos Estados, e serão feitos:
  • V. art. 236, §§ 1º a 3º, CF.
  • V. Lei 8.935/1994 (Serviços notariais e de registro civil).

I – o do item I, nos ofícios privativos, ou nos cartórios de registro de nascimentos, casamentos e óbitos;
II – os dos itens II e III, nos ofícios privativos, ou nos cartórios de registro de títulos e documentos;
  • V. art. 127, parágrafo único.
III – o do item IV, nos ofícios privativos, ou nos cartórios de registro de imóveis.

Capítulo II
DA ESCRITURAÇÃO

Art. 3º A escrituração será feita em livros encadernados, que obedecerão aos modelos anexos a esta Lei, sujeitos à correição da autoridade judiciária competente.
  • V. arts. 33 a 45, 114 a 119, 132 a 141 e 171 a 181.
§ 1º Os livros podem ter 0,22 m até 0,40 m de largura e de 0,33 m até 0,55 m de altura, cabendo ao oficial a escolha, dentro dessas dimensões, de acordo com a conveniência do serviço.
§ 2º Para facilidade do serviço podem os livros ser escriturados mecanicamente, em folhas soltas, obedecidos os modelos aprovados pela autoridade judiciária competente.
  • V. art. 173, parágrafo único.
Art. 4º Os livros de escrituração serão abertos, numerados, autenticados e encerrados pelo oficial do registro, podendo ser utilizado, para tal fim, processo mecânico de autenticação previamente aprovado pela autoridade judiciária competente.
Parágrafo único. Os livros notariais, nos modelos existentes, em folhas fixas ou soltas, serão também abertos, numerados, autenticados e encerrados pelo tabelião, que determinará a respectiva quantidade a ser utilizada, de acordo com a necessidade do serviço.
  • Parágrafo único acrescentado pela Lei 9.955/2000.
Art. 5º Considerando a quantidade dos registros, o juiz poderá autorizar a diminuição do número de páginas dos livros respectivos, até à terça parte do consignado nesta Lei.
Art. 6º Findando-se um livro, o imediato tomará o número seguinte, acrescido à respectiva letra, salvo no registro de imóveis,

Lei 6.015/1973

em que o número será conservado, com a adição sucessiva de letras, na ordem alfabética simples, e, depois, repetidas em combinações com a primeira, com a segunda, e assim indefinidamente. Exemplos: 2-A a 2-Z; 2-AA a 2-AZ; 2-BA a 2-BZ etc.

Art. 7º Os números de ordem dos registros não serão interrompidos no fim de cada livro, mas continuarão, indefinidamente, nos seguintes da mesma espécie.

Capítulo III
DA ORDEM DO SERVIÇO

Art. 8º O serviço começará e terminará às mesmas horas em todos os dias úteis.

• V. arts. 33 a 45, 146 a 163 e 182 a 211.

Parágrafo único. O Registro Civil de Pessoas Naturais funcionará todos os dias, sem exceção.

Art. 9º Será nulo o registro lavrado fora das horas regulamentares ou em dias em que não houver expediente, sendo civil e criminalmente responsável o oficial que der causa à nulidade.

• V. art. 166, VII, CC.

Art. 10. Todos os títulos, apresentados no horário regulamentar e que não forem registrados até a hora do encerramento do serviço, aguardarão o dia seguinte, no qual serão registrados, preferencialmente, aos apresentados nesse dia.

Parágrafo único. O registro civil de pessoas naturais não poderá, entretanto, ser adiado.

Art. 11. Os oficiais adotarão o melhor regime interno de modo a assegurar às partes a ordem de precedência na apresentação dos seus títulos, estabelecendo-se, sempre, o número de ordem geral.

Art. 12. Nenhuma exigência fiscal, ou dúvida, obstará a apresentação de um título e o seu lançamento do Protocolo com o respectivo número de ordem, nos casos em que da precedência decorra prioridade de direitos para o apresentante.

• V. art. 174.

Parágrafo único. Independem de apontamento no Protocolo os títulos apresentados apenas para exame e cálculo dos respectivos emolumentos.

Art. 13. Salvo as anotações e as averbações obrigatórias, os atos do registro serão praticados:
I – por ordem judicial;
II – a requerimento verbal ou escrito dos interessados;
III – a requerimento do Ministério Público, quando a lei autorizar.
§ 1º O reconhecimento de firma nas comunicações ao Registro Civil pode ser exigido pelo respectivo oficial.
§ 2º A emancipação concedida por sentença judicial será anotada às expensas do interessado.

• V. art. 91, parágrafo único.

Art. 14. Pelos atos que praticarem, em decorrência desta Lei, os Oficiais do Registro terão direito, a título de remuneração, aos emolumentos fixados nos Regimentos de Custas do Distrito Federal, dos Estados e dos Territórios, os quais serão pagos, pelo interessado que os requerer, no ato de requerimento ou no da apresentação do título.

• V. art. 3º, Lei 6.941/1981 (Altera a Lei 6.015/1973).

Parágrafo único. O valor correspondente às custas de escrituras, certidões, buscas, averbações, registros de qualquer natureza, emolumentos e despesas legais constará, obrigatoriamente, do próprio documento, independentemente da expedição do recibo, quando solicitado.

• Parágrafo único acrescentado pela Lei 6.724/1979.

Art. 15. Quando o interessado no registro for o oficial encarregado de fazê-lo, ou algum parente seu, em grau que determine impedimento, o ato incumbe ao substituto legal do oficial.

Capítulo IV
DA PUBLICIDADE

Art. 16. Os oficiais e os encarregados das repartições em que se façam os registros são obrigados:
1º) a lavrar certidão do que lhes for requerido;
2º) a fornecer às partes as informações solicitadas.

• V. art. 5º, LXXII, a, CF.

Lei 6.015/1973

LEGISLAÇÃO

Art. 17. Qualquer pessoa pode requerer certidão do registro sem informar ao oficial ou ao funcionário o motivo ou interesse do pedido.

• V. art. 47.

Parágrafo único. O acesso ou envio de informações aos registros públicos, quando forem realizados por meio da rede mundial de computadores (internet) deverão ser assinados com uso de certificado digital, que atenderá os requisitos da Infraestrutura de Chaves Públicas Brasileira – ICP.

• Parágrafo único acrescentado pela Lei 11.977/2009.

Art. 18. Ressalvado o disposto nos arts. 45, 57, § 7º, e 95, parágrafo único, a certidão será lavrada independentemente de despacho judicial, devendo mencionar o livro de registro ou o documento arquivado no cartório.

• Artigo com redação determinada pela Lei 9.807/1999.

Art. 19. A certidão será lavrada em inteiro teor, em resumo, ou em relatório, conforme quesitos, e devidamente autenticada pelo oficial ou seus substitutos legais, não podendo ser retardada por mais de 5 (cinco) dias.

• V. art. 46, § 5º.

§ 1º A certidão, de inteiro teor, poderá ser extraída por meio datilográfico ou reprográfico.

• V. art. 217, CC.
• V. art. 425, III, CPC/2015.

§ 2º As certidões do Registro Civil de Pessoas Naturais mencionarão, sempre, a data em que foi lavrado o assento e serão manuscritas ou datilografadas e, no caso de adoção de papéis impressos, os claros serão preenchidos também em manuscrito ou datilografados.

§ 3º Nas certidões de registro civil, não se mencionará a circunstância de ser legítima, ou não, a filiação, salvo a requerimento do próprio interessado, ou em virtude de determinação judicial.

• V. art. 227, § 6º, CF.

§ 4º As certidões de nascimento mencionarão, além da data em que foi feito o assento, a data, por extenso, do nascimento e, ainda, expressamente, o lugar onde o fato houver ocorrido.

§ 5º As certidões extraídas dos registros públicos deverão ser fornecidas em papel e mediante escrita que permitam a sua reprodução por fotocópia, ou outro processo equivalente.

Art. 20. No caso de recusa ou retardamento na expedição da certidão, o interessado poderá reclamar à autoridade competente, que aplicará, se for o caso, a pena disciplinar cabível.

• V. art. 47.

Parágrafo único. Para a verificação do retardamento, o oficial, logo que receber alguma petição, fornecerá à parte uma nota de entrega devidamente autenticada.

Art. 21. Sempre que houver qualquer alteração posterior ao ato cuja certidão é pedida, deve o Oficial mencioná-la, obrigatoriamente, não obstante as especificações do pedido, sob pena de responsabilidade civil e penal, ressalvado o disposto nos artigos 45 e 95.

Parágrafo único. A alteração a que se refere este artigo deverá ser anotada na própria certidão, contendo a inscrição de que a presente certidão envolve elementos de averbação à margem do termo.

Capítulo V
DA CONSERVAÇÃO

Art. 22. Os livros de registro, bem como as fichas que os substituam, somente sairão do respectivo cartório mediante autorização judicial.

Art. 23. Todas as diligências judiciais e extrajudiciais que exigirem a apresentação de qualquer livro, ficha substitutiva de livro ou documento, efetuar-se-ão no próprio cartório.

Art. 24. Os oficiais devem manter, em segurança, permanentemente, os livros e documentos e respondem pela sua ordem e conservação.

Art. 25. Os papéis referentes ao serviço do registro serão arquivados em cartório mediante utilização de processos racionais que facilitem as buscas, facultada a utiliza-

Lei 6.015/1973

LEGISLAÇÃO

ção de microfilmagem e de outros meios de reprodução autorizados em lei.
- V. Lei 5.433/1968 (Microfilmagem de documentos).

Art. 26. Os livros e papéis pertencentes ao arquivo do cartório ali permanecerão indefinidamente.

Art. 27. Quando a lei criar novo cartório, e enquanto este não for instalado, os registros continuarão a ser feitos no cartório que sofreu o desmembramento, não sendo necessário repeti-los no novo ofício.

Parágrafo único. O arquivo do antigo cartório continuará a pertencer-lhe.

Capítulo VI
DA RESPONSABILIDADE

Art. 28. Além dos casos expressamente consignados, os oficiais são civilmente responsáveis por todos os prejuízos que, pessoalmente, ou pelos prepostos ou substitutos que indicarem, causarem, por culpa ou dolo, aos interessados no registro.
- V. arts. 47, 100, § 5º, e 108.

Parágrafo único. A responsabilidade civil independe da criminal pelos delitos que cometerem.
- V. arts. 9º e 21.

TÍTULO II
DO REGISTRO CIVIL DAS PESSOAS NATURAIS

Capítulo I
DISPOSIÇÕES GERAIS

Art. 29. Serão registrados no Registro Civil de Pessoas Naturais:
- V. art. 9º, CC.
- V. arts. 12 e 13, Lei 6.001/1973 (Estatuto do Índio).

I – os nascimentos;
- V. arts. 50 a 66 e 105.
- V. Dec. 7.231/2010 (Regulamenta o art. 29, incisos I, II e III, da Lei 6.015/1973).

II – os casamentos;
- V. arts. 67 a 76.
- V. arts. 9º, I, e 1.525 a 1.547, CC.
- V. Dec. 7.231/2010 (Regulamenta o art. 29, incisos I, II e III, da Lei 6.015/1973).

III – os óbitos;
- V. arts. 77 a 88.
- V. art. 9º, I, CC.

- V. Dec. 7.231/2010 (Regulamenta o art. 29, incisos I, II e III, da Lei 6.015/1973).

IV – as emancipações;
- V. arts. 89 a 91.
- V. art. 9º, II, CC.

V – as interdições;
- V. arts. 92, 93 e 104.
- V. art. 9º, III, CC.
- V. arts. 747 a 758, CPC/2015.

VI – as sentenças declaratórias de ausência;
- V. arts. 94 a 104.
- V. art. 9º, IV, CC.
- V. art. 744, CPC/2015.

VII – as opções de nacionalidade;
- V. arts. 29, § 2º, e 102, § 5º.
- V. arts. 2º a 5º, Lei 818/1949 (Aquisição, perda e reaquisição da nacionalidade e perdas dos direitos políticos).

VIII – as sentenças que deferirem a legitimação adotiva.
- V. art. 227, § 6º, CF.
- V. Lei 8.069/1990 (Estatuto da Criança e do Adolescente).

§ 1º Serão averbados:
- V. art. 227, § 6º, CF.
- V. arts. 97 a 105 e 110, § 3º.

a) as sentenças que decidirem a nulidade ou anulação do casamento, o desquite e o restabelecimento da sociedade conjugal;
- V. arts. 10, I, e 1.548 a 1.564, CC.

b) as sentenças que julgarem ilegítimos os filhos concebidos na constância do casamento e as que declararem a filiação legítima;
- V. art. 227, § 6º, CF.
- V. art. 10, II, CC.

c) os casamentos de que resultar a legitimação de filhos havidos ou concebidos anteriormente;
- V. art. 227, § 6º, CF.
- V. art. 10, II, CC.

d) os atos judiciais ou extrajudiciais de reconhecimento de filhos ilegítimos;
- V. art. 227, § 6º, CF.
- V. arts. 10, II, e 1.607 a 1.617, CC.
- V. arts. 26 e 27, Lei 8.069/1990 (Estatuto da Criança e do Adolescente).

e) as escrituras de adoção e os atos que a dissolverem;
- V. arts. 1.618 e 1.619, CC.
- V. arts. 39 a 52 e 148, III, Lei 8.069/1990 (Estatuto da Criança e do Adolescente).

Lei 6.015/1973

f) as alterações ou abreviaturas de nomes.
- V. arts. 56 a 58.
- V. art. 47, § 5º, Lei 8.069/1990 (Estatuto da Criança e do Adolescente).

§ 2º É competente para a inscrição da opção de nacionalidade o cartório da residência do optante, ou de seus pais. Se forem residentes no estrangeiro, far-se-á o registro no Distrito Federal.

Art. 30. Não serão cobrados emolumentos pelo registro civil de nascimento e pelo assento de óbito, bem como pela primeira certidão respectiva.
- *Caput* com redação determinada pela Lei 9.534/1997.
- V. art. 5º, LXXVI, CF.

§ 1º Os reconhecidamente pobres estão isentos de pagamento de emolumentos pelas demais certidões extraídas pelo cartório de registro civil.
- § 1º com redação determinada pela Lei 9.534/1997.

§ 2º O estado de pobreza será comprovado por declaração do próprio interessado ou a rogo, tratando-se de analfabeto, neste caso, acompanhada da assinatura de duas testemunhas.
- § 2º com redação determinada pela Lei 9.534/1997.

§ 3º A falsidade da declaração ensejará a responsabilidade civil e criminal do interessado.
- § 3º com redação determinada pela Lei 9.534/1997.

§ 3º-A. Comprovado o descumprimento, pelos oficiais de Cartórios de Registro Civil, do disposto no *caput* deste artigo, aplicar-se-ão as penalidades previstas nos arts. 32 e 33 da Lei 8.935, de 18 de novembro de 1994.
- § 3º-A acrescentado pela Lei 9.812/1999.

§ 3º-B. Esgotadas as penalidades a que se refere o parágrafo anterior e verificando-se novo descumprimento, aplicar-se-á o disposto no art. 39 da Lei 8.935, de 18 de novembro de 1994.
- § 3º-B acrescentado pela Lei 9.812/1999.

§ 3º-C. Os cartórios de registros públicos deverão afixar, em local de grande visibilidade, que permita fácil leitura e acesso ao público, quadros contendo tabelas atualizadas das custas e emolumentos, além de informações claras sobre a gratuidade prevista no *caput* deste artigo.
- § 3º-C acrescentado pela Lei 11.802/2008.

§ 4º É proibida a inserção nas certidões de que trata o § 1º deste artigo de expressões que indiquem condição de pobreza ou semelhantes.
- § 4º acrescentado pela Lei 11.789/2008.
- Numeração do § 4º conforme publicação oficial.

§§ 4º a 8º *(Vetados.)*
- §§ 4º a 8º acrescentados pela Lei 9.534/1997.

Art. 31. Os fatos concernentes ao registro civil, que se derem a bordo dos navios de guerra e mercantes, em viagem, e no exército, em campanha, serão imediatamente registrados e comunicados em tempo oportuno, por cópia autêntica, aos respectivos Ministérios, a fim de que, através do Ministério da Justiça, sejam ordenados os assentamentos, notas ou averbações nos livros competentes das circunscrições a que se referirem.

Art. 32. Os assentos de nascimento, óbito e de casamento de brasileiros em país estrangeiro serão considerados autênticos, nos termos da lei do lugar em que forem feitos, legalizadas as certidões pelos cônsules ou, quando por estes tomados, nos termos do regulamento consular.
- V. art. 1.544, CC.
- V. art. 13, Dec.-lei 4.657/1942 (Lei de Introdução às normas do Direito Brasileiro).
- V. art. 3º, Dec. 84.451/1980 (Atos notariais e de registro).

§ 1º Os assentos de que trata este artigo serão, porém, trasladados nos cartórios do 1º Ofício do domicílio do registrado ou no 1º Ofício do Distrito Federal, em falta de domicílio conhecido, quando tiverem de produzir efeito no País, ou, antes, por meio de segunda via que os cônsules serão obrigados a remeter por intermédio do Ministério das Relações Exteriores.

§ 2º O filho de brasileiro ou brasileira, nascido no estrangeiro, e cujos pais não estejam ali a serviço do Brasil, desde que registrado em consulado brasileiro ou não registrado, venha a residir no território nacional antes de atingir a maioridade, poderá re-

Lei 6.015/1973

querer, no juízo de seu domicílio, se registre, no livro "E" do 1º Ofício do Registro Civil, o termo de nascimento.

§ 3º Do termo e das respectivas certidões do nascimento registrado na forma do parágrafo antecedente constará que só valerão como prova de nacionalidade brasileira, até 4 (quatro) anos depois de atingida a maioridade.

§ 4º Dentro do prazo de 4 (quatro) anos, depois de atingida a maioridade pelo interessado referido no § 2º, deverá ele manifestar a sua opção pela nacionalidade brasileira perante o juízo federal. Deferido o pedido, proceder-se-á ao registro no livro "E" do Cartório do 1º Ofício do domicílio do optante.

- V. Lei 818/1949 (Aquisição, perda e reaquisição da nacionalidade e perda dos direitos políticos).

§ 5º Não se verificando a hipótese prevista no parágrafo anterior, o oficial cancelará, de ofício, o registro provisório efetuado na forma do § 2º.

Capítulo II
DA ESCRITURAÇÃO E ORDEM DO SERVIÇO

Art. 33. Haverá, em cada cartório, os seguintes livros, todos com trezentas folhas cada um:

- V. art. 92.

I – "A" – de registro de nascimento;
II – "B" – de registro de casamento;
III – "B Auxiliar" – de registro de casamento Religioso para Efeitos Civis;

- V. arts. 71 a 75.

IV – "C" – de registro de óbitos;
V – "C Auxiliar" – de registro de natimortos;
VI – "D" – de registro de proclama.

Parágrafo único. No Cartório do 1º Ofício ou da 1ª subdivisão judiciária, em cada comarca, haverá outro livro para inscrição dos demais atos relativos ao estado civil, designado sob a letra "E", com 150 folhas, podendo o juiz competente, nas comarcas de grande movimento, autorizar o seu desdobramento, pela natureza dos atos que nele devam ser registrados, em livros especiais.

Art. 34. O oficial juntará, a cada um dos livros, índice alfabético dos assentos lavrados pelos nomes das pessoas a quem se referirem.

Parágrafo único. O índice alfabético poderá, a critério do oficial, ser organizado pelo sistema de fichas, desde que preencham estas os requisitos de segurança, comodidade e pronta busca.

Art. 35. A escrituração será feita seguidamente, em ordem cronológica de declarações, sem abreviaturas, nem algarismos; no fim de cada assento e antes da subscrição e das assinaturas, serão ressalvadas as emendas, entrelinhas ou outras circunstâncias que puderem ocasionar dúvidas. Entre um assento e outro, será traçada uma linha de intervalo, tendo cada um o seu número de ordem.

Art. 36. Os livros de registro serão divididos em três partes, sendo na da esquerda lançado o número de ordem e na central o assento, ficando na da direita espaço para as notas, averbações e retificações.

Art. 37. As partes, ou seus procuradores, bem como as testemunhas, assinarão os assentos, inserindo-se neles as declarações feitas de acordo com a lei ou ordenadas por sentença. As procurações serão arquivadas, declarando-se no termo a data, o livro, a folha e o ofício em que foram lavradas, quando constarem de instrumento público.

§ 1º Se os declarantes, ou as testemunhas não puderem, por qualquer circunstância, assinar, far-se-á declaração no assento, assinando a rogo outra pessoa e tomando-se a impressão dactiloscópica da que não assinar, à margem do assento.

§ 2º As custas com o arquivamento das procurações ficarão a cargo dos interessados.

Art. 38. Antes da assinatura dos assentos, serão estes lidos às partes e às testemunhas, do que se fará menção.

Art. 39. Tendo havido omissão ou erro, de modo que seja necessário fazer adição ou emenda, estas serão feitas antes da assinatura ou ainda em seguida, mas antes de outro assento, sendo a ressalva novamente por todos assinada.

Art. 40. Fora da retificação feita no ato, qualquer outra só poderá ser efetuada nos termos dos arts. 109 a 112 desta Lei.

• Artigo com redação determinada pela Lei 12.100/2009.

Art. 41. Reputam-se inexistentes e sem efeitos jurídicos quaisquer emendas ou alterações posteriores, não ressalvadas ou não lançadas na forma indicada nos arts. 39 e 40.

Art. 42. A testemunha para os assentos de registro deve satisfazer às condições exigidas pela lei civil, sendo admitido o parente, em qualquer grau, do registrando.

• V. art. 228, CC.

Parágrafo único. Quando a testemunha não for conhecida do oficial do registro, deverá apresentar documento hábil da sua identidade, do qual se fará, no assento, expressa menção.

Art. 43. Os livros de proclamas serão escriturados cronologicamente com o resumo do que constar dos editais expedidos pelo próprio cartório, ou recebidos de outros, todos assinados pelo oficial.

Parágrafo único. As despesas de publicação do edital serão pagas pelo interessado.

Art. 44. O registro do edital de casamento conterá todas as indicações quanto à época de publicação e aos documentos apresentados, abrangendo também o edital remetido por outro oficial processante.

• V. art. 1.527, *caput*, CC.

Art. 45. A certidão relativa ao nascimento de filho legitimado por subsequente matrimônio deverá ser fornecida sem o teor da declaração ou averbação a esse respeito, como se fosse legítimo; na certidão de casamento também será omitida a referência àquele filho, salvo havendo, em qualquer dos casos, determinação judicial, deferida em favor de quem demonstre legítimo interesse em obtê-la.

• V. art. 21.
• V. art. 227, § 6º, CF.

Capítulo III
DAS PENALIDADES

Art. 46. As declarações de nascimento feitas após o decurso do prazo legal serão registradas no lugar de residência do interessado.

• *Caput* com redação determinada pela Lei 11.790/2008.
• V. art. 61.

§ 1º O requerimento de registro será assinado por duas testemunhas, sob as penas da lei.

• § 1º com redação determinada pela Lei 11.790/2008.

§ 2º *(Revogado pela Lei 10.215/2001.)*

§ 3º O oficial do Registro Civil, se suspeitar da falsidade da declaração, poderá exigir prova suficiente.

• § 3º com redação determinada pela Lei 11.790/2008.

§ 4º Persistindo a suspeita, o oficial encaminhará os autos ao juízo competente.

• § 4º com redação determinada pela Lei 11.790/2008.

§ 5º Se o juiz não fixar prazo menor, o oficial deverá lavrar o assento dentro em 5 (cinco) dias, sob pena de pagar multa correspondente a um salário mínimo da região.

Art. 47. Se o oficial do registro civil recusar fazer ou retardar qualquer registro, averbação ou anotação, bem como o fornecimento de certidão, as partes prejudicadas poderão queixar-se à autoridade judiciária, a qual, ouvindo o acusado, decidirá dentro de 5 (cinco) dias.

• V. arts. 17 e 28.

§ 1º Se for injusta a recusa ou injustificada a demora, o juiz que tomar conhecimento do fato poderá impor ao oficial multa de um a dez salários mínimos da região, ordenando que, no prazo improrrogável de 24 (vinte e quatro) horas, seja feito o registro, a averbação, a anotação ou fornecida certidão, sob pena de prisão de 5 (cinco) a 20 (vinte) dias.

§ 2º Os pedidos de certidão feitos por via postal, telegráfica ou bancária serão obrigatoriamente atendidos pelo oficial do registro civil, satisfeitos os emolumentos de-

Lei 6.015/1973

LEGISLAÇÃO

vidos, sob as penas previstas no parágrafo anterior.

Art. 48. Os juízes farão correição e fiscalização nos livros de registro, conforme as normas da organização judiciária.

Art. 49. Os oficiais do registro civil remeterão à Fundação Instituto Brasileiro de Geografia e Estatística, dentro dos primeiros oito dias dos meses de janeiro, abril, julho e outubro de cada ano, um mapa dos nascimentos, casamentos e óbitos ocorridos no trimestre anterior.

§ 1º A Fundação Instituto Brasileiro de Geografia e Estatística fornecerá mapas para a execução do disposto neste artigo, podendo requisitar aos oficiais do registro que façam as correções que forem necessárias.

§ 2º Os oficiais que, no prazo legal, não remeterem os mapas, incorrerão na multa de um a cinco salários mínimos da região, que será cobrada como dívida ativa da União, sem prejuízo da ação penal que no caso couber.

§ 3º No mapa de que trata o *caput* deverá ser informado o número da identificação da Declaração de Nascido Vivo.

• § 3º acrescentado pela Lei 12.662/2012.

§ 4º Os mapas dos nascimentos deverão ser remetidos aos órgãos públicos interessados no cruzamento das informações do registro civil e da Declaração de Nascido Vivo conforme o regulamento, com o objetivo de integrar a informação e promover a busca ativa de nascimentos.

• § 4º acrescentado pela Lei 12.662/2012.

§ 5º Os mapas previstos no *caput* e no § 4º deverão ser remetidos por meio digital quando o registrador detenha capacidade de transmissão de dados.

• § 5º acrescentado pela Lei 12.662/2012.

Capítulo IV
DO NASCIMENTO

Art. 50. Todo nascimento que ocorrer no Território Nacional deverá ser dado a registro, no lugar em que tiver ocorrido o parto ou no lugar da residência dos pais, dentro do prazo de quinze dias, que será ampliado em até três meses para os lugares distantes mais de trinta quilômetros da sede do cartório.

• *Caput* com redação determinada pela Lei 9.053/1995.
• V. art. 78.

§ 1º Quando for diverso o lugar da residência dos pais, observar-se-á a ordem contida nos itens 1 e 2 do art. 52.

• § 1º acrescentado pela Lei 9.053/1995.

§ 2º Os índios, enquanto não integrados, não estão obrigados a inscrição do nascimento. Este poderá ser feito em livro próprio do órgão federal de assistência aos índios.

• Primitivo § 1º renumerado pela Lei 9.053/1995.
• V. arts. 12 e 13, Lei 6.001/1973 (Estatuto do Índio).

§ 3º Os menores de 21 (vinte e um) anos e maiores de 18 (dezoito) anos poderão, pessoalmente e isentos de multa, requerer o registro de seu nascimento.

• Primitivo § 2º renumerado pela Lei 9.053/1995.

§ 4º É facultado aos nascidos anteriormente à obrigatoriedade do registro civil requerer, isentos de multa, a inscrição de seu nascimento.

• Primitivo § 3º renumerado pela Lei 9.053/1995.

§ 5º Aos brasileiros nascidos no estrangeiro aplicar-se-á o disposto neste artigo, ressalvadas as prescrições legais relativas aos consulados.

• Primitivo § 4º renumerado pela Lei 9.053/1995.

Art. 51. Os nascimentos ocorridos a bordo, quando não registrados nos termos do art. 64, deverão ser declarados dentro de 5 (cinco) dias, a contar da chegada do navio ou aeronave ao local do destino, no respectivo cartório ou consulado.

• V. art. 61.

Art. 52. São obrigados a fazer a declaração de nascimento:

1º) o pai ou a mãe, isoladamente ou em conjunto, observado o disposto no § 2º do art. 54;

• Item 1º com redação determinada pela Lei 13.112/2015.
• V. art. 50, § 1º.

2º) no caso de falta ou de impedimento de um dos indicados no item 1º, outro indicado, que terá o prazo para declaração prorrogado por 45 (quarenta e cinco) dias;

• Item 2º com redação determinada pela Lei 13.112/2015.
• V. art. 50, § 1º.

Lei 6.015/1973

LEGISLAÇÃO

3º) no impedimento de ambos, o parente mais próximo, sendo maior e achando-se presente;
4º) em falta ou impedimento do parente referido no número anterior, os administradores de hospitais ou os médicos e parteiras, que tiverem assistido o parto;
5º) pessoa idônea da casa em que ocorrer, sendo fora da residência da mãe;
6º) finalmente, as pessoas *(vetado)* encarregadas da guarda do menor.

§ 1º Quando o oficial tiver motivo para duvidar da declaração, poderá ir à casa do recém-nascido verificar a sua existência, ou exigir atestação do médico ou parteira que tiver assistido o parto, ou o testemunho de duas pessoas que não forem os pais e tiverem visto o recém-nascido.

§ 2º Tratando-se de registro fora do prazo legal, o oficial, em caso de dúvida, poderá requerer ao juiz as providências que forem cabíveis para esclarecimento do fato.

Art. 53. No caso de ter a criança nascido morta ou no de ter morrido na ocasião do parto, será, não obstante, feito o assento com os elementos que couberem e com remissão ao do óbito.

§ 1º No caso de ter a criança nascido morta, será o registro feito no livro "C Auxiliar", com os elementos que couberem.

§ 2º No caso de a criança morrer na ocasião do parto, tendo, entretanto, respirado, serão feitos os dois assentos, o de nascimento e o de óbito, com os elementos cabíveis e com remissões recíprocas.

Art. 54. O assento do nascimento deverá conter:

- V. art. 109, § 4º;
- V. art. 227, § 6º, CF.
- V. art. 47, Lei 8.069/1990 (Estatuto da Criança e do Adolescente).

1º) o dia, mês, ano e lugar do nascimento e a hora certa, sendo possível determiná-la, ou aproximada;
2º) o sexo do registrando;
3º) o fato de ser gêmeo, quando assim tiver acontecido;
4º) o nome e o prenome, que forem postos à criança;
5º) a declaração de que nasceu morta, ou morreu no ato ou logo depois do parto;
6º) a ordem de filiação de outros irmãos do mesmo prenome que existirem ou tiverem existido;

- V. art. 5º, Lei 8.560/1992 (Investigação de paternidade).

7º) os nomes e prenomes, a naturalidade, a profissão dos pais, o lugar e cartório onde se casaram, a idade da genitora, do registrando em anos completos, na ocasião do parto, e o domicílio ou a residência do casal;

- V. art. 227, § 6º, CF.
- V. art. 5º, Lei 8.560/1992 (Investigação de paternidade).

8º) os nomes e prenomes dos avós paternos e maternos;
9º) os nomes e prenomes, a profissão e a residência das duas testemunhas do assento, quando se tratar de parto ocorrido sem assistência médica em residência ou fora de unidade hospitalar ou casa de saúde.

- Item 9º com redação determinada pela Lei 9.997/2000.

10) número de identificação da Declaração de Nascido Vivo – com controle do dígito verificador, ressalvado na hipótese de registro tardio previsto no art. 46 desta Lei.

- Item 10 acrescentado pela Lei 12.662/2012.

§ 1º Não constituem motivo para recusa, devolução ou solicitação de retificação da Declaração de Nascido Vivo por parte do Registrador Civil das Pessoas Naturais:

- § 1º acrescentado pela Lei 12.662/2012.

I – equívocos ou divergências que não comprometam a identificação da mãe;
II – omissão do nome do recém-nascido ou do nome do pai;
III – divergência parcial ou total entre o nome do recém-nascido constante da declaração e o escolhido em manifestação perante o registrador no momento do registro de nascimento, prevalecendo este último;
IV – divergência parcial ou total entre o nome do pai constante da declaração e o verificado pelo registrador nos termos da legislação civil, prevalecendo este último;
V – demais equívocos, omissões ou divergências que não comprometam informações relevantes para o registro de nascimento.

§ 2º O nome do pai constante da Declaração de Nascido Vivo não constitui prova ou pre-

963

Lei 6.015/1973

LEGISLAÇÃO

sunção da paternidade, somente podendo ser lançado no registro de nascimento quando verificado nos termos da legislação civil vigente.

• § 2º acrescentado pela Lei 12.662/2012.

§ 3º Nos nascimentos frutos de partos sem assistência de profissionais da saúde ou parteiras tradicionais, a Declaração de Nascido Vivo será emitida pelos Oficiais de Registro Civil que lavrarem o registro de nascimento, sempre que haja demanda das Secretarias Estaduais ou Municipais de Saúde para que realizem tais emissões.

• § 3º acrescentado pela Lei 12.662/2012.

Art. 55. Quando o declarante não indicar o nome completo, o oficial lançará adiante do prenome escolhido o nome do pai, e, na falta, o da mãe, se forem conhecidos e não o impedir a condição de ilegitimidade, salvo reconhecimento no ato.

• V. art. 58, parágrafo único.
• V. art. 227, § 6º, CF.

Parágrafo único. Os oficiais do registro civil não registrarão prenomes suscetíveis de expor ao ridículo os seus portadores. Quando os pais não se conformarem com a recusa do oficial, este submeterá por escrito o caso, independente da cobrança de quaisquer emolumentos, à decisão do juiz competente.

Art. 56. O interessado, no primeiro ano após ter atingido a maioridade civil, poderá, pessoalmente ou por procurador bastante, alterar o nome, desde que não prejudique os apelidos de família, averbando-se a alteração que será publicada pela imprensa.

Art. 57. A alteração posterior de nome, somente por exceção e motivadamente, após audiência do Ministério Público, será permitida por sentença do juiz a que estiver sujeito o registro, arquivando-se o mandado e publicando-se a alteração pela imprensa, ressalvada a hipótese do art. 110 desta Lei.

• *Caput* com redação determinada pela Lei 12.100/2009.

§ 1º Poderá, também, ser averbado, nos mesmos termos, o nome abreviado, usado como firma comercial registrada ou em qualquer atividade profissional.

§ 2º A mulher solteira, desquitada ou viúva, que viva com homem solteiro, desquitado ou viúvo, excepcionalmente e havendo motivo ponderável, poderá requerer ao juiz competente que, no registro de nascimento, seja averbado o patronímico de seu companheiro, sem prejuízo dos apelidos próprios, de família, desde que haja impedimento legal para o casamento, decorrente do estado civil de qualquer das partes ou de ambas.

• V. art. 39, Lei 6.515/1977 (Lei do Divórcio).

§ 3º O juiz competente somente processará o pedido, se tiver expressa concordância do companheiro, e se da vida em comum houverem decorrido, no mínimo, 5 (cinco) anos ou existirem filhos da união.

§ 4º O pedido de averbação só terá curso, quando desquitado o companheiro, se a ex-esposa houver sido condenada ou tiver renunciado ao uso dos apelidos do marido, ainda que dele receba pensão alimentícia.

• V. arts. 17 e 18, Lei 6.515/1977 (Lei do Divórcio).

§ 5º O aditamento regulado nesta Lei será cancelado a requerimento de uma das partes, ouvida a outra.

§ 6º Tanto o aditamento quanto o cancelamento da averbação previstos neste artigo serão processados em segredo de justiça.

• V. art. 189, CPC/2015.

§ 7º Quando a alteração de nome for concedida em razão de fundada coação ou ameaça decorrente de colaboração com a apuração de crime, o juiz competente determinará que haja a averbação no registro de origem de menção da existência de sentença concessiva da alteração, sem a averbação do nome alterado, que somente poderá ser procedida mediante determinação posterior, que levará em consideração a cessação da coação ou ameaça que deu causa à alteração.

• § 7º acrescentado pela Lei 9.807/1999.

§ 8º O enteado ou a enteada, havendo motivo ponderável e na forma dos §§ 2º e 7º deste artigo, poderá requerer ao juiz competente que, no registro de nascimento, seja averbado o nome de família de seu padrasto ou de sua madrasta, desde que haja expressa concordância destes, sem prejuízo de seus apelidos de família.

• § 8º acrescentado pela Lei 11.924/2009.

Lei 6.015/1973

Legislação

Art. 58. O prenome será definitivo, admitindo-se, todavia, a sua substituição por apelidos públicos notórios.
- *Caput* com redação determinada pela Lei 9.708/1998.
- V. art. 114, Lei 6.815/1980 (Estatuto do Estrangeiro).
- V. art. 47, § 5º, Lei 8.069/1990 (Estatuto da Criança e do Adolescente).

Parágrafo único. A substituição do prenome será ainda admitida em razão de fundada coação ou ameaça decorrente da colaboração com a apuração de crime, por determinação, em sentença, de juiz competente, ouvido o Ministério Público.
- Parágrafo único com redação determinada pela Lei 9.807/1999.
- V. arts. 109 e 110.

Art. 59. Quando se tratar de filho ilegítimo, não será declarado o nome do pai sem que este expressamente o autorize e compareça, por si ou por procurador especial, para, reconhecendo-o, assinar, ou não sabendo ou não podendo, mandar assinar a seu rogo o respectivo assento com duas testemunhas.
- V. art. 227, § 6º, CF.
- V. Lei 8.560/1992 (Investigação de paternidade).

Art. 60. O registro conterá o nome do pai ou da mãe, ainda que ilegítimos, quando qualquer deles for o declarante.
- V. art. 227, § 6º, CF.

Art. 61. Tratando-se de exposto, o registro será feito de acordo com as declarações que os estabelecimentos de caridade, as autoridades ou os particulares comunicarem ao oficial competente, nos prazos mencionados no art. 51, a partir do achado ou entrega, sob a pena do art. 46, apresentando ao oficial, salvo motivo de força maior comprovada, o exposto e os objetos a que se refere o parágrafo único deste artigo.

Parágrafo único. Declarar-se-á o dia, mês e ano, lugar em que foi exposto, a hora em que foi encontrado e a sua idade aparente. Neste caso, o envoltório, roupas e quaisquer outros objetos e sinais que trouxer a criança e que possam a todo tempo fazê-la reconhecer, serão numerados, alistados e fechados em caixa lacrada e selada, com o seguinte rótulo: "Pertence ao exposto tal, assento de fls...do livro..." e remetidos imediatamente, com uma guia em duplicata, ao juiz, para serem recolhidos a lugar seguro. Recebida e arquivada a duplicata com o competente recibo do depósito, far-se-á à margem do assento a correspondente anotação.

Art. 62. O registro do nascimento do menor abandonado, sob jurisdição do juiz de menores, poderá fazer-se por iniciativa deste, à vista dos elementos de que dispuser e com observância, no que for aplicável, do que preceitua o artigo anterior.
- V. art. 102, Lei 8.069/1990 (Estatuto da Criança e do Adolescente).

Art. 63. No caso de gêmeos, será declarada no assento especial de cada um a ordem de nascimento. Os gêmeos que tiverem o prenome igual deverão ser inscritos com duplo prenome ou nome completo diverso, de modo que possam distinguir-se.

Parágrafo único. Também serão obrigados a duplo prenome, ou a nome completo diverso, os irmãos a que se pretender dar o mesmo prenome.

Art. 64. Os assentos de nascimentos em navio brasileiro mercante ou de guerra serão lavrados, logo que o fato se verificar, pelo modo estabelecido na legislação de marinha, devendo, porém, observar-se as disposições da presente Lei.

Art. 65. No primeiro porto a que se chegar, o comandante depositará imediatamente, na capitania do porto, ou em sua falta, na estação fiscal, ou ainda, no consulado, em se tratando de porto estrangeiro, duas cópias autenticadas dos assentos, referidos no artigo anterior, uma das quais será remetida, por intermédio do Ministério da Justiça, ao oficial do registro, para o registro, no lugar de residência dos pais ou, se não for possível descobri-lo, no 1º Ofício do Distrito Federal. Uma terceira cópia será entregue pelo comandante ao interessado que, após conferência na capitania do porto, por ela poderá, também, promover o registro no cartório competente.

Parágrafo único. Os nascimentos ocorridos a bordo de quaisquer aeronaves, ou de navio estrangeiro, poderão ser dados a re-

Lei 6.015/1973

LEGISLAÇÃO

gistro pelos pais brasileiros no cartório ou consulado do local do desembarque.

Art. 66. Pode ser tomado assento de nascimento de filho de militar ou assemelhado em livro criado pela administração militar mediante declaração feita pelo interessado ou remetida pelo comandante de unidade, quando em campanha. Esse assento será publicado em boletim da unidade e, logo que possível, trasladado por cópia autenticada, *ex officio* ou a requerimento do interessado, para o Cartório de Registro Civil a que competir ou para o do 1º Ofício do Distrito Federal, quando não puder ser conhecida a residência do pai.

• V. arts. 51 e 86.

Parágrafo único. A providência de que trata este artigo será extensiva ao assento de nascimento de filho de civil, quando, em consequência de operações de guerra, não funcionarem os cartórios locais.

Capítulo V
DA HABILITAÇÃO PARA O CASAMENTO

• V. arts. 1.525 a 1.532, CC.

Art. 67. Na habilitação para o casamento, os interessados, apresentando os documentos exigidos pela lei civil, requererão ao oficial do registro do distrito de residência de um dos nubentes, que lhes expeça certidão de que se acham habilitados para se casarem.

• V. arts. 1.525 e 1.526, CC.

§ 1º Autuada a petição com os documentos, o oficial mandará afixar proclamas de casamento em lugar ostensivo de seu cartório e fará publicá-los na imprensa local, se houver. Em seguida, abrirá vista dos autos ao órgão do Ministério Público, para manifestar-se sobre o pedido e requerer o que for necessário à sua regularidade, podendo exigir a apresentação de atestado de residência, firmado por autoridade policial, ou qualquer outro elemento de convicção admitido em direito.

• V. art. 1.526, CC.

§ 2º Se o órgão do Ministério Público impugnar o pedido ou a documentação, os autos serão encaminhados ao juiz, que decidirá sem recurso.

§ 3º Decorrido o prazo de 15 (quinze) dias a contar da afixação do edital em cartório, se não aparecer quem oponha impedimento nem constar algum dos que de ofício deva declarar, ou se tiver sido rejeitada a impugnação do órgão do Ministério Público, o oficial do registro certificará a circunstância nos autos e entregará aos nubentes certidão de que estão habilitados para se casar dentro do prazo previsto em lei.

• V. arts. 1.522, parágrafo único, e 1.527, CC.

§ 4º Se os nubentes residirem em diferentes distritos do Registro Civil, em um e em outro se publicará e se registrará o edital.

• V. art. 1.527, *caput*, CC.

§ 5º Se houver apresentação de impedimento, o oficial dará ciência do fato aos nubentes, para que indiquem em 3 (três) dias prova que pretendam produzir, e remeterá os autos a juízo; produzidas as provas pelo oponente e pelos nubentes no prazo de 10 (dez) dias, com ciência do Ministério Público, e ouvidos os interessados e o órgão do Ministério Público em 5 (cinco) dias, decidirá o juiz em igual prazo.

• V. art. 1.530, CC.

§ 6º Quando o casamento se der em circunscrição diferente daquela da habilitação, o oficial do registro comunicará ao da habilitação esse fato, com os elementos necessários às anotações nos respectivos autos.

Art. 68. Se o interessado quiser justificar fato necessário à habilitação para o casamento, deduzirá sua intenção perante o juiz competente, em petição circunstanciada, indicando testemunhas e apresentando documentos que comprovem as alegações.

§ 1º Ouvidas as testemunhas, se houver, dentro do prazo de 5 (cinco) dias, com a ciência do órgão do Ministério Público, este terá o prazo de 24 (vinte e quatro) horas para manifestar-se, decidindo o juiz em igual prazo, sem recurso.

§ 2º Os autos da justificação serão encaminhados ao oficial do registro para serem

Lei 6.015/1973

LEGISLAÇÃO

anexados ao processo da habilitação matrimonial.

Art. 69. Para a dispensa de proclamas, nos casos previstos em lei, os contraentes, em petição dirigida ao juiz, deduzirão os motivos de urgência do casamento, provando-a, desde logo, com documentos ou indicando outras provas para demonstração do alegado.

- V. arts. 1.527, parágrafo único, e 1.540, CC.

§ 1º Quando o pedido se fundar em crime contra os costumes, a dispensa de proclamas será precedida da audiência dos contraentes, separadamente e em segredo de justiça.

§ 2º Produzidas as provas dentro de 5 (cinco) dias, com a ciência do órgão do Ministério Público, que poderá manifestar-se, a seguir, em 24 (vinte e quatro) horas, o juiz decidirá, em igual prazo, sem recurso, remetendo os autos para serem anexados ao processo de habilitação matrimonial.

Capítulo VI
DO CASAMENTO

Art. 70. Do matrimônio, logo depois de celebrado, será lavrado assento, assinado pelo presidente do ato, os cônjuges, as testemunhas e o oficial, sendo exarados:

- V. art. 74, parágrafo único.
- V. art. 1.536, CC.

1º) os nomes, prenomes, nacionalidade, data e lugar do nascimento, profissão, domicílio e residência atual dos cônjuges;

2º) os nomes, prenomes, nacionalidade, data de nascimento ou de morte, domicílio e residência atual dos pais;

3º) os nomes e prenomes do cônjuge precedente e a data da dissolução do casamento anterior, quando for o caso;

- V. art. 2º, parágrafo único, Lei 6.515/1977 (Lei do Divórcio).

4º) a data da publicação dos proclamas e da celebração do casamento;

5º) a relação dos documentos apresentados ao oficial do registro;

- V. art. 1.525, CC.

6º) os nomes, prenomes, nacionalidade, profissão, domicílio e residência atual das testemunhas;

7º) o regime de casamento, com declaração da data e do cartório em cujas notas foi tomada a escritura antenupcial, quando o regime não for o da comunhão ou o legal que, sendo conhecido, será declarado expressamente;

- V. art. 1.536, VII, CC.

8º) o nome, que passa a ter a mulher, em virtude do casamento;

- V. arts. 5º, I, e 226, § 5º, CF.
- V. art. 1.565, § 1º, CC.
- V. arts. 17 e 18, Lei 6.515/1977 (Lei do Divórcio).

9º) os nomes e as idades dos filhos havidos de matrimônio anterior ou legitimados pelo casamento;

10) à margem do termo, a impressão digital do contraente que não souber assinar o nome.

Parágrafo único. As testemunhas serão, pelo menos, duas, não dispondo a lei de modo diverso.

Capítulo VII
DO REGISTRO DO CASAMENTO RELIGIOSO PARA EFEITOS CIVIS

Art. 71. Os nubentes habilitados para o casamento poderão pedir ao oficial que lhes forneça a respectiva certidão, para se casarem perante autoridade ou ministro religioso, nela mencionando o prazo legal de validade da habilitação.

- V. art. 226, § 2º, CF.
- V. arts. 1.531 e 1.532, CC.
- V. arts. 238 e 239, CP.
- V. Lei 1.110/1950 (Reconhecimento dos efeitos civis do casamento religioso).

Art. 72. O termo ou assento do casamento religioso, subscrito pela autoridade ou ministro que o celebrar, pelos nubentes e por duas testemunhas, conterá os requisitos do art. 70, exceto o 5º.

- V. art. 1.516, CC.
- V. arts. 8º e 9º, Lei 1.110/1950 (Reconhecimento dos efeitos civis do casamento religioso).

Art. 73. No prazo de 30 (trinta) dias a contar da realização, o celebrante ou qualquer interessado poderá, apresentando o assento ou termo do casamento religioso,

Lei 6.015/1973

LEGISLAÇÃO

requerer-lhe o registro ao oficial do cartório que expediu a certidão.

- V. art. 33, III.
- V. art. 1.516, CC.

§ 1º O assento ou termo conterá a data da celebração, o lugar, o culto religioso, o nome do celebrante, sua qualidade, o cartório que expediu a habilitação, sua data, os nomes, profissões, residências, nacionalidades das testemunhas que o assinarem e os nomes dos contraentes.

§ 2º Anotada a entrada do requerimento, o oficial fará o registro no prazo de 24 (vinte e quatro) horas.

§ 3º A autoridade ou ministro celebrante arquivará a certidão de habilitação que lhe foi apresentada, devendo, nela, anotar a data da celebração do casamento.

Art. 74. O casamento religioso, celebrado sem a prévia habilitação perante o oficial de registro público, poderá ser registrado desde que apresentados pelos nubentes, com o requerimento de registro, a prova do ato religioso e os documentos exigidos pelo Código Civil, suprindo eles eventual falta de requisitos no termo da celebração.

- Refere-se ao CC/1916.
- V. arts. 1.516, 1.525 e 1.526, CC.

Parágrafo único. Processada a habilitação com a publicação dos editais e certificada a inexistência de impedimentos, o oficial fará o registro do casamento religioso, de acordo com a prova do ato e os dados constantes do processo, observado o disposto no art. 70.

Art. 75. O registro produzirá efeitos jurídicos a contar da celebração do casamento.

- V. art. 226, § 2º, CF.
- V. art. 1.515, CC.

Capítulo VIII
DO CASAMENTO EM IMINENTE RISCO DE VIDA

Art. 76. Ocorrendo iminente risco de vida de algum dos contraentes, e não sendo possível a presença da autoridade competente para presidir o ato, o casamento poderá realizar-se na presença de seis testemunhas, que comparecerão, dentro de 5 (cinco) dias, perante a autoridade judiciária mais próxima, a fim de que sejam reduzidas a termo suas declarações.

- V. arts. 1.539 a 1.541, CC.

§ 1º Não comparecendo as testemunhas, espontaneamente, poderá qualquer interessado requerer a sua intimação.

§ 2º Autuadas as declarações e encaminhadas à autoridade judiciária competente, se outra for a que as tomou por termo, será ouvido o órgão do Ministério Público e se realizarão as diligências necessárias para verificar a inexistência de impedimento para o casamento.

§ 3º Ouvidos dentro de 5 (cinco) dias os interessados que o requerem e o órgão do Ministério Público, o juiz decidirá em igual prazo.

§ 4º Da decisão caberá apelação com ambos os efeitos.

- V. art. 1.009 e ss.,CPC/2015.

§ 5º Transitada em julgado a sentença, o juiz mandará registrá-la no Livro de Casamento.

- V. art. 33, II.

Capítulo IX
DO ÓBITO

Art. 77. Nenhum sepultamento será feito sem certidão do oficial de registro do lugar do falecimento, extraída após a lavratura do assento de óbito, em vista do atestado de médico, se houver no lugar, ou, em caso contrário, de duas pessoas qualificadas que tiverem presenciado ou verificado a morte.

- V. art. 107, *caput*.
- V. art. 5º, LXXVI, *b*, CF.

§ 1º Antes de proceder ao assento de óbito de criança de menos de 1 (um) ano, o oficial verificará se houve registro de nascimento, que, em caso de falta, será previamente feito.

§ 2º A cremação de cadáver somente será feita daquele que houver manifestado a vontade de ser incinerado ou no interesse da saúde pública e se o atestado de óbito houver sido firmado por dois médicos ou por um médico legista e, no caso de morte violenta, depois de autorizada pela autoridade judiciária.

Lei 6.015/1973

LEGISLAÇÃO

Art. 78. Na impossibilidade de ser feito o registro dentro de 24 (vinte e quatro) horas do falecimento, pela distância ou qualquer outro motivo relevante, o assento será lavrado depois, com a maior urgência, e dentro dos prazos fixados no art. 50.

Art. 79. São obrigados a fazer declaração de óbito:

1º) o chefe de família, a respeito de sua mulher, filhos, hóspedes, agregados e fâmulos;

- V. arts. 5º, I, e 227, § 6º, CF.

2º) a viúva, a respeito de seu marido, e de cada uma das pessoas indicadas no número antecedente;

- V. arts. 5º, I, e 227, § 6º, CF.

3º) o filho, a respeito do pai ou da mãe; o irmão, a respeito dos irmãos, e demais pessoas de casa, indicadas no n. 1; o parente mais próximo maior e presente;

4º) o administrador, diretor ou gerente de qualquer estabelecimento público ou particular, a respeito dos que nele faleceram, salvo se estiver presente algum parente em grau acima indicado;

5º) na falta de pessoa competente, nos termos dos números anteriores, a que tiver assistido aos últimos momentos do finado, o médico, o sacerdote ou vizinho que do falecimento tiver notícia;

6º) a autoridade policial, a respeito de pessoas encontradas mortas.

Parágrafo único. A declaração poderá ser feita por meio de preposto, autorizando-o o declarante em escrito de que constem os elementos necessários ao assento de óbito.

Art. 80. O assento de óbito deverá conter:

- V. arts. 87 e 109 a 113.

1º) a hora, se possível, dia, mês e ano do falecimento;

2º) o lugar do falecimento, com indicação precisa;

3º) o prenome, nome, sexo, idade, cor, estado civil, profissão, naturalidade, domicílio e residência do morto;

4º) se era casado, o nome do cônjuge sobrevivente, mesmo quando desquitado; se viúvo, o do cônjuge pré-defunto; e o cartório de casamento em ambos os casos;

- V. art. 39, Lei 6.515/1977 (Lei do Divórcio).

5º) os nomes, prenomes, profissão, naturalidade e residência dos pais;

6º) se faleceu com testamento conhecido;

7º) se deixou filhos, nome e idade de cada um;

8º) se a morte foi natural ou violenta e a causa conhecida, com o nome dos atestantes;

9º) o lugar do sepultamento;

10) se deixou bens e herdeiros menores ou interditos;

11) se era eleitor;

12) pelo menos uma das informações a seguir arroladas: número de inscrição do PIS/Pasep; número de inscrição no Instituto Nacional do Seguro Social – INSS, se contribuinte individual; número de benefício previdenciário – NB, se a pessoa falecida for titular de qualquer benefício pago pelo INSS; número do CPF; número de registro da Carteira de Identidade e respectivo órgão emissor; número do título de eleitor; número do registro de nascimento, com informação do livro, da folha e do termo; número e série da Carteira de Trabalho.

- Item 12 acrescentado pela MP 2.187-13/2001.

Parágrafo único. O oficial de registro civil comunicará o óbito à Receita Federal e à Secretaria de Segurança Pública da unidade da Federação que tenha emitido a cédula de identidade, exceto se, em razão da idade do falecido, essa informação for manifestamente desnecessária.

- Parágrafo único acrescentado pela Lei 13.114/2015.

Art. 81. Sendo o finado desconhecido, o assento deverá conter declaração de estatura ou medida, se for possível, cor, sinais aparentes, idade presumida, vestuário e qualquer outra indicação que possa auxiliar de futuro o seu reconhecimento; e, no caso de ter sido encontrado morto, serão mencionados esta circunstância e o lugar em que se achava e o da necropsia, se tiver havido.

- V. art. 87.

Parágrafo único. Neste caso, será extraída a individual dactiloscópica, se no local existir esse serviço.

Lei 6.015/1973

Art. 82. O assento deverá ser assinado pela pessoa que fizer a comunicação ou por alguém a seu rogo, se não souber ou não puder assinar.

• V. art. 87.

Art. 83. Quando o assento for posterior ao enterro, faltando atestado de médico ou de duas pessoas qualificadas, assinarão, com a que fizer a declaração, duas testemunhas que tiverem assistido ao falecimento ou ao funeral e puderem atestar, por conhecimento próprio ou por informação que tiverem colhido, a identidade do cadáver.

• V. art. 87.

Art. 84. Os assentos de óbitos de pessoas falecidas a bordo de navio brasileiro serão lavrados de acordo com as regras estabelecidas para os nascimentos, no que lhes for aplicável, com as referências constantes do art. 80, salvo se o enterro for no porto, onde será tomado o assento.

• V. arts. 64 e 65.

Art. 85. Os óbitos, verificados em campanha, serão registrados em livro próprio, para esse fim designado, nas formações sanitárias e corpos de tropas, pelos oficiais da corporação militar correspondente, autenticado cada assento com a rubrica do respectivo médico chefe, ficando a cargo da unidade que proceder ao sepultamento o registro, nas condições especificadas, dos óbitos que se derem no próprio local de combate.

• V. art. 88, parágrafo único.

Art. 86. Os óbitos a que se refere o artigo anterior serão publicados em boletim da corporação e registrados no Registro Civil, mediante relações autenticadas, remetidas ao Ministério da Justiça, contendo os nomes dos mortos, idade, naturalidade, estado civil, designação dos corpos a que pertenciam, lugar da residência ou de mobilização, dia, mês, ano e lugar do falecimento e do sepultamento para, à vista dessas relações, se fazerem os assentamentos de conformidade com o que a respeito está disposto no art. 66.

Art. 87. O assentamento de óbito ocorrido em hospital, prisão ou outro qualquer estabelecimento público será feito, em falta de declaração de parentes, segundo a respectiva administração, observadas as disposições dos arts. 80 a 83 e o relativo a pessoa encontrada acidental ou violentamente morta, segundo a comunicação, *ex officio*, das autoridades policiais, às quais incumbe fazê-la logo que tenham conhecimento do fato.

Art. 88. Poderão os juízes togados admitir justificação para o assento de óbito de pessoas desaparecidas em naufrágio, inundação, incêndio, terremoto ou qualquer outra catástrofe, quando estiver provada a sua presença no local do desastre e não for possível encontrar-se o cadáver para exame.

Parágrafo único. Será também admitida a justificação no caso de desaparecimento em campanha, provados a impossibilidade de ter sido feito o registro nos termos do art. 85 e os fatos que convençam da ocorrência do óbito.

Capítulo X
DA EMANCIPAÇÃO, INTERDIÇÃO E AUSÊNCIA

Art. 89. No Cartório do 1º Ofício ou da 1ª subdivisão judiciária de cada comarca serão registrados, em livro especial, as sentenças de emancipação, bem como os atos dos pais que a concederem, em relação aos menores nela domiciliados.

• V. art. 92.
• V. art. 9º, II, CC.
• V. art. 725, I, CPC/2015.
• V. Lei 2.375/1954 (Emancipação).

Art. 90. O registro será feito mediante trasladação da sentença oferecida em certidão ou do instrumento, limitando-se, se for de escritura pública, às referências da data, livro, folha e ofício em que for lavrada sem dependência, em qualquer dos casos, da presença de testemunhas, mas com a assinatura do apresentante. Dele sempre constarão:
1º) data do registro e da emancipação;
2º) nome, prenome, idade, filiação, profissão, naturalidade e residência do emancipado; data e cartório em que foi registrado o seu nascimento;
3º) nome, profissão, naturalidade e residência dos pais ou do tutor.

Art. 91. Quando o juiz conceder emancipação, deverá comunicá-la, de ofício, ao oficial de registro, se não constar dos autos haver sido efetuado este dentro de 8 (oito) dias.

- V. art. 148, parágrafo único, e, Lei 8.069/1990 (Estatuto da Criança e do Adolescente).

Parágrafo único. Antes do registro, a emancipação, em qualquer caso, não produzirá efeito.

Art. 92. As interdições serão registradas no mesmo cartório e no mesmo livro de que trata o art. 89, salvo a hipótese prevista na parte final do parágrafo único do art. 33, declarando-se:
1º) data do registro;
2º) nome, prenome, idade, estado civil, profissão, naturalidade, domicílio e residência do interdito, data e cartório em que forem registrados o nascimento e o casamento, bem como o nome do cônjuge, se for casado;
3º) data da sentença, nome e vara do juiz que a proferiu;
4º) nome, profissão, estado civil, domicílio e residência do curador;
5º) nome do requerente da interdição e causa desta;
6º) limites da curadoria, quando for parcial a interdição;

- V. art. 1.772, CC.
- V. art. 755, § 3º, CPC/2015.

7º) lugar onde está internado o interdito.

Art. 93. A comunicação, com os dados necessários, acompanhados de certidão de sentença, será remetida pelo juiz ao cartório, para registro de ofício, se o curador ou promovente não o tiver feito dentro de 8 (oito) dias.

Parágrafo único. Antes de registrada a sentença, não poderá o curador assinar o respectivo termo.

Art. 94. O registro das sentenças declaratórias de ausência, que nomearem curador, será feito no cartório do domicílio anterior do ausente, com as mesmas cautelas e efeitos do registro de interdição, declarando-se:

- V. arts. 9º, IV, e 22 a 39, CC.
- V. art. 744, CPC/2015.

1º) data do registro;
2º) nome, idade, estado civil, profissão e domicílio anterior do ausente, data e cartório em que foram registrados o nascimento e o casamento, bem como o nome do cônjuge, se for casado;
3º) tempo de ausência até a data da sentença;
4º) nome do promotor do processo;
5º) data da sentença e nome e vara do juiz que a proferiu;
6º) nome, estado civil, profissão, domicílio e residência do curador e os limites da curatela.

Capítulo XI
DA LEGITIMAÇÃO ADOTIVA

Art. 95. Serão registradas no registro de nascimento as sentenças de legitimação adotiva, consignando-se nele os nomes dos pais adotivos como pais legítimos e os dos ascendentes dos mesmos se já falecidos, ou sendo vivos, se houverem, em qualquer tempo, manifestado por escrito sua adesão ao ato (Lei 4.655, de 2 de junho de 1965, art. 6º).

- V. art. 21.

Parágrafo único. O mandado será arquivado, dele não podendo o oficial fornecer certidão, a não ser por determinação judicial e em segredo de justiça, para salvaguarda de direitos (Lei 4.655, de 2 de junho de 1965, art. 8º, parágrafo único).

Art. 96. Feito o registro, será cancelado o assento de nascimento original do menor.

Capítulo XII
DA AVERBAÇÃO

Art. 97. A averbação será feita pelo oficial do cartório em que constar o assento à vista da carta de sentença, de mandado ou de petição acompanhada de certidão ou documento legal e autêntico, com audiência do Ministério Público.

Art. 98. A averbação será feita à margem do assento e, quando não houver espaço, no livro corrente, com as notas e remissões recíprocas, que facilitem a busca.

Art. 99. A averbação será feita mediante a indicação minuciosa da sentença ou ato que a determinar.

Art. 100. No livro de casamento, será feita averbação da sentença de nulidade e anulação de casamento, bem como de desquite, declarando-se a data em que o juiz a

Lei 6.015/1973

proferiu, a sua conclusão, os nomes das partes e o trânsito em julgado.

§ 1º Antes de averbação, as sentenças não produzirão efeito contra terceiros.

§ 2º As sentenças de nulidade ou anulação de casamento não serão averbadas enquanto sujeitas a recurso, qualquer que seja o seu efeito.

§ 3º A averbação a que se refere o parágrafo anterior será feita à vista da carta de sentença, subscrita pelo presidente ou outro juiz do tribunal que julgar a ação em grau de recurso, da qual constem os requisitos mencionados neste artigo e, ainda, certidão do trânsito em julgado do acórdão.

§ 4º O oficial do registro comunicará, dentro de 48 (quarenta e oito) horas, o lançamento da averbação respectiva ao juiz que houver subscrito a carta de sentença mediante ofício sob registro postal.

§ 5º Ao oficial, que deixar de cumprir as obrigações consignadas nos parágrafos anteriores, será imposta a multa de cinco salários mínimos da região e a suspensão do cargo até 6 (seis) meses; em caso de reincidência ser-lhe-á aplicada, em dobro, a pena pecuniária, ficando sujeito à perda do cargo.

Art. 101. Será também averbado, com as mesmas indicações e efeitos, o ato de restabelecimento de sociedade conjugal.

- V. art. 29, § 1º, a.
- V. art. 46, Lei 6.515/1977 (Lei do Divórcio).

Art. 102. No livro de nascimento serão averbados:

1º) as sentenças que julgarem ilegítimos os filhos concebidos na constância do casamento;

- V. art. 29, § 1º, b.
- V. art. 1.598, CC.

2º) as sentenças que declararem legítima a filiação;

- V. art. 29, § 1º, c.
- V. art. 1.606, CC.

3º) as escrituras de adoção e os atos que a dissolverem;

- V. art. 47, § 2º, Lei 8.069/1990 (Estatuto da Criança e do Adolescente).

4º) o reconhecimento judicial ou voluntário dos filhos ilegítimos;

- V. art. 29, § 1º, d.

- V. art. 227, § 6º, CF.

5º) a perda de nacionalidade brasileira, quando comunicada pelo Ministério da Justiça;

- V. arts. 22 a 34, Lei 818/1949 (Aquisição, perda e reaquisição da nacionalidade e perda dos direitos políticos).

6º) a perda e a suspensão do pátrio poder.

- Item acrescentado pela Lei 8.069/1990.
- V. arts. 1.630 a 1.638, CC (Do poder familiar).

Art. 103. Será feita, ainda de ofício, diretamente quando no mesmo cartório, ou por comunicação do oficial que registrar o casamento, a averbação da legitimação dos filhos por subsequente matrimônio dos pais, quando tal circunstância constar do assento de casamento.

- V. art. 227, § 6º, 2ª parte, CF.

Art. 104. No livro de emancipação, interdições e ausências, será feita a averbação das sentenças que puserem termo à interdição, das substituições dos curadores de interditos ou ausentes, das alterações dos limites de curatela, da cessação ou mudança de internação, bem como da cessação de ausência pelo aparecimento do ausente, de acordo com o disposto nos artigos anteriores.

Parágrafo único. Averbar-se-á, também, no assento de ausência, a sentença de abertura de sucessão provisória, após o trânsito em julgado, com referência especial ao testamento do ausente se houver e indicação de seus herdeiros habilitados.

Art. 105. Para a averbação de escritura de adoção de pessoa cujo registro de nascimento haja sido feito fora do País, será trasladado, sem ônus para os interessados, no livro "A" do cartório do 1º ofício ou da 1ª subdivisão judiciária da comarca em que for domiciliado o adotante, aquele registro, legalmente traduzido, se for o caso, para que se faça, à margem dele, a competente averbação.

Capítulo XIII
DAS ANOTAÇÕES

Art. 106. Sempre que o oficial fizer algum registro ou averbação, deverá, no prazo de 5 (cinco) dias, anotá-lo nos atos anteriores, com remissões recíprocas, se lançados em seu cartório, ou fará comunicação, com resumo do assento, ao oficial em cujo cartório estiverem os registros primitivos, obedecendo-se sempre à forma prescrita no art. 98.

Parágrafo único. As comunicações serão feitas mediante cartas relacionadas em protocolo, anotando-se à margem ou sob o ato comunicado o número do protocolo e ficarão arquivadas no cartório que as receber.

Art. 107. O óbito deverá ser anotado, com as remissões recíprocas, nos assentos de casamento e nascimento, e o casamento no deste.

§ 1º A emancipação, a interdição e a ausência serão anotadas pela mesma forma, nos assentos de nascimento e casamento, bem como a mudança do nome da mulher, em virtude de casamento, ou sua dissolução, anulação ou desquite.

§ 2º A dissolução e a anulação do casamento e o restabelecimento da sociedade conjugal serão, também, anotados nos assentos de nascimento dos cônjuges.

Art. 108. Os oficiais, além das penas disciplinares em que incorrerem, são responsáveis civil e criminalmente pela omissão ou atraso na remessa de comunicações a outros cartórios.

Capítulo XIV
DAS RETIFICAÇÕES, RESTAURAÇÕES E SUPRIMENTOS

Art. 109. Quem pretender que se restaure, supra ou retifique assentamento no Registro Civil, requererá, em petição fundamentada e instruída com documentos ou com indicação de testemunhas, que o juiz o ordene, ouvido o órgão do Ministério Público e os interessados, no prazo de 5 (cinco) dias, que correrá em cartório.

• V. arts. 39 a 41.
• V. art. 102, Lei 8.069/1990 (Estatuto da Criança e do Adolescente).

§ 1º Se qualquer interessado ou o órgão do Ministério Público impugnar o pedido, o juiz determinará a produção da prova, dentro do prazo de 10 (dez) dias e ouvidos, sucessivamente, em 3 (três) dias, os interessados e o órgão do Ministério Público, decidirá em 5 (cinco) dias.

§ 2º Se não houver impugnação ou necessidade de mais provas, o juiz decidirá no prazo de 5 (cinco) dias.

§ 3º Da decisão do juiz, caberá o recurso de apelação com ambos os efeitos.

• V. arts. 1.009 a 1.015, CPC/2015.

§ 4º Julgado procedente o pedido, o juiz ordenará que se expeça mandado para que seja lavrado, restaurado ou retificado o assentamento, indicando, com precisão, os fatos ou circunstâncias que devam ser retificados, e em que sentido, ou os que devam ser objeto do novo assentamento.

§ 5º Se houver de ser cumprido em jurisdição diversa, o mandado será remetido por ofício, ao juiz sob cuja jurisdição estiver o cartório do Registro Civil e, com o seu "cumpra-se", executar-se-á.

§ 6º As retificações serão feitas à margem do registro, com as indicações necessárias, ou, quando for o caso, com a trasladação do mandado, que ficará arquivado. Se não houver espaço, far-se-á o transporte do assento, com as remissões à margem do registro original.

Art. 110. Os erros que não exijam qualquer indagação para a constatação imediata de necessidade de sua correção poderão ser corrigidos de ofício pelo oficial de registro no próprio cartório onde se encontrar o assentamento, mediante petição assinada pelo interessado, representante legal ou procurador, independentemente de pagamento de selos e taxas, após manifestação conclusiva do Ministério Público.

• Artigo com redação determinada pela Lei 12.100/2009.
• V. art. 40.

§ 1º Recebido o requerimento instruído com os documentos que comprovem o erro, o oficial submetê-lo-á ao órgão do Ministério Público que o despachará em 5 (cinco) dias.

§ 2º Quando a prova depender de dados existentes no próprio cartório, poderá o oficial certificá-lo nos autos.

§ 3º Entendendo o órgão do Ministério Público que o pedido exige maior indagação,

Lei 6.015/1973

requererá ao juiz a distribuição dos autos a um dos cartórios da circunscrição, caso em que se processará a retificação, com assistência de advogado, observado o rito sumaríssimo.

§ 4º Deferido o pedido, o oficial averbará a retificação à margem do registro, mencionando o número do protocolo e a data da sentença e seu trânsito em julgado, quando for o caso.

Art. 111. Nenhuma justificação em matéria de registro civil, para retificação, restauração ou abertura de assento, será entregue à parte.

• V. art. 40.

Art. 112. Em qualquer tempo poderá ser apreciado o valor probante da justificação, em original ou por traslado, pela autoridade judiciária competente ao conhecer de ações que se relacionem com os fatos justificados.

• V. art. 40.

Art. 113. As questões de filiação legítima ou ilegítima serão decididas em processo contencioso para anulação ou reforma de assento.

• V. art. 227, § 6º, CF.

TÍTULO III
DO REGISTRO CIVIL DE PESSOAS JURÍDICAS

Capítulo I
DA ESCRITURAÇÃO

Art. 114. No Registro Civil de Pessoas Jurídicas serão inscritos:

• V. arts. 3º e 7º.

I – os contratos, os atos constitutivos, o estatuto ou compromissos das sociedades civis, religiosas, pias, morais, científicas, ou literárias, bem como o das fundações e das associações de utilidade pública;

• V. art. 116, I.
• V. arts. 44, I e III, 45 e 53 a 69, CC.

II – as sociedades civis que revestirem as formas estabelecidas nas leis comerciais, salvo as anônimas;

• V. art. 116, I.

III – os atos constitutivos e os estatutos dos partidos políticos.

• Inciso III acrescentado pela Lei 9.096/1995.

Parágrafo único. No mesmo cartório será feito o registro dos jornais, periódicos, oficinas impressoras, empresas de radiodifusão e agências de notícias a que se refere o art. 8º da Lei 5.250, de 9 de fevereiro de 1967.

Art. 115. Não poderão ser registrados os atos constitutivos de pessoas jurídicas, quando o seu objeto ou circunstâncias relevantes indiquem destino ou atividades ilícitos, ou contrários, nocivos ou perigosos ao bem público, à segurança do Estado e da coletividade, à ordem pública ou social, à moral e aos bons costumes.

Parágrafo único. Ocorrendo qualquer dos motivos previstos neste artigo, o oficial do registro, de ofício ou por provocação de qualquer autoridade, sobrestará no processo de registro e suscitará dúvida para o juiz, que a decidirá.

• V. arts. 198 a 204.

Art. 116. Haverá, para o fim previsto nos artigos anteriores, os seguintes livros:

I – Livro A, para os fins indicados nos números I e II, do art. 114, com trezentas folhas;

II – Livro B, para matrícula das oficinas impressoras, jornais, periódicos, empresas de radiodifusão e agências de notícias, com cento e cinquenta folhas.

Art. 117. Todos os exemplares de contratos, de atos, de estatuto e de publicações, registrados e arquivados, serão encadernados por períodos certos, acompanhados de índice que facilite a busca e o exame.

Art. 118. Os oficiais farão índices, pela ordem cronológica e alfabética, de todos os registros e arquivamentos, podendo adotar o sistema de fichas, mas ficando sempre responsáveis por qualquer erro ou omissão.

Art. 119. A existência legal das pessoas jurídicas só começa com o registro de seus atos constitutivos.

• V. art. 45, *caput*, CC.
• V. art. 75, IX, CPC/2015.

Lei 6.015/1973

LEGISLAÇÃO

Parágrafo único. Quando o funcionamento da sociedade depender de aprovação da autoridade, sem esta não poderá ser feito o registro.

Capítulo II
DA PESSOA JURÍDICA

Art. 120. O registro das sociedades, fundações e partidos políticos consistirá na declaração, feita em livro, pelo oficial, do número de ordem, da data da apresentação e da espécie do ato constitutivo, com as seguintes indicações:

* *Caput* com redação determinada pela Lei 9.096/1995.
* V. art. 46, CC.
* V. Dec.-lei 9.085/1946 (Registro Civil de Pessoas Jurídicas).

I – a denominação, o fundo social, quando houver, os fins e a sede da associação ou fundação, bem como o tempo de sua duração;

II – o modo por que se administra e representa a sociedade, ativa e passivamente, judicial e extrajudicialmente;

III – se o estatuto, o contrato ou o compromisso é reformável, no tocante à administração, e de que modo;

IV – se os membros respondem ou não, subsidiariamente, pelas obrigações sociais;

V – as condições de extinção da pessoa jurídica e nesse caso o destino do seu patrimônio;

VI – os nomes dos fundadores ou instituidores e dos membros da diretoria, provisória ou definitiva, com indicação da nacionalidade, estado civil e profissão de cada um, bem como o nome e residência do apresentante dos exemplares.

Parágrafo único. Para o registro dos partidos políticos, serão obedecidos, além dos requisitos deste artigo, os estabelecidos em lei específica.

* Parágrafo único acrescentado pela Lei 9.096/1995.

Art. 121. Para o registro serão apresentadas duas vias do estatuto, compromisso ou contrato, pelas quais far-se-á o registro mediante petição do representante legal da sociedade, lançando o oficial, nas duas vias, a competente certidão do registro, com o respectivo número de ordem, livro e folha. Uma das vias será entregue ao representante e a outra arquivada em cartório, rubricando o oficial as folhas em que estiver impresso o contrato, compromisso ou estatuto.

* Artigo com redação determinada pela Lei 9.042/1995.
* V. art. 126.

Capítulo III
DO REGISTRO DE JORNAIS, OFICINAS IMPRESSORAS, EMPRESAS DE RADIODIFUSÃO E AGÊNCIAS DE NOTÍCIAS

Art. 122. No Registro Civil das Pessoas Jurídicas serão matriculados:

* V. art. 125.

I – os jornais e demais publicações periódicas;

II – as oficinas impressoras de qualquer natureza, pertencentes a pessoas naturais ou jurídicas;

III – as empresas de radiodifusão que mantenham serviços de notícias, reportagens, comentários, debates e entrevistas;

IV – as empresas que tenham por objeto o agenciamento de notícias.

Art. 123. O pedido de matrícula conterá as informações e será instruído com os documentos seguintes:

I – no caso de jornais ou outras publicações periódicas:

a) título do jornal ou periódico, sede da redação, administração e oficinas impressoras, esclarecendo, quanto a estas, se são próprias ou de terceiros, e indicando, neste caso, os respectivos proprietários;

b) nome, idade, residência e prova da nacionalidade do diretor ou redator-chefe;

c) nome, idade, residência e prova da nacionalidade do proprietário;

d) se propriedade de pessoa jurídica, exemplar do respectivo estatuto ou contrato social e nome, idade, residência e prova da nacionalidade dos diretores, gerentes e sócios da pessoa jurídica proprietária;

II – nos casos de oficinas impressoras:

a) nome, nacionalidade, idade e residência do gerente e do proprietário, se pessoa natural;

Lei 6.015/1973

LEGISLAÇÃO

b) sede da administração, lugar, rua e número onde funcionam as oficinas e denominações destas;

c) exemplar do contrato ou estatuto social, se pertencentes a pessoa jurídica;

III – no caso de empresas de radiodifusão:

a) designação da emissora, sede de sua administração e local das instalações do estúdio;

b) nome, idade, residência e prova de nacionalidade do diretor ou redator-chefe responsável pelos serviços de notícias, reportagens, comentários, debates e entrevistas;

IV – no caso de empresas noticiosas:

a) nome, nacionalidade, idade e residência do gerente e do proprietário, se pessoa natural;

b) sede da administração;

c) exemplar do contrato ou estatuto social, se pessoa jurídica.

§ 1º As alterações em qualquer dessas declarações ou documentos deverão ser averbadas na matrícula no prazo de 8 (oito) dias.

§ 2º A cada declaração a ser averbada deverá corresponder um requerimento.

Art. 124. A falta de matrícula das declarações, exigidas no artigo anterior, ou da averbação da alteração, será punida com multa que terá o valor de meio a dois salários mínimos da região.

§ 1º A sentença que impuser a multa fixará prazo, não inferior a 20 (vinte) dias, para matrícula ou alteração das declarações.

§ 2º A multa será aplicada pela autoridade judiciária em representação feita pelo oficial, e cobrada por processo executivo, mediante ação do órgão competente.

§ 3º Se a matrícula ou alteração não for efetivada no prazo referido no § 1º deste artigo, o juiz poderá impor nova multa, agravando-a de 50% (cinquenta por cento) toda vez que seja ultrapassado de 10 (dez) dias o prazo assinalado na sentença.

Art. 125. Considera-se clandestino o jornal, ou outra publicação periódica, não matriculado nos termos do art. 122 ou de cuja matrícula não constem os nomes e as qualificações do diretor ou redator e do proprietário.

Art. 126. O processo de matrícula será o mesmo do registro prescrito no art. 121.

TÍTULO IV
DO REGISTRO DE TÍTULOS E DOCUMENTOS

Capítulo I
DAS ATRIBUIÇÕES

Art. 127. No Registro de Títulos e Documentos será feita a transcrição:

I – dos instrumentos particulares, para a prova das obrigações convencionais de qualquer valor;

- V. art. 130.
- V. art. 221, CC.
- V. Dec.-lei 1.027/1939 (Registro de contratos de compra e venda, com reserva de domínio).

II – do penhor comum sobre coisas móveis;

- V. arts. 144 e 145.
- V. art. 1.432, CC.

III – da caução de títulos de crédito pessoal e da dívida pública federal, estadual ou municipal, ou de bolsa ao portador;

- V. arts. 144 e 145.
- V. art. 1.452, CC.

IV – do contrato de penhor de animais, não compreendido nas disposições do art. 10 da Lei 492, de 30 de agosto de 1934;

- A referida Lei é de 1937, diferentemente do que consta da publicação oficial.
- V. arts. 144 e 145.
- V. arts. 1.442, V, e 1.444, CC.

V – do contrato de parceria agrícola ou pecuária;

VI – do mandado judicial de renovação do contrato de arrendamento para sua vigência, quer entre as partes contratantes, quer em face de terceiros (art. 19, § 2º, do Dec. 24.150, de 20 de abril de 1934);

VII – facultativa, de quaisquer documentos, para sua conservação.

Parágrafo único. Caberá ao Registro de Títulos e Documentos a realização de quaisquer registros não atribuídos expressamente a outro ofício.

- V. Lei 6.690/1979 (Cancelamento de protesto de títulos cambiais).

Lei 6.015/1973

LEGISLAÇÃO

Art. 128. À margem dos respectivos registros, serão averbadas quaisquer ocorrências que os alterem, quer em relação às obrigações, quer em atinência às pessoas que nos atos figurem, inclusive quanto à prorrogação dos prazos.

- V. art. 164.

Art. 129. Estão sujeitos a registro, no Registro de Títulos e Documentos, para surtir efeitos em relação a terceiros:

- V. art. 130.

1º) os contratos de locação de prédios, sem prejuízo do disposto no art. 167, I, 3;

2º) os documentos decorrentes de depósitos, ou de cauções feitos em garantia de cumprimento de obrigações contratuais, ainda que em separado dos respectivos instrumentos;

- V. arts. 627 a 646 e 1.451 a 1.460, CC.

3º) as cartas de fiança, em geral, feitas por instrumento particular, seja qual for a natureza do compromisso por elas abonado;

- V. arts. 818 a 839, CC.

4º) os contratos de locação de serviços não atribuídos a outras repartições;

- V. arts. 593 a 609, CC.

5º) os contratos de compra e venda em prestações, com reserva de domínio ou não, qualquer que seja a forma de que se revistam, os de alienação ou de promessas de venda referentes a bens móveis e os de alienação fiduciária;

- V. arts. 481 a 532, CC.
- V. Lei 6.766/1979 (Parcelamento do solo urbano).

6º) todos os documentos de procedência estrangeira, acompanhados das respectivas traduções, para produzirem efeitos em repartições da União, dos Estados, do Distrito Federal, dos Territórios e dos Municípios ou em qualquer instância, juízo ou tribunal;

- V. art. 192, parágrafo único, CPC/2015.

7º) as quitações, recibos e contratos de compra e venda de automóveis, bem como o penhor destes, qualquer que seja a forma que revistam;

- V. arts. 1.461 a 1.464, CC.

8º) os atos administrativos expedidos para cumprimento de decisões judiciais, sem trânsito em julgado, pelas quais for determinada a entrega, pelas alfândegas e mesas de renda, de bens e mercadorias procedentes do Exterior;

9º) os instrumentos de cessão de direitos e de créditos, de sub-rogação e de dação em pagamento.

- V. arts. 286 a 298, 346 a 351 e 356 a 359, CC.

Art. 130. Dentro do prazo de 20 (vinte) dias da data da sua assinatura pelas partes, todos os atos enumerados nos arts. 127 e 129 serão registrados no domicílio das partes contratantes e, quando residam estas em circunscrições territoriais diversas, far-se-á o registro em todas elas.

Parágrafo único. Os registros de documentos apresentados, depois de findo o prazo, produzirão efeitos a partir da data da apresentação.

Art. 131. Os registros referidos nos artigos anteriores serão feitos independentemente de prévia distribuição.

Capítulo II
DA ESCRITURAÇÃO

Art. 132. No Registro de Títulos e Documentos haverá os seguintes livros, todos com trezentas folhas:

I – Livro A – protocolo para apontamentos de todos o títulos, documentos e papéis apresentados, diariamente, para serem registrados, ou averbados;

II – Livro B – para trasladação integral de títulos e documentos, sua conservação e validade contra terceiros, ainda que registrados por extratos em outros livros;

III – Livro C – para inscrição, por extração, de títulos e documentos, a fim de surtirem efeitos em relação a terceiros e autenticação de data;

IV – Livro D – indicador pessoal, substituível pelo sistema de fichas, a critério e sob a responsabilidade do oficial, o qual é obrigado a fornecer, com presteza, as certidões pedidas pelos nomes das partes que figurarem, por qualquer modo, nos livros de registros.

- V. art. 20.

Lei 6.015/1973

LEGISLAÇÃO

Art. 133. Na parte superior de cada página do livro se escreverá o título, a letra com o número e o ano em que começar.

Art. 134. O juiz, em caso de afluência de serviço, poderá autorizar o desdobramento dos livros de registro para escrituração das várias espécies de atos, sem prejuízo da unidade do protocolo e de sua numeração em ordem rigorosa.

Parágrafo único. Esses livros desdobrados terão as indicações de E, F, G, H etc.

Art. 135. O protocolo deverá conter colunas para as seguintes anotações:
1º) número de ordem, continuando, indefinidamente, nos seguintes;
2º) dia e mês;
3º) natureza do título e qualidade do lançamento (integral, resumido, penhor etc.);
4º) o nome do apresentante;
5º) anotações e averbações.

Parágrafo único. Em seguida ao registro, far-se-á, no protocolo, remissão ao número da página do livro em que foi ele lançado, mencionando-se, também, o número e a página de outros livros em que houver qualquer nota ou declaração concernente ao mesmo ato.

Art. 136. O livro de registro integral de títulos será escriturado nos termos do art. 142, lançando-se, antes de cada registro, o número de ordem, a data do protocolo e o nome do apresentante, e conterá colunas para as seguintes declarações:
1º) número de ordem;
2º) dia e mês;
3º) transcrição;
4º) anotações e averbações.

Art. 137. O livro de registro, por extrato, conterá colunas para as seguintes declarações:
1º) número de ordem;
2º) dia e mês;
3º) espécie e resumo do título;
4º) anotações e averbações.

Art. 138. O indicador pessoal será dividido alfabeticamente para a indicação do nome de todas as pessoas que, ativa ou passivamente, individual ou coletivamente, figurarem nos livros de registro e deverá conter, além dos nomes das pessoas, referências aos números de ordem e páginas dos outros livros e anotações.

Art. 139. Se a mesma pessoa já estiver mencionada no indicador, somente se fará, na coluna das anotações, uma referência ao número de ordem, página e número do livro em que estiver lançado o novo registro ou averbação.

Art. 140. Se no mesmo registro, ou averbação, figurar mais de uma pessoa, ativa ou passivamente, o nome de cada uma será lançado distintamente, no indicador, com referência recíproca na coluna das anotações.

Art. 141. Sem prejuízo do disposto no art. 161, ao oficial é facultado efetuar o registro por meio de microfilmagem, desde que, por lançamentos remissivos, com menção ao protocolo, ao nome dos contratantes, à data e à natureza dos documentos apresentados, sejam os microfilmes havidos como partes integrantes dos livros de registros, nos seus termos de abertura e encerramento.

• V. Lei 5.433/1968 (Microfilmagem de documentos).

Capítulo III
DA TRANSCRIÇÃO E DA AVERBAÇÃO

Art. 142. O registro integral dos documentos consistirá na trasladação dos mesmos, com a mesma ortografia e pontuação, com referências às entrelinhas ou quaisquer acréscimos, alterações, defeitos ou vícios que tiver o original apresentado, e, bem assim, com menção precisa aos seus característicos exteriores e às formalidades legais, podendo a transcrição dos documentos mercantis, quando levados a registro, ser feita na mesma disposição gráfica em que estiverem escritos, se o interessado assim o desejar.

§ 1º Feita a trasladação, na última linha, de maneira a não ficar espaço em branco, será conferida e realizado o seu encerramento, depois do que o oficial, seu substituto legal ou escrevente designado pelo oficial e autorizado pelo juiz competente, ainda que o primeiro não esteja afastado, assinará o seu nome por inteiro.

• V. arts. 143, 147, 149 e 152.

Lei 6.015/1973

Legislação

§ 2º Tratando-se de documento impresso, idêntico a outro já anteriormente registrado na íntegra, no mesmo livro, poderá o registro limitar-se a consignar o nome das partes contratantes, as características do objeto e demais dados constantes dos claros preenchidos, fazendo-se remissão, quanto ao mais, àquele já registrado.

Art. 143. O registro resumido consistirá na declaração da natureza do título, do documento ou papel, valor, prazo, lugar em que tenha sido feito, nome e condição jurídica das partes, nomes das testemunhas, data da assinatura e do reconhecimento de firma por tabelião, se houver, o nome deste, o do apresentante, o número de ordem e a data do protocolo, e da averbação, a importância e a qualidade do imposto pago, depois do que será datado e rubricado pelo o oficial ou servidores referidos no art. 142, § 1º.

Art. 144. O registro de contratos de penhor, caução e parceria será feito com declaração do nome, profissão e domicílio do credor e do devedor, valor da dívida, juros, penas, vencimento e especificações dos objetos apenhados, pessoa em poder de quem ficam, espécie do título, condições do contrato, data e número de ordem.

Parágrafo único. Nos contratos de parceria, serão considerados credor o parceiro proprietário e devedor, o parceiro cultivador ou criador.

Art. 145. Qualquer dos interessados poderá levar a registro os contratos de penhor ou caução.

Capítulo IV
DA ORDEM DO SERVIÇO

Art. 146. Apresentado o título ou documento para registro ou averbação, serão anotados, no protocolo, a data de sua apresentação, sob o número de ordem que se seguir imediatamente, a natureza do instrumento, a espécie de lançamento a fazer (registro integral ou resumido, ou averbação), o nome do apresentante, reproduzindo-se as declarações relativas ao número de ordem, à data, e à espécie de lançamento a fazer no corpo do título, do documento ou do papel.

• V. arts. 8º a 15.

Art. 147. Protocolizado o título ou documento, far-se-á, em seguida, no livro respectivo, o lançamento (registro integral ou resumido, ou averbação) e, concluído este, declarar-se-á no corpo do título, documento ou papel, o número de ordem e a data do procedimento no livro competente, rubricando o oficial ou os servidores referidos no art. 142, § 1º, esta declaração e as demais folhas do título, do documento ou do papel.

Art. 148. Os títulos, documentos e papéis escritos em língua estrangeira, uma vez adotados os caracteres comuns, poderão ser registrados no original, para o efeito da sua conservação ou perpetuidade. Para produzirem efeitos legais no País e para valerem contra terceiros, deverão, entretanto, ser vertidos em vernáculo e registrada a tradução, o que, também, se observará em relação às procurações lavradas em língua estrangeira.

• V. art. 224, CC.

Parágrafo único. Para o registro resumido, os títulos, documentos ou papéis em língua estrangeira, deverão ser sempre traduzidos.

Art. 149. Depois de concluídos os lançamentos nos livros respectivos, será feita, nas anotações do protocolo, referência ao número de ordem sob o qual tiver sido feito o registro, ou a averbação, no livro respectivo, datando e rubricando, em seguida, o oficial ou os servidores referidos no art. 142, § 1º.

Art. 150. O apontamento do título, documento ou papel no protocolo será feito, seguida e imediatamente um depois do outro. Sem prejuízo da numeração individual de cada documento, se a mesma pessoa apresentar simultaneamente diversos documentos de idêntica natureza, para lançamento da mesma espécie, serão eles lançados no protocolo englobadamente.

Parágrafo único. Onde terminar cada apontamento, será traçada uma linha horizontal, separando-o do seguinte, sendo lavrado, no fim do expediente diário, o termo de encerramento do próprio punho do oficial, por ele datado e assinado.

Art. 151. O lançamento dos registros e das averbações nos livros respectivos será

Lei 6.015/1973

feito, também seguidamente, na ordem de prioridade do seu apontamento no protocolo, quando não for obstado por ordem de autoridade judiciária competente, ou por dúvida superveniente; neste caso, seguir-se-ão os registros ou averbações dos imediatos, sem prejuízo da data autenticada pelo competente apontamento.

• V. arts. 198 a 204 e 207.

Art. 152. Cada registro ou averbação será datado e assinado por inteiro, pelo oficial ou pelos servidores referidos no art. 142, § 1º, separados, um do outro, por uma linha horizontal.

Art. 153. Os títulos terão sempre um número diferente, segundo a ordem de apresentação, ainda que se refiram à mesma pessoa. O registro e a averbação deverão ser imediatos, e, quando não o puderem ser, por acúmulo de serviço, o lançamento será feito no prazo estritamente necessário, e sem prejuízo da ordem da prenotação. Em qualquer desses casos, o oficial, depois de haver dado entrada no protocolo e lançado no corpo do título as declarações prescritas, fornecerá um recibo contendo a declaração da data da apresentação, o número de ordem desta no protocolo e a indicação do dia em que deverá ser entregue, devidamente legalizado; o recibo será restituído pelo apresentante contra a devolução do documento.

Art. 154. Nos termos de encerramento diário do protocolo, lavrados ao findar a hora regulamentar, deverão ser mencionados, pelos respectivos números, os títulos apresentados cujos registros ficarem adiados, com a declaração dos motivos do adiamento.

Parágrafo único. Ainda que o expediente continue para ultimação do serviço, nenhuma nova apresentação será admitida depois da hora regulamentar.

Art. 155. Quando o título, já registrado por extrato, for levado a registro integral, ou for exigido simultaneamente pelo apresentante o duplo registro, mencionar-se-á essa circunstância no lançamento posterior e, nas anotações do protocolo, far-se-ão referências recíprocas para verificação das diversas espécies de lançamento do mesmo título.

Art. 156. O oficial deverá recusar registro a título e a documento que não se revistam das formalidades legais.

Parágrafo único. Se tiver suspeita de falsificação, poderá o oficial sobrestar no registro, depois de protocolado o documento, até notificar o apresentante dessa circunstância; se este insistir, o registro será feito com essa nota, podendo o oficial, entretanto, submeter a dúvida ao juiz competente, ou notificar o signatário para assistir ao registro, mencionando também as alegações pelo último aduzidas.

• V. arts. 198 a 204.

Art. 157. O oficial, salvo quando agir de má-fé, devidamente comprovada, não será responsável pelos danos decorrentes da anulação do registro, ou da averbação, por vício intrínseco ou extrínseco do documento, título ou papel, mas, tão somente, pelos erros ou vícios no processo do registro.

Art. 158. As procurações deverão trazer reconhecidas as firmas dos outorgantes.

Art. 159. As folhas do título, documento ou papel que tiver sido registrado e as das certidões serão rubricadas pelo oficial, antes de entregues aos apresentantes. As declarações no protocolo, bem como as dos registros e das averbações lançadas no título, documento ou papel e as respectivas datas poderão ser apostas por carimbo, sendo, porém, para autenticação, de próprio punho do oficial, ou de quem suas vezes fizer, a assinatura ou a rubrica.

Art. 160. O oficial será obrigado, quando o apresentante o requerer, a notificar do registro ou da averbação os demais interessados que figurarem no título, documento, ou papel apresentado, e a quaisquer terceiros que lhes sejam indicados, podendo requisitar dos oficiais de registro, em outros Municípios, as notificações necessárias. Por esse processo, também, poderão ser feitos avisos, denúncias e notificações, quando não for exigida a intervenção judicial.

§ 1º Os certificados de notificação ou da entrega de registros serão lavrados nas colunas das anotações, no livro competente, à margem dos respectivos registros.

Lei 6.015/1973

LEGISLAÇÃO

§ 2º O serviço das notificações e demais diligências poderá ser realizado por escreventes designados pelo oficial e autorizados pelo juiz competente.

Art. 161. As certidões do registro integral de títulos terão o mesmo valor probante dos originais, ressalvado o incidente de falsidade destes, oportunamente levantado em juízo.

- V. arts. 425, III, e 430 a 433, CPC/2015.

§ 1º O apresentante do título para registro integral poderá também deixá-lo arquivado em cartório ou a sua fotocópia, autenticada pelo oficial, circunstâncias que serão declaradas no registro e nas certidões.

§ 2º Quando houver acúmulo de trabalho, um dos suboficiais poderá ser autorizado pelo juiz, a pedido do oficial e sob sua responsabilidade, a lavrar e subscrever certidão.

Art. 162. O fato da apresentação de um título, documento ou papel, para registro ou averbação, não constituirá, para o apresentante, direito sobre o mesmo, desde que não seja o próprio interessado.

Art. 163. Os tabeliães e escrivães, nos atos que praticarem, farão sempre referência ao livro e à folha do registro de títulos e documentos em que tenham sido trasladados os mandatos de origem estrangeira, a que tenham de reportar-se.

Capítulo V
DO CANCELAMENTO

Art. 164. O cancelamento poderá ser feito em virtude de sentença ou de documento autêntico de quitação ou de exoneração do título registrado.

Art. 165. Apresentado qualquer dos documentos referidos no artigo anterior, o oficial certificará, na coluna das averbações do livro respectivo, o cancelamento e a razão dele, mencionando-se o documento que o autorizou, datando e assinando a certidão, de tudo fazendo referência nas anotações do protocolo.

Parágrafo único. Quando não for suficiente o espaço da coluna das averbações, será feito novo registro, com referências recíprocas, na coluna própria.

Art. 166. Os requerimentos de cancelamento serão arquivados com os documentos que os instruírem.

TÍTULO V
DO REGISTRO DE IMÓVEIS

- V. arts. 37 a 45, Lei 11.977/2009 (Programa Minha Casa, Minha Vida – PMCMV e regularização fundiária de assentamentos localizados em áreas urbanas).

Capítulo I
DAS ATRIBUIÇÕES

Art. 167. No Registro de Imóveis, além da matrícula, serão feitos:

- V. arts. 176, 196, 197 e 227 a 237.
- V. Dec.-lei 807/1969 (Transferência de imóveis incorporados às sociedades por ações da Administração indireta da União).

I – o registro:

- V. art. 217.

1) da instituição de bem de família;

- V. arts. 260 a 265.
- V. arts. 1.711 a 1.722, CC.

2) das hipotecas legais, judiciais e convencionais;

- V. arts. 189, 251 e 266 a 276.
- V. arts. 1.473 a 1.505, CC.

3) dos contratos de locação de prédios, nos quais tenha sido consignada cláusula de vigência no caso de alienação da coisa locada;

- V. arts. 129, 169, III, e 242.
- V. art. 576, *caput*, CC.
- V. Lei 8.245/1991 (Locações de imóveis urbanos).

4) do penhor de máquinas e de aparelhos utilizados na indústria, instalados e em funcionamento, com os respectivos pertences ou sem eles;

- V. arts. 1.447 a 1.450, CC.

5) das penhoras, arrestos e sequestros de imóveis;

- V. arts. 239 e 240.
- V. arts. 831 a 875, CPC/2015.

6) das servidões em geral;

- V. art. 256.
- V. arts. 1.378 a 1.389, CC.

Lei 6.015/1973

LEGISLAÇÃO

7) do usufruto e do uso sobre imóveis e da habitação, quando não resultarem do direito de família;
- V. arts. 1.390 a 1.416, CC.

8) das rendas constituídas sobre imóveis ou a eles vinculadas por disposição de última vontade;
- V. arts. 803 a 813, CC.

9) dos contratos de compromisso de compra e venda de cessão deste e de promessa de cessão, com ou sem cláusula de arrependimento, que tenham por objeto imóveis não loteados e cujo preço tenha sido pago no ato de sua celebração, ou deva sê-lo a prazo, de uma só vez ou em prestações;
- V. arts. 1.417 e 1.418, CC.
- V. art. 22, Dec.-lei 58/1937 (Loteamento e venda de terrenos para pagamento em prestações).

10) da enfiteuse;
- V. art. 243.

11) da anticrese;
- V. art. 241.
- V. arts. 1.506 a 1.510, CC.

12) das convenções antenupciais;
- V. art. 244.
- V. art. 1.657, CC.

13) das cédulas de crédito rural;
- V. arts. 30 a 40, Dec.-lei 167/1967 (Títulos de crédito rural).

14) das cédulas de crédito industrial;
- V. arts. 29 a 40, Dec.-lei 413/1969 (Títulos de crédito industrial).

15) dos contratos de penhor rural;
- V. art. 219.
- V. arts. 1.438 a 1.446, CC.

16) dos empréstimos por obrigações ao portador ou debêntures, inclusive as conversíveis em ações;

17) das incorporações, instituições e convenções de condomínio;
- V. art. 255.
- V. arts. 1.331 a 1.358, CC.
- V. Lei 4.591/1964 (Condomínio em edificações e as incorporações imobiliárias).

18) dos contratos de promessa de venda, cessão ou promessa de cessão de unidades autônomas condominiais a que alude a Lei 4.591, de 16 de dezembro de 1964, quando a incorporação ou a instituição de condomínio se formalizar na vigência desta Lei;

19) dos loteamentos urbanos e rurais;
- V. art. 255.
- V. Lei 6.766/1979 (Parcelamento do solo urbano).

20) dos contratos de promessa de compra e venda de terrenos loteados em conformidade com o Decreto-lei 58, de 10 de dezembro de 1937, e respectiva cessão e promessa de cessão, quando o loteamento se formalizar na vigência desta Lei;
- V. arts. 1.417 e 1.418, CC.
- V. Lei 6.766/1979 (Parcelamento do solo urbano).

21) das citações de ações reais ou pessoais reipersecutórias, relativas a imóveis;
- V. art. 3º, Lei 6.739/1979 (Matrícula e registro de imóveis rurais).

22) *(Revogado pela Lei 6.850/1980.)*

23) dos julgados e atos jurídicos entre vivos que dividirem imóveis ou os demarcarem inclusive nos casos de incorporação que resultarem em constituição de condomínio e atribuírem uma ou mais unidades aos incorporadores;
- V. arts. 1.297, 1.298 e 1.320 a 1.322, CC.
- V. arts. 596 a 598, CPC/2015.

24) das sentenças que nos inventários, arrolamentos e partilhas adjudicarem bens de raiz em pagamento das dívidas da herança;
- V. arts. 610 a 673, CPC/2015.

25) dos atos de entrega de legados de imóveis, dos formais de partilha e das sentenças de adjudicação em inventário ou arrolamento quando não houver partilha;
- V. arts. 1.923 e 1.937, CC.
- V. art. 655, CPC/2015.

26) da arrematação e da adjudicação em hasta pública;
- V. arts. 824 a 845, e 881 a 901, CPC/2015.

27) do dote;

28) das sentenças declaratórias de usucapião;
- Item 28 com redação determinada pela MP 2.220/2001.
- V. art. 226.
- V. arts. 1.238 a 1.244, CC.

Lei 6.015/1973

LEGISLAÇÃO

29) da compra e venda pura e da condicional;
- V. arts. 481 a 532, CC.

30) da permuta;
- V. art. 187.
- V. art. 533, CC.

31) da dação em pagamento;
- V. arts. 356 a 359, CC.

32) da transferência de imóvel a sociedade, quando integrar quota social;
- V. art. 291.

33) da doação entre vivos;
- V. art. 218.
- V. arts. 538 a 564, CC.

34) da desapropriação amigável e das sentenças que, em processo de desapropriação, fixarem o valor da indenização;

35) da alienação fiduciária em garantia de coisa imóvel.
- Item 35 acrescentado pela Lei 9.514/1997.

36) da imissão provisória na posse, quando concedida à União, aos Estados, ao Distrito Federal, aos Municípios ou às suas entidades delegadas, e respectiva cessão e promessa de cessão;
- Item 36 com redação determinada pela Lei 12.424/2011.

37) dos termos administrativos ou das sentenças declaratórias da concessão de uso especial para fins de moradia;
- Item 37 com redação determinada pela MP 2.220/2001.

38) *(Vetado.)*
- Item 38 acrescentado pela Lei 10.257/2001.

39) da constituição do direito de superfície de imóvel urbano;
- Item 39 acrescentado pela Lei 10.257/2001.
- V. arts. 1.369 a 1.377, CC.

40) do contrato de concessão de direito real de uso de imóvel público;
- Item 40 acrescentado pela MP 2.220/2001.

41) da legitimação de posse;
- Item 41 acrescentado pela Lei 11.977/2009.

42) da conversão da legitimação de posse em propriedade, prevista no art. 60 da Lei 11.977, de 7 de julho de 2009;
- Item 42 acrescentado pela Lei 12.424/2011.

II – a averbação:
- V. arts. 217, 246 e 247.

1) das convenções antenupciais e do regime de bens diversos do legal, nos registros referentes a imóveis ou a direitos reais pertencentes a qualquer dos cônjuges, inclusive os adquiridos posteriormente ao casamento;
- V. arts. 244 e 245.
- V. arts. 1.639 a 1.657, CC.

2) por cancelamento, da extinção dos ônus e direitos reais;
- V. arts. 248 a 259.

3) dos contratos de promessa de compra e venda, das cessões e das promessas de cessão a que alude o Decreto-lei 58, de 10 de dezembro de 1937, quando o loteamento se tiver formalizado anteriormente à vigência desta Lei;
- V. arts. 1.417 e 1.418, CC.

4) da mudança de denominação e de numeração dos prédios, da edificação, da reconstrução, da demolição, do desmembramento e do loteamento de imóveis;
- V. art. 246.

5) da alteração do nome por casamento ou por desquite, ou, ainda, de outras circunstâncias que, de qualquer modo, tenham influência no registro ou nas pessoas nele interessadas;
- V. art. 246, parágrafo único.
- V. arts. 17 e 18, Lei 6.515/1977 (Lei do Divórcio).

6) dos atos pertinentes a unidades autônomas condominiais a que alude a Lei 4.591, de 16 de dezembro de 1964, quando a incorporação tiver sido formalizada anteriormente à vigência desta Lei;
- V. Lei 4.591/1964 (Condomínio em edificações e as incorporações imobiliárias).

7) das cédulas hipotecárias;

8) da caução e da cessão fiduciária de direitos relativos a imóveis;

9) das sentenças de separação de dote;

10) do restabelecimento da sociedade conjugal;
- V. art. 46, Lei 6.515/1977 (Lei do Divórcio).

11) das cláusulas de inalienabilidade, impenhorabilidade e incomunicabilidade impostas a imóveis, bem como da constituição de fideicomisso;
- V. art. 246.

Lei 6.015/1973

LEGISLAÇÃO

* V. arts. 1.911 e 1.951 a 1.960, CC.

12) das decisões, recursos e seus efeitos, que tenham por objeto atos ou títulos registrados ou averbados;

13) *ex officio*, dos nomes dos logradouros, decretados pelo poder público;

14) das sentenças de separação judicial, de divórcio e de nulidade ou anulação de casamento, quando nas respectivas partilhas existirem imóveis ou direitos reais sujeitos a registro;

* Item 14 acrescentado pela Lei 6.850/1980.

15) da rerratificação do contrato de mútuo com pacto adjeto de hipoteca em favor de entidade integrante do Sistema Financeiro da Habitação, ainda que importando elevação da dívida, desde que mantidas as mesmas partes e que inexista outra hipoteca registrada em favor de terceiros;

* Item 15 acrescentado pela Lei 6.941/1981.

16) do contrato de locação, para os fins de exercício de direito de preferência.

* Item 16 acrescentado pela Lei 8.245/1991.
* V. art. 169, III.

17) do termo de securitização de créditos imobiliários, quando submetidos a regime fiduciário.

* Item 17 acrescentado pela Lei 9.514/1997.

18) da notificação para parcelamento, edificação ou utilização compulsórios de imóvel urbano;

* Item 18 acrescentado pela Lei 10.257/2001.

19) da extinção da concessão de uso especial para fins de moradia;

* Item 19 acrescentado pela Lei 10.257/2001.

20) da extinção do direito de superfície do imóvel urbano;

* Item 20 acrescentado pela Lei 10.257/2001.
* V. arts. 1.369 a 1.377, CC.

21) da cessão de crédito imobiliário;

* Item 21 acrescentado pela Lei 10.931/2004.

22) da reserva legal;

* Item 22 acrescentado pela Lei 11.284/2006.

23) da servidão ambiental;

* Item 23 acrescentado pela Lei 11.284/2006.

24) do destaque de imóvel de gleba pública originária;

* Item 24 acrescentado pela Lei 11.952/2009.

25) *(A MP 458/2009 ao ser convertida na Lei 11.952/2009 não trouxe o acréscimo deste item.)*

26) do auto de demarcação urbanística;

* Item 26 acrescentado pela Lei 11.977/2009.

27) da extinção da legitimação de posse;

* Item 27 acrescentado pela Lei 12.424/2011.

28) da extinção da concessão de uso especial para fins de moradia;

* Item 28 acrescentado pela Lei 12.424/2011.

29) da extinção da concessão de direito real de uso.

* Item 29 acrescentado pela Lei 12.424/2011.

30) da sub-rogação de dívida, da respectiva garantia fiduciária ou hipotecária e da alteração das condições contratuais, em nome do credor que venha a assumir tal condição na forma do disposto pelo art. 31 da Lei 9.514, de 20 de novembro de 1997, ou do art. 347 da Lei 10.406, de 10 de janeiro de 2002 – Código Civil, realizada em ato único, a requerimento do interessado instruído com documento comprobatório firmado pelo credor original e pelo mutuário.

* Item 30 com redação determinada pela Lei 12.810/2013.

Art. 168. Na designação genérica de registro, consideram-se englobadas a inscrição e a transcrição a que se referem as leis civis.

Art. 169. Todos os atos enumerados no art. 167 são obrigatórios e efetuar-se-ão no cartório da situação do imóvel, salvo:

I – as averbações, que serão efetuadas na matrícula ou à margem do registro a que se referirem, ainda que o imóvel tenha passado a pertencer a outra circunscrição;

II – os registros relativos a imóveis situados em comarcas ou circunscrições limítrofes, que serão feitos em todas elas, devendo os Registros de Imóveis fazer constar dos registros tal ocorrência;

* Inciso II com redação determinada pela Lei 10.267/2001.

III – o registro previsto no n. 3 do inc. I do art. 167, e a averbação prevista no n. 16 do inc. II do art. 167 serão efetuados no Cartório onde o imóvel esteja matriculado mediante

Lei 6.015/1973

LEGISLAÇÃO

apresentação de qualquer das vias do contrato, assinado pelas partes e subscrito por duas testemunhas, bastando a coincidência entre o nome de um dos proprietários e o locador.

- Inciso III acrescentado pela Lei 8.245/1991.

Art. 170. O desmembramento territorial posterior ao registro não exige sua repetição no novo cartório.

- V. art. 229.

Art. 171. Os atos relativos a vias férreas serão registrados no cartório correspondente à estação inicial da respectiva linha.

- V. arts. 1.502 a 1.505, CC.

Capítulo II
DA ESCRITURAÇÃO

Art. 172. No Registro de Imóveis serão feitos, nos termos desta Lei, o registro e a averbação dos títulos ou atos constitutivos, declaratórios, translativos e extintivos de direitos reais sobre imóveis reconhecidos em lei, *inter vivos* ou *mortis causa*, quer para sua constituição, transferência e extinção, quer para sua validade em relação a terceiros, quer para a sua disponibilidade.

Art. 173. Haverá, no Registro de Imóveis, os seguintes livros:

- V. art. 40, Lei 11.977/2009 (Programa Minha Casa, Minha Vida – PMCMV e regularização fundiária de assentamentos localizados em áreas urbanas).

I – Livro n. 1 – Protocolo;
II – Livro n. 2 – Registro Geral;
III – Livro n. 3 – Registro Auxiliar;
IV – Livro n. 4 – Indicador Real;
V – Livro n. 5 – Indicador Pessoal.

Parágrafo único. Observado o disposto no § 2º do art. 3º desta Lei, os Livros ns. 2, 3, 4 e 5 poderão ser substituídos por fichas.

Art. 174. O Livro n. 1 – Protocolo – servirá para apontamento de todos os títulos apresentados diariamente, ressalvado o disposto no parágrafo único do art. 12 desta Lei.

Art. 175. São requisitos da escrituração do Livro n. 1 – Protocolo:

I – o número de ordem, que seguirá indefinidamente nos livros da mesma espécie;
II – a data da apresentação;
III – o nome do apresentante;
IV – a natureza formal do título;
V – os atos que formalizar, resumidamente mencionados.

Art. 176. O Livro n. 2 – Registro Geral – será destinado à matrícula dos imóveis e ao registro ou averbação dos atos relacionados no art. 167 e não atribuídos ao Livro n. 3.

§ 1º A escrituração do Livro n. 2 obedecerá às seguintes normas:

- Primitivo parágrafo único renumerado pela Lei 6.688/1979.

I – cada imóvel terá matrícula própria, que será aberta por ocasião do primeiro registro a ser feito na vigência desta Lei;

- V. arts. 196, 197 e 227 a 237.

II – são requisitos da matrícula:
1) o número de ordem, que seguirá ao infinito;
2) a data;
3) a identificação do imóvel, que será feita com indicação:

- Item 3 com redação determinada pela Lei 10.267/2001.
- V. art. 225, § 2º.

a) se rural, do código do imóvel, dos dados constantes do CCIR, da denominação e de suas características, confrontações, localização e área;
b) se urbano, de suas características e confrontações, localização, área, logradouro, número e de sua designação cadastral, se houver.
4) o nome, domicílio e nacionalidade do proprietário, bem como:
a) tratando-se de pessoa física, o estado civil, a profissão, o número de inscrição no Cadastro de Pessoas Físicas do Ministério da Fazenda ou do Registro Geral da cédula de identidade, ou, à falta deste, sua filiação;
b) tratando-se de pessoa jurídica, a sede social e o número de inscrição no Cadastro Geral de Contribuintes do Ministério da Fazenda;
5) o número do registro anterior;
III – são requisitos do registro no Livro n. 2:
1) a data;

2) o nome, domicílio e nacionalidade do transmitente, ou do devedor, e do adquirente, ou credor, bem como:
a) tratando-se de pessoa física, o estado civil, a profissão e o número de inscrição no Cadastro de Pessoas Físicas do Ministério da Fazenda ou do Registro Geral da cédula de identidade, ou, à falta deste, sua filiação;
b) tratando-se de pessoa jurídica, a sede social e o número de inscrição no Cadastro Geral de Contribuintes do Ministério da Fazenda;
3) o título da transmissão ou do ônus;
4) a forma do título, sua procedência e caracterização;
5) o valor do contrato, da coisa ou da dívida, prazo desta, condições e mais especificações, inclusive os juros, se houver.
§ 2º Para a matrícula e registro das escrituras e partilhas, lavradas ou homologadas na vigência do Dec. 4.857, de 9 de novembro de 1939, não serão observadas as exigências deste artigo, devendo tais atos obedecer ao disposto na legislação anterior.

• § 2º acrescentado pela Lei 6.688/1979.

§ 3º Nos casos de desmembramento, parcelamento ou remembramento de imóveis rurais, a identificação prevista na alínea *a* do item 3 do inciso II do § 1º será obtida a partir do memorial descritivo, assinado por profissional habilitado e com a devida Anotação de Responsabilidade Técnica – ART, contendo as coordenadas dos vértices definidores dos limites dos imóveis rurais, georreferenciadas ao Sistema Geodésico Brasileiro e com precisão posicional a ser fixada pelo Incra, garantida a isenção de custos financeiros aos proprietários de imóveis rurais cuja somatória da área não exceda a quatro módulos fiscais.

• § 3º acrescentado pela Lei 10.267/2001.

§ 4º A identificação de que trata o § 3º tornar-se-á obrigatória para efetivação de registro, em qualquer situação de transferência de imóvel rural, nos prazos fixados por ato do Poder Executivo.

• § 4º acrescentado pela Lei 10.267/2001.

§ 5º Nas hipóteses do § 3º, caberá ao Incra certificar que a poligonal objeto do memorial descritivo não se sobrepõe a nenhuma outra constante de seu cadastro georreferenciado e que o memorial atende às exigências técnicas, conforme ato normativo próprio.

• § 5º acrescentado pela Lei 11.952/2009.

§ 6º A certificação do memorial descritivo de glebas públicas será referente apenas ao seu perímetro originário.

• § 6º acrescentado pela Lei 11.952/2009.

§ 7º Não se exigirá, por ocasião da efetivação do registro do imóvel destacado de glebas públicas, a retificação do memorial descritivo da área remanescente, que somente ocorrerá a cada 3 (três) anos, contados a partir do primeiro destaque, englobando todos os destaques realizados no período.

• § 7º acrescentado pela Lei 11.952/2009.

§ 8º O ente público proprietário ou imitido na posse a partir de decisão proferida em processo judicial de desapropriação em curso poderá requerer a abertura de matrícula de parte de imóvel situado em área urbana ou de expansão urbana, previamente matriculado ou não, com base em planta e memorial descritivo, podendo a apuração de remanescente ocorrer em momento posterior.

• § 8º acrescentado pela Lei 12.424/2011.

Art. 177. O Livro n. 3 – Registro Auxiliar – será destinado ao registro dos atos que, sendo atribuídos ao Registro de Imóveis por disposição legal, não digam respeito diretamente a imóvel matriculado.

Art. 178. Registrar-se-ão no Livro n. 3 – Registro Auxiliar:
I – a emissão de debêntures, sem prejuízo do registro eventual e definitivo, na matrícula do imóvel, da hipoteca, anticrese ou penhor que abonarem especialmente tais emissões, firmando-se pela ordem do registro a prioridade entre as séries de obrigações emitidas pela sociedade;
II – as cédulas de crédito rural e de crédito industrial, sem prejuízo do registro da hipoteca cedular;
III – as convenções de condomínio;
IV – o penhor de máquinas e de aparelhos utilizados na indústria, instalados e em funcionamento, com os respectivos pertences ou sem eles;

Lei 6.015/1973

V – as convenções antenupciais;

VI – os contratos de penhor rural;

VII – os títulos que, a requerimento do interessado, forem registrados no seu inteiro teor, sem prejuízo do ato praticado no Livro n. 2.

Art. 179. O Livro n. 4 – Indicador Real – será o repositório de todos os imóveis que figurarem nos demais livros, devendo conter sua identificação, referência aos números de ordem dos outros livros e anotações necessárias.

§ 1º Se não for utilizado o sistema de fichas, o Livro n. 4 conterá, ainda, o número de ordem, que seguirá indefinidamente, nos livros da mesma espécie.

§ 2º Adotado o sistema previsto no parágrafo precedente, os oficiais deverão ter, para auxiliar a consulta, um livro-índice ou fichas pelas ruas, quando se tratar de imóveis urbanos, e pelos nomes e situações, quando rurais.

Art. 180. O Livro n. 5 – Indicador Pessoal – dividido alfabeticamente, será o repositório dos nomes de todas as pessoas que, individual ou coletivamente, ativa ou passivamente, direta ou indiretamente, figurarem nos demais livros, fazendo-se referência aos respectivos números de ordem.

Parágrafo único. Se não for utilizado o sistema de fichas, o Livro n. 5 conterá, ainda, o número de ordem de cada letra do alfabeto, que seguirá, indefinidamente, nos livros da mesma espécie. Os oficiais poderão adotar, para auxiliar as buscas, um livro-índice ou fichas em ordem alfabética.

Art. 181. Poderão ser abertos e escriturados, concomitantemente, até dez livros de "Registro Geral", obedecendo, neste caso, a sua escrituração ao algarismo final da matrícula, sendo as matrículas de número final 1 feitas no Livro 2-1, as de final 2 no Livro 2-2 e as de final 3 no Livro 2-3, e assim, sucessivamente.

Parágrafo único. Também poderão ser desdobrados, a critério do oficial, os Livros ns. 3 "Registro Auxiliar", 4 "Indicador Real" e 5 "Indicador Pessoal".

Capítulo III
DO PROCESSO DE REGISTRO

Art. 182. Todos os títulos tomarão, no Protocolo, o número de ordem que lhes competir em razão da sequência rigorosa de sua apresentação.

Art. 183. Reproduzir-se-á, em cada título, o número de ordem respectivo e a data de sua prenotação.

Art. 184. O Protocolo será encerrado diariamente.

Art. 185. A escrituração do Protocolo incumbirá tanto ao oficial titular como ao seu substituto legal, podendo ser feita, ainda, por escrevente auxiliar expressamente designado pelo oficial titular ou pelo seu substituto legal mediante autorização do juiz competente, ainda que os primeiros não estejam nem afastados nem impedidos.

Art. 186. O número de ordem determinará a prioridade do título, e esta a preferência dos direitos reais, ainda que apresentados pela mesma pessoa mais de um título simultaneamente.

Art. 187. Em caso de permuta, e pertencendo os imóveis à mesma circunscrição, serão feitos os registros nas matrículas correspondentes, sob um único número de ordem no Protocolo.

Art. 188. Protocolizado o título, proceder-se-á ao registro, dentro do prazo de 30 (trinta) dias, salvo nos casos previstos nos artigos seguintes.

• V. art. 61, § 7º, Lei 4.380/1964 (BNH).

Art. 189. Apresentado título de segunda hipoteca, com referência expressa à existência de outra anterior, o oficial, depois de prenotá-lo, aguardará durante 30 (trinta) dias que os interessados na primeira promovam a inscrição. Esgotado esse prazo, que correrá da data da prenotação, sem que seja apresentado o título anterior, o segundo será inscrito e obterá preferência sobre aquele.

• V. art. 1.495, CC.

Art. 190. Não serão registrados, no mesmo dia, títulos pelos quais se constituam direitos reais contraditórios sobre o mesmo imóvel.

• V. art. 192.

Art. 191. Prevalecerão, para efeito de prioridade de registro, quando apresentados no mesmo dia, os títulos prenotados no Protocolo sob número de ordem mais baixo, protelando-se o registro dos apresentados posteriormente, pelo prazo correspondente a, pelo menos, 1 (um) dia útil.

• V. art. 130.

Art. 192. O disposto nos arts. 190 e 191 não se aplica às escrituras públicas, da mesma data e apresentadas no mesmo dia, que determinem, taxativamente, a hora da sua lavratura, prevalecendo, para efeito de prioridade, a que foi lavrada em primeiro lugar.

Art. 193. O registro será feito pela simples exibição do título, sem dependência de extratos.

Art. 194. O título de natureza particular apresentado em uma só via será arquivado em cartório, fornecendo o oficial, a pedido, certidão do mesmo.

Art. 195. Se o imóvel não estiver matriculado ou registrado em nome do outorgante, o oficial exigirá a prévia matrícula e o registro do título anterior, qualquer que seja a sua natureza, para manter a continuidade do registro.

• V. arts. 227 a 237.

Art. 195-A. O Município poderá solicitar ao registro de imóveis competente a abertura de matrícula de parte ou da totalidade de imóveis públicos oriundos de parcelamento do solo urbano, ainda que não inscrito ou registrado, por meio de requerimento acompanhado dos seguintes documentos:

• Artigo acrescentado pela Lei 12.424/2011.

I – planta e memorial descritivo do imóvel público a ser matriculado, dos quais constem a sua descrição, com medidas perimetrais, área total, localização, confrontantes e coordenadas preferencialmente georreferenciadas dos vértices definidores de seus limites;

II – comprovação de intimação dos confrontantes para que informem, no prazo de 15 (quinze) dias, se os limites definidos na planta e no memorial descritivo do imóvel público a ser matriculado se sobrepõem às suas respectivas áreas, se for o caso;

III – as respostas à intimação prevista no inciso II, quando houver; e

IV – planta de parcelamento assinada pelo loteador ou aprovada pela prefeitura, acompanhada de declaração de que o parcelamento se encontra implantado, na hipótese deste não ter sido inscrito ou registrado.

§ 1º Apresentados pelo Município os documentos relacionados no *caput*, o registro de imóveis deverá proceder ao registro dos imóveis públicos decorrentes do parcelamento do solo urbano na matrícula ou transcrição da gleba objeto de parcelamento.

§ 2º Na abertura de matrícula de imóvel público oriundo de parcelamento do solo urbano, havendo divergência nas medidas perimetrais de que resulte, ou não, alteração de área, a situação de fato implantada do bem deverá prevalecer sobre a situação constante do registro ou da planta de parcelamento, respeitados os limites dos particulares lindeiros.

§ 3º Não será exigido, para transferência de domínio, formalização da doação de áreas públicas pelo loteador nos casos de parcelamentos urbanos realizados na vigência do Decreto-lei 58, de 10 de dezembro de 1937.

§ 4º Recebido o requerimento e verificado o atendimento aos requisitos previstos neste artigo, o oficial do registro de imóveis abrirá a matrícula em nome do Município.

§ 5º A abertura de matrícula de que trata o *caput* independe do regime jurídico do bem público.

Art. 195-B. A União, os Estados e o Distrito Federal poderão solicitar ao registro de imóveis competente a abertura de matrícula de parte ou da totalidade de imóveis urbanos sem registro anterior, cujo domínio lhe tenha sido assegurado pela legislação, por meio de requerimento acompanhado dos documentos previstos nos incisos I, II e III do art. 195-A.

• *Caput* com redação determinada pela Lei 12.693/2012.

Lei 6.015/1973

Legislação

§ 1º Recebido o requerimento na forma prevista no *caput*, o oficial de registro de imóveis abrirá a matrícula em nome do requerente, observado o disposto no § 5º do art. 195-A.

• § 1º acrescentado pela Lei 12.424/2011.

§ 2º O Município poderá realizar, em acordo com o Estado, o procedimento de que trata este artigo e requerer, em nome deste, no registro de imóveis competente a abertura de matrícula de imóveis urbanos situados nos limites do respectivo território municipal.

• § 2º acrescentado pela Lei 12.424/2011.

Art. 196. A matrícula será feita à vista dos elementos constantes do título apresentado e do registro anterior que constar do próprio cartório.

• V. arts. 227 a 237.

Art. 197. Quando o título anterior estiver registrado em outro cartório, o novo título será apresentado juntamente com certidão atualizada, comprobatória do registro anterior, e da existência ou inexistência de ônus.

Art. 198. Havendo exigência a ser satisfeita, o oficial indicá-la-á por escrito. Não se conformando o apresentante com a exigência do oficial, ou não a podendo satisfazer, será o título, a seu requerimento e com a declaração de dúvida, remetido ao juízo competente para dirimi-la, obedecendo-se ao seguinte:
I – no Protocolo, anotará o oficial, à margem da prenotação, a ocorrência da dúvida;
II – após certificar, no título, a prenotação e a suscitação da dúvida, rubricará o oficial todas as suas folhas;
III – em seguida, o oficial dará ciência dos termos da dúvida ao apresentante, fornecendo-lhe cópia da suscitação e notificando-o para impugná-la, perante o juízo competente, no prazo de 15 (quinze) dias;
IV – certificado o cumprimento do disposto no item anterior, remeter-se-ão ao juízo competente, mediante carga, as razões da dúvida, acompanhadas do título.

Art. 199. Se o interessado não impugnar a dúvida no prazo referido no item III do artigo anterior, será ela, ainda assim, julgada por sentença.

Art. 200. Impugnada a dúvida com os documentos que o interessado apresentar, será ouvido o Ministério Público, no prazo de 10 (dez) dias.

Art. 201. Se não forem requeridas diligências, o juiz proferirá decisão no prazo de 15 (quinze) dias, com base nos elementos constantes dos autos.

Art. 202. Da sentença, poderão interpor apelação, com os efeitos devolutivo e suspensivo, o interessado, o Ministério Público e o terceiro prejudicado.

• V. art. 1.009 e ss., CPC/2015.

Art. 203. Transitada em julgado a decisão da dúvida, proceder-se-á do seguinte modo:
I – se for julgada procedente, os documentos serão restituídos à parte, independentemente de traslado, dando-se ciência da decisão ao oficial, para que a consigne no Protocolo e cancele a prenotação;
II – se for julgada improcedente, o interessado apresentará, de novo, os seus documentos, com o respectivo mandado, ou certidão da sentença, que ficarão arquivados, para que, desde logo, se proceda ao registro, declarando o oficial o fato na coluna de anotações do Protocolo.

Art. 204. A decisão da dúvida tem natureza administrativa e não impede o uso do processo contencioso competente.

Art. 205. Cessarão automaticamente os efeitos da prenotação se, decorridos 30 (trinta) dias do seu lançamento no Protocolo, o título não tiver sido registrado por omissão do interessado em atender às exigências legais.

Parágrafo único. Nos procedimentos de regularização fundiária de interesse social, os efeitos da prenotação cessarão decorridos 60 (sessenta) dias de seu lançamento no protocolo.

• Parágrafo único acrescentado pela Lei 12.424/2011.

Art. 206. Se o documento, uma vez prenotado, não puder ser registrado, ou o apresentante desistir do seu registro, a importância relativa às despesas previstas no art. 14 será restituída, deduzida a quantia correspondente às buscas e à prenotação.

Lei 6.015/1973

Art. 207. No processo de dúvida, somente serão devidas custas, a serem pagas pelo interessado, quando a dúvida for julgada procedente.

Art. 208. O registro começado dentro das horas fixadas não será interrompido, salvo motivo de força maior declarado, prorrogando-se o expediente até ser concluído.

Art. 209. Durante a prorrogação nenhuma nova apresentação será admitida, lavrando o termo de encerramento no Protocolo.

Art. 210. Todos os atos serão assinados e encerrados pelo oficial, por seu substituto legal, ou por escrevente expressamente designado pelo oficial ou por seu substituto legal e autorizado pelo juiz competente ainda que os primeiros não estejam nem afastados nem impedidos.

Art. 211. Nas vias dos títulos restituídas aos apresentantes, serão declarados resumidamente, por carimbo, os atos praticados.

Art. 212. Se o registro ou a averbação for omissa, imprecisa ou não exprimir a verdade, a retificação será feita pelo Oficial do Registro de Imóveis competente, a requerimento do interessado, por meio do procedimento administrativo previsto no art. 213, facultado ao interessado requerer a retificação por meio de procedimento judicial.

- Artigo com redação determinada pela Lei 10.931/2004.

Parágrafo único. A opção pelo procedimento administrativo previsto no art. 213 não exclui a prestação jurisdicional, a requerimento da parte prejudicada.

Art. 213. O oficial retificará o registro ou a averbação:

- *Caput* com redação determinada pela Lei 10.931/2004.

I – de ofício ou a requerimento do interessado nos casos de:
a) omissão ou erro cometido na transposição de qualquer elemento do título;
b) indicação ou atualização de confrontação;
c) alteração de denominação de logradouro público, comprovada por documento oficial;
d) retificação que vise a indicação de rumos, ângulos de deflexão ou inserção de coordenadas georreferenciadas, em que não haja alteração das medidas perimetrais;
e) alteração ou inserção que resulte de mero cálculo matemático feito a partir das medidas perimetrais constantes do registro;
f) reprodução de descrição de linha divisória de imóvel confrontante que já tenha sido objeto de retificação;
g) inserção ou modificação dos dados de qualificação pessoal das partes, comprovada por documentos oficiais, ou mediante despacho judicial quando houver necessidade de produção de outras provas;
II – a requerimento do interessado, no caso de inserção ou alteração de medida perimetral de que resulte, ou não, alteração de área, instruído com planta e memorial descritivo assinado por profissional legalmente habilitado, com prova de anotação de responsabilidade técnica no competente Conselho Regional de Engenharia e Arquitetura – Crea, bem assim pelos confrontantes.

§ 1º Uma vez atendidos os requisitos de que trata o *caput* do art. 225, o oficial averbará a retificação.

- § 1º com redação determinada pela Lei 10.931/2004.

§ 2º Se a planta não contiver a assinatura de algum confrontante, este será notificado pelo Oficial de Registro de Imóveis competente, a requerimento do interessado, para se manifestar em 15 (quinze) dias, promovendo-se a notificação pessoalmente ou pelo correio, com aviso de recebimento, ou, ainda, por solicitação do Oficial de Registro de Imóveis, pelo Oficial de Registro de Títulos e Documentos da comarca da situação do imóvel ou do domicílio de quem deva recebê-la.

- § 2º com redação determinada pela Lei 10.931/2004.

§ 3º A notificação será dirigida ao endereço do confrontante constante do Registro de Imóveis, podendo ser dirigida ao próprio imóvel contíguo ou àquele fornecido pelo requerente; não sendo encontrado o confrontante ou estando em lugar incerto e não

Lei 6.015/1973

LEGISLAÇÃO

sabido, tal fato será certificado pelo oficial encarregado da diligência, promovendo-se a notificação do confrontante mediante edital, com o mesmo prazo fixado no § 2º, publicado por duas vezes em jornal local de grande circulação.

- § 3º com redação determinada pela Lei 10.931/2004.

§ 4º Presumir-se-á a anuência do confrontante que deixar de apresentar impugnação no prazo da notificação.

- § 4º com redação determinada pela Lei 10.931/2004.

§ 5º Findo o prazo sem impugnação, o oficial averbará a retificação requerida; se houver impugnação fundamentada por parte de algum confrontante, o oficial intimará o requerente e o profissional que houver assinado a planta e o memorial a fim de que, no prazo de 5 (cinco) dias, se manifestem sobre a impugnação.

- § 5º com redação determinada pela Lei 10.931/2004.

§ 6º Havendo impugnação e se as partes não tiverem formalizado transação amigável para solucioná-la, o oficial remeterá o processo ao juiz competente, que decidirá de plano ou após instrução sumária, salvo se a controvérsia versar sobre o direito de propriedade de alguma das partes, hipótese em que remeterá o interessado para as vias ordinárias.

- § 6º acrescentado pela Lei 10.931/2004.

§ 7º Pelo mesmo procedimento previsto neste artigo poderão ser apurados os remanescentes de áreas parcialmente alienadas, caso em que serão considerados como confrontantes tão somente os confinantes das áreas remanescentes.

- § 7º acrescentado pela Lei 10.931/2004.

§ 8º As áreas públicas poderão ser demarcadas ou ter seus registros retificados pelo mesmo procedimento previsto neste artigo, desde que constem do registro ou sejam logradouros devidamente averbados.

- § 8º acrescentado pela Lei 10.931/2004.

§ 9º Independentemente de retificação, dois ou mais confrontantes poderão, por meio de escritura pública, alterar ou estabelecer as divisas entre si e, se houver transferência de área, com o recolhimento do devido imposto de transmissão e desde que preservadas, se rural o imóvel, a fração mínima de parcelamento e, quando urbano, a legislação urbanística.

- § 9º acrescentado pela Lei 10.931/2004.

§ 10. Entendem-se como confrontantes não só os proprietários dos imóveis contíguos, mas, também, seus eventuais ocupantes; o condomínio geral, de que tratam os arts. 1.314 e seguintes do Código Civil, será representado por qualquer dos condôminos e o condomínio edilício, de que tratam os arts. 1.331 e seguintes do Código Civil, será representado, conforme o caso, pelo síndico ou pela Comissão de Representantes.

- § 10 acrescentado pela Lei 10.931/2004.

§ 11. Independe de retificação:

- *Caput* do § 11 acrescentado pela Lei 10.931/2004.

I – a regularização fundiária de interesse social realizada em Zonas Especiais de Interesse Social, promovida por Município ou pelo Distrito Federal, quando os lotes já estiverem cadastrados individualmente ou com lançamento fiscal há mais de 10 (dez) anos;

- Inciso I com redação determinada pela Lei 12.424/2011.

II – a adequação da descrição de imóvel rural às exigências dos arts. 176, §§ 3º e 4º, e 225, § 3º, desta Lei.

- Inciso II acrescentado pela Lei 10.931/2004.

III – a adequação da descrição de imóvel urbano decorrente de transformação de coordenadas geodésicas entre os sistemas de georreferenciamento oficiais;

- Inciso III acrescentado pela Lei 12.424/2011.

IV – a averbação do auto de demarcação urbanística e o registro do parcelamento decorrente de projeto de regularização fundiária de interesse social de que trata a Lei 11.977, de 7 de julho de 2009; e

- Inciso IV acrescentado pela Lei 12.424/2011.

V – o registro do parcelamento de glebas para fins urbanos anterior a 19 de dezembro de 1979, que esteja implantado e integrado à cidade, nos termos do art. 71 da Lei 11.977, de 7 de julho de 2009.

- Inciso V acrescentado pela Lei 12.424/2011.

Lei 6.015/1973

§ 12. Poderá o oficial realizar diligências no imóvel para a constatação de sua situação em face dos confrontantes e localização na quadra.

* § 12 acrescentado pela Lei 10.931/2004.

§ 13. Não havendo dúvida quanto à identificação do imóvel, o título anterior à retificação poderá ser levado a registro desde que requerido pelo adquirente, promovendo-se o registro em conformidade com a nova descrição.

* § 13 acrescentado pela Lei 10.931/2004.

§ 14. Verificado a qualquer tempo não serem verdadeiros os fatos constantes do memorial descritivo, responderão os requerentes e o profissional que o elaborou pelos prejuízos causados, independentemente das sanções disciplinares e penais.

* § 14 acrescentado pela Lei 10.931/2004.

§ 15. Não são devidos custas ou emolumentos notariais ou de registro decorrentes de regularização fundiária de interesse social a cargo da administração pública.

* § 15 acrescentado pela Lei 10.931/2004.

§ 16. Na retificação de que trata o inciso II do *caput*, serão considerados confrontantes somente os confinantes de divisas que forem alcançadas pela inserção ou alteração de medidas perimetrais.

* § 16 acrescentado pela Lei 12.424/2011.

Art. 214. As nulidades de pleno direito do registro, uma vez provadas, invalidam-no, independentemente de ação direta.

* V. arts. 166 a 170, CC.

§ 1º A nulidade será decretada depois de ouvidos os atingidos.

* § 1º acrescentado pela Lei 10.931/2004.

§ 2º Da decisão tomada no caso do § 1º caberá apelação ou agravo conforme o caso.

* § 2º acrescentado pela Lei 10.931/2004.

§ 3º Se o juiz entender que a superveniência de novos registros poderá causar danos de difícil reparação poderá determinar de ofício, a qualquer momento, ainda que sem oitiva das partes, o bloqueio da matrícula do imóvel.

* § 3º acrescentado pela Lei 10.931/2004.

§ 4º Bloqueada a matrícula, o oficial não poderá mais nela praticar qualquer ato, salvo com autorização judicial, permitindo-se, todavia, aos interessados a prenotação de seus títulos, que ficarão com o prazo prorrogado até a solução do bloqueio.

* § 4º acrescentado pela Lei 10.931/2004.

§ 5º A nulidade não será decretada se atingir terceiro de boa-fé que já tiver preenchido as condições de usucapião do imóvel.

* § 5º acrescentado pela Lei 10.931/2004.

Art. 215. São nulos os registros efetuados após sentença de abertura de falência, ou do termo legal nele fixado, salvo se a apresentação tiver sido feita anteriormente.

* V. arts. 99, *caput*, e II, e 129, VII, Lei 11.101/2005 (Lei de Recuperação de Empresas e Falência).

Art. 216. O registro poderá também ser retificado ou anulado por sentença em processo contencioso, ou por efeito do julgado em ação de anulação ou de declaração de nulidade de ato jurídico, ou de julgado sobre fraude à execução.

* V. arts. 138 a 184, CC.
* V. art. 792, CPC/2015.

Art. 216-A. Sem prejuízo da via jurisdicional, é admitido o pedido de reconhecimento extrajudicial de usucapião, que será processado diretamente perante o cartório do registro de imóveis da comarca em que estiver situado o imóvel usucapiendo, a requerimento do interessado, representado por advogado, instruído com:

* Artigo acrescentado pela Lei 13.105/2015 (*DOU* 17.03.2015), em vigor após decorrido 1 (um) ano da data de sua publicação oficial.

I – ata notarial lavrada pelo tabelião, atestando o tempo de posse do requerente e seus antecessores, conforme o caso e suas circunstâncias;

II – planta e memorial descritivo assinado por profissional legalmente habilitado, com prova de anotação de responsabilidade técnica no respectivo conselho de fiscalização profissional, e pelos titulares de direitos reais e de outros direitos registrados ou averbados na matrícula do imóvel usucapiendo e na matrícula dos imóveis confinantes;

Lei 6.015/1973

LEGISLAÇÃO

III – certidões negativas dos distribuidores da comarca da situação do imóvel e do domicílio do requerente;

IV – justo título ou quaisquer outros documentos que demonstrem a origem, a continuidade, a natureza e o tempo da posse, tais como o pagamento dos impostos e das taxas que incidirem sobre o imóvel.

§ 1º O pedido será autuado pelo registrador, prorrogando-se o prazo da prenotação até o acolhimento ou a rejeição do pedido.

§ 2º Se a planta não contiver a assinatura de qualquer um dos titulares de direitos reais e de outros direitos registrados ou averbados na matrícula do imóvel usucapiendo e na matrícula dos imóveis confinantes, esse será notificado pelo registrador competente, pessoalmente ou pelo correio com aviso de recebimento, para manifestar seu consentimento expresso em 15 (quinze) dias, interpretado o seu silêncio como discordância.

§ 3º O oficial de registro de imóveis dará ciência à União, ao Estado, ao Distrito Federal e ao Município, pessoalmente, por intermédio do oficial de registro de títulos e documentos, ou pelo correio com aviso de recebimento, para que se manifestem, em 15 (quinze) dias, sobre o pedido.

§ 4º O oficial de registro de imóveis promoverá a publicação de edital em jornal de grande circulação, onde houver, para a ciência de terceiros eventualmente interessados, que poderão se manifestar em 15 (quinze) dias.

§ 5º Para a elucidação de qualquer ponto de dúvida, poderão ser solicitadas ou realizadas diligências pelo oficial de registro de imóveis.

§ 6º Transcorrido o prazo de que trata o § 4º deste artigo, sem pendência de diligências na forma do § 5º deste artigo e achando-se em ordem a documentação, com inclusão da concordância expressa dos titulares de direitos reais e de outros direitos registrados ou averbados na matrícula do imóvel usucapiendo e na matrícula dos imóveis confinantes, o oficial de registro de imóveis registrará a aquisição do imóvel com as descrições apresentadas, sendo permitida a abertura de matrícula, se for o caso.

§ 7º Em qualquer caso, é lícito ao interessado suscitar o procedimento de dúvida, nos termos desta Lei.

§ 8º Ao final das diligências, se a documentação não estiver em ordem, o oficial de registro de imóveis rejeitará o pedido.

§ 9º A rejeição do pedido extrajudicial não impede o ajuizamento de ação de usucapião.

§ 10. Em caso de impugnação do pedido de reconhecimento extrajudicial de usucapião, apresentada por qualquer um dos titulares de direito reais e de outros direitos registrados ou averbados na matrícula do imóvel usucapiendo e na matrícula dos imóveis confinantes, por algum dos entes públicos ou por algum terceiro interessado, o oficial de registro de imóveis remeterá os autos ao juízo competente da comarca da situação do imóvel, cabendo ao requerente emendar a petição inicial para adequá-la ao procedimento comum.

Capítulo IV
DAS PESSOAS

Art. 217. O registro e a averbação poderão ser provocados por qualquer pessoa, incumbindo-lhe as despesas respectivas.

Art. 218. Nos atos a título gratuito, o registro pode também ser promovido pelo transferente, acompanhado da prova de aceitação do beneficiado.

Art. 219. O registro do penhor rural independe do consentimento do credor hipotecário.

Art. 220. São considerados, para fins de escrituração, credores e devedores, respectivamente:

I – nas servidões, o dono do prédio dominante e o dono do prédio serviente;
II – no uso, o usuário e o proprietário;
III – na habitação, o habitante e o proprietário;
IV – na anticrese, o mutuante e o mutuário;
V – no usufruto, o usufrutuário e o nu-proprietário;
VI – na enfiteuse, o senhorio e o enfiteuta;

Lei 6.015/1973

LEGISLAÇÃO

VII – na constituição de renda, o beneficiário e o rendeiro censuário;
VIII – na locação, o locatário e o locador;
IX – nas promessas de compra e venda, o promitente comprador e o promitente vendedor;
X – nas penhoras e ações, o autor e o réu;
XI – nas cessões de direitos, o cessionário e o cedente;
XII – nas promessas de cessão de direitos, o promitente cessionário e o promitente cedente.

Capítulo V
DOS TÍTULOS

- V. art. 1º, Lei 6.739/1979 (Matrícula e registro de imóveis rurais).

Art. 221. Somente são admitidos a registro:

- V. art. 6º, Lei 6.739/1979 (Matrícula e registro de imóveis rurais).

I – escrituras públicas, inclusive as lavradas em consulados brasileiros;
II – escritos particulares autorizados em lei, assinados pelas partes e testemunhas, com as firmas reconhecidas, dispensado o reconhecimento quando se tratar de atos praticados por entidades vinculadas ao Sistema Financeiro da Habitação;
III – atos autênticos de países estrangeiros, com força de instrumento público, legalizados e traduzidos na forma da lei, e registrados no Cartório do Registro de Títulos e Documentos, assim como sentenças proferidas por tribunais estrangeiros após homologação pelo Supremo Tribunal Federal;

- Com a promulgação da EC n. 45/2004, que modificou o art. 105, I, *i*, da CF, a competência para homologação de sentença estrangeira passou a ser do Superior Tribunal de Justiça.
- V. art. 105, I, *i*, CF.
- V. Art. 129, item 6º.

IV – cartas de sentença, formais de partilha, certidões e mandados extraídos de autos de processo;

- V. art. 655, CPC/2015.

V – contratos ou termos administrativos, assinados com a União, Estados, Municípios ou o Distrito Federal, no âmbito de programas de regularização fundiária e de programas habitacionais de interesse social, dispensado o reconhecimento de firma.

- Inciso V com redação determinada pela Lei 12.424/2011.

§ 1º Serão registrados os contratos e termos mencionados no inciso V do *caput* assinados a rogo com a impressão dactiloscópica do beneficiário, quando este for analfabeto ou não puder assinar, acompanhados da assinatura de duas testemunhas.

- § 1º acrescentado pela Lei 12.424/2011.

§ 2º Os contratos ou termos administrativos mencionados no inciso V do *caput* poderão ser celebrados constando apenas o nome e o número de documento oficial do beneficiário, podendo sua qualificação completa ser efetuada posteriormente, no momento do registro do termo ou contrato, mediante simples requerimento do interessado dirigido ao registro de imóveis.

- § 2º acrescentado pela Lei 12.424/2011.

Art. 222. Em todas as escrituras e em todos os atos relativos a imóveis, bem como nas cartas de sentença e formais de partilha, o tabelião ou escrivão deve fazer referência à matrícula ou ao registro anterior, seu número e cartório.

Art. 223. Ficam sujeitas à obrigação, a que alude o artigo anterior, as partes que, por instrumento particular, celebrarem atos relativos a imóveis.

Art. 224. Nas escrituras, lavradas em decorrência de autorização judicial, serão mencionados, por certidão, em breve relatório, com todas as minúcias que permitam identificá-los, os respectivos alvarás.

Art. 225. Os tabeliães, escrivães e juízes farão com que, nas escrituras e nos autos judiciais, as partes indiquem, com precisão, os característicos, as confrontações e as localizações dos imóveis, mencionando os nomes dos confrontantes e, ainda, quando se tratar só de terreno, se esse fica do lado par ou do lado ímpar do logradouro, em que quadra e a que distância métrica da edificação ou da esquina mais próxima, exigindo dos interessados certidão do registro imobiliário.

- V. Lei 7.433/1985 (Escrituras públicas).

§ 1º As mesmas minúcias, com relação à caracterização do imóvel, devem constar dos instrumentos particulares apresentados em cartório para registro.

§ 2º Consideram-se irregulares, para efeito de matrícula, os títulos nos quais a caracterização do imóvel não coincida com a que consta do registro anterior.

§ 3º Nos autos judiciais que versem sobre imóveis rurais, a localização, os limites e as confrontações serão obtidos a partir de memorial descritivo assinado por profissional habilitado e com a devida Anotação de Responsabilidade Técnica – ART, contendo as coordenadas dos vértices definidores dos limites dos imóveis rurais, georreferenciadas ao Sistema Geodésico Brasileiro e com precisão posicional a ser fixada pelo Incra, garantida a isenção de custos financeiros aos proprietários de imóveis rurais cuja somatória da área não exceda a quatro módulos fiscais.

- § 3º acrescentado pela Lei 10.267/2001.
- V. art. 2º, Dec. 5.570/2005 (Situações e prazos para identificação do imóvel rural objeto de ação judicial).

Art. 226. Tratando-se de usucapião, os requisitos da matrícula devem constar do mandado judicial.

CAPÍTULO VI
DA MATRÍCULA

- V. art. 1º, Lei 6.739/1979 (Matrícula e registro de imóveis rurais).

Art. 227. Todo imóvel objeto de título a ser registrado deve estar matriculado no Livro n. 2 – Registro Geral – obedecido o disposto no art. 176.

Art. 228. A matrícula será efetuada por ocasião do primeiro registro a ser lançado na vigência desta Lei, mediante os elementos constantes do título apresentado e do registro anterior nele mencionado.

- V. art. 195.

Art. 229. Se o registro anterior foi efetuado em outra circunscrição, a matrícula será aberta com os elementos constantes do título apresentado e da certidão atualizada daquele registro, a qual ficará arquivada em cartório.

- V. arts. 170 e 196.

Art. 230. Se na certidão constar ônus, o oficial fará a matrícula, e, logo em seguida ao registro, averbará a existência do ônus, sua natureza e valor, certificando o fato no título que devolver à parte, o que ocorrerá, também, quando o ônus estiver lançado no próprio cartório.

- V. arts. 195 e 197.

Art. 231. No preenchimento dos livros, observar-se-ão as seguintes normas:
I – no alto da face de cada folha será lançada a matrícula do imóvel, com os requisitos constantes do art. 176, e, no espaço restante e no verso, serão lançados, por ordem cronológica e em forma narrativa, os registros e averbações dos atos pertinentes ao imóvel matriculado;
II – preenchida uma folha, será feito o transporte para a primeira folha em branco do mesmo livro ou do livro da mesma série que estiver em uso, onde continuarão os lançamentos, com remissões recíprocas.

Art. 232. Cada lançamento de registro será precedido pela letra "R" e o da averbação pelas letras "AV", seguindo-se o número de ordem do lançamento e o da matrícula (ex.: R-1-1, R-2-1, AV-3-1, R-4-1, AV-5-1 etc.).

Art. 233. A matrícula será cancelada:
I – por decisão judicial;
II – quando, em virtude de alienações parciais, o imóvel for inteiramente transferido a outros proprietários;
III – pela fusão, nos termos do artigo seguinte.

Art. 234. Quando dois ou mais imóveis contíguos, pertencentes ao mesmo proprietário, constarem de matrículas autônomas, pode ele requerer a fusão destas em uma só, de novo número, encerrando-se as primitivas.

Art. 235. Podem, ainda, ser unificados, com abertura de matrícula única:
I – dois ou mais imóveis constantes de transcrições anteriores a esta Lei, à margem das quais será averbada a abertura da matrícula que os unificar;
II – dois ou mais imóveis, registrados por ambos os sistemas, caso em que, nas transcrições, será feita a averbação prevista no

Lei 6.015/1973

item anterior, e as matrículas serão encerradas na forma do artigo anterior;

III – dois ou mais imóveis contíguos objeto de imissão provisória na posse registrada em nome da União, Estado, Município ou Distrito Federal.

• Inciso III acrescentado pela Lei 12.424/2011.

§ 1º Os imóveis de que trata este artigo, bem como os oriundos de desmembramentos, partilha e glebas destacadas de maior porção, serão desdobrados em novas matrículas, juntamente com os ônus que sobre eles existirem, sempre que ocorrer a transferência de uma ou mais unidades, procedendo-se, em seguida, ao que estipula o inciso II do art. 233.

• § 1º acrescentado pela Lei 12.424/2011.

§ 2º A hipótese de que trata o inciso III somente poderá ser utilizada nos casos de imóveis inseridos em área urbana ou de expansão urbana e com a finalidade de implementar programas habitacionais ou de regularização fundiária, o que deverá ser informado no requerimento de unificação.

§ 3º Na hipótese de que trata o inciso III, a unificação das matrículas poderá abranger um ou mais imóveis de domínio público que sejam contíguos à área objeto da imissão provisória na posse.

• § 3º acrescentado pela Lei 12.424/2011.

Capítulo VII
DO REGISTRO

• V. art. 1º, Lei 6.739/1979 (Matrícula e registro de imóveis rurais).

Art. 236. Nenhum registro poderá ser feito sem que o imóvel a que se referir esteja matriculado.

Art. 237. Ainda que o imóvel esteja matriculado, não se fará registro que dependa da apresentação de título anterior, a fim de que se preserve a continuidade do registro.

• V. art. 195.

Art. 237-A. Após o registro do parcelamento do solo ou da incorporação imobiliária, até a emissão da carta de habite-se, as averbações e registros relativos à pessoa do incorporador ou referentes a direitos reais de garantias, cessões ou demais negócios jurídicos que envolvam o empreendimento serão realizados na matrícula de origem do imóvel e em cada uma das matrículas das unidades autônomas eventualmente abertas.

• *Caput* acrescentado pela Lei 11.977/2009.

§ 1º Para efeito de cobrança de custas e emolumentos, as averbações e os registros relativos ao mesmo ato jurídico ou negócio jurídico e realizados com base no *caput* serão considerados como ato de registro único, não importando a quantidade de unidades autônomas envolvidas ou de atos intermediários existentes.

• § 1º com redação determinada pela Lei 12.424/2011.

§ 2º Nos registros decorrentes de processo de parcelamento do solo ou de incorporação imobiliária, o registrador deverá observar o prazo máximo de 15 (quinze) dias para o fornecimento do número do registro ao interessado ou a indicação das pendências a serem satisfeitas para sua efetivação.

• § 2º acrescentado pela Lei 11.977/2009.

§ 3º O registro da instituição de condomínio ou da especificação do empreendimento constituirá ato único para fins de cobrança de custas e emolumentos.

• § 3º acrescentado pela Lei 12.424/2011.

Art. 238. O registro de hipoteca convencional valerá pelo prazo de 30 (trinta) anos, findo o qual só será mantido o número anterior se reconstituída por novo título e novo registro.

• V. art. 167, I-2.
• V. art. 1.485, CC.

Art. 239. As penhoras, arrestos e sequestro de imóveis serão registrados depois de pagas as custas do registro pela parte interessada, em cumprimento de mandado ou à vista de certidão do escrivão, de que constem, além dos requisitos exigidos para o registro, os nomes do juiz, do depositário, das partes e a natureza do processo.

Parágrafo único. A certidão será lavrada pelo escrivão do feito, com a declaração do fim especial a que se destina, após a entrega, em cartório, do mandado devidamente cumprido.

Art. 240. O registro da penhora faz prova quanto à fraude de qualquer transação posterior.

• V. art. 792, CPC/2015.

Lei 6.015/1973

LEGISLAÇÃO

Art. 241. O registro da anticrese no Livro n. 2 declarará, também, o prazo, a época do pagamento e a forma de administração.

Art. 242. O contrato de locação, com cláusula expressa de vigência no caso de alienação do imóvel, registrado no Livro n. 2, consignará, também, o seu valor, a renda, o prazo, o tempo e o lugar do pagamento, bem como pena convencional.

Art. 243. A matrícula do imóvel promovida pelo titular do domínio direto aproveita ao titular do domínio útil, e vice-versa.

Art. 244. As escrituras antenupciais serão registradas no Livro n. 3 do cartório do domicílio conjugal, sem prejuízo de sua averbação obrigatória no lugar da situação dos imóveis de propriedade do casal, ou dos que forem sendo adquiridos e sujeitos a regime de bens diverso do comum, com a declaração das respectivas cláusulas, para ciência de terceiros.

• V. art. 178, V.

Art. 245. Quando o regime de separação de bens for determinado por lei, far-se-á a respectiva averbação nos termos do artigo anterior, incumbindo ao Ministério Público zelar pela fiscalização e observância dessa providência.

• V. art. 1.641, CC.

Capítulo VIII
DA AVERBAÇÃO E DO CANCELAMENTO

Art. 246. Além dos casos expressamente indicados no item II do artigo 167, serão averbadas na matrícula as sub-rogações e outras ocorrências que, por qualquer modo, alterem o registro.

• V. art. 167, II-11.
• V. arts. 346 a 351 e 1.911, parágrafo único, CC.

§ 1º As averbações a que se referem os itens 4 e 5 do inciso II do art. 167 serão as feitas a requerimento dos interessados, com firma reconhecida, instruído com documento dos interessados, com firma reconhecida, instruído com documento comprobatório fornecido pela autoridade competente. A alteração do nome só poderá ser averbada quando devidamente comprovada por certidão do Registro Civil.

• § 1º acrescentado pela Lei 10.267/2001.

§ 2º Tratando-se de terra indígena com demarcação homologada, a União promoverá o registro da área em seu nome.

• § 2º acrescentado pela Lei 10.267/2001.

§ 3º Constatada, durante o processo demarcatório, a existência de domínio privado nos limites da terra indígena, a União requererá ao Oficial de Registro a averbação, na respectiva matrícula, dessa circunstância.

• § 3º acrescentado pela Lei 10.267/2001.

§ 4º As providências a que se referem os §§ 2º e 3º deste artigo deverão ser efetivadas pelo cartório, no prazo de 30 (trinta) dias, contado a partir do recebimento da solicitação de registro e averbação, sob pena de aplicação de multa diária no valor de R$ 1.000,00 (mil reais), sem prejuízo da responsabilidade civil e penal do Oficial de Registro.

• § 4º acrescentado pela Lei 10.267/2001.

Art. 247. Averbar-se-á, também, na matrícula, a declaração de indisponibilidade de bens, na forma prevista na lei.

Art. 248. O cancelamento efetuar-se-á mediante averbação, assinada pelo oficial, seu substituto legal ou escrevente autorizado, e declarará o motivo que o determinou, bem como o título em virtude do qual foi feito.

Art. 249. O cancelamento poderá ser total ou parcial e referir-se a qualquer dos atos do registro.

Art. 250. Far-se-á o cancelamento:
I – em cumprimento de decisão judicial transitada em julgado;
II – a requerimento unânime das partes que tenham participado do ato registrado, se capazes, com as firmas reconhecidas por tabelião;
III – a requerimento do interessado, instruído com documento hábil;

• V. art. 36, Lei 6.766/1979 (Parcelamento do solo urbano).

IV – a requerimento da Fazenda Pública, instruído com certidão de conclusão de processo administrativo que declarou, na forma da lei, a rescisão do título de domínio ou de concessão de direito real de uso de imó-

Lei 6.015/1973

LEGISLAÇÃO

vel rural, expedido para fins de regularização fundiária, e a reversão do imóvel ao patrimônio público.

* Inciso IV acrescentado pela Lei 11.952/2009.

Art. 251. O cancelamento de hipoteca só pode ser feito:
I – à vista de autorização expressa ou quitação outorgada pelo credor ou seu sucessor, em instrumento público ou particular;
II – em razão de procedimento administrativo ou contencioso, no qual o credor tenha sido intimado (art. 698 do Código de Processo Civil);
III – na conformidade da legislação referente às cédulas hipotecárias.

Art. 252. O registro, enquanto não cancelado, produz todos os seus efeitos legais ainda que, por outra maneira, se prove que o título está desfeito, anulado, extinto ou rescindido.

Art. 253. Ao terceiro prejudicado é lícito, em juízo, fazer prova da extinção dos ônus reais, e promover o cancelamento do seu registro.

Art. 254. Se, cancelado o registro, subsistirem o título e os direitos dele decorrentes, poderá o credor promover novo registro, o qual só produzirá efeitos a partir da nova data.

Art. 255. Além dos casos previstos nesta Lei, a inscrição de incorporação ou loteamento só será cancelada a requerimento do incorporador ou loteador, enquanto nenhuma unidade ou lote for objeto de transação averbada, ou mediante o consentimento de todos os compromissários ou cessionários.

* V. art. 167, I-17 e I-19.

Art. 256. O cancelamento da servidão, quando o prédio dominante estiver hipotecado, só poderá ser feito com aquiescência do credor, expressamente manifestada.

* V. art. 167, I-6.
* V. art. 1.387, parágrafo único, CC.

Art. 257. O dono do prédio serviente terá, nos termos da lei, direito a cancelar a servidão.

Art. 258. O foreiro poderá, nos termos da lei, averbar a renúncia de seu direito, sem dependência do consentimento do senhorio direto.

* V. art. 167, I-10.

Art. 259. O cancelamento não pode ser feito em virtude de sentença sujeita, ainda, a recurso.

Capítulo IX
DO BEM DE FAMÍLIA

* V. Lei 8.009/1990 (Impenhorabilidade do bem de família).

Art. 260. A instituição do bem de família far-se-á por escritura pública, declarando o instituidor que determinado prédio se destina a domicílio de sua família e ficará isento de execução por dívida.

* V. art. 167, I-1.
* V. arts. 1.711 a 1.722, CC.

Art. 261. Para a inscrição do bem de família, o instituidor apresentará ao oficial do registro a escritura pública de instituição, para que mande publicá-la na imprensa local e, à falta, na da capital do Estado ou do Território.

Art. 262. Se não ocorrer razão para dúvida, o oficial fará a publicação, em forma de edital, do qual constará:
I – o resumo da escritura, nome, naturalidade e profissão do instituidor, data do instrumento e nome do tabelião que o fez, situação e características do prédio;
II – o aviso de que, se alguém se julgar prejudicado, deverá, dentro em 30 (trinta) dias, contados da data da publicação, reclamar contra a instituição, por escrito e perante o oficial.

Art. 263. Findo o prazo do n. II do artigo anterior, sem que tenha havido reclamação, o oficial transcreverá a escritura, integralmente, no Livro n. 3, e fará a inscrição na competente matrícula, arquivando um exemplar do jornal em que a publicação houver sido feita e restituindo o instrumento ao apresentante, com a nota da inscrição.

Art. 264. Se for apresentada reclamação, dela fornecerá o oficial, ao instituidor, cópia autêntica e lhe restituirá a escritura, com a declaração de haver sido suspenso o registro, cancelando a prenotação.
§ 1º O instituidor poderá requerer ao juiz que ordene o registro, sem embargo da reclamação.
§ 2º Se o juiz determinar que se proceda ao registro, ressalvará ao reclamante o direito

de recorrer à ação competente para anular a instituição ou de fazer execução sobre o prédio instituído, na hipótese de tratar-se de dívida anterior e cuja solução se tornou inexequível em virtude do ato da instituição.

§ 3º O despacho do juiz será irrecorrível e, se deferir o pedido, será transcrito integralmente, juntamente com o instrumento.

Art. 265. Quando o bem de família for instituído juntamente com a transmissão da propriedade (Dec.-lei 3.200, de 14 de abril de 1941, art. 8º, § 5º), a inscrição far-se-á imediatamente após o registro da transmissão ou, se for o caso, com a matrícula.

• A data correta do referido Dec.-lei é 19 de abril de 1941, diferentemente do que consta da publicação oficial.

Capítulo X
DA REMIÇÃO
DO IMÓVEL HIPOTECADO

Art. 266. Para remir o imóvel hipotecado, o adquirente requererá, no prazo legal, a citação dos credores hipotecários propondo, para a remição, no mínimo, o preço por que adquiriu o imóvel.

• V. arts. 1.478, 1.481 a 1.484 e 1.499, V, CC.

Art. 267. Se o credor, citado, não se opuser à remição, ou não comparecer, lavrar-se-á termo de pagamento e quitação e o juiz ordenará, por sentença, o cancelamento da hipoteca.

Parágrafo único. No caso de revelia, consignar-se-á o preço à custa do credor.

• V. arts. 344 a 346, CPC/2015.

Art. 268. Se o credor, citado, comparecer e impugnar o preço oferecido, o juiz mandará promover a licitação entre os credores hipotecários, os fiadores e o próprio adquirente, autorizando a venda judicial a quem oferecer maior preço.

• V. art. 1.481, § 1º, CC.

§ 1º Na licitação, será preferido, em igualdade de condições, o lanço do adquirente.
§ 2º Na falta de arrematante, o valor será o proposto pelo adquirente.

Art. 269. Arrematado o imóvel e depositado, dentro de 48 (quarenta e oito) horas, o respectivo preço, o juiz mandará cancelar a hipoteca, sub-rogando-se no produto da venda os direitos do credor hipotecário.

Art. 270. Se o credor de segunda hipoteca, embora não vencida a dívida, requerer a remição, juntará o título e certidão da inscrição da anterior e depositará a importância devida ao primeiro credor, pedindo a citação deste para levantar o depósito e a do devedor para dentro do prazo de 5 (cinco) dias remir a hipoteca, sob pena de ficar o requerente sub-rogado nos direitos creditórios, sem prejuízo dos que lhe couberem em virtude da segunda hipoteca.

• V. art. 346, I, CC.

Art. 271. Se o devedor não comparecer ou não remir a hipoteca, os autos serão conclusos ao juiz para julgar por sentença a remição pedida pelo segundo credor.

Art. 272. Se o devedor comparecer e quiser efetuar a remição, notificar-se-á o credor para receber o preço, ficando sem efeito o depósito realizado pelo autor.

Art. 273. Se o primeiro credor estiver promovendo a execução da hipoteca, a remição, que abrangerá a importância das custas e despesas realizadas, não se efetuará antes da primeira praça, nem depois de assinado o auto de arrematação.

Art. 274. Na remição de hipoteca legal em que haja interesse de incapaz intervirá o Ministério Público.

Art. 275. Das sentenças que julgarem o pedido de remição caberá o recurso de apelação com ambos os efeitos.

• V. art. 1.009 e ss., CPC/2015.

Art. 276. Não é necessária a remição quando o credor assinar, com o vendedor, escritura de venda do imóvel gravado.

Capítulo XI
DO REGISTRO TORRENS

Art. 277. Requerida a inscrição de imóvel rural no Registro Torrens, o oficial protocolizará e autuará o requerimento e documentos que o instruírem e verificará se o pedido se acha em termos de ser despachado.

Art. 278. O requerimento será instruído com:

I – os documentos comprobatórios do domínio do requerente;

Lei 6.015/1973

II – a prova de quaisquer atos que modifiquem ou limitem a sua propriedade;
III – o memorial de que constem os encargos do imóvel, os nomes dos ocupantes, confrontantes, quaisquer interessados, e a indicação das respectivas residências;
IV – a planta do imóvel, cuja escala poderá variar entre os limites: 1:500m (1/500) e 1:5.000m (1/5.000).

§ 1º O levantamento da planta obedecerá às seguintes regras:
a) empregar-se-ão goniômetros ou outros instrumentos de maior precisão;
b) a planta será orientada segundo o mediano do lugar, determinada a declinação magnética;
c) fixação dos pontos de referência necessários a verificações ulteriores e de marcos especiais, ligados a pontos certos e estáveis nas sedes das propriedades, de maneira que a planta possa incorporar-se à carta geral cadastral.

§ 2º Às plantas serão anexados o memorial e as cadernetas das operações de campo, autenticadas pelo agrimensor.

Art. 279. O imóvel sujeito a hipoteca ou ônus real não será admitido a registro sem consentimento expresso do credor hipotecário ou da pessoa em favor de quem se tenha instituído o ônus.

Art. 280. Se o oficial considerar irregular o pedido ou a documentação, poderá conceder o prazo de 30 (trinta) dias para que o interessado os regularize. Se o requerente não estiver de acordo com a exigência do oficial, este suscitará dúvida.

• V. arts. 198 a 204 e 207.

Art. 281. Se o oficial considerar em termos o pedido, remetê-lo-á a juízo para ser despachado.

Art. 282. O juiz, distribuído o pedido a um dos cartórios judiciais, se entender que os documentos justificam a propriedade do requerente, mandará expedir edital que será afixado no lugar de costume e publicado uma vez no órgão oficial do Estado e três vezes na imprensa local, se houver, marcando prazo não menor de 2 (dois) meses, nem maior de 4 (quatro) meses para que se ofereça oposição.

Art. 283. O juiz ordenará, de ofício ou a requerimento da parte, que, à custa do peticionário, se notifiquem do requerimento as pessoas nele indicadas.

Art. 284. Em qualquer hipótese será ouvido o órgão do Ministério Público, que poderá impugnar o registro por falta de prova completa do domínio ou preterição de outra formalidade legal.

Art. 285. Feita a publicação do edital, a pessoa que se julgar com direito sobre o imóvel, no todo ou em parte, poderá contestar o pedido no prazo de 15 (quinze) dias.

§ 1º A contestação mencionará o nome e a residência do réu, fará a descrição exata do imóvel e indicará os direitos reclamados e os títulos em que se fundarem.

§ 2º Se não houver contestação, e se o Ministério Público não impugnar o pedido, o juiz ordenará que se inscreva o imóvel, que ficará, assim, submetido aos efeitos do Registro Torrens.

Art. 286. Se houver contestação ou impugnação, o procedimento será ordinário, cancelando-se, mediante mandado, a prenotação.

Art. 287. Da sentença que deferir, ou não, o pedido, cabe o recurso de apelação, com ambos os efeitos.

• V. art. 1.009 e ss., CPC/2015.

Art. 288. Transitada em julgado a sentença que deferir o pedido, o oficial inscreverá, na matrícula, o julgado que determinou a submissão do imóvel aos efeitos do Registro Torrens, arquivando em cartório a documentação autuada.

Capítulo XII
DO REGISTRO DA REGULARIZAÇÃO FUNDIÁRIA URBANA

• Capítulo XII acrescentado pela Lei 12.424/2011.

Art. 288-A. O registro da regularização fundiária urbana de que trata a Lei 11.977, de 7 de julho de 2009, deverá ser requerido diretamente ao Oficial do registro de imóveis e será efetivado independentemente de manifestação judicial, importando:

• Artigo acrescentado pela Lei 12.424/2011.

I – na abertura de matrícula para a área objeto de regularização, se não houver;

Lei 6.015/1973

II – no registro do parcelamento decorrente do projeto de regularização fundiária; e
III – na abertura de matrícula para cada uma das parcelas resultantes do parcelamento decorrente do projeto de regularização fundiária.

§ 1º O registro da regularização fundiária poderá ser requerido pelos legitimados previstos no art. 50 da Lei 11.977, de 7 de julho de 2009, independentemente de serem proprietários ou detentores de direitos reais da gleba objeto de regularização.

§ 2º As matrículas das áreas destinadas a uso público deverão ser abertas de ofício, com averbação das respectivas destinações e, se for o caso, das limitações administrativas e restrições convencionais ou legais.

§ 3º O registro do parcelamento decorrente de projeto de regularização fundiária poderá ser cancelado, parcialmente ou em sua totalidade, observado o disposto no art. 250.

§ 4º Independe da aprovação de projeto de regularização fundiária o registro:
I – da sentença de usucapião, da sentença declaratória ou da planta, elaborada para outorga administrativa, de concessão de uso especial para fins de moradia; e
II – do parcelamento de glebas para fins urbanos anterior a 19 de dezembro de 1979 que não possuir registro, desde que o parcelamento esteja implantado e integrado à cidade, nos termos do art. 71 da Lei 11.977, de 7 de julho de 2009.

Art. 288-B. Na hipótese da regularização fundiária implementada por etapas, o registro será feito com base em planta e memorial descritivo referentes à totalidade da área objeto de regularização, que especifiquem as porções ainda não regularizadas.

• Artigo acrescentado pela Lei 12.424/2011.

Art. 288-C. A planta e o memorial descritivo exigidos para o registro da regularização fundiária a cargo da administração pública deverão ser assinados por profissional legalmente habilitado, dispensada a apresentação de anotação de responsabilidade técnica no competente Conselho Regional de Engenharia e Arquitetura – Crea, quando o responsável técnico for servidor ou empregado público.

• Artigo acrescentado pela Lei 12.424/2011.

Art. 288-D. A averbação da demarcação urbanística para fins de regularização fundiária de interesse social observará o disposto nos arts. 56 e 57 da Lei 11.977, de 7 de julho de 2009, e será feita mediante requerimento do poder público dirigido ao registro de imóveis responsável pela circunscrição imobiliária na qual o imóvel estiver situado.

• Artigo acrescentado pela Lei 12.424/2011.

§ 1º Na hipótese de a demarcação urbanística abranger imóveis situados em mais de uma circunscrição imobiliária, o procedimento previsto no art. 57 da Lei 11.977, de 7 de julho de 2009, será feito no registro de imóveis que contiver a maior porção da área demarcada.

§ 2º O requerimento de que trata o *caput* deverá ser acompanhado do auto de demarcação urbanística, instruído com os documentos relacionados nos incisos I a III do § 1º do art. 56 da Lei 11.977, de 7 de julho de 2009.

§ 3º Recepcionado o auto de demarcação urbanística, o oficial deverá proceder às buscas para identificação do proprietário da área a ser regularizada e de matrículas ou transcrições que a tenham por objeto.

§ 4º Realizadas as buscas, o oficial do registro de imóveis deverá notificar o proprietário e os confrontantes da área demarcada para apresentar impugnação à averbação da demarcação urbanística, no prazo de 15 (quinze) dias, podendo a notificação ser feita:
I – pessoalmente;
II – por correio, com aviso de recebimento; ou
III – por solicitação ao oficial de registro de títulos e documentos da comarca da situação do imóvel ou do domicílio de quem deva recebê-la.

§ 5º No caso de o proprietário ou de os confrontantes não serem localizados nos endereços constantes do registro de imóveis ou naqueles fornecidos pelo poder público, para notificação na forma estabelecida no § 4º, disso o oficial deverá comunicar o poder público responsável pelo procedimento para notificação nos termos dos §§ 2º e 3º do art. 57 da Lei 11.977, de 7 de julho de 2009.

§ 6º Havendo impugnação, o oficial do registro de imóveis deverá notificar o poder público para que se manifeste no prazo de 60 (sessenta) dias.

Lei 6.015/1973

§ 7º O oficial de registro de imóveis deverá promover tentativa de acordo entre o impugnante e o poder público.

§ 8º Havendo impugnação apenas em relação à parcela da área objeto do auto de demarcação urbanística, o procedimento seguirá em relação à parcela não impugnada.

§ 9º Não havendo acordo, a demarcação urbanística será encerrada em relação à área impugnada.

Art. 288-E. Nas hipóteses de curso do prazo sem impugnação ou de superação da oposição ao procedimento, a demarcação urbanística será averbada nas matrículas alcançadas pelo auto, devendo ser informadas:

• Artigo acrescentado pela Lei 12.424/2011.

I – a área total e o perímetro correspondente ao auto de demarcação urbanística;

II – as matrículas alcançadas pelo auto de demarcação urbanística e, quando possível, a área abrangida em cada uma delas; e

III – a existência de áreas cuja origem não tenha sido identificada em razão de imprecisões dos registros anteriores.

§ 1º Na hipótese de o auto de demarcação urbanística incidir sobre imóveis ainda não matriculados, previamente à averbação, será aberta matrícula nos termos do art. 228, devendo esta refletir a situação registrada do imóvel, dispensadas a retificação do memorial descritivo e a apuração de área remanescente.

§ 2º Nos casos de registro anterior efetuado em outra circunscrição, para abertura da matrícula de que trata o § 1º, o oficial requererá, de ofício, certidões atualizadas daquele registro.

§ 3º Na hipótese de que trata o § 1º do art. 288-D, o oficial do registro de imóveis responsável pelo procedimento comunicará as demais circunscrições imobiliárias envolvidas para averbação da demarcação urbanística nas respectivas matrículas.

§ 4º A demarcação urbanística será averbada ainda que a área abrangida pelo auto supere a área disponível nos registros anteriores, não se aplicando neste caso o disposto no § 2º do art. 225.

§ 5º Não se exigirá, para a averbação da demarcação urbanística, a retificação do memorial descritivo da área não abrangida pelo auto, ficando a apuração de remanescente sob a responsabilidade do proprietário do imóvel atingido.

Art. 288-F. O parcelamento decorrente de projeto de regularização fundiária de interesse social deverá ser registrado na matrícula correspondente.

• Artigo acrescentado pela Lei 12.424/2011.

§ 1º O registro do parcelamento implicará a imediata abertura de matrícula para cada parcela, inclusive daquelas referentes a áreas destinadas ao uso público, nos termos do § 2º do art. 288-A.

§ 2º Os documentos exigíveis para o registro do parcelamento, conforme o caso, são aqueles relacionados nos incisos I a IV do art. 65 da Lei 11.977, de 7 de julho de 2009.

§ 3º O registro do parcelamento independe do atendimento aos requisitos constantes da Lei 6.766, de 19 de dezembro de 1979.

Art. 288-G. Na hipótese de procedimento de demarcação urbanística, o registro do parcelamento decorrente de projeto de regularização fundiária de interesse social será feito em todas as matrículas nas quais o auto de demarcação urbanística estiver averbado, devendo ser informadas, quando possível, as parcelas correspondentes a cada matrícula.

• Artigo acrescentado pela Lei 12.424/2011.

§ 1º No procedimento de demarcação urbanística, admite-se o registro de parcelamento decorrente de projeto de regularização fundiária ainda que a área parcelada, correspondente ao auto de demarcação urbanística, supere a área disponível nos registros anteriores, não se aplicando neste caso o disposto no § 2º do art. 225.

§ 2º Nas matrículas abertas para cada parcela deverão constar, nos campos referentes ao registro anterior e ao proprietário:

I – quando for possível identificar a exata origem da parcela matriculada, por meio de planta de sobreposição do parcelamento com os registros existentes, a matrícula anterior e o nome de seu proprietário;

II – quando não for possível identificar a exata origem da parcela matriculada, todas as matrículas anteriores atingidas pelo auto e a expressão "proprietário não identificado",

Lei 6.015/1973

dispensando-se neste caso os requisitos dos itens 4 e 5 do inciso II do art. 167.

§ 3º Nas matrículas abertas para as áreas destinadas a uso público, deverá ser observado o mesmo procedimento definido no § 2º.

§ 4º O título de legitimação de posse e a conversão da legitimação de posse em propriedade serão registrados na matrícula da parcela correspondente.

TÍTULO VI
DAS DISPOSIÇÕES FINAIS E TRANSITÓRIAS

Art. 289. No exercício de suas funções, cumpre aos oficiais de registro fazer rigorosa fiscalização do pagamento dos impostos devidos por força dos atos que lhes forem apresentados em razão do ofício.

- V. art. 3º, Lei 6.941/1981 (Altera a Lei 6.015/1973).

Art. 290. Os emolumentos devidos pelos atos relacionados com a primeira aquisição imobiliária para fins residenciais, financiada pelo Sistema Financeiro da Habitação, serão reduzidos em 50% (cinquenta por cento).

- *Caput* com redação determinada pela Lei 6.941/1981.

§ 1º O registro e a averbação referentes à aquisição da casa própria, em que seja parte cooperativa habitacional ou entidade assemelhada, serão considerados, para efeito de cálculo de custas e emolumentos, como um ato apenas, não podendo a sua cobrança exceder o limite correspondente a 40% (quarenta por cento) do maior valor de referência.

- § 1º com redação determinada pela Lei 6.941/1981.

§ 2º Nos demais programas de interesse social, executados pelas Companhias de Habitação Popular – Cohabs ou entidades assemelhadas, os emolumentos e as custas devidos pelos atos de aquisição de imóveis e pelos de averbação de construção estarão sujeitos às seguintes limitações:

- § 2º com redação determinada pela Lei 6.941/1981.

a) imóvel de até 60 m² de área construída: 10% (dez por cento) do maior valor de referência;

b) de mais de 60 m² até 70 m² de área construída: 15% (quinze por cento) do maior valor de referência;

c) de mais de 70 m² e até 80 m² de área construída: 20% (vinte por cento) do maior valor de referência.

§ 3º Os emolumentos devidos pelos atos relativos a financiamento rural serão cobrados de acordo com a legislação federal.

- § 3º com redação determinada pela Lei 6.941/1981.

§ 4º As custas e emolumentos devidos aos Cartórios de Notas e de Registro de Imóveis, nos atos relacionados com a aquisição imobiliária para fins residenciais, oriundas de programas e convênios com a União, Estados, Distrito Federal e Municípios, para a construção de habitações populares destinadas a famílias de baixa renda, pelo sistema de mutirão e autoconstrução orientada, serão reduzidos para 20% (vinte por cento) da tabela cartorária normal, considerando-se que o imóvel será limitado a até 69 m² de área construída, em terreno de até 250 m².

- § 4º acrescentado pela Lei 9.934/1999.

§ 5º Os cartórios que não cumprirem o disposto no § 4º ficarão sujeitos a multa de até R$ 1.120,00 (um mil, cento e vinte reais) a ser aplicada pelo juiz, com a atualização que se fizer necessária, em caso de desvalorização da moeda.

- § 5º acrescentado pela Lei 9.934/1999.

Art. 290-A. Devem ser realizados independentemente do recolhimento de custas e emolumentos:

- *Caput* acrescentado pela Lei 11.481/2007.

I – o primeiro registro de direito real constituído em favor de beneficiário de regularização fundiária de interesse social em áreas urbanas e em áreas rurais de agricultura familiar;

- Inciso I acrescentado pela Lei 11.481/2007.

II – a primeira averbação de construção residencial de até 70 m² (setenta metros quadrados) de edificação em áreas urbanas objeto de regularização fundiária de interesse social.

- Inciso II acrescentado pela Lei 11.481/2007.

III – o registro de título de legitimação de posse, concedido pelo poder público, de que trata o art. 59 da Lei 11.977, de 7 de julho de 2009, e de sua conversão em propriedade.

- Inciso III acrescentado pela Lei 12.424/2011.

Lei 6.015/1973

LEGISLAÇÃO

§ 1º O registro e a averbação de que tratam os incisos I, II e III do *caput* deste artigo independem da comprovação do pagamento de quaisquer tributos, inclusive previdenciários.

- § 1º com redação determinada pela Lei 12.424/2011.

§ 2º *(Revogado pela Lei 12.424/2011.)*

Art. 291. A emissão ou averbação da cédula hipotecária, consolidando créditos hipotecários de um só credor, não implica modificação da ordem preferencial dessas hipotecas em relação a outras que lhes sejam posteriores e que garantam créditos não incluídos na consolidação.

- Artigo acrescentado pela Lei 6.941/1981.

Art. 292. É vedado aos tabeliães e aos oficiais de registro de imóveis, sob pena de responsabilidade, lavrar ou registrar escritura ou escritos particulares autorizados por lei, que tenham por objeto imóvel hipotecado a entidade do Sistema Financeiro da Habitação, ou direitos a eles relativos, sem que conste dos mesmos, expressamente, a menção ao ônus real ao credor, bem como a comunicação ao credor, necessariamente feita pelo alienante, com antecedência de, no mínimo, 30 (trinta) dias.

- Artigo acrescentado pela Lei 6.941/1981.

Art. 293. Se a escritura deixar de ser lavrada no prazo de 60 (sessenta) dias a contar da data da comunicação do alienante, esta perderá a validade.

- Artigo acrescentado pela Lei 6.941/1981.

Parágrafo único. A ciência da comunicação não importará consentimento tácito do credor hipotecário.

Art. 294. Nos casos de incorporação de bens imóveis do patrimônio público, para a formação ou integralização do capital de sociedade por ações da administração indireta ou para a formação do patrimônio de empresa pública, o oficial do respectivo registro de imóveis fará o novo registro em nome da entidade a que os mesmos forem incorporados ou transferidos, valendo-se, para tanto, dos dados característicos e confrontações constantes do anterior.

- Artigo renumerado pela Lei 6.941/1981.

- V. art. 167, I, 32.

§ 1º Servirá como título hábil para o novo registro o instrumento pelo qual a incorporação ou transferência se verificou, em cópia autêntica, ou exemplar do órgão oficial no qual foi aquele publicado.

§ 2º Na hipótese de não coincidência das características do imóvel com as constantes do registro existente, deverá a entidade, ao qual foi o mesmo incorporado ou transferido, promover a respectiva correção mediante termo aditivo ao instrumento de incorporação ou transferência e do qual deverão constar, entre outros elementos, seus limites ou confrontações, sua descrição e caracterização.

§ 3º Para fins do registro de que trata o presente artigo, considerar-se-á, como valor de transferência dos bens, o constante do instrumento a que alude o § 1º.

Art. 295. O encerramento dos livros em uso, antes da vigência da presente Lei, não exclui a validade dos atos neles registrados, nem impede que, neles, se façam as averbações e anotações posteriores.

- Artigo renumerado pela Lei 6.941/1981.

Parágrafo único. Se a averbação ou anotação dever ser feita no Livro n. 2 do Registro de Imóvel, pela presente Lei, e não houver espaço nos anteriores Livros de Transcrição das Transmissões, será aberta a matrícula do imóvel.

Art. 296. Aplicam-se aos registros referidos no art. 1º, § 1º, I, II e III, desta Lei, as disposições relativas ao processo de dúvida no registro de imóveis.

- Artigo renumerado pela Lei 6.941/1981.

Art. 297. Os oficiais, na data de vigência desta Lei, lavrarão termo de encerramento nos livros, e dele remeterão cópia ao juiz a que estiverem subordinados.

- Artigo renumerado pela Lei 6.941/1981.

Parágrafo único. Sem prejuízo do cumprimento integral das disposições desta Lei, os livros antigos poderão ser aproveitados, até o seu esgotamento, mediante autorização judicial e adaptação aos novos modelos, iniciando-se nova numeração.

Lei 6.024/1974

LEGISLAÇÃO

Art. 298. Esta Lei entrará em vigor no dia 1º de janeiro de 1976.

- Artigo renumerado pela Lei 6.941/1981.

Art. 299. Revogam-se a Lei 4.827, de 7 de março de 1924, os Decs. 4.857, de 9 de novembro de 1939, 5.318, de 29 de fevereiro de 1940, 5.553, de 6 de maio de 1940, e as demais disposições em contrário.

- Artigo renumerado pela Lei 6.941/1981.
- Deixamos de publicar os anexos a esta Lei.

Brasília, 31 de dezembro de 1973; 152º da Independência e 85º da República.

Emílio G. Médici

(DOU 31.12.1973;
rep. 16.09.1975, suplemento;
ret. 30.10.1975)

LEI 6.024,
DE 13 DE MARÇO DE 1974

Dispõe sobre a intervenção e a liquidação extrajudicial de instituições financeiras e dá outras providências.

O Presidente da República:

Faço saber que o Congresso Nacional decreta e eu sanciono a seguinte Lei:

Capítulo I
DISPOSIÇÃO PRELIMINAR

Art. 1º As instituições financeiras privadas e as públicas não federais, assim como as cooperativas de crédito, estão sujeitas, nos termos desta Lei, à intervenção ou à liquidação extrajudicial, em ambos os casos efetuada e decretada pelo Banco Central do Brasil, sem prejuízo do disposto nos arts. 137 e 138 do Dec.-lei 2.627, de 26 de setembro de 1940, ou à falência, nos termos da legislação vigente.

- V. arts. 17 e 45, Lei 4.595/1964 (Política de instituições financeiras, bancárias e creditícias).
- V. art. 140, Dec.-lei 73/1966 (Sistema Nacional de Seguros Privados).
- V. arts. 7º e 10, Lei 5.768/1971 (Normas de proteção à poupança popular).
- V. art. 2º, II, Lei 11.101/2005 (Lei de Recuperação de Empresas e Falência).
- V. Súmula 49, TFR.

Capítulo II
DA INTERVENÇÃO E SEU PROCESSO

Seção I
Da intervenção

Art. 2º Far-se-á a intervenção quando se verificarem as seguintes anormalidades nos negócios sociais da instituição:

- V. notas ao art. 1º.

I – a entidade sofrer prejuízo, decorrente de má administração, que sujeite a riscos os seus credores;

II – forem verificadas reiteradas infrações a dispositivos da legislação bancária não regularizadas após as determinações do Banco Central do Brasil, no uso das suas atribuições de fiscalização;

III – na hipótese de ocorrer qualquer dos fatos mencionados nos arts. 1º e 2º do Dec.-lei 7.661, de 21 de junho de 1945 (Lei de Falências), houver possibilidade de evitar-se a liquidação extrajudicial.

- V. arts. 208 e 218, Lei 6.404/1976 (Sociedades por ações).
- V. art. 1º, Dec.-lei 2.321/1987 (Regime de administração especial temporária).
- V. art. 94, Lei 11.101/2005 (Lei de Recuperação de Empresas e Falência).

Art. 3º A intervenção será decretada *ex officio* pelo Banco Central do Brasil, ou por solicitação dos administradores da instituição – se o respectivo estatuto lhes conferir esta competência – com indicação das causas do pedido, sem prejuízo da responsabilidade civil e criminal em que incorrerem os mesmos administradores, pela indicação falsa ou dolosa.

- V. art. 52, § 2º.

Art. 4º O período da intervenção não excederá a 6 (seis) meses, o qual, por decisão do Banco Central do Brasil, poderá ser prorrogado, uma única vez, até o máximo de outros 6 (seis) meses.

Art. 5º A intervenção será executada por interventor nomeado pelo Banco Central do Brasil, com plenos poderes de gestão.

- V. art. 7º, Lei 9.447/1998 (Responsabilidade solidária de controladores de instituições submetidas aos regimes de que tratam a Lei 6.024/1974 e o Dec.-lei 2.321/1987).

Parágrafo único. Dependerão de prévia e expressa autorização do Banco Central do Brasil os atos do interventor que impliquem em disposição ou oneração do patrimônio da sociedade, admissão e demissão de pessoal.

Art. 6º A intervenção produzirá, desde sua decretação, os seguintes efeitos:

a) suspensão da exigibilidade das obrigações vencidas;

b) suspensão da fluência do prazo das obrigações vincendas anteriormente contraídas;

c) inexigibilidade dos depósitos já existentes à data de sua decretação.

- V. arts. 36, 37 e 50.

Art. 7º A intervenção cessará:

a) se os interessados, apresentando as necessárias condições de garantia, julgados a critério do Banco Central do Brasil, tomarem a si o prosseguimento das atividades econômicas da empresa;

- V. art. 11, *a*, Dec.-lei 2.321/1987 (Regime de administração especial temporária).

b) quando, a critério do Banco Central do Brasil, a situação da entidade se houver normalizado;

c) se decretada a liquidação extrajudicial, ou a falência da entidade.

Seção II
Do processo da intervenção

Art. 8º Independentemente da publicação do ato de sua nomeação, o interventor será investido, de imediato, em suas funções, mediante termo de posse lavrado no "Diário" da entidade, ou, na falta deste, no livro que o substituir, com a transcrição do ato que houver decretado a medida e que o tenha nomeado.

Art. 9º Ao assumir suas funções, o interventor:

a) arrecadará, mediante termo, todos os livros da entidade e os documentos de interesse da administração;

b) levantará o balanço geral e o inventário de todos os livros, documentos, dinheiro e demais bens da entidade, ainda que em poder de terceiros, a qualquer título.

Parágrafo único. O termo de arrecadação, o balanço geral e o inventário, deverão ser assinados também pelos administradores em exercício no dia anterior ao da posse do interventor, os quais poderão apresentar, em separado, as declarações e observações que julgarem a bem dos seus interesses.

Art. 10. Os ex-administradores da entidade deverão entregar ao interventor, dentro de 5 (cinco) dias, contados da posse deste, declaração, assinada em conjunto por todos eles, de que conste a indicação:

a) do nome, nacionalidade, estado civil e endereço dos administradores e membros do Conselho Fiscal, que estiverem em exercício nos últimos 12 (doze) meses anteriores à decretação da medida;

b) dos mandatos que, porventura, tenham outorgado em nome da instituição, indicando o seu objeto, nome e endereço do mandatário;

c) dos bens imóveis, assim como dos móveis, que não se encontrem no estabelecimento;

d) da participação que, porventura, cada administrador ou membro do Conselho Fiscal tenha em outras sociedades, com a respectiva indicação.

Art. 11. O interventor, dentro em 60 (sessenta) dias, contados de sua posse, prorrogável se necessário, apresentará ao Banco Central do Brasil relatório, que conterá:

a) exame da escrituração, da aplicação dos fundos e disponibilidade, e da situação econômico-financeira da instituição;

b) indicação, devidamente comprovada, dos atos e omissões danosos que eventualmente tenha verificado;

c) proposta justificada da adoção das providências que lhe pareçam convenientes à instituição.

Parágrafo único. As disposições deste artigo não impedem que o interventor, antes da apresentação do relatório, proponha ao Banco Central do Brasil a adoção de qualquer providência que lhe pareça necessária e urgente.

Lei 6.024/1974

LEGISLAÇÃO

Art. 12. À vista do relatório ou da proposta do interventor, o Banco Central do Brasil poderá:
a) determinar a cessação da intervenção, hipótese em que o interventor será autorizado a promover os atos que, nesse sentido, se tornaram necessários;
b) manter a instituição sob intervenção, até serem eliminadas as irregularidade que a motivaram, observado o disposto no art. 4º;
c) decretar a liquidação extrajudicial da entidade;
d) autorizar o interventor a requerer a falência da entidade quando o seu ativo não for suficiente para cobrir sequer metade do valor dos créditos quirografários, ou quando julgada inconveniente a liquidação extrajudicial, ou quando a complexidade dos negócios da instituição ou a gravidade dos fatos apurados aconselharem a medida.

Art. 13. Das decisões do interventor caberá recurso, sem efeito suspensivo, dentre de 10 (dez) dias da respectiva ciência, para o Banco Central do Brasil, em única instância.
§ 1º Findo o prazo, sem a interposição de recurso, a decisão assumirá caráter definitivo.
§ 2º O recurso será entregue, mediante protocolo, ao interventor que o informará e o encaminhará, dentro em 5 (cinco) dias, ao Banco Central do Brasil.

Art. 14. O interventor prestará contas ao Banco Central do Brasil, independentemente de qualquer exigência, no momento em que deixar suas funções, ou a qualquer tempo, quando solicitado, e responderá, civil e criminalmente, por seus atos.

Capítulo III
DA LIQUIDAÇÃO EXTRAJUDICIAL

Seção I
Da aplicação e dos efeitos da medida

Art. 15. Decretar-se-á a liquidação extrajudicial da instituição financeira:
I – ex officio:
a) em razão de ocorrências que comprometam sua situação econômica ou financeira especialmente quando deixar de satisfazer, com pontualidade, seus compromissos ou quando se caracterizar qualquer dos motivos que autorizem a declaração de falência;

• V. art. 94, Lei 11.101/2005 (Lei de Recuperação de Empresas e Falência).

b) quando a administração violar gravemente as normas legais e estatutárias que disciplinam a atividade da instituição, bem como as determinações do Conselho Monetário Nacional ou do Banco Central do Brasil, no uso de suas atribuições legais;
c) quando a instituição sofrer prejuízo que sujeite a risco anormal seus credores quirografários;
d) quando, cassada a autorização para funcionar, a instituição não iniciar, nos 90 (noventa) dias seguintes, sua liquidação ordinária, ou quando, iniciada esta, verificar o Banco Central do Brasil que a morosidade de sua administração pode acarretar prejuízo para os credores;
II – a requerimento dos administradores da instituição – se o respectivo estatuto social lhes conferir esta competência – ou por proposta do interventor, expostos circunstanciadamente os motivos justificadores da medida.
§ 1º O Banco Central do Brasil decidirá sobre a gravidade dos fatos determinantes da liquidação extrajudicial, considerando as repercussões deste sobre os interesses dos mercados financeiro e de capitais, e, poderá, em lugar da liquidação, efetuar a intervenção, se julgar esta medida suficiente para a normalização dos negócios da instituição, e preservação daqueles interesses.
§ 2º O ato do Banco Central do Brasil, que decretar a liquidação extrajudicial, indicará a data em que se tenha caracterizado o estado que a determinou, fixando o termo legal da liquidação que não poderá ser superior a 60 (sessenta) dias contados do primeiro protesto por falta de pagamento ou, na falta deste, do ato que haja decretado a intervenção ou a liquidação.

• V. art. 99, II, Lei 11.101/2005 (Lei de Recuperação de Empresas e Falência).

Art. 16. A liquidação extrajudicial será executada por liquidante nomeado pelo Banco Central do Brasil, com amplos pode-

Lei 6.024/1974

LEGISLAÇÃO

res de administração e liquidação, especialmente os de verificação e classificação dos créditos, podendo nomear e demitir funcionários, fixando-lhes os vencimentos, outorgar e cassar mandatos, propor ações e representar a massa em juízo ou fora dele.

§ 1º Com prévia e expressa autorização do Banco Central do Brasil, poderá o liquidante, em benefício da massa, ultimar os negócios pendentes e, a qualquer tempo, onerar ou alienar seus bens, neste último caso através de licitações.

§ 2º Os honorários do liquidante, a serem pagos por conta da liquidanda, serão fixados pelo Banco Central do Brasil.

Art. 17. Em todos os atos, documentos e publicações de interesse da liquidação, será usada, obrigatoriamente, a expressão "Em liquidação extrajudicial", em seguida à denominação da entidade.

Art. 18. A decretação da liquidação extrajudicial produzirá, de imediato, os seguintes efeitos:

a) suspensão das ações e execuções iniciadas sobre direitos e interesses relativo ao acervo da entidade liquidanda, não podendo ser intentadas quaisquer outras, enquanto durar a liquidação;
b) vencimento antecipado das obrigações da liquidanda;
c) não atendimento das cláusulas penais dos contratos unilaterais vencidos em virtude da decretação da liquidação extrajudicial;
d) não fluência de juros, mesmo que estipulados, contra a massa, enquanto não integralmente pago o passivo;
e) interrupção da prescrição relativa a obrigações de responsabilidade da instituição;
f) não reclamação de correção monetária de quaisquer dívidas passivas, nem de penas pecuniárias por infração de leis penais ou administrativas.

- V. Dec.-lei 858/1969 (Cobrança e correção monetária dos débitos fiscais nos casos de falência).
- V. Dec.-lei 1.477/1976 (Correção monetária nos casos de liquidação extrajudicial ou falência).

Art. 19. A liquidação extrajudicial cessará:

a) se os interessados, apresentando as necessárias condições de garantia, julgadas a critério do Banco Central do Brasil, tomarem a si o prosseguimento das atividades econômicas da empresa;

- V. art. 5º, Lei 9.447/1997 (Responsabilidade solidária de controladores de instituições submetidas aos regimes de que tratam a Lei 6.024/1974 e o Dec.-lei 2.321/1987).

b) por transformação em liquidação ordinária;

- V. art. 206, Lei 6.404/1976 (Sociedades por ações).

c) com a aprovação das contas finais do liquidante e baixa no registro público competente;

- V. art. 219, Lei 6.404/1976 (Sociedades por ações).

d) se decretada a falência da entidade.

Seção II
Do processo da liquidação extrajudicial

Art. 20. Aplicam-se, ao processo da liquidação extrajudicial, as disposições relativas ao processo da intervenção, constantes dos arts. 8º, 9º, 10 e 11, desta Lei.

Art. 21. À vista do relatório ou da proposta previstos no art. 11, apresentados pelo liquidante na conformidade do artigo anterior, o Banco Central do Brasil poderá autorizá-lo a:

a) prosseguir na liquidação extrajudicial;
b) requerer a falência da entidade, quando o seu ativo não for suficiente para cobrir pelo menos a metade do valor dos créditos quirografários, ou quando houver fundados indícios de crimes falimentares.

- V. arts. 97 e 168 a 182, Lei 11.101/2005 (Lei de Recuperação de Empresas e Falência).

Parágrafo único. Sem prejuízo do disposto neste artigo, em qualquer tempo, o Banco Central do Brasil poderá estudar pedidos de cessação da liquidação extrajudicial, formulados pelos interessados, concedendo ou recusando a medida pleiteada, segundo as garantias oferecidas e as conveniências de ordem geral.

Art. 22. Se determinado o prosseguimento da liquidação extrajudicial o liquidante fará publicar, no *Diário Oficial da União* e em jornal de grande circulação do

Lei 6.024/1974

local da sede da entidade, aviso aos credores para que declarem os respectivos créditos, dispensados desta formalidade os credores por depósitos ou por letras de câmbio de aceite da instituição financeira liquidanda.

§ 1º No aviso de que trata este artigo, o liquidante fixará o prazo para a declaração dos créditos, o qual não será inferior a 20 (vinte), nem superior a 40 (quarenta) dias, conforme a importância da liquidação e os interesses nela envolvidos.

§ 2º Relativamente aos créditos dispensados de habilitação, o liquidante manterá, na sede da liquidanda, relação nominal dos depositantes e respectivos saldos, bem como relação das letras de câmbio de seu aceite.

§ 3º Aos credores obrigados à declaração assegurar-se-á o direito de obterem do liquidante as informações, extratos de contas, saldos e outros elementos necessários à defesa dos seus interesses e à prova dos respectivos créditos.

§ 4º O liquidante dará sempre recibo das declarações de crédito e dos documentos recebidos.

Art. 23. O liquidante juntará a cada declaração a informação completa a respeito do resultado das averiguações a que procedeu nos livros, papéis e assentamentos da entidade, relativos ao crédito declarado, bem como sua decisão quanto à legitimidade, valor e classificação.

Parágrafo único. O liquidante poderá exigir dos ex-administradores da instituição que prestem informações sobre qualquer dos créditos declarados.

Art. 24. Os credores serão notificados, por escrito, da decisão do liquidante, os quais, a contar da data do recebimento da notificação, terão o prazo de 10 (dez) dias para recorrer, ao Banco Central do Brasil, do ato que lhes pareça desfavorável.

Art. 25. Esgotado o prazo para a declaração de créditos e julgados estes, o liquidante organizará o quadro geral de credores e publicará, na forma prevista no art. 22, aviso de que dito quadro, juntamente com o balanço geral, se acha fixado na sede e demais dependências da entidade, para conhecimento dos interessados.

Parágrafo único. Após a publicação mencionada neste artigo, qualquer interessado poderá impugnar a legitimidade, valor, ou a classificação dos créditos constantes do referido quadro.

Art. 26. A impugnação será apresentada por escrito, devidamente justificada com os documentos julgados convenientes, dentro de 10 (dez) dias, contados da data da publicação de que trata o artigo anterior.

§ 1º A entrega da impugnação será feita contra recibo, passado pelo liquidante, com cópia que será juntada ao processo.

§ 2º O titular do crédito impugnado será notificado pelo liquidante e, a contar da data do recebimento da notificação, terá o prazo de 5 (cinco) dias para oferecer as alegações e provas que julgar convenientes à defesa dos seus direitos.

§ 3º O liquidante encaminhará as impugnações com o seu parecer, juntando os elementos probatórios, à decisão do Banco Central do Brasil.

§ 4º Julgadas todas as impugnações, o liquidante fará publicar avisos na forma do art. 22, sobre as eventuais modificações no quadro geral de credores que, a partir desse momento, será considerado definitivo.

Art. 27. Os credores que se julgarem prejudicados pelo não provimento do recurso interposto, ou pela decisão proferida na impugnação poderão prosseguir nas ações que tenham sido suspensas por força do art. 18, ou propor as que couberem, dando ciência do fato ao liquidante para que este reserve fundos suficientes à eventual satisfação dos respectivos pedidos.

Parágrafo único. Decairão do direito assegurado neste artigo os interessados que não o exercitarem dentro do prazo de 30 (trinta) dias, contados da data em que for considerado definitivo o quadro geral dos credores, com a publicação a que alude o § 4º do artigo anterior.

Art. 28. Nos casos de descoberta de falsidade, dolo, simulação, fraude, erro essencial, ou de documentos ignorados na época

Lei 6.024/1974

LEGISLAÇÃO

do julgamento dos créditos, o liquidante ou qualquer credor admitido pode pedir ao Banco Central do Brasil, até ao encerramento da liquidação, a exclusão, ou outra classificação, ou a simples retificação de qualquer crédito.

Parágrafo único. O titular desse crédito será notificado do pedido e, a contar da data do recebimento da notificação, terá o prazo de 5 (cinco) dias para oferecer as alegações e provas que julgar convenientes, sendo-lhe assegurado o direito a que se refere o artigo anterior, se se julgar prejudicado pela decisão proferida, que lhe será notificada por escrito, contando-se da data do recebimento da notificação o prazo de decadência fixado no parágrafo único do mesmo artigo.

Art. 29. Incluem-se, entre os encargos da massa, as quantias a ela fornecidas pelos credores, pelo liquidante ou pelo Banco Central do Brasil.

Art. 30. Salvo expressa disposição em contrário desta Lei, das decisões do liquidante caberá recurso, sem efeito suspensivo, dentro em 10 (dez) dias da respectiva ciência, para o Banco Central do Brasil, em única instância.

§ 1º Findo o prazo, sem a interposição de recurso, a decisão assumirá caráter definitivo.

§ 2º O recurso será entregue, mediante protocolo, ao liquidante, que o informará e o encaminhará, dentro de 5 (cinco) dias, ao Banco Central do Brasil.

Art. 31. No resguardo da economia pública, da poupança privada e da segurança nacional, sempre que a atividade da entidade liquidanda colidir com os interesses daquelas áreas, poderá o liquidante, prévia e expressamente autorizado pelo Banco Central do Brasil, adotar qualquer forma especial ou qualificada de realização do ativo e liquidação do passivo, ceder o ativo a terceiros, organizar ou reorganizar sociedade para continuação geral ou parcial do negócio ou atividade da liquidanda.

- V. Dec. 92.061/1985 (Regulamenta o art. 31 da Lei 6.024/1974).

- V. Dec.-lei 2.321/1987 (Regime de administração especial temporária).
- V. art. 5º, Lei 9.447/1997 (Responsabilidade solidária de controladores de instituições submetidas aos regimes de que tratam a Lei 6.024/1974 e o Dec.-lei 2.321/1987).

§ 1º Os atos referidos neste artigo produzem efeitos jurídicos imediatos, independentemente de formalidades e registros.

§ 2º Os registros correspondentes serão procedidos no prazo de 15 (quinze) dias, pelos Oficiais dos Registros de Imóveis e pelos Registros do Comércio, bem como pelos demais órgãos da administração pública, quando for o caso, à vista da comunicação formal, que lhes tenha sido feita pelo liquidante.

Art. 32. Apurados, no curso da liquidação, seguros elementos de prova, mesmo indiciária, da prática de contravenções penais ou crimes, por parte de qualquer dos antigos administradores e membros do Conselho Fiscal, o liquidante os encaminhará ao órgão do Ministério Público para que este promova a ação penal.

- V. art. 6º, Lei 9.447/1997 (Responsabilidade solidária de controladores de instituições submetidas aos regimes de que tratam a Lei 6.024/1974 e o Dec.-lei 2.321/1987).

Art. 33. O liquidante prestará contas ao Banco Central do Brasil independentemente de qualquer exigência no momento em que deixar suas funções ou a qualquer tempo, quando solicitado, e responderá, civil e criminalmente, por seus atos.

Art. 34. Aplicam-se à liquidação extrajudicial no que couberem e não colidirem com os preceitos desta Lei, as disposições da Lei de Falências (Dec.-lei 7.661 de 21 de junho de 1945), equiparando-se ao síndico, o liquidante, ao juiz da falência, o Banco Central do Brasil, sendo competente para conhecer da ação revocatória prevista no art. 55 daquele Decreto-lei, o juiz a quem caberia processar e julgar a falência da instituição liquidanda.

Art. 35. Os atos indicados nos arts. 52 e 53 da Lei de Falências (Dec.-lei 7.661, de 1945) praticados pelos administradores da

Lei 6.024/1974

LEGISLAÇÃO

liquidanda poderão ser declarados nulos ou revogados, cumprindo o disposto nos arts. 54 e 58 da mesma Lei.

- V. arts. 129, 130 e 132 a 138, Lei 11.101/2005 (Lei de Recuperação de Empresas e Falência).

Parágrafo único. A ação revogatória será proposta pelo liquidante, observado o disposto nos arts. 55, 56 e 57 da Lei de Falências.

Capítulo IV
DOS ADMINISTRADORES E MEMBROS DO CONSELHO FISCAL

Seção I
Da indisponibilidade dos bens

Art. 36. Os administradores das instituições financeiras em intervenção, em liquidação extrajudicial ou em falência, ficarão com todos os seus bens indisponíveis, não podendo, por qualquer forma, direta ou indireta, aliená-los ou onerá-los, até apuração e liquidação final de suas responsabilidades.

- V. Dec.-lei 73/1966 (Sistema Nacional de Seguros Privados).
- V. art. 8º, Lei 9.447/1997 (Responsabilidade solidária de controladores de instituições submetidas aos regimes de que tratam a Lei 6.024/1974 e o Dec.-lei 2.321/1987).

§ 1º A indisponibilidade prevista neste artigo decorre do ato que decretar a intervenção, a liquidação extrajudicial ou a falência, e atinge a todos aqueles que tenham estado no exercício das funções nos 12 (doze) meses anteriores ao mesmo ato.

§ 2º Por proposta do Banco Central do Brasil, aprovada pelo Conselho Monetário Nacional, a indisponibilidade prevista neste artigo poderá ser estendida:

a) aos bens de gerentes, conselheiros fiscais e aos de todos aqueles que, até o limite da responsabilidade estimada de cada um, tenham concorrido, nos últimos 12 (doze) meses, para a decretação da intervenção ou da liquidação extrajudicial;

b) aos bens de pessoas que, nos últimos 12 (doze) meses, os tenham a qualquer título, adquirido de administradores da instituição, ou das pessoas referidas na alínea anterior, desde que haja seguros elementos de convicção de que se trata de simulada transferência com o fim de evitar os efeitos desta Lei.

§ 3º Não se incluem nas disposições deste artigo os bens considerados inalienáveis ou impenhoráveis pela legislação em vigor.

§ 4º Não são igualmente atingidos pela indisponibilidade os bens objeto de contrato de alienação, de promessa de compra e venda, de cessão ou promessa de cessão de direitos, desde que os respectivos instrumentos tenham sido levados ao competente registro público, anteriormente à data da decretação da intervenção, da liquidação extrajudicial ou da falência.

Art. 37. Os abrangidos pela indisponibilidade de bens de que trata o artigo anterior não poderão ausentar-se do foro da intervenção, da liquidação extrajudicial ou da falência, sem prévia e expressa autorização do Banco Central do Brasil ou do juiz da falência.

- V. art. 34.

Art. 38. Decretada a intervenção, a liquidação extrajudicial ou a falência, o interventor, o liquidante ou escrivão da falência comunicará ao registro público competente e às Bolsas de Valores a indisponibilidade de bens imposta no art. 36.

Parágrafo único. Recebida a comunicação, a autoridade competente ficará relativamente a esses bens impedida de:

a) fazer transcrições, inscrições ou averbações de documentos públicos ou particulares;

b) arquivar atos ou contratos que importem em transferência de cotas sociais, ações ou partes beneficiárias;

c) realizar ou registrar operações e títulos de qualquer natureza;

d) processar a transferência de propriedade de veículos automotores.

- V. Dec.-lei 73/1966 (Sistema Nacional de Seguros Privados).

Lei 6.024/1974

LEGISLAÇÃO

Seção II
Da responsabilidade dos administradores e membros do Conselho Fiscal

Art. 39. Os administradores e membros do Conselho Fiscal de instituições financeiras responderão, a qualquer tempo, salvo prescrição extintiva, pelos atos que tiverem praticado ou omissões em que houverem incorrido.

Art. 40. Os administradores de instituições financeiras respondem solidariamente pelas obrigações por elas assumidas durante sua gestão, até que se cumpram.

- V. arts. 1º a 3º, Lei 9.447/1997 (Responsabilidade solidária de controladores de instituições submetidas aos regimes de que tratam a Lei 6.024/1974 e o Dec.-lei 2.321/1987).

Parágrafo único. A responsabilidade solidária se circunscreverá ao montante dos prejuízos causados.

Art. 41. Decretada a intervenção, a liquidação extrajudicial ou a falência de instituição financeira, o Banco Central do Brasil procederá a inquérito, a fim de apurar as causas que levaram a sociedade àquela situação e a responsabilidade de seus administradores e membros do Conselho Fiscal.

§ 1º Para os efeitos deste artigo, decretada a falência, o escrivão do feito a comunicará, dentro em 24 (vinte e quatro) horas, ao Banco Central do Brasil.

§ 2º O inquérito será aberto imediatamente à decretação da intervenção ou da liquidação extrajudicial, ou ao recebimento da comunicação da falência, e concluído dentro em 120 (cento e vinte) dias, prorrogáveis, se absolutamente necessário, por igual prazo.

§ 3º No inquérito, o Banco Central do Brasil poderá:

a) examinar, quando e quantas vezes julgar necessário, a contabilidade, os arquivos, os documentos, os valores e mais elementos das instituições;

b) tomar depoimentos solicitando para isso, se necessário, o auxílio da polícia;

c) solicitar informações a qualquer autoridade ou repartição pública, ao juiz da falência, ao órgão do Ministério Público, ao síndico, ao liquidante ou ao interventor;

d) examinar, por pessoa que designar, os autos da falência e obter, mediante solicitação escrita, cópias ou certidões de peças desses autos;

e) examinar a contabilidade e os arquivos de terceiros com os quais a instituição financeira tiver negociado e no que entender com esses negócios, bem como a contabilidade e os arquivos dos ex-administradores, se comerciantes ou industriais sob firma individual, e as respectivas contas junto a outras instituições financeiras.

§ 4º Os ex-administradores poderão acompanhar o inquérito, oferecer documentos e indicar diligências.

Art. 42. Concluída a apuração, os ex-administradores serão convidados, por carta, a apresentar, por escrito, suas alegações e explicações dentro em 5 (cinco) dias, comuns para todos.

Art. 43. Transcorrido o prazo do artigo anterior, com ou sem a defesa, será o inquérito encerrado com um relatório, do qual constarão, em síntese, a situação da entidade examinada, as causas de sua queda, o nome, a qualificação e a relação dos bens particulares dos que, nos últimos 5 (cinco) anos, geriram a sociedade, bem como o montante ou a estimativa dos prejuízos apurados em cada gestão.

Art. 44. Se o inquérito concluir pela inexistência de prejuízo, será, no caso de intervenção e de liquidação extrajudicial, arquivado no próprio Banco Central do Brasil ou, no caso de falência, será remetido ao competente juiz, que o mandará apensar aos respectivos autos.

Parágrafo único. Na hipótese prevista neste artigo, o Banco Central do Brasil, nos casos de intervenção e de liquidação extrajudicial, ou o juiz, no caso de falência, de ofício ou a requerimento de qualquer interessado, determinará o levantamento da indisponibilidade de que trata o art. 36.

Art. 45. Concluindo o inquérito pela existência de prejuízos, será ele, com o respecti-

Lei 6.024/1974

vo relatório, remetido pelo Banco Central do Brasil ao juiz da falência, ou ao que for competente para decretá-la, o qual o fará com vista ao órgão do Ministério Público, que, em 8 (oito) dias, sob pena de responsabilidade, requererá o sequestro dos bens dos ex-administradores, que não tinham sido atingidos pela indisponibilidade prevista no art. 36, quantos bastem para a efetivação da responsabilidade.

§ 1º Em caso de intervenção ou liquidação extrajudicial, a distribuição do inquérito ao juízo competente, na forma deste artigo, previne a jurisdição do mesmo juízo na hipótese de vir a ser decretada a falência.

§ 2º Feito o arresto, os bens serão depositados em mãos do interventor, do liquidante ou do síndico, conforme a hipótese, cumprindo ao depositário administrá-los, receber os respectivos rendimentos e prestar contas a final.

Art. 46. A responsabilidade dos ex-administradores, definida nesta Lei, será apurada em ação própria, proposta no juízo da falência ou no que for para ela competente.

Parágrafo único. O órgão do Ministério Público, nos casos de intervenção e liquidação extrajudicial, proporá a ação obrigatoriamente dentro em 30 (trinta) dias a contar da realização do arresto, sob pena de responsabilidade e preclusão da sua iniciativa. Findo esse prazo, ficarão os autos em cartório, à disposição de qualquer credor que poderá iniciar a ação, nos 15 (quinze) dias seguintes. Se neste último prazo ninguém o fizer, levantar-se-ão o arresto e a indisponibilidade, apensando-se os autos aos da falência, se for o caso.

Art. 47. Se, decretado o arresto ou proposta a ação, sobrevier a falência da entidade, competirá ao síndico tomar, daí por diante, as providências necessárias ao efetivo cumprimento das determinações desta Lei, cabendo-lhe promover a devida substituição processual, no prazo de 30 (trinta) dias, contados da data do seu compromisso.

Art. 48. Independentemente do inquérito e do arresto, qualquer das partes, a que se refere o parágrafo único do art. 46, no prazo nele previsto, poderá propor a ação de responsabilidade dos ex-administradores, na forma desta Lei.

Art. 49. Passada em julgado a sentença que declarar a responsabilidade dos ex-administradores, o arresto e a indisponibilidade de bens se convolarão em penhora, seguindo-se o processo de execução.

§ 1º Apurados os bens penhorados e pagas as custas judiciais, o líquido será entregue ao interventor, ao liquidante ou ao síndico, conforme o caso, para rateio entre os credores da instituição.

§ 2º Se, no curso da ação ou da execução, encerrar-se a intervenção ou a liquidação extrajudicial, o interventor ou o liquidante, por ofício, dará conhecimento da ocorrência ao juiz, solicitando sua substituição como depositário dos bens arrestados ou penhorados, e fornecendo a relação nominal e respectivos saldos dos credores a serem, nesta hipótese, diretamente contemplados com o rateio previsto no parágrafo anterior.

Capítulo V
DISPOSIÇÕES GERAIS

Art. 50. A intervenção determina a suspensão, e, a liquidação extrajudicial, a perda do mandato, respectivamente, dos administradores e membros do Conselho Fiscal e dos de quaisquer outros órgãos criados pelo estatuto, competindo, exclusivamente, ao interventor e ao liquidante a convocação da assembleia geral nos casos em que julgarem conveniente.

Art. 51. Com o objetivo de preservar os interesses da poupança popular e a integridade do acervo das entidades submetidas à intervenção ou a liquidação extrajudicial, o Banco Central do Brasil poderá estabelecer idêntico regime para as pessoas jurídicas que com elas tenham integração de atividade ou vínculo de interesse, ficando os seus administradores sujeitos aos preceitos desta Lei.

Parágrafo único. Verifica-se integração de atividade ou vínculo de interesse, quando as pessoas jurídicas referidas neste artigo forem devedoras da sociedade sob intervenção ou submetida a liquidação extrajudicial, ou quando seus sócios ou acionistas participarem do capital desta em importância superior a 10% (dez por cento), ou sejam cônjuges, ou parentes até o segundo grau, consanguíneos ou afins, de seus diretores ou membros dos conselhos consultivo, administrativo, fiscal ou semelhantes.

Art. 52. Aplicam-se as disposições da presente Lei às sociedades ou empresas que integram o sistema de distribuição de títulos ou valores mobiliários no mercado de capitais (art. 5º da Lei 4.728, de 14 de julho de 1965), assim como às sociedades ou empresas corretoras de câmbio.

§ 1º A intervenção nessas sociedades ou empresas, ou sua liquidação extrajudicial, poderá ser decretada pelo Banco Central do Brasil por iniciativa própria ou por solicitação das Bolsas de Valores, quanto às corretoras a elas associadas, mediante representação fundamentada.

§ 2º Por delegação de competência do Banco Central do Brasil e sem prejuízo de suas atribuições, a intervenção ou a liquidação extrajudicial das sociedades corretoras, membros das Bolsas de Valores, poderá ser processada por estas, sendo competente, no caso, aquela da área em que a sociedade tiver sede.

Art. 53. As sociedades ou empresas que integram o sistema de distribuição de títulos ou valores mobiliários no mercado de capitais, assim como as sociedades ou empresas corretoras de câmbio, não poderão como as instituições financeiras impetrar concordata.

Art. 54. As disposições da presente Lei estendem-se às intervenções e liquidações extrajudiciais em curso, no que couberem.

Art. 55. O Banco Central do Brasil é autorizado a prestar assistência financeira às Bolsas de Valores, nas condições fixadas pelo Conselho Monetário Nacional, quando, a seu critério, se fizer necessária para que elas se adaptem, inteiramente, às exigências do mercado de capitais.

Parágrafo único. A assistência financeira prevista neste artigo poderá ser estendida às Bolsas de Valores, nos casos de intervenção ou liquidação extrajudicial em sociedades corretoras de valores mobiliários e de câmbio, com vistas a resguardar legítimos interesses de investidores.

Art. 56. Ao art. 129 do Dec.-lei 2.627, de 26 de setembro de 1940, é acrescentado o seguinte parágrafo, além do que já lhe fora aditado pela Lei 5.589, de 3 de julho de 1970.

Art. 57. Esta Lei entrará em vigor na data de sua publicação, revogada a Lei 1.808, de 7 de janeiro de 1953, os Decs.-leis 9.228, de 3 de maio de 1946; 9.328, de 10 de junho de 1946; 9.346, de 10 de junho de 1946; 48, de 18 de novembro de 1966; 462, de 11 de fevereiro de 1969, e 685, de 17 de julho de 1969, e demais disposições gerais e especiais em contrário.

Brasília, 13 de março de 1974; 153º da Independência e 86º da República.
Emílio G. Médici

(*DOU* 14.03.1974)

LEI 6.194, DE 19 DE DEZEMBRO DE 1974

Dispõe sobre seguro obrigatório de danos pessoais causados por veículos automotores de via terrestre, ou por sua carga, a pessoas transportadas ou não.

- V. arts. 757 a 802, CC.
- V. Res. SUSEP 332/2015 (Dispõe sobre os danos pessoais cobertos, indenizações, regulação dos sinistros, prêmio, condições tarifárias e administração dos recursos do Seguro Obrigatório de Danos Pessoais Causados por Veículos Automotores de Via Terrestre, ou por sua Carga, a Pessoas Transportadas ou não – Seguro DPVAT).

O Presidente da República:
Faço saber que o Congresso Nacional decreta e eu sanciono a seguinte Lei:

Art. 1º A alínea *b* do art. 20 do Decreto-lei 73, de 21 de novembro de 1966, passa a ter a seguinte redação:
"Art. 20. [...]
"[...]

Lei 6.194/1974

"*b)* responsabilidade civil dos proprietários de veículos automotores de vias fluvial, lacustre, marítima, de aeronaves e dos transportadores em geral;
"[...]"

Art. 2º Fica acrescida ao art. 20, do Decreto-lei 73, de 21 de novembro de 1966, a alínea *l* nestes termos:
"Art. 20. [...]
"[...]
"*l)* danos pessoais causados por veículos automotores de via terrestre, ou por sua carga, a pessoas transportadas ou não."

Art. 3º Os danos pessoais cobertos pelo seguro estabelecido no art. 2º desta Lei compreendem as indenizações por morte, por invalidez permanente, total ou parcial, e por despesas de assistência médica e suplementares, nos valores e conforme as regras que se seguem, por pessoa vitimada:

- *Caput* com redação determinada pela Lei 11.945/2009 (*DOU* 05.06.2009), em vigor na data de sua publicação, produzindo efeitos a partir de 16.12.2008 (v. art. 33, IV, *a*, da referida Lei).
- V. Súmula 426, STJ.

a) (Revogada pela Lei 11.482/2007.)
b) (Revogada pela Lei 11.482/2007.)
c) (Revogada pela Lei 11.482/2007.)

I – R$ 13.500,00 (treze mil e quinhentos reais) – no caso de morte;

- Inciso I acrescentado pela Lei 11.482/2007.

II – até R$ 13.500,00 (treze mil e quinhentos reais) – no caso de invalidez permanente; e

- Inciso II acrescentado pela Lei 11.482/2007.

III – até R$ 2.700,00 (dois mil e setecentos reais) – como reembolso à vítima – no caso de despesas de assistência médica e suplementares devidamente comprovadas.

- Inciso III acrescentado pela Lei 11.482/2007.

§ 1º No caso da cobertura de que trata o inciso II do *caput* deste artigo, deverão ser enquadradas na tabela anexa a esta Lei as lesões diretamente decorrentes de acidente e que não sejam suscetíveis de amenização proporcionada por qualquer medida terapêutica, classificando-se a invalidez permanente como total ou parcial, subdividindo-se a invalidez permanente parcial em completa e incompleta, conforme a extensão das perdas anatômicas ou funcionais, observado o disposto abaixo:

- § 1º acrescentado pela Lei 11.945/2009 (*DOU* 05.06.2009), em vigor na data de sua publicação, produzindo efeitos a partir de 16.12.2008 (v. art. 33, IV, *a*, da referida Lei).

I – quando se tratar de invalidez permanente parcial completa, a perda anatômica ou funcional será diretamente enquadrada em um dos segmentos orgânicos ou corporais previstos na tabela anexa, correspondendo a indenização ao valor resultante da aplicação do percentual ali estabelecido ao valor máximo da cobertura; e

II – quando se tratar de invalidez permanente parcial incompleta, será efetuado o enquadramento da perda anatômica ou funcional na forma prevista no inciso I deste parágrafo, procedendo-se, em seguida, à redução proporcional da indenização que corresponderá a 75% (setenta e cinco por cento) para as perdas de repercussão intensa, 50% (cinquenta por cento) para as de média repercussão, 25% (vinte e cinco por cento) para as de leve repercussão, adotando-se ainda o percentual de 10% (dez por cento), nos casos de sequelas residuais.

§ 2º Assegura-se à vítima o reembolso, no valor de até R$ 2.700,00 (dois mil e setecentos reais), previsto no inciso III do *caput* deste artigo, de despesas médico-hospitalares, desde que devidamente comprovadas, efetuadas pela rede credenciada junto ao Sistema Único de Saúde, quando em caráter privado, vedada a cessão de direitos.

- § 2º acrescentado pela Lei 11.945/2009 (*DOU* 05.06.2009), em vigor na data de sua publicação, produzindo efeitos a partir de 16.12.2008 (v. art. 33, IV, *a*, da referida Lei).

§ 3º As despesas de que trata o § 2º deste artigo em nenhuma hipótese poderão ser reembolsadas quando o atendimento for realizado pelo SUS, sob pena de descredenciamento do estabelecimento de saúde do SUS, sem prejuízo das demais penalidades previstas em lei.

- § 3º acrescentado pela Lei 11.945/2009 (*DOU* 05.06.2009), em vigor na data de sua publicação, produzindo efeitos a partir de 16.12.2008 (v. art. 33, IV, *a*, da referida Lei).

Lei 6.194/1974

LEGISLAÇÃO

Art. 4º A indenização no caso de morte será paga de acordo com o disposto no art. 792 da Lei 10.406, de 10 de janeiro de 2002 – Código Civil.

- Caput com redação determinada pela Lei 11.482/2007.

Parágrafo único. *(Revogado pela Lei 8.441/1992.)*

§ 1º *(Revogado pela Lei 11.482/2007.)*

§ 2º *(Revogado pela Lei 11.482/2007.)*

§ 3º Nos demais casos, o pagamento será feito diretamente à vítima na forma que dispuser o Conselho Nacional de Seguros Privados – CNSP.

- § 3º acrescentado pela Lei 11.482/2007.

Art. 5º O pagamento da indenização será efetuado mediante simples prova do acidente e do dano decorrente, independentemente da existência de culpa, haja ou não resseguro, abolida qualquer franquia de responsabilidade do segurado.

§ 1º A indenização referida neste artigo será paga com base no valor vigente na época da ocorrência do sinistro, em cheque nominal aos beneficiários, descontável no dia e na praça da sucursal que fizer a liquidação, no prazo de 30 (trinta) dias da entrega dos seguintes documentos:

- Caput do § 1º com redação determinada pela Lei 11.482/2007.

a) certidão de óbito, registro da ocorrência no órgão policial competente e a prova de qualidade de beneficiários no caso de morte;

- Alínea a com redação determinada pela Lei 8.441/1992.

b) prova das despesas efetuadas pela vítima com o seu atendimento por hospital, ambulatório ou médico-assistente e registro da ocorrência no órgão policial competente – no caso de danos pessoais.

§ 2º Os documentos referidos no § 1º serão entregues à Sociedade Seguradora, mediante recibo, que os especificará.

§ 3º Não se concluindo na certidão de óbito o nexo de causa e efeito entre a morte e o acidente, será acrescentada a certidão de auto de necropsia, fornecida diretamente pelo Instituto Médico Legal, independentemente de requisição ou autorização da autoridade policial ou da jurisdição do acidente.

- § 3º com redação determinada pela Lei 8.441/1992.

§ 4º Havendo dúvida quanto ao nexo de causa e efeito entre o acidente e as lesões, em caso de despesas médicas suplementares e invalidez permanente, poderá ser acrescentado ao boletim de atendimento hospitalar relatório de internamento ou tratamento, se houver, fornecido pela rede hospitalar e previdenciária, mediante pedido verbal ou escrito, pelos interessados, em formulário próprio da entidade fornecedora.

- § 4º com redação determinada pela Lei 8.441/1992.

§ 5º O Instituto Médico Legal da jurisdição do acidente ou da residência da vítima deverá fornecer, no prazo de até 90 (noventa) dias, laudo à vítima com a verificação da existência e quantificação das lesões permanentes, totais ou parciais.

- § 5º com redação determinada pela Lei 11.945/2009 (DOU 05.06.2009), em vigor na data de sua publicação, produzindo efeitos a partir de 16.12.2008 (v. art. 33, IV, a, da referida Lei).

§ 6º O pagamento da indenização também poderá ser realizado por intermédio de depósito ou Transferência Eletrônica de Dados – TED para a conta-corrente ou conta de poupança do beneficiário, observada a legislação do Sistema de Pagamentos Brasileiro.

- § 6º acrescentado pela Lei 11.482/2007.

§ 7º Os valores correspondentes às indenizações, na hipótese de não cumprimento do prazo para o pagamento da respectiva obrigação pecuniária, sujeitam-se à correção monetária segundo índice oficial regularmente estabelecido e juros moratórios com base em critérios fixados na regulamentação específica de seguro privado.

- § 7º acrescentado pela Lei 11.482/2007.

Art. 6º No caso de ocorrência de sinistro do qual participem dois ou mais veículos, a indenização será paga pela Sociedade Seguradora do respectivo veículo em que cada pessoa vitimada era transportada.

§ 1º Resultando do acidente vítimas não transportadas, as indenizações a elas correspondentes serão pagas, em partes iguais, pelas Sociedades Seguradoras dos veículos envolvidos.

§ 2º Havendo veículos não identificados e identificados, a indenização será paga pelas Sociedades Seguradoras destes últimos.

Lei 6.194/1974

LEGISLAÇÃO

Art. 7º A indenização por pessoa vitimada por veículo não identificado, com seguradora não identificada, seguro não realizado ou vencido, será paga nos mesmos valores, condições e prazos dos demais casos por um Consórcio constituído, obrigatoriamente, por todas as Sociedades Seguradoras que operem no seguro objeto desta Lei.

- *Caput* com redação determinada pela Lei 8.441/1992.

§ 1º O Consórcio de que trata este artigo poderá haver regressivamente do proprietário do veículo os valores que desembolsar, ficando o veículo, desde logo, como garantia da obrigação, ainda que vinculada a contrato de alienação fiduciária, reserva de domínio, *leasing* ou qualquer outro.

- § 1º com redação determinada pela Lei 8.441/1992.
- V. Súmula 405, STJ.

§ 2º O Conselho Nacional de Seguros Privados – CNSP estabelecerá normas para atender ao pagamento das indenizações previstas neste artigo, bem como a forma de sua distribuição pelas Seguradoras participantes do Consórcio.

Art. 8º Comprovado o pagamento, a Sociedade Seguradora que houver pago a indenização poderá, mediante ação própria, haver do responsável a importância efetivamente indenizada.

- V. Súmula 405, STJ.

Art. 9º Nos seguros facultativos de responsabilidade civil dos proprietários de veículos automotores de via terrestre, as indenizações por danos materiais causados a terceiros serão pagas independentemente de responsabilidade que for apurada em ação judicial contra o causador do dano, cabendo à Seguradora o direito de regresso contra o responsável.

Art. 10. Observar-se-á o procedimento sumaríssimo do Código de Processo Civil nas causas relativas aos danos pessoais mencionados na presente Lei.

Art. 11. A sociedade seguradora que infringir as disposições desta Lei estará sujeita às penalidades previstas no art. 108 do Decreto-lei 73, de 21 de novembro de 1966, de acordo com a gravidade da irregularidade, observado o disposto no art. 118 do referido Decreto-lei.

- Artigo com redação determinada pela Lei 11.482/2007.

Art. 12. O Conselho Nacional de Seguros Privados expedirá normas disciplinadoras e tarifas que atendam ao disposto nesta Lei.

§ 1º O Conselho Nacional de Trânsito implantará e fiscalizará as medidas de sua competência, garantidoras do não licenciamento e não circulação de veículos automotores de vias terrestres, em via pública ou fora dela, a descoberta do seguro previsto nesta Lei.

- § 1º com redação determinada pela Lei 8.441/1992.

§ 2º Para efeito do parágrafo anterior, o Conselho Nacional de Trânsito expedirá normas para o vencimento do seguro coincidir com o do IPVA, arquivando-se cópia do bilhete ou apólice no prontuário respectivo, bem como fazer constar no registro de ocorrências nome, qualificação, endereço residencial e profissional completos do proprietário do veículo, além do nome da Seguradora, número e vencimento do bilhete ou apólice de seguro.

- § 2º com redação determinada pela Lei 8.441/1992.

§ 3º O CNSP estabelecerá anualmente o valor correspondente ao custo da emissão e da cobrança da apólice ou do bilhete do Seguro Obrigatório de Danos Pessoais causados por veículos automotores de vias terrestres.

- § 3º acrescentado pela Lei 11.945/2009 (*DOU* 05.06.2009), em vigor na data de sua publicação, produzindo efeitos a partir de 16.12.2008 (v. art. 33, IV, *a*, da referida Lei).

§ 4º O disposto no parágrafo único do art. 27 da Lei 8.212, de 24 de julho de 1991, não se aplica ao produto da arrecadação do ressarcimento do custo descrito no § 3º deste artigo.

- § 4º acrescentado pela Lei 11.945/2009 (*DOU* 05.06.2009), em vigor na data de sua publicação, produzindo efeitos a partir de 16.12.2008 (v. art. 33, IV, *a*, da referida Lei).

Art. 13. Esta Lei entrará em vigor na data de sua publicação, revogados o Dec.-lei 814, de 4 de setembro de 1969, e demais disposições em contrário.

Brasília, 19 de dezembro de 1974; 153º da Independência e 86º da República.

Ernesto Geisel

(*DOU* 20.12.1974; ret. 31.12.1974)

Lei 6.194/1974

LEGISLAÇÃO

ANEXO
(art. 3º da Lei 6.194, de 19 de dezembro de 1974)

- Anexo acrescentado pela Lei 11.945/2009 (*DOU* 05.06.2009; ret. 24.06.2009), em vigor na data de sua publicação, produzindo efeitos a partir de 16.12.2008 (v. art. 33, IV, *a*, da referida Lei).

Danos Corporais Totais Repercussão na Íntegra do Patrimônio Físico	Percentual da Perda
Perda anatômica e/ou funcional completa de ambos os membros superiores ou inferiores	100
Perda anatômica e/ou funcional completa de ambas as mãos ou de ambos os pés	
Perda anatômica e/ou funcional completa de um membro superior e de um membro inferior	
Perda completa da visão em ambos os olhos (cegueira bilateral) ou cegueira legal bilateral	
Lesões neurológicas que cursem com: (a) dano cognitivo-comportamental alienante; (b) impedimento do senso de orientação espacial e/ou do livre deslocamento corporal; (c) perda completa do controle esfincteriano; (d) comprometimento de função vital ou autonômica	
Lesões de órgãos e estruturas craniofaciais, cervicais, torácicos, abdominais, pélvicos ou retroperitoneais cursando com prejuízos funcionais não compensáveis de ordem autonômica, respiratória, cardiovascular, digestiva, excretora ou de qualquer outra espécie, desde que haja comprometimento de função vital	

Danos Corporais Segmentares (Parciais) Repercussões em Partes de Membros Superiores e Inferiores	Percentuais das Perdas
Perda anatômica e/ou funcional completa de um dos membros superiores e/ou de uma das mãos	70
Perda anatômica e/ou funcional completa de um dos membros inferiores	
Perda anatômica e/ou funcional completa de um dos pés	50
Perda completa da mobilidade de um dos ombros, cotovelos, punhos ou dedo polegar	25
Perda completa da mobilidade de um quadril, joelho ou tornozelo	
Perda anatômica e/ou funcional completa de qualquer um dentre os outros dedos da mão	10
Perda anatômica e/ou funcional completa de qualquer um dos dedos do pé	

Lei 6.313/1975

LEGISLAÇÃO

Danos Corporais Segmentares (Parciais) Outras Repercussões em Órgãos e Estruturas Corporais	Percentuais das Perdas
Perda auditiva total bilateral (surdez completa) ou da fonação (mudez completa) ou da visão de um olho	50
Perda completa da mobilidade de um segmento da coluna vertebral exceto o sacral	25
Perda integral (retirada cirúrgica) do baço	10

LEI 6.313, DE 16 DE DEZEMBRO DE 1975

Dispõe sobre títulos de crédito à exportação e dá outras providências.

O Presidente da República:

Faço saber que o Congresso Nacional decreta e eu sanciono a seguinte Lei:

Art. 1º As operações de financiamento à exportação ou à produção de bens para exportação, bem como as atividades de apoio e complementação integrantes e fundamentais da exportação, realizadas por instituições financeiras, poderão ser representadas por Cédula Crédito à Exportação e por Nota de Crédito à Exportação com características idênticas, respectivamente, à Cédula de Crédito Industrial e à Nota de Crédito Industrial, instituídas pelo Decreto-lei 413, de 9 de janeiro de 1969.

Parágrafo único. A Cédula de Crédito à Exportação e a Nota de Crédito à Exportação poderão ser emitidas por pessoas físicas e jurídicas, que se dediquem a qualquer das atividades referidas neste artigo.

Art. 2º Os financiamentos efetuados por meio de Cédula de Crédito à Exportação e da Nota de Crédito à Exportação ficarão isentos do imposto sobre operações financeiras de que trata a Lei 5.143, de 20 de outubro de 1966.

• V. art. 1º, XII, Lei 8.402/1992 (Restabelece incentivos fiscais).

Art. 3º Serão aplicáveis à Cédula de Crédito à Exportação, e à nota de crédito à Exportação, respectivamente, os dispositivos do Decreto-lei 413, de 9 de janeiro de 1969, referente à Cédula de Crédito Industrial e à Nota de Crédito Industrial.

• V. art. 2º, c, Lei 8.522/1992 (Extingue taxas, emolumentos, contribuições, parcela da União das Custas e Emolumentos da Justiça do Distrito Federal).

Art. 4º O registro da Cédula de Crédito à Exportação será feito no mesmo livro e observados os requisitos aplicáveis à Cédula Industrial.

Art. 5º A Cédula de Crédito à Exportação e a Nota de Crédito à Exportação obedecerão aos modelos anexos ao Decreto-lei 413, de 9 de janeiro de 1969, respeitada, porém, em cada caso, a respectiva denominação.

Art. 6º Esta Lei entrará em vigor na data de sua publicação, revogadas as disposições em contrário.

Brasília, 16 de dezembro de 1975; 154º da Independência e 87º da República.

Ernesto Geisel

(*DOU* 17.12.1975)

LEI 6.385, DE 7 DE DEZEMBRO DE 1976

Dispõe sobre o mercado de valores mobiliários e cria a Comissão de Valores Mobiliários.

• A Lei 10.303/2001 (*DOU* 01.11.2001), que modificou vários dispositivos desta norma, entrou em vigor 120 (cento e vinte) dias após a sua publicação, aplicando-se, todavia, a partir de sua publicação, às companhias que se constituírem a partir dessa data.

O Presidente da República:

Faço saber que o Congresso Nacional decretou e eu sanciono a seguinte Lei:

Lei 6.385/1976

LEGISLAÇÃO

Capítulo I
DAS DISPOSIÇÕES GERAIS

Art. 1º Serão disciplinadas e fiscalizadas de acordo com esta Lei as seguintes atividades:

* Artigo com redação determinada pela Lei 10.303/2001.

I – a emissão e distribuição de valores mobiliários no mercado;
II – a negociação e intermediação no mercado de valores mobiliários;
III – a negociação e intermediação no mercado de derivativos;
IV – a organização, o funcionamento e as operações das Bolsas de Valores;
V – a organização, o funcionamento e as operações das Bolsas de Mercadorias e Futuros;
VI – a administração de carteiras e a custódia de valores mobiliários;
VII – a auditoria das companhias abertas;
VIII – os serviços de consultor e analista de valores mobiliários.

Art. 2º São valores mobiliários sujeitos ao regime desta Lei:

* Caput com redação determinada pela Lei 10.303/2001.

I – as ações, debêntures e bônus de subscrição;

* Inciso I com redação determinada pela Lei 10.303/2011.

II – os cupons, direitos, recibos de subscrição e certificados de desdobramento relativos aos valores mobiliários referidos no inciso II;

* Inciso II com redação determinada pela Lei 10.303/2011.
* Consta inciso II conforme publicação oficial.

III – os certificados de depósito de valores mobiliários;

* Inciso III com redação determinada pela Lei 10.303/2011.

IV – as cédulas de debêntures;

* Inciso IV com acrescentado pela Lei 10.303/2011.

V – as cotas de fundos de investimento em valores mobiliários ou de clubes de investimento em quaisquer ativos;

* Inciso V com acrescentado pela Lei 10.303/2011.

VI – as notas comerciais;

* Inciso VI com acrescentado pela Lei 10.303/2011.

VII – os contratos futuros, de opções e outros derivativos, cujos ativos subjacentes sejam valores mobiliários;

* Inciso VII com acrescentado pela Lei 10.303/2011.

VIII – outros contratos derivativos, independentemente dos ativos subjacentes; e

* Inciso VIII com acrescentado pela Lei 10.303/2011.

IX – quando ofertados publicamente, quaisquer outros títulos ou contratos de investimento coletivo, que gerem direito de participação, de parceria ou de remuneração, inclusive resultante de prestação de serviços, cujos rendimentos advêm do esforço do empreendedor ou de terceiros.

* Inciso IX com acrescentado pela Lei 10.303/2011.

§ 1º Excluem-se do regime desta Lei:

* § 1º acrescentado pela Lei 10.303/2011.

I – os títulos da dívida pública federal, estadual ou municipal;
II – os títulos cambiais de responsabilidade de instituição financeira, exceto as debêntures.

§ 2º Os emissores dos valores mobiliários referidos neste artigo, bem como seus administradores e controladores, sujeitam-se à disciplina prevista nesta Lei, para as companhias abertas.

* § 2º acrescentado pela Lei 10.303/2011.

§ 3º Compete à Comissão de Valores Mobiliários expedir normas para a execução do disposto neste artigo, podendo:

* § 3º acrescentado pela Lei 10.303/2011.

I – exigir que os emissores se constituam sob a forma de sociedade anônima;
II – exigir que as demonstrações financeiras dos emissores, ou que as informações sobre o empreendimento ou projeto, sejam auditadas por auditor independente nela registrado;
III – dispensar, na distribuição pública dos valores mobiliários referidos neste artigo, a participação de sociedade integrante do sistema previsto no art. 15 desta Lei;
IV – estabelecer padrões de cláusulas e condições que devam ser adotadas nos tí-

Lei 6.385/1976

tulos ou contratos de investimento, destinados à negociação em bolsa ou balcão, organizado ou não, e recusar a admissão ao mercado da emissão que não satisfaça a esses padrões.

§ 4º É condição de validade dos contratos derivativos, de que tratam os incisos VII e VIII do *caput*, celebrados a partir da entrada em vigor da Medida Provisória 539, de 26 de julho de 2011, o registro em câmaras ou prestadores de serviço de compensação, de liquidação e de registro autorizados pelo Banco Central do Brasil ou pela Comissão de Valores Mobiliários.

• § 4º acrescentado pela Lei 12.543/2011.

Art. 3º Compete ao Conselho Monetário Nacional:

I – definir a política a ser observada na organização e no funcionamento do mercado de valores mobiliários;

II – regular a utilização do crédito nesse mercado;

III – fixar a orientação geral a ser observada pela Comissão de Valores Mobiliários no exercício de suas atribuições;

IV – definir as atividades da Comissão de Valores Mobiliários que devem ser exercidas em coordenação com o Banco Central do Brasil;

V – aprovar o Quadro e o Regulamento de Pessoal da Comissão de Valores Mobiliários, bem como fixar a retribuição do presidente, diretores, ocupantes de funções de confiança e demais servidores.

• Inciso V acrescentado pela Lei 6.422/1977.

VI – estabelecer, para fins da política monetária e cambial, condições específicas para negociação de contratos derivativos, independentemente da natureza do investidor, podendo, inclusive:

• Inciso VI acrescentado pela Lei 12.543/2011.

a) determinar depósitos sobre os valores nocionais dos contratos; e

b) fixar limites, prazos e outras condições sobre as negociações dos contratos derivativos.

§ 1º Ressalvado o disposto nesta Lei, a fiscalização do mercado financeiro e de capitais continuará a ser exercida, nos termos da legislação em vigor, pelo Banco Central do Brasil.

• Primitivo parágrafo único renumerado pela Lei 12.543/2011.

§ 2º As condições específicas de que trata o inciso VI do *caput* deste artigo não poderão ser exigidas para as operações em aberto na data de publicação do ato que as estabelecer.

• § 2º acrescentado pela Lei 12.543/2011.

Art. 4º O Conselho Monetário Nacional e a Comissão de Valores Mobiliários exercerão as atribuições previstas na Lei para o fim de:

I – estimular a formação de poupança e a sua aplicação em valores mobiliários;

II – promover a expansão e o funcionamento eficiente e regular do mercado de ações, e estimular as aplicações permanentes em ações do capital social de companhias abertas sob controle de capitais privados nacionais;

III – assegurar o funcionamento eficiente e regular dos mercados da Bolsa e do balcão;

IV – proteger os titulares de valores mobiliários e os investidores do mercado contra:

a) emissões irregulares de valores mobiliários;

b) atos ilegais de administradores e acionistas controladores das companhias abertas, ou de administradores de carteira de valores mobiliários;

c) o uso de informação relevante não divulgada no mercado de valores mobiliários.

• Alínea *c* acrescentada pela Lei 10.303/2001.

V – evitar ou coibir modalidades de fraude ou manipulação destinada a criar condições artificiais de demanda, oferta ou preço dos valores mobiliários negociados no mercado;

• V. art. 4º, Lei 8.137/1990 (Crimes contra a ordem tributária, econômica e contra as relações de consumo).

VI – assegurar o acesso do público a informações sobre os valores mobiliários negociados e as companhias que os tenham emitido;

VII – assegurar a observância de práticas comerciais equitativas no mercado de valores mobiliários;

VIII – assegurar a observância, no mercado, das condições de utilização de crédito fixadas pelo Conselho Monetário Nacional.

• V. Lei 4.595/1964 (Política e instituições financeiras, bancárias e creditícias).

1021

Lei 6.385/1976

LEGISLAÇÃO

Capítulo II
DA COMISSÃO DE VALORES MOBILIÁRIOS

Art. 5º É instituída a Comissão de Valores Mobiliários, entidade autárquica em regime especial, vinculada ao Ministério da Fazenda, com personalidade jurídica e patrimônio próprios, dotada de autoridade administrativa independente, ausência de subordinação hierárquica, mandato fixo e estabilidade de seus dirigentes, e autonomia financeira e orçamentária.

* Artigo com redação determinada pela Lei 10.411/2002.

Art. 6º A Comissão de Valores Mobiliários será administrada por um Presidente e quatro Diretores, nomeados pelo Presidente da República, depois de aprovados pelo Senado Federal, dentre pessoas de ilibada reputação e reconhecida competência em matéria de mercado de capitais.

* *Caput* com redação determinada pela Lei 10.411/2002.

§ 1º O mandato dos dirigentes da Comissão será de 5 (cinco) anos, vedada a recondução, devendo ser renovado a cada ano 1/5 (um quinto) dos membros do Colegiado.

* § 1º com redação determinada pela Lei 10.411/2002.

§ 2º Os dirigentes da Comissão somente perderão o mandato em virtude de renúncia, de condenação judicial transitada em julgado ou de processo administrativo disciplinar.

* § 2º com redação determinada pela Lei 10.411/2002.

§ 3º Sem prejuízo do que preveem a lei penal e a lei de improbidade administrativa, será causa da perda do mandato a inobservância, pelo Presidente ou Diretor, dos deveres e das proibições inerentes ao cargo.

* § 3º com redação determinada pela 10.411/2002.

§ 4º Cabe ao Ministro de Estado da Fazenda instaurar o processo administrativo disciplinar, que será conduzido por comissão especial, competindo ao Presidente da República determinar o afastamento preventivo, quando for o caso, e proferir o julgamento.

* § 4º com redação determinada pela Lei 10.411/2002.

§ 5º No caso de renúncia, morte ou perda de mandato do Presidente da Comissão de Valores Mobiliários, assumirá o Diretor mais antigo ou o mais idoso, nessa ordem, até nova nomeação, sem prejuízo de suas atribuições.

* § 5º com redação determinada pela Lei 10.411/2002.

§ 6º No caso de renúncia, morte ou perda de mandato de Diretor, proceder-se-á a nova nomeação pela forma disposta nesta Lei, para completar o mandato do substituído.

* § 6º com redação determinada pela Lei 10.411/2002.

§ 7º A Comissão funcionará como órgão de deliberação colegiada de acordo com o seu regimento interno, e no qual serão fixadas as atribuições do Presidente, dos Diretores e do Colegiado.

* § 7º acrescentado pelo Dec. 3.995/2001.
* A Lei 10.411/2002, que convalidou integralmente a MP 8/2001, não inclui este § 7º nem faz constar *omisssis* indicando continuidade de texto.

Art. 7º A Comissão custeará as despesas necessárias ao seu funcionamento com os recursos provenientes de:

* A Lei 10.303/2001 traz idêntica redação ao *caput* deste artigo.

I – dotações das reservas monetárias a que se refere o art. 12 da Lei 5.143, de 20 de outubro de 1966, alterado pelo Dec.-lei 1.342, de 28 de agosto de 1974, que lhe forem atribuídas pelo Conselho Monetário Nacional;

II – dotações que lhe forem consignadas no orçamento federal;

III – receitas provenientes da prestação de serviços pela Comissão, observada a tabela aprovada pelo Conselho Monetário Nacional;

IV – renda de bens patrimoniais e receitas eventuais;

V – receitas de taxas decorrentes do exercício de seu poder de polícia, nos termos da lei.

* Inciso V acrescentado pela Lei 10.303/2001.

Lei 6.385/1976

LEGISLAÇÃO

Art. 8º Compete à Comissão de Valores Mobiliários:
- A Lei 10.303/2001 traz idêntica redação ao *caput* deste artigo.

I – regulamentar, com observância da política definida pelo Conselho Monetário Nacional, as matérias expressamente previstas nesta Lei e na Lei de Sociedades por Ações;
- V. arts. 11, § 3º, 24, § 2º, 25, parágrafo único, 27, 30, § 2º, 34, § 2º, 54, § 1º, 61, § 3º, 65, § 1º, 82, § 1º, 289, 291, parágrafo único, e 293, Lei 6.404/1976 (Sociedades por ações).
- V. Lei 8.668/1993 (Constituição e regime tributário dos Fundos de Investimento Imobiliário).

II – administrar os registros instituídos por esta Lei;
III – fiscalizar permanentemente as atividades e os serviços do mercado de valores mobiliários, de que trata o art. 1º, bem como a veiculação de informações relativas ao mercado, às pessoas que dele participem, e aos valores nele negociados;
IV – propor ao Conselho Monetário Nacional a eventual fixação de limites máximos de preço, comissões, emolumentos e quaisquer outras vantagens cobradas pelos intermediários de mercado;
V – fiscalizar e inspecionar as companhias abertas, dada prioridade às que não apresentem lucro em balanço ou às que deixem de pagar o dividendo mínimo obrigatório.

§ 1º O disposto neste artigo não exclui a competência das Bolsas de Valores, das Bolsas de Mercadorias e Futuros, e das entidades de compensação e liquidação com relação aos seus membros e aos valores mobiliários nelas negociados.
- § 1º com redação determinada pelo Dec. 3.995/2001.

§ 2º Serão de acesso público todos os documentos e autos de processos administrativos, ressalvados aqueles cujo sigilo seja imprescindível para a defesa da intimidade ou do interesse social, ou cujo sigilo esteja assegurado por expressa disposição legal.
- § 2º com redação determinada pelo Dec. 3.995/2001.

§ 3º Em conformidade com o que dispuser o seu Regimento, a Comissão de Valores Mobiliários poderá:
I – publicar projeto de ato normativo para receber sugestões de interessados;
II – convocar, a seu juízo, qualquer pessoa que possa contribuir com informações ou opiniões para o aperfeiçoamento das normas a serem promulgadas.

Art. 9º A Comissão de Valores Mobiliários, observado o disposto no § 2º do art. 15, poderá:
- *Caput* com redação determinada pelo Dec. 3.995/2001.

I – examinar e extrair cópias de registros contábeis, livros ou documentos, inclusive programas eletrônicos e arquivos magnéticos, ópticos ou de qualquer outra natureza, bem como papéis de trabalho de auditores independentes, devendo tais documentos ser mantidos em perfeita ordem e estado de conservação pelo prazo mínimo de 5 (cinco) anos:
- *Caput* do inciso I com redação determinada pelo Dec. 3.995/2001.

a) das pessoas naturais e jurídicas que integram o sistema de distribuição de valores mobiliários (art. 15);
b) das companhias abertas e demais emissoras de valores mobiliários e, quando houver suspeita fundada de atos ilegais, das respectivas sociedades controladoras, controladas, coligadas e sociedades sob controle comum;
- Alínea *b* com redação determinada pela Lei 10.198/2001. A Lei 10.303/2001 traz idêntica redação.

c) dos fundos e sociedades de investimento;
d) das carteiras e depósitos de valores mobiliários (arts. 23 e 24);
e) dos auditores independentes;
f) dos consultores e analistas de valores mobiliários;
g) de outras pessoas quaisquer, naturais ou jurídicas, quando da ocorrência de qualquer irregularidade a ser apurada nos termos do inciso V deste artigo, para efeito de verificação de ocorrência de atos ilegais ou práticas não equitativas;
- Alínea *g* com redação determinada pelo Dec. 3.995/2001.

II – intimar as pessoas referidas no inciso I a prestar informações, ou esclarecimentos, sob cominação de multa, sem prejuízo da aplicação das penalidades previstas no art. 11;

1023

Lei 6.385/1976

LEGISLAÇÃO

- Inciso II com redação determinada pela Lei 10.303/2001.

III – requisitar informações de qualquer órgão público, autarquia ou empresa pública;

IV – determinar às companhias abertas que republiquem, com correções ou aditamentos, demonstrações financeiras, relatórios ou informações divulgadas;

V – apurar, mediante processo administrativo, atos ilegais e práticas não equitativas de administradores, membros do conselho fiscal e acionistas de companhias abertas, dos intermediários e dos demais participantes do mercado;

- Inciso V com redação determinada pela 10.303/2001.

VI – aplicar aos autores das infrações indicadas no inciso anterior as penalidades previstas no art. 11, sem prejuízo da responsabilidade civil ou penal.

§ 1º Com o fim de prevenir ou corrigir situações anormais do mercado, a Comissão poderá:

- *Caput* do § 1º com redação determinada pelo Dec. 3.995/2001.

I – suspender a negociação de determinado valor mobiliário ou decretar o recesso de Bolsa de Valores;

II – suspender ou cancelar os registros de que trata esta Lei;

III – divulgar informações ou recomendações com o fim de esclarecer ou orientar os participantes do mercado;

IV – proibir aos participantes do mercado, sob cominação de multa, a prática de atos que especificar, prejudiciais ao seu funcionamento regular.

§ 2º O processo, nos casos do inciso V deste artigo, poderá ser precedido de etapa investigativa, em que será assegurado o sigilo necessário à elucidação dos fatos ou exigido pelo interesse público, e observará o procedimento fixado pela Comissão.

- § 2º com redação determinada pelo Dec. 3.995/2001.

§ 3º Quando o interesse público exigir, a Comissão poderá divulgar a instauração do procedimento investigativo a que se refere o § 2º.

- § 3º acrescentado pelo Dec. 3.995/2001.

§ 4º Na apuração de infrações da legislação do mercado de valores mobiliários, a Comissão deverá dar prioridade às infrações de natureza grave, cuja apenação proporcione maior efeito educativo e preventivo para os participantes do mercado.

- § 4º acrescentado pelo Dec. 3.995/2001.

§ 5º As sessões de julgamento do Colegiado, no processo administrativo de que trata o inciso V deste artigo, serão públicas, podendo ser restringido o acesso de terceiros em função do interesse público envolvido.

- § 5º acrescentado pelo Dec. 3.995/2001.

§ 6º A Comissão será competente para apurar e punir condutas fraudulentas no mercado de valores mobiliários sempre que:

- § 6º acrescentado pelo Dec. 3.995/2001.

I – seus efeitos ocasionem danos a pessoas residentes no território nacional, independentemente do local em que tenham ocorrido; e

II – os atos ou omissões relevantes tenham sido praticados em território nacional.

Art. 10. A Comissão de Valores Mobiliários poderá celebrar convênios com órgãos similares de outros países, ou com entidades internacionais, para assistência e cooperação na condução de investigações para apurar transgressões às normas atinentes ao mercado de valores mobiliários ocorridas no País e no exterior.

- Artigo com redação determinada pela Lei 10.303/2001.

§ 1º A Comissão de Valores Mobiliários poderá se recusar a prestar a assistência referida no *caput* deste artigo quando houver interesse público a ser resguardado.

§ 2º O disposto neste artigo aplica-se, inclusive, às informações que, por disposição legal, estejam submetidas a sigilo.

Art. 10-A. A Comissão de Valores Mobiliários, o Banco Central do Brasil e demais órgãos e agências reguladoras poderão celebrar convênio com entidade que tenha por objeto o estudo e a divulgação de princípios, normas e padrões de contabilidade e de auditoria, podendo, no exercício de suas atribuições regulamentares, adotar, no todo ou em parte, os pronunciamentos e demais orientações técnicas emitidas.

* Artigo acrescentado pela Lei 11.638/2007 (*DOU* 28.12.2007, edição extra), em vigor no primeiro dia do exercício seguinte ao de sua publicação.

Parágrafo único. A entidade referida no *caput* deste artigo deverá ser majoritariamente composta por contadores, dela fazendo parte, paritariamente, representantes de entidades representativas de sociedades submetidas ao regime de elaboração de demonstrações financeiras previstas nesta Lei, de sociedades que auditam e analisam as demonstrações financeiras, do órgão federal de fiscalização do exercício da profissão contábil e de universidade ou instituto de pesquisa com reconhecida atuação na área contábil e de mercado de capitais.

Art. 11. A Comissão de Valores Mobiliários poderá impor aos infratores das normas desta Lei, da Lei de Sociedades por Ações, das suas resoluções, bem como de outras normas legais cujo cumprimento lhe incumba fiscalizar, as seguintes penalidades:

* V. art. 20, Lei 8.668/1993 (Constituição e regime tributário dos Fundos de Investimento).

I – advertência;

II – multa;

III – suspensão do exercício do cargo de administrador ou de conselheiro fiscal de companhia aberta, de entidade do sistema de distribuição ou de outras entidades que dependam de autorização ou registro na Comissão de Valores Mobiliários;

* Inciso III com redação determinada pela Lei 9.457/1997.

IV – inabilitação temporária, até o máximo de 20 (vinte anos), para o exercício dos cargos referidos no inciso anterior;

* Inciso IV com redação determinada pela Lei 9.457/1997.

V – suspensão da autorização ou registro para o exercício das atividades de que trata esta Lei;

VI – cassação de autorização ou registro, para o exercício das atividades de que trata esta Lei;

* Inciso VI com redação determinada pela Lei 9.457/1997.

VII – proibição temporária, até o máximo de 20 (vinte) anos, de praticar determinadas atividades ou operações, para os integrantes do sistema de distribuição ou de outras entidades que dependam de autorização ou registro na Comissão de Valores Mobiliários;

* Inciso VII acrescentado pela Lei 9.457/1997.

VIII – proibição temporária, até o máximo de 10 (dez) anos, de atuar, direta ou indiretamente, em uma ou mais modalidades de operação no mercado de valores mobiliários.

* Inciso VIII acrescentado pela Lei 9.457/1997.

§ 1º A multa não excederá o maior destes valores:

I – R$ 500.000,00 (quinhentos mil reais);

* Inciso I com redação determinada pela Lei 9.457/1997.

II – 50% (cinquenta por cento) do valor da emissão ou operação irregular; ou

* Inciso II com redação determinada pela Lei 9.457/1997.

III – três vezes o montante da vantagem econômica obtida ou da perda evitada em decorrência do ilícito.

* Inciso III acrescentado pela Lei 9.457/1997.

§ 2º Nos casos de reincidência serão aplicadas, alternativamente, multa nos termos do parágrafo anterior, até o triplo dos valores fixados, ou penalidade prevista nos incisos III a VIII do *caput* deste artigo.

* § 2º com redação determinada pela Lei 9.457/1997.

§ 3º Ressalvado o disposto no parágrafo anterior, as penalidades previstas nos incisos III a VIII do *caput* deste artigo somente serão aplicadas nos casos de infração grave, assim definidas em normas da Comissão de Valores Mobiliários.

* § 3º com redação determinada pela Lei 9.457/1997.

§ 4º As penalidades somente serão impostas com observância do procedimento previsto no § 2º do art. 9º desta Lei, cabendo recurso para o Conselho de Recursos do Sistema Financeiro Nacional.

* § 4º com redação determinada pela Lei 9.457/1997.
* V. art. 1º, II, Dec. 91.152/1985 (Conselho de Recursos do Sistema Financeiro Nacional).

Lei 6.385/1976

§ 5º A Comissão de Valores Mobiliários poderá, a seu exclusivo critério, se o interesse público permitir, suspender, em qualquer fase, o procedimento administrativo instaurado para a apuração de infrações da legislação do mercado de valores mobiliários, se o investigado ou acusado assinar termo de compromisso, obrigando-se a:

- *Caput* do § 5º com redação determinada pelo Dec. 3.995/2001.

I – cessar a prática de atividades ou atos considerados ilícitos pela Comissão de Valores Mobiliários; e

II – corrigir as irregularidades apontadas, inclusive indenizando os prejuízos.

§ 6º O compromisso a que se refere o parágrafo anterior não importará confissão quanto à matéria de fato, nem reconhecimento de ilicitude da conduta analisada.

- § 6º acrescentado pela Lei 9.457/1997.

§ 7º O termo de compromisso deverá ser publicado no *Diário Oficial da União*, discriminando o prazo para cumprimento das obrigações eventualmente assumidas, e constituirá título executivo extrajudicial.

- § 7º com redação determinada pela Lei 10.303/2001.

§ 8º Não cumpridas as obrigações no prazo, a Comissão de Valores Mobiliários dará continuidade ao procedimento administrativo anteriormente suspenso, para a aplicação das penalidades cabíveis.

- § 8º acrescentado pela Lei 9.457/1997.

§ 9º Serão considerados, na aplicação de penalidades previstas na lei, o arrependimento eficaz e o arrependimento posterior ou a circunstância de qualquer pessoa, espontaneamente, confessar ilícito ou prestar informações relativas à sua materialidade.

- § 9º acrescentado pela Lei 9.457/1997.

§ 10. A Comissão de Valores Mobiliários regulamentará a aplicação do disposto nos §§ 5º a 9º deste artigo aos procedimentos conduzidos pelas Bolsas de Valores, Bolsas de Mercadorias e Futuros, entidades do mercado de balcão organizado e entidades de compensação e liquidação de operações com valores mobiliários.

- § 10 com redação determinada pelo Dec. 3.995/2001.

§ 11. A multa cominada pela inexecução de ordem da Comissão de Valores Mobiliários, nos termos do inciso II do *caput* do art. 9º e do inciso IV de seu § 1º, não excederá a R$ 5.000,00 (cinco mil reais) por dia de atraso no seu cumprimento e sua aplicação independe do processo administrativo previsto no inciso V do *caput* do mesmo artigo.

- § 11 com redação determinada pelo Dec. 3.995/2001.

§ 12. Da decisão que aplicar a multa prevista no parágrafo anterior caberá recurso voluntário, no prazo de 10 (dez) dias, ao Colegiado da Comissão de Valores Mobiliários, sem efeito suspensivo.

- § 12 acrescentado pela Lei 9.457/1997.

Art. 12. Quando o inquérito, instaurado de acordo com o § 2º do art. 9º, concluir pela ocorrência de crime de ação pública, a Comissão de Valores Mobiliários oficiará ao Ministério Público, para a propositura da ação penal.

- V. art. 100, § 1º, CP.
- V. art. 24 e ss., CPP.

Art. 13. A Comissão de Valores Mobiliários manterá serviço para exercer atividade consultiva ou de orientação junto aos agentes do mercado de valores mobiliários ou a qualquer investidor.

Parágrafo único. Fica a critério da Comissão de Valores Mobiliários divulgar ou não as respostas às consultas ou aos critérios de orientação.

Art. 14. A Comissão de Valores Mobiliários poderá prever, em seu orçamento, dotações de verbas às Bolsas de Valores e às Bolsas de Mercadorias e Futuros.

- Artigo com redação determinada pela Lei 10.303/2001.

Capítulo III
DO SISTEMA DE DISTRIBUIÇÃO

Art. 15. O sistema de distribuição de valores mobiliários compreende:

I – as instituições financeiras e demais sociedades que tenham por objeto distribuir emissão de valores mobiliários:

a) como agentes da companhia emissora;

Lei 6.385/1976

b) por conta própria, subscrevendo ou comprando a emissão para a colocar no mercado;

II – as sociedades que tenham por objeto a compra de valores mobiliários em circulação no mercado, para os revender por conta própria;

III – as sociedades e os agentes autônomos que exerçam atividades de mediação na negociação de valores mobiliários, em Bolsas de Valores ou no mercado de balcão;

IV – as Bolsas de Valores;

V – entidades de mercado de balcão organizado;

* Inciso V acrescentado pela Lei 9.457/1997.

VI – as corretoras de mercadorias, os operadores especiais e as Bolsas de Mercadorias e Futuros; e

* Inciso VI com redação determinada pela Lei 10.303/2001.

VII – as entidades de compensação e liquidação de operações com valores mobiliários.

* Inciso VII acrescentado pela Lei 10.303/2001.

§ 1º Compete à Comissão de Valores Mobiliários definir:

* Caput do § 1º com redação determinada pelo Dec. 3.995/2001.

I – os tipos de instituição financeira que poderão exercer atividades no mercado de valores mobiliários, bem como as espécies de operação que poderão realizar e de serviços que poderão prestar nesse mercado;

II – a especialização de operações ou serviços a ser observada pelas sociedades do mercado, e as condições em que poderão cumular espécies de operação ou serviços.

§ 2º Em relação às instituições financeiras e demais sociedades autorizadas a explorar simultaneamente operações ou serviços no mercado de valores mobiliários e nos mercados sujeitos à fiscalização do Banco Central do Brasil, as atribuições da Comissão de Valores Mobiliários serão limitadas às atividades submetidas ao regime da presente Lei, e serão exercidas sem prejuízo das atribuições daquele.

§ 3º Compete ao Conselho Monetário Nacional regulamentar o disposto no parágrafo anterior, assegurando a coordenação de serviços entre o Banco Central do Brasil e a Comissão de Valores Mobiliários.

Art. 16. Depende de prévia autorização da Comissão de Valores Mobiliários o exercício das seguintes atividades:

* A Lei 10.303/2001 traz idêntica redação ao *caput* deste artigo.

I – distribuição de emissão no mercado (art. 15, I);

II – compra de valores mobiliários para revendê-los por conta própria (art. 15, II);

III – mediação ou corretagem de operações com valores mobiliários; e

* Inciso III com redação determinada pela Lei 10.411/2002.

IV – compensação e liquidação de operações com valores mobiliários.

* Inciso IV acrescentado pela Lei 10.411/2002.

Parágrafo único. Só os agentes autônomos e as sociedades com registro na Comissão poderão exercer a atividade de mediação ou corretagem de valores mobiliários fora da Bolsa.

Art. 17. As Bolsas de Valores, as Bolsas de Mercadorias e Futuros, as entidades do mercado de balcão organizado e as entidades de compensação e liquidação de operações com valores mobiliários terão autonomia administrativa, financeira e patrimonial, operando sob a supervisão da Comissão de Valores Mobiliários.

* Artigo com redação determinada pela Lei 10.303/2001.

§ 1º Às Bolsas de Valores, às Bolsas de Mercadorias e Futuros, às entidades do mercado de balcão organizado e às entidades de compensação e liquidação de operações com valores mobiliários incumbe, como órgãos auxiliares da Comissão de Valores Mobiliários, fiscalizar os respectivos membros e as operações com valores mobiliários nelas realizadas.

§ 2º *(Vetado.)*

Art. 17-A. *(Vetado.)*

* Artigo acrescentado pela Lei 10.303/2001.

Art. 18. Compete à Comissão de Valores Mobiliários:

* *Caput* com redação determinada pela Lei 10.411/2002.

Lei 6.385/1976

LEGISLAÇÃO

I – editar normas gerais sobre:

- Caput do inciso I com redação determinada pela Lei 10.411/2002.

a) condições para obter autorização ou registro necessário ao exercício das atividades indicadas no art. 16, e respectivos procedimentos administrativos;

- Alínea a com redação determinada pela Lei 10.411/2002.

b) requisitos de idoneidade, habilitação técnica e capacidade financeira a que deverão satisfazer os administradores de sociedades e demais pessoas que atuem no mercado de valores mobiliários;

- Alínea b com redação determinada pela Lei 10.411/2002.

c) condições de constituição e extinção das Bolsas de Valores, entidades do mercado de balcão organizado e das entidades de compensação e liquidação de operações com valores mobiliários, forma jurídica, órgãos de administração e seu preenchimento;

- Alínea c com redação determinada pela Lei 10.411/2002.

d) exercício do poder disciplinar pelas Bolsas e pelas entidades do mercado de balcão organizado, no que se refere às negociações com valores mobiliários, e pelas entidades de compensação e liquidação de operações com valores mobiliários, sobre os seus membros, imposição de penas e casos de exclusão;

- Alínea d com redação determinada pela Lei 10.411/2002.

e) número de sociedades corretoras, membros da Bolsa; requisitos ou condições de admissão quanto a idoneidade, capacidade financeira e habilitação técnica dos seus administradores; e representação no recinto da Bolsa;

f) administração das Bolsas, das entidades do mercado de balcão organizado e das entidades de compensação e liquidação de operações com valores mobiliários; emolumentos, comissões e quaisquer outros custos cobrados pelas Bolsas e pelas entidades de compensação e liquidação de operações com valores mobiliários ou seus membros, quando for o caso;

- Alínea f com redação determinada pela Lei 10.411/2002.

g) condições de realização das operações a termo;

h) condições de constituição e extinção das Bolsas de Mercadorias e Futuros, forma jurídica, órgãos de administração e seu preenchimento;

- Alínea h acrescentada pela Lei 10.411/2002.

II – definir:

a) as espécies de operação autorizadas na Bolsa e no mercado de balcão; métodos e práticas que devem ser observados no mercado; e responsabilidade dos intermediários nas operações;

b) a configuração de condições artificiais de demanda, oferta ou preço de valores mobiliários, ou de manipulação de preço; operações fraudulentas e práticas não equitativas na distribuição ou intermediação de valores;

- V. art. 11.

c) normas aplicáveis ao registro de operações a ser mantido pelas entidades do sistema de distribuição (art. 15).

Capítulo IV
DA NEGOCIAÇÃO NO MERCADO

Seção I
Emissão e distribuição

Art. 19. Nenhuma emissão pública de valores mobiliários será distribuída no mercado sem prévio registro na Comissão.

- V. art. 4º, § 1º, Lei 6.404/1976 (Sociedades por ações).

§ 1º São atos de distribuição, sujeitos à norma deste artigo, a venda, promessa de venda, oferta à venda ou subscrição, assim como a aceitação de pedido de venda ou subscrição de valores mobiliários, quando os pratiquem a companhia emissora, seus fundadores ou as pessoas a ela equiparadas.

§ 2º Equiparam-se à companhia emissora para os fins deste artigo:

I – o seu acionista controlador e as pessoas por ela controladas;

II – o coobrigado nos títulos;

III – as instituições financeiras e demais sociedades a que se refere o art. 15, I;

IV – quem quer que tenha subscrito valores da emissão, ou os tenha adquirido à com-

Lei 6.385/1976

panhia emissora, com o fim de os colocar no mercado.

§ 3º Caracterizam a emissão pública:

- V. art. 82, Lei 6.404/1976 (Sociedades por ações).

I – a utilização de listas ou boletins de venda ou subscrição, folhetos, prospectos ou anúncios destinados ao público;

II – a procura de subscritores ou adquirentes para os títulos, por meio de empregados, agentes ou corretores;

III – a negociação feita em loja, escritório ou estabelecimento aberto ao público, com a utilização dos serviços públicos de comunicação.

§ 4º A emissão pública só poderá ser colocada no mercado através do sistema previsto no art. 15, podendo a Comissão exigir a participação de instituição financeira.

- V. art. 27, Lei 6.404/1976 (Sociedades por ações).

§ 5º Compete à Comissão expedir normas para a execução do disposto neste artigo, podendo:

I – definir outras situações que configurem emissão pública, para fins de registro, assim como os casos em que este poderá ser dispensado, tendo em vista o interesse do público investidor;

II – fixar o procedimento do registro e especificar as informações que devam instruir o seu pedido, inclusive sobre:

a) a companhia emissora, os empreendimentos ou atividades que explora ou pretende explorar, sua situação econômica e financeira, administração e principais acionistas;

b) as características da emissão e a aplicação a ser dada aos recursos dela provenientes;

c) o vendedor dos valores mobiliários, se for o caso;

d) os participantes na distribuição, sua remuneração e seu relacionamento com a companhia emissora ou com o vendedor.

§ 6º A Comissão poderá subordinar o registro a capital mínimo da companhia emissora e a valor mínimo da emissão, bem como a que sejam divulgadas as informações que julgar necessárias para proteger os interesses do público investidor.

- V. arts. 11, § 3º, e 13, Lei 6.404/1976 (Sociedades por ações).

§ 7º O pedido de registro será acompanhado dos prospectos e outros documentos quaisquer a serem publicados ou distribuídos, para oferta, anúncio ou promoção do lançamento.

Art. 20. A Comissão mandará suspender a emissão ou a distribuição que se esteja processando em desacordo com o artigo anterior, particularmente quando:

I – a emissão tenha sido julgada fraudulenta ou ilegal, ainda que após efetuado o registro;

II – a oferta, o lançamento, a promoção ou o anúncio dos valores se esteja fazendo em condições diversas das constantes do registro, ou com informações falsas, dolosas ou substancialmente imprecisas.

Seção II
Negociação na bolsa e no mercado de balcão

Art. 21. A Comissão de Valores Mobiliários manterá, além do registro de que trata o art. 19:

- V. art. 4º, Lei 6.404/1976 (Sociedades por ações).

I – o registro para negociação na Bolsa;

II – o registro para negociação no mercado de balcão, organizado ou não.

- Inciso II com redação determinada pela Lei 9.457/1997.

§ 1º Somente os valores mobiliários emitidos por companhia registrada nos termos deste artigo podem ser negociados na Bolsa e no mercado de balcão.

§ 2º O registro do art. 19 importa registro para o mercado de balcão, mas não para a bolsa ou entidade de mercado de balcão organizado.

- § 2º com redação determinada pela Lei 9.457/1997.

§ 3º São atividades do mercado de balcão não organizado as realizadas com a participação das empresas ou profissionais indicados no art. 15, incisos I, II e III, nos seus estabelecimentos, excluídas as operações efetuadas em bolsas ou em sistemas administrados por entidades de balcão organizado.

- § 3º com redação determinada pela Lei 9.457/1997.

Lei 6.385/1976

LEGISLAÇÃO

§ 4º Cada Bolsa de Valores ou entidade de mercado de balcão organizado poderá estabelecer requisitos próprios para que os valores sejam admitidos à negociação no seu recinto ou sistema, mediante prévia aprovação da Comissão de Valores Mobiliários.

- § 4º com redação determinada pela Lei 9.457/1997.

§ 5º O mercado de balcão organizado será administrado por entidades cujo funcionamento dependerá de autorização da Comissão de Valores Mobiliários, que expedirá normas gerais sobre:

- § 5º com redação determinada pela Lei 9.457/1997.

I – condições de constituição e extinção, forma jurídica, órgãos de administração e seu preenchimento;

II – exercício do poder disciplinar pelas entidades, sobre os seus participantes ou membros, imposição de penas e casos de exclusão;

III – requisitos ou condições de admissão quanto à idoneidade, capacidade financeira e habilitação técnica dos administradores e representantes das sociedades participantes ou membros;

IV – administração das entidades, emolumentos, comissões e quaisquer outros custos cobrados pelas entidades ou seus participantes ou membros, quando for o caso.

§ 6º Compete à Comissão expedir normas para a execução do disposto neste artigo, especificando:

I – casos em que os registros podem ser dispensados, recusados, suspensos ou cancelados;

II – informações e documentos que devam ser apresentados pela companhia para a obtenção do registro, e seu procedimento;

III – casos em que os valores mobiliários poderão ser negociados simultaneamente nos mercados de bolsa e de balcão, organizado ou não.

- Inciso III acrescentado pela Lei 9.457/1997.

Art. 21-A. A Comissão de Valores Mobiliários poderá expedir normas aplicáveis à natureza das informações mínimas e à periodicidade de sua apresentação por qualquer pessoa que tenha acesso a informação relevante.

- Artigo acrescentado pelo Dec. 3.995/2001.

Capítulo V
DAS COMPANHIAS ABERTAS

Art. 22. Considera-se aberta a companhia cujos valores mobiliários estejam admitidos à negociação na Bolsa ou no mercado de balcão.

- V. art. 4º, Lei 6.404/1976 (Sociedades por ações).

§ 1º Compete à Comissão de Valores Mobiliários expedir normas aplicáveis às companhias abertas sobre:

- § 1º com redação determinada pelo Dec. 3.995/2001.

I – a natureza das informações que devam divulgar e a periodicidade da divulgação;

- V. art. 4º, Lei 11.638/2007 (Altera e revoga dispositivos da Lei 6.404/1976 e da Lei 6.385/1976, e estende às sociedades de grande porte disposições relativas à elaboração e divulgação de demonstrações financeiras).

II – relatório da administração e demonstrações financeiras;

- V. art. 4º, Lei 11.638/2007 (Altera e revoga dispositivos da Lei 6.404/1976 e da Lei 6.385/1976, e estende às sociedades de grande porte disposições relativas à elaboração e divulgação de demonstrações financeiras).

III – a compra de ações emitidas pela própria companhia e a alienação das ações em tesouraria;

IV – padrões de contabilidade, relatórios e pareceres de auditores independentes;

- V. art. 4º, Lei 11.638/2007 (Altera e revoga dispositivos da Lei 6.404/1976 e da Lei 6.385/1976, e estende às sociedades de grande porte disposições relativas à elaboração e divulgação de demonstrações financeiras).

V – informações que devam ser prestadas por administradores, membros do conselho fiscal, acionistas controladores e minoritários, relativas à compra, permuta ou venda de valores mobiliários emitidas pela companhia e por sociedades controladas ou controladoras;

VI – a divulgação de deliberações da assembleia geral e dos órgãos de administração da companhia, ou de fatos relevantes ocorridos nos seus negócios, que possam influir, de modo ponderável, na decisão dos investidores do mercado, de vender ou comprar valores mobiliários emitidos pela companhia;

VII – a realização, pelas companhias abertas com ações admitidas à negociação em bolsa ou no mercado de balcão organizado, de reuniões anuais com seus acionistas e agentes do mercado de valores mobiliários, no local de maior negociação dos títulos da companhia no ano anterior, para a divulgação de informações quanto à respectiva situação econômico-financeira, projeções de resultados e resposta aos esclarecimentos que lhes forem solicitados;

VIII – as demais matérias previstas em lei.

§ 2º As normas editadas pela Comissão de Valores Mobiliários em relação ao disposto nos incisos II e IV do § 1º aplicam-se às instituições financeiras e demais entidades autorizadas a funcionar pelo Banco Central do Brasil, no que não forem conflitantes com as normas por ele baixadas.

- § 2º com redação determinada pelo Dec. 3.995/2001.

Capítulo VI
DA ADMINISTRAÇÃO DE CARTEIRAS E CUSTÓDIA DE VALORES MOBILIÁRIOS

Art. 23. O exercício profissional da administração de carteiras de valores mobiliários de outras pessoas está sujeito à autorização prévia da Comissão.

§ 1º O disposto neste artigo se aplica à gestão profissional de recursos ou valores mobiliários entregues ao administrador, com autorização para que este compre ou venda valores mobiliários por conta do comitente.

§ 2º Compete à Comissão estabelecer as normas a serem observadas pelos administradores na gestão de carteiras e sua remuneração, observado o disposto no art. 8º, IV.

Art. 24. Compete à Comissão autorizar a atividade de custódia de valores mobiliários, cujo exercício será privativo das instituições financeiras, entidades de compensação e das entidades autorizadas, na forma da lei, a prestar serviços de depósito centralizado.

- *Caput* com redação determinada pela Lei 12.810/2013.

Parágrafo único. Considera-se custódia de valores mobiliários o depósito para guarda, recebimento de dividendos e bonificações, resgate, amortização ou reembolso, e exercício de direitos de subscrição, sem que o depositário tenha poderes, salvo autorização expressa do depositante em cada caso, para alienar os valores mobiliários depositados ou reaplicar as importâncias recebidas.

Art. 25. Salvo mandato expresso com prazo não superior a 1 (um) ano, o administrador de carteira e o depositário de valores mobiliários não podem exercer o direito de voto que couber às ações sob sua administração ou custódia.

Capítulo VII
DOS AUDITORES INDEPENDENTES, CONSULTORES E ANALISTAS DE VALORES MOBILIÁRIOS

Art. 26. Somente as empresas de auditoria contábil ou auditores contábeis independentes, registrados na Comissão de Valores Mobiliários, poderão auditar, para os efeitos desta Lei, as demonstrações financeiras de companhias abertas e das instituições, sociedades ou empresas que integram o sistema de distribuição e intermediação de valores mobiliários.

§ 1º A Comissão estabelecerá as condições para o registro e o seu procedimento, e definirá os casos em que poderá ser recusado, suspenso ou cancelado.

§ 2º As empresas de auditoria contábil ou auditores contábeis independentes responderão, civilmente, pelos prejuízos que causarem a terceiros em virtude de culpa ou dolo no exercício das funções previstas neste artigo.

§ 3º Sem prejuízo do disposto no parágrafo precedente, as empresas de auditoria contábil ou os auditores contábeis independentes responderão administrativamente, perante o Banco Central do Brasil, pelos atos praticados ou omissões em que houverem incorrido no desempenho das atividades de auditoria de instituições financeiras e demais instituições autorizadas a funcionar pelo Banco Central do Brasil.

- § 3º acrescentado pela Lei 9.447/1997.

§ 4º Na hipótese do parágrafo anterior, o Banco Central do Brasil aplicará aos infratores as penalidades previstas no art. 11 desta Lei.

- § 4º acrescentado pela Lei 9.447/1997.

§ 5º *(Vetado.)*

- § 5º acrescentado pela Lei 10.303/2001.

Art. 27. A Comissão poderá fixar normas sobre o exercício das atividades de consultor e analista de valores mobiliários.

Capítulo VII-A
DO COMITÊ DE PADRÕES CONTÁBEIS

- Capítulo VII-A acrescentado pela Lei 10.303/2001.

Art. 27-A. *(Vetado.)*

- Artigo acrescentado pela Lei 10.303/2001.

Art. 27-B. *(Vetado.)*

- Artigo acrescentado pela Lei 10.303/2001.

Capítulo VII-B
DOS CRIMES CONTRA O MERCADO DE CAPITAIS

- Capítulo VII-B acrescentado pela Lei 10.303/2001.

Manipulação do mercado

Art. 27-C. Realizar operações simuladas ou executar outras manobras fraudulentas, com a finalidade de alterar artificialmente o regular funcionamento dos mercados de valores mobiliários em bolsa de valores, de mercadorias e de futuros, no mercado de balcão ou no mercado de balcão organizado, com o fim de obter vantagem indevida ou lucro, para si ou para outrem, ou causar dano a terceiros:
Pena – reclusão, de 1 (um) a 8 (oito) anos, e multa de até três vezes o montante da vantagem ilícita obtida em decorrência do crime.

- Artigo acrescentado pela Lei 10.303/2001.

Uso indevido de informação privilegiada

Art. 27-D. Utilizar informação relevante ainda não divulgada ao mercado, de que tenha conhecimento e da qual deva manter sigilo, capaz de propiciar, para si ou para outrem, vantagem indevida, mediante negociação, em nome próprio ou de terceiro, com valores mobiliários:
Pena – reclusão, de 1 (um) a 5 (cinco) anos, e multa de até três vezes o montante da vantagem ilícita obtida em decorrência do crime.

- Artigo acrescentado pela Lei 10.303/2001.

Exercício irregular de cargo, profissão, atividade ou função

Art. 27-E. Atuar, ainda que a título gratuito, no mercado de valores mobiliários, como instituição integrante do sistema de distribuição, administrador de carteira coletiva ou individual, agente autônomo de investimento, auditor independente, analista de valores mobiliários, agente fiduciário ou exercer qualquer cargo, profissão, atividade ou função, sem estar, para esse fim, autorizado ou registrado junto à autoridade administrativa competente, quando exigido por lei ou regulamento:
Pena – detenção, de 6 (seis) meses a 2 (dois) anos, e multa.

- Artigo acrescentado pela Lei 10.303/2001.

Art. 27-F. As multas cominadas para os crimes previstos nos arts. 27-C e 27-D deverão ser aplicadas em razão do dano provocado ou da vantagem ilícita auferida pelo agente.

- Artigo acrescentado pela Lei 10.303/2001.

Parágrafo único. Nos casos de reincidência, a multa pode ser de até o triplo dos valores fixados neste artigo.

Capítulo VIII
DAS DISPOSIÇÕES FINAIS E TRANSITÓRIAS

Art. 28. O Banco Central do Brasil, a Comissão de Valores Mobiliários, a Secretaria de Previdência Complementar, a Secretaria da Receita Federal e Superintendência de Seguros Privados manterão um sistema de intercâmbio de informações, relativas à fiscalização que exerçam, nas áreas de suas respectivas competências, no mercado de valores mobiliários.

- Artigo com redação determinada pela Lei 10.303/2001.

Parágrafo único. O dever de guardar sigilo de informações obtidas através do exercício do poder de fiscalização pelas entidades referidas no *caput* não poderá ser invocado como impedimento para o intercâmbio de que trata este artigo.

Lei 6.404/1976

LEGISLAÇÃO

Art. 29. *(Revogado pela Lei 10.303/2001.)*

Art. 30. *(Revogado pela Lei 10.303/2001.)*

Art. 31. Nos processos judiciais que tenham por objeto matéria incluída na competência da Comissão de Valores Mobiliários, será esta sempre intimada para, querendo, oferecer parecer ou prestar esclarecimentos, no prazo de 15 (quinze) dias a contar da intimação.

• Artigo acrescentado pela Lei 6.616/1978.

§ 1º A intimação far-se-á, logo após a contestação, por mandado ou por carta com aviso de recebimento, conforme a Comissão tenha, ou não, sede ou representação na comarca em que tenha sido proposta a ação.

§ 2º Se a Comissão oferecer parecer ou prestar esclarecimentos, será intimada de todos os atos processuais subsequentes, pelo jornal oficial que publica expediente forense ou por carta com aviso de recebimento, nos termos do parágrafo anterior.

§ 3º À Comissão é atribuída legitimidade para interpor recursos, quando as partes não o fizerem.

§ 4º O prazo para os efeitos do parágrafo anterior começará a correr, independentemente de nova intimação, no dia imediato àquele em que findar o das partes.

Art. 32. As multas impostas pela Comissão de Valores Mobiliários, após a decisão final que as impôs na esfera administrativa, terão eficácia de título executivo e serão cobradas judicialmente, de acordo com o rito estabelecido pelo Código de Processo Civil para o processo de execução.

• Artigo acrescentado pela Lei 6.616/1978.

Art. 33. *(Revogado pela Lei 9.873/1999.)*

Art. 34. Esta Lei entrará em vigor na data de sua publicação.

• Artigo renumerado pela Lei 9.457/1997.

Art. 35. Revogam-se as disposições em contrário.

• Artigo renumerado pela Lei 9.457/1997.

Brasília, 7 de dezembro de 1976; 155º da Independência e 88º da República.

Ernesto Geisel

(DOU 09.12.1976)

LEI 6.404, DE 15 DE DEZEMBRO DE 1976

Dispõe sobre as sociedades por ações.

• A Lei 10.303/2001 (*DOU* 01.11.2001), que modificou vários dispositivos desta norma, entrou em vigor 120 (cento e vinte) dias após a sua publicação, aplicando-se, todavia, a partir de sua publicação, às companhias que se constituírem a partir dessa data.
• V. Emenda Constitucional n. 6/1995 (Altera o inciso IX do art. 170, o art. 171 e o § 1º do art. 176 da Constituição Federal).

O Presidente da República:

Faço saber que o Congresso Nacional decreta e eu sanciono a seguinte Lei:

Capítulo I
CARACTERÍSTICAS E NATUREZA DA COMPANHIA OU SOCIEDADE ANÔNIMA

Características

Art. 1º A companhia ou sociedade anônima terá o capital dividido em ações, e a responsabilidade dos sócios ou acionistas será limitada ao preço de emissão das ações subscritas ou adquiridas.

• V. art. 1.088, CC.

Objetivo social

Art. 2º Pode ser objeto da companhia qualquer empresa de fim lucrativo, não contrário à lei, à ordem pública e aos bons costumes.

• V. art. 1º, *e*, Dec.-lei 2.321/1987 (Regime de administração especial temporária nas instituições financeiras).

§ 1º Qualquer que seja o objeto, a companhia é mercantil e se rege pelas leis e usos do comércio.

§ 2º O estatuto social definirá o objeto de modo preciso e completo.

§ 3º A companhia pode ter por objeto participar de outras sociedades; ainda que não prevista no estatuto, a participação é facultada como meio de realizar o objeto social, ou para beneficiar-se de incentivos fiscais.

• V. art. 243.

Denominação

Art. 3º A sociedade será designada por denominação acompanhada das expressões "companhia", ou "sociedade anôni-

Lei 6.404/1976

LEGISLAÇÃO

ma", expressas por extenso ou abreviadamente mas vedada a utilização da primeira ao final.

• V. art. 1.160, CC.

§ 1º O nome do fundador, acionista, ou pessoa que, por qualquer outro modo tenha concorrido para o êxito da empresa, poderá figurar na denominação.

• V. art. 1.160, CC.

§ 2º Se a denominação for idêntica ou semelhante a de companhia já existente assistirá à prejudicada o direito de requerer a modificação, por via administrativa (art. 97) ou em juízo, e demandar as perdas e danos resultantes.

• V. art. 1.163, CC.

Companhia aberta e fechada

Art. 4º Para os efeitos desta Lei, a companhia é aberta ou fechada conforme os valores mobiliários de sua emissão estejam ou não admitidos à negociação no mercado de valores mobiliários.

• Artigo com redação determinada pela Lei 10.303/2001.

§ 1º Somente os valores mobiliários de emissão de companhia registrada na Comissão de Valores Mobiliários podem ser negociados no mercado de valores mobiliários.

§ 2º Nenhuma distribuição pública de valores mobiliários será efetivada no mercado sem prévio registro na Comissão de Valores Mobiliários.

§ 3º A Comissão de Valores Mobiliários poderá classificar as companhias abertas em categorias, segundo as espécies e classes dos valores mobiliários por ela emitidos negociados no mercado, e especificará as normas sobre companhias abertas aplicáveis a cada categoria.

§ 4º O registro de companhia aberta para negociação de ações no mercado somente poderá ser cancelado se a companhia emissora de ações, o acionista controlador ou a sociedade que a controle, direta ou indiretamente, formular oferta pública para adquirir a totalidade das ações em circulação no mercado, por preço justo, ao menos igual ao valor de avaliação da companhia, apurado com base nos critérios, adotados de forma isolada ou combinada, de patrimônio líquido contábil, de patrimônio líquido avaliado a preço de mercado, de fluxo de caixa descontado, de comparação por múltiplos, de cotação das ações no mercado de valores mobiliários, ou com base em outro critério aceito pela Comissão de Valores Mobiliários, assegurada a revisão do valor da oferta, em conformidade com o disposto no art. 4º-A.

§ 5º Terminado o prazo da oferta pública fixado na regulamentação expedida pela Comissão de Valores Mobiliários, se remanescerem em circulação menos de 5% (cinco por cento) do total das ações emitidas pela companhia, a assembleia geral poderá deliberar o resgate dessas ações pelo valor da oferta de que trata o § 4º, desde que deposite em estabelecimento bancário autorizado pela Comissão de Valores Mobiliários, à disposição dos seus titulares, o valor de resgate, não se aplicando, nesse caso, o disposto no § 6º do art. 44.

§ 6º O acionista controlador ou a sociedade controladora que adquirir ações da companhia aberta sob seu controle que elevem sua participação, direta ou indireta, em determinada espécie e classe de ações à porcentagem que, segundo normas gerais expedidas pela Comissão de Valores Mobiliários, impeça a liquidez de mercado das ações remanescentes, será obrigado a fazer oferta pública, por preço determinado nos termos do § 4º, para aquisição da totalidade das ações remanescentes no mercado.

Art. 4º-A. Na companhia aberta, os titulares de, no mínimo, 10% (dez por cento) das ações em circulação no mercado poderão requerer aos administradores da companhia que convoquem assembleia especial dos acionistas titulares de ações em circulação no mercado, para deliberar sobre a realização de nova avaliação pelo mesmo ou por outro critério, para efeito de determinação do valor de avaliação da companhia, referido no § 4º do art. 4º.

• Artigo acrescentado pela Lei 10.303/2001.

§ 1º O requerimento deverá ser apresentado no prazo de 15 (quinze) dias da divulgação do valor da oferta pública, devidamente fundamentado e acompanhado de elemen-

Lei 6.404/1976

LEGISLAÇÃO

tos de convicção que demonstrem a falha ou imprecisão no emprego da metodologia de cálculo ou no critério de avaliação adotado, podendo os acionistas referidos no *caput* convocar a assembleia quando os administradores não atenderem, no prazo de 8 (oito) dias, ao pedido de convocação.

§ 2º Consideram-se ações em circulação no mercado todas as ações do capital da companhia aberta menos as de propriedade do acionista controlador, de diretores, de conselheiros de administração e as em tesouraria.

§ 3º Os acionistas que requererem a realização de nova avaliação e aqueles que votarem a seu favor deverão ressarcir a companhia pelos custos incorridos, caso o novo valor seja inferior ou igual ao valor inicial da oferta pública.

•• V. arts. 318 e 319, CPC/2015.

§ 4º Caberá à Comissão de Valores Mobiliários disciplinar o disposto no art. 4º e neste artigo, e fixar prazos para a eficácia desta revisão.

Capítulo II
CAPITAL SOCIAL

Seção I
Valor

Fixação no estatuto e moeda
Art. 5º O estatuto da companhia fixará o valor do capital social, expresso em moeda nacional.
Parágrafo único. A expressão monetária do valor do capital social realizado será corrigida anualmente (art. 167).

• V. art. 132, IV.

Alteração
Art. 6º O capital social somente poderá ser modificado com observância dos preceitos desta Lei e do estatuto social (arts. 166 a 174).

Seção II
Formação

Dinheiro e bens
Art. 7º O capital social poderá ser formado com contribuições em dinheiro ou em qualquer espécie de bens suscetíveis de avaliação em dinheiro.

• V. art. 89.

Avaliação
Art. 8º A avaliação dos bens será feita por três peritos ou por empresa especializada, nomeados em assembleia geral dos subscritores, convocada pela imprensa e presidida por um dos fundadores, instalando-se em primeira convocação com a presença de subscritores que representem metade, pelo menos, do capital social, e em segunda convocação com qualquer número.

• V. arts. 86, I, 88, § 2º, e, 95, IV, 170, § 3º, e 182, § 3º.

§ 1º Os peritos ou a empresa avaliadora deverão apresentar laudo fundamentado, com a indicação dos critérios de avaliação e dos elementos de comparação adotados e instruído com os documentos relativos aos bens avaliados, e estarão presentes à assembleia que conhecer do laudo, a fim de prestarem as informações que lhes forem solicitadas.

• V. art. 256, § 1º.

§ 2º Se o subscritor aceitar o valor aprovado pela assembleia, os bens incorporar-se-ão ao patrimônio da companhia, competindo aos primeiros diretores cumprir as formalidades necessárias à respectiva transmissão.

• V. art. 98, § 2º.

§ 3º Se a assembleia não aprovar a avaliação, ou o subscritor não aceitar a avaliação aprovada, ficará sem efeito o projeto de constituição da companhia.

§ 4º Os bens não poderão ser incorporados ao patrimônio da companhia por valor acima do que lhes tiver dado o subscritor.

§ 5º Aplica-se à assembleia referida neste artigo o disposto nos §§ 1º e 2º do art. 115.

§ 6º Os avaliadores e o subscritor responderão perante a companhia, os acionistas e terceiros, pelos danos que lhes causarem por culpa ou dolo na avaliação dos bens, sem prejuízo da responsabilidade penal em que tenham incorrido. No caso de bens em condomínio, a responsabilidade dos subscritores é solidária.

• V. arts. 115, § 2º, 251, § 1º, e 256, § 1º.

1035

Lei 6.404/1976

LEGISLAÇÃO

• • V. arts. 318 e 319, CPC/2015.

Transferência dos bens
Art. 9º Na falta de declaração expressa em contrário, os bens transferem-se à companhia a título de propriedade.
- V. art. 89.
- V. art. 5º, c, Dec.-lei 2.321/1987 (Regime de administração especial temporária nas instituições financeiras).

Responsabilidade do subscritor
Art. 10. A responsabilidade civil dos subscritores ou acionistas que contribuírem com bens para a formação do capital social será idêntica a do vendedor.
- V. arts. 151 e 251, § 1º.
- V. art. 5º, c, Dec.-lei 2.321/1987 (Regime de administração especial temporária nas instituições financeiras).

Parágrafo único. Quando a entrada consistir em crédito, o subscritor ou acionista responderá pela solvência do devedor.

Capítulo III
AÇÕES
Seção I
Número e valor nominal

Fixação no estatuto

Art. 11. O estatuto fixará o número das ações em que se divide o capital social e estabelecerá se as ações terão ou não valor nominal.
- V. art. 235.
- V. art. 5º, c, Dec.-lei 2.321/1987 (Regime de administração especial temporária nas instituições financeiras).

§ 1º Na companhia com ações sem valor nominal, o estatuto poderá criar uma ou mais classes de ações preferenciais com valor nominal.

§ 2º O valor nominal será o mesmo para todas as ações da companhia.

§ 3º O valor nominal das ações de companhia aberta não poderá ser inferior ao mínimo fixado pela Comissão de Valores Mobiliários.

Alteração

Art. 12. O número e o valor nominal das ações somente poderão ser alterados nos casos de modificação do valor do capital social ou da sua expressão monetária, de desdobramento ou grupamento de ações, ou de cancelamento de ações autorizado nesta Lei.

Seção II
Preço de emissão

Ações com valor nominal

Art. 13. É vedada a emissão de ações por preço inferior ao seu valor nominal.

§ 1º A infração do disposto neste artigo importará nulidade do ato ou operação e responsabilidade dos infratores, sem prejuízo da ação penal que no caso couber.
- V. arts. 163 e 177, CP.

§ 2º A contribuição do subscritor que ultrapassar o valor nominal constituirá reserva de capital (art. 182, § 1º).

Ações sem valor nominal

Art. 14. O preço de emissão das ações sem valor nominal será fixado, na constituição da companhia, pelos fundadores, e no aumento de capital, pela assembleia geral ou pelo conselho de administração (arts. 166 e 170, § 2º).

Parágrafo único. O preço de emissão poderá ser fixado com parte destinada à formação de reserva de capital; na emissão de ações preferenciais com prioridade no reembolso do capital, somente a parcela que ultrapassar o valor de reembolso poderá ter essa destinação.

Seção III
Espécies e classes

Espécies

Art. 15. As ações, conforme a natureza dos direitos ou vantagens que confiram a seus titulares, são ordinárias, preferenciais ou de fruição.
- V. arts. 44, § 5º, e 109.

§ 1º As ações ordinárias da companhia fechada e as ações preferenciais da companhia aberta e fechada poderão ser de uma ou mais classes.

§ 2º O número de ações preferenciais sem direito a voto, ou sujeitas a restrição no exercício desse direito, não pode ultrapassar

Lei 6.404/1976

LEGISLAÇÃO

50% (cinquenta por cento) do total das ações emitidas.
- § 2º com redação determinada pela Lei 10.303/2001.
- V. art. 8º, §§ 1º e 2º, Lei 10.303/2001 (Altera as Leis 6.404/1976 e 6.385/1976).

Ações ordinárias

Art. 16. As ações ordinárias de companhia fechada poderão ser de classes diversas, em função de:

I – conversibilidade em ações preferenciais;
- Primitivo inciso II renumerado pela Lei 9.457/1997.

II – exigência de nacionalidade brasileira do acionista; ou
- Primitivo inciso III renumerado pela Lei 9.457/1997.

III – direito de voto em separado para o preenchimento de determinados cargos de órgãos administrativos.
- Primitivo inciso IV renumerado pela Lei 9.457/1997.

Parágrafo único. A alteração do estatuto na parte em que regula a diversidade de classes, se não for expressamente prevista e regulada, requererá a concordância de todos os titulares das ações atingidas.

Ações preferenciais

Art. 17. As preferências ou vantagens das ações preferenciais podem consistir:
- Artigo com redação determinada pela Lei 10.303/2001.

I – em prioridade na distribuição de dividendo, fixo ou mínimo;

II – em prioridade no reembolso do capital, com prêmio ou sem ele; ou

III – na acumulação das preferências e vantagens de que tratam os incisos I e II.

§ 1º Independentemente do direito de receber ou não o valor de reembolso do capital com prêmio ou sem ele, as ações preferenciais sem direito a voto ou com restrição ao exercício deste direito, somente serão admitidas à negociação no mercado de valores mobiliários se a elas for atribuída pelo menos uma das seguintes preferências ou vantagens:
- V. art. 8º, § 3º, Lei 10.303/2001 (Altera as Leis 6.404/1976 e 6.385/1976).

I – direito de participar do dividendo a ser distribuído, correspondente a, pelo menos, 25% (vinte e cinco por cento) do lucro líquido do exercício, calculado na forma do art. 202, de acordo com o seguinte critério:

a) prioridade no recebimento dos dividendos mencionados neste inciso correspondente a, no mínimo, 3% (três por cento) do valor do patrimônio líquido da ação; e

b) direito de participar dos lucros distribuídos em igualdade de condições com as ordinárias, depois de a estas assegurado dividendo igual ao mínimo prioritário estabelecido em conformidade com a alínea *a*; ou

II – direito ao recebimento de dividendo, por ação preferencial, pelo menos 10% (dez por cento) maior do que o atribuído a cada ação ordinária; ou

III – direito de serem incluídas na oferta pública de alienação de controle, nas condições previstas no art. 254-A, assegurado o dividendo pelo menos igual ao das ações ordinárias.

§ 2º Deverão constar do estatuto, com precisão e minúcia, outras preferências ou vantagens que sejam atribuídas aos acionistas sem direito a voto, ou com voto restrito, além das previstas neste artigo.

§ 3º Os dividendos, ainda que fixos ou cumulativos, não poderão ser distribuídos em prejuízo do capital social, salvo quando, em caso de liquidação da companhia, essa vantagem tiver sido expressamente assegurada.

§ 4º Salvo disposição em contrário no estatuto, o dividendo prioritário não é cumulativo, a ação com dividendo fixo não participa dos lucros remanescentes e a ação com dividendo mínimo participa dos lucros distribuídos em igualdade de condições com as ordinárias, depois de a estas assegurado dividendo igual ao mínimo.

§ 5º Salvo no caso de ações com dividendo fixo, o estatuto não pode excluir ou restringir o direito das ações preferenciais de participar dos aumentos de capital decorrentes da capitalização de reservas ou lucros (art. 169).

§ 6º O estatuto pode conferir às ações preferenciais com prioridade na distribuição de dividendo cumulativo, o direito de recebê-lo, no exercício em que o lucro for insuficiente, à conta das reservas de capital de que trata o § 1º do art. 182.

§ 7º Nas companhias objeto de desestatização poderá ser criada ação preferencial de classe especial, de propriedade exclusiva do ente desestatizante, à qual o estatuto social poderá conferir os poderes que especificar, inclusive o poder de veto às deliberações da assembleia geral nas matérias que especificar.

Vantagens políticas
Art. 18. O estatuto pode assegurar a uma ou mais classes de ações preferenciais o direito de eleger, em votação em separado, um ou mais membros dos órgãos de administração.

- V. art. 115.

Parágrafo único. O estatuto pode subordinar as alterações estatutárias que especificar à aprovação, em assembleia especial, dos titulares de uma ou mais classes de ações preferenciais.

Regulação no estatuto
Art. 19. O estatuto da companhia com ações preferenciais declarará as vantagens ou preferências atribuídas a cada classe dessas ações e as restrições a que ficarão sujeitas, e poderá prever o resgate ou a amortização, a conversão de ações de uma classe em ações de outra e em ações ordinárias, e destas em preferenciais, fixando as respectivas condições.

Seção IV
Forma

Art. 20. As ações devem ser nominativas.

- Artigo com redação determinada pela Lei 8.021/1990.
- V. art. 34.

Ações não integralizadas
Art. 21. Além dos casos regulados em lei especial, as ações terão obrigatoriamente forma nominativa ou endossável até o integral pagamento do preço de emissão.

- V. art. 2º, Lei 8.021/1990 (Identificação dos contribuintes para fins fiscais).

Determinação no estatuto
Art. 22. O estatuto determinará a forma das ações e a conversibilidade de uma em outra forma.

Parágrafo único. As ações ordinárias da companhia aberta e ao menos uma das classes de ações ordinárias da companhia fechada, quando tiverem a forma ao portador, serão obrigatoriamente conversíveis, à vontade do acionista, em nominativas ou endossáveis.

- V. art. 2º, Lei 8.021/1990 (Identificação dos contribuintes para fins fiscais).

Seção V
Certificados

Emissão
Art. 23. A emissão de certificado de ação somente será permitida depois de cumpridas as formalidades necessárias ao funcionamento legal da companhia.

§ 1º A infração do disposto neste artigo importa nulidade do certificado e responsabilidade dos infratores.

§ 2º Os certificados das ações, cujas entradas não consistirem em dinheiro, só poderão ser emitidos depois de cumpridas as formalidades necessárias à transmissão de bens, ou de realizados os créditos.

§ 3º A companhia poderá cobrar o custo da substituição dos certificados, quando pedida pelo acionista.

Requisitos
Art. 24. Os certificados das ações serão escritos em vernáculo e conterão as seguintes declarações:

- V. art. 25.

I – denominação da companhia, sua sede e prazo de duração;

- V. art. 79, I.

II – o valor do capital social, a data do ato que o tiver fixado, o número de ações em que se divide e o valor nominal das ações, ou a declaração de que não têm valor nominal;

- V. art. 79, I.

III – nas companhias com capital autorizado, o limite da autorização, em número de ações ou valor do capital social;

- V. arts. 79, I, e 142, VII.

IV – o número de ações ordinárias e preferenciais das diversas classes, se houver, as vantagens ou preferências conferidas a cada classe e as limitações ou restrições a que as ações estiverem sujeitas;

- V. art. 79, I.

V – o número de ordem do certificado e da ação, e a espécie e classe a que pertence;
VI – os direitos conferidos às partes beneficiárias, se houver;
VII – a época e o lugar da reunião da assembleia geral ordinária;
VIII – a data da constituição da companhia e do arquivamento e publicação de seus atos constitutivos;
IX – o nome do acionista;

- Inciso IX com redação determinada pela Lei 9.457/1997.
- V. art. 2º, Lei 8.021/1990 (Identificação dos contribuintes para fins fiscais).

X – o débito do acionista e a época e o lugar de seu pagamento, se a ação não estiver integralizada;

- Primitivo inciso XI renumerado pela Lei 9.457/1997.
- V. art. 2º, Lei 8.021/1990 (Identificação dos contribuintes para fins fiscais).

XI – a data da emissão do certificado e as assinaturas de dois diretores, ou do agente emissor de certificados (art. 27).

- Primitivo inciso XII renumerado pela Lei 9.457/1997.

§ 1º A omissão de qualquer dessas declarações dá ao acionista direito a indenização por perdas e danos contra a companhia e os diretores na gestão dos quais os certificados tenham sido emitidos.

- • V. arts. 318 e 319, CPC/2015.

§ 2º Os certificados de ações emitidas por companhias abertas podem ser assinados por dois mandatários com poderes especiais, ou autenticados por chancela mecânica, observadas as normas expedidas pela Comissão de Valores Mobiliários.

- § 2º com redação determinada pela Lei 10.303/2001.

Títulos múltiplos e cautelas
Art. 25. A companhia poderá, satisfeitos os requisitos do art. 24, emitir certificados de múltiplos de ações e, provisoriamente, cautelas que as representem.

Parágrafo único. Os títulos múltiplos das companhias abertas obedecerão à padronização de número de ações fixada pela Comissão de Valores Mobiliários.

Cupões
Art. 26. Aos certificados das ações ao portador podem ser anexados cupões relativos a dividendos ou outros direitos.

- V. art. 2º, Lei 8.021/1990 (Identificação dos contribuintes para fins fiscais).

Parágrafo único. Os cupões conterão a denominação da companhia, a indicação do lugar da sede, o número de ordem do certificado, a classe da ação e o número de ordem do cupão.

- V. art. 2º, Lei 8.021/1990 (Identificação dos contribuintes para fins fiscais).

Agente emissor de certificados
Art. 27. A companhia pode contratar a escrituração e a guarda dos livros de registro e transferência de ações e a emissão dos certificados com instituição financeira autorizada pela Comissão de Valores Mobiliários a manter esse serviço.

- V. arts. 24, XI, 43, 101 e 103.

§ 1º Contratado o serviço, somente o agente emissor poderá praticar os atos relativos aos registros e emitir certificados.

§ 2º O nome do agente emissor constará das publicações e ofertas públicas de valores mobiliários feitas pela companhia.

§ 3º Os certificados de ações emitidos pelo agente emissor da companhia deverão ser numerados seguidamente, mas a numeração das ações será facultativa.

Seção VI
Propriedade e circulação
Indivisibilidade
Art. 28. A ação é indivisível em relação à companhia.

Parágrafo único. Quando a ação pertencer a mais de uma pessoa, os direitos por ela conferidos serão exercidos pelo representante do condomínio.

Negociabilidade
Art. 29. As ações da companhia aberta somente poderão ser negociadas depois de

Lei 6.404/1976

realizados 30% (trinta por cento) do preço de emissão.

Parágrafo único. A infração do disposto neste artigo importa na nulidade do ato.

Negociação com as próprias ações

Art. 30. A companhia não poderá negociar com as próprias ações.

- V. art. 177, § 1º, IV e V, CP.

§ 1º Nessa proibição não se compreendem:

a) as operações de resgate, reembolso ou amortização previstas em lei;

b) a aquisição, para permanência em tesouraria ou cancelamento, desde que até o valor do saldo de lucros ou reservas, exceto a legal, e sem diminuição do capital social ou por doação;

- V. art. 244, § 1º.

c) a alienação das ações adquiridas nos termos da alínea b e mantidas em tesouraria;

d) a compra quando, resolvida a redução do capital mediante restituição, em dinheiro, de parte do valor das ações o preço destas em bolsa for inferior ou igual à importância que deve ser restituída.

- V. art. 244, § 3º.

§ 2º A aquisição das próprias ações pela companhia aberta obedecerá, sob pena de nulidade, às normas expedidas pela Comissão de Valores Mobiliários, que poderá subordiná-la a prévia autorização em cada caso.

- V. art. 244, § 3º.

§ 3º A companhia não poderá receber em garantia as próprias ações, salvo para assegurar a gestão dos seus administradores.

§ 4º As ações adquiridas nos termos da alínea b do § 1º, enquanto mantidas em tesouraria, não terão direito a dividendo nem a voto.

§ 5º No caso da alínea d do § 1º, as ações adquiridas serão retiradas definitivamente de circulação.

Ações nominativas

Art. 31. A propriedade das ações nominativas presume-se pela inscrição do nome do acionista no livro de "Registro de Ações Nominativas" ou pelo extrato que seja fornecido pela instituição custodiante, na qualidade de proprietária fiduciária das ações.

- *Caput* com redação determinada pela Lei 10.303/2001.

§ 1º A transferência das ações nominativas opera-se por termo lavrado no livro de "Transferência de Ações Nominativas", datado e assinado pelo cedente e pelo cessionário, ou seus legítimos representantes.

§ 2º A transferência das ações nominativas em virtude de transmissão por sucessão universal ou legado, de arrematação, adjudicação ou outro ato judicial, ou por qualquer outro título, somente se fará mediante averbação no livro de "Registro de Ações Nominativas", à vista de documento hábil, que ficará em poder da companhia.

§ 3º Na transferência das ações nominativas adquiridas em Bolsa de Valores, o cessionário será representado, independentemente de instrumento de procuração, pela sociedade corretora, ou pela caixa de liquidação da Bolsa de Valores.

Ações endossáveis

Art. 32. *(Revogado pela Lei 8.021/1990.)*

Ações ao portador

Art. 33. *(Revogado pela Lei 8.021/1990.)*

Ações escriturais

Art. 34. O estatuto da companhia pode autorizar ou estabelecer que todas as ações da companhia, ou uma ou mais classes delas, sejam mantidas em contas de depósito, em nome de seus titulares, na instituição que designar, sem emissão de certificados.

- V. art. 103.

§ 1º No caso de alteração estatutária, a conversão em ação escritural depende da apresentação e do cancelamento do respectivo certificado em circulação.

§ 2º Somente as instituições financeiras autorizadas pela Comissão de Valores Mobiliários podem manter serviços de escrituração de ações e de outros valores mobiliários.

- § 2º com redação determinada pela Lei 12.810/2013.
- V. art. 293.

§ 3º A companhia responde pelas perdas e danos causados aos interessados por erros ou irregularidades no serviço de ações escriturais, sem prejuízo do eventual direito de regresso contra a instituição depositária.

- •• V. arts. 318 e 319, CPC/2015.

Lei 6.404/1976

LEGISLAÇÃO

Art. 35. A propriedade da ação escritural presume-se pelo registro na conta de depósito das ações, aberta em nome do acionista nos livros da instituição depositária.

- V. arts. 1.177 e 1.178, CC.

§ 1º A transferência da ação escritural opera-se pelo lançamento efetuado pela instituição depositária em seus livros, a débito da conta de ações do alienante e a crédito da conta de ações do adquirente, à vista de ordem escrita do alienante, ou de autorização ou ordem judicial, em documento hábil que ficará em poder da instituição.

§ 2º A instituição depositária fornecerá ao acionista extrato da conta de depósito das ações escriturais, sempre que solicitado, ao término de todo mês em que for movimentada e, ainda que não haja movimentação, ao menos uma vez por ano.

§ 3º O estatuto pode autorizar a instituição depositária a cobrar do acionista o custo do serviço de transferência da propriedade das ações escriturais, observados os limites máximos fixados pela Comissão de Valores Mobiliários.

Limitações a circulação

Art. 36. O estatuto da companhia fechada pode impor limitações à circulação das ações nominativas, contanto que regule minuciosamente tais limitações e não impeça a negociação, nem sujeite o acionista ao arbítrio dos órgãos de administração da companhia ou da maioria dos acionistas.

Parágrafo único. A limitação à circulação criada por alteração estatutária somente se aplicará às ações cujos titulares com ela expressamente concordarem, mediante pedido de averbação no livro de "Registro de Ações Nominativas".

Suspensão dos serviços de certificados

Art. 37. A companhia aberta pode, mediante comunicação às Bolsas de Valores em que suas ações forem negociadas e publicação de anúncio, suspender, por períodos que não ultrapassem, cada um, 15 (quinze) dias, nem o total de 90 (noventa) dias, durante o ano, os serviços de transferência, conversão e desdobramento de certificados.

Parágrafo único. O disposto neste artigo não prejudicará o registro da transferência das ações negociadas em bolsa anteriormente ao início do período de suspensão.

Perda ou extravio

Art. 38. O titular de certificado perdido ou extraviado de ação ao portador ou endossável poderá, justificando a propriedade e a perda ou extravio, promover, na forma da lei processual, o procedimento de anulação e substituição para obter a expedição de novo certificado.

- V. art. 36, Dec. 2.044/1908 (Letra de câmbio e nota promissória).
- V. art. 70, Anexo I, Dec. 57.663/1966 (Convenções para adoção de uma Lei Uniforme em matéria de letra de câmbio e nota promissória).
- V. art. 2º, Lei 8.021/1990 (Identificação dos contribuintes para fins fiscais).

§ 1º Somente será admitida a anulação e substituição de certificado ao portador ou endossado em branco à vista da prova, produzida pelo titular, da destruição ou inutilização do certificado a ser substituído.

§ 2º Até que o certificado seja recuperado ou substituído, as transferências poderão ser averbadas sob condição, cabendo à companhia exigir do titular, para satisfazer dividendo e demais direitos, garantia idônea de sua eventual restituição.

Seção VII
Constituição de direitos reais e outros ônus

Penhor

Art. 39. O penhor ou caução de ações se constitui pela averbação do respectivo instrumento no livro de Registro de Ações Nominativas.

- *Caput* com redação determinada pela Lei 9.457/1997.
- V. art. 20.
- V. art. 2º, Lei 8.021/1990 (Identificação dos contribuintes para fins fiscais).

§ 1º O penhor da ação escritural se constitui pela averbação do respectivo instrumento nos livros da instituição financeira, a qual será anotada no extrato da conta de depósito fornecido ao acionista.

- V. art. 293.

Lei 6.404/1976

LEGISLAÇÃO

§ 2º Em qualquer caso, a companhia, ou a instituição financeira, tem o direito de exigir, para seu arquivo, um exemplar do instrumento de penhor.

Outros direitos e ônus

Art. 40. O usufruto, o fideicomisso, a alienação fiduciária em garantia e quaisquer cláusulas ou ônus que gravarem a ação deverão ser averbados:

- V. arts. 113, 114, 205 e 293.

I – se nominativa, no livro de "Registro de Ações Nominativas";
II – se escritural, nos livros da instituição financeira, que a anotará no extrato da conta de depósito fornecida ao acionista.

- Primitivo inciso III renumerado pela Lei 9.457/1997.
- V. art. 2º, Lei 8.021/1990 (Identificação dos contribuintes para fins fiscais).

Parágrafo único. Mediante averbação nos termos deste artigo, a promessa de venda da ação e o direito de preferência à sua aquisição são oponíveis a terceiros.

Seção VIII
Custódia de ações fungíveis

Art. 41. A instituição autorizada pela Comissão de Valores Mobiliários a prestar serviços de custódia de ações fungíveis pode contratar custódia em que as ações de cada espécie e classe da companhia sejam recebidas em depósito como valores fungíveis, adquirindo a instituição depositária a propriedade fiduciária das ações.

- Artigo com redação determinada pela Lei 10.303/2001.

§ 1º A instituição depositária não pode dispor das ações e fica obrigada a devolver ao depositante a quantidade de ações recebidas, com as modificações resultantes de alterações no capital social ou no número de ações da companhia emissora, independentemente do número de ordem das ações ou dos certificados recebidos em depósito.
§ 2º Aplica-se o disposto neste artigo, no que couber, aos demais valores mobiliários.
§ 3º A instituição depositária ficará obrigada a comunicar à companhia emissora:
I – imediatamente, o nome do proprietário efetivo quando houver qualquer evento societário que exija a sua identificação; e
II – no prazo de até 10 (dez) dias, a contratação da custódia e a criação de ônus ou gravames sobre as ações.
§ 4º A propriedade das ações em custódia fungível será provada pelo contrato firmado entre o proprietário das ações e a instituição depositária.
§ 5º A instituição tem as obrigações de depositária e responde perante o acionista e terceiros pelo descumprimento de suas obrigações.

Representação e responsabilidade

Art. 42. A instituição financeira representa, perante a companhia, os titulares das ações recebidas em custódia nos termos do art. 41, para receber dividendos e ações bonificadas e exercer direito de preferência para a subscrição de ações.

- V. art. 293.

§ 1º Sempre que houver distribuição de dividendos ou bonificação de ações e, em qualquer caso, ao menos uma vez por ano, a instituição financeira fornecerá à companhia a lista dos depositantes de ações recebidas nos termos deste artigo, assim como a quantidade de ações de cada um.

- § 1º com redação determinada pela Lei 9.457/1997.
- V. art. 2º, Lei 8.021/1990 (Identificação dos contribuintes para fins fiscais).

§ 2º O depositante pode, a qualquer tempo, extinguir a custódia e pedir a devolução dos certificados de suas ações.
§ 3º A companhia não responde perante o acionista nem terceiros pelos atos da instituição depositária das ações.

Seção IX
Certificado de depósito de ações

Art. 43. A instituição financeira autorizada a funcionar como agente emissor de certificados (art. 27) pode emitir título representativo das ações que receber em depósito, do qual constarão:

- *Caput* com redação determinada pela Lei 9.457/1997.
- V. arts. 50, § 2º, 63, § 1º, e 205, § 2º.
- V. art. 2º, Lei 8.021/1990 (Identificação dos contribuintes para fins fiscais).

I – o local e a data da emissão;

Lei 6.404/1976

LEGISLAÇÃO

II – o nome da instituição emitente e as assinaturas de seus representantes;
III – a denominação "Certificado de Depósito de Ações";
IV – a especificação das ações depositadas;
V – a declaração de que as ações depositadas, seus rendimentos e o valor recebido nos casos de resgate ou amortização somente serão entregues ao titular do certificado de depósito, contra apresentação deste;
VI – o nome e a qualificação do depositante;
VII – o preço do depósito cobrado pelo banco, se devido na entrega das ações depositadas;
VIII – o lugar da entrega do objeto do depósito.

• V. art. 50, § 2º.

§ 1º A instituição financeira responde pela origem e autenticidade dos certificados das ações depositadas.

§ 2º Emitido o certificado de depósito, as ações depositadas, seus rendimentos, e o valor de resgate ou de amortização não poderão ser objeto de penhora, arresto, sequestro, busca ou apreensão, ou qualquer outro embaraço que impeça sua entrega ao titular do certificado, mas este poderá ser objeto de penhora ou de qualquer medida cautelar por obrigação do seu titular.

§ 3º Os certificados de depósito de ações serão nominativos, podendo ser mantidos sob o sistema escritural.

• § 3º com redação determinada pela Lei 9.457/1997.

§ 4º Os certificados de depósito de ações poderão, a pedido do seu titular, e por sua conta, ser desdobrados ou grupados.

§ 5º Aplicam-se ao endosso do certificado, no que couber, as normas que regulam o endosso de títulos cambiários.

Seção X
Resgate, amortização e reembolso
Resgate e amortização

Art. 44. O estatuto ou a assembleia geral extraordinária pode autorizar a aplicação de lucros ou reservas no resgate ou na amortização de ações, determinando as condições e o modo de proceder-se à operação.

• V. art. 293.

§ 1º O resgate consiste no pagamento do valor das ações para retirá-las definitivamente de circulação, com redução ou não do capital social; mantido o mesmo capital, será atribuído, quando for o caso, novo valor nominal às ações remanescentes.

§ 2º A amortização consiste na distribuição aos acionistas, a título de antecipação e sem redução do capital social, de quantias que lhes poderiam tocar em caso de liquidação da companhia.

§ 3º A amortização pode ser integral ou parcial e abranger todas as classes de ações ou só uma delas.

§ 4º O resgate e a amortização que não abrangerem a totalidade das ações de uma mesma classe serão feitos mediante sorteio; sorteadas ações custodiadas nos termos do art. 41, a instituição financeira especificará, mediante rateio, as resgatadas ou amortizadas, se outra forma não estiver prevista no contrato de custódia.

§ 5º As ações integralmente amortizadas poderão ser substituídas por ações de fruição, com as restrições fixadas pelo estatuto ou pela assembleia geral que deliberar a amortização; em qualquer caso, ocorrendo liquidação da companhia, as ações amortizadas só concorrerão ao acervo líquido depois de assegurado às ações não amortizadas valor igual ao da amortização, corrigido monetariamente.

• V. arts. 206 a 219.

§ 6º Salvo disposição em contrário do estatuto social, o resgate de ações de uma ou mais classes só será efetuado se, em assembleia especial convocada para deliberar essa matéria específica, for aprovado por acionistas que representem, no mínimo, a metade das ações da(s) classe(s) atingida(s).

• § 6º acrescentado pela Lei 10.303/2001.

Reembolso

Art. 45. O reembolso é a operação pela qual, nos casos previstos em lei, a companhia paga aos acionistas dissidentes de deli-

Lei 6.404/1976

LEGISLAÇÃO

beração da assembleia geral o valor de suas ações.

• V. arts. 137, 174, 264, § 3º, 296, § 4º, e 298, III.

§ 1º O estatuto pode estabelecer normas para a determinação do valor de reembolso, que, entretanto, somente poderá ser inferior ao valor de patrimônio líquido constante do último balanço aprovado pela assembleia geral, observado o disposto no § 2º, se estipulado com base no valor econômico da companhia, a ser apurado em avaliação (§§ 3º e 4º).

• § 1º com redação determinada pela Lei 9.457/1997.
• V. art. 137.

§ 2º Se a deliberação da assembleia geral ocorrer mais de sessenta dias depois da data do último balanço aprovado, será facultado ao acionista dissidente pedir, juntamente com o reembolso, levantamento de balanço especial em data que atenda àquele prazo. Nesse caso, a companhia pagará imediatamente 80% (oitenta por cento) do valor de reembolso calculado com base no último balanço e, levantado o balanço especial, pagará o saldo no prazo de 120 (cento e vinte) dias, a contar da data da deliberação da assembleia geral.

§ 3º Se o estatuto determinar a avaliação da ação para efeito de reembolso, o valor será o determinado por três peritos ou empresa especializada, mediante laudo que satisfaça os requisitos do § 1º do art. 8º e com a responsabilidade prevista no § 6º do mesmo artigo.

• § 3º com redação determinada pela Lei 9.457/1997.

§ 4º Os peritos ou empresa especializada serão indicados em lista sêxtupla ou tríplice, respectivamente, pelo Conselho de Administração ou, se não houver, pela diretoria, e escolhidos pela Assembleia geral em deliberação tomada por maioria absoluta de votos, não se computando os votos em branco, cabendo a cada ação, independentemente de sua espécie ou classe, o direito a um voto.

• § 4º com redação determinada pela Lei 9.457/1997.

§ 5º O valor de reembolso poderá ser pago à conta de lucros ou reservas, exceto a legal, e nesse caso as ações reembolsadas ficarão em tesouraria.

• § 5º com redação determinada pela Lei 9.457/1997.

§ 6º Se, no prazo de 120 (cento e vinte) dias, a contar da publicação da ata da assembleia, não forem substituídos os acionistas cujas ações tenham sido reembolsadas à conta do capital social, este considerar-se-á reduzido no montante correspondente, cumprindo aos órgãos da administração convocar a assembleia geral, dentro de cinco dias, para tomar conhecimento daquela redução.

• § 6º com redação determinada pela Lei 9.457/1997.

§ 7º Se sobrevier a falência da sociedade, os acionistas dissidentes, credores pelo reembolso de suas ações, serão classificados como quirografários em quadro separado, e os rateios que lhes couberem serão imputados no pagamento dos créditos constituídos anteriormente à data da publicação da ata da assembleia. As quantias assim atribuídas aos créditos mais antigos não se deduzirão dos créditos dos ex-acionistas, que subsistirão integralmente para serem satisfeitos pelos bens da massa, depois de pagos os primeiros.

• § 7º acrescentado pela Lei 9.457/1997.

§ 8º Se, quando ocorrer a falência, já se houver efetuado, à conta do capital social, o reembolso dos ex-acionistas, estes não tiverem sido substituídos, e a massa não bastar para o pagamento dos créditos mais antigos, caberá ação revocatória para restituição do reembolso pago com redução do capital social, até a concorrência do que remanescer dessa parte do passivo. A restituição será havida, na mesma proporção, de todos os acionistas cujas ações tenham sido reembolsadas.

• § 8º acrescentado pela Lei 9.457/1997.
•• V. art. 129, 130 e 132, Lei 11.101/2005 (Lei de Recuperação de Empresas e Falência).

Capítulo IV
PARTES BENEFICIÁRIAS
Características

Art. 46. A companhia pode criar, a qualquer tempo, títulos negociáveis, sem valor nominal e estranhos ao capital social, denominados "partes beneficiárias".

Lei 6.404/1976

LEGISLAÇÃO

§ 1º As partes beneficiárias conferirão aos seus titulares direito de crédito eventual contra a companhia, consistente na participação nos lucros anuais (art. 190).

§ 2º A participação atribuída às partes beneficiárias, inclusive para formação de reserva para resgate, se houver, não ultrapassará um décimo dos lucros.

§ 3º É vedado conferir às partes beneficiárias qualquer direito privativo de acionista, salvo o de fiscalizar, nos termos desta Lei, os atos dos administradores.

§ 4º É proibida a criação de mais de uma classe ou série de partes beneficiárias.

Emissão

Art. 47. As partes beneficiárias poderão ser alienadas pela companhia, nas condições determinadas pelo estatuto ou pela assembleia geral, ou atribuídas a fundadores, acionistas ou terceiros, como remuneração de serviços prestados à companhia.

Parágrafo único. É vedado às companhias abertas emitir partes beneficiárias.

- Parágrafo único com redação determinada pela Lei 10.303/2001.

Resgate e conversão

Art. 48. O estatuto fixará o prazo de duração das partes beneficiárias e, sempre que estipular resgate, deverá criar reserva especial para esse fim.

§ 1º O prazo de duração das partes beneficiárias atribuídas gratuitamente, salvo as destinadas a sociedades ou fundações beneficentes dos empregados da companhia, não poderá ultrapassar 10 (dez) anos.

§ 2º O estatuto poderá prever a conversão das partes beneficiárias em ações, mediante capitalização de reserva criada para esse fim.

§ 3º No caso de liquidação da companhia, solvido o passivo exigível, os titulares das partes beneficiárias terão direito de preferência sobre o que restar do ativo até a importância da reserva para resgate ou conversão.

Certificados

Art. 49. Os certificados das partes beneficiárias conterão:

I – a denominação "Parte Beneficiária";

II – a denominação da companhia, sua sede e prazo de duração;

III – o valor do capital social, a data do ato que o fixou e o número de ações em que se divide;

IV – o número de partes beneficiárias criadas pela companhia e o respectivo número de ordem;

V – os direitos que lhes são atribuídos pelo estatuto, o prazo de duração e as condições de resgate, se houver;

VI – a data da constituição da companhia e do arquivamento e publicação dos seus atos constitutivos;

VII – o nome do beneficiário;

- Inciso VII com redação determinada pela Lei 9.457/1997.
- V. art. 2º, Lei 8.021/1990 (Identificação dos contribuintes para fins fiscais).

VIII – a data da emissão do certificado e as assinaturas de dois diretores.

- Primitivo inciso IX renumerado pela Lei 9.457/1997.

Forma, propriedade, circulação e ônus

Art. 50. As partes beneficiárias serão nominativas e a elas se aplica, no que couber, o disposto nas seções V a VII do Capítulo III.

- *Caput* com redação determinada pela Lei 9.457/1997.
- V. art. 2º, Lei 8.021/1990 (Identificação dos contribuintes para fins fiscais).

§ 1º As partes beneficiárias serão registradas em livros próprios, mantidos pela companhia.

- § 1º com redação determinada pela Lei 9.457/1997.

§ 2º As partes beneficiárias podem ser objeto de depósito com emissão de certificado, nos termos do art. 43.

Modificação dos direitos

Art. 51. A reforma do estatuto que modificar ou reduzir as vantagens conferidas às partes beneficiárias só terá eficácia quando aprovada pela metade, no mínimo, dos seus titulares, reunidos em assembleia geral especial.

- V. art. 296, § 2º.

§ 1º A assembleia será convocada, através da imprensa, de acordo com as exigências para convocação das assembleias de acio-

Lei 6.404/1976

LEGISLAÇÃO

nistas, com 1 (um) mês de antecedência, no mínimo. Se, após duas convocações, deixar de instalar-se por falta de número, somente 6 (seis) meses depois outra poderá ser convocada.

* V. arts. 123 e 124.

§ 2º Cada parte beneficiária dá direito a um voto, não podendo a companhia votar com os títulos que possuir em tesouraria.

§ 3º A emissão de partes beneficiárias poderá ser feita com a nomeação de agente fiduciário dos seus titulares, observado, no que couber, o disposto nos arts. 66 a 71.

Capítulo V
DEBÊNTURES

Características

Art. 52. A companhia poderá emitir debêntures que conferirão aos seus titulares direito de crédito contra ela, nas condições constantes da escritura de emissão e, se houver, do certificado.

* Artigo com redação determinada pela Lei 10.303/2001.

Seção I
Direito dos debenturistas

Emissões e séries

Art. 53. A companhia poderá efetuar mais de uma emissão de debêntures, e cada emissão pode ser dividida em séries.

Parágrafo único. As debêntures da mesma série terão igual valor nominal e conferirão a seus titulares os mesmos direitos.

Valor nominal

Art. 54. A debênture terá valor nominal expresso em moeda nacional, salvo nos casos de obrigação que, nos termos da legislação em vigor, possa ter o pagamento estipulado em moeda estrangeira.

§ 1º A debênture poderá conter cláusula de correção monetária, com base nos coeficientes fixados para correção de títulos da dívida pública, na variação da taxa cambial ou em outros referenciais não expressamente vedados em lei.

* § 1º acrescentado pela Lei 10.303/2001.

§ 2º A escritura de debênture poderá assegurar ao debenturista a opção de escolher receber o pagamento do principal e acessórios, quando do vencimento, amortização ou resgate, em moeda ou em bens avaliados nos termos do art. 8º.

* § 2º acrescentado pela Lei 10.303/2001.

Vencimento, amortização e resgate

Art. 55. A época do vencimento da debênture deverá constar da escritura de emissão e do certificado, podendo a companhia estipular amortizações parciais de cada série, criar fundos de amortização e reservar-se o direito de resgate antecipado, parcial ou total, dos títulos da mesma série.

§ 1º A amortização de debêntures da mesma série deve ser feita mediante rateio.

* § 1º com redação determinada pela Lei 12.431/2011.

§ 2º O resgate parcial de debêntures da mesma série deve ser feito:

* § 2º com redação determinada pela Lei 12.431/2011.

I – mediante sorteio; ou

II – se as debêntures estiverem cotadas por preço inferior ao valor nominal, por compra no mercado organizado de valores mobiliários, observadas as regras expedidas pela Comissão de Valores Mobiliários.

§ 3º É facultado à companhia adquirir debêntures de sua emissão:

* § 3º com redação determinada pela Lei 12.431/2011.

I – por valor igual ou inferior ao nominal, devendo o fato constar do relatório da administração e das demonstrações financeiras; ou

II – por valor superior ao nominal, desde que observe as regras expedidas pela Comissão de Valores Mobiliários.

§ 4º A companhia poderá emitir debêntures cujo vencimento somente ocorra nos casos de inadimplência da obrigação de pagar juros e dissolução da companhia, ou de outras condições previstas no título.

* § 4º acrescentado pela Lei 12.431/2011.

Juros e outros direitos

Art. 56. A debênture poderá assegurar ao seu titular juros, fixos ou variáveis, participação no lucro da companhia e prêmio de reembolso.

Lei 6.404/1976

LEGISLAÇÃO

Conversibilidade em ações

Art. 57. A debênture poderá ser conversível em ações nas condições constantes da escritura de emissão, que especificará:

I – as bases da conversão, seja em número de ações em que poderá ser convertida cada debênture, seja como relação entre o valor nominal da debênture e o preço de emissão das ações;

II – a espécie e a classe das ações em que poderá ser convertida;

III – o prazo ou época para o exercício do direito à conversão;

IV – as demais condições a que a conversão acaso fique sujeita.

§ 1º Os acionistas terão direito de preferência para subscrever a emissão de debêntures com cláusula de conversibilidade em ações, observado o disposto nos arts. 171 e 172.

§ 2º Enquanto puder ser exercido o direito à conversão, dependerá de prévia aprovação dos debenturistas, em assembleia especial, ou de seu agente fiduciário, a alteração do estatuto para:

a) mudar o objeto da companhia;

b) criar ações preferenciais ou modificar as vantagens das existentes, em prejuízo das ações em que são conversíveis as debêntures.

Seção II
Espécies

Art. 58. A debênture poderá, conforme dispuser a escritura de emissão, ter garantia real ou garantia flutuante, não gozar de preferência ou ser subordinada aos demais credores da companhia.

* V. art. 83, II, Lei 11.101/2005 (Lei de Recuperação de Empresas e Falência).

§ 1º A garantia flutuante assegura à debênture privilégio geral sobre o ativo da companhia, mas não impede a negociação dos bens que compõem esse ativo.

* V. art. 83, V, Lei 11.101/2005 (Lei de Recuperação de Empresas e Falência).

§ 2º As garantias poderão ser constituídas cumulativamente.

§ 3º As debêntures com garantia flutuante de nova emissão são preferidas pelas de emissão ou emissões anteriores, e a prioridade se estabelece pela data da inscrição da escritura de emissão; mas dentro da mesma emissão, as séries concorrem em igualdade.

§ 4º A debênture que não gozar de garantia poderá conter cláusula de subordinação aos credores quirografários, preferindo apenas os acionistas no ativo remanescente, se houver, em caso de liquidação da companhia.

* V. art. 83, VIII, a, Lei 11.101/2005 (Lei de Recuperação de Empresas e Falência).

§ 5º A obrigação de não alienar ou onerar bem imóvel ou outro bem sujeito a registro de propriedade, assumida pela companhia na escritura de emissão, é oponível a terceiros, desde que averbada no competente registro.

§ 6º As debêntures emitidas por companhia integrante de grupo de sociedades (art. 265) poderão ter garantia flutuante do ativo de duas ou mais sociedades do grupo.

Seção III
Criação e emissão

Competência

Art. 59. A deliberação sobre emissão de debêntures é da competência privativa da assembleia geral, que deverá fixar, observado o que a respeito dispuser o estatuto:

I – o valor da emissão ou os critérios de determinação do seu limite, e a sua divisão em séries, se for o caso;

II – o número e o valor nominal das debêntures;

III – as garantias reais ou a garantia flutuante, se houver;

IV – as condições de correção monetária, se houver;

V – a conversibilidade ou não em ações e as condições a serem observadas na conversão;

VI – a época e as condições de vencimento, amortização ou resgate;

VII – a época e as condições do pagamento dos juros, da participação nos lucros e do prêmio de reembolso, se houver;

VIII – o modo de subscrição ou colocação, e o tipo das debêntures.

Lei 6.404/1976

LEGISLAÇÃO

§ 1º Na companhia aberta, o conselho de administração pode deliberar sobre a emissão de debêntures não conversíveis em ações, salvo disposição estatutária em contrário.

- § 1º com redação determinada pela Lei 12.431/2011.

§ 2º O estatuto da companhia aberta poderá autorizar o conselho de administração a, dentro dos limites do capital autorizado, deliberar sobre a emissão de debêntures conversíveis em ações, especificando o limite do aumento de capital decorrente da conversão das debêntures, em valor do capital social ou em número de ações, e as espécies e classes das ações que poderão ser emitidas.

- § 2º com redação determinada pela Lei 12.431/2011.

§ 3º A assembleia geral pode deliberar que a emissão terá valor e número de série indeterminados, dentro dos limites por ela fixados.

- § 3º com redação determinada pela Lei 12.431/2011.

§ 4º Nos casos não previstos nos §§ 1º e 2º, a assembleia geral pode delegar ao conselho de administração a deliberação sobre as condições de que tratam os incisos VI a VIII do *caput* e sobre a oportunidade da emissão.

- § 4º acrescentado pela Lei 12.431/2011.

Limite de emissão
Art. 60. *(Revogado pela Lei 12.431/2011.)*

Escritura de emissão
Art. 61. A companhia fará constar da escritura de emissão os direitos conferidos pelas debêntures, suas garantias e demais cláusulas ou condições.

§ 1º A escritura de emissão, por instrumento público ou particular, de debêntures distribuídas ou admitidas à negociação no mercado, terá obrigatoriamente a intervenção de agente fiduciário dos debenturistas (arts. 66 a 70).

§ 2º Cada nova série da mesma emissão será objeto de aditamento à respectiva escritura.

§ 3º A Comissão de Valores Mobiliários poderá aprovar padrões de cláusulas e condições que devam ser adotados nas escrituras de emissão de debêntures destinadas à negociação em bolsa ou no mercado de balcão, e recusar a admissão ao mercado da emissão que não satisfaça a esses padrões.

Registro
Art. 62. Nenhuma emissão de debêntures será feita sem que tenham sido satisfeitos os seguintes requisitos:

- A Lei 10.303/2001, que altera a presente Lei, repete a redação original deste *caput*.

I – arquivamento, no registro do comércio, e publicação da ata da assembleia geral, ou do conselho de administração, que deliberou sobre a emissão;

- Inciso I com redação determinada pela Lei 10.303/2001.

II – inscrição da escritura de emissão no registro do comércio;

- Inciso II com redação determinada pela Lei 10.303/2001.

III – constituição das garantias reais, se for o caso.

- V. art. 73, § 3º.
- V. arts. 19 e 21, Lei 6.385/1976 (Mercado de valores mobiliários).

§ 1º Os administradores da companhia respondem pelas perdas e danos causados à companhia ou a terceiros por infração deste artigo.

- •• V. arts. 318 e 319, CPC/2015.

§ 2º O agente fiduciário e qualquer debenturista poderão promover os registros requeridos neste artigo e sanar as lacunas e irregularidades porventura existentes nos registros promovidos pelos administradores da companhia; neste caso, o oficial do registro notificará a administração da companhia para que lhe forneça as indicações e documentos necessários.

§ 3º Os aditamentos à escritura de emissão serão averbados nos mesmos registros.

§ 4º Os registros do comércio manterão livro especial para inscrição das emissões de debêntures, no qual serão anotadas as condições essenciais de cada emissão.

- § 4º com redação determinada pela Lei 10.303/2001.

Lei 6.404/1976

Seção IV
Forma, propriedade, circulação e ônus

Art. 63. As debêntures serão nominativas, aplicando-se, no que couber, o disposto nas seções V a VII do Capítulo III.

- *Caput* com redação determinada pela Lei 9.457/1997.
- V. arts. 34 e 74.
- V. art. 2º, Lei 8.021/1990 (Identificação dos contribuintes para fins fiscais).

§ 1º As debêntures podem ser objeto de depósito com emissão de certificado, nos termos do art. 43.

- Primitivo parágrafo único renumerado pela Lei 10.303/2001.

§ 2º A escritura de emissão pode estabelecer que as debêntures sejam mantidas em contas de custódia, em nome de seus titulares, na instituição que designar, sem emissão de certificados, aplicando-se, no que couber, o disposto no art. 41.

- § 2º acrescentado pela Lei 10.303/2001.

Seção V
Certificados

Requisitos

Art. 64. Os certificados das debêntures conterão:

I – a denominação, sede, prazo de duração e objeto da companhia;
II – a data da constituição da companhia e do arquivamento e publicação dos seus atos constitutivos;
III – a data da publicação da ata da assembleia geral que deliberou sobre a emissão;
IV – a data e ofício do registro de imóveis em que foi inscrita a emissão;
V – a denominação "Debênture" e a indicação da sua espécie, pelas palavras "com garantia real", "com garantia flutuante", "sem preferência" ou "subordinada";
VI – a designação da emissão e da série;
VII – o número de ordem;
VIII – o valor nominal e a cláusula de correção monetária, se houver, as condições de vencimento, amortização, resgate, juros, participação no lucro ou prêmio de reembolso, e a época em que serão devidos;
IX – as condições de conversibilidade em ações, se for o caso;

- V. art. 2º, Lei 8.021/1990 (Identificação dos contribuintes para fins fiscais).

X – o nome do debenturista;

- Inciso X com redação determinada pela Lei 9.457/1997.

XI – o nome do agente fiduciário dos debenturistas, se houver;

- Primitivo inciso XII renumerado pela Lei 9.457/1997.

XII – a data da emissão do certificado e a assinatura de dois diretores da companhia;

- Inciso XIII renumerado pela Lei 9.457/1997.

XIII – a autenticação do agente fiduciário, se for o caso.

- Inciso XIV renumerado pela Lei 9.457/1997.

Títulos múltiplos e cautelas

Art. 65. A companhia poderá emitir certificados de múltiplos de debêntures e, provisoriamente, cautelas que as representem, satisfeitos os requisitos do art. 64.

§ 1º Os títulos múltiplos de debêntures das companhias abertas obedecerão à padronização de quantidade fixada pela Comissão de Valores Mobiliários.

§ 2º Nas condições previstas na escritura de emissão com nomeação de agente fiduciário, os certificados poderão ser substituídos, desdobrados ou grupados.

Seção VI
Agente fiduciário dos debenturistas

Requisitos e incompatibilidades

Art. 66. O agente fiduciário será nomeado e deverá aceitar a função na escritura de emissão das debêntures.

- V. arts. 51, § 3º, e 61, § 1º.

§ 1º Somente podem ser nomeados agentes fiduciários as pessoas naturais que satisfaçam aos requisitos para o exercício de cargo em órgão de administração da companhia e as instituições financeiras que, especialmente autorizadas pelo Banco Central do Brasil, tenham por objeto a administração ou a custódia de bens de terceiros.

§ 2º A Comissão de Valores Mobiliários poderá estabelecer que nas emissões de debêntures negociadas no mercado o agente

Lei 6.404/1976

LEGISLAÇÃO

fiduciário, ou um dos agentes fiduciários, seja instituição financeira.

§ 3º Não pode ser agente fiduciário:

a) pessoa que já exerça a função em outra emissão da mesma companhia, a menos que autorizado, nos termos das normas expedidas pela Comissão de Valores Mobiliários;

- Alínea a com redação determinada pela Lei 12.431/2011.

b) instituição financeira coligada à companhia emissora ou à entidade que subscreva a emissão para distribuí-la no mercado, e qualquer sociedade por elas controlada;
c) credor, por qualquer título, da sociedade emissora, ou sociedade por ele controlada;
d) instituição financeira cujos administradores tenham interesse na companhia emissora;
e) pessoa que, de qualquer outro modo, se coloque em situação de conflito de interesse pelo exercício da função.

§ 4º O agente fiduciário que, por circunstâncias posteriores à emissão, ficar impedido de continuar a exercer a função deverá comunicar imediatamente o fato aos debenturistas e pedir sua substituição.

Substituição, remuneração e fiscalização

Art. 67. A escritura de emissão estabelecerá as condições de substituição e remuneração do agente fiduciário, observadas as normas expedidas pela Comissão de Valores Mobiliários.

- V. arts. 51, § 3º, e 61, § 1º.

Parágrafo único. A Comissão de Valores Mobiliários fiscalizará o exercício da função de agente fiduciário das emissões distribuídas no mercado, ou de debêntures negociadas em bolsa ou no mercado de balcão, podendo:

a) nomear substituto provisório, nos casos de vacância;
b) suspender o agente fiduciário de suas funções e dar-lhe substituto, se deixar de cumprir os seus deveres.

Deveres e atribuições

Art. 68. O agente fiduciário representa, nos termos desta Lei e da escritura de emissão, a comunhão dos debenturistas perante a companhia emissora.

- V. arts. 51, § 3º, e 61, § 1º.

§ 1º São deveres do agente fiduciário:

a) proteger os direitos e interesses dos debenturistas, empregando no exercício da função o cuidado e a diligência que todo homem ativo e probo costuma empregar na administração de seus próprios bens;
b) elaborar relatório e colocá-lo anualmente à disposição dos debenturistas, dentro de 4 (quatro) meses do encerramento do exercício social da companhia, informando os fatos relevantes ocorridos durante o exercício, relativos à execução das obrigações assumidas pela companhia, aos bens garantidores das debêntures e à constituição e aplicação do fundo de amortização, se houver; do relatório constará, ainda, declaração do agente sobre sua aptidão para continuar no exercício da função;
c) notificar os debenturistas, no prazo máximo de 60 (sessenta) dias, de qualquer inadimplemento, pela companhia, de obrigações assumidas na escritura da emissão.

- Alínea c com redação determinada pela Lei 10.303/2001.

§ 2º A escritura de emissão disporá sobre o modo de cumprimento dos deveres de que tratam as alíneas b e c do parágrafo anterior.

§ 3º O agente fiduciário pode usar de qualquer ação para proteger direitos ou defender interesses dos debenturistas, sendo-lhe especialmente facultado, no caso de inadimplemento da companhia:

a) declarar, observadas as condições da escritura de emissão, antecipadamente vencidas as debêntures e cobrar o seu principal e acessórios;
b) executar garantias reais, receber o produto da cobrança e aplicá-lo no pagamento, integral ou proporcional, dos debenturistas;
c) requerer a falência da companhia emissora, se não existirem garantias reais;
d) representar os debenturistas em processos de falência, concordata, intervenção ou liquidação extrajudicial da companhia emissora, salvo deliberação em contrário da assembleia dos debenturistas;

Lei 6.404/1976

e) tomar qualquer providência necessária para que os debenturistas realizem os seus créditos.

§ 4º O agente fiduciário responde perante os debenturistas pelos prejuízos que lhes causar por culpa ou dolo no exercício das suas funções.

• • V. arts. 318 e 319, CPC/2015.

§ 5º O crédito do agente fiduciário por despesas que tenha feito para proteger direitos e interesses ou realizar créditos dos debenturistas será acrescido à dívida da companhia emissora, gozará das mesmas garantias das debêntures e preferirá a estas na ordem de pagamento.

§ 6º Serão reputadas não escritas as cláusulas da escritura de emissão que restringirem os deveres, atribuições e responsabilidade do agente fiduciário previstos neste artigo.

Outras funções

Art. 69. A escritura de emissão poderá ainda atribuir ao agente fiduciário as funções de autenticar os certificados de debêntures, administrar o fundo de amortização, manter em custódia bens dados em garantia e efetuar os pagamentos de juros, amortização e resgate.

• V. arts. 51, § 3º, e 61, § 1º.

Substituição de garantias e modificação da escritura

Art. 70. A substituição de bens dados em garantia, quando autorizada na escritura de emissão, dependerá da concordância do agente fiduciário.

• V. arts. 51, § 3º, e 61, § 1º.

Parágrafo único. O agente fiduciário não tem poderes para acordar na modificação das cláusulas e condições da emissão.

Seção VII
Assembleia de debenturistas

Art. 71. Os titulares de debêntures da mesma emissão ou série podem, a qualquer tempo, reunir-se em assembleia a fim de deliberar sobre matéria de interesse da comunhão dos debenturistas.

• V. arts. 51, § 3º, e 231.

§ 1º A assembleia de debenturistas pode ser convocada pelo agente fiduciário, pela companhia emissora, por debenturistas que representem 10% (dez por cento), no mínimo, dos títulos em circulação, e pela Comissão de Valores Mobiliários.

§ 2º Aplica-se à assembleia de debenturistas, no que couber, o disposto nesta Lei sobre a assembleia geral de acionistas.

§ 3º A assembleia se instalará, em primeira convocação, com a presença de debenturistas que representem metade, no mínimo, das debêntures em circulação, e, em segunda convocação, com qualquer número.

§ 4º O agente fiduciário deverá comparecer à assembleia e prestar aos debenturistas as informações que lhe forem solicitadas.

§ 5º A escritura de emissão estabelecerá a maioria necessária, que não será inferior à metade das debêntures em circulação, para aprovar modificação nas condições das debêntures.

§ 6º Nas deliberações da assembleia, a cada debênture caberá um voto.

Seção VIII
Cédula de debêntures

Art. 72. As instituições financeiras autorizadas pelo Banco Central do Brasil a efetuar esse tipo de operação poderão emitir cédulas lastreadas em debêntures, com garantia própria, que conferirão a seus titulares direito de crédito contra o emitente, pelo valor nominal e os juros nela estipulados.

• *Caput* com redação determinada pela Lei 9.457/1997.
• V. art. 293.

§ 1º A cédula será nominativa, escritural ou não.

• § 1º com redação determinada pela Lei 9.457/1997.
• V. art. 2º, Lei 8.021/1990 (Identificação dos contribuintes para fins fiscais).

§ 2º O certificado da cédula conterá as seguintes declarações:

a) o nome da instituição financeira emitente e as assinaturas dos seus representantes;

b) o número de ordem, o local e a data da emissão;

c) a denominação "Cédula de Debêntures";

• Alínea *c* com redação determinada pela Lei 9.457/1997.

Lei 6.404/1976

d) o valor nominal e a data do vencimento;
e) os juros, que poderão ser fixos ou variáveis, e as épocas do seu pagamento;
f) o lugar do pagamento do principal e dos juros;
g) a identificação das debêntures-lastro, do seu valor e da garantia constituída;

- Alínea *g* com redação determinada pela Lei 9.457/1997.

h) o nome do agente fiduciário dos debenturistas;
i) a cláusula de correção monetária, se houver;
j) o nome do titular;

- Alínea *j* com redação determinada pela Lei 9.457/1997.
- V. art. 2º, Lei 8.021/1990 (Identificação dos contribuintes para fins fiscais).

l) o nome do titular e a declaração de que a cédula é transferível por endosso, se endossável.

- V. art. 2º, Lei 8.021/1990 (Identificação dos contribuintes para fins fiscais).

Seção IX
Emissão de debêntures no estrangeiro

Art. 73. Somente com a prévia aprovação do Banco Central do Brasil as companhias brasileiras poderão emitir debêntures no Exterior com garantia real ou flutuante de bens situados no País.

§ 1º Os credores por obrigações contraídas no Brasil terão preferência sobre os créditos por debêntures emitidas no Exterior por companhias estrangeiras autorizadas a funcionar no País, salvo se a emissão tiver sido previamente autorizada pelo Banco Central do Brasil e o seu produto aplicado em estabelecimento situado no território nacional.

§ 2º Em qualquer caso, somente poderão ser remetidos para o Exterior o principal e os encargos de debêntures registradas no Banco Central do Brasil.

§ 3º A emissão de debêntures no estrangeiro, além de observar os requisitos do art. 62, requer a inscrição no Registro de Imóveis, do local da sede ou do estabelecimento, dos demais documentos exigidos pelas leis do lugar da emissão, autenticadas de acordo com a lei aplicável, legalizadas pelo consulado brasileiro no Exterior e acompanhadas de tradução em vernáculo, feita por tradutor público juramentado; e, no caso de companhia estrangeira, o arquivamento no registro do comércio e publicação do ato que, de acordo com o estatuto social e a lei do local da sede, tenha autorizado a emissão.

§ 4º A negociação, no mercado de capitais do Brasil, de debêntures emitidas no estrangeiro, depende de prévia autorização da Comissão de Valores Mobiliários.

Seção X
Extinção

Art. 74. A companhia emissora fará, nos livros próprios, as anotações referentes à extinção das debêntures, e manterá arquivados, pelo prazo de 5 (cinco) anos, juntamente com os documentos relativos à extinção, os certificados cancelados ou os recibos dos titulares das contas das debêntures escriturais.

§ 1º Se a emissão tiver agente fiduciário, caberá a este fiscalizar o cancelamento dos certificados.

§ 2º Os administradores da companhia responderão solidariamente pelas perdas e danos decorrentes da infração do disposto neste artigo.

- V. arts. 318 e 319, CPC/2015.

Capítulo VI
BÔNUS DE SUBSCRIÇÃO

Características

Art. 75. A companhia poderá emitir, dentro do limite de aumento do capital autorizado no estatuto (art. 168), títulos negociáveis denominados "bônus de subscrição".

Parágrafo único. Os bônus de subscrição conferirão aos seus titulares, nas condições constantes do certificado, direito de subscrever ações do capital social, que será exercido mediante apresentação do título à companhia e pagamento do preço de emissão das ações.

Competência

Art. 76. A deliberação sobre emissão de bônus de subscrição compete à assembleia

Lei 6.404/1976

LEGISLAÇÃO

geral, se o estatuto não a atribuir ao Conselho de Administração.
* V. art. 142, VII.

Emissão

Art. 77. Os bônus de subscrição serão alienados pela companhia ou por ela atribuídos, como vantagem adicional, aos subscritores de emissões de suas ações ou debêntures.

Parágrafo único. Os acionistas da companhia gozarão, nos termos dos arts. 171 e 172, de preferência para subscrever a emissão de bônus.

Forma, propriedade e circulação

Art. 78. Os bônus de subscrição terão a forma nominativa.
* *Caput* com redação determinada pela Lei 9.457/1997.
* V. art. 2º, Lei 8.021/1990 (Identificação dos contribuintes para fins fiscais).

Parágrafo único. Aplica-se aos bônus de subscrição, no que couber, o disposto nas Seções V a VII do Capítulo III.

Certificados

Art. 79. O certificado de bônus de subscrição conterá as seguintes declarações:

I – as previstas nos ns. I a IV do art. 24;

II – a denominação "Bônus de Subscrição";

III – o número de ordem;

IV – o número, a espécie e a classe das ações que poderão ser subscritas, o preço de emissão ou os critérios para sua determinação;

V – a época em que o direito de subscrição poderá ser exercido e a data do término do prazo para esse exercício;

VI – o nome do titular;
* Inciso VI com redação determinada pela Lei 9.457/1997.
* V. art. 2º, Lei 8.021/1990 (Identificação dos contribuintes para fins fiscais).

VII – a data da emissão do certificado e as assinaturas de dois diretores.
* Primitivo inciso VIII renumerado pela Lei 9.457/1997.
* V. art. 2º, Lei 8.021/1990 (Identificação dos contribuintes para fins fiscais).

Capítulo VII
CONSTITUIÇÃO DA COMPANHIA

Seção I
Requisitos preliminares

Art. 80. A constituição da companhia depende do cumprimento dos seguintes requisitos preliminares:
* V. art. 177, CP.

I – subscrição, pelo menos por duas pessoas, de todas as ações em que se divide o capital social fixado no estatuto;
* V. art. 27, Lei 4.595/1964 (Política e instituições bancárias e creditícias).

II – realização, como entrada, de 10% (dez por cento), no mínimo, do preço de emissão das ações subscritas em dinheiro;
* V. art. 95, III.

III – depósito, no Banco do Brasil S.A., ou em outro estabelecimento bancário autorizado pela Comissão de Valores Mobiliários, da parte do capital realizado em dinheiro.
* V. arts. 87, § 1º, e 88, § 2º, *d*.

Parágrafo único. O disposto no n. II não se aplica às companhias para as quais a lei exige realização inicial de parte maior do capital social.

Depósito da entrada

Art. 81. O depósito referido no n. III do art. 80 deverá ser feito pelo fundador no prazo de 5 (cinco) dias contados do recebimento das quantias, em nome do subscritor e a favor da sociedade em organização, que só poderá levantá-lo após haver adquirido personalidade jurídica.

Parágrafo único. Caso a companhia não se constitua dentro de 6 (seis) meses da data do depósito, o banco restituirá as quantias depositadas diretamente aos subscritores.

Seção II
Constituição por subscrição pública

Registro da emissão

Art. 82. A constituição de companhia por subscrição pública depende do prévio registro da emissão na Comissão de Valores Mobiliários, e a subscrição somente poderá

Lei 6.404/1976

ser efetuada com a intermediação de instituição financeira.

- V. art. 170, § 5º.
- V. art. 19, § 3º, Lei 6.385/1976 (Mercado de valores mobiliários).

§ 1º O pedido de registro de emissão obedecerá às normas expedidas pela Comissão de Valores Mobiliários e será instruído com:

a) o estudo de viabilidade econômica e financeira do empreendimento;
b) o projeto do estatuto social;
c) o prospecto, organizado e assinado pelos fundadores e pela instituição financeira intermediária.

§ 2º A Comissão de Valores Mobiliários poderá condicionar o registro a modificações no estatuto ou no prospecto e denegá-lo por inviabilidade ou temeridade do empreendimento, ou inidoneidade dos fundadores.

- V. art. 170, § 6º.

Projeto do estatuto
Art. 83. O projeto de estatuto deverá satisfazer a todos os requisitos exigidos para os contratos das sociedades mercantis em geral e aos peculiares às companhias, e conterá as normas pelas quais se regerá a companhia.

- V. art. 997, CC.

Prospecto
Art. 84. O prospecto deverá mencionar, com precisão e clareza, as bases da companhia e os motivos que justifiquem a expectativa de bom êxito do empreendimento, e em especial:

I – o valor do capital social a ser subscrito, o modo de sua realização e a existência ou não de autorização para aumento futuro;
II – a parte do capital a ser formada com bens, a discriminação desses bens e o valor a eles atribuído pelos fundadores;
III – o número, as espécies e classes de ações em que se dividirá o capital; o valor nominal das ações, e o preço da emissão das ações;
IV – a importância da entrada a ser realizada no ato da subscrição;
V – as obrigações assumidas pelos fundadores, os contratos assinados no interesse da futura companhia e as quantias já despendidas e por despender;
VI – as vantagens particulares, a que terão direito os fundadores ou terceiros, e o dispositivo do projeto do estatuto que as regula;
VII – a autorização governamental para constituir-se a companhia, se necessária;
VIII – as datas de início e término da subscrição e as instituições autorizadas a receber as entradas;
IX – a solução prevista para o caso de excesso de subscrição;
X – o prazo dentro do qual deverá realizar-se a assembleia de constituição da companhia, ou a preliminar para avaliação dos bens, se for o caso;
XI – o nome, nacionalidade, estado civil, profissão e residência dos fundadores, ou, se pessoa jurídica, a firma ou denominação, nacionalidade e sede, bem como o número e espécie de ações que cada um houver subscrito;
XII – a instituição financeira intermediária do lançamento, em cujo poder ficarão depositados os originais do prospecto e do projeto de estatuto, com os documentos a que fizerem menção, para exame de qualquer interessado.

Lista, boletim de entrada
Art. 85. No ato da subscrição das ações a serem realizadas em dinheiro, o subscritor pagará entrada e assinará à lista ou o boletim individual autenticados pela instituição autorizada a receber as entradas, qualificando-se pelo nome, nacionalidade, residência, estado civil, profissão e documento de identidade, ou, se pessoa jurídica, pela firma ou denominação, nacionalidade e sede, devendo especificar o número das ações subscritas, a sua espécie e classe, se houver mais de uma, e o total da entrada.

- V. arts. 88, § 2º, a, e 95, II.

Parágrafo único. A subscrição poderá ser feita, nas condições previstas no prospecto, por carta à instituição, com as declarações prescritas neste artigo e o pagamento da entrada.

- V. art. 434, CC.

Convocação de assembleia
Art. 86. Encerrada a subscrição e havendo sido subscrito todo o capital social, os

Lei 6.404/1976

LEGISLAÇÃO

fundadores convocarão a assembleia geral, que deverá:

• V. art. 124, § 1º.

I – promover a avaliação dos bens, se for o caso (art. 8º);

II – deliberar sobre a constituição da companhia.

• V. art. 88, § 1º.

Parágrafo único. Os anúncios de convocação mencionarão hora, dia e local da reunião e serão inseridos nos jornais em que houver sido feita a publicidade da oferta de subscrição.

• V. Lei 8.639/1993 (Uso de caracteres nas publicações obrigatórias).

Assembleia de constituição

Art. 87. A assembleia de constituição instalar-se-á, em primeira convocação, com a presença de subscritores que representem, no mínimo, metade do capital social, e, em segunda convocação, com qualquer número.

• V. arts. 88, § 1º, 95, V, e 97, § 1º.

§ 1º Na assembleia, presidida por um dos fundadores e secretariada por subscritor, será lido o recibo de depósito de que trata o n. III do art. 80, bem como discutido e votado o projeto de estatuto.

§ 2º Cada ação, independentemente de sua espécie ou classe, dá direito a um voto; a maioria não tem poder para alterar o projeto de estatuto.

§ 3º Verificando-se que foram observadas as formalidades legais e não havendo oposição de subscritores que representem mais da metade do capital social, o presidente declarará constituída a companhia, procedendo-se, a seguir, à eleição dos administradores e fiscais.

§ 4º A ata da reunião, lavrada em duplicata, depois de lida e aprovada pela assembleia, será assinada por todos os subscritores presentes, ou por quantos bastem a validade das deliberações; um exemplar ficará em poder da companhia e o outro será destinado ao registro do comércio.

Seção III
Constituição por subscrição particular

Art. 88. A constituição da companhia por subscrição particular do capital pode fazer-se por deliberação dos subscritores em assembleia geral ou por escritura pública, considerando-se fundadores todos os subscritores.

§ 1º Se a forma escolhida for a de assembleia geral observar-se-á o disposto nos arts. 86 e 87, devendo ser entregues à assembleia o projeto do estatuto, assinado em duplicata por todos os subscritores do capital, e as listas ou boletins de subscrição de todas as ações.

• V. art. 95, I.

§ 2º Preferida a escritura pública, será ela assinada por todos os subscritores, e conterá:

a) a qualificação dos subscritores, nos termos do art. 85;

b) o estatuto da companhia;

c) a relação das ações tomadas pelos subscritores e a importância das entradas pagas;

d) a transcrição do recibo do depósito referido no n. III do art. 80;

e) a transcrição do laudo de avaliação dos peritos, caso tenha havido subscrição do capital social em bens (art. 8º);

f) a nomeação dos primeiros administradores e, quando for o caso, dos fiscais.

Seção IV
Disposições gerais

Art. 89. A incorporação de imóveis para formação do capital social não exige escritura pública.

Art. 90. O subscritor pode fazer-se representar na assembleia geral ou na escritura pública por procurador com poderes especiais.

Art. 91. Nos atos e publicações referentes a companhia em constituição, sua denominação deverá ser aditada da cláusula "em organização".

• V. Lei 8.639/1993 (Uso de caracteres nas publicações obrigatórias).

Lei 6.404/1976

LEGISLAÇÃO

Art. 92. Os fundadores e as instituições financeiras que participarem da constituição por subscrição pública responderão, no âmbito das respectivas atribuições, pelos prejuízos resultantes da inobservância de preceitos legais.

• V. art. 97, § 1º.

Parágrafo único. Os fundadores responderão, solidariamente, pelo prejuízo decorrente de culpa ou dolo em atos ou operações anteriores à constituição.

•• V. arts. 318 e 319, CPC/2015.

Art. 93. Os fundadores entregarão aos primeiros administradores eleitos todos os documentos, livros ou papéis relativos à constituição da companhia ou a esta pertencentes.

Capítulo VIII
FORMALIDADES COMPLEMENTARES DA CONSTITUIÇÃO

Arquivamento e publicação

Art. 94. Nenhuma companhia poderá funcionar sem que sejam arquivados e publicados seus atos constitutivos.

• V. Lei 8.639/1993 (Uso de caracteres nas publicações obrigatórias).

Companhia constituída por assembleia

Art. 95. Se a companhia houver sido constituída por deliberação em assembleia geral, deverão ser arquivados no Registro do Comércio do lugar da sede:

I – um exemplar do estatuto social, assinado por todos os subscritores (art. 88, § 1º) ou, se a subscrição houver sido pública, os originais do estatuto e do prospecto, assinados pelos fundadores, bem como do jornal em que tiverem sido publicados;

II – a relação completa, autenticada pelos fundadores ou pelo presidente da assembleia, dos subscritores do capital social, com a qualificação, número das ações e o total da entrada de cada subscritor (art. 85);

III – o recibo do depósito a que se refere o n. III do art. 80;

IV – duplicata das atas das assembleias realizadas para a avaliação de bens, quando for o caso (art. 8º);

V – duplicata da ata da assembleia geral dos subscritores que houver deliberado a constituição da companhia (art. 87).

Companhia constituída por escritura pública

Art. 96. Se a companhia tiver sido constituída por escritura pública, bastará o arquivamento de certidão do instrumento.

Registro do Comércio

Art. 97. Cumpre ao Registro do Comércio examinar se as prescrições legais foram observadas na constituição da companhia, bem como se no estatuto existem cláusulas contrárias à lei, à ordem pública e aos bons costumes.

• V. art. 3º, § 2º.
• V. arts. 32, II, e 36 a 38, Lei 8.934/1994 (Registro público de empresas mercantis e atividades afins).

§ 1º Se o arquivamento for negado, por inobservância de prescrição ou exigência legal ou por irregularidade verificada na constituição da companhia, os primeiros administradores deverão convocar imediatamente a assembleia geral para sanar a falta ou irregularidade, ou autorizar as providências que se fizerem necessárias. A instalação e funcionamento da assembleia obedecerão ao disposto no art. 87, devendo a deliberação ser tomada por acionistas que representem, no mínimo, metade do capital social. Se a falta for do estatuto, poderá ser sanada na mesma assembleia, a qual deliberará, ainda, sobre se a companhia deve promover a responsabilidade civil dos fundadores (art. 92).

• V. art. 135, § 2º.

§ 2º Com a segunda via da ata da assembleia e a prova de ter sido sanada a falta ou irregularidade, o Registro do Comércio procederá ao arquivamento dos atos constitutivos da companhia.

• V. art. 135, § 2º.

§ 3º A criação de sucursais, filiais ou agências, observado o disposto no estatuto, será arquivada no Registro do Comércio.

Publicação e transferência de bens

Art. 98. Arquivados os documentos relativos à constituição da companhia, os seus ad-

Lei 6.404/1976

LEGISLAÇÃO

ministradores providenciarão, nos 30 (trinta) dias subsequentes, a publicação deles, bem como a de certidão do arquivamento, em órgão oficial do local de sua sede.

* V. art. 135, § 2º.
* V. Lei 8.639/1993 (Uso de caracteres nas publicações obrigatórias).

§ 1º Um exemplar do órgão oficial deverá ser arquivado no Registro do Comércio.

* V. art. 135, § 2º.

§ 2º A certidão dos atos constitutivos da companhia, passada pelo Registro do Comércio em que foram arquivados, será o documento hábil para a transferência, por transcrição no registro público competente, dos bens com que o subscritor tiver contribuído para a formação do capital social (art. 8º, § 2º).

* V. art. 170, § 3º.

§ 3º A ata da assembleia geral que aprovar a incorporação deverá identificar o bem com precisão, mas poderá descrevê-lo sumariamente, desde que seja suplementada por declaração, assinada pelo subscritor, contendo todos os elementos necessários para a transcrição no registro público.

* V. art. 170, § 3º.

Responsabilidade dos primeiros administradores

Art. 99. Os primeiros administradores são solidariamente responsáveis perante a companhia pelos prejuízos causados pela demora no cumprimento das formalidades complementares à sua constituição.

** V. arts. 318 e 319, CPC/2015.

Parágrafo único. A companhia não responde pelos atos ou operações praticados pelos primeiros administradores antes de cumpridas as formalidades de constituição mas a assembleia geral poderá deliberar em contrário.

Capítulo IX
LIVROS SOCIAIS

Art. 100. A companhia deve ter, além dos livros obrigatórios para qualquer comerciante, os seguintes, revestidos das mesmas formalidades legais:

* V. arts. 101 a 104.
* V. arts. 1.179 a 1.195, CC.

I – o livro de "Registro de Ações Nominativas", para inscrição, anotação ou averbação:

* *Caput* do inciso I com redação determinada pela Lei 9.457/1997.
* V. art. 101.
* V. art. 2º, Lei 8.021/1990 (Identificação dos contribuintes para fins fiscais).

a) do nome do acionista e do número das suas ações;
b) das entradas ou prestações de capital realizado;
c) das conversões de ações, de uma em outra espécie ou classe;

* Alínea *c* com redação determinada pela Lei 9.457/1997.

d) do resgate, reembolso e amortização das ações, ou de sua aquisição pela companhia;
e) das mutações operadas pela alienação ou transferência de ações;
f) do penhor, usufruto, fideicomisso, da alienação fiduciária em garantia ou de qualquer ônus que grave as ações ou obste sua negociação;

II – o livro de "Transferência de Ações Nominativas", para lançamento dos termos de transferência, que deverão ser assinados pelo cedente e pelo cessionário ou seus legítimos representantes;

* V. art. 101.

III – o livro de "Registro de Partes Beneficiárias Nominativas" e o de "Transferência de Partes Beneficiárias Nominativas", se tiverem sido emitidos, observando-se em ambos, no que couber, o disposto nos ns. I e II deste artigo;

IV – o livro de "Atas das Assembleias Gerais";

* Primitivo inciso V renumerado pela Lei 9.457/1997.

V – o livro de "Presença dos Acionistas";

* Primitivo inciso VI renumerado pela Lei 9.457/1997.

VI – os livros de "Atas das Reuniões do Conselho de Administração", se houver, e de "Atas das Reuniões de Diretoria";

* Primitivo inciso VII renumerado pela Lei 9.457/1997.

VII – o livro de "Atas e Pareceres do Conselho Fiscal".

* Primitivo inciso VIII renumerado pela Lei 9.457/1997.

Lei 6.404/1976

LEGISLAÇÃO

§ 1º A qualquer pessoa, desde que se destinem a defesa de direitos e esclarecimento de situações de interesse pessoal ou dos acionistas ou do mercado de valores mobiliários, serão dadas certidões dos assentamentos constantes dos livros mencionados nos incisos I a III, e por elas a companhia poderá cobrar o custo do serviço, cabendo, do indeferimento do pedido por parte da companhia, recurso à Comissão de Valores Mobiliários.

- § 1º com redação determinada pela Lei 9.457/1997.
- V. Súmula 389, STJ.

§ 2º Nas companhias abertas, os livros referidos nos incisos I a V do *caput* deste artigo poderão ser substituídos, observadas as normas expedidas pela Comissão de Valores Mobiliários, por registros mecanizados ou eletrônicos.

- § 2º com redação determinada pela Lei 12.431/2011.

Escrituração do agente emissor

Art. 101. O agente emissor de certificados (art. 27) poderá substituir os livros referidos nos incisos I a III do art. 100 pela sua escrituração e manter, mediante sistemas adequados, aprovados pela Comissão de Valores Mobiliários, os registros de propriedade das ações, partes beneficiárias, debêntures e bônus de subscrição, devendo uma vez por ano preparar lista dos seus titulares, com o número dos títulos de cada um, a qual será encadernada, autenticada no registro do comércio e arquivada na companhia.

- *Caput* com redação determinada pela Lei 9.457/1997.
- V. art. 1.180, CC.
- V. art. 39, Lei 8.934/1994 (Registro público de empresas mercantis e atividades afins).

§ 1º Os termos de transferência de ações nominativas perante o agente emissor poderão ser lavrados em folhas soltas, à vista do certificado da ação, no qual serão averbados a transferência e o nome e qualificação do adquirente.

§ 2º Os termos de transferência em folhas soltas serão encadernados em ordem cronológica, em livros autenticados no Registro do Comércio e arquivados no agente emissor.

Ações escriturais

Art. 102. A instituição financeira depositária de ações escriturais deverá fornecer a companhia, ao menos uma vez por ano, cópia dos extratos das contas de depósito das ações e a lista dos acionistas com a quantidade das respectivas ações, que serão encadernadas em livros autenticados no Registro do Comércio e arquivados na instituição financeira.

- V. art. 293.
- V. art. 1.180, CC.
- V. art. 39, Lei 8.934/1994 (Registro público de empresas mercantis e atividades afins).

Fiscalização e dúvidas no registro

Art. 103. Cabe à companhia verificar a regularidade das transferências e da constituição de direitos ou ônus sobre os valores mobiliários de sua emissão; nos casos dos arts. 27 e 34, essa atribuição compete, respectivamente, ao agente emissor de certificados e à instituição financeira depositária das ações escriturais.

- V. art. 293.
- V. art. 1.180, CC.
- V. art. 39, Lei 8.934/1994 (Registro público de empresas mercantis e atividades afins).

Parágrafo único. As dúvidas suscitadas entre o acionista, ou qualquer interessado e a companhia, o agente emissor de certificados ou a instituição financeira depositária das ações escriturais, a respeito das averbações ordenadas por esta Lei, ou sobre anotações, lançamentos ou transferências de ações, partes beneficiárias, debêntures, ou bônus de subscrição, nos livros de registro ou transferência, serão dirimidas pelo juiz competente para solucionar as dúvidas levantadas pelos oficiais dos registros públicos, exceto as questões atinentes à substância do direito.

- V. art. 39, Lei 8.934/1994 (Registro público de empresas mercantis e atividades afins).

Responsabilidade da companhia

Art. 104. A companhia é responsável pelos prejuízos que causar aos interessados por vícios ou irregularidades verificadas nos

Lei 6.404/1976

LEGISLAÇÃO

livros de que tratam os incisos I a III do art. 100.
- *Caput* com redação determinada pela Lei 9.457/1997.
- V. art. 1.180, CC.

Parágrafo único. A companhia deverá diligenciar para que os atos de emissão e substituição de certificados, e de transferências e averbações nos livros sociais, sejam praticados ao menor prazo possível, não excedente do fixado pela Comissão de Valores Mobiliários, respondendo perante acionistas e terceiros pelos prejuízos decorrentes de atrasos culposos.

Exibição dos livros
Art. 105. A exibição por inteiro dos livros da companhia pode ser ordenada judicialmente sempre que, a requerimento de acionistas que representem, pelo menos, 5% (cinco por cento) do capital social, sejam apontados atos violadores da lei ou do estatuto, ou haja fundada suspeita de graves irregularidades praticadas por qualquer dos órgãos da companhia.
- V. art. 291.
- V. arts. 1.180 e 1.191, CC.
- • V. arts. 318 e 319, CPC/2015.

Capítulo X
ACIONISTAS
Seção I
Obrigação de realizar o capital
Condições e mora
Art. 106. O acionista é obrigado a realizar, nas condições previstas no estatuto ou no boletim de subscrição, a prestação correspondente às ações subscritas ou adquiridas.

§ 1º Se o estatuto e o boletim forem omissos quanto ao montante da prestação e ao prazo ou data do pagamento, caberá aos órgãos da administração efetuar chamada, mediante avisos publicados na imprensa, por três vezes, no mínimo, fixando prazo, não inferior a 30 (trinta) dias, para o pagamento.

§ 2º O acionista que não fizer o pagamento nas condições previstas no estatuto ou boletim, ou na chamada, ficará de pleno direito constituído em mora, sujeitando-se ao pagamento dos juros, da correção monetária e da multa que o estatuto determinar, esta não superior a 10% (dez por cento) do valor da prestação.

Acionista remisso
Art. 107. Verificada a mora do acionista, a companhia pode, à sua escolha:
- V. arts. 120 e 174.

I – promover contra o acionista, e os que com ele forem solidariamente responsáveis (art. 108), processo de execução para cobrar as importâncias devidas, servindo o boletim de subscrição e o aviso de chamada como título extrajudicial nos termos do Código de Processo Civil; ou

II – mandar vender as ações em Bolsa de Valores, por conta e risco do acionista.

§ 1º Será havida como não escrita, relativamente à companhia, qualquer estipulação do estatuto ou do boletim de subscrição que exclua ou limite o exercício da opção prevista neste artigo, mas o subscritor de boa-fé terá ação, contra os responsáveis pela estipulação, para haver perdas e danos sofridos, sem prejuízo da responsabilidade penal que no caso couber.

§ 2º A venda será feita em leilão especial na Bolsa de Valores do lugar da sede social, ou, se não houver, na mais próxima, depois de publicado aviso, por três vezes, com antecedência mínima de 3 (três) dias. Do produto da venda serão deduzidas as despesas com a operação e, se previsto no estatuto, os juros, correção monetária e multa, ficando o saldo à disposição do ex-acionista, na sede da sociedade.

§ 3º É facultado à companhia, mesmo após iniciada a cobrança judicial, mandar vender a ação em bolsa de valores; a companhia poderá também promover a cobrança judicial se as ações oferecidas em bolsa não encontrarem tomador, ou se o preço apurado não bastar para pagar os débitos do acionista.

§ 4º Se a companhia não conseguir, por qualquer dos meios previstos neste artigo, a integralização das ações, poderá declará-las caducas e fazer suas as entradas realizadas, integralizando-as com lucros ou reservas, exceto a legal; se não tiver lucros e reservas suficientes, terá o prazo de 1 (um) ano para colocar as ações caídas em comisso, findo o qual, não tendo sido encontrado compra-

Lei 6.404/1976

LEGISLAÇÃO

dor, a assembleia geral deliberará sobre a redução do capital em importância correspondente.

Responsabilidade dos alienantes

Art. 108. Ainda quando negociadas as ações, os alienantes continuarão responsáveis, solidariamente com os adquirentes, pelo pagamento das prestações que faltarem para integralizar as ações transferidas.

• V. art. 107, I.

Parágrafo único. Tal responsabilidade cessará em relação a cada alienante, no fim de 2 (dois) anos a contar da data da transferência das ações.

Seção II
Direitos essenciais

Art. 109. Nem o estatuto social nem a assembleia geral poderão privar o acionista dos direitos de:

I – participar dos lucros sociais;

• V. art. 202.

II – participar do acervo da companhia, em caso de liquidação;

III – fiscalizar, na forma prevista nesta Lei, a gestão dos negócios sociais;

IV – preferência para subscrição de ações, partes beneficiárias conversíveis em ações, debêntures conversíveis em ações e bônus de subscrição, observado o disposto nos arts. 171 e 172;

V – retirar-se da sociedade nos casos previstos nesta Lei.

• V. arts. 111, 136, I, II, IV, V e VII, 137, 221, 230, 236, parágrafo único, 252, § 2º, 256, § 2º, 264, § 3º, 270, parágrafo único, 296, § 4º, e 298, III.

§ 1º As ações de cada classe conferirão iguais direitos aos seus titulares.

§ 2º Os meios, processos ou ações que a lei confere ao acionista para assegurar os seus direitos não podem ser elididos pelo estatuto ou pela assembleia geral.

§ 3º O estatuto da sociedade pode estabelecer que as divergências entre os acionistas e a companhia, ou entre os acionistas controladores e os acionistas minoritários, poderão ser solucionadas mediante arbitragem, nos termos em que especificar.

• § 3º acrescentado pela Lei 10.303/2001.

Seção III
Direito de voto

Disposições gerais

Art. 110. A cada ação ordinária corresponde um voto nas deliberações da assembleia geral.

§ 1º O estatuto pode estabelecer limitação ao número de votos de cada acionista.

§ 2º É vedado atribuir voto plural a qualquer classe de ações.

• V. art. 177, § 2º, CP.

Ações preferenciais

Art. 111. O estatuto poderá deixar de conferir às ações preferenciais algum ou alguns dos direitos reconhecidos às ações ordinárias, inclusive o de voto, ou conferi-lo com restrições, observado o disposto no art. 109.

§ 1º As ações preferenciais sem direito de voto adquirirão o exercício desse direito se a companhia, pelo prazo previsto no estatuto, não superior a três exercícios consecutivos, deixar de pagar os dividendos fixos ou mínimos a que fizerem jus, direito que conservarão até o pagamento, se tais dividendos não forem cumulativos, ou até que sejam pagos os cumulativos em atraso.

• V. art. 112, parágrafo único.

§ 2º Na mesma hipótese e sob a mesma condição do § 1º, as ações preferenciais com direito de voto restrito terão suspensas as limitações ao exercício desse direito.

• V. art. 112, parágrafo único.

§ 3º O estatuto poderá estipular que o disposto nos §§ 1º e 2º vigorará a partir do término da implantação do empreendimento inicial da companhia.

Não exercício de voto pelas ações ao portador

Art. 112. Somente os titulares de ações nominativas, endossáveis e escriturais poderão exercer o direito de voto.

• V. art. 295, § 3º.
• V. art. 2º, Lei 8.021/1990 (Identificação dos contribuintes para fins fiscais).

Parágrafo único. Os titulares de ações preferenciais ao portador que adquirirem direito de voto de acordo com o disposto

Lei 6.404/1976

LEGISLAÇÃO

nos §§ 1º e 2º do art. 111, e enquanto dele gozarem, poderão converter as ações em nominativas ou endossáveis, independentemente de autorização estatutária.

Voto das ações empenhadas e alienadas fiduciariamente

Art. 113. O penhor da ação não impede o acionista de exercer o direito de voto; será lícito, todavia, estabelecer, no contrato, que o acionista não poderá, sem consentimento do credor pignoratício, votar em certas deliberações.

Parágrafo único. O credor garantido por alienação fiduciária da ação não poderá exercer o direito de voto; o devedor somente poderá exercê-lo nos termos do contrato.

Voto das ações gravadas com usufruto

Art. 114. O direito de voto da ação gravada com usufruto, se não for regulado no ato de constituição do gravame, somente poderá ser exercido mediante prévio acordo entre o proprietário e o usufrutuário.

Abuso do direito de voto e conflito de interesses

Art. 115. O acionista deve exercer o direito a voto no interesse da companhia; considerar-se-á abusivo o voto exercido com o fim de causar dano à companhia ou a outros acionistas, ou de obter, para si ou para outrem, vantagem a que não faz jus e de que resulte, ou possa resultar, prejuízo para a companhia ou para outros acionistas.

- *Caput* com redação determinada pela Lei 10.303/2001.

§ 1º O acionista não poderá votar nas deliberações da assembleia geral relativas ao laudo de avaliação de bens com que concorrer para a formação do capital social e à aprovação de suas contas como administrador, nem em quaisquer outras que puderem beneficiá-lo de modo particular, ou em que tiver interesse conflitante com o da companhia.

- V. art. 8º, § 5º.

§ 2º Se todos os subscritores forem condôminos de bem com que concorreram para a formação do capital social, poderão aprovar o laudo, sem prejuízo da responsabilidade de que trata o § 6º do art. 8º.

- V. art. 8º, § 5º.

§ 3º O acionista responde pelos danos causados pelo exercício abusivo do direito de voto, ainda que seu voto não haja prevalecido.

- • V. arts. 318 e 319, CPC/2015.

§ 4º A deliberação tomada em decorrência do voto de acionista que tem interesse conflitante com o da companhia é anulável; o acionista responderá pelos danos causados e será obrigado a transferir para a companhia as vantagens que tiver auferido.

- • V. arts. 286 e 287.
- • V. arts. 318 e 319, CPC/2015.

§§ 5º a 10. *(Vetados.)*

- §§ 5º a 10 acrescentados pela Lei 10.303/2001.

Seção IV
Acionista controlador

Deveres

Art. 116. Entende-se por acionista controlador a pessoa, natural ou jurídica, ou o grupo de pessoas vinculadas por acordo de voto, ou sob controle comum, que:

- • V. arts. 118, § 2º, 238, 243, § 2º, e 246.

a) é titular de direitos de sócio que lhe assegurem, de modo permanente, a maioria dos votos nas deliberações da assembleia geral e o poder de eleger a maioria dos administradores da companhia; e

b) usa efetivamente seu poder para dirigir as atividades sociais e orientar o funcionamento dos órgãos da companhia.

- • V. art. 118, § 2º.

Parágrafo único. O acionista controlador deve usar o poder com o fim de fazer a companhia realizar o seu objeto e cumprir sua função social, e tem deveres e responsabilidades para com os demais acionistas da empresa, os que nela trabalham e para com a comunidade em que atua, cujos direitos e interesses deve lealmente respeitar e atender.

Art. 116-A. O acionista controlador da companhia aberta e os acionistas, ou grupo de acionistas, que elegerem membro do conselho de administração ou membro do conselho fiscal, deverão informar imediatamente as modificações em sua posição acionária na companhia à Comissão de Valores Mobi-

Lei 6.404/1976

LEGISLAÇÃO

liários e às Bolsas de Valores ou entidades do mercado de balcão organizado nas quais os valores mobiliários de emissão da companhia estejam admitidos à negociação, nas condições e na forma determinadas pela Comissão de Valores Mobiliários.

* Artigo acrescentado pela Lei 10.303/2001.

Responsabilidade

Art. 117. O acionista controlador responde pelos danos causados por atos praticados com abuso de poder.

* V. arts. 118, § 2º, 238 e 246.
** V. arts. 318 e 319, CPC/2015.

§ 1º São modalidades de exercício abusivo de poder:

a) orientar a companhia para fim estranho ao objeto social ou lesivo ao interesse nacional, ou levá-la a favorecer outra sociedade, brasileira ou estrangeira, em prejuízo da participação dos acionistas minoritários nos lucros ou no acervo da companhia, ou da economia nacional;

b) promover a liquidação de companhia próspera, ou a transformação, incorporação, fusão ou cisão da companhia, com o fim de obter, para si ou para outrem, vantagem indevida, em prejuízo dos demais acionistas, dos que trabalham na empresa ou dos investidores em valores mobiliários emitidos pela companhia;

c) promover alteração estatutária, emissão de valores mobiliários ou adoção de políticas ou decisões que não tenham por fim o interesse da companhia e visem a causar prejuízo a acionistas minoritários, aos que trabalham na empresa ou aos investidores em valores mobiliários emitidos pela companhia;

d) eleger administrador ou fiscal que sabe inapto, moral ou tecnicamente;

e) induzir, ou tentar induzir, administrador ou fiscal a praticar ato ilegal, ou, descumprindo seus deveres definidos nesta Lei e no estatuto, promover, contra o interesse da companhia, sua ratificação pela assembleia geral;

f) contratar com a companhia, diretamente ou através de outrem, ou de sociedade na qual tenha interesse, em condições de favorecimento ou não equitativas;

g) aprovar ou fazer aprovar contas irregulares de administradores, por favorecimento pessoal, ou deixar de apurar denúncia que saiba ou devesse saber procedente, ou que justifique fundada suspeita de irregularidade;

h) subscrever ações, para os fins do disposto no art. 170, com a realização em bens estranhos ao objeto social da companhia.

* Alínea *h* acrescentada pela Lei 9.457/1997.

§ 2º No caso da alínea *e* do § 1º, o administrador ou fiscal que praticar o ato ilegal responde solidariamente com o acionista controlador.

§ 3º O acionista controlador que exerce cargo de administrador ou fiscal tem também os deveres e responsabilidades próprios do cargo.

Seção V
Acordo de acionistas

Art. 118. Os acordos de acionistas, sobre a compra e venda de suas ações, preferência para adquiri-las, exercício do direito a voto, ou do poder de controle deverão ser observados pela companhia quando arquivados na sua sede.

* *Caput* com redação determinada pela Lei 10.303/2001.

§ 1º As obrigações ou ônus decorrentes desses acordos somente serão oponíveis a terceiros, depois de averbados nos livros de registro e nos certificados das ações, se emitidos.

§ 2º Esses acordos não poderão ser invocados para eximir o acionista de responsabilidade no exercício do direito de voto (art. 115) ou do poder de controle (arts. 116 e 117).

§ 3º Nas condições previstas no acordo, os acionistas podem promover a execução específica das obrigações assumidas.

§ 4º As ações averbadas nos termos deste artigo não poderão ser negociadas em bolsa ou no mercado de balcão.

§ 5º No relatório anual, os órgãos da administração da companhia aberta informarão à assembleia geral as disposições sobre política de reinvestimento de lucros e distribuição de dividendos, constantes de acordos de acionistas arquivados na companhia.

§ 6º O acordo de acionistas cujo prazo for fixado em função de termo ou condição reso-

Lei 6.404/1976

lutiva somente pode ser denunciado segundo suas estipulações.

* § 6º acrescentado pela Lei 10.303/2001.

§ 7º O mandato outorgado nos termos de acordo de acionistas para proferir, em assembleia geral ou especial, voto contra ou a favor de determinada deliberação, poderá prever prazo superior ao constante do § 1º do art. 126 desta Lei.

* § 7º acrescentado pela Lei 10.303/2001.

§ 8º O presidente da assembleia ou do órgão colegiado de deliberação da companhia não computará o voto proferido com infração de acordo de acionistas devidamente arquivado.

* § 8º acrescentado pela Lei 10.303/2001.

§ 9º O não comparecimento à assembleia ou às reuniões dos órgãos de administração da companhia, bem como as abstenções de voto de qualquer parte de acordo de acionistas ou de membros do conselho de administração eleitos nos termos de acordo de acionistas, assegura à parte prejudicada o direito de votar com as ações pertencentes ao acionista ausente ou omisso e, no caso de membro do conselho de administração, pelo conselheiro eleito com os votos da parte prejudicada.

* § 9º acrescentado pela Lei 10.303/2001.

§ 10. Os acionistas vinculados a acordo de acionistas deverão indicar, no ato de arquivamento, representante para comunicar-se com a companhia, para prestar ou receber informações, quando solicitadas.

* § 10 acrescentado pela Lei 10.303/2001.

§ 11. A companhia poderá solicitar aos membros do acordo esclarecimento sobre suas cláusulas.

* § 11 acrescentado pela Lei 10.303/2001.

Seção VI
Representação de acionista residente ou domiciliado no exterior

Art. 119. O acionista residente ou domiciliado no Exterior deverá manter, no País, representante com poderes para receber citação em ações contra ele, propostas com fundamento nos preceitos desta Lei.

Parágrafo único. O exercício, no Brasil, de qualquer dos direitos de acionista confere ao mandatário ou representante legal qualidade para receber citação judicial.

Seção VII
Suspensão do exercício de direitos

Art. 120. A assembleia geral poderá suspender o exercício dos direitos do acionista que deixar de cumprir obrigação imposta pela lei ou pelo estatuto, cessando a suspensão logo que cumprida a obrigação.

* V. arts. 109 e 122, V.

Capítulo XI
ASSEMBLEIA GERAL

Seção I
Disposições gerais

Art. 121. A assembleia geral, convocada e instalada de acordo com a lei e o estatuto, tem poderes para decidir todos os negócios relativos ao objeto da companhia e tomar as resoluções que julgar convenientes à sua defesa e desenvolvimento.

* V. art. 59.

Parágrafo único. Nas companhias abertas, o acionista poderá participar e votar à distância em assembleia geral, nos termos da regulamentação da Comissão de Valores Mobiliários.

* Parágrafo único acrescentado pela Lei 12.431/2011.

Competência privativa

Art. 122. Compete privativamente à assembleia geral.

* *Caput* com redação determinada pela Lei 12.431/2011.

I – reformar o estatuto social;

* Inciso I com redação determinada pela Lei 10.303/2001.

II – eleger ou destituir, a qualquer tempo, os administradores e fiscais da companhia, ressalvado o disposto no inciso II do art. 142;

* Inciso II com redação determinada pela Lei 10.303/2001.

III – tomar, anualmente, as contas dos administradores e deliberar sobre as demonstrações financeiras por eles apresentadas;

* Inciso III com redação determinada pela Lei 10.303/2001.

Lei 6.404/1976

LEGISLAÇÃO

IV – autorizar a emissão de debêntures, ressalvado o disposto nos §§ 1º, 2º e 4º do art. 59;

- Inciso IV com redação determinada pela Lei 12.431/2011.

V – suspender o exercício dos direitos do acionista (art. 120);

- Inciso V com redação determinada pela Lei 10.303/2001.

VI – deliberar sobre a avaliação de bens com que o acionista concorrer para a formação do capital social;

- Inciso VI com redação determinada pela Lei 10.303/2001.

VII – autorizar a emissão de partes beneficiárias;

- Inciso VII com redação determinada pela Lei 10.303/2001.

VIII – deliberar sobre transformação, fusão, incorporação e cisão da companhia, sua dissolução e liquidação, eleger e destituir liquidantes e julgar-lhes as contas; e

- Inciso VIII com redação determinada pela Lei 10.303/2001.

IX – autorizar os administradores a confessar falência e pedir concordata.

- Inciso IX com redação determinada pela Lei 10.303/2001.

Parágrafo único. Em caso de urgência, a confissão de falência ou o pedido de concordata poderá ser formulado pelos administradores, com a concordância do acionista controlador, se houver, convocando-se imediatamente a assembleia geral, para manifestar-se sobre a matéria.

- Parágrafo único com redação determinada pela Lei 10.303/2001.
- V. art. 1.072, § 4º, CC.

Competência para convocação

Art. 123. Compete ao Conselho de Administração, se houver, ou aos diretores, observado o disposto no estatuto, convocar a assembleia geral.

Parágrafo único. A assembleia geral pode também ser convocada:

- V. art. 1.073, CC.

a) pelo Conselho Fiscal, nos casos previstos no n. V do art. 163;

- V. art. 9º, § 1º, III, Dec. 89.309/1984 (Competência da Procuradoria-Geral da Fazenda Nacional).

b) por qualquer acionista, quando os administradores retardarem, por mais de 60 (sessenta) dias, a convocação, nos casos previstos em lei ou no estatuto;

c) por acionistas que representem 5% (cinco por cento), no mínimo, do capital social, quando os administradores não atenderem, no prazo de oito dias, a pedido de convocação que apresentarem, devidamente fundamentado, com indicação das matérias a serem tratadas;

- Alínea c com redação determinada pela Lei 9.457/1997.
- V. art. 291.
- V. art. 9º, Dec. 89.309/1984 (Competência da Procuradoria-Geral da Fazenda Nacional).

d) por acionistas que representem 5% (cinco por cento), no mínimo, do capital votante, ou 5% (cinco por cento), no mínimo, dos acionistas sem direito a voto, quando os administradores não atenderem, no prazo de 8 (oito) dias, a pedido de convocação de assembleia para instalação do conselho fiscal.

- Alínea d acrescentada pela Lei 9.457/1997.

Modo de convocação e local

Art. 124. A convocação far-se-á mediante anúncio publicado por três vezes, no mínimo, contendo, além do local, data e hora da assembleia, a ordem do dia, e, no caso de reforma do estatuto, a indicação da matéria.

- V. arts. 133, 289 e 294, I.
- V. Lei 8.639/1993 (Uso de caracteres nas publicações obrigatórias).

§ 1º A primeira convocação da assembleia geral deverá ser feita:

- § 1º com redação determinada pela Lei 10.303/2001.

I – na companhia fechada, com 8 (oito) dias de antecedência, no mínimo, contado o prazo da publicação do primeiro anúncio; não se realizando a assembleia, será publicado novo anúncio, de segunda convocação, com antecedência mínima de 5 (cinco) dias;

II – na companhia aberta, o prazo de antecedência da primeira convocação será de 15 (quinze) dias e o da segunda convocação de 8 (oito) dias.

§ 2º Salvo motivo de força maior, a assembleia geral realizar-se-á no edifício onde a companhia tiver a sede; quando houver de efetuar-se em outro, os anúncios indicarão, com clareza, o lugar da reunião, que em nenhum caso poderá realizar-se fora da localidade da sede.

§ 3º Nas companhias fechadas, o acionista que representar 5% (cinco por cento), ou mais, do capital social, será convocado por telegrama ou carta registrada, expedidos com a antecedência prevista no § 1º, desde que o tenha solicitado, por escrito, à companhia, com a indicação do endereço completo e do prazo de vigência do pedido, não superior a dois exercícios sociais, e renovável; essa convocação não dispensa a publicação do aviso previsto no § 1º, e sua inobservância dará ao acionista direito de haver, dos administradores da companhia, indenização pelos prejuízos sofridos.

* V. art. 133, § 2º.
** V. arts. 318 e 319, CPC/2015.

§ 4º Independentemente das formalidades previstas neste artigo, será considerada regular a assembleia geral a que comparecerem todos os acionistas.

§ 5º A Comissão de Valores Mobiliários poderá, a seu exclusivo critério, mediante decisão fundamentada de seu Colegiado, a pedido de qualquer acionista, e ouvida a companhia:

* § 5º acrescentado pela Lei 10.303/2001.

I – aumentar, para até 30 (trinta) dias, a contar da data em que os documentos relativos às matérias a serem deliberadas forem colocados à disposição dos acionistas, o prazo de antecedência de publicação do primeiro anúncio de convocação da assembleia geral de companhia aberta, quando esta tiver por objeto operações que, por sua complexidade, exijam maior prazo para que possam ser conhecidas e analisadas pelos acionistas;

II – interromper, por até 15 (quinze) dias, o curso do prazo de antecedência da convocação de assembleia geral extraordinária de companhia aberta, a fim de conhecer e analisar as propostas a serem submetidas à assembleia e, se for o caso, informar à companhia, até o término da interrupção, as razões pelas quais entende que a deliberação proposta à assembleia viola dispositivos legais ou regulamentares.

§ 6º As companhias abertas com ações admitidas à negociação em bolsa de valores deverão remeter, na data da publicação do anúncio de convocação da assembleia, à bolsa de valores em que suas ações forem mais negociadas, os documentos postos à disposição dos acionistas para deliberação na assembleia geral.

* § 6º acrescentado pela Lei 10.303/2001.

Quorum de instalação

Art. 125. Ressalvadas as exceções previstas em lei, a assembleia geral instalar-se-á, em primeira convocação, com a presença de acionistas que representem, no mínimo, 1/4 (um quarto) do capital social com direito de voto; em segunda convocação, instalar-se-á com qualquer número.

* V. art. 1.074, CC.

Parágrafo único. Os acionistas sem direito de voto podem comparecer à assembleia geral e discutir a matéria submetida à deliberação.

Legitimação e representação

Art. 126. As pessoas presentes à assembleia deverão provar a sua qualidade de acionista, observadas as seguintes normas:

I – os titulares de ações nominativas exibirão, se exigido, documento hábil de sua identidade;

II – os titulares de ações escriturais ou em custódia nos termos do art. 41, além do documento de identidade, exibirão, ou depositarão na companhia, se o estatuto o exigir, comprovante expedido pela instituição financeira depositária;

* Primitivo inciso IV renumerado pela Lei 9.457/1997.

III – os titulares de ações ao portador exibirão os respectivos certificados, ou documento de depósito nos termos do n. II.

* O mencionado n. II refere-se ao inciso II anterior a modificação determinada pela Lei 9.457/1997.

§ 1º O acionista pode ser representado na assembleia geral por procurador constituído há menos de 1 (um) ano, que seja acionista, administrador da companhia ou advogado; na companhia aberta, o procurador pode, ainda, ser instituição financeira, cabendo ao administrador de fundos de investimento representar os condôminos.

* V. arts. 133 e 134, § 1º.
* V. art. 1.074, § 1º, CC.

Lei 6.404/1976

LEGISLAÇÃO

§ 2º O pedido de procuração mediante correspondência, ou anúncio publicado, sem prejuízo da regulamentação que sobre o assunto vier a baixar a Comissão de Valores Mobiliários, deverá satisfazer aos seguintes requisitos:
a) conter todos os elementos informativos necessários ao exercício do voto pedido;
b) facultar ao acionista o exercício de voto contrário à decisão com indicação de outro procurador para o exercício desse voto;
c) ser dirigido a todos os titulares de ações cujos endereços constem da companhia.

• Alínea *c* com redação determinada pela Lei 9.457/1997.

§ 3º É facultado a qualquer acionista, detentor de ações, com ou sem voto, que represente 0,5% (meio por cento), no mínimo, do capital social, solicitar relação de endereços dos acionistas, para os fins previstos no § 1º, obedecidos sempre os requisitos do parágrafo anterior.

• § 3º com redação determinada pela Lei 9.457/1997.

§ 4º Têm a qualidade para comparecer à assembleia os representantes legais dos acionistas.

Livro de presença

Art. 127. Antes de abrir-se a assembleia, os acionistas assinarão o "Livro de Presença", indicando o seu nome, nacionalidade e residência, bem como a quantidade, espécie e classe das ações de que forem titulares.
Parágrafo único. Considera-se presente em assembleia geral, para todos os efeitos desta Lei, o acionista que registrar a distância sua presença, na forma prevista em regulamento da Comissão de Valores Mobiliários.

• Parágrafo único acrescentado pela Lei 12.431/2011.

Mesa

Art. 128. Os trabalhos da assembleia serão dirigidos por mesa composta, salvo disposição diversa do estatuto, de presidente e secretário, escolhidos pelos acionistas presentes.

Quorum das deliberações

Art. 129. As deliberações da assembleia geral, ressalvadas as exceções previstas em lei, serão tomadas por maioria absoluta de votos, não se computando os votos em branco.

§ 1º O estatuto da companhia fechada pode aumentar o *quorum* exigido para certas deliberações, desde que especifique as matérias.

§ 2º No caso de empate, se o estatuto não estabelecer procedimento de arbitragem e não contiver norma diversa, a assembleia será convocada, com intervalo mínimo de 2 (dois) meses, para votar a deliberação; se permanecer o empate e os acionistas não concordarem em cometer a decisão a um terceiro, caberá ao Poder Judiciário decidir, no interesse da companhia.

Ata da assembleia

Art. 130. Dos trabalhos e deliberações da assembleia será lavrada, em livro próprio, ata assinada pelos membros da mesa e pelos acionistas presentes. Para validade da ata é suficiente a assinatura de quantos bastem para constituir a maioria necessária para as deliberações tomadas na assembleia. Da ata tirar-se-ão certidões ou cópias autênticas para os fins legais.

• V. art. 1.075, CC.

§ 1º A ata poderá ser lavrada na forma de sumário dos fatos ocorridos, inclusive dissidências e protestos, e conter a transcrição apenas das deliberações tomadas, desde que:

a) os documentos ou propostas submetidos à assembleia, assim como as declarações de voto ou dissidência, referidos na ata, sejam numerados seguidamente, autenticados pela mesa e por qualquer acionista que o solicitar, e arquivados na companhia;
b) a mesa, a pedido de acionista interessado, autentique exemplar ou cópia de proposta, declaração de voto ou dissidência, ou protesto apresentado.

§ 2º A assembleia geral da companhia aberta pode autorizar a publicação de ata com omissão das assinaturas dos acionistas.

§ 3º Se a ata não for lavrada na forma permitida pelo § 1º, poderá ser publicado apenas o seu extrato, com o sumário dos fatos ocorridos e a transcrição das deliberações tomadas.

• V. Lei 8.639/1993 (Uso de caracteres nas publicações obrigatórias).

Lei 6.404/1976

LEGISLAÇÃO

Espécies de assembleia
Art. 131. A assembleia geral é ordinária quando tem por objeto as matérias previstas no art. 132, e extraordinária nos demais casos.
Parágrafo único. A assembleia geral ordinária e a assembleia geral extraordinária poderão ser, cumulativamente, convocadas e realizadas no mesmo local, data e hora, instrumentadas em ata única.

Seção II
Assembleia geral ordinária
Objeto
Art. 132. Anualmente, nos quatro primeiros meses seguintes ao término do exercício social, deverá haver uma assembleia geral para:

• V. arts. 131, 142, IV, 158, § 2º, e 165, § 2º.
• V. art. 1.078, *caput*, CC.

I – tomar as contas dos administradores, examinar, discutir e votar as demonstrações financeiras;

• V. art. 115, § 1º.

II – deliberar sobre a destinação do lucro líquido do exercício e a distribuição de dividendos;
III – eleger os administradores e os membros do Conselho Fiscal, quando for o caso;
IV – aprovar a correção da expressão monetária do capital social (art. 167).

• V. art. 131.

Documentos da administração
Art. 133. Os administradores devem comunicar, até 1 (um) mês antes da data marcada para a realização da assembleia geral ordinária, por anúncios publicados na forma prevista no art. 124, que se acham à disposição dos acionistas:

• V. art. 134.
• V. art. 1.078, § 1º, CC.

I – o relatório da administração sobre os negócios sociais e os principais fatos administrativos do exercício findo;
II – a cópia das demonstrações financeiras;
III – o parecer dos auditores independentes, se houver;
IV – o parecer do conselho fiscal, inclusive votos dissidentes, se houver; e

• Inciso IV acrescentado pela Lei 10.303/2001.

V – demais documentos pertinentes a assuntos incluídos na ordem do dia.

• Inciso V acrescentado pela Lei 10.303/2001.

§ 1º Os anúncios indicarão o local ou locais onde os acionistas poderão obter cópias desses documentos.
§ 2º A companhia remeterá cópia desses documentos aos acionistas que o pedirem por escrito, nas condições previstas no § 3º do art. 124.
§ 3º Os documentos referidos neste artigo, à exceção dos constantes dos incisos IV e V, serão publicados até 5 (cinco) dias, pelo menos, antes da data marcada para a realização da assembleia geral.

• § 3º com redação determinada pela Lei 10.303/2001.

§ 4º A assembleia geral que reunir a totalidade dos acionistas poderá considerar sanada a falta de publicação dos anúncios ou a inobservância dos prazos referidos neste artigo; mas é obrigatória a publicação dos documentos antes da realização da assembleia.
§ 5º A publicação dos anúncios é dispensada quando os documentos a que se refere este artigo são publicados até 1 (um) mês antes da data marcada para a realização da assembleia geral ordinária.

Procedimento
Art. 134. Instalada a assembleia geral, proceder-se-á, se requerida por qualquer acionista, à leitura dos documentos referidos no art. 133 e do parecer do Conselho Fiscal, se houver, os quais serão submetidos pela mesa à discussão e votação.

• V. art. 1.078, § 2º, CC.

§ 1º Os administradores da companhia, ou ao menos um deles, e o auditor independente, se houver, deverão estar presentes à assembleia para atender a pedidos de esclarecimentos de acionistas, mas os administradores não poderão votar, como acionistas ou procuradores, os documentos referidos neste artigo.
§ 2º Se a assembleia tiver necessidade de outros esclarecimentos, poderá adiar a deliberação e ordenar diligências; também será adiada a deliberação, salvo dispensa dos

Lei 6.404/1976

LEGISLAÇÃO

acionistas presentes, na hipótese de não comparecimento de administrador, membro do Conselho Fiscal ou auditor independente.

§ 3º A aprovação, sem reserva, das demonstrações financeiras e das contas, exonera de responsabilidade os administradores e fiscais, salvo erro, dolo, fraude ou simulação (art. 286).

- V. art. 1.078, § 3º, CC.

§ 4º Se a assembleia aprovar as demonstrações financeiras com modificação no montante do lucro do exercício ou no valor das obrigações da companhia, os administradores promoverão, dentro de 30 (trinta) dias, a republicação das demonstrações, com as retificações deliberadas pela assembleia; se a destinação dos lucros proposta pelos órgãos de administração não lograr aprovação (art. 176, § 3º), as modificações introduzidas constarão da ata da assembleia.

§ 5º A ata da assembleia geral ordinária será arquivada no Registro do Comércio e publicada.

§ 6º As disposições do § 1º, segunda parte, não se aplicam quando, nas sociedades fechadas, os diretores forem os únicos acionistas.

Seção III
Assembleia geral extraordinária
Reforma do estatuto

Art. 135. A assembleia geral extraordinária que tiver por objeto a reforma do estatuto somente se instalará em primeira convocação com a presença de acionistas que representem 2/3 (dois terços), no mínimo, do capital com direito a voto, mas poderá instalar-se em segunda com qualquer número.

§ 1º Os atos relativos a reformas do estatuto, para valerem contra terceiros, ficam sujeitos às formalidades de arquivamento e publicação, não podendo, todavia, a falta de cumprimento dessas formalidades ser oposta, pela companhia ou por seus acionistas, a terceiros de boa-fé.

- V. art. 271, § 4º.

§ 2º Aplica-se aos atos de reforma do estatuto o disposto no art. 97 e seus §§ 1º e 2º e no art. 98 e seu § 1º.

§ 3º Os documentos pertinentes à matéria a ser debatida na assembleia geral extraordinária deverão ser postos à disposição dos acionistas, na sede da companhia, por ocasião da publicação do primeiro anúncio de convocação da assembleia geral.

- § 3º acrescentado pela Lei 10.303/2001.

Quorum qualificado

Art. 136. É necessária a aprovação de acionistas que representem metade, no mínimo, das ações com direito a voto, se maior *quorum* não for exigido pelo estatuto da companhia cujas ações não estejam admitidas à negociação em bolsa ou no mercado de balcão, para deliberação sobre:

- *Caput* com redação determinada pela Lei 9.457/1997.

I – criação de ações preferenciais ou aumento de classe de ações preferenciais existentes, sem guardar proporção com as demais classes de ações preferenciais, salvo se já previstos ou autorizados pelo estatuto;

- Inciso I com redação determinada pela Lei 10.303/2001.

II – alteração nas preferências, vantagens e condições de resgate ou amortização de uma ou mais classes de ações preferenciais, ou criação de nova classe mais favorecida;

- Inciso II com redação determinada pela Lei 9.457/1997.
- V. art. 137, *caput* e I.

III – redução do dividendo obrigatório;

- Inciso III com redação determinada pela Lei 9.457/1997.
- V. art. 137.

IV – fusão da companhia, ou sua incorporação em outra;

- Inciso IV com redação determinada pela Lei 9.457/1997.
- V. art. 137.

V – participação em grupo de sociedades (art. 265);

- Primitivo inciso VIII renumerado pela Lei 9.457/1997.
- V. arts. 137 e 270.

VI – mudança do objeto da companhia;

- Primitivo inciso V renumerado pela Lei 9.457/1997.
- V. art. 137.

Legislação

VII – cessação do estado de liquidação da companhia;
- Inciso VII com redação determinada pela Lei 9.457/1997.
- V. art. 206, I, c.

VIII – criação de partes beneficiárias;
- Primitivo inciso III renumerado pela Lei 9.457/1997.

IX – cisão da companhia;
- Inciso IX acrescentado pela Lei 9.457/1997.

X – dissolução da companhia.
- Inciso X acrescentado pela Lei 9.457/1997.
- V. art. 206, I, c.

§ 1º Nos casos dos incisos I e II, a eficácia da deliberação depende de prévia aprovação ou da ratificação, em prazo improrrogável de um ano, por titulares de mais da metade de cada classe de ações preferenciais prejudicadas, reunidos em assembleia especial convocada pelos administradores e instalada com as formalidades desta Lei.
- § 1º com redação determinada pela Lei 9.457/1997.
- V. art. 137, IV.

§ 2º A Comissão de Valores Mobiliários pode autorizar a redução do *quorum* previsto neste artigo no caso de companhia aberta com a propriedade das ações dispersa no mercado, e cujas três últimas assembleias tenham sido realizadas com a presença de acionistas representando menos da metade das ações com direito a voto. Neste caso, a autorização da Comissão de Valores Mobiliários será mencionada nos avisos de convocação e a deliberação com *quorum* reduzido somente poderá ser adotada em terceira convocação.

§ 3º O disposto no § 2º deste artigo aplica-se também às assembleias especiais de acionistas preferenciais de que trata o § 1º.
- § 3º com redação determinada pela Lei 10.303/2001.

§ 4º Deverá constar da ata da assembleia geral que deliberar sobre as matérias dos incisos I e II, se não houver prévia aprovação, que a deliberação só terá eficácia após a sua ratificação pela assembleia especial prevista no § 1º.
- § 4º acrescentado pela Lei 9.457/1997.

Direito de retirada

Art. 136-A. A aprovação da inserção de convenção de arbitragem no estatuto social, observado o *quorum* do art. 136, obriga a todos os acionistas, assegurado ao acionista dissidente o direito de retirar-se da companhia mediante o reembolso do valor de suas ações, nos termos do art. 45.
- Artigo acrescentado pela Lei 13.129/2015 (*DOU* 27.05.2015), em vigor após decorridos 60 (sessenta) dias de sua publicação oficial.

§ 1º A convenção somente terá eficácia após o decurso do prazo de 30 (trinta) dias, contado da publicação da ata da assembleia geral que a aprovou.

§ 2º O direito de retirada previsto no *caput* não será aplicável:

I – caso a inclusão da convenção de arbitragem no estatuto social represente condição para que os valores mobiliários de emissão da companhia sejam admitidos à negociação em segmento de listagem de bolsa de valores ou de mercado de balcão organizado que exija dispersão acionária mínima de 25% (vinte e cinco por cento) das ações de cada espécie ou classe;

II – caso a inclusão da convenção de arbitragem seja efetuada no estatuto social de companhia aberta cujas ações sejam dotadas de liquidez e dispersão no mercado, nos termos das alíneas *a* e *b* do inciso II do art. 137 desta Lei.

Art. 137. A aprovação das matérias previstas nos incisos I a VI e IX do art. 136 dá ao acionista dissidente o direito de retirar-se da companhia, mediante reembolso do valor das suas ações (art. 45), observadas as seguintes normas:
- *Caput* com redação determinada pela Lei 10.303/2001.
- V. art. 8º, Lei 10.303/2001 (Altera as Leis 6.404/1976 e 6.385/1976).
- ** V. art. 599, CPC/2015.

I – nos casos dos incisos I e II do art. 136, somente terá direito de retirada o titular de ações de espécie ou classe prejudicadas;
- Inciso I com redação determinada pela Lei 9.457/1997.

II – nos casos dos incisos IV e V do art. 136, não terá direito de retirada o titular de ação de espécie ou classe que tenha liquidez e dispersão no mercado, considerando-se haver:
- Inciso II com redação determinada pela Lei 10.303/2001.

a) liquidez, quando a espécie ou classe de ação, ou certificado que a represente, integre índice geral representativo de carteira

de valores mobiliários admitido à negociação no mercado de valores mobiliários, no Brasil ou no exterior, definido pela Comissão de Valores Mobiliários; e
b) dispersão, quando o acionista controlador, a sociedade controladora ou outras sociedades sob seu controle detiverem menos da metade da espécie ou classe de ação;
III – no caso do inciso IX do art. 136, somente haverá direito de retirada se a cisão implicar:

- Inciso III acrescentado pela Lei 10.303/2001.

a) mudança do objeto social, salvo quando o patrimônio cindido for vertido para sociedade cuja atividade preponderante coincida com a decorrente do objeto social da sociedade cindida;
b) redução do dividendo obrigatório; ou
c) participação em grupo de sociedades;
IV – o reembolso da ação deve ser reclamado à companhia no prazo de 30 (trinta) dias contado da publicação da ata da assembleia geral;

- Primitivo inciso III renumerado pela Lei 10.303/2001.

V – o prazo para o dissidente de deliberação de assembleia especial (art. 136, § 1º) será contado da publicação da respectiva ata;

- Primitivo inciso IV renumerado pela Lei 10.303/2001.

VI – o pagamento do reembolso somente poderá ser exigido após a observância do disposto no § 3º e, se for o caso, da ratificação da deliberação pela assembleia geral.

- Primitivo inciso V renumerado pela Lei 10.303/2001.

§ 1º O acionista dissidente de deliberação da assembleia, inclusive o titular de ações preferenciais sem direito de voto, poderá exercer o direito de reembolso das ações de que, comprovadamente, era titular na data da primeira publicação do edital de convocação da assembleia, ou na data da comunicação do fato relevante objeto da deliberação, se anterior.

- § 1º com redação determinada pela Lei 9.457/1997.
- V. art. 45.

§ 2º O direito de reembolso poderá ser exercido no prazo previsto nos incisos IV ou V do caput deste artigo, conforme o caso, ainda que o titular das ações tenha se abstido de votar contra a deliberação ou não tenha comparecido à assembleia.

- § 2º com redação determinada pela Lei 10.303/2001.

§ 3º Nos 10 (dez) dias subsequentes ao término do prazo de que tratam os incisos IV e V do caput deste artigo, conforme o caso, contado da publicação da ata da assembleia geral ou da assembleia especial que ratificar a deliberação, é facultado aos órgãos da administração convocar a assembleia geral para ratificar ou reconsiderar a deliberação, se entenderem que o pagamento do preço do reembolso das ações aos acionistas dissidentes que exerceram o direito de retirada porá em risco a estabilidade financeira da empresa.

- § 3º com redação determinada pela Lei 10.303/2001.

§ 4º Decairá do direito de retirada o acionista que não o exercer no prazo fixado.

- § 4º acrescentado pela Lei 9.457/1997.

Capítulo XII
CONSELHO DE ADMINISTRAÇÃO E DIRETORIA

Administração da companhia

Art. 138. A administração da companhia competirá, conforme dispuser o estatuto, ao Conselho de Administração e à diretoria, ou somente à diretoria.
§ 1º O Conselho de Administração é órgão de deliberação colegiada, sendo a representação da companhia privativa dos diretores.
§ 2º As companhias abertas e as de capital autorizado terão, obrigatoriamente, Conselho de Administração.

Art. 139. As atribuições e poderes conferidos por lei aos órgãos de administração não podem ser outorgados a outro órgão, criado por lei ou pelo estatuto.

Seção I
Conselho de administração

Composição

Art. 140. O Conselho de Administração será composto por, no mínimo, três membros, eleitos pela assembleia geral e por ela destituíveis a qualquer tempo, devendo o estatuto estabelecer:

Lei 6.404/1976

LEGISLAÇÃO

I – o número de conselheiros, ou o máximo e mínimo permitidos, e o processo de escolha e substituição do presidente do conselho pela assembleia ou pelo próprio conselho;

- Inciso I com redação determinada pela Lei 10.303/2001.

II – o modo de substituição dos conselheiros;
III – o prazo de gestão, que não poderá ser superior a 3 (três) anos, permitida a reeleição;
IV – as normas sobre convocação, instalação e funcionamento do conselho, que deliberará por maioria de votos, podendo o estatuto estabelecer *quorum* qualificado para certas deliberações, desde que especifique as matérias.

- Inciso IV com redação determinada pela Lei 10.303/2001.

Parágrafo único. O estatuto poderá prever a participação no conselho de representantes dos empregados, escolhidos pelo voto destes, em eleição direta, organizada pela empresa, em conjunto com as entidades sindicais que os representem.

- Parágrafo único acrescentado pela Lei 10.303/2001.

Voto múltiplo
Art. 141. Na eleição dos conselheiros, é facultado aos acionistas que representem, no mínimo, um décimo do capital social com direito a voto, esteja ou não previsto no estatuto, requerer a adoção do processo de voto múltiplo, atribuindo-se a cada ação tantos votos quantos sejam os membros do Conselho, e reconhecido ao acionista o direito de cumular os votos num só candidato ou distribuí-los entre vários.

- V. art. 291.

§ 1º A faculdade prevista neste artigo deverá ser exercida pelos acionistas até 48 (quarenta e oito) horas antes da assembleia geral, cabendo à mesa que dirigir os trabalhos da assembleia informar previamente aos acionistas, à vista do "Livro de Presença", o número de votos necessários para a eleição de cada membro do Conselho.
§ 2º Os cargos que, em virtude de empate, não forem preenchidos, serão objeto de nova votação, pelo mesmo processo, observado o disposto no § 1º, *in fine*.
§ 3º Sempre que a eleição tiver sido realizada por esse processo, a destituição de qualquer membro do Conselho de Administração pela assembleia geral importará destituição dos demais membros, procedendo-se a nova eleição; nos demais casos de vaga, não havendo suplente, a primeira assembleia geral procederá à nova eleição de todo o Conselho.
§ 4º Terão direito de eleger e destituir um membro e seu suplente do conselho de administração, em votação em separado na assembleia geral, excluído o acionista controlador, a maioria dos titulares, respectivamente:

- § 4º com redação determinada pela Lei 10.303/2001.

I – de ações de emissão de companhia aberta com direito a voto, que representem, pelo menos, 15% (quinze por cento) do total das ações com direito a voto; e
II – de ações preferenciais sem direito a voto ou com voto restrito de emissão de companhia aberta, que representem, no mínimo, 10% (dez por cento) do capital social, que não houverem exercido o direito previsto no estatuto, em conformidade com o art. 18.
§ 5º Verificando-se que nem os titulares de ações com direito a voto e nem os titulares de ações preferenciais sem direito a voto ou com voto restrito perfizeram, respectivamente, o *quorum* exigido nos incisos I e II do § 4º, ser-lhes-á facultado agregar suas ações para elegerem em conjunto um membro e seu suplente para o conselho de administração, observando-se, nessa hipótese, o *quorum* exigido pelo inciso II do § 4º.

- § 5º acrescentado pela Lei 10.303/2001.

§ 6º Somente poderão exercer o direito previsto no § 4º os acionistas que comprovarem a titularidade ininterrupta da participação acionária ali exigida durante o período de 3 (três) meses, no mínimo, imediatamente anterior à realização da assembleia geral.

- § 6º acrescentado pela Lei 10.303/2001.

§ 7º Sempre que, cumulativamente, a eleição do conselho de administração se der pelo sistema do voto múltiplo e os titulares de ações ordinárias ou preferenciais exercerem a prerrogativa de eleger conselheiro, será assegurado a acionista ou grupo de acionistas vinculados por acordo de votos que detenham mais do que 50% (cinquenta por cento) das ações com direito de voto o direito de eleger conselheiros em número igual

Lei 6.404/1976

LEGISLAÇÃO

ao dos eleitos pelos demais acionistas, mais um, independentemente do número de conselheiros que, segundo o estatuto, componha o órgão.

* § 7º acrescentado pela Lei 10.303/2001.

§ 8º A companhia deverá manter registro com a identificação dos acionistas que exercerem a prerrogativa a que se refere o § 4º.

* § 8º acrescentado pela Lei 10.303/2001.

§ 9º *(Vetado.)*

* § 9º acrescentado pela Lei 10.303/2001.

Competência
Art. 142. Compete ao conselho de administração:

* A Lei 10.303/2001, que altera a presente Lei, repete a redação deste *caput*.

I – fixar a orientação geral dos negócios da companhia;
II – eleger e destituir os diretores da companhia e fixar-lhes as atribuições, observado o que a respeito dispuser o estatuto;

* V. arts. 122, II, e 144.

III – fiscalizar a gestão dos diretores, examinar, a qualquer tempo, os livros e papéis da companhia, solicitar informações sobre contratos celebrados ou em via de celebração, e quaisquer outros atos;
IV – convocar a assembleia geral quando julgar conveniente, ou no caso do art. 132;
V – manifestar-se sobre o relatório da administração e as contas da diretoria;
VI – manifestar-se previamente sobre atos ou contratos, quando o estatuto assim o exigir;
VII – deliberar, quando autorizado pelo estatuto, sobre a emissão de ações ou de bônus de subscrição;
VIII – autorizar, se o estatuto não dispuser em contrário, a alienação de bens do ativo não circulante, a constituição de ônus reais e a prestação de garantias a obrigações de terceiros;

* Inciso VIII com redação determinada pela Lei 11.941/2009.

IX – escolher e destituir os auditores independentes, se houver.
§ 1º Serão arquivadas no registro do comércio e publicadas as atas das reuniões do conselho de administração que contiverem deliberação destinada a produzir efeitos perante terceiros.

* Primitivo parágrafo único renumerado pela Lei 10.303/2001.

§ 2º A escolha e a destituição do auditor independente ficará sujeita a veto, devidamente fundamentado, dos conselheiros eleitos na forma do art. 141, § 4º, se houver.

* § 2º acrescentado pela Lei 10.303/2001.

Seção II
Diretoria

Composição
Art. 143. A diretoria será composta por dois ou mais diretores, eleitos e destituíveis a qualquer tempo pelo Conselho de Administração, ou, se inexistente, pela assembleia geral, devendo o estatuto estabelecer:
I – o número de diretores, ou o máximo e o mínimo permitidos;
II – o modo de sua substituição;
III – o prazo de gestão, que não será superior a 3 (três) anos, permitida a reeleição;
IV – as atribuições e poderes de cada diretor.
§ 1º Os membros do Conselho de Administração, até o máximo de 1/3 (um terço), poderão ser eleitos para cargos de diretores.
§ 2º O estatuto pode estabelecer que determinadas decisões, de competência dos diretores, sejam tomadas em reunião da diretoria.

Representação
Art. 144. No silêncio do estatuto e inexistindo deliberação do Conselho de Administração (art. 142, II e parágrafo único), competirão a qualquer diretor a representação da companhia e a prática dos atos necessários ao seu funcionamento regular.
Parágrafo único. Nos limites de suas atribuições e poderes, é lícito aos diretores constituir mandatários da companhia, devendo ser especificados no instrumento os atos ou operações que poderão praticar e a duração do mandato, que, no caso de mandato judicial, poderá ser por prazo indeterminado.

Seção III
Administradores

Normas comuns
Art. 145. As normas relativas a requisitos, impedimentos, investidura, remuneração, deveres e responsabilidades dos administradores aplicam-se a conselheiros e diretores.

Lei 6.404/1976

LEGISLAÇÃO

Requisitos e impedimentos

Art. 146. Poderão ser eleitas para membros dos órgãos de administração pessoas naturais, devendo os diretores ser residentes no País.

* *Caput* com redação determinada pela Lei 12.431/2011.

§ 1º A ata da assembleia geral ou da reunião do conselho de administração que eleger administradores deverá conter a qualificação e o prazo de gestão de cada um dos eleitos, devendo ser arquivada no registro do comércio e publicada.

* § 1º com redação determinada pela Lei 10.303/2001.

§ 2º A posse do conselheiro residente ou domiciliado no exterior fica condicionada à constituição de representante residente no País, com poderes para receber citação em ações contra ele propostas com base na legislação societária, mediante procuração com prazo de validade que deverá estender-se por, no mínimo, 3 (três) anos após o término do prazo de gestão do conselheiro.

* § 2º com redação determinada pela Lei 10.303/2001.

Art. 147. Quando a lei exigir certos requisitos para a investidura em cargo de administração da companhia, a assembleia geral somente poderá eleger quem tenha exibido os necessários comprovantes, dos quais se arquivará cópia autêntica na sede social.

* V. art. 162.

§ 1º São inelegíveis para os cargos de administração da companhia as pessoas impedidas por lei especial, ou condenadas por crime falimentar, de prevaricação, peita ou suborno, concussão, peculato contra a economia popular, a fé pública ou a propriedade ou a pena criminal que vede, ainda que temporariamente, o acesso a cargos públicos.

* V. art. 162, § 2º.

§ 2º São ainda inelegíveis para os cargos de administração de companhia aberta as pessoas declaradas inabilitadas por ato da Comissão de Valores Mobiliários.

* V. art. 162, § 2º.

§ 3º O conselheiro deve ter reputação ilibada, não podendo ser eleito, salvo dispensa da assembleia geral, aquele que:

* § 3º acrescentado pela Lei 10.303/2001.

I – ocupar cargos em sociedades que possam ser consideradas concorrentes no mercado, em especial, em conselhos consultivos, de administração ou fiscal; e

II – tiver interesse conflitante com a sociedade.

§ 4º A comprovação do cumprimento das condições previstas no § 3º será efetuada por meio de declaração firmada pelo conselheiro eleito nos termos definidos pela Comissão de Valores Mobiliários, com vistas ao disposto nos arts. 145 e 159, sob as penas da lei.

* § 4º acrescentado pela Lei 10.303/2001.

Garantia da gestão

Art. 148. O estatuto pode estabelecer que o exercício do cargo de administrador deva ser assegurado, pelo titular ou por terceiro, mediante penhor de ações da companhia ou outra garantia.

Parágrafo único. A garantia só será levantada após aprovação das últimas contas apresentadas pelo administrador que houver deixado o cargo.

Investidura

Art. 149. Os conselheiros e diretores serão investidos nos seus cargos mediante assinatura de termo de posse no livro de atas do Conselho de Administração ou da diretoria, conforme o caso.

* V. arts. 1.062 e 1.067, CC.

§ 1º Se o termo não for assinado nos 30 (trinta) dias seguintes à nomeação, esta tornar-se-á sem efeito, salvo justificação aceita pelo órgão da administração para o qual tiver sido eleito.

* Primitivo parágrafo único renumerado pela Lei 10.303/2001.

§ 2º O termo de posse deverá conter, sob pena de nulidade, a indicação de pelo menos um domicílio no qual o administrador receberá as citações e intimações em processos administrativos e judiciais relativos a atos de sua gestão, as quais reputar-se-ão cumpridas mediante entrega no domicílio indicado, o qual somente poderá ser alterado mediante comunicação por escrito à companhia.

* § 2º acrescentado pela Lei 10.303/2001.

Lei 6.404/1976

LEGISLAÇÃO

Substituição e término da gestão
Art. 150. No caso de vacância do cargo de conselheiro, salvo disposição em contrário do estatuto, o substituto será nomeado pelos conselheiros remanescentes e servirá até a primeira assembleia geral. Se ocorrer vacância da maioria dos cargos, a assembleia geral será convocada para proceder a nova eleição.
§ 1º No caso de vacância de todos os cargos do Conselho de Administração, compete à diretoria convocar a assembleia geral.
§ 2º No caso de vacância de todos os cargos da diretoria, se a companhia não tiver Conselho de Administração, compete ao Conselho Fiscal, se em funcionamento, ou a qualquer acionista, convocar a assembleia geral, devendo o representante de maior número de ações praticar, até a realização da assembleia, os atos urgentes de administração da companhia.
§ 3º O substituto eleito para preencher cargo vago completará o prazo de gestão do substituído.
§ 4º O prazo de gestão do Conselho de Administração ou da diretoria se estende até a investidura dos novos administradores eleitos.

Renúncia
Art. 151. A renúncia do administrador torna-se eficaz, em relação à companhia, desde o momento em que lhe for entregue a comunicação escrita do renunciante, e em relação a terceiros de boa-fé, após arquivamento no Registro do Comércio e publicação, que poderão ser promovidos pelo renunciante.

• V. art. 1.063, CC.

Remuneração
Art. 152. A assembleia geral fixará o montante global ou individual da remuneração dos administradores, inclusive benefícios de qualquer natureza e verbas de representação, tendo em conta suas responsabilidades, o tempo dedicado às suas funções, sua competência e reputação profissional e o valor dos seus serviços no mercado.

• *Caput* com redação determinada pela Lei 9.457/1997.

§ 1º O estatuto da companhia que fixar o dividendo obrigatório em 25% (vinte e cinco por cento) ou mais do lucro líquido, pode atribuir aos administradores participação no lucro da companhia, desde que o seu total não ultrapasse a remuneração anual dos administradores nem um décimo dos lucros (art. 190) prevalecendo o limite que for menor.

• V. arts. 274 e 295, § 2º.

§ 2º Os administradores somente farão jus à participação nos lucros do exercício social em relação ao qual for atribuído aos acionistas o dividendo obrigatório, de que trata o art. 202.

• V. arts. 294, § 2º, e 295, § 2º.

Seção IV
Deveres e responsabilidades
Dever de diligência
Art. 153. O administrador da companhia deve empregar, no exercício de suas funções, o cuidado e diligência que todo homem ativo e probo costuma empregar na administração dos seus próprios negócios.

• V. arts. 2º, 152 e 165.
• V. art. 1.011, CC.

Finalidades das atribuições e desvio de poder
Art. 154. O administrador deve exercer as atribuições que a lei e o estatuto lhe conferem para lograr os fins e no interesse da companhia, satisfeitas as exigências do bem público e da função social da empresa.

• V. art. 165.

§ 1º O administrador eleito por grupo ou classe de acionistas tem, para com a companhia, os mesmos deveres que os demais, não podendo, ainda que para defesa do interesse dos que o elegeram, faltar a esses deveres.
§ 2º É vedado ao administrador:
a) praticar ato de liberdade à custa da companhia;
b) sem prévia autorização da assembleia geral ou do Conselho de Administração, tomar por empréstimo recursos ou bens da companhia, ou usar, em proveito próprio, de sociedade em que tenha interesse, ou de terceiros, os seus bens, serviços ou crédito;
c) receber de terceiros sem autorizarão estatutária ou da assembleia geral, qualquer

modalidade de vantagens pessoal, direta ou indireta em razão do exercício de seu cargo.

§ 3º As importâncias recebidas com infração ao disposto na alínea c do § 2º pertencerão à companhia.

§ 4º O Conselho de Administração ou a diretoria podem autorizar a prática de atos gratuitos razoáveis em benefício dos empregados ou da comunidade de que participe a empresa, tendo em vista suas responsabilidades sociais.

Dever de lealdade

Art. 155. O administrador deve servir com lealdade à companhia e manter reserva sobre os seus negócios, sendo-lhe vedado:

• V. art. 165.

I – usar, em benefício próprio ou de outrem, com ou sem prejuízo para a companhia, as oportunidades comerciais de que tenha conhecimento em razão do exercício de seu cargo;

II – omitir-se no exercício ou proteção de direitos da companhia ou, visando a obtenção de vantagens, para si ou para outrem, deixar de aproveitar oportunidades de negócio de interesse da companhia;

III – adquirir, para revender com lucro, bem ou direito que sabe necessário à companhia, ou que esta tencione adquirir.

§ 1º Cumpre, ademais, ao administrador de companhia aberta, guardar sigilo sobre qualquer informação que ainda não tenha sido divulgada para conhecimento do mercado, obtida em razão do cargo e capaz de influir de modo ponderável na cotação de valores mobiliários, sendo-lhe vedado valer-se da informação para obter, para si ou para outrem, vantagem mediante compra ou venda de valores mobiliários.

§ 2º O administrador deve zelar para que a violação do disposto no § 1º não possa ocorrer através de subordinados ou terceiros de sua confiança.

§ 3º A pessoa prejudicada em compra e venda de valores mobiliários, contratada com infração do disposto nos §§ 1º e 2º, tem direito de haver do infrator indenização por perdas e danos, a menos que ao contratar já conhecesse a informação.

•• V. arts. 318 e 319, CPC/2015.

§ 4º É vedada a utilização de informação relevante ainda não divulgada, por qualquer pessoa que a ela tenha tido acesso, com a finalidade de auferir vantagem, para si ou para outrem, no mercado de valores mobiliários.

• § 4º acrescentado pela Lei 10.303/2001.

Conflito de interesse

Art. 156. É vedado ao administrador intervir em qualquer posição social em que tiver interesse conflitante com o da companhia, bem como na deliberação que a respeito tomarem os demais administradores, cumprindo-lhe cientificá-los do seu impedimento e fazer consignar, em ata de reunião do Conselho de Administração ou da diretoria, a natureza e extensão do seu interesse.

• V. art. 165.

§ 1º Ainda que observado o disposto neste artigo, o administrador somente pode contratar com a companhia em condições razoáveis ou equitativas, idênticas às que prevalecem no mercado ou em que a companhia contrataria com terceiros.

§ 2º O negócio contratado com infração do disposto no § 1º é anulável, e o administrador interessado será obrigado a transferir para a companhia as vantagens que dele tiver auferido.

•• V. arts. 286 e 287.
•• V. arts. 318 e 319, CPC/2015.

Dever de informar

Art. 157. O administrador de companhia aberta deve declarar, ao firmar o termo de posse, o número de ações, bônus de subscrição, opções de compra de ações e debêntures conversíveis em ações, de emissão da companhia e de sociedades controladas ou do mesmo grupo, de que seja titular.

§ 1º O administrador de companhia aberta é obrigado a revelar à assembleia geral ordinária, a pedido de acionistas que representem 5% (cinco por cento) ou mais do capital social:

• V. art. 291.

a) o número dos valores mobiliários de emissão da companhia ou de sociedades controladas, ou do mesmo grupo, que tiver adquirido ou alienado, diretamente ou através de outras pessoas, no exercício anterior;

Lei 6.404/1976

LEGISLAÇÃO

b) as opções de compra de ações que tiver contratado ou exercido no exercício anterior;
c) os benefícios ou vantagens, indiretas ou complementares, que tenha recebido ou esteja recebendo da companhia e de sociedades coligadas, controladas ou do mesmo grupo;
d) as condições dos contratos de trabalho que tenham sido firmados pela companhia com os diretores e empregados de alto nível;
e) quaisquer atos ou fatos relevantes nas atividades da companhia.

§ 2º Os esclarecimentos prestados pelo administrador poderão, a pedido de qualquer acionista, ser reduzidos a escrito, autenticados pela mesa da assembleia, e fornecidos por cópia aos solicitantes.

§ 3º A revelação dos atos ou fatos de que trata este artigo só poderá ser utilizada no legítimo interesse da companhia ou do acionista, respondendo os solicitantes pelos abusos que praticarem.

§ 4º Os administradores da companhia aberta são obrigados a comunicar imediatamente à bolsa de valores e a divulgar pela imprensa qualquer deliberação da assembleia geral ou dos órgãos de administração da companhia, ou fato relevante ocorrido nos seus negócios, que possa influir, de modo ponderável, na decisão dos investidores do mercado de vender ou comprar valores mobiliários emitidos pela companhia.

§ 5º Os administradores poderão recusar-se a prestar a informação (§ 1º, e), ou deixar de divulgá-la (§ 4º), se entenderem que sua revelação porá em risco interesse legítimo da companhia, cabendo à Comissão de Valores Mobiliários, a pedido dos administradores, de qualquer acionista, ou por iniciativa própria, decidir sobre a prestação de informação e responsabilizar os administradores, se for o caso.

§ 6º Os administradores da companhia aberta deverão informar imediatamente, nos termos e na forma determinados pela Comissão de Valores Mobiliários, a esta e às bolsas de valores ou entidades do mercado de balcão organizado nas quais os valores mobiliários de emissão da companhia estejam admitidos à negociação, as modificações em suas posições acionárias na companhia.

• § 6º acrescentado pela Lei 10.303/2001.

Responsabilidade dos administradores

Art. 158. O administrador não é pessoalmente responsável pelas obrigações que contrair em nome da sociedade e em virtude de ato regular de gestão; responde, porém, civilmente, pelos prejuízos que causar, quando proceder:
I – dentro de suas atribuições ou poderes, com culpa ou dolo;
II – com violação da lei ou do estatuto.

§ 1º O administrador não é responsável por atos ilícitos de outros administradores, salvo se com eles for conivente, se negligenciar em descobri-los ou se, deles tendo conhecimento, deixar de agir para impedir a sua prática. Exime-se de responsabilidade o administrador dissidente que faça consignar sua divergência em ata de reunião do órgão de administração ou, não sendo possível, dela dê ciência imediata e por escrito ao órgão da administração, ao Conselho Fiscal, se em funcionamento, ou à assembleia geral.

§ 2º Os administradores são solidariamente responsáveis pelos prejuízos causados em virtude do não cumprimento dos deveres impostos por lei para assegurar o funcionamento normal da companhia, ainda que, pelo estatuto, tais deveres não caibam a todos eles.

§ 3º Nas companhias abertas, a responsabilidade de que trata o § 2º ficará restrita, ressalvado o disposto no § 4º, aos administradores que, por disposição do estatuto, tenham atribuição específica de dar cumprimento àqueles deveres.

§ 4º O administrador que, tendo conhecimento do não cumprimento desses deveres por seu predecessor, ou pelo administrador competente nos termos do § 3º, deixar de comunicar o fato à assembleia geral, tornar-se-á por ele solidariamente responsável.

§ 5º Responderá solidariamente com o administrador quem, com o fim de obter vantagem para si ou para outrem, concorrer para a prática de ato com violação da lei ou do estatuto.

Ação de responsabilidade

Art. 159. Compete à companhia, mediante prévia deliberação da assembleia geral, a ação de responsabilidade civil contra o

administrador, pelos prejuízos causados ao seu patrimônio.
• V. art. 942, CC.
•• V. arts. 318 e 319, CPC/2015.

§ 1º A deliberação poderá ser tomada em assembleia geral ordinária e, se prevista na ordem do dia, ou for consequência direta de assunto nela incluído, em assembleia geral extraordinária.

§ 2º O administrador ou administradores contra os quais deva ser proposta a ação ficarão impedidos e deverão ser substituídos na mesma assembleia.

§ 3º Qualquer acionista poderá promover a ação, se não for proposta no prazo de 3 (três) meses da deliberação da assembleia geral.

§ 4º Se a assembleia deliberar não promover a ação, poderá ela ser proposta por acionistas que representem 5% (cinco por cento), pelo menos, do capital social.
• V. arts. 123, parágrafo único, c, e 291.

§ 5º Os resultados da ação promovida por acionista deferem-se à companhia, mas esta deverá indenizá-lo, até o limite daqueles resultados, de todas as despesas em que tiver incorrido, inclusive correção monetária e juros dos dispêndios realizados.
• V. art. 290.

§ 6º O juiz poderá reconhecer a exclusão da responsabilidade do administrador, se convencido de que este agiu de boa-fé e visando ao interesse da companhia.

§ 7º A ação prevista neste artigo não exclui a que couber ao acionista ou terceiro diretamente prejudicado por ato de administrador.
• V. art. 159.

Órgãos técnicos e consultivos
Art. 160. As normas desta Seção aplicam-se aos membros de quaisquer órgãos, criados pelo estatuto, com funções técnicas ou destinados a aconselhar os administradores.

Capítulo XIII
CONSELHO FISCAL
Composição e funcionamento
Art. 161. A companhia terá um Conselho Fiscal e o estatuto disporá sobre seu funcionamento, de modo permanente ou nos exercícios sociais em que for instalado a pedido de acionistas.
• V. art. 1.070, CC.

§ 1º O Conselho Fiscal será composto de, no mínimo, três e no máximo, cinco membros, e suplentes em igual número, acionistas ou não, eleitos pela assembleia geral.

§ 2º O Conselho Fiscal, quando o funcionamento não for permanente, será instalado pela assembleia geral a pedido de acionistas que representem, no mínimo, um décimo das ações com direito a voto, ou 5% (cinco por cento) das ações sem direito a voto, e cada período de seu funcionamento terminará na primeira assembleia geral ordinária após a sua instalação.
• V. art. 291.

§ 3º O pedido de funcionamento do Conselho Fiscal, ainda que a matéria não conste do anúncio de convocação, poderá ser formulado em qualquer assembleia geral, que elegerá os seus membros.

§ 4º Na constituição do Conselho Fiscal serão observadas as seguintes normas:

a) os titulares de ações preferenciais sem direito a voto, ou com voto restrito, terão direito de eleger, em votação em separado, um membro e respectivo suplente; igual direito terão os acionistas minoritários, desde que representem, em conjunto, 10% (dez por cento) ou mais das ações com direito a voto;

b) ressalvado o disposto na alínea anterior, os demais acionistas com direito a voto poderão eleger os membros efetivos e suplentes que, em qualquer caso, serão em número igual ao dos eleitos nos termos da alínea *a*, mais um.

§ 5º Os membros do conselho fiscal e seus suplentes exercerão seus cargos até a primeira assembleia geral ordinária que se realizar após a sua eleição, e poderão ser reeleitos.

• Dispunha o § 5º do art. 161, vetado na sanção presidencial à Lei 10.303/2001: "Na companhia aberta, o conselho fiscal será composto de três membros e suplentes em igual número, acionistas ou não, eleitos por assembleia, e, na sua constituição, serão observadas as seguintes normas: I – os titulares de ações preferenciais sem direito de voto ou com voto restrito, em conjunto com os titulares de ações ordinárias, excluído o acionista controlador, terão direito de eleger, em votação em separado, um membro e respectivo suplente; II – o acionista controlador terá direito de eleger um membro e seu respectivo suplente;

Lei 6.404/1976

LEGISLAÇÃO

III – o terceiro membro e seu respectivo suplente serão eleitos em comum acordo, pelos acionistas referidos nos incisos I e II deste parágrafo, devendo cada grupo indicar um representante para, em assembleia, proceder à eleição. Não havendo consenso, a assembleia deliberará por maioria de votos, cabendo a cada ação, independente de sua espécie ou classe, o direito a um voto".

§ 6º Os membros do conselho fiscal e seus suplentes exercerão seus cargos até a primeira assembleia geral ordinária que se realizar após a sua eleição, e poderão ser reeleitos.

* § 6º acrescentado pela Lei 10.303/2001.

§ 7º A função de membro do conselho fiscal é indelegável.

* Primitivo § 6º renumerado pela Lei 10.303/2001.

Requisitos, impedimentos e remuneração

Art. 162. Somente podem ser eleitas para o Conselho Fiscal pessoas naturais, residentes no País, diplomadas em curso de nível universitário, ou que tenham exercido por prazo mínimo de 3 (três) anos, cargo de administrador de empresa ou de conselheiro fiscal.

* V. arts. 1.066 e 1.068, CC.
* V. art. 12, Dec. 89.309/1984 (Competência da Procuradoria-Geral da Fazenda Nacional).

§ 1º Nas localidades em que não houver pessoas habilitadas, em número suficiente, para o exercício da função, caberá ao juiz dispensar a companhia da satisfação dos requisitos estabelecidos neste artigo.

§ 2º Não podem ser eleitos para o Conselho Fiscal, além das pessoas enumeradas nos parágrafos do art. 147, membros de órgãos de administração e empregados da companhia ou de sociedade controlada ou do mesmo grupo, e o cônjuge ou parente, até terceiro grau, de administrador da companhia.

§ 3º A remuneração dos membros do conselho fiscal, além do reembolso, obrigatório, das despesas de locomoção e estada necessárias ao desempenho da função, será fixada pela assembleia geral que os eleger, e não poderá ser inferior, para cada membro em exercício, a 10% (dez por cento) da que, em média, for atribuída a cada diretor, não computados benefícios, verbas de representação e participação nos lucros.

* § 3º com redação determinada pela Lei 9.457/1997.

Competência

Art. 163. Compete ao conselho fiscal:

* A Lei 10.303/2001, que altera a presente Lei, repete a redação original deste *caput*.
* V. arts. 1.069 e 1.070, CC.

I – fiscalizar, por qualquer de seus membros, os atos dos administradores e verificar o cumprimento dos seus deveres legais e estatutários;

* Inciso I com redação determinada pela Lei 10.303/2001.

II – opinar sobre o relatório anual da administração, fazendo constar do seu parecer as informações complementares que julgar necessárias ou úteis à deliberação da assembleia geral;

III – opinar sobre as propostas dos órgãos da administração, a serem submetidas à assembleia geral, relativas à modificação do capital social, emissão de debêntures ou bônus de subscrição, planos de investimento ou orçamentos de capital, distribuição de dividendos, transformação, incorporação, fusão ou cisão;

IV – denunciar, por qualquer de seus membros, aos órgãos de administração e, se estes não tomarem as providências necessárias para a proteção dos interesses da companhia, à assembleia geral, os erros, fraudes ou crimes que descobrirem, e sugerir providências úteis à companhia;

* Inciso IV com redação determinada pela Lei 10.303/2001.

V – convocar a assembleia geral ordinária, se os órgãos da administração retardarem por mais de 1 (um) mês essa convocação, e a extraordinária, sempre que ocorrerem motivos graves ou urgentes, incluindo na agenda das assembleias as matérias que considerarem necessárias;

* V. art. 123, parágrafo único, a.

VI – analisar, ao menos trimestralmente, o balancete e demais demonstrações financeiras elaboradas periodicamente pela companhia;

VII – examinar as demonstrações financeiras de exercício social e sobre elas opinar;

Lei 6.404/1976

Legislação

VIII – exercer essas atribuições, durante a liquidação, tendo em vista as disposições especiais que a regulam.

§ 1º Os órgãos de administração são obrigados, através de comunicação por escrito, a colocar à disposição dos membros em exercício do Conselho Fiscal, dentro de 10 (dez) dias, cópias das atas de suas reuniões e, dentro de 15 (quinze) dias do seu recebimento, cópias dos balancetes e demais demonstrações financeiras elaboradas periodicamente e, quando houver, dos relatórios de execução de orçamentos.

§ 2º O conselho fiscal, a pedido de qualquer dos seus membros, solicitará aos órgãos de administração esclarecimentos ou informações, desde que relativas à sua função fiscalizadora, assim como a elaboração de demonstrações financeiras ou contábeis especiais.

* § 2º com redação determinada pela Lei 10.303/2001.

§ 3º Os membros do Conselho Fiscal assistirão às reuniões do Conselho de Administração, se houver, ou da diretoria, em que se deliberar sobre os assuntos em que devam opinar (ns. II, III e VII).

§ 4º Se a companhia tiver auditores independentes, o conselho fiscal, a pedido de qualquer de seus membros, poderá solicitar-lhes esclarecimentos ou informações, e a apuração de fatos específicos.

* § 4º com redação determinada pela Lei 9.457/1997.

§ 5º Se a companhia não tiver auditores independentes, o Conselho Fiscal poderá, para melhor desempenho das suas funções, escolher contador ou firma de auditoria e fixar-lhes os honorários, dentro de níveis razoáveis, vigentes na praça e compatíveis com a dimensão econômica da companhia, os quais serão pagos por esta.

§ 6º O Conselho Fiscal deverá fornecer ao acionista, ou grupo de acionistas que representem, no mínimo, 5% (cinco por cento) do capital social, sempre que solicitadas, informações sobre matérias de sua competência.

* V. art. 291.

§ 7º As atribuições e poderes conferidos pela lei ao Conselho Fiscal não podem ser outorgados a outro órgão da companhia.

§ 8º O conselho fiscal poderá, para apurar fato cujo esclarecimento seja necessário ao desempenho de suas funções, formular, com justificativa, questões a serem respondidas por perito e solicitar à diretoria que indique, para esse fim, no prazo máximo de 30 (trinta) dias, três peritos, que podem ser pessoas físicas ou jurídicas, de notório conhecimento na área em questão, entre os quais o conselho fiscal escolherá um, cujos honorários serão pagos pela companhia.

* § 8º acrescentado pela Lei 9.457/1997.

Pareceres e representações
Art. 164. Os membros do Conselho Fiscal, ou ao menos um deles, deverão comparecer às reuniões da assembleia geral e responder aos pedidos de informações formulados pelos acionistas.

Parágrafo único. Os pareceres e representações do conselho fiscal, ou de qualquer um de seus membros, poderão ser apresentados e lidos na assembleia geral, independentemente de publicação e ainda que a matéria não conste da ordem do dia.

* Parágrafo único com redação determinada pela Lei 10.303/2001.

Deveres e responsabilidades
Art. 165. Os membros do conselho fiscal têm os mesmos deveres dos administradores de que tratam os arts. 153 a 156 e respondem pelos danos resultantes de omissão no cumprimento de seus deveres e de atos praticados com culpa ou dolo, ou com violação da lei ou do estatuto.

* Artigo com redação determinada pela Lei 10.303/2001.
** V. arts. 318 e 319, CPC/2015.

§ 1º Os membros do conselho fiscal deverão exercer suas funções no exclusivo interesse da companhia; considerar-se-á abusivo o exercício da função com o fim de causar dano à companhia, ou aos seus acionistas ou administradores, ou de obter, para si ou para outrem, vantagem a que não faz jus e de que resulte, ou possa resultar, prejuízo para a companhia, seus acionistas ou administradores.

Lei 6.404/1976

§ 2º O membro do conselho fiscal não é responsável pelos atos ilícitos de outros membros, salvo se com eles foi conivente, ou se concorrer para a prática do ato.

§ 3º A responsabilidade dos membros do conselho fiscal por omissão no cumprimento de seus deveres é solidária, mas dela se exime o membro dissidente que fizer consignar sua divergência em ata da reunião do órgão e a comunicar aos órgãos da administração e à assembleia geral.

Art. 165-A. Os membros do conselho fiscal da companhia aberta deverão informar imediatamente as modificações em suas posições acionárias na companhia à Comissão de Valores Mobiliários e às Bolsas de Valores ou entidades do mercado de balcão organizado nas quais os valores mobiliários de emissão da companhia estejam admitidos à negociação, nas condições e na forma determinadas pela Comissão de Valores Mobiliários.

• Artigo acrescentado pela Lei 10.303/2001.

Capítulo XIV
MODIFICAÇÃO DO CAPITAL SOCIAL

• V. art. 50, VI, Lei 11.101/2005 (Lei de Recuperação de Empresas e Falência).

Seção I
Aumento

Competência

Art. 166. O capital social pode ser aumentado:

• V. art. 1.081, *caput*, CC.

I – por deliberação da assembleia geral ordinária, para correção da expressão monetária do seu valor (art. 167);

• V. arts. 6º e 14.

II – por deliberação da assembleia geral ou do Conselho de Administração, observado o que a respeito dispuser o estatuto, nos casos de emissão de ações dentro do limite autorizado no estatuto (art. 168);

III – por conversão, em ações, de debêntures ou partes beneficiárias e pelo exercício de direitos conferidos por bônus de subscrição, ou de opção de compra de ações;

IV – por deliberação da assembleia geral extraordinária convocada para decidir sobre reforma do estatuto social, no caso de inexistir autorização de aumento, ou de estar a mesma esgotada.

• V. art. 14.

§ 1º Dentro dos 30 (trinta) dias subsequentes à efetivação do aumento, a companhia requererá ao Registro do Comércio a sua averbação, nos casos dos ns. I a III, ou o arquivamento da ata da assembleia de reforma do estatuto, no caso do n. IV.

§ 2º O Conselho Fiscal, se em funcionamento, deverá, salvo nos casos do n. III, ser obrigatoriamente ouvido antes da deliberação sobre o aumento de capital.

Correção monetária anual

Art. 167. A reserva de capital constituída por ocasião do balanço de encerramento do exercício social e resultante da correção monetária do capital realizado (art. 182, § 2º) será capitalizada por deliberação da assembleia geral ordinária que aprovar o balanço.

• V. arts. 5º, parágrafo único, 6º, 17, § 4º, 132, 166, I, e 297.

§ 1º Na companhia aberta, a capitalização prevista neste artigo será feita sem modificação do número de ações emitidas e com aumento do valor nominal das ações, se for o caso.

• V. art. 297.

§ 2º A companhia poderá deixar de capitalizar o saldo da reserva correspondente às frações de centavo do valor nominal das ações, ou, se não tiverem valor nominal, à fração inferior a 1% (um por cento) do capital social.

§ 3º Se a companhia tiver ações com e sem valor nominal, a correção do capital correspondente às ações com valor nominal será feita separadamente, sendo a reserva resultante capitalizada em benefício dessas ações.

Capital autorizado

Art. 168. O estatuto pode conter autorização para aumento do capital social independentemente de reforma estatutária.

• V. arts. 6º, 75 e 166, II.

§ 1º A autorização deverá especificar:

Lei 6.404/1976

a) o limite de aumento, em valor do capital ou em número de ações, e as espécies e classes das ações que poderão ser emitidas;
b) o órgão competente para deliberar sobre as emissões, que poderá ser a assembleia geral ou o Conselho de Administração;
c) as condições a que estiverem sujeitas as emissões;
d) os casos ou as condições em que os acionistas terão direito de preferência para subscrição, ou de inexistência desse direito (art. 172).

§ 2º O limite de autorização, quando fixado em valor do capital social, será anualmente corrigido pela assembleia geral ordinária, com base nos mesmos índices adotados na correção do capital social.

§ 3º O estatuto pode prever que a companhia, dentro do limite de capital autorizado, e de acordo com plano aprovado pela assembleia geral, outorgue opção de compra de ações a seus administradores ou empregados, ou a pessoas naturais que prestem serviços à companhia ou à sociedade sob seu controle.

Capitalização de lucros e reservas

Art. 169. O aumento mediante capitalização de lucros ou de reservas importará alteração do valor nominal das ações ou distribuição das ações novas, correspondentes ao aumento, entre acionistas, na proporção do número de ações que possuírem.

• V. arts. 6º e 17, § 4º.

§ 1º Na companhia com ações sem valor nominal, a capitalização de lucros ou de reservas poderá ser efetivada sem modificação do número de ações.

§ 2º Às ações distribuídas de acordo com este artigo se estenderão, salvo cláusula em contrário dos instrumentos que os tenham constituído, o usufruto, o fideicomisso, a inalienabilidade e a incomunicabilidade que porventura gravarem as ações de que elas forem derivadas.

§ 3º As ações que não puderem ser atribuídas por inteiro a cada acionista serão vendidas em Bolsa, dividindo-se o produto da venda, proporcionalmente, pelos titulares das frações; antes da venda, a companhia fixará prazo, não inferior a 30 (trinta) dias, durante o qual os acionistas poderão transferir as frações de ação.

Aumento mediante subscrição de ações

Art. 170. Depois de realizados 3/4 (três quartos), no mínimo, do capital social, a companhia pode aumentá-lo mediante subscrição pública ou particular de ações.

• V. art. 6º.

§ 1º O preço de emissão deverá ser fixado, sem diluição injustificada da participação dos antigos acionistas, ainda que tenham direito de preferência para subscrevê-las, tendo em vista, alternativa ou conjuntamente:

• § 1º com redação determinada pela Lei 9.457/1997.

I – a perspectiva de rentabilidade da companhia;

II – o valor do patrimônio líquido da ação;

• V. Súmula 371, STJ.

III – a cotação de suas ações em Bolsa de Valores ou no mercado de balcão organizado, admitido ágio ou deságio em função das condições do mercado.

§ 2º A assembleia geral, quando for de sua competência deliberar sobre o aumento, poderá delegar ao Conselho de Administração a fixação do preço de emissão de ações a serem distribuídas no mercado.

• V. art. 14.

§ 3º A subscrição de ações para realização em bens será sempre procedida com observância do disposto no art. 8º, e a ela se aplicará o disposto nos §§ 2º e 3º do art. 98.

§ 4º As entradas e as prestações da realização das ações poderão ser recebidas pela companhia independentemente de depósito bancário.

§ 5º No aumento de capital observar-se-á, se mediante subscrição pública, o disposto no art. 82, e se mediante subscrição particular, o que a respeito for deliberado pela assembleia geral ou pelo Conselho de Administração, conforme dispuser o estatuto.

§ 6º Ao aumento de capital aplica-se, no que couber, o disposto sobre a constituição da companhia, exceto na parte final do § 2º do art. 82.

Lei 6.404/1976

LEGISLAÇÃO

§ 7º A proposta de aumento do capital deverá esclarecer qual o critério adotado, nos termos do § 1º deste artigo, justificando pormenorizadamente os aspectos econômicos que determinaram a sua escolha.

* § 7º acrescentado pela Lei 9.457/1997.

Direito de preferência

Art. 171. Na proporção do número de ações que possuírem, os acionistas terão preferência para a subscrição do aumento de capital.

* V. arts. 6º, 57, § 1º, 77, parágrafo único, 109, IV, e 253, parágrafo único.
* V. art. 1.081, § 1º, CC.

§ 1º Se o capital for dividido em ações de diversas espécies ou classes e o aumento for feito por emissão de mais de uma espécie ou classe, observar-se-ão as seguintes normas:

a) no caso de aumento, na mesma proporção, do número de ações de todas as espécies e classes existentes, cada acionista exercerá o direito de preferência sobre ações idênticas às de que for possuidor;

b) se as ações emitidas forem de espécies e classes existentes, mas importarem alteração das respectivas proporções no capital social, a preferência será exercida sobre ações de espécies e classes idênticas às de que forem possuidores os acionistas, somente se estendendo às demais se aquelas forem insuficientes para lhes assegurar, no capital aumentado, a mesma proporção que tinham no capital antes do aumento;

c) se houver emissão de ações de espécie ou classe diversa das existentes, cada acionista exercerá a preferência, na proporção do número de ações que possuir, sobre ações de todas as espécies e classes do aumento.

§ 2º No aumento mediante capitalização de créditos ou subscrição em bens, será sempre assegurado aos acionistas o direito de preferência e, se for o caso, as importâncias por eles pagas serão entregues ao titular do crédito a ser capitalizado ou do bem a ser incorporado.

§ 3º Os acionistas terão direito de preferência para subscrição das emissões de debêntures conversíveis em ações, bônus de subscrição e partes beneficiárias conversíveis em ações emitidas para alienação onerosa; mas na conversão desses títulos em ações, ou na outorga e no exercício de opção de compra de ações, não haverá direito de preferência.

§ 4º O estatuto ou a assembleia geral fixará prazo de decadência, não inferior a 30 (trinta) dias, para o exercício do direito de preferência.

§ 5º No usufruto e no fideicomisso, o direito de preferência, quando não exercido pelo acionista até 10 (dez) dias antes do vencimento do prazo, poderá sê-lo pelo usufrutuário ou fideicomissário.

§ 6º O acionista poderá ceder seu direito de preferência.

§ 7º Na companhia aberta, o órgão que deliberar sobre a emissão mediante subscrição particular deverá dispor sobre as sobras de valores mobiliários não subscritos, podendo:

a) mandar vendê-las em Bolsa, em benefício da companhia; ou

b) rateá-las, na proporção dos valores subscritos, entre os acionistas que tiverem pedido, no boletim ou lista de subscrição, reserva de sobras; nesse caso, a condição constará dos boletins e listas de subscrição e o saldo não rateado será vendido em Bolsa, nos termos da alínea anterior.

§ 8º Na companhia fechada, será obrigatório o rateio previsto na alínea *b* do § 7º, podendo o saldo, se houver, ser subscrito por terceiros, de acordo com os critérios estabelecidos pela assembleia geral ou pelos órgãos da administração.

Exclusão do direito de preferência

Art. 172. O estatuto da companhia aberta que contiver autorização para o aumento do capital pode prever a emissão, sem direito de preferência para os antigos acionistas, ou com redução do prazo de que trata o § 4º do art. 171, de ações e debêntures conversíveis em ações, ou bônus de subscrição, cuja colocação seja feita mediante:

* *Caput* com redação determinada pela Lei 10.303/2001.

I – venda em Bolsa de Valores ou subscrição pública; ou

Lei 6.404/1976

II – permuta por ações, em oferta pública de aquisição de controle, nos termos dos arts. 257 e 263.

- Inciso II com redação determinada pela Lei 10.303/2001.

Parágrafo único. O estatuto da companhia, ainda que fechada, pode excluir o direito de preferência para subscrição de ações nos termos de lei especial sobre incentivos fiscais.

Seção II
Redução

Art. 173. A assembleia geral poderá deliberar a redução do capital social se houver perda, até o montante dos prejuízos acumulados, ou se julgá-lo excessivo.

- V. art. 6º.
- V. art. 1.082, CC.

§ 1º A proposta de redução do capital social, quando de iniciativa dos administradores, não poderá ser submetida à deliberação da assembleia geral sem o parecer do Conselho Fiscal, se em funcionamento.

§ 2º A partir da deliberação de redução ficarão suspensos os direitos correspondentes às ações cujos certificados tenham sido emitidos, até que sejam apresentados à companhia para substituição.

Oposição dos credores

Art. 174. Ressalvado o disposto nos arts. 45 e 107, a redução do capital social com restituição aos acionistas de parte do valor das ações, ou pela diminuição do valor destas, quando não integralizadas, à importância das entradas, só se tornará efetiva 60 (sessenta) dias após a publicação da ata da assembleia geral que a tiver deliberado.

- V. art. 6º.
- V. art. 1.084, CC.

§ 1º Durante o prazo previsto neste artigo, os credores quirografários por títulos anteriores à data da publicação da ata poderão, mediante notificação, de que se dará ciência ao Registro do Comércio da sede da companhia, opor-se à redução do capital; decairão desse direito os credores que o não exercerem dentro do prazo.

§ 2º Findo o prazo, a ata da assembleia geral que houver deliberado a redução poderá ser arquivada se não tiver havido oposição ou, se tiver havido oposição de algum credor, desde que feita a prova do pagamento do seu crédito ou do depósito judicial da importância respectiva.

§ 3º Se houver em circulação debêntures emitidas pela companhia, a redução do capital, nos casos previstos neste artigo, não poderá ser efetivada sem prévia aprovação pela maioria dos debenturistas, reunidos em assembleia especial.

Capítulo XV
EXERCÍCIO SOCIAL E DEMONSTRAÇÕES FINANCEIRAS

Seção I
Exercício social

Art. 175. O exercício social terá duração de 1 (um) ano e a data do término será fixada no estatuto.

Parágrafo único. Na constituição da companhia e nos casos de alteração estatutária o exercício social poderá ter duração diversa.

Seção II
Demonstrações financeiras

Disposições gerais

Art. 176. Ao fim de cada exercício social, a diretoria fará elaborar com base na escrituração mercantil da companhia, as seguintes demonstrações financeiras, que deverão exprimir com clareza a situação do patrimônio da companhia e as mutações ocorridas no exercício:

I – balanço patrimonial;

II – demonstração dos lucros ou prejuízos acumulados;

III – demonstração do resultado do exercício; e

IV – demonstração dos fluxos de caixa; e

- Inciso IV com redação determinada pela Lei 11.638/2007 (*DOU* 28.12.2007, edição extra), em vigor no primeiro dia do exercício seguinte ao de sua publicação.
- V. art. 188.
- V. art. 7º, Lei 11.638/2007 (Altera e revoga dispositivos da Lei 6.404/1976 e da Lei 6.385/1976, e estende às sociedades de grande porte disposi-

Lei 6.404/1976

LEGISLAÇÃO

ções relativas à elaboração e divulgação de demonstrações financeiras).

V – se companhia aberta, demonstração do valor adicionado.

- Inciso V acrescentado pela Lei 11.638/2007 (*DOU* 28.12.2007, edição extra), em vigor no primeiro dia do exercício seguinte ao de sua publicação.
- V. art. 188.
- V. art. 7º, Lei 11.638/2007 (Altera e revoga dispositivos da Lei 6.404/1976 e da Lei 6.385/1976, e estende às sociedades de grande porte disposições relativas à elaboração e divulgação de demonstrações financeiras).

§ 1º As demonstrações de cada exercício serão publicadas com a indicação dos valores correspondentes das demonstrações do exercício anterior.

- V. art. 295, § 1º, *b*.

§ 2º Nas demonstrações, as contas semelhantes poderão ser agrupadas; os pequenos saldos poderão ser agregados, desde que indicada a sua natureza e não ultrapassem um décimo do valor do respectivo grupo de contas; mas é vedada a utilização de designações genéricas, como "diversas contas" ou "contas-correntes".

§ 3º As demonstrações financeiras registrarão a destinação dos lucros segundo a proposta dos órgãos da administração, no pressuposto de sua aprovação pela assembleia geral.

- V. art. 134, § 4º.

§ 4º As demonstrações serão complementadas por notas explicativas e outros quadros analíticos ou demonstrações contábeis necessários para esclarecimento da situação patrimonial e dos resultados do exercício.

§ 5º As notas explicativas devem:

- § 5º com redação determinada Lei 11.941/2009.

I – apresentar informações sobre a base de preparação das demonstrações financeiras e das práticas contábeis específicas selecionadas e aplicadas para negócios e eventos significativos;

II – divulgar as informações exigidas pelas práticas contábeis adotadas no Brasil que não estejam apresentadas em nenhuma outra parte das demonstrações financeiras;

III – fornecer informações adicionais não indicadas nas próprias demonstrações financeiras e consideradas necessárias para uma apresentação adequada; e

IV – indicar:

a) os principais critérios de avaliação dos elementos patrimoniais, especialmente estoques, dos cálculos de depreciação, amortização e exaustão, de constituição de provisões para encargos ou riscos, e dos ajustes para atender a perdas prováveis na realização de elementos do ativo;

b) os investimentos em outras sociedades, quando relevantes (art. 247, parágrafo único);

c) o aumento de valor de elementos do ativo resultante de novas avaliações (art. 182, § 3º);

d) os ônus reais constituídos sobre elementos do ativo, as garantias prestadas a terceiros e outras responsabilidades eventuais ou contingentes;

e) a taxa de juros, as datas de vencimento e as garantias das obrigações a longo prazo;

f) o número, espécies e classes das ações do capital social;

g) as opções de compra de ações outorgadas e exercidas no exercício;

h) os ajustes de exercícios anteriores (art. 186, § 1º); e

i) os eventos subsequentes à data de encerramento do exercício que tenham, ou possam vir a ter, efeito relevante sobre a situação financeira e os resultados futuros da companhia.

§ 6º A companhia fechada com patrimônio líquido, na data do balanço, inferior a R$ 2.000.000,00 (dois milhões de reais) não será obrigada à elaboração e publicação da demonstração dos fluxos de caixa.

- § 6º com redação determinada pela Lei 11.638/2007 (*DOU* 28.12.2007, edição extra), em vigor no primeiro dia do exercício seguinte ao de sua publicação.

§ 7º A Comissão de Valores Mobiliários poderá, a seu critério, disciplinar de forma diversa o registro de que trata o § 3º deste artigo.

- § 7º acrescentado pela Lei 11.941/2009.

Escrituração

Art. 177. A escrituração da companhia será mantida em registros permanentes, com obediência aos preceitos da legislação

Lei 6.404/1976

comercial e desta Lei e aos princípios de contabilidade geralmente aceitos, devendo observar métodos ou critérios contábeis uniformes no tempo e registrar as mutações patrimoniais segundo o regime de competência.

- V. art. 61, Lei 11.941/2009 (Altera a legislação tributária federal).

§ 1º As demonstrações financeiras do exercício em que houver modificação de métodos ou critérios contábeis, de efeitos relevantes, deverão indicá-la em nota e ressaltar esses efeitos.

§ 2º A companhia observará exclusivamente em livros ou registros auxiliares, sem qualquer modificação da escrituração mercantil e das demonstrações reguladas nesta Lei, as disposições da lei tributária, ou de legislação especial sobre a atividade que constitui seu objeto, que prescrevam, conduzam ou incentivem a utilização de métodos ou critérios contábeis diferentes ou determinem registros, lançamentos ou ajustes ou a elaboração de outras demonstrações financeiras.

- *Caput* do § 2º com redação determinada pela Lei 11.941/2009.

I – *(Revogado pela Lei 11.941/2009.)*

II – *(Revogado pela Lei 11.941/2009.)*

§ 3º As demonstrações financeiras das companhias abertas observarão, ainda, as normas expedidas pela Comissão de Valores Mobiliários e serão obrigatoriamente submetidas a auditoria por auditores independentes nela registrados.

- § 3º com redação determinada pela Lei 11.941/2009.
- V. art. 22, § 1º, II e IV, Lei 6.385/1976 (Mercado de valores mobiliários).

§ 4º As demonstrações financeiras serão assinadas pelos administradores e por contabilistas legalmente habilitados.

§ 5º As normas expedidas pela Comissão de Valores Mobiliários a que se refere o § 3º deste artigo deverão ser elaboradas em consonância com os padrões internacionais de contabilidade adotados nos principais mercados de valores mobiliários.

- § 5º acrescentado pela Lei 11.638/2007 (*DOU* 28.12.2007, edição extra), em vigor no primeiro dia do exercício seguinte ao de sua publicação.

§ 6º As companhias fechadas poderão optar por observar as normas sobre demonstrações financeiras expedidas pela Comissão de Valores Mobiliários para as companhias abertas.

- § 6º acrescentado pela Lei 11.638/2007 (*DOU* 28.12.2007, edição extra), em vigor no primeiro dia do exercício seguinte ao de sua publicação.

§ 7º *(Revogado pela Lei 11.941/2009.)*

Seção III
Balanço patrimonial

Grupo de contas

Art. 178. No balanço, as contas serão classificadas segundo os elementos do patrimônio que registrem, e agrupadas de modo a facilitar o conhecimento e a análise da situação financeira da companhia.

- V. art. 1.179, CC.

§ 1º No ativo, as contas serão dispostas em ordem decrescente de grau de liquidez dos elementos nelas registrados, nos seguintes grupos:

I – ativo circulante; e

- Inciso I acrescentado pela Lei 11.941/2009.

II – ativo não circulante, composto por ativo realizável a longo prazo, investimentos, imobilizado e intangível.

- Inciso II acrescentado pela Lei 11.941/2009.

§ 2º No passivo, as contas serão classificadas nos seguintes grupos:

I – passivo circulante;

- Inciso I acrescentado pela Lei 11.941/2009.

II – passivo não circulante; e

- Inciso II acrescentado pela Lei 11.941/2009.

III – patrimônio líquido, dividido em capital social, reservas de capital, ajustes de avaliação patrimonial, reservas de lucros, ações em tesouraria e prejuízos acumulados.

- Inciso III acrescentado pela Lei 11.941/2009.

§ 3º Os saldos devedores e credores que a companhia não tiver direito de compensar serão classificados separadamente.

Ativo

Art. 179. As contas serão classificadas do seguinte modo:

I – no ativo circulante: as disponibilidades, os direitos realizáveis no curso do exercício

Lei 6.404/1976

LEGISLAÇÃO

social subsequente e as aplicações de recursos em despesas do exercício seguinte;

II – no ativo realizável a longo prazo: os direitos realizáveis após o término do exercício seguinte, assim como os derivados de vendas, adiantamentos ou empréstimos a sociedades coligadas ou controladas (art. 243), diretores, acionistas ou participantes no lucro da companhia, que não constituírem negócios usuais na exploração do objeto da companhia;

III – em investimentos: as participações permanentes em outras sociedades e os direitos de qualquer natureza, não classificáveis no ativo circulante, e que não se destinem à manutenção da atividade da companhia ou da empresa;

IV – no ativo imobilizado: os direitos que tenham por objeto bens corpóreos destinados à manutenção das atividades da companhia ou da empresa ou exercidos com essa finalidade, inclusive os decorrentes de operações que transfiram à companhia os benefícios, riscos e controle desses bens;

• Inciso IV com redação determinada pela Lei 11.638/2007 (DOU 28.12.2007, edição extra), em vigor no primeiro dia do exercício seguinte ao de sua publicação.

V – (Revogado pela Lei 11.941/2009.)

VI – no intangível: os direitos que tenham por objeto bens incorpóreos destinados à manutenção da companhia ou exercidos com essa finalidade, inclusive o fundo de comércio adquirido.

• Inciso VI acrescentado pela Lei 11.638/2007 (DOU 28.12.2007, edição extra), em vigor no primeiro dia do exercício seguinte ao de sua publicação.

Parágrafo único. Na companhia em que o ciclo operacional da empresa tiver duração maior que o exercício social, a classificação no circulante ou longo prazo terá por base o prazo desse ciclo.

• V. art. 180.

Passivo exigível

Art. 180. As obrigações da companhia, inclusive financiamentos para aquisição de direitos do ativo não circulante, serão classificadas no passivo circulante, quando se vencerem no exercício seguinte, e no passivo não circulante, se tiverem vencimento em prazo maior, observado o disposto no parágrafo único do art. 179 desta Lei.

• Artigo com redação determinada pela Lei 11.941/2009.

Resultados de exercícios futuros

Art. 181. (Revogado pela Lei 11.941/2009.)

Patrimônio líquido

Art. 182. A conta do capital social discriminará o montante subscrito e, por dedução, a parcela ainda não realizada.

§ 1º Serão classificadas como reservas de capital as contas que registrarem:

• V. arts. 13, § 2º, 17, § 5º, 193, § 1º, e 204, § 1º.

a) a contribuição do subscritor de ações que ultrapassar o valor nominal e a parte do preço de emissão das ações, sem valor nominal, que ultrapassar a importância destinada à formação do capital social, inclusive nos casos de conversão em ações de debêntures ou partes beneficiárias;

b) o produto da alienação de partes beneficiárias e bônus de subscrição;

c) (Revogada pela Lei 11.638/2007 – DOU 28.12.2007, edição extra, em vigor no primeiro dia do exercício seguinte ao de sua publicação.)

d) (Revogada pela Lei 11.638/2007 – DOU 28.12.2007, edição extra, em vigor no primeiro dia do exercício seguinte ao de sua publicação.)

§ 2º Será ainda registrado como reserva de capital o resultado da correção monetária do capital realizado, enquanto não capitalizado.

• V. art. 167.

§ 3º Serão classificadas como ajustes de avaliação patrimonial, enquanto não computadas no resultado do exercício em obediência ao regime de competência, as contrapartidas de aumentos ou diminuições de valor atribuídos a elementos do ativo e do passivo, em decorrência da sua avaliação a valor justo, nos casos previstos nesta Lei ou, em normas expedidas pela Comissão de Valores Mobiliários, com base na competência conferida pelo § 3º do art. 177 desta Lei.

• § 3º com redação determinada pela Lei 11.941/2009.

Lei 6.404/1976

§ 4º Serão classificadas como reservas de lucros as contas constituídas pela apropriação de lucros da companhia.

§ 5º As ações em tesouraria deverão ser destacadas no balanço como dedução da conta do patrimônio líquido que registrar a origem dos recursos aplicados na sua aquisição.

Critérios de avaliação do ativo

Art. 183. No balanço, os elementos do ativo serão avaliados segundo os seguintes critérios:

I – as aplicações em instrumentos financeiros, inclusive derivativos, e em direitos e títulos de créditos, classificados no ativo circulante ou no realizável a longo prazo:

* Caput do inciso I com redação determinada pela Lei 11.638/2007 (DOU 28.12.2007, edição extra), em vigor no primeiro dia do exercício seguinte ao de sua publicação.

a) pelo seu valor justo, quando se tratar de aplicações destinadas à negociação ou disponíveis para venda; e

* Alínea a com redação determinada pela Lei 11.941/2009.

b) pelo valor de custo de aquisição ou valor de emissão, atualizado conforme disposições legais ou contratuais, ajustado ao valor provável de realização, quando este for inferior, no caso das demais aplicações e os direitos e títulos de crédito;

* Alínea b acrescentada pela Lei 11.638/2007 (DOU 28.12.2007, edição extra), em vigor no primeiro dia do exercício seguinte ao de sua publicação.

II – os direitos que tiverem por objeto mercadorias e produtos do comércio da companhia, assim como matérias-primas, produtos em fabricação e bens em almoxarifado, pelo custo de aquisição ou produção, deduzido de provisão para ajustá-lo ao valor de mercado, quando este for inferior;

III – os investimentos em participação no capital social de outras sociedades, ressalvado o disposto nos arts. 248 a 250, pelo custo de aquisição, deduzido de provisão para perdas prováveis na realização do seu valor, quando essa perda estiver comprovada como permanente, e que não será modificado em razão do recebimento, sem custo para a companhia, de ações ou quotas bonificadas;

IV – os demais investimentos, pelo custo de aquisição, deduzido de provisão para atender às perdas prováveis na realização do seu valor, ou para redução do custo de aquisição ao valor de mercado, quando este for inferior;

V – os direitos classificados no imobilizado, pelo custo de aquisição, deduzido do saldo da respectiva conta de depreciação, amortização ou exaustão;

VI – (Revogado pela Lei 11.941/2009.)

VII – os direitos classificados no intangível, pelo custo incorrido na aquisição deduzido do saldo da respectiva conta de amortização;

* Inciso VII acrescentado pela Lei 11.638/2007 (DOU 28.12.2007, edição extra), em vigor no primeiro dia do exercício seguinte ao de sua publicação.

VIII – os elementos do ativo decorrentes de operações de longo prazo serão ajustados a valor presente, sendo os demais ajustados quando houver efeito relevante.

* Inciso VIII acrescentado pela Lei 11.638/2007 (DOU 28.12.2007, edição extra), em vigor no primeiro dia do exercício seguinte ao de sua publicação.

§ 1º Para efeitos do disposto neste artigo, considera-se valor justo:

* Caput do § 1º com redação determinada pela Lei 11.941/2009.
* V. art. 256, II, b.

a) das matérias-primas e dos bens em almoxarifado, o preço pelo qual possam ser repostos, mediante compra no mercado;

b) dos bens ou direitos destinados à venda, o preço líquido de realização mediante venda no mercado, deduzidos os impostos e demais despesas necessárias para a venda, e a margem de lucro;

c) dos investimentos, o valor líquido pelo qual possam ser alienados a terceiros;

d) dos instrumentos financeiros, o valor que pode se obter em um mercado ativo, decorrente de transação não compulsória realizada entre partes independentes; e, na ausência de um mercado ativo para um determinado instrumento financeiro:

* Alínea d acrescentada pela Lei 11.638/2007 (DOU 28.12.2007, edição extra), em vigor no primeiro dia do exercício seguinte ao de sua publicação.

Lei 6.404/1976

LEGISLAÇÃO

1) o valor que se pode obter em um mercado ativo com a negociação de outro instrumento financeiro de natureza, prazo e risco similares;

2) o valor presente líquido dos fluxos de caixa futuros para instrumentos financeiros de natureza, prazo e risco similares; ou

3) o valor obtido por meio de modelos matemático-estatísticos de precificação de instrumentos financeiros.

§ 2º A diminuição do valor dos elementos dos ativos imobilizado e intangível será registrada periodicamente nas contas de:

- *Caput* do § 2º com redação determinada pela Lei 11.941/2009.

a) depreciação, quando corresponder à perda do valor dos direitos que têm por objeto bens físicos sujeitos a desgaste ou perda de utilidade por uso, ação da natureza ou obsolescência;

b) amortização, quando corresponder à perda do valor do capital aplicado na aquisição de direitos da propriedade industrial ou comercial e quaisquer outros com existência ou exercício de duração limitada, ou cujo objeto sejam bens de utilização por prazo legal ou contratualmente limitado;

c) exaustão, quando corresponder à perda do valor, decorrente da sua exploração, de direitos cujo objeto sejam recursos minerais ou florestais, ou bens aplicados nessa exploração.

§ 3º A companhia deverá efetuar, periodicamente, análise sobre a recuperação dos valores registrados no imobilizado e no intangível, a fim de que sejam:

- *Caput* do § 3º com redação determinada pela Lei 11.941/2009.

I – registradas as perdas de valor do capital aplicado quando houver decisão de interromper os empreendimentos ou atividades a que se destinavam ou quando comprovado que não poderão produzir resultados suficientes para recuperação desse valor; ou

- Inciso I acrescentado pela Lei 11.638/2007 (*DOU* 28.12.2007, edição extra), em vigor no primeiro dia do exercício seguinte ao de sua publicação.

II – revisados e ajustados os critérios utilizados para determinação da vida útil econômica estimada e para cálculo da depreciação, exaustão e amortização.

- Inciso II acrescentado pela Lei 11.638/2007 (*DOU* 28.12.2007, edição extra), em vigor no primeiro dia do exercício seguinte ao de sua publicação.

§ 4º Os estoques de mercadorias fungíveis destinadas à venda poderão ser avaliados pelo valor de mercado, quando esse for o costume mercantil aceito pela técnica contábil.

Critérios de avaliação do passivo

Art. 184. No balanço, os elementos do passivo serão avaliados de acordo com os seguintes critérios:

- V. art. 1.179, CC.

I – as obrigações, encargos e riscos, conhecidos ou calculáveis, inclusive Imposto de Renda a pagar com base no resultado do exercício, serão computados pelo valor atualizado até a data do balanço;

II – as obrigações em moeda estrangeira, com cláusula de paridade cambial, serão convertidas em moeda nacional à taxa de câmbio em vigor na data do balanço;

III – as obrigações, os encargos e os riscos classificados no passivo não circulante serão ajustados ao seu valor presente, sendo os demais ajustados quando houver efeito relevante.

- Inciso III com redação determinada pela Lei 11.941/2009.

Critérios de avaliação em operações societárias

- Rubrica acrescentada pela Lei 11.941/2009.

Art. 184-A. A Comissão de Valores Mobiliários estabelecerá, com base na competência conferida pelo § 3º do art. 177 desta Lei, normas especiais de avaliação e contabilização aplicáveis à aquisição de controle, participações societárias ou negócios.

- Artigo acrescentado pela Lei 11.941/2009.

Correção monetária

Art. 185. *(Revogado pela Lei 7.730/1989.)*

Seção IV
Demonstração de lucros ou prejuízos acumulados

Art. 186. A demonstração dos lucros ou prejuízos acumulados discriminará:

Lei 6.404/1976

LEGISLAÇÃO

I – o saldo do início do período, os ajustes de exercícios anteriores e a correção monetária do saldo inicial;

II – as reversões de reservas e o lucro líquido do exercício;

III – as transferências para reservas, os dividendos, a parcela dos lucros incorporada ao capital e o saldo ao fim do período.

§ 1º Como ajustes de exercícios anteriores serão considerados apenas os decorrentes de efeitos da mudança de critério contábil, ou da retificação de erro imputável a determinado exercício anterior, e que não possam ser atribuídos a fatos subsequentes.

§ 2º A demonstração de lucros ou prejuízos acumulados deverá indicar o montante do dividendo por ação do capital social e poderá ser incluída na demonstração das mutações do patrimônio líquido, se elaborada e publicada pela companhia.

Seção V
Demonstração do resultado do exercício

Art. 187. A demonstração do resultado do exercício discriminará:

I – a receita bruta das vendas e serviços, as deduções das vendas, os abatimentos e os impostos;

II – a receita líquida das vendas e serviços, o custo das mercadorias e serviços vendidos e o lucro bruto;

III – as despesas com as vendas, as despesas financeiras, deduzidas das receitas, as despesas gerais e administrativas, e outras despesas operacionais;

IV – o lucro ou prejuízo operacional, as outras receitas e as outras despesas;

- Inciso IV com redação determinada pela Lei 11.941/2009.

V – o resultado do exercício antes do Imposto de Renda e a provisão para o imposto;

VI – as participações de debêntures, empregados, administradores e partes beneficiárias, mesmo na forma de instrumentos financeiros, e de instituições ou fundos de assistência ou previdência de empregados, que não se caracterizem como despesa;

- Inciso VI com redação determinada pela Lei 11.941/2009.

VII – o lucro ou prejuízo líquido do exercício e o seu montante por ação do capital social.

- V. art. 256, II, *c*.

§ 1º Na determinação do resultado do exercício serão computados:

a) as receitas e os rendimentos ganhos no período, independentemente da sua realização em moeda; e

b) os custos, despesas, encargos e perdas, pagos ou incorridos, correspondentes a essas receitas e rendimentos.

§ 2º *(Revogado pela Lei 11.638/2007 – DOU 28.12.2007, edição extra, em vigor no primeiro dia do exercício seguinte ao de sua publicação.)*

Seção VI
Demonstrações dos fluxos de caixa e do valor adicionado

- Rubrica da Seção VI com redação determinada pela Lei 11.638/2007 (*DOU* 28.12.2007, edição extra), em vigor no primeiro dia do exercício seguinte ao de sua publicação.

Art. 188. As demonstrações referidas nos incisos IV e V do *caput* do art. 176 desta Lei indicarão, no mínimo:

- *Caput* com redação determinada pela Lei 11.638/2007 (*DOU* 28.12.2007, edição extra), em vigor no primeiro dia do exercício seguinte ao de sua publicação.

I – demonstração dos fluxos de caixa – as alterações ocorridas, durante o exercício, no saldo de caixa e equivalentes de caixa, segregando-se essas alterações em, no mínimo, 3 (três) fluxos:

- Inciso I com redação determinada pela Lei 11.638/2007 (*DOU* 28.12.2007, edição extra), em vigor no primeiro dia do exercício seguinte ao de sua publicação.

a) das operações;
b) dos financiamentos; e
c) dos investimentos;

II – demonstração do valor adicionado – o valor da riqueza gerada pela companhia, a sua distribuição entre os elementos que contribuíram para a geração dessa riqueza, tais como empregados, financiadores, acionistas, governo e outros, bem como a parcela da riqueza não distribuída.

- Inciso II com redação determinada pela Lei 11.638/2007 (*DOU* 28.12.2007, edição extra), em vigor no primeiro dia do exercício seguinte ao de sua publicação.

Lei 6.404/1976

LEGISLAÇÃO

III – *(Revogado pela Lei 11.941/2009.)*
IV – *(Revogado pela Lei 11.941/2009.)*

Capítulo XVI
LUCROS, RESERVAS E DIVIDENDOS

Seção I
Dedução de prejuízos e imposto sobre a renda

Art. 189. Do resultado do exercício serão deduzidos, antes de qualquer participação, os prejuízos acumulados e a provisão para o Imposto sobre a Renda.

• V. Lei 8.541/1992 (Altera a legislação do Imposto de Renda).

Parágrafo único. O prejuízo do exercício será obrigatoriamente absorvido pelos lucros acumulados, pelas reservas de lucros e pela reserva legal, nessa ordem.

• V. art. 200, I.

Participações

Art. 190. As participações estatutárias de empregados, administradores e partes beneficiárias serão determinadas, sucessivamente e nessa ordem, com base nos lucros que remanescerem depois de deduzida a participação anteriormente calculada.

• V. arts. 46, § 1º, 152 e 191.

Parágrafo único. Aplica-se ao pagamento das participações dos administradores e das partes beneficiárias o disposto nos parágrafos do art. 201.

Lucro líquido

Art. 191. Lucro líquido do exercício é o resultado do exercício que remanescer depois de deduzidas as participações de que trata o art. 190.

Proposta de destinação do lucro

Art. 192. Juntamente com as demonstrações financeiras do exercício, os órgãos da administração da companhia apresentarão à assembleia geral ordinária, observado o disposto nos arts. 193 a 203 e no estatuto, proposta sobre a destinação a ser dada ao lucro líquido do exercício.

Seção II
Reservas e retenção de lucros

Reserva legal

Art. 193. Do lucro líquido do exercício, 5% (cinco por cento) serão aplicados, antes de qualquer outra destinação, na constituição da reserva legal, que não excederá de 20% (vinte por cento) do capital social.

• V. arts. 192, 197 e 202, I.

§ 1º A companhia poderá deixar de constituir a reserva legal no exercício em que o saldo dessa reserva, acrescido do montante das reservas de capital de que trata o § 1º do art. 182, exceder de 30% (trinta por cento) do capital social.

§ 2º A reserva legal tem por fim assegurar a integridade do capital social e somente poderá ser utilizada para compensar prejuízos ou aumentar o capital.

Reservas estatutárias

Art. 194. O estatuto poderá criar reservas desde que, para cada uma:

• V. arts. 192, 193, 197, 198 e 203.

I – indique, de modo preciso e completo, a sua finalidade;

II – fixe os critérios para determinar a parcela anual dos lucros líquidos que serão destinados à sua constituição; e

III – estabeleça o limite máximo da reserva.

Reservas para contingências

Art. 195. A assembleia geral poderá, por proposta dos órgãos da administração, destinar parte do lucro líquido à formação de reserva com a finalidade de compensar, em exercício futuro, a diminuição do lucro decorrente de perda julgada provável, cujo valor possa ser estimado.

• V. arts. 192, 197, 202, II, e 203.

§ 1º A proposta dos órgãos da administração deverá indicar a causa da perda prevista e justificar, com as razões de prudência que a recomendem, a constituição da reserva.

§ 2º A reserva será revertida no exercício em que deixarem de existir as razões que justificarem a sua constituição ou em que ocorrer a perda.

Lei 6.404/1976

LEGISLAÇÃO

Reserva de incentivos fiscais
- Rubrica acrescentada pela Lei 11.638/2007 (*DOU* 28.12.2007, edição extra), em vigor no primeiro dia do exercício seguinte ao de sua publicação.

Art. 195-A. A assembleia geral poderá, por proposta dos órgãos de administração, destinar para a reserva de incentivos fiscais a parcela do lucro líquido decorrente de doações ou subvenções governamentais para investimentos, que poderá ser excluída da base de cálculo do dividendo obrigatório (inciso I do *caput* do art. 202 desta Lei).

- Artigo acrescentado pela Lei 11.638/2007 (*DOU* 28.12.2007, edição extra), em vigor no primeiro dia do exercício seguinte ao de sua publicação.

Retenção de lucros

Art. 196. A assembleia geral poderá, por proposta dos órgãos da administração, deliberar reter parcela do lucro líquido do exercício prevista em orçamento de capital por ela previamente aprovado.

- V. arts. 192, 197, 198 e 203.

§ 1º O orçamento, submetido pelos órgãos da administração com a justificativa da retenção de lucros proposta, deverá compreender todas as fontes de recursos e aplicações de capital, fixo ou circulante, e poderá ter a duração de até cinco exercícios, salvo no caso de execução, por prazo maior, de projeto de investimento.

§ 2º O orçamento poderá ser aprovado pela assembleia geral ordinária que deliberar sobre o balanço do exercício e revisado anualmente, quando tiver duração superior a um exercício social.

- § 2º com redação determinada pela Lei 10.303/2001.

Reserva de lucros a realizar
- Rubrica com redação determinada pela Lei 11.638/2007 (*DOU* 28.12.2007, edição extra), em vigor no primeiro dia do exercício seguinte ao de sua publicação.

Art. 197. No exercício em que o montante do dividendo obrigatório, calculado nos termos do estatuto ou do art. 202, ultrapassar a parcela realizada do lucro líquido do exercício, a assembleia geral poderá, por proposta dos órgãos de administração, destinar o excesso à constituição de reserva de lucros a realizar.

- *Caput* com redação determinada pela Lei 10.303/2001.

§ 1º Para os efeitos deste artigo, considera-se realizada a parcela do lucro líquido do exercício que exceder da soma dos seguintes valores:

- *Caput* do § 1º com redação determinada pela Lei 10.303/2001.

I – o resultado líquido positivo da equivalência patrimonial (art. 248); e

- Inciso I com redação determinada pela Lei 10.303/2001.

II – o lucro, rendimento ou ganho líquidos em operações ou contabilização de ativo e passivo pelo valor de mercado, cujo prazo de realização financeira ocorra após o término do exercício social seguinte.

- Inciso II com redação determinada pela Lei 11.638/2007 (*DOU* 28.12.2007, edição extra), em vigor no primeiro dia do exercício seguinte ao de sua publicação.

§ 2º A reserva de lucros a realizar somente poderá ser utilizada para pagamento do dividendo obrigatório e, para efeito do inciso III do art. 202, serão considerados como integrantes da reserva os lucros a realizar de cada exercício que forem os primeiros a serem realizados em dinheiro.

- § 2º com redação determinada pela Lei 10.303/2001.

Limite da constituição de reservas e retenção de lucros

Art. 198. A destinação dos lucros para constituição das reservas de que trata o art. 194 e a retenção nos termos do art. 196 não poderão ser aprovadas, em cada exercício, em prejuízo da distribuição do dividendo obrigatório (art. 202).

- V. art. 192.

Limite do saldo das reservas de lucro
- Rubrica com redação determinada pela Lei 11.638/2007 (*DOU* 28.12.2007, edição extra), em vigor no primeiro dia do exercício seguinte ao de sua publicação.

Art. 199. O saldo das reservas de lucros, exceto as para contingências, de incentivos fiscais e de lucros a realizar, não poderá ultrapassar o capital social. Atingindo esse limite, a assembleia deliberará sobre aplicação do excesso na integralização ou no au-

Lei 6.404/1976

LEGISLAÇÃO

mento do capital social ou na distribuição de dividendos.

- Artigo com redação determinada pela Lei 11.638/2007 (*DOU* 28.12.2007, edição extra), em vigor no primeiro dia do exercício seguinte ao de sua publicação.
- V. arts. 192 e 296, § 5º.

Reservas de capital
Art. 200. As reservas de capital somente poderão ser utilizadas para:

- V. art. 192.

I – absorção de prejuízos que ultrapassarem os lucros acumulados e as reservas de lucros (art. 189, parágrafo único);
II – resgate, reembolso ou compra de ações;
III – resgate de partes beneficiárias;
IV – incorporação ao capital social;
V – pagamento de dividendo a ações preferenciais, quando essa vantagem lhes for assegurada (art. 17, § 5º).
Parágrafo único. A reserva constituída com o produto da venda de partes beneficiárias poderá ser destinada ao resgate desses títulos.

Seção III
Dividendos

Origem
Art. 201. A companhia somente pode pagar dividendos à conta de lucro líquido do exercício, de lucros acumulados e de reserva de lucros; e à conta de reserva de capital, no caso das ações preferenciais de que trata o § 5º do art. 17.

- V. arts. 190, parágrafo único, e 192.
- V. art. 177, § 1º, VI, CP.

§ 1º A distribuição de dividendos com inobservância do disposto neste artigo implica responsabilidade solidária dos administradores e fiscais, que deverão repor à caixa social a importância distribuída, sem prejuízo da ação penal que no caso couber.

- V. art. 1.107, CC.

§ 2º Os acionistas não são obrigados a restituir os dividendos que em boa-fé tenham recebido. Presume-se a má-fé quando os dividendos forem distribuídos sem o levantamento do balanço ou em desacordo com os resultados deste.

Dividendo obrigatório
Art. 202. Os acionistas têm direito de receber como dividendo obrigatório, em cada exercício, a parcela dos lucros estabelecida no estatuto ou, se este for omisso, a importância determinada de acordo com as seguintes normas:

- *Caput* com redação determinada pela Lei 10.303/2001.

I – metade do lucro líquido do exercício diminuído ou acrescido dos seguintes valores:

- Inciso I com redação determinada pela Lei 10.303/2001.

a) importância destinada à constituição da reserva legal (art. 193); e
b) importância destinada à formação da reserva para contingências (art. 195) e reversão da mesma reserva formada em exercícios anteriores;
II – o pagamento do dividendo determinado nos termos do inciso I poderá ser limitado ao montante do lucro líquido do exercício que tiver sido realizado, desde que a diferença seja registrada como reserva de lucros a realizar (art. 197);

- Inciso II com redação determinada pela Lei 10.303/2001.

III – os lucros registrados na reserva de lucros a realizar, quando realizados e se não tiverem sido absorvidos por prejuízos em exercícios subsequentes, deverão ser acrescidos ao primeiro dividendo declarado após a realização.

- Inciso III com redação determinada pela Lei 10.303/2001.

§ 1º O estatuto poderá estabelecer o dividendo como porcentagem do lucro ou do capital social, ou fixar outros critérios para determiná-lo, desde que sejam regulados com precisão e minúcia e não sujeitem os acionistas minoritários ao arbítrio dos órgãos de administração ou da maioria.

- V. art. 296, § 4º.

§ 2º Quando o estatuto for omisso e a assembleia geral deliberar alterá-lo para introduzir norma sobre a matéria, o dividendo obrigatório não poderá ser inferior a 25% (vinte e cinco por cento) do lucro líquido ajustado nos termos do inciso I deste artigo.

- § 2º com redação determinada pela Lei 10.303/2001.

Lei 6.404/1976

LEGISLAÇÃO

§ 3º A assembleia geral pode, desde que não haja oposição de qualquer acionista presente, deliberar a distribuição de dividendo inferior ao obrigatório, nos termos deste artigo, ou a retenção de todo o lucro líquido, nas seguintes sociedades:

- § 3º com redação determinada pela Lei 10.303/2001.

I – companhias abertas exclusivamente para a captação de recursos por debêntures não conversíveis em ações;

II – companhias fechadas, exceto nas controladas por companhias abertas que não se enquadrem na condição prevista no inciso I.

§ 4º O dividendo previsto neste artigo não será obrigatório no exercício social em que os órgãos da administração informarem à assembleia geral ordinária ser ele incompatível com a situação financeira da companhia. O Conselho Fiscal, se em funcionamento, deverá dar parecer sobre essa informação e, na companhia aberta, seus administradores encaminharão à Comissão de Valores Mobiliários, dentro de 5 (cinco) dias da realização da assembleia geral, exposição justificativa da informação transmitida à assembleia.

§ 5º Os lucros que deixarem de ser distribuídos nos termos do § 4º serão registrados como reserva especial e, se não absorvidos por prejuízos em exercícios subsequentes, deverão ser pagos como dividendo assim que o permitir a situação financeira da companhia.

§ 6º Os lucros não destinados nos termos dos arts. 193 a 197 deverão ser distribuídos como dividendos.

- § 6º acrescentado pela Lei 10.303/2001.

Dividendos de ações preferenciais

Art. 203. O disposto nos arts. 194 a 197, e 202, não prejudicará o direito dos acionistas preferenciais de receber os dividendos fixos ou mínimos a que tenham prioridade, inclusive os atrasados, se cumulativos.

- V. art. 192.
- V. art. 2º, Lei 8.920/1994 (Veda o pagamento de dividendos e participação nos lucros de empresas controladas pelo Poder Público).

Dividendos intermediários

Art. 204. A companhia que, por força de lei ou de disposição estatutária, levantar balanço semestral, poderá declarar, por deliberação dos órgãos de administração, se autorizados pelo estatuto, dividendo à conta do lucro apurado nesse balanço.

- V. art. 31, Lei 4.595/1964 (Política e instituições financeiras bancárias e creditícias).

§ 1º A companhia poderá, nos termos de disposição estatutária, levantar balanço e distribuir dividendos em períodos menores, desde que o total dos dividendos pagos em cada semestre do exercício social não exceda o montante das reservas de capital de que trata o § 1º do art. 182.

§ 2º O estatuto poderá autorizar os órgãos de administração a declarar dividendos intermediários, à conta de lucros acumulados ou de reservas de lucros existentes no último balanço anual ou semestral.

Pagamento de dividendos

Art. 205. A companhia pagará o dividendo de ações nominativas à pessoa que, na data do ato de declaração do dividendo, estiver inscrita como proprietária ou usufrutuária da ação.

§ 1º Os dividendos poderão ser pagos por cheque nominativo remetido por via postal para o endereço comunicado pelo acionista à companhia, ou mediante crédito em conta-corrente bancária aberta em nome do acionista.

§ 2º Os dividendos das ações em custódia bancária ou em depósito nos termos dos arts. 41 e 43 serão pagos pela companhia à instituição financeira depositária, que será responsável pela sua entrega aos titulares das ações depositadas.

§ 3º O dividendo deverá ser pago, salvo deliberação em contrário da assembleia geral, no prazo de 60 (sessenta) dias da data em que for declarado e, em qualquer caso, dentro do exercício social.

Capítulo XVII
DISSOLUÇÃO, LIQUIDAÇÃO E EXTINÇÃO

Seção I
Dissolução

Art. 206. Dissolve-se a companhia:

- V. art. 209, I e II.

Lei 6.404/1976

I – de pleno direito:
a) pelo término do prazo de duração;
b) nos casos previstos no estatuto;
c) por deliberação da assembleia geral (art. 136, X);

- Alínea c com redação determinada pela Lei 9.457/1997.

d) pela existência de um único acionista, verificada em assembleia geral ordinária, se o mínimo de dois não for reconstituído até à do ano seguinte, ressalvado o disposto no art. 251;
e) pela extinção, na forma da lei, da autorização para funcionar;
II – por decisão judicial:

- V. art. 209.
- •• V. arts. 318 e 319, CPC/2015.

a) quando anulada a sua constituição, em ação proposta por qualquer acionista;
b) quando provado que não pode preencher o seu fim, em ação proposta por acionistas que representem 5% (cinco por cento) ou mais do capital social;
c) em caso de falência, na forma prevista na respectiva lei;
III – por decisão de autoridade administrativa competente, nos casos e na forma previstos em lei especial.

Efeitos
Art. 207. A companhia dissolvida conserva a personalidade jurídica, até a extinção, com o fim de proceder à liquidação.

Seção II
Liquidação

Liquidação pelos órgãos da companhia
Art. 208. Silenciando o estatuto, compete à assembleia geral, nos casos do n. I do art. 206, determinar o modo de liquidação e nomear o liquidante e o Conselho Fiscal que devam funcionar durante o período de liquidação.

- V. arts. 1.102 e 1.103, CC.

§ 1º A companhia que tiver Conselho de Administração poderá mantê-lo, competindo-lhe nomear o liquidante; o funcionamento do Conselho Fiscal será permanente ou a pedido de acionistas, conforme dispuser o estatuto.

§ 2º O liquidante poderá ser destituído, a qualquer tempo, pelo órgão que o tiver nomeado.

Liquidação judicial
Art. 209. Além dos casos previstos no n. II do art. 206, a liquidação será processada judicialmente:

- V. arts. 1.102 e 1.103, CC.

I – a pedido de qualquer acionista, se os administradores ou a maioria de acionistas deixarem de promover a liquidação, ou a ela se opuserem, nos casos do n. I do art. 206;
II – a requerimento do Ministério Público, à vista de comunicação da autoridade competente, se a companhia, nos 30 (trinta) dias subsequentes à dissolução, não iniciar a liquidação ou se, após iniciá-la, interrompê-la por mais de 15 (quinze) dias, no caso da alínea e do n. I do art. 206.
Parágrafo único. Na liquidação judicial será observado o disposto na lei processual, devendo o liquidante ser nomeado pelo juiz.

- V. art. 1.111, CC.

Deveres do liquidante
Art. 210. São deveres do liquidante:

- V. arts. 1.102 e 1.103, CC.

I – arquivar e publicar a ata da assembleia geral, ou certidão de sentença, que tiver deliberado ou decidido a liquidação;
II – arrecadar os bens, livros e documentos da companhia, onde quer que estejam;
III – fazer levantar, de imediato, em prazo não superior ao fixado pela assembleia geral ou pelo juiz, o balanço patrimonial da companhia;
IV – ultimar os negócios da companhia, realizar o ativo, pagar o passivo, e partilhar o remanescente entre os acionistas;
V – exigir dos acionistas, quando o ativo não bastar para a solução do passivo, a integralização de suas ações;
VI – convocar a assembleia geral, nos casos previstos em lei ou quando julgar necessário;
VII – confessar a falência da companhia e pedir concordata, nos casos previstos em lei;
VIII – finda a liquidação, submeter à assembleia geral relatório dos atos e operações da liquidação e suas contas finais;

Lei 6.404/1976

LEGISLAÇÃO

IX – arquivar e publicar a ata da assembleia geral que houver encerrado a liquidação.
* V. Lei 8.639/1993 (Uso de caracteres nas publicações obrigatórias).

Poderes do liquidante
Art. 211. Compete ao liquidante representar a companhia e praticar todos os atos necessários à liquidação, inclusive alienar bens móveis ou imóveis, transigir, receber e dar quitação.
* V. arts. 1.102, 1.103 e 1.105, CC.

Parágrafo único. Sem expressa autorização da assembleia geral o liquidante não poderá gravar bens e contrair empréstimos, salvo quando indispensáveis ao pagamento de obrigações inadiáveis, nem prosseguir, ainda que para facilitar a liquidação, na atividade social.
* V. art. 1.105, CC.

Denominação da companhia
Art. 212. Em todos os atos ou operações, o liquidante deverá usar a denominação social seguida das palavras "em liquidação".
* V. arts. 1.102 e 1.103, CC.

Assembleia geral
Art. 213. O liquidante convocará a assembleia geral cada 6 (seis) meses, para prestar-lhe contas dos atos e operações praticados no semestre e apresentar-lhe o relatório e o balanço do estado da liquidação; a assembleia geral pode fixar, para essas prestações de contas, períodos menores ou maiores que, em qualquer caso, não serão inferiores a 3 (três) nem superiores a 12 (doze) meses.
* V. arts. 1.102 e 1.103, CC.

§ 1º Nas assembleias gerais da companhia em liquidação todas as ações gozam de igual direito de voto, tornando-se ineficazes as restrições ou limitações porventura existentes em relação às ações ordinárias ou preferenciais; cessando o estado de liquidação, restaura-se a eficácia das restrições ou limitações relativas ao direito de voto.

§ 2º No curso da liquidação judicial, as assembleias gerais necessárias para deliberar sobre os interesses da liquidação serão convocadas por ordem do juiz, a quem compete presidi-las e resolver, sumariamente, as dúvidas e litígios que forem suscitados. As atas das assembleias gerais serão, por cópias autênticas, apensadas ao processo judicial.
* V. art. 1.112, CC.

Pagamento do passivo
Art. 214. Respeitados os direitos dos credores preferenciais, o liquidante pagará as dívidas sociais proporcionalmente e sem distinção entre vencidas e vincendas, mas, em relação a estas, com desconto às taxas bancárias.
* V. arts. 1.102, 1.103 e 1.106, CC.

Parágrafo único. Se o ativo for superior ao passivo, o liquidante poderá, sob sua responsabilidade pessoal, pagar integralmente as dívidas vencidas.

Partilha do ativo
Art. 215. A assembleia geral pode deliberar que antes de ultimada a liquidação, e depois de pagos todos os credores, se façam rateios entre os acionistas, à proporção que se forem apurando os haveres sociais.
* V. arts. 1.102, 1.103 e 1.107, CC.

§ 1º É facultado à assembleia geral aprovar, pelo voto de acionistas que representem 90% (noventa por cento), no mínimo, das ações depois de pagos ou garantidos os credores, condições especiais para partilha do ativo remanescente, com a atribuição de bens aos sócios, pelo valor contábil ou outro por ela fixado.

§ 2º Provado pelo acionista dissidente (art. 216, § 2º) que as condições especiais de partilha visaram a favorecer a maioria, em detrimento da parcela que lhe tocaria, se inexistissem tais condições, será a partilha suspensa, se não consumada, ou, se já consumada, os acionistas majoritários indenizarão os minoritários pelos prejuízos apurados.

Prestação de contas
Art. 216. Pago o passivo e rateado o ativo remanescente, o liquidante convocará a assembleia geral para a prestação final das contas.
* V. arts. 1.102, 1.103, 1.108 e 1.109, CC.

Lei 6.404/1976

§ 1º Aprovadas as contas, encerra-se a liquidação e a companhia se extingue.

§ 2º O acionista dissidente terá o prazo de 30 (trinta) dias, a contar da publicação da ata, para promover a ação que lhe couber.

• V. art. 215, § 2º.

Responsabilidade na liquidação
Art. 217. O liquidante terá as mesmas responsabilidades do administrador, e os deveres e responsabilidades dos administradores, fiscais e acionistas subsistirão até a extinção da companhia.

• V. art. 1.104, CC.

Direito do credor não satisfeito
Art. 218. Encerrada a liquidação, o credor não satisfeito só terá direito de exigir dos acionistas, individualmente, o pagamento de seu crédito, até o limite da soma, por eles recebida, e de propor contra o liquidante, se for o caso, ação de perdas e danos. O acionista executado terá direito de haver dos demais a parcela que lhes couber no crédito pago.

• V. art. 1.110, CC.

Seção III
Extinção

Art. 219. Extingue-se a companhia:
I – pelo encerramento da liquidação;
II – pela incorporação ou fusão, e pela cisão com versão de todo o patrimônio em outras sociedades.

Capítulo XVIII
TRANSFORMAÇÃO, INCORPORAÇÃO, FUSÃO E CISÃO

Seção I
Transformação

Conceito e forma
Art. 220. A transformação é a operação pela qual a sociedade passa, independentemente de dissolução e liquidação, de um tipo para outro.

• V. arts. 80, I, 86, 87 e 124, § 4º.
• V. art. 1.113, CC.

Parágrafo único. A transformação obedecerá aos preceitos que regulam a constituição e o registro do tipo a ser adotado pela sociedade.

Deliberação
Art. 221. A transformação exige o consentimento unânime dos sócios ou acionistas, salvo se prevista no estatuto ou no contrato social, caso em que o sócio dissidente terá o direito de retirar-se da sociedade.

• V. art. 1.114, CC.

Parágrafo único. Os sócios podem renunciar, no contrato social, ao direito da retirada no caso de transformação em companhia.

Direito dos credores
Art. 222. A transformação não prejudicará, em caso algum, os direitos dos credores, que continuarão, até o pagamento integral dos seus créditos, com as mesmas garantias que o tipo anterior de sociedade lhes oferecia.

• V. art. 1.115, CC.

Parágrafo único. A falência da sociedade transformada somente produzirá efeitos em relação aos sócios que, no tipo anterior, a eles estariam sujeitos, se o pedirem os titulares de créditos anteriores à transformação, e somente a estes beneficiará.

Seção II
Incorporação, fusão e cisão

Competência e processo
Art. 223. A incorporação, fusão e cisão podem ser operadas entre sociedades de tipos iguais ou diferentes e deverão ser deliberadas na forma prevista para a alteração dos respectivos estatutos ou contratos sociais.

§ 1º Nas operações em que houver criação de sociedade serão observadas as normas reguladoras da constituição das sociedades do seu tipo.

§ 2º Os sócios ou acionistas das sociedades incorporadas, fundidas ou cindidas receberão, diretamente da companhia emissora, as ações que lhes couberem.

§ 3º Se a incorporação, fusão ou cisão envolverem companhia aberta, as sociedades que a sucederem serão também abertas, devendo obter o respectivo registro e, se for o caso, promover a admissão de negociação

Lei 6.404/1976

LEGISLAÇÃO

das novas ações no mercado secundário, no prazo máximo de cento e vinte dias, contados da data da assembleia geral que aprovou a operação, observando as normas pertinentes baixadas pela Comissão de Valores Mobiliários.

• § 3º acrescentado pela Lei 9.457/1997.

§ 4º O descumprimento do previsto no parágrafo anterior dará ao acionista direito de retirar-se da companhia, mediante reembolso do valor das suas ações (art. 45), nos trinta dias seguintes ao término do prazo nele referido, observado o disposto nos §§ 1º e 4º do art. 137.

• § 4º acrescentado pela Lei 9.457/1997.

Protocolo

Art. 224. As condições da incorporação, fusão ou cisão com incorporação em sociedade existente constarão de protocolo firmado pelos órgãos de administração ou sócios das sociedades interessadas, que incluirá:

• V. arts. 229, § 2º, 252 e 264.

I – o número, espécie e classe das ações que serão atribuídas em substituição dos direitos de sócios que se extinguirão e os critérios utilizados para determinar as relações de substituição;

II – os elementos ativos e passivos que formarão cada parcela do patrimônio, no caso de cisão;

III – os critérios de avaliação do patrimônio líquido, a data a que será referida a avaliação, e o tratamento das variações patrimoniais posteriores;

IV – a solução a ser adotada quanto às ações ou quotas do capital de uma das sociedades possuídas por outra;

V – o valor do capital das sociedades a serem criadas ou do aumento ou redução do capital das sociedades que forem parte na operação;

VI – o projeto ou projetos de estatuto, ou de alterações estatutárias, que deverão ser aprovados para efetivar a operação;

VII – todas as demais condições a que estiver sujeita a operação.

• V. art. 229, § 2º.

Parágrafo único. Os valores sujeitos a determinação serão indicados por estimativa.

Justificação

Art. 225. As operações de incorporação, fusão e cisão serão submetidas à deliberação da assembleia geral das companhias interessadas mediante justificação, na qual serão expostos:

• V. arts. 252 e 264.

I – os motivos ou fins da operação, e o interesse da companhia na sua realização;

II – as ações que os acionistas preferenciais receberão e as razões para a modificação dos seus direitos, se prevista;

III – a composição, após a operação, segundo espécies e classes das ações, do capital das companhias que deverão emitir ações em substituição às que se deverão extinguir;

IV – o valor de reembolso das ações a que terão direito os acionistas dissidentes.

Formação do capital

Art. 226. As operações de incorporação, fusão e cisão somente poderão ser efetivadas nas condições aprovadas se os peritos nomeados determinarem que o valor do patrimônio ou patrimônios líquidos a serem vertidos para a formação de capital social é, ao menos, igual ao montante do capital a realizar.

§ 1º As ações ou quotas do capital da sociedade a ser incorporada que forem de propriedade da companhia incorporadora poderão, conforme dispuser o protocolo de incorporação, ser extintas, ou substituídas por ações em tesouraria da incorporadora, até o limite dos lucros acumulados e reservas, exceto a legal.

§ 2º O disposto no § 1º aplicar-se-á aos casos de fusão, quando uma das sociedades fundidas for proprietária de ações ou quotas de outra, e de cisão com incorporação, quando a companhia que incorporar parcela do patrimônio da cindida for proprietária de ações ou quotas do capital desta.

§ 3º A Comissão de Valores Mobiliários estabelecerá normas especiais de avaliação e contabilização aplicáveis às operações de fusão, incorporação e cisão que envolvam companhia aberta.

• § 3º com redação determinada pela Lei 11.941/2009.

Lei 6.404/1976

LEGISLAÇÃO

Incorporação

Art. 227. A incorporação é a operação pela qual uma ou mais sociedades são absorvidas por outra, que lhes sucede em todos os direitos e obrigações.

- V. arts. 135 e 229, § 3º.
- V. art. 1.116, CC.

§ 1º A assembleia geral da companhia incorporadora, se aprovar o protocolo da operação, deverá autorizar o aumento de capital a ser subscrito e realizado pela incorporada mediante versão do seu patrimônio líquido, e nomear os peritos que o avaliarão.

- V. art. 1.117, CC.

§ 2º A sociedade que houver de ser incorporada, se aprovar o protocolo da operação, autorizará seus administradores a praticarem os atos necessários à incorporação, inclusive a subscrição do aumento de capital da incorporadora.

- V. art. 1.117, CC.

§ 3º Aprovados pela assembleia geral da incorporadora o laudo de avaliação e a incorporação, extingue-se a incorporada, competindo à primeira promover o arquivamento e a publicação dos atos da incorporação.

- V. art. 1.118, CC.

Fusão

Art. 228. A fusão é a operação pela qual se unem duas ou mais sociedades para formar sociedade nova, que lhes sucederá em todos os direitos e obrigações.

- V. art. 1.119, CC.

§ 1º A assembleia geral de cada companhia, se aprovar o protocolo de fusão, deverá nomear os peritos que avaliarão os patrimônios líquidos das demais sociedades.

- V. art. 1.120, CC.

§ 2º Apresentados os laudos, os administradores convocarão os sócios ou acionistas das sociedades para uma assembleia geral, que deles tomará conhecimento e resolverá sobre a constituição definitiva da nova sociedade, vedado aos sócios ou acionistas votar o laudo de avaliação do patrimônio líquido da sociedade de que fazem parte.

- V. art. 1.120, CC.

§ 3º Constituída a nova companhia, incumbirá aos primeiros administradores promover o arquivamento e a publicação da fusão.

- V. art. 1.121, CC.

Cisão

Art. 229. A cisão é a operação pela qual a companhia transfere parcelas do seu patrimônio para uma ou mais sociedades, constituídas para esse fim ou já existentes, extinguindo-se a companhia cindida, se houver versão de todo o seu patrimônio, ou dividindo-se o seu capital, se parcial a versão.

§ 1º Sem prejuízo do disposto no art. 233, a sociedade que absorver parcela do patrimônio da companhia cindida sucede a esta nos direitos e obrigações relacionados no ato da cisão; no caso de cisão com extinção, as sociedades que absorverem parcelas do patrimônio da companhia cindida sucederão a esta, na proporção dos patrimônios líquidos transferidos, nos direitos e obrigações não relacionados.

§ 2º Na cisão com versão de parcela do patrimônio em sociedade nova, a operação será deliberada pela assembleia geral da companhia à vista de justificação que incluirá as informações de que tratam os ns. do art. 224; a assembleia, se a aprovar, nomeará os peritos que avaliarão a parcela do patrimônio a ser transferida, e funcionará como assembleia de constituição da nova companhia.

§ 3º A cisão com versão de parcela de patrimônio em sociedade já existente obedecerá às disposições sobre incorporação (art. 227).

§ 4º Efetivada a cisão com extinção da companhia cindida, caberá aos administradores das sociedades que tiverem absorvido parcelas do seu patrimônio promover o arquivamento e publicação dos atos da operação; na cisão com versão parcial do patrimônio, esse dever caberá aos administradores da companhia cindida e da que absorver parcela do seu patrimônio.

§ 5º As ações integralizadas com parcelas de patrimônio da companhia cindida serão atribuídas a seus titulares, em substituição às extintas, na proporção das que possuíam; a atribuição em proporção diferente requer

Lei 6.404/1976

LEGISLAÇÃO

aprovação de todos os titulares, inclusive das ações sem direito a voto.

* § 5º com redação determinada pela Lei 9.457/1997.

Direito da retirada

Art. 230. Nos casos de incorporação ou fusão, o prazo para exercício do direito de retirada, previsto no art. 137, inciso II, será contado a partir da publicação da ata que aprovar o protocolo ou justificação, mas o pagamento do preço de reembolso somente será devido se a operação vier a efetivar-se.

* Artigo com redação determinada pela Lei 9.457/1997.
* V. arts. 252, §§ 1º e 2º, e 264, § 3º.

Parágrafo único. O prazo para o exercício desse direito será contado da publicação da ata da assembleia que aprovar o protocolo ou justificação da operação, mas o pagamento do preço de reembolso somente será devido se a operação vier a efetivar-se.

Direitos dos debenturistas

Art. 231. A incorporação, fusão ou cisão da companhia emissora de debêntures em circulação dependerá da prévia aprovação dos debenturistas, reunidos em assembleia especialmente convocada com esse fim.

§ 1º Será dispensada a aprovação pela assembleia se for assegurado aos debenturistas que o desejarem, durante o prazo mínimo de 6 (seis) meses a contar da data da publicação das atas das assembleias relativas à operação, o resgate das debêntures de que forem titulares.

§ 2º No caso do § 1º, a sociedade cindida e as sociedades que absorverem parcelas do seu patrimônio responderão solidariamente pelo resgate das debêntures.

Direitos dos credores na incorporação ou fusão

Art. 232. Até 60 (sessenta) dias depois de publicados os atos relativos à incorporação ou à fusão, o credor anterior por ela prejudicado poderá pleitear judicialmente a anulação da operação; findo o prazo, decairá do direito o credor que não o tiver exercido.

* V. art. 1.122, CC.
* V. arts. 10 e 448, CLT.
* • V. arts. 318 e 319, CPC/2015.

§ 1º A consignação da importância em pagamento prejudicará a anulação pleiteada.

§ 2º Sendo ilíquida a dívida, a sociedade poderá garantir-lhe a execução, suspendendo-se o processo de anulação.

§ 3º Ocorrendo, no prazo deste artigo, a falência da sociedade incorporadora ou da sociedade nova, qualquer credor anterior terá o direito de pedir a separação dos patrimônios, para o fim de serem os créditos pagos pelos bens das respectivas massas.

Direitos dos credores na cisão

Art. 233. Na cisão com extinção da companhia cindida, as sociedades que absorverem parcelas do seu patrimônio responderão solidariamente pelas obrigações da companhia extinta. A companhia cindida que subsistir e as que absorverem parcelas do seu patrimônio responderão solidariamente pelas obrigações da primeira anteriores à cisão.

* V. art. 229, § 1º.
* V. arts. 10 e 448, CLT.

Parágrafo único. O ato de cisão parcial poderá estipular que as sociedades que absorverem parcelas do patrimônio da companhia cindida serão responsáveis apenas pelas obrigações que lhes forem transferidas, sem solidariedade entre si ou com a companhia cindida, mas, nesse caso, qualquer credor anterior poderá se opor à estipulação, em relação ao seu crédito, desde que notifique a sociedade no prazo de 90 (noventa) dias a contar da data da publicação dos atos da cisão.

Averbação da sucessão

Art. 234. A certidão, passada pelo Registro do Comércio, da incorporação, fusão ou cisão, é documento hábil para a averbação, nos registros públicos competentes, da sucessão, decorrente da operação, em bens, direitos e obrigações.

Capítulo XIX
SOCIEDADES DE ECONOMIA MISTA

Legislação aplicável

Art. 235. As sociedades anônimas de economia mista estão sujeitas a esta Lei, sem prejuízo das disposições especiais de lei federal.

* V. arts. 37, XIX, e 173, §§ 1º e 2º, CF.

Lei 6.404/1976

LEGISLAÇÃO

- V. Dec. 88.323/1983 (Representação do Tesouro Nacional).
- V. Dec. 89.309/1984 (Competência da Procuradoria-Geral da Fazenda Nacional).
- V. art. 82, Lei 9.069/1995 (Plano Real).
- V. Súmula 517, STF.
- V. Súmula 42, STJ.

§ 1º As companhias abertas de economia mista estão também sujeitas às normas expedidas pela Comissão de Valores Mobiliários.

§ 2º As companhias de que participarem, majoritária ou minoritariamente, as sociedades de economia mista, estão sujeitas ao disposto nesta Lei, sem as exceções previstas neste Capítulo.

Constituição e aquisição de controle

Art. 236. A constituição de companhia de economia mista depende de prévia autorização legislativa.

- V. Súmula 476, STF.

Parágrafo único. Sempre que pessoa jurídica de direito público adquirir, por desapropriação, o controle de companhia em funcionamento, os acionistas terão direito de pedir, dentro de 60 (sessenta) dias da publicação da primeira ata da assembleia geral, realizada após a aquisição do controle, o reembolso das suas ações, salvo se a companhia já se achava sob o controle, direto ou indireto, de outra pessoa jurídica de direito público, ou no caso de concessionária de serviço público.

Objeto

Art. 237. A companhia de economia mista somente poderá explorar os empreendimentos ou exercer as atividades previstas na lei que autorizou a sua constituição.

§ 1º A companhia de economia mista somente poderá participar de outras sociedades quando autorizada por lei ou no exercício de opção legal para aplicar Imposto de Renda em investimentos para o desenvolvimento regional ou setorial.

- V. art. 296, § 6º.

§ 2º As instituições financeiras de economia mista poderão participar de outras sociedades, observadas as normas estabelecidas pelo Banco Central do Brasil.

- V. art. 296, § 6º.

Acionista controlador

Art. 238. A pessoa jurídica que controla a companhia de economia mista tem os deveres e responsabilidades do acionista controlador (arts. 116 e 117), mas poderá orientar as atividades da companhia de modo a atender ao interesse público que justificou a sua criação.

Administração

Art. 239. As companhias de economia mista terão obrigatoriamente Conselho de Administração, assegurado à minoria o direito de eleger um dos conselheiros, se maior número não lhes couber pelo processo de voto múltiplo.

- V. Súmula 8, STF.

Parágrafo único. Os deveres e responsabilidades dos administradores das companhias de economia mista são os mesmos dos administradores das companhias abertas.

Conselho Fiscal

Art. 240. O funcionamento do Conselho Fiscal será permanente nas companhias de economia mista; um dos seus membros, e respectivo suplente, será eleito pelas ações ordinárias minoritárias e outro pelas ações preferenciais, se houver.

Correção monetária

Art. 241. *(Revogado pelo Dec.-lei 2.287/1986.)*

Falência e responsabilidade subsidiária

Art. 242. *(Revogado pela Lei 10.303/2001.)*

Capítulo XX
SOCIEDADES COLIGADAS, CONTROLADORAS E CONTROLADAS

- V. arts. 1.097 a 1.101, CC.

Seção I
Informações no relatório da administração

Art. 243. O relatório anual da administração deve relacionar os investimentos da companhia em sociedades coligadas e con-

Lei 6.404/1976

LEGISLAÇÃO

troladas e mencionar as modificações ocorridas durante o exercício.

- V. art. 179, III.
- V. art. 46, Lei 11.941/2009 (Altera a legislação tributária federal).

§ 1º São coligadas as sociedades nas quais a investidora tenha influência significativa.

- § 1º com redação determinada pela Lei 11.941/2009.
- V. art. 1.097, CC.

§ 2º Considera-se controlada a sociedade na qual a controladora, diretamente ou através de outras controladas, é titular de direitos de sócio que lhe assegurem, de modo permanente, preponderância nas deliberações sociais e o poder de eleger a maioria dos administradores.

- V. arts. 1.097 e 1.098, CC.
- V. art. 2º, Lei 9.779/1999 (Microempresas – Simples).

§ 3º A companhia aberta divulgará as informações adicionais, sobre coligadas e controladas, que forem exigidas pela Comissão de Valores Mobiliários.

§ 4º Considera-se que há influência significativa quando a investidora detém ou exerce o poder de participar nas decisões das políticas financeira ou operacional da investida, sem controlá-la.

- § 4º acrescentado pela Lei 11.941/2009.

§ 5º É presumida influência significativa quando a investidora for titular de 20% (vinte por cento) ou mais do capital votante da investida, sem controlá-la.

- § 5º acrescentado pela Lei 11.941/2009.

Seção II
Participação recíproca

Art. 244. É vedada a participação recíproca entre a companhia e suas coligadas ou controladas.

- V. art. 1.101, CC.
- V. arts. 265, § 2º, e 296, § 3º.

§ 1º O disposto neste artigo não se aplica ao caso em que ao menos uma das sociedades participa de outra com observância das condições em que a lei autoriza a aquisição das próprias ações (art. 30, § 1º, *b*).

- V. art. 296, § 3º.

§ 2º As ações do capital da controladora, de propriedade da controlada, terão suspenso o direito de voto.

- V. art. 296, § 3º.

§ 3º O disposto no § 2º do art. 30 aplica-se à aquisição de ações da companhia aberta por suas coligadas e controladas.

- V. art. 296, § 3º.

§ 4º No caso do § 1º, a sociedade deverá alienar, dentro de 6 (seis) meses, as ações ou quotas que excederem do valor dos lucros ou reservas, sempre que esses sofrerem redução.

- V. art. 296, § 3º.

§ 5º A participação recíproca, quando ocorrer em virtude de incorporação, fusão ou cisão, ou da aquisição, pela companhia, do controle de sociedade, deverá ser mencionada nos relatórios e demonstrações financeiras de ambas as sociedades e será eliminada no prazo máximo de 1 (um) ano; no caso de coligada, salvo acordo em contrário, deverão ser alienadas as ações ou quotas de aquisição mais recente ou, se da mesma data, que representem menor porcentagem do capital social.

- V. art. 296, § 3º.

§ 6º A aquisição de ações ou quotas de que resulte participação recíproca com violação ao disposto neste artigo importa responsabilidade civil solidária dos administradores da sociedade, equiparando-se, para efeitos penais, à compra ilegal das próprias ações.

- V. art. 296, § 3º.

Seção III
Responsabilidade dos administradores e das sociedades controladoras

Administradores

Art. 245. Os administradores não podem, em prejuízo da companhia, favorecer sociedade coligada, controladora ou controlada, cumprindo-lhes zelar para que as operações entre as sociedades, se houver, observem condições estritamente comutativas ou com pagamento compensatório adequado; e respondem perante a companhia pelas perdas e danos resultantes de atos praticados com infração ao disposto neste artigo.

** V. arts. 318 e 319, CPC/2015.

Sociedade controladora

Art. 246. A sociedade controladora será obrigada a reparar os danos que causar à companhia por atos praticados com infração ao disposto nos arts. 116 e 117.

§ 1º A ação para haver reparação cabe:

- V. art. 276, § 3º.

a) a acionistas que representem 5% (cinco por cento) ou mais do capital social;

- V. art. 291.

b) a qualquer acionista, desde que preste caução pelas custas e honorários de advogado devidos no caso de vir a ação ser julgada improcedente.

§ 2º A sociedade controladora, se condenada, além de reparar o dano e arcar com as custas, pagará honorários de advogado de 20% (vinte por cento) e prêmio de 5% (cinco por cento) ao autor da ação, calculados sobre o valor da indenização.

- V. art. 276, § 3º.

Seção IV
Demonstrações financeiras

Notas explicativas

Art. 247. As notas explicativas dos investimentos a que se refere o art. 248 desta Lei devem conter informações precisas sobre as sociedades coligadas e controladas e suas relações com a companhia, indicando:

- *Caput* com redação determinada pela Lei 11.941/2009.

I – a denominação da sociedade, seu capital social e patrimônio líquido;

II – o número, espécies e classes das ações ou quotas de propriedade da companhia, e o preço de mercado das ações, se houver;

III – o lucro líquido do exercício;

IV – os créditos e obrigações entre a companhia e as sociedades coligadas e controladas;

V – o montante das receitas e despesas em operações entre a companhia e as sociedades coligadas e controladas.

- V. arts. 248 e 256, I.

Parágrafo único. Considera-se relevante o investimento:

a) em cada sociedade coligada ou controlada, se o valor contábil é igual ou superior a 10% (dez por cento) do valor do patrimônio líquido da companhia;

b) no conjunto das sociedades coligadas e controladas, se o valor contábil é igual ou superior a 15% (quinze por cento) do valor do patrimônio líquido da companhia.

Avaliação do investimento em coligadas e controladas

Art. 248. No balanço patrimonial da companhia, os investimentos em coligadas ou em controladas e em outras sociedades que façam parte de um mesmo grupo ou estejam sob controle comum serão avaliados pelo método da equivalência patrimonial, de acordo com as seguintes normas:

- *Caput* com redação determinada pela Lei 11.941/2009.
- V. arts. 183, III, 197, § 1º, I, e 256, II, *b*.

I – o valor do patrimônio líquido da coligada ou da controlada será determinado com base em balanço patrimonial ou balancete de verificação levantado, com observância das normas desta Lei, na mesma data, ou até 60 (sessenta) dias, no máximo, antes da data do balanço da companhia; no valor de patrimônio líquido não serão computados os resultados não realizados decorrentes de negócios com a companhia, ou com outras sociedades coligadas à companhia, ou por ela controladas;

- V. art. 248, § 2º.

II – o valor do investimento será determinado mediante a aplicação, sobre o valor de patrimônio líquido referido no número anterior, da porcentagem de participação no capital da coligada ou controlada;

III – a diferença entre o valor do investimento, de acordo com o n. II, e o custo de aquisição corrigido monetariamente, somente será registrada como resultado do exercício:

a) se decorrer de lucro ou prejuízo apurado na coligada ou controlada;

b) se corresponder, comprovadamente, a ganhos ou perdas efetivos;

c) no caso de companhia aberta, com observância das normas expedidas pela Comissão de Valores Mobiliários.

§ 1º Para efeito de determinar a relevância do investimento, nos casos deste artigo, se-

Lei 6.404/1976

LEGISLAÇÃO

rão computados como parte do custo de aquisição os saldos de créditos da companhia contra as coligadas e controladas.

§ 2º A sociedade coligada, sempre que solicitada pela companhia, deverá elaborar e fornecer o balanço ou balancete de verificação previsto no n. I.

Demonstrações consolidadas

Art. 249. A companhia aberta que tiver mais de 30% (trinta por cento) do valor do seu patrimônio líquido representado por investimentos em sociedades controladas deverá elaborar e divulgar, juntamente com suas demonstrações financeiras, demonstrações consolidadas nos termos do art. 250.

• V. arts. 183, III, e 291, parágrafo único.

Parágrafo único. A Comissão de Valores Mobiliários poderá expedir normas sobre as sociedades cujas demonstrações devam ser abrangidas na consolidação, e:

a) determinar a inclusão de sociedades que, embora não controladas, sejam financeira ou administrativamente dependentes da companhia;

b) autorizar, em casos especiais, a exclusão de uma ou mais sociedades controladas.

Normas sobre consolidação

Art. 250. Das demonstrações financeiras consolidadas serão excluídas:

• V. arts. 183, III, e 275.

I – as participações de uma sociedade em outra;

II – os saldos de quaisquer contas entre as sociedades;

III – as parcelas dos resultados do exercício, dos lucros ou prejuízos acumulados e do custo de estoques ou do ativo não circulante que corresponderem a resultados, ainda não realizados, de negócios entre as sociedades.

• Inciso III com redação determinada pela Lei 11.941/2009.

§ 1º A participação dos acionistas não controladores no patrimônio líquido e no lucro do exercício será destacada, respectivamente, no balanço patrimonial e na demonstração do resultado do exercício.

• § 1º com redação determinada pela Lei 9.457/1997.

§ 2º A parcela do custo de aquisição do investimento em controlada, que não for absorvida na consolidação, deverá ser mantida no ativo não circulante, com dedução da provisão adequada para perdas já comprovadas, e será objeto de nota explicativa.

• § 2º com redação determinada pela Lei 11.941/2009.

§ 3º O valor da participação que exceder do custo de aquisição constituirá parcela destacada dos resultados de exercícios futuros até que fique comprovada a existência de ganho efetivo.

§ 4º Para fins deste artigo, as sociedades controladas, cujo exercício social termine mais de 60 (sessenta) dias antes da data do encerramento do exercício da companhia, elaborarão, com observância das normas desta Lei, demonstrações financeiras extraordinárias em data compreendida nesse prazo.

Seção V
Subsidiária integral

Subsidiária integral

Art. 251. A companhia pode ser constituída, mediante escritura pública, tendo como único acionista sociedade brasileira.

• V. art. 206, I, d.

§ 1º A sociedade que subscrever em bens o capital de subsidiária integral deverá aprovar o laudo de avaliação de que trata o art. 8º, respondendo nos termos do § 6º do art. 8º e do art. 10 e seu parágrafo único.

§ 2º A companhia pode ser convertida em subsidiária integral mediante aquisição, por sociedade brasileira, de todas as suas ações, ou nos termos do art. 252.

Incorporação de ações

Art. 252. A incorporação de todas as ações do capital social ao patrimônio de outra companhia brasileira, para convertê-la em subsidiária integral, será submetida à deliberação da assembleia geral das duas companhias mediante protocolo e justificação, nos termos dos arts. 224 e 225.

• V. art. 251, § 2º.

§ 1º A assembleia geral da companhia incorporadora, se aprovar a operação, deverá

Lei 6.404/1976

autorizar o aumento do capital, a ser realizado com as ações a serem incorporadas e nomear os peritos que as avaliarão; os acionistas não terão direito de preferência para subscrever o aumento de capital, mas os dissidentes poderão retirar-se da companhia, observado o disposto no art. 137, II, mediante o reembolso do valor de suas ações, nos termos do art. 230.

- § 1º com redação determinada pela Lei 9.457/1997.

§ 2º A assembleia geral da companhia cujas ações houverem de ser incorporadas somente poderá aprovar a operação pelo voto de metade, no mínimo, das ações com direito a voto, e se a aprovar, autorizará a diretoria a subscrever o aumento do capital da incorporadora, por conta dos seus acionistas; os dissidentes da deliberação terão direito de retirar-se da companhia, observado o disposto no art. 137, II, mediante o reembolso do valor de suas ações, nos termos do art. 230.

- § 2º com redação determinada pela Lei 9.457/1997.

§ 3º Aprovado o laudo de avaliação pela assembleia geral da incorporadora, efetivar-se-á a incorporação e os titulares das ações incorporadas receberão diretamente da incorporadora as ações que lhes couberem.

§ 4º A Comissão de Valores Mobiliários estabelecerá normas especiais de avaliação e contabilização aplicáveis às operações de incorporação de ações que envolvam companhia aberta.

- § 4º acrescentado pela Lei 11.941/2009.

Admissão de acionistas em subsidiária integral

Art. 253. Na proporção das ações que possuírem no capital da companhia, os acionistas terão direito de preferência para:
I – adquirir ações do capital da subsidiária integral, se a companhia decidir aliená-las no todo ou em parte; e
II – subscrever aumento de capital da subsidiária integral, se a companhia decidir admitir novos acionistas.

Parágrafo único. As ações ou o aumento de capital de subsidiária integral serão oferecidos aos acionistas da companhia em assembleia geral convocada para esse fim, aplicando-se à hipótese, no que couber, o disposto no art. 171.

Seção VI
Alienação de controle

Divulgação

Art. 254. *(Revogado pela Lei 9.457/1997.)*

Art. 254-A. A alienação, direta ou indireta, do controle de companhia aberta somente poderá ser contratada sob a condição, suspensiva ou resolutiva, de que o adquirente se obrigue a fazer oferta pública de aquisição das ações com direito a voto de propriedade dos demais acionistas da companhia, de modo a lhes assegurar o preço no mínimo igual a 80% (oitenta por cento) do valor pago por ação com direito a voto, integrante do bloco de controle.

- Artigo acrescentado pela Lei 10.303/2001.
- V. art. 7º, Lei 10.303/2001 (Altera as Leis 6.404/1976 e 6.385/1976).

§ 1º Entende-se como alienação de controle a transferência, de forma direta ou indireta, de ações integrantes do bloco de controle, de ações vinculadas a acordos de acionistas e de valores mobiliários conversíveis em ações com direito a voto, cessão de direitos de subscrição de ações e de outros títulos ou direitos relativos a valores mobiliários conversíveis em ações que venham a resultar na alienação de controle acionário da sociedade.

§ 2º A Comissão de Valores Mobiliários autorizará a alienação de controle de que trata o *caput*, desde que verificado que as condições da oferta pública atendem aos requisitos legais.

§ 3º Compete à Comissão de Valores Mobiliários estabelecer normas a serem observadas na oferta pública de que trata o *caput*.

§ 4º O adquirente do controle acionário de companhia aberta poderá oferecer aos acionistas minoritários a opção de permanecer na companhia, mediante o pagamento de um prêmio equivalente à diferença entre o valor de mercado das ações e o valor pago por ação integrante do bloco de controle.

§ 5º *(Vetado.)*

Lei 6.404/1976

LEGISLAÇÃO

Companhia aberta sujeita a autorização

Art. 255. A alienação do controle de companhia aberta que dependa de autorização do governo para funcionar está sujeita à prévia autorização do órgão competente para aprovar a alteração do seu estatuto.

* *Caput* com redação determinada pela Lei 9.457/1997.

§ 1º *(Revogado pela Lei 9.457/1997.)*

§ 2º *(Revogado pela Lei 9.457/1997.)*

Aprovação pela assembleia geral da compradora

Art. 256. A compra, por companhia aberta, do controle de qualquer sociedade mercantil, dependerá de deliberação da assembleia geral da compradora, especialmente convocada para conhecer da operação, sempre que:

I – o preço de compra constituir, para a compradora, investimento relevante (art. 247, parágrafo único); ou

* V. art. 247, parágrafo único, *a*.

II – o preço médio de cada ação ou quota ultrapassar uma vez e meia o maior dos três valores a seguir indicados:

a) cotação média das ações em bolsa ou no mercado de balcão organizado, durante os noventa dias anteriores à data da contratação;

* Alínea *a* com redação determinada pela Lei 9.457/1997.

b) valor de patrimônio líquido (art. 248) da ação ou quota, avaliado o patrimônio a preços de mercado (art. 183, § 1º);

c) valor do lucro líquido da ação ou quota, que não poderá ser superior a quinze vezes o lucro líquido anual por ação (art. 187, VII) nos dois últimos exercícios sociais, atualizado monetariamente.

§ 1º A proposta ou o contrato de compra, acompanhado de laudo de avaliação, observado o disposto no art. 8º, §§ 1º e 6º, será submetido à prévia autorização da assembleia geral, ou à sua ratificação, sob pena de responsabilidade dos administradores, instruído com todos os elementos necessários à deliberação.

* § 1º com redação determinada pela Lei 9.457/1997.

§ 2º Se o preço da aquisição ultrapassar uma vez e meia o maior dos três valores de que trata o inciso II do *caput*, o acionista dissidente da deliberação da assembleia que a aprovar terá o direito de retirar-se da companhia mediante reembolso do valor de suas ações, nos termos do art. 137, observado o disposto em seu inciso II.

* § 2º com redação determinada pela Lei 9.457/1997.

Seção VII
Aquisição de controle mediante oferta pública

Requisitos

Art. 257. A oferta pública para aquisição de controle de companhia aberta somente poderá ser feita com a participação de instituição financeira que garanta o cumprimento das obrigações assumidas pelo ofertante.

* V. arts. 172, II, e 264, § 5º.

§ 1º Se a oferta contiver permuta, total ou parcial, dos valores mobiliários, somente poderá ser efetuada após prévio registro na Comissão de Valores Mobiliários.

§ 2º A oferta deverá ter por objeto ações com direito a voto em número suficiente para assegurar o controle da companhia e será irrevogável.

§ 3º Se o ofertante já for titular de ações votantes do capital da companhia, a oferta poderá ter por objeto o número de ações necessário para completar o controle, mas o ofertante deverá fazer prova, perante a Comissão de Valores Mobiliários, das ações de sua propriedade.

§ 4º A Comissão de Valores Mobiliários poderá expedir normas sobre oferta pública de aquisição de controle.

Instrumento da oferta de compra

Art. 258. O instrumento de compra, firmado pelo ofertante e pela instituição financeira que garante o pagamento, será publicado na imprensa e deverá indicar:

* V. arts. 172, II, e 264, § 5º.

I – o número mínimo de ações que o ofertante se propõe a adquirir e, se for o caso, o número máximo;

II – o preço e as condições de pagamento;

Lei 6.404/1976

LEGISLAÇÃO

III – a subordinação da oferta ao número mínimo de aceitantes e a forma de rateio entre os aceitantes, se o número deles ultrapassar o máximo fixado;
IV – o procedimento que deverá ser adotado pelos acionistas aceitantes para manifestar a sua aceitação e efetivar a transferência das ações;
V – o prazo de validade da oferta, que não poderá ser inferior a 20 (vinte) dias;
VI – informações sobre o ofertante.
Parágrafo único. A oferta será comunicada à Comissão de Valores Mobiliários dentro de 24 (vinte e quatro) horas da primeira publicação.

Instrumento de oferta de permuta

Art. 259. O projeto de instrumento de oferta de permuta será submetido à Comissão de Valores Mobiliários com o pedido de registro prévio da oferta e deverá conter, além das referidas no art. 258, informações sobre os valores mobiliários oferecidos em permuta e as companhias emissoras desses valores.

• V. arts. 172, II, e 264, § 5º.

Parágrafo único. A Comissão de Valores Mobiliários poderá fixar normas sobre o instrumento de oferta de permuta e o seu registro prévio.

Art. 260. Até a publicação da oferta, o ofertante, a instituição financeira intermediária e a Comissão de Valores Mobiliários devem manter sigilo sobre a oferta projetada, respondendo o infrator pelos danos que causar.

• V. arts. 172, II, 255, 264, § 5º, e 287, II, f.

Processamento da oferta

Art. 261. A aceitação da oferta deverá ser feita nas instituições financeiras ou no mercado de valores mobiliários indicadas no instrumento de oferta e os aceitantes deverão firmar ordens irrevogáveis de venda ou permuta, nas condições ofertadas, ressalvado o disposto no § 1º do art. 262.

• V. arts. 172, II, e 264, § 5º.

§ 1º É facultado ao ofertante melhorar, uma vez, as condições de preço ou forma de pagamento, desde que em porcentagem igual ou superior a 5% (cinco por cento) e até 10 (dez) dias antes do término do prazo da oferta; as novas condições se estenderão aos acionistas que já tiverem aceito a oferta.
§ 2º Findo o prazo da oferta, a instituição financeira intermediária comunicará o resultado à Comissão de Valores Mobiliários e, mediante publicação pela imprensa, aos aceitantes.
§ 3º Se o número de aceitantes ultrapassar o máximo, será obrigatório o rateio, na forma prevista no instrumento da oferta.

Oferta concorrente

Art. 262. A existência de oferta pública em curso não impede oferta concorrente, desde que observadas as normas desta Seção.

• V. arts. 172, II, e 264, § 5º.

§ 1º A publicação de oferta concorrente torna nulas as ordens de venda que já tenham sido firmadas em aceitação de oferta anterior.
§ 2º É facultado ao primeiro ofertante prorrogar o prazo de sua oferta até fazê-lo coincidir com o da oferta concorrente.

Negociação durante a oferta

Art. 263. A Comissão de Valores Mobiliários poderá expedir normas que disciplinem a negociação das ações objeto da oferta durante o seu prazo.

• V. arts. 172, II, e 264, § 5º.

Seção VIII
Incorporação de companhia controlada

Art. 264. Na incorporação, pela controladora, de companhia controlada, a justificação, apresentada à assembleia geral da controlada, deverá conter, além das informações previstas nos arts. 224 e 225, o cálculo das relações de substituição das ações dos acionistas não controladores da controlada com base no valor do patrimônio líquido das ações da controladora e da controlada, avaliados os dois patrimônios segundo os mesmos critérios e na mesma data, a preços de mercado, ou com base em outro critério aceito pela Comissão de Valores Mobiliários, no caso de companhias abertas.

• *Caput* com redação determinada pela Lei 10.303/2001.

Lei 6.404/1976

LEGISLAÇÃO

§ 1º A avaliação dos dois patrimônios será feita por três peritos ou empresa especializada e, no caso de companhias abertas, por empresa especializada.

* § 1º com redação determinada pela Lei 10.303/2001.

§ 2º Para efeito da comparação referida neste artigo, as ações do capital da controlada de propriedade da controladora serão avaliadas, no patrimônio desta, em conformidade com o disposto no *caput*.

* § 2º com redação determinada pela Lei 10.303/2001.

§ 3º Se as relações de substituição das ações dos acionistas não controladores, previstas no protocolo da incorporação, forem menos vantajosas que as resultantes da comparação prevista neste artigo, os acionistas dissidentes da deliberação da assembleia geral da controlada que aprovar a operação, poderão optar, no prazo previsto no art. 230, entre o valor de reembolso fixado nos termos do art. 45 e o valor apurado em conformidade com o disposto no *caput*, observado o disposto no art. 137, inciso II.

* § 3º com redação determinada pela Lei 10.303/2001.

§ 4º Aplicam-se as normas previstas neste artigo à incorporação de controladora por sua controlada, à fusão de companhia controladora com a controlada, à incorporação de ações de companhia controlada ou controladora, à incorporação, fusão e incorporação de ações de sociedades sob controle comum.

* § 4º com redação determinada pela Lei 10.303/2001.

§ 5º O disposto neste artigo não se aplica no caso de as ações do capital da controlada terem sido adquiridas no pregão da Bolsa de Valores ou mediante oferta pública nos termos dos arts. 257 e 263.

Capítulo XXI
GRUPO DE SOCIEDADES
Seção I
Características e natureza

Características

Art. 265. A sociedade controladora e suas controladas podem constituir, nos termos deste Capítulo, grupo de sociedades, mediante convenção pela qual se obriguem a combinar recursos ou esforços para a realização dos respectivos objetos, ou a participar de atividades ou empreendimentos comuns.

* V. arts. 58, § 6º, e 136, VIII.

§ 1º A sociedade controladora, ou de comando do grupo, deve ser brasileira e exercer, direta ou indiretamente, e de modo permanente, o controle das sociedades filiadas, como titular de direitos de sócio ou acionista, ou mediante acordo com outros sócios ou acionistas.

§ 2º A participação recíproca das sociedades do grupo obedecerá ao disposto no art. 244.

Natureza

Art. 266. As relações entre as sociedades, a estrutura administrativa do grupo e a coordenação ou subordinação dos administradores das sociedades filiadas serão estabelecidas na convenção do grupo, mas cada sociedade conservará personalidade e patrimônios distintos.

Designação

Art. 267. O grupo de sociedades terá designação de que constarão as palavras "grupo de sociedades" ou "grupo".

Parágrafo único. Somente os grupos organizados de acordo com este Capítulo poderão usar designação com as palavras "grupo" ou "grupo de sociedades".

Companhia sujeita a autorização para funcionar

Art. 268. A companhia que, por seu objeto, depende de autorização para funcionar, somente poderá participar de grupo de sociedades após a aprovação da convenção do grupo pela autoridade competente para aprovar suas alterações estatutárias.

Seção II
Constituição, registro e publicidade

Art. 269. O grupo de sociedades será constituído por convenção aprovada pelas

Lei 6.404/1976

LEGISLAÇÃO

sociedades que o componham, a qual deverá conter:

- V. art. 32, II, *b*, Lei 8.934/1994 (Registro público de empresas mercantis e atividades afins).

I – a designação do grupo;

II – a indicação da sociedade de comando e das filiadas;

III – as condições de participação das diversas sociedades;

IV – o prazo de duração, se houver, e as condições de extinção;

V – as condições para admissão de outras sociedades e para a retirada das que o componham;

VI – os órgãos e cargos da administração do grupo, suas atribuições e as relações entre a estrutura administrativa do grupo e as das sociedades que o componham;

VII – a declaração da nacionalidade do controle do grupo;

VIII – as condições para alteração da convenção.

Parágrafo único. Para os efeitos do n. VII, o grupo de sociedades considera-se sob controle brasileiro se a sua sociedade de comando está sob o controle de:

a) pessoas naturais residentes ou domiciliadas no Brasil;

b) pessoas jurídicas de direito público interno; ou

c) sociedade ou sociedades brasileiras que, direta ou indiretamente, estejam sob controle das pessoas referidas nas alíneas *a* e *b*.

Aprovação pelos sócios das sociedades

Art. 270. A convenção de grupo deve ser aprovada com observância das normas para alteração do contrato social ou do estatuto (art. 136, V).

- *Caput* com redação determinada pela Lei 9.457/1997.
- V. art. 32, II, *b*, Lei 8.934/1994 (Registro público de empresas mercantis e atividades afins).

Parágrafo único. Os sócios ou acionistas dissidentes da deliberação de se associar a grupo têm direito, nos termos do art. 137, ao reembolso de suas ações ou quotas.

- V. art. 137.

Registro e publicidade

Art. 271. Considera-se constituído o grupo a partir da data do arquivamento, no Registro do Comércio da sede da sociedade de comando, dos seguintes documentos:

- V. art. 32, II, *b*, Lei 8.934/1994 (Registro público de empresas mercantis e atividades afins).

I – convenção de constituição do grupo;

II – atas das assembleias gerais, ou instrumentos de alteração contratual, de todas as sociedades que tiverem aprovado a constituição do grupo;

III – declaração autenticada do número das ações ou quotas de que a sociedade de comando e as demais sociedades integrantes do grupo são titulares em cada sociedade filiada, ou exemplar de acordo de acionistas que assegura o controle da sociedade filiada.

§ 1º Quando as sociedades filiadas tiverem sede em locais diferentes, deverão ser arquivadas no Registro do Comércio das respectivas sedes as atas de assembleia ou alterações contratuais que tiverem aprovado a convenção, sem prejuízo do registro na sede da sociedade de comando.

§ 2º As certidões de arquivamento no Registro do Comércio serão publicadas.

§ 3º A partir da data do arquivamento, a sociedade de comando e as filiadas passarão a usar as respectivas denominações acrescidas da designação do grupo.

§ 4º As alterações da convenção do grupo serão arquivadas e publicadas nos termos deste artigo, observando-se o disposto no § 1º do art. 135.

Seção III
Administração
Administradores do grupo

Art. 272. A convenção deve definir a estrutura administrativa do grupo de sociedades, podendo criar órgãos de deliberação colegiada e cargos de direção geral.

Parágrafo único. A representação das sociedades perante terceiros, salvo disposição expressa na convenção do grupo, arquivada no Registro do Comércio e publicada, caberá exclusivamente aos administradores de

Lei 6.404/1976

cada sociedade, de acordo com os respectivos estatutos ou contratos sociais.

Administradores das sociedades filiadas

Art. 273. Aos administradores das sociedades filiadas, sem prejuízo de suas atribuições, poderes e responsabilidades, de acordo com os respectivos estatutos ou contratos sociais, compete observar a orientação geral estabelecida e as instruções expedidas pelos administradores do grupo que não importem violação da lei ou da convenção do grupo.

Remuneração

Art. 274. Os administradores do grupo e os investidos em cargos de mais de uma sociedade poderão ter a sua remuneração rateada entre as diversas sociedades, e a gratificação dos administradores, se houver, poderá ser fixada, dentro dos limites do § 1º do art. 152 com base nos resultados apurados nas demonstrações financeiras consolidadas do grupo.

Seção IV
Demonstrações financeiras

Art. 275. O grupo de sociedades publicará, além das demonstrações financeiras referentes a cada uma das companhias que o compõem, demonstrações consolidadas, compreendendo todas as sociedades do grupo, elaboradas com observância do disposto no art. 250.

§ 1º As demonstrações consolidadas do grupo serão publicadas juntamente com as da sociedade de comando.

§ 2º A sociedade de comando deverá publicar demonstrações financeiras nos termos desta Lei, ainda que não tenha a forma de companhia.

§ 3º As companhias filiadas indicarão, em nota às suas demonstrações financeiras publicadas, o órgão que publicou a última demonstração consolidada do grupo a que pertencer.

§ 4º As demonstrações consolidadas de grupo de sociedades que inclua companhia aberta serão obrigatoriamente auditadas por auditores independentes registrados na Comissão de Valores Mobiliários, e observarão as normas expedidas por essa Comissão.

Seção V
Prejuízos resultantes de atos contrários à convenção

Art. 276. A combinação de recursos e esforços, a subordinação dos interesses de uma sociedade aos de outra, ou do grupo, e a participação em custos, receitas ou resultados de atividades ou empreendimentos, somente poderão ser opostos aos sócios minoritários das sociedades filiadas nos termos da convenção do grupo.

§ 1º Consideram-se minoritários, para os efeitos deste artigo, todos os sócios da filiada, com exceção da sociedade de comando e das demais filiadas do grupo.

§ 2º A distribuição de custos, receitas e resultados e as compensações entre sociedades, previstas na convenção do grupo, deverão ser determinadas e registradas no balanço de cada exercício social das sociedades interessadas.

§ 3º Os sócios minoritários da filiada terão ação contra os seus administradores e contra a sociedade de comando do grupo para haver reparação de prejuízos resultantes de atos praticados com infração das normas deste artigo, observado o disposto nos parágrafos do art. 246.

Conselho Fiscal das filiadas

Art. 277. O funcionamento do Conselho Fiscal da companhia filiada a grupo, quando não for permanente, poderá ser pedido por acionistas não controladores que representem, no mínimo, 5% (cinco por cento) das ações ordinárias, ou das ações preferenciais sem direito de voto.

• V. art. 291.

§ 1º Na constituição do Conselho Fiscal da filiada serão observadas as seguintes normas:

a) os acionistas não controladores votarão em separado, cabendo às ações com direito a voto o direito de eleger um membro e respectivo suplente e às ações sem direito a voto, ou com voto restrito, o de eleger outro;

Lei 6.404/1976

LEGISLAÇÃO

b) a sociedade de comando e as filiadas poderão eleger número de membros, e respectivos suplentes, igual ao dos eleitos nos termos da alínea *a*, mais um.

§ 2º O Conselho Fiscal da sociedade filiada poderá solicitar aos órgãos de administração da sociedade de comando, ou de outras filiadas, os esclarecimentos ou informações que julgar necessários para fiscalizar a observância da convenção do grupo.

Capítulo XXII
CONSÓRCIO

Art. 278. As companhias e quaisquer outras sociedades, sob o mesmo controle ou não, podem constituir consórcio para executar determinado empreendimento, observado o disposto neste Capítulo.

- V. art. 2º, II, Lei 11.101/2005 (Lei de Recuperação de Empresas e Falência).
- V. art. 1º, Lei 12.402/2011 (Regula o cumprimento de obrigações tributárias por consórcios que realizarem contratações de pessoas jurídicas e físicas).

§ 1º O consórcio não tem personalidade jurídica e as consorciadas somente se obrigam nas condições previstas no respectivo contrato, respondendo cada uma por suas obrigações, sem presunção de solidariedade.

§ 2º A falência de uma consorciada não se estende às demais, subsistindo o consórcio com as outras contratantes; os créditos que porventura tiver a falida serão apurados e pagos na forma prevista no contrato de consórcio.

Art. 279. O consórcio será constituído mediante contrato aprovado pelo órgão da sociedade competente para autorizar a alienação de bens do ativo não circulante, do qual constarão:

- *Caput* com redação determinada pela Lei 11.941/2009.
- V. art. 1º, Lei 12.402/2011 (Regula o cumprimento de obrigações tributárias por consórcios que realizarem contratações de pessoas jurídicas e físicas).

I – a designação do consórcio, se houver;
II – o empreendimento que constitua o objeto do consórcio;
III – a duração, endereço e foro;
IV – a definição das obrigações e responsabilidade de cada sociedade consorciada, e das prestações específicas;
V – normas sobre recebimento de receitas e partilha de resultados;
VI – normas sobre administração do consórcio, contabilização, representação das sociedades consorciadas e taxa de administração, se houver;
VII – forma de deliberação sobre assuntos de interesse comum, com o número de votos que cabe a cada consorciado;
VIII – contribuição de cada consorciado para as despesas comuns, se houver.

Parágrafo único. O contrato de consórcio e suas alterações serão arquivados no Registro do Comércio do lugar da sua sede, devendo a certidão do arquivamento ser publicada.

Capítulo XXIII
SOCIEDADES EM COMANDITA POR AÇÕES

Art. 280. A sociedade em comandita por ações terá o capital dividido em ações e reger-se-á pelas normas relativas às companhias ou sociedades anônimas, sem prejuízo das modificações constantes deste Capítulo.

- V. arts. 1.045 e 1.090, CC.

Art. 281. A sociedade poderá comerciar sob firma ou razão social, da qual só farão parte os nomes dos sócios diretores ou gerentes. Ficam ilimitada e solidariamente responsáveis, nos termos desta Lei, pelas obrigações sociais, os que, por seus nomes figurarem na firma ou razão social.

- V. arts. 1.045, 1.046 e 1.049, CC.
- V. arts. 20, 77 e 190, Lei 11.101/2005 (Lei de Recuperação de Empresas e Falência).

Parágrafo único. A denominação ou a firma deve ser seguida das palavras "Comandita por Ações", por extenso ou abreviadamente.

Art. 282. Apenas o sócio ou acionista tem qualidade para administrar ou gerir a sociedade e, como diretor ou gerente, res-

Lei 6.404/1976

ponder subsidiária, mas ilimitada e solidariamente, pelas obrigações da sociedade.
- V. arts. 1.045, 1.046, 1.049 e 1.091, CC.

§ 1º Os diretores ou gerentes serão nomeados, sem limitação de tempo, no estatuto da sociedade, e somente poderão ser destituídos por deliberação de acionistas que representem 2/3 (dois terços), no mínimo, do capital social.

§ 2º O diretor ou gerente que for destituído ou se exonerar continuará responsável pelas obrigações sociais contraídas sob sua administração.

Art. 283. A assembleia geral não pode, sem o consentimento dos diretores ou gerentes, mudar o objeto essencial da sociedade, prorrogar-lhe o prazo de duração, aumentar ou diminuir o capital social, emitir debêntures ou criar partes beneficiárias nem aprovar a participação em grupo de sociedade.
- Artigo com redação determinada pela Lei 9.457/1997.
- V. arts. 1.045 e 1.092, CC.

Art. 284. Não se aplica à sociedade em comandita por ações o disposto nesta Lei sobre Conselho de Administração, autorização estatutária de aumento de capital e emissão de bônus de subscrição.
- V. art. 1.045, CC.

Capítulo XXIV
PRAZOS DE PRESCRIÇÃO

Art. 285. A ação para anular a constituição da companhia, por vício ou defeito, prescreve em 1 (um) ano, contado da publicação dos atos constitutivos.
- V. art. 1.179, CC.
- • V. arts. 318 e 319, CPC/2015.

Parágrafo único. Ainda depois de proposta a ação, é lícito à companhia, por deliberação da assembleia geral, providenciar para que seja sanado o vício ou defeito.

Art. 286. A ação para anular as deliberações tomadas em assembleia geral ou especial, irregularmente convocada ou instalada, violadoras da lei ou do estatuto, ou eivadas de erro, dolo, fraude ou simulação prescreve em 2 (dois) anos, contados da deliberação.
- V. art. 134, § 3º.
- V. art. 1.179, CC.
- • V. arts. 318 e 319, CPC/2015.

Art. 287. Prescreve:
- A Lei 10.303/2001, que altera a presente Lei, repete a redação original deste *caput*.
- V. arts. 699, 700 e 1.179, CC.

I – em 1 (um) ano:

a) a ação contra peritos e subscritores do capital, para deles haver reparação civil pela avaliação de bens, contado o prazo da publicação da ata da assembleia geral que aprovar o laudo;

b) a ação dos credores não pagos contra os acionistas e os liquidantes, contado o prazo da publicação da ata de encerramento da liquidação da companhia;

II – em 3 (três) anos:

a) a ação para haver dividendos, contado o prazo da data em que tenham sido postos à disposição do acionista;

b) a ação contra os fundadores, acionistas, administradores, liquidantes, fiscais ou sociedade de comando, para deles haver reparação civil por atos culposos ou dolosos, no caso de violação da lei, do estatuto ou da convenção do grupo, contado o prazo:

1) para os fundadores, da data da publicação dos atos constitutivos da companhia;

2) para os acionistas, administradores, fiscais e sociedades de comando, da data da publicação da ata que aprovar o balanço referente ao exercício em que a violação tenha ocorrido;

3) para os liquidantes, da data da publicação da ata da primeira assembleia geral posterior à violação;

c) a ação contra acionistas para restituição de dividendos recebidos de má-fé, contado o prazo da data da publicação da ata de assembleia geral ordinária do exercício em que os dividendos tenham sido declarados;

d) a ação contra os administradores ou titulares de partes beneficiárias para restituição de participação no lucro recebidas de má-fé, contado o prazo da data da publicação da ata da assembleia geral ordinária do exercício em que as participações tenham sido pagas;

e) a ação contra o agente fiduciário de debenturistas ou titulares de partes beneficiárias para dele haver reparação civil por atos culposos ou dolosos no caso de violação da lei ou da escritura de emissão, a contar da

Lei 6.404/1976

publicação da ata da assembleia geral em que tiver tomado conhecimento da violação;

f) a ação contra o violador do dever de sigilo de que trata o art. 260 para dele haver reparação civil, a contar da data da publicação da oferta;

g) a ação movida pelo acionista contra a companhia, qualquer que seja o seu fundamento.

- Alínea g acrescentada pela Lei 10.303/2001.

Art. 288. Quando a ação se originar de fato que deva ser apurado no juízo criminal, não ocorrerá prescrição antes da respectiva sentença definitiva, ou da prescrição da ação penal.

- V. art. 1.179, CC.

Capítulo XXV
DISPOSIÇÕES GERAIS

Art. 289. As publicações ordenadas pela presente Lei serão feitas no órgão oficial da União ou do Estado ou do Distrito Federal, conforme o lugar em que esteja situada a sede da companhia, e em outro jornal de grande circulação editado na localidade em que está situada a sede da companhia.

- Caput com redação determinada pela Lei 9.457/1997.
- V. Lei 8.639/1993 (Uso de caracteres nas publicações obrigatórias).

§ 1º A Comissão de Valores Mobiliários poderá determinar que as publicações ordenadas por esta Lei sejam feitas, também, em jornal de grande circulação nas localidades em que os valores mobiliários da companhia sejam negociados em bolsa ou em mercado de balcão, ou disseminadas por algum outro meio que assegure sua ampla divulgação e imediato acesso às informações.

- § 1º com redação determinada pela Lei 9.457/1997.

§ 2º Se no lugar em que estiver situada a sede da companhia não for editado jornal, a publicação se fará em órgão de grande circulação local.

§ 3º A companhia deve fazer as publicações previstas nesta Lei sempre no mesmo jornal, e qualquer mudança deverá ser precedida de aviso aos acionistas no extrato da ata da assembleia geral ordinária.

§ 4º O disposto no final do § 3º não se aplica à eventual publicação de atas ou balanços em outros jornais.

§ 5º Todas as publicações ordenadas nesta Lei deverão ser arquivadas no Registro do Comércio.

§ 6º As publicações do balanço e da demonstração de lucros e perdas poderão ser feitas adotando-se como expressão monetária o milhar de reais.

- § 6º com redação determinada pela Lei 9.457/1997.

§ 7º Sem prejuízo do disposto no *caput* deste artigo, as companhias abertas poderão, ainda, disponibilizar as referidas publicações pela rede mundial de computadores.

- § 7º acrescentado pela Lei 10.303/2001.

Art. 290. A indenização por perdas e danos em ações com fundamento nesta Lei será corrigida monetariamente até o trimestre civil em que for efetivamente liquidada.

- V. Lei 6.899/1981 (Correção monetária nos débitos oriundos de decisão judicial).

Art. 291. A Comissão de Valores Mobiliários poderá reduzir, mediante fixação de escala em função do valor do capital social, a porcentagem mínima aplicável às companhias abertas, estabelecida no art. 105; na alínea c do parágrafo único do art. 123; no *caput* do art. 141; no § 1º do art. 157; no § 4º do art. 159; no § 2º do art. 161; no § 6º do art. 163; na alínea a do § 1º do art. 246; e no art. 277.

- Caput com redação determinada pela Lei 10.303/2001.

Parágrafo único. A Comissão de Valores Mobiliários poderá reduzir a porcentagem de que trata o art. 249.

Art. 292. As sociedades de que trata o art. 62 da Lei 4.728, de 14 de julho de 1965, podem ter suas ações ao portador.

- V. art. 2º, Lei 8.021/1990 (Identificação dos contribuintes para fins fiscais).

Art. 293. A Comissão de Valores Mobiliários autorizará as Bolsas de Valores a prestar os serviços previstos nos arts. 27; 34, § 2º; 39, § 1º; 40; 41; 42; 43; 44; 72; 102 e 103.

Parágrafo único. *(Revogado pela Lei 12.810/2013.)*

Lei 6.404/1976

LEGISLAÇÃO

Art. 294. A companhia fechada que tiver menos de vinte acionistas, com patrimônio líquido inferior a R$ 1.000.000,00 (um milhão de reais), poderá:

- *Caput* com redação determinada pela Lei 10.303/2001, que traz idêntica redação dada pela Lei 10.194/2001.

I – convocar assembleia geral por anúncio entregue a todos os acionistas, contra recibo, com a antecedência prevista no art. 124; e

II – deixar de publicar os documentos de que trata o art. 133, desde que sejam, por cópias autenticadas, arquivados no Registro do Comércio juntamente com a ata da assembleia que sobre eles deliberar.

§ 1º A companhia deverá guardar os recibos de entrega dos anúncios de convocação e arquivar no Registro do Comércio, juntamente com a ata da assembleia, cópia autenticada dos mesmos.

§ 2º Nas companhias de que trata este artigo, o pagamento da participação dos administradores poderá ser feita sem observância do disposto no § 2º do art. 152, desde que aprovada pela unanimidade dos acionistas.

§ 3º O disposto neste artigo não se aplica à companhia controladora de grupo de sociedades, ou a ela filiadas.

Capítulo XXVI
DISPOSIÇÕES TRANSITÓRIAS

Art. 295. A presente Lei entrará em vigor 60 (sessenta) dias após a sua publicação, aplicando-se, todavia, a partir da data da publicação, às companhias que se constituírem.

§ 1º O disposto neste artigo não se aplica às disposições sobre:

a) elaboração das demonstrações financeiras, que serão observadas pelas companhias existentes a partir do exercício social que se iniciar após 1º de janeiro de 1978;

b) a apresentação, nas demonstrações financeiras, de valores do exercício anterior (art. 176, § 1º), que será obrigatória a partir do balanço do exercício social subsequente ao referido na alínea anterior;

c) elaboração e publicação de demonstrações financeiras consolidadas, que somente serão obrigatórias para os exercícios iniciados a partir de 1º de janeiro de 1978.

§ 2º A participação dos administradores nos lucros sociais continuará a regular-se pelas disposições legais e estatutárias, em vigor, aplicando-se o disposto nos §§ 1º e 2º do art. 152 a partir do exercício social que se iniciar no curso do ano de 1977.

§ 3º A restrição ao direito de voto das ações ao portador (art. 112) só vigorará a partir de 1 (um) ano a contar da data em que esta Lei entrar em vigor.

- V. art. 2º, Lei 8.021/1990 (Identificação de contribuintes para fins fiscais).

Art. 296. As companhias existentes deverão proceder à adaptação do seu estatuto aos preceitos desta Lei no prazo de 1 (um) ano a contar da data em que ela entrar em vigor, devendo para esse fim ser convocada assembleia geral dos acionistas.

- V. arts. 297 e 298.

§ 1º Os administradores e membros do Conselho Fiscal respondem pelos prejuízos que causarem pela inobservância do disposto neste artigo.

§ 2º O disposto neste artigo não prejudicará os direitos pecuniários conferidos por partes beneficiárias e debêntures em circulação na data da publicação desta Lei, que somente poderão ser modificados ou reduzidos com observância do disposto no art. 51 e no § 5º do art. 71.

§ 3º As companhias existentes deverão eliminar, no prazo de 5 (cinco) anos, a contar da data da entrada em vigor desta Lei, as participações recíprocas vedadas pelo art. 244 e seus parágrafos.

§ 4º As companhias existentes, cujo estatuto for omisso quanto à fixação do dividendo, ou que o estabelecer em condições que não satisfaçam aos requisitos do § 1º do art. 202 poderão, dentro do prazo previsto neste artigo, fixá-lo em porcentagem inferior à prevista no § 2º do art. 202, mas os acionistas dissidentes dessa deliberação terão direito de retirar-se da companhia, mediante reembolso do valor de suas ações, com observância do disposto nos arts. 45 e 137.

§ 5º O disposto no art. 199 não se aplica às reservas constituídas e aos lucros acumula-

1113

dos em balanços levantados antes de 1º de janeiro de 1977.

§ 6º O disposto nos §§ 1º e 2º do art. 237 não se aplica às participações existentes na data da publicação desta Lei.

Art. 297. As companhias existentes que tiverem ações preferenciais com prioridade na distribuição de dividendo fixo ou mínimo ficarão dispensadas do disposto no art. 167 e seu § 1º, desde que no prazo de que trata o art. 296 regulem no estatuto a participação das ações preferenciais na correção anual do capital social, com observância das seguintes normas:

• V. art. 167.

I – o aumento de capital poderá ficar na dependência de deliberação da assembleia geral, mas será obrigatório quando o saldo da conta de que trata o § 3º do art. 182 ultrapassar 50% (cinquenta por cento) do capital social;

II – a capitalização da reserva poderá ser procedida mediante aumento do valor nominal das ações ou emissões de novas ações bonificadas, cabendo à assembleia geral escolher, em cada aumento de capital, o modo a ser adotado;

III – em qualquer caso, será observado o disposto no § 4º do art. 17;

IV – as condições estatutárias de participação serão transcritas nos certificados das ações da companhia.

Art. 298. As companhias existentes, com capital inferior a Cr$ 5.000.000,00 (cinco milhões de cruzeiros), poderão, no prazo de que trata o art. 296, deliberar, pelo voto de acionistas que representem 2/3 (dois terços) do capital social, a sua transformação em sociedade por quotas, de responsabilidade limitada, observadas as seguintes normas:

I – na deliberação da assembleia a cada ação caberá um voto, independentemente de espécie ou classe;

II – a sociedade por quotas resultante da transformação deverá ter o seu capital integralizado e o seu contrato social assegurará aos sócios a livre transferência das quotas, entre si ou para terceiros;

III – o acionista dissidente da deliberação da assembleia poderá pedir o reembolso das ações pelo valor de patrimônio líquido a preços de mercado, observado o disposto nos arts. 45 e 137;

IV – o prazo para o pedido de reembolso será de 90 (noventa) dias a partir da data da publicação da ata da assembleia, salvo para os titulares de ações nominativas, que será contado da data do recebimento de aviso por escrito da companhia.

Art. 299. Ficam mantidas as disposições sobre sociedades por ações, constantes de legislação especial sobre a aplicação de incentivos fiscais nas áreas da Sudene, Sudam, Sudepe, Embratur e Reflorestamento, bem como todos os dispositivos das Leis 4.131, de 3 de setembro de 1962, e 4.390, de 29 de agosto de 1964.

• V. Dec. 55.762/1965 (Regulamenta a Lei 4.131/1962, modificada pela Lei 4.390/1964).

Art. 299-A. O saldo existente em 31 de dezembro de 2008 no ativo diferido que, pela sua natureza, não puder ser alocado a outro grupo de contas, poderá permanecer no ativo sob essa classificação até sua completa amortização, sujeito à análise sobre a recuperação de que trata o § 3º do art. 183 desta Lei.

• Artigo acrescentado pela Lei 11.941/2009.

Art. 299-B. O saldo existente no resultado de exercício futuro em 31 de dezembro de 2008 deverá ser reclassificado para o passivo não circulante em conta representativa de receita diferida.

• Artigo acrescentado pela Lei 11.941/2009.

Parágrafo único. O registro do saldo de que trata o *caput* deste artigo deverá evidenciar a receita diferida e o respectivo custo diferido.

Art. 300. Ficam revogados o Dec.-lei 2.627, de 26 de setembro de 1940, com exceção dos arts. 59 a 73, e demais disposições em contrário.

Brasília, 15 de dezembro de 1976; 155º da Independência e 88º da República.

Ernesto Geisel

(*DOU* 17.12.1976, suplemento)

Lei 6.515/1977

LEGISLAÇÃO

LEI 6.515,
DE 26 DE DEZEMBRO DE 1977

Regula os casos de dissolução da sociedade conjugal e do casamento, seus efeitos e respectivos processos, e dá outras providências.

- V. arts. 1.571 a 1.590, CC.

O Presidente da República:
Faço saber que o Congresso Nacional decreta e eu sanciono a seguinte Lei:

Art. 1º A separação judicial, a dissolução do casamento, ou a cessação de seus efeitos civis, de que trata a Emenda Constitucional n. 9, de 28 de junho de 1977, ocorrerão nos casos e segundo a forma que esta Lei regula.

- V. arts. 226, §§ 3º e 6º, e 227, § 6º, CF.
- V. arts. 1.565 a 1.582, CC.
- V. Dec.-lei 3.200/1941 (Organização e proteção da família).
- V. art. 7º, § 5º, Dec.-lei 4.657/1942 (Lei de Introdução às normas do Direito Brasileiro).
- V. arts. 67 a 76, Lei 6.015/1973 (Lei de Registros Públicos).

Capítulo I
DA DISSOLUÇÃO DA SOCIEDADE CONJUGAL

Art. 2º A sociedade conjugal termina:

- V. art. 1.571, CC.

I – pela morte de um dos cônjuges;

II – pela nulidade ou anulação do casamento;

- V. art. 14.
- V. art. 1.561, CC.

III – pela separação judicial;

- V. arts. 3º a 13, 15 a 23, 34, 39, 41, 42 e 46.

IV – pelo divórcio.

- V. arts. 13, 15, 16, 21 a 33, 35 a 37, 40 e 43 a 48.

Parágrafo único. O casamento válido somente se dissolve pela morte de um dos cônjuges ou pelo divórcio.

- V. art. 24.
- V. art. 226, § 6º, CF.
- V. Súmulas 380 e 382, STF.

Seção I
Dos casos e efeitos da separação judicial

Art. 3º A separação judicial põe termo aos deveres de coabitação, fidelidade recíproca e ao regime matrimonial de bens, como se o casamento fosse dissolvido.

- V. art. 26.
- V. arts. 1.566 e 1.576, *caput*, CC.

§ 1º O procedimento judicial da separação caberá somente aos cônjuges, e, no caso de incapacidade, serão representados por curador, ascendente ou irmão.

- V. art. 24, parágrafo único.
- V. arts. 1.576, parágrafo único, e 1.775, CC.
- V. arts. 72, I, 178 e 245, CPC/2015.

§ 2º O juiz deverá promover todos os meios para que as partes se reconciliem ou transijam, ouvindo pessoal e separadamente cada uma delas e, a seguir, reunindo-as em sua presença, se assim considerar necessário.

- V. art. 335, *caput*, CPC/2015.
- V. arts. 5º e 6º, Lei 968/1949 (Conciliação ou acordo nas causas de desquite litigioso ou de alimentos).

§ 3º Após a fase prevista no parágrafo anterior, se os cônjuges pedirem, os advogados deverão ser chamados a assistir aos entendimentos e deles participar.

- V. art. 133, CF.

Art. 4º Dar-se-á a separação judicial por mútuo consentimento dos cônjuges se forem casados há mais de 2 (dois) anos, manifestado perante o juiz e devidamente homologado.

- V. arts. 9º e 34.
- V. art. 1.574, *caput*, CC.
- V. art. 731, *caput*, CPC/2015.
- V. arts. 14, 29, § 1º, *a*, e 167, II-1 e 5, Lei 6.015/1973 (Lei de Registros Públicos).

Art. 5º A separação judicial pode ser pedida por um só dos cônjuges quando imputar ao outro conduta desonrosa ou qualquer ato que importe em grave violação dos deveres do casamento e torne insuportável a vida em comum.

- V. arts. 10, 13, 17, 18, 19 e 34.

Lei 6.515/1977

LEGISLAÇÃO

- V. arts. 1.566, 1.572 e 1.573, CC.

§ 1º A separação judicial pode, também, ser pedida se um dos cônjuges provar a ruptura da vida em comum há mais de 1 (um) ano consecutivo, e a impossibilidade de sua reconstituição.

- § 1º com redação determinada pela Lei 8.408/1992.
- V. arts. 6º, 11, 17, § 1º, e 26.

§ 2º O cônjuge pode ainda pedir a separação judicial quando o outro estiver acometido de grave doença mental, manifestada após o casamento, que torne impossível a continuação da vida em comum, desde que, após uma duração de 5 (cinco) anos, a enfermidade tenha sido reconhecida de cura improvável.

- V. arts. 6º, 12, 17, § 1º, e 26.

§ 3º Nos casos dos parágrafos anteriores, reverterão, ao cônjuge que não houver pedido a separação judicial, os remanescentes dos bens que levou para o casamento, e, se o regime de bens adotado o permitir, também a meação nos adquiridos na constância da sociedade conjugal.

Art. 6º Nos casos dos §§ 1º e 2º do artigo anterior, a separação judicial poderá ser negada, se constituir, respectivamente, causa de agravamento das condições pessoais ou da doença do outro cônjuge, ou determinar, em qualquer caso, consequências morais de excepcional gravidade para os filhos menores.

- V. arts. 12, 26 e 40.

Art. 7º A separação judicial importará em separação de corpos e na partilha de bens.

- V. arts. 1.562, 1.575, *caput*, 1.705 e 1.706, CC.
- V. arts. 189, II, e 214, I, CPC/2015.

§ 1º A separação de corpos poderá ser determinada como medida cautelar (art. 796 do Código de Processo Civil).

§ 2º A partilha de bens poderá ser feita mediante proposta dos cônjuges e homologada pelo juiz ou por este decidida.

- V. art. 34, § 2º.
- V. art. 1.575, parágrafo único, CC.
- V. art. 178, CPC/2015.
- V. Súmula 377, STF.

Art. 8º A sentença que julgar a separação judicial produz seus efeitos à data de seu trânsito em julgado, ou à da decisão que tiver concedido separação cautelar.

- V. art. 44.

Seção II
Da proteção da pessoa dos filhos

Art. 9º No caso de dissolução da sociedade conjugal pela separação judicial consensual (art. 4º), observar-se-á o que os cônjuges acordarem sobre a guarda dos filhos.

- V. arts. 13 e 34, § 2º.
- V. art. 1.583, CC.

Art. 10. Na separação judicial fundada no *caput* do art. 5º, os filhos menores ficarão com o cônjuge que a ela não houver dado causa.

- V. art. 14.
- V. arts. 1.584 e 1.585, CC.

§ 1º Se pela separação judicial forem responsáveis ambos os cônjuges, os filhos menores ficarão em poder da mãe, salvo se o juiz verificar que de tal solução possa advir prejuízo de ordem moral para eles.

- V. art. 5º, I, CF.

§ 2º Verificado que não devem os filhos permanecer em poder da mãe nem do pai, deferirá o juiz a sua guarda a pessoa notoriamente idônea da família de qualquer dos cônjuges.

- V. arts. 28 e 35 e 98, II, Lei 8.069/1990 (Estatuto da Criança e do Adolescente).

Art. 11. Quando a separação judicial ocorrer com fundamento no § 1º do art. 5º, os filhos ficarão em poder do cônjuge em cuja companhia estavam durante o tempo de ruptura da vida em comum.

- V. art. 34, § 2º.

Art. 12. Na separação judicial fundada no § 2º do art. 5º, o juiz deferirá a entrega dos filhos ao cônjuge que estiver em condições de assumir, normalmente, a responsabilidade de sua guarda e educação.

Art. 13. Se houver motivos graves, poderá o juiz, em qualquer caso, a bem dos filhos, regular por maneira diferente da esta-

Lei 6.515/1977

belecida nos artigos anteriores a situação deles com os pais.

- V. art. 1.586, CC.
- V. art. 98, II, Lei 8.069/1990 (Estatuto da Criança e do Adolescente).

Art. 14. No caso de anulação do casamento, havendo filhos comuns, observar-se-á o disposto nos arts. 10 e 13.

- V. art. 2º, II.
- V. arts. 1.561, *caput* e § 1º, e 1.587, CC.

Parágrafo único. Ainda que nenhum dos cônjuges esteja de boa-fé ao contrair o casamento, seus efeitos civis aproveitarão aos filhos comuns.

- V. art. 1.561, § 2º, CC.

Art. 15. Os pais, em cuja guarda não estejam os filhos, poderão visitá-los e tê-los em sua companhia, segundo fixar o juiz, bem como fiscalizar sua manutenção e educação.

- V. art. 1.589, CC.

Art. 16. As disposições relativas à guarda e à prestação de alimentos aos filhos menores estendem-se aos filhos maiores inválidos.

- V. art. 1.590, CC.

Seção III
Do uso do nome

Art. 17. Vencida na ação de separação judicial (art. 5º, *caput*), voltará a mulher a usar o nome de solteira.

- V. art. 25, parágrafo único.
- V. art. 226, § 5º, CF.
- V. arts. 1.571, § 2º, e 1.578, *caput*, CC.

§ 1º Aplica-se ainda, o disposto neste artigo, quando é da mulher a iniciativa da separação judicial com fundamento nos §§ 1º e 2º do art. 5º.

§ 2º Nos demais casos, caberá à mulher a opção pela conservação do nome de casada.

- V. Súmula 51, TFR.

Art. 18. Vencedora na ação de separação judicial (art. 5º, *caput*), poderá a mulher renunciar, a qualquer momento, ao direito de usar o nome do marido.

- V. arts. 5º, I, e 226, § 5º, CF.
- V. arts. 1.571, § 2º, e 1.578, § 1º, CC.

Seção IV
Dos alimentos

Art. 19. O cônjuge responsável pela separação judicial prestará ao outro, se dela necessitar, a pensão que o juiz fixar.

- V. arts. 29 e 30.
- V. arts. 1.702, 1.704 e 1.707, CC.
- V. Súmula 379, STF.

Art. 20. Para manutenção dos filhos, os cônjuges, separados judicialmente, contribuirão na proporção de seus recursos.

- V. art. 1.703, CC.

Art. 21. Para assegurar o pagamento da pensão alimentícia, o juiz poderá determinar a constituição de garantia real ou fidejussória.

§ 1º Se o cônjuge credor preferir, o juiz poderá determinar que a pensão consista no usufruto de determinados bens do cônjuge devedor.

- V. arts. 1.390 a 1.411, CC.
- V. art. 167, I-7, Lei 6.015/1973 (Lei de Registros Públicos).

§ 2º Aplica-se, também, o disposto no parágrafo anterior, se o cônjuge credor justificar a possibilidade do não recebimento regular da pensão.

Art. 22. Salvo decisão judicial, as prestações alimentícias, de qualquer natureza, serão corrigidas, monetariamente, na forma dos índices de atualização das Obrigações do Tesouro Nacional – OTN.

- V. art. 1.710, CC.

Parágrafo único. No caso do não pagamento das referidas prestações no vencimento, o devedor responderá, ainda, por custas e honorários de advogado apurados simultaneamente.

- V. arts. 85, § 2º, e 292, III, CPC/2015.
- V. Súmula 226, STF.

Art. 23. A obrigação de prestar alimentos transmite-se aos herdeiros do devedor, na forma do art. 1.796 do Código Civil.

- Refere-se ao CC/1916.
- V. art. 1.997, CC.

Lei 6.515/1977

Capítulo II
DO DIVÓRCIO

Art. 24. O divórcio põe termo ao casamento e aos efeitos civis do matrimônio religioso.

- V. art. 7º, § 6º, Dec.-lei 4.657/1942 (Lei de Introdução às normas do Direito Brasileiro).
- V. Lei 1.110/1950 (Reconhecimento dos efeitos civis do casamento religioso).
- V. arts. 71 a 75, Lei 6.015/1973 (Lei de Registros Públicos).

Parágrafo único. O pedido somente competirá aos cônjuges, podendo, contudo, ser exercido, em caso de incapacidade, por curador, ascendente ou irmão.

- V. art. 3º, § 1º.
- V. art. 1.582, CC.

Art. 25. A conversão em divórcio da separação judicial dos cônjuges existente há mais de 1 (um) ano, contada da data da decisão ou da que concedeu a medida cautelar correspondente (art. 8º), será decretada por sentença, da qual não constará referência à causa que a determinou.

- Artigo com redação determinada pela Lei 8.408/1992.
- V. arts. 35 a 37 e 44.
- V. art. 226, § 5º, CF.
- V. art. 1.580, *caput* e § 1º, CC.

Parágrafo único. A sentença de conversão determinará que a mulher volte a usar o nome que tinha antes de contrair matrimônio, só conservando o nome de família do ex-marido se a alteração prevista neste artigo acarretar:

- V. art. 1.578, CC.

I – evidente prejuízo para a sua identificação;
II – manifesta distinção entre o seu nome de família e o dos filhos havidos da união dissolvida;
III – dano grave reconhecido em decisão judicial.

Art. 26. No caso de divórcio resultante da separação prevista nos §§ 1º e 2º do art. 5º, o cônjuge que teve a iniciativa da separação continuará com o dever de assistência ao outro (Código Civil, art. 231, III).

- Refere-se ao CC/1916.
- V. art. 1.566, III, CC.

Art. 27. O divórcio não modificará os direitos e deveres dos pais em relação aos filhos.

- V. arts. 1.579, 1.630, 1.634, 1.635, V, 1.638 e 1.690, CC.

Parágrafo único. O novo casamento de qualquer dos pais ou de ambos também não importará restrição a esses direitos e deveres.

- V. art. 1.636, *caput*, CC.

Art. 28. Os alimentos devidos pelos pais e fixados na sentença de separação poderão ser alterados a qualquer tempo.

- V. art. 15, Lei 5.478/1968 (Ação de alimentos).

Art. 29. O novo casamento do cônjuge credor da pensão extinguirá a obrigação do cônjuge devedor.

- V. art. 1.708, parágrafo único, CC.

Art. 30. Se o cônjuge devedor da pensão vier a casar-se, o novo casamento não alterará sua obrigação.

- V. art. 1.709, CC.

Art. 31. Não se decretará o divórcio se ainda não houver sentença definitiva de separação judicial, ou se esta não tiver decidido sobre a partilha dos bens.

- V. art. 40, § 2º, IV.
- V. art. 1.581, CC.

Art. 32. A sentença definitiva do divórcio produzirá efeitos depois de registrada no Registro Público competente.

- V. arts. 29, § 1º, a, 97, 100, § 1º, e 107, §§ 1º e 2º, Lei 6.015/1973 (Lei de Registros Públicos).

Art. 33. Se os cônjuges divorciados quiserem restabelecer a união conjugal só poderão fazê-lo mediante novo casamento.

- V. art. 46.
- V. arts. 101 e 107, § 2º, Lei 6.015/1973 (Lei de Registros Públicos).

Capítulo III
DO PROCESSO

Art. 34. A separação judicial consensual se fará pelo procedimento previsto nos arts. 1.120 e 1.124 do Código de Processo Civil, e as demais pelo procedimento ordinário.

§ 1º A petição será também assinada pelos advogados das partes ou pelo advogado escolhido de comum acordo.

Lei 6.515/1977

LEGISLAÇÃO

§ 2º O juiz pode recusar a homologação e não decretar a separação judicial, se comprovar que a convenção não preserva suficientemente os interesses dos filhos ou de um dos cônjuges.

- V. art. 6º.
- V. art. 1.574, parágrafo único, CC.
- V. Súmula 305, STF.

§ 3º Se os cônjuges não puderem ou não souberem assinar, é lícito que outrem o faça a rogo deles.

§ 4º As assinaturas, quando não lançadas na presença do juiz, serão, obrigatoriamente, reconhecidas por tabelião.

Art. 35. A conversão da separação judicial em divórcio será feita mediante pedido de qualquer dos cônjuges.

Parágrafo único. O pedido será apensado aos autos da separação judicial (art. 48).

- V. art. 53, I, CPC/2015.

Art. 36. Do pedido referido no artigo anterior, será citado o outro cônjuge, em cuja resposta não caberá reconvenção.

- V. art. 343, *caput*, CPC/2015.

Parágrafo único. A contestação só pode fundar-se em:

- V. arts. 231, 335, *caput*, 336 e 337, CPC/2015.

I – falta de decurso do prazo de 1 (um) ano de separação judicial;

- Inciso I com redação determinada pela Lei 7.841/1989.
- V. art. 226, § 5º, CF.

II – descumprimento das obrigações assumidas pelo requerente na separação.

Art. 37. O juiz conhecerá diretamente do pedido, quando não houver contestação ou necessidade de produzir prova em audiência, e proferirá sentença dentro em 10 (dez) dias.

- V. art. 336, CPC/2015.

§ 1º A sentença limitar-se-á à conversão da separação em divórcio, que não poderá ser negada, salvo se provada qualquer das hipóteses previstas no parágrafo único do artigo anterior.

§ 2º A improcedência do pedido de conversão não impede que o mesmo cônjuge o renove, desde que satisfeita a condição anteriormente descumprida.

Art. 38. *(Revogado pela Lei 7.841/1989.)*

Art. 39. No Capítulo III do Título II do Livro IV do Código de Processo Civil, as expressões "desquite por mútuo consentimento", "desquite" e "desquite litigioso" são substituídas por "separação consensual" e "separação judicial".

- V. arts. 731, *caput*, CPC/2015.

Capítulo IV
DAS DISPOSIÇÕES FINAIS E TRANSITÓRIAS

Art. 40. No caso de separação de fato, e desde que completados 2 (dois) anos consecutivos, poderá ser promovida ação de divórcio, na qual deverá ser comprovado decurso do tempo da separação.

- *Caput* com redação determinada pela Lei 7.841/1989.
- V. art. 1.580, § 2º, CC.

§ 1º *(Revogado pela Lei 7.841/1989.)*

§ 2º No divórcio consensual, o procedimento adotado será o previsto nos arts. 1.120 a 1.124 do Código de Processo Civil, observadas, ainda, as seguintes normas:

- V. art. 3º, §§ 2º e 3º.

I – a petição conterá a indicação dos meios probatórios da separação de fato, e será instruída com a prova documental já existente;

II – a petição fixará o valor da pensão do cônjuge que dela necessitar para sua manutenção, e indicará as garantias para o cumprimento da obrigação assumida;

III – se houver prova testemunhal, ela será produzida na audiência de ratificação do pedido de divórcio, a qual será obrigatoriamente realizada;

IV – a partilha dos bens deverá ser homologada pela sentença do divórcio.

§ 3º Nos demais casos, adotar-se-á o procedimento ordinário.

- V. arts. 5º e 34.

Art. 41. As causas de desquite em curso na data da vigência desta Lei, tanto as que se processam pelo procedimento especial quanto as de procedimento ordinário, passam automaticamente a visar à separação judicial.

Lei 6.515/1977

Art. 42. As sentenças já proferidas em causas de desquite são equiparadas, para os efeitos desta Lei, às de separação judicial.

Art. 43. Se, na sentença do desquite, não tiver sido homologada ou decidida a partilha dos bens, ou quando esta não tenha sido feita posteriormente, a decisão de conversão disporá sobre ela.

Art. 44. Contar-se-á o prazo de separação judicial a partir da data em que, por decisão judicial proferida em qualquer processo, mesmo nos de jurisdição voluntária, for determinada ou presumida a separação dos cônjuges.

* V. art. 25.

Art. 45. Quando o casamento se seguir a uma comunhão de vida entre os nubentes, existente antes de 28 de junho de 1977, que haja perdurado por 10 (dez) anos consecutivos ou da qual tenha resultado filhos, o regime matrimonial de bens será estabelecido livremente, não se lhe aplicando o disposto no art. 258, parágrafo único, II, do Código Civil.

* Refere-se ao CC/1916.
* V. Súmula 377, STF.

Art. 46. Seja qual for a causa da separação judicial, e o modo como esta se faça, é permitido aos cônjuges restabelecer a todo o tempo a sociedade conjugal, nos termos em que fora constituída, contanto que o façam mediante requerimento nos autos da ação de separação.

* V. art. 1.577, CC.

Parágrafo único. A reconciliação em nada prejudicará os direitos de terceiros, adquiridos antes e durante a separação, seja qual for o regime de bens.

Art. 47. Se os autos do desquite ou os da separação judicial tiverem sido extraviados, ou se encontrarem em outra circunscrição judiciária, o pedido de conversão em divórcio será instruído com a certidão da sentença, ou da sua averbação no assento de casamento.

* V. arts. 29, § 1º, *a*, e 97, Lei 6.015/1973 (Lei de Registros Públicos).

Art. 48. Aplica-se o disposto no artigo anterior quando a mulher desquitada tiver domicílio diverso daquele em que se julgou o desquite.

* V. art. 5º, I, CF.

Art. 49. Os §§ 5º e 6º do art. 7º da Lei de Introdução ao Código Civil passam a vigorar com a seguinte redação:

* Alterações processadas no texto da referida Lei.

Art. 50. São introduzidas no Código Civil as alterações seguintes:

* Refere-se ao CC/1916.

Art. 51. A Lei 883, de 21 de outubro de 1949, passa a vigorar com as seguintes alterações:

1) "Art. 1º [...]
"Parágrafo único. Ainda na vigência do casamento qualquer dos cônjuges poderá reconhecer o filho havido fora do matrimônio, em testamento cerrado, aprovado antes ou depois do nascimento do filho, e, nessa parte, irrevogável."

2) "Art. 2º Qualquer que seja a natureza da filiação, o direito à herança será reconhecido em igualdade de condições."

3) "Art. 4º [...]
"Parágrafo único. Dissolvida a sociedade conjugal do que foi condenado a prestar alimentos, quem os obteve não precisa propor ação de investigação para ser reconhecido, cabendo, porém, aos interessados o direito de impugnar a filiação."

4) "Art. 9º O filho havido fora do casamento e reconhecido pode ser privado da herança nos casos dos arts. 1.595 e 1.744 do Código Civil."

Art. 52. O n. I do art. 100, o n. II do art. 155 e o § 2º do art. 733 do Código de Processo Civil passam a vigorar com a seguinte redação:

* Alterações processadas no texto do Código.

Art. 53. A presente Lei entra em vigor na data de sua publicação.

Art. 54. Revogam-se os arts. 315 a 328 e o § 1º do art. 1.605 do Código Civil e as demais disposições em contrário.

* Refere-se ao CC/1916.

Brasília, 26 de dezembro de 1977; 156º da Independência e 89º da República.
Ernesto Geisel

(*DOU* 27.12.1977)

Lei 6.729/1979

Legislação

LEI 6.729, DE 28 DE NOVEMBRO DE 1979

Dispõe sobre a concessão comercial entre produtores e distribuidores de veículos automotores de via terrestre.

- V. Lei 8.078/1990 (Código de Defesa do Consumidor).

O Presidente da República:
Faço saber que o Congresso Nacional decreta e eu sanciono a seguinte Lei:

Art. 1º A distribuição de veículos automotores, de via terrestre, efetivar-se-á através de concessão comercial entre produtores e distribuidores disciplinada por esta Lei e, no que não a contrariem, pelas convenções nela previstas e disposições contratuais.

Art. 2º Consideram-se:

- Artigo com redação determinada pela Lei 8.132/1990.

I – produtor, a empresa industrial que realiza a fabricação ou montagem de veículos automotores;

II – distribuidor, a empresa comercial pertencente à respectiva categoria econômica, que realiza a comercialização de veículos automotores, implementos e componentes novos, presta assistência técnica a esses produtos e exerce outras funções pertinentes à atividade;

III – veículo automotor, de via terrestre, o automóvel, caminhão, ônibus, trator, motocicleta e similares;

IV – implemento, a máquina ou petrecho que se acopla a veículo automotor, na interação de suas finalidades;

V – componente, a peça ou conjunto integrante do veículo automotor ou implemento de série;

VI – máquina agrícola, a colheitadeira, a debulhadora, a trilhadeira e demais aparelhos similares destinados à agricultura, automotrizes ou acionados por trator ou outra fonte externa;

VII – implemento agrícola, o arado, a grade, a roçadeira e demais petrechos destinados à agricultura;

VIII – serviço autorizado, a empresa comercial que presta serviços de assistência a proprietários de veículos automotores, assim como a empresa que comercializa peças e componentes.

§ 1º Para os fins desta Lei:
a) intitula-se também o produtor de concedente e o distribuidor de concessionário;
b) entende-se por trator aquele destinado a uso agrícola, capaz também de servir a outros fins, excluídos os tratores de esteira, as motoniveladoras e as máquinas rodoviárias para outras destinações;
c) caracterizar-se-ão as diversas classes de veículos automotores pelas categorias econômicas de produtores e distribuidores, e os produtos, diferenciados em cada marca, pelo produtor e sua rede de distribuição, em conjunto.

§ 2º Excetuam-se da presente Lei os implementos e máquinas agrícolas caracterizados neste artigo, incisos VI e VII, que não sejam fabricados por produtor definido no inciso I.

Art. 3º Constitui objeto da concessão:

I – a comercialização de veículos automotores, implementos e componentes fabricados ou fornecidos pelo produtor;

II – a prestação de assistência técnica a esses produtos, inclusive quanto ao seu atendimento em garantia ou revisão;

- V. art. 19, I.

III – o uso gratuito da marca do concedente, como identificação.

- V. art. 19, II.

§ 1º A concessão poderá, em cada caso:
a) ser estabelecida para uma ou mais classes de veículos automotores;
b) vedar a comercialização de veículos automotores novos fabricados ou fornecidos por outro produtor.

§ 2º Quanto aos produtos lançados pelo concedente:
a) se forem da mesma classe daqueles compreendidos na concessão, ficarão nesta incluídos automaticamente;

- V. art. 19, III.

b) se forem de classe diversa, o concessionário terá preferência em comercializá-los, se atender às condições prescritas pelo concedente para esse fim.

§ 3º É facultado ao concessionário participar das modalidades auxiliares de venda que o concedente promover ou adotar, tais

Lei 6.729/1979

LEGISLAÇÃO

como consórcios, sorteios, arrendamentos mercantis e planos de financiamento.

• V. arts. 7º, § 3º, e 19, III.

Art. 4º Constitui direito do concessionário também a comercialização de:

I – implementos e componentes novos produzidos ou fornecidos por terceiros, respeitada, quanto aos componentes, a disposição do art. 8º;

II – mercadorias de qualquer natureza que se destinem a veículo automotor, implemento ou à atividade da concessão;

III – veículos automotores e implementos usados de qualquer marca.

Parágrafo único. Poderá o concessionário ainda comercializar outros bens e prestar outros serviços, compatíveis com a concessão.

• V. art. 19, IV.

Art. 5º São inerentes à concessão:

• Artigo com redação determinada pela Lei 8.132/1990.

I – área operacional de responsabilidade do concessionário para o exercício de suas atividades;

• V. art. 19, V.

II – distâncias mínimas entre estabelecimentos de concessionários da mesma rede, fixadas segundo critérios de potencial de mercado.

• V. art. 19, V.

§ 1º A área poderá conter mais de um concessionário da mesma rede.

• V. art. 19, XIV.

§ 2º O concessionário obriga-se à comercialização de veículos automotores, implementos, componentes e máquinas agrícolas, de via terrestre, e à prestação de serviços inerentes aos mesmos, nas condições estabelecidas no contrato de concessão comercial, sendo-lhe defesa a prática dessas atividades, diretamente ou por intermédio de prepostos, fora de sua área demarcada.

• V. art. 19, XIII.

§ 3º O consumidor, à sua livre escolha, poderá proceder à aquisição dos bens e serviços a que se refere esta Lei em qualquer concessionário.

• V. art. 19, VI.

§ 4º Em convenção de marca serão fixados os critérios e as condições para ressarcimento da concessionária ou serviço autorizado que prestar os serviços de manutenção obrigatórios pela garantia do fabricante, vedada qualquer disposição de limite à faculdade prevista no parágrafo anterior.

• V. art. 19, V.

Art. 6º É assegurada ao concedente a contratação de nova concessão:

• Artigo com redação determinada pela Lei 8.132/1990.

I – se o mercado de veículos automotores novos da marca, na área delimitada, apresentar as condições justificadoras da contratação que tenham sido ajustadas entre o produtor e sua rede de distribuição;

• V. art. 19, VII.

II – pela necessidade de prover vaga de concessão extinta.

• V. art. 19, VII.

§ 1º Na hipótese do inciso I deste artigo, o concessionário instalado na área concorrerá com os demais interessados, em igualdade de condições.

§ 2º A nova contratação não se poderá estabelecer em condições que de algum modo prejudiquem os concessionários da marca.

Art. 7º Compreende-se na concessão a quota de veículos automotores assim estabelecida:

• V. art. 19, VIII.

I – o concedente estimará sua produção destinada ao mercado interno para o período anual subsequente, por produto diferenciado e consoante a expectativa de mercado da marca;

II – a quota corresponderá a uma parte da produção estimada, compondo-se de produtos diferenciados e independentes entre si, inclusive quanto às respectivas quantidades;

III – o concedente e o concessionário ajustarão a quota que a este caberá, consoante a respectiva capacidade empresarial e desempenho de comercialização e conforme a capacidade do mercado de sua área demarcada.

Lei 6.729/1979

LEGISLAÇÃO

§ 1º O ajuste da quota independe dos estoques mantidos pelo concessionário, nos termos da presente Lei.
- V. art. 19, VIII.

§ 2º A quota será revista anualmente, podendo reajustar-se conforme os elementos constantes dos incisos deste artigo e a rotatividade dos estoques do concessionário.
- V. art. 19, VIII.

§ 3º Em seu atendimento, a quota de veículos automotores comportará ajustamentos decorrentes de eventual diferença entre a produção efetiva e a produção estimada.
- V. art. 19, VIII.

§ 4º É facultado incluir na quota os veículos automotores comercializados através das modalidades auxiliares de venda a que se refere o art. 3º, § 3º.
- V. art. 19, VIII.

Art. 8º Integra a concessão o índice de fidelidade de compra de componentes dos veículos automotores que dela faz parte, podendo a convenção de marca estabelecer percentuais de aquisição obrigatória pelos concessionários.
- Artigo com redação determinada pela Lei 8.132/1990.
- V. arts. 4º e 9º, § 3º.

Parágrafo único. Não estão sujeitas ao índice de fidelidade de compra ao concedente as aquisições que o concessionário fizer:
a) de acessórios para veículos automotores;
b) de implementos de qualquer natureza e máquinas agrícolas.

Art. 9º Os pedidos do concessionário e os fornecimentos do concedente deverão corresponder à quota de veículos automotores e enquadrar-se no índice de fidelidade de componentes.
- V. art. 19, IX.

§ 1º Os fornecimentos do concedente se circunscreverão a pedidos formulados por escrito e respeitarão os limites mencionados no art. 10, §§ 1º e 2º.

§ 2º O concedente deverá atender ao pedido no prazo fixado e, se não o fizer, poderá o concessionário cancelá-lo.

§ 3º Se o concedente não atender aos pedidos de componentes, o concessionário ficará desobrigado do índice de fidelidade a que se refere o art. 8º, na proporção do desatendimento verificado.

Art. 10. O concedente poderá exigir do concessionário manutenção de estoque proporcional à rotatividade dos produtos novos, objeto da concessão, e adequado à natureza dos clientes do estabelecimento, respeitados os limites prescritos nos §§ 1º, 2º e seguintes.
- V. art. 19, X.

§ 1º É facultado ao concessionário limitar seu estoque:
- V. arts. 9º, § 1º, e 19, X.

a) de veículos automotores em geral a 65% (sessenta e cinco por cento) e de caminhões em particular a 30% (trinta por cento) da atribuição mensal das respectivas quotas anuais por produto diferenciado, ressalvado o disposto na alínea b seguinte;
b) de tratores, a 4% (quatro por cento) da quota anual de cada produto diferenciado;
c) de implementos, a 5% (cinco por cento) do valor das respectivas vendas que houver efetuado nos últimos 12 (doze) meses;
d) de componentes, a valor que não ultrapasse o preço pelo qual adquiriu aqueles que vendeu a varejo nos últimos 3 (três) meses.

§ 2º Para efeito dos limites previstos no parágrafo anterior, em suas alíneas a e b, a cada 6 (seis) meses será comparada a quota com a realizada do mercado do concessionário, segundo a comercialização por este efetuada, reduzindo-se os referidos limites na proporção de eventual diferença a menor das vendas em relação às atribuições mensais, consoante os critérios estipulados entre produtor e sua rede de distribuição.
- V. arts. 9º, § 1º, e 19, X.

§ 3º O concedente reparará o concessionário do valor do estoque de componentes que alterar ou deixar de fornecer, mediante sua recompra por preço atualizado à rede de distribuição ou substituição pelo sucedâneo ou por outros indicados pelo concessionário, devendo a reparação dar-se em 1 (um) ano da ocorrência do fato.

Lei 6.729/1979

Art. 11. O pagamento do preço das mercadorias fornecidas pelo concedente não poderá ser exigido, no todo ou em parte, antes do faturamento, salvo ajuste diverso entre o concedente e sua rede de distribuição.

• V. art. 19, XI.

Parágrafo único. Se o pagamento da mercadoria preceder a sua saída, esta se dará até o sexto dia subsequente àquele ato.

Art. 12. O concessionário só poderá realizar a venda de veículos automotores novos diretamente a consumidor, vedada a comercialização para fins de revenda.

Parágrafo único. Ficam excluídas da disposição deste artigo:
a) operações entre concessionários da mesma rede de distribuição que, em relação à respectiva quota, não ultrapassem 15% (quinze por cento) quanto a caminhões e 10% (dez por cento) quanto aos demais veículos automotores;
b) vendas que o concessionário destinar ao mercado externo.

Art. 13. É livre o preço de venda do concessionário ao consumidor, relativamente aos bens e serviços objeto da concessão dela decorrentes.

• Artigo com redação determinada pela Lei 8.132/1990.
• V. art. 19, XII.

§ 1º Os valores do frete, seguro e outros encargos variáveis de remessa da mercadoria ao concessionário e deste ao respectivo adquirente deverão ser discriminados, individualmente, nos documentos fiscais pertinentes.

§ 2º Cabe ao concedente fixar o preço de venda aos concessionários, preservando sua uniformidade e condições de pagamento para toda a rede de distribuição.

Art. 14. *(Revogado pela Lei 8.132/1990.)*

Art. 15. O concedente poderá efetivar vendas diretas de veículos automotores:
I – independentemente de atuação ou pedido de concessionário:
a) à Administração Pública, Direta ou Indireta, ou ao Corpo Diplomático;
b) a outros compradores especiais, nos limites que forem previamente ajustados com sua rede de distribuição;
II – através da rede de distribuição:
a) às pessoas indicadas no inciso I, *a*, incumbindo o encaminhamento do pedido a concessionário que tenha esta atribuição;
b) a frotistas de veículos automotores, expressamente caracterizados, cabendo unicamente aos concessionários objetivar vendas desta natureza;
c) a outros compradores especiais, facultada a qualquer concessionário a apresentação do pedido.

§ 1º Nas vendas diretas, o concessionário fará jus ao valor da contraprestação relativa aos serviços de revisão que prestar, na hipótese do inciso I, ou ao valor da margem de comercialização correspondente à mercadoria vendida, na hipótese do inciso II deste artigo.

§ 2º A incidência das vendas diretas através de concessionário, sobre a respectiva quota de veículos automotores, será estipulada entre o concedente sua rede de distribuição.

• V. art. 19, VIII.

Art. 16. A concessão compreende ainda o resguardo da integridade da marca e dos interesses coletivos do concedente e da rede de distribuição, ficando vedadas:
I – prática de atos pelos quais o concedente vincule o concessionário a condições de subordinação econômica, jurídica ou administrativa ou estabeleça interferência na gestão de seus negócios;
II – exigência entre concedente e concessionário de obrigação que não tenha sido constituída por escrito ou de garantias acima do valor e duração das obrigações contraídas;
III – diferenciação de tratamento entre concedente e concessionário quanto a encargos financeiros e quanto a prazo de obrigações que se possam equiparar.

Art. 17. As relações objeto desta Lei serão também reguladas por convenção que, mediante solicitação do produtor ou de qualquer uma das entidades adiante indicadas, deverão ser celebradas com força de lei, entre:

Lei 6.729/1979

LEGISLAÇÃO

I – as categorias econômicas de produtores e distribuidores de veículos automotores, cada uma representada pela respectiva entidade civil ou, na falta desta, por outra entidade competente, qualquer delas sempre de âmbito nacional, designadas convenções das categorias econômicas;
II – cada produtor e a respectiva rede de distribuição, esta através da entidade civil de âmbito nacional que a represente, designadas convenções da marca.
§ 1º Qualquer dos signatários dos atos referidos neste artigo poderá proceder ao seu registro no cartório competente do Distrito Federal e à sua publicação no *Diário Oficial da União*, a fim de valerem também contra terceiros em todo o território nacional.
§ 2º Independentemente de convenções, a entidade representativa da categoria econômica ou da rede de distribuição da respectiva marca poderá diligenciar a solução de dúvidas e controvérsias, no que tange às relações entre concedente e concessionário.

Art. 18. Celebrar-se-ão convenções das categorias econômicas para:
I – explicar princípios e normas de interesse dos produtores e distribuidores de veículos automotores;
II – declarar a entidade civil representativa de rede de distribuição;
III – resolver, por decisão arbitral, as questões que lhe forem submetidas pelo produtor e a entidade representativa da respectiva rede de distribuição;
IV – disciplinar, por juízo declaratório, assuntos pertinentes às convenções da marca, por solicitação de produtor ou entidade representativa da respectiva rede de distribuição.

Art. 19. Celebrar-se-ão convenções da marca para estabelecer normas e procedimentos relativos a:
I – atendimento de veículos automotores em garantia ou revisão (art. 3º, II);
II – uso gratuito da marca do concedente (art. 3º, III);
III – inclusão na concessão de produtos lançados na sua vigência e modalidades auxiliares de venda (art. 3º, § 2º, *a*, e § 3º);
IV – comercialização de outros bens e prestação de outros serviços (art. 4º, parágrafo único);
V – fixação de área demarcada e distâncias mínimas, abertura de filiais e outros estabelecimentos (art. 5º, I e II, § 4º);
VI – venda de componentes em área demarcada diversa (art. 5º, § 3º);
VII – novas concessões e condições de mercado para sua contratação ou extinção de concessão existente (art. 6º, I e II);
VIII – quota de veículos automotores, reajustes anuais, ajustamentos cabíveis, abrangência quanto a modalidades auxiliares de venda (art. 7º, §§ 1º, 2º, 3º e 4º) e incidência de vendas diretas (art. 15, § 2º);
IX – pedidos e fornecimentos de mercadoria (art. 9º);
X – estoques do concessionário (art. 10 e §§ 1º e 2º);
XI – alteração de época de pagamento (art. 11);
XII – cobrança de encargos sobre o preço da mercadoria (art. 13, parágrafo único);
XIII – margem de comercialização, inclusive quanto a sua alteração em casos excepcionais (art. 14 e parágrafo único), seu percentual atribuído a concessionário de domicílio do comprador (art. 5º, § 2º);
XIV – vendas diretas, com especificação de compradores especiais, limites das vendas pelo concedente sem mediação de concessionário, atribuição de faculdade a concessionários para venda à Administração Pública e ao Corpo Diplomático, caracterização de frotista de veículos automotores, valor de margem de comercialização e de contraprestação de revisões, demais regras de procedimento (art. 15, § 1º);
XV – regime de penalidades gradativas (art. 22, § 1º);
XVI – especificação de outras reparações (art. 24, IV);
XVII – contratações para prestação de assistência técnica e comercialização de componentes (art. 28);
XVIII – outras matérias previstas nesta Lei e as que as partes julgarem de interesse comum.

Art. 20. A concessão comercial entre produtores e distribuidores de veículos au-

Lei 6.729/1979

tomotores será ajustada em contrato que obedecerá forma escrita padronizada para cada marca e especificará produtos, área demarcada, distância mínima e quota de veículos automotores, bem como as condições relativas a requisitos financeiros, organização administrativa e contábil, capacidade técnica, instalações, equipamentos e mão de obra especializada do concessionário.

Art. 21. A concessão comercial entre produtor e distribuidor de veículos automotores será de prazo indeterminado e somente cessará nos termos desta Lei.

• V. arts. 31 e 32, § 3º.

Parágrafo único. O contrato poderá ser inicialmente ajustado por prazo determinado, não inferior a 5 (cinco) anos, e se tornará automaticamente de prazo indeterminado se nenhuma das partes manifestar à outra a intenção de não prorrogá-lo, antes de 180 (cento e oitenta) dias do seu termo final e mediante notificação por escrito devidamente comprovada.

• V. arts. 22, II, 23 e 25.

Art. 22. Dar-se-á a resolução do contrato:

I – por acordo das partes ou força maior;

II – pela expiração do prazo determinado, estabelecido no início da concessão salvo se prorrogado nos termos do art. 21, parágrafo único;

III – por iniciativa da parte inocente, em virtude de infração a dispositivo desta Lei, das convenções ou do próprio contrato, considerada infração também a cessação das atividades do contraente.

§ 1º A resolução prevista neste artigo, inciso III, deverá ser precedida da aplicação de penalidades gradativas.

• V. art. 19, XV.

§ 2º Em qualquer caso de resolução contratual, as partes disporão do prazo necessário à extinção das suas relações e das operações do concessionário, nunca inferior a 120 (cento e vinte) dias, contados da data da resolução.

Art. 23. O concedente que não prorrogar o contrato ajustado nos termos do art. 21, parágrafo único, ficará obrigado perante o concessionário a:

• V. arts. 27 e 32, § 4º.

I – readquirir-lhe o estoque de veículos automotores e componentes novos, estes em sua embalagem original, pelo preço de venda à rede de distribuição, vigente na data de reaquisição;

II – comprar-lhe os equipamentos, máquinas, ferramental e instalações destinados à concessão, pelo preço de mercado correspondente ao estado em que se encontrarem e cuja aquisição o concedente determinara ou dela tivera ciência por escrito sem lhe fazer oposição imediata e documentada, excluídos desta obrigação os imóveis do concessionário.

• V. art. 24, II.

Parágrafo único. Cabendo ao concessionário a iniciativa de não prorrogar o contrato, ficará desobrigado de qualquer indenização ao concedente.

Art. 24. Se o concedente der causa à rescisão do contrato de prazo indeterminado, deverá reparar o concessionário:

• V. art. 27.

I – readquirindo-lhe o estoque de veículos automotores, implementos e componentes novos, pelo preço de venda ao consumidor, vigente na data da rescisão contratual;

II – efetuando-lhe a compra prevista no art. 23, II;

III – pagando-lhe perdas e danos, à razão de 4% (quatro por cento) do faturamento projetado para um período correspondente à soma de uma parte fixa de 18 (dezoito) meses e uma variável de 3 (três) meses por quinquênio de vigência da concessão, devendo a projeção tomar por base o valor corrigido monetariamente do faturamento de bens e serviços concernentes à concessão, que o concessionário tiver realizado nos 2 (dois) anos anteriores à rescisão;

IV – satisfazendo-lhe outras reparações que forem eventualmente ajustadas entre o produtor e sua rede de distribuição.

• V. art. 19, XVI.

Art. 25. Se a infração do concedente motivar a rescisão do contrato de prazo determinado, previsto no art. 21, parágrafo úni-

Lei 6.729/1979

co, o concessionário fará jus às mesmas reparações estabelecidas no artigo anterior, sendo que:

- V. art. 27.

I – quanto ao inciso III, será a indenização calculada sobre o faturamento projetado até o término do contrato e, se a concessão não tiver alcançado 2 (dois) anos de vigência, a projeção tomará por base o faturamento até então realizado;

II – quanto ao inciso IV, serão satisfeitas as obrigações vincendas até o termo final do contrato rescindido.

Art. 26. Se o concessionário der causa à rescisão do contrato, pagará ao concedente a indenização correspondente a 5% (cinco por cento) do valor total das mercadorias que dele tiver adquirido nos últimos 4 (quatro) meses do contrato.

- V. art. 27.

Art. 27. Os valores devidos nas hipóteses dos arts. 23, 24, 25 e 26 deverão ser pagos dentro de 60 (sessenta) dias da data da extinção da concessão e, no caso de mora, ficarão sujeitos à correção monetária e juros legais, a partir do vencimento do débito.

Art. 28. O concedente poderá contratar, com empresa reparadora de veículos ou vendedora de componentes, a prestação de serviços de assistência ou a comercialização daqueles, exceto a distribuição de veículos novos, dando-lhe a denominação de serviço autorizado.

- Artigo com redação determinada pela Lei 8.132/1990.
- V. art. 19, XVII.

Parágrafo único. Às contratações a que se refere este artigo serão aplicados, no que couber, os dispositivos desta Lei.

Art. 29. As disposições do art. 66 da Lei 4.728, de 14 de julho de 1965, com a redação dada pelo Dec.-lei 911, de 1º de outubro de 1969, não se aplicam às operações de compra de mercadorias pelo concessionário, para fins de comercialização.

Art. 30. A presente Lei aplica-se às situações existentes entre concedentes e concessionários, sendo consideradas nulas as cláusulas dos contratos em vigor que a contrariem.

§ 1º As redes de distribuição e os concessionários individualmente continuarão a manter os direitos e garantias que lhes estejam assegurados perante os respectivos produtores por ajustes de qualquer natureza, especialmente no que se refere a áreas demarcadas e quotas de veículos automotores, ressalvada a competência da convenção da marca para modificação de tais ajustes.

§ 2º As entidades civis a que se refere o art. 17, II, existentes à data em que esta Lei entrar em vigor, representarão a respectiva rede de distribuição.

Art. 31. Tornar-se-ão de prazo indeterminado, nos termos do art. 21, as relações contratuais entre produtores e distribuidores de veículos automotores que já tiverem somado 3 (três) anos de vigência à data em que a presente Lei entrar em vigor.

Art. 32. Se não estiver completo o lapso de 3 (três) anos a que se refere o artigo anterior, o distribuidor poderá optar:

I – pela prorrogação do prazo do contrato vigente por mais 5 (cinco) anos, contados da data em que esta Lei entrar em vigor;

II – pela conservação do prazo contratual vigente.

§ 1º A opção a que se refere este artigo deverá ser feita em 90 (noventa) dias, contados da data em que esta Lei entrar em vigor, ou até o término do contrato, se menor prazo lhe restar.

§ 2º Se a opção não se realizar, prevalecerá o prazo contratual vigente.

§ 3º Tornar-se-á de prazo indeterminado, nos termos do art. 21, o contrato que for prorrogado até 180 (cento e oitenta) dias antes do vencimento dos 5 (cinco) anos, na hipótese do inciso I, ou até a data do seu vencimento, na hipótese do inciso II ou do § 2º, deste artigo.

§ 4º Aplicar-se-á o disposto no art. 23, se o contrato não for prorrogado nos prazos mencionados no parágrafo anterior.

Esta Lei entrará em vigor na data de sua publicação, revogadas as disposições em contrário.

Brasília, em 28 de novembro de 1979; 158º da Independência e 91º da República.

João Figueiredo

(*DOU* 29.11.1979)

Lei 6.766/1979

LEGISLAÇÃO

LEI 6.766, DE 19 DE DEZEMBRO DE 1979

Dispõe sobre o parcelamento do solo urbano e dá outras providências.

O Presidente da República:
Faço saber que o Congresso Nacional decreta e eu sanciono a seguinte Lei:

Art. 1º O parcelamento do solo para fins urbanos será regido por esta Lei.

- V. Dec.-lei 271/1967 (Loteamento urbano, responsabilidade do loteador, uso do espaço aéreo).

Parágrafo único. Os Estados, o Distrito Federal e os Municípios poderão estabelecer normas complementares relativas ao parcelamento do solo municipal para adequar o previsto nesta Lei às peculiaridades regionais e locais.

Capítulo I
DISPOSIÇÕES PRELIMINARES

Art. 2º O parcelamento do solo urbano poderá ser feito mediante loteamento ou desmembramento, observadas as disposições desta Lei e as das legislações estaduais e municipais pertinentes.

§ 1º Considera-se loteamento a subdivisão de gleba em lotes destinados a edificação, com abertura de novas vias de circulação, de logradouros públicos ou prolongamento, modificação ou ampliação das vias existentes.

- V. arts. 4º a 9º e 12 a 24.

§ 2º Considera-se desmembramento a subdivisão de gleba em lotes destinados a edificação, com aproveitamento do sistema viário existente, desde que não implique a abertura de novas vias e logradouros públicos, nem prolongamento, modificação ou ampliação dos já existentes.

§ 3º *(Vetado.)*

- § 3º acrescentado pela Lei 9.785/1999.

§ 4º Considera-se lote o terreno servido de infraestrutura básica cujas dimensões atendam aos índices urbanísticos definidos pelo plano diretor ou lei municipal para a zona em que se situe.

- § 4º acrescentado pela Lei 9.785/1999.

§ 5º A infraestrutura básica dos parcelamentos é constituída pelos equipamentos urbanos de escoamento das águas pluviais, iluminação pública, esgotamento sanitário, abastecimento de água potável, energia elétrica pública e domiciliar e vias de circulação.

- § 5º com redação determinada pela Lei 11.445/2007 (*DOU* 08.01.2007), em vigor 45 (quarenta e cinco) dias após a data de sua publicação, de acordo com o art. 1º do Dec.-lei 4.657/1942.

§ 6º A infraestrutura básica dos parcelamentos situados nas zonas habitacionais declaradas por lei como de interesse social (ZHIS) consistirá, no mínimo, de:

- § 6º acrescentado pela Lei 9.785/1999.

I – vias de circulação;
II – escoamento das águas pluviais;
III – rede para o abastecimento de água potável; e
IV – soluções para o esgotamento sanitário e para a energia elétrica domiciliar.

Art. 3º Somente será admitido o parcelamento do solo para fins urbanos em zonas urbanas, de expansão urbana ou de urbanização específica, assim definidas pelo plano diretor ou aprovadas por lei municipal.

- *Caput* com redação determinada pela Lei 9.785/1999.
- V. art. 53.

Parágrafo único. Não será permitido o parcelamento do solo:

I – em terrenos alagadiços e sujeitos a inundações, antes de tomadas as providências para assegurar o escoamento das águas;
II – em terrenos que tenham sido aterrados com material nocivo à saúde pública, sem que sejam previamente saneados;
III – em terreno com declividade igual ou superior a 30% (trinta por cento), salvo se atendidas exigências específicas das autoridades competentes;
IV – em terrenos onde as condições geológicas não aconselham a edificação;
V – em áreas de preservação ecológica ou naquelas onde a poluição impeça condições sanitárias suportáveis, até a sua correção.

Capítulo II
DOS REQUISITOS URBANÍSTICOS PARA LOTEAMENTO

Art. 4º Os loteamentos deverão atender, pelo menos, aos seguintes requisitos:

Lei 6.766/1979

Legislação

I – as áreas destinadas a sistemas de circulação, a implantação de equipamento urbano e comunitário, bem como a espaços livres de uso público, serão proporcionais à densidade de ocupação prevista pelo plano diretor ou aprovada por lei municipal para a zona em que se situem;

- Inciso I com redação determinada pela Lei 9.785/1999.
- V. art. 43.

II – os lotes terão área mínima de 125 m² e frente mínima de cinco metros, salvo quando a legislação estadual ou municipal determinar maiores exigências, ou quando o loteamento se destinar a urbanização específica ou edificação de conjuntos habitacionais de interesse social, previamente aprovados pelos órgãos públicos competentes;

- V. art. 11.

III – ao longo das águas correntes e dormentes e das faixas de domínio público das rodovias e ferrovias, será obrigatória a reserva de uma faixa não edificável de quinze metros de cada lado, salvo maiores exigências da legislação específica;

- Inciso III com redação determinada pela Lei 10.932/2004.

IV – as vias de loteamento deverão articular-se com as vias adjacentes oficiais, existentes ou projetadas, e harmonizar-se com a topografia local.

§ 1º A legislação municipal definirá, para cada zona em que se divida o território do Município, os usos permitidos e os índices urbanísticos de parcelamento e ocupação do solo, que incluirão, obrigatoriamente, as áreas mínimas e máximas de lotes e os coeficientes máximos de aproveitamento.

- § 1º com redação determinada pela Lei 9.785/1999.
- V. art. 11, § 1º.

§ 2º Consideram-se comunitários os equipamentos públicos de educação, cultura, saúde, lazer e similares.

§ 3º Se necessária, a reserva de faixa não edificável vinculada a dutovias será exigida no âmbito do respectivo licenciamento ambiental, observados critérios e parâmetros que garantam a segurança da população e a proteção do meio ambiente, conforme estabelecido nas normas técnicas pertinentes.

- § 3º acrescentado pela Lei 10.932/2004.

Art. 5º O Poder Público competente poderá complementarmente exigir, em cada loteamento, a reserva de faixa *non aedificandi* destinada a equipamentos urbanos.

- V. art. 11.

Parágrafo único. Consideram-se urbanos os equipamentos públicos de abastecimento de água, serviços de esgotos, energia elétrica, coletas de águas pluviais, rede telefônica e gás canalizado.

Capítulo III
DO PROJETO DE LOTEAMENTO

Art. 6º Antes da elaboração do projeto de loteamento, o interessado deverá solicitar à Prefeitura Municipal, ou ao Distrito Federal quando for o caso, que defina as diretrizes para o uso do solo, traçado dos lotes, do sistema viário, dos espaços livres e das áreas reservadas para equipamento urbano e comunitário, apresentando, para este fim, requerimento e planta do imóvel contendo, pelo menos:

- V. arts. 8º e 12 a 14.

I – as divisas da gleba a ser loteada;

II – as curvas de nível a distância adequada, quando exigidas por lei estadual ou municipal;

III – a localização dos cursos d'água, bosques e construções existentes;

IV – a indicação dos arruamentos contíguos a todo o perímetro, a localização das vias de comunicação, das áreas livres, dos equipamentos urbanos e comunitários, existentes no local ou em suas adjacências, com as respectivas distâncias da área a ser loteada;

V – o tipo de uso predominante a que o loteamento se destina;

VI – as características, dimensões e localização das zonas de uso contíguas.

Art. 7º A Prefeitura Municipal, ou o Distrito Federal quando for o caso, indicará, nas plantas apresentadas junto com o requerimento, de acordo com as diretrizes de planejamento estadual e municipal:

- V. art. 12.

I – as ruas ou estradas existentes ou projetadas, que compõem o sistema viário da cida-

Lei 6.766/1979

LEGISLAÇÃO

de e do Município relacionadas com o loteamento pretendido e a serem respeitadas;

II – o traçado básico do sistema viário principal;

III – a localização aproximada dos terrenos destinados a equipamento urbano e comunitário e das áreas livres de uso público;

IV – as faixas sanitárias do terreno necessárias ao escoamento das águas pluviais e as faixas não edificáveis;

V – a zona ou zonas de uso predominante da área, com indicação dos usos compatíveis.

Parágrafo único. As diretrizes expedidas vigorarão pelo prazo máximo de 4 (quatro) anos.

- Parágrafo único com redação determinada pela Lei 9.785/1999.

Art. 8º Os Municípios com menos de 50.000 (cinquenta mil) habitantes e aqueles cujo plano diretor contiver diretrizes de urbanização para a zona em que se situe o parcelamento poderão dispensar, por lei, a fase de fixação de diretrizes previstas nos arts. 6º e 7º desta Lei.

- Artigo com redação determinada pela Lei 9.785/1999.

Art. 9º Orientado pelo traçado e diretrizes oficiais, quando houver, o projeto, contendo desenhos, memorial descritivo e cronograma de execução das obras com duração máxima de 4 (quatro) anos, será apresentado à Prefeitura Municipal, ou ao Distrito Federal, quando for o caso, acompanhado de certidão atualizada da matrícula da gleba, expedida pelo Cartório de Registro de Imóveis competente, de certidão negativa de tributos municipais e do competente instrumento de garantia, ressalvado o disposto no § 4º do art. 18.

- *Caput* com redação determinada pela Lei 9.785/1999.

§ 1º Os desenhos conterão pelo menos:

I – a subdivisão das quadras em lotes, com as respectivas dimensões e numeração;

II – o sistema de vias com a respectiva hierarquia;

III – as dimensões lineares e angulares do projeto, com raios, cordas, arcos, ponto de tangência e ângulos centrais das vias;

IV – os perfis longitudinais e transversais de todas as vias de circulação e praças;

V – a indicação dos marcos de alinhamento e nivelamento localizados nos ângulos de curvas e vias projetadas;

VI – a indicação em planta e perfis de todas as linhas de escoamento das águas pluviais.

§ 2º O memorial descritivo deverá conter, obrigatoriamente, pelo menos:

I – a descrição sucinta do loteamento, com as suas características e a fixação da zona ou zonas de uso predominante;

II – as condições urbanísticas do loteamento e as limitações que incidem sobre os lotes e suas construções, além daquelas constantes das diretrizes fixadas;

III – a indicação das áreas públicas que passarão ao domínio do Município no ato de registro do loteamento;

IV – a enumeração dos equipamentos urbanos, comunitários e dos serviços públicos ou de utilidade pública, já existentes no loteamento e adjacências.

§ 3º Caso se constate, a qualquer tempo, que a certidão da matrícula apresentada como atual não tem mais correspondência com os registros e averbações cartorárias do tempo da sua apresentação, além das consequências penais cabíveis, serão consideradas insubsistentes tanto as diretrizes expedidas anteriormente, quanto as aprovações consequentes.

- § 3º acrescentado pela Lei 9.785/1999.

Capítulo IV
DO PROJETO DE DESMEMBRAMENTO

Art. 10. Para a aprovação de projeto de desmembramento, o interessado apresentará requerimento à Prefeitura Municipal, ou ao Distrito Federal quando for o caso, acompanhado de certidão atualizada da matrícula da gleba, expedida pelo Cartório de Registro de Imóveis competente, ressalvado o disposto no § 4º do art. 18, e de planta do imóvel a ser desmembrado contendo:

- *Caput* com redação determinada pela Lei 9.785/1999.

I – a indicação das vias existentes e dos loteamentos próximos;

Lei 6.766/1979

II – a indicação do tipo de uso predominante no local;

III – a indicação da divisão de lotes pretendida na área.

Art. 11. Aplicam-se ao desmembramento, no que couber, as disposições urbanísticas vigentes para as regiões em que se situem ou, na ausência destas, as disposições urbanísticas para os loteamentos.

- *Caput* com redação determinada pela Lei 9.785/1999.

Parágrafo único. O Município, ou o Distrito Federal quando for o caso, fixará os requisitos exigíveis para a aprovação de desmembramento de lotes decorrentes de loteamento cuja destinação da área pública tenha sido inferior à mínima prevista no § 1º do art. 4º desta Lei.

Capítulo V
DA APROVAÇÃO DO PROJETO DE LOTEAMENTO E DESMEMBRAMENTO

Art. 12. O projeto de loteamento e desmembramento deverá ser aprovado pela Prefeitura Municipal, ou pelo Distrito Federal quando for o caso, a quem compete também a fixação das diretrizes a que aludem os arts. 6º e 7º desta Lei, salvo a exceção prevista no artigo seguinte.

§ 1º O projeto aprovado deverá ser executado no prazo constante do cronograma de execução, sob pena de caducidade da aprovação.

- Anterior parágrafo único renumerado pela Lei 12.608/2012.

§ 2º Nos Municípios inseridos no cadastro nacional de municípios com áreas suscetíveis à ocorrência de deslizamentos de grande impacto, inundações bruscas ou processos geológicos ou hidrológicos correlatos, a aprovação do projeto de que trata o *caput* ficará vinculada ao atendimento dos requisitos constantes da carta geotécnica de aptidão à urbanização.

- § 2º acrescentado pela Lei 12.608/2012 (*DOU* 11.04.2012), em vigor após decorridos dois anos da data de sua publicação oficial.

§ 3º É vedada a aprovação de projeto de loteamento e desmembramento em áreas de risco definidas como não edificáveis, no plano diretor ou em legislação dele derivada.

- § 3º acrescentado pela Lei 12.608/2012.

Art. 13. Aos Estados caberá disciplinar a aprovação pelos Municípios de loteamentos e desmembramentos nas seguintes condições:

- *Caput* com redação determinada pela Lei 9.785/1999.
- V. art. 15.

I – quando localizados em áreas de interesse especial, tais como as de proteção aos mananciais ou ao patrimônio cultural, histórico, paisagístico e arqueológico, assim definidas por legislação estadual ou federal;

II – quando o loteamento ou desmembramento localizar-se em área limítrofe do Município, ou que pertença a mais de um Município, nas regiões metropolitanas ou em aglomerações urbanas, definidas em lei estadual ou federal;

III – quando o loteamento abranger área superior a 1.000.000 m².

Parágrafo único. No caso de loteamento ou desmembramento localizado em área de Município integrante de região metropolitana, o exame e a anuência prévia à aprovação do projeto caberão à autoridade metropolitana.

Art. 14. Os Estados definirão, por decreto, as áreas de proteção especial, previstas no inciso I do artigo anterior.

Art. 15. Os Estados estabelecerão, por decreto, as normas a que deverão submeter-se os projetos de loteamento e desmembramento nas áreas previstas no art. 13, observadas as disposições desta Lei.

Parágrafo único. Na regulamentação das normas previstas neste artigo, o Estado procurará atender às exigências urbanísticas do planejamento municipal.

Art. 16. A lei municipal definirá os prazos para que um projeto de parcelamento apresentado seja aprovado ou rejeitado e para que as obras executadas sejam aceitas ou recusadas.

- Artigo com redação determinada pela Lei 9.785/1999.

§ 1º Transcorridos os prazos sem a manifestação do Poder Público, o projeto será

Lei 6.766/1979

considerado rejeitado ou as obras recusadas, assegurada a indenização por eventuais danos derivados da omissão.

§ 2º Nos Municípios cuja legislação for omissa, os prazos serão de 90 (noventa) dias para a aprovação ou rejeição e de 60 (sessenta) dias para a aceitação ou recusa fundamentada das obras de urbanização.

Art. 17. Os espaços livres de uso comum, as vias e praças, as áreas destinadas a edifícios públicos e outros equipamentos urbanos, constantes do projeto e do memorial descritivo, não poderão ter sua destinação alterada pelo loteador, desde a aprovação do loteamento, salvo as hipóteses de caducidade da licença ou desistência do loteador, sendo, neste caso, observadas as exigências do art. 23 desta Lei.

Capítulo VI
DO REGISTRO DO LOTEAMENTO E DESMEMBRAMENTO

Art. 18. Aprovado o projeto de loteamento ou de desmembramento, o loteador deverá submetê-lo ao Registro Imobiliário dentro de 180 (cento e oitenta) dias, sob pena de caducidade da aprovação, acompanhado dos seguintes documentos:

I – título de propriedade do imóvel ou certidão da matrícula, ressalvado o disposto nos §§ 4º e 5º;

• Inciso I com redação determinada pela Lei 9.785/1999.

II – histórico dos títulos de propriedade do imóvel, abrangendo os últimos 20 (vinte) anos, acompanhado dos respectivos comprovantes;

III – certidões negativas:
a) de tributos federais, estaduais e municipais incidentes sobre o imóvel;
b) de ações reais referentes ao imóvel, pelo período de 10 (dez) anos;
c) de ações penais com respeito ao crime contra o patrimônio e contra a Administração Pública;

IV – certidões:
a) dos Cartórios de Protestos de Títulos, em nome do loteador, pelo período de 10 (dez) anos;
b) de ações pessoais relativas ao loteador, pelo período de 10 (dez) anos;

c) de ônus reais relativos ao imóvel;
d) de ações penais contra o loteador, pelo período de 10 (dez) anos;

V – cópia do ato de aprovação do loteamento e comprovante do termo de verificação pela Prefeitura Municipal ou pelo Distrito Federal, da execução das obras exigidas por legislação municipal, que incluirão, no mínimo, a execução das vias de circulação do loteamento, demarcação dos lotes, quadras e logradouros e das obras de escoamento das águas pluviais ou da aprovação de um cronograma, com a duração máxima de 4 (quatro) anos, acompanhado de competente instrumento de garantia para a execução das obras;

• Inciso V com redação determinada pela Lei 9.785/1999.

VI – exemplar do contrato padrão de promessa de venda, ou de cessão ou de promessa de cessão, do qual constarão obrigatoriamente as indicações previstas no art. 26 desta Lei;

• V. art. 25.

VII – declaração do cônjuge do requerente de que consente no registro do loteamento.

§ 1º Os períodos referidos nos incisos III, b, e IV, a, b e d, tomarão por base a data do pedido de registro do loteamento, devendo todas elas ser extraídas em nome daqueles que, nos mencionados períodos, tenham sido titulares de direitos reais sobre o imóvel.

§ 2º A existência de protestos, de ações pessoais ou de ações penais, exceto as referentes a crime contra o patrimônio e contra a administração, não impedirá o registro do loteamento se o requerente comprovar que esses protestos ou ações não poderão prejudicar aos adquirentes dos lotes. Se o oficial do registro de imóveis julgar insuficiente a comprovação feita, suscitará a dúvida perante o juiz competente.

• V. art. 198 e ss., Lei 6.015/1973 (Lei de Registros Públicos).

§ 3º A declaração a que se refere o inciso VII deste artigo não dispensará o consentimento do declarante para os atos de alienação ou promessa de alienação de lotes,

Lei 6.766/1979

ou de direitos a eles relativos, que venham a ser praticados pelo seu cônjuge.

§ 4º O título de propriedade será dispensado quando se tratar de parcelamento popular, destinado às classes de menor renda, em imóvel declarado de utilidade pública, com processo de desapropriação judicial em curso e imissão provisória na posse, desde que promovido pela União, Estados, Distrito Federal, Municípios ou suas entidades delegadas, autorizadas por lei a implantar projetos de habitação.

- § 4º acrescentado pela Lei 9.785/1999.

§ 5º No caso de que trata o § 4º, o pedido de registro do parcelamento, além dos documentos mencionados nos incisos V e VI deste artigo, será instruído com cópias autênticas da decisão que tenha concedido a imissão provisória na posse, do decreto de desapropriação, do comprovante de sua publicação na imprensa oficial e, quando formulado por entidades delegadas, da lei de criação e de seus atos constitutivos.

- § 5º acrescentado pela Lei 9.785/1999.

Art. 19. Examinada a documentação e encontrada em ordem, o oficial do registro de imóveis encaminhará comunicação à Prefeitura e fará publicar, em resumo e com pequeno desenho de localização da área, edital do pedido de registro em 3 (três) dias consecutivos, podendo este ser impugnado no prazo de 15 (quinze) dias contados da data da última publicação.

§ 1º Findo o prazo sem impugnação, será feito imediatamente o registro. Se houver impugnação de terceiros, o oficial do registro de imóveis intimará o requerente e a Prefeitura Municipal, ou o Distrito Federal quando for o caso, para que sobre ela se manifestem no prazo de 5 (cinco) dias, sob pena de arquivamento do processo. Com tais manifestações o processo será enviado ao juiz competente para decisão.

- V. arts. 215, I, e 1.009, CPC/2015.
- V. art. 202, Lei 6.015/1973 (Lei de Registros Públicos).

§ 2º Ouvido o Ministério Público no prazo de 5 (cinco) dias, o juiz decidirá de plano ou após instrução sumária, devendo remeter ao interessado as vias ordinárias caso a matéria exija maior indagação.

§ 3º Nas capitais, a publicação do edital se fará no *Diário Oficial do Estado* e num dos jornais de circulação diária. Nos demais Municípios, a publicação se fará apenas num dos jornais locais, se houver, ou, não havendo, em jornal da região.

§ 4º O oficial do registro de imóveis que efetuar o registro em desacordo com as exigências desta Lei ficará sujeito a multa equivalente a dez vezes os emolumentos regimentais fixados para o registro, na época em que for aplicada a penalidade pelo juiz corregedor do cartório, sem prejuízo das sanções penais e administrativas cabíveis.

§ 5º Registrado o loteamento, o oficial de registro comunicará, por certidão, o seu registro à Prefeitura.

Art. 20. O registro do loteamento será feito, por extrato, no livro próprio.

- V. art. 167 c/c o art. 176, I-10, Lei 6.015/1973 (Lei de Registros Públicos).

Parágrafo único. No Registro de Imóveis far-se-á o registro do loteamento, com uma indicação para cada lote, a averbação das alterações, a abertura de ruas e praças e as áreas destinadas a espaços livres ou a equipamentos urbanos.

- V. art. 167, I-20 e II-13, Lei 6.015/1973 (Lei de Registros Públicos).

Art. 21. Quando a área loteada estiver situada em mais de uma circunscrição imobiliária, o registro será requerido primeiramente perante aquela em que estiver localizada a maior parte da área loteada. Procedido o registro nessa circunscrição, o interessado requererá, sucessivamente, o registro do loteamento em cada uma das demais, comprovando perante cada qual o registro efetuado na anterior, até que o loteamento seja registrado em todas. Denegado o registro em qualquer das circunscrições, essa decisão será comunicada, pelo oficial do registro de imóveis, às demais para efeito de cancelamento dos registros feitos, salvo se ocorrer a hipótese prevista no § 4º deste artigo.

- V. art. 169, II, Lei 6.015/1973 (Lei de Registros Públicos).

Lei 6.766/1979

LEGISLAÇÃO

§ 1º Nenhum lote poderá situar-se em mais de uma circunscrição.

§ 2º É defeso ao interessado processar simultaneamente, perante diferentes circunscrições, pedidos de registro do mesmo loteamento, sendo nulos os atos praticados com infração a esta norma.

§ 3º Enquanto não procedidos todos os registros de que trata este artigo, considerar-se-á o loteamento como não registrado para os efeitos desta Lei.

- V. arts. 37, 39, 46 e 50, parágrafo único.

§ 4º O indeferimento do registro do loteamento em uma circunscrição não determinará o cancelamento do registro procedido em outra, se o motivo do indeferimento naquela não se estender à área situada sob a competência desta, e desde que o interessado requeira a manutenção do registro obtido, submetido o remanescente do loteamento a uma aprovação prévia perante a Prefeitura Municipal, ou o Distrito Federal quando for o caso.

Art. 22. Desde a data de registro do loteamento, passam a integrar o domínio do Município as vias e praças, os espaços livres e as áreas destinadas a edifícios públicos e outros equipamentos urbanos, constantes do projeto e do memorial descritivo.

- V. art. 3º, Dec.-lei 58/1937 (Loteamento e venda de terrenos para pagamento em prestações).
- V. art. 4º, Dec.-lei 271/1967 (Loteamento urbano, responsabilidade do loteador, uso do espaço aéreo).

Parágrafo único. Na hipótese de parcelamento do solo implantado e não registrado, o Município poderá requerer, por meio da apresentação de planta de parcelamento elaborada pelo loteador ou aprovada pelo Município e de declaração de que o parcelamento se encontra implantado, o registro das áreas destinadas a uso público, que passarão dessa forma a integrar o seu domínio.

- Parágrafo único acrescentado pela Lei 12.424/2011.

Art. 23. O registro do loteamento só poderá ser cancelado:

- V. arts. 17, in fine, 21, caput, in fine, e 28.
- V. art. 250, Lei 6.015/1973 (Lei de Registros Públicos).

I – por decisão judicial;

II – a requerimento do loteador, com anuência da Prefeitura, ou do Distrito Federal quando for o caso, enquanto nenhum lote houver sido objeto de contrato;

III – a requerimento conjunto do loteador e de todos os adquirentes de lotes, com anuência da Prefeitura, ou do Distrito Federal quando for o caso, e do Estado.

§ 1º A Prefeitura e o Estado só poderão se opor ao cancelamento se disto resultar inconveniente comprovado para o desenvolvimento urbano ou se já se tiver realizado qualquer melhoramento na área loteada ou adjacências.

§ 2º Nas hipóteses dos incisos II e III, o oficial do registro de imóveis fará publicar, em resumo, edital do pedido de cancelamento, podendo este ser impugnado no prazo de 30 (trinta) dias contados da data da última publicação. Findo esse prazo, com ou sem impugnação, o processo será remetido ao juiz competente para homologação do pedido de cancelamento, ouvido o Ministério Público.

- V. art. 19, § 3º, c/c o art. 49, § 2º.
- V. art. 1.009, CPC/2015.

§ 3º A homologação de que trata o parágrafo anterior será precedida de vistoria judicial destinada a comprovar a inexistência de adquirentes instalados na área loteada.

Art. 24. O processo de loteamento e os contratos depositados em cartório poderão ser examinados por qualquer pessoa, a qualquer tempo, independentemente do pagamento de custas ou emolumentos, ainda que a título de busca.

Capítulo VII
DOS CONTRATOS

Art. 25. São irretratáveis os compromissos de compra e venda, cessões e promessas de cessão, os que atribuam direito a adjudicação compulsória e, estando registrados, confiram direito real oponível a terceiros.

- V. arts. 29 e 30.
- V. arts. 16 e 22, Dec.-lei 58/1937 (Loteamento e venda de terrenos para pagamento em prestações).

Art. 26. Os compromissos de compra e venda, as cessões ou promessas de cessão poderão ser feitos por escritura pública ou

Lei 6.766/1979

LEGISLAÇÃO

por instrumento particular, de acordo com o modelo depositado na forma do inciso VI do art. 18 e conterão, pelo menos, as seguintes indicações:

• V. arts. 221, II, 223 e 225, § 1º, Lei 6.015/1973 (Lei de Registros Públicos).

I – nome, registro civil, cadastro fiscal no Ministério da Fazenda, nacionalidade, estado civil e residência dos contratantes;
II – denominação e situação do loteamento, número e data da inscrição;

• V. arts. 167, I-19, e 168, Lei 6.015/1973 (Lei de Registros Públicos).

III – descrição do lote ou dos lotes que forem objeto de compromissos, confrontações, área e outras características;
IV – preço, prazo, forma e local de pagamento bem como a importância do sinal;
V – taxa de juros incidentes sobre o débito em aberto e sobre as prestações vencidas e não pagas, bem como a cláusula penal, nunca excedente a 10% (dez por cento) do débito e só exigível nos casos de intervenção judicial ou de mora superior a 3 (três) meses;

• V. art. 32, § 1º.

VI – indicação sobre a quem incumbe o pagamento dos impostos e taxas incidentes sobre o lote compromissado;
VII – declaração das restrições urbanísticas convencionais do loteamento, supletivas da legislação pertinente.
§ 1º O contrato deverá ser firmado em três vias ou extraído em três traslados, sendo um para cada parte e o terceiro para arquivo no registro imobiliário, após o registro e anotações devidas.

• V. art. 194, Lei 6.015/1973 (Lei de Registros Públicos).

§ 2º Quando o contrato houver sido firmado por procurador de qualquer das partes, será obrigatório o arquivamento da procuração no Registro Imobiliário.

• V. art. 11, § 3º, Dec.-lei 58/1937 (Loteamento e venda de terrenos para pagamento em prestações).

§ 3º Admite-se, nos parcelamentos populares, a cessão da posse em que estiverem provisoriamente imitidas a União, Estados, Distrito Federal, Municípios e suas entidades delegadas, o que poderá ocorrer por instrumento particular, ao qual se atribui, para todos os fins de direito, caráter de escritura pública, não se aplicando a disposição do inciso II do art. 134 do Código Civil.

• § 3º acrescentado pela Lei 9.785/1999.
• Refere-se ao CC/1916.

§ 4º A cessão da posse referida no § 3º, cumpridas as obrigações do cessionário, constitui crédito contra o expropriante, de aceitação obrigatória em garantia de contratos de financiamentos habitacionais.

• § 4º acrescentado pela Lei 9.785/1999.

§ 5º Com o registro da sentença que, em processo de desapropriação, fixar o valor da indenização, a posse referida no § 3º converter-se-á em propriedade e a sua cessão, em compromisso de compra e venda ou venda e compra, conforme haja obrigações a cumprir ou estejam elas cumpridas, circunstância que, demonstradas ao Registro de Imóveis, serão averbadas na matrícula relativa ao lote.

• § 5º acrescentado pela Lei 9.785/1999.

§ 6º Os compromissos de compra e venda, as cessões e as promessas de cessão valerão como título para o registro da propriedade do lote adquirido, quando acompanhados da respectiva prova de quitação.

• § 6º acrescentado pela Lei 9.785/1999.

Art. 27. Se aquele que se obrigou a concluir contrato de promessa de venda ou de cessão não cumprir a obrigação, o credor poderá notificar o devedor para outorga do contrato ou oferecimento de impugnação no prazo de 15 (quinze) dias, sob pena de proceder-se ao registro do pré-contrato, passando as relações entre as partes a serem regidas pelo contrato padrão.

• V. art. 18, VI.

§ 1º Para fins deste artigo, terão o mesmo valor de pré-contrato a promessa de cessão, a proposta de compra, a reserva de lote ou qualquer outro instrumento, do qual conste a manifestação da vontade das partes, a indicação do lote, o preço e modo de pagamento, e a promessa de contratar.
§ 2º O registro de que trata este artigo não será procedido se a parte que o requereu não comprovar haver cumprido a sua pres-

Lei 6.766/1979

tação, nem a oferecer na forma devida, salvo se ainda não exigível.

§ 3º Havendo impugnação daquele que se comprometeu a concluir o contrato, observar-se-á o disposto nos arts. 639 e 640 do Código de Processo Civil.

- V. art. 318, parágrafo único, CPC/2015.

Art. 28. Qualquer alteração ou cancelamento parcial do loteamento registrado dependerá de acordo entre o loteador e os adquirentes de lotes atingidos pela alteração, bem como da aprovação pela Prefeitura Municipal, ou do Distrito Federal quando for o caso, devendo ser depositada no Registro de Imóveis, em complemento ao projeto original, com a devida averbação.

- V. art. 246, *caput*, Lei 6.015/1973 (Lei de Registros Públicos).

Art. 29. Aquele que adquirir a propriedade loteada mediante ato *inter vivos*, ou por sucessão *causa mortis*, sucederá o transmitente em todos os seus direitos e obrigações, ficando obrigado a respeitar os compromissos de compra e venda ou as promessas de cessão, em todas as suas cláusulas, sendo nula qualquer disposição em contrário, ressalvado o direito do herdeiro ou legatário de renunciar à herança ou ao legado.

Art. 30. A sentença declaratória de falência ou da insolvência de qualquer das partes não rescindirá os contratos de compromisso de compra e venda ou de promessa de cessão que tenham por objeto a área loteada ou lotes da mesma. Se a falência ou insolvência for do proprietário da área loteada ou do titular de direito sobre ela, incumbirá ao síndico ou ao administrador dar cumprimento aos referidos contratos; se do adquirente do lote, seus direitos serão levados à praça.

- V. arts. 117, *caput*, e 119, VI, Lei 11.101/2005 (Lei de Recuperação de Empresas e Falência).

Art. 31. O contrato particular pode ser transferido por simples trespasse, lançado no verso das vias em poder das partes, ou por instrumento em separado, declarando-se o número do registro do loteamento, o valor da cessão e a qualificação do cessionário, para o devido registro.

- V. art. 13, Dec.-lei 58/1937 (Loteamento e venda de terrenos para pagamento em prestações).

§ 1º A cessão independe da anuência do loteador, mas, em relação a este, seus efeitos só se produzem depois de cientificado, por escrito, pelas partes ou quando registrada a cessão.

§ 2º Uma vez registrada a cessão, feita sem anuência do loteador, o oficial do registro dar-lhe-á ciência, por escrito, dentro de 10 (dez) dias.

Art. 32. Vencida e não paga a prestação, o contrato será considerado rescindido 30 (trinta) dias depois de constituído em mora o devedor.

- V. Dec.-lei 745/1969 (Contratos a que se refere o art. 22 do Dec.-lei 58/1937).

§ 1º Para os fins deste artigo o devedor-adquirente será intimado, a requerimento do credor, pelo oficial do registro de imóveis, a satisfazer as prestações vencidas e as que se vencerem até a data do pagamento, os juros convencionados e as custas de intimação.

- V. art. 49, *caput*.

§ 2º Purgada a mora, convalescerá o contrato.

§ 3º Com a certidão de não haver sido feito o pagamento em cartório, o vendedor requererá ao oficial do registro o cancelamento da averbação.

- V. art. 36, III.
- V. art. 167, I-20, Lei 6.015/1973 (Lei de Registros Públicos).

Art. 33. Se o credor das prestações se recusar a recebê-las ou furtar-se ao seu recebimento, será constituído em mora mediante notificação do oficial do registro de imóveis para vir receber as importâncias depositadas pelo devedor no próprio Registro de Imóveis. Decorridos 15 (quinze) dias após o recebimento da intimação, considerar-se-á efetuado o pagamento, a menos que o credor impugne o depósito e, alegando inadimplemento do devedor, requeira a intimação deste para os fins do disposto no art. 32 desta Lei.

- V. art. 49, *caput*.

Lei 6.766/1979

LEGISLAÇÃO

Art. 34. Em qualquer caso de rescisão por inadimplemento do adquirente, as benfeitorias necessárias ou úteis por ele levadas a efeito no imóvel deverão ser indenizadas, sendo de nenhum efeito qualquer disposição contratual em contrário.

• V. art. 96, §§ 2º e 3º, CC.

Parágrafo único. Não serão indenizadas as benfeitorias feitas em desconformidade com o contrato ou com a lei.

Art. 35. Ocorrendo o cancelamento do registro por inadimplemento do contrato e tendo havido o pagamento de mais de um terço do preço ajustado, o oficial do registro de imóveis mencionará este fato no ato do cancelamento e a quantia paga; somente será efetuado novo registro relativo ao mesmo lote, se for comprovada a restituição do valor pago pelo vendedor ao titular do registro cancelado, ou mediante depósito em dinheiro à sua disposição junto ao Registro de Imóveis.

§ 1º Ocorrendo o depósito a que se refere este artigo, o oficial do registro de imóveis intimará o interessado para vir recebê-lo no prazo de 10 (dez) dias, sob pena de ser devolvido ao depositante.

§ 2º No caso de não ser encontrado o interessado, o oficial do registro de imóveis depositará a quantia em estabelecimento de crédito, segundo a ordem prevista no inciso I do art. 666 do Código de Processo Civil, em conta com incidência de juros e correção monetária.

• V. art. 38, § 1º.

Art. 36. O registro do compromisso, cessão ou promessa de cessão só poderá ser cancelado:
I – por decisão judicial;
II – a requerimento conjunto das partes contratantes;
III – quando houver rescisão comprovada do contrato.

• V. art. 32, § 3º.

Capítulo VIII
DISPOSIÇÕES GERAIS

Art. 37. É vedado vender ou prometer vender parcela de loteamento ou desmembramento não registrado.

• V. arts. 21, § 3º, 39, 46 e 50, parágrafo único.

Art. 38. Verificado que o loteamento ou desmembramento não se acha registrado ou regularmente executado ou notificado pela Prefeitura Municipal, ou pelo Distrito Federal quando for o caso, deverá o adquirente do lote suspender o pagamento das prestações restantes e notificar o loteador para suprir a falta.

§ 1º Ocorrendo a suspensão do pagamento das prestações restantes, na forma do *caput* deste artigo, o adquirente efetuará o depósito das prestações devidas junto ao Registro de Imóveis competente, que as depositará em estabelecimento de crédito, segundo a ordem prevista no inciso I do art. 666 do Código de Processo Civil, em conta com incidência de juros e correção monetária, cuja movimentação dependerá de prévia autorização judicial.

§ 2º A Prefeitura Municipal, ou o Distrito Federal quando for o caso, ou o Ministério Público, poderá promover a notificação ao loteador prevista no *caput* deste artigo.

§ 3º Regularizado o loteamento pelo loteador, este promoverá judicialmente a autorização para levantar as prestações depositadas, com os acréscimos de correção monetária e juros, sendo necessária a citação da Prefeitura, ou do Distrito Federal quando for o caso, para integrar o processo judicial aqui previsto, bem como audiência do Ministério Público.

• V. art. 318, parágrafo único, CPC/2015.

§ 4º Após o reconhecimento judicial de regularidade do loteamento, o loteador notificará os adquirentes dos lotes, por intermédio do Registro de Imóveis competente, para que passem a pagar diretamente as prestações restantes, a contar da data da notificação.

§ 5º No caso de o loteador deixar de atender à notificação até o vencimento do prazo contratual, ou quando o loteamento ou desmembramento for regularizado pela Prefeitura Municipal, ou pelo Distrito Federal quando for o caso, nos termos do art. 40 desta Lei, o loteador não poderá, a qualquer título, exigir o recebimento das prestações depositadas.

Lei 6.766/1979

Art. 39. Será nula de pleno direito a cláusula de rescisão de contrato por inadimplemento do adquirente, quando o loteamento não estiver regularmente inscrito.

• V. art. 167, I-19, Lei 6.015/1973 (Lei de Registros Públicos).

Art. 40. A Prefeitura Municipal, ou o Distrito Federal quando for o caso, se desatendida pelo loteador a notificação, poderá regularizar loteamento ou desmembramento não autorizado ou executado sem observância das determinações do ato administrativo de licença, para evitar lesão aos seus padrões de desenvolvimento urbano e na defesa dos direitos dos adquirentes de lotes.

§ 1º A Prefeitura Municipal, ou o Distrito Federal quando for o caso, que promover a regularização, na forma deste artigo, obterá judicialmente o levantamento das prestações depositadas, com os respectivos acréscimos de correção monetária e juros, nos termos do § 1º do art. 38 desta Lei, a título de ressarcimento das importâncias despendidas com equipamentos urbanos ou expropriações necessárias para regularizar o loteamento ou desmembramento.

§ 2º As importâncias despendidas pela Prefeitura Municipal, ou pelo Distrito Federal quando for o caso, para regularizar o loteamento ou desmembramento, caso não sejam integralmente ressarcidas conforme o disposto no parágrafo anterior, serão exigidas na parte faltante do loteador, aplicando-se o disposto no art. 47 desta Lei.

§ 3º No caso de o loteador não cumprir o estabelecido no parágrafo anterior, a Prefeitura Municipal, ou o Distrito Federal quando for o caso, poderá receber as prestações dos adquirentes, até o valor devido.

§ 4º A Prefeitura Municipal, ou o Distrito Federal quando for o caso, para assegurar a regularização do loteamento ou desmembramento, bem como o ressarcimento integral de importâncias despendidas, ou a despender, poderá promover judicialmente os procedimentos cautelares necessários aos fins colimados.

§ 5º A regularização de um parcelamento pela Prefeitura Municipal, ou Distrito Federal, quando for o caso, não poderá contrariar o disposto nos arts. 3º e 4º desta Lei, ressalvado o disposto no § 1º desse último.

• § 5º acrescentado pela Lei 9.785/1999.

Art. 41. Regularizado o loteamento ou desmembramento pela Prefeitura Municipal, ou pelo Distrito Federal quando for o caso, o adquirente do lote, comprovando o depósito de todas as prestações do preço avençado, poderá obter o registro de propriedade do lote adquirido, valendo para tanto o compromisso de venda e compra devidamente firmado.

Art. 42. Nas desapropriações não serão considerados como loteados ou loteáveis, para fins de indenização, os terrenos ainda não vendidos ou compromissados, objeto de loteamento ou desmembramento não registrado.

Art. 43. Ocorrendo a execução de loteamento não aprovado, a destinação de áreas públicas exigidas no inciso I do art. 4º desta Lei não se poderá alterar sem prejuízo da aplicação das sanções administrativas, civis e criminais previstas.

• V. art. 50, I e II.

Parágrafo único. Neste caso, o loteador ressarcirá a Prefeitura Municipal ou o Distrito Federal quando for o caso, em pecúnia ou em área equivalente, no dobro da diferença entre o total das áreas públicas exigidas e as efetivamente destinadas.

• Parágrafo único acrescentado pela Lei 9.785/1999.

Art. 44. O Município, o Distrito Federal e o Estado poderão expropriar áreas urbanas ou de expansão urbana para reloteamento, demolição, reconstrução e incorporação, ressalvada a preferência dos expropriados para a aquisição de novas unidades.

Art. 45. O loteador, ainda que já tenha vendido todos os lotes, ou os vizinhos, são partes legítimas para promover ação destinada a impedir construção em desacordo com restrições legais ou contratuais.

Art. 46. O loteador não poderá fundamentar qualquer ação ou defesa na presente Lei sem apresentação dos registros e contratos a que ela se refere.

Lei 6.766/1979

LEGISLAÇÃO

Art. 47. Se o loteador integrar grupo econômico ou financeiro, qualquer pessoa física ou jurídica desse grupo, beneficiária de qualquer forma do loteamento ou desmembramento irregular, será solidariamente responsável pelos prejuízos por ele causados aos compradores de lotes e ao Poder Público.

- V. art. 40, §§ 2º e 3º.
- V. arts. 275 a 285, CC.

Art. 48. O foro competente para os procedimentos judiciais previstos nesta Lei será sempre o da comarca da situação do lote.

- V. art. 47, CPC/2015.

Art. 49. As intimações e notificações previstas nesta Lei deverão ser feitas pessoalmente ao intimado ou notificado, que assinará o comprovante do recebimento, e poderão igualmente ser promovidas por meio dos Cartórios de Registro de Títulos e Documentos da comarca da situação do imóvel ou do domicílio de quem deva recebê-las.

- V. arts. 32, § 1º, e 33.

§ 1º Se o destinatário se recusar a dar recibo ou se furtar ao recebimento, ou se for desconhecido o seu paradeiro, o funcionário incumbido da diligência informará esta circunstância ao oficial competente que a certificará, sob sua responsabilidade.

§ 2º Certificada a ocorrência dos fatos mencionados no parágrafo anterior, a intimação ou notificação será feita por edital na forma desta Lei, começando o prazo a correr 10 (dez) dias após a última publicação.

- V. art. 19, § 3º.
- V. art. 14, § 3º, 2ª parte, Dec. 3.079/1938 (Loteamento e venda de terrenos para pagamento em prestações).

Capítulo IX
DISPOSIÇÕES PENAIS

Art. 50. Constitui crime contra a Administração Pública:
I – dar início, de qualquer modo, ou efetuar loteamento ou desmembramento do solo para fins urbanos sem autorização do órgão público competente, ou em desacordo com as disposições desta Lei ou das normas pertinentes do Distrito Federal, Estados e Municípios;

- V. art. 6º.

II – dar início, de qualquer modo, ou efetuar loteamento ou desmembramento do solo para fins urbanos sem observância das determinações constantes do ato administrativo de licença;
III – fazer, ou veicular em proposta, contrato, prospecto ou comunicação ao público ou a interessados, afirmação falsa sobre a legalidade de loteamento ou desmembramento do solo para fins urbanos, ou ocultar fraudulentamente fato a ele relativo.
Pena – reclusão, de 1 (um) a 4 (quatro) anos, e multa de cinco a cinquenta vezes o maior salário mínimo vigente no País.

- V. art. 2º, Lei 6.205/1975 (Descaracterização do salário mínimo como fator de correção monetária).

Parágrafo único. O crime definido neste artigo é qualificado, se cometido:
I – por meio de venda, promessa de venda, reserva de lote ou quaisquer outros instrumentos que manifestem a intenção de vender lote em loteamento ou desmembramento não registrado no Registro de Imóveis competente;
II – com inexistência de título legítimo de propriedade do imóvel loteado ou desmembrado, ressalvado o disposto no art. 18, §§ 4º e 5º, desta Lei, ou com omissão fraudulenta de fato a ele relativo, se o fato não constituir crime mais grave.

- Inciso II com redação determinada pela Lei 9.785/1999.

Pena – reclusão, de 1 (um) a 5 (cinco) anos, e multa de dez a cem vezes o maior salário mínimo vigente no País.

Art. 51. Quem, de qualquer modo, concorra para a prática dos crimes previstos no artigo anterior desta Lei incide nas penas a estes cominadas, considerados em especial os atos praticados na qualidade de mandatário de loteador, diretor ou gerente de sociedade.

- V. art. 20, Lei 6.530/1978 (Corretor de imóveis).
- V. Dec. 81.871/1978 (Corretor de imóveis).

Parágrafo único. *(Vetado.)*

- Parágrafo único acrescentado pela Lei 9.785/1999.

Lei 6.830/1980

LEGISLAÇÃO

Art. 52. Registrar loteamento ou desmembramento não aprovado pelos órgãos competentes, registrar o compromisso de compra e venda, a cessão ou promessa de cessão de direitos, ou efetuar registro de contrato de venda de loteamento ou desmembramento não registrado.
Pena – detenção, de 1 (um) a 2 (dois) anos, e multa de cinco a cinquenta vezes o maior salário mínimo vigente no País, sem prejuízo das sanções administrativas cabíveis.

Capítulo X
DISPOSIÇÕES FINAIS

Art. 53. Todas as alterações de uso do solo rural para fins urbanos dependerão de prévia audiência do Instituto Nacional de Colonização e Reforma Agrária – Incra, do Órgão Metropolitano, se houver, onde se localiza o Município, e da aprovação da Prefeitura Municipal, ou do Distrito Federal quando for o caso, segundo as exigências da legislação pertinente.

Art. 53-A. São considerados de interesse público os parcelamentos vinculados a planos ou programas habitacionais de iniciativa das Prefeituras Municipais e do Distrito Federal, ou entidades autorizadas por lei, em especial as regularizações de parcelamentos e de assentamentos.

• Artigo acrescentado pela Lei 9.785/1999.

Parágrafo único. Às ações e intervenções de que trata este artigo não será exigível documentação que não seja a mínima necessária e indispensável aos registros no cartório competente, inclusive sob a forma de certidões, vedadas as exigências e as sanções pertinentes aos particulares, especialmente aquelas que visem garantir a realização de obras e serviços, ou que visem prevenir questões de domínio de glebas, que se presumirão asseguradas pelo Poder Público respectivo.

Art. 54. Esta Lei entrará em vigor na data de sua publicação.

Art. 55. Revogam-se as disposições em contrário.

Brasília, 19 de dezembro de 1979; 158º da Independência e 91º da República.
João Figueiredo

(*DOU* 20.12.1979)

LEI 6.830, DE 22 DE SETEMBRO DE 1980

Dispõe sobre a cobrança judicial da Dívida Ativa da Fazenda Pública e dá outras providências.

• V. Súmulas 435 e 521, STJ.

O Presidente da República:
Faço saber que o Congresso Nacional decreta e eu sanciono a seguinte Lei:

Art. 1º A execução judicial para cobrança da Dívida Ativa da União, dos Estados, do Distrito Federal, dos Municípios e respectivas autarquias será regida por esta Lei e, subsidiariamente, pelo Código de Processo Civil.

• V. arts. 46, § 5º, 180, *caput*, 183, *caput*, e 782, § 2º, CPC/2015.
• V. art. 201, CTN.
• V. Súmulas 34 e 137, TFR.

Art. 2º Constitui Dívida Ativa da Fazenda Pública aquela definida como tributária ou não tributária na Lei 4.320, de 17 de março de 1964, com as alterações posteriores, que estatui normas gerais de direito financeiro para elaboração e controle dos orçamentos e balanços da União, dos Estados, dos Municípios e do Distrito Federal.

• V. art. 142, CTN.

§ 1º Qualquer valor, cuja cobrança seja atribuída por lei às entidades de que trata o art. 1º, será considerado Dívida Ativa da Fazenda Pública.

§ 2º A Dívida Ativa da Fazenda Pública, compreendendo a tributária e a não tributária, abrange atualização monetária, juros e multa de mora e demais encargos previstos em lei ou contrato.

• V. art. 6º, § 4º.
• V. art. 161, § 1º, CTN.
• V. Súmula 565, STF.
• V. Súmulas 168 e 209, TFR.

§ 3º A inscrição, que se constitui no ato de controle administrativo da legalidade, será feita pelo órgão competente para apurar a liquidez e certeza do crédito e suspenderá a prescrição, para todos os efeitos de direito, por 180 (cento e oitenta) dias ou até a distribuição da execução fiscal, se esta ocorrer antes de findo aquele prazo.

• V. arts. 8º, § 2º, e 40, *caput*.

Lei 6.830/1980

LEGISLAÇÃO

- V. arts. 197 a 201, CC.
- V. art. 174, parágrafo único, CTN.
- V. art. 1º, parágrafo único, Lei 8.005/1990 (Créditos do Ibama).

§ 4º A Dívida Ativa da União será apurada e inscrita na Procuradoria da Fazenda Nacional.

- V. art. 1º, Lei 8.022/1990 (Administração das receitas federais).

§ 5º O Termo de Inscrição de Dívida Ativa deverá conter:

- V. art. 202, CTN.

I – o nome do devedor, dos corresponsáveis e, sempre que conhecido, o domicílio ou residência de um e de outros;
II – o valor originário da dívida, bem como o termo inicial e a forma de calcular os juros de mora e demais encargos previstos em lei ou contrato;
III – a origem, a natureza e o fundamento legal ou contratual da dívida;
IV – a indicação, se for o caso, de estar a dívida sujeita à atualização monetária, bem como o respectivo fundamento legal e o termo inicial para o cálculo;
V – a data e o número da inscrição, no Registro de Dívida Ativa; e
VI – o número do processo administrativo ou do auto de infração, se neles estiver apurado o valor da dívida.

§ 6º A Certidão de Dívida Ativa conterá os mesmos elementos do Termo de Inscrição e será autenticada pela autoridade competente.

§ 7º O Termo de Inscrição e a Certidão de Dívida Ativa poderão ser preparados e numerados por processo manual, mecânico ou eletrônico.

§ 8º Até a decisão de primeira instância, a Certidão de Dívida Ativa poderá ser emendada ou substituída, assegurada ao executado a devolução do prazo para embargos.

- V. art. 329, CPC/2015.
- V. Súmula 392, STJ.

§ 9º O prazo para a cobrança das contribuições previdenciárias continua a ser o estabelecido no art. 144 da Lei 3.807, de 26 de agosto de 1960.

- V. art. 88, Lei 8.212/1991 (Organização da Seguridade Social e Plano de Custeio).

Art. 3º A Dívida Ativa regularmente inscrita goza da presunção de certeza e liquidez.

- V. art. 204, parágrafo único, CTN.
- V. Súmula 279, STJ.

Parágrafo único. A presunção a que se refere este artigo é relativa e pode ser ilidida por prova inequívoca, a cargo do executado ou de terceiro, a quem aproveite.

- V. art. 370, CPC/2015.

Art. 4º A execução fiscal poderá ser promovida contra:

- V. art. 779, CPC/2015.
- V. arts. 134 e 135, CTN.

I – o devedor;
II – o fiador;
III – o espólio;
IV – a massa;
V – o responsável, nos termos da lei, por dívidas, tributárias ou não, de pessoas físicas ou pessoas jurídicas de direito privado; e

- V. Súmula 112, TFR.

VI – os sucessores a qualquer título.

§ 1º Ressalvado o disposto no art. 31, o síndico, o comissário, o liquidante, o inventariante e o administrador, nos casos de falência, concordata, liquidação, inventário, insolvência ou concurso de credores, se, antes de garantidos os créditos da Fazenda Pública, alienarem ou derem em garantia quaisquer dos bens administrados, respondem, solidariamente, pelo valor desses bens.

- V. Lei 11.101/2005 (Lei de Recuperação de Empresas e Falência).

§ 2º À Dívida Ativa da Fazenda Pública, de qualquer natureza, aplicam-se as normas relativas à responsabilidade prevista na legislação tributária, civil e comercial.

§ 3º Os responsáveis, inclusive as pessoas indicadas no § 1º deste artigo, poderão nomear bens livres e desembaraçados do devedor, tantos quantos bastem para pagar a dívida. Os bens dos responsáveis ficarão, porém, sujeitos à execução, se os do devedor forem insuficientes à satisfação da dívida.

- V. art. 794, *caput*, CPC/2015.
- V. Súmula 44, TFR.

§ 4º Aplica-se à Dívida Ativa da Fazenda Pública de natureza não tributária o disposto

Lei 6.830/1980

nos arts. 186 e 188 a 192 do Código Tributário Nacional.

- V. Súmula 563, STF.

Art. 5º A competência para processar e julgar a execução da Dívida Ativa da Fazenda Pública exclui a de qualquer outro juízo, inclusive o da falência, da concordata, da liquidação, da insolvência ou do inventário.

- V. art. 29.
- V. art. 109, § 3º, CF.
- V. arts. 46, § 5º, CPC/2015.
- V. Súmulas 58 e 66, STJ.
- V. Súmulas 40, 189 e 244, TFR.

Art. 6º A petição inicial indicará apenas:

- V. art. 319, CPC/2015.

I – o juiz a quem é dirigida;
II – o pedido; e
III – o requerimento para a citação.

- V. art. 53, Lei 8.212/1991 (Organização da Seguridade Social e Plano de Custeio).

§ 1º A petição inicial será instruída com a Certidão da Dívida Ativa, que dela fará parte integrante, como se estivesse transcrita.

§ 2º A petição inicial e a Certidão de Dívida Ativa poderão constituir um único documento, preparado inclusive por processo eletrônico.

§ 3º A produção de provas pela Fazenda Pública independe de requerimento na petição inicial.

§ 4º O valor da causa será o da dívida constante da certidão, com os encargos legais.

Art. 7º O despacho do juiz que deferir a inicial importa em ordem para:
I – citação, pelas sucessivas modalidades previstas no art. 8º;
II – penhora, se não for paga a dívida, nem garantida a execução, por meio de depósito, fiança ou seguro garantia;

- Inciso II com redação determinada pela Lei 13.043/2014.

III – arresto, se o executado não tiver domicílio ou dele se ocultar;
IV – registro da penhora ou do arresto, independentemente do pagamento de custas ou outras despesas, observado o disposto no art. 14; e
V – avaliação dos bens penhorados ou arrestados.

Art. 8º O executado será citado para, no prazo de 5 (cinco) dias, pagar a dívida com os juros e multa de mora e encargos indicados na Certidão de Dívida Ativa, ou garantir a execução, observadas as seguintes normas:

- V. arts. 829, 830, *caput*, e 841, §§ 2º e 4º, CPC/2015.
- V. Súmula 414, STJ.
- V. Súmula 78, TFR.

I – a citação será feita pelo correio, com aviso de recepção, se a Fazenda Pública não a requerer por outra forma;

- V. art. 248, CPC/2015.

II – a citação pelo correio considera-se feita na data da entrega da carta no endereço do executado; ou, se a data for omitida, no aviso de recepção, 10 (dez) dias após a entrega da carta à agência postal;

- V. art. 12, § 3º.

III – se o aviso de recepção não retornar no prazo de 15 (quinze) dias da entrega da carta à agência postal, a citação será feita por oficial de justiça ou por edital;
IV – o edital de citação será afixado na sede do juízo, publicado uma só vez no órgão oficial, gratuitamente, como expediente judiciário, com o prazo de 30 (trinta) dias, e conterá, apenas, a indicação da exequente, o nome do devedor e dos corresponsáveis, a quantia devida, a natureza da dívida, a data e o número da inscrição no Registro da Dívida Ativa, o prazo e o endereço da sede do juízo.

- V. Súmula 210, TFR.

§ 1º O executado ausente do País será citado por edital, com prazo de 60 (sessenta) dias.

§ 2º O despacho do juiz, que ordenar a citação, interrompe a prescrição.

- V. art. 174, parágrafo único, I, CTN.
- V. Súmula 248, TFR.

Art. 9º Em garantia da execução, pelo valor da dívida, juros e multa de mora e encargos indicados na Certidão da Dívida Ativa, o executado poderá:
I – efetuar depósito em dinheiro, à ordem do juízo em estabelecimento oficial de crédito, que assegure atualização monetária;

- V. art. 21.

II – oferecer fiança bancária ou seguro garantia;

- Inciso II com redação determinada pela Lei 13.043/2014.

III – nomear bens à penhora, observada a ordem do art. 11; ou

1142

Lei 6.830/1980

LEGISLAÇÃO

IV – indicar à penhora bens oferecidos por terceiros e aceitos pela Fazenda Pública.

§ 1º O executado só poderá indicar e o terceiro oferecer bem imóvel à penhora com o consentimento expresso do respectivo cônjuge.

§ 2º Juntar-se-á aos autos a prova do depósito, da fiança bancária, do seguro garantia ou da penhora dos bens do executado ou de terceiros.

• § 2º com redação determinada pela Lei 13.043/2014.

§ 3º A garantia da execução, por meio de depósito em dinheiro, fiança bancária ou seguro garantia, produz os mesmos efeitos da penhora.

• § 3º com redação determinada pela Lei 13.043/2014.

§ 4º Somente o depósito em dinheiro, na forma do art. 32, faz cessar a responsabilidade pela atualização monetária e juros de mora.

• V. Súmula 112, STJ.

§ 5º A fiança bancária prevista no inciso II obedecerá às condições preestabelecidas pelo Conselho Monetário Nacional.

§ 6º O executado poderá pagar parcela da dívida, que julgar incontroversa, e garantir a execução do saldo devedor.

• V. arts. 826 e 829, CPC/2015.

Art. 10. Não ocorrendo o pagamento, nem a garantia da execução de que trata o art. 9º, a penhora poderá recair em qualquer bem do executado, exceto os que a lei declare absolutamente impenhoráveis.

• V. art. 108, §§ 3º e 4º, Lei 11.101/2005 (Lei de Recuperação de Empresas e Falência).

Art. 11. A penhora ou arresto de bens obedecerá à seguinte ordem:

• V. art. 15, II.
• V. arts. 835 e 842, CPC/2015.
• V. Súmula 406, STJ.

I – dinheiro;

• V. Súmula 417, STJ.

II – título da dívida pública, bem como título de crédito, que tenham cotação em Bolsa;
III – pedras e metais preciosos;
IV – imóveis;
V – navios e aeronaves;
VI – veículos;
VII – móveis ou semoventes; e
VIII – direitos e ações.

§ 1º Excepcionalmente, a penhora poderá recair sobre estabelecimento comercial, industrial ou agrícola, bem como em plantações ou edifícios em construção.

• V. Súmula 451, STJ.

§ 2º A penhora efetuada em dinheiro será convertida no depósito de que trata o inciso I do art. 9º.

§ 3º O juiz ordenará a remoção do bem penhorado para depósito judicial, particular ou da Fazenda Pública exequente, sempre que esta o requerer, em qualquer fase do processo.

Art. 12. Na execução fiscal, far-se-á a intimação da penhora ao executado, mediante publicação, no órgão oficial, do ato de juntada do termo ou do auto de penhora.

• V. Súmula 190, TFR.

§ 1º Nas comarcas do interior dos Estados, a intimação poderá ser feita pela remessa de cópia do termo ou do auto de penhora, pelo correio, na forma estabelecida no art. 8º, I e II, para a citação.

§ 2º Se a penhora recair sobre imóvel, far-se-á a intimação ao cônjuge, observadas as normas previstas para a citação.

§ 3º Far-se-á a intimação da penhora pessoalmente ao executado se, na citação feita pelo correio, o aviso de recepção não contiver a assinatura do próprio executado, ou de seu representante legal.

Art. 13. O termo ou auto de penhora conterá, também, a avaliação dos bens penhorados, efetuada por quem o lavrar.

• V. art. 873, I a III, CPC/2015.

§ 1º Impugnada a avaliação, pelo executado, ou pela Fazenda Pública, antes de publicado o edital de leilão, o juiz, ouvida a outra parte, nomeará avaliador oficial para proceder a nova avaliação dos bens penhorados.

§ 2º Se não houver, na comarca, avaliador oficial ou este não puder apresentar o laudo de avaliação no prazo de 15 (quinze) dias, será nomeada pessoa ou entidade habilitada, a critério do juiz.

• V. Súmula 99, TFR.

§ 3º Apresentado o laudo, o juiz decidirá de plano sobre a avaliação.

Art. 14. O oficial de justiça entregará contrafé e cópia do termo ou do auto de pe-

Lei 6.830/1980

nhora ou arresto, com a ordem de registro de que trata o art. 7º, IV:

I – no Ofício próprio, se o bem for imóvel ou a ele equiparado;

- V. art. 167, I-5, Lei 6.015/1973 (Lei de Registros Públicos).

II – na repartição competente para emissão de certificado de registro, se for veículo;

III – na Junta Comercial, na Bolsa de Valores, e na sociedade comercial, se forem ações, debênture, parte beneficiária, cota ou qualquer outro título, crédito ou direito societário nominativo.

Art. 15. Em qualquer fase do processo, será deferida pelo juiz:

- V. Súmula 406, STJ.

I – ao executado, a substituição da penhora por depósito em dinheiro, fiança bancária ou seguro garantia; e

- Inciso I com redação determinada pela Lei 13.043/2014.
- V. art. 888, CPC/2015.

II – à Fazenda Pública, a substituição dos bens penhorados por outros, independentemente da ordem enumerada no art. 11, bem como o reforço da penhora insuficiente.

- V. art. 874, II, CPC/2015.

Art. 16. O executado oferecerá embargos, no prazo de 30 (trinta) dias, contados:

- V. art. 915, caput, CPC/2015.

I – do depósito;

II – da juntada da prova da fiança bancária ou do seguro garantia;

- Inciso II com redação determinada pela Lei 13.043/2014.

III – da intimação da penhora.

§ 1º Não são admissíveis embargos do executado antes de garantida a execução.

§ 2º No prazo dos embargos, o executado deverá alegar toda matéria útil à defesa, requerer provas e juntar aos autos os documentos e o rol de testemunhas, até três, ou, a critério do juiz, até o dobro desse limite.

§ 3º Não será admitida reconvenção, nem compensação, e as exceções, salvo as de suspeição, incompetência e impedimento, serão arguidas como matéria preliminar e serão processadas e julgadas com os embargos.

Art. 17. Recebidos os embargos, o juiz mandará intimar a Fazenda, para impugná-los no prazo de 30 (trinta) dias, designando, em seguida, audiência de instrução e julgamento.

- V. art. 920, caput, CPC/2015.

Parágrafo único. Não se realizará audiência, se os embargos versarem sobre matéria de direito ou, sendo de direito e de fato, a prova for exclusivamente documental, caso em que o juiz proferirá a sentença no prazo de 30 (trinta) dias.

- V. art. 920, CPC/2015.

Art. 18. Caso não sejam oferecidos os embargos, a Fazenda Pública manifestar-se-á sobre a garantia da execução.

- V. Súmula 168, TFR.

Art. 19. Não sendo embargada a execução ou sendo rejeitados os embargos, no caso de garantia prestada por terceiro, será este intimado, sob pena de contra ele prosseguir a execução nos próprios autos, para, no prazo de 15 (quinze) dias:

I – remir o bem, se a garantia for real; ou

- V. art. 826, CPC/2015.

II – pagar o valor da dívida, juros e multa de mora e demais encargos, indicados na Certidão de Dívida Ativa, pelos quais se obrigou, se a garantia for fidejussória.

Art. 20. Na execução por carta, os embargos do executado serão oferecidos no juízo deprecado, que os remeterá ao juízo deprecante, para instrução e julgamento.

Parágrafo único. Quando os embargos tiverem por objeto vícios ou irregularidades de atos do próprio juízo deprecado, caber-lhe-á unicamente o julgamento dessa matéria.

- V. Súmula 46, STJ.

Art. 21. Na hipótese de alienação antecipada dos bens penhorados, o produto será depositado em garantia da execução, nos termos previstos no art. 9º, I.

- V. art. 730, CPC/2015.

Art. 22. A arrematação será precedida de edital, afixado no local do costume, na sede do juízo, e publicado, em resumo, uma só vez, gratuitamente, como expediente judiciário, no órgão oficial.

- V. art. 1º.
- V. arts. 881, caput, 882, § 3º, 886, 887, §§ 1º a 6º, e 889, I, CPC/2015.

§ 1º O prazo entre as datas de publicação do edital e do leilão não poderá ser superior a 30 (trinta), nem inferior a 10 (dez) dias.
§ 2º O representante judicial da Fazenda Pública será intimado, pessoalmente, da realização do leilão, com a antecedência prevista no parágrafo anterior.

Art. 23. A alienação de quaisquer bens penhorados será feita em leilão público, no lugar designado pelo juiz.

• V. Súmula 121, STJ.

§ 1º A Fazenda Pública e o executado poderão requerer que os bens sejam leiloados englobadamente ou em lotes que indicarem.

• V. arts. 891, 893 e 899, CPC/2015.

§ 2º Cabe ao arrematante o pagamento da comissão do leiloeiro e demais despesas indicadas no edital.

• V. art. 884, parágrafo único, CPC/2015.

Art. 24. A Fazenda Pública poderá adjudicar os bens penhorados:

• V. Súmula 224, TFR.

I – antes do leilão, pelo preço da avaliação, se a execução não for embargada ou se rejeitados os embargos;
II – findo o leilão:
a) se não houver licitante, pelo preço da avaliação;
b) havendo licitantes, com preferência, em igualdade de condições com a melhor oferta, no prazo de 30 (trinta) dias.

Parágrafo único. Se o preço da avaliação ou o valor da melhor oferta for superior ao dos créditos da Fazenda Pública, a adjudicação somente será deferida pelo juiz se a diferença for depositada, pela exequente, à ordem do juízo, no prazo de 30 (trinta) dias.

Art. 25. Na execução fiscal, qualquer intimação ao representante judicial da Fazenda Pública será feita pessoalmente.

• V. Súmulas 117 e 240, TFR.

Parágrafo único. A intimação de que trata este artigo poderá ser feita mediante vista dos autos, com imediata remessa ao representante judicial da Fazenda Pública, pelo cartório ou secretaria.

Art. 26. Se, antes da decisão de primeira instância, a inscrição de Dívida Ativa for, a qualquer título, cancelada, a execução fiscal será extinta, sem qualquer ônus para as partes.

• V. Súmula 519, STF.

Art. 27. As publicações de atos processuais poderão ser feitas resumidamente ou reunir num só texto os de diferentes processos.

• V. arts. 272, *caput*, § 2º, e 270, *caput*, CPC/2015.

Parágrafo único. As publicações farão sempre referência ao número do processo no respectivo juízo e ao número da correspondente inscrição de Dívida Ativa, bem como ao nome das partes e de seus advogados, suficientes para a sua identificação.

Art. 28. O juiz, a requerimento das partes, poderá, por conveniência da unidade da garantia da execução, ordenar a reunião de processos contra o mesmo devedor.

• V. arts. 57 e 58, CPC/2015.
• V. Súmula 515, STJ.

Parágrafo único. Na hipótese deste artigo, os processos serão redistribuídos ao juízo da primeira distribuição.

Art. 29. A cobrança judicial da Dívida Ativa da Fazenda Pública não é sujeita a concurso de credores ou habilitação em falência, concordata, liquidação, inventário ou arrolamento.

• V. art. 5º.
• V. art. 76, *caput*, Lei 11.101/2005 (Lei de Recuperação de Empresas e Falência).
• V. Súmula 244, TFR.

Parágrafo único. O concurso de preferência somente se verifica entre pessoas jurídicas de direito público, na seguinte ordem:
I – União e suas autarquias;
II – Estados, Distrito Federal e Territórios e suas autarquias, conjuntamente e *pro rata*;
III – Municípios e suas autarquias, conjuntamente e *pro rata*.

Art. 30. Sem prejuízo dos privilégios especiais sobre determinados bens, que sejam previstos em lei, responde pelo pagamento da Dívida Ativa da Fazenda Pública a totalidade dos bens e das rendas, de qualquer origem ou natureza, do sujeito passivo, seu espólio ou sua massa, inclusive os gravados por ônus real ou cláusula de inalienabilidade ou impenhorabilidade, seja qual for a data

Lei 6.830/1980

da constituição do ônus ou da cláusula, excetuados unicamente os bens e rendas que a lei declara absolutamente impenhoráveis.

- V. art. 4º.
- V. art. 833, II a X, CPC/2015.

Art. 31. Nos processos de falência, concordata, liquidação, inventário, arrolamento ou concurso de credores, nenhuma alienação será judicialmente autorizada sem a prova de quitação da Dívida Ativa ou a concordância da Fazenda Pública.

- V. Lei 11.101/2005 (Lei de Recuperação de Empresas e Falência).

Art. 32. Os depósitos judiciais em dinheiro serão obrigatoriamente feitos:

- V. art. 9º, § 4º.
- V. Súmula 112, STJ.
- V. Súmula 209, TFR.

I – na Caixa Econômica Federal, de acordo com o Dec.-lei 1.737, de 20 de dezembro de 1979, quando relacionados com a execução fiscal proposta pela União ou suas autarquias;

II – na Caixa Econômica ou no banco oficial da unidade federativa ou, à sua falta, na Caixa Econômica Federal, quando relacionados com execução fiscal proposta pelo Estado, Distrito Federal, Municípios e suas autarquias.

§ 1º Os depósitos de que trata este artigo estão sujeitos à atualização monetária, segundo os índices estabelecidos para os débitos tributários federais.

§ 2º Após o trânsito em julgado da decisão, o depósito, monetariamente atualizado, será devolvido ao depositante ou entregue à Fazenda Pública, mediante ordem do juízo competente.

Art. 33. O juízo, de ofício, comunicará à repartição competente da Fazenda Pública, para fins de averbação no Registro da Dívida Ativa, a decisão final, transitada em julgado, que der por improcedente a execução, total ou parcialmente.

Art. 34. Das sentenças de primeira instância proferidas em execuções de valor igual ou inferior a 50 (cinquenta) Obrigações do Tesouro Nacional – OTN, só se admitirão embargos infringentes e de declaração.

- V. Súmula 277, STF.
- V. Súmulas 48 e 259, TFR.

§ 1º Para os efeitos deste artigo, considerar-se-á o valor da dívida monetariamente atualizado e acrescido de multa e juros de mora e demais encargos legais, na data da distribuição.

§ 2º Os embargos infringentes, instruídos, ou não, com documentos novos, serão deduzidos, no prazo de 10 (dez) dias perante o mesmo juízo, em petição fundamentada.

§ 3º Ouvido o embargado, no prazo de 10 (dez) dias, serão os autos conclusos ao juiz, que, dentro de 20 (vinte) dias, os rejeitará ou reformará a sentença.

Art. 35. Nos processos regulados por esta Lei, poderá ser dispensada a audiência de revisor, no julgamento das apelações.

Art. 36. Compete à Fazenda Pública baixar normas sobre o recolhimento da Dívida Ativa respectiva, em juízo ou fora dele, e aprovar, inclusive, os modelos de documentos de arrecadação.

Art. 37. O auxiliar de justiça que, por ação ou omissão, culposa ou dolosa, prejudicar a execução, será responsabilizado, civil, penal e administrativamente.

Parágrafo único. O oficial de justiça deverá efetuar, em 10 (dez) dias, as diligências que lhe forem ordenadas, salvo motivo de força maior devidamente justificado perante o juízo.

Art. 38. A discussão judicial da Dívida Ativa da Fazenda Pública só é admissível em execução, na forma desta Lei, salvo as hipóteses de mandado de segurança, ação de repetição do indébito ou ação anulatória do ato declarativo da dívida, esta precedida do depósito preparatório do valor do débito, monetariamente corrigido e acrescido dos juros e multa de mora e demais encargos.

- V. Súmula 112, STJ.
- V. Súmula 247, TFR.

Parágrafo único. A propositura, pelo contribuinte, da ação prevista neste artigo importa em renúncia ao poder de recorrer na esfera administrativa e desistência do recurso acaso interposto.

Art. 39. A Fazenda Pública não está sujeita ao pagamento de custas e emolumentos. A prática dos atos judiciais de seu interesse independerá de preparo ou de prévio depósito.

Lei 6.840/1980

LEGISLAÇÃO

- V. Súmulas 99 e 154, TFR.

Parágrafo único. Se vencida, a Fazenda Pública ressarcirá o valor das despesas feitas pela parte contrária.

- V. art. 82, § 2º, 84 e 85, CPC/2015.

Art. 40. O juiz suspenderá o curso da execução, enquanto não for localizado o devedor ou encontrados bens sobre os quais possa recair a penhora, e, nesses casos, não correrá o prazo de prescrição.

- V. art. 921, III, CPC/2015.
- V. art. 174, parágrafo único, CTN.
- V. Súmula 314, STJ.
- V. Súmula 210, TFR.

§ 1º Suspenso o curso da execução, será aberta vista dos autos ao representante judicial da Fazenda Pública.

§ 2º Decorrido o prazo máximo de 1 (um) ano, sem que seja localizado o devedor ou encontrados bens penhoráveis, o juiz ordenará o arquivamento dos autos.

§ 3º Encontrados que sejam, a qualquer tempo, o devedor ou os bens, serão desarquivados os autos para prosseguimento da execução.

§ 4º Se da decisão que ordenar o arquivamento tiver decorrido o prazo prescricional, o juiz, depois de ouvida a Fazenda Pública, poderá, de ofício, reconhecer a prescrição intercorrente e decretá-la de imediato.

- § 4º acrescentado pela Lei 11.051/2004.

§ 5º A manifestação prévia da Fazenda Pública prevista no § 4º deste artigo será dispensada no caso de cobranças judiciais cujo valor seja inferior ao mínimo fixado por ato do Ministro de Estado da Fazenda.

- § 5º acrescentado pela Lei 11.960/2009.

Art. 41. O processo administrativo correspondente à inscrição de Dívida Ativa, à execução fiscal ou à ação proposta contra a Fazenda Pública será mantido na repartição competente, dele se extraindo as cópias autenticadas ou certidões, que forem requeridas pelas partes ou requisitadas pelo juiz ou pelo Ministério Público.

Parágrafo único. Mediante requisição do juiz à repartição competente, com dia e hora previamente marcados, poderá o processo administrativo ser exibido na sede do juízo, pelo funcionário para esse fim designado, lavrando o serventuário termo da ocorrência, com indicação, se for o caso, das peças a serem trasladadas.

Art. 42. Revogadas as disposições em contrário, esta Lei entrará em vigor 90 (noventa) dias após a data de sua publicação.

Brasília, em 22 de setembro de 1980; 159º da Independência e 92º da República.

João Figueiredo

(DOU 24.09.1980)

LEI 6.840, DE 3 DE NOVEMBRO DE 1980

Dispõe sobre títulos de crédito comercial, e dá outras providências.

O Presidente da República, faço saber que o Congresso Nacional decreta e eu sanciono a seguinte Lei:

Art. 1º As operações de empréstimo concedidas por instituições financeiras a pessoa física ou jurídica que se dedique à atividade comercial ou de prestação de serviços poderão ser representadas por cédula de crédito comercial e por nota de crédito comercial.

Art. 2º A aplicação de crédito decorrente da operação de que trata o artigo anterior poderá ser ajustada em orçamento assinado pelo financiado e autenticado pela instituição financeira, dele devendo constar expressamente qualquer alteração que convencionarem.

Parágrafo único. Na hipótese deste artigo, far-se-á, na cédula, menção do orçamento, que a ela ficará vinculado.

Art. 3º Para os efeitos desta Lei, será dispensada a descrição a que se refere o inciso V, do art. 14, do Dec.-lei 413, de 9 de janeiro de 1969, quando a garantia se constituir através de penhor de títulos de crédito, hipótese em que se estabelecerá apenas o valor global.

Art. 4º A não identificação dos bens objeto da alienação fiduciária cedular não retira a eficácia da garantia, que incidirá sobre outros de mesmo gênero, quantidade e qualidade.

Art. 5º Aplicam-se à cédula de crédito comercial e à nota de crédito comercial as normas do Dec.-lei 413, de 9 de janeiro de 1969, inclusive quanto aos modelos anexos àquele diploma, respeitadas, em cada

Lei 6.899/1981

caso, a respectiva denominação e as disposições desta Lei.

Art. 6º Esta Lei entrará em vigor na data de sua publicação, revogadas as disposições em contrário.

Brasília, em 3 de novembro de 1980; 159º da Independência e 92º da República.

João Figueiredo

(DOU 04.11.1980)

LEI 6.899, DE 8 DE ABRIL DE 1981

Determina a aplicação da correção monetária nos débitos oriundos de decisão judicial e dá outras providências.

• V. Dec. 86.649/1981 (Regulamenta a Lei 6.899/1981).

O Presidente da República:
Faço saber que o Congresso Nacional decreta e eu sanciono a seguinte Lei:

Art. 1º A correção monetária incide sobre qualquer débito resultante de decisão judicial, inclusive sobre custas e honorários advocatícios.

• V. Súmulas 490 e 562, STF.
• V. Súmulas 29, 36, 43 e 67, STJ.
• V. Súmulas 25, 45 a 47 e 75, TFR.

§ 1º Nas execuções de títulos de dívida líquida e certa, a correção será calculada a contar do respectivo vencimento.

• V. Súmula 14, STJ.

§ 2º Nos demais casos, o cálculo far-se-á a partir do ajuizamento da ação.

• V. Súmula 14, STJ.

Art. 2º O Poder Executivo, no prazo de 60 (sessenta) dias, regulamentará a forma pela qual será efetuado o cálculo da correção monetária.

Art. 3º O disposto nesta Lei aplica-se a todas as causas pendentes de julgamento.

Art. 4º Esta Lei entrará em vigor na data de sua publicação.

Art. 5º Revogam-se as disposições em contrário.

Brasília, em 8 de abril de 1981; 160º da Independência e 93º da República.

João Figueiredo

(DOU 09.04.1981)

LEI 6.969, DE 10 DE DEZEMBRO DE 1981

Dispõe sobre a aquisição, por usucapião especial, de imóveis rurais, altera a redação do § 2º do art. 589 do Código Civil e dá outras providências.

• Refere-se ao CC/1916.

O Presidente da República:
Faço saber que o Congresso Nacional decreta e eu sanciono a seguinte Lei:

Art. 1º Todo aquele que, não sendo proprietário rural nem urbano, possuir como sua, por 5 (cinco) anos ininterruptos, sem oposição, área rural contínua, não excedente de vinte e cinco hectares, e a houver tornado produtiva com seu trabalho e nela tiver sua morada, adquirir-lhe-á o domínio, independentemente de justo título e boa-fé, podendo requerer ao juiz que assim o declare por sentença, a qual servirá de título para transcrição no Registro de Imóveis.

• V. art. 191, CF.
• V. art. 1.239, CC.
• V. arts. 4º, III, e 5º, Lei 4.504/1964 (Estatuto da Terra).

Parágrafo único. Prevalecerá a área do módulo rural aplicável à espécie, na forma da legislação específica, se aquele for superior a vinte e cinco hectares.

Art. 2º A usucapião especial, a que se refere esta Lei, abrange as terras particulares e as terras devolutas, em geral, sem prejuízo de outros direitos conferidos ao possuiro, pelo Estatuto da Terra ou pelas leis que dispõem sobre processo discriminatório de terras devolutas.

• V. arts. 97 a 102, Lei 4.504/1964 (Estatuto da Terra).

Art. 3º A usucapião especial não ocorrerá nas áreas indispensáveis à segurança nacional, nas terras habitadas por silvícolas, nem nas áreas de interesse ecológico, consideradas como tais as reservas biológicas ou florestais e os parques nacionais, estaduais ou municipais, assim declarados pelo Poder Executivo, assegurada aos atuais ocupantes a preferência para assentamento em outras regiões, pelo órgão competente.

Parágrafo único. O Poder Executivo, ouvido o Conselho de Segurança Nacional,

Lei 6.969/1981

especificará, mediante decreto, no prazo de 90 (noventa) dias, contados da publicação desta Lei, as áreas indispensáveis à segurança nacional, insuscetíveis de usucapião.

Art. 4º A ação de usucapião especial será processada e julgada na comarca da situação do imóvel.

- V. art. 109, § 1º, CF.
- V. Súmula 11, STJ.

§ 1º Observado o disposto no art. l26 da Constituição Federal, no caso de usucapião especial em terras devolutas federais, a ação será promovida na comarca da situação do imóvel, perante a Justiça do Estado, com recurso para o Tribunal Federal de Recursos, cabendo ao Ministério Público local, na primeira instância, a representação judicial da União.

§ 2º No caso de terras devolutas, em geral, a usucapião especial poderá ser reconhecida administrativamente, com a consequente expedição do título definitivo de domínio, para transcrição no Registro de Imóveis.

§ 3º O Poder Executivo, dentro de 90 (noventa) dias, contados da publicação desta Lei, estabelecerá, por decreto, a forma do procedimento administrativo a que se refere o parágrafo anterior.

§ 4º Se, decorridos 90 (noventa) dias do pedido ao órgão administrativo, não houver a expedição do título de domínio, o interessado poderá ingressar com a ação de usucapião especial, na forma prevista nesta Lei, vedada a concomitância dos pedidos administrativo e judicial.

Art. 5º Adotar-se-á, na ação de usucapião especial, o procedimento sumaríssimo, assegurada a preferência à sua instrução e julgamento.

- A Lei 9.245/1995 substituiu a expressão "sumaríssimo" por "sumário".

§ 1º O autor, expondo o fundamento do pedido e individualizando o imóvel, com dispensa da juntada da respectiva planta, poderá requerer, na petição inicial, designação de audiência preliminar, a fim de justificar a posse e, se comprovada esta, será nela mantido, liminarmente, até a decisão final da causa.

- V. art. 259, I, CPC/2015.

§ 2º O autor requererá também a citação pessoal daquele em cujo nome esteja transcrito o imóvel usucapiendo, bem como dos confinantes e, por edital, dos réus ausentes, incertos e desconhecidos, na forma do art. 232 do Código de Processo Civil, valendo a citação para todos os atos do processo.

- V. art. 257, CPC/2015.

§ 3º Serão cientificados por carta, para que manifestem interesse na causa, os representantes da Fazenda Pública da União, dos Estados, do Distrito Federal, dos Territórios e dos Municípios, no prazo de 45 (quarenta e cinco) dias.

- V. art. 248, § 1º, CPC/2015.

§ 4º O prazo para contestar a ação correrá da intimação da decisão que declarar justificada a posse.

§ 5º Intervirá, obrigatoriamente, em todos os atos do processo, o Ministério Público.

Art. 6º O autor da ação de usucapião especial terá, se o pedir, o benefício da assistência judiciária gratuita, inclusive para o Registro de Imóveis.

- V. Lei 1.060/1950 (Assistência judiciária).

Parágrafo único. Provado que o autor tinha situação econômica bastante para pagar as custas do processo e os honorários de advogado, sem prejuízo do sustento próprio e da família, o juiz lhe ordenará que pague, com correção monetária, o valor das isenções concedidas, ficando suspensa a transcrição da sentença até o pagamento devido.

Art. 7º A usucapião especial poderá ser invocada como matéria de defesa, valendo a sentença que a reconhecer como título para transcrição no Registro de Imóveis.

Art. 8º Observar-se-á, quanto ao imóvel usucapido, a imunidade específica, estabelecida no § 6º do art. 21 da Constituição Federal.

- V. art. 153, § 4º, CF.

Parágrafo único. Quando prevalecer a área do módulo rural, de acordo com o previsto no parágrafo único do art. 1º desta Lei, o Imposto Territorial Rural não incidirá sobre o imóvel usucapido.

Art. 9º O juiz de causa, a requerimento do autor da ação de usucapião especial, de-

Lei 7.115/1983

terminará que a autoridade policial garanta a permanência no imóvel e a integridade física de seus ocupantes, sempre que necessário.

Art. 10. O § 2º do art. 589 do Código Civil passa a vigorar com a seguinte redação:
"Art. 589. [...]"
"[...]"
"§ 2º O imóvel abandonado arrecadar-se-á como bem vago e passará ao domínio do Estado, do Território ou do Distrito Federal se se achar nas respectivas circunscrições:
"*a)* dez anos depois, quando se tratar de imóvel localizado em zona urbana;
"*b)* três anos depois, quando se tratar de imóvel localizado em zona rural."

- Refere-se ao CC/1916.
- V. art. 1.276, *caput* e § 1º, CC.

Art. 11. Esta Lei entrará em vigor 45 (quarenta e cinco) dias após sua publicação.

Art. 12. Revogam-se as disposições em contrário.

Brasília, em 10 de dezembro de 1981; 160º da Independência e 93º da República.
João Figueiredo

(*DOU* 11.12.1981)

LEI 7.115,
DE 29 DE AGOSTO DE 1983

Dispõe sobre prova documental nos casos que indica, e dá outras providências.

O Presidente da República:
Faço saber que o Congresso Nacional decreta e eu sanciono a seguinte Lei:

Art. 1º A declaração destinada a fazer prova de vida, residência, pobreza, dependência econômica, homonímia ou bons antecedentes, quando firmada pelo próprio interessado ou por procurador bastante, e sob as penas da lei, presume-se verdadeira.

- V. art. 4º, §§ 1º e ,3º, Lei 1.060/1950 (Assistência Judiciária).

Parágrafo único. O disposto neste artigo não se aplica para fins de prova em processo penal.

Art. 2º Se comprovadamente falsa a declaração, sujeitar-se-á o declarante às sanções civis, administrativas e criminais previstas na legislação aplicável.

- V. art. 299, CP.

- V. art. 211, CPP.

Art. 3º A declaração mencionará expressamente a responsabilidade do declarante.

Art. 4º Esta Lei entra em vigor na data de sua publicação.

Art. 5º Revogam-se as disposições em contrário.

Brasília, 29 de agosto de 1983; 162º da Independência e 95º da República.
João Figueiredo

(*DOU* 30.08.1983)

LEI 7.347,
DE 24 DE JULHO DE 1985

Disciplina a ação civil pública de responsabilidade por danos causados ao meio ambiente, ao consumidor, a bens e direitos de valor artístico, estético, histórico, turístico e paisagístico (vetado) e dá outras providências.

O Presidente da República:
Faço saber que o Congresso Nacional decreta e eu sanciono a seguinte Lei:

- V. art. 129, III, CF.
- V. art. 201, V, Lei 8.069/1990 (Estatuto da Criança e do Adolescente).
- V. art. 54, XIV, Lei 8.906/1990 (Estatuto da Advocacia e da OAB).
- V. art. 105, V, *b* (Regulamento Geral do Estatuto da Advocacia e da OAB, *DJU* 16.11.1994).

Art. 1º Regem-se pelas disposições desta Lei, sem prejuízo da ação popular, as ações de responsabilidade por danos morais e patrimoniais causados:

- *Caput* com redação determinada pela Lei 12.529/2011 (*DOU* 01.12.2011; ret. 02.12.2011), em vigor após decorridos 180 (cento e oitenta) dias de sua publicação.
- V. arts. 200, VIII, e 225, CF.
- V. Lei 7.853/1989 (Apoio às pessoas portadoras de deficiência).
- V. Lei 7.913/1989 (Ação civil pública por danos causados aos investidores no mercado de valores).
- V. art. 81, Lei 8.078/1990 (Código de Defesa do Consumidor).
- V. Súmula 329, STJ.

I – ao meio ambiente;
II – ao consumidor;
III – aos bens e direitos de valor artístico, estético, histórico, turístico e paisagístico;

Lei 7.347/1985

LEGISLAÇÃO

- O art. 53 da Lei 10.257/2001 acrescentou um inciso III a este artigo: "III – à ordem urbanística". Contudo, a MP 2.180-35/2001 revogou tal dispositivo.
- V. nota ao inciso VI deste artigo.

IV – a qualquer outro interesse difuso ou coletivo;

- Inciso IV acrescentado pela Lei 8.078/1990.

V – por infração da ordem econômica;

- Inciso V com redação determinada pela Lei 12.529/2011 (DOU 01.12.2011; ret. 02.12.2011), em vigor após decorridos 180 (cento e oitenta) dias de sua publicação.

VI – à ordem urbanística;

- Inciso VI acrescentado pela MP 2.180-35/2001. O texto do referido inciso já havia sido acrescentado pelo art. 53 da Lei 10.257/2001, que foi revogado pela MP 2.180-35/2001.
- V. nota ao inciso III deste artigo.

VII – à honra e à dignidade de grupos raciais, étnicos ou religiosos.

- Inciso VII acrescentado pela Lei 12.966/2014.

VIII – ao patrimônio público e social.

- Inciso VIII acrescentado pela Lei 13.004/2014 (DOU 25.06.2014), em vigor após decorridos 60 (sessenta) dias de sua publicação oficial.

Parágrafo único. Não será cabível ação civil pública para veicular pretensões que envolvam tributos, contribuições previdenciárias, o Fundo de Garantia do Tempo de Serviço – FGTS ou outros fundos de natureza institucional cujos beneficiários podem ser individualmente determinados.

- Parágrafo único acrescentado pela MP 2.180-35/2001.

Art. 2º As ações previstas nesta Lei serão propostas no foro do local onde ocorrer o dano, cujo juízo terá competência funcional para processar e julgar a causa.

- V. art. 109, § 3º, CF.
- V. art. 53, IV, a, CPC/2015.
- V. art. 93, I, e 117, Lei 8.078/1990 (Código de Defesa do Consumidor).

Parágrafo único. A propositura da ação prevenirá a jurisdição do juízo para todas as ações posteriormente intentadas que possuam a mesma causa de pedir ou o mesmo objeto.

- Parágrafo único acrescentado pela MP 2.180-35/2001.

Art. 3º A ação civil poderá ter por objeto a condenação em dinheiro ou o cumprimento de obrigação de fazer ou não fazer.

- V. arts. 497, 499, 500, 536, caput e § 1º, e 537, caput e § 1º, CPC/2015.
- V. art. 84, caput, Lei 8.078/1990 (Código de Defesa do Consumidor).

Art. 4º Poderá ser ajuizada ação cautelar para os fins desta Lei, objetivando, inclusive, evitar dano ao patrimônio público e social, ao meio ambiente, ao consumidor, à honra e à dignidade de grupos raciais, étnicos ou religiosos, à ordem urbanística ou aos bens e direitos de valor artístico, estético, histórico, turístico e paisagístico.

- Artigo com redação determinada pela Lei 13.004/2014 (DOU 25.06.2014), em vigor após decorridos 60 (sessenta) dias de sua publicação oficial.
- V. art. 12.
- V. arts. 1º, §§ 1º e 2º, 2º e 4º, § 1º, Lei 8.437/1992 (Concessão de medidas cautelares contra atos do Poder Público).

Art. 5º Têm legitimidade para propor a ação principal e a ação cautelar:

- Caput com redação determinada pela Lei 11.448/2007.
- V. arts. 1º, § 2º, 2º e 4º, § 1º, Lei 8.437/1992 (Concessão de medidas cautelares contra atos do Poder Público).

I – o Ministério Público;

- Inciso I com redação determinada pela Lei 11.448/2007.
- V. art. 129, III e § 1º, CF.

II – a Defensoria Pública;

- Inciso II com redação determinada pela Lei 11.448/2007.

III – a União, os Estados, o Distrito Federal e os Municípios;

- Inciso III acrescentado pela Lei 11.448/2007.

IV – a autarquia, empresa pública, fundação ou sociedade de economia mista;

- Inciso IV acrescentado pela Lei 11.448/2007.

V – a associação que, concomitantemente:

- Caput do inciso V acrescentado pela Lei 11.448/2007.

a) esteja constituída há pelo menos 1 (um) ano nos termos da lei civil;

- Alínea a acrescentada pela Lei 11.448/2007.

b) inclua, entre suas finalidades institucionais, a proteção ao patrimônio público e social, ao meio ambiente, ao consumidor, à ordem econômica, à livre concorrência, aos direitos de grupos raciais, étnicos ou religio-

Lei 7.347/1985

sos ou ao patrimônio artístico, estético, histórico, turístico e paisagístico.

- Alínea *b* com redação determinada pela Lei 13.004/2014 (*DOU* 25.06.2014), em vigor após decorridos 60 (sessenta) dias de sua publicação oficial.

§ 1º O Ministério Público, se não intervier no processo como parte, atuará obrigatoriamente como fiscal da lei.

- V. arts. 178 e 179, CPC/2015.

§ 2º Fica facultado ao Poder Público e a outras associações legitimadas nos termos deste artigo habilitar-se como litisconsortes de qualquer das partes.

- V. arts. 113 a 118, CPC/2015.

§ 3º Em caso de desistência infundada ou abandono da ação por associação legitimada, o Ministério Público ou outro legitimado assumirá a titularidade ativa.

- § 3º com redação determinada pela Lei 8.078/1990.
- V. art. 485, VIII e § 4º, CPC/2015.

§ 4º O requisito da pré-constituição poderá ser dispensado pelo juiz, quando haja manifesto interesse social evidenciado pela dimensão ou característica do dano, ou pela relevância do bem jurídico a ser protegido.

- § 4º acrescentado pela Lei 8.078/1990.

§ 5º Admitir-se-á o litisconsórcio facultativo entre os Ministérios Públicos da União, do Distrito Federal e dos Estados na defesa dos interesses e direitos de que cuida esta Lei.

- § 5º acrescentado pela Lei 8.078/1990.
- V. art. 113, CPC/2015.

§ 6º Os órgãos públicos legitimados poderão tomar dos interessados compromisso de ajustamento de sua conduta às exigências legais, mediante cominações, que terá eficácia de título executivo extrajudicial.

- § 6º acrescentado pela Lei 8.078/1990.

Art. 6º Qualquer pessoa poderá e o servidor público deverá provocar a iniciativa do Ministério Público, ministrando-lhe informações sobre fatos que constituam objeto da ação civil e indicando-lhe os elementos de convicção.

- V. art. 129, VI, CF.

- V. art. 26, I e IV, Lei 8.625/1993 (Lei Orgânica Nacional do Ministério Público).
- V. arts. 3º, XIII, e 6º, Dec. 2.181/1997 (Sistema Nacional de Defesa do Consumidor).

Art. 7º Se, no exercício de suas funções, os juízes e tribunais tiverem conhecimento de fatos que possam ensejar a propositura da ação civil, remeterão peças ao Ministério Público para as providências cabíveis.

Art. 8º Para instruir a inicial, o interessado poderá requerer às autoridades competentes as certidões e informações que julgar necessárias, a serem fornecidas no prazo de 15 (quinze) dias.

- V. art. 438, CPC/2015.
- V. art. 198, § 1º, CTN.

§ 1º O Ministério Público poderá instaurar, sob sua presidência, inquérito civil, ou requisitar, de qualquer organismo público ou particular, certidões, informações, exames ou perícias, no prazo que assinalar, o qual não poderá ser inferior a 10 (dez) dias úteis.

- V. Res. CSMPF 87/2006 (Regulamenta, no âmbito do Ministério Público Federal, a instauração e tramitação do Inquérito Civil).

§ 2º Somente nos casos em que a lei impuser sigilo, poderá ser negada certidão ou informação, hipótese em que a ação poderá ser proposta desacompanhada daqueles documentos, cabendo ao juiz requisitá-los.

- V. art. 404, *caput*, I a V, e parágrafo único, CPC/2015.

Art. 9º Se o órgão do Ministério Público, esgotadas todas as diligências, se convencer da inexistência de fundamento para a propositura da ação civil, promoverá o arquivamento dos autos do inquérito civil ou das peças informativas, fazendo-o fundamentadamente.

- V. art. 223, Lei 8.069/1990 (Estatuto da Criança e do Adolescente).

§ 1º Os autos do inquérito civil ou das peças de informação arquivadas serão remetidos, sob pena de se incorrer em falta grave, no prazo de 3 (três) dias, ao Conselho Superior do Ministério Público.

- V. art. 5º, III, Lei 8.625/1993 (Lei Orgânica Nacional do Ministério Público).

§ 2º Até que, em sessão do Conselho Superior do Ministério Público, seja homologada ou rejeitada a promoção de arquiva-

Lei 7.347 / 1985

LEGISLAÇÃO

mento, poderão as associações legitimadas apresentar razões escritas ou documentos, que serão juntados aos autos do inquérito ou anexados às peças de informação.

- V. art. 82, Lei 8.078/1990 (Código de Defesa do Consumidor).

§ 3º A promoção de arquivamento será submetida a exame e deliberação do Conselho Superior do Ministério Público, conforme dispuser o seu regimento.

§ 4º Deixando o Conselho Superior de homologar a promoção de arquivamento, designará, desde logo, outro órgão do Ministério Público para o ajuizamento da ação.

Art. 10. Constitui crime, punido com pena de reclusão de 1 (um) a 3 (três) anos, mais multa de dez a mil Obrigações do Tesouro Nacional – OTN, a recusa, o retardamento ou a omissão de dados técnicos indispensáveis à propositura da ação civil, quando requisitados pelo Ministério Público.

- V. art. 319, CP.
- V. Lei 7.730/1989 (Extinção da OTN).

Art. 11. Na ação que tenha por objeto o cumprimento de obrigação de fazer ou não fazer, o juiz determinará o cumprimento da prestação da atividade devida ou a cessação da atividade nociva, sob pena de execução específica, ou de cominação de multa diária, se esta for suficiente ou compatível, independentemente de requerimento do autor.

- V. arts. 497, *caput*, e 537, *caput*, CPC/2015.
- V. art. 84, Lei 8.078/1990 (Código de Defesa do Consumidor).
- V. art. 2º, I, Dec. 1.306/1994 (Fundo de Defesa dos Direitos Difusos).

Art. 12. Poderá o juiz conceder mandado liminar, com ou sem justificação prévia, em decisão sujeita a agravo.

- V. art. 93, IX, CF.
- V. arts. 994, II, 1.015 a 1.020, 932 e 995, CPC/2015.

§ 1º A requerimento de pessoa jurídica de direito público interessada, e para evitar grave lesão à ordem, à saúde, à segurança e à economia pública, poderá o Presidente do Tribunal a que competir o conhecimento do respectivo recurso suspender a execução da liminar, em decisão fundamentada, da qual caberá agravo para uma das turmas julgadoras, no prazo de 5 (cinco) dias a partir da publicação do ato.

§ 2º A multa cominada liminarmente só será exigível do réu após o trânsito em julgado da decisão favorável ao autor, mas será devida desde o dia em que se houver configurado o descumprimento.

Art. 13. Havendo condenação em dinheiro, a indenização pelo dano causado reverterá a um fundo gerido por um Conselho Federal ou por Conselhos Estaduais de que participarão necessariamente o Ministério Público e representantes da comunidade, sendo seus recursos destinados à reconstituição dos bens lesados.

- V. art. 20.
- V. art. 2º, § 2º, Lei 7.913/1989 (Ação civil pública por danos causados no mercado de valores mobiliários).
- V. art. 103, § 3º, Lei 8.078/1990 (Código de Defesa do Consumidor).
- V. art. 2º, I, Dec. 1.306/1994 (Fundo de Defesa dos Direitos Difusos).

§ 1º Enquanto o fundo não for regulamentado, o dinheiro ficará depositado em estabelecimento oficial de crédito, em conta com correção monetária.

- Primitivo parágrafo único renumerado pela Lei 12.288/2010 (*DOU* 21.07.2010), em vigor 90 (noventa) dias após a data de sua publicação.

§ 2º Havendo acordo ou condenação com fundamento em dano causado por ato de discriminação étnica nos termos do disposto no art. 1º desta Lei, a prestação em dinheiro reverterá diretamente ao fundo de que trata o *caput* e será utilizada para ações de promoção da igualdade étnica, conforme definição do Conselho Nacional de Promoção da Igualdade Racial, na hipótese de extensão nacional, ou dos Conselhos de Promoção de Igualdade Racial estaduais ou locais, nas hipóteses de danos com extensão regional ou local, respectivamente.

- § 2º acrescentado pela Lei 12.288/2010 (*DOU* 21.07.2010), em vigor 90 (noventa) dias após a data de sua publicação.

Art. 14. O juiz poderá conferir efeito suspensivo aos recursos, para evitar dano irreparável à parte.

Art. 15. Decorridos 60 (sessenta) dias do trânsito em julgado da sentença condenatória, sem que a associação autora lhe promova a execução, deverá fazê-lo o Ministé-

Lei 7.357/1985

rio Público, facultada igual iniciativa aos demais legitimados.

- Artigo com redação determinada pela Lei 8.078/1990.

Art. 16. A sentença civil fará coisa julgada *erga omnes*, nos limites da competência territorial do órgão prolator, exceto se o pedido for julgado improcedente por insuficiência de provas, hipótese em que qualquer legitimado poderá intentar outra ação com idêntico fundamento, valendo-se de nova prova.

- Artigo com redação determinada pela Lei 9.494/1997.
- V. arts. 496, 502, 504, 506 e 508, CPC/2015.
- V. art. 6º, § 3º, Dec.-lei 4.657/1942 (Lei de Introdução às normas do Direito Brasileiro).
- V. art. 103, § 3º, Lei 8.078/1990 (Código de Defesa do Consumidor).

Art. 17. Em caso de litigância de má-fé, a associação autora e os diretores responsáveis pela propositura da ação serão solidariamente condenados em honorários advocatícios e ao décuplo das custas, sem prejuízo da responsabilidade por perdas e danos.

- Artigo com redação determinada pela Lei 8.078/1990, que transformou o parágrafo único em *caput*.
- A redação dada ao art. 17 pela Lei 8.078/1990 foi retificada no *DOU* de 10.01.2007.
- V. arts. 79 a 81, CPC/2015.
- V. art. 87, parágrafo único, Lei 8.078/1990 (Código de Defesa do Consumidor), que possui a mesma redação.

Art. 18. Nas ações de que trata esta Lei, não haverá adiantamento de custas, emolumentos, honorários periciais e quaisquer outras despesas, nem condenação da associação autora, salvo comprovada má-fé, em honorários de advogado, custas e despesas processuais.

- Artigo com redação determinada pela Lei 8.078/1990.
- V. art. 4º, IV, Lei 9.289/1996 (Custas na Justiça Federal).

Art. 19. Aplica-se à ação civil pública, prevista nesta Lei, o Código de Processo Civil, aprovado pela Lei 5.869, de 11 de janeiro de 1973, naquilo em que não contrarie suas disposições.

Art. 20. O fundo de que trata o art. 13 desta Lei será regulamentado pelo Poder Executivo no prazo de 90 (noventa) dias.

- V. Dec. 1.306/1994 (Fundo de Defesa dos Direitos Difusos).

Art. 21. Aplicam-se à defesa dos direitos e interesses difusos, coletivos e individuais, no que for cabível, os dispositivos do Título III da Lei que instituiu o Código de Defesa do Consumidor.

- Artigo acrescentado pela Lei 8.078/1990.
- V. art. 90, Lei 8.078/1990 (Código de Defesa do Consumidor).

Art. 22. Esta Lei entra em vigor na data de sua publicação.

- Artigo renumerado pela Lei 8.078/1990.

Art. 23. Revogam-se as disposições em contrário.

- Artigo renumerado pela Lei 8.078/1990.

Brasília, 24 de julho de 1985; 164º da Independência e 97º da República.

José Sarney

(*DOU* 25.07.1985)

LEI 7.357, DE 2 DE SETEMBRO DE 1985

Dispõe sobre o cheque e dá outras providências.

O Presidente da República:
Faço saber que o Congresso Nacional decreta e eu sanciono a seguinte Lei:

Capítulo I
DA EMISSÃO E DA FORMA DO CHEQUE

Art. 1º O cheque contém:

I – a denominação "cheque" inscrita no contexto do título e expressa na língua em que este é regido;

II – a ordem incondicional de pagar quantia determinada;

III – o nome do banco ou da instituição financeira que deve pagar (sacado);

IV – a indicação do lugar de pagamento;

V – a indicação da data e do lugar de emissão;

VI – a assinatura do emitente (sacador), ou de seu mandatário com poderes especiais.

Parágrafo único. A assinatura do emitente ou da de seu mandatário com poderes especiais pode ser constituída, na forma

Lei 7.357/1985

de legislação específica, por chancela mecânica ou processo equivalente.

Art. 2º O título a que falte qualquer dos requisitos enumerados no artigo precedente não vale como cheque, salvo nos casos determinados a seguir:

I – na falta de indicação especial, é considerado lugar de pagamento o lugar designado junto ao nome do sacado; se designados vários lugares, o cheque é pagável no primeiro deles; não existindo qualquer indicação, o cheque é pagável no lugar de sua emissão;

II – não indicado o lugar de emissão, considera-se emitido o cheque no lugar indicado junto ao nome do emitente.

Art. 3º O cheque é emitido contra banco, ou instituição financeira que lhe seja equiparada, sob pena de não valer como cheque.

Art. 4º O emitente deve ter fundos disponíveis em poder do sacado e estar autorizado a sobre eles emitir cheque, em virtude de contrato expresso ou tácito. A infração desses preceitos não prejudica a validade do título como cheque.

§ 1º A existência de fundos disponíveis é verificada no momento da apresentação do cheque para pagamento.

§ 2º Consideram-se fundos disponíveis:

a) os créditos constantes de conta-corrente bancária não subordinados a termo;

b) o saldo exigível de conta-corrente contratual;

c) a soma proveniente de abertura de crédito.

Art. 5º *(Vetado.)*

Art. 6º O cheque não admite aceite, considerando-se não escrita qualquer declaração com esse sentido.

Art. 7º Pode o sacado, a pedido do emitente ou do portador legitimado, lançar e assinar, no verso do cheque não ao portador e ainda não endossado, visto, certificação ou outra declaração equivalente, datada e por quantia igual à indicada no título.

§ 1º A aposição de visto, certificação ou outra declaração equivalente obriga o sacado a debitar à conta do emitente a quantia indicada no cheque e a reservá-la em benefício do portador legitimado, durante o prazo de apresentação, sem que fiquem exonerados o emitente, endossantes e demais coobrigados.

§ 2º O sacado creditará à conta do emitente a quantia reservada, uma vez vencido o prazo de apresentação; e, antes disso, se o cheque lhe for entregue para inutilização.

Art. 8º Pode-se estipular no cheque que seu pagamento seja feito:

- V. art. 2º, Lei 8.021/1990 (Identificação dos contribuintes para fins fiscais).
- V. art. 21, I, Lei 8.178/1991 (Preços e salários).

I – a pessoa nomeada, com ou sem cláusula expressa "à ordem";

II – a pessoa nomeada, com a cláusula "não à ordem", ou outra equivalente;

III – ao portador.

Parágrafo único. Vale como cheque ao portador o que não contém indicação do beneficiário e o emitido em favor de pessoa nomeada com a cláusula "ou ao portador", ou expressão equivalente.

Art. 9º O cheque pode ser emitido:

I – à ordem do próprio sacador;

- V. Lei 8.021/1990 (Identificação dos contribuintes para fins fiscais).

II – por conta de terceiro;

III – contra o próprio banco sacador, desde que não ao portador.

Art. 10. Considera-se não escrita a estipulação de juros inserida no cheque.

Art. 11. O cheque pode ser pagável no domicílio de terceiro, quer na localidade em que o sacado tenha domicílio, quer em outra, desde que o terceiro seja banco.

- V. arts. 1.177 e 1.178, CC.

Art. 12. Feita a indicação da quantia em algarismos e por extenso, prevalece esta no caso de divergência. Indicada a quantia mais de uma vez, quer por extenso, quer por algarismo, prevalece no caso de divergência, a indicação da menor quantia.

Art. 13. As obrigações contraídas do cheque são autônomas e independentes.

- V. art. 25.

Parágrafo único. A assinatura de pessoa capaz cria obrigações para o signatário, mesmo que o cheque contenha assinatura de pessoas incapazes de se obrigar por che-

Lei 7.357/1985

que, ou assinaturas falsas, ou assinaturas de pessoas fictícias, ou assinaturas que, por qualquer outra razão, não poderiam obrigar as pessoas que assinaram o cheque, ou em nome das quais ele foi assinado.

Art. 14. Obriga-se pessoalmente quem assina cheque como mandatário ou representante, sem ter poderes para tal, ou excedendo os que lhe foram conferidos. Pagando o cheque, tem os mesmos direitos daquele em cujo nome assinou.

- V. arts. 1.177 e 1.178, CC.

Art. 15. O emitente garante o pagamento, considerando-se não escrita a declaração pela qual se exima dessa garantia.

Art. 16. Se o cheque, incompleto no ato da emissão, for completado com inobservância do convencionado com o emitente, tal fato não pode ser oposto ao portador, a não ser que este tenha adquirido o cheque de má-fé.

Capítulo II
DA TRANSMISSÃO

Art. 17. O cheque pagável a pessoa nomeada, com ou sem cláusula expressa "à ordem", é transmissível por via de endosso.

- V. arts. 286 a 298, CC.
- V. art. 290 e ss., CC.

§ 1º O cheque pagável a pessoa nomeada, com a cláusula "não à ordem", ou outra equivalente, só é transmissível pela forma e com os efeitos de cessão.

§ 2º O endosso pode ser feito ao emitente, ou a outro obrigado, que podem novamente endossar o cheque.

Art. 18. O endosso deve ser puro e simples, reputando-se não escrita qualquer condição a que seja subordinado.

- V. art. 912, CC.
- V. art. 14, Anexo I, Dec. 57.663/1966 (Convenções para adoção de uma Lei Uniforme em matéria de letras de câmbio e notas promissórias).
- V. Lei 8.021/1990 (Identificação dos contribuintes para fins fiscais).

§ 1º São nulos o endosso parcial e o do sacado.

§ 2º Vale como em branco o endosso ao portador. O endosso ao sacado vale apenas como quitação, salvo no caso de o sacado ter vários estabelecimentos e o endosso ser feito em favor de estabelecimento diverso daquele contra o qual o cheque foi emitido.

Art. 19. O endosso deve ser lançado no cheque ou na folha de alongamento e assinado pelo endossante, ou seu mandatário com poderes especiais.

- V. art. 910, CC.

§ 1º O endosso pode não designar o endossatário. Consistindo apenas na assinatura do endossante (endosso em branco), só é válido quando lançado no verso do cheque ou na folha de alongamento.

§ 2º A assinatura do endossante, ou a de seu mandatário com poderes especiais, pode ser constituída, na forma de legislação específica, por chancela mecânica, ou processo equivalente.

Art. 20. O endosso transmite todos os direitos resultantes do cheque. Se o endosso é em branco, pode o portador:

- V. art. 913, CC.

I – completá-lo com o seu nome ou com o de outra pessoa;

II – endossar novamente o cheque, em branco ou à outra pessoa;

III – transferir o cheque a um terceiro, sem completar o endosso e sem endossar.

Art. 21. Salvo estipulação em contrário, o endossante garante o pagamento.

- V. art. 914, CC.

Parágrafo único. Pode o endossante proibir novo endosso; neste caso, não garante o pagamento a quem seja o cheque posteriormente endossado.

Art. 22. O detentor de cheque "à ordem" é considerado portador legitimado, se provar seu direito por uma série ininterrupta de endossos, mesmo que o último seja em branco. Para esse efeito, os endossos cancelados são considerados não escritos.

Parágrafo único. Quando um endosso em branco for seguido de outro, entende-se que o signatário deste adquiriu o cheque pelo endosso em branco.

Art. 23. O endosso num cheque passado ao portador torna o endossante responsável, nos termos das disposições que regulam o direito de ação, mas nem por isso converte o título num cheque "à ordem".

Lei 7.357/1985

LEGISLAÇÃO

Art. 24. Desapossado alguém de um cheque, em virtude de qualquer evento, novo portador legitimado não está obrigado a restituí-lo, se não o adquiriu de má-fé.
Parágrafo único. Sem prejuízo do disposto neste artigo, serão observadas, nos casos de perda, extravio, furto, roubo ou apropriação indébita do cheque, as disposições legais relativas à anulação e substituição de títulos ao portador, no que for aplicável.

• V. art. 259, II, CPC/2015.

Art. 25. Quem for demandado por obrigação resultante de cheque não pode opor ao portador exceções fundadas em relações pessoais com o emitente, ou com os portadores anteriores, salvo se o portador o adquiriu conscientemente em detrimento do devedor.

Art. 26. Quando o endosso contiver a cláusula "valor em cobrança", "para cobrança", "por procuração", ou qualquer outra que implique apenas mandato, o portador pode exercer todos os direitos resultantes do cheque, mas só pode lançar no cheque endosso-mandato. Neste caso, os obrigados somente podem invocar contra o portador as exceções oponíveis ao endossante.

• V. art. 917, CC.

Parágrafo único. O mandato contido no endosso não se extingue por morte do endossante ou por superveniência de sua incapacidade.

Art. 27. O endosso posterior ao protesto, ou declaração equivalente, ou à expiração do prazo de apresentação produz apenas os efeitos de cessão. Salvo prova em contrário, o endosso sem data presume-se anterior ao protesto, ou declaração equivalente, ou à expiração do prazo de apresentação.

• V. arts. 286 a 298, CC.
•• V. art. 290 e ss., CC.

Art. 28. O endosso no cheque nominativo, pago pelo banco contra o qual foi sacado, prova o recebimento da respectiva importância pela pessoa a favor da qual foi emitido, e pelos endossantes subsequentes.
Parágrafo único. Se o cheque indica a nota, fatura, conta cambial, imposto lançado ou declarado a cujo pagamento se destina, ou outra causa da sua emissão, o endosso pela pessoa a favor da qual foi emitido a sua liquidação pelo banco sacado provam a extinção da obrigação indicada.

Capítulo III
DO AVAL

Art. 29. O pagamento do cheque pode ser garantido, no todo ou em parte, por aval prestado por terceiro, exceto o sacado, ou mesmo por signatário do título.

Art. 30. O aval é lançado no cheque ou na folha de alongamento. Exprime-se pelas palavras "por aval", ou fórmula equivalente, com a assinatura do avalista. Considera-se como resultante da simples assinatura do avalista, aposta no anverso do cheque, salvo quando se tratar da assinatura do emitente.
Parágrafo único. O aval deve indicar o avalizado. Na falta de indicação, considera-se avalizado o emitente.

Art. 31. O avalista se obriga da mesma maneira que o avalizado. Subsiste sua obrigação, ainda que nula a por ele garantida, salvo se a nulidade resultar de vício de forma.
Parágrafo único. O avalista que paga o cheque adquire todos os direitos dele resultantes contra o avalizado e contra os obrigados para com este em virtude do cheque.

Capítulo IV
DA APRESENTAÇÃO E DO PAGAMENTO

Art. 32. O cheque é pagável à vista. Considera-se não escrita qualquer menção em contrário.

• V. Súmula 370, STJ.

Parágrafo único. O cheque apresentado para pagamento antes do dia indicado como data de emissão é pagável no dia da apresentação.

Art. 33. O cheque deve ser apresentado para pagamento, a contar do dia da emissão, no prazo de 30 (trinta) dias, quando emitido no lugar onde houver de ser pago; e de 60 (sessenta) dias, quando emitido em outro lugar do País ou no exterior.

• V. Súmula 600, STF.

Lei 7.357/1985

LEGISLAÇÃO

Parágrafo único. Quando o cheque é emitido entre lugares com calendários diferentes, considera-se como de emissão o dia correspondente do calendário do lugar de pagamento.

Art. 34. A apresentação do cheque à câmara de compensação equivale à apresentação a pagamento.

Art. 35. O emitente do cheque pagável no Brasil pode revogá-lo, mercê de contraordem dada por aviso epistolar, ou por via judicial ou extrajudicial, com as razões motivadoras do ato.

Parágrafo único. A revogação ou contraordem só produz efeito depois de expirado o prazo de apresentação e, não sendo promovida, pode o sacado pagar o cheque até que decorra o prazo de prescrição, nos termos do art. 59 desta Lei.

Art. 36. Mesmo durante o prazo de apresentação, o emitente e o portador legitimado podem fazer sustar o pagamento, manifestando ao sacado, por escrito, oposição fundada em relevante razão de direito.

• V. art. 69, parágrafo único, c.

§ 1º A oposição do emitente e a revogação ou contraordem se excluem reciprocamente.

§ 2º Não cabe ao sacado julgar da relevância da razão invocada pelo oponente.

Art. 37. A morte do emitente ou sua incapacidade superveniente à emissão não invalidam os efeitos do cheque.

• V. art. 121, Lei 11.101/2005 (Lei de Recuperação de Empresas e Falência).

Art. 38. O sacado pode exigir, ao pagar o cheque, que este lhe seja entregue quitado pelo portador.

Parágrafo único. O portador não pode recusar pagamento parcial, e, nesse caso, o sacado pode exigir que esse pagamento conste do cheque e que o portador lhe dê a respectiva quitação.

Art. 39. O sacado que paga cheque "à ordem" é obrigado a verificar a regularidade da série de endossos, mas não a autenticidade das assinaturas dos endossantes. A mesma obrigação incumbe ao banco apresentante do cheque à câmara de compensação.

Parágrafo único. Ressalvada a responsabilidade do apresentante, no caso da parte final deste artigo, o banco sacado responde pelo pagamento do cheque falso, falsificado ou alterado, salvo dolo ou culpa do correntista, do endossante ou do beneficiário, dos quais poderá o sacado, no todo ou em parte, reaver o que pagou.

Art. 40. O pagamento se fará à medida em que forem apresentados os cheques e se dois ou mais forem apresentados simultaneamente, sem que os fundos disponíveis bastem para o pagamento de todos, terão preferência os de emissão mais antiga e, se da mesma data, os de número inferior.

Art. 41. O sacado pode pedir explicações ou garantia para pagar cheque mutilado, rasgado ou partido, ou que contenha borrões, emendas e dizeres que não pareçam formalmente normais.

Art. 42. O cheque em moeda estrangeira é pago, no prazo de apresentação, em moeda nacional ao câmbio do dia do pagamento, obedecida a legislação especial.

Parágrafo único. Se o cheque não for pago no ato da apresentação, pode o portador optar entre o câmbio do dia da apresentação e o do dia do pagamento para efeito de conversão em moeda nacional.

Art. 43. *(Vetado.)*
§ 1º *(Vetado.)*
§ 2º *(Vetado.)*

Capítulo V
DO CHEQUE CRUZADO

Art. 44. O emitente ou o portador podem cruzar o cheque, mediante a aposição de dois traços paralelos no anverso do título.

• V. Lei 8.021/1990 (Identificação dos contribuintes para fins fiscais).

§ 1º O cruzamento é geral se entre os dois traços não houver nenhuma indicação ou existir apenas a indicação "banco", ou outra equivalente. O cruzamento é especial se entre os dois traços existir a indicação do nome do banco.

§ 2º O cruzamento geral pode ser convertido em especial, mas este não pode converter-se naquele.

Lei 7.357/1985

LEGISLAÇÃO

§ 3º A inutilização do cruzamento ou a do nome do banco é reputada como não existente.

Art. 45. O cheque com cruzamento geral só pode ser pago pelo sacado a banco ou a cliente do sacado, mediante crédito em conta. O cheque com cruzamento especial só pode ser pago pelo sacado ao banco indicado, ou, se este for o sacado, a cliente seu, mediante crédito em conta. Pode, entretanto, o banco designado incumbir outro da cobrança.

§ 1º O banco só pode adquirir cheque cruzado de cliente seu ou de outro banco. Só pode cobrá-lo por conta de tais pessoas.

§ 2º O cheque com vários cruzamentos especiais só pode ser pago pelo sacado no caso de dois cruzamentos, um dos quais para cobrança por câmara de compensação.

§ 3º Responde pelo dano, até à concorrência do montante do cheque, o sacado ou o banco portador que não observar as disposições precedentes.

Capítulo VI
DO CHEQUE PARA SER CREDITADO EM CONTA

Art. 46. O emitente ou o portador podem proibir que o cheque seja pago em dinheiro mediante a inscrição transversal, no anverso do título, da cláusula "para ser creditado em conta", ou outra equivalente. Nesse caso, o sacado só pode proceder a lançamento contábil (crédito em conta, transferência ou compensação), que vale como pagamento. O depósito do cheque em conta de seu beneficiário dispensa o respectivo endosso.

§ 1º A inutilização da cláusula é considerada como não existente.

§ 2º Responde pelo dano, até à concorrência do montante do cheque, o sacado que não observar as disposições precedentes.

Capítulo VII
DA AÇÃO POR FALTA DE PAGAMENTO

Art. 47. Pode o portador promover a execução do cheque:
- V. arts. 49 e 59.
- V. Súmulas 24, 28 e 600, STF.
- •• V. art. 824, CPC/2015.

I – contra o emitente e seu avalista;

II – contra os endossantes e seus avalistas, se o cheque apresentado em tempo hábil e a recusa de pagamento é comprovada pelo protesto ou por declaração do sacado, escrita e datada sobre o cheque, com indicação do dia de apresentação, ou, ainda, por declaração escrita e datada por câmara de compensação.

§ 1º Qualquer das declarações previstas neste artigo dispensa o protesto e produz os efeitos deste.

§ 2º Os signatários respondem pelos danos causados por declarações inexatas.

§ 3º O portador que não apresentar o cheque em tempo hábil, ou não comprovar a recusa de pagamento pela forma indicada neste artigo, perde o direito de execução contra o emitente, se este tinha fundos disponíveis durante o prazo de apresentação e os deixou de ter, em razão de fato que não lhe seja imputável.

§ 4º A execução independe do protesto e das declarações previstas neste artigo, se a apresentação ou o pagamento do cheque são obstados pelo fato de o sacado ter sido submetido a intervenção, liquidação extrajudicial ou falência.

Art. 48. O protesto ou as declarações do artigo anterior devem fazer-se no lugar de pagamento ou do domicílio do emitente, antes da expiração do prazo de apresentação. Se esta ocorrer no último dia do prazo, o protesto ou as declarações podem fazer-se no primeiro dia útil seguinte.

§ 1º A entrega do cheque para protesto deve ser prenotada em livro especial e o protesto tirado no prazo de 3 (três) dias úteis a contar do recebimento do título.

§ 2º O instrumento do protesto, datado e assinado pelo oficial público competente, contém:

a) a transcrição literal do cheque, com todas as declarações nele inseridas, na ordem em que se acham lançadas;

b) a certidão da intimação do emitente, de seu mandatário especial ou representante legal, e as demais pessoas obrigadas no cheque;

c) a resposta dada pelos intimados ou a declaração da falta de resposta;

Lei 7.357/1985

LEGISLAÇÃO

d) a certidão de não haverem sido encontrados ou de serem desconhecidos o emitente ou os demais obrigados, realizada a intimação, nesse caso, pela imprensa.

§ 3º O instrumento de protesto, depois de registrado em livro próprio, será entregue ao portador legitimado ou àquele que houver efetuado o pagamento.

§ 4º Pago o cheque depois do protesto, pode este ser cancelado, a pedido de qualquer interessado, mediante arquivamento de cópia autenticada da quitação que contenha perfeita identificação do título.

Art. 49. O portador deve dar aviso da falta de pagamento a seu endossante e ao emitente, nos 4 (quatro) dias úteis seguintes ao do protesto ou das declarações previstas no art. 47 desta Lei ou, havendo cláusula "sem despesa", ao da apresentação.

§ 1º Cada endossante deve, nos 2 (dois) dias úteis seguintes ao do recebimento do aviso, comunicar seu teor ao endossante precedente, indicando os nomes e endereços dos que deram os avisos anteriores, e assim por diante, até o emitente, contando-se os prazos do recebimento do aviso precedente.

§ 2º O aviso dado a um obrigado deve estender-se, no mesmo prazo, a seu avalista.

§ 3º Se o endossante não houver indicado seu endereço, ou o tiver feito de forma ilegível, basta o aviso ao endossante que o preceder.

§ 4º O aviso pode ser dado por qualquer forma, até pela simples devolução do cheque.

§ 5º Aquele que estiver obrigado a aviso deverá provar que o deu no prazo estipulado. Considera-se observado o prazo se, dentro dele, houver sido posta no correio a carta de aviso.

§ 6º Não decai do direito de regresso o que deixa de dar o aviso no prazo estabelecido. Responde, porém, pelo dano causado por sua negligência, sem que a indenização exceda o valor do cheque.

Art. 50. O emitente, o endossante e o avalista podem, pela cláusula "sem despesa", "sem protesto", ou outra equivalente, lançada no título e assinada, dispensar o portador, para promover a execução do título, do protesto ou da declaração equivalente.

§ 1º A cláusula não dispensa o portador da apresentação do cheque no prazo estabelecido, nem dos avisos. Incumbe a quem alega a inobservância de prazo a prova respectiva.

§ 2º A cláusula lançada pelo emitente produz efeito em relação a todos os obrigados; a lançada por endossante ou por avalista produz efeito somente em relação ao que lançar.

§ 3º Se, apesar da cláusula lançada pelo emitente, o portador promove o protesto, as despesas correm por sua conta. Por elas respondem todos os obrigados, se a cláusula é lançada por endossante ou avalista.

Art. 51. Todos os obrigados respondem solidariamente para com o portador do cheque.

§ 1º O portador tem o direito de demandar todos os obrigados, individual ou coletivamente, sem estar sujeito a observar a ordem em que se obrigaram. O mesmo direito cabe ao obrigado que pagar o cheque.

§ 2º A ação contra um dos obrigados não impede sejam os outros demandados, mesmo que se tenham obrigado posteriormente àquele.

§ 3º Regem-se pelas normas das obrigações solidárias as relações entre obrigados do mesmo grau.

• V. arts. 264 a 285, CC.

Art. 52. O portador pode exigir do demandado:

I – a importância do cheque não pago;
II – os juros legais desde o dia da apresentação;
III – as despesas que fez;
IV – a compensação pela perda do valor aquisitivo da moeda, até o embolso das importâncias mencionadas nos itens antecedentes.

Art. 53. Quem paga o cheque pode exigir de seus garantes:

I – a importância integral que pagou;
I – os juros legais, a contar do dia do pagamento;
II – as despesas que fez;

IV – a compensação pela perda do valor aquisitivo da moeda, até o embolso das importâncias mencionadas nos itens antecedentes.

Art. 54. O obrigado contra o qual se promova execução, ou que a esta esteja sujeito, pode exigir, contra pagamento, a entrega do cheque, com o instrumento de protesto ou da declaração equivalente e a conta de juros e despesas quitada.

Parágrafo único. O endossante que pagou o cheque pode cancelar seu endosso e os dos endossantes posteriores.

Art. 55. Quando disposição legal ou caso de força maior impedir a apresentação do cheque, o protesto ou a declaração equivalente nos prazos estabelecidos, consideram-se estes prorrogados.

§ 1º O portador é obrigado a dar aviso imediato da ocorrência de força maior a seu endossante e a fazer menção do aviso dado mediante declaração datada e assinada por ele no cheque ou na folha de alongamento. São aplicáveis, quanto ao mais, as disposições do art. 49 e seus parágrafos desta Lei.

§ 2º Cessado o impedimento, deve o portador, imediatamente, apresentar o cheque para pagamento e, se couber, promover o protesto ou a declaração equivalente.

§ 3º Se o impedimento durar por mais de 15 (quinze) dias, contados do dia em que o portador, mesmo antes de findo o prazo de apresentação, comunicou a ocorrência de força maior a seu endossante, poderá ser promovida a execução, sem necessidade de apresentação do protesto ou declaração equivalente.

§ 4º Não constituem casos de força maior os fatos puramente pessoais relativos ao portador ou à pessoa por ele incumbida da apresentação do cheque, do protesto ou da obtenção da declaração equivalente.

Capítulo VIII
DA PLURALIDADE DE EXEMPLARES

Art. 56. Excetuado o cheque ao portador, qualquer cheque emitido em um país e pagável em outro pode ser feito em vários exemplares idênticos, que devem ser numerados no próprio texto do título, sob pena de cada exemplar ser considerado cheque distinto.

Art. 57. O pagamento feito contra a apresentação de um exemplar é liberatório, ainda que não estipulado que o pagamento torna sem efeito os outros exemplares.

Parágrafo único. O endossante que transferir os exemplares a diferentes pessoas e os endossantes posteriores respondem por todos os exemplares que assinarem e que não forem restituídos.

Capítulo IX
DAS ALTERAÇÕES

Art. 58. No caso de alteração do texto do cheque, os signatários posteriores à alteração respondem nos termos do texto alterado e os signatários anteriores, nos do texto original.

Parágrafo único. Não sendo possível determinar se a firma foi aposta no título antes ou depois de sua alteração, presume-se que o tenha sido antes.

Capítulo X
DA PRESCRIÇÃO

Art. 59. Prescreve em 6 (seis) meses, contados da expiração do prazo de apresentação, a ação que o art. 47 desta Lei assegura ao portador.

- V. arts. 35, parágrafo único, e 61.

Parágrafo único. A ação de regresso de um obrigado ao pagamento do cheque contra outro prescreve em 6 (seis) meses, contados do dia em que o obrigado pagou o cheque ou do dia em que foi demandado.

Art. 60. A interrupção da prescrição produz efeito somente contra o obrigado em relação ao qual foi promovido o ato interruptivo.

Art. 61. A ação de enriquecimento contra o emitente ou outros obrigados, que se locupletaram injustamente com o não pagamento do cheque, prescreve em 2 (dois) anos, contados do dia em que se consumar a prescrição prevista no art. 59 e seu parágrafo desta Lei.

Art. 62. Salvo prova de novação, a emissão ou a transferência do cheque não exclui a ação fundada na relação causal, feita a prova do não pagamento.

Dec.-lei 2.321/1987

Capítulo XI
DOS CONFLITOS DE LEIS EM MATÉRIA DE CHEQUES

Art. 63. Os conflitos de leis em matéria de cheques serão resolvidos de acordo com as normas constantes das Convenções aprovadas, promulgadas e mandadas aplicar no Brasil, na forma prevista pela Constituição Federal.

Capítulo XII
DAS DISPOSIÇÕES GERAIS

Art. 64. A apresentação do cheque, o protesto ou a declaração equivalente só podem ser feitos ou exigidos em dia útil, durante o expediente dos estabelecimentos de crédito, câmaras de compensação e cartório de protestos.

Parágrafo único. O cômputo dos prazos estabelecidos nesta Lei obedece às disposições do direito comum.

Art. 65. Os efeitos penais da emissão do cheque sem suficiente provisão de fundos, da frustração do pagamento do cheque, da falsidade, da falsificação e da alteração do cheque continuam regidos pela legislação criminal.

- V. art. 171, §§ 1º, 2º, VI, e 3º, CP.
- V. Súmulas 246, 521 e 554, STF.

Art. 66. Os vales ou cheques postais, os cheques de poupança ou assemelhados, e os cheques de viagem regem-se pelas disposições especiais a eles referentes.

Art. 67. A palavra "banco", para os fins desta Lei, designa também a instituição financeira contra a qual a lei admite a emissão de cheque.

Art. 68. Os bancos e casas bancárias poderão fazer prova aos seus depositantes dos cheques por estes sacados, mediante apresentação de cópia fotográfica ou microfotográfica.

Art. 69. Fica ressalvada a competência do Conselho Monetário Nacional, nos termos e nos limites da legislação específica, para expedir normas relativas à matéria bancária relacionada com o cheque.

Parágrafo único. É da competência do Conselho Monetário Nacional:

a) a determinação das normas a que devem obedecer as contas de depósito para que possam ser fornecidos os talões de cheques aos depositantes;

b) a determinação das consequências do uso indevido do cheque, relativamente à conta do depositante;

c) a disciplina das relações entre o sacado e o oponente, na hipótese do artigo 36 desta Lei.

Art. 70. Esta Lei entra em vigor na data de sua publicação.

Art. 71. Revogam-se as disposições em contrário.

Brasília, em 2 de setembro de 1985; 164º da Independência e 97º da República.

José Sarney

(DOU 03.09.1985)

DECRETO-LEI 2.321, DE 25 DE FEVEREIRO DE 1987

Institui, em defesa das finanças públicas, regime de administração especial temporária, nas instituições financeiras privadas e públicas não federais, e dá outras providências.

O Presidente da República, no uso das atribuições que lhe confere o art. 55, item II, da Constituição, decreta:

Art. 1º O Banco Central do Brasil poderá decretar regime de administração especial temporária, na forma regulada por este Decreto-lei, nas instituições financeiras privadas e públicas não federais, autorizadas a funcionar nos termos da Lei 4.595, de 31 de dezembro de 1964, quando nelas verificar:

- V. art. 197, Lei 11.101/2005 (Lei de Recuperação de Empresas e Falência).

a) prática reiterada de operações contrárias às diretrizes de política econômica ou financeira traçadas em lei federal;

b) existência de passivo a descoberto;

c) descumprimento das normas referentes à conta de Reservas Bancárias mantida no Banco Central do Brasil;

d) gestão temerária ou fraudulenta de seus administradores;

Dec.-lei 2.321/1987

e) ocorrência de qualquer das situações descritas no art. 2º da Lei 6.024, de 13 de março de 1974.

Parágrafo único. A duração da administração especial será fixada no ato que a decretar, podendo ser prorrogada, se absolutamente necessário, por período não superior ao primeiro.

Art. 2º A decretação da administração especial temporária não afetará o curso regular dos negócios da entidade nem seu normal funcionamento e produzirá, de imediato, a perda do mandato dos administradores e membros do Conselho Fiscal da instituição.

Art. 3º A administração especial temporária será executada por um conselho diretor, nomeado pelo Banco Central do Brasil, com plenos poderes de gestão, constituído de tantos membros quantos julgados necessários para a condução dos negócios sociais.

§ 1º Ao conselho diretor competirá, com exclusividade, a convocação da assembleia geral.

§ 2º Os membros do conselho diretor poderão ser destituídos a qualquer tempo pelo Banco Central do Brasil.

§ 3º Dependerão de prévia e expressa autorização do Banco Central do Brasil os atos que, não caracterizados como de gestão ordinária, impliquem disposição ou oneração do patrimônio da sociedade.

Art. 4º Os membros do conselho diretor assumirão, de imediato, as respectivas funções, independentemente da publicação do ato de nomeação, mediante termo lavrado no livro de atas da Diretoria, com a transcrição do ato que houver decretado o regime de administração especial temporária e do que os tenha nomeado.

Art. 5º Ao assumir suas funções, incumbirá ao conselho diretor:

a) eleger, dentre seus membros, o Presidente;

b) estabelecer as atribuições e poderes de cada um de seus membros, bem como as matérias que serão objeto de deliberação colegiada; e

c) adotar as providências constantes dos arts. 9º, 10 e 11 da Lei 6.024, de 13 de março de 1974.

Art. 6º Das decisões do conselho diretor caberá recurso, sem efeito suspensivo, dentro de 10 (dez) dias da respectiva ciência, para o Banco Central do Brasil, em única instância.

Parágrafo único. O recurso, entregue mediante protocolo, será dirigido ao conselho diretor, que o informará e o encaminhará dentro de 5 (cinco) dias ao Banco Central do Brasil.

Art. 7º O conselho diretor prestará contas ao Banco Central do Brasil, independentemente de qualquer exigência, no momento em que cessar o regime especial, ou, a qualquer tempo, quando solicitado.

Art. 8º Poderá o Banco Central do Brasil atribuir, a pessoas jurídicas com especialização na área, a administração especial temporária de que trata este Decreto-lei.

Art. 9º Uma vez decretado o regime de que trata este Decreto-lei, fica o Banco Central do Brasil autorizado a utilizar recursos da Reserva Monetária visando ao saneamento econômico-financeiro da instituição.

• V. art. 14, § 2º.

Parágrafo único. Não havendo recursos suficientes na conta da Reserva Monetária, o Banco Central do Brasil os adiantará, devendo o valor de tais adiantamentos constar obrigatoriamente da proposta da lei orçamentária do exercício subsequente.

Art. 10. Os valores sacados à conta da Reserva Monetária serão aplicados no pagamento de obrigações das instituições submetidas ao regime deste Decreto-lei, mediante cessão e transferência dos correspondentes créditos, direitos e ações, a serem efetivadas pelos respectivos titulares ao Banco Central do Brasil, e serão garantidos, nos termos de contrato a ser firmado com a instituição beneficiária:

a) pela caução de notas promissórias, letras de câmbio, duplicatas, ações, debêntures, créditos hipotecários e pignoratícios, contratos de contas-correntes devedoras com saldo devidamente reconhecido e títulos da dívida pública federal;

Dec.-lei 2.321/1987

LEGISLAÇÃO

b) pela hipoteca legal, independentemente de especialização, que este Decreto-lei concede ao Banco Central do Brasil, dos imóveis pertencentes às instituições beneficiárias e por elas destinados à instalação de suas sedes e filiais;

- V. arts. 1.489 a 1.491, CC.

c) pela hipoteca convencional de outros imóveis pertencentes às instituições beneficiárias ou a terceiros.

- V. arts. 1.473 a 1.488 e 1.492 a 1.505, CC.

§ 1º Os títulos, documentos e valores dados em caução considerar-se-ão transferidos, por tradição simbólica, à posse do Banco Central do Brasil, desde que estejam relacionados e descritos em termo de tradição lavrado em instrumento avulso assinado pelas partes e copiado em livro especial para esse fim aberto e rubricado pela autoridade competente do Banco Central do Brasil.

§ 2º O Banco Central do Brasil, quando entender necessário, poderá exigir a entrega dos títulos, documentos e valores caucionados e, quando recusada, mediante simples petição, acompanhada de certidão do termo de tradição, promover judicialmente a sua apreensão total ou parcial.

Art. 11. À vista de relatório ou de proposta do conselho diretor, o Banco Central do Brasil poderá:
a) autorizar a transformação, a incorporação, a fusão, a cisão ou a transferência do controle acionário da instituição, em face das condições de garantia apresentadas pelos interessados;

- V. art. 220 e ss., Lei 6.404/1976 (Sociedades por ações).

b) propor a desapropriação, por necessidade ou utilidade pública ou por interesse social, das ações do capital social da instituição;

- V. art. 14, a.
- V. art. 5º, XXIV, CF.
- V. Dec.-lei 3.365/1941 (Desapropriações por utilidade pública).
- V. Lei 4.132/1962 (Desapropriações por interesse social).

c) decretar a liquidação extrajudicial da instituição.

- Alínea c com redação determinada pelo Dec.-lei 2.327/1987.

- V. Lei 6.024/1974 (Intervenção e liquidação extrajudicial de instituições financeiras).

Art. 12. Na hipótese da letra b do artigo anterior, fica o Poder Executivo autorizado a promover a desapropriação ali referida.

§ 1º A União Federal será, desde logo, imitida na posse das ações desapropriadas, mediante depósito de seu valor patrimonial, apurado em balanço levantado pelo conselho diretor, que terá por data base o dia da decretação da administração especial temporária.

§ 2º Na instituição em que o patrimônio líquido for negativo, o valor do depósito previsto no parágrafo anterior será simbólico e fixado no decreto expropriatório.

Art. 13. A União Federal, uma vez imitida na posse das ações, exercerá todos os direitos inerentes à condição de acionista, inclusive o de preferência, que poderá ceder, para subscrição de aumento de capital e o de votar, em assembleia geral, a redução ou elevação do capital social, o agrupamento ou o desdobramento de ações, a transformação, incorporação, fusão ou cisão da sociedade, e quaisquer outras medidas julgadas necessárias ao saneamento financeiro da sociedade e ao seu regular funcionamento.

Art. 14. O regime de que trata este Decreto-lei cessará:
a) se a União Federal assumir o controle acionário da instituição, na forma do art. 11, letra b;
b) nos casos de transformação, incorporação, fusão, cisão ou de transferência do controle acionário da instituição;
c) quando, a critério do Banco Central do Brasil, a situação da instituição se houver normalizado;
d) pela decretação da liquidação extrajudicial da instituição.

- Alínea d com redação determinada pelo Dec.-lei 2.327/1987.

§ 1º Para os fins previstos neste Decreto-lei, a União Federal será representada, nos atos que lhe competir, pelo Banco Central do Brasil.

§ 2º O Banco Central do Brasil adotará as medidas necessárias à recuperação integral dos recursos aplicados na instituição, com base no art. 9º deste Decreto-lei, e estabelecerá, se for o caso, a forma, prazo e demais condições para o seu resgate.

§ 3º Decretada a liquidação extrajudicial da instituição, tomar-se-á como data base, para todos os efeitos, inclusive a apuração da responsabilidade dos ex-administradores, a data de decretação do regime de administração especial temporária.

- § 3º com redação determinada pelo Dec.-lei 2.327/1987.

Art. 15. Decretado o regime de administração especial temporária, respondem solidariamente com os ex-administradores da instituição, pelas obrigações por esta assumidas, as pessoas naturais ou jurídicas que com ela mantenham vínculo de controle, independentemente da apuração de dolo ou culpa.

§ 1º Há vínculo de controle quando, alternativa ou cumulativamente, a instituição e as pessoas jurídicas mencionadas neste artigo estão sob controle comum; quando sejam, entre si, controladoras ou controladas, ou quando qualquer delas, diretamente ou através de sociedades por ela controladas, é titular de direitos de sócio que lhe assegurem, de modo permanente, preponderância nas deliberações sociais e o poder de eleger a maioria dos administradores da instituição.

§ 2º A responsabilidade solidária decorrente do vínculo de controle se circunscreve ao montante do passivo a descoberto da instituição, apurado em balanço que terá por data base o dia da decretação do regime de que trata este Decreto-lei.

Art. 16. O inciso IX, do art. 10, da Lei 4.595, de 31 de dezembro de 1964, fica acrescido da alínea g, com a seguinte redação:

- Alteração processada no texto da referida Lei.

Art. 17. O art. 11 da Lei 4.595, de 31 de dezembro de 1964, fica acrescido de § 1º com a seguinte redação, renumerado para § 2º o atual parágrafo único.

- Alteração processada no texto da referida Lei.

Art. 18. O Banco Central promoverá a responsabilidade, com pena de demissão, do funcionário ou Diretor que permitir o descumprimento das normas referentes à conta de Reservas Bancárias.

Art. 19. Aplicam-se à administração especial temporária regulada por este Decreto-lei as disposições da Lei 6.024, de 13 de março de 1974, que com ele não colidirem e, em especial, as medidas acautelatórias e promotoras da responsabilidade dos ex-administradores.

Art. 20. Este Decreto-lei entra em vigor na data de sua publicação.

Art. 21. Revogam-se as disposições em contrário.

Brasília, em 25 de fevereiro de 1987; 166º da Independência e 99º da República.

José Sarney

(DOU 26.02.1987)

LEI 7.913,
DE 7 DE DEZEMBRO DE 1989

Dispõe sobre a ação civil pública de responsabilidade por danos causados aos investidores no mercado de valores mobiliários.

O Presidente da República:

Faço saber que o Congresso Nacional decreta e eu sanciono a seguinte Lei:

Art. 1º Sem prejuízo da ação de indenização do prejudicado, o Ministério Público, de ofício ou por solicitação da Comissão de Valores Mobiliários – CVM, adotará as medidas judiciais necessárias para evitar prejuízos ou obter ressarcimento de danos causados aos titulares de valores mobiliários e aos investidores do mercado, especialmente quando decorrerem de:

- V. art. 129, III, CF.
- V. arts. 176, 177 e 178, III, CPC/2015.
- V. art. 5º, Lei 7.347/1985 (Ação civil pública).
- V. Lei 7.492/1986 (Crimes contra o sistema financeiro nacional).

I – operação fraudulenta, prática não equitativa, manipulação de preços ou criação de condições artificiais de procura, oferta ou preço de valores mobiliários;

Lei 8.009/1990

LEGISLAÇÃO

II – compra ou venda de valores mobiliários, por parte dos administradores e acionistas controladores de companhia aberta, utilizando-se de informação relevante, ainda não divulgada para conhecimento do mercado ou a mesma operação realizada por quem a detenha em razão de sua profissão ou função, ou por quem quer que a tenha obtido por intermédio dessas pessoas;

III – omissão de informação relevante por parte de quem estava obrigado a divulgá-la, bem como sua prestação de forma incompleta, falsa ou tendenciosa.

Art. 2º As importâncias decorrentes da condenação, na ação de que trata esta Lei, reverterão aos investidores lesados, na proporção de seu prejuízo.

§ 1º As importâncias a que se refere este artigo ficarão depositadas em conta remunerada, à disposição do juízo, até que o investidor, convocado mediante edital, habilite-se ao recebimento da parcela que lhe couber.

§ 2º Decairá do direito à habilitação o investidor que não o exercer no prazo de 2 (dois) anos, contado da data da publicação do edital a que alude o parágrafo anterior, devendo a quantia correspondente ser recolhida ao Fundo a que se refere o art. 13 da Lei 7.347, de 24 de julho de 1985.

- § 2º com redação determinada pela Lei 9.008/1995.
- V. art. 2º, IV, Dec. 1.306/1994 (Regulamenta o Fundo de Defesa de Direitos Difusos da Lei 7.347/1985).

Art. 3º À ação de que trata esta Lei aplica-se, no que couber, o disposto na Lei 7.347, de 24 de julho de 1985.

- V. art. 21, Lei 7.347/1985 (Ação civil pública).
- V. art. 90, Lei 8.078/1990 (Código de Defesa do Consumidor).

Art. 4º Esta Lei entra em vigor na data de sua publicação.

Art. 5º Revogam-se as disposições em contrário.

Brasília, em 7 de dezembro de 1989; 168º da Independência e 101º da República.

José Sarney

(*DOU* 11.12.1989; rep. 12.12.1989)

LEI 8.009, DE 29 DE MARÇO DE 1990

Dispõe sobre a impenhorabilidade do bem de família.

- V. arts. 1.711 a 1.722, CC.

Faço saber que o Presidente da República adotou a Medida Provisória 143, de 1990, que o Congresso Nacional aprovou, e eu Nelson Carneiro, Presidente do Senado Federal, para os efeitos do disposto no parágrafo único do art. 62 da Constituição Federal, promulgo a seguinte Lei:

Art. 1º O imóvel residencial próprio do casal, ou da entidade familiar, é impenhorável e não responderá por qualquer tipo de dívida civil, comercial, fiscal, previdenciária ou de outra natureza, contraída pelos cônjuges ou pelos pais ou filhos que sejam seus proprietários e nele residam, salvo nas hipóteses previstas nesta Lei.

- V. Súmulas 364 e 449, STJ.
- V. Súmula 486, STJ.
- V. arts. 1.711, *caput*, e 1.715, *caput*, CC.
- V. art. 832, CPC/2015.
- V. arts. 19 a 23, Dec.-lei 3.200/1941 (Organização e proteção da família).
- V. arts. 260 a 265, Lei 6.015/1973 (Lei de Registros Públicos).
- V. art. 108, § 4º, Lei 11.101/2005 (Lei de Recuperação de Empresas e Falência).

Parágrafo único. A impenhorabilidade compreende o imóvel sobre o qual se assentam a construção, as plantações, as benfeitorias de qualquer natureza e todos os equipamentos, inclusive de uso profissional, ou móveis que guarneçam a casa, desde que quitados.

- V. art. 1.712, CC.
- V. art. 833, II e V, CPC/2015.

Art. 2º Excluem-se da impenhorabilidade os veículos de transporte, obras de arte e adornos suntuosos.

Parágrafo único. No caso de imóvel locado, a impenhorabilidade aplica-se aos bens móveis quitados que guarneçam a residência e que sejam de propriedade do locatário, observado o disposto neste artigo.

Art. 3º A impenhorabilidade é oponível em qualquer processo de execução civil, fiscal, previdenciária, trabalhista ou de outra natureza, salvo se movido:

- V. art. 1.715, *caput*, CC.

I – *(Revogado pela LC 150/2015.)*
II – pelo titular do crédito decorrente do financiamento destinado à construção ou à aquisição do imóvel, no limite dos créditos e acréscimos constituídos em função do respectivo contrato;
III – pelo credor da pensão alimentícia, resguardados os direitos, sobre o bem, do seu coproprietário que, com o devedor, integre união estável ou conjugal, observadas as hipóteses em que ambos responderão pela dívida;

- Inciso III com redação determinada pela Lei 13.144/2015.

IV – para cobrança de impostos, predial ou territorial, taxas e contribuições devidas em função do imóvel familiar;
V – para execução de hipoteca sobre o imóvel oferecido como garantia real pelo casal ou pela entidade familiar;
VI – por ter sido adquirido com produto de crime ou para execução de sentença penal condenatória a ressarcimento, indenização ou perdimento de bens;
VII – por obrigação decorrente de fiança concedida em contrato de locação.

- Inciso VII acrescentado pela Lei 8.245/1991.

Art. 4º Não se beneficiará do disposto nesta Lei aquele que, sabendo-se insolvente, adquire de má-fé imóvel mais valioso para transferir a residência familiar, desfazendo-se ou não da moradia antiga.
§ 1º Neste caso poderá o juiz, na respectiva ação do credor, transferir a impenhorabilidade para a moradia familiar anterior, ou anular-lhe a venda, liberando a mais valiosa para execução ou concurso, conforme a hipótese.
§ 2º Quando a residência familiar constituir-se em imóvel rural, a impenhorabilidade restringir-se-á à sede de moradia, com os respectivos bens móveis, e, nos casos do art. 5º, inciso XXVI, da Constituição, à área limitada como pequena propriedade rural.

Art. 5º Para os efeitos de impenhorabilidade, de que trata esta Lei, considera-se residência um único imóvel utilizado pelo casal ou pela entidade familiar para moradia permanente.

Parágrafo único. Na hipótese de o casal, ou entidade familiar, ser possuidor de vários imóveis utilizados como residência, a impenhorabilidade recairá sobre o de menor valor, salvo se outro tiver sido registrado, para esse fim, no Registro de Imóveis e na forma do art. 70 do Código Civil.

- Refere-se ao CC/1916.
- V. arts. 1.711, *caput*, 1.715, *caput*, 1.716 e 1.722, CC.
- V. art. 167, I-1, Lei 6.015/1973 (Lei de Registros Públicos).
- V. art. 108, § 4º, Lei 11.101/2005 (Lei de Recuperação de Empresas e Falência).

Art. 6º São canceladas as execuções suspensas pela Medida Provisória 143, de 8 de março de 1990, que deu origem a esta Lei.

Art. 7º Esta Lei entra em vigor na data de sua publicação.

Art. 8º Revogam-se as disposições em contrário.

Senado Federal, em 29 de março de 1990; 169º da Independência e 102º da República.
Nelson Carneiro

(*DOU* 30.03.1990)

LEI 8.038, DE 28 DE MAIO DE 1990

Institui normas procedimentais para os processos que especifica, perante o Superior Tribunal de Justiça e o Supremo Tribunal Federal.

O Presidente da República:
Faço saber que o Congresso Nacional decreta e eu sanciono a seguinte Lei:

TÍTULO I
PROCESSOS DE COMPETÊNCIA ORIGINÁRIA

Capítulo I
AÇÃO PENAL ORIGINÁRIA

- V. art. 1º, Lei 8.658/1993 (Ações penais originárias nos Tribunais de Justiça e Tribunais Regionais Federais).

Art. 1º Nos crimes de ação penal pública, o Ministério Público terá o prazo de 15 (quinze) dias para oferecer denúncia ou pe-

Lei 8.038/1990

dir arquivamento do inquérito ou das peças informativas.

- V. art. 129, II, CF.
- V. art. 61, RISTJ.

§ 1º Diligências complementares poderão ser deferidas pelo relator, com interrupção do prazo deste artigo.

- V. art. 798, CPP.

§ 2º Se o indiciado estiver preso:
a) o prazo para oferecimento da denúncia será de 5 (cinco) dias;
b) as diligências complementares não interromperão o prazo, salvo se o relator, ao deferi-las, determinar o relaxamento da prisão.

- V. art. 5º, LXVII, CF.
- V. art. 648, II, CPP.

Art. 2º O relator, escolhido na forma regimental, será o juiz da instrução, que se realizará segundo o disposto neste Capítulo, no Código de Processo Penal, no que for aplicável, e no Regimento Interno do Tribunal.

Parágrafo único. O relator terá as atribuições que a legislação processual confere aos juízes singulares.

Art. 3º Compete ao relator:
I – determinar o arquivamento do inquérito ou de peças informativas, quando o requerer o Ministério Público, ou submeter o requerimento à decisão competente do Tribunal;
II – decretar a extinção da punibilidade, nos casos previstos em lei;

- V. art. 107, CP.

III – convocar desembargadores de Turmas Criminais dos Tribunais de Justiça ou dos Tribunais Regionais Federais, bem como juízes de varas criminais da Justiça dos Estados e da Justiça Federal, pelo prazo de 6 (seis) meses, prorrogável por igual período, até o máximo de 2 (dois) anos, para a realização do interrogatório e de outros atos da instrução, na sede do tribunal ou no local onde se deva produzir o ato.

- Inciso III acrescentado pela Lei 12.019/2009.

Art. 4º Apresentada a denúncia ou a queixa ao Tribunal, far-se-á a notificação do acusado para oferecer resposta no prazo de 15 (quinze) dias.

- V. art. 5º, LIV, CF.

§ 1º Com a notificação, serão entregues ao acusado cópia da denúncia ou da queixa, do despacho do relator e dos documentos por este indicados.

§ 2º Se desconhecido o paradeiro do acusado, ou se este criar dificuldades para que o oficial cumpra a diligência, proceder-se-á a sua notificação por edital, contendo o teor resumido da acusação, para que compareça ao Tribunal, em 5 (cinco) dias, onde terá vista dos autos pelo prazo de 15 (quinze) dias, a fim de apresentar a resposta prevista neste artigo.

Art. 5º Se, com a resposta, forem apresentados novos documentos, será intimada a parte contrária para sobre eles se manifestar, no prazo de 5 (cinco) dias.

Parágrafo único. Na ação penal de iniciativa privada, será ouvido, em igual prazo, o Ministério Público.

- V. art. 45, CPP.

Art. 6º A seguir, o relator pedirá dia para que o Tribunal delibere sobre o recebimento, a rejeição da denúncia ou da queixa, ou a improcedência da acusação, se a decisão não depender de outras provas.

- V. art. 395, CPP.

§ 1º No julgamento de que trata este artigo, será facultada sustentação oral pelo prazo de 15 (quinze) minutos, primeiro à acusação, depois à defesa.

§ 2º Encerrados os debates, o Tribunal passará a deliberar, determinando o Presidente as pessoas que poderão permanecer no recinto, observado o disposto no inciso II do art. 12 desta Lei.

Art. 7º Recebida a denúncia ou a queixa, o relator designará dia e hora para o interrogatório, mandando citar o acusado ou querelado e intimar o órgão do Ministério Público, bem como o querelante ou o assistente, se for o caso.

- V. art. 188, CPP.

Art. 8º O prazo para defesa prévia será de 5 (cinco) dias, contado do interrogatório ou da intimação do defensor dativo.

- V. art. 114, RISTJ.

Lei 8.038/1990

LEGISLAÇÃO

Art. 9º A instrução obedecerá, no que couber, ao procedimento comum do Código de Processo Penal.

§ 1º O relator poderá delegar a realização do interrogatório ou de outro ato da instrução ao juiz ou membro de Tribunal com competência territorial no local de cumprimento da carta de ordem.

- V. arts. 260, 263, e 266, CPC/2015.

§ 2º Por expressa determinação do relator, as intimações poderão ser feitas por carta registrada com aviso de recebimento.

- V. arts. 269, *caput*, e 231, *caput*, I, II, IV, VI, §1º, CPC/2015.

Art. 10. Concluída a inquirição de testemunhas, serão intimadas a acusação e a defesa, para requerimento de diligências no prazo de 5 (cinco) dias.

Art. 11. Realizadas as diligências, ou não sendo estas requeridas nem determinadas pelo relator, serão intimadas a acusação e a defesa para, sucessivamente, apresentarem, no prazo de 15 (quinze) dias, alegações escritas.

§ 1º Será comum o prazo do acusador e do assistente, bem como o dos corréus.

§ 2º Na ação penal de iniciativa privada, o Ministério Público terá vista, por igual prazo, após as alegações das partes.

§ 3º O relator poderá, após as alegações escritas, determinar de ofício a realização de provas reputadas imprescindíveis para o julgamento da causa.

Art. 12. Finda a instrução, o Tribunal procederá ao julgamento, na forma determinada pelo regimento interno, observando-se o seguinte:

I – acusação e a defesa terão, sucessivamente, nessa ordem, prazo de 1 (uma) hora para sustentação oral, assegurado ao assistente 1/4 (um quarto) do tempo da acusação;

II – encerrados os debates, o Tribunal passará a proferir o julgamento, podendo o Presidente limitar a presença no recinto às partes e seus advogados, ou somente a estes, se o interesse público exigir.

Capítulo II
RECLAMAÇÃO

Art. 13. *(Revogado pela Lei 13.105/2015 – DOU 17.03.2015, em vigor após decorrido 1 (um) ano da data de sua publicação oficial.)*

Art. 14. *(Revogado pela Lei 13.105/2015 – DOU 17.03.2015, em vigor após decorrido 1 (um) ano da data de sua publicação oficial.)*

Art. 15. *(Revogado pela Lei 13.105/2015 – DOU 17.03.2015, em vigor após decorrido 1 (um) ano da data de sua publicação oficial.)*

Art. 16. *(Revogado pela Lei 13.105/2015 – DOU 17.03.2015, em vigor após decorrido 1 (um) ano da data de sua publicação oficial.)*

Art. 17. *(Revogado pela Lei 13.105/2015 – DOU 17.03.2015, em vigor após decorrido 1 (um) ano da data de sua publicação oficial.)*

Art. 18. *(Revogado pela Lei 13.105/2015 – DOU 17.03.2015, em vigor após decorrido 1 (um) ano da data de sua publicação oficial.)*

Capítulo III
INTERVENÇÃO FEDERAL

Art. 19. A requisição de intervenção federal previstas nos incisos II e IV do art. 36 da Constituição Federal será promovida:

I – de ofício, ou mediante pedido de Presidente de Tribunal de Justiça do Estado, ou de Presidente de Tribunal Federal, quando se tratar de prover a execução de ordem ou decisão judicial, com ressalva, conforme a matéria, da competência do Supremo Tribunal Federal ou do Tribunal Superior Eleitoral;

II – de ofício, ou mediante pedido da parte interessada, quando se tratar de prover a execução de ordem ou decisão do Superior Tribunal de Justiça;

III – mediante representação do Procurador-Geral da República, quando se tratar de prover a execução de lei federal.

Lei 8.038/1990

Art. 20. O Presidente, ao receber o pedido:
I – tomará as providências que lhe parecerem adequadas para remover, administrativamente, a causa do pedido;
II – mandará arquivá-lo, se for manifestamente infundado, cabendo do seu despacho agravo regimental.

Art. 21. Realizada a gestão prevista no inciso I do artigo anterior, solicitadas informações à autoridade estadual e ouvido o Procurador-Geral, o pedido será distribuído a um relator.

Parágrafo único. Tendo em vista o interesse público, poderá ser permitida a presença no recinto às partes e seus advogados, ou somente a estes.

Art. 22. Julgado procedente o pedido, o Presidente do Superior Tribunal de Justiça comunicará, imediatamente, a decisão aos órgãos do poder público interessados e requisitará a intervenção ao Presidente da República.

Capítulo IV
HABEAS CORPUS

Art. 23. Aplicam-se ao *habeas corpus* perante o Superior Tribunal de Justiça as normas do Livro III, Título II, Capítulo X, do Código de Processo Penal.

- V. art. 5º, LXVIII, CF.

Capítulo V
OUTROS PROCEDIMENTOS

Art. 24. Na ação rescisória, nos conflitos de competência, de jurisdição e de atribuições, na revisão criminal e no mandado de segurança, será aplicada a legislação processual em vigor.

- V. arts. 5º, LXIX, 102, I, e 105, I, CF.
- V. art. 966 a 975, CPC/2015.
- V. arts. 621 a 631, CPP.

Parágrafo único. No mandado de injunção e no *habeas data*, serão observadas, no que couber, as normas do mandado de segurança, enquanto não editada legislação específica.

- V. art. 5º, LXXI e LXXII, CF.
- V. art. 1.027 e 1.028, CPC/2015.

Art. 25. Salvo quando a causa tiver por fundamento matéria constitucional, compete ao Presidente do Superior Tribunal de Justiça, a requerimento do Procurador-Geral da República ou da pessoa jurídica de direito público interessada, e para evitar grave lesão à ordem, à saúde, à segurança e à economia pública, suspender, em despacho fundamentado, a execução de liminar ou de decisão concessiva de mandado de segurança, proferida, em única ou última instância, pelos Tribunais Regionais Federais ou pelos Tribunais dos Estados e do Distrito Federal.

- V. art. 297, RISTF.
- V. art. 271, RISTJ.

§ 1º O Presidente pode ouvir o impetrante, em 5 (cinco) dias, e o Procurador-Geral quando não for o requerente, em igual prazo.

- V. art. 297, § 1º, RISTF.

§ 2º Do despacho que conceder a suspensão caberá agravo regimental.

- V. art. 39.

§ 3º A suspensão de segurança vigorará enquanto pender o recurso, ficando sem efeito, se a decisão concessiva for mantida pelo Superior Tribunal de Justiça ou transitar em julgado.

- V. art. 297, § 3º, RISTF.
- V. art. 271, § 3º, RISTJ.
- V. Súmula 626, STF.

TÍTULO II
RECURSOS

Capítulo I
RECURSO EXTRAORDINÁRIO E RECURSO ESPECIAL

- V. arts. 1.029 a 1.043, CPC/2015.

Art. 26. *(Revogado pela Lei 13.105/2015 – DOU 17.03.2015, em vigor após decorrido 1 (um) ano da data de sua publicação oficial.)*

Art. 27. *(Revogado pela Lei 13.105/2015 – DOU 17.03.2015, em vigor após decorrido 1 (um) ano da data de sua publicação oficial.)*

Lei 8.038/1990

Art. 28. *(Revogado pela Lei 13.105/2015 – DOU 17.03.2015, em vigor após decorrido 1 (um) ano da data de sua publicação oficial.)*

Art. 29. *(Revogado pela Lei 13.105/2015 – DOU 17.03.2015, em vigor após decorrido 1 (um) ano da data de sua publicação oficial.)*

Capítulo II
RECURSO ORDINÁRIO EM *HABEAS CORPUS*

Art. 30. O recurso ordinário para o Superior Tribunal de Justiça, das decisões denegatórias de *habeas corpus*, proferidas pelos Tribunais Regionais Federais ou pelos Tribunais dos Estados e do Distrito Federal, será interposto no prazo de 5 (cinco) dias, com as razões do pedido de reforma.

• V. art. 105, II, *a*, CF.

Art. 31. Distribuído o recurso, a Secretaria, imediatamente, fará os autos com vista ao Ministério Público, pelo prazo de 2 (dois) dias.

Parágrafo único. Conclusos os autos ao relator, este submeterá o feito a julgamento independentemente de pauta.

Art. 32. Será aplicado, no que couber, ao processo e julgamento do recurso, o disposto com relação ao pedido originário de *habeas corpus*.

• V. art. 102, I, *d* e *i*, CF.
• V. art. 650, I, CPP.

Capítulo III
RECURSO ORDINÁRIO EM MANDADO DE SEGURANÇA

Art. 33. O recurso ordinário para o Superior Tribunal de Justiça, das decisões denegatórias de mandado de segurança, proferidas em única instância pelos Tribunais Regionais Federais ou pelos Tribunais de Estados e do Distrito Federal, será interposto no prazo de 15 (quinze) dias, com as razões do pedido de reforma.

• V. art. 105, II, *b*, CF.

Art. 34. Serão aplicadas, quanto aos requisitos de admissibilidade e ao procedimento no Tribunal recorrido, as regras do Código de Processo Civil relativas à apelação.

• V. arts. 1.009 a 1.014, CPC/2015.

Art. 35. Distribuído o recurso, a Secretaria, imediatamente, fará os autos com vista ao Ministério Público, pelo prazo de 5 (cinco) dias.

Parágrafo único. Conclusos os autos ao relator, este pedirá dia para julgamento.

• V. arts. 934 e 935, CPC/2015.

Capítulo IV
APELAÇÃO CÍVEL E AGRAVO DE INSTRUMENTO

Art. 36. Nas causas em que forem partes, de um lado, Estado estrangeiro ou organismo internacional e, de outro, município ou pessoa domiciliada ou residente no País, caberá:

• V. art. 105, II, *c*, CF.

I – apelação da sentença;

• V. arts. 1.009 a 1.014, CPC/2015.

II – agravo de instrumento, das decisões interlocutórias.

• V. arts. 1.015 a 1.020, CPC/2015.

Art. 37. Os recursos mencionados no artigo anterior serão interpostos para o Superior Tribunal de Justiça, aplicando-se-lhes, quanto aos requisitos de admissibilidade e ao procedimento, o disposto no Código de Processo Civil.

• V. art. 105, II, *c*, CF.
• V. arts. 1.009 a 1.020 e 929 a 946, CPC/2015.

TÍTULO III
DISPOSIÇÕES GERAIS

Art. 38. *(Revogado pela Lei 13.105/2015 – DOU 17.03.2015, em vigor após decorrido 1 (um) ano da data de sua publicação oficial.)*

Art. 39. Da decisão do Presidente do Tribunal, de Seção, de Turma ou de Relator que causar gravame à parte, caberá agravo para o órgão especial, Seção ou Turma, conforme o caso, no prazo de 5 (cinco) dias.

Art. 40. Haverá revisão, no Superior Tribunal de Justiça, nos seguintes processos:
I – ação rescisória;
II – ação penal originária;
III – revisão criminal.

Art. 41. Em caso de vaga ou afastamento do Ministro do Superior Tribunal de Justiça,

Lei 8.069/1990

LEGISLAÇÃO

por prazo superior a 30 (trinta) dias, poderá ser convocado Juiz de Tribunal Regional Federal ou Desembargador, para substituição, pelo voto da maioria absoluta dos seus membros.

Art. 41-A. A decisão de Turma, no Superior Tribunal de Justiça, será tomada pelo voto da maioria absoluta de seus membros.

• Artigo acrescentado pela Lei 9.756/1998.

Parágrafo único. Em *habeas corpus* originário ou recursal, havendo empate, prevalecerá a decisão mais favorável ao paciente.

Art. 41-B. As despesas do porte de remessa e retorno dos autos serão recolhidas mediante documento de arrecadação, de conformidade com instruções e tabela expedidas pelo Supremo Tribunal Federal e pelo Superior Tribunal de Justiça.

• Artigo acrescentado pela Lei 9.756/1998.

Parágrafo único. A secretaria do tribunal local zelará pelo recolhimento das despesas postais.

Art. 42. Os arts. 496, 497, 498, inciso II do art. 500, e 508 da Lei 5.869, de 11 de janeiro de 1973 – Código de Processo Civil, passam a vigorar com a seguinte redação:

• Alterações processadas no texto do referido Código.

Art. 43. Esta Lei entra em vigor na data de sua publicação.

Art. 44. Revogam-se as disposições em contrário, especialmente os arts. 541 a 546 do Código de Processo Civil e a Lei 3.396, de 2 de junho de 1958.

Brasília, em 28 de maio de 1990; 169º da Independência e 102º da República.

Fernando Collor

(DOU 29.05.1990)

LEI 8.069, DE 13 DE JULHO DE 1990

Dispõe sobre o Estatuto da Criança e do Adolescente, e dá outras providências.

• V. Lei 12.318/2010 (Alienação parental).

O Presidente da República:
Faço saber que o Congresso Nacional decreta e eu sanciono a seguinte Lei:

LIVRO I
PARTE GERAL
TÍTULO I
DAS DISPOSIÇÕES PRELIMINARES

Art. 1º Esta Lei dispõe sobre a proteção integral à criança e ao adolescente.

• V. arts. 227 a 229, CF.
• V. Lei 8.242/1991 (Conanda).
• V. Dec. 794/1993 (Dedução do Imposto de Renda).
• V. Dec. 5.089/2004 (Composição, estruturação, competências e funcionamento do Conanda).

Art. 2º Considera-se criança, para os efeitos desta Lei, a pessoa até 12 (doze) anos de idade incompletos, e adolescente aquela entre 12 (doze) e 18 (dezoito) anos de idade.

Parágrafo único. Nos casos expressos em lei, aplica-se excepcionalmente este Estatuto às pessoas entre 18 (dezoito) e 21 (vinte e um) anos de idade.

• V. arts. 36, 40, 121, § 5º, 142 e 148, parágrafo único, a.

Art. 3º A criança e o adolescente gozam de todos os direitos fundamentais inerentes à pessoa humana, sem prejuízo da proteção integral de que trata esta Lei, assegurando-se-lhes, por lei ou por outros meios, todas as oportunidades e facilidades, a fim de lhes facultar o desenvolvimento físico, mental, moral, espiritual e social, em condições de liberdade e de dignidade.

• V. arts. 45, § 2º, 53, III, 106, parágrafo único, 107, 111, V, 112, § 2º, 124, I, II e III e § 1º, 136, I, 141, 161, § 3º, e 208.

Parágrafo único. Os direitos enunciados nesta Lei aplicam-se a todas as crianças e adolescentes, sem discriminação de nascimento, situação familiar, idade, sexo, raça, etnia ou cor, religião ou crença, deficiência, condição pessoal de desenvolvimento e aprendizagem, condição econômica, ambiente social, região e local de moradia ou outra condição que diferencie as pessoas, as famílias ou a comunidade em que vivem.

• Parágrafo único acrescentado pela Lei 13.257/2016.

Art. 4º É dever da família, da comunidade, da sociedade em geral e do Poder Público assegurar, com absoluta prioridade, a

Lei 8.069/1990

LEGISLAÇÃO

efetivação dos direitos referentes à vida, à saúde, à alimentação, à educação, ao esporte, ao lazer, à profissionalização, à cultura, à dignidade, ao respeito, à liberdade e à convivência familiar e comunitária.

- V. art. 227, CF.

Parágrafo único. A garantia de prioridade compreende:

a) primazia de receber proteção e socorro em quaisquer circunstâncias;

b) precedência de atendimento nos serviços públicos ou de relevância pública;

- V. arts. 129, II, e 197, CF.

c) preferência na formulação e na execução das políticas sociais públicas;

- V. arts. 59, 87, 88 e 261, parágrafo único.

d) destinação privilegiada de recursos públicos nas áreas relacionadas com a proteção à infância e à juventude.

Art. 5º Nenhuma criança ou adolescente será objeto de qualquer forma de negligência, discriminação, exploração, violência, crueldade e opressão, punido na forma da lei qualquer atentado, por ação ou omissão, aos seus direitos fundamentais.

- V. arts. 13, 18, 24, 56, I, 70, 87, III, 98, 106, 107, 109, 130, 157, 178 e 245 a 258.
- V. art. 227, CF.
- V. arts. 1.635, V, 1.637 e 1.638, CC.
- V. arts. 121, § 4º, 129, § 7º, 133 a 136, 159, § 1º, 218, 227, § 1º, 228, § 1º, 230, § 1º, 231, § 1º, e 244 a 249, CP.
- V. art. 9º, Lei 8.072/1990 (Crimes hediondos).

Art. 6º Na interpretação desta Lei levar-se-ão em conta os fins sociais a que ela se dirige, as exigências do bem comum, os direitos e deveres individuais e coletivos, e a condição peculiar da criança e do adolescente como pessoas em desenvolvimento.

- V. art. 227, CF.
- V. art. 5º, Dec.-lei 4.657/1942 (Lei de Introdução às normas do Direito Brasileiro).

TÍTULO II
DOS DIREITOS FUNDAMENTAIS

Capítulo I
DO DIREITO À VIDA E À SAÚDE

Art. 7º A criança e o adolescente têm direito a proteção à vida e à saúde, mediante a efetivação de políticas sociais públicas que permitam o nascimento e o desenvolvimento sadio e harmonioso, em condições dignas de existência.

- V. nota ao art. 3º.

Art. 8º É assegurado a todas as mulheres o acesso aos programas e às políticas de saúde da mulher e de planejamento reprodutivo e, às gestantes, nutrição adequada, atenção humanizada à gravidez, ao parto e ao puerpério e atendimento pré-natal, perinatal e pós-natal integral no âmbito do Sistema Único de Saúde.

- *Caput* com redação determinada pela Lei 13.257/2016.
- V. art. 208, VII.
- V. arts. 198, 201, III, 203, I, e 227, § 1º, I, CF.

§ 1º O atendimento pré-natal será realizado por profissionais da atenção primária.

- § 1º com redação determinada pela Lei 13.257/2016.

§ 2º Os profissionais de saúde de referência da gestante garantirão sua vinculação, no último trimestre da gestação, ao estabelecimento em que será realizado o parto, garantido o direito de opção da mulher.

- § 2º com redação determinada pela Lei 13.257/2016.
- V. art. 203, CF.

§ 3º Os serviços de saúde onde o parto for realizado assegurarão às mulheres e aos seus filhos recém-nascidos alta hospitalar responsável e contrarreferência na atenção primária, bem como o acesso a outros serviços e a grupos de apoio à amamentação.

- § 3º com redação determinada pela Lei 13.257/2016.

§ 4º Incumbe ao poder público proporcionar assistência psicológica à gestante e à mãe, no período pré e pós-natal, inclusive como forma de prevenir ou minorar as consequências do estado puerperal.

- § 4º acrescentado pela Lei 12.010/2009 (*DOU* 04.08.2009), em vigor 90 (noventa) dias após a data de sua publicação.

§ 5º A assistência referida no § 4º deste artigo deverá ser prestada também a gestantes e mães que manifestem interesse em entregar seus filhos para adoção, bem como a gestantes e mães que se encontrem em situação de privação de liberdade.

Lei 8.069/1990

- § 5º com redação determinada pela Lei 13.257/2016.

§ 6º A gestante e a parturiente têm direito a 1 (um) acompanhante de sua preferência durante o período do pré-natal, do trabalho de parto e do pós-parto imediato.

- § 6º acrescentado pela Lei 13.257/2016.

§ 7º A gestante deverá receber orientação sobre aleitamento materno, alimentação complementar saudável e crescimento e desenvolvimento infantil, bem como sobre formas de favorecer a criação de vínculos afetivos e de estimular o desenvolvimento integral da criança.

- § 7º acrescentado pela Lei 13.257/2016.

§ 8º A gestante tem direito a acompanhamento saudável durante toda a gestação e a parto natural cuidadoso, estabelecendo-se a aplicação de cesariana e outras intervenções cirúrgicas por motivos médicos.

- § 8º acrescentado pela Lei 13.257/2016.

§ 9º A atenção primária à saúde fará a busca ativa da gestante que não iniciar ou que abandonar as consultas de pré-natal, bem como da puérpera que não comparecer às consultas pós-parto.

- § 9º acrescentado pela Lei 13.257/2016.

§ 10. Incumbe ao poder público garantir, à gestante e à mulher com filho na primeira infância que se encontrem sob custódia em unidade de privação de liberdade, ambiência que atenda às normas sanitárias e assistenciais do Sistema Único de Saúde para o acolhimento do filho, em articulação com o sistema de ensino competente, visando ao desenvolvimento integral da criança.

- § 10 acrescentado pela Lei 13.257/2016.

Art. 9º O Poder Público, as instituições e os empregadores propiciarão condições adequadas ao aleitamento materno, inclusive aos filhos de mães submetidas a medida privativa de liberdade.

- V. art. 5º, L, CF.
- V. art. 121, CP.
- V. arts. 389, §§ 1º e 2º, e 396, CLT.

§ 1º Os profissionais das unidades primárias de saúde desenvolverão ações sistemáticas, individuais ou coletivas, visando ao planejamento, à implementação e à avaliação de ações de promoção, proteção e apoio ao aleitamento materno e à alimentação complementar saudável, de forma contínua.

- § 1º acrescentado pela Lei 13.257/2016.

§ 2º Os serviços de unidades de terapia intensiva neonatal deverão dispor de banco de leite humano ou unidade de coleta de leite humano.

- § 2º acrescentado pela Lei 13.257/2016.

Art. 10. Os hospitais e demais estabelecimentos de atenção à saúde de gestantes, públicos e particulares, são obrigados a:

I – manter registro das atividades desenvolvidas, através de prontuários individuais, pelo prazo de 18 (dezoito) anos;

II – identificar o recém-nascido mediante o registro de sua impressão plantar e digital e da impressão digital da mãe, sem prejuízo de outras formas normatizadas pela autoridade administrativa competente;

III – proceder a exames visando ao diagnóstico e terapêutica de anormalidades no metabolismo do recém-nascido, bem como prestar orientação aos pais;

IV – fornecer declaração de nascimento onde constem necessariamente as intercorrências do parto e do desenvolvimento do neonato;

V – manter alojamento conjunto, possibilitando ao neonato a permanência junto à mãe.

Art. 11. É assegurado acesso integral às linhas de cuidado voltadas à saúde da criança e do adolescente, por intermédio do Sistema Único de Saúde, observado o princípio da equidade no acesso a ações e serviços para promoção, proteção e recuperação da saúde.

- Artigo com redação determinada pela Lei 13.257/2016.
- V. arts. 196 e 227, § 1º, CF.

§ 1º A criança e o adolescente com deficiência serão atendidos, sem discriminação ou segregação, em suas necessidades gerais de saúde e específicas de habilitação e reabilitação.

- V. arts. 101, V, e 208, VII.
- V. art. 227, § 1º, II, CF.

§ 2º Incumbe ao poder público fornecer gratuitamente, àqueles que necessitarem, medicamentos, órteses, próteses e outras tecnologias assistivas relativas ao tratamento, habilitação ou reabilitação para crianças e adolescentes, de acordo com as linhas de cuidado voltadas às suas necessidades específicas.

- V. art. 203, IV, CF.

§ 3º Os profissionais que atuam no cuidado diário ou frequente de crianças na primeira infância receberão formação específica e permanente para a detecção de sinais de risco para o desenvolvimento psíquico, bem como para o acompanhamento que se fizer necessário.

Art. 12. Os estabelecimentos de atendimento à saúde, inclusive as unidades neonatais, de terapia intensiva e de cuidados intermediários, deverão proporcionar condições para a permanência em tempo integral de um dos pais ou responsável, nos casos de internação de criança ou adolescente.

- Artigo com redação determinada pela Lei 13.257/2016.

Art. 13. Os casos de suspeita ou confirmação de castigo físico, de tratamento cruel ou degradante e de maus-tratos contra criança ou adolescente serão obrigatoriamente comunicados ao Conselho Tutelar da respectiva localidade, sem prejuízo de outras providências legais.

- Caput com redação determinada pela Lei 13.010/2014.
- V. arts. 5º, 98 e 136, I.
- V. art. 154, CP.
- V. art. 66, I, Dec.-lei 3.688/1941 (Lei das Contravenções Penais).

§ 1º As gestantes ou mães que manifestem interesse em entregar seus filhos para adoção serão obrigatoriamente encaminhadas à Justiça da Infância e da Juventude.

- Primitivo parágrafo único renumerado pela Lei 13.257/2016.

§ 2º Os serviços de saúde em suas diferentes portas de entrada, os serviços de assistência social em seu componente especializado, o Centro de Referência Especializado de Assistência Social (Creas) e os demais órgãos do Sistema de Garantia de Direitos da Criança e do Adolescente deverão conferir máxima prioridade ao atendimento das crianças na faixa etária da primeira infância com suspeita ou confirmação de violência de qualquer natureza, formulando projeto terapêutico singular que inclua intervenção em rede e, se necessário, acompanhamento domiciliar.

- § 2º acrescentado pela Lei 13.257/2016.

Art. 14. O Sistema Único de Saúde promoverá programas de assistência médica e odontológica para a prevenção das enfermidades que ordinariamente afetam a população infantil, e campanhas de educação sanitária para pais, educadores e alunos.

- V. art. 200, II, CF.

§ 1º É obrigatória a vacinação das crianças nos casos recomendados pelas autoridades sanitárias.

- Primitivo parágrafo único renumerado pela Lei 13.257/2016.

§ 2º O Sistema Único de Saúde promoverá a atenção à saúde bucal das crianças e das gestantes, de forma transversal, integral e intersetorial com as demais linhas de cuidado direcionadas à mulher e à criança.

- § 2º acrescentado pela Lei 13.257/2016.

§ 3º A atenção odontológica à criança terá função educativa protetiva e será prestada, inicialmente, antes de o bebê nascer, por meio de aconselhamento pré-natal, e, posteriormente, no sexto e no décimo segundo anos de vida, com orientações sobre saúde bucal.

- § 3º acrescentado pela Lei 13.257/2016.

§ 4º A criança com necessidade de cuidados odontológicos especiais será atendida pelo Sistema Único de Saúde.

- § 4º acrescentado pela Lei 13.257/2016.

Capítulo II
DO DIREITO À LIBERDADE, AO RESPEITO E À DIGNIDADE

Art. 15. A criança e o adolescente têm direito à liberdade, ao respeito e à dignidade como pessoas humanas em processo de desenvolvimento e como sujeitos de direitos civis, humanos e sociais garantidos na Constituição e nas leis.

- V. arts. 106 a 109 e 178.
- V. arts. 5º a 11, CF.

Lei 8.069/1990

LEGISLAÇÃO

Art. 16. O direito à liberdade compreende os seguintes aspectos:

I – ir, vir e estar nos logradouros públicos e espaços comunitários, ressalvadas as restrições legais;

- V. art. 106.
- V. art. 5º, II, XV, XVI, LXI e LXVIII, CF.

II – opinião e expressão;

- V. arts. 28, § 1º, 45, § 2º, 111, V, 124, I, II, III e VIII, 161, § 3º, e 168.
- V. art. 5º, IV e IX, CF.

III – crença e culto religioso;

- V. arts. 94, XII, e 124, XIV.
- V. art. 5º, VI e VII, CF.

IV – brincar, praticar esportes e divertir-se;

- V. arts. 71, 74 a 80 e 94, XI.

V – participar da vida familiar e comunitária, sem discriminação;

- V. arts. 19, 92, I, V, VII, IX, 94, V, § 2º, e 100.

VI – participar da vida política, na forma da lei;

- V. art. 53, IV.
- V. art. 14, § 1º, II, c, CF.

VII – buscar refúgio, auxílio e orientação.

- V. arts. 87, III e 130.
- V. art. 226, § 8º, CF.

Art. 17. O direito ao respeito consiste na inviolabilidade da integridade física, psíquica e moral da criança e do adolescente, abrangendo a preservação da imagem, da identidade, da autonomia, dos valores, ideias e crenças, dos espaços e objetos pessoais.

- V. arts. 53, II, 94, IV e XVII, 124, V, 125, 143, 144, 178 e 247.
- V. art. 5º, X e LX, CF.

Art. 18. É dever de todos velar pela dignidade da criança e do adolescente, pondo-os a salvo de qualquer tratamento desumano, violento, aterrorizante, vexatório ou constrangedor.

- V. arts. 5º, 13, 56, I, 70, 88, III, 124, V, 178 e 245.
- V. art. 136, CP.

Art. 18-A. A criança e o adolescente têm o direito de ser educados e cuidados sem o uso de castigo físico ou de tratamento cruel ou degradante, como formas de correção, disciplina, educação ou qualquer outro pretexto, pelos pais, pelos integrantes da família ampliada, pelos responsáveis, pelos agentes públicos executores de medidas socioeducativas ou por qualquer pessoa encarregada de cuidar deles, tratá-los, educá-los ou protegê-los.

- Artigo acrescentado pela Lei 13.010/2014.

Parágrafo único. Para os fins desta Lei, considera-se:

I – castigo físico: ação de natureza disciplinar ou punitiva aplicada com o uso da força física sobre a criança ou o adolescente que resulte em:
a) sofrimento físico; ou
b) lesão;

II – tratamento cruel ou degradante: conduta ou forma cruel de tratamento em relação à criança ou ao adolescente que:
a) humilhe; ou
b) ameace gravemente; ou
c) ridicularize.

Art. 18-B. Os pais, os integrantes da família ampliada, os responsáveis, os agentes públicos executores de medidas socioeducativas ou qualquer pessoa encarregada de cuidar de crianças e de adolescentes, tratá-los, educá-los ou protegê-los que utilizarem castigo físico ou tratamento cruel ou degradante como formas de correção, disciplina, educação ou qualquer outro pretexto estarão sujeitos, sem prejuízo de outras sanções cabíveis, às seguintes medidas, que serão aplicadas de acordo com a gravidade do caso:

- Artigo acrescentado pela Lei 13.010/2014.

I – encaminhamento a programa oficial ou comunitário de proteção à família;

II – encaminhamento a tratamento psicológico ou psiquiátrico;

III – encaminhamento a cursos ou programas de orientação;

IV – obrigação de encaminhar a criança a tratamento especializado;

V – advertência.

Parágrafo único. As medidas previstas neste artigo serão aplicadas pelo Conselho Tutelar, sem prejuízo de outras providências legais.

Lei 8.069/1990

LEGISLAÇÃO

Capítulo III
DO DIREITO À CONVIVÊNCIA FAMILIAR E COMUNITÁRIA

Seção I
Disposições gerais

Art. 19. É direito da criança e do adolescente ser criado e educado no seio de sua família e, excepcionalmente, em família substituta, assegurada a convivência familiar e comunitária, em ambiente que garanta seu desenvolvimento integral.

- *Caput* com redação determinada pela Lei 13.257/2016.
- V. arts. 28 a 32.

§ 1º Toda criança ou adolescente que estiver inserido em programa de acolhimento familiar ou institucional terá sua situação reavaliada, no máximo, a cada 6 (seis) meses, devendo a autoridade judiciária competente, com base em relatório elaborado por equipe interprofissional ou multidisciplinar, decidir de forma fundamentada pela possibilidade de reintegração familiar ou colocação em família substituta, em quaisquer das modalidades previstas no art. 28 desta Lei.

- § 1º acrescentado pela Lei 12.010/2009 (*DOU* 04.08.2009), em vigor 90 (noventa) dias após a data de sua publicação.

§ 2º A permanência da criança e do adolescente em programa de acolhimento institucional não se prolongará por mais de 2 (dois) anos, salvo comprovada necessidade que atenda ao seu superior interesse, devidamente fundamentada pela autoridade judiciária.

- § 2º acrescentado pela Lei 12.010/2009 (*DOU* 04.08.2009), em vigor 90 (noventa) dias após a data de sua publicação.

§ 3º A manutenção ou a reintegração de criança ou adolescente à sua família terá preferência em relação a qualquer outra providência, caso em que será esta incluída em serviços e programas de proteção, apoio e promoção, nos termos do § 1º do art. 23, dos incisos I e IV do *caput* do art. 101 e dos incisos I a IV do *caput* do art. 129 desta Lei.

- § 3º com redação determinada pela Lei 13.257/2016.

§ 4º Será garantida a convivência da criança e do adolescente com a mãe ou o pai privado de liberdade, por meio de visitas periódicas promovidas pelo responsável ou, nas hipóteses de acolhimento institucional, pela entidade responsável, independentemente de autorização judicial.

- § 4º acrescentado pela Lei 12.962/2014.

Art. 20. Os filhos, havidos ou não da relação do casamento, ou por adoção, terão os mesmos direitos e qualificações, proibidas quaisquer designações discriminatórias relativas à filiação.

- V. art. 227, § 6º, CF.
- V. art. 1.596, CC.

Art. 21. O poder familiar será exercido, em igualdade de condições, pelo pai e pela mãe, na forma do que dispuser a legislação civil, assegurado a qualquer deles o direito de, em caso de discordância, recorrer à autoridade judiciária competente para a solução da divergência.

- O art. 3º da Lei 12.010/2009 (*DOU* 04.08.2009), em vigor 90 (noventa) dias após a data de sua publicação, determina a substituição da expressão "pátrio poder" por "poder familiar".
- V. arts. 22 a 24, 33 a 35, 148, parágrafo único, *d* e *e*, e 155 a 163.
- V. art. 1.631, CC.

Art. 22. Aos pais incumbe o dever de sustento, guarda e educação dos filhos menores, cabendo-lhes ainda, no interesse destes, a obrigação de cumprir e fazer cumprir as determinações judiciais.

- V. art. 24.
- V. art. 229, CF.
- V. art. 1.634, CC.

Parágrafo único. A mãe e o pai, ou os responsáveis, têm direitos iguais e deveres e responsabilidades compartilhados no cuidado e na educação da criança, devendo ser resguardado o direito de transmissão familiar de suas crenças e culturas, assegurados os direitos da criança estabelecidos nesta Lei.

- Parágrafo único acrescentado pela Lei 13.257/2016.

Art. 23. A falta ou a carência de recursos materiais não constitui motivo suficiente

Lei 8.069/1990

para a perda ou a suspensão do poder familiar.

- O art. 3º da Lei 12.010/2009 (*DOU* 04.08.2009), em vigor 90 (noventa) dias após a data de sua publicação, determina a substituição da expressão "pátrio poder" por "poder familiar".
- V. art. 129, parágrafo único.
- V. arts. 1.630 a 1.638, CC (Do poder familiar).

§ 1º Não existindo outro motivo que por si só autorize a decretação da medida, a criança ou o adolescente será mantido em sua família de origem, a qual deverá obrigatoriamente ser incluída em serviços e programas oficiais de proteção, apoio e promoção.

- § 1º com redação determinada pela Lei 13.257/2016.

§ 2º A condenação criminal do pai ou da mãe não implicará a destituição do poder familiar, exceto na hipótese de condenação por crime doloso, sujeito à pena de reclusão, contra o próprio filho ou filha.

- § 2º acrescentado pela Lei 12.962/2014.

Art. 24. A perda e a suspensão do poder familiar serão decretadas judicialmente, em procedimento contraditório, nos casos previstos na legislação civil, bem como na hipótese de descumprimento injustificado dos deveres e obrigações a que alude o art. 22.

- O art. 3º da Lei 12.010/2009 (*DOU* 04.08.2009), em vigor 90 (noventa) dias após a data de sua publicação, determina a substituição da expressão "pátrio poder" por "poder familiar".
- V. arts. 129, parágrafo único, e 155 a 163.
- V. arts. 1.630 a 1.638, CC (Do poder familiar).

Seção II
Da família natural

Art. 25. Entende-se por família natural a comunidade formada pelos pais ou qualquer deles e seus descendentes.

- V. art. 226, § 4º, CF.

Parágrafo único. Entende-se por família extensa ou ampliada aquela que se estende para além da unidade pais e filhos ou da unidade do casal, formada por parentes próximos com os quais a criança ou adolescente convive e mantém vínculos de afinidade e afetividade.

- Parágrafo único acrescentado pela Lei 12.010/2009 (*DOU* 04.08.2009), em vigor 90 (noventa) dias após a data de sua publicação.

Art. 26. Os filhos havidos fora do casamento poderão ser reconhecidos pelos pais, conjunta ou separadamente, no próprio termo de nascimento, por testamento, mediante escritura ou outro documento público, qualquer que seja a origem da filiação.

- V. art. 1.607, CC.

Parágrafo único. O reconhecimento pode preceder o nascimento do filho ou suceder-lhe ao falecimento, se deixar descendentes.

- V. art. 1.609, CC.

Art. 27. O reconhecimento do estado de filiação é direito personalíssimo, indisponível e imprescritível, podendo ser exercitado contra os pais ou seus herdeiros, sem qualquer restrição, observado o segredo de Justiça.

- V. art. 189, CPC/2015.
- V. Súmula 149, STF.

Seção III
Da família substituta

Subseção I
Disposições gerais

Art. 28. A colocação em família substituta far-se-á mediante guarda, tutela ou adoção, independentemente da situação jurídica da criança ou adolescente, nos termos desta Lei.

- V. arts. 33 a 52-D e 165 a 170.

§ 1º Sempre que possível, a criança ou o adolescente será previamente ouvido por equipe interprofissional, respeitado seu estágio de desenvolvimento e grau de compreensão sobre as implicações da medida, e terá sua opinião devidamente considerada.

- § 1º com redação determinada pela Lei 12.010/2009 (*DOU* 04.08.2009), em vigor 90 (noventa) dias após a data de sua publicação.

§ 2º Tratando-se de maior de 12 (doze) anos de idade, será necessário seu consentimento, colhido em audiência.

- § 2º com redação determinada pela Lei 12.010/2009 (*DOU* 04.08.2009), em vigor 90 (noventa) dias após a data de sua publicação.

§ 3º Na apreciação do pedido levar-se-á em conta o grau de parentesco e a relação de afinidade ou de afetividade, a fim de evitar ou minorar as consequências decorrentes da medida.

* § 3º acrescentado pela Lei 12.010/2009 (*DOU* 04.08.2009), em vigor 90 (noventa) dias após a data de sua publicação.

§ 4º Os grupos de irmãos serão colocados sob adoção, tutela ou guarda da mesma família substituta, ressalvada a comprovada existência de risco de abuso ou outra situação que justifique plenamente a excepcionalidade de solução diversa, procurando-se, em qualquer caso, evitar o rompimento definitivo dos vínculos fraternais.

* § 4º acrescentado pela Lei 12.010/2009 (*DOU* 04.08.2009), em vigor 90 (noventa) dias após a data de sua publicação.

§ 5º A colocação da criança ou adolescente em família substituta será precedida de sua preparação gradativa e acompanhamento posterior, realizados pela equipe interprofissional a serviço da Justiça da Infância e da Juventude, preferencialmente com o apoio dos técnicos responsáveis pela execução da política municipal de garantia do direito à convivência familiar.

* § 5º acrescentado pela Lei 12.010/2009 (*DOU* 04.08.2009), em vigor 90 (noventa) dias após a data de sua publicação.

§ 6º Em se tratando de criança ou adolescente indígena ou proveniente de comunidade remanescente de quilombo, é ainda obrigatório:

* § 6º acrescentado pela Lei 12.010/2009 (*DOU* 04.08.2009), em vigor 90 (noventa) dias após a data de sua publicação.

I – que sejam consideradas e respeitadas sua identidade social e cultural, os seus costumes e tradições, bem como suas instituições, desde que não sejam incompatíveis com os direitos fundamentais reconhecidos por esta Lei e pela Constituição Federal;

II – que a colocação familiar ocorra prioritariamente no seio de sua comunidade ou junto a membros da mesma etnia;

III – a intervenção e oitiva de representantes do órgão federal responsável pela política indigenista, no caso de crianças e adolescentes indígenas, e de antropólogos, perante a equipe interprofissional ou multidisciplinar que irá acompanhar o caso.

Art. 29. Não se deferirá colocação em família substituta a pessoa que revele, por qualquer modo, incompatibilidade com a natureza da medida ou não ofereça ambiente familiar adequado.

* V. arts. 50, § 2º, e 51.

Art. 30. A colocação em família substituta não admitirá transferência da criança ou adolescente a terceiros ou a entidades governamentais ou não governamentais, sem autorização judicial.

Art. 31. A colocação em família substituta estrangeira constitui medida excepcional, somente admissível na modalidade de adoção.

* V. art. 51.

Art. 32. Ao assumir a guarda ou a tutela, o responsável prestará compromisso de bem e fielmente desempenhar o encargo, mediante termo nos autos.

Subseção II
Da guarda

* V. art. 1.634, II e VI, CC.

Art. 33. A guarda obriga à prestação de assistência material, moral e educacional à criança ou adolescente, conferindo a seu detentor o direito de opor-se a terceiros, inclusive aos pais.

* V. arts. 157, 167 e 248.

§ 1º A guarda destina-se a regularizar a posse de fato, podendo ser deferida, liminar ou incidentalmente, nos procedimentos de tutela e adoção, exceto no de adoção por estrangeiros.

* V. art. 248.

§ 2º Excepcionalmente, deferir-se-á a guarda, fora dos casos de tutela e adoção, para atender a situações peculiares ou suprir a falta eventual dos pais ou responsável, podendo ser deferido o direito de representação para a prática de atos determinados.

* V. arts. 32, 157 e 164.

§ 3º A guarda confere à criança ou adolescente a condição de dependente, para todos os fins e efeitos de direito, inclusive previdenciários.

§ 4º Salvo expressa e fundamentada determinação em contrário, da autoridade judiciária competente, ou quando a medida for aplicada em preparação para adoção, o deferimento da guarda de criança ou adolescente a terceiros não impede o exercício do direito de visitas pelos pais, assim como o dever de prestar alimentos, que serão objeto de regulamentação específica, a pedido do interessado ou do Ministério Público.

- § 4º acrescentado pela Lei 12.010/2009 (*DOU* 04.08.2009), em vigor 90 (noventa) dias após a data de sua publicação.

Art. 34. O poder público estimulará, por meio de assistência jurídica, incentivos fiscais e subsídios, o acolhimento, sob a forma de guarda, de criança ou adolescente afastado do convívio familiar.

- *Caput* com redação determinada pela Lei 12.010/2009 (*DOU* 04.08.2009), em vigor 90 (noventa) dias após a data de sua publicação.

§ 1º A inclusão da criança ou adolescente em programas de acolhimento familiar terá preferência a seu acolhimento institucional, observado, em qualquer caso, o caráter temporário e excepcional da medida, nos termos desta Lei.

- § 1º acrescentado pela Lei 12.010/2009 (*DOU* 04.08.2009), em vigor 90 (noventa) dias após a data de sua publicação.

§ 2º Na hipótese do § 1º deste artigo a pessoa ou casal cadastrado no programa de acolhimento familiar poderá receber a criança ou adolescente mediante guarda, observado o disposto nos arts. 28 a 33 desta Lei.

- § 2º acrescentado pela Lei 12.010/2009 (*DOU* 04.08.2009), em vigor 90 (noventa) dias após a data de sua publicação.

§ 3º A União apoiará a implementação de serviços de acolhimento em família acolhedora como política pública, os quais deverão dispor de equipe que organize o acolhimento temporário de crianças e de adolescentes em residências de famílias selecionadas, capacitadas e acompanhadas que não estejam no cadastro de adoção.

- § 3º acrescentado pela Lei 13.257/2016.

§ 4º Poderão ser utilizados recursos federais, estaduais, distritais e municipais para a manutenção dos serviços de acolhimento em família acolhedora, facultando-se o repasse de recursos para a própria família acolhedora.

- § 4º acrescentado pela Lei 13.257/2016.

Art. 35. A guarda poderá ser revogada a qualquer tempo, mediante ato judicial fundamentado, ouvido o Ministério Público.

- V. arts. 129, VIII, 130 e 169, parágrafo único.

Subseção III
Da tutela

Art. 36. A tutela será deferida, nos termos da lei civil, a pessoa de até 18 (dezoito) anos incompletos.

- *Caput* com redação determinada pela Lei 12.010/2009 (*DOU* 04.08.2009), em vigor 90 (noventa) dias após a data de sua publicação.
- V. arts. 33 a 35 e 155 a 163.
- V. arts. 1.728 a 1.766, CC.

Parágrafo único. O deferimento da tutela pressupõe a prévia decretação da perda ou suspensão do poder familiar e implica necessariamente o dever de guarda.

- O art. 3º da Lei 12.010/2009 (*DOU* 04.08.2009), em vigor 90 (noventa) dias após a data de sua publicação, determina a substituição da expressão "pátrio poder" por "poder familiar".
- V. arts. 1.630 a 1.638, CC (Do poder familiar).

Art. 37. O tutor nomeado por testamento ou qualquer documento autêntico, conforme previsto no parágrafo único do art. 1.729 da Lei 10.406, de 10 de janeiro de 2002 – Código Civil, deverá, no prazo de 30 (trinta) dias após a abertura da sucessão, ingressar com pedido destinado ao controle judicial do ato, observando o procedimento previsto nos arts. 165 a 170 desta Lei.

- Artigo com redação determinada pela Lei 12.010/2009 (*DOU* 04.08.2009), em vigor 90 (noventa) dias após a data de sua publicação.

Parágrafo único. Na apreciação do pedido, serão observados os requisitos previstos nos arts. 28 e 29 desta Lei, somente sendo deferida a tutela à pessoa indicada na disposição de última vontade, se restar comprovado que a medida é vantajosa ao tutelando e que não existe outra pessoa em melhores condições de assumi-la.

Art. 38. Aplica-se à destituição da tutela o disposto no art. 24.

- V. arts. 129, IX, e 164.

Lei 8.069/1990

LEGISLAÇÃO

Subseção IV
Da adoção

- V. arts. 1.618 e 1.619, CC.
- V. Res. CNJ 54/2008 (Implantação e funcionamento do Cadastro Nacional de Adoção).

Art. 39. A adoção de criança e de adolescente reger-se-á segundo o disposto nesta Lei.

§ 1º A adoção é medida excepcional e irrevogável, à qual se deve recorrer apenas quando esgotados os recursos de manutenção da criança ou adolescente na família natural ou extensa, na forma do parágrafo único do art. 25 desta Lei.

- § 1º acrescentado pela Lei 12.010/2009 (*DOU* 04.08.2009), em vigor 90 (noventa) dias após a data de sua publicação.

§ 2º É vedada a adoção por procuração.

- Primitivo parágrafo único renumerado pela Lei 12.010/2009 (*DOU* 04.08.2009), em vigor 90 (noventa) dias após a data de sua publicação.

Art. 40. O adotando deve contar com, no máximo, 18 (dezoito) anos à data do pedido, salvo se já estiver sob a guarda ou tutela dos adotantes.

Art. 41. A adoção atribui a condição de filho ao adotado, com os mesmos direitos e deveres, inclusive sucessórios, desligando-o de qualquer vínculo com pais e parentes, salvo os impedimentos matrimoniais.

- V. art. 227, § 6º, CF.
- V. art. 1.521, III e V, CC.

§ 1º Se um dos cônjuges ou concubinos adota o filho do outro, mantêm-se os vínculos de filiação entre o adotado e o cônjuge ou concubino do adotante e os respectivos parentes.

§ 2º É recíproco o direito sucessório entre o adotado, seus descendentes, o adotante, seus ascendentes, descendentes e colaterais até o 4º grau, observada a ordem de vocação hereditária.

Art. 42. Podem adotar os maiores de 18 (dezoito) anos, independentemente do estado civil.

- *Caput* com redação determinada pela Lei 12.010/2009 (*DOU* 04.08.2009), em vigor 90 (noventa) dias após a data de sua publicação.

§ 1º Não podem adotar os ascendentes e os irmãos do adotando.

§ 2º Para adoção conjunta, é indispensável que os adotantes sejam casados civilmente ou mantenham união estável, comprovada a estabilidade da família.

- § 2º com redação determinada pela Lei 12.010/2009 (*DOU* 04.08.2009), em vigor 90 (noventa) dias após a data de sua publicação.

§ 3º O adotante há de ser, pelo menos, 16 (dezesseis) anos mais velho do que o adotando.

- V. art. 1.619, CC.

§ 4º Os divorciados, os judicialmente separados e os ex-companheiros podem adotar conjuntamente, contanto que acordem sobre a guarda e o regime de visitas e desde que o estágio de convivência tenha sido iniciado na constância do período de convivência e que seja comprovada a existência de vínculos de afinidade e afetividade com aquele não detentor da guarda, que justifiquem a excepcionalidade da concessão.

- § 4º com redação determinada pela Lei 12.010/2009 (*DOU* 04.08.2009), em vigor 90 (noventa) dias após a data de sua publicação.

§ 5º Nos casos do § 4º deste artigo, desde que demonstrado efetivo benefício ao adotando, será assegurada a guarda compartilhada, conforme previsto no art. 1.584 da Lei 10.406, de 10 de janeiro de 2002 – Código Civil.

- § 5º com redação determinada pela Lei 12.010/2009 (*DOU* 04.08.2009), em vigor 90 (noventa) dias após a data de sua publicação.

§ 6º A adoção poderá ser deferida ao adotante que, após inequívoca manifestação de vontade, vier a falecer no curso do procedimento, antes de prolatada a sentença.

- § 6º acrescentado pela Lei 12.010/2009 (*DOU* 04.08.2009), em vigor 90 (noventa) dias após a data de sua publicação.
- V. art. 47, § 7º.

Art. 43. A adoção será deferida quando apresentar reais vantagens para o adotando e fundar-se em motivos legítimos.

- V. arts. 47, *caput*, e 165.

Art. 44. Enquanto não der conta de sua administração e saldar o seu alcance, não pode o tutor ou o curador adotar o pupilo ou o curatelado.

Art. 45. A adoção depende do consentimento dos pais ou do representante legal do adotando.

§ 1º O consentimento será dispensado em relação à criança ou adolescente cujos pais sejam desconhecidos ou tenham sido destituídos do poder familiar.

- O art. 3º da Lei 12.010/2009 (*DOU* 04.08.2009), em vigor 90 (noventa) dias após a data de sua publicação, determina a substituição da expressão "pátrio poder" por "poder familiar".
- V. arts. 1.630 a 1.638, CC (Do poder familiar).

§ 2º Em se tratando de adotando maior de 12 (doze) anos de idade, será também necessário o seu consentimento.

Art. 46. A adoção será precedida de estágio de convivência com a criança ou adolescente, pelo prazo que a autoridade judiciária fixar, observadas as peculiaridades do caso.

- V. art. 167.

§ 1º O estágio de convivência poderá ser dispensado se o adotando já estiver sob a tutela ou guarda legal do adotante durante tempo suficiente para que seja possível avaliar a conveniência da constituição do vínculo.

- § 1º com redação determinada pela Lei 12.010/2009 (*DOU* 04.08.2009), em vigor 90 (noventa) dias após a data de sua publicação.

§ 2º A simples guarda de fato não autoriza, por si só, a dispensa da realização do estágio de convivência.

- § 2º com redação determinada pela Lei 12.010/2009 (*DOU* 04.08.2009), em vigor 90 (noventa) dias após a data de sua publicação.

§ 3º Em caso de adoção por pessoa ou casal residente ou domiciliado fora do País, o estágio de convivência, cumprido no território nacional, será de, no mínimo, 30 (trinta) dias.

- § 3º acrescentado pela Lei 12.010/2009 (*DOU* 04.08.2009), em vigor 90 (noventa) dias após a data de sua publicação.
- V. art. 52.

§ 4º O estágio de convivência será acompanhado pela equipe interprofissional a serviço da Justiça da Infância e da Juventude, preferencialmente com apoio dos técnicos responsáveis pela execução da política de garantia do direito à convivência familiar, que apresentarão relatório minucioso acerca da conveniência do deferimento da medida.

- § 4º acrescentado pela Lei 12.010/2009 (*DOU* 04.08.2009), em vigor 90 (noventa) dias após a data de sua publicação.

Art. 47. O vínculo da adoção constitui-se por sentença judicial, que será inscrita no registro civil mediante mandado do qual não se fornecerá certidão.

- V. art. 170.
- V. art. 227, § 5º, CF.

§ 1º A inscrição consignará o nome dos adotantes como pais, bem como o nome de seus ascendente.

§ 2º O mandado judicial, que será arquivado, cancelará o registro original do adotado.

§ 3º A pedido do adotante, o novo registro poderá ser lavrado no Cartório do Registro Civil do Município de sua residência.

- § 3º com redação determinada pela Lei 12.010/2009 (*DOU* 04.08.2009), em vigor 90 (noventa) dias após a data de sua publicação.

§ 4º Nenhuma observação sobre a origem do ato poderá constar nas certidões do registro.

- § 4º com redação determinada pela Lei 12.010/2009 (*DOU* 04.08.2009), em vigor 90 (noventa) dias após a data de sua publicação.

§ 5º A sentença conferirá ao adotado o nome do adotante e, a pedido de qualquer deles, poderá determinar a modificação do prenome.

- § 5º com redação determinada pela Lei 12.010/2009 (*DOU* 04.08.2009), em vigor 90 (noventa) dias após a data de sua publicação.

§ 6º Caso a modificação de prenome seja requerida pelo adotante, é obrigatória a oitiva do adotando, observado o disposto nos §§ 1º e 2º do art. 28 desta Lei.

- § 6º com redação determinada pela Lei 12.010/2009 (*DOU* 04.08.2009), em vigor 90 (noventa) dias após a data de sua publicação.

§ 7º A adoção produz seus efeitos a partir do trânsito em julgado da sentença constitutiva, exceto na hipótese prevista no § 6º do art. 42 desta Lei, caso em que terá força retroativa à data do óbito.

- § 7º acrescentado pela Lei 12.010/2009 (*DOU* 04.08.2009), em vigor 90 (noventa) dias após a data de sua publicação.

Lei 8.069/1990

Legislação

§ 8º O processo relativo à adoção assim como outros a ele relacionados serão mantidos em arquivo, admitindo-se seu armazenamento em microfilme ou por outros meios, garantida a sua conservação para consulta a qualquer tempo.

- § 8º acrescentado pela Lei 12.010/2009 (*DOU* 04.08.2009), em vigor 90 (noventa) dias após a data de sua publicação.

§ 9º Terão prioridade de tramitação os processos de adoção em que o adotando for criança ou adolescente com deficiência ou com doença crônica.

- § 9º acrescentado pela Lei 12.955/2013.

Art. 48. O adotado tem direito de conhecer sua origem biológica, bem como de obter acesso irrestrito ao processo no qual a medida foi aplicada e seus eventuais incidentes, após completar 18 (dezoito) anos.

- Artigo com redação determinada pela Lei 12.010/2009 (*DOU* 04.08.2009), em vigor 90 (noventa) dias após a data de sua publicação.

Parágrafo único. O acesso ao processo de adoção poderá ser também deferido ao adotado menor de 18 (dezoito) anos, a seu pedido, assegurada orientação e assistência jurídica e psicológica.

Art. 49. A morte dos adotantes não restabelece o poder familiar dos pais naturais.

- O art. 3º da Lei 12.010/2009 (*DOU* 04.08.2009), em vigor 90 (noventa) dias após a data de sua publicação, determina a substituição da expressão "pátrio poder" por "poder familiar".
- V. arts. 1.630 a 1.638, CC (Do poder familiar).

Art. 50. A autoridade judiciária manterá, em cada comarca ou foro regional, um registro de crianças e adolescentes em condições de serem adotados e outro de pessoas interessadas na adoção.

§ 1º O deferimento da inscrição dar-se-á após prévia consulta aos órgãos técnicos do Juizado, ouvido o Ministério Público.

- V. art. 151.

§ 2º Não será deferida a inscrição se o interessado não satisfizer os requisitos legais, ou verificada qualquer das hipóteses previstas no art. 29.

- V. arts. 42, 51 e 165, I.

§ 3º A inscrição de postulantes à adoção será precedida de um período de preparação psicossocial e jurídica, orientado pela equipe técnica da Justiça da Infância e da Juventude, preferencialmente com apoio dos técnicos responsáveis pela execução da política municipal de garantia do direito à convivência familiar.

- § 3º acrescentado pela Lei 12.010/2009 (*DOU* 04.08.2009), em vigor 90 (noventa) dias após a data de sua publicação.
- V. art. 6º, Lei 12.010/2009 (Lei Nacional de Adoção).

§ 4º Sempre que possível e recomendável, a preparação referida no § 3º deste artigo incluirá o contato com crianças e adolescentes em acolhimento familiar ou institucional em condições de serem adotados, a ser realizado sob a orientação, supervisão e avaliação da equipe técnica da Justiça da Infância e da Juventude, com apoio dos técnicos responsáveis pelo programa de acolhimento e pela execução da política municipal de garantia do direito à convivência familiar.

- § 4º acrescentado pela Lei 12.010/2009 (*DOU* 04.08.2009), em vigor 90 (noventa) dias após a data de sua publicação.
- V. art. 6º, Lei 12.010/2009 (Lei Nacional de Adoção).

§ 5º Serão criados e implementados cadastros estaduais e nacional de crianças e adolescentes em condições de serem adotados e de pessoas ou casais habilitados à adoção.

- § 5º acrescentado pela Lei 12.010/2009 (*DOU* 04.08.2009), em vigor 90 (noventa) dias após a data de sua publicação.

§ 6º Haverá cadastros distintos para pessoas ou casais residentes fora do País, que somente serão consultados na inexistência de postulantes nacionais habilitados nos cadastros mencionados no § 5º deste artigo.

- § 6º acrescentado pela Lei 12.010/2009 (*DOU* 04.08.2009), em vigor 90 (noventa) dias após a data de sua publicação.

§ 7º As autoridades estaduais e federais em matéria de adoção terão acesso integral aos cadastros, incumbindo-lhes a troca de informações e a cooperação mútua, para melhoria do sistema.

- § 7º acrescentado pela Lei 12.010/2009 (*DOU* 04.08.2009), em vigor 90 (noventa) dias após a data de sua publicação.

Lei 8.069/1990

LEGISLAÇÃO

§ 8º A autoridade judiciária providenciará, no prazo de 48 (quarenta e oito) horas, a inscrição das crianças e adolescentes em condições de serem adotados que não tiveram colocação familiar na comarca de origem, e das pessoas ou casais que tiveram deferida sua habilitação à adoção nos cadastros estadual e nacional referidos no § 5º deste artigo, sob pena de responsabilidade.

- § 8º acrescentado pela Lei 12.010/2009 (*DOU* 04.08.2009), em vigor 90 (noventa) dias após a data de sua publicação.

§ 9º Compete à Autoridade Central Estadual zelar pela manutenção e correta alimentação dos cadastros, com posterior comunicação à Autoridade Central Federal Brasileira.

- § 9º acrescentado pela Lei 12.010/2009 (*DOU* 04.08.2009), em vigor 90 (noventa) dias após a data de sua publicação.

§ 10. A adoção internacional somente será deferida se, após consulta ao cadastro de pessoas ou casais habilitados à adoção, mantido pela Justiça da Infância e da Juventude na comarca, bem como aos cadastros estadual e nacional referidos no § 5º deste artigo, não for encontrado interessado com residência permanente no Brasil.

- § 10 acrescentado pela Lei 12.010/2009 (*DOU* 04.08.2009), em vigor 90 (noventa) dias após a data de sua publicação.

§ 11. Enquanto não localizada pessoa ou casal interessado em sua adoção, a criança ou o adolescente, sempre que possível e recomendável, será colocado sob guarda de família cadastrada em programa de acolhimento familiar.

- § 11 acrescentado pela Lei 12.010/2009 (*DOU* 04.08.2009), em vigor 90 (noventa) dias após a data de sua publicação.

§ 12. A alimentação do cadastro e a convocação criteriosa dos postulantes à adoção serão fiscalizadas pelo Ministério Público.

- § 12 acrescentado pela Lei 12.010/2009 (*DOU* 04.08.2009), em vigor 90 (noventa) dias após a data de sua publicação.

§ 13. Somente poderá ser deferida adoção em favor de candidato domiciliado no Brasil não cadastrado previamente nos termos desta Lei quando:

- § 13 acrescentado pela Lei 12.010/2009 (*DOU* 04.08.2009), em vigor 90 (noventa) dias após a data de sua publicação.

I – se tratar de pedido de adoção unilateral;
II – for formulada por parente com o qual a criança ou adolescente mantenha vínculos de afinidade e afetividade;
III – oriundo o pedido de quem detém a tutela ou guarda legal de criança maior de 3 (três) anos ou adolescente, desde que o lapso de tempo de convivência comprove a fixação de laços de afinidade e afetividade, e não seja constatada a ocorrência de má-fé ou qualquer das situações previstas nos arts. 237 ou 238 desta Lei.

§ 14. Nas hipóteses previstas no § 13 deste artigo, o candidato deverá comprovar, no curso do procedimento, que preenche os requisitos necessários à adoção, conforme previsto nesta Lei.

- § 14 acrescentado pela Lei 12.010/2009 (*DOU* 04.08.2009), em vigor 90 (noventa) dias após a data de sua publicação.

Art. 51. Considera-se adoção internacional aquela na qual a pessoa ou casal postulante é residente ou domiciliado fora do Brasil, conforme previsto no Artigo 2 da Convenção de Haia, de 29 de maio de 1993, Relativa à Proteção das Crianças e à Cooperação em Matéria de Adoção Internacional, aprovada pelo Decreto Legislativo 1, de 14 de janeiro de 1999, e promulgada pelo Decreto 3.087, de 21 de junho de 1999.

- *Caput* com redação determinada pela Lei 12.010/2009 (*DOU* 04.08.2009), em vigor 90 (noventa) dias após a data de sua publicação.
- V. arts. 33, § 1º, e 46, § 3º.
- V. art. 227, § 5º, CF.

§ 1º A adoção internacional de criança ou adolescente brasileiro ou domiciliado no Brasil somente terá lugar quando restar comprovado:

- § 1º com redação determinada pela Lei 12.010/2009 (*DOU* 04.08.2009), em vigor 90 (noventa) dias após a data de sua publicação.

I – que a colocação em família substituta é a solução adequada ao caso concreto;
II – que foram esgotadas todas as possibilidades de colocação da criança ou adolescente em família substituta brasileira, após consulta aos cadastros mencionados no art. 50 desta Lei;

Lei 8.069/1990

LEGISLAÇÃO

III – que, em se tratando de adoção de adolescente, este foi consultado, por meios adequados ao seu estágio de desenvolvimento, e que se encontra preparado para a medida, mediante parecer elaborado por equipe interprofissional, observado o disposto nos §§ 1º e 2º do art. 28 desta Lei.

§ 2º Os brasileiros residentes no exterior terão preferência aos estrangeiros, nos casos de adoção internacional de criança ou adolescente brasileiro.

- § 2º com redação determinada pela Lei 12.010/2009 (DOU 04.08.2009), em vigor 90 (noventa) dias após a data de sua publicação.

§ 3º A adoção internacional pressupõe a intervenção das Autoridades Centrais Estaduais e Federal em matéria de adoção internacional.

- § 3º com redação determinada pela Lei 12.010/2009 (DOU 04.08.2009), em vigor 90 (noventa) dias após a data de sua publicação.

§ 4º *(Revogado pela Lei 12.010/2009 – DOU 04.08.2009, em vigor noventa dias após a data de sua publicação.)*

Art. 52. A adoção internacional observará o procedimento previsto nos arts. 165 a 170 desta Lei, com as seguintes adaptações:

- Artigo com redação determinada pela Lei 12.010/2009 (DOU 04.08.2009), em vigor 90 (noventa) dias após a data de sua publicação.

I – a pessoa ou casal estrangeiro, interessado em adotar criança ou adolescente brasileiro, deverá formular pedido de habilitação à adoção perante a Autoridade Central em matéria de adoção internacional no país de acolhida, assim entendido aquele onde está situada sua residência habitual;

II – se a Autoridade Central do país de acolhida considerar que os solicitantes estão habilitados e aptos para adotar, emitirá um relatório que contenha informações sobre a identidade, a capacidade jurídica e adequação dos solicitantes para adotar, sua situação pessoal, familiar e médica, seu meio social, os motivos que os animam e sua aptidão para assumir uma adoção internacional;

III – a Autoridade Central do país de acolhida enviará o relatório à Autoridade Central Estadual, com cópia para a Autoridade Central Federal Brasileira;

IV – o relatório será instruído com toda a documentação necessária, incluindo estudo psicossocial elaborado por equipe interprofissional habilitada e cópia autenticada da legislação pertinente, acompanhada da respectiva prova de vigência;

V – os documentos em língua estrangeira serão devidamente autenticados pela autoridade consular, observados os tratados e convenções internacionais, e acompanhados da respectiva tradução, por tradutor público juramentado;

- V. art. 224, CC.
- V. arts. 162, I, e 192, parágrafo único, CPC/2015.
- V. art. 148, Lei 6.015/1973 (Lei de Registros Públicos).
- V. Dec. 84.451/1980 (Atos notariais e de registro civil).

VI – a Autoridade Central Estadual poderá fazer exigências e solicitar complementação sobre o estudo psicossocial do postulante estrangeiro à adoção, já realizado no país de acolhida;

VII – verificada, após estudo realizado pela Autoridade Central Estadual, a compatibilidade da legislação estrangeira com a nacional, além do preenchimento por parte dos postulantes à medida dos requisitos objetivos e subjetivos necessários ao seu deferimento, tanto à luz do que dispõe esta Lei como da legislação do país de acolhida, será expedido laudo de habilitação à adoção internacional, que terá validade por, no máximo, 1 (um) ano;

VIII – de posse do laudo de habilitação, o interessado será autorizado a formalizar pedido de adoção perante o Juízo da Infância e da Juventude do local em que se encontra a criança ou adolescente, conforme indicação efetuada pela Autoridade Central Estadual.

§ 1º Se a legislação do país de acolhida assim o autorizar, admite-se que os pedidos de habilitação à adoção internacional sejam intermediados por organismos credenciados.

§ 2º Incumbe à Autoridade Central Federal Brasileira o credenciamento de organismos nacionais e estrangeiros encarregados de intermediar pedidos de habilitação à adoção internacional, com posterior comunicação às Autoridades Centrais Estaduais e publicação nos órgãos oficiais de imprensa e em sítio próprio da internet.

§ 3º Somente será admissível o credenciamento de organismos que:

I – sejam oriundos de países que ratificaram a Convenção de Haia e estejam devidamente credenciados pela Autoridade Central do país onde estiverem sediados e no país de acolhida do adotando para atuar em adoção internacional no Brasil;

II – satisfizerem as condições de integridade moral, competência profissional, experiência e responsabilidade exigidas pelos países respectivos e pela Autoridade Central Federal Brasileira;

III – forem qualificados por seus padrões éticos e sua formação e experiência para atuar na área de adoção internacional;

IV – cumprirem os requisitos exigidos pelo ordenamento jurídico brasileiro e pelas normas estabelecidas pela Autoridade Central Federal Brasileira.

§ 4º Os organismos credenciados deverão ainda:

I – perseguir unicamente fins não lucrativos, nas condições e dentro dos limites fixados pelas autoridades competentes do país onde estiverem sediados, do país de acolhida e pela Autoridade Central Federal Brasileira;

II – ser dirigidos e administrados por pessoas qualificadas e de reconhecida idoneidade moral, com comprovada formação ou experiência para atuar na área de adoção internacional, cadastradas pelo Departamento de Polícia Federal e aprovadas pela Autoridade Central Federal Brasileira, mediante publicação de portaria do órgão federal competente;

III – estar submetidos à supervisão das autoridades competentes do país onde estiverem sediados e no país de acolhida, inclusive quanto à sua composição, funcionamento e situação financeira;

IV – apresentar à Autoridade Central Federal Brasileira, a cada ano, relatório geral das atividades desenvolvidas, bem como relatório de acompanhamento das adoções internacionais efetuadas no período, cuja cópia será encaminhada ao Departamento de Polícia Federal;

V – enviar relatório pós-adotivo semestral para a Autoridade Central Estadual, com cópia para a Autoridade Central Federal Brasileira, pelo período mínimo de 2 (dois) anos. O envio do relatório será mantido até a juntada de cópia autenticada do registro civil, estabelecendo a cidadania do país de acolhida do adotado;

VI – tomar as medidas necessárias para garantir que os adotantes encaminhem à Autoridade Central Federal Brasileira cópia da certidão de registro de nascimento estrangeira e do certificado de nacionalidade tão logo lhes sejam concedidos.

§ 5º A não apresentação dos relatórios referidos no § 4º deste artigo pelo organismo credenciado poderá acarretar a suspensão de seu credenciamento.

§ 6º O credenciamento de organismo nacional ou estrangeiro encarregado de intermediar pedidos de adoção internacional terá validade de 2 (dois) anos.

§ 7º A renovação do credenciamento poderá ser concedida mediante requerimento protocolado na Autoridade Central Federal Brasileira nos 60 (sessenta) dias anteriores ao término do respectivo prazo de validade.

§ 8º Antes de transitada em julgado a decisão que concedeu a adoção internacional, não será permitida a saída do adotando do território nacional.

§ 9º Transitada em julgado a decisão, a autoridade judiciária determinará a expedição de alvará com autorização de viagem, bem como para obtenção de passaporte, constando, obrigatoriamente, as características da criança ou adolescente adotado, como idade, cor, sexo, eventuais sinais ou traços peculiares, assim como foto recente e a aposição da impressão digital do seu polegar direito, instruindo o documento com cópia autenticada da decisão e certidão de trânsito em julgado.

§ 10. A Autoridade Central Federal Brasileira poderá, a qualquer momento, solicitar informações sobre a situação das crianças e adolescentes adotados.

§ 11. A cobrança de valores por parte dos organismos credenciados, que sejam considerados abusivos pela Autoridade Central Federal Brasileira e que não estejam devidamente comprovados, é causa de seu descredenciamento.

§ 12. Uma mesma pessoa ou seu cônjuge não podem ser representados por mais de uma entidade credenciada para atuar na cooperação em adoção internacional.

§ 13. A habilitação de postulante estrangeiro ou domiciliado fora do Brasil terá validade máxima de 1 (um) ano, podendo ser renovada.

§ 14. É vedado o contato direto de representantes de organismos de adoção, nacionais ou estrangeiros, com dirigentes de programas de acolhimento institucional ou familiar, assim como com crianças e adolescentes em condições de serem adotados, sem a devida autorização judicial.

§ 15. A Autoridade Central Federal Brasileira poderá limitar ou suspender a concessão de novos credenciamentos sempre que julgar necessário, mediante ato administrativo fundamentado.

Art. 52-A. É vedado, sob pena de responsabilidade e descredenciamento, o repasse de recursos provenientes de organismos estrangeiros encarregados de intermediar pedidos de adoção internacional a organismos nacionais ou a pessoas físicas.

- Artigo acrescentado pela Lei 12.010/2009 (*DOU* 04.08.2009), em vigor 90 (noventa) dias após a data de sua publicação.

Parágrafo único. Eventuais repasses somente poderão ser efetuados via Fundo dos Direitos da Criança e do Adolescente e estarão sujeitos às deliberações do respectivo Conselho de Direitos da Criança e do Adolescente.

Art. 52-B. A adoção por brasileiro residente no exterior em país ratificante da Convenção de Haia, cujo processo de adoção tenha sido processado em conformidade com a legislação vigente no país de residência e atendido o disposto na Alínea c do Artigo 17 da referida Convenção, será automaticamente recepcionada com o reingresso no Brasil.

- Artigo acrescentado pela Lei 12.010/2009 (*DOU* 04.08.2009), em vigor 90 (noventa) dias após a data de sua publicação.

§ 1º Caso não tenha sido atendido o disposto na Alínea c do Artigo 17 da Convenção de Haia, deverá a sentença ser homologada pelo Superior Tribunal de Justiça.

§ 2º O pretendente brasileiro residente no exterior em país não ratificante da Convenção de Haia, uma vez reingressado no Brasil, deverá requerer a homologação da sentença estrangeira pelo Superior Tribunal de Justiça.

Art. 52-C. Nas adoções internacionais, quando o Brasil for o país de acolhida, a decisão da autoridade competente do país de origem da criança ou do adolescente será conhecida pela Autoridade Central Estadual que tiver processado o pedido de habilitação dos pais adotivos, que comunicará o fato à Autoridade Central Federal e determinará as providências necessárias à expedição do Certificado de Naturalização Provisório.

- Artigo acrescentado pela Lei 12.010/2009 (*DOU* 04.08.2009), em vigor 90 (noventa) dias após a data de sua publicação.

§ 1º A Autoridade Central Estadual, ouvido o Ministério Público, somente deixará de reconhecer os efeitos daquela decisão se restar demonstrado que a adoção é manifestamente contrária à ordem pública ou não atende ao interesse superior da criança ou do adolescente.

§ 2º Na hipótese de não reconhecimento da adoção, prevista no § 1º deste artigo, o Ministério Público deverá imediatamente requerer o que for de direito para resguardar os interesses da criança ou do adolescente, comunicando-se as providências à Autoridade Central Estadual, que fará a comunicação à Autoridade Central Federal Brasileira e à Autoridade Central do país de origem.

Art. 52-D. Nas adoções internacionais, quando o Brasil for o país de acolhida e a adoção não tenha sido deferida no país de origem porque a sua legislação a delega ao país de acolhida, ou, ainda, na hipótese de, mesmo com decisão, a criança ou o adolescente ser oriundo de país que não tenha aderido à Convenção referida, o processo

Lei 8.069/1990

de adoção seguirá as regras da adoção nacional.

- Artigo acrescentado pela Lei 12.010/2009 (*DOU* 04.08.2009), em vigor 90 (noventa) dias após a data de sua publicação.

Capítulo IV
DO DIREITO À EDUCAÇÃO, À CULTURA, AO ESPORTE E AO LAZER

Art. 53. A criança e o adolescente têm direito à educação, visando ao pleno desenvolvimento de sua pessoa, preparo para o exercício da cidadania e qualificação para o trabalho, assegurando-se-lhes:

- V. art. 205, CF.
- V. art. 6º, Lei 7.716/1989 (Crimes resultantes de preconceito de raça ou de cor).
- V. art. 2º, Lei 9.394/1996 (Lei de Diretrizes e Bases da Educação).

I – igualdade de condições para o acesso e permanência na escola;

- V. art. 206, I, CF.
- V. art. 3º, I, Lei 9.394/1996 (Lei de Diretrizes e Bases da Educação).

II – direito de ser respeitado por seus educadores;

- V. arts. 15, 17 e 18.
- V. art. 3º, IV, Lei 9.394/1996 (Lei de Diretrizes e Bases da Educação).

III – direito de contestar critérios avaliativos, podendo recorrer às instâncias escolares superiores;

IV – direito de organização e participação em entidades estudantis;

- V. art. 16, VI.

V – acesso a escola pública e gratuita próxima de sua residência.

- V. art. 3º, VI, Lei 9.394/1996 (Lei de Diretrizes e Bases da Educação).

Parágrafo único. É direito dos pais ou responsáveis ter ciência do processo pedagógico, bem como participar da definição das propostas educacionais.

Art. 54. É dever do Estado assegurar à criança e ao adolescente:

- V. art. 208, CF.
- V. art. 4º, Lei 9.394/1996 (Lei de Diretrizes e Bases da Educação).

I – ensino fundamental, obrigatório e gratuito, inclusive para os que a ele não tiveram acesso na idade própria;

- V. art. 208, I, CF.
- V. art. 4º, I, Lei 9.394/1996 (Lei de Diretrizes e Bases da Educação).

II – progressiva extensão da obrigatoriedade e gratuidade ao ensino médio;

- V. art. 208, II, CF.
- V. art. 4º, II, Lei 9.394/1996 (Lei de Diretrizes e Bases da Educação).

III – atendimento educacional especializado aos portadores de deficiência preferencialmente na rede regular de ensino;

- V. art. 208, II, CF.
- V. art. 4º, III, Lei 9.394/1996 (Lei de Diretrizes e Bases da Educação).

IV – atendimento em creche e pré-escola às crianças de 0 (zero) a 6 (seis) anos de idade;

- V. arts. 7º, XXV, e 208, III, CF.
- V. art. 4º, IV, Lei 9.394/1996 (Lei de Diretrizes e Bases da Educação).

V – acesso aos níveis mais elevados do ensino, da pesquisa e da criação artística, segundo a capacidade de cada um;

- V. art. 4º, V, Lei 9.394/1996 (Lei de Diretrizes e Bases da Educação).

VI – oferta de ensino noturno regular, adequado às condições do adolescente trabalhador;

- V. art. 208, IV, CF.
- V. art. 4º, VI, Lei 9.394/1996 (Lei de Diretrizes e Bases da Educação).

VII – atendimento no ensino fundamental, através de programas suplementares de material didático-escolar, transporte, alimentação e assistência à saúde.

- V. art. 208, V, CF.
- V. art. 4º, VIII, Lei 9.394/1996 (Lei de Diretrizes e Bases da Educação).

§ 1º O acesso ao ensino obrigatório e gratuito é direito público subjetivo.

- V. art. 208, § 1º, CF.
- V. art. 5º, Lei 9.394/1996 (Lei de Diretrizes e Bases da Educação).

§ 2º O não oferecimento do ensino obrigatório pelo Poder Público ou sua oferta irregular importa responsabilidade da autoridade competente.

- V. art. 216.
- V. art. 5º, § 4º, Lei 9.394/1996 (Lei de Diretrizes e Bases da Educação).

§ 3º Compete ao Poder Público recensear os educandos no ensino fundamental, fazer-lhes a chamada e zelar, junto aos pais ou responsável, pela frequência à escola.

- V. art. 208, § 3º, CF.

Lei 8.069/1990

LEGISLAÇÃO

- V. art. 5º, § 1º, Lei 9.394/1996 (Lei de Diretrizes e Bases da Educação).

Art. 55. Os pais ou responsável têm a obrigação de matricular seus filhos ou pupilos na rede regular de ensino.

- V. arts. 22, 24 e 129,V.
- V. art. 246, CP.
- V. art. 6º, Lei 9.394/1996 (Lei de Diretrizes e Bases da Educação).

Art. 56. Os dirigentes de estabelecimentos de ensino fundamental comunicarão ao Conselho Tutelar os casos de:

- V. arts. 131, 136 e 262.

I – maus-tratos envolvendo seus alunos;

- V. arts. 5º, 130 e 245.
- V. art. 136, CP.

II – reiteração de faltas injustificadas e de evasão escolar, esgotados os recursos escolares;

III – elevados níveis de repetência.

Art. 57. O Poder Público estimulará pesquisas, experiências e novas propostas relativas a calendário, seriação, currículo, metodologia, didática e avaliação, com vistas à inserção de crianças e adolescentes excluídos do ensino fundamental obrigatório.

- V. art. 214, I e II, CF.

Art. 58. No processo educacional respeitar-se-ão os valores culturais, artísticos e históricos próprios do contexto social da criança e do adolescente, garantindo-se a estes a liberdade de criação e o acesso às fontes de cultura.

- V. arts. 210 e 215, CF.

Art. 59. Os Municípios, com apoio dos Estados e da União, estimularão e facilitarão a destinação de recursos e espaços para programações culturais, esportivas e de lazer voltadas para a infância e a juventude.

- V. art. 4º, parágrafo único, d.
- V. arts. 216, § 3º, e 217, II e § 3º, CF.

Capítulo V
DO DIREITO À PROFISSIONALIZAÇÃO E À PROTEÇÃO NO TRABALHO

- V. art. 207, CF.
- V. arts. 402 a 441, CLT.
- V. Dec. 5.598/2005 (Regulamenta a contratação de aprendizes).

Art. 60. É proibido qualquer trabalho a menores de 14 (quatorze) anos de idade, salvo na condição de aprendiz.

- V. art. 62.
- V. arts. 7º, XXXIII, e 227, § 3º, I, CF.
- V. art. 402, CLT.

Art. 61. A proteção ao trabalho dos adolescentes é regulada por legislação especial, sem prejuízo do disposto nesta Lei.

- V. art. 2º.
- V. arts. 402 a 441, CLT.

Art. 62. Considera-se aprendizagem a formação técnico-profissional ministrada segundo as diretrizes e bases da legislação de educação em vigor.

- V. art. 429, CLT.

Art. 63. A formação técnico-profissional obedecerá aos seguintes princípios:

I – garantia de acesso e frequência obrigatória ao ensino regular;

- V. art. 227, § 3º, III, CF.

II – atividade compatível com o desenvolvimento do adolescente;

- V. art. 69, I.

III – horário especial para o exercício das atividades.

Art. 64. Ao adolescente até 14 (quatorze) anos de idade é assegurada bolsa de aprendizagem.

- V. art. 429, CLT.

Art. 65. Ao adolescente aprendiz, maior de 14 (quatorze) anos, são assegurados os direitos trabalhistas e previdenciários.

- V. art. 227, § 3º, III, CF.

Art. 66. Ao adolescente portador de deficiência é assegurado trabalho protegido.

- V. arts. 5º, XXXI, 23, II, 24, XIV, e 37, VIII, CF.

Art. 67. Ao adolescente empregado, aprendiz, em regime familiar de trabalho, aluno de escola técnica, assistido em entidade governamental ou não governamental, é vedado trabalho:

- V. arts. 62, 68 e 90 a 94.
- V. art. 7º, XXXIII, CF.

I – noturno, realizado entre as 22 (vinte e duas) horas de um dia e as 5 (cinco) horas do dia seguinte;

II – perigoso, insalubre ou penoso;

- V. arts. 189 a 197, CLT.

Lei 8.069/1990

LEGISLAÇÃO

III – realizado em locais prejudiciais à sua formação e ao seu desenvolvimento físico, psíquico, moral e social;
- V. art. 69, I.

IV – realizado em horários e locais que não permitam a frequência à escola.
- V. art. 63, I e III.

Art. 68. O programa social que tenha por base o trabalho educativo, sob responsabilidade de entidade governamental ou não governamental sem fins lucrativos, deverá assegurar ao adolescente que dele participe condições de capacitação para o exercício de atividade regular remunerada.
- V. arts. 69, II, e 90 a 94.

§ 1º Entende-se por trabalho educativo a atividade laboral em que as exigências pedagógicas relativas ao desenvolvimento pessoal e social do educando prevalecem sobre o aspecto produtivo.

§ 2º A remuneração que o adolescente recebe pelo trabalho efetuado ou a participação na venda dos produtos de seu trabalho não desfigura o caráter educativo.

Art. 69. O adolescente tem direito à profissionalização e à proteção no trabalho, observados os seguintes aspectos, entre outros:
- V. art. 4º.
- V. art. 227, *caput*, CF.

I – respeito à condição peculiar de pessoa em desenvolvimento;
II – capacitação profissional adequada ao mercado de trabalho.

TÍTULO III
DA PREVENÇÃO

Capítulo I
DISPOSIÇÕES GERAIS

Art. 70. É dever de todos prevenir a ocorrência de ameaça ou violação dos direitos da criança e do adolescente.
- V. arts. 4º, 5º, 13 e 56.
- V. art. 227, *caput*, CF.

Art. 70-A. A União, os Estados, o Distrito Federal e os Municípios deverão atuar de forma articulada na elaboração de políticas públicas e na execução de ações destinadas a coibir o uso de castigo físico ou de tratamento cruel ou degradante e difundir formas não violentas de educação de crianças e de adolescentes, tendo como principais ações:
- Artigo acrescentado pela Lei 13.010/2014.

I – a promoção de campanhas educativas permanentes para a divulgação do direito da criança e do adolescente de serem educados e cuidados sem o uso de castigo físico ou de tratamento cruel ou degradante e dos instrumentos de proteção aos direitos humanos;

II – a integração com os órgãos do Poder Judiciário, do Ministério Público e da Defensoria Pública, com o Conselho Tutelar, com os Conselhos de Direitos da Criança e do Adolescente e com as entidades não governamentais que atuam na promoção, proteção e defesa dos direitos da criança e do adolescente;

III – a formação continuada e a capacitação dos profissionais de saúde, educação e assistência social e dos demais agentes que atuam na promoção, proteção e defesa dos direitos da criança e do adolescente para o desenvolvimento das competências necessárias à prevenção, à identificação de evidências, ao diagnóstico e ao enfrentamento de todas as formas de violência contra a criança e o adolescente;

IV – o apoio e o incentivo às práticas de resolução pacífica de conflitos que envolvam violência contra a criança e o adolescente;

V – a inclusão, nas políticas públicas, de ações que visem a garantir os direitos da criança e do adolescente, desde a atenção pré-natal, e de atividades junto aos pais e responsáveis com o objetivo de promover a informação, a reflexão, o debate e a orientação sobre alternativas ao uso de castigo físico ou de tratamento cruel ou degradante no processo educativo;

VI – a promoção de espaços intersetoriais locais para a articulação de ações e a elaboração de planos de atuação conjunta focados nas famílias em situação de violência, com participação de profissionais de saúde, de assistência social e de educação e de órgãos de promoção, proteção e defesa dos direitos da criança e do adolescente.

Parágrafo único. As famílias com crianças e adolescentes com deficiência terão prioridade de atendimento nas ações e políticas públicas de prevenção e proteção.

Art. 70-B. As entidades, públicas e privadas, que atuem nas áreas a que se refere o art. 71, dentre outras, devem contar, em seus quadros, com pessoas capacitadas a reconhecer e comunicar ao Conselho Tutelar suspeitas ou casos de maus-tratos praticados contra crianças e adolescentes.

Legislação

• Artigo acrescentado pela Lei 13.046/2014.

Parágrafo único. São igualmente responsáveis pela comunicação de que trata este artigo, as pessoas encarregadas, por razão de cargo, função, ofício, ministério, profissão ou ocupação, do cuidado, assistência ou guarda de crianças e adolescentes, punível, na forma deste Estatuto, o injustificado retardamento ou omissão, culposos ou dolosos.

Art. 71. A criança e o adolescente têm direito a informação, cultura, lazer, esportes, diversões, espetáculos e produtos e serviços que respeitem sua condição peculiar de pessoa em desenvolvimento.

• V. arts. 74 a 82.

Art. 72. As obrigações previstas nesta Lei não excluem da prevenção especial outras decorrentes dos princípios por ela adotados.

Art. 73. A inobservância das normas de prevenção importará em responsabilidade da pessoa física ou jurídica, nos termos desta Lei.

• V. arts. 208 a 224 e 245 a 258.

Capítulo II
DA PREVENÇÃO ESPECIAL
Seção I
Da informação, cultura, lazer, esportes, diversões e espetáculos

Art. 74. O Poder Público, através do órgão competente, regulará as diversões e espetáculos públicos, informando sobre a natureza deles, as faixas etárias a que não se recomendem, locais e horários em que sua apresentação se mostre inadequada.

• V. arts. 253 e 254.
• V. arts. 21, XVI, e 220, § 3º, CF.

Parágrafo único. Os responsáveis pelas diversões e espetáculos públicos deverão afixar, em lugar visível e de fácil acesso, à entrada do local de exibição, informação destacada sobre a natureza do espetáculo e a faixa etária especificada no certificado de classificação.

• V. art. 252.

Art. 75. Toda criança ou adolescente terá acesso às diversões e espetáculos públicos classificados como adequados à sua faixa etária.

• V. arts. 255 e 258.

Parágrafo único. As crianças menores de 10 (dez) anos somente poderão ingressar e permanecer nos locais de apresentação ou exibição quando acompanhadas dos pais ou responsável.

Art. 76. As emissoras de rádio e televisão somente exibirão, no horário recomendado para o público infantojuvenil, programas com finalidades educativas, artísticas, culturais e informativas.

• V. arts. 253 e 254.
• V. art. 221, I, CF.

Parágrafo único. Nenhum espetáculo será apresentado ou anunciado sem aviso de sua classificação, antes de sua transmissão, apresentação ou exibição.

Art. 77. Os proprietários, diretores, gerentes e funcionários de empresas que explorem a venda ou aluguel de fitas de programação em vídeo cuidarão para que não haja venda ou locação em desacordo com a classificação atribuída pelo órgão competente.

• V. arts. 81, V, e 256.

Parágrafo único. As fitas a que alude este artigo deverão exibir, no invólucro, informação sobre a natureza da obra e a faixa etária a que se destinam.

Art. 78. As revistas e publicações contendo material impróprio ou inadequado a crianças e adolescentes deverão ser comercializadas em embalagem lacrada, com a advertência de seu conteúdo.

Parágrafo único. As editoras cuidarão para que as capas que contenham mensagens pornográficas ou obscenas sejam protegidas com embalagem opaca.

• V. arts. 81, V, e 257.

Art. 79. As revistas e publicações destinadas ao público infantojuvenil não poderão conter ilustrações, fotografias, legendas, crônicas ou anúncios de bebidas alcoólicas, tabaco, armas e munições, e deverão respeitar os valores éticos e sociais da pessoa e da família.

• V. art. 257.

Art. 80. Os responsáveis por estabelecimentos que explorem comercialmente bilhar, sinuca ou congênere ou por casas de jogos, assim entendidas as que realizem apostas, ainda que eventualmente, cuidarão para que não seja permitida a entrada e a permanência de crianças e adolescentes no local, afixando aviso para orientação do público.

• V. arts. 81, VI, e 258.
• V. arts. 50 a 58, Dec.-lei 3.688/1941 (Lei das Contravenções Penais).

Seção II
Dos produtos e serviços

Art. 81. É proibida a venda à criança ou ao adolescente de:
I – armas, munições e explosivos;
II – bebidas alcoólicas;
III – produtos cujos componentes possam causar dependência física ou psíquica ainda que por utilização indevida;
IV – fogos de estampido e de artifício, exceto aqueles que pelo seu reduzido potencial sejam incapazes de provocar qualquer dano físico em caso de utilização indevida;
V – revistas e publicações a que alude o art. 78;
- V. art. 257.

VI – bilhetes lotéricos e equivalentes.

Art. 82. É proibida a hospedagem de criança ou adolescente em hotel, motel, pensão ou estabelecimento congênere, salvo se autorizado ou acompanhado pelos pais ou responsável.
- V. art. 250.

Seção III
Da autorização para viajar

- V. Res. CNJ 74/2009 (Concessão de autorização de viagem para o exterior de crianças e adolescentes).

Art. 83. Nenhuma criança poderá viajar para fora da comarca onde reside, desacompanhada dos pais ou responsável, sem expressa autorização judicial.
§ 1º A autorização não será exigida quando:
a) tratar-se de comarca contígua à da residência da criança, se na mesma unidade da Federação, ou incluída na mesma região metropolitana;
b) a criança estiver acompanhada:
1) de ascendente ou colateral maior, até o terceiro grau, comprovado documentalmente o parentesco;
2) de pessoa maior, expressamente autorizada pelo pai, mãe ou responsável.
§ 2º A autoridade judiciária poderá, a pedido dos pais ou responsável, conceder autorização válida por 2 (dois) anos.

Art. 84. Quando se tratar de viagem ao exterior, a autorização é dispensável, se a criança ou adolescente:

I – estiver acompanhado de ambos os pais ou responsável;
II – viajar na companhia de um dos pais, autorizado expressamente pelo outro através de documento com firma reconhecida.

Art. 85. Sem prévia e expressa autorização judicial, nenhuma criança ou adolescente nascido em território nacional poderá sair do País em companhia de estrangeiro residente ou domiciliado no exterior.
- V. arts. 52, § 8º, e 146.

LIVRO II
PARTE ESPECIAL

TÍTULO I
DA POLÍTICA DE ATENDIMENTO

Capítulo I
DISPOSIÇÕES GERAIS

Art. 86. A política de atendimento dos direitos da criança e do adolescente far-se-á através de um conjunto articulado de ações governamentais e não governamentais, da União, dos Estados, do Distrito Federal e dos Municípios.

Art. 87. São linhas de ação da política de atendimento:
- V. Lei 8.242/1991 (Conanda).

I – políticas sociais básicas;
- V. art. 4º, parágrafo único, c.

II – serviços, programas, projetos e benefícios de assistência social de garantia de proteção social e de prevenção e redução de violações de direitos, seus agravamentos ou reincidências;
- Inciso II com redação determinada pela Lei 13.257/2016.
- V. arts. 90, I e IV, 101, II, IV, VI e VII, e 129, I a IV.
- V. art. 203, I, II e IV, CF.

III – serviços especiais de prevenção e atendimento médico e psicossocial às vítimas de negligência, maus-tratos, exploração, abuso, crueldade e opressão;
- V. arts. 5º e 101, IV e V.
- V. art. 226, § 8º, CF.

IV – serviço de identificação e localização de pais, responsável, crianças e adolescentes desaparecidos;

V – proteção jurídico-social por entidades de defesa dos direitos da criança e do adolescente;
- V. art. 86.

Lei 8.069/1990

LEGISLAÇÃO

VI – políticas e programas destinados a prevenir ou abreviar o período de afastamento do convívio familiar e a garantir o efetivo exercício do direito à convivência familiar de crianças e adolescentes;

- Inciso VI acrescentado pela Lei 12.010/2009 (*DOU* 04.08.2009), em vigor 90 (noventa) dias após a data de sua publicação.

VII – campanhas de estímulo ao acolhimento sob forma de guarda de crianças e adolescentes afastados do convívio familiar e à adoção, especificamente inter-racial, de crianças maiores ou de adolescentes, com necessidades específicas de saúde ou com deficiências e de grupos de irmãos.

- Inciso VII acrescentado pela Lei 12.010/2009 (*DOU* 04.08.2009), em vigor 90 (noventa) dias após a data de sua publicação.

Art. 88. São diretrizes da política de atendimento:

- V. art. 259.

I – municipalização do atendimento;

- V. arts. 23, 30, 182, 198, I, 204, I, 211, *caput* e § 1º, e 227, § 7º, CF.

II – criação de conselhos municipais, estaduais e nacional dos direitos da criança e do adolescente, órgãos deliberativos e controladores das ações em todos os níveis, assegurada a participação popular paritária por meio de organizações representativas, segundo leis federal, estaduais e municipais;

- V. arts. 204, II, e 227, § 7º, CF.

III – criação e manutenção de programas específicos, observada a descentralização político-administrativa;

- V. art. 90.

IV – manutenção de fundos nacional, estaduais e municipais vinculados aos respectivos conselhos dos direitos da criança e do adolescente;

- V. arts. 214 e 260.

V – integração operacional de órgãos do Judiciário, Ministério Público, Defensoria, Segurança Pública e Assistência Social, preferencialmente em um mesmo local, para efeito de agilização do atendimento inicial a adolescente a quem se atribua autoria de ato infracional;

- V. arts. 200 a 205, 206, parágrafo único, e 262.

VI – integração operacional de órgãos do Judiciário, Ministério Público, Defensoria, Conselho Tutelar e encarregados da execução das políticas sociais básicas e de assistência social, para efeito de agilização do atendimento de crianças e de adolescentes inseridos em programas de acolhimento familiar ou institucional, com vista na sua rápida reintegração à família de origem ou, se tal solução se mostrar comprovadamente inviável, sua colocação em família substituta, em quaisquer das modalidades previstas no art. 28 desta Lei;

- Inciso VI com redação determinada pela Lei 12.010/2009 (*DOU* 04.08.2009), em vigor 90 (noventa) dias após a data de sua publicação.

VII – mobilização da opinião pública para a indispensável participação dos diversos segmentos da sociedade.

- Inciso VII acrescentado pela Lei 12.010/2009 (*DOU* 04.08.2009), em vigor 90 (noventa) dias após a data de sua publicação.

VIII – especialização e formação continuada dos profissionais que trabalham nas diferentes áreas da atenção à primeira infância, incluindo os conhecimentos sobre direitos da criança e sobre desenvolvimento infantil;

- Inciso VIII acrescentado pela Lei 13.257/2016.

IX – formação profissional com abrangência dos diversos direitos da criança e do adolescente que favoreça a intersetorialidade no atendimento da criança e do adolescente e seu desenvolvimento integral;

- Inciso IX acrescentado pela Lei 13.257/2016.

X – realização e divulgação de pesquisas sobre desenvolvimento infantil e sobre prevenção da violência.

- Inciso X acrescentado pela Lei 13.257/2016.

Art. 89. A função de membro do Conselho Nacional e dos conselhos estaduais e municipais dos direitos da criança e do adolescente é considerada de interesse público relevante e não será remunerada.

- V. arts. 260 e 261.

Capítulo II
DAS ENTIDADES DE ATENDIMENTO

Seção I
Disposições gerais

Art. 90. As entidades de atendimento são responsáveis pela manutenção das próprias unidades, assim como pelo planejamento e execução de programas de proteção e socioeducativos destinados a crianças e adolescentes, em regime de:

Lei 8.069/1990

LEGISLAÇÃO

- V. arts. 101 e 112.

I – orientação e apoio sociofamiliar;
- V. art. 101, II, IV e VI.

II – apoio socioeducativo em meio aberto;
- V. art. 94, XVIII.

III – colocação familiar;
- V. arts. 28 a 52-D e 101, VIII.

IV – acolhimento institucional;
- Inciso IV com redação determinada pela Lei 12.010/2009 (DOU 04.08.2009), em vigor 90 (noventa) dias após a data de sua publicação.
- V. arts. 92, 93, 94, § 1º, e 101, VII e § 1º.

V – prestação de serviços à comunidade;
- Inciso V com redação determinada pela Lei 12.594/2012 (DOU 19.01.2012; ret. 20.01.2012), em vigor após decorridos 90 (noventa) dias de sua publicação oficial.
- V. arts. 118 e 119.

VI – liberdade assistida;
- Inciso VI com redação determinada pela Lei 12.594/2012 (DOU 19.01.2012; ret. 20.01.2012), em vigor após decorridos 90 (noventa) dias de sua publicação oficial.
- V. art. 120.

VII – semiliberdade; e
- Inciso VII com redação determinada pela Lei 12.594/2012 (DOU 19.01.2012; ret. 20.01.2012), em vigor após decorridos 90 (noventa) dias de sua publicação oficial.
- V. arts. 121 a 125.

VIII – internação.
- Inciso VIII acrescentado pela Lei 12.594/2012 (DOU 19.01.2012; ret. 20.01.2012), em vigor após decorridos 90 (noventa) dias de sua publicação oficial.

§ 1º As entidades governamentais e não governamentais deverão proceder à inscrição de seus programas, especificando os regimes de atendimento, na forma definida neste artigo, no Conselho Municipal dos Direitos da Criança e do Adolescente, o qual manterá registro das inscrições e de suas alterações, do que fará comunicação ao Conselho Tutelar e à autoridade judiciária.
- § 1º acrescentado pela Lei 12.010/2009 (DOU 04.08.2009), em vigor 90 (noventa) dias após a data de sua publicação.
- V. arts. 88, II, 131 a 140, 146 e 261.

§ 2º Os recursos destinados à implementação e manutenção dos programas relacionados neste artigo serão previstos nas dotações orçamentárias dos órgãos públicos encarregados das áreas de Educação, Saúde e Assistência Social, dentre outros, observando-se o princípio da prioridade absoluta à criança e ao adolescente preconizado pelo *caput* do art. 227 da Constituição Federal e pelo *caput* e parágrafo único do art. 4º desta Lei.
- § 2º acrescentado pela Lei 12.010/2009 (DOU 04.08.2009), em vigor 90 (noventa) dias após a data de sua publicação.

§ 3º Os programas em execução serão reavaliados pelo Conselho Municipal dos Direitos da Criança e do Adolescente, no máximo, a cada 2 (dois) anos, constituindo-se critérios para renovação da autorização de funcionamento:
- § 3º acrescentado pela Lei 12.010/2009 (DOU 04.08.2009), em vigor 90 (noventa) dias após a data de sua publicação.

I – o efetivo respeito às regras e princípios desta Lei, bem como às resoluções relativas à modalidade de atendimento prestado expedidas pelos Conselhos de Direitos da Criança e do Adolescente, em todos os níveis;
II – a qualidade e eficiência do trabalho desenvolvido, atestadas pelo Conselho Tutelar, pelo Ministério Público e pela Justiça da Infância e da Juventude;
III – em se tratando de programas de acolhimento institucional ou familiar, serão considerados os índices de sucesso na reintegração familiar ou de adaptação à família substituta, conforme o caso.

Art. 91. As entidades não governamentais somente poderão funcionar depois de registradas no Conselho Municipal dos Direitos da Criança e do Adolescente, o qual comunicará o registro ao Conselho Tutelar e à autoridade judiciária da respectiva localidade.
- V. arts. 89, 90, § 1º, 260 e 261.

§ 1º Será negado o registro à entidade que:
- Primitivo parágrafo único renumerado pela Lei 12.010/2009 (DOU 04.08.2009), em vigor 90 (noventa) dias após a data de sua publicação.

a) não ofereça instalações físicas em condições adequadas de habitabilidade, higiene, salubridade e segurança;
- V. arts. 10, VII, e 11, § 1º.

b) não apresente plano de trabalho compatível com os princípios desta Lei;
- V. arts. 92 e 94.

c) esteja irregularmente constituída;
- V. arts. 40 a 69, CC.

d) tenha em seus quadros pessoas inidôneas;
e) não se adeque ou deixar de cumprir as resoluções e deliberações relativas à modalidade de atendimento prestado expedidas

Lei 8.069/1990

pelos Conselhos de Direitos da Criança e do Adolescente, em todos os níveis.

- Alínea e acrescentada pela Lei 12.010/2009 (DOU 04.08.2009), em vigor 90 (noventa) dias após a data de sua publicação.

§ 2º O registro terá validade máxima de 4 (quatro) anos, cabendo ao Conselho Municipal dos Direitos da Criança e do Adolescente, periodicamente, reavaliar o cabimento de sua renovação, observado o disposto no § 1º deste artigo.

- § 2º acrescentado pela Lei 12.010/2009 (DOU 04.08.2009), em vigor 90 (noventa) dias após a data de sua publicação.

Art. 92. As entidades que desenvolvam programas de acolhimento familiar ou institucional deverão adotar os seguintes princípios:

- Caput com redação determinada pela Lei 12.010/2009 (DOU 04.08.2009), em vigor 90 (noventa) dias após a data de sua publicação.
- V. art. 94.

I – preservação dos vínculos familiares e promoção da reintegração familiar;

- Inciso I com redação determinada pela Lei 12.010/2009 (DOU 04.08.2009), em vigor 90 (noventa) dias após a data de sua publicação.
- V. art. 19.

II – integração em família substituta, quando esgotados os recursos de manutenção na família natural ou extensa;

- Inciso II com redação determinada pela Lei 12.010/2009 (DOU 04.08.2009), em vigor 90 (noventa) dias após a data de sua publicação.
- V. arts. 28 a 52-D, 101, IX, e 165 a 170.

III – atendimento personalizado e em pequenos grupos;
IV – desenvolvimento de atividades em regime de coeducação;
V – não desmembramento de grupos de irmãos;
VI – evitar, sempre que possível, a transferência para outras entidades de crianças e adolescentes abrigados;
VII – participação na vida da comunidade local;
VIII – preparação gradativa para o desligamento;
IX – participação de pessoas da comunidade no processo educativo.

§ 1º O dirigente de entidade que desenvolve programa de acolhimento institucional é equiparado ao guardião, para todos os efeitos de direito.

- § 1º acrescentado pela Lei 12.010/2009 (DOU 04.08.2009), em vigor 90 (noventa) dias após a data de sua publicação.
- V. arts. 33 e 249.

§ 2º Os dirigentes de entidades que desenvolvem programas de acolhimento familiar ou institucional remeterão à autoridade judiciária, no máximo a cada 6 (seis) meses, relatório circunstanciado acerca da situação de cada criança ou adolescente acolhido e sua família, para fins da reavaliação prevista no § 1º do art. 19 desta Lei.

- § 2º acrescentado pela Lei 12.010/2009 (DOU 04.08.2009), em vigor 90 (noventa) dias após a data de sua publicação.

§ 3º Os entes federados, por intermédio dos Poderes Executivo e Judiciário, promoverão conjuntamente a permanente qualificação dos profissionais que atuam direta ou indiretamente em programas de acolhimento institucional e destinados à colocação familiar de crianças e adolescentes, incluindo membros do Poder Judiciário, Ministério Público e Conselho Tutelar.

- § 3º acrescentado pela Lei 12.010/2009 (DOU 04.08.2009), em vigor 90 (noventa) dias após a data de sua publicação.

§ 4º Salvo determinação em contrário da autoridade judiciária competente, as entidades que desenvolvem programas de acolhimento familiar ou institucional, se necessário com o auxílio do Conselho Tutelar e dos órgãos de assistência social, estimularão o contato da criança ou adolescente com seus pais e parentes, em cumprimento ao disposto nos incisos I e VIII do caput deste artigo.

- § 4º acrescentado pela Lei 12.010/2009 (DOU 04.08.2009), em vigor 90 (noventa) dias após a data de sua publicação.

§ 5º As entidades que desenvolvem programas de acolhimento familiar ou institucional somente poderão receber recursos públicos se comprovado o atendimento dos princípios, exigências e finalidades desta Lei.

- § 5º acrescentado pela Lei 12.010/2009 (DOU 04.08.2009), em vigor 90 (noventa) dias após a data de sua publicação.

§ 6º O descumprimento das disposições desta Lei pelo dirigente de entidade que desenvolva programas de acolhimento familiar ou institucional é causa de sua destituição, sem prejuízo da apuração de sua responsabilidade administrativa, civil e criminal.

Lei 8.069/1990

- § 6º acrescentado pela Lei 12.010/2009 (*DOU* 04.08.2009), em vigor 90 (noventa) dias após a data de sua publicação.

§ 7º Quando se tratar de criança de 0 (zero) a 3 (três) anos em acolhimento institucional, dar-se-á especial atenção à atuação de educadores de referência estáveis e qualitativamente significativos, às rotinas específicas e ao atendimento das necessidades básicas, incluindo as de afeto como prioritárias.

- § 7º acrescentado pela Lei 13.257/2016.

Art. 93. As entidades que mantenham programa de acolhimento institucional poderão, em caráter excepcional e de urgência, acolher crianças e adolescentes sem prévia determinação da autoridade competente, fazendo comunicação do fato em até 24 (vinte e quatro) horas ao Juiz da Infância e da Juventude, sob pena de responsabilidade.

- Artigo com redação determinada pela Lei 12.010/2009 (*DOU* 04.08.2009), em vigor 90 (noventa) dias após a data de sua publicação.
- V. arts. 136, I, e 262.

Parágrafo único. Recebida a comunicação, a autoridade judiciária, ouvido o Ministério Público e se necessário com o apoio do Conselho Tutelar local, tomará as medidas necessárias para promover a imediata reintegração familiar da criança ou do adolescente ou, se por qualquer razão não for isso possível ou recomendável, para seu encaminhamento a programa de acolhimento familiar, institucional ou a família substituta, observado o disposto no § 2º do art. 101 desta Lei.

Art. 94. As entidades que desenvolvem programas de internação têm as seguintes obrigações, entre outras:

- V. art. 97.

I – observar os direitos, e garantias de que são titulares os adolescentes;

- V. arts. 106 a 109, 123, 124 e 175, § 1º.

II – não restringir nenhum direito que não tenha sido objeto de restrição na decisão de internação;

- V. art. 246.

III – oferecer atendimento personalizado, em pequenas unidades e grupos reduzidos;

- V. arts. 246 e 259, parágrafo único.

IV – preservar a identidade e oferecer ambiente de respeito e dignidade ao adolescente;

- V. arts. 15, 17 a 18 e 124, V.

V – diligenciar no sentido do restabelecimento e da preservação dos vínculos familiares;

- V. art. 124, VI, VII e VIII.

VI – comunicar à autoridade judiciária, periodicamente, os casos em que se mostre inviável ou impossível o reatamento dos vínculos familiares;

- V. arts. 19, 28 e 101, VIII.

VII – oferecer instalações físicas em condições adequadas de habitabilidade, higiene, salubridade e segurança e os objetos necessários à higiene pessoal;

- V. arts. 124, IX e X, e 246.

VIII – oferecer vestuário e alimentação suficientes e adequados à faixa etária dos adolescentes atendidos;

- V. art. 246.

IX – oferecer cuidados médicos, psicológicos, odontológicos e farmacêuticos;

X – propiciar escolarização e profissionalização;

- V. arts. 124, XI, e 208, VIII.

XI – propiciar atividades culturais, esportivas e de lazer;

- V. arts. 124, XIII, e 246.

XII – propiciar assistência religiosa àqueles que desejarem, de acordo com suas crenças;

- V. art. 124, XIV.

XIII – proceder a estudo social e pessoal de cada caso;

XIV – reavaliar periodicamente cada caso, com intervalo máximo de 6 (seis) meses, dando ciência dos resultados à autoridade competente;

- V. art. 121, § 2º.

XV – informar, periodicamente, o adolescente internado sobre sua situação processual;

- V. art. 124, IV.

XVI – comunicar às autoridades competentes todos os casos de adolescentes portadores de moléstias infectocontagiosas;

- V. art. 269, CP.

XVII – fornecer comprovante de depósito dos pertences dos adolescentes;

- V. art. 124, XV.

XVIII – manter programas destinados ao apoio e acompanhamento de egressos;

- V. art. 90, II.

Lei 8.069/1990

LEGISLAÇÃO

XIX – providenciar os documentos necessários ao exercício da cidadania àqueles que não os tiverem;

- V. art. 124, XVI.

XX – manter arquivo de anotações onde constem data e circunstâncias do atendimento, nome do adolescente, seus pais ou responsável, parentes, endereços, sexo, idade, acompanhamento da sua formação, relação de seus pertences e demais dados que possibilitem sua identificação e a individualização do atendimento.

§ 1º Aplicam-se, no que couber, as obrigações constantes deste artigo às entidades que mantêm programas de acolhimento institucional e familiar.

- § 1º com redação determinada pela Lei 12.010/2009 (DOU 04.08.2009), em vigor 90 (noventa) dias após a data de sua publicação.
- V. arts. 90, IV, 92 e 93.

§ 2º No cumprimento das obrigações a que alude este artigo as entidades utilizarão preferencialmente os recursos da comunidade.

- V. art. 121, § 1º.

Art. 94-A. As entidades, públicas ou privadas, que abriguem ou recepcionem crianças e adolescentes, ainda que em caráter temporário, devem ter, em seus quadros, profissionais capacitados a reconhecer e reportar ao Conselho Tutelar suspeitas ou ocorrências de maus-tratos.

- Artigo acrescentado pela Lei 13.046/2014.

Seção II
Da fiscalização das entidades

Art. 95. As entidades governamentais e não governamentais, referidas no art. 90, serão fiscalizadas pelo Judiciário, pelo Ministério Público e pelos Conselhos Tutelares.

- V. arts. 191 e 193.

Art. 96. Os planos de aplicação e as prestações de contas serão apresentados ao Estado ou ao Município, conforme a origem das dotações orçamentárias.

- V. art. 261, parágrafo único.

Art. 97. São medidas aplicáveis às entidades de atendimento que descumprirem obrigação constante do art. 94, sem prejuízo da responsabilidade civil e criminal de seus dirigentes ou prepostos:

- V. arts. 191 a 193.

I – às entidades governamentais:
a) advertência;
b) afastamento provisório de seus dirigentes;
c) afastamento definitivo de seus dirigentes;
d) fechamento de unidade ou interdição de programa;

II – às entidades não governamentais:

- V. art. 193, parágrafo único.

a) advertência;
b) suspensão total ou parcial do repasse de verbas públicas;
c) interdição de unidades ou suspensão de programa;
d) cassação do registro.

- V. art. 91.
- V. Dec.-lei 41/1966 (Dissolução de sociedades civis).

§ 1º Em caso de reiteradas infrações cometidas por entidades de atendimento, que coloquem em risco os direitos assegurados nesta Lei, deverá ser o fato comunicado ao Ministério Público ou representado perante autoridade judiciária competente para as providências cabíveis, inclusive suspensão das atividades ou dissolução da entidade.

- Primitivo parágrafo único renumerado pela Lei 12.010/2009 (DOU 04.08.2009), em vigor 90 (noventa) dias após a data de sua publicação.

§ 2º As pessoas jurídicas de direito público e as organizações não governamentais responderão pelos danos que seus agentes causarem às crianças e aos adolescentes, caracterizado o descumprimento dos princípios norteadores das atividades de proteção específica.

- § 2º acrescentado pela Lei 12.010/2009 (DOU 04.08.2009), em vigor 90 (noventa) dias após a data de sua publicação.

TÍTULO II
DAS MEDIDAS DE PROTEÇÃO
Capítulo I
DISPOSIÇÕES GERAIS

Art. 98. As medidas de proteção à criança e ao adolescente são aplicáveis sempre que os direitos reconhecidos nesta Lei forem ameaçados ou violados:

- V. arts. 101, 136, I, 148, parágrafo único, e 201, IV.

I – por ação ou omissão da sociedade ou do Estado;

- V. arts. 4º, 8º, 11, 14, 54, 70, 86 a 88, 125 e 208.

II – por falta, omissão ou abuso dos pais ou responsável;

- V. arts. 4º, 14, parágrafo único, 22, 55, 70, 103, 128 e 129.

III – em razão de sua conduta.

1197

Lei 8.069/1990

LEGISLAÇÃO

Capítulo II
DAS MEDIDAS ESPECÍFICAS DE PROTEÇÃO

Art. 99. As medidas previstas neste Capítulo poderão ser aplicadas isolada ou cumulativamente, bem como substituídas a qualquer tempo.

• V. art. 113.

Art. 100. Na aplicação das medidas levar-se-ão em conta as necessidades pedagógicas, preferindo-se aquelas que visem ao fortalecimento dos vínculos familiares e comunitários.

• V. arts. 19 e 113.

Parágrafo único. São também princípios que regem a aplicação das medidas:

• Parágrafo único acrescentado pela Lei 12.010/2009 (DOU 04.08.2009), em vigor 90 (noventa) dias após a data de sua publicação.

I – condição da criança e do adolescente como sujeitos de direitos: crianças e adolescentes são os titulares dos direitos previstos nesta e em outras Leis, bem como na Constituição Federal;

II – proteção integral e prioritária: a interpretação e aplicação de toda e qualquer norma contida nesta Lei deve ser voltada à proteção integral e prioritária dos direitos de que crianças e adolescentes são titulares;

III – responsabilidade primária e solidária do poder público: a plena efetivação dos direitos assegurados a crianças e a adolescentes por esta Lei e pela Constituição Federal, salvo nos casos por esta expressamente ressalvados, é de responsabilidade primária e solidária das três esferas de governo, sem prejuízo da municipalização do atendimento e da possibilidade da execução de programas por entidades não governamentais;

IV – interesse superior da criança e do adolescente: a intervenção deve atender prioritariamente aos interesses e direitos da criança e do adolescente, sem prejuízo da consideração que for devida a outros interesses legítimos no âmbito da pluralidade dos interesses presentes no caso concreto;

V – privacidade: a promoção dos direitos e proteção da criança e do adolescente deve ser efetuada no respeito pela intimidade, direito à imagem e reserva da sua vida privada;

VI – intervenção precoce: a intervenção das autoridades competentes deve ser efetuada logo que a situação de perigo seja conhecida;

VII – intervenção mínima: a intervenção deve ser exercida exclusivamente pelas autoridades e instituições cuja ação seja indispensável à efetiva promoção dos direitos e à proteção da criança e do adolescente;

VIII – proporcionalidade e atualidade: a intervenção deve ser a necessária e adequada à situação de perigo em que a criança ou o adolescente se encontram no momento em que a decisão é tomada;

IX – responsabilidade parental: a intervenção deve ser efetuada de modo que os pais assumam os seus deveres para com a criança e o adolescente;

X – prevalência da família: na promoção de direitos e na proteção da criança e do adolescente deve ser dada prevalência às medidas que os mantenham ou reintegrem na sua família natural ou extensa ou, se isto não for possível, que promovam a sua integração em família substituta;

XI – obrigatoriedade da informação: a criança e o adolescente, respeitado seu estágio de desenvolvimento e capacidade de compreensão, seus pais ou responsável devem ser informados dos seus direitos, dos motivos que determinaram a intervenção e da forma como esta se processa;

XII – oitiva obrigatória e participação: a criança e o adolescente, em separado ou na companhia dos pais, de responsável ou de pessoa por si indicada, bem como os seus pais ou responsável, têm direito a ser ouvidos e a participar nos atos e na definição da medida de promoção dos direitos e de proteção, sendo sua opinião devidamente considerada pela autoridade judiciária competente, observado o disposto nos §§ 1º e 2º do art. 28 desta Lei.

Art. 101. Verificada qualquer das hipóteses previstas no art. 98, a autoridade competente poderá determinar, dentre outras, as seguintes medidas:

• V. arts. 105, 112, VII, e 136, I e VI.

I – encaminhamento aos pais ou responsável, mediante termo de responsabilidade;

II – orientação, apoio e acompanhamento temporários;

• V. art. 129, IV.

III – matrícula e frequência obrigatórias em estabelecimento oficial de ensino fundamental;

• V. arts. 54, 55, 129, V, e 208, I.

Legislação

IV – inclusão em serviços e programas oficiais ou comunitários de proteção, apoio e promoção da família, da criança e do adolescente;
- Inciso IV com redação determinada pela Lei 13.257/2016.
- V. arts. 23, parágrafo único, e 129, I.

V – requisição de tratamento médico, psicológico ou psiquiátrico, em regime hospitalar ou ambulatorial;
- V. art. 129, III e VI.

VI – inclusão em programa oficial ou comunitário de auxílio, orientação e tratamento a alcoólatras e toxicômanos;
- V. art. 129, III e VI.

VII – acolhimento institucional;
- Inciso VII com redação determinada pela Lei 12.010/2009 (DOU 04.08.2009), em vigor 90 (noventa) dias após a data de sua publicação.
- V. art. 90, IV.

VIII – inclusão em programa de acolhimento familiar;
- Inciso VIII com redação determinada pela Lei 12.010/2009 (DOU 04.08.2009), em vigor 90 (noventa) dias após a data de sua publicação.

IX – colocação em família substituta.
- Inciso IX acrescentado pela Lei 12.010/2009 (DOU 04.08.2009), em vigor 90 (noventa) dias após a data de sua publicação.
- V. arts. 28 a 52-D e 165 a 170.

§ 1º O acolhimento institucional e o acolhimento familiar são medidas provisórias e excepcionais, utilizáveis como forma de transição para reintegração familiar ou, não sendo esta possível, para colocação em família substituta, não implicando privação de liberdade.
- § 1º acrescentado pela Lei 12.010/2009 (DOU 04.08.2009), em vigor 90 (noventa) dias após a data de sua publicação.

§ 2º Sem prejuízo da tomada de medidas emergenciais para proteção de vítimas de violência ou abuso sexual e das providências a que alude o art. 130 desta Lei, o afastamento da criança ou adolescente do convívio familiar é de competência exclusiva da autoridade judiciária e importará na deflagração, a pedido do Ministério Público ou de quem tenha legítimo interesse, de procedimento judicial contencioso, no qual se garanta aos pais ou ao responsável legal o exercício do contraditório e da ampla defesa.
- § 2º acrescentado pela Lei 12.010/2009 (DOU 04.08.2009), em vigor 90 (noventa) dias após a data de sua publicação.

§ 3º Crianças e adolescentes somente poderão ser encaminhados às instituições que executam programas de acolhimento institucional, governamentais ou não, por meio de uma Guia de Acolhimento, expedida pela autoridade judiciária, na qual obrigatoriamente constará, dentre outros:
- § 3º acrescentado pela Lei 12.010/2009 (DOU 04.08.2009), em vigor 90 (noventa) dias após a data de sua publicação.

I – sua identificação e a qualificação completa de seus pais ou de seu responsável, se conhecidos;
II – o endereço de residência dos pais ou do responsável, com pontos de referência;
III – os nomes de parentes ou de terceiros interessados em tê-los sob sua guarda;
IV – os motivos da retirada ou da não reintegração ao convívio familiar.

§ 4º Imediatamente após o acolhimento da criança ou do adolescente, a entidade responsável pelo programa de acolhimento institucional ou familiar elaborará um plano individual de atendimento, visando à reintegração familiar, ressalvada a existência de ordem escrita e fundamentada em contrário de autoridade judiciária competente, caso em que também deverá contemplar sua colocação em família substituta, observadas as regras e princípios desta Lei.
- § 4º acrescentado pela Lei 12.010/2009 (DOU 04.08.2009), em vigor 90 (noventa) dias após a data de sua publicação.

§ 5º O plano individual será elaborado sob a responsabilidade da equipe técnica do respectivo programa de atendimento e levará em consideração a opinião da criança ou do adolescente e a oitiva dos pais ou do responsável.
- § 5º acrescentado pela Lei 12.010/2009 (DOU 04.08.2009), em vigor 90 (noventa) dias após a data de sua publicação.

§ 6º Constarão do plano individual, dentre outros:
- § 6º acrescentado pela Lei 12.010/2009 (DOU 04.08.2009), em vigor 90 (noventa) dias após a data de sua publicação.

I – os resultados da avaliação interdisciplinar;
II – os compromissos assumidos pelos pais ou responsável; e
III – a previsão das atividades a serem desenvolvidas com a criança ou com o adolescente acolhido e seus pais ou responsável, com

Lei 8.069/1990

LEGISLAÇÃO

vista na reintegração familiar ou, caso seja esta vedada por expressa e fundamentada determinação judicial, as providências a serem tomadas para sua colocação em família substituta, sob direta supervisão da autoridade judiciária.

§ 7º O acolhimento familiar ou institucional ocorrerá no local mais próximo à residência dos pais ou do responsável e, como parte do processo de reintegração familiar, sempre que identificada a necessidade, a família de origem será incluída em programas oficiais de orientação, de apoio e de promoção social, sendo facilitado e estimulado o contato com a criança ou com o adolescente acolhido.

- § 7º acrescentado pela Lei 12.010/2009 (*DOU* 04.08.2009), em vigor 90 (noventa) dias após a data de sua publicação.

§ 8º Verificada a possibilidade de reintegração familiar, o responsável pelo programa de acolhimento familiar ou institucional fará imediata comunicação à autoridade judiciária, que dará vista ao Ministério Público, pelo prazo de 5 (cinco) dias, decidindo em igual prazo.

- § 8º acrescentado pela Lei 12.010/2009 (*DOU* 04.08.2009), em vigor 90 (noventa) dias após a data de sua publicação.

§ 9º Em sendo constatada a impossibilidade de reintegração da criança ou do adolescente à família de origem, após seu encaminhamento a programas oficiais ou comunitários de orientação, apoio e promoção social, será enviado relatório fundamentado ao Ministério Público, no qual conste a descrição pormenorizada das providências tomadas e a expressa recomendação, subscrita pelos técnicos da entidade ou responsáveis pela execução da política municipal de garantia do direito à convivência familiar, para a destituição do poder familiar, ou destituição de tutela ou guarda.

- § 9º acrescentado pela Lei 12.010/2009 (*DOU* 04.08.2009), em vigor 90 (noventa) dias após a data de sua publicação.

§ 10. Recebido o relatório, o Ministério Público terá o prazo de 30 (trinta) dias para o ingresso com a ação de destituição do poder familiar, salvo se entender necessária a realização de estudos complementares ou outras providências que entender indispensáveis ao ajuizamento da demanda.

- § 10 acrescentado pela Lei 12.010/2009 (*DOU* 04.08.2009), em vigor 90 (noventa) dias após a data de sua publicação.

§ 11. A autoridade judiciária manterá, em cada comarca ou foro regional, um cadastro contendo informações atualizadas sobre as crianças e adolescentes em regime de acolhimento familiar e institucional sob sua responsabilidade, com informações pormenorizadas sobre a situação jurídica de cada um, bem como as providências tomadas para sua reintegração familiar ou colocação em família substituta, em qualquer das modalidades previstas no art. 28 desta Lei.

- § 11 acrescentado pela Lei 12.010/2009 (*DOU* 04.08.2009), em vigor 90 (noventa) dias após a data de sua publicação.

§ 12. Terão acesso ao cadastro o Ministério Público, o Conselho Tutelar, o órgão gestor da Assistência Social e os Conselhos Municipais dos Direitos da Criança e do Adolescente e da Assistência Social, aos quais incumbe deliberar sobre a implementação de políticas públicas que permitam reduzir o número de crianças e adolescentes afastados do convívio familiar e abreviar o período de permanência em programa de acolhimento.

- § 12 acrescentado pela Lei 12.010/2009 (*DOU* 04.08.2009), em vigor 90 (noventa) dias após a data de sua publicação.

Art. 102. As medidas de proteção de que trata este Capítulo serão acompanhadas da regularização do registro civil.

- V. arts. 136, V e VIII, e 148, parágrafo único, *h*.

§ 1º Verificada a inexistência de registro anterior, o assento de nascimento da criança ou adolescente será feito à vista dos elementos disponíveis, mediante requisição da autoridade judiciária.

§ 2º Os registros e certidões necessárias à regularização de que trata este artigo são isentos de multas, custas e emolumentos, gozando de absoluta prioridade.

- V. art. 5º, LXXVI, *a*, CF.

§ 3º Caso ainda não definida a paternidade, será deflagrado procedimento específico destinado à sua averiguação, conforme previsto pela Lei 8.560, de 29 de dezembro de 1992.

- § 3º acrescentado pela Lei 12.010/2009 (*DOU* 04.08.2009), em vigor 90 (noventa) dias após a data de sua publicação.

§ 4º Nas hipóteses previstas no § 3º deste artigo, é dispensável o ajuizamento de ação de investigação de paternidade pelo Ministério Público se, após o não comparecimento ou a recusa do suposto pai em assumir a paternidade a ele atribuída, a criança for encaminhada para adoção.

- § 4º acrescentado pela Lei 12.010/2009 (*DOU* 04.08.2009), em vigor 90 (noventa) dias após a data de sua publicação.

§ 5º Os registros e certidões necessários à inclusão, a qualquer tempo, do nome do pai no assento de nascimento são isentos de multas, custas e emolumentos, gozando de absoluta prioridade.

- § 5º acrescentado pela Lei 13.257/2016.

§ 6º São gratuitas, a qualquer tempo, a averbação requerida do reconhecimento de paternidade no assento de nascimento e a certidão correspondente.

- § 6º acrescentado pela Lei 13.257/2016.

TÍTULO III
DA PRÁTICA DE ATO INFRACIONAL
Capítulo I
DISPOSIÇÕES GERAIS

Art. 103. Considera-se ato infracional a conduta descrita como crime ou contravenção penal.

- V. arts. 171 a 190.
- V. Súmula 108, STJ.

Art. 104. São penalmente inimputáveis os menores de 18 (dezoito) anos, sujeitos às medidas previstas nesta Lei.

- V. art. 228, CF.
- V. art. 27, CP.

Parágrafo único. Para os efeitos desta Lei, deve ser considerada a idade do adolescente à data do fato.

Art. 105. Ao ato infracional praticado por criança corresponderão as medidas previstas no art. 101.

- V. arts. 136, I, e 262.

Capítulo II
DOS DIREITOS INDIVIDUAIS

Art. 106. Nenhum adolescente será privado de sua liberdade senão em flagrante de ato infracional ou por ordem escrita e fundamentada da autoridade judiciária competente.

- V. art. 5º, LXI, CF.
- V. art. 302, CPP.

Parágrafo único. O adolescente tem direito à identificação dos responsáveis pela sua apreensão, devendo ser informado acerca de seus direitos.

- V. art. 5º, LXIII e LXIV, CF.

Art. 107. A apreensão de qualquer adolescente e o local onde se encontra recolhido serão incontinenti comunicados à autoridade judiciária competente e à família do apreendido ou à pessoa por ele indicada.

- V. arts. 171 e 172.
- V. art. 5º, LXII, CF.

Parágrafo único. Examinar-se-á, desde logo e sob pena de responsabilidade, a possibilidade de liberação imediata.

- V. art. 174.
- V. art. 5º, LXV, CF.

Art. 108. A internação, antes da sentença, pode ser determinada pelo prazo máximo de 45 (quarenta e cinco) dias.

- V. arts. 183 a 185.

Parágrafo único. A decisão deverá ser fundamentada e basear-se em indícios suficientes de autoria e materialidade, demonstrada a necessidade imperiosa da medida.

Art. 109. O adolescente civilmente identificado não será submetido a identificação compulsória pelos órgãos policiais, de proteção e judiciais, salvo para efeito de confrontação, havendo dúvida fundada.

- V. art. 5º, LVIII, CF.

Capítulo III
DAS GARANTIAS PROCESSUAIS

Art. 110. Nenhum adolescente será privado de sua liberdade sem o devido processo legal.

- V. arts. 171 a 190.
- V. art. 5º, LIV, CF.
- V. Súmula 342, STJ.

Art. 111. São asseguradas ao adolescente, entre outras, as seguintes garantias:

I – pleno e formal conhecimento da atribuição de ato infracional, mediante citação ou meio equivalente;

- V. art. 184, § 1º.
- V. art. 227, § 3º, IV, CF.

II – igualdade na relação processual, podendo confrontar-se com vítimas e testemunhas e produzir todas as provas necessárias à sua defesa;

- V. art. 227, § 3º, IV, CF.
- V. art. 139, I, CPC/2015.

III – defesa técnica por advogado;

- V. arts. 184, § 1º, 186, § 2º, 206 e 207.
- V. art. 227, § 3º, IV, CF.

Lei 8.069/1990

LEGISLAÇÃO

IV – assistência judiciária gratuita e integral aos necessitados, na forma da lei;

- V. art. 141, §§ 1º e 2º.
- V. arts. 5º, LXXIV, e 134, CF.
- V. Lei 1.060/1950 (Assistência judiciária).

V – direito de ser ouvido pessoalmente pela autoridade competente;

- V. arts. 28, § 1º, 45, § 2º, 124, I, 141, 179 e 186.

VI – direito de solicitar a presença de seus pais ou responsável em qualquer fase do procedimento.

Capítulo IV
DAS MEDIDAS SOCIOEDUCATIVAS

- V. Súmula 342, STJ.

Seção I
Disposições gerais

Art. 112. Verificada a prática de ato infracional, a autoridade competente poderá aplicar ao adolescente as seguintes medidas:

- V. arts. 103, 126 a 128.

I – advertência;

- V. arts. 114 e 115.

II – obrigação de reparar o dano;

- V. art. 116.

III – prestação de serviços à comunidade;

- V. art. 117.

IV – liberdade assistida;

- V. arts. 118 e 119.

V – inserção em regime de semiliberdade;

- V. art. 120.

VI – internação em estabelecimento educacional;

- V. arts. 121 a 125.

VII – qualquer uma das previstas no art. 101, I a VI.

- V. art. 136, VI.

§ 1º A medida aplicada ao adolescente levará em conta a sua capacidade de cumpri-la, as circunstâncias e a gravidade da infração.

§ 2º Em hipótese alguma e sob pretexto algum, será admitida a prestação de trabalho forçado.

- V. art. 5º, XLVII, *c*, CF.

§ 3º Os adolescentes portadores de doença ou deficiência mental receberão tratamento individual e especializado, em local adequado às suas condições.

- V. arts. 101, V, e 112, VII.

Art. 113. Aplica-se a este Capítulo o disposto nos arts. 99 e 100.

Art. 114. A imposição das medidas previstas nos incisos II a VI do art. 112 pressupõe a existência de provas suficientes da autoria e da materialidade da infração, ressalvada a hipótese de remissão, nos termos do art. 127.

- V. arts. 98, III, e 112.
- V. arts. 158 a 184, CPP.

Parágrafo único. A advertência poderá ser aplicada sempre que houver prova da materialidade e indícios suficientes da autoria.

Seção II
Da advertência

Art. 115. A advertência consistirá em admoestação verbal, que será reduzida a termo e assinada.

Seção III
Da obrigação de reparar o dano

Art. 116. Em se tratando de ato infracional com reflexos patrimoniais, a autoridade poderá determinar, se for o caso, que o adolescente restitua a coisa, promova o ressarcimento do dano, ou, por outra forma, compense o prejuízo da vítima.

- V. art. 112, § 2º.
- V. art. 932, I e II, CC.

Parágrafo único. Havendo manifesta impossibilidade, a medida poderá ser substituída por outra adequada.

Seção IV
Da prestação de serviços à comunidade

Art. 117. A prestação de serviços comunitários consiste na realização de tarefas gratuitas de interesse geral, por período não excedente a 6 (seis) meses, junto a entidades assistenciais, hospitais, escolas e outros estabelecimentos congêneres, bem como em programas comunitários ou governamentais.

- V. art. 46, *caput*, CP.

Parágrafo único. As tarefas serão atribuídas conforme as aptidões do adolescente, devendo ser cumpridas durante jornada máxima de 8 (oito) horas semanais, aos sábados, domingos e feriados ou em dias úteis, de modo a não prejudicar a frequência à escola ou à jornada normal de trabalho.

• V. art. 46, § 3º, CP.

Seção V
Da liberdade assistida

Art. 118. A liberdade assistida será adotada sempre que se afigurar a medida mais adequada para o fim de acompanhar, auxiliar e orientar o adolescente.

§ 1º A autoridade designará pessoa capacitada para acompanhar o caso, a qual poderá ser recomendada por entidade ou programa de atendimento.

• V. arts. 127 e 181, § 1º.

§ 2º A liberdade assistida será fixada pelo prazo mínimo de 6 (seis) meses, podendo a qualquer tempo ser prorrogada, revogada ou substituída por outra medida, ouvido o orientador, o Ministério Público e o defensor.

• V. arts. 126, 127, 186, § 2º, e 207.

Art. 119. Incumbe ao orientador, com o apoio e a supervisão da autoridade competente, a realização dos seguintes encargos, entre outros:

• V. arts. 118, § 2º, e 181, § 1º.

I – promover socialmente o adolescente e sua família, fornecendo-lhes orientação e inserindo-os, se necessário, em programa oficial ou comunitário de auxílio e assistência social;

II – supervisionar a frequência e o aproveitamento escolar do adolescente, promovendo, inclusive, sua matrícula;

III – diligenciar no sentido da profissionalização do adolescente e de sua inserção no mercado de trabalho;

IV – apresentar relatório do caso.

Seção VI
Do regime de semiliberdade

Art. 120. O regime de semiliberdade pode ser determinado desde o início, ou como forma de transição para o meio aberto, possibilitada a realização de atividades externas, independentemente de autorização judicial.

§ 1º É obrigatória a escolarização e a profissionalização, devendo, sempre que possível, ser utilizados os recursos existentes na comunidade.

§ 2º A medida não comporta prazo determinado, aplicando-se, no que couber, as disposições relativas à internação.

• V. arts. 121, § 2º, e 124.

Seção VII
Da internação

Art. 121. A internação constitui medida privativa da liberdade, sujeita aos princípios de brevidade, excepcionalidade e respeito à condição peculiar de pessoa em desenvolvimento.

• V. art. 227 § 3º, V, CF.

§ 1º Será permitida a realização de atividades externas, a critério da equipe técnica da entidade, salvo expressa determinação judicial em contrário.

• V. arts. 94, § 2º, 100 e 113.

§ 2º A medida não comporta prazo determinado, devendo sua manutenção ser reavaliada, mediante decisão fundamentada, no máximo a cada 6 (seis) meses.

• V. art. 94, XIV.

§ 3º Em nenhuma hipótese o período máximo de internação excederá a 3 (três) anos.

• V. arts. 108 e 183.

§ 4º Atingido o limite estabelecido no parágrafo anterior, o adolescente deverá ser liberado, colocado em regime de semiliberdade ou de liberdade assistida.

• V. art. 2º, parágrafo único.

§ 5º A liberação será compulsória aos 21 (vinte e um) anos de idade.

§ 6º Em qualquer hipótese a desinternação será precedida de autorização judicial, ouvido o Ministério Público.

§ 7º A determinação judicial mencionada no § 1º poderá ser revista a qualquer tempo pela autoridade judiciária.

• § 7º acrescentado pela Lei 12.594/2012 (DOU 19.01.2012; ret. 20.01.2012), em vigor após decorridos 90 (noventa) dias de sua publicação oficial.

Art. 122. A medida de internação só poderá ser aplicada quando:

I – tratar-se de ato infracional cometido mediante grave ameaça ou violência a pessoa;

II – por reiteração no cometimento de outras infrações graves;

III – por descumprimento reiterado e injustificável da medida anteriormente imposta.

• V. arts. 110 e 111.

Lei 8.069/1990

LEGISLAÇÃO

§ 1º O prazo de internação na hipótese do inciso III deste artigo não poderá ser superior a 3 (três) meses, devendo ser decretada judicialmente após o devido processo legal.

• § 1º com redação determinada pela Lei 12.594/2012 (DOU 19.01.2012; ret. 20.01.2012), em vigor após decorridos 90 (noventa) dias de sua publicação oficial.

§ 2º Em nenhuma hipótese será aplicada a internação, havendo outra medida adequada.

Art. 123. A internação deverá ser cumprida em entidade exclusiva para adolescentes, em local distinto daquele destinado ao abrigo, obedecida rigorosa separação por critérios de idade, compleição física e gravidade da infração.

• V. arts. 101, § 1º, e 185.

Parágrafo único. Durante o período de internação, inclusive provisória, serão obrigatórias atividades pedagógicas.

• V. arts. 94, X e XI, 124, XI e XII, e 208, VIII.

Art. 124. São direitos do adolescente privado de liberdade, entre outros, os seguintes:

I – entrevistar-se pessoalmente com o representante do Ministério Público;

• V. art. 141.

II – peticionar diretamente a qualquer autoridade;

• V. art. 5º, XXXIV, CF.

III – avistar-se reservadamente com seu defensor;

• V. art. 246.

IV – ser informado de sua situação processual, sempre que solicitada;

• V. art. 94, VII.

V – ser tratado com respeito e dignidade;

• V. arts. 15, 17, 18 e 94, IV.

VI – permanecer internado na mesma localidade ou naquela mais próxima ao domicílio de seus pais ou responsável;

• V. arts. 94, V, e 185, § 1º.

VII – receber visitas, ao menos semanalmente;

• V. art. 94, VII.

VIII – corresponder-se com seus familiares e amigos;

IX – ter acesso aos objetos necessários à higiene e asseio pessoal;

• V. art. 94, VII.

X – habitar alojamento em condições adequadas de higiene e salubridade;

• V. art. 94, VII.

XI – receber escolarização e profissionalização;

• V. arts. 94, X, 123, parágrafo único, e 208, VIII.

XII – realizar atividades culturais, esportivas e de lazer;

• V. arts. 94, XII, e 123, parágrafo único.

XIII – ter acesso aos meios de comunicação social;

XIV – receber assistência religiosa, segundo a sua crença, e desde que assim o deseje;

• V. art. 94, XII.

XV – manter a posse de seus objetos pessoais e dispor de local seguro para guardá-las, recebendo comprovante daqueles porventura depositados em poder da entidade;

• V. arts. 17 e 94, XVII.

XVI – receber, quando de sua desinternação, os documentos pessoais indispensáveis à vida em sociedade.

§ 1º Em nenhum caso haverá incomunicabilidade.

§ 2º A autoridade judiciária poderá suspender temporariamente a visita, inclusive de pais ou responsável, se existirem motivos sérios e fundados de sua prejudicialidade aos interesses do adolescente.

Art. 125. É dever do Estado zelar pela integridade física e mental dos internos, cabendo-lhe adotar as medidas adequadas de contenção e segurança.

• V. art. 37, § 6º, CF.

Capítulo V
DA REMISSÃO

Art. 126. Antes de iniciado o procedimento judicial para apuração de ato infracional, o representante do Ministério Público poderá conceder a remissão, como forma de exclusão do processo, atendendo às circunstâncias e consequências do fato, ao contexto social, bem como à personalidade do adolescente e sua maior ou menor participação no ato infracional.

• V. arts. 180, II, 181 e 201.

Parágrafo único. Iniciado o procedimento, a concessão da remissão pela autoridade judiciária importará na suspensão ou extinção do processo.

• V. arts. 126, *caput*, 127, 181, *caput*, 186, § 1º, e 188.

Lei 8.069/1990

Art. 127. A remissão não implica necessariamente o reconhecimento ou comprovação da responsabilidade, nem prevalece para efeito de antecedentes, podendo incluir eventualmente a aplicação de qualquer das medidas previstas em lei, exceto a colocação em regime de semiliberdade e a internação.

• V. arts. 101, 112, 114, *caput*, e 126, parte final.

Art. 128. A medida aplicada por força da remissão poderá ser revista judicialmente, a qualquer tempo, mediante pedido expresso do adolescente ou de seu representante legal, ou do Ministério Público.

• V. arts. 110, 111 e 182 a 190.

TÍTULO IV
DAS MEDIDAS PERTINENTES AOS PAIS OU RESPONSÁVEL

Art. 129. São medidas aplicáveis aos pais ou responsável:

• V. arts. 136, I a VII, e 262.

I – encaminhamento a serviços e programas oficiais ou comunitários de proteção, apoio e promoção da família;

• Inciso I com redação determinada pela Lei 13.257/2016.

II – inclusão em programa oficial ou comunitário de auxílio, orientação e tratamento a alcoólatras e toxicômanos;
III – encaminhamento a tratamento psicológico ou psiquiátrico;
IV – encaminhamento a cursos ou programas de orientação;
V – obrigação de matricular o filho ou pupilo e acompanhar sua frequência e aproveitamento escolar;

• V. art. 55.

VI – obrigação de encaminhar a criança ou adolescente a tratamento especializado;
VII – advertência;

• V. art. 115.

VIII – perda da guarda;

• V. arts. 35 e 169, parágrafo único.

IX – destituição da tutela;

• V. art. 164.

X – suspensão ou destituição do poder familiar.

○ O art. 3º da Lei 12.010/2009 (*DOU* 04.08.2009), em vigor 90 (noventa) dias após a data de sua publicação, determina a substituição da expressão "pátrio poder" por "poder familiar".

• V. arts. 155 a 163.
• V. arts. 1.630 a 1.638, CC (Do poder familiar).

Parágrafo único. Na aplicação das medidas previstas nos incisos IX e X deste artigo, observar-se-á o disposto nos arts. 23 e 24.

Art. 130. Verificada a hipótese de maus-tratos, opressão ou abuso sexual impostos pelos pais ou responsável, a autoridade judiciária poderá determinar, como medida cautelar, o afastamento do agressor da moradia comum.

• V. arts. 294 a 310, CPC/2015.

Parágrafo único. Da medida cautelar constará, ainda, a fixação provisória dos alimentos de que necessitem a criança ou o adolescente dependentes do agressor.

• Parágrafo único acrescentado pela Lei 12.415/2011.

TÍTULO V
DO CONSELHO TUTELAR

Capítulo I
DISPOSIÇÕES GERAIS

Art. 131. O Conselho Tutelar é órgão permanente e autônomo, não jurisdicional, encarregado pela sociedade de zelar pelo cumprimento dos direitos da criança e do adolescente, definidos nesta Lei.

• V. arts. 259 e 262.

Art. 132. Em cada Município e em cada Região Administrativa do Distrito Federal haverá, no mínimo, um Conselho Tutelar como órgão integrante da administração pública local, composto de cinco membros, escolhidos pela população local para mandato de 4 (quatro) anos, permitida uma recondução, mediante novo processo de escolha.

• Artigo com redação determinada pela Lei 12.696/2012.

Art. 133. Para a candidatura a membro do Conselho Tutelar, serão exigidos os seguintes requisitos:
I – reconhecida idoneidade moral;
II – idade superior a 21 (vinte e um) anos;
III – residir no município.

Art. 134. Lei municipal ou distrital disporá sobre o local, dia e horário de funcionamento do Conselho Tutelar, inclusive quanto à remuneração dos respectivos membros, aos quais é assegurado o direito a:

• Artigo com redação determinada pela Lei 12.696/2012.

Lei 8.069/1990

LEGISLAÇÃO

- V. art. 30, I e II, CF.

I – cobertura previdenciária;
II – gozo de férias anuais remuneradas, acrescidas de 1/3 (um terço) do valor da remuneração mensal;
III – licença-maternidade;
IV – licença-paternidade;
V – gratificação natalina.
Parágrafo único. Constará da lei orçamentária municipal e da do Distrito Federal previsão dos recursos necessários ao funcionamento do Conselho Tutelar e à remuneração e formação continuada dos conselheiros tutelares.

Art. 135. O exercício efetivo da função de conselheiro constituirá serviço público relevante e estabelecerá presunção de idoneidade moral.

- Artigo com redação determinada pela Lei 12.696/2012.
- V. art. 295, CPP.

Capítulo II
DAS ATRIBUIÇÕES DO CONSELHO

Art. 136. São atribuições do Conselho Tutelar:

- V. arts. 13, 95 e 194.

I – atender as crianças e adolescentes nas hipóteses previstas nos arts. 98 e 105, aplicando as medidas previstas no art. 101, I a VII;
II – atender e aconselhar os pais ou responsável, aplicando as medidas previstas no art. 129, I a VII;
III – promover a execução de suas decisões, podendo para tanto:
a) requisitar serviços públicos nas áreas de saúde, educação, serviço social, previdência, trabalho e segurança;
b) representar junto à autoridade judiciária nos casos de descumprimento injustificado de suas deliberações;

- V. art. 249.

IV – encaminhar ao Ministério Público notícia de fato que constitua infração administrativa ou penal contra os direitos da criança ou adolescente;

- V. arts. 245 e 258.

V – encaminhar à autoridade judiciária os casos de sua competência;

- V. art. 148.

VI – providenciar a medida estabelecida pela autoridade judiciária, dentre as previstas no art. 101, de I a VI, para o adolescente autor de ato infracional;

- V. art. 112, VII.

VII – expedir notificações;
VIII – requisitar certidões de nascimento e de óbito de criança ou adolescente quando necessário;

- V. arts. 102 e 148, parágrafo único.

IX – assessorar o Poder Executivo local na elaboração da proposta orçamentária para planos e programas de atendimento dos direitos da criança e do adolescente;
X – representar, em nome da pessoa e da família, contra a violação dos direitos previstos no art. 220, § 3º, inciso II da Constituição Federal;

- V. arts. 201, V, e 210.

XI – representar ao Ministério Público para efeito das ações de perda ou suspensão do poder familiar, após esgotadas as possibilidades de manutenção da criança ou do adolescente junto à família natural.

- Inciso XI com redação determinada pela Lei 12.010/2009 (DOU 04.08.2009), em vigor 90 (noventa) dias após a data de sua publicação.
- V. arts. 155 a 163 e 201, III.
- V. arts. 1.635 a 1.638, CC.

XII – promover e incentivar, na comunidade e nos grupos profissionais, ações de divulgação e treinamento para o reconhecimento de sintomas de maus-tratos em crianças e adolescentes.

- Inciso XII acrescentado pela Lei 13.046/2014.

Parágrafo único. Se, no exercício de suas atribuições, o Conselho Tutelar entender necessário o afastamento do convívio familiar, comunicará incontinenti o fato ao Ministério Público, prestando-lhe informações sobre os motivos de tal entendimento e as providências tomadas para a orientação, o apoio e a promoção social da família.

- Parágrafo único acrescentado pela Lei 12.010/2009 (DOU 04.08.2009), em vigor 90 (noventa) dias após a data de sua publicação.

Art. 137. As decisões do Conselho Tutelar somente poderão ser revistas pela autoridade judiciária a pedido de quem tenha legítimo interesse.

- V. art. 249.
- V. art. 5º, XXXV, CF.

Lei 8.069/1990

LEGISLAÇÃO

Capítulo III
DA COMPETÊNCIA

Art. 138. Aplica-se ao Conselho Tutelar a regra de competência constante do art. 147.

Capítulo IV
DA ESCOLHA DOS CONSELHEIROS

Art. 139. O processo para a escolha dos membros do Conselho Tutelar será estabelecido em lei municipal e realizado sob a responsabilidade do Conselho Municipal dos Direitos da Criança e do Adolescente, e a fiscalização do Ministério Público.

* *Caput* com redação determinada pela Lei 8.242/1991.
* V. art. 30, I e II, CF.

§ 1º O processo de escolha dos membros do Conselho Tutelar ocorrerá em data unificada em todo o território nacional a cada 4 (quatro) anos, no primeiro domingo do mês de outubro do ano subsequente ao da eleição presidencial.

* § 1º acrescentado pela Lei 12.696/2012.

§ 2º A posse dos conselheiros tutelares ocorrerá no dia 10 de janeiro do ano subsequente ao processo de escolha.

* § 2º acrescentado pela Lei 12.696/2012.

§ 3º No processo de escolha dos membros do Conselho Tutelar, é vedado ao candidato doar, oferecer, prometer ou entregar ao eleitor bem ou vantagem pessoal de qualquer natureza, inclusive brindes de pequeno valor.

* § 3º acrescentado pela Lei 12.696/2012.

Capítulo V
DOS IMPEDIMENTOS

Art. 140. São impedidos de servir no mesmo Conselho marido e mulher, ascendentes e descendentes, sogro e genro ou nora, irmãos, cunhados, durante o cunhadio, tio e sobrinho, padrasto ou madrasta e enteado.

* V. art. 226, § 3º, CF.

Parágrafo único. Estende-se o impedimento do conselheiro, na forma deste artigo, em relação à autoridade judiciária e ao representante do Ministério Público com atuação na Justiça da Infância e da Juventude, em exercício na Comarca, Foro Regional ou Distrital.

TÍTULO VI
DO ACESSO À JUSTIÇA

Capítulo I
DISPOSIÇÕES GERAIS

Art. 141. É garantido o acesso de toda criança ou adolescente à Defensoria Pública, ao Ministério Público e ao Poder Judiciário, por qualquer de seus órgãos.

* V. art. 4º, parágrafo único, *b*.
* V. art. 134, CF.

§ 1º A assistência judiciária gratuita será prestada aos que dela necessitarem, através de defensor público ou advogado nomeado.

* V. arts. 111, 159 e 206.
* V. art. 5º, LXXIV, CF.
* V. Lei 1.060/1950 (Assistência Judiciária).

§ 2º As ações judiciais da competência da Justiça da Infância e da Juventude são isentas de custas e emolumentos, ressalvada a hipótese de litigância de má-fé.

* V. art. 148, IV e V.
* V. art. 80, CPC/2015.

Art. 142. Os menores de 16 (dezesseis) anos serão representados e os maiores de 16 (dezesseis) e menores de 21 (vinte e um) anos assistidos por seus pais, tutores ou curadores, na forma da legislação civil ou processual.

* V. art. 2º.
* V. art. 5º, LX, CF.
* V. arts. 71, 72, I, 218 e 427, CPC/2015.
* V. arts. 1.634, V, 1.690, *caput*, 1.747, I, 1.774 e 1.781, CC.

Parágrafo único. A autoridade judiciária dará curador especial à criança ou adolescente, sempre que os interesses destes colidirem com os de seus pais ou responsável, ou quando carecer de representação ou assistência legal ainda que eventual.

* V. art. 1.692, CC.
* V. art. 72, I, CPC/2015.
* V. art. 33, CPP.

Art. 143. É vedada a divulgação de atos judiciais, policiais e administrativos que digam respeito a crianças e adolescentes a que se atribua autoria de ato infracional.

* V. art. 247.
* V. art. 5º, LX, CF.
* V. art. 189, CPC/2015.

1207

Lei 8.069/1990

Parágrafo único. Qualquer notícia a respeito do fato não poderá identificar a criança ou adolescente, vedando-se fotografia, referência a nome, apelido, filiação, parentesco, residência e, inclusive, iniciais do nome e sobrenome.

- Parágrafo único com redação determinada pela Lei 10.764/2003.

Art. 144. A expedição de cópia ou certidão de atos a que se refere o artigo anterior somente será deferida pela autoridade judiciária competente, se demonstrado o interesse e justificada a finalidade.

- V. art. 189, II, CPC/2015.

Capítulo II
DA JUSTIÇA DA INFÂNCIA E DA JUVENTUDE

Seção I
Disposições gerais

Art. 145. Os Estados e o Distrito Federal poderão criar varas especializadas e exclusivas da infância e da juventude, cabendo ao Poder Judiciário estabelecer sua proporcionalidade por número de habitantes, dotá-las de infraestrutura e dispor sobre o atendimento, inclusive em plantões.

- V. arts. 150 e 204.
- V. art. 96, I, *b* e *d*, CF.
- V. art. 212, CPC/2015.

Seção II
Do Juiz

Art. 146. A autoridade a que se refere esta Lei é o Juiz da Infância e da Juventude, ou o Juiz que exerce essa função, na forma da Lei de Organização Judiciária local.

- V. arts. 101, 130 e 262.
- V. arts. 92, VII, e 125, § 1º, CF.

Art. 147. A competência será determinada:

- V. art. 138.

I – pelo domicílio dos pais ou responsável;

- V. arts. 70 a 78, CC.
- V Súmula 383, STJ.

II – pelo lugar onde se encontre a criança ou adolescente, à falta dos pais ou responsável.

§ 1º Nos casos de ato infracional, será competente a autoridade do lugar da ação ou omissão, observadas as regras de conexão, continência e prevenção.

- V. art. 103.
- V. arts. 76, 77 e 83, CPP.

§ 2º A execução das medidas poderá ser delegada à autoridade competente da residência dos pais ou responsável, ou do local onde sediar-se a entidade que abrigar a criança ou adolescente.

- V. art. 124, VI.

§ 3º Em caso de infração cometida através de transmissão simultânea de rádio ou televisão, que atinja mais de uma comarca, será competente, para aplicação da penalidade, a autoridade judiciária do local da sede estadual da emissora ou rede, tendo a sentença eficácia para todas as transmissoras ou retransmissoras do respectivo Estado.

- V. arts. 247, § 2º, 253 e 254.

Art. 148. A Justiça da Infância e da Juventude é competente para:

- V. arts. 141, §§ 1º e 2º, 149, 198 e 199.

I – conhecer de representações promovidas pelo Ministério Público, para apuração de ato infracional atribuído a adolescente, aplicando as medidas cabíveis;

- V. arts. 105, 112, 136, I, 182 e 262.

II – conceder a remissão, como forma de suspensão ou extinção do processo;

- V. art. 126, parágrafo único.

III – conhecer de pedidos de adoção e seus incidentes;

- V. arts. 33, § 1º, e 39 a 52-D.

IV – conhecer de ações civis fundadas em interesses individuais, difusos ou coletivos afetos à criança e ao adolescente, observado o disposto no art. 209;

- V. arts. 208 a 224.

V – conhecer de ações decorrentes de irregularidades em entidades de atendimento, aplicando as medidas cabíveis;

- V. arts. 97, 148 e 191 a 193.

VI – aplicar penalidades administrativas nos casos de infrações contra norma de proteção à criança ou adolescentes;

- V. arts. 98 a 102, 194 a 197 e 245 a 258.

Lei 8.069/1990

LEGISLAÇÃO

VII – conhecer de casos encaminhados pelo Conselho Tutelar, aplicando as medidas cabíveis.

- V. art. 136, III, *b*, e V.

Parágrafo único. Quando se tratar de criança ou adolescente nas hipóteses do art. 98, é também competente a Justiça da Infância e da Juventude para o fim de:

- V. arts. 33 a 35.

a) conhecer de pedidos de guarda e tutela;

- V. arts. 33 a 38 e 165 a 170.

b) conhecer de ações de destituição do poder familiar, perda ou modificação da tutela ou guarda;

- O art. 3º da Lei 12.010/2009 (*DOU* 04.08.2009), em vigor 90 (noventa) dias após a data de sua publicação, determina a substituição da expressão "pátrio poder" por "poder familiar".
- V. arts. 24, 35, 38 e 155 a 164.
- V. arts. 1.630 a 1.638, CC (Do poder familiar).

c) suprir a capacidade ou o consentimento para o casamento;

- V. arts. 1.517, *caput*, 1.519, 1.634, III, 1.747, I, 1.774 e 1.781, CC.
- V. art. 719, CPC/2015.

d) conhecer de pedidos baseados em discordância paterna ou materna, em relação ao exercício do poder familiar;

- O art. 3º da Lei 12.010/2009 (*DOU* 04.08.2009), em vigor 90 (noventa) dias após a data de sua publicação, determina a substituição da expressão "pátrio poder" por "poder familiar".
- V. art. 21.
- V. arts. 1.630 a 1.638, CC (Do poder familiar).
- V. art. 719, CPC/2015.

e) conceder a emancipação, nos termos da lei civil, quando faltarem os pais;

- V. art. 2º, parágrafo único.
- V. arts. 3º, 4º, 5º, parágrafo unico, I, e 9º, II, CC.
- V. art. 725, I, CPC/2015.
- V. arts. 13, § 1º, 29, IV, e 89 a 91, Lei 6.015/1973 (Lei de Registros Públicos).

f) designar curador especial em casos de apresentação de queixa ou representação, ou de outros procedimentos judiciais ou extrajudiciais em que haja interesses de criança ou adolescente;

- V. art. 142, parágrafo único.
- V. art. 39, CPP.

g) conhecer de ações de alimentos;

- V. art. 201, III.
- V. arts. 1.694 a 1.710, CC.
- V. Lei 5.478/1968 (Ação de alimentos).

h) determinar o cancelamento, a retificação e o suprimento dos registros de nascimento e óbito.

- V. art. 102.
- V. arts. 109 a 113, Lei 6.015/1973 (Lei de Registros Públicos).

Art. 149. Compete à autoridade judiciária disciplinar, através de portaria, ou autorizar, mediante alvará:

- V. art. 199.

I – a entrada e permanência de criança ou adolescente, desacompanhado dos pais ou responsável, em:

a) estádio, ginásio e campo desportivo;

b) bailes ou promoções dançantes;

c) boate ou congêneres;

d) casa que explore comercialmente diversões eletrônicas;

e) estúdios cinematográficos, de teatro, rádio e televisão;

II – a participação de criança e adolescente em:

a) espetáculos públicos e seus ensaios;

b) certames de beleza.

§ 1º Para os fins do disposto neste artigo, a autoridade judiciária levará em conta, dentre outros fatores:

a) os princípios desta Lei;

b) as peculiaridades locais;

c) a existência de instalações adequadas;

d) o tipo de frequência habitual ao local;

e) a adequação do ambiente a eventual participação ou frequência de crianças e adolescentes;

f) a natureza do espetáculo.

§ 2º As medidas adotadas na conformidade deste artigo deverão ser fundamentadas, caso a caso, vedadas as determinações de caráter geral.

Seção III
Dos serviços auxiliares

Art. 150. Cabe ao Poder Judiciário, na elaboração de sua proposta orçamentária, prever recursos para manutenção de equipe interprofissional, destinada a assessorar a Justiça da Infância e da Juventude.

- V. arts. 96, I, *b* e *e*, e 99, § 1º, CF.

Lei 8.069/1990

LEGISLAÇÃO

Art. 151. Compete à equipe interprofissional, dentre outras atribuições que lhe forem reservadas pela legislação local, fornecer subsídios por escrito, mediante laudos, ou verbalmente, na audiência, e bem assim desenvolver trabalhos de aconselhamento, orientação, encaminhamento, prevenção e outros, tudo sob a imediata subordinação à autoridade judiciária, assegurada a livre manifestação do ponto de vista técnico.

- V. arts. 146, 161, § 1º, 162, § 1º, 167 e 186, § 4º.

Capítulo III
DOS PROCEDIMENTOS

Seção I
Disposições gerais

Art. 152. Aos procedimentos regulados nesta Lei aplicam-se subsidiariamente as normas gerais previstas na legislação processual pertinente.

- V. art. 206.
- V. art. 189, CPC/2015.

Parágrafo único. É assegurada, sob pena de responsabilidade, prioridade absoluta na tramitação dos processos e procedimentos previstos nesta Lei, assim como na execução dos atos e diligências judiciais a eles referentes.

- Parágrafo único acrescentado pela Lei 12.010/2009 (*DOU* 04.08.2009), em vigor 90 (noventa) dias após a data de sua publicação.

Art. 153. Se a medida judicial a ser adotada não corresponder a procedimento previsto nesta ou em outra lei, a autoridade judiciária poderá investigar os fatos e ordenar de ofício as providências necessárias, ouvido o Ministério Público.

- V. arts. 35, 128 e 149.

Parágrafo único. O disposto neste artigo não se aplica para o fim de afastamento da criança ou do adolescente de sua família de origem e em outros procedimentos necessariamente contenciosos.

- Parágrafo único acrescentado pela Lei 12.010/2009 (*DOU* 04.08.2009), em vigor 90 (noventa) dias após a data de sua publicação.

Art. 154. Aplica-se às multas o disposto no art. 214.

- V. arts. 194 a 197 e 245 a 258.

Seção II
Da perda e da suspensão do poder familiar

- O art. 3º da Lei 12.010/2009 (*DOU* 04.08.2009), em vigor 90 (noventa) dias após a data de sua publicação, determina a substituição da expressão "pátrio poder" por "poder familiar".
- V. arts. 1.635 a 1.638, CC.

Art. 155. O procedimento para a perda ou a suspensão do poder familiar terá início por provocação do Ministério Público ou de quem tenha legítimo interesse.

- O art. 3º da Lei 12.010/2009 (*DOU* 04.08.2009), em vigor 90 (noventa) dias após a data de sua publicação, determina a substituição da expressão "pátrio poder" por "poder familiar".
- V. arts. 22 a 24, 136, XI, e 141.
- V. arts. 1.635, V, 1.637 e 1.638, CC.
- V. art. 17, CPC/2015.

Art. 156. A petição inicial indicará:
I – a autoridade judiciária a que for dirigida;
II – o nome, o estado civil, a profissão e a residência do requerente e do requerido, dispensada a qualificação em se tratando de pedido formulado por representante do Ministério Público;

- V. art. 257, I, CPC/2015.

III – a exposição sumária do fato e o pedido;

- V. art. 319, III e IV, CPC/2015.

IV – as provas que serão produzidas, oferecendo, desde logo, o rol de testemunhas e documentos.

- V. art. 357, § 6º, CPC/2015.

Art. 157. Havendo motivo grave, poderá a autoridade judiciária, ouvido o Ministério Público, decretar a suspensão do poder familiar, liminar ou incidentalmente, até o julgamento definitivo da causa, ficando a criança ou adolescente confiado a pessoa idônea, mediante termo de responsabilidade.

- O art. 3º da Lei 12.010/2009 (*DOU* 04.08.2009), em vigor 90 (noventa) dias após a data de sua publicação, determina a substituição da expressão "pátrio poder" por "poder familiar".
- V. arts. 32, 33, § 2º, e 167.
- V. art. 1.638, CC.

Art. 158. O requerido será citado para, no prazo de 10 (dez) dias, oferecer resposta escrita, indicando as provas a serem produzidas e oferecendo desde logo o rol de testemunhas e documentos.

- V. arts. 335 a 346, 434 e 435, *caput*, CPC/2015.

§ 1º A citação será pessoal, salvo se esgotados todos os meios para sua realização.

- § 1º acrescentado pela Lei 12.962/2014.

§ 2º O requerido privado de liberdade deverá ser citado pessoalmente.

- § 2º acrescentado pela Lei 12.962/2014.

Art. 159. Se o requerido não tiver possibilidade de constituir advogado, sem prejuízo do próprio sustento e de sua família, poderá requerer, em cartório, que lhe seja nomeado dativo, ao qual incumbirá a apresentação de resposta, contando-se o prazo a partir da intimação do despacho de nomeação.

- V. art. 5º, LV e LXXV, CF.
- V. art. 4º, § 1º, Lei 1.060/1950 (Assistência judiciária).
- V. Lei 7.871/1989 (Altera a Lei 1.060/1950).

Parágrafo único. Na hipótese de requerido privado de liberdade, o oficial de justiça deverá perguntar, no momento da citação pessoal, se deseja que lhe seja nomeado defensor.

- Parágrafo único acrescentado pela Lei 12.962/2014.

Art. 160. Sendo necessário, a autoridade judiciária requisitará de qualquer repartição ou órgão público a apresentação de documento que interesse à causa, de ofício ou a requerimento das partes ou do Ministério Público.

- V. art. 330, CP.
- V. Lei 8.625/1993 (Lei Orgânica Nacional do Ministério Público).

Art. 161. Não sendo contestado o pedido, a autoridade judiciária dará vista dos autos ao Ministério Público, por 5 (cinco) dias, salvo quando este for o requerente, decidindo em igual prazo.

- V. arts. 344 e 345, I a III, CPC/2015.

§ 1º A autoridade judiciária, de ofício ou a requerimento das partes ou do Ministério Público, determinará a realização de estudo social ou perícia por equipe interprofissional ou multidisciplinar, bem como a oitiva de testemunhas que comprovem a presença de uma das causas de suspensão ou destituição do poder familiar previstas nos arts. 1.637 e 1.638 da Lei 10.406, de 10 de janeiro de 2002 – Código Civil, ou no art. 24 desta Lei.

- § 1º com redação determinada pela Lei 12.010/2009 (*DOU* 04.08.2009), em vigor 90 (noventa) dias após a data de sua publicação.
- V. art. 151.

§ 2º Em sendo os pais oriundos de comunidades indígenas, é ainda obrigatória a intervenção, junto à equipe profissional ou multidisciplinar referida no § 1º deste artigo, de representantes do órgão federal responsável pela política indigenista, observado o disposto no § 6º do art. 28 desta Lei.

- § 2º com redação determinada pela Lei 12.010/2009 (*DOU* 04.08.2009), em vigor 90 (noventa) dias após a data de sua publicação.

§ 3º Se o pedido importar em modificação de guarda, será obrigatória, desde que possível e razoável, a oitiva da criança ou adolescente, respeitado seu estágio de desenvolvimento e grau de compreensão sobre as implicações da medida.

- § 3º acrescentado pela Lei 12.010/2009 (*DOU* 04.08.2009), em vigor 90 (noventa) dias após a data de sua publicação.
- V. art. 28, § 1º.

§ 4º É obrigatória a oitiva dos pais sempre que esses forem identificados e estiverem em local conhecido.

- § 4º acrescentado pela Lei 12.010/2009 (*DOU* 04.08.2009), em vigor 90 (noventa) dias após a data de sua publicação.

§ 5º Se o pai ou a mãe estiverem privados de liberdade, a autoridade judicial requisitará sua apresentação para a oitiva.

- § 5º acrescentado pela Lei 12.962/2014.

Art. 162. Apresentada a resposta, a autoridade judiciária dará vista dos autos ao Ministério Público, por 5 (cinco) dias, salvo quando este for o requerente, designando, desde logo, audiência de instrução e julgamento.

§ 1º A requerimento de qualquer das partes, do Ministério Público, ou de ofício, a autoridade judiciária poderá determinar a realização de estudo social ou, se possível, de perícia por equipe interprofissional.

§ 2º Na audiência, presentes as partes e o Ministério Público, serão ouvidas as testemunhas, colhendo-se oralmente o parecer

Lei 8.069/1990

LEGISLAÇÃO

técnico, salvo quando apresentado por escrito, manifestando-se sucessivamente o requerente, o requerido e o Ministério Público, pelo tempo de 20 (vinte) minutos cada um, prorrogável por mais 10 (dez). A decisão será proferida na audiência, podendo a autoridade judiciária, excepcionalmente, designar data para sua leitura no prazo máximo de 5 (cinco) dias.

- V. art. 152.
- V. art. 203, § 1º, CPC/2015.

Art. 163. O prazo máximo para conclusão do procedimento será de 120 (cento e vinte) dias.

- Artigo com redação determinada pela Lei 12.010/2009 (*DOU* 04.08.2009), em vigor 90 (noventa) dias após a data de sua publicação.

Parágrafo único. A sentença que decretar a perda ou a suspensão do poder familiar será averbada à margem do registro de nascimento da criança ou do adolescente.

- V. art. 47, § 2º.
- V. arts. 1.635 a 1.638, CC.
- V. art. 102, item 6, Lei 6.015/1973 (Lei de Registros Públicos).

Seção III
Da destituição da tutela

- V. art. 1.766, CC.

Art. 164. Na destituição da tutela, observar-se-á o procedimento para a remoção de tutor previsto na lei processual civil e, no que couber, o disposto na seção anterior.

- V. arts. 24 e 38.
- V. arts. 761 a 763, CPC/2015.

Seção IV
Da colocação em família substituta

Art. 165. São requisitos para a concessão de pedidos de colocação em família substituta:

- V. arts. 28 a 52-D.

I – qualificação completa do requerente e de seu eventual cônjuge, ou companheiro, com expressa anuência deste;

- V. art. 42, § 4º.

II – indicação de eventual parentesco do requerente e de seu cônjuge, ou companheiro, com a criança ou adolescente, especificando se tem ou não parente vivo;

- V. art. 28, § 3º.

III – qualificação completa da criança ou adolescente e de seus pais, se conhecidos;
IV – indicação do cartório onde foi inscrito nascimento, anexando, se possível, uma cópia da respectiva certidão;

- V. art. 102, § 1º.

V – declaração sobre a existência de bens, direitos ou rendimentos relativos à criança ou ao adolescente.

Parágrafo único. Em se tratando de adoção, observar-se-ão também os requisitos específicos.

- V. arts. 39 a 52.

Art. 166. Se os pais forem falecidos, tiverem sido destituídos ou suspensos do poder familiar, ou houverem aderido expressamente ao pedido de colocação em família substituta, este poderá ser formulado diretamente em cartório, em petição assinada pelos próprios requerentes, dispensada a assistência de advogado.

- Artigo com redação determinada pela Lei 12.010/2009 (*DOU* 04.08.2009), em vigor 90 (noventa) dias após a data de sua publicação.
- V. art. 142.
- V. arts. 1.631, *caput*, 1.635, I, e 1.692, CC.

§ 1º Na hipótese de concordância dos pais, esses serão ouvidos pela autoridade judiciária e pelo representante do Ministério Público, tomando-se por termo as declarações.
§ 2º O consentimento dos titulares do poder familiar será precedido de orientações e esclarecimentos prestados pela equipe interprofissional da Justiça da Infância e da Juventude, em especial, no caso de adoção, sobre a irrevogabilidade da medida.
§ 3º O consentimento dos titulares do poder familiar será colhido pela autoridade judiciária competente em audiência, presente o Ministério Público, garantida a livre manifestação de vontade e esgotados os esforços para manutenção da criança ou do adolescente na família natural ou extensa.
§ 4º O consentimento prestado por escrito não terá validade se não for ratificado na audiência a que se refere o § 3º deste artigo.
§ 5º O consentimento é retratável até a data da publicação da sentença constitutiva da adoção.
§ 6º O consentimento somente terá valor se for dado após o nascimento da criança.
§ 7º A família substituta receberá a devida orientação por intermédio de equipe técni-

Lei 8.069/1990

LEGISLAÇÃO

ca interprofissional a serviço do Poder Judiciário, preferencialmente com apoio dos técnicos responsáveis pela execução da política municipal de garantia do direito à convivência familiar.

Art. 167. A autoridade judiciária, de ofício ou a requerimento das partes ou do Ministério Público, determinará a realização de estudo social ou, se possível, perícia por equipe interprofissional, decidindo sobre a concessão de guarda provisória, bem como, no caso de adoção, sobre o estágio de convivência.

- V. art. 46, § 1º.

Parágrafo único. Deferida a concessão da guarda provisória ou do estágio de convivência, a criança ou o adolescente será entregue ao interessado, mediante termo de responsabilidade.

- Parágrafo único acrescentado pela Lei 12.010/2009 (*DOU* 04.08.2009), em vigor 90 (noventa) dias após a data de sua publicação.

Art. 168. Apresentado o relatório social ou o laudo pericial, e ouvida, sempre que possível, a criança ou o adolescente, dar-se-á vista dos autos ao Ministério Público, pelo prazo de 5 (cinco) dias, decidindo a autoridade judiciária em igual prazo.

- V. arts. 28, § 1º, e 198.

Art. 169. Nas hipóteses em que a destituição da tutela, a perda ou a suspensão do poder familiar constituir pressuposto lógico da medida principal de colocação em família substituta, será observado o procedimento contraditório previsto nas seções II e III deste Capítulo.

- O art. 3º da Lei 12.010/2009 (*DOU* 04.08.2009), em vigor 90 (noventa) dias após a data de sua publicação, determina a substituição da expressão "pátrio poder" por "poder familiar".
- V. arts. 155 a 164.
- V. art. 1.638, CC.
- V. arts. 761 e ss., CPC/2015.

Parágrafo único. A perda ou a modificação da guarda poderá ser decretada nos mesmos autos do procedimento, observado o disposto no art. 35.

Art. 170. Concedida a guarda ou a tutela, observar-se-á o disposto no art. 32, e, quanto à adoção, o contido no art. 47.

Parágrafo único. A colocação de criança ou adolescente sob a guarda de pessoa inscrita em programa de acolhimento familiar será comunicada pela autoridade judiciária à entidade por este responsável no prazo máximo de 5 (cinco) dias.

- Parágrafo único acrescentado pela Lei 12.010/2009 (*DOU* 04.08.2009), em vigor 90 (noventa) dias após a data de sua publicação.

Seção V
Da apuração de ato infracional atribuído a adolescente

- V. arts. 103 a 105.

Art. 171. O adolescente apreendido por força de ordem judicial será, desde logo, encaminhado à autoridade judiciária.

- V. arts. 106 e 112.
- V. art. 5º, LXI, CF.

Art. 172. O adolescente apreendido em flagrante de ato infracional será, desde logo, encaminhado à autoridade policial competente.

- V. arts. 105, 136, I, 147, § 1º, e 262.

Parágrafo único. Havendo repartição policial especializada para atendimento de adolescente e em se tratando de ato infracional praticado em coautoria com maior, prevalecerá a atribuição da repartição especializada, que, após as providências necessárias e conforme o caso, encaminhará o adulto à repartição policial própria.

Art. 173. Em caso de flagrante de ato infracional cometido mediante violência ou grave ameaça a pessoa, a autoridade policial, sem prejuízo do disposto nos arts. 106, parágrafo único, e 107, deverá:

- V. arts. 158 a 184, CPP.

I – lavrar auto de apreensão, ouvidos as testemunhas e o adolescente;

- V. arts. 152.

II – apreender o produto e os instrumentos da infração;

III – requisitar os exames ou perícias necessários à comprovação da materialidade e autoria da infração.

- V. arts. 158 a 184 e 304, § 2º, CPP.

Parágrafo único. Nas demais hipóteses de flagrante, a lavratura do auto poderá ser substituída por boletim de ocorrência circunstanciada.

- V. arts. 112 e 114.

Lei 8.069/1990

LEGISLAÇÃO

Art. 174. Comparecendo qualquer dos pais ou responsável, o adolescente será prontamente liberado pela autoridade policial, sob termo de compromisso e responsabilidade de sua apresentação ao representante do Ministério Público, no mesmo dia ou, sendo impossível, no primeiro dia útil imediato, exceto quando, pela gravidade do ato infracional e sua repercussão social, deva o adolescente permanecer sob internação para garantia de sua segurança pessoal ou manutenção da ordem pública.

• V. arts. 107, 173 e 179, parte final.

Art. 175. Em caso de não liberação, a autoridade policial encaminhará, desde logo, o adolescente ao representante do Ministério Público, juntamente com cópia do auto de apreensão ou boletim de ocorrência.

• V. arts. 107, 174 e 179, parte final.

§ 1º Sendo impossível a apresentação imediata, a autoridade policial encaminhará o adolescente a entidade de atendimento, que fará a apresentação ao representante do Ministério Público no prazo de 24 (vinte e quatro) horas.

• V. art. 90, VII.

§ 2º Nas localidades onde não houver entidade de atendimento, a apresentação far-se-á pela autoridade policial. À falta de repartição policial especializada, o adolescente aguardará a apresentação em dependência separada da destinada a maiores, não podendo, em qualquer hipótese, exceder o prazo referido no parágrafo anterior.

• V. art. 185, §§ 1º e 2º.

Art. 176. Sendo o adolescente liberado, a autoridade policial encaminhará imediatamente ao representante do Ministério Público cópia do auto de apreensão ou boletim de decorrência.

• V. arts. 173 e 179, parte final.

Art. 177. Se, afastada a hipótese de flagrante, houver indícios de participação de adolescente da prática de ato infracional, a autoridade policial encaminhará ao representante do Ministério Público relatório das investigações e demais documentos.

• V. art. 179, parte final.

Art. 178. O adolescente a quem se atribua autoria de ato infracional não poderá ser conduzido ou transportado em compartimento fechado de veículo policial, em condições atentatórias à sua dignidade, ou que impliquem risco à sua integridade física ou mental, sob pena de responsabilidade.

• V. Lei 8.653/1993 (Transporte de presos).

Art. 179. Apresentado o adolescente, o representante do Ministério Público, no mesmo dia e à vista do auto de apreensão, boletim de ocorrência ou relatório policial devidamente autuados pelo cartório judicial e com informação sobre os antecedentes do adolescente, procederá imediata e informalmente à sua oitiva e, em sendo possível, de seus pais ou responsável, vítima e testemunhas.

• V. art. 147, § 1º.

Parágrafo único. Em caso de não apresentação, o representante do Ministério Público notificará os pais ou responsáveis para apresentação do adolescente, podendo requisitar o concurso da Polícias Civil e Militar.

Art. 180. Adotadas as providências a que alude o artigo anterior, o representante do Ministério Público poderá:

I – promover o arquivamento dos autos;

• V. art. 126, *caput*.

II – conceder a remissão;

III – representar à autoridade judiciária para a aplicação de medida socioeducativa.

• V. arts. 112 a 125.

Art. 181. Promovido o arquivamento dos autos ou concedida a remissão pelo representante do Ministério Público, mediante termo fundamentado, que conterá o resumo dos fatos, os autos serão conclusos à autoridade judiciária para homologação.

§ 1º Homologado o arquivamento ou a remissão, a autoridade judiciária determinará, conforme o caso, o cumprimento da medida.

• V. arts. 101 e 112.

§ 2º Discordando, a autoridade judiciária fará remessa dos autos ao Procurador-Geral de Justiça, mediante despacho fundamentado, e este oferecerá representação, designará outro membro do Ministério Público para apresentá-la, ou ratificará o arquivamento ou a remissão, que só então estará a autoridade judiciária obrigada a homologar.

Lei 8.069/1990

LEGISLAÇÃO

- V. art. 28, CPP.

Art. 182. Se, por qualquer razão, o representante do Ministério Público não promover o arquivamento ou conceder a remissão, oferecerá representação à autoridade judiciária, propondo a instauração de procedimento para aplicação da medida socioeducativa que se afigurar a mais adequada.

- V. arts. 112, § 1º, 185, §§ 1º e 2º, e 186, §§ 2º e 4º.

§ 1º A representação será oferecida por petição, que conterá o breve resumo dos fatos e a classificação do ato infracional e, quando necessário, o rol de testemunhas, podendo ser deduzida oralmente, em sessão diária instalada pela autoridade judiciária.

§ 2º A representação independe de prova pré-constituída da autoria e materialidade.

Art. 183. O prazo máximo e improrrogável para a conclusão do procedimento, estando o adolescente internado provisoriamente, será de 45 (quarenta e cinco) dias.

- V. arts. 106 a 108.

Art. 184. Oferecida a representação, a autoridade judiciária designará audiência de apresentação do adolescente, decidindo, desde logo, sobre a decretação ou manutenção da internação, observado o disposto no art. 108 e parágrafo.

- V. arts. 2º, parágrafo único, 121, § 5º, 171, 182, § 1º, e 190.

§ 1º O adolescente e seus pais ou responsável serão cientificados do teor da representação, e notificados a comparecer à audiência, acompanhados de advogado.

- V. arts. 111, I, e 207.
- V. art. 250, CPC/2015.

§ 2º Se os pais ou responsável não forem localizados, a autoridade judiciária dará curador especial ao adolescente.

- V. art. 152.

§ 3º Não sendo localizado o adolescente, a autoridade judiciária expedirá mandado de busca e apreensão, determinando o sobrestamento do feito, até a efetiva apresentação.

§ 4º Estando o adolescente internado, será requisitada a sua apresentação, sem prejuízo da notificação dos pais ou responsável.

- V. art. 112, VI.

Art. 185. A internação, decretada ou mantida pela autoridade judiciária, não poderá ser cumprida em estabelecimento prisional.

- V. arts. 112 e 123.

§ 1º Inexistindo na comarca entidade com as características definidas no art. 123, o adolescente deverá ser imediatamente transferido para a localidade mais próxima.

- V. art. 124, VI.

§ 2º Sendo impossível a pronta transferência, o adolescente aguardará sua remoção em repartição policial, desde que em seção isolada dos adultos e com instalações apropriadas, não podendo ultrapassar o prazo máximo de 5 (cinco) dias, sob pena de responsabilidade.

Art. 186. Comparecendo o adolescente, seus pais ou responsável, a autoridade judiciária procederá à oitiva dos mesmos, podendo solicitar opinião de profissional qualificado.

- V. arts. 101, V, e 112, VII.

§ 1º Se a autoridade judiciária entender adequada a remissão, ouvirá o representante do Ministério Público, proferindo decisão.

- V. arts. 122, II, 126, parágrafo único, e 127.

§ 2º Sendo o fato grave, passível de aplicação de medida de internação ou colocação em regime de semiliberdade, a autoridade judiciária, verificando que o adolescente não possui advogado constituído, nomeará defensor, designando, desde logo, audiência em continuação, podendo determinar a realização de diligências e estudo do caso.

- V. arts. 90 a 95, 111, III, 150, 151 e 207.

§ 3º O advogado constituído ou o defensor nomeado, no prazo de 3 (três) dias contado da audiência de apresentação, oferecerá defesa prévia e rol de testemunhas.

- V. art. 533, CPP.

§ 4º Na audiência em continuação, ouvidas as testemunhas arroladas na representação e na defesa prévia, cumpridas as diligências e juntado o relatório da equipe interprofissional, será dada a palavra ao representante do Ministério Público e ao defensor, sucessivamente, pelo tempo de 20 (vinte) minutos para cada um, prorrogável por mais 10 (dez), a critério da autoridade judiciária, que em seguida proferirá decisão.

- V. arts. 151 e 198.
- V. arts. 202 a 225, CPP.

Art. 187. Se o adolescente, devidamente notificado, não comparecer, injustificadamente, à audiência de apresentação, a autoridade judiciária designará nova data, determinando sua condução coercitiva.

- V. art. 184, § 3º.

Art. 188. A remissão, como forma de extinção ou suspensão do processo, poderá ser aplicada em qualquer fase do procedimento, antes da sentença.

- V. arts. 186 a 128.

Art. 189. A autoridade judiciária não aplicará qualquer medida, desde que reconheça na sentença:

- V. arts. 98, 101, 112, VII, e 114, parágrafo único.

I – estar provada a inexistência do fato;
II – não haver prova da existência do fato;
III – não constituir o fato ato infracional;
IV – não existir prova de ter o adolescente concorrido para o ato infracional.

Parágrafo único. Na hipótese deste artigo, estando o adolescente internado, será imediatamente colocado em liberdade.

Art. 190. A intimação da sentença que aplicar medida de internação ou regime de semiliberdade será feita:

- V. arts. 162, 203, § 1º, 269, *caput*, 274 e 489 CPC/2015.

I – ao adolescente e ao seu defensor;
II – quando não for encontrado o adolescente, a seus pais ou responsável, sem prejuízo do defensor.

- V. art. 184, § 2º.

§ 1º Sendo outra a medida aplicada, a intimação far-se-á unicamente na pessoa do defensor.

- V. art. 152.
- V. art. 224, CPC/2015.

§ 2º Recaindo a intimação na pessoa do adolescente, deverá este manifestar se deseja ou não recorrer da sentença.

Seção VI
Da apuração de irregularidades em entidade de atendimento

Art. 191. O procedimento de apuração de irregularidades em entidade governamental e não governamental terá início mediante portaria da autoridade judiciária ou representação do Ministério Público ou do Conselho Tutelar, onde conste, necessariamente, resumo dos fatos.

- V. arts. 90 a 97 e 131.

Parágrafo único. Havendo motivo grave, poderá a autoridade judiciária, ouvido o Ministério Público, decretar liminarmente o afastamento provisório do dirigente da entidade, mediante decisão fundamentada.

Art. 192. O dirigente da entidade será citado para, no prazo de 10 (dez) dias, oferecer resposta escrita, podendo juntar documentos e indicar as provas a produzir.

- V. art. 250, CPC/2015.

Art. 193. Apresentada ou não a resposta, e sendo necessário, a autoridade judiciária designará audiência de instrução e julgamento, intimando as partes.

- V. art. 202.

§ 1º Salvo manifestação em audiência, as partes e o Ministério Público terão 5 (cinco) dias para oferecer alegações finais, decidindo a autoridade judiciária em igual prazo.

- V. art. 97.

§ 2º Em se tratando de afastamento provisório ou definitivo de dirigente de entidade governamental, a autoridade judiciária oficiará à autoridade administrativa imediatamente superior ao afastado, marcando prazo para a substituição.

- V. art. 97, I, *b* e *c*.
- V. arts. 34, VI, e 35, IV, CF.
- V. art. 330, CP.

§ 3º Antes de aplicar qualquer das medidas, a autoridade judiciária poderá fixar prazo para a remoção das irregularidades verificadas. Satisfeitas as exigências, o processo será extinto, sem julgamento de mérito.

§ 4º A multa e a advertência serão impostas ao dirigente da entidade ou programa de atendimento.

- V. arts. 90 e 97, I, *a*, e II, *b*.

Lei 8.069/1990

LEGISLAÇÃO

Seção VII
Da apuração de infração administrativa às normas de proteção à criança e ao adolescente

Art. 194. O procedimento para imposição de penalidade administrativa por infração às normas de proteção à criança e ao adolescente terá início por representação do Ministério Público, ou do Conselho Tutelar, ou auto de infração elaborado por servidor efetivo ou voluntário credenciado, e assinado por duas testemunhas, se possível.

• V. art. 131.

§ 1º No procedimento iniciado com o auto de infração, poderão ser usadas fórmulas impressas, especificando-se a natureza e as circunstâncias da infração.

§ 2º Sempre que possível, à verificação da infração seguir-se-á a lavratura do auto, certificando-se, em caso contrário, dos motivos do retardamento.

• V. arts. 245 a 258.

Art. 195. O requerido terá prazo de 10 (dez) dias para apresentação de defesa, contado da data da intimação, que será feita:

• V. art. 197, parágrafo único.
• V. art. 5º, LV, CF.
• V. art. 224, § 3º, CPC/2015.

I – pelo autuante, no próprio auto, quando este for lavrado na presença do requerido;

II – por oficial de justiça ou funcionário legalmente habilitado, que entregará cópia do auto ou da representação ao requerido, ou a seu representante legal, lavrando certidão;

• V. art. 152.
• V. art. 242, § 1º, CPC/2015.

III – por via postal, com aviso de recebimento, se não for encontrado o requerido ou seu representante legal;

IV – por edital, com prazo de 30 (trinta) dias, se incerto ou não sabido o paradeiro do requerido ou de seu representante legal.

Art. 196. Não sendo apresentada a defesa no prazo legal, a autoridade judiciária dará vista dos autos ao Ministério Público, por 5 (cinco) dias, decidindo em igual prazo.

• V. art. 202.
• V. art. 344, CPC/2015.

Art. 197. Apresentada a defesa, a autoridade judiciária procederá na conformidade do artigo anterior, ou, sendo necessário, designará audiência de instrução e julgamento.

Parágrafo único. Colhida a prova oral, manifestar-se-ão sucessivamente o Ministério Público e o procurador do requerido, pelo tempo de 20 (vinte) minutos para cada um, prorrogável por mais 10 (dez), a critério da autoridade judiciária, que em seguida proferirá sentença.

Seção VIII
Da habilitação de pretendentes à adoção

• Seção VIII acrescentada pela Lei 12.010/2009 (*DOU* 04.08.2009), em vigor 90 (noventa) dias após a data de sua publicação.

Art. 197-A. Os postulantes à adoção, domiciliados no Brasil, apresentarão petição inicial na qual conste:

• Artigo acrescentado pela Lei 12.010/2009 (*DOU* 04.08.2009), em vigor 90 (noventa) dias após a data de sua publicação.

I – qualificação completa;

II – dados familiares;

III – cópias autenticadas de certidão de nascimento ou casamento, ou declaração relativa ao período de união estável;

IV – cópias da cédula de identidade e inscrição no Cadastro de Pessoas Físicas;

V – comprovante de renda e domicílio;

VI – atestados de sanidade física e mental;

VII – certidão de antecedentes criminais;

VIII – certidão negativa de distribuição cível.

Art. 197-B. A autoridade judiciária, no prazo de 48 (quarenta e oito) horas, dará vista dos autos ao Ministério Público, que no prazo de 5 (cinco) dias poderá:

• Artigo acrescentado pela Lei 12.010/2009 (*DOU* 04.08.2009), em vigor 90 (noventa) dias após a data de sua publicação.

I – apresentar quesitos a serem respondidos pela equipe interprofissional encarregada

1217

Lei 8.069/1990

de elaborar o estudo técnico a que se refere o art. 197-C desta Lei;

II – requerer a designação de audiência para oitiva dos postulantes em juízo e testemunhas;

III – requerer a juntada de documentos complementares e a realização de outras diligências que entender necessárias.

Art. 197-C. Intervirá no feito, obrigatoriamente, equipe interprofissional a serviço da Justiça da Infância e da Juventude, que deverá elaborar estudo psicossocial, que conterá subsídios que permitam aferir a capacidade e o preparo dos postulantes para o exercício de uma paternidade ou maternidade responsável, à luz dos requisitos e princípios desta Lei.

- Artigo acrescentado pela Lei 12.010/2009 (*DOU* 04.08.2009), em vigor 90 (noventa) dias após a data de sua publicação.

§ 1º É obrigatória a participação dos postulantes em programa oferecido pela Justiça da Infância e da Juventude preferencialmente com apoio dos técnicos responsáveis pela execução da política municipal de garantia do direito à convivência familiar, que inclua preparação psicológica, orientação e estímulo à adoção inter-racial, de crianças maiores ou de adolescentes, com necessidades específicas de saúde ou com deficiências e de grupos de irmãos.

§ 2º Sempre que possível e recomendável, a etapa obrigatória da preparação referida no § 1º deste artigo incluirá o contato com crianças e adolescentes em regime de acolhimento familiar ou institucional em condições de serem adotados, a ser realizado sob a orientação, supervisão e avaliação da equipe técnica da Justiça da Infância e da Juventude, com o apoio dos técnicos responsáveis pelo programa de acolhimento familiar ou institucional e pela execução da política municipal de garantia do direito à convivência familiar.

Art. 197-D. Certificada nos autos a conclusão da participação no programa referido no art. 197-C desta Lei, a autoridade judiciária, no prazo de 48 (quarenta e oito) horas, decidirá acerca das diligências requeridas pelo Ministério Público e determinará a juntada do estudo psicossocial, designando, conforme o caso, audiência de instrução e julgamento.

- Artigo acrescentado pela Lei 12.010/2009 (*DOU* 04.08.2009), em vigor 90 (noventa) dias após a data de sua publicação.

Parágrafo único. Caso não sejam requeridas diligências, ou sendo essas indeferidas, a autoridade judiciária determinará a juntada do estudo psicossocial, abrindo a seguir vista dos autos ao Ministério Público, por 5 (cinco) dias, decidindo em igual prazo.

Art. 197-E. Deferida a habilitação, o postulante será inscrito nos cadastros referidos no art. 50 desta Lei, sendo a sua convocação para a adoção feita de acordo com ordem cronológica de habilitação e conforme a disponibilidade de crianças ou adolescentes adotáveis.

- Artigo acrescentado pela Lei 12.010/2009 (*DOU* 04.08.2009), em vigor 90 (noventa) dias após a data de sua publicação.

§ 1º A ordem cronológica das habilitações somente poderá deixar de ser observada pela autoridade judiciária nas hipóteses previstas no § 13 do art. 50 desta Lei, quando comprovado ser essa a melhor solução no interesse do adotando.

§ 2º A recusa sistemática na adoção das crianças ou adolescentes indicados importará na reavaliação da habilitação concedida.

Capítulo IV
DOS RECURSOS

Art. 198. Nos procedimentos afetos à Justiça da Infância e da Juventude, inclusive os relativos à execução das medidas socioeducativas, adotar-se-á o sistema recursal da Lei 5.869, de 11 de janeiro de 1973 (Código de Processo Civil), com as seguintes adaptações:

- *Caput* com redação determinada pela Lei 12.594/2012 (*DOU* 19.01.2012; ret. 20.01.2012), em vigor após decorridos 90 (noventa) dias de sua publicação oficial.
- V. arts. 148 e 149.
- V. art. 994 e ss., CPC/2015.

I – os recursos serão interpostos independentemente de preparo;

- V. art. 141, § 2º.

Lei 8.069/1990

LEGISLAÇÃO

II – em todos os recursos, salvo nos embargos de declaração, o prazo para o Ministério Público e para a defesa será sempre de 10 (dez) dias;

- Inciso II com redação determinada pela Lei 12.594/2012 (*DOU* 19.01.2012; ret. 20.01.2012), em vigor após decorridos 90 (noventa) dias de sua publicação oficial.
- V. arts. 180, *caput*, 183, *caput*, e 1.026, CPC/2015.

III – os recursos terão preferência de julgamento e dispensarão revisor;

IV – *(Revogado pela Lei 12.010/2009 – DOU 04.08.2009, em vigor noventa dias após a data de sua publicação.)*

V – *(Revogado pela Lei 12.010/2009 – DOU 04.08.2009, em vigor noventa dias após a data de sua publicação.)*

VI – *(Revogado pela Lei 12.010/2009 – DOU 04.08.2009, em vigor noventa dias após a data de sua publicação.)*

VII – antes de determinar a remessa dos autos à superior instância, no caso de apelação, ou do instrumento, no caso de agravo, a autoridade judiciária proferirá despacho fundamentado, mantendo ou reformando a decisão, no prazo de 5 (cinco) dias;

VIII – mantida a decisão apelada ou agravada, o escrivão remeterá os autos ou o instrumento à superior instância dentro de 24 (vinte e quatro) horas, independentemente de novo pedido do recorrente; se a reformar, a remessa dos autos dependerá de pedido expresso da parte interessada ou do Ministério Público, no prazo de 5 (cinco) dias, contados da intimação.

Art. 199. Contra as decisões proferidas com base no art. 149 caberá recurso de apelação.

- V. arts. 1.009 a 1.014, CPC/2015.

Art. 199-A. A sentença que deferir a adoção produz efeito desde logo, embora sujeita à apelação, que será recebida exclusivamente no efeito devolutivo, salvo se se tratar de adoção internacional ou se houver perigo de dano irreparável ou de difícil reparação ao adotando.

- Artigo acrescentado pela Lei 12.010/2009 (*DOU* 04.08.2009), em vigor 90 (noventa) dias após a data de sua publicação.

Art. 199-B. A sentença que destituir ambos ou qualquer dos genitores do poder familiar fica sujeita a apelação, que deverá ser recebida apenas no efeito devolutivo.

- Artigo acrescentado pela Lei 12.010/2009 (*DOU* 04.08.2009), em vigor 90 (noventa) dias após a data de sua publicação.

Art. 199-C. Os recursos nos procedimentos de adoção e de destituição de poder familiar, em face da relevância das questões, serão processados com prioridade absoluta, devendo ser imediatamente distribuídos, ficando vedado que aguardem, em qualquer situação, oportuna distribuição, e serão colocados em mesa para julgamento sem revisão e com parecer urgente do Ministério Público.

- Artigo acrescentado pela Lei 12.010/2009 (*DOU* 04.08.2009), em vigor 90 (noventa) dias após a data de sua publicação.

Art. 199-D. O relator deverá colocar o processo em mesa para julgamento no prazo máximo de 60 (sessenta) dias, contado da sua conclusão.

- Artigo acrescentado pela Lei 12.010/2009 (*DOU* 04.08.2009), em vigor 90 (noventa) dias após a data de sua publicação.

Parágrafo único. O Ministério Público será intimado da data do julgamento e poderá na sessão, se entender necessário, apresentar oralmente seu parecer.

Art. 199-E. O Ministério Público poderá requerer a instauração de procedimento para apuração de responsabilidades se constatar o descumprimento das providências e do prazo previstos nos artigos anteriores.

- Artigo acrescentado pela Lei 12.010/2009 (*DOU* 04.08.2009), em vigor 90 (noventa) dias após a data de sua publicação.

Capítulo V
DO MINISTÉRIO PÚBLICO

Art. 200. As funções do Ministério Público, previstas nesta Lei, serão exercidas nos termos da respectiva Lei Orgânica.

- V. arts. 127 e 128, § 5º, CF.
- V. Lei 8.625/1993 (Lei Orgânica Nacional do Ministério Público).

Art. 201. Compete ao Ministério Público:

Lei 8.069/1990

LEGISLAÇÃO

- V. LC 80/1994 (Defensoria Pública da União).

I – conceder a remissão como forma de exclusão do processo;

- V. arts. 126 a 128 e 180, II.

II – promover e acompanhar os procedimentos relativos às infrações atribuídas a adolescentes;

- V. art. 180, III.

III – promover e acompanhar as ações de alimentos e os procedimentos de suspensão e destituição do poder familiar, nomeação e remoção de tutores, curadores e guardiães, bem como oficiar em todos os demais procedimentos da competência da Justiça da Infância e da Juventude;

- O art. 3º, Lei 12.010/2009 (*DOU* 04.08.2009), em vigor 90 (noventa) dias após a data de sua publicação, determina a substituição da expressão "pátrio poder" por "poder familiar".
- V. arts. 33 a 38, 142, parágrafo único, 143, 148, 155 a 163 e 184, § 2º.
- V. arts. 1.630 a 1.638, CC (Do poder familiar).
- V. art. 761, *caput*, CPC/2015.

IV – promover, de ofício ou por solicitação dos interessados, a especialização e a inscrição de hipoteca legal e a prestação de contas dos tutores, curadores e quaisquer administradores de bens de crianças e adolescentes nas hipóteses do art. 98;

- V. arts. 1.489 a 1.491, 1.744, II, e 1.745, CC.
- V. arts. 550 e 653, CPC/2015.

V – promover o inquérito civil e a ação civil pública para a proteção dos interesses individuais, difusos ou coletivos relativos à infância e à adolescência, inclusive os definidos no art. 220, § 3º, inciso II, da Constituição Federal;

- V. arts. 208, 223 e 224.
- V. arts. 129, III, e 220, § 3º, CF.

VI – instaurar procedimentos administrativos e, para instruí-los:

a) expedir notificações para colher depoimentos ou esclarecimentos e, em caso de não comparecimento injustificado, requisitar condução coercitiva, inclusive pela polícia civil ou militar;

b) requisitar informações, exames, perícias e documentos de autoridades municipais, estaduais e federais, da administração direta ou indireta, bem como promover inspeções e diligências investigatórias;

c) requisitar informações e documentos a particulares e instituições privadas;

VII – instaurar sindicâncias, requisitar diligências investigatórias e determinar a instauração de inquérito policial, para apuração de ilícitos ou infrações às normas de proteção à infância e à juventude;

VIII – zelar pelo efetivo respeito aos direitos e garantias legais assegurados às crianças e adolescentes, promovendo as medidas judiciais e extrajudiciais cabíveis;

- V. art. 129, II, CF.

IX – impetrar mandado de segurança, de injunção e *habeas corpus*, em qualquer juízo, instância ou tribunal, na defesa dos interesses sociais e individuais indisponíveis afetos à criança e ao adolescente;

- V. art. 5º, LXVI, LXIX e LXXI, CF.

X – representar ao juízo visando à aplicação de penalidade por infrações cometidas contra as normas de proteção à infância e à juventude, sem prejuízo da promoção da responsabilidade civil e penal do infrator, quando cabível;

- V. arts. 194 e 245 a 258.

XI – inspecionar as entidades públicas e particulares de atendimento e os programas de que trata esta Lei, adotando de pronto as medidas administrativas ou judiciais necessárias à remoção de irregularidades porventura verificadas;

- V. arts. 90, 95 e 191.

XII – requisitar força policial, bem como a colaboração dos serviços médicos, hospitalares, educacionais e de assistência social, públicos ou privados, para o desempenho de suas atribuições.

- V. art. 330, CP.

§ 1º A legitimação do Ministério Público para as ações cíveis previstas neste artigo não impede a de terceiros, nas mesmas hipóteses, segundo dispuserem a Constituição e esta Lei.

- V. art. 129, § 1º, CF.

§ 2º As atribuições constantes deste artigo não excluem outras, desde que compatíveis com a finalidade do Ministério Público.

- V. art. 139.
- V. art. 129, IX, CF.

Lei 8.069/1990

§ 3º O representante do Ministério Público, no exercício de suas funções, terá livre acesso a todo local onde se encontre criança ou adolescente.
- V. art. 5º, XI, CF.
- V. art. 150, CP.

§ 4º O representante do Ministério Público será responsável pelo uso indevido das informações e documentos que requisitar, nas hipóteses legais de sigilo.
- V. art. 5º, XII, CF.
- V. arts. 151 e 152, CP.

§ 5º Para o exercício da atribuição de que trata o inciso VIII deste artigo, poderá o representante do Ministério Público:
a) reduzir a termo as declarações do reclamante, instaurando o competente procedimento, sob sua presidência;
b) entender-se diretamente com a pessoa ou autoridade reclamada, em dia, local e horário previamente notificados ou acertados;
c) efetuar recomendações visando à melhoria dos serviços públicos e de relevância pública afetos à criança e ao adolescente, fixando prazo razoável para sua perfeita adequação.

Art. 202. Nos processos e procedimentos em que não for parte, atuará obrigatoriamente o Ministério Público na defesa dos direitos e interesses de que cuida esta Lei, hipótese em que terá vista dos autos depois das partes, podendo juntar documentos e requerer diligência, usando os recursos cabíveis.
- V. art. 204.

Art. 203. A intimação do Ministério Público, em qualquer caso, será feita pessoalmente.
- V. art. 41, IV, Lei 8.625/1993 (Lei Orgânica Nacional do Ministério Público).

Art. 204. A falta de intervenção do Ministério Público acarreta a nulidade do feito, que será declarada de ofício pelo juiz ou a requerimento de qualquer interessado.

Art. 205. As manifestações processuais do representante do Ministério Público deverão ser fundamentadas.
- V. art. 129, VIII, CF.

Capítulo VI
DO ADVOGADO

Art. 206. A criança ou o adolescente, seus pais ou responsável, e qualquer pessoa que tenha legítimo interesse na solução da lide poderão intervir nos procedimentos de que trata esta Lei, através de advogado, o qual será intimado para todos os atos, pessoalmente ou por publicação oficial, respeitado o segredo de justiça.
- V. art. 143.
- V. art. 5º, LV, CF.
- V. art. 189, CPC/2015.

Parágrafo único. Será prestada assistência judiciária integral e gratuita àqueles que dela necessitarem.
- V. arts. 141, § 1º, e 159.
- V. art. 5º, LXXIV, CF.

Art. 207. Nenhum adolescente a quem se atribua a prática de ato infracional, ainda que ausente ou foragido, será processado sem defensor.
- V. arts. 111, I, e 182.
- V. art. 261, CPP.

§ 1º Se o adolescente não tiver defensor, ser-lhe-á nomeado pelo juiz, ressalvado o direito de, a todo tempo, constituir outro de sua preferência.
- V. art. 186, § 2º.

§ 2º A ausência do defensor não determinará o adiamento de nenhum ato do processo, devendo o juiz nomear substituto, ainda que provisoriamente, ou para o só efeito do ato.

§ 3º Será dispensada a outorga de mandato, quando se tratar de defensor nomeado ou, sendo constituído, tiver sido indicado por ocasião de ato formal com a presença da autoridade judiciária.

Capítulo VII
DA PROTEÇÃO JUDICIAL DOS INTERESSES INDIVIDUAIS, DIFUSOS E COLETIVOS

Art. 208. Regem-se pelas disposições desta Lei as ações de responsabilidade por ofensa aos direitos assegurados à criança e ao adolescente, referentes ao não oferecimento ou oferta irregular:
I – do ensino obrigatório;

Lei 8.069/1990

- V. art. 54.
- V. art. 208, I, CF.

II – de atendimento educacional especializado aos portadores de deficiência;

- V. art. 54, III.
- V. art. 208, III, CF.

III – de atendimento em creche e pré-escola às crianças de 0 (zero) a 6 (seis) anos de idade;

- V. art. 54, IV.
- V. arts. 7º, XXV, e 208, IV, CF.

IV – de ensino noturno regular, adequado às condições do educando;

- V. art. 54, VI.
- V. art. 208, VI, CF.

V – de programas suplementares de oferta de material didático-escolar, transporte e assistência à saúde do educando do ensino fundamental;

- V. art. 54, VII.
- V. art. 208, VII, CF.

VI – de serviço de assistência social visando à proteção à família, à maternidade, à infância e à adolescência, bem como ao amparo às crianças e adolescentes que dele necessitem;

- V. art. 203, I e II, CF.

VII – de acesso às ações e serviços de saúde;

- V. arts. 7º a 14.
- V. arts. 196 a 200 e 227, § 1º, CF.

VIII – de escolarização e profissionalização dos adolescentes privados de liberdade;

- V. arts. 94, X, e 124, XI.

IX – de ações, serviços e programas de orientação, apoio e promoção social de famílias e destinados ao pleno exercício do direito à convivência familiar por crianças e adolescentes.

- Inciso IX acrescentado pela Lei 12.010/2009 (DOU 04.08.2009), em vigor 90 (noventa) dias após a data de sua publicação.

X – de programas de atendimento para a execução das medidas socioeducativas e aplicação de medidas de proteção.

- Inciso X acrescentado pela Lei 12.594/2012 (DOU 19.01.2012; ret. 20.01.2012), em vigor após decorridos 90 (noventa) dias de sua publicação oficial.

§ 1º As hipóteses previstas neste artigo não excluem da proteção judicial outros interesses individuais, difusos ou coletivos, próprios da infância e da adolescência, protegidos pela Constituição e pela Lei.

- Primitivo parágrafo único renumerado pela Lei 11.259/2005.

§ 2º A investigação do desaparecimento de crianças ou adolescentes será realizada imediatamente após notificação aos órgãos competentes, que deverão comunicar o fato aos portos, aeroportos, Polícia Rodoviária e companhias de transporte interestaduais e internacionais, fornecendo-lhes todos os dados necessários à identificação do desaparecido.

- § 2º acrescentado pela Lei 11.259/2005.

Art. 209. As ações previstas neste Capítulo serão propostas no foro do local onde ocorreu ou deva ocorrer a ação ou omissão, cujo juízo terá competência absoluta para processar a causa, ressalvadas a competência da Justiça Federal e a competência originária dos Tribunais Superiores.

- V. art. 148, IV.
- V. arts. 102, I, f e 109, I, CF.

Art. 210. Para as ações cíveis fundadas em interesses coletivos ou difusos, consideram-se legitimados concorrentemente:

- V. art. 201, V.

I – o Ministério Público;

- V. arts. 201, V, e 223.

II – a União, os Estados, os Municípios, o Distrito Federal e os Territórios;

III – as associações legalmente constituídas há pelo menos um ano e que incluam entre seus fins institucionais a defesa dos interesses e direitos protegidos por esta Lei, dispensada a autorização da assembleia, se houver prévia autorização estatutária.

§ 1º Admitir-se-á litisconsórcio facultativo entre os Ministérios Públicos da União e dos Estados na defesa dos interesses e direitos de que cuida esta Lei.

- V. art. 128, CF.
- V. arts. 113 a 118, CPC/2015.

§ 2º Em caso de desistência ou abandono da ação por associação legitimada, o Ministério Público ou outro legitimado poderá assumir a titularidade ativa.

Art. 211. Os órgãos públicos legitimados poderão tomar dos interessados compromisso de ajustamento de sua conduta às exigências legais, o qual terá eficácia de título executivo extrajudicial.

- V. art. 210, I e II.
- V. art. 784, IX, CPC/2015.

Art. 212. Para defesa dos direitos e interesses protegidos por esta Lei, são admissíveis todas as espécies de ações pertinentes.

§ 1º Aplicam-se às ações previstas neste Capítulo as normas do Código de Processo Civil.

§ 2º Contra atos ilegais ou abusivos de autoridade pública ou agente de pessoa jurídica no exercício de atribuições do Poder Público, que lesem direito líquido e certo previsto nesta Lei, caberá ação mandamental, que se regerá pelas normas da lei do mandado de segurança.

- V. Lei 12.016/2009 (Mandado de Segurança Individual e Coletivo).

Art. 213. Na ação que tenha por objeto o cumprimento de obrigação de fazer ou não fazer, o juiz concederá a tutela específica da obrigação ou determinará providências que assegurem o resultado prático equivalente ao do adimplemento.

- V. arts. 814 a 823, CPC/2015.

§ 1º Sendo relevante o fundamento da demanda e havendo justificado receio de ineficácia do provimento final, é lícito ao juiz conceder a tutela liminarmente ou após justificação prévia, citando o réu.

§ 2º O juiz poderá, na hipótese do parágrafo anterior ou na sentença, impor multa diária ao réu, independentemente de pedido do autor, se for suficiente ou compatível com a obrigação, fixando prazo razoável para o cumprimento do preceito.

§ 3º A multa só será exigível do réu após o trânsito em julgado da sentença favorável ao autor, mas será devida desde o dia em que se houver configurado o descumprimento.

Art. 214. Os valores das multas reverterão ao fundo gerido pelo Conselho dos Direitos da Criança e do Adolescente do respectivo município.

- V. art. 88, II.

§ 1º As multas não recolhidas até 30 (trinta) dias após o trânsito em julgado da decisão serão exigidas através de execução promovida pelo Ministério Público, nos mesmos autos, facultada igual iniciativa aos demais legitimados.

§ 2º Enquanto o fundo não for regulamentado, o dinheiro ficará depositado em estabelecimento oficial de crédito, em conta com correção monetária.

- V. art. 259, parágrafo único.

Art. 215. O juiz poderá conferir efeito suspensivo aos recursos, para evitar dano irreparável à parte.

Art. 216. Transitada em julgado a sentença que impuser condenação ao Poder Público, o juiz determinará a remessa de peças à autoridade competente, para apuração da responsabilidade civil e administrativa do agente a que se atribua a ação ou omissão.

- V. art. 54, § 2º.
- V. art. 208, § 2º, CF.

Art. 217. Decorridos 60 (sessenta) dias do trânsito em julgado da sentença condenatória sem que a associação autora lhe promova a execução, deverá fazê-lo o Ministério Público, facultada igual iniciativa aos demais legitimados.

Art. 218. O juiz condenará a associação autora a pagar ao réu os honorários advocatícios arbitrados na conformidade do § 4º do art. 20 da Lei 5.869, de 11 de janeiro de 1973 – Código de Processo Civil, quando reconhecer que a pretensão é manifestamente infundada.

- V. arts. 141, § 2º, e 159.

Parágrafo único. Em caso de litigância de má-fé, a associação autora e os diretores responsáveis pela propositura da ação serão solidariamente condenados ao décuplo das custas, sem prejuízo de responsabilidade por perdas e danos.

- V. arts. 79 a 81, CPC/2015.

Art. 219. Nas ações de que trata este Capítulo, não haverá adiantamento de custas, emolumentos, honorários periciais e quaisquer outras despesas.

- V. art. 141, § 2º.
- V. art. 82, CPC/2015.

Art. 220. Qualquer pessoa poderá e o servidor público deverá provocar a iniciativa do Ministério Público, prestando-lhe informações sobre fatos que constituam objeto de ação civil, e indicando-lhe os elementos de convicção.

Art. 221. Se, no exercício de suas funções, os juízes e tribunais tiverem conhecimento de fatos que possam ensejar a propositura de ação civil, remeterão peças ao Ministério Público para as providências cabíveis.

- V. art. 7º, Lei 7.347/1985 (Ação civil pública).

Art. 222. Para instruir a petição inicial, o interessado poderá requerer às autoridades competentes as certidões e informações que julgar necessárias, que serão fornecidas no prazo de 15 (quinze) dias.

- V. art. 210.
- V. art. 5º, XXXIII e XXXIV, CF.
- V. art. 8º, § 2º, Lei 7.347/1985 (Ação civil pública).

Art. 223. O Ministério Público poderá instaurar, sob sua presidência, inquérito civil, ou requisitar, de qualquer pessoa, organismo público ou particular, certidões, informações, exames ou perícias, no prazo que assinalar, o qual não poderá ser inferior a 10 (dez) dias úteis.

- V. art. 221.
- V. art. 129, III, CF.
- V. art. 8º, § 2º, Lei 7.347/1985 (Ação civil pública).

§ 1º Se o órgão do Ministério Público, esgotadas todas as diligências, se convencer da inexistência de fundamento para a propositura da ação cível, promoverá o arquivamento dos autos do inquérito civil ou das peças informativas, fazendo-o fundamentadamente.

§ 2º Os autos do inquérito civil ou as peças de informação arquivados serão remetidos, sob pena de se incorrer em falta grave, no prazo de 3 (três) dias, ao Conselho Superior do Ministério Público.

§ 3º Até que seja homologada ou rejeitada a promoção de arquivamento, em sessão do Conselho Superior do Ministério Público, poderão as associações legitimadas apresentar razões escritas ou documentos, que serão juntados aos autos do inquérito ou anexados às peças de informação.

§ 4º A promoção de arquivamento será submetida a exame e deliberação do Conselho Superior do Ministério Público, conforme dispuser o seu Regimento.

§ 5º Deixando o Conselho Superior de homologar a promoção de arquivamento, designará, desde logo, outro órgão do Ministério Público para ajuizamento da ação.

Art. 224. Aplicam-se subsidiariamente, no que couber, as disposições da Lei 7.347, de 24 de julho de 1985.

TÍTULO VII
DOS CRIMES E DAS INFRAÇÕES ADMINISTRATIVAS

Capítulo I
DOS CRIMES

Seção I
Disposições gerais

Art. 225. Este Capítulo dispõe sobre crimes praticados contra a criança e o adolescente, por ação ou omissão, sem prejuízo do disposto na legislação penal.

Art. 226. Aplicam-se aos crimes definidos nesta Lei as normas da Parte Geral do Código Penal e, quanto ao processo, as pertinentes ao Código de Processo Penal.

Art. 227. Os crimes definidos nesta Lei são de ação pública incondicionada.

- V. art. 118.
- V. art. 100, CP.

Seção II
Dos crimes em espécie

Art. 228. Deixar o encarregado de serviço ou o dirigente de estabelecimento de atenção à saúde de gestante de manter registro das atividades desenvolvidas, na forma e prazo referidos no art. 10 desta Lei, bem como de fornecer à parturiente ou a seu responsável, por ocasião da alta médica, declaração de nascimento, onde constem as intercorrências do parto e do desenvolvimento do neonato:

Pena – detenção de 6 (seis) meses a 2 (dois) anos.

Parágrafo único. Se o crime é culposo:

Pena – detenção de 2 (dois) a 6 (seis) meses, ou multa.

Art. 229. Deixar o médico, enfermeiro ou dirigente de estabelecimento de atenção à saúde de gestante de identificar corretamen-

te o neonato e a parturiente, por ocasião do parto, bem como deixar de proceder aos exames referidos no art. 10 desta Lei:
Pena – detenção de 6 (seis) meses a 2 (dois) anos.

- V. art. 5º, LXII, CF.
- V. art. 268, CP.

Parágrafo único. Se o crime é culposo:
Pena – detenção de 2 (dois) a 6 (seis) meses, ou multa.

Art. 230. Privar a criança ou o adolescente de sua liberdade, procedendo à sua apreensão sem estar em flagrante de ato infracional ou inexistindo ordem escrita da autoridade judiciária competente:
Pena – detenção de 6 (seis) meses a 2 (dois) anos.

- V. art. 148, CP.
- V. arts. 301 a 310, CPP.

Parágrafo único. Incide na mesma pena aquele que procede à apreensão sem observância das formalidades legais.

- V. arts. 106, parágrafo único, e 109.

Art. 231. Deixar a autoridade policial responsável pela apreensão de criança ou adolescente de fazer imediata comunicação à autoridade judiciária competente e à família do apreendido ou à pessoa por ele indicada:
Pena – detenção de 6 (seis) meses a 2 (dois) anos.

- V. art. 107.
- V. art. 5º, LXII, CF.

Art. 232. Submeter criança ou adolescente sob sua autoridade, guarda ou vigilância a vexame ou a constrangimento:
Pena – detenção de 6 (seis) meses a 2 (dois) anos.

- V. arts. 109 a 178.
- V. art. 146, CP.

Art. 233. *(Revogado pela Lei 9.455/1997.)*

Art. 234. Deixar a autoridade competente, sem justa causa, de ordenar a imediata liberação de criança ou adolescente, tão logo tenha conhecimento da ilegalidade da apreensão:
Pena – detenção de 6 (seis) meses a 2 (dois) anos.

- V. art. 107.

Art. 235. Descumprir, injustificadamente, prazo fixado nesta Lei em benefício de adolescente privado de liberdade:
Pena – detenção de 6 (seis) meses a 2 (dois) anos.

- V. arts. 108, 121, §§ 1º a 3º e § 5º, 175, §§ 1º e 2º, 183 e 185, § 2º.

Art. 236. Impedir ou embaraçar a ação de autoridade judiciária, membro do Conselho Tutelar ou representante do Ministério Público no exercício de função prevista nesta Lei:
Pena – detenção de 6 (seis) meses a 2 (dois) anos.

- V. art. 201.

Art. 237. Subtrair criança ou adolescente ao poder de quem o tem sob sua guarda em virtude de lei ou ordem judicial, com o fim de colocação em lar substituto:
Pena – reclusão de 2 (dois) a 6 (seis) anos, e multa.

- V. art. 1.634, II, CC.
- V. art. 249, CP.

Art. 238. Prometer ou efetivar a entrega de filho ou pupilo a terceiro, mediante paga ou recompensa:
Pena – reclusão de 1 (um) a 4 (quatro) anos, e multa.

- V. art. 245, *caput* e § 1º, CP.

Parágrafo único. Incide nas mesmas penas quem oferece ou efetiva a paga ou recompensa.

Art. 239. Promover ou auxiliar a efetivação de ato destinado ao envio de criança ou adolescente para o exterior com inobservância das formalidades legais ou com o fito de obter lucro:
Pena – reclusão de 4 (quatro) a 6 (seis) anos, e multa.

- V. art. 245, § 2º, CP.

Parágrafo único. Se há emprego de violência, grave ameaça ou fraude:
Pena – reclusão, de 6 (seis) a 8 (oito) anos, além da pena correspondente à violência.

- Parágrafo único acrescentado pela Lei 10.764/2003.

Art. 240. Produzir, reproduzir, dirigir, fotografar, filmar ou registrar, por qualquer

Lei 8.069/1990

LEGISLAÇÃO

meio, cena de sexo explícito ou pornográfica, envolvendo criança ou adolescente:
Pena – reclusão, de 4 (quatro) a 8 (oito) anos, e multa.

- Artigo com redação determinada pela Lei 11.829/2008.
- V. art. 234, parágrafo único, II, CP.

§ 1º Incorre nas mesmas penas quem agencia, facilita, recruta, coage, ou de qualquer modo intermedeia a participação de criança ou adolescente nas cenas referidas no *caput* deste artigo, ou ainda quem com esses contracena.

§ 2º Aumenta-se a pena de 1/3 (um terço) se o agente comete o crime:
I – no exercício de cargo ou função pública ou a pretexto de exercê-la;
II – prevalecendo-se de relações domésticas, de coabitação ou de hospitalidade; ou
III – prevalecendo-se de relações de parentesco consanguíneo ou afim até o terceiro grau, ou por adoção, de tutor, curador, preceptor, empregador da vítima ou de quem, a qualquer outro título, tenha autoridade sobre ela, ou com seu consentimento.

Art. 241. Vender ou expor à venda fotografia, vídeo ou outro registro que contenha cena de sexo explícito ou pornográfica envolvendo criança ou adolescente:
Pena – reclusão, de 4 (quatro) a 8 (oito) anos, e multa.

- Artigo com redação determinada pela Lei 11.829/2008.

Art. 241-A. Oferecer, trocar, disponibilizar, transmitir, distribuir, publicar ou divulgar por qualquer meio, inclusive por meio de sistema de informática ou telemático, fotografia, vídeo ou outro registro que contenha cena de sexo explícito ou pornográfica envolvendo criança ou adolescente:
Pena – reclusão, de 3 (três) a 6 (seis) anos, e multa.

- Artigo acrescentado pela Lei 11.829/2008.

§ 1º Nas mesmas penas incorre quem:
I – assegura os meios ou serviços para o armazenamento das fotografias, cenas ou imagens de que trata o *caput* deste artigo;
II – assegura, por qualquer meio, o acesso por rede de computadores às fotografias, cenas ou imagens de que trata o *caput* deste artigo.

§ 2º As condutas tipificadas nos incisos I e II do § 1º deste artigo são puníveis quando o responsável legal pela prestação do serviço, oficialmente notificado, deixa de desabilitar o acesso ao conteúdo ilícito de que trata o *caput* deste artigo.

Art. 241-B. Adquirir, possuir ou armazenar, por qualquer meio, fotografia, vídeo ou outra forma de registro que contenha cena de sexo explícito ou pornográfica envolvendo criança ou adolescente:
Pena – reclusão, de 1 (um) a 4 (quatro) anos, e multa.

- Artigo acrescentado pela Lei 11.829/2008.

§ 1º A pena é diminuída de 1 (um) a 2/3 (dois terços) se de pequena quantidade o material a que se refere o *caput* deste artigo.

§ 2º Não há crime se a posse ou o armazenamento tem a finalidade de comunicar às autoridades competentes a ocorrência das condutas descritas nos arts. 240, 241, 241-A e 241-C desta Lei, quando a comunicação for feita por:
I – agente público no exercício de suas funções;
II – membro de entidade, legalmente constituída, que inclua, entre suas finalidades institucionais, o recebimento, o processamento e o encaminhamento de notícia dos crimes referidos neste parágrafo;
III – representante legal e funcionários responsáveis de provedor de acesso ou serviço prestado por meio de rede de computadores, até o recebimento do material relativo à notícia feita à autoridade policial, ao Ministério Público ou ao Poder Judiciário.

§ 3º As pessoas referidas no § 2º deste artigo deverão manter sob sigilo o material ilícito referido.

Art. 241-C. Simular a participação de criança ou adolescente em cena de sexo explícito ou pornográfica por meio de adulteração, montagem ou modificação de fotografia, vídeo ou qualquer outra forma de representação visual:
Pena – reclusão, de 1 (um) a 3 (três) anos, e multa.

- Artigo acrescentado pela Lei 11.829/2008.

Parágrafo único. Incorre nas mesmas penas quem vende, expõe à venda, disponibiliza, distribui, publica ou divulga por qualquer meio, adquire, possui ou armazena o material produzido na forma do *caput* deste artigo.

Art. 241-D. Aliciar, assediar, instigar ou constranger, por qualquer meio de comunicação, criança, com o fim de com ela praticar ato libidinoso:
Pena – reclusão, de 1 (um) a 3 (três) anos, e multa.

• Artigo acrescentado pela Lei 11.829/2008.

Parágrafo único. Nas mesmas penas incorre quem:
I – facilita ou induz o acesso à criança de material contendo cena de sexo explícito ou pornográfica com o fim de com ela praticar ato libidinoso;
II – pratica as condutas descritas no *caput* deste artigo com o fim de induzir criança a se exibir de forma pornográfica ou sexualmente explícita.

Art. 241-E. Para efeito dos crimes previstos nesta Lei, a expressão "cena de sexo explícito ou pornográfica" compreende qualquer situação que envolva criança ou adolescente em atividades sexuais explícitas, reais ou simuladas, ou exibição dos órgãos genitais de uma criança ou adolescente para fins primordialmente sexuais.

• Artigo acrescentado pela Lei 11.829/2008.

Art. 242. Vender, fornecer ainda que gratuitamente ou entregar, de qualquer forma, a criança ou adolescente arma, munição ou explosivo:
Pena – reclusão, de 3 (três) a 6 (seis) anos.

• Pena determinada pela Lei 10.764/2003.
• V. art. 16, parágrafo único, V, Lei 10.826/2003 (Estatuto do Desarmamento).

Art. 243. Vender, fornecer, servir, ministrar ou entregar, ainda que gratuitamente, de qualquer forma, a criança ou a adolescente, bebida alcoólica ou, sem justa causa, outros produtos cujos componentes possam causar dependência física ou psíquica:
Pena – detenção, de 2 (dois) a 4 (quatro) anos, e multa, se o fato não constitui crime mais grave.

• Artigo com redação determinada pela Lei 13.106/2015.

Art. 244. Vender, fornecer ainda que gratuitamente ou entregar, de qualquer forma, a criança ou adolescente fogos de estampido ou de artifício, exceto aqueles que, pelo seu reduzido potencial, sejam incapazes de provocar qualquer dano físico em caso de utilização indevida:
Pena – detenção de 6 (seis) meses a 2 (dois) anos, e multa.

Art. 244-A. Submeter criança ou adolescente, como tais definidos no *caput* do art. 2º desta Lei, à prostituição ou à exploração sexual:
Pena – reclusão, de 4 (quatro) a 10 (dez) anos, e multa.

• Artigo acrescentado pela Lei 9.975/2000.

§ 1º Incorrem nas mesmas penas o proprietário, o gerente ou o responsável pelo local em que se verifique a submissão de criança ou adolescente às práticas referidas no *caput* deste artigo.

§ 2º Constitui efeito obrigatório da condenação a cassação da licença de localização e de funcionamento do estabelecimento.

Art. 244-B. Corromper ou facilitar a corrupção de menor de 18 (dezoito) anos, com ele praticando infração penal ou induzindo-o a praticá-la:
Pena – reclusão, de 1 (um) a 4 (quatro) anos.

• Artigo acrescentado pela Lei 12.015/2009.

§ 1º Incorre nas penas previstas no *caput* deste artigo quem pratica as condutas ali tipificadas utilizando-se de quaisquer meios eletrônicos, inclusive salas de bate-papo da internet.

§ 2º As penas previstas no *caput* deste artigo são aumentadas de 1/3 (um terço) no caso de a infração cometida ou induzida estar incluída no rol do art. 1º da Lei 8.072, de 25 de julho de 1990.

Capítulo II
DAS INFRAÇÕES ADMINISTRATIVAS

Art. 245. Deixar o médico, professor ou responsável por estabelecimento de atenção à saúde e de ensino fundamental, pré-escola ou creche, de comunicar à autoridade competente os casos de que tenha conhecimento, envolvendo suspeita ou confirmação de maus-tratos contra criança ou adolescente:

Lei 8.069/1990

LEGISLAÇÃO

Pena – multa de três a vinte salários de referência, aplicando-se o dobro em caso de reincidência.

- V. arts. 13, 56 e 130.
- V. art. 136, CP.

Art. 246. Impedir o responsável ou funcionário de entidade de atendimento o exercício dos direitos constantes nos incisos II, III, VII, VIII e XI do art. 124 desta Lei:

Pena – multa de três a vinte salários de referência, aplicando-se o dobro em caso de reincidência.

Art. 247. Divulgar, total ou parcialmente, sem autorização devida, por qualquer meio de comunicação, nome, ato ou documento de procedimento policial, administrativo ou judicial relativo a criança ou adolescente a que se atribua ato infracional:

Pena – multa de três a vinte salários de referência, aplicando-se o dobro em caso de reincidência.

- V. art. 143, *caput*.
- V. arts. 5º, IV, V, X, XIII e XIV, e 220, § 1º, CF.

§ 1º Incorre na mesma pena quem exibe, total ou parcialmente, fotografia de criança ou adolescente envolvido em ato infracional, ou qualquer ilustração que lhe diga respeito ou se refira a atos que lhe sejam atribuídos, de forma a permitir sua identificação, direta ou indiretamente.

- V. art. 143, parágrafo único.

§ 2º Se o fato for praticado por órgão de imprensa ou emissora de rádio ou televisão, além da pena prevista neste artigo, a autoridade judiciária poderá determinar a apreensão da publicação ou a suspensão da programação da emissora até por 2 (dois) dias, bem como da publicação do periódico até por dois números.

- O STF, na ADIn 869-2 (*DOU* e *DJU* 03.09.2004), declarou a inconstitucionalidade, no § 2º do art. 247, da Lei 8.069/1990, da expressão "ou a suspensão da programação da emissora até por dois dias, bem como da publicação do periódico até por dois números".

Art. 248. Deixar de apresentar à autoridade judiciária de seu domicílio, no prazo de 5 (cinco) dias, com o fim de regularizar a guarda, adolescente trazido de outra comarca para a prestação de serviço doméstico, mesmo que autorizado pelos pais ou responsável:

Pena – multa de três a vinte salários de referência, aplicando-se o dobro em caso de reincidência, independentemente das despesas de retorno do adolescente, se for o caso.

- V. art. 33, § 2º.

Art. 249. Descumprir, dolosa ou culposamente, os deveres inerentes ao poder familiar ou decorrentes de tutela ou guarda, bem assim determinação da autoridade judiciária ou Conselho Tutelar:

Pena – multa de três a vinte salários de referência, aplicando-se o dobro em caso de reincidência.

- O art. 3º da Lei 12.010/2009 (*DOU* 04.08.2009), em vigor 90 (noventa) dias após a data de sua publicação, determina a substituição da expressão "pátrio poder" por "poder familiar".
- V. arts. 22, 24, 32, 136, II, 137 e 262.
- V. arts. 1.630 a 1.638, CC (Do poder familiar).

Art. 250. Hospedar criança ou adolescente desacompanhado dos pais ou responsável, ou sem autorização escrita desses ou da autoridade judiciária, em hotel, pensão, motel ou congênere:

Pena – multa.

- Artigo com redação determinada pela Lei 12.038/2009.
- V. art. 82.

§ 1º Em caso de reincidência, sem prejuízo da pena de multa, a autoridade judiciária poderá determinar o fechamento do estabelecimento por até 15 (quinze) dias.

§ 2º Se comprovada a reincidência em período inferior a 30 (trinta) dias, o estabelecimento será definitivamente fechado e terá sua licença cassada.

Art. 251. Transportar criança ou adolescente, por qualquer meio, com inobservância do disposto nos arts. 83, 84 e 85 desta Lei:

Pena – multa de três a vinte salários de referência, aplicando-se o dobro em caso de reincidência.

Art. 252. Deixar o responsável por diversão ou espetáculo público de afixar, em lugar visível e de fácil acesso, à entrada do local de exibição, informação destacada sobre a natureza da diversão ou espetáculo e a fai-

Lei 8.069/1990

xa etária especificada no certificado de classificação:
Pena – multa de três a vinte salários de referência, aplicando-se o dobro em caso de reincidência.

- V. art. 74.

Art. 253. Anunciar peças teatrais, filmes ou quaisquer representações ou espetáculos, sem indicar os limites de idade a que não se recomendem:
Pena – multa de três a vinte salários de referência, duplicada em caso de reincidência, aplicável, separadamente, à casa de espetáculo e aos órgãos de divulgação ou publicidade.

- V. art. 76, parágrafo único.

Art. 254. Transmitir, através de rádio ou televisão, espetáculo em horário diverso do autorizado ou sem aviso de sua classificação:
Pena – multa de vinte a cem salários de referência; duplicada em caso de reincidência a autoridade judiciária poderá determinar a suspensão da programação da emissora por até 2 (dois) dias.

- V. arts. 74 e 76, parágrafo único.

Art. 255. Exibir filme, *trailer*, peça, amostra ou congênere classificado pelo órgão competente como inadequado às crianças ou adolescentes admitidos ao espetáculo:
Pena – multa de vinte a cem salários de referência; na reincidência, a autoridade judiciária poderá determinar a suspensão do espetáculo ou o fechamento do estabelecimento por até 15 (quinze) dias.

- V. arts. 74 e 75.

Art. 256. Vender ou locar a criança ou adolescente fita de programação em vídeo, em desacordo com a classificação atribuída pelo órgão competente:
Pena – multa de três a vinte salários de referência; em caso de reincidência, a autoridade judiciária poderá determinar o fechamento do estabelecimento por até 15 (quinze) dias.

- V. arts. 74, 77 e 88, V.

Art. 257. Descumprir obrigação constante dos arts. 78 e 79 desta Lei:
Pena – multa de três a vinte salários de referência, duplicando-se a pena em caso de reincidência, sem prejuízo de apreensão da revista ou publicação.

- V. arts. 194 e 197.
- V. arts. 5º, IX e 220, § 2º, CF.

Art. 258. Deixar o responsável pelo estabelecimento ou o empresário de observar o que dispõe esta Lei sobre o acesso de criança ou adolescente aos locais de diversão, ou sobre sua participação no espetáculo:
Pena – multa de três a vinte salários de referência; em caso de reincidência, a autoridade judiciária poderá determinar o fechamento do estabelecimento por até 15 (quinze) dias.

- V. arts. 75, 80, 149 e 249.

Art. 258-A. Deixar a autoridade competente de providenciar a instalação e operacionalização dos cadastros previstos no art. 50 e no § 11 do art. 101 desta Lei:
Pena – multa de R$ 1.000,00 (mil reais) a R$ 3.000,00 (três mil reais).

- Artigo acrescentado pela Lei 12.010/2009 (*DOU* 04.08.2009), em vigor 90 (noventa) dias após a data de sua publicação.

Parágrafo único. Incorre nas mesmas penas a autoridade que deixa de efetuar o cadastramento de crianças e de adolescentes em condições de serem adotadas, de pessoas ou casais habilitados à adoção e de crianças e adolescentes em regime de acolhimento institucional ou familiar.

Art. 258-B. Deixar o médico, enfermeiro ou dirigente de estabelecimento de atenção à saúde de gestante de efetuar imediato encaminhamento à autoridade judiciária de caso de que tenha conhecimento de mãe ou gestante interessada em entregar seu filho para adoção:
Pena – multa de R$ 1.000,00 (mil reais) a R$ 3.000,00 (três mil reais).

- Artigo acrescentado pela Lei 12.010/2009 (*DOU* 04.08.2009), em vigor 90 (noventa) dias após a data de sua publicação.

Parágrafo único. Incorre na mesma pena o funcionário de programa oficial ou comunitário destinado à garantia do direito à convivência familiar que deixa de efetuar a comunicação referida no *caput* deste artigo.

Art. 258-C. Descumprir a proibição estabelecida no inciso II do art. 81:

- Artigo acrescentado pela Lei 13.106/2015.

Pena – multa de R$ 3.000,00 (três mil reais) a R$ 10.000,00 (dez mil reais);
Medida Administrativa – interdição do estabelecimento comercial até o recolhimento da multa aplicada.

DISPOSIÇÕES FINAIS E TRANSITÓRIAS

Art. 259. A União, no prazo de 90 (noventa) dias contados da publicação deste Estatuto, elaborará projeto de lei dispondo sobre a criação ou adaptação de seus órgãos às diretrizes da política de atendimento fixadas no art. 88 e ao que estabelece o Título V do Livro II.

- V. arts. 131 a 140.

Parágrafo único. Compete aos Estados e Municípios promoverem a adaptação de seus órgãos e programas às diretrizes e princípios estabelecidos nesta Lei.

Art. 260. Os contribuintes poderão efetuar doações aos Fundos dos Direitos da Criança e do Adolescente nacional, distrital, estaduais ou municipais, devidamente comprovadas, sendo essas integralmente deduzidas do imposto de renda, obedecidos os seguintes limites:

- *Caput* com redação determinada pela Lei 12.594/2012 (*DOU* 19.01.2012; ret. 20.01.2012), em vigor após decorridos 90 (noventa) dias de sua publicação oficial.
- V. arts. 88, II e IV, 89, 90, § 1º, 91, *caput*, e 261.
- V. art. 2º, X, Lei 8.242/1991 (Conanda).
- V. art. 3º, parágrafo único, Lei 12.213/2010, que dispõe sobre o limite de dedução do imposto de renda.

I – 1% (um por cento) do imposto sobre a renda devido apurado pelas pessoas jurídicas tributadas com base no lucro real; e

- Inciso I acrescentado pela Lei 12.594/2012 (*DOU* 19.01.2012; ret. 20.01.2012), em vigor após decorridos 90 (noventa) dias de sua publicação oficial.

II – 6% (seis por cento) do imposto sobre a renda apurado pelas pessoas físicas na Declaração de Ajuste Anual, observado o disposto no art. 22 da Lei 9.532, de 10 de dezembro de 1997.

- Inciso II acrescentado pela Lei 12.594/2012 (*DOU* 19.01.2012; ret. 20.01.2012), em vigor após decorridos 90 (noventa) dias de sua publicação oficial.

§ 1º *(Revogado pela Lei 9.532/1997.)*

§ 1º-A. Na definição das prioridades a serem atendidas com os recursos captados pelos fundos nacional, estaduais e municipais dos direitos da criança e do adolescente, serão consideradas as disposições do Plano Nacional de Promoção, Proteção e Defesa do Direito de Crianças e Adolescentes à Convivência Familiar e Comunitária e as do Plano Nacional pela Primeira Infância.

- § 1º-A com redação determinada pela Lei 13.257/2016.

§ 2º Os conselhos nacional, estaduais e municipais dos direitos da criança e do adolescente fixarão critérios de utilização, por meio de planos de aplicação, das dotações subsidiadas e demais receitas, aplicando necessariamente percentual para incentivo ao acolhimento, sob a forma de guarda, de crianças e adolescentes e para programas de atenção integral à primeira infância em áreas de maior carência socioeconômica e em situações de calamidade.

- § 2º com redação determinada pela Lei 13.257/2016.
- V. art. 34.
- V. art. 227, § 3º, VII, CF.

§ 3º O Departamento da Receita Federal, do Ministério da Economia, Fazenda e Planejamento, regulamentará a comprovação das doações feitas aos Fundos, nos termos deste artigo.

- § 3º acrescentado pela Lei 8.242/1991.

§ 4º O Ministério Público determinará em cada comarca a forma de fiscalização da aplicação, pelo Fundo Municipal dos Direitos da Criança e do Adolescente, dos incentivos fiscais referidos neste artigo.

- § 4º acrescentado pela Lei 8.242/1991.

§ 5º Observado o disposto no § 4º do art. 3º da Lei 9.249, de 26 de dezembro de 1995, a dedução de que trata o inciso I do *caput*:

- § 5º com redação determinada pela Lei 12.594/2012 (*DOU* 19.01.2012; ret. 20.01.2012), em vigor após decorridos 90 (noventa) dias de sua publicação oficial.

I – será considerada isoladamente, não se submetendo a limite em conjunto com outras deduções do imposto; e

II – não poderá ser computada como despesa operacional na apuração do lucro real.

Legislação

Art. 260-A. A partir do exercício de 2010, ano-calendário de 2009, a pessoa física poderá optar pela doação de que trata o inciso II do *caput* do art. 260 diretamente em sua Declaração de Ajuste Anual.
* Artigo acrescentado pela Lei 12.594/2012 (*DOU* 19.01.2012; ret. 20.01.2012), em vigor após decorridos 90 (noventa) dias de sua publicação oficial.

§ 1º A doação de que trata o *caput* poderá ser deduzida até os seguintes percentuais aplicados sobre o imposto apurado na declaração:
I – *(Vetado.)*
II – *(Vetado.)*
III – 3% (três por cento) a partir do exercício de 2012.
§ 2º A dedução de que trata o *caput*:
I – está sujeita ao limite de 6% (seis por cento) do imposto sobre a renda apurado na declaração de que trata o inciso II do *caput* do art. 260;
II – não se aplica à pessoa física que:
a) utilizar o desconto simplificado;
b) apresentar declaração em formulário; ou
c) entregar a declaração fora do prazo;
III – só se aplica às doações em espécie; e
IV – não exclui ou reduz outros benefícios ou deduções em vigor.
§ 3º O pagamento da doação deve ser efetuado até a data de vencimento da primeira quota ou quota única do imposto, observadas instruções específicas da Secretaria da Receita Federal do Brasil.
§ 4º O não pagamento da doação no prazo estabelecido no § 3º implica a glosa definitiva desta parcela de dedução, ficando a pessoa física obrigada ao recolhimento da diferença de imposto devido apurado na Declaração de Ajuste Anual com os acréscimos legais previstos na legislação.
§ 5º A pessoa física poderá deduzir do imposto apurado na Declaração de Ajuste Anual as doações feitas, no respectivo ano-calendário, aos fundos controlados pelos Conselhos dos Direitos da Criança e do Adolescente municipais, distrital, estaduais e nacional concomitantemente com a opção de que trata o *caput*, respeitado o limite previsto no inciso II do art. 260.

Art. 260-B. A doação de que trata o inciso I do art. 260 poderá ser deduzida:
* Artigo acrescentado pela Lei 12.594/2012 (*DOU* 19.01.2012; ret. 20.01.2012), em vigor após decorridos 90 (noventa) dias de sua publicação oficial.

I – do imposto devido no trimestre, para as pessoas jurídicas que apuram o imposto trimestralmente; e
II – do imposto devido mensalmente e no ajuste anual, para as pessoas jurídicas que apuram o imposto anualmente.
Parágrafo único. A doação deverá ser efetuada dentro do período a que se refere a apuração do imposto.

Art. 260-C. As doações de que trata o art. 260 desta Lei podem ser efetuadas em espécie ou em bens.
* Artigo acrescentado pela Lei 12.594/2012 (*DOU* 19.01.2012; ret. 20.01.2012), em vigor após decorridos 90 (noventa) dias de sua publicação oficial.

Parágrafo único. As doações efetuadas em espécie devem ser depositadas em conta específica, em instituição financeira pública, vinculadas aos respectivos fundos de que trata o art. 260.

Art. 260-D. Os órgãos responsáveis pela administração das contas dos Fundos dos Direitos da Criança e do Adolescente nacional, estaduais, distrital e municipais devem emitir recibo em favor do doador, assinado por pessoa competente e pelo presidente do Conselho correspondente, especificando:
* Artigo acrescentado pela Lei 12.594/2012 (*DOU* 19.01.2012; ret. 20.01.2012), em vigor após decorridos 90 (noventa) dias de sua publicação oficial.

I – número de ordem;
II – nome, Cadastro Nacional da Pessoa Jurídica (CNPJ) e endereço do emitente;
III – nome, CNPJ ou Cadastro de Pessoas Físicas (CPF) do doador;
IV – data da doação e valor efetivamente recebido; e
V – ano-calendário a que se refere a doação.
§ 1º O comprovante de que trata o *caput* deste artigo pode ser emitido anualmente, desde que discrimine os valores doados mês a mês.
§ 2º No caso de doação em bens, o comprovante deve conter a identificação dos bens, mediante descrição em campo próprio ou em relação anexa ao comprovante, infor-

Lei 8.069/1990

LEGISLAÇÃO

mando também se houve avaliação, o nome, CPF ou CNPJ e endereço dos avaliadores.

Art. 260-E. Na hipótese da doação em bens, o doador deverá:

- Artigo acrescentado pela Lei 12.594/2012 (*DOU* 19.01.2012; ret. 20.01.2012), em vigor após decorridos 90 (noventa) dias de sua publicação oficial.

I – comprovar a propriedade dos bens, mediante documentação hábil;
II – baixar os bens doados na declaração de bens e direitos, quando se tratar de pessoa física, e na escrituração, no caso de pessoa jurídica; e
III – considerar como valor dos bens doados:
a) para as pessoas físicas, o valor constante da última declaração do imposto de renda, desde que não exceda o valor de mercado;
b) para as pessoas jurídicas, o valor contábil dos bens.

Parágrafo único. O preço obtido em caso de leilão não será considerado na determinação do valor dos bens doados, exceto se o leilão for determinado por autoridade judiciária.

Art. 260-F. Os documentos a que se referem os arts. 260-D e 260-E devem ser mantidos pelo contribuinte por um prazo de 5 (cinco) anos para fins de comprovação da dedução perante a Receita Federal do Brasil.

- Artigo acrescentado pela Lei 12.594/2012 (*DOU* 19.01.2012; ret. 20.01.2012), em vigor após decorridos 90 (noventa) dias de sua publicação oficial.

Art. 260-G. Os órgãos responsáveis pela administração das contas dos Fundos dos Direitos da Criança e do Adolescente nacional, estaduais, distrital e municipais devem:

- Artigo acrescentado pela Lei 12.594/2012 (*DOU* 19.01.2012; ret. 20.01.2012), em vigor após decorridos 90 (noventa) dias de sua publicação oficial.

I – manter conta bancária específica destinada exclusivamente a gerir os recursos do Fundo;
II – manter controle das doações recebidas; e
III – informar anualmente à Secretaria da Receita Federal do Brasil as doações recebidas mês a mês, identificando os seguintes dados por doador:
a) nome, CNPJ ou CPF;
b) valor doado, especificando se a doação foi em espécie ou em bens.

Art. 260-H. Em caso de descumprimento das obrigações previstas no art. 260-G, a Secretaria da Receita Federal do Brasil dará conhecimento do fato ao Ministério Público.

- Artigo acrescentado pela Lei 12.594/2012 (*DOU* 19.01.2012; ret. 20.01.2012), em vigor após decorridos 90 (noventa) dias de sua publicação oficial.

Art. 260-I. Os Conselhos dos Direitos da Criança e do Adolescente nacional, estaduais, distrital e municipais divulgarão amplamente à comunidade:

- Artigo acrescentado pela Lei 12.594/2012 (*DOU* 19.01.2012; ret. 20.01.2012), em vigor após decorridos 90 (noventa) dias de sua publicação oficial.

I – o calendário de suas reuniões;
II – as ações prioritárias para aplicação das políticas de atendimento à criança e ao adolescente;
III – os requisitos para a apresentação de projetos a serem beneficiados com recursos dos Fundos dos Direitos da Criança e do Adolescente nacional, estaduais, distrital ou municipais;
IV – a relação dos projetos aprovados em cada ano-calendário e o valor dos recursos previstos para implementação das ações, por projeto;
V – o total dos recursos recebidos e a respectiva destinação, por projeto atendido, inclusive com cadastramento na base de dados do Sistema de Informações sobre a Infância e a Adolescência; e
VI – a avaliação dos resultados dos projetos beneficiados com recursos dos Fundos dos Direitos da Criança e do Adolescente nacional, estaduais, distrital e municipais.

Art. 260-J. O Ministério Público determinará, em cada Comarca, a forma de fiscalização da aplicação dos incentivos fiscais referidos no art. 260 desta Lei.

- Artigo acrescentado pela Lei 12.594/2012 (*DOU* 19.01.2012; ret. 20.01.2012), em vigor após decorridos 90 (noventa) dias de sua publicação oficial.

Parágrafo único. O descumprimento do disposto nos arts. 260-G e 260-I sujeitará os infratores a responder por ação judicial proposta pelo Ministério Público, que poderá atuar de ofício, a requerimento ou representação de qualquer cidadão.

Art. 260-K. A Secretaria de Direitos Humanos da Presidência da República (SDH/

Lei 8.069/1990

LEGISLAÇÃO

PR) encaminhará à Secretaria da Receita Federal do Brasil, até 31 de outubro de cada ano, arquivo eletrônico contendo a relação atualizada dos Fundos dos Direitos da Criança e do Adolescente nacional, distrital, estaduais e municipais, com a indicação dos respectivos números de inscrição no CNPJ e das contas bancárias específicas mantidas em instituições financeiras públicas, destinadas exclusivamente a gerir os recursos dos Fundos.

- Artigo acrescentado pela Lei 12.594/2012 (*DOU* 19.01.2012; ret. 20.01.2012), em vigor após decorridos 90 (noventa) dias de sua publicação oficial.

Art. 260-L. A Secretaria da Receita Federal do Brasil expedirá as instruções necessárias à aplicação do disposto nos arts. 260 a 260-K.

- Artigo acrescentado pela Lei 12.594/2012 (*DOU* 19.01.2012; ret. 20.01.2012), em vigor após decorridos 90 (noventa) dias de sua publicação oficial.

Art. 261. À falta dos Conselhos Municipais dos Direitos da Criança e do Adolescente, os registros, inscrições e alterações a que se referem os arts. 90, parágrafo único, e 91 desta Lei serão efetuados perante a autoridade judiciária da comarca a que pertencer a entidade.

- V. arts. 89, 90, § 1º, 91, *caput*, e 260.

Parágrafo único. A União fica autorizada a repassar aos Estados e Municípios, e os Estados aos Municípios, os recursos referentes aos programas e atividades previstos nesta Lei, tão logo estejam criados os Conselhos dos Direitos da Criança e do Adolescente nos seus respectivos níveis.

- V. art. 4º, parágrafo único, *d*.

Art. 262. Enquanto não instalados os Conselhos Tutelares, as atribuições a eles conferidas serão exercidas pela autoridade judiciária.

- V. art. 136.

Art. 263. O Dec.-lei 2.848, de 7 de dezembro de 1940, Código Penal, passa a vigorar com as seguintes alterações:

"1) Art. 121. [...]

"§ 4º No homicídio culposo, a pena é aumentada de 1/3 (um terço), se o crime resulta da inobservância de regra técnica de profissão, arte ou ofício, ou se o agente deixa de prestar imediato socorro à vítima, não procura diminuir as consequências do seu ato, ou foge para evitar prisão em flagrante. Sendo doloso o homicídio, a pena é aumentada de 1/3 (um terço), se o crime é praticado contra pessoa menor de 14 (catorze) anos."

"2) Art. 129. [...]

"§ 7º Aumenta-se a pena de 1/3 (um terço), se ocorrer qualquer das hipóteses do art. 121, § 4º."

"§ 8º Aplica-se à lesão culposa o disposto no § 5º do art. 121."

"3) Art. 136. [...]

"§ 3º Aumenta-se a pena de 1/3 (um terço), se o crime é praticado contra pessoa menor de 14 (catorze) anos."

"4) Art. 213. [...]

"Parágrafo único. Se a ofendida é menor de 14 (catorze) anos:

"Pena – reclusão de 4 (quatro) a 10 (dez) anos."

"5) Art. 214. [...]

"Parágrafo único. Se o ofendido é menor de 14 (catorze) anos:

"Pena – reclusão de 3 (três) a 9 (nove) anos."

Art. 264. O art. 102 da Lei 6.015, de 31 de dezembro de 1973, fica acrescido do seguinte item:

- Alteração processada no texto da referida Lei.

Art. 265. A Imprensa Nacional e demais gráficas da União, da administração direta ou indireta, inclusive fundações instituídas e mantidas pelo Poder Público Federal, promoverão edição popular do texto integral deste Estatuto, que será posto à disposição das escolas e das entidades de atendimento e de defesa dos direitos da criança e do adolescente.

Art. 265-A. O poder público fará periodicamente ampla divulgação dos direitos da criança e do adolescente nos meios de comunicação social.

- Artigo acrescentado pela Lei 13.257/2016.

Parágrafo único. A divulgação a que se refere o *caput* será veiculada em linguagem clara, compreensível e adequada a crianças e adolescentes, especialmente às crianças com idade inferior a 6 (seis) anos.

Art. 266. Esta Lei entra em vigor 90 (noventa) dias após sua publicação.

Lei 8.078/1990

LEGISLAÇÃO

Parágrafo único. Durante o período de vacância deverão ser promovidas atividades e campanhas de divulgação e esclarecimentos acerca do disposto nesta Lei.

Art. 267. Revogam-se as Leis 4.513, de 1964, e 6.697, de 10 de outubro de 1979 (Código de Menores), e as demais disposições em contrário.

Brasília, em 13 de julho de 1990; 169º da Independência e 102º da República.

Fernando Collor

(DOU 16.07.1990; ret. 27.09.1990)

LEI 8.078,
DE 11 DE SETEMBRO DE 1990

Dispõe sobre a proteção do consumidor e dá outras providências.

- V. Dec. 6.523/2008 (Regulamenta a Lei 8.078/1990, para fixar normas gerais sobre o Serviço de Atendimento ao Consumidor – SAC).
- V. Lei 12.291/2010 (Obrigatoriedade da manutenção de exemplar do CDC nos estabelecimentos comerciais e de prestação de serviços).
- V. Súmula 469, STJ.

O Presidente da República:
Faço saber que o Congresso Nacional decreta e eu sanciono a seguinte Lei:

TÍTULO I
DOS DIREITOS DO CONSUMIDOR

Capítulo I
DISPOSIÇÕES GERAIS

Art. 1º O presente Código estabelece normas de proteção e defesa do consumidor, de ordem pública e interesse social, nos termos dos arts. 5º, inciso XXXII, 170, inciso V, da Constituição Federal e art. 48 de suas Disposições Transitórias.

Art. 2º Consumidor é toda pessoa física ou jurídica que adquire ou utiliza produto ou serviço como destinatário final.

- V. arts. 17 e 29.

Parágrafo único. Equipara-se a consumidor a coletividade de pessoas, ainda que indetermináveis, que haja intervindo nas relações de consumo.

Art. 3º Fornecedor é toda pessoa física ou jurídica, pública ou privada, nacional ou estrangeira, bem como os entes despersonalizados, que desenvolvem atividades de produção, montagem, criação, construção, transformação, importação, exportação, distribuição ou comercialização de produtos ou prestação de serviços.

- V. art. 28.
- • V. art. 966, CC.

§ 1º Produto é qualquer bem, móvel ou imóvel, material ou imaterial.

§ 2º Serviço é qualquer atividade fornecida no mercado de consumo, mediante remuneração, inclusive as de natureza bancária, financeira, de crédito e securitária, salvo as decorrentes das relações de caráter trabalhista.

- V. Súmula 297, STJ.

Capítulo II
DA POLÍTICA NACIONAL
DE RELAÇÕES DE CONSUMO

Art. 4º A Política Nacional das Relações de Consumo tem por objetivo o atendimento das necessidades dos consumidores, o respeito à sua dignidade, saúde e segurança, a proteção de seus interesses econômicos, a melhoria da sua qualidade de vida, bem como a transparência e harmonia das relações de consumo, atendidos os seguintes princípios:

- Artigo com redação determinada pela Lei 9.008/1995.
- • V. arts. 4º a 6º, CPC/2015.

I – reconhecimento da vulnerabilidade do consumidor no mercado de consumo;

- V. art. 5º, *caput*, CF.

II – ação governamental no sentido de proteger efetivamente o consumidor:
a) por iniciativa direta;
b) por incentivos à criação e desenvolvimento de associações representativas;
c) pela presença do Estado no mercado de consumo;
d) pela garantia dos produtos e serviços com padrões adequados de qualidade, segurança, durabilidade e desempenho;

III – harmonização dos interesses dos participantes das relações de consumo e compatibilização da proteção do consumidor com a necessidade de desenvolvimento econômico e tecnológico, de modo a viabilizar os princípios nos quais se funda a ordem econômica (art. 170 da Constituição Federal), sempre com base na boa-fé e equilíbrio nas relações entre consumidores e fornecedores;

Lei 8.078/1990

LEGISLAÇÃO

IV – educação e informação de fornecedores e consumidores, quanto aos seus direitos e deveres, com vistas à melhoria do mercado de consumo;
V – incentivo à criação pelos fornecedores de meios eficientes de controle de qualidade e segurança de produtos e serviços, assim como de mecanismos alternativos de solução de conflitos de consumo;

•• V. art. 3º, CPC/2015.

VI – coibição e repressão eficientes de todos os abusos praticados no mercado de consumo, inclusive a concorrência desleal e utilização indevida de inventos e criações industriais das marcas e nomes comerciais e signos distintivos, que possam causar prejuízos aos consumidores;
VII – racionalização e melhoria dos serviços públicos;
VIII – estudo constante das modificações do mercado de consumo.

Art. 5º Para a execução da Política Nacional das Relações de Consumo, contará o Poder Público com os seguintes instrumentos, entre outros:
I – manutenção de assistência jurídica, integral e gratuita, para o consumidor carente;

• V. art. 5º, LXXIV, CF.
•• V. arts. 98 a 102, CPC/2015.

II – instituição de Promotorias de Justiça de Defesa do Consumidor, no âmbito do Ministério Público;

• V. art. 128, § 5º, CF.

III – criação de delegacias de polícia especializadas no atendimento de consumidores vítimas de infrações penais de consumo;
IV – criação de Juizados Especiais de Pequenas Causas e Varas Especializadas para a solução de litígios de consumo;

• V. arts. 98, I, e 125, CF.
•• V. Lei 9.099/1995 (Juizados Especiais Cíveis e Criminais).

V – concessão de estímulos à criação e desenvolvimento das Associações de Defesa do Consumidor.

•• V. arts. 53 a 61, CC.

§ 1º *(Vetado.)*
§ 2º *(Vetado.)*

Capítulo III
DOS DIREITOS BÁSICOS DO CONSUMIDOR

Art. 6º São direitos básicos do consumidor:

I – a proteção da vida, saúde e segurança contra os riscos provocados por práticas no fornecimento de produtos e serviços considerados perigosos ou nocivos;
II – a educação e divulgação sobre o consumo adequado dos produtos e serviços, asseguradas a liberdade de escolha e a igualdade nas contratações;
III – a informação adequada e clara sobre os diferentes produtos e serviços, com especificação correta de quantidade, características, composição, qualidade, tributos incidentes e preço, bem como sobre os riscos que apresentem;

• Inciso III com redação determinada pela Lei 12.741/2012 (*DOU* 10.12.2012), em vigor 6 (seis) meses após a data de sua publicação.
• V. Lei 10.962/2004 (Oferta e formas de afixação de preços de produtos e serviços para o consumidor).
• V. Dec. 5.903/2006 (Regulamenta a Lei 10.962/2004 e a Lei 8.078/1990).

IV – a proteção contra a publicidade enganosa e abusiva, métodos comerciais coercitivos ou desleais, bem como contra práticas e cláusulas abusivas ou impostas no fornecimento de produtos e serviços;
V – a modificação das cláusulas contratuais que estabeleçam prestações desproporcionais ou sua revisão em razão de fatos supervenientes que as tornem excessivamente onerosas;

•• V. arts. 12 e 402, CC.

VI – a efetiva prevenção e reparação de danos patrimoniais e morais, individuais, coletivos e difusos;

• V. arts. 57, *caput*, e 100.
• V. art. 13, Lei 7.347/1985 (Ação civil pública).
• V. Súmula 37, STJ.
•• V. art. 5º, X, CF.
•• V. arts. 12, 157, 317 e 402, CC.

VII – o acesso aos órgãos judiciários e administrativos, com vistas à prevenção ou reparação de danos patrimoniais e morais, individuais, coletivos ou difusos, assegurada a proteção jurídica, administrativa e técnica aos necessitados;

• V. art. 83.
• V. art. 5º, LXXIV, CF.

VIII – a facilitação da defesa de seus direitos, inclusive com a inversão do ônus da prova, a seu favor, no processo civil, quando, a critério do juiz, for verossímil a alegação ou quando for ele hipossuficiente, segundo as regras ordinárias de experiências;

Lei 8.078/1990

LEGISLAÇÃO

- V. art. 93.
- V. art. 5º, LV, CF.
- V. art. 373, § 3º, CPC/2015.
- V. art. 14, Lei 7.347/1985 (Ação civil pública).
- •• V. art. 373, § 1º, CPC/2015.

IX – (Vetado.)

X – a adequada e eficaz prestação dos serviços públicos em geral.

Parágrafo único. A informação de que trata o inciso III do *caput* deste artigo deve ser acessível à pessoa com deficiência, observado o disposto em regulamento.

- Parágrafo único acrescentado pela Lei 13.146/2015 (*DOU* 07.07.2015), em vigor após decorridos 180 (cento e oitenta) dias de sua publicação oficial.

Art. 7º Os direitos previstos neste Código não excluem outros decorrentes de tratados ou convenções internacionais de que o Brasil seja signatário, da legislação interna ordinária, de regulamentos expedidos pelas autoridades administrativas competentes, bem como dos que derivem dos princípios gerais do direito, analogia, costumes e equidade.

Parágrafo único. Tendo mais de um autor a ofensa, todos responderão solidariamente pela reparação dos danos previstos nas normas de consumo.

- V. arts. 18, *caput*, 19, *caput*, 25, § 1º, 28, § 3º, e 34.
- V. arts. 264 a 266, 275, *caput*, 285 e 942, *caput*, 2ª parte, CC.
- V. art. 113, CPC/2015.

Capítulo IV
DA QUALIDADE DE PRODUTOS E SERVIÇOS, DA PREVENÇÃO E DA REPARAÇÃO DOS DANOS

Seção I
Da proteção à saúde e segurança

Art. 8º Os produtos e serviços colocados no mercado de consumo não acarretarão riscos à saúde ou segurança dos consumidores, exceto os considerados normais e previsíveis em decorrência de sua natureza e fruição, obrigando-se os fornecedores, em qualquer hipótese, a dar as informações necessárias e adequadas a seu respeito.

Parágrafo único. Em se tratando de produto industrial, ao fabricante cabe prestar as informações a que se refere este artigo, através de impressos apropriados que devam acompanhar o produto.

Art. 9º O fornecedor de produtos e serviços potencialmente nocivos ou perigosos à saúde ou segurança deverá informar, de maneira ostensiva e adequada, a respeito da sua nocividade ou periculosidade, sem prejuízo da adoção de outras medidas cabíveis em cada caso concreto.

Art. 10. O fornecedor não poderá colocar no mercado de consumo produto ou serviço que sabe ou deveria saber apresentar alto grau de nocividade ou periculosidade à saúde ou segurança.

§ 1º O fornecedor de produtos e serviços que, posteriormente à sua introdução no mercado de consumo, tiver conhecimento da periculosidade que apresentem, deverá comunicar o fato imediatamente às autoridades competentes e aos consumidores, mediante anúncios publicitários.

§ 2º Os anúncios publicitários a que se refere o parágrafo anterior serão veiculados na imprensa, rádio e televisão, às expensas do fornecedor do produto ou serviço.

§ 3º Sempre que tiverem conhecimento de periculosidade de produtos ou serviços à saúde ou segurança dos consumidores, a União, os Estados, o Distrito Federal e os Municípios deverão informá-los a respeito.

Art. 11. (Vetado.)

Seção II
Da responsabilidade pelo fato do produto e do serviço

Art. 12. O fabricante, o produtor, o construtor, nacional ou estrangeiro, e o importador respondem, independentemente da existência de culpa, pela reparação dos danos causados aos consumidores por defeitos decorrentes de projeto, fabricação, construção, montagem, fórmulas, manipulação, apresentação ou acondicionamento de seus produtos, bem como por informações insuficientes ou inadequadas sobre sua utilização e riscos.

§ 1º O produto é defeituoso quando não oferece a segurança que dele legitimamente se espera, levando-se em consideração as circunstâncias relevantes, entre as quais:

I – sua apresentação;

II – o uso e os riscos que razoavelmente dele se esperam;

III – a época em que foi colocado em circulação.
§ 2º O produto não é considerado defeituoso pelo fato de outro de melhor qualidade ter sido colocado no mercado.
§ 3º O fabricante, o construtor, o produtor ou importador só não será responsabilizado quando provar:
I – que não colocou o produto no mercado;
II – que, embora haja colocado o produto no mercado, o defeito inexiste;
III – a culpa exclusiva do consumidor ou de terceiro.

Art. 13. O comerciante é igualmente responsável, nos termos do artigo anterior, quando:
I – o fabricante, o construtor, o produtor ou o importador não puderem ser identificados;
II – o produto for fornecido sem identificação clara do seu fabricante, produtor, construtor ou importador;
III – não conservar adequadamente os produtos perecíveis.
Parágrafo único. Aquele que efetivar o pagamento ao prejudicado poderá exercer o direito de regresso contra os demais responsáveis, segundo sua participação na causação do evento danoso.
- V. art. 88.
- V. art. 283, CC.

Art. 14. O fornecedor de serviços responde, independentemente da existência de culpa, pela reparação dos danos causados aos consumidores por defeitos relativos à prestação dos serviços, bem como por informações insuficientes ou inadequadas sobre sua fruição e riscos.
§ 1º O serviço é defeituoso quando não fornece a segurança que o consumidor dele pode esperar, levando-se em consideração as circunstâncias relevantes, entre as quais:
I – o modo de seu fornecimento;
II – o resultado e os riscos que razoavelmente dele se esperam;
III – a época em que foi fornecido.
§ 2º O serviço não é considerado defeituoso pela adoção de novas técnicas.
§ 3º O fornecedor de serviços só não será responsabilizado quando provar:
I – que, tendo prestado o serviço, o defeito inexiste;

II – a culpa exclusiva do consumidor ou de terceiro.
§ 4º A responsabilidade pessoal dos profissionais liberais será apurada mediante a verificação de culpa.
Art. 15. *(Vetado.)*
Art. 16. *(Vetado.)*
Art. 17. Para os efeitos desta Seção, equiparam-se aos consumidores todas as vítimas do evento.

Seção III
Da responsabilidade por vício do produto e do serviço

Art. 18. Os fornecedores de produtos de consumo duráveis ou não duráveis respondem solidariamente pelos vícios de qualidade ou quantidade que os tornem impróprios ou inadequados ao consumo a que se destinam ou lhes diminuam o valor, assim como por aqueles decorrentes da disparidade, com as indicações constantes do recipiente, da embalagem, rotulagem ou mensagem publicitária, respeitadas as variações decorrentes de sua natureza, podendo o consumidor exigir a substituição das partes viciadas.
- V. arts. 264 a 266 e 275 a 285, CC.

§ 1º Não sendo o vício sanado no prazo máximo de 30 (trinta) dias, pode o consumidor exigir, alternativamente e à sua escolha:
I – a substituição do produto por outro da mesma espécie, em perfeitas condições de uso;
II – a restituição imediata da quantia paga, monetariamente atualizada, sem prejuízo de eventuais perdas e danos;
III – o abatimento proporcional do preço.
§ 2º Poderão as partes convencionar a redução ou ampliação do prazo previsto no parágrafo anterior, não podendo ser inferior a 7 (sete) nem superior a 180 (cento e oitenta) dias. Nos contratos de adesão, a cláusula de prazo deverá ser convencionada em separado, por meio de manifestação expressa do consumidor.
§ 3º O consumidor poderá fazer uso imediato das alternativas do § 1º deste artigo sempre que, em razão da extensão do vício, a substituição das partes viciadas puder

Lei 8.078/1990

LEGISLAÇÃO

comprometer a qualidade ou características do produto, diminuir-lhe o valor ou se tratar de produto essencial.

§ 4º Tendo o consumidor optado pela alternativa do inciso I do § 1º deste artigo, e não sendo possível a substituição do bem, poderá haver substituição por outro de espécie, marca ou modelo diversos, mediante complementação ou restituição de eventual diferença de preço, sem prejuízo do disposto nos incisos II e III do § 1º deste artigo.

§ 5º No caso de fornecimento de produtos *in natura*, será responsável perante o consumidor o fornecedor imediato, exceto quando identificado claramente seu produtor.

§ 6º São impróprios ao uso e consumo:

I – os produtos cujos prazos de validade estejam vencidos;

II – os produtos deteriorados, alterados, adulterados, avariados, falsificados, corrompidos, fraudados, nocivos à vida ou à saúde, perigosos ou, ainda, aqueles em desacordo com as normas regulamentares de fabricação, distribuição ou apresentação;

III – os produtos que, por qualquer motivo, se revelem inadequados ao fim a que se destinam.

Art. 19. Os fornecedores respondem solidariamente pelos vícios de quantidade do produto sempre que, respeitadas as variações decorrentes de sua natureza, seu conteúdo líquido for inferior às indicações constantes do recipiente, da embalagem, rotulagem ou de mensagem publicitária, podendo o consumidor exigir, alternativamente e à sua escolha:

• V. art. 58.
• V. arts. 264 a 266 e 275 a 285, CC.

I – o abatimento proporcional do preço;

II – complementação do peso ou medida;

III – a substituição do produto por outro da mesma espécie, marca ou modelo, sem os aludidos vícios;

IV – a restituição imediata da quantia paga, monetariamente atualizada, sem prejuízo de eventuais perdas e danos.

§ 1º Aplica-se a este artigo o disposto no § 4º do artigo anterior.

§ 2º O fornecedor imediato será responsável quando fizer a pesagem ou a medição e o instrumento utilizado não estiver aferido segundo os padrões oficiais.

Art. 20. O fornecedor de serviços responde pelos vícios de qualidade que os tornem impróprios ao consumo ou lhes diminuam o valor, assim como por aqueles decorrentes da disparidade com as indicações constantes da oferta ou mensagem publicitária, podendo o consumidor exigir, alternativamente e à sua escolha:

I – a reexecução dos serviços, sem custo adicional e quando cabível;

II – a restituição imediata da quantia paga monetariamente atualizada, sem prejuízo de eventuais perdas e danos;

III – o abatimento proporcional do preço.

§ 1º A reexecução dos serviços poderá ser confiada a terceiros devidamente capacitados, por conta e risco do fornecedor.

§ 2º São impróprios os serviços que se mostrem inadequados para os fins que razoavelmente deles se esperam, bem como aqueles que não atendam as normas regulamentares de prestabilidade.

Art. 21. No fornecimento de serviços que tenham por objetivo a reparação de qualquer produto considerar-se-á implícita a obrigação do fornecedor de empregar componentes de reposição originais adequados e novos, ou que mantenham as especificações técnicas do fabricante, salvo, quanto a estes últimos, autorização em contrário do consumidor.

Art. 22. Os órgãos públicos, por si ou suas empresas, concessionárias, permissionárias ou sob qualquer outra forma de empreendimento, são obrigados a fornecer serviços adequados, eficientes, seguros e, quanto aos essenciais, contínuos.

•• V. art. 37, CF.

Parágrafo único. Nos casos de descumprimento, total ou parcial, das obrigações referidas neste artigo, serão as pessoas jurídicas compelidas a cumpri-las e a reparar os danos causados, na forma prevista neste Código.

Art. 23. A ignorância do fornecedor sobre os vícios de qualidade por inadequação dos produtos e serviços não o exime de responsabilidade.

Art. 24. A garantia legal de adequação do produto ou serviço independe de termo expresso, vedada a exoneração contratual do fornecedor.

Art. 25. É vedada a estipulação contratual de cláusula que impossibilite, exonere ou atenue a obrigação de indenizar prevista nesta e nas Seções anteriores.

§ 1º Havendo mais de um responsável pela causação do dano, todos responderão solidariamente pela reparação prevista nesta e nas Seções anteriores.

§ 2º Sendo o dano causado por componente ou peça incorporada ao produto ou serviço, são responsáveis solidários seu fabricante, construtor ou importador e o que realizou a incorporação.

Seção IV
Da decadência e da prescrição

Art. 26. O direito de reclamar pelos vícios aparentes ou de fácil constatação caduca em:

I – 30 (trinta) dias, tratando-se de fornecimento de serviço e de produto não duráveis;

II – 90 (noventa) dias, tratando-se de fornecimento de serviço e de produto duráveis.

§ 1º Inicia-se a contagem do prazo decadencial a partir da entrega efetiva do produto ou do término da execução dos serviços.

§ 2º Obstam a decadência:

I – a reclamação comprovadamente formulada pelo consumidor perante o fornecedor de produtos e serviços até a resposta negativa correspondente, que deve ser transmitida de forma inequívoca;

II – *(Vetado)*.

III – a instauração de inquérito civil, até seu encerramento.

• V. art. 90.
• V. arts. 8º, § 1º, e 9º, Lei 7.347/1985 (Ação civil pública).

§ 3º Tratando-se de vício oculto, o prazo decadencial inicia-se no momento em que ficar evidenciado o defeito.

Art. 27. Prescreve em 5 (cinco) anos a pretensão à reparação pelos danos causados por fato do produto ou do serviço prevista na Seção II deste Capítulo, iniciando-se a contagem do prazo a partir do conhecimento do dano e de sua autoria.

• V. arts. 101 e 102.

Parágrafo único. *(Vetado)*.

Seção V
Da desconsideração
da personalidade jurídica

Art. 28. O juiz poderá desconsiderar a personalidade jurídica da sociedade quando, em detrimento do consumidor, houver abuso de direito, excesso de poder, infração da lei, fato ou ato ilícito ou violação dos estatutos ou contrato social. A desconsideração também será efetivada quando houver falência, estado de insolvência, encerramento ou inatividade da pessoa jurídica provocados por má administração.

• V. arts. 50 e 1.642, I e II, CC.
• V. arts. 134, VII, e 135, CTN.
•• V. arts. 133 a 137, CPC/2015.

§ 1º *(Vetado)*.

§ 2º As sociedades integrantes dos grupos societários e as sociedades controladas, são subsidiariamente responsáveis pelas obrigações decorrentes deste Código.

§ 3º As sociedades consorciadas são solidariamente responsáveis pelas obrigações decorrentes deste Código.

§ 4º As sociedades coligadas só responderão por culpa.

§ 5º Também poderá ser desconsiderada a pessoa jurídica sempre que sua personalidade for, de alguma forma, obstáculo ao ressarcimento de prejuízos causados aos consumidores.

Capítulo V
DAS PRÁTICAS COMERCIAIS

Seção I
Das disposições gerais

Art. 29. Para os fins deste Capítulo e do seguinte, equiparam-se aos consumidores todas as pessoas determináveis ou não, expostas às práticas nele previstas.

Seção II
Da oferta

Art. 30. Toda informação ou publicidade, suficientemente precisa, veiculada por

Lei 8.078/1990

LEGISLAÇÃO

qualquer forma ou meio de comunicação com relação a produtos e serviços oferecidos ou apresentados, obriga o fornecedor que a fizer veicular ou dela se utilizar e integra o contrato que vier a ser celebrado.

Art. 31. A oferta e apresentação de produtos ou serviços devem assegurar informações corretas, claras, precisas, ostensivas e em língua portuguesa sobre suas características, qualidades, quantidade, composição, preço, garantia, prazos de validade e origem, entre outros dados, bem como sobre os riscos que apresentam à saúde e segurança dos consumidores.

Parágrafo único. As informações de que trata este artigo, nos produtos refrigerados oferecidos ao consumidor, serão gravadas de forma indelével.

• Parágrafo único acrescentado pela Lei 11.989/2009 (*DOU* 28.07.2009), em vigor 180 (cento e oitenta) dias após a sua publicação.

Art. 32. Os fabricantes e importadores deverão assegurar a oferta de componentes e peças de reposição enquanto não cessar a fabricação ou importação do produto.

• V. art. 70.

Parágrafo único. Cessadas a produção ou importação, a oferta deverá ser mantida por período razoável de tempo, na forma da lei.

Art. 33. Em caso de oferta ou venda por telefone ou reembolso postal, deve constar o nome do fabricante e endereço na embalagem, publicidade e em todos os impressos utilizados na transação comercial.

• V. art. 49, *caput*.

Parágrafo único. É proibida a publicidade de bens e serviços por telefone, quando a chamada for onerosa ao consumidor que a origina.

• Parágrafo único acrescentado pela Lei 11.800/2008.

Art. 34. O fornecedor do produto ou serviço é solidariamente responsável pelos atos de seus prepostos ou representantes autônomos.

• V. arts. 7º, parágrafo único, 18, *caput*, 19, *caput*, 25, §§ 1º e 2º, 28, § 3º, e 51, III.

Art. 35. Se o fornecedor de produtos ou serviços recusar cumprimento à oferta, apresentação ou publicidade, o consumidor poderá, alternativamente e à sua livre escolha:

I – exigir o cumprimento forçado da obrigação, nos termos da oferta, apresentação ou publicidade;

• V. art. 84, § 1º.

II – aceitar outro produto ou prestação de serviço equivalente;

III – rescindir o contrato, com direito à restituição de quantia eventualmente antecipada, monetariamente atualizada, e a perdas e danos.

Seção III
Da publicidade

Art. 36. A publicidade deve ser veiculada de tal forma que o consumidor, fácil e imediatamente, a identifique como tal.

• V. art. 60.

Parágrafo único. O fornecedor, na publicidade de seus produtos ou serviços, manterá, em seu poder, para informação dos legítimos interessados, os dados fáticos, técnicos e científicos que dão sustentação à mensagem.

Art. 37. É proibida toda publicidade enganosa ou abusiva.

• V. art. 60, *caput*, 66 e 67.

§ 1º É enganosa qualquer modalidade de informação ou comunicação de caráter publicitário, inteira ou parcialmente falsa, ou, por qualquer outro modo, mesmo por omissão, capaz de induzir em erro o consumidor a respeito da natureza, características, qualidade, quantidade, propriedades, origem, preço e quaisquer outros dados sobre produtos e serviços.

§ 2º É abusiva, dentre outras, a publicidade discriminatória de qualquer natureza, a que incite à violência, explore o medo ou a superstição, se aproveite da deficiência de julgamento e experiência da criança, desrespeite valores ambientais, ou que seja capaz de induzir o consumidor a se comportar de forma prejudicial ou perigosa à sua saúde ou segurança.

§ 3º Para os efeitos deste Código, a publicidade é enganosa por omissão quando deixar de informar sobre dado essencial do produto ou serviço.

Lei 8.078/1990

LEGISLAÇÃO

§ 4º *(Vetado.)*

Art. 38. O ônus da prova da veracidade e correção da informação ou comunicação publicitária cabe a quem as patrocina.
- V. arts. 6º, VIII, e 51, VI.
- V. art. 373, CPC/2015.

Seção IV
Das práticas abusivas

Art. 39. É vedado ao fornecedor de produtos ou serviços, dentre outras práticas abusivas:
- *Caput* com redação determinada pela Lei 8.884/1994.
- V. Portaria SDE 49/2009 (Especifica hipótese prevista no elenco de práticas abusivas constante do art. 39 da Lei 8.078/1990).

I – condicionar o fornecimento de produto ou de serviço ao fornecimento de outro produto ou serviço, bem como, sem justa causa, a limites quantitativos;
II – recusar atendimento às demandas dos consumidores, na exata medida de suas disponibilidades de estoque, e, ainda, de conformidade com os usos e costumes;
III – enviar ou entregar ao consumidor, sem solicitação prévia, qualquer produto, ou fornecer qualquer serviço;
- V. Súmula 532, STJ.

IV – prevalecer-se da fraqueza ou ignorância do consumidor, tendo em vista sua idade, saúde, conhecimento ou condição social, para impingir-lhe seus produtos ou serviços;
V – exigir do consumidor vantagem manifestamente excessiva;
VI – executar serviços sem a prévia elaboração de orçamento e autorização expressa do consumidor, ressalvadas as decorrentes de práticas anteriores entre as partes;
VII – repassar informação depreciativa, referente a ato praticado pelo consumidor no exercício de seus direitos;
VIII – colocar, no mercado de consumo, qualquer produto ou serviço em desacordo com as normas expedidas pelos órgãos oficiais competentes ou, se normas específicas não existirem, pela Associação Brasileira de Normas Técnicas ou outra entidade credenciada pelo Conselho Nacional de Metrologia, Normalização e Qualidade Industrial – Conmetro;
IX – recusar a venda de bens ou a prestação de serviços, diretamente a quem se disponha a adquiri-los mediante pronto pagamento, ressalvados os casos de intermediação regulados em leis especiais;
- Inciso IX acrescentado pela Lei 8.884/1994.
- V. art. 122, parte final, CC.

X – elevar sem justa causa o preço de produtos ou serviços;
- Inciso X acrescentado pela Lei 8.884/1994.

XI – aplicar fórmula ou índice de reajuste diverso do legal ou contratualmente estabelecido;
- Inciso XI acrescentado pela Lei 9.870/1999.
- Na publicação oficial consta como inciso XIII.

XII – deixar de estipular prazo para o cumprimento de sua obrigação ou deixar a fixação de seu termo inicial a seu exclusivo critério.
- Inciso XII acrescentado pela Lei 9.008/1995.

Parágrafo único. Os serviços prestados e os produtos remetidos ou entregues ao consumidor, na hipótese prevista no inciso III, equiparam-se às amostras grátis, inexistindo obrigação de pagamento.

Art. 40. O fornecedor de serviço será obrigado a entregar ao consumidor orçamento prévio discriminando o valor da mão de obra, dos materiais e equipamentos a serem empregados, as condições de pagamento, bem como as datas de início e término dos serviços.

§ 1º Salvo estipulação em contrário, o valor orçado terá validade pelo prazo de 10 (dez) dias, contado de seu recebimento pelo consumidor.

§ 2º Uma vez aprovado pelo consumidor, o orçamento obriga os contraentes e somente pode ser alterado mediante livre negociação das partes.

§ 3º O consumidor não responde por quaisquer ônus ou acréscimos decorrentes da contratação de serviços de terceiros, não previstos no orçamento prévio.

Art. 41. No caso de fornecimento de produtos ou de serviços sujeitos ao regime de controle ou de tabelamento de preços, os fornecedores deverão respeitar os limites oficiais sob pena de, não o fazendo, responderem pela restituição da quantia recebida em excesso, monetariamente atualizada, podendo o consumidor exigir, à sua escolha, o desfazimento do negócio, sem prejuízo de outras sanções cabíveis.

Lei 8.078/1990

LEGISLAÇÃO

Seção V
Da cobrança de dívidas

Art. 42. Na cobrança de débitos, o consumidor inadimplente não será exposto a ridículo, nem será submetido a qualquer tipo de constrangimento ou ameaça.

- V. art. 940, CC.

Parágrafo único. O consumidor cobrado em quantia indevida tem direito à repetição do indébito, por valor igual ao dobro do que pagou em excesso, acrescido de correção monetária e juros legais, salvo hipótese de engano justificável.

Art. 42-A. Em todos os documentos de cobrança de débitos apresentados ao consumidor, deverão constar o nome, o endereço e o número de inscrição no Cadastro de Pessoas Físicas – CPF ou no Cadastro Nacional de Pessoa Jurídica – CNPJ do fornecedor do produto ou serviço correspondente.

- Artigo acrescentado pela Lei 12.039/2009.

Seção VI
Dos bancos de dados e cadastros de consumidores

Art. 43. O consumidor, sem prejuízo do disposto no art. 86, terá acesso às informações existentes em cadastros, fichas, registros e dados pessoais e de consumo arquivados sobre ele, bem como sobre as suas respectivas fontes.

- V. art. 72.

§ 1º Os cadastros e dados de consumidores devem ser objetivos, claros, verdadeiros e em linguagem de fácil compreensão, não podendo conter informações negativas referentes a período superior a 5 (cinco) anos.

- V. Súmula 323, STJ.

§ 2º A abertura de cadastro, ficha, registro e dados pessoais e de consumo deverá ser comunicada por escrito ao consumidor, quando não solicitada por ele.

- V. Súmulas 359, 385 e 404, STJ.

§ 3º O consumidor, sempre que encontrar inexatidão nos seus dados e cadastros, poderá exigir sua imediata correção, devendo o arquivista, no prazo de 5 (cinco) dias úteis, comunicar a alteração aos eventuais destinatários das informações incorretas.

§ 4º Os bancos de dados e cadastros relativos a consumidores, os serviços de proteção ao crédito e congêneres são considerados entidades de caráter público.

- V. art. 5º, LXXII, *a*, CF.

§ 5º Consumada a prescrição relativa à cobrança de débitos do consumidor, não serão fornecidas, pelos respectivos Sistemas de Proteção ao Crédito, quaisquer informações que possam impedir ou dificultar novo acesso ao crédito junto aos fornecedores.

- V. Súmula 323, STJ.

§ 6º Todas as informações de que trata o *caput* deste artigo devem ser disponibilizadas em formatos acessíveis, inclusive para a pessoa com deficiência, mediante solicitação do consumidor.

- § 6º acrescentado pela Lei 13.146/2015 (*DOU* 07.07.2015), em vigor após decorridos 180 (cento e oitenta) dias de sua publicação oficial.

Art. 44. Os órgãos públicos de defesa do consumidor manterão cadastros atualizados de reclamações fundamentadas contra fornecedores de produtos e serviços, devendo divulgá-lo pública e anualmente. A divulgação indicará se a reclamação foi atendida ou não pelo fornecedor.

- V. arts. 3º, XIII, e 57, Dec. 2.181/1997 (Sistema Nacional de Defesa do Consumidor).

§ 1º É facultado o acesso às informações lá constantes para orientação e consulta por qualquer interessado.

§ 2º Aplicam-se a este artigo, no que couber, as mesmas regras enunciadas no artigo anterior e as do parágrafo único do art. 22 deste Código.

Art. 45. (Vetado.)

Capítulo VI
DA PROTEÇÃO CONTRATUAL

Seção I
Disposições gerais

Art. 46. Os contratos que regulam as relações de consumo não obrigarão os consumidores, se não lhes for dada a oportunidade de tomar conhecimento prévio de seu conteúdo, ou se os respectivos instrumentos forem redigidos de modo a dificultar a compreensão de seu sentido e alcance.

- V. art. 6º, III.
- V. art. 422, CC.

Art. 47. As cláusulas contratuais serão interpretadas de maneira mais favorável ao consumidor.

Lei 8.078/1990

LEGISLAÇÃO

* V. art. 423, CC.
** V. art. 4º, I.

Art. 48. As declarações de vontade constantes de escritos particulares, recibos e pré-contratos relativos às relações de consumo vinculam o fornecedor, ensejando inclusive execução específica, nos termos do art. 84 e parágrafos.

* V. art. 35, I.

Art. 49. O consumidor pode desistir do contrato, no prazo de sete dias a contar de sua assinatura ou do ato de recebimento do produto ou serviço, sempre que a contratação de fornecimento de produtos e serviços ocorrer fora do estabelecimento comercial, especialmente por telefone ou a domicílio.

* V. art. 33.

Parágrafo único. Se o consumidor exercitar o direito de arrependimento previsto neste artigo, os valores eventualmente pagos, a qualquer título, durante o prazo de reflexão, serão devolvidos, de imediato, monetariamente atualizados.

Art. 50. A garantia contratual é complementar à legal e será conferida mediante termo escrito.

* V. arts. 24 e 74.

Parágrafo único. O termo de garantia ou equivalente deve ser padronizado e esclarecer, de maneira adequada, em que consiste a mesma garantia, bem como a forma, o prazo e o lugar em que pode ser exercitada e os ônus a cargo do consumidor, devendo ser-lhe entregue, devidamente preenchido pelo fornecedor, no ato do fornecimento, acompanhado de manual de instrução, de instalação e uso de produto em linguagem didática, com ilustrações.

* V. art. 13, XIX, Dec. 2.181/1997 (Sistema Nacional de Defesa do Consumidor).

Seção II
Das cláusulas abusivas

Art. 51. São nulas de pleno direito, entre outras, as cláusulas contratuais relativas ao fornecimento de produtos e serviços que:

* V. art. 56, Dec. 2.181/1997 (Sistema Nacional de Defesa do Consumidor).
* V. Súmula 381, STJ.

I – impossibilitem, exonerem ou atenuem a responsabilidade do fornecedor por vícios de qualquer natureza dos produtos e serviços ou impliquem renúncia ou disposição de direitos. Nas relações de consumo entre o fornecedor e o consumidor-pessoa jurídica, a indenização poderá ser limitada, em situações justificáveis;

* V. art. 424, CC.

II – subtraiam ao consumidor a opção de reembolso da quantia já paga, nos casos previstos neste Código;

III – transfiram responsabilidades a terceiros;

IV – estabeleçam obrigações consideradas iníquas, abusivas, que coloquem o consumidor em desvantagem exagerada, ou sejam incompatíveis com a boa-fé ou a equidade;

* V. Súmula 302, STJ.

V – *(Vetado.)*

VI – estabeleçam inversão do ônus da prova em prejuízo do consumidor;

VII – determinem a utilização compulsória de arbitragem;

* V. Lei 9.307/1996 (Arbitragem).

VIII – imponham representante para concluir ou realizar outro negócio jurídico pelo consumidor;

* V. Súmula 60, STJ.

IX – deixem ao fornecedor a opção de concluir ou não o contrato, embora obrigando o consumidor;

X – permitam ao fornecedor, direta ou indiretamente, variação do preço de maneira unilateral;

XI – autorizem o fornecedor a cancelar o contrato unilateralmente, sem que igual direito seja conferido ao consumidor;

XII – obriguem o consumidor a ressarcir os custos de cobrança de sua obrigação, sem que igual direito lhe seja conferido contra o fornecedor;

XIII – autorizem o fornecedor a modificar unilateralmente o conteúdo ou a qualidade do contrato, após sua celebração;

XIV – infrinjam ou possibilitem a violação de normas ambientais;

XV – estejam em desacordo com o sistema de proteção ao consumidor;

XVI – possibilitem a renúncia do direito de indenização por benfeitorias necessárias.

Lei 8.078/1990

LEGISLAÇÃO

§ 1º Presume-se exagerada, entre outros casos, a vantagem que:
I – ofende os princípios fundamentais do sistema jurídico a que pertence;
II – restringe direitos ou obrigações fundamentais inerentes à natureza do contrato, de tal modo a ameaçar seu objeto ou o equilíbrio contratual;
III – se mostra excessivamente onerosa para o consumidor, considerando-se a natureza e conteúdo do contrato, o interesse das partes e outras circunstâncias peculiares ao caso.
§ 2º A nulidade de uma cláusula contratual abusiva não invalida o contrato, exceto quando de sua ausência, apesar dos esforços de integração, decorrer ônus excessivo a qualquer das partes.

* V. art. 184, CC.

§ 3º *(Vetado.)*
§ 4º É facultado a qualquer consumidor ou entidade que o represente requerer ao Ministério Público que ajuíze a competente ação para ser declarada a nulidade de cláusula contratual que contrarie o disposto neste Código ou de qualquer forma não assegure o justo equilíbrio entre direitos e obrigações das partes.

Art. 52. No fornecimento de produtos ou serviços que envolva outorga de crédito ou concessão de financiamento ao consumidor, o fornecedor deverá, entre outros requisitos, informá-lo prévia e adequadamente sobre:
I – preço do produto ou serviço em moeda corrente nacional;
II – montante dos juros de mora e da taxa efetiva anual de juros;
III – acréscimos legalmente previstos;
IV – número e periodicidade das prestações;
V – soma total a pagar, com e sem financiamento.
§ 1º As multas de mora decorrentes do inadimplemento de obrigação no seu termo não poderão ser superiores a 2% (dois por cento) do valor da prestação.

* § 1º com redação determinada pela Lei 9.298/1996.
* V. art. 22, XIX, Dec. 2.181/1997 (Sistema Nacional de Defesa do Consumidor).
* V. Súmula 285, STJ.

§ 2º É assegurada ao consumidor a liquidação antecipada do débito, total ou parcialmente, mediante redução proporcional dos juros e demais acréscimos.

* V. art. 7º, Dec. 22.626/1933 (Juros nos contratos).

§ 3º *(Vetado.)*

Art. 53. Nos contratos de compra e venda de móveis ou imóveis mediante pagamento em prestações, bem como nas alienações fiduciárias em garantia, consideram-se nulas de pleno direito as cláusulas que estabeleçam a perda total das prestações pagas em benefício do credor que, em razão do inadimplemento, pleitear a resolução do contrato e a retomada do produto alienado.
§ 1º *(Vetado.)*
§ 2º Nos contratos do sistema de consórcio de produtos duráveis, a compensação ou a restituição das parcelas quitadas, na forma deste artigo, terá descontada, além da vantagem econômica auferida com a fruição, os prejuízos que o desistente ou inadimplente causar ao grupo.

* V. art. 54, § 2º.

§ 3º Os contratos de que trata o *caput* deste artigo serão expressos em moeda corrente nacional.

Seção III
Dos contratos de adesão

Art. 54. Contrato de adesão é aquele cujas cláusulas tenham sido aprovadas pela autoridade competente ou estabelecidas unilateralmente pelo fornecedor de produtos ou serviços, sem que o consumidor possa discutir ou modificar substancialmente seu conteúdo.

* V. art. 18, § 2º, parte final.

§ 1º A inserção de cláusula no formulário não desfigura a natureza de adesão do contrato.
§ 2º Nos contratos de adesão admite-se cláusula resolutória, desde que alternativa, cabendo a escolha ao consumidor, ressalvando-se o disposto no § 2º do artigo anterior.
§ 3º Os contratos de adesão escritos serão redigidos em termos claros e com caracteres ostensivos e legíveis, cujo tamanho da

fonte não será inferior ao corpo doze, de modo a facilitar sua compreensão pelo consumidor.

- § 3º com redação determinada pela Lei 11.785/2008.

§ 4º As cláusulas que implicarem limitação de direito do consumidor deverão ser redigidas com destaque, permitindo sua imediata e fácil compreensão.
§ 5º *(Vetado.)*

Capítulo VII
DAS SANÇÕES ADMINISTRATIVAS

- V. Dec. 2.181/1997 (Sistema Nacional de Defesa do Consumidor).

Art. 55. A União, os Estados e o Distrito Federal, em caráter concorrente e nas suas respectivas áreas de atuação administrativa, baixarão normas relativas à produção, industrialização, distribuição e consumo de produtos e serviços.
§ 1º A União, os Estados, o Distrito Federal e os Municípios fiscalizarão e controlarão a produção, industrialização, distribuição, a publicidade de produtos e serviços e o mercado de consumo, no interesse da preservação da vida, da saúde, da segurança, da informação e do bem-estar do consumidor, baixando as normas que se fizerem necessárias.

- V. Decreto de 28 de setembro de 1995 (Comissão Nacional Permanente de Defesa do Consumidor).

§ 2º *(Vetado.)*
§ 3º Os órgãos federais, estaduais, do Distrito Federal e municipais com atribuições para fiscalizar e controlar o mercado de consumo manterão comissões permanentes para elaboração, revisão e atualização das normas referidas no § 1º, sendo obrigatória a participação dos consumidores e fornecedores.

- V. Decreto de 28 de setembro de 1995 (Comissão Nacional Permanente de Defesa do Consumidor).

§ 4º Os órgãos oficiais poderão expedir notificações aos fornecedores para que, sob pena de desobediência, prestem informações sobre questões de interesse do consumidor, resguardado o segredo industrial.

- V. art. 33, § 1º, Dec. 2.181/1997 (Sistema Nacional de Defesa do Consumidor).

Art. 56. As infrações das normas de defesa do consumidor ficam sujeitas, conforme o caso, às seguintes sanções administrativas, sem prejuízo das de natureza civil, penal e das definidas em normas específicas:
I – multa;

- V. art. 29, Dec. 2.181/1997 (Sistema Nacional de Defesa do Consumidor).

II – apreensão do produto;
III – inutilização do produto;
IV – cassação do registro do produto junto ao órgão competente;
V – proibição de fabricação do produto;
VI – suspensão de fornecimento de produtos ou serviço;
VII – suspensão temporária de atividade;
VIII – revogação de concessão ou permissão de uso;
IX – cassação de licença do estabelecimento ou de atividade;
X – interdição, total ou parcial, de estabelecimento, de obra ou de atividade;
XI – intervenção administrativa;
XII – imposição de contrapropaganda.
Parágrafo único. As sanções previstas neste artigo serão aplicadas pela autoridade administrativa, no âmbito de sua atribuição, podendo ser aplicadas cumulativamente, inclusive por medida cautelar antecedente ou incidente de procedimento administrativo.

Art. 57. A pena de multa, graduada de acordo com a gravidade da infração, a vantagem auferida e a condição econômica do fornecedor, será aplicada mediante procedimento administrativo, revertendo para o Fundo de que trata a Lei 7.347, de 24 de julho de 1985, os valores cabíveis à União, ou para os Fundos estaduais ou municipais de proteção ao consumidor nos demais casos.

- *Caput* com redação determinada pela Lei 8.656/1993.
- V. art. 3º, parágrafo único, Lei 8.907/1994 (Uniformes escolares).
- V. Dec. 1.306/1994 (Fundo de Defesa de Direitos Difusos).
- V. arts. 28 e 29, Dec. 2.181/1997 (Sistema Nacional de Defesa do Consumidor).

Parágrafo único. A multa será em montante não inferior a duzentas e não superior a três milhões de vezes o valor da Uni-

Lei 8.078/1990

LEGISLAÇÃO

dade Fiscal de Referência (Ufir), ou índice equivalente que venha a substituí-lo.

• Parágrafo único acrescentado pela Lei 8.703/1993.

Art. 58. As penas de apreensão, de inutilização de produtos, de proibição de fabricação de produtos, de suspensão do fornecimento de produto ou serviço, de cassação do registro do produto e revogação da concessão ou permissão de uso serão aplicadas pela administração, mediante procedimento administrativo, assegurada ampla defesa, quando forem constatados vícios de quantidade ou de qualidade por inadequação ou insegurança do produto ou serviço.

Art. 59. As penas de cassação de alvará de licença, de interdição e de suspensão temporária da atividade, bem como a de intervenção administrativa serão aplicadas mediante procedimento administrativo, assegurada ampla defesa, quando o fornecedor reincidir na prática das infrações de maior gravidade previstas neste Código e na legislação de consumo.

§ 1º A pena de cassação da concessão será aplicada à concessionária de serviço público, quando violar obrigação legal ou contratual.

§ 2º A pena de intervenção administrativa será aplicada sempre que as circunstâncias de fato desaconselharem a cassação de licença, a interdição ou suspensão da atividade.

§ 3º Pendendo ação judicial na qual se discuta a imposição de penalidade administrativa, não haverá reincidência até o trânsito em julgado da sentença.

Art. 60. A imposição de contrapropaganda será cominada quando o fornecedor incorrer na prática de publicidade enganosa ou abusiva, nos termos do art. 36 e seus parágrafos, sempre às expensas do infrator.

• O correto é art. 37 e seus parágrafos, diferentemente do que consta da publicação oficial.

§ 1º A contrapropaganda será divulgada pelo responsável da mesma forma, frequência e dimensão e, preferencialmente no mesmo veículo, local, espaço e horário, de forma capaz de desfazer o malefício da publicidade enganosa ou abusiva.

• V. art. 47, Dec. 2.181/1997 (Sistema Nacional de Defesa do Consumidor).

§ 2º *(Vetado.)*

§ 3º *(Vetado.)*

TÍTULO II
DAS INFRAÇÕES PENAIS

Art. 61. Constituem crimes contra as relações de consumo previstas neste Código, sem prejuízo do disposto no Código Penal e leis especiais, as condutas tipificadas nos artigos seguintes.

Art. 62. *(Vetado.)*

Art. 63. Omitir dizeres ou sinais ostensivos sobre a nocividade ou periculosidade de produtos, nas embalagens, nos invólucros, recipientes ou publicidade:

Pena – detenção de 6 (seis) meses a 2 (dois) anos e multa.

• V. arts. 8º a 10.

§ 1º Incorrerá nas mesmas penas quem deixar de alertar, mediante recomendações escritas ostensivas, sobre a periculosidade do serviço a ser prestado.

§ 2º Se o crime é culposo:

Pena – detenção de 1 (um) a 6 (seis) meses ou multa.

Art. 64. Deixar de comunicar à autoridade competente e aos consumidores a nocividade ou periculosidade de produtos cujo conhecimento seja posterior à sua colocação no mercado:

Pena – detenção de 6 (seis) meses a 2 (dois) anos e multa.

• V. art. 10, § 1º.

Parágrafo único. Incorrerá nas mesmas penas quem deixar de retirar do mercado, imediatamente quando determinado pela autoridade competente, os produtos nocivos ou perigosos, na forma deste artigo.

Art. 65. Executar serviço de alto grau de periculosidade, contrariando determinação de autoridade competente:

Pena – detenção de 6 (seis) meses a 2 (dois) anos e multa.

Lei 8.078/1990

LEGISLAÇÃO

Parágrafo único. As penas deste artigo são aplicáveis sem prejuízo das correspondentes à lesão corporal e à morte.
- V. art. 10.
- V. art. 19, CP.

Art. 66. Fazer afirmação falsa ou enganosa, ou omitir informação relevante sobre a natureza, característica, qualidade, quantidade, segurança, desempenho, durabilidade, preço ou garantia de produtos ou serviços:
Pena – detenção de 3 (três) meses a 1 (um) ano e multa.
- V. arts. 6º, III, e 31.
- V. art. 9º, Dec. 5.903/2006 (Regulamenta a Lei 10.962/2004 e a Lei 8.078/1990).

§ 1º Incorrerá nas mesmas penas quem patrocinar a oferta.

§ 2º Se o crime é culposo:
Pena – detenção de 1 (um) a 6 (seis) meses ou multa.

Art. 67. Fazer ou promover publicidade que sabe ou deveria saber ser enganosa ou abusiva:
Pena – detenção de 3 (três) meses a 1 (um) ano e multa.
- V. arts. 6º, IV, 36 e 37.

Parágrafo único. *(Vetado.)*

Art. 68. Fazer ou promover publicidade que sabe ou deveria saber ser capaz de induzir o consumidor a se comportar de forma prejudicial ou perigosa a sua saúde ou segurança:
Pena – detenção de 6 (seis) meses a 2 (dois) anos e multa.
- V. arts. 6º, IV, 36 e 37, § 2º.

Parágrafo único. *(Vetado.)*

Art. 69. Deixar de organizar dados fáticos, técnicos e científicos que dão base à publicidade:
Pena – detenção de 1 (um) a 6 (seis) meses ou multa.
- V. art. 36, parágrafo único.

Art. 70. Empregar, na reparação de produtos, peças ou componentes de reposição usados, sem autorização do consumidor:
Pena – detenção de 3 (três) meses a 1 (um) ano e multa.
- V. arts. 21 e 32.

Art. 71. Utilizar, na cobrança de dívidas, de ameaça, coação, constrangimento físico ou moral, afirmações falsas, incorretas ou enganosas ou de qualquer outro procedimento que exponha o consumidor, injustificadamente, a ridículo ou interfira com seu trabalho, descanso ou lazer:
Pena – detenção de 3 (três) meses a 1 (um) ano e multa.
- V. art. 42.
- V. arts. 146 e 147, CP.

Art. 72. Impedir ou dificultar o acesso do consumidor às informações que sobre ele constem em cadastros, banco de dados, fichas e registros:
Pena – detenção de 6 (seis) meses a 1 (um) ano ou multa.
- V. arts. 43 e 44.

Art. 73. Deixar de corrigir imediatamente informação sobre consumidor constante de cadastro, banco de dados, fichas ou registros que sabe ou deveria saber ser inexata:
Pena – detenção de 1 (um) a 6 (seis) meses ou multa.
- V. art. 43, § 3º.

Art. 74. Deixar de entregar ao consumidor o termo de garantia adequadamente preenchido e com especificação clara de seu conteúdo:
Pena – detenção de 1 (um) a 6 (seis) meses ou multa.
- V. art. 50.

Art. 75. Quem, de qualquer forma, concorrer para os crimes referidos neste Código incide nas penas a esses cominadas na medida de sua culpabilidade, bem como o diretor, administrador ou gerente da pessoa jurídica que promover, permitir ou por qualquer modo aprovar o fornecimento, oferta, exposição à venda ou manutenção em depósito de produtos ou a oferta e prestação de serviços nas condições por ele proibidas.
- V. art. 28.
- V. art. 29, CP.

Art. 76. São circunstâncias agravantes dos crimes tipificados neste Código:
- V. art. 61, CP.

I – serem cometidos em época de grave crise econômica ou por ocasião de calamidade;
- V. art. 61, II, *j*, CP.

Lei 8.078/1990

LEGISLAÇÃO

II – ocasionarem grave dano individual ou coletivo;
III – dissimular-se a natureza ilícita do procedimento;
IV – quando cometidos:
a) por servidor público, ou por pessoa cuja condição econômico-social seja manifestamente superior à da vítima;
b) em detrimento de operário ou rurícola, de menor de dezoito ou maior de sessenta anos ou de pessoas portadoras de deficiência mental, interditadas ou não;
V – serem praticados em operações que envolvam alimentos, medicamentos ou quaisquer outros produtos ou serviços essenciais.

Art. 77. A pena pecuniária prevista nesta Seção será fixada em dias-multa, correspondente ao mínimo e ao máximo de dias de duração da pena privativa da liberdade cominada ao crime. Na individualização desta multa, o juiz observará o disposto no art. 60, § 1º, do Código Penal.

Art. 78. Além das penas privativas de liberdade e de multa, podem ser impostas, cumulativa ou alternadamente, observado o disposto nos arts. 44 a 47, do Código Penal:
I – a interdição temporária de direitos;
II – a publicação em órgãos de comunicação de grande circulação ou audiência, às expensas do condenado, de notícia sobre os fatos e a condenação;
III – a prestação de serviços à comunidade.

Art. 79. O valor da fiança, nas infrações de que trata este Código, será fixado pelo juiz, ou pela autoridade que presidir o inquérito, entre cem e duzentas mil vezes o valor do Bônus do Tesouro Nacional – BTN, ou índice equivalente que venha substituí-lo.

- V. art. 3º, Lei 8.177/1991 (Extinção do BTN).

Parágrafo único. Se assim recomendar a situação econômica do indiciado ou réu, a fiança poderá ser:
a) reduzida até a metade de seu valor mínimo;
b) aumentada pelo juiz até vinte vezes.

Art. 80. No processo penal atinente aos crimes previstos neste Código, bem como a outros crimes e contravenções que envolvam relações de consumo, poderão intervir, como assistentes do Ministério Público, os legitimados indicados no art. 82, incisos III e IV, aos quais também é facultado propor ação penal subsidiária, se a denúncia não for oferecida no prazo legal.

TÍTULO III
DA DEFESA DO CONSUMIDOR EM JUÍZO

Capítulo I
DISPOSIÇÕES GERAIS

Art. 81. A defesa dos interesses e direitos dos consumidores e das vítimas poderá ser exercida em juízo individualmente, ou a título coletivo.

- V. art. 129, III, CF.
- V. Lei 7.347/1985 (Ação civil pública).
- V. Dec. 2.181/1997 (Sistema Nacional de Defesa do Consumidor).
- V. art. 8º, CPC/2015.

Parágrafo único. A defesa coletiva será exercida quando se tratar de:

- V. arts. 82, 91, 93 e 98, § 2º.

I – interesses ou direitos difusos, assim entendidos, para efeitos deste Código, os transindividuais, de natureza indivisível, de que sejam titulares pessoas indeterminadas e ligadas por circunstâncias de fato;

- V. arts. 103, I e § 1º, e 104.

II – interesses ou direitos coletivos, assim entendidos, para efeitos deste Código, os transindividuais de natureza indivisível, de que seja titular grupo, categoria ou classe de pessoas ligadas entre si ou com a parte contrária por uma relação jurídica base;

- V. arts. 103, II e § 1º, e 104.

III – interesses ou direitos individuais homogêneos, assim entendidos os decorrentes de origem comum.

- V. arts. 93 a 100 e 103, III e § 2º.

Art. 82. Para os fins do art. 81, parágrafo único, são legitimados concorrentemente:

- *Caput* com redação determinada pela Lei 9.008/1995.
- V. arts. 83, 90, 91, 97, 98 e 100.
- V. art. 18, CPC/2015.
- V. art. 5º, Lei 7.347/1985 (Ação civil pública).
- V. art. 56, § 3º, Dec. 2.181/1997 (Sistema Nacional de Defesa do Consumidor).

I – o Ministério Público;

Lei 8.078/1990

LEGISLAÇÃO

- V. arts. 127 e 129, III, CF.

II – a União, os Estados, os Municípios e o Distrito Federal;

III – as entidades e órgãos da administração pública, direta ou indireta, ainda que sem personalidade jurídica, especificamente destinados à defesa dos interesses e direitos protegidos por este Código;

- V. art. 80.

IV – as associações legalmente constituídas há pelo menos 1 (um) ano e que incluam entre seus fins institucionais a defesa dos interesses e direitos protegidos por este Código, dispensada a autorização assemblear.

- V. art. 80.
- V. arts. 5º, XXI e LXX, e 8º, III, CF.
- V. arts. 45 a 61, CC.
- V. art. 114, I, Lei 6.015/1973 (Lei de Registros Públicos).
- V. art. 3º, Lei 8.073/1990 (Política nacional de salários).
- V. art. 8º, II, Dec. 2.181/1997 (Sistema Nacional de Defesa do Consumidor).

§ 1º O requisito da pré-constituição pode ser dispensado pelo juiz, nas ações previstas no art. 91 e segs., quando haja manifesto interesse social evidenciado pela dimensão ou característica do dano, ou pela relevância do bem jurídico a ser protegido.

§ 2º *(Vetado.)*

§ 3º *(Vetado.)*

Art. 83. Para a defesa dos direitos e interesses protegidos por este Código são admissíveis todas as espécies de ações capazes de propiciar sua adequada e efetiva tutela.

- •• V. arts. 3º e 4º, CPC/2015.

Parágrafo único. *(Vetado.)*

Art. 84. Na ação que tenha por objeto o cumprimento da obrigação de fazer ou não fazer, o juiz concederá a tutela específica da obrigação ou determinará providências que assegurem o resultado prático equivalente ao do adimplemento.

- V. arts. 30, 35, I, e 48.

§ 1º A conversão da obrigação em perdas e danos somente será admissível se por elas optar o autor ou se impossível a tutela específica ou a obtenção do resultado prático correspondente.

§ 2º A indenização por perdas e danos se fará sem prejuízo da multa (art. 287, do Código de Processo Civil).

§ 3º Sendo relevante o fundamento da demanda e havendo justificado receio de ineficácia do provimento final, é lícito ao juiz conceder a tutela liminarmente ou após justificação prévia, citado o réu.

§ 4º O juiz poderá, na hipótese do § 3º ou na sentença, impor multa diária ao réu, independentemente de pedido do autor, se for suficiente ou compatível com a obrigação, fixando prazo razoável para o cumprimento do preceito.

§ 5º Para a tutela específica ou para a obtenção do resultado prático equivalente, poderá o juiz determinar as medidas necessárias, tais como busca e apreensão, remoção de coisas e pessoas, desfazimento de obra, impedimento de atividade nociva, além de requisição de força policial.

Art. 85. *(Vetado.)*

Art. 86. *(Vetado.)*

Art. 87. Nas ações coletivas de que trata este Código não haverá adiantamento de custas, emolumentos, honorários periciais e quaisquer outras despesas, nem condenação da associação autora, salvo comprovada má-fé, em honorários de advogados, custas e despesas processuais.

- V. art. 18, Lei 7.347/1985 (Ação civil pública).
- V. art. 4º, IV, Lei 9.289/1996 (Custas na Justiça Federal).

Parágrafo único. Em caso de litigância de má-fé, a associação autora e os diretores responsáveis pela propositura da ação serão solidariamente condenados em honorários advocatícios e ao décuplo das custas, sem prejuízo da responsabilidade por perdas e danos.

- V. arts. 264 e 265, CC.
- V. arts. 79 a 81, CPC/2015.
- •• V. arts. 5º e 77 a 81, CPC/2015.

Art. 88. Na hipótese do art. 13, parágrafo único, deste Código, a ação de regresso poderá ser ajuizada em processo autônomo, facultada a possibilidade de prosseguir-se nos mesmos autos, vedada a denunciação da lide.

- V. art. 283, CC.
- V. arts. 125 a 129, CPC/2015.

Art. 89. *(Vetado.)*

Lei 8.078/1990

Art. 90. Aplicam-se às ações previstas neste Título as normas do Código de Processo Civil e da Lei 7.347, de 24 de julho de 1985, inclusive no que respeita ao inquérito civil, naquilo que não contrariar suas disposições.

- V. art. 26, § 2º, III.
- V. arts. 8º, § 1º, e 9º, Lei 7.347/1985 (Ação civil pública).

Capítulo II
DAS AÇÕES COLETIVAS PARA A DEFESA DE INTERESSES INDIVIDUAIS HOMOGÊNEOS

Art. 91. Os legitimados de que trata o art. 82 poderão propor, em nome próprio e no interesse das vítimas ou seus sucessores, ação civil coletiva de responsabilidade pelos danos individualmente sofridos, de acordo com o disposto nos artigos seguintes.

- Artigo com redação determinada pela Lei 9.008/1995.
- V. art. 82, § 1º.

Art. 92. O Ministério Público, se não ajuizar a ação, atuará sempre como fiscal da lei.

- V. arts. 51, § 4º, e 82, I.
- V. arts. 127 e 129, IX, CF.

Parágrafo único. *(Vetado.)*

Art. 93. Ressalvada a competência da Justiça Federal, é competente para a causa a justiça local:
I – no foro do lugar onde ocorreu ou deva ocorrer o dano, quando de âmbito local;

- V. art. 53, IV, *a*, CPC/2015.

II – no foro da Capital do Estado ou no do Distrito Federal, para os danos de âmbito nacional ou regional, aplicando-se as regras do Código de Processo Civil aos casos de competência concorrente.

- V. arts. 45, I, 46, § 4º, e 51, CPC/2015.

Art. 94. Proposta a ação, será publicado edital no órgão oficial, a fim de que os interessados possam intervir no processo como litisconsortes, sem prejuízo de ampla divulgação pelos meios de comunicação social por parte dos órgãos de defesa do consumidor.

- V. arts. 113 a 118 e 257, III, CPC/2015.

Art. 95. Em caso de procedência do pedido, a condenação será genérica, fixando a responsabilidade do réu pelos danos causados.

Art. 96. *(Vetado.)*

Art. 97. A liquidação e a execução de sentença poderão ser promovidas pela vítima e seus sucessores, assim como pelos legitimados de que trata o art. 82.

- V. art. 103, § 3º.

Parágrafo único. *(Vetado.)*

Art. 98. A execução poderá ser coletiva, sendo promovida pelos legitimados de que trata o art. 82, abrangendo as vítimas cujas indenizações já tiverem sido fixadas em sentença de liquidação, sem prejuízo do ajuizamento de outras execuções.

- *Caput* com redação determinada pela Lei 9.008/1995.
- V. art. 103, § 3º.

§ 1º A execução coletiva far-se-á com base em certidão das sentenças de liquidação, da qual deverá constar a ocorrência ou não do trânsito em julgado.

§ 2º É competente para a execução o juízo:
I – da liquidação da sentença ou da ação condenatória, no caso de execução individual;
II – da ação condenatória, quando coletiva a execução.

Art. 99. Em caso de concurso de créditos decorrentes de condenação prevista na Lei 7.347, de 24 de julho de 1985, e de indenizações pelos prejuízos individuais resultantes do mesmo evento danoso, estas terão preferência no pagamento.

- V. art. 103, § 3º.

Parágrafo único. Para efeito do disposto neste artigo, a destinação da importância recolhida ao Fundo criado pela Lei 7.347, de 24 de julho de 1985, ficará sustada enquanto pendentes de decisão de segundo grau as ações de indenização pelos danos individuais, salvo na hipótese de o patrimônio do devedor ser manifestamente suficiente para responder pela integralidade das dívidas.

- V. art. 57.
- V. art. 13, Lei 7.347/1985 (Ação civil pública).
- V. Dec. 1.306/1994 (Fundo de Defesa de Direitos Difusos).

Art. 100. Decorrido o prazo de 1 (um) ano sem habilitação de interessados em número compatível com a gravidade do dano, poderão os legitimados do art. 82 promover a liquidação e execução da indenização devida.

- V. art. 57.
- V. art. 13, Lei 7.347/1985 (Ação civil pública).
- V. Dec. 1.306/1994 (Fundo de Defesa de Direitos Difusos).

Parágrafo único. O produto da indenização devida reverterá para o Fundo criado pela Lei 7.347, de 24 de julho de 1985.

- V. art. 13, Lei 7.347/1985 (Ação civil pública).
- V. Dec. 1.306/1994 (Regulamenta o Fundo de Defesa de Direitos Difusos).

Capítulo III
DAS AÇÕES DE RESPONSABILIDADE DO FORNECEDOR DE PRODUTOS E SERVIÇOS

Art. 101. Na ação de responsabilidade civil do fornecedor de produtos e serviços, sem prejuízo do disposto nos Capítulos I e II deste Título, serão observadas as seguintes normas:

- V. arts. 81 a 100.

I – a ação pode ser proposta no domicílio do autor;

- V. arts. 70 a 78, CC.
- V. art. 53, IV, a, CPC/2015.

II – o réu que houver contratado seguro de responsabilidade poderá chamar ao processo o segurador, vedada a integração do contraditório pelo Instituto de Resseguros do Brasil. Nesta hipótese, a sentença que julgar procedente o pedido condenará o réu nos termos do art. 80 do Código de Processo Civil. Se o réu houver sido declarado falido, o síndico será intimado a informar a existência de seguro de responsabilidade facultando-se, em caso afirmativo, o ajuizamento de ação de indenização diretamente contra o segurador, vedada a denunciação da lide ao Instituto de Resseguros do Brasil e dispensado o litisconsórcio obrigatório com este.

Art. 102. Os legitimados a agir na forma deste Código poderão propor ação visando compelir o Poder Público competente a proibir, em todo o território nacional, a produção, divulgação, distribuição ou venda, ou a determinar alteração na composição, estrutura, fórmula ou acondicionamento de produto, cujo uso ou consumo regular se revele nocivo ou perigoso à saúde pública e à incolumidade pessoal.

- V. art. 82.

§ 1º *(Vetado.)*
§ 2º *(Vetado.)*

Capítulo IV
DA COISA JULGADA

Art. 103. Nas ações coletivas de que trata este Código, a sentença fará coisa julgada:

- V. arts. 502 e 506, CPC/2015.

I – *erga omnes*, exceto se o pedido for julgado improcedente por insuficiência de provas, hipótese em que qualquer legitimado poderá intentar outra ação, com idêntico fundamento, valendo-se de nova prova, na hipótese do inciso I do parágrafo único do art. 81;

II – *ultra partes*, mas limitadamente ao grupo, categoria ou classe, salvo improcedência por insuficiência de provas, nos termos do inciso anterior, quando se tratar da hipótese prevista no inciso II do parágrafo único do art. 81;

III – *erga omnes*, apenas no caso de procedência do pedido, para beneficiar todas as vítimas e seus sucessores, na hipótese do inciso III do parágrafo único do art. 81.

§ 1º Os efeitos da coisa julgada previstos nos incisos I e II não prejudicarão interesses e direitos individuais dos integrantes da coletividade, do grupo, categoria ou classe.

§ 2º Na hipótese prevista no inciso III, em caso de improcedência do pedido, os interessados que não tiverem intervindo no processo como litisconsortes poderão propor ação de indenização a título individual.

§ 3º Os efeitos da coisa julgada de que cuida o art. 16, combinado com o art. 13 da Lei 7.347, de 24 de julho de 1985, não prejudicarão as ações de indenização por danos pessoalmente sofridos, propostas individualmente ou na forma prevista neste Código, mas, se procedente o pedido, beneficiarão as vítimas e seus sucessores, que poderão proceder à liquidação e à execução, nos termos dos arts. 96 a 99.

§ 4º Aplica-se o disposto no parágrafo anterior à sentença penal condenatória.

Lei 8.078/1990

Art. 104. As ações coletivas, previstas nos incisos I e II do parágrafo único do art. 81, não induzem litispendência para as ações individuais, mas os efeitos da coisa julgada *ergaomnes* ou *ultra partes* a que aludem os incisos II e III do artigo anterior não beneficiarão os autores das ações individuais, se não for requerida sua suspensão no prazo de 30 (trinta) dias, a contar da ciência nos autos do ajuizamento da ação coletiva.

- A remissão correta seria aos incisos II e III do parágrafo único do art. 81.
- V. art. 337, §§ 1º e 3º, CPC/2015.

TÍTULO IV
DO SISTEMA NACIONAL DE DEFESA DO CONSUMIDOR

Art. 105. Integram o Sistema Nacional de Defesa do Consumidor – SNDC, os órgãos federais, estaduais, do Distrito Federal e municipais e as entidades privadas de defesa do consumidor.

- V. Dec. 2.181/1997 (Sistema Nacional de Defesa do Consumidor).

Art. 106. O Departamento Nacional de Defesa do Consumidor, da Secretaria Nacional de Direito Econômico – MJ, ou órgão federal que venha substituí-lo, é organismo de coordenação da política do Sistema Nacional de Defesa do Consumidor, cabendo-lhe:

I – planejar, elaborar, propor, coordenar e executar a política nacional de proteção ao consumidor;

II – receber, analisar, avaliar e encaminhar consultas, denúncias ou sugestões apresentadas por entidades representativas ou pessoas jurídicas de direito público ou privado;

III – prestar aos consumidores orientação permanente sobre seus direitos e garantias;

IV – informar, conscientizar e motivar o consumidor através dos diferentes meios de comunicação;

V – solicitar à polícia judiciária a instauração de inquérito policial para a apreciação de delito contra os consumidores, nos termos da legislação vigente;

VI – representar ao Ministério Público competente para fins de adoção de medidas processuais no âmbito de suas atribuições;

VII – levar ao conhecimento dos órgãos competentes as infrações de ordem administrativa que violarem os interesses difusos, coletivos, ou individuais dos consumidores;

VIII – solicitar o concurso de órgãos e entidades da União, Estados, do Distrito Federal e Municípios, bem como auxiliar a fiscalização de preços, abastecimento, quantidade e segurança de bens e serviços;

IX – incentivar, inclusive com recursos financeiros e outros programas especiais, a formação de entidades de defesa do consumidor pela população e pelos órgãos públicos estaduais e municipais;

X – *(Vetado.)*

XI – *(Vetado.)*

XII – *(Vetado.)*

XIII – desenvolver outras atividades compatíveis com suas finalidades.

Parágrafo único. Para a consecução de seus objetivos, o Departamento Nacional de Defesa do Consumidor poderá solicitar o concurso de órgãos e entidades de notória especialização técnico-científica.

TÍTULO V
DA CONVENÇÃO COLETIVA DE CONSUMO

Art. 107. As entidades civis de consumidores e as associações de fornecedores ou sindicatos de categoria econômica podem regular, por convenção escrita, relações de consumo que tenham por objeto estabelecer condições relativas ao preço, à qualidade, à quantidade, à garantia e características de produtos e serviços, bem como à reclamação e composição do conflito de consumo.

§ 1º A convenção tornar-se-á obrigatória a partir do registro do instrumento no cartório de títulos e documentos.

§ 2º A convenção somente obrigará os filiados às entidades signatárias.

§ 3º Não se exime de cumprir a convenção o fornecedor que se desligar da entidade em data posterior ao registro do instrumento.

Art. 108. *(Vetado.)*

Lei 8.245/1991

LEGISLAÇÃO

TÍTULO VI
DISPOSIÇÕES FINAIS

Art. 109. (Vetado.)

Art. 110. Acrescente-se o seguinte inciso IV ao art. 1º da Lei 7.347, de 24 de julho de 1985:

• Alteração processada no texto da referida Lei.

Art. 111. O inciso II do art. 5º da Lei 7.347, de 24 de julho de 1985, passa a ter a seguinte redação:

• Alteração processada no texto da referida Lei.

Art. 112. O § 3º do art. 5º da Lei 7.347, de 24 de julho de 1985, passa a ter a seguinte redação:

• Alteração processada no texto da referida Lei.

Art. 113. Acrescente-se os seguintes §§ 4º, 5º e 6º ao art. 5º da Lei 7.347, de 24 de julho de 1985:

• Alterações processadas no texto da referida Lei.

Art. 114. O art. 15 da Lei 7.347, de 24 de julho de 1985, passa a ter a seguinte redação:

• Alteração processada no texto da referida Lei.

Art. 115. Suprima-se o *caput* do art. 17 da Lei 7.347, de 24 de julho de 1985, passando o parágrafo único a constituir o *caput*, com a seguinte redação:

• Alterações processadas no texto da referida Lei.

Art. 116. Dê-se a seguinte redação ao art. 18 da Lei 7.347, de 24 de julho de 1985:

• Alteração processada no texto da referida Lei.

Art. 117. Acrescente-se à Lei 7.347, de 24 de julho de 1985, o seguinte dispositivo, renumerando-se os seguintes:

• Alteração processada no texto da referida Lei.

Art. 118. Este Código entrará em vigor dentro de 180 (cento e oitenta) dias a contar de sua publicação.

Art. 119. Revogam-se as disposições em contrário.

Brasília, em 11 de setembro de 1990; 169º da Independência e 102º da República.

Fernando Collor

(*DOU* 12.09.1990; ret. 10.01.2007)

LEI 8.245,
DE 18 DE OUTUBRO DE 1991

Dispõe sobre as locações dos imóveis urbanos e os procedimentos a elas pertinentes.

• V. arts. 565 a 578, CC.

O Presidente da República:
Faço saber que o Congresso Nacional decreta e eu sanciono a seguinte Lei:

TÍTULO I
DA LOCAÇÃO
Capítulo I
DISPOSIÇÕES GERAIS
Seção I
Da locação em geral

Art. 1º A locação de imóvel urbano regula-se pelo disposto nesta Lei.

Parágrafo único. Continuam regulados pelo Código Civil e pelas leis especiais:
a) as locações:

• V. arts. 52, § 2º, e 54.
• V. arts. 565 a 578, CC.
• V. arts. 122 a 132 e 137, Lei 7.565/1986 (Código Brasileiro de Aeronáutica).

1. de imóveis de propriedade da União, dos Estados e dos Municípios, de suas autarquias e fundações públicas;

2. de vagas autônomas de garagem ou de espaços para estacionamento de veículos;

3. de espaços destinados à publicidade;

4. em apart-hotéis, hotéis residência ou equiparados, assim considerados aqueles que prestam serviços regulares a seus usuários e como tais sejam autorizados a funcionar;

b) o arrendamento mercantil, em qualquer de suas modalidades.

Art. 2º Havendo mais de um locador ou mais de um locatário, entende-se que são solidários se o contrário não se estipulou.

• V. arts. 275 a 285, CC.

Parágrafo único. Os ocupantes de habitações coletivas multifamiliares presumem-se locatários ou sublocatários.

• V. arts. 21, 24 e 44, I.

1253

Lei 8.245/1991

LEGISLAÇÃO

Art. 3º O contrato de locação pode ser ajustado por qualquer prazo, dependendo de vênia conjugal, se igual ou superior a 10 (dez) anos.

Parágrafo único. Ausente a vênia conjugal, o cônjuge não estará obrigado a observar o prazo excedente.

Art. 4º Durante o prazo estipulado para a duração do contrato, não poderá o locador reaver o imóvel alugado. Com exceção ao que estipula o § 2º do art. 54-A, o locatário, todavia, poderá devolvê-lo, pagando a multa pactuada, proporcional ao período de cumprimento do contrato, ou, na sua falta, a que for judicialmente estipulada.

- *Caput* com redação determinada pela Lei 12.744/2012.
- V. arts. 413 e 570, CC.

Parágrafo único. O locatário ficará dispensado da multa se a devolução do imóvel decorrer de transferência, pelo seu empregador, privado ou público, para prestar serviços em localidades diversas daquela do início do contrato, e se notificar, por escrito, o locador com prazo de, no mínimo, 30 (trinta) dias de antecedência.

Art. 5º Seja qual for o fundamento do término da locação, a ação do locador para reaver o imóvel é a de despejo.

- V. art. 59.

Parágrafo único. O disposto neste artigo não se aplica se a locação termina em decorrência de desapropriação, com a imissão do expropriante na posse do imóvel.

Art. 6º O locatário poderá denunciar a locação por prazo indeterminado mediante aviso por escrito ao locador, com antecedência mínima de 30 (trinta) dias.

- V. arts. 46, § 2º, 50, parágrafo único, 57 e 78, parágrafo único.

Parágrafo único. Na ausência do aviso, o locador poderá exigir quantia correspondente a um mês de aluguel e encargos, vigentes quando da resilição.

Art. 7º Nos casos de extinção de usufruto ou de fideicomisso, a locação celebrada pelo usufrutuário ou fiduciário poderá ser denunciada, com o prazo de 30 (trinta) dias para a desocupação, salvo se tiver havido aquiescência escrita do nu-proprietário ou do fideicomissário, ou se a propriedade estiver consolidada em mãos do usufrutuário ou do fiduciário.

- V. arts. 1.410, VI, e 1.958, CC.

Parágrafo único. A denúncia deverá ser exercitada no prazo de 90 (noventa) dias contados da extinção do fideicomisso ou da averbação da extinção do usufruto, presumindo-se, após esse prazo, a concordância na manutenção da locação.

Art. 8º Se o imóvel for alienado durante a locação, o adquirente poderá denunciar o contrato, com o prazo de 90 (noventa) dias para a desocupação, salvo se a locação for por tempo determinado e o contrato contiver cláusula de vigência em caso de alienação e estiver averbado junto à matrícula do imóvel.

- V. art. 109, § 3º, CPC/2015.

§ 1º Idêntico direito terá o promissário comprador e o promissário cessionário, em caráter irrevogável, com imissão na posse do imóvel e título registrado junto à matrícula do mesmo.

§ 2º A denúncia deverá ser exercitada no prazo de 90 (noventa) dias contados do registro da venda ou do compromisso, presumindo-se, após esse prazo, a concordância na manutenção da locação.

- V. art. 46, § 2º.

Art. 9º A locação também poderá ser desfeita:

I – por mútuo acordo;

II – em decorrência da prática de infração legal ou contratual;

III – em decorrência da falta de pagamento do aluguel e demais encargos;

IV – para a realização de reparações urgentes determinadas pelo Poder Público, que não possam ser normalmente executadas com a permanência do locatário no imóvel ou, podendo, ele se recuse a consenti-las.

Art. 10. Morrendo o locador, a locação transmite-se aos herdeiros.

Art. 11. Morrendo o locatário, ficarão sub-rogados nos seus direitos e obrigações:

Lei 8.245/1991

LEGISLAÇÃO

I – nas locações com finalidade residencial, o cônjuge sobrevivente ou companheiro e, sucessivamente, os herdeiros necessários e as pessoas que viviam na dependência econômica do *de cujus*, desde que residentes no imóvel;

II – nas locações com finalidade não residencial, o espólio e, se for o caso, seu sucessor no negócio.

Art. 12. Em casos de separação de fato, separação judicial, divórcio ou dissolução da união estável, a locação residencial prosseguirá automaticamente com o cônjuge ou companheiro que permanecer no imóvel.

- Artigo com redação determinada pela Lei 12.112/2009 (*DOU* 10.12.2009), em vigor 45 (quarenta e cinco) dias após a data de sua publicação, de acordo com o art. 1º do Dec.-lei 4.657/1942.

§ 1º Nas hipóteses previstas neste artigo e no art. 11, a sub-rogação será comunicada por escrito ao locador e ao fiador, se esta for a modalidade de garantia locatícia.

- V. arts. 37 a 42.

§ 2º O fiador poderá exonerar-se das suas responsabilidades no prazo de 30 (trinta) dias contado do recebimento da comunicação oferecida pelo sub-rogado, ficando responsável pelos efeitos da fiança durante 120 (cento e vinte) dias após a notificação ao locador.

Art. 13. A cessão da locação, a sublocação e o empréstimo do imóvel, total ou parcialmente, dependem do consentimento prévio e escrito do locador.

§ 1º Não se presume o consentimento pela simples demora do locador em manifestar formalmente a sua oposição.

§ 2º Desde que notificado por escrito pelo locatário, de ocorrência de uma das hipóteses deste artigo, o locador terá o prazo de 30 (trinta) dias para manifestar formalmente a sua oposição.

§ 3º *(Vetado).*

- § 3º acrescentado pela Lei 12.112/2009 (*DOU* 10.12.2009), em vigor 45 (quarenta e cinco) dias após a data de sua publicação, de acordo com o art. 1º do Dec.-lei 4.657/1942.

Seção II
Das sublocações

Art. 14. Aplicam-se às sublocações, no que couber, as disposições relativas às locações.

Art. 15. Rescindida ou finda a locação, qualquer que seja sua causa, resolvem-se as sublocações, assegurado o direito de indenização do sublocatário contra o sublocador.

Art. 16. O sublocatário responde subsidiariamente ao locador pela importância que dever ao sublocador, quando este for demandado e, ainda, pelos aluguéis que se vencerem durante a lide.

Seção III
Do aluguel

Art. 17. É livre a convenção do aluguel, vedada a sua estipulação em moeda estrangeira e a sua vinculação à variação cambial ou ao salário mínimo.

- V. art. 85.

Parágrafo único. Nas locações residenciais serão observados os critérios de reajustes previstos na legislação específica.

Art. 18. É lícito às partes fixar, de comum acordo, novo valor para o aluguel, bem como inserir ou modificar cláusula de reajuste.

Art. 19. Não havendo acordo, o locador ou o locatário, após 3 (três) anos de vigência do contrato ou do acordo anteriormente realizado, poderão pedir revisão judicial do aluguel, a fim de ajustá-lo ao preço de mercado.

- V. arts. 68 a 70.

Art. 20. Salvo as hipóteses do art. 42 e da locação para temporada, o locador não poderá exigir o pagamento antecipado do aluguel.

- V. art. 43, III.

Art. 21. O aluguel da sublocação não poderá exceder o da locação; nas habitações coletivas multifamiliares, a soma dos aluguéis não poderá ser superior ao dobro do valor da locação.

Parágrafo único. O descumprimento deste artigo autoriza o sublocatário a redu-

Lei 8.245/1991

LEGISLAÇÃO

zir o aluguel até os limites nele estabelecidos.

• V. art. 43, I.

Seção IV
Dos deveres do locador e do locatário

Art. 22. O locador é obrigado a:
I – entregar ao locatário o imóvel alugado em estado de servir ao uso a que se destina;
II – garantir, durante o tempo da locação, o uso pacífico do imóvel locado;
III – manter, durante a locação, a forma e o destino do imóvel;
IV – responder pelos vícios ou defeitos anteriores à locação;
V – fornecer ao locatário, caso este solicite, descrição minuciosa do estado do imóvel, quando de sua entrega, com expressa referência aos eventuais defeitos existentes;
VI – fornecer ao locatário recibo discriminado das importâncias por este pagas, vedada a quitação genérica;

• V. art. 44, I.

VII – pagar as taxas de administração imobiliária, se houver, e de intermediações, nestas compreendidas as despesas necessárias à aferição da idoneidade do pretendente ou de seu fiador;
VIII – pagar os impostos e taxas, e ainda o prêmio de seguro complementar contra fogo, que incidam ou venham a incidir sobre o imóvel, salvo disposição expressa em contrário no contrato;
IX – exibir ao locatário, quando solicitado, os comprovantes relativos às parcelas que estejam sendo exigidas;
X – pagar as despesas extraordinárias de condomínio.
Parágrafo único. Por despesas extraordinárias de condomínio se entendem aquelas que não se refiram aos gastos rotineiros de manutenção do edifício, especialmente:
a) obras de reformas ou acréscimos que interessem à estrutura integral do imóvel;
b) pintura das fachadas, empenas, poços de aeração e iluminação, bem como das esquadrias externas;
c) obras destinadas a repor as condições de habitabilidade do edifício;
d) indenizações trabalhistas e previdenciárias pela dispensa de empregados, ocorridas em data anterior ao início da locação;
e) instalação de equipamentos de segurança e de incêndio, de telefonia, de intercomunicação, de esporte e de lazer;
f) despesas de decoração e paisagismo nas partes de uso comum;
g) constituição de fundo de reserva.

Art. 23. O locatário é obrigado a:

• V. art. 9º, II e III.

I – pagar pontualmente o aluguel e os encargos da locação, legal ou contratualmente exigíveis, no prazo estipulado ou, em sua falta, até o sexto dia útil do mês seguinte ao vencido, no imóvel locado, quando outro local não tiver sido indicado no contrato;
II – servir-se do imóvel para o uso convencionado ou presumido, compatível com a natureza deste e com o fim a que se destina, devendo tratá-lo com o mesmo cuidado como se fosse seu;
III – restituir o imóvel, finda a locação, no estado em que o recebeu, salvo as deteriorações decorrentes do seu uso normal;
IV – levar imediatamente ao conhecimento do locador o surgimento de qualquer dano ou defeito cuja reparação a este incumba, bem como as eventuais turbações de terceiros;
V – realizar a imediata reparação dos danos verificados no imóvel, ou nas suas instalações, provocados por si, seus dependentes, familiares, visitantes ou prepostos;
VI – não modificar a forma interna ou externa do imóvel sem o consentimento prévio e por escrito do locador;
VII – entregar imediatamente ao locador os documentos de cobrança de tributos e encargos condominiais, bem como qualquer intimação, multa ou exigência de autoridade pública, ainda que dirigida a ele, locatário;
VIII – pagar as despesas de telefone e de consumo de força, luz e gás, água e esgoto;
IX – permitir a vistoria do imóvel pelo locador ou por seu mandatário, mediante combinação prévia, de dia e hora, bem como admitir que seja o mesmo visitado e exami-

Lei 8.245/1991

nado por terceiros, na hipótese prevista no art. 27;
X – cumprir integralmente a convenção de condomínio e os regulamentos internos;
XI – pagar o prêmio do seguro de fiança;

• V. art. 37, III.

XII – pagar as despesas ordinárias de condomínio.
§ 1º Por despesas ordinárias de condomínio se entendem as necessárias à administração respectiva, especialmente:
a) salários, encargos trabalhistas, contribuições previdenciárias e sociais dos empregados do condomínio;
b) consumo de água e esgoto, gás, luz e força das áreas de uso comum;
c) limpeza, conservação e pintura das instalações e dependências de uso comum;
d) manutenção e conservação das instalações e equipamentos hidráulicos, elétricos, mecânicos e de segurança, de uso comum;
e) manutenção e conservação das instalações e equipamentos de uso comum destinados à prática de esportes e lazer;
f) manutenção e conservação de elevadores, porteiro eletrônico e antenas coletivas;
g) pequenos reparos nas dependências e instalações elétricas e hidráulicas de uso comum;
h) rateios de saldo devedor, salvo se referentes a período anterior ao início da locação;
i) reposição do fundo de reserva, total ou parcialmente utilizado no custeio ou complementação das despesas referidas nas alíneas anteriores, salvo se referentes a período anterior ao início da locação.
§ 2º O locatário fica obrigado ao pagamento das despesas referidas no parágrafo anterior, desde que comprovadas a previsão orçamentária e o rateio mensal, podendo exigir a qualquer tempo a comprovação das mesmas.
§ 3º No edifício constituído por unidades imobiliárias autônomas, de propriedade da mesma pessoa, os locatários ficam obrigados ao pagamento das despesas referidas no § 1º deste artigo, desde que comprovadas.

Art. 24. Nos imóveis utilizados como habitação coletiva multifamiliar, os locatários ou sublocatários poderão depositar judicialmente o aluguel e encargos se a construção for considerada em condições precárias pelo Poder Público.

• V. art. 539, CPC/2015.

§ 1º O levantamento dos depósitos somente será deferido com a comunicação, pela autoridade pública, da regularização do imóvel.
§ 2º Os locatários ou sublocatários que deixarem o imóvel estarão desobrigados do aluguel durante a execução das obras necessárias à regularização.
§ 3º Os depósitos efetuados em juízo pelos locatários e sublocatários poderão ser levantados, mediante ordem judicial, para realização das obras ou serviços necessários à regularização do imóvel.

Art. 25. Atribuída ao locatário a responsabilidade pelo pagamento dos tributos, encargos e despesas ordinárias de condomínio, o locador poderá cobrar tais verbas juntamente com o aluguel do mês a que se refiram.

Parágrafo único. Se o locador antecipar os pagamentos, a ele pertencerão as vantagens daí advindas, salvo se o locatário reembolsá-lo integralmente.

Art. 26. Necessitando o imóvel de reparos urgentes, cuja realização incumba ao locador, o locatário é obrigado a consenti-los.

• V. art. 9º, IV.

Parágrafo único. Se os reparos durarem mais de 10 (dez) dias, o locatário terá direito ao abatimento do aluguel, proporcional ao período excedente; se mais de 30 (trinta) dias, poderá resilir o contrato.

Seção V
Do direito de preferência

Art. 27. No caso de venda, promessa de venda, cessão ou promessa de cessão de direitos ou dação em pagamento, o locatário tem preferência para adquirir o imóvel locado, em igualdade de condições com terceiros, devendo o locador dar-lhe conhecimento do negócio mediante notificação judicial, extrajudicial ou outro meio de ciência inequívoca.

• V. art. 58, IV.

Lei 8.245/1991

Parágrafo único. A comunicação deverá conter todas as condições do negócio e, em especial, o preço, a forma de pagamento, a existência de ônus reais, bem como o local e horário em que pode ser examinada a documentação pertinente.

Art. 28. O direito de preferência do locatário caducará se não manifestada, de maneira inequívoca, sua aceitação integral à proposta, no prazo de 30 (trinta) dias.

Art. 29. Ocorrendo aceitação da proposta, pelo locatário, a posterior desistência do negócio pelo locador acarreta, a este, responsabilidade pelos prejuízos ocasionados, inclusive lucros cessantes.

- V. arts. 427 a 434, CC.

Art. 30. Estando o imóvel sublocado em sua totalidade, caberá a preferência ao sublocatário e, em seguida, ao locatário. Se forem vários os sublocatários, a preferência caberá a todos, em comum, ou a qualquer deles, se um só for o interessado.

Parágrafo único. Havendo pluralidade de pretendentes, caberá a preferência ao locatário mais antigo e, se da mesma data, ao mais idoso.

Art. 31. Em se tratando de alienação de mais de uma unidade imobiliária, o direito de preferência incidirá sobre a totalidade dos bens objeto da alienação.

Art. 32. O direito de preferência não alcança os casos de perda da propriedade ou venda por decisão judicial, permuta, doação, integralização de capital, cisão, fusão e incorporação.

Parágrafo único. Nos contratos firmados a partir de 1º de outubro de 2001, o direito de preferência de que trata este artigo não alcançará também os casos de constituição da propriedade fiduciária e de perda da propriedade ou venda por quaisquer formas de realização de garantia, inclusive mediante leilão extrajudicial, devendo essa condição constar expressamente em cláusula contratual específica, destacando-se das demais por sua apresentação gráfica.

- Parágrafo único acrescentado pela Lei 10.931/2004.

Art. 33. O locatário preterido no seu direito de preferência poderá reclamar do alienante as perdas e danos ou, depositando o preço e demais despesas do ato de transferência, haver para si o imóvel locado, se o requerer no prazo de 6 (seis) meses, a contar do registro do ato no Cartório de Imóveis, desde que o contrato de locação esteja averbado pelo menos 30 (trinta) dias antes da alienação junto à matrícula do imóvel.

- V. art. 326, *caput*, CPC/2015.

Parágrafo único. A averbação far-se-á à vista de qualquer das vias do contrato de locação, desde que subscrito também por duas testemunhas.

- V. art. 169, III, Lei 6.015/1973 (Lei de Registros Públicos).

Art. 34. Havendo condomínio no imóvel, a preferência do condômino terá prioridade sobre a do locatário.

Seção VI
Das benfeitorias

Art. 35. Salvo expressa disposição contratual em contrário, as benfeitorias necessárias introduzidas pelo locatário, ainda que não autorizadas pelo locador, bem como as úteis, desde que autorizadas, serão indenizáveis e permitem o exercício do direito de retenção.

- V. art. 96, §§ 2º e 3º, CC.

Art. 36. As benfeitorias voluptuárias não serão indenizáveis, podendo ser levantadas pelo locatário, finda a locação, desde que sua retirada não afete a estrutura e a substância do imóvel.

- V. arts. 96, § 1º, e 1.219, 1ª parte, CC.

Seção VII
Das garantias locatícias

Art. 37. No contrato de locação, pode o locador exigir do locatário as seguintes modalidades de garantia:

I – caução;

- V. arts. 1.451 a 1.460, CC.

II – fiança;

- V. arts. 818 a 839, CC.

Lei 8.245/1991

LEGISLAÇÃO

III – seguro de fiança locatícia.

- V. art. 23, XI.

IV – cessão fiduciária de quotas de fundo de investimento.

- Inciso IV acrescentado pela Lei 11.196/2005 (*DOU* 22.11.2005), em vigor na data de sua publicação, produzindo efeitos a partir de 01.01.2006 (v. art. 132, IV, *b*, da referida Lei).

Parágrafo único. É vedada, sob pena de nulidade, mais de uma das modalidades de garantia num mesmo contrato de locação.

Art. 38. A caução poderá ser em bens móveis ou imóveis.

§ 1º A caução em bens móveis deverá ser registrada em Cartório de Títulos e Documentos; a em bens imóveis deverá ser averbada à margem da respectiva matrícula.

- V. arts. 127, III, 144, 145 e 167, II-8, Lei 6.015/1973 (Lei de Registros Públicos).

§ 2º A caução em dinheiro, que não poderá exceder o equivalente a três meses de aluguel, será depositada em caderneta de poupança, autorizada pelo Poder Público e por ele regulamentada, revertendo em benefício do locatário todas as vantagens dela decorrentes por ocasião do levantamento da soma respectiva.

§ 3º A caução em títulos e ações deverá ser substituída, no prazo de 30 (trinta) dias, em caso de concordata, falência ou liquidação das sociedades emissoras.

Art. 39. Salvo disposição contratual em contrário, qualquer das garantias da locação se estende até a efetiva devolução do imóvel, ainda que prorrogada a locação por prazo indeterminado, por força desta Lei.

- Artigo com redação determinada pela Lei 12.112/2009 (*DOU* 10.12.2009), em vigor 45 (quarenta e cinco) dias após a data de sua publicação, de acordo com o art. 1º do Dec.-lei 4.657/1942.
- V. art. 819, CC.

Art. 40. O locador poderá exigir novo fiador ou a substituição da modalidade de garantia, nos seguintes casos:

I – morte do fiador;

II – ausência, interdição, recuperação judicial, falência ou insolvência do fiador, declaradas judicialmente;

- Inciso II com redação determinada pela Lei 12.112/2009 (*DOU* 10.12.2009), em vigor 45 (quarenta e cinco) dias após a data de sua publicação, de acordo com o art. 1º do Dec.-lei 4.657/1942.

III – alienação ou gravação de todos os bens imóveis do fiador ou sua mudança de residência sem comunicação ao locador;

IV – exoneração do fiador;

V – prorrogação da locação por prazo indeterminado, sendo a fiança ajustada por prazo certo;

VI – desaparecimento dos bens móveis;

VII – desapropriação ou alienação do imóvel;

VIII – exoneração de garantia constituída por quotas de fundo de investimento;

- Inciso VIII acrescentado pela Lei 11.196/2005 (*DOU* 22.11.2005), em vigor na data de sua publicação, produzindo efeitos a partir de 01.01.2006 (v. art. 132, IV, *b*, da referida Lei).

IX – liquidação ou encerramento do fundo de investimento de que trata o inciso IV do art. 37 desta Lei;

- Inciso IX acrescentado pela Lei 11.196/2005 (*DOU* 22.11.2005), em vigor na data de sua publicação, produzindo efeitos a partir de 01.01.2006 (v. art. 132, IV, *b*, da referida Lei).

X – prorrogação da locação por prazo indeterminado uma vez notificado o locador pelo fiador de sua intenção de desoneração, ficando obrigado por todos os efeitos da fiança, durante 120 (cento e vinte) dias após a notificação ao locador.

- Inciso X acrescentado pela Lei 12.112/2009 (*DOU* 10.12.2009), em vigor 45 (quarenta e cinco) dias após a data de sua publicação, de acordo com o art. 1º do Dec.-lei 4.657/1942.

Parágrafo único. O locador poderá notificar o locatário para apresentar nova garantia locatícia no prazo de 30 (trinta) dias, sob pena de desfazimento da locação.

- Parágrafo único acrescentado pela Lei 12.112/2009 (*DOU* 10.12.2009), em vigor 45 (quarenta e cinco) dias após a data de sua publicação, de acordo com o art. 1º do Dec.-lei 4.657/1942.

Art. 41. O seguro de fiança locatícia abrangerá a totalidade das obrigações do locatário.

Lei 8.245/1991

LEGISLAÇÃO

Art. 42. Não estando a locação garantida por qualquer das modalidades, o locador poderá exigir do locatário o pagamento do aluguel e encargos até o sexto dia útil do mês vincendo.

Seção VIII
Das penalidades criminais e civis

Art. 43. Constitui contravenção penal, punível com prisão simples de 5 (cinco) dias a 6 (seis) meses ou multa de 3 (três) a 12 (doze) meses do valor do último aluguel atualizado, revertida em favor do locatário:

- V. arts. 3º, 5º e 6º, Dec.-lei 3.688/1941 (Lei das Contravenções Penais).

I – exigir, por motivo de locação ou sublocação, quantia ou valor além do aluguel e encargos permitidos;

- V. art. 21, parágrafo único.

II – exigir, por motivo de locação ou sublocação, mais de uma modalidade de garantia num mesmo contrato de locação;

III – cobrar antecipadamente o aluguel, salvo a hipótese do art. 42 e da locação para temporada.

Art. 44. Constitui crime de ação pública, punível com detenção de 3 (três) meses a 1 (um) ano, que poderá ser substituída pela prestação de serviços à comunidade:

- V. art. 129, I, CF.
- V. art. 100, *caput* e § 3º, CP.

I – recusar-se o locador ou sublocador, nas habitações coletivas multifamiliares, a fornecer recibo discriminado do aluguel e encargos;

- V. art. 21.

II – deixar o retomante, dentro de 180 (cento e oitenta) dias após a entrega do imóvel, no caso do inciso III do art. 47, de usá-lo para o fim declarado ou, usando-o, não o fizer pelo prazo mínimo de 1 (um) ano;

III – não iniciar o proprietário, promissário comprador ou promissário cessionário, nos casos do inciso IV do art. 9º, inciso IV do art. 47, inciso I do art. 52 e inciso II do art. 53, a demolição ou a reparação do imóvel, dentro de 60 (sessenta) dias contados de sua entrega;

IV – executar o despejo com inobservância do disposto no § 2º do art. 65.

Parágrafo único. Ocorrendo qualquer das hipóteses previstas neste artigo, poderá o prejudicado reclamar, em processo próprio, multa equivalente a um mínimo de 12 (doze) e um máximo de 24 (vinte e quatro) meses do valor do último aluguel atualizado ou do que esteja sendo cobrado do novo locatário, se realugado o imóvel.

Seção IX
Das nulidades

Art. 45. São nulas de pleno direito as cláusulas do contrato de locação que visem a elidir os objetivos da presente Lei, notadamente as que proíbam a prorrogação prevista no art. 47, ou que afastem o direito à renovação, na hipótese do art. 51, ou que imponham obrigações pecuniárias para tanto.

Capítulo II
DAS DISPOSIÇÕES ESPECIAIS

Seção I
Da locação residencial

Art. 46. Nas locações ajustadas por escrito e por prazo igual ou superior a 30 (trinta) meses, a resolução do contrato ocorrerá findo o prazo estipulado, independentemente de notificação ou aviso.

- V. arts. 77 e 78.

§ 1º Findo o prazo ajustado, se o locatário continuar na posse do imóvel alugado por mais de 30 (trinta) dias sem oposição do locador, presumir-se-á prorrogada a locação por prazo indeterminado, mantidas as demais cláusulas e condições do contrato.

§ 2º Ocorrendo a prorrogação, o locador poderá denunciar o contrato a qualquer tempo, concedido o prazo de 30 (trinta) dias para desocupação.

Art. 47. Quando ajustada verbalmente ou por escrito e com prazo inferior a 30 (trinta) meses, findo o prazo estabelecido, a locação prorroga-se automaticamente, por prazo indeterminado, somente podendo ser retomado o imóvel:

- V. arts. 59 a 66.

I – nos casos do art. 9º;

Lei 8.245/1991

LEGISLAÇÃO

II – em decorrência de extinção do contrato de trabalho, se a ocupação do imóvel pelo locatário estiver relacionada com o seu emprego;

III – se for pedido para uso próprio, de seu cônjuge ou companheiro, ou para uso residencial de ascendente ou descendente que não disponha, assim como seu cônjuge ou companheiro, de imóvel residencial próprio;

IV – se for pedido para demolição e edificação licenciada ou para a realização de obras aprovadas pelo Poder Público, que aumentem a área construída em, no mínimo, 20% (vinte por cento) ou, se o imóvel for destinado a exploração de hotel ou pensão, em 50% (cinquenta por cento);

V – se a vigência ininterrupta da locação ultrapassar 5 (cinco) anos.

§ 1º Na hipótese do inciso III, a necessidade deverá ser judicialmente demonstrada, se:

a) o retomante, alegando necessidade de usar o imóvel, estiver ocupando, com a mesma finalidade, outro de sua propriedade situado na mesma localidade ou, residindo ou utilizando imóvel alheio, já tiver retomado o imóvel anteriormente;

b) o ascendente ou descendente, beneficiário da retomada, residir em imóvel próprio.

§ 2º Nas hipóteses dos incisos III e IV, o retomante deverá comprovar ser proprietário, promissário comprador ou promissário cessionário, em caráter irrevogável, com imissão na posse do imóvel e título registrado junto à matrícula do mesmo.

Seção II
Da locação para temporada

Art. 48. Considera-se locação para temporada aquela destinada à residência temporária do locatário, para prática de lazer, realização de cursos, tratamento de saúde, feitura de obras em seu imóvel, e outros fatos que decorram tão somente de determinado tempo, e contratada por prazo não superior a 90 (noventa) dias, esteja ou não mobiliado o imóvel.

Parágrafo único. No caso de a locação envolver imóvel mobiliado, constará do contrato, obrigatoriamente, a descrição dos móveis e utensílios que o guarnecem, bem como o estado em que se encontram.

Art. 49. O locador poderá receber de uma só vez e antecipadamente os aluguéis e encargos, bem como exigir qualquer das modalidades de garantia previstas no art. 37 para atender as demais obrigações do contrato.

Art. 50. Findo o prazo ajustado, se o locatário permanecer no imóvel sem oposição do locador por mais de 30 (trinta) dias, presumir-se-á prorrogada a locação por tempo indeterminado, não mais sendo exigível o pagamento antecipado do aluguel e dos encargos.

• V. art. 59, § 1º, III.

Parágrafo único. Ocorrendo a prorrogação, o locador somente poderá denunciar o contrato após 30 (trinta) meses de seu início ou nas hipóteses do art. 47.

Seção III
Da locação não residencial

Art. 51. Nas locações de imóveis destinados ao comércio, o locatário terá direito a renovação do contrato, por igual prazo, desde que, cumulativamente:

I – o contrato a renovar tenha sido celebrado por escrito e com prazo determinado;

II – o prazo mínimo do contrato a renovar ou a soma dos prazos ininterruptos dos contratos escritos seja de 5 (cinco) anos;

III – o locatário esteja explorando seu comércio, no mesmo ramo, pelo prazo mínimo e ininterrupto de 3 (três) anos.

§ 1º O direito assegurado neste artigo poderá ser exercido pelos cessionários ou sucessores da locação; no caso de sublocação total do imóvel, o direito a renovação somente poderá ser exercido pelo sublocatário.

• V. Súmula 482, STF.

§ 2º Quando o contrato autorizar que o locatário utilize o imóvel para as atividades de sociedade de que faça parte e que a esta passe a pertencer o fundo de comércio, o direito a renovação poderá ser exercido pelo locatário ou pela sociedade.

§ 3º Dissolvida a sociedade comercial por morte de um dos sócios, o sócio sobrevi-

Lei 8.245/1991

vente fica sub-rogado no direito a renovação, desde que continue no mesmo ramo.

• V. art. 11, II.

§ 4º O direito a renovação do contrato estende-se às locações celebradas por indústrias e sociedades civis com fim lucrativo, regularmente constituídas, desde que ocorrentes os pressupostos previstos neste artigo.

§ 5º Do direito a renovação decai aquele que não propuser a ação no interregno de 1 (um) ano, no máximo, até 6 (seis) meses, no mínimo, anteriores à data da finalização do prazo do contrato em vigor.

Art. 52. O locador não estará obrigado a renovar o contrato se:

I – por determinação do Poder Público, tiver que realizar no imóvel obras que importarem na sua radical transformação; ou para fazer modificação de tal natureza que aumente o valor do negócio ou da propriedade;

II – o imóvel vier a ser utilizado por ele próprio ou para transferência de fundo de comércio existente há mais de 1 (um) ano, sendo detentor da maioria do capital o locador, seu cônjuge, ascendente ou descendente.

§ 1º Na hipótese do inciso II, o imóvel não poderá ser destinado ao uso do mesmo ramo do locatário, salvo se a locação também envolvia o fundo de comércio, com as instalações e pertences.

§ 2º Nas locações de espaço em *shopping centers*, o locador não poderá recusar a renovação do contrato com fundamento no inciso II deste artigo.

§ 3º O locatário terá direito a indenização para ressarcimento dos prejuízos e dos lucros cessantes que tiver que arcar com a mudança, perda do lugar e desvalorização do fundo de comércio, se a renovação não ocorrer em razão de proposta de terceiro, em melhores condições, ou se o locador, no prazo de 3 (três) meses da entrega do imóvel, não der o destino alegado ou não iniciar as obras determinadas pelo Poder Público ou que declarou pretender realizar.

Art. 53. Nas locações de imóveis utilizados por hospitais, unidades sanitárias oficiais, asilos, estabelecimentos de saúde e de ensino autorizados e fiscalizados pelo Poder Público, bem como por entidades religiosas devidamente registradas, o contrato somente poderá ser rescindido:

• *Caput* com redação determinada pela Lei 9.256/1996.

I – nas hipóteses do art. 9º;

II – se o proprietário, promissário comprador ou promissário cessionário, em caráter irrevogável e imitido na posse, com título registrado, que haja quitado o preço da promessa ou que, não o tendo feito, seja autorizado pelo proprietário, pedir o imóvel para demolição, edificação licenciada ou reforma que venha a resultar em aumento mínimo de 50% (cinquenta por cento) da área útil.

Art. 54. Nas relações entre lojistas e empreendedores de *shopping center*, prevalecerão as condições livremente pactuadas nos contratos de locação respectivos e as disposições procedimentais previstas nesta Lei.

§ 1º O empreendedor não poderá cobrar do locatário em *shopping center*:

a) as despesas referidas nas alíneas *a*, *b* e *d* do parágrafo único do art. 22; e

b) as despesas com obras ou substituições de equipamentos, que impliquem modificar o projeto ou o memorial descritivo da data do habite-se e obras de paisagismo nas partes de uso comum.

§ 2º As despesas cobradas do locatário devem ser previstas em orçamento, salvo casos de urgência ou força maior, devidamente demonstradas, podendo o locatário, a cada 60 (sessenta) dias, por si ou entidade de classe exigir a comprovação das mesmas.

Art. 54-A. Na locação não residencial de imóvel urbano na qual o locador procede à prévia aquisição, construção ou substancial reforma, por si mesmo ou por terceiros, do imóvel então especificado pelo pretendente à locação, a fim de que seja a este locado por prazo determinado, prevalecerão as condições livremente pactuadas no contrato respectivo e as disposições procedimentais previstas nesta Lei.

• Artigo acrescentado pela Lei 12.744/2012.

Lei 8.245/1991

LEGISLAÇÃO

§ 1º Poderá ser convencionada a renúncia ao direito de revisão do valor dos aluguéis durante o prazo de vigência do contrato de locação.

§ 2º Em caso de denúncia antecipada do vínculo locatício pelo locatário, compromete-se este a cumprir a multa convencionada, que não excederá, porém, a soma dos valores dos aluguéis a receber até o termo final da locação.

§ 3º *(Vetado.)*

Art. 55. Considera-se locação não residencial quando o locatário for pessoa jurídica e o imóvel destinar-se ao uso de seus titulares, diretores, sócios, gerentes, executivos ou empregados.

Art. 56. Nos demais casos de locação não residencial, o contrato por prazo determinado cessa, de pleno direito, findo o prazo estipulado, independentemente de notificação ou aviso.

Parágrafo único. Findo o prazo estipulado, se o locatário permanecer no imóvel por mais de 30 (trinta) dias sem oposição do locador, presumir-se-á prorrogada a locação nas condições ajustadas, mas sem prazo determinado.

Art. 57. O contrato de locação por prazo indeterminado pode ser denunciado por escrito, pelo locador, concedidos ao locatário 30 (trinta) dias para a desocupação.

TÍTULO II
DOS PROCEDIMENTOS
Capítulo I
DAS DISPOSIÇÕES GERAIS

Art. 58. Ressalvados os casos previstos no parágrafo único do art. 1º, nas ações de despejo, consignação em pagamento de aluguel e acessórios da locação, revisionais de aluguel e renovatórias de locação, observar-se-á o seguinte:

I – os processos tramitam durante as férias forenses e não se suspendem pela superveniência delas;

• • V. arts. 190, 191, 220 a 222, CPC/2015.

II – é competente para conhecer e julgar tais ações o foro do lugar da situação do imóvel, salvo se outro houver sido eleito no contrato;

• • V. art. 47, CPC/2015.

III – o valor da causa corresponderá a doze meses de aluguel, ou, na hipótese do inciso II do art. 47, a três salários vigentes por ocasião do ajuizamento;

• • V. arts. 291 a 293 e 319, V, CPC/2015.

IV – desde que autorizado no contrato, a citação, intimação ou notificação far-se-á mediante correspondência com aviso de recebimento, ou, tratando-se de pessoa jurídica ou firma individual, também mediante telex ou fac-símile, ou, ainda, sendo necessário, pelas demais formas previstas no Código de Processo Civil;

• V. arts. 231, *caput*, I, II, IV, VI, §1º, 238 a 259, e 1.003, *caput* e § 1º, CPC/2015.
• • V. arts. 238 a 259, CPC/2015.

V – os recursos interpostos contra as sentenças terão efeito somente devolutivo.

• • V. art. 1.012, CPC/2015.

Capítulo II
DAS AÇÕES DE DESPEJO

Art. 59. Com as modificações constantes deste Capítulo, as ações de despejo terão o rito ordinário.

• V. arts. 318 a 512, CPC/2015.

§ 1º Conceder-se-á liminar para desocupação em 15 (quinze) dias, independentemente da audiência da parte contrária e desde que prestada a caução no valor equivalente a três meses de aluguel, nas ações que tiverem por fundamento exclusivo:

I – o descumprimento do mútuo acordo (art. 9º, inciso I), celebrado por escrito e assinado pelas partes e por duas testemunhas, no qual tenha sido ajustado o prazo mínimo de 6 (seis) meses para desocupação, contado da assinatura do instrumento;

II – o disposto no inciso II do art. 47, havendo prova escrita da rescisão do contrato de trabalho ou sendo ela demonstrada em audiência prévia;

III – o término do prazo da locação para temporada, tendo sido proposta a ação de despejo em até 30 (trinta) dias após o vencimento do contrato;

IV – a morte do locatário sem deixar sucessor legítimo na locação, de acordo com o referido no inciso I do art. 11, permanecendo no imóvel pessoas não autorizadas por lei;

V – a permanência do sublocatário no imóvel, extinta a locação, celebrada com o locatário;

Lei 8.245/1991

LEGISLAÇÃO

VI – o disposto no inciso IV do art. 9º, havendo a necessidade de se produzir reparações urgentes no imóvel, determinadas pelo poder público, que não possam ser normalmente executadas com a permanência do locatário, ou, podendo, ele se recuse a consenti-las;

- Inciso VI acrescentado pela Lei 12.112/2009 (*DOU* 10.12.2009), em vigor 45 (quarenta e cinco) dias após a data de sua publicação, de acordo com o art. 1º do Dec.-lei 4.657/1942.

VII – o término do prazo notificatório previsto no parágrafo único do art. 40, sem apresentação de nova garantia apta a manter a segurança inaugural do contrato;

- Inciso VII acrescentado pela Lei 12.112/2009 (*DOU* 10.12.2009), em vigor 45 (quarenta e cinco) dias após a data de sua publicação, de acordo com o art. 1º do Dec.-lei 4.657/1942.

VIII – o término do prazo da locação não residencial, tendo sido proposta a ação em até 30 (trinta) dias do termo ou do cumprimento de notificação comunicando o intento de retomada;

- Inciso VIII acrescentado pela Lei 12.112/2009 (*DOU* 10.12.2009), em vigor 45 (quarenta e cinco) dias após a data de sua publicação, de acordo com o art. 1º do Dec.-lei 4.657/1942.

IX – a falta de pagamento de aluguel e acessórios da locação no vencimento, estando o contrato desprovido de qualquer das garantias previstas no art. 37, por não ter sido contratada ou em caso de extinção ou pedido de exoneração dela, independentemente de motivo.

- Inciso IX acrescentado pela Lei 12.112/2009 (*DOU* 10.12.2009), em vigor 45 (quarenta e cinco) dias após a data de sua publicação, de acordo com o art. 1º do Dec.-lei 4.657/1942.

§ 2º Qualquer que seja o fundamento da ação dar-se-á ciência do pedido aos sublocatários, que poderão intervir no processo como assistentes.

- V. arts. 119 a 122, CPC/2015.

§ 3º No caso do inciso IX do § 1º deste artigo, poderá o locatário evitar a rescisão da locação e elidir a liminar de desocupação se, dentro dos 15 (quinze) dias concedidos para a desocupação do imóvel e independentemente de cálculo, efetuar depósito judicial que contemple a totalidade dos valores devidos, na forma prevista no inciso II do art. 62.

- § 3º acrescentado pela Lei 12.112/2009 (*DOU* 10.12.2009), em vigor 45 (quarenta e cinco) dias após a data de sua publicação, de acordo com o art. 1º do Dec.-lei 4.657/1942.

Art. 60. Nas ações de despejo fundadas no inciso IV do art. 9º, inciso IV do art. 47 e inciso II do art. 53, a petição inicial deverá ser instruída com prova da propriedade do imóvel ou do compromisso registrado.

- V. art. 405, CPC/2015.

Art. 61. Nas ações fundadas no § 2º do art. 46 e nos incisos III e IV do art. 47, se o locatário, no prazo da contestação, manifestar sua concordância com a desocupação do imóvel, o juiz acolherá o pedido fixando prazo de 6 (seis) meses para a desocupação, contados da citação, impondo ao vencido a responsabilidade pelas custas e honorários advocatícios de 20% (vinte por cento) sobre o valor dado à causa. Se a desocupação ocorrer dentro do prazo fixado, o réu ficará isento dessa responsabilidade; caso contrário, será expedido mandado de despejo.

Art. 62. Nas ações de despejo fundadas na falta de pagamento de aluguel e acessórios da locação, de aluguel provisório, de diferenças de aluguéis, ou somente de quaisquer dos acessórios da locação, observar-se-á o seguinte:

- *Caput* com redação determinada pela Lei 12.112/2009 (*DOU* 10.12.2009), em vigor 45 (quarenta e cinco) dias após a data de sua publicação, de acordo com o art. 1º do Dec.-lei 4.657/1942.
- V. art. 9º, III.

I – o pedido de rescisão da locação poderá ser cumulado com o pedido de cobrança dos aluguéis e acessórios da locação; nesta hipótese, citar-se-á o locatário para responder ao pedido de rescisão e o locatário e os fiadores para responderem ao pedido de cobrança, devendo ser apresentado, com a inicial, cálculo discriminado do valor do débito;

- Inciso I com redação determinada pela Lei 12.112/2009 (*DOU* 10.12.2009), em vigor 45 (quarenta e cinco) dias após a data de sua publicação, de acordo com o art. 1º do Dec.-lei 4.657/1942.

II – o locatário e o fiador poderão evitar a rescisão da locação efetuando, no prazo de 15 (quinze) dias, contado da citação, o pagamento do débito atualizado, independentemente de cálculo e mediante depósito judicial, incluídos:

- *Caput* do inciso II com redação determinada pela Lei 12.112/2009 (*DOU* 10.12.2009), em vigor 45

Lei 8.245/1991

LEGISLAÇÃO

(quarenta e cinco) dias após a data de sua publicação, de acordo com o art. 1º do Dec.-lei 4.657/1942.

a) os aluguéis e acessórios da locação que vencerem até a sua efetivação;

b) as multas ou penalidades contratuais, quando exigíveis;

c) os juros de mora;

d) as custas e os honorários do advogado do locador, fixados em 10% (dez por cento) sobre o montante devido, se do contrato não constar disposição diversa;

III – efetuada a purga da mora, se o locador alegar que a oferta não é integral, justificando a diferença, o locatário poderá complementar o depósito no prazo de 10 (dez) dias, contado da intimação, que poderá ser dirigida ao locatário ou diretamente ao patrono deste, por carta ou publicação no órgão oficial, a requerimento do locador;

• Inciso III com redação determinada pela Lei 12.112/2009 (DOU 10.12.2009), em vigor 45 (quarenta e cinco) dias após a data de sua publicação, de acordo com o art. 1º do Dec.-lei 4.657/1942.

IV – não sendo integralmente complementado o depósito, o pedido de rescisão prosseguirá pela diferença, podendo o locador levantar a quantia depositada;

• Inciso IV com redação determinada pela Lei 12.112/2009 (DOU 10.12.2009), em vigor 45 (quarenta e cinco) dias após a data de sua publicação, de acordo com o art. 1º do Dec.-lei 4.657/1942.

V – os aluguéis que forem vencendo até a sentença deverão ser depositados à disposição do juízo, nos respectivos vencimentos, podendo o locador levantá-los desde que incontroversos;

VI – havendo cumulação dos pedidos de rescisão da locação e cobrança dos aluguéis, a execução desta pode ter início antes da desocupação do imóvel, caso ambos tenham sido acolhidos.

Parágrafo único. Não se admitirá a emenda da mora se o locatário já houver utilizado essa faculdade nos 24 (vinte e quatro) meses imediatamente anteriores à propositura da ação.

• Parágrafo único com redação determinada pela Lei 12.112/2009 (DOU 10.12.2009), em vigor 45 (quarenta e cinco) dias após a data de sua publicação, de acordo com o art. 1º do Dec.-lei 4.657/1942.

Art. 63. Julgada procedente a ação de despejo, o juiz determinará a expedição de mandado de despejo, que conterá o prazo de 30 (trinta) dias para a desocupação voluntária, ressalvado o disposto nos parágrafos seguintes.

• Caput com redação determinada pela Lei 12.112/2009 (DOU 10.12.2009), em vigor 45 (quarenta e cinco) dias após a data de sua publicação, de acordo com o art. 1º do Dec.-lei 4.657/1942.

§ 1º O prazo será de 15 (quinze) dias se:

a) entre a citação e a sentença de primeira instância houverem decorrido mais de 4 (quatro) meses; ou

b) o despejo houver sido decretado com fundamento no art. 9º ou no § 2º do art. 46.

• Alínea b com redação determinada pela Lei 12.112/2009 (DOU 10.12.2009), em vigor 45 (quarenta e cinco) dias após a data de sua publicação, de acordo com o art. 1º do Dec.-lei 4.657/1942.

§ 2º Tratando-se de estabelecimento de ensino autorizado e fiscalizado pelo Poder Público, respeitado o prazo mínimo de 6 (seis) meses e o máximo de 1 (um) ano, o juiz disporá de modo que a desocupação coincida com o período de férias escolares.

§ 3º Tratando-se de hospitais, repartições públicas, unidades sanitárias oficiais, asilos e estabelecimentos de saúde e de ensino autorizados e fiscalizados pelo Poder Público, bem como por entidades religiosas devidamente registradas, e o despejo for decretado com fundamento no inciso IV do art. 9º ou no inciso II do art. 53, o prazo será de 1 (um) ano, exceto no caso em que entre a citação e a sentença de primeira instância houver decorrido mais de 1 (um) ano, hipótese em que o prazo será de 6 (seis) meses.

• § 3º com redação determinada pela Lei 9.256/1996.

§ 4º A sentença que decretar o despejo fixará o valor da caução para o caso de ser executada provisoriamente.

Art. 64. Salvo nas hipóteses das ações fundadas no art. 9º, a execução provisória do despejo dependerá de caução não inferior a 6 (seis) meses nem superior a 12 (doze)

Lei 8.245/1991

meses do aluguel, atualizado até a data da prestação da caução.

> • *Caput* com redação determinada pela Lei 12.112/2009 (*DOU* 10.12.2009), em vigor 45 (quarenta e cinco) dias após a data de sua publicação, de acordo com o art. 1º do Dec.-lei 4.657/1942.

§ 1º A caução poderá ser real ou fidejussória e será prestada nos autos da execução provisória.

§ 2º Ocorrendo a reforma da sentença ou da decisão que concedeu liminarmente o despejo, o valor da caução reverterá em favor do réu, como indenização mínima das perdas e danos, podendo este reclamar, em ação própria, a diferença pelo que a exceder.

Art. 65. Findo o prazo assinado para a desocupação, contado da data da notificação, será efetuado o despejo, se necessário com emprego de força, inclusive arrombamento.

§ 1º Os móveis e utensílios serão entregues à guarda de depositário, se não os quiser retirar o despejado.

§ 2º O despejo não poderá ser executado até o trigésimo dia seguinte ao do falecimento do cônjuge, ascendente, descendente ou irmão de qualquer das pessoas que habitem o imóvel.

> • V. art. 44, IV.

Art. 66. Quando o imóvel for abandonado após ajuizada a ação, o locador poderá imitir-se na posse do imóvel.

Capítulo III
DA AÇÃO DE CONSIGNAÇÃO DE ALUGUEL E ACESSÓRIOS DA LOCAÇÃO

Art. 67. Na ação que objetivar o pagamento dos aluguéis e acessórios da locação mediante consignação, será observado o seguinte:

> • V. arts. 539 a 549, CPC/2015.

I – a petição inicial, além dos requisitos exigidos pelo art. 282 do Código de Processo Civil, deverá especificar os aluguéis e acessórios da locação com indicação dos respectivos valores;

II – determinada a citação do réu, o autor será intimado a, no prazo de 24 (vinte e quatro) horas, efetuar o depósito judicial da importância indicada na petição inicial, sob pena de ser extinto o processo;

III – o pedido envolverá a quitação das obrigações que vencerem durante a tramitação do feito e até ser prolatada a sentença de primeira instância, devendo o autor promover os depósitos nos respectivos vencimentos;

IV – não sendo oferecida a contestação, ou se o locador receber os valores depositados, o juiz acolherá o pedido, declarando quitadas as obrigações, condenando o réu ao pagamento das custas e honorários de 20% (vinte por cento) do valor dos depósitos;

V – a contestação do locador, além da defesa de direito que possa caber, ficará adstrita, quanto à matéria de fato, a:

> • V. art. 544, CPC/2015.

a) não ter havido recusa ou mora em receber a quantia devida;
b) ter sido justa a recusa;
c) não ter sido efetuado o depósito no prazo ou no lugar do pagamento;
d) não ter sido o depósito integral;

VI – além de contestar, o réu poderá, em reconvenção, pedir o despejo e a cobrança dos valores objeto da consignatória ou da diferença do depósito inicial, na hipótese de ter sido alegado não ser o mesmo integral;

VII – o autor poderá complementar o depósito inicial, no prazo de 5 (cinco) dias contados da ciência do oferecimento da resposta, com acréscimo de 10% (dez por cento) sobre o valor da diferença. Se tal ocorrer, o juiz declarará quitadas as obrigações, elidindo a rescisão da locação, mas imporá ao autor-reconvindo a responsabilidade pelas custas e honorários advocatícios de 20% (vinte por cento) sobre o valor dos depósitos;

VIII – havendo, na reconvenção, cumulação dos pedidos de rescisão da locação e cobrança dos valores objeto da consignatória, a execução desta somente poderá ter início após obtida a desocupação do imóvel, caso ambos tenham sido acolhidos.

Lei 8.245/1991

LEGISLAÇÃO

Parágrafo único. O réu poderá levantar a qualquer momento as importâncias depositadas sobre as quais não penda controvérsia.

Capítulo IV
DA AÇÃO REVISIONAL DE ALUGUEL

Art. 68. Na ação revisional de aluguel, que terá o rito sumário, observar-se-á o seguinte:

- *Caput* com redação determinada pela Lei 12.112/2009 (*DOU* 10.12.2009), em vigor 45 (quarenta e cinco) dias após a data de sua publicação, de acordo com o art. 1º do Dec.-lei 4.657/1942.

I – além dos requisitos exigidos pelos arts. 276 e 282 do Código de Processo Civil, a petição inicial deverá indicar o valor do aluguel cuja fixação é pretendida;

II – ao designar a audiência de conciliação, o juiz, se houver pedido e com base nos elementos fornecidos tanto pelo locador como pelo locatário, ou nos que indicar, fixará aluguel provisório, que será devido desde a citação, nos seguintes moldes:

- Inciso II com redação determinada pela Lei 12.112/2009 (*DOU* 10.12.2009), em vigor 45 (quarenta e cinco) dias após a data de sua publicação, de acordo com o art. 1º do Dec.-lei 4.657/1942.

a) em ação proposta pelo locador, o aluguel provisório não poderá ser excedente a 80% (oitenta por cento) do pedido;

b) em ação proposta pelo locatário, o aluguel provisório não poderá ser inferior a 80% (oitenta por cento) do aluguel vigente;

III – sem prejuízo da contestação e até a audiência, o réu poderá pedir seja revisto o aluguel provisório, fornecendo os elementos para tanto;

IV – na audiência de conciliação, apresentada a contestação, que deverá conter contraproposta se houver discordância quanto ao valor pretendido, o juiz tentará a conciliação e, não sendo esta possível, determinará a realização de perícia, se necessária, designando, desde logo, audiência de instrução e julgamento;

- Inciso IV com redação determinada pela Lei 12.112/2009 (*DOU* 10.12.2009), em vigor 45 (quarenta e cinco) dias após a data de sua publicação, de acordo com o art. 1º do Dec.-lei 4.657/1942.

V – o pedido de revisão previsto no inciso III deste artigo interrompe o prazo para interposição de recurso contra a decisão que fixar o aluguel provisório.

- Inciso V acrescentado pela Lei 12.112/2009 (*DOU* 10.12.2009), em vigor 45 (quarenta e cinco) dias após a data de sua publicação, de acordo com o art. 1º do Dec.-lei 4.657/1942.

§ 1º Não caberá ação revisional na pendência de prazo para desocupação do imóvel (arts. 46, § 2º, e 57), ou quando tenha sido este estipulado amigável ou judicialmente.

§ 2º No curso da ação de revisão, o aluguel provisório será reajustado na periodicidade pactuada ou na fixada em lei.

Art. 69. O aluguel fixado na sentença retroage à citação, e as diferenças devidas durante a ação de revisão, descontados os alugueres provisórios satisfeitos, serão pagas corrigidas, exigíveis a partir do trânsito em julgado da decisão que fixar o novo aluguel.

§ 1º Se pedido pelo locador, ou sublocador, a sentença poderá estabelecer periodicidade de reajustamento do aluguel diversa daquela prevista no contrato revisando, bem como adotar outro indexador para reajustamento do aluguel.

§ 2º A execução das diferenças será feita nos autos da ação de revisão.

Art. 70. Na ação de revisão do aluguel, o juiz poderá homologar acordo de desocupação, que será executado mediante expedição de mandado de despejo.

Capítulo V
DA AÇÃO RENOVATÓRIA

Art. 71. Além dos demais requisitos exigidos no art. 282 do Código de Processo Civil, a petição inicial da ação renovatória deverá ser instruída com:

I – prova do preenchimento dos requisitos dos incisos I, II e III do art. 51;

II – prova do exato cumprimento do contrato em curso;

III – prova da quitação dos impostos e taxas que incidiram sobre o imóvel e cujo pagamento lhe incumbia;

Lei 8.245/1991

LEGISLAÇÃO

IV – indicação clara e precisa das condições oferecidas para a renovação da locação;
V – indicação do fiador quando houver no contrato a renovar e, quando não for o mesmo, com indicação do nome ou denominação completa, número de sua inscrição no Ministério da Fazenda, endereço e, tratando-se de pessoa natural, a nacionalidade, o estado civil, a profissão e o número da carteira de identidade, comprovando, desde logo, mesmo que não haja alteração do fiador, a atual idoneidade financeira;

- Inciso V com redação determinada pela Lei 12.112/2009 (*DOU* 10.12.2009), em vigor 45 (quarenta e cinco) dias após a data de sua publicação, de acordo com o art. 1º do Dec.-lei 4.657/1942.

VI – prova de que o fiador do contrato ou o que o substituir na renovação aceita os encargos da fiança, autorizado por seu cônjuge, se casado for;
VII – prova, quando for o caso, de ser cessionário ou sucessor, em virtude de título oponível ao proprietário.

- V. art. 51, § 1º.

Parágrafo único. Proposta a ação pelo sublocatário do imóvel ou de parte dele, serão citados o sublocador e o locador, como litisconsortes, salvo se, em virtude de locação originária ou renovada, o sublocador dispuser de prazo que admita renovar a sublocação; na primeira hipótese, procedente a ação, o proprietário ficará diretamente obrigado à renovação.

- V. arts. 113 a 118, 229, caput, e 1.005, CPC/2015.

Art. 72. A contestação do locador, além da defesa de direito que possa caber, ficará adstrita, quanto à matéria de fato, ao seguinte:
I – não preencher o autor os requisitos estabelecidos nesta Lei;

- V. art. 51.

II – não atender, a proposta do locatário, o valor locativo real do imóvel na época da renovação, excluída a valorização trazida por aquele ao ponto ou lugar;
III – ter proposta de terceiro para a locação, em condições melhores;
IV – não estar obrigado a renovar a locação (incisos I e II do art. 52).

§ 1º No caso do inciso II, o locador deverá apresentar, em contraproposta, as condições de locação que repute compatíveis com o valor locativo real e atual do imóvel.
§ 2º No caso do inciso III, o locador deverá juntar prova documental da proposta do terceiro, subscrita por este e por duas testemunhas, com clara indicação do ramo a ser explorado, que não poderá ser o mesmo do locatário. Nessa hipótese, o locatário poderá, em réplica, aceitar tais condições para obter a renovação pretendida.
§ 3º No caso do inciso I do art. 52, a contestação deverá trazer prova da determinação do Poder Público ou relatório pormenorizado das obras a serem realizadas e da estimativa de valorização que sofrerá o imóvel, assinado por engenheiro devidamente habilitado.
§ 4º Na contestação, o locador, ou sublocador, poderá pedir, ainda, a fixação de aluguel provisório, para vigorar a partir do primeiro mês do prazo do contrato a ser renovado, não excedente a 80% (oitenta por cento) do pedido, desde que apresentados elementos hábeis para aferição do justo valor do aluguel.
§ 5º Se pedido pelo locador, ou sublocador, a sentença poderá estabelecer periodicidade de reajustamento do aluguel diversa daquela prevista no contrato renovando, bem como adotar outro indexador para reajustamento do aluguel.

Art. 73. Renovada a locação, as diferenças dos aluguéis vencidos serão executadas nos próprios autos da ação e pagas de uma só vez.

Art. 74. Não sendo renovada a locação, o juiz determinará a expedição de mandado de despejo, que conterá o prazo de 30 (trinta) dias para a desocupação voluntária, se houver pedido na contestação.

- Artigo com redação determinada pela Lei 12.112/2009 (*DOU* 10.12.2009), em vigor 45 (quarenta e cinco) dias após a data de sua publicação, de acordo com o art. 1º do Dec.-lei 4.657/1942.

§ 1º *(Vetado.)*
§ 2º *(Vetado.)*
§ 3º *(Vetado.)*

Lei 8.245/1991

Art. 75. Na hipótese do inciso III do art. 72, a sentença fixará desde logo a indenização devida ao locatário em consequência da não prorrogação da locação, solidariamente devida pelo locador e o proponente.

TÍTULO III
DAS DISPOSIÇÕES FINAIS E TRANSITÓRIAS

Art. 76. Não se aplicam as disposições desta Lei aos processos em curso.

Art. 77. Todas as locações residenciais que tenham sido celebradas anteriormente à vigência desta Lei serão automaticamente prorrogadas por tempo indeterminado, ao término do prazo ajustado no contrato.

• V. art. 46, § 1º.

Art. 78. As locações residenciais que tenham sido celebradas anteriormente à vigência desta Lei e que já vigorem ou venham a vigorar por prazo indeterminado, poderão ser denunciadas pelo locador, concedido o prazo de 12 (doze) meses para a desocupação.

Parágrafo único. Na hipótese de ter havido revisão judicial ou amigável do aluguel, atingindo o preço do mercado, a denúncia somente poderá ser exercitada após 24 (vinte e quatro) meses da data da revisão, se esta ocorreu nos 12 (doze) meses anteriores à data da vigência desta Lei.

Art. 79. No que for omissa esta Lei aplicam-se as normas do Código Civil e do Código de Processo Civil.

Art. 80. Para os fins do inciso I do art. 98 da Constituição Federal, as ações de despejo poderão ser consideradas como causas cíveis de menor complexidade.

Art. 81. O inciso II do art. 167 e o art. 169 da Lei 6.015, de 31 de dezembro de 1973, passam a vigorar com as seguintes alterações:

• Alterações processadas no texto da referida Lei.

Art. 82. O art. 3º da Lei 8.009, de 29 de março de 1990, passa a vigorar acrescido do seguinte inciso VII:

• Alteração processada no texto da referida Lei.

Art. 83. Ao art. 24 da Lei 4.591, de 16 de dezembro de 1964, fica acrescido o seguinte § 4º:

• Alteração processada no texto da referida Lei.

Art. 84. Reputam-se válidos os registros dos contratos de locação de imóveis, realizados até a data da vigência desta Lei.

Art. 85. Nas locações residenciais, é livre a convenção do aluguel quanto a preço, periodicidade e indexador de reajustamento, vedada a vinculação à variação do salário mínimo, variação cambial e moeda estrangeira:

I – dos imóveis novos com habite-se concedido a partir da entrada em vigor desta Lei;

II – dos demais imóveis não enquadrados no inciso anterior, em relação aos contratos celebrados, após cinco anos de entrada em vigor desta Lei.

Art. 86. O art. 8º da Lei 4.380, de 21 de agosto de 1964, passa a vigorar com a seguinte redação:

"Art. 8º O Sistema Financeiro da Habitação, destinado a facilitar e promover a construção e a aquisição da casa própria ou moradia, especialmente pelas classes de menor renda da população, será integrado."

Art. 87. *(Vetado.)*

Art. 88. *(Vetado.)*

Art. 89. Esta Lei entrará em vigor 60 (sessenta) dias após a sua publicação.

Art. 90. Revogam-se as disposições em contrário, especialmente:

I – o Dec. 24.150, de 20 de abril de 1934;
II – a Lei 6.239, de 19 de setembro de 1975;
III – a Lei 6.649, de 16 de maio de 1979;
IV – a Lei 6.698, de 15 de outubro de 1979;
V – a Lei 7.355, de 31 de agosto de 1985;
VI – a Lei 7.538, de 24 de setembro de 1986;
VII – a Lei 7.612, de 9 de julho de 1987; e
VIII – a Lei 8.157, de 3 de janeiro de 1991.

Brasília, em 18 de outubro de 1991; 170º da Independência e 103º da República.

Fernando Collor

(*DOU* 21.10.1991)

Lei 8.437/1992

LEGISLAÇÃO

LEI 8.437, DE 30 DE JUNHO DE 1992

Dispõe sobre a concessão de medidas cautelares contra atos do Poder Público e dá outras providências.

• V. art. 5º, XXXV, CF.

O Presidente da República:
Faço saber que o Congresso Nacional decreta e eu sanciono a seguinte Lei:

Art. 1º Não será cabível medida liminar contra atos do Poder Público, no procedimento cautelar ou em quaisquer outras ações de natureza cautelar ou preventiva, toda vez que providência semelhante não puder ser concedida em ações de mandado de segurança, em virtude de vedação legal.

§ 1º Não será cabível, no juízo de primeiro grau, medida cautelar inominada ou a sua liminar, quando impugnado ato de autoridade sujeita, na via de mandado de segurança, à competência originária de tribunal.

§ 2º O disposto no parágrafo anterior não se aplica aos processos de ação popular e de ação civil pública.

§ 3º Não será cabível medida liminar que esgote, no todo ou em parte, o objeto da ação.

§ 4º Nos casos em que cabível medida liminar, sem prejuízo da comunicação ao dirigente do órgão ou entidade, o respectivo representante judicial dela será imediatamente intimado.

• § 4º acrescentado pela MP 2.180-35/2001.

§ 5º Não será cabível medida liminar que defira compensação de créditos tributários ou previdenciários.

• § 5º acrescentado pela MP 2.180-35/2001.

Art. 2º No mandado de segurança coletivo e na ação civil pública, a liminar será concedida, quando cabível, após a audiência do representante judicial da pessoa jurídica de direito público, que deverá se pronunciar no prazo de 72 (setenta e duas) horas.

Art. 3º O recurso voluntário ou *ex officio*, interposto contra sentença em processo cautelar, proferida contra pessoa jurídica de direito público ou seus agentes, que importe em outorga ou adição de vencimentos ou de reclassificação funcional, terá efeito suspensivo.

Art. 4º Compete ao presidente do tribunal, ao qual couber o conhecimento do respectivo recurso, suspender, em despacho fundamentado, a execução da liminar nas ações movidas contra o Poder Público ou seus agentes, a requerimento do Ministério Público ou da pessoa jurídica de direito público interessada, em caso de manifesto interesse público ou de flagrante ilegitimidade, e para evitar grave lesão à ordem, à saúde, à segurança e à economia públicas.

§ 1º Aplica-se o disposto neste artigo à sentença proferida em processo de ação cautelar inominada, no processo de ação popular e na ação civil pública, enquanto não transitada em julgado.

§ 2º O Presidente do Tribunal poderá ouvir o autor e o Ministério Público, em 72 (setenta e duas) horas.

• § 2º com redação determinada pela MP 2.180-35/2001.

§ 3º Do despacho que conceder ou negar a suspensão, caberá agravo, no prazo de 5 (cinco) dias, que será levado a julgamento na sessão seguinte a sua interposição.

• § 3º com redação determinada pela MP 2.180-35/2001.

§ 4º Se do julgamento do agravo de que trata o § 3º resultar a manutenção ou o restabelecimento da decisão que se pretende suspender, caberá novo pedido de suspensão ao Presidente do Tribunal competente para conhecer de eventual recurso especial ou extraordinário.

• § 4º acrescentado pela MP 2.180-35/2001.

§ 5º É cabível também o pedido de suspensão a que se refere o § 4º, quando negado provimento a agravo de instrumento interposto contra a liminar a que se refere este artigo.

• § 5º acrescentado pela MP 2.180-35/2001.

§ 6º A interposição do agravo de instrumento contra liminar concedida nas ações movidas contra o Poder Público e seus agentes não prejudica nem condiciona o julgamento do pedido de suspensão a que se refere este artigo.

• § 6º acrescentado pela MP 2.180-35/2001.

Lei 8.560/1992

LEGISLAÇÃO

§ 7º O presidente do tribunal poderá conferir ao pedido efeito suspensivo liminar, se constatar, em juízo prévio, a plausibilidade do direito invocado e a urgência na concessão da medida.

- § 7º acrescentado pela MP 2.180-35/2001.

§ 8º As liminares cujo objeto seja idêntico poderão ser suspensas em uma única decisão, podendo o Presidente do Tribunal estender os efeitos da suspensão a liminares supervenientes, mediante simples aditamento do pedido original.

- § 8º acrescentado pela MP 2.180-35/2001.

§ 9º A suspensão deferida pelo Presidente do Tribunal vigorará até o trânsito em julgado da decisão de mérito na ação principal.

- § 9º acrescentado pela MP 2.180-35/2001.

Art. 5º Esta Lei entra em vigor na data de sua publicação.

Art. 6º Revogam-se as disposições em contrário.

Brasília, 30 de junho de 1992; 171º da Independência e 104º da República.

Fernando Collor

(*DOU* 01.07.1992)

LEI 8.560, DE 29 DE DEZEMBRO DE 1992

Regula a investigação de paternidade dos filhos havidos fora do casamento e dá outras providências.

- V. Súmula 301, STJ.

O Presidente da República:

Faço saber que o Congresso Nacional decreta e eu sanciono a seguinte Lei:

Art. 1º O reconhecimento dos filhos havidos fora do casamento é irrevogável e será feito:

- V. art. 227, § 6º, CF.
- V. arts. 1.607 e 1.609, CC.
- V. arts. 26 e 27, Lei 8.069/1990 (Estatuto da Criança e do Adolescente).
- V. Súmula 149, STF.

I – no registro de nascimento;

II – por escritura pública ou escrito particular, a ser arquivado em cartório;

III – por testamento, ainda que incidentalmente manifestado;

IV – por manifestação expressa e direta perante o juiz, ainda que o reconhecimento não haja sido o objeto único e principal do ato que o contém.

Art. 2º Em registro de nascimento de menor apenas com a maternidade estabelecida, o oficial remeterá ao juiz certidão integral do registro e o nome e prenome, profissão, identidade e residência do suposto pai, a fim de ser averiguada oficiosamente a procedência da alegação.

§ 1º O juiz, sempre que possível, ouvirá a mãe sobre a paternidade alegada e mandará, em qualquer caso, notificar o suposto pai, independente de seu estado civil, para que se manifeste sobre a paternidade que lhe é atribuída.

- V. art. 50, Lei 6.015/1973 (Lei de Registros Públicos).

§ 2º O juiz, quando entender necessário, determinará que a diligência seja realizada em segredo de justiça.

§ 3º No caso do suposto pai confirmar expressamente a paternidade, será lavrado termo de reconhecimento e remetida certidão ao oficial do registro, para a devida averbação.

§ 4º Se o suposto pai não atender no prazo de 30 (trinta) dias a notificação judicial, ou negar a alegada paternidade, o juiz remeterá os autos ao representante do Ministério Público para que intente, havendo elementos suficientes, a ação de investigação de paternidade.

- V. art. 127, *caput*, CF.
- V. arts. 18, 124, 176 e 177, CPC/2015.
- V. art. 8º, § 1º, Lei 7.347/1985 (Ação civil pública).
- V. Súmula 301, STJ.

§ 5º Nas hipóteses previstas no § 4º deste artigo, é dispensável o ajuizamento de ação de investigação de paternidade pelo Ministério Público se, após o não comparecimento ou a recusa do suposto pai em assumir a paternidade a ele atribuída, a criança for encaminhada para adoção.

- § 5º acrescentado pela Lei 12.010/2009 (*DOU* 04.08.2009), em vigor 90 (noventa) dias após a data de sua publicação.

§ 6º A iniciativa conferida ao Ministério Público não impede a quem tenha legítimo in-

Lei 8.866/1994

teresse de intentar investigação, visando a obter o pretendido reconhecimento da paternidade.

- Primitivo § 5º renumerado pela Lei 12.010/2009 (*DOU* 04.08.2009), em vigor 90 (noventa) dias após a data de sua publicação.
- V. arts. 178, II, e 179, CPC/2015.

Art. 2º-A. Na ação de investigação de paternidade, todos os meios legais, bem como os moralmente legítimos, serão hábeis para provar a verdade dos fatos.

- Artigo acrescentado pela Lei 12.004/2009.
- V. Súmula 301, STJ.

Parágrafo único. A recusa do réu em se submeter ao exame de código genético – DNA gerará a presunção da paternidade, a ser apreciada em conjunto com o contexto probatório.

Art. 3º É vedado legitimar e reconhecer filho na ata do casamento.

Parágrafo único. É ressalvado o direito de averbar alteração do patronímico materno, em decorrência do casamento, no termo de nascimento do filho.

Art. 4º O filho maior não pode ser reconhecido sem o seu consentimento.

- V. art. 1.614, CC.

Art. 5º No registro de nascimento não se fará qualquer referência à natureza da filiação, à sua ordem em relação a outros irmãos do mesmo prenome, exceto gêmeos, ao lugar e cartório do casamento dos pais e ao estado civil destes.

- V. art. 54-7º, Lei 6.015/1973 (Lei de Registros Públicos).

Art. 6º Das certidões de nascimento não constarão indícios de a concepção haver sido decorrente de relação extraconjugal.

- V. art. 19, § 3º, Lei 6.015/1973 (Lei de Registros Públicos).

§ 1º Não deverá constar, em qualquer caso, o estado civil dos pais e a natureza da filiação, bem como o lugar e cartório do casamento, proibida referência à presente Lei.

§ 2º São ressalvadas autorizações ou requisições judiciais de certidões de inteiro teor, mediante decisão fundamentada, assegurados os direitos, as garantias e interesses relevantes do registrado.

Art. 7º Sempre que na sentença de primeiro grau se reconhecer a paternidade, nela se fixarão os alimentos provisionais ou definitivos do reconhecido que deles necessite.

- V. arts. 1.705 e 1.706, CC.
- V. art. 490, CPC/2015.
- V. art. 4º, Lei 5.478/1968 (Ação de alimentos).

Art. 8º Os registros de nascimento, anteriores à data da presente Lei, poderão ser retificados por decisão judicial, ouvido o Ministério Público.

Art. 9º Esta Lei entra em vigor na data de sua publicação.

Art. 10. São revogados os arts. 332, 337 e 347 do Código Civil e demais disposições em contrário.

- Refere-se ao CC/1916.

Brasília, 29 de dezembro de 1992; 171º da Independência e 104º da República.
Itamar Franco

(*DOU* 30.12.1992)

LEI 8.866, DE 11 DE ABRIL DE 1994

Dispõe sobre o depositário infiel de valor pertencente à Fazenda Pública e dá outras providências.

- V. arts. 647 a 652, CC.

Faço saber que o Presidente da República adotou a Medida Provisória 449, de 1994, que o Congresso Nacional aprovou, e eu, Humberto Lucena, Presidente do Senado Federal, para os efeitos do disposto no parágrafo único do art. 62 da Constituição Federal, promulgo a seguinte Lei:

Art. 1º É depositário da Fazenda Pública, observado o disposto nos arts. 1.282, I, e 1.283 do Código Civil, a pessoa a que a legislação tributária ou previdenciária imponha a obrigação de reter ou receber de terceiro, e recolher aos cofres públicos, impostos, taxas e contribuições, inclusive à Seguridade Social.

- Refere-se ao CC/1916.
- V. arts. 647, I; e 648, CC.

§ 1º Aperfeiçoa-se o depósito na data da retenção ou recebimento do valor a que esteja obrigada a pessoa física ou jurídica.

Lei 8.866/1994

§ 2º É depositário infiel aquele que não entrega à Fazenda Pública o valor referido neste artigo, no termo e forma fixados na legislação tributária ou previdenciária.

Art. 2º Constituem prova literal para se caracterizar a situação de depositário infiel, dentre outras:

I – a declaração feita pela pessoa física ou jurídica, do valor descontado ou recebido de terceiro, constante em folha de pagamento ou em qualquer outro documento fixado na legislação tributária ou previdenciária, e não recolhido aos cofres públicos;

II – o processo administrativo findo mediante o qual se tenha constituído crédito tributário ou previdenciário, decorrente de valor descontado ou recebido de terceiro e não recolhido aos cofres públicos;

III – a certidão do crédito tributário ou previdenciário decorrente dos valores descontados ou recebidos, inscritos na dívida ativa.

Art. 3º Caracterizada a situação de depositário infiel, o Secretário da Receita Federal comunicará ao representante judicial da Fazenda Nacional para que ajuíze ação civil a fim de exigir o recolhimento do valor do imposto, taxa ou contribuição descontado, com os correspondentes acréscimos legais.

Parágrafo único. A comunicação de que trata este artigo, no âmbito dos Estados e do Distrito Federal, caberá às autoridades definidas na legislação específica dessas unidades federadas, feita aos respectivos representantes judiciais competentes; no caso do Instituto Nacional de Seguridade Social – INSS, a iniciativa caberá ao seu presidente, competindo ao representante judicial da autarquia a providência processual de que trata este artigo.

Art. 4º Na petição inicial, instruída com a cópia autenticada, pela repartição, da prova literal do depósito de que trata o art. 2º, o representante judicial da Fazenda Nacional ou, conforme o caso, o representante judicial dos Estados, Distrito Federal ou do INSS requererá ao juízo a citação do depositário para, em 10 (dez) dias:

I – recolher ou depositar a importância correspondente ao valor do imposto, taxa ou contribuição descontado ou recebido de terceiro, com os respectivos acréscimos legais;

II – contestar a ação.

§ 1º Do pedido constará, ainda, a cominação da pena de prisão.

§ 2º Não recolhida nem depositada a importância, nos termos deste artigo, o juiz, nos 15 (quinze) dias seguintes à citação, decretará a prisão do depositário infiel, por período não superior a 90 (noventa) dias.

> • O STF, na medida liminar da ADIn 1.055-7 (*DJU* 13.06.1997), suspendeu os efeitos dos §§ 2º e 3º do art. 4º da Lei 8.866/1994. "Assentou, ainda, o Tribunal, que, da convalidação prevista no art. 10, ficam suspensos, a partir desta data, até o julgamento final da ação, os decretos de prisão fundados, exclusivamente, no § 2º do art. 4º (...)".

§ 3º A contestação deverá ser acompanhada do comprovante de depósito judicial do valor integral devido à Fazenda Pública, sob pena de o réu sofrer os efeitos da revelia.

> • O STF, na medida liminar da ADIn 1.055-7 (*DJU* 13.06.1997), suspendeu os efeitos dos §§ 2º e 3º do art. 4º da Lei 8.866/1994. "Assentou, ainda, o Tribunal, que, da convalidação prevista no art. 10, ficam suspensos, a partir desta data, até o julgamento final da ação (...) os decretos de revelia fundados em seu § 3º".

§ 4º Contestada a ação, observar-se-á o procedimento ordinário.

Art. 5º O juiz poderá julgar antecipadamente a ação, se verificados os efeitos da revelia.

Art. 6º Julgada procedente a ação, ordenará o juiz a conversão do depósito judicial em renda ou, na sua falta, a expedição de mandado para entrega, em 24 horas, do valor exigido.

Art. 7º Quando o depositário infiel for pessoa jurídica, a prisão referida no § 2º do art. 4º será decretada contra seus diretores, administradores, gerentes ou empregados que movimentem recursos financeiros isolada ou conjuntamente.

> • O STF, na medida liminar da ADIn 1.055-7 (*DJU* 13.06.1997), suspendeu, até decisão final da ação, a eficácia das expressões "referida no § 2º do art. 4º" e "ou empregados" inseridas no *caput* do art. 7º da Lei 8.866/1994.

Parágrafo único. Tratando-se de empresa estrangeira, a prisão recairá sobre seus representantes, dirigentes e empregados

Lei 8.906/1994

no Brasil que revistam a condição mencionada neste artigo.

- O STF, na medida liminar da ADIn 1.055-7 (*DJU* 13.06.1997), suspendeu, até decisão final da ação, a eficácia da expressão "empregados", inserida no parágrafo único do art. 7º da Lei 8.866/1994.

Art. 8º Cessará a prisão com o recolhimento do valor exigido.

Art. 9º Não se aplica ao depósito referido nesta Lei o art. 1.280 do Código Civil.

- Refere-se ao CC/1916.
- V. art. 645, CC.

Art. 10. Ficam convalidados os atos praticados com base na Medida Provisória 427, de 11 de fevereiro de 1994.

- O STF, na medida liminar da ADIn 1.055-7 (*DJU* 13.06.1997), assentou que, "da convalidação prevista no art. 10 [da Lei 8.866/1994], ficam suspensos, a partir desta data, até o julgamento final da ação, os decretos de prisão fundados, exclusivamente, no § 2º do art. 4º, e os decretos de revelia fundados em seu § 3º".

Art. 11. Esta Lei entra em vigor na data de sua publicação.

Art. 12. Revogam-se as disposições em contrário.

Senado Federal, em 11 de abril de 1994; 173º da Independência e 106º da República.

Humberto Lucena

(*DOU* 13.04.1994)

LEI 8.906,
DE 4 DE JULHO DE 1994

Dispõe sobre o Estatuto da Advocacia e a Ordem dos Advogados do Brasil – OAB.

O Presidente da República:
Faço saber que o Congresso Nacional decreta e eu sanciono a seguinte Lei:

TÍTULO I
DA ADVOCACIA

Capítulo I
DA ATIVIDADE DA ADVOCACIA

Art. 1º São atividades privativas de advocacia:

- V. art. 4º.
- V. art. 133, CF.
- V. art. 103, CPC/2015.

I – a postulação a qualquer órgão do Poder Judiciário e aos juizados especiais;

- O STF, na ADIn 1.127-8 (*DOU* e *DJU* 26.05.2006), declarou inconstitucional a expressão "qualquer".
- V. art. 133, CF.
- V. art. 2º, Lei 5.478/1968 (Ação de alimentos).
- V. arts. 9º e 72, Lei 9.099/1995 (Juizados Especiais Cíveis e Criminais).

II – as atividades de consultoria, assessoria e direção jurídicas.

§ 1º Não se inclui na atividade privativa de advocacia a impetração de *habeas corpus* em qualquer instância ou tribunal.

- V. art. 654, *caput*, CPP.

§ 2º Os atos e contratos constitutivos de pessoas jurídicas, sob pena de nulidade, só podem ser admitidos a registro, nos órgãos competentes, quando visados por advogados.

- V. art. 114, Lei 6.015/1973 (Lei de Registros Públicos).

§ 3º É vedada a divulgação de advocacia em conjunto com outra atividade.

- V. art. 16, *caput* e § 2º.

Art. 2º O advogado é indispensável à administração da justiça.

- V. art. 133, CF.
- V. art. 2º, Lei 5.478/1968 (Ação de alimentos).
- V. arts. 9º e 72, Lei 9.099/1995 (Juizados Especiais Cíveis e Criminais).

§ 1º No seu ministério privado, o advogado presta serviço público e exerce função social.

§ 2º No processo judicial, o advogado contribui, na postulação de decisão favorável ao seu constituinte, ao convencimento do julgador, e seus atos constituem múnus público.

§ 3º No exercício da profissão, o advogado é inviolável por seus atos e manifestações, nos limites desta Lei.

- V. art. 7º, II, IV e XIX, §§ 2º e 3º.

Art. 3º O exercício da atividade de advocacia no território brasileiro e a denominação de advogado são privativos dos inscritos na Ordem dos Advogados do Brasil – OAB.

- V. arts. 8º a 14.

§ 1º Exercem atividade de advocacia, sujeitando-se ao regime desta Lei, além do regime próprio a que se subordinem, os inte-

Lei 8.906/1994

grantes da Advocacia-Geral da União, da Procuradoria da Fazenda Nacional, da Defensoria Pública e das Procuradorias e Consultorias Jurídicas dos Estados, do Distrito Federal, dos Municípios e das respectivas entidades de administração indireta e fundacional.

§ 2º O estagiário de advocacia, regularmente inscrito, pode praticar os atos previstos no art. 1º, na forma do Regulamento Geral, em conjunto com advogado e sob responsabilidade deste.

- V. arts. 9º e 34, XXIX.

Art. 4º São nulos os atos privativos de advogado praticados por pessoa não inscrita na OAB, sem prejuízo das sanções civis, penais e administrativas.

Parágrafo único. São também nulos os atos praticados por advogado impedido – no âmbito do impedimento – suspenso, licenciado ou que passar a exercer atividade incompatível com a advocacia.

- V. art. 2º.
- V. art. 2º, Lei 5.478/1968 (Ação de alimentos).
- V. arts. 9º e 72, Lei 9.099/1995 (Juizados Especiais Cíveis e Criminais).

Art. 5º O advogado postula, em juízo ou fora dele, fazendo prova do mandato.

- V. art. 104, CPC/2015.
- V. art. 266, CPP.
- V. art. 16, Lei 1.060/1950 (Assistência Judiciária).

§ 1º O advogado, afirmando urgência, pode atuar sem procuração, obrigando-se a apresentá-la no prazo de 15 (quinze) dias, prorrogável por igual período.

- V. art. 104, *caput*, CPC/2015.

§ 2º A procuração para o foro em geral habilita o advogado a praticar todos os atos judiciais, em qualquer juízo ou instância, salvo os que exijam poderes especiais.

- V. art. 7º, VI, *d*.
- V. arts. 105 e 618, III, CPC/2015.
- V. arts. 44, 50, 98 e 146, CPP.

§ 3º O advogado que renunciar ao mandato continuará, durante os 10 (dez) dias seguintes à notificação da renúncia, a representar o mandante, salvo se for substituído antes do término desse prazo.

- V. art. 34, XI.
- V. art. 112, *caput* e § 1º, CPC/2015.

Capítulo II
DOS DIREITOS DO ADVOGADO

Art. 6º Não há hierarquia nem subordinação entre advogados, magistrados e membros do Ministério Público, devendo todos tratar-se com consideração e respeito recíprocos.

Parágrafo único. As autoridades, os servidores públicos e os serventuários da justiça devem dispensar ao advogado, no exercício da profissão, tratamento compatível com a dignidade da advocacia e condições adequadas a seu desempenho.

Art. 7º São direitos do advogado:

I – exercer, com liberdade, a profissão em todo o território nacional;

II – a inviolabilidade de seu escritório ou local de trabalho, bem como de seus instrumentos de trabalho, de sua correspondência escrita, eletrônica, telefônica e telemática, desde que relativas ao exercício da advocacia;

- Inciso II com redação determinada pela Lei 11.767/2008.

III – comunicar-se com seus clientes, pessoal e reservadamente, mesmo sem procuração, quando estes se acharem presos, detidos ou recolhidos em estabelecimentos civis ou militares, ainda que considerados incomunicáveis;

- V. art. 21, parágrafo único, CPP.

IV – ter a presença de representante da OAB, quando preso em flagrante, por motivo ligado ao exercício da advocacia, para lavratura do auto respectivo, sob pena de nulidade e, nos demais casos, a comunicação expressa à seccional da OAB;

V – não ser recolhido preso, antes de sentença transitada em julgado, senão em sala de Estado Maior, com instalações e comodidades condignas, assim reconhecidas pela OAB, e, na sua falta, em prisão domiciliar;

- O STF, na ADIn 1.127-8 (*DOU* e *DJU* 26.05.2006), declarou inconstitucional a expressão "assim reconhecidas pela OAB".
- V. art. 295, VII, CPP.

VI – ingressar livremente:

a) nas salas de sessões dos tribunais, mesmo além dos cancelos que separam a parte reservada aos magistrados;

Lei 8.906/1994

b) nas salas e dependências de audiências, secretarias, cartórios, ofícios de justiça, serviços notariais e de registro, e, no caso de delegacias e prisões, mesmo fora da hora de expediente e independentemente da presença de seus titulares;

c) em qualquer edifício ou recinto em que funcione repartição judicial ou outro serviço público onde o advogado deva praticar ato ou colher prova ou informação útil ao exercício da atividade profissional, dentro do expediente ou fora dele, e ser atendido, desde que se ache presente qualquer servidor ou empregado;

d) em qualquer assembleia ou reunião de que participe ou possa participar o seu cliente, ou perante a qual este deva comparecer, desde que munido de poderes especiais;

VII – permanecer sentado ou em pé e retirar-se de quaisquer locais indicados no inciso anterior, independentemente de licença;

VIII – dirigir-se diretamente aos magistrados nas salas e gabinetes de trabalho, independentemente de horário previamente marcado ou outra condição, observando-se a ordem de chegada;

IX – sustentar oralmente as razões de qualquer recurso ou processo, nas sessões de julgamento, após o voto do relator, em instância judicial ou administrativa, pelo prazo de 15 (quinze) minutos, salvo se prazo maior for concedido;

- O STF, nas ADIns 1.105-7 e 1.127-8 (*DOU* e *DJU* 26.05.2006), declarou inconstitucional este inciso.

X – usar da palavra, pela ordem, em qualquer juízo ou tribunal, mediante intervenção sumária, para esclarecer equívoco ou dúvida surgida em relação a fatos, documentos ou afirmações que influam no julgamento, bem como para replicar acusação ou censura que lhe forem feitas;

XI – reclamar, verbalmente ou por escrito, perante qualquer juízo, tribunal ou autoridade, contra a inobservância de preceito de lei, regulamento ou regimento;

XII – falar, sentado ou em pé, em juízo, tribunal ou órgão de deliberação coletiva da Administração Pública ou do Poder Legislativo;

- V. art. 793, CPP.

XIII – examinar, em qualquer órgão dos Poderes Judiciário e Legislativo, ou da Administração Pública em geral, autos de processos findos ou em andamento, mesmo sem procuração, quando não estejam sujeitos a sigilo, assegurada a obtenção de cópias, podendo tomar apontamentos;

- V. art. 107, I, CPC/2015.
- V. Súmula vinculante 14, STF.

XIV – examinar, em qualquer instituição responsável por conduzir investigação, mesmo sem procuração, autos de flagrante e de investigações de qualquer natureza, findos ou em andamento, ainda que conclusos à autoridade, podendo copiar peças e tomar apontamentos, em meio físico ou digital;

- Inciso XIV com redação determinada pela Lei 13.245/2016.
- V. Súmula vinculante 14, STF.

XV – ter vista dos processos judiciais ou administrativos de qualquer natureza, em cartório ou na repartição competente, ou retirá-los pelos prazos legais;

- V. art. 107, II e III, CPC/2015.
- V. art. 803, CPP.

XVI – retirar autos de processos findos, mesmo sem procuração, pelo prazo de 10 (dez) dias;

- V. art. 803, CPP.

XVII – ser publicamente desagravado, quando ofendido no exercício da profissão ou em razão dela;

XVIII – usar os símbolos privativos da profissão de advogado;

XIX – recusar-se a depor como testemunha em processo no qual funcionou ou deva funcionar, ou sobre fato relacionado com pessoa de quem seja ou foi advogado, mesmo quando autorizado ou solicitado pelo constituinte, bem como sobre fato que constitua sigilo profissional;

XX – retirar-se do recinto onde se encontre aguardando pregão para ato judicial, após 30 (trinta) minutos do horário designado e ao qual ainda não tenha comparecido a autoridade que deva presidir a ele, mediante comunicação protocolizada em juízo.

XXI – assistir a seus clientes investigados durante a apuração de infrações, sob pena de nulidade absoluta do respectivo interrogatório ou depoimento e, subsequentemente, de todos os elementos investigatórios e probatórios dele decorrentes ou derivados, direta ou indiretamente, podendo, inclusive, no curso da respectiva apuração:

Lei 8.906/1994

Legislação

- Inciso XXI acrescentado pela Lei 13.245/2016.

a) apresentar razões e quesitos;
b) *(Vetado.)*

§ 1º Não se aplica o disposto nos incisos XV e XVI:
1) aos processos sob regime de segredo de justiça;
2) quando existirem nos autos documentos originais de difícil restauração ou ocorrer circunstância relevante que justifique a permanência dos autos no cartório, secretaria ou repartição, reconhecida pela autoridade em despacho motivado, proferido de ofício, mediante representação ou a requerimento da parte interessada;
3) até o encerramento do processo, ao advogado que houver deixado de devolver os respectivos autos no prazo legal, e só o fizer depois de intimado.

- V. art. 34, XXII.
- V. art. 234, *caput*, CPC/2015.

§ 2º O advogado tem imunidade profissional, não constituindo injúria, difamação ou desacato puníveis qualquer manifestação de sua parte, no exercício de sua atividade, em juízo ou fora dele, sem prejuízo das sanções disciplinares perante a OAB, pelos excessos que cometer.

- O STF, na ADIn 1.127-8 (*DOU* e *DJU* 26.05.2006), declarou inconstitucional a expressão "ou desacato".

§ 3º O advogado somente poderá ser preso em flagrante, por motivo de exercício da profissão, em caso de crime inafiançável, observado o disposto no inciso IV deste artigo.

§ 4º O Poder Judiciário e o Poder Executivo devem instalar, em todos os juizados, fóruns, tribunais, delegacias de polícia e presídios, salas especiais permanentes para os advogados, com uso e controle asseguradas à OAB.

- O STF, na ADIn 1.127-8 (*DOU* e *DJU* 26.05.2006), declarou inconstitucional a expressão "e controle".

§ 5º No caso de ofensa a inscrito na OAB, no exercício da profissão ou de cargo ou função de órgão da OAB, o conselho competente deve promover o desagravo público do ofendido, sem prejuízo da responsabilidade criminal em que incorrer o infrator.

§ 6º Presentes indícios de autoria e materialidade da prática de crime por parte de advogado, a autoridade judiciária competente poderá decretar a quebra da inviolabilidade de que trata o inciso II do *caput* deste artigo, em decisão motivada, expedindo mandado de busca e apreensão, específico e pormenorizado, a ser cumprido na presença de representante da OAB, sendo, em qualquer hipótese, vedada a utilização dos documentos, das mídias e dos objetos pertencentes a clientes do advogado averiguado, bem como dos demais instrumentos de trabalho que contenham informações sobre clientes.

- § 6º acrescentado pela Lei 11.767/2008.
- V. Provimento CFOAB 127/2008 (Participação da OAB no cumprimento da decisão judicial que determinar a quebra da inviolabilidade de que trata a Lei 11.767/2008).

§ 7º A ressalva constante do § 6º deste artigo não se estende a clientes do advogado averiguado que estejam sendo formalmente investigados como seus partícipes ou coautores pela prática do mesmo crime que deu causa à quebra da inviolabilidade.

- § 7º acrescentado pela Lei 11.767/2008.

§ 8º *(Vetado.)*

- § 8º acrescentado pela Lei 11.767/2008.

§ 9º *(Vetado.)*

- § 9º acrescentado pela Lei 11.767/2008.

§ 10. Nos autos sujeitos a sigilo, deve o advogado apresentar procuração para o exercício dos direitos de que trata o inciso XIV.

- § 10 acrescentado pela Lei 13.245/2016.

§ 11. No caso previsto no inciso XIV, a autoridade competente poderá delimitar o acesso do advogado aos elementos de prova relacionados a diligências em andamento e ainda não documentados nos autos, quando houver risco de comprometimento da eficiência, da eficácia ou da finalidade das diligências.

- § 11 acrescentado pela Lei 13.245/2016.

§ 12. A inobservância aos direitos estabelecidos no inciso XIV, o fornecimento incompleto de autos ou o fornecimento de autos em que houve a retirada de peças já incluídas no caderno investigativo implicará responsabilização criminal e funcional por abuso de autoridade do responsável que impedir o acesso do advogado com o intuito de prejudicar o exercício da defesa, sem prejuízo do direito subjetivo do advogado de requerer acesso aos autos ao juiz competente.

- § 12 acrescentado pela Lei 13.245/2016.

Lei 8.906/1994

LEGISLAÇÃO

Capítulo III
DA INSCRIÇÃO

Art. 8º Para inscrição como advogado é necessário:

• V. arts. 34, XXVI, e 61, parágrafo único, *d*.

I – capacidade civil;

II – diploma ou certidão de graduação em direito, obtido em instituição de ensino oficialmente autorizada e credenciada;

III – título de eleitor e quitação do serviço militar, se brasileiro;

IV – aprovação em Exame de Ordem;

• V. art. 84.

V – não exercer atividade incompatível com a advocacia;

• V. arts. 27 e 28.

VI – idoneidade moral;

• V. art. 34, XXVII.

VII – prestar compromisso perante o Conselho.

§ 1º O Exame de Ordem é regulamentado em provimento do Conselho Federal da OAB.

• V. art. 58, VI.

§ 2º O estrangeiro ou brasileiro, quando não graduado em direito no Brasil, deve fazer prova do título de graduação, obtido em instituição estrangeira, devidamente revalidado, além de atender aos demais requisitos previstos neste artigo.

§ 3º A inidoneidade moral, suscitada por qualquer pessoa, deve ser declarada mediante decisão que obtenha no mínimo 2/3 (dois terços) dos votos de todos os membros do conselho competente, em procedimento que observe os termos do processo disciplinar.

§ 4º Não atende ao requisito de idoneidade moral aquele que tiver sido condenado por crime infamante, salvo reabilitação judicial.

Art. 9º Para inscrição como estagiário é necessário:

• V. art. 61, parágrafo único, *d*.

I – preencher os requisitos mencionados nos incisos I, III, V, VI e VII do art. 8º;

II – ter sido admitido em estágio profissional de advocacia.

§ 1º O estágio profissional de advocacia, com duração de 2 (dois) anos, realizado nos últimos anos do curso jurídico, pode ser mantido pelas respectivas instituições de ensino superior, pelos Conselhos da OAB, ou por setores, órgãos jurídicos e escritórios de advocacia credenciados pela OAB, sendo obrigatório o estudo deste Estatuto e do Código de Ética e Disciplina.

§ 2º A inscrição do estagiário é feita no Conselho Seccional em cujo território se localize seu curso jurídico.

§ 3º O aluno de curso jurídico que exerça atividade incompatível com a advocacia pode frequentar o estágio ministrado pela respectiva instituição de ensino superior, para fins de aprendizagem, vedada a inscrição na OAB.

• V. arts. 27 e 28.

§ 4º O estágio profissional poderá ser cumprido por bacharel em Direito que queira se inscrever na Ordem.

Art. 10. A inscrição principal do advogado deve ser feita no Conselho Seccional em cujo território pretende estabelecer o seu domicílio profissional, na forma do Regulamento Geral.

§ 1º Considera-se domicílio profissional a sede principal da atividade de advocacia, prevalecendo, na dúvida, o domicílio da pessoa física do advogado.

• V. art. 72, CC.

§ 2º Além da principal, o advogado deve promover a inscrição suplementar nos Conselhos Seccionais em cujos territórios passar a exercer habitualmente a profissão, considerando-se habitualidade a intervenção judicial que exceder de cinco causas por ano.

§ 3º No caso de mudança efetiva de domicílio profissional para outra unidade federativa, deve o advogado requerer a transferência de sua inscrição para o Conselho Seccional correspondente.

§ 4º O Conselho Seccional deve suspender o pedido de transferência ou de inscrição suplementar, ao verificar a existência de vício ou ilegalidade na inscrição principal,

Lei 8.906/1994

LEGISLAÇÃO

contra ela representando ao Conselho Federal.

Art. 11. Cancela-se a inscrição do profissional que:
I – assim o requerer;
II – sofrer penalidade de exclusão;
- V. art. 38.

III – falecer;
IV – passar a exercer, em caráter definitivo, atividade incompatível com a advocacia;
- V. arts. 27 e 28.

V – perder qualquer um dos requisitos necessários para inscrição.
- V. art. 8º.

§ 1º Ocorrendo uma das hipóteses dos incisos II, III e IV, o cancelamento deve ser promovido, de ofício, pelo Conselho competente ou em virtude de comunicação por qualquer pessoa.

§ 2º Na hipótese de novo pedido de inscrição – que não restaura o número de inscrição anterior – deve o interessado fazer prova dos requisitos dos incisos I, V, VI e VII do art. 8º.

§ 3º Na hipótese do inciso II deste artigo, o novo pedido de inscrição também deve ser acompanhado de provas de reabilitação.

Art. 12. Licencia-se o profissional que:
I – assim o requerer, por motivo justificado;
II – passar a exercer, em caráter temporário, atividade incompatível com o exercício da advocacia;
- V. arts. 27 e 28.

III – sofrer doença mental considerada curável.

Art. 13. O documento de identidade profissional, na forma prevista no Regulamento Geral, é de uso obrigatório no exercício da atividade de advogado ou de estagiário e constitui prova de identidade civil para todos os fins legais.

Art. 14. É obrigatória a indicação do nome e do número de inscrição em todos os documentos assinados pelo advogado, no exercício de sua atividade.

Parágrafo único. É vedado anunciar ou divulgar qualquer atividade relacionada com o exercício da advocacia ou o uso da expressão "escritório de advocacia", sem indicação expressa do nome e do número de inscrição dos advogados que o integrem ou o número de registro da sociedade de advogados na OAB.
- V. arts. 15 a 17.

Capítulo IV
DA SOCIEDADE DE ADVOGADOS

Art. 15. Os advogados podem reunir-se em sociedade simples de prestação de serviços de advocacia ou constituir sociedade unipessoal de advocacia, na forma disciplinada nesta Lei e no regulamento geral.
- *Caput* com redação determinada pela Lei 13.247/2016.
- V. art. 34, II.

§ 1º A sociedade de advogados e a sociedade unipessoal de advocacia adquirem personalidade jurídica com o registro aprovado dos seus atos constitutivos no Conselho Seccional da OAB em cuja base territorial tiver sede.
- § 1º com redação determinada pela Lei 13.247/2016.

§ 2º Aplica-se à sociedade de advogados e à sociedade unipessoal de advocacia o Código de Ética e Disciplina, no que couber.
- § 2º com redação determinada pela Lei 13.247/2016.

§ 3º As procurações devem ser outorgadas individualmente aos advogados e indicar a sociedade de que façam parte.

§ 4º Nenhum advogado pode integrar mais de uma sociedade de advogados, constituir mais de uma sociedade unipessoal de advocacia, ou integrar, simultaneamente, uma sociedade de advogados e uma sociedade unipessoal de advocacia, com sede ou filial na mesma área territorial do respectivo Conselho Seccional.
- § 4º com redação determinada pela Lei 13.247/2016.

§ 5º O ato de constituição de filial deve ser averbado no registro da sociedade e arquivado no Conselho Seccional onde se instalar, ficando os sócios, inclusive o titular da

Lei 8.906/1994

sociedade unipessoal de advocacia, obrigados à inscrição suplementar.

- § 5º com redação determinada pela Lei 13.247/2016.

§ 6º Os advogados sócios de uma mesma sociedade profissional não podem representar em juízo clientes de interesses opostos.

- V. art. 355, parágrafo único, CP.

§ 7º A sociedade unipessoal de advocacia pode resultar da concentração por um advogado das quotas de uma sociedade de advogados, independentemente das razões que motivaram tal concentração.

- § 7º acrescentado pela Lei 13.247/2016.

Art. 16. Não são admitidas a registro nem podem funcionar todas as espécies de sociedades de advogados que apresentem forma ou características de sociedade empresária, que adotem denominação de fantasia, que realizem atividades estranhas à advocacia, que incluam como sócio ou titular de sociedade unipessoal de advocacia pessoa não inscrita como advogado ou totalmente proibida de advogar.

- *Caput* com redação determinada pela Lei 13.247/2016.

§ 1º A razão social deve ter, obrigatoriamente, o nome de, pelo menos, um advogado responsável pela sociedade, podendo permanecer o de sócio falecido, desde que prevista tal possibilidade no ato constitutivo.

§ 2º O licenciamento do sócio para exercer atividade incompatível com a advocacia em caráter temporário deve ser averbado no registro da sociedade, não alterando sua constituição.

- V. arts. 27 e 28.

§ 3º É proibido o registro, nos cartórios de registro civil de pessoas jurídicas e nas juntas comerciais, de sociedade que inclua, entre outras finalidades, a atividade de advocacia.

§ 4º A denominação da sociedade unipessoal de advocacia deve ser obrigatoriamente formada pelo nome do seu titular, completo ou parcial, com a expressão "Sociedade Individual de Advocacia".

- § 4º acrescentado pela Lei 13.247/2016.

Art. 17. Além da sociedade, o sócio e o titular da sociedade individual de advocacia respondem subsidiária e ilimitadamente pelos danos causados aos clientes por ação ou omissão no exercício da advocacia, sem prejuízo da responsabilidade disciplinar em que possam incorrer.

- Artigo com redação determinada pela Lei 13.247/2016.
- V. art. 389, CC.

Capítulo V
DO ADVOGADO EMPREGADO

Art. 18. A relação de emprego, na qualidade de advogado, não retira a isenção técnica nem reduz a independência profissional inerentes à advocacia.

Parágrafo único. O advogado empregado não está obrigado à prestação de serviços profissionais de interesse pessoal dos empregadores, fora da relação de emprego.

Art. 19. O salário mínimo profissional do advogado será fixado em sentença normativa, salvo se ajustado em acordo ou convenção coletiva de trabalho.

Art. 20. A jornada de trabalho do advogado empregado, no exercício da profissão, não poderá exceder a duração diária de 4 (quatro) horas contínuas e a de 20 (vinte) horas semanais, salvo acordo ou convenção coletiva ou em caso de dedicação exclusiva.

§ 1º Para efeitos deste artigo, considera-se como período de trabalho o tempo em que o advogado estiver à disposição do empregador, aguardando ou executando ordens, no seu escritório ou em atividades externas, sendo-lhe reembolsadas as despesas feitas com transporte, hospedagem e alimentação.

§ 2º As horas trabalhadas que excederem a jornada normal são remuneradas por um adicional não inferior a 100% (cem por cento) sobre o valor da hora normal, mesmo havendo contrato escrito.

Lei 8.906/1994

§ 3º As horas trabalhadas no período das 20 (vinte) horas de um dia até as 5 (cinco) horas do dia seguinte são remuneradas como noturnas, acrescidas do adicional de 25% (vinte e cinco por cento).

Art. 21. Nas causas em que for parte o empregador, ou pessoa por este representada, os honorários de sucumbência são devidos aos advogados empregados.

- O STF, na ADIn 1.194-4 (*DOU* e *DJE* 28.05.2009), julgou parcialmente procedente a ação para dar interpretação conforme ao art. 21 e seu parágrafo único da Lei 8.906/1994, "no sentido da preservação da liberdade contratual quanto à destinação dos honorários de sucumbência fixados judicialmente".

Parágrafo único. Os honorários de sucumbência, percebidos por advogado empregado de sociedade de advogados são partilhados entre ele e a empregadora, na forma estabelecida em acordo.

Capítulo VI
DOS HONORÁRIOS ADVOCATÍCIOS

Art. 22. A prestação de serviço profissional assegura aos inscritos na OAB o direito aos honorários convencionados, aos fixados por arbitramento judicial e aos de sucumbência.

- V. arts. 23 e 24, §§ 2º a 4º.
- V. arts. 82, § 2º, 84 a 86, CPC/2015.

§ 1º O advogado, quando indicado para patrocinar causa de juridicamente necessitado, no caso de impossibilidade da Defensoria Pública no local da prestação de serviço, tem direito aos honorários fixados pelo juiz, segundo tabela organizada pelo Conselho Seccional da OAB, e pagos pelo Estado.

§ 2º Na falta de estipulação ou de acordo, os honorários são fixados por arbitramento judicial, em remuneração compatível com o trabalho e o valor econômico da questão, não podendo ser inferiores aos estabelecidos na tabela organizada pelo Conselho Seccional da OAB.

§ 3º Salvo estipulação em contrário, 1/3 (um terço) dos honorários é devido no início do serviço, outro terço até a decisão de primeira instância e o restante no final.

§ 4º Se o advogado fizer juntar aos autos o seu contrato de honorários antes de expedir-se o mandado de levantamento ou precatório, o juiz deve determinar que lhe sejam pagos diretamente, por dedução da quantia a ser recebida pelo constituinte, salvo se este provar que já os pagou.

- V. Súmula vinculante 47, STF.

§ 5º O disposto neste artigo não se aplica quando se tratar de mandato outorgado por advogado para defesa em processo oriundo de ato ou omissão praticada no exercício da profissão.

Art. 23. Os honorários incluídos na condenação, por arbitramento ou sucumbência, pertencem ao advogado, tendo este direito autônomo para executar a sentença nesta parte, podendo requerer que o precatório, quando necessário, seja expedido em seu favor.

- V. art. 26.
- V. arts. 92, 485, § 2º, e 486, CPC/2015.
- V. Súmula vinculante 47, STF.
- V. Súmula 306, STJ.

Art. 24. A decisão judicial que fixar ou arbitrar honorários e o contrato escrito que os estipular são títulos executivos e constituem crédito privilegiado na falência, concordata, concurso de credores, insolvência civil e liquidação extrajudicial.

- V. arts. 784, XII, e 917, CPC/2015.
- V. art. 83, V, *c*, Lei 11.101/2005 (Lei de Recuperação de Empresas e Falência).

§ 1º A execução dos honorários pode ser promovida nos mesmos autos da ação em que tenha atuado o advogado, se assim lhe convier.

§ 2º Na hipótese de falecimento ou incapacidade civil do advogado, os honorários de sucumbência, proporcionais ao trabalho realizado, são recebidos por seus sucessores ou representantes legais.

§ 3º É nula qualquer disposição, cláusula, regulamento ou convenção individual ou coletiva que retire do advogado o direito ao recebimento dos honorários de sucumbência.

Lei 8.906/1994

- O STF, na ADIn 1.194-4 (*DOU* e *DJE* 28.05.2009), declarou a inconstitucionalidade do § 3º do art. 24 da Lei 8.906/1994.

§ 4º O acordo feito pelo cliente do advogado e a parte contrária, salvo aquiescência do profissional, não lhe prejudica os honorários, quer os convencionados, quer os concedidos por sentença.

Art. 25. Prescreve em 5 (cinco) anos a ação de cobrança de honorários de advogado, contado o prazo:

I – do vencimento do contrato, se houver;
II – do trânsito em julgado da decisão que os fixar;
III – da ultimação do serviço extrajudicial;
IV – da desistência ou transação;
V – da renúncia ou revogação do mandato.

Art. 25-A. Prescreve em 5 (cinco) anos a ação de prestação de contas pelas quantias recebidas pelo advogado de seu cliente, ou de terceiros por conta dele (art. 34, XXI).

- Artigo acrescentado pela Lei 11.902/2009.

Art. 26. O advogado substabelecido, com reserva de poderes, não pode cobrar honorários sem a intervenção daquele que lhe conferiu o substabelecimento.

Capítulo VII
DAS INCOMPATIBILIDADES E IMPEDIMENTOS

Art. 27. A incompatibilidade determina a proibição total, e o impedimento, a proibição parcial do exercício da advocacia.

- V. arts. 4º, parágrafo único, e 16, § 2º.

Art. 28. A advocacia é incompatível, mesmo em causa própria, com as seguintes atividades:

I – chefe do Poder Executivo e membros da Mesa do Poder Legislativo e seus substitutos legais;
II – membros de órgãos do Poder Judiciário, do Ministério Público, dos tribunais e conselhos de contas, dos juizados especiais, da justiça de paz, juízes classistas, bem como de todos os que exerçam função de julgamento em órgão de deliberação coletiva da administração pública direta ou indireta;

- O STF, na ADIn 1.127-8 (*DOU* e *DJU* 26.05.2006), "julgou parcialmente procedente a ação, quanto ao inciso II do artigo 28, para excluir apenas os juízes eleitorais e seus suplentes".
- A EC n. 24/1999 substituiu as Juntas de Conciliação e Julgamento por Varas do Trabalho (juiz singular) e extinguiu a representação classista na Justiça do Trabalho.
- V. art. 83.

III – ocupantes de cargos ou funções de direção em órgãos da Administração Pública direta ou indireta, em suas fundações e em suas empresas controladas ou concessionárias de serviço público;
IV – ocupantes de cargos ou funções vinculados direta ou indiretamente a qualquer órgão do Poder Judiciário e os que exercem serviços notariais e de registro;
V – ocupantes de cargos ou funções vinculados direta ou indiretamente a atividade policial de qualquer natureza;
VI – militares de qualquer natureza, na ativa;
VII – ocupantes de cargos ou funções que tenham competência de lançamento, arrecadação ou fiscalização de tributos e contribuições parafiscais;
VIII – ocupantes de funções de direção e gerência em instituições financeiras, inclusive privadas.

§ 1º A incompatibilidade permanece mesmo que o ocupante do cargo ou função deixe de exercê-lo temporariamente.

- V. art. 16, § 2º.

§ 2º Não se incluem nas hipóteses do inciso III os que não detenham poder de decisão relevante sobre interesses de terceiro, a juízo do Conselho competente da OAB, bem como a administração acadêmica diretamente relacionada ao magistério jurídico.

Art. 29. Os Procuradores-Gerais, Advogados-Gerais, Defensores-Gerais e dirigentes de órgãos jurídicos da Administração Pública direta, indireta e fundacional são exclusivamente legitimados para o exercício da advocacia vinculada à função que exerçam, durante o período da investidura.

Art. 30. São impedidos de exercer a advocacia:

I – os servidores da administração direta, indireta e fundacional, contra a Fazenda Pú-

Lei 8.906/1994

blica que os remunere ou à qual seja vinculada a entidade empregadora;

II – os membros do Poder Legislativo, em seus diferentes níveis, contra ou a favor das pessoas jurídicas de direito público, empresas públicas, sociedades de economia mista, fundações públicas, entidades paraestatais ou empresas concessionárias ou permissionárias de serviço público.

Parágrafo único. Não se incluem nas hipóteses do inciso I os docentes dos cursos jurídicos.

Capítulo VIII
DA ÉTICA DO ADVOGADO

Art. 31. O advogado deve proceder de forma que o torne merecedor de respeito e que contribua para o prestígio da classe e da advocacia.

§ 1º O advogado, no exercício da profissão, deve manter independência em qualquer circunstância.

§ 2º Nenhum receio de desagradar a magistrado ou a qualquer autoridade, nem de incorrer em impopularidade, deve deter o advogado no exercício da profissão.

Art. 32. O advogado é responsável pelos atos que, no exercício profissional, praticar com dolo ou culpa.

* V. art. 17.
* V. art. 389, CC.

Parágrafo único. Em caso de lide temerária, o advogado será solidariamente responsável com seu cliente, desde que coligado com este para lesar a parte contrária, o que será apurado em ação própria.

* V. art. 80, CPC/2015.

Art. 33. O advogado obriga-se a cumprir rigorosamente os deveres consignados no Código de Ética e Disciplina.

Parágrafo único. O Código de Ética e Disciplina regula os deveres do advogado para com a comunidade, o cliente, o outro profissional e, ainda, a publicidade, a recusa do patrocínio, o dever de assistência jurídica, o dever geral de urbanidade e os respectivos procedimentos disciplinares.

Capítulo IX
DAS INFRAÇÕES E SANÇÕES DISCIPLINARES

Art. 34. Constitui infração disciplinar:

I – exercer a profissão, quando impedido de fazê-lo, ou facilitar, por qualquer meio, o seu exercício aos não inscritos, proibidos ou impedidos;

* V. arts. 28 a 30 e 36, I.

II – manter sociedade profissional fora das normas e preceitos estabelecidos nesta Lei;

* V. arts. 15 a 17 e 36, I.

III – valer-se de agenciador de causas, mediante participação nos honorários a receber;

* V. art. 36, I.

IV – angariar ou captar causas, com ou sem a intervenção de terceiros;

* V. art. 36, I.

V – assinar qualquer escrito destinado a processo judicial ou para fim extrajudicial que não tenha feito, ou em que não tenha colaborado;

* V. art. 36, I.

VI – advogar contra literal disposição de lei, presumindo-se a boa-fé quando fundamentado na inconstitucionalidade, na injustiça da lei ou em pronunciamento judicial anterior;

* V. arts. 32, parágrafo único, e 36, I.
* V. art. 80, I, CPC/2015.

VII – violar, sem justa causa, sigilo profissional;

* V. arts. 7º, XIX, e 36, I.
* V. art. 381, CPC/2015.

VIII – estabelecer entendimento com a parte adversa sem autorização do cliente ou ciência do advogado contrário;

* V. art. 36, I.

IX – prejudicar, por culpa grave, interesse confiado ao seu patrocínio;

* V. art. 36, I.
* V. art. 355, *caput*, CP.

X – acarretar, conscientemente, por ato próprio, a anulação ou a nulidade do processo em que funcione;

* V. art. 36, I.

1283

Lei 8.906/1994

LEGISLAÇÃO

XI – abandonar a causa sem justo motivo ou antes de decorridos 10 (dez) dias da comunicação da renúncia;
- V. arts 5º, § 3º, I e 36, I.
- V. art. 112, *caput* e § 1º, CPC/2015.

XII – recusar-se a prestar, sem justo motivo, assistência jurídica, quando nomeado em virtude de impossibilidade da Defensoria Pública;
- V. arts. 22, § 1º, e 36, I.

XIII – fazer publicar na imprensa, desnecessária e habitualmente, alegações forenses ou relativas a causas pendentes;
- V. art. 36, I.

XIV – deturpar o teor de dispositivo de lei, de citação doutrinária ou de julgado, bem como de depoimentos, documentos e alegações da parte contrária, para confundir o adversário ou iludir o juiz da causa;
- V. art. 36, I.
- V. art. 80, II, CPC/2015.

XV – fazer, em nome do constituinte, sem autorização escrita deste, imputação a terceiro de fato definido como crime;
- V. art. 36, I.

XVI – deixar de cumprir, no prazo estabelecido, determinação emanada do órgão ou autoridade da Ordem, em matéria da competência desta, depois de regularmente notificado;
- V. art. 36, I.

XVII – prestar concurso a clientes ou a terceiros para realização de ato contrário à lei ou destinado a fraudá-la;
- V. art. 37, I.

XVIII – solicitar ou receber de constituinte qualquer importância para aplicação ilícita ou desonesta;
- V. art. 37, I.
- V. art. 317, *caput*, CP.

XIX – receber valores, da parte contrária ou de terceiro, relacionados com o objeto do mandato, sem expressa autorização do constituinte;
- V. art. 37, I.

XX – locupletar-se, por qualquer forma, à custa do cliente ou da parte adversa, por si ou interposta pessoa;
- V. art. 37, I.

XXI – recusar-se, injustificadamente, a prestar contas ao cliente de quantias recebidas dele ou de terceiros por conta dele;
- V. arts. 25-A e 37, I e 2º.

XXII – reter, abusivamente, ou extraviar autos recebidos com vista ou em confiança;
- V. arts. 7º, § 1º, item 3, e 37, I.
- V. art. 234, *caput*, e §§ 1º a 3º, CPC/2015.

XXIII – deixar de pagar as contribuições, multas e preços de serviços devidos à OAB, depois de regularmente notificado a fazê-lo;
- V. art. 37, I e § 2º.

XXIV – incidir em erros reiterados que evidenciem inépcia profissional;
- V. art. 37, I e § 3º.

XXV – manter conduta incompatível com a advocacia;
- V. arts. 28, 31 e 37, I.

XXVI – fazer falsa prova de qualquer dos requisitos para inscrição na OAB;
- V. arts. 8º e 38, II.

XXVII – tornar-se moralmente inidôneo para o exercício da advocacia;
- V. arts. 8º, § 3º, e 38, II.

XXVIII – praticar crime infamante;
- V. arts. 8º, § 4º, e 38, II.

XXIX – praticar, o estagiário, ato excedente de sua habilitação.
- V. arts. 3º, § 2º, e 36, I.

Parágrafo único. Inclui-se na conduta incompatível:
a) prática reiterada de jogo de azar, não autorizado por lei;
b) incontinência pública e escandalosa;
c) embriaguez ou toxicomania habituais.

Art. 35. As sanções disciplinares consistem em:
I – censura;
II – suspensão;
III – exclusão;
IV – multa.

Parágrafo único. As sanções devem constar dos assentamentos do inscrito, após o trânsito em julgado da decisão, não podendo ser objeto de publicidade a de censura.

Lei 8.906/1994

LEGISLAÇÃO

Art. 36. A censura é aplicável nos casos de:
I – infrações definidas nos incisos I a XVI e XXIX do art. 34;
II – violação a preceito do Código de Ética e Disciplina;
III – violação a preceito desta Lei, quando para a infração não se tenha estabelecido sanção mais grave.

Parágrafo único. A censura pode ser convertida em advertência, em ofício reservado, sem registro nos assentamentos do inscrito, quando presente circunstância atenuante.

Art. 37. A suspensão é aplicável nos casos de:
I – infrações definidas nos incisos XVII a XXV do art. 34;
II – reincidência em infração disciplinar.

§ 1º A suspensão acarreta ao infrator a interdição do exercício profissional, em todo o território nacional, pelo prazo de 30 (trinta) dias a 12 (doze) meses, de acordo com os critérios de individualização previstos neste capítulo.

§ 2º Nas hipóteses dos incisos XXI e XXIII do art. 34, a suspensão perdura até que satisfaça integralmente a dívida, inclusive com correção monetária.

§ 3º Na hipótese do inciso XXIV do art. 34, a suspensão perdura até que preste novas provas de habilitação.

Art. 38. A exclusão é aplicável nos casos de:
I – aplicação, por três vezes, de suspensão;
II – infrações definidas nos incisos XXVI a XXVIII do art. 34.

Parágrafo único. Para a aplicação da sanção disciplinar de exclusão é necessária a manifestação favorável de 2/3 (dois terços) dos membros do Conselho Seccional competente.

Art. 39. A multa, variável entre o mínimo correspondente ao valor de uma anuidade e o máximo de seu décuplo, é aplicável cumulativamente com a censura ou suspensão, em havendo circunstâncias agravantes.

Art. 40. Na aplicação das sanções disciplinares são consideradas, para fins de atenuação, as seguintes circunstâncias, entre outras:
I – falta cometida na defesa de prerrogativa profissional;
II – ausência de punição disciplinar anterior;
III – exercício assíduo e proficiente de mandato ou cargo em qualquer órgão da OAB;
IV – prestação de relevantes serviços à advocacia ou à causa pública.

Parágrafo único. Os antecedentes profissionais do inscrito, as atenuantes, o grau de culpa por ele revelada, as circunstâncias e as consequências da infração são considerados para o fim de decidir:
a) sobre a conveniência da aplicação cumulativa da multa e de outra sanção disciplinar;
b) sobre o tempo de suspensão e o valor da multa aplicáveis.

Art. 41. É permitido ao que tenha sofrido qualquer sanção disciplinar requerer, um ano após seu cumprimento, a reabilitação, em face de provas efetivas de bom comportamento.

Parágrafo único. Quando a sanção disciplinar resultar da prática de crime, o pedido de reabilitação depende também da correspondente reabilitação criminal.

• V. arts. 743 a 750, CPP.

Art. 42. Fica impedido de exercer o mandato o profissional a quem forem aplicadas as sanções disciplinares de suspensão ou exclusão.

• V. art. 4º, parágrafo único.

Art. 43. A pretensão à punibilidade das infrações disciplinares prescreve em 5 (cinco) anos, contados da data da constatação oficial do fato.

§ 1º Aplica-se a prescrição a todo processo disciplinar paralisado por mais de 3 (três) anos, pendente de despacho ou julgamento, devendo ser arquivado de ofício, ou a requerimento da parte interessada, sem prejuízo de serem apuradas as responsabilidades pela paralisação.

§ 2º A prescrição interrompe-se:
I – pela instauração de processo disciplinar ou pela notificação válida feita diretamente ao representado;
II – pela decisão condenatória recorrível de qualquer órgão julgador da OAB.

Lei 8.906/1994

LEGISLAÇÃO

TÍTULO II
DA ORDEM DOS ADVOGADOS DO BRASIL

Capítulo I
DOS FINS E DA ORGANIZAÇÃO

Art. 44. A Ordem dos Advogados do Brasil – OAB, serviço público, dotada de personalidade jurídica e forma federativa, tem por finalidade:

I – defender a Constituição, a ordem jurídica do Estado democrático de direito, os direitos humanos, a justiça social, e pugnar pela boa aplicação das leis, pela rápida administração da justiça e pelo aperfeiçoamento da cultura e das instituições jurídicas;

II – promover, com exclusividade, a representação, a defesa, a seleção e a disciplina dos advogados em toda a República Federativa do Brasil.

§ 1º A OAB não mantém com órgãos da Administração Pública qualquer vínculo funcional ou hierárquico.

§ 2º O uso da sigla "OAB" é privativo da Ordem dos Advogados do Brasil.

Art. 45. São órgãos da OAB:

I – o Conselho Federal;
- V. arts. 51 a 55.

II – os Conselhos Seccionais;
- V. arts. 56 a 59.

III – as Subseções;
- V. arts. 60 e 61.

IV – as Caixas de Assistência dos Advogados.
- V. art. 62.

§ 1º O Conselho Federal, dotado de personalidade jurídica própria, com sede na capital da República, é o órgão supremo da OAB.

§ 2º Os Conselhos Seccionais, dotados de personalidade jurídica própria, têm jurisdição sobre os respectivos territórios dos Estados-membros, do Distrito Federal e dos Territórios.

§ 3º As Subseções são partes autônomas do Conselho Seccional, na forma desta Lei e de seu ato constitutivo.

§ 4º As Caixas de Assistência dos Advogados, dotadas de personalidade jurídica própria, são criadas pelos Conselhos Seccionais, quando estes contarem com mais de mil e quinhentos inscritos.

§ 5º A OAB, por constituir serviço público, goza de imunidade tributária total em relação a seus bens, rendas e serviços.

§ 6º Os atos conclusivos dos órgãos da OAB, salvo quando reservados ou de administração interna, devem ser publicados na imprensa oficial ou afixados no fórum, na íntegra ou em resumo.

Art. 46. Compete à OAB fixar e cobrar, de seus inscritos, contribuições, preços de serviços e multas.

Parágrafo único. Constitui título executivo extrajudicial a certidão passada pela diretoria do Conselho competente, relativa a crédito previsto neste artigo.

- V. art. 784, IX, CPC/2015.
- V. art. 1º, Lei 6.830/1980 (Execução fiscal).

Art. 47. O pagamento da contribuição anual à OAB isenta os inscritos nos seus quadros do pagamento obrigatório da contribuição sindical.

Art. 48. O cargo de conselheiro ou de membro de diretoria de órgão da OAB é de exercício gratuito e obrigatório, considerado serviço público relevante, inclusive para fins de disponibilidade e aposentadoria.

Art. 49. Os Presidentes dos Conselhos e das Subseções da OAB têm legitimidade para agir, judicial e extrajudicialmente, contra qualquer pessoa que infringir as disposições ou os fins desta Lei.

Parágrafo único. As autoridades mencionadas no *caput* deste artigo têm, ainda, legitimidade para intervir, inclusive como assistentes, nos inquéritos e processos em que sejam indiciados, acusados ou ofendidos os inscritos na OAB.

Art. 50. Para os fins desta Lei, os Presidentes dos Conselhos da OAB e das Subseções podem requisitar cópias de peças de autos e documentos a qualquer tribunal, magistrado, cartório e órgão da Administração Pública direta, indireta e fundacional.

- O STF, na ADIn 1.127-8 (*DOU* e *DJU* 26.05.2006), "julgou parcialmente procedente a ação para, sem redução de texto, dar interpreta-

Lei 8.906/1994

LEGISLAÇÃO

ção conforme ao dispositivo, de modo a fazer compreender a palavra 'requisitar' como dependente de motivação, compatibilização com as finalidades da lei e atendimento de custos desta requisição. Ficam ressalvados, desde já, os documentos cobertos por sigilo".

Capítulo II
DO CONSELHO FEDERAL

Art. 51. O Conselho Federal compõe-se:
I – dos conselheiros federais, integrantes das delegações de cada unidade federativa;
II – dos seus ex-presidentes, na qualidade de membros honorários vitalícios.
§ 1º Cada delegação é formada por três conselheiros federais.
§ 2º Os ex-presidentes têm direito apenas a voz nas sessões.

• V. art. 81.

Art. 52. Os presidentes dos Conselhos Seccionais, nas sessões do Conselho Federal, têm lugar reservado junto à delegação respectiva e direito somente a voz.

Art. 53. O Conselho Federal tem sua estrutura e funcionamento definidos no Regulamento Geral da OAB.
§ 1º O Presidente, nas deliberações do Conselho, tem apenas o voto de qualidade.

• V. art. 55, § 3º.

§ 2º O voto é tomado por delegação, e não pode ser exercido nas matérias de interesse da unidade que represente.
§ 3º Na eleição para a escolha da Diretoria do Conselho Federal, cada membro da delegação terá direito a um voto, vedado aos membros honorários vitalícios.

• § 3º acrescentado pela Lei 11.179/2005.

Art. 54. Compete ao Conselho Federal:
I – dar cumprimento efetivo às finalidades da OAB;
II – representar, em juízo ou fora dele, os interesses coletivos ou individuais dos advogados;
III – velar pela dignidade, independência, prerrogativas e valorização da advocacia;
IV – representar, com exclusividade, os advogados brasileiros nos órgãos e eventos internacionais da advocacia;
V – editar e alterar o Regulamento Geral, o Código de Ética e Disciplina, e os Provimentos que julgar necessários;
VI – adotar medidas para assegurar o regular funcionamento dos Conselhos Seccionais;
VII – intervir nos Conselhos Seccionais, onde e quando constatar grave violação desta Lei ou do Regulamento Geral;
VIII – cassar ou modificar, de ofício ou mediante representação, qualquer ato, de órgão ou autoridade da OAB, contrário a esta Lei, ao Regulamento Geral, ao Código de Ética e Disciplina, e aos Provimentos, ouvida a autoridade ou o órgão em causa;
IX – julgar, em grau de recurso, as questões decididas pelos Conselhos Seccionais, nos casos previstos neste Estatuto e no Regulamento Geral;
X – dispor sobre a identificação dos inscritos na OAB e sobre os respectivos símbolos privativos;
XI – apreciar o relatório anual e deliberar sobre o balanço e as contas de sua diretoria;
XII – homologar ou mandar suprir relatório anual, o balanço e as contas dos Conselhos Seccionais;
XIII – elaborar as listas constitucionalmente previstas, para o preenchimento dos cargos nos tribunais judiciários de âmbito nacional ou interestadual, com advogados que estejam em pleno exercício da profissão, vedada a inclusão de nome de membro do próprio Conselho ou de outro órgão da OAB;

• V. art. 94, *caput*, CF.

XIV – ajuizar ação direta de inconstitucionalidade de normas legais e atos normativos, ação civil pública, mandado de segurança coletivo, mandado de injunção e demais ações cuja legitimação lhe seja outorgada por lei;

• V. art. 103, VII, CF.

XV – colaborar com o aperfeiçoamento dos cursos jurídicos, e opinar, previamente, nos pedidos apresentados aos órgãos competentes para criação, reconhecimento ou credenciamento desses cursos;
XVI – autorizar, pela maioria absoluta das delegações, a oneração ou alienação de seus bens imóveis;
XVII – participar de concursos públicos, nos casos previstos na Constituição e na lei, em

todas as suas fases, quando tiverem abrangência nacional ou interestadual;

- V. art. 93, I, CF.
- V. art. 21, § 4º, LC 73/1993 (Lei Orgânica da Advocacia-Geral da União).

XVIII – resolver os casos omissos neste Estatuto.

Parágrafo único. A intervenção referida no inciso VII deste artigo depende de prévia aprovação por 2/3 (dois terços) das delegações, garantido o amplo direito de defesa do Conselho Seccional respectivo, nomeando-se diretoria provisória para o prazo que se fixar.

Art. 55. A diretoria do Conselho Federal é composta de um Presidente, de um Vice-Presidente, de um Secretário-Geral, de um Secretário-Geral Adjunto e de um Tesoureiro.

§ 1º O Presidente exerce a representação nacional e internacional da OAB, competindo-lhe convocar o Conselho Federal, presidi-lo, representá-lo ativa e passivamente, em juízo ou fora dele, promover-lhe a administração patrimonial e dar execução às suas decisões.

§ 2º O Regulamento Geral define as atribuições dos membros da Diretoria e a ordem de substituição em caso de vacância, licença, falta ou impedimento.

§ 3º Nas deliberações do Conselho Federal, os membros da diretoria votam como membros de suas delegações, cabendo ao Presidente, apenas, o voto de qualidade e o direito de embargar a decisão, se esta não for unânime.

- V. art. 53, § 1º.

Capítulo III
DO CONSELHO SECCIONAL

Art. 56. O Conselho Seccional compõe-se de conselheiros em número proporcional ao de seus inscritos, segundo critérios estabelecidos no Regulamento Geral.

§ 1º São membros honorários vitalícios os seus ex-presidentes, somente com direito a voz em suas sessões.

- V. art. 81.

§ 2º O Presidente do Instituto dos Advogados local é membro honorário, somente com direito a voz nas sessões do Conselho.

§ 3º Quando presentes às sessões do Conselho Seccional, o Presidente do Conselho Federal, os Conselheiros Federais integrantes da respectiva delegação, o Presidente da Caixa de Assistência dos Advogados e os Presidentes das Subseções, têm direito a voz.

Art. 57. O Conselho Seccional exerce e observa, no respectivo território, as competências, vedações e funções atribuídas ao Conselho Federal, no que couber e no âmbito de sua competência material e territorial, e as normas gerais estabelecidas nesta Lei, no Regulamento Geral, no Código de Ética e Disciplina, e nos Provimentos.

Art. 58. Compete privativamente ao Conselho Seccional:

I – editar seu Regimento Interno e Resoluções;

II – criar as Subseções e a Caixa de Assistência dos Advogados;

III – julgar, em grau de recurso, as questões decididas por seu Presidente, por sua diretoria, pelo Tribunal de Ética e Disciplina, pelas diretorias da Subseções e da Caixa de Assistência dos Advogados;

IV – fiscalizar a aplicação da receita, apreciar o relatório anual e deliberar sobre o balanço e as contas de sua diretoria, das diretorias das Subseções e da Caixa de Assistência dos Advogados;

V – fixar a tabela de honorários, válida para todo o território estadual;

VI – realizar o Exame de Ordem;

- V. art. 8º, § 1º.

VII – decidir os pedidos de inscrição nos quadros de advogados e estagiários;

VIII – manter cadastro de seus inscritos;

IX – fixar, alterar e receber contribuições obrigatórias, preços de serviços e multas;

X – participar da elaboração dos concursos públicos, em todas as suas fases, nos casos previstos na Constituição e nas leis, no âmbito do seu território;

- V. art. 54, XVII.
- V. art. 93, I, CF.
- V. art. 78, *caput*, LC 35/1979 (Lei Orgânica da Magistratura Nacional).

XI – determinar, com exclusividade, critérios para o traje dos advogados, no exercício profissional;

Lei 8.906/1994

XII – aprovar e modificar seu orçamento anual;
XIII – definir a composição e o funcionamento do Tribunal de Ética e Disciplina, e escolher seus membros;
XIV – eleger as listas, constitucionalmente previstas, para preenchimento dos cargos nos tribunais judiciários, no âmbito de sua competência e na forma do Provimento do Conselho Federal, vedada a inclusão de membros do próprio Conselho e de qualquer órgão da OAB;

- V. art. 54, XIII.
- V. art. 94, caput, CF.

XV – intervir nas Subseções e na Caixa de Assistência dos Advogados;

- V. arts. 60, § 6º, e 62, § 7º.

XVI – desempenhar outras atribuições previstas no Regulamento Geral.

Art. 59. A diretoria do Conselho Seccional tem composição idêntica e atribuições equivalentes às do Conselho Federal, na forma do Regimento Interno daquele.

- V. art. 55, caput e § 2º.

Capítulo IV
DA SUBSEÇÃO

Art. 60. A Subseção pode ser criada pelo Conselho Seccional, que fixa sua área territorial e seus limites de competência e autonomia.

§ 1º A área territorial da Subseção pode abranger um ou mais municípios, ou parte de município, inclusive da capital do Estado, contando com um mínimo de quinze advogados, nela profissionalmente domiciliados.

§ 2º A Subseção é administrada por uma diretoria, com atribuições e composição equivalentes às da diretoria do Conselho Seccional.

- V. arts. 55, § 2º, e 59.

§ 3º Havendo mais de cem advogados, a Subseção pode ser integrada, também, por um Conselho em número de membros fixado pelo Conselho Seccional.

§ 4º Os quantitativos referidos nos parágrafos primeiro e terceiro deste artigo podem ser ampliados, na forma do Regimento Interno do Conselho Seccional.

§ 5º Cabe ao Conselho Seccional fixar, em seu orçamento, dotações específicas destinadas à manutenção das Subseções.

§ 6º O Conselho Seccional, mediante o voto de 2/3 (dois terços) de seus membros, pode intervir nas Subseções, onde constatar grave violação desta Lei ou do Regimento Interno daquele.

- V. art. 58, XIV.

Art. 61. Compete à Subseção, no âmbito de seu território:
I – dar cumprimento efetivo às finalidades da OAB;
II – velar pela dignidade, independência e valorização da advocacia, e fazer valer as prerrogativas do advogado;
III – representar a OAB perante os poderes constituídos;
IV – desempenhar as atribuições previstas no Regulamento Geral ou por delegação de competência do Conselho Seccional.

Parágrafo único. Ao Conselho da Subseção, quando houver, compete exercer as funções e atribuições do Conselho Seccional, na forma do Regimento Interno deste, e ainda:

- V. art. 58.

a) editar seu Regimento Interno, a ser referendado pelo Conselho Seccional;
b) editar resoluções, no âmbito de sua competência;
c) instaurar e instruir processos disciplinares, para julgamento pelo Tribunal de Ética e Disciplina;
d) receber pedido de inscrição nos quadros de advogado e estagiário, instruindo e emitindo parecer prévio, para decisão do Conselho Seccional.

- V. arts. 8º e 9º.

Capítulo V
DA CAIXA DE ASSISTÊNCIA DOS ADVOGADOS

Art. 62. A Caixa de Assistência dos Advogados, com personalidade jurídica própria, destina-se a prestar assistência aos inscritos no Conselho Seccional a que se vincule.

§ 1º A Caixa é criada e adquire personalidade jurídica com a aprovação e registro de seu Estatuto pelo respectivo Conselho Sec-

1289

cional da OAB, na forma do Regulamento Geral.

§ 2º A Caixa pode, em benefício dos advogados, promover a seguridade complementar.

§ 3º Compete ao Conselho Seccional fixar contribuição obrigatória devida por seus inscritos, destinada à manutenção do disposto no parágrafo anterior, incidente sobre atos decorrentes do efetivo exercício da advocacia.

§ 4º A diretoria da Caixa é composta de cinco membros, com atribuições definidas no seu Regimento Interno.

§ 5º Cabe à Caixa a metade da receita das anuidades recebidas pelo Conselho Seccional, considerado o valor resultante após as deduções regulamentares obrigatórias.

§ 6º Em caso de extinção ou desativação da Caixa, seu patrimônio se incorpora ao do Conselho Seccional respectivo.

§ 7º O Conselho Seccional, mediante voto de 2/3 (dois terços) de seus membros, pode intervir na Caixa de Assistência dos Advogados, no caso de descumprimento de suas finalidades, designando diretoria provisória, enquanto durar a intervenção.

• V. art. 58, XV.

Capítulo VI
DAS ELEIÇÕES E DOS MANDATOS

Art. 63. A eleição dos membros de todos os órgãos da OAB será realizada na segunda quinzena do mês de novembro, do último ano do mandato, mediante cédula única e votação direta dos advogados regularmente inscritos.

§ 1º A eleição, na forma e segundo os critérios e procedimentos estabelecidos no Regulamento Geral, é de comparecimento obrigatório para todos os advogados inscritos na OAB.

§ 2º O candidato deve comprovar situação regular junto à OAB, não ocupar cargo exonerável *ad nutum*, não ter sido condenado por infração disciplinar, salvo reabilitação, e exercer efetivamente a profissão há mais de 5 (cinco) anos.

Art. 64. Consideram-se eleitos os candidatos integrantes da chapa que obtiver a maioria dos votos válidos.

§ 1º A chapa para o Conselho Seccional deve ser composta dos candidatos ao Conselho e à sua Diretoria e, ainda, à delegação ao Conselho Federal e à Diretoria da Caixa de Assistência dos Advogados para eleição conjunta.

§ 2º A chapa para a Subseção deve ser composta com os candidatos à diretoria, e de seu Conselho quando houver.

Art. 65. O mandato em qualquer órgão da OAB é de 3 (três) anos, iniciando-se em 1º de janeiro do ano seguinte ao da eleição, salvo o Conselho Federal.

Parágrafo único. Os conselheiros federais eleitos iniciam seus mandatos em 1º de fevereiro do ano seguinte ao da eleição.

Art. 66. Extingue-se o mandato automaticamente, antes do seu término, quando:

I – ocorrer qualquer hipótese de cancelamento de inscrição ou de licenciamento do profissional;

II – o titular sofrer condenação disciplinar;

III – o titular faltar, sem motivo justificado, a três reuniões ordinárias consecutivas de cada órgão deliberativo do Conselho ou da diretoria da Subseção ou da Caixa de Assistência dos Advogados, não podendo ser reconduzido no mesmo período de mandato.

Parágrafo único. Extinto qualquer mandato, nas hipóteses deste artigo, cabe ao Conselho Seccional escolher o substituto, caso não haja suplente.

Art. 67. A eleição da Diretoria do Conselho Federal, que tomará posse no dia 1º de fevereiro, obedecerá às seguintes regras:

I – será admitido registro, junto ao Conselho Federal, de candidatura à presidência, desde 6 (seis) meses até 1 (um) mês antes da eleição;

II – o requerimento de registro deverá vir acompanhado do apoiamento de, no mínimo, seis Conselhos Seccionais;

III – até 1 (um) mês antes das eleições, deverá ser requerido o registro da chapa completa, sob pena de cancelamento da candidatura respectiva;

IV – no dia 31 de janeiro do ano seguinte ao da eleição, o Conselho Federal elegerá, em reunião presidida pelo conselheiro mais antigo, por voto secreto e para mandato de 3

Lei 8.906/1994

(três) anos, sua diretoria, que tomará posse no dia seguinte;

- Inciso IV com redação determinada pela Lei 11.179/2005.

V – será considerada eleita a chapa que obtiver maioria simples dos votos dos Conselheiros Federais, presente a metade mais um de seus membros.

- Inciso V com redação determinada pela Lei 11.179/2005.

Parágrafo único. Com exceção do candidato a Presidente, os demais integrantes da chapa deverão ser conselheiros federais eleitos.

TÍTULO III
DO PROCESSO NA OAB

Capítulo I
DISPOSIÇÕES GERAIS

Art. 68. Salvo disposição em contrário, aplicam-se subsidiariamente ao processo disciplinar as regras da legislação processual penal comum e, aos demais processos, as regras gerais do procedimento administrativo comum e da legislação processual civil, nessa ordem.

Art. 69. Todos os prazos necessários à manifestação de advogados, estagiários e terceiros, nos processos em geral da OAB, são de 15 (quinze) dias, inclusive para interposição de recursos.

§ 1º Nos casos de comunicação por ofício reservado, ou de notificação pessoal, o prazo se conta a partir do dia útil imediato ao da notificação do recebimento.

§ 2º Nos casos de publicação na imprensa oficial do ato ou da decisão, o prazo inicia-se no primeiro dia útil seguinte.

Capítulo II
DO PROCESSO DISCIPLINAR

Art. 70. O poder de punir disciplinarmente os inscritos na OAB compete exclusivamente ao Conselho Seccional em cuja base territorial tenha ocorrido a infração, salvo se a falta for cometida perante o Conselho Federal.

§ 1º Cabe ao Tribunal de Ética e Disciplina, do Conselho Seccional competente, julgar os processos disciplinares, instruídos pelas Subseções ou por relatores do próprio Conselho.

§ 2º A decisão condenatória irrecorrível deve ser imediatamente comunicada ao Conselho Seccional onde o representado tenha inscrição principal, para constar dos respectivos assentamentos.

§ 3º O Tribunal de Ética e Disciplina do Conselho onde o acusado tenha inscrição principal pode suspendê-lo preventivamente, em caso de repercussão prejudicial à dignidade da advocacia, depois de ouvi-lo em sessão especial para a qual deve ser notificado a comparecer, salvo se não atender à notificação. Neste caso, o processo disciplinar deve ser concluído no prazo máximo de 90 (noventa) dias.

Art. 71. A jurisdição disciplinar não exclui a comum e, quando o fato constituir crime ou contravenção, deve ser comunicado às autoridades competentes.

Art. 72. O processo disciplinar instaura-se de ofício ou mediante representação de qualquer autoridade ou pessoa interessada.

§ 1º O Código de Ética e Disciplina estabelece os critérios de admissibilidade da representação e os procedimentos disciplinares.

§ 2º O processo disciplinar tramita em sigilo, até o seu término, só tendo acesso às suas informações as partes, seus defensores e a autoridade judiciária competente.

Art. 73. Recebida a representação, o Presidente deve designar relator, a quem compete a instrução do processo e o oferecimento de parecer preliminar a ser submetido ao Tribunal de Ética e Disciplina.

§ 1º Ao representado deve ser assegurado amplo direito de defesa, podendo acompanhar o processo em todos os termos, pessoalmente ou por intermédio de procurador, oferecendo defesa prévia após ser notificado, razões finais após a instrução e defesa oral perante o Tribunal de Ética e Disciplina, por ocasião do julgamento.

§ 2º Se, após a defesa prévia, o relator se manifestar pelo indeferimento liminar da representação, este deve ser decidido pelo

Lei 8.906/1994

Presidente do Conselho Seccional, para determinar seu arquivamento.

§ 3º O prazo para defesa prévia pode ser prorrogado por motivo relevante, a juízo do relator.

§ 4º Se o representado não for encontrado, ou for revel, o Presidente do Conselho ou da Subseção deve designar-lhe defensor dativo.

§ 5º É também permitida a revisão do processo disciplinar, por erro de julgamento ou por condenação baseada em falsa prova.

Art. 74. O Conselho Seccional pode adotar as medidas administrativas e judiciais pertinentes, objetivando a que o profissional suspenso ou excluído devolva os documentos de identificação.

Capítulo III
DOS RECURSOS

Art. 75. Cabe recurso ao Conselho Federal de todas as decisões definitivas proferidas pelo Conselho Seccional, quando não tenham sido unânimes ou, sendo unânimes, contrariem esta Lei, decisão do Conselho Federal ou de outro Conselho Seccional e, ainda, o Regulamento Geral, o Código de Ética e Disciplina e os Provimentos.

Parágrafo único. Além dos interessados, o Presidente do Conselho Seccional é legitimado a interpor o recurso referido neste artigo.

• V. art. 55, § 3º.

Art. 76. Cabe recurso ao Conselho Seccional de todas as decisões proferidas por seu Presidente, pelo Tribunal de Ética e Disciplina, ou pela diretoria da Subseção ou da Caixa de Assistência dos Advogados.

Art. 77. Todos os recursos têm efeito suspensivo, exceto quando tratarem de eleições (arts. 63 e seguintes), de suspensão preventiva decidida pelo Tribunal de Ética e Disciplina, e de cancelamento da inscrição obtida com falsa prova.

Parágrafo único. O Regulamento Geral disciplina o cabimento de recursos específicos, no âmbito de cada órgão julgador.

TÍTULO IV
DAS DISPOSIÇÕES GERAIS E TRANSITÓRIAS

Art. 78. Cabe ao Conselho Federal da OAB, por deliberação de 2/3 (dois terços), pelo menos, das delegações, editar o Regulamento Geral deste Estatuto, no prazo de 6 (seis) meses, contados da publicação desta Lei.

• V. Regulamento Geral do Estatuto da Advocacia e da OAB (*DJU* 16.11.1994).

Art. 79. Aos servidores da OAB, aplica-se o regime trabalhista.

§ 1º Aos servidores da OAB, sujeitos ao regime da Lei 8.112, de 11 de dezembro de 1990, é concedido o direito de opção pelo regime trabalhista, no prazo de 90 (noventa) dias a partir da vigência desta Lei, sendo assegurado aos optantes o pagamento de indenização, quando da aposentadoria, correspondente a cinco vezes o valor da última remuneração.

§ 2º Os servidores que não optarem pelo regime trabalhista serão posicionados no quadro em extinção, assegurado o direito adquirido ao regime legal anterior.

Art. 80. Os Conselhos Federal e Seccionais devem promover trienalmente as respectivas Conferências, em data não coincidente com o ano eleitoral, e, periodicamente, reunião do colégio de presidentes a eles vinculados, com finalidade consultiva.

Art. 81. Não se aplicam aos que tenham assumido originariamente o cargo de Presidente do Conselho Federal ou dos Conselhos Seccionais, até a data da publicação desta Lei, as normas contidas no Título II, acerca da composição desses Conselhos, ficando assegurado o pleno direito de voz e voto em suas sessões.

• V. arts. 51, § 2º, e 56, § 1º.

Art. 82. Aplicam-se as alterações previstas nesta Lei, quanto a mandatos, eleições, composição e atribuições dos órgãos da OAB, a partir do término do mandato dos atuais membros, devendo os Conselhos Federal e Seccionais disciplinarem os respectivos procedimentos de adaptação.

Regulamento da OAB

LEGISLAÇÃO

Parágrafo único. Os mandatos dos membros dos órgãos da OAB, eleitos na primeira eleição sob a vigência desta Lei, e na forma do Capítulo VI do Título II, terão início no dia seguinte ao término dos atuais mandatos, encerrando-se em 31 de dezembro do terceiro ano do mandato e em 31 de janeiro do terceiro ano do mandato, neste caso com relação ao Conselho Federal.

Art. 83. Não se aplica o disposto no art. 28, inciso II, desta Lei, aos membros do Ministério Público que, na data de promulgação da Constituição, se incluam na previsão do art. 29, § 3º, do seu Ato das Disposições Constitucionais Transitórias.

Art. 84. O estagiário, inscrito no respectivo quadro, fica dispensado do Exame de Ordem, desde que comprove, em até dois anos da promulgação desta Lei, o exercício e resultado do estágio profissional ou a conclusão, com aproveitamento, do estágio de "Prática Forense e Organização Judiciária", realizado junto à respectiva faculdade, na forma da legislação em vigor.

- V. art. 8º, IV.

Art. 85. O Instituto dos Advogados Brasileiros e as instituições a ele filiadas têm qualidade para promover perante a OAB o que julgarem do interesse dos advogados em geral ou de qualquer dos seus membros.

Art. 86. Esta Lei entra em vigor na data de sua publicação.

Art. 87. Revogam-se as disposições em contrário, especialmente a Lei 4.215, de 27 de abril de 1963, a Lei 5.390, de 23 de fevereiro de 1968, o Dec.-lei 505, de 18 de março de 1969, a Lei 5.681, de 20 de julho de 1971, a Lei 5.842, de 6 de dezembro de 1972, a Lei 5.960, de 10 de dezembro de 1973, a Lei 6.743, de 5 de dezembro de 1979, a Lei 6.884, de 9 de dezembro de 1980, a Lei 6.994, de 26 de maio de 1982, mantidos os efeitos da Lei 7.346, de 22 de julho de 1985.

Brasília, 4 de julho de 1994; 173º da Independência e 106º da República.

Itamar Franco

(*DOU* 05.07.1994)

REGULAMENTO GERAL DO ESTATUTO DA ADVOCACIA E DA OAB

Dispõe sobre o Regulamento Geral previsto na Lei 8.906, de 4 de julho de 1994.

O Conselho Federal da Ordem dos Advogados do Brasil, no uso das atribuições conferidas pelos artigos 54, V, e 78 da Lei 8.906, de 4 de julho de 1994, resolve:

TÍTULO I
DA ADVOCACIA

Capítulo I
DA ATIVIDADE DE ADVOCACIA

Seção I
Da atividade de advocacia em geral

Art. 1º A atividade de advocacia é exercida com observância da Lei 8.906/1994 (Estatuto), deste Regulamento Geral, do Código de Ética e Disciplina e dos Provimentos.

Art. 2º O visto do advogado em atos constitutivos de pessoas jurídicas, indispensável ao registro e arquivamento nos órgãos competentes, deve resultar da efetiva constatação, pelo profissional que os examinar, de que os respectivos instrumentos preenchem as exigências legais pertinentes.

- *Caput* com redação determinada pelo Conselho Pleno do CFOAB, *DJU* 12.12.2000.

Parágrafo único. Estão impedidos de exercer o ato de advocacia referido neste artigo os advogados que prestem serviços a órgãos ou entidades da Administração Pública direta ou indireta, da unidade federativa a que se vincule a Junta Comercial, ou a quaisquer repartições administrativas competentes para o mencionado registro.

Art. 3º É defeso ao advogado funcionar no mesmo processo, simultaneamente, como patrono e preposto do empregador ou cliente.

Art. 4º A prática de atos privativos de advocacia, por profissionais e sociedades não inscritos na OAB, constitui exercício ilegal da profissão.

Parágrafo único. É defeso ao advogado prestar serviços de assessoria e consultoria

Regulamento da OAB

LEGISLAÇÃO

jurídicas para terceiros, em sociedades que não possam ser registradas na OAB.

Art. 5º Considera-se efetivo exercício da atividade de advocacia a participação anual mínima em cinco atos privativos previstos no artigo 1º do Estatuto, em causas ou questões distintas.

Parágrafo único. A comprovação do efetivo exercício faz-se mediante:

a) certidão expedida por cartórios ou secretarias judiciais;

b) cópia autenticada de atos privativos;

c) certidão expedida pelo órgão público no qual o advogado exerça função privativa do seu ofício, indicando os atos praticados.

Art. 6º O advogado deve notificar o cliente da renúncia ao mandato (art. 5º, § 3º, do Estatuto), preferencialmente mediante carta com aviso de recepção, comunicando, após, o Juízo.

Art. 7º A função de diretoria e gerência jurídicas em qualquer empresa pública, privada ou paraestatal, inclusive em instituições financeiras, é privativa de advogado, não podendo ser exercida por quem não se encontre inscrito regularmente na OAB.

Art. 8º A incompatibilidade prevista no art. 28, II, do Estatuto, não se aplica aos advogados que participam dos órgãos nele referidos, na qualidade de titulares ou suplentes, como representantes dos advogados.

• Artigo com redação determinada pelo Conselho Pleno do CFOAB, *DJU* 12.12.2000.

§ 1º Ficam, entretanto, impedidos de exercer a advocacia perante os órgãos em que atuam, enquanto durar a investidura.

§ 2º A indicação dos representantes dos advogados nos juizados especiais deverá ser promovida pela Subseção ou, na sua ausência, pelo Conselho Seccional.

Seção II
Da advocacia pública

Art. 9º Exercem a advocacia pública os integrantes da Advocacia-Geral da União, da Defensoria Pública e das Procuradorias e Consultorias Jurídicas dos Estados, do Distrito Federal, dos Municípios, das autarquias e das fundações públicas, estando obrigados à inscrição na OAB, para o exercício de suas atividades.

Parágrafo único. Os integrantes da advocacia pública são elegíveis e podem integrar qualquer órgão da OAB.

Art. 10. Os integrantes da advocacia pública, no exercício de atividade privativa prevista no artigo 1º do Estatuto, sujeitam-se ao regime do Estatuto, deste Regulamento Geral e do Código de Ética e Disciplina, inclusive quanto às infrações e sanções disciplinares.

Seção III
Do advogado empregado

Art. 11. Compete a sindicato de advogados e, na sua falta, a federação ou confederação de advogados, a representação destes nas convenções coletivas celebradas com as entidades sindicais representativas dos empregadores, nos acordos coletivos celebrados com a empresa empregadora e nos dissídios coletivos perante a Justiça do Trabalho, aplicáveis às relações de trabalho.

Art. 12. Para os fins do art. 20 da Lei 8.906/1994, considera-se dedicação exclusiva o regime de trabalho que for expressamente previsto em contrato individual de trabalho.

• Artigo com redação determinada pelo Conselho Pleno do CFOAB, *DJU* 12.12.2000.

Parágrafo único. Em caso de dedicação exclusiva, serão remuneradas como extraordinárias as horas trabalhadas que excederem a jornada normal de 8 (oito) horas diárias.

Art. 13. *(Revogado pelo Conselho Pleno do CFOAB, DJU 12.12.2000.)*

Art. 14. Os honorários de sucumbência, por decorrerem precipuamente do exercício da advocacia e só acidentalmente da relação de emprego, não integram o salário ou a remuneração, não podendo, assim, ser considerados para efeitos trabalhistas ou previdenciários.

Parágrafo único. Os honorários de sucumbência dos advogados empregados constituem fundo comum, cuja destinação é decidida pelos profissionais integrantes do serviço jurídico da empresa ou por seus representantes.

Regulamento da OAB

LEGISLAÇÃO

Capítulo II
DOS DIREITOS E DAS PRERROGATIVAS

Seção I
Da defesa judicial dos direitos e das prerrogativas

Art. 15. Compete ao Presidente do Conselho Federal, do Conselho Seccional ou da Subseção, ao tomar conhecimento de fato que possa causar, ou que já causou, violação de direitos ou prerrogativas da profissão, adotar as providências judiciais e extrajudiciais cabíveis para prevenir ou restaurar o império do Estatuto, em sua plenitude, inclusive mediante representação administrativa.

Parágrafo único. O Presidente pode designar advogado, investido de poderes bastantes, para as finalidades deste artigo.

Art. 16. Sem prejuízo da atuação de seu defensor, contará o advogado com a assistência de representante da OAB nos inquéritos policiais ou nas ações penais em que figurar como indiciado, acusado ou ofendido, sempre que o fato a ele imputado decorrer do exercício da profissão ou a este vincular-se.

  • Artigo com redação determinada pelo Conselho Pleno do CFOAB, *DJU* 24.11.1997.

Art. 17. Compete ao Presidente do Conselho ou da Subseção representar contra o responsável por abuso de autoridade, quando configurada hipótese de atentado à garantia legal de exercício profissional, prevista na Lei 4.898, de 9 de dezembro de 1965.

Seção II
Do desagravo público

Art. 18. O inscrito na OAB, quando ofendido comprovadamente em razão do exercício profissional ou de cargo ou função da OAB, tem direito ao desagravo público promovido pelo Conselho competente, de ofício, a seu pedido ou de qualquer pessoa.

  • *Caput* com redação determinada pelo Conselho Pleno do CFOAB, *DJU* 24.11.1997.

§ 1º Compete ao relator, convencendo-se da existência de prova ou indício de ofensa relacionada ao exercício da profissão ou de cargo da OAB, propor ao Presidente que solicite informações da pessoa ou autoridade ofensora, no prazo de 15 (quinze) dias, salvo em caso de urgência e notoriedade do fato.

§ 2º O relator pode propor o arquivamento do pedido se a ofensa for pessoal, se não estiver relacionada com o exercício profissional ou com as prerrogativas gerais do advogado ou se configurar crítica de caráter doutrinário, político ou religioso.

§ 3º Recebidas ou não as informações e convencendo-se da procedência da ofensa, o relator emite parecer que é submetido ao Conselho.

§ 4º Em caso de acolhimento do parecer, é designada a sessão de desagravo, amplamente divulgada.

§ 5º Na sessão de desagravo o Presidente lê a nota a ser publicada na imprensa, encaminhada ao ofensor e às autoridades e registrada nos assentamentos do inscrito.

§ 6º Ocorrendo a ofensa no território da Subseção a que se vincule o inscrito, a sessão de desagravo pode ser promovida pela diretoria ou conselho da Subseção, com representação do Conselho Seccional.

§ 7º O desagravo público, como instrumento de defesa dos direitos e prerrogativas da advocacia, não depende de concordância do ofendido, que não pode dispensá-lo, devendo ser promovido a critério do Conselho.

  • § 7º com redação determinada pelo Conselho Pleno do CFOAB, *DJU* 24.11.1997.

Art. 19. Compete ao Conselho Federal promover o desagravo público de Conselheiro Federal ou de Presidente de Conselho Seccional, quando ofendidos no exercício das atribuições de seus cargos e ainda quando a ofensa ao advogado se revestir de relevância e grave violação às prerrogativas profissionais, com repercussão nacional.

Parágrafo único. O Conselho Federal, observado o procedimento previsto no art. 18 deste Regulamento, indica seus representantes para a sessão pública de desagravo, na sede do Conselho Seccional, salvo no caso de ofensa a Conselheiro Federal.

Regulamento da OAB

LEGISLAÇÃO

Capítulo III
DA INSCRIÇÃO NA OAB

Art. 20. O requerente à inscrição principal no quadro de advogados presta o seguinte compromisso perante o Conselho Seccional, a diretoria ou o conselho da Subseção: "Prometo exercer a advocacia com dignidade e independência, observar a ética, os deveres e prerrogativas profissionais e defender a Constituição, a ordem jurídica do Estado Democrático, os direitos humanos, a justiça social, a boa aplicação das leis, a rápida administração da justiça e o aperfeiçoamento da cultura e das instituições jurídicas".

§ 1º É indelegável, por sua natureza solene e personalíssima, o compromisso referido neste artigo.

§ 2º A conduta incompatível com a advocacia, comprovadamente imputável ao requerente, impede a inscrição no quadro de advogados.

* Primitivo § 3º renumerado, após supressão do primitivo § 2º, pelo Conselho Pleno do CFOAB, DJU 24.11.1997.

Art. 21. O advogado pode requerer o registro, nos seus assentamentos, de fatos comprovados de sua atividade profissional ou cultural, ou a ela relacionados, e de serviços prestados à classe, à OAB e ao País.

Art. 22. O advogado, regularmente notificado, deve quitar seu débito relativo às anuidades, no prazo de 15 (quinze) dias da notificação, sob pena de suspensão, aplicada em processo disciplinar.

* Prazo alterado pelo Conselho Pleno do CFOAB, no processo 4393/98/COP, DJU de 13.11.1998.

Parágrafo único. Cancela-se a inscrição quando ocorrer a terceira suspensão, relativa ao não pagamento de anuidades distintas.

Art. 23. O requerente à inscrição no quadro de advogados, na falta de diploma regularmente registrado, apresenta certidão de graduação em direito, acompanhada de cópia autenticada do respectivo histórico escolar.

Parágrafo único. *(Revogado pelo Conselho Pleno do CFOAB, DJU 12.12.2000.)*

Art. 24. Aos Conselhos Seccionais da OAB incumbe alimentar, automaticamente e em tempo real, por via eletrônica, o Cadastro Nacional dos Advogados – CNA, mantendo as informações correspondentes constantemente atualizadas.

* Artigo com redação determinada pela Res. CFOAB 1/2012.

§ 1º O CNA deve conter o nome completo de cada advogado, o número da inscrição, o Conselho Seccional e a Subseção a que está vinculado, o número de inscrição no CPF, a filiação, o sexo, a data de inscrição na OAB e sua modalidade, a existência de penalidades eventualmente aplicadas, estas em campo reservado, a fotografia, o endereço completo e o número de telefone profissional, o endereço do correio eletrônico e o nome da sociedade de advogados de que eventualmente faça parte, ou esteja associado, e, opcionalmente, o nome profissional, a existência de deficiência de que seja portador, opção para doação de órgãos, Registro Geral, data e órgão emissor, número do título de eleitor, zona, seção, UF eleitoral, certificado militar e passaporte.

§ 2º No cadastro são incluídas, igualmente, informações sobre o cancelamento das inscrições.

Art. 24-A. Aos Conselhos Seccionais da OAB incumbe alimentar, automaticamente e em tempo real, por via eletrônica, o Cadastro Nacional das Sociedades de Advogados – CNSA, mantendo as informações correspondentes constantemente atualizadas.

* Artigo acrescentado pela Res. CFOAB 1/2012.

§ 1º O CNSA deve conter a razão social, o número de registro perante a seccional, a data do pedido de registro e a do efetivo registro, o prazo de duração, o endereço completo, inclusive telefone e correio eletrônico, nome e qualificação de todos os sócios e as modificações ocorridas em seu quadro social.

§ 2º Mantendo a sociedade filiais, os dados destas, bem como os números de inscrição suplementar de seus sócios (Provimento 112/2006, art. 7º, § 1º), após averbados no Conselho Seccional no qual se localiza o escritório sede, serão averbados no CNSA.

§ 3º São igualmente averbados no CNSA os ajustes de associação ou de colaboração.

§ 4º São proibidas razões sociais iguais ou semelhantes, prevalecendo a razão social da sociedade com inscrição mais antiga.

§ 5º Constatando-se semelhança ou identidade de razões sociais, o Conselho Federal

Regulamento da OAB

da OAB solicitará, de ofício, a alteração da razão social mais recente, caso a sociedade com registro mais recente não requeira a alteração da sua razão social, acrescentando ou excluindo dados que a distinga da sociedade precedentemente registrada.

§ 6º Verificado conflito de interesses envolvendo sociedades em razão de identidade ou semelhança de razões sociais, em Estados diversos, a questão será apreciada pelo Conselho Federal da OAB, garantindo-se o devido processo legal.

Art. 24-B. Aplicam-se ao Cadastro Nacional das Sociedades de Advogados – CNSA as normas estabelecidas no Provimento 95/2000 para os advogados, assim como as restrições quanto à divulgação das informações nele inseridas.

- Artigo acrescentado pela Res. CFOAB 1/2012.

Art. 25. Os pedidos de transferência de inscrição de advogados são regulados em Provimento do Conselho Federal.

- Artigo com redação determinada pelo Conselho Pleno do CFOAB, *DJU* 24.11.1997.

Art. 26. O advogado fica dispensado de comunicar o exercício eventual da profissão, até o total de cinco causas por ano, acima do qual obriga-se à inscrição suplementar.

Capítulo IV
DO ESTÁGIO PROFISSIONAL

Art. 27. O estágio profissional de advocacia, inclusive para graduados, é requisito necessário à inscrição no quadro de estagiários da OAB e meio adequado de aprendizagem prática.

§ 1º O estágio profissional de advocacia pode ser oferecido pela instituição de ensino superior autorizada e credenciada, em convênio com a OAB, complementando-se a carga horária do estágio curricular supervisionado com atividades práticas típicas de advogado e de estudo do Estatuto e do Código de Ética e Disciplina, observado o tempo conjunto mínimo de 300 (trezentas) horas, distribuído em 2 (dois) ou mais anos.

§ 2º A complementação da carga horária, no total estabelecido no convênio, pode ser efetivada na forma de atividades jurídicas no núcleo de prática jurídica da instituição de ensino, na Defensoria Pública, em escritórios de advocacia ou em setores jurídicos públicos ou privados, credenciados e fiscalizados pela OAB.

§ 3º As atividades de estágio ministrado por instituição de ensino, para fins de convênio com a OAB, são exclusivamente práticas, incluindo a redação de atos processuais e profissionais, as rotinas processuais, a assistência e a atuação em audiências e sessões, as visitas a órgãos judiciários, a prestação de serviços jurídicos e as técnicas de negociação coletiva, de arbitragem e de conciliação.

Art. 28. O estágio realizado na Defensoria Pública da União, do Distrito Federal ou dos Estados, na forma do artigo 145 da Lei Complementar 80, de 12 de janeiro de 1994, é considerado válido para fins de inscrição no quadro de estagiários da OAB.

Art. 29. Os atos de advocacia, previstos no artigo 1º do Estatuto, podem ser subscritos por estagiário inscrito na OAB, em conjunto com o advogado ou o defensor público.

§ 1º O estagiário inscrito na OAB pode praticar isoladamente os seguintes atos, sob a responsabilidade do advogado:

I – retirar e devolver autos em cartório, assinando a respectiva carga;

II – obter junto aos escrivães e chefes de secretarias certidões de peças ou autos de processos em curso ou findos;

III – assinar petições de juntada de documentos a processos judiciais ou administrativos.

§ 2º Para o exercício de atos extrajudiciais, o estagiário pode comparecer isoladamente, quando receber autorização ou substabelecimento do advogado.

Art. 30. O estágio profissional de advocacia, realizado integralmente fora da instituição de ensino, compreende as atividades fixadas em convênio entre o escritório de advocacia ou entidade que receba o estagiário e a OAB.

Art. 31. Cada Conselho Seccional mantém uma Comissão de Estágio e Exame de Ordem, a quem incumbe coordenar, fiscalizar e executar as atividades decorrentes do estágio profissional da advocacia.

- *Caput* com redação determinada pela Res. CFOAB 1/2011.

Regulamento da OAB

LEGISLAÇÃO

§ 1º Os convênios de estágio profissional e suas alterações, firmados pelo Presidente do Conselho ou da Subseção, quando esta receber delegação de competência, são previamente elaborados pela Comissão, que tem poderes para negociá-los com as instituições interessadas.

- § 1º com redação determinada pela Res. CFOAB 1/2011.

§ 2º A Comissão pode instituir subcomissões nas Subseções.

§ 3º *(Revogado pela Res. CFOAB 1/2011.)*

§ 4º Compete ao Presidente do Conselho Seccional designar a Comissão, que pode ser composta por advogados não integrantes do Conselho.

Capítulo V
DA IDENTIDADE PROFISSIONAL

Art. 32. São documentos de identidade profissional a carteira e o cartão emitidos pela OAB, de uso obrigatório pelos advogados e estagiários inscritos, para o exercício de suas atividades.

Parágrafo único. O uso do cartão dispensa o da carteira.

Art. 33. A carteira de identidade do advogado, relativa à inscrição originária, tem as dimensões de 7,00 (sete) x 11,00 (onze) centímetros e observa os seguintes critérios:

I – a capa, em fundo vermelho, contém as armas da República e as expressões "Ordem dos Advogados do Brasil" e "Carteira de Identidade de Advogado";

II – a primeira página repete o conteúdo da capa, acrescentado da expressão "Conselho Seccional de (...)" e do inteiro teor do artigo 13 do Estatuto;

III – a segunda página destina-se aos dados de identificação do advogado, na seguinte ordem: número da inscrição, nome, filiação, naturalidade, data do nascimento, nacionalidade, data da colação de grau, data do compromisso e data da expedição, e à assinatura do Presidente do Conselho Seccional;

IV – a terceira página é dividida para os espaços de uma foto 3 (três) x 4 (quatro) centímetros, da impressão digital e da assinatura do portador;

V – as demais páginas, em branco e numeradas, destinam-se ao reconhecimento de firma dos signatários e às anotações da OAB, firmadas pelo Secretário-Geral ou Adjunto, incluindo as incompatibilidades e os impedimentos, o exercício de mandatos, as designações para comissões, as funções na OAB, os serviços relevantes à profissão e os dados da inscrição suplementar, pelo Conselho que a deferir;

VI – a última página destina-se à transcrição do art. 7º do Estatuto.

Parágrafo único. O Conselho Seccional pode delegar a competência do Secretário-Geral ao Presidente da Subseção.

Art. 34. O cartão de identidade tem o mesmo modelo e conteúdo do cartão de identificação pessoal (registro geral), com as seguintes adaptações, segundo o modelo aprovado pela Diretoria do Conselho Federal:

I – o fundo é de cor branca e a impressão dos caracteres e armas da República, de cor vermelha;

II – o anverso contém os seguintes dados, nesta sequência: Ordem dos Advogados do Brasil, Conselho Seccional de (...), Identidade de Advogado (em destaque), n. da inscrição, nome, filiação, naturalidade, data do nascimento e data da expedição, e a assinatura do Presidente, podendo ser acrescentados os dados de identificação de registro geral, de CPF, eleitoral e outros;

III – o verso destina-se à fotografia, observações e assinatura do portador.

- Inciso III com redação determinada pela Res. CFOAB 4/2006.

§ 1º No caso de inscrição suplementar o cartão é específico, indicando-se: "Nº da Inscrição Suplementar:" (em negrito ou sublinhado).

§ 2º Os Conselhos Federal e Seccionais podem emitir cartão de identidade para os seus membros e para os membros das Subseções, acrescentando, abaixo do termo "Identidade de Advogado", sua qualificação de conselheiro ou dirigente da OAB e, no verso, o prazo de validade, coincidente com o mandato.

Art. 35. O cartão de identidade do estagiário tem o mesmo modelo e conteúdo do

Regulamento da OAB

cartão de identidade do advogado, com a indicação de "Identidade de Estagiário", em destaque, e do prazo de validade, que não pode ultrapassar 3 (três) anos nem ser prorrogado.

Parágrafo único. O cartão de identidade do estagiário perde sua validade imediatamente após a prestação do compromisso como advogado.

- Parágrafo único com redação determinada pelo Conselho Pleno do CFOAB, DJU 24.11.1997.

Art. 36. O suporte material do cartão de identidade é resistente, devendo conter dispositivo para armazenamento de certificado digital.

- Artigo com redação determinada pela Res. CFOAB 2/2006.

Capítulo VI
DAS SOCIEDADES DE ADVOGADOS

- V. Provimento CFOAB 112/2006 (Sociedades de Advogados).

Art. 37. Os advogados podem constituir sociedade simples, unipessoal ou pluripessoal, de prestação de serviços de advocacia, a qual deve ser regularmente registrada no Conselho Seccional da OAB em cuja base territorial tiver sede.

- Caput com redação determinada pela Res. CFOAB 2/2016.

§ 1º As atividades profissionais privativas dos advogados são exercidas individualmente, ainda que revertam à sociedade os honorários respectivos.

- Primitivo parágrafo único renumerado pela Res. CFOAB 2/2016.

§ 2º As sociedades unipessoais e as pluripessoais de advocacia são reguladas em Provimento do Conselho Federal.

- § 2º acrescentado pela Res. CFOAB 2/2016.

Art. 38. O nome completo ou abreviado de, no mínimo, um advogado responsável pela sociedade consta obrigatoriamente da razão social, podendo permanecer o nome de sócio falecido se, no ato constitutivo ou na alteração contratual em vigor, essa possibilidade tiver sido prevista.

Art. 39. A sociedade de advogados pode associar-se com advogados, sem vínculo de emprego, para participação nos resultados.

- V. Provimento CFOAB 169/2015 (Relações societárias entre sócios patrimoniais e de serviços, e o advogado associado).

Parágrafo único. Os contratos referidos neste artigo são averbados no registro da sociedade de advogados.

Art. 40. Os advogados sócios e os associados respondem subsidiária e ilimitadamente pelos danos causados diretamente ao cliente, nas hipóteses de dolo ou culpa e por ação ou omissão, no exercício dos atos privativos da advocacia, sem prejuízo da responsabilidade disciplinar em que possam incorrer.

Art. 41. As sociedades de advogados podem adotar qualquer forma de administração social, permitida a existência de sócios gerentes, com indicação dos poderes atribuídos.

Art. 42. Podem ser praticados pela sociedade de advogados, com uso da razão social, os atos indispensáveis às suas finalidades, que não sejam privativos de advogado.

Art. 43. O registro da sociedade de advogados observa os requisitos e procedimentos previstos em Provimento do Conselho Federal.

- Artigo com redação determinada pelo Conselho Pleno do CFOAB, DJU 24.11.1997.

TÍTULO II
DA ORDEM DOS ADVOGADOS DO BRASIL (OAB)

Capítulo I
DOS FINS E DA ORGANIZAÇÃO

Art. 44. As finalidades da OAB, previstas no artigo 44 do Estatuto, são cumpridas pelos Conselhos Federal e Seccionais e pelas Subseções, de modo integrado, observadas suas competências específicas.

Art. 45. A exclusividade da representação dos advogados pela OAB, prevista no artigo 44, II, do Estatuto, não afasta a competência própria dos sindicatos e associações sindicais de advogados, quanto à defesa dos direitos peculiares da relação de trabalho do profissional empregado.

Regulamento da OAB

LEGISLAÇÃO

Art. 46. Os novos Conselhos Seccionais serão criados mediante Resolução do Conselho Federal.

Art. 47. O patrimônio do Conselho Federal, do Conselho Seccional, da Caixa de Assistência dos Advogados e da Subseção é constituído de bens móveis e imóveis e outros bens e valores que tenham adquirido ou venham a adquirir.

Art. 48. A alienação ou oneração de bens imóveis depende de aprovação do Conselho Federal ou do Conselho Seccional, competindo à Diretoria do órgão decidir pela aquisição de qualquer bem e dispor sobre os bens móveis.

Parágrafo único. A alienação ou oneração de bens imóveis depende de autorização da maioria das delegações, no Conselho Federal, e da maioria dos membros efetivos, no Conselho Seccional.

Art. 49. Os cargos da Diretoria do Conselho Seccional têm as mesmas denominações atribuídas aos da Diretoria do Conselho Federal.

Parágrafo único. Os cargos da Diretoria da Subseção e da Caixa de Assistência dos Advogados têm as seguintes denominações: Presidente, Vice-Presidente, Secretário, Secretário Adjunto e Tesoureiro.

Art. 50. Ocorrendo vaga de cargo de diretoria do Conselho Federal ou do Conselho Seccional, inclusive do Presidente, em virtude de perda do mandato (art. 66 do Estatuto), morte ou renúncia, o substituto é eleito pelo Conselho a que se vincule, dentre os seus membros.

Art. 51. A elaboração das listas constitucionalmente previstas, para preenchimento dos cargos nos tribunais judiciários, é disciplinada em Provimento do Conselho Federal.

Art. 52. A OAB participa dos concursos públicos, previstos na Constituição e nas leis, em todas as suas fases, por meio de representante do Conselho competente, designado pelo Presidente, incumbindo-lhe apresentar relatório sucinto de suas atividades.

Parágrafo único. Incumbe ao representante da OAB velar pela garantia da isonomia e da integridade do certame, retirando-se quando constatar irregularidades ou favorecimentos e comunicando os motivos ao Conselho.

Art. 53. Os conselheiros e dirigentes dos órgãos da OAB tomam posse firmando, juntamente com o Presidente, o termo específico, após prestar o seguinte compromisso: "Prometo manter, defender e cumprir os princípios e finalidades da OAB, exercer com dedicação e ética as atribuições que me são delegadas e pugnar pela dignidade, independência, prerrogativas e valorização da advocacia".

Art. 54. Compete à Diretoria dos Conselhos Federal e Seccionais, da Subseção ou da Caixa de Assistência declarar extinto o mandato, ocorrendo uma das hipóteses previstas no artigo 66 do Estatuto, encaminhando ofício ao Presidente do Conselho Seccional.

§ 1º A Diretoria, antes de declarar extinto o mandato, salvo no caso de morte ou renúncia, ouve o interessado no prazo de 15 (quinze) dias, notificando-o mediante ofício com aviso de recebimento.

§ 2º Havendo suplentes de Conselheiros, a ordem de substituição é definida no Regimento Interno do Conselho Seccional.

§ 3º Inexistindo suplentes, o Conselho Seccional elege, na sessão seguinte à data do recebimento do ofício, o Conselheiro Federal, o diretor do Conselho Seccional, o Conselheiro Seccional, o diretor da Subseção ou o diretor da Caixa de Assistência dos Advogados, onde se deu a vaga.

§ 4º Na Subseção onde houver conselho, este escolhe o substituto.

Capítulo II
DA RECEITA

Art. 55. Aos inscritos na OAB incumbe o pagamento das anuidades, contribuições, multas e preços de serviços fixados pelo Conselho Seccional.

- *Caput* com redação determinada pelo Conselho Pleno do CFOAB, *DJU* 24.11.1997.

§ 1º As anuidades, contribuições, multas e preços de serviços previstos no *caput* deste artigo serão fixados pelo Conselho Seccional, devendo seus valores ser comunicados ao Conselho Federal até o dia 30 de novembro do ano anterior, salvo em ano eleitoral, quando serão determinadas e comunicadas ao Conselho Federal até o dia 31 de janeiro do ano da posse, podendo ser estabelecidos pagamentos em cotas periódicas.

- § 1º com redação determinada pela Res. CFOAB 2/2007 (*DJU* 24.10.2007), em vigor em 1º.01.2008.

§ 2º *(Revogado pelo Conselho Pleno do CFOAB por força do Protocolo 0651/2006/COP* – DJU *28.03.2006; rep. 30.03.2006.)*

§ 3º O edital a que se refere o *caput* do art. 128 deste Regulamento divulgará a possibilidade de parcelamento e o número máximo de parcelas.

- § 3º acrescentado pelo Conselho Pleno do CFOAB, *DJU* 12.12.2000.

Art. 56. As receitas brutas mensais das anuidades, incluídas as eventuais atualizações monetárias e juros, serão deduzidas em 60% (sessenta por cento) para seguinte destinação:

- *Caput* com redação determinada pela Res. CFOAB 2/2013.

I – 10% (dez por cento) para o Conselho Federal;

- Inciso I com redação determinada pela Res. CFOAB 2/2007 (*DJU* 24.10.2007), em vigor em 1º.01.2008.

II – 3% (três por cento) para o Fundo Cultural;

- Inciso II com redação determinada pela Res. CFOAB 2/2007 (*DJU* 24.10.2007), em vigor em 1º.01.2008.

III – 2% (dois por cento) para o Fundo de Integração e Desenvolvimento Assistencial dos Advogados – Fida, regulamentado em Provimento do Conselho Federal;

- Inciso III com redação determinada pela Res. CFOAB 2/2007 (*DJU* 24.10.2007), em vigor em 1º.01.2008.

IV – 45% (quarenta e cinco por cento) para as despesas administrativas e manutenção do Conselho Seccional.

- Inciso IV com redação determinada pela Res. CFOAB 2/2007 (*DJU* 24.10.2007), em vigor em 1º.01.2008.

§ 1º Os repasses das receitas previstas neste artigo efetuam-se em instituição financeira, indicada pelo Conselho Federal em comum acordo com o Conselho Seccional, através de compartilhamento obrigatório, automático e imediato, com destinação em conta-corrente específica deste, do Fundo Cultural, do Fundo de Integração e Desenvolvimento Assistencial dos Advogados – Fida e da Caixa de Assistência dos Advogados, vedado o recebimento na Tesouraria do Conselho Seccional, exceto quanto às receitas de preços e serviços, e observados os termos do modelo aprovado pelo Diretor-Tesoureiro do Conselho Federal, sob pena de aplicação do art. 54, VII, do Estatuto da Advocacia e da OAB.

- § 1º com redação determinada pela Res. CFOAB 2/2007 (*DJU* 24.10.2007), em vigor em 1º.01.2008.

§ 2º O Fundo Cultural será administrado pela Escola Superior de Advocacia, mediante deliberação da Diretoria do Conselho Seccional.

- § 2º com redação determinada pela Res. CFOAB 2/2007 (*DJU* 24.10.2007), em vigor em 1º.01.2008.

§ 3º O Fundo de Integração e Desenvolvimento Assistencial dos Advogados – Fida será administrado por um Conselho Gestor designado pela Diretoria do Conselho Federal.

- § 3º com redação determinada pela Res. CFOAB 2/2007 (*DJU* 24.10.2007), em vigor em 1º.01.2008.

§ 4º Os Conselhos Seccionais elaborarão seus orçamentos anuais considerando o limite disposto no inciso IV para manutenção da sua estrutura administrativa e das subseções, utilizando a margem resultante para suplementação orçamentária do exercício, caso se faça necessária.

- § 4º com redação determinada pela Res. CFOAB 2/2007 (*DJU* 24.10.2007), em vigor em 1º.01.2008.

§ 5º Qualquer transferência de bens ou recursos de um Conselho Seccional a outro depende de autorização do Conselho Federal.

- § 5º com redação determinada pela Res. CFOAB 2/2007 (*DJU* 24.10.2007), em vigor em 1º.01.2008.

Art. 57. Cabe à Caixa de Assistência dos Advogados a metade da receita das anuidades, incluídas as eventuais atualizações monetárias e juros, recebidas pelo Conselho Seccional, considerado o valor resultante após as deduções obrigatórias, nos percentuais previstos no art. 56 do Regulamento Geral.

- *Caput* com redação determinada pela Res. CFOAB 2/2013.

§ 1º Poderão ser deduzidas despesas nas receitas destinadas à Caixa Assistência, desde que previamente pactuadas.

- § 1º com redação determinada pela Res. CFOAB 2/2007 (*DJU* 24.10.2007), em vigor em 1º.01.2008.

§ 2º A aplicação dos recursos da Caixa de Assistência deverá estar devidamente demonstrada nas prestações de contas periódicas do Conselho Seccional, obedecido o disposto no § 5º do art. 60 do Regulamento Geral.

- § 2º com redação determinada pela Res. CFOAB 2/2007 (*DJU* 24.10.2007), em vigor em 1º.01.2008.

Art. 58. Compete privativamente ao Conselho Seccional, na primeira sessão ordinária do ano, apreciar o relatório anual e deliberar sobre o balanço e as contas da Diretoria do Conselho Seccional, da Caixa de Assistência dos Advogados e das Subseções, referentes ao exercício anterior, na forma de seu Regimento Interno.

§ 1º O Conselho Seccional elege, dentre seus membros, uma comissão de orçamento e contas para fiscalizar a aplicação da receita e opinar previamente sobre a proposta de orçamento anual e as contas.

§ 2º O Conselho Seccional pode utilizar os serviços de auditoria independente para auxiliar a comissão de orçamento e contas.

§ 3º O exercício financeiro dos Conselhos Federal e Seccionais encerra-se no dia 31 de dezembro de cada ano.

Art. 59. Deixando o cargo, por qualquer motivo, no curso do mandato, os Presidentes do Conselho Federal, do Conselho Seccional, da Caixa de Assistência e da Subseção apresentam, de forma sucinta, relatório e contas ao seu sucessor.

Art. 60. Os Conselhos Seccionais aprovarão seus orçamentos anuais, para o exercício seguinte, até o mês de outubro e o Conselho Federal até a última sessão do ano, permitida a alteração dos mesmos no curso do exercício, mediante justificada necessidade, devidamente aprovada pelos respectivos colegiados.

- *Caput* com redação determinada pelo Conselho Pleno do CFOAB, *DJU* 24.11.1997.

§ 1º O orçamento do Conselho Seccional, incluindo as Subseções, estima a receita, fixa a despesa e prevê as deduções destinadas ao Conselho Federal, ao Fundo Cultural, ao Fundo de Integração e Desenvolvimento Assistencial dos Advogados – Fida e à Caixa de Assistência, e deverá ser encaminhado, mediante cópia, até o dia 10 do mês subsequente, ao Conselho Federal, podendo o seu Diretor-Tesoureiro, após análise prévia, devolvê-lo à Seccional, para os devidos ajustes.

- § 1º com redação determinada pela Res. CFOAB 2/2007 (*DJU* 24.10.2007), em vigor em 1º.01.2008.

§ 2º Aprovado o orçamento e, igualmente, as eventuais suplementações orçamentárias, encaminhar-se-á cópia ao Conselho Federal, até o dia 10 do mês subsequente, para os fins regulamentares.

- § 2º com redação determinada pelo Conselho Pleno do CFOAB, *DJU* 24.11.1997.

§ 3º O Conselho Seccional recém-empossado deverá promover, se necessário, preferencialmente nos dois primeiros meses de gestão, a reformulação do orçamento anual, encaminhando cópia do instrumento respectivo ao Conselho Federal, até o dia 10 do mês de março do ano em curso.

- § 3º com redação determinada pela Res. CFOAB 2/2007 (*DJU* 24.10.2007), em vigor em 1º.01.2008.

§ 4º A Caixa de Assistência dos Advogados aprovará seu orçamento para o exercício seguinte, até a última sessão do ano.

- § 4º com redação determinada pela Res. CFOAB 2/2007 (*DJU* 24.10.2007), em vigor em 1º.01.2008.

§ 5º O Conselho Seccional fixa o modelo e os requisitos formais e materiais para o orçamento, o relatório e as contas da Caixa de Assistência e das Subseções.

- Anterior § 4º renumerado pela Res. CFOAB 2/2007 (*DJU* 24.10.2007), em vigor em 1º.01.2008.

Regulamento da OAB

LEGISLAÇÃO

Art. 61. O relatório, o balanço e as contas dos Conselhos Seccionais e da Diretoria do Conselho Federal, na forma prevista em Provimento, são julgados pela Terceira Câmara do Conselho Federal, com recurso para o Órgão Especial.

§ 1º Cabe à Terceira Câmara fixar os modelos dos orçamentos, balanços e contas da Diretoria do Conselho Federal e dos Conselhos Seccionais.

§ 2º A Terceira Câmara pode determinar a realização de auditoria independente nas contas do Conselho Seccional, com ônus para este, sempre que constatar a existência de graves irregularidades.

§ 3º O relatório, o balanço e as contas dos Conselhos Seccionais do ano anterior serão remetidos a Terceira Câmara até o final do quarto mês do ano seguinte.

- § 3º com redação determinada pelo Conselho Pleno do CFOAB, *DJU* 12.12.2003.

§ 4º O relatório, o balanço e as contas da Diretoria do Conselho Federal são apreciados pela Terceira Câmara a partir da primeira sessão ordinária do ano seguinte ao do exercício.

§ 5º Os Conselhos Seccionais só podem pleitear recursos materiais e financeiros ao Conselho Federal se comprovadas as seguintes condições:

- § 5º com redação determinada pelo Conselho Pleno do CFOAB, *DJU* 24.11.1997.

a) remessa de cópia do orçamento e das eventuais suplementações orçamentárias, no prazo estabelecido pelo § 2º do art. 60;
b) prestação de contas aprovada na forma regulamentar; e
c) repasse atualizado da receita devida ao Conselho Federal, suspendendo-se o pedido, em caso de controvérsia, até decisão definitiva sobre a liquidez dos valores correspondentes.

Capítulo III
DO CONSELHO FEDERAL

Seção I
Da estrutura e do funcionamento

- Rubrica da Seção I com redação determinada pelo Conselho Pleno do CFOAB, *DJU* 12.12.2000.

Art. 62. O Conselho Federal, órgão supremo da OAB, com sede na Capital da República, compõe-se de um Presidente, dos Conselheiros Federais integrantes das delegações de cada unidade federativa e de seus ex-presidentes.

§ 1º Os ex-presidentes têm direito a voz nas sessões do Conselho, sendo assegurado o direito de voto aos que exerceram mandato antes de 5 de julho de 1994 ou em seu exercício se encontravam naquela data.

- § 1º com redação determinada pelo Conselho Pleno do CFOAB, *DJU* 24.11.1997.

§ 2º O Presidente, nas suas relações externas, apresenta-se como Presidente Nacional da OAB.

§ 3º O Presidente do Conselho Seccional tem lugar reservado junto à delegação respectiva e direito a voz em todas as sessões do Conselho e de suas Câmaras.

Art. 63. O Presidente do Instituto dos Advogados Brasileiros e os agraciados com a "Medalha Rui Barbosa" podem participar das sessões do Conselho Pleno, com direito a voz.

Art. 64. O Conselho Federal atua mediante os seguintes órgãos:
I – Conselho Pleno;
II – Órgão Especial do Conselho Pleno;
III – Primeira, Segunda e Terceira Câmaras;
IV – Diretoria;
V – Presidente.

Parágrafo único. Para o desempenho de suas atividades, o Conselho conta também com comissões permanentes, definidas em Provimento, e com comissões temporárias, todas designadas pelo Presidente, integradas ou não por Conselheiros Federais, submetidas a um regimento interno único, aprovado pela Diretoria do Conselho Federal, que o levará ao conhecimento do Conselho Pleno.

- Parágrafo único com redação determinada pelo Conselho Pleno do CFOAB, *DJU* 12.12.2000.
- V. Provimento CFOAB 115/2007 (Comissões Permanentes do Conselho Federal da Ordem dos Advogados do Brasil).

Art. 65. No exercício do mandato, o Conselheiro Federal atua no interesse da advocacia nacional e não apenas no de seus representados diretos.

Regulamento da OAB

LEGISLAÇÃO

§ 1º O cargo de Conselheiro Federal é incompatível com o de membro de outros órgãos da OAB, exceto quando se tratar de ex-presidente do Conselho Federal e do Conselho Seccional, ficando impedido de debater e votar as matérias quando houver participado da deliberação local.

§ 2º Na apuração da antiguidade do Conselheiro Federal somam-se todos os períodos de mandato, mesmo que interrompidos.

Art. 66. Considera-se ausente das sessões ordinárias mensais dos órgãos deliberativos do Conselho Federal o Conselheiro que, sem motivo justificado, faltar a qualquer uma.

Parágrafo único. Compete ao Conselho Federal fornecer ajuda de transporte e hospedagem aos Conselheiros Federais integrantes das bancadas dos Conselhos Seccionais que não tenham capacidade financeira para suportar a despesa correspondente.

* Parágrafo único com redação determinada pelo Conselho Pleno do CFOAB, *DJU* 24.11.1997.

Art. 67. Os Conselheiros Federais, integrantes de cada delegação, após a posse, são distribuídos pelas três Câmaras especializadas, mediante deliberação da própria delegação, comunicada ao Secretário-Geral, ou, na falta desta, por decisão do Presidente, dando-se preferência ao mais antigo no Conselho e, havendo coincidência, ao de inscrição mais antiga.

§ 1º O Conselheiro, na sua delegação, é substituto dos demais, em qualquer órgão do Conselho, nas faltas ou impedimentos ocasionais ou no caso de licença.

§ 2º Quando estiverem presentes dois substitutos, concomitantemente, a preferência é do mais antigo no Conselho e, em caso de coincidência, do que tiver inscrição mais antiga.

§ 3º A delegação indica seu representante ao Órgão Especial do Conselho Pleno.

Art. 68. O voto em qualquer órgão colegiado do Conselho Federal é tomado por delegação, em ordem alfabética, seguido dos ex-presidentes presentes, com direito a voto.

§ 1º Os membros da Diretoria votam como integrantes de suas delegações.

§ 2º O Conselheiro Federal opina mas não participa da votação de matéria de interesse específico da unidade que representa.

§ 3º Na eleição dos membros da Diretoria do Conselho Federal, somente votam os Conselheiros Federais, individualmente.

* § 3º acrescentado pela Res. CFOAB 1/2006.

Art. 69. A seleção das decisões dos órgãos deliberativos do Conselho Federal é periodicamente divulgada em forma de ementário.

Art. 70. Os órgãos deliberativos do Conselho Federal podem cassar ou modificar atos ou deliberações de órgãos ou autoridades da OAB, ouvidos estes e os interessados previamente, no prazo de 15 (quinze) dias, contado do recebimento da notificação, sempre que contrariem o Estatuto, este Regulamento Geral, o Código de Ética e Disciplina e os Provimentos.

Art. 71. Toda matéria pertinente às finalidades e às competências do Conselho Federal da OAB será distribuída automaticamente no órgão colegiado competente a um relator, mediante sorteio eletrônico, com inclusão na pauta da sessão seguinte, organizada segundo critério de antiguidade.

* *Caput* com redação determinada pela Res. CFOAB 1/2013.

§ 1º Se o relator determinar alguma diligência, o processo é retirado da ordem do dia, figurando em anexo da pauta com indicação da data do despacho.

§ 2º Incumbe ao relator apresentar na sessão seguinte, por escrito, o relatório, o voto e a proposta de ementa.

§ 3º O relator pode determinar diligências, requisitar informações, instaurar representação incidental, propor ao Presidente a redistribuição da matéria e o arquivamento, quando for irrelevante ou impertinente às finalidades da OAB, ou o encaminhamento do processo ao Conselho Seccional competente, quando for de interesse local.

§ 4º Em caso de inevitável perigo de demora da decisão, pode o relator conceder provimento cautelar, com recurso de ofício ao órgão colegiado, para apreciação preferencial na sessão posterior.

Regulamento da OAB

LEGISLAÇÃO

§ 5º O relator notifica o Conselho Seccional e os interessados, quando forem necessárias suas manifestações.

§ 6º Compete ao relator manifestar-se sobre as desistências, prescrições, decadências e intempestividades dos recursos, para decisão do Presidente do órgão colegiado.

Art. 72. O processo será redistribuído automaticamente caso o relator, após a inclusão em pauta, não o apresente para julgamento na sessão seguinte ou quando, fundamentadamente e no prazo de 05 (cinco) dias, a contar do recebimento dos autos, declinar da relatoria.

- Artigo com redação determinada pela Res. CFOAB 1/2013.

§ 1º O presidente do colegiado competente poderá deferir a prorrogação do prazo de apresentação do processo para julgamento estipulado no *caput*, por uma sessão, mediante requerimento por escrito e fundamentado do relator.

§ 2º Redistribuído o processo, caso os autos encontrem-se com o relator, o presidente do órgão colegiado determinará sua devolução à secretaria, em até 5 (cinco) dias.

Art. 73. Em caso de matéria complexa, o Presidente designa uma comissão em vez de relator individual.

Parágrafo único. A comissão escolhe um relator e delibera coletivamente, não sendo considerados os votos minoritários para fins de relatório e voto.

Seção II
Do Conselho Pleno

Art. 74. O Conselho Pleno é integrado pelos Conselheiros Federais de cada delegação e pelos ex-presidentes, sendo presidido pelo Presidente do Conselho Federal e secretariado pelo Secretário-Geral.

Art. 75. Compete ao Conselho Pleno deliberar, em caráter nacional, sobre propostas e indicações relacionadas às finalidades institucionais da OAB (art. 44, I, do Estatuto) e sobre as demais atribuições previstas no art. 54 do Estatuto, respeitadas as competências privativas dos demais órgãos deliberativos do Conselho Federal, fixadas neste Regulamento Geral, e ainda:

I – eleger o sucessor dos membros da Diretoria do Conselho Federal, em caso de vacância;

II – regular, mediante resolução, matérias de sua competência que não exijam edição de Provimento;

III – instituir, mediante Provimento, comissões permanentes para assessorar o Conselho Federal e a Diretoria.

- Inciso III com redação determinada pelo Conselho Pleno do CFOAB, *DJU* 12.12.2000.
- V. Provimento CFOAB 115/2007 (Comissões Permanentes do Conselho Federal da Ordem dos Advogados do Brasil).

Parágrafo único. O Conselho Pleno pode decidir sobre todas as matérias privativas de seu Órgão Especial, quando o Presidente atribuir-lhes caráter de urgência e grande relevância.

Art. 76. As proposições e os requerimentos deverão ser oferecidos por escrito, cabendo ao relator apresentar relatório e voto na sessão seguinte, acompanhados de ementa do acórdão.

- *Caput* com redação determinada pela Res. CFOAB 1/2013.

§ 1º No Conselho Pleno, o Presidente, em caso de urgência e relevância, pode designar relator para apresentar relatório e voto orais na mesma sessão.

§ 2º Quando a proposta importar despesas não previstas no orçamento, pode ser apreciada apenas depois de ouvido o Diretor Tesoureiro quanto às disponibilidades financeiras para sua execução.

Art. 77. O voto da delegação é o de sua maioria, havendo divergência entre seus membros, considerando-se invalidado em caso de empate.

§ 1º O Presidente não integra a delegação de sua unidade federativa de origem e não vota, salvo em caso de empate.

§ 2º Os ex-Presidentes empossados antes de 5 de julho de 1994 têm direito de voto equivalente ao de uma delegação, em todas as matérias, exceto na eleição dos membros da Diretoria do Conselho Federal.

- § 2º com redação determinada pela Res. CFOAB 1/2006.

Art. 78. Para editar e alterar o Regulamento Geral, o Código de Ética e Disciplina e os Provimentos e para intervir nos Conselhos Seccionais é indispensável o *quorum* de 2/3 (dois terços) das delegações.

Parágrafo único. Para as demais matérias prevalece o *quorum* de instalação e de votação estabelecido neste Regulamento Geral.

Art. 79. A proposta que implique baixar normas gerais de competência do Conselho Pleno ou encaminhar projeto legislativo ou emendas aos Poderes competentes somente pode ser deliberada se o relator ou a comissão designada elaborar o texto normativo, a ser remetido aos Conselheiros juntamente com a convocação da sessão.

§ 1º Antes de apreciar proposta de texto normativo, o Conselho Pleno delibera sobre a admissibilidade da relevância da matéria.

§ 2º Admitida a relevância, o Conselho passa a decidir sobre o conteúdo da proposta do texto normativo, observados os seguintes critérios:

a) procede-se à leitura de cada dispositivo, considerando-o aprovado se não houver destaque levantado por qualquer membro ou encaminhado por Conselho Seccional;

b) havendo destaque, sobre ele manifesta-se apenas aquele que o levantou e a comissão relatora ou o relator, seguindo-se a votação.

§ 3º Se vários membros levantarem destaque sobre o mesmo ponto controvertido, um, dentre eles, é eleito como porta-voz.

§ 4º Se o texto for totalmente rejeitado ou prejudicado pela rejeição, o Presidente designa novo relator ou comissão revisora para redigir outro.

Art. 80. A OAB pode participar e colaborar em eventos internacionais, de interesse da advocacia, mas somente se associa a organismos internacionais que congreguem entidades congêneres.

Parágrafo único. Os Conselhos Seccionais podem representar a OAB em geral ou os advogados brasileiros em eventos internacionais ou no exterior, quando autorizados pelo Presidente Nacional.

Art. 81. Constatando grave violação do Estatuto ou deste Regulamento Geral, a Diretoria do Conselho Federal notifica o Conselho Seccional para apresentar defesa e, havendo necessidade, designa representantes para promover verificação ou sindicância, submetendo o relatório ao Conselho Pleno.

§ 1º Se o relatório concluir pela intervenção, notifica-se o Conselho Seccional para apresentar defesa por escrito e oral perante o Conselho Pleno, no prazo e tempo fixados pelo Presidente.

§ 2º Se o Conselho Pleno decidir pela intervenção, fixa prazo determinado, que pode ser prorrogado, cabendo à Diretoria designar diretoria provisória.

§ 3º Ocorrendo obstáculo imputável à Diretoria do Conselho Seccional para a sindicância, ou no caso de irreparabilidade do perigo pela demora, o Conselho Pleno pode aprovar liminarmente a intervenção provisória.

Art. 82. As indicações de ajuizamento de ação direta de inconstitucionalidade submetem-se ao juízo prévio de admissibilidade da Diretoria para aferição da relevância da defesa dos princípios e normas constitucionais e, sendo admitidas, observam o seguinte procedimento:

I – o relator, designado pelo Presidente, independentemente da decisão da Diretoria, pode levantar preliminar de inadmissibilidade perante o Conselho Pleno, quando não encontrar norma ou princípio constitucional violados pelo ato normativo;

II – aprovado o ajuizamento da ação, esta será proposta pelo Presidente do Conselho Federal;

- Inciso II com redação determinada pelo Conselho Pleno do CFOAB, *DJU* 12.12.2000.

III – cabe à assessoria do Conselho acompanhar o andamento da ação.

§ 1º Em caso de urgência que não possa aguardar a sessão ordinária do Conselho Pleno, ou durante o recesso do Conselho Federal, a Diretoria decide quanto ao mérito, *ad referendum* daquele.

§ 2º Quando a indicação for subscrita por Conselho Seccional da OAB, por entidade de caráter nacional ou por delegação do Conselho Federal, a matéria não se sujeita ao juízo de admissibilidade da Diretoria.

Art. 83. Compete à Comissão Nacional de Educação Jurídica do Conselho Federal opinar previamente nos pedidos para criação, reconhecimento e credenciamento dos cursos jurídicos referidos no art. 54, XV, do Estatuto.

• *Caput* com redação determinada pela Res. CFOAB 1/2011.

§ 1º O Conselho Seccional em cuja área de atuação situar-se a instituição de ensino superior interessada será ouvido, preliminarmente, nos processos que tratem das matérias referidas neste artigo, devendo a seu respeito manifestar-se no prazo de 30 (trinta) dias.

• Anterior parágrafo único renumerado pela Res. CFOAB 3/2006 e com redação determinada pelo Conselho Pleno do CFOAB, *DJU* 24.11.1997.

§ 2º A manifestação do Conselho Seccional terá em vista, especialmente, os seguintes aspectos:

• § 2º acrescentado pela Res. CFOAB 3/2006.

a) a verossimilhança do projeto pedagógico do curso, em face da realidade local;

b) a necessidade social da criação do curso, aferida em função dos critérios estabelecidos pela Comissão de Ensino Jurídico do Conselho Federal;

c) a situação geográfica do município sede do curso, com indicação de sua população e das condições de desenvolvimento cultural e econômico que apresente, bem como da distância em relação ao município mais próximo onde haja curso jurídico;

d) as condições atuais das instalações físicas destinadas ao funcionamento do curso;

e) a existência de biblioteca com acervo adequado, a que tenham acesso direto os estudantes.

§ 3º A manifestação do Conselho Seccional deverá informar sobre cada um dos itens mencionados no parágrafo anterior, abstendo-se, porém, de opinar, conclusivamente, sobre a conveniência ou não da criação do curso.

• § 3º acrescentado pela Res. CFOAB 3/2006.

§ 4º O Conselho Seccional encaminhará sua manifestação diretamente à Comissão de Ensino Jurídico do Conselho Federal, dela não devendo fornecer cópia à instituição interessada ou a terceiro antes do pronunciamento final do Conselho Federal.

• § 4º acrescentado pela Res. CFOAB 3/2006.

Seção III
Do Órgão Especial
do Conselho Pleno

Art. 84. O Órgão Especial é composto por um Conselheiro Federal integrante de cada delegação, sem prejuízo de sua participação no Conselho Pleno, e pelos ex-presidentes, sendo presidido pelo Vice-Presidente e secretariado pelo Secretário-Geral Adjunto.

Parágrafo único. O Presidente do Órgão Especial, além de votar por sua delegação, tem o voto de qualidade, no caso de empate.

Art. 85. Compete ao Órgão Especial deliberar, privativamente e em caráter irrecorrível, sobre:

I – recurso contra decisões das Câmaras, quando não tenham sido unânimes ou, sendo unânimes, contrariem a Constituição, as leis, o Estatuto, decisões do Conselho Federal, este Regulamento Geral, o Código de Ética e Disciplina ou os Provimentos;

• Inciso I com redação determinada pela Res. CFOAB 1/2007.

II – recurso contra decisões unânimes das Turmas, quando estas contrariarem a Constituição, as leis, o Estatuto, decisões do Conselho Federal, este Regulamento Geral, o Código de Ética e Disciplina ou os Provimentos;

• Inciso II com redação determinada pela Res. CFOAB 1/2007.

III – recurso contra decisões do Presidente ou da Diretoria do Conselho Federal e do Presidente do Órgão Especial;

• Primitivo inciso II renumerado pela Res. CFOAB 1/2007.

IV – consultas escritas, formuladas em tese, relativas às matérias de competência das Câmaras especializadas ou à interpretação do Estatuto, deste Regulamento Geral, do Código de Ética e Disciplina e dos Provimentos, devendo todos os Conselhos Seccionais ser cientificados do conteúdo das respostas;

• Anterior inciso III renumerado pela Res. CFOAB 1/2007 e com redação determinada pelo Conselho Pleno do CFOAB, *DJU* 12.12.2000.

V – conflitos ou divergências entre órgãos da OAB;

Regulamento da OAB

- Primitivo inciso IV renumerado pela Res. CFOAB 1/2007.

VI – determinação ao Conselho Seccional competente para instaurar processo, quando, em autos ou peças submetidos ao conhecimento do Conselho Federal, encontrar fato que constitua infração disciplinar.

- Primitivo inciso V renumerado pela Res. CFOAB 1/2007.

§ 1º Os recursos ao Órgão Especial podem ser manifestados pelo Presidente do Conselho Federal, pelas partes ou pelos recorrentes originários.

§ 2º O relator pode propor ao Presidente do Órgão Especial o arquivamento da consulta, quando não se revestir de caráter geral ou não tiver pertinência com as finalidades da OAB, ou o seu encaminhamento ao Conselho Seccional, quando a matéria for de interesse local.

Art. 86. A decisão do Órgão Especial constitui orientação dominante da OAB sobre a matéria, quando consolidada em súmula publicada na imprensa oficial.

Seção IV
Das Câmaras

Art. 87. As Câmaras são presididas:
I – a Primeira, pelo Secretário-Geral;
II – a Segunda, pelo Secretário-Geral Adjunto;
III – a Terceira, pelo Tesoureiro.

§ 1º Os Secretários das Câmaras são designados, dentre seus integrantes, por seus Presidentes.

§ 2º Nas suas faltas e impedimentos, os Presidentes e Secretários das Câmaras são substituídos pelos Conselheiros mais antigos e, havendo coincidência, pelos de inscrição mais antiga.

§ 3º O Presidente da Câmara, além de votar por sua delegação, tem o voto de qualidade, no caso de empate.

Art. 88. Compete à Primeira Câmara:
I – decidir os recursos sobre:
a) atividade de advocacia e direitos e prerrogativas dos advogados e estagiários;
b) inscrição nos quadros da OAB;
c) incompatibilidades e impedimentos;

II – expedir resoluções regulamentando o Exame de Ordem, para garantir sua eficiência e padronização nacional, ouvida a Comissão Nacional de Exame de Ordem;

- Inciso II com redação determinada pelo Conselho Pleno do CFOAB, *DJU* 12.12.2000.
- V. Provimento CFOAB 109/2005 (Normas e diretrizes do Exame de Ordem).

III – julgar as representações sobre as matérias de sua competência;

- Inciso III com redação determinada pelo Conselho Pleno do CFOAB, *DJU* 24.11.1997.

IV – propor, instruir e julgar os incidentes de uniformização de decisões de sua competência;

- Inciso IV com redação determinada pelo Conselho Pleno do CFOAB, *DJU* 24.11.1997.

V – determinar ao Conselho Seccional competente a instauração de processo quando, em autos ou peças submetidas ao seu julgamento, tomar conhecimento de fato que constitua infração disciplinar;

- Inciso V acrescentado pelo Conselho Pleno do CFOAB, *DJU* 12.12.2000.

VI – julgar os recursos interpostos contra decisões de seu Presidente.

- Inciso VI acrescentado pelo Conselho Pleno do CFOAB, *DJU* 12.12.2000.

Art. 89. Compete à Segunda Câmara:
I – decidir os recursos sobre ética e deveres do advogado, infrações e sanções disciplinares;

II – promover em âmbito nacional a ética do advogado, juntamente com os Tribunais de Ética e Disciplina, editando resoluções regulamentares ao Código de Ética e Disciplina;

III – julgar as representações sobre as matérias de sua competência;

- Inciso III com redação determinada pelo Conselho Pleno do CFOAB, *DJU* 24.11.1997.

IV – propor, instruir e julgar os incidentes de uniformização de decisões de sua competência;

- Inciso IV com redação determinada pelo Conselho Pleno do CFOAB, *DJU* 24.11.1997.

V – determinar ao Conselho Seccional competente a instauração de processo quando, em autos ou peças submetidas ao seu julgamento, tomar conhecimento de fato que constitua infração disciplinar;

- Inciso V acrescentado pelo Conselho Pleno do CFOAB, *DJU* 12.12.2000.

Regulamento da OAB

LEGISLAÇÃO

VI – julgar os recursos interpostos contra decisões de seu Presidente;

- Inciso VI acrescentado pelo Conselho Pleno do CFOAB, *DJU* 12.12.2000.

VII – eleger, dentre seus integrantes, os membros da Corregedoria do Processo Disciplinar, em número máximo de três, com atribuição, em caráter nacional, de orientar e fiscalizar a tramitação dos processos disciplinares de competência da OAB, podendo, para tanto, requerer informações e realizar diligências, elaborando relatório anual dos processos em trâmite no Conselho Federal e nos Conselhos Seccionais e Subseções.

- Inciso VII acrescentado pelo Conselho Pleno do CFOAB, *DJU* 12.12.2000.
- V. Provimento CFOAB 134/2009 (Corregedoria-Geral do Processo Disciplinar e criação da função do Corregedor-Geral da OAB).
- V. Res. CFOAB 3/2010 (Regimento Interno da Corregedoria-Geral do Processo Disciplinar da Ordem dos Advogados do Brasil – OAB/CGD).

Art. 89-A. A Segunda Câmara será dividida em três Turmas, entre elas repartindo-se, com igualdade, os processos recebidos pela Secretaria.

- *Caput* acrescentado pela Res. CFOAB 1/2007.

§ 1º Na composição das Turmas, que se dará por ato do Presidente da Segunda Câmara, será observado o critério de representatividade regional, de sorte a nelas estarem presentes todas as Regiões do País.

- § 1º acrescentado pela Res. CFOAB 1/2007.

§ 2º As Turmas serão presididas pelo Conselheiro presente de maior antiguidade no Conselho Federal, admitido-se o revezamento, a critério dos seus membros, salvo a Turma integrada pelo Presidente da Segunda Câmara, que será por ele presidida.

- § 2º acrescentado pela Res. CFOAB 1/2007.

§ 3º Das decisões não unânimes das Turmas caberá recurso para o Pleno da Segunda Câmara.

- § 3º acrescentado pela Res. CFOAB 1/2007.

§ 4º No julgamento do recurso, o relator ou qualquer membro da Turma poderá propor que esta o afete ao Pleno da Câmara, em vista da relevância ou especial complexidade da matéria versada, podendo proceder do mesmo modo quando suscitar questões de ordem que impliquem a adoção de procedimentos comuns pelas Turmas.

- § 4º acrescentado pela Res. CFOAB 1/2009.

Art. 90. Compete à Terceira Câmara:

I – decidir os recursos relativos à estrutura, aos órgãos e ao processo eleitoral da OAB;

II – decidir os recursos sobre sociedades de advogados, advogados associados e advogados empregados;

III – apreciar os relatórios anuais e deliberar sobre o balanço e as contas da Diretoria do Conselho Federal e dos Conselhos Seccionais;

IV – suprir as omissões ou regulamentar as normas aplicáveis às Caixas de Assistência dos Advogados, inclusive mediante resoluções;

V – modificar ou cancelar, de ofício ou a pedido de qualquer pessoa, dispositivo do Regimento Interno do Conselho Seccional que contrarie o Estatuto ou este Regulamento Geral;

VI – julgar as representações sobre as matérias de sua competência;

- Inciso VI com redação determinada pelo Conselho Pleno do CFOAB, *DJU* 24.11.1997.

VII – propor, instruir e julgar os incidentes de uniformização de decisões de sua competência;

- Inciso VII com redação determinada pelo Conselho Pleno do CFOAB, *DJU* 24.11.1997.

VIII – determinar ao Conselho Seccional competente a instauração de processo quando, em autos ou peças submetidas ao seu julgamento, tomar conhecimento de fato que constitua infração disciplinar;

- Inciso VIII acrescentado pelo Conselho Pleno do CFOAB, DJU 12.12.2000.

IX – julgar os recursos interpostos contra decisões de seu Presidente.

- Inciso IX acrescentado pelo Conselho Pleno do CFOAB, *DJU* 12.12.2000.

Seção V
Das sessões

Art. 91. Os órgãos colegiados do Conselho Federal reúnem-se ordinariamente nos meses de fevereiro a dezembro de cada

Regulamento da OAB

LEGISLAÇÃO

ano, em sua sede no Distrito Federal, nas datas fixadas pela Diretoria.

* *Caput* com redação determinada pela Res. CFOAB 1/2010.

§ 1º Em caso de urgência ou no período de recesso (janeiro), o Presidente ou 1/3 (um terço) das delegações do Conselho Federal pode convocar sessão extraordinária.

* § 1º com redação determinada pela Res. CFOAB 1/2010.

§ 2º A sessão extraordinária, em caráter excepcional e de grande relevância, pode ser convocada para local diferente da sede do Conselho Federal.

§ 3º As convocações para as sessões ordinárias são acompanhadas de minuta da ata da sessão anterior e dos demais documentos necessários.

§ 4º Mediante prévia deliberação do Conselho Pleno, poderá ser dispensada a realização da sessão ordinária do mês de julho, sem prejuízo da regular fruição dos prazos processuais e regulamentares.

* § 4º acrescentado pela Res. CFOAB 1/2010.

Art. 92. Para instalação e deliberação dos órgãos colegiados do Conselho Federal da OAB exige-se a presença de metade das delegações, salvo nos casos de *quorum* qualificado, previsto neste Regulamento Geral.

§ 1º A deliberação é tomada pela maioria de votos dos presentes.

§ 2º Comprova-se a presença pela assinatura no documento próprio, sob controle do Secretário da sessão.

§ 3º Qualquer membro presente pode requerer a verificação do *quorum*, por chamada.

§ 4º A ausência à sessão, depois da assinatura de presença, não justificada ao Presidente, é contada para efeito de perda do mandato.

Art. 93. Nas sessões observa-se a seguinte ordem:
I – verificação do *quorum* e abertura;
II – leitura, discussão e aprovação da ata da sessão anterior;
III – comunicações do Presidente;
IV – ordem do dia;

V – expediente e comunicações dos presentes.

Parágrafo único. A ordem dos trabalhos ou da pauta pode ser alterada pelo Presidente, em caso de urgência ou de pedido de preferência.

Art. 94. O julgamento de qualquer processo ocorre do seguinte modo:
I – leitura do relatório, do voto e da proposta de ementa do acórdão, todos escritos, pelo relator;
II – sustentação oral pelo interessado ou seu advogado, no prazo de 15 (quinze) minutos, tendo o respectivo processo preferência no julgamento;
III – discussão da matéria, dentro do prazo máximo fixado pelo Presidente, não podendo cada Conselheiro fazer uso da palavra mais de uma vez nem por mais de 3 (três) minutos, salvo se lhe for concedida prorrogação;
IV – votação da matéria, não sendo permitidas questões de ordem ou justificativa oral de voto, precedendo as questões prejudiciais e preliminares às de mérito;
V – a votação da matéria será realizada mediante chamada em ordem alfabética das bancadas, iniciando-se com a delegação integrada pelo relator do processo em julgamento;

* Inciso V com redação determinada pela Res. CFOAB 3/2013.

VI – proclamação do resultado pelo Presidente, com leitura da súmula da decisão.

* Primitivo inciso V renumerado pela Res. CFOAB 3/2013.

§ 1º Os apartes só serão admitidos quando concedidos pelo orador. Não será admitido aparte:

* § 1º com redação determinada pelo Conselho Pleno do CFOAB, *DJU* 12.12.2000.

a) à palavra do Presidente;
b) ao Conselheiro que estiver suscitando questão de ordem.

§ 2º Se durante a discussão o Presidente julgar que a matéria é complexa e não se encontra suficientemente esclarecida, suspende o julgamento, designando revisor para sessão seguinte.

* Primitivo § 1º renumerado pelo Conselho Pleno do CFOAB, *DJU* 12.12.2000.

Regulamento da OAB

LEGISLAÇÃO

§ 3º A justificação escrita do voto pode ser encaminhada à Secretaria até 15 (quinze) dias após a votação da matéria.

- Primitivo § 2º renumerado pelo Conselho Pleno do CFOAB, *DJU* 12.12.2000.

§ 4º O Conselheiro pode pedir preferência para antecipar seu voto se necessitar ausentar-se justificadamente da sessão.

- Primitivo § 3º renumerado pelo Conselho Pleno do CFOAB, *DJU* 12.12.2000.

§ 5º O Conselheiro pode eximir-se de votar se não tiver assistido à leitura do relatório.

- Primitivo § 4º renumerado pelo Conselho Pleno do CFOAB, *DJU* 12.12.2000.

§ 6º O relatório e o voto do relator, na ausência deste, são lidos pelo Secretário.

- Primitivo § 5º renumerado pelo Conselho Pleno do CFOAB, *DJU* 12.12.2000.

§ 7º Vencido o relator, o autor do voto vencedor lavra o acórdão.

- Primitivo § 6º renumerado pelo Conselho Pleno do CFOAB, *DJU* 12.12.2000.

Art. 95. O pedido justificado de vista por qualquer Conselheiro, quando não for em mesa, não adia a discussão, sendo deliberado como preliminar antes da votação da matéria.

Parágrafo único. A vista concedida é coletiva, permanecendo os autos do processo na Secretaria, com envio de cópias aos que as solicitarem, devendo a matéria ser julgada na sessão ordinária seguinte, com preferência sobre as demais, ainda que ausentes o relator ou o Conselheiro requerente.

Art. 96. As decisões coletivas são formalizadas em acórdãos, assinados pelo Presidente e pelo relator, e publicadas.

§ 1º As manifestações gerais do Conselho Pleno podem dispensar a forma de acórdão.

§ 2º As ementas têm numeração sucessiva e anual, relacionada ao órgão deliberativo.

Art. 97. As pautas e decisões são publicadas na imprensa oficial, ou comunicadas pessoalmente aos interessados, e afixadas em local de fácil acesso na sede do Conselho Federal.

- Artigo com redação determinada pelo Conselho Pleno do CFOAB, *DJU* 12.12.2000.

Seção VI
Da Diretoria do Conselho Federal

Art. 98. O Presidente é substituído em suas faltas, licenças e impedimentos pelo Vice-Presidente, pelo Secretário-Geral, pelo Secretário-Geral Adjunto e pelo Tesoureiro, sucessivamente.

§ 1º O Vice-Presidente, o Secretário-Geral, o Secretário-Geral Adjunto e o Tesoureiro substituem-se nessa ordem, em suas faltas e impedimentos ocasionais, sendo o último substituído pelo Conselheiro Federal mais antigo e, havendo coincidência de mandatos, pelo de inscrição mais antiga.

§ 2º No caso de licença temporária, o Diretor é substituído pelo Conselheiro designado pelo Presidente.

§ 3º No caso de vacância de cargo da Diretoria, em virtude de perda do mandato, morte ou renúncia, o sucessor é eleito pelo Conselho Pleno.

§ 4º Para o desempenho de suas atividades, a Diretoria contará, também, com dois representantes institucionais permanentes, cujas funções serão exercidas por Conselheiros Federais por ela designados, *ad referendum* do Conselho Pleno, destinadas ao acompanhamento dos interesses da Advocacia no Conselho Nacional de Justiça e no Conselho Nacional do Ministério Público.

- § 4º acrescentado pela Res. CFOAB 1/2015.

Art. 99. Compete à Diretoria, coletivamente:

I – dar execução às deliberações dos órgãos deliberativos do Conselho;

II – elaborar e submeter à Terceira Câmara, na forma e prazo estabelecidos neste Regulamento Geral, o orçamento anual da receita e da despesa, o relatório anual, o balanço e as contas;

III – elaborar estatística anual dos trabalhos e julgados do Conselho;

IV – distribuir e redistribuir as atribuições e competências entre os seus membros;

V – elaborar e aprovar o plano de cargos e salários e a política de administração de pessoal do Conselho, propostos pelo Secretário-Geral;

VI – promover assistência financeira aos órgãos da OAB, em caso de necessidade com-

Regulamento da OAB

provada e de acordo com previsão orçamentária;
VII – definir critérios para despesas com transporte e hospedagem dos Conselheiros, membros das comissões e convidados;
VIII – alienar ou onerar bens móveis;
IX – resolver os casos omissos no Estatuto e no Regulamento Geral, *ad referendum* do Conselho Pleno.

Art. 100. Compete ao Presidente:
I – representar a OAB em geral e os advogados brasileiros, no país e no exterior, em juízo ou fora dele;
II – representar o Conselho Federal, em juízo ou fora dele;
III – convocar e presidir o Conselho Federal e executar suas decisões;
IV – adquirir, onerar e alienar bens imóveis, quando autorizado, e administrar o patrimônio do Conselho Federal, juntamente com o Tesoureiro;
V – aplicar penas disciplinares, no caso de infração cometida no âmbito do Conselho Federal;
VI – assinar, com o Tesoureiro, cheques e ordens de pagamento;
VII – executar e fazer executar o Estatuto e a legislação complementar.

Art. 101. Compete ao Vice-Presidente:
I – presidir o órgão Especial e executar suas decisões;
II – executar as atribuições que lhe forem cometidas pela Diretoria ou delegadas, por portaria, pelo Presidente.

Art. 102. Compete ao Secretário-Geral:
I – presidir a Primeira Câmara e executar suas decisões;
II – dirigir todos os trabalhos de Secretaria do Conselho Federal;
III – secretariar as sessões do Conselho Pleno;
IV – manter sob sua guarda e inspeção todos os documentos do Conselho Federal;
V – controlar a presença e declarar a perda de mandato dos Conselheiros Federais;
VI – executar a administração do pessoal do Conselho Federal;
VII – emitir certidões e declarações do Conselho Federal.

Art. 103. Compete ao Secretário-Geral Adjunto:
I – presidir a Segunda Câmara e executar suas decisões;
II – organizar e manter o cadastro nacional dos advogados e estagiários, requisitando os dados e informações necessários aos Conselhos Seccionais e promovendo as medidas necessárias;
III – executar as atribuições que lhe forem cometidas pela Diretoria ou delegadas pelo Secretário-Geral;
IV – secretariar o Órgão Especial.

Art. 104. Compete ao Tesoureiro:
I – presidir a Terceira Câmara e executar suas decisões;
II – manter sob sua guarda os bens e valores e o almoxarifado do Conselho;
III – administrar a Tesouraria, controlar e pagar todas as despesas autorizadas e assinar cheques e ordens de pagamento com o Presidente;
IV – elaborar a proposta de orçamento anual, o relatório, os balanços e as contas mensais e anuais da Diretoria;
V – propor à Diretoria a tabela de custas do Conselho Federal;
VI – fiscalizar e cobrar as transferências devidas pelos Conselhos Seccionais ao Conselho Federal, propondo à Diretoria a intervenção nas Tesourarias dos inadimplentes;
VII – manter inventário dos bens móveis e imóveis do Conselho Federal, atualizado anualmente;
VIII – receber e dar quitação dos valores recebidos pelo Conselho Federal.
§ 1º Em casos imprevistos, o Tesoureiro pode realizar despesas não constantes do orçamento anual, quando autorizadas pela Diretoria.
§ 2º Cabe ao Tesoureiro propor à Diretoria o regulamento para aquisições de material de consumo e permanente.

Capítulo IV
DO CONSELHO SECCIONAL

Art. 105. Compete ao Conselho Seccional, além do previsto nos artigos 57 e 58 do Estatuto:
I – cumprir o disposto nos incisos I, II e III do artigo 54 do Estatuto;
II – adotar medidas para assegurar o regular funcionamento das Subseções;
III – intervir, parcial ou totalmente, nas Subseções e na Caixa de Assistência dos Advogados, onde e quando constatar grave violação

Regulamento da OAB

do Estatuto, deste Regulamento Geral e do Regimento Interno do Conselho Seccional;

IV – cassar ou modificar, de ofício ou mediante representação, qualquer ato de sua diretoria e dos demais órgãos executivos e deliberativos, da diretoria ou do conselho da Subseção e da diretoria da Caixa de Assistência dos Advogados, contrários ao Estatuto, ao Regulamento Geral, aos Provimentos, ao Código de Ética e Disciplina, ao seu Regimento Interno e às suas Resoluções;

V – ajuizar, após deliberação:

a) ação direta de inconstitucionalidade de leis ou atos normativos estaduais e municipais, em face da Constituição Estadual ou da Lei Orgânica do Distrito Federal;

b) ação civil pública, para defesa de interesses difusos de caráter geral e coletivos e individuais homogêneos;

- Alínea b com redação determinada pelo Conselho Pleno do CFOAB, *DJU* 12.12.2000.

c) mandado de segurança coletivo, em defesa de seus inscritos, independentemente de autorização pessoal dos interessados;

d) mandado de injunção, em face da Constituição Estadual ou da Lei Orgânica do Distrito Federal.

Parágrafo único. O ajuizamento é decidido pela Diretoria, no caso de urgência ou recesso do Conselho Seccional.

Art. 106. Os Conselhos Seccionais são compostos de conselheiros eleitos, incluindo os membros da Diretoria, proporcionalmente ao número de advogados com inscrição concedida, observados os seguintes critérios:

I – abaixo de 3.000 (três) mil inscritos, até 30 (trinta) membros;

- Inciso I com redação determinada pela Res. CFOAB 2/2009.

II – a partir de 3.000 (três mil) inscritos, mais um membro por grupo completo de 3.000 (três mil) inscritos, até o total de 80 (oitenta) membros.

- Inciso II com redação determinada pela Res. CFOAB 2/2009.

§ 1º Cabe ao Conselho Seccional, observado o número da última inscrição concedida, fixar o número de seus membros, mediante resolução, sujeita a referendo do Conselho Federal, que aprecia a base de cálculo e reduz o excesso, se houver.

§ 2º O Conselho Seccional, a delegação do Conselho Federal, a diretoria da Caixa de Assistência dos Advogados, a diretoria e o conselho da Subseção podem ter suplentes, eleitos na chapa vencedora, em número fixado entre a metade e o total de conselheiros titulares.

- § 2º com redação determinada pela Res. CFOAB 3/2012.

§ 3º Não se incluem no cálculo da composição dos elegíveis ao Conselho seus ex-presidentes e o Presidente do Instituto dos Advogados.

Art. 107. Todos os órgãos vinculados ao Conselho Seccional reúnem-se, ordinariamente, nos meses de fevereiro a dezembro, em suas sedes, e para a sessão de posse no mês de janeiro do primeiro ano do mandato.

§ 1º Em caso de urgência ou nos períodos de recesso (janeiro), os Presidentes dos órgãos ou 1/3 (um terço) de seus membros podem convocar sessão extraordinária.

- § 1º com redação determinada pela Res. CFOAB 1/2010.

§ 2º As convocações para as sessões ordinárias são acompanhadas de minuta da ata da sessão anterior e dos demais documentos necessários.

Art. 108. Para aprovação ou alteração do Regimento Interno do Conselho, de criação e intervenção em Caixa de Assistência dos Advogados e Subseções e para aplicação da pena de exclusão de inscrito é necessário *quorum* de presença de 2/3 (dois terços) dos conselheiros.

§ 1º Para as demais matérias exige-se *quorum* de instalação e deliberação de metade dos membros de cada órgão deliberativo, não se computando no cálculo os ex-presidentes presentes, com direito a voto.

§ 2º A deliberação é tomada pela maioria dos votos dos presentes, incluindo os ex-presidentes com direito a voto.

§ 3º Comprova-se a presença pela assinatura no documento próprio, sob controle do Secretário da sessão.

§ 4º Qualquer membro presente pode requerer a verificação do *quorum*, por chamada.

§ 5º A ausência à sessão depois da assinatura de presença, não justificada ao Presidente, é contada para efeito de perda do mandato.

Regulamento da OAB

LEGISLAÇÃO

Art. 109. O Conselho Seccional pode dividir-se em órgãos deliberativos e instituir comissões especializadas, para melhor desempenho de suas atividades.

§ 1º Os órgãos do Conselho podem receber a colaboração gratuita de advogados não conselheiros, inclusive para instrução processual, considerando-se função relevante em benefício da advocacia.

§ 2º No Conselho Seccional e na Subseção que disponha de conselho é obrigatória a instalação e o funcionamento da Comissão de Direitos Humanos, da Comissão de Orçamento e Contas e da Comissão de Estágio e Exame de Ordem.

§ 3º Os suplentes podem desempenhar atividades permanentes e temporárias, na forma do Regimento Interno.

§ 4º As Câmaras e os órgãos julgadores em que se dividirem os Conselhos Seccionais para o exercício das respectivas competências serão integradas exclusivamente por Conselheiros eleitos, titulares ou suplentes.

- § 4º acrescentado pela Res. CFOAB 4/2010.
- V. art. 2º, Res. CFOAB 4/2010 (DOU 16.02.2011), que determina que os Regimentos Internos dos Conselhos Seccionais adaptar-se-ão ao disposto no § 4º do art. 109 do Regulamento Geral, acrescido por esta Resolução, no prazo de 90 (noventa) dias.

Art. 110. Os relatores dos processos em tramitação no Conselho Seccional têm competência para instrução, podendo ouvir depoimentos, requisitar documentos, determinar diligências e propor o arquivamento ou outra providência porventura cabível ao Presidente do órgão colegiado competente.

Art. 111. O Conselho Seccional fixa tabela de honorários advocatícios, definindo as referências mínimas e as proporções, quando for o caso.

Parágrafo único. A tabela é amplamente divulgada entre os inscritos e encaminhada ao Poder Judiciário para os fins do artigo 22 do Estatuto.

Art. 112. Exame de Ordem será regulamentado por Provimento editado pelo Conselho Federal.

- Artigo com redação determinada pela Res. CFOAB 1/2011.

§ 1º O Exame de Ordem é organizado pela Coordenação Nacional de Exame de Ordem, na forma de Provimento do Conselho Federal.

§ 2º Às Comissões de Estágio e Exame de Ordem dos Conselhos Seccionais compete fiscalizar a aplicação da prova e verificar o preenchimento dos requisitos exigidos dos examinandos quando dos pedidos de inscrição, assim como difundir as diretrizes e defender a necessidade do Exame de Ordem.

Art. 113. O Regimento Interno do Conselho Seccional define o procedimento de intervenção total ou parcial nas Subseções e na Caixa de Assistência dos Advogados, observados os critérios estabelecidos neste Regulamento Geral para a intervenção no Conselho Seccional.

Art. 114. Os Conselhos Seccionais definem nos seus Regimentos Internos a composição, o modo de eleição e o funcionamento dos Tribunais de Ética e Disciplina, observados os procedimentos do Código de Ética e Disciplina.

§ 1º Os membros dos Tribunais de Ética e Disciplina, inclusive seus Presidentes, são eleitos na primeira sessão ordinária após a posse dos Conselhos Seccionais, dentre os seus integrantes ou advogados de notável reputação ético-profissional, observados os mesmos requisitos para a eleição do Conselho Seccional.

§ 2º O mandato dos membros dos Tribunais de Ética e Disciplina tem a duração de 3 (três) anos.

§ 3º Ocorrendo qualquer das hipóteses do art. 66 do Estatuto, o membro do Tribunal de Ética e Disciplina perde o mandato antes do seu término, cabendo ao Conselho Seccional eleger o substituto.

Capítulo V
DAS SUBSEÇÕES

Art. 115. Compete às subseções dar cumprimento às finalidades previstas no artigo 61 do Estatuto e neste Regulamento Geral.

Art. 116. O Conselho Seccional fixa, em seu orçamento anual, dotações específicas para as subseções, e as repassa segundo programação financeira aprovada ou em duodécimos.

Art. 117. A criação de Subseção depende, além da observância dos requisitos esta-

Regulamento da OAB

belecidos no Regimento Interno do Conselho Seccional, de estudo preliminar de viabilidade realizado por comissão especial designada pelo Presidente do Conselho Seccional, incluindo o número de advogados efetivamente residentes na base territorial, a existência de comarca judiciária, o levantamento e a perspectiva do mercado de trabalho, o custo de instalação e de manutenção.

Art. 118. A resolução do Conselho Seccional que criar a Subseção deve:
I – fixar sua base territorial;
II – definir os limites de suas competências e autonomia;
III – fixar a data da eleição da diretoria e do conselho, quando for o caso, e o início do mandato com encerramento coincidente com o do Conselho Seccional;
IV – definir a composição do conselho da Subseção e suas atribuições, quando for o caso.
§ 1º Cabe à Diretoria do Conselho Seccional encaminhar cópia da resolução ao Conselho Federal, comunicando a composição da diretoria e do conselho.
§ 2º Os membros da diretoria da Subseção integram seu conselho, que tem o mesmo presidente.

Art. 119. Os conflitos de competência entre subseções e entre estas e o Conselho Seccional são por este decididos, com recurso voluntário ao Conselho Federal.

Art. 120. Quando a Subseção dispuser de conselho, o Presidente deste designa um de seus membros, como relator, para instruir processo de inscrição no quadro da OAB, para os residentes em sua base territorial, ou processo disciplinar, quando o fato tiver ocorrido na sua base territorial.
§ 1º Os relatores dos processos em tramitação na Subseção têm competência para instrução, podendo ouvir depoimentos, requisitar documentos, determinar diligências e propor o arquivamento ou outra providência ao Presidente.
§ 2º Concluída a instrução do pedido de inscrição, o relator submete parecer prévio ao conselho da Subseção, que pode ser acompanhado pelo relator do Conselho Seccional.
§ 3º Concluída a instrução do processo disciplinar, nos termos previstos no Estatuto e no Código de Ética e Disciplina, o relator emite parecer prévio, o qual, se homologado pelo Conselho da Subseção, é submetido ao julgamento do Tribunal de Ética e Disciplina.
§ 4º Os demais processos, até mesmo os relativos à atividade de advocacia, incompatibilidades e impedimentos, obedecem a procedimento equivalente.

Capítulo VI
DAS CAIXAS DE ASSISTÊNCIA DOS ADVOGADOS

Art. 121. As Caixas de Assistência dos Advogados são criadas mediante aprovação e registro de seus estatutos pelo Conselho Seccional.

Art. 122. O estatuto da Caixa define as atividades da Diretoria e a sua estrutura organizacional.
§ 1º A Caixa pode contar com departamentos específicos, integrados por profissionais designados por sua Diretoria.
§ 2º O plano de empregos e salários do pessoal da Caixa é aprovado por sua Diretoria e homologado pelo Conselho Seccional.

Art. 123. A assistência aos inscritos na OAB é definida no estatuto da Caixa e está condicionada à:
I – regularidade do pagamento, pelo inscrito, da anuidade à OAB;
II – carência de 1 (um) ano, após o deferimento da inscrição;
III – disponibilidade de recursos da Caixa.
Parágrafo único. O estatuto da Caixa pode prever a dispensa dos requisitos de que cuidam os incisos I e II, em casos especiais.

Art. 124. A seguridade complementar pode ser implementada pela Caixa, segundo dispuser seu estatuto.

Art. 125. As Caixas promovem entre si convênios de colaboração e execução de suas finalidades.

Art. 126. A Coordenação Nacional das Caixas, por elas mantida, composta de seus presidentes, é órgão de assessoramento do Conselho Federal da OAB para a política nacional de assistência e seguridade dos advogados, tendo seu Coordenador direito a voz nas sessões, em matéria a elas pertinente.

Art. 127. O Conselho Federal pode constituir fundos nacionais de seguridade e assistência dos advogados, coordenados pelas Caixas, ouvidos os Conselhos Seccionais.

Regulamento da OAB

LEGISLAÇÃO

Capítulo VII
DAS ELEIÇÕES

Art. 128. O Conselho Seccional, até 45 (quarenta e cinco) dias antes da data da votação, no último ano do mandato, convocará os advogados inscritos para a votação obrigatória, mediante edital resumido, publicado na imprensa oficial, do qual constarão, dentre outros, os seguintes itens:

- Caput com redação determinada pela Res. CFOAB 1/2014.

I – dia da eleição, na segunda quinzena de novembro, dentro do prazo contínuo de 8 (oito) horas, com início fixado pelo Conselho Seccional;

II – prazo para o registro das chapas, na Secretaria do Conselho, até 30 (trinta) dias antes da votação;

III – modo de composição da chapa, incluindo o número de membros do Conselho Seccional;

IV – prazo de 3 (três) dias úteis, tanto para a impugnação das chapas quanto para a defesa, após o encerramento do prazo do pedido de registro (item II), e de 5 (cinco) dias úteis para a decisão da Comissão Eleitoral;

V – nominata dos membros da Comissão Eleitoral escolhida pela Diretoria;

VI – locais de votação;

VII – referência a este capítulo do Regulamento Geral, cujo conteúdo estará à disposição dos interessados.

§ 1º O edital define se as chapas concorrentes às Subseções são registradas nestas ou na Secretaria do próprio Conselho.

§ 2º Cabe aos Conselhos Seccionais promover ampla divulgação das eleições, em seus meios de comunicação, não podendo recusar a publicação, em condições de absoluta igualdade, do programa de todas as chapas.

- § 2º com redação determinada pelo Conselho Pleno do CFOAB, *DJU* 12.12.2000.

§ 3º Mediante requerimento escrito formulado pela chapa e assinado por seu representante legal, dirigido ao Presidente da Comissão Eleitoral, esta fornecerá, em 72 (setenta e duas) horas, listagem atualizada com nome e endereço postal dos advogados.

- § 3º com redação determinada pela Res. CFOAB 2/2011.

§ 4º A listagem a que se refere o § 3º será fornecida mediante o pagamento das taxas fixadas pelo Conselho Seccional, não se admitindo mais de um requerimento por chapa concorrente.

- § 4º acrescentado pelo Conselho Pleno do CFOAB, *DJU* 12.12.2000.

Art. 128-A. A Diretoria do Conselho Federal, no mês de fevereiro do ano das eleições, designará Comissão Eleitoral Nacional, composta por cinco advogados e presidida preferencialmente por Conselheiro Federal que não seja candidato, como órgão deliberativo encarregado de supervisionar, com função correcional e consultiva, as eleições seccionais e a eleição para a Diretoria do Conselho Federal.

- Artigo acrescentado pela Res. CFOAB 1/2014.

Art. 129. A Comissão Eleitoral é composta de cinco advogados, sendo um Presidente, que não integrem qualquer das chapas concorrentes.

§ 1º A Comissão Eleitoral utiliza os serviços das Secretarias do Conselho Seccional e das Subseções, com o apoio necessário de suas Diretorias, convocando ou atribuindo tarefas aos respectivos servidores.

§ 2º No prazo de 5 (cinco) dias úteis, após a publicação do edital de convocação das eleições, qualquer advogado pode arguir a suspeição de membro da Comissão Eleitoral, a ser julgada pelo Conselho Seccional.

§ 3º A Comissão Eleitoral pode designar Subcomissões para auxiliar suas atividades nas Subseções.

§ 4º As mesas eleitorais são designadas pela Comissão Eleitoral.

§ 5º A Diretoria do Conselho Seccional pode substituir os membros da Comissão Eleitoral quando, comprovadamente, não estejam cumprindo suas atividades, em prejuízo da organização e da execução das eleições.

Art. 130. Contra decisão da Comissão Eleitoral cabe recurso ao Conselho Seccional, no prazo de 15 (quinze) dias, e deste para o Conselho Federal, no mesmo prazo, ambos sem efeito suspensivo.

Regulamento da OAB

Legislação

Parágrafo único. Quando a maioria dos membros do Conselho Seccional estiver concorrendo às eleições, o recurso contra decisão da Comissão Eleitoral será encaminhado diretamente ao Conselho Federal.

- Parágrafo único acrescentado pela Res. CFOAB 2/2011.

Art. 131. São admitidas a registro apenas chapas completas, que deverão atender ao mínimo de 30% (trinta por cento) e ao máximo de 70% (setenta por cento) para candidaturas de cada sexo, com indicação dos candidatos aos cargos de diretoria do Conselho Seccional, de conselheiros seccionais, de conselheiros federais, de diretoria da Caixa de Assistência dos Advogados e de suplentes, se houver, sendo vedadas candidaturas isoladas ou que integrem mais de uma chapa.

- Artigo com redação determinada pela Res. CFOAB 1/2014.

§ 1º O percentual mínimo previsto no *caput* deste artigo poderá ser alcançado levando-se em consideração a chapa completa, compreendendo os cargos de titular e de suplência, não sendo obrigatória a observância em cargos específicos ou de diretoria, incluindo a do Conselho Federal.

§ 2º Para o alcance do percentual mínimo previsto no caput deste artigo observar-se-á o arredondamento de fração para cima, considerando-se o número inteiro de vagas subsequente.

§ 3º É facultativa a observação do percentual mínimo previsto neste artigo nas Subseções que não possuam Conselho.

§ 4º O requerimento de inscrição, dirigido ao Presidente da Comissão Eleitoral, é subscrito pelo candidato a Presidente e por dois outros candidatos à Diretoria, contendo nome completo, nº de inscrição na OAB e endereço profissional de cada candidato, com indicação do cargo a que concorre, acompanhado das autorizações escritas dos integrantes da chapa.

§ 5º Somente integra chapa o candidato que, cumulativamente:

a) seja advogado regularmente inscrito na respectiva Seccional da OAB, com inscrição principal ou suplementar;
b) esteja em dia com as anuidades;
c) não ocupe cargos ou funções incompatíveis com a advocacia, referidos no art. 28 do Estatuto, em caráter permanente ou temporário, ressalvado o disposto no art. 83 da mesma Lei;
d) não ocupe cargos ou funções dos quais possa ser exonerável ad nutum, mesmo que compatíveis com a advocacia;
e) não tenha sido condenado em definitivo por qualquer infração disciplinar, salvo se reabilitado pela OAB, ou não tenha representação disciplinar em curso, já julgada procedente por órgão do Conselho Federal;
f) exerça efetivamente a profissão, há mais de cinco anos, excluído o período de estagiário, sendo facultado à Comissão Eleitoral exigir a devida comprovação;
g) não esteja em débito com a prestação de contas ao Conselho Federal, na condição de dirigente do Conselho Seccional ou da Caixa de Assistência dos Advogados, responsável pelas referidas contas, ou não tenha tido prestação de contas rejeitada, após apreciação do Conselho Federal, com trânsito em julgado, nos 8 (oito) anos seguintes;
h) com contas rejeitadas segundo o disposto na alínea a do inciso II do art. 7º do Provimento 101/2003, ressarcir o dano apurado pelo Conselho Federal, sem prejuízo do cumprimento do prazo de 8 (oito) anos previsto na alínea g;
i) não integre listas, com processo em tramitação, para provimento de cargos nos tribunais judiciais ou administrativos.

§ 6º A Comissão Eleitoral publica no quadro de avisos das Secretarias do Conselho Seccional e das subseções a composição das chapas com registro requerido, para fins de impugnação por qualquer advogado inscrito.

§ 7º A Comissão Eleitoral suspende o registro da chapa incompleta ou que inclua candidato inelegível na forma do § 5º, concedendo ao candidato a Presidente do Conselho Seccional prazo improrrogável de cinco dias úteis para sanar a irregularidade, devendo a Secretaria e a Tesouraria do Conselho ou da Subseção prestar as informações necessárias.

§ 8º A chapa é registrada com denominação própria, observada a preferência pela ordem de apresentação dos requerimentos, não podendo as seguintes utilizar termos, símbolos ou expressões iguais ou assemelhados.

§ 9º Em caso de desistência, morte ou inelegibilidade de qualquer integrante da chapa, a substituição pode ser requerida, sem alte-

Regulamento da OAB

ração da cédula única já composta, considerando-se votado o substituído.

§ 10. Os membros dos órgãos da OAB, no desempenho de seus mandatos, podem neles permanecer se concorrerem às eleições.

Art. 131-A. São condições de elegibilidade: ser o candidato advogado inscrito na Seccional, com inscrição principal ou suplementar, em efetivo exercício há mais de 5 (cinco) anos, e estar em dia com as anuidades na data de protocolo do pedido de registro de candidatura, considerando-se regulares aqueles que parcelaram seus débitos e estão adimplentes com a quitação das parcelas.

* Artigo acrescentado pela Res. CFOAB 2/2011.

§ 1º O candidato deverá comprovar sua adimplência junto à OAB por meio da apresentação de certidão da Seccional onde é candidato.

§ 2º Sendo o candidato inscrito em várias Seccionais, deverá, ainda, quando da inscrição da chapa na qual concorrer, declarar, sob a sua responsabilidade e sob as penas legais, que se encontra adimplente com todas elas.

§ 3º O período de 5 (cinco) anos estabelecido no *caput* deste artigo é o que antecede imediatamente a data da posse, computado continuamente.

Art. 131-B. Desde o pedido de registro da chapa, poderá ser efetuada doação para a campanha por advogados, inclusive candidatos, sendo vedada a doação por pessoas físicas que não sejam advogados e por qualquer empresa ou pessoa jurídica, sob pena de indeferimento de registro ou cassação do mandato.

* Artigo acrescentado pela Res. CFOAB 1/2014.

§ 1º Será obrigatória a prestação de contas de campanha por parte das chapas concorrentes, devendo ser fixado pelo Conselho Federal o limite máximo de gastos.

§ 2º Também será fixado pelo Conselho Federal o limite máximo de doações para as campanhas eleitorais por parte de quem não é candidato.

Art. 132. A votação será realizada através de urna eletrônica, salvo comprovada impossibilidade, devendo ser feita no número atribuído a cada chapa, por ordem de inscrição.

* *Caput* com redação determinada pela Res. CFOAB 2/2011.

§ 1º Caso não seja adotada a votação eletrônica, a cédula eleitoral será única, contendo as chapas concorrentes na ordem em que foram registradas, com uma só quadrícula ao lado de cada denominação, e agrupadas em colunas, observada a seguinte ordem:

* § 1º acrescentado pelo Conselho Pleno do CFOAB, *DJU* 09.12.2005.

I – denominação da chapa e nome do candidato a Presidente, em destaque;
II – Diretoria do Conselho Seccional;
III – Conselheiros Seccionais;
IV – Conselheiros Federais;
V – Diretoria da Caixa de Assistência dos Advogados;
VI – Suplentes.

§ 2º Nas Subseções, não sendo adotado o voto eletrônico, além da cédula referida neste Capítulo, haverá outra cédula para as chapas concorrentes à Diretoria da Subseção e do respectivo Conselho, se houver, observando-se idêntica forma.

* § 2º acrescentado pelo Conselho Pleno do CFOAB, *DJU* 09.12.2005.

§ 3º O Conselho Seccional, ao criar o Conselho da Subseção, fixará, na resolução, a data da eleição suplementar, regulamentando-a segundo as regras deste Capítulo.

* § 3º acrescentado pelo Conselho Pleno do CFOAB, *DJU* 09.12.2005.

§ 4º Os eleitos ao primeiro Conselho da Subseção complementam o prazo do mandato da Diretoria.

* § 4º acrescentado pelo Conselho Pleno do CFOAB, *DJU* 09.12.2005.

Art. 133. Perderá o registro a chapa que praticar ato de abuso de poder econômico, político e dos meios de comunicação, ou for diretamente beneficiada, ato esse que se configura por:

* *Caput* com redação determinada pelo Conselho Pleno do CFOAB, *DJU* 09.12.2005.

I – propaganda transmitida por meio de emissora de televisão ou rádio, permitindo-se entrevistas e debates com os candidatos;

* Inciso I acrescentado pelo Conselho Pleno do CFOAB, *DJU* 09.12.2005.

II – propaganda por meio de *outdoors* ou com emprego de carros de som ou assemelhados;

* Inciso II acrescentado pelo Conselho Pleno do CFOAB, *DJU* 09.12.2005.

III – propaganda na imprensa, a qualquer título, ainda que gratuita, que exceda, por

Regulamento da OAB

LEGISLAÇÃO

edição, a 1/8 (um oitavo) de página de jornal padrão e a 1/4 (um quarto) de página de revista ou tabloide, não podendo exceder, ainda, a dez edições;

- Inciso III com redação determinada pela Res. CFOAB 2/2011.

IV – uso de bens imóveis e móveis pertencentes à OAB, à Administração direta ou indireta da União, dos Estados, do Distrito Federal e dos Municípios, ou de serviços por estes custeados, em benefício de chapa ou de candidato, ressalvados os espaços da Ordem que devam ser utilizados, indistintamente, pelas chapas concorrentes;

- Inciso IV acrescentado pelo Conselho Pleno do CFOAB, *DJU* 09.12.2005.

V – pagamento, por candidato ou chapa, de anuidades de advogados ou fornecimento de quaisquer outros tipos de recursos financeiros ou materiais que possam desvirtuar a liberdade do voto;

- Inciso V acrescentado pelo Conselho Pleno do CFOAB, *DJU* 09.12.2005.

VI – utilização de servidores da OAB em atividades de campanha eleitoral.

- Inciso VI acrescentado pelo Conselho Pleno do CFOAB, *DJU* 09.12.2005.

§ 1º A propaganda eleitoral, que só poderá ter início após o pedido de registro da chapa, tem como finalidade apresentar e debater propostas e ideias relacionadas às finalidades da OAB e aos interesses da Advocacia, sendo vedada a prática de atos que visem a exclusiva promoção pessoal de candidatos e, ainda, a abordagem de temas de modo a comprometer a dignidade da profissão e da Ordem dos Advogados do Brasil ou ofender a honra e imagem de candidatos.

- § 1º com redação determinada pela Res. CFOAB 1/2014.

§ 2º A propaganda antecipada ou proibida importará em notificação de advertência a ser expedida pela Comissão Eleitoral competente para que, em 24 (vinte e quatro horas), seja suspensa, sob pena de aplicação de multa correspondente ao valor de 01 (uma) até 10 (dez) anuidades.

- § 2º com redação determinada pela Res. CFOAB 1/2014.

§ 3º Havendo recalcitrância ou reincidência, a Comissão Eleitoral procederá à abertura de procedimento de indeferimento ou cassação de registro da chapa ou do mandato, se já tiver sido eleita.

- § 3º com redação determinada pela Res. CFOAB 1/2014.

§ 4º Se a Comissão Eleitoral entender que qualquer ato configure infração disciplinar, deverá notificar os órgãos correcionais competentes da OAB.

- § 4º com redação determinada pela Res. CFOAB 1/2014.

§ 5º É vedada:

- § 5º com redação determinada pela Res. CFOAB 1/2014.

I – no período de 15 (quinze) dias antes da data das eleições, a divulgação de pesquisa eleitoral;

II – no período de 30 (trinta) dias antes da data das eleições, a regularização da situação financeira de advogado perante a OAB para torná-lo apto a votar;

III – no período de 60 (sessenta) dias antes das eleições, a promoção pessoal de candidatos na inauguração de obras e serviços da OAB;

IV – no período de 90 (noventa) dias antes da data das eleições, a concessão ou distribuição, às Seccionais e Subseções, por dirigente, candidato ou chapa, de recursos financeiros, salvo os destinados ao pagamento de despesas de pessoal e de custeio ou decorrentes de obrigações e de projetos preexistentes, bem como de máquinas, equipamentos, móveis e utensílios, ressalvados os casos de reposição, e a convolação de débitos em auxílios financeiros, salvo quanto a obrigações e a projetos preexistentes.

§ 6º Qualquer chapa pode representar, à Comissão Eleitoral, relatando fatos e indicando provas, indícios e circunstâncias, para que se promova a apuração de abuso.

- § 6º com redação determinada pela Res. CFOAB 1/2014.

§ 7º Cabe ao Presidente da Comissão Eleitoral, de ofício ou mediante representação, até a proclamação do resultado do pleito, instaurar processo e determinar a notificação da chapa representada, por intermédio de qualquer dos candidatos à Diretoria do Conselho ou, se for o caso, da Subseção, para que apresente defesa no prazo de 5 (cinco) dias, acompanhada de documentos e rol de testemunhas.

- § 7º com redação determinada pela Res. CFOAB 1/2014.

§ 8º Pode o Presidente da Comissão Eleitoral determinar à representada que suspenda o

Regulamento da OAB

LEGISLAÇÃO

ato impugnado, se entender relevante o fundamento e necessária a medida para preservar a normalidade e legitimidade do pleito, cabendo recurso, à Comissão Eleitoral, no prazo de 3 (três) dias.

- § 8º com redação determinada pela Res. CFOAB 1/2014.

§ 9º Apresentada ou não a defesa, a Comissão Eleitoral procede, se for o caso, a instrução do processo, pela requisição de documentos e a oitiva de testemunhas, no prazo de 3 (três) dias.

- § 9º com redação determinada pela Res. CFOAB 1/2014.

§ 10. Encerrada a dilação probatória, as partes terão prazo comum de 2 (dois) dias para apresentação das alegações finais.

- § 10 com redação determinada pela Res. CFOAB 1/2014.

§ 11. Findo o prazo de alegações finais, a Comissão Eleitoral decidirá, em no máximo 2 (dois) dias, notificando as partes da decisão, podendo, para isso, valer-se do uso de fax.

- § 11 com redação determinada pela Res. CFOAB 1/2014.

§ 12. A decisão que julgar procedente a representação implica no cancelamento de registro da chapa representada e, se for o caso, na anulação dos votos, com a perda do mandato de seus componentes.

- § 12 com redação determinada pela Res. CFOAB 1/2014.

§ 13. Se a nulidade atingir mais da metade dos votos a eleição estará prejudicada, convocando-se outra no prazo de 30 (trinta) dias.

- § 13 acrescentado pela Res. CFOAB 1/2014.

§ 14. Os candidatos da chapa que tiverem dado causa à anulação da eleição não podem concorrer no pleito que se realizar em complemento.

- § 14 acrescentado pela Res. CFOAB 1/2014.

§ 15. Ressalvado o disposto no § 7º deste artigo, os prazos correm em Secretaria, publicando-se, no quadro de avisos do Conselho Seccional ou da Subseção, se for o caso, os editais relativos aos atos do processo eleitoral.

- § 15 acrescentado pela Res. CFOAB 1/2014.

Art. 134. O voto é obrigatório para todos os advogados inscritos da OAB, sob pena de multa equivalente a 20% (vinte por cento) do valor da anuidade, salvo ausência justificada por escrito, a ser apreciada pela Diretoria do Conselho Seccional.

§ 1º O eleitor faz prova de sua legitimação apresentando seu Cartão ou a Carteira de Identidade de Advogado, a Cédula de Identidade – RG, a Carteira Nacional de Habilitação – CNH, a Carteira de Trabalho e Previdência Social – CTPS ou o Passaporte, e o comprovante de quitação com a OAB, suprível por listagem atualizada da Tesouraria do Conselho ou da Subseção.

- § 1º com redação determinada pela Res. CFOAB 2/2011.

§ 2º O eleitor, na cabine indevassável, deverá optar pela chapa de sua escolha, na urna eletrônica ou na cédula fornecida e rubricada pelo presidente da mesa eleitoral.

- § 2º com redação determinada pela Res. CFOAB 2/2011.

§ 3º Não pode o eleitor suprir ou acrescentar nomes ou rasurar a cédula, sob pena de nulidade do voto.

§ 4º O advogado com inscrição suplementar pode exercer opção de voto, comunicando ao Conselho onde tenha inscrição principal.

§ 5º O eleitor somente pode votar no local que lhe for designado, sendo vedada a votação em trânsito.

§ 6º Na hipótese de voto eletrônico, adotar-se-ão, no que couber, as regras estabelecidas na legislação eleitoral.

- § 6º acrescentado pelo Conselho Pleno do CFOAB, DJU 24.11.1997.

§ 7º A transferência do domicílio eleitoral para exercício do voto somente poderá ser requerida até as 18 (dezoito) horas do dia anterior à publicação do edital de abertura do período eleitoral da respectiva Seccional, observado o art. 10 do Estatuto e ressalvados os casos do § 4º do art. 134 do Regulamento Geral e dos novos inscritos.

- § 7º acrescentado pela Res. CFOAB 4/2012.

Art. 135. Encerrada a votação, as mesas receptoras apuram os votos das respectivas urnas, nos mesmos locais ou em outros designados pela Comissão Eleitoral, preenchendo e assinando os documentos dos resultados e entregando todo o material à Comissão Eleitoral ou à Subcomissão.

§ 1º As chapas concorrentes podem credenciar até dois fiscais para atuar alternadamente junto a cada mesa eleitoral e assinar os documentos dos resultados.

§ 2º As impugnações promovidas pelos fiscais são registradas nos documentos dos resultados, pela mesa, para decisão da Comis-

Regulamento da OAB

LEGISLAÇÃO

são Eleitoral ou de sua Subcomissão, mas não prejudicam a contagem de cada urna.

§ 3º As impugnações devem ser formuladas às mesas eleitorais, sob pena de preclusão.

Art. 136. Concluída a totalização da apuração pela Comissão Eleitoral, esta proclamará o resultado, lavrando ata encaminhada ao Conselho Seccional.

§ 1º São considerados eleitos os integrantes da chapa que obtiver a maioria dos votos válidos, proclamada vencedora pela Comissão Eleitoral, sendo empossados no primeiro dia do início de seus mandatos.

§ 2º A totalização dos votos relativos às eleições para diretoria da Subseção e do conselho, quando houver, é promovida pela Subcomissão Eleitoral, que proclama o resultado, lavrando ata encaminhada à Subseção e ao Conselho Seccional.

Art. 137. A eleição para a Diretoria do Conselho Federal observa o disposto no artigo 67 do Estatuto.

§ 1º O requerimento de registro das candidaturas, a ser apreciado pela Diretoria do Conselho Federal, deve ser protocolado ou postado com endereçamento ao Presidente da entidade:

- § 1º com redação determinada pela Res. CFOAB 1/2006.

I – de 31 de julho a 31 de dezembro do ano anterior à eleição, para registro de candidatura à Presidência, acompanhado das declarações de apoio de, no mínimo, seis Conselhos Seccionais;

II – até 31 de dezembro do anterior à eleição, para registro de chapa completa, com assinaturas, nomes, números de inscrição na OAB e comprovantes de eleição para o Conselho Federal, dos candidatos aos demais cargos da Diretoria.

§ 2º Os recursos interpostos nos processos de registro de chapas serão decididos pelo Conselho Pleno do Conselho Federal.

- § 2º com redação determinada pela Res. CFOAB 1/2006.

§ 3º A Diretoria do Conselho Federal concederá o prazo de 5 (cinco) dias úteis para a correção de eventuais irregularidades sanáveis.

- § 3º com redação determinada pela Res. CFOAB 1/2006.

§ 4º O Conselho Federal confecciona as cédulas únicas, com indicação dos nomes das chapas, dos respectivos integrantes e dos cargos a que concorrem, na ordem em que forem registradas.

- § 4º com redação determinada pela Res. CFOAB 1/2006.

§ 5º O eleitor indica seu voto assinalando a quadrícula ao lado da chapa escolhida.

- § 5º com redação determinada pela Res. CFOAB 1/2006.

§ 6º Não pode o eleitor suprimir ou acrescentar nomes ou rasurar a cédula, sob pena de nulidade do voto.

- § 6º com redação determinada pela Res. CFOAB 1/2006.

§ 7º *(Suprimido pela Res. CFOAB 1/2006.)*

Art. 137-A. A eleição dos membros da Diretoria do Conselho Federal será realizada às 19 horas do dia 31 de janeiro do ano seguinte ao da eleição nas Seccionais.

- Artigo com redação determinada pela Res. CFOAB 1/2006.

§ 1º Comporão o colégio eleitoral os Conselheiros Federais eleitos no ano anterior, nas respectivas Seccionais.

§ 2º O colégio eleitoral será presidido pelo mais antigo dos Conselheiros Federais eleitos, e, em caso de empate, o de inscrição mais antiga, o qual designará um dos membros como Secretário.

§ 3º O colégio eleitoral reunir-se-á no Plenário do Conselho Federal, devendo os seus membros ocupar as bancadas das respectivas Unidades federadas.

§ 4º Instalada a sessão, com a presença da maioria absoluta dos Conselheiros Federais eleitos, será feita a distribuição da cédula de votação a todos os eleitores, incluído o Presidente.

§ 5º As cédulas serão rubricadas pelo Presidente e pelo Secretário-Geral e distribuídas entre todos os membros presentes.

§ 6º O colégio eleitoral contará com serviços de apoio de servidores do Conselho Federal, especificamente designados pela Diretoria.

§ 7º As cédulas deverão ser recolhidas mediante o chamamento dos representantes de cada uma das Unidades federadas, observada a ordem alfabética, devendo ser depositadas em urna colocada na parte central e à frente da mesa, após o que o eleitor deverá assinar lista de frequência, sob guarda do Secretário-Geral.

§ 8º Imediatamente após a votação, será feita a apuração dos votos por comissão de três membros, designada pelo Presidente, dela não podendo fazer parte eleitor da mesma Unidade federada dos integrantes das chapas.

§ 9º Será proclamada eleita a chapa que obtiver a maioria simples do colegiado, presente metade mais um dos eleitores.

§ 10. No caso de nenhuma das chapas atingir a maioria indicada no § 9º, haverá outra votação, na qual concorrerão as duas chapas mais votadas, repetindo-se a votação até que a maioria seja atingida.

§ 11. Proclamada a chapa eleita, será suspensa a reunião para a elaboração da ata, que deverá ser lida, discutida e votada, considerada aprovada se obtiver a maioria de votos dos presentes. As impugnações serão apreciadas imediatamente pelo colégio eleitoral.

Art. 137-B. Os membros do colegiado tomarão posse para o exercício do mandato trienal de Conselheiro Federal, em reunião realizada no Plenário, presidida pelo Presidente do Conselho Federal, após prestarem o respectivo compromisso.

• Artigo acrescentado pela Res. CFOAB 1/2006.

Art.137-C. Na ausência de normas expressas no Estatuto e neste Regulamento, ou em Provimento, aplica-se, supletivamente, no que couber, a legislação eleitoral.

• Artigo acrescentado pela Res. CFOAB 1/2006.

Capítulo VIII
DAS NOTIFICAÇÕES E DOS RECURSOS

• Rubrica do Capítulo VIII com redação determinada pelo Conselho Pleno do CFOAB, *DJU* 12.12.2000.

Art. 137-D. A notificação inicial para a apresentação de defesa prévia ou manifestação em processo administrativo perante a OAB deverá ser feita através de correspondência, com aviso de recebimento, enviada para o endereço profissional ou residencial constante do cadastro do Conselho Seccional.

• Anterior art. 137-A renumerado pela Res. CFOAB 1/2006 e com redação determinada pelo Conselho Pleno do CFOAB, *DJU* 08.01.2002.

§ 1º Incumbe ao advogado manter sempre atualizado o seu endereço residencial e profissional no cadastro do Conselho Seccional, presumindo-se recebida a correspondência enviada para o endereço nele constante.

§ 2º Frustrada a entrega da notificação de que trata o *caput* deste artigo, será a mesma realizada através de edital, a ser publicado na imprensa oficial do Estado.

§ 3º Quando se tratar de processo disciplinar, a notificação inicial feita através de edital deverá respeitar o sigilo de que trata o artigo 72, § 2º, da Lei 8.906/1994, dele não podendo constar qualquer referência de que se trate de matéria disciplinar, constando apenas o nome completo do advogado, o seu número de inscrição e a observação de que ele deverá comparecer à sede do Conselho Seccional ou da Subseção para tratar de assunto de seu interesse.

§ 4º As demais notificações no curso do processo disciplinar serão feitas através de correspondência, na forma prevista no *caput* deste artigo, ou através de publicação na imprensa oficial do Estado ou da União, quando se tratar de processo em trâmite perante o Conselho Federal, devendo, as publicações, observarem que o nome do representado deverá ser substituído pelas suas respectivas iniciais, indicando-se o nome completo do seu procurador ou o seu, na condição de advogado, quando postular em causa própria.

§ 5º A notificação de que trata o inciso XXIII, do artigo 34, da Lei 8.906/1994 será feita na forma prevista no *caput* deste artigo ou através de edital coletivo publicado na imprensa oficial do Estado.

Art. 138. À exceção dos embargos de declaração, os recursos são dirigidos ao órgão julgador superior competente, embora interpostos perante a autoridade ou órgão que proferiu a decisão recorrida.

§ 1º O juízo de admissibilidade é do relator do órgão julgador a que se dirige o recurso, não podendo a autoridade ou órgão recorrido rejeitar o encaminhamento.

§ 2º O recurso tem efeito suspensivo, exceto nas hipóteses previstas no Estatuto.

§ 3º Os embargos de declaração são dirigidos ao relator da decisão recorrida, que lhes pode negar seguimento, fundamentadamente, se os tiver por manifestamente protelatórios, intempestivos ou carentes dos pressupostos legais para interposição.

§ 4º Admitindo os embargos de declaração, o relator os colocará em mesa para julgamento, independentemente de inclusão em

Regulamento da OAB

LEGISLAÇÃO

pauta ou publicação, na primeira sessão seguinte, salvo justificado impedimento.
§ 5º Não cabe recurso contra as decisões referidas nos §§ 3º e 4º.

Art. 139. O prazo para qualquer recurso é de 15 (quinze) dias, contados do primeiro dia útil seguinte, seja da publicação da decisão na imprensa oficial, seja da data do recebimento da notificação, anotada pela Secretaria do órgão da OAB ou pelo agente dos Correios.

* Caput com redação determinada pelo Conselho Pleno do CFOAB, DJU 12.12.2000.

§ 1º O recurso poderá ser interposto via fac-símile ou similar, devendo o original ser entregue até 10 (dez) dias da data da interposição.

* § 1º acrescentado pelo Conselho Pleno do CFOAB, DJU 12.12.2000

§ 2º Os recursos poderão ser protocolados nos Conselhos Seccionais ou nas Subseções nos quais se originaram os processos correspondentes, devendo o interessado indicar a quem recorre e remeter cópia integral da peça, no prazo de 10 (dez) dias, ao órgão julgador superior competente, via sistema postal rápido, fac-símile ou correio eletrônico.

* § 2º com redação determinada pela Res. CFOAB 2/2012.

§ 3º Durante o período de recesso do Conselho da OAB que proferiu a decisão recorrida, os prazos são suspensos, reiniciando-se no primeiro dia útil após o seu término.

* Primitivo parágrafo único renumerado pelo Conselho Pleno do CFOAB, DJU 12.12.2000

Art. 140. O relator, ao constatar intempestividade ou ausência dos pressupostos legais para interposição do recurso, profere despacho indicando ao Presidente do órgão julgador o indeferimento liminar, devolvendo-se o processo ao órgão recorrido para executar a decisão.

Parágrafo único. Contra a decisão do Presidente, referida neste artigo, cabe recurso voluntário ao órgão julgador.

Art. 141. Se o relator da decisão recorrida também integrar o órgão julgador superior, fica neste impedido de relatar o recurso.

Art. 142. Quando a decisão, inclusive dos Conselhos Seccionais, conflitar com orientação de órgão colegiado superior, fica sujeita ao duplo grau de jurisdição.

Art. 143. Contra decisão do Presidente ou da Diretoria da Subseção cabe recurso ao Conselho Seccional, mesmo quando houver conselho na Subseção.

Art. 144. Contra a decisão do Tribunal de Ética e Disciplina cabe recurso ao plenário ou órgão especial equivalente do Conselho Seccional.

Parágrafo único. O Regimento Interno do Conselho Seccional disciplina o cabimento dos recursos no âmbito de cada órgão julgador.

Art. 144-A. Para a formação do recurso interposto contra decisão de suspensão preventiva de advogado (art. 77, Lei 8.906/1994), dever-se-á juntar cópia integral dos autos da representação disciplinar, permanecendo o processo na origem para cumprimento da pena preventiva e tramitação final, nos termos do artigo 70, § 3º, do Estatuto.

* Artigo acrescentado pelo Conselho Pleno do CFOAB, DJU 12.12.2000.

Capítulo IX
DAS CONFERÊNCIAS E DOS COLÉGIOS DE PRESIDENTES

Art. 145. A Conferência Nacional dos Advogados é órgão consultivo máximo do Conselho Federal, reunindo-se trienalmente, no segundo ano do mandato, tendo por objetivo o estudo e o debate das questões e problemas que digam respeito às finalidades da OAB e ao congraçamento dos advogados.

§ 1º As Conferências dos Advogados dos Estados e do Distrito Federal são órgãos consultivos dos Conselhos Seccionais, reunindo-se trienalmente, no segundo ano do mandato.

§ 2º No primeiro ano do mandato do Conselho Federal ou do Conselho Seccional, decidem-se a data, o local e o tema central da Conferência.

§ 3º As conclusões das Conferências têm caráter de recomendação aos Conselhos correspondentes.

Art. 146. São membros das Conferências:
I – efetivos: os Conselheiros e Presidentes dos órgãos da OAB presentes, os advogados e estagiários inscritos na Conferência, todos com direito a voto;

Regulamento da OAB

LEGISLAÇÃO

II – convidados: as pessoas a quem a Comissão Organizadora conceder tal qualidade, sem direito a voto, salvo se for advogado.

§ 1º Os convidados, expositores e membros dos órgãos da OAB têm identificação especial durante a Conferência.

§ 2º Os estudantes de direito, mesmo inscritos como estagiários na OAB, são membros ouvintes, escolhendo um porta-voz entre os presentes em cada sessão da Conferência.

Art. 147. A Conferência é dirigida por uma Comissão Organizadora, designada pelo Presidente do Conselho, por ele presidida e integrada pelos membros da Diretoria e outros convidados.

§ 1º O Presidente pode desdobrar a Comissão Organizadora em comissões específicas, definindo suas composições e atribuições.

§ 2º Cabe à Comissão Organizadora definir a distribuição do temário, os nomes dos expositores, a programação dos trabalhos, os serviços de apoio e infraestrutura e o regimento interno da Conferência.

Art. 148. Durante o funcionamento da Conferência, a Comissão Organizadora é representada pelo Presidente, com poderes para cumprir a programação estabelecida e decidir as questões ocorrentes e os casos omissos.

Art. 149. Os trabalhos da Conferência desenvolvem-se em sessões plenárias, painéis ou outros modos de exposição ou atuação dos participantes.

§ 1º As sessões são dirigidas por um Presidente e um Relator, escolhidos pela Comissão Organizadora.

§ 2º Quando as sessões se desenvolvem em forma de painéis, os expositores ocupam a metade do tempo total e a outra metade é destinada aos debates e votação de propostas ou conclusões pelos participantes.

§ 3º É facultado aos expositores submeter as suas conclusões à aprovação dos participantes.

Art. 150. O Colégio de Presidentes dos Conselhos Seccionais é regulamentado em Provimento.

Parágrafo único. O Colégio de Presidentes das Subseções é regulamentado no Regimento Interno do Conselho Seccional.

TÍTULO III
DAS DISPOSIÇÕES GERAIS E TRANSITÓRIAS

Art. 151. Os órgãos da OAB não podem se manifestar sobre questões de natureza pessoal, exceto em caso de homenagem a quem tenha prestado relevantes serviços à sociedade e à advocacia.

Parágrafo único. As salas e dependências dos órgãos da OAB não podem receber nomes de pessoas vivas ou inscrições estranhas às suas finalidades, respeitadas as situações já existentes na data da publicação deste Regulamento Geral.

Art. 152. A "Medalha Rui Barbosa" é a comenda máxima conferida pelo Conselho Federal às grandes personalidades da advocacia brasileira.

Parágrafo único. A Medalha só pode ser concedida uma vez, no prazo do mandato do Conselho, e será entregue ao homenageado em sessão solene.

Art. 153. Os estatutos das Caixas criadas anteriormente ao advento do Estatuto serão a ele adaptados e submetidos ao Conselho Seccional, no prazo de 120 (cento e vinte) dias, contado da publicação deste Regulamento Geral.

Art. 154. Os Provimentos editados pelo Conselho Federal complementam este Regulamento Geral, no que não sejam com ele incompatíveis.

Parágrafo único. Todas as matérias relacionadas à Ética do advogado, às infrações e sanções disciplinares e ao processo disciplinar são regulamentadas pelo Código de Ética e Disciplina.

Art. 155. Os Conselhos Seccionais, até o dia 31 de dezembro de 2007, adotarão os documentos de identidade profissional, na forma prevista nos arts. 32 a 36 deste Regulamento.

* *Caput* com redação determinada pela Res. CFOAB 2/2006.

Lei 8.929/1994

LEGISLAÇÃO

§ 1º Os advogados inscritos até a data da implementação a que se refere o *caput* deste artigo deverão substituir os cartões de identidade até 31 de janeiro de 2009.

• § 1º com redação determinada pela Res. CFOAB 1/2008.

§ 2º Facultar-se-á ao advogado inscrito até 31 de dezembro de 1997 o direito de usar e permanecer exclusivamente com a carteira de identidade, desde que, até 31 de dezembro de 1999, assim solicite formalmente.

• § 2º com redação determinada pelo Conselho Pleno do CFOAB, *DJU* 24.11.1997.

§ 3º O pedido de uso e permanência da carteira de identidade, que impede a concessão de uma nova, deve ser anotado no documento profissional, como condição de sua validade.

• § 3º com redação determinada pelo Conselho Pleno do CFOAB, *DJU* 24.11.1997.

§ 4º Salvo nos casos previstos neste artigo, findos os prazos nele fixados, os atuais documentos perderão a validade, mesmo que permaneçam em poder de seus portadores.

• § 4º com redação determinada pelo Conselho Pleno do CFOAB, *DJU* 24.11.1997.

Art. 156. Os processos em pauta para julgamento das Câmaras Reunidas serão apreciados pelo Órgão Especial, a ser instalado na primeira sessão após a publicação deste Regulamento Geral, mantidos os relatores anteriormente designados, que participarão da respectiva votação.

Art. 156-A. Excetuados os prazos regulados pelo Provimento 102/2004, previstos em editais próprios, ficam suspensos até 1º de agosto de 2010 os prazos processuais iniciados antes ou durante o mês de julho de 2010.

• Artigo acrescentado pela Res. CFOAB 1/2010.

Art. 157. Revogam-se as disposições em contrário, especialmente os Provimentos de ns. 1, 2, 3, 5, 6, 7, 9, 10, 11, 12, 13, 14, 15, 16, 17, 18, 19, 20, 21, 22, 24, 25, 27, 28, 29, 30, 31, 32, 33, 34, 35, 36, 38, 39, 40, 41, 46, 50, 51, 52, 54, 57, 59, 60, 63, 64, 65, 67 e 71, e o Regimento Interno do Conselho Federal, mantidos os efeitos das Resoluções 1/1994 e 2/1994.

Art. 158. Este Regulamento Geral entra em vigor na data de sua publicação.

Sala das Sessões, em Brasília, 16 de outubro e 6 de novembro de 1994.

José Roberto Batochio
Presidente

Paulo Luiz Netto Lôbo
Relator

(*DJU* 16.11.1994)

LEI 8.929, DE 22 DE AGOSTO DE 1994

Institui a Cédula de Produto Rural, e dá outras providências.

O Presidente da República:

Faço saber que o Congresso Nacional decreta e eu sanciono a seguinte Lei:

Art. 1º Fica instituída a Cédula de Produto Rural – CPR, representativa de promessa de entrega de produtos rurais, com ou sem garantia cedularmente constituída.

• V. Dec.-lei 167/1967 (Títulos de crédito rural).

Art. 2º Têm legitimação para emitir CPR o produtor rural e suas associações, inclusive cooperativas.

Art. 3º A CPR conterá os seguintes requisitos, lançados em seu contexto:
I – denominação "Cédula de Produto Rural";
II – data da entrega;
III – nome do credor e cláusula à ordem;
IV – promessa pura e simples de entregar o produto, sua indicação e as especificações de qualidade e quantidade;
V – local e condições da entrega;
VI – descrição dos bens cedularmente vinculados em garantia;
VII – data e lugar da emissão;
VIII – assinatura do emitente.

§ 1º Sem caráter de requisito essencial, a CPR poderá conter outras cláusulas lançadas em seu contexto, as quais poderão constar de documento à parte, com a assinatura do emitente, fazendo-se, na cédula, menção a essa circunstância.

§ 2º A descrição dos bens vinculados em garantia pode ser feita em documento à parte, assinado pelo emitente, fazendo-se, na cédula, menção a essa circunstância.

§ 3º A descrição do bem será feita de modo simplificado e, quando for o caso, este será

Lei 8.929/1994

LEGISLAÇÃO

identificado pela sua numeração própria, e pelos números de registro ou matrícula no registro oficial competente, dispensada, no caso de imóveis, a indicação das respectivas confrontações.

Art. 4º A CPR é título líquido e certo, exigível pela quantidade e qualidade de produto nela previsto.

• V. art. 15.

Parágrafo único. O cumprimento parcial da obrigação de entrega será anotado, sucessivamente, no verso da cédula, tornando-se exigível apenas o saldo.

Art. 4º-A. Fica permitida a liquidação financeira da CPR de que trata esta Lei, desde que observadas as seguintes condições:

• Artigo acrescentado pela Lei 10.200/2001.

I – que seja explicitado, em seu corpo, os referenciais necessários à clara identificação do preço ou do índice de preços a ser utilizado no resgate do título, a instituição responsável por sua apuração ou divulgação, a praça ou o mercado de formação do preço e o nome do índice;

II – que os indicadores de preço de que trata o inciso anterior sejam apurados por instituições idôneas e de credibilidade junto às partes contratantes, tenham divulgação periódica, preferencialmente diária, e ampla divulgação ou facilidade de acesso, de forma a estarem facilmente disponíveis para as partes contratantes;

III – que seja caracterizada por seu nome, seguido da expressão "financeira".

§ 1º A CPR com liquidação financeira é um título líquido e certo, exigível, na data de seu vencimento, pelo resultado da multiplicação do preço, apurado segundo os critérios previstos neste artigo, pela quantidade do produto especificado.

§ 2º Para cobrança da CPR com liquidação financeira, cabe ação de execução por quantia certa.

Art. 5º A garantia cedular da obrigação poderá consistir em:
I – hipoteca;

• V. arts. 1.419 a 1.430 e 1.473 a 1.505, CC.

II – penhor;

• V. arts. 1.419 a 1.472, CC.

III – alienação fiduciária.

• V. arts. 521 a 528 e 1.361 a 1.368, CC.
• V. Dec.-lei 911/1969 (Alienação fiduciária).

Art. 6º Podem ser objeto de hipoteca cedular imóveis rurais e urbanos.

Parágrafo único. Aplicam-se à hipoteca cedular os preceitos da legislação sobre hipoteca, no que não colidirem com esta Lei.

• V. arts. 1.419 a 1.430 e 1.473 a 1.505, CC.

Art. 7º Podem ser objeto de penhor cedular, nas condições desta Lei, os bens suscetíveis de penhor rural e de penhor mercantil, bem como os bens suscetíveis de penhor cedular.

§ 1º Salvo se se tratar de títulos de crédito, os bens apenhados continuam na posse imediata do emitente ou do terceiro prestador da garantia, que responde por sua guarda e conservação como fiel depositário.

§ 2º Cuidando-se de penhor constituído por terceiro, o emitente da cédula responderá solidariamente com o empenhador pela guarda e conservação dos bens.

§ 3º Aplicam-se ao penhor constituído por CPR, conforme o caso, os preceitos da legislação sobre penhor, inclusive o mercantil, o rural e o constituído por meio de cédulas, no que não colidirem com os desta Lei.

• V. Lei 492/1937 (Penhor rural e cédula pignoratícia).
• V. Lei 2.666/1955 (Penhor dos produtos agrícolas).

Art. 8º A não identificação dos bens objeto de alienação fiduciária não retira a eficácia da garantia, que poderá incidir sobre outros do mesmo gênero, qualidade e quantidade, de propriedade do garante.

Art. 9º A CPR poderá ser aditada, ratificada e retificada por aditivos, que a integram, datados e assinados pelo emitente e pelo credor, fazendo-se, na cédula, menção a essa circunstância.

Art. 10. Aplicam-se à CPR, no que forem cabíveis, as normas de direito cambial, com as seguintes modificações:

I – os endossos devem ser completos;

II – os endossantes não respondem pela entrega do produto, mas, tão somente, pela existência da obrigação;

III – é dispensado o protesto cambial para assegurar o direito de regresso contra avalistas.

Lei 8.929/1994

LEGISLAÇÃO

Art. 11. Além de responder pela evicção, não pode o emitente da CPR invocar em seu benefício o caso fortuito ou de força maior.

- V. arts. 447 a 457, CC.

Art. 12. A CPR, para ter eficácia contra terceiros, inscreve-se no Cartório de Registro de Imóveis do domicílio do emitente.

- V. art. 1.438, CC.
- V. art. 167, I-13, Lei 6.015/1973 (Lei de Registros Públicos).

§ 1º Em caso de hipoteca e penhor, a CPR deverá também ser averbada na matrícula do imóvel hipotecado e no Cartório de localização dos bens apenhados.

§ 2º A inscrição ou averbação da CPR ou dos respectivos aditivos serão efetuadas no prazo de 3 (três) dias úteis, a contar da apresentação do título, sob pena de responsabilidade funcional do oficial encarregado de promover os atos necessários.

§ 3º Para efeito de registro em cartório, a cobrança de emolumentos e custas das CPR será regida de acordo com as normas aplicáveis à Cédula de Crédito Rural.

- § 3º acrescentado pela Lei 10.200/2001.

Art. 13. A entrega do produto antes da data prevista na cédula depende da anuência do credor.

Art. 14. A CPR poderá ser considerada vencida na hipótese de inadimplemento de qualquer das obrigações do emitente.

Art. 15. Para cobrança da CPR, cabe a ação de execução para entrega de coisa incerta.

- V. arts. 811 a 813, CPC/2015.

Art. 16. A busca e apreensão do bem alienado fiduciariamente, promovida pelo credor, não elide posterior execução, inclusive da hipoteca e do penhor constituído na mesma cédula, para satisfação do crédito remanescente.

- V. art. 1º, §§ 3º e 5º, Dec.-lei 911/1969 (Alienação fiduciária).

Parágrafo único. No caso a que se refere o presente artigo, o credor tem direito ao desentranhamento do título, após efetuada a busca e apreensão, para instruir a cobrança do saldo devedor em ação própria.

Art. 17. Pratica crime de estelionato aquele que fizer declarações falsas ou inexatas acerca de bens oferecidos em garantia da CPR, inclusive omitir declaração de já estarem eles sujeitos a outros ônus ou responsabilidade de qualquer espécie, até mesmo de natureza fiscal.

- V. art. 171, CP.

Art. 18. Os bens vinculados à CPR não serão penhorados ou sequestrados por outras dívidas do emitente ou do terceiro prestador da garantia real, cumprindo a qualquer deles denunciar a existência da cédula às autoridades incumbidas da diligência, ou a quem a determinou, sob pena de responderem pelos prejuízos resultantes de sua omissão.

- V. art. 833, CPC/2015.

Art. 19. A CPR poderá ser negociada nos mercados de bolsas e de balcão.

§ 1º O registro da CPR em sistema de registro e de liquidação financeira, administrado por entidade autorizada pelo Banco Central do Brasil, é condição indispensável para a negociação referida neste artigo.

§ 2º Nas ocorrências da negociação referida neste artigo, a CPR será considerada ativo financeiro e não haverá incidência do imposto sobre operações de crédito, câmbio e seguro, ou relativas a títulos ou valores mobiliários.

§ 3º A CPR registrada em sistema de registro e de liquidação financeira de ativos autorizado pelo Banco Central do Brasil terá as seguintes características:

- § 3º acrescentado pela Lei 11.076/2004.

I – será cartular antes do seu registro e após a sua baixa e escritural ou eletrônica enquanto permanecer registrada em sistema de registro e de liquidação financeira;

II – os negócios ocorridos durante o período em que a CPR estiver registrada em sistema de registro e de liquidação financeira não serão transcritos no verso dos títulos;

III – a entidade registradora é responsável pela manutenção do registro da cadeia de negócios ocorridos no período em que os títulos estiverem registrados.

Lei 8.934/1994

§ 4º Na hipótese de contar com garantia de instituição financeira ou seguradora, a CPR poderá ser emitida em favor do garantidor, devendo o emitente entregá-la a este, por meio de endosso-mandato com poderes para negociá-la, custodiá-la, registrá-la em sistema de registro e liquidação financeira de ativos autorizado pelo Banco Central do Brasil e endossá-la ao credor informado pelo sistema de registro.

• § 4º acrescentado pela Lei 11.076/2004.

Art. 20. Esta Lei entra em vigor na data de sua publicação.

Brasília, 22 de agosto de 1994; 173º da Independência e 106º da República.

Itamar Franco

(DOU 23.08.1994)

LEI 8.934, DE 18 DE NOVEMBRO DE 1994

Dispõe sobre o Registro Público de Empresas Mercantis e Atividades Afins e dá outras providências.

• V. Dec. 1.800/1996 (Regulamenta a Lei 8.934/1994).

O Presidente da República:

Faço saber que o Congresso Nacional decreta e eu sanciono a seguinte Lei:

TÍTULO I
DO REGISTRO PÚBLICO DE EMPRESAS MERCANTIS E ATIVIDADES AFINS

Capítulo I
DAS FINALIDADES E DA ORGANIZAÇÃO

Seção I
Das finalidades

Art. 1º O Registro Público de Empresas Mercantis e Atividades Afins, subordinado às normas gerais prescritas nesta Lei, será exercido em todo o território nacional, de forma sistêmica, por órgãos federais e estaduais, com as seguintes finalidades:

• V. arts. 967 a 971 e 1.150 a 1.154, CC.

I – dar garantia, publicidade, autenticidade, segurança e eficácia aos atos jurídicos das empresas mercantis, submetidos a registro na forma desta Lei;

• V. art. 196, Lei 11.101/2005 (Lei de Recuperação de Empresas e Falência).

II – cadastrar as empresas nacionais e estrangeiras em funcionamento no País e manter atualizadas as informações pertinentes;

III – proceder à matrícula dos agentes auxiliares do comércio, bem como ao seu cancelamento.

Art. 2º Os atos das firmas mercantis individuais e das sociedades mercantis serão arquivados no Registro Público de Empresas Mercantis e Atividades Afins, independentemente de seu objeto, salvo as exceções previstas em lei.

• V. art. 181, § 2º, Lei 11.101/2005 (Lei de Recuperação de Empresas e Falência).

Parágrafo único. Fica instituído o Número de Identificação do Registro de Empresas – Nire, o qual será atribuído a todo ato constitutivo de empresa, devendo ser compatibilizado com os números adotados pelos demais cadastros federais, na forma de regulamentação do Poder Executivo.

Seção II
Da organização

Art. 3º Os serviços do Registro Público de Empresas Mercantis e Atividades Afins serão exercidos, em todo o território nacional, de maneira uniforme, harmônica e interdependente, pelo Sistema Nacional de Registro de Empresas Mercantis – Sinrem, composto pelos seguintes órgãos:

I – o Departamento Nacional de Registro do Comércio, órgão central do Sinrem, com funções supervisora, orientadora, coordenadora e normativa, no plano técnico; e supletiva, no plano administrativo;

II – as Juntas Comerciais, como órgãos locais, com funções executora e administradora dos serviços de registro.

Lei 8.934/1994

LEGISLAÇÃO

Subseção I
Do Departamento Nacional de Registro do Comércio

Art. 4º O Departamento Nacional de Registro do Comércio – DNRC, criado pelos arts. 17, II, e 20 da Lei 4.048, de 29 de dezembro de 1961, órgão integrante do Ministério da Indústria, do Comércio e do Turismo, tem por finalidade:

I – supervisionar e coordenar, no plano técnico, os órgãos incumbidos da execução dos serviços de Registro Público de Empresas Mercantis e Atividades Afins;

II – estabelecer e consolidar, com exclusividade, as normas e diretrizes gerais do Registro Público de Empresas Mercantis e Atividades Afins;

III – solucionar dúvidas ocorrentes na interpretação das leis, regulamentos e demais normas relacionadas com o registro de empresas mercantis, baixando instruções para esse fim;

IV – prestar orientação às Juntas Comerciais, com vistas à solução de consultas e à observância das normas legais e regulamentares do Registro Público de Empresas Mercantis e Atividades Afins;

V – exercer ampla fiscalização jurídica sobre os órgãos incumbidos do Registro Público de Empresas Mercantis e Atividades Afins, representando para os devidos fins às autoridades administrativas contra abusos e infrações das respectivas normas, e requerendo tudo o que se afigurar necessário ao cumprimento dessas normas;

VI – estabelecer normas procedimentais de arquivamento de atos de firmas mercantis individuais e sociedades mercantis de qualquer natureza;

VII – promover ou providenciar, supletivamente, as medidas tendentes a suprir ou corrigir as ausências, falhas ou deficiências dos serviços do Registro Público de Empresas Mercantis e Atividades Afins;

VIII – prestar colaboração técnica e financeira às Juntas Comerciais para a melhoria dos serviços pertinentes ao Registro Público de Empresas Mercantis e Atividades Afins;

IX – organizar e manter atualizado o cadastro nacional das empresas mercantis em funcionamento no País, com a cooperação das Juntas Comerciais;

X – instruir, examinar e encaminhar os processos e recursos a serem decididos pelo Ministro de Estado da Indústria, do Comércio e do Turismo, inclusive os pedidos de autorização para nacionalização ou instalação de filial, agência, sucursal ou estabelecimento no País, por sociedade estrangeira, sem prejuízo da competência de outros órgãos federais;

XI – promover e efetuar estudos, reuniões e publicações sobre assuntos pertinentes ao Registro Público de Empresas Mercantis e Atividades Afins.

Subseção II
Das Juntas Comerciais

Art. 5º Haverá uma Junta Comercial em cada unidade federativa, com sede na capital e jurisdição na área da circunscrição territorial respectiva.

Art. 6º As Juntas Comerciais subordinam-se administrativamente ao governo da unidade federativa de sua jurisdição e, tecnicamente, ao DNRC, nos termos desta Lei.

Parágrafo único. A Junta Comercial do Distrito Federal é subordinada administrativa e tecnicamente ao DNRC.

Art. 7º As Juntas Comerciais poderão desconcentrar os seus serviços, mediante convênios com órgãos públicos e entidades privadas sem fins lucrativos, preservada a competência das atuais Delegacias.

Art. 8º Às Juntas Comerciais incumbe:

I – executar os serviços previstos no art. 32 desta Lei;

II – elaborar a tabela de preços de seus serviços, observadas as normas legais pertinentes;

III – processar a habilitação e a nomeação dos tradutores públicos e intérpretes comerciais;

IV – elaborar os respectivos Regimentos Internos e suas alterações, bem como as resoluções de caráter administrativo necessárias ao fiel cumprimento das normas legais, regulamentares e regimentais;

V – expedir carteiras de exercício profissional de pessoas legalmente inscritas no Re-

Lei 8.934/1994

gistro Público de Empresas Mercantis e Atividades Afins;

VI – o assentamento dos usos e práticas mercantis.

Art. 9º A estrutura básica das juntas Comerciais será integrada pelos seguintes órgãos:

I – a Presidência, como órgão diretivo e representativo;

II – o Plenário, como órgão deliberativo superior;

III – as Turmas, como órgãos deliberativos inferiores;

IV – a Secretaria-Geral, como órgão administrativo;

V – a Procuradoria, como órgão de fiscalização e de consulta jurídica.

§ 1º As Juntas Comerciais poderão ter uma Assessoria Técnica, com a competência de preparar e relatar os documentos a serem submetidos à sua deliberação, cujos membros deverão ser bacharéis em Direito, Economistas, Contadores ou Administradores.

§ 2º As Juntas Comerciais, por seu Plenário, poderão resolver pela criação de Delegacias, órgãos locais do registro do comércio, nos termos da legislação estadual respectiva.

Art. 10. O Plenário, composto de Vogais e respectivos suplentes, será constituído pelo mínimo de onze e no máximo de vinte e três Vogais.

- Artigo com redação determinada pela Lei 10.194/2001.

Art. 11. Os Vogais e respectivos suplentes serão nomeados, no Distrito Federal, pelo Ministro de Estado do Desenvolvimento, Indústria e Comércio Exterior, e nos Estados, salvo disposição em contrário, pelos governos dessas circunscrições, dentre brasileiros que satisfaçam as seguintes condições:

- *Caput* com redação determinada pela Lei 10.194/2001.

I – estejam em pleno gozo dos direitos civis e políticos;

II – não estejam condenados por crime cuja pena vede o acesso a cargo, emprego e funções públicas, ou por crime de prevaricação, falência fraudulenta, peita ou suborno, concussão, peculato, contra a propriedade, a fé pública e a economia popular;

III – sejam, ou tenham sido, por mais de 5 (cinco) anos, titulares de firma mercantil individual, sócios ou administradores de sociedade mercantil, valendo como prova, para esse fim, certidão expedida pela Junta Comercial;

- V. art. 12, § 1º.

IV – estejam quites com o serviço militar e o serviço eleitoral.

Parágrafo único. Qualquer pessoa poderá representar fundadamente à autoridade competente contra a nomeação de Vogal ou suplente, contrária aos preceitos desta Lei, no prazo de 15 (quinze) dias, contados da data da posse.

Art. 12. Os Vogais e respectivos suplentes serão escolhidos da seguinte forma:

I – a metade do número de Vogais e suplentes será designada mediante indicação de nomes, em listas tríplices, pelas entidades patronais de grau superior e pelas Associações Comerciais, com sede na jurisdição da Junta;

II – um Vogal e respectivo suplente, representando a União, por nomeação do Ministro de Estado do Desenvolvimento, Indústria e Comércio Exterior;

- Inciso II com redação determinada pela Lei 10.194/2001.

III – quatro Vogais e respectivos suplentes representando a classe dos advogados, a dos economistas, a dos contadores e a dos administradores, todos mediante indicação, em lista tríplice, do Conselho Seccional ou Regional do Órgão Corporativo dessas categorias profissionais;

- Inciso III com redação determinada pela Lei 9.829/1999.

IV – os demais Vogais e suplentes serão designados, no Distrito Federal, por livre escolha do Ministro de Estado da Indústria, do Comércio e do Turismo; e, nos Estados, pelos respectivos Governadores.

§ 1º Os Vogais e respectivos suplentes de que tratam os incisos II e III deste artigo ficam dispensados da prova do requisito previsto no inciso III do art. 11, mas exigir-se-á a prova de mais de 5 (cinco) anos de efetivo

Lei 8.934/1994

exercício da profissão em relação aos Vogais e suplentes de que trata o inciso III.

§ 2º As listas referidas neste artigo devem ser remetidas até 60 (sessenta) dias antes do término do mandato, caso contrário será considerada, com relação a cada entidade que se omitir na remessa, a última lista que não inclua pessoa que exerça ou tenha exercido mandato de Vogal.

Art. 13. Os Vogais serão remunerados por presença, nos termos da legislação da unidade federativa a que pertencer a Junta Comercial.

Art. 14. O Vogal será substituído por seu suplente durante os impedimentos e, no caso de vaga, até o final do mandato.

Art. 15. São incompatíveis para a participação no Colégio de Vogais da mesma Junta Comercial os parentes consanguíneos e afins até o segundo grau e os sócios da mesma empresa.

Parágrafo único. Em caso de incompatibilidade, serão seguidos, para a escolha dos membros, sucessivamente, os critérios da precedência na nomeação, da precedência na posse, ou do membro mais idoso.

Art. 16. O mandato de Vogal e respectivo suplente será de 4 (quatro) anos, permitida apenas uma recondução.

Art. 17. O Vogal ou seu suplente perderá o mandato nos seguintes casos:

I – mais de três faltas consecutivas às sessões, ou doze alternadas no mesmo ano, sem justo motivo;

II – por conduta incompatível com a dignidade do cargo.

Art. 18. Na sessão inaugural do Plenário das Juntas Comerciais, que iniciará cada período de mandato, serão distribuídos os Vogais por Turmas de três membros cada uma, com exclusão do Presidente e do Vice-Presidente.

Art. 19. Ao Plenário compete o julgamento dos processos em grau de recurso, nos termos previstos no Regulamento desta Lei.

Art. 20. As sessões ordinárias do Plenário e das Turmas efetuar-se-ão com a periodicidade e do modo determinado no Regimento da Junta Comercial; e as extraordinárias, sempre justificadas, por convocação do Presidente ou de 2/3 (dois terços) dos seus membros.

Art. 21. Compete às Turmas julgar, originariamente, os pedidos relativos à execução dos atos de registro.

Art. 22. O Presidente e o Vice-Presidente serão nomeados, em comissão, no Distrito Federal, pelo Ministro de Estado da Indústria, do Comércio e do Turismo e, nos Estados, pelos Governadores dessas circunscrições, dentre os membros do Colégio de Vogais.

Art. 23. Compete ao Presidente:

I – a direção e representação geral da Junta;

II – dar posse aos Vogais, convocar e dirigir as sessões do Plenário, superintender todos os serviços e velar pelo fiel cumprimento das normas legais e regulamentares.

Art. 24. Ao Vice-Presidente incumbe substituir o Presidente em suas faltas ou impedimentos e efetuar a correição permanente dos serviços, na forma do regulamento desta Lei.

Art. 25. O Secretário-Geral será nomeado, em comissão, no Distrito Federal, pelo Ministro de Estado da Indústria, do Comércio e do Turismo, e, nos Estados, pelos respectivos Governadores, dentre brasileiros de notória idoneidade moral e especializados em Direito Comercial.

Art. 26. À Secretaria-Geral compete a execução dos serviços de registro e de administração da Junta.

Art. 27. As Procuradorias serão compostas de um ou mais Procuradores e chefiadas pelo Procurador que for designado pelo Governador do Estado.

Art. 28. A Procuradoria tem por atribuição fiscalizar e promover o fiel cumprimento das normas legais e executivas, oficiando, internamente, por sua iniciativa ou mediante solicitação da Presidência, do Plenário e das Turmas; e, externamente, em atos ou feitos de natureza jurídica, inclusive os judiciais, que envolvam matéria do interesse da Junta.

• V. art. 62.

Lei 8.934/1994

LEGISLAÇÃO

Capítulo II
DA PUBLICIDADE DO REGISTRO PÚBLICO DE EMPRESAS MERCANTIS E ATIVIDADES AFINS

Seção I
Das disposições gerais

Art. 29. Qualquer pessoa, sem necessidade de provar interesse, poderá consultar os assentamentos existentes nas Juntas Comerciais e obter certidões, mediante pagamento do preço devido.

- V. art. 196, Lei 11.101/2005 (Lei de Recuperação de Empresas e Falência).

Art. 30. A forma, prazo e procedimento de expedição de certidões serão definidos no Regulamento desta Lei.

Seção II
Da publicação dos atos

Art. 31. Os atos decisórios da Junta Comercial serão publicados no órgão de divulgação determinado em Portaria do Presidente, publicada no *Diário Oficial do Estado* e, no caso da Junta Comercial do Distrito Federal, no *Diário Oficial da União*.

Capítulo III
DOS ATOS PERTINENTES AO REGISTRO PÚBLICO DE EMPRESAS MERCANTIS E ATIVIDADES AFINS

Seção I
Da compreensão dos atos

Art. 32. O Registro compreende:

- V. arts. 1.179 e 1.180, CC.

I – a matrícula e seu cancelamento: dos leiloeiros, tradutores públicos e intérpretes comerciais, trapicheiros e administradores de armazéns gerais;
II – o arquivamento:

- V. art. 36.
- V. art. 97, Lei 6.404/1976 (Sociedades por ações).

a) dos documentos relativos à constituição, alteração, dissolução e extinção de firmas mercantis individuais, sociedades mercantis e cooperativas;

- V. art. 37, parágrafo único.

b) dos atos relativos a consórcio e grupo de sociedade de que trata a Lei 6.404, de 15 de dezembro de 1976;

- V. art. 37, parágrafo único.
- V. arts. 269 a 271 e 279, Lei 6.404/1976 (Sociedades por ações).

c) dos atos concernentes a empresas mercantis estrangeiras autorizadas a funcionar no Brasil;
d) das declarações de microempresa;

- V. art. 37, parágrafo único.

e) de atos ou documentos que, por determinação legal, sejam atribuídos ao Registro Público de Empresas Mercantis e Atividades Afins ou daqueles que possam interessar ao empresário e às empresas mercantis;
III – a autenticação dos instrumentos de escrituração das empresas mercantis registradas e dos agentes auxiliares do comércio, na forma de leis própria.

Art. 33. A proteção ao nome empresarial decorre automaticamente do arquivamento dos atos constitutivos de firma individual e de sociedades, ou de suas alterações.

§ 1º *(Vetado).*
§ 2º *(Vetado).*

Art. 34. O nome empresarial obedecerá aos princípios da veracidade e da novidade.

Seção II
Das proibições de arquivamento

Art. 35. Não podem ser arquivados:
I – os documentos que não obedecerem às prescrições legais ou regulamentares ou que contiverem matéria contrária aos bons costumes ou à ordem pública, bem como os que colidirem com o respectivo estatuto ou contrato não modificado anteriormente;
II – os documentos de constituição ou alteração de empresas mercantis de qualquer espécie ou modalidade em que figure como titular ou administrador pessoa que esteja condenada pela prática de crime cuja pena vede o acesso à atividade mercantil;
III – os atos constitutivos de empresas mercantis que, além das cláusulas exigidas em lei, não designarem o respectivo capital,

Lei 8.934/1994

LEGISLAÇÃO

bem como a declaração precisa de seu objeto, cuja indicação no nome empresarial é facultativa;

IV – a prorrogação do contrato social, depois de findo o prazo nele fixado;

V – os atos de empresas mercantis com nome idêntico ou semelhante a outro já existente;

VI – a alteração contratual, por deliberação majoritária do capital social, quando houver cláusula restritiva;

VII – os contratos sociais ou suas alterações em que haja incorporação de imóveis à sociedade, por instrumento particular, quando do instrumento não constar:

a) a descrição e identificação do imóvel, sua área, dados relativos à sua titulação, bem como o número da matrícula no Registro Imobiliário;

b) a outorga uxória ou marital, quando necessária;

VIII – os contratos ou estatutos de sociedades mercantis, ainda não aprovados pelo Governo, nos casos em que for necessária essa aprovação, bem como as posteriores alterações, antes de igualmente aprovadas.

Parágrafo único. A Junta não dará andamento a qualquer documento de alteração de firmas individuais ou sociedades, sem que dos respectivos requerimentos e instrumentos conste o Número de Identificação de Registro de Empresas – Nire.

Seção III
Da ordem dos serviços

Subseção I
Da apresentação dos atos e arquivamento

Art. 36. Os documentos referidos no inciso II do art. 32 deverão ser apresentados a arquivamento na Junta, dentro de 30 (trinta) dias contados de sua assinatura, a cuja data retroagirão os efeitos do arquivamento; fora desse prazo, o arquivamento só terá eficácia a partir do despacho que o conceder.

* V. art. 568, CCo; e art. 968, CC.

Art. 37. Instruirão obrigatoriamente os pedidos de arquivamento:

* V. art. 97, Lei 6.404/1976 (Sociedades por ações).

I – o instrumento original de constituição, modificação ou extinção de empresas mercantis, assinado pelo titular, pelos administradores, sócios ou seus procuradores;

II – declaração do titular ou administrador, firmada sob as penas da lei, de não estar impedido de exercer o comércio ou a administração de sociedade mercantil, em virtude de condenação criminal;

* Inciso II com redação determinada pela Lei 10.194/2001.

III – a ficha cadastral segundo modelo aprovado pelo DNRC;

IV – os comprovantes de pagamento dos preços dos serviços correspondentes;

V – a prova de identidade dos titulares e dos administradores da empresa mercantil.

Parágrafo único. Além dos referidos neste artigo, nenhum outro documento será exigido das firmas individuais e sociedades referidas nas alíneas a, b e d do inciso II do art. 32.

Art. 38. Para cada empresa mercantil, a Junta Comercial organizará um prontuário com os respectivos documentos.

* V. art. 97, Lei 6.404/1976 (Sociedades por ações).

Subseção II
Das autenticações

Art. 39. As Juntas Comerciais autenticarão:

* V. arts. 101, 102 e 103, parágrafo único, Lei 6.404/1976 (Sociedades por ações).

I – os instrumentos de escrituração das empresas mercantis e dos agentes auxiliares do comércio;

II – as cópias dos documentos assentados.

Parágrafo único. Os instrumentos autenticados, não retirados no prazo de 30 (trinta) dias, contados da sua apresentação, poderão ser eliminados.

Art. 39-A. A autenticação dos documentos de empresas de qualquer porte realizada por meio de sistemas públicos eletrônicos dispensa qualquer outra.

* Artigo acrescentado pela LC 147/2014.

Art. 39-B. A comprovação da autenticação de documentos e da autoria de que trata esta Lei poderá ser realizada por meio eletrônico, na forma do regulamento.

* Artigo acrescentado pela LC 147/2014.

Lei 8.934/1994

Subseção III
Do exame das formalidades

Art. 40. Todo ato, documento ou instrumento apresentado a arquivamento será objeto de exame do cumprimento das formalidades legais pela Junta Comercial.

§ 1º Verificada a existência de vício insanável, o requerimento será indeferido; quando for sanável, o processo será colocado em exigência.

§ 2º As exigências formuladas pela Junta Comercial deverão ser cumpridas em até 30 (trinta) dias, contados da data da ciência pelo interessado ou da publicação do despacho.

§ 3º O processo em exigência será entregue completo ao interessado; não devolvido no prazo previsto no parágrafo anterior, será considerado como novo pedido de arquivamento, sujeito ao pagamento dos preços dos serviços correspondentes.

Subseção IV
Do processo decisório

Art. 41. Estão sujeitos ao regime de decisão colegiada pelas Juntas Comerciais, na forma desta Lei:

• V. art. 43.

I – o arquivamento:

a) dos atos de constituição de sociedades anônimas, bem como das atas de assembleias gerais e demais atos, relativos a essas sociedades, sujeitos ao Registro Público de Empresas Mercantis e Atividades Afins;

b) dos atos referentes à transformação, incorporação, fusão e cisão de empresas mercantis;

c) dos atos de constituição e alterações de consórcio e de grupo de sociedades, conforme previsto na Lei 6.404, de 15 de dezembro de 1976;

II – o julgamento do recurso previsto nesta Lei.

Art. 42. Os atos próprios do Registro Público de Empresas Mercantis e Atividades Afins, não previstos no artigo anterior, serão objeto de decisão singular proferida pelo Presidente da Junta Comercial, por Vogal ou servidor que possua comprovados conhecimentos de Direito Comercial e de Registro de Empresas Mercantis.

Parágrafo único. Os Vogais e servidores habilitados a proferir decisões singulares serão designados pelo Presidente da Junta Comercial.

Art. 43. Os pedidos de arquivamento constantes do art. 41 desta Lei serão decididos no prazo máximo de 5 (cinco) dias úteis, contados do seu recebimento; e os pedidos constantes do art. 42 desta Lei serão decididos no prazo máximo de 2 (dois) dias úteis, sob pena de ter-se como arquivados os atos respectivos, mediante provocação dos interessados, sem prejuízo do exame das formalidades legais pela procuradoria.

• Artigo com redação determinada pela Lei 11.598/2007.

Subseção V
Do processo revisional

Art. 44. O processo revisional pertinente ao Registro Público de Empresas Mercantis e Atividades Afins dar-se-á mediante:
I – Pedido de Reconsideração;
II – Recurso ao Plenário;
III – Recurso ao Ministro de Estado da Indústria, do Comércio e do Turismo.

Art. 45. O Pedido de Reconsideração terá por objeto obter a revisão de despachos singulares ou de Turmas que formulem exigências para o deferimento do arquivamento e será apresentado no prazo para cumprimento da exigência para apreciação pela autoridade recorrida em 3 (três) dias úteis ou 5 (cinco) dias úteis, respectivamente.

• Artigo com redação determinada pela Lei 11.598/2007.

Art. 46. Das decisões definitivas, singulares ou de Turmas, cabe recurso ao Plenário, que deverá ser decidido no prazo máximo de 30 (trinta) dias, a contar da data do recebimento da peça recursal, ouvida a Procuradoria, no prazo de 10 (dez) dias, quando a mesma não for a recorrente.

Art. 47. Das decisões do Plenário cabe recurso ao Ministro de Estado da Indústria, do Comércio e do Turismo, como última instância administrativa.

Parágrafo único. A capacidade decisória poderá ser delegada, no todo ou em parte.

Art. 48. Os recursos serão indeferidos liminarmente pelo Presidente da Junta quando assinados por procurador sem mandato ou, ainda, quando interpostos fora do prazo ou antes da decisão definitiva, devendo ser, em qualquer caso, anexados ao processo.

Lei 8.934/1994

Art. 49. Os recursos de que trata esta Lei não têm efeito suspensivo.

Art. 50. Todos os recursos previstos nesta Lei deverão ser interpostos no prazo de 10 (dez) dias úteis, cuja fluência começa na data da intimação da parte ou da publicação do ato no órgão oficial de publicidade da Junta Comercial.

Art. 51. A Procuradoria e as partes interessadas, quando for o caso, serão intimadas para, no mesmo prazo de 10 (dez) dias, oferecerem contrarrazões.

TÍTULO II
DAS DISPOSIÇÕES FINAIS E TRANSITÓRIAS

Capítulo I
DAS DISPOSIÇÕES FINAIS

Art. 52. *(Vetado.)*

Art. 53. As alterações contratuais ou estatutárias poderão ser efetivadas por escritura pública ou particular, independentemente da forma adotada no ato constitutivo.

Art. 54. A prova da publicidade de atos societários, quando exigida em lei, será feita mediante anotação nos registros da Junta Comercial à vista da apresentação da folha do *Diário Oficial*, ou do jornal onde foi feita a publicação, dispensada a juntada da mencionada folha.

Art. 55. Compete ao DNRC propor a elaboração da Tabela de Preços dos Serviços pertinentes ao Registro Público de Empresas Mercantis, na parte relativa aos atos de natureza federal, bem como especificar os atos a serem observados pelas Juntas Comerciais na elaboração de suas tabelas locais.

Parágrafo único. As isenções de preços de serviços restringem-se aos casos previstos em lei.

Art. 56. Os documentos arquivados pelas Juntas Comerciais não serão retirados, em qualquer hipótese, de suas dependências, ressalvado o previsto no art. 58 desta Lei.

Art. 57. Os atos de empresas, após microfilmados ou preservada a sua imagem por meios tecnológicos mais avançados, poderão ser devolvidos pelas Juntas Comerciais, conforme dispuser o Regulamento.

Art. 58. Os processos em exigência e os documentos deferidos e com a imagem preservada postos à disposição dos interessados e não retirados em 60 (sessenta) dias da publicação do respectivo despacho poderão ser eliminados pelas Juntas Comerciais, exceto os contratos e suas alterações, que serão devolvidos aos interessados mediante recibo.

• V. art. 56.

Art. 59. Expirado o prazo da sociedade celebrada por tempo determinado, esta perderá a proteção do seu nome empresarial.

Art. 60. A firma individual ou a sociedade que não proceder a qualquer arquivamento no período de 10 (dez) anos consecutivos deverá comunicar à Junta Comercial que deseja manter-se em funcionamento.

§ 1º Na ausência dessa comunicação, a empresa mercantil será considerada inativa, promovendo a Junta Comercial o cancelamento do registro, com a perda automática da proteção ao nome empresarial.

§ 2º A empresa mercantil deverá ser notificada previamente pela Junta Comercial, mediante comunicação direta ou por edital, para os fins deste artigo.

§ 3º A Junta Comercial fará comunicação do cancelamento às autoridades arrecadadoras, no prazo de até 10 (dez) dias.

§ 4º A reativação da empresa obedecerá aos mesmos procedimentos requeridos para sua constituição.

Art. 61. O fornecimento de informações cadastrais aos órgãos executores do Registro Público de Empresas Mercantis e Atividades Afins desobriga as firmas individuais e sociedades de prestarem idênticas informações a outros órgãos ou entidades das Administrações Federal, Estadual ou Municipal.

Parágrafo único. O Departamento Nacional de Registro do Comércio manterá à disposição dos órgãos ou entidades referidos neste artigo os seus serviços de cadastramento de empresas mercantis.

Lei 8.935/1994

LEGISLAÇÃO

Art. 62. As atribuições conferidas às Procuradorias pelo art. 28 desta Lei serão exercidas, no caso da Junta Comercial do Distrito Federal, pelos Assistentes Jurídicos em exercício no Departamento Nacional de Registro do Comércio.

Art. 63. Os atos levados a arquivamento nas Juntas Comerciais são dispensados de reconhecimento de firma, exceto quando se tratar de procuração.

Parágrafo único. A cópia de documento, autenticada na forma da Lei, dispensa nova conferência com o original; poderá, também, a autenticação ser feita pelo cotejo da cópia com o original por servidor a quem o documento seja apresentado.

Art. 64. A certidão dos atos de constituição e de alteração de sociedades mercantis, passada pelas Juntas Comerciais em que foram arquivados, será o documento hábil para a transferência, por transcrição no registro público competente, dos bens com que o subscritor tiver contribuído para a formação ou aumento do capital social.

Capítulo II
DAS DISPOSIÇÕES TRANSITÓRIAS

Art. 65. As Juntas Comerciais adaptarão os respectivos regimentos ou regulamentos às disposições desta Lei no prazo de 180 (cento e oitenta) dias.

Art. 66. *(Vetado.)*

Art. 67. Esta Lei será regulamentada pelo Poder Executivo no prazo de 90 (noventa) dias e entrará em vigor na data da sua publicação, revogadas as Leis 4.726, de 13 de julho de 1965, 6.939, de 9 de setembro de 1981, 6.054, de 12 de junho de 1974, o § 4º do art. 71 da Lei 4.215, de 27 de abril de 1963, acrescentado pela Lei 6.884, de 9 de dezembro de 1980, e a Lei 8.209, de 18 de julho de 1991.

Brasília, 18 de novembro de 1994; 173º da Independência e 106º da República.

Itamar Franco

(DOU 21.11.1994)

LEI 8.935, DE 18 DE NOVEMBRO DE 1994

Regulamenta o art. 236 da Constituição Federal, dispondo sobre serviços notariais e de registro.

O Presidente da República:

Faço saber que o Congresso Nacional decreta e eu sanciono a seguinte Lei:

TÍTULO I
DOS SERVIÇOS NOTARIAIS E DE REGISTRO

Capítulo I
NATUREZA E FINS

Art. 1º Serviços notariais e de registro são os de organização técnica e administrativa destinados a garantir a publicidade, autenticidade, segurança e eficácia dos atos jurídicos.

• V. art. 1º, Lei 6.015/1973 (Lei de Registros Públicos).

Art. 2º *(Vetado.)*

Art. 3º Notário, ou tabelião, e oficial de registro, ou registrador, são profissionais do direito, dotados de fé pública, a quem é delegado o exercício da atividade notarial e de registro.

• V. art. 2º, Lei 6.015/1973 (Lei de Registros Públicos).

Art. 4º Os serviços notariais e de registro serão prestados, de modo eficiente e adequado, em dias e horários estabelecidos pelo juízo competente, atendidas as peculiaridades locais, em local de fácil acesso ao público e que ofereça segurança para o arquivamento de livros e documentos.

§ 1º O serviço de registro civil das pessoas naturais será prestado, também, nos sábados, domingos e feriados pelo sistema de plantão.

• V. art. 8º, parágrafo único, Lei 6.015/1973 (Lei de Registros Públicos).

§ 2º O atendimento ao público será, no mínimo, de seis horas diárias.

Lei 8.935/1994

Legislação

Capítulo II
DOS NOTÁRIOS E REGISTRADORES
Seção I
Dos titulares

Art. 5º Os titulares de serviços notariais e de registro são os:
I – tabeliães de notas;
- V. art. 1º, § 2º, Lei 6.015/1973 (Lei de Registros Públicos).

II – tabeliães e oficiais de registro de contratos marítimos;
- V. art. 1º, Lei 6.015/1973 (Lei de Registros Públicos).

III – tabeliães de protesto de títulos;
- V. art. 1º, Lei 6.015/1973 (Lei de Registros Públicos).

IV – oficiais de registro de imóveis;
- V. arts. 1º e 2º, Lei 6.015/1973 (Lei de Registros Públicos).

V – oficiais de registro de títulos e documentos e civis das pessoas jurídicas;
- V. arts. 1º e 2º, Lei 6.015/1973 (Lei de Registros Públicos).

VI – oficiais de registro civis das pessoas naturais e de interdições e tutelas;
- V. arts. 1º e 2º, Lei 6.015/1973 (Lei de Registros Públicos).

VII – oficiais de registro de distribuição.
- V. art. 1º, Lei 6.015/1973 (Lei de Registros Públicos).

Seção II
Das atribuições e competências dos notários

Art. 6º Aos notários compete:
I – formalizar juridicamente a vontade das partes;
II – intervir nos atos e negócios jurídicos a que as partes devam ou queiram dar forma legal ou autenticidade, autorizando a redação ou redigindo os instrumentos adequados, conservando os originais e expedindo cópias fidedignas de seu conteúdo;
III – autenticar fatos.

Art. 7º Aos tabeliães de notas compete com exclusividade:
I – lavrar escrituras e procurações públicas;
II – lavrar testamentos públicos e aprovar os cerrados;
III – lavrar atas notariais;
IV – reconhecer firmas;
V – autenticar cópias.

Parágrafo único. É facultado aos tabeliães de notas realizar todas as gestões e diligências necessárias ou convenientes ao preparo dos atos notariais, requerendo o que couber, sem ônus maiores que os emolumentos devidos pelo ato.

Art. 8º É livre a escolha do tabelião de notas, qualquer que seja o domicílio das partes ou o lugar de situação dos bens objeto do ato ou negócio.

Art. 9º O tabelião de notas não poderá praticar atos de seu ofício fora do Município para o qual recebeu delegação.

Art. 10. Aos tabeliães e oficiais de registro de contratos marítimos compete:
I – lavrar os atos, contratos e instrumentos relativos a transações de embarcações a que as partes devam ou queiram dar forma legal de escritura pública;
II – registrar os documentos da mesma natureza;
III – reconhecer firmas em documentos destinados a fins de direito marítimo;
IV – expedir traslados e certidões.

Art. 11. Aos tabeliães de protesto de título compete privativamente:
- V. art. 53, parágrafo único.

I – protocolar de imediato os documentos de dívida, para prova do descumprimento da obrigação;
II – intimar os devedores dos títulos para aceitá-los, devolvê-los ou pagá-los, sob pena de protesto;
III – receber o pagamento dos títulos protocolizados, dando quitação;
IV – lavrar o protesto, registrando o ato em livro próprio, em microfilme ou sob outra forma de documentação;
V – acatar o pedido de desistência do protesto formulado pelo apresentante;
VI – averbar:
a) o cancelamento do protesto;
b) as alterações necessárias para atualização dos registros efetuados;

Lei 8.935/1994

VII – expedir certidões de atos e documentos que constem de seus registros e papéis.

Parágrafo único. Havendo mais de um tabelião de protestos na mesma localidade, será obrigatória a prévia distribuição dos títulos.

Seção III
Das atribuições e competências dos oficiais de registros

Art. 12. Aos oficiais de registro de imóveis, de títulos e documentos e civis das pessoas jurídicas, civis das pessoas naturais e de interdições e tutelas compete a prática dos atos relacionados na legislação pertinente aos registros públicos, de que são incumbidos, independentemente de prévia distribuição, mas sujeitos os oficiais de registro de imóveis e civis das pessoas naturais às normas que definirem as circunscrições geográficas.

Art. 13. Aos oficiais de registro de distribuição compete privativamente:
I – quando previamente exigida, proceder à distribuição equitativa pelos serviços da mesma natureza, registrando os atos praticados; em caso contrário, registrar as comunicações recebidas dos órgãos e serviços competentes;
II – efetuar as averbações e os cancelamentos de sua competência;
III – expedir certidões de atos e documentos que constem de seus registros e papéis.

TÍTULO II
DAS NORMAS COMUNS

Capítulo I
DO INGRESSO NA ATIVIDADE NOTARIAL E DE REGISTRO

Art. 14. A delegação para o exercício da atividade notarial e de registro depende dos seguintes requisitos:
I – habilitação em concurso público de provas e títulos;
II – nacionalidade brasileira;
III – capacidade civil;
IV – quitação com as obrigações eleitorais e militares;
V – diploma de bacharel em direito;
VI – verificação de conduta condigna para o exercício da profissão.

Art. 15. Os concursos serão realizados pelo Poder Judiciário, com a participação, em todas as suas fases, da Ordem dos Advogados do Brasil, do Ministério Público, de um notário e de um registrador.
§ 1º O concurso será aberto com a publicação de edital, dele constando os critérios de desempate.
§ 2º Ao concurso público poderão concorrer candidatos não bacharéis em direito que tenham completado, até a data da primeira publicação do edital do concurso de provas e títulos, 10 (dez) anos de exercício em serviço notarial ou de registro.
§ 3º *(Vetado.)*

Art. 16. As vagas serão preenchidas alternadamente, duas terças partes por concurso público de provas e títulos e uma terça parte por meio de remoção, mediante concurso de títulos, não se permitindo que qualquer serventia notarial ou de registro fique vaga, sem abertura de concurso de provimento inicial ou de remoção, por mais de 6 (seis) meses.

• *Caput* com redação determinada pela Lei 10.506/2002.

Parágrafo único. Para estabelecer o critério do preenchimento, tomar-se-á por base a data de vacância da titularidade ou, quando vagas na mesma data, aquela da criação do serviço.

Art. 17. Ao concurso de remoção somente serão admitidos titulares que exerçam a atividade por mais de 2 (dois) anos.

Art. 18. A legislação estadual disporá sobre as normas e os critérios para o concurso de remoção.

Art. 19. Os candidatos serão declarados habilitados na rigorosa ordem de classificação no concurso.

Capítulo II
DOS PREPOSTOS

Art. 20. Os notários e os oficiais de registro poderão, para o desempenho de suas funções, contratar escreventes, dentre eles escolhendo os substitutos, e auxiliares como empregados, com remuneração livremente ajustada e sob o regime da legislação do trabalho.

Lei 8.935/1994

LEGISLAÇÃO

§ 1º Em cada serviço notarial ou de registro haverá tantos substitutos, escreventes e auxiliares quantos forem necessários, a critério de cada notário ou oficial de registro.

§ 2º Os notários e os oficiais de registro encaminharão ao juízo competente os nomes dos substitutos.

§ 3º Os escreventes poderão praticar somente os atos que o notário ou o oficial de registro autorizar.

§ 4º Os substitutos poderão, simultaneamente com o notário ou o oficial de registro, praticar todos os atos que lhe sejam próprios exceto, nos tabelionatos de notas, lavrar testamentos.

§ 5º Dentre os substitutos, um deles será designado pelo notário ou oficial de registro para responder pelo respectivo serviço nas ausências e nos impedimentos do titular.

Art. 21. O gerenciamento administrativo e financeiro dos serviços notariais e de registro é da responsabilidade exclusiva do respectivo titular, inclusive no que diz respeito às despesas de custeio, investimento e pessoal, cabendo-lhe estabelecer normas, condições e obrigações relativas à atribuição de funções e de remuneração de seus prepostos de modo a obter a melhor qualidade na prestação dos serviços.

Capítulo III
DA RESPONSABILIDADE CIVIL E CRIMINAL

Art. 22. Os notários e oficiais de registro são civilmente responsáveis por todos os prejuízos que causarem a terceiros, por culpa ou dolo, pessoalmente, pelos substitutos que designarem ou escreventes que autorizarem, assegurado o direito de regresso.

- Artigo com redação determinada pela Lei 13.286/2016.
- V. art. 942, CC.
- V. art. 28, Lei 6.015/1973 (Lei de Registros Públicos).

Parágrafo único. Prescreve em três anos a pretensão de reparação civil, contado o prazo da data de lavratura do ato registral ou notarial.

Art. 23. A responsabilidade civil independe da criminal.

- V. art. 935, CC.
- V. arts. 63 a 68, CPP.

- V. art. 28, parágrafo único, Lei 6.015/1973 (Lei de Registros Públicos).

Art. 24. A responsabilidade criminal será individualizada, aplicando-se, no que couber, a legislação relativa aos crimes contra a administração pública.

- V. arts. 312 a 327, CP.

Parágrafo único. A individualização prevista no *caput* não exime os notários e os oficiais de registro de sua responsabilidade civil.

Capítulo IV
DAS INCOMPATIBILIDADES E DOS IMPEDIMENTOS

Art. 25. O exercício da atividade notarial e de registro é incompatível com o da advocacia, o da intermediação de seus serviços ou o de qualquer cargo, emprego ou função públicos, ainda que em comissão.

- V. art. 28, Lei 8.906/1994 (Estatuto da Advocacia e da OAB).

§ 1º *(Vetado.)*

§ 2º A diplomação, na hipótese de mandato eletivo, e a posse, nos demais casos, implicará no afastamento da atividade.

Art. 26. Não são acumuláveis os serviços enumerados no art. 5º.

Parágrafo único. Poderão, contudo, ser acumulados nos Municípios que não comportarem, em razão do volume dos serviços ou da receita, a instalação de mais de um dos serviços.

Art. 27. No serviço de que é titular, o notário e o registrador não poderão praticar, pessoalmente, qualquer ato de seu interesse, ou de interesse de seu cônjuge ou de parentes, na linha reta, ou na colateral, consanguíneos ou afins, até o terceiro grau.

- V. art. 15, Lei 6.015/1973 (Lei de Registros Públicos).

Capítulo V
DOS DIREITOS E DEVERES

Art. 28. Os notários e oficiais de registro gozam de independência no exercício de suas atribuições, têm direito à percepção dos emolumentos integrais pelos atos praticados na serventia e só perderão a delegação nas hipóteses previstas em lei.

Art. 29. São direitos do notário e do registrador:

Lei 8.935/1994

I – exercer opção, nos casos de desmembramento ou desdobramento de sua serventia;
II – organizar associações ou sindicatos de classe e deles participar.

Art. 30. São deveres dos notários e dos oficiais de registro:
I – manter em ordem os livros, papéis e documentos de sua serventia, guardando-os em locais seguros;
- V. art. 31, V.
- V. arts. 3º, 22 e 24, Lei 6.015/1973 (Lei de Registros Públicos).

II – atender as partes com eficiência, urbanidade e presteza;
III – atender prioritariamente as requisições de papéis, documentos, informações ou providências que lhes forem solicitadas pelas autoridades judiciárias ou administrativas para a defesa das pessoas jurídicas de direito público em juízo;
- V. art. 13, I, Lei 6.015/1973 (Lei de Registros Públicos).

IV – manter em arquivo as leis, regulamentos, resoluções, provimentos, regimentos, ordens de serviço e quaisquer outros atos que digam respeito à sua atividade;
V – proceder de forma a dignificar a função exercida, tanto nas atividades profissionais como na vida privada;
VI – guardar sigilo sobre a documentação e os assuntos de natureza reservada de que tenham conhecimento em razão do exercício de sua profissão;
VII – afixar em local visível, de fácil leitura e acesso ao público, as tabelas de emolumentos em vigor;
VIII – observar os emolumentos fixados para a prática dos atos do seu ofício;
IX – dar recibo dos emolumentos percebidos;
X – observar os prazos legais fixados para a prática dos atos do seu ofício;
XI – fiscalizar o recolhimento dos impostos incidentes sobre os atos que devem praticar;
XII – facilitar, por todos os meios, o acesso à documentação existente às pessoas legalmente habilitadas;
XIII – encaminhar ao juízo competente as dúvidas levantadas pelos interessados, obedecida a sistemática processual fixada pela legislação respectiva;
XIV – observar as normas técnicas estabelecidas pelo juízo competente.

Capítulo VI
DAS INFRAÇÕES DISCIPLINARES E DAS PENALIDADES

Art. 31. São infrações disciplinares que sujeitam os notários e os oficiais de registro às penalidades previstas nesta Lei:
I – a inobservância das prescrições legais ou normativas;
II – a conduta atentatória às instituições notariais e de registro;
III – a cobrança indevida ou excessiva de emolumentos, ainda que sob a alegação de urgência;
IV – a violação do sigilo profissional;
V – o descumprimento de quaisquer dos deveres descritos no art. 30.

Art. 32. Os notários e os oficiais de registro estão sujeitos, pelas infrações que praticarem, assegurado amplo direito de defesa, às seguintes penas:
I – repreensão;
II – multa;
III – suspensão por 90 (noventa) dias, prorrogável por mais 30 (trinta);
IV – perda da delegação.

Art. 33. As penas serão aplicadas:
I – a de repreensão, no caso de falta leve;
II – a de multa, em caso de reincidência ou de infração que não configure falta mais grave;
III – a de suspensão, em caso de reiterado descumprimento dos deveres ou de falta grave.

Art. 34. As penas serão impostas pelo juízo competente, independentemente da ordem de gradação, conforme a gravidade do fato.

Art. 35. A perda da delegação dependerá:
- V. art. 39, V.

I – de sentença judicial transitada em julgado; ou
II – de decisão decorrente de processo administrativo instaurado pelo juízo competente, assegurado amplo direito de defesa.

Lei 8.935/1994

LEGISLAÇÃO

§ 1º Quando o caso configurar a perda da delegação, o juízo competente suspenderá o notário ou o oficial de registro, até a decisão final, e designará interventor, observando-se o disposto no art. 36.

§ 2º *(Vetado.)*

Art. 36. Quando, para a apuração de faltas imputadas a notários ou a oficiais de registro, for necessário o afastamento do titular do serviço, poderá ele ser suspenso, preventivamente, pelo prazo de 90 (noventa) dias, prorrogável por mais 30 (trinta).

• V. art. 35, § 1º.

§ 1º Na hipótese do *caput*, o juízo competente designará interventor para responder pela serventia, quando o substituto também for acusado das faltas ou quando a medida se revelar conveniente para os serviços.

§ 2º Durante o período de afastamento, o titular perceberá metade da renda líquida da serventia; outra metade será depositada em conta bancária especial, com correção monetária.

§ 3º Absolvido o titular, receberá ele o montante dessa conta; condenado, caberá esse montante ao interventor.

Capítulo VII
DA FISCALIZAÇÃO PELO PODER JUDICIÁRIO

Art. 37. A fiscalização judiciária dos atos notariais e de registro, mencionados nos arts. 6º a 13, será exercida pelo juízo competente, assim definido na órbita estadual e do Distrito Federal, sempre que necessário, ou mediante representação de qualquer interessado, quando da inobservância de obrigação legal por parte de notário ou de oficial de registro, ou de seus prepostos.

Parágrafo único. Quando, em autos ou papéis de que conhecer, o Juiz verificar a existência de crime de ação pública, remeterá ao Ministério Público as cópias e os documentos necessários ao oferecimento da denúncia.

Art. 38. O juízo competente zelará para que os serviços notariais e de registro sejam prestados com rapidez, qualidade satisfatória e de modo eficiente, podendo sugerir à autoridade competente a elaboração de planos de adequada e melhor prestação desses serviços, observados, também, critérios populacionais e socioeconômicos, publicados regularmente pela Fundação Instituto Brasileiro de Geografia e Estatística.

Capítulo VIII
DA EXTINÇÃO DA DELEGAÇÃO

Art. 39. Extinguir-se-á a delegação a notário ou a oficial de registro por:
I – morte;
II – aposentadoria facultativa;
III – invalidez;
IV – renúncia;
V – perda, nos termos do art. 35;
VI – descumprimento, comprovado, da gratuidade estabelecida na Lei 9.534, de 10 de dezembro de 1997.

• Inciso VI acrescentado pela Lei 9.812/1999.

§ 1º Dar-se-á aposentadoria facultativa ou por invalidez nos termos da legislação previdenciária federal.

§ 2º Extinta a delegação a notário ou a oficial de registro, a autoridade competente declarará vago o respectivo serviço, designará o substituto mais antigo para responder pelo expediente e abrirá concurso.

Capítulo IX
DA SEGURIDADE SOCIAL

Art. 40. Os notários, oficiais de registro, escreventes e auxiliares são vinculados à previdência social, de âmbito federal, e têm assegurada a contagem recíproca de tempo de serviço em sistemas diversos.

Parágrafo único. Ficam assegurados, aos notários, oficiais de registro, escreventes e auxiliares os direitos e vantagens previdenciários adquiridos até a data da publicação desta Lei.

TÍTULO III
DAS DISPOSIÇÕES GERAIS

Art. 41. Incumbe aos notários e aos oficiais de registro praticar, independentemente de autorização, todos os atos previstos em lei necessários à organização e execução dos serviços, podendo, ainda, adotar sistemas de computação, microfilmagem, disco ótico e outros meios de reprodução.

Lei 8.935/1994

Art. 42. Os papéis referentes aos serviços dos notários e dos oficiais de registro serão arquivados mediante utilização de processos que facilitem as buscas.
- V. art. 25, Lei 6.015/1973 (Lei de Registros Públicos).

Art. 43. Cada serviço notarial ou de registro funcionará em um só local, vedada a instalação de sucursal.

Art. 44. Verificada a absoluta impossibilidade de se prover, através de concurso público, a titularidade de serviço notarial ou de registro, por desinteresse ou inexistência de candidatos, o juízo competente proporá à autoridade competente a extinção do serviço e a anexação de suas atribuições ao serviço da mesma natureza mais próximo ou àquele localizado na sede do respectivo Município ou de Município contíguo.

§ 1º *(Vetado.)*

§ 2º Em cada sede municipal haverá no mínimo um registrador civil das pessoas naturais.

§ 3º Nos municípios de significativa extensão territorial, a juízo do respectivo Estado, cada sede distrital disporá no mínimo de um registrador civil das pessoas naturais.

Art. 45. São gratuitos os assentos do registro civil de nascimento e o de óbito, bem como a primeira certidão respectiva.
- *Caput* com redação determinada pela Lei 9.534/1997.
- V. art. 30, § 1º, Lei 6.015/1973 (Lei de Registros Públicos).

§ 1º Para os reconhecidamente pobres não serão cobrados emolumentos pelas certidões a que se refere este artigo.
- Anterior parágrafo único renumerado pela Lei 11.789/2008.

§ 2º É proibida a inserção nas certidões de que trata o § 1º deste artigo de expressões que indiquem condição de pobreza ou semelhantes.
- § 2º acrescentado pela Lei 11.789/2008.

Art. 46. Os livros, fichas, documentos, papéis, microfilmes e sistemas de computação deverão permanecer sempre sob a guarda e responsabilidade do titular de serviço notarial ou de registro, que zelará por sua ordem, segurança e conservação.

Parágrafo único. Se houver necessidade de serem periciados, o exame deverá ocorrer na própria sede do serviço, em dia e hora adrede designados, com ciência do titular e autorização do juízo competente.

TÍTULO IV
DAS DISPOSIÇÕES TRANSITÓRIAS

Art. 47. O notário e o oficial de registro, legalmente nomeados até 5 de outubro de 1988, detêm a delegação constitucional de que trata o art. 2º.

Art. 48. Os notários e os oficiais de registro poderão contratar, segundo a legislação trabalhista, seus atuais escreventes e auxiliares de investidura estatutária ou em regime especial desde que estes aceitem a transformação de seu regime jurídico, em opção expressa, no prazo improrrogável de 30 (trinta) dias, contados da publicação desta Lei.

§ 1º Ocorrendo opção, o tempo de serviço prestado será integralmente considerado, para todos os efeitos de direito.

§ 2º Não ocorrendo opção, os escreventes e auxiliares de investidura estatutária ou em regime especial continuarão regidos pelas normas aplicáveis aos funcionários públicos ou pelas editadas pelo Tribunal de Justiça respectivo, vedadas novas admissões por qualquer desses regimes, a partir da publicação desta Lei.

Art. 49. Quando da primeira vacância da titularidade de serviço notarial ou de registro, será procedida a desacumulação, nos termos do art. 26.

Art. 50. Em caso de vacância, os serviços notariais e de registro estatizados passarão automaticamente ao regime desta Lei.

Art. 51. Aos atuais notários e oficiais de registro, quando da aposentadoria, fica assegurado o direito de percepção de proventos de acordo com a legislação que anteriormente os regia, desde que tenham mantido as contribuições nela estipuladas até a data do deferimento do pedido ou de sua concessão.

Lei 8.955/1994

LEGISLAÇÃO

§ 1º O disposto neste artigo aplica-se aos escreventes e auxiliares de investidura estatutária ou em regime especial que vierem a ser contratados em virtude da opção de que trata o art. 48.

§ 2º Os proventos de que trata este artigo serão os fixados pela legislação previdenciária aludida no *caput*.

§ 3º O disposto neste artigo aplica-se também às pensões deixadas, por morte, pelos notários, oficiais de registro, escreventes e auxiliares.

Art. 52. Nas unidades federativas onde já exista lei estadual específica, em vigor na data de publicação desta Lei, são competentes para a lavratura de instrumentos translatícios de direitos reais, procurações, reconhecimento de firmas e autenticação de cópia reprográfica os serviços de Registro Civil das Pessoas Naturais.

Art. 53. Nos Estados cujas organizações judiciárias, vigentes à época da publicação desta Lei, assim previrem, continuam em vigor as determinações relativas à fixação da área territorial de atuação dos tabeliães de protesto de títulos, a quem os títulos serão distribuídos em obediência às respectivas zonas.

Parágrafo único. Quando da primeira vacância, aplicar-se-á à espécie o disposto no parágrafo único do art. 11.

Art. 54. Esta Lei entra em vigor na data da sua publicação.

Art. 55. Revogam-se as disposições em contrário.

Brasília, 18 de novembro de 1994; 173º da Independência e 106º da República.
Itamar Franco

(*DOU* 21.11.1994)

LEI 8.955, DE 15 DE DEZEMBRO DE 1994

Dispõe sobre o contrato de franquia empresarial (franchising) e dá outras providências.

O Presidente da República:
Faço saber que o Congresso Nacional decreta e eu sanciono a seguinte Lei:

Art. 1º Os contratos de franquia empresarial são disciplinados por esta Lei.

Art. 2º Franquia empresarial é o sistema pelo qual um franqueador cede ao franqueado o direito de uso de marca ou patente, associado ao direito de distribuição exclusiva ou semiexclusiva de produtos ou serviços e, eventualmente, também ao direito de uso de tecnologia de implantação e administração de negócio ou sistema operacional desenvolvidos ou detidos pelo franqueador, mediante remuneração direta ou indireta, sem que, no entanto, fique caracterizado vínculo empregatício.

Art. 3º Sempre que o franqueador tiver interesse na implantação de sistema de franquia empresarial, deverá fornecer ao interessado em tornar-se franqueado uma Circular de Oferta de Franquia, por escrito e em linguagem clara e acessível, contendo obrigatoriamente as seguintes informações:

I – histórico resumido, forma societária e nome completo ou razão social do franqueador e de todas as empresas a que esteja diretamente ligados bem como os respectivos nomes de fantasia e endereços;

II – balanços e demonstrações financeiras da empresa franqueadora relativos aos dois últimos exercícios;

- V. art. 176 e ss., Lei 6.404/1976 (Sociedades por ações).

III – indicação precisa de todas as pendências judiciais em que estejam envolvidos o franqueador, as empresas controladoras e titulares de marcas, patentes e direitos autorais relativos à operação, e seus subfranqueadores, questionando especificamente o sistema da franquia ou que possam diretamente vir a impossibilitar o funcionamento da franquia;

IV – descrição detalhada da franquia, descrição geral do negócio e das atividades que serão desempenhadas pelo franqueado;

V – perfil do "franqueado ideal" no que se refere a experiência anterior, nível de escolaridade e outras características que deve ter, obrigatória ou preferencialmente;

VI – requisitos quanto ao envolvimento direto do franqueado na operação e na administração do negócio;

Lei 8.955/1994

VII – especificações quanto ao:

a) total estimado do investimento inicial necessário à aquisição, implantação e entrada em operação da franquia;

b) valor da taxa inicial de filiação ou taxa de franquia e de caução; e

c) valor estimado das instalações, equipamentos e do estoque inicial e suas condições de pagamento;

VIII – informações claras quanto a taxas periódicas e outros valores a serem pagos pelo franqueado ao franqueador ou a terceiros por este indicados, detalhando as respectivas bases de cálculo e o que as mesmas remuneram ou o fim a que se destinam, indicando, especificamente, o seguinte:

a) remuneração periódica pelo uso do sistema, da marca ou em troca dos serviços efetivamente prestados pelo franqueador ao franqueado (*royalties*);

b) aluguel de equipamentos ou ponto comercial;

c) taxa de publicidade ou semelhante;

d) seguro mínimo; e

e) outros valores devidos ao franqueador ou a terceiros que a ele sejam ligados;

IX – relação completa de todos os franqueados, subfranqueados e subfranqueadores da rede, bem como dos que se desligaram nos últimos 12 (doze) meses, com nome, endereço e telefone;

X – em relação ao território, deve ser especificado o seguinte:

a) se é garantida ao franqueado exclusividade ou preferência sobre determinado território de atuação e, caso positivo, em que condições o faz; e

b) possibilidade de o franqueado realizar vendas ou prestar serviços fora de seu território ou realizar exportações;

XI – informações claras e detalhadas quanto à obrigação do franqueado de adquirir quaisquer bens, serviços ou insumos necessários à implantação, operação ou administração de sua franquia, apenas de fornecedores indicados e aprovados pelo franqueador, oferecendo ao franqueado relação completa desses fornecedores;

XII – indicação do que é efetivamente oferecido ao franqueado pelo franqueador, no que se refere a:

a) supervisão de rede;

b) serviços de orientação e outros prestados ao franqueado;

c) treinamento do franqueado, especificando duração, conteúdo e custos;

d) treinamento dos funcionários do franqueado;

e) manuais de franquia;

f) auxílio na análise e escolha do ponto onde será instalada a franquia; e

g) *layout* e padrões arquitetônicos nas instalações do franqueado;

XIII – situação perante o Instituto Nacional de Propriedade Industrial – INPI, das marcas ou patentes cujo uso estará sendo autorizado pelo franqueador;

XIV – situação do franqueado, após a expiração do contrato de franquia, em relação a:

a) *know-how* ou segredo de indústria a que venha a ter acesso em função da franquia; e

b) implantação de atividade concorrente da atividade do franqueador;

XV – modelo do contrato padrão e, se for o caso, também do pré-contrato padrão de franquia adotado pelo franqueador, com texto completo, inclusive dos respectivos anexos e prazo de validade.

Art. 4º A Circular de Oferta de Franquia deverá ser entregue ao candidato a franqueado no mínimo 10 (dez) dias antes da assinatura do contrato ou do pré-contrato de franquia ou ainda do pagamento de qualquer tipo de taxa pelo franqueado ao franqueador ou a empresa ou pessoa ligada a este.

Parágrafo único. Na hipótese do não cumprimento do disposto no *caput* deste artigo, o franqueado poderá arguir a anulabilidade do contrato e exigir devolução de todas as quantias que já houver pago ao franqueador ou a terceiros por ele indicados, a título de taxa de filiação e *royalties*, devidamente corrigidas, pela variação da remuneração básica dos depósitos de poupança mais perdas e danos.

Art. 5º (Vetado.)

Lei 8.971/1994

LEGISLAÇÃO

Art. 6º O contrato de franquia deve ser sempre escrito e assinado na presença de duas testemunhas e terá validade independentemente de ser levado a registro perante cartório ou órgão público.

Art. 7º A sanção prevista no parágrafo único do art. 4º desta Lei aplica-se, também, ao franqueador que veicular informações falsas na sua Circular de Oferta de Franquia, sem prejuízo das sanções penais cabíveis.

• V. art. 299, CP.

Art. 8º O disposto nesta Lei aplica-se aos sistemas de franquia instalados e operados no território nacional.

Art. 9º Para os fins desta Lei, o termo franqueador, quando utilizado em qualquer de seus dispositivos, serve também para designar o subfranqueador, da mesma forma que as disposições que se refiram ao franqueado aplicam-se ao subfranqueado.

Art. 10. Esta Lei entra em vigor 60 (sessenta) dias após sua publicação.

Art. 11. Revogam-se as disposições em contrário.

Brasília, 15 de dezembro de 1994; 173º da Independência e 106º da República.

Itamar Franco

(*DOU* 16.12.1994)

LEI 8.971, DE 29 DE DEZEMBRO DE 1994

Regula o direito dos companheiros a alimentos e à sucessão.

• V. Lei 9.278/1996 (Regula o § 3º do art. 226 da CF).

O Presidente da República:

Faço saber que o Congresso Nacional decreta e eu sanciono a seguinte Lei:

Art. 1º A companheira comprovada de um homem solteiro, separado judicialmente, divorciado ou viúvo, que com ele viva há mais de 5 (cinco) anos, ou dele tenha prole, poderá valer-se do disposto na Lei 5.478, de 25 de julho de 1968, enquanto não constituir nova união e desde que prove a necessidade.

• V. arts. 226, §§ 3º a 5º, e 227, § 6º, CF.
• V. art. 1.694, CC.
• V. art. 1º, Lei 5.478/1968 (Ação de alimentos).
• V. arts. 25 a 27, Lei 8.069/1990 (Estatuto da Criança e do Adolescente).
• V. Lei 8.560/1992 (Investigação de paternidade).
• V. Lei 9.263/1996 (Planejamento familiar).

Parágrafo único. Igual direito e nas mesmas condições é reconhecido ao companheiro de mulher solteira, separada judicialmente, divorciada ou viúva.

• V. art. 201, V, CF.

Art. 2º As pessoas referidas no artigo anterior participarão da sucessão do(a) companheiro(a) nas seguintes condições:

• V. arts. 1.790 e 1.829, CC.

I – o(a) companheiro(a) sobrevivente terá direito, enquanto não constituir nova união, ao usufruto de quarta parte dos bens do *de cujus*, se houver filhos deste ou comuns;

• Na publicação oficial, o termo em latim citado veio grafado como *de cujos*.

II – o(a) companheiro(a) sobrevivente terá direito, enquanto não constituir nova união, ao usufruto da metade dos bens do *de cujus*, se não houver filhos, embora sobrevivam ascendentes;

• Na publicação oficial, o termo em latim citado veio grafado como *de cujos*.

III – na falta de descendentes e de ascendentes, o(a) companheiro(a) sobrevivente terá direito à totalidade da herança.

Art. 3º Quando os bens deixados pelo(a) autor(a) da herança resultarem de atividade em que haja colaboração do(a) companheiro(a), terá o sobrevivente direito à metade dos bens.

• V. Súmula 380, STF.

Art. 4º Esta Lei entra em vigor na data de sua publicação.

Art. 5º Revogam-se as disposições em contrário.

Brasília, 29 de dezembro de 1994; 173º da Independência e 106º da República.

Itamar Franco

(*DOU* 30.12.1994)

Res. Bacen 2.144/1995

LEGISLAÇÃO

RESOLUÇÃO 2.144, DE 22 DE FEVEREIRO DE 1995, DO BANCO CENTRAL DO BRASIL – BACEN

Esclarece sobre operações de "factoring" e operações privativas de instituições financeiras.

O Banco Central do Brasil, na forma do art. 9º da Lei 4.595, de 31.12.1964, torna público que o Conselho Monetário Nacional, em sessão realizada em 22.02.1995, tendo em vista o disposto no art. 4º, inciso VI, da referida Lei, e face ao contido no art. 28, § 1º, alínea *c.4*, da Lei 8.981, de 20.01.1995, que conceitua como *factoring* a atividade de prestação cumulativa e contínua de serviços de assessoria creditícia, mercadológica, gestão de crédito, seleção e riscos, administração de contas pagar e a receber compras de direitos creditórios resultantes de vendas mercantis a prazo ou de prestação de serviços, resolveu:

Art. 1º Esclarecer que qualquer operação praticada por empresa de fomento mercantil (*factoring*) que não se ajuste ao disposto no art. 28, § 1º, alínea *c.4*, da Lei 8.981, de 20.01.1995, e que caracterize operação privativa de instituição financeira, nos termos do art. 17, da Lei 4.595, de 31.12.1964, constitui ilícito administrativo (Lei 4.595, de 31.12.1964) e criminal (Lei 7.492, de 16.06.1986).

Art. 2º Esta Resolução entra em vigor na data de sua publicação.

Brasília, 22 de fevereiro de 1995.
Persio Arida
Presidente

(*DOU* 23.02.1995)

LEI 9.051, DE 18 DE MAIO DE 1995

Dispõe sobre a expedição de certidões para a defesa de direitos e esclarecimentos de situações.

O Presidente da República:
Faço saber que o Congresso Nacional decreta e eu sanciono a seguinte Lei:

Art. 1º As certidões para a defesa de direitos e esclarecimentos de situações, requeridas aos órgãos da Administração centralizada ou autárquica, às empresas públicas, às sociedades de economia mista e às fundações públicas da União, dos Estados, do Distrito Federal e dos Municípios, deverão ser expedidas no prazo improrrogável de 15 (quinze) dias, contado do registro do pedido no órgão expedidor.

- V. art. 5º, XXXIII e XXXIV, CF.

Art. 2º Nos requerimentos que objetivam a obtenção das certidões a que se refere esta Lei, deverão os interessados fazer constar esclarecimentos relativos aos fins e razões do pedido.

Art. 3º *(Vetado.)*

Art. 4º Esta Lei entra em vigor na data de sua publicação.

Art. 5º Revogam-se as disposições em contrário.

Brasília, 18 de maio de 1995; 174º da Independência e 107º da República.
Fernando Henrique Cardoso

(*DOU* 19.05.1995)

LEI 9.099, DE 26 DE SETEMBRO DE 1995

Dispõe sobre os Juizados Especiais Cíveis e Criminais e dá outras providências.

- V. Lei 10.259/2001 (Juizados Especiais Cíveis e Criminais na Justiça Federal).
- V. Lei 11.340/2006 (Violência doméstica e familiar contra a mulher).
- V. Lei 12.153/2009 (Juizados Especiais da Fazenda Pública).

O Presidente da República:
Faço saber que o Congresso Nacional decreta e eu sanciono a seguinte Lei:

Capítulo I
DISPOSIÇÕES GERAIS

Art. 1º Os Juizados Especiais Cíveis e Criminais, órgãos da Justiça Ordinária, serão criados pela União, no Distrito Federal e nos Territórios, e pelos Estados, para concilia-

Lei 9.099/1995

ção, processo, julgamento e execução, nas causas de sua competência.
- V. arts. 24, X e XI, e 98, I, CF.
- V. art. 5º, IV, Lei 8.078/1990 (Código de Defesa do Consumidor).

Art. 2º O processo orientar-se-á pelos critérios da oralidade, simplicidade, informalidade, economia processual e celeridade, buscando, sempre que possível, a conciliação ou a transação.
- V. art. 13, *caput*.
- V. arts. 3º, 7º, 139 e 283, CPC/2015.

Capítulo II
DOS JUIZADOS ESPECIAIS CÍVEIS

Seção I
Da competência

Art. 3º O Juizado Especial Cível tem competência para conciliação, processo e julgamento das causas cíveis de menor complexidade, assim consideradas:
- V. art. 15.

I – as causas cujo valor não exceda a quarenta vezes o salário mínimo;
- V. art. 7º, IV, CF.
- V. art. 76, CLT.

II – as enumeradas no art. 275, inciso II, do Código de Processo Civil;
- V. art. 318, parágrafo único, CPC/2015.

III – a ação de despejo para uso próprio;
- V. arts. 5º, 47, III e §§ 1º e 2º, 52, II e §§ 1º e 3º, 61, 62, I e VI, e 80, Lei 8.245/1991 (Locação de imóveis urbanos).

IV – as ações possessórias sobre bens imóveis de valor não excedente ao fixado no inciso I deste artigo.
- V. arts. 79 e 81, CC.
- V. arts. 560 a 568, CPC/2015.

§ 1º Compete ao Juizado Especial promover a execução:
- V. art. 52.

I – dos seus julgados;

II – dos títulos executivos extrajudiciais, no valor de até quarenta vezes o salário mínimo, observado o disposto no § 1º do art. 8º desta Lei.
- V. art. 53.
- V. arts. 515, V, e 784, CPC/2015.

§ 2º Ficam excluídas da competência do Juizado Especial as causas de natureza alimentar, falimentar, fiscal e de interesse da Fazenda Pública, e também as relativas a acidentes de trabalho, a resíduos e ao estado e capacidade das pessoas, ainda que de cunho patrimonial.
- V. art. 1º, Lei 5.478/1968 (Ação de alimentos).
- V. art. 5º, Lei 6.830/1980 (Execução fiscal).
- V. art. 129, II, Lei 8.213/1991 (Planos de Benefícios da Previdência Social).
- V. art. 5º, Lei 8.397/1992 (Medida cautelar fiscal).
- V. art. 3º, Lei 11.101/2005 (Lei de Recuperação de Empresas e Falência).

§ 3º A opção pelo procedimento previsto nesta Lei importará em renúncia ao crédito excedente ao limite estabelecido neste artigo, excetuada a hipótese de conciliação.
- V. arts. 21 e 39.

Art. 4º É competente, para as causas previstas nesta Lei, o Juizado do foro:
I – do domicílio do réu ou, a critério do autor, do local onde aquele exerça atividades profissionais ou econômicas ou mantenha estabelecimento, filial, agência, sucursal ou escritório;
- V. art. 70, CC.
- V. arts. 21, parágrafo único, 43 e 47, CPC/2015.

II – do lugar onde a obrigação deva ser satisfeita;
- V. art. 53, III, *d*, CPC/2015.

III – do domicílio do autor ou do local do ato ou fato, nas ações para reparação de dano de qualquer natureza.
- V. arts. 186 e 927, CC.
- V. art. 53, IV, *a*, V, CPC/2015.

Parágrafo único. Em qualquer hipótese, poderá a ação ser proposta no foro previsto no inciso I deste artigo.
- V. arts. 62 e 63, *caput*, CPC/2015.
- V. Súmula 335, STF.

Seção II
Do juiz, dos conciliadores e dos juízes leigos

Art. 5º O juiz dirigirá o processo com liberdade para determinar as provas a serem produzidas, para apreciá-las e para dar especial valor às regras de experiência comum ou técnica.
- V. art. 33.
- V. art. 93, IX, CF.
- V. arts. 370, 371 e 375, CPC/2015.

Lei 9.099/1995

LEGISLAÇÃO

Art. 6º O juiz adotará em cada caso a decisão que reputar mais justa e equânime, atendendo aos fins sociais da lei e às exigências do bem comum.

- V. art. 25.
- V. art. 140, parágrafo único, CPC/2015.
- V. art. 5º, Dec.-lei 4.657/1942 (Lei de Introdução às normas do Direito Brasileiro).

Art. 7º Os conciliadores e juízes leigos são auxiliares da Justiça, recrutados, os primeiros, preferencialmente, entre os bacharéis em Direito, e os segundos, entre advogados com mais de 5 (cinco) anos de experiência.

- V. art. 8º, IV, Lei 8.906/1994 (Estatuto da Advocacia e da OAB).

Parágrafo único. Os juízes leigos ficarão impedidos de exercer a advocacia perante os Juizados Especiais, enquanto no desempenho de suas funções.

- V. art. 28, II, Lei 8.906/1994 (Estatuto da Advocacia e da OAB).

Seção III
Das partes

Art. 8º Não poderão ser partes, no processo instituído por esta Lei, o incapaz, o preso, as pessoas jurídicas de direito público, as empresas públicas da União, a massa falida e o insolvente civil.

- V. art. 51, IV.
- V. arts. 3º, 4º e 41, CC.
- V. art. 17, CPC/2015.

§ 1º Somente serão admitidas a propor ação perante o Juizado Especial:

- *Caput* do § 1º com redação determinada pela Lei 12.126/2009.
- V. art. 3º, § 1º, II.

I – as pessoas físicas capazes, excluídos os cessionários de direito de pessoas jurídicas;

- Inciso I acrescentado pela Lei 12.126/2009.

II – as pessoas enquadradas como microempreendedores individuais, microempresas e empresas de pequeno porte na forma da Lei Complementar 123, de 14 de dezembro de 2006;

- Inciso II com redação determinada pela LC 147/2014.
- V. art. 74, LC 123/2006 (Supersimples).

III – as pessoas jurídicas qualificadas como Organização da Sociedade Civil de Interesse Público, nos termos da Lei 9.790, de 23 de março de 1999;

- Inciso III acrescentado pela Lei 12.126/2009.

IV – as sociedades de crédito ao microempreendedor, nos termos do art. 1º da Lei 10.194, de 14 de fevereiro de 2001.

- Inciso IV acrescentado pela Lei 12.126/2009.

§ 2º O maior de 18 (dezoito) anos poderá ser autor, independentemente de assistência, inclusive para fins de conciliação.

- V. arts. 1.690 e 1.747, I, CC.

Art. 9º Nas causas de valor até vinte salários mínimos, as partes comparecerão pessoalmente, podendo ser assistidas por advogado; nas de valor superior, a assistência é obrigatória.

- V. art. 1º, I, Lei 8.906/1994 (Estatuto da Advocacia e da OAB).

§ 1º Sendo facultativa a assistência, se uma das partes comparecer assistida por advogado, ou se o réu for pessoa jurídica ou firma individual, terá a outra parte, se quiser, assistência judiciária prestada por órgão instituído junto ao Juizado Especial, na forma da lei local.

- V. art. 41, § 2º.
- V. art. 134, CF.
- V. art. 1º, Lei 1.060/1950 (Assistência Judiciária).

§ 2º O juiz alertará as partes da conveniência do patrocínio por advogado, quando a causa o recomendar.

§ 3º O mandato ao advogado poderá ser verbal, salvo quanto aos poderes especiais.

- V. art. 5º, Lei 8.906/1994 (Estatuto da Advocacia e da OAB).

§ 4º O réu, sendo pessoa jurídica ou titular de firma individual, poderá ser representado por preposto credenciado, munido de carta de preposição com poderes para transigir, sem haver necessidade de vínculo empregatício.

- § 4º com redação determinada pela Lei 12.137/2009.
- V. art. 47, CC.
- V. arts. 75, VIII, e 105, CPC/2015.

Art. 10. Não se admitirá, no processo, qualquer forma de intervenção de terceiro nem de assistência. Admitir-se-á o litisconsórcio.

- V. arts. 113, 119, 125 a 132, 339, e 682 a 686, CPC/2015.

Lei 9.099/1995

LEGISLAÇÃO

Art. 11. O Ministério Público intervirá nos casos previstos em lei.
- V. art. 129, II e § 1º, CF.
- V. arts. 178 e 179, CPC/2015.
- V. art. 25, V, Lei 8.625/1993 (Lei Orgânica Nacional do Ministério Público).
- V. Súmula 99, STJ.

Seção IV
Dos atos processuais

Art. 12. Os atos processuais serão públicos e poderão realizar-se em horário noturno, conforme dispuserem as normas de organização judiciária.
- V. arts. 5º, LX, e 93, IX, CF.
- V. arts. 11, 189 e 212, CPC/2015.

Art. 13. Os atos processuais serão válidos sempre que preencherem as finalidades para as quais forem realizados, atendidos os critérios indicados no art. 2º desta Lei.
- V. art. 283, parágrafo único, CPC/2015.

§ 1º Não se pronunciará qualquer nulidade sem que tenha havido prejuízo.
§ 2º A prática de atos processuais em outras comarcas poderá ser solicitada por qualquer meio idôneo de comunicação.
- V. art. 19.
- V. arts. 255, 264 e 782, § 1º, CPC/2015.

§ 3º Apenas os atos considerados essenciais serão registrados resumidamente, em notas manuscritas, datilografadas, taquigrafadas ou estenotipadas. Os demais atos poderão ser gravados em fita magnética ou equivalente, que será inutilizada após o trânsito em julgado da decisão.
- V. art. 210, CPC/2015.

§ 4º As normas locais disporão sobre a conservação das peças do processo e demais documentos que o instruem.

Seção V
Do pedido

Art. 14. O processo instaurar-se-á com a apresentação do pedido, escrito ou oral, à Secretaria do Juizado.
- V. arts. 2º, 322, *caput*, e 324, CPC/2015.

§ 1º Do pedido constarão, de forma simples e em linguagem acessível:
- V. arts. 319 e 320, CPC/2015.

I – o nome, a qualificação e o endereço das partes;
II – os fatos e os fundamentos, de forma sucinta;
III – o objeto e seu valor.

§ 2º É lícito formular pedido genérico quando não for possível determinar, desde logo, a extensão da obrigação.
- V. art. 286, § 1º, CPC/2015.

§ 3º O pedido oral será reduzido a escrito pela Secretaria do Juizado, podendo ser utilizado o sistema de fichas ou formulários impressos.

Art. 15. Os pedidos mencionados no art. 3º desta Lei poderão ser alternativos ou cumulados; nesta última hipótese, desde que conexos e a soma não ultrapasse o limite fixado naquele dispositivo.
- V. arts. 292, VII, 325 e 327, CPC/2015.

Art. 16. Registrado o pedido, independentemente de distribuição e autuação, a Secretaria do Juizado designará a sessão de conciliação, a realizar-se no prazo de 15 (quinze) dias.
- V. arts. 206 e 284, CPC/2015.

Art. 17. Comparecendo inicialmente ambas as partes, instaurar-se-á, desde logo, a sessão de conciliação, dispensados o registro prévio de pedido e a citação.

Parágrafo único. Havendo pedidos contrapostos, poderá ser dispensada a contestação formal e ambos serão apreciados na mesma sentença.
- V. art. 341, III e parágrafo único, CPC/2015.

Seção VI
Das citações e intimações

Art. 18. A citação far-se-á:
- V. arts. 238 e 246, *caput*, I, II, IV, V, CPC/2015.

I – por correspondência, com aviso de recebimento em mão própria;
- V. art. 247, CPC/2015.

II – tratando-se de pessoa jurídica ou firma individual, mediante entrega ao encarregado da recepção, que será obrigatoriamente identificado;

III – sendo necessário, por oficial de justiça, independentemente de mandado ou carta precatória.
- V. art. 249, CPC/2015.

Lei 9.099/1995

LEGISLAÇÃO

§ 1º A citação conterá cópia do pedido inicial, dia e hora para comparecimento do citando e advertência de que, não comparecendo este, considerar-se-ão verdadeiras as alegações iniciais, e será proferido julgamento, de plano.

§ 2º Não se fará citação por edital.

• V. art. 256, I, II, III, §§ 1º e 2º, CPC/2015.

§ 3º O comparecimento espontâneo suprirá a falta ou nulidade da citação.

• V. art. 239, *caput*, CPC/2015.

Art. 19. As intimações serão feitas na forma prevista para citação, ou por qualquer outro meio idôneo de comunicação.

• V. arts. 269, *caput*, 274 e 275, *caput*, § 1º, I, II e III, CPC/2015.

§ 1º Dos atos praticados na audiência, considerar-se-ão desde logo cientes as partes.

• V. art. 1.003, *caput*, e § 1º, CPC/2015.

§ 2º As partes comunicarão ao juízo as mudanças de endereço ocorridas no curso do processo, reputando-se eficazes as intimações enviadas ao local anteriormente indicado, na ausência da comunicação.

• V. art. 39.

Seção VII
Da revelia

Art. 20. Não comparecendo o demandado à sessão de conciliação ou à audiência de instrução e julgamento, reputar-se-ão verdadeiros os fatos alegados no pedido inicial, salvo se o contrário resultar da convicção do juiz.

• V. arts. 344 e 346, *caput*, CPC/2015.

Seção VIII
Da conciliação e do juízo arbitral

Art. 21. Aberta a sessão, o juiz togado ou leigo esclarecerá as partes presentes sobre as vantagens da conciliação, mostrando-lhes os riscos e as consequências do litígio, especialmente quanto ao disposto no § 3º do art. 3º desta Lei.

• V. art. 139, V, CPC/2015.

Art. 22. A conciliação será conduzida pelo juiz togado ou leigo ou por conciliador sob sua orientação.

Parágrafo único. Obtida a conciliação, esta será reduzida a escrito e homologada pelo juiz togado, mediante sentença com eficácia de título executivo.

• V. art. 334, § 11, CPC/2015.

Art. 23. Não comparecendo o demandado, o juiz togado proferirá sentença.

• V. art. 355, II, CPC/2015.

Art. 24. Não obtida a conciliação, as partes poderão optar, de comum acordo, pelo juízo arbitral, na forma prevista nesta Lei.

• V. Lei 9.307/1996 (Arbitragem).

§ 1º O juízo arbitral considerar-se-á instaurado, independentemente de termo de compromisso, com a escolha do árbitro pelas partes. Se este não estiver presente, o juiz convocá-lo-á e designará, de imediato, a data para a audiência de instrução.

§ 2º O árbitro será escolhido dentre os juízes leigos.

Art. 25. O árbitro conduzirá o processo com os mesmos critérios do juiz, na forma dos arts. 5º e 6º desta Lei, podendo decidir por equidade.

Art. 26. Ao término da instrução, ou nos 5 (cinco) dias subsequentes, o árbitro apresentará o laudo ao juiz togado para homologação por sentença irrecorrível.

Seção IX
Da instrução e julgamento

Art. 27. Não instituído o juízo arbitral, proceder-se-á imediatamente à audiência de instrução e julgamento, desde que não resulte prejuízo para a defesa.

Parágrafo único. Não sendo possível a sua realização imediata, será a audiência designada para um dos 15 (quinze) dias subsequentes, cientes, desde logo, as partes e testemunhas eventualmente presentes.

• V. art. 34, § 1º.

Art. 28. Na audiência de instrução e julgamento serão ouvidas as partes, colhida a prova e, em seguida, proferida a sentença.

• V. art. 41.
• V. art. 5º, LV, CF.
• V. art. 360, CPC/2015.
• V. art. 845, CLT.

Lei 9.099/1995

LEGISLAÇÃO

Art. 29. Serão decididos de plano todos os incidentes que possam interferir no regular prosseguimento da audiência. As demais questões serão decididas na sentença.
Parágrafo único. Sobre os documentos apresentados por uma das partes, manifestar-se-á imediatamente a parte contrária, sem interrupção da audiência.
- V. arts. 396 e 400, CPC/2015.

Seção X
Da resposta do réu

Art. 30. A contestação, que será oral ou escrita, conterá toda matéria de defesa, exceto arguição de suspeição ou impedimento do juiz, que se processará na forma da legislação em vigor.
- V. art. 13, § 3º.
- V. arts. 146, *caput*, 336, CPC/2015.
- V. art. 846, CLT.

Art. 31. Não se admitirá a reconvenção. É lícito ao réu, na contestação, formular pedido em seu favor, nos limites do art. 3º desta Lei, desde que fundado nos mesmos fatos que constituem objeto da controvérsia.
- V. arts. 141, 343, *caput*, e 556, CPC/2015.

Parágrafo único. O autor poderá responder ao pedido do réu na própria audiência ou requerer a designação da nova data, que será desde logo fixada, cientes todos os presentes.

Seção XI
Das provas

Art. 32. Todos os meios de prova moralmente legítimos, ainda que não especificados em lei, são hábeis para provar a veracidade dos fatos alegados pelas partes.
- V. art. 5º, LVI, CF.
- V. art. 369 e 372, CPC/2015.

Art. 33. Todas as provas serão produzidas na audiência de instrução e julgamento, ainda que não requeridas previamente, podendo o juiz limitar ou excluir as que considerar excessivas, impertinentes ou protelatórias.
- V. art. 5º.
- V. arts. 370 e 449, CPC/2015.

Art. 34. As testemunhas, até o máximo de três para cada parte, comparecerão à audiência de instrução e julgamento levadas pela parte que as tenha arrolado, independentemente de intimação, ou mediante esta, se assim for requerido.
- V. art. 447, CPC/2015.

§ 1º O requerimento para intimação das testemunhas será apresentado à Secretaria no mínimo 5 (cinco) dias antes da audiência de instrução e julgamento.
- V. arts. 357, §§ 4º e 5º, e 450, CPC/2015.

§ 2º Não comparecendo a testemunha intimada, o juiz poderá determinar sua imediata condução, valendo-se, se necessário, do concurso da força pública.
- V. art. 455, *caput* e §§ 1º, 2º, 4º, III e 5º, CPC/2015.

Art. 35. Quando a prova do fato exigir, o juiz poderá inquirir técnicos de sua confiança, permitida às partes a apresentação de parecer técnico.
- V. arts. 478, *caput*, § 3º, e 483, parágrafo único, CPC/2015.

Parágrafo único. No curso da audiência, poderá o juiz, de ofício ou a requerimento das partes, realizar inspeção em pessoas ou coisas, ou determinar que o faça pessoa de sua confiança, que lhe relatará informalmente o verificado.
- V. art. 483, I a III, CPC/2015.

Art. 36. A prova oral não será reduzida a escrito, devendo a sentença referir, no essencial, os informes trazidos nos depoimentos.
- V. art. 13, § 3º.

Art. 37. A instrução poderá ser dirigida por juiz leigo, sob a supervisão de juiz togado.
- V. art. 7º, *caput*.
- V. arts. 3º, §§ 2º e 3º, 7º e 139, CPC/2015.

Seção XII
Da sentença

Art. 38. A sentença mencionará os elementos de convicção do juiz, com breve resumo dos fatos relevantes ocorridos em audiência, dispensado o relatório.
- V. arts. 371, 203, § 1º, e 489, CPC/2015.

1351

Lei 9.099/1995

Parágrafo único. Não se admitirá sentença condenatória por quantia ilíquida, ainda que genérico o pedido.

Art. 39. É ineficaz a sentença condenatória na parte que exceder a alçada estabelecida nesta Lei.

- V. art. 3º, I.

Art. 40. O juiz leigo que tiver dirigido a instrução proferirá sua decisão e imediatamente a submeterá ao juiz togado, que poderá homologá-la, proferir outra em substituição ou, antes de se manifestar, determinar a realização de atos probatórios indispensáveis.

Art. 41. Da sentença, excetuada a homologatória de conciliação ou laudo arbitral, caberá recurso para o próprio Juizado.

- V. arts. 999, 1.009 e 1.010, § 1º, CPC/2015.

§ 1º O recurso será julgado por uma turma composta por três juízes togados, em exercício no primeiro grau de jurisdição, reunidos na sede do Juizado.

- V. Súmula 376, STJ.

§ 2º No recurso, as partes serão obrigatoriamente representadas por advogado.

- V. art. 1º, I, Lei 8.906/1994 (Estatuto da Advocacia e da OAB).

Art. 42. O recurso será interposto no prazo de 10 (dez) dias, contados da ciência da sentença, por petição escrita, da qual constarão as razões e o pedido do recorrente.

- V. arts. 279, § 1º e 1.003, CPC/2015.

§ 1º O preparo será feito, independentemente de intimação, nas 48 (quarenta e oito) horas seguintes à interposição, sob pena de deserção.

- V. art. 54, parágrafo único.
- V. art. 1.007, § 2º, CPC/2015.

§ 2º Após o preparo, a Secretaria intimará o recorrido para oferecer resposta escrita no prazo de 10 (dez) dias.

Art. 43. O recurso terá somente efeito devolutivo, podendo o juiz dar-lhe efeito suspensivo, para evitar dano irreparável para a parte.

- V. art. 1.012, § 2º, CPC/2015.

Art. 44. As partes poderão requerer a transcrição da gravação da fita magnética a que alude o § 3º do art. 13 desta Lei, correndo por conta do requerente as despesas respectivas.

- V. art. 210, CPC/2015.
- V. art. 3º, I, Lei 1.060/1950 (Assistência Judiciária).

Art. 45. As partes serão intimadas da data da sessão de julgamento.

- V. art. 19.

Art. 46. O julgamento em segunda instância constará apenas da ata, com a indicação suficiente do processo, fundamentação sucinta e parte dispositiva. Se a sentença for confirmada pelos próprios fundamentos, a súmula do julgamento servirá de acórdão.

- V. arts. 203, 489, II e III, 1.008 e 943, §§ 1º e 2º, CPC/2015.

Art. 47. *(Vetado.)*

Seção XIII
Dos embargos de declaração

Art. 48. Caberão embargos de declaração contra sentença ou acórdão nos casos previstos no Código de Processo Civil.

- *Caput* com redação determinada pela Lei 13.105/2015 (*DOU* 17.03.2015), em vigor após decorrido 1 (um) ano da data de sua publicação oficial.
- V. art. 1.022, CPC/2015.

Parágrafo único. Os erros materiais podem ser corrigidos de ofício.

- V. art. 494, CPC/2015.

Art. 49. Os embargos de declaração serão interpostos por escrito ou oralmente, no prazo de 5 (cinco) dias, contados da ciência da decisão.

- V. art. 1.023, CPC/2015.

Art. 50. Os embargos de declaração interrompem o prazo para a interposição de recurso.

- Artigo com redação determinada pela Lei 13.105/2015 (*DOU* 17.03.2015), em vigor após decorrido 1 (um) ano da data de sua publicação oficial.

Seção XIV
Da extinção do processo sem julgamento do mérito

Art. 51. Extingue-se o processo, além dos casos previstos em lei:

Lei 9.099/1995

LEGISLAÇÃO

- V. art. 485, *caput*, I a X, §§ 1º a 4º, CPC/2015.

I – quando o autor deixar de comparecer a qualquer das audiências do processo;
II – quando inadmissível o procedimento instituído por esta Lei ou seu prosseguimento, após a conciliação;

- V. art. 41, § 2º.

III – quando for reconhecida a incompetência territorial;

- V. art. 46, CPC/2015.

IV – quando sobrevier qualquer dos impedimentos previstos no art. 8º desta Lei;
V – quando, falecido o autor, a habilitação depender de sentença ou não se der no prazo de 30 (trinta) dias;

- V. art. 689, CPC/2015.

VI – quando, falecido o réu, o autor não promover a citação dos sucessores no prazo de 30 (trinta) dias da ciência do fato.

- V. arts. 836, 1.792, 1.821 e 1.997, CC.
- V. art. 796, CPC/2015.

§ 1º A extinção do processo independerá, em qualquer hipótese, de prévia intimação pessoal das partes.
§ 2º No caso do inciso I deste artigo, quando comprovar que a ausência decorre de força maior, a parte poderá ser isentada, pelo juiz, do pagamento das custas.

- V. art. 393, parágrafo único, CC.

Seção XV
Da execução

Art. 52. A execução da sentença processar-se-á no próprio Juizado, aplicando-se, no que couber, o disposto no Código do Processo Civil, com as seguintes alterações:

- V. art. 778 e ss., CPC/2015.

I – as sentenças serão necessariamente líquidas, contendo a conversão em Bônus do Tesouro Nacional – BTN ou índice equivalente;

- V. art. 3º, Lei 8.177/1991 (Extinção do BTN).

II – os cálculos de conversão de índices, de honorários, de juros e de outras parcelas serão efetuados por servidor judicial;
III – a intimação da sentença será feita, sempre que possível, na própria audiência em que for proferida. Nessa intimação, o vencido será instado a cumprir a sentença tão logo ocorra seu trânsito em julgado, e advertido dos efeitos do seu descumprimento (inciso V);

- V. art. 1.003, *caput*, e § 1º, CPC/2015.

IV – não cumprida voluntariamente a sentença transitada em julgado, e tendo havido solicitação do interessado, que poderá ser verbal, proceder-se-á desde logo à execução, dispensada nova citação;
V – nos casos de obrigação de entregar, de fazer, ou de não fazer, o juiz, na sentença ou na fase de execução, cominará multa diária, arbitrada de acordo com as condições econômicas do devedor, para a hipótese de inadimplemento. Não cumprida a obrigação, o credor poderá requerer a elevação da multa ou a transformação da condenação em perdas e danos, que o juiz de imediato arbitrará, seguindo-se a execução por quantia certa, incluída a multa vencida de obrigação de dar, quando evidenciada a malícia do devedor na execução do julgado;

- V. arts. 537, *caput*, 806, *caput*, § 1º, 815, 822 e 823, CPC/2015.
- V. art. 84, § 4º, Lei 8.078/1990 (Código de Defesa do Consumidor).

VI – na obrigação de fazer, o juiz pode determinar o cumprimento por outrem, fixado o valor que o devedor deve depositar para as despesas, sob pena de multa diária;

- V. art. 249, CC.
- V. art. 816, *caput*, CPC/2015.

VII – na alienação forçada dos bens, o juiz poderá autorizar o devedor, o credor ou a terceira pessoa idônea a tratar da alienação do bem penhorado, a qual se aperfeiçoará em juízo até a data fixada para a praça ou leilão. Sendo o preço inferior ao da avaliação, as partes serão ouvidas. Se o pagamento não for à vista, será oferecida caução idônea, nos casos de alienação de bem móvel, ou hipotecado o imóvel;

- V. art. 889, *caput*, CPC/2015.

VIII – é dispensada a publicação de editais em jornais, quando se tratar de alienação de bens de pequeno valor;
IX – o devedor poderá oferecer embargos, nos autos da execução, versando sobre:

- V. art. 910, § 2º, CPC/2015.

Lei 9.099/1995

LEGISLAÇÃO

a) falta ou nulidade da citação no processo, se ele correu à revelia;
b) manifesto excesso de execução;
c) erro de cálculo;
d) causa impeditiva, modificativa ou extintiva da obrigação, superveniente à sentença.

Art. 53. A execução de título executivo extrajudicial, no valor de até quarenta salários mínimos, obedecerá ao disposto no Código de Processo Civil, com as modificações introduzidas por esta Lei.

• V. arts. 515, V, e 784, CPC/2015.

§ 1º Efetuada a penhora, o devedor será intimado a comparecer à audiência de conciliação, quando poderá oferecer embargos (art. 52, IX), por escrito ou verbalmente.

• V. art. 917, CPC/2015.

§ 2º Na audiência, será buscado o meio mais rápido e eficaz para a solução do litígio, se possível com dispensa da alienação judicial, devendo o conciliador propor, entre outras medidas cabíveis, o pagamento do débito a prazo ou a prestação, a dação em pagamento ou a imediata adjudicação do bem penhorado.

• V. arts. 356 a 359, CC.
• V. arts. 903, §§ 2º e 5º, e 904, CPC/2015.

§ 3º Não apresentados os embargos em audiência, ou julgados improcedentes, qualquer das partes poderá requerer ao juiz a adoção de uma das alternativas do parágrafo anterior.

§ 4º Não encontrado o devedor ou inexistindo bens penhoráveis, o processo será imediatamente extinto, devolvendo-se os documentos ao autor.

Seção XVI
Das despesas

Art. 54. O acesso ao Juizado Especial independerá, em primeiro grau de jurisdição, do pagamento de custas, taxas ou despesas.

• V. art. 24, IV, CF.

Parágrafo único. O preparo do recurso, na forma do § 1º do art. 42 desta Lei, compreenderá todas as despesas processuais, inclusive aquelas dispensadas em primeiro grau de jurisdição, ressalvada a hipótese de assistência judiciária gratuita.

• V. art. 84 e 85, CPC/2015.

Art. 55. A sentença de primeiro grau não condenará o vencido em custas e honorários de advogado, ressalvados os casos de litigância de má-fé. Em segundo grau, o recorrente, vencido, pagará as custas e honorários de advogado, que serão fixados entre 10% (dez por cento) e 20% (vinte por cento) do valor da condenação ou, não havendo condenação, do valor corrigido da causa.

• V. arts. 80, 81 e 91, CPC/2015.

Parágrafo único. Na execução não serão contadas custas, salvo quando:
I – reconhecida a litigância de má-fé;
II – improcedentes os embargos do devedor;
III – tratar-se de execução de sentença que tenha sido objeto de recurso improvido do devedor.

Seção XVII
Disposições finais

Art. 56. Instituído o Juizado Especial, serão implantadas as curadorias necessárias e o serviço de assistência judiciária.

• V. art. 1º, Lei 1.060/1950 (Assistência Judiciária).

Art. 57. O acordo extrajudicial, de qualquer natureza ou valor, poderá ser homologado, no juízo competente, independentemente de termo, valendo a sentença como título executivo judicial.

• V. art. 515, III, CPC/2015.

Parágrafo único. Valerá como título extrajudicial o acordo celebrado pelas partes, por instrumento escrito, referendado pelo órgão competente do Ministério Público.

• V. art. 784, II, CPC/2015.

Art. 58. As normas de organização judiciária local poderão estender a conciliação prevista nos arts. 22 e 23 a causas não abrangidas por esta Lei.

Art. 59. Não se admitirá ação rescisória nas causas sujeitas ao procedimento instituído por esta Lei.

• V. art. 966 a 975, CPC/2015.

Lei 9.099/1995

LEGISLAÇÃO

Capítulo III
DOS JUIZADOS ESPECIAIS CRIMINAIS

- V. art. 48, § 1º, Lei 11.343/2006 (Lei Antidrogas).

DISPOSIÇÕES GERAIS

Art. 60. O Juizado Especial Criminal, provido por juízes togados ou togados e leigos, tem competência para a conciliação, o julgamento e a execução das infrações penais de menor potencial ofensivo, respeitadas as regras de conexão e continência.

- Artigo com redação determinada pela Lei 11.313/2006.
- V. arts. 21 a 26.
- V. art. 139, V, CPC/2015.

Parágrafo único. Na reunião de processos, perante o juízo comum ou o tribunal do júri, decorrentes da aplicação das regras de conexão e continência, observar-se-ão os institutos da transação penal e da composição dos danos civis.

Art. 61. Consideram-se infrações penais de menor potencial ofensivo, para os efeitos desta Lei, as contravenções penais e os crimes a que a lei comine pena máxima não superior a 2 (dois) anos, cumulada ou não com multa.

- Artigo com redação determinada pela Lei 11.313/2006.
- V. art. 98, I, CF.
- V. Dec.-lei 3.688/1941 (Lei das Contravenções Penais).
- V. art. 2º, Lei 10.259/2001 (Juizados Especiais Cíveis e Criminais na Justiça Federal).

Art. 62. O processo perante o Juizado Especial orientar-se-á pelos critérios da oralidade, informalidade, economia processual e celeridade, objetivando, sempre que possível, a reparação dos danos sofridos pela vítima e a aplicação de pena não privativa de liberdade.

- V. arts. 186 e 927, CC.
- V. arts. 9º, I, 16, 43 a 52, 65, III, b, 91, I, e 312, § 3º, CP.
- V. arts. 147 a 155 e 164 a 170, Lei 7.210/1984 (Lei de Execução Penal).

Seção I
Da competência e dos atos processuais

Art. 63. A competência do Juizado será determinada pelo lugar em que foi praticada a infração penal.

- V. art. 6º, CP.
- V. arts. 69, I, 70 e 71, CPP.

Art. 64. Os atos processuais serão públicos e poderão realizar-se em horário noturno e em qualquer dia da semana, conforme dispuserem as normas de organização judiciária.

- V. art. 12.
- V. art. 5º, XI, CF.
- V. art. 212, CPC/2015.
- V. art. 792, *caput*, CPP.

Art. 65. Os atos processuais serão válidos sempre que preencherem as finalidades para as quais foram realizados, atendidos os critérios indicados no art. 62 desta Lei.

- V. art. 13.
- V. art. 5º, Dec.-lei 4.657/1942 (Lei de Introdução às normas do Direito Brasileiro).

§ 1º Não se pronunciará qualquer nulidade sem que tenha havido prejuízo.

- V. art. 563, CPP.

§ 2º A prática de atos processuais em outras comarcas poderá ser solicitada por qualquer meio hábil de comunicação.

- V. arts. 353 e 356, CPP.

§ 3º Serão objeto de registro escrito exclusivamente os atos havidos por essenciais. Os atos realizados em audiência de instrução e julgamento poderão ser gravados em fita magnética ou equivalente.

Art. 66. A citação será pessoal e far-se-á no próprio Juizado, sempre que possível, ou por mandado.

- V. arts. 351, 352, 357 e 358, CPP.

Parágrafo único. Não encontrado o acusado para ser citado, o juiz encaminhará as peças existentes ao juízo comum para adoção do procedimento previsto em lei.

- V. art. 1º, Lei 1.508/1951 (Regula o processo das contravenções do jogo do bicho).

Art. 67. A intimação far-se-á por correspondência, com aviso de recebimento pessoal ou, tratando-se de pessoa jurídica ou firma individual, mediante entrega ao en-

Lei 9.099/1995

carregado da recepção, que será obrigatoriamente identificado, ou, sendo necessário, por oficial de justiça, independentemente de mandado ou carta precatória, ou ainda por qualquer meio idôneo de comunicação.

- V. art. 5º, LV, CF.
- V. arts. 370 a 372, CPP.

Parágrafo único. Dos atos praticados em audiência considerar-se-ão desde logo cientes as partes, os interessados e defensores.

Art. 68. Do ato de intimação do autor do fato e do mandado de citação do acusado, constará a necessidade de seu comparecimento acompanhado de advogado, com a advertência de que, na sua falta, ser-lhe-á designado defensor público.

- V. art. 564, III, c, CPP.

Seção II
Da fase preliminar

Art. 69. A autoridade policial que tomar conhecimento da ocorrência lavrará termo circunstanciado e o encaminhará imediatamente ao Juizado, com o autor do fato e a vítima, providenciando-se as requisições dos exames periciais necessários.

- V. arts. 4º, 6º e 158 a 184, CPP.

Parágrafo único. Ao autor do fato que, após a lavratura do termo, for imediatamente encaminhado ao Juizado ou assumir o compromisso de a ele comparecer, não se imporá prisão em flagrante, nem se exigirá fiança. Em caso de violência doméstica, o juiz poderá determinar, como medida de cautela, seu afastamento do lar, domicílio ou local de convivência com a vítima.

- Parágrafo único com redação determinada pela Lei 10.455/2002 (DOU 14.05.2002), que apenas acrescentou ao texto a parte final. Essa parte final, porém, só entrou em vigor 45 (quarenta e cinco) dias após a sua publicação (art.1º, Dec.-lei 4.657/1942), por ter sido vetado, na sanção presidencial, o art. 2º, que determinava a vacatio legis da Lei 10.455/2002.
- V. art. 5º, LXV e LXVI, CF.
- V. arts. 301 a 310 e 350, CPP.
- V. art. 2º, Dec.-lei 3.931/1941 (Lei de Introdução ao Código de Processo Penal).
- V. arts. 3º, a, e 4º, a, Lei 4.898/1965 (Abuso de autoridade).

Art. 70. Comparecendo o autor do fato e a vítima, e não sendo possível a realização imediata da audiência preliminar, será designada data próxima, da qual ambos sairão cientes.

Art. 71. Na falta do comparecimento de qualquer dos envolvidos, a Secretaria providenciará sua intimação e, se for o caso, a do responsável civil, na forma dos arts. 67 e 68 desta Lei.

- V. art. 932, CC.
- V. arts. 370 a 372, CPP.

Art. 72. Na audiência preliminar, presente o representante do Ministério Público, o autor do fato e a vítima e, se possível, o responsável civil, acompanhados por seus advogados, o juiz esclarecerá sobre a possibilidade da composição dos danos e da aceitação da proposta de aplicação imediata de pena não privativa de liberdade.

- V. arts. 186, 927, 932 e 935, CC.
- V. arts. 43 a 52, CP.
- V. art. 564, III, d, CPP.
- V. arts. 147 a 155 e 164 a 170, Lei 7.210/1984 (Lei de Execução Penal).

Art. 73. A conciliação será conduzida pelo juiz ou por conciliador sob sua orientação.

- V. arts. 21 a 23.
- V. art. 139, V, CPC/2015.

Parágrafo único. Os conciliadores são auxiliares da Justiça, recrutados, na forma da lei local, preferentemente entre bacharéis em Direito, excluídos os que exerçam funções na administração da Justiça Criminal.

Art. 74. A composição dos danos civis será reduzida a escrito e, homologada pelo juiz mediante sentença irrecorrível, terá eficácia de título a ser executado no juízo civil competente.

- V. arts. 402 a 404, CC.

Parágrafo único. Tratando-se de ação penal de iniciativa privada ou de ação penal pública condicionada à representação, o acordo homologado acarreta a renúncia ao direito de queixa ou representação.

- V. arts. 100, 104, parágrafo único, e 107, V, CP.

Art. 75. Não obtida a composição dos danos civis, será dada imediatamente ao ofendido a oportunidade de exercer o direito de

Lei 9.099/1995

LEGISLAÇÃO

representação verbal, que será reduzida a termo.
- V. arts. 25 e 39, CPP.

Parágrafo único. O não oferecimento da representação na audiência preliminar não implica decadência do direito, que poderá ser exercido no prazo previsto em lei.
- V. art. 103, CP.
- V. art. 38, CPP.

Art. 76. Havendo representação ou tratando-se de crime de ação penal pública incondicionada, não sendo caso de arquivamento, o Ministério Público poderá propor a aplicação imediata de pena restritiva de direitos ou multas, a ser especificada na proposta.
- V. art. 5º, LIV, LV e LVII, CF.
- V. arts. 43 a 52, CP.
- V. arts. 24 e 28, CPP.
- V. arts. 147 a 155 e 164 a 170, Lei 7.210/1984 (Lei de Execução Penal).
- V. art. 48, § 5º, Lei 11.343/2006 (Lei Antidrogas).
- V. Súmula vinculante 35, STF.

§ 1º Nas hipóteses de ser a pena de multa a única aplicável, o juiz poderá reduzi-la até a metade.
- V. arts. 49 a 52 e 60, CP.
- V. arts. 164 a 170, Lei 7.210/1984 (Lei de Execução Penal).

§ 2º Não se admitirá a proposta se ficar comprovado:

I – ter sido o autor da infração condenado, pela prática de crime, à pena privativa de liberdade, por sentença definitiva;
- V. arts. 1º e 33 a 42, CP.
- V. arts. 381 a 392, CPP.
- V. arts. 105 a 109, Lei 7.210/1984 (Lei de Execução Penal).

II – ter sido o agente beneficiado anteriormente, no prazo de 5 (cinco) anos, pela aplicação de pena restritiva ou multa, nos termos deste artigo;
- V. arts. 43 a 52, CP.
- V. arts. 147 a 155 e 164 a 170, Lei 7.210/1984 (Lei de Execução Penal).

III – não indicarem os antecedentes, a conduta social e a personalidade do agente, bem como os motivos e as circunstâncias, ser necessária e suficiente a adoção da medida.
- V. art. 5º, XLVI, CF.
- V. art. 59, CP.

§ 3º Aceita a proposta pelo autor da infração e seu defensor, será submetida à apreciação do juiz.
- V. art. 5º, LIII, CF.

§ 4º Acolhendo a proposta do Ministério Público aceita pelo autor da infração, o juiz aplicará a pena restritiva de direitos ou multa, que não importará em reincidência, sendo registrada apenas para impedir novamente o mesmo benefício no prazo de 5 (cinco) anos.
- V. arts. 43 a 52, 63 e 64, CP.
- V. arts. 147 a 155 e 164 a 170, Lei 7.210/1984 (Lei de Execução Penal).

§ 5º Da sentença prevista no parágrafo anterior caberá a apelação referida no art. 82 desta Lei.

§ 6º A imposição da sanção de que trata o § 4º deste artigo não constará de certidão de antecedentes criminais, salvo para os fins previstos no mesmo dispositivo, e não terá efeitos civis, cabendo aos interessados propor ação cabível no juízo cível.
- V. arts. 186, 927 e 942, CC.
- V. art. 91, I, CP.
- V. art. 202, Lei 7.210/1984 (Lei de Execução Penal).

Seção III
Do procedimento sumaríssimo

Art. 77. Na ação penal de iniciativa pública, quando não houver aplicação de pena, pela ausência do autor do fato, ou pela não ocorrência da hipótese prevista no art. 76 desta Lei, o Ministério Público oferecerá ao juiz, de imediato, denúncia oral, se não houver necessidade de diligências imprescindíveis.
- V. art. 129, VIII, CF.
- V. art. 100, § 1º, CP.
- V. arts. 24, 27, 41 e 47, CPP.

§ 1º Para o oferecimento da denúncia, que será elaborada com base no termo de ocorrência referido no art. 69 desta Lei, com dispensa do inquérito policial, prescindir-se-á do exame do corpo de delito quando a materialidade do crime estiver aferida por boletim médico ou prova equivalente.
- V. arts. 12, 39, § 5º, 158 e 564, III, b, CPP.

§ 2º Se a complexidade ou circunstância do caso não permitirem a formulação da de-

Lei 9.099/1995

núncia, o Ministério Público poderá requerer ao juiz o encaminhamento das peças existentes, na forma do parágrafo único do art. 66 desta Lei.

- V. arts. 4º a 62 e 394 a 405, CPP.

§ 3º Na ação penal de iniciativa do ofendido poderá ser oferecida queixa oral, cabendo ao juiz verificar se a complexidade e as circunstâncias do caso determinam a adoção das providências previstas no parágrafo único do art. 66 desta Lei.

- V. arts. 30, 41, 44, 45 e 48, CPP.

Art. 78. Oferecida a denúncia ou queixa, será reduzida a termo, entregando-se cópia ao acusado, que com ela ficará citado e imediatamente cientificado da designação de dia e hora para a audiência de instrução e julgamento, da qual também tomarão ciência o Ministério Público, o ofendido, o responsável civil e seus advogados.

- V. art. 932, CC.
- V. arts. 43 e 564, III, *d* e e, CPP.

§ 1º Se o acusado não estiver presente, será citado na forma dos arts. 66 e 68 desta Lei e cientificado da data da audiência de instrução e julgamento, devendo a ela trazer suas testemunhas ou apresentar requerimento para intimação, no mínimo 5 (cinco) dias antes de sua realização.

- V. arts. 202 a 225, 351, 352, 357 e 358, CPP.

§ 2º Não estando presentes o ofendido e o responsável civil, serão intimados nos termos do art. 67 desta Lei para comparecerem à audiência de instrução e julgamento.

- V. art. 5º, LV, CF.
- V. art. 932, CC.

§ 3º As testemunhas arroladas serão intimadas na forma prevista no art. 67 desta Lei.

- V. arts. 202 a 225, CPP.

Art. 79. No dia e hora designados para a audiência de instrução e julgamento, se na fase preliminar não tiver havido possibilidade de tentativa de conciliação e de oferecimento de proposta pelo Ministério Público, proceder-se-á nos termos dos arts. 72, 73, 74 e 75 desta Lei.

- V. art. 139, V, CPC/2015.

Art. 80. Nenhum ato será adiado, determinando o juiz, quando imprescindível, a condução coercitiva de quem deva comparecer.

- V. art. 5º, II, CF.
- V. arts. 206 e 260, CPP.

Art. 81. Aberta a audiência, será dada a palavra ao defensor para responder à acusação, após o que o juiz receberá, ou não, a denúncia ou queixa; havendo recebimento, serão ouvidas a vítima e as testemunhas de acusação e defesa, interrogando-se a seguir o acusado, se presente, passando-se imediatamente aos debates orais e à prolação da sentença.

- V. arts. 43, 185 a 196, 201 a 225, 381 a 393 e 538, § 2º, CPP.

§ 1º Todas as provas serão produzidas na audiência de instrução e julgamento, podendo o juiz limitar ou excluir as que considerar excessivas, impertinentes ou protelatórias.

§ 2º De todo o ocorrido na audiência será lavrado termo, assinado pelo juiz e pelas partes, contendo breve resumo dos fatos relevantes ocorridos em audiência e a sentença.

§ 3º A sentença, dispensado o relatório, mencionará os elementos de convicção do juiz.

- V. art. 93, IX, CF.
- V. art. 489, I, CPC/2015.
- V. art. 157, CPP.

Art. 82. Da decisão de rejeição da denúncia ou queixa e da sentença caberá apelação, que poderá ser julgada por turma composta de 3 (três) juízes em exercício no primeiro grau de jurisdição, reunidos na sede do Juizado.

- V. arts. 395 e 581, I, CPP.

§ 1º A apelação será interposta no prazo de 10 (dez) dias, contados da ciência da sentença pelo Ministério Público, pelo réu e seu defensor, por petição escrita, da qual constarão as razões e o pedido do recorrente.

- V. art. 224, CPC/2015.
- V. arts. 564, III, *d* e e, e 593, *caput*, CPP.

Lei 9.099/1995

§ 2º O recorrido será intimado para oferecer resposta escrita no prazo de 10 (dez) dias.

- V. art. 600, *caput*, CPP.

§ 3º As partes poderão requerer a transcrição da gravação da fita magnética a que alude o § 3º do art. 65 desta Lei.

§ 4º As partes serão intimadas da data da sessão de julgamento pela imprensa.

- V. art. 5º, LV, CF.
- V. arts. 370 a 372, CPP.

§ 5º Se a sentença for confirmada pelos próprios fundamentos, a súmula do julgamento servirá de acórdão.

Art. 83. Cabem embargos de declaração quando, em sentença ou acórdão, houver obscuridade, contradição ou omissão.

- *Caput* com redação determinada pela Lei 13.105/2015 (*DOU* 17.03.2015), em vigor após decorrido 1 (um) ano da data de sua publicação oficial.
- V. art. 619, CPP.

§ 1º Os embargos de declaração serão opostos por escrito ou oralmente, no prazo de 5 (cinco) dias, contados da ciência da decisão.

- V. art. 1.023, CPC/2015.
- V. arts. 619 e 620, *caput*, CPP.

§ 2º Os embargos de declaração interrompem o prazo para a interposição de recurso.

- § 2º com redação determinada pela Lei 13.105/2015 (*DOU* 17.03.2015), em vigor após decorrido 1 (um) ano da data de sua publicação oficial.
- V. art. 1.026, *caput*, CPC/2015.

§ 3º Os erros materiais podem ser corrigidos de ofício.

Seção IV
Da execução

Art. 84. Aplicada exclusivamente pena de multa, seu cumprimento far-se-á mediante pagamento na Secretaria do Juizado.

Parágrafo único. Efetuado o pagamento, o juiz declarará extinta a punibilidade, determinando que a condenação não fique constando dos registros criminais, exceto para fins de requisição judicial.

Art. 85. Não efetuado o pagamento de multa, será feita a conversão em pena privativa de liberdade, ou restritiva de direitos, nos termos previstos em lei.

- V. art. 51, CP.

Art. 86. A execução das penas privativas de liberdade e restritivas de direitos, ou de multa cumulada com estas, será processada perante o órgão competente, nos termos da lei.

Seção V
Das despesas processuais

Art. 87. Nos casos de homologação do acordo civil e aplicação de pena restritiva de direitos ou multa (arts. 74 e 76, § 4º), as despesas processuais serão reduzidas, conforme dispuser lei estadual.

Seção VI
Disposições finais

Art. 88. Além das hipóteses do Código Penal e da legislação especial, dependerá de representação a ação penal relativa aos crimes de lesões corporais leves e lesões culposas.

Art. 89. Nos crimes em que a pena mínima cominada for igual ou inferior a 1 (um) ano, abrangidas ou não por esta Lei, o Ministério Público, ao oferecer a denúncia, poderá propor a suspensão do processo, por 2 (dois) a 4 (quatro) anos, desde que o acusado não esteja sendo processado ou não tenha sido condenado por outro crime, presentes os demais requisitos que autorizariam a suspensão condicional da pena (art. 77 do Código Penal).

§ 1º Aceita a proposta pelo acusado e seu defensor, na presença do juiz, este, recebendo a denúncia, poderá suspender o processo, submetendo o acusado a período de prova, sob as seguintes condições:

I – reparação do dano, salvo impossibilidade de fazê-lo;

II – proibição de frequentar determinados lugares;

III – proibição de ausentar-se da comarca onde reside, sem autorização do juiz;

Lei 9.278/1996

IV – comparecimento pessoal e obrigatório a juízo, mensalmente, para informar e justificar suas atividades.

§ 2º O juiz poderá especificar outras condições a que fica subordinada a suspensão, desde que adequadas ao fato e à situação pessoal do acusado.

§ 3º A suspensão será revogada se, no curso do prazo, o beneficiário vier a ser processado por outro crime ou não efetuar, sem motivo justificado, a reparação do dano.

§ 4º A suspensão poderá ser revogada se o acusado vier a ser processado, no curso do prazo, por contravenção, ou descumprir qualquer outra condição imposta.

§ 5º Expirado o prazo sem revogação, o juiz declarará extinta a punibilidade.

§ 6º Não correrá a prescrição durante o prazo de suspensão do processo.

§ 7º Se o acusado não aceitar a proposta prevista neste artigo, o processo prosseguirá em seus ulteriores termos.

• V. arts. 77 a 83.

Art. 90. As disposições desta Lei não se aplicam aos processos penais cuja instrução já estiver iniciada.

• O STF, na ADIn 1.719-9 (*DJU* 03.08.2007), deu interpretação conforme ao art. 90 da Lei 9.099/1995 para excluir de sua abrangência as normas de direito penal mais favoráveis aos réus contidas nessa lei.
• V. art. 2º, CPP.

Art. 90-A. As disposições desta Lei não se aplicam no âmbito da Justiça Militar.

• Artigo acrescentado pela Lei 9.839/1999.

Art. 91. Nos casos em que esta Lei passa a exigir representação para a propositura da ação penal pública, o ofendido ou seu representante legal será intimado para oferecê-la no prazo de 30 (trinta) dias, sob pena de decadência.

• V. art. 103, CP.
• V. art. 38, CPP.

Art. 92. Aplicam-se subsidiariamente as disposições dos Códigos Penal e de Processo Penal, no que não forem incompatíveis com esta Lei.

Capítulo IV
DISPOSIÇÕES FINAIS COMUNS

Art. 93. Lei Estadual disporá sobre o Sistema de Juizados Especiais Cíveis e Criminais, sua organização, composição e competência.

• V. art. 24, X e XI, CF.

Art. 94. Os serviços de cartório poderão ser prestados, e as audiências realizadas fora da sede da Comarca, em bairros ou cidades a ela pertencentes, ocupando instalações de prédios públicos, de acordo com audiências previamente anunciadas.

Art. 95. Os Estados, Distrito Federal e Territórios criarão e instalarão os Juizados Especiais no prazo de 6 (seis) meses, a contar da vigência desta Lei.

Parágrafo único. No prazo de 6 (seis) meses, contado da publicação desta Lei, serão criados e instalados os Juizados Especiais Itinerantes, que deverão dirimir, prioritariamente, os conflitos existentes nas áreas rurais ou nos locais de menor concentração populacional.

• Parágrafo único acrescentado pela Lei 12.726/2012.

Art. 96. Esta Lei entra em vigor no prazo de 60 (sessenta) dias após a sua publicação.

Art. 97. Ficam revogadas a Lei 4.611, de 2 de abril de 1965, e a Lei 7.244, de 7 de novembro de 1984.

Brasília, 26 de setembro de 1995; 174º da Independência e 107º da República.
Fernando Henrique Cardoso

(*DOU* 27.09.1995)

LEI 9.278, DE 10 DE MAIO DE 1996

Regula o § 3º do art. 226 da Constituição Federal.

• V. arts. 1.723 a 1.727, CC.

O Presidente da República:
Faço saber que o Congresso Nacional decreta e eu sanciono a seguinte Lei:

Art. 1º É reconhecida como entidade familiar a convivência duradoura, pública e contínua, de um homem e uma mulher, estabelecida com objetivo de constituição de família.

Lei 9.279/1996

LEGISLAÇÃO

- V. art. 1.723, *caput*, CC.
- V. art. 1º, Lei 8.971/1994 (Direito dos companheiros a alimentos e à sucessão).

Art. 2º São direitos e deveres iguais dos conviventes:

- V. arts. 1.566 e 1.724, CC.

I – respeito e consideração mútuos;
II – assistência moral e material recíproca;
III – guarda, sustento e educação dos filhos comuns.

Art. 3º *(Vetado.)*
Art. 4º *(Vetado.)*
Art. 5º Os bens móveis e imóveis adquiridos por um ou por ambos os conviventes na constância da união estável e a título oneroso são considerados fruto do trabalho e da colaboração comum, passando a pertencer a ambos, em condomínio e em partes iguais, salvo estipulação contrária em contrato escrito.

- V. art. 1.725, CC.

§ 1º Cessa a presunção do *caput* deste artigo se a aquisição patrimonial ocorrer com o produto de bens adquiridos anteriormente ao início da união.
§ 2º A administração do patrimônio comum dos conviventes compete a ambos, salvo estipulação contrária em contrato escrito.

- V. art. 226, § 5º, CF.

Art. 6º *(Vetado.)*
Art. 7º Dissolvida a união estável por rescisão, a assistência material prevista nesta Lei será prestada por um dos conviventes ao que dela necessitar, a título de alimentos.

- V. Lei 5.478/1968 (Ação de alimentos).

Parágrafo único. Dissolvida a união estável por morte de um dos conviventes, o sobrevivente terá direito real de habitação, enquanto viver ou não constituir nova união ou casamento, relativamente ao imóvel destinado à residência da família.
Art. 8º Os conviventes poderão, de comum acordo e a qualquer tempo, requerer a conversão da união estável em casamento, por requerimento ao Oficial do Registro Civil da Circunscrição de seu domicílio.

- V. arts. 1.525 a 1.532 e 1.726, CC.

Art. 9º Toda matéria relativa à união estável é de competência do juízo da Vara de Família, assegurado o segredo de justiça.

Art. 10. Esta Lei entra em vigor na data de sua publicação.
Art. 11. Revogam-se as disposições em contrário.

Brasília, 10 de maio de 1996; 175º da Independência e 108º da República.
Fernando Henrique Cardoso

(DOU 13.05.1996)

LEI 9.279, DE 14 DE MAIO DE 1996

Regula direitos e obrigações relativos à propriedade industrial.

O Presidente da República:
Faço saber que o Congresso Nacional decreta e eu sanciono a seguinte Lei:

DISPOSIÇÕES PRELIMINARES

Art. 1º Esta Lei regula direitos e obrigações relativos à propriedade industrial.

- V. art. 5º, XXIX, CF.

Art. 2º A proteção dos direitos relativos à propriedade industrial, considerado o seu interesse social e o desenvolvimento tecnológico e econômico do País, efetua-se mediante:
I – concessão de patentes de invenção e de modelo de utilidade;
II – concessão de registro de desenho industrial;
III – concessão de registro de marca;
IV – repressão às falsas indicações geográficas; e
V – repressão à concorrência desleal.

Art. 3º Aplica-se também o disposto nesta Lei:
I – ao pedido de patente ou de registro proveniente do exterior e depositado no País por quem tenha proteção assegurada por tratado ou convenção em vigor no Brasil; e
II – aos nacionais ou pessoas domiciliadas em país que assegure aos brasileiros ou pessoas domiciliadas no Brasil a reciprocidade de direitos iguais ou equivalentes.

Art. 4º As disposições dos tratados em vigor no Brasil são aplicáveis, em igualdade de

Lei 9.279/1996

condições, às pessoas físicas e jurídicas nacionais ou domiciliadas no País.

Art. 5º Consideram-se bens móveis, para os efeitos legais, os direitos de propriedade industrial.

• V. arts. 82 a 84, CC.

TÍTULO I
DAS PATENTES

Capítulo I
DA TITULARIDADE

Art. 6º Ao autor de invenção ou modelo de utilidade será assegurado o direito de obter a patente que lhe garanta a propriedade, nas condições estabelecidas nesta Lei.

• V. art. 49.

§ 1º Salvo prova em contrário, presume-se o requerente legitimado a obter a patente.
§ 2º A patente poderá ser requerida em nome próprio, pelos herdeiros ou sucessores do autor, pelo cessionário ou por aquele a quem a lei ou o contrato de trabalho ou de prestação de serviços determinar que pertença à titularidade.
§ 3º Quando se tratar de invenção ou de modelo de utilidade realizado conjuntamente por duas ou mais pessoas, a patente poderá ser requerida por todas ou qualquer delas, mediante nomeação e qualificação das demais, para ressalva dos respectivos direitos.
§ 4º O inventor será nomeado e qualificado, podendo requerer a não divulgação de sua nomeação.

• V. arts. 39 e 107.

Art. 7º Se dois ou mais autores tiverem realizado a mesma invenção ou modelo de utilidade de forma independente, o direito de obter patente será assegurado àquele que provar o depósito mais antigo, independentemente das datas de invenção ou criação.

•• V. art. 88 e ss.

Parágrafo único. A retirada de depósito anterior sem produção de qualquer efeito dará prioridade ao depósito imediatamente posterior.

Capítulo II
DA PATENTEABILIDADE

Seção I
Das invenções e dos modelos de utilidade patenteáveis

Art. 8º É patenteável a invenção que atenda aos requisitos de novidade, atividade inventiva e aplicação industrial.

Art. 9º É patenteável como modelo de utilidade o objeto de uso prático, ou parte deste, suscetível de aplicação industrial, que apresente nova forma ou disposição, envolvendo ato inventivo, que resulte em melhoria funcional no seu uso ou em sua fabricação.

Art. 10. Não se considera invenção nem modelo de utilidade:

• V. art. 230, § 3º.

I – descobertas, teorias científicas e métodos matemáticos;
II – concepções puramente abstratas;
III – esquemas, planos, princípios ou métodos comerciais, contábeis, financeiros, educativos, publicitários, de sorteio e de fiscalização;
IV – as obras literárias, arquitetônicas, artísticas e científicas ou qualquer criação estética;
V – programas de computador em si;
VI – apresentação de informações;
VII – regras de jogo;
VIII – técnicas e métodos operatórios ou cirúrgicos, bem como métodos terapêuticos ou de diagnóstico, para aplicação no corpo humano ou animal; e
IX – o todo ou parte de seres vivos naturais e materiais biológicos encontrados na natureza, ou ainda que dela isolados, inclusive o genoma ou germoplasma de qualquer ser vivo natural e os processos biológicos naturais.

Art. 11. A invenção e o modelo de utilidade são considerados novos quando não compreendidos no estado da técnica.

§ 1º O estado da técnica é constituído por tudo aquilo tornado acessível ao público antes da data de depósito do pedido de pa-

Lei 9.279/1996

tente, por descrição escrita ou oral, por uso ou qualquer outro meio, no Brasil ou no exterior, ressalvado o disposto nos arts. 12, 16 e 17.

§ 2º Para fins de aferição da novidade, o conteúdo completo de pedido depositado no Brasil, e ainda não publicado, será considerado estado da técnica a partir da data de depósito, ou da prioridade reivindicada, desde que venha a ser publicado, mesmo que subsequentemente.

§ 3º O disposto no parágrafo anterior será aplicado ao pedido internacional de patente depositado segundo tratado ou convenção em vigor no Brasil, desde que haja processamento nacional.

Art. 12. Não será considerada como estado da técnica a divulgação de invenção ou modelo de utilidade, quando ocorrida durante os 12 (doze) meses que precederem a data de depósito ou a da prioridade do pedido de patente, se promovida:

• V. arts. 11 e 45, § 2º.

I – pelo inventor;

• V. art. 96, § 3º.

II – pelo Instituto Nacional da Propriedade Industrial – INPI, através de publicação oficial do pedido de patente depositado sem o consentimento do inventor, baseado em informações deste obtidas ou em decorrência de atos por ele realizados; ou

• V. art. 96, § 3º.

III – por terceiros, com base em informações obtidas direta ou indiretamente do inventor ou em decorrência de atos por este realizados.

• V. art. 96, § 3º.

Parágrafo único. O INPI poderá exigir do inventor declaração relativa à divulgação, acompanhada ou não de provas, nas condições estabelecidas em regulamento.

Art. 13. A invenção é dotada de atividade inventiva sempre que, para um técnico no assunto, não decorra de maneira evidente ou óbvia do estado da técnica.

Art. 14. O modelo de utilidade é dotado de ato inventivo sempre que, para um técnico no assunto, não decorra de maneira comum ou vulgar do estado da técnica.

Art. 15. A invenção e o modelo de utilidade são considerados suscetíveis de aplicação industrial quando possam ser utilizados ou produzidos em qualquer tipo de indústria.

Seção II
Da prioridade

Art. 16. Ao pedido de patente depositado em país que mantenha acordo com o Brasil, ou em organização internacional, que produza efeito de depósito nacional, será assegurado direito de prioridade, nos prazos estabelecidos no acordo, não sendo o depósito invalidado nem prejudicado por fatos ocorridos nesses prazos.

• V. arts. 11 e 99.

§ 1º A reivindicação de prioridade será feita no ato de depósito, podendo ser suplementada dentro de 60 (sessenta) dias por outras prioridades anteriores à data do depósito no Brasil.

§ 2º A reivindicação de prioridade será comprovada por documento hábil da origem, contendo número, data, título, relatório descritivo e, se for o caso, reivindicações e desenhos, acompanhado de tradução simples da certidão de depósito ou documento equivalente, contendo dados identificadores do pedido, cujo teor será de inteira responsabilidade do depositante.

• V. art. 34, III.

§ 3º Se não efetuada por ocasião do depósito, a comprovação deverá ocorrer em até 180 (cento e oitenta) dias contados do depósito.

• V. art. 99.

§ 4º Para os pedidos internacionais depositados em virtude de tratado em vigor no Brasil, a tradução prevista no § 2º deverá ser apresentada no prazo de 60 (sessenta) dias contados da data da entrada no processamento nacional.

§ 5º No caso de o pedido depositado no Brasil estar fielmente contido no documento da origem, será suficiente uma declaração do depositante a este respeito para substituir a tradução simples.

• V. art. 34, III.

Lei 9.279/1996

LEGISLAÇÃO

§ 6º Tratando-se de prioridade obtida por cessão, o documento correspondente deverá ser apresentado dentro de 180 (cento e oitenta) dias contados do depósito, ou, se for o caso, em até 60 (sessenta) dias da data da entrada no processamento nacional, dispensada a legalização consular no país de origem.

§ 7º A falta de comprovação nos prazos estabelecidos neste artigo acarretará a perda da prioridade.

§ 8º Em caso de pedido depositado com reivindicação de prioridade, o requerimento para antecipação de publicação deverá ser instruído com a comprovação da prioridade.

Art. 17. O pedido de patente de invenção ou de modelo de utilidade depositado originalmente no Brasil, sem reivindicação de prioridade e não publicado, assegurará o direito de prioridade ao pedido posterior sobre a mesma matéria depositado no Brasil pelo mesmo requerente ou sucessores, dentro do prazo de 1 (um) ano.

• V. art. 11.

§ 1º A prioridade será admitida apenas para a matéria revelada no pedido anterior, não se estendendo a matéria nova introduzida.

§ 2º O pedido anterior ainda pendente será considerado definitivamente arquivado.

§ 3º O pedido de patente originário de divisão de pedido anterior não poderá servir de base a reivindicação de prioridade.

Seção III
Das invenções e dos modelos de utilidade não patenteáveis

Art. 18. Não são patenteáveis:

• V. art. 230, § 3º.

I – o que for contrário à moral, aos bons costumes e à segurança, à ordem e à saúde públicas;

II – as substâncias, matérias, misturas, elementos ou produtos de qualquer espécie, bem como a modificação de suas propriedades físico-químicas e os respectivos processos de obtenção ou modificação, quando resultantes de transformação do núcleo atômico; e

III – o todo ou parte dos seres vivos, exceto os micro-organismos transgênicos que atendam aos três requisitos de patenteabilidade – novidade, atividade inventiva e aplicação industrial – previstos no art. 8º e que não sejam mera descoberta.

Parágrafo único. Para os fins desta Lei, micro-organismos transgênicos são organismos, exceto o todo ou parte de plantas ou de animais, que expressem, mediante intervenção humana direta em sua composição genética, uma característica normalmente não alcançável pela espécie em condições naturais.

Capítulo III
DO PEDIDO DE PATENTE

Seção I
Do depósito do pedido

Art. 19. O pedido de patente, nas condições estabelecidas pelo INPI, conterá:

• V. art. 21.

I – requerimento;
II – relatório descritivo;
III – reivindicações;
IV – desenhos, se for o caso;
V – resumo; e
VI – comprovante do pagamento da retribuição relativa ao depósito.

Art. 20. Apresentado o pedido, será ele submetido a exame formal preliminar e, se devidamente instruído, será protocolizado, considerada a data de depósito a da sua apresentação.

Art. 21. O pedido que não atender formalmente ao disposto no art. 19, mas que contiver dados relativos ao objeto, ao depositante e ao inventor, poderá ser entregue, mediante recibo datado, ao INPI, que estabelecerá as exigências a serem cumpridas, no prazo de 30 (trinta) dias, sob pena de devolução ou arquivamento da documentação.

Parágrafo único. Cumpridas as exigências, o depósito será considerado como efetuado na data do recibo.

Lei 9.279/1996

LEGISLAÇÃO

Seção II
Das condições do pedido

Art. 22. O pedido de patente de invenção terá de se referir a uma única invenção ou a um grupo de invenções inter-relacionadas de maneira a compreenderem um único conceito inventivo.

Art. 23. O pedido de patente de modelo de utilidade terá de se referir a um único modelo principal, que poderá incluir uma pluralidade de elementos distintos, adicionais ou variantes construtivas ou configurativas, desde que mantida a unidade técnico-funcional e corporal do objeto.

Art. 24. O relatório deverá descrever clara e suficientemente o objeto, de modo a possibilitar sua realização por técnico no assunto e indicar, quando for o caso, a melhor forma de execução.

• V. arts. 30, § 3º, 44, § 2º, e 50, II.

Parágrafo único. No caso de material biológico essencial à realização prática do objeto do pedido, que não possa ser descrito na forma deste artigo e que não estiver acessível ao público, o relatório será suplementado por depósito do material em instituição autorizada pelo INPI ou indicada em acordo internacional.

Art. 25. As reivindicações deverão ser fundamentadas no relatório descritivo, caracterizando as particularidades do pedido e definindo, de modo claro e preciso, a matéria objeto da proteção.

• V. art. 50, II.

Art. 26. O pedido de patente poderá ser dividido em dois ou mais, de ofício ou a requerimento do depositante, até o final do exame, desde que o pedido dividido:

I – faça referência específica ao pedido original; e

II – não exceda à matéria revelada constante do pedido original.

Parágrafo único. O requerimento de divisão em desacordo com o disposto neste artigo será arquivado.

Art. 27. Os pedidos divididos terão a data de depósito do pedido original e o benefício de prioridade deste, se for o caso.

Art. 28. Cada pedido dividido estará sujeito a pagamento das retribuições correspondentes.

Art. 29. O pedido de patente retirado ou abandonado será obrigatoriamente publicado.

§ 1º O pedido de retirada deverá ser apresentado em até 16 (dezesseis) meses, contados da data do depósito ou da prioridade mais antiga.

§ 2º A retirada de um depósito anterior sem produção de qualquer efeito dará prioridade ao depósito imediatamente posterior.

Seção III
Do processo e do exame do pedido

Art. 30. O pedido de patente será mantido em sigilo durante 18 (dezoito) meses contados da data de depósito ou da prioridade mais antiga, quando houver, após o que será publicado, à exceção do caso previsto no art. 75.

§ 1º A publicação do pedido poderá ser antecipada a requerimento do depositante.

§ 2º Da publicação deverão constar dados identificadores do pedido de patente, ficando cópia do relatório descritivo, das reivindicações, do resumo e dos desenhos à disposição do público no INPI.

§ 3º No caso previsto no parágrafo único do art. 24, o material biológico tornar-se-á acessível ao público com a publicação de que trata este artigo.

Art. 31. Publicado o pedido de patente e até o final do exame, será facultada a apresentação, pelos interessados, de documentos e informações para subsidiarem o exame.

Parágrafo único. O exame não será iniciado antes de decorridos 60 (sessenta) dias da publicação do pedido.

Art. 32. Para melhor esclarecer ou definir o pedido de patente, o depositante poderá efetuar alterações até o requerimento do exame, desde que estas se limitem à matéria inicialmente revelada no pedido.

Art. 33. O exame do pedido de patente deverá ser requerido pelo depositante ou

Lei 9.279/1996

LEGISLAÇÃO

por qualquer interessado, no prazo de 36 (trinta e seis) meses contados da data do depósito, sob pena do arquivamento do pedido.

Parágrafo único. O pedido de patente poderá ser desarquivado, se o depositante assim o requerer, dentro de 60 (sessenta) dias contados do arquivamento, mediante pagamento de uma retribuição específica, sob pena de arquivamento definitivo.

Art. 34. Requerido o exame, deverão ser apresentados, no prazo de 60 (sessenta) dias, sempre que solicitado, sob pena de arquivamento do pedido:

I – objeções, buscas de anterioridade e resultados de exame para concessão de pedido correspondente em outros países, quando houver reivindicação de prioridade;

II – documentos necessários à regularização do processo e exame do pedido; e

III – tradução simples do documento hábil referido no § 2º do art. 16, caso esta tenha sido substituída pela declaração prevista no § 5º do mesmo artigo.

Art. 35. Por ocasião do exame técnico, será elaborado o relatório de busca e parecer relativo a:

I – patenteabilidade do pedido;

II – adaptação do pedido à natureza reivindicada;

III – reformulação do pedido ou divisão; ou

IV – exigências técnicas.

Art. 36. Quando o parecer for pela não patenteabilidade ou pelo não enquadramento do pedido na natureza reivindicada ou formular qualquer exigência, o depositante será intimado para manifestar-se no prazo de 90 (noventa) dias.

§ 1º Não respondida a exigência, o pedido será definitivamente arquivado.

§ 2º Respondida a exigência, ainda que não cumprida, ou contestada sua formulação, e havendo ou não manifestação sobre a patenteabilidade ou o enquadramento, dar-se-á prosseguimento ao exame.

Art. 37. Concluído o exame, será proferida decisão, deferindo ou indeferindo o pedido de patente.

Capítulo IV
DA CONCESSÃO E DA VIGÊNCIA DA PATENTE

Seção I
Da concessão da patente

Art. 38. A patente será concedida depois de deferido o pedido, e comprovado o pagamento da retribuição correspondente, expedindo-se a respectiva carta-patente.

§ 1º O pagamento da retribuição e respectiva comprovação deverão ser efetuados no prazo de 60 (sessenta) dias contados do deferimento.

§ 2º A retribuição prevista neste artigo poderá ainda ser paga e comprovada dentro de 30 (trinta) dias após o prazo previsto no parágrafo anterior, independentemente de notificação, mediante pagamento de retribuição específica, sob pena de arquivamento definitivo do pedido.

§ 3º Reputa-se concedida a patente na data de publicação do respectivo ato.

Art. 39. Da carta-patente deverão constar o número, o título e a natureza respectivos, o nome do inventor, observado o disposto no § 4º do art. 6º, a qualificação e o domicílio do titular, o prazo de vigência, o relatório descritivo, as reivindicações e os desenhos, bem como os dados relativos à prioridade.

Seção II
Da vigência da patente

Art. 40. A patente de invenção vigorará pelo prazo de 20 (vinte) anos e a de modelo de utilidade pelo prazo 15 (quinze) anos contados da data de depósito.

• V. art. 230, § 4º.

Parágrafo único. O prazo de vigência não será inferior a 10 (dez) anos para a patente de invenção e a 7 (sete) anos para a patente de modelo de utilidade, a contar da data de concessão, ressalvada a hipótese de o INPI estar impedido de proceder ao exame de mérito do pedido, por pendência judicial comprovada ou por motivo de força maior.

1366

Lei 9.279/1996

Capítulo V
DA PROTEÇÃO CONFERIDA PELA PATENTE

Seção I
Dos direitos

Art. 41. A extensão da proteção conferida pela patente será determinada pelo teor das reivindicações, interpretado com base no relatório descritivo e nos desenhos.

• V. art. 44, § 3º.

Art. 42. A patente confere ao seu titular o direito de impedir terceiro, sem o seu consentimento, de produzir, usar, colocar à venda, vender ou importar com estes propósitos:

• V. art. 109, parágrafo único.
•• V. arts. 318 e 319, CPC/2015.

I – produto objeto de patente;
II – processo ou produto obtido diretamente por processo patenteado.

§ 1º Ao titular da patente é assegurado ainda o direito de impedir que terceiros contribuam para que outros pratiquem os atos referidos neste artigo.

§ 2º Ocorrerá violação de direito da patente de processo, a que se refere o inciso II, quando o possuidor ou proprietário não comprovar, mediante determinação judicial específica, que o seu produto foi obtido por processo de fabricação diverso daquele protegido pela patente.

Art. 43. O disposto no artigo anterior não se aplica:

I – aos atos praticados por terceiros não autorizados, em caráter privado e sem finalidade comercial, desde que não acarretem prejuízo ao interesse econômico do titular da patente;

• V. art. 109, parágrafo único.

II – aos atos praticados por terceiros não autorizados, com finalidade experimental, relacionados a estudos ou pesquisas científicas ou tecnológicas;

• V. art. 109, parágrafo único.

III – à preparação de medicamento de acordo com prescrição médica para casos individuais, executada por profissional habilitado, bem como ao medicamento assim preparado;

IV – a produto fabricado de acordo com patente de processo ou de produto que tiver sido colocado no mercado interno diretamente pelo titular da patente ou com seu consentimento;

• V. art. 109, parágrafo único.

V – a terceiros que, no caso de patentes relacionadas com matéria viva, utilizem, sem finalidade econômica, o produto patenteado como fonte inicial de variação ou propagação para obter outros produtos;

VI – a terceiros que, no caso de patentes relacionadas com matéria viva, utilizem, ponham em circulação ou comercializem um produto patenteado que haja sido introduzido licitamente no comércio pelo detentor da patente ou por detentor de licença, desde que o produto patenteado não seja utilizado para multiplicação ou propagação comercial da matéria viva em causa; e

VII – aos atos praticados por terceiros não autorizados, relacionados à invenção protegida por patente, destinados exclusivamente à produção de informações, dados e resultados de testes, visando à obtenção do registro de comercialização, no Brasil ou em outro país, para a exploração e comercialização do produto objeto da patente, após a expiração dos prazos estipulados no art. 40.

• Inciso VII acrescentado pela Lei 10.196/2001.

Art. 44. Ao titular da patente é assegurado o direito de obter indenização pela exploração indevida de seu objeto, inclusive em relação à exploração ocorrida entre a data da publicação do pedido e a da concessão da patente.

•• V. arts. 318 e 319, CPC/2015.

§ 1º Se o infrator obteve, por qualquer meio, conhecimento do conteúdo do pedido depositado, anteriormente à publicação, contar-se-á o período da exploração indevida para efeito da indenização a partir da data de início da exploração.

§ 2º Quando o objeto do pedido de patente se referir a material biológico, depositado na forma do parágrafo único do art. 24, o direito à indenização será somente conferido quando o material biológico se tiver tornado acessível ao público.

Lei 9.279/1996

LEGISLAÇÃO

§ 3º O direito de obter indenização por exploração indevida, inclusive com relação ao período anterior à concessão da patente, está limitado ao conteúdo do seu objeto, na forma do art. 41.

Seção II
Do usuário anterior

Art. 45. À pessoa de boa-fé que, antes da data de depósito ou de prioridade de pedido de patente, explorava seu objeto no País, será assegurado o direito de continuar a exploração, sem ônus, na forma e condição anteriores.

§ 1º O direito conferido na forma deste artigo só poderá ser cedido juntamente com o negócio ou empresa, ou parte desta que tenha direta relação com a exploração do objeto da patente, por alienação ou arrendamento.

§ 2º O direito de que trata este artigo não será assegurado a pessoa que tenha tido conhecimento do objeto da patente através de divulgação na forma do art. 12, desde que o pedido tenha sido depositado no prazo de 1 (um) ano, contado da divulgação.

Capítulo VI
DA NULIDADE DA PATENTE

Seção I
Das disposições gerais

Art. 46. É nula a patente concedida contrariando as disposições desta Lei.

Art. 47. A nulidade poderá não incidir sobre todas as reivindicações, sendo condição para a nulidade parcial o fato de as reivindicações subsistentes constituírem matéria patenteável por si mesmas.

Art. 48. A nulidade da patente produzirá efeitos a partir da data do depósito do pedido.

Art. 49. No caso de inobservância do disposto no art. 6º, o inventor poderá, alternativamente, reivindicar, em ação judicial, a adjudicação da patente.

• • V. art. 56.

Seção II
Do processo administrativo de nulidade

Art. 50. A nulidade da patente será declarada administrativamente quando:
I – não tiver sido atendido qualquer dos requisitos legais;
II – o relatório e as reivindicações não atenderem ao disposto nos arts. 24 e 25, respectivamente;
III – o objeto da patente se estenda além do conteúdo do pedido originalmente depositado; ou
IV – no seu processamento, tiver sido omitida qualquer das formalidades essenciais, indispensáveis à concessão.

Art. 51. O processo de nulidade poderá ser instaurado de ofício ou mediante requerimento de qualquer pessoa com legítimo interesse, no prazo de 6 (seis) meses contados da concessão da patente.

Parágrafo único. O processo de nulidade prosseguirá ainda que extinta a patente.

Art. 52. O titular será intimado para se manifestar no prazo de 60 (sessenta) dias.

Art. 53. Havendo ou não manifestação, decorrido o prazo fixado no artigo anterior, o INPI emitirá parecer, intimando o titular e o requerente para se manifestarem no prazo comum de 60 (sessenta) dias.

Art. 54. Decorrido o prazo fixado no artigo anterior, mesmo que não apresentadas as manifestações, o processo será decidido pelo Presidente do INPI, encerrando-se a instância administrativa.

Art. 55. Aplicam-se, no que couber, aos certificados de adição, as disposições desta Seção.

Seção III
Da ação de nulidade

Art. 56. A ação de nulidade poderá ser proposta a qualquer tempo da vigência da patente, pelo INPI ou por qualquer pessoa com legítimo interesse.

• V. art. 118.

§ 1º A nulidade da patente poderá ser arguida, a qualquer tempo, como matéria de defesa.

Lei 9.279/1996

§ 2º O juiz poderá, preventiva ou incidentalmente, determinar a suspensão dos efeitos da patente, atendidos os requisitos processuais próprios.

• V. art. 209, § 1º.

Art. 57. A ação de nulidade de patente será ajuizada no foro da Justiça Federal e o INPI, quando não for autor, intervirá no feito.

• V. art. 118.

§ 1º O prazo para resposta do réu titular da patente será de 60 (sessenta) dias.
§ 2º Transitada em julgado a decisão da ação de nulidade, o INPI publicará anotação, para ciência de terceiros.

Capítulo VII
DA CESSÃO E DAS ANOTAÇÕES

Art. 58. O pedido de patente ou a patente, ambos de conteúdo indivisível, poderão ser cedidos, total ou parcialmente.

• V. art. 121.

Art. 59. O INPI fará as seguintes anotações:

• V. art. 121.

I – da cessão, fazendo constar a qualificação completa do cessionário;
II – de qualquer limitação ou ônus que recaia sobre o pedido ou a patente; e
III – das alterações de nome, sede ou endereço do depositante ou titular.

Art. 60. As anotações produzirão efeito em relação a terceiros a partir da data de sua publicação.

• V. art. 121.

Capítulo VIII
DAS LICENÇAS

Seção I
Da licença voluntária

Art. 61. O titular de patente ou o depositante poderá celebrar contrato de licença para exploração.

• V. art. 121.

Parágrafo único. O licenciado poderá ser investido pelo titular de todos os poderes para agir em defesa da patente.

Art. 62. O contrato de licença deverá ser averbado no INPI para que produza efeitos em relação a terceiros.

• V. art. 121.

§ 1º A averbação produzirá efeitos em relação a terceiros a partir da data de sua publicação.
§ 2º Para efeito de validade de prova de uso, o contrato de licença não precisará estar averbado no INPI.

Art. 63. O aperfeiçoamento introduzido em patente licenciada pertence a quem o fizer, sendo assegurado à outra parte contratante o direito de preferência para seu licenciamento.

• V. art. 121.

Seção II
Da oferta de licença

Art. 64. O titular da patente poderá solicitar ao INPI que a coloque em oferta para fins de exploração.

§ 1º O INPI promoverá a publicação da oferta.
§ 2º Nenhum contrato de licença voluntária de caráter exclusivo será averbado no INPI sem que o titular tenha desistido da oferta.
§ 3º A patente sob licença voluntária, com caráter de exclusividade, não poderá ser objeto de oferta.
§ 4º O titular poderá, a qualquer momento, antes da expressa aceitação de seus termos pelo interessado, desistir da oferta, não se aplicando o disposto no art. 66.

Art. 65. Na falta de acordo entre o titular e o licenciado, as partes poderão requerer ao INPI o arbitramento da remuneração.

§ 1º Para efeito deste artigo, o INPI observará o disposto no § 4º do art. 73.
§ 2º A remuneração poderá ser revista decorrido 1 (um) ano de sua fixação.

Art. 66. A patente em oferta terá sua anuidade reduzida à metade no período compreendido entre o oferecimento e a concessão da primeira licença, a qualquer título.

Art. 67. O titular da patente poderá requerer o cancelamento da licença se o licenciado não der início à exploração efetiva dentro de 1 (um) ano da concessão, inter-

Lei 9.279/1996

romper a exploração por prazo superior a 1 (um) ano, ou, ainda, se não forem obedecidas as condições para a exploração.

Seção III
Da licença compulsória

Art. 68. O titular ficará sujeito a ter a patente licenciada compulsoriamente se exercer os direitos dela decorrentes de forma abusiva, ou por meio dela praticar abuso de poder econômico, comprovado nos termos da lei, por decisão administrativa ou judicial.

§ 1º Ensejam, igualmente, licença compulsória:

I – a não exploração do objeto da patente no território brasileiro por falta de fabricação ou fabricação incompleta do produto, ou, ainda, a falta de uso integral do processo patenteado, ressalvados os casos de inviabilidade econômica, quando será admitida a importação; ou

II – a comercialização que não satisfizer às necessidades do mercado.

§ 2º A licença só poderá ser requerida por pessoa com legítimo interesse e que tenha capacidade técnica e econômica para realizar a exploração eficiente do objeto da patente, que deverá destinar-se, predominantemente, ao mercado interno, extinguindo-se nesse caso a excepcionalidade prevista no inciso I do parágrafo anterior.

§ 3º No caso de a licença compulsória ser concedida em razão de abuso de poder econômico, ao licenciado, que propõe fabricação local, será garantido um prazo, limitado ao estabelecido no art. 74, para proceder à importação do objeto da licença, desde que tenha sido colocado no mercado diretamente pelo titular ou com o seu consentimento.

• V. art. 130, III.

§ 4º No caso de importação para exploração de patente e no caso da importação prevista no parágrafo anterior, será igualmente admitida a importação por terceiros de produto fabricado de acordo com patente de processo ou de produto, desde que tenha sido colocado no mercado diretamente pelo titular ou com o seu consentimento.

• V. art. 130, III.

§ 5º A licença compulsória de que trata o § 1º somente será requerida após decorridos 3 (três) anos da concessão da patente.

Art. 69. A licença compulsória não será concedida se, à data do requerimento, o titular:

I – justificar o desuso por razões legítimas;

II – comprovar a realização de sérios e efetivos preparativos para a exploração; ou

III – justificar a falta de fabricação ou comercialização por obstáculo de ordem legal.

Art. 70. A licença compulsória será ainda concedida quando, cumulativamente, se verificarem as seguintes hipóteses:

I – ficar caracterizada situação de dependência de uma patente em relação a outra;

II – o objeto da patente dependente constituir substancial progresso técnico em relação à patente anterior; e

III – o titular não realizar acordo com o titular da patente dependente para exploração da patente anterior.

§ 1º Para os fins deste artigo considera-se patente dependente aquela cuja exploração depende obrigatoriamente da utilização do objeto de patente anterior.

§ 2º Para efeito deste artigo, uma patente de processo poderá ser considerada dependente de patente do produto respectivo, bem como uma patente de produto poderá ser dependente de patente de processo.

§ 3º O titular da patente licenciada na forma deste artigo terá direito a licença compulsória cruzada da patente dependente.

Art. 71. Nos casos de emergência nacional ou interesse público, declarados em ato do Poder Executivo Federal, desde que o titular da patente ou seu licenciado não atenda a essa necessidade, poderá ser concedida, de ofício, licença compulsória, temporária e não exclusiva, para a exploração da patente, sem prejuízo dos direitos do respectivo titular.

Parágrafo único. O ato de concessão da licença estabelecerá seu prazo de vigência e a possibilidade de prorrogação.

Lei 9.279/1996

LEGISLAÇÃO

Art. 72. As licenças compulsórias serão sempre concedidas sem exclusividade, não se admitindo o sublicenciamento.

Art. 73. O pedido de licença compulsória deverá ser formulado mediante indicação das condições oferecidas ao titular da patente.

§ 1º Apresentado o pedido de licença, o titular será intimado para manifestar-se no prazo de 60 (sessenta) dias, findo o qual, sem manifestação do titular, será considerada aceita a proposta nas condições oferecidas.

§ 2º O requerente de licença que invocar abuso de direitos patentários ou abuso de poder econômico deverá juntar documentação que o comprove.

§ 3º No caso de a licença compulsória ser requerida com fundamento na falta de exploração, caberá ao titular da patente comprovar a exploração.

§ 4º Havendo contestação, o INPI poderá realizar as necessárias diligências, bem como designar comissão, que poderá incluir especialistas não integrantes dos quadros da autarquia, visando arbitrar a remuneração que será paga ao titular.

- V. art. 65, § 1º.

§ 5º Os órgãos e entidades da administração pública direta ou indireta, federal, estadual e municipal, prestarão ao INPI as informações solicitadas com o objetivo de subsidiar o arbitramento da remuneração.

§ 6º No arbitramento da remuneração, serão consideradas as circunstâncias de cada caso, levando-se em conta, obrigatoriamente, o valor econômico da licença concedida.

§ 7º Instruído o processo, o INPI decidirá sobre a concessão e condições da licença compulsória no prazo de 60 (sessenta) dias.

§ 8º O recurso da decisão que conceder a licença compulsória não terá efeito suspensivo.

Art. 74. Salvo razões legítimas, o licenciado deverá iniciar a exploração do objeto da patente no prazo de 1 (um) ano da concessão da licença, admitida a interrupção por igual prazo.

- V. art. 68, § 3º.

§ 1º O titular poderá requerer a cassação da licença quando não cumprido o disposto neste artigo.

§ 2º O licenciado ficará investido de todos os poderes para agir em defesa da patente.

§ 3º Após a concessão da licença compulsória, somente será admitida a sua cessão quando realizada conjuntamente com a cessão, alienação ou arrendamento da parte do empreendimento que a explore.

Capítulo IX
DA PATENTE DE INTERESSE DA DEFESA NACIONAL

Art. 75. O pedido de patente originário do Brasil cujo objeto interesse à defesa nacional será processado em caráter sigiloso e não estará sujeito às publicações previstas nesta Lei.

- V. art. 30.
- V. Dec. 2.553/1998 (Regulamenta os arts. 75 e 88 a 93 da Lei 9.279/1996).

§ 1º O INPI encaminhará o pedido, de imediato, ao órgão competente do Poder Executivo para, no prazo de 60 (sessenta) dias, manifestar-se sobre o caráter sigiloso. Decorrido o prazo sem a manifestação do órgão competente, o pedido será processado normalmente.

§ 2º É vedado o depósito no exterior de pedido de patente cujo objeto tenha sido considerado de interesse da defesa nacional, bem como qualquer divulgação do mesmo, salvo expressa autorização do órgão competente.

§ 3º A exploração e a cessão do pedido ou da patente de interesse da defesa nacional estão condicionadas à prévia autorização do órgão competente, assegurada indenização sempre que houver restrição dos direitos do depositante ou do titular.

Capítulo X
DO CERTIFICADO DE ADIÇÃO DE INVENÇÃO

Art. 76. O depositante do pedido ou titular de patente de invenção poderá requerer, mediante pagamento de retribuição específica, certificado de adição para proteger aperfeiçoamento ou desenvolvimento introduzido no objeto da invenção, mesmo

Lei 9.279/1996

que destituído de atividade inventiva, desde que a matéria se inclua no mesmo conceito inventivo.

§ 1º Quando tiver ocorrido a publicação do pedido principal, o pedido de certificado de adição será imediatamente publicado.

§ 2º O exame do pedido de certificado de adição obedecerá ao disposto nos arts. 30 a 37, ressalvado o disposto no parágrafo anterior.

§ 3º O pedido de certificado de adição será indeferido se o seu objeto não apresentar o mesmo conceito inventivo.

§ 4º O depositante poderá, no prazo do recurso, requerer a transformação do pedido de certificado de adição em pedido de patente, beneficiando-se da data de depósito do pedido de certificado, mediante pagamento das retribuições cabíveis.

Art. 77. O certificado de adição é acessório da patente, tem a data final de vigência desta e acompanha-a para todos os efeitos legais.

Parágrafo único. No processo de nulidade, o titular poderá requerer que a matéria contida no certificado de adição seja analisada para se verificar a possibilidade de sua subsistência, sem prejuízo do prazo de vigência da patente.

Capítulo XI
DA EXTINÇÃO DA PATENTE

Art. 78. A patente extingue-se:
I – pela expiração do prazo de vigência;
II – pela renúncia de seu titular, ressalvado o direito de terceiros;
III – pela caducidade;
IV – pela falta de pagamento da retribuição anual, nos prazos previstos no § 2º do art. 84 e no art. 87; e
V – pela inobservância do disposto no art. 217.

Parágrafo único. Extinta a patente, o seu objeto cai em domínio público.

Art. 79. A renúncia só será admitida se não prejudicar direitos de terceiros.

Art. 80. Caducará a patente, de ofício ou a requerimento de qualquer pessoa com legítimo interesse, se, decorridos 2 (dois) anos da concessão da primeira licença compulsória, esse prazo não tiver sido suficiente para prevenir ou sanar o abuso ou desuso, salvo motivos justificáveis.

§ 1º A patente caducará quando, da data do requerimento da caducidade ou da instauração de ofício do respectivo processo, não tiver sido iniciada a exploração.

§ 2º No processo de caducidade instaurado a requerimento, o INPI poderá prosseguir se houver desistência do requerente.

Art. 81. O titular será intimado mediante publicação para se manifestar, no prazo de 60 (sessenta) dias, cabendo-lhe o ônus da prova quanto à exploração.

Art. 82. A decisão será proferida dentro de 60 (sessenta) dias, contados do término do prazo mencionado no artigo anterior.

Art. 83. A decisão da caducidade produzirá efeitos a partir da data do requerimento ou da publicação da instauração de ofício do processo.

Capítulo XII
DA RETRIBUIÇÃO ANUAL

Art. 84. O depositante do pedido e o titular da patente estão sujeitos ao pagamento de retribuição anual, a partir do início do terceiro ano da data do depósito.

• V. art. 86.

§ 1º O pagamento antecipado da retribuição anual será regulado pelo INPI.

§ 2º O pagamento deverá ser efetuado dentro dos primeiros 3 (três) meses de cada período anual, podendo, ainda, ser feito, independente de notificação, dentro dos 6 (seis) meses subsequentes, mediante pagamento de retribuição adicional.

• V. art. 78, IV.

Art. 85. O disposto no artigo anterior aplica-se aos pedidos internacionais depositados em virtude de tratado em vigor no Brasil, devendo o pagamento das retribuições anuais vencidas antes da data da entrada no processamento nacional ser efetuado no prazo de 3 (três) meses dessa data.

• V. art. 86.

Art. 86. A falta de pagamento da retribuição anual, nos termos dos arts. 84 e 85, acarretará o arquivamento do pedido ou a extinção da patente.

Lei 9.279/1996

LEGISLAÇÃO

Capítulo XIII
DA RESTAURAÇÃO

Art. 87. O pedido de patente e a patente poderão ser restaurados, se o depositante ou o titular assim o requerer, dentro de 3 (três) meses, contados da notificação do arquivamento do pedido ou da extinção da patente, mediante pagamento de retribuição específica.

• V. art. 78, IV.

Capítulo XIV
DA INVENÇÃO E DO MODELO DE UTILIDADE REALIZADO POR EMPREGADO OU PRESTADOR DE SERVIÇO

Art. 88. A invenção e o modelo de utilidade pertencem exclusivamente ao empregador quando decorrerem de contrato de trabalho cuja execução ocorra no Brasil e que tenha por objeto a pesquisa ou a atividade inventiva, ou resulte esta da natureza dos serviços para os quais foi o empregado contratado.

• V. art. 121.
• V. Dec. 2.553/1998 (Regulamenta os arts. 75 e 88 a 93 da Lei 9.279/1996).

§ 1º Salvo expressa disposição contratual em contrário, a retribuição pelo trabalho a que se refere este artigo limita-se ao salário ajustado.

§ 2º Salvo prova em contrário, consideram-se desenvolvidos na vigência do contrato a invenção ou o modelo de utilidade, cuja patente seja requerida pelo empregado até 1 (um) ano após a extinção do vínculo empregatício.

Art. 89. O empregador, titular da patente, poderá conceder ao empregado, autor de invento ou aperfeiçoamento, participação nos ganhos econômicos resultantes da exploração da patente, mediante negociação com o interessado ou conforme disposto em norma da empresa.

• V. art. 121.
• V. Dec. 2.553/1998 (Regulamenta os arts. 75 e 88 a 93 da Lei 9.279/1996).

Parágrafo único. A participação referida neste artigo não se incorpora, a qualquer título, ao salário do empregado.

Art. 90. Pertencerá exclusivamente ao empregado a invenção ou o modelo de utilidade por ele desenvolvido, desde que desvinculado do contrato de trabalho e não decorrente da utilização de recursos, meios, dados, materiais, instalações ou equipamentos do empregador.

• V. art. 121.
• V. Dec. 2.553/1998 (Regulamenta os arts. 75 e 88 a 93 da Lei 9.279/1996).

Art. 91. A propriedade de invenção ou de modelo de utilidade será comum, em partes iguais, quando resultar da contribuição pessoal do empregado e de recursos, dados, meios, materiais, instalações ou equipamentos do empregador, ressalvada expressa disposição contratual em contrário.

• V. art. 121.
• V. Dec. 2.553/1998 (Regulamenta os arts. 75 e 88 a 93 da Lei 9.279/1996).

§ 1º Sendo mais de um empregado, a parte que lhes couber será dividida igualmente entre todos, salvo ajuste em contrário.

§ 2º É garantido ao empregador o direito exclusivo de licença de exploração e assegurada ao empregado a justa remuneração.

§ 3º A exploração do objeto da patente, na falta de acordo, deverá ser iniciada pelo empregador dentro do prazo de 1 (um) ano, contado da data de sua concessão, sob pena de passar à exclusiva propriedade do empregado a titularidade da patente, ressalvadas as hipóteses de falta de exploração por razões legítimas.

§ 4º No caso de cessão, qualquer dos cotitulares, em igualdade de condições, poderá exercer o direito de preferência.

Art. 92. O disposto nos artigos anteriores aplica-se, no que couber, às relações entre o trabalhador autônomo ou o estagiário e a empresa contratante e entre empresas contratantes e contratadas.

• V. art. 121.
• V. Dec. 2.553/1998 (Regulamenta os arts. 75 e 88 a 93 da Lei 9.279/1996).

Art. 93. Aplica-se o disposto neste Capítulo, no que couber, às entidades da Admi-

Lei 9.279/1996

nistração Pública, direta, indireta e fundacional, federal, estadual ou municipal.

- V. art. 121.
- V. Dec. 2.553/1998 (Regulamenta os arts. 75 e 88 a 93 da Lei 9.279/1996).

Parágrafo único. Na hipótese do art. 88, será assegurada ao inventor, na forma e condições previstas no estatuto ou regimento interno da entidade a que se refere este artigo, premiação de parcela no valor das vantagens auferidas com o pedido ou com a patente, a título de incentivo.

TÍTULO II
DOS DESENHOS INDUSTRIAIS

Capítulo I
DA TITULARIDADE

Art. 94. Ao autor será assegurado o direito de obter registro de desenho industrial que lhe confira a propriedade, nas condições estabelecidas nesta Lei.

- V. arts. 112, § 2º, e 113.

Parágrafo único. Aplicam-se ao registro de desenho industrial, no que couber, as disposições dos arts. 6º e 7º.

Capítulo II
DA REGISTRABILIDADE

Seção I
Dos desenhos industriais registráveis

Art. 95. Considera-se desenho industrial a forma plástica ornamental de um objeto ou o conjunto ornamental de linhas e cores que possa ser aplicado a um produto, proporcionando resultado visual novo e original na sua configuração externa e que possa servir de tipo de fabricação industrial.

- V. arts. 111, parágrafo único, e 113.

Art. 96. O desenho industrial é considerado novo quando não compreendido no estado da técnica.

- V. arts. 111, parágrafo único, e 113.

§ 1º O estado da técnica é constituído por tudo aquilo tornado acessível ao público antes da data de depósito do pedido, no Brasil ou no exterior, por uso ou qualquer outro meio, ressalvado o disposto no § 3º deste artigo e no art. 99.

§ 2º Para aferição unicamente da novidade, o conteúdo completo de pedido de patente ou de registro depositado no Brasil, e ainda não publicado, será considerado como incluído no estado da técnica a partir da data de depósito, ou da prioridade reivindicada, desde que venha a ser publicado, mesmo que subsequentemente.

§ 3º Não será considerado como incluído no estado da técnica o desenho industrial cuja divulgação tenha ocorrido durante os 180 (cento e oitenta) dias que precederem à data do depósito ou a da prioridade reivindicada, se promovida nas situações previstas nos incisos I a III do art. 12.

- V. art. 110, § 2º.

Art. 97. O desenho industrial é considerado original quando dele resulte uma configuração visual distintiva, em relação a outros objetos anteriores.

- V. arts. 111, parágrafo único, e 113.

Parágrafo único. O resultado visual original poderá ser decorrente da combinação de elementos conhecidos.

Art. 98. Não se considera desenho industrial qualquer obra de caráter puramente artístico.

- V. arts. 111, parágrafo único, e 113.

Seção II
Da prioridade

Art. 99. Aplicam-se ao pedido de registro, no que couber, as disposições do art. 16, exceto o prazo previsto no seu § 3º, que será de 90 (noventa) dias.

- V. arts. 96, § 1º, e 106, § 2º.

Seção III
Dos desenhos industriais não registráveis

Art. 100. Não é registrável como desenho industrial:

- V. art. 106.

I – o que for contrário à moral e aos bons costumes ou que ofenda a honra ou imagem de pessoas, ou atente contra liberdade de consciência, crença, culto religioso

ou ideia e sentimentos dignos de respeito e veneração;
II – a forma necessária comum ou vulgar do objeto ou, ainda, aquela determinada essencialmente por considerações técnicas ou funcionais.

Capítulo III
DO PEDIDO DE REGISTRO

Seção I
Do depósito do pedido

Art. 101. O pedido de registro, nas condições estabelecidas pelo INPI, conterá:
* V. arts. 103 e 106, § 3º.

I – requerimento;
II – relatório descritivo, se for o caso;
III – reivindicações, se for o caso;
IV – desenhos ou fotografias;
V – campo de aplicação do objeto; e
VI – comprovante do pagamento da retribuição relativa ao depósito.

Parágrafo único. Os documentos que integram o pedido de registro deverão ser apresentados em língua portuguesa.

Art. 102. Apresentado o pedido, será ele submetido a exame formal preliminar e, se devidamente instruído, será protocolizado, considerada a data do depósito a da sua apresentação.

Art. 103. O pedido que não atender formalmente ao disposto no art. 101, mas que contiver dados suficientes relativos ao depositante, ao desenho industrial e ao autor, poderá ser entregue, mediante recibo datado, ao INPI, que estabelecerá as exigências a serem cumpridas, em 5 (cinco) dias, sob pena de ser considerado inexistente.

Parágrafo único. Cumpridas as exigências, o depósito será considerado como efetuado na data da apresentação do pedido.

Seção II
Das condições do pedido

Art. 104. O pedido de registro de desenho industrial terá que se referir a um único objeto, permitida uma pluralidade de variações, desde que se destinem ao mesmo propósito e guardem entre si a mesma característica distintiva preponderante, limitado cada pedido ao máximo de vinte variações.

* V. art. 106, § 3º.

Parágrafo único. O desenho deverá representar clara e suficientemente o objeto e suas variações, se houver, de modo a possibilitar sua reprodução por técnico no assunto.

Art. 105. Se solicitado o sigilo na forma do § 1º do art. 106, poderá o pedido ser retirado em até 90 (noventa) dias contados da data do depósito.

Parágrafo único. A retirada de um depósito anterior sem produção de qualquer efeito dará prioridade ao depósito imediatamente posterior.

Seção III
Do processo e do exame do pedido

Art. 106. Depositado o pedido de registro de desenho industrial e observado o disposto nos arts. 100, 101 e 104, será automaticamente publicado e simultaneamente concedido o registro, expedindo-se o respectivo certificado.

§ 1º A requerimento do depositante, por ocasião do depósito, poderá ser mantido em sigilo o pedido, pelo prazo de 180 (cento e oitenta) dias contados da data do depósito, após o que será processado.

* V. art. 105.

§ 2º Se o depositante se beneficiar do disposto no art. 99, aguardar-se-á a apresentação do documento de prioridade para o processamento do pedido.

§ 3º Não atendido o disposto nos arts. 101 e 104, será formulada exigência, que deverá ser respondida em 60 (sessenta) dias, sob pena de arquivamento definitivo.

§ 4º Não atendido o disposto no art. 100, o pedido de registro será indeferido.

Capítulo IV
DA CONCESSÃO E DA VIGÊNCIA DO REGISTRO

Art. 107. Do certificado deverão constar o número e o título, nome do autor – observado o disposto no § 4º do art. 6º, o nome, a nacionalidade e o domicílio do titular, o

Lei 9.279/1996

LEGISLAÇÃO

prazo de vigência, os desenhos, os dados relativos à prioridade estrangeira, e, quando houver, relatório descritivo e reivindicações.

Art. 108. O registro vigorará pelo prazo de 10 (dez) anos contados da data do depósito, prorrogável por três períodos sucessivos de 5 (cinco) anos cada.

- V. arts. 119, III, e 120, § 2º.

§ 1º O pedido de prorrogação deverá ser formulado durante o último ano de vigência do registro, instruído com o comprovante do pagamento da respectiva retribuição.

§ 2º Se o pedido de prorrogação não tiver sido formulado até o termo final da vigência do registro, o titular poderá fazê-lo nos 180 (cento e oitenta) dias subsequentes, mediante o pagamento de retribuição adicional.

Capítulo V
DA PROTEÇÃO CONFERIDA PELO REGISTRO

Art. 109. A propriedade do desenho industrial adquire-se pelo registro validamente concedido.

Parágrafo único. Aplicam-se ao registro do desenho industrial, no que couber, as disposições do art. 42 e dos incisos I, II e IV do art. 43.

Art. 110. À pessoa que, de boa-fé, antes da data do depósito ou da prioridade do pedido de registro explorava seu objeto no País, será assegurado o direito de continuar a exploração, sem ônus, na forma e condição anteriores.

§ 1º O direito conferido na forma deste artigo só poderá ser cedido juntamente com o negócio ou empresa, ou parte deste, que tenha direta relação com a exploração do objeto do registro, por alienação ou arrendamento.

§ 2º O direito de que trata este artigo não será assegurado a pessoa que tenha tido conhecimento do objeto do registro através de divulgação nos termos do § 3º do art. 96, desde que o pedido tenha sido depositado no prazo de 6 (seis) meses contados da divulgação.

Capítulo VI
DO EXAME DE MÉRITO

Art. 111. O titular do desenho industrial poderá requerer o exame do objeto do registro, a qualquer tempo da vigência, quanto aos aspectos de novidade e de originalidade.

- V. arts. 113 e 237.

Parágrafo único. O INPI emitirá parecer de mérito, que, se concluir pela ausência de pelo menos um dos requisitos definidos nos arts. 95 a 98, servirá de fundamento para instauração de ofício de processo de nulidade do registro.

Capítulo VII
DA NULIDADE DO REGISTRO

Seção I
Das disposições gerais

Art. 112. É nulo o registro concedido em desacordo com as disposições desta Lei.

§ 1º A nulidade do registro produzirá efeitos a partir da data do depósito do pedido.

§ 2º No caso de inobservância do disposto no art. 94, o autor poderá, alternativamente, reivindicar a adjudicação do registro.

Seção II
Do processo administrativo de nulidade

Art. 113. A nulidade do registro será declarada administrativamente quando tiver sido concedido com infringência dos arts. 94 a 98.

§ 1º O processo de nulidade poderá ser instaurado de ofício ou mediante requerimento de qualquer pessoa com legítimo interesse, no prazo de 5 (cinco) anos contados da concessão do registro, ressalvada a hipótese prevista no parágrafo único do art. 111.

§ 2º O requerimento ou a instauração de ofício suspenderá os efeitos da concessão do registro se apresentada ou publicada no prazo de 60 (sessenta) dias da concessão.

Art. 114. O titular será intimado para se manifestar no prazo de 60 (sessenta) dias contados da data da publicação.

Lei 9.279/1996

Art. 115. Havendo ou não manifestação, decorrido o prazo fixado no artigo anterior, o INPI emitirá parecer, intimando o titular e o requerente para se manifestarem no prazo comum de 60 (sessenta) dias.

Art. 116. Decorrido o prazo fixado no artigo anterior, mesmo que não apresentadas as manifestações, o processo será decidido pelo Presidente do INPI, encerrando-se a instância administrativa.

Art. 117. O processo de nulidade prosseguirá, ainda que extinto o registro.

Seção III
Da ação de nulidade

Art. 118. Aplicam-se à ação de nulidade de registro de desenho industrial, no que couber, as disposições dos arts. 56 e 57.

Capítulo VIII
DA EXTINÇÃO DO REGISTRO

Art. 119. O registro extingue-se:
I – pela expiração do prazo de vigência;
II – pela renúncia de seu titular, ressalvado o direito de terceiros;
III – pela falta de pagamento da retribuição prevista nos arts. 108 e 120; ou
IV – pela inobservância do disposto no art. 217.

Capítulo IX
DA RETRIBUIÇÃO QUINQUENAL

Art. 120. O titular do registro está sujeito ao pagamento de retribuição quinquenal, a partir do segundo quinquênio da data do depósito.

• V. art. 119, III.

§ 1º O pagamento do segundo quinquênio será feito durante o quinto ano da vigência do registro.
§ 2º O pagamento dos demais quinquênios será apresentado junto com o pedido de prorrogação a que se refere o art. 108.
§ 3º O pagamento dos quinquênios poderá ainda ser efetuado dentro dos 6 (seis) meses subsequentes ao prazo estabelecido no parágrafo anterior, mediante pagamento de retribuição adicional.

Capítulo X
DAS DISPOSIÇÕES FINAIS

Art. 121. As disposições dos arts. 58 a 63 aplicam-se, no que couber, à matéria de que trata o presente Título, disciplinando-se o direito do empregado ou prestador de serviços pelas disposições dos arts. 88 a 93.

TÍTULO III
DAS MARCAS
Capítulo I
DA REGISTRABILIDADE
Seção I
Dos sinais registráveis como marca

Art. 122. São suscetíveis de registro como marca os sinais distintivos visualmente perceptíveis, não compreendidos nas proibições legais.

Art. 123. Para os efeitos desta Lei, considera-se:
I – marca de produto ou serviço: aquela usada para distinguir produto ou serviço de outro idêntico, semelhante ou afim, de origem diversa;
II – marca de certificação: aquela usada para atestar a conformidade de um produto ou serviço com determinadas normas ou especificações técnicas, notadamente quanto à qualidade, natureza, material utilizado e metodologia empregada; e
III – marca coletiva: aquela usada para identificar produtos ou serviços provindos de membros de uma determinada entidade.

Seção II
Dos sinais não registráveis como marca

Art. 124. Não são registráveis como marca:
I – brasão, armas, medalha, bandeira, emblema, distintivo e monumento oficiais, públicos, nacionais, estrangeiros ou internacionais, bem como a respectiva designação, figura ou imitação;
II – letra, algarismo e data, isoladamente, salvo quando revestidos de suficiente forma distintiva;

Lei 9.279/1996

LEGISLAÇÃO

III – expressão, figura, desenho ou qualquer outro sinal contrário à moral e aos bons costumes ou que ofenda a honra ou imagem de pessoas ou atente contra liberdade de consciência, crença, culto religioso ou ideia e sentimento dignos de respeito e veneração;

IV – designação ou sigla de entidade ou órgão público, quando não requerido o registro pela própria entidade ou órgão público;

V – reprodução ou imitação de elemento característico ou diferenciador de título de estabelecimento ou nome de empresa de terceiros, suscetível de causar confusão ou associação com estes sinais distintivos;

VI – sinal de caráter genérico, necessário, comum, vulgar ou simplesmente descritivo, quando tiver relação com o produto ou serviço a distinguir, ou aquele empregado comumente para designar uma característica do produto ou serviço, quanto à natureza, nacionalidade, peso, valor, qualidade e época de produção ou de prestação do serviço, salvo quando revestidos de suficiente forma distintiva;

VII – sinal ou expressão empregada apenas como meio de propaganda;

VIII – cores e suas denominações, salvo se dispostas ou combinadas de modo peculiar e distintivo;

IX – indicação geográfica, sua imitação suscetível de causar confusão ou sinal que possa falsamente induzir indicação geográfica;

X – sinal que induza a falsa indicação quanto à origem, procedência, natureza, qualidade ou utilidade do produto ou serviço a que a marca se destina;

XI – reprodução ou imitação de cunho oficial, regularmente adotada para garantia de padrão de qualquer gênero ou natureza;

XII – reprodução ou imitação de sinal que tenha sido registrado como marca coletiva ou de certificação por terceiro, observado o disposto no art. 154;

XIII – nome, prêmio ou símbolo de evento esportivo, artístico, cultural, social, político, econômico ou técnico, oficial ou oficialmente reconhecido, bem como a imitação suscetível de criar confusão, salvo quando autorizados pela autoridade competente ou entidade promotora do evento;

XIV – reprodução ou imitação de título, apólice, moeda e cédula da União, dos Estados, do Distrito Federal, dos Territórios, dos Municípios, ou de país;

XV – nome civil ou sua assinatura, nome de família ou patronímico e imagem de terceiros, salvo com consentimento do titular, herdeiros ou sucessores;

XVI – pseudônimo ou apelido notoriamente conhecidos, nome artístico singular ou coletivo, salvo com consentimento do titular, herdeiros ou sucessores;

XVII – obra literária, artística ou científica, assim como os títulos que estejam protegidos pelo direito autoral e sejam suscetíveis de causar confusão ou associação, salvo com consentimento do autor ou titular;

XVIII – termo técnico usado na indústria, na ciência e na arte, que tenha relação com o produto ou serviço a distinguir;

XIX – reprodução ou imitação, no todo ou em parte, ainda que com acréscimo, de marca alheia registrada, para distinguir ou certificar produto ou serviço idêntico, semelhante ou afim, suscetível de causar confusão ou associação com marca alheia;

XX – dualidade de marcas de um só titular para o mesmo produto ou serviço, salvo quando, no caso de marcas de mesma natureza, se revestirem de suficiente forma distintiva;

XXI – a forma necessária, comum ou vulgar do produto ou de acondicionamento, ou, ainda, aquela que não possa ser dissociada de efeito técnico;

XXII – objeto que estiver protegido por registro de desenho industrial de terceiro; e

XXIII – sinal que imite ou reproduza, no todo ou em parte, marca que o requerente evidentemente não poderia desconhecer em razão de sua atividade, cujo titular seja sediado ou domiciliado em território nacional ou em país com o qual o Brasil mantenha acordo ou que assegure reciprocidade de tratamento, se a marca se destinar a distinguir produto ou serviço idêntico, semelhante ou afim, suscetível de causar confusão ou associação com aquela marca alheia.

• V. art. 158, § 2º.

Lei 9.279/1996

Seção III
Marca de alto renome

Art. 125. À marca registrada no Brasil considerada de alto renome será assegurada a proteção especial, em todos os ramos de atividade.

Seção IV
Marca notoriamente conhecida

Art. 126. A marca notoriamente conhecida em seu ramo de atividade nos termos do art. 6º *bis* (I), da Convenção da União de Paris para Proteção da Propriedade Industrial, goza de proteção especial, independentemente de estar previamente depositada ou registrada no Brasil.

• V. art. 158, § 2º.

§ 1º A proteção de que trata este artigo aplica-se também às marcas de serviço.
§ 2º O INPI poderá indeferir de ofício pedido de registro de marca que reproduza ou imite, no todo ou em parte, marca notoriamente conhecida.

Capítulo II
PRIORIDADE

Art. 127. Ao pedido de registro de marca depositado em país que mantenha acordo com o Brasil ou em organização internacional, que produza efeito de depósito nacional, será assegurado direito de prioridade, nos prazos estabelecidos no acordo, não sendo o depósito invalidado nem prejudicado por fatos ocorridos nesses prazos.
§ 1º A reivindicação da prioridade será feita no ato de depósito, podendo ser suplementada dentro de 60 (sessenta) dias por outras prioridades anteriores à data do depósito no Brasil.
§ 2º A reivindicação da prioridade será comprovada por documento hábil da origem, contendo o número, a data e a reprodução do pedido ou do registro, acompanhado de tradução simples, cujo teor será de inteira responsabilidade do depositante.
§ 3º Se não efetuada por ocasião do depósito, a comprovação deverá ocorrer em até 4 (quatro) meses, contados do depósito, sob pena de perda da prioridade.
§ 4º Tratando-se de prioridade obtida por cessão, o documento correspondente deverá ser apresentado junto com o próprio documento de prioridade.

Capítulo III
DOS REQUERENTES DE REGISTRO

Art. 128. Podem requerer registro de marca as pessoas físicas ou jurídicas de direito público ou de direito privado.

• V. art. 133, § 3º.

§ 1º As pessoas de direito privado só podem requerer registro de marca relativo à atividade que exerçam efetiva e licitamente, de modo direto ou através de empresas que controlem direta ou indiretamente, declarando, no próprio requerimento, esta condição, sob as penas da lei.
§ 2º O registro de marca coletiva só poderá ser requerido por pessoa jurídica representativa de coletividade, a qual poderá exercer atividade distinta da de seus membros.
§ 3º O registro da marca de certificação só poderá ser requerido por pessoa sem interesse comercial ou industrial direto no produto ou serviço atestado.
§ 4º A reivindicação de prioridade não isenta o pedido da aplicação dos dispositivos constantes deste Título.

Capítulo IV
DOS DIREITOS SOBRE A MARCA

Seção I
Aquisição

Art. 129. A propriedade da marca adquire-se pelo registro validamente expedido, conforme as disposições desta Lei, sendo assegurado ao titular seu uso exclusivo em todo o território nacional, observado quanto às marcas coletivas e de certificação o disposto nos arts. 147 e 148.
§ 1º Toda pessoa que, de boa-fé, na data da prioridade ou depósito, usava no País, há pelo menos 6 (seis) meses, marca idêntica ou semelhante, para distinguir ou certificar produto ou serviço idêntico, seme-

lhante ou afim, terá direito de precedência ao registro.

§ 2º O direito de precedência somente poderá ser cedido juntamente com o negócio da empresa, ou parte deste, que tenha direta relação com o uso da marca, por alienação ou arrendamento.

Seção II
Da proteção conferida pelo registro

Art. 130. Ao titular da marca ou ao depositante é ainda assegurado o direito de:
I – ceder seu registro ou pedido de registro;
II – licenciar seu uso;
III – zelar pela sua integridade material ou reputação.

Art. 131. A proteção de que trata esta Lei abrange o uso da marca em papéis, impressos, propaganda e documentos relativos à atividade do titular.

Art. 132. O titular da marca não poderá:
I – impedir que comerciantes ou distribuidores utilizem sinais distintivos que lhes são próprios, juntamente com a marca do produto, na sua promoção e comercialização;
II – impedir que fabricantes de acessórios utilizem a marca para indicar a destinação do produto, desde que obedecidas as práticas leais de concorrência;
III – impedir a livre circulação de produto colocado no mercado interno, por si ou por outrem com seu consentimento, ressalvado o disposto nos §§ 3º e 4º do art. 68; e
IV – impedir a citação da marca em discurso, obra científica ou literária ou qualquer outra publicação, desde que sem conotação comercial e sem prejuízo para seu caráter distintivo.

Capítulo V
DA VIGÊNCIA, DA CESSÃO E DAS ANOTAÇÕES

Seção I
Da vigência

Art. 133. O registro da marca vigorará pelo prazo de 10 (dez) anos, contados da data da concessão do registro, prorrogável por períodos iguais e sucessivos.

§ 1º O pedido de prorrogação deverá ser formulado durante o último ano de vigência do registro, instruído com o comprovante do pagamento da respectiva retribuição.

§ 2º Se o pedido de prorrogação não tiver sido efetuado até o termo final da vigência do registro, o titular poderá fazê-lo nos 6 (seis) meses subsequentes, mediante o pagamento de retribuição adicional.

§ 3º A prorrogação não será concedida se não atendido o disposto no art. 128.

Seção II
Da cessão

Art. 134. O pedido de registro e o registro poderão ser cedidos, desde que o cessionário atenda aos requisitos legais para requerer tal registro.

Art. 135. A cessão deverá compreender todos os registros ou pedidos, em nome do cedente, de marcas iguais ou semelhantes, relativas a produto ou serviço idêntico, semelhante ou afim, sob pena de cancelamento dos registros ou arquivamento dos pedidos não cedidos.

• V. art. 138, II.

Seção III
Das anotações

Art. 136. O INPI fará as seguintes anotações:
I – da cessão, fazendo constar a qualificação completa do cessionário;
II – de qualquer limitação ou ônus que recaia sobre o pedido ou registro; e
III – das alterações de nome, sede ou endereço do depositante ou titular.

Art. 137. As anotações produzirão efeitos em relação a terceiros a partir da data de sua publicação.

Art. 138. Cabe recurso da decisão que:
I – indeferir anotação de cessão;
II – cancelar o registro ou arquivar o pedido, nos termos do art. 135.

Seção IV
Da licença de uso

Art. 139. O titular de registro ou o depositante de pedido de registro poderá celebrar contrato de licença para uso da marca, sem prejuízo de seu direito de exercer controle efetivo sobre as especificações, natureza e qualidade dos respectivos produtos ou serviços.

Parágrafo único. O licenciado poderá ser investido pelo titular de todos os poderes para agir em defesa da marca, sem prejuízo dos seus próprios direitos.

Art. 140. O contrato de licença deverá ser averbado no INPI para que produza efeitos em relação a terceiros.

§ 1º A averbação produzirá efeitos em relação a terceiros a partir da data de sua publicação.

§ 2º Para efeito de validade de prova de uso, o contrato de licença não precisará estar averbado no INPI.

Art. 141. Da decisão que indeferir a averbação do contrato de licença cabe recurso.

Capítulo VI
DA PERDA DOS DIREITOS

Art. 142. O registro da marca extingue-se:

• V. art. 151.

I – pela expiração do prazo de vigência;
II – pela renúncia, que poderá ser total ou parcial em relação aos produtos ou serviços assinalados pela marca;
III – pela caducidade; ou
IV – pela inobservância do disposto no art. 217.

Art. 143. Caducará o registro, a requerimento de qualquer pessoa com legítimo interesse se, decorridos 5 (cinco) anos da sua concessão, na data do requerimento:

• V. art. 153.

I – o uso da marca não tiver sido iniciado no Brasil; ou
II – o uso da marca tiver sido interrompido por mais de 5 (cinco) anos consecutivos, ou se, no mesmo prazo, a marca tiver sido usada com modificação que implique alteração de seu caráter distintivo original, tal como constante do certificado de registro.

§ 1º Não ocorrerá caducidade se o titular justificar o desuso da marca por razões legítimas.

§ 2º O titular será intimado para se manifestar no prazo de 60 (sessenta) dias, cabendo-lhe o ônus de provar o uso da marca ou justificar seu desuso por razões legítimas.

Art. 144. O uso da marca deverá compreender produtos ou serviços constantes do certificado, sob pena de caducar parcialmente o registro em relação aos não semelhantes ou afins daqueles para os quais a marca foi comprovadamente usada.

• V. art. 153.

Art. 145. Não se conhecerá do requerimento de caducidade se o uso da marca tiver sido comprovado ou justificado seu desuso em processo anterior, requerido há menos de 5 (cinco) anos.

• V. art. 153.

Art. 146. Da decisão que declarar ou denegar a caducidade caberá recurso.

• V. art. 153.

Capítulo VII
DAS MARCAS COLETIVAS E DE CERTIFICAÇÃO

Art. 147. O pedido de registro de marca coletiva conterá regulamento de utilização, dispondo sobre condições e proibições de uso da marca.

• V. art. 129.

Parágrafo único. O regulamento de utilização, quando não acompanhar o pedido, deverá ser protocolizado no prazo de 60 (sessenta) dias do depósito, sob pena de arquivamento definitivo do pedido.

Art. 148. O pedido de registro da marca de certificação conterá:

• V. art. 129.

I – as características do produto ou serviço objeto de certificação; e
II – as medidas de controle que serão adotadas pelo titular.

Parágrafo único. A documentação prevista nos incisos I e II deste artigo, quando não acompanhar o pedido, deverá ser protocolizada no prazo de 60 (sessenta) dias, sob pena de arquivamento definitivo do pedido.

Art. 149. Qualquer alteração no regulamento de utilização deverá ser comunicada

Lei 9.279/1996

ao INPI, mediante petição protocolizada, contendo todas as condições alteradas, sob pena de não ser considerada.

Art. 150. O uso da marca independe de licença, bastando sua autorização no regulamento de utilização.

Art. 151. Além das causas de extinção estabelecidas no art. 142, o registro da marca coletiva e de certificação extingue-se quando:

I – a entidade deixar de existir; ou

II – a marca for utilizada em condições outras que não aquelas previstas no regulamento de utilização.

Art. 152. Só será admitida a renúncia ao registro de marca coletiva quando requerida nos termos do contrato social ou estatuto da própria entidade, ou, ainda, conforme o regulamento de utilização.

Art. 153. A caducidade do registro será declarada se a marca coletiva não for usada por mais de uma pessoa autorizada, observado o disposto nos arts. 143 a 146.

Art. 154. A marca coletiva e a de certificação que já tenham sido usadas e cujos registros tenham sido extintos não poderão ser registradas em nome de terceiro, antes de expirado o prazo de 5 (cinco) anos, contados da extinção do registro.

• V. art. 124, XII.

Capítulo VIII
DO DEPÓSITO

Art. 155. O pedido deverá referir-se a um único sinal distintivo e, nas condições estabelecidas pelo INPI, conterá:

• V. art. 157.

I – requerimento;

II – etiquetas, quando for o caso; e

III – comprovante do pagamento da retribuição relativa ao depósito.

Parágrafo único. O requerimento e qualquer documento que o acompanhe deverão ser apresentados em língua portuguesa e, quando houver documento em língua estrangeira, sua tradução simples deverá ser apresentada no ato do depósito ou dentro dos 60 (sessenta) dias subsequentes, sob pena de não ser considerado o documento.

Art. 156. Apresentado o pedido, será ele submetido a exame formal preliminar e, se devidamente instruído, será protocolizado, considerada a data de depósito a da sua apresentação.

Art. 157. O pedido que não atender formalmente ao disposto no art. 155, mas que contiver dados suficientes relativos ao depositante, sinal marcário e classe, poderá ser entregue, mediante recibo datado, ao INPI, que estabelecerá as exigências a serem cumpridas pelo depositante, em 5 (cinco) dias, sob pena de ser considerado inexistente.

Parágrafo único. Cumpridas as exigências, o depósito será considerado como efetuado na data da apresentação do pedido.

Capítulo IX
DO EXAME

Art. 158. Protocolizado, o pedido será publicado para apresentação de oposição no prazo de 60 (sessenta) dias.

§ 1º O depositante será intimado da oposição, podendo se manifestar no prazo de 60 (sessenta) dias.

§ 2º Não se conhecerá da oposição, nulidade administrativa ou de ação de nulidade se, fundamentada no inciso XXIII do art. 124 ou no art. 126, não se comprovar, no prazo de 60 (sessenta) dias após a interposição, o depósito do pedido de registro da marca na forma desta Lei.

Art. 159. Decorrido o prazo de oposição ou, se interposta esta, findo o prazo de manifestação, será feito o exame, durante o qual poderão ser formuladas exigências, que deverão ser respondidas no prazo de 60 (sessenta) dias.

§ 1º Não respondida a exigência, o pedido será definitivamente arquivado.

§ 2º Respondida a exigência, ainda que não cumprida, ou contestada a sua formulação, dar-se-á prosseguimento ao exame.

Art. 160. Concluído o exame, será proferida decisão, deferindo ou indeferindo o pedido de registro.

Lei 9.279/1996

Capítulo X
DA EXPEDIÇÃO DO CERTIFICADO DE REGISTRO

Art. 161. O certificado de registro será concedido depois de deferido o pedido e comprovado o pagamento das retribuições correspondentes.

Art. 162. O pagamento das retribuições, e sua comprovação, relativas à expedição do certificado de registro e ao primeiro decênio de sua vigência, deverão ser efetuados no prazo de 60 (sessenta) dias contados do deferimento.

Parágrafo único. A retribuição poderá ainda ser paga e comprovada dentro de 30 (trinta) dias após o prazo previsto neste artigo, independentemente de notificação, mediante o pagamento de retribuição específica, sob pena de arquivamento definitivo do pedido.

Art. 163. Reputa-se concedido o certificado de registro na data da publicação do respectivo ato.

Art. 164. Do certificado deverão constar a marca, o número e data do registro, nome, nacionalidade e domicílio do titular, os produtos ou serviços, as características do registro e a prioridade estrangeira.

Capítulo XI
DA NULIDADE DO REGISTRO

Seção I
Disposições gerais

Art. 165. É nulo o registro que for concedido em desacordo com as disposições desta Lei.

Parágrafo único. A nulidade do registro poderá ser total ou parcial, sendo condição para a nulidade parcial o fato de a parte subsistente poder ser considerada registrável.

Art. 166. O titular de uma marca registrada em país signatário da Convenção da União de Paris para Proteção da Propriedade Industrial poderá, alternativamente, reivindicar, através de ação judicial, a adjudicação do registro, nos termos previstos no art. 6º *septies* (1) daquela Convenção.

Art. 167. A declaração de nulidade produzirá efeito a partir da data do depósito do pedido.

Seção II
Do processo administrativo de nulidade

Art. 168. A nulidade do registro será declarada administrativamente quando tiver sido concedida com infringência do disposto nesta Lei.

Art. 169. O processo de nulidade poderá ser instaurado de ofício ou mediante requerimento de qualquer pessoa com legítimo interesse, no prazo de 180 (cento e oitenta) dias contados da data da expedição do certificado de registro.

Art. 170. O titular será intimado para se manifestar no prazo de 60 (sessenta) dias.

Art. 171. Decorrido o prazo fixado no artigo anterior, mesmo que não apresentada a manifestação, o processo será decidido pelo Presidente do INPI, encerrando-se a instância administrativa.

Art. 172. O processo de nulidade prosseguirá ainda que extinto o registro.

Seção III
Da ação de nulidade

Art. 173. A ação de nulidade poderá ser proposta pelo INPI ou por qualquer pessoa com legítimo interesse.

Parágrafo único. O juiz poderá, nos autos da ação de nulidade, determinar liminarmente a suspensão dos efeitos do registro e do uso da marca, atendidos os requisitos processuais próprios.

•• V. art. 209, § 1º.

Art. 174. Prescreve em 5 (cinco) anos a ação para declarar a nulidade do registro, contados da data da sua concessão.

Art. 175. A ação de nulidade do registro será ajuizada no foro da justiça federal e o INPI, quando não for autor, intervirá no feito.

§ 1º O prazo para resposta do réu titular do registro será de 60 (sessenta) dias.

§ 2º Transitada em julgado a decisão da ação de nulidade, o INPI publicará anotação, para ciência de terceiros.

Lei 9.279/1996

LEGISLAÇÃO

TÍTULO IV
DAS INDICAÇÕES GEOGRÁFICAS

Art. 176. Constitui indicação geográfica a indicação de procedência ou a denominação de origem.

Art. 177. Considera-se indicação de procedência o nome geográfico de país, cidade, região ou localidade de seu território, que se tenha tornado conhecido como centro de extração, produção ou fabricação de determinado produto ou de prestação de determinado serviço.

Art. 178. Considera-se denominação de origem o nome geográfico de país, cidade, região ou localidade de seu território, que designe produto ou serviço cujas qualidades ou características se devam exclusiva ou essencialmente ao meio geográfico, incluídos fatores naturais e humanos.

Art. 179. A proteção estender-se-á à representação gráfica ou figurativa da indicação geográfica, bem como à representação geográfica de país, cidade, região ou localidade de seu território cujo nome seja indicação geográfica.

Art. 180. Quando o nome geográfico se houver tornado de uso comum, designando produto ou serviço, não será considerado indicação geográfica.

Art. 181. O nome geográfico que não constitua indicação de procedência ou denominação de origem poderá servir de elemento característico de marca para produto ou serviço, desde que não induza falsa procedência.

Art. 182. O uso da indicação geográfica é restrito aos produtores e prestadores de serviço estabelecidos no local, exigindo-se, ainda, em relação às denominações de origem, o atendimento de requisitos de qualidade.

Parágrafo único. O INPI estabelecerá as condições de registro das indicações geográficas.

TÍTULO V
DOS CRIMES CONTRA A PROPRIEDADE INDUSTRIAL

• V. arts. 243 e 244.

Capítulo I
DOS CRIMES CONTRA AS PATENTES

Art. 183. Comete crime contra patente de invenção ou de modelo de utilidade quem:

I – fabrica produto que seja objeto de patente de invenção ou de modelo de utilidade, sem autorização do titular; ou

II – usa meio ou processo que seja objeto de patente de invenção, sem autorização do titular.

Pena – detenção, de 3 (três) meses a 1 (um) ano, ou multa.

Art. 184. Comete crime contra patente de invenção ou de modelo de utilidade quem:

I – exporta, vende, expõe ou oferece à venda, tem em estoque, oculta ou recebe, para utilização com fins econômicos, produto fabricado com violação de patente de invenção ou de modelo de utilidade, ou obtido por meio ou processo patenteado; ou

II – importa produto que seja objeto de patente de invenção ou de modelo de utilidade ou obtido por meio ou processo patenteado no País, para os fins previstos no inciso anterior, e que não tenha sido colocado no mercado externo diretamente pelo titular da patente ou com seu consentimento.

Pena – detenção, de 1 (um) a 3 (três) meses, ou multa.

Art. 185. Fornecer componente de um produto patenteado, ou material ou equipamento para realizar um processo patenteado, desde que a aplicação final do componente, material ou equipamento induza, necessariamente, à exploração do objeto da patente.

Pena – detenção, de 1 (um) a 3 (três) meses, ou multa.

Art. 186. Os crimes deste Capítulo caracterizam-se ainda que a violação não atinja todas as reivindicações da patente ou se restrinja à utilização de meios equivalentes ao objeto da patente.

Lei 9.279/1996

LEGISLAÇÃO

Capítulo II
DOS CRIMES CONTRA OS DESENHOS INDUSTRIAIS

Art. 187. Fabricar, sem autorização do titular, produto que incorpore desenho industrial registrado, ou imitação substancial que possa induzir em erro ou confusão.

Pena – detenção, de 3 (três) meses a 1 (um) ano, ou multa.

Art. 188. Comete crime contra registro de desenho industrial quem:

I – exporta, vende, expõe ou oferece à venda, tem em estoque, oculta ou recebe, para utilização com fins econômicos, objeto que incorpore ilicitamente desenho industrial registrado, ou imitação substancial que possa induzir em erro ou confusão; ou

II – importa produto que incorpore desenho industrial registrado no País, ou imitação substancial que possa induzir em erro ou confusão, para os fins previstos no inciso anterior, e que não tenha sido colocado no mercado externo diretamente pelo titular ou com seu consentimento.

Pena – detenção, de 1 (um) a 3 (três) meses, ou multa.

Capítulo III
DOS CRIMES CONTRA AS MARCAS

Art. 189. Comete crime contra registro de marca quem:

I – reproduz, sem autorização do titular, no todo ou em parte, marca registrada, ou imita-a de modo que possa induzir confusão; ou

II – altera marca registrada de outrem já aposta em produto colocado no mercado.

Pena – detenção, de 3 (três) meses a 1 (um) ano, ou multa.

Art. 190. Comete crime contra registro de marca quem importa, exporta, vende, oferece ou expõe à venda, oculta ou tem em estoque:

I – produto assinalado com marca ilicitamente reproduzida ou imitada, de outrem, no todo ou em parte; ou

II – produto de sua indústria ou comércio, contido em vasilhame, recipiente ou embalagem que contenha marca legítima de outrem.

Pena – detenção, de 1 (um) a 3 (três) meses, ou multa.

Capítulo IV
DOS CRIMES COMETIDOS POR MEIO DE MARCA, TÍTULO DE ESTABELECIMENTO E SINAL DE PROPAGANDA

Art. 191. Reproduzir ou imitar, de modo que possa induzir em erro ou confusão, armas, brasões ou distintivos oficiais nacionais, estrangeiros ou internacionais, sem a necessária autorização, no todo ou em parte, em marca, título de estabelecimento, nome comercial, insígnia ou sinal de propaganda, ou usar essas reproduções ou imitações com fins econômicos.

Pena – detenção, de 1 (um) a 3 (três) meses, ou multa.

• V. art. 199.

Parágrafo único. Incorre na mesma pena quem vende ou expõe ou oferece à venda produtos assinalados com essas marcas.

Capítulo V
DOS CRIMES CONTRA INDICAÇÕES GEOGRÁFICAS E DEMAIS INDICAÇÕES

Art. 192. Fabricar, importar, exportar, vender, expor ou oferecer à venda ou ter em estoque produto que apresente falsa indicação geográfica.

Pena – detenção, de 1 (um) a 3 (três) meses, ou multa.

Art. 193. Usar, em produto, recipiente, invólucro, cinta, rótulo, fatura, circular, cartaz ou em outro meio de divulgação ou propaganda, termos retificativos, tais como "tipo", "espécie", "gênero", "sistema", "semelhante", "sucedâneo", "idêntico", ou equivalente, não ressalvando a verdadeira procedência do produto.

Pena – detenção, de 1 (um) a 3 (três) meses, ou multa.

Art. 194. Usar marca, nome comercial, título de estabelecimento, insígnia, expressão ou sinal de propaganda ou qualquer outra forma que indique procedência que não a verdadeira, ou vender ou expor à venda produto com esses sinais.

Pena – detenção, de 1 (um) a 3 (três) meses, ou multa.

Lei 9.279/1996

Capítulo VI
DOS CRIMES DE CONCORRÊNCIA DESLEAL

Art. 195. Comete crime de concorrência desleal quem:

I – publica, por qualquer meio, falsa afirmação, em detrimento de concorrente, com o fim de obter vantagem;

- V. art. 170, Lei 11.101/2005 (Lei de Recuperação de Empresas e Falência).

II – presta ou divulga, acerca de concorrente, falsa informação, com o fim de obter vantagem;

- V. art. 170, Lei 11.101/2005 (Lei de Recuperação de Empresas e Falência).

III – emprega meio fraudulento, para desviar, em proveito próprio ou alheio, clientela de outrem;

IV – usa expressão ou sinal de propaganda alheios, ou os imita, de modo a criar confusão entre os produtos ou estabelecimentos;

V – usa, indevidamente, nome comercial, título de estabelecimento ou insígnia alheios ou vende, expõe ou oferece à venda ou tem em estoque produto com essas referências;

VI – substitui, pelo seu próprio nome ou razão social, em produto de outrem, o nome ou razão social deste, sem o seu consentimento;

VII – atribui-se, como meio de propaganda, recompensa ou distinção que não obteve;

VIII – vende ou expõe ou oferece à venda, em recipiente ou invólucro de outrem, produto adulterado ou falsificado, ou dele se utiliza para negociar com produto da mesma espécie, embora não adulterado ou falsificado, se o fato não constitui crime mais grave;

IX – dá ou promete dinheiro ou outra utilidade a empregado de concorrente, para que o empregado, faltando ao dever do emprego, lhe proporcione vantagem;

X – recebe dinheiro ou outra utilidade, ou aceita promessa de paga ou recompensa, para, faltando ao dever de empregado, proporcionar vantagem a concorrente do empregador;

XI – divulga, explora ou utiliza-se, sem autorização, de conhecimentos, informações ou dados confidenciais, utilizáveis na indústria, comércio ou prestação de serviços, excluídos aqueles que sejam de conhecimento público ou que sejam evidentes para um técnico no assunto, a que teve acesso mediante relação contratual ou empregatícia, mesmo após o término do contrato;

- V. art. 169, Lei 11.101/2005 (Lei de Recuperação de Empresas e Falência).

XII – divulga, explora ou utiliza-se, sem autorização, de conhecimentos ou informações a que se refere o inciso anterior, obtidos por meios ilícitos ou a que teve acesso mediante fraude;

- V. art. 169, Lei 11.101/2005 (Lei de Recuperação de Empresas e Falência).

XIII – vende, expõe ou oferece à venda produto, declarando ser objeto de patente depositada, ou concedida, ou de desenho industrial registrado, que não o seja, ou menciona-o, em anúncio ou papel comercial, como depositado ou patenteado, ou registrado, sem o ser; ou

XIV – divulga, explora ou utiliza-se, sem autorização, de resultados de testes ou outros dados não divulgados, cuja elaboração envolva esforço considerável e que tenham sido apresentados a entidades governamentais como condição para aprovar a comercialização de produtos.

Pena – detenção, de 3 (três) meses a 1 (um) ano, ou multa.

§ 1º Inclui-se nas hipóteses a que se referem os incisos XI e XII o empregador, sócio ou administrador da empresa, que incorrer nas tipificações estabelecidas nos mencionados dispositivos.

§ 2º O disposto no inciso XIV não se aplica quanto à divulgação por órgão governamental competente para autorizar a comercialização de produto, quando necessário para proteger o público.

Lei 9.279/1996

Capítulo VII
DAS DISPOSIÇÕES GERAIS

Art. 196. As penas de detenção previstas nos Capítulos I, II e III deste Título serão aumentadas de 1/3 (um terço) à metade se:

I – o agente é ou foi representante, mandatário, preposto, sócio ou empregado do titular da patente ou do registro, ou, ainda, do seu licenciado; ou

II – a marca alterada, reproduzida ou imitada for de alto renome, notoriamente conhecida, de certificação ou coletiva.

Art. 197. As penas de multa previstas neste Título serão fixadas, no mínimo, em 10 (dez) e, no máximo, em 360 (trezentos e sessenta) dias-multa, de acordo com a sistemática do Código Penal.

Parágrafo único. A multa poderá ser aumentada ou reduzida, em até dez vezes, em face das condições pessoais do agente e da magnitude da vantagem auferida, independentemente da norma estabelecida no artigo anterior.

Art. 198. Poderão ser apreendidos, de ofício ou a requerimento do interessado, pelas autoridades alfandegárias, no ato de conferência, os produtos assinalados com marcas falsificadas, alteradas ou imitadas ou que apresentem falsa indicação de procedência.

Art. 199. Nos crimes previstos neste Título somente se procede mediante queixa, salvo quanto ao crime do art. 191, em que a ação penal será pública.

Art. 200. A ação penal e as diligências preliminares de busca e apreensão, nos crimes contra a propriedade industrial, regulam-se pelo disposto no Código de Processo Penal, com as modificações constantes dos artigos deste Capítulo.

Art. 201. Na diligência de busca e apreensão, em crime contra patente que tenha por objeto a invenção de processo, o oficial do juízo será acompanhado por perito, que verificará, preliminarmente, a existência do ilícito, podendo o juiz ordenar a apreensão de produtos obtidos pelo contrafator com o emprego do processo patenteado.

Art. 202. Além das diligências preliminares de busca e apreensão, o interessado poderá requerer:

I – apreensão de marca falsificada, alterada ou imitada onde for preparada ou onde quer que seja encontrada, antes de utilizada para fins criminosos; ou

II – destruição de marca falsificada nos volumes ou produtos que a contiverem, antes de serem distribuídos, ainda que fiquem destruídos os envoltórios ou os próprios produtos.

Art. 203. Tratando-se de estabelecimentos industriais ou comerciais legalmente organizados e que estejam funcionando publicamente, as diligências preliminares limitar-se-ão à vistoria e apreensão dos produtos, quando ordenadas pelo juiz, não podendo ser paralisada a sua atividade licitamente exercida.

Art. 204. Realizada a diligência de busca e apreensão, responderá por perdas e danos a parte que a tiver requerido de má-fé, por espírito de emulação, mero capricho ou erro grosseiro.

• V. arts. 935 e 942, CC.

Art. 205. Poderá constituir matéria de defesa na ação penal a alegação de nulidade da patente ou registro em que a ação se fundar. A absolvição do réu, entretanto, não importará a nulidade da patente ou do registro, que só poderá ser demandada pela ação competente.

Art. 206. Na hipótese de serem reveladas, em juízo, para a defesa dos interesses de qualquer das partes, informações que se caracterizem como confidenciais, sejam segredo de indústria ou de comércio, deverá o juiz determinar que o processo prossiga em segredo de justiça, vedado o uso de tais informações também à outra parte para outras finalidades.

Art. 207. Independentemente da ação criminal, o prejudicado poderá intentar as ações cíveis que considerar cabíveis na forma do Código de Processo Civil.

• V. art. 935, CC.

Lei 9.279/1996

Art. 208. A indenização será determinada pelos benefícios que o prejudicado teria auferido se a violação não tivesse ocorrido.

•• V. arts. 318 e 319, CPC/2015.

Art. 209. Fica ressalvado ao prejudicado o direito de haver perdas e danos em ressarcimento de prejuízos causados por atos de violação de direitos de propriedade industrial e atos de concorrência desleal não previstos nesta Lei, tendentes a prejudicar a reputação ou os negócios alheios, a criar confusão entre estabelecimentos comerciais, industriais ou prestadores de serviço, ou entre os produtos e serviços postos no comércio.

§ 1º Poderá o juiz, nos autos da própria ação, para evitar dano irreparável ou de difícil reparação, determinar liminarmente a sustação da violação ou de ato que a enseje, antes da citação do réu, mediante, caso julgue necessário, caução em dinheiro ou garantia fidejussória.

• V. arts. 297, *caput*, 300 e 301, CPC/2015.

§ 2º Nos casos de reprodução ou de imitação flagrante de marca registrada, o juiz poderá determinar a apreensão de todas as mercadorias, produtos, objetos, embalagens, etiquetas e outros que contenham a marca falsificada ou imitada.

Art. 210. Os lucros cessantes serão determinados pelo critério mais favorável ao prejudicado, dentre os seguintes:

• V. arts. 389, 402 e 403, CC.
•• V. arts. 318 e 319, CPC/2015.

I – os benefícios que o prejudicado teria auferido se a violação não tivesse ocorrido; ou

II – os benefícios que foram auferidos pelo autor da violação do direito; ou

III – a remuneração que o autor da violação teria pago ao titular do direito violado pela concessão de uma licença que lhe permitisse legalmente explorar o bem.

TÍTULO VI
DA TRANSFERÊNCIA DE TECNOLOGIA E DA FRANQUIA

Art. 211. O INPI fará o registro dos contratos que impliquem transferência de tecnologia, contratos de franquia e similares para produzirem efeitos em relação a terceiros.

Parágrafo único. A decisão relativa aos pedidos de registro de contratos de que trata este artigo será proferida no prazo de 30 (trinta) dias, contados da data do pedido de registro.

TÍTULO VII
DAS DISPOSIÇÕES GERAIS

Capítulo I
DOS RECURSOS

Art. 212. Salvo expressa disposição em contrário, das decisões de que trata esta Lei cabe recurso, que será interposto no prazo de 60 (sessenta) dias.

§ 1º Os recursos serão recebidos nos efeitos suspensivo e devolutivo pleno, aplicando-se todos os dispositivos pertinentes ao exame de primeira instância, no que couber.

§ 2º Não cabe recurso da decisão que determinar o arquivamento definitivo de pedido de patente ou de registro e da que deferir pedido de patente, de certificado de adição ou do registro de marca.

§ 3º Os recursos serão decididos pelo Presidente do INPI, encerrando-se a instância administrativa.

Art. 213. Os interessados serão intimados para, no prazo de 60 (sessenta) dias, oferecerem contrarrazões ao recurso.

Art. 214. Para fins de complementação das razões oferecidas a título de recurso, o INPI poderá formular exigências, que deverão ser cumpridas no prazo de 60 (sessenta) dias.

Parágrafo único. Decorrido o prazo do *caput*, será decidido o recurso.

Art. 215. A decisão do recurso é final e irrecorrível na esfera administrativa.

Capítulo II
DOS ATOS DAS PARTES

Art. 216. Os atos previstos nesta Lei serão praticados pelas partes ou por seus procuradores, devidamente qualificados.

§ 1º O instrumento de procuração, no original, traslado ou fotocópia autenticada, deverá ser em língua portuguesa, dispensados a legalização consular e o reconhecimento de firma.

§ 2º A procuração deverá ser apresentada em até 60 (sessenta) dias contados da prática do primeiro ato da parte no processo, independente de notificação ou exigência, sob pena de arquivamento, sendo definitivo o arquivamento do pedido de patente, do pedido de registro de desenho industrial e de registro de marca.

Art. 217. A pessoa domiciliada no exterior deverá constituir e manter procurador devidamente qualificado e domiciliado no País, com poderes para representá-la administrativa e judicialmente, inclusive para receber citações.

• V. arts. 78, V, 119, IV, e 142, IV.

Art. 218. Não se conhecerá da petição:

I – se apresentada fora do prazo legal; ou

II – se desacompanhada do comprovante da respectiva retribuição no valor vigente à data de sua apresentação.

Art. 219. Não serão conhecidos a petição, a oposição e o recurso, quando:

I – apresentados fora do prazo previsto nesta Lei;

II – não contiverem fundamentação legal; ou

III – desacompanhados do comprovante do pagamento da retribuição correspondente.

Art. 220. O INPI aproveitará os atos das partes, sempre que possível, fazendo as exigências cabíveis.

Capítulo III
DOS PRAZOS

Art. 221. Os prazos estabelecidos nesta Lei são contínuos, extinguindo-se automaticamente o direito de praticar o ato, após seu decurso, salvo se a parte provar que não o realizou por justa causa.

§ 1º Reputa-se justa causa o evento imprevisto, alheio à vontade da parte e que a impediu de praticar o ato.

§ 2º Reconhecida a justa causa, a parte praticará o ato no prazo que lhe for concedido pelo INPI.

Art. 222. No cômputo dos prazos, exclui-se o dia do começo e inclui-se o do vencimento.

Art. 223. Os prazos somente começam a correr a partir do primeiro dia útil após a intimação, que será feita mediante publicação no órgão oficial do INPI.

Art. 224. Não havendo expressa estipulação nesta Lei, o prazo para a prática do ato será de 60 (sessenta) dias.

Capítulo IV
DA PRESCRIÇÃO

Art. 225. Prescreve em 5 (cinco) anos a ação para reparação de dano causado ao direito de propriedade industrial.

Capítulo V
DOS ATOS DO INPI

Art. 226. Os atos do INPI nos processos administrativos referentes à propriedade industrial só produzem efeitos a partir da sua publicação no respectivo órgão oficial, ressalvados:

I – os que expressamente independerem de notificação ou publicação por força do disposto nesta Lei;

II – as decisões administrativas, quando feita notificação por via postal ou por ciência dada ao interessado no processo; e

III – os pareceres e despachos internos que não necessitem ser do conhecimento das partes.

Capítulo VI
DAS CLASSIFICAÇÕES

Art. 227. As classificações relativas às matérias dos Títulos I, II e III desta Lei serão estabelecidas pelo INPI, quando não fixadas em tratado ou acordo internacional em vigor no Brasil.

Capítulo VII
DA RETRIBUIÇÃO

Art. 228. Para os serviços previstos nesta Lei será cobrada retribuição, cujo valor e processo de recolhimento serão estabelecidos por ato do titular do órgão da administração pública federal a que estiver vinculado o INPI.

Lei 9.279/1996

LEGISLAÇÃO

TÍTULO VIII
DAS DISPOSIÇÕES TRANSITÓRIAS E FINAIS

Art. 229. Aos pedidos em andamento serão aplicadas as disposições desta Lei, exceto quanto à patenteabilidade dos pedidos depositados até 31 de dezembro de 1994, cujo objeto de proteção sejam substâncias, matérias ou produtos obtidos por meios ou processos químicos ou substâncias, matérias, misturas ou produtos alimentícios, químico-farmacêuticos e medicamentos de qualquer espécie, bem como os respectivos processos de obtenção ou modificação e cujos depositantes não tenham exercido a faculdade prevista nos arts. 230 e 231 desta Lei, os quais serão considerados indeferidos, para todos os efeitos, devendo o INPI publicar a comunicação dos aludidos indeferimentos.

• Artigo com redação determinada pela Lei 10.196/2001.

Parágrafo único. Aos pedidos relativos a produtos farmacêuticos e produtos químicos para a agricultura, que tenham sido depositados entre 1º de janeiro de 1995 e 14 de maio de 1997, aplicam-se os critérios de patenteabilidade desta Lei, na data efetiva do depósito do pedido no Brasil ou da prioridade, se houver, assegurando-se a proteção a partir da data da concessão da patente, pelo prazo remanescente a contar do dia do depósito no Brasil, limitado ao prazo previsto no *caput* do art. 40.

Art. 229-A. Consideram-se indeferidos os pedidos de patentes de processo apresentados entre 1º de janeiro de 1995 e 14 de maio de 1997, aos quais o art. 9º, alínea c, da Lei 5.772, de 21 de dezembro de 1971, não conferia proteção, devendo o INPI publicar a comunicação dos aludidos indeferimentos.

• Artigo acrescentado pela Lei 10.196/2001.

Art. 229-B. Os pedidos de patentes de produto apresentados entre 1º de janeiro de 1995 e 14 de maio de 1997, aos quais o art. 9º, alíneas b e c, da Lei 5.772, de 1971, não conferia proteção e cujos depositantes não tenham exercido a faculdade prevista nos arts. 230 e 231, serão decididos até 31 de dezembro de 2004, em conformidade com esta Lei.

• Artigo acrescentado pela Lei 10.196/2001.

Art. 229-C. A concessão de patentes para produtos e processos farmacêuticos dependerá da prévia anuência da Agência Nacional de Vigilância Sanitária (Anvisa).

• Artigo acrescentado pela Lei 10.196/2001.

Art. 230. Poderá ser depositado pedido de patente relativo às substâncias, matérias ou produtos obtidos por meios ou processos químicos e as substâncias, matérias, misturas ou produtos alimentícios, químico-farmacêuticos e medicamentos de qualquer espécie, bem como os respectivos processos de obtenção ou modificação, por quem tenha proteção garantida em tratado ou convenção em vigor no Brasil, ficando assegurada a data do primeiro depósito no exterior, desde que seu objeto não tenha sido colocado em qualquer mercado, por iniciativa direta do titular ou por terceiro com seu consentimento, nem tenham sido realizados, por terceiros, no País, sérios e efetivos preparativos para a exploração do objeto do pedido ou da patente.

• V. arts. 229 e 243.

§ 1º O depósito deverá ser feito dentro do prazo de 1 (um) ano contado da publicação desta Lei, e deverá indicar a data do primeiro depósito no exterior.

§ 2º O pedido de patente depositado com base neste artigo será automaticamente publicado, sendo facultado a qualquer interessado manifestar-se, no prazo de 90 (noventa) dias, quanto ao atendimento do disposto no *caput* deste artigo.

§ 3º Respeitados os arts. 10 e 18 desta Lei, e uma vez atendidas as condições estabelecidas neste artigo e comprovada a concessão da patente no país onde foi depositado o primeiro pedido, será concedida a patente no Brasil, tal como concedida no país de origem.

§ 4º Fica assegurado à patente concedida com base neste artigo o prazo remanescente de proteção no país onde foi depositado o primeiro pedido, contado da data do depósito no Brasil e limitado ao prazo previsto

Lei 9.279/1996

no art. 40, não se aplicando o disposto no seu parágrafo único.

§ 5º O depositante que tiver pedido de patente em andamento, relativo às substâncias, matérias ou produtos obtidos por meios ou processos químicos e as substâncias, matérias, misturas ou produtos alimentícios, químico-farmacêuticos e medicamentos de qualquer espécie, bem como os respectivos processos de obtenção ou modificação, poderá apresentar novo pedido, no prazo e condições estabelecidos neste artigo, juntando prova de desistência do pedido em andamento.

§ 6º Aplicam-se as disposições desta Lei, no que couber, ao pedido depositado e à patente concedida com base neste artigo.

Art. 231. Poderá ser depositado pedido de patente relativo às matérias de que trata o artigo anterior, por nacional ou pessoa domiciliada no País, ficando assegurada a data de divulgação do invento, desde que seu objeto não tenha sido colocado em qualquer mercado, por iniciativa direta do titular ou por terceiro com seu consentimento, nem tenham sido realizados, por terceiros, no País, sérios e efetivos preparativos para a exploração do objeto do pedido.

• V. arts. 229 e 243.

§ 1º O depósito deverá ser feito dentro do prazo de 1 (um) ano contado da publicação desta Lei.

§ 2º O pedido de patente depositado com base neste artigo será processado nos termos desta Lei.

§ 3º Fica assegurado à patente concedida com base neste artigo o prazo remanescente de proteção de 20 (vinte) anos contado da data da divulgação do invento, a partir do depósito no Brasil.

§ 4º O depositante que tiver pedido de patente em andamento, relativo às matérias de que trata o artigo anterior, poderá apresentar novo pedido, no prazo e condições estabelecidos neste artigo, juntando prova de desistência do pedido em andamento.

Art. 232. A produção ou utilização, nos termos da legislação anterior, de substâncias, matérias ou produtos obtidos por meios ou processos químicos e as substâncias, matérias, misturas ou produtos alimentícios, químico-farmacêuticos e medicamentos de qualquer espécie, bem como os respectivos processos de obtenção ou modificação, mesmo que protegidos por patente de produto ou processo em outro país, de conformidade com tratado ou convenção em vigor no Brasil, poderão continuar nas mesmas condições anteriores à aprovação desta Lei.

• V. art. 243.

§ 1º Não será admitida qualquer cobrança retroativa ou futura, de qualquer valor, a qualquer título, relativa a produtos produzidos ou processos utilizados no Brasil em conformidade com este artigo.

§ 2º Não será igualmente admitida cobrança nos termos do parágrafo anterior, caso, no período anterior à entrada em vigência desta Lei, tenham sido realizados investimentos significativos para a exploração de produto ou do processo referidos neste artigo, mesmo que protegidos por patente de produto ou de processo em outro país.

Art. 233. Os pedidos de registro de expressão e sinal de propaganda e de declaração de notoriedade serão definitivamente arquivados e os registros e declaração permanecerão em vigor pelo prazo de vigência restante, não podendo ser prorrogados.

Art. 234. Fica assegurada ao depositante a garantia de prioridade de que trata o art. 7º da Lei 5.772, de 21 de dezembro de 1971, até o término do prazo em curso.

Art. 235. É assegurado o prazo em curso concedido na vigência da Lei 5.772, de 21 de dezembro de 1971.

Art. 236. O pedido de patente de modelo ou de desenho industrial depositado na vigência da Lei 5.772, de 21 de dezembro de 1971, será automaticamente denominado pedido de registro de desenho industrial, considerando-se, para todos os efeitos legais, a publicação já feita.

Parágrafo único. Nos pedidos adaptados serão considerados os pagamentos para efeito de cálculo de retribuição quinquenal devida.

Res. Bacen 2.309/1996

LEGISLAÇÃO

Art. 237. Aos pedidos de patente de modelo ou de desenho industrial que tiverem sido objeto de exame na forma da Lei 5.772, de 21 de dezembro de 1971, não se aplicará o disposto no art. 111.

Art. 238. Os recursos interpostos na vigência da Lei 5.772, de 21 de dezembro de 1971, serão decididos na forma nela prevista.

Art. 239. Fica o Poder Executivo autorizado a promover as necessárias transformações no INPI, para assegurar à Autarquia autonomia financeira e administrativa, podendo esta:

• V. art. 243.

I – contratar pessoal técnico e administrativo mediante concurso público;

II – fixar tabela de salários para os seus funcionários, sujeita à aprovação do Ministério a que estiver vinculado o INPI; e

III – dispor sobre a estrutura básica e regimento interno, que serão aprovados pelo Ministério a que estiver vinculado o INPI.

Parágrafo único. As despesas resultantes da aplicação deste artigo correrão por conta de recursos próprios do INPI.

Art. 240. O art. 2º da Lei 5.648, de 11 de dezembro de 1970, passa a ter a seguinte redação:

"Art. 2º O INPI tem por finalidade principal executar, no âmbito nacional, as normas que regulam a propriedade industrial, tendo em vista a sua função social, econômica, jurídica e técnica, bem como pronunciar-se quanto à conveniência de assinatura, ratificação e denúncia de convenções, tratados, convênios e acordos sobre propriedade industrial."

Art. 241. Fica o Poder Judiciário autorizado a criar juízos especiais para dirimir questões relativas à propriedade intelectual.

Art. 242. O Poder Executivo submeterá ao Congresso Nacional projeto de lei destinado a promover, sempre que necessário, a harmonização desta Lei com a política para propriedade industrial adotada pelos demais países integrantes do Mercosul.

• V. Dec. 350/1991 (Mercosul).
• V. Dec. Leg. 55/1995 (Mercosul).

Art. 243. Esta Lei entra em vigor na data de sua publicação quanto às matérias disciplinadas nos arts. 230, 231, 232 e 239, e 1 (um) ano após sua publicação quanto aos demais artigos.

Art. 244. Revogam-se a Lei 5.772, de 21 de dezembro de 1971, a Lei 6.348, de 7 de julho de 1976, os arts. 187 a 196 do Dec.-lei 2.848, de 7 de dezembro de 1940, os arts. 169 a 189 do Dec.-lei 7.903, de 27 de agosto de 1945, e as demais disposições em contrário.

Brasília, 14 de maio de 1996; 175º da Independência e 108º da República.

Fernando Henrique Cardoso

(*DOU* 15.05.1996)

RESOLUÇÃO 2.309, DE 28 DE AGOSTO DE 1996, DO BANCO CENTRAL DO BRASIL – BACEN

Disciplina e consolida as normas relativas às operações de arrendamento mercantil e revoga normativos que menciona.

O Banco Central do Brasil, na forma do art. 9º da Lei 4.595, de 31 de dezembro de 1964, torna público que o Conselho Monetário Nacional, em sessão realizada em 28 de agosto de 1996, com base no disposto na Lei 6.099, de 12 de setembro de 1974, com as alterações introduzidas pela Lei 7.132, de 26 de outubro de 1983, resolveu:

Art. 1º Aprovar o Regulamento anexo, que disciplina a modalidade de arrendamento mercantil operacional, autoriza a prática de operações de arrendamento mercantil com pessoas físicas em geral e consolida normas a respeito de arrendamento mercantil financeiro.

Art. 2º Fica o Banco Central do Brasil autorizado a adotar as medidas e baixar as normas julgadas necessárias a execução do disposto nesta Resolução.

Res. Bacen 2.309/1996

LEGISLAÇÃO

Art. 3º Esta Resolução entra em vigor na data de sua publicação.

Art. 4º Ficam revogadas as Resoluções 980, de 13 de dezembro de 1984, 1.452, de 15 de janeiro de 1988, 1.474, de 29 de março de 1988, 1.681, de 31 de janeiro de 1990, 1.686, de 21 de fevereiro de 1990, e 1.769, de 28 de novembro de 1990, o art. 2º da Resolução 2.276, de 30 de abril de 1996, as Circulares 903, de 14 de dezembro de 1984, 2.064, de 17 de outubro de 1991, e o art. 2º da Circular 2.706, de 18 de julho de 1996.

Brasília, 28 de agosto de 1996.
Gustavo Jorge Laboissiere Loyola
Presidente

(*DOU* 29.08.1996)

ANEXO

Capítulo I
DA PRÁTICA DE ARRENDAMENTO MERCANTIL

Art. 1º As operações de arrendamento mercantil com o tratamento tributário previsto na Lei 6.099, de 12 de setembro de 1974, alterada pela Lei 7.132, de 26 de outubro de 1983, somente podem ser realizadas por pessoas jurídicas que tenham como objeto principal de sua atividade a prática de operações de arrendamento mercantil, pelos bancos múltiplos com carteira de arrendamento mercantil e pelas instituições financeiras que, nos termos do art. 13 deste Regulamento, estejam autorizadas a contratar operações de arrendamento mercantil com o próprio vendedor do bem ou com pessoas jurídicas a ele coligadas ou interdependentes.

Parágrafo único. As operações previstas neste artigo podem ser dos tipos financeiro e operacional.

Art. 2º Para a realização das operações previstas neste Regulamento, as sociedades de arrendamento mercantil e as instituições financeiras citadas no artigo anterior devem manter departamento técnico devidamente estruturado e supervisionado diretamente por um de seus diretores.

Parágrafo único. As sociedades e instituições devem comunicar à Delegacia Regional do Banco Central do Brasil a que estiverem jurisdicionadas o nome do diretor responsável pela área de arrendamento mercantil.

Capítulo II
DA CONSTITUIÇÃO E DO FUNCIONAMENTO DAS SOCIEDADES DE ARRENDAMENTO MERCANTIL

Art. 3º A constituição e o funcionamento das pessoas jurídicas que tenham como objeto principal de sua atividade a prática de operações de arrendamento mercantil, denominadas sociedades de arrendamento mercantil, dependem de autorização do Banco Central do Brasil.

Art. 4º As sociedades de arrendamento mercantil devem adotar a forma jurídica de sociedades anônimas e a elas se aplicam, no que couber, as mesmas condições estabelecidas para o funcionamento de instituições financeiras na Lei 4.595, de 31 de dezembro de 1964, legislação posterior relativa ao Sistema Financeiro Nacional, devendo constar obrigatoriamente de sua denominação social a expressão "Arrendamento Mercantil".

Parágrafo único. A expressão "Arrendamento Mercantil" na denominação ou razão social é privativa das sociedades de que trata este artigo.

Capítulo III
DAS MODALIDADES DE ARRENDAMENTO MERCANTIL

Art. 5º Considera-se arrendamento mercantil financeiro a modalidade em que:

I – as contraprestações e demais pagamentos previstos no contrato, devidos pela arrendatária, sejam normalmente suficientes para que a arrendadora recupere o custo do bem arrendado durante o prazo contratual da operação e, adicionalmente, obtenha um retorno sobre os recursos investidos;

Res. Bacen 2.309/1996

LEGISLAÇÃO

II – as despesas de manutenção, assistência técnica e serviços correlatos à operacionalidade do bem arrendado sejam de responsabilidade da arrendatária;

III – o preço para o exercício da opção de compra seja livremente pactuado, podendo ser, inclusive, o valor de mercado do bem arrendado.

Art. 6º Considera-se arrendamento mercantil operacional a modalidade em que:

* Artigo com redação determinada pela Res. Bacen 2.465/1998.

I – as contraprestações a serem pagas pela arrendatária contemplem o custo de arrendamento do bem e os serviços inerentes a sua colocação à disposição da arrendatária, não podendo o valor presente desses pagamentos ultrapassar 90% (noventa por cento) do custo do bem;

II – o prazo contratual seja inferior a 75% (setenta e cinco por cento) do prazo de vida útil econômica do bem;

III – o preço para o exercício da opção de compra seja o valor de mercado do bem arrendado;

IV – não haja previsão de pagamento de valor residual garantido.

§ 1º As operações de que trata este artigo são privativas dos bancos múltiplos com carteira de arrendamento mercantil e das sociedades de arrendamento mercantil.

§ 2º No cálculo do valor presente dos pagamentos deverá ser utilizada taxa equivalente aos encargos financeiros constantes do contrato.

§ 3º A manutenção, a assistência técnica e os serviços correlatos à operacionalidade do bem arrendado podem ser de responsabilidade da arrendadora ou da arrendatária.

Capítulo IV
DOS CONTRATOS DE ARRENDAMENTO MERCANTIL

Art. 7º Os contratos de arrendamento mercantil devem ser formalizados por instrumento público ou particular, contendo, no mínimo, as especificações abaixo relacionadas:

* Artigo com redação determinada pela Res. Bacen 2.659/1999.

I – a descrição dos bens que constituem o objeto do contrato, com todas as características que permitam sua perfeita identificação;

II – o prazo de arrendamento;

III – o valor das contraprestações ou a fórmula de cálculo das contraprestações, bem como o critério para seu reajuste;

IV – a forma de pagamento das contraprestações por períodos determinados, não superiores a 1 (um) semestre, salvo no caso de operações que beneficiem atividades rurais, quando o pagamento pode ser fixado por períodos não superiores a 1 (um) ano;

V – as condições para o exercício por parte da arrendatária do direito de optar pela renovação do contrato, pela devolução dos bens ou pela aquisição dos bens arrendados;

VI – a concessão à arrendatária de opção de compra dos bens arrendados, devendo ser estabelecido o preço para seu exercício ou critério utilizável na sua fixação;

VII – as despesas e os encargos adicionais, inclusive despesas de assistência técnica, manutenção e serviços inerentes à operacionalidade dos bens arrendados, admitindo-se, ainda, para o arrendamento mercantil financeiro:

a) a previsão de a arrendatária pagar valor residual garantindo em qualquer momento durante a vigência do contrato, não caracterizando o pagamento do valor residual garantindo o exercício da opção de compra;

b) o reajuste do preço estabelecido para a opção de compra e o valor residual garantido;

VIII – as condições para eventual substituição dos bens arrendados, inclusive na ocorrência de sinistro, por outros da mesma natureza, que melhor atendam às conveniências da arrendatária, devendo a substituição ser formalizada por intermédio de aditivo contratual;

IX – as demais responsabilidades que vierem a ser convencionadas, em decorrência de:

a) uso indevido ou impróprio dos bens arrendados;

b) seguro previsto para cobertura de risco dos bens arrendados;

c) danos causados a terceiros pelo uso dos bens;
d) ônus advindos de vícios dos bens arrendados;
X – a faculdade de a arrendadora vistoriar os bens objeto de arrendamento e de exigir da arrendatária a adoção de providências indispensáveis à preservação da integridade dos referidos bens;
XI – as obrigações da arrendatária, nas hipóteses de:
a) inadimplemento, limitada a multa de mora a 2% (dois por cento) do valor em atraso;
b) destruição, perecimento ou desaparecimento dos bens arrendados;
XII – a faculdade de a arrendatária transferir a terceiros no País, desde que haja anuência expressa da entidade arrendadora, os seus direitos e obrigações decorrentes do contrato, com ou sem corresponsabilidade solidária.

Art. 8º Os contratos devem estabelecer os seguintes prazos mínimos de arrendamento mercantil:
I – para o arrendamento mercantil financeiro:
a) 2 (dois) anos, compreendidos entre a data de entrega dos bens à arrendatária, consubstanciada em termo de aceitação e recebimento dos bens, e a data de vencimento da última contraprestação, quando se tratar de arrendamento mercantil de bens com vida útil igual ou inferior a 5 (cinco) anos;
b) 3 (três) anos, observada a definição do prazo constante da alínea anterior, para o arrendamento mercantil de outros bens;
II – para o arrendamento mercantil operacional, 90 (noventa) dias.

Art. 9º É facultada a pactuação de cláusula de variação cambial nos contratos de arrendamento mercantil de bens cuja aquisição tenha sido efetuada com recursos provenientes de empréstimos contraídos direta ou indiretamente no exterior.

• Artigo com redação determinada pela Res. Bacen 3.175/2004.

Art. 10. A operação de arrendamento mercantil será considerada como de compra e venda a prestação se a opção de compra for exercida antes de decorrido o respectivo prazo mínimo estabelecido no art. 8º deste Regulamento.

Capítulo V
DAS OPERAÇÕES DE ARRENDAMENTO MERCANTIL

Art. 11. Podem ser objeto de arrendamento mercantil bens móveis, de produção nacional ou estrangeira, e bens imóveis adquiridos pela entidade arrendadora para fins de uso próprio da arrendatária, segundo as especificações desta.

Art. 12. É permitida a realização de operações de arrendamento mercantil com pessoas físicas e jurídicas, na qualidade de arrendatárias.

Art. 13. As operações de arrendamento mercantil contratadas com o próprio vendedor do bem ou com pessoas a ele coligadas ou interdependentes somente podem ser contratadas na modalidade de arrendamento mercantil financeiro, aplicando-se a elas as mesmas condições fixadas neste Regulamento.
§ 1º As operações de que trata este artigo somente podem ser realizadas com pessoas jurídicas, na condição de arrendatárias.
§ 2º Os bancos múltiplos com carteira de investimento, de desenvolvimento e/ou de crédito imobiliário, os bancos de investimento, os bancos de desenvolvimento, as caixas econômicas e as sociedades de crédito imobiliário também podem realizar as operações previstas neste artigo.

Art. 14. É permitido à entidade arrendadora, nas hipóteses de devolução ou recuperação dos bens arrendados:
I – conservar os bens em seu ativo imobilizado, pelo prazo máximo de 2 (dois) anos;
II – alienar ou arrendar a terceiros os referidos bens.
Parágrafo único. O disposto neste artigo aplica-se também aos bens recebidos em dação em pagamento.

Capítulo VI
DO SUBARRENDAMENTO

Art. 15. Os bancos múltiplos com carteira de arrendamento mercantil e as sociedades de arrendamento mercantil podem realizar operações de arrendamento mercantil com entidades domiciliadas no exterior, com vistas unicamente ao posterior subar-

Res. Bacen 2.309/1996

LEGISLAÇÃO

rendamento dos bens a pessoas jurídicas, no País.

Parágrafo único. As operações de arrendamento mercantil previstas neste artigo estão sujeitas a registro no Banco Central do Brasil.

Art. 16. É facultada aos bancos múltiplos com carteira de arrendamento mercantil e às sociedades de arrendamento mercantil a aquisição, no mercado interno, de direitos e obrigações decorrentes de contratos de arrendamento mercantil celebrados com entidades no exterior, com a finalidade exclusiva de posterior subarrendamento dos bens, nos termos do artigo anterior.

Art. 17. São vedadas as operações de subarrendamento quando houver coligação, direta ou indireta, ou interdependência entre a arrendadora domiciliada no exterior e a subarrendatária domiciliada no País, nos termos do art. 27 deste Regulamento.

Art. 18. Os bancos múltiplos com carteira de arrendamento mercantil e as sociedades de arrendamento mercantil devem repassar às subarrendatárias domiciliadas no País, em contratos de arrendamento mercantil financeiro, realizados nos termos deste Regulamento, todos os custos, taxas, impostos, comissões, outras despesas relativas a obtenção do bem arrendado e demais condições pactuadas no contrato firmado com as entidades do exterior, acrescidos de sua remuneração, inclusive aquelas referentes a eventual aquisição dos direitos e obrigações de contratos, podendo tais despesas e encargos ser incorporados ao custo do bem arrendado.

Capítulo VII
DAS FONTES DE RECURSOS

Art. 19. As sociedades de arrendamento mercantil podem empregar em suas atividades, além de recursos próprios, os provenientes de:
I – empréstimos contraídos no exterior;
II – empréstimos e financiamentos de instituições financeiras nacionais, inclusive de repasses de recursos externos;
III – instituições financeiras oficiais, destinadas a repasses de programas específicos;
IV – colocação de debêntures de emissão pública ou particular e de notas promissórias destinadas a oferta pública;
V – cessão de contratos de arrendamento mercantil, bem como dos direitos creditórios deles decorrentes;
VI – depósitos interfinanceiros, nos termos da regulamentação em vigor;
VII – outras formas de captação de recursos, autorizadas pelo Banco Central do Brasil.

Art. 20. As sociedades de arrendamento mercantil e as instituições financeiras autorizadas à prática de operações previstas neste Regulamento podem contratar empréstimos no exterior, com as seguintes finalidades:
I – obtenção de recursos para aquisição de bens para fins de arrendamento mercantil;
II – aquisição de direitos creditórios decorrentes de contratos de arrendamento mercantil que contenham cláusula de variação cambial;
III – aquisição de contratos de arrendamento mercantil que contenham cláusula de variação cambial, observado o contido no art. 22 deste Regulamento.

Art. 21. As sociedades de arrendamento mercantil podem obter empréstimos, financiamentos, repasses de recursos e garantias de instituições financeiras coligadas ou interdependentes, observado que os encargos correspondentes devem ser os normalmente cobrados em operações da espécie realizadas com terceiros.

- Artigo com redação determinada pela Res. Bacen 2.595/1999.

Art. 22. As operações de cessão e aquisição de contratos de arrendamento mercantil, no mercado interno, exceto as referidas no art. 13 deste Regulamento, são restritas aos bancos múltiplos com carteira de arrendamento mercantil e às sociedades de arrendamento mercantil.

Parágrafo único. É facultada a cessão e a aquisição de contratos de que trata o art. 13

Res. Bacen 2.309/1996

deste Regulamento entre as instituições autorizadas a praticar essa modalidade de operação.

Art. 23. A aquisição de contratos de arrendamento mercantil cujos bens arrendados tenham sido adquiridos com recursos de empréstimos externos ou que contenham cláusula de variação cambial, bem como dos direitos creditórios deles decorrentes, somente pode ser realizada com a utilização de recursos de empréstimos obtidos no exterior.

Art. 24. As sociedades de arrendamento mercantil podem oferecer, em garantia de empréstimos que contraírem nos mercados interno ou externo, a caução de direitos creditórios de contratos de arrendamento mercantil.

Art. 25. A cessão de contratos de arrendamento mercantil, bem como dos direitos creditórios deles decorrentes, a entidades domiciliadas no exterior, depende de prévia autorização do Banco Central do Brasil.

Art. 26. Os bancos múltiplos com carteira de investimento ou de desenvolvimento, os bancos de investimento e os bancos de desenvolvimento podem utilizar recursos oriundos de empréstimos externos, contraídos nos termos da Resolução 63, de 21 de agosto de 1967, em operações de arrendamento mercantil de que trata o art. 13 deste Regulamento.

§ 1º As operações realizadas nos termos deste artigo somente podem ser contratadas tendo como arrendatárias pessoas jurídicas.

§ 2º A parcela dos recursos externos que for amortizada pelo pagamento das contraprestações pode ser utilizada em novas operações de arrendamento mercantil, em repasses a clientes ou em aplicações alternativas autorizadas para os recursos externos destinados a repasses.

§ 3º Respeitados os prazos mínimos previstos no art. 8º, inc. I, deste Regulamento, as operações referidas neste artigo somente podem ser realizadas por prazos iguais ou inferiores ao da amortização final do empréstimo contratado no exterior, cujos recursos devem permanecer no País consoante as condições de prazo de pagamento no exterior que forem admitidas pelo Banco Central do Brasil na época da autorização de seu ingresso.

Capítulo VIII
DA COLIGAÇÃO E INTERDEPENDÊNCIA

Art. 27. Para os fins do art. 2º, § 1º, da Lei 6.099, de 12 de setembro de 1974, e deste Regulamento, considera-se coligada ou interdependente a pessoa:

I – em que a entidade arrendadora participe, direta ou indiretamente, com 10% (dez por cento) ou mais do capital;

II – em que administradores da entidade arrendadora, seus cônjuges e respectivos parentes até o segundo grau participem, em conjunto ou isoladamente, com 10% (dez por cento) ou mais do capital, direta ou indiretamente;

III – em que acionistas com 10% (dez por cento) ou mais do capital da entidade arrendadora participem com 10% (dez por cento) ou mais do capital, direta ou indiretamente;

IV – que participar com 10% (dez por cento) ou mais do capital da entidade arrendadora, direta ou indiretamente;

V – cujos administradores, seus cônjuges e respectivos parentes até o segundo grau participem, em conjunto ou isoladamente, com 10% (dez por cento) ou mais do capital da entidade arrendadora, direta ou indiretamente;

VI – cujos sócios, quotistas ou acionistas com 10% (dez por cento) ou mais do capital participem também do capital da entidade arrendadora com 10% (dez por cento) ou mais de seu capital, direta ou indiretamente;

VII – cujos administradores, no todo ou em parte, sejam os mesmos da entidade arrendadora.

Capítulo IX
VEDAÇÕES

Art. 28. Às sociedades de arrendamento mercantil e às instituições financeiras citadas no art. 13 deste Regulamento é vedada a contratação de operações de arrendamento mercantil com:

I – pessoas físicas e jurídicas coligadas ou interdependentes;

II – administradores da entidade e seus respectivos cônjuges e parentes até o segundo grau;

III – o próprio fabricante do bem arrendado.

Art. 29. É vedada às sociedades de arrendamento mercantil a celebração de contratos de mútuo com pessoas físicas e jurídicas não financeiras.

Capítulo X
DISPOSIÇÕES FINAIS

Art. 30. O Banco Central do Brasil poderá fixar critérios de distribuição de contraprestações de arrendamento mercantil durante o prazo contratual, tendo em vista o adequado atendimento dos prazos mínimos fixados no art. 8º deste Regulamento.

Art. 31. As disponibilidades das sociedades de arrendamento mercantil, quando não mantidas em espécie, podem ser livremente aplicadas no mercado, observados os limites e demais normas regulamentares pertinentes a cada espécie de aplicação financeira.

Art. 32. Aplicam-se às sociedades de arrendamento mercantil as normas em vigor para as instituições financeiras em geral, no que diz respeito à competência privativa do Banco Central do Brasil para a concessão das autorizações previstas no inciso X do art. 10 da Lei 4.595, de 31 de dezembro de 1964, bem como para aprovar a posse no exercício de quaisquer cargos na administração das referidas sociedades, inclusive em órgãos consultivos, fiscais ou semelhantes, nos termos da referida legislação e regulamentação posterior.

Art. 33. As operações que se realizarem em desacordo com as disposições deste Regulamento não se caracterizam como de arrendamento mercantil.

LEI 9.307,
DE 23 DE SETEMBRO DE 1996

Dispõe sobre a arbitragem.

- V. arts. 851 a 853, CC.
- V. art. 23-A, Lei 8.987/1995 (Regime de concessão e permissão da prestação de serviços públicos previsto no art. 175 da CF).

O Presidente da República:
Faço saber que o Congresso Nacional decreta e eu sanciono a seguinte Lei:

Capítulo I
DISPOSIÇÕES GERAIS

Art. 1º As pessoas capazes de contratar poderão valer-se da arbitragem para dirimir litígios relativos a direitos patrimoniais disponíveis.

- V. arts. 5º, 851 e 852, CC.

§ 1º A administração pública direta e indireta poderá utilizar-se da arbitragem para dirimir conflitos relativos a direitos patrimoniais disponíveis.

- § 1º acrescentado pela Lei 13.129/2015 (*DOU* 27.05.2015), em vigor após decorridos 60 (sessenta) dias de sua publicação oficial.

§ 2º A autoridade ou o órgão competente da administração pública direta para a celebração de convenção de arbitragem é a mesma para a realização de acordos ou transações.

- § 2º acrescentado pela Lei 13.129/2015 (*DOU* 27.05.2015), em vigor após decorridos 60 (sessenta) dias de sua publicação oficial.

Art. 2º A arbitragem poderá ser de direito ou de equidade, a critério das partes.

- V. art. 140, parágrafo único, CPC/2015.

§ 1º Poderão as partes escolher, livremente, as regras de direito que serão aplicadas na arbitragem, desde que não haja violação aos bons costumes e à ordem pública.

§ 2º Poderão, também, as partes convencionar que a arbitragem se realize com base nos princípios gerais de direito, nos usos e costumes e nas regras internacionais de comércio.

- V. arts. 4º e 5º, Dec.-lei 4.657/1942 (Lei de Introdução às normas do Direito Brasileiro).

§ 3º A arbitragem que envolva a administração pública será sempre de direito e respeitará o princípio da publicidade.

Lei 9.307/1996

- § 3º acrescentado pela Lei 13.129/2015 (*DOU* 27.05.2015), em vigor após decorridos 60 (sessenta) dias de sua publicação oficial.

Capítulo II
DA CONVENÇÃO DE ARBITRAGEM E SEUS EFEITOS

Art. 3º As partes interessadas podem submeter a solução de seus litígios ao juízo arbitral mediante convenção de arbitragem, assim entendida a cláusula compromissória e o compromisso arbitral.

- V. art. 853, CC.

Art. 4º A cláusula compromissória é a convenção através da qual as partes em um contrato comprometem-se a submeter à arbitragem os litígios que possam vir a surgir, relativamente a tal contrato.

§ 1º A cláusula compromissória deve ser estipulada por escrito, podendo estar inserta no próprio contrato ou em documento apartado que a ele se refira.

§ 2º Nos contratos de adesão, a cláusula compromissória só terá eficácia se o aderente tomar a iniciativa de instituir a arbitragem ou concordar, expressamente, com a sua instituição, desde que por escrito em documento anexo ou em negrito, com a assinatura ou visto especialmente para essa cláusula.

§ 3º *(Vetado.)*

- § 3º acrescentado pela Lei 13.129/2015 (*DOU* 27.05.2015), em vigor após decorridos 60 (sessenta) dias de sua publicação oficial.

§ 4º *(Vetado.)*

- § 4º acrescentado pela Lei 13.129/2015 (*DOU* 27.05.2015), em vigor após decorridos 60 (sessenta) dias de sua publicação oficial.

Art. 5º Reportando-se as partes, na cláusula compromissória, às regras de algum órgão arbitral institucional ou entidade especializada, a arbitragem será instituída e processada de acordo com tais regras, podendo, igualmente, as partes estabelecer na própria cláusula, ou em outro documento, a forma convencionada para a instituição da arbitragem.

Art. 6º Não havendo acordo prévio sobre a forma de instituir a arbitragem, a parte interessada manifestará à outra parte sua intenção de dar início à arbitragem, por via postal ou por outro meio qualquer de comunicação, mediante comprovação de recebimento, convocando-a para, em dia, hora e local certos, firmar o compromisso arbitral.

Parágrafo único. Não comparecendo a parte convocada ou, comparecendo, recusar-se a firmar o compromisso arbitral, poderá a outra parte propor a demanda de que trata o art. 7º desta Lei, perante o órgão do Poder Judiciário a que, originariamente, tocaria o julgamento da causa.

Art. 7º Existindo cláusula compromissória e havendo resistência quanto à instituição da arbitragem, poderá a parte interessada requerer a citação da outra parte para comparecer em juízo a fim de lavrar-se o compromisso, designando o juiz audiência especial para tal fim.

- V. arts. 13, § 2º, e 16, § 2º.

§ 1º O autor indicará, com precisão, o objeto da arbitragem, instruindo o pedido com o documento que contiver a cláusula compromissória.

§ 2º Comparecendo as partes à audiência, o juiz tentará, previamente, a conciliação acerca do litígio. Não obtendo sucesso, tentará o juiz conduzir as partes à celebração, de comum acordo, do compromisso arbitral.

§ 3º Não concordando as partes sobre os termos do compromisso, decidirá o juiz, após ouvir o réu, sobre seu conteúdo, na própria audiência ou no prazo de 10 (dez) dias, respeitadas as disposições da cláusula compromissória e atendendo ao disposto nos arts. 10 e 21, § 2º desta Lei.

§ 4º Se a cláusula compromissória nada dispuser sobre a nomeação de árbitros, caberá ao juiz, ouvidas as partes, estatuir a respeito, podendo nomear árbitro único para a solução do litígio.

§ 5º A ausência do autor, sem justo motivo, à audiência designada para a lavratura do compromisso arbitral, importará a extinção do processo sem julgamento de mérito.

§ 6º Não comparecendo o réu à audiência, caberá ao juiz, ouvido o autor, estatuir a respeito do conteúdo do compromisso, nomeando árbitro único.

§ 7º A sentença que julgar procedente o pedido valerá como compromisso arbitral.

Art. 8º A cláusula compromissória é autônoma em relação ao contrato em que es-

Lei 9.307/1996

tiver inserta, de tal sorte que a nulidade deste não implica, necessariamente, a nulidade da cláusula compromissória.
Parágrafo único. Caberá ao árbitro decidir de ofício, ou por provocação das partes, as questões acerca da existência, validade e eficácia da convenção de arbitragem e do contrato que contenha a cláusula compromissória.
Art. 9º O compromisso arbitral é a convenção através da qual as partes submetem um litígio à arbitragem de uma ou mais pessoas, podendo ser judicial ou extrajudicial.

• V. art. 851, CC.

§ 1º O compromisso arbitral judicial celebrar-se-á por termo nos autos, perante o juízo ou tribunal, onde tem curso a demanda.
§ 2º O compromisso arbitral extrajudicial será celebrado por escrito particular, assinado por duas testemunhas, ou por instrumento público.
Art. 10. Constará, obrigatoriamente, do compromisso arbitral:

• V. art. 7º, § 3º.

I – o nome, profissão, estado civil e domicílio das partes;
II – o nome, profissão e domicílio do árbitro, ou dos árbitros, ou, se for o caso, a identificação da entidade à qual as partes delegaram a indicação de árbitros;
III – a matéria que será objeto da arbitragem; e
IV – o lugar em que será proferida a sentença arbitral.
Art. 11. Poderá, ainda, o compromisso arbitral conter:
I – local, ou locais, onde se desenvolverá a arbitragem;
II – a autorização para que o árbitro ou os árbitros julguem por equidade, se assim for convencionado pelas partes;
III – o prazo para apresentação da sentença arbitral;

• V. art. 12.

IV – a indicação da lei nacional ou das regras corporativas aplicáveis à arbitragem, quando assim convencionarem as partes;
V – a declaração da responsabilidade pelo pagamento dos honorários e das despesas com a arbitragem; e

VI – a fixação dos honorários do árbitro, ou dos árbitros.
Parágrafo único. Fixando as partes os honorários do árbitro, ou dos árbitros, no compromisso arbitral, este constituirá título executivo extrajudicial; não havendo tal estipulação, o árbitro requererá ao órgão do Poder Judiciário que seria competente para julgar, originariamente, a causa que os fixe por sentença.
Art. 12. Extingue-se o compromisso arbitral:
I – escusando-se qualquer dos árbitros, antes de aceitar a nomeação, desde que as partes tenham declarado, expressamente, não aceitar substituto;
II – falecendo ou ficando impossibilitado de dar seu voto algum dos árbitros, desde que as partes declarem, expressamente, não aceitar substituto; e
III – tendo expirado o prazo a que se refere o art. 11, inc. III, desde que a parte interessada tenha notificado o árbitro, ou o presidente do tribunal arbitral, concedendo-lhe o prazo de 10 (dez) dias para a prolação e apresentação da sentença arbitral.

• V. art. 32, VII.

Capítulo III
DOS ÁRBITROS

Art. 13. Pode ser árbitro qualquer pessoa capaz e que tenha a confiança das partes.

• V. art. 5º, CC.

§ 1º As partes nomearão um ou mais árbitros, sempre em número ímpar, podendo nomear, também, os respectivos suplentes.
§ 2º Quando as partes nomearem árbitros em número par, estes estão autorizados, desde logo, a nomear mais um árbitro. Não havendo acordo, requererão as partes ao órgão do Poder Judiciário a que tocaria, originariamente, o julgamento da causa a nomeação do árbitro, aplicável, no que couber, o procedimento previsto no art. 7º desta Lei.
§ 3º As partes poderão, de comum acordo, estabelecer o processo de escolha dos árbitros, ou adotar as regras de um órgão arbitral institucional ou entidade especializada.
§ 4º As partes, de comum acordo, poderão afastar a aplicação de dispositivo do regulamento do órgão arbitral institucional ou entidade especializada que limite a escolha

do árbitro único, coárbitro ou presidente do tribunal à respectiva lista de árbitros, autorizado o controle da escolha pelos órgãos competentes da instituição, sendo que, nos casos de impasse e arbitragem multiparte, deverá ser observado o que dispuser o regulamento aplicável.

- § 4º com redação determinada pela Lei 13.129/2015 (DOU 27.05.2015), em vigor após decorridos 60 (sessenta) dias de sua publicação oficial.

§ 5º O árbitro ou o presidente do tribunal designará, se julgar conveniente, um secretário, que poderá ser um dos árbitros.

§ 6º No desempenho de sua função, o árbitro deverá proceder com imparcialidade, independência, competência, diligência e discrição.

§ 7º Poderá o árbitro ou o tribunal arbitral determinar às partes o adiantamento de verbas para despesas e diligências que julgar necessárias.

Art. 14. Estão impedidos de funcionar como árbitros as pessoas que tenham, com as partes ou com o litígio que lhes for submetido, algumas das relações que caracterizam os casos de impedimento ou suspeição de juízes, aplicando-se-lhes, no que couber, os mesmos deveres e responsabilidades, conforme previsto no Código de Processo Civil.

- V. arts. 143 a 148, CPC/2015.

§ 1º As pessoas indicadas para funcionar como árbitro têm o dever de revelar, antes da aceitação da função, qualquer fato que denote dúvida justificada quanto à sua imparcialidade e independência.

§ 2º O árbitro somente poderá ser recusado por motivo ocorrido após sua nomeação. Poderá, entretanto, ser recusado por motivo anterior à sua nomeação, quando:
a) não for nomeado, diretamente, pela parte; ou
b) o motivo para a recusa do árbitro for conhecido posteriormente à sua nomeação.

Art. 15. A parte interessada em arguir a recusa do árbitro apresentará, nos termos do art. 20, a respectiva exceção, diretamente ao árbitro ou ao presidente do tribunal arbitral, deduzindo suas razões e apresentando as provas pertinentes.

Parágrafo único. Acolhida a exceção, será afastado o árbitro suspeito ou impedido, que será substituído, na forma do art. 16 desta Lei.

Art. 16. Se o árbitro escusar-se antes da aceitação da nomeação, ou, após a aceitação, vier a falecer, tornar-se impossibilitado para o exercício da função, ou for recusado, assumirá seu lugar o substituto indicado no compromisso, se houver.

- V. art. 15, parágrafo único.

§ 1º Não havendo substituto indicado para o árbitro, aplicar-se-ão as regras do órgão arbitral institucional ou entidade especializada, se as partes as tiverem invocado na convenção de arbitragem.

§ 2º Nada dispondo a convenção de arbitragem e não chegando as partes a um acordo sobre a nomeação do árbitro a ser substituído, procederá a parte interessada da forma prevista no art. 7º desta Lei, a menos que as partes tenham declarado, expressamente, na convenção de arbitragem, não aceitar substituto.

Art. 17. Os árbitros, quando no exercício de suas funções ou em razão delas, ficam equiparados aos funcionários públicos, para os efeitos da legislação penal.

Art. 18. O árbitro é juiz de fato e de direito, e a sentença que proferir não fica sujeita a recurso ou a homologação pelo Poder Judiciário.

Capítulo IV
DO PROCEDIMENTO ARBITRAL

Art. 19. Considera-se instituída a arbitragem quando aceita a nomeação pelo árbitro, se for único, ou por todos, se forem vários.

§ 1º Instituída a arbitragem e entendendo o árbitro ou o tribunal arbitral que há necessidade de explicitar questão disposta na convenção de arbitragem, será elaborado, juntamente com as partes, adendo firmado por todos, que passará a fazer parte integrante da convenção de arbitragem.

- § 1º acrescentado pela Lei 13.129/2015 (DOU 27.05.2015), em vigor após decorridos 60 (sessenta) dias de sua publicação oficial.

Lei 9.307/1996

§ 2º A instituição da arbitragem interrompe a prescrição, retroagindo à data do requerimento de sua instauração, ainda que extinta a arbitragem por ausência de jurisdição.

- § 2º acrescentado pela Lei 13.129/2015 (*DOU* 27.05.2015), em vigor após decorridos 60 (sessenta) dias de sua publicação oficial.

Art. 20. A parte que pretender arguir questões relativas à competência, suspeição ou impedimento do árbitro ou dos árbitros, bem como nulidade, invalidade ou ineficácia da convenção de arbitragem, deverá fazê-lo na primeira oportunidade que tiver de se manifestar, após a instituição da arbitragem.

- V. art. 15.

§ 1º Acolhida a arguição de suspeição ou impedimento, será o árbitro substituído nos termos do art. 16 desta Lei, reconhecida a incompetência do árbitro ou do tribunal arbitral, bem como a nulidade, invalidade ou ineficácia da convenção de arbitragem, serão as partes remetidas ao órgão do Poder Judiciário competente para julgar a causa.

§ 2º Não sendo acolhida a arguição, terá normal prosseguimento a arbitragem, sem prejuízo de vir a ser examinada a decisão pelo órgão do Poder Judiciário competente, quando da eventual propositura da demanda de que trata o art. 33 desta Lei.

Art. 21. A arbitragem obedecerá ao procedimento estabelecido pelas partes na convenção de arbitragem, que poderá reportar-se às regras de um órgão arbitral institucional ou entidade especializada, facultando-se, ainda, às partes delegar ao próprio árbitro, ou ao tribunal arbitral, regular o procedimento.

§ 1º Não havendo estipulação acerca do procedimento, caberá ao árbitro ou ao tribunal arbitral discipliná-lo.

§ 2º Serão, sempre, respeitados no procedimento arbitral os princípios do contraditório, da igualdade das partes, da imparcialidade do árbitro e de seu livre convencimento.

- V. arts. 7º, § 3º, e 32, VIII.

§ 3º As partes poderão postular por intermédio de advogado, respeitada, sempre, a faculdade de designar quem as represente ou assista no procedimento arbitral.

§ 4º Competirá ao árbitro ou ao tribunal arbitral, no início do procedimento, tentar a conciliação das partes, aplicando-se, no que couber, o art. 28 desta Lei.

Art. 22. Poderá o árbitro ou o tribunal arbitral tomar o depoimento das partes, ouvir testemunhas e determinar a realização de perícias ou outras provas que julgar necessárias, mediante requerimento das partes ou de ofício.

§ 1º O depoimento das partes e das testemunhas será tomado em local, dia e hora previamente comunicados, por escrito, e reduzido a termo, assinado pelo depoente, ou a seu rogo, e pelos árbitros.

§ 2º Em caso de desatendimento, sem justa causa, da convocação para prestar depoimento pessoal, o árbitro ou o tribunal arbitral levará em consideração o comportamento da parte faltosa, ao proferir sua sentença; se a ausência for de testemunha, nas mesmas circunstâncias, poderá o árbitro ou o presidente do tribunal arbitral requerer à autoridade judiciária que conduza a testemunha renitente, comprovando a existência da convenção de arbitragem.

§ 3º A revelia da parte não impedirá que seja proferida a sentença arbitral.

§ 4º (*Revogado pela Lei 13.129/2015 – DOU 27.05.2015, em vigor após decorridos 60 (sessenta) dias de sua publicação oficial.*)

§ 5º Se, durante o procedimento arbitral, um árbitro vier a ser substituído fica a critério do substituto repetir as provas já produzidas.

Capítulo IV-A
DAS TUTELAS CAUTELARES E DE URGÊNCIA

- Capítulo IV-A acrescentado pela Lei 13.129/2015 (*DOU* 27.05.2015), em vigor após decorridos 60 (sessenta) dias de sua publicação oficial.

Art. 22-A. Antes de instituída a arbitragem, as partes poderão recorrer ao Poder Judiciário para a concessão de medida cautelar ou de urgência.

Lei 9.307/1996

Legislação

- Artigo acrescentado pela Lei 13.129/2015 (*DOU* 27.05.2015), em vigor após decorridos 60 (sessenta) dias de sua publicação oficial.

Parágrafo único. Cessa a eficácia da medida cautelar ou de urgência se a parte interessada não requerer a instituição da arbitragem no prazo de 30 (trinta) dias, contado da data de efetivação da respectiva decisão.

Art. 22-B. Instituída a arbitragem, caberá aos árbitros manter, modificar ou revogar a medida cautelar ou de urgência concedida pelo Poder Judiciário.

- Artigo acrescentado pela Lei 13.129/2015 (*DOU* 27.05.2015), em vigor após decorridos 60 (sessenta) dias de sua publicação oficial.

Parágrafo único. Estando já instituída a arbitragem, a medida cautelar ou de urgência será requerida diretamente aos árbitros.

Capítulo IV-B
DA CARTA ARBITRAL

- Capítulo IV-B acrescentado pela Lei 13.129/2015 (*DOU* 27.05.2015), em vigor após decorridos 60 (sessenta) dias de sua publicação oficial.

Art. 22-C. O árbitro ou o tribunal arbitral poderá expedir carta arbitral para que o órgão jurisdicional nacional pratique ou determine o cumprimento, na área de sua competência territorial, de ato solicitado pelo árbitro.

- Artigo acrescentado pela Lei 13.129/2015 (*DOU* 27.05.2015), em vigor após decorridos 60 (sessenta) dias de sua publicação oficial.

Parágrafo único. No cumprimento da carta arbitral será observado o segredo de justiça, desde que comprovada a confidencialidade estipulada na arbitragem.

Capítulo V
DA SENTENÇA ARBITRAL

Art. 23. A sentença arbitral será proferida no prazo estipulado pelas partes. Nada tendo sido convencionado, o prazo para a apresentação da sentença é de 6 (seis) meses, contado da instituição da arbitragem ou da substituição do árbitro.

§ 1º Os árbitros poderão proferir sentenças parciais.

- § 1º acrescentado pela Lei 13.129/2015 (*DOU* 27.05.2015), em vigor após decorridos 60 (sessenta) dias de sua publicação oficial.

§ 2º As partes e os árbitros, de comum acordo, poderão prorrogar o prazo para proferir a sentença final.

- § 2º acrescentado pela Lei 13.129/2015 (*DOU* 27.05.2015), em vigor após decorridos 60 (sessenta) dias de sua publicação oficial.

Art. 24. A decisão do árbitro ou dos árbitros será expressa em documento escrito.

§ 1º Quando forem vários os árbitros, a decisão será tomada por maioria. Se não houver acordo majoritário, prevalecerá o voto do presidente do tribunal arbitral.

§ 2º O árbitro que divergir da maioria poderá, querendo, declarar seu voto em separado.

Art. 25. *(Revogado pela Lei 13.129/2015 – DOU 27.05.2015, em vigor após decorridos 60 (sessenta) dias de sua publicação oficial.)*

Art. 26. São requisitos obrigatórios da sentença arbitral:

- V. arts. 28 e 32, III.

I – o relatório, que conterá os nomes das partes e um resumo do litígio;

II – os fundamentos da decisão, onde serão analisadas as questões de fato e de direito, mencionando-se, expressamente, se os árbitros julgaram por equidade;

III – o dispositivo, em que os árbitros resolverão as questões que lhes forem submetidas e estabelecerão o prazo para o cumprimento da decisão, se for o caso; e

IV – a data e o lugar em que foi proferida.

Parágrafo único. A sentença arbitral será assinada pelo árbitro ou por todos os árbitros. Caberá ao presidente do tribunal arbitral, na hipótese de um ou alguns dos árbitros não poder ou não querer assinar a sentença, certificar tal fato.

Art. 27. A sentença arbitral decidirá sobre a responsabilidade das partes acerca das custas e despesas com a arbitragem, bem como sobre verba decorrente de litigância de má-fé, se for o caso, respeitadas as disposições da convenção de arbitragem, se houver.

Lei 9.307/1996

Art. 28. Se, no decurso da arbitragem, as partes chegarem a acordo quanto ao litígio, o árbitro ou o tribunal arbitral poderá, a pedido das partes, declarar tal fato mediante sentença arbitral, que conterá os requisitos do art. 26 desta Lei.

- V. art. 21, § 4º.

Art. 29. Proferida a sentença arbitral, dá-se por finda a arbitragem, devendo o árbitro, ou o presidente do tribunal arbitral, enviar cópia da decisão às partes, por via postal ou por outro meio qualquer de comunicação, mediante comprovação de recebimento, ou, ainda, entregando-a diretamente às partes, mediante recibo.

- V. art. 30, parágrafo único.

Art. 30. No prazo de 5 (cinco) dias, a contar do recebimento da notificação ou da ciência pessoal da sentença arbitral, salvo se outro prazo for acordado entre as partes, a parte interessada, mediante comunicação à outra parte, poderá solicitar ao árbitro ou ao tribunal arbitral que:

- *Caput* com redação determinada pela Lei 13.129/2015 (*DOU* 27.05.2015), em vigor após decorridos 60 (sessenta) dias de sua publicação oficial.

I – corrija qualquer erro material da sentença arbitral;

II – esclareça alguma obscuridade, dúvida ou contradição da sentença arbitral, ou se pronuncie sobre ponto omitido a respeito do qual devia manifestar-se a decisão.

Parágrafo único. O árbitro ou o tribunal arbitral decidirá no prazo de 10 (dez) dias ou em prazo acordado com as partes, aditará a sentença arbitral e notificará as partes na forma do art. 29.

- Parágrafo único com redação determinada pela Lei 13.129/2015 (*DOU* 27.05.2015), em vigor após decorridos 60 (sessenta) dias de sua publicação oficial.

Art. 31. A sentença arbitral produz, entre as partes e seus sucessores, os mesmos efeitos da sentença proferida pelos órgãos do Poder Judiciário e, sendo condenatória, constitui título executivo.

Art. 32. É nula a sentença arbitral se:

I – for nula a convenção de arbitragem;

- Inciso I com redação determinada pela Lei 13.129/2015 (*DOU* 27.05.2015), em vigor após decorridos 60 (sessenta) dias de sua publicação oficial.
- V. art. 33, § 2º, I.

II – emanou de quem não podia ser árbitro;

- V. art. 33, § 2º, I.

III – não contiver os requisitos do art. 26 desta Lei;

- V. art. 33, § 2º, I.

IV – for proferida fora dos limites da convenção de arbitragem;

- V. art. 33, § 2º, I.

V – *(Revogado pela Lei 13.129/2015 – DOU 27.05.2015, em vigor após decorridos 60 (sessenta) dias de sua publicação oficial.)*

VI – comprovado que foi proferida por prevaricação, concussão ou corrupção passiva;

- V. art. 33, § 2º, I.

VII – proferida fora do prazo, respeitado o disposto no art. 12, inciso III, desta Lei; e

- V. art. 33, § 2º, I.

VIII – forem desrespeitados os princípios de que trata o art. 21, § 2º, desta Lei.

- V. art. 33, § 2º, I.

Art. 33. A parte interessada poderá pleitear ao órgão do Poder Judiciário competente a declaração de nulidade da sentença arbitral, nos casos previstos nesta Lei.

- *Caput* com redação determinada pela Lei 13.129/2015 (*DOU* 27.05.2015), em vigor após decorridos 60 (sessenta) dias de sua publicação oficial.
- V. art. 20, § 2º.

§ 1º A demanda para a declaração de nulidade da sentença arbitral, parcial ou final, seguirá as regras do procedimento comum, previstas na Lei 5.869, de 11 de janeiro de 1973 (Código de Processo Civil), e deverá ser proposta no prazo de até 90 (noventa) dias após o recebimento da notificação da respectiva sentença, parcial ou final, ou da decisão do pedido de esclarecimentos.

- § 1º com redação determinada pela Lei 13.129/2015 (*DOU* 27.05.2015), em vigor após decorridos 60 (sessenta) dias de sua publicação oficial.

§ 2º A sentença que julgar procedente o pedido declarará a nulidade da sentença arbitral, nos casos do art. 32, e determinará, se for o caso, que o árbitro ou o tribunal profira nova sentença arbitral.

* § 2º com redação determinada pela Lei 13.129/2015 (DOU 27.05.2015), em vigor após decorridos 60 (sessenta) dias de sua publicação oficial.

§ 3º A decretação da nulidade da sentença arbitral também poderá ser requerida na impugnação ao cumprimento da sentença, nos termos dos arts. 525 e seguintes do Código de Processo Civil, se houver execução judicial.

* § 3º com redação determinada pela Lei 13.105/2015 (DOU 17.03.2015), em vigor após decorrido 1 (um) ano da data de sua publicação oficial.

§ 4º A parte interessada poderá ingressar em juízo para requerer a prolação de sentença arbitral complementar, se o árbitro não decidir todos os pedidos submetidos à arbitragem.

* § 4º acrescentado pela Lei 13.129/2015 (DOU 27.05.2015), em vigor após decorridos 60 (sessenta) dias de sua publicação oficial.

Capítulo VI
DO RECONHECIMENTO E EXECUÇÃO DE SENTENÇAS ARBITRAIS ESTRANGEIRAS

Art. 34. A sentença arbitral estrangeira será reconhecida ou executada no Brasil de conformidade com os tratados internacionais com eficácia no ordenamento interno e, na sua ausência, estritamente de acordo com os termos desta Lei.

Parágrafo único. Considera-se sentença arbitral estrangeira a que tenha sido proferida fora do território nacional.

Art. 35. Para ser reconhecida ou executada no Brasil, a sentença arbitral estrangeira está sujeita, unicamente, à homologação do Superior Tribunal de Justiça.

* Artigo com redação determinada pela Lei 13.129/2015 (DOU 27.05.2015), em vigor após decorridos 60 (sessenta) dias de sua publicação oficial.
* V. art. 105, I, *i*, CF.

Art. 36. Aplica-se à homologação para reconhecimento ou execução de sentença arbitral estrangeira, no que couber, o disposto nos arts. 483 e 484 do Código de Processo Civil.

Art. 37. A homologação de sentença arbitral estrangeira será requerida pela parte interessada, devendo a petição inicial conter as indicações da lei processual, conforme o art. 282 do Código de Processo Civil, e ser instruída, necessariamente, com:

I – o original da sentença arbitral ou uma cópia devidamente certificada, autenticada pelo consulado brasileiro e acompanhada de tradução oficial;

II – o original da convenção de arbitragem ou cópia devidamente certificada, acompanhada de tradução oficial.

Art. 38. Somente poderá ser negada a homologação para o reconhecimento ou execução de sentença arbitral estrangeira, quando o réu demonstrar que:

I – as partes na convenção de arbitragem eram incapazes;

II – a convenção de arbitragem não era válida segundo a lei à qual as partes a submeteram, ou, na falta de indicação, em virtude da lei do país onde a sentença arbitral foi proferida;

III – não foi notificado da designação do árbitro ou do procedimento de arbitragem, ou tenha sido violado o princípio do contraditório, impossibilitando a ampla defesa;

IV – a sentença arbitral foi proferida fora dos limites da convenção de arbitragem, e não foi possível separar a parte excedente daquela submetida à arbitragem;

V – a instituição da arbitragem não está de acordo com o compromisso arbitral ou cláusula compromissória;

VI – a sentença arbitral não se tenha, ainda, tornado obrigatória para as partes, tenha sido anulada, ou, ainda, tenha sido suspensa por órgão judicial do país onde a sentença arbitral for prolatada.

Art. 39. A homologação para o reconhecimento ou a execução da sentença arbitral estrangeira também será denegada se o Superior Tribunal de Justiça constatar que:

* *Caput* com redação determinada pela Lei 13.129/2015 (DOU 27.05.2015), em vigor após decorridos 60 (sessenta) dias de sua publicação oficial.

Lei 9.434/1997

LEGISLAÇÃO

I – segundo a lei brasileira, o objeto do litígio não é suscetível de ser resolvido por arbitragem;

II – a decisão ofende a ordem pública nacional.

Parágrafo único. Não será considerada ofensa à ordem pública nacional a efetivação da citação da parte residente ou domiciliada no Brasil, nos moldes da convenção de arbitragem ou da lei processual do país onde se realizou a arbitragem, admitindo-se, inclusive, a citação postal com prova inequívoca de recebimento, desde que assegure à parte brasileira tempo hábil para o exercício do direito de defesa.

Art. 40. A denegação da homologação para reconhecimento ou execução de sentença arbitral estrangeira por vícios formais, não obsta que a parte interessada renove o pedido, uma vez sanados os vícios apresentados.

Capítulo VII
DISPOSIÇÕES FINAIS

Art. 41. Os arts. 267, inciso VII; 301, inciso IX; e 584, inciso III, do Código de Processo Civil passam a ter a seguinte redação:

- Alterações processadas no texto do referido Código.

Art. 42. O art. 520 do Código de Processo Civil passa a ter mais um inciso, com a seguinte redação:

- Alteração processada no texto do referido Código.

Art. 43. Esta Lei entrará em vigor 60 (sessenta) dias após a data de sua publicação.

Art. 44. Ficam revogados os arts. 1.037 a 1.048 da Lei 3.071, de 1º de janeiro de 1916, Código Civil Brasileiro; os arts. 101 e 1.072 a 1.102 da Lei 5.869, de 11 de janeiro de 1973, Código de Processo Civil; e demais disposições em contrário.

- Refere-se ao CC/1916.

Brasília, 23 de setembro de 1996; 175º da Independência e 108º da República.

Fernando Henrique Cardoso

(*DOU* 24.09.1996)

LEI 9.434, DE 4 DE FEVEREIRO DE 1997

Dispõe sobre a remoção de órgãos, tecidos e partes do corpo humano para fins de transplante e tratamento e dá outras providências.

- V. Dec. 2.268/1997 (Regulamenta a Lei 9.434/1997).
- V. Lei 11.584/2007 (Dia Nacional da Doação de Órgãos).

O Presidente da República:

Faço saber que o Congresso Nacional decreta e eu sanciono a seguinte Lei:

Capítulo I
DAS DISPOSIÇÕES GERAIS

Art. 1º A disposição gratuita de tecidos, órgãos e partes do corpo humano, em vida ou *post mortem*, para fins de transplante e tratamento, é permitida na forma desta Lei.

- V. art. 199, § 4º, CF.
- V. arts. 13 e 14, CC.

Parágrafo único. Para os efeitos desta Lei, não estão compreendidos entre os tecidos a que se refere este artigo o sangue, o esperma e o óvulo.

Art. 2º A realização de transplantes ou enxertos de tecidos, órgãos ou partes do corpo humano só poderá ser realizada por estabelecimento de saúde, público ou privado, e por equipes médico-cirúrgicas de remoção e transplante previamente autorizadas pelo órgão de gestão nacional do Sistema Único de Saúde.

- V. art. 3º, §§ 1º e 2º.

Parágrafo único. A realização de transplantes ou enxertos de tecidos, órgãos e partes do corpo humano só poderá ser autorizada após a realização, no doador, de todos os testes de triagem para diagnóstico de infecção e infestação exigidos em normas regulamentares expedidas pelo Ministério da Saúde.

- Parágrafo único com redação determinada pela Lei 10.211/2001.

Lei 9.434/1997

Capítulo II
DA DISPOSIÇÃO *POST MORTEM* DE TECIDOS, ÓRGÃOS E PARTES DO CORPO HUMANO PARA FINS DE TRANSPLANTE

Art. 3º A retirada *post mortem* de tecidos, órgãos ou partes do corpo humano destinados a transplante ou tratamento deverá ser precedida de diagnóstico de morte encefálica, constatada e registrada por dois médicos não participantes das equipes de remoção e transplante, mediante a utilização de critérios clínicos e tecnológicos definidos por resolução do Conselho Federal de Medicina.

§ 1º Os prontuários médicos, contendo os resultados ou os laudos dos exames referentes aos diagnósticos de morte encefálica e cópias dos documentos de que tratam os arts. 2º, parágrafo único; 4º e seus parágrafos; 5º; 7º; 9º, §§ 2º, 4º, 6º e 8º; e 10, quando couber, e detalhando os atos cirúrgicos relativos aos transplantes e enxertos, serão mantidos nos arquivos das instituições referidas no art. 2º por um período mínimo de 5 (cinco) anos.

§ 2º As instituições referidas no art. 2º enviarão anualmente um relatório contendo os nomes dos pacientes receptores ao órgão gestor estadual do Sistema Único de Saúde.

§ 3º Será admitida a presença de médico de confiança da família do falecido no ato da comprovação e atestação da morte encefálica.

Art. 4º A retirada de tecidos, órgãos e partes do corpo de pessoas falecidas para transplantes ou outra finalidade terapêutica dependerá da autorização do cônjuge ou parente, maior de idade, obedecida a linha sucessória, reta ou colateral, até o segundo grau inclusive, firmada em documento subscrito por duas testemunhas presentes à verificação da morte.

- Artigo com redação determinada pela Lei 10.211/2001.

Parágrafo único. *(Vetado.)*

§§ 1º a 5º *(Revogados pela Lei 10.211/2001.)*

Art. 5º A remoção *post mortem* de tecidos, órgãos ou partes do corpo de pessoa juridicamente incapaz poderá ser feita desde que permitida expressamente por ambos os pais ou por seus responsáveis legais.

- V. art. 3º, § 1º.
- V. arts. 3º a 5º, CC.

Art. 6º É vedada a remoção *post mortem* de tecidos, órgãos ou partes do corpo de pessoas não identificadas.

Art. 7º *(Vetado.)*

Parágrafo único. No caso de morte sem assistência médica, de óbito em decorrência de causa mal definida ou de outras situações nas quais houver indicação de verificação da causa médica da morte, a remoção de tecidos, órgãos ou partes de cadáver para fins de transplante ou terapêutica somente poderá ser realizada após a autorização do patologista do serviço de verificação de óbito responsável pela investigação e citada em relatório de necropsia.

- V. art. 3º, § 1º.

Art. 8º Após a retirada de tecidos, órgãos e partes, o cadáver será imediatamente necropsiado, se verificada a hipótese do parágrafo único do art. 7º, e, em qualquer caso, condignamente recomposto para ser entregue, em seguida, aos parentes do morto ou seus responsáveis legais para sepultamento.

- Artigo com redação determinada pela Lei 10.211/2001.

Capítulo III
DA DISPOSIÇÃO DE TECIDOS, ÓRGÃOS E PARTES DO CORPO HUMANO VIVO PARA FINS DE TRANSPLANTE OU TRATAMENTO

Art. 9º É permitida à pessoa juridicamente capaz dispor gratuitamente de tecidos, órgãos e partes do próprio corpo vivo, para fins terapêuticos ou para transplantes em cônjuge ou parentes consanguíneos até o quarto grau, inclusive, na forma do § 4º deste artigo, ou em qualquer pessoa, me-

Lei 9.434/1997

diante autorização judicial, dispensada esta em relação à medula óssea.

- *Caput* com redação determinada pela Lei 10.211/2001.

§ 1º *(Vetado.)*

§ 2º *(Vetado.)*

§ 3º Só é permitida a doação referida neste artigo quando se tratar de órgãos duplos, de partes de órgãos, tecidos ou partes do corpo cuja retirada não impeça o organismo do doador de continuar vivendo sem risco para a sua integridade e não represente grave comprometimento de suas aptidões vitais e saúde mental e não cause mutilação ou deformação inaceitável, e corresponda a uma necessidade terapêutica comprovadamente indispensável à pessoa receptora.

§ 4º O doador deverá autorizar, preferencialmente por escrito e diante de testemunhas, especificamente o tecido, órgão ou parte do corpo objeto da retirada.

- V. art. 3º, § 1º.

§ 5º A doação poderá ser revogada pelo doador ou pelos responsáveis legais a qualquer momento antes de sua concretização.

§ 6º O indivíduo juridicamente incapaz, com compatibilidade imunológica comprovada, poderá fazer doação nos casos de transplante de medula óssea, desde que haja consentimento de ambos os pais ou seus responsáveis legais e autorização judicial e o ato não oferecer risco para a sua saúde.

- V. art. 3º, § 1º.

§ 7º É vedado à gestante dispor de tecidos, órgãos ou partes de seu corpo vivo, exceto quando se tratar de doação de tecido para ser utilizado em transplante de medula óssea e o ato não oferecer risco à sua saúde ou ao feto.

§ 8º O autotransplante depende apenas do consentimento do próprio indivíduo, registrado em seu prontuário médico ou, se ele for juridicamente incapaz, de um de seus pais ou responsáveis legais.

- V. art. 3º, § 1º.

Art. 9º-A. É garantido a toda mulher o acesso a informações sobre as possibilidades e os benefícios da doação voluntária de sangue do cordão umbilical e placentário durante o período de consultas pré-natais e no momento da realização do parto.

- Artigo acrescentado pela Lei 11.633/2007.

Capítulo IV
DAS DISPOSIÇÕES COMPLEMENTARES

Art. 10. O transplante ou enxerto só se fará com o consentimento expresso do receptor, assim inscrito em lista única de espera, após aconselhamento sobre a excepcionalidade e os riscos do procedimento.

- Artigo com redação determinada pela Lei 10.211/2001.
- V. arts. 3º, § 1º, e 18.

§ 1º Nos casos em que o receptor seja juridicamente incapaz ou cujas condições de saúde impeçam ou comprometam a manifestação válida da sua vontade, o consentimento de que trata este artigo será dado por um de seus pais ou responsáveis legais.

§ 2º A inscrição em lista única de espera não confere ao pretenso receptor ou à sua família direito subjetivo a indenização, se o transplante não se realizar em decorrência de alteração do estado de órgãos, tecidos e partes, que lhe seriam destinados, provocada por acidente ou incidente em seu transporte.

Art. 11. É proibida a veiculação, através de qualquer meio de comunicação social, de anúncio que configure:

- V. arts. 20 e 23.

a) publicidade de estabelecimentos autorizados a realizar transplantes e enxertos, relativa a estas atividades;

b) apelo público no sentido da doação de tecido, órgão ou parte do corpo humano para pessoa determinada, identificada ou não, ressalvado o disposto no parágrafo único;

- V. arts. 53 e 59, Lei 4.117/1962 (Código Brasileiro de Telecomunicações).

c) apelo público para a arrecadação de fundos para o financiamento de transplante ou enxerto em benefício de particulares.

Lei 9.434/1997

LEGISLAÇÃO

Parágrafo único. Os órgãos de gestão nacional, regional e local do Sistema Único de Saúde realizarão periodicamente, através dos meios adequados de comunicação social, campanhas de esclarecimento público dos benefícios esperados a partir da vigência desta Lei e de estímulo à doação de órgãos.

- V. art. 1º, parágrafo único, Lei 11.584/2007 (Dia Nacional da Doação de Órgãos).

Art. 12. *(Vetado.)*

Art. 13. É obrigatório, para todos os estabelecimentos de saúde, notificar, às centrais de notificação, captação e distribuição de órgãos da unidade federada onde ocorrer, o diagnóstico de morte encefálica feito em pacientes por eles atendidos.

Parágrafo único. Após a notificação prevista no *caput* deste artigo, os estabelecimentos de saúde não autorizados a retirar tecidos, órgãos ou partes do corpo humano destinados a transplante ou tratamento deverão permitir a imediata remoção do paciente ou franquear suas instalações e fornecer o apoio operacional necessário às equipes médico-cirúrgicas de remoção e transplante, hipótese em que serão ressarcidos na forma da lei.

- Parágrafo único acrescentado pela Lei 11.521/2007 (*DOU* 19.09.2007), em vigor decorridos 90 (noventa) dias da data de sua publicação.

Capítulo V
DAS SANÇÕES PENAIS E ADMINISTRATIVAS

Seção I
Dos crimes

Art. 14. Remover tecidos, órgãos ou partes do corpo de pessoa ou cadáver, em desacordo com as disposições desta Lei:
Pena – reclusão, de 2 (dois) a 6 (seis) anos, e multa, de 100 (cem) a 360 (trezentos e sessenta) dias-multa.

- V. art. 21.
- V. arts. 129, 211 e 212, CP.

§ 1º Se o crime é cometido mediante paga ou promessa de recompensa ou por outro motivo torpe:
Pena – reclusão, de 3 (três) a 8 (oito) anos, e multa, de 100 (cem) a 150 (cento e cinquenta) dias-multa.

§ 2º Se o crime é praticado em pessoa viva, e resulta para o ofendido:

- V. art. 129, § 1º, CP.

I – incapacidade para as ocupações habituais, por mais de 30 (trinta) dias;
II – perigo de vida;
III – debilidade permanente de membro, sentido ou função;
IV – aceleração de parto:
Pena – reclusão, de 3 (três) a 10 (dez) anos, e multa, de 100 (cem) a 200 (duzentos) dias-multa.

§ 3º Se o crime é praticado em pessoa viva, e resulta para o ofendido:

- V. art. 129, § 2º, CP.

I – incapacidade permanente para o trabalho;
II – enfermidade incurável;
III – perda ou inutilização de membro, sentido ou função;
IV – deformidade permanente;
V – aborto:
Pena – reclusão, de 4 (quatro) a 12 (doze) anos, e multa, de 150 (cento e cinquenta) a 300 (trezentos) dias-multa.

§ 4º Se o crime é praticado em pessoa viva e resulta morte:
Pena – reclusão, de 8 (oito) a 20 (vinte) anos, e multa de 200 (duzentos) a 360 (trezentos e sessenta) dias-multa.

- V. art. 129, § 3º, CP.

Art. 15. Comprar ou vender tecidos, órgãos ou partes do corpo humano:
Pena – reclusão, de 3 (três) a 8 (oito) anos, e multa, de 200 (duzentos) a 360 (trezentos e sessenta) dias-multa.

- V. art. 21.
- V. art. 5º, § 3º, Lei 11.105/2005 (Lei de Biossegurança).

Parágrafo único. Incorre na mesma pena quem promove, intermedeia, facilita ou aufere qualquer vantagem com a transação.

Art. 16. Realizar transplante ou enxerto utilizando tecidos, órgãos ou partes do corpo humano de que se tem ciência terem si-

Lei 9.434/1997

do obtidos em desacordo com os dispositivos desta Lei:
Pena – reclusão, de 1 (um) a 6 (seis) anos, e multa, de 150 (cento e cinquenta) a 300 (trezentos) dias-multa.

• V. art. 21.

Art. 17. Recolher, transportar, guardar ou distribuir partes do corpo humano de que se tem ciência terem sido obtidas em desacordo com os dispositivos desta Lei:
Pena – reclusão, de 6 (seis) meses a 2 (dois) anos, e multa, de 100 (cem) a 250 (duzentos e cinquenta) dias-multa.

• V. art. 21.

Art. 18. Realizar transplante ou enxerto em desacordo com o disposto no art. 10 desta Lei e seu parágrafo único:
Pena – detenção, de 6 (seis) meses a 2 (dois) anos.

Art. 19. Deixar de recompor cadáver, devolvendo-lhe aspecto condigno, para sepultamento ou deixar de entregar ou retardar sua entrega aos familiares ou interessados:
Pena – detenção, de 6 (seis) meses a 2 (dois) anos.

• V. arts. 211 e 212, CP.

Art. 20. Publicar anúncio ou apelo público em desacordo com o disposto no art. 11:
Pena – multa, de 100 (cem) a 200 (duzentos) dias-multa.

Seção II
Das sanções administrativas

Art. 21. No caso dos crimes previstos nos arts. 14, 15, 16 e 17, o estabelecimento de saúde e as equipes médico-cirúrgicas envolvidas poderão ser desautorizadas temporária ou permanentemente pelas autoridades competentes.

§ 1º Se a instituição é particular, a autoridade competente poderá multá-la em 200 (duzentos) a 360 (trezentos e sessenta) dias-multa e, em caso de reincidência, poderá ter suas atividades suspensas temporária ou definitivamente, sem direito a qualquer indenização ou compensação por investimentos realizados.

§ 2º Se a instituição é particular, é proibida de estabelecer contratos ou convênios com entidades públicas, bem como se beneficiar de créditos oriundos de instituições governamentais ou daquelas em que o Estado é acionista, pelo prazo de 5 (cinco) anos.

Art. 22. As instituições que deixarem de manter em arquivo relatórios dos transplantes realizados, conforme o disposto no art. 3º, § 1º, ou que não enviarem os relatórios mencionados no art. 3º, § 2º, ao órgão de gestão estadual do Sistema Único de Saúde, estão sujeitas a multa, de 100 (cem) a 200 (duzentos) dias-multa.

§ 1º Incorre na mesma pena o estabelecimento de saúde que deixar de fazer as notificações previstas no art. 13 desta Lei ou proibir, dificultar ou atrasar as hipóteses definidas em seu parágrafo único.

• § 1º com redação determinada pela Lei 11.521/2007 (*DOU* 19.09.2007), em vigor decorridos 90 (noventa) dias da data de sua publicação.

§ 2º Em caso de reincidência, além de multa, o órgão de gestão estadual do Sistema Único de Saúde poderá determinar a desautorização temporária ou permanente da instituição.

Art. 23. Sujeita-se às penas do art. 59 da Lei 4.117, de 27 de agosto de 1962, a empresa de comunicação social que veicular anúncio em desacordo com o disposto no art. 11.

Capítulo VI
DAS DISPOSIÇÕES FINAIS

Art. 24. *(Vetado.)*

Art. 25. Revogam-se as disposições em contrário, particularmente a Lei 8.489, de 18 de novembro de 1992, e o Dec. 879, de 22 de julho de 1993.

Brasília, 4 de fevereiro de 1997; 176º da Independência e 109º da República.
Fernando Henrique Cardoso

(*DOU* 05.02.1997)

Lei 9.447/1997

LEGISLAÇÃO

LEI 9.447, DE 14 DE MARÇO DE 1997

Dispõe sobre a responsabilidade solidária de controladores de instituições submetidas aos regimes de que tratam a Lei 6.024, de 13 de março de 1974, e o Dec.-lei 2.321, de 25 de fevereiro de 1987; sobre a indisponibilidade de seus bens; sobre a responsabilização das empresas de auditoria contábil ou dos auditores contábeis independentes; sobre privatização de instituições cujas ações sejam desapropriadas, na forma do Dec.-lei 2.321, de 1987, e dá outras providências.

Faço saber que o Presidente da República adotou a Medida Provisória 1.470-16, de 14 de fevereiro de 1997, que o Congresso Nacional aprovou, e eu, Antonio Carlos Magalhães, Presidente, para os efeitos do disposto no parágrafo único do art. 62 da Constituição Federal, promulgo a seguinte Lei:

Art. 1º A responsabilidade solidária dos controladores de instituições financeiras estabelecida no art. 15 do Dec.-lei 2.321, de 25 de fevereiro de 1987, aplica-se, também, aos regimes de intervenção e liquidação extrajudicial de que trata a Lei 6.024, de 13 de março de 1974.

Art. 2º O disposto na Lei 6.024, de 1974, e no Dec.-lei 2.321, de 1987, no que se refere à indisponibilidade de bens, aplica-se, também, aos bens das pessoas, naturais ou jurídicas, que detenham o controle, direto ou indireto, das instituições submetidas aos regimes de intervenção, liquidação extrajudicial ou administração especial temporária.

§ 1º Objetivando assegurar a normalidade da atividade econômica e os interesses dos credores, o Banco Central do Brasil, por decisão de sua diretoria, poderá excluir da indisponibilidade os bens das pessoas jurídicas controladoras das instituições financeiras submetidas aos regimes especiais.

§ 2º Não estão sujeitos à indisponibilidade os bens considerados inalienáveis ou impenhoráveis, nos termos da legislação em vigor.

§ 3º A indisponibilidade não impede a alienação de controle, cisão, fusão ou incorporação da instituição submetida aos regimes de intervenção, liquidação extrajudicial ou administração especial temporária.

Art. 3º O inquérito de que trata o art. 41 da Lei 6.024, de 1974, compreende também a apuração dos atos praticados ou das omissões incorridas pelas pessoas naturais ou jurídicas prestadoras de serviços de auditoria independente às instituições submetidas aos regimes de intervenção, liquidação extrajudicial ou administração especial temporária.

Parágrafo único. Concluindo o inquérito que houve culpa ou dolo na atuação das pessoas de que trata o *caput*, aplicar-se-á o disposto na parte final do *caput* do art. 45 da Lei 6.024, de 1974.

Art. 4º O Banco Central do Brasil poderá, além das hipóteses previstas no art. 1º do Dec.-lei 2.321, de 1987, decretar regime de administração especial temporária, quando caracterizada qualquer das situações previstas no art. 15 da Lei 6.024, de 1974.

Art. 5º Verificada a ocorrência de qualquer das hipóteses previstas nos arts. 2º e 15 da Lei 6.024, de 1974, e no art. 1º do Dec.-lei 2.321, de 1987, é facultado ao Banco Central do Brasil, visando assegurar a normalidade da economia pública e resguardar os interesses dos depositantes, investidores e demais credores, sem prejuízo da posterior adoção dos regimes de intervenção, liquidação extrajudicial ou administração especial temporária, determinar as seguintes medidas:

I – capitalização da sociedade, com o aporte de recursos necessários ao seu soerguimento, em montante por ele fixado;

II – transferência do controle acionário;

III – reorganização societária, inclusive mediante incorporação, fusão ou cisão.

Parágrafo único. Não implementadas as medidas de que trata este artigo, no prazo estabelecido pelo Banco Central do Brasil, decretar-se-á o regime especial cabível.

Art. 6º No resguardo da economia pública e dos interesses dos depositantes e investidores, o interventor, o liquidante ou o conselho diretor da instituição submetida aos regimes de intervenção, liquidação extrajudicial ou administração especial temporária, quando prévia e expressamente autorizado pelo Banco Central do Brasil, poderá:

I – transferir para outra ou outras sociedades, isoladamente ou em conjunto, bens,

Lei 9.447/1997

LEGISLAÇÃO

direitos e obrigações da empresa ou de seus estabelecimentos;
II – alienar ou ceder bens e direitos a terceiros e acordar a assunção de obrigações por outra sociedade;
III – proceder à constituição ou reorganização de sociedade ou sociedades para as quais sejam transferidos, no todo ou em parte, bens, direitos e obrigações da instituição sob intervenção, liquidação extrajudicial ou administração especial temporária, objetivando a continuação geral ou parcial de seu negócio ou atividade.

Art. 7º A implementação das medidas previstas no artigo anterior e o encerramento, por qualquer forma, dos regimes de intervenção, liquidação extrajudicial ou administração especial temporária não prejudicarão:
I – o andamento do inquérito para apuração das responsabilidades dos controladores, administradores, membros dos conselhos da instituição e das pessoas naturais ou jurídicas prestadoras de serviços de auditoria independente às instituições submetidas aos regimes de que tratam a Lei 6.024, de 1974, e o Dec.-lei 2.321, de 1987;
II – a legitimidade do Ministério Público para prosseguir ou propor as ações previstas nos arts. 45 e 46 da Lei 6.024, de 1974.

Art. 8º A intervenção e a liquidação extrajudicial de instituições financeiras poderão, também, a critério do Banco Central do Brasil, ser executadas por pessoa jurídica.

Art. 9º Instaurado processo administrativo contra instituição financeira, seus administradores, membros de seus conselhos, a empresa de auditoria contábil ou o auditor contábil independente, o Banco Central do Brasil, por decisão da diretoria, considerando a gravidade da falta, poderá, cautelarmente:
I – determinar o afastamento dos indiciados da administração dos negócios da instituição, enquanto perdurar a apuração de suas responsabilidades;
II – impedir que os indiciados assumam quaisquer cargos de direção ou administração de instituições financeiras ou atuem como mandatários ou prepostos de diretores ou administradores;
III – impor restrições às atividades da instituição financeira;
IV – determinar à instituição financeira a substituição da empresa de auditoria contábil ou do auditor contábil independente.

§ 1º Das decisões do Banco Central do Brasil proferidas com base neste artigo caberá recurso, sem efeito suspensivo, para o Conselho de Recursos do Sistema Financeiro Nacional, no prazo de 5 (cinco) dias.

§ 2º Não concluído o processo, no âmbito do Banco Central do Brasil, no prazo de 120 (cento e vinte) dias, a medida cautelar perderá sua eficácia.

§ 3º O disposto neste artigo aplica-se às demais instituições autorizadas a funcionar pelo Banco Central do Brasil.

Art. 10. A alienação do controle de instituições financeiras cujas ações sejam desapropriadas pela União, na forma do Dec.-lei 2.321, de 1987, será feita mediante oferta pública, na forma de regulamento, assegurada igualdade de condições a todos os concorrentes.

§ 1º O decreto expropriatório fixará, em cada caso, o prazo para alienação do controle, o qual poderá ser prorrogado por igual período.

§ 2º Desapropriadas as ações, o regime de administração especial temporária prosseguirá, até que efetivada a transferência, pela União, do controle acionário da instituição.

Art. 11. As instituições financeiras cujas ações sejam desapropriadas pela União permanecerão, até a alienação de seu controle, para todos os fins, sob o regime jurídico próprio das empresas privadas.

Art. 12. Nos empréstimos realizados no âmbito do Programa de Estímulo à Reestruturação e ao Fortalecimento do Sistema Financeiro Nacional – Proer poderão ser aceitos, como garantia, títulos ou direitos relativos a operações de responsabilidade do Tesouro Nacional ou de entidades da Administração Pública Federal indireta.

Parágrafo único. Exceto nos casos em que as garantias sejam representadas por títulos da dívida pública mobiliária federal vendidos em leilões competitivos, o valor nominal das garantias deverá exceder em pelo menos 20% (vinte por cento) o montante garantido.

Art. 13. Na hipótese de operações financeiras ao amparo do Proer, o Banco Central

Lei 9.492/1997

do Brasil informará, tempestivamente, à Comissão de Assuntos Econômicos do Senado Federal, em cada caso:

I – os motivos pelos quais a instituição financeira solicitou sua inclusão no Programa;

II – o valor da operação;

III – os dados comparativos entre os encargos financeiros cobrados no Proer e os encargos financeiros médios pagos pelo Banco Central do Brasil na colocação de seus títulos no mercado;

IV – as garantias aceitas e seu valor em comparação com o empréstimo concedido.

Art. 14. Os arts. 22 e 26 da Lei 6.385, de 7 de dezembro de 1976, passam a vigorar com as seguintes alterações:

- Alterações processadas no texto da referida Lei.

Art. 15. Ficam convalidados os atos praticados com base na MP 1.470-15, de 17 de janeiro de 1997.

Art. 16. Esta Lei entra em vigor na data de sua publicação.

Congresso Nacional, em 14 de março de 1997; 176º da Independência e 109º da República.
Senador Antônio Carlos Magalhães
Presidente do Congresso Nacional
(*DOU* 15.03.1997)

LEI 9.492,
DE 10 DE SETEMBRO DE 1997

Define competência, regulamenta os serviços concernentes ao protesto de títulos e outros documentos de dívida e dá outras providências.

- V. Lei 11.101/2005 (Lei de Recuperação de Empresas e Falência).

O Presidente da República:
Faço saber que o Congresso Nacional decreta e eu sanciono a seguinte Lei:

Capítulo I
DA COMPETÊNCIA E DAS ATRIBUIÇÕES

Art. 1º Protesto é o ato formal e solene pelo qual se prova a inadimplência e o descumprimento de obrigação originada em títulos e outros documentos de dívida.

- V. art. 202, II, CC.
- V. arts. 660 e 661, CCo.
- V. art. 23, Dec. 1.102/1903 (Estabelecimento de empresas de armazéns gerais).
- V. arts. 28 a 33 e 56, Dec. 2.044/1908 (Letra de câmbio e nota promissória).
- V. arts. 43 a 54, Dec. 57.663/1966 (Letra de câmbio e nota promissória).
- V. art. 51, Dec.-lei 167/1967 (Títulos de crédito rural).
- V. arts. 13 e 14, Lei 5.474/1968 (Duplicatas).
- V. Lei 6.268/1975 (Averbação do pagamento de títulos protestados).
- V. Lei 6.690/1979 (Cancelamento de protesto de títulos cambiais).
- V. art. 48, Lei 7.357/1985 (Cheque).
- V. art. 94, I, Lei 11.101/2005 (Lei de Recuperação de Empresas e Falência).

Parágrafo único. Incluem-se entre os títulos sujeitos a protesto as certidões de dívida ativa da União, dos Estados, do Distrito Federal, dos Municípios e das respectivas autarquias e fundações públicas.

- Parágrafo único acrescentado pela Lei 12.767/2012.

Art. 2º Os serviços concernentes ao protesto, garantidores da autenticidade, publicidade, segurança e eficácia dos atos jurídicos, ficam sujeitos ao regime estabelecido nesta Lei.

Art. 3º Compete privativamente ao Tabelião de Protesto de Títulos, na tutela dos interesses públicos e privados, a protocolização, a intimação, o acolhimento da devolução ou do aceite, o recebimento do pagamento, do título e de outros documentos de dívida, bem como lavrar e registrar o protesto ou acatar a desistência do credor em relação ao mesmo, proceder às averbações, prestar informações e fornecer certidões relativas a todos os atos praticados, na forma desta Lei.

Capítulo II
DA ORDEM DOS SERVIÇOS

Art. 4º O atendimento ao público será, no mínimo, de 6 (seis) horas diárias.

Art. 5º Todos os documentos apresentados ou distribuídos no horário regulamentar serão protocolizados dentro de vinte e qua-

Lei 9.492/1997

LEGISLAÇÃO

tro horas, obedecendo à ordem cronológica de entrega.

Parágrafo único. Ao apresentante será entregue recibo com as características essenciais do título ou documento de dívida, sendo de sua responsabilidade os dados fornecidos.

Art. 6º Tratando-se de cheque, poderá o protesto ser lavrado no lugar do pagamento ou do domicílio do emitente, devendo do referido cheque constar a prova de apresentação ao Banco sacado, salvo se o protesto tenha por fim instruir medidas pleiteadas contra o estabelecimento de crédito.

Capítulo III
DA DISTRIBUIÇÃO

Art. 7º Os títulos e documentos de dívida destinados a protesto somente estarão sujeitos a prévia distribuição obrigatória nas localidades onde houver mais de um Tabelionato de Protesto de Títulos.

Parágrafo único. Onde houver mais de um Tabelionato de Protesto de Títulos, a distribuição será feita por um Serviço instalado e mantido pelos próprios Tabelionatos, salvo se já existir Ofício Distribuidor organizado antes da promulgação desta Lei.

Art. 8º Os títulos e documentos de dívida serão recepcionados, distribuídos e entregues na mesma data aos Tabelionatos de Protesto, obedecidos os critérios de quantidade e qualidade.

Parágrafo único. Poderão ser recepcionadas as indicações a protestos das Duplicatas Mercantis e de Prestação de Serviços, por meio magnético ou de gravação eletrônica de dados, sendo de inteira responsabilidade do apresentante os dados fornecidos, ficando a cargo dos Tabelionatos a mera instrumentalização das mesmas.

Capítulo IV
DA APRESENTAÇÃO E PROTOCOLIZAÇÃO

Art. 9º Todos os títulos e documentos de dívida protocolizados serão examinados em seus caracteres formais e terão curso se não apresentarem vícios, não cabendo ao Tabelião de Protesto investigar a ocorrência de prescrição ou caducidade.

Parágrafo único. Qualquer irregularidade formal observada pelo Tabelião obstará o registro do protesto.

Art. 10. Poderão ser protestados títulos e outros documentos de dívida em moeda estrangeira, emitidos fora do Brasil, desde que acompanhados de tradução efetuada por tradutor público juramentado.

§ 1º Constarão obrigatoriamente do registro do protesto a descrição do documento e sua tradução.

§ 2º Em caso de pagamento, este será efetuado em moeda corrente nacional, cumprindo ao apresentante a conversão na data de apresentação do documento para protesto.

§ 3º Tratando-se de títulos ou documentos de dívidas emitidos no Brasil, em moeda estrangeira, cuidará o Tabelião de observar as disposições do Dec.-lei 857, de 11 de setembro de 1969, e legislação complementar ou superveniente.

Art. 11. Tratando-se de títulos ou documentos de dívida sujeitos a qualquer tipo de correção, o pagamento será feito pela conversão vigorante no dia da apresentação, no valor indicado pelo apresentante.

Capítulo V
DO PRAZO

Art. 12. O protesto será registrado dentro de 3 (três) dias úteis contados da protocolização do título ou documento de dívida.

• V. art. 20.

§ 1º Na contagem do prazo a que se refere o *caput* exclui-se o dia da protocolização e inclui-se o do vencimento.

§ 2º Considera-se não útil o dia em que não houver expediente bancário para o público ou aquele em que este não obedecer ao horário normal.

Art. 13. Quando a intimação for efetivada excepcionalmente no último dia do prazo ou além dele, por motivo de força maior, o protesto será tirado no primeiro dia útil subsequente.

Capítulo VI
DA INTIMAÇÃO

Art. 14. Protocolizado o título ou documento de dívida, o Tabelião de Protesto ex-

Lei 9.492/1997

pedirá a intimação ao devedor, no endereço fornecido pelo apresentante do título ou documento, considerando-se cumprida quando comprovada a sua entrega no mesmo endereço.

§ 1º A remessa da intimação poderá ser feita por portador do próprio tabelião, ou por qualquer outro meio, desde que o recebimento fique assegurado e comprovado através de protocolo, aviso de recepção (AR) ou documento equivalente.

§ 2º A intimação deverá conter nome e endereço do devedor, elementos de identificação do título ou documento de dívida, e prazo limite para cumprimento da obrigação no Tabelionato, bem como número do protocolo e valor a ser pago.

Art. 15. A intimação será feita por edital se a pessoa indicada para aceitar ou pagar for desconhecida, sua localização incerta ou ignorada, for residente ou domiciliada fora da competência territorial do Tabelionato, ou, ainda, ninguém se dispuser a receber a intimação no endereço fornecido pelo apresentante.

§ 1º O edital será afixado no Tabelionato de Protesto e publicado pela imprensa local onde houver jornal de circulação diária.

§ 2º Aquele que fornecer endereço incorreto, agindo de má-fé, responderá por perdas e danos, sem prejuízo de outras sanções civis, administrativas ou penais.

Capítulo VII
DA DESISTÊNCIA E SUSTAÇÃO DO PROTESTO

Art. 16. Antes da lavratura do protesto, poderá o apresentante retirar o título ou documento de dívida, pagos os emolumentos e demais despesas.

Art. 17. Permanecerão no Tabelionato, à disposição do Juízo respectivo, os títulos ou documentos de dívida cujo protesto for judicialmente sustado.

§ 1º O título do documento de dívida cujo protesto tiver sido sustado judicialmente só poderá ser pago, protestado ou retirado com autorização judicial.

§ 2º Revogada a ordem de sustação, não há necessidade de se proceder a nova intimação do devedor, sendo a lavratura e o registro do protesto efetivados até o primeiro dia útil subsequente ao do recebimento da revogação, salvo se a materialização do ato depender de consulta a ser formulada ao apresentante, caso em que o mesmo prazo será contado da data da resposta dada.

§ 3º Tornada definitiva a ordem de sustação, o título ou o documento de dívida será encaminhado ao Juízo respectivo, quando não constar determinação expressa a qual das partes o mesmo deverá ser entregue, ou se decorridos 30 (trinta) dias sem que a parte autorizada tenha comparecido no Tabelionato para retirá-lo.

Art. 18. As dúvidas do Tabelião de Protesto serão resolvidas pelo Juízo competente.

Capítulo VIII
DO PAGAMENTO

Art. 19. O pagamento do título ou do documento de dívida apresentado para protesto será feito diretamente no Tabelionato competente, no valor igual ao declarado pelo apresentante, acrescido dos emolumentos e demais despesas.

§ 1º Não poderá ser recusado pagamento oferecido dentro do prazo legal, desde que feito no Tabelionato de Protesto competente e no horário de funcionamento dos serviços.

§ 2º No ato do pagamento, o Tabelionato de Protesto dará a respectiva quitação, e o valor devido será colocado à disposição do apresentante no primeiro dia útil subsequente ao do recebimento.

§ 3º Quando for adotado sistema de recebimento do pagamento por meio de cheque, ainda que de emissão de estabelecimento bancário, a quitação dada pelo Tabelionato fica condicionada à efetiva liquidação.

§ 4º Quando do pagamento no Tabelionato ainda subsistirem parcelas vincendas, será dada quitação da parcela paga em apartado, devolvendo-se o original ao apresentante.

Capítulo IX
DO REGISTRO DO PROTESTO

Art. 20. Esgotado o prazo previsto no art. 12, sem que tenham ocorrido as hipóteses

Lei 9.492/1997

dos Capítulos VII e VIII, o Tabelião lavrará e registrará o protesto, sendo o respectivo instrumento entregue ao apresentante.

Art. 21. O protesto será tirado por falta de pagamento, de aceite ou de devolução.

§ 1º O protesto por falta de aceite somente poderá ser efetuado antes do vencimento da obrigação e após o decurso do prazo legal para o aceite ou a devolução.

§ 2º Após o vencimento, o protesto sempre será efetuado por falta de pagamento, vedada a recusa da lavratura e registro do protesto por motivo não previsto na lei cambial.

§ 3º Quando o sacado retiver a letra de câmbio ou a duplicata enviada para aceite e não proceder à devolução dentro do prazo legal, o protesto poderá ser baseado na segunda via da letra de câmbio ou nas indicações da duplicata, que se limitarão a conter os mesmos requisitos lançados pelo sacador ao tempo da emissão da duplicata, vedada a exigência de qualquer formalidade não prevista na Lei que regula a emissão e circulação das duplicatas.

§ 4º Os devedores, assim compreendidos os emitentes de notas promissórias e cheques, os sacados nas letras de câmbio e duplicatas, bem como os indicados pelo apresentante ou credor como responsáveis pelo cumprimento da obrigação, não poderão deixar de figurar no termo de lavratura e registro de protesto.

• V. arts. 30 e 34.

§ 5º Não se poderá tirar protesto por falta de pagamento de letra de câmbio contra o sacado não aceitante.

• § 5º acrescentado pela Lei 12.767/2012.

Art. 22. O registro do protesto e seu instrumento deverão conter:

I – data e número de protocolização;
II – nome do apresentante e endereço;
III – reprodução ou transcrição do documento ou das indicações feitas pelo apresentante e declarações nele inseridas;
IV – certidão das intimações feitas e das respostas eventualmente oferecidas;
V – indicação dos intervenientes voluntários e das firmas por eles honradas;
VI – a aquiescência do portador ao aceite por honra;
VII – nome, número do documento de identificação do devedor e endereço;
VIII – data e assinatura do Tabelião de Protesto, de seus substitutos ou de Escrevente autorizado.

Parágrafo único. Quando o Tabelião de Protesto conservar em seus arquivos gravação eletrônica da imagem, cópia reprográfica ou micrográfica do título ou documento de dívida, dispensa-se, no registro e no instrumento, a sua transcrição literal, bem como das demais declarações nele inseridas.

Art. 23. Os termos dos protestos lavrados, inclusive para fins especiais, por falta de pagamento, de aceite ou de devolução serão registrados em um único livro e conterão as anotações do tipo e do motivo do protesto, além dos requisitos previstos no artigo anterior.

Parágrafo único. Somente poderão ser protestados, para fins falimentares, os títulos ou documentos de dívida de responsabilidade das pessoas sujeitas às consequências da legislação falimentar.

Art. 24. O deferimento do processamento de concordata não impede o protesto.

Capítulo X
DAS AVERBAÇÕES E DO CANCELAMENTO

Art. 25. A averbação de retificação de erros materiais pelo serviço poderá ser efetuada de ofício ou a requerimento do interessado, sob responsabilidade do Tabelião de Protesto de Títulos.

§ 1º Para a averbação da retificação será indispensável a apresentação do instrumento eventualmente expedido e de documentos que comprovem o erro.

§ 2º Não são devidos emolumentos pela averbação prevista neste artigo.

Art. 26. O cancelamento do registro do protesto será solicitado diretamente no Tabelionato de Protesto de Títulos, por qualquer interessado, mediante apresentação do documento protestado, cuja cópia ficará arquivada.

§ 1º Na impossibilidade de apresentação do original do título ou documento de dívi-

Lei 9.492/1997

da protestado, será exigida a declaração de anuência, com identificação e firma reconhecida, daquele que figurou no registro de protesto como credor, originário ou por endosso translativo.

§ 2º Na hipótese de protesto em que tenha figurado apresentante por endosso-mandato, será suficiente a declaração de anuência passada pelo credor endossante.

§ 3º O cancelamento do registro do protesto, se fundado em outro motivo que não no pagamento do título ou documento de dívida, será efetivado por determinação judicial, pagos os emolumentos devidos ao Tabelião.

§ 4º Quando a extinção da obrigação decorrer de processo judicial, o cancelamento do registro do protesto poderá ser solicitado com a apresentação da certidão expedida pelo Juízo processante, com menção do trânsito em julgado, que substituirá o título ou o documento de dívida protestado.

§ 5º O cancelamento do registro do protesto será feito pelo Tabelião titular, por seus Substitutos ou por Escrevente autorizado.

§ 6º Quando o protesto lavrado for registrado sob forma de microfilme ou gravação eletrônica, o termo do cancelamento será lançado em documento apartado, que será arquivado juntamente com os documentos que instruíram o pedido, e anotado no índice respectivo.

Capítulo XI
DAS CERTIDÕES E INFORMAÇÕES DO PROTESTO

Art. 27. O Tabelião de Protesto expedirá as certidões solicitadas dentro de 5 (cinco) dias úteis, no máximo, que abrangerão o período mínimo dos 5 (cinco) anos anteriores, contados da data do pedido, salvo quando se referir a protesto específico.

§ 1º As certidões expedidas pelos serviços de protesto de títulos, inclusive as relativas à prévia distribuição, deverão obrigatoriamente indicar, além do nome do devedor, seu número no Registro Geral (RG), constante da Cédula de Identidade, ou seu número no Cadastro de Pessoas Físicas (CPF), se pessoa física, e o número de inscrição no Cadastro Geral de Contribuintes (CGC), se pessoa jurídica, cabendo ao apresentante do título para protesto fornecer esses dados, sob pena de recusa.

§ 2º Das certidões não constarão os registros cujos cancelamentos tiverem sido averbados, salvo por requerimento escrito do próprio devedor ou por ordem judicial.

Art. 28. Sempre que a homonímia puder ser verificada simplesmente pelo confronto do número de documento de identificação, o Tabelião de Protesto dará certidão negativa.

Art. 29. Os cartórios fornecerão às entidades representativas da indústria e do comércio ou àquelas vinculadas à proteção do crédito, quando solicitada, certidão diária, em forma de relação, dos protestos tirados e dos cancelamentos efetuados, com a nota de se cuidar de informação reservada da qual não se poderá dar publicidade pela imprensa, nem mesmo parcialmente.

• Artigo com redação determinada pela Lei 9.841/1999.

§ 1º O fornecimento da certidão será suspenso caso se desatenda ao disposto no *caput* ou se forneçam informações de protestos cancelados.

§ 2º Dos cadastros ou bancos de dados das entidades referidas no *caput* somente serão prestadas informações restritivas de crédito oriundas de títulos ou documentos de dívidas regularmente protestados cujos registros não foram cancelados.

§ 3º *(Revogado pela Lei 9.841/1999.)*

Art. 30. As certidões, informações e relações serão elaboradas pelo nome dos devedores, conforme previsto no § 4º do art. 21, desta Lei, devidamente identificados, e abrangerão os protestos lavrados e registrados por falta de pagamento, de aceite ou de devolução, vedada a exclusão ou omissão de nomes e de protestos, ainda que provisória ou parcial.

Art. 31. Poderão ser fornecidas certidões de protestos, não cancelados, a quaisquer interessados, desde que requeridas por escrito.

• Artigo com redação determinada pela Lei 9.841/1999.

Lei 9.492/1997

Capítulo XII
DOS LIVROS E ARQUIVOS

Art. 32. O livro de Protocolo poderá ser escriturado mediante processo manual, mecânico, eletrônico ou informatizado, em folhas soltas e com colunas destinadas às seguintes anotações: número de ordem, natureza do título ou documento de dívida, valor, apresentante, devedor e ocorrências.

Parágrafo único. A escrituração será diária, constando do termo de encerramento o número de documentos apresentados no dia, sendo a data da protocolização a mesma do termo diário do encerramento.

Art. 33. Os livros de Registros de Protesto serão abertos e encerrados pelo Tabelião de Protestos ou seus Substitutos, ou ainda por Escrevente autorizado, com suas folhas numeradas e rubricadas.

Art. 34. Os índices serão de localização dos protestos registrados e conterão os nomes dos devedores, na forma do § 4º do art. 21, vedada a exclusão ou omissão de nomes e de protestos, ainda que em caráter provisório ou parcial, não decorrente do cancelamento definitivo do protesto.

§ 1º Os índices conterão referência ao livro e à folha, ao microfilme ou ao arquivo eletrônico onde estiver registrado o protesto, ou ao número do registro, e aos cancelamentos de protestos efetuados.

§ 2º Os índices poderão ser elaborados pelo sistema de fichas, microfichas ou banco eletrônico de dados.

Art. 35. O Tabelião de Protestos arquivará ainda:
I – intimações;
II – editais;
III – documentos apresentados para a averbação no registro de protestos e ordens de cancelamentos;
IV – mandados e ofícios judiciais;
V – solicitações de retirada de documentos pelo apresentante;
VI – comprovantes de entrega de pagamentos ao credores;
VII – comprovantes de devolução de documentos de dívida irregulares.

§ 1º Os arquivos deverão ser conservados, pelo menos, durante os seguintes prazos:

I – 1 (um) ano, para as intimações e editais correspondentes a documentos protestados e ordens de cancelamento;

II – 6 (seis) meses, para as intimações e editais correspondentes a documentos pagos ou retirados além do tríduo legal;

III – 30 (trinta) dias, para os comprovantes de entrega de pagamento aos credores, para as solicitações de retirada dos apresentantes e para os comprovantes de devolução, por irregularidade, aos mesmos, dos títulos e documentos de dívidas.

§ 2º Para os livros e documentos microfilmados ou gravados por processo eletrônico de imagens não subsiste a obrigatoriedade de sua conservação.

§ 3º Os mandados judiciais de sustação de protesto deverão ser conservados, juntamente com os respectivos documentos, até solução definitiva por parte do Juízo.

Art. 36. O prazo de arquivamento é de 3 (três) anos para livros e protocolo e de 10 (dez) anos para os livros de registros de protesto e respectivos títulos.

Capítulo XIII
DOS EMOLUMENTOS

Art. 37. Pelos atos que praticarem em decorrência desta Lei, os Tabeliães de Protesto perceberão, diretamente das partes, a título de remuneração, os emolumentos fixados na forma da lei estadual e de seus decretos regulamentadores, salvo quando o serviço for estatizado.

§ 1º Poderá ser exigido depósito prévio dos emolumentos e demais despesas devidas, caso em que igual importância deverá ser reembolsada ao apresentante por ocasião da prestação de contas, quando ressarcidas pelo devedor no Tabelionato.

§ 2º Todo e qualquer ato praticado pelo Tabelião de Protesto será cotado, identificando-se as parcelas componentes do seu total.

§ 3º Pelo ato de digitalização e gravação eletrônica dos títulos e outros documentos, serão cobrados os mesmos valores previstos na tabela de emolumentos para o ato de microfilmagem.

Lei 9.494/1997

LEGISLAÇÃO

Capítulo XIV
DISPOSIÇÕES FINAIS

Art. 38. Os Tabeliães de Protesto de Títulos são civilmente responsáveis por todos os prejuízos que causarem, por culpa ou dolo, pessoalmente, pelos substitutos que designarem ou Escreventes que autorizarem, assegurado o direito de regresso.

Art. 39. A reprodução de microfilme ou do processamento eletrônico da imagem, do título ou de qualquer documento arquivado no Tabelionato, quando autenticado pelo Tabelião de Protesto, por seu Substituto ou Escrevente autorizado, guarda o mesmo valor do original, independentemente de restauração judicial.

Art. 40. Não havendo prazo assinado, a data do registro do protesto é o termo inicial da incidência de juros, taxas e atualizações monetárias sobre o valor da obrigação contida no título ou documento de dívida.

Art. 41. Para os serviços previstos nesta Lei os Tabeliães poderão adotar, independentemente de autorização, sistemas de computação, microfilmagem, gravação eletrônica de imagem e quaisquer outros meios de reprodução.

Art. 42. Esta Lei entra em vigor na data de sua publicação.

Art. 43. Revogam-se as disposições em contrário.

Brasília, 10 de setembro de 1997; 176º da Independência e 109º da República.
Fernando Henrique Cardoso

(*DOU* 11.09.1997)

LEI 9.494,
DE 10 DE SETEMBRO DE 1997

Disciplina a aplicação da tutela antecipada contra a Fazenda Pública, altera a Lei 7.347, de 24 de julho de 1985, e dá outras providências.

Faço saber que o Presidente da República adotou a Medida Provisória 1.570-5, de 1997, que o Congresso Nacional aprovou, e eu, Antonio Carlos Magalhães, Presidente, para os efeitos do disposto no parágrafo único do art. 62 da Constituição Federal, promulgo a seguinte Lei:

Art. 1º Aplica-se à tutela antecipada prevista nos arts. 273 e 461 do Código de Processo Civil o disposto nos arts. 5º e seu parágrafo único e 7º da Lei 4.348, de 26 de junho de 1964, no art. 1º e seu § 4º da Lei 5.021, de 9 de junho de 1966, e nos arts. 1º, 3º e 4º da Lei 8.437, de 30 de junho de 1992.

Art. 1º-A. Estão dispensadas de depósito prévio, para interposição de recurso, as pessoas jurídicas de direito público federais, estaduais, distritais e municipais.

• Artigo acrescentado pela MP 2.180-35/2001.

Art. 1º-B. O prazo a que se refere o *caput* dos arts. 730 do Código de Processo Civil, e 884 da Consolidação das Leis do Trabalho, aprovada pelo Decreto-lei 5.452, de 1º de maio de 1943, passa a ser de 30 (trinta) dias.

• Artigo acrescentado pela MP 2.180-35/2001.
• O STF, na Med. Caut. em ADC 11-8 (*DJU* 29.06.2007), deferiu a cautelar para suspender todos os processos em que se discuta a constitucionalidade do art. 1º-B da Lei 9.494/1997 acrescentado pela MP 2.180-35/2001.

Art. 1º-C. Prescreverá em 5 (cinco) anos o direito de obter indenização dos danos causados por agentes de pessoas jurídicas de direito público e de pessoas jurídicas de direito privado prestadoras de serviços públicos.

• Artigo acrescentado pela MP 2.180-35/2001.

Art. 1º-D. Não serão devidos honorários advocatícios pela Fazenda Pública nas execuções não embargadas.

• Artigo acrescentado pela MP 2.180-35/2001.
• V. Súmula 345, STJ.

Art. 1º-E. São passíveis de revisão, pelo Presidente do Tribunal, de ofício ou a requerimento das partes, as contas elaboradas para aferir o valor dos precatórios antes de seu pagamento ao credor.

• Artigo acrescentado pela MP 2.180-35/2001.

Art. 1º-F. Nas condenações impostas à Fazenda Pública, independentemente de sua natureza e para fins de atualização monetária, remuneração do capital e compensação da mora, haverá a incidência uma única vez, até o efetivo pagamento, dos índices

Lei 9.507/1997

oficiais de remuneração básica e juros aplicados à caderneta de poupança.

* Artigo com redação determinada pela Lei 11.960/2009.

Art. 2º O art. 16 da Lei 7.347, de 24 de julho de 1985, passa a vigorar com a seguinte redação:

* Alteração processada no texto da referida Lei.

Art. 2º-A. A sentença civil prolatada em ação de caráter coletivo proposta por entidade associativa, na defesa dos interesses e direitos dos seus associados, abrangerá apenas os substituídos que tenham, na data da propositura da ação, domicílio no âmbito da competência territorial do órgão prolator.

* Artigo acrescentado pela MP 2.180-35/2001.

Parágrafo único. Nas ações coletivas propostas contra a União, os Estados, o Distrito Federal, os Municípios e suas autarquias e fundações, a petição inicial deverá obrigatoriamente estar instruída com a ata da assembleia da entidade associativa que a autorizou, acompanhada da relação nominal dos seus associados e indicação dos respectivos endereços.

Art. 2º-B. A sentença que tenha por objeto a liberação de recurso, inclusão em folha de pagamento, reclassificação, equiparação, concessão de aumento ou extensão de vantagens a servidores da União, dos Estados, do Distrito Federal e dos Municípios, inclusive de suas autarquias e fundações, somente poderá ser executada após seu trânsito em julgado.

* Artigo acrescentado pela MP 2.180-35/2001.

Art. 3º Ficam convalidados os atos praticados com base na Medida Provisória 1.570-4, de 22 de julho de 1997.

Art. 4º Esta Lei entra em vigor na data de sua publicação.

Congresso Nacional, em 10 de setembro de 1997; 176º da Independência e 109º da República.

Antonio Carlos Magalhães

(*DOU* 11.09.1997)

LEI 9.507, DE 12 DE NOVEMBRO DE 1997

Regula o direito de acesso a informações e disciplina o rito processual do habeas data.

* V. arts. 5º, XIV, XXXIII, XXXIV, LXXII e LXXVII, 102, I, *d*, e II, *a*, 105, I, *b*, 108, I, *c*, e 109, VIII, CF.

O Presidente da República:
Faço saber que o Congresso Nacional decreta e eu sanciono a seguinte Lei:

Art. 1º (Vetado.)

Parágrafo único. Considera-se de caráter público todo registro ou banco de dados contendo informações que sejam ou que possam ser transmitidas a terceiros ou que não sejam de uso privativo do órgão ou entidade produtora ou depositária das informações.

* V. art. 19, II, CF.
* V. Lei 6.629/1979 (Comprovação de residência para expedição de documento).
* V. Dec. 83.936/1979 (Simplifica exigências de documentos).
* V. Lei 7.088/1983 (Expedição de documentos escolares).
* V. Lei 9.049/1995 (Faculta o registro, nos documentos pessoais de identificação, das informações que especifica).
* V. Lei 9.051/1995 (Expedição de certidões para a defesa de direitos e esclarecimentos de situações).
* V. Lei 9.265/1996 (Regulamenta o inciso LXXVII do art. 5º da Constituição).
* V. Lei 9.454/1997 (Número único de Registro de Identidade Civil).

Art. 2º O requerimento será apresentado ao órgão ou entidade depositária do registro ou banco de dados e será deferido ou indeferido no prazo de 48 (quarenta e oito) horas.

Parágrafo único. A decisão será comunicada ao requerente em 24 (vinte e quatro) horas.

Art. 3º Ao deferir o pedido, o depositário do registro ou do banco de dados marcará dia e hora para que o requerente tome conhecimento das informações.

Parágrafo único. (Vetado.)

Art. 4º Constatada a inexatidão de qualquer dado a seu respeito, o interessado, em petição acompanhada de documentos

Lei 9.507/1997

LEGISLAÇÃO

comprobatórios, poderá requerer sua retificação.

§ 1º Feita a retificação em, no máximo, 10 (dez) dias após a entrada do requerimento, a entidade ou órgão depositário do registro ou da informação dará ciência ao interessado.

§ 2º Ainda que não se constate a inexatidão do dado, se o interessado apresentar explicação ou contestação sobre o mesmo, justificando possível pendência sobre o fato objeto do dado, tal explicação será anotada no cadastro do interessado.

Art. 5º *(Vetado.)*

Art. 6º *(Vetado.)*

Art. 7º Conceder-se-á *habeas data*:

I – para assegurar o conhecimento de informações relativas à pessoa do impetrante, constantes de registro ou banco de dados de entidades governamentais ou de caráter público;

II – para a retificação de dados, quando não se prefira fazê-lo por processo sigiloso, judicial ou administrativo;

III – para a anotação nos assentamentos do interessado, de contestação ou explicação sobre dado verdadeiro mas justificável e que esteja sob pendência judicial ou amigável.

Art. 8º A petição inicial, que deverá preencher os requisitos dos arts. 282 a 285 do Código de Processo Civil, será apresentada em duas vias, e os documentos que instruírem a primeira serão reproduzidos por cópia na segunda.

Parágrafo único. A petição inicial deverá ser instruída com prova:

I – da recusa ao acesso às informações ou do decurso de mais de 10 (dez) dias sem decisão;

II – da recusa em fazer-se a retificação ou do decurso de mais de 15 (quinze) dias, sem decisão; ou

III – da recusa em fazer-se a anotação a que se refere o § 2º do art. 4º ou do decurso de mais de 15 (quinze) dias sem decisão.

Art. 9º Ao despachar a inicial, o juiz ordenará que se notifique o coator do conteúdo da petição, entregando-lhe a segunda via apresentada pelo impetrante, com as cópias dos documentos, a fim de que, no prazo de 10 (dez) dias, preste as informações que julgar necessárias.

Art. 10. A inicial será desde logo indeferida, quando não for o caso de *habeas data*, ou se lhe faltar algum dos requisitos previstos nesta Lei.

Parágrafo único. Do despacho de indeferimento caberá recurso previsto no art. 15.

Art. 11. Feita a notificação, o serventuário em cujo cartório corra o feito, juntará aos autos cópia autêntica do ofício endereçado ao coator, bem como a prova da sua entrega a este ou da recusa, seja de recebê-lo, seja de dar recibo.

Art. 12. Findo o prazo a que se refere o art. 9º, e ouvido o representante do Ministério Público dentro de 5 (cinco) dias, os autos serão conclusos ao juiz para decisão a ser proferida em 5 (cinco) dias.

Art. 13. Na decisão, se julgar procedente o pedido, o juiz marcará data e horário para que o coator:

I – apresente ao impetrante as informações a seu respeito, constantes de registros ou bancos de dados; ou

II – apresente em juízo a prova de retificação ou da anotação feita nos assentamentos do impetrante.

Art. 14. A decisão será comunicada ao coator, por correio, com aviso de recebimento, ou por telegrama, radiograma ou telefonema, conforme o requerer o impetrante.

Parágrafo único. Os originais, no caso de transmissão telegráfica, radiofônica ou telefônica deverão ser apresentados à agência expedidora, com a firma do juiz devidamente reconhecida.

Art. 15. Da sentença que conceder ou negar o *habeas data* cabe apelação.

• V. arts. 994, I, e 1.009 a 1.0014, CPC/2015.

Parágrafo único. Quando a sentença conceder o *habeas data*, o recurso terá efeito meramente devolutivo.

Art. 16. Quando o *habeas data* for concedido e o Presidente do Tribunal ao qual competir o conhecimento do recurso ordenar ao juiz a suspensão da execução da sen-

Lei 9.514/1997

LEGISLAÇÃO

tença, desse seu ato caberá agravo para o Tribunal a que presida.

- V. arts. 994, II, e 1.015 a 1.020, CPC/2015.

Art. 17. Nos casos de competência do Supremo Tribunal Federal e dos demais Tribunais caberá ao relator a instrução do processo.

- V. arts. 102, I, d, e II, a, 105, I, b, e 108, I, c, CF.

Art. 18. O pedido de *habeas data* poderá ser renovado se a decisão denegatória não lhe houver apreciado o mérito.

Art. 19. O processos de *habeas data* terão prioridade sobre todos os atos judiciais, exceto *habeas corpus* e mandado de segurança. Na instância superior, deverão ser levados a julgamento na primeira sessão que se seguir à data em que, feita a distribuição, forem conclusos ao relator.

Parágrafo único. O prazo para a conclusão não poderá exceder de 24 (vinte e quatro) horas, a contar da distribuição.

Art. 20. O julgamento do *habeas data* compete:

I – originariamente:

a) ao Supremo Tribunal Federal, contra atos do Presidente da República, das Mesas da Câmara dos Deputados e do Senado Federal, do Tribunal de Contas da União, do Procurador-Geral da República e do próprio Supremo Tribunal Federal;

- V. art. 102, I, d, CF.

b) ao Superior Tribunal de Justiça, contra atos de Ministro de Estado ou do próprio Tribunal;

- V. art. 105, I, b, CF.

c) aos Tribunais Regionais Federais contra atos do próprio Tribunal ou de juiz federal;

- V. art. 108, I, c, CF.

d) a juiz federal, contra ato de autoridade federal, excetuados os casos de competência dos tribunais federais;

- V. art. 109, VIII, CF.

e) a tribunais estaduais, segundo o disposto na Constituição do Estado;

- V. art. 125, CF.

f) a juiz estadual, nos demais casos;

- V. art. 125, CF.

II – em grau de recurso:

a) ao Supremo Tribunal Federal, quando a decisão denegatória for proferida em única instância pelos Tribunais Superior;

- V. art. 102, II, a, CF.

b) ao Superior Tribunal de Justiça, quando à decisão for proferida em única instância pelos Tribunais Regionais Federais;

- V. art. 105, II, CF.

c) aos Tribunais Regionais Federais, quando a decisão for proferida por juiz federal;

- V. art. 108, II, CF.

d) aos Tribunais Estaduais e ao do Distrito Federal e Territórios, conforme dispuserem a respectiva Constituição e a lei que organizar a Justiça do Distrito Federal;

- V. art. 125, CF.

III – mediante recurso extraordinário ao Supremo Tribunal Federal, nos casos previstos na Constituição.

- V. art. 102, III, CF.

Art. 21. São gratuitos o procedimento administrativo para acesso a informações e retificação de dados e para anotação de justificação, bem como a ação de *habeas data*.

- V. art. 5º, XXXIV, b, CF.

Art. 22. Esta Lei entra em vigor na data de sua publicação.

Art. 23. Revogam-se as disposições em contrário.

Brasília, 12 de novembro de 1997; 176º da Independência e 109º da República.

Fernando Henrique Cardoso

(*DOU* 13.11.1997)

LEI 9.514, DE 20 DE NOVEMBRO DE 1997

Dispõe sobre o Sistema de Financiamento Imobiliário, institui a alienação fiduciária de coisa imóvel e dá outras providências.

O Presidente da República:

Faço saber que o Congresso Nacional decreta e eu sanciono a seguinte Lei:

Lei 9.514/1997

LEGISLAÇÃO

Capítulo I
DO SISTEMA DE FINANCIAMENTO IMOBILIÁRIO

Seção I
Da finalidade

Art. 1º O Sistema de Financiamento Imobiliário – SFI tem por finalidade promover o financiamento imobiliário em geral, segundo condições compatíveis com as da formação dos fundos respectivos.

Seção II
Das entidades

Art. 2º Poderão operar no SFI as caixas econômicas, os bancos comerciais, os bancos de investimento, os bancos com carteira de crédito imobiliário, as sociedades de crédito imobiliário, as associações de poupança e empréstimo, as companhias hipotecárias e, a critério do Conselho Monetário Nacional – CMN, outras entidades.

Art. 3º As companhias securitizadoras de créditos imobiliários, instituições não financeiras constituídas sob a forma de sociedade por ações, terão por finalidade a aquisição e securitização desses créditos e a emissão e colocação, no mercado financeiro, de Certificados de Recebíveis Imobiliários, podendo emitir outros títulos de crédito, realizar negócios e prestar serviços compatíveis com as suas atividades.

Parágrafo único. *(Revogado pela Lei 13.097/2015 – DOU 20.01.2015, em vigor após o decurso de 180 (cento e oitenta) dias da data de publicação desta Lei.)*

Seção III
Do financiamento imobiliário

Art. 4º As operações de financiamento imobiliário em geral serão livremente efetuadas pelas entidades autorizadas a operar no SFI, segundo condições de mercado e observadas as prescrições legais.

Parágrafo único. Nas operações de que trata este artigo, poderão ser empregados recursos provenientes da captação nos mercados financeiro e de valores mobiliários, de acordo com a legislação pertinente.

Art. 5º As operações de financiamento imobiliário em geral, no âmbito do SFI, serão livremente pactuadas pelas partes, observadas as seguintes condições essenciais:
I – reposição integral do valor emprestado e respectivo reajuste;
II – remuneração do capital emprestado às taxas convencionadas no contrato;
III – capitalização dos juros;
IV – contratação, pelos tomadores de financiamento, de seguros contra os riscos de morte e invalidez permanente.

§ 1º As partes poderão estabelecer os critérios do reajuste de que trata o inc. I, observada a legislação vigente.

• A Lei 10.931/2004 revogou a MP 2.223/2001, que suspendia a eficácia deste dispositivo.

§ 2º As operações de comercialização de imóveis, com pagamento parcelado, de arrendamento mercantil de imóveis e de financiamento imobiliário em geral poderão ser pactuadas nas mesmas condições permitidas para as entidades autorizadas a operar no SFI.

• § 2º com redação determinada pela Lei 10.931/2004.

§ 3º Na alienação de unidades em edificação sob o regime da Lei 4.591, de 16 de dezembro de 1964, a critério do adquirente e mediante informação obrigatória do incorporador, poderá ser contratado seguro que garanta o ressarcimento ao adquirente das quantias por este pagas, na hipótese de inadimplemento do incorporador ou construtor quanto à entrega da obra.

Seção IV
Do Certificado de Recebíveis Imobiliários

Art. 6º O Certificado de Recebíveis Imobiliários – CRI é título de crédito nominativo, de livre negociação, lastreado em créditos imobiliários e constitui promessa de pagamento em dinheiro.

Parágrafo único. O CRI é de emissão exclusiva das companhias securitizadoras.

Art. 7º O CRI terá as seguintes características:
I – nome da companhia emitente;

1423

Lei 9.514/1997

II – número de ordem, local e data de emissão;
III – denominação "Certificado de Recebíveis Imobiliários";
IV – forma escritural;
V – nome do titular;
VI – valor nominal;
VII – data de pagamento ou, se emitido para pagamento parcelado, discriminação dos valores e das datas de pagamento das diversas parcelas;
VIII – taxa de juros, fixa ou flutuante, e datas de sua exigibilidade, admitida a capitalização;
IX – cláusula de reajuste, observada a legislação pertinente;
X – lugar de pagamento;
XI – identificação do Termo de Securitização de Créditos que lhe tenha dado origem.

§ 1º O registro e a negociação do CRI far-se-ão por meio de sistemas centralizados de custódia e liquidação financeira de títulos privados.

§ 2º O CRI poderá ter, conforme dispuser o Termo de Securitização de Créditos, garantia flutuante, que lhe assegurará privilégio geral sobre o ativo da companhia securitizadora, mas não impedirá a negociação dos bens que compõem esse ativo.

Seção V
Da securitização de créditos imobiliários

Art. 8º A securitização de créditos imobiliários é a operação pela qual tais créditos são expressamente vinculados à emissão de uma série de títulos de crédito, mediante Termo de Securitização de Créditos, lavrado por uma companhia securitizadora, do qual constarão os seguintes elementos:
I – a identificação do devedor e o valor nominal de cada crédito que lastreie a emissão, com a individuação do imóvel a que esteja vinculado e a indicação do Cartório de Registro de Imóveis em que esteja registrado e respectiva matrícula, bem como a indicação do ato pelo qual o crédito foi cedido;

• Inciso I com redação determinada pela Lei 10.931/2004.

II – a identificação dos títulos emitidos;
III – a constituição de outras garantias de resgate dos títulos da série emitida, se for o caso.

Parágrafo único. Será permitida a securitização de créditos oriundos da alienação de unidades em edificação sob regime de incorporação nos moldes da Lei 4.591, de 16 de dezembro de 1964.

Seção VI
Do regime fiduciário

• V. art. 23, parágrafo único, Lei 10.931/2004 (Patrimônio de afetação de incorporações imobiliárias, Letra e Cédula de Crédito Imobiliário e Cédula de Crédito Bancário).

Art. 9º A companhia securitizadora poderá instituir regime fiduciário sobre créditos imobiliários, a fim de lastrear a emissão de Certificados de Recebíveis Imobiliários, sendo agente fiduciário uma instituição financeira ou companhia autorizada para esse fim pelo Bacen e beneficiários os adquirentes dos títulos lastreados nos recebíveis objeto desse regime.

Art. 10. O regime fiduciário será instituído mediante declaração unilateral da companhia securitizadora no contexto do Termo de Securitização de Créditos, que, além de conter os elementos de que trata o art. 8º, submeter-se-á às seguintes condições:
I – a constituição do regime fiduciário sobre os créditos que lastreiem a emissão;
II – a constituição de patrimônio separado, integrado pela totalidade dos créditos submetidos ao regime fiduciário que lastreiem a emissão;
III – a afetação dos créditos como lastro da emissão da respectiva série de títulos;
IV – a nomeação do agente fiduciário, com a definição de seus deveres, responsabilidades e remuneração, bem como as hipóteses, condições e forma de sua destituição ou substituição e as demais condições de sua atuação;
V – a forma de liquidação do patrimônio separado.

Parágrafo único. O Termo de Securitização de Créditos, em que seja instituído o regime fiduciário, será averbado nos Registros de Imóveis em que estejam matriculados os respectivos imóveis.

Lei 9.514/1997

Art. 11. Os créditos objeto do regime fiduciário:
I – constituem patrimônio separado, que não se confunde com o da companhia securitizadora;
II – manter-se-ão apartados do patrimônio da companhia securitizadora até que se complete o resgate de todos os títulos da série a que estejam afetados;
III – destinam-se exclusivamente à liquidação dos títulos a que estiverem afetados, bem como ao pagamento dos respectivos custos de administração e de obrigações fiscais;
IV – estão isentos de qualquer ação ou execução pelos credores da companhia securitizadora;
V – não são passíveis de constituição de garantias ou de excussão por quaisquer dos credores da companhia securitizadora, por mais privilegiados que sejam;
VI – só responderão pelas obrigações inerentes aos títulos a ele afetados.
§ 1º No Termo de Securitização de Créditos, poderá ser conferido aos beneficiários e demais credores do patrimônio separado, se este se tornar insuficiente, o direito de haverem seus créditos contra o patrimônio da companhia securitizadora.
§ 2º Uma vez assegurado o direito de que trata o parágrafo anterior, a companhia securitizadora, sempre que se verificar insuficiência do patrimônio separado, promoverá a respectiva recomposição, mediante aditivo ao Termo de Securitização de Créditos, nele incluindo outros créditos imobiliários, com observância dos requisitos previstos nesta seção.
§ 3º A realização dos direitos dos beneficiários limitar-se-á aos créditos imobiliários integrantes do patrimônio separado, salvo se tiverem sido constituídas garantias adicionais por terceiros.

Art. 12. Instituído o regime fiduciário, incumbirá à companhia securitizadora administrar cada patrimônio separado, manter registros contábeis independentes em relação a cada um deles e elaborar e publicar as respectivas demonstrações financeiras.
Parágrafo único. A totalidade do patrimônio da companhia securitizadora responderá pelos prejuízos que esta causar por descumprimento de disposição legal ou regulamentar, por negligência ou administração temerária ou, ainda, por desvio da finalidade do patrimônio separado.

Art. 13. Ao agente fiduciário são conferidos poderes gerais de representação da comunhão dos beneficiários, inclusive os de receber e dar quitação, incumbindo-lhe:
I – zelar pela proteção dos direitos e interesses dos beneficiários, acompanhando a atuação da companhia securitizadora na administração do patrimônio separado;
II – adotar as medidas judiciais ou extrajudiciais necessárias à defesa dos interesses dos beneficiários, bem como à realização dos créditos afetados ao patrimônio separado, caso a companhia securitizadora não o faça;
III – exercer, na hipótese de insolvência da companhia securitizadora, a administração do patrimônio separado;
IV – promover, na forma em que dispuser o Termo de Securitização de Créditos, a liquidação do patrimônio separado;
V – executar os demais encargos que lhe forem atribuídos no Termo de Securitização de Créditos.
§ 1º O agente fiduciário responderá pelos prejuízos que causar por descumprimento de disposição legal ou regulamentar, por negligência ou administração temerária.
§ 2º Aplicam-se ao agente fiduciário os mesmos requisitos e incompatibilidades impostos pelo art. 66 da Lei 6.404, de 15 de dezembro de 1976.

Art. 14. A insuficiência dos bens do patrimônio separado não dará causa à declaração de sua quebra, cabendo, nessa hipótese, ao agente fiduciário convocar assembleia geral dos beneficiários para deliberar sobre as normas de administração ou liquidação do patrimônio separado.

• V. art. 197, Lei 11.101/2005 (Lei de Recuperação de Empresas e Falência).

§ 1º Na hipótese de que trata este artigo, a assembleia geral estará legitimada a adotar qualquer medida pertinente à administração ou liquidação do patrimônio separado, inclusive a transferência dos bens e direitos dele integrantes para outra entidade que

Lei 9.514/1997

LEGISLAÇÃO

opere no SFI, a forma de liquidação do patrimônio e a nomeação do liquidante.

§ 2º A assembleia geral, convocada mediante edital publicado por três vezes, com antecedência de 20 (vinte) dias, em jornal de grande circulação na praça em que tiver sido feita a emissão dos títulos, instalar-se-á, em primeira convocação, com a presença de beneficiários que representem, pelo menos, 2/3 (dois terços) do valor global dos títulos e, em segunda convocação, com qualquer número, sendo válidas as deliberações tomadas pela maioria absoluta desse capital.

Art. 15. No caso de insolvência da companhia securitizadora, o agente fiduciário assumirá imediatamente a custódia e administração dos créditos imobiliários integrantes do patrimônio separado e convocará a assembleia geral dos beneficiários para deliberar sobre a forma de administração, observados os requisitos estabelecidos no § 2º do art. 14.

• V. art. 197, Lei 11.101/2005 (Lei de Recuperação de Empresas e Falência).

Parágrafo único. A insolvência da companhia securitizadora não afetará os patrimônios separados que tenha constituído.

Art. 16. Extinguir-se-á o regime fiduciário de que trata esta seção pelo implemento das condições a que esteja submetido, na conformidade do Termo de Securitização de Créditos que o tenha instituído.

§ 1º Uma vez satisfeitos os créditos dos beneficiários e extinto o regime fiduciário, o Agente Fiduciário fornecerá, no prazo de 3 (três) dias úteis, à companhia securitizadora, termo de quitação, que servirá para baixa, nos competentes Registros de Imóveis, da averbação que tenha instituído o regime fiduciário.

§ 2º A baixa de que trata o parágrafo anterior importará na reintegração ao patrimônio comum da companhia securitizadora dos recebíveis imobiliários que sobejarem.

§ 3º Os emolumentos devidos aos Cartórios de Registros de Imóveis para cancelamento do regime fiduciário e das garantias reais existentes serão cobrados como ato único.

• § 3º acrescentado pela Lei 10.931/2004.

Seção VII
Das garantias

Art. 17. As operações de financiamento imobiliário em geral poderão ser garantidas por:
I – hipoteca;
II – cessão fiduciária de direitos creditórios decorrentes de contratos de alienação de imóveis;
III – caução de direitos creditórios ou aquisitivos decorrentes de contratos de venda ou promessa de venda de imóveis;
IV – alienação fiduciária de coisa imóvel.

§ 1º As garantias a que se referem os incs. II, III e IV deste artigo constituem direito real sobre os respectivos objetos.

§ 2º Aplicam-se à caução dos direitos creditórios a que se refere o inc. III deste artigo as disposições dos arts. 789 a 795 do Código Civil.

• Refere-se ao CC/1916.
• V. arts. 1.451 a 1.460, CC.

§ 3º As operações do SFI que envolvam locação poderão ser garantidas suplementarmente por anticrese.

Art. 18. O contrato de cessão fiduciária em garantia opera a transferência ao credor da titularidade dos créditos cedidos, até a liquidação da dívida garantida, e conterá, além de outros elementos, os seguintes:
I – o total da dívida ou sua estimativa;
II – o local, a data e a forma de pagamento;
III – a taxa de juros;
IV – a identificação dos direitos creditórios objeto da cessão fiduciária.

Art. 19. Ao credor fiduciário compete o direito de:
I – conservar e recuperar a posse dos títulos representativos dos créditos cedidos, contra qualquer detentor, inclusive o próprio cedente;
II – promover a intimação dos devedores que não paguem ao cedente, enquanto durar a cessão fiduciária;
III – usar das ações, recursos e execuções, judiciais e extrajudiciais, para receber os créditos cedidos e exercer os demais direitos conferidos ao cedente no contrato de alienação do imóvel;
IV – receber diretamente dos devedores os créditos cedidos fiduciariamente.

Lei 9.514/1997

§ 1º As importâncias recebidas na forma do inc. IV deste artigo, depois de deduzidas as despesas de cobrança e de administração, serão creditadas ao devedor cedente, na operação objeto da cessão fiduciária, até final liquidação da dívida e encargos, responsabilizando-se o credor fiduciário perante o cedente, como depositário, pelo que receber além do que este lhe devia.

§ 2º Se as importâncias recebidas, a que se refere o parágrafo anterior, não bastarem para o pagamento integral da dívida e seus encargos, bem como das despesas de cobrança e de administração daqueles créditos, o devedor continuará obrigado a resgatar o saldo remanescente nas condições convencionadas no contrato.

Art. 20. Na hipótese de falência do devedor cedente e se não tiver havido a tradição dos títulos representativos dos créditos cedidos fiduciariamente, ficará assegurada ao cessionário fiduciário a restituição na forma da legislação pertinente.

- V. art. 85, Lei 11.101/2005 (Lei de Recuperação de Empresas e Falência).

Parágrafo único. Efetivada a restituição, prosseguirá o cessionário fiduciário no exercício de seus direitos na forma do disposto nesta seção.

Art. 21. São suscetíveis de caução, desde que transmissíveis, os direitos aquisitivos sobre imóvel, ainda que em construção.

§ 1º O instrumento da caução, a que se refere este artigo, indicará o valor do débito e dos encargos e identificará o imóvel cujos direitos aquisitivos são caucionados.

§ 2º Referindo-se a caução a direitos aquisitivos de promessa de compra e venda cujo preço ainda não tenha sido integralizado, poderá o credor caucionário, sobrevindo a mora do promissário comprador, promover a execução do seu crédito ou efetivar, sob protesto, o pagamento do saldo da promessa.

§ 3º Se, nos termos do disposto no parágrafo anterior, o credor efetuar o pagamento, o valor pago, com todos os seus acessórios e eventuais penalidades, será adicionado à dívida garantida pela caução, ressalvado ao credor o direito de executar desde logo o devedor, inclusive pela parcela da dívida assim acrescida.

Capítulo II
DA ALIENAÇÃO FIDUCIÁRIA DE COISA IMÓVEL

Art. 22. A alienação fiduciária regulada por esta Lei é o negócio jurídico pelo qual o devedor, ou fiduciante, com o escopo de garantia, contrata a transferência ao credor, ou fiduciário, da propriedade resolúvel de coisa imóvel.

§ 1º A alienação fiduciária poderá ser contratada por pessoa física ou jurídica, não sendo privativa das entidades que operam no SFI, podendo ter como objeto, além da propriedade plena:

- § 1º acrescentado pela Lei 11.481/2007.

I – bens enfitêuticos, hipótese em que será exigível o pagamento do laudêmio, se houver a consolidação do domínio útil no fiduciário;

II – o direito de uso especial para fins de moradia;

III – o direito real de uso, desde que suscetível de alienação;

IV – a propriedade superficiária.

§ 2º Os direitos de garantia instituídos nas hipóteses dos incisos III e IV do § 1º deste artigo ficam limitados à duração da concessão ou direito de superfície, caso tenham sido transferidos por período determinado.

- § 2º acrescentado pela Lei 11.481/2007.

Art. 23. Constitui-se a propriedade fiduciária de coisa imóvel mediante registro, no competente Registro de Imóveis, do contrato que lhe serve de título.

Parágrafo único. Com a constituição da propriedade fiduciária, dá-se o desdobramento da posse, tornando-se o fiduciante possuidor direto e o fiduciário possuidor indireto da coisa imóvel.

Art. 24. O contrato que serve de título ao negócio fiduciário conterá:

I – o valor do principal da dívida;

II – o prazo e as condições de reposição do empréstimo ou do crédito do fiduciário;

III – a taxa de juros e os encargos incidentes;

Lei 9.514/1997

IV – a cláusula de constituição da propriedade fiduciária, com a descrição do imóvel objeto da alienação fiduciária e a indicação do título e modo de aquisição;

V – a cláusula assegurando ao fiduciante, enquanto adimplente, a livre utilização, por sua conta e risco, do imóvel objeto da alienação fiduciária;

VI – a indicação, para efeito de venda em público leilão, do valor do imóvel e dos critérios para a respectiva revisão;

VII – a cláusula dispondo sobre os procedimentos de que trata o art. 27.

Art. 25. Com o pagamento da dívida e seus encargos, resolve-se, nos termos deste artigo, a propriedade fiduciária do imóvel.

§ 1º No prazo de 30 (trinta) dias, a contar da data de liquidação da dívida, o fiduciário fornecerá o respectivo termo de quitação ao fiduciante, sob pena de multa em favor deste, equivalente a 0,5% (meio por cento) ao mês, ou fração, sobre o valor do contrato.

§ 2º À vista do termo de quitação de que trata o parágrafo anterior, o oficial do competente Registro de Imóveis efetuará o cancelamento do registro da propriedade fiduciária.

§ 3º *(Revogado pela Lei 12.810/2013.)*

Art. 26. Vencida e não paga, no todo ou em parte, a dívida e constituído em mora o fiduciante, consolidar-se-á, nos termos deste artigo, a propriedade do imóvel em nome do fiduciário.

§ 1º Para os fins do disposto neste artigo, o fiduciante, ou seu representante legal ou procurador regularmente constituído, será intimado, a requerimento do fiduciário, pelo oficial do competente Registro de Imóveis, a satisfazer, no prazo de 15 (quinze) dias, a prestação vencida e as que se vencerem até a data do pagamento, os juros convencionais, as penalidades e os demais encargos contratuais, os encargos legais, inclusive tributos, as contribuições condominiais imputáveis ao imóvel, além das despesas de cobrança e de intimação.

§ 2º O contrato definirá o prazo de carência após o qual será expedida a intimação.

§ 3º A intimação far-se-á pessoalmente ao fiduciante, ou ao seu representante legal ou ao procurador regularmente constituído, podendo ser promovida, por solicitação do oficial do Registro de Imóveis, por oficial de Registro de Títulos e Documentos da comarca da situação do imóvel ou do domicílio de quem deva recebê-la, ou pelo correio, com aviso de recebimento.

§ 4º Quando o fiduciante, ou seu cessionário, ou seu representante legal ou procurador encontrar-se em local ignorado, incerto ou inacessível, o fato será certificado pelo serventuário encarregado da diligência e informado ao oficial de Registro de Imóveis, que, à vista da certidão, promoverá a intimação por edital publicado durante 3 (três) dias, pelo menos, em um dos jornais de maior circulação local ou noutro de comarca de fácil acesso, se no local não houver imprensa diária, contado o prazo para purgação da mora da data da última publicação do edital.

- § 4º com redação determinada pela Lei 13.043/2014.

§ 5º Purgada a mora no Registro de Imóveis, convalescerá o contrato de alienação fiduciária.

§ 6º O oficial do Registro de Imóveis, nos três dias seguintes à purgação da mora, entregará ao fiduciário as importâncias recebidas, deduzidas as despesas de cobrança e de intimação.

§ 7º Decorrido o prazo de que trata o § 1º sem a purgação da mora, o oficial do competente Registro de Imóveis, certificando esse fato, promoverá a averbação, na matrícula do imóvel, da consolidação da propriedade em nome do fiduciário, à vista da prova do pagamento por este, do imposto de transmissão *inter vivos* e, se for o caso, do laudêmio.

- § 7º com redação determinada pela Lei 10.931/2004.

§ 8º O fiduciante pode, com a anuência do fiduciário, dar seu direito eventual ao imóvel em pagamento da dívida, dispensados os procedimentos previstos no art. 27.

- § 8º acrescentado pela Lei 10.931/2004.

Art. 27. Uma vez consolidada a propriedade em seu nome, o fiduciário, no prazo de 30 (trinta) dias, contados da data do registro de

Lei 9.514/1997

que trata o § 7º do artigo anterior, promoverá público leilão para a alienação do imóvel.

§ 1º Se, no primeiro público leilão, o maior lance oferecido for inferior ao valor do imóvel, estipulado na forma do inciso VI do art. 24, será realizado o segundo leilão, nos quinze dias seguintes.

§ 2º No segundo leilão, será aceito o maior lance oferecido, desde que igual ou superior ao valor da dívida, das despesas, dos prêmios de seguro, dos encargos legais, inclusive tributos, e das contribuições condominiais.

§ 3º Para os fins do disposto neste artigo, entende-se por:

I – dívida: o saldo devedor da operação de alienação fiduciária, na data do leilão, nele incluídos os juros convencionais, as penalidades e os demais encargos contratuais;

II – despesas: a soma das importâncias correspondentes aos encargos e custas de intimação e as necessárias à realização do público leilão, nestas compreendidas as relativas aos anúncios e à comissão do leiloeiro.

§ 4º Nos cinco dias que se seguirem à venda do imóvel no leilão, o credor entregará ao devedor a importância que sobejar, considerando-se nela compreendido o valor da indenização de benfeitorias, depois de deduzidos os valores da dívida e das despesas e encargos de que tratam os §§ 2º e 3º, fato esse que importará em recíproca quitação, não se aplicando o disposto na parte final do art. 516 do Código Civil.

- Refere-se ao CC/1916.
- V. art. 1.219, CC.

§ 5º Se, no segundo leilão, o maior lance oferecido não for igual ou superior ao valor referido no § 2º, considerar-se-á extinta a dívida e exonerado o credor da obrigação de que trata o § 4º.

§ 6º Na hipótese de que trata o parágrafo anterior, o credor, no prazo de 5 (cinco) dias a contar da data do segundo leilão, dará ao devedor quitação da dívida, mediante termo próprio.

§ 7º Se o imóvel estiver locado, a locação poderá ser denunciada com o prazo de 30 (trinta) dias para desocupação, salvo se tiver havido aquiescência por escrito do fiduciário, devendo a denúncia ser realizada no prazo de 90 (noventa) dias a contar da data da consolidação da propriedade no fiduciário, devendo essa condição constar expressamente em cláusula contratual específica, destacando-se das demais por sua apresentação gráfica.

- § 7º acrescentado pela Lei 10.931/2004.

§ 8º Responde o fiduciante pelo pagamento dos impostos, taxas, contribuições condominiais e quaisquer outros encargos que recaiam ou venham a recair sobre o imóvel, cuja posse tenha sido transferida para o fiduciário, nos termos deste artigo, até a data em que o fiduciário vier a ser imitido na posse.

- § 8º acrescentado pela Lei 10.931/2004.

Art. 28. A cessão do crédito objeto da alienação fiduciária implicará a transferência, ao cessionário, de todos os direitos e obrigações inerentes à propriedade fiduciária em garantia.

Art. 29. O fiduciante, com anuência expressa do fiduciário, poderá transmitir os direitos de que seja titular sobre o imóvel objeto da alienação fiduciária em garantia, assumindo o adquirente as respectivas obrigações.

Art. 30. É assegurada ao fiduciário, seu cessionário ou sucessores, inclusive o adquirente do imóvel por força do público leilão de que tratam os §§ 1º e 2º do art. 27, a reintegração na posse do imóvel, que será concedida liminarmente, para desocupação em 60 (sessenta) dias, desde que comprovada, na forma do disposto no art. 26, a consolidação da propriedade em seu nome.

Art. 31. O fiador ou terceiro interessado que pagar a dívida ficará sub-rogado, de pleno direito, no crédito e na propriedade fiduciária.

Parágrafo único. Nos casos de transferência de financiamento para outra instituição financeira, o pagamento da dívida à instituição credora original poderá ser feito, a favor do mutuário, pela nova instituição credora.

- Parágrafo único acrescentado pela Lei 12.810/2013.

Lei 9.514/1997

Art. 32. Na hipótese de insolvência do fiduciante, fica assegurada ao fiduciário a restituição do imóvel alienado fiduciariamente, na forma da legislação pertinente.

Art. 33. Aplicam-se à propriedade fiduciária, no que couber, as disposições dos arts. 647 e 648 do Código Civil.

- Refere-se ao CC/1916.
- V. arts. 1.359 e 1.360, CC.

Capítulo II-A
DO REFINANCIAMENTO COM TRANSFERÊNCIA DE CREDOR

- Capítulo II-A acrescentado pela Lei 12.810/2013.

Art. 33-A. A transferência de dívida de financiamento imobiliário com garantia real, de um credor para outro, inclusive sob a forma de sub-rogação, obriga o credor original a emitir documento que ateste, para todos os fins de direito, inclusive para efeito de averbação, a validade da transferência.

- Artigo acrescentado pela Lei 12.810/2013.

Parágrafo único. A emissão do documento será feita no prazo máximo de 2 (dois) dias úteis após a quitação da dívida original.

Art. 33-B. Para fins de efetivação do disposto no art. 33-A, a nova instituição credora deverá informar à instituição credora original, por documento escrito ou, quando solicitado, eletrônico, as condições de financiamento oferecidas ao mutuário, inclusive as seguintes:

- Artigo acrescentado pela Lei 12.810/2013.

I – a taxa de juros do financiamento;
II – o custo efetivo total;
III – o prazo da operação;
IV – o sistema de pagamento utilizado; e
V – o valor das prestações.

§ 1º A instituição credora original terá prazo máximo de 5 (cinco) dias úteis, contados do recebimento das informações de que trata o *caput*, para solicitar à instituição proponente da transferência o envio dos recursos necessários para efetivar a transferência.

§ 2º O mutuário da instituição credora original poderá, a qualquer tempo, enquanto não encaminhada a solicitação de envio dos recursos necessários para efetivar a transferência de que trata o § 1º, decidir pela não efetivação da transferência, sendo vedada a cobrança de qualquer tipo de ônus ou custa por parte das instituições envolvidas.

§ 3º A eventual desistência do mutuário deverá ser informada à instituição credora original, que terá até 2 (dois) dias úteis para transmiti-la à instituição proponente da transferência.

Art. 33-C. O credor original deverá fornecer a terceiros, sempre que formalmente solicitado pelo mutuário, as informações sobre o crédito que se fizerem necessárias para viabilizar a transferência referida no art. 33-A.

- Artigo acrescentado pela Lei 12.810/2013.

Parágrafo único. O credor original não poderá realizar ações que impeçam, limitem ou dificultem o fornecimento das informações requeridas na forma do *caput*.

Art. 33-D. A instituição credora original poderá exigir ressarcimento financeiro pelo custo de originação da operação de crédito, o qual não poderá ser repassado ao mutuário.

- Artigo acrescentado pela Lei 12.810/2013.

§ 1º O ressarcimento disposto no *caput* deverá ser proporcional ao valor do saldo devedor apurado à época da transferência e decrescente com o decurso de prazo desde a assinatura do contrato, cabendo sua liquidação à instituição proponente da transferência.

§ 2º O Conselho Monetário Nacional disciplinará o disposto neste artigo, podendo inclusive limitar o ressarcimento considerando o tipo de operação de crédito ou o prazo decorrido desde a assinatura do contrato de crédito com a instituição credora original até o momento da transferência.

Art. 33-E. O Conselho Monetário Nacional e o Conselho Curador do Fundo de Garantia do Tempo de Serviço, no âmbito de suas respectivas competências, expedirão as instruções que se fizerem necessárias à execução do disposto no parágrafo único do art. 31 e nos arts. 33-A a 33-D desta Lei.

- Artigo acrescentado pela Lei 12.810/2013.

Art. 33-F. O disposto nos arts. 33-A a 33-E desta Lei não se aplica às operações de

Lei 9.609/1998

transferência de dívida decorrentes de cessão de crédito entre entidades que compõem o Sistema Financeiro da Habitação, desde que a citada transferência independa de manifestação do mutuário.

* Artigo acrescentado pela Lei 12.810/2013.

Capítulo III
DISPOSIÇÕES GERAIS E FINAIS

Art. 34. Os contratos relativos ao financiamento imobiliário em geral poderão estipular que litígios ou controvérsias entre as partes sejam dirimidos mediante arbitragem, nos termos do disposto na Lei 9.307, de 24 de setembro de 1996.

Art. 35. Nas cessões de crédito a que aludem os arts. 3º, 18 e 28, é dispensada a notificação do devedor.

Art. 36. Nos contratos de venda de imóveis a prazo, inclusive alienação fiduciária, de arrendamento mercantil de imóveis, de financiamento imobiliário em geral e nos títulos de que tratam os arts. 6º, 7º e 8º, admitir-se-á, respeitada a legislação pertinente, a estipulação de cláusula de reajuste e das condições e critérios de sua aplicação.

* A Lei 10.931/2004 revogou a MP 2.223/2001, que suspendia a eficácia deste dispositivo.

Art. 37. Às operações de arrendamento mercantil de imóveis não se aplica a legislação pertinente à locação de imóveis residenciais, não residenciais ou comerciais.

Art. 37-A. O fiduciante pagará ao fiduciário, ou a quem vier a sucedê-lo, a título de taxa de ocupação do imóvel, por mês ou fração, valor correspondente a 1% (um por cento) do valor a que se refere o inciso VI do art. 24, computado e exigível desde a data da alienação em leilão até a data em que o fiduciário, ou seus sucessores, vier a ser imitido na posse do imóvel.

* Artigo acrescentado pela Lei 10.931/2004.

Art. 37-B. Será considerada ineficaz, e sem qualquer efeito perante o fiduciário ou seus sucessores, a contratação ou a prorrogação de locação de imóvel alienado fiduciariamente por prazo superior a 1 (um) ano sem concordância por escrito do fiduciário.

* Artigo acrescentado pela Lei 10.931/2004.

Art. 38. Os atos e contratos referidos nesta Lei ou resultantes da sua aplicação, mesmo aqueles que visem à constituição, transferência, modificação ou renúncia de direitos reais sobre imóveis, poderão ser celebrados por escritura pública ou por instrumento particular com efeitos de escritura pública.

* Artigo com redação determinada pela Lei 11.076/2004.

Art. 39. Às operações de financiamento imobiliário em geral a que se refere esta Lei:

I – não se aplicam as disposições da Lei 4.380, de 21 de agosto de 1964, e as demais disposições legais referentes ao Sistema Financeiro da Habitação – SFH;

II – aplicam-se as disposições dos arts. 29 a 41 do Dec.-lei 70, de 21 de novembro de 1966.

Art. 40. Os incs. I e II do art. 167 da Lei 6.015, de 31 de dezembro de 1973, passam a vigorar acrescidos, respectivamente, dos seguintes itens:

* Alterações processadas no texto da referida Lei.

Art. 41. O Conselho Monetário Nacional poderá regulamentar o disposto nesta Lei, inclusive estabelecer prazos mínimos e outras condições para emissão e resgate de CRI e diferenciar tais condições de acordo com o tipo de crédito imobiliário vinculado à emissão e com o indexador adotado contratualmente.

* Artigo com redação determinada pela Lei 13.097/2015.

Art. 42. Esta Lei entra em vigor na data de sua publicação.

Brasília, 20 de novembro de 1997; 176º da Independência e 109º da República.
Fernando Henrique Cardoso
(DOU 21.11.1997; ret. 24.11.1997)

LEI 9.609,
DE 19 DE FEVEREIRO DE 1998

Dispõe sobre a proteção da propriedade intelectual de programa de computador, sua comercialização no País, e dá outras providências.

O Presidente da República:
Faço saber que o Congresso Nacional decreta e eu sanciono a seguinte Lei:

Lei 9.609/1998

LEGISLAÇÃO

Capítulo I
DISPOSIÇÕES PRELIMINARES

- V. arts. 5º, XXVII a XXIX, e 22, IV, CF.
- V. Lei 7.232/1984 (Política Nacional de Informática).
- V. Lei 8.248/1991 (Capacitação e competitividade do setor de informática e automação).
- V. Lei 8.741/1993 (Conselho Nacional de Informática e Automação – Conin).
- V. Dec. 1.355/1994 (Negociações Comerciais do Gatt – Acordo sobre aspectos dos Direitos de Propriedade Intelectual relacionados ao Comércio).
- V. Lei 9.279/1996 (Direitos e obrigações relativos à propriedade industrial).
- V. Lei 9.610/1998 (Direitos autorais).
- V. Dec. 5.244/2004 (Composição e funcionamento do Conselho Nacional de Combate à Pirataria e Delitos contra a Propriedade Intelectual).

Art. 1º Programa de computador é a expressão de um conjunto organizado de instruções em linguagem natural ou codificada, contida em suporte físico de qualquer natureza, de emprego necessário em máquinas automáticas de tratamento da informação, dispositivos, instrumentos ou equipamentos periféricos, baseados em técnica digital ou análoga, para fazê-los funcionar de modo e para fins determinados.

Capítulo II
DA PROTEÇÃO AOS DIREITOS DE AUTOR E DO REGISTRO

Art. 2º O regime de proteção à propriedade intelectual de programa de computador é o conferido às obras literárias pela legislação de direitos autorais e conexos vigentes no País, observado o disposto nesta Lei.

- V. Lei 9.610/1998 (Direitos autorais).

§ 1º Não se aplicam ao programa de computador as disposições relativas aos direitos morais, ressalvado, a qualquer tempo, o direito do autor de reivindicar a paternidade do programa de computador e o direito do autor de opor-se a alterações não autorizadas, quando estas impliquem deformação, mutilação ou outra modificação do programa de computador, que prejudiquem a sua honra ou a sua reputação.

§ 2º Fica assegurada a tutela dos direitos relativos a programa de computador pelo prazo de 50 (cinquenta) anos, contados a partir de 1º de janeiro do ano subsequente ao da sua publicação ou, na ausência desta, da sua criação.

§ 3º A proteção aos direitos de que trata esta Lei independe de registro.

§ 4º Os direitos atribuídos por esta Lei ficam assegurados aos estrangeiros domiciliados no exterior, desde que o país de origem do programa conceda, aos brasileiros e estrangeiros domiciliados no Brasil, direitos equivalentes.

§ 5º Inclui-se dentre os direitos assegurados por esta Lei e pela legislação de direitos autorais e conexos vigentes no País aquele direito exclusivo de autorizar ou proibir o aluguel comercial, não sendo esse direito exaurível pela venda, licença ou outra forma de transferência da cópia do programa.

§ 6º O disposto no parágrafo anterior não se aplica aos casos em que o programa em si não seja objeto essencial do aluguel.

Art. 3º Os programas de computador poderão, a critério do titular, ser registrados em órgão ou entidade a ser designado por ato do Poder Executivo, por iniciativa do Ministério responsável pela política de ciência e tecnologia.

- V. Dec. 2.556/1998 (Regulamenta o art. 3º da Lei 9.609/1998).

§ 1º O pedido de registro estabelecido neste artigo deverá conter, pelo menos, as seguintes informações:

I – os dados referentes ao autor do programa de computador e ao titular, se distinto do autor, sejam pessoas físicas ou jurídicas;

II – a identificação e descrição funcional do programa de computador; e

III – os trechos do programa e outros dados que se considerar suficientes para identificá-lo e caracterizar sua originalidade, ressalvando-se os direitos de terceiros e a responsabilidade do Governo.

§ 2º As informações referidas no inciso III do parágrafo anterior são de caráter sigiloso, não podendo ser reveladas, salvo por ordem judicial ou a requerimento do próprio titular.

Art. 4º Salvo estipulação em contrário, pertencerão exclusivamente ao empregador, contratante de serviços ou órgão público, os direitos relativos ao programa de computador, desenvolvido e elaborado durante a vigência de contrato ou de vínculo estatutário, expressamente destinado à pesquisa e desenvolvimento, ou em que a atividade do empregado, contratado de serviço ou servidor seja prevista, ou, ainda, que decorra da própria natureza dos encargos concernentes a esses vínculos.

§ 1º Ressalvado ajuste em contrário, a compensação do trabalho ou serviço prestado limitar-se-á à remuneração ou ao salário convencionado.

§ 2º Pertencerão, com exclusividade, ao empregado, contratado de serviço ou servidor os direitos concernentes a programa de computador gerado sem relação com o contrato de trabalho, prestação de serviços ou vínculo estatutário, e sem a utilização de recursos, informações tecnológicas, segredos industriais e de negócios, materiais, instalações ou equipamentos do empregador, da empresa ou entidade com a qual o empregador mantenha contrato de prestação de serviços ou assemelhados, do contratante de serviços ou órgão público.

§ 3º O tratamento previsto neste artigo será aplicado nos casos em que o programa de computador for desenvolvido por bolsistas, estagiários e assemelhados.

Art. 5º Os direitos sobre as derivações autorizadas pelo titular dos direitos de programa de computador, inclusive sua exploração econômica, pertencerão à pessoa autorizada que as fizer, salvo estipulação contratual em contrário.

Art. 6º Não constituem ofensa aos direitos do titular de programa de computador:

I – a reprodução, em um só exemplar, de cópia legitimamente adquirida, desde que se destine à cópia de salvaguarda ou armazenamento eletrônico, hipótese em que o exemplar original servirá de salvaguarda;

II – a citação parcial do programa, para fins didáticos, desde que identificados o programa e o titular dos direitos respectivos;

III – a ocorrência de semelhança de programa a outro, preexistente, quando se der por força das características funcionais de sua aplicação, da observância de preceitos normativos e técnicos, ou de limitação de forma alternativa para a sua expressão;

IV – a integração de um programa, mantendo-se suas características essenciais, a um sistema aplicativo ou operacional, tecnicamente indispensável às necessidades do usuário, desde que para o uso exclusivo de quem a promoveu.

Capítulo III
DAS GARANTIAS AOS USUÁRIOS DE PROGRAMA DE COMPUTADOR

Art. 7º O contrato de licença de uso de programa de computador, o documento fiscal correspondente, os suportes físicos do programa ou as respectivas embalagens deverão consignar, de forma facilmente legível pelo usuário, o prazo de validade técnica da versão comercializada.

Art. 8º Aquele que comercializar programa de computador, quer seja titular dos direitos do programa, quer seja titular dos direitos de comercialização, fica obrigado, no território nacional, durante o prazo de validade técnica da respectiva versão, a assegurar aos respectivos usuários a prestação de serviços técnicos complementares relativos ao adequado funcionamento do programa, consideradas as suas especificações.

Parágrafo único. A obrigação persistirá no caso de retirada de circulação comercial do programa de computador durante o prazo de validade, salvo justa indenização de eventuais prejuízos causados a terceiros.

Capítulo IV
DOS CONTRATOS DE LICENÇA DE USO, DE COMERCIALIZAÇÃO E DE TRANSFERÊNCIA DE TECNOLOGIA

Art. 9º O uso de programa de computador no País será objeto de contrato de licença.

Parágrafo único. Na hipótese de eventual inexistência do contrato referido no *caput* deste artigo, o documento fiscal relativo à aquisição ou licenciamento de cópia servirá para comprovação da regularidade do seu uso.

Art. 10. Os atos e contratos de licença de direitos de comercialização referentes a programas de computador de origem externa deverão fixar, quanto aos tributos e encargos exigíveis, a responsabilidade pelos respectivos pagamentos e estabelecerão a

Lei 9.609/1998

LEGISLAÇÃO

remuneração do titular dos direitos de programa de computador residente ou domiciliado no exterior.

§ 1º Serão nulas as cláusulas que:

I – limitem a produção, a distribuição ou a comercialização, em violação às disposições normativas em vigor;

II – eximam qualquer dos contratantes das responsabilidades por eventuais ações de terceiros, decorrentes de vícios, defeitos ou violação de direitos de autor.

§ 2º O remetente do correspondente valor em moeda estrangeira, em pagamento da remuneração de que se trata, conservará em seu poder, pelo prazo de 5 (cinco) anos, todos os documentos necessários à comprovação da licitude das remessas e da sua conformidade ao *caput* deste artigo.

Art. 11. Nos casos de transferência de tecnologia de programa de computador, o Instituto Nacional da Propriedade Industrial fará o registro dos respectivos contratos, para que produzam efeitos em relação a terceiros.

• V. Lei 9.279/1996 (Direitos e obrigações relativos à propriedade industrial).

Parágrafo único. Para o registro de que trata este artigo, é obrigatória a entrega, por parte do fornecedor ao receptor de tecnologia, da documentação completa, em especial do código-fonte comentado, memorial descritivo, especificações funcionais internas, diagramas, fluxogramas e outros dados técnicos necessários à absorção da tecnologia.

Capítulo V
DAS INFRAÇÕES E DAS PENALIDADES

Art. 12. Violar direitos de autor de programa de computador:

Pena – detenção, de 6 (seis) meses a 2 (dois) anos ou multa.

• V. art. 5º, IX, CF.
• V. art. 184, CP.
• V. art. 72, Lei 9.504/1997 (Normas para as eleições).

§ 1º Se a violação consistir na reprodução, por qualquer meio, de programa de computador, no todo ou em parte, para fins de comércio, sem autorização expressa do autor ou de quem o represente:

Pena – reclusão, de 1 (um) a 4 (quatro) anos e multa.

§ 2º Na mesma pena do parágrafo anterior incorre quem vende, expõe à venda, introduz no País, adquire, oculta ou tem em depósito, para fins de comércio, original ou cópia de programa de computador, produzido com violação de direito autoral.

• V. art. 334, § 1º, CP.

§ 3º Nos crimes previstos neste artigo, somente se procede mediante queixa, salvo:

• V. art. 5º, LIX, CF.
• V. art. 100, §§ 2º a 4º, CP.
• V. art. 30, CPP.

I – quando praticados em prejuízo de entidade de direito público, autarquia, empresa pública, sociedade de economia mista ou fundação instituída pelo poder público;

II – quando, em decorrência de ato delituoso, resultar sonegação fiscal, perda de arrecadação tributária ou prática de quaisquer dos crimes contra a ordem tributária ou contra as relações de consumo.

• V. Lei 8.137/1990 (Crimes contra a ordem tributária e contra as relações de consumo).

§ 4º No caso do inciso II do parágrafo anterior, a exigibilidade do tributo, ou contribuição social e qualquer acessório, processar-se-á independentemente de representação.

Art. 13. A ação penal e as diligências preliminares de busca e apreensão, nos casos de violação de direito de autor de programa de computador, serão precedidas de vistoria, podendo o juiz ordenar a apreensão das cópias produzidas ou comercializadas com violação de direito de autor, suas versões e derivações, em poder do infrator ou de quem as esteja expondo, mantendo em depósito, reproduzindo ou comercializando.

• V. arts. 240 a 250, CPP.

Art. 14. Independentemente da ação penal, o prejudicado poderá intentar ação para proibir ao infrator a prática do ato incriminado, com cominação de pena pecuniária para o caso de transgressão do preceito.

• V. arts. 250, 251 e 408 a 416, CC.
• V. arts. 822 e 823, CPC/2015.

Lei 9.610/1998

LEGISLAÇÃO

§ 1º A ação de abstenção de prática de ato poderá ser cumulada com a de perdas e danos pelos prejuízos decorrentes da infração.
- V. arts. 402 a 404, CC.

§ 2º Independentemente de ação cautelar preparatória, o juiz poderá conceder medida liminar proibindo ao infrator a prática do ato incriminado, nos termos deste artigo.

§ 3º Nos procedimentos cíveis, as medidas cautelares de busca e apreensão observarão o disposto no artigo anterior.

§ 4º Na hipótese de serem apresentadas, em juízo, para a defesa dos interesses de qualquer das partes, informações que se caracterizem como confidenciais, deverá o juiz determinar que o processo prossiga em segredo de justiça, vedado o uso de tais informações também à outra parte para outras finalidades.
- V. arts. 11, 188, 189 e 195, CPC/2015.

§ 5º Será responsabilizado por perdas e danos aquele que requerer e promover as medidas previstas neste e nos arts. 12 e 13, agindo de má-fé ou por espírito de emulação, capricho ou erro grosseiro, nos termos dos arts. 16, 17 e 18 do Código de Processo Civil.
- V. arts. 138 a 155 e 402 a 404, CC.

Capítulo VI
DISPOSIÇÕES FINAIS

Art. 15. Esta Lei entra em vigor na data de sua publicação.

Art. 16. Fica revogada a Lei 7.646, de 18 de dezembro de 1987.

Brasília, 19 de fevereiro de 1998; 177º da Independência e 110º da República.
Fernando Henrique Cardoso
(DOU 20.02.1998; ret. 25.02.1998)

LEI 9.610, DE 19 DE FEVEREIRO DE 1998

Altera, atualiza e consolida a legislação sobre direitos autorais e dá outras providências.

- V. Dec. 8.469/2015 (Regulamenta a Lei 9.610/1998 e a Lei 12.853/2013).

O Presidente da República:

Faço saber que o Congresso Nacional decreta e eu sanciono a seguinte Lei:

TÍTULO I
DISPOSIÇÕES PRELIMINARES

Art. 1º Esta Lei regula os direitos autorais, entendendo-se sob esta denominação os direitos de autor e os que lhes são conexos.
- V. art. 5º, XXVII a XXIX, CF.
- V. arts. 184 e 186, CP.
- V. arts. 524 a 530-I, CPP.
- V. Dec. 57.125/1965 (Convenção Internacional para proteção aos artistas, intérpretes ou executantes, aos produtores de fonogramas e aos organismos de radiodifusão).
- V. art. 17, §§ 1º e 2º, Lei 5.988/1973 (Registro das obras intelectuais).
- V. Dec. 75.699/1975 (Convenção de Berna).
- V. Dec. 76.905/1975 (Convenção Universal sobre o Direito de Autor).
- V. Dec. 972/1993 (Tratado sobre Registro Internacional de Obras Audiovisuais).
- V. art. 3º, III, Lei 8.955/1994 (Contrato de franquia empresarial – *Franchising*).
- V. art. 30, parágrafo único, Lei 8.977/1995 (Serviço de TV a cabo).
- V. art. 124, XVII, Lei 9.279/1996 (Lei da Propriedade Industrial).
- V. Lei 9.609/1998 (Lei de *Software*).
- V. Dec. 5.244/2004 (Composição e funcionamento do Conselho Nacional de Combate à Pirataria e Delitos contra a Propriedade Intelectual).
- V. Súmula 386, STF.
- V. Súmula 63, STJ.

Art. 2º Os estrangeiros domiciliados no exterior gozarão da proteção assegurada nos acordos, convenções e tratados em vigor no Brasil.
- V. art. 5º, *caput*, XXXI e § 2º, CF.
- V. art. 1º, CC.
- V. art. 9º, Dec.-lei 4.657/1942 (Lei de Introdução às normas do Direito Brasileiro).
- V. arts. 26 e 28, 4, Dec. 57.125/1965 (Convenção Internacional para proteção aos artistas, intérpretes ou executantes, aos produtores de fonogramas e aos organismos de radiodifusão).
- V. arts. 5º, 1, 3 e 4, e 19, Dec. 75.699/1975 (Convenção de Berna).
- V. art. 2º, § 4º, Lei 9.609/1998 (Lei de *Software*).

Parágrafo único. Aplica-se o disposto nesta Lei aos nacionais ou pessoas domiciliadas em país que assegure aos brasileiros ou pessoas domiciliadas no Brasil a reciprocidade na proteção aos direitos autorais ou equivalentes.

Lei 9.610/1998

LEGISLAÇÃO

Art. 3º Os direitos autorais reputam-se, para os efeitos legais, bens móveis.

- V. art. 83, III, CC.

Art. 4º Interpretam-se restritivamente os negócios jurídicos sobre os direitos autorais.

- V. arts. 112, 114, 138, 139 e 141, CC.
- V. art. 47, Lei 8.078/1990 (Código de Defesa do Consumidor).

Art. 5º Para os efeitos desta Lei, considera-se:

I – publicação – o oferecimento de obra literária, artística ou científica ao conhecimento do público, com o consentimento do autor, ou de qualquer outro titular de direito de autor, por qualquer forma ou processo;

- V. art. 113.
- V. art. 3º, 3, Dec. 75.699/1975 (Convenção de Berna).
- V. art. 4º, VI, Dec. 76.905/1975 (Convenção Universal sobre o Direito de Autor).

II – transmissão ou emissão – a difusão de sons ou de sons e imagens, por meio de ondas radioelétricas; sinais de satélites; fio, cabo ou outro condutor; meios óticos ou qualquer outro processo eletromagnético;

- V. Lei 4.117/1962 (Radiodifusão).
- V. art. 30, parágrafo único, Lei 8.977/1995 (Serviço de TV a cabo).
- V. Lei 9.472/1997 (Lei de Telecomunicações).
- V. Lei 9.612/1998 (Radiodifusão Comunitária).

III – retransmissão – a emissão simultânea da transmissão de uma empresa por outra;

- V. art. 3º, g, Dec. 57.125/1965 (Convenção Internacional para proteção aos artistas, intérpretes ou executantes, aos produtores de fonogramas e aos organismos de radiodifusão).
- V. Dec. 5.371/2005 (Serviços de Retransmissão e Repetição de Televisão, ancilares ao Serviço de Radiodifusão de Sons e Imagens).

IV – distribuição – a colocação à disposição do público do original ou cópia de obras literárias, artísticas ou científicas, interpretações ou execuções fixadas e fonogramas, mediante a venda, locação ou qualquer outra forma de transferência de propriedade ou posse;

- V. art. 1º, d, Dec. 76.906/1971 (Convenção de Genebra).

V – comunicação ao público – ato mediante o qual a obra é colocada ao alcance do público, por qualquer meio ou procedimento e que não consista na distribuição de exemplares;

- V. arts. 68 a 76, 87, III e IV, 93, III, 95, 105 e 107.

VI – reprodução – a cópia de um ou vários exemplares de uma obra literária, artística ou científica ou de um fonograma, de qualquer forma tangível, incluindo qualquer armazenamento permanente ou temporário por meios eletrônicos ou qualquer outro meio de fixação que venha a ser desenvolvido;

- V. art. 3º, e, Dec. 57.125/1965 (Convenção Internacional para proteção aos artistas, intérpretes ou executantes, aos produtores de fonogramas e aos organismos de radiodifusão).
- V. art. 1º, c, Dec. 76.906/1971 (Convenção de Genebra).

VII – contrafação – a reprodução não autorizada;

- V. art.102.
- V. art. 16, Dec. 75.699/1975 (Convenção de Berna).

VIII – obra:

a) em coautoria – quando é criada em comum, por dois ou mais autores;

- V. arts. 15, 16, 23, 32, 42, 52, 82, I e III, 84 e 85.

b) anônima – quando não se indica o nome do autor, por sua vontade ou por ser desconhecido;

- V. arts. 40, 43 e 45.

c) pseudônima – quando o autor se oculta sob nome suposto;

- V. arts. 24, II, e 40.

d) inédita – a que não haja sido objeto de publicação;

- V. art. 24, III.

e) póstuma – a que se publique após a morte do autor;

- V. arts. 24, § 1º, e 41, parágrafo único.

f) originária – a criação primígena;

g) derivada – a que, constituindo criação intelectual nova, resulta da transformação de obra originária;

h) coletiva – a criada por iniciativa, organização e responsabilidade de uma pessoa física ou jurídica, que a publica sob seu nome ou marca e que é constituída pela participação de diferentes autores, cujas contribuições se fundem numa criação autônoma;

- V. arts. 16 e 17.

Lei 9.610/1998

LEGISLAÇÃO

- V. art. 5º, XXVIII, *a*, CF.

i) audiovisual – a que resulta da fixação de imagens com ou sem som, que tenha a finalidade de criar, por meio de sua reprodução, a impressão de movimento, independentemente dos processos de sua captação, do suporte usado inicial ou posteriormente para fixá-lo, bem como dos meios utilizados para sua veiculação;

- V. arts. 7º, VI, 16, 25, 29, VIII, *g*, 46, V, e 81 a 86.
- V. Dec. 6.304/2007 (Regulamenta a Lei 8.685/ 1993).

IX – fonograma – toda fixação de sons de uma execução ou interpretação ou de outros sons, ou de uma representação de sons que não seja uma fixação incluída em uma obra audiovisual;

- V. arts. 29, V, 30, § 1º, 31, 46, V, 53 a 67, 80, 104, 107, IV, 108, II, e 113.
- V. art. 3º, *b*, Dec. 57.125/1965 (Convenção Internacional para proteção aos artistas, intérpretes ou executantes, aos produtores de fonogramas e aos organismos de radiodifusão).
- V. art. 1º, *a*, Dec. 76.906/1971 (Convenção de Genebra).

X – editor – a pessoa física ou jurídica à qual se atribui o direito exclusivo de reprodução da obra e o dever de divulgá-la, nos limites previstos no contrato de edição;

XI – produtor – a pessoa física ou jurídica que toma a iniciativa e tem a responsabilidade econômica da primeira fixação do fonograma ou da obra audiovisual, qualquer que seja a natureza do suporte utilizado;

- V. arts. 17, §§ 2º e 3º, 82, I e III, 93, 94, 108, II, e 113.
- V. art. 3º, *c*, Dec. 57.125/1965 (Convenção Internacional para proteção aos artistas, intérpretes ou executantes, aos produtores de fonogramas e aos organismos de radiodifusão).
- V. art. 1º, *b*, Dec. 76.906/1971 (Convenção de Genebra).

XII – radiodifusão – a transmissão sem fio, inclusive por satélites, de sons ou imagens e sons ou das representações desses, para recepção ao público e a transmissão de sinais codificados, quando os meios de decodificação sejam oferecidos ao público pelo organismo de radiodifusão ou com seu consentimento;

- V. arts. 22, IV, 220, II, e 221 a 224, CF.
- V. art. 3º, *f*, Dec. 57.125/1965 (Convenção Internacional para proteção aos artistas, intérpretes ou executantes, aos produtores de fonogramas e aos organismos de radiodifusão).
- V. Lei 9.472/1997 (Lei de Telecomunicações).
- V. art. 1º, Lei 9.612/1998 (Radiodifusão Comunitária).

XIII – artistas intérpretes ou executantes – todos os atores, cantores, músicos, bailarinos ou outras pessoas que representem um papel, cantem, recitem, declamem, interpretem ou executem em qualquer forma obras literárias ou artísticas ou expressões do folclore.

- V. art. 5º, XXVIII, *b*, CF.
- V. art. 3º, *a*, Dec. 57.125/1965 (Convenção Internacional para proteção aos artistas, intérpretes ou executantes, aos produtores de fonogramas e aos organismos de radiodifusão).

XIV – titular originário – o autor de obra intelectual, o intérprete, o executante, o produtor fonográfico e as empresas de radiodifusão.

- Inciso XIV acrescentado pela Lei 12.853/2013 (*DOU* 15.08.2013), em vigor após decorridos 120 (cento e vinte) dias de sua publicação oficial.

Art. 6º Não serão de domínio da União, dos Estados, do Distrito Federal ou dos Municípios as obras por eles simplesmente subvencionadas.

TÍTULO II
DAS OBRAS INTELECTUAIS

Capítulo I
DAS OBRAS PROTEGIDAS

Art. 7º São obras intelectuais protegidas as criações do espírito, expressas por qualquer meio ou fixadas em qualquer suporte, tangível ou intangível, conhecido ou que se invente no futuro, tais como:

- V. art. 5º, IX, CF.

I – os textos de obras literárias, artísticas ou científicas;

II – as conferências, alocuções, sermões e outras obras da mesma natureza;

- V. art. 2º, *bis*, 2 e 3, Dec. 75.699/1975 (Convenção de Berna).

III – as obras dramáticas e dramático-musicais;

- V. Lei 1.565/1952 (Companhias teatrais).

IV – as obras coreográficas e pantomímicas, cuja execução cênica se fixe por escrito ou por outra qualquer forma;

Lei 9.610/1998

LEGISLAÇÃO

V – as composições musicais, tenham ou não letra;

- V. arts. 29 e 68.
- V. Súmula 386, STF.

VI – as obras audiovisuais, sonorizadas ou não, inclusive as cinematográficas;

- V. arts. 5º, VIII, i, 11, parágrafo único, 16, 17, § 1º, 25, 29, VIII, g, 46, V, e 81 a 86.
- V. art. 14, bis, Dec. 75.699/1975 (Convenção de Berna).

VII – as obras fotográficas e as produzidas por qualquer processo análogo ao da fotografia;

- V. arts. 24, VII, 44, 46, I, c, e 79.
- V. art. 5º, X, CF.

VIII – as obras de desenho, pintura, gravura, escultura, litografia e arte cinética;

- V. arts. 16, parágrafo único, e 48.

IX – as ilustrações, cartas geográficas e outras obras da mesma natureza;

X – os projetos, esboços e obras plásticas concernentes à geografia, engenharia, topografia, arquitetura, paisagismo, cenografia e ciência;

XI – as adaptações, traduções e outras transformações de obras originais, apresentadas como criação intelectual nova;

- V. arts. 5º, VIII, g, 14, 29, III, 74, 87, II, e 92.
- V. art. 2º, 3, Dec. 75.699/1975 (Convenção de Berna).

XII – os programas de computador;

- V. Lei 9.279/1996 (Lei da Propriedade Industrial).
- V. Lei 9.609/1998 (Lei de Software).

XIII – as coletâneas ou compilações, antologias, enciclopédias, dicionários, bases de dados e outras obras, que, por sua seleção, organização ou disposição de seu conteúdo, constituam uma criação intelectual.

- V. arts. 29, IX, e 87.
- V. art. 2º, 5, Dec. 75.699/1975 (Convenção de Berna).
- V. Lei 9.279/1996 (Lei da Propriedade Industrial).

§ 1º Os programas de computador são objeto de legislação específica, observadas as disposições desta Lei que lhes sejam aplicáveis.

- V. Lei 9.609/1998 (Lei de Software).

§ 2º A proteção concedida no inciso XIII não abarca os dados ou materiais em si mesmos e se entende sem prejuízo de quaisquer direitos autorais que subsistam a respeito dos dados ou materiais contidos nas obras.

§ 3º No domínio das ciências, a proteção recairá sobre a forma literária ou artística, não abrangendo o seu conteúdo científico ou técnico, sem prejuízo dos direitos que protegem os demais campos da propriedade imaterial.

Art. 8º Não são objeto de proteção como direitos autorais de que trata esta Lei:

I – as ideias, procedimentos normativos, sistemas, métodos, projetos ou conceitos matemáticos como tais;

II – os esquemas, planos ou regras para realizar atos mentais, jogos ou negócios;

III – os formulários em branco para serem preenchidos por qualquer tipo de informação, científica ou não, e suas instruções;

IV – os textos de tratados ou convenções, leis, decretos, regulamentos, decisões judiciais e demais atos oficiais;

- V. art. 2º, 4, Dec. 75.699/1975 (Convenção de Berna).

V – as informações de uso comum tais como calendários, agendas, cadastros ou legendas;

VI – os nomes e títulos isolados;

VII – o aproveitamento industrial ou comercial das ideias contidas nas obras.

- V. Lei 9.279/1996 (Lei da Propriedade Industrial).

Art. 9º À cópia de obra de arte plástica feita pelo próprio autor é assegurada a mesma proteção de que goza o original.

- V. arts. 29, VIII, j, 37, 46, VIII, 77 e 78.

Art. 10. A proteção à obra intelectual abrange o seu título, se original e inconfundível com o de obra do mesmo gênero, divulgada anteriormente por outro autor.

Parágrafo único. O título de publicações periódicas, inclusive jornais, é protegido até 1 (um) ano após a saída do seu último número, salvo se forem anuais, caso em que esse prazo se elevará a 2 (dois) anos.

- V. arts. 36, 46, I, a e b, e 108, III.
- V. arts. 5º, IV, V, X, XIV, 220, §§ 1º e 6º, e 222, CF.
- V. arts. 122 e 124, Lei 6.015/1973 (Lei de Registros Públicos).

Lei 9.610/1998

LEGISLAÇÃO

Capítulo II
DA AUTORIA
DAS OBRAS INTELECTUAIS

Art. 11. Autor é a pessoa física criadora de obra literária, artística ou científica.

- V. arts. 3º a 5º, CC.
- V. art. 7º, *caput*, Dec.-lei 4.657/1942 (Lei de Introdução às normas do Direito Brasileiro).

Parágrafo único. A proteção concedida ao autor poderá aplicar-se às pessoas jurídicas nos casos previstos nesta Lei.

- V. arts. 5º, X, XI, 89, *caput*, 93, *caput*, e 95, *caput*.
- V. arts. 40 a 69, CC.

Art. 12. Para se identificar como autor, poderá o criador da obra literária, artística ou científica usar de seu nome civil, completo ou abreviado até por suas iniciais, de pseudônimo ou qualquer outro sinal convencional.

- V. arts. 15, 24, II, 40, 43, 80, II, e 108 (pseudônimo), e 8º, VI, 88, II e 108 (nome).
- V. art. 15, 1, Dec. 75.699/1975 (Convenção de Berna).

Art. 13. Considera-se autor da obra intelectual, não havendo prova em contrário, aquele que, por uma das modalidades de identificação referidas no artigo anterior, tiver, em conformidade com o uso, indicada ou anunciada essa qualidade na sua utilização.

- V. arts. 11 a 16.

Art. 14. É titular de direitos de autor quem adapta, traduz, arranja ou orquestra obra caída no domínio público, não podendo opor-se a outra adaptação, arranjo, orquestração ou tradução, salvo se for cópia da sua.

- V. arts. 24, § 2º, 33, 41 a 45.
- V. art. 2º, 2 e 3, Dec. 75.699/1975 (Convenção de Berna).

Art. 15. A coautoria da obra é atribuída àqueles em cujo nome, pseudônimo ou sinal convencional for utilizada.

- V. arts. 15, 16, 23, 32, 42, 52, 82, I e III, 84 e 85.
- V. arts. 15, 24, II, 40, 43, 80, II, e 108; e 8º, VI, 88, II, e 108.

§ 1º Não se considera coautor quem simplesmente auxiliou o autor na produção da obra literária, artística ou científica, revendo-a, atualizando-a, bem como fiscalizando ou dirigindo sua edição ou apresentação por qualquer meio.

§ 2º Ao coautor, cuja contribuição possa ser utilizada separadamente, são asseguradas todas as faculdades inerentes à sua criação como obra individual, vedada, porém, a utilização que possa acarretar prejuízo à exploração da obra comum.

- V. arts. 17, § 1º, 31, 32, § 2º, 75, 81, 83 e 90, § 1º.
- V. art. 5º, XXVIII, *a*, CF.
- V. art. 14 *bis*, 2, *b*, Dec. 75.699/1975 (Convenção de Berna).

Art. 16. São coautores da obra audiovisual o autor do assunto ou argumento literário, musical ou litero musical e o diretor.

- V. arts. 5º, VIII, *i*, 7º, VI, 17, § 1º, 25, 29, VIII, *g*, 46, V, e 81 a 86.

Parágrafo único. Consideram-se coautores de desenhos animados os que criam os desenhos utilizados na obra audiovisual.

- V. art. 7º, VIII.

Art. 17. É assegurada a proteção às participações individuais em obras coletivas.

- V. art. 5º, XXVIII, *a*, CF.

§ 1º Qualquer dos participantes, no exercício de seus direitos morais, poderá proibir que se indique ou anuncie seu nome na obra coletiva, sem prejuízo do direito de haver a remuneração contratada.

- V. arts. 1, § 1º, 31, 32, § 2º, 75, 81, 83, 88, parágrafo único, e 90, § 1º.

§ 2º Cabe ao organizador a titularidade dos direitos patrimoniais sobre o conjunto da obra coletiva.

- V. arts. 11, parágrafo único, 82, I e III, 93, 94, 108, II, e 113.

§ 3º O contrato com o organizador especificará a contribuição do participante, o prazo para entrega ou realização, a remuneração e demais condições para sua execução.

Capítulo III
DO REGISTRO DAS OBRAS INTELECTUAIS

Art. 18. A proteção aos direitos de que trata esta Lei independe de registro.

- V. art. 5º, 2, Dec. 75.699/1975 (Convenção de Berna).
- V. art. 2º, § 3º, Lei 9.609/1998 (Lei de *Software*).

Art. 19. É facultado ao autor registrar a sua obra no órgão público definido no *caput*

Lei 9.610/1998

e no § 1º do art. 17 da Lei 5.988, de 14 de dezembro de 1973.

- V. art. 50, § 1º.
- V. art. 127, I e parágrafo único, Lei 6.015/1973 (Lei de Registros Públicos).
- V. art. 4º, n. 1, Dec. 972/1993 (Registro Internacional de Obras Audiovisuais).
- V. art. 3º, §§ 1º e 2º, Lei 9.609/1998 (Lei de Software).

Art. 20. Para os serviços de registro previstos nesta Lei será cobrada retribuição, cujo valor e processo de recolhimento serão estabelecidos por ato do titular do órgão da administração pública federal a que estiver vinculado o registro das obras intelectuais.

Art. 21. Os serviços de registro de que trata esta Lei serão organizados conforme preceitua o § 2º do art. 17 da Lei 5.988, de 14 de dezembro de 1973.

TÍTULO III
DOS DIREITOS DO AUTOR

Capítulo I
DISPOSIÇÕES PRELIMINARES

Art. 22. Pertencem ao autor os direitos morais e patrimoniais sobre a obra que criou.

Art. 23. Os coautores da obra intelectual exercerão, de comum acordo, os seus direitos, salvo convenção em contrário.

Capítulo II
DOS DIREITOS MORAIS DO AUTOR

Art. 24. São direitos morais do autor:
I – o de reivindicar, a qualquer tempo, a autoria da obra;
II – o de ter seu nome, pseudônimo ou sinal convencional indicado ou anunciado, como sendo o do autor, na utilização de sua obra;
III – o de conservar a obra inédita;
IV – o de assegurar a integridade da obra, opondo-se a quaisquer modificações ou à prática de atos que, de qualquer forma, possam prejudicá-la ou atingi-lo, como autor, em sua reputação ou honra;
V – o de modificar a obra, antes ou depois de utilizada;
VI – o de retirar de circulação a obra ou de suspender qualquer forma de utilização já autorizada, quando a circulação ou utilização implicarem afronta à sua reputação e imagem;
VII – o de ter acesso a exemplar único e raro da obra, quando se encontre legitimamente em poder de outrem, para o fim de, por meio de processo fotográfico ou assemelhado, ou audiovisual, preservar sua memória, de forma que cause o menor inconveniente possível a seu detentor, que, em todo caso, será indenizado de qualquer dano ou prejuízo que lhe seja causado.

§ 1º Por morte do autor, transmitem-se a seus sucessores os direitos a que se referem os incisos I a IV.

- V. art. 1.829, CC.

§ 2º Compete ao Estado a defesa da integridade e autoria da obra caída em domínio público.

- V. Lei 5.805/1972 (Normas destinadas a preservar a autencidade das obras literárias).

§ 3º Nos casos dos incisos V e VI, ressalvam-se as prévias indenizações a terceiros, quando couberem.

Art. 25. Cabe exclusivamente ao diretor o exercício dos direitos morais sobre a obra audiovisual.

Art. 26. O autor poderá repudiar a autoria de projeto arquitetônico alterado sem o seu consentimento durante a execução ou após a conclusão da construção.

Parágrafo único. O proprietário da construção responde pelos danos que causar ao autor sempre que, após o repúdio, der como sendo daquele a autoria do projeto repudiado.

Art. 27. Os direitos morais do autor são inalienáveis e irrenunciáveis.

Capítulo III
DOS DIREITOS PATRIMONIAIS DO AUTOR E DE SUA DURAÇÃO

Art. 28. Cabe ao autor o direito exclusivo de utilizar, fruir e dispor da obra literária, artística ou científica.

- V. art. 5º, XXVII e XXVIII, CF.

Art. 29. Depende de autorização prévia e expressa do autor a utilização da obra, por quaisquer modalidades, tais como:

Lei 9.610/1998

LEGISLAÇÃO

I – a reprodução parcial ou integral;
II – a edição;
III – a adaptação, o arranjo musical e quaisquer outras transformações;
IV – a tradução para qualquer idioma;
V – a inclusão em fonograma ou produção audiovisual;

- V. art. 81.
- V. art. 14 *bis*, 2, *b*, Dec. 75.699/1975 (Convenção de Berna).

VI – a distribuição, quando não intrínseca ao contrato firmado pelo autor com terceiros para uso ou exploração da obra;
VII – a distribuição para oferta de obras ou produções mediante cabo, fibra ótica, satélite, ondas ou qualquer outro sistema que permita ao usuário realizar a seleção da obra ou produção para percebê-la em um tempo e lugar previamente determinados por quem formula a demanda, e nos casos em que o acesso às obras ou produções se faça por qualquer sistema que importe em pagamento pelo usuário;

- V. art. 30, parágrafo único, Lei 8.977/1995 (Serviço de TV a cabo).
- V. Lei 9.472/1997 (Lei de Telecomunicações).

VIII – a utilização, direta ou indireta, da obra literária, artística ou científica, mediante:
a) representação, recitação ou declamação;
b) execução musical;
c) emprego de alto-falante ou de sistemas análogos;
d) radiodifusão sonora ou televisiva;

- V. Lei 4.117/1962 (Radiodifusão).
- V. Dec. 52.795/1963 (Regulamenta serviços de radiodifusão).
- V. Lei 9.472/1997 (Lei de Telecomunicações).
- V. Lei 9.612/1998 (Radiodifusão comunitária).
- V. Dec. 2.615/1998 (Regula a radiodifusão comunitária).
- V. Súmula 63, STJ.

e) captação de transmissão de radiodifusão em locais de frequência coletiva;
f) sonorização ambiental;
g) a exibição audiovisual, cinematográfica ou por processo assemelhado;
h) emprego de satélites artificiais;
i) emprego de sistemas óticos, fios telefônicos ou não, cabos de qualquer tipo e meios de comunicação similares que venham a ser adotados;

- V. art. 30, parágrafo único, Lei 8.977/1995 (Serviço de TV a cabo).
- V. Dec. 2.206/1997 (Regulamenta o serviço de TV a cabo).

j) exposição de obras de artes plásticas e figurativas;
IX – a inclusão em base de dados, o armazenamento em computador, a microfilmagem e as demais formas de arquivamento do gênero;
X – quaisquer outras modalidades de utilização existentes ou que venham a ser inventadas.

Art. 30. No exercício do direito de reprodução, o titular dos direitos autorais poderá colocar à disposição do público a obra, na forma, local e pelo tempo que desejar, a título oneroso ou gratuito.
§ 1º O direito de exclusividade de reprodução não será aplicável quando ela for temporária e apenas tiver o propósito de tornar a obra, fonograma ou interpretação perceptível em meio eletrônico ou quando for de natureza transitória e incidental, desde que ocorra no curso do uso devidamente autorizado da obra, pelo titular.
§ 2º Em qualquer modalidade de reprodução, a quantidade de exemplares será informada e controlada, cabendo a quem reproduzir a obra a responsabilidade de manter os registros que permitam, ao autor, a fiscalização do aproveitamento econômico da exploração.

Art. 31. As diversas modalidades de utilização de obras literárias, artísticas ou científicas ou de fonogramas são independentes entre si, e a autorização concedida pelo autor, ou pelo produtor, respectivamente, não se estende a quaisquer das demais.

Art. 32. Quando uma obra feita em regime de coautoria não for divisível, nenhum dos coautores, sob pena de responder por perdas e danos, poderá, sem consentimento dos demais, publicá-la ou autorizar-lhe a publicação, salvo na coleção de suas obras completas.

Lei 9.610/1998

LEGISLAÇÃO

- V. arts. 402 a 405, CC.

§ 1º Havendo divergência, os coautores decidirão por maioria.

§ 2º Ao coautor dissidente é assegurado o direito de não contribuir para as despesas de publicação, renunciando a sua parte nos lucros, e o de vedar que se inscreva seu nome na obra.

§ 3º Cada coautor pode, individualmente, sem aquiescência dos outros, registrar a obra e defender os próprios direitos contra terceiros.

- V. arts. 16 a 21.

Art. 33. Ninguém pode reproduzir obra que não pertença ao domínio público, a pretexto de anotá-la, comentá-la ou melhorá-la, sem permissão do autor.

Parágrafo único. Os comentários ou anotações poderão ser publicados separadamente.

Art. 34. As cartas missivas, cuja publicação está condicionada à permissão do autor, poderão ser juntadas como documento de prova em processos administrativos e judiciais.

Art. 35. Quando o autor, em virtude de revisão, tiver dado à obra versão definitiva, não poderão seus sucessores reproduzir versões anteriores.

Art. 36. O direito de utilização econômica dos escritos publicados pela imprensa, diária ou periódica, com exceção dos assinados ou que apresentem sinal de reserva, pertence ao editor, salvo convenção em contrário.

Parágrafo único. A autorização para utilização econômica de artigos assinados, para publicação em diários e periódicos, não produz efeito além do prazo da periodicidade acrescido de 20 (vinte) dias, a contar de sua publicação, findo o qual recobra o autor o seu direito.

Art. 37. A aquisição do original de uma obra, ou de exemplar, não confere ao adquirente qualquer dos direitos patrimoniais do autor, salvo convenção em contrário entre as partes e os casos previstos nesta Lei.

Art. 38. O autor tem o direito, irrenunciável e inalienável, de perceber, no mínimo, 5% (cinco por cento) sobre o aumento do preço eventualmente verificável em cada revenda de obra de arte ou manuscrito, sendo originais, que houver alienado.

Parágrafo único. Caso o autor não perceba o seu direito de sequência no ato da revenda, o vendedor é considerado depositário da quantia a ele devida, salvo se a operação for realizada por leiloeiro, quando será este o depositário.

- V. arts. 647, I, e 648, CC.

Art. 39. Os direitos patrimoniais do autor, excetuados os rendimentos resultantes de sua exploração, não se comunicam, salvo pacto antenupcial em contrário.

- V. arts. 1.639 a 1.641 e 1.653 a 1.657, CC.
- V. arts. 167, I-12 e II-1, 178, V, 244 e 245, Lei 6.015/1973 (Lei de Registros Públicos).

Art. 40. Tratando-se de obra anônima ou pseudônima, caberá a quem publicá-la o exercício dos direitos patrimoniais do autor.

Parágrafo único. O autor que se der a conhecer assumirá o exercício dos direitos patrimoniais, ressalvados os direitos adquiridos por terceiros.

Art. 41. Os direitos patrimoniais do autor perduram por 70 (setenta) anos contados de 1º de janeiro do ano subsequente ao de seu falecimento, obedecida a ordem sucessória da lei civil.

- V. art. 112.
- V. arts. 1.829 a 1.844, CC.
- V. Lei 5.805/1972 (Preservação de obras literárias de domínio público).

Parágrafo único. Aplica-se às obras póstumas o prazo de proteção a que alude o *caput* deste artigo.

Art. 42. Quando a obra literária, artística ou científica realizada em coautoria for indivisível, o prazo previsto no artigo anterior será contado da morte do último dos coautores sobreviventes.

- V. arts. 87 e 88, CC.

Parágrafo único. Acrescer-se-ão aos dos sobreviventes os direitos do coautor que falecer sem sucessores.

Art. 43. Será de 70 (setenta) anos o prazo de proteção aos direitos patrimoniais sobre as obras anônimas ou pseudônimas, conta-

do de 1º de janeiro do ano imediatamente posterior ao da primeira publicação.
Parágrafo único. Aplicar-se-á o disposto no art. 41 e seu parágrafo único, sempre que o autor se der a conhecer antes do termo do prazo previsto no *caput* deste artigo.

Art. 44. O prazo de proteção aos direitos patrimoniais sobre obras audiovisuais e fotográficas será de 70 (setenta) anos, a contar de 1º de janeiro do ano subsequente ao de sua divulgação.

Art. 45. Além das obras em relação às quais decorreu o prazo de proteção aos direitos patrimoniais, pertencem ao domínio público:

• V. Lei 5.805/1972 (Normas destinadas a preservar a autenticidade das obras literárias).

I – as de autores falecidos que não tenham deixado sucessores;

II – as de autor desconhecido, ressalvada a proteção legal aos conhecimentos étnicos e tradicionais.

Capítulo IV
DAS LIMITAÇÕES AOS DIREITOS AUTORAIS

Art. 46. Não constitui ofensa aos direitos autorais:

• V. art. 5º, *p*, Dec.-lei 3.365/1941 (Desapropriação por utilidade pública).

I – a reprodução:

a) na imprensa diária ou periódica, de notícia ou de artigo informativo, publicado em diários ou periódicos, com a menção do nome do autor, se assinados, e da publicação de onde foram transcritos;

b) em diários ou periódicos, de discursos pronunciados em reuniões públicas de qualquer natureza;

c) de retratos, ou de outra forma de representação da imagem, feitos sob encomenda, quando realizada pelo proprietário do objeto encomendado, não havendo a oposição da pessoa neles representada ou de seus herdeiros;

• V. art. 5º, X, CF.

d) de obras literárias, artísticas ou científicas, para uso exclusivo de deficientes visuais, sempre que a reprodução, sem fins comerciais, seja feita mediante o sistema Braille ou outro procedimento em qualquer suporte para esses destinatários;

II – a reprodução, em um só exemplar de pequenos trechos, para uso privado do copista, desde que feita por este, sem intuito de lucro;

III – a citação em livros, jornais, revistas ou qualquer outro meio de comunicação, de passagens de qualquer obra, para fins de estudo, crítica ou polêmica, na medida justificada para o fim a atingir, indicando-se o nome do autor e a origem da obra;

IV – o apanhado de lições em estabelecimentos de ensino por aqueles a quem elas se dirigem, vedada sua publicação, integral ou parcial, sem autorização prévia e expressa de quem as ministrou;

V – a utilização de obras literárias, artísticas ou científicas, fonogramas e transmissão de rádio e televisão em estabelecimentos comerciais, exclusivamente para demonstração à clientela, desde que esses estabelecimentos comercializem os suportes ou equipamentos que permitam a sua utilização;

VI – a representação teatral e a execução musical, quando realizadas no recesso familiar ou, para fins exclusivamente didáticos, nos estabelecimentos de ensino, não havendo em qualquer caso intuito de lucro;

• V. Súmula 386, STF.

VII – a utilização de obras literárias, artísticas ou científicas para produzir prova judiciária ou administrativa;

• V. arts. 369 a 388, CPC/2015.
• V. arts. 155 a 250, CPP.

VIII – a reprodução, em quaisquer obras, de pequenos trechos de obras preexistentes, de qualquer natureza, ou de obra integral, quando de artes plásticas, sempre que a reprodução em si não seja o objetivo principal da obra nova e que não prejudique a exploração normal da obra reproduzida nem cause um prejuízo injustificado aos legítimos interesses dos autores.

Art. 47. São livres as paráfrases e paródias que não forem verdadeiras reproduções da obra originária nem lhe implicarem descrédito.

Lei 9.610/1998

Art. 48. As obras situadas permanentemente em logradouros públicos podem ser representadas livremente, por meio de pinturas, desenhos, fotografias e procedimentos audiovisuais.

Capítulo V
DA TRANSFERÊNCIA DOS DIREITOS DE AUTOR

Art. 49. Os direitos de autor poderão ser total ou parcialmente transferidos a terceiros, por ele ou por seus sucessores, a título universal ou singular, pessoalmente ou por meio de representantes com poderes especiais, por meio de licenciamento, concessão, cessão ou por outros meios admitidos em Direito, obedecidas as seguintes limitações:

- V. arts. 5º, X, 17, § 3º, 29, VI, 50, § 2º, 51, 56, 57, 59, 62, 63, § 1º, 68, § 7º, 81, § 1º, e 92.
- V. arts. 286 a 298, CC.
- V. art. 13, Lei 6.533/1978 (Regulamenta as profissões de artista e de técnico em espetáculos de diversões).
- V. art. 17, Lei 6.615/1978 (Radialista).

I – a transmissão total compreende todos os direitos de autor, salvo os de natureza moral e os expressamente excluídos por lei;

- V. arts. 17, § 1º, 22 e 24 a 27.

II – somente se admitirá transmissão total e definitiva dos direitos mediante estipulação contratual escrita;

- V. arts. 104, 107 e 166, IV, CC.

III – na hipótese de não haver estipulação contratual escrita, o prazo máximo será de 5 (cinco) anos;

IV – a cessão será válida unicamente para o país em que se firmou o contrato, salvo estipulação em contrário;

V – a cessão só se operará para modalidades de utilização já existentes à data do contrato;

- V. art. 4º.

VI – não havendo especificações quanto à modalidade de utilização, o contrato será interpretado restritivamente, entendendo-se como limitada apenas a uma que seja aquela indispensável ao cumprimento da finalidade do contrato.

Art. 50. A cessão total ou parcial dos direitos de autor, que se fará sempre por escrito, presume-se onerosa.

- V. arts. 104, 107 e 166, IV, CC.

§ 1º Poderá a cessão ser averbada à margem do registro a que se refere o art. 19 desta Lei, ou, não estando a obra registrada, poderá o instrumento ser registrado em Cartório de Títulos e Documentos.

- V. art. 127, I e parágrafo único, Lei 6.015/1973 (Lei de Registros Públicos).

§ 2º Constarão do instrumento de cessão como elementos essenciais seu objeto e as condições de exercício do direito quanto a tempo, lugar e preço.

- V. arts. 320 e 331 a 333, CC.

Art. 51. A cessão dos direitos de autor sobre obras futuras abrangerá, no máximo, o período de 5 (cinco) anos.

Parágrafo único. O prazo será reduzido a 5 (cinco) anos sempre que indeterminado ou superior, diminuindo-se, na devida proporção, o preço estipulado.

Art. 52. A omissão do nome do autor, ou de coautor, na divulgação da obra não presume o anonimato ou a cessão de seus direitos.

TÍTULO IV
DA UTILIZAÇÃO DE OBRAS INTELECTUAIS E DOS FONOGRAMAS
Capítulo I
DA EDIÇÃO

Art. 53. Mediante contrato de edição, o editor, obrigando-se a reproduzir e a divulgar a obra literária, artística ou científica, fica autorizado, em caráter de exclusividade, a publicá-la e a explorá-la pelo prazo e nas condições pactuadas com o autor.

Parágrafo único. Em cada exemplar da obra o editor mencionará:

- V. arts. 6º, III, 8º, caput, e 30 a 35, Lei 8.078/1990 (Código de Defesa do Consumidor).

I – o título da obra e seu autor;

II – no caso de tradução, o título original e o nome do tradutor;

III – o ano de publicação;

Lei 9.610/1998

Legislação

IV – o seu nome ou marca que o identifique.

Art. 54. Pelo mesmo contrato pode o autor obrigar-se à feitura de obra literária, artística ou científica em cuja publicação e divulgação se empenha o editor.

Art. 55. Em caso de falecimento ou de impedimento do autor para concluir a obra, o editor poderá:

I – considerar resolvido o contrato, mesmo que tenha sido entregue parte considerável da obra;

II – editar a obra, sendo autônoma, mediante pagamento proporcional do preço;

III – mandar que outro a termine, desde que consintam os sucessores e seja o fato indicado na edição.

Parágrafo único. É vedada a publicação parcial, se o autor manifestou a vontade de só publicá-la por inteiro ou se assim o decidirem seus sucessores.

Art. 56. Entende-se que o contrato versa apenas sobre uma edição, se não houver cláusula expressa em contrário.

Parágrafo único. No silêncio do contrato, considera-se que cada edição se constitui de três mil exemplares.

Art. 57. O preço da retribuição será arbitrado, com base nos usos e costumes, sempre que no contrato não a tiver estipulado expressamente o autor.

Art. 58. Se os originais forem entregues em desacordo com o ajustado e o editor não os recusar nos 30 (trinta) dias seguintes ao do recebimento, ter-se-ão por aceitas as alterações introduzidas pelo autor.

Art. 59. Quaisquer que sejam as condições do contrato, o editor é obrigado a facultar ao autor o exame da escrituração na parte que lhe corresponde, bem como a informá-lo sobre o estado da edição.

Art. 60. Ao editor compete fixar o preço da venda, sem, todavia, poder elevá-lo a ponto de embaraçar a circulação da obra.

Art. 61. O editor será obrigado a prestar contas mensais ao autor sempre que a retribuição deste estiver condicionada à venda da obra, salvo se prazo diferente houver sido convencionado.

Art. 62. A obra deverá ser editada em 2 (dois) anos da celebração do contrato, salvo prazo diverso estipulado em convenção.

Parágrafo único. Não havendo edição da obra no prazo legal ou contratual, poderá ser rescindido o contrato, respondendo o editor por danos causados.

Art. 63. Enquanto não se esgotarem as edições a que tiver direito o editor, não poderá o autor dispor de sua obra, cabendo ao editor o ônus da prova.

- V. arts. 319, VI, 336, 370, 373, *caput*, I e II, § 3º, CPC/2015.

§ 1º Na vigência do contrato de edição, assiste ao editor o direito de exigir que se retire de circulação edição da mesma obra feita por outrem.

§ 2º Considera-se esgotada a edição quando restarem em estoque, em poder do editor, exemplares em número inferior a 10% (dez por cento) do total da edição.

Art. 64. Somente decorrido 1 (um) ano de lançamento da edição, o editor poderá vender, como saldo, os exemplares restantes, desde que o autor seja notificado de que, no prazo de 30 (trinta) dias, terá prioridade na aquisição dos referidos exemplares pelo preço de saldo.

Art. 65. Esgotada a edição, e o editor, com direito a outra, não a publicar, poderá o autor notificá-lo a que o faça em certo prazo, sob pena de perder aquele direito, além de responder por danos.

- V. arts. 186, 402 a 404 e 927, CC.

Art. 66. O autor tem o direito de fazer, nas edições sucessivas de suas obras, as emendas e alterações que bem lhe aprouver.

Parágrafo único. O editor poderá opor-se às alterações que lhe prejudiquem os interesses, ofendam sua reputação ou aumentem sua responsabilidade.

Art. 67. Se, em virtude de sua natureza, for imprescindível a atualização da obra em novas edições, o editor, negando-se o autor a fazê-la, dela poderá encarregar outrem, mencionando o fato na edição.

Lei 9.610/1998

LEGISLAÇÃO

Capítulo II
DA COMUNICAÇÃO AO PÚBLICO

Art. 68. Sem prévia e expressa autorização do autor ou titular, não poderão ser utilizadas obras teatrais, composições musicais ou lítero-musicais e fonogramas, em representações e execuções públicas.

• V. arts. 94, 109 e 110.

§ 1º Considera-se representação pública a utilização de obras teatrais no gênero drama, tragédia, comédia, ópera, opereta, balé, pantomimas e assemelhadas, musicadas ou não, mediante a participação de artistas, remunerados ou não, em locais de frequência coletiva ou pela radiodifusão, transmissão e exibição cinematográfica.

§ 2º Considera-se execução pública a utilização de composições musicais ou litero musicais, mediante a participação de artistas, remunerados ou não, ou a utilização de fonogramas e obras audiovisuais, em locais de frequência coletiva, por quaisquer processos, inclusive a radiodifusão ou transmissão por qualquer modalidade, e a exibição cinematográfica.

• V. Dec. 6.304/2007 (Regulamenta a Lei 8.685/1993).

§ 3º Consideram-se locais de frequência coletiva os teatros, cinemas, salões de baile ou concertos, boates, bares e clubes ou associações de qualquer natureza, lojas, estabelecimentos comerciais e industriais, estádios, circos, feiras, restaurantes, hotéis, motéis, clínicas, hospitais, órgãos públicos da administração direta ou indireta, fundacionais e estatais, meios de transporte de passageiros terrestre, marítimo, fluvial ou aéreo, ou onde quer se representem, executem ou transmitam obras literárias, artísticas ou científicas.

• V. art. 86.

§ 4º Previamente à realização da execução pública, o empresário deverá apresentar ao escritório central, previsto no art. 99, a comprovação dos recolhimentos relativos aos direitos autorais.

• V. art. 81, *caput*.

§ 5º Quando a remuneração depender da frequência do público, poderá o empresário, por convênio com o escritório central, pagar o preço após a realização da execução pública.

§ 6º O usuário entregará à entidade responsável pela arrecadação dos direitos relativos à execução ou exibição pública, imediatamente após o ato de comunicação ao público, relação completa das obras e fonogramas utilizados, e a tornará pública e de livre acesso, juntamente com os valores pagos, em seu sítio eletrônico ou, em não havendo este, no local da comunicação e em sua sede.

• § 6º com redação determinada pela Lei 12.853/2013 (*DOU* 15.08.2013), em vigor após decorridos 120 (cento e vinte) dias de sua publicação oficial.

§ 7º As empresas cinematográficas e de radiodifusão manterão à imediata disposição dos interessados, cópia autêntica dos contratos, ajustes ou acordos, individuais ou coletivos, autorizando e disciplinando a remuneração por execução pública das obras musicais e fonogramas contidas em seus programas ou obras audiovisuais.

§ 8º Para as empresas mencionadas no § 7º, o prazo para cumprimento do disposto no § 6º será até o décimo dia útil de cada mês, relativamente à relação completa das obras e fonogramas utilizados no mês anterior.

• § 8º acrescentado pela Lei 12.853/2013 (*DOU* 15.08.2013), em vigor após decorridos 120 (cento e vinte) dias de sua publicação oficial.

Art. 69. O autor, observados os usos locais, notificará o empresário do prazo para a representação ou execução, salvo prévia estipulação convencional.

Art. 70. Ao autor assiste o direito de opor-se à representação ou execução que não seja suficientemente ensaiada, bem como fiscalizá-la, tendo, para isso, livre acesso durante as representações ou execuções, no local onde se realizam.

• V. art. 5º, XXVIII, *b*, CF.

Art. 71. O autor da obra não pode alterar-lhe a substância, sem acordo com o empresário que a faz representar.

Art. 72. O empresário, sem licença do autor, não pode entregar a obra a pessoa estranha à representação ou à execução.

Art. 73. Os principais intérpretes e os diretores de orquestras ou coro, escolhidos de

Lei 9.610/1998

LEGISLAÇÃO

comum acordo pelo autor e pelo produtor, não podem ser substituídos por ordem deste, sem que aquele consinta.

Art. 74. O autor de obra teatral, ao autorizar a sua tradução ou adaptação, poderá fixar prazo para utilização dela em representações públicas.

Parágrafo único. Após o decurso do prazo a que se refere este artigo, não poderá opor-se o tradutor ou adaptador à utilização de outra tradução ou adaptação autorizada, salvo se for cópia da sua.

Art. 75. Autorizada a representação de obra teatral feita em coautoria, não poderá qualquer dos coautores revogar a autorização dada, provocando a suspensão da temporada contratualmente ajustada.

Art. 76. É impenhorável a parte do produto dos espetáculos reservada ao autor e aos artistas.

- V. art. 833, CPC/2015.

Capítulo III
DA UTILIZAÇÃO DA OBRA DE ARTE PLÁSTICA

Art. 77. Salvo convenção em contrário, o autor de obra de arte plástica, ao alienar o objeto em que ela se materializa, transmite o direito de expô-la, mas não transmite ao adquirente o direito de reproduzi-la.

- V. arts. 9º, 29, VIII, *j*, 37, 46, VIII, e 78.

Art. 78. A autorização para reproduzir obra de arte plástica, por qualquer processo, deve se fazer por escrito e se presume onerosa.

Capítulo IV
DA UTILIZAÇÃO DA OBRA FOTOGRÁFICA

Art. 79. O autor de obra fotográfica, tem direito a reproduzi-la e colocá-la à venda, observadas as restrições à exposição, reprodução e venda de retratos, e sem prejuízo dos direitos de autor sobre a obra fotografada, se de artes plásticas protegidas.

- V. arts. 7º, VII, 24, VII, 44 e 46, I, *c*.

§ 1º A fotografia, quando utilizada por terceiros, indicará de forma legível o nome do seu autor.

§ 2º É vedada a reprodução de obra fotográfica que não esteja em absoluta consonância com o original, salvo prévia autorização do autor.

Capítulo V
DA UTILIZAÇÃO DE FONOGRAMA

Art. 80. Ao publicar o fonograma, o produtor mencionará em cada exemplar:

- V. arts. 5º, IV e IX, 29, V, 30, § 1º, 31, 46, V, 104, 107, IV, 108, II, e 113.

I – o título da obra incluída e seu autor;
II – o nome ou pseudônimo do intérprete;
III – o ano de publicação;
IV – o seu nome ou marca que o identifique.

Capítulo VI
DA UTILIZAÇÃO DA OBRA AUDIOVISUAL

- V . arts. 5º, VIII, *i*, 7º, VI, 11, parágrafo único, 16, 17, § 1º, 25, 29, VII, *g*, e 46, V.
- V. art. 4º, n. 1, Dec. 972/1993 (Registro Internacional de Obras Audiovisuais).
- V. Dec. 6.304/2007 (Regulamenta a Lei 8.685/1993).

Art. 81. A autorização do autor e do intérprete de obra literária, artística ou científica para produção audiovisual implica, salvo disposição em contrário, consentimento para sua utilização econômica.

- V. art. 14 *bis*, 2, *b*, Dec. 75.699/1975 (Convenção de Berna).

§ 1º A exclusividade da autorização depende de cláusula expressa e cessa 10 (dez) anos após a celebração do contrato.

§ 2º Em cada cópia da obra audiovisual, mencionará o produtor:

I – o título da obra audiovisual;
II – os nomes ou pseudônimos do diretor e dos demais coautores;

- V. arts. 5º, VIII, *c*, 24, II, 40, 43, 108; e 8º, VI, 88, II, e 108.

III – o título da obra adaptada e seu autor, se for o caso;
IV – os artistas intérpretes;

- V. arts. 90 a 92.

V – o ano de publicação;
VI – o seu nome ou marca que o identifique;

Lei 9.610/1998

LEGISLAÇÃO

VII – o nome dos dubladores.

- Inciso VII acrescentado pela Lei 12.091/2009 (*DOU* 12.11.2009), em vigor após decorridos 60 (sessenta) dias de sua publicação oficial.

Art. 82. O contrato de produção audiovisual deve estabelecer:

I – a remuneração devida pelo produtor aos coautores da obra e aos artistas intérpretes e executantes, bem como o tempo, lugar e forma de pagamento;

II – o prazo de conclusão da obra;

III – a responsabilidade do produtor para com os coautores, artistas intérpretes ou executantes, no caso de coprodução.

Art. 83. O participante da produção da obra audiovisual que interromper, temporária ou definitivamente, sua atuação, não poderá opor-se a que esta seja utilizada na obra nem a que terceiro o substitua, resguardados os direitos que adquiriu quanto à parte já executada.

Art. 84. Caso a remuneração dos coautores da obra audiovisual dependa dos rendimentos de sua utilização econômica, o produtor lhes prestará contas semestralmente, se outro prazo não houver sido pactuado.

Art. 85. Não havendo disposição em contrário, poderão os coautores da obra audiovisual utilizar-se, em gênero diverso, da parte que constitua sua contribuição pessoal.

Parágrafo único. Se o produtor não concluir a obra audiovisual no prazo ajustado ou não iniciar sua exploração dentro de 2 (dois) anos, a contar de sua conclusão, a utilização a que se refere este artigo será livre.

Art. 86. Os direitos autorais de execução musical relativos a obras musicais, litero musicais e fonogramas incluídos em obras audiovisuais serão devidos aos seus titulares pelos responsáveis dos locais ou estabelecimentos a que alude o § 3º do art. 68 desta Lei, que as exibirem, ou pelas emissoras de televisão que as transmitirem.

- V. art. 94.

Capítulo VII
DA UTILIZAÇÃO DE BASES DE DADOS

Art. 87. O titular do direito patrimonial sobre uma base de dados terá o direito exclusivo, a respeito da forma de expressão da estrutura da referida base, de autorizar ou proibir:

- V. art. 7º, XIII.

I – sua reprodução total ou parcial, por qualquer meio ou processo;

II – sua tradução, adaptação, reordenação ou qualquer outra modificação;

III – a distribuição do original ou cópias da base de dados ou a sua comunicação ao público;

IV – a reprodução, distribuição ou comunicação ao público dos resultados das operações mencionadas no inciso II deste artigo.

Capítulo VIII
DA UTILIZAÇÃO DA OBRA COLETIVA

Art. 88. Ao publicar a obra coletiva, o organizador mencionará em cada exemplar:

- V. arts. 6º, III, 30 a 35, Lei 8.078/1990 (Código de Defesa do Consumidor).

I – o título da obra;

II – a relação de todos os participantes, em ordem alfabética, se outra não houver sido convencionada;

III – o ano de publicação;

IV – o seu nome ou marca que o identifique.

Parágrafo único. Para valer-se do disposto no § 1º do art. 17, deverá o participante notificar o organizador, por escrito, até a entrega de sua participação.

TÍTULO V
DOS DIREITOS CONEXOS

Capítulo I
DISPOSIÇÕES PRELIMINARES

Art. 89. As normas relativas aos direitos de autor aplicam-se, no que couber, aos direitos dos artistas intérpretes ou executantes, dos produtores fonográficos e das empresas de radiodifusão.

Lei 9.610/1998

Parágrafo único. A proteção desta Lei aos direitos previstos neste artigo deixa intactas e não afeta as garantias asseguradas aos autores das obras literárias, artísticas ou científicas.

Capítulo II
DOS DIREITOS DOS ARTISTAS INTÉRPRETES OU EXECUTANTES

- V. art. 5º, XXVIII, *b*, CF.
- V. art. 3º, *a*, Dec. 57.125/1965 (Convenção Internacional para proteção aos artistas, intérpretes ou executantes, aos produtores de fonogramas e aos organismos de radiodifusão).

Art. 90. Tem o artista intérprete ou executante o direito exclusivo de, a título oneroso ou gratuito, autorizar ou proibir:
I – a fixação de suas interpretações ou execuções;

- V. arts. 5º, IX e XI, 91, 95 e 96.

II – a reprodução, a execução pública e a locação das suas interpretações ou execuções fixadas;
III – a radiodifusão das suas interpretações ou execuções, fixadas ou não;
IV – a colocação à disposição do público de suas interpretações ou execuções, de maneira que qualquer pessoa a elas possa ter acesso, no tempo e no lugar que individualmente escolherem;
V – qualquer outra modalidade de utilização de suas interpretações ou execuções.
§ 1º Quando na interpretação ou na execução participarem vários artistas, seus direitos serão exercidos pelo diretor do conjunto.
§ 2º A proteção aos artistas intérpretes ou executantes estende-se à reprodução da voz e imagem, quando associadas às suas atuações.

- V. art. 5º, XXVIII, *a*, CF.

Art. 91. As empresas de radiodifusão poderão realizar fixações de interpretação ou execução de artistas que as tenham permitido para utilização em determinado número de emissões, facultada sua conservação em arquivo público.
Parágrafo único. A reutilização subsequente da fixação, no País ou no exterior, somente será lícita mediante autorização escrita dos titulares de bens intelectuais incluídos no programa, devida uma remuneração adicional aos titulares para cada nova utilização.

- V. art. 13, parágrafo único, Lei 6.533/1978 (Regulamenta as profissões de artista técnico em espetáculos de diversões).

Art. 92. Aos intérpretes cabem os direitos morais de integridade e paternidade de suas interpretações, inclusive depois da cessão dos direitos patrimoniais, sem prejuízo da redução, compactação, edição ou dublagem da obra de que tenham participado, sob a responsabilidade do produtor, que não poderá desfigurar a interpretação do artista.
Parágrafo único. O falecimento de qualquer participante de obra audiovisual, concluída ou não, não obsta sua exibição e aproveitamento econômico, nem exige autorização adicional, sendo a remuneração prevista para o falecido, nos termos do contrato e da lei, efetuada a favor do espólio ou dos sucessores.

Capítulo III
DOS DIREITOS DOS PRODUTORES FONOGRÁFICOS

Art. 93. O produtor de fonogramas tem o direito exclusivo de, a título oneroso ou gratuito, autorizar-lhes ou proibir-lhes:
I – a reprodução direta ou indireta, total ou parcial;
II – a distribuição por meio da venda ou locação de exemplares da reprodução;
III – a comunicação ao público por meio da execução pública, inclusive pela radiodifusão;
IV – *(Vetado.)*
V – quaisquer outras modalidades de utilização, existentes ou que venham a ser inventadas.

Art. 94. *(Revogado pela Lei 12.853/2013 – DOU 15.08.2013, em vigor após decorridos 120 (cento e vinte) dias de sua publicação oficial.)*

Capítulo IV
DOS DIREITOS DAS EMPRESAS DE RADIODIFUSÃO

Art. 95. Cabe às empresas de radiodifusão o direito exclusivo de autorizar ou proibir

Lei 9.610/1998

LEGISLAÇÃO

a retransmissão, fixação e reprodução de suas emissões, bem como a comunicação ao público, pela televisão, em locais de frequência coletiva, sem prejuízo dos direitos dos titulares de bens intelectuais incluídos na programação.

- V. arts. 5º, XII, 29, VIII, *d*, 46, V, 68, § 7º, 89, *caput*, 91, 95, 96, 99 e 108, I.
- V. art. 5º, XXVIII, *a*, CF.
- V. art. 13, Lei 6.533/1978 (Regulamenta as profissões de artista e de técnico em espetáculos de diversões).

Capítulo V
DA DURAÇÃO DOS DIREITOS CONEXOS

Art. 96. É de 70 (setenta) anos o prazo de proteção aos direitos conexos, contados a partir de 1º de janeiro do ano subsequente à fixação, para os fonogramas; à transmissão, para as emissões das empresas de radiodifusão; e à execução e representação pública, para os demais casos.

- V. arts. 89 a 95.

TÍTULO VI
DAS ASSOCIAÇÕES DE TITULARES DE DIREITOS DE AUTOR E DOS QUE LHES SÃO CONEXOS

Art. 97. Para o exercício e defesa de seus direitos, podem os autores e os titulares de direitos conexos associar-se sem intuito de lucro.

- V. art. 109.
- V. art. 5º, XXI, CF.

§ 1º As associações reguladas por este artigo exercem atividade de interesse público, por determinação desta Lei, devendo atender a sua função social.

- § 1º com redação determinada pela Lei 12.853/2013 (*DOU* 15.08.2013), em vigor após decorridos 120 (cento e vinte) dias de sua publicação oficial.

§ 2º É vedado pertencer, simultaneamente, a mais de uma associação para a gestão coletiva de direitos da mesma natureza.

- § 2º com redação determinada pela Lei 12.853/2013 (*DOU* 15.08.2013), em vigor após decorridos 120 (cento e vinte) dias de sua publicação oficial.

§ 3º Pode o titular transferir-se, a qualquer momento, para outra associação, devendo comunicar o fato, por escrito, à associação de origem.

- § 3º com redação determinada pela Lei 12.853/2013 (*DOU* 15.08.2013), em vigor após decorridos 120 (cento e vinte) dias de sua publicação oficial.

§ 4º As associações com sede no exterior far-se-ão representar, no País, por associações nacionais constituídas na forma prevista nesta Lei.

- § 4º acrescentado pela Lei 12.853/2013 (*DOU* 15.08.2013), em vigor após decorridos 120 (cento e vinte) dias de sua publicação oficial.

§ 5º Apenas os titulares originários de direitos de autor ou de direitos conexos filiados diretamente às associações nacionais poderão votar ou ser votados nas associações reguladas por este artigo.

- § 5º acrescentado pela Lei 12.853/2013 (*DOU* 15.08.2013), em vigor após decorridos 120 (cento e vinte) dias de sua publicação oficial.

§ 6º Apenas os titulares originários de direitos de autor ou de direitos conexos, nacionais ou estrangeiros domiciliados no Brasil, filiados diretamente às associações nacionais poderão assumir cargos de direção nas associações reguladas por este artigo.

- § 6º acrescentado pela Lei 12.853/2013 (*DOU* 15.08.2013), em vigor após decorridos 120 (cento e vinte) dias de sua publicação oficial.

Art. 98. Com o ato de filiação, as associações de que trata o art. 97 tornam-se mandatárias de seus associados para a prática de todos os atos necessários à defesa judicial ou extrajudicial de seus direitos autorais, bem como para o exercício da atividade de cobrança desses direitos.

- Artigo com redação determinada pela Lei 12.853/2013 (*DOU* 15.08.2013), em vigor após decorridos 120 (cento e vinte) dias de sua publicação oficial.

§ 1º O exercício da atividade de cobrança citada no *caput* somente será lícito para as associações que obtiverem habilitação em órgão da Administração Pública Federal, nos termos do art. 98-A.

§ 2º As associações deverão adotar os princípios da isonomia, eficiência e transparência na cobrança pela utilização de qualquer obra ou fonograma.

§ 3º Caberá às associações, no interesse dos seus associados, estabelecer os preços pela

Lei 9.610/1998

utilização de seus repertórios, considerando a razoabilidade, a boa-fé e os usos do local de utilização das obras.

§ 4º A cobrança será sempre proporcional ao grau de utilização das obras e fonogramas pelos usuários, considerando a importância da execução pública no exercício de suas atividades, e as particularidades de cada segmento, conforme disposto no regulamento desta Lei.

§ 5º As associações deverão tratar seus associados de forma equitativa, sendo vedado o tratamento desigual.

§ 6º As associações deverão manter um cadastro centralizado de todos os contratos, declarações ou documentos de qualquer natureza que comprovem a autoria e a titularidade das obras e dos fonogramas, bem como as participações individuais em cada obra e em cada fonograma, prevenindo o falseamento de dados e fraudes e promovendo a desambiguação de títulos similares de obras.

§ 7º As informações mencionadas no § 6º são de interesse público e o acesso a elas deverá ser disponibilizado por meio eletrônico a qualquer interessado, de forma gratuita, permitindo-se ainda ao Ministério da Cultura o acesso contínuo e integral a tais informações.

§ 8º Mediante comunicação do interessado e preservada a ampla defesa e o direito ao contraditório, o Ministério da Cultura poderá, no caso de inconsistência nas informações mencionadas no § 6º deste artigo, determinar sua retificação e demais medidas necessárias à sua regularização, conforme disposto em regulamento.

§ 9º As associações deverão disponibilizar sistema de informação para comunicação periódica, pelo usuário, da totalidade das obras e fonogramas utilizados, bem como para acompanhamento, pelos titulares de direitos, dos valores arrecadados e distribuídos.

§ 10. Os créditos e valores não identificados deverão permanecer retidos e à disposição dos titulares pelo período de 5 (cinco) anos, devendo ser distribuídos à medida da sua identificação.

§ 11. Findo o período de 5 (cinco) anos previsto no § 10 sem que tenha ocorrido a identificação dos créditos e valores retidos, estes serão distribuídos aos titulares de direitos de autor e de direitos conexos dentro da mesma rubrica em que foram arrecadados e na proporção de suas respectivas arrecadações durante o período da retenção daqueles créditos e valores, sendo vedada a sua destinação para outro fim.

§ 12. A taxa de administração praticada pelas associações no exercício da cobrança e distribuição de direitos autorais deverá ser proporcional ao custo efetivo de suas operações, considerando as peculiaridades de cada uma delas.

§ 13. Os dirigentes das associações serão eleitos para mandato de 3 (três) anos, permitida uma única recondução precedida de nova eleição.

§ 14. Os dirigentes das associações atuarão diretamente em sua gestão, por meio de voto pessoal, sendo vedado que atuem representados por terceiros.

§ 15. Os titulares de direitos autorais poderão praticar pessoalmente os atos referidos no *caput* e no § 3º deste artigo, mediante comunicação à associação a que estiverem filiados, com até 48 (quarenta e oito) horas de antecedência da sua prática.

§ 16. As associações, por decisão do seu órgão máximo de deliberação e conforme previsto em seus estatutos, poderão destinar até 20% (vinte por cento) da totalidade ou de parte dos recursos oriundos de suas atividades para ações de natureza cultural e social que beneficiem seus associados de forma coletiva.

Art. 98-A. O exercício da atividade de cobrança de que trata o art. 98 dependerá de habilitação prévia em órgão da Administração Pública Federal, conforme disposto em regulamento, cujo processo administrativo observará:

- Artigo acrescentado pela Lei 12.853/2013 (*DOU* 15.08.2013), em vigor após decorridos 120 (cento e vinte) dias de sua publicação oficial.

I – o cumprimento, pelos estatutos da entidade solicitante, dos requisitos estabelecidos na legislação para sua constituição;

Lei 9.610/1998

LEGISLAÇÃO

II – a demonstração de que a entidade solicitante reúne as condições necessárias para assegurar uma administração eficaz e transparente dos direitos a ela confiados e significativa representatividade de obras e titulares cadastrados, mediante comprovação dos seguintes documentos e informações:
a) cadastros das obras e titulares que representam;
b) contratos e convênios mantidos com usuários de obras de seus repertórios, quando aplicável;
c) estatutos e respectivas alterações;
d) atas das assembleias ordinárias ou extraordinárias;
e) acordos de representação recíproca com entidades congêneres estrangeiras, quando existentes;
f) relatório anual de suas atividades, quando aplicável;
g) demonstrações contábeis anuais, quando aplicável;
h) demonstração de que as taxas de administração são proporcionais aos custos de cobrança e distribuição para cada tipo de utilização, quando aplicável;
i) relatório anual de auditoria externa de suas contas, desde que a entidade funcione há mais de 1 (um) ano e que a auditoria seja demandada pela maioria de seus associados ou por sindicato ou associação profissional, nos termos do art. 100;
j) detalhamento do modelo de governança da associação, incluindo estrutura de representação isonômica dos associados;
k) plano de cargos e salários, incluindo valor das remunerações dos dirigentes, gratificações, bonificações e outras modalidades de remuneração e premiação, com valores atualizados;
III – outras informações estipuladas em regulamento por órgão da Administração Pública Federal, como as que demonstrem o cumprimento das obrigações internacionais contratuais da entidade solicitante que possam ensejar questionamento ao Estado Brasileiro no âmbito dos acordos internacionais dos quais é parte.
§ 1º Os documentos e informações a que se referem os incisos II e III do *caput* deste artigo deverão ser apresentados anualmente ao Ministério da Cultura.

§ 2º A habilitação de que trata o § 1º do art. 98 é um ato de qualificação vinculado ao cumprimento dos requisitos instituídos por esta Lei e por seu regulamento e não precisará ser renovada periodicamente, mas poderá ser anulada mediante decisão proferida em processo administrativo ou judicial, quando verificado que a associação não atende ao disposto nesta Lei, assegurados sempre o contraditório e ampla defesa, bem como a comunicação do fato ao Ministério Público.

§ 3º A anulação da habilitação a que se refere o § 1º do art. 98 levará em consideração a gravidade e a relevância das irregularidades identificadas, a boa-fé do infrator e a reincidência nas irregularidades, conforme disposto em regulamento, e somente se efetivará após a aplicação de advertência, quando se concederá prazo razoável para atendimento das exigências apontadas pela autoridade competente.

§ 4º A ausência de uma associação que seja mandatária de determinada categoria de titulares em função da aplicação do § 2º deste artigo não isenta os usuários das obrigações previstas no art. 68, que deverão ser quitadas em relação ao período compreendido entre o indeferimento do pedido de habilitação, a anulação ou o cancelamento da habilitação e a obtenção de nova habilitação ou constituição de entidade sucessora nos termos deste artigo, ficando a entidade sucessora responsável pela fixação dos valores dos direitos autorais ou conexos em relação ao período compreendido entre o indeferimento do pedido de habilitação ou sua anulação e a obtenção de nova habilitação pela entidade sucessora.

§ 5º A associação cuja habilitação, nos termos deste artigo, seja anulada, inexistente ou pendente de apreciação pela autoridade competente, ou apresente qualquer outra forma de irregularidade, não poderá utilizar tais fatos como impedimento para distribuição de eventuais valores já arrecadados, sob pena de responsabilização direta de seus di-

Lei 9.610/1998

rigentes nos termos do art. 100-A, sem prejuízo das sanções penais cabíveis.

§ 6º As associações de gestão coletiva de direitos autorais deverão manter atualizados e disponíveis aos associados os documentos e as informações previstos nos incisos II e III deste artigo.

Art. 98-B. As associações de gestão coletiva de direitos autorais, no desempenho de suas funções, deverão:

* Artigo acrescentado pela Lei 12.853/2013 (*DOU* 15.08.2013), em vigor após decorridos 120 (cento e vinte) dias de sua publicação oficial.

I – dar publicidade e transparência, por meio de sítios eletrônicos próprios, às formas de cálculo e critérios de cobrança, discriminando, dentre outras informações, o tipo de usuário, tempo e lugar de utilização, bem como os critérios de distribuição dos valores dos direitos autorais arrecadados, incluídas as planilhas e demais registros de utilização das obras e fonogramas fornecidas pelos usuários, excetuando os valores distribuídos aos titulares individualmente;

II – dar publicidade e transparência, por meio de sítios eletrônicos próprios, aos estatutos, aos regulamentos de arrecadação e distribuição, às atas de suas reuniões deliberativas e aos cadastros das obras e titulares que representam, bem como ao montante arrecadado e distribuído e aos créditos eventualmente arrecadados e não distribuídos, sua origem e o motivo da sua retenção;

III – buscar eficiência operacional, dentre outros meios, pela redução de seus custos administrativos e dos prazos de distribuição dos valores aos titulares de direitos;

IV – oferecer aos titulares de direitos os meios técnicos para que possam acessar o balanço dos seus créditos da forma mais eficiente dentro do estado da técnica;

V – aperfeiçoar seus sistemas para apuração cada vez mais acurada das execuções públicas realizadas e publicar anualmente seus métodos de verificação, amostragem e aferição;

VI – garantir aos associados o acesso às informações referentes às obras sobre as quais sejam titulares de direitos e às execuções aferidas para cada uma delas, abstendo-se de firmar contratos, convênios ou pactos com cláusula de confidencialidade;

VII – garantir ao usuário o acesso às informações referentes às utilizações por ele realizadas.

Parágrafo único. As informações contidas nos incisos I e II devem ser atualizadas periodicamente, em intervalo nunca superior a 6 (seis) meses.

Art. 98-C. As associações de gestão coletiva de direitos autorais deverão prestar contas dos valores devidos, em caráter regular e de modo direto, aos seus associados.

* Artigo acrescentado pela Lei 12.853/2013 (*DOU* 15.08.2013), em vigor após decorridos 120 (cento e vinte) dias de sua publicação oficial.

§ 1º O direito à prestação de contas poderá ser exercido diretamente pelo associado.

§ 2º Se as contas não forem prestadas na forma do § 1º, o pedido do associado poderá ser encaminhado ao Ministério da Cultura que, após sua apreciação, poderá determinar a prestação de contas pela associação, na forma do regulamento.

Art. 99. A arrecadação e distribuição dos direitos relativos à execução pública de obras musicais e literomusicais e de fonogramas será feita por meio das associações de gestão coletiva criadas para este fim por seus titulares, as quais deverão unificar a cobrança em um único escritório central para arrecadação e distribuição, que funcionará como ente arrecadador com personalidade jurídica própria e observará os §§ 1º a 12 do art. 98 e os arts. 98-A, 98-B, 98-C, 99-B, 100, 100-A e 100-B.

* Artigo com redação determinada pela Lei 12.853/2013 (*DOU* 15.08.2013), em vigor após decorridos 120 (cento e vinte) dias de sua publicação oficial.

§ 1º O ente arrecadador organizado na forma prevista no *caput* não terá finalidade de lucro e será dirigido e administrado por meio do voto unitário de cada associação que o integra.

§ 2º O ente arrecadador e as associações a que se refere este Título atuarão em juízo e fora dele em seus próprios nomes como substitutos processuais dos titulares a eles vinculados.

Lei 9.610/1998

§ 3º O recolhimento de quaisquer valores pelo ente arrecadador somente se fará por depósito bancário.

§ 4º A parcela destinada à distribuição aos autores e demais titulares de direitos não poderá, em um ano da data de publicação desta Lei, ser inferior a 77,5% (setenta e sete inteiros e cinco décimos por cento) dos valores arrecadados, aumentando-se tal parcela à razão de 2,5% a.a. (dois inteiros e cinco décimos por cento ao ano), até que, em 4 (quatro) anos da data de publicação desta Lei, ela não seja inferior a 85% (oitenta e cinco por cento) dos valores arrecadados.

§ 5º O ente arrecadador poderá manter fiscais, aos quais é vedado receber do usuário numerário a qualquer título.

§ 6º A inobservância da norma do § 5º tornará o faltoso inabilitado à função de fiscal, sem prejuízo da comunicação do fato ao Ministério Público e da aplicação das sanções civis e penais cabíveis.

§ 7º Cabe ao ente arrecadador e às associações de gestão coletiva zelar pela continuidade da arrecadação e, no caso de perda da habilitação por alguma associação, cabe a ela cooperar para que a transição entre associações seja realizada sem qualquer prejuízo aos titulares, transferindo-se todas as informações necessárias ao processo de arrecadação e distribuição de direitos.

§ 8º Sem prejuízo do disposto no § 3º do art. 98, as associações devem estabelecer e unificar o preço de seus repertórios junto ao ente arrecadador para a sua cobrança, atuando este como mandatário das associações que o integram.

§ 9º O ente arrecadador cobrará do usuário de forma unificada, e se encarregará da devida distribuição da arrecadação às associações, observado o disposto nesta Lei, especialmente os critérios estabelecidos nos §§ 3º e 4º do art. 98.

Art. 99-A. O ente arrecadador de que trata o caput do art. 99 deverá admitir em seus quadros, além das associações que o constituíram, as associações de titulares de direitos autorais que tenham pertinência com sua área de atuação e estejam habilitadas em órgão da Administração Pública Federal na forma do art. 98-A.

- Artigo acrescentado pela Lei 12.853/2013 (*DOU* 15.08.2013), em vigor após decorridos 120 (cento e vinte) dias de sua publicação oficial.

Parágrafo único. As deliberações quanto aos critérios de distribuição dos recursos arrecadados serão tomadas por meio do voto unitário de cada associação que integre o ente arrecadador.

Art. 99-B. As associações referidas neste Título estão sujeitas às regras concorrenciais definidas em legislação específica que trate da prevenção e repressão às infrações contra a ordem econômica.

- Artigo acrescentado pela Lei 12.853/2013 (*DOU* 15.08.2013), em vigor após decorridos 120 (cento e vinte) dias de sua publicação oficial.

Art. 100. O sindicato ou associação profissional que congregue filiados de uma associação de gestão coletiva de direitos autorais poderá, uma vez por ano, às suas expensas, após notificação, com 8 (oito) dias de antecedência, fiscalizar, por intermédio de auditor independente, a exatidão das contas prestadas por essa associação autoral a seus representados.

- Artigo com redação determinada pela Lei 12.853/2013 (*DOU* 15.08.2013), em vigor após decorridos 120 (cento e vinte) dias de sua publicação oficial.

Art. 100-A. Os dirigentes das associações de gestão coletiva de direitos autorais respondem solidariamente, com seus bens particulares, por desvio de finalidade ou quanto ao inadimplemento das obrigações para com os associados, por dolo ou culpa.

- Artigo acrescentado pela Lei 12.853/2013 (*DOU* 15.08.2013), em vigor após decorridos 120 (cento e vinte) dias de sua publicação oficial.

Art. 100-B. Os litígios entre usuários e titulares de direitos autorais ou seus mandatários, em relação à falta de pagamento, aos critérios de cobrança, às formas de oferecimento de repertório e aos valores de arrecadação, e entre titulares e suas associações, em relação aos valores e critérios de distribuição, poderão ser objeto da atuação de órgão da Administração Pública Federal para a resolução de conflitos por meio de mediação ou arbitragem, na forma do regulamento, sem prejuízo da apreciação pelo Poder Judi-

Lei 9.610/1998

ciário e pelos órgãos do Sistema Brasileiro de Defesa da Concorrência, quando cabível.

- Artigo acrescentado pela Lei 12.853/2013 (*DOU* 15.08.2013), em vigor após decorridos 120 (cento e vinte) dias de sua publicação oficial.

TÍTULO VII
DAS SANÇÕES ÀS VIOLAÇÕES DOS DIREITOS AUTORAIS

Capítulo I
DISPOSIÇÃO PRELIMINAR

Art. 101. As sanções civis de que trata este Capítulo aplicam-se sem prejuízo das penas cabíveis.

- V. arts. 184 e 186, CP.
- V. arts. 524 a 530-I, CPP.

Capítulo II
DAS SANÇÕES CIVIS

Art. 102. O titular cuja obra seja fraudulentamente reproduzida, divulgada ou de qualquer forma utilizada, poderá requerer a apreensão dos exemplares reproduzidos ou a suspensão da divulgação, sem prejuízo da indenização cabível.

Art. 103. Quem editar obra literária, artística ou científica, sem autorização do titular, perderá para este os exemplares que se apreenderem e pagar-lhe-á o preço dos que tiver vendido.

- V. art. 107.

Parágrafo único. Não se conhecendo o número de exemplares que constituem a edição fraudulenta, pagará o transgressor o valor de três mil exemplares, além dos apreendidos.

Art. 104. Quem vender, expuser a venda, ocultar, adquirir, distribuir, tiver em depósito ou utilizar obra ou fonograma reproduzidos com fraude, com a finalidade de vender, obter ganho, vantagem, proveito, lucro direto ou indireto, para si ou para outrem, será solidariamente responsável com o contrafator, nos termos dos artigos precedentes, respondendo como contrafatores o importador e o distribuidor em caso de reprodução no exterior.

- V. arts. 265 e 280, CC.

Art. 105. A transmissão e a retransmissão, por qualquer meio ou processo, e a comunicação ao público de obras artísticas, literárias e científicas, de interpretações e de fonogramas, realizadas mediante violação aos direitos de seus titulares, deverão ser imediatamente suspensas ou interrompidas pela autoridade judicial competente, sem prejuízo da multa diária pelo descumprimento e das demais indenizações cabíveis, independentemente das sanções penais aplicáveis; caso se comprove que o infrator é reincidente na violação aos direitos dos titulares de direitos de autor e conexos, o valor da multa poderá ser aumentado até o dobro.

Art. 106. A sentença condenatória poderá determinar a destruição de todos os exemplares ilícitos, bem como as matrizes, moldes, negativos e demais elementos utilizados para praticar o ilícito civil, assim como a perda de máquinas, equipamentos e insumos destinados a tal fim ou, servindo eles unicamente para o fim ilícito, sua destruição.

Art. 107. Independentemente da perda dos equipamentos utilizados, responderá por perdas e danos, nunca inferiores ao valor que resultaria da aplicação do disposto no art. 103 e seu parágrafo único, quem:

- V. arts. 402 a 404, CC.

I – alterar, suprimir, modificar ou inutilizar, de qualquer maneira, dispositivos técnicos introduzidos nos exemplares das obras e produções protegidas para evitar ou restringir sua cópia;

II – alterar, suprimir ou inutilizar, de qualquer maneira, os sinais codificados destinados a restringir a comunicação ao público de obras, produções ou emissões protegidas ou a evitar a sua cópia;

III – suprimir ou alterar, sem autorização, qualquer informação sobre a gestão de direitos;

IV – distribuir, importar para distribuição, emitir, comunicar ou puser à disposição do público, sem autorização, obras, interpretações ou execuções, exemplares de interpretações fixadas em fonogramas e emissões, sabendo que a informação sobre a gestão de direitos, sinais codificados e dispositivos técnicos foram suprimidos ou alterados sem autorização.

Lei 9.610/1998

Art. 108. Quem, na utilização, por qualquer modalidade, de obra intelectual, deixar de indicar ou de anunciar, como tal, o nome, pseudônimo ou sinal convencional do autor e do intérprete, além de responder por danos morais, está obrigado a divulgar-lhes a identidade da seguinte forma:

- V. art. 5º, X, CF.

I – tratando-se de empresa de radiodifusão, no mesmo horário em que tiver ocorrido a infração, por 3 (três) dias consecutivos;

II – tratando-se de publicação gráfica ou fonográfica, mediante inclusão de errata nos exemplares ainda não distribuídos, sem prejuízo de comunicação, com destaque, por três vezes consecutivas em jornal de grande circulação, dos domicílios do autor, do intérprete e do editor ou produtor;

III – tratando-se de outra forma de utilização, por intermédio da imprensa, na forma a que se refere o inciso anterior.

Art. 109. A execução pública feita em desacordo com os arts. 68, 97, 98 e 99 desta Lei sujeitará os responsáveis a multa de vinte vezes o valor que deveria ser originariamente pago.

Art. 109-A. A falta de prestação ou a prestação de informações falsas no cumprimento do disposto no § 6º do art. 68 e no § 9º do art. 98 sujeitará os responsáveis, por determinação da autoridade competente e nos termos do regulamento desta Lei, a multa de 10 (dez) a 30% (trinta por cento) do valor que deveria ser originariamente pago, sem prejuízo das perdas e danos.

- Artigo acrescentado pela Lei 12.853/2013 (*DOU* 15.08.2013), em vigor após decorridos 120 (cento e vinte) dias de sua publicação oficial.

Parágrafo único. Aplicam-se as regras da legislação civil quanto ao inadimplemento das obrigações no caso de descumprimento, pelos usuários, dos seus deveres legais e contratuais junto às associações referidas neste Título.

Art. 110. Pela violação de direitos autorais nos espetáculos e audições públicas, realizados nos locais ou estabelecimentos a que alude o art. 68, seus proprietários, diretores, gerentes, empresários e arrendatários respondem solidariamente com os organizadores dos espetáculos.

- V. arts. 264 a 266 e 275 a 285, CC.

Capítulo III
DA PRESCRIÇÃO DA AÇÃO

Art. 111. *(Vetado).*

TÍTULO VIII
DISPOSIÇÕES FINAIS E TRANSITÓRIAS

Art. 112. Se uma obra, em consequência de ter expirado o prazo de proteção que lhe era anteriormente reconhecido pelo § 2º do art. 42 da Lei 5.988, de 14 de dezembro de 1973, caiu no domínio público, não terá o prazo de proteção dos direitos patrimoniais ampliado por força do art. 41 desta Lei.

Art. 113. Os fonogramas, os livros e as obras audiovisuais sujeitar-se-ão a selos ou sinais de identificação sob a responsabilidade do produtor, distribuidor ou importador, sem ônus para o consumidor, com o fim de atestar o cumprimento das normas legais vigentes, conforme dispuser o regulamento.

- V. art. 5º, 2, Dec. 75.699/1975 (Convenção de Berna).

Art. 114. Esta Lei entra em vigor 120 (cento e vinte) dias após sua publicação.

Art. 115. Ficam revogados os arts. 649 a 673 e 1.346 a 1.362 do Código Civil e as Leis 4.944, de 6 de abril de 1966; 5.988, de 14 de dezembro de 1973, excetuando-se o art. 17 e seus §§ 1º e 2º; 6.800, de 25 de junho de 1980; 7.123, de 12 de setembro de 1983; 9.045, de 18 de maio de 1995, e demais disposições em contrário, mantidos em vigor as Leis 6.533, de 24 de maio de 1978, e 6.615, de 16 de dezembro de 1978.

- Refere-se ao CC/1916.

Brasília, 19 de fevereiro de 1998; 177º da Independência e 110º da República.

Fernando Henrique Cardoso

(*DOU* 20.02.1998)

Portaria SDE 4/1998

LEGISLAÇÃO

PORTARIA 4,
DE 13 DE MARÇO DE 1998, DA SECRETARIA DE DIREITO ECONÔMICO – SDE

O Secretário de Direito do Ministério da Justiça, no uso de suas atribuições legais,
Considerando o disposto no art. 56 do Decreto 2.181, de 20 de março de 1997. E com o objetivo de orientar o Sistema Nacional de Defesa do Consumidor, notadamente para o fim de aplicação do disposto no inciso IV do art. 22 deste Decreto;
Considerando que o elenco de Cláusulas Abusivas relativas ao fornecimento de produtos e serviços, constantes do art. 51 da Lei 8.078, de 11 de setembro de 1990, é de tipo aberto, exemplificativo, permitindo, desta forma, a sua complementação; e
Considerando, ainda, que decisões terminativas do diversos Procons e Ministérios Públicos, pacificam como abusivas as cláusulas a seguir enumeradas, resolve:
Divulgar, em aditamento ao elenco do art. 51 da Lei 8.078/90, e do art. 22 do Decreto 2.181/97, as seguintes cláusulas que, dentre outras, são nulas de pleno direito:
1. estabeleçam prazos de carência na prestação ou fornecimento de serviços, em caso de impontualidade das prestações ou mensalidades;
2. imponham, em caso de impontualidade, interrupção de serviço essencial, sem aviso prévio;
3. não restabeleçam integralmente os direitos do consumidor a partir da purgação da mora;
4. impeçam o consumidor de se beneficiar do evento, constante de termo de garantia contratual, que lhe seja mais favorável;
5. estabeleçam a perda total ou desproporcionada das prestações pagas pelo consumidor, em benefício do credor, que, em razão de desistência ou inadimplemento, pleitear a resilição ou resolução do contrato, ressalvada a cobrança judicial de perdas e danos comprovadamente sofridos;
6. estabeleçam sanções em caso de atraso ou descumprimento da obrigação somente em desfavor do consumidor;
7. estabeleçam cumulativamente a cobrança de comissão de permanência e correção monetária;
8. elejam foro para dirimir conflitos decorrentes de relações de consumo diverso daquele onde reside o consumidor;
9. *(Revogado pela Portaria SDE 17/2004.)*
10. impeçam, restrinjam ou afastem a aplicação das normas do código de defesa do consumidor nos conflitos decorrentes de contratos de transporte aéreo;
11. atribuam ao fornecedor o poder de escolha entre múltiplos índices de reajuste, entre os admitidos legalmente;
12. permitam ao fornecedor emitir títulos de créditos em branco ou livremente circuláveis por meio de endosso na representação de toda e qualquer obrigação assumida pelo consumidor;
13. estabeleçam a devolução de prestações pagas, sem que os valores sejam corrigidos monetariamente;
14. imponham limite ao tempo de internação hospitalar, que não o prescrito pelo médico.
Ruy Coutinho do Nascimento

(*DOU* 16.03.1998)

LEI 9.636,
DE 15 DE MAIO DE 1998

Dispõe sobre a regularização, administração, aforamento e alienação de bens imóveis de domínio da União, altera dispositivos dos Decretos-leis 9.760, de 5 de setembro de 1946, e 2.398, de 21 de dezembro de 1987, regulamenta o § 2º do art. 49 do Ato das Disposições Constitucionais Transitórias, e dá outras providências.

• V. Dec. 3.725/2001 (Regulamenta a Lei 9.636/1998).

O Presidente da República:
Faço saber que o Congresso Nacional decreta e eu sanciono a seguinte Lei:

Capítulo I
DA REGULARIZAÇÃO E UTILIZAÇÃO ORDENADA

Art. 1º É o Poder Executivo autorizado, por intermédio da Secretaria do Patrimônio da União do Ministério do Planejamento, Orçamento e Gestão, a executar ações de identificação, demarcação, cadastramento, registro e fiscalização dos bens imóveis da União, bem como a regularização das ocu-

Lei 9.636/1998

pações nesses imóveis, inclusive de assentamentos informais de baixa renda, podendo, para tanto, firmar convênios com os Estados, Distrito Federal e Municípios em cujos territórios se localizem e, observados os procedimentos licitatórios previstos em lei, celebrar contratos com a iniciativa privada.

- Artigo com redação determinada pela Lei 11.481/2007.
- V. art. 11, § 3º.

Art. 2º Concluído, na forma da legislação vigente, o processo de identificação e demarcação das terras de domínio da União, a SPU lavrará, em livro próprio, com força de escritura pública, o termo competente, incorporando a área ao patrimônio da União.

Parágrafo único. O termo a que se refere este artigo, mediante certidão de inteiro teor, acompanhado de plantas e outros documentos técnicos que permitam a correta caracterização do imóvel, será registrado no Cartório de Registro de Imóveis competente.

Art. 3º A regularização dos imóveis de que trata esta Lei, junto aos órgãos municipais e aos Cartórios de Registro de Imóveis, será promovida pela SPU e pela Procuradoria-Geral da Fazenda Nacional – PGFN, com o concurso, sempre que necessário, da Caixa Econômica Federal – CEF.

Parágrafo único. Os órgãos públicos federais, estaduais e municipais e os Cartórios de Registro de Imóveis darão preferência ao atendimento dos serviços de regularização de que trata este artigo.

Art. 3º-A. Caberá ao Poder Executivo organizar e manter sistema unificado de informações sobre os bens de que trata esta Lei, que conterá, além de outras informações relativas a cada imóvel:

- Artigo acrescentado pela Lei 11.481/2007.

I – a localização e a área;
II – a respectiva matrícula no registro de imóveis competente;
III – o tipo de uso;
IV – a indicação da pessoa física ou jurídica à qual, por qualquer instrumento, o imóvel tenha sido destinado; e
V – o valor atualizado, se disponível.

Parágrafo único. As informações do sistema de que trata o *caput* deste artigo deverão ser disponibilizadas na internet, sem prejuízo de outras formas de divulgação.

Seção I
Da celebração de convênios e contratos

Art. 4º Os Estados, Municípios e a iniciativa privada, a juízo e a critério do Ministério da Fazenda, observadas as instruções que expedir sobre a matéria, poderão ser habilitados, mediante convênios ou contratos a serem celebrados com a SPU, para executar a identificação, demarcação, cadastramento e fiscalização de áreas do patrimônio da União, assim como o planejamento e a execução do parcelamento e da urbanização de áreas vagas, com base em projetos elaborados na forma da legislação pertinente.

- V. arts. 5º e 11, § 3º.
- V. IN SPU 2/2010 (Fiscalização dos imóveis da União).

§ 1º Na elaboração e execução dos projetos de que trata este artigo, serão sempre respeitados a preservação e o livre acesso às praias marítimas, fluviais e lacustres e a outras áreas de uso comum do povo.

§ 2º Como retribuição pelas obrigações assumidas, os Estados, Municípios e a iniciativa privada farão jus a parte das receitas provenientes da:
I – arrecadação anual das taxas de ocupação e foros, propiciadas pelos trabalhos que tenham executado;
II – venda do domínio útil ou pleno dos lotes resultantes dos projetos urbanísticos por eles executados.

- V. art. 45.

§ 3º A participação nas receitas de que trata o parágrafo anterior será ajustada nos respectivos convênios ou contratos, observados os limites previstos em regulamento e as instruções a serem baixadas pelo Ministro de Estado da Fazenda, que considerarão a complexidade, o volume e o custo dos trabalhos de identificação, demarcação, cadastramento, recadastramento e fiscalização das áreas vagas existentes, bem como de elaboração e execução dos projetos de parcelamento e urbanização e, ainda, o valor de mercado dos imóveis na região e, quando for o caso, a densidade de ocupação local.

§ 4º A participação dos Estados e Municípios nas receitas de que tratam os incisos I e II poderá ser realizada mediante repasse de recursos financeiros.

• V. art. 45.

§ 5º Na contratação, por intermédio da iniciativa privada, da elaboração e execução dos projetos urbanísticos de que trata este artigo, observados os procedimentos licitatórios previstos em lei, quando os serviços contratados envolverem, também, a cobrança e o recebimento das receitas deles decorrentes, poderá ser admitida a dedução prévia, pela contratada, da participação acordada.

Art. 5º A demarcação de terras, o cadastramento e os loteamentos, realizados com base no disposto no art. 4º, somente terão validade depois de homologados pela SPU.

Seção II
Do cadastramento

• Rubrica da seção II com redação determinada pela Lei 11.481/2007.

Art. 6º Para fins do disposto no art. 1º desta Lei, as terras da União deverão ser cadastradas, nos termos do regulamento.

• Artigo com redação determinada pela Lei 11.481/2007.

§ 1º Nas áreas urbanas, em imóveis possuídos por população carente ou de baixa renda para sua moradia, onde não for possível individualizar as posses, poderá ser feita a demarcação da área a ser regularizada, cadastrando-se o assentamento, para posterior outorga de título de forma individual ou coletiva.

§ 2º *(Revogado pela Lei 11.481/2007.)*

§ 3º *(Revogado pela Lei 11.481/2007.)*

§ 4º *(Revogado pela Lei 11.481/2007.)*

Art. 6º-A. No caso de cadastramento de ocupações para fins de moradia cujo ocupante seja considerado carente ou de baixa renda, na forma do § 2º do art. 1º do Decreto-lei 1.876, de 15 de julho de 1981, a União poderá proceder à regularização fundiária da área, utilizando, entre outros, os instrumentos previstos no art. 18, no inciso VI do art. 19 e nos arts. 22-A e 31 desta Lei.

• Artigo acrescentado pela Lei 11.481/2007.

Seção II-A
Da inscrição da ocupação

• Seção II-A acrescentada pela Lei 11.481/2007.

Art. 7º A inscrição de ocupação, a cargo da Secretaria do Patrimônio da União, é ato administrativo precário, resolúvel a qualquer tempo, que pressupõe o efetivo aproveitamento do terreno pelo ocupante, nos termos do regulamento, outorgada pela administração depois de analisada a conveniência e oportunidade, e gera obrigação de pagamento anual da taxa de ocupação.

• Artigo com redação determinada pela Lei 11.481/2007.

§ 1º É vedada a inscrição de ocupação sem a comprovação do efetivo aproveitamento de que trata o *caput* deste artigo.

§ 2º A comprovação do efetivo aproveitamento será dispensada nos casos de assentamentos informais definidos pelo Município como área ou zona especial de interesse social, nos termos do seu plano diretor ou outro instrumento legal que garanta a função social da área, exceto na faixa de fronteira ou quando se tratar de imóveis que estejam sob a administração do Ministério da Defesa e dos Comandos da Marinha, do Exército e da Aeronáutica.

§ 3º A inscrição de ocupação de imóvel dominial da União, a pedido ou de ofício, será formalizada por meio de ato da autoridade local da Secretaria do Patrimônio da União em processo administrativo específico.

§ 4º Será inscrito o ocupante do imóvel, tornando-se este o responsável no cadastro dos bens dominiais da União, para efeito de administração e cobrança de receitas patrimoniais.

§ 5º As ocupações anteriores à inscrição, sempre que identificadas, serão anotadas no cadastro a que se refere o § 4º.

• § 5º com redação determinada pela Lei 13.139/2015 (*DOU* 29.06.2015), em vigor após decorridos 120 (cento e vinte) dias de sua publicação oficial.

§ 6º Os créditos originados em receitas patrimoniais decorrentes da ocupação de imóvel da União serão lançados após concluído o processo administrativo correspondente, observadas a decadência e a inexigibilidade previstas no art. 47 desta Lei.

Lei 9.636/1998

LEGISLAÇÃO

§ 7º Para efeito de regularização das ocupações ocorridas até 27 de abril de 2006 nos registros cadastrais da Secretaria do Patrimônio da União, as transferências de posse na cadeia sucessória do imóvel serão anotadas no cadastro dos bens dominiais da União para o fim de cobrança de receitas patrimoniais dos respectivos responsáveis, não dependendo do prévio recolhimento do laudêmio.

Art. 8º Na realização do cadastramento ou recadastramento de ocupantes, serão observados os procedimentos previstos no art. 128 do Decreto-lei 9.760, de 5 de setembro de 1946, com as alterações desta Lei.

Art. 9º É vedada a inscrição de ocupações que:

I – ocorreram após 10 de junho de 2014;

- Inciso I com redação determinada pela Lei 13.139/2015 (*DOU* 29.06.2015), em vigor após decorridos 120 (cento e vinte) dias de sua publicação oficial.

II – estejam concorrendo ou tenham concorrido para comprometer a integridade das áreas de uso comum do povo, de segurança nacional, de preservação ambiental ou necessárias à preservação dos ecossistemas naturais e de implantação de programas ou ações de regularização fundiária de interesse social ou habitacionais das reservas indígenas, das áreas ocupadas por comunidades remanescentes de quilombos, das vias federais de comunicação e das áreas reservadas para construção de hidrelétricas ou congêneres, ressalvados os casos especiais autorizados na forma da lei.

- Inciso II com redação determinada pela Lei 11.481/2007.

Art. 10. Constatada a existência de posses ou ocupações em desacordo com o disposto nesta Lei, a União deverá imitir-se sumariamente na posse do imóvel, cancelando-se as inscrições eventualmente realizadas.

Parágrafo único. Até a efetiva desocupação, será devida à União indenização pela posse ou ocupação ilícita, correspondente a 10% (dez por cento) do valor atualizado do domínio pleno do terreno, por ano ou fração de ano em que a União tenha ficado privada da posse ou ocupação do imóvel, sem prejuízo das demais sanções cabíveis.

Seção III
Da fiscalização e conservação

Art. 11. Caberá à SPU a incumbência de fiscalizar e zelar para que sejam mantidas a destinação e o interesse público, o uso e a integridade física dos imóveis pertencentes ao patrimônio da União, podendo, para tanto, por intermédio de seus técnicos credenciados, embargar serviços e obras, aplicar multas e demais sanções previstas em lei e, ainda, requisitar força policial federal e solicitar o necessário auxílio de força pública estadual.

§ 1º Para fins do disposto neste artigo, quando necessário, a SPU poderá, na forma do regulamento, solicitar a cooperação de força militar federal.

§ 2º A incumbência de que trata o presente artigo não implicará prejuízo para:

I – as obrigações e responsabilidades previstas nos arts. 70 e 79, § 2º, do Decreto-lei 9.760, de 1946;

II – as atribuições dos demais órgãos federais, com área de atuação direta ou indiretamente relacionada, nos termos da legislação vigente, com o patrimônio da União.

§ 3º As obrigações e prerrogativas previstas neste artigo poderão ser repassadas, no que couber, às entidades conveniadas ou contratadas na forma dos arts. 1º e 4º.

§ 4º Constitui obrigação do Poder Público federal, estadual e municipal, observada a legislação específica vigente, zelar pela manutenção das áreas de preservação ambiental, das necessárias à proteção dos ecossistemas naturais e de uso comum do povo, independentemente da celebração de convênio para esse fim.

Seção IV
Do aforamento

Art. 12. Observadas as condições previstas no § 1º do art. 23 e resguardadas as situações previstas no inciso I do art. 5º do Decreto-lei 2.398, de 1987, os imóveis dominiais da União, situados em zonas sujeitas ao regime enfitêutico, poderão ser aforados, mediante leilão ou concorrência pública, respeitado, como preço mínimo, o valor de mercado do respectivo domínio útil, estabelecido em avaliação de precisão, realizada, especificamente para esse fim, pela SPU ou, sempre

Lei 9.636/1998

LEGISLAÇÃO

que necessário, pela Caixa Econômica Federal, com validade de 6 (seis) meses a contar da data de sua publicação.
- V. art. 29.

§ 1º Na impossibilidade, devidamente justificada, de realização de avaliação de precisão, será admitida a avaliação expedita.

§ 2º Para realização das avaliações de que trata este artigo, a SPU e a CEF poderão contratar serviços especializados de terceiros, devendo os respectivos laudos, para os fins previstos nesta Lei, ser homologados por quem os tenha contratado, quanto à observância das normas técnicas pertinentes.

§ 3º Não serão objeto de aforamento os imóveis que:
- § 3º com redação determinada pela Lei 13.139/2015 (DOU 29.06.2015), em vigor após decorridos 120 (cento e vinte) dias de sua publicação oficial.

I – por sua natureza e em razão de norma especial, são ou venham a ser considerados indisponíveis e inalienáveis; e

II – são considerados de interesse do serviço público, mediante ato do Secretário do Patrimônio da União do Ministério do Planejamento, Orçamento e Gestão.

Art. 13. Na concessão do aforamento, será dada preferência a quem, comprovadamente, em 10 de junho de 2014, já ocupava o imóvel há mais de 1 (um) ano e esteja, até a data da formalização do contrato de alienação do domínio útil, regularmente inscrito como ocupante e em dia com suas obrigações perante a Secretaria do Patrimônio da União do Ministério do Planejamento, Orçamento e Gestão.
- *Caput* com redação determinada pela Lei 13.139/2015 (DOU 29.06.2015), em vigor após decorridos 120 (cento e vinte) dias de sua publicação oficial.
- V. arts. 15 a 17, 25 e 29.

§ 1º Previamente à publicação do edital de licitação, dar-se-á conhecimento do preço mínimo para venda do domínio útil ao titular da preferência de que trata este artigo, que poderá adquiri-lo por esse valor, devendo, para este fim, sob pena de decadência, manifestar o seu interesse na aquisição e apresentar a documentação exigida em lei na forma e nos prazos previstos em regulamento e, ainda, celebrar o contrato de aforamento de que trata o art. 14 no prazo de 6 (seis) meses, a contar da data da notificação.

§ 2º O prazo para celebração do contrato de que trata o parágrafo anterior poderá ser prorrogado, a pedido do interessado e observadas as condições previstas em regulamento, por mais 6 (seis) meses, situação em que, havendo variação significativa no mercado imobiliário local, será feita nova avaliação, correndo os custos de sua realização por conta do respectivo ocupante.

§ 3º A notificação de que trata o § 1º será feita por edital publicado no *Diário Oficial da União* e, sempre que possível, por carta registrada a ser enviada ao ocupante do imóvel que se encontre inscrito na SPU.

§ 4º O edital especificará o nome do ocupante, a localização do imóvel e a respectiva área, o valor de avaliação, bem como o local e horário de atendimento aos interessados.

§ 5º *(Revogado pela Lei 13.139/2015 – DOU 29.06.2015, em vigor após decorridos 120 (cento e vinte) dias de sua publicação oficial.)*

Art. 14. O domínio útil, quando adquirido mediante o exercício da preferência de que tratam os arts. 13 e 17, § 3º, poderá ser pago:
- V. arts. 29 e 34.

I – à vista, no ato da assinatura do contrato de aforamento;

II – a prazo, mediante pagamento, no ato da assinatura do contrato de aforamento, de entrada mínima de 10% (dez por cento) do preço, a título de sinal e princípio de pagamento, e do saldo em até 120 prestações mensais e consecutivas, devidamente atualizadas, observando-se, neste caso, que o término do parcelamento não poderá ultrapassar a data em que o adquirente completar 80 (oitenta) anos de idade.

Parágrafo único. As vendas a prazo serão formalizadas mediante contrato de compra e venda em que estarão previstas, entre outras, as condições de que trata o art. 27.

Art. 15. A Secretaria do Patrimônio da União do Ministério do Planejamento, Orçamento e Gestão promoverá, mediante licita-

Lei 9.636/1998

ção, o aforamento dos terrenos de domínio da União situados em zonas sujeitas ao regime enfitêutico que estiverem vagos ou ocupados há até 1 (um) ano em 10 de junho de 2014, bem como daqueles cujos ocupantes não tenham exercido a preferência ou a opção de que tratam os arts. 13 e 17 desta Lei e o inciso I do *caput* do art. 5º do Decreto-Lei 2.398, de 21 de dezembro de 1987.

- *Caput* com redação determinada pela Lei 13.139/2015 (*DOU* 29.06.2015), em vigor após decorridos 120 (cento e vinte) dias de sua publicação oficial.
- V. art. 29.

§ 1º O domínio pleno das benfeitorias incorporadas ao imóvel, independentemente de quem as tenha realizado, será também objeto de alienação.

§ 2º Os ocupantes com até 1 (um) ano de ocupação em 10 de junho de 2014 que continuem ocupando o imóvel e estejam regularmente inscritos e em dia com suas obrigações perante a Secretaria do Patrimônio da União do Ministério do Planejamento, Orçamento e Gestão na data da realização da licitação poderão adquirir o domínio útil do imóvel, em caráter preferencial, pelo preço, abstraído o valor correspondente às benfeitorias por eles realizadas, e nas mesmas condições oferecidas pelo vencedor da licitação, desde que manifestem seu interesse no ato do pregão ou no prazo de 48 (quarenta e oito) horas, contado da publicação do resultado do julgamento da concorrência.

- § 2º com redação determinada pela Lei 13.139/2015 (*DOU* 29.06.2015), em vigor após decorridos 120 (cento e vinte) dias de sua publicação oficial.
- V. art. 16.

§ 3º O edital de licitação especificará, com base na proporção existente entre os valores apurados no laudo de avaliação, o percentual a ser subtraído da proposta ou do lance vencedor, correspondente às benfeitorias realizadas pelo ocupante, caso este exerça a preferência de que trata o parágrafo anterior.

§ 4º Ocorrendo a venda, na forma deste artigo, do domínio útil do imóvel a terceiros, será repassado ao ocupante, exclusivamente neste caso, o valor correspondente às benfeitorias por ele realizadas calculado com base no percentual apurado na forma do parágrafo anterior, sendo vedada a extensão deste benefício a outros casos, mesmo que semelhantes.

§ 5º O repasse de que trata o parágrafo anterior será realizado nas mesmas condições de pagamento, pelo adquirente, do preço do domínio útil.

§ 6º Caso o domínio útil do imóvel não seja vendido no primeiro certame, serão promovidas, após a reintegração sumária da União na posse do imóvel, novas licitações, nas quais não será dada nenhuma preferência ao ocupante.

§ 7º Os ocupantes que não exercerem, conforme o caso, as preferências de que tratam os arts. 13 e 15, § 2º, e a opção de que trata o art. 17, nos termos e condições previstos nesta Lei e em seu regulamento, terão o prazo de 60 (sessenta) dias para desocupar o imóvel, findo o qual ficarão sujeitos ao pagamento de indenização pela ocupação ilícita, correspondente a 10% (dez por cento) do valor atualizado do domínio pleno do terreno, por ano ou fração de ano, até que a União seja reintegrada na posse do imóvel.

Art. 16. Constatado, no processo de habilitação, que os adquirentes prestaram declaração falsa sobre prerrequisitos necessários ao exercício da preferência de que tratam os arts. 13, 15, § 2º, e 17, § 3º, desta Lei, e o inciso I do art. 5º do Dec.-lei 2.398, de 1987, os respectivos contratos de aforamento serão nulos de pleno direito, sem prejuízo das sanções penais aplicáveis, independentemente de notificação judicial ou extrajudicial, retornando automaticamente o imóvel ao domínio pleno da União e perdendo os compradores o valor correspondente aos pagamentos eventualmente já efetuados.

- V. art. 29.

Seção V
Dos direitos dos ocupantes regularmente inscritos até 5 de outubro de 1988

Art. 17. Os ocupantes regularmente inscritos até 5 de outubro de 1988, que não exercerem a preferência de que trata o art. 13, terão os seus direitos e obrigações assegurados mediante a celebração de contratos de cessão de uso onerosa, por prazo indeterminado.

• V. art. 15.

§ 1º A opção pela celebração do contrato de cessão de que trata este artigo deverá ser manifestada e formalizada, sob pena de decadência, observando-se os mesmos prazos previstos no art. 13, para exercício da preferência ao aforamento.

§ 2º Havendo interesse do serviço público, a União poderá, a qualquer tempo, revogar o contrato de cessão e reintegrar-se na posse do imóvel, após o decurso do prazo de 90 (noventa) dias da notificação administrativa que para esse fim expedir, em cada caso, não sendo reconhecidos ao cessionário quaisquer direitos sobre o terreno ou a indenização por benfeitorias realizadas.

§ 3º A qualquer tempo, durante a vigência do contrato de cessão, poderá o cessionário pleitear novamente a preferência à aquisição, exceto na hipótese de haver sido declarado o interesse do serviço público, na forma do art. 5º do Dec.-lei 2.398, de 1987.

• V. arts. 14, 16 e 29.

Seção VI
Da cessão

Art. 18. A critério do Poder Executivo poderão ser cedidos, gratuitamente ou em condições especiais, sob qualquer dos regimes previstos no Dec.-lei 9.760, de 1946, imóveis da União a:

• V. arts. 22, § 2º, e 42.

I – Estados, Distrito Federal, Municípios e entidades sem fins lucrativos das áreas de educação, cultura, assistência social ou saúde;

• Inciso I com redação determinada pela Lei 11.481/2007.

II – pessoas físicas ou jurídicas, em se tratando de interesse público ou social ou de aproveitamento econômico de interesse nacional.

• Inciso II com redação determinada pela Lei 11.481/2007.

§ 1º A cessão de que trata este artigo poderá ser realizada, ainda, sob o regime de concessão de direito real de uso resolúvel, previsto no art. 7º do Decreto-lei 271, de 28 de fevereiro de 1967, aplicando-se, inclusive, em terrenos de marinha e acrescidos, dispensando-se o procedimento licitatório para associações e cooperativas que se enquadrem no inciso II do *caput* deste artigo.

• § 1º com redação determinada pela Lei 11.481/2007.

§ 2º O espaço aéreo sobre bens públicos, o espaço físico em águas públicas, as áreas de álveo de lagos, rios e quaisquer correntes d'água, de vazantes, da plataforma continental e de outros bens de domínio da União, insusceptíveis de transferência de direitos reais a terceiros, poderão ser objeto de cessão de uso, nos termos deste artigo, observadas as prescrições legais vigentes.

§ 3º A cessão será autorizada em ato do Presidente da República e se formalizará mediante termo ou contrato, do qual constarão expressamente as condições estabelecidas, entre as quais a finalidade da sua realização e o prazo para seu cumprimento, e tornar-se-á nula, independentemente de ato especial, se ao imóvel, no todo ou em parte, vier a ser dada aplicação diversa da prevista no ato autorizativo e consequente termo ou contrato.

§ 4º A competência para autorizar a cessão de que trata este artigo poderá ser delegada ao Ministro de Estado da Fazenda, permitida a subdelegação.

§ 5º A cessão, quando destinada à execução de empreendimento de fim lucrativo, será onerosa e, sempre que houver condições de competitividade, deverão ser observados os procedimentos licitatórios previstos em lei.

§ 6º Fica dispensada de licitação a cessão prevista no *caput* deste artigo relativa a:

• § 6º acrescentado pela Lei 11.481/2007.

I – bens imóveis residenciais construídos, destinados ou efetivamente utilizados no âmbito de programas de provisão habitacional ou de regularização fundiária de interesse social desenvolvidos por órgãos ou entidades da administração pública;

II – bens imóveis de uso comercial de âmbito local com área de até 250 m² (duzentos e cinquenta metros quadrados), inseridos no âmbito de programas de regularização fundiária de interesse social desenvolvidos por órgãos ou entidades da administração pública e cuja ocupação se tenha consolidado até 27 de abril de 2006.

§ 7º Além das hipóteses previstas nos incisos I e II do *caput* e no § 2º deste artigo, o espa-

Lei 9.636/1998

ço aéreo sobre bens públicos, o espaço físico em águas públicas, as áreas de álveo de lagos, rios e quaisquer correntes d'água, de vazantes e de outros bens do domínio da União, contíguos a imóveis da União afetados ao regime de aforamento ou ocupação, poderão ser objeto de cessão de uso.

• § 7º acrescentado pela Lei 12.058/2009.

Art. 19. O ato autorizativo da cessão de que trata o artigo anterior poderá:
I – permitir a alienação do domínio útil ou de direitos reais de uso de frações do terreno cedido mediante regime competente, com a finalidade de obter recursos para execução dos objetivos da cessão, inclusive para construção de edificações que pertencerão, no todo ou em parte, ao cessionário;
II – permitir a hipoteca do domínio útil ou de direitos reais de uso de frações do terreno cedido, mediante regime competente, e de benfeitorias eventualmente aderidas, com as finalidades referidas no inciso anterior;
III – permitir a locação ou o arrendamento de partes do imóvel cedido e benfeitorias eventualmente aderidas, desnecessárias ao uso imediato do cessionário;

• V. art. 40, V.

IV – isentar o cessionário do pagamento de foro, enquanto o domínio útil do terreno fizer parte do seu patrimônio, e de laudêmios, nas transferências de domínio útil de que trata este artigo;
V – conceder prazo de carência para início de pagamento das retribuições devidas, quando:
a) for necessária a viabilização econômico-financeira do empreendimento;
b) houver interesse em incentivar atividade pouco ou ainda não desenvolvida no País ou em alguma de suas regiões; ou
c) for necessário ao desenvolvimento de microempresas, cooperativas e associações de pequenos produtores e de outros segmentos da economia brasileira que precisem ser incrementados.
VI – permitir a cessão gratuita de direitos enfitêuticos relativos a frações de terrenos cedidos quando se tratar de regularização fundiária ou provisão habitacional para famílias carentes ou de baixa renda.

• Inciso VI acrescentado pela Lei 11.481/2007.

Art. 20. Não será considerada utilização em fim diferente do previsto no termo de entrega, a que se refere o § 2º do art. 79 do Decreto-lei 9.760, de 1946, a cessão de uso a terceiros, a título gratuito ou oneroso de áreas para exercício de atividade de apoio, definidas em regulamento, necessárias ao desempenho da atividade do órgão a que o imóvel foi entregue.

• V. art. 40, IV.

Parágrafo único. A cessão de que trata este artigo será formalizada pelo chefe da repartição, estabelecimento ou serviço público federal a que tenha sido entregue o imóvel, desde que aprovada sua realização pelo Secretário-Geral da Presidência da República, respectivos Ministros de Estado ou autoridades com competência equivalente nos Poderes Legislativo ou Judiciário, conforme for o caso, e que tenham sido observadas as condições previstas no regulamento e os procedimentos licitatórios previstos em lei.

Art. 21. Quando o projeto envolver investimentos cujo retorno, justificadamente, não possa ocorrer dentro do prazo máximo de 20 (vinte) anos, a cessão sob o regime de arrendamento poderá ser realizada por prazo superior, observando-se, nesse caso, como prazo de vigência, o tempo seguramente necessário à viabilização econômico-financeira do empreendimento, não ultrapassando o período da possível renovação.

• Artigo com redação determinada pela Lei 11.314/2006.

Seção VII
Da permissão de uso

Art. 22. A utilização, a título precário, de áreas de domínio da União para a realização de eventos de curta duração, de natureza recreativa, esportiva, cultural, religiosa ou educacional, poderá ser autorizada, na forma do regulamento, sob o regime de permissão de uso, em ato do Secretário do Patrimônio da União, publicado no *Diário Oficial da União*.

§ 1º A competência para autorizar a permissão de uso de que trata este artigo poderá ser delegada aos titulares das Delegacias do Patrimônio da União nos Estados.

Lei 9.636/1998

§ 2º Em áreas específicas, devidamente identificadas, a competência para autorizar a permissão de uso poderá ser repassada aos Estados e Municípios, devendo, para tal fim, as áreas envolvidas lhes serem cedidas sob o regime de cessão de uso, na forma do art. 18.

Seção VIII
Da concessão de uso especial para fins de moradia

* Seção VIII acrescentada pela Lei 11.481/2007.

Art. 22-A. A concessão de uso especial para fins de moradia aplica-se às áreas de propriedade da União, inclusive aos terrenos de marinha e acrescidos, e será conferida aos possuidores ou ocupantes que preencham os requisitos legais estabelecidos na Medida Provisória 2.220, de 4 de setembro de 2001.

* Artigo acrescentado pela Lei 11.481/2007.

§ 1º O direito de que trata o *caput* deste artigo não se aplica a imóveis funcionais.

§ 2º Os imóveis sob administração do Ministério da Defesa ou dos Comandos da Marinha, do Exército e da Aeronáutica são considerados de interesse da defesa nacional para efeito do disposto no inciso III do *caput* do art. 5º da Medida Provisória 2.220, de 4 de setembro de 2001, sem prejuízo do estabelecido no § 1º deste artigo.

Capítulo II
DA ALIENAÇÃO

Art. 23. A alienação de bens imóveis da União dependerá de autorização, mediante ato do Presidente da República, e será sempre precedida de parecer da SPU quanto à sua oportunidade e conveniência.

* V. arts. 30 e 31.

§ 1º A alienação ocorrerá quando não houver interesse público, econômico ou social em manter o imóvel no domínio da União, nem inconveniência quanto à preservação ambiental e à defesa nacional, no desaparecimento do vínculo de propriedade.

* V. art. 12.

§ 2º A competência para autorizar a alienação poderá ser delegada ao Ministro de Estado da Fazenda, permitida a subdelegação.

Seção I
Da venda

Art. 24. A venda de bens imóveis da União será feita mediante concorrência ou leilão público, observadas as seguintes condições:

I – na venda por leilão público, a publicação do edital observará as mesmas disposições legais aplicáveis à concorrência pública;

II – os licitantes apresentarão propostas ou lances distintos para cada imóvel;

III – *(Revogado pela Lei 13.240/2015.)*

IV – no caso de leilão público, o arrematante pagará, no ato do pregão, sinal correspondente a, no mínimo, 10% (dez por cento) do valor da arrematação, complementando o preço no prazo e nas condições previstas no edital, sob pena de perder, em favor da União, o valor correspondente ao sinal e, em favor do leiloeiro, se for o caso, a respectiva comissão;

V – o leilão público será realizado por leiloeiro oficial ou por servidor especialmente designado;

VI – quando o leilão público for realizado por leiloeiro oficial, a respectiva comissão será, na forma do regulamento, de até 5% (cinco por cento) do valor da arrematação e será paga pelo arrematante, juntamente com o sinal;

VII – o preço mínimo de venda será fixado com base no valor de mercado do imóvel, estabelecido em avaliação de precisão feita pela SPU, cuja validade será de doze meses;

* Inciso VII com redação determinada pela Lei 13.240/2015.

VIII – demais condições previstas no regulamento e no edital de licitação.

§ 1º Na impossibilidade, devidamente justificada, de realização de avaliação de precisão, será admitida avaliação expedita.

§ 2º Para realização das avaliações de que trata o inciso VII, é dispensada a homologação dos serviços técnicos de engenharia realizados pela Caixa Econômica Federal.

* § 2º com redação determinada pela Lei 13.240/2015.

Lei 9.636/1998

LEGISLAÇÃO

§ 3º Poderá adquirir o imóvel, em condições de igualdade com o vencedor da licitação, o cessionário de direito real ou pessoal, o locatário ou o arrendatário que esteja em dia com suas obrigações junto à SPU, bem como o expropriado.

§ 4º A venda, em qualquer das modalidades previstas neste artigo, poderá ser parcelada, mediante pagamento de sinal correspondente a, no mínimo, 10% (dez por cento) do valor de aquisição e o restante em até 48 prestações mensais e consecutivas, observadas as condições previstas nos arts. 27 e 28.

§ 5º Em se tratando de remição devidamente autorizada na forma do art. 123 do Decreto-lei 9.760, de 5 de setembro de 1946, o respectivo montante poderá ser parcelado, mediante pagamento de sinal correspondente a, no mínimo, 10% (dez por cento) do valor de aquisição, e o restante em até 120 prestações mensais e consecutivas, observadas as condições previstas nos arts. 27 e 28.

* § 5º acrescentado pela Lei 9.821/1999.

Art. 25. A preferência de que trata o art. 13, exceto com relação aos imóveis sujeitos aos regimes dos arts. 80 a 85 do Dec.-lei 9.760, de 1946, e da Lei 8.025, de 12 de abril de 1990, poderá, a critério da Administração, ser estendida, na aquisição do domínio útil ou pleno de imóveis residenciais de propriedade da União, que venham a ser colocados à venda, àqueles que, em 15 de fevereiro de 1997, já os ocupavam, na qualidade de locatários, independentemente do tempo de locação, observadas, no que couber, as demais condições estabelecidas para os ocupantes.

Parágrafo único. A preferência de que trata este artigo poderá, ainda, ser estendida àquele que, atendendo as demais condições previstas neste artigo, esteja regularmente cadastrado como locatário, independentemente da existência de contrato locativo.

Art. 26. Em se tratando de projeto de caráter social para fins de moradia, a venda do domínio pleno ou útil observará os critérios de habilitação e renda familiar fixados em regulamento, podendo o pagamento ser efetivado mediante um sinal de, no mínimo, 5% (cinco por cento) do valor da avaliação,

permitido o seu parcelamento em até duas vezes e do saldo em até 300 (trezentas) prestações mensais e consecutivas, observando-se, como mínimo, a quantia correspondente a 30% (trinta por cento) do valor do salário mínimo vigente.

* Artigo com redação determinada pela Lei 11.481/2007.
* V. arts. 28 e 31, § 3º.

§ 1º *(Revogado pela Lei 11.481/2007.)*
§ 2º *(Revogado pela Lei 11.481/2007.)*
§ 3º Nas vendas de que trata este artigo, aplicar-se-ão, no que couber, as condições previstas no art. 27 desta Lei, não sendo exigido, a critério da administração, o pagamento de prêmio mensal de seguro nos projetos de assentamento de famílias carentes ou de baixa renda.

Art. 27. As vendas a prazo serão formalizadas mediante contrato de compra e venda ou promessa de compra e venda em que estarão previstas, dentre outras, as seguintes condições:

* V. arts. 24, § 4º, 28 e 34.

I – garantia, mediante hipoteca do domínio pleno ou útil, em primeiro grau e sem concorrência, quando for o caso;
II – *(Revogado pela Lei 13.240/2015.)*
III – atualização mensal do saldo devedor e das prestações de amortização e juros e dos prêmios de seguros, no dia do mês correspondente ao da assinatura do contrato, com base no coeficiente de atualização aplicável ao depósito em caderneta de poupança com aniversário na mesma data;
IV – pagamento de prêmio mensal de seguro contra morte e invalidez permanente e, quando for o caso, contra danos físicos ao imóvel;

* V. art. 34, § 3º.

V – na amortização ou quitação antecipada da dívida, o saldo devedor será atualizado, *pro rata die*, com base no último índice de atualização mensal aplicado ao contrato, no período compreendido entre a data do último reajuste do saldo devedor e o dia do evento;
VI – ocorrendo impontualidade na satisfação de qualquer obrigação de pagamento, a quantia devida corresponderá ao valor da obrigação, em moeda corrente nacional, atualizado pelo índice de remuneração bá-

Lei 9.636/1998

sica dos depósitos de poupança com aniversário no primeiro dia de cada mês, desde a data do vencimento até a do efetivo pagamento, acrescido de multa de mora de 2% (dois por cento), bem como de juros de 0,033% (trinta e três milésimos por cento) por dia de atraso ou fração;

VII – a falta de pagamento de três prestações importará o vencimento antecipado da dívida e a imediata execução do contrato;

VIII – obrigação de serem pagos, pelo adquirente, taxas, emolumentos e despesas referentes à venda.

Parágrafo único. Os contratos de compra e venda de que trata este artigo deverão prever, ainda, a possibilidade, a critério da Administração, da atualização da prestação ser realizada em periodicidade superior à prevista no inciso III, mediante recálculo do seu valor com base no saldo devedor à época existente.

Art. 28. O término dos parcelamentos de quem tratam os arts. 24, §§ 4º e 5º, 26, *caput*, e 27 não poderá ultrapassar a data em que o adquirente completar 80 (oitenta) anos de idade e o valor de cada parcela não poderá ser inferior a um salário mínimo, resguardado o disposto no art. 26.

- Artigo com redação determinada pela Lei 9.821/1999.

Art. 29. As condições de que tratam os arts. 12 a 16 e 17, § 3º, poderão, a critério da Administração, ser aplicadas, no que couber, na venda do domínio pleno de imóveis de propriedade da União situados em zonas não submetidas ao regime enfitêutico.

§ 1º Sem prejuízo do disposto no *caput* deste artigo, no caso de venda do domínio pleno de imóveis, os ocupantes de boa-fé de áreas da União para fins de moradia não abrangidos pelo disposto no inciso I do § 6º do art. 18 desta Lei poderão ter preferência na aquisição dos imóveis por eles ocupados, nas mesmas condições oferecidas pelo vencedor da licitação, observada a legislação urbanística local e outras disposições legais pertinentes.

- § 1º acrescentado pela Lei 11.481/2007.

§ 2º A preferência de que trata o § 1º deste artigo aplica-se aos imóveis ocupados até 27 de abril de 2006, exigindo-se que o ocupante:

- § 2º acrescentado pela Lei 11.481/2007.

I – esteja regularmente inscrito e em dia com suas obrigações para com a Secretaria do Patrimônio da União;

II – ocupe continuamente o imóvel até a data da publicação do edital de licitação.

Seção II
Da permuta

Art. 30. Poderá ser autorizada, na forma do art. 23, a permuta de imóveis de qualquer natureza, de propriedade da União, por imóveis edificados ou não, ou por edificações a construir.

- V. art. 39.

§ 1º Os imóveis permutados com base neste artigo não poderão ser utilizados para fins residenciais funcionais, exceto nos casos de residências de caráter obrigatório, de que tratam os arts. 80 a 85 do Decreto-lei 9.760, de 1946.

§ 2º Na permuta, sempre que houver condições de competitividade, deverão ser observados os procedimentos licitatórios previstos em lei.

Seção III
Da doação

Art. 31. Mediante ato do Poder Executivo e a seu critério, poderá ser autorizada a doação de bens imóveis de domínio da União, observado o disposto no art. 23 desta Lei, a:

- *Caput* com redação determinada pela Lei 11.481/2007.

I – Estados, Distrito Federal, Municípios, fundações públicas e autarquias públicas federais, estaduais e municipais;

- Inciso I com redação determinada pela Lei 11.481/2007.

II – empresas públicas federais, estaduais e municipais;

- Inciso II com redação determinada pela Lei 11.481/2007.

III – fundos públicos e fundos privados dos quais a União seja cotista, nas transferências destinadas à realização de programas de

Lei 9.636/1998

provisão habitacional ou de regularização fundiária de interesse social;

- Inciso III com redação determinada pela Lei 12.693/2012.

IV – sociedades de economia mista voltadas à execução de programas de provisão habitacional ou de regularização fundiária de interesse social; ou

- Inciso IV com redação determinada pela Lei 11.481/2007.

V – beneficiários, pessoas físicas ou jurídicas, de programas de provisão habitacional ou de regularização fundiária de interesse social desenvolvidos por órgãos ou entidades da administração pública, para cuja execução seja efetivada a doação.

- Inciso V com redação determinada pela Lei 11.481/2007.

§ 1º No ato autorizativo e no respectivo termo constarão a finalidade da doação e o prazo para seu cumprimento.

§ 2º O encargo de que trata o parágrafo anterior será permanente e resolutivo, revertendo automaticamente o imóvel à propriedade da União, independentemente de qualquer indenização por benfeitorias realizadas, se:

I – não for cumprida, dentro do prazo, a finalidade da doação;

II – cessarem as razões que justificaram a doação; ou

III – ao imóvel, no todo ou em parte, vier a ser dada aplicação diversa da prevista.

§ 3º Nas hipóteses de que tratam os incisos I a IV do *caput* deste artigo, é vedada ao beneficiário a possibilidade de alienar o imóvel recebido em doação, exceto quando a finalidade da execução, por parte do donatário, de projeto de assentamento de famílias carentes ou de baixa renda, na forma do art. 26 desta Lei, e desde que, no caso de alienação onerosa, o produto da venda seja destinado à instalação de infraestrutura, equipamentos básicos ou de outras melhorias necessárias ao desenvolvimento do projeto.

- § 3º com redação determinada pela Lei 11.481/2007.

§ 4º Na hipótese de que trata o inciso V do *caput* deste artigo:

- § 4º acrescentado pela Lei 11.481/2007.

I – não se aplica o disposto no § 2º deste artigo para o beneficiário pessoa física, devendo o contrato dispor sobre eventuais encargos e conter cláusula de inalienabilidade por um período de 5 (cinco) anos; e

II – a pessoa jurídica que receber o imóvel em doação só poderá utilizá-lo no âmbito do respectivo programa habitacional ou de regularização fundiária e deverá observar, nos contratos com os beneficiários finais, o requisito de inalienabilidade previsto no inciso I deste parágrafo.

§ 5º Nas hipóteses de que tratam os incisos III a V do *caput* deste artigo, o beneficiário final pessoa física deve atender aos seguintes requisitos:

- § 5º acrescentado pela Lei 11.481/2007.

I – possuir renda familiar mensal não superior a 5 (cinco) salários mínimos;

II – não ser proprietário de outro imóvel urbano ou rural.

Capítulo III
DAS DISPOSIÇÕES FINAIS

[...]

Art. 34. A Caixa Econômica Federal representará a União na celebração dos contratos de que tratam os arts. 14 e 27, cabendo-lhe, ainda, administrá-los no tocante à venda do domínio útil ou pleno, efetuando a cobrança e o recebimento do produto da venda.

§ 1º Os contratos celebrados pela Caixa Econômica Federal, mediante instrumento particular, terão força de escritura pública.

§ 2º Em se tratando de aforamento, as obrigações enfitêuticas, inclusive a cobrança e o recebimento de foros e laudêmios, continuarão a ser administradas pela SPU.

§ 3º O seguro de que trata o inciso IV do art. 27 será realizado por intermédio de seguradora a ser providenciada pela Caixa Econômica Federal.

Art. 35. A Caixa Econômica Federal fará jus a parte da taxa de juros, equivalente a 3,15% (três inteiros e quinze centésimos por cento) ao ano nas vendas a prazo de que trata o artigo anterior, como retribuição pelos serviços prestados à União, de que dispõe esta Lei.

- V. art. 45.

Lei 9.636/1998

Art. 36. Nas vendas de que trata esta Lei, quando realizadas mediante licitação, os adquirentes poderão, a critério da Administração, utilizar, para pagamento à vista do domínio útil ou pleno de imóveis de propriedade da União, créditos securitizados ou títulos da dívida pública de emissão do Tesouro Nacional.

Art. 37. Fica instituído o Programa de Administração Patrimonial Imobiliária da União – Proap, destinado, segundo as possibilidades e as prioridades definidas pela administração pública federal:

• *Caput* com redação determinada pela Lei 13.240/2015.

I – à adequação dos imóveis de uso especial aos critérios de:
a) acessibilidade das pessoas com deficiência ou com mobilidade reduzida;
b) sustentabilidade;
c) baixo impacto ambiental;
d) eficiência energética;
e) redução de gastos com manutenção;
f) qualidade e eficiência das edificações;
II – à ampliação e à qualificação do cadastro dos bens imóveis da União;
III – à aquisição, à reforma, ao restauro e à construção de imóveis;
IV – ao incentivo à regularização e à fiscalização dos imóveis públicos federais e ao incremento das receitas patrimoniais;
V – ao desenvolvimento de recursos humanos visando à qualificação da gestão patrimonial;
VI – à modernização e à informatização dos métodos e processos inerentes à gestão patrimonial dos imóveis públicos federais;
VII – à regularização fundiária.

Parágrafo único. Comporão o fundo instituído pelo Decreto-lei 1.437, de 17 de dezembro de 1975, e integrarão subconta especial destinada a atender às despesas com o Programa instituído neste artigo, que será gerida pelo Secretário do Patrimônio da União, as receitas patrimoniais decorrentes de:
I – multas; e
II – parcela do produto das alienações de que trata esta Lei, nos percentuais adiante indicados, observado o limite de R$ 25.000.000,00 (vinte e cinco milhões de reais) ao ano:

• Inciso II com redação determinada pela Lei 9.821/1999.

a) 20% (vinte por cento), nos anos 1998 e 1999;
b) 15% (quinze por cento), no ano 2000;
c) 10% (dez por cento), no ano 2001;
d) 5% (cinco por cento), nos anos 2002 e 2003.

• V. art. 45.

Art. 38. No desenvolvimento do Proap, a SPU priorizará ações no sentido de desobrigar-se de tarefas operacionais, recorrendo, sempre que possível, à execução indireta, mediante convênio com outros órgãos públicos, federais, estaduais e municipais e contrato com a iniciativa privada, ressalvadas as atividades típicas de Estado e resguardados os ditames do interesse público e as conveniências da segurança nacional.

• V. art. 40.

Art. 39. As disposições previstas no art. 30 aplicam-se, no que couber, às entidades da Administração Pública Federal indireta, inclusive às autarquias e fundações públicas e às sociedades sob controle direto ou indireto da União.

Parágrafo único. A permuta que venha a ser realizada com base no disposto neste artigo deverá ser previamente autorizada pelo conselho de administração, ou órgão colegiado equivalente, das entidades de que trata o *caput*, ou ainda, na inexistência destes ou de respectiva autorização, pelo Ministro de Estado a cuja Pasta se vinculem, dispensando-se autorização legislativa para a correspondente alienação.

• Parágrafo único acrescentado pela Lei 9.821/1999.

Art. 40. Será de competência exclusiva da SPU, observado o disposto no art. 38 e sem prejuízo das competências da Procuradoria-Geral da Fazenda Nacional, previstas no Decreto-lei 147, de 3 de fevereiro de 1967, a realização de aforamentos, concessões de direito real de uso, locações, arrendamentos, entregas e cessões a qualquer título, de imóveis de propriedade da União, exceto nos seguintes casos:

Lei 9.636/1998

LEGISLAÇÃO

I – cessões, locações e arrendamentos especialmente autorizados nos termos de entrega, observadas as condições fixadas em regulamento;

II – locações de imóveis residenciais de caráter obrigatório, de que tratam os arts. 80 a 85 do Decreto-lei 9.760, de 1946;

III – locações de imóveis residenciais sob o regime da Lei 8.025, de 1990;

IV – cessões de que trata o art. 20; e

V – as locações e arrendamentos autorizados nos termos do inciso III do art. 19.

Art. 41. Será observado como valor mínimo para efeito de aluguel, arrendamento, cessão de uso onerosa, foro e taxa de ocupação, aquele correspondente ao custo de processamento da respectiva cobrança.

Art. 42. Serão reservadas, na forma do regulamento, áreas necessárias à gestão ambiental, à implantação de projetos demonstrativos de uso sustentável dos recursos naturais e dos ecossistemas costeiros, de compensação por impactos ambientais, relacionados com instalações portuárias, marinas, complexos navais e outros complexos náuticos, desenvolvimento do turismo, de atividades pesqueiras, da aquicultura, da exploração de petróleo e gás natural, de recursos hídricos e minerais, aproveitamento de energia hidráulica e outros empreendimentos considerados de interesse nacional.

Parágrafo único. Quando o empreendimento necessariamente envolver áreas originariamente de uso comum do povo, poderá ser autorizada a utilização dessas áreas, mediante cessão de uso na forma do art. 18, condicionada, quando for o caso, à apresentação do Estudo de Impacto Ambiental e respectivo relatório, devidamente aprovados pelos órgãos competentes, observadas as demais disposições legais pertinentes.

Art. 43. Nos aterros realizados até 15 de fevereiro de 1997, sem prévia autorização, a aplicação das penalidades de que tratam os incisos I e II do art. 6º do Decreto-lei 2.398, de 1987, com a redação dada por esta Lei, será suspensa a partir do mês seguinte ao da sua aplicação, desde que o interessado solicite, junto ao Ministério da Fazenda, a regularização e a compra à vista do domínio útil do terreno acrescido, acompanhado do comprovante de recolhimento das multas até então incidentes, cessando a suspensão 30 (trinta) dias após a ciência do eventual indeferimento.

Parágrafo único. O deferimento do pleito dependerá da prévia audiência dos órgãos técnicos envolvidos.

Art. 44. As condições previstas nesta Lei aplicar-se-ão às ocupações existentes nas terras de propriedade da União situadas na Área de Proteção Ambiental – APA da Bacia do Rio São Bartolomeu, no Distrito Federal, que se tornarem passíveis de regularização, após o rezoneamento de que trata a Lei 9.262, de 12 de janeiro de 1996.

Parágrafo único. A alienação dos imóveis residenciais da União, localizados nas Vilas Operárias de Nossa Senhora das Graças e Santa Alice, no Conjunto Residencial Salgado Filho, em Xerém, no Município de Duque de Caxias (RJ), e na Vila Portuária Presidente Dutra, na Rua da América n. 31, no Bairro da Gamboa, no Município do Rio de Janeiro (RJ), observará, também, o disposto nesta Lei.

Art. 45. As receitas líquidas provenientes da alienação de bens imóveis de domínio da União, de que trata esta Lei, deverão ser integralmente utilizadas na amortização da dívida pública de responsabilidade do Tesouro Nacional, sem prejuízo para o disposto no inciso II do § 2º e § 4º do art. 4º, no art. 35 e no inciso II do parágrafo único do art. 37 desta Lei, bem como no inciso VII do *caput* do art. 8º da Lei 11.124, de 16 de junho de 2005.

• Artigo com redação determinada pela Lei 11.481/2007.

Art. 46. O disposto nesta Lei não se aplica à alienação do domínio útil ou pleno dos terrenos interiores de domínio da União, situados em ilhas oceânicas e costeiras de que trata o inciso IV do art. 20 da Constituição Federal, onde existam sedes de municípios, que será disciplinada em lei específica, ressalvados os terrenos de uso especial que vierem a ser desafetados.

Art. 47. O crédito originado de receita patrimonial será submetido aos seguintes prazos:

• *Caput* com redação determinada pela Lei 10.852/2004 (*DOU* 30.03.2004), em vigor na data de sua publicação, aplicando-se aos prazos em curso para constituição de créditos originários de receita patrimonial.

Lei 9.656/1998

LEGISLAÇÃO

I – decadencial de 10 (dez) anos para sua constituição, mediante lançamento; e

II – prescricional de 5 (cinco) anos para sua exigência, contados do lançamento.

§ 1º O prazo de decadência de que trata o *caput* conta-se do instante em que o respectivo crédito poderia ser constituído, a partir do conhecimento por iniciativa da União ou por solicitação do interessado das circunstâncias e fatos que caracterizam a hipótese de incidência da receita patrimonial, ficando limitada a 5 (cinco) anos a cobrança de créditos relativos a período anterior ao conhecimento.

- § 1º com redação determinada pela Lei 9.821/1999.

§ 2º Os débitos cujos créditos foram alcançados pela prescrição serão considerados apenas para o efeito da caracterização da ocorrência de caducidade de que trata o parágrafo único do art. 101 do Decreto-lei 9.760, de 1946, com a redação dada pelo art. 32 desta Lei.

- § 2º com redação determinada pela Lei 9.821/1999.

Art. 48. *(Vetado.)*

Art. 49. O Poder Executivo regulamentará esta Lei no prazo de 90 (noventa) dias, contado da sua publicação.

Art. 50. O Poder Executivo fará publicar no *Diário Oficial da União*, no prazo de 90 (noventa) dias, contado da publicação desta Lei, texto consolidado do Decreto-lei 9.760, de 1946, e legislação superveniente.

Art. 51. Serão convalidados os atos praticados com base na Medida Provisória 1.647-14, de 24 de março de 1998.

Art. 52. Esta Lei entra em vigor na data da sua publicação.

Art. 53. São revogados os arts. 65, 66, 125, 126 e 133, e os itens 5º, 8º, 9º e 10 do art. 105 do Decreto-lei 9.760, de 5 de setembro de 1946, o Decreto-lei 178, de 16 de fevereiro de 1967, o art. 195 do Decreto-lei 200, de 25 de fevereiro de 1967, o art. 4º do Decreto-lei 1.561, de 13 de julho de 1977, a Lei 6.609, de 7 de dezembro de 1978, o art. 90 da Lei 7.450, de 23 de dezembro de 1985, o art. 4º do Decreto-lei 2.398, de 21 de dezembro de 1987, e a Lei 9.253, de 28 de dezembro de 1995.

Brasília, 15 de maio de 1998; 177º da Independência e 110º da República.

Fernando Henrique Cardoso

(*DOU* 18.05.1998)

LEI 9.656, DE 3 DE JUNHO DE 1998

Dispõe sobre os planos e seguros privados de assistência à saúde.

O Presidente da República:

Faço saber que o Congresso Nacional decreta e eu sanciono a seguinte Lei:

Art. 1º Submetem-se às disposições desta Lei as pessoas jurídicas de direito privado que operam planos de assistência à saúde, sem prejuízo do cumprimento da legislação específica que rege a sua atividade, adotando-se, para fins de aplicação das normas aqui estabelecidas, as seguintes definições:

- Artigo com redação determinada pela MP 2.177-44/2001.

I – Plano Privado de Assistência à Saúde: prestação continuada de serviços ou cobertura de custos assistenciais a preço pré ou pós estabelecido, por prazo indeterminado, com a finalidade de garantir, sem limite financeiro, a assistência à saúde, pela faculdade de acesso e atendimento por profissionais ou serviços de saúde, livremente escolhidos, integrantes ou não de rede credenciada, contratada ou referenciada, visando a assistência médica, hospitalar e odontológica, a ser paga integral ou parcialmente às expensas da operadora contratada, mediante reembolso ou pagamento direto ao prestador, por conta e ordem do consumidor;

- V. Res. Normativa ANS 279/2011 (Regulamenta os arts. 30 e 31 da Lei 9.656/1998).

II – Operadora de Plano de Assistência à Saúde: pessoa jurídica constituída sob a modalidade de sociedade civil ou comercial, cooperativa, ou entidade de autogestão, que opere produto, serviço ou contrato de que trata o inciso I deste artigo;

III – Carteira: o conjunto de contratos de cobertura de custos assistenciais ou de serviços de assistência à saúde em qualquer das modalidades de que tratam o inciso I e o § 1º

Lei 9.656/1998

LEGISLAÇÃO

deste artigo, com todos os direitos e obrigações nele contidos.

§ 1º Está subordinada às normas e à fiscalização da Agência Nacional de Saúde Suplementar – ANS qualquer modalidade de produto, serviço e contrato que apresente, além da garantia de cobertura financeira de riscos de assistência médica, hospitalar e odontológica, outras características que o diferencie de atividade exclusivamente financeira, tais como:

* V. Res. Normativa ANS 279/2011 (Regulamenta os arts. 30 e 31 da Lei 9.656/1998).

a) custeio de despesas;

b) oferecimento de rede credenciada ou referenciada;

c) reembolso de despesas;

d) mecanismos de regulação;

e) qualquer restrição contratual, técnica ou operacional para a cobertura de procedimentos solicitados por prestador escolhido pelo consumidor; e

f) vinculação de cobertura financeira à aplicação de conceitos ou critérios médico-assistenciais.

§ 2º Incluem-se na abrangência desta Lei as cooperativas que operem os produtos de que tratam o inciso I e o § 1º deste artigo, bem assim as entidades ou empresas que mantêm sistemas de assistência à saúde, pela modalidade de autogestão ou de administração.

§ 3º As pessoas físicas ou jurídicas residentes ou domiciliadas no exterior podem constituir ou participar do capital, ou do aumento do capital, de pessoas jurídicas de direito privado constituídas sob as leis brasileiras para operar planos privados de assistência à saúde.

§ 4º É vedada às pessoas físicas a operação dos produtos de que tratam o inciso I e o § 1º deste artigo.

Art. 2º Para o cumprimento das obrigações constantes do contrato, as pessoas jurídicas de que trata esta Lei poderão:

* Artigo com eficácia suspensa por força da MP 2.177-44/2001.

I – nos planos privados de assistência à saúde, manter serviços próprios, contratar ou credenciar pessoas físicas ou jurídicas legalmente habilitadas e reembolsar o beneficiário das despesas decorrentes de eventos cobertos pelo plano;

II – nos seguros privados de assistência à saúde, reembolsar o segurado ou, ainda, pagar por ordem e conta deste, diretamente aos prestadores, livremente escolhidos pelo segurado, as despesas advindas de eventos cobertos, nos limites da apólice.

Parágrafo único. Nos seguros privados de assistência à saúde, e sem que isso implique o desvirtuamento do princípio da livre escolha dos segurados, as sociedades seguradoras podem apresentar relação de prestadores de serviços de assistência à saúde.

Art. 3º Sem prejuízo das atribuições previstas na legislação vigente e observadas, no que couber, as disposições expressas nas Leis 8.078, de 11 de setembro de 1990, e 8.080, de 19 de setembro de 1990, compete ao Conselho Nacional de Seguros Privados – CNSP ouvido, obrigatoriamente, o órgão instituído nos termos do art. 6º desta Lei, ressalvado o disposto no inciso VIII, regulamentar os planos privados de assistência à saúde, e em particular dispor sobre:

* Artigo com eficácia suspensa por força da MP 2.177-44/2001.

I – a constituição, organização, funcionamento e fiscalização das operadoras de planos privados de assistência à saúde;

II – as condições técnicas aplicáveis às operadoras de planos privados de assistência à saúde, de acordo com as suas peculiaridades;

III – as características gerais dos instrumentos contratuais utilizados na atividade das operadoras de planos privados de assistência à saúde;

IV – as normas de contabilidade, atuariais e estatísticas, a serem observadas pelas operadoras de planos privados de assistência à saúde;

V – o capital e o patrimônio líquido das operadoras de planos privados de assistência à saúde, assim como a forma de sua subscrição e realização quando se tratar de sociedade anônima de capital;

VI – os limites técnicos das operações relacionadas com planos privados de assistência à saúde;

VII – os critérios de constituição de garantias de manutenção do equilíbrio econômico-financeiro, consistentes em bens, móveis ou

Lei 9.656/1998

imóveis, ou fundos especiais ou seguros garantidores, a serem observados pelas operadoras de planos privados de assistência à saúde;

VIII – a direção fiscal, a liquidação extrajudicial e os procedimentos de recuperação financeira.

Parágrafo único. A regulamentação prevista neste artigo obedecerá às características específicas da operadora, mormente no que concerne à natureza jurídica de seus atos constitutivos.

Art. 4º O art. 33 do Decreto-lei 73, de 21 de novembro de 1966, alterado pela Lei 8.127, de 20 de dezembro de 1990, passa a vigorar com a seguinte redação:

- Artigo com eficácia suspensa por força da MP 2.177-44/2001.

"Art. 33. O Conselho Nacional de Seguros Privados – CNSP será integrado pelos seguintes membros:

"I – Ministro de Estado da Fazenda, ou seu representante legal;

"II – Ministro de Estado da Saúde, ou seu representante legal;

"III – Ministro de Estado da Justiça, ou seu representante legal;

"IV – Ministro de Estado da Previdência e Assistência Social, ou seu representante legal;

"V – Presidente do Banco Central do Brasil, ou seu representante legal;

"VI – Superintendente da Superintendência de Seguros Privados – SUSEP, ou seu representante legal;

"VII – Presidente do Instituto de Resseguros do Brasil – IRB, ou seu representante legal.

"§ 1º O Conselho será presidido pelo Ministro de Estado da Fazenda e, na sua ausência, pelo Superintendente da SUSEP.

"§ 2º O CNSP terá seu funcionamento regulado em regimento interno."

Art. 5º Compete à Superintendência de Seguros Privados SUSEP, de acordo com as diretrizes e resoluções do CNSP, sem prejuízo das atribuições previstas na legislação em vigor:

- Artigo com eficácia suspensa por força da MP 2.177-44/2001.

I – autorizar os pedidos de constituição, funcionamento, cisão, fusão, incorporação, alteração ou transferência do controle societário das operadoras de planos privados de assistência à saúde;

II – fiscalizar as atividades das operadoras de planos privados de assistência à saúde e zelar pelo cumprimento das normas atinentes ao funcionamento dos planos privados de saúde;

III – aplicar as penalidades cabíveis às operadoras de planos privados de assistência à saúde previstas nesta Lei;

IV – estabelecer critérios gerais para o exercício de cargos diretivos das operadoras de planos privados de assistência à saúde, segundo normas definidas pelo CNSP;

V – proceder à liquidação das operadoras que tiverem cassada a autorização para funcionar no País;

VI – promover a alienação da carteira de planos ou seguros das operadoras.

§ 1º A SUSEP contará, em sua estrutura organizacional, com setor específico para o tratamento das questões concernentes às operadoras referidas no art. 1º.

§ 2º A SUSEP ouvirá o Ministério da Saúde para a apreciação de questões concernentes às coberturas, aos aspectos sanitários e epidemiológicos relativos à prestação de serviços médicos e hospitalares.

Art. 6º É criada a Câmara de Saúde Suplementar como órgão do Conselho Nacional de Seguros Privados – CNSP, com competência privativa para se pronunciar acerca das matérias de sua audiência obrigatória, previstas no art. 3º, bem como propor a expedição de normas sobre:

- Artigo com eficácia suspensa por força da MP 2.177-44/2001.

I – regulamentação das atividades das operadoras de planos e seguros privados de assistência à saúde;

II – fixação de condições mínimas dos contratos relativos a planos e seguros privados de assistência à saúde;

III – critérios normativos em relação aos procedimentos de credenciamento e destituição de prestadores de serviço do sistema, visando assegurar o equilíbrio das relações entre os consumidores e os operadores de

Lei 9.656/1998

planos e seguros privados de assistência à saúde;
IV – estabelecimento de mecanismos de garantia, visando preservar a prestação de serviços aos consumidores;
V – o regimento interno da própria Câmara.

Art. 7º A Câmara de Saúde Suplementar é composta dos seguintes membros:

- Artigo com eficácia suspensa por força da MP 2.177-44/2001.

I – Ministro de Estado da Saúde, ou seu representante legal, na qualidade de presidente;
II – Ministro de Estado da Fazenda, ou seu representante legal;
III – Ministro de Estado da Previdência e Assistência Social, ou seu representante legal;
IV – Ministro de Estado do Trabalho, ou seu representante legal;
V – Secretário Executivo do Ministério da Saúde, ou seu representante legal;
VI – Superintendente da Superintendência de Seguros Privados – SUSEP, ou seu representante legal;
VII – Secretário de Direito Econômico do Ministério da Justiça, ou seu representante legal;
VIII – um representante indicado pelo Conselho Nacional de Saúde – CNS, dentre seus membros;
IX – um representante de entidades de defesa do consumidor;
X – um representante de entidades de consumidores de planos e seguros privados de assistência à saúde;
XI – um representante indicado pelos órgãos superiores de classe que representem os estabelecimentos de seguro;
XII – um representante indicado pelos órgãos superiores de classe que representem o segmento de autogestão de assistência à saúde;
XIII – um representante indicado pelos órgãos superiores de classe que representem a medicina de grupo;
XIV – um representante indicado pelas entidades que representem as cooperativas de serviços médicos;
XV – um representante das entidades filantrópicas da área de saúde;
XVI – um representante indicado pelas entidades nacionais de representação da categoria dos médicos;
XVII – um representante indicado pelas entidades nacionais de representação da categoria dos odontólogos;
XVIII – um representante indicado pelos órgãos superiores de classe que representem as empresas de odontologia de grupo;
XIX – um representante do Ministério Público Federal.

§ 1º As deliberações da Câmara dar-se-ão por maioria de votos, presente a maioria absoluta de seus membros, e as proposições aprovadas por 2/3 (dois terços) de seus integrantes exigirão igual *quorum* para serem reformadas, no todo ou em parte, pelo CNSP.

§ 2º Em suas faltas e impedimentos, o presidente da Câmara será substituído pelo Secretário Executivo do Ministério da Saúde.

§ 3º A Câmara, mediante deliberação de seus membros, pode constituir subcomissões consultivas, formadas por representantes dos profissionais e dos estabelecimentos de serviços de saúde, das entidades vinculadas à assistência à saúde ou dos consumidores, conforme dispuser seu regimento interno.

§ 4º Os representantes de que tratam os incisos VIII a XVII serão indicados pelas respectivas entidades e designados pelo Ministro de Estado da Saúde.

§ 5º As matérias definidas no art. 3º e em seus incisos, bem como as de competência da Câmara, têm prazo de 30 (trinta) dias para discussão e votação, após o que poderão ser avocadas pelo CNSP para deliberação final.

Art. 8º Para obter a autorização de funcionamento, as operadoras de planos privados de assistência à saúde devem satisfazer os seguintes requisitos, independentemente de outros que venham a ser determinados pela ANS:

- *Caput* com redação determinada pela MP 2.177-44/2001.

I – registro nos Conselhos Regionais de Medicina e Odontologia, conforme o caso, em cumprimento ao disposto no art. 1º da Lei 6.839, de 30 de outubro de 1980;
II – descrição pormenorizada dos serviços de saúde próprios oferecidos e daqueles a serem prestados por terceiros;
III – descrição de suas instalações e equipamentos destinados à prestação de serviços;
IV – especificação dos recursos humanos qualificados e habilitados, com responsabi-

LEGISLAÇÃO

lidade técnica de acordo com as leis que regem a matéria;
V – demonstração da capacidade de atendimento em razão dos serviços a serem prestados;
VI – demonstração da viabilidade econômico-financeira dos planos privados de assistência à saúde oferecidos, respeitadas as peculiaridades operacionais de cada uma das respectivas operadoras;
VII – especificação da área geográfica coberta pelo plano privado de assistência à saúde.
§ 1º São dispensadas do cumprimento das condições estabelecidas nos incisos VI e VII deste artigo as entidades ou empresas que mantêm sistemas de assistência privada à saúde na modalidade de autogestão, citadas no § 2º do art. 1º.

• § 1º acrescentado pela MP 2.177-44/2001.

§ 2º A autorização de funcionamento será cancelada caso a operadora não comercialize os produtos de que tratam o inciso I e o § 1º do art 1º desta Lei, no prazo máximo de 180 (cento e oitenta) dias a contar do seu registro na ANS.

• § 2º acrescentado pela MP 2.177-44/2001.

§ 3º As operadoras privadas de assistência à saúde poderão voluntariamente requerer autorização para encerramento de suas atividades, observando os seguintes requisitos, independentemente de outros que venham a ser determinados pela ANS:

• § 3º acrescentado pela MP 2.177-44/2001.

a) comprovação da transferência da carteira sem prejuízo para o consumidor, ou a inexistência de beneficiários sob sua responsabilidade;
b) garantia da continuidade da prestação de serviços dos beneficiários internados ou em tratamento;
c) comprovação da quitação de suas obrigações com os prestadores de serviço no âmbito da operação de planos privados de assistência à saúde;
d) informação prévia à ANS, aos beneficiários e aos prestadores de serviço contratados, credenciados ou referenciados, na forma e nos prazos a serem definidos pela ANS.

Art. 9º Após decorridos 120 (cento e vinte) dias de vigência desta Lei, para as operadoras, e 240 (duzentos e quarenta) dias, para as administradoras de planos de assistência à saúde, e até que sejam definidas pela ANS, as normas gerais de registro, as pessoas jurídicas que operam os produtos de que tratam o inciso I e o § 1º do art. 1º desta Lei, e observado o que dispõe o art. 19, só poderão comercializar estes produtos se:

• Artigo com redação determinada pela MP 2.177-44/2001.

I – as operadoras e administradoras estiverem provisoriamente cadastradas na ANS; e
II – os produtos a serem comercializados estiverem registrados na ANS.

§ 1º O descumprimento das formalidades previstas neste artigo, além de configurar infração, constitui agravante na aplicação de penalidades por infração das demais normas previstas nesta Lei.

§ 2º A ANS poderá solicitar informações, determinar alterações e promover a suspensão do todo ou de parte das condições dos planos apresentados.

§ 3º A autorização de comercialização será cancelada caso a operadora não comercialize os planos ou os produtos de que tratam o inciso I e o § 1º do art. 1º desta Lei, no prazo máximo de 180 (cento e oitenta) dias a contar do seu registro na ANS.

§ 4º A ANS poderá determinar a suspensão temporária da comercialização de plano ou produto caso identifique qualquer irregularidade contratual, econômico-financeira ou assistencial.

Art. 10. É instituído o plano-referência de assistência à saúde, com cobertura assistencial médico-ambulatorial e hospitalar, compreendendo partos e tratamentos, realizados exclusivamente no Brasil, com padrão de enfermaria, centro de terapia intensiva, ou similar, quando necessária a internação hospitalar, das doenças listadas na Classificação Estatística Internacional de Doenças e Problemas Relacionados com a Saúde, da Organização Mundial de Saúde, respeitadas as exigências mínimas estabelecidas no art. 12 desta Lei, exceto:

• *Caput* com redação determinada pela MP 2.177-44/2001.

I – tratamento clínico ou cirúrgico experimental;

• Inciso I com redação determinada pela MP 2.177-44/2001.

Lei 9.656/1998

LEGISLAÇÃO

II – procedimentos clínicos ou cirúrgicos para fins estéticos, bem como órteses e próteses para o mesmo fim;
III – inseminação artificial;
IV – tratamento de rejuvenescimento ou de emagrecimento com finalidade estética;
V – fornecimento de medicamentos importados não nacionalizados;
VI – fornecimento de medicamentos para tratamento domiciliar, ressalvado o disposto nas alíneas c do inciso I e g do inciso II do art. 12;

- Inciso VI com redação determinada pela Lei 12.880/2013.

VII – fornecimento de próteses, órteses e seus acessórios não ligados ao ato cirúrgico;

- Inciso VII com redação determinada pela MP 2.177-44/2001.

VIII – procedimentos odontológicos, salvo o conjunto de serviços voltados à prevenção e manutenção básica da saúde dentária, assim compreendidos a pesquisa, o tratamento e a remoção de focos de infecção dentária, profilaxia de cárie dentária, cirurgia e traumatologia bucomaxilar;

- Inciso VIII com eficácia suspensa por força da MP 2.177-44/2001.

IX – tratamentos ilícitos ou antiéticos, assim definidos sob o aspecto médico, ou não reconhecidos pelas autoridades competentes;
X – casos de cataclismos, guerras e comoções internas, quando declarados pela autoridade competente.

§ 1º As exceções constantes dos incisos deste artigo serão objeto de regulamentação pela ANS.

- § 1º com redação determinada pela MP 2.177-44/2001.

§ 2º As pessoas jurídicas que comercializam produtos de que tratam o inciso I e o § 1º do art. 1º desta Lei oferecerão, obrigatoriamente, a partir de 3 de dezembro de 1999, o plano-referência de que trata este artigo a todos os seus atuais e futuros consumidores.

- § 2º com redação determinada pela MP 2.177-44/2001.
- O STF, no julgamento da Medida Cautelar da ADIn 1.931-8 (*DOU* e *DJU* 03.09.2003), "(...) conheceu, em parte, da ação quanto ao pedido de inconstitucionalidade do § 2º do artigo 10 da Lei 9.656/1998, com redação dada pela Medida Provisória 1.908-18/1999, para suspender a eficácia apenas da expressão atuais e (...)".
- A MP 2.177-44/2001, que sucedeu a MP 1.908-18/1999, manteve a redação do § 2º do art. 10, substituindo "empresas" por "pessoas jurídicas" e "definidos no" por "de que tratam o".

§ 3º Excluem-se da obrigatoriedade a que se refere o § 2º deste artigo as pessoas jurídicas que mantêm sistemas de assistência à saúde pela modalidade de autogestão e as pessoas jurídicas que operem exclusivamente planos odontológicos.

- § 3º com redação determinada pela MP 2.177-44/2001.

§ 4º A amplitude das coberturas, inclusive de transplantes e de procedimentos de alta complexidade, será definida por normas editadas pela ANS.

- § 4º com redação determinada pela MP 2.177-44/2001.

Art. 10-A. Cabe às operadoras definidas nos incisos I e II do § 1º do art. 1º desta Lei, por meio de sua rede de unidades conveniadas, prestar serviço de cirurgia plástica reconstrutiva de mama, utilizando-se de todos os meios e técnicas necessárias, para o tratamento de mutilação decorrente de utilização de técnica de tratamento de câncer.

- Artigo acrescentado pela Lei 10.223/2001.

Art. 10-B. Cabe às operadoras dos produtos de que tratam o inciso I e o § 1º do art. 1º, por meio de rede própria, credenciada, contratada ou referenciada, ou mediante reembolso, fornecer bolsas de colostomia, ileostomia e urostomia, sonda vesical de demora e coletor de urina com conector, para uso hospitalar, ambulatorial ou domiciliar, vedada a limitação de prazo, valor máximo e quantidade.

- Artigo acrescentado pela Lei 12.738/2012 (*DOU* 03.12.2012), em vigor após decorridos 180 (cento e oitenta) dias de sua publicação oficial.

Art. 11. É vedada a exclusão de cobertura às doenças e lesões preexistentes à data de contratação dos produtos de que tratam o inciso I e o § 1º do art. 1º desta Lei após 24 (vinte e quatro) meses de vigência do aludido instrumento contratual, cabendo à respectiva operadora o ônus da prova e da demonstração do conhecimento prévio do consumidor ou beneficiário.

Lei 9.656/1998

LEGISLAÇÃO

• Artigo com redação determinada pela MP 2.177-44/2001.

Parágrafo único. É vedada a suspensão da assistência à saúde do consumidor ou beneficiário, titular ou dependente, até a prova de que trata o *caput*, na forma da regulamentação a ser editada pela ANS.

Art. 12. São facultadas a oferta, a contratação e a vigência dos produtos de que tratam o inciso I e o § 1º do art. 1º desta Lei, nas segmentações previstas nos incisos I a IV deste artigo, respeitadas as respectivas amplitudes de cobertura definidas no plano-referência de que trata o art. 10, segundo as seguintes exigências mínimas:

• *Caput* com redação determinada pela MP 2.177-44/2001.

I – quando incluir atendimento ambulatorial:
a) cobertura de consultas médicas, em número ilimitado, em clínicas básicas e especializadas, reconhecidas pelo Conselho Federal de Medicina;
b) cobertura de serviços de apoio diagnóstico, tratamentos e demais procedimentos ambulatoriais, solicitados pelo médico assistente;

• Alínea *b* com redação determinada pela MP 2.177-44/2001.

c) cobertura de tratamentos antineoplásicos domiciliares de uso oral, incluindo medicamentos para o controle de efeitos adversos relacionados ao tratamento e adjuvantes;

• Alínea *c* acrescentada pela Lei 12.880/2013.

II – quando incluir internação hospitalar:
a) cobertura de internações hospitalares, vedada a limitação de prazo, valor máximo e quantidade, em clínicas básicas e especializadas, reconhecidas pelo Conselho Federal de Medicina, admitindo-se a exclusão dos procedimentos obstétricos;

• Alínea *a* com redação determinada pela MP 2.177-44/2001.

b) cobertura de internações hospitalares em centro de terapia intensiva, ou similar, vedada a limitação de prazo, valor máximo e quantidade, a critério do médico assistente;

• Alínea *b* com redação determinada pela MP 2.177-44/2001.

c) cobertura de despesas referentes a honorários médicos, serviços gerais de enfermagem e alimentação;

d) cobertura de exames complementares indispensáveis para o controle da evolução da doença e elucidação diagnóstica, fornecimento de medicamentos, anestésicos, gases medicinais, transfusões e sessões de quimioterapia e radioterapia, conforme prescrição do médico assistente, realizados ou ministrados durante o período de internação hospitalar;

• Alínea *d* com redação determinada pela MP 2.177-44/2001.

e) cobertura de toda e qualquer taxa, incluindo materiais utilizados, assim como da remoção do paciente, comprovadamente necessária, para outro estabelecimento hospitalar, dentro dos limites de abrangência geográfica previstos no contrato, em território brasileiro; e

• Alínea *e* com redação determinada pela MP 2.177-44/2001.

f) cobertura de despesas de acompanhante, no caso de pacientes menores de 18 anos;
g) cobertura para tratamentos antineoplásicos ambulatoriais e domiciliares de uso oral, procedimentos radioterápicos para tratamento de câncer e hemoterapia, na qualidade de procedimentos cuja necessidade esteja relacionada à continuidade da assistência prestada em âmbito de internação hospitalar;

• Alínea *g* acrescentada pela Lei 12.880/2013.

III – quando incluir atendimento obstétrico:
a) cobertura assistencial ao recém-nascido, filho natural ou adotivo do consumidor, ou de seu dependente, durante os primeiros trinta dias após o parto;
b) inscrição assegurada ao recém-nascido, filho natural ou adotivo do consumidor, como dependente, isento do cumprimento dos períodos de carência, desde que a inscrição ocorra no prazo máximo de 30 (trinta) dias do nascimento ou da adoção;

• Alínea *b* com redação determinada pela MP 2.177-44/2001.

IV – quando incluir atendimento odontológico:
a) cobertura de consultas e exames auxiliares ou complementares, solicitados pelo odontólogo assistente;
b) cobertura de procedimentos preventivos, de dentística e endodontia;

Lei 9.656/1998

LEGISLAÇÃO

c) cobertura de cirurgias orais menores, assim consideradas as realizadas em ambiente ambulatorial e sem anestesia geral;

V – quando fixar períodos de carência:

a) prazo máximo de 300 (trezentos) dias para partos a termo;

b) prazo máximo de 180 (cento e oitenta) dias para os demais casos;

c) prazo máximo de 24 (vinte e quatro) horas para a cobertura dos casos de urgência e emergência;

• Alínea c com redação determinada pela MP 2.177-44/2001.

VI – reembolso, em todos os tipos de produtos de que tratam o inciso I e o § 1º do art. 1º desta Lei, nos limites das obrigações contratuais, das despesas efetuadas pelo beneficiário com assistência à saúde, em casos de urgência ou emergência, quando não for possível a utilização dos serviços próprios, contratados, credenciados ou referenciados pelas operadoras, de acordo com a relação de preços de serviços médicos e hospitalares praticados pelo respectivo produto, pagáveis no prazo máximo de 30 (trinta) dias após a entrega da documentação adequada;

• Inciso VI com redação determinada pela MP 2.177-44/2001.

VII – inscrição de filho adotivo, menor de 12 anos de idade, aproveitando os períodos de carência já cumpridos pelo consumidor adotante.

§ 1º Após 120 (cento e vinte) dias da vigência desta Lei, fica proibido o oferecimento de produtos de que tratam o inciso I e o § 1º do art. 1º desta Lei fora das segmentações de que trata este artigo, observadas suas respectivas condições de abrangência e contratação.

• § 1º acrescentado pela MP 2.177-44/2001.

§ 2º A partir de 3 de dezembro de 1999, da documentação relativa à contratação de produtos de que tratam o inciso I e o § 1º do art. 1º desta Lei, nas segmentações de que trata este artigo, deverá constar declaração em separado do consumidor, de que tem conhecimento da existência e disponibilidade do plano-referência, e de que este lhe foi oferecido.

• § 2º acrescentado pela MP 2.177-44/2001.

§ 3º Nas hipóteses previstas no parágrafo anterior, é vedado o estabelecimento de carências superiores a três dias úteis.

• § 3º com eficácia suspensa por força da MP 2.177-44/2001.

§ 4º As coberturas a que se referem as alíneas c do inciso I e g do inciso II deste artigo serão objeto de protocolos clínicos e diretrizes terapêuticas, revisados periodicamente, ouvidas as sociedades médicas de especialistas da área, publicados pela ANS.

• § 4º acrescentado pela Lei 12.880/2013.

§ 5º O fornecimento previsto nas alíneas c do inciso I e g do inciso II deste artigo dar-se-á, por meio de rede própria, credenciada, contratada ou referenciada, diretamente ao paciente ou ao seu representante legal, podendo ser realizado de maneira fracionada por ciclo, observadas as normas estabelecidas pelos órgãos reguladores e de acordo com prescrição médica.

• § 5º acrescentado pela Lei 12.880/2013.

Art. 13. Os contratos de produtos de que tratam o inciso I e o § 1º do art. 1º desta Lei têm renovação automática a partir do vencimento do prazo inicial de vigência, não cabendo a cobrança de taxas ou qualquer outro valor no ato da renovação.

• Artigo com redação determinada pela MP 2.177-44/2001.

Parágrafo único. Os produtos de que trata o caput, contratados individualmente, terão vigência mínima de 1 (um) ano, sendo vedadas:

I – a recontagem de carências;

II – a suspensão ou a rescisão unilateral do contrato, salvo por fraude ou não pagamento da mensalidade por período superior a sessenta dias, consecutivos ou não, nos últimos 12 (doze) meses de vigência do contrato, desde que o consumidor seja comprovadamente notificado até o quinquagésimo dia de inadimplência; e

III – a suspensão ou a rescisão unilateral do contrato, em qualquer hipótese, durante a ocorrência de internação do titular.

Art. 14. Em razão da idade do consumidor, ou da condição de pessoa portadora de deficiência, ninguém pode ser impedido de

Lei 9.656/1998

participar de planos privados de assistência à saúde.

* Artigo com redação determinada pela MP 2.177-44/2001.

Art. 15. A variação das contraprestações pecuniárias estabelecidas nos contratos de produtos de que tratam o inciso I e o § 1º do art. 1º desta Lei, em razão da idade do consumidor, somente poderá ocorrer caso estejam previstas no contrato inicial as faixas etárias e os percentuais de reajustes incidentes em cada uma delas, conforme normas expedidas pela ANS, ressalvado o disposto no art. 35-E.

* Artigo com redação determinada pela MP 2.177-44/2001.

Parágrafo único. É vedada a variação a que alude o *caput* para consumidores com mais de 60 anos de idade, que participarem dos produtos de que tratam o inciso I e o § 1º do art. 1º, ou sucessores, há mais de dez anos.

Art. 16. Dos contratos, regulamentos ou condições gerais dos produtos de que tratam o inciso I e o § 1º do art. 1º desta Lei devem constar dispositivos que indiquem com clareza:

* *Caput* com redação determinada pela MP 2.177-44/2001.

I – as condições de admissão;
II – o início da vigência;
III – os períodos de carência para consultas, internações, procedimentos e exames;
IV – as faixas etárias e os percentuais a que alude o *caput* do art. 15;
V – as condições de perda da qualidade de beneficiário;

* Inciso V com redação determinada pela MP 2.177-44/2001.

VI – os eventos cobertos e excluídos;
VII – o regime, ou tipo de contratação:

* Inciso VII com redação determinada pela MP 2.177-44/2001.

a) individual ou familiar;
b) coletivo empresarial; ou
c) coletivo por adesão;
VIII – a franquia, os limites financeiros ou o percentual de co-participação do consumidor ou beneficiário, contratualmente previstos nas despesas com assistência médica, hospitalar e odontológica;

* Inciso VIII com redação determinada pela MP 2.177-44/2001.

IX – os bônus, os descontos ou os agravamentos da contraprestação pecuniária;
X – a área geográfica de abrangência;

* Inciso X com redação determinada pela MP 2.177-44/2001.

XI – os critérios de reajuste e revisão das contraprestações pecuniárias;
XII – número de registro na ANS.

* Inciso XII acrescentado pela MP 2.177-44/2001.

Parágrafo único. A todo consumidor titular de plano individual ou familiar será obrigatoriamente entregue, quando de sua inscrição, cópia do contrato, do regulamento ou das condições gerais dos produtos de que tratam o inciso I e o § 1º do art. 1º, além de material explicativo que descreva, em linguagem simples e precisa, todas as suas características, direitos e obrigações.

* Parágrafo único com redação determinada pela MP 2.177-44/2001.

Art. 17. A inclusão de qualquer prestador de serviço de saúde como contratado, referenciado ou credenciado dos produtos de que tratam o inciso I e o § 1º do art. 1º desta Lei implica compromisso com os consumidores quanto à sua manutenção ao longo da vigência dos contratos, permitindo-se sua substituição, desde que seja por outro prestador equivalente e mediante comunicação aos consumidores com 30 (trinta) dias de antecedência.

* *Caput* com redação determinada pela Lei 13.003/2014 (*DOU* 25.06.2014), em vigor após decorridos 180 (cento e oitenta) dias de sua publicação oficial.

§ 1º É facultada a substituição de entidade hospitalar, a que se refere o *caput* deste artigo, desde que por outro equivalente e mediante comunicação aos consumidores e à ANS com 30 (trinta) dias de antecedência, ressalvados desse prazo mínimo os casos decorrentes de rescisão por fraude ou infração das normas sanitárias e fiscais em vigor.

* § 1º com redação determinada pela MP 2.177-44/2001.

§ 2º Na hipótese de a substituição do estabelecimento hospitalar a que se refere o § 1º ocorrer por vontade da operadora durante período de internação do consumidor, o es-

Lei 9.656/1998

tabelecimento obriga-se a manter a internação e a operadora, a pagar as despesas até a alta hospitalar, a critério médico, na forma do contrato.

- § 2º com redação determinada pela MP 2.177-44/2001.

§ 3º Excetuam-se do previsto no § 2º os casos de substituição do estabelecimento hospitalar por infração às normas sanitárias em vigor, durante período de internação, quando a operadora arcará com a responsabilidade pela transferência imediata para outro estabelecimento equivalente, garantindo a continuação da assistência, sem ônus adicional para o consumidor.

- § 3º acrescentado pela MP 2.177-44/2001.

§ 4º Em caso de redimensionamento da rede hospitalar por redução, as empresas deverão solicitar à ANS autorização expressa para tanto, informando:

- § 4º acrescentado pela MP 2.177-44/2001.

I – nome da entidade a ser excluída;
II – capacidade operacional a ser reduzida com a exclusão;
III – impacto sobre a massa assistida, a partir de parâmetros definidos pela ANS, correlacionando a necessidade de leitos e a capacidade operacional restante; e
IV – justificativa para a decisão, observando a obrigatoriedade de manter cobertura com padrões de qualidade equivalente e sem ônus adicional para o consumidor.

Art. 17-A. As condições de prestação de serviços de atenção à saúde no âmbito dos planos privados de assistência à saúde por pessoas físicas ou jurídicas, independentemente de sua qualificação como contratadas, referenciadas ou credenciadas, serão reguladas por contrato escrito, estipulado entre a operadora do plano e o prestador de serviço.

- Artigo acrescentado pela Lei 13.003/2014 (*DOU* 25.06.2014), em vigor após decorridos 180 (cento e oitenta) dias de sua publicação oficial.

§ 1º São alcançados pelas disposições do *caput* os profissionais de saúde em prática liberal privada, na qualidade de pessoa física, e os estabelecimentos de saúde, na qualidade de pessoa jurídica, que prestem ou venham a prestar os serviços de assistência à saúde a que aludem os arts. 1º e 35-F desta Lei, no âmbito de planos privados de assistência à saúde.

§ 2º O contrato de que trata o *caput* deve estabelecer com clareza as condições para a sua execução, expressas em cláusulas que definam direitos, obrigações e responsabilidades das partes, incluídas, obrigatoriamente, as que determinem:

I – o objeto e a natureza do contrato, com descrição de todos os serviços contratados;
II – a definição dos valores dos serviços contratados, dos critérios, da forma e da periodicidade do seu reajuste e dos prazos e procedimentos para faturamento e pagamento dos serviços prestados;
III – a identificação dos atos, eventos e procedimentos médico-assistenciais que necessitem de autorização administrativa da operadora;
IV – a vigência do contrato e os critérios e procedimentos para prorrogação, renovação e rescisão;
V – as penalidades pelo não cumprimento das obrigações estabelecidas.

§ 3º A periodicidade do reajuste de que trata o inciso II do § 2º deste artigo será anual e realizada no prazo improrrogável de 90 (noventa) dias, contado do início de cada ano-calendário.

§ 4º Na hipótese de vencido o prazo previsto no § 3º deste artigo, a Agência Nacional de Saúde Suplementar – ANS, quando for o caso, definirá o índice de reajuste.

§ 5º A ANS poderá constituir, na forma da legislação vigente, câmara técnica com representação proporcional das partes envolvidas para o adequado cumprimento desta Lei.

§ 6º A ANS publicará normas regulamentares sobre o disposto neste artigo.

Art. 18. A aceitação, por parte de qualquer prestador de serviço ou profissional de saúde, da condição de contratado, referenciado, credenciado ou cooperado de uma operadora de produtos de que tratam o inciso I e o § 1º do art. 1º desta Lei implica as seguintes obrigações e direitos:

- *Caput* com redação determinada pela Lei 13.003/2014 (*DOU* 25.06.2014), em vigor após decorridos 180 (cento e oitenta) dias de sua publicação oficial.

Lei 9.656/1998

LEGISLAÇÃO

I – o consumidor de determinada operadora, em nenhuma hipótese e sob nenhum pretexto ou alegação, pode ser discriminado ou atendido de forma distinta daquela dispensada aos clientes vinculados a outra operadora ou plano;
II – a marcação de consultas, exames e quaisquer outros procedimentos deve ser feita de forma a atender às necessidades dos consumidores, privilegiando os casos de emergência ou urgência, assim como as pessoas com mais de 65 anos de idade, as gestantes, lactantes, lactentes e crianças até 5 anos;
III – a manutenção de relacionamento de contratação, credenciamento ou referenciamento com número ilimitado de operadoras, sendo expressamente vedado às operadoras, independente de sua natureza jurídica constitutiva, impor contratos de exclusividade ou de restrição à atividade profissional.

* Inciso III com redação determinada pela MP 2.177-44/2001.

Parágrafo único. A partir de 3 de dezembro de 1999, os prestadores de serviço ou profissionais de saúde não poderão manter contrato, credenciamento ou referenciamento com operadoras que não tiverem registros para funcionamento e comercialização conforme previsto nesta Lei, sob pena de responsabilidade por atividade irregular.

* Parágrafo único com redação determinada pela MP 2.177-44/2001.

Art. 19. Para requerer a autorização definitiva de funcionamento, as pessoas jurídicas que já atuavam como operadoras ou administradoras dos produtos de que tratam o inciso I e o § 1º do art. 1º desta Lei, terão prazo de 180 (cento e oitenta) dias, a partir da publicação da regulamentação específica pela ANS.

* Artigo com redação determinada pela MP 2.177-44/2001.

§ 1º Até que sejam expedidas as normas de registro, serão mantidos registros provisórios das pessoas jurídicas e dos produtos na ANS, com a finalidade de autorizar a comercialização ou operação dos produtos a que alude o *caput*, a partir de 2 de janeiro de 1999.

§ 2º Para o registro provisório, as operadoras ou administradoras dos produtos a que alude o *caput* deverão apresentar à ANS as informações requeridas e os seguintes documentos, independentemente de outros que venham a ser exigidos:

I – registro do instrumento de constituição da pessoa jurídica;
II – nome fantasia;
III – CNPJ;
IV – endereço;
V – telefone, fax e e-mail; e
VI – principais dirigentes da pessoa jurídica e nome dos cargos que ocupam.

§ 3º Para registro provisório dos produtos a serem comercializados, deverão ser apresentados à ANS os seguintes dados:

I – razão social da operadora ou da administradora;
II – CNPJ da operadora ou da administradora;
III – nome do produto;
IV – segmentação da assistência (ambulatorial, hospitalar com obstetrícia, hospitalar sem obstetrícia, odontológica e referência);
V – tipo de contratação (individual/familiar, coletivo empresarial e coletivo por adesão);
VI – âmbito geográfico de cobertura;
VII – faixas etárias e respectivos preços;
VIII – rede hospitalar própria por Município (para segmentações hospitalar e referência);
IX – rede hospitalar contratada ou referenciada por Município (para segmentações hospitalar e referência);
X – outros documentos e informações que venham a ser solicitados pela ANS.

§ 4º Os procedimentos administrativos para registro provisório dos produtos serão tratados em norma específica da ANS.

§ 5º Independentemente do cumprimento, por parte da operadora, das formalidades do registro provisório, ou da conformidade dos textos das condições gerais ou dos instrumentos contratuais, ficam garantidos, a todos os usuários de produtos a que alude o *caput*, contratados a partir de 2 de janeiro de 1999, todos os benefícios de acesso e cobertura previstos nesta Lei e em seus regulamentos, para cada segmentação definida no art. 12.

Lei 9.656/1998

§ 6º O não cumprimento do disposto neste artigo implica o pagamento de multa diária no valor de R$ 10.000,00 (dez mil reais) aplicada às operadoras dos produtos de que tratam o inciso I e o § 1º do art. 1º.

§ 7º As pessoas jurídicas que forem iniciar operação de comercialização de planos privados de assistência à saúde, a partir de 8 de dezembro de 1998, estão sujeitas aos registros de que trata o § 1º deste artigo.

Art. 20. As operadoras de produtos de que tratam o inciso I e o § 1º do art. 1º desta Lei são obrigadas a fornecer, periodicamente, à ANS todas as informações e estatísticas relativas a suas atividades, incluídas as de natureza cadastral, especialmente aquelas que permitam a identificação dos consumidores e de seus dependentes, incluindo seus nomes, inscrições no Cadastro de Pessoas Físicas dos titulares e Municípios onde residem, para fins do disposto no art. 32.

- Artigo com redação determinada pela MP 2.177-44/2001.

§ 1º Os agentes, especialmente designados pela ANS, para o exercício das atividades de fiscalização e nos limites por ela estabelecidos, têm livre acesso às operadoras, podendo requisitar e apreender processos, contratos, manuais de rotina operacional e demais documentos, relativos aos produtos de que tratam o inciso I e o § 1º do art. 1º desta Lei.

§ 2º Caracteriza-se como embaraço à fiscalização, sujeito às penas previstas na lei, a imposição de qualquer dificuldade à consecução dos objetivos da fiscalização, de que trata o § 1º deste artigo.

Art. 21. É vedado às operadoras de planos privados de assistência à saúde realizar quaisquer operações financeiras:

I – com seus diretores e membros dos conselhos administrativos, consultivos, fiscais ou assemelhados, bem como com os respectivos cônjuges e parentes até o segundo grau, inclusive;

II – com empresa de que participem as pessoas a que se refere o inciso anterior, desde que estas sejam, em conjunto ou isoladamente, consideradas como controladoras da empresa.

- Inciso II com redação determinada pela MP 2.177-44/2001.

Art. 22. As operadoras de planos privados de assistência à saúde submeterão suas contas a auditores independentes, registrados no respectivo Conselho Regional de Contabilidade e na Comissão de Valores Mobiliários – CVM, publicando, anualmente, o parecer respectivo, juntamente com as demonstrações financeiras determinadas pela Lei 6.404, de 15 de dezembro de 1976.

§ 1º A auditoria independente também poderá ser exigida quanto aos cálculos atuariais, elaborados segundo diretrizes gerais definidas pelo CONSU.

- § 1º com redação determinada pela MP 2.177-44/2001.

§ 2º As operadoras com número de beneficiários inferior a vinte mil usuários ficam dispensadas da publicação do parecer do auditor e das demonstrações financeiras, devendo, a ANS, dar-lhes publicidade.

- § 2º com redação determinada pela MP 2.177-44/2001.

Art. 23. As operadoras de planos privados de assistência à saúde não podem requerer concordata e não estão sujeitas a falência ou insolvência civil, mas tão somente ao regime de liquidação extrajudicial.

- Artigo com redação determinada pela MP 2.177-44/2001.
- V. art. 2º, II, Lei 11.101/2005 (Lei de Recuperação de Empresas e Falência).

§ 1º As operadoras sujeitar-se-ão ao regime de falência ou insolvência civil quando, no curso da liquidação extrajudicial, forem verificadas uma das seguintes hipóteses:

- V. art. 2º, II, Lei 11.101/2005 (Lei de Recuperação de Empresas e Falência).

I – o ativo da massa liquidanda não for suficiente para o pagamento de pelo menos a metade dos créditos quirografários;

II – o ativo realizável da massa liquidanda não for suficiente, sequer, para o pagamento das despesas administrativas e operacionais inerentes ao regular processamento da liquidação extrajudicial; ou

III – nas hipóteses de fundados indícios de condutas previstas nos arts. 186 a 189 do Decreto-lei 7.661, de 21 de junho de 1945.

Lei 9.656/1998

LEGISLAÇÃO

* V. Seção I (Dos crimes em espécies), Lei 11.101/2005 (Lei de Recuperação de Empresas e Falência).

§ 2º Para efeito desta Lei, define-se ativo realizável como sendo todo ativo que possa ser convertido em moeda corrente em prazo compatível para o pagamento das despesas administrativas e operacionais da massa liquidanda.

§ 3º À vista do relatório do liquidante extrajudicial, e em se verificando qualquer uma das hipóteses previstas nos incisos I, II ou III do § 1º deste artigo, a ANS poderá autorizá-lo a requerer a falência ou insolvência civil da operadora.

§ 4º A distribuição do requerimento produzirá imediatamente os seguintes efeitos:

I – a manutenção da suspensão dos prazos judiciais em relação à massa liquidanda;

II – a suspensão dos procedimentos administrativos de liquidação extrajudicial, salvo os relativos à guarda e à proteção dos bens e imóveis da massa;

III – a manutenção da indisponibilidade dos bens dos administradores, gerentes, conselheiros e assemelhados, até posterior determinação judicial; e

IV – prevenção do juízo que emitir o primeiro despacho em relação ao pedido de conversão do regime.

§ 5º A ANS, no caso previsto no inciso II do § 1º deste artigo, poderá, no período compreendido entre a distribuição do requerimento e a decretação da falência ou insolvência civil, apoiar a proteção dos bens móveis e imóveis da massa liquidanda.

§ 6º O liquidante enviará ao juízo prevento o rol das ações judiciais em curso cujo andamento ficará suspenso até que o juiz competente nomeie o síndico da massa falida ou o liquidante da massa insolvente.

Art. 24. Sempre que detectadas nas operadoras sujeitas à disciplina desta Lei insuficiência das garantias do equilíbrio financeiro, anormalidades econômico-financeiras ou administrativas graves que coloquem em risco a continuidade ou a qualidade do atendimento à saúde, a ANS poderá determinar a alienação da carteira, o regime de direção fiscal ou técnica, por prazo não superior a 365 (trezentos e sessenta e cinco) dias, ou a liquidação extrajudicial, conforme a gravidade do caso.

* Artigo com redação determinada pela MP 2.177-44/2001.

§ 1º O descumprimento das determinações do diretor-fiscal ou técnico, e do liquidante, por dirigentes, administradores, conselheiros ou empregados da operadora de planos privados de assistência à saúde acarretará o imediato afastamento do infrator, por decisão da ANS, sem prejuízo das sanções penais cabíveis, assegurado o direito ao contraditório, sem que isto implique efeito suspensivo da decisão administrativa que determinou o afastamento.

§ 2º A ANS, *ex officio* ou por recomendação do diretor técnico ou fiscal ou do liquidante, poderá, em ato administrativo devidamente motivado, determinar o afastamento dos diretores, administradores, gerentes e membros do conselho fiscal da operadora sob regime de direção ou em liquidação.

§ 3º No prazo que lhe for designado, o diretor-fiscal ou técnico procederá à análise da organização administrativa e da situação econômico-financeira da operadora, bem assim da qualidade do atendimento aos consumidores, e proporá à ANS as medidas cabíveis.

§ 4º O diretor-fiscal ou técnico poderá propor a transformação do regime de direção em liquidação extrajudicial.

§ 5º A ANS promoverá, no prazo máximo de 90 (noventa) dias, a alienação da carteira das operadoras de planos privados de assistência à saúde, no caso de não surtirem efeitos as medidas por ela determinadas para sanar as irregularidades ou nas situações que impliquem risco para os consumidores participantes da carteira.

Art. 24-A. Os administradores das operadoras de planos privados de assistência à saúde em regime de direção fiscal ou liquidação extrajudicial, independentemente da natureza jurídica da operadora, ficarão com todos os seus bens indisponíveis, não podendo, por qualquer forma, direta ou indireta, aliená-los ou onerá-los, até apuração e liquidação final de suas responsabilidades.

* Artigo acrescentado pela MP 2.177-44/2001.

§ 1º A indisponibilidade prevista neste artigo decorre do ato que decretar a direção fiscal ou a liquidação extrajudicial e atinge a todos aqueles que tenham estado no exercício das funções nos doze meses anteriores ao mesmo ato.

§ 2º Na hipótese de regime de direção fiscal, a indisponibilidade de bens a que se refere o *caput* deste artigo poderá não alcançar os bens dos administradores, por deliberação expressa da Diretoria Colegiada da ANS.

§ 3º A ANS, *ex officio* ou por recomendação do diretor fiscal ou do liquidante, poderá estender a indisponibilidade prevista neste artigo:

I – aos bens de gerentes, conselheiros e aos de todos aqueles que tenham concorrido, no período previsto no § 1º, para a decretação da direção fiscal ou da liquidação extrajudicial;

II – aos bens adquiridos, a qualquer título, por terceiros, no período previsto no § 1º, das pessoas referidas no inciso I, desde que configurada fraude na transferência.

§ 4º Não se incluem nas disposições deste artigo os bens considerados inalienáveis ou impenhoráveis pela legislação em vigor.

§ 5º A indisponibilidade também não alcança os bens objeto de contrato de alienação, de promessa de compra e venda, de cessão ou promessa de cessão de direitos, desde que os respectivos instrumentos tenham sido levados ao competente registro público, anteriormente à data da decretação da direção fiscal ou da liquidação extrajudicial.

§ 6º Os administradores das operadoras de planos privados de assistência à saúde respondem solidariamente pelas obrigações por eles assumidas durante sua gestão até o montante dos prejuízos causados, independentemente do nexo de causalidade.

Art. 24-B. A Diretoria Colegiada definirá as atribuições e competências do diretor técnico, diretor fiscal e do responsável pela alienação de carteira, podendo ampliá-las, se necessário.

• Artigo acrescentado pela MP 2.177-44/2001.

Art. 24-C. Os créditos decorrentes da prestação de serviços de assistência privada à saúde preferem a todos os demais, exceto os de natureza trabalhista e tributários.

• Artigo acrescentado pela MP 2.177-44/2001.

Art. 24-D. Aplica-se à liquidação extrajudicial das operadoras de planos privados de assistência à saúde e ao disposto nos arts. 24-A e 35-I, no que couber com os preceitos desta Lei, o disposto na Lei 6.024, de 13 de março de 1974, no Decreto-lei 7.661, de 21 de junho de 1945, no Decreto-lei 41, de 18 de novembro de 1966, e no Decreto-lei 73, de 21 de novembro de 1966, conforme o que dispuser a ANS.

• Artigo acrescentado pela MP 2.177-44/2001.

Art. 25. As infrações dos dispositivos desta Lei e de seus regulamentos, bem como aos dispositivos dos contratos firmados, a qualquer tempo, entre operadoras e usuários de planos privados de assistência à saúde, sujeitam a operadora dos produtos de que tratam o inciso I e o § 1º do art. 1º desta Lei, seus administradores, membros de conselhos administrativos, deliberativos, consultivos, fiscais e assemelhados às seguintes penalidades, sem prejuízo de outras estabelecidas na legislação vigente:

• *Caput* com redação determinada pela MP 2.177-44/2001.

I – advertência;
II – multa pecuniária;
III – suspensão do exercício do cargo;
IV – inabilitação temporária para exercício de cargos em operadoras de planos de assistência à saúde;

• Inciso IV com redação determinada pela MP 2.177-44/2001.

V – inabilitação permanente para exercício de cargos de direção ou em conselhos das operadoras a que se refere esta Lei, bem como em entidades de previdência privada, sociedades seguradoras, corretoras de seguros e instituições financeiras;
VI – cancelamento da autorização de funcionamento e alienação da carteira da operadora.

• Inciso VI acrescentado pela MP 2.177-44/2001.

Art. 26. Os administradores e membros dos conselhos administrativos, deliberativos, consultivos, fiscais e assemelhados das operadoras de que trata esta Lei respondem solidariamente pelos prejuízos causados a terceiros, inclusive aos acionistas, cotistas, cooperados e consumidores de planos privados de assistência à saúde, conforme o caso, em consequência do descumprimento de leis, normas e instruções referentes às

Lei 9.656/1998

operações previstas na legislação e, em especial, pela falta de constituição e cobertura das garantias obrigatórias.

* Artigo com redação determinada pela MP 2.177-44/2001.

Art. 27. A multa de que trata o art. 25 será fixada e aplicada pela ANS no âmbito de suas atribuições, com valor não inferior a R$ 5.000,00 (cinco mil reais) e não superior a R$ 1.000.000,00 (um milhão de reais) de acordo com o porte econômico da operadora ou prestadora de serviço e a gravidade da infração, ressalvado o disposto no § 6º do art. 19.

* *Caput* com redação determinada pela MP 2.177-44/2001.

Parágrafo único. As multas de que trata o *caput* constituir-se-ão em receitas do Ministério da Saúde.

* Parágrafo único com eficácia suspensa por força da MP 2.177-44/2001.

Art. 28. Das decisões proferidas nos processos administrativos do Ministério da Saúde, caberá recurso ao CONSU, no prazo de 15 (quinze) dias, contados a partir do recebimento da notificação ou da intimação, observado o disposto no art. 35-C desta Lei.

* Artigo com eficácia suspensa por força da MP 2.177-44/2001.

Art. 29. As infrações serão apuradas mediante processo administrativo que tenha por base o auto de infração, a representação ou a denúncia positiva dos fatos irregulares, cabendo à ANS dispor sobre normas para instauração, recursos e seus efeitos, instâncias e prazos.

* Artigo com redação determinada pela MP 2.177-44/2001.

§ 1º O processo administrativo, antes de aplicada a penalidade, poderá, a título excepcional, ser suspenso, pela ANS, se a operadora ou prestadora de serviço assinar termo de compromisso de ajuste de conduta, perante a diretoria colegiada, que terá eficácia de título executivo extrajudicial, obrigando-se a:

I – cessar a prática de atividades ou atos objetos da apuração; e

II – corrigir as irregularidades, inclusive indenizando os prejuízos delas decorrentes.

§ 2º O termo de compromisso de ajuste de conduta conterá, necessariamente, as seguintes cláusulas:

I – obrigações do compromissário de fazer cessar a prática objeto da apuração, no prazo estabelecido;

II – valor da multa a ser imposta no caso de descumprimento, não inferior a R$ 5.000,00 (cinco mil reais) e não superior a R$ 1.000.000,00 (um milhão de reais) de acordo com o porte econômico da operadora ou da prestadora de serviço.

§ 3º A assinatura do termo de compromisso de ajuste de conduta não importa confissão do compromissário quanto à matéria de fato, nem reconhecimento de ilicitude da conduta em apuração.

§ 4º O descumprimento do termo de compromisso de ajuste de conduta, sem prejuízo da aplicação da multa a que se refere o inciso II do § 2º, acarreta a revogação da suspensão do processo.

§ 5º Cumpridas as obrigações assumidas no termo de compromisso de ajuste de conduta, será extinto o processo.

§ 6º Suspende-se a prescrição durante a vigência do termo de compromisso de ajuste de conduta.

§ 7º Não poderá ser firmado termo de compromisso de ajuste de conduta quanto tiver havido descumprimento de outro termo de compromisso de ajuste de conduta nos termos desta Lei, dentro do prazo de 2 (dois) anos.

§ 8º O termo de compromisso de ajuste de conduta deverá ser publicado no *Diário Oficial da União*.

§ 9º A ANS regulamentará a aplicação do disposto nos §§ 1º a 7º deste artigo.

Art. 29-A. A ANS poderá celebrar com as operadoras termo de compromisso, quando houver interesse na implementação de práticas que consistam em vantagens para os consumidores, com vistas a assegurar a manutenção da qualidade dos serviços de assistência à saúde.

* Artigo acrescentado pela MP 2.177-44/2001.

§ 1º O termo de compromisso referido no *caput* não poderá implicar restrição de direitos do usuário.

§ 2º Na definição do termo de que trata este artigo serão considerados os critérios de aferição e controle da qualidade dos serviços a serem oferecidos pelas operadoras.

Lei 9.656/1998

§ 3º O descumprimento injustificado do termo de compromisso poderá importar na aplicação da penalidade de multa a que se refere o inciso II, § 2º, do art. 29 desta Lei.

Art. 30. Ao consumidor que contribuir para produtos de que tratam o inciso I e o § 1º do art. 1º desta Lei, em decorrência de vínculo empregatício, no caso de rescisão ou exoneração do contrato de trabalho sem justa causa, é assegurado o direito de manter sua condição de beneficiário, nas mesmas condições de cobertura assistencial de que gozava quando da vigência do contrato de trabalho, desde que assuma o seu pagamento integral.

- *Caput* com redação determinada pela MP 2.177-44/2001.
- V. Res. Normativa ANS 279/2011 (Regulamenta os arts. 30 e 31 da Lei 9.656/1998).

§ 1º O período de manutenção da condição de beneficiário a que se refere o *caput* será de 1/3 (um terço) do tempo de permanência nos produtos de que tratam o inciso I e o § 1º do art. 1º, ou sucessores, com um mínimo assegurado de seis meses e um máximo de vinte e quatro meses.

- § 1º com redação determinada pela MP 2.177-44/2001.

§ 2º A manutenção de trata este artigo é extensiva, obrigatoriamente, a todo o grupo familiar inscrito quando da vigência do contrato de trabalho.

§ 3º Em caso de morte do titular, o direito de permanência é assegurado aos dependentes cobertos pelo plano ou seguro privado coletivo de assistência à saúde, nos termos do disposto neste artigo.

§ 4º O direito assegurado neste artigo não exclui vantagens obtidas pelos empregados decorrentes de negociações coletivas de trabalho.

§ 5º A condição prevista no *caput* deste artigo deixará de existir quando da admissão do consumidor titular em novo emprego.

- § 5º acrescentado pela MP 2.177-44/2001.

§ 6º Nos planos coletivos custeados integralmente pela empresa, não é considerada contribuição a co-participação do consumidor, única e exclusivamente, em procedimentos, como fator de moderação, na utilização dos serviços de assistência médica ou hospitalar.

- § 6º acrescentado pela MP 2.177-44/2001.

Art. 31. Ao aposentado que contribuir para produtos de que tratam o inciso I e o § 1º do art. 1º desta Lei, em decorrência de vínculo empregatício, pelo prazo mínimo de 10 (dez) anos, é assegurado o direito de manutenção como beneficiário, nas mesmas condições de cobertura assistencial de que gozava quando da vigência do contrato de trabalho, desde que assuma o seu pagamento integral.

- Artigo com redação determinada pela MP 2.177-44/2001.
- V. Res. Normativa ANS 279/2011 (Regulamenta os arts. 30 e 31 da Lei 9.656/1998).

§ 1º Ao aposentado que contribuir para planos coletivos de assistência à saúde por período inferior ao estabelecido no *caput* é assegurado o direito de manutenção como beneficiário, à razão de um ano para cada ano de contribuição, desde que assuma o pagamento integral do mesmo.

§ 2º Para gozo do direito assegurado neste artigo, observar-se-ão as mesmas condições estabelecidas nos §§ 2º, 3º, 4º, 5º e 6º do artigo anterior.

Art. 32. Serão ressarcidos pelas operadoras dos produtos de que tratam o inciso I e o § 1º do art. 1º desta Lei, de acordo com normas a serem definidas pela ANS, os serviços de atendimento à saúde previstos nos respectivos contratos, prestados a seus consumidores e respectivos dependentes, em instituições públicas ou privadas, conveniadas ou contratadas, integrantes do Sistema Único de Saúde – SUS.

- *Caput* com redação determinada pela MP 2.177-44/2001.

§ 1º O ressarcimento será efetuado pelas operadoras ao SUS com base em regra de valoração aprovada e divulgada pela ANS, mediante crédito ao Fundo Nacional de Saúde – FNS.

- § 1º com redação determinada pela Lei 12.469/2011.

§ 2º Para a efetivação do ressarcimento, a ANS disponibilizará às operadoras a discriminação dos procedimentos realizados para cada consumidor.

- § 2º com redação determinada pela MP 2.177-44/2001.

§ 3º A operadora efetuará o ressarcimento até o 15º (décimo quinto) dia da data de recebimento da notificação de cobrança feita pela ANS.

- § 3º com redação determinada pela Lei 12.469/2011.

§ 4º O ressarcimento não efetuado no prazo previsto no § 3º será cobrado com os seguintes acréscimos:

- § 4º com redação determinada pela MP 2.177-44/2001.

I – juros de mora contados do mês seguinte ao do vencimento, à razão de 1% (um por cento) ao mês ou fração;

II – multa de mora de 10% (dez por cento).

§ 5º Os valores não recolhidos no prazo previsto no § 3º serão inscritos em dívida ativa da ANS, à qual compete a cobrança judicial dos respectivos créditos.

- § 5º com redação determinada pela MP 2.177-44/2001.

§ 6º O produto da arrecadação dos juros e da multa de mora serão revertidos ao Fundo Nacional de Saúde.

- § 6º com redação determinada pela MP 2.177-44/2001.

§ 7º A ANS disciplinará o processo de glosa ou impugnação dos procedimentos encaminhados, conforme previsto no § 2º deste artigo, cabendo-lhe, inclusive, estabelecer procedimentos para cobrança dos valores a serem ressarcidos.

- § 7º com redação determinada pela Lei 12.469/2011.

§ 8º Os valores a serem ressarcidos não serão inferiores aos praticados pelo SUS e nem superiores aos praticados pelas operadoras de produtos de que tratam o inciso I e o § 1º do art. 1º desta Lei.

- § 8º com redação determinada pela MP 2.177-44/2001.

§ 9º Os valores a que se referem os §§ 3º e 6º deste artigo não serão computados para fins de aplicação dos recursos mínimos nas ações e serviços públicos de saúde nos termos da Constituição Federal.

- § 9º acrescentado pela Lei 12.469/2011.

Art. 33. Havendo indisponibilidade de leito hospitalar nos estabelecimentos próprios ou credenciados pelo plano, é garantido ao consumidor o acesso à acomodação, em nível superior, sem ônus adicional.

Art. 34. As pessoas jurídicas que executam outras atividades além das abrangidas por esta Lei deverão, na forma e no prazo definidos pela ANS, constituir pessoas jurídicas independentes, com ou sem fins lucrativos, especificamente para operar planos privados de assistência à saúde, na forma da legislação em vigor e em especial desta Lei e de seus regulamentos.

- *Caput* com redação determinada pela MP 2.177-44/2001.

§ 1º O disposto no *caput* não se aplica às entidades de autogestão constituídas sob a forma de fundação, de sindicato ou de associação que, na data da publicação desta Lei, já exerciam outras atividades em conjunto com as relacionadas à assistência à saúde, nos termos dos pertinentes estatutos sociais.

- § 1º acrescentado pela Lei 13.127/2015.

§ 2º As entidades de que trata o § 1º poderão, desde que a hipótese de segregação da finalidade estatutária esteja prevista ou seja assegurada pelo órgão interno competente, constituir filial ou departamento com número do Cadastro Nacional da Pessoa Jurídica sequencial ao da pessoa jurídica principal.

- § 2º acrescentado pela Lei 13.127/2015.

§ 3º As entidades de que trata o § 1º que optarem por proceder de acordo com o previsto no § 2º assegurarão condições para sua adequada segregação patrimonial, administrativa, financeira e contábil.

- § 3º acrescentado pela Lei 13.127/2015.

Art. 35. Aplicam-se as disposições desta Lei a todos os contratos celebrados a partir de sua vigência, assegurada aos consumidores com contratos anteriores, bem como àqueles com contratos celebrados entre 2 de setembro de 1998 e 1º de janeiro de 1999, a possibilidade de optar pela adaptação ao sistema previsto nesta Lei.

- Artigo com redação determinada pela MP 2.177-44/2001.

§ 1º Sem prejuízo do disposto no art. 35-E, a adaptação dos contratos de que trata este artigo deverá ser formalizada em termo próprio, assinado pelos contratantes, de acordo com as normas a serem definidas pela ANS.

§ 2º Quando a adaptação dos contratos incluir aumento de contraprestação pecuniá-

Lei 9.656/1998

LEGISLAÇÃO

ria, a composição da base de cálculo deverá ficar restrita aos itens correspondentes ao aumento de cobertura, e ficará disponível para verificação pela ANS, que poderá determinar sua alteração quando o novo valor não estiver devidamente justificado.

§ 3º A adaptação dos contratos não implica nova contagem dos períodos de carência e dos prazos de aquisição dos benefícios previstos nos arts. 30 e 31 desta Lei, observados, quanto aos últimos, os limites de cobertura previstos no contrato original.

§ 4º Nenhum contrato poderá ser adaptado por decisão unilateral da empresa operadora.

§ 5º A manutenção dos contratos originais pelos consumidores não-optantes tem caráter personalíssimo, devendo ser garantida somente ao titular e a seus dependentes já inscritos, permitida inclusão apenas de novo cônjuge e filhos, e vedada a transferência da sua titularidade, sob qualquer pretexto, a terceiros.

§ 6º Os produtos de que tratam o inciso I e o § 1º do art. 1º desta Lei, contratados até 1º de janeiro de 1999, deverão permanecer em operação, por tempo indeterminado, apenas para os consumidores que não optarem pela adaptação às novas regras, sendo considerados extintos para fim de comercialização.

§ 7º Às pessoas jurídicas contratantes de planos coletivos, não-optantes pela adaptação prevista neste artigo, fica assegurada a manutenção dos contratos originais, nas coberturas assistenciais neles pactuadas.

§ 8º A ANS definirá em norma própria os procedimentos formais que deverão ser adotados pelas empresas para a adatação dos contratos de que trata este artigo.

Art. 35-A. Fica criado o Conselho de Saúde Suplementar – CONSU, órgão colegiado integrante da estrutura regimental do Ministério da Saúde, com competência para:

* Artigo acrescentado pela MP 2.177-44/2001.

I – estabelecer e supervisionar a execução de políticas e diretrizes gerais do setor de saúde suplementar;
II – aprovar o contrato de gestão da ANS;
III – supervisionar e acompanhar as ações e o funcionamento da ANS;
IV – fixar diretrizes gerais para implementação no setor de saúde suplementar sobre:

a) aspectos econômico-financeiros;
b) normas de contabilidade, atuariais e estatísticas;
c) parâmetros quanto ao capital e ao patrimônio líquido mínimos, bem assim quanto às formas de sua subscrição e realização quando se tratar de sociedade anônima;
d) critérios de constituição de garantias de manutenção do equilíbrio econômico-financeiro, consistentes em bens, móveis ou imóveis, ou fundos especiais ou seguros garantidores;
e) criação de fundo, contratação de seguro garantidor ou outros instrumentos que julgar adequados, com o objetivo de proteger o consumidor de planos privados de assistência à saúde em caso de insolvência de empresas operadoras;

V – deliberar sobre a criação de câmaras técnicas, de caráter consultivo, de forma a subsidiar suas decisões.

Parágrafo único. A ANS fixará as normas sobre as matérias previstas no inciso IV deste artigo, devendo adequá-las, se necessário, quando houver diretrizes gerais estabelecidas pelo CONSU.

Art. 35-B. O CONSU será integrado pelos seguintes Ministros de Estado:

* Artigo acrescentado pela MP 2.177-44/2001.

I – Chefe da Casa Civil da Presidência da República, na qualidade de Presidente;
II – da Saúde;
III – da Fazenda;
IV – da Justiça; e
V – do Planejamento, Orçamento e Gestão.

§ 1º O Conselho deliberará mediante resoluções, por maioria de votos, cabendo ao Presidente a prerrogativa de deliberar nos casos de urgência e relevante interesse, *ad referendum* dos demais membros.

§ 2º Quando deliberar *ad referendum* do Conselho, o Presidente submeterá a decisão ao Colegiado na primeira reunião que se seguir àquela deliberação.

§ 3º O Presidente do Conselho poderá convidar Ministros de Estado, bem assim outros representantes de órgãos públicos, para participar das reuniões, não lhes sendo permitido o direito de voto.

§ 4º O Conselho reunir-se-á sempre que for convocado por seu Presidente.

Lei 9.656/1998

LEGISLAÇÃO

§ 5º O regimento interno do CONSU será aprovado por decreto do Presidente da República.

§ 6º As atividades de apoio administrativo ao CONSU serão prestadas pela ANS.

§ 7º O Presidente da ANS participará, na qualidade de Secretário, das reuniões do CONSU.

Art. 35-C. É obrigatória a cobertura do atendimento nos casos:

- *Caput* acrescentado pela MP 2.177-44/2001.

I – de emergência, como tal definidos os que implicarem risco imediato de vida ou de lesões irreparáveis para o paciente, caracterizado em declaração do médico assistente;

- Inciso I com redação determinada pela Lei 11.935/2009.

II – de urgência, assim entendidos os resultantes de acidentes pessoais ou de complicações no processo gestacional;

- Inciso II com redação determinada pela Lei 11.935/2009.

III – de planejamento familiar.

- Inciso III acrescentado pela Lei 11.935/2009.

Parágrafo único. A ANS fará publicar normas regulamentares para o disposto neste artigo, observados os termos de adaptação previstos no art. 35.

- Parágrafo único acrescentado pela MP 2.177-44/2001.

Art. 35-D. As multas a serem aplicadas pela ANS em decorrência da competência fiscalizadora e normativa estabelecida nesta Lei e em seus regulamentos serão recolhidas à conta daquela Agência, até o limite de R$ 1.000.000,00 (um milhão de reais) por infração, ressalvado o disposto no § 6º do art. 19 desta Lei.

- Artigo acrescentado pela MP 2.177-44/2001.

Art. 35-E. A partir de 5 de junho de 1998, fica estabelecido para os contratos celebrados anteriormente à data de vigência desta Lei que:

- Artigo acrescentado pela MP 2.177-44/2001.
- O STF, liminarmente da ADIn 1.931-8 (*DOU* e *DJU* 03.09.2003), decidiu deferir "(...) em parte, a medida cautelar, no que tange à suscitada violação ao artigo 5º, XXXVI, da Constituição, quanto ao artigo 35-G, hoje renumerado como artigo 35-E pela Medida Provisória 2.177-44/2001, em seus incisos I a IV, e §§ 1º, incisos I a V, e 2º (...)".

I – qualquer variação na contraprestação pecuniária para consumidores com mais de 60 anos de idade estará sujeita à autorização prévia da ANS;

II – a alegação de doença ou lesão preexistente estará sujeita à prévia regulamentação da matéria pela ANS;

III – é vedada a suspensão ou a rescisão unilateral do contrato individual ou familiar de produtos de que tratam o inciso I e o § 1º do art. 1º desta Lei por parte da operadora, salvo o disposto no inciso II do parágrafo único do art. 13 desta Lei;

IV – é vedada a interrupção de internação hospitalar em leito clínico, cirúrgico ou em centro de terapia intensiva ou similar, salvo a critério do médico assistente.

§ 1º Os contratos anteriores à vigência desta Lei, que estabeleçam reajuste por mudança de faixa etária com idade inicial em 60 anos ou mais, deverão ser adaptados, até 31 de outubro de 1999, para repactuação da cláusula de reajuste, observadas as seguintes disposições:

- O STF, liminarmente da ADIn 1.931-8 (*DOU* e *DJU* 03.09.2003), decidiu deferir "(...) em parte, a medida cautelar, no que tange à suscitada violação ao artigo 5º, XXXVI, da Constituição, quanto ao artigo 35-G, hoje renumerado como artigo 35-E pela Medida Provisória 2.177-44/2001, em seus incisos I a IV, e §§ 1º, incisos I a V, e 2º (...)".

I – a repactuação será garantida aos consumidores de que trata o parágrafo único do art. 15, para as mudanças de faixa etária ocorridas após a vigência desta Lei, e limitar-se-á à diluição da aplicação do reajuste anteriormente previsto, em reajustes parciais anuais, com adoção de percentual fixo que, aplicado a cada ano, permita atingir o reajuste integral no início do último ano da faixa etária considerada;

II – para aplicação da fórmula de diluição, consideram-se de 10 anos as faixas etárias que tenham sido estipuladas sem limite superior;

III – a nova cláusula, contendo a fórmula de aplicação do reajuste, deverá ser encaminhada aos consumidores, juntamente com o boleto ou título de cobrança, com a demonstração do valor originalmente contratado, do valor repactuado e do percentual de reajuste anual fixo, esclarecendo, ainda, que o seu pagamento formalizará esta repactuação;

Lei 9.656/1998

LEGISLAÇÃO

IV – a cláusula original de reajuste deverá ter sido previamente submetida à ANS;

V – na falta de aprovação prévia, a operadora, para que possa aplicar reajuste por faixa etária a consumidores com 60 anos ou mais de idade e dez anos ou mais de contrato, deverá submeter à ANS as condições contratuais acompanhadas de nota técnica, para, uma vez aprovada a cláusula e o percentual de reajuste, adotar a diluição prevista neste parágrafo.

§ 2º Nos contratos individuais de produtos de que tratam o inciso I e o § 1º do art. 1º desta Lei, independentemente da data de sua celebração, a aplicação de cláusula de reajuste das contraprestações pecuniárias dependerá de prévia aprovação da ANS.

> O STF, liminarmente da ADIn 1.931-8 (*DOU* e *DJU* 03.09.2003), decidiu deferir "(...) em parte, a medida cautelar, no que tange à suscitada violação ao artigo 5º, XXXVI, da Constituição, quanto ao artigo 35-G, hoje renumerado como artigo 35-E pela Medida Provisória 2.177-44/2001, em seus incisos I a IV, e §§ 1º, incisos I a V, e 2º (...)".

§ 3º O disposto no art. 35 desta Lei aplica-se sem prejuízo do estabelecido neste artigo.

Art. 35-F. A assistência a que alude o art. 1º desta Lei compreende todas as ações necessárias à prevenção da doença e à recuperação, manutenção e reabilitação da saúde, observados os termos desta Lei e do contrato firmado entre as partes.

- Artigo acrescentado pela MP 2.177-44/2001.

Art. 35-G. Aplicam-se subsidiariamente aos contratos entre usuários e operadoras de produtos de que tratam o inciso I e o § 1º do art. 1º desta Lei as disposições da Lei 8.078, de 1990.

- Artigo acrescentado pela MP 2.177-44/2001.

Art. 35-H. Os expedientes que até esta data foram protocolizados na SUSEP pelas operadoras de produtos de que tratam o inciso I e o § 1º do art. 1º desta Lei e que forem encaminhados à ANS em consequência desta Lei, deverão estar acompanhados de parecer conclusivo daquela Autarquia.

- Artigo acrescentado pela MP 2.177-44/2001.

Art. 35-I. Responderão subsidiariamente pelos direitos contratuais e legais dos consumidores, prestadores de serviço e fornecedores, além dos débitos fiscais e trabalhistas, os bens pessoais dos diretores, administradores, gerentes e membros de conselhos da operadora de plano privado de assistência à saúde, independentemente da sua natureza jurídica.

- Artigo acrescentado pela MP 2.177-44/2001.

Art. 35-J. O diretor técnico ou fiscal ou o liquidante são obrigados a manter sigilo relativo às informações da operadora às quais tiverem acesso em razão do exercício do encargo, sob pena de incorrer em improbidade administrativa, sem prejuízo das responsabilidades civis e penais.

- Artigo acrescentado pela MP 2.177-44/2001.

Art. 35-L. Os bens garantidores das provisões técnicas, fundos e provisões deverão ser registrados na ANS e não poderão ser alienados, prometidos a alienar ou, de qualquer forma, gravados sem prévia e expressa autorização, sendo nulas, de pleno direito, as alienações realizadas ou os gravames constituídos com violação deste artigo.

- Artigo acrescentado pela MP 2.177-44/2001.

Parágrafo único. Quando a garantia recair em bem imóvel, será obrigatoriamente inscrita no competente Cartório do Registro Geral de Imóveis, mediante requerimento firmado pela operadora de plano de assistência à saúde e pela ANS.

Art. 35-M. As operadoras de produtos de que tratam o inciso I e o § 1º do art. 1º desta Lei poderão celebrar contratos de resseguro junto às empresas devidamente autorizadas a operar em tal atividade, conforme estabelecido na Lei 9.932, de 20 de dezembro de 1999, e regulamentações posteriores.

- Artigo acrescentado pela MP 2.177-44/2001.

Art. 36. Esta Lei entra em vigor 90 (noventa) dias após a data de sua publicação.

Brasília, 3 de junho de 1998; 177º da Independência e 110º da República.

Fernando Henrique Cardoso

(*DOU* 04.06.1998)

Portaria SDE 3/1999

Legislação

PORTARIA 3, DE 19 DE MARÇO DE 1999, DA SECRETARIA DE DIREITO ECONÔMICO – SDE

O Secretário de Direito Econômico do Ministério da Justiça, no uso de suas atribuições legais,

Considerando que o elenco de Cláusulas Abusivas relativas ao fornecimento de produtos e serviços, constantes do art. 51 da Lei 8.078, de 11 de setembro de 1990, é de tipo aberto, exemplificativo, permitindo, desta forma a sua complementação;

Considerando o disposto no art. 56 do Decreto 2.181, de 20 de março de 1997, que regulamentou a Lei 8.078/90, e com o objetivo de orientar o Sistema Nacional de Defesa do Consumidor, notadamente para o fim de aplicação do disposto no inciso IV do art. 22 deste Decreto, bem assim promover a educação e a informação de fornecedores e consumidores, quanto aos seus direitos e deveres, com a melhoria, transparência, harmonia, equilíbrio e boa-fé nas relações de consumo, e

Considerando que decisões administrativas de diversos Procons, entendimentos dos Ministérios Públicos ou decisões judiciais pacificam como abusivas as cláusulas a seguir enumeradas, resolve:

Divulgar, em aditamento ao elenco do art. 51 da Lei 8.078/90, e do art. 22 do Decreto 2.181/97, as seguintes cláusulas que, dentre outras, são nulas de pleno direito:

1. Determinem aumentos de prestações nos contratos de planos e seguros de saúde, firmados anteriormente à Lei 9.656/98, por mudanças de faixas etárias sem previsão expressa e definida;

2. Imponham, em contratos de planos de saúde firmados anteriormente à Lei 9.656/98, limites ou restrições a procedimentos médicos (consultas, exames médicos, laboratoriais e internações hospitalares, UTI e similares) contrariando prescrição médica;

3. Permitam ao fornecedor de serviço essencial (água, energia elétrica, telefonia) incluir na conta, sem autorização expressa do consumidor, a cobrança de outros serviços. Excetuam-se os casos em que a prestadora do serviço essencial informe e disponibilize gratuitamente ao consumidor a opção de bloqueio prévio da cobrança ou utilização dos serviços de valor adicionado;

4. Estabeleçam prazos de carência para cancelamento do contrato de cartão de crédito;

5. Imponham o pagamento antecipado referente a períodos superiores a 30 (trinta) dias pela prestação de serviços educacionais ou similares;

6. Estabeleçam, nos contratos de prestação de serviços educacionais, a vinculação à aquisição de outros produtos ou serviços;

7. Estabeleçam que o consumidor reconheça que o contrato acompanhado do extrato demonstrativo da conta-corrente bancária constituem título executivo extrajudicial, para os fins do art. 585, II, do Código de Processo Civil;

8. Estipulem o reconhecimento, pelo consumidor, de que os valores lançados no extrato da conta-corrente ou na fatura do cartão de crédito constituem dívida líquida, certa e exigível;

9. Estabeleçam a cobrança de juros capitalizados mensalmente;

10. Imponham, em contratos de consórcios, o pagamento de percentual a título de taxa de administração futura, pelos consorciados desistentes ou excluídos;

11. Estabeleçam, nos contratos de prestação de serviços educacionais e similares, multa moratória superior a 2% (dois por cento);

12. Exijam a assinatura de duplicatas, letras de câmbio, notas promissórias ou quaisquer outros títulos de crédito em branco;

13. Subtraiam ao consumidor, nos contratos de seguro, o recebimento de valor inferior ao contratado na apólice.

14. Prevejam em contratos de arrendamento mercantil (*leasing*) a exigência, a título de indenização, do pagamento das parcelas vincendas, no caso de restituição do bem;

15. Estabeleçam, em contrato de arrendamento mercantil (*leasing*), a exigência do pagamento antecipado do Valor Residual Garantido (VRG), sem previsão de devolução desse montante, corrigido monetariamente, se não exercida a opção de compra do bem.

Ruy Coutinho do Nascimento

(*DOU* 22.03.1999)

Lei 9.790/1999

LEGISLAÇÃO

**LEI 9.790,
DE 23 DE MARÇO DE 1999**

Dispõe sobre a qualificação de pessoas jurídicas de direito privado, sem fins lucrativos, como Organizações da Sociedade Civil de Interesse Público, institui e disciplina o Termo de Parceria, e dá outras providências.

- V. arts. 53 a 61, CC.
- V. art. 8º, § 1º, Lei 9.099/1995 (Juizados Especiais Cíveis e Criminais).
- V. Dec. 3.100/1999 (Regulamenta a Lei 9.790/1999).

O Presidente da República:
Faço saber que o Congresso Nacional decreta e eu sanciono a seguinte Lei:

Capítulo I
DA QUALIFICAÇÃO COMO ORGANIZAÇÃO DA SOCIEDADE CIVIL DE INTERESSE PÚBLICO

Art. 1º Podem qualificar-se como Organizações da Sociedade Civil de Interesse Público as pessoas jurídicas de direito privado sem fins lucrativos que tenham sido constituídas e se encontrem em funcionamento regular há, no mínimo, 3 (três) anos, desde que os respectivos objetivos sociais e normas estatutárias atendam aos requisitos instituídos por esta Lei.

- *Caput* com redação determinada pela Lei 13.019/2014 (*DOU* 01.08.2014), em vigor após decorridos 540 (quinhentos e quarenta) dias de sua publicação oficial, observado o disposto nos §§ 1º e 2º do art. 88 da referida Lei.

§ 1º Para os efeitos desta Lei, considera-se sem fins lucrativos a pessoa jurídica de direito privado que não distribui, entre os seus sócios ou associados, conselheiros, diretores, empregados ou doadores, eventuais excedentes operacionais, brutos ou líquidos, dividendos, bonificações, participações ou parcelas do seu patrimônio, auferidos mediante o exercício de suas atividades, e que os aplica integralmente na consecução do respectivo objeto social.

§ 2º A outorga da qualificação prevista neste artigo é ato vinculado ao cumprimento dos requisitos instituídos por esta Lei.

Art. 2º Não são passíveis de qualificação como Organizações da Sociedade Civil de Interesse Público, ainda que se dediquem de qualquer forma às atividades descritas no art. 3º desta Lei:
I – as sociedades comerciais;
II – os sindicatos, as associações de classe ou de representação de categoria profissional;
III – as instituições religiosas ou voltadas para a disseminação de credos, cultos, práticas e visões devocionais e confessionais;
IV – as organizações partidárias e assemelhadas, inclusive suas fundações;
V – as entidades de benefício mútuo destinadas a proporcionar bens ou serviços a um círculo restrito de associados ou sócios;
VI – as entidades e empresas que comercializam planos de saúde e assemelhados;
VII – as instituições hospitalares privadas não gratuitas e suas mantenedoras;
VIII – as escolas privadas dedicadas ao ensino formal não gratuito e suas mantenedoras;
IX – as organizações sociais;
X – as cooperativas;
XI – as fundações públicas;
XII – as fundações, sociedades civis ou associações de direito privado criadas por órgão público ou por fundações públicas;
XIII – as organizações creditícias que tenham quaisquer tipo de vinculação com o sistema financeiro nacional a que se refere o art. 192 da Constituição Federal.

Art. 3º A qualificação instituída por esta Lei, observado em qualquer caso, o princípio da universalização dos serviços, no respectivo âmbito de atuação das Organizações, somente será conferida às pessoas jurídicas de direito privado, sem fins lucrativos, cujos objetivos sociais tenham pelo menos uma das seguintes finalidades:
I – promoção da assistência social;
II – promoção da cultura, defesa e conservação do patrimônio histórico e artístico;
III – promoção gratuita da educação, observando-se a forma complementar de participação das organizações de que trata esta Lei;
IV – promoção gratuita da saúde, observando-se a forma complementar de participação das organizações de que trata esta Lei;
V – promoção da segurança alimentar e nutricional;

Lei 9.790/1999

LEGISLAÇÃO

VI – defesa, preservação e conservação do meio ambiente e promoção do desenvolvimento sustentável;
VII – promoção do voluntariado;
VIII – promoção do desenvolvimento econômico e social e combate à pobreza;
IX – experimentação, não lucrativa, de novos modelos socioprodutivos e de sistemas alternativos de produção, comércio, emprego e crédito;
X – promoção de direitos estabelecidos, construção de novos direitos e assessoria jurídica gratuita de interesse suplementar;
XI – promoção da ética, da paz, da cidadania, dos direitos humanos, da democracia e de outros valores universais;
XII – estudos e pesquisas, desenvolvimento de tecnologias alternativas, produção e divulgação de informações e conhecimentos técnicos e científicos que digam respeito às atividades mencionadas neste artigo.
XIII – estudos e pesquisas para o desenvolvimento, a disponibilização e a implementação de tecnologias voltadas à mobilidade de pessoas, por qualquer meio de transporte.

- Inciso XIII acrescentado pela Lei 13.019/2014 (DOU 01.08.2014), em vigor após decorridos 540 (quinhentos e quarenta) dias de sua publicação oficial, observado o disposto nos §§ 1º e 2º do art. 88 da referida Lei.

Parágrafo único. Para os fins deste artigo, a dedicação às atividades nele previstas configura-se mediante a execução direta de projetos, programas, planos de ações correlatas, por meio da doação de recursos físicos, humanos e financeiros, ou ainda pela prestação de serviços intermediários de apoio a outras organizações sem fins lucrativos e a órgãos do setor público que atuem em áreas afins.

Art. 4º Atendido o disposto no art. 3º, exige-se ainda, para qualificarem-se como Organizações da Sociedade Civil de Interesse Público, que as pessoas jurídicas interessadas sejam regidas por estatutos cujas normas expressamente disponham sobre:
I – a observância dos princípios da legalidade, impessoalidade, moralidade, publicidade, economicidade e da eficiência;
II – a adoção de práticas de gestão administrativa, necessárias e suficientes a coibir a obtenção, de forma individual ou coletiva, de benefícios ou vantagens pessoais, em decorrência da participação no respectivo processo decisório;
III – a constituição de conselho fiscal ou órgão equivalente, dotado de competência para opinar sobre os relatórios de desempenho financeiro e contábil, e sobre as operações patrimoniais realizadas, emitindo pareceres para os organismos superiores da entidade;
IV – a previsão de que, em caso de dissolução da entidade, o respectivo patrimônio líquido será transferido a outra pessoa jurídica qualificada nos termos desta Lei, preferencialmente que tenha o mesmo objeto social da extinta;
V – a previsão de que, na hipótese de a pessoa jurídica perder a qualificação instituída por esta Lei, o respectivo acervo patrimonial disponível, adquirido com recursos públicos durante o período em que perdurou aquela qualificação, será transferido a outra pessoa jurídica qualificada nos termos desta Lei, preferencialmente que tenha o mesmo objeto social;
VI – a possibilidade de se instituir remuneração para os dirigentes da entidade que atuem efetivamente na gestão executiva e para aqueles que a ela prestam serviços específicos, respeitados, em ambos os casos, os valores praticados pelo mercado, na região correspondente a sua área de atuação;
VII – as normas de prestação de contas a serem observadas pela entidade, que determinarão, no mínimo:
a) a observância dos princípios fundamentais de contabilidade e das Normas Brasileiras de Contabilidade;
b) que se dê publicidade por qualquer meio eficaz, no encerramento do exercício fiscal, ao relatório de atividades e das demonstrações financeiras da entidade, incluindo-se as certidões negativas de débitos junto ao INSS e ao FGTS, colocando-os à disposição para exame de qualquer cidadão;
c) a realização de auditoria, inclusive por auditores externos independentes se for o caso, da aplicação dos eventuais recursos objeto do Termo de Parceria conforme previsto em regulamento;

1493

Lei 9.790/1999

d) a prestação de contas de todos os recursos e bens de origem pública recebidos pelas Organizações da Sociedade Civil de Interesse Público será feita conforme determina o parágrafo único do art. 70 da Constituição Federal.

Parágrafo único. É permitida a participação de servidores públicos na composição de conselho ou diretoria de Organização da Sociedade Civil de Interesse Público.

• Parágrafo único com redação determinada pela Lei 13.019/2014 (*DOU* 01.08.2014), em vigor após decorridos 540 (quinhentos e quarenta) dias de sua publicação oficial, observado o disposto nos §§ 1º e 2º do art. 88 da referida Lei.

Art. 5º Cumpridos os requisitos dos arts. 3º e 4º desta Lei, a pessoa jurídica de direito privado sem fins lucrativos, interessada em obter a qualificação instituída por esta Lei, deverá formular requerimento escrito ao Ministério da Justiça, instruído com cópias autenticadas dos seguintes documentos:

I – estatuto registrado em cartório;

II – ata de eleição de sua atual diretoria;

III – balanço patrimonial e demonstração do resultado do exercício;

IV – declaração de isenção do imposto de renda;

V – inscrição no Cadastro Geral de Contribuintes.

Art. 6º Recebido o requerimento previsto no artigo anterior, o Ministério da Justiça decidirá, no prazo de 30 (trinta) dias, deferindo ou não o pedido.

§ 1º No caso de deferimento, o Ministério da Justiça emitirá, no prazo de 15 (quinze) dias da decisão, certificado de qualificação da requerente como Organização da Sociedade Civil de Interesse Público.

§ 2º Indeferido o pedido, o Ministério da Justiça, no prazo do § 1º, dará ciência da decisão, mediante publicação no *Diário Oficial*.

§ 3º O pedido de qualificação somente será indeferido quando:

I – a requerente enquadrar-se nas hipóteses previstas no art. 2º desta Lei;

II – a requerente não atender aos requisitos descritos nos arts. 3º e 4º desta Lei;

III – a documentação apresentada estiver incompleta.

Art. 7º Perde-se a qualificação de Organização da Sociedade Civil de Interesse Público, a pedido ou mediante decisão proferida em processo administrativo ou judicial, de iniciativa popular ou do Ministério Público, no qual serão asseguradas, ampla defesa e o devido contraditório.

Art. 8º Vedado o anonimato, e desde que amparado por fundadas evidências de erro ou fraude, qualquer cidadão, respeitadas as prerrogativas do Ministério Público, é parte legítima para requerer, judicial ou administrativamente, a perda da qualificação instituída por esta Lei.

Capítulo II
DO TERMO DE PARCERIA

Art. 9º Fica instituído o Termo de Parceria, assim considerado o instrumento passível de ser firmado entre o Poder Público e as entidades qualificadas como Organizações da Sociedade Civil de Interesse Público destinado à formação de vínculo de cooperação entre as partes, para o fomento e a execução das atividades de interesse público previstas no art. 3º desta Lei.

Art. 10. O Termo de Parceria firmado de comum acordo entre o Poder Público e as Organizações da Sociedade Civil de Interesse Público discriminará direitos, responsabilidades e obrigações das partes signatárias.

§ 1º A celebração do Termo de Parceria será precedida de consulta aos Conselhos de Políticas Públicas das áreas correspondentes de atuação existentes, nos respectivos níveis de governo.

§ 2º São cláusulas essenciais do Termo de Parceria:

I – a do objeto, que conterá a especificação do programa de trabalho proposto pela Organização da Sociedade Civil de Interesse Público;

II – a de estipulação das metas e dos resultados a serem atingidos e os respectivos prazos de execução ou cronograma;

III – a de previsão expressa dos critérios objetivos de avaliação de desempenho a serem utilizados, mediante indicadores de resultado;

IV – a de previsão de receitas e despesas a serem realizadas em seu cumprimento, estipulando item por item as categorias contábeis usadas pela organização e o detalhamento das remunerações e benefícios de pessoal a serem pagos, com recursos oriundos ou vinculados ao Termo de Parceria, a seus diretores, empregados e consultores;

V – a que estabelece as obrigações da Sociedade Civil de Interesse Público, entre as quais a de apresentar ao Poder Público, ao término de cada exercício, relatório sobre a execução do objeto do Termo de Parceria, contendo comparativo específico das metas propostas com os resultados alcançados, acompanhado de prestação de contas dos gastos e receitas efetivamente realizados, independente das previsões mencionadas no inciso IV;

VI – a de publicação, na imprensa oficial do Município, do Estado ou da União, conforme o alcance das atividades celebradas entre o órgão parceiro e a Organização da Sociedade Civil de Interesse Público, de extrato do Termo de Parceria e de demonstrativo da sua execução física e financeira, conforme modelo simplificado estabelecido no regulamento desta Lei, contendo os dados principais da documentação obrigatória do inciso V, sob pena de não liberação dos recursos previstos no Termo de Parceria.

Art. 11. A execução do objeto do Termo de Parceria será acompanhada e fiscalizada por órgão do Poder Público da área de atuação correspondente à atividade fomentada, e pelos Conselhos de Políticas Públicas das áreas correspondentes de atuação existentes, em cada nível de governo.

§ 1º Os resultados atingidos com a execução do Termo de Parceria devem ser analisados por comissão de avaliação, composta de comum acordo entre o órgão parceiro e a Organização da Sociedade Civil de Interesse Público.

§ 2º A comissão encaminhará à autoridade competente relatório conclusivo sobre a avaliação procedida.

§ 3º Os Termos de Parceria destinados ao fomento de atividades nas áreas de que trata esta Lei estarão sujeitos aos mecanismos de controle social previstos na legislação.

Art. 12. Os responsáveis pela fiscalização do Termo de Parceria, ao tomarem conhecimento de qualquer irregularidade ou ilegalidade na utilização de recursos ou bens de origem pública pela organização parceira, darão imediata ciência ao Tribunal de Contas respectivo e ao Ministério Público, sob pena de responsabilidade solidária.

Art. 13. Sem prejuízo da medida a que se refere o art. 12 desta Lei, havendo indícios fundados de malversação de bens ou recursos de origem pública, os responsáveis pela fiscalização representarão ao Ministério Público, à Advocacia-Geral da União, para que requeiram ao juízo competente a decretação da indisponibilidade dos bens da entidade e o sequestro dos bens dos seus dirigentes, bem como de agente público ou terceiro, que possam ter enriquecido ilicitamente ou causado dano ao patrimônio público, além de outras medidas consubstanciadas na Lei 8.429, de 2 de junho de 1992, e na Lei Complementar 64, de 18 de maio de 1990.

§ 1º O pedido de sequestro será processado de acordo com o disposto nos arts. 822 e 825 do Código de Processo Civil.

§ 2º Quando for o caso, o pedido incluirá a investigação, o exame e o bloqueio de bens, contas bancárias e aplicações mantidas pelo demandado no País e no exterior, nos termos da lei e dos tratados internacionais.

§ 3º Até o término da ação, o Poder Público permanecerá como depositário e gestor dos bens e valores sequestrados ou indisponíveis e velará pela continuidade das atividades sociais da organização parceira.

Art. 14. A organização parceira fará publicar, no prazo máximo de 30 (trinta) dias, contado da assinatura do Termo de Parceria, regulamento próprio contendo os procedimentos que adotará para a contratação de obras e serviços, bem como para compras com emprego de recursos provenientes do Poder Público, observados os princípios estabelecidos no inciso I do art. 4º desta Lei.

Art. 15. Caso a organização adquira bem imóvel com recursos provenientes da cele-

Lei 9.800/1999

LEGISLAÇÃO

bração do Termo de Parceria, este será gravado com cláusula de inalienabilidade.

Art. 15-A. *(Vetado.)*

- Artigo acrescentado pela Lei 13.019/2014 (*DOU* 01.08.2014), em vigor após decorridos 540 (quinhentos e quarenta) dias de sua publicação oficial, observado o disposto nos §§ 1º e 2º do art. 88 da referida Lei.

Art. 15-B. A prestação de contas relativa à execução do Termo de Parceria perante o órgão da entidade estatal parceira refere-se à correta aplicação dos recursos públicos recebidos e ao adimplemento do objeto do Termo de Parceria, mediante a apresentação dos seguintes documentos:

- Artigo acrescentado pela Lei 13.019/2014 (*DOU* 01.08.2014), em vigor após decorridos 540 (quinhentos e quarenta) dias de sua publicação oficial, observado o disposto nos §§ 1º e 2º do art. 88 da referida Lei.

I – relatório anual de execução de atividades, contendo especificamente relatório sobre a execução do objeto do Termo de Parceria, bem como comparativo entre as metas propostas e os resultados alcançados;
II – demonstrativo integral da receita e despesa realizadas na execução;
III – extrato da execução física e financeira;
IV – demonstração de resultados do exercício;
V – balanço patrimonial;
VI – demonstração das origens e das aplicações de recursos;
VII – demonstração das mutações do patrimônio social;
VIII – notas explicativas das demonstrações contábeis, caso necessário;
IX – parecer e relatório de auditoria, se for o caso.

Capítulo III
DAS DISPOSIÇÕES FINAIS E TRANSITÓRIAS

Art. 16. É vedada às entidades qualificadas como Organizações da Sociedade Civil de Interesse Público a participação em campanhas de interesse político-partidário ou eleitorais, sob quaisquer meios ou formas.

Art. 17. O Ministério da Justiça permitirá, mediante requerimento dos interessados, livre acesso público a todas as informações pertinentes às Organizações da Sociedade Civil de Interesse Público.

Art. 18. As pessoas jurídicas de direito privado sem fins lucrativos, qualificadas com base em outros diplomas legais, poderão qualificar-se como Organizações da Sociedade Civil de Interesse Público, desde que atendidos aos requisitos para tanto exigidos, sendo-lhes assegurada a manutenção simultânea dessas qualificações, até 5 (cinco) anos contados da data de vigência desta Lei.

- *Caput* com redação determinada pela MP 2.216-37/2001.

§ 1º Findo o prazo de 5 (cinco) anos, a pessoa jurídica interessada em manter a qualificação prevista nesta Lei deverá por ela optar, fato que implicará a renúncia automática de suas qualificações anteriores.

- § 1º com redação determinada pela MP 2.216-37/2001.

§ 2º Caso não seja feita a opção prevista no parágrafo anterior, a pessoa jurídica perderá automaticamente a qualificação obtida nos termos desta Lei.

Art. 19. O Poder Executivo regulamentará esta Lei no prazo de 30 (trinta) dias.

Art. 20. Esta Lei entra em vigor na data de sua publicação.

Brasília, 23 de março de 1999; 178º da Independência e 111º da República.
Fernando Henrique Cardoso

(DOU 24.03.1999)

LEI 9.800,
DE 26 DE MAIO DE 1999

Permite às partes a utilização de sistema de transmissão de dados para a prática de atos processuais.

O Presidente da República:
Faço saber que o Congresso Nacional decreta e eu sanciono a seguinte Lei:

Art. 1º É permitida às partes a utilização de sistema de transmissão de dados e imagens tipo fac-símile ou outro similar, para a prática de atos processuais que dependam de petição escrita.

Art. 2º A utilização de sistema de transmissão de dados e imagens não prejudica o cumprimento dos prazos, devendo os origi-

nais ser entregues em juízo, necessariamente, até 5 (cinco) dias da data de seu término.
Parágrafo único. Nos atos não sujeitos a prazo, os originais deverão ser entregues, necessariamente, até 5 (cinco) dias da data da recepção do material.
Art. 3º Os juízes poderão praticar atos de sua competência à vista de transmissões efetuadas na forma desta Lei, sem prejuízo do disposto no artigo anterior.
Art. 4º Quem fizer uso de sistema de transmissão torna-se responsável pela qualidade e fidelidade do material transmitido, e por sua entrega ao órgão judiciário.
Parágrafo único. Sem prejuízo de outras sanções, o usuário do sistema será considerado litigante de má-fé se não houver perfeita concordância entre o original remetido pelo fac-símile e o original entregue em juízo.
Art. 5º O disposto nesta Lei não obriga a que os órgãos judiciários disponham de equipamentos para recepção.
Art. 6º Esta Lei entra em vigor 30 (trinta) dias após a data de sua publicação.

Brasília, 26 de maio de 1999; 178º da Independência e 111º da República.

Fernando Henrique Cardoso

(*DOU* 27.05.1999)

LEI 9.867, DE 10 DE NOVEMBRO DE 1999

Dispõe sobre a criação e o funcionamento de Cooperativas Sociais, visando à integração social dos cidadãos, conforme especifica.

• V. arts. 1.093 a 1.096, CC.

O Presidente da República:
Faço saber que o Congresso Nacional decreta e eu sanciono a seguinte Lei:

Art. 1º As Cooperativas Sociais, constituídas com a finalidade de inserir as pessoas em desvantagem no mercado econômico, por meio do trabalho, fundamentam-se no interesse geral da comunidade em promover a pessoa humana e a integração social dos cidadãos, e incluem entre suas atividades:
I – a organização e gestão de serviços sociossanitários e educativos; e
II – o desenvolvimento de atividades agrícolas, industriais, comerciais e de serviços.
Art. 2º Na denominação e razão social das entidades a que se refere o artigo anterior, é obrigatório o uso da expressão "Cooperativa Social", aplicando-se-lhes todas as normas relativas ao setor em que operarem, desde que compatíveis com os objetivos desta Lei.
Art. 3º Consideram-se pessoas em desvantagem, para os efeitos desta Lei:
I – os deficientes físicos e sensoriais;
II – os deficientes psíquicos e mentais, as pessoas dependentes de acompanhamento psiquiátrico permanente, e os egressos de hospitais psiquiátricos;
III – os dependentes químicos;
IV – os egressos de prisões;
V – *(Vetado.)*
VI – os condenados a penas alternativas à detenção;
VII – os adolescentes em idade adequada ao trabalho e situação familiar difícil do ponto de vista econômico, social ou afetivo.
§ 1º *(Vetado.)*
§ 2º As Cooperativas Sociais organizarão seu trabalho, especialmente no que diz respeito a instalações, horários e jornadas, de maneira a levar em conta e minimizar as dificuldades gerais e individuais das pessoas em desvantagem que nelas trabalharem, e desenvolverão e executarão programas especiais de treinamento com o objetivo de aumentar-lhes a produtividade e a independência econômica e social.
§ 3º A condição de pessoa em desvantagem deve ser atestada por documentação proveniente de órgãos da administração pública, ressalvando-se o direito à privacidade.
Art. 4º O estatuto da Cooperativa Social poderá prever uma ou mais categorias de sócios voluntários, que lhe prestem serviços gratuitamente, e não estejam incluídos na definição de pessoas em desvantagem.
Art. 5º *(Vetado.)*
Parágrafo único. *(Vetado.)*
Art. 6º Esta Lei entra em vigor na data de sua publicação.

Brasília, 10 de novembro de 1999; 178º da Independência e 111º da República.

Fernando Henrique Cardoso

(*DOU* 11.11.1999)

Lei 9.868/1999

LEGISLAÇÃO

**LEI 9.868,
DE 10 DE NOVEMBRO DE 1999**

Dispõe sobre o processo e julgamento da ação direta de inconstitucionalidade e da ação declaratória de constitucionalidade perante o Supremo Tribunal Federal.

O Presidente da República:
Faço saber que o Congresso Nacional decreta e eu sanciono a seguinte Lei:

Capítulo I
DA AÇÃO DIRETA DE INCONSTITUCIONALIDADE E DA AÇÃO DECLARATÓRIA DE CONSTITUCIONALIDADE

Art. 1º Esta Lei dispõe sobre o processo e julgamento da ação direta de inconstitucionalidade e da ação declaratória de constitucionalidade perante o Supremo Tribunal Federal.

Capítulo II
DA AÇÃO DIRETA DE INCONSTITUCIONALIDADE

Seção I
Da admissibilidade e do procedimento da ação direta de inconstitucionalidade

Art. 2º Podem propor a ação direta de inconstitucionalidade:
- V. art. 103, CF.

I – o Presidente da República;
II – a Mesa do Senado Federal;
III – a Mesa da Câmara dos Deputados;
IV – a Mesa de Assembleia Legislativa ou a Mesa da Câmara Legislativa do Distrito Federal;
V – o Governador de Estado ou o Governador do Distrito Federal;
VI – o Procurador-Geral da República;
VII – o Conselho Federal da Ordem dos Advogados do Brasil;
VIII – partido político com representação no Congresso Nacional;
IX – confederação sindical ou entidade de classe de âmbito nacional.
Parágrafo único. *(Vetado.)*

Art. 3º A petição indicará:
I – o dispositivo da lei ou do ato normativo impugnado e os fundamentos jurídicos do pedido em relação a cada uma das impugnações;
II – o pedido, com suas especificações.
Parágrafo único. A petição inicial, acompanhada de instrumento de procuração, quando subscrita por advogado, será apresentada em duas vias, devendo conter cópias da lei ou do ato normativo impugnado e dos documentos necessários para comprovar a impugnação.

Art. 4º A petição inicial inepta, não fundamentada e a manifestamente improcedente serão liminarmente indeferidas pelo relator.
Parágrafo único. Cabe agravo da decisão que indeferir a petição inicial.

Art. 5º Proposta a ação direta, não se admitirá desistência.
Parágrafo único. *(Vetado.)*

Art. 6º O relator pedirá informações aos órgãos ou às autoridades das quais emanou a lei ou o ato normativo impugnado.
Parágrafo único. As informações serão prestadas no prazo de 30 (trinta) dias contado do recebimento do pedido.

Art. 7º Não se admitirá intervenção de terceiros no processo de ação direta de inconstitucionalidade.
§ 1º *(Vetado.)*
§ 2º O relator, considerando a relevância da matéria e a representatividade dos postulantes, poderá, por despacho irrecorrível, admitir, observado o prazo fixado no parágrafo anterior, a manifestação de outros órgãos ou entidades.

Art. 8º Decorrido o prazo das informações, serão ouvidos, sucessivamente, o Advogado-Geral da União e o Procurador-Geral da República, que deverão manifestar-se, cada qual, no prazo de 15 (quinze) dias.

Art. 9º Vencidos os prazos do artigo anterior, o relator lançará o relatório, com cópia a todos os Ministros, e pedirá dia para julgamento.
§ 1º Em caso de necessidade de esclarecimento de matéria ou circunstância de fato ou de notória insuficiência das informações existentes nos autos, poderá o relator requisitar informações adicionais, designar perito ou comissão de peritos para que

Lei 9.868/1999

LEGISLAÇÃO

emita parecer sobre a questão, ou fixar data para, em audiência pública, ouvir depoimentos de pessoas com experiência e autoridade na matéria.

§ 2º O relator poderá, ainda, solicitar informações aos Tribunais Superiores, aos Tribunais federais e aos Tribunais estaduais acerca da aplicação da norma impugnada no âmbito de sua jurisdição.

§ 3º As informações, perícias e audiências a que se referem os parágrafos anteriores serão realizadas no prazo de 30 (trinta) dias, contado da solicitação do relator.

Seção II
Da medida cautelar em ação direta de inconstitucionalidade

• V. art. 102, I, *p*, CF.

Art. 10. Salvo no período de recesso, a medida cautelar na ação direta será concedida por decisão da maioria absoluta dos membros do Tribunal, observado o disposto no art. 22, após a audiência dos órgãos ou autoridades dos quais emanou a lei ou ato normativo impugnado, que deverão pronunciar-se no prazo de 5 (cinco) dias.

§ 1º O relator, julgando indispensável, ouvirá o Advogado-Geral da União e o Procurador-Geral da República, no prazo de 3 (três) dias.

§ 2º No julgamento do pedido de medida cautelar, será facultada sustentação oral aos representantes judiciais do requerente e das autoridades ou órgãos responsáveis pela expedição do ato, na forma estabelecida no Regimento do Tribunal.

§ 3º Em caso de excepcional urgência, o Tribunal poderá deferir a medida cautelar sem a audiência dos órgãos ou das autoridades das quais emanou a lei ou o ato normativo impugnado.

Art. 11. Concedida a medida cautelar, o Supremo Tribunal Federal fará publicar em seção especial do *Diário Oficial da União* e do *Diário da Justiça da União* a parte dispositiva da decisão, no prazo de 10 (dez) dias, devendo solicitar as informações à autoridade da qual tiver emanado o ato, observando-se, no que couber, o procedimento estabelecido na Seção I deste Capítulo.

§ 1º A medida cautelar, dotada de eficácia contra todos, será concedida com efeito *ex nunc*, salvo se o Tribunal entender que deva conceder-lhe eficácia retroativa.

§ 2º A concessão da medida cautelar torna aplicável a legislação anterior acaso existente, salvo expressa manifestação em sentido contrário.

Art. 12. Havendo pedido de medida cautelar, o relator, em face da relevância da matéria e de seu especial significado para a ordem social e a segurança jurídica, poderá, após a prestação das informações, no prazo de 10 (dez) dias, e a manifestação do Advogado-Geral da União e do Procurador-Geral da República, sucessivamente, no prazo de 5 (cinco) dias, submeter o processo diretamente ao Tribunal, que terá a faculdade de julgar definitivamente a ação.

Capítulo II-A
DA AÇÃO DIRETA DE INCONSTITUCIONALIDADE POR OMISSÃO

• Capítulo II-A acrescentado pela Lei 12.063/2009.

Seção I
Da admissibilidade e do procedimento da ação direta de inconstitucionalidade por omissão

• Seção I acrescentada pela Lei 12.063/2009.

Art. 12-A. Podem propor a ação direta de inconstitucionalidade por omissão os legitimados à propositura da ação direta de inconstitucionalidade e da ação declaratória de constitucionalidade.

• Artigo acrescentado pela Lei 12.063/2009.

Art. 12-B. A petição indicará:

• Artigo acrescentado pela Lei 12.063/2009.

I – a omissão inconstitucional total ou parcial quanto ao cumprimento de dever constitucional de legislar ou quanto à adoção de providência de índole administrativa;

II – o pedido, com suas especificações.

Parágrafo único. A petição inicial, acompanhada de instrumento de procuração, se for o caso, será apresentada em duas vias, devendo conter cópias dos documentos necessários para comprovar a alegação de omissão.

Art. 12-C. A petição inicial inepta, não fundamentada, e a manifestamente improcedente serão liminarmente indeferidas pelo relator.

Lei 9.868/1999

LEGISLAÇÃO

• Artigo acrescentado pela Lei 12.063/2009.

Parágrafo único. Cabe agravo da decisão que indeferir a petição inicial.

Art. 12-D. Proposta a ação direta de inconstitucionalidade por omissão, não se admitirá desistência.

• Artigo acrescentado pela Lei 12.063/2009.

Art. 12-E. Aplicam-se ao procedimento da ação direta de inconstitucionalidade por omissão, no que couber, as disposições constantes da Seção I do Capítulo II desta Lei.

• Artigo acrescentado pela Lei 12.063/2009.

§ 1º Os demais titulares referidos no art. 2º desta Lei poderão manifestar-se, por escrito, sobre o objeto da ação e pedir a juntada de documentos reputados úteis para o exame da matéria, no prazo das informações, bem como apresentar memoriais.

§ 2º O relator poderá solicitar a manifestação do Advogado-Geral da União, que deverá ser encaminhada no prazo de 15 (quinze) dias.

§ 3º O Procurador-Geral da República, nas ações em que não for autor, terá vista do processo, por 15 (quinze) dias, após o decurso do prazo para informações.

Seção II
Da medida cautelar em ação direta de inconstitucionalidade por omissão

• Seção II acrescentada pela Lei 12.063/2009.

Art. 12-F. Em caso de excepcional urgência e relevância da matéria, o Tribunal, por decisão da maioria absoluta de seus membros, observado o disposto no art. 22, poderá conceder medida cautelar, após a audiência dos órgãos ou autoridades responsáveis pela omissão inconstitucional, que deverão pronunciar-se no prazo de 5 (cinco) dias.

• Artigo acrescentado pela Lei 12.063/2009.

§ 1º A medida cautelar poderá consistir na suspensão da aplicação da lei ou do ato normativo questionado, no caso de omissão parcial, bem como na suspensão de processos judiciais ou de procedimentos administrativos, ou ainda em outra providência a ser fixada pelo Tribunal.

§ 2º O relator, julgando indispensável, ouvirá o Procurador-Geral da República, no prazo de 3 (três) dias.

§ 3º No julgamento do pedido de medida cautelar, será facultada sustentação oral aos representantes judiciais do requerente e das autoridades ou órgãos responsáveis pela omissão inconstitucional, na forma estabelecida no Regimento do Tribunal.

Art. 12-G. Concedida a medida cautelar, o Supremo Tribunal Federal fará publicar, em seção especial do *Diário Oficial da União* e do *Diário da Justiça da União*, a parte dispositiva da decisão no prazo de 10 (dez) dias, devendo solicitar as informações à autoridade ou ao órgão responsável pela omissão inconstitucional, observando-se, no que couber, o procedimento estabelecido na Seção I do Capítulo II desta Lei.

• Artigo acrescentado pela Lei 12.063/2009.

Seção III
Da decisão na ação direta de inconstitucionalidade por omissão

• Seção III acrescentada pela Lei 12.063/2009.

Art. 12-H. Declarada a inconstitucionalidade por omissão, com observância do disposto no art. 22, será dada ciência ao Poder competente para a adoção das providências necessárias.

• Artigo acrescentado pela Lei 12.063/2009.

§ 1º Em caso de omissão imputável a órgão administrativo, as providências deverão ser adotadas no prazo de 30 (trinta) dias, ou em prazo razoável a ser estipulado excepcionalmente pelo Tribunal, tendo em vista as circunstâncias específicas do caso e o interesse público envolvido.

§ 2º Aplica-se à decisão da ação direta de inconstitucionalidade por omissão, no que couber, o disposto no Capítulo IV desta Lei.

Lei 9.868/1999

Capítulo III
DA AÇÃO DECLARATÓRIA DE CONSTITUCIONALIDADE

Seção I
Da admissibilidade e do procedimento da ação declaratória de constitucionalidade

Art. 13. Podem propor a ação declaratória de constitucionalidade de lei ou ato normativo federal:

- V. art. 103, CF.

I – o Presidente da República;
II – a Mesa da Câmara dos Deputados;
III – a Mesa do Senado Federal;
IV – o Procurador-Geral da República.

Art. 14. A petição inicial indicará:
I – o dispositivo da lei ou do ato normativo questionado e os fundamentos jurídicos do pedido;
II – o pedido, com suas especificações;
III – a existência de controvérsia judicial relevante sobre a aplicação da disposição objeto da ação declaratória.

Parágrafo único. A petição inicial, acompanhada de instrumento de procuração, quando subscrita por advogado, será apresentada em duas vias, devendo conter cópias do ato normativo questionado e dos documentos necessários para comprovar a procedência do pedido de declaração de constitucionalidade.

Art. 15. A petição inicial inepta, não fundamentada e a manifestamente improcedente serão liminarmente indeferidas pelo relator.

Parágrafo único. Cabe agravo da decisão que indeferir a petição inicial.

Art. 16. Proposta a ação declaratória, não se admitirá desistência.

Art. 17. *(Vetado.)*

Art. 18. Não se admitirá intervenção de terceiros no processo de ação declaratória de constitucionalidade.
§ 1º *(Vetado.)*
§ 2º *(Vetado.)*

Art. 19. Decorrido o prazo do artigo anterior, será aberta vista ao Procurador-Geral da República, que deverá pronunciar-se no prazo de 15 (quinze) dias.

Art. 20. Vencido o prazo do artigo anterior, o relator lançará o relatório, com cópia a todos os Ministros, e pedirá dia para julgamento.

§ 1º Em caso de necessidade de esclarecimento de matéria ou circunstância de fato ou de notória insuficiência das informações existentes nos autos, poderá o relator requisitar informações adicionais, designar perito ou comissão de peritos para que emita parecer sobre a questão ou fixar data para, em audiência pública, ouvir depoimentos de pessoas com experiência e autoridade na matéria.

§ 2º O relator poderá solicitar, ainda, informações aos Tribunais Superiores, aos Tribunais federais e aos Tribunais estaduais acerca da aplicação da norma questionada no âmbito de sua jurisdição.

§ 3º As informações, perícias e audiências a que se referem os parágrafos anteriores serão realizadas no prazo de 30 (trinta) dias, contado da solicitação do relator.

Seção II
Da medida cautelar em ação declaratória de constitucionalidade

Art. 21. O Supremo Tribunal Federal, por decisão da maioria absoluta de seus membros, poderá deferir pedido de medida cautelar na ação declaratória de constitucionalidade, consistente na determinação de que os juízes e os Tribunais suspendam o julgamento dos processos que envolvam a aplicação da lei ou do ato normativo objeto da ação até seu julgamento definitivo.

Parágrafo único. Concedida a medida cautelar, o Supremo Tribunal Federal fará publicar em seção especial do *Diário Oficial da União* a parte dispositiva da decisão, no prazo de 10 (dez) dias, devendo o Tribunal proceder ao julgamento da ação no prazo de 180 (cento e oitenta) dias, sob pena de perda de sua eficácia.

Lei 9.868/1999

Capítulo IV
DA DECISÃO NA AÇÃO DIRETA DE INCONSTITUCIONALIDADE E NA AÇÃO DECLARATÓRIA DE CONSTITUCIONALIDADE

Art. 22. A decisão sobre a constitucionalidade ou a inconstitucionalidade da lei ou do ato normativo somente será tomada se presentes na sessão pelo menos oito Ministros.

Art. 23. Efetuado o julgamento, proclamar-se-á a constitucionalidade ou a inconstitucionalidade da disposição ou da norma impugnada se num ou noutro sentido se tiverem manifestado pelo menos seis Ministros, quer se trate de ação direta de inconstitucionalidade ou de ação declaratória de constitucionalidade.

Parágrafo único. Se não for alcançada a maioria necessária à declaração de constitucionalidade ou de inconstitucionalidade, estando ausentes Ministros em número que possa influir no julgamento, este será suspenso a fim de aguardar-se o comparecimento dos Ministros ausentes, até que se atinja o número necessário para prolação da decisão num ou noutro sentido.

Art. 24. Proclamada a constitucionalidade, julgar-se-á improcedente a ação direta ou procedente eventual ação declaratória; e, proclamada a inconstitucionalidade, julgar-se-á procedente a ação direta ou improcedente eventual ação declaratória.

Art. 25. Julgada a ação, far-se-á a comunicação à autoridade ou ao órgão responsável pela expedição do ato.

Art. 26. A decisão que declara a constitucionalidade ou a inconstitucionalidade da lei ou do ato normativo em ação direta ou em ação declaratória é irrecorrível, ressalvada a interposição de embargos declaratórios, não podendo, igualmente, ser objeto de ação rescisória.

Art. 27. Ao declarar a inconstitucionalidade de lei ou ato normativo, e tendo em vista razões de segurança jurídica ou de excepcional interesse social, poderá o Supremo Tribunal Federal, por maioria de dois terços de seus membros, restringir os efeitos daquela declaração ou decidir que ela só tenha eficácia a partir de seu trânsito em julgado ou de outro momento que venha a ser fixado.

Art. 28. Dentro do prazo de 10 (dez) dias após o trânsito em julgado da decisão, o Supremo Tribunal Federal fará publicar em seção especial do *Diário da Justiça* e do *Diário Oficial da União* a parte dispositiva do acórdão.

Parágrafo único. A declaração de constitucionalidade ou de inconstitucionalidade, inclusive a interpretação conforme a Constituição e a declaração parcial de inconstitucionalidade sem redução de texto, têm eficácia contra todos e efeito vinculante em relação aos órgãos do Poder Judiciário e à Administração Pública federal, estadual e municipal.

• V. art. 102, § 2º, CF.

Capítulo V
DAS DISPOSIÇÕES GERAIS E FINAIS

Art. 29. O art. 482 do Código de Processo Civil fica acrescido dos seguintes parágrafos:

• Alterações processadas no texto do CPC.

Art. 30. O art. 8º da Lei 8.185, de 14 de maio de 1991, passa a vigorar acrescido dos seguintes dispositivos:

"Art. 8º [...]"
"I – [...]"
"[...]"
"n) a ação direta de inconstitucionalidade de lei ou ato normativo do Distrito Federal em face da sua Lei Orgânica;"
"[...]"
"§ 3º São partes legítimas para propor a ação direta de inconstitucionalidade:"
"I – o Governador do Distrito Federal;"
"II – a Mesa da Câmara Legislativa;"
"III – o Procurador-Geral de Justiça;"
"IV – a Ordem dos Advogados do Brasil, seção do Distrito Federal;"
"V – as entidades sindicais ou de classe, de atuação no Distrito Federal, demonstrando que a pretensão por elas deduzida guarda

Lei 9.882/1999

LEGISLAÇÃO

relação de pertinência direta com os seus objetivos institucionais;

"VI – os partidos políticos com representação na Câmara Legislativa.

"§ 4º Aplicam-se ao processo e julgamento da ação direta de inconstitucionalidade perante o Tribunal de Justiça do Distrito Federal e Territórios as seguintes disposições:

"I – o Procurador-Geral de Justiça será sempre ouvido nas ações diretas de constitucionalidade ou de inconstitucionalidade;

"II – declarada a inconstitucionalidade por omissão de medida para tornar efetiva norma da Lei Orgânica do Distrito Federal, a decisão será comunicada ao Poder competente para adoção das providências necessárias, e, tratando-se de órgão administrativo, para fazê-lo em 30 (trinta) dias;

"III – somente pelo voto da maioria absoluta de seus membros ou de seu órgão especial, poderá o Tribunal de Justiça declarar a inconstitucionalidade de lei ou de ato normativo do Distrito Federal ou suspender a sua vigência em decisão de medida cautelar.

"§ 5º Aplicam-se, no que couber, ao processo de julgamento da ação direta de inconstitucionalidade de lei ou ato normativo do Distrito Federal em face da sua Lei Orgânica as normas sobre o processo e o julgamento da ação direta de inconstitucionalidade perante o Supremo Tribunal Federal."

Art. 31. Esta Lei entra em vigor na data de sua publicação.

Brasília, 10 de novembro de 1999; 178º da Independência e 111º da República.

Fernando Henrique Cardoso

(*DOU* 11.11.1999)

LEI 9.882, DE 3 DE DEZEMBRO DE 1999

Dispõe sobre o processo e julgamento da arguição de descumprimento de preceito fundamental, nos termos do § 1º do art. 102 da Constituição Federal.

O Presidente da República:

Faço saber que o Congresso Nacional decreta e eu sanciono a seguinte Lei:

Art. 1º A arguição prevista no § 1º do art. 102 da Constituição Federal será proposta perante o Supremo Tribunal Federal, e terá por objeto evitar ou reparar lesão a preceito fundamental, resultante de ato do Poder Público.

Parágrafo único. Caberá também arguição de descumprimento de preceito fundamental:

I – quando for relevante o fundamento da controvérsia constitucional sobre lei ou ato normativo federal, estadual ou municipal, incluídos os anteriores à Constituição;

• V. ADIn 2.231-8.

II – *(Vetado.)*

Art. 2º Podem propor arguição de descumprimento de preceito fundamental:

• V. art. 103, CF.

I – os legitimados para a ação direta de inconstitucionalidade;

II – *(Vetado.)*

§ 1º Na hipótese do inciso II, faculta-se ao interessado, mediante representação, solicitar a propositura de arguição de descumprimento de preceito fundamental ao Procurador-Geral da República, que, examinando os fundamentos jurídicos do pedido, decidirá do cabimento do seu ingresso em juízo.

§ 2º *(Vetado.)*

Art. 3º A petição inicial deverá conter:

I – a indicação do preceito fundamental que se considera violado;

II – a indicação do ato questionado;

III – a prova da violação do preceito fundamental;

IV – o pedido, com suas especificações;

V – se for o caso, a comprovação da existência de controvérsia judicial relevante sobre a aplicação do preceito fundamental que se considera violado.

Parágrafo único. A petição inicial, acompanhada de instrumento de mandato, se for o caso, será apresentada em duas vias, devendo conter cópias do ato questionado e dos documentos necessários para comprovar a impugnação.

Lei 9.882/1999

LEGISLAÇÃO

Art. 4º A petição inicial será indeferida liminarmente, pelo relator, quando não for o caso de arguição de descumprimento de preceito fundamental, faltar algum dos requisitos prescritos nesta Lei ou for inepta.

§ 1º Não será admitida arguição de descumprimento de preceito fundamental quando houver qualquer outro meio eficaz de sanar a lesividade.

§ 2º Da decisão de indeferimento da petição inicial caberá agravo, no prazo de 5 (cinco) dias.

Art. 5º O Supremo Tribunal Federal, por decisão da maioria absoluta de seus membros, poderá deferir pedido de medida liminar na arguição de descumprimento de preceito fundamental.

§ 1º Em caso de extrema urgência ou perigo de lesão grave, ou, ainda, em período de recesso, poderá o relator conceder a liminar, *ad referendum* do Tribunal Pleno.

§ 2º O relator poderá ouvir os órgãos ou autoridades responsáveis pelo ato questionado, bem como o Advogado-Geral da União ou o Procurador-Geral da República, no prazo comum de 5 (cinco) dias.

§ 3º A liminar poderá consistir na determinação de que juízes e tribunais suspendam o andamento de processo ou os efeitos de decisões judiciais, ou de qualquer outra medida que apresente relação com a matéria objeto da arguição de descumprimento de preceito fundamental, salvo se decorrentes da coisa julgada.

• V. ADIn 2.231-8.

§ 4º *(Vetado.)*

Art. 6º Apreciado o pedido de liminar, o relator solicitará as informações às autoridades responsáveis pela prática do ato questionado, no prazo de 10 (dez) dias.

§ 1º Se entender necessário, poderá o relator ouvir as partes nos processos que ensejaram a arguição, requisitar informações adicionais, designar perito ou comissão de peritos para que emita parecer sobre a questão, ou, ainda, fixar data para declarações, em audiência pública, de pessoas com experiência e autoridade na matéria.

§ 2º Poderão ser autorizadas, a critério do relator, sustentação oral e juntada de memoriais, por requerimento dos interessados no processo.

Art. 7º Decorrido o prazo das informações, o relator lançará o relatório, com cópia a todos os ministros, e pedirá dia para julgamento.

Parágrafo único. O Ministério Público, nas arguições que não houver formulado, terá vista do processo, por 5 (cinco) dias, após o decurso do prazo para informações.

Art. 8º A decisão sobre a arguição de descumprimento de preceito fundamental somente será tomada se presentes na sessão pelo menos 2/3 (dois terços) dos Ministros.

§ 1º *(Vetado.)*

§ 2º *(Vetado.)*

Art. 9º *(Vetado.)*

Art. 10. Julgada a ação, far-se-á comunicação às autoridades ou órgãos responsáveis pela prática dos atos questionados, fixando-se as condições e o modo de interpretação e aplicação do preceito fundamental.

§ 1º O presidente do Tribunal determinará o imediato cumprimento da decisão, lavrando-se o acórdão posteriormente.

§ 2º Dentro do prazo de 10 (dez) dias contado a partir do trânsito em julgado da decisão, sua parte dispositiva será publicada em seção especial do *Diário da Justiça* e do *Diário Oficial da União*.

§ 3º A decisão terá eficácia contra todos e efeito vinculante relativamente aos demais órgãos do Poder Público.

Art. 11. Ao declarar a inconstitucionalidade de lei ou ato normativo, no processo de arguição de descumprimento de preceito fundamental, e tendo em vista razões de segurança jurídica ou de excepcional interesse social, poderá o Supremo Tribunal Federal, por maioria de 2/3 (dois terços) de seus membros, restringir os efeitos daquela declaração ou decidir que ela só tenha eficácia a partir de seu trânsito em

Lei 10.048/2000

LEGISLAÇÃO

julgado ou de outro momento que venha a ser fixado.

Art. 12. A decisão que julgar procedente ou improcedente o pedido em arguição de descumprimento de preceito fundamental é irrecorrível, não podendo ser objeto de ação rescisória.

Art. 13. Caberá reclamação contra o descumprimento da decisão proferida pelo Supremo Tribunal Federal, na forma do seu Regimento Interno.

Art. 14. Esta Lei entra em vigor na data de sua publicação.

Brasília, 3 de dezembro de 1999; 178º da Independência e 111º da República.
Fernando Henrique Cardoso

(DOU 06.12.1999)

LEI 10.048, DE 8 DE NOVEMBRO DE 2000

Dá prioridade de atendimento às pessoas que especifica, e dá outras providências.

- V. Dec. 5.296/2004 (Regulamenta as Leis 10.048/2000 e 10.098/2000).

O Presidente da República:
Faço saber que o Congresso Nacional decreta e eu sanciono a seguinte Lei:

Art. 1º As pessoas com deficiência, os idosos com idade igual ou superior a 60 (sessenta) anos, as gestantes, as lactantes, as pessoas com crianças de colo e os obesos terão atendimento prioritário, nos termos desta Lei.

- Artigo com redação determinanada pela Lei 13.146/2015 (DOU 07.07.2015), em vigor após decorridos 180 (cento e oitenta) dias de sua publicação oficial.

Art. 2º As repartições públicas e empresas concessionárias de serviços públicos estão obrigadas a dispensar atendimento prioritário, por meio de serviços individualizados que assegurem tratamento diferenciado e atendimento imediato às pessoas a que se refere o art. 1º.

Parágrafo único. É assegurada, em todas as instituições financeiras, a prioridade de atendimento às pessoas mencionadas no art. 1º.

Art. 3º As empresas públicas de transporte e as concessionárias de transporte coletivo reservarão assentos, devidamente identificados, aos idosos, gestantes, lactantes, pessoas portadoras de deficiência e pessoas acompanhadas por crianças de colo.

Art. 4º Os logradouros e sanitários públicos, bem como os edifícios de uso público, terão normas de construção, para efeito de licenciamento da respectiva edificação, baixadas pela autoridade competente, destinadas a facilitar o acesso e uso desses locais pelas pessoas portadoras de deficiência.

Art. 5º Os veículos de transporte coletivo a serem produzidos após 12 (doze) meses da publicação desta Lei serão planejados de forma a facilitar o acesso a seu interior das pessoas portadoras de deficiência.

§ 1º *(Vetado.)*

§ 2º Os proprietários de veículos de transporte coletivo em utilização terão o prazo de 180 (cento e oitenta) dias, a contar da regulamentação desta Lei, para proceder às adaptações necessárias ao acesso facilitado das pessoas portadoras de deficiência.

Art. 6º A infração ao disposto nesta Lei sujeitará os responsáveis:

I – no caso de servidor ou de chefia responsável pela repartição pública, às penalidades previstas na legislação específica;

II – no caso de empresas concessionárias de serviço público, a multa de R$ 500,00 (quinhentos reais) a R$ 2.500,00 (dois mil e quinhentos reais), por veículos sem as condições previstas nos arts. 3º e 5º;

III – no caso das instituições financeiras, às penalidades previstas no art. 44, incisos I, II e III, da Lei 4.595, de 31 de dezembro de 1964.

Parágrafo único. As penalidades de que trata este artigo serão elevadas ao dobro, em caso de reincidência.

Art. 7º O Poder Executivo regulamentará esta Lei no prazo de 60 (sessenta) dias, contado de sua publicação.

Art. 8º Esta Lei entra em vigor na data de sua publicação.

Brasília, 8 de novembro de 2000; 179º da Independência e 112º da República.
Fernando Henrique Cardoso

(DOU 09.11.2000)

Lei 10.098/2000

LEGISLAÇÃO

LEI 10.098, DE 19 DE DEZEMBRO DE 2000

Estabelece normas gerais e critérios básicos para a promoção da acessibilidade das pessoas portadoras de deficiência ou com mobilidade reduzida, e dá outras providências.

- V. Dec. 5.296/2004 (Regulamenta as Leis 10.048/2000 e 10.098/2000).

O Presidente da República:
Faço saber que o Congresso Nacional decreta e eu sanciono a seguinte Lei:

Capítulo I
DISPOSIÇÕES GERAIS

Art. 1º Esta Lei estabelece normas gerais e critérios básicos para a promoção da acessibilidade das pessoas portadoras de deficiência ou com mobilidade reduzida, mediante a supressão de barreiras e de obstáculos nas vias e espaços públicos, no mobiliário urbano, na construção e reforma de edifícios e nos meios de transporte e de comunicação.

Art. 2º Para os fins desta Lei são estabelecidas as seguintes definições:

I – acessibilidade: possibilidade e condição de alcance para utilização, com segurança e autonomia, de espaços, mobiliários, equipamentos urbanos, edificações, transportes, informação e comunicação, inclusive seus sistemas e tecnologias, bem como de outros serviços e instalações abertos ao público, de uso público ou privados de uso coletivo, tanto na zona urbana como na rural, por pessoa com deficiência ou com mobilidade reduzida;

- Inciso I com redação determianada pela Lei 13.146/2015 (*DOU* 07.07.2015), em vigor após decorridos 180 (cento e oitenta) dias de sua publicação oficial.

II – barreiras: qualquer entrave, obstáculo, atitude ou comportamento que limite ou impeça a participação social da pessoa, bem como o gozo, a fruição e o exercício de seus direitos à acessibilidade, à liberdade de movimento e de expressão, à comunicação, ao acesso à informação, à compreensão, à circulação com segurança, entre outros, classificadas em:

- Inciso II com redação determianada pela Lei 13.146/2015 (*DOU* 07.07.2015), em vigor após decorridos 180 (cento e oitenta) dias de sua publicação oficial.

a) barreiras urbanísticas: as existentes nas vias e nos espaços públicos e privados abertos ao público ou de uso coletivo;
b) barreiras arquitetônicas: as existentes nos edifícios públicos e privados;
c) barreiras nos transportes: as existentes nos sistemas e meios de transportes;
d) barreiras nas comunicações e na informação: qualquer entrave, obstáculo, atitude ou comportamento que dificulte ou impossibilite a expressão ou o recebimento de mensagens e de informações por intermédio de sistemas de comunicação e de tecnologia da informação;

III – pessoa com deficiência: aquela que tem impedimento de longo prazo de natureza física, mental, intelectual ou sensorial, o qual, em interação com uma ou mais barreiras, pode obstruir sua participação plena e efetiva na sociedade em igualdade de condições com as demais pessoas;

- Inciso III com redação determianada pela Lei 13.146/2015 (*DOU* 07.07.2015), em vigor após decorridos 180 (cento e oitenta) dias de sua publicação oficial.

IV – pessoa com mobilidade reduzida: aquela que tenha, por qualquer motivo, dificuldade de movimentação, permanente ou temporária, gerando redução efetiva da mobilidade, da flexibilidade, da coordenação motora ou da percepção, incluindo idoso, gestante, lactante, pessoa com criança de colo e obeso;

- Inciso IV com redação determianada pela Lei 13.146/2015 (*DOU* 07.07.2015), em vigor após decorridos 180 (cento e oitenta) dias de sua publicação oficial.

V – acompanhante: aquele que acompanha a pessoa com deficiência, podendo ou não desempenhar as funções de atendente pessoal;

- Inciso V com redação determianada pela Lei 13.146/2015 (*DOU* 07.07.2015), em vigor após decorridos 180 (cento e oitenta) dias de sua publicação oficial.

VI – elemento de urbanização: quaisquer componentes de obras de urbanização, tais como os referentes a pavimentação, saneamento, encanamento para esgotos, distri-

Lei 10.098/2000

LEGISLAÇÃO

buição de energia elétrica e de gás, iluminação pública, serviços de comunicação, abastecimento e distribuição de água, paisagismo e os que materializam as indicações do planejamento urbanístico;

- Inciso VI com redação determinanada pela Lei 13.146/2015 (*DOU* 07.07.2015), em vigor após decorridos 180 (cento e oitenta) dias de sua publicação oficial.

VII – mobiliário urbano: conjunto de objetos existentes nas vias e nos espaços públicos, superpostos ou adicionados aos elementos de urbanização ou de edificação, de forma que sua modificação ou seu traslado não provoque alterações substanciais nesses elementos, tais como semáforos, postes de sinalização e similares, terminais e pontos de acesso coletivo às telecomunicações, fontes de água, lixeiras, toldos, marquises, bancos, quiosques e quaisquer outros de natureza análoga;

- Inciso VII acrescentado pela Lei 13.146/2015 (*DOU* 07.07.2015), em vigor após decorridos 180 (cento e oitenta) dias de sua publicação oficial.

VIII – tecnologia assistiva ou ajuda técnica: produtos, equipamentos, dispositivos, recursos, metodologias, estratégias, práticas e serviços que objetivem promover a funcionalidade, relacionada à atividade e à participação da pessoa com deficiência ou com mobilidade reduzida, visando à sua autonomia, independência, qualidade de vida e inclusão social;

- Inciso VIII acrescentado pela Lei 13.146/2015 (*DOU* 07.07.2015), em vigor após decorridos 180 (cento e oitenta) dias de sua publicação oficial.

IX – comunicação: forma de interação dos cidadãos que abrange, entre outras opções, as línguas, inclusive a Língua Brasileira de Sinais (Libras), a visualização de textos, o Braille, o sistema de sinalização ou de comunicação tátil, os caracteres ampliados, os dispositivos multimídia, assim como a linguagem simples, escrita e oral, os sistemas auditivos e os meios de voz digitalizados e os modos, meios e formatos aumentativos e alternativos de comunicação, incluindo as tecnologias da informação e das comunicações;

- Inciso IX acrescentado pela Lei 13.146/2015 (*DOU* 07.07.2015), em vigor após decorridos 180 (cento e oitenta) dias de sua publicação oficial.

X – desenho universal: concepção de produtos, ambientes, programas e serviços a serem usados por todas as pessoas, sem necessidade de adaptação ou de projeto específico, incluindo os recursos de tecnologia assistiva.

- Inciso X acrescentado pela Lei 13.146/2015 (*DOU* 07.07.2015), em vigor após decorridos 180 (cento e oitenta) dias de sua publicação oficial.

Capítulo I
DOS ELEMENTOS DA URBANIZAÇÃO

Art. 3º O planejamento e a urbanização das vias públicas, dos parques e dos demais espaços de uso público deverão ser concebidos e executados de forma a torná-los acessíveis para todas as pessoas, inclusive para aquelas com deficiência ou com mobilidade reduzida.

- Artigo com redação determinanada pela Lei 13.146/2015 (*DOU* 07.07.2015), em vigor após decorridos 180 (cento e oitenta) dias de sua publicação oficial.

Parágrafo único. O passeio público, elemento obrigatório de urbanização e parte da via pública, normalmente segregado e em nível diferente, destina-se somente à circulação de pedestres e, quando possível, à implantação de mobiliário urbano e de vegetação.

Art. 4º As vias públicas, os parques e os demais espaços de uso público existentes, assim como as respectivas instalações de serviços e mobiliários urbanos deverão ser adaptados, obedecendo-se ordem de prioridade que vise à maior eficiência das modificações, no sentido de promover mais ampla acessibilidade às pessoas portadoras de deficiência ou com mobilidade reduzida.

Parágrafo único. Os parques de diversões, públicos e privados, devem adaptar, no mínimo, 5% (cinco por cento) de cada brinquedo e equipamento e identificá-lo para possibilitar sua utilização por pessoas com deficiência ou com mobilidade reduzida, tanto quanto tecnicamente possível.

- Parágrafo único acrescentado pela Lei 11.982/2009.

Art. 5º O projeto e o traçado dos elementos de urbanização públicos e privados de uso comunitário, nestes compreendidos os itinerários e as passagens de pedestres, os percursos de entrada e de saída de veículos,

Lei 10.098/2000

LEGISLAÇÃO

as escadas e rampas, deverão observar os parâmetros estabelecidos pelas normas técnicas de acessibilidade da Associação Brasileira de Normas Técnicas – ABNT.

Art. 6º Os banheiros de uso público existentes ou a construir em parques, praças, jardins e espaços livres públicos deverão ser acessíveis e dispor, pelo menos, de um sanitário e um lavatório que atendam às especificações das normas técnicas da ABNT.

Art. 7º Em todas as áreas de estacionamento de veículos, localizadas em vias ou em espaços públicos, deverão ser reservadas vagas próximas dos acessos de circulação de pedestres, devidamente sinalizadas, para veículos que transportem pessoas portadoras de deficiência com dificuldade de locomoção.

Parágrafo único. As vagas a que se refere o *caput* deste artigo deverão ser em número equivalente a 2% (dois por cento) do total, garantida, no mínimo, uma vaga, devidamente sinalizada e com as especificações técnicas de desenho e traçado de acordo com as normas técnicas vigentes.

Capítulo III
DO DESENHO E DA LOCALIZAÇÃO DO MOBILIÁRIO URBANO

Art. 8º Os sinais de tráfego, semáforos, postes de iluminação ou quaisquer outros elementos verticais de sinalização que devam ser instalados em itinerário ou espaço de acesso para pedestres deverão ser dispostos de forma a não dificultar ou impedir a circulação, e de modo que possam ser utilizados com a máxima comodidade.

Art. 9º Os semáforos para pedestres instalados nas vias públicas deverão estar equipados com mecanismo que emita sinal sonoro suave, intermitente e sem estridência, ou com mecanismo alternativo, que sirva de guia ou orientação para a travessia de pessoas portadoras de deficiência visual, se a intensidade do fluxo de veículos e a periculosidade da via assim determinarem.

Parágrafo único. Os semáforos para pedestres instalados em vias públicas de grande circulação, ou que deem acesso aos serviços de reabilitação, devem obrigatoriamente estar equipados com mecanismo que emita sinal sonoro suave para orientação do pedestre.

- Parágrafo único acrescentado pela Lei 13.146/2015 (*DOU* 07.07.2015), em vigor após decorridos 180 (cento e oitenta) dias de sua publicação oficial.

Art. 10. Os elementos do mobiliário urbano deverão ser projetados e instalados em locais que permitam sejam eles utilizados pelas pessoas portadoras de deficiência ou com mobilidade reduzida.

Art. 10-A. A instalação de qualquer mobiliário urbano em área de circulação comum para pedestre que ofereça risco de acidente à pessoa com deficiência deverá ser indicada mediante sinalização tátil de alerta no piso, de acordo com as normas técnicas pertinentes.

- Artigo acrescentado pela Lei 13.146/2015 (*DOU* 07.07.2015), em vigor após decorridos 180 (cento e oitenta) dias de sua publicação oficial.

Capítulo IV
DA ACESSIBILIDADE NOS EDIFÍCIOS PÚBLICOS OU DE USO COLETIVO

Art. 11. A construção, ampliação ou reforma de edifícios públicos ou privados destinados ao uso coletivo deverão ser executadas de modo que sejam ou se tornem acessíveis às pessoas portadoras de deficiência ou com mobilidade reduzida.

Parágrafo único. Para os fins do disposto neste artigo, na construção, ampliação ou reforma de edifícios públicos ou privados destinados ao uso coletivo deverão ser observados, pelo menos, os seguintes requisitos de acessibilidade:

I – nas áreas externas ou internas da edificação, destinadas a garagem e a estacionamento de uso público, deverão ser reservadas vagas próximas dos acessos de circulação de pedestres, devidamente sinalizadas, para veículos que transportem pessoas portadoras de deficiência com dificuldade de locomoção permanente;

II – pelo menos um dos acessos ao interior da edificação deverá estar livre de barreiras arquitetônicas e de obstáculos que impeçam ou dificultem a acessibilidade de pessoa portadora de deficiência ou com mobilidade reduzida;

III – pelo menos um dos itinerários que comuniquem horizontal e verticalmente todas as dependências e serviços do edifício,

Lei 10.098/2000

entre si e com o exterior, deverá cumprir os requisitos de acessibilidade de que trata esta Lei; e

IV – os edifícios deverão dispor, pelo menos, de um banheiro acessível, distribuindo-se seus equipamentos e acessórios de maneira que possam ser utilizados por pessoa portadora de deficiência ou com mobilidade reduzida.

Art. 12. Os locais de espetáculos, conferências, aulas e outros de natureza similar deverão dispor de espaços reservados para pessoas que utilizam cadeira de rodas, e de lugares específicos para pessoas com deficiência auditiva e visual, inclusive acompanhante, de acordo com a ABNT, de modo a facilitar-lhes as condições de acesso, circulação e comunicação.

Art. 12-A. Os centros comerciais e os estabelecimentos congêneres devem fornecer carros e cadeiras de rodas, motorizados ou não, para o atendimento da pessoa com deficiência ou com mobilidade reduzida.

- Artigo acrescentado pela Lei 13.146/2015 (*DOU* 07.07.2015), em vigor após decorridos 180 (cento e oitenta) dias de sua publicação oficial.

Capítulo V
DA ACESSIBILIDADE NOS EDIFÍCIOS DE USO PRIVADO

Art. 13. Os edifícios de uso privado em que seja obrigatória a instalação de elevadores deverão ser construídos atendendo aos seguintes requisitos mínimos de acessibilidade:

I – percurso acessível que una as unidades habitacionais com o exterior e com as dependências de uso comum;

II – percurso acessível que una a edificação à via pública, às edificações e aos serviços anexos de uso comum e aos edifícios vizinhos;

III – cabine do elevador e respectiva porta de entrada acessíveis para pessoas portadoras de deficiência ou com mobilidade reduzida.

Art. 14. Os edifícios a serem construídos com mais de um pavimento além do pavimento de acesso, à exceção das habitações unifamiliares, e que não estejam obrigados à instalação de elevador, deverão dispor de especificações técnicas e de projeto que facilitem a instalação de um elevador adaptado, devendo os demais elementos de uso comum destes edifícios atender aos requisitos de acessibilidade.

Art. 15. Caberá ao órgão federal responsável pela coordenação da política habitacional regulamentar a reserva de um percentual mínimo do total das habitações, conforme a característica da população local, para o atendimento da demanda de pessoas portadoras de deficiência ou com mobilidade reduzida.

Capítulo VI
DA ACESSIBILIDADE NOS VEÍCULOS DE TRANSPORTE COLETIVO

Art. 16. Os veículos de transporte coletivo deverão cumprir os requisitos de acessibilidade estabelecidos nas normas técnicas específicas.

Capítulo VII
DA ACESSIBILIDADE NOS SISTEMAS DE COMUNICAÇÃO E SINALIZAÇÃO

Art. 17. O Poder Público promoverá a eliminação de barreiras na comunicação e estabelecerá mecanismos e alternativas técnicas que tornem acessíveis os sistemas de comunicação e sinalização às pessoas portadoras de deficiência sensorial e com dificuldade de comunicação, para garantir-lhes o direito de acesso à informação, à comunicação, ao trabalho, à educação, ao transporte, à cultura, ao esporte e ao lazer.

Art. 18. O Poder Público implementará a formação de profissionais intérpretes de escrita em braile, linguagem de sinais e de guias intérpretes, para facilitar qualquer tipo de comunicação direta à pessoa portadora de deficiência sensorial e com dificuldade de comunicação.

- V. Dec. 5.626/2005 (Regulamenta a Lei 10.436/2002 e o art. 18 da Lei 10.098/2000).

Art. 19. Os serviços de radiodifusão sonora e de sons e imagens adotarão plano de medidas técnicas com o objetivo de permitir o uso da linguagem de sinais ou outra subtitulação, para garantir o direito de acesso à informação às pessoas portadoras de deficiência auditiva, na forma e no prazo previstos em regulamento.

Lei 10.169/2000

LEGISLAÇÃO

Capítulo VIII
DISPOSIÇÕES SOBRE AJUDAS TÉCNICAS

Art. 20. O Poder Público promoverá a supressão de barreiras urbanísticas, arquitetônicas, de transporte e de comunicação, mediante ajudas técnicas.

Art. 21. O Poder Público, por meio dos organismos de apoio à pesquisa e das agências de financiamento, fomentará programas destinados:

I – à promoção de pesquisas científicas voltadas ao tratamento e prevenção de deficiências;

II – ao desenvolvimento tecnológico orientado à produção de ajudas técnicas para as pessoas portadoras de deficiência;

III – à especialização de recursos humanos em acessibilidade.

Capítulo IX
DAS MEDIDAS DE FOMENTO À ELIMINAÇÃO DE BARREIRAS

Art. 22. É instituído, no âmbito da Secretaria de Estado de Direitos Humanos do Ministério da Justiça, o Programa Nacional de Acessibilidade, com dotação orçamentária específica, cuja execução será disciplinada em regulamento.

Capítulo X
DISPOSIÇÕES FINAIS

Art. 23. A Administração Pública federal direta e indireta destinará, anualmente, dotação orçamentária para as adaptações, eliminações e supressões de barreiras arquitetônicas existentes nos edifícios de uso público de sua propriedade e naqueles que estejam sob sua administração ou uso.

Parágrafo único. A implementação das adaptações, eliminações e supressões de barreiras arquitetônicas referidas no *caput* deste artigo deverá ser iniciada a partir do primeiro ano de vigência desta Lei.

Art. 24. O Poder Público promoverá campanhas informativas e educativas dirigidas à população em geral, com a finalidade de conscientizá-la e sensibilizá-la quanto à acessibilidade e à integração social da pessoa portadora de deficiência ou com mobilidade reduzida.

Art. 25. As disposições desta Lei aplicam-se aos edifícios ou imóveis declarados bens de interesse cultural ou de valor histórico-artístico, desde que as modificações necessárias observem as normas específicas reguladoras destes bens.

Art. 26. As organizações representativas de pessoas portadoras de deficiência terão legitimidade para acompanhar o cumprimento dos requisitos de acessibilidade estabelecidos nesta Lei.

Art. 27. Esta Lei entra em vigor na data de sua publicação.

Brasília, 19 de dezembro de 2000; 179º da Independência e 112º da República.

Fernando Henrique Cardoso

(*DOU* 20.12.2000)

LEI 10.169, DE 29 DE DEZEMBRO DE 2000

Regula o § 2º do art. 236 da Constituição Federal, mediante o estabelecimento de normas gerais para a fixação de emolumentos relativos aos atos praticados pelos serviços notariais e de registro.

O Presidente da República:

Faço saber que o Congresso Nacional decreta e eu sanciono a seguinte Lei:

Art. 1º Os Estados e o Distrito Federal fixarão o valor dos emolumentos relativos aos atos praticados pelos respectivos serviços notariais e de registro, observadas as normas desta Lei.

Parágrafo único. O valor fixado para os emolumentos deverá corresponder ao efetivo custo e à adequada e suficiente remuneração dos serviços prestados.

Art. 2º Para a fixação do valor dos emolumentos, a Lei dos Estados e do Distrito Federal levará em conta a natureza pública e o caráter social dos serviços notariais e de registro, atendidas ainda as seguintes regras:

I – os valores dos emolumentos constarão de tabelas e serão expressos em moeda corrente do País;

Lei 10.169/2000

LEGISLAÇÃO

II – os atos comuns aos vários tipos de serviços notariais e de registro serão remunerados por emolumentos específicos, fixados para cada espécie de ato;

III – os atos específicos de cada serviço serão classificados em:

a) atos relativos a situações jurídicas, sem conteúdo financeiro, cujos emolumentos atenderão às peculiaridades socioeconômicas de cada região;

b) atos relativos a situações jurídicas, com conteúdo financeiro, cujos emolumentos serão fixados mediante a observância de faixas que estabeleçam valores mínimos e máximos, nas quais enquadrar-se-á o valor constante do documento apresentado aos serviços notariais e de registro.

Parágrafo único. Nos casos em que, por força de lei, devam ser utilizados valores decorrentes de avaliação judicial ou fiscal, estes serão os valores considerados para os fins do disposto na alínea *b* do inciso III deste artigo.

Art. 3º É vedado:

I – *(Vetado).*

II – fixar emolumentos em percentual incidente sobre o valor do negócio jurídico objeto dos serviços notariais e de registro;

III – cobrar das partes interessadas quaisquer outras quantias não expressamente previstas nas tabelas de emolumentos;

IV – cobrar emolumentos em decorrência da prática de ato de retificação ou que teve de ser refeito ou renovado em razão de erro imputável aos respectivos serviços notariais e de registro;

V – *(Vetado).*

Art. 4º As tabelas de emolumentos serão publicadas nos órgãos oficiais das respectivas unidades da Federação, cabendo às autoridades competentes determinar a fiscalização do seu cumprimento e sua afixação obrigatória em local visível em cada serviço notarial e de registro.

Art. 5º Quando for o caso, o valor dos emolumentos poderá sofrer reajuste, publicando-se as respectivas tabelas, até o último dia do ano, observado o princípio da anterioridade.

Art. 6º Os notários e os registradores darão recibo dos emolumentos percebidos, sem prejuízo da indicação definitiva e obrigatória dos respectivos valores à margem do documento entregue ao interessado, em conformidade com a tabela vigente ao tempo da prática do ato.

Art. 7º O descumprimento, pelos notários e registradores, do disposto nesta Lei sujeitá-los-á às penalidades previstas na Lei 8.935, de 18 de novembro de 1994, sem prejuízo da aplicação de outras sanções legais.

Art. 8º Os Estados e o Distrito Federal, no âmbito de sua competência, respeitado o prazo estabelecido no art. 9º desta Lei, estabelecerão forma de compensação aos registradores civis das pessoas naturais pelos atos gratuitos, por eles praticados, conforme estabelecido em lei federal.

Parágrafo único. O disposto no *caput* não poderá gerar ônus para o Poder Público.

Art. 9º Os Estados e o Distrito Federal deverão proceder à revisão das tabelas de emolumentos atualmente em vigor, a fim de adaptá-las ao disposto nesta Lei, no prazo de 90 (noventa) dias contado da data de sua vigência.

Parágrafo único. Até a publicação das novas tabelas de emolumentos, revistas e adaptadas conforme estabelece este artigo, os atos praticados pelos serviços notariais e de registro continuarão a ser remunerados na forma da legislação em vigor nos Estados e no Distrito Federal, observadas, desde logo, as vedações estabelecidas no art. 3º desta Lei.

Art. 10. Esta Lei entra em vigor na data de sua publicação.

Brasília, 29 de dezembro de 2000; 179º da Independência e 112º da República.

Fernando Henrique Cardoso

(*DOU* 30.12.2000)

LC 105/2001

LEGISLAÇÃO

LEI COMPLEMENTAR 105, DE 10 DE JANEIRO DE 2001

Dispõe sobre o sigilo das operações de instituições financeiras e dá outras providências.

O Presidente da República:
Faço saber que o Congresso Nacional decreta e eu sanciono a seguinte Lei Complementar:

Art. 1º As instituições financeiras conservarão sigilo em suas operações ativas e passivas e serviços prestados.

- V. art. 198, CTN.
- V. Lei 4.595/1964 (Instituições monetárias, bancárias e creditícias, cria o Conselho de Monetário Nacional).
- V. Lei 4.728/1965 (Mercado de capitais).
- V. Lei 6.099/1974 (Tratamento tributário das operações de arrendamento mercantil).

§ 1º São consideradas instituições financeiras, para os efeitos desta Lei Complementar:

I – os bancos de qualquer espécie;
II – distribuidoras de valores mobiliários;
III – corretoras de câmbio e de valores mobiliários;
IV – sociedades de crédito, financiamento e investimentos;
V – sociedades de crédito imobiliário;
VI – administradoras de cartões de crédito;
VII – sociedades de arrendamento mercantil;
VIII – administradoras de mercado de balcão organizado;
IX – cooperativas de crédito;
X – associações de poupança e empréstimo;
XI – bolsas de valores e de mercadorias e futuros;
XII – entidades de liquidação e compensação;
XIII – outras sociedades que, em razão da natureza de suas operações, assim venham a ser consideradas pelo Conselho Monetário Nacional.

§ 2º As empresas de fomento comercial ou *factoring*, para os efeitos desta Lei Complementar, obedecerão às normas aplicáveis às instituições financeiras previstas no § 1º.

§ 3º Não constitui violação do dever de sigilo:

I – a troca de informações entre instituições financeiras, para fins cadastrais, inclusive por intermédio de centrais de risco, observadas as normas baixadas pelo Conselho Monetário Nacional e pelo Banco Central do Brasil;
II – o fornecimento de informações constantes de cadastro de emitentes de cheques sem provisão de fundos e de devedores inadimplentes, a entidades de proteção ao crédito, observadas as normas baixadas pelo Conselho Monetário Nacional e pelo Banco Central do Brasil;
III – o fornecimento das informações de que trata o § 2º do art. 11 da Lei 9.311, de 24 de outubro de 1996;
IV – a comunicação, às autoridades competentes, da prática de ilícitos penais ou administrativos, abrangendo o fornecimento de informações sobre operações que envolvam recursos provenientes de qualquer prática criminosa;
V – a revelação de informações sigilosas com o consentimento expresso dos interessados;
VI – a prestação de informações nos termos e condições estabelecidos nos artigos 2º, 3º, 4º, 5º, 6º, 7º e 9º desta Lei Complementar.

§ 4º A quebra de sigilo poderá ser decretada, quando necessária para apuração de ocorrência de qualquer ilícito, em qualquer fase do inquérito ou do processo judicial, e especialmente nos seguintes crimes:

- V. arts. 4º a 23 e 394 e ss., CPP.

I – de terrorismo;

- V. Lei 7.170/1983 (Crimes contra a segurança nacional).

II – de tráfico ilícito de substâncias entorpecentes ou drogas afins;
III – de contrabando ou tráfico de armas, munições ou material destinado a sua produção;

- V. Lei 10.826/2003 (Estatuto do Desarmamento).
- V. Dec. 5.123/2004 (Regulamenta a Lei 10.826/2003).

IV – de extorsão mediante sequestro;

- V. art. 158, CP.

V – contra o sistema financeiro nacional;

LC 105/2001

LEGISLAÇÃO

- V. Lei 7.492/1986 (Crimes contra o Sistema Financeiro Nacional).

VI – contra a Administração Pública;

- V. arts. 312 a 327, CP.
- V LC 101/2000 (Lei de Responsabilidade Fiscal).

VII – contra a ordem tributária e a previdência social;

- V. arts. 296, § 1º, III, 313-A, 313-B, 325, §§ 1º e 2º, 327, § 1º e 337-A, CP.
- V. Lei 8.137/1990 (Crimes contra a ordem tributária e econômica).

VIII – lavagem de dinheiro ou ocultação de bens, direitos e valores;

- V. Lei 9.613/1998 (Crimes de lavagem de capitais).

IX – praticado por organização criminosa.

- V. Lei 12.850/2013 (Organização criminosa).

Art. 2º O dever de sigilo é extensivo ao Banco Central do Brasil, em relação às operações que realizar e às informações que obtiver no exercício de suas atribuições.

§ 1º O sigilo, inclusive quanto a contas de depósitos, aplicações e investimentos mantidos em instituições financeiras, não pode ser oposto ao Banco Central do Brasil:

I – no desempenho de suas funções de fiscalização, compreendendo a apuração, a qualquer tempo, de ilícitos praticados por controladores, administradores, membros de conselhos estatutários, gerentes, mandatários e prepostos de instituições financeiras;

II – ao proceder a inquérito em instituição financeira submetida a regime especial.

§ 2º As comissões encarregadas dos inquéritos a que se refere o inciso II do § 1º poderão examinar quaisquer documentos relativos a bens, direitos e obrigações das instituições financeiras, de seus controladores, administradores, membros de conselhos estatutários, gerentes, mandatários e prepostos, inclusive contas-correntes e operações com outras instituições financeiras.

§ 3º O disposto neste artigo aplica-se à Comissão de Valores Mobiliários, quando se tratar de fiscalização de operações e serviços no mercado de valores mobiliários, inclusive nas instituições financeiras que sejam companhias abertas.

§ 4º O Banco Central do Brasil e a Comissão de Valores Mobiliários, em suas áreas de competência, poderão firmar convênios:

I – com outros órgãos públicos fiscalizadores de instituições financeiras, objetivando a realização de fiscalizações conjuntas, observadas as respectivas competências;

II – com bancos centrais ou entidades fiscalizadoras de outros países, objetivando:

a) a fiscalização de filiais e subsidiárias de instituições financeiras estrangeiras, em funcionamento no Brasil, e de filiais e subsidiárias, no exterior, de instituições financeiras brasileiras;

b) a cooperação mútua e o intercâmbio de informações para a investigação de atividades ou operações que impliquem aplicação, negociação, ocultação ou transferência de ativos financeiros e de valores mobiliários relacionados com a prática de condutas ilícitas.

§ 5º O dever de sigilo de que trata esta Lei Complementar estende-se aos órgãos fiscalizadores mencionados no § 4º e a seus agentes.

§ 6º O Banco Central do Brasil, a Comissão de Valores Mobiliários e os demais órgãos de fiscalização, nas áreas de suas atribuições, fornecerão ao Conselho de Controle de Atividades Financeiras – Coaf, de que trata o art. 14 da Lei 9.613, de 3 de março de 1998, as informações cadastrais e de movimento de valores relativos às operações previstas no inciso I do art. 11 da referida Lei.

Art. 3º Serão prestadas pelo Banco Central do Brasil, pela Comissão de Valores Mobiliários e pelas instituições financeiras as informações ordenadas pelo Poder Judiciário, preservado o seu caráter sigiloso mediante acesso restrito às partes, que delas não poderão servir-se para fins estranhos à lide.

§ 1º Dependem de prévia autorização do Poder Judiciário a prestação de informações e o fornecimento de documentos sigilosos solicitados por comissão de inquérito administrativo destinada a apurar responsabilidade de servidor público por infração praticada no exercício de suas atribuições, ou que tenha relação com as atribuições do cargo em que se encontre investido.

§ 2º Nas hipóteses do § 1º, o requerimento de quebra de sigilo independe da existência de processo judicial em curso.

§ 3º Além dos casos previstos neste artigo o Banco Central do Brasil e a Comissão de Valores Mobiliários fornecerão à Advocacia-Geral da União as informações e os documentos necessários à defesa da União nas ações em que seja parte.

Art. 4º O Banco Central do Brasil e a Comissão de Valores Mobiliários, nas áreas de suas atribuições, e as instituições financeiras fornecerão ao Poder Legislativo Federal as informações e os documentos sigilosos que, fundamentadamente, se fizerem necessários ao exercício de suas respectivas competências constitucionais e legais.

§ 1º As comissões parlamentares de inquérito, no exercício de sua competência constitucional e legal de ampla investigação, obterão as informações e documentos sigilosos de que necessitarem, diretamente das instituições financeiras, ou por intermédio do Banco Central do Brasil ou da Comissão de Valores Mobiliários.

• V. Lei 1.579/1952 (Comissões Parlamentares de Inquérito).

§ 2º As solicitações de que trata este artigo deverão ser previamente aprovadas pelo Plenário da Câmara dos Deputados, do Senado Federal, ou do plenário de suas respectivas comissões parlamentares de inquérito.

Art. 5º O Poder Executivo disciplinará, inclusive quanto à periodicidade e aos limites de valor, os critérios segundo os quais as instituições financeiras informarão à administração tributária da União, as operações financeiras efetuadas pelos usuários de seus serviços.

• V. Dec. 4.489/2002 (Regulamenta o art. 5º da LC 105/2001).

§ 1º Consideram-se operações financeiras, para os efeitos deste artigo:

I – depósitos à vista e a prazo, inclusive em conta de poupança;

II – pagamentos efetuados em moeda corrente ou em cheques;

III – emissão de ordens de crédito ou documentos assemelhados;

IV – resgates em contas de depósitos à vista ou a prazo, inclusive de poupança;

V – contratos de mútuo;

VI – descontos de duplicatas, notas promissórias e outros títulos de crédito;

VII – aquisições e vendas de títulos de renda fixa ou variável;

VIII – aplicações em fundos de investimentos;

IX – aquisições de moeda estrangeira;

X – conversões de moeda estrangeira em moeda nacional;

XI – transferências de moeda e outros valores para o exterior;

XII – operações com ouro, ativo financeiro;

XIII – operações com cartão de crédito;

XIV – operações de arrendamento mercantil; e

XV – quaisquer outras operações de natureza semelhante que venham a ser autorizadas pelo Banco Central do Brasil, Comissão de Valores Mobiliários ou outro órgão competente.

§ 2º As informações transferidas na forma do *caput* deste artigo restringir-se-ão a informes relacionados com a identificação dos titulares das operações e os montantes globais mensalmente movimentados, vedada a inserção de qualquer elemento que permita identificar a sua origem ou a natureza dos gastos a partir deles efetuados.

§ 3º Não se incluem entre as informações de que trata este artigo as operações financeiras efetuadas pelas administrações direta e indireta da União, dos Estados, do Distrito Federal e dos Municípios.

§ 4º Recebidas as informações de que trata este artigo, se detectados indícios de falhas, incorreções ou omissões, ou de cometimento de ilícito fiscal, a autoridade interessada poderá requisitar as informações e os documentos de que necessitar, bem como realizar fiscalização ou auditoria para a adequada apuração dos fatos.

§ 5º As informações a que se refere este artigo serão conservadas sob sigilo fiscal, na forma da legislação em vigor.

LC 105/2001

Legislação

Art. 6º As autoridades e os agentes fiscais tributários da União, dos Estados, do Distrito Federal e dos Municípios somente poderão examinar documentos, livros e registros de instituições financeiras, inclusive os referentes a contas de depósitos e aplicações financeiras, quando houver processo administrativo instaurado ou procedimento fiscal em curso e tais exames sejam considerados indispensáveis pela autoridade administrativa competente.

- V. Dec. 3.724/2001 (Regulamenta o art. 6º da LC 105/2001).

Parágrafo único. O resultado dos exames, as informações e os documentos a que se refere este artigo serão conservados em sigilo, observada a legislação tributária.

Art. 7º Sem prejuízo do disposto no § 3º do art. 2º, a Comissão de Valores Mobiliários, instaurado inquérito administrativo, poderá solicitar à autoridade judiciária competente o levantamento do sigilo junto às instituições financeiras de informações e documentos relativos a bens, direitos e obrigações de pessoa física ou jurídica submetida ao seu poder disciplinar.

Parágrafo único. O Banco Central do Brasil e a Comissão de Valores Mobiliários manterão permanente intercâmbio de informações acerca dos resultados das inspeções que realizarem, dos inquéritos que instaurarem e das penalidades que aplicarem, sempre que as informações forem necessárias ao desempenho de suas atividades.

Art. 8º O cumprimento das exigências e formalidades previstas nos artigos 4º, 6º e 7º será expressamente declarado pelas autoridades competentes nas solicitações dirigidas ao Banco Central do Brasil, à Comissão de Valores Mobiliários ou às instituições financeiras.

Art. 9º Quando, no exercício de suas atribuições, o Banco Central do Brasil e a Comissão de Valores Mobiliários verificarem a ocorrência de crime definido em lei como de ação pública, ou indícios da prática de tais crimes, informarão ao Ministério Público, juntando à comunicação os documentos necessários à apuração ou comprovação dos fatos.

§ 1º A comunicação de que trata este artigo será efetuada pelos Presidentes do Banco Central do Brasil e da Comissão de Valores Mobiliários, admitida delegação de competência, no prazo máximo de 15 (quinze) dias, a contar do recebimento do processo, com manifestação dos respectivos serviços jurídicos.

§ 2º Independentemente do disposto no *caput* deste artigo, o Banco Central do Brasil e a Comissão de Valores Mobiliários comunicarão aos órgãos públicos competentes as irregularidades e os ilícitos administrativos de que tenham conhecimento, ou indícios de sua prática, anexando os documentos pertinentes.

Art. 10. A quebra de sigilo, fora das hipóteses autorizadas nesta Lei Complementar, constitui crime e sujeita os responsáveis à pena de reclusão, de 1 (um) a 4 (quatro) anos, e multa, aplicando-se, no que couber, o Código Penal, sem prejuízo de outras sanções cabíveis.

Parágrafo único. Incorre nas mesmas penas quem omitir, retardar injustificadamente ou prestar falsamente as informações requeridas nos termos desta Lei Complementar.

Art. 11. O servidor público que utilizar ou viabilizar a utilização de qualquer informação obtida em decorrência da quebra de sigilo de que trata esta Lei Complementar responde pessoal e diretamente pelos danos decorrentes, sem prejuízo da responsabilidade objetiva da entidade pública, quando comprovado que o servidor agiu de acordo com orientação oficial.

Art. 12. Esta Lei Complementar entra em vigor na data de sua publicação.

Art. 13. Revoga-se o art. 38 da Lei 4.595, de 31 de dezembro de 1964.

Brasília, 10 de janeiro de 2001; 180º da Independência e 113º da República.
Fernando Henrique Cardoso

(*DOU* 11.01.2001)

Lei 10.188/2001

LEGISLAÇÃO

LEI 10.188, DE 12 DE FEVEREIRO DE 2001

Cria o Programa de Arrendamento Residencial, institui o arrendamento residencial com opção de compra e dá outras providências.

Faço saber que o Presidente da República adotou a Medida Provisória 2.135-24, de 2001, que o Congresso Nacional aprovou, e eu, Antonio Carlos Magalhães, Presidente, para os efeitos do disposto no parágrafo único do art. 62 da Constituição Federal, promulgo a seguinte Lei:

Capítulo I
DAS DISPOSIÇÕES GERAIS

Art. 1º Fica instituído o Programa de Arrendamento Residencial para atendimento da necessidade de moradia da população de baixa renda, sob a forma de arrendamento residencial com opção de compra.

- *Caput* com redação determinada pela Lei 11.474/2007.

§ 1º A gestão do Programa cabe ao Ministério das Cidades e sua operacionalização à Caixa Econômica Federal – CEF.

- § 1º acrescentado pela Lei 10.859/2004.

§ 2º Os Ministros de Estado das Cidades e da Fazenda fixarão, em ato conjunto, a remuneração da CEF pelas atividades exercidas no âmbito do Programa.

- § 2º acrescentado pela Lei 10.859/2004.

§ 3º Fica facultada a alienação, sem prévio arrendamento, ou a cessão de direitos dos imóveis adquiridos no âmbito do Programa.

- § 3º com redação determinada pela Lei 12.424/2011.

Art. 2º Para a operacionalização do Programa instituído nesta Lei, é a CEF autorizada a criar um fundo financeiro privado com o fim exclusivo de segregação patrimonial e contábil dos haveres financeiros e imobiliários destinados ao Programa.

- *Caput* com redação determinada pela Lei 12.693/2012.

§ 1º O fundo a que se refere o *caput* será subordinado à fiscalização do Banco Central do Brasil, devendo sua contabilidade sujeitar-se às normas do Plano Contábil das Instituições do Sistema Financeiro Nacional (Cosif), aos princípios gerais de contabilidade e, no que couber, às demais normas de contabilidade vigentes no País.

- § 1º com redação determinada pela Lei 12.693/2012.

§ 2º O patrimônio do fundo a que se refere o *caput* será constituído:

- § 2º com redação determinada pela Lei 12.693/2012.

I – pelos bens e direitos adquiridos pela CEF no âmbito do Programa instituído nesta Lei; e

II – pelos recursos advindos da integralização de cotas.

§ 3º Os bens e direitos integrantes do patrimônio do fundo a que se refere o *caput*, em especial os bens imóveis mantidos sob a propriedade fiduciária da CEF, bem como seus frutos e rendimentos, não se comunicam com o patrimônio desta, observadas, quanto a tais bens e direitos, as seguintes restrições:

I – não integram o ativo da CEF;

II – não respondem direta ou indiretamente por qualquer obrigação da CEF;

III – não compõem a lista de bens e direitos da CEF, para efeito de liquidação judicial ou extrajudicial;

IV – não podem ser dados em garantia de débito de operação da CEF;

V – não são passíveis de execução por quaisquer credores da CEF, por mais privilegiados que possam ser;

VI – não podem ser constituídos quaisquer ônus reais sobre os imóveis.

§ 4º No título aquisitivo, a CEF fará constar as restrições enumeradas nos incisos I a VI e destacará que o bem adquirido constitui patrimônio do fundo a que se refere o *caput*.

§ 5º No registro de imóveis, serão averbadas as restrições e o destaque referido no parágrafo anterior.

§ 6º A CEF fica dispensada da apresentação de certidão negativa de débitos, expedida pelo Instituto Nacional do Seguro Social – INSS, e da Certidão Negativa de Tributos e Contribuições administradas pela Secretaria da Receita Federal, quando alie-

Lei 10.188/2001

nar imóveis integrantes do patrimônio do fundo a que se refere o caput.

§ 7º A alienação dos imóveis pertencentes ao patrimônio do fundo a que se refere o *caput* deste artigo será efetivada diretamente pela CEF, constituindo o instrumento de alienação documento hábil para cancelamento, perante o Cartório de Registro de Imóveis, das averbações pertinentes às restrições e ao destaque de que tratam os §§ 3º e 4º deste artigo, observando-se:

- § 7º com redação determinada pela Lei 11.474/2007.

I – o decurso do prazo contratual do Arrendamento Residencial; ou

II – a critério do gestor do Fundo, o processo de desimobilização do fundo financeiro de que trata o *caput* deste artigo.

§ 8º Cabe à CEF a gestão do fundo a que se refere o *caput* e a proposição de seu regulamento para a aprovação da assembleia de cotistas.

- § 8º com redação determinada pela Lei 12.693/2012.

Art. 2º-A.
A integralização de cotas pela União poderá ser realizada, a critério do Ministério da Fazenda:

- Artigo acrescentado pela Lei 12.693/2012.

I – em moeda corrente;

II – em títulos públicos;

III – por meio de suas participações minoritárias; ou

IV – por meio de ações de sociedades de economia mista federais excedentes ao necessário para manutenção de seu controle acionário.

§ 1º A representação da União na assembleia de cotistas ocorrerá na forma do inciso V do *caput* do art. 10 do Decreto-Lei 147, de 3 de fevereiro de 1967.

§ 2º O Fundo de Arrendamento Residencial (FAR), de que trata o inciso II do *caput* do art. 2º da Lei 11.977, de 7 de julho de 2009, terá direitos e obrigações próprias, pelas quais responderá com seu patrimônio, não respondendo os cotistas por qualquer obrigação do Fundo, salvo pela integralização das cotas que subscreverem.

Art. 3º
Para atendimento exclusivo às finalidades do Programa instituído nesta Lei, fica a CEF autorizada a:

I – utilizar os saldos disponíveis dos seguintes Fundos e Programa em extinção:

a) Fundo de Apoio ao Desenvolvimento Social – FAS, criado pela Lei 6.168, de 9 de dezembro de 1974;

b) Fundo de Investimento Social – Finsocial, criado pelo Decreto-lei 1.940, de 25 de maio de 1982;

c) Programa de Difusão Tecnológica para Construção de Habitação de Baixo Custo – Protech, criado por Decreto de 28 de julho de 1993; e

d) Fundo de Desenvolvimento Social – FDS, a que se refere o Decreto 103, de 22 de abril de 1991;

II – contratar operações de crédito com o Fundo de Garantia do Tempo de Serviço – FGTS, na forma e condições disciplinadas pelo Conselho Curador do FGTS, até limite a ser fixado pelo Poder Executivo; e

- Inciso II com redação determinada pela Lei 10.859/2004.
- V. Dec. 5.435/2005 (Define os limites de que tratam o inciso II e o § 5º do art. 3º da Lei 10.188/2001).

III – incorporar as receitas pertencentes ao fundo financeiro específico do Programa, provenientes do processo de desimobilização previsto no inciso II do § 7º do art. 2º desta Lei; e

- Inciso III com redação determinada pela Lei 11.474/2007.

IV – receber outros recursos a serem destinados ao Programa.

- Anterior inciso III renumerado pela Lei 11.474/2007 e acrescentado pela Lei 10.859/2004.

§ 1º Do saldo relativo ao FDS será deduzido o valor necessário ao provisionamento, na CEF, das exigibilidades de responsabilidade do Fundo existentes na data de publicação desta Lei.

§ 2º A CEF promoverá o pagamento, nas épocas próprias, das obrigações de responsabilidade do FDS.

§ 3º As receitas provenientes das operações de arrendamento e das aplicações de recursos destinados ao Programa instituído nesta Lei serão, deduzidas as despesas de

Lei 10.188/2001

LEGISLAÇÃO

administração, utilizadas para amortização da operação de crédito a que se refere o inciso II.

§ 4º O saldo positivo existente ao final do Programa será integralmente revertido à União.

§ 5º A aquisição de imóveis para atendimento dos objetivos do Programa será limitada a valor a ser estabelecido pelo Poder Executivo.

- § 5º com redação determinada pela Lei 10.859/2004.
- V. Dec. 5.435/2005 (Define os limites de que tratam o inciso II e o § 5º do art. 3º da Lei 10.188/2001).

§ 6º No caso de imóveis tombados pelo Poder Público nos termos da legislação de preservação do patrimônio histórico e cultural ou daqueles inseridos em programas de revitalização ou reabilitação de centros urbanos, a CEF fica autorizada a adquirir os direitos de posse em que estiverem imitidos a União, Estados, Distrito Federal, Municípios e suas entidades, desde que devidamente registrados no Registro Geral de Imóveis – RGI, nos termos do art. 167, inciso I, item 36, da Lei 6.015, de 31 de dezembro de 1973.

- § 6º com redação determinada pela Lei 10.859/2004.

Art. 3º-A. O FAR não contará com qualquer tipo de garantia ou aval por parte do setor público e responderá por suas obrigações até o limite dos bens e direitos integrantes de seu patrimônio.

- Artigo acrescentado pela Lei 12.693/2012.

Art. 4º Compete à CEF:

I – criar o fundo financeiro a que se refere o art. 2º;

II – alocar os recursos previstos no art. 3º, inciso II, responsabilizando-se pelo retorno dos recursos ao FGTS, na forma do § 1º do art. 9º da Lei 8.036, de 11 de maio de 1990;

III – expedir os atos necessários à operacionalização do Programa;

IV – definir os critérios técnicos a serem observados na aquisição, alienação e no arrendamento com opção de compra dos imóveis destinados ao Programa;

- Inciso IV com redação determinada pela Lei 11.474/2007.

V – assegurar que os resultados das aplicações sejam revertidos para o fundo e que as operações de aquisição de imóveis sujeitar-se-ão aos critérios técnicos definidos para o Programa;

VI – representar o arrendador ativa e passivamente, judicial e extrajudicialmente;

VII – promover, em nome do arrendador, o registro dos imóveis adquiridos.

VIII – observar as restrições a pessoas jurídicas e físicas, no que se refere a impedimentos à atuação em programas habitacionais, subsidiando a atualização dos cadastros existentes, inclusive os do Sistema Financeiro da Habitação – SFH.

- Inciso VIII acrescentado pela Lei 11.474/2007.

Parágrafo único. As operações de aquisição, construção, recuperação, arrendamento e venda de imóveis obedecerão aos critérios estabelecidos pela CEF, respeitados os princípios da legalidade, finalidade, razoabilidade, moralidade administrativa, interesse público e eficiência, ficando dispensada da observância das disposições específicas da lei geral de licitação.

Art. 5º Compete ao Ministério das Cidades:

- *Caput* com redação determinada pela Lei 10.859/2004.

I – estabelecer diretrizes gerais para a aplicação dos recursos alocados;

- Inciso I com redação determinada pela Lei 10.859/2004.

II – fixar regras e condições para implementação do Programa, tais como áreas de atuação, público-alvo, valor máximo de aquisição da unidade habitacional, entre outras que julgar necessárias;

- Inciso II com redação determinada pela Lei 11.474/2007.

III – acompanhar e avaliar o desempenho do Programa em conformidade com os objetivos estabelecidos nesta Lei;

- Inciso III com redação determinada pela Lei 10.859/2004.

IV – estabelecer diretrizes para a alienação prevista no § 7º do art. 2º desta Lei;

- Inciso IV acrescentado pela Lei 11.474/2007.

Lei 10.192/2001

V – encaminhar às duas Casas do Congresso Nacional relatório semestral sobre as ações do Programa.

* Inciso V acrescentado pela Lei 11.474/2007.

Capítulo II
DO ARRENDAMENTO RESIDENCIAL

Art. 6º Considera-se arrendamento residencial a operação realizada no âmbito do Programa instituído nesta Lei, que tenha por objeto o arrendamento com opção de compra de bens imóveis adquiridos para esse fim específico.

Parágrafo único. Para os fins desta Lei, considera-se arrendatária a pessoa física que, atendidos os requisitos estabelecidos pelo Ministério das Cidades, seja habilitada pela CEF ao arrendamento.

* Parágrafo único com redação determinada pela Lei 10.859/2004.

Art. 7º *(Revogado pela Lei 10.859/2004.)*

Art. 8º O contrato de aquisição de imóveis pelo arrendador, as cessões de posse e as promessas de cessão, bem como o contrato de transferência do direito de propriedade ou do domínio útil ao arrendatário, serão celebrados por instrumento particular com força de escritura pública e registrados em Cartório de Registro de Imóveis competente.

* Caput com redação determinada pela Lei 10.859/2004.

§ 1º O contrato de compra e venda referente ao imóvel objeto de arrendamento residencial que vier a ser alienado na forma do inciso II do § 7º do art. 2º desta Lei, ainda que o pagamento integral seja feito à vista, contemplará cláusula impeditiva de o adquirente, no prazo de 24 (vinte e quatro) meses, vender, prometer vender ou ceder seus direitos sobre o imóvel alienado.

* § 1º acrescentado pela Lei 11.474/2007.

§ 2º O prazo a que se refere o § 1º deste artigo poderá, excepcionalmente, ser reduzido conforme critério a ser definido pelo Ministério das Cidades, nos casos de arrendamento com período superior à metade do prazo final regulamentado.

* § 2º acrescentado pela Lei 11.474/2007.

§ 3º Nos imóveis alienados na forma do inciso II do § 7º do art. 2º desta Lei, será admitida a utilização dos recursos depositados em conta vinculada do FGTS, em condições a serem definidas pelo Conselho Curador do FGTS.

* § 3º acrescentado pela Lei 11.474/2007.

Art. 9º Na hipótese de inadimplemento no arrendamento, findo o prazo da notificação ou interpelação, sem pagamento dos encargos em atraso, fica configurado o esbulho possessório que autoriza o arrendador a propor a competente ação de reintegração de posse.

Art. 10. Aplica-se ao arrendamento residencial, no que couber, a legislação pertinente ao arrendamento mercantil.

Art. 10-A. Os valores apurados com a alienação dos imóveis serão utilizados para amortizar os saldos devedores dos empréstimos tomados perante o FGTS, na forma do inciso II do caput do art. 3º desta Lei, nas condições a serem estabelecidas pelo Conselho Curador do FGTS.

* Artigo acrescentado pela Lei 11.474/2007.

Art. 11. Ficam convalidados os atos praticados com base na Medida Provisória 2.135-23, de 28 de dezembro de 2000.

Art. 12. Esta Lei entra em vigor na data de sua publicação.

Congresso Nacional, em 12 de fevereiro de 2001; 180º da Independência e 113º da República.

Senador Antonio Carlos Magalhães
  Presidente

(*DOU* 14.02.2001)

LEI 10.192,
DE 14 DE FEVEREIRO DE 2001

Dispõe sobre medidas complementares ao Plano Real e dá outras providências.

Faço saber que o Presidente da República adotou a Medida Provisória 2.074-73, de 2001, que o Congresso Nacional aprovou, e eu, Antonio Carlos Magalhães, Presidente, para os efeitos do disposto no parágrafo único do art. 62 da Constituição Federal, promulgo a seguinte Lei:

Lei 10.192/2001

Art. 1º As estipulações de pagamento de obrigações pecuniárias exequíveis no território nacional deverão ser feitas em Real, pelo seu valor nominal.

Parágrafo único. São vedadas, sob pena de nulidade, quaisquer estipulações de:

I – pagamento expressas em, ou vinculadas a ouro ou moeda estrangeira, ressalvado o disposto nos arts. 2º e 3º do Decreto-lei 857, de 11 de setembro de 1969, e na parte final do art. 6º da Lei 8.880, de 27 de maio de 1994;

II – reajuste ou correção monetária expressas em, ou vinculadas a unidade monetária de conta de qualquer natureza;

III – correção monetária ou de reajuste por índices de preço gerais, setoriais ou que reflitam a variação dos custos de produção ou dos insumos utilizados, ressalvado o disposto no artigo seguinte.

Art. 2º É admitida estipulação de correção monetária ou de reajuste por índices de preços gerais, setoriais ou que reflitam a variação dos custos de produção ou dos insumos utilizados nos contratos de prazo de duração igual ou superior a 1 (um) ano.

§ 1º É nula de pleno direito qualquer estipulação de reajuste ou correção monetária de periodicidade inferior a 1 (um) ano.

• V. art. 1º, MP 2.227/2001 (Exceção ao alcance do art. 2º da Lei 10.192/2001).

§ 2º Em caso de revisão contratual, o termo inicial do período de correção monetária ou reajuste, ou de nova revisão, será a data em que a anterior revisão tiver ocorrido.

§ 3º Ressalvado o disposto no § 7º do art. 28 da Lei 9.069, de 29 de junho de 1995, e no parágrafo seguinte, são nulos de pleno direito quaisquer expedientes que, na apuração do índice de reajuste, produzam efeitos financeiros equivalentes aos de reajuste de periodicidade inferior à anual.

• V. art. 1º, MP 2.227/2001 (Exceção ao alcance do art. 2º da Lei 10.192/2001).

§ 4º Nos contratos de prazo de duração igual ou superior a 3 (três) anos, cujo objeto seja a produção de bens para entrega futura ou a aquisição de bens ou direitos a eles relativos, as partes poderão pactuar a atualização das obrigações, a cada período de um ano, contado a partir da contratação, e no seu vencimento final, considerada a periodicidade de pagamento das prestações, e abatidos os pagamentos, atualizados da mesma forma, efetuados no período.

§ 5º O disposto no parágrafo anterior aplica-se aos contratos celebrados a partir de 28 de outubro de 1995 até 11 de outubro de 1997.

• A Lei 10.931/2004 revogou a MP 2.223/2001, que suspendia a eficácia deste dispositivo.

§ 6º O prazo a que alude o parágrafo anterior poderá ser prorrogado mediante ato do Poder Executivo.

• A Lei 10.931/2004 revogou a MP 2.223/2001, que suspendia a eficácia deste dispositivo.

Art. 3º Os contratos em que seja parte órgão ou entidade da Administração Pública direta ou indireta da União, dos Estados, do Distrito Federal e dos Municípios, serão reajustados ou corrigidos monetariamente de acordo com as disposições desta Lei, e, no que com ela não conflitarem, da Lei 8.666, de 21 de junho de 1993.

§ 1º A periodicidade anual nos contratos de que trata o *caput* deste artigo será contada a partir da data limite para apresentação da proposta ou do orçamento a que essa se referir.

§ 2º O Poder Executivo regulamentará o disposto neste artigo.

Art. 4º Os contratos celebrados no âmbito dos mercados referidos no § 5º do art. 27 da Lei 9.069, de 1995, inclusive as condições de remuneração da poupança financeira, bem assim no da previdência privada fechada, permanecem regidos por legislação própria.

Art. 5º Fica instituída Taxa Básica Financeira – TBF, para ser utilizada exclusivamente como base de remuneração de operações realizadas no mercado financeiro, de prazo de duração igual ou superior a 60 (sessenta) dias.

Parágrafo único. O Conselho Monetário Nacional expedirá as instruções necessárias ao cumprimento do disposto neste artigo,

Lei 10.192/2001

podendo, inclusive, ampliar o prazo mínimo previsto no *caput*.

Art. 6º A Unidade Fiscal de Referência – Ufir, criada pela Lei 8.383, de 30 de dezembro de 1991, será reajustada:

- O art. 29, § 3º, da Lei 10.522/2002 dispõe: "Observado o disposto neste artigo, bem assim a atualização efetuada para o ano de 2000, nos termos do art. 75 da Lei 9.430, de 27 de dezembro de 1996, fica extinta a Unidade de Referência Fiscal – Ufir, instituída pelo art. 1º da Lei 8.383, de 30 de dezembro de 1991".

I – semestralmente, durante o ano-calendário de 1996;

II – anualmente, a partir de 1º de janeiro de 1997.

Parágrafo único. A reconversão, para Real, dos valores expressos em Ufir, extinta em 27 de outubro de 2000, será efetuada com base no valor dessa Unidade fixado para o exercício de 2000.

Art. 7º Observado o disposto no artigo anterior, ficam extintas, a partir de 1º de julho de 1995, as unidades monetárias de conta criadas ou reguladas pelo Poder Público, exceto as unidades monetárias de conta fiscais estaduais, municipais e do Distrito Federal, que serão extintas a partir de 1º de janeiro de 1996.

§ 1º Em 1º de julho de 1995 e em 1º de janeiro de 1996, os valores expressos, respectivamente, nas unidades monetárias de contas extintas na forma do *caput* deste artigo serão convertidos em Real, com observância do disposto no art. 44 da Lei 9.069, de 1995, no que couber.

§ 2º Os Estados, o Distrito Federal e os Municípios poderão utilizar a Ufir nas mesmas condições e periodicidade adotadas pela União, em substituição às respectivas unidades monetárias de conta fiscais extintas.

Art. 8º A partir de 1º de julho de 1995, a Fundação Instituto Brasileiro de Geografia e Estatística – IBGE deixará de calcular e divulgar o IPC-r.

§ 1º Nas obrigações e contratos em que haja estipulação de reajuste pelo IPC-r, este será substituído, a partir de 1º de julho de 1995, pelo índice previsto contratualmente para este fim.

§ 2º Na hipótese de não existir previsão de índice de preços substituto, e caso não haja acordo entre as partes, deverá ser utilizada média de índices de preços de abrangência nacional, na forma de regulamentação a ser baixada pelo Poder Executivo.

Art. 9º É assegurado aos trabalhadores, na primeira data base da respectiva categoria após julho de 1995, o pagamento de reajuste relativo à variação acumulada do IPC-r entre a última data base, anterior a julho de 1995, e junho de 1995, inclusive.

Art. 10. Os salários e as demais condições referentes ao trabalho continuam a ser fixados e revistos, na respectiva data base anual, por intermédio da livre negociação coletiva.

Art. 11. Frustrada a negociação entre as partes, promovida diretamente ou através de mediador, poderá ser ajuizada a ação de dissídio coletivo.

§ 1º O mediador será designado de comum acordo pelas partes ou, a pedido destas, pelo Ministério do Trabalho e Emprego, na forma da regulamentação de que trata o § 5º deste artigo.

§ 2º A parte que se considerar sem as condições adequadas para, em situação de equilíbrio, participar da negociação direta, poderá, desde logo, solicitar ao Ministério do Trabalho e Emprego a designação de mediador, que convocará a outra parte.

§ 3º O mediador designado terá prazo de até 30 (trinta) dias para a conclusão do processo de negociação, salvo acordo expresso com as partes interessadas.

§ 4º Não alcançado o entendimento entre as partes, ou recusando-se qualquer delas à mediação, lavrar-se-á ata contendo as causas motivadoras do conflito e as reivindicações de natureza econômica, documento que instruirá a representação para o ajuizamento do dissídio coletivo.

§ 5º O Poder Executivo regulamentará o disposto neste artigo.

Art. 12. No ajuizamento do dissídio coletivo, as partes deverão apresentar, fundamentadamente, suas propostas finais, que

Lei 10.194/2001

serão objeto de conciliação ou deliberação do Tribunal, na sentença normativa.

§ 1º A decisão que puser fim ao dissídio será fundamentada, sob pena de nulidade, deverá traduzir, em seu conjunto, a justa composição do conflito de interesse das partes, e guardar adequação com o interesse da coletividade.

§ 2º A sentença normativa deverá ser publicada no prazo de 15 (quinze) dias da decisão do Tribunal.

Art. 13. No acordo ou convenção e no dissídio, coletivos, é vedada a estipulação ou fixação de cláusula de reajuste ou correção salarial automática vinculada a índice de preços.

§ 1º Nas revisões salariais na data base anual, serão deduzidas as antecipações concedidas no período anterior à revisão.

§ 2º Qualquer concessão de aumento salarial a título de produtividade deverá estar amparada em indicadores objetivos.

Art. 14. O recurso interposto de decisão normativa da Justiça do Trabalho terá efeito suspensivo, na medida e extensão conferidas em despacho do Presidente do Tribunal Superior do Trabalho.

Art. 15. Permanecem em vigor as disposições legais relativas a correção monetária de débitos trabalhistas, de débitos resultantes de decisão judicial, de débitos relativos a ressarcimento em virtude de inadimplemento de obrigações contratuais e do passivo de empresas e instituições sob os regimes de concordata, falência, intervenção e liquidação extrajudicial.

Art. 16. Ficam convalidados os atos praticados com base na Medida Provisória 2.074-72, de 27 de dezembro de 2000.

Art. 17. Esta Lei entra em vigor na data de sua publicação.

Art. 18. Revogam-se os §§ 1º e 2º do art. 947 do Código Civil, os §§ 1º e 2º do art. 1º da Lei 8.542, de 23 de dezembro de 1992, e o art. 14 da Lei 8.177, de 1º de março de 1991.

Congresso Nacional, em 14 de fevereiro de 2001; 180º da Independência e 113º da República.

Senador Antonio Carlos Magalhães
Presidente

(*DOU* 16.02.2001)

LEI 10.194, DE 14 DE FEVEREIRO DE 2001

Dispõe sobre a instituição de sociedades de crédito ao microempreendedor, altera dispositivos das Leis 6.404, de 15 de dezembro de 1976, 8.029, de 12 de abril de 1990, e 8.934, de 18 de novembro de 1994, e dá outras providências.

- V. art. 8º, § 1º, Lei 9.099/1995 (Juizados Especiais Cíveis e Criminais).
- V. Lei 11.110/2005 (Programa Nacional de Microcrédito Produtivo Orientado – PNMPO).

Faço saber que o Presidente da República adotou a Medida Provisória 2.082-40, de 2001, que o Congresso Nacional aprovou, e eu, Antonio Carlos Magalhães, Presidente, para os efeitos do disposto no parágrafo único do art. 62 da Constituição Federal, promulgo a seguinte Lei:

Art. 1º É autorizada a constituição de Sociedades de Crédito ao Microempreendedor e à Empresa de Pequeno Porte, as quais:

- *Caput* com redação determinada pela Lei 11.524/2007.

I – terão por objeto social a concessão de financiamentos a pessoas físicas, a microempresas e a empresas de pequeno porte, com vistas na viabilização de empreendimentos de natureza profissional, comercial ou industrial, equiparando-se às instituições financeiras para os efeitos da legislação em vigor, podendo exercer outras atividades definidas pelo Conselho Monetário Nacional;

- Inciso I com redação determinada pela Lei 11.524/2007.

II – terão sua constituição, organização e funcionamento disciplinados pelo Conselho Monetário Nacional;

III – sujeitar-se-ão à fiscalização do Banco Central do Brasil;

IV – poderão utilizar o instituto da alienação fiduciária em suas operações de crédito;

Lei 10.198/2001

LEGISLAÇÃO

V – estarão impedidas de captar, sob qualquer forma, recursos junto ao público, bem como emitir títulos e valores mobiliários destinados à colocação e oferta públicas.

Art. 2º O art. 146 e o *caput* do art. 294 da Lei 6.404, de 15 de dezembro de 1976, com a alteração introduzida pela Lei 9.457, de 5 de maio de 1997, passam a vigorar com a seguinte redação:

• Alterações processadas no texto da referida Lei.

Art. 3º O art. 11 da Lei 8.029, de 12 de abril de 1990, introduzido pelo art. 2º da Lei 8.154, de 28 de dezembro de 1990, passa a vigorar acrescido do seguinte § 2º, alterando-se o atual parágrafo único para § 1º e dando-se nova redação ao seu *caput*:

"Art. 11. [...]

"§ 1º Os recursos a que se refere este artigo, que terão como objetivo primordial apoiar o desenvolvimento das micro e pequenas empresas por meio de projetos e programas que visem ao seu aperfeiçoamento técnico, racionalização, modernização, capacitação gerencial, bem como facilitar o acesso ao crédito, à capitalização e o fortalecimento do mercado secundário de títulos de capitalização dessas empresas, terão a seguinte destinação:

"[...]

"§ 2º Os projetos ou programas destinados a facilitar o acesso ao crédito a que se refere o parágrafo anterior poderão ser efetivados:

"*a)* por intermédio da destinação de aplicações financeiras, em agentes financeiros públicos ou privados, para lastrear a prestação de aval ou fiança nas operações de crédito destinadas às microempresas e empresas de pequeno porte;

"*b)* pela aplicação de recursos financeiros em agentes financeiros, públicos ou privados, Organizações da Sociedade Civil de Interesse Público de que trata a Lei 9.790, de 23 de março de 1999, devidamente registradas no Ministério da Justiça, que se dedicam a sistemas alternativos de crédito, ou sociedades de crédito que tenham por objeto social exclusivo a concessão de financiamento ao microempreendedor;

"*c)* pela aquisição ou integralização de quotas de fundos mútuos de investimento no capital de empresas emergentes que destinem à capitalização das micro e pequenas empresas, principalmente as de base tecnológica e as exportadoras, no mínimo, o equivalente à participação do Serviço Brasileiro de Apoio às Micro e Pequenas Empresas – Sebrae nesses fundos;

"*d)* pela participação no capital de entidade regulada pela Comissão de Valores Mobiliários – CVM que estimule o fortalecimento do mercado secundário de títulos de capitalização das micro e pequenas empresas.

"§ 3º A participação do Sebrae na integralização de quotas de fundos mútuos de investimento, a que se refere a alínea c do parágrafo anterior, não poderá ser superior a 50% (cinquenta por cento) do total das quotas desses mesmos fundos."

Art. 4º O art. 10, o *caput* do art. 11, o inciso II do art. 12 e o inciso II do art. 37 da Lei 8.934, de 18 de novembro de 1994, passam a vigorar com a seguinte redação:

• Alterações processadas no texto da referida Lei.

Art. 5º Ficam convalidados os atos praticados com base na Medida Provisória 2.082-39, de 27 de dezembro de 2000.

Art. 6º Esta Lei entra em vigor na data de sua publicação.

Congresso Nacional, em 14 de fevereiro de 2001; 180º da Independência e 113º da República.

Senador Antonio Carlos Magalhães
    Presidente

(DOU 16.02.2001)

LEI 10.198, DE 14 DE FEVEREIRO DE 2001

Dispõe sobre a regulação, fiscalização e supervisão dos mercados de títulos ou contratos de investimento coletivo, e dá outras providências.

Faço saber que o Presidente da República adotou a Medida Provisória 2.110-40, de 2001, que o Congresso Nacional aprovou, e eu, Antonio Carlos Magalhães, Presidente, para os efeitos do disposto no parágrafo único do art. 62 da Constituição Federal, promulgo a seguinte Lei:

Lei 10.198/2001

Art. 1º Constituem valores mobiliários, sujeitos ao regime da Lei 6.385, de 7 de dezembro de 1976, quando ofertados publicamente, os títulos ou contratos de investimento coletivo, que gerem direito de participação, de parceria ou de remuneração, inclusive resultante de prestação de serviços, cujos rendimentos advêm do esforço do empreendedor ou de terceiros.

§ 1º Aplica-se aos valores mobiliários a que se refere este artigo a ressalva prevista no art. 2º, parágrafo único, da Lei 6.385, de 1976.

§ 2º Os emissores dos valores mobiliários referidos neste artigo, bem como seus administradores e controladores, sujeitam-se à disciplina prevista na Lei 6.385, de 1976, para as companhias abertas.

§ 3º Compete à Comissão de Valores Mobiliários expedir normas para a execução do disposto neste artigo, podendo:

I – exigir que os emissores se constituam sob a forma de sociedade anônima;

II – exigir que as demonstrações financeiras dos emissores, ou que as informações sobre o empreendimento ou projeto, sejam auditadas por auditor independente nela registrado;

III – dispensar, na distribuição pública dos valores mobiliários referidos neste artigo, a participação de sociedade integrante do sistema previsto no art. 15 da Lei 6.385, de 1976;

IV – estabelecer condições específicas para o exercício, no âmbito desse mercado, das atividades previstas no art. 16 da Lei 6.385, de 1976, inclusive quanto a requisitos de idoneidade, habilitação técnica e capacidade financeira a que deverão satisfazer os administradores de sociedades e demais pessoas que atuem nesse mercado;

V – estabelecer padrões de cláusulas e condições que devam ser adotadas nos títulos ou contratos de investimento, destinados à negociação em bolsa ou balcão e recusar a admissão ao mercado da emissão que não satisfaça a esses padrões.

§ 4º Nas emissões dos valores mobiliários referidos neste artigo em que for prestada, espontaneamente ou por exigência da regulamentação específica, garantia real, serão aplicados, no que couberem, os arts. 58 a 62 e 66 a 69 da Lei 6.404, de 15 de dezembro de 1976, equiparando-se os títulos ou contratos de investimento coletivo às debêntures, as emissoras à companhia, e os subscritores aos debenturistas, e não se aplicando as regras relativas à garantia flutuante.

• § 4º acrescentado pela MP 2.181-45/2001.

§ 5º Caberá ao agente fiduciário representar os futuros subscritores de títulos ou contratos de investimento coletivo na celebração dos instrumentos de constituição de garantia real, se houver.

• § 5º acrescentado pela MP 2.181-45/2001.

§ 6º A excussão judicial das garantias a que se referem os §§ 4º e 5º deste artigo se fará na forma das leis que regulam o processo de execução singular ou coletiva, devendo, entretanto, o agente fiduciário ser notificado de qualquer execução movida por subscritor de valores mobiliários alcançados pela garantia, e proceder de imediato à comunicação do fato aos demais subscritores de valores mobiliários da mesma emissão, sem prejuízo da legitimidade do agente fiduciário de promover medidas judiciais para evitar prescrição, decadência, deterioração ou perecimento das garantias.

• § 6º acrescentado pela MP 2.181-45/2001.

§ 7º A CVM poderá autorizar a emissão de certificado de contrato de investimento coletivo, nos termos da regulamentação que vier a baixar.

• § 7º acrescentado pela MP 2.181-45/2001.

Art. 2º As alíneas b e g do inciso I e o inciso II do art. 9º da Lei 6.385, de 1976, passam a vigorar com a seguinte redação:

• Alterações processadas no texto da referida Lei.

Art. 3º Fica incluído o inciso VI ao art. 15 da Lei 6.385, de 1976, com a seguinte redação:

• Alteração processada no texto da referida Lei.

Art. 4º Ficam convalidados os atos praticados com base na Medida Provisória 2.110-39, de 27 de dezembro de 2000.

Legislação

Art. 5º Esta Lei entra em vigor na data de sua publicação.

Congresso Nacional, em 14 de fevereiro de 2001; 180º da Independência e 113º da República.

Senador Antonio Carlos Magalhães
Presidente do Congresso Nacional

(*DOU* 16.02.2001)

PORTARIA 3,
DE 15 DE MARÇO DE 2001, DA SECRETARIA DE DIREITO ECONÔMICO – SDE

O Secretário de Direito Econômico do Ministério da Justiça, no uso de suas atribuições legais;

Considerando que o elenco de Cláusulas Abusivas relativas ao fornecimento de produtos e serviços, constantes do art. 51 da Lei 8.078, de 11 de setembro de 1990, é de tipo aberto, exemplificativo, permitindo, desta forma a sua complementação;

Considerando o disposto no artigo 56 do Decreto 2.181, de 20 de março de 1997, que regulamentou a Lei 8.078/90, e com o objetivo de orientar o Sistema Nacional de Defesa do Consumidor, notadamente para o fim de aplicação do disposto no inciso IV do art. 22 desse Decreto, bem assim promover a educação e a informação de fornecedores e consumidores, quanto aos seus direitos e deveres, com a melhoria, transparência, harmonia, equilíbrio e boa-fé nas relações de consumo;

Considerando que decisões judiciais, decisões administrativas de diversos Procons, e entendimentos dos Ministérios Públicos pacificam como abusivas as cláusulas a seguir enumeradas, resolve:

Divulgar o seguinte elenco de cláusulas, as quais, na forma do artigo 51 da Lei 8.078, de 11 de setembro de 1990, e do artigo 56 do Decreto 2.181, de 20 de março de 1997, com o objetivo de orientar o Sistema Nacional de Defesa do Consumidor, serão consideradas como abusivas, notadamente para fim de aplicação do disposto no inciso IV, do art. 22 do Decreto 2.181:

1. estipule presunção de conhecimento por parte do consumidor de fatos novos não previstos em contrato;

2. estabeleça restrições ao direito do consumidor de questionar nas esferas administrativa e judicial possíveis lesões decorrentes de contrato por ele assinado;

3. imponha a perda de parte significativa das prestações já quitadas em situações de venda a crédito, em caso de desistência por justa causa ou impossibilidade de cumprimento da obrigação pelo consumidor;

4. estabeleça cumulação de multa rescisória e perda do valor das arras;

5. estipule a utilização expressa ou não, de juros capitalizados nos contratos civis;

6. autorize, em virtude de inadimplemento, o não fornecimento ao consumidor de informações de posse do fornecedor, tais como: histórico escolar, registros médicos, e demais do gênero;

7. autorize o envio do nome do consumidor e/ou seus garantes a cadastros de consumidores (SPC, Serasa, etc.), enquanto houver discussão em juízo relativa à relação de consumo;

8. considere, nos contratos bancários, financeiros e de cartões de crédito, o silêncio do consumidor, pessoa física, como aceitação tácita dos valores cobrados, das informações prestadas nos extratos ou aceitação de modificações de índices ou de quaisquer alterações contratuais;

9. permita à instituição bancária retirar da conta-corrente do consumidor ou cobrar restituição deste dos valores usados por terceiros, que de forma ilícita estejam de posse de seus cartões bancários ou cheques, após comunicação de roubo, furto ou desaparecimento suspeito ou requisição de bloqueio ou final de conta;

10. exclua, nos contratos de seguro de vida, a cobertura de evento decorrente de doença preexistente, salvo as hipóteses em que a seguradora comprove que o consumidor tinha conhecimento da referida doença à época da contratação;

11. *(Revogado pela Portaria SDE 24/2004.)*

Lei 10.216/2001

LEGISLAÇÃO

12. preveja, nos contratos de seguro de automóvel, o ressarcimento pelo valor de mercado, se inferior ao previsto no contrato;
13. impeça o consumidor de acionar, em caso de erro médico, diretamente a operadora ou cooperativa que organiza ou administra o plano privado de assistência à saúde;
14. estabeleça, no contrato de venda e compra de imóvel, a incidência de juros antes da entrega das chaves;
15. preveja, no contrato de promessa de venda e compra de imóvel, que o adquirente autorize ao incorporador alienante constituir hipoteca do terreno e de suas acessões (unidades construídas) para garantir dívida da empresa incorporadora, realizada para financiamento de obras;
16. vede, nos serviços educacionais, em face de desistência pelo consumidor, a restituição de valor pago a título de pagamento antecipado de mensalidade.

Paulo de Tarso Ramos Ribeiro

(*DOU* 17.03.2001, edição extra)

LEI 10.216, DE 6 DE ABRIL DE 2001

Dispõe sobre a proteção e os direitos das pessoas portadoras de transtornos mentais e redireciona o modelo assistencial em saúde mental.

O Presidente da República:
Faço saber que o Congresso Nacional decreta e eu sanciono a seguinte Lei:

Art. 1º Os direitos e a proteção das pessoas acometidas de transtorno mental, de que trata esta Lei, são assegurados sem qualquer forma de discriminação quanto à raça, cor, sexo, orientação sexual, religião, opção política, nacionalidade, idade, família, recursos econômicos e ao grau de gravidade ou tempo de evolução de seu transtorno, ou qualquer outra.

Art. 2º Nos atendimentos em saúde mental, de qualquer natureza, a pessoa e seus familiares ou responsáveis serão formalmente cientificados dos direitos enumerados no parágrafo único deste artigo.

Parágrafo único. São direitos da pessoa portadora de transtorno mental:
I – ter acesso ao melhor tratamento do sistema de saúde, consentâneo às suas necessidades;
II – ser tratada com humanidade e respeito e no interesse exclusivo de beneficiar sua saúde, visando alcançar sua recuperação pela inserção na família, no trabalho e na comunidade;
III – ser protegida contra qualquer forma de abuso e exploração;
IV – ter garantia de sigilo nas informações prestadas;
V – ter direito à presença médica, em qualquer tempo, para esclarecer a necessidade ou não de sua hospitalização involuntária;
VI – ter livre acesso aos meios de comunicação disponíveis;
VII – receber o maior número de informações a respeito de sua doença e de seu tratamento;
VIII – ser tratada em ambiente terapêutico pelos meios menos invasivos possíveis;
IX – ser tratada, preferencialmente, em serviços comunitários de saúde mental.

Art. 3º É responsabilidade do Estado o desenvolvimento da política de saúde mental, a assistência e a promoção de ações de saúde aos portadores de transtornos mentais, com a devida participação da sociedade e da família, a qual será prestada em estabelecimento de saúde mental, assim entendidas as instituições ou unidades que ofereçam assistência em saúde aos portadores de transtornos mentais.

Art. 4º A internação, em qualquer de suas modalidades, só será indicada quando os recursos extra-hospitalares se mostrarem insuficientes.
§ 1º O tratamento visará, como finalidade permanente, a reinserção social do paciente em seu meio.
§ 2º O tratamento em regime de internação será estruturado de forma a oferecer assistência integral à pessoa portadora de transtornos mentais, incluindo serviços mé-

Lei 10.216/2001

dicos, de assistência social, psicológicos, ocupacionais, de lazer, e outros.

§ 3º É vedada a internação de pacientes portadores de transtornos mentais em instituições com características asilares, ou seja, aquelas desprovidas dos recursos mencionados no § 2º e que não assegurem aos pacientes os direitos enumerados no parágrafo único do art. 2º.

Art. 5º O paciente há longo tempo hospitalizado ou para o qual se caracterize situação de grave dependência institucional, decorrente de seu quadro clínico ou de ausência de suporte social, será objeto de política específica de alta planejada e reabilitação psicossocial assistida, sob responsabilidade da autoridade sanitária competente e supervisão de instância a ser definida pelo Poder Executivo, assegurada a continuidade do tratamento, quando necessário.

Art. 6º A internação psiquiátrica somente será realizada mediante laudo médico circunstanciado que caracterize os seus motivos.

Parágrafo único. São considerados os seguintes tipos de internação psiquiátrica:

I – internação voluntária: aquela que se dá com o consentimento do usuário;

II – internação involuntária: aquela que se dá sem o consentimento do usuário e a pedido de terceiro; e

III – internação compulsória: aquela determinada pela Justiça.

Art. 7º A pessoa que solicita voluntariamente sua internação, ou que a consente, deve assinar, no momento da admissão, uma declaração de que optou por esse regime de tratamento.

Parágrafo único. O término da internação voluntária dar-se-á por solicitação escrita do paciente ou por determinação do médico assistente.

Art. 8º A internação voluntária ou involuntária somente será autorizada por médico devidamente registrado no Conselho Regional de Medicina – CRM do Estado onde se localize o estabelecimento.

§ 1º A internação psiquiátrica involuntária deverá, no prazo de 72 (setenta e duas) horas, ser comunicada ao Ministério Público Estadual pelo responsável técnico do estabelecimento no qual tenha ocorrido, devendo esse mesmo procedimento ser adotado quando da respectiva alta.

§ 2º O término da internação involuntária dar-se-á por solicitação escrita do familiar, ou responsável legal, ou quando estabelecido pelo especialista responsável pelo tratamento.

Art. 9º A internação compulsória é determinada, de acordo com a legislação vigente, pelo juiz competente, que levará em conta as condições de segurança do estabelecimento, quanto à salvaguarda do paciente, dos demais internados e funcionários.

Art. 10. Evasão, transferência, acidente, intercorrência clínica grave e falecimento serão comunicados pela direção do estabelecimento de saúde mental aos familiares, ou ao representante legal do paciente, bem como à autoridade sanitária responsável, no prazo máximo de 24 (vinte e quatro) horas da data da ocorrência.

Art. 11. Pesquisas científicas para fins diagnósticos ou terapêuticos não poderão ser realizadas sem o consentimento expresso do paciente, ou de seu representante legal, e sem a devida comunicação aos conselhos profissionais competentes e ao Conselho Nacional de Saúde.

Art. 12. O Conselho Nacional de Saúde, no âmbito de sua atuação, criará comissão nacional para acompanhar a implementação desta Lei.

Art. 13. Esta Lei entra em vigor na data de sua publicação.

Brasília, 6 de abril de 2001; 180º da Independência e 113º da República.

Fernando Henrique Cardoso

(*DOU* 09.04.2001)

Lei 10.257/2001

LEGISLAÇÃO

**LEI 10.257,
DE 10 DE JULHO DE 2001**

Regulamenta os arts. 182 e 183 da Constituição Federal, estabelece diretrizes gerais da política urbana e dá outras providências.

- V. Dec. 5.790/2006 (Composição, estruturação, competências e funcionamento do Conselho das Cidades – ConCidades).

O Presidente da República:
Faço saber que o Congresso Nacional decreta e eu sanciono a seguinte Lei:

Capítulo I
DIRETRIZES GERAIS

Art. 1º Na execução da política urbana, de que tratam os arts. 182 e 183 da Constituição Federal, será aplicado o previsto nesta Lei.

Parágrafo único. Para todos os efeitos, esta Lei, denominada Estatuto da Cidade, estabelece normas de ordem pública e interesse social que regulam o uso da propriedade urbana em prol do bem coletivo, da segurança e do bem-estar dos cidadãos, bem como do equilíbrio ambiental.

Art. 2º A política urbana tem por objetivo ordenar o pleno desenvolvimento das funções sociais da cidade e da propriedade urbana, mediante as seguintes diretrizes gerais:

I – garantia do direito a cidades sustentáveis, entendido como o direito à terra urbana, à moradia, ao saneamento ambiental, à infraestrutura urbana, ao transporte e aos serviços públicos, ao trabalho e ao lazer, para as presentes e futuras gerações;

II – gestão democrática por meio da participação da população e de associações representativas dos vários segmentos da comunidade na formulação, execução e acompanhamento de planos, programas e projetos de desenvolvimento urbano;

III – cooperação entre os governos, a iniciativa privada e os demais setores da sociedade no processo de urbanização, em atendimento ao interesse social;

IV – planejamento do desenvolvimento das cidades, da distribuição espacial da população e das atividades econômicas do Município e do território sob sua área de influência, de modo a evitar e corrigir as distorções do crescimento urbano e seus efeitos negativos sobre o meio ambiente;

V – oferta de equipamentos urbanos e comunitários, transporte e serviços públicos adequados aos interesses e necessidades da população e às características locais;

VI – ordenação e controle do uso do solo, de forma a evitar:

a) a utilização inadequada dos imóveis urbanos;

b) a proximidade de usos incompatíveis ou inconvenientes;

c) o parcelamento do solo, a edificação ou o uso excessivos ou inadequados em relação à infraestrutura urbana;

d) a instalação de empreendimentos ou atividades que possam funcionar como polos geradores de tráfego, sem a previsão da infraestrutura correspondente;

e) a retenção especulativa de imóvel urbano, que resulte na sua subutilização ou não utilização;

f) a deterioração das áreas urbanizadas;

g) a poluição e a degradação ambiental;

h) a exposição da população a riscos de desastres.

- Alínea *h* acrescentada pela Lei 12.608/2012.

VII – integração e complementaridade entre as atividades urbanas e rurais, tendo em vista o desenvolvimento socioeconômico do Município e do território sob sua área de influência;

VIII – adoção de padrões de produção e consumo de bens e serviços e de expansão urbana compatíveis com os limites da sustentabilidade ambiental, social e econômica do Município e do território sob sua área de influência;

IX – justa distribuição dos benefícios e ônus decorrentes do processo de urbanização;

X – adequação dos instrumentos de política econômica, tributária e financeira e dos gastos públicos aos objetivos do desenvolvimento urbano, de modo a privilegiar os investimentos geradores de bem-estar geral e a fruição dos bens pelos diferentes segmentos sociais;

XI – recuperação dos investimentos do Poder Público de que tenha resultado a valorização de imóveis urbanos;

XII – proteção, preservação e recuperação do meio ambiente natural e construído, do

Lei 10.257/2001

LEGISLAÇÃO

patrimônio cultural, histórico, artístico, paisagístico e arqueológico;

XIII – audiência do Poder Público municipal e da população interessada nos processos de implantação de empreendimentos ou atividades com efeitos potencialmente negativos sobre o meio ambiente natural ou construído, o conforto ou a segurança da população;

XIV – regularização fundiária e urbanização de áreas ocupadas por população de baixa renda mediante o estabelecimento de normas especiais de urbanização, uso e ocupação do solo e edificação, consideradas a situação socioeconômica da população e as normas ambientais;

- V. Lei 11.977/2009 (Programa Minha Casa, Minha Vida – PMCMV e regularização fundiária de assentamentos localizados em áreas urbanas).

XV – simplificação da legislação de parcelamento, uso e ocupação do solo e das normas edilícias, com vistas a permitir a redução dos custos e o aumento da oferta dos lotes e unidades habitacionais;

XVI – isonomia de condições para os agentes públicos e privados na promoção de empreendimentos e atividades relativos ao processo de urbanização, atendido o interesse social.

XVII – estímulo à utilização, nos parcelamentos do solo e nas edificações urbanas, de sistemas operacionais, padrões construtivos e aportes tecnológicos que objetivem a redução de impactos ambientais e a economia de recursos naturais.

- Inciso XVII acrescentado pela Lei 12.836/2013.

XVIII – tratamento prioritário às obras e edificações de infraestrutura de energia, telecomunicações, abastecimento de água e saneamento.

- Inciso XVIII acrescentado pela Lei 13.116/2015.

Art. 3º Compete à União, entre outras atribuições de interesse da política urbana:

I – legislar sobre normas gerais de direito urbanístico;

II – legislar sobre normas para a cooperação entre a União, os Estados, o Distrito Federal e os Municípios em relação à política urbana, tendo em vista o equilíbrio do desenvolvimento e do bem-estar em âmbito nacional;

III – promover, por iniciativa própria e em conjunto com os Estados, o Distrito Federal e os Municípios, programas de construção de moradias e melhoria das condições habitacionais, de saneamento básico, das calçadas, dos passeios públicos, do mobiliário urbano e dos demais espaços de uso público;

- Inciso III com redação determinada pela Lei 13.146/2015 (DOU 07.07.2015), em vigor após decorridos 180 (cento e oitenta) dias de sua publicação oficial.

IV – instituir diretrizes para desenvolvimento urbano, inclusive habitação, saneamento básico, transporte e mobilidade urbana, que incluam regras de acessibilidade aos locais de uso público;

- Inciso IV com redação determinada pela Lei 13.146/2015 (DOU 07.07.2015), em vigor após decorridos 180 (cento e oitenta) dias de sua publicação oficial.

V – elaborar e executar planos nacionais e regionais de ordenação do território e de desenvolvimento econômico e social.

Capítulo II
DOS INSTRUMENTOS DA POLÍTICA URBANA

Seção I
Dos instrumentos em geral

Art. 4º Para os fins desta Lei, serão utilizados, entre outros instrumentos:

I – planos nacionais, regionais e estaduais de ordenação do território e de desenvolvimento econômico e social;

II – planejamento das regiões metropolitanas, aglomerações urbanas e microrregiões;

III – planejamento municipal, em especial:
a) plano diretor;
b) disciplina do parcelamento, do uso e da ocupação do solo;
c) zoneamento ambiental;
d) plano plurianual;
e) diretrizes orçamentárias e orçamento anual;
f) gestão orçamentária participativa;
g) planos, programas e projetos setoriais;
h) planos de desenvolvimento econômico e social;

IV – institutos tributários e financeiros:
a) imposto sobre a propriedade predial e territorial urbana – IPTU;
b) contribuição de melhoria;
c) incentivos e benefícios fiscais e financeiros;

Lei 10.257/2001

LEGISLAÇÃO

V – institutos jurídicos e políticos:
a) desapropriação;
b) servidão administrativa;
c) limitações administrativas;
d) tombamento de imóveis ou de mobiliário urbano;
e) instituição de unidades de conservação;
f) instituição de zonas especiais de interesse social;
g) concessão de direito real de uso;
h) concessão de uso especial para fins de moradia;
i) parcelamento, edificação ou utilização compulsórios;
j) usucapião especial de imóvel urbano;
l) direito de superfície;
m) direito de preempção;
n) outorga onerosa do direito de construir e de alteração de uso;
o) transferência do direito de construir;
p) operações urbanas consorciadas;
q) regularização fundiária;
r) assistência técnica e jurídica gratuita para as comunidades e grupos sociais menos favorecidos;
s) referendo popular e plebiscito;
t) demarcação urbanística para fins de regularização fundiária;

- Alínea *t* acrescentada pela Lei 11.977/2009.

u) legitimação de posse;

- Alínea *u* acrescentada pela Lei 11.977/2009.

VI – estudo prévio de impacto ambiental (EIA) e estudo prévio de impacto de vizinhança (EIV).
§ 1º Os instrumentos mencionados neste artigo regem-se pela legislação que lhes é própria, observado o disposto nesta Lei.
§ 2º Nos casos de programas e projetos habitacionais de interesse social, desenvolvidos por órgãos ou entidades da Administração Pública com atuação específica nessa área, a concessão de direito real de uso de imóveis públicos poderá ser contratada coletivamente.
§ 3º Os instrumentos previstos neste artigo que demandam dispêndio de recursos por parte do Poder Público municipal devem ser objeto de controle social, garantida a participação de comunidades, movimentos e entidades da sociedade civil.

Seção II
Do parcelamento, edificação ou utilização compulsórios

Art. 5º Lei municipal específica para área incluída no plano diretor poderá determinar o parcelamento, a edificação ou a utilização compulsórios do solo urbano não edificado, subutilizado ou não utilizado, devendo fixar as condições e os prazos para implementação da referida obrigação.
§ 1º Considera-se subutilizado o imóvel:
I – cujo aproveitamento seja inferior ao mínimo definido no plano diretor ou em legislação dele decorrente;
II – *(Vetado.)*
§ 2º O proprietário será notificado pelo Poder Executivo municipal para o cumprimento da obrigação, devendo a notificação ser averbada no cartório de registro de imóveis.
§ 3º A notificação far-se-á:
I – por funcionário do órgão competente do Poder Público municipal, ao proprietário do imóvel ou, no caso de este ser pessoa jurídica, a quem tenha poderes de gerência geral ou administração;
II – por edital quando frustrada, por três vezes, a tentativa de notificação na forma prevista pelo inciso I.
§ 4º Os prazos a que se refere o *caput* não poderão ser inferiores a:
I – 1 (um) ano, a partir da notificação, para que seja protocolado o projeto no órgão municipal competente;
II – 2 (dois) anos, a partir da aprovação do projeto, para iniciar as obras do empreendimento.
§ 5º Em empreendimentos de grande porte, em caráter excepcional, a lei municipal específica a que se refere o *caput* poderá prever a conclusão em etapas, assegurando-se que o projeto aprovado compreenda o empreendimento como um todo.

Art. 6º A transmissão do imóvel, por ato *inter vivos* ou *causa mortis*, posterior à data da notificação, transfere as obrigações de parcelamento, edificação ou utilização previstas no art. 5º desta Lei, sem interrupção de quaisquer prazos.

Lei 10.257/2001

LEGISLAÇÃO

Seção III
Do IPTU progressivo no tempo

Art. 7º Em caso de descumprimento das condições e dos prazos previstos na forma do *caput* do art. 5º desta Lei, ou não sendo cumpridas as etapas previstas no § 5º do art. 5º desta Lei, o Município procederá à aplicação do imposto sobre a propriedade predial e territorial urbana (IPTU) progressivo no tempo, mediante a majoração da alíquota pelo prazo de 5 (cinco) anos consecutivos.

§ 1º O valor da alíquota a ser aplicado a cada ano será fixado na lei específica a que se refere o *caput* do art. 5º desta Lei e não excederá a duas vezes o valor referente ao ano anterior, respeitada a alíquota máxima de 15% (quinze por cento).

§ 2º Caso a obrigação de parcelar, edificar ou utilizar não esteja atendida em 5 (cinco) anos, o Município manterá a cobrança pela alíquota máxima, até que se cumpra a referida obrigação, garantida a prerrogativa prevista no art. 8º.

§ 3º É vedada a concessão de isenções ou de anistia relativas à tributação progressiva de que trata este artigo.

Seção IV
Da desapropriação com pagamento em títulos

Art. 8º Decorridos 5 (cinco) anos de cobrança do IPTU progressivo sem que o proprietário tenha cumprido a obrigação de parcelamento, edificação ou utilização, o Município poderá proceder à desapropriação do imóvel, com pagamento em títulos da dívida pública.

§ 1º Os títulos da dívida pública terão prévia aprovação pelo Senado Federal e serão resgatados no prazo de até 10 (dez) anos, em prestações anuais, iguais e sucessivas, assegurados o valor real da indenização e os juros legais de 6% (seis por cento) ao ano.

§ 2º O valor real da indenização:
I – refletirá o valor da base de cálculo do IPTU, descontado o montante incorporado em função de obras realizadas pelo Poder Público na área onde o mesmo se localiza após a notificação de que trata o § 2º do art. 5º desta Lei;
II – não computará expectativas de ganhos, lucros cessantes e juros compensatórios.

§ 3º Os títulos de que trata este artigo não terão poder liberatório para pagamento de tributos.

§ 4º O Município procederá ao adequado aproveitamento do imóvel no prazo máximo de 5 (cinco) anos, contado a partir da sua incorporação ao patrimônio público.

§ 5º O aproveitamento do imóvel poderá ser efetivado diretamente pelo Poder Público ou por meio de alienação ou concessão a terceiros, observando-se, nesses casos, o devido procedimento licitatório.

§ 6º Ficam mantidas para o adquirente de imóvel nos termos do § 5º as mesmas obrigações de parcelamento, edificação ou utilização previstas no art. 5º desta Lei.

Seção V
Da usucapião especial de imóvel urbano

Art. 9º Aquele que possuir como sua área ou edificação urbana de até 250m^2, por 5 (cinco) anos, ininterruptamente e sem oposição, utilizando-a para sua moradia ou de sua família, adquirir-lhe-á o domínio, desde que não seja proprietário de outro imóvel urbano ou rural.

§ 1º O título de domínio será conferido ao homem ou à mulher, ou a ambos, independentemente do estado civil.

§ 2º O direito de que trata este artigo não será reconhecido ao mesmo possuidor mais de uma vez.

§ 3º Para os efeitos deste artigo, o herdeiro legítimo continua, de pleno direito, a posse de seu antecessor, desde que já resida no imóvel por ocasião da abertura da sucessão.

Art. 10. As áreas urbanas com mais de 250m^2, ocupadas por população de baixa renda para sua moradia, por 5 (cinco) anos, ininterruptamente e sem oposição, onde não for possível identificar os terrenos ocupados por cada possuidor, são susceptíveis

Lei 10.257/2001

de serem usucapidas coletivamente, desde que os possuidores não sejam proprietários de outro imóvel urbano ou rural.

§ 1º O possuidor pode, para o fim de contar o prazo exigido por este artigo, acrescentar sua posse à de seu antecessor, contanto que ambas sejam contínuas.

§ 2º A usucapião especial coletiva de imóvel urbano será declarada pelo juiz, mediante sentença, a qual servirá de título para registro no cartório de registro de imóveis.

§ 3º Na sentença, o juiz atribuirá igual fração ideal de terreno a cada possuidor, independentemente da dimensão do terreno que cada um ocupe, salvo hipótese de acordo escrito entre os condôminos, estabelecendo frações ideais diferenciadas.

§ 4º O condomínio especial constituído é indivisível, não sendo passível de extinção, salvo deliberação favorável tomada por, no mínimo, 2/3 (dois terços) dos condôminos, no caso de execução de urbanização posterior à constituição do condomínio.

§ 5º As deliberações relativas à administração do condomínio especial serão tomadas por maioria de votos dos condôminos presentes, obrigando também os demais, discordantes ou ausentes.

Art. 11. Na pendência da ação de usucapião especial urbana, ficarão sobrestadas quaisquer outras ações, petitórias ou possessórias, que venham a ser propostas relativamente ao imóvel usucapiendo.

Art. 12. São partes legítimas para a propositura da ação de usucapião especial urbana:

I – o possuidor, isoladamente ou em litisconsórcio originário ou superveniente;

II – os possuidores, em estado de composse;

III – como substituto processual, a associação de moradores da comunidade, regularmente constituída, com personalidade jurídica, desde que explicitamente autorizada pelos representados.

§ 1º Na ação de usucapião especial urbana é obrigatória a intervenção do Ministério Público.

§ 2º O autor terá os benefícios da justiça e da assistência judiciária gratuita, inclusive perante o cartório de registro de imóveis.

Art. 13. A usucapião especial de imóvel urbano poderá ser invocada como matéria de defesa, valendo a sentença que a reconhecer como título para registro no cartório de registro de imóveis.

Art. 14. Na ação judicial de usucapião especial de imóvel urbano, o rito processual a ser observado é o sumário.

Seção VI
Da concessão de uso especial para fins de moradia

Arts. 15 a 20. *(Vetados.)*

Seção VII
Do direito de superfície

• V. arts. 1.225, II, e 1.369 a 1.377, CC.

Art. 21. O proprietário urbano poderá conceder a outrem o direito de superfície do seu terreno, por tempo determinado ou indeterminado, mediante escritura pública registrada no cartório de registro de imóveis.

§ 1º O direito de superfície abrange o direito de utilizar o solo, o subsolo ou o espaço aéreo relativo ao terreno, na forma estabelecida no contrato respectivo, atendida a legislação urbanística.

§ 2º A concessão do direito de superfície poderá ser gratuita ou onerosa.

§ 3º O superficiário responderá integralmente pelos encargos e tributos que incidirem sobre a propriedade superficiária, arcando, ainda, proporcionalmente à sua parcela de ocupação efetiva, com os encargos e tributos sobre a área objeto da concessão do direito de superfície, salvo disposição em contrário do contrato respectivo.

§ 4º O direito de superfície pode ser transferido a terceiros, obedecidos os termos do contrato respectivo.

§ 5º Por morte do superficiário, os seus direitos transmitem-se a seus herdeiros.

Art. 22. Em caso de alienação do terreno, ou do direito de superfície, o superficiário e o proprietário, respectivamente, terão direito de preferência, em igualdade de condições à oferta de terceiros.

Lei 10.257/2001

Art. 23. Extingue-se o direito de superfície:
I – pelo advento do termo;
II – pelo descumprimento das obrigações contratuais assumidas pelo superficiário.

Art. 24. Extinto o direito de superfície, o proprietário recuperará o pleno domínio do terreno, bem como das acessões e benfeitorias introduzidas no imóvel, independentemente de indenização, se as partes não houverem estipulado o contrário no respectivo contrato.

§ 1º Antes do termo final do contrato, extinguir-se-á o direito de superfície se o superficiário der ao terreno destinação diversa daquela para a qual for concedida.

§ 2º A extinção do direito de superfície será averbada no cartório de registro de imóveis.

Seção VIII
Do direito de preempção

Art. 25. O direito de preempção confere ao Poder Público municipal preferência para aquisição de imóvel urbano objeto de alienação onerosa entre particulares.

§ 1º Lei municipal, baseada no plano diretor, delimitará as áreas em que incidirá o direito de preempção e fixará prazo de vigência, não superior a 5 (cinco) anos, renovável a partir de 1 (um) ano após o decurso do prazo inicial de vigência.

§ 2º O direito de preempção fica assegurado durante o prazo de vigência fixado na forma do § 1º, independentemente do número de alienações referentes ao mesmo imóvel.

Art. 26. O direito de preempção será exercido sempre que o Poder Público necessitar de áreas para:
I – regularização fundiária;
II – execução de programas e projetos habitacionais de interesse social;
III – constituição de reserva fundiária;
IV – ordenamento e direcionamento da expansão urbana;
V – implantação de equipamentos urbanos e comunitários;
VI – criação de espaços públicos de lazer e áreas verdes;
VII – criação de unidades de conservação ou proteção de outras áreas de interesse ambiental;
VIII – proteção de áreas de interesse histórico, cultural ou paisagístico;
IX – *(Vetado.)*

Parágrafo único. A lei municipal prevista no § 1º do art. 25 desta Lei deverá enquadrar cada área em que incidirá o direito de preempção em uma ou mais das finalidades enumeradas por este artigo.

Art. 27. O proprietário deverá notificar sua intenção de alienar o imóvel, para que o Município, no prazo máximo de 30 (trinta) dias, manifeste por escrito seu interesse em comprá-lo.

§ 1º À notificação mencionada no *caput* será anexada proposta de compra assinada por terceiro interessado na aquisição do imóvel, da qual constarão preço, condições de pagamento e prazo de validade.

§ 2º O Município fará publicar, em órgão oficial e em pelo menos um jornal local ou regional de grande circulação, edital de aviso da notificação recebida nos termos do *caput* e da intenção de aquisição do imóvel nas condições da proposta apresentada.

§ 3º Transcorrido o prazo mencionado no *caput* sem manifestação, fica o proprietário autorizado a realizar a alienação para terceiros, nas condições da proposta apresentada.

§ 4º Concretizada a venda a terceiro, o proprietário fica obrigado a apresentar ao Município, no prazo de 30 (trinta) dias, cópia do instrumento público de alienação do imóvel.

§ 5º A alienação processada em condições diversas da proposta apresentada é nula de pleno direito.

§ 6º Ocorrida a hipótese prevista no § 5º o Município poderá adquirir o imóvel pelo valor da base de cálculo do IPTU ou pelo valor indicado na proposta apresentada, se este for inferior àquele.

Seção IX
Da outorga onerosa do direito de construir

Art. 28. O plano diretor poderá fixar áreas nas quais o direito de construir po-

Lei 10.257/2001

derá ser exercido acima do coeficiente de aproveitamento básico adotado, mediante contrapartida a ser prestada pelo beneficiário.

• V. art. 8º, Lei 10.840/2004 (Programa Especial de Habitação Popular – PEHP).

§ 1º Para os efeitos desta Lei, coeficiente de aproveitamento é a relação entre a área edificável e a área do terreno.

§ 2º O plano diretor poderá fixar coeficiente de aproveitamento básico único para toda a zona urbana ou diferenciado para áreas específicas dentro da zona urbana.

§ 3º O plano diretor definirá os limites máximos a serem atingidos pelos coeficientes de aproveitamento, considerando a proporcionalidade entre a infraestrutura existente e o aumento de densidade esperado em cada área.

Art. 29. O plano diretor poderá fixar áreas nas quais poderá ser permitida alteração de uso do solo, mediante contrapartida a ser prestada pelo beneficiário.

Art. 30. Lei municipal específica estabelecerá as condições a serem observadas para a outorga onerosa do direito de construir e de alteração de uso, determinando:
I – a fórmula de cálculo para a cobrança;
II – os casos passíveis de isenção do pagamento da outorga;
III – a contrapartida do beneficiário.

Art. 31. Os recursos auferidos com a adoção da outorga onerosa do direito de construir e de alteração de uso serão aplicados com as finalidades previstas nos incisos I a IX do art. 26 desta Lei.

Seção X
Das operações urbanas consorciadas

Art. 32. Lei municipal específica, baseada no plano diretor, poderá delimitar área para aplicação de operações consorciadas.

§ 1º Considera-se operação urbana consorciada o conjunto de intervenções e medidas coordenadas pelo Poder Público municipal, com a participação dos proprietários, moradores, usuários permanentes e investidores privados, com o objetivo de alcançar em uma área transformações urbanísticas estruturais, melhorias sociais e a valorização ambiental.

§ 2º Poderão ser previstas nas operações urbanas consorciadas, entre outras medidas:

I – a modificação de índices e características de parcelamento, uso e ocupação do solo e subsolo, bem como alterações das normas edilícias, considerado o impacto ambiental delas decorrente;

II – a regularização de construções, reformas ou ampliações executadas em desacordo com a legislação vigente.

III – a concessão de incentivos a operações urbanas que utilizam tecnologias visando a redução de impactos ambientais, e que comprovem a utilização, nas construções e uso de edificações urbanas, de tecnologias que reduzam os impactos ambientais e economizem recursos naturais, especificadas as modalidades de *design* e de obras a serem contempladas.

• Inciso III acrescentado pela Lei 12.836/2013.

Art. 33. Da lei específica que aprovar a operação urbana consorciada constará o plano de operação urbana consorciada, contendo, no mínimo:
I – definição da área a ser atingida;
II – programa básico de ocupação da área;
III – programa de atendimento econômico e social para a população diretamente afetada pela operação;
IV – finalidades da operação;
V – estudo prévio de impacto de vizinhança;
VI – contrapartida a ser exigida dos proprietários, usuários permanentes e investidores privados em função da utilização dos benefícios previstos nos incisos I, II e III do § 2º do art. 32 desta Lei;

• Inciso VI com redação determinada pela Lei 12.836/2013.

VII – forma de controle da operação, obrigatoriamente compartilhado com representação da sociedade civil.

VIII – natureza dos incentivos a serem concedidos aos proprietários, usuários permanentes e investidores privados, uma vez atendido o disposto no inciso III do § 2º do art. 32 desta Lei.

• Inciso VIII acrescentado pela Lei 12.836/2013.

Lei 10.257/2001

§ 1º Os recursos obtidos pelo Poder Público municipal na forma do inciso VI deste artigo serão aplicados exclusivamente na própria operação urbana consorciada.

§ 2º A partir da aprovação da lei específica de que trata o *caput*, são nulas as licenças e autorizações a cargo do Poder Público municipal expedidas em desacordo com o plano de operação urbana consorciada.

Art. 34. A lei específica que aprovar a operação urbana consorciada poderá prever a emissão pelo Município de quantidade determinada de certificados de potencial adicional de construção, que serão alienados em leilão ou utilizados diretamente no pagamento das obras necessárias à própria operação.

§ 1º Os certificados de potencial adicional de construção serão livremente negociados, mas conversíveis em direito de construir unicamente na área objeto da operação.

§ 2º Apresentado pedido de licença para construir, o certificado de potencial adicional será utilizado no pagamento da área de construção que supere os padrões estabelecidos pela legislação de uso e ocupação do solo, até o limite fixado pela lei específica que aprovar a operação urbana consorciada.

Art. 34-A. Nas regiões metropolitanas ou nas aglomerações urbanas instituídas por lei complementar estadual, poderão ser realizadas operações urbanas consorciadas interfederativas, aprovadas por leis estaduais específicas.

• Artigo acrescentado pela Lei 13.089/2015.

Parágrafo único. As disposições dos arts. 32 a 34 desta Lei aplicam-se às operações urbanas consorciadas interfederativas previstas no *caput* deste artigo, no que couber.

Seção XI
Da transferência do direito de construir

Art. 35. Lei municipal, baseada no plano diretor, poderá autorizar o proprietário de imóvel urbano, privado ou público, a exercer em outro local, ou alienar, mediante escritura pública, o direito de construir previsto no plano diretor ou em legislação urbanística dele decorrente, quando o referido imóvel for considerado necessário para fins de:

I – implantação de equipamentos urbanos e comunitários;

II – preservação, quando o imóvel for considerado de interesse histórico, ambiental, paisagístico, social ou cultural;

III – servir a programas de regularização fundiária, urbanização de áreas ocupadas por população de baixa renda e habitação de interesse social.

§ 1º A mesma faculdade poderá ser concedida ao proprietário que doar ao Poder Público seu imóvel, ou parte dele, para os fins previstos nos incisos I a III do *caput*.

§ 2º A lei municipal referida no *caput* estabelecerá as condições relativas à aplicação da transferência do direito de construir.

Seção XII
Do estudo de impacto de vizinhança

Art. 36. Lei municipal definirá os empreendimentos e atividades privados ou públicos em área urbana que dependerão de elaboração de estudo prévio de impacto de vizinhança (EIV) para obter as licenças ou autorizações de construção, ampliação ou funcionamento a cargo do Poder Público municipal.

Art. 37. O EIV será executado de forma a contemplar os efeitos positivos e negativos do empreendimento ou atividade quanto à qualidade de vida da população residente na área e suas proximidades, incluindo a análise, no mínimo, das seguintes questões:

I – adensamento populacional;
II – equipamentos urbanos e comunitários;
III – uso e ocupação do solo;
IV – valorização imobiliária;
V – geração de tráfego e demanda por transporte público;
VI – ventilação e iluminação;
VII – paisagem urbana e patrimônio natural e cultural.

Parágrafo único. Dar-se-á publicidade aos documentos integrantes do EIV, que ficarão disponíveis para consulta, no órgão competente do Poder Público municipal, por qualquer interessado.

Art. 38. A elaboração do EIV não substitui a elaboração e a aprovação de estudo prévio de impacto ambiental (EIA), requeridas nos termos da legislação ambiental.

Lei 10.257/2001

LEGISLAÇÃO

Capítulo III
DO PLANO DIRETOR

Art. 39. A propriedade urbana cumpre sua função social quando atende às exigências fundamentais de ordenação da cidade expressas no plano diretor, assegurando o atendimento das necessidades dos cidadãos quanto à qualidade de vida, à justiça social e ao desenvolvimento das atividades econômicas, respeitadas as diretrizes previstas no art. 2º desta Lei.

Art. 40. O plano diretor, aprovado por lei municipal, é o instrumento básico da política de desenvolvimento e expansão urbana.

§ 1º O plano diretor é parte integrante do processo de planejamento municipal, devendo o plano plurianual, as diretrizes orçamentárias e o orçamento anual incorporar as diretrizes e as prioridades nele contidas.

§ 2º O plano diretor deverá englobar o território do Município como um todo.

§ 3º A lei que instituir o plano diretor deverá ser revista, pelo menos, a cada 10 (dez) anos.

§ 4º No processo de elaboração do plano diretor e na fiscalização de sua implementação, os Poderes Legislativo e Executivo municipais garantirão:

I – a promoção de audiências públicas e debates com a participação da população e de associações representativas dos vários segmentos da comunidade;

II – a publicidade quanto aos documentos e informações produzidos;

III – o acesso de qualquer interessado aos documentos e informações produzidos.

§ 5º *(Vetado.)*

Art. 41. O plano diretor é obrigatório para cidades:

I – com mais de vinte mil habitantes;

II – integrantes de regiões metropolitanas e aglomerações urbanas;

III – onde o Poder Público municipal pretenda utilizar os instrumentos previstos no § 4º do art. 182 da Constituição Federal;

IV – integrantes de áreas de especial interesse turístico;

V – inseridas na área de influência de empreendimentos ou atividades com significativo impacto ambiental de âmbito regional ou nacional.

VI – incluídas no cadastro nacional de Municípios com áreas suscetíveis à ocorrência de deslizamentos de grande impacto, inundações bruscas ou processos geológicos ou hidrológicos correlatos.

• Inciso VI acrescentado pela Lei 12.608/2012.

§ 1º No caso da realização de empreendimentos ou atividades enquadrados no inciso V do *caput*, os recursos técnicos e financeiros para a elaboração do plano diretor estarão inseridos entre as medidas de compensação adotadas.

§ 2º No caso de cidades com mais de quinhentos mil habitantes, deverá ser elaborado um plano de transporte urbano integrado, compatível com o plano diretor ou nele inserido.

§ 3º As cidades de que trata o *caput* deste artigo devem elaborar plano de rotas acessíveis, compatível com o plano diretor no qual está inserido, que disponha sobre os passeios públicos a serem implantados ou reformados pelo poder público, com vistas a garantir acessibilidade da pessoa com deficiência ou com mobilidade reduzida a todas as rotas e vias existentes, inclusive as que concentrem os focos geradores de maior circulação de pedestres, como os órgãos públicos e os locais de prestação de serviços públicos e privados de saúde, educação, assistência social, esporte, cultura, correios e telégrafos, bancos, entre outros, sempre que possível de maneira integrada com os sistemas de transporte coletivo de passageiros.

• § 3º acrescentado pela Lei 13.146/2015 (*DOU* 07.07.2015), em vigor após decorridos 180 (cento e oitenta) dias de sua publicação oficial.

Art. 42. O plano diretor deverá conter no mínimo:

I – a delimitação das áreas urbanas onde poderá ser aplicado o parcelamento, edificação ou utilização compulsórios, considerando a existência de infraestrutura e de demanda para utilização, na forma do art. 5º desta Lei;

II – disposições requeridas pelos arts. 25, 28, 29, 32 e 35 desta Lei;

III – sistema de acompanhamento e controle.

Art. 42-A. Além do conteúdo previsto no art. 42, o plano diretor dos Municípios incluídos no cadastro nacional de municípios com áreas suscetíveis à ocorrência de deslizamentos de grande impacto, inunda-

Lei 10.257/2001

LEGISLAÇÃO

ções bruscas ou processos geológicos ou hidrológicos correlatos deverá conter:

• Artigo acrescentado pela Lei 12.608/2012.

I – parâmetros de parcelamento, uso e ocupação do solo, de modo a promover a diversidade de usos e a contribuir para a geração de emprego e renda;

II – mapeamento contendo as áreas suscetíveis à ocorrência de deslizamentos de grande impacto, inundações bruscas ou processos geológicos ou hidrológicos correlatos;

III – planejamento de ações de intervenção preventiva e realocação de população de áreas de risco de desastre;

IV – medidas de drenagem urbana necessárias à prevenção e à mitigação de impactos de desastres; e

V – diretrizes para a regularização fundiária de assentamentos urbanos irregulares, se houver, observadas a Lei 11.977, de 7 de julho de 2009, e demais normas federais e estaduais pertinentes, e previsão de áreas para habitação de interesse social por meio da demarcação de zonas especiais de interesse social e de outros instrumentos de política urbana, onde o uso habitacional for permitido;

VI – identificação e diretrizes para a preservação e ocupação das áreas verdes municipais, quando for o caso, com vistas à redução da impermeabilização das cidades.

• Inciso VI acrescentado pela Lei 12.983/2014.

§ 1º A identificação e o mapeamento de áreas de risco levarão em conta as cartas geotécnicas.

§ 2º O conteúdo do plano diretor deverá ser compatível com as disposições insertas nos planos de recursos hídricos, formulados consoante a Lei 9.433, de 8 de janeiro de 1997.

§ 3º Os Municípios adequarão o plano diretor às disposições deste artigo, por ocasião de sua revisão, observados os prazos legais.

§ 4º Os Municípios enquadrados no inciso VI do art. 41 desta Lei e que não tenham plano diretor aprovado terão o prazo de 5 (cinco) anos para o seu encaminhamento para aprovação pela Câmara Municipal.

Art. 42-B. Os Municípios que pretendam ampliar o seu perímetro urbano após a data de publicação desta Lei deverão elaborar projeto específico que contenha, no mínimo:

• Artigo acrescentado pela Lei 12.608/2012.

I – demarcação do novo perímetro urbano;

II – delimitação dos trechos com restrições à urbanização e dos trechos sujeitos a controle especial em função de ameaça de desastres naturais;

III – definição de diretrizes específicas e de áreas que serão utilizadas para infraestrutura, sistema viário, equipamentos e instalações públicas, urbanas e sociais;

IV – definição de parâmetros de parcelamento, uso e ocupação do solo, de modo a promover a diversidade de usos e contribuir para a geração de emprego e renda;

V – a previsão de áreas para habitação de interesse social por meio da demarcação de zonas especiais de interesse social e de outros instrumentos de política urbana, quando o uso habitacional for permitido;

VI – definição de diretrizes e instrumentos específicos para proteção ambiental e do patrimônio histórico e cultural; e

VII – definição de mecanismos para garantir a justa distribuição dos ônus e benefícios decorrentes do processo de urbanização do território de expansão urbana e a recuperação para a coletividade da valorização imobiliária resultante da ação do poder público.

§ 1º O projeto específico de que trata o *caput* deste artigo deverá ser instituído por lei municipal e atender às diretrizes do plano diretor, quando houver.

§ 2º Quando o plano diretor contemplar as exigências estabelecidas no *caput*, o Município ficará dispensado da elaboração do projeto específico de que trata o *caput* deste artigo.

§ 3º A aprovação de projetos de parcelamento do solo no novo perímetro urbano ficará condicionada à existência do projeto específico e deverá obedecer às suas disposições.

Capítulo IV
DA GESTÃO DEMOCRÁTICA DA CIDADE

Art. 43. Para garantir a gestão democrática da cidade, deverão ser utilizados, entre outros, os seguintes instrumentos:

I – órgãos colegiados de política urbana, nos níveis nacional, estadual e municipal;

II – debates, audiências e consultas públicas;

Lei 10.257/2001

LEGISLAÇÃO

III – conferências sobre assuntos de interesse urbano, nos níveis nacional, estadual e municipal;

IV – iniciativa popular de projeto de lei e de planos, programas e projetos de desenvolvimento urbano;

V – *(Vetado.)*

Art. 44. No âmbito municipal, a gestão orçamentária participativa de que trata a alínea *f* do inciso III do art. 4º desta Lei incluirá a realização de debates, audiências e consultas públicas sobre as propostas do plano plurianual, da lei de diretrizes orçamentárias e do orçamento anual, como condição obrigatória para sua aprovação pela Câmara Municipal.

Art. 45. Os organismos gestores das regiões metropolitanas e aglomerações urbanas incluirão obrigatória e significativa participação da população e de associações representativas dos vários segmentos da comunidade, de modo a garantir o controle direto de suas atividades e o pleno exercício da cidadania.

Capítulo V
DISPOSIÇÕES GERAIS

Art. 46. O Poder Público municipal poderá facultar ao proprietário de área atingida pela obrigação de que trata o *caput* do art. 5º desta Lei, a requerimento deste, o estabelecimento de consórcio imobiliário como forma de viabilização financeira do aproveitamento do imóvel.

§ 1º Considera-se consórcio imobiliário a forma de viabilização de planos de urbanização ou edificação por meio da qual o proprietário transfere ao Poder Público municipal seu imóvel e, após a realização das obras, recebe, como pagamento, unidades imobiliárias devidamente urbanizadas ou edificadas.

§ 2º O valor das unidades imobiliárias a serem entregues ao proprietário será correspondente ao valor do imóvel antes da execução das obras, observado o disposto no § 2º do art. 8º desta Lei.

Art. 47. Os tributos sobre imóveis urbanos, assim como as tarifas relativas a serviços públicos urbanos, serão diferenciados em função do interesse social.

Art. 48. Nos casos de programas e projetos habitacionais de interesse social, desenvolvidos por órgãos ou entidades da Administração Pública com atuação específica nessa área, os contratos de concessão de direito real de uso de imóveis públicos:

I – terão, para todos os fins de direito, caráter de escritura pública, não se aplicando o disposto no inciso II do art. 134 do Código Civil;

• Refere-se ao CC/1916.

II – constituirão título de aceitação obrigatória em garantia de contratos de financiamentos habitacionais.

Art. 49. Os Estados e Municípios terão o prazo de 90 (noventa) dias, a partir da entrada em vigor desta Lei, para fixar prazos, por lei, para a expedição de diretrizes de empreendimentos urbanísticos, aprovação de projetos de parcelamento e de edificação, realização de vistorias e expedição de termo de verificação e conclusão de obras.

Parágrafo único. Não sendo cumprida a determinação do *caput*, fica estabelecido o prazo de 60 (sessenta) dias para a realização de cada um dos referidos atos administrativos, que valerá até que os Estados e Municípios disponham em lei de forma diversa.

Art. 50. Os Municípios que estejam enquadrados na obrigação prevista nos incisos I e II do *caput* do art. 41 desta Lei e que não tenham plano diretor aprovado na data de entrada em vigor desta Lei deverão aprová-lo até 30 de junho de 2008.

• Artigo com redação determinada pela Lei 11.673/2008 (*DOU* 09.05.2008), em vigor na data de sua publicação, produzindo efeitos desde 10.10.2006.

Art. 51. Para os efeitos desta Lei, aplicam-se ao Distrito Federal e ao Governador do Distrito Federal as disposições relativas, respectivamente, a Município e a Prefeito.

Art. 52. Sem prejuízo da punição de outros agentes públicos envolvidos e da aplicação de outras sanções cabíveis, o Prefeito incorre em improbidade administrativa, nos termos da Lei 8.429, de 2 de junho de 1992, quando:

I – *(Vetado.)*

II – deixar de proceder, no prazo de 5 (cinco) anos, o adequado aproveitamento do

Lei 10.259/2001

LEGISLAÇÃO

imóvel incorporado ao patrimônio público, conforme o disposto no § 4º do art. 8º desta Lei;

III – utilizar áreas obtidas por meio do direito de preempção em desacordo com o disposto no art. 26 desta Lei;

IV – aplicar os recursos auferidos com a outorga onerosa do direito de construir e de alteração de uso em desacordo com o previsto no art. 31 desta Lei;

V – aplicar os recursos auferidos com operações consorciadas em desacordo com o previsto no § 1º do art. 33 desta Lei;

VI – impedir ou deixar de garantir os requisitos contidos nos incisos I a III do § 4º do art. 40 desta Lei;

VII – deixar de tomar as providências necessárias para garantir a observância do disposto no § 3º do art. 40 e no art. 50 desta Lei;

VIII – adquirir imóvel objeto de direito de preempção, nos termos dos arts. 25 a 27 desta Lei, pelo valor da proposta apresentada, se este for, comprovadamente, superior ao de mercado.

Art. 53. O art. 1º da Lei 7.347, de 24 de julho de 1985, passa a vigorar acrescido de novo inciso III, renumerando o atual inciso III e os subsequentes:

* Artigo com eficácia suspensa por força da MP 2.180-35/2001.
* Acréscimo processado no texto da referida Lei.

Art. 54. O art. 4º da Lei 7.347, de 1985, passa a vigorar com a seguinte redação:

* Alteração processada no texto da referida Lei.

Art. 55. O art. 167, inciso I, item 28, da Lei 6.015, de 31 de dezembro de 1973, alterado pela Lei 6.216, de 30 de junho de 1975, passa a vigorar com a seguinte redação:

* Alteração processada no texto da referida Lei.

Art. 56. O art. 167, inciso I, da Lei 6.015, de 1973, passa a vigorar acrescido dos seguintes itens 37, 38 e 39:

* Acréscimos processados no texto da referida Lei.

Art. 57. O art. 167, inciso II, da Lei 6.015, de 1973, passa a vigorar acrescido dos seguintes itens 18, 19 e 20:

* Acréscimos processados no texto da referida Lei.

Art. 58. Esta Lei entra em vigor após decorridos 90 (noventa) dias de sua publicação.

Brasília, 10 de julho de 2001; 180º da Independência e 113º da República.

Fernando Henrique Cardoso

(*DOU* 11.07.2001)

LEI 10.259,
DE 12 DE JULHO DE 2001

Dispõe sobre a instituição dos Juizados Especiais Cíveis e Criminais no âmbito da Justiça Federal.

* V. Lei 9.099/1995 (Juizados Especiais Cíveis e Criminais).
* V. Lei 12.153/2009 (Juizados Especiais da Fazenda Pública).
* V. Súmula 428, STJ.

O Presidente da República:

Faço saber que o Congresso Nacional decreta e eu sanciono a seguinte Lei:

Art. 1º São instituídos os Juizados Especiais Cíveis e Criminais da Justiça Federal, aos quais se aplica, no que não conflitar com esta Lei, o disposto na Lei 9.099, de 26 de setembro de 1995.

Art. 2º Compete ao Juizado Especial Federal Criminal processar e julgar os feitos de competência da Justiça Federal relativos às infrações de menor potencial ofensivo, respeitadas as regras de conexão e continência.

* Artigo com redação determinada pela Lei 11.313/2006.
* V. art. 61, Lei 9.099/1995 (Juizados Especiais Cíveis e Criminais).

Parágrafo único. Na reunião de processos, perante o juízo comum ou o tribunal do júri, decorrente da aplicação das regras de conexão e continência, observar-se-ão os institutos da transação penal e da composição dos danos civis.

Art. 3º Compete ao Juizado Especial Federal Cível processar, conciliar e julgar causas de competência da Justiça Federal até o valor de 60 (sessenta) salários mínimos, bem como executar as suas sentenças.

§ 1º Não se incluem na competência do Juizado Especial Cível as causas:

Lei 10.259/2001

LEGISLAÇÃO

- V. Súmula 376, STJ.

I – referidas no art. 109, incisos II, III e XI, da Constituição Federal, as ações de mandado de segurança, de desapropriação, de divisão e demarcação, populares, execuções fiscais e por improbidade administrativa e as demandas sobre direitos ou interesses difusos, coletivos ou individuais homogêneos;

II – sobre bens imóveis da União, autarquias e fundações públicas federais;

III – para a anulação ou cancelamento de ato administrativo federal, salvo o de natureza previdenciária e o de lançamento fiscal;

IV – que tenham como objeto a impugnação da pena de demissão imposta a servidores públicos civis ou de sanções disciplinares aplicadas a militares.

§ 2º Quando a pretensão versar sobre obrigações vincendas, para fins de competência do Juizado Especial, a soma de 12 (doze) parcelas não poderá exceder o valor referido no art. 3º, *caput*.

§ 3º No foro onde estiver instalada Vara do Juizado Especial, a sua competência é absoluta.

Art. 4º O Juiz poderá, de ofício ou a requerimento das partes, deferir medidas cautelares no curso do processo, para evitar dano de difícil reparação.

Art. 5º Exceto nos casos do art. 4º, somente será admitido recurso de sentença definitiva.

Art. 6º Podem ser partes no Juizado Especial Federal Cível:

I – como autores, as pessoas físicas e as microempresas e empresas de pequeno porte, assim definidas na Lei 9.317, de 5 de dezembro de 1996;

- V. art. 3º, LC 123/2006 (Supersimples).

II – como rés, a União, autarquias, fundações e empresas públicas federais.

Art. 7º As citações e intimações da União serão feitas na forma prevista nos arts. 35 a 38 da Lei Complementar 73, de 10 de fevereiro de 1993.

Parágrafo único. A citação das autarquias, fundações e empresas públicas será feita na pessoa do representante máximo da entidade, no local onde proposta a causa, quando ali instalado seu escritório ou representação; se não, na sede da entidade.

Art. 8º As partes serão intimadas da sentença, quando não proferida esta na audiência em que estiver presente seu representante, por ARMP (aviso de recebimento em mão própria).

§ 1º As demais intimações das partes serão feitas na pessoa dos advogados ou dos Procuradores que oficiem nos respectivos autos, pessoalmente ou por via postal.

§ 2º Os tribunais poderão organizar serviço de intimação das partes e de recepção de petições por meio eletrônico.

Art. 9º Não haverá prazo diferenciado para a prática de qualquer ato processual pelas pessoas jurídicas de direito público, inclusive a interposição de recursos, devendo a citação para audiência de conciliação ser efetuada com antecedência mínima de 30 (trinta) dias.

Art. 10. As partes poderão designar, por escrito, representantes para a causa, advogado ou não.

- O STF, na ADIn 3.168-6 (*DJU* 03.08.2007), deu interpretação conforme, para excluir do âmbito de incidência do art. 10 da Lei 10.259/2001 os feitos de competência dos juizados especiais criminais da Justiça Federal.

Parágrafo único. Os representantes judiciais da União, autarquias, fundações e empresas públicas federais, bem como os indicados na forma do *caput*, ficam autorizados a conciliar, transigir ou desistir, nos processos da competência dos Juizados Especiais Federais.

- V. Dec. 4.250/2002 (Regulamenta a representação judicial da União, autarquias, fundações e empresas públicas federais perante os Juizados Especiais Federais).

Art. 11. A entidade pública ré deverá fornecer ao Juizado a documentação de que disponha para o esclarecimento da causa, apresentando-a até a instalação da audiência de conciliação.

Parágrafo único. Para a audiência de composição dos danos resultantes de ilícito criminal (arts. 71, 72 e 74 da Lei 9.099, de 26 de setembro de 1995), o representante da entidade que comparecer terá poderes

Lei 10.259/2001

para acordar, desistir ou transigir, na forma do art. 10.

Art. 12. Para efetuar o exame técnico necessário à conciliação ou ao julgamento da causa, o Juiz nomeará pessoa habilitada, que apresentará o laudo até 5 (cinco) dias antes da audiência, independentemente de intimação das partes.

§ 1º Os honorários do técnico serão antecipados à conta de verba orçamentária do respectivo Tribunal e, quando vencida na causa a entidade pública, seu valor será incluído na ordem de pagamento a ser feita em favor do Tribunal.

§ 2º Nas ações previdenciárias e relativas à assistência social, havendo designação de exame, serão as partes intimadas para, em 10 (dez) dias, apresentar quesitos e indicar assistentes.

Art. 13. Nas causas de que trata esta Lei, não haverá reexame necessário.

Art. 14. Caberá pedido de uniformização de interpretação de lei federal quando houver divergência entre decisões sobre questões de direito material proferidas por Turmas Recursais na interpretação da lei.

§ 1º O pedido fundado em divergência entre Turmas da mesma Região será julgado em reunião conjunta das Turmas em conflito, sob a presidência do Juiz Coordenador.

§ 2º O pedido fundado em divergência entre decisões de turmas de diferentes regiões ou da proferida em contrariedade a súmula ou jurisprudência dominante do STJ será julgado por Turma de Uniformização, integrada por juízes de Turmas Recursais, sob a presidência do Coordenador da Justiça Federal.

§ 3º A reunião de juízes domiciliados em cidades diversas será feita pela via eletrônica.

§ 4º Quando a orientação acolhida pela Turma de Uniformização, em questões de direito material, contrariar súmula ou jurisprudência dominante no Superior Tribunal de Justiça – STJ, a parte interessada poderá provocar a manifestação deste, que dirimirá a divergência.

§ 5º No caso do § 4º, presente a plausibilidade do direito invocado e havendo fundado receio de dano de difícil reparação, poderá o relator conceder, de ofício ou a requerimento do interessado, medida liminar determinando a suspensão dos processos nos quais a controvérsia esteja estabelecida.

§ 6º Eventuais pedidos de uniformização idênticos, recebidos subsequentemente em quaisquer Turmas Recursais, ficarão retidos nos autos, aguardando-se pronunciamento do Superior Tribunal de Justiça.

§ 7º Se necessário, o relator pedirá informações ao Presidente da Turma Recursal ou Coordenador da Turma de Uniformização e ouvirá o Ministério Público, no prazo de 5 (cinco) dias. Eventuais interessados, ainda que não sejam partes no processo, poderão se manifestar, no prazo de 30 (trinta) dias.

§ 8º Decorridos os prazos referidos no § 7º, o relator incluirá o pedido em pauta na Seção, com preferência sobre todos os demais feitos, ressalvados os processos com réus presos, os *habeas corpus* e os mandados de segurança.

§ 9º Publicado o acórdão respectivo, os pedidos retidos referidos no § 6º serão apreciados pelas Turmas Recursais, que poderão exercer juízo de retratação ou declará-los prejudicados, se veicularem tese não acolhida pelo Superior Tribunal de Justiça.

§ 10. Os Tribunais Regionais, o Superior Tribunal de Justiça e o Supremo Tribunal Federal, no âmbito de suas competências, expedirão normas regulamentando a composição dos órgãos e os procedimentos a serem adotados para o processamento e o julgamento do pedido de uniformização e do recurso extraordinário.

Art. 15. O recurso extraordinário, para os efeitos desta Lei, será processado e julgado segundo o estabelecido nos §§ 4º a 9º do art. 14, além da observância das normas do Regimento.

Art. 16. O cumprimento do acordo ou da sentença, com trânsito em julgado, que imponham obrigação de fazer, não fazer ou entrega de coisa certa, será efetuado mediante ofício do Juiz à autoridade citada para a causa, com cópia da sentença ou do acordo.

Lei 10.259/2001

LEGISLAÇÃO

Art. 17. Tratando-se de obrigação de pagar quantia certa, após o trânsito em julgado da decisão, o pagamento será efetuado no prazo de 60 (sessenta) dias, contados da entrega da requisição, por ordem do Juiz, à autoridade citada para a causa, na agência mais próxima da Caixa Econômica Federal ou do Banco do Brasil, independentemente de precatório.

§ 1º Para os efeitos do § 3º do art. 100 da Constituição Federal, as obrigações ali definidas como de pequeno valor, a serem pagas independentemente de precatório, terão como limite o mesmo valor estabelecido nesta Lei para a competência do Juizado Especial Federal Cível (art. 3º, *caput*).

§ 2º Desatendida a requisição judicial, o Juiz determinará o sequestro do numerário suficiente ao cumprimento da decisão.

§ 3º São vedados o fracionamento, repartição ou quebra do valor da execução, de modo que o pagamento se faça, em parte, na forma estabelecida no § 1º deste artigo, e, em parte, mediante expedição do precatório, e a expedição de precatório complementar ou suplementar do valor pago.

§ 4º Se o valor da execução ultrapassar o estabelecido no § 1º, o pagamento far-se-á, sempre, por meio do precatório, sendo facultado à parte exequente a renúncia ao crédito do valor excedente, para que possa optar pelo pagamento do saldo sem o precatório, da forma lá prevista.

Art. 18. Os Juizados Especiais serão instalados por decisão do Tribunal Regional Federal. O Juiz presidente do Juizado designará os conciliadores pelo período de 2 (dois) anos, admitida a recondução. O exercício dessas funções será gratuito, assegurados os direitos e prerrogativas do jurado (art. 437 do Código de Processo Penal).

Parágrafo único. Serão instalados Juizados Especiais Adjuntos nas localidades cujo movimento forense não justifique a existência de Juizado Especial, cabendo ao Tribunal designar a Vara onde funcionará.

Art. 19. No prazo de 6 (seis) meses, a contar da publicação desta Lei, deverão ser instalados os Juizados Especiais nas capitais dos Estados e no Distrito Federal.

Parágrafo único. Na capital dos Estados, no Distrito Federal e em outras cidades onde for necessário, neste último caso, por decisão do Tribunal Regional Federal, serão instalados Juizados com competência exclusiva para ações previdenciárias.

Art. 20. Onde não houver Vara Federal, a causa poderá ser proposta no Juizado Especial Federal mais próximo do foro definido no art. 4º da Lei 9.099, de 26 de setembro de 1995, vedada a aplicação desta Lei no juízo estadual.

Art. 21. As Turmas Recursais serão instituídas por decisão do Tribunal Regional Federal, que definirá sua composição e área de competência, podendo abranger mais de uma seção.

§ 1º *(Revogado pela Lei 12.665/2012.)*
§ 2º *(Revogado pela Lei 12.665/2012.)*

Art. 22. Os Juizados Especiais serão coordenados por Juiz do respectivo Tribunal Regional, escolhido por seus pares, com mandato de 2 (dois) anos.

Parágrafo único. O Juiz Federal, quando o exigirem as circunstâncias, poderá determinar o funcionamento do Juizado Especial em caráter itinerante, mediante autorização prévia do Tribunal Regional Federal, com antecedência de 10 (dez) dias.

Art. 23. O Conselho da Justiça Federal poderá limitar, por até 3 (três) anos, contados a partir da publicação desta Lei, a competência dos Juizados Especiais Cíveis, atendendo à necessidade da organização dos serviços judiciários ou administrativos.

Art. 24. O Centro de Estudos Judiciários do Conselho da Justiça Federal e as Escolas de Magistratura dos Tribunais Regionais Federais criarão programas de informática necessários para subsidiar a instrução das causas submetidas aos Juizados e promoverão cursos de aperfeiçoamento destinados aos seus magistrados e servidores.

Art. 25. Não serão remetidas aos Juizados Especiais as demandas ajuizadas até a data de sua instalação.

LEGISLAÇÃO

Art. 26. Competirá aos Tribunais Regionais Federais prestar o suporte administrativo necessário ao funcionamento dos Juizados Especiais.

Art. 27. Esta Lei entra em vigor 6 (seis) meses após a data de sua publicação.

Brasília, 12 de julho de 2001; 180º da Independência e 113º da República.

Fernando Henrique Cardoso

(DOU 13.07.2001)

MEDIDA PROVISÓRIA 2.172-32, DE 23 DE AGOSTO DE 2001

Estabelece a nulidade das disposições contratuais que menciona e inverte, nas hipóteses que prevê, o ônus da prova nas ações intentadas para sua declaração.

O Presidente da República, no uso da atribuição que lhe confere o art. 62 da Constituição, adota a seguinte Medida Provisória, com força de lei:

Art. 1º São nulas de pleno direito as estipulações usurárias, assim consideradas as que estabeleçam:

I – nos contratos civis de mútuo, taxas de juros superiores às legalmente permitidas, caso em que deverá o juiz, se requerido, ajustá-las à medida legal ou, na hipótese de já terem sido cumpridas, ordenar a restituição, em dobro, da quantia paga em excesso, com juros legais a contar da data do pagamento indevido;

II – nos negócios jurídicos não disciplinados pelas legislações comercial e de defesa do consumidor, lucros ou vantagens patrimoniais excessivos, estipulados em situação de vulnerabilidade da parte, caso em que deverá o juiz, se requerido, restabelecer o equilíbrio da relação contratual, ajustando-os ao valor corrente, ou, na hipótese de cumprimento da obrigação, ordenar a restituição, em dobro, da quantia recebida em excesso, com juros legais a contar da data do pagamento indevido.

Parágrafo único. Para a configuração do lucro ou vantagem excessivos, considerar-se-ão a vontade das partes, as circunstâncias da celebração do contrato, o seu conteúdo e natureza, a origem das correspondentes obrigações, as práticas de mercado e as taxas de juros legalmente permitidas.

Art. 2º São igualmente nulas de pleno direito as disposições contratuais que, com o pretexto de conferir ou transmitir direitos, são celebradas para garantir, direta ou indiretamente, contratos civis de mútuo com estipulações usurárias.

Art. 3º Nas ações que visem à declaração de nulidade de estipulações com amparo no disposto nesta Medida Provisória, incumbirá ao credor ou beneficiário do negócio o ônus de provar a regularidade jurídica das correspondentes obrigações, sempre que demonstrada pelo prejudicado, ou pelas circunstâncias do caso, a verossimilhança da alegação.

Art. 4º As disposições desta Medida Provisória não se aplicam:

I – às instituições financeiras e demais instituições autorizadas a funcionar pelo Banco Central do Brasil, bem como às operações realizadas nos mercados financeiro, de capitais e de valores mobiliários, que continuam regidas pelas normas legais e regulamentares que lhes são aplicáveis;

II – às sociedades de crédito que tenham por objeto social exclusivo a concessão de financiamentos ao microempreendedor;

III – às organizações da sociedade civil de interesse público de que trata a Lei 9.790, de 23 de março de 1999, devidamente registradas no Ministério da Justiça, que se dedicam a sistemas alternativos de crédito e não têm qualquer tipo de vinculação com o Sistema Financeiro Nacional.

Parágrafo único. Poderão também ser excluídas das disposições desta Medida Provisória, mediante deliberação do Conselho Monetário Nacional, outras modalidades de operações e negócios de natureza subsidiária, complementar ou acessória das atividades exercidas no âmbito dos mercados financeiro, de capitais e de valores mobiliários.

Art. 5º Ficam convalidados os atos praticados com base na Medida Provisória 2.172-31, de 26 de julho de 2001.

MP 2.220/2001

LEGISLAÇÃO

Art. 6º Esta Medida Provisória entra em vigor na data de sua publicação.
Art. 7º Fica revogado o § 3º do art. 4º da Lei 1.521, de 26 de dezembro de 1951.
Brasília, 23 de agosto de 2001; 180º da Independência e 113º da República.
Fernando Henrique Cardoso

(DOU 24.08.2001)

MEDIDA PROVISÓRIA 2.220, DE 4 DE SETEMBRO DE 2001

Dispõe sobre a concessão de uso especial de que trata o § 1º do art. 183 da Constituição, cria o Conselho Nacional de Desenvolvimento Urbano – CNDU e dá outras providências.

O Presidente da República, no uso da atribuição que lhe confere o art. 62 da Constituição, adota a seguinte Medida Provisória, com força de lei:

Capítulo I
DA CONCESSÃO DE USO ESPECIAL

Art. 1º Aquele que, até 30 de junho de 2001, possuiu como seu, por 5 (cinco) anos, ininterruptamente e sem oposição, até 250m² de imóvel público situado em área urbana, utilizando-o para sua moradia ou de sua família, tem o direito à concessão de uso especial para fins de moradia em relação ao bem objeto da posse, desde que não seja proprietário ou concessionário, a qualquer título, de outro imóvel urbano ou rural.
§ 1º A concessão de uso especial para fins de moradia será conferida de forma gratuita ao homem ou à mulher, ou a ambos, independentemente do estado civil.
§ 2º O direito de que trata este artigo não será reconhecido ao mesmo concessionário mais de uma vez.
§ 3º Para os efeitos deste artigo, o herdeiro legítimo continua, de pleno direito, na posse de seu antecessor, desde que já resida no imóvel por ocasião da abertura da sucessão.
Art. 2º Nos imóveis de que trata o art. 1º, com mais de 250m², que, até 30 de junho de 2001, estavam ocupados por população de baixa renda para sua moradia, por 5 (cinco) anos, ininterruptamente e sem oposição, onde não for possível identificar os terrenos ocupados por possuidor, a concessão de uso especial para fins de moradia será conferida de forma coletiva, desde que os possuidores não sejam proprietários ou concessionários, a qualquer título, de outro imóvel urbano ou rural.
§ 1º O possuidor pode, para o fim de contar o prazo exigido por este artigo, acrescentar sua posse à de seu antecessor, contanto que ambas sejam contínuas.
§ 2º Na concessão de uso especial de que trata este artigo, será atribuída igual fração ideal de terreno a cada possuidor, independentemente da dimensão do terreno que cada um ocupe, salvo hipótese de acordo escrito entre os ocupantes, estabelecendo frações ideais diferenciadas.
§ 3º A fração ideal atribuída a cada possuidor não poderá ser superior a 250m².
Art. 3º Será garantida a opção de exercer os direitos de que tratam os arts. 1º e 2º também aos ocupantes, regularmente inscritos, de imóveis públicos, com até 250m², da União, dos Estados, do Distrito Federal e dos Municípios, que estejam situados em área urbana, na forma do regulamento.
Art. 4º No caso de a ocupação acarretar risco à vida ou à saúde dos ocupantes, o Poder Público garantirá ao possuidor o exercício do direito de que tratam os arts. 1º e 2º em outro local.
Art. 5º É facultado ao Poder Público assegurar o exercício do direito de que tratam os arts. 1º e 2º em outro local na hipótese de ocupação de imóvel:
I – de uso comum do povo;
II – destinado a projeto de urbanização;
III – de interesse da defesa nacional, da preservação ambiental e da proteção dos ecossistemas naturais;
IV – reservado à construção de represas e obras congêneres; ou
V – situado em via de comunicação.
Art. 6º O título de concessão de uso especial para fins de moradia será obtido pela via administrativa perante o órgão compe-

tente da Administração Pública ou, em caso de recusa ou omissão deste, pela via judicial.

§ 1º A Administração Pública terá o prazo máximo de 12 (doze) meses para decidir o pedido, contado da data de seu protocolo.

§ 2º Na hipótese de bem imóvel da União ou dos Estados, o interessado deverá instruir o requerimento de concessão de uso especial para fins de moradia com certidão expedida pelo Poder Público municipal, que ateste a localização do imóvel em área urbana e a sua destinação para moradia do ocupante ou de sua família.

§ 3º Em caso de ação judicial, a concessão de uso especial para fins de moradia será declarada pelo juiz, mediante sentença.

§ 4º O título conferido por via administrativa ou por sentença judicial servirá para efeito de registro no cartório de registro de imóveis.

Art. 7º O direito de concessão de uso especial para fins de moradia é transferível por ato inter vivos ou causa mortis.

Art. 8º O direito à concessão de uso especial para fins de moradia extingue-se no caso de:

I – o concessionário dar ao imóvel destinação diversa da moradia para si ou para sua família; ou

II – o concessionário adquirir a propriedade ou a concessão de uso de outro imóvel urbano ou rural.

Parágrafo único. A extinção de que trata este artigo será averbada no cartório de registro de imóveis, por meio de declaração do Poder Público concedente.

Art. 9º É facultado ao Poder Público competente dar autorização de uso àquele que, até 30 de junho de 2001, possuiu como seu, por 5 (cinco) anos, ininterruptamente e sem oposição, até 250m² de imóvel público situado em área urbana, utilizando-o para fins comerciais.

§ 1º A autorização de uso de que trata este artigo será conferida de forma gratuita.

§ 2º O possuidor pode, para o fim de contar o prazo exigido por este artigo, acrescentar sua posse à de seu antecessor, contanto que ambas sejam contínuas.

§ 3º Aplica-se à autorização de uso prevista no *caput* deste artigo, no que couber, o disposto nos arts. 4º e 5º desta Medida Provisória.

Capítulo II
DO CONSELHO NACIONAL DE DESENVOLVIMENTO URBANO

Art. 10. Fica criado o Conselho Nacional de Desenvolvimento Urbano – CNDU, órgão deliberativo e consultivo, integrante da estrutura da Presidência da República, com as seguintes competências:

- V. art. 33, VIII, Lei 10.683/2003, que altera a denominação do Conselho Nacional de Desenvolvimento Urbano – CNDU, para Conselho das Cidades, do Ministério das Cidades.

I – propor diretrizes, instrumentos, normas e prioridades da política nacional de desenvolvimento urbano;

II – acompanhar e avaliar a implementação da política nacional de desenvolvimento urbano, em especial as políticas de habitação, de saneamento básico e de transportes urbanos, e recomendar as providências necessárias ao cumprimento de seus objetivos;

III – propor a edição de normas gerais de direito urbanístico e manifestar-se sobre propostas de alteração da legislação pertinente ao desenvolvimento urbano;

IV – emitir orientações e recomendações sobre a aplicação da Lei 10.257, de 10 de julho de 2001, e dos demais atos normativos relacionados ao desenvolvimento urbano;

V – promover a cooperação entre os governos da União, dos Estados, do Distrito Federal e dos Municípios e a sociedade civil na formulação e execução da política nacional de desenvolvimento urbano; e

VI – elaborar o regimento interno.

Art. 11. O CNDU é composto por seu Presidente, pelo Plenário e por uma Secretaria-Executiva, cujas atribuições serão definidas em decreto.

Parágrafo único. O CNDU poderá instituir comitês técnicos de assessoramento, na forma do regimento interno.

Lei 10.303/2001

LEGISLAÇÃO

Art. 12. O Presidente da República disporá sobre a estrutura do CNDU, a composição do seu Plenário e a designação dos membros e suplentes do Conselho e dos seus comitês técnicos.

Art. 13. A participação no CNDU e nos comitês técnicos não será remunerada.

Art. 14. As funções de membro do CNDU e dos comitês técnicos serão consideradas prestação de relevante interesse público e a ausência ao trabalho delas decorrente será abonada e computada como jornada efetiva de trabalho, para todos os efeitos legais.

Capítulo III
DAS DISPOSIÇÕES FINAIS

Art. 15. O inciso I do art. 167 da Lei 6.015, de 31 de dezembro de 1973, passa a vigorar com as seguintes alterações:

- Alterações processadas no texto da referida Lei.

Art. 16. Esta Medida Provisória entra em vigor na data de sua publicação.

Brasília, 4 de setembro de 2001; 180º da Independência e 113º da República.

Fernando Henrique Cardoso

(*DOU* 05.09.2001)

LEI 10.303,
DE 31 DE OUTUBRO DE 2001

Altera e acrescenta dispositivos na Lei 6.404, de 15 de dezembro de 1976, que dispõe sobre as sociedades por ações, e na Lei 6.385, de 7 de dezembro de 1976, que dispõe sobre o mercado de valores mobiliários e cria a Comissão de Valores Mobiliários.

O Vice-Presidente da República, no exercício do cargo de Presidente da República:

Faço saber que o Congresso Nacional decreta e eu sanciono a seguinte Lei:

Art. 1º Esta Lei altera e acrescenta dispositivos na Lei 6.404, de 15 de dezembro de 1976, que dispõe sobre as sociedades por ações, e na Lei 6.385, de 7 de dezembro de 1976, que dispõe sobre o mercado de valores mobiliários e cria a Comissão de Valores Mobiliários.

Art. 2º Os arts. 4º, 15, 17, 24, 31, 41, 44, 47, 52, 54, 59, 62, 63, 68, 109, 115, 118, 122, 124, 133, 135, 136, 137, 140, 141, 142, 143, 146, 147, 149, 155, 157, 161, 163, 164, 165, 172, 196, 197, 202, 264, 287, 289, 291 e 294 da Lei 6.404, de 15 de dezembro de 1976, passam a vigorar com a seguinte redação:

- Alterações processadas no texto da referida Lei.

Art. 3º A Lei 6.404, de 15 de dezembro de 1976, passa a vigorar acrescida dos seguintes arts. 4º-A, 116-A, 165-A e 254-A:

- Alterações processadas no texto da referida Lei.

Art. 4º Os arts. 1º, 2º, 4º, 5º, 6º, 7º, 8º, 9º, 10, 11, 14, 15, 16, 17, 18, 22, 24, 26 e 28 da Lei 6.385, de 7 de dezembro de 1976, passam a vigorar com a seguinte redação:

- Alterações processadas no texto da referida Lei.

Art. 5º A Lei 6.385, de 7 de dezembro de 1976, passa a vigorar acrescida dos arts. 17-A, 21-A, e dos Capítulos VII-A e VII-B, com os arts. 27-A e 27-B, e 27-C a 27-F, respectivamente:

- Alterações processadas no texto da referida Lei.

Art. 6º As companhias existentes deverão proceder à adaptação do seu estatuto aos preceitos desta Lei no prazo de 1 (um) ano, a contar da data em que esta entrar em vigor, devendo, para este fim, ser convocada assembleia geral dos acionistas.

Art. 7º O disposto no art. 254-A da Lei 6.404, de 1976, não se aplica às companhias em processo de desestatização que, até a data da promulgação desta Lei, tenham publicado um edital.

Art. 8º A alteração de direitos conferidos às ações existentes em decorrência de adequação a esta Lei não confere o direito de recesso de que trata o art. 137 da Lei 6.404, de 1976, se efetivada até o término do ano de 2002.

§ 1º A proporção prevista no § 2º do art. 15 da Lei 6.404, de 1976, será aplicada de acordo com o seguinte critério:

I – imediatamente às companhias novas;

II – às companhias fechadas existentes, no momento em que decidirem abrir o seu capital; e

Portaria SDE 5/2002

LEGISLAÇÃO

III – as companhias abertas existentes poderão manter proporção de até 2/3 (dois terços) de ações preferenciais, em relação ao total de ações emitidas, inclusive em relação a novas emissões de ações.

§ 2º Nas emissões de ações ordinárias por companhias abertas que optarem por se adaptar ao disposto no art. 15, § 2º, da Lei 6.404, de 1976, com a redação que lhe é conferida por esta Lei, poderá não ser estendido aos acionistas titulares de ações preferenciais, a critério da companhia, o direito de preferência a que se refere o art. 171, § 1º, alínea b, da Lei 6.404, de 1976. Uma vez reduzido o percentual de participação em ações preferenciais, não mais será lícito à companhia elevá-lo além do limite atingido.

§ 3º As companhias abertas somente poderão emitir novas ações preferenciais com observância do disposto no art. 17, § 1º, da Lei 6.404, de 1976, com a redação dada por esta Lei, devendo os respectivos estatutos ser adaptados ao referido dispositivo legal no prazo de 1 (um) ano, após a data de entrada em vigor desta Lei.

§ 4º Até a assembleia geral ordinária que se reunir para aprovar as demonstrações financeiras do exercício de 2004, inclusive, o conselheiro eleito na forma do § 4º, inciso II, ou do § 5º do art. 141, da Lei 6.404, de 15 de dezembro de 1976, será escolhido em lista tríplice elaborada pelo acionista controlador; e, a partir da assembleia geral ordinária de 2006, o referido conselheiro será eleito nos termos desta Lei, independentemente do mandato do conselheiro a ser substituído.

Art. 9º Esta Lei entra em vigor após decorridos 120 (cento e vinte) dias de sua publicação oficial, aplicando-se, todavia, a partir da data de publicação, às companhias que se constituírem a partir dessa data.

Art. 10. São revogados o art. 242, da Lei 6.404, de 15 de dezembro de 1976, e os arts. 29 e 30, da Lei 6.385, de 7 de dezembro de 1976.

Brasília, 31 de outubro de 2001; 180º da Independência e 113º da República.
Marco Antonio de Oliveira Maciel
(*DOU* 01.11.2001)

PORTARIA 5, DE 27 DE AGOSTO DE 2002, DA SECRETARIA DE DIREITO ECONÔMICO – SDE

Complementa o elenco de cláusulas abusivas constante do art. 51 da Lei 8.078, de 11 de setembro de 1990.

A Secretária de Direito Econômico do Ministério da Justiça, no uso da atribuição que lhe confere o art. 56 do Decreto 2.181, de 20 de março de 1997, e

Considerando que constitui dever da Secretaria de Direito Econômico orientar o Sistema Nacional de Defesa do Consumidor sobre a abusividade de cláusulas insertas em contratos de fornecimento de produtos e serviços, notadamente para o fim de aplicação do disposto no inciso IV do art. 22 do Decreto 2.181, de 1997;

Considerando que o elenco de cláusulas abusivas constante do art. 51 da Lei 8.078, de 1990, é meramente exemplificativo, uma vez que outras estipulações contratuais lesivas ao consumidor defluem do próprio texto legal;

Considerando que a informação de fornecedores e de consumidores quanto aos seus direitos e deveres promove a melhoria, a transparência, a harmonia, o equilíbrio e a boa-fé nas relações de consumo;

Considerando, finalmente, as sugestões oferecidas pelo Ministério Público e pelos Procons, bem como decisões judiciais sobre relações de consumo; resolve:

Art. 1º Considerar abusiva, nos contratos de fornecimento de produtos e serviços, a cláusula que:

I – autorize o envio do nome do consumidor, e/ou seus garantes, a bancos de dados e cadastros de consumidores, sem comprovada notificação prévia;

II – imponha ao consumidor, nos contratos de adesão, a obrigação de manifestar-se

Lei 10.741/2003

LEGISLAÇÃO

contra a transferência, onerosa ou não, para terceiros, dos dados cadastrais confiados ao fornecedor;

III – autorize o fornecedor a investigar a vida privada do consumidor;

IV – imponha em contratos de seguro-saúde, firmados anteriormente à Lei 9.656, de 3 de junho de 1998, limite temporal para internação hospitalar;

V – prescreva, em contrato de plano de saúde ou seguro-saúde, a não cobertura de doenças de notificação compulsória.

Art. 2º Esta Portaria entra em vigor na data de sua publicação.

Elisa Silva Ribeiro Baptista de Oliveira
Secretária de Direito Econômico
(DOU 28.08.2002)

LEI 10.741, DE 1º DE OUTUBRO DE 2003

Dispõe sobre o Estatuto do Idoso e dá outras providências.

• V. Dec. 5.109/2004 (Composição, estruturação, competências e funcionamento do Conselho Nacional dos Direitos do Idoso).

O Presidente da República:
Faço saber que o Congresso Nacional decreta e eu sanciono a seguinte Lei:

TÍTULO I
DISPOSIÇÕES PRELIMINARES

Art. 1º É instituído o Estatuto do Idoso, destinado a regular os direitos assegurados às pessoas com idade igual ou superior a 60 (sessenta) anos.

Art. 2º O idoso goza de todos os direitos fundamentais inerentes à pessoa humana, sem prejuízo da proteção integral de que trata esta Lei, assegurando-se-lhe, por lei ou por outros meios, todas as oportunidades e facilidades, para preservação de sua saúde física e mental e seu aperfeiçoamento moral, intelectual, espiritual e social, em condições de liberdade e dignidade.

• V. arts. 5º a 7º, CF.

Art. 3º É obrigação da família, da comunidade, da sociedade e do Poder Público assegurar ao idoso, com absoluta prioridade, a efetivação do direito à vida, à saúde, à alimentação, à educação, à cultura, ao esporte, ao lazer, ao trabalho, à cidadania, à liberdade, à dignidade, ao respeito e à convivência familiar e comunitária.

• V. art. 230, CF.

Parágrafo único. A garantia de prioridade compreende:

I – atendimento preferencial imediato e individualizado junto aos órgãos públicos e privados prestadores de serviços à população;

II – preferência na formulação e na execução de políticas sociais públicas específicas;

III – destinação privilegiada de recursos públicos nas áreas relacionadas com a proteção ao idoso;

IV – viabilização de formas alternativas de participação, ocupação e convívio do idoso com as demais gerações;

V – priorização do atendimento do idoso por sua própria família, em detrimento do atendimento asilar, exceto dos que não a possuam ou careçam de condições de manutenção da própria sobrevivência;

VI – capacitação e reciclagem dos recursos humanos nas áreas de geriatria e gerontologia e na prestação de serviços aos idosos;

VII – estabelecimento de mecanismos que favoreçam a divulgação de informações de caráter educativo sobre os aspectos biopsicossociais de envelhecimento;

VIII – garantia de acesso à rede de serviços de saúde e de assistência social locais;

IX – prioridade no recebimento da restituição do Imposto de Renda.

• Inciso IX acrescentado pela Lei 11.765/2008.

Art. 4º Nenhum idoso será objeto de qualquer tipo de negligência, discriminação, violência, crueldade ou opressão, e todo atentado aos seus direitos, por ação ou omissão, será punido na forma da lei.

§ 1º É dever de todos prevenir a ameaça ou violação aos direitos do idoso.

§ 2º As obrigações previstas nesta Lei não excluem da prevenção outras decorrentes dos princípios por ela adotados.

Art. 5º A inobservância das normas de prevenção importará em responsabilidade à pessoa física ou jurídica nos termos da lei.

Lei 10.741/2003

LEGISLAÇÃO

Art. 6º Todo cidadão tem o dever de comunicar à autoridade competente qualquer forma de violação a esta Lei que tenha testemunhado ou de que tenha conhecimento.

Art. 7º Os Conselhos Nacional, Estaduais, do Distrito Federal e Municipais do Idoso, previstos na Lei 8.842, de 4 de janeiro de 1994, zelarão pelo cumprimento dos direitos do idoso, definidos nesta Lei.

TÍTULO II
DOS DIREITOS FUNDAMENTAIS
Capítulo I
DO DIREITO À VIDA

Art. 8º O envelhecimento é um direito personalíssimo e a sua proteção um direito social, nos termos desta Lei e da legislação vigente.

Art. 9º É obrigação do Estado, garantir à pessoa idosa a proteção à vida e à saúde, mediante efetivação de políticas sociais públicas que permitam um envelhecimento saudável e em condições de dignidade.

Capítulo II
DO DIREITO À LIBERDADE, AO RESPEITO E À DIGNIDADE

Art. 10. É obrigação do Estado e da sociedade, assegurar à pessoa idosa a liberdade, o respeito e a dignidade, como pessoa humana e sujeito de direitos civis, políticos, individuais e sociais, garantidos na Constituição e nas leis.

§ 1º O direito à liberdade compreende, entre outros, os seguintes aspectos:

I – faculdade de ir, vir e estar nos logradouros públicos e espaços comunitários, ressalvadas as restrições legais;
II – opinião e expressão;
III – crença e culto religioso;
IV – prática de esportes e de diversões;
V – participação na vida familiar e comunitária;
VI – participação na vida política, na forma da lei;
VII – faculdade de buscar refúgio, auxílio e orientação.

§ 2º O direito ao respeito consiste na inviolabilidade da integridade física, psíquica e moral, abrangendo a preservação da imagem, da identidade, da autonomia, de valores, ideias e crenças, dos espaços e dos objetos pessoais.

§ 3º É dever de todos zelar pela dignidade do idoso, colocando-o a salvo de qualquer tratamento desumano, violento, aterrorizante, vexatório ou constrangedor.

Capítulo III
DOS ALIMENTOS

Art. 11. Os alimentos serão prestados ao idoso na forma da lei civil.

- V. art. 229, CF.
- V. arts. 1.695 e 1.696, CC.
- V. Lei 5.478/1968 (Lei de Alimentos).

Art. 12. A obrigação alimentar é solidária, podendo o idoso optar entre os prestadores.

Art. 13. As transações relativas a alimentos poderão ser celebradas perante o Promotor de Justiça ou Defensor Público, que as referendará, e passarão a ter efeito de título executivo extrajudicial nos termos da lei processual civil.

- Artigo com redação determinada pela Lei 11.737/2008.

Art. 14. Se o idoso ou seus familiares não possuírem condições econômicas de prover o seu sustento, impõe-se ao Poder Público esse provimento, no âmbito da assistência social.

Capítulo IV
DO DIREITO À SAÚDE

Art. 15. É assegurada a atenção integral à saúde do idoso, por intermédio do Sistema Único de Saúde – SUS, garantindo-lhe o acesso universal e igualitário, em conjunto articulado e contínuo das ações e serviços, para a prevenção, promoção, proteção e recuperação da saúde, incluindo a atenção especial às doenças que afetam preferencialmente os idosos.

- V. Lei 8.080/1990 (Sistema Único de Saúde – SUS).

§ 1º A prevenção e a manutenção da saúde do idoso serão efetivadas por meio de:

I – cadastramento da população idosa em base territorial;
II – atendimento geriátrico e gerontológico em ambulatórios;

Lei 10.741/2003

LEGISLAÇÃO

III – unidades geriátricas de referência, com pessoal especializado nas áreas de geriatria e gerontologia social;

IV – atendimento domiciliar, incluindo a internação, para a população que dele necessitar e esteja impossibilitada de se locomover, inclusive para idosos abrigados e acolhidos por instituições públicas, filantrópicas ou sem fins lucrativos e eventualmente conveniadas com o Poder Público, nos meios urbano e rural;

- V. art. 230, § 1º, CF.

V – reabilitação orientada pela geriatria e gerontologia, para redução das sequelas decorrentes do agravo da saúde.

§ 2º Incumbe ao Poder Público fornecer aos idosos, gratuitamente, medicamentos, especialmente os de uso continuado, assim como próteses, órteses e outros recursos relativos ao tratamento, habilitação ou reabilitação.

§ 3º É vedada a discriminação do idoso nos planos de saúde pela cobrança de valores diferenciados em razão da idade.

- V. art. 15, parágrafo único, Lei 9.656/1998 (Planos de Saúde).

§ 4º Os idosos portadores de deficiência ou com limitação incapacitante terão atendimento especializado, nos termos da lei.

- V. Lei 7.853/1989 (Política Nacional para a Integração da Pessoa Portadora de Deficiência).
- V. Dec. 3.298/1999 (Regulamenta a Lei 7.853/1989).

§ 5º É vedado exigir o comparecimento do idoso enfermo perante os órgãos públicos, hipótese na qual será admitido o seguinte procedimento:

- § 5º acrescentado pela Lei 12.896/2013.

I – quando de interesse do poder público, o agente promoverá o contato necessário com o idoso em sua residência; ou

II – quando de interesse do próprio idoso, este se fará representar por procurador legalmente constituído.

§ 6º É assegurado ao idoso enfermo o atendimento domiciliar pela perícia médica do Instituto Nacional do Seguro Social – INSS, pelo serviço público de saúde ou pelo serviço privado de saúde, contratado ou conveniado, que integre o Sistema Único de Saúde – SUS, para expedição do laudo de saúde necessário ao exercício de seus direitos sociais e de isenção tributária.

- § 6º acrescentado pela Lei 12.896/2013.

Art. 16. Ao idoso internado ou em observação é assegurado o direito a acompanhante, devendo o órgão de saúde proporcionar as condições adequadas para a sua permanência em tempo integral, segundo o critério médico.

Parágrafo único. Caberá ao profissional de saúde responsável pelo tratamento conceder autorização para o acompanhamento do idoso ou, no caso de impossibilidade, justificá-la por escrito.

Art. 17. Ao idoso que esteja no domínio de suas faculdades mentais é assegurado o direito de optar pelo tratamento de saúde que lhe for reputado mais favorável.

Parágrafo único. Não estando o idoso em condições de proceder à opção, esta será feita:

I – pelo curador, quando o idoso for interditado;

II – pelos familiares, quando o idoso não tiver curador ou este não puder ser contactado em tempo hábil;

III – pelo médico, quando ocorrer iminente risco de vida e não houver tempo hábil para consulta a curador ou familiar;

IV – pelo próprio médico, quando não houver curador ou familiar conhecido, caso em que deverá comunicar o fato ao Ministério Público.

Art. 18. As instituições de saúde devem atender aos critérios mínimos para o atendimento às necessidades do idoso, promovendo o treinamento e a capacitação dos profissionais, assim como orientação a cuidadores familiares e grupos de autoajuda.

Art. 19. Os casos de suspeita ou confirmação de violência praticada contra idosos serão objeto de notificação compulsória pelos serviços de saúde públicos e privados à autoridade sanitária, bem como serão obrigatoriamente comunicados por eles a quaisquer dos seguintes órgãos:

- *Caput* com redação determinada pela Lei 12.461/2011 (*DOU* 27.07.2011), em vigor 90 (noventa) dias após a data de sua publicação.

I – autoridade policial;
II – Ministério Público;
III – Conselho Municipal do Idoso;
IV – Conselho Estadual do Idoso;
V – Conselho Nacional do Idoso.

* V. Lei 8.842/1994 (Política Nacional do Idoso e Conselho Nacional do Idoso).

§ 1º Para os efeitos desta Lei, considera-se violência contra o idoso qualquer ação ou omissão praticada em local público ou privado que lhe cause morte, dano ou sofrimento físico ou psicológico.

* § 1º acrescentado pela Lei 12.461/2011 (*DOU* 27.07.2011), em vigor 90 (noventa) dias após a data de sua publicação.

§ 2º Aplica-se, no que couber, à notificação compulsória prevista no *caput* deste artigo, o disposto na Lei 6.259, de 30 de outubro de 1975.

* § 2º acrescentado pela Lei 12.461/2011 (*DOU* 27.07.2011), em vigor 90 (noventa) dias após a data de sua publicação.

Capítulo V
DA EDUCAÇÃO, CULTURA, ESPORTE E LAZER

Art. 20. O idoso tem direito a educação, cultura, esporte, lazer, diversões, espetáculos, produtos e serviços que respeitem sua peculiar condição de idade.

Art. 21. O Poder Público criará oportunidades de acesso do idoso à educação, adequando currículos, metodologias e material didático aos programas educacionais a ele destinados.

§ 1º Os cursos especiais para idosos incluirão conteúdo relativo às técnicas de comunicação, computação e demais avanços tecnológicos, para sua integração à vida moderna.

§ 2º Os idosos participarão das comemorações de caráter cívico ou cultural, para transmissão de conhecimentos e vivências às demais gerações, no sentido da preservação da memória e da identidade culturais.

Art. 22. Nos currículos mínimos dos diversos níveis de ensino formal serão inseridos conteúdos voltados ao processo de envelhecimento, ao respeito e à valorização do idoso, de forma a eliminar o preconceito e a produzir conhecimentos sobre a matéria.

Art. 23. A participação dos idosos em atividades culturais e de lazer será proporcionada mediante descontos de pelo menos 50% (cinquenta por cento) nos ingressos para eventos artísticos, culturais, esportivos e de lazer, bem como o acesso preferencial aos respectivos locais.

Art. 24. Os meios de comunicação manterão espaços ou horários especiais voltados aos idosos, com finalidade informativa, educativa, artística e cultural, e ao público sobre o processo de envelhecimento.

Art. 25. O Poder Público apoiará a criação de universidade aberta para as pessoas idosas e incentivará a publicação de livros e periódicos, de conteúdo e padrão editorial adequados ao idoso, que facilitem a leitura, considerada a natural redução da capacidade visual.

Capítulo VI
DA PROFISSIONALIZAÇÃO E DO TRABALHO

Art. 26. O idoso tem direito ao exercício de atividade profissional, respeitadas suas condições físicas, intelectuais e psíquicas.

Art. 27. Na admissão do idoso em qualquer trabalho ou emprego, é vedada a discriminação e a fixação de limite máximo de idade, inclusive para concursos, ressalvados os casos em que a natureza do cargo o exigir.

* V. Súmula 683, STF.

Parágrafo único. O primeiro critério de desempate em concurso público será a idade, dando-se preferência ao de idade mais elevada.

Art. 28. O Poder Público criará e estimulará programas de:
I – profissionalização especializada para os idosos, aproveitando seus potenciais e habilidades para atividades regulares e remuneradas;
II – preparação dos trabalhadores para a aposentadoria, com antecedência mínima de 1 (um) ano, por meio de estímulo a novos projetos sociais, conforme seus interesses, e de esclarecimento sobre os direitos sociais e de cidadania;
III – estímulo às empresas privadas para admissão de idosos ao trabalho.

Lei 10.741/2003

Capítulo VII
DA PREVIDÊNCIA SOCIAL

Art. 29. Os benefícios de aposentadoria e pensão do Regime Geral da Previdência Social observarão, na sua concessão, critérios de cálculo que preservem o valor real dos salários sobre os quais incidiram contribuição, nos termos da legislação vigente.

Parágrafo único. Os valores dos benefícios em manutenção serão reajustados na mesma data de reajuste do salário mínimo, *pro rata*, de acordo com suas respectivas datas de início ou do seu último reajustamento, com base em percentual definido em regulamento, observados os critérios estabelecidos pela Lei 8.213, de 24 de julho de 1991.

Art. 30. A perda da condição de segurado não será considerada para a concessão da aposentadoria por idade, desde que a pessoa conte com, no mínimo, o tempo de contribuição correspondente ao exigido para efeito de carência na data de requerimento do benefício.

Parágrafo único. O cálculo do valor do benefício previsto no *caput* observará o disposto no *caput* e § 2º do art. 3º da Lei 9.876, de 26 de novembro de 1999, ou, não havendo salários de contribuição recolhidos a partir da competência de julho de 1994, o disposto no art. 35 da Lei 8.213, de 1991.

Art. 31. O pagamento de parcelas relativas a benefícios, efetuado com atraso por responsabilidade da Previdência Social, será atualizado pelo mesmo índice utilizado para os reajustamentos dos benefícios do Regime Geral de Previdência Social, verificado no período compreendido entre o mês que deveria ter sido pago e o mês do efetivo pagamento.

Art. 32. O Dia Mundial do Trabalho, 1º de Maio, é a data base dos aposentados e pensionistas.

Capítulo VIII
DA ASSISTÊNCIA SOCIAL

Art. 33. A assistência social aos idosos será prestada, de forma articulada, conforme os princípios e diretrizes previstos na Lei Orgânica da Assistência Social, na Política Nacional do Idoso, no Sistema Único de Saúde e demais normas pertinentes.

- V. Lei 8.080/1990 (Sistema Único de Saúde – SUS).
- V. Lei 8.742/1993 (Lei Orgânica da Assistência Social).
- V. Lei 8.842/1994 (Política Nacional do Idoso e Conselho Nacional do Idoso).
- V. Dec. 5.085/2004 (Ações continuadas de Assistência Social).

Art. 34. Aos idosos, a partir de 65 (sessenta e cinco) anos, que não possuam meios para prover sua subsistência, nem de tê-la provida por sua família, é assegurado o benefício mensal de um salário mínimo, nos termos da Lei Orgânica da Assistência Social – Loas.

- V. Dec. 6.214/2007 (Regulamenta o benefício de prestação continuada da assistência social devido à pessoa com deficiência e ao idoso de que trata a Lei 8.742/1993 e a Lei 10.741/2003).

Parágrafo único. O benefício já concedido a qualquer membro da família nos termos do *caput* não será computado para os fins do cálculo da renda familiar *per capita* a que se refere a Loas.

Art. 35. Todas as entidades de longa permanência, ou casa-lar, são obrigadas a firmar contrato de prestação de serviços com a pessoa idosa abrigada.

§ 1º No caso de entidades filantrópicas, ou casa-lar, é facultada a cobrança de participação do idoso no custeio da entidade.

§ 2º O Conselho Municipal do Idoso ou o Conselho Municipal da Assistência Social estabelecerá a forma de participação prevista no § 1º, que não poderá exceder a 70% (setenta por cento) de qualquer benefício previdenciário ou de assistência social percebido pelo idoso.

§ 3º Se a pessoa idosa for incapaz, caberá a seu representante legal firmar o contrato a que se refere o *caput* deste artigo.

Art. 36. O acolhimento de idosos em situação de risco social, por adulto ou núcleo familiar, caracteriza a dependência econômica, para os efeitos legais.

- Este artigo entrou em vigor a partir de 1º de janeiro de 2004, de acordo com o art. 118.

Lei 10.741/2003

LEGISLAÇÃO

Capítulo IX
DA HABITAÇÃO

Art. 37. O idoso tem direito a moradia digna, no seio da família natural ou substituta, ou desacompanhado de seus familiares, quando assim o desejar, ou, ainda, em instituição pública ou privada.

§ 1º A assistência integral na modalidade de entidade de longa permanência será prestada quando verificada inexistência de grupo familiar, casa-lar, abandono ou carência de recursos financeiros próprios ou da família.

§ 2º Toda instituição dedicada ao atendimento ao idoso fica obrigada a manter identificação externa visível, sob pena de interdição, além de atender toda a legislação pertinente.

§ 3º As instituições que abrigarem idosos são obrigadas a manter padrões de habitação compatíveis com as necessidades deles, bem como provê-los com alimentação regular e higiene indispensáveis às normas sanitárias e com estas condizentes, sob as penas da lei.

Art. 38. Nos programas habitacionais, públicos ou subsidiados com recursos públicos, o idoso goza de prioridade na aquisição de imóvel para moradia própria, observado o seguinte:

I – reserva de pelo menos 3% (três por cento) das unidades habitacionais residenciais para atendimento aos idosos;

- Inciso I com redação determinada pela Lei 12.418/2011.

II – implantação de equipamentos urbanos comunitários voltados ao idoso;

III – eliminação de barreiras arquitetônicas e urbanísticas, para garantia de acessibilidade ao idoso;

IV – critérios de financiamento compatíveis com os rendimentos de aposentadoria e pensão.

Parágrafo único. As unidades residenciais reservadas para atendimento a idosos devem situar-se, preferencialmente, no pavimento térreo.

- Parágrafo único acrescentado pela Lei 12.419/2011.

Capítulo X
DO TRANSPORTE

Art. 39. Aos maiores de 65 (sessenta e cinco) anos fica assegurada a gratuidade dos transportes coletivos públicos urbanos e semiurbanos, exceto nos serviços seletivos e especiais, quando prestados paralelamente aos serviços regulares.

- V. art. 230, § 2º, CF.

§ 1º Para ter acesso à gratuidade, basta que o idoso apresente qualquer documento pessoal que faça prova de sua idade.

§ 2º Nos veículos de transporte coletivo de que trata este artigo, serão reservados 10% (dez por cento) dos assentos para os idosos, devidamente identificados com a placa de reservado preferencialmente para idosos.

§ 3º No caso das pessoas compreendidas na faixa etária entre 60 (sessenta) e 65 (sessenta e cinco) anos, ficará a critério da legislação local dispor sobre as condições para exercício da gratuidade nos meios de transporte previstos no *caput* deste artigo.

Art. 40. No sistema de transporte coletivo interestadual observar-se-á, nos termos da legislação específica:

- V. Dec. 5.934/2006 (Mecanismos e critérios a serem adotados na aplicação do disposto no art. 40 da Lei 10.741/2003).

I – a reserva de duas vagas gratuitas por veículo para idosos com renda igual ou inferior a dois salários mínimos;

II – desconto de 50% (cinquenta por cento), no mínimo, no valor das passagens, para os idosos que excederem as vagas gratuitas, com renda igual ou inferior a dois salários mínimos.

Parágrafo único. Caberá aos órgãos competentes definir os mecanismos e os critérios para o exercício dos direitos previstos nos incisos I e II.

- V. Res. Antaq 260/2004 (Norma para a concessão de benefício aos idosos no transporte aquaviário interestadual de passageiros).
- V. Res. ANTT 1.692/2006 (Procedimentos a serem observados na aplicação do Estatuto do Idoso no âmbito dos serviços de transporte rodoviário interestadual de passageiros).
- V. Res. ANTT 2.030/2007 (Procedimentos a serem observados na aplicação do Estatuto do Idoso, no âmbito dos serviços de transporte ferroviário interestadual regular de passageiros e dá outras providências).

Lei 10.741/2003

LEGISLAÇÃO

Art. 41. É assegurada a reserva, para os idosos, nos termos da lei local, de 5% (cinco por cento) das vagas nos estacionamentos públicos e privados, as quais deverão ser posicionadas de forma a garantir a melhor comodidade ao idoso.

Art. 42. São asseguradas a prioridade e a segurança do idoso nos procedimentos de embarque e desembarque nos veículos do sistema de transporte coletivo.

* Artigo com redação determinada pela Lei 12.899/2013.

TÍTULO III
DAS MEDIDAS DE PROTEÇÃO

Capítulo I
DAS DISPOSIÇÕES GERAIS

Art. 43. As medidas de proteção ao idoso são aplicáveis sempre que os direitos reconhecidos nesta Lei forem ameaçados ou violados:
I – por ação ou omissão da sociedade ou do Estado;
II – por falta, omissão ou abuso da família, curador ou entidade de atendimento;
III – em razão de sua condição pessoal.

Capítulo II
DAS MEDIDAS ESPECÍFICAS DE PROTEÇÃO

Art. 44. As medidas de proteção ao idoso previstas nesta Lei poderão ser aplicadas, isolada ou cumulativamente, e levarão em conta os fins sociais a que se destinam e o fortalecimento dos vínculos familiares e comunitários.

Art. 45. Verificada qualquer das hipóteses previstas no art. 43, o Ministério Público ou o Poder Judiciário, a requerimento daquele, poderá determinar, dentre outras, as seguintes medidas:
I – encaminhamento à família ou curador, mediante termo de responsabilidade;
II – orientação, apoio e acompanhamento temporários;
III – requisição para tratamento de sua saúde, em regime ambulatorial, hospitalar ou domiciliar;
IV – inclusão em programa oficial ou comunitário de auxílio, orientação e tratamento a usuários dependentes de drogas lícitas ou ilícitas, ao próprio idoso ou à pessoa de sua convivência que lhe cause perturbação;
V – abrigo em entidade;
VI – abrigo temporário.

TÍTULO IV
DA POLÍTICA DE ATENDIMENTO AO IDOSO

Capítulo I
DISPOSIÇÕES GERAIS

Art. 46. A política de atendimento ao idoso far-se-á por meio do conjunto articulado de ações governamentais e não governamentais da União, dos Estados, do Distrito Federal e dos Municípios.

Art. 47. São linhas de ação da política de atendimento:
I – políticas sociais básicas, previstas na Lei 8.842, de 4 de janeiro de 1994;
II – políticas e programas de assistência social, em caráter supletivo, para aqueles que necessitarem;
III – serviços especiais de prevenção e atendimento às vítimas de negligência, maus-tratos, exploração, abuso, crueldade e opressão;
IV – serviço de identificação e localização de parentes ou responsáveis por idosos abandonados em hospitais e instituições de longa permanência;
V – proteção jurídico-social por entidades de defesa dos direitos dos idosos;
VI – mobilização da opinião pública no sentido da participação dos diversos segmentos da sociedade no atendimento do idoso.

Capítulo II
DAS ENTIDADES DE ATENDIMENTO AO IDOSO

Art. 48. As entidades de atendimento são responsáveis pela manutenção das próprias unidades, observadas as normas de planejamento e execução emanadas do órgão competente da Política Nacional do Idoso, conforme a Lei 8.842, de 1994.
Parágrafo único. As entidades governamentais e não governamentais de assistência ao idoso ficam sujeitas à inscrição de seus programas, junto ao órgão competente da Vigilância Sanitária e Conselho Muni-

cipal da Pessoa Idosa, e em sua falta, junto ao Conselho Estadual ou Nacional da Pessoa Idosa, especificando os regimes de atendimento, observados os seguintes requisitos:

I – oferecer instalações físicas em condições adequadas de habitabilidade, higiene, salubridade e segurança;
II – apresentar objetivos estatutários e plano de trabalho compatíveis com os princípios desta Lei;
III – estar regularmente constituída;
IV – demonstrar a idoneidade de seus dirigentes.

Art. 49. As entidades que desenvolvam programas de institucionalização de longa permanência adotarão os seguintes princípios:

I – preservação dos vínculos familiares;
II – atendimento personalizado e em pequenos grupos;
III – manutenção do idoso na mesma instituição, salvo em caso de força maior;
IV – participação do idoso nas atividades comunitárias, de caráter interno e externo;
V – observância dos direitos e garantias dos idosos;
VI – preservação da identidade do idoso e oferecimento de ambiente de respeito e dignidade.

Parágrafo único. O dirigente de instituição prestadora de atendimento ao idoso responderá civil e criminalmente pelos atos que praticar em detrimento do idoso, sem prejuízo das sanções administrativas.

Art. 50. Constituem obrigações das entidades de atendimento:

I – celebrar contrato escrito de prestação de serviço com o idoso, especificando o tipo de atendimento, as obrigações da entidade e prestações decorrentes do contrato, com os respectivos preços, se for o caso;
II – observar os direitos e as garantias de que são titulares os idosos;
III – fornecer vestuário adequado, se for pública, e alimentação suficiente;
IV – oferecer instalações físicas em condições adequadas de habitabilidade;
V – oferecer atendimento personalizado;
VI – diligenciar no sentido da preservação dos vínculos familiares;
VII – oferecer acomodações apropriadas para recebimento de visitas;
VIII – proporcionar cuidados à saúde, conforme a necessidade do idoso;
IX – promover atividades educacionais, esportivas, culturais e de lazer;
X – propiciar assistência religiosa àqueles que desejarem, de acordo com suas crenças;
XI – proceder a estudo social e pessoal de cada caso;
XII – comunicar à autoridade competente de saúde toda ocorrência de idoso portador de doenças infectocontagiosas;
XIII – providenciar ou solicitar que o Ministério Público requisite os documentos necessários ao exercício da cidadania àqueles que não os tiverem, na forma da lei;
XIV – fornecer comprovante de depósito dos bens móveis que receberem dos idosos;
XV – manter arquivo de anotações onde constem data e circunstâncias do atendimento, nome do idoso, responsável, parentes, endereços, cidade, relação de seus pertences, bem como o valor de contribuições, e suas alterações, se houver, e demais dados que possibilitem sua identificação e a individualização do atendimento;
XVI – comunicar ao Ministério Público, para as providências cabíveis, a situação de abandono moral ou material por parte dos familiares;
XVII – manter no quadro de pessoal profissionais com formação específica.

Art. 51. As instituições filantrópicas ou sem fins lucrativos prestadoras de serviço ao idoso terão direito à assistência judiciária gratuita.

• V. Lei 1.060/1950 (Assistência Judiciária).

Capítulo III
DA FISCALIZAÇÃO DAS ENTIDADES DE ATENDIMENTO

Art. 52. As entidades governamentais e não governamentais de atendimento ao idoso serão fiscalizadas pelos Conselhos do Idoso, Ministério Público, Vigilância Sanitária e outros previstos em lei.

Art. 53. O art. 7º da Lei 8.842, de 1994, passa a vigorar com a seguinte redação:
"Art. 7º Compete aos Conselhos de que trata o art. 6º desta Lei a supervisão, o acompa-

nhamento, a fiscalização e a avaliação da política nacional do idoso, no âmbito das respectivas instâncias político-administrativas."

Art. 54. Será dada publicidade das prestações de contas dos recursos públicos e privados recebidos pelas entidades de atendimento.

Art. 55. As entidades de atendimento que descumprirem as determinações desta Lei ficarão sujeitas, sem prejuízo da responsabilidade civil e criminal de seus dirigentes ou prepostos, às seguintes penalidades, observado o devido processo legal:
I – as entidades governamentais:
a) advertência;
b) afastamento provisório de seus dirigentes;
c) afastamento definitivo de seus dirigentes;
d) fechamento de unidade ou interdição de programa;
II – as entidades não governamentais:
a) advertência;
b) multa;
c) suspensão parcial ou total do repasse de verbas públicas;
d) interdição de unidade ou suspensão de programa;
e) proibição de atendimento a idosos a bem do interesse público.
§ 1º Havendo danos aos idosos abrigados ou qualquer tipo de fraude em relação ao programa, caberá o afastamento provisório dos dirigentes ou a interdição da unidade e a suspensão do programa.
§ 2º A suspensão parcial ou total do repasse de verbas públicas ocorrerá quando verificada a má aplicação ou desvio de finalidade dos recursos.
§ 3º Na ocorrência de infração por entidade de atendimento, que coloque em risco os direitos assegurados nesta Lei, será o fato comunicado ao Ministério Público, para as providências cabíveis, inclusive para promover a suspensão das atividades ou dissolução da entidade, com a proibição de atendimento a idosos a bem do interesse público, sem prejuízo das providências a serem tomadas pela Vigilância Sanitária.
§ 4º Na aplicação das penalidades, serão consideradas a natureza e a gravidade da infração cometida, os danos que dela provierem para o idoso, as circunstâncias agravantes ou atenuantes e os antecedentes da entidade.

Capítulo IV
DAS INFRAÇÕES ADMINISTRATIVAS

Art. 56. Deixar a entidade de atendimento de cumprir as determinações do art. 50 desta Lei:
Pena – multa de R$ 500,00 (quinhentos reais) a R$ 3.000,00 (três mil reais), se o fato não for caracterizado como crime, podendo haver a interdição do estabelecimento até que sejam cumpridas as exigências legais.
Parágrafo único. No caso de interdição do estabelecimento de longa permanência, os idosos abrigados serão transferidos para outra instituição, a expensas do estabelecimento interditado, enquanto durar a interdição.

Art. 57. Deixar o profissional de saúde ou o responsável por estabelecimento de saúde ou instituição de longa permanência de comunicar à autoridade competente os casos de crimes contra idoso de que tiver conhecimento:
Pena – multa de R$ 500,00 (quinhentos reais) a R$ 3.000,00 (três mil reais), aplicada em dobro no caso de reincidência.

Art. 58. Deixar de cumprir as determinações desta Lei sobre a prioridade no atendimento ao idoso:
Pena – multa de R$ 500,00 (quinhentos reais) a R$ 1.000,00 (um mil reais) e multa civil a ser estipulada pelo juiz, conforme o dano sofrido pelo idoso.

Capítulo V
DA APURAÇÃO ADMINISTRATIVA DE INFRAÇÃO ÀS NORMAS DE PROTEÇÃO AO IDOSO

Art. 59. Os valores monetários expressos no Capítulo IV serão atualizados anualmente, na forma da lei.

Art. 60. O procedimento para a imposição de penalidade administrativa por infração às normas de proteção ao idoso terá início com requisição do Ministério Público ou auto de infração elaborado por servidor efetivo e assinado, se possível, por duas testemunhas.

§ 1º No procedimento iniciado com o auto de infração poderão ser usadas fórmulas impressas, especificando-se a natureza e as circunstâncias da infração.

§ 2º Sempre que possível, à verificação da infração seguir-se-á a lavratura do auto, ou este será lavrado dentro de 24 (vinte e quatro) horas, por motivo justificado.

Art. 61. O autuado terá prazo de 10 (dez) dias para a apresentação da defesa, contado da data da intimação, que será feita:

I – pelo autuante, no instrumento de autuação, quando for lavrado na presença do infrator;

II – por via postal, com aviso de recebimento.

Art. 62. Havendo risco para a vida ou à saúde do idoso, a autoridade competente aplicará à entidade de atendimento as sanções regulamentares, sem prejuízo da iniciativa e das providências que vierem a ser adotadas pelo Ministério Público ou pelas demais instituições legitimadas para a fiscalização.

Art. 63. Nos casos em que não houver risco para a vida ou a saúde da pessoa idosa abrigada, a autoridade competente aplicará à entidade de atendimento as sanções regulamentares, sem prejuízo da iniciativa e das providências que vierem a ser adotadas pelo Ministério Público ou pelas demais instituições legitimadas para a fiscalização.

Capítulo VI
DA APURAÇÃO JUDICIAL DE IRREGULARIDADES EM ENTIDADE DE ATENDIMENTO

Art. 64. Aplicam-se, subsidiariamente, ao procedimento administrativo de que trata este Capítulo as disposições das Leis 6.437, de 20 de agosto de 1977, e 9.784, de 29 de janeiro de 1999.

Art. 65. O procedimento de apuração de irregularidade em entidade governamental e não governamental de atendimento ao idoso terá início mediante petição fundamentada de pessoa interessada ou iniciativa do Ministério Público.

Art. 66. Havendo motivo grave, poderá a autoridade judiciária, ouvido o Ministério Público, decretar liminarmente o afastamento provisório do dirigente da entidade ou outras medidas que julgar adequadas, para evitar lesão aos direitos do idoso, mediante decisão fundamentada.

Art. 67. O dirigente da entidade será citado para, no prazo de 10 (dez) dias, oferecer resposta escrita, podendo juntar documentos e indicar as provas a produzir.

Art. 68. Apresentada a defesa, o juiz procederá na conformidade do art. 69 ou, se necessário, designará audiência de instrução e julgamento, deliberando sobre a necessidade de produção de outras provas.

§ 1º Salvo manifestação em audiência, as partes e o Ministério Público terão 5 (cinco) dias para oferecer alegações finais, decidindo a autoridade judiciária em igual prazo.

§ 2º Em se tratando de afastamento provisório ou definitivo de dirigente de entidade governamental, a autoridade judiciária oficiará a autoridade administrativa imediatamente superior ao afastado, fixando-lhe prazo de 24 (vinte e quatro) horas para proceder à substituição.

§ 3º Antes de aplicar qualquer das medidas, a autoridade judiciária poderá fixar prazo para a remoção das irregularidades verificadas. Satisfeitas as exigências, o processo será extinto, sem julgamento do mérito.

§ 4º A multa e a advertência serão impostas ao dirigente da entidade ou ao responsável pelo programa de atendimento.

TÍTULO V
DO ACESSO À JUSTIÇA

Capítulo I
DISPOSIÇÕES GERAIS

Art. 69. Aplica-se, subsidiariamente, às disposições deste Capítulo, o procedimento sumário previsto no Código de Processo Civil, naquilo que não contrarie os prazos previstos nesta Lei.

Lei 10.741/2003

Art. 70. O Poder Público poderá criar varas especializadas e exclusivas do idoso.

Art. 71. É assegurada prioridade na tramitação dos processos e procedimentos e na execução dos atos e diligências judiciais em que figure como parte ou interveniente pessoa com idade igual ou superior a 60 (sessenta) anos, em qualquer instância.

- V. art. 1.048, CPC/2015.
- V. Res. STF 408/2009 (Concessão de prioridade na tramitação de procedimentos judiciais às pessoas que especifica).

§ 1º O interessado na obtenção da prioridade a que alude este artigo, fazendo prova de sua idade, requererá o benefício à autoridade judiciária competente para decidir o feito, que determinará as providências a serem cumpridas, anotando-se essa circunstância em local visível nos autos do processo.

§ 2º A prioridade não cessará com a morte do beneficiado, estendendo-se em favor do cônjuge supérstite, companheiro ou companheira, com união estável, maior de 60 (sessenta) anos.

§ 3º A prioridade se estende aos processos e procedimentos na Administração Pública, empresas prestadoras de serviços públicos e instituições financeiras, ao atendimento preferencial junto à Defensoria Pública da União, dos Estados e do Distrito Federal em relação aos Serviços de Assistência Judiciária.

§ 4º Para o atendimento prioritário será garantido ao idoso o fácil acesso aos assentos e caixas, identificados com a destinação a idosos em local visível e caracteres legíveis.

Capítulo II
DO MINISTÉRIO PÚBLICO

Art. 72. (Vetado.)

Art. 73. As funções do Ministério Público, previstas nesta Lei, serão exercidas nos termos da respectiva Lei Orgânica.

- V. arts. 127 a 129, CF.
- V. LC 75/1993 (Estatuto do Ministério Público da União).
- V. Lei 8.625/1993 (Lei Orgânica Nacional do Ministério Público).

Art. 74. Compete ao Ministério Público:

I – instaurar o inquérito civil e a ação civil pública para a proteção dos direitos e interesses difusos ou coletivos, individuais indisponíveis e individuais homogêneos do idoso;

- V. Lei 7.347/1985 (Ação civil pública).

II – promover e acompanhar as ações de alimentos, de interdição total ou parcial, de designação de curador especial, em circunstâncias que justifiquem a medida e oficiar em todos os feitos em que se discutam os direitos de idosos em condições de risco;

III – atuar como substituto processual do idoso em situação de risco, conforme o disposto no art. 43 desta Lei;

IV – promover a revogação de instrumento procuratório do idoso, nas hipóteses previstas no art. 43 desta Lei, quando necessário ou o interesse público justificar;

V – instaurar procedimento administrativo e, para instruí-lo:

a) expedir notificações, colher depoimentos ou esclarecimentos e, em caso de não comparecimento injustificado da pessoa notificada, requisitar condução coercitiva, inclusive pela Polícia Civil ou Militar;

b) requisitar informações, exames, perícias e documentos de autoridades municipais, estaduais e federais, da administração direta e indireta, bem como promover inspeções e diligências investigatórias;

c) requisitar informações e documentos particulares de instituições privadas;

VI – instaurar sindicâncias, requisitar diligências investigatórias e a instauração de inquérito policial, para a apuração de ilícitos ou infrações às normas de proteção ao idoso;

VII – zelar pelo efetivo respeito aos direitos e garantias legais assegurados ao idoso, promovendo as medidas judiciais e extrajudiciais cabíveis;

VIII – inspecionar as entidades públicas e particulares de atendimento e os programas de que trata esta Lei, adotando de pronto as medidas administrativas ou judiciais necessárias à remoção de irregularidades porventura verificadas;

IX – requisitar força policial, bem como a colaboração dos serviços de saúde, educacionais e de assistência social, públicos, para o desempenho de suas atribuições;

Lei 10.741/2003

X – referendar transações envolvendo interesses e direitos dos idosos previstos nesta Lei.

§ 1º A legitimação do Ministério Público para as ações cíveis previstas neste artigo não impede a de terceiros, nas mesmas hipóteses, segundo dispuser a lei.

§ 2º As atribuições constantes deste artigo não excluem outras, desde que compatíveis com a finalidade e atribuições do Ministério Público.

§ 3º O representante do Ministério Público, no exercício de suas funções, terá livre acesso a toda entidade de atendimento ao idoso.

Art. 75. Nos processos e procedimentos em que não for parte, atuará obrigatoriamente o Ministério Público na defesa dos direitos e interesses de que cuida esta Lei, hipóteses em que terá vista dos autos depois das partes, podendo juntar documentos, requerer diligências e produção de outras provas, usando os recursos cabíveis.

Art. 76. A intimação do Ministério Público, em qualquer caso, será feita pessoalmente.

Art. 77. A falta de intervenção do Ministério Público acarreta a nulidade do feito, que será declarada de ofício pelo juiz ou a requerimento de qualquer interessado.

Capítulo III
DA PROTEÇÃO JUDICIAL DOS INTERESSES DIFUSOS, COLETIVOS E INDIVIDUAIS INDISPONÍVEIS OU HOMOGÊNEOS

Art. 78. As manifestações processuais do representante do Ministério Público deverão ser fundamentadas.

Art. 79. Regem-se pelas disposições desta Lei as ações de responsabilidade por ofensa aos direitos assegurados ao idoso, referentes à omissão ou ao oferecimento insatisfatório de:

I – acesso às ações e serviços de saúde;

II – atendimento especializado ao idoso portador de deficiência ou com limitação incapacitante;

III – atendimento especializado ao idoso portador de doença infectocontagiosa;

IV – serviço de assistência social visando ao amparo do idoso.

Parágrafo único. As hipóteses previstas neste artigo não excluem da proteção judicial outros interesses difusos, coletivos, individuais indisponíveis ou homogêneos, próprios do idoso, protegidos em lei.

Art. 80. As ações previstas neste Capítulo serão propostas no foro do domicílio do idoso, cujo juízo terá competência absoluta para processar a causa, ressalvadas as competências da Justiça Federal e a competência originária dos Tribunais Superiores.

Art. 81. Para as ações cíveis fundadas em interesses difusos, coletivos, individuais indisponíveis ou homogêneos, consideram-se legitimados, concorrentemente:

I – o Ministério Público;

II – a União, os Estados, o Distrito Federal e os Municípios;

III – a Ordem dos Advogados do Brasil;

IV – as associações legalmente constituídas há pelo menos 1 (um) ano e que incluam entre os fins institucionais a defesa dos interesses e direitos da pessoa idosa, dispensada a autorização da assembleia, se houver prévia autorização estatutária.

§ 1º Admitir-se-á litisconsórcio facultativo entre os Ministérios Públicos da União e dos Estados na defesa dos interesses e direitos de que cuida esta Lei.

§ 2º Em caso de desistência ou abandono da ação por associação legitimada, o Ministério Público ou outro legitimado deverá assumir a titularidade ativa.

Art. 82. Para defesa dos interesses e direitos protegidos por esta Lei, são admissíveis todas as espécies de ação pertinentes.

Parágrafo único. Contra atos ilegais ou abusivos de autoridade pública ou agente de pessoa jurídica no exercício de atribuições de Poder Público, que lesem direito líquido e certo previsto nesta Lei, caberá ação mandamental, que se regerá pelas normas da lei do mandado de segurança.

- V. Lei 12.016/2009 (Nova Lei do Mandado de Segurança).

Lei 10.741/2003

Art. 83. Na ação que tenha por objeto o cumprimento de obrigação de fazer ou não fazer, o juiz concederá a tutela específica da obrigação ou determinará providências que assegurem o resultado prático equivalente ao adimplemento.

§ 1º Sendo relevante o fundamento da demanda e havendo justificado receio de ineficácia do provimento final, é lícito ao juiz conceder a tutela liminarmente ou após justificação prévia, na forma do art. 273 do Código de Processo Civil.

§ 2º O juiz poderá, na hipótese do § 1º ou na sentença, impor multa diária ao réu, independentemente do pedido do autor, se for suficiente ou compatível com a obrigação, fixando prazo razoável para o cumprimento do preceito.

§ 3º A multa só será exigível do réu após o trânsito em julgado da sentença favorável ao autor, mas será devida desde o dia em que se houver configurado.

Art. 84. Os valores das multas previstas nesta Lei reverterão ao Fundo do Idoso, onde houver, ou na falta deste, ao Fundo Municipal de Assistência Social, ficando vinculados ao atendimento ao idoso.

Parágrafo único. As multas não recolhidas até 30 (trinta) dias após o trânsito em julgado da decisão serão exigidas por meio de execução promovida pelo Ministério Público, nos mesmos autos, facultada igual iniciativa aos demais legitimados em caso de inércia daquele.

Art. 85. O juiz poderá conferir efeito suspensivo aos recursos, para evitar dano irreparável à parte.

Art. 86. Transitada em julgado a sentença que impuser condenação ao Poder Público, o juiz determinará a remessa de peças à autoridade competente, para apuração da responsabilidade civil e administrativa do agente a que se atribua a ação ou omissão.

Art. 87. Decorridos 60 (sessenta) dias do trânsito em julgado da sentença condenatória favorável ao idoso sem que o autor lhe promova a execução, deverá fazê-lo o Ministério Público, facultada, igual iniciativa aos demais legitimados, como assistentes ou assumindo o polo ativo, em caso de inércia desse órgão.

Art. 88. Nas ações de que trata este Capítulo, não haverá adiantamento de custas, emolumentos, honorários periciais e quaisquer outras despesas.

Parágrafo único. Não se imporá sucumbência ao Ministério Público.

Art. 89. Qualquer pessoa poderá, e o servidor deverá, provocar a iniciativa do Ministério Público, prestando-lhe informações sobre os fatos que constituam objeto de ação civil e indicando-lhe os elementos de convicção.

Art. 90. Os agentes públicos em geral, os juízes e tribunais, no exercício de suas funções, quando tiverem conhecimento de fatos que possam configurar crime de ação pública contra idoso ou ensejar a propositura de ação para sua defesa, devem encaminhar as peças pertinentes ao Ministério Público, para as providências cabíveis.

Art. 91. Para instruir a petição inicial, o interessado poderá requerer às autoridades competentes as certidões e informações que julgar necessárias, que serão fornecidas no prazo de 10 (dez) dias.

Art. 92. O Ministério Público poderá instaurar sob sua presidência, inquérito civil, ou requisitar, de qualquer pessoa, organismo público ou particular, certidões, informações, exames ou perícias, no prazo que assinalar, o qual não poderá ser inferior a 10 (dez) dias.

§ 1º Se o órgão do Ministério Público, esgotadas todas as diligências, se convencer da inexistência de fundamento para a propositura da ação civil ou de peças informativas, determinará o seu arquivamento, fazendo-o fundamentadamente.

§ 2º Os autos do inquérito civil ou as peças de informação arquivados serão remetidos, sob pena de se incorrer em falta grave, no prazo de 3 (três) dias, ao Conselho Superior do Ministério Público ou à Câmara de Coordenação e Revisão do Ministério Público.

§ 3º Até que seja homologado ou rejeitado o arquivamento, pelo Conselho Superior do

LEGISLAÇÃO

Ministério Público ou por Câmara de Coordenação e Revisão do Ministério Público, as associações legitimadas poderão apresentar razões escritas ou documentos, que serão juntados ou anexados às peças de informação.

§ 4º Deixando o Conselho Superior ou a Câmara de Coordenação e Revisão do Ministério Público de homologar a promoção de arquivamento, será designado outro membro do Ministério Público para o ajuizamento da ação.

TÍTULO VI
DOS CRIMES

Capítulo I
DISPOSIÇÕES GERAIS

Art. 93. Aplicam-se subsidiariamente, no que couber, as disposições da Lei 7.347, de 24 de julho de 1985.

Art. 94. Aos crimes previstos nesta Lei, cuja pena máxima privativa de liberdade não ultrapasse 4 (quatro) anos, aplica-se o procedimento previsto na Lei 9.099, de 26 de setembro de 1995, e, subsidiariamente, no que couber, as disposições do Código Penal e do Código de Processo Penal.

- O STF, na ADIn 3.096 (*DOU* e *DJE* 25.06.2010; *DJE* 03.09.2010), julgou parcialmente procedente a ação para dar interpretação ao art. 94 da Lei 10.741/2003 conforme à Constituição, "com redução de texto, para suprimir a expressão 'do Código Penal e'. Aplicação apenas do procedimento sumaríssimo previsto na Lei 9.099/1995: benefício do idoso com a celeridade processual. Impossibilidade de aplicação de quaisquer medidas despenalizadoras e de interpretação benéfica ao autor do crime".

Capítulo II
DOS CRIMES EM ESPÉCIE

Art. 95. Os crimes definidos nesta Lei são de ação penal pública incondicionada, não se lhes aplicando os arts. 181 e 182 do Código Penal.

Art. 96. Discriminar pessoa idosa, impedindo ou dificultando seu acesso a operações bancárias, aos meios de transporte, ao direito de contratar ou por qualquer outro meio ou instrumento necessário ao exercício da cidadania, por motivo de idade:

Pena – reclusão de 6 (seis) meses a 1 (um) ano e multa.

§ 1º Na mesma pena incorre quem desdenhar, humilhar, menosprezar ou discriminar pessoa idosa, por qualquer motivo.

§ 2º A pena será aumentada de 1/3 (um terço) se a vítima se encontrar sob os cuidados ou responsabilidade do agente.

Art. 97. Deixar de prestar assistência ao idoso, quando possível fazê-lo sem risco pessoal, em situação de iminente perigo, ou recusar, retardar ou dificultar sua assistência à saúde, sem justa causa, ou não pedir, nesses casos, o socorro de autoridade pública:

Pena – detenção de 6 (seis) meses a 1 (um) ano e multa.

Parágrafo único. A pena é aumentada de metade, se da omissão resulta lesão corporal de natureza grave, e triplicada, se resulta a morte.

Art. 98. Abandonar o idoso em hospitais, casas de saúde, entidades de longa permanência, ou congêneres, ou não prover suas necessidades básicas, quando obrigado por lei ou mandado:

Pena – detenção de 6 (seis) meses a 3 (três) anos e multa.

Art. 99. Expor a perigo a integridade e a saúde, física ou psíquica, do idoso, submetendo-o a condições desumanas ou degradantes ou privando-o de alimentos e cuidados indispensáveis, quando obrigado a fazê-lo, ou sujeitando-o a trabalho excessivo ou inadequado:

Pena – detenção de 2 (dois) meses a 1 (um) ano e multa.

§ 1º Se do fato resulta lesão corporal de natureza grave:

Pena – reclusão de 1 (um) a 4 (quatro) anos.

§ 2º Se resulta a morte:

Pena – reclusão de 4 (quatro) a 12 (doze) anos.

Art. 100. Constitui crime punível com reclusão de 6 (seis) meses a 1 (um) ano e multa:

Lei 10.741/2003

I – obstar o acesso de alguém a qualquer cargo público por motivo de idade;
II – negar a alguém, por motivo de idade, emprego ou trabalho;
III – recusar, retardar ou dificultar atendimento ou deixar de prestar assistência à saúde, sem justa causa, a pessoa idosa;
IV – deixar de cumprir, retardar ou frustrar, sem justo motivo, a execução de ordem judicial expedida na ação civil a que alude esta Lei;
V – recusar, retardar ou omitir dados técnicos indispensáveis à propositura da ação civil objeto desta Lei, quando requisitados pelo Ministério Público.

Art. 101. Deixar de cumprir, retardar ou frustrar, sem justo motivo, a execução de ordem judicial expedida nas ações em que for parte ou interveniente o idoso:
Pena – detenção de 6 (seis) meses a 1 (um) ano e multa.

Art. 102. Apropriar-se de ou desviar bens, proventos, pensão ou qualquer outro rendimento do idoso, dando-lhes aplicação diversa da de sua finalidade:
Pena – reclusão de 1 (um) a 4 (quatro) anos e multa.

Art. 103. Negar o acolhimento ou a permanência do idoso, como abrigado, por recusa deste em outorgar procuração à entidade de atendimento:
Pena – detenção de 6 (seis) meses a 1 (um) ano e multa.

Art. 104. Reter o cartão magnético de conta bancária relativa a benefícios, proventos ou pensão do idoso, bem como qualquer outro documento com objetivo de assegurar recebimento ou ressarcimento de dívida:
Pena – detenção de 6 (seis) meses a 2 (dois) anos e multa.

Art. 105. Exibir ou veicular, por qualquer meio de comunicação, informações ou imagens depreciativas ou injuriosas à pessoa do idoso:
Pena – detenção de 1 (um) a 3 (três) anos e multa.

Art. 106. Induzir pessoa idosa sem discernimento de seus atos a outorgar procuração para fins de administração de bens ou deles dispor livremente:
Pena – reclusão de 2 (dois) a 4 (quatro) anos.

Art. 107. Coagir, de qualquer modo, o idoso a doar, contratar, testar ou outorgar procuração:
Pena – reclusão de 2 (dois) a 5 (cinco) anos.

Art. 108. Lavrar ato notarial que envolva pessoa idosa sem discernimento de seus atos, sem a devida representação legal:
Pena – reclusão de 2 (dois) a 4 (quatro) anos.

TÍTULO VII
DISPOSIÇÕES FINAIS E TRANSITÓRIAS

Art. 109. Impedir ou embaraçar ato do representante do Ministério Público ou de qualquer outro agente fiscalizador:
Pena – reclusão de 6 (seis) meses a 1 (um) ano e multa.

Art. 110. O Decreto-lei 2.848, de 7 de dezembro de 1940, Código Penal, passa a vigorar com as seguintes alterações:
"Art. 61. [...]
"[...]
"II – [...]
"[...]
"h) contra criança, maior de 60 (sessenta) anos, enfermo ou mulher grávida;
"[...]"
"Art. 121. [...]
"[...]
"§ 4º No homicídio culposo, a pena é aumentada de 1/3 (um terço), se o crime resulta de inobservância de regra técnica de profissão, arte ou ofício, ou se o agente deixa de prestar imediato socorro à vítima, não procura diminuir as consequências do seu ato, ou foge para evitar prisão em flagrante. Sendo doloso o homicídio, a pena é aumentada de 1/3 (um terço) se o crime é praticado contra pessoa menor de 14 (quatorze) ou maior de 60 (sessenta) anos.
"[...]"
"Art. 133. [...]
"[...]

Lei 10.741/2003

LEGISLAÇÃO

"§ 3º [...]"
"[...]"
"III – se a vítima é maior de 60 (sessenta) anos."
"Art. 140. [...]"
"[...]"
"§ 3º Se a injúria consiste na utilização de elementos referentes a raça, cor, etnia, religião, origem ou a condição de pessoa idosa ou portadora de deficiência:
"[...]"
"Art. 141. [...]"
"[...]"
"IV – contra pessoa maior de 60 (sessenta) anos ou portadora de deficiência, exceto no caso de injúria.
"[...]"
"Art. 148. [...]"
"[...]"
"§ 1º [...]"
"I – se a vítima é ascendente, descendente, cônjuge do agente ou maior de 60 (sessenta) anos.
"[...]"
"Art. 159. [...]"
"[...]"
"§ 1º Se o sequestro dura mais de 24 (vinte e quatro) horas, se o sequestrado é menor de 18 (dezoito) ou maior de 60 (sessenta) anos, ou se o crime é cometido por bando ou quadrilha.
"[...]"
"Art. 183. [...]"
"[...]"
"III – se o crime é praticado contra pessoa com idade igual ou superior a 60 (sessenta) anos."
"Art. 244. Deixar, sem justa causa, de prover a subsistência do cônjuge, ou de filho menor de 18 (dezoito) anos ou inapto para o trabalho, ou de ascendente inválido ou maior de 60 (sessenta) anos, não lhes proporcionando os recursos necessários ou faltando ao pagamento de pensão alimentícia judicialmente acordada, fixada ou majorada; deixar, sem justa causa, de socorrer descendente ou ascendente, gravemente enfermo:
"[...]"

Art. 111. O art. 21 do Decreto-lei 3.688, de 3 de outubro de 1941, Lei das Contravenções Penais, passa a vigorar acrescido do seguinte parágrafo único:
"Art. 21. [...]
"[...]
"Parágrafo único. Aumenta-se a pena de 1/3 (um terço) até a metade se a vítima é maior de 60 (sessenta) anos."

Art. 112. O inciso II do § 4º do art. 1º da Lei 9.455, de 7 de abril de 1997, passa a vigorar com a seguinte redação:
"Art. 1º [...]
"[...]
"§ 4º [...]
"II – se o crime é cometido contra criança, gestante, portador de deficiência, adolescente ou maior de 60 (sessenta) anos;
"[...]"

Art. 113. O inciso III do art. 18 da Lei 6.368, de 21 de outubro de 1976, passa a vigorar com a seguinte redação:
• A Lei 6.368/1976 foi revogada pela Lei 11.343/2006.

Art. 114. O art. 1º da Lei 10.048, de 8 de novembro de 2000, passa a vigorar com a seguinte redação:
• Alteração processada no texto da referida Lei.

Art. 115. O Orçamento da Seguridade Social destinará ao Fundo Nacional de Assistência Social, até que o Fundo Nacional do Idoso seja criado, os recursos necessários, em cada exercício financeiro, para aplicação em programas e ações relativos ao idoso.
• V. Lei 12.213/2010 (Fundo Nacional do Idoso).

Art. 116. Serão incluídos nos censos demográficos dados relativos à população idosa do País.

Lei 10.931/2004

LEGISLAÇÃO

Art. 117. O Poder Executivo encaminhará ao Congresso Nacional projeto de lei revendo os critérios de concessão do Benefício de Prestação Continuada previsto na Lei Orgânica da Assistência Social, de forma a garantir que o acesso ao direito seja condizente com o estágio de desenvolvimento socioeconômico alcançado pelo País.

Art. 118. Esta Lei entra em vigor decorridos 90 (noventa) dias da sua publicação, ressalvado o disposto no *caput* do art. 36, que vigorará a partir de 1º de janeiro de 2004.

Brasília, 1º de outubro de 2003; 182º da Independência e 115º da República.

Luiz Inácio Lula da Silva

(*DOU* 03.10.2003)

LEI 10.931, DE 2 DE AGOSTO DE 2004

Dispõe sobre o patrimônio de afetação de incorporações imobiliárias, Letra de Crédito Imobiliário, Cédula de Crédito Imobiliário, Cédula de Crédito Bancário, altera o Decreto-lei 911, de 1º de outubro de 1969, as Leis 4.591, de 16 de dezembro de 1964, 4.728, de 14 de julho de 1965, e 10.406, de 10 de janeiro de 2002, e dá outras providências.

- V. art. 119, IX, Lei 11.101/2005 (Lei de Recuperação de Empresas e Falência).

O Presidente da República:
Faço saber que o Congresso Nacional decreta e eu sanciono a seguinte Lei:

Capítulo I
DO REGIME ESPECIAL TRIBUTÁRIO DO PATRIMÔNIO DE AFETAÇÃO

Art. 1º Fica instituído o regime especial de tributação aplicável às incorporações imobiliárias, em caráter opcional e irretratável enquanto perdurarem direitos de crédito ou obrigações do incorporador junto aos adquirentes dos imóveis que compõem a incorporação.

Art. 2º A opção pelo regime especial de tributação de que trata o art. 1º será efetivada quando atendidos os seguintes requisitos:

I – entrega do termo de opção ao regime especial de tributação na unidade competente da Secretaria da Receita Federal, conforme regulamentação a ser estabelecida; e

II – afetação do terreno e das acessões objeto da incorporação imobiliária, conforme disposto nos arts. 31-A a 31-E da Lei 4.591, de 16 de dezembro de 1964.

Art. 3º O terreno e as acessões objeto da incorporação imobiliária sujeitas ao regime especial de tributação, bem como os demais bens e direitos a ela vinculados, não responderão por dívidas tributárias da incorporadora relativas ao Imposto de Renda das Pessoas Jurídicas – IRPJ, à Contribuição Social sobre o Lucro Líquido – CSLL, à Contribuição para o Financiamento da Seguridade Social – Cofins e à Contribuição para os Programas de Integração Social e de Formação do Patrimônio do Servidor Público – PIS/Pasep, exceto aquelas calculadas na forma do art. 4º sobre as receitas auferidas no âmbito da respectiva incorporação.

Parágrafo único. O patrimônio da incorporadora responderá pelas dívidas tributárias da incorporação afetada.

Art. 4º Para cada incorporação submetida ao regime especial de tributação, a incorporadora ficará sujeita ao pagamento equivalente a 4% (quatro por cento) da receita mensal recebida, o qual corresponderá ao pagamento mensal unificado do seguinte imposto e contribuições:

- *Caput* com redação determinada pela Lei 12.844/2013 (*DOU* 19.07.2013, edição extra), em vigor na data de sua publicação, com efeitos retroativos a 04.06.2013.

I – Imposto de Renda das Pessoas Jurídicas – IRPJ;

II – Contribuição para os Programas de Integração Social e de Formação do Patrimônio do Servidor Público – PIS/Pasep;

III – Contribuição Social sobre o Lucro Líquido – CSLL; e

IV – Contribuição para Financiamento da Seguridade Social – Cofins.

§ 1º Para fins do disposto no *caput*, considera-se receita mensal a totalidade das receitas auferidas pela incorporadora na venda das unidades imobiliárias que compõem a incorporação, bem como as receitas financeiras e variações monetárias decorrentes desta operação.

§ 2º O pagamento dos tributos e contribuições na forma do disposto no *caput* deste artigo será considerado definitivo, não gerando, em qualquer hipótese, direito à restituição ou à compensação com o que for apurado pela incorporadora.

- § 2º com redação determinada pela Lei 11.196/2005 (*DOU* 22.11.2005), em vigor na data de sua publicação, produzindo efeitos desde 14.10.2005 (v. art. 132, II, *d*, da referida Lei).

§ 3º As receitas, custos e despesas próprios da incorporação sujeita a tributação na forma deste artigo não deverão ser computados na apuração das bases de cálculo dos tributos e contribuições de que trata o *caput* deste artigo devidos pela incorporadora em virtude de suas outras atividades empresariais, inclusive incorporações não afetadas.

- § 3º com redação determinada pela Lei 11.196/2005 (*DOU* 22.11.2005), em vigor na data de sua publicação, produzindo efeitos desde 14.10.2005 (v. art. 132, II, *d*, da referida Lei).

§ 4º Para fins do disposto no § 3º deste artigo, os custos e despesas indiretos pagos pela incorporadora no mês serão apropriados a cada incorporação na mesma proporção representada pelos custos diretos próprios da incorporação, em relação ao custo direto total da incorporadora, assim entendido como a soma de todos os custos diretos de todas as incorporações e o de outras atividades exercidas pela incorporadora.

- § 4º com redação determinada pela Lei 11.196/2005 (*DOU* 22.11.2005), em vigor na data de sua publicação, produzindo efeitos desde 14.10.2005 (v. art. 132, II, *d*, da referida Lei).

§ 5º A opção pelo regime especial de tributação obriga o contribuinte a fazer o recolhimento dos tributos, na forma do *caput* deste artigo, a partir do mês da opção.

- § 5º acrescentado pela Lei 11.196/2005 (*DOU* 22.11.2005), em vigor na data de sua publicação, produzindo efeitos desde 14.10.2005 (v. art. 132, II, *d*, da referida Lei).

§ 6º Até 31 de dezembro de 2018, para os projetos de incorporação de imóveis residenciais de interesse social, cuja construção tenha sido iniciada ou contratada a partir de 31 de março de 2009, o percentual correspondente ao pagamento unificado dos tributos de que trata o *caput* será equivalente a 1% (um por cento) da receita mensal recebida.

- § 6º com redação determinada pela Lei 13.097/2015.

§ 7º Para efeito do disposto no § 6º, consideram-se projetos de incorporação de imóveis de interesse social os destinados à construção de unidades residenciais de valor de até R$ 100.000,00 (cem mil reais) no âmbito do Programa Minha Casa, Minha Vida, de que trata a Lei 11.977, de 7 de julho de 2009.

- § 7º com redação determinada pela Lei 12.767/2012.

§ 8º As condições para utilização do benefício de que trata o § 6º serão definidas em regulamento.

- § 8º acrescentado pela Lei 12.024/2009.

Art. 5º O pagamento unificado de impostos e contribuições efetuado na forma do art. 4º deverá ser feito até o 20º (vigésimo) dia do mês subsequente àquele em que houver sido auferida a receita.

- *Caput* com redação determinada pela Lei 12.024/2009.

Parágrafo único. Para fins do disposto no *caput*, a incorporadora deverá utilizar, no Documento de Arrecadação de Receitas Federais – Darf, o número específico de inscrição da incorporação no Cadastro Nacional das Pessoas Jurídicas – CNPJ e código de arrecadação próprio.

Art. 6º Os créditos tributários devidos pela incorporadora na forma do disposto no art. 4º não poderão ser objeto de parcelamento.

Art. 7º O incorporador fica obrigado a manter escrituração contábil segregada para cada incorporação submetida ao regime especial de tributação.

Art. 8º Para fins de repartição de receita tributária e do disposto no § 2º do art. 4º, o percentual de 4% (quatro por cento) de que trata o *caput* do art. 4º será considerado:

- *Caput* com redação determinada pela Lei 12.844/2013 (*DOU* 19.07.2013, edição extra), em vigor na data de sua publicação, com efeitos retroativos a 04.06.2013.

Lei 10.931/2004

I – 1,71% (um inteiro e setenta e um centésimos por cento) como Cofins;
II – 0,37% (trinta e sete centésimos por cento) como Contribuição para o PIS/Pasep;
III – 1,26% (um inteiro e vinte e seis centésimos por cento) como IRPJ; e
IV – 0,66% (sessenta e seis centésimos por cento) como CSLL.
Parágrafo único. O percentual de 1% (um por cento) de que trata o § 6º do art. 4º será considerado para os fins do *caput*:
* Parágrafo único acrescentado pela Lei 12.024/2009.

I – 0,44% (quarenta e quatro centésimos por cento) como Cofins;
II – 0,09% (nove centésimos por cento) como Contribuição para o PIS/Pasep;
III – 0,31% (trinta e um centésimos por cento) como IRPJ; e
IV – 0,16% (dezesseis centésimos por cento) como CSLL.

Art. 9º Perde eficácia a deliberação pela continuação da obra a que se refere o § 1º do art. 31-F da Lei 4.591, de 1964, bem como os efeitos do regime de afetação instituídos por esta Lei, caso não se verifique o pagamento das obrigações tributárias, previdenciárias e trabalhistas, vinculadas ao respectivo patrimônio de afetação, cujos fatos geradores tenham ocorrido até a data da decretação da falência, ou insolvência do incorporador, as quais deverão ser pagas pelos adquirentes em até 1 (um) ano daquela deliberação, ou até a data da concessão do habite-se, se esta ocorrer em prazo inferior.

Art. 10. O disposto no art. 76 da Medida Provisória 2.158-35, de 24 de agosto de 2001, não se aplica ao patrimônio de afetação de incorporações imobiliárias definido pela Lei 4.591, de 1964.

Art. 11. *(Revogado pela Lei 11.196/2005.)*

Capítulo II
DA LETRA DE CRÉDITO IMOBILIÁRIO

Art. 12. Os bancos comerciais, os bancos múltiplos com carteira de crédito imobiliário, a Caixa Econômica Federal, as sociedades de crédito imobiliário, as associações de poupança e empréstimo, as companhias hipotecárias e demais espécies de instituições que, para as operações a que se refere este artigo, venham a ser expressamente autorizadas pelo Banco Central do Brasil, poderão emitir, independentemente de tradição efetiva, Letra de Crédito Imobiliário – LCI, lastreada por créditos imobiliários garantidos por hipoteca ou por alienação fiduciária de coisa imóvel, conferindo aos seus tomadores direito de crédito pelo valor nominal, juros e, se for o caso, atualização monetária nelas estipulados.

§ 1º A LCI será emitida sob a forma nominativa, podendo ser transferível mediante endosso em preto, e conterá:
I – o nome da instituição emitente e as assinaturas de seus representantes;
II – o número de ordem, o local e a data de emissão;
III – a denominação "Letra de Crédito Imobiliário";
IV – o valor nominal e a data de vencimento;
V – a forma, a periodicidade e o local de pagamento do principal, dos juros e, se for o caso, da atualização monetária;
VI – os juros, fixos ou flutuantes, que poderão ser renegociáveis, a critério das partes;
VII – a identificação dos créditos caucionados e seu valor;
VIII – o nome do titular; e
IX – cláusula à ordem, se endossável.

§ 2º A critério do credor, poderá ser dispensada a emissão de certificado, devendo a LCI sob a forma escritural ser registrada em sistemas de registro e liquidação financeira de títulos privados autorizados pelo Banco Central do Brasil.

Art. 13. A LCI poderá ser atualizada mensalmente por índice de preços, desde que emitida com prazo mínimo de 36 (trinta e seis) meses.

Parágrafo único. É vedado o pagamento dos valores relativos à atualização monetária apropriados desde a emissão, quando ocorrer o resgate antecipado, total ou parcial, em prazo inferior ao estabelecido neste artigo, da LCI emitida com previsão de atualização mensal por índice de preços.

Art. 14. A LCI poderá contar com garantia fidejussória adicional de instituição financeira.

Art. 15. A LCI poderá ser garantida por um ou mais créditos imobiliários, mas a soma do principal das LCI emitidas não poderá exceder o valor total dos créditos imobiliários em poder da instituição emitente.

§ 1º A LCI não poderá ter prazo de vencimento superior ao prazo de quaisquer dos créditos imobiliários que lhe servem de lastro.

§ 2º O crédito imobiliário caucionado poderá ser substituído por outro crédito da mesma natureza por iniciativa do emitente da LCI, nos casos de liquidação ou vencimento antecipados do crédito, ou por solicitação justificada do credor da letra.

Art. 16. O endossante da LCI responderá pela veracidade do título, mas contra ele não será admitido direito de cobrança regressiva.

Art. 17. O Conselho Monetário Nacional poderá estabelecer o prazo mínimo e outras condições para emissão e resgate de LCI, observado o disposto no art. 13 desta Lei, podendo inclusive diferenciar tais condições de acordo com o tipo de indexador adotado contratualmente.

* Artigo com redação determinada pela Lei 13.097/2015.

Capítulo III
DA CÉDULA DE CRÉDITO IMOBILIÁRIO

Art. 18. É instituída a Cédula de Crédito Imobiliário – CCI para representar créditos imobiliários.

§ 1º A CCI será emitida pelo credor do crédito imobiliário e poderá ser integral, quando representar a totalidade do crédito, ou fracionária, quando representar parte dele, não podendo a soma das CCI fracionárias emitidas em relação a cada crédito exceder o valor total do crédito que elas representam.

§ 2º As CCI fracionárias poderão ser emitidas simultaneamente ou não, a qualquer momento antes do vencimento do crédito que elas representam.

§ 3º A CCI poderá ser emitida com ou sem garantia, real ou fidejussória, sob a forma escritural ou cartular.

§ 4º A emissão da CCI sob a forma escritural far-se-á mediante escritura pública ou instrumento particular, devendo esse instrumento permanecer custodiado em instituição financeira e registrado em sistemas de registro e liquidação financeira de títulos privados autorizados pelo Banco Central do Brasil.

§ 5º Sendo o crédito imobiliário garantido por direito real, a emissão da CCI será averbada no Registro de Imóveis da situação do imóvel, na respectiva matrícula, devendo dela constar, exclusivamente, o número, a série e a instituição custodiante.

§ 6º A averbação da emissão da CCI e o registro da garantia do crédito respectivo, quando solicitados simultaneamente, serão considerados como ato único para efeito de cobrança de emolumentos.

§ 7º A constrição judicial que recaia sobre crédito representado por CCI será efetuada nos registros da instituição custodiante ou mediante apreensão da respectiva cártula.

§ 8º O credor da CCI deverá ser imediatamente intimado de constrição judicial que recaia sobre a garantia real do crédito imobiliário representado por aquele título.

§ 9º No caso de CCI emitida sob a forma escritural, caberá à instituição custodiante identificar o credor, para o fim da intimação prevista no § 8º.

Art. 19. A CCI deverá conter:

I – a denominação "Cédula de Crédito Imobiliário", quando emitida cartularmente;

II – o nome, a qualificação e o endereço do credor e do devedor e, no caso de emissão escritural, também o do custodiante;

III – a identificação do imóvel objeto do crédito imobiliário, com a indicação da respectiva matrícula no Registro de Imóveis competente e do registro da constituição da garantia, se for o caso;

IV – a modalidade da garantia, se for o caso;

V – o número e a série da cédula;

VI – o valor do crédito que representa;

Lei 10.931/2004

VII – a condição de integral ou fracionária e, nessa última hipótese, também a indicação da fração que representa;
VIII – o prazo, a data de vencimento, o valor da prestação total, nela incluídas as parcelas de amortização e juros, as taxas, seguros e demais encargos contratuais de responsabilidade do devedor, a forma de reajuste e o valor das multas previstas contratualmente, com a indicação do local de pagamento;
IX – o local e a data da emissão;
X – a assinatura do credor, quando emitida cartularmente;
XI – a autenticação pelo Oficial do Registro de Imóveis competente, no caso de contar com garantia real; e
XII – cláusula à ordem, se endossável.

Art. 20. A CCI é título executivo extrajudicial, exigível pelo valor apurado de acordo com as cláusulas e condições pactuadas no contrato que lhe deu origem.

Parágrafo único. O crédito representado pela CCI será exigível mediante ação de execução, ressalvadas as hipóteses em que a lei determine procedimento especial, judicial ou extrajudicial para satisfação do crédito e realização da garantia.

Art. 21. A emissão e a negociação de CCI independe de autorização do devedor do crédito imobiliário que ela representa.

Art. 22. A cessão do crédito representado por CCI poderá ser feita por meio de sistemas de registro e de liquidação financeira de títulos privados autorizados pelo Banco Central do Brasil.

§ 1º A cessão do crédito representado por CCI implica automática transmissão das respectivas garantias ao cessionário, sub-rogando-o em todos os direitos representados pela cédula, ficando o cessionário, no caso de contrato de alienação fiduciária, investido na propriedade fiduciária.

§ 2º A cessão de crédito garantido por direito real, quando representado por CCI emitida sob a forma escritural, está dispensada de averbação no Registro de Imóveis, aplicando-se, no que esta Lei não contrarie, o disposto nos arts. 286 e seguintes da Lei 10.406, de 10 de janeiro de 2002 – Código Civil Brasileiro.

Art. 23. A CCI, objeto de securitização nos termos da Lei 9.514, de 20 de novembro de 1997, será identificada no respectivo Termo de Securitização de Créditos, mediante indicação do seu valor, número, série e instituição custodiante, dispensada a enunciação das informações já constantes da Cédula ou do seu registro na instituição custodiante.

Parágrafo único. O regime fiduciário de que trata a Seção VI do Capítulo I da Lei 9.514, de 1997, no caso de emissão de Certificados de Recebíveis Imobiliários lastreados em créditos representados por CCI, será registrado na instituição custodiante, mencionando o patrimônio separado a que estão afetados, não se aplicando o disposto no parágrafo único do art. 10 da mencionada Lei.

Art. 24. O resgate da dívida representada pela CCI prova-se com a declaração de quitação, emitida pelo credor, ou, na falta desta, por outros meios admitidos em direito.

Art. 25. É vedada a averbação da emissão de CCI com garantia real quando houver prenotação ou registro de qualquer outro ônus real sobre os direitos imobiliários respectivos, inclusive penhora ou averbação de qualquer mandado ou ação judicial.

Capítulo IV
DA CÉDULA DE CRÉDITO BANCÁRIO

Art. 26. A Cédula de Crédito Bancário é título de crédito emitido, por pessoa física ou jurídica, em favor de instituição financeira ou de entidade a esta equiparada, representando promessa de pagamento em dinheiro, decorrente de operação de crédito, de qualquer modalidade.

§ 1º A instituição credora deve integrar o Sistema Financeiro Nacional, sendo admitida a emissão da Cédula de Crédito Bancário em favor de instituição domiciliada no exterior, desde que a obrigação esteja sujeita exclusivamente à lei e ao foro brasileiros.

§ 2º A Cédula de Crédito Bancário em favor de instituição domiciliada no exterior poderá ser emitida em moeda estrangeira.

Art. 27. A Cédula de Crédito Bancário poderá ser emitida, com ou sem garantia, real ou fidejussória, cedularmente constituída.

Parágrafo único. A garantia constituída será especificada na Cédula de Crédito Bancário, observadas as disposições deste Capítulo e, no que não forem com elas conflitantes, as da legislação comum ou especial aplicável.

Art. 28. A Cédula de Crédito Bancário é título executivo extrajudicial e representa dívida em dinheiro, certa, líquida e exigível, seja pela soma nela indicada, seja pelo saldo devedor demonstrado em planilha de cálculo, ou nos extratos da conta-corrente, elaborados conforme previsto no § 2º.

§ 1º Na Cédula de Crédito Bancário poderão ser pactuados:

I – os juros sobre a dívida, capitalizados ou não, os critérios de sua incidência e, se for o caso, a periodicidade de sua capitalização, bem como as despesas e os demais encargos decorrentes da obrigação;

II – os critérios de atualização monetária ou de variação cambial como permitido em lei;

III – os casos de ocorrência de mora e de incidência das multas e penalidades contratuais, bem como as hipóteses de vencimento antecipado da dívida;

IV – os critérios de apuração e de ressarcimento, pelo emitente ou por terceiro garantidor, das despesas de cobrança da dívida e dos honorários advocatícios, judiciais ou extrajudiciais, sendo que os honorários advocatícios extrajudiciais não poderão superar o limite de 10% (dez por cento) do valor total devido;

V – quando for o caso, a modalidade de garantia da dívida, sua extensão e as hipóteses de substituição de tal garantia;

VI – as obrigações a serem cumpridas pelo credor;

VII – a obrigação do credor de emitir extratos da conta-corrente ou planilhas de cálculo da dívida, ou de seu saldo devedor, de acordo com os critérios estabelecidos na própria Cédula de Crédito Bancário, observado o disposto no § 2º; e

VIII – outras condições de concessão do crédito, suas garantias ou liquidação, obrigações adicionais do emitente ou do terceiro garantidor da obrigação, desde que não contrariem as disposições desta Lei.

§ 2º Sempre que necessário, a apuração do valor exato da obrigação, ou de seu saldo devedor, representado pela Cédula de Crédito Bancário, será feita pelo credor, por meio de planilha de cálculo e, quando for o caso, de extrato emitido pela instituição financeira, em favor da qual a Cédula de Crédito Bancário foi originalmente emitida, documentos esses que integrarão a Cédula, observado que:

I – os cálculos realizados deverão evidenciar de modo claro, preciso e de fácil entendimento e compreensão, o valor principal da dívida, seus encargos e despesas contratuais devidos, a parcela de juros e os critérios de sua incidência, a parcela de atualização monetária ou cambial, a parcela correspondente a multas e demais penalidades contratuais, as despesas de cobrança e de honorários advocatícios devidos até a data do cálculo e, por fim, o valor total da dívida; e

II – a Cédula de Crédito Bancário representativa de dívida oriunda de contrato de abertura de crédito bancário em conta-corrente será emitida pelo valor total do crédito posto à disposição do emitente, competindo ao credor, nos termos deste parágrafo, discriminar nos extratos da conta-corrente ou nas planilhas de cálculo, que serão anexados à Cédula, as parcelas utilizadas do crédito aberto, os aumentos do limite de crédito inicialmente concedido, as eventuais amortizações da dívida e a incidência dos encargos nos vários períodos de utilização do crédito aberto.

§ 3º O credor que, em ação judicial, cobrar o valor do crédito exequendo em desacordo com o expresso na Cédula de Crédito Bancário, fica obrigado a pagar ao devedor o dobro do cobrado a maior, que poderá ser compensado na própria ação, sem prejuízo da responsabilidade por perdas e danos.

Lei 10.931/2004

LEGISLAÇÃO

Art. 29. A Cédula de Crédito Bancário deve conter os seguintes requisitos essenciais:
I – a denominação "Cédula de Crédito Bancário";
II – a promessa do emitente de pagar a dívida em dinheiro, certa, líquida e exigível no seu vencimento ou, no caso de dívida oriunda de contrato de abertura de crédito bancário, a promessa do emitente de pagar a dívida em dinheiro, certa, líquida e exigível, correspondente ao crédito utilizado;
III – a data e o lugar do pagamento da dívida e, no caso de pagamento parcelado, as datas e os valores de cada prestação, ou os critérios para essa determinação;
IV – o nome da instituição credora, podendo conter cláusula à ordem;
V – a data e o lugar de sua emissão; e
VI – a assinatura do emitente e, se for o caso, do terceiro garantidor da obrigação, ou de seus respectivos mandatários.

§ 1º A Cédula de Crédito Bancário será transferível mediante endosso em preto, ao qual se aplicarão, no que couberem, as normas do direito cambiário, caso em que o endossatário, mesmo não sendo instituição financeira ou entidade a ela equiparada, poderá exercer todos os direitos por ela conferidos, inclusive cobrar os juros e demais encargos na forma pactuada na Cédula.

§ 2º A Cédula de Crédito Bancário será emitida por escrito, em tantas vias quantas forem as partes que nela intervierem, assinadas pelo emitente e pelo terceiro garantidor, se houver, ou por seus respectivos mandatários, devendo cada parte receber uma via.

§ 3º Somente a via do credor será negociável, devendo constar nas demais vias a expressão "não negociável".

§ 4º A Cédula de Crédito Bancário pode ser aditada, retificada e ratificada mediante documento escrito, datado, com os requisitos previstos no *caput*, passando esse documento a integrar a Cédula para todos os fins.

Art. 30. A constituição de garantia da obrigação representada pela Cédula de Crédito Bancário é disciplinada por esta Lei, sendo aplicáveis as disposições da legislação comum ou especial que não forem com ela conflitantes.

Art. 31. A garantia da Cédula de Crédito Bancário poderá ser fidejussória ou real, neste último caso constituída por bem patrimonial de qualquer espécie, disponível e alienável, móvel ou imóvel, material ou imaterial, presente ou futuro, fungível ou infungível, consumível ou não, cuja titularidade pertença ao próprio emitente ou a terceiro garantidor da obrigação principal.

Art. 32. A constituição da garantia poderá ser feita na própria Cédula de Crédito Bancário ou em documento separado, neste caso fazendo-se, na Cédula, menção a tal circunstância.

Art. 33. O bem constitutivo da garantia deverá ser descrito e individualizado de modo que permita sua fácil identificação.

Parágrafo único. A descrição e individualização do bem constitutivo da garantia poderá ser substituída pela remissão a documento ou certidão expedida por entidade competente, que integrará a Cédula de Crédito Bancário para todos os fins.

Art. 34. A garantia da obrigação abrangerá, além do bem principal constitutivo da garantia, todos os seus acessórios, benfeitorias de qualquer espécie, valorizações a qualquer título, frutos e qualquer bem vinculado ao bem principal por acessão física, intelectual, industrial ou natural.

§ 1º O credor poderá averbar, no órgão competente para o registro do bem constitutivo da garantia, a existência de qualquer outro bem por ela abrangido.

§ 2º Até a efetiva liquidação da obrigação garantida, os bens abrangidos pela garantia não poderão, sem prévia autorização escrita do credor, ser alterados, retirados, deslocados ou destruídos, nem poderão ter sua destinação modificada, exceto quando a garantia for constituída por semoventes ou por veículos, automotores ou não, e a remoção ou o deslocamento desses bens for inerente à atividade do emitente da Cédula de Crédito Bancário, ou do terceiro prestador da garantia.

Lei 10.931/2004

Art. 35. Os bens constitutivos de garantia pignoratícia ou objeto de alienação fiduciária poderão, a critério do credor, permanecer sob a posse direta do emitente ou do terceiro prestador da garantia, nos termos da cláusula de constituto-possessório, caso em que as partes deverão especificar o local em que o bem será guardado e conservado até a efetiva liquidação da obrigação garantida.

§ 1º O emitente e, se for o caso, o terceiro prestador da garantia responderão solidariamente pela guarda e conservação do bem constitutivo da garantia.

§ 2º Quando a garantia for prestada por pessoa jurídica, esta indicará representantes para responder nos termos do § 1º.

Art. 36. O credor poderá exigir que o bem constitutivo da garantia seja coberto por seguro até a efetiva liquidação da obrigação garantida, em que o credor será indicado como exclusivo beneficiário da apólice securitária e estará autorizado a receber a indenização para liquidar ou amortizar a obrigação garantida.

Art. 37. Se o bem constitutivo da garantia for desapropriado, ou se for danificado ou perecer por fato imputável a terceiro, o credor sub-rogar-se-á no direito à indenização devida pelo expropriante ou pelo terceiro causador do dano, até o montante necessário para liquidar ou amortizar a obrigação garantida.

Art. 38. Nos casos previstos nos arts. 36 e 37 desta Lei, facultar-se-á ao credor exigir a substituição da garantia, ou o seu reforço, renunciando ao direito à percepção do valor relativo à indenização.

Art. 39. O credor poderá exigir a substituição ou o reforço da garantia, em caso de perda, deterioração ou diminuição de seu valor.

Parágrafo único. O credor notificará por escrito o emitente e, se for o caso, o terceiro garantidor, para que substituam ou reforcem a garantia no prazo de 15 (quinze) dias, sob pena de vencimento antecipado da dívida garantida.

Art. 40. Nas operações de crédito rotativo, o limite de crédito concedido será recomposto, automaticamente e durante o prazo de vigência da Cédula de Crédito Bancário, sempre que o devedor, não estando em mora ou inadimplente, amortizar ou liquidar a dívida.

Art. 41. A Cédula de Crédito Bancário poderá ser protestada por indicação, desde que o credor apresente declaração de posse da sua única via negociável, inclusive no caso de protesto parcial.

Art. 42. A validade e eficácia da Cédula de Crédito Bancário não dependem de registro, mas as garantias reais, por ela constituídas, ficam sujeitas, para valer contra terceiros, aos registros ou averbações previstos na legislação aplicável, com as alterações introduzidas por esta Lei.

Art. 43. As instituições financeiras, nas condições estabelecidas pelo Conselho Monetário Nacional, podem emitir título representativo das Cédulas de Crédito Bancário por elas mantidas em depósito, do qual constarão:

I – o local e a data da emissão;

II – o nome e a qualificação do depositante das Cédulas de Crédito Bancário;

III – a denominação "Certificado de Cédulas de Crédito Bancário";

IV – a especificação das cédulas depositadas, o nome dos seus emitentes e o valor, o lugar e a data do pagamento do crédito por elas incorporado;

V – o nome da instituição emitente;

VI – a declaração de que a instituição financeira, na qualidade e com as responsabilidades de depositária e mandatária do titular do certificado, promoverá a cobrança das Cédulas de Crédito Bancário, e de que as cédulas depositadas, assim como o produto da cobrança do seu principal e encargos, somente serão entregues ao titular do certificado, contra apresentação deste;

VII – o lugar da entrega do objeto do depósito; e

VIII – a remuneração devida à instituição financeira pelo depósito das cédulas objeto

Lei 10.931/2004

da emissão do certificado, se convencionada.

§ 1º A instituição financeira responde pela origem e autenticidade das Cédulas de Crédito Bancário depositadas.

§ 2º Emitido o certificado, as Cédulas de Crédito Bancário e as importâncias recebidas pela instituição financeira a título de pagamento do principal e de encargos não poderão ser objeto de penhora, arresto, sequestro, busca e apreensão, ou qualquer outro embaraço que impeça a sua entrega ao titular do certificado, mas este poderá ser objeto de penhora, ou de qualquer medida cautelar por obrigação do seu titular.

§ 3º O certificado poderá ser emitido sob a forma escritural, sendo regido, no que for aplicável, pelo contido nos arts. 34 e 35 da Lei 6.404, de 15 de dezembro de 1976.

§ 4º O certificado poderá ser transferido mediante endosso ou termo de transferência, se escritural, devendo, em qualquer caso, a transferência ser datada e assinada pelo seu titular ou mandatário com poderes especiais e averbada junto à instituição financeira emitente, no prazo máximo de 2 (dois) dias.

§ 5º As despesas e os encargos decorrentes da transferência e averbação do certificado serão suportados pelo endossatário ou cessionário, salvo convenção em contrário.

Art. 44. Aplica-se às Cédulas de Crédito Bancário, no que não contrariar o disposto nesta Lei, a legislação cambial, dispensado o protesto para garantir o direito de cobrança contra endossantes, seus avalistas e terceiros garantidores.

Art. 45. Os títulos de crédito e direitos creditórios, representados sob a forma escritural ou física, que tenham sido objeto de desconto, poderão ser admitidos a redesconto junto ao Banco Central do Brasil, observando-se as normas e instruções baixadas pelo Conselho Monetário Nacional.

§ 1º Os títulos de crédito e os direitos creditórios de que trata o *caput* considerar-se-ão transferidos, para fins de redesconto, à propriedade do Banco Central do Brasil, desde que inscritos em termo de tradição eletrônico constante do Sistema de Informações do Banco Central – Sisbacen, ou, ainda, no termo de tradição previsto no § 1º do art. 5º do Decreto 21.499, de 9 de junho de 1932, com a redação dada pelo art. 1º do Decreto 21.928, de 10 de outubro de 1932.

§ 2º Entendem-se inscritos nos termos de tradição referidos no § 1º os títulos de crédito e direitos creditórios neles relacionados e descritos, observando-se os requisitos, os critérios e as formas estabelecidas pelo Conselho Monetário Nacional.

§ 3º A inscrição produzirá os mesmos efeitos jurídicos do endosso, somente se aperfeiçoando com o recebimento, pela instituição financeira proponente do redesconto, de mensagem de aceitação do Banco Central do Brasil, ou, não sendo eletrônico o termo de tradição, após a assinatura das partes.

§ 4º Os títulos de crédito e documentos representativos de direitos creditórios, inscritos nos termos de tradição, poderão, a critério do Banco Central do Brasil, permanecer na posse direta da instituição financeira beneficiária do redesconto, que os guardará e conservará em depósito, devendo proceder, como comissária *del credere*, à sua cobrança judicial ou extrajudicial.

Capítulo V
DOS CONTRATOS DE FINANCIAMENTO DE IMÓVEIS

Art. 46. Nos contratos de comercialização de imóveis, de financiamento imobiliário em geral e nos de arrendamento mercantil de imóveis, bem como nos títulos e valores mobiliários por eles originados, com prazo mínimo de 36 (trinta e seis) meses, é admitida estipulação de cláusula de reajuste, com periodicidade mensal, por índices de preços setoriais ou gerais ou pelo índice de remuneração básica dos depósitos de poupança.

§ 1º É vedado o pagamento dos valores relativos à atualização monetária apropriados nos títulos e valores mobiliários, quando ocorrer o resgate antecipado, total ou parcial, em prazo inferior ao estabelecido no *caput*.

§ 2º Os títulos e valores mobiliários a que se refere o *caput* serão cancelados pelo emitente na hipótese de resgate antecipado em que o prazo a decorrer for inferior a 36 (trinta e seis) meses.

§ 3º Não se aplica o disposto no § 1º, no caso de quitação ou vencimento antecipados dos créditos imobiliários que lastreiem ou tenham originado a emissão dos títulos e valores mobiliários a que se refere o *caput*.

Art. 47. São nulos de pleno direito quaisquer expedientes que, de forma direta ou indireta, resultem em efeitos equivalentes à redução do prazo mínimo de que trata o *caput* do art. 46.

Parágrafo único. O Conselho Monetário Nacional poderá disciplinar o disposto neste artigo.

Art. 48. Fica vedada a celebração de contratos com cláusula de equivalência salarial ou de comprometimento de renda, bem como a inclusão de cláusulas desta espécie em contratos já firmados, mantidas, para os contratos firmados até a data de entrada em vigor da Medida Provisória 2.223, de 4 de setembro de 2001, as disposições anteriormente vigentes.

Art. 49. No caso do não pagamento tempestivo, pelo devedor, dos tributos e das taxas condominiais incidentes sobre o imóvel objeto do crédito imobiliário respectivo, bem como das parcelas mensais incontroversas de encargos estabelecidos no respectivo contrato e de quaisquer outros encargos que a lei imponha ao proprietário ou ao ocupante de imóvel, poderá o juiz, a requerimento do credor, determinar a cassação de medida liminar, de medida cautelar ou de antecipação dos efeitos da tutela que tenha interferido na eficácia de cláusulas do contrato de crédito imobiliário correspondente ou suspendido encargos dele decorrentes.

Art. 50. Nas ações judiciais que tenham por objeto obrigação decorrente de empréstimo, financiamento ou alienação imobiliários, o autor deverá discriminar na petição inicial, dentre as obrigações contratuais, aquelas que pretende controverter, quantificando o valor incontroverso, sob pena de inépcia.

§ 1º O valor incontroverso deverá continuar sendo pago no tempo e modo contratados.

§ 2º A exigibilidade do valor controvertido poderá ser suspensa mediante depósito do montante correspondente, no tempo e modo contratados.

§ 3º Em havendo concordância do réu, o autor poderá efetuar o depósito de que trata o § 2º deste artigo, com remuneração e atualização nas mesmas condições aplicadas ao contrato:

I – na própria instituição financeira credora, oficial ou não; ou

II – em instituição financeira indicada pelo credor, oficial ou não, desde que estes tenham pactuado nesse sentido.

§ 4º O juiz poderá dispensar o depósito de que trata o § 2º em caso de relevante razão de direito e risco de dano irreparável ao autor, por decisão fundamentada na qual serão detalhadas as razões jurídicas e fáticas da ilegitimidade da cobrança no caso concreto.

§ 5º É vedada a suspensão liminar da exigibilidade da obrigação principal sob a alegação de compensação com valores pagos a maior, sem o depósito do valor integral desta.

Art. 51. Sem prejuízo das disposições do Código Civil, as obrigações em geral também poderão ser garantidas, inclusive por terceiros, por cessão fiduciária de direitos creditórios decorrentes de contratos de alienação de imóveis, por caução de direitos creditórios ou aquisitivos decorrentes de contratos de venda ou promessa de venda de imóveis e por alienação fiduciária de coisa imóvel.

Art. 52. Uma vez protocolizados todos os documentos necessários à averbação ou ao

Lei 10.931/2004

LEGISLAÇÃO

registro dos atos e dos títulos a que se referem esta Lei e a Lei 9.514, de 1997, o oficial de Registro de Imóveis procederá ao registro ou à averbação, dentro do prazo de 15 (quinze) dias.

Capítulo VI
DISPOSIÇÕES FINAIS

Alterações da Lei de Incorporações

Art. 53. O Título II da Lei 4.591, de 16 de dezembro de 1964, passa a vigorar acrescido dos seguintes Capítulo e artigos:

- Acréscimos processados no texto da referida Lei.

Art. 54. A Lei 4.591, de 1964, passa a vigorar com as seguintes alterações:

- Alterações processadas no texto da referida Lei.

Alterações de leis sobre alienação fiduciária

Art. 55. A Seção XIV da Lei 4.728, de 14 de julho de 1965, passa a vigorar com a seguinte redação:

- Alterações processadas no texto da referida Lei.

Art. 56. O Decreto-lei 911, de 1º de outubro de 1969, passa a vigorar com as seguintes alterações:

- Alterações processadas no texto do referido Decreto-lei.

Art. 57. A Lei 9.514, de 1997, passa a vigorar com as seguintes alterações:

- Alterações processadas no texto da referida Lei.

Alterações no Código Civil

Art. 58. A Lei 10.406, de 2002 – Código Civil passa a vigorar com as seguintes alterações:

- Alterações processadas no texto do Código Civil.

Alterações na Lei de Registros Públicos

Art. 59. A Lei 6.015, de 31 de dezembro de 1973, passa a vigorar com as seguintes alterações:

- Alterações processadas no texto da referida Lei.

Alteração na Lei do FGTS

Art. 60. O *caput* do art. 9º da Lei 8.036, de 11 de maio de 1990, passa a vigorar com a seguinte redação:

"Art. 9º As aplicações com recursos do FGTS poderão ser realizadas diretamente pela Caixa Econômica Federal e pelos demais órgãos integrantes do Sistema Financeiro da Habitação – SFH, exclusivamente segundo critérios fixados pelo Conselho Curador do FGTS, em operações que preencham os seguintes requisitos:"

Alterações na Lei de Locações

Art. 61. A Lei 8.245, de 18 de outubro de 1991, passa a vigorar com as seguintes alterações:

- Alterações processadas no texto da referida Lei.

Alterações na Lei de Protesto de Títulos e Documentos de Dívida

Art. 62. *(Vetado.)*

Normas complementares a esta Lei

Art. 63. Nas operações envolvendo recursos do Sistema Financeiro da Habitação e do Sistema Financeiro Imobiliário, relacionadas com a moradia, é vedado cobrar do mutuário a elaboração de instrumento contratual particular, ainda que com força de escritura pública.

Art. 63-A. A constituição de gravames e ônus sobre ativos financeiros e valores mobiliários em operações realizadas no âmbito do mercado de valores mobiliários ou do sistema de pagamentos brasileiro, de forma individualizada ou em caráter de universalidade, será realizada, inclusive para fins de publicidade e eficácia perante terceiros, exclusivamente mediante o registro do respectivo instrumento nas entidades expressamente autorizadas para esse fim pelo Banco Central do Brasil e pela Comissão de Valores Mobiliários, nos seus respectivos campos de competência.

- Artigo acrescentado pela Lei 12.543/2011.

Parágrafo único. O regulamento estabelecerá as formas e condições do registro de que trata o *caput*, inclusive no que concerne ao acesso às informações.

Art. 64. *(Vetado.)*

Art. 65. O Conselho Monetário Nacional e a Secretaria da Receita Federal, no âmbito das suas respectivas atribuições, expedirão as instruções que se fizerem necessárias à execução das disposições desta Lei.

Lei 11.076/2004

LEGISLAÇÃO

Vigência
Art. 66. Esta Lei entra em vigor na data de sua publicação.
Revogações
Art. 67. Ficam revogadas as Medidas Provisórias 2.160-25, de 23 de agosto de 2001, 2.221, de 4 de setembro de 2001, e 2.223, de 4 de setembro de 2001, e os arts. 66 e 66-A da Lei 4.728, de 14 de julho de 1965.
Brasília, 2 de agosto de 2004; 183º da Independência e 116º da República.
Luiz Inácio Lula da Silva

(*DOU* 03.08.2004)

LEI 11.076, DE 30 DE DEZEMBRO DE 2004

Dispõe sobre o Certificado de Depósito Agropecuário – CDA, o Warrant Agropecuário – WA, o Certificado de Direitos Creditórios do Agronegócio – CDCA, a Letra de Crédito do Agronegócio – LCA e o Certificado de Recebíveis do Agronegócio – CRA, dá nova redação a dispositivos das Leis 9.973, de 29 de maio de 2000, que dispõe sobre o sistema de armazenagem dos produtos agropecuários, 8.427, de 27 de maio de 1992, que dispõe sobre a concessão de subvenção econômica nas operações de crédito rural, 8.929, de 22 de agosto de 1994, que institui a Cédula de Produto Rural – CPR, 9.514, de 20 de novembro de 1997, que dispõe sobre o Sistema de Financiamento Imobiliário e institui a alienação fiduciária de coisa imóvel, e altera a Taxa de Fiscalização de que trata a Lei 7.940, de 20 de dezembro de 1989, e dá outras providências.

O Presidente da República:
Faço saber que o Congresso Nacional decreta e eu sanciono a seguinte Lei:

Capítulo I
DO CDA E DO WA
Seção I
Disposições iniciais

Art. 1º Ficam instituídos o Certificado de Depósito Agropecuário – CDA e o *Warrant* Agropecuário – WA.

§ 1º O CDA é título de crédito representativo de promessa de entrega de produtos agropecuários, seus derivados, subprodutos e resíduos de valor econômico, depositados em conformidade com a Lei 9.973, de 29 de maio de 2000.

§ 2º O WA é título de crédito representativo de promessa de pagamento em dinheiro que confere direito de penhor sobre o CDA correspondente, assim como sobre o produto nele descrito.

- § 2º com redação determinada pela Lei 11.524/2007.

§ 3º O CDA e o WA são títulos unidos, emitidos simultaneamente pelo depositário, a pedido do depositante, podendo ser transmitidos unidos ou separadamente, mediante endosso.

§ 4º O CDA e o WA são títulos executivos extrajudiciais.

Art. 2º Aplicam-se ao CDA e ao WA as normas de direito cambial no que forem cabíveis e o seguinte:

I – os endossos devem ser completos;

II – os endossantes não respondem pela entrega do produto, mas, tão somente, pela existência da obrigação;

III – é dispensado o protesto cambial para assegurar o direito de regresso contra endossantes e avalistas.

Art. 3º O CDA e o WA serão:

I – cartulares, antes de seu registro em sistema de registro e de liquidação financeira a que se refere o art. 15 desta Lei, e após a sua baixa;

II – escriturais ou eletrônicos, enquanto permanecerem registrados em sistema de registro e de liquidação financeira.

Art. 4º Para efeito desta Lei, entende-se como:

I – depositário: pessoa jurídica apta a exercer as atividades de guarda e conservação dos produtos especificados no § 1º do art. 1º desta Lei, de terceiros e, no caso de cooperativas, de terceiros e de associados, sem prejuízo do disposto nos arts. 82 e 83 da Lei 5.764, de 16 de dezembro de 1971;

II – depositante: pessoa física ou jurídica responsável legal pelos produtos especificados

Lei 11.076/2004

LEGISLAÇÃO

no § 1º do art. 1º desta Lei entregues a um depositário para guarda e conservação;

III – entidade registradora autorizada: sistema de registro e de liquidação financeira de ativos autorizado pelo Banco Central do Brasil.

Art. 5º O CDA e o WA devem conter as seguintes informações:

I – denominação do título;

II – número de controle, que deve ser idêntico para cada conjunto de CDA e WA;

III – menção de que o depósito do produto sujeita-se à Lei 9.973, de 29 de maio de 2000, a esta Lei e, no caso de cooperativas, à Lei 5.764, de 16 de dezembro de 1971;

IV – identificação, qualificação e endereços do depositante e do depositário;

V – identificação comercial do depositário;

VI – cláusula à ordem;

VII – endereço completo do local do armazenamento;

VIII – descrição e especificação do produto;

IX – peso bruto e líquido;

X – forma de acondicionamento;

XI – número de volumes, quando cabível;

XII – valor dos serviços de armazenagem, conservação e expedição, a periodicidade de sua cobrança e a indicação do responsável pelo seu pagamento;

XIII – identificação do segurador do produto e do valor do seguro;

XIV – qualificação da garantia oferecida pelo depositário, quando for o caso;

XV – data do recebimento do produto e prazo do depósito;

XVI – data de emissão do título;

XVII – identificação, qualificação e assinatura dos representantes legais do depositário;

XVIII – identificação precisa dos direitos que conferem.

Parágrafo único. O depositante e o depositário poderão acordar que a responsabilidade pelo pagamento do valor dos serviços a que se refere o inciso XII do *caput* deste artigo será do endossatário do CDA.

Seção II
Da emissão, do registro e da circulação dos títulos

Subseção I
Da emissão

Art. 6º A solicitação de emissão do CDA e do WA será feita pelo depositante ao depositário.

§ 1º Na solicitação, o depositante:

I – declarará, sob as penas da lei, que o produto é de sua propriedade e está livre e desembaraçado de quaisquer ônus;

II – outorgará, em caráter irrevogável, poderes ao depositário para transferir a propriedade do produto ao endossatário do CDA.

§ 2º Os documentos mencionados no § 1º deste artigo serão arquivados pelo depositário junto com as segundas vias do CDA e do WA.

§ 3º Emitidos o CDA e o WA, fica dispensada a entrega de recibo de depósito.

Art. 7º É facultada a formalização do contrato de depósito, nos termos do art. 3º da Lei 9.973, de 29 de maio de 2000, quando forem emitidos o CDA e o WA.

Art. 8º O CDA e o WA serão emitidos em, no mínimo, duas vias, com as seguintes destinações:

I – primeiras vias, ao depositante;

II – segundas vias, ao depositário, nas quais constarão os recibos de entrega dos originais ao depositante.

Parágrafo único. Os títulos terão numeração sequencial, idêntica em ambos os documentos, em série única, vedada a subsérie.

Art. 9º O depositário que emitir o CDA e o WA é responsável, civil e criminalmente, inclusive perante terceiros, pelas irregularidades e inexatidões neles lançadas.

Art. 10. O depositante tem o direito de pedir ao depositário a divisão do produto em tantos lotes quantos lhe convenha e solicitar a emissão do CDA e do WA correspondentes a cada um dos lotes.

Art. 11. O depositário assume a obrigação de guardar, conservar, manter a quali-

Lei 11.076/2004

dade e a quantidade do produto recebido em depósito e de entregá-lo ao credor na quantidade e qualidade consignadas no CDA e no WA.

Art. 12. Emitidos o CDA e o WA, o produto a que se referem não poderá sofrer embargo, penhora, sequestro ou qualquer outro embaraço que prejudique a sua livre e plena disposição.

Art. 13. O prazo do depósito a ser consignado no CDA e no WA será de até 1 (um) ano, contado da data de sua emissão, podendo ser prorrogado pelo depositário a pedido do credor, os quais, na oportunidade, ajustarão, se for necessário, as condições de depósito do produto.

Parágrafo único. As prorrogações serão anotadas nas segundas vias em poder do depositário e nos registros de sistema de registro e de liquidação financeira.

Art. 14. Incorre na pena prevista no art. 178 do Decreto-lei 2.848, de 7 de dezembro de 1940 – Código Penal aquele que emitir o CDA e o WA em desacordo com as disposições desta Lei.

Subseção II
Do registro

Art. 15. É obrigatório o registro do CDA e do WA em sistema de registro e de liquidação financeira de ativos autorizado pelo Banco Central do Brasil, no prazo de até 30 (trinta) dias, contado da data de emissão dos títulos, no qual constará o respectivo número de controle do título, de que trata o inciso II do *caput* do art. 5º desta Lei.

- *Caput* com redação determinada pela Lei 11.524/2007.

§ 1º O registro de CDA e WA em sistema de registro e de liquidação financeira será precedido da entrega dos títulos à custódia de instituição legalmente autorizada para esse fim, mediante endosso-mandato.

§ 2º A instituição custodiante é responsável por efetuar o endosso do CDA e do WA ao respectivo credor, quando da retirada dos títulos do sistema de registro e de liquidação financeira.

§ 3º Vencido o prazo de 30 (trinta) dias sem o cumprimento da providência a que se refere o *caput* deste artigo, deverá o depositante solicitar ao depositário o cancelamento dos títulos e sua substituição por novos ou por recibo de depósito, em seu nome.

- § 3º com redação determinada pela Lei 11.524/2007.

Subseção III
Da circulação

Art. 16. O CDA e o WA serão negociados nos mercados de bolsa e de balcão como ativos financeiros.

Art. 17. Quando da primeira negociação do WA separado do CDA, a entidade registradora consignará em seus registros o valor da negociação do WA, a taxa de juros e a data de vencimento ou, ainda, o valor a ser pago no vencimento ou o indicador que será utilizado para o cálculo do valor da dívida.

§ 1º Os registros dos negócios realizados com o CDA e com o WA, unidos ou separados, serão atualizados eletronicamente pela entidade registradora autorizada.

- Primitivo parágrafo único renumerado pela Lei 11.524/2007.

§ 2º Se, na data de vencimento do WA, o CDA e o WA não estiverem em nome do mesmo credor e o credor do CDA não houver consignado o valor da dívida, na forma do inciso II do § 1º do art. 21 desta Lei, o titular do WA poderá, a seu critério, promover a execução do penhor sobre:

- § 2º acrescentado pela Lei 11.524/2007.

I – o produto, mediante sua venda em leilão a ser realizado em bolsa de mercadorias; ou

II – o CDA correspondente, mediante a venda do título, em conjunto com o WA, em bolsa de mercadorias ou de futuros, ou em mercado de balcão organizado.

§ 3º Nas hipóteses referidas nos incisos I e II do § 2º deste artigo, o produto da venda da mercadoria ou dos títulos, conforme o caso, será utilizado para pagamento imediato do crédito representado pelo WA ao seu respectivo titular na data do vencimento, devendo o saldo remanescente ser entregue ao titular do CDA, após debitadas as despesas comprovadamente incorridas

Lei 11.076/2004

com a realização do leilão da mercadoria ou dos títulos.

- § 3º acrescentado pela Lei 11.524/2007.

§ 4º O adquirente dos títulos no leilão poderá colocá-los novamente em circulação, observando-se o disposto no *caput* deste artigo, no caso de negociação do WA separado do CDA.

- § 4º acrescentado pela Lei 11.524/2007.

Art. 18. As negociações do CDA e do WA são isentas do Imposto sobre Operações de Crédito, Câmbio e Seguro ou relativas a Títulos ou Valores Mobiliários.

Art. 19. Os negócios ocorridos durante o período em que o CDA e o WA estiverem registrados em sistema de registro e de liquidação financeira de ativos autorizado pelo Banco Central do Brasil não serão transcritos no verso dos títulos.

Art. 20. A entidade registradora é responsável pela manutenção do registro da cadeia de negócios ocorridos no período em que os títulos estiverem registrados em sistema de registro e de liquidação financeira de ativos autorizado pelo Banco Central do Brasil.

Seção III
Da retirada do produto

Art. 21. Para a retirada do produto, o credor do CDA providenciará a baixa do registro eletrônico do CDA e requererá à instituição custodiante o endosso na cártula e a sua entrega.

§ 1º A baixa do registro eletrônico ocorrerá somente se:

I – o CDA e o WA estiverem em nome do mesmo credor; ou

II – o credor do CDA consignar, em dinheiro, na instituição custodiante, o valor do principal e dos juros devidos até a data do vencimento do WA.

§ 2º A consignação do valor da dívida do WA, na forma do inciso II do § 1º deste artigo, equivale ao real e efetivo pagamento da dívida, devendo a quantia consignada ser entregue ao credor do WA pela instituição custodiante.

§ 3º Na hipótese do inciso I do § 1º deste artigo, a instituição custodiante entregará ao credor, junto com a cártula do CDA, a cártula do WA.

§ 4º Na hipótese do inciso II do § 1º deste artigo, a instituição custodiante entregará, junto com a cártula do CDA, documento comprobatório do depósito consignado.

§ 5º Com a entrega do CDA ao depositário, juntamente com o respectivo WA ou com o documento a que se refere o § 4º deste artigo, o endossatário adquire a propriedade do produto nele descrito, extinguindo-se o mandato a que se refere o inciso II do § 1º do art. 6º desta Lei.

§ 6º São condições para a transferência da propriedade ou retirada do produto:

I – o pagamento dos serviços de armazenagem, conservação e expedição, na forma do inciso XII e do parágrafo único do art. 5º desta Lei;

II – o cumprimento das obrigações tributárias, principais e acessórias, relativas à operação.

Seção IV
Do seguro

Art. 22. Para emissão de CDA e WA, o seguro obrigatório de que trata o art. 6º, § 6º, da Lei 9.973, de 29 de maio de 2000, deverá ter cobertura contra incêndio, raio, explosão de qualquer natureza, danos elétricos, vendaval, alagamento, inundação, furacão, ciclone, tornado, granizo, quedas de aeronaves ou quaisquer outros engenhos aéreos ou espaciais, impacto de veículos terrestres, fumaça e quaisquer intempéries que destruam ou deteriorem o produto vinculado àqueles títulos.

Parágrafo único. No caso de armazéns públicos, o seguro obrigatório de que trata o *caput* deste artigo também conterá cláusula contra roubo e furto.

Lei 11.076/2004

Capítulo II
DO CDCA, DA LCA E DO CRA

Seção I
Disposições iniciais

Art. 23. Ficam instituídos os seguintes títulos de crédito:

I – Certificado de Direitos Creditórios do Agronegócio – CDCA;
II – Letra de Crédito do Agronegócio – LCA;
III – Certificado de Recebíveis do Agronegócio – CRA.

Parágrafo único. Os títulos de crédito de que trata este artigo são vinculados a direitos creditórios originários de negócios realizados entre produtores rurais, ou suas cooperativas, e terceiros, inclusive financiamentos ou empréstimos, relacionados com a produção, comercialização, beneficiamento ou industrialização de produtos ou insumos agropecuários ou de máquinas e implementos utilizados na atividade agropecuária.

• Parágrafo único com eficácia suspensa por força da MP 725/2016.

§ 1º Os títulos de crédito de que trata este artigo são vinculados a direitos creditórios originários de negócios realizados entre produtores rurais, ou suas cooperativas, e terceiros, inclusive financiamentos ou empréstimos, relacionados com a produção, a comercialização, o beneficiamento ou a industrialização de produtos ou insumos agropecuários ou de máquinas e implementos utilizados na atividade agropecuária.

• § 1º acrescentado pela MP 725/2016.

§ 2º Os bancos cooperativos de crédito integrantes de sistemas cooperativos de crédito constituídos nos termos da Lei Complementar 130, de 17 de abril de 2009, podem utilizar, como lastro de LCA de sua emissão, título de crédito representativo de repasse interfinanceiro realizado em favor de cooperativa singular de crédito do sistema, quando a totalidade dos recursos se destinar a apenas uma operação de crédito rural, observado que:

• § 2º acrescentado pela MP 725/2016.

I – ambos os títulos devem observar idênticas datas de liquidação, indicar sua mútua vinculação e fazer referência ao cumprimento das condições estabelecidas neste artigo; e
II – o instrumento representativo da operação de crédito rural deve ser dado em garantia ao banco cooperativo repassador.

Seção II
Certificado de Direitos Creditórios do Agronegócio

Art. 24. O Certificado de Direitos Creditórios do Agronegócio – CDCA é título de crédito nominativo, de livre negociação, representativo de promessa de pagamento em dinheiro e constitui título executivo extrajudicial.

Parágrafo único. O CDCA é de emissão exclusiva de cooperativas de produtores rurais e de outras pessoas jurídicas que exerçam a atividade de comercialização, beneficiamento ou industrialização de produtos e insumos agropecuários ou de máquinas e implementos utilizados na produção agropecuária.

• Parágrafo único com eficácia suspensa por força da MP 725/2016.

§ 1º O CDCA é de emissão exclusiva de cooperativas de produtores rurais e de outras pessoas jurídicas que exerçam a atividade de comercialização, beneficiamento ou industrialização de produtos e insumos agropecuários ou de máquinas e implementos utilizados na produção agropecuária.

• § 1º acrescentado pela MP 725/2016.

§ 2º Considera-se crédito rural a aquisição, pelas instituições financeiras autorizadas a operar nessa modalidade de crédito, de CDCA emitido com lastro integral em títulos representativos de direitos creditórios enquadráveis no crédito rural.

• § 2º acrescentado pela MP 725/2016.

§ 3º O disposto no § 2º fica sujeito às condições estabelecidas pelo Conselho Monetário Nacional em função do disposto no art. 21 da Lei 4.829, de 5 de novembro de 1965.

• § 3º acrescentado pela MP 725/2016.

Art. 25. O CDCA terá os seguintes requisitos, lançados em seu contexto:

I – o nome do emitente e a assinatura de seus representantes legais;
II – o número de ordem, local e data da emissão;

Lei 11.076/2004

III – a denominação "Certificado de Direitos Creditórios do Agronegócio";
IV – o valor nominal;
V – a identificação dos direitos creditórios a ele vinculados e seus respectivos valores, ressalvado o disposto no art. 30 desta Lei;
VI – data de vencimento ou, se emitido para pagamento parcelado, discriminação dos valores e das datas de vencimento das diversas parcelas;
VII – taxa de juros, fixa ou flutuante, admitida a capitalização;
VIII – o nome da instituição responsável pela custódia dos direitos creditórios a ele vinculados;
IX – o nome do titular;
X – cláusula "à ordem", ressalvado o disposto no inciso II do art. 35 desta Lei.

§ 1º Os direitos creditórios vinculados ao CDCA serão:
I – registrados em sistema de registro e de liquidação financeira de ativos autorizado pelo Banco Central do Brasil;
II – custodiados em instituições financeiras ou outras instituições autorizadas pela Comissão de Valores Mobiliários a prestar serviço de custódia de valores mobiliários.

§ 2º Caberá à instituição custodiante a que se refere o § 1º deste artigo:
I – manter sob sua guarda documentação que evidencie a regular constituição dos direitos creditórios vinculados ao CDCA;
II – realizar a liquidação física e financeira dos direitos creditórios custodiados, devendo, para tanto, estar munida de poderes suficientes para efetuar sua cobrança e recebimento, por conta e ordem do emitente do CDCA;
III – prestar quaisquer outros serviços contratados pelo emitente do CDCA.

§ 3º Será admitida a emissão de CDCA em série, em que os CDCA serão vinculados a um mesmo conjunto de direitos creditórios, devendo ter igual valor nominal e conferir a seus titulares os mesmos direitos.

§ 4º O CDCA pode ser emitido com cláusula de correção pela variação cambial desde que:

• § 4º acrescentado pela MP 725/2016.

I – integralmente lastreado em títulos representativos de direitos creditórios com cláusula de correção na mesma moeda, na forma estabelecida pelo Conselho Monetário Nacional.

II – negociado, exclusivamente, com investidores não residentes nos termos da legislação e regulamentação em vigor; e
III – observadas as demais condições a serem estabelecidas pelo Conselho Monetário Nacional.

Seção III
Letra de Crédito do Agronegócio

Art. 26. A Letra de Crédito do Agronegócio – LCA é título de crédito nominativo, de livre negociação, representativo de promessa de pagamento em dinheiro e constitui título executivo extrajudicial.

Parágrafo único. A LCA é de emissão exclusiva de instituições financeiras públicas ou privadas.

Art. 27. A LCA terá os seguintes requisitos, lançados em seu contexto:
I – o nome da instituição emitente e a assinatura de seus representantes legais;
II – o número de ordem, o local e a data de emissão;
III – a denominação "Letra de Crédito do Agronegócio";
IV – o valor nominal;
V – a identificação dos direitos creditórios a ela vinculados e seus respectivos valores, ressalvado o disposto no art. 30 desta Lei;
VI – taxa de juros, fixa ou flutuante, admitida a capitalização;
VII – data de vencimento ou, se emitido para pagamento parcelado, discriminação dos valores e das datas de vencimento das diversas parcelas;
VIII – o nome do titular;
IX – cláusula "à ordem", ressalvado o disposto no inciso II do art. 35 desta Lei.

Parágrafo único. Os direitos creditórios vinculados à LCA:
I – deverão ser registrados em sistema de registro e de liquidação financeira de ativos autorizado pelo Banco Central do Brasil;
II – poderão ser mantidos em custódia, aplicando-se, neste caso, o disposto no inciso II do § 1º e no § 2º do art. 25 desta Lei.

Seção IV
Disposições comuns ao CDCA e à LCA

Art. 28. O valor do CDCA e da LCA não poderá exceder o valor total dos direitos creditórios do agronegócio a eles vinculados.

Art. 29. Os emitentes de CDCA e de LCA respondem pela origem e autenticidade dos direitos creditórios a eles vinculados.

Art. 30. A identificação dos direitos creditórios vinculados ao CDCA e à LCA poderá ser feita em documento à parte, do qual conste a assinatura dos representantes legais do emitente, fazendo-se menção a essa circunstância no certificado ou nos registros da instituição responsável pela manutenção dos sistemas de escrituração.

Parágrafo único. A identificação dos direitos creditórios vinculados ao CDCA e à LCA poderá ser feita pelos correspondentes números de registro no sistema a que se refere o inciso I do § 1º do art. 25 desta Lei.

Art. 31. O CDCA e a LCA poderão conter outras cláusulas, que constarão de documento à parte, com a assinatura dos representantes legais do emitente, fazendo-se menção a essa circunstância em seu contexto.

Art. 32. O CDCA e a LCA conferem direito de penhor sobre os direitos creditórios a eles vinculados, independentemente de convenção, não se aplicando o disposto nos arts. 1.452, *caput*, e 1.453 da Lei 10.406, de 10 de janeiro de 2002 – Código Civil.

§ 1º A substituição dos direitos creditórios vinculados ao CDCA e à LCA, mediante acordo entre o emitente e o titular, importará na extinção do penhor sobre os direitos substituídos, constituindo-se automaticamente novo penhor sobre os direitos creditórios dados em substituição.

§ 2º Na hipótese de emissão de CDCA em série, o direito de penhor a que se refere o *caput* deste artigo incidirá sobre fração ideal do conjunto de direitos creditórios vinculados, proporcionalmente ao crédito do titular dos CDCA da mesma série.

Art. 33. Além do penhor constituído na forma do art. 32 desta Lei, o CDCA e a LCA poderão contar com garantias adicionais, reais ou fidejussórias, livremente negociadas entre as partes.

Parágrafo único. A descrição das garantias reais poderá ser feita em documento à parte, assinado pelos representantes legais do emitente, fazendo-se menção a essa circunstância no contexto dos títulos.

Art. 34. Os direitos creditórios vinculados ao CDCA e à LCA não serão penhorados, sequestrados ou arrestados em decorrência de outras dívidas do emitente desses títulos, a quem caberá informar ao juízo, que tenha determinado tal medida, a respeito da vinculação de tais direitos aos respectivos títulos, sob pena de responder pelos prejuízos resultantes de sua omissão.

Art. 35. O CDCA e a LCA poderão ser emitidos sob a forma escritural, hipótese em que:

I – tais títulos serão registrados em sistemas de registro e de liquidação financeira de ativos autorizados pelo Banco Central do Brasil;

II – a transferência de sua titularidade operar-se-á pelos registros dos negócios efetuados na forma do inciso I do *caput* deste artigo.

Parágrafo único. A entidade registradora é responsável pela manutenção do registro da cadeia de negócios ocorridos com os títulos registrados no sistema.

Seção V
Securitização de direitos creditórios do agronegócio

Subseção I
Do Certificado de Recebíveis do Agronegócio

Art. 36. O Certificado de Recebíveis do Agronegócio – CRA é título de crédito nominativo, de livre negociação, representativo de promessa de pagamento em dinheiro e constitui título executivo extrajudicial.

Parágrafo único. O CRA é de emissão exclusiva das companhias securitizadoras de direitos creditórios do agronegócio, nos termos do parágrafo único do art. 23 desta Lei.

Art. 37. O CRA terá os seguintes requisitos, lançados em seu contexto:

I – nome da companhia emitente;
II – número de ordem, local e data de emissão;
III – denominação "Certificado de Recebíveis do Agronegócio";
IV – nome do titular;
V – valor nominal;
VI – data de vencimento ou, se emitido para pagamento parcelado, discriminação dos

Lei 11.076/2004

LEGISLAÇÃO

valores e das datas de vencimento das diversas parcelas;

VII – taxa de juros, fixa ou flutuante, admitida a capitalização;

VIII – identificação do Termo de Securitização de Direitos Creditórios que lhe tenha dado origem.

§ 1º O CRA adotará a forma escritural, observado o disposto no art. 35 desta Lei.

§ 2º O CRA poderá ter, conforme dispuser o Termo de Securitização de Direitos Creditórios, garantia flutuante, que assegurará ao seu titular privilégio geral sobre o ativo da companhia securitizadora, mas não impedirá a negociação dos bens que compõem esse ativo.

§ 3º O CRA pode ser emitido com cláusula de correção pela variação cambial desde que:

* § 3º acrescentado pela MP 725/2016.

I – integralmente lastreado em títulos representativos de direitos creditórios com cláusula de correção na mesma moeda, na forma estabelecida pelo Conselho Monetário Nacional;

II – negociado, exclusivamente, com investidores não residentes nos termos da legislação e regulamentação em vigor; e

III – observadas as demais condições a serem estabelecidas pelo Conselho Monetário Nacional.

Subseção II
Das companhias securitizadoras de direitos creditórios do agronegócio e do regime fiduciário

Art. 38. As companhias securitizadoras de direitos creditórios do agronegócio são instituições não financeiras constituídas sob a forma de sociedade por ações e terão por finalidade a aquisição e securitização desses direitos e a emissão e colocação de Certificados de Recebíveis do Agronegócio no mercado financeiro e de capitais.

Art. 39. As companhias securitizadoras de direitos creditórios do agronegócio podem instituir regime fiduciário sobre direitos creditórios oriundos do agronegócio, o qual será regido, no que couber, pelas disposições expressas nos arts. 9º a 16 da Lei 9.514, de 20 de novembro de 1997.

Subseção III
Da securitização de direitos creditórios do agronegócio

Art. 40. A securitização de direitos creditórios do agronegócio é a operação pela qual tais direitos são expressamente vinculados à emissão de uma série de títulos de crédito, mediante Termo de Securitização de Direitos Creditórios, emitido por uma companhia securitizadora, do qual constarão os seguintes elementos:

I – identificação do devedor;

II – valor nominal e o vencimento de cada direito creditório a ele vinculado;

III – identificação dos títulos emitidos;

IV – indicação de outras garantias de resgate dos títulos da série emitida, quando constituídas.

Seção VI
Disposições comuns ao CDCA, à LCA e ao CRA

Art. 41. É facultada a cessão fiduciária em garantia de direitos creditórios do agronegócio, em favor dos adquirentes do CDCA, da LCA e do CRA, nos termos do disposto nos arts. 18 a 20 da Lei 9.514, de 20 de novembro de 1997.

Art. 42. O CDCA, a LCA e o CRA poderão conter cláusula expressa de variação do seu valor nominal, desde que seja a mesma dos direitos creditórios a eles vinculados.

Art. 43. O CDCA, a LCA e o CRA poderão ser distribuídos publicamente e negociados em Bolsas de Valores e de Mercadorias e Futuros e em mercados de balcão organizados autorizados a funcionar pela Comissão de Valores Mobiliários.

Parágrafo único. Na hipótese do *caput* deste artigo, será observado o disposto na Lei 6.385, de 7 de dezembro de 1976.

Art. 44. Aplicam-se ao CDCA, à LCA e ao CRA, no que forem cabíveis, as normas de direito cambial, com as seguintes modificações:

I – os endossos devem ser completos;

II – é dispensado o protesto cambial para assegurar o direito de regresso contra endossantes e avalistas.

Lei 11.076/2004

LEGISLAÇÃO

Capítulo III
DISPOSIÇÕES TRANSITÓRIAS E FINAIS

Art. 45. Fica autorizada a emissão do CDA e do WA até 31 de dezembro de 2009 por armazéns que não detenham a certificação prevista no art. 2º da Lei 9.973, de 29 de maio de 2000, mas que atendam a requisitos mínimos a serem definidos pelo Ministério da Agricultura, Pecuária e Abastecimento.

* Artigo com redação determinada pela Lei 11.524/2007.

Art. 46. Para os produtos especificados no § 1º do art. 1º desta Lei, fica vedada a emissão do Conhecimento de Depósito e do *Warrant* previstos no Decreto 1.102, de 21 de novembro de 1903, observado o disposto no art. 55, II, desta Lei.

Art. 47. O *caput* do art. 82 da Lei 5.764, de 16 de dezembro de 1971, passa a vigorar com a seguinte redação:

* Alteração processada no texto da referida Lei.

Art. 48. O art. 6º da Lei 9.973, de 29 de maio de 2000, passa a vigorar com a seguinte redação:
"Art. 6º [...]
"[...]
"§ 3º O depositário e o depositante poderão definir, de comum acordo, a constituição de garantias, as quais deverão estar registradas no contrato de depósito ou no Certificado de Depósito Agropecuário – CDA.
"[...]
"§ 7º O disposto no § 3º deste artigo não se aplica à relação entre cooperativa e seus associados de que trata o art. 83 da Lei 5.764, de 16 de dezembro de 1971."

Art. 49. Cabe ao Conselho Monetário Nacional regulamentar as disposições desta Lei referentes ao CDA, ao WA, ao CDCA, à LCA e ao CRA, podendo inclusive estabelecer prazos mínimos e outras condições para emissão e resgate e diferenciar tais condições de acordo com o tipo de indexador adotado contratualmente.

* Artigo com redação determinada pela Lei 13.097/2015.

Art. 50. O art. 2º da Lei 8.427, de 27 de maio de 1992, passa a vigorar com as seguintes alterações:
"Art. 2º [...]
"§ 1º [...]
"[...]
"II – no máximo, a diferença entre o preço de exercício em contratos de opções de venda de produtos agropecuários lançados pelo Poder Executivo ou pelo setor privado e o valor de mercado desses produtos.
"[...]
"§ 3º A subvenção a que se refere este artigo será concedida mediante a observância das condições, critérios, limites e normas estabelecidas no âmbito do Ministério da Agricultura, Pecuária e Abastecimento, de acordo com as disponibilidades orçamentárias e financeiras existentes para a finalidade."

Art. 51. O art. 19 da Lei 8.929, de 22 de agosto de 1994, passa a vigorar acrescido dos seguintes §§ 3º e 4º:

* Alterações processadas no texto da referida Lei.

Art. 52. É devida pelos fundos de investimento regulados e fiscalizados pela Comissão de Valores Mobiliários – CVM, independentemente dos ativos que componham sua carteira, a Taxa de Fiscalização instituída pela Lei 7.940, de 20 de dezembro de 1989, segundo os valores constantes dos Anexos I e II desta Lei.

* V. art. 55, I.

§ 1º Na hipótese do *caput* deste artigo:
I – a Taxa de Fiscalização será apurada e paga trimestralmente, com base na média diária do patrimônio líquido referente ao trimestre imediatamente anterior;
II – a Taxa de Fiscalização será recolhida até o último dia útil do primeiro decêndio dos meses de janeiro, abril, julho e outubro de cada ano, observado o disposto no inciso I deste parágrafo.
§ 2º Os fundos de investimento que, com base na regulamentação aplicável vigente, não apurem o valor médio diário de seu patrimônio líquido, recolherão a taxa de que trata o *caput* deste artigo com base no patrimônio líquido apurado no último dia do trimestre imediatamente anterior ao do pagamento.

Art. 53. Os arts. 22, parágrafo único, e 38 da Lei 9.514, de 20 de novembro de 1997, passam a vigorar com a seguinte redação:

* Alterações processadas no texto da referida Lei.

Art. 54. Revoga-se o art. 4º da Lei 9.973, de 29 de maio de 2000.

Lei 11.101/2005

LEGISLAÇÃO

Art. 55. Esta Lei entra em vigor na data de sua publicação, produzindo efeitos:
I – quanto ao art. 52 e aos Anexos I e II, a partir de 3 de janeiro de 2005;
II – quanto ao art. 46, a partir de 365 (trezentos e sessenta e cinco) dias após a data de publicação desta Lei.
Brasília, 30 de dezembro de 2004; 183º da Independência e 116º da República.
Luiz Inácio Lula da Silva

(*DOU* 31.12.2004)

ANEXO I
Valor da Taxa de Fiscalização devida pelos Fundos de Investimento Em Reais
(*Vide* art. 55, I)

- V. Portaria MF 705/2015 (Atualiza monetariamente a Taxa de Fiscalização do Mercado de Valores Mobiliários).

Classe de Patrimônio Líquido Médio	Valor da Taxa de Fiscalização
Até 2.500.000,00	600,00
De 2.500.000,01 a 5.000.000,00	900,00
De 5.000.000,01 a 10.000.000,00	1.350,00
De 10.000.000,01 a 20.000.000,00	1.800,00
De 20.000.000,01 a 40.000.000,00	2.400,00
De 40.000.000,01 a 80.000.000,00	3.840,00
De 80.000.000,01 a 160.000.000,00	5.760,00
De 160.000.000,01 a 320.000.000,00	7.680,00
De 320.000.000,01 a 640.000.000,00	9.600,00
Acima de 640.000.000,00	10.800,00

ANEXO II
Valor da Taxa de Fiscalização devida pelos Fundos de Investimento em Quotas de Fundos de Investimento em Reais
(*Vide* art. 55, I)

- V. Portaria MF 705/2015 (Atualiza monetariamente a Taxa de Fiscalização do Mercado de Valores Mobiliários).

Classe de Patrimônio Líquido Médio	Valor da Taxa de Fiscalização
Até 2.500.000,00	300,00
De 2.500.000,01 a 5.000.000,00	450,00
De 5.000.000,01 a 10.000.000,00	675,00
De 10.000.000,01 a 20.000.000,00	900,00
De 20.000.000,01 a 40.000.000,00	1.200,00
De 40.000.000,01 a 80.000.000,00	1.920,00
De 80.000.000,01 a 160.000.000,00	2.880,00
De 160.000.000,01 a 320.000.000,00	3.840,00
De 320.000.000,01 a 640.000.000,00	4.800,00
Acima de 640.000.000,00	5.400,00

LEI 11.101, DE 9 DE FEVEREIRO DE 2005

Regula a recuperação judicial, a extrajudicial e a falência do empresário e da sociedade empresária.

O Presidente da República:
Faço saber que o Congresso Nacional decreta e eu sanciono a seguinte Lei:

Capítulo I
DISPOSIÇÕES PRELIMINARES

Art. 1º Esta Lei disciplina a recuperação judicial, a recuperação extrajudicial e a falência do empresário e da sociedade empresária, doravante referidos simplesmente como devedor.
- V. arts. 76 e 78.
- V. arts. 966, 981 e 982, CC.

Art. 2º Esta Lei não se aplica a:
I – empresa pública e sociedade de economia mista;
- V. art. 195.

II – instituição financeira pública ou privada, cooperativa de crédito, consórcio, entidade de previdência complementar, sociedade operadora de plano de assistência à saúde, sociedade seguradora, sociedade de capitalização e outras entidades legalmente equiparadas às anteriores.

Lei 11.101/2005

LEGISLAÇÃO

- V. art. 26 e 94, Dec.-lei 73/1966 (Sistema Nacional de Seguros Privados).
- V. art. 68, Dec. 60.459/1967 (Regulamenta o Dec.-lei 73/1966).
- V. art. 4º, Dec.-lei 261/1967 (Sociedades de capitalização).
- V. art. 4º, *caput*, Lei 5.764/1971 (Política nacional de cooperativismo).
- V. art. 1º, Lei 6.024/1974 (Intervenção e liquidação extrajudicial de instituições financeiras).
- V. art. 278, Lei 6.404/1976 (Sociedades por ações).
- V. art. 187, Lei 7.565/1986 (Código Brasileiro de Aeronáutica).
- V. art. 23, *caput* e § 1º, Lei 9.656/1998 (Planos e seguros privados de assistência à saúde).
- V. art. 47, LC 109/2001 (Previdência complementar).

Art. 3º É competente para homologar o plano de recuperação extrajudicial, deferir a recuperação judicial ou decretar a falência o juízo do local do principal estabelecimento do devedor ou da filial de empresa que tenha sede fora do Brasil.

- V. arts. 76 e 78.
- V. art. 75, § 2º, CC.
- V. art. 3º, § 2º, Lei 9.099/1995 (Juizados Especiais Cíveis e Criminais).
- •• V. arts. 337, II, e 64, § 1º, CPC/2015.

Art. 4º *(Vetado.)*

Capítulo II
DISPOSIÇÕES COMUNS À RECUPERAÇÃO JUDICIAL E À FALÊNCIA

Seção I
Disposições gerais

Art. 5º Não são exigíveis do devedor, na recuperação judicial ou na falência:
I – as obrigações a título gratuito;
II – as despesas que os credores fizerem para tomar parte na recuperação judicial ou na falência, salvo as custas judiciais decorrentes de litígio com o devedor.

- V. art. 84, IV.

Art. 6º A decretação da falência ou o deferimento do processamento da recuperação judicial suspende o curso da prescrição e de todas as ações e execuções em face do devedor, inclusive aquelas dos credores particulares do sócio solidário.

- V. art. 99, V.

- V. art. 202, CC.

§ 1º Terá prosseguimento no juízo no qual estiver se processando a ação que demandar quantia ilíquida.

- V. art. 19, § 1º.

§ 2º É permitido pleitear, perante o administrador judicial, habilitação, exclusão ou modificação de créditos derivados da relação de trabalho, mas as ações de natureza trabalhista, inclusive as impugnações a que se refere o art. 8º desta Lei, serão processadas perante a justiça especializada até a apuração do respectivo crédito, que será inscrito no quadro geral de credores pelo valor determinado em sentença.

- V. art. 19, § 1º.
- V. art. 114, *caput*, CF.
- V. art. 44, Lei 4.886/1965 (Representantes comerciais autônomos).

§ 3º O juiz competente para as ações referidas nos §§ 1º e 2º deste artigo poderá determinar a reserva da importância que estimar devida na recuperação judicial ou na falência, e, uma vez reconhecido líquido o direito, será o crédito incluído na classe própria.

- V. arts. 10, § 4º, e 149, § 1º.

§ 4º Na recuperação judicial, a suspensão de que trata o *caput* deste artigo em hipótese nenhuma excederá o prazo improrrogável de 180 (cento e oitenta) dias contado do deferimento do processamento da recuperação, restabelecendo-se, após o decurso do prazo, o direito dos credores de iniciar ou continuar suas ações e execuções, independentemente de pronunciamento judicial.

- V. arts. 49, §§ 3º e 5º, e 52, III.

§ 5º Aplica-se o disposto no § 2º deste artigo à recuperação judicial durante o período de suspensão de que trata o § 4º deste artigo, mas, após o fim da suspensão, as execuções trabalhistas poderão ser normalmente concluídas, ainda que o crédito já esteja inscrito no quadro geral de credores.

§ 6º Independentemente da verificação periódica perante os cartórios de distribuição, as ações que venham a ser propostas contra

1585

Lei 11.101/2005

LEGISLAÇÃO

o devedor deverão ser comunicadas ao juízo da falência ou da recuperação judicial:

• V. art. 286, I, CPC/2015.

I – pelo juiz competente, quando do recebimento da petição inicial;
II – pelo devedor, imediatamente após a citação.

§ 7º As execuções de natureza fiscal não são suspensas pelo deferimento da recuperação judicial, ressalvada a concessão de parcelamento nos termos do Código Tributário Nacional e da legislação ordinária específica.

• V. arts. 151, VI, 155-A e 191-A, CTN.
• V. Lei 10.684/2003 (Parcelamento de débitos junto à Secretaria da Receita Federal, à Procuradoria-Geral da Fazenda Nacional e ao Instituto Nacional do Seguro Social).

§ 8º A distribuição do pedido de falência ou de recuperação judicial previne a jurisdição para qualquer outro pedido de recuperação judicial ou de falência, relativo ao mesmo devedor.

• V. arts. 58 e 59, CPC/2015.

Seção II
Da verificação e da habilitação de créditos

Art. 7º A verificação dos créditos será realizada pelo administrador judicial, com base nos livros contábeis e documentos comerciais e fiscais do devedor e nos documentos que lhe forem apresentados pelos credores, podendo contar com o auxílio de profissionais ou empresas especializadas.

§ 1º Publicado o edital previsto no art. 52, § 1º, ou no parágrafo único do art. 99 desta Lei, os credores terão o prazo de 15 (quinze) dias para apresentar ao administrador judicial suas habilitações ou suas divergências quanto aos créditos relacionados.

• V. arts. 9º e 10.

§ 2º O administrador judicial, com base nas informações e documentos colhidos na forma do § 1º deste artigo, fará publicar edital contendo a relação de credores no prazo de 45 (quarenta e cinco) dias, contado do fim do prazo do § 1º deste artigo, devendo indicar o local, o horário e o prazo comum em que as pessoas indicadas no art. 8º desta Lei terão acesso aos documentos que fundamentaram a elaboração dessa relação.

• V. arts. 14 e 15.

Art. 8º No prazo de 10 (dez) dias, contado da publicação da relação referida no art. 7º, § 2º, desta Lei, o Comitê, qualquer credor, o devedor ou seus sócios ou o Ministério Público podem apresentar ao juiz impugnação contra a relação de credores, apontando a ausência de qualquer crédito ou manifestando-se contra a legitimidade, importância ou classificação de crédito relacionado.

• V. arts. 176 a 181, CPC/2015.

Parágrafo único. Autuada em separado, a impugnação será processada nos termos dos arts. 13 a 15 desta Lei.

Art. 9º A habilitação de crédito realizada pelo credor nos termos do art. 7º, § 1º, desta Lei deverá conter:

I – o nome, o endereço do credor e o endereço em que receberá comunicação de qualquer ato do processo;
II – o valor do crédito, atualizado até a data da decretação da falência ou do pedido de recuperação judicial, sua origem e classificação;
III – os documentos comprobatórios do crédito e a indicação das demais provas a serem produzidas;
IV – a indicação da garantia prestada pelo devedor, se houver, e o respectivo instrumento;
V – a especificação do objeto da garantia que estiver na posse do credor.

Parágrafo único. Os títulos e documentos que legitimam os créditos deverão ser exibidos no original ou por cópias autenticadas se estiverem juntados em outro processo.

Art. 10. Não observado o prazo estipulado no art. 7º, § 1º, desta Lei, as habilitações de crédito serão recebidas como retardatárias.

§ 1º Na recuperação judicial, os titulares de créditos retardatários, excetuados os titulares de créditos derivados da relação de trabalho, não terão direito a voto nas deliberações da assembleia geral de credores.

§ 2º Aplica-se o disposto no § 1º deste artigo ao processo de falência, salvo se, na data da realização da assembleia geral, já houver sido homologado o quadro geral de credores contendo o crédito retardatário.

§ 3º Na falência, os créditos retardatários perderão o direito a rateios eventualmente realizados e ficarão sujeitos ao pagamento de custas, não se computando os acessórios compreendidos entre o término do prazo e a data do pedido de habilitação.

§ 4º Na hipótese prevista no § 3º deste artigo, o credor poderá requerer a reserva de valor para satisfação de seu crédito.

• V. art. 6º, § 3º.

§ 5º As habilitações de crédito retardatárias, se apresentadas antes da homologação do quadro geral de credores, serão recebidas como impugnação e processadas na forma dos arts. 13 a 15 desta Lei.

§ 6º Após a homologação do quadro geral de credores, aqueles que não habilitaram seu crédito poderão, observado, no que couber, o procedimento ordinário previsto no Código de Processo Civil, requerer ao juízo da falência ou da recuperação judicial a retificação do quadro geral para inclusão do respectivo crédito.

• V. arts. 318 a 512, CPC/2015.

Art. 11. Os credores cujos créditos forem impugnados serão intimados para contestar a impugnação, no prazo de 5 (cinco) dias, juntando os documentos que tiverem e indicando outras provas que reputem necessárias.

• V. art. 15.

Art. 12. Transcorrido o prazo do art. 11 desta Lei, o devedor e o Comitê, se houver, serão intimados pelo juiz para se manifestar sobre ela no prazo comum de 5 (cinco) dias.

Parágrafo único. Findo o prazo a que se refere o *caput* deste artigo, o administrador judicial será intimado pelo juiz para emitir parecer no prazo de 5 (cinco) dias, devendo juntar à sua manifestação o laudo elaborado pelo profissional ou empresa especializada, se for o caso, e todas as informações existentes nos livros fiscais e demais documentos do devedor acerca do crédito, constante ou não da relação de credores, objeto da impugnação.

• V. art. 15.

Art. 13. A impugnação será dirigida ao juiz por meio de petição, instruída com os documentos que tiver o impugnante, o qual indicará as provas consideradas necessárias.

Parágrafo único. Cada impugnação será autuada em separado, com os documentos a ela relativos, mas terão uma só autuação as diversas impugnações versando sobre o mesmo crédito.

Art. 14. Caso não haja impugnações, o juiz homologará, como quadro geral de credores, a relação dos credores constante do edital de que trata o art. 7º, § 2º, desta Lei, dispensada a publicação de que trata o art. 18 desta Lei.

Art. 15. Transcorridos os prazos previstos nos arts. 11 e 12 desta Lei, os autos de impugnação serão conclusos ao juiz, que:

I – determinará a inclusão no quadro geral de credores das habilitações de créditos não impugnadas, no valor constante da relação referida no § 2º do art. 7º desta Lei;

II – julgará as impugnações que entender suficientemente esclarecidas pelas alegações e provas apresentadas pelas partes, mencionando, de cada crédito, o valor e a classificação;

III – fixará, em cada uma das restantes impugnações, os aspectos controvertidos e decidirá as questões processuais pendentes;

IV – determinará as provas a serem produzidas, designando audiência de instrução e julgamento, se necessário.

• V. art. 357, I a V, CPC/2015.

Art. 16. O juiz determinará, para fins de rateio, a reserva de valor para satisfação do crédito impugnado.

Parágrafo único. Sendo parcial, a impugnação não impedirá o pagamento da parte incontroversa.

Lei 11.101/2005

Art. 17. Da decisão judicial sobre a impugnação caberá agravo.

- V. art. 1.015 a 1.020, CPC/2015.

Parágrafo único. Recebido o agravo, o relator poderá conceder efeito suspensivo à decisão que reconhece o crédito ou determinar a inscrição ou modificação do seu valor ou classificação no quadro geral de credores, para fins de exercício de direito de voto em assembleia geral.

Art. 18. O administrador judicial será responsável pela consolidação do quadro geral de credores, a ser homologado pelo juiz, com base na relação dos credores a que se refere o art. 7º, § 2º, desta Lei e nas decisões proferidas nas impugnações oferecidas.

Parágrafo único. O quadro geral, assinado pelo juiz e pelo administrador judicial, mencionará a importância e a classificação de cada crédito na data do requerimento da recuperação judicial ou da decretação da falência, será juntado aos autos e publicado no órgão oficial, no prazo de 5 (cinco) dias, contado da data da sentença que houver julgado as impugnações.

Art. 19. O administrador judicial, o Comitê, qualquer credor ou o representante do Ministério Público poderá, até o encerramento da recuperação judicial ou da falência, observado, no que couber, o procedimento ordinário previsto no Código de Processo Civil, pedir a exclusão, outra classificação ou a retificação de qualquer crédito, nos casos de descoberta de falsidade, dolo, simulação, fraude, erro essencial ou, ainda, documentos ignorados na época do julgamento do crédito ou da inclusão no quadro geral de credores.

- V. arts. 318 a 512, CPC/2015.
- V. arts. 138 a 144 (erro), 145 a 155 (dolo), 158 a 165 (fraude) e 167 a 956 (simulação), CC.

§ 1º A ação prevista neste artigo será proposta exclusivamente perante o juízo da recuperação judicial ou da falência ou, nas hipóteses previstas no art. 6º, §§ 1º e 2º, desta Lei, perante o juízo que tenha originariamente reconhecido o crédito.

§ 2º Proposta a ação de que trata este artigo, o pagamento ao titular do crédito por ela atingido somente poderá ser realizado mediante a prestação de caução no mesmo valor do crédito questionado.

Art. 20. As habilitações dos credores particulares do sócio ilimitadamente responsável processar-se-ão de acordo com as disposições desta Seção.

- V. art. 1.039 e 1.045, CC.
- V. art. 281, Lei 6.404/1976 (Sociedades por ações).

Seção III
Do administrador judicial e do Comitê de Credores

Art. 21. O administrador judicial será profissional idôneo, preferencialmente advogado, economista, administrador de empresas ou contador, ou pessoa jurídica especializada.

- V. arts. 31, 33, 52, I, e 99, IX.
- V. art. 1.011, CC.

Parágrafo único. Se o administrador judicial nomeado for pessoa jurídica, declarar-se-á, no termo de que trata o art. 33 desta Lei, o nome de profissional responsável pela condução do processo de falência ou de recuperação judicial, que não poderá ser substituído sem autorização do juiz.

Art. 22. Ao administrador judicial compete, sob a fiscalização do juiz e do Comitê, além de outros deveres que esta Lei lhe impõe:

- V. art. 23.
- V. art. 1.103, CC.

I – na recuperação judicial e na falência:

a) enviar correspondência aos credores constantes na relação de que trata o inciso III do *caput* do art. 51, o inciso III do *caput* do art. 99 ou o inciso II do *caput* do art. 105 desta Lei, comunicando a data do pedido de recuperação judicial ou da decretação da falência, a natureza, o valor e a classificação dada ao crédito;

b) fornecer, com presteza, todas as informações pedidas pelos credores interessados;

c) dar extratos dos livros do devedor, que merecerão fé de ofício, a fim de servirem de fundamento nas habilitações e impugnações de créditos;

d) exigir dos credores, do devedor ou seus administradores quaisquer informações;

Lei 11.101/2005

LEGISLAÇÃO

e) elaborar a relação de credores de que trata o § 2º do art. 7º desta Lei;
f) consolidar o quadro geral de credores nos termos do art. 18 desta Lei;
g) requerer ao juiz convocação da assembleia geral de credores nos casos previstos nesta Lei ou quando entender necessária sua ouvida para a tomada de decisões;

• V. arts. 35 e 36.

h) contratar, mediante autorização judicial, profissionais ou empresas especializadas para, quando necessário, auxiliá-lo no exercício de suas funções;
i) manifestar-se nos casos previstos nesta Lei;
II – na recuperação judicial:
a) fiscalizar as atividades do devedor e o cumprimento do plano de recuperação judicial;
b) requerer a falência no caso de descumprimento de obrigação assumida no plano de recuperação;

• V. arts. 61, § 1º, e 73, IV.

c) apresentar ao juiz, para juntada aos autos, relatório mensal das atividades do devedor;
d) apresentar o relatório sobre a execução do plano de recuperação, de que trata o inciso III do *caput* do art. 63 desta Lei;
III – na falência:
a) avisar, pelo órgão oficial, o lugar e hora em que, diariamente, os credores terão à sua disposição os livros e documentos do falido;
b) examinar a escrituração do devedor;
c) relacionar os processos e assumir a representação judicial da massa falida;
d) receber e abrir a correspondência dirigida ao devedor, entregando a ele o que não for assunto de interesse da massa;
e) apresentar, no prazo de 40 (quarenta) dias, contado da assinatura do termo de compromisso, prorrogável por igual período, relatório sobre as causas e circunstâncias que conduziram à situação de falência, no qual apontará a responsabilidade civil e penal dos envolvidos, observado o disposto no art. 186 desta Lei;
f) arrecadar os bens e documentos do devedor e elaborar o auto de arrecadação, nos termos dos arts. 108 e 110 desta Lei;

• V. art. 108.

g) avaliar os bens arrecadados;

• V. art. 108.

h) contratar avaliadores, de preferência oficiais, mediante autorização judicial, para a avaliação dos bens caso entenda não ter condições técnicas para a tarefa;
i) praticar os atos necessários à realização do ativo e ao pagamento dos credores;

• V. art. 139 e ss.

j) requerer ao juiz a venda antecipada de bens perecíveis, deterioráveis ou sujeitos a considerável desvalorização ou de conservação arriscada ou dispendiosa, nos termos do art. 113 desta Lei;
l) praticar todos os atos conservatórios de direitos e ações, diligenciar a cobrança de dívidas e dar a respectiva quitação;
m) remir, em benefício da massa e mediante autorização judicial, bens apenhados, penhorados ou legalmente retidos;
n) representar a massa falida em juízo, contratando, se necessário, advogado, cujos honorários serão previamente ajustados e aprovados pelo Comitê de Credores;
o) requerer todas as medidas e diligências que forem necessárias para o cumprimento desta Lei, a proteção da massa ou a eficiência da administração;
p) apresentar ao juiz para juntada aos autos, até o décimo dia do mês seguinte ao vencido, conta demonstrativa da administração, que especifique com clareza a receita e a despesa;
q) entregar ao seu substituto todos os bens e documentos da massa em seu poder, sob pena de responsabilidade;

• V. art. 32.

r) prestar contas ao final do processo, quando for substituído, destituído ou renunciar ao cargo.

• V. arts. 23 e 154.

§ 1º As remunerações dos auxiliares do administrador judicial serão fixadas pelo juiz, que considerará a complexidade dos trabalhos a serem executados e os valores praticados no mercado para o desempenho de atividades semelhantes.

1589

Lei 11.101/2005

§ 2º Na hipótese da alínea *d* do inciso I do *caput* deste artigo, se houver recusa, o juiz, a requerimento do administrador judicial, intimará aquelas pessoas para que compareçam à sede do juízo, sob pena de desobediência, oportunidade em que as interrogará na presença do administrador judicial, tomando seus depoimentos por escrito.

§ 3º Na falência, o administrador judicial não poderá, sem autorização judicial, após ouvidos o Comitê e o devedor no prazo comum de 2 (dois) dias, transigir sobre obrigações e direitos da massa falida e conceder abatimento de dívidas, ainda que sejam consideradas de difícil recebimento.

§ 4º Se o relatório de que trata a alínea *e* do inciso III do *caput* deste artigo apontar responsabilidade penal de qualquer dos envolvidos, o Ministério Público será intimado para tomar conhecimento de seu teor.

Art. 23. O administrador judicial que não apresentar, no prazo estabelecido, suas contas ou qualquer dos relatórios previstos nesta Lei será intimado pessoalmente a fazê-lo no prazo de 5 (cinco) dias, sob pena de desobediência.

• V. art. 330, CP.

Parágrafo único. Decorrido o prazo do *caput* deste artigo, o juiz destituirá o administrador judicial e nomeará substituto para elaborar relatórios ou organizar as contas, explicitando as responsabilidades de seu antecessor.

Art. 24. O juiz fixará o valor e a forma de pagamento da remuneração do administrador judicial, observados a capacidade de pagamento do devedor, o grau de complexidade do trabalho e os valores praticados no mercado para o desempenho de atividades semelhantes.

§ 1º Em qualquer hipótese, o total pago ao administrador judicial não excederá 5% (cinco por cento) do valor devido aos credores submetidos à recuperação judicial ou do valor de venda dos bens na falência.

§ 2º Será reservado 40% (quarenta por cento) do montante devido ao administrador judicial para pagamento após atendimento do previsto nos arts. 154 e 155 desta Lei.

§ 3º O administrador judicial substituído será remunerado proporcionalmente ao trabalho realizado, salvo se renunciar sem relevante razão ou for destituído de suas funções por desídia, culpa, dolo ou descumprimento das obrigações fixadas nesta Lei, hipóteses em que não terá direito à remuneração.

§ 4º Também não terá direito a remuneração o administrador que tiver suas contas desaprovadas.

§ 5º A remuneração do administrador judicial fica reduzida ao limite de 2% (dois por cento), no caso de microempresas e empresas de pequeno porte.

• § 5º acrescentado pela LC 147/2014.

Art. 25. Caberá ao devedor ou à massa falida arcar com as despesas relativas à remuneração do administrador judicial e das pessoas eventualmente contratadas para auxiliá-lo.

• V. arts. 84 e 103.

Art. 26. O Comitê de Credores será constituído por deliberação de qualquer das classes de credores na assembleia geral e terá a seguinte composição:

I – um representante indicado pela classe de credores trabalhistas, com dois suplentes;

II – um representante indicado pela classe de credores com direitos reais de garantia ou privilégios especiais, com dois suplentes;

III – um representante indicado pela classe de credores quirografários e com privilégios gerais, com dois suplentes;

IV – um representante indicado pela classe de credores representantes de microempresas e empresas de pequeno porte, com dois suplentes.

• Inciso IV acrescentado pela LC 147/2014.

§ 1º A falta de indicação de representante por quaisquer das classes não prejudicará a constituição do Comitê, que poderá funcionar com número inferior ao previsto no *caput* deste artigo.

§ 2º O juiz determinará, mediante requerimento subscrito por credores que representem a maioria dos créditos de uma classe, independentemente da realização de assembleia:

I – a nomeação do representante e dos suplentes da respectiva classe ainda não representada no Comitê; ou

II – a substituição do representante ou dos suplentes da respectiva classe.

§ 3º Caberá aos próprios membros do Comitê indicar, entre eles, quem irá presidi-lo.

Art. 27. O Comitê de Credores terá as seguintes atribuições, além de outras previstas nesta Lei:

I – na recuperação judicial e na falência:

a) fiscalizar as atividades e examinar as contas do administrador judicial;

b) zelar pelo bom andamento do processo e pelo cumprimento da lei;

c) comunicar ao juiz, caso detecte violação dos direitos ou prejuízo aos interesses dos credores;

d) apurar e emitir parecer sobre quaisquer reclamações dos interessados;

e) requerer ao juiz a convocação da assembleia geral de credores;

f) manifestar-se nas hipóteses previstas nesta Lei;

II – na recuperação judicial:

a) fiscalizar a administração das atividades do devedor, apresentando, a cada 30 (trinta) dias, relatório de sua situação;

b) fiscalizar a execução do plano de recuperação judicial;

c) submeter à autorização do juiz, quando ocorrer o afastamento do devedor nas hipóteses previstas nesta Lei, a alienação de bens do ativo permanente, a constituição de ônus reais e outras garantias, bem como atos de endividamento necessários à continuação da atividade empresarial durante o período que antecede a aprovação do plano de recuperação judicial.

§ 1º As decisões do Comitê, tomadas por maioria, serão consignadas em livro de atas, rubricado pelo juízo, que ficará à disposição do administrador judicial, dos credores e do devedor.

§ 2º Caso não seja possível a obtenção de maioria em deliberação do Comitê, o impasse será resolvido pelo administrador judicial ou, na incompatibilidade deste, pelo juiz.

Art. 28. Não havendo Comitê de Credores, caberá ao administrador judicial ou, na incompatibilidade deste, ao juiz exercer suas atribuições.

Art. 29. Os membros do Comitê não terão sua remuneração custeada pelo devedor ou pela massa falida, mas as despesas realizadas para a realização de ato previsto nesta Lei, se devidamente comprovadas e com a autorização do juiz, serão ressarcidas atendendo às disponibilidades de caixa.

Art. 30. Não poderá integrar o Comitê ou exercer as funções de administrador judicial quem, nos últimos 5 (cinco) anos, no exercício do cargo de administrador judicial ou de membro do Comitê em falência ou recuperação judicial anterior, foi destituído, deixou de prestar contas dentro dos prazos legais ou teve a prestação de contas desaprovada.

• V. art. 1.011, § 1º, CC.

§ 1º Ficará também impedido de integrar o Comitê ou exercer a função de administrador judicial quem tiver relação de parentesco ou afinidade até o terceiro grau com o devedor, seus administradores, controladores ou representantes legais ou deles for amigo, inimigo ou dependente.

§ 2º O devedor, qualquer credor ou o Ministério Público poderá requerer ao juiz a substituição do administrador judicial ou dos membros do Comitê nomeados em desobediência aos preceitos desta Lei.

• V. art. 31, *caput*.

§ 3º O juiz decidirá, no prazo de 24 (vinte e quatro) horas, sobre o requerimento do § 2º deste artigo.

Art. 31. O juiz, de ofício ou a requerimento fundamentado de qualquer interessado, poderá determinar a destituição do administrador judicial ou de quaisquer dos membros do Comitê de Credores quando verificar desobediência aos preceitos desta Lei, descumprimento de deveres, omissão,

Lei 11.101/2005

negligência ou prática de ato lesivo às atividades do devedor ou a terceiros.

• V. art. 30, § 2º.

§ 1º No ato de destituição, o juiz nomeará novo administrador judicial ou convocará os suplentes para recompor o Comitê.

§ 2º Na falência, o administrador judicial substituído prestará contas no prazo de 10 (dez) dias, nos termos dos §§ 1º a 6º do art. 154 desta Lei.

Art. 32. O administrador judicial e os membros do Comitê responderão pelos prejuízos causados à massa falida, ao devedor ou aos credores por dolo ou culpa, devendo o dissidente em deliberação do Comitê consignar sua discordância em ata para eximir-se da responsabilidade.

• V. art. 154, § 5º.

Art. 33. O administrador judicial e os membros do Comitê de Credores, logo que nomeados, serão intimados pessoalmente para, em 48 (quarenta e oito) horas, assinar, na sede do juízo, o termo de compromisso de bem e fielmente desempenhar o cargo e assumir todas as responsabilidades a ele inerentes.

• V. art. 21, parágrafo único.
• V. art. 134, V, CTN.

Art. 34. Não assinado o termo de compromisso no prazo previsto no art. 33 desta Lei, o juiz nomeará outro administrador judicial.

Seção IV
Da assembleia geral de credores

Art. 35. A assembleia geral de credores terá por atribuições deliberar sobre:
I – na recuperação judicial:
a) aprovação, rejeição ou modificação do plano de recuperação judicial apresentado pelo devedor;
b) a constituição do Comitê de Credores, a escolha de seus membros e sua substituição;
c) (Vetado.)
d) o pedido de desistência do devedor, nos termos do § 4º do art. 52 desta Lei;
e) o nome do gestor judicial, quando do afastamento do devedor;
f) qualquer outra matéria que possa afetar os interesses dos credores;
II – na falência:
a) (Vetado.)
b) a constituição do Comitê de Credores, a escolha de seus membros e sua substituição;
c) a adoção de outras modalidades de realização do ativo, na forma do art. 145 desta Lei;
d) qualquer outra matéria que possa afetar os interesses dos credores.

Art. 36. A assembleia geral de credores será convocada pelo juiz por edital publicado no órgão oficial e em jornais de grande circulação nas localidades da sede e filiais, com antecedência mínima de 15 (quinze) dias, o qual conterá:
I – local, data e hora da assembleia em primeira e em segunda convocação, não podendo esta ser realizada menos de 5 (cinco) dias depois da primeira;
II – a ordem do dia;
III – local onde os credores poderão, se for o caso, obter cópia do plano de recuperação judicial a ser submetido à deliberação da assembleia.

§ 1º Cópia do aviso de convocação da assembleia deverá ser afixada de forma ostensiva na sede e filiais do devedor.

§ 2º Além dos casos expressamente previstos nesta Lei, credores que representem no mínimo 25% (vinte e cinco por cento) do valor total dos créditos de uma determinada classe poderão requerer ao juiz a convocação de assembleia geral.

§ 3º As despesas com a convocação e a realização da assembleia geral correm por conta do devedor ou da massa falida, salvo se convocada em virtude de requerimento do Comitê de Credores ou na hipótese do § 2º deste artigo.

Art. 37. A assembleia será presidida pelo administrador judicial, que designará um secretário dentre os credores presentes.

§ 1º Nas deliberações sobre o afastamento do administrador judicial ou em outras em que haja incompatibilidade deste, a assembleia será presidida pelo credor presente que seja titular do maior crédito.

§ 2º A assembleia instalar-se-á, em primeira convocação, com a presença de credores titulares de mais da metade dos créditos de cada classe, computados pelo valor,

Lei 11.101/2005

e, em segunda convocação, com qualquer número.

§ 3º Para participar da assembleia, cada credor deverá assinar a lista de presença, que será encerrada no momento da instalação.

§ 4º O credor poderá ser representado na assembleia geral por mandatário ou representante legal, desde que entregue ao administrador judicial, até 24 (vinte e quatro) horas antes da data prevista no aviso de convocação, documento hábil que comprove seus poderes ou a indicação das folhas dos autos do processo em que se encontre o documento.

• V. art. 661, § 1º, CC.

§ 5º Os sindicatos de trabalhadores poderão representar seus associados titulares de créditos derivados da legislação do trabalho ou decorrentes de acidente de trabalho que não comparecerem, pessoalmente ou por procurador, à assembleia.

§ 6º Para exercer a prerrogativa prevista no § 5º deste artigo, o sindicato deverá:

I – apresentar ao administrador judicial, até 10 (dez) dias antes da assembleia, a relação dos associados que pretende representar, e o trabalhador que conste da relação de mais de um sindicato deverá esclarecer, até 24 (vinte e quatro) horas antes da assembleia, qual sindicato o representa, sob pena de não ser representado em assembleia por nenhum deles; e

II – *(Vetado.)*

§ 7º Do ocorrido na assembleia, lavrar-se-á ata que conterá o nome dos presentes e as assinaturas do presidente, do devedor e de dois membros de cada uma das classes votantes, e que será entregue ao juiz, juntamente com a lista de presença, no prazo de 48 (quarenta e oito) horas.

Art. 38. O voto do credor será proporcional ao valor de seu crédito, ressalvado, nas deliberações sobre o plano de recuperação judicial, o disposto no § 2º do art. 45 desta Lei.

• V. art. 45, § 2º.

Parágrafo único. Na recuperação judicial, para fins exclusivos de votação em assembleia geral, o crédito em moeda estrangeira será convertido para moeda nacional pelo câmbio da véspera da data de realização da assembleia.

• V. arts. 50, § 2º, e 77.

Art. 39. Terão direito a voto na assembleia geral as pessoas arroladas no quadro geral de credores ou, na sua falta, na relação de credores apresentada pelo administrador judicial na forma do art. 7º, § 2º, desta Lei, ou, ainda, na falta desta, na relação apresentada pelo próprio devedor nos termos dos arts. 51, incisos III e IV do *caput*, 99, inciso III do *caput*, ou 105, inciso II do *caput*, desta Lei, acrescidas, em qualquer caso, das que estejam habilitadas na data da realização da assembleia ou que tenham créditos admitidos ou alterados por decisão judicial, inclusive as que tenham obtido reserva de importâncias, observado o disposto nos §§ 1º e 2º do art. 10 desta Lei.

§ 1º Não terão direito a voto e não serão considerados para fins de verificação do *quorum* de instalação e de deliberação os titulares de créditos excetuados na forma dos §§ 3º e 4º do art. 49 desta Lei.

§ 2º As deliberações da assembleia geral não serão invalidadas em razão de posterior decisão judicial acerca da existência, quantificação ou classificação de créditos.

§ 3º No caso de posterior invalidação de deliberação da assembleia, ficam resguardados os direitos de terceiros de boa-fé, respondendo os credores que aprovarem a deliberação pelos prejuízos comprovados causados por dolo ou culpa.

Art. 40. Não será deferido provimento liminar, de caráter cautelar ou antecipatório dos efeitos da tutela, para a suspensão ou adiamento da assembleia geral de credores em razão de pendência de discussão acerca da existência, da quantificação ou da classificação de créditos.

• V. art. 5º, XXXV, CF.

Lei 11.101/2005

Art. 41. A assembleia geral será composta pelas seguintes classes de credores:

I – titulares de créditos derivados da legislação do trabalho ou decorrentes de acidentes de trabalho;

• V. art. 45, § 2º.

II – titulares de créditos com garantia real;

• V. art. 45, § 1º.

III – titulares de créditos quirografários, com privilégio especial, com privilégio geral ou subordinados;

• V. art. 45, § 1º.

IV – titulares de créditos enquadrados como microempresa ou empresa de pequeno porte.

• Inciso IV acrescentado pela LC 147/2014.

§ 1º Os titulares de créditos derivados da legislação do trabalho votam com a classe prevista no inciso I do *caput* deste artigo com o total de seu crédito, independentemente do valor.

§ 2º Os titulares de créditos com garantia real votam com a classe prevista no inciso II do *caput* deste artigo até o limite do valor do bem gravado e com a classe prevista no inciso III do *caput* deste artigo pelo restante do valor de seu crédito.

Art. 42. Considerar-se-á aprovada a proposta que obtiver votos favoráveis de credores que representem mais da metade do valor total dos créditos presentes à assembleia geral, exceto nas deliberações sobre o plano de recuperação judicial nos termos da alínea a do inciso I do *caput* do art. 35 desta Lei, a composição do Comitê de Credores ou forma alternativa de realização do ativo nos termos do art. 145 desta Lei.

• V. art. 73, I.

Art. 43. Os sócios do devedor, bem como as sociedades coligadas, controladoras, controladas ou as que tenham sócio ou acionista com participação superior a 10% (dez por cento) do capital social do devedor ou em que o devedor ou algum de seus sócios detenham participação superior a 10% (dez por cento) do capital social, poderão participar da assembleia geral de credores, sem ter direito a voto e não serão considerados para fins de verificação do quórum de instalação e de deliberação.

Parágrafo único. O disposto neste artigo também se aplica ao cônjuge ou parente, consanguíneo ou afim, colateral até o segundo grau, ascendente ou descendente do devedor, de administrador, do sócio controlador, de membro dos conselhos consultivo, fiscal ou semelhantes da sociedade devedora e à sociedade em que quaisquer dessas pessoas exerçam essas funções.

Art. 44. Na escolha dos representantes de cada classe no Comitê de Credores, somente os respectivos membros poderão votar.

Art. 45. Nas deliberações sobre o plano de recuperação judicial, todas as classes de credores referidas no art. 41 desta Lei deverão aprovar a proposta.

• V. art. 58.

§ 1º Em cada uma das classes referidas nos incisos II e III do art. 41 desta Lei, a proposta deverá ser aprovada por credores que representem mais da metade do valor total dos créditos presentes à assembleia e, cumulativamente, pela maioria simples dos credores presentes.

§ 2º Nas classes previstas nos incisos I e IV do art. 41 desta Lei, a proposta deverá ser aprovada pela maioria simples dos credores presentes, independentemente do valor de seu crédito.

• § 2º com redação determinada pela LC 147/2014.

§ 3º O credor não terá direito a voto e não será considerado para fins de verificação de quórum de deliberação se o plano de recuperação judicial não alterar o valor ou as condições originais de pagamento de seu crédito.

Art. 46. A aprovação de forma alternativa de realização do ativo na falência, prevista no art. 145 desta Lei, dependerá do voto favorável de credores que representem 2/3 (dois terços) dos créditos presentes à assembleia.

Lei 11.101/2005

LEGISLAÇÃO

Capítulo III
DA RECUPERAÇÃO JUDICIAL

Seção I
Disposições gerais

Art. 47. A recuperação judicial tem por objetivo viabilizar a superação da situação de crise econômico-financeira do devedor, a fim de permitir a manutenção da fonte produtora, do emprego dos trabalhadores e dos interesses dos credores, promovendo, assim, a preservação da empresa, sua função social e o estímulo à atividade econômica.

• V. art. 170, VIII, CF.

Art. 48. Poderá requerer recuperação judicial o devedor que, no momento do pedido, exerça regularmente suas atividades há mais de 2 (dois) anos e que atenda aos seguintes requisitos, cumulativamente:

• V. arts. 2º, 161, 198 e 199.
• V. art. 1.071, VIII, e 1.072, § 4º, CC.

I – não ser falido e, se o foi, estejam declaradas extintas, por sentença transitada em julgado, as responsabilidades daí decorrentes;

• V. arts. 81 e 160.
• V. art. 1.011, § 1º, CC.
• V. art. 191, CTN.

II – não ter, há menos de 5 (cinco) anos, obtido concessão de recuperação judicial;

• V. art. 58.

III – não ter, há menos de 5 (cinco) anos, obtido concessão de recuperação judicial com base no plano especial de que trata a Seção V deste Capítulo;

• Inciso III com redação determinada pela LC 147/2014.

IV – não ter sido condenado ou não ter, como administrador ou sócio controlador, pessoa condenada por qualquer dos crimes previstos nesta Lei.

§ 1º A recuperação judicial também poderá ser requerida pelo cônjuge sobrevivente, herdeiros do devedor, inventariante ou sócio remanescente.

• Primitivo parágrafo único renumerado pela Lei 12.873/2013.
• V. arts. 96, § 1º, 97, II, e 125.

§ 2º Tratando-se de exercício de atividade rural por pessoa jurídica, admite-se a comprovação do prazo estabelecido no *caput* deste artigo por meio da Declaração de Informações Econômico-fiscais da Pessoa Jurídica – DIPJ que tenha sido entregue tempestivamente.

• § 2º acrescentado pela Lei 12.873/2013.

Art. 49. Estão sujeitos à recuperação judicial todos os créditos existentes na data do pedido, ainda que não vencidos.

§ 1º Os credores do devedor em recuperação judicial conservam seus direitos e privilégios contra os coobrigados, fiadores e obrigados de regresso.

§ 2º As obrigações anteriores à recuperação judicial observarão as condições originalmente contratadas ou definidas em lei, inclusive no que diz respeito aos encargos, salvo se de modo diverso ficar estabelecido no plano de recuperação judicial.

§ 3º Tratando-se de credor titular da posição de proprietário fiduciário de bens móveis ou imóveis, de arrendador mercantil, de proprietário ou promitente vendedor de imóvel cujos respectivos contratos contenham cláusula de irrevogabilidade ou irretratabilidade, inclusive em incorporações imobiliárias, ou de proprietário em contrato de venda com reserva de domínio, seu crédito não se submeterá aos efeitos da recuperação judicial e prevalecerão os direitos de propriedade sobre a coisa e as condições contratuais, observada a legislação respectiva, não se permitindo, contudo, durante o prazo de suspensão a que se refere o § 4º do art. 6º desta Lei, a venda ou a retirada do estabelecimento do devedor dos bens de capital essenciais a sua atividade empresarial.

• V. art. 161, § 1º.

§ 4º Não se sujeitará aos efeitos da recuperação judicial a importância a que se refere o inciso II do art. 86 desta Lei.

§ 5º Tratando-se de crédito garantido por penhor sobre títulos de crédito, direitos creditórios, aplicações financeiras ou valores mobiliários, poderão ser substituídas ou renovadas as garantias liquidadas ou vencidas durante a recuperação judicial e, enquanto não renovadas ou substituídas, o valor eventualmente recebido em pagamento das garantias permanecerá em conta vinculada durante o período de suspensão de que trata o § 4º do art. 6º desta Lei.

• V. art. 50, § 1º.

Lei 11.101/2005

LEGISLAÇÃO

Art. 50. Constituem meios de recuperação judicial, observada a legislação pertinente a cada caso, dentre outros:
I – concessão de prazos e condições especiais para pagamento das obrigações vencidas ou vincendas;
II – cisão, incorporação, fusão ou transformação de sociedade, constituição de subsidiária integral, ou cessão de cotas ou ações, respeitados os direitos dos sócios, nos termos da legislação vigente;

- V. arts. 1.113 a 1.122, CC.
- V. arts. 220 a 234 e 251 a 253, Lei 6.404/1976 (Sociedades por ações).

III – alteração do controle societário;
IV – substituição total ou parcial dos administradores do devedor ou modificação de seus órgãos administrativos;
V – concessão aos credores de direito de eleição em separado de administradores e de poder de veto em relação às matérias que o plano especificar;
VI – aumento de capital social;

- V. arts. 1.081 a 1.084, CC.
- V. arts. 166 a 174, Lei 6.404/1976 (Sociedades por ações).

VII – trespasse ou arrendamento de estabelecimento, inclusive à sociedade constituída pelos próprios empregados;

- V. arts 1.142 a 1.149, CC.

VIII – redução salarial, compensação de horários e redução da jornada, mediante acordo ou convenção coletiva;
IX – dação em pagamento ou novação de dívidas do passivo, com ou sem constituição de garantia própria ou de terceiro;

- V. arts. 356 e 360, CC.

X – constituição de sociedade de credores;
XI – venda parcial dos bens;
XII – equalização de encargos financeiros relativos a débitos de qualquer natureza, tendo como termo inicial a data da distribuição do pedido de recuperação judicial, aplicando-se inclusive aos contratos de crédito rural, sem prejuízo do disposto em legislação específica;
XIII – usufruto da empresa;
XIV – administração compartilhada;
XV – emissão de valores mobiliários;
XVI – constituição de sociedade de propósito específico para adjudicar, em pagamento dos créditos, os ativos do devedor.
§ 1º Na alienação de bem objeto de garantia real, a supressão da garantia ou sua substituição somente serão admitidas mediante aprovação expressa do credor titular da respectiva garantia.

- V. art. 59.

§ 2º Nos créditos em moeda estrangeira, a variação cambial será conservada como parâmetro de indexação da correspondente obrigação e só poderá ser afastada se o credor titular do respectivo crédito aprovar expressamente previsão diversa no plano de recuperação judicial.

Seção II
Do pedido e do processamento da recuperação judicial

Art. 51. A petição inicial de recuperação judicial será instruída com:
I – a exposição das causas concretas da situação patrimonial do devedor e das razões da crise econômico-financeira;

- V. art. 319, III, CPC/2015.

II – as demonstrações contábeis relativas aos três últimos exercícios sociais e as levantadas especialmente para instruir o pedido, confeccionadas com estrita observância da legislação societária aplicável e compostas obrigatoriamente de:
a) balanço patrimonial;
b) demonstração de resultados acumulados;
c) demonstração do resultado desde o último exercício social;
d) relatório gerencial de fluxo de caixa e de sua projeção;
III – a relação nominal completa dos credores, inclusive aqueles por obrigação de fazer ou de dar, com a indicação do endereço de cada um, a natureza, a classificação e o valor atualizado do crédito, discriminando sua origem, o regime dos respectivos vencimentos e a indicação dos registros contábeis de cada transação pendente;

- V. arts. 14 e 55.

IV – a relação integral dos empregados, em que constem as respectivas funções, salários, indenizações e outras parcelas a que têm direito, com o correspondente mês de competência, e a discriminação dos valores pendentes de pagamento;

- V. art. 54.

Lei 11.101/2005

LEGISLAÇÃO

V – certidão de regularidade do devedor no Registro Público de Empresas, o ato constitutivo atualizado e as atas de nomeação dos atuais administradores;

- V. art. 48, *caput*.
- V. art. 967, CC.

VI – a relação dos bens particulares dos sócios controladores e dos administradores do devedor;

- V. art. 82, § 2º.

VII – os extratos atualizados das contas bancárias do devedor e de suas eventuais aplicações financeiras de qualquer modalidade, inclusive em fundos de investimento ou em bolsas de valores, emitidos pelas respectivas instituições financeiras;

VIII – certidões dos cartórios de protestos situados na comarca do domicílio ou sede do devedor e naquelas onde possui filial;

IX – a relação, subscrita pelo devedor, de todas as ações judiciais em que este figure como parte, inclusive as de natureza trabalhista, com a estimativa dos respectivos valores demandados.

§ 1º Os documentos de escrituração contábil e demais relatórios auxiliares, na forma e no suporte previstos em lei, permanecerão à disposição do juízo, do administrador judicial e, mediante autorização judicial, de qualquer interessado.

- V. arts. 1.179 a 1.195, CC.

§ 2º Com relação à exigência prevista no inciso II do *caput* deste artigo, as microempresas e empresas de pequeno porte poderão apresentar livros e escrituração contábil simplificados nos termos da legislação específica.

- V. arts. 3º e 27, LC 123/2006 (Supersimples).

§ 3º O juiz poderá determinar o depósito em cartório dos documentos a que se referem os §§ 1º e 2º deste artigo ou de cópia destes.

Art. 52. Estando em termos a documentação exigida no art. 51 desta Lei, o juiz deferirá o processamento da recuperação judicial e, no mesmo ato:

I – nomeará o administrador judicial, observado o disposto no art. 21 desta Lei;

II – determinará a dispensa da apresentação de certidões negativas para que o devedor exerça suas atividades, exceto para contratação com o Poder Público ou para recebimento de benefícios ou incentivos fiscais ou creditícios, observando o disposto no art. 69 desta Lei;

- V. art. 57.

III – ordenará a suspensão de todas as ações ou execuções contra o devedor, na forma do art. 6º desta Lei, permanecendo os respectivos autos no juízo onde se processam, ressalvadas as ações previstas nos §§ 1º, 2º e 7º do art. 6º desta Lei e as relativas a créditos exceptuados na forma dos §§ 3º e 4º do art. 49 desta Lei;

IV – determinará ao devedor a apresentação de contas demonstrativas mensais enquanto perdurar a recuperação judicial, sob pena de destituição de seus administradores;

V – ordenará a intimação do Ministério Público e a comunicação por carta às Fazendas Públicas Federal e de todos os Estados e Municípios em que o devedor tiver estabelecimento.

§ 1º O juiz ordenará a expedição de edital, para publicação no órgão oficial, que conterá:

I – o resumo do pedido do devedor e da decisão que defere o processamento da recuperação judicial;

II – a relação nominal de credores, em que se discrimine o valor atualizado e a classificação de cada crédito;

III – a advertência acerca dos prazos para habilitação dos créditos, na forma do art. 7º, § 1º, desta Lei, e para que os credores apresentem objeção ao plano de recuperação judicial apresentado pelo devedor nos termos do art. 55 desta Lei.

§ 2º Deferido o processamento da recuperação judicial, os credores poderão, a qualquer tempo, requerer a convocação de assembleia geral para a constituição do Comitê de Credores ou substituição de seus membros, observado o disposto no § 2º do art. 36 desta Lei.

§ 3º No caso do inciso III do *caput* deste artigo, caberá ao devedor comunicar a suspensão aos juízos competentes.

§ 4º O devedor não poderá desistir do pedido de recuperação judicial após o deferimento de seu processamento, salvo se obtiver aprovação da desistência na assembleia geral de credores.

Lei 11.101/2005

LEGISLAÇÃO

Seção III
Do plano de recuperação judicial

Art. 53. O plano de recuperação será apresentado pelo devedor em juízo no prazo improrrogável de 60 (sessenta) dias da publicação da decisão que deferir o processamento da recuperação judicial, sob pena de convolação em falência, e deverá conter:

• V. art. 73, II.

I – discriminação pormenorizada dos meios de recuperação a ser empregados, conforme o art. 50 desta Lei, e seu resumo;

II – demonstração de sua viabilidade econômica; e

III – laudo econômico-financeiro e de avaliação dos bens e ativos do devedor, subscrito por profissional legalmente habilitado ou empresa especializada.

Parágrafo único. O juiz ordenará a publicação de edital contendo aviso aos credores sobre o recebimento do plano de recuperação e fixando o prazo para a manifestação de eventuais objeções, observado o art. 55 desta Lei.

Art. 54. O plano de recuperação judicial não poderá prever prazo superior a 1 (um) ano para pagamento dos créditos derivados da legislação do trabalho ou decorrentes de acidentes de trabalho vencidos até a data do pedido de recuperação judicial.

Parágrafo único. O plano não poderá, ainda, prever prazo superior a 30 (trinta) dias para o pagamento, até o limite de cinco salários mínimos por trabalhador, dos créditos de natureza estritamente salarial vencidos nos três meses anteriores ao pedido de recuperação judicial.

Seção IV
Do procedimento de recuperação judicial

Art. 55. Qualquer credor poderá manifestar ao juiz sua objeção ao plano de recuperação judicial no prazo de 30 (trinta) dias contado da publicação da relação de credores de que trata o § 2º do art. 7º desta Lei.

Parágrafo único. Caso, na data da publicação da relação de que trata o *caput* deste artigo, não tenha sido publicado o aviso previsto no art. 53, parágrafo único, desta Lei, contar-se-á da publicação deste o prazo para as objeções.

Art. 56. Havendo objeção de qualquer credor ao plano de recuperação judicial, o juiz convocará a assembleia geral de credores para deliberar sobre o plano de recuperação.

§ 1º A data designada para a realização da assembleia geral não excederá 150 (cento e cinquenta) dias contados do deferimento do processamento da recuperação judicial.

§ 2º A assembleia geral que aprovar o plano de recuperação judicial poderá indicar os membros do Comitê de Credores, na forma do art. 26 desta Lei, se já não estiver constituído.

§ 3º O plano de recuperação judicial poderá sofrer alterações na assembleia geral, desde que haja expressa concordância do devedor e em termos que não impliquem diminuição dos direitos exclusivamente dos credores ausentes.

§ 4º Rejeitado o plano de recuperação pela assembleia geral de credores, o juiz decretará a falência do devedor.

• V. arts. 58, § 1º, e 73, III.

Art. 57. Após a juntada aos autos do plano aprovado pela assembleia geral de credores ou decorrido o prazo previsto no art. 55 desta Lei sem objeção de credores, o devedor apresentará certidões negativas de débitos tributários nos termos dos arts. 151, 205, 206 da Lei 5.172, de 25 de outubro de 1966 – Código Tributário Nacional.

• V. arts. 151, 191-A, 205 e 206, CTN.

Art. 58. Cumpridas as exigências desta Lei, o juiz concederá a recuperação judicial do devedor cujo plano não tenha sofrido objeção de credor nos termos do art. 55 desta Lei ou tenha sido aprovado pela assembleia geral de credores na forma do art. 45 desta Lei.

• V. art. 61.

§ 1º O juiz poderá conceder a recuperação judicial com base em plano que não obteve aprovação na forma do art. 45 desta Lei, desde que, na mesma assembleia, tenha obtido, de forma cumulativa:

I – o voto favorável de credores que representem mais de metade do valor de todos os créditos presentes à assembleia, independentemente de classes;

Lei 11.101/2005

LEGISLAÇÃO

II – a aprovação de duas das classes de credores nos termos do art. 45 desta Lei ou, caso haja somente duas classes com credores votantes, a aprovação de pelo menos uma delas;

III – na classe que o houver rejeitado, o voto favorável de mais de 1/3 (um terço) dos credores, computados na forma dos §§ 1º e 2º do art. 45 desta Lei.

§ 2º A recuperação judicial somente poderá ser concedida com base no § 1º deste artigo se o plano não implicar tratamento diferenciado entre os credores da classe que o houver rejeitado.

- V. art. 191-A, CTN.

Art. 59. O plano de recuperação judicial implica novação dos créditos anteriores ao pedido, e obriga o devedor e todos os credores a ele sujeitos, sem prejuízo das garantias, observado o disposto no § 1º do art. 50 desta Lei.

- V. arts. 360 a 367, CC.

§ 1º A decisão judicial que conceder a recuperação judicial constituirá título executivo judicial, nos termos do art. 584, inciso III, do *caput* da Lei 5.869, de 11 de janeiro de 1973 – Código de Processo Civil.

- V. art. 94, I.

§ 2º Contra a decisão que conceder a recuperação judicial caberá agravo, que poderá ser interposto por qualquer credor e pelo Ministério Público.

- V. arts. 203, § 2º, e 1.015, CPC/2015.

Art. 60. Se o plano de recuperação judicial aprovado envolver alienação judicial de filiais ou de unidades produtivas isoladas do devedor, o juiz ordenará a sua realização, observado o disposto no art. 142 desta Lei.

- V. arts. 50, § 1º, 66 e 142.

Parágrafo único. O objeto da alienação estará livre de qualquer ônus e não haverá sucessão do arrematante nas obrigações do devedor, inclusive as de natureza tributária, observado o disposto no § 1º do art. 141 desta Lei.

- V. art. 133, § 1º, II e § 2º, CTN.
- V. arts. 448 e 449, CLT.

Art. 61. Proferida a decisão prevista no art. 58 desta Lei, o devedor permanecerá em recuperação judicial até que se cumpram todas as obrigações previstas no plano que se vencerem até 2 (dois) anos depois da concessão da recuperação judicial.

§ 1º Durante o período estabelecido no *caput* deste artigo, o descumprimento de qualquer obrigação prevista no plano acarretará a convolação da recuperação em falência, nos termos do art. 73 desta Lei.

§ 2º Decretada a falência, os credores terão reconstituídos seus direitos e garantias nas condições originalmente contratadas, deduzidos os valores eventualmente pagos e ressalvados os atos validamente praticados no âmbito da recuperação judicial.

Art. 62. Após o período previsto no art. 61 desta Lei, no caso de descumprimento de qualquer obrigação prevista no plano de recuperação judicial, qualquer credor poderá requerer a execução específica ou a falência com base no art. 94 desta Lei.

- V. art. 59, § 1º.

Art. 63. Cumpridas as obrigações vencidas no prazo previsto no *caput* do art. 61 desta Lei, o juiz decretará por sentença o encerramento da recuperação judicial e determinará:

I – o pagamento do saldo de honorários ao administrador judicial, somente podendo efetuar a quitação dessas obrigações mediante prestação de contas, no prazo de 30 (trinta) dias, e aprovação do relatório previsto no inciso III do *caput* deste artigo;

- V. art. 24.

II – a apuração do saldo das custas judiciais a serem recolhidas;

III – a apresentação de relatório circunstanciado do administrador judicial, no prazo máximo de 15 (quinze) dias, versando sobre a execução do plano de recuperação pelo devedor;

IV – a dissolução do Comitê de Credores e a exoneração do administrador judicial;

V – a comunicação ao Registro Público de Empresas para as providências cabíveis.

- V. art. 69, parágrafo único.

Art. 64. Durante o procedimento de recuperação judicial, o devedor ou seus administradores serão mantidos na condução da

Lei 11.101/2005

atividade empresarial, sob fiscalização do Comitê, se houver, e do administrador judicial, salvo se qualquer deles:

* V. art. 65.

I – houver sido condenado em sentença penal transitada em julgado por crime cometido em recuperação judicial ou falência anteriores ou por crime contra o patrimônio, a economia popular ou a ordem econômica previstos na legislação vigente;
II – houver indícios veementes de ter cometido crime previsto nesta Lei;
III – houver agido com dolo, simulação ou fraude contra os interesses de seus credores;
IV – houver praticado qualquer das seguintes condutas:
a) efetuar gastos pessoais manifestamente excessivos em relação a sua situação patrimonial;
b) efetuar despesas injustificáveis por sua natureza ou vulto, em relação ao capital ou gênero do negócio, ao movimento das operações e a outras circunstâncias análogas;
c) descapitalizar injustificadamente a empresa ou realizar operações prejudiciais ao seu funcionamento regular;
d) simular ou omitir créditos ao apresentar a relação de que trata o inciso III do *caput* do art. 51 desta Lei, sem relevante razão de direito ou amparo de decisão judicial;
V – negar-se a prestar informações solicitadas pelo administrador judicial ou pelos demais membros do Comitê;
VI – tiver seu afastamento previsto no plano de recuperação judicial.

Parágrafo único. Verificada qualquer das hipóteses do *caput* deste artigo, o juiz destituirá o administrador, que será substituído na forma prevista nos atos constitutivos do devedor ou do plano de recuperação judicial.

Art. 65. Quando do afastamento do devedor, nas hipóteses previstas no art. 64 desta Lei, o juiz convocará a assembleia geral de credores para deliberar sobre o nome do gestor judicial que assumirá a administração das atividades do devedor, aplicando-se-lhe, no que couber, todas as normas sobre deveres, impedimentos e remuneração do administrador judicial.

§ 1º O administrador judicial exercerá as funções de gestor enquanto a assembleia geral não deliberar sobre a escolha deste.

§ 2º Na hipótese de o gestor indicado pela assembleia geral de credores recusar ou estar impedido de aceitar o encargo para gerir os negócios do devedor, o juiz convocará, no prazo de 72 (setenta e duas) horas, contado da recusa ou da declaração do impedimento nos autos, nova assembleia geral, aplicado o disposto no § 1º deste artigo.

Art. 66. Após a distribuição do pedido de recuperação judicial, o devedor não poderá alienar ou onerar bens ou direitos de seu ativo permanente, salvo evidente utilidade reconhecida pelo juiz, depois de ouvido o Comitê, com exceção daqueles previamente relacionados no plano de recuperação judicial.

Art. 67. Os créditos decorrentes de obrigações contraídas pelo devedor durante a recuperação judicial, inclusive aqueles relativos a despesas com fornecedores de bens ou serviços e contratos de mútuo, serão considerados extraconcursais, em caso de decretação de falência, respeitada, no que couber, a ordem estabelecida no art. 83 desta Lei.

Parágrafo único. Os créditos quirografários sujeitos à recuperação judicial pertencentes a fornecedores de bens ou serviços que continuarem a provê-los normalmente após o pedido de recuperação judicial terão privilégio geral de recebimento em caso de decretação de falência, no limite do valor dos bens ou serviços fornecidos durante o período da recuperação.

* V. art. 83, V, *b*.

Art. 68. As Fazendas Públicas e o Instituto Nacional do Seguro Social – INSS poderão deferir, nos termos da legislação específica, parcelamento de seus créditos, em sede de recuperação judicial, de acordo com os parâmetros estabelecidos na Lei 5.172, de 25 de outubro de 1966 – Código Tributário Nacional.

* V. art. 155-A, CTN.
* V. Lei 10.684/2003 (Parcelamento de débitos junto à Secretaria da Receita Federal, à Procuradoria-Geral da Fazenda Nacional e ao Instituto Nacional do Seguro Social).

Parágrafo único. As microempresas e empresas de pequeno porte farão jus a pra-

Lei 11.101/2005

LEGISLAÇÃO

zos 20% (vinte por cento) superiores àqueles regularmente concedidos às demais empresas.

* Parágrafo único acrescentado pela LC 147/2014.

Art. 69. Em todos os atos, contratos e documentos firmados pelo devedor sujeito ao procedimento de recuperação judicial deverá ser acrescida, após o nome empresarial, a expressão "em Recuperação Judicial".

* V. art. 191.

Parágrafo único. O juiz determinará ao Registro Público de Empresas a anotação da recuperação judicial no registro correspondente.

Seção V
Do plano de recuperação judicial para microempresas e empresas de pequeno porte

Art. 70. As pessoas de que trata o art. 1º desta Lei e que se incluam nos conceitos de microempresa ou empresa de pequeno porte, nos termos da legislação vigente, sujeitam-se às normas deste Capítulo.

* V. art. 3º, LC 123/2006 (Supersimples).

§ 1º As microempresas e as empresas de pequeno porte, conforme definidas em lei, poderão apresentar plano especial de recuperação judicial, desde que afirmem sua intenção de fazê-lo na petição inicial de que trata o art. 51 desta Lei.

§ 2º Os credores não atingidos pelo plano especial não terão seus créditos habilitados na recuperação judicial.

Art. 71. O plano especial de recuperação judicial será apresentado no prazo previsto no art. 53 desta Lei e limitar-se á às seguintes condições:

I – abrangerá todos os créditos existentes na data do pedido, ainda que não vencidos, excetuados os decorrentes de repasse de recursos oficiais, os fiscais e os previstos nos §§ 3º e 4º do art. 49;

* Inciso I com redação determinada pela LC 147/2014.

II – preverá parcelamento em até 36 parcelas mensais, iguais e sucessivas, acrescidas de juros equivalentes à taxa Sistema Especial de Liquidação e de Custódia – Selic, podendo conter ainda a proposta de abatimento do valor das dívidas;

* Inciso III com redação determinada pela LC 147/2014.

III – preverá o pagamento da primeira parcela no prazo máximo de 180 (cento e oitenta) dias, contado da distribuição do pedido de recuperação judicial;

IV – estabelecerá a necessidade de autorização do juiz, após ouvido o administrador judicial e o Comitê de Credores, para o devedor aumentar despesas ou contratar empregados.

Parágrafo único. O pedido de recuperação judicial com base em plano especial não acarreta a suspensão do curso da prescrição nem das ações e execuções por créditos não abrangidos pelo plano.

Art. 72. Caso o devedor de que trata o art. 70 desta Lei opte pelo pedido de recuperação judicial com base no plano especial disciplinado nesta Seção, não será convocada assembleia geral de credores para deliberar sobre o plano, e o juiz concederá a recuperação judicial se atendidas as demais exigências desta Lei.

Parágrafo único. O juiz também julgará improcedente o pedido de recuperação judicial e decretará a falência do devedor se houver objeções, nos termos do art. 55, de credores titulares de mais da metade de qualquer uma das classes de créditos previstos no art. 83, computados na forma do art. 45, todos desta Lei.

* Parágrafo único com redação determinada pela LC 147/2014.

Capítulo IV
DA CONVOLAÇÃO DA RECUPERAÇÃO JUDICIAL EM FALÊNCIA

Art. 73. O juiz decretará a falência durante o processo de recuperação judicial:

I – por deliberação da assembleia geral de credores, na forma do art. 42 desta Lei;

II – pela não apresentação, pelo devedor, do plano de recuperação no prazo do art. 53 desta Lei;

III – quando houver sido rejeitado o plano de recuperação, nos termos do § 4º do art. 56 desta Lei;

Lei 11.101/2005

IV – por descumprimento de qualquer obrigação assumida no plano de recuperação, na forma do § 1º do art. 61 desta Lei.

Parágrafo único. O disposto neste artigo não impede a decretação da falência por inadimplemento de obrigação não sujeita à recuperação judicial, nos termos dos incisos I ou II do *caput* do art. 94 desta Lei, ou por prática de ato previsto no inciso III do *caput* do art. 94 desta Lei.

Art. 74. Na convolação da recuperação em falência, os atos de administração, endividamento, oneração ou alienação praticados durante a recuperação judicial presumem-se válidos, desde que realizados na forma desta Lei.

- V. arts. 80 e 131.

Capítulo V
DA FALÊNCIA

Seção I
Disposições gerais

Art. 75. A falência, ao promover o afastamento do devedor de suas atividades, visa a preservar e otimizar a utilização produtiva dos bens, ativos e recursos produtivos, inclusive os intangíveis, da empresa.

Parágrafo único. O processo de falência atenderá aos princípios da celeridade e da economia processual.

- V. art. 79.
- V. art. 5º, LXXVIII, CF.

Art. 76. O juízo da falência é indivisível e competente para conhecer todas as ações sobre bens, interesses e negócios do falido, ressalvadas as causas trabalhistas, fiscais e aquelas não reguladas nesta Lei em que o falido figurar como autor ou litisconsorte ativo.

- V. arts. 3º e 78.
- V. art. 61, CPC/2015.
- V. art. 187, CTN.
- V. art. 29, *caput*, Lei 6.830/1980 (Cobrança judicial da dívida ativa da Fazenda Pública).

Parágrafo único. Todas as ações, inclusive as excetuadas no *caput* deste artigo, terão prosseguimento com o administrador judicial, que deverá ser intimado para representar a massa falida, sob pena de nulidade do processo.

LEGISLAÇÃO

Art. 77. A decretação da falência determina o vencimento antecipado das dívidas do devedor e dos sócios ilimitada e solidariamente responsáveis, com o abatimento proporcional dos juros, e converte todos os créditos em moeda estrangeira para a moeda do País, pelo câmbio do dia da decisão judicial, para todos os efeitos desta Lei.

- V. arts. 333, I, 407, 1.039, 1.045 e 1.425, II, CC.
- V. art. 19, II, Dec. 2.044/1908 (Letra de câmbio e nota promissória).
- V. art. 43, Dec. 57.663/1966 (Lei Uniforme para letras de câmbio e notas promissórias).
- V. art. 281, Lei 6.404/1976 (Sociedades por ações).

Art. 78. Os pedidos de falência estão sujeitos a distribuição obrigatória, respeitada a ordem de apresentação.

Parágrafo único. As ações que devam ser propostas no juízo da falência estão sujeitas a distribuição por dependência.

Art. 79. Os processos de falência e os seus incidentes preferem a todos os outros na ordem dos feitos, em qualquer instância.

- V. art. 75, parágrafo único.

Art. 80. Considerar-se-ão habilitados os créditos remanescentes da recuperação judicial, quando definitivamente incluídos no quadro geral de credores, tendo prosseguimento as habilitações que estejam em curso.

- V. art. 74.

Art. 81. A decisão que decreta a falência da sociedade com sócios ilimitadamente responsáveis também acarreta a falência destes, que ficam sujeitos aos mesmos efeitos jurídicos produzidos em relação à sociedade falida e, por isso, deverão ser citados para apresentar contestação, se assim o desejarem.

§ 1º O disposto no *caput* deste artigo aplica-se ao sócio que tenha se retirado voluntariamente ou que tenha sido excluído da sociedade, há menos de 2 (dois) anos, quanto às dívidas existentes na data do arquivamento da alteração do contrato, no caso de não terem sido solvidas até a data da decretação da falência.

§ 2º As sociedades falidas serão representadas na falência por seus administradores ou liquidantes, os quais terão os mesmos direi-

Legislação

tos e, sob as mesmas penas, ficarão sujeitos às obrigações que cabem ao falido.

- V. art. 104.

Art. 82. A responsabilidade pessoal dos sócios de responsabilidade limitada, dos controladores e dos administradores da sociedade falida, estabelecida nas respectivas leis, será apurada no próprio juízo da falência, independentemente da realização do ativo e da prova da sua insuficiência para cobrir o passivo, observado o procedimento ordinário previsto no Código de Processo Civil.

- V. art. 1.052, CC.
- V. arts. 318 a 512, CPC/2015.

§ 1º Prescreverá em 2 (dois) anos, contados do trânsito em julgado da sentença de encerramento da falência, a ação de responsabilização prevista no *caput* deste artigo.

- V. art. 156.
- V. arts. 189 a 211, CC.

§ 2º O juiz poderá, de ofício ou mediante requerimento das partes interessadas, ordenar a indisponibilidade de bens particulares dos réus, em quantidade compatível com o dano provocado, até o julgamento da ação de responsabilização.

Seção II
Da classificação dos créditos

Art. 83. A classificação dos créditos na falência obedece à seguinte ordem:

- V. arts. 961 a 963, CC.

I – os créditos derivados da legislação do trabalho, limitados a cento e cinquenta salários mínimos por credor, e os decorrentes de acidentes de trabalho;

- V. art. 83, VI, *c*.
- V. art. 7º, XXVIII, CF.
- V. art. 449, § 1º, CLT.
- V. art. 186, parágrafo único, II, CTN.

II – créditos com garantia real até o limite do valor do bem gravado;

- V. art. 1.419, CC.
- V. art. 58, *caput*, Lei 6.404/1976 (Sociedades por ações).

III – créditos tributários, independentemente da sua natureza e tempo de constituição, excetuadas as multas tributárias;

- V. art. 84, V.
- V. arts. 186, parágrafo único, e 187 a 188, CTN.

IV – créditos com privilégio especial, a saber:
a) os previstos no art. 964 da Lei 10.406, de 10 de janeiro de 2002;
b) os assim definidos em outras leis civis e comerciais, salvo disposição contrária desta Lei;

- V. art. 4º, § 3º, Lei 4.071/1962 (Pagamento a lavradores de cana).
- V. arts. 50 e 57, LC 109/2001 (Previdência complementar).

c) aqueles a cujos titulares a lei confira o direito de retenção sobre a coisa dada em garantia;

- V. arts. 681 e 708, CC.
- V. art. 14, Dec. 1.102/1903 (Armazéns gerais).
- V. art. 9º, Lei 9.973/2000 (Sistema de armazenagem dos produtos agropecuários).

d) aqueles em favor dos microempreendedores individuais e das microempresas e empresas de pequeno porte de que trata a Lei Complementar 123, de 14 de dezembro de 2006;

- Alínea *d* acrescentada pela LC 147/2014.

V – créditos com privilégio geral, a saber:

- V. art. 707, CC.

a) os previstos no art. 965 da Lei 10.406, de 10 de janeiro de 2002;
b) os previstos no parágrafo único do art. 67 desta Lei;
c) os assim definidos em outras leis civis e comerciais, salvo disposição contrária desta Lei;

- V. art. 43, III, Lei 4.591/1964 (Condomínio em edificações).
- V. art. 1º, Dec.-lei 496/1964 (Empresas de transporte aéreo em liquidação, falência ou concordata).
- V. art. 35, § 2º, Dec.-lei 70/1966 (Execução de cédula hipotecária).
- V. art. 58, § 1º, Lei 6.404/1976 (Sociedades por ações).
- V. art. 24, *caput*, Lei 8.906/1994 (Estatuto da Advocacia).
- V. art. 246, Dec. 3.048/1999 (Regulamento da Previdência Social).
- V. art. 50, LC 109/2001 (Previdência complementar).

VI – créditos quirografários, a saber:

- V. art. 994, § 2º, CC.

a) aqueles não previstos nos demais incisos deste artigo;
b) os saldos dos créditos não cobertos pelo produto da alienação dos bens vinculados ao seu pagamento;

Lei 11.101/2005

c) os saldos dos créditos derivados da legislação do trabalho que excederem o limite estabelecido no inciso I do *caput* deste artigo;
VII – as multas contratuais e as penas pecuniárias por infração das leis penais ou administrativas, inclusive as multas tributárias;

- V. art. 186, parágrafo único, III, CTN.

VIII – créditos subordinados, a saber:
a) os assim previstos em lei ou em contrato;

- V. art. 58, § 4º, Lei 6.404/1976 (Sociedades por ações).

b) os créditos dos sócios e dos administradores sem vínculo empregatício.
§ 1º Para os fins do inciso II do *caput* deste artigo, será considerado como valor do bem objeto de garantia real a importância efetivamente arrecadada com sua venda, ou, no caso de alienação em bloco, o valor de avaliação do bem individualmente considerado.
§ 2º Não são oponíveis à massa os valores decorrentes de direito de sócio ao recebimento de sua parcela do capital social na liquidação da sociedade.
§ 3º As cláusulas penais dos contratos unilaterais não serão atendidas se as obrigações neles estipuladas se vencerem em virtude da falência.

- V. art. 408, CC.

§ 4º Os créditos trabalhistas cedidos a terceiros serão considerados quirografários.

- V. art. 286, CC.

Art. 84. Serão considerados créditos extraconcursais e serão pagos com precedência sobre os mencionados no art. 83 desta Lei, na ordem a seguir, os relativos a:
I – remunerações devidas ao administrador judicial e seus auxiliares, e créditos derivados da legislação do trabalho ou decorrentes de acidentes de trabalho relativos a serviços prestados após a decretação da falência;
II – quantias fornecidas à massa pelos credores;
III – despesas com arrecadação, administração, realização do ativo e distribuição do seu produto, bem como custas do processo de falência;
IV – custas judiciais relativas às ações e execuções em que a massa falida tenha sido vencida;

V – obrigações resultantes de atos jurídicos válidos praticados durante a recuperação judicial, nos termos do art. 67 desta Lei, ou após a decretação da falência, e tributos relativos a fatos geradores ocorridos após a decretação da falência, respeitada a ordem estabelecida no art. 83 desta Lei.

- V. art. 188, CTN.

Seção III
Do pedido de restituição

Art. 85. O proprietário de bem arrecadado no processo de falência ou que se encontre em poder do devedor na data da decretação da falência poderá pedir sua restituição.

- V. arts. 86, I, 93 e 110, § 2º, IV.
- V. art. 1.718, CC.
- V. art. 7º, *caput*, Dec.-lei 911/1969 (Alienação fiduciária).
- V. art. 20, Lei 9.514/1997 (Sistema de Financiamento Imobiliário e alienação fiduciária de coisa móvel).
- V. art. 5º, § 4º, Lei 10.820/2003 (Desconto de prestações em folha de pagamento).

Parágrafo único. Também pode ser pedida a restituição de coisa vendida a crédito e entregue ao devedor nos 15 (quinze) dias anteriores ao requerimento de sua falência, se ainda não alienada.

- V. art. 93.

Art. 86. Proceder-se-á à restituição em dinheiro:
I – se a coisa não mais existir ao tempo do pedido de restituição, hipótese em que o requerente receberá o valor da avaliação do bem, ou, no caso de ter ocorrido sua venda, o respectivo preço, em ambos os casos no valor atualizado;
II – da importância entregue ao devedor, em moeda corrente nacional, decorrente de adiantamento a contrato de câmbio para exportação, na forma do art. 75, §§ 3º e 4º, da Lei 4.728, de 14 de julho de 1965, desde que o prazo total da operação, inclusive eventuais prorrogações, não exceda o previsto nas normas específicas da autoridade competente;

- V. arts. 49, § 4º, e 161, § 1º.

III – dos valores entregues ao devedor pelo contratante de boa-fé na hipótese de revogação ou ineficácia do contrato, conforme disposto no art. 136 desta Lei.

Lei 11.101/2005

Parágrafo único. As restituições de que trata este artigo somente serão efetuadas após o pagamento previsto no art. 151 desta Lei.

Art. 87. O pedido de restituição deverá ser fundamentado e descreverá a coisa reclamada.

§ 1º O juiz mandará autuar em separado o requerimento com os documentos que o instruírem e determinará a intimação do falido, do Comitê, dos credores e do administrador judicial para que, no prazo sucessivo de 5 (cinco) dias, se manifestem, valendo como contestação a manifestação contrária à restituição.

§ 2º Contestado o pedido e deferidas as provas porventura requeridas, o juiz designará audiência de instrução e julgamento, se necessária.

§ 3º Não havendo provas a realizar, os autos serão conclusos para sentença.

- V. art. 355, CPC/2015.

Art. 88. A sentença que reconhecer o direito do requerente determinará a entrega da coisa no prazo de 48 (quarenta e oito) horas.

Parágrafo único. Caso não haja contestação, a massa não será condenada ao pagamento de honorários advocatícios.

Art. 89. A sentença que negar a restituição, quando for o caso, incluirá o requerente no quadro geral de credores, na classificação que lhe couber, na forma desta Lei.

- V. art. 83.

Art. 90. Da sentença que julgar o pedido de restituição caberá apelação sem efeito suspensivo.

- V. arts. 1.009 e 1.012, § 2º, CPC/2015.

Parágrafo único. O autor do pedido de restituição que pretender receber o bem ou a quantia reclamada antes do trânsito em julgado da sentença prestará caução.

Art. 91. O pedido de restituição suspende a disponibilidade da coisa até o trânsito em julgado.

- V. arts. 86, I, e 113.

Parágrafo único. Quando diversos requerentes houverem de ser satisfeitos em dinheiro e não existir saldo suficiente para o pagamento integral, far-se-á rateio proporcional entre eles.

Art. 92. O requerente que tiver obtido êxito no seu pedido ressarcirá a massa falida ou a quem tiver suportado as despesas de conservação da coisa reclamada.

Art. 93. Nos casos em que não couber pedido de restituição, fica resguardado o direito dos credores de propor embargos de terceiros, observada a legislação processual civil.

- V. arts. 674 a 681, CPC/2015.

Seção IV
Do procedimento
para a decretação da falência

Art. 94. Será decretada a falência do devedor que:

- V. arts. 62, 96 e 97.
- V. arts. 2º, 7º, *c*, 15, I, *a*, e 19, *d*, Lei 6.024/1974 (Intervenção e liquidação extrajudicial das instituições financeiras).
- V. art. 278, § 2º, Lei 6.404/1976 (Sociedades por ações).

I – sem relevante razão de direito, não paga, no vencimento, obrigação líquida materializada em título ou títulos executivos protestados cuja soma ultrapasse o equivalente a quarenta salários mínimos na data do pedido de falência;

- V. arts. 73, parágrafo único, 96 e 98, parágrafo único.
- V. arts. 515, V, 783 e 784, CPC/2015.
- V. art. 19, II, Dec. 2.044/1908 (Letra de câmbio e nota promissória).
- V. art. 1º, Lei 9.492/1997 (Protesto de títulos e outros documentos de dívida).

II – executado por qualquer quantia líquida, não paga, não deposita e não nomeia à penhora bens suficientes dentro do prazo legal;

- V. arts. 73, parágrafo único, e 98, parágrafo único.

III – pratica qualquer dos seguintes atos, exceto se fizer parte de plano de recuperação judicial:

- V. art. 73, parágrafo único.

a) procede à liquidação precipitada de seus ativos ou lança mão de meio ruinoso ou fraudulento para realizar pagamentos;

b) realiza ou, por atos inequívocos, tenta realizar, com o objetivo de retardar pagamen-

Lei 11.101/2005

tos ou fraudar credores, negócio simulado ou alienação de parte ou da totalidade de seu ativo a terceiro, credor ou não;

c) transfere estabelecimento a terceiro, credor ou não, sem o consentimento de todos os credores e sem ficar com bens suficientes para solver seu passivo;

- V. art. 1.145, CC.

d) simula a transferência de seu principal estabelecimento com o objetivo de burlar a legislação ou a fiscalização ou para prejudicar credor;

e) dá ou reforça garantia a credor por dívida contraída anteriormente sem ficar com bens livres e desembaraçados suficientes para saldar seu passivo;

f) ausenta-se sem deixar representante habilitado e com recursos suficientes para pagar os credores, abandona estabelecimento ou tenta ocultar-se de seu domicílio, do local de sua sede ou de seu principal estabelecimento;

- V. art. 22, CC.

g) deixa de cumprir, no prazo estabelecido, obrigação assumida no plano de recuperação judicial.

§ 1º Credores podem reunir-se em litisconsórcio a fim de perfazer o limite mínimo para o pedido de falência com base no inciso I do *caput* deste artigo.

- V. art. 113, CPC/2015.

§ 2º Ainda que líquidos, não legitimam o pedido de falência os créditos que nela não se possam reclamar.

- V. art. 5º.

§ 3º Na hipótese do inciso I do *caput* deste artigo, o pedido de falência será instruído com os títulos executivos na forma do parágrafo único do art. 9º desta Lei, acompanhados, em qualquer caso, dos respectivos instrumentos de protesto para fim falimentar nos termos da legislação específica.

- V. Súmula 361, STJ.

§ 4º Na hipótese do inciso II do *caput* deste artigo, o pedido de falência será instruído com certidão expedida pelo juízo em que se processa a execução.

§ 5º Na hipótese do inciso III do *caput* deste artigo, o pedido de falência descreverá os fatos que a caracterizam, juntando-se as provas que houver e especificando-se as que serão produzidas.

Art. 95. Dentro do prazo de contestação, o devedor poderá pleitear sua recuperação judicial.

- V. arts. 47 a 72.

Art. 96. A falência requerida com base no art. 94, inciso I do *caput*, desta Lei, não será decretada se o requerido provar:

I – falsidade de título;

- V. arts. 296 a 305, CP.

II – prescrição;

- V. art. 193, CC.
- V. art. 487, II, CPC/2015.

III – nulidade de obrigação ou de título;

- V. arts. 166 e 167, *caput*, CC.

IV – pagamento da dívida;

V – qualquer outro fato que extinga ou suspenda obrigação ou não legitime a cobrança de título;

- V. arts. 121 a 137, CC.

VI – vício em protesto ou em seu instrumento;

- V. Lei 9.492/1997 (Protesto de títulos e outros documentos de dívida).

VII – apresentação de pedido de recuperação judicial no prazo da contestação, observados os requisitos do art. 51 desta Lei;

VIII – cessação das atividades empresariais mais de 2 (dois) anos antes do pedido de falência, comprovada por documento hábil do Registro Público de Empresas, o qual não prevalecerá contra prova de exercício posterior ao ato registrado.

§ 1º Não será decretada a falência de sociedade anônima após liquidado e partilhado seu ativo nem do espólio após 1 (um) ano da morte do devedor.

§ 2º As defesas previstas nos incisos I a VI do *caput* deste artigo não obstam a decretação de falência se, ao final, restarem obrigações não atingidas pelas defesas em montante que supere o limite previsto naquele dispositivo.

- V. art. 94, I.

Art. 97. Podem requerer a falência do devedor:

- V. art. 1.103, VII, CC.
- V. arts. 17, CPC/2015.

Lei 11.101/2005

LEGISLAÇÃO

- V. art. 21, *b*, Lei 6.024/1976 (Intervenção e liquidação extrajudicial das instituições financeiras).

I – o próprio devedor, na forma do disposto nos arts. 105 a 107 desta Lei;
II – o cônjuge sobrevivente, qualquer herdeiro do devedor ou o inventariante;
III – o cotista ou o acionista do devedor na forma da lei ou do ato constitutivo da sociedade;
IV – qualquer credor.

§ 1º O credor empresário apresentará certidão do Registro Público de Empresas que comprove a regularidade de suas atividades.

- V. art. 967, CC.

§ 2º O credor que não tiver domicílio no Brasil deverá prestar caução relativa às custas e ao pagamento da indenização de que trata o art. 101 desta Lei.

- V. art. 83, CPC/2015.

Art. 98. Citado, o devedor poderá apresentar contestação no prazo de 10 (dez) dias.

- V. art. 336, CPC/2015.

Parágrafo único. Nos pedidos baseados nos incisos I e II do *caput* do art. 94 desta Lei, o devedor poderá, no prazo da contestação, depositar o valor correspondente ao total do crédito, acrescido de correção monetária, juros e honorários advocatícios, hipótese em que a falência não será decretada e, caso julgado procedente o pedido de falência, o juiz ordenará o levantamento do valor pelo autor.

Art. 99. A sentença que decretar a falência do devedor, dentre outras determinações:

- V. art. 1.044, CC.
- V. art. 489, CPC/2015.
- V. art. 215, Lei 6.015/1973 (Registros públicos).

I – conterá a síntese do pedido, a identificação do falido e os nomes dos que forem a esse tempo seus administradores;
II – fixará o termo legal da falência, sem poder retrotraí-lo por mais de 90 (noventa) dias contados do pedido de falência, do pedido de recuperação judicial ou do primeiro protesto por falta de pagamento, excluindo-se, para esta finalidade, os protestos que tenham sido cancelados;

- V. art. 129.

- V. art. 15, § 2º, Lei 6.024/1976 (Intervenção e liquidação extrajudicial das instituições financeiras).

III – ordenará ao falido que apresente, no prazo máximo de 5 (cinco) dias, relação nominal dos credores, indicando endereço, importância, natureza e classificação dos respectivos créditos, se esta já não se encontrar nos autos, sob pena de desobediência;

- V. art. 330, CP.

IV – explicitará o prazo para as habilitações de crédito, observado o disposto no § 1º do art. 7º desta Lei;
V – ordenará a suspensão de todas as ações ou execuções contra o falido, ressalvadas as hipóteses previstas nos §§ 1º e 2º do art. 6º desta Lei;
VI – proibirá a prática de qualquer ato de disposição ou oneração de bens do falido, submetendo-os preliminarmente à autorização judicial e do Comitê, se houver, ressalvados os bens cuja venda faça parte das atividades normais do devedor se autorizada a continuação provisória nos termos do inciso XI do *caput* deste artigo;
VII – determinará as diligências necessárias para salvaguardar os interesses das partes envolvidas, podendo ordenar a prisão preventiva do falido ou de seus administradores quando requerida com fundamento em provas da prática de crime definido nesta Lei;

- V. art. 312 e 313, CPP.

VIII – ordenará ao Registro Público de Empresas que proceda à anotação da falência no registro do devedor, para que conste a expressão "Falido", a data da decretação da falência e a inabilitação de que trata o art. 102 desta Lei;
IX – nomeará o administrador judicial, que desempenhará suas funções na forma do inciso III do *caput* do art. 22 desta Lei sem prejuízo do disposto na alínea *a* do inciso II do *caput* do art. 35 desta Lei;
X – determinará a expedição de ofícios aos órgãos e repartições públicas e outras entidades para que informem a existência de bens e direitos do falido;
XI – pronunciar-se-á a respeito da continuação provisória das atividades do falido com o administrador judicial ou da lacração dos

Lei 11.101/2005

estabelecimentos, observado o disposto no art. 109 desta Lei;

* V. art. 150.

XII – determinará, quando entender conveniente, a convocação da assembleia geral de credores para a constituição de Comitê de Credores, podendo ainda autorizar a manutenção do Comitê eventualmente em funcionamento na recuperação judicial quando da decretação da falência;

XIII – ordenará a intimação do Ministério Público e a comunicação por carta às Fazendas Públicas Federal e de todos os Estados e Municípios em que o devedor tiver estabelecimento, para que tomem conhecimento da falência.

Parágrafo único. O juiz ordenará a publicação de edital contendo a íntegra da decisão que decreta a falência e a relação de credores.

Art. 100. Da decisão que decreta a falência cabe agravo, e da sentença que julga a improcedência do pedido cabe apelação.

* V. arts. 1.009 a 1.020, CPC/2015.

Art. 101. Quem por dolo requerer a falência de outrem será condenado, na sentença que julgar improcedente o pedido, a indenizar o devedor, apurando-se as perdas e danos em liquidação de sentença.

* V. arts. 145 a 150, e 927, CC.

§ 1º Havendo mais de um autor do pedido de falência, serão solidariamente responsáveis aqueles que se conduziram na forma prevista no *caput* deste artigo.

* V. art. 5º, X, CF.

§ 2º Por ação própria, o terceiro prejudicado também pode reclamar indenização dos responsáveis.

Seção V
Da inabilitação empresarial, dos direitos e deveres do falido

Art. 102. O falido fica inabilitado para exercer qualquer atividade empresarial a partir da decretação da falência e até a sentença que extingue suas obrigações, respeitado o disposto no § 1º do art. 181 desta Lei.

* V. arts. 972 e 973, CC.

Parágrafo único. Findo o período de inabilitação, o falido poderá requerer ao juiz da falência que proceda à respectiva anotação em seu registro.

Art. 103. Desde a decretação da falência ou do sequestro, o devedor perde o direito de administrar os seus bens ou deles dispor.

* V. art. 1º, § 3º, Dec.-lei 585/1969 (Depósito e guarda de aeronaves nas apreensões judiciais e administrativas).

Parágrafo único. O falido poderá, contudo, fiscalizar a administração da falência, requerer as providências necessárias para a conservação de seus direitos ou dos bens arrecadados e intervir nos processos em que a massa falida seja parte ou interessada, requerendo o que for de direito e interpondo os recursos cabíveis.

Art. 104. A decretação da falência impõe ao falido os seguintes deveres:

I – assinar nos autos, desde que intimado da decisão, termo de comparecimento, com a indicação do nome, nacionalidade, estado civil, endereço completo do domicílio, devendo ainda declarar, para constar do dito termo:

a) as causas determinantes da sua falência, quando requerida pelos credores;

b) tratando-se de sociedade, os nomes e endereços de todos os sócios, acionistas controladores, diretores ou administradores, apresentando o contrato ou estatuto social e a prova do respectivo registro, bem como suas alterações;

* V. art. 967, CC.

c) o nome do contador encarregado da escrituração dos livros obrigatórios;

d) os mandatos que porventura tenha outorgado, indicando seu objeto, nome e endereço do mandatário;

e) seus bens imóveis e os móveis que não se encontram no estabelecimento;

f) se faz parte de outras sociedades, exibindo respectivo contrato;

g) suas contas bancárias, aplicações, títulos em cobrança e processos em andamento em que for autor ou réu;

II – depositar em cartório, no ato de assinatura do termo de comparecimento, os seus livros obrigatórios, a fim de serem entregues ao administrador judicial, depois de encerrados por termos assinados pelo juiz;

Lei 11.101/2005

LEGISLAÇÃO

• V. art. 1.191, CC.

III – não se ausentar do lugar onde se processa a falência sem motivo justo e comunicação expressa ao juiz, e sem deixar procurador bastante, sob as penas cominadas na lei;
IV – comparecer a todos os atos da falência, podendo ser representado por procurador, quando não for indispensável sua presença;
V – entregar, sem demora, todos os bens, livros, papéis e documentos ao administrador judicial, indicando-lhe, para serem arrecadados, os bens que porventura tenha em poder de terceiros;
VI – prestar as informações reclamadas pelo juiz, administrador judicial, credor ou Ministério Público sobre circunstâncias e fatos que interessem à falência;
VII – auxiliar o administrador judicial com zelo e presteza;
VIII – examinar as habilitações de crédito apresentadas;
IX – assistir ao levantamento, à verificação do balanço e ao exame dos livros;
X – manifestar-se sempre que for determinado pelo juiz;
XI – apresentar, no prazo fixado pelo juiz, a relação de seus credores;
XII – examinar e dar parecer sobre as contas do administrador judicial.

• V. arts. 967 e 1.191, CC.

Parágrafo único. Faltando ao cumprimento de quaisquer dos deveres que esta Lei lhe impõe, após intimado pelo juiz a fazê-lo, responderá o falido por crime de desobediência.

• V. art. 330, CP.

Seção VI
Da falência requerida
pelo próprio devedor

Art. 105. O devedor em crise econômico-financeira que julgue não atender aos requisitos para pleitear sua recuperação judicial deverá requerer ao juízo sua falência, expondo as razões da impossibilidade de prosseguimento da atividade empresarial, acompanhadas dos seguintes documentos:

• V. art. 97, I.

I – demonstrações contábeis referentes aos três últimos exercícios sociais e as levantadas especialmente para instruir o pedido, confeccionadas com estrita observância da legislação societária aplicável e compostas obrigatoriamente de:
a) balanço patrimonial;
b) demonstração de resultados acumulados;
c) demonstração do resultado desde o último exercício social;
d) relatório do fluxo de caixa;
II – relação nominal dos credores, indicando endereço, importância, natureza e classificação dos respectivos créditos;
III – relação dos bens e direitos que compõem o ativo, com a respectiva estimativa de valor e documentos comprobatórios de propriedade;
IV – prova da condição de empresário, contrato social ou estatuto em vigor ou, se não houver, a indicação de todos os sócios, seus endereços e a relação de seus bens pessoais;
V – os livros obrigatórios e documentos contábeis que lhe forem exigidos por lei;

• V. arts. 1.179 a 1.195, CC.

VI – relação de seus administradores nos últimos 5 (cinco) anos, com os respectivos endereços, suas funções e participação societária.

Art. 106. Não estando o pedido regularmente instruído, o juiz determinará que seja emendado.

• V. art. 321, CPC/2015.

Art. 107. A sentença que decretar a falência do devedor observará a forma do art. 99 desta Lei.

Parágrafo único. Decretada a falência, aplicam-se integralmente os dispositivos relativos à falência requerida pelas pessoas referidas nos incisos II a IV do *caput* do art. 97 desta Lei.

Seção VII
Da arrecadação
e da custódia dos bens

Art. 108. Ato contínuo à assinatura do termo de compromisso, o administrador judicial efetuará a arrecadação dos bens e documentos e a avaliação dos bens, separadamente ou em bloco, no local em que se en-

Lei 11.101/2005

contrem, requerendo ao juiz, para esses fins, as medidas necessárias.

§ 1º Os bens arrecadados ficarão sob a guarda do administrador judicial ou de pessoa por ele escolhida, sob responsabilidade daquele, podendo o falido ou qualquer de seus representantes ser nomeado depositário dos bens.

- V. arts. 652 e 1.173, CC.

§ 2º O falido poderá acompanhar a arrecadação e a avaliação.

- V. art. 103, parágrafo único.

§ 3º O produto dos bens penhorados ou por outra forma apreendidos entrará para a massa, cumprindo ao juiz deprecar, a requerimento do administrador judicial, às autoridades competentes, determinando sua entrega.

§ 4º Não serão arrecadados os bens absolutamente impenhoráveis.

- V. arts. 1.711, 1.715 e 1.911, CC.
- V. art. 833, CPC/2015.
- V. art. 185-A, CTN.
- * V. Lei 4.673/1965 (Impenhorabilidade sobre os bens penhorados em execução fiscal).
- V. art. 69, Dec.-lei 167/1967 (Títulos de crédito rural).
- V. art. 57, Dec.-lei 413/1969 (Títulos de crédito industrial).
- V. art. 5º, parágrafo único, Dec.-lei 911/1969 (Alienação fiduciária).
- V. art. 10, Lei 6.830/1980 (Cobrança judicial da dívida ativa da Fazenda Pública).
- V. arts. 1º e 5º, Lei 8.009/1990 (Bem de família).

§ 5º Ainda que haja avaliação em bloco, o bem objeto de garantia real será também avaliado separadamente, para os fins do § 1º do art. 83 desta Lei.

Art. 109. O estabelecimento será lacrado sempre que houver risco para a execução da etapa de arrecadação ou para a preservação dos bens da massa falida ou dos interesses dos credores.

- V. art. 99, XI.
- V. art. 1.142, CC.

Art. 110. O auto de arrecadação, composto pelo inventário e pelo respectivo laudo de avaliação dos bens, será assinado pelo administrador judicial, pelo falido ou seus representantes e por outras pessoas que auxiliarem ou presenciarem o ato.

§ 1º Não sendo possível a avaliação dos bens no ato da arrecadação, o administrador judicial requererá ao juiz a concessão de prazo para apresentação do laudo de avaliação, que não poderá exceder 30 (trinta) dias, contados da apresentação do auto de arrecadação.

§ 2º Serão referidos no inventário:

I – os livros obrigatórios e os auxiliares ou facultativos do devedor, designando-se o estado em que se acham, número e denominação de cada um, páginas escrituradas, data do início da escrituração e do último lançamento, e se os livros obrigatórios estão revestidos das formalidades legais;

- V. arts. 1.179 a 1.195, CC.

II – dinheiro, papéis, títulos de crédito, documentos e outros bens da massa falida;

III – os bens da massa falida em poder de terceiro, a título de guarda, depósito, penhor ou retenção;

IV – os bens indicados como propriedade de terceiros ou reclamados por estes, mencionando-se essa circunstância.

- V. arts. 85 e 93.
- V. arts. 1.179 a 1.195, CC.

§ 3º Quando possível, os bens referidos no § 2º deste artigo serão individualizados.

§ 4º Em relação aos bens imóveis, o administrador judicial, no prazo de 15 (quinze) dias após a sua arrecadação, exibirá as certidões de registro, extraídas posteriormente à decretação da falência, com todas as indicações que nele constarem.

Art. 111. O juiz poderá autorizar os credores, de forma individual ou coletiva, em razão dos custos e no interesse da massa falida, a adquirir ou adjudicar, de imediato, os bens arrecadados, pelo valor da avaliação, atendida a regra de classificação e preferência entre eles, ouvido o Comitê.

- V. art. 133, §§ 1º a 3º, CTN.

Art. 112. Os bens arrecadados poderão ser removidos, desde que haja necessidade de sua melhor guarda e conservação, hipótese em que permanecerão em depósito sob responsabilidade do administrador judicial, mediante compromisso.

- V. art. 22, III, *l*.

Art. 113. Os bens perecíveis, deterioráveis, sujeitos à considerável desvalorização ou que sejam de conservação arriscada ou dispendiosa, poderão ser vendidos antecipadamente, após a arrecadação e a avaliação,

Lei 11.101/2005

mediante autorização judicial, ouvidos o Comitê e o falido no prazo de 48 (quarenta e oito) horas.

* V. art. 22, III, *j*.

Art. 114. O administrador judicial poderá alugar ou celebrar outro contrato referente aos bens da massa falida, com o objetivo de produzir renda para a massa falida, mediante autorização do Comitê.

§ 1º O contrato disposto no *caput* deste artigo não gera direito de preferência na compra e não pode importar disposição total ou parcial dos bens.

§ 2º O bem objeto da contratação poderá ser alienado a qualquer tempo, independentemente do prazo contratado, rescindindo-se, sem direito a multa, o contrato realizado, salvo se houver anuência do adquirente.

Seção VIII
Dos efeitos da decretação da falência sobre as obrigações do devedor

Art. 115. A decretação da falência sujeita todos os credores, que somente poderão exercer os seus direitos sobre os bens do falido e do sócio ilimitadamente responsável na forma que esta Lei prescrever.

* V. art. 76.

Art. 116. A decretação da falência suspende:

I – o exercício do direito de retenção sobre os bens sujeitos à arrecadação, os quais deverão ser entregues ao administrador judicial;

II – o exercício do direito de retirada ou de recebimento do valor de suas quotas ou ações, por parte dos sócios da sociedade falida.

* V. art. 83, § 2º.

Art. 117. Os contratos bilaterais não se resolvem pela falência e podem ser cumpridos pelo administrador judicial se o cumprimento reduzir ou evitar o aumento do passivo da massa falida ou for necessário à manutenção e preservação de seus ativos, mediante autorização do Comitê.

* V. art. 994, § 3º, CC.
* V. art. 12, § 2º, 2ª parte, Dec.-lei 58/1937 (Loteamento e venda de terrenos para pagamento em prestações).
* V. art. 12, § 2º, 2ª parte, Dec. 3.079/1938 (Regulamenta o Dec.-lei 58/1937).
* V. art. 30, Lei 6.766/1979 (Parcelamento do solo urbano).

§ 1º O contratante pode interpelar o administrador judicial, no prazo de até 90 (noventa) dias, contado da assinatura do termo de sua nomeação, para que, dentro de 10 (dez) dias, declare se cumpre ou não o contrato.

§ 2º A declaração negativa ou o silêncio do administrador judicial confere ao contraente o direito à indenização, cujo valor, apurado em processo ordinário, constituirá crédito quirografário.

Art. 118. O administrador judicial, mediante autorização do Comitê, poderá dar cumprimento a contrato unilateral se esse fato reduzir ou evitar o aumento do passivo da massa falida ou for necessário à manutenção e preservação de seus ativos, realizando o pagamento da prestação pela qual está obrigada.

Art. 119. Nas relações contratuais a seguir mencionadas prevalecerão as seguintes regras:

I – o vendedor não pode obstar a entrega das coisas expedidas ao devedor e ainda em trânsito, se o comprador, antes do requerimento da falência, as tiver revendido, sem fraude, à vista das faturas e conhecimentos de transporte, entregues ou remetidos pelo vendedor;

II – se o devedor vendeu coisas compostas e o administrador judicial resolver não continuar a execução do contrato, poderá o comprador pôr à disposição da massa falida as coisas já recebidas, pedindo perdas e danos;

III – não tendo o devedor entregue coisa móvel ou prestado serviço que vendera ou contratara a prestações, e resolvendo o administrador judicial não executar o contrato, o crédito relativo ao valor pago será habilitado na classe própria;

IV – o administrador judicial, ouvido o Comitê, restituirá a coisa móvel comprada pelo devedor com reserva de domínio do vendedor se resolver não continuar a execução do contrato, exigindo a devolução, nos termos do contrato, dos valores pagos;

* V. arts. 521 a 528, CC.

V – tratando-se de coisas vendidas a termo, que tenham cotação em bolsa ou mercado, e não se executando o contrato pela efetiva entrega daquelas e pagamento do preço, prestar-se-á a diferença entre a cotação do

Lei 11.101/2005

LEGISLAÇÃO

dia do contrato e a da época da liquidação em bolsa ou mercado;

VI – na promessa de compra e venda de imóveis, aplicar-se-á a legislação respectiva;

- V. arts. 1.417 e 1.418, CC.
- V. art. 12, § 2º, Dec.-lei 58/1937 (Loteamento e venda de imóveis em prestações).
- V. art. 12, § 2º, Dec. 3.079/1938 (Regulamenta o Dec.-lei 58/1937).
- V. art. 30, Lei 6.766/1979 (Parcelamento do solo urbano).

VII – a falência do locador não resolve o contrato de locação e, na falência do locatário, o administrador judicial pode, a qualquer tempo, denunciar o contrato;

VIII – caso haja acordo para compensação e liquidação de obrigações no âmbito do sistema financeiro nacional, nos termos da legislação vigente, a parte não falida poderá considerar o contrato vencido antecipadamente, hipótese em que será liquidado na forma estabelecida em regulamento, admitindo-se a compensação de eventual crédito que venha a ser apurado em favor do falido com créditos detidos pelo contratante;

IX – os patrimônios de afetação, constituídos para cumprimento de destinação específica, obedecerão ao disposto na legislação respectiva, permanecendo seus bens, direitos e obrigações separados dos do falido até o advento do respectivo termo ou até o cumprimento de sua finalidade, ocasião em que o administrador judicial arrecadará o saldo a favor da massa falida ou inscreverá na classe própria o crédito que contra ela remanescer.

- V. art. 31-F, *caput*, Lei 4.591/1964 (Condomínio em edificações).
- V. Lei 10.931/2004 (Patrimônio de afetação).

Art. 120. O mandato conferido pelo devedor, antes da falência, para a realização de negócios, cessará seus efeitos com a decretação da falência, cabendo ao mandatário prestar contas de sua gestão.

§ 1º O mandato conferido para representação judicial do devedor continua em vigor até que seja expressamente revogado pelo administrador judicial.

§ 2º Para o falido, cessa o mandato ou comissão que houver recebido antes da falência, salvo os que versem sobre matéria estranha à atividade empresarial.

- V. art. 682, III, CC.

Art. 121. As contas-correntes com o devedor consideram-se encerradas no momento de decretação da falência, verificando-se o respectivo saldo.

- V. art. 37, Lei 7.357/1985 (Cheque).

Art. 122. Compensam-se, com preferência sobre todos os demais credores, as dívidas do devedor vencidas até o dia da decretação da falência, provenha o vencimento da sentença de falência ou não, obedecidos os requisitos da legislação civil.

- V. art. 77.

Parágrafo único. Não se compensam:

I – os créditos transferidos após a decretação da falência, salvo em caso de sucessão por fusão, incorporação, cisão ou morte; ou

II – os créditos, ainda que vencidos anteriormente, transferidos quando já conhecido o estado de crise econômico-financeira do devedor ou cuja transferência se operou com fraude ou dolo.

Art. 123. Se o falido fizer parte de alguma sociedade como sócio comanditário ou cotista, para a massa falida entrarão somente os haveres que na sociedade ele possuir e forem apurados na forma estabelecida no contrato ou estatuto social.

§ 1º Se o contrato ou o estatuto social nada disciplinar a respeito, a apuração far-se-á judicialmente, salvo se, por lei, pelo contrato ou estatuto, a sociedade tiver de liquidar-se, caso em que os haveres do falido, somente após o pagamento de todo o passivo da sociedade, entrarão para a massa falida.

§ 2º Nos casos de condomínio indivisível de que participe o falido, o bem será vendido e deduzir-se-á do valor arrecadado o que for devido aos demais condôminos, facultada a estes a compra da quota-parte do falido nos termos da melhor proposta obtida.

- V. art. 1.044, CC.

Art. 124. Contra a massa falida não são exigíveis juros vencidos após a decretação da falência, previstos em lei ou em contrato, se o ativo apurado não bastar para o pagamento dos credores subordinados.

- V. art. 83, VIII.

Parágrafo único. Excetuam-se desta disposição os juros das debêntures e dos créditos com garantia real, mas por eles respon-

Lei 11.101/2005

LEGISLAÇÃO

de, exclusivamente, o produto dos bens que constituem a garantia.

- V. art. 83, VI, *b*.
- V. art. 407, CC.

Art. 125. Na falência do espólio, ficará suspenso o processo de inventário, cabendo ao administrador judicial a realização de atos pendentes em relação aos direitos e obrigações da massa falida.

Art. 126. Nas relações patrimoniais não reguladas expressamente nesta Lei, o juiz decidirá o caso atendendo à unidade, à universalidade do concurso e à igualdade de tratamento dos credores, observado o disposto no art. 75 desta Lei.

Art. 127. O credor de coobrigados solidários cujas falências sejam decretadas tem o direito de concorrer, em cada uma delas, pela totalidade do seu crédito, até recebê-lo por inteiro, quando então comunicará ao juízo.

§ 1º O disposto no *caput* deste artigo não se aplica ao falido cujas obrigações tenham sido extintas por sentença, na forma do art. 159 desta Lei.

§ 2º Se o credor ficar integralmente pago por uma ou por diversas massas coobrigadas, as que pagaram terão direito regressivo contra as demais, em proporção à parte que pagaram e àquela que cada uma tinha a seu cargo.

§ 3º Se a soma dos valores pagos ao credor em todas as massas coobrigadas exceder o total do crédito, o valor será devolvido às massas na proporção estabelecida no § 2º deste artigo.

§ 4º Se os coobrigados eram garantes uns dos outros, o excesso de que trata o § 3º deste artigo pertencerá, conforme a ordem das obrigações, às massas dos coobrigados que tiverem o direito de ser garantidas.

Art. 128. Os coobrigados solventes e os garantes do devedor ou dos sócios ilimitadamente responsáveis podem habilitar o crédito correspondente às quantias pagas ou devidas, se o credor não se habilitar no prazo legal.

Seção IX
Da ineficácia e da revogação de atos praticados antes da falência

Art. 129. São ineficazes em relação à massa falida, tenha ou não o contratante conhecimento do estado de crise econômico-financeira do devedor, seja ou não intenção deste fraudar credores:

- V. art. 35, Lei 6.024/1974 (Intervenção e liquidação extrajudicial das instituições financeiras).
- • V. arts. 318 e 319, CPC/2015.

I – o pagamento de dívidas não vencidas realizado pelo devedor dentro do termo legal, por qualquer meio extintivo do direito de crédito, ainda que pelo desconto do próprio título;

- V. arts. 99, II, e 131.

II – o pagamento de dívidas vencidas e exigíveis realizado dentro do termo legal, por qualquer forma que não seja a prevista pelo contrato;

- V. art. 131.

III – a constituição de direito real de garantia, inclusive a retenção, dentro do termo legal, tratando-se de dívida contraída anteriormente; se os bens dados em hipoteca forem objeto de outras posteriores, a massa falida receberá a parte que devia caber ao credor da hipoteca revogada;

- V. art. 131.
- V. arts. 1.419 a 1.510, CC.

IV – a prática de atos a título gratuito, desde 2 (dois) anos antes da decretação da falência;

V – a renúncia à herança ou a legado, até 2 (dois) anos antes da decretação da falência;

- V. arts. 1.804, 1.806 e 1.813, CC.

VI – a venda ou transferência de estabelecimento feita sem o consentimento expresso ou o pagamento de todos os credores, a esse tempo existentes, não tendo restado ao devedor bens suficientes para solver o seu passivo, salvo se, no prazo de 30 (trinta) dias, não houver oposição dos credores, após serem devidamente notificados, judicialmente ou pelo oficial do registro de títulos e documentos;

- V. art. 131.
- V. art. 1.145, CC.

VII – os registros de direitos reais e de transferência de propriedade entre vivos, por título oneroso ou gratuito, ou a averbação relativa a imóveis realizados após a decretação

1613

Lei 11.101/2005

da falência, salvo se tiver havido prenotação anterior.
- V. art. 1.225, CC.
- V. art. 215, Lei 6.015/1973 (Registros Públicos).

Parágrafo único. A ineficácia poderá ser declarada de ofício pelo juiz, alegada em defesa ou pleiteada mediante ação própria ou incidentalmente no curso do processo.

Art. 130. São revogáveis os atos praticados com a intenção de prejudicar credores, provando-se o conluio fraudulento entre o devedor e o terceiro que com ele contratar e o efetivo prejuízo sofrido pela massa falida.
- V. art. 132.
- V. arts. 158 a 165, CC.
- V. art. 369 e 372, CPC/2015.
- V. art. 35, *caput*, Lei 6.024/1974 (Intervenção e liquidação extrajudicial das instituições financeiras).
- • V. arts. 318 e 319, CPC/2015.

Art. 131. Nenhum dos atos referidos nos incisos I a III e VI do art. 129 desta Lei que tenham sido previstos e realizados na forma definida no plano de recuperação judicial será declarado ineficaz ou revogado.
- V. art. 74.

Art. 132. A ação revocatória, de que trata o art. 130 desta Lei, deverá ser proposta pelo administrador judicial, por qualquer credor ou pelo Ministério Público no prazo de 3 (três) anos contado da decretação da falência.
- V. art. 35, Lei 6.024/1974 (Intervenção e liquidação extrajudicial das instituições financeiras).

Art. 133. A ação revocatória pode ser promovida:
I – contra todos os que figuraram no ato ou que por efeito dele foram pagos, garantidos ou beneficiados;
II – contra os terceiros adquirentes, se tiveram conhecimento, ao se criar o direito, da intenção do devedor de prejudicar os credores;
III – contra os herdeiros ou legatários das pessoas indicadas nos incisos I e II do *caput* deste artigo.
- V. art. 35, Lei 6.024/1974 (Intervenção e liquidação extrajudicial das instituições financeiras).

Art. 134. A ação revocatória correrá perante o juízo da falência e obedecerá ao procedimento ordinário previsto na Lei 5.869, de 11 de janeiro de 1973 – Código de Processo Civil.

- V. arts. 61 e 318 a 512, CPC/2015.
- V. art. 35, Lei 6.024/1974 (Intervenção e liquidação extrajudicial das instituições financeiras).

Art. 135. A sentença que julgar procedente a ação revocatória determinará o retorno dos bens à massa falida em espécie, com todos os acessórios, ou o valor de mercado, acrescidos das perdas e danos.

Parágrafo único. Da sentença cabe apelação.
- V. arts. 1.009 a 1.014, CPC/2015.

Art. 136. Reconhecida a ineficácia ou julgada procedente a ação revocatória, as partes retornarão ao estado anterior, e o contratante de boa-fé terá direito à restituição dos bens ou valores entregues ao devedor.

§ 1º Na hipótese de securitização de créditos do devedor, não será declarada a ineficácia ou revogado o ato de cessão em prejuízo dos direitos dos portadores de valores mobiliários emitidos pelo securitizador.

§ 2º É garantido ao terceiro de boa-fé, a qualquer tempo, propor ação por perdas e danos contra o devedor ou seus garantes.
- V. arts. 927 e 944, CC.
- V. art. 35, Lei 6.024/1974 (Intervenção e liquidação extrajudicial das instituições financeiras).

Art. 137. O juiz poderá, a requerimento do autor da ação revocatória, ordenar, como medida preventiva, na forma da lei processual civil, o sequestro dos bens retirados do patrimônio do devedor que estejam em poder de terceiros.

Art. 138. O ato pode ser declarado ineficaz ou revogado, ainda que praticado com base em decisão judicial, observado o disposto no art. 131 desta Lei.

Parágrafo único. Revogado o ato ou declarada sua ineficácia, ficará rescindida a sentença que o motivou.
- V. arts. 138 a 184 e 850, CC.
- V. arts. 494, 502 e 504, CPC/2015.

Seção X
Da realização do ativo

- V. art. 133, CTN.

Art. 139. Logo após a arrecadação dos bens, com a juntada do respectivo auto ao processo de falência, será iniciada a realização do ativo.

Lei 11.101/2005

LEGISLAÇÃO

Art. 140. A alienação dos bens será realizada de uma das seguintes formas, observada a seguinte ordem de preferência:
I – alienação da empresa, com a venda de seus estabelecimentos em bloco;
II – alienação da empresa, com a venda de suas filiais ou unidades produtivas isoladamente;
III – alienação em bloco dos bens que integram cada um dos estabelecimentos do devedor;
IV – alienação dos bens individualmente considerados.
§ 1º Se convier à realização do ativo, ou em razão de oportunidade, podem ser adotadas mais de uma forma de alienação.
§ 2º A realização do ativo terá início independentemente da formação do quadro geral de credores.
§ 3º A alienação da empresa terá por objeto o conjunto de determinados bens necessários à operação rentável da unidade de produção, que poderá compreender a transferência de contratos específicos.

* V. art. 117.

§ 4º Nas transmissões de bens alienados na forma deste artigo que dependam de registro público, a este servirá como título aquisitivo suficiente o mandado judicial respectivo.

Art. 141. Na alienação conjunta ou separada de ativos, inclusive da empresa ou de suas filiais, promovida sob qualquer das modalidades de que trata este artigo:
I – todos os credores, observada a ordem de preferência definida no art. 83 desta Lei, sub-rogam-se no produto da realização do ativo;
II – o objeto da alienação estará livre de qualquer ônus e não haverá sucessão do arrematante nas obrigações do devedor, inclusive as de natureza tributária, as derivadas da legislação do trabalho e as decorrentes de acidentes de trabalho.

* V. § 2º deste artigo.
* V. arts. 1.483 e 1.501, CC.

§ 1º O disposto no inciso II do *caput* deste artigo não se aplica quando o arrematante for:

* V. art. 131, CTN.

I – sócio da sociedade falida, ou sociedade controlada pelo falido;
II – parente, em linha reta ou colateral até o quarto grau, consanguíneo ou afim, do falido ou de sócio da sociedade falida; ou
III – identificado como agente do falido com o objetivo de fraudar a sucessão.
§ 2º Empregados do devedor contratados pelo arrematante serão admitidos mediante novos contratos de trabalho e o arrematante não responde por obrigações decorrentes do contrato anterior.

* V. arts. 448 e 449, CLT.

Art. 142. O juiz, ouvido o administrador judicial e atendendo à orientação do Comitê, se houver, ordenará que se proceda à alienação do ativo em uma das seguintes modalidades:
I – leilão, por lances orais;
II – propostas fechadas;
III – pregão.

* V. arts. 12, § 2º, e 21, Dec.-lei 58/1937 (Loteamento e venda de imóveis em prestações).
* V. arts. 12, § 2º, e 21, Decreto 3.079/1938 (Regulamenta o Dec.-lei 58/1937).
* V. art. 77, Lei 5.764/1971 (Política nacional de cooperativismo).

§ 1º A realização da alienação em quaisquer das modalidades de que trata este artigo será antecedida por publicação de anúncio em jornal de ampla circulação, com 15 (quinze) dias de antecedência, em se tratando de bens móveis, e com 30 (trinta) dias na alienação da empresa ou de bens imóveis, facultada a divulgação por outros meios que contribuam para o amplo conhecimento da venda.
§ 2º A alienação dar-se-á pelo maior valor oferecido, ainda que seja inferior ao valor de avaliação.
§ 3º No leilão por lances orais, aplicam-se, no que couber, as regras da Lei 5.869, de 11 de janeiro de 1973 – Código de Processo Civil.

* V. arts. 879 a 903, CPC/2015.

§ 4º A alienação por propostas fechadas ocorrerá mediante a entrega, em cartório e sob recibo, de envelopes lacrados, a serem abertos pelo juiz, no dia, hora e local designados no edital, lavrando o escrivão o auto respectivo, assinado pelos presentes, e juntando as propostas aos autos da falência.

Lei 11.101/2005

§ 5º A venda por pregão constitui modalidade híbrida das anteriores, comportando duas fases:

I – recebimento de propostas, na forma do § 3º deste artigo;

• A referência correta é o § 4º.

II – leilão por lances orais, de que participarão somente aqueles que apresentarem propostas não inferiores a 90% (noventa por cento) da maior proposta ofertada, na forma do § 2º deste artigo.

§ 6º A venda por pregão respeitará as seguintes regras:

I – recebidas e abertas as propostas na forma do § 5º deste artigo, o juiz ordenará a notificação dos ofertantes, cujas propostas atendam ao requisito de seu inciso II, para comparecer ao leilão;

II – o valor de abertura do leilão será o da proposta recebida do maior ofertante presente, considerando-se esse valor como lance, ao qual ele fica obrigado;

III – caso não compareça ao leilão o ofertante da maior proposta e não seja dado lance igual ou superior ao valor por ele ofertado, fica obrigado a prestar a diferença verificada, constituindo a respectiva certidão do juízo título executivo para a cobrança dos valores pelo administrador judicial.

• V. art. 784, IX, CPC/2015.

§ 7º Em qualquer modalidade de alienação, o Ministério Público será intimado pessoalmente, sob pena de nulidade.

• V. art. 179, CPC/2015.

Art. 143. Em qualquer das modalidades de alienação referidas no art. 142 desta Lei, poderão ser apresentadas impugnações por quaisquer credores, pelo devedor ou pelo Ministério Público, no prazo de 48 (quarenta e oito) horas da arrematação, hipótese em que os autos serão conclusos ao juiz, que, no prazo de 5 (cinco) dias, decidirá sobre as impugnações e, julgando-as improcedentes, ordenará a entrega dos bens ao arrematante, respeitadas as condições estabelecidas no edital.

Art. 144. Havendo motivos justificados, o juiz poderá autorizar, mediante requerimento fundamentado do administrador judicial ou do Comitê, modalidades de alienação judicial diversas das previstas no art. 142 desta Lei.

Art. 145. O juiz homologará qualquer outra modalidade de realização do ativo, desde que aprovada pela assembleia geral de credores, inclusive com a constituição de sociedade de credores ou dos empregados do próprio devedor, com a participação, se necessária, dos atuais sócios ou de terceiros.

• V. art. 46.

§ 1º Aplica-se à sociedade mencionada neste artigo o disposto no art. 141 desta Lei.

§ 2º No caso de constituição de sociedade formada por empregados do próprio devedor, estes poderão utilizar créditos derivados da legislação do trabalho para a aquisição ou arrendamento da empresa.

§ 3º Não sendo aprovada pela assembleia geral a proposta alternativa para a realização do ativo, caberá ao juiz decidir a forma que será adotada, levando em conta a manifestação do administrador judicial e do Comitê.

Art. 146. Em qualquer modalidade de realização do ativo adotada, fica a massa falida dispensada da apresentação de certidões negativas.

Art. 147. As quantias recebidas a qualquer título serão imediatamente depositadas em conta remunerada de instituição financeira, atendidos os requisitos da lei ou das normas de organização judiciária.

Art. 148. O administrador judicial fará constar do relatório de que trata a alínea *p* do inciso III do art. 22 os valores eventualmente recebidos no mês vencido, explicitando a forma de distribuição dos recursos entre os credores, observado o disposto no art. 149 desta Lei.

Seção XI
Do pagamento aos credores

Art. 149. Realizadas as restituições, pagos os créditos extraconcursais, na forma do art. 84 desta Lei, e consolidado o quadro geral de credores, as importâncias recebidas com a realização do ativo serão destinadas ao pagamento dos credores, atendendo à classificação prevista no art. 83 desta Lei, respeitados os demais dispositivos desta Lei e as decisões judiciais que determinam reserva de importâncias.

§ 1º Havendo reserva de importâncias, os valores a ela relativos ficarão depositados até o julgamento definitivo do crédito e, no caso de não ser este finalmente reconhecido, no todo ou em parte, os recursos depositados serão objeto de rateio suplementar entre os credores remanescentes.

• V. art. 6º, § 3º.

§ 2º Os credores que não procederem, no prazo fixado pelo juiz, ao levantamento dos valores que lhes couberam em rateio serão intimados a fazê-lo no prazo de 60 (sessenta) dias, após o qual os recursos serão objeto de rateio suplementar entre os credores remanescentes.

Art. 150. As despesas cujo pagamento antecipado seja indispensável à administração da falência, inclusive na hipótese de continuação provisória das atividades previstas no inciso XI do *caput* do art. 99 desta Lei, serão pagas pelo administrador judicial com os recursos disponíveis em caixa.

• V. art. 188, CTN.

Art. 151. Os créditos trabalhistas de natureza estritamente salarial vencidos nos 3 (três) meses anteriores à decretação da falência, até o limite de cinco salários mínimos por trabalhador, serão pagos tão logo haja disponibilidade em caixa.

• V. art. 83, I.
• V. art. 449, CLT.

Art. 152. Os credores restituirão em dobro as quantias recebidas, acrescidas dos juros legais, se ficar evidenciado dolo ou má-fé na constituição do crédito ou da garantia.

• V. arts. 927 e 944, CC.

Art. 153. Pagos todos os credores, o saldo, se houver, será entregue ao falido.

Seção XII
Do encerramento da falência e da extinção das obrigações do falido

Art. 154. Concluída a realização de todo o ativo, e distribuído o produto entre os credores, o administrador judicial apresentará suas contas ao juiz no prazo de 30 (trinta) dias.

• V. arts. 22, III, *r*, e 31, § 2º.

§ 1º As contas, acompanhadas dos documentos comprobatórios, serão prestadas em autos apartados que, ao final, serão apensados aos autos da falência.

§ 2º O juiz ordenará a publicação de aviso de que as contas foram entregues e se encontram à disposição dos interessados, que poderão impugná-las no prazo de 10 (dez) dias.

§ 3º Decorrido o prazo do aviso e realizadas as diligências necessárias à apuração dos fatos, o juiz intimará o Ministério Público para manifestar-se no prazo de 5 (cinco) dias, findo o qual o administrador judicial será ouvido se houver impugnação ou parecer contrário do Ministério Público.

§ 4º Cumpridas as providências previstas nos §§ 2º e 3º deste artigo, o juiz julgará as contas por sentença.

§ 5º A sentença que rejeitar as contas do administrador judicial fixará suas responsabilidades, poderá determinar a indisponibilidade ou o sequestro de bens e servirá como título executivo para indenização da massa.

§ 6º Da sentença cabe apelação.

• V. arts. 1.009 a 1.014, CPC/2015.

Art. 155. Julgadas as contas do administrador judicial, ele apresentará o relatório final da falência no prazo de 10 (dez) dias, indicando o valor do ativo e o do produto de sua realização, o valor do passivo e o dos pagamentos feitos aos credores, e especificará justificadamente as responsabilidades com que continuará o falido.

Art. 156. Apresentado o relatório final, o juiz encerrará a falência por sentença.

Parágrafo único. A sentença de encerramento será publicada por edital e dela caberá apelação.

• V. arts. 1.009 a 1.014, CPC/2015.
• V. art. 191, CTN.

Art. 157. O prazo prescricional relativo às obrigações do falido recomeça a correr a

Lei 11.101/2005

LEGISLAÇÃO

partir do dia em que transitar em julgado a sentença do encerramento da falência.

• V. arts. 197 e 199, CC.

Art. 158. Extingue as obrigações do falido:

I – o pagamento de todos os créditos;

II – o pagamento, depois de realizado todo o ativo, de mais de 50% (cinquenta por cento) dos créditos quirografários, sendo facultado ao falido o depósito da quantia necessária para atingir essa porcentagem se para tanto não bastou a integral liquidação do ativo;

• V. art. 304, CC.

III – o decurso do prazo de 5 (cinco) anos, contado do encerramento da falência, se o falido não tiver sido condenado por prática de crime previsto nesta Lei;

IV – o decurso do prazo de 10 (dez) anos, contado do encerramento da falência, se o falido tiver sido condenado por prática de crime previsto nesta Lei.

Art. 159. Configurada qualquer das hipóteses do art. 158 desta Lei, o falido poderá requerer ao juízo da falência que suas obrigações sejam declaradas extintas por sentença.

• V. art. 191, CTN.

§ 1º O requerimento será autuado em apartado com os respectivos documentos e publicado por edital no órgão oficial e em jornal de grande circulação.

§ 2º No prazo de 30 (trinta) dias contado da publicação do edital, qualquer credor pode opor-se ao pedido do falido.

§ 3º Findo o prazo, o juiz, em 5 (cinco) dias, proferirá sentença e, se o requerimento for anterior ao encerramento da falência, declarará extintas as obrigações na sentença de encerramento.

§ 4º A sentença que declarar extintas as obrigações será comunicada a todas as pessoas e entidades informadas da decretação da falência.

§ 5º Da sentença cabe apelação.

§ 6º Após o trânsito em julgado, os autos serão apensados aos da falência.

Art. 160. Verificada a prescrição ou extintas as obrigações nos termos desta Lei, o sócio de responsabilidade ilimitada também poderá requerer que seja declarada por sentença a extinção de suas obrigações na falência.

• V. art. 191, CTN.

Capítulo VI
DA RECUPERAÇÃO EXTRAJUDICIAL

Art. 161. O devedor que preencher os requisitos do art. 48 desta Lei poderá propor e negociar com credores plano de recuperação extrajudicial.

§ 1º Não se aplica o disposto neste Capítulo a titulares de créditos de natureza tributária, derivados da legislação do trabalho ou decorrentes de acidente de trabalho, assim como àqueles previstos nos arts. 49, § 3º, e 86, inciso II do *caput*, desta Lei.

• V. art. 187, CTN.

§ 2º O plano não poderá contemplar o pagamento antecipado de dívidas nem tratamento desfavorável aos credores que a ele não estejam sujeitos.

§ 3º O devedor não poderá requerer a homologação de plano extrajudicial, se estiver pendente pedido de recuperação judicial ou se houver obtido recuperação judicial ou homologação de outro plano de recuperação extrajudicial há menos de 2 (dois) anos.

§ 4º O pedido de homologação do plano de recuperação extrajudicial não acarretará suspensão de direitos, ações ou execuções, nem a impossibilidade do pedido de decretação de falência pelos credores não sujeitos ao plano de recuperação extrajudicial.

§ 5º Após a distribuição do pedido de homologação, os credores não poderão desistir da adesão ao plano, salvo com a anuência expressa dos demais signatários.

§ 6º A sentença de homologação do plano de recuperação extrajudicial constituirá título executivo judicial, nos termos do art. 584, inciso III do *caput*, da Lei 5.869, de 11 de janeiro de 1973 – Código de Processo Civil.

Art. 162. O devedor poderá requerer a homologação em juízo do plano de recuperação extrajudicial, juntando sua justificativa e o documento que contenha seus termos e condições, com as assinaturas dos credores que a ele aderiram.

• V. art. 104, CC.

Art. 163. O devedor poderá, também, requerer a homologação de plano de recuperação extrajudicial que obriga a todos os credores por ele abrangidos, desde que assinado por credores que representem mais de 3/5 (três quintos) de todos os créditos de cada espécie por ele abrangidos.

§ 1º O plano poderá abranger a totalidade de uma ou mais espécies de créditos previstos no art. 83, incisos II, IV, V, VI e VIII do *caput*, desta Lei, ou grupo de credores de mesma natureza e sujeito a semelhantes condições de pagamento, e, uma vez homologado, obriga a todos os credores das espécies por ele abrangidas, exclusivamente em relação aos créditos constituídos até a data do pedido de homologação.

§ 2º Não serão considerados para fins de apuração do percentual previsto no *caput* deste artigo os créditos não incluídos no plano de recuperação extrajudicial, os quais não poderão ter seu valor ou condições originais de pagamento alteradas.

§ 3º Para fins exclusivos de apuração do percentual previsto no *caput* deste artigo:
I – o crédito em moeda estrangeira será convertido para moeda nacional pelo câmbio da véspera da data de assinatura do plano; e
II – não serão computados os créditos detidos pelas pessoas relacionadas no art. 43 deste artigo.

• A remissão correta é ao art. 43 "desta Lei".

§ 4º Na alienação de bem objeto de garantia real, a supressão da garantia ou sua substituição somente serão admitidas mediante a aprovação expressa do credor titular da respectiva garantia.

• V. art. 50, § 1º.

§ 5º Nos créditos em moeda estrangeira, a variação cambial só poderá ser afastada se o credor titular do respectivo crédito aprovar expressamente previsão diversa no plano de recuperação extrajudicial.

• V. art. 50, § 2º.

§ 6º Para a homologação do plano de que trata este artigo, além dos documentos previstos no *caput* do art. 162 desta Lei, o devedor deverá juntar:

I – exposição da situação patrimonial do devedor;
II – as demonstrações contábeis relativas ao último exercício social e as levantadas especialmente para instruir o pedido, na forma do inciso II do *caput* do art. 51 desta Lei; e
III – os documentos que comprovem os poderes dos subscritores para novar ou transigir, relação nominal completa dos credores, com a indicação do endereço de cada um, a natureza, a classificação e o valor atualizado do crédito, discriminando sua origem, o regime dos respectivos vencimentos e a indicação dos registros contábeis de cada transação pendente.

Art. 164. Recebido o pedido de homologação do plano de recuperação extrajudicial previsto nos arts. 162 e 163 desta Lei, o juiz ordenará a publicação de edital no órgão oficial e em jornal de grande circulação nacional ou das localidades da sede e das filiais do devedor, convocando todos os credores do devedor para apresentação de suas impugnações ao plano de recuperação extrajudicial, observado o § 3º deste artigo.

§ 1º No prazo do edital, deverá o devedor comprovar o envio de carta a todos os credores sujeitos ao plano, domiciliados ou sediados no país, informando a distribuição do pedido, as condições do plano e prazo para impugnação.

§ 2º Os credores terão prazo de 30 (trinta) dias, contado da publicação do edital, para impugnarem o plano, juntando a prova de seu crédito.

§ 3º Para opor-se, em sua manifestação, à homologação do plano, os credores somente poderão alegar:
I – não preenchimento do percentual mínimo previsto no *caput* do art. 163 desta Lei;
II – prática de qualquer dos atos previstos no inciso III do art. 94 ou do art. 130 desta Lei, ou descumprimento de requisito previsto nesta Lei;
III – descumprimento de qualquer outra exigência legal.

§ 4º Sendo apresentada impugnação, será aberto prazo de 5 (cinco) dias para que o devedor sobre ela se manifeste.

§ 5º Decorrido o prazo do § 4º deste artigo, os autos serão conclusos imediatamente ao juiz para apreciação de eventuais impugna-

Lei 11.101/2005

LEGISLAÇÃO

ções e decidirá, no prazo de 5 (cinco) dias, acerca do plano de recuperação extrajudicial, homologando-o por sentença se entender que não implica prática de atos previstos no art. 130 desta Lei e que não há outras irregularidades que recomendem sua rejeição.

§ 6º Havendo prova de simulação de créditos ou vício de representação dos credores que subscreverem o plano, a sua homologação será indeferida.

§ 7º Da sentença cabe apelação sem efeito suspensivo.

* V. arts. 1.009 a 1.014, CPC/2015.

§ 8º Na hipótese de não homologação do plano o devedor poderá, cumpridas as formalidades, apresentar novo pedido de homologação de plano de recuperação extrajudicial.

Art. 165. O plano de recuperação extrajudicial produz efeitos após sua homologação judicial.

§ 1º É lícito, contudo, que o plano estabeleça a produção de efeitos anteriores à homologação, desde que exclusivamente em relação à modificação do valor ou da forma de pagamento dos credores signatários.

§ 2º Na hipótese do § 1º deste artigo, caso o plano seja posteriormente rejeitado pelo juiz, devolve-se aos credores signatários o direito de exigir seus créditos nas condições originais, deduzidos os valores efetivamente pagos.

Art. 166. Se o plano de recuperação extrajudicial homologado envolver alienação judicial de filiais ou de unidades produtivas isoladas do devedor, o juiz ordenará a sua realização, observado, no que couber, o disposto no art. 142 desta Lei.

* V. art. 133, CTN.

Art. 167. O disposto neste Capítulo não implica impossibilidade de realização de outras modalidades de acordo privado entre o devedor e seus credores.

Capítulo VII
DISPOSIÇÕES PENAIS

Seção I
Dos crimes em espécie

* V. art. 2º, Dec.-lei 3.914/1941 (Lei de Introdução ao Código Penal).
* V. arts. 935 e 1.011, CC.
* V. art. 177, § 1º, CP.
* V. art. 1º, § 5º, Dec. 1.102/1903 (Armazéns gerais).
* V. art. 21, *b*, Lei 6.024/1974 (Intervenção e liquidação extrajudicial das instituições financeiras).
* V. art. 23, § 1º, III, Lei 9.656/1998 (Planos e seguros privados de assistência à saúde).

Fraude a credores

Art. 168. Praticar, antes ou depois da sentença que decretar a falência, conceder a recuperação judicial ou homologar a recuperação extrajudicial, ato fraudulento de que resulte ou possa resultar prejuízo aos credores, com o fim de obter ou assegurar vantagem indevida para si ou para outrem:
Pena – reclusão, de 3 (três) a 6 (seis) anos, e multa.

* V. arts. 158 a 165, CC.
* V. arts. 171, 175, 179, 299 e 305, CP.
* V. art. 185, CTN.

Aumento da pena

§ 1º A pena aumenta-se de 1/6 (um sexto) a 1/3 (um terço), se o agente:

I – elabora escrituração contábil ou balanço com dados inexatos;

II – omite, na escrituração contábil ou no balanço, lançamento que deles deveria constar, ou altera escrituração ou balanço verdadeiros;

III – destrói, apaga ou corrompe dados contábeis ou negociais armazenados em computador ou sistema informatizado;

IV – simula a composição do capital social;

V – destrói, oculta ou inutiliza, total ou parcialmente, os documentos de escrituração contábil obrigatórios.

Contabilidade paralela

§ 2º A pena é aumentada de 1/3 (um terço) até metade se o devedor manteve ou movimentou recursos ou valores paralelamente à contabilidade exigida pela legislação.

Lei 11.101/2005

LEGISLAÇÃO

Concurso de pessoas

§ 3º Nas mesmas penas incidem os contadores, técnicos contábeis, auditores e outros profissionais que, de qualquer modo, concorrerem para as condutas criminosas descritas neste artigo, na medida de sua culpabilidade.

- V. arts. 1.169 a 1.178, CC.
- V. arts. 29 e 62, CP.

Redução ou substituição da pena

§ 4º Tratando-se de falência de microempresa ou de empresa de pequeno porte, e não se constatando prática habitual de condutas fraudulentas por parte do falido, poderá o juiz reduzir a pena de reclusão de 1/3 (um terço) a 2/3 (dois terços) ou substituí-la pelas penas restritivas de direitos, pelas de perda de bens e valores ou pelas de prestação de serviços à comunidade ou a entidades públicas.

Violação de sigilo empresarial

Art. 169. Violar, explorar ou divulgar, sem justa causa, sigilo empresarial ou dados confidenciais sobre operações ou serviços, contribuindo para a condução do devedor a estado de inviabilidade econômica ou financeira:
Pena – reclusão, de 2 (dois) a 4 (quatro) anos, e multa.

- V. art. 151 a 154, CP.
- V. art. 195, XI e XII, Lei 9.279/1996 (Propriedade industrial).

Divulgação de informações falsas

Art. 170. Divulgar ou propalar, por qualquer meio, informação falsa sobre devedor em recuperação judicial, com o fim de levá-lo à falência ou de obter vantagem:
Pena – reclusão, de 2 (dois) a 4 (quatro) anos, e multa.

- V. art. 139, CP.
- V. art. 3º, Lei 7.492/1986 (Crimes contra o sistema financeiro).
- V. art. 195, I e II, Lei 9.279/1996 (Propriedade industrial).

Indução a erro

Art. 171. Sonegar ou omitir informações ou prestar informações falsas no processo de falência, de recuperação judicial ou de recuperação extrajudicial, com o fim de induzir a erro o juiz, o Ministério Público, os credores, a assembleia geral de credores, o Comitê ou o administrador judicial:
Pena – reclusão, de 2 (dois) a 4 (quatro) anos, e multa.

- V. art. 300 e 304 e 342, CP.
- V. art. 15, Lei 7.492/1986 (Crimes contra o sistema financeiro).

Favorecimento de credores

Art. 172. Praticar, antes ou depois da sentença que decretar a falência, conceder a recuperação judicial ou homologar plano de recuperação extrajudicial, ato de disposição ou oneração patrimonial ou gerador de obrigação, destinado a favorecer um ou mais credores em prejuízo dos demais:
Pena – reclusão, de 2 (dois) a 5 (cinco) anos, e multa.

Parágrafo único. Nas mesmas penas incorre o credor que, em conluio, possa beneficiar-se de ato previsto no *caput* deste artigo.

Desvio, ocultação ou apropriação de bens

Art. 173. Apropriar-se, desviar ou ocultar bens pertencentes ao devedor sob recuperação judicial ou à massa falida, inclusive por meio da aquisição por interposta pessoa:
Pena – reclusão, de 2 (dois) a 4 (quatro) anos, e multa.

- V. art. 652, CC.
- V. arts. 168 e 312, CP.
- V. arts. 5º e 13, Lei 7.492/1986 (Crimes contra o sistema financeiro).

Aquisição, recebimento ou uso ilegal de bens

Art. 174. Adquirir, receber, usar, ilicitamente, bem que sabe pertencer à massa falida ou influir para que terceiro, de boa-fé, o adquira, receba ou use:
Pena – reclusão, de 2 (dois) a 4 (quatro) anos, e multa.

Habilitação ilegal de crédito

Art. 175. Apresentar, em falência, recuperação judicial ou recuperação extrajudicial, relação de créditos, habilitação de créditos ou reclamação falsas, ou juntar a elas título falso ou simulado:

Lei 11.101/2005

LEGISLAÇÃO

Pena – reclusão, de 2 (dois) a 4 (quatro) anos, e multa.

- V. art. 14, Lei 7.492/1986 (Crimes contra o sistema financeiro).

Exercício ilegal de atividade
Art. 176. Exercer atividade para a qual foi inabilitado ou incapacitado por decisão judicial, nos termos desta Lei:
Pena – reclusão, de 1 (um) a 4 (quatro) anos, e multa.

- V. art. 973, CC.
- V. art. 3º, *c*, Dec. 21.981/1932 (Leiloeiros).
- V. art. 4º, *b*, Lei 4.886/1965 (Representantes comerciais autônomos).

Violação de impedimento
Art. 177. Adquirir o juiz, o representante do Ministério Público, o administrador judicial, o gestor judicial, o perito, o avaliador, o escrivão, o oficial de justiça ou o leiloeiro, por si ou por interposta pessoa, bens de massa falida ou de devedor em recuperação judicial, ou, em relação a estes, entrar em alguma especulação de lucro, quando tenham atuado nos respectivos processos:
Pena – reclusão, de 2 (dois) a 4 (quatro) anos, e multa.

- V. art. 497, CC.

Omissão dos documentos contábeis obrigatórios
Art. 178. Deixar de elaborar, escriturar ou autenticar, antes ou depois da sentença que decretar a falência, conceder a recuperação judicial ou homologar o plano de recuperação extrajudicial, os documentos de escrituração contábil obrigatórios:
Pena – detenção, de 1 (um) a 2 (dois) anos, e multa, se o fato não constitui crime mais grave.

- V. arts. 1.179 a 1.195, CC.
- V. Lei 9.099/1995 (Juizados Especiais Cíveis e Criminais).
- V. art. 2º, parágrafo único, Lei 10.259/2001 (Juizados Especiais Cíveis e Criminais na Justiça Federal).

Seção II
Disposições comuns
Art. 179. Na falência, na recuperação judicial e na recuperação extrajudicial de sociedades, os seus sócios, diretores, gerentes, administradores e conselheiros, de fato ou de direito, bem como o administrador judicial, equiparam-se ao devedor ou falido para todos os efeitos penais decorrentes desta Lei, na medida de sua culpabilidade.

Art. 180. A sentença que decreta a falência, concede a recuperação judicial ou concede a recuperação extrajudicial de que trata o art. 163 desta Lei é condição objetiva de punibilidade das infrações penais descritas nesta Lei.

Art. 181. São efeitos da condenação por crime previsto nesta Lei:
I – a inabilitação para o exercício de atividade empresarial;

- V. art. 102.
- V. art. 972, CC.
- V. art. 1º, § 5º, Dec. 1.102/1903 (Armazéns gerais).

II – o impedimento para o exercício de cargo ou função em conselho de administração, diretoria ou gerência das sociedades sujeitas a esta Lei;

- V. art. 1.011, § 1º, CC.

III – a impossibilidade de gerir empresa por mandato ou por gestão de negócio.
§ 1º Os efeitos de que trata este artigo não são automáticos, devendo ser motivadamente declarados na sentença, e perdurarão até 5 (cinco) anos após a extinção da punibilidade, podendo, contudo, cessar antes pela reabilitação penal.

- V. art. 94, CP.
- V. arts. 743 a 750, CPP.

§ 2º Transitada em julgado a sentença penal condenatória, será notificado o Registro Público de Empresas para que tome as medidas necessárias para impedir novo registro em nome dos inabilitados.

- V. art. 2º, *caput*, Lei 8.934/1994 (Regisstro Público de Empresas Mercantis).

Art. 182. A prescrição dos crimes previstos nesta Lei reger-se-á pelas disposições do Decreto-lei 2.848, de 7 de dezembro de 1940 – Código Penal, começando a correr do dia da decretação da falência, da concessão da recuperação judicial ou da homologação do plano de recuperação extrajudicial.

- V. arts. 109, 110 e 112 a 118, CP.

Lei 11.101/2005

LEGISLAÇÃO

* V. Súmulas 147 e 592, STF.

Parágrafo único. A decretação da falência do devedor interrompe a prescrição cuja contagem tenha iniciado com a concessão da recuperação judicial ou com a homologação do plano de recuperação extrajudicial.

Seção III
Do procedimento penal

Art. 183. Compete ao juiz criminal da jurisdição onde tenha sido decretada a falência, concedida a recuperação judicial ou homologado o plano de recuperação extrajudicial, conhecer da ação penal pelos crimes previstos nesta Lei.

Art. 184. Os crimes previstos nesta Lei são de ação penal pública incondicionada.

Parágrafo único. Decorrido o prazo a que se refere o art. 187, § 1º, sem que o representante do Ministério Público ofereça denúncia, qualquer credor habilitado ou o administrador judicial poderá oferecer ação penal privada subsidiária da pública, observado o prazo decadencial de 6 (seis) meses.

* V. art. 100, CP.
* V. art. 29, CPP.

Art. 185. Recebida a denúncia ou a queixa, observar-se-á o rito previsto nos arts. 531 a 540 do Decreto-lei 3.689, de 3 de outubro de 1941 – Código de Processo Penal.

* Os arts. 531 a 538 do CPP regulam o "processo sumário".

Art. 186. No relatório previsto na alínea e do inciso III do *caput* do art. 22 desta Lei, o administrador judicial apresentará ao juiz da falência exposição circunstanciada, considerando as causas da falência, o procedimento do devedor, antes e depois da sentença, e outras informações detalhadas a respeito da conduta do devedor e de outros responsáveis, se houver, por atos que possam constituir crime relacionado com a recuperação judicial ou com a falência, ou outro delito conexo a estes.

* V. arts. 3º, CPP.

Parágrafo único. A exposição circunstanciada será instruída com laudo do contador encarregado do exame da escrituração do devedor.

Art. 187. Intimado da sentença que decreta a falência ou concede a recuperação judicial, o Ministério Público, verificando a ocorrência de qualquer crime previsto nesta Lei, promoverá imediatamente a competente ação penal ou, se entender necessário, requisitará a abertura de inquérito policial.

§ 1º O prazo para oferecimento da denúncia regula-se pelo art. 46 do Decreto-lei 3.689, de 3 de outubro de 1941 – Código de Processo Penal, salvo se o Ministério Público, estando o réu solto ou afiançado, decidir aguardar a apresentação da exposição circunstanciada de que trata o art. 186 desta Lei, devendo, em seguida, oferecer a denúncia em 15 (quinze) dias.

§ 2º Em qualquer fase processual, surgindo indícios da prática dos crimes previstos nesta Lei, o juiz da falência ou da recuperação judicial ou da recuperação extrajudicial cientificará o Ministério Público.

Art. 188. Aplicam-se subsidiariamente as disposições do Código de Processo Penal, no que não forem incompatíveis com esta Lei.

Capítulo VIII
DISPOSIÇÕES FINAIS E TRANSITÓRIAS

Art. 189. Aplica-se a Lei 5.869, de 11 de janeiro de 1973 – Código de Processo Civil, no que couber, aos procedimentos previstos nesta Lei.

Art. 190. Todas as vezes que esta Lei se referir a devedor ou falido, compreender-se-á que a disposição também se aplica aos sócios ilimitadamente responsáveis.

* V. art. 81, *caput*.
* V. arts. 1.039 e 1.045, CC.
* V. art. 281, Lei 6.404/1976 (Sociedades por ações).

Art. 191. Ressalvadas as disposições específicas desta Lei, as publicações ordenadas serão feitas preferencialmente na imprensa oficial e, se o devedor ou a massa falida comportar, em jornal ou revista de circulação regional ou nacional, bem como em quaisquer outros periódicos que circulem em todo o país.

Parágrafo único. As publicações ordenadas nesta Lei conterão a epígrafe "recuperação judicial de", "recuperação extrajudicial de" ou "falência de".

* V. art. 69.

Lei 11.101/2005

Art. 192. Esta Lei não se aplica aos processos de falência ou de concordata ajuizados anteriormente ao início de sua vigência, que serão concluídos nos termos do Decreto-lei 7.661, de 21 de junho de 1945.

§ 1º Fica vedada a concessão de concordata suspensiva nos processos de falência em curso, podendo ser promovida a alienação dos bens da massa falida assim que concluída a sua arrecadação, independentemente da formação do quadro geral de credores e da conclusão do inquérito judicial.

§ 2º A existência de pedido de concordata anterior à vigência desta Lei não obsta o pedido de recuperação judicial pelo devedor que não houver descumprido obrigação no âmbito da concordata, vedado, contudo, o pedido baseado no plano especial de recuperação judicial para microempresas e empresas de pequeno porte a que se refere a Seção V do Capítulo III desta Lei.

§ 3º No caso do § 2º deste artigo, se deferido o processamento da recuperação judicial, o processo de concordata será extinto e os créditos submetidos à concordata serão inscritos por seu valor original na recuperação judicial, deduzidas as parcelas pagas pelo concordatário.

- V. arts. 51 e 52.

§ 4º Esta Lei aplica-se às falências decretadas em sua vigência resultantes de convolação de concordatas ou de pedidos de falência anteriores, às quais se aplica, até a decretação, o Decreto-lei 7.661, de 21 de junho de 1945, observado, na decisão que decretar a falência, o disposto no art. 99 desta Lei.

§ 5º O juiz poderá autorizar a locação ou arrendamento de bens imóveis ou móveis a fim de evitar a sua deterioração, cujos resultados reverterão em favor da massa.

- § 5º acrescentado pela Lei 11.127/2005.

Art. 193. O disposto nesta Lei não afeta as obrigações assumidas no âmbito das câmaras ou prestadoras de serviços de compensação e de liquidação financeira, que serão ultimadas e liquidadas pela câmara ou prestador de serviços, na forma de seus regulamentos.

- V. art. 7º, Lei 10.214/2001 (Câmaras e prestadores de serviços de compensação e de liquidação).

Art. 194. O produto da realização das garantias prestadas pelo participante das câmaras ou prestadores de serviços de compensação e de liquidação financeira submetidos aos regimes de que trata esta Lei, assim como os títulos, valores mobiliários e quaisquer outros de seus ativos objetos de compensação ou liquidação serão destinados à liquidação das obrigações assumidas no âmbito das câmaras ou prestadoras de serviços.

Art. 195. A decretação da falência das concessionárias de serviços públicos implica extinção da concessão, na forma da lei.

- V. art. 35, VI, Lei 8.987/1995 (Concessão e permissão de prestação de serviços públicos).

Art. 196. Os Registros Públicos de Empresas manterão banco de dados público e gratuito, disponível na rede mundial de computadores, contendo a relação de todos os devedores falidos ou em recuperação judicial.

- V. arts. 69, parágrafo único, e 99, VIII.
- V. arts. 1º, I, e 29, Lei 8.934/1994 (Registro Público de Empresas Mercantis).

Parágrafo único. Os Registros Públicos de Empresas deverão promover a integração de seus bancos de dados em âmbito nacional.

Art. 197. Enquanto não forem aprovadas as respectivas leis específicas, esta Lei aplica-se subsidiariamente, no que couber, aos regimes previstos no Decreto-lei 73, de 21 de novembro de 1966, na Lei 6.024, de 13 de março de 1974, no Decreto-lei 2.321, de 25 de fevereiro de 1987, e na Lei 9.514, de 20 de novembro de 1997.

Art. 198. Os devedores proibidos de requerer concordata nos termos da legislação específica em vigor na data da publicação desta Lei ficam proibidos de requerer recuperação judicial ou extrajudicial nos termos desta Lei.

- V. art. 199.

Art. 199. Não se aplica o disposto no art. 198 desta Lei às sociedades a que se refere o art. 187 da Lei 7.565, de 19 de dezembro de 1986.

- V. Dec.-lei 496/1969 (Empresas de transporte aéreo em liquidação, falência ou concordata).
- V. Dec.-lei 669/1969 (Exclui do benefício da concordata as empresas que exploram serviços aéreos ou infraestrutura aeronáutica).

§ 1º Na recuperação judicial e na falência das sociedades de que trata o *caput* deste artigo, em nenhuma hipótese ficará suspen-

Lei 11.105/2005

so o exercício de direitos derivados de contratos de locação, arrendamento mercantil ou de qualquer outra modalidade de arrendamento de aeronaves ou de suas partes.

- § 1º acrescentado pela Lei 11.196/2005.
- V. art. 123, Lei 11.196/2005 ("MP do Bem").

§ 2º Os créditos decorrentes dos contratos mencionados no § 1º deste artigo não se submeterão aos efeitos da recuperação judicial ou extrajudicial, prevalecendo os direitos de propriedade sobre a coisa e as condições contratuais, não se lhes aplicando a ressalva contida na parte final do § 3º do art. 49 desta Lei.

- § 2º acrescentado pela Lei 11.196/2005.
- V. art. 123, Lei 11.196/2005 ("MP do Bem").

§ 3º Na hipótese de falência das sociedades de que trata o *caput* deste artigo, prevalecerão os direitos de propriedade sobre a coisa relativos a contratos de locação, de arrendamento mercantil ou de qualquer outra modalidade de arrendamento de aeronaves ou de suas partes.

- § 3º acrescentado pela Lei 11.196/2005.
- V. art. 123, Lei 11.196/2005 ("MP do Bem").

Art. 200. Ressalvado o disposto no art. 192 desta Lei, ficam revogados o Decreto-lei 7.661, de 21 de junho de 1945, e os arts. 503 a 512 do Decreto-lei 3.689, de 3 de outubro de 1941 – Código de Processo Penal.

Art. 201. Esta Lei entra em vigor 120 (cento e vinte) dias após sua publicação.

Brasília, 9 de fevereiro de 2005; 184º da Independência e 117º da República.

Luiz Inácio Lula da Silva

(*DOU* 09.02.2005, edição extra)

LEI 11.105,
DE 24 DE MARÇO DE 2005

Regulamenta os incisos II, IV e V do § 1º do art. 225 da Constituição Federal, estabelece normas de segurança e mecanismos de fiscalização de atividades que envolvam organismos geneticamente modificados – OGM e seus derivados, cria o Conselho Nacional de Biossegurança – CNBS, reestrutura a Comissão Técnica Nacional de Biossegurança – CTNBio, dispõe sobre a Política Nacional de Biossegurança – PNB, revoga a Lei 8.974, de 5 de janeiro de 1995, e a Medida Provisória 2.191-9, de 23 de agosto de 2001, e os arts. 5º, 6º, 7º, 8º, 9º, 10 e 16 da Lei 10.814, de 15 de dezembro de 2003, e dá outras providências.

- V. Dec. 5.591/2005 (Regulamenta dispositivos da Lei 11.105/2005).

O Presidente da República:

Faço saber que o Congresso Nacional decreta e eu sanciono a seguinte Lei:

Capítulo I
DISPOSIÇÕES PRELIMINARES E GERAIS

Art. 1º Esta Lei estabelece normas de segurança e mecanismos de fiscalização sobre a construção, o cultivo, a produção, a manipulação, o transporte, a transferência, a importação, a exportação, o armazenamento, a pesquisa, a comercialização, o consumo, a liberação no meio ambiente e o descarte de organismos geneticamente modificados – OGM e seus derivados, tendo como diretrizes o estímulo ao avanço científico na área de biossegurança e biotecnologia, a proteção à vida e à saúde humana, animal e vegetal, e a observância do princípio da precaução para a proteção do meio ambiente.

§ 1º Para os fins desta Lei, considera-se atividade de pesquisa a realizada em laboratório, regime de contenção ou campo, como parte do processo de obtenção de OGM e seus derivados ou de avaliação da biossegurança de OGM e seus derivados, o que engloba, no âmbito experimental, a construção, o cultivo, a manipulação, o transporte, a transferência, a importação, a exportação, o armazenamento, a liberação no meio ambiente e o descarte de OGM e seus derivados.

§ 2º Para os fins desta Lei, considera-se atividade de uso comercial de OGM e seus derivados a que não se enquadra como atividade de pesquisa, e que trata do cultivo, da produção, da manipulação, do transporte, da transferência, da comercialização, da importação, da exportação, do armazenamento, do consumo, da liberação e do descarte de OGM e seus derivados para fins comerciais.

Art. 2º As atividades e projetos que envolvam OGM e seus derivados, relacionados ao ensino com manipulação de organismos

Lei 11.105/2005

LEGISLAÇÃO

vivos, à pesquisa científica, ao desenvolvimento tecnológico e à produção industrial ficam restritos ao âmbito de entidades de direito público ou privado, que serão responsáveis pela obediência aos preceitos desta Lei e de sua regulamentação, bem como pelas eventuais consequências ou efeitos advindos de seu descumprimento.

§ 1º Para os fins desta Lei, consideram-se atividades e projetos no âmbito de entidade os conduzidos em instalações próprias ou sob a responsabilidade administrativa, técnica ou científica da entidade.

§ 2º As atividades e projetos de que trata este artigo são vedados a pessoas físicas em atuação autônoma e independente, ainda que mantenham vínculo empregatício ou qualquer outro com pessoas jurídicas.

§ 3º Os interessados em realizar atividade prevista nesta Lei deverão requerer autorização à Comissão Técnica Nacional de Biossegurança – CTNBio, que se manifestará no prazo fixado em regulamento.

§ 4º As organizações públicas e privadas, nacionais, estrangeiras ou internacionais, financiadoras ou patrocinadoras de atividades ou de projetos referidos no *caput* deste artigo devem exigir a apresentação de Certificado de Qualidade em Biossegurança, emitido pela CTNBio, sob pena de se tornarem corresponsáveis pelos eventuais efeitos decorrentes do descumprimento desta Lei ou de sua regulamentação.

Art. 3º Para os efeitos desta Lei, considera-se:

I – organismo: toda entidade biológica capaz de reproduzir ou transferir material genético, inclusive vírus e outras classes que venham a ser conhecidas;

II – ácido desoxirribonucleico – ADN, ácido ribonucleico – ARN: material genético que contém informações determinantes dos caracteres hereditários transmissíveis à descendência;

III – moléculas de ADN/ARN recombinante: as moléculas manipuladas fora das células vivas mediante a modificação de segmentos de ADN/ARN natural ou sintético e que possam multiplicar-se em uma célula viva, ou ainda as moléculas de ADN/ARN resultantes dessa multiplicação; consideram-se também os segmentos de ADN/ARN sintéticos equivalentes aos de ADN/ARN natural;

IV – engenharia genética: atividade de produção e manipulação de moléculas de ADN/ARN recombinante;

V – organismo geneticamente modificado – OGM: organismo cujo material genético – ADN/ARN tenha sido modificado por qualquer técnica de engenharia genética;

VI – derivado de OGM: produto obtido de OGM e que não possua capacidade autônoma de replicação ou que não contenha forma viável de OGM;

VII – célula germinal humana: célula-mãe responsável pela formação de gametas presentes nas glândulas sexuais femininas e masculinas e suas descendentes diretas em qualquer grau de ploidia;

VIII – clonagem: processo de reprodução assexuada, produzida artificialmente, baseada em um único patrimônio genético, com ou sem utilização de técnicas de engenharia genética;

IX – clonagem para fins reprodutivos: clonagem com a finalidade de obtenção de um indivíduo;

X – clonagem terapêutica: clonagem com a finalidade de produção de células-tronco embrionárias para utilização terapêutica;

XI – células-tronco embrionárias: células de embrião que apresentam a capacidade de se transformar em células de qualquer tecido de um organismo.

§ 1º Não se inclui na categoria de OGM o resultante de técnicas que impliquem a introdução direta, num organismo, de material hereditário, desde que não envolvam a utilização de moléculas de ADN/ARN recombinante ou OGM, inclusive fecundação *in vitro*, conjugação, transdução, transformação, indução poliploide e qualquer outro processo natural.

§ 2º Não se inclui na categoria de derivado de OGM a substância pura, quimicamente definida, obtida por meio de processos biológicos e que não contenha OGM, proteína heteróloga ou ADN recombinante.

Art. 4º Esta Lei não se aplica quando a modificação genética for obtida por meio das seguintes técnicas, desde que não impli-

Lei 11.105/2005

LEGISLAÇÃO

quem a utilização de OGM como receptor ou doador:

I – mutagênese;

II – formação e utilização de células somáticas de hibridoma animal;

III – fusão celular, inclusive a de protoplasma, de células vegetais, que possa ser produzida mediante métodos tradicionais de cultivo;

IV – autoclonagem de organismos não patogênicos que se processe de maneira natural.

Art. 5º É permitida, para fins de pesquisa e terapia, a utilização de células-tronco embrionárias obtidas de embriões humanos produzidos por fertilização *in vitro* e não utilizados no respectivo procedimento, atendidas as seguintes condições:

I – sejam embriões inviáveis; ou

II – sejam embriões congelados há 3 (três) anos ou mais, na data da publicação desta Lei, ou que, já congelados na data da publicação desta Lei, depois de completarem 3 (três) anos, contados a partir da data de congelamento.

§ 1º Em qualquer caso, é necessário o consentimento dos genitores.

§ 2º Instituições de pesquisa e serviços de saúde que realizem pesquisa ou terapia com células-tronco embrionárias humanas deverão submeter seus projetos à apreciação e aprovação dos respectivos comitês de ética em pesquisa.

§ 3º É vedada a comercialização do material biológico a que se refere este artigo e sua prática implica o crime tipificado no art. 15 da Lei 9.434, de 4 de fevereiro de 1997.

Art. 6º Fica proibido:

I – implementação de projeto relativo a OGM sem a manutenção de registro de seu acompanhamento individual;

II – engenharia genética em organismo vivo ou o manejo *in vitro* de ADN/ARN natural ou recombinante, realizado em desacordo com as normas previstas nesta Lei;

III – engenharia genética em célula germinal humana, zigoto humano e embrião humano;

IV – clonagem humana;

V – destruição ou descarte no meio ambiente de OGM e seus derivados em desacordo com as normas estabelecidas pela CTNBio, pelos órgãos e entidades de registro e fiscalização, referidos no art. 16 desta Lei, e as constantes desta Lei e de sua regulamentação;

VI – liberação no meio ambiente de OGM ou seus derivados, no âmbito de atividades de pesquisa, sem a decisão técnica favorável da CTNBio e, nos casos de liberação comercial, sem o parecer técnico favorável da CTNBio, ou sem o licenciamento do órgão ou entidade ambiental responsável, quando a CTNBio considerar a atividade como potencialmente causadora de degradação ambiental, ou sem a aprovação do Conselho Nacional de Biossegurança – CNBS, quando o processo tenha sido por ele avocado, na forma desta Lei e de sua regulamentação;

VII – a utilização, a comercialização, o registro, o patenteamento e o licenciamento de tecnologias genéticas de restrição do uso.

Parágrafo único. Para os efeitos desta Lei, entende-se por tecnologias genéticas de restrição do uso qualquer processo de intervenção humana para geração ou multiplicação de plantas geneticamente modificadas para produzir estruturas reprodutivas estéreis, bem como qualquer forma de manipulação genética que vise à ativação ou desativação de genes relacionados à fertilidade das plantas por indutores químicos externos.

Art. 7º São obrigatórias:

I – a investigação de acidentes ocorridos no curso de pesquisas e projetos na área de engenharia genética e o envio de relatório respectivo à autoridade competente no prazo máximo de 5 (cinco) dias a contar da data do evento;

II – a notificação imediata à CTNBio e às autoridades da saúde pública, da defesa agropecuária e do meio ambiente sobre acidente que possa provocar a disseminação de OGM e seus derivados;

III – a adoção de meios necessários para plenamente informar à CTNBio, às autoridades da saúde pública, do meio ambiente, da defesa agropecuária, à coletividade e aos demais empregados da instituição ou empresa sobre os riscos a que possam estar submetidos, bem como os procedimentos a serem tomados no caso de acidentes com OGM.

[...]

Lei 11.105/2005

LEGISLAÇÃO

Capítulo VII
DA RESPONSABILIDADE CIVIL E ADMINISTRATIVA

Art. 20. Sem prejuízo da aplicação das penas previstas nesta Lei, os responsáveis pelos danos ao meio ambiente e a terceiros responderão, solidariamente, por sua indenização ou reparação integral, independentemente da existência de culpa.

Art. 21. Considera-se infração administrativa toda ação ou omissão que viole as normas previstas nesta Lei e demais disposições legais pertinentes.

Parágrafo único. As infrações administrativas serão punidas na forma estabelecida no regulamento desta Lei, independentemente das medidas cautelares de apreensão de produtos, suspensão de venda de produto e embargos de atividades, com as seguintes sanções:

I – advertência;
II – multa;
III – apreensão de OGM e seus derivados;
IV – suspensão da venda de OGM e seus derivados;
V – embargo da atividade;
VI – interdição parcial ou total do estabelecimento, atividade ou empreendimento;
VII – suspensão de registro, licença ou autorização;
VIII – cancelamento de registro, licença ou autorização;
IX – perda ou restrição de incentivo e benefício fiscal concedidos pelo governo;
X – perda ou suspensão da participação em linha de financiamento em estabelecimento oficial de crédito;
XI – intervenção no estabelecimento;
XII – proibição de contratar com a administração pública, por período de até 5 (cinco) anos.

Art. 22. Compete aos órgãos e entidades de registro e fiscalização, referidos no art. 16 desta Lei, definir critérios, valores e aplicar multas de R$ 2.000,00 (dois mil reais) a R$ 1.500.000,00 (um milhão e quinhentos mil reais), proporcionalmente à gravidade da infração.

§ 1º As multas poderão ser aplicadas cumulativamente com as demais sanções previstas neste artigo.

§ 2º No caso de reincidência, a multa será aplicada em dobro.

§ 3º No caso de infração continuada, caracterizada pela permanência da ação ou omissão inicialmente punida, será a respectiva penalidade aplicada diariamente até cessar sua causa, sem prejuízo da paralisação imediata da atividade ou da interdição do laboratório ou da instituição ou empresa responsável.

Art. 23. As multas previstas nesta Lei serão aplicadas pelos órgãos e entidades de registro e fiscalização dos Ministérios da Agricultura, Pecuária e Abastecimento, da Saúde, do Meio Ambiente e da Secretaria Especial de Aquicultura e Pesca da Presidência da República, referidos no art. 16 desta Lei, de acordo com suas respectivas competências.

§ 1º Os recursos arrecadados com a aplicação de multas serão destinados aos órgãos e entidades de registro e fiscalização, referidos no art. 16 desta Lei, que aplicarem a multa.

§ 2º Os órgãos e entidades fiscalizadores da administração pública federal poderão celebrar convênios com os Estados, Distrito Federal e Municípios, para a execução de serviços relacionados à atividade de fiscalização prevista nesta Lei e poderão repassar-lhes parcela da receita obtida com a aplicação de multas.

§ 3º A autoridade fiscalizadora encaminhará cópia do auto de infração à CTNBio.

§ 4º Quando a infração constituir crime ou contravenção, ou lesão à Fazenda Pública ou ao consumidor, a autoridade fiscalizadora representará junto ao órgão competente para apuração das responsabilidades administrativa e penal.
[...]

Capítulo IX
DISPOSIÇÕES FINAIS E TRANSITÓRIAS

Art. 30. Os OGM que tenham obtido decisão técnica da CTNBio favorável a sua liberação comercial até a entrada em vigor des-

Lei 11.105/2005

ta Lei poderão ser registrados e comercializados, salvo manifestação contrária do CNBS, no prazo de 60 (sessenta) dias, a contar da data da publicação desta Lei.

Art. 31. A CTNBio e os órgãos e entidades de registro e fiscalização, referidos no art. 16 desta Lei, deverão rever suas deliberações de caráter normativo, no prazo de 120 (cento e vinte) dias, a fim de promover sua adequação às disposições desta Lei.

Art. 32. Permanecem em vigor os Certificados de Qualidade em Biossegurança, comunicados e decisões técnicas já emitidos pela CTNBio, bem como, no que não contrariarem o disposto nesta Lei, os atos normativos emitidos ao amparo da Lei 8.974, de 5 de janeiro de 1995.

Art. 33. As instituições que desenvolverem atividades reguladas por esta Lei na data de sua publicação deverão adequar-se as suas disposições no prazo de 120 (cento e vinte) dias, contado da publicação do decreto que a regulamentar.

Art. 34. Ficam convalidados e tornam-se permanentes os registros provisórios concedidos sob a égide da Lei 10.814, de 15 de dezembro de 2003.

Art. 35. Ficam autorizadas a produção e a comercialização de sementes de cultivares de soja geneticamente modificadas tolerantes a glifosato registradas no Registro Nacional de Cultivares – RNC do Ministério da Agricultura, Pecuária e Abastecimento.

Art. 36. Fica autorizado o plantio de grãos de soja geneticamente modificada tolerante a glifosato, reservados pelos produtores rurais para uso próprio, na safra 2004/2005, sendo vedada a comercialização da produção como semente.

Parágrafo único. O Poder Executivo poderá prorrogar a autorização de que trata o *caput* deste artigo.

Art. 37. A descrição do Código 20 do Anexo VIII da Lei 6.938, de 31 de agosto de 1981, acrescido pela Lei 10.165, de 27 de dezembro de 2000, passa a vigorar com a seguinte redação:

"ANEXO VIII

Código	Categoria	Descrição	Pp/gu
....	....	....	......
20	Uso de Recursos Naturais	Silvicultura; exploração econômica da madeira ou lenha e subprodutos florestais; importação ou exportação da fauna e flora nativas brasileiras; atividade de criação e exploração econômica de fauna exótica e de fauna silvestre; utilização do patrimônio genético natural; exploração de recursos aquáticos vivos; introdução de espécies exóticas, exceto para melhoramento genético vegetal e uso na agricultura; introdução de espécies geneticamente modificadas previamente identificadas pela CTNBio como potencialmente causadoras de significativa degradação do meio ambiente; uso da diversidade biológica pela biotecnologia em atividades previamente identificadas pela CTNBio como potencialmente causadoras de significativa degradação do meio ambiente.	Médio
....	....	....	......

Lei 11.107/2005

Art. 38. (Vetado.)

Art. 39. Não se aplica aos OGM e seus derivados o disposto na Lei 7.802, de 11 de julho de 1989, e suas alterações, exceto para os casos em que eles sejam desenvolvidos para servir de matéria-prima para a produção de agrotóxicos.

Art. 40. Os alimentos e ingredientes alimentares destinados ao consumo humano ou animal que contenham ou sejam produzidos a partir de OGM ou derivados deverão conter informação nesse sentido em seus rótulos, conforme regulamento.

Art. 41. Esta Lei entra em vigor na data de sua publicação.

Art. 42. Revogam-se a Lei 8.974, de 5 de janeiro de 1995, a Medida Provisória 2.191-9, de 23 de agosto de 2001, e os arts. 5º, 6º, 7º, 8º, 9º, 10 e 16 da Lei 10.814, de 15 de dezembro de 2003.

Brasília, 24 de março de 2005; 184º da Independência e 117º da República.

Luiz Inácio Lula da Silva

(DOU 28.03.2005)

LEI 11.107, DE 6 DE ABRIL DE 2005

Dispõe sobre normas gerais de contratação de consórcios públicos e dá outras providências.

- V. Dec. 5.504/2005 (Exigência de pregão, na forma eletrônica, para entes públicos ou privados).
- V. Dec. 6.017/2007 (Regulamenta a Lei 11.107/2005).

O Presidente da República:

Faço saber que o Congresso Nacional decreta e eu sanciono a seguinte Lei:

Art. 1º Esta Lei dispõe sobre normas gerais para a União, os Estados, o Distrito Federal e os Municípios contratarem consórcios públicos para a realização de objetivos de interesse comum e dá outras providências.

§ 1º O consórcio público constituirá associação pública ou pessoa jurídica de direito privado.

§ 2º A União somente participará de consórcios públicos em que também façam parte todos os Estados em cujos territórios estejam situados os Municípios consorciados.

§ 3º Os consórcios públicos, na área de saúde, deverão obedecer aos princípios, diretrizes e normas que regulam o Sistema Único de Saúde – SUS.

Art. 2º Os objetivos dos consórcios públicos serão determinados pelos entes da Federação que se consorciarem, observados os limites constitucionais.

§ 1º Para o cumprimento de seus objetivos, o consórcio público poderá:

I – firmar convênios, contratos, acordos de qualquer natureza, receber auxílios, contribuições e subvenções sociais ou econômicas de outras entidades e órgãos do governo;

II – nos termos do contrato de consórcio de direito público, promover desapropriações e instituir servidões nos termos de declaração de utilidade ou necessidade pública, ou interesse social, realizada pelo Poder Público; e

III – ser contratado pela administração direta ou indireta dos entes da Federação consorciados, dispensada a licitação.

§ 2º Os consórcios públicos poderão emitir documentos de cobrança e exercer atividades de arrecadação de tarifas e outros preços públicos pela prestação de serviços ou pelo uso ou outorga de uso de bens públicos por eles administrados ou, mediante autorização específica, pelo ente da Federação consorciado.

§ 3º Os consórcios públicos poderão outorgar concessão, permissão ou autorização de obras ou serviços públicos mediante autorização prevista no contrato de consórcio público, que deverá indicar de forma específica o objeto da concessão, permissão ou autorização e as condições a que deverá atender, observada a legislação de normas gerais em vigor.

Art. 3º O consórcio público será constituído por contrato cuja celebração dependerá da prévia subscrição de protocolo de intenções.

Art. 4º São cláusulas necessárias do protocolo de intenções as que estabeleçam:

I – a denominação, a finalidade, o prazo de duração e a sede do consórcio;

Lei 11.107/2005

II – a identificação dos entes da Federação consorciados;

III – a indicação da área de atuação do consórcio;

IV – a previsão de que o consórcio público é associação pública ou pessoa jurídica de direito privado sem fins econômicos;

V – os critérios para, em assuntos de interesse comum, autorizar o consórcio público a representar os entes da Federação consorciados perante outras esferas de governo;

VI – as normas de convocação e funcionamento da assembleia geral, inclusive para a elaboração, aprovação e modificação dos estatutos do consórcio público;

VII – a previsão de que a assembleia geral é a instância máxima do consórcio público e o número de votos para as suas deliberações;

VIII – a forma de eleição e a duração do mandato do representante legal do consórcio público que, obrigatoriamente, deverá ser Chefe do Poder Executivo de ente da Federação consorciado;

IX – o número, as formas de provimento e a remuneração dos empregados públicos, bem como os casos de contratação por tempo determinado para atender a necessidade temporária de excepcional interesse público;

X – as condições para que o consórcio público celebre contrato de gestão ou termo de parceria;

XI – a autorização para a gestão associada de serviços públicos, explicitando:

a) as competências cujo exercício se transferiu ao consórcio público;

b) os serviços públicos objeto da gestão associada e a área em que serão prestados;

c) a autorização para licitar ou outorgar concessão, permissão ou autorização da prestação dos serviços;

d) as condições a que deve obedecer o contrato de programa, no caso de a gestão associada envolver também a prestação de serviços por órgão ou entidade de um dos entes da Federação consorciados;

e) os critérios técnicos para cálculo do valor das tarifas e de outros preços públicos, bem como para seu reajuste ou revisão; e

XII – o direito de qualquer dos contratantes, quando adimplente com suas obrigações, de exigir o pleno cumprimento das cláusulas do contrato de consórcio público.

§ 1º Para os fins do inciso III do *caput* deste artigo, considera-se como área de atuação do consórcio público, independentemente de figurar a União como consorciada, a que corresponde à soma dos territórios:

I – dos Municípios, quando o consórcio público for constituído somente por Municípios ou por um Estado e Municípios com territórios nele contidos;

II – dos Estados ou dos Estados e do Distrito Federal, quando o consórcio público for, respectivamente, constituído por mais de um Estado ou por um ou mais Estados e o Distrito Federal;

III – *(Vetado.)*

IV – dos Municípios e do Distrito Federal, quando o consórcio for constituído pelo Distrito Federal e os Municípios; e

V – *(Vetado.)*

§ 2º O protocolo de intenções deve definir o número de votos que cada ente da Federação consorciado possui na assembleia geral, sendo assegurado um voto a cada ente consorciado.

§ 3º É nula a cláusula do contrato de consórcio que preveja determinadas contribuições financeiras ou econômicas de ente da Federação ao consórcio público, salvo a doação, destinação ou cessão do uso de bens móveis ou imóveis e as transferências ou cessões de direitos operadas por força de gestão associada de serviços públicos.

§ 4º Os entes da Federação consorciados, ou os com eles conveniados, poderão ceder-lhe servidores, na forma e condições da legislação de cada um.

§ 5º O protocolo de intenções deverá ser publicado na imprensa oficial.

Art. 5º O contrato de consórcio público será celebrado com a ratificação, mediante lei, do protocolo de intenções.

§ 1º O contrato de consórcio público, caso assim preveja cláusula, pode ser celebrado por apenas uma parcela dos entes da Federação que subscreveram o protocolo de intenções.

§ 2º A ratificação pode ser realizada com reserva que, aceita pelos demais entes subscritores, implicará consorciamento parcial ou condicional.

Lei 11.107/2005

§ 3º A ratificação realizada após 2 (dois) anos da subscrição do protocolo de intenções dependerá de homologação da assembleia geral do consórcio público.

§ 4º É dispensado da ratificação prevista no *caput* deste artigo o ente da Federação que, antes de subscrever o protocolo de intenções, disciplinar por lei a sua participação no consórcio público.

Art. 6º O consórcio público adquirirá personalidade jurídica:

I – de direito público, no caso de constituir associação pública, mediante a vigência das leis de ratificação do protocolo de intenções;

II – de direito privado, mediante o atendimento dos requisitos da legislação civil.

§ 1º O consórcio público com personalidade jurídica de direito público integra a administração indireta de todos os entes da Federação consorciados.

§ 2º No caso de se revestir de personalidade jurídica de direito privado, o consórcio público observará as normas de direito público no que concerne à realização de licitação, celebração de contratos, prestação de contas e admissão de pessoal, que será regido pela Consolidação das Leis do Trabalho – CLT.

Art. 7º Os estatutos disporão sobre a organização e o funcionamento de cada um dos órgãos constitutivos do consórcio público.

Art. 8º Os entes consorciados somente entregarão recursos ao consórcio público mediante contrato de rateio.

§ 1º O contrato de rateio será formalizado em cada exercício financeiro e seu prazo de vigência não será superior ao das dotações que o suportam, com exceção dos contratos que tenham por objeto exclusivamente projetos consistentes em programas e ações contemplados em plano plurianual ou a gestão associada de serviços públicos custeados por tarifas ou outros preços públicos.

§ 2º É vedada a aplicação dos recursos entregues por meio de contrato de rateio para o atendimento de despesas genéricas, inclusive transferências ou operações de crédito.

§ 3º Os entes consorciados, isolados ou em conjunto, bem como o consórcio público, são partes legítimas para exigir o cumprimento das obrigações previstas no contrato de rateio.

§ 4º Com o objetivo de permitir o atendimento dos dispositivos da Lei Complementar 101, de 4 de maio de 2000, o consórcio público deve fornecer as informações necessárias para que sejam consolidadas, nas contas dos entes consorciados, todas as despesas realizadas com os recursos entregues em virtude de contrato de rateio, de forma que possam ser contabilizadas nas contas de cada ente da Federação na conformidade dos elementos econômicos e das atividades ou projetos atendidos.

§ 5º Poderá ser excluído do consórcio público, após prévia suspensão, o ente consorciado que não consignar, em sua lei orçamentária ou em créditos adicionais, as dotações suficientes para suportar as despesas assumidas por meio de contrato de rateio.

Art. 9º A execução das receitas e despesas do consórcio público deverá obedecer às normas de direito financeiro aplicáveis às entidades públicas.

Parágrafo único. O consórcio público está sujeito à fiscalização contábil, operacional e patrimonial pelo Tribunal de Contas competente para apreciar as contas do Chefe do Poder Executivo representante legal do consórcio, inclusive quanto à legalidade, legitimidade e economicidade das despesas, atos, contratos e renúncia de receitas, sem prejuízo do controle externo a ser exercido em razão de cada um dos contratos de rateio.

Art. 10. *(Vetado.)*

Parágrafo único. Os agentes públicos incumbidos da gestão de consórcio não responderão pessoalmente pelas obrigações contraídas pelo consórcio público, mas responderão pelos atos praticados em desconformidade com a lei ou com as disposições dos respectivos estatutos.

Art. 11. A retirada do ente da Federação do consórcio público dependerá de ato formal de seu representante na assembleia geral, na forma previamente disciplinada por lei.

Lei 11.107/2005

LEGISLAÇÃO

§ 1º Os bens destinados ao consórcio público pelo consorciado que se retira somente serão revertidos ou retrocedidos no caso de expressa previsão no contrato de consórcio público ou no instrumento de transferência ou de alienação.

§ 2º A retirada ou a extinção do consórcio público não prejudicará as obrigações já constituídas, inclusive os contratos de programa, cuja extinção dependerá do prévio pagamento das indenizações eventualmente devidas.

Art. 12. A alteração ou a extinção de contrato de consórcio público dependerá de instrumento aprovado pela assembleia geral, ratificado mediante lei por todos os entes consorciados.

§ 1º Os bens, direitos, encargos e obrigações decorrentes da gestão associada de serviços públicos custeados por tarifas ou outra espécie de preço público serão atribuídos aos titulares dos respectivos serviços.

§ 2º Até que haja decisão que indique os responsáveis por cada obrigação, os entes consorciados responderão solidariamente pelas obrigações remanescentes, garantindo o direito de regresso em face dos entes beneficiados ou dos que deram causa à obrigação.

Art. 13. Deverão ser constituídas e reguladas por contrato de programa, como condição de sua validade, as obrigações que um ente da Federação constituir para com outro ente da Federação ou para com consórcio público no âmbito de gestão associada em que haja a prestação de serviços públicos ou a transferência total ou parcial de encargos, serviços, pessoal ou de bens necessários à continuidade dos serviços transferidos.

§ 1º O contrato de programa deverá:
I – atender à legislação de concessões e permissões de serviços públicos e, especialmente no que se refere ao cálculo de tarifas e de outros preços públicos, à de regulação dos serviços a serem prestados; e
II – prever procedimentos que garantam a transparência da gestão econômica e financeira de cada serviço em relação a cada um de seus titulares.

§ 2º No caso de a gestão associada originar a transferência total ou parcial de encargos, serviços, pessoal e bens essenciais à continuidade dos serviços transferidos, o contrato de programa, sob pena de nulidade, deverá conter cláusulas que estabeleçam:
I – os encargos transferidos e a responsabilidade subsidiária da entidade que os transferiu;
II – as penalidades no caso de inadimplência em relação aos encargos transferidos;
III – o momento de transferência dos serviços e os deveres relativos a sua continuidade;
IV – a indicação de quem arcará com o ônus e os passivos do pessoal transferido;
V – a identificação dos bens que terão apenas a sua gestão e administração transferidas e o preço dos que sejam efetivamente alienados ao contratado;
VI – o procedimento para o levantamento, cadastro e avaliação dos bens reversíveis que vierem a ser amortizados mediante receitas de tarifas ou outras emergentes da prestação dos serviços.

§ 3º É nula a cláusula de contrato de programa que atribuir ao contratado o exercício dos poderes de planejamento, regulação e fiscalização dos serviços por ele próprio prestados.

§ 4º O contrato de programa continuará vigente mesmo quando extinto o consórcio público ou o convênio de cooperação que autorizou a gestão associada de serviços públicos.

§ 5º Mediante previsão do contrato de consórcio público, ou de convênio de cooperação, o contrato de programa poderá ser celebrado por entidades de direito público ou privado que integrem a administração indireta de qualquer dos entes da Federação consorciados ou conveniados.

§ 6º O contrato celebrado na forma prevista no § 5º deste artigo será automaticamente extinto no caso de o contratado não mais integrar a administração indireta do ente da Federação que autorizou a gestão associada de serviços públicos por meio de consórcio público ou de convênio de cooperação.

§ 7º Excluem-se do previsto no *caput* deste artigo as obrigações cujo descumprimento não acarrete qualquer ônus, inclusive financeiro, a ente da Federação ou a consórcio público.

Lei 11.107/2005

LEGISLAÇÃO

Art. 14. A União poderá celebrar convênios com os consórcios públicos, com o objetivo de viabilizar a descentralização e a prestação de políticas públicas em escalas adequadas.

Art. 15. No que não contrariar esta Lei, a organização e funcionamento dos consórcios públicos serão disciplinados pela legislação que rege as associações civis.

Art. 16. O inciso IV do art. 41 da Lei 10.406, de 10 de janeiro de 2002 – Código Civil, passa a vigorar com a seguinte redação:

- Alteração processada no texto do referido Código.

Art. 17. Os arts. 23, 24, 26 e 112 da Lei 8.666, de 21 de junho de 1993, passam a vigorar com a seguinte redação:

"Art. 23. [...]

"[...]

"§ 8º No caso de consórcios públicos, aplicar-se-á o dobro dos valores mencionados no *caput* deste artigo quando formado por até três entes da Federação, e o triplo, quando formado por maior número."

"Art. 24. [...]

"[...]

"XXVI – na celebração de contrato de programa com ente da Federação ou com entidade de sua administração indireta, para a prestação de serviços públicos de forma associada nos termos do autorizado em contrato de consórcio público ou em convênio de cooperação.

"Parágrafo único. Os percentuais referidos nos incisos I e II do *caput* deste artigo serão 20% (vinte por cento) para compras, obras e serviços contratados por consórcios públicos, sociedade de economia mista, empresa pública e por autarquia ou fundação qualificadas, na forma da lei, como Agências Executivas."

"Art. 26. As dispensas previstas nos §§ 2º e 4º do art. 17 e no inciso III e seguintes do art. 24, as situações de inexigibilidade referidas no art. 25, necessariamente justificadas, e o retardamento previsto no final do parágrafo único do art. 8º desta Lei deverão ser comunicados, dentro de 3 (três) dias, à autoridade superior, para ratificação e publicação na imprensa oficial, no prazo de 5 (cinco) dias, como condição para a eficácia dos atos.

"[...]"

"Art. 112. [...]

"§ 1º Os consórcios públicos poderão realizar licitação da qual, nos termos do edital, decorram contratos administrativos celebrados por órgãos ou entidades dos entes da Federação consorciados.

"§ 2º É facultado à entidade interessada o acompanhamento da licitação e da execução do contrato."

Art. 18. O art. 10 da Lei 8.429, de 2 de junho de 1992, passa a vigorar acrescido dos seguintes incisos:

"Art. 10. [...]

"[...]

"XIV – celebrar contrato ou outro instrumento que tenha por objeto a prestação de serviços públicos por meio da gestão associada sem observar as formalidades previstas na lei;

"XV – celebrar contrato de rateio de consórcio público sem suficiente e prévia dotação orçamentária, ou sem observar as formalidades previstas na lei."

Art. 19. O disposto nesta Lei não se aplica aos convênios de cooperação, contratos de programa para gestão associada de serviços públicos ou instrumentos congêneres, que tenham sido celebrados anteriormente a sua vigência.

Art. 20. O Poder Executivo da União regulamentará o disposto nesta Lei, inclusive as normas gerais de contabilidade pública que serão observadas pelos consórcios públicos para que sua gestão financeira e orçamentária se realize na conformidade dos pressupostos da responsabilidade fiscal.

Art. 21. Esta Lei entra em vigor na data de sua publicação.

Brasília, 6 de abril de 2005; 184º da Independência e 117º da República.

Luiz Inácio Lula da Silva

(*DOU* 07.04.2005)

Lei 11.340/2006

LEGISLAÇÃO

LEI 11.340, DE 7 DE AGOSTO DE 2006

Cria mecanismos para coibir a violência doméstica e familiar contra a mulher, nos termos do § 8º do art. 226 da Constituição Federal, da Convenção sobre a Eliminação de Todas as Formas de Discriminação contra as Mulheres e da Convenção Interamericana para Prevenir, Punir e Erradicar a Violência contra a Mulher; dispõe sobre a criação dos Juizados de Violência Doméstica e Familiar contra a Mulher; altera o Código de Processo Penal, o Código Penal e a Lei de Execução Penal; e dá outras providências.

O Presidente da República:
Faço saber que o Congresso Nacional decreta e eu sanciono a seguinte Lei:

TÍTULO I
DISPOSIÇÕES PRELIMINARES

Art. 1º Esta Lei cria mecanismos para coibir e prevenir a violência doméstica e familiar contra a mulher, nos termos do § 8º do art. 226 da Constituição Federal, da Convenção sobre a Eliminação de Todas as Formas de Violência contra a Mulher, da Convenção Interamericana para Prevenir, Punir e Erradicar a Violência contra a Mulher e de outros tratados internacionais ratificados pela República Federativa do Brasil; dispõe sobre a criação dos Juizados de Violência Doméstica e Familiar contra a Mulher; e estabelece medidas de assistência e proteção às mulheres em situação de violência doméstica e familiar.

- O STF, na ADC 19 (*DOU* e *DJE* 17.02.2012), julgou procedente a ação declaratória para declarar a constitucionalidade dos artigos 1º, 33 e 41 da Lei 11.340/2006 (Violência doméstica e familiar contra a mulher).

Art. 2º Toda mulher, independentemente de classe, raça, etnia, orientação sexual, renda, cultura, nível educacional, idade e religião, goza dos direitos fundamentais inerentes à pessoa humana, sendo-lhe asseguradas as oportunidades e facilidades para viver sem violência, preservar sua saúde física e mental e seu aperfeiçoamento moral, intelectual e social.

Art. 3º Serão asseguradas às mulheres as condições para o exercício efetivo dos direitos à vida, à segurança, à saúde, à alimentação, à educação, à cultura, à moradia, ao acesso à justiça, ao esporte, ao lazer, ao trabalho, à cidadania, à liberdade, à dignidade, ao respeito e à convivência familiar e comunitária.

§ 1º O poder público desenvolverá políticas que visem garantir os direitos humanos das mulheres no âmbito das relações domésticas e familiares no sentido de resguardá-las de toda forma de negligência, discriminação, exploração, violência, crueldade e opressão.

§ 2º Cabe à família, à sociedade e ao poder público criar as condições necessárias para o efetivo exercício dos direitos enunciados no *caput*.

Art. 4º Na interpretação desta Lei, serão considerados os fins sociais a que ela se destina e, especialmente, as condições peculiares das mulheres em situação de violência doméstica e familiar.

TÍTULO II
DA VIOLÊNCIA DOMÉSTICA E FAMILIAR CONTRA A MULHER

Capítulo I
DISPOSIÇÕES GERAIS

Art. 5º Para os efeitos desta Lei, configura violência doméstica e familiar contra a mulher qualquer ação ou omissão baseada no gênero que lhe cause morte, lesão, sofrimento físico, sexual ou psicológico e dano moral ou patrimonial:

I – no âmbito da unidade doméstica, compreendida como o espaço de convívio permanente de pessoas, com ou sem vínculo familiar, inclusive as esporadicamente agregadas;

II – no âmbito da família, compreendida como a comunidade formada por indivíduos que são ou se consideram aparentados, unidos por laços naturais, por afinidade ou por vontade expressa;

III – em qualquer relação íntima de afeto, na qual o agressor conviva ou tenha convivido com a ofendida, independentemente de coabitação.

Parágrafo único. As relações pessoais enunciadas neste artigo independem de orientação sexual.

Lei 11.340/2006

LEGISLAÇÃO

Art. 6º A violência doméstica e familiar contra a mulher constitui uma das formas de violação dos direitos humanos.

Capítulo II
DAS FORMAS DE VIOLÊNCIA DOMÉSTICA E FAMILIAR CONTRA A MULHER

Art. 7º São formas de violência doméstica e familiar contra a mulher, entre outras:

I – a violência física, entendida como qualquer conduta que ofenda sua integridade ou saúde corporal;

II – a violência psicológica, entendida como qualquer conduta que lhe cause dano emocional e diminuição da autoestima ou que lhe prejudique e perturbe o pleno desenvolvimento ou que vise degradar ou controlar suas ações, comportamentos, crenças e decisões, mediante ameaça, constrangimento, humilhação, manipulação, isolamento, vigilância constante, perseguição contumaz, insulto, chantagem, ridicularização, exploração e limitação do direito de ir e vir ou qualquer outro meio que lhe cause prejuízo à saúde psicológica e à autodeterminação;

III – a violência sexual, entendida como qualquer conduta que a constranja a presenciar, a manter ou a participar de relação sexual não desejada, mediante intimidação, ameaça, coação ou uso da força; que a induza a comercializar ou a utilizar, de qualquer modo, a sua sexualidade, que a impeça de usar qualquer método contraceptivo ou que a force ao matrimônio, à gravidez, ao aborto ou à prostituição, mediante coação, chantagem, suborno ou manipulação; ou que limite ou anule o exercício de seus direitos sexuais e reprodutivos;

IV – a violência patrimonial, entendida como qualquer conduta que configure retenção, subtração, destruição parcial ou total de seus objetos, instrumentos de trabalho, documentos pessoais, bens, valores e direitos ou recursos econômicos, incluindo os destinados a satisfazer suas necessidades;

V – a violência moral, entendida como qualquer conduta que configure calúnia, difamação ou injúria.

TÍTULO III
DA ASSISTÊNCIA À MULHER EM SITUAÇÃO DE VIOLÊNCIA DOMÉSTICA E FAMILIAR

Capítulo I
DAS MEDIDAS INTEGRADAS DE PREVENÇÃO

Art. 8º A política pública que visa coibir a violência doméstica e familiar contra a mulher far-se-á por meio de um conjunto articulado de ações da União, dos Estados, do Distrito Federal e dos Municípios e de ações não governamentais, tendo por diretrizes:

I – a integração operacional do Poder Judiciário, do Ministério Público e da Defensoria Pública com as áreas de segurança pública, assistência social, saúde, educação, trabalho e habitação;

II – a promoção de estudos e pesquisas, estatísticas e outras informações relevantes, com a perspectiva de gênero e de raça ou etnia, concernentes às causas, às consequências e à frequência da violência doméstica e familiar contra a mulher, para a sistematização de dados, a serem unificados nacionalmente, e a avaliação periódica dos resultados das medidas adotadas;

III – o respeito, nos meios de comunicação social, dos valores éticos e sociais da pessoa e da família, de forma a coibir os papéis estereotipados que legitimem ou exacerbem a violência doméstica e familiar, de acordo com o estabelecido no inciso III do art. 1º, no inciso IV do art. 3º e no inciso IV do art. 221 da Constituição Federal;

IV – a implementação de atendimento policial especializado para as mulheres, em particular nas Delegacias de Atendimento à Mulher;

V – a promoção e a realização de campanhas educativas de prevenção da violência doméstica e familiar contra a mulher, voltadas ao público escolar e à sociedade em geral, e a difusão desta Lei e dos instrumentos de proteção aos direitos humanos das mulheres;

VI – a celebração de convênios, protocolos, ajustes, termos ou outros instrumentos de promoção de parceria entre órgãos governamentais ou entre estes e entidades não governamentais, tendo por objetivo a implementação de programas de erradicação

da violência doméstica e familiar contra a mulher;
VII – a capacitação permanente das Polícias Civil e Militar, da Guarda Municipal, do Corpo de Bombeiros e dos profissionais pertencentes aos órgãos e às áreas enunciados no inciso I quanto às questões de gênero e de raça ou etnia;
VIII – a promoção de programas educacionais que disseminem valores éticos de irrestrito respeito à dignidade da pessoa humana com a perspectiva de gênero e de raça ou etnia;
IX – o destaque, nos currículos escolares de todos os níveis de ensino, para os conteúdos relativos aos direitos humanos, à equidade de gênero e de raça ou etnia e ao problema da violência doméstica e familiar contra a mulher.

Capítulo II
DA ASSISTÊNCIA À MULHER EM SITUAÇÃO DE VIOLÊNCIA DOMÉSTICA E FAMILIAR

Art. 9º A assistência à mulher em situação de violência doméstica e familiar será prestada de forma articulada e conforme os princípios e as diretrizes previstos na Lei Orgânica da Assistência Social, no Sistema Único de Saúde, no Sistema Único de Segurança Pública, entre outras normas e políticas públicas de proteção, e emergencialmente quando for o caso.
§ 1º O juiz determinará, por prazo certo, a inclusão da mulher em situação de violência doméstica e familiar no cadastro de programas assistenciais do governo federal, estadual e municipal.
§ 2º O juiz assegurará à mulher em situação de violência doméstica e familiar, para preservar sua integridade física e psicológica:
I – acesso prioritário à remoção quando servidora pública, integrante da administração direta ou indireta;
II – manutenção do vínculo trabalhista, quando necessário o afastamento do local de trabalho, por até 6 (seis) meses.
§ 3º A assistência à mulher em situação de violência doméstica e familiar compreenderá o acesso aos benefícios decorrentes do desenvolvimento científico e tecnológico, incluindo os serviços de contracepção de emergência, a profilaxia das Doenças Sexualmente Transmissíveis (DST) e da Síndrome da Imunodeficiência Adquirida (AIDS) e outros procedimentos médicos necessários e cabíveis nos casos de violência sexual.

Capítulo III
DO ATENDIMENTO PELA AUTORIDADE POLICIAL

Art. 10. Na hipótese da iminência ou da prática de violência doméstica e familiar contra a mulher, a autoridade policial que tomar conhecimento da ocorrência adotará, de imediato, as providências legais cabíveis.
Parágrafo único. Aplica-se o disposto no *caput* deste artigo ao descumprimento de medida protetiva de urgência deferida.
Art. 11. No atendimento à mulher em situação de violência doméstica e familiar, a autoridade policial deverá, entre outras providências:
I – garantir proteção policial, quando necessário, comunicando de imediato ao Ministério Público e ao Poder Judiciário;
II – encaminhar a ofendida ao hospital ou posto de saúde e ao Instituto Médico Legal;
III – fornecer transporte para a ofendida e seus dependentes para abrigo ou local seguro, quando houver risco de vida;
IV – se necessário, acompanhar a ofendida para assegurar a retirada de seus pertences do local da ocorrência ou do domicílio familiar;
V – informar à ofendida os direitos a ela conferidos nesta Lei e os serviços disponíveis.
Art. 12. Em todos os casos de violência doméstica e familiar contra a mulher, feito o registro da ocorrência, deverá a autoridade policial adotar, de imediato, os seguintes procedimentos, sem prejuízo daqueles previstos no Código de Processo Penal:
I – ouvir a ofendida, lavrar o boletim de ocorrência e tomar a representação a termo, se apresentada;

- O STF, na ADIn 4.424 (*DOU* e *DJE* 17.02.2012), julgou procedente a ação para, "dando interpretação conforme aos arts. 12, I e 16, ambos da Lei 11.340/2006, assentar a natureza incondicionada da ação penal em caso de crime de lesão, pouco importando a extensão desta, praticado contra a mulher no ambiente doméstico [...]".

Lei 11.340/2006

II – colher todas as provas que servirem para o esclarecimento do fato e de suas circunstâncias;
III – remeter, no prazo de 48 (quarenta e oito) horas, expediente apartado ao juiz com o pedido da ofendida, para a concessão de medidas protetivas de urgência;
IV – determinar que se proceda ao exame de corpo de delito da ofendida e requisitar outros exames periciais necessários;
V – ouvir o agressor e as testemunhas;
VI – ordenar a identificação do agressor e fazer juntar aos autos sua folha de antecedentes criminais, indicando a existência de mandado de prisão ou registro de outras ocorrências policiais contra ele;
VII – remeter, no prazo legal, os autos do inquérito policial ao juiz e ao Ministério Público.
§ 1º O pedido da ofendida será tomado a termo pela autoridade policial e deverá conter:
I – qualificação da ofendida e do agressor;
II – nome e idade dos dependentes;
III – descrição sucinta do fato e das medidas protetivas solicitadas pela ofendida.
§ 2º A autoridade policial deverá anexar ao documento referido no § 1º o boletim de ocorrência e cópia de todos os documentos disponíveis em posse da ofendida.
§ 3º Serão admitidos como meios de prova os laudos ou prontuários médicos fornecidos por hospitais e postos de saúde.

TÍTULO IV
DOS PROCEDIMENTOS

Capítulo I
DISPOSIÇÕES GERAIS

Art. 13. Ao processo, ao julgamento e à execução das causas cíveis e criminais decorrentes da prática de violência doméstica e familiar contra a mulher aplicar-se-ão as normas dos Códigos de Processo Penal e Processo Civil e da legislação específica relativa à criança, ao adolescente e ao idoso que não conflitarem com o estabelecido nesta Lei.

Art. 14. Os Juizados de Violência Doméstica e Familiar contra a Mulher, órgãos da Justiça Ordinária com competência cível e criminal, poderão ser criados pela União, no Distrito Federal e nos Territórios, e pelos Estados, para o processo, o julgamento e a execução das causas decorrentes da prática de violência doméstica e familiar contra a mulher.
Parágrafo único. Os atos processuais poderão realizar-se em horário noturno, conforme dispuserem as normas de organização judiciária.

Art. 15. É competente, por opção da ofendida, para os processos cíveis regidos por esta Lei, o Juizado:
I – do seu domicílio ou de sua residência;
II – do lugar do fato em que se baseou a demanda;
III – do domicílio do agressor.

Art. 16. Nas ações penais públicas condicionadas à representação da ofendida de que trata esta Lei, só será admitida a renúncia à representação perante o juiz, em audiência especialmente designada com tal finalidade, antes do recebimento da denúncia e ouvido o Ministério Público.

* O STF, na ADIn 4.424 (*DOU* e *DJE* 17.02.2012), julgou procedente a ação para, "dando interpretação conforme aos arts. 12, I e 16, ambos da Lei 11.340/2006, assentar a natureza incondicionada da ação penal em caso de crime de lesão, pouco importando a extensão desta, praticado contra a mulher no ambiente doméstico [...]".

Art. 17. É vedada a aplicação, nos casos de violência doméstica e familiar contra a mulher, de penas de cesta básica ou outras de prestação pecuniária, bem como a substituição de pena que implique o pagamento isolado de multa.

Capítulo II
DAS MEDIDAS PROTETIVAS DE URGÊNCIA

Seção I
Disposições gerais

Art. 18. Recebido o expediente com o pedido da ofendida, caberá ao juiz, no prazo de 48 (quarenta e oito) horas:
I – conhecer do expediente e do pedido e decidir sobre as medidas protetivas de urgência;
II – determinar o encaminhamento da ofendida ao órgão de assistência judiciária, quando for o caso;
III – comunicar ao Ministério Público para que adote as providências cabíveis.

Lei 11.340/2006

LEGISLAÇÃO

Art. 19. As medidas protetivas de urgência poderão ser concedidas pelo juiz, a requerimento do Ministério Público ou a pedido da ofendida.

§ 1º As medidas protetivas de urgência poderão ser concedidas de imediato, independentemente de audiência das partes e de manifestação do Ministério Público, devendo este ser prontamente comunicado.

§ 2º As medidas protetivas de urgência serão aplicadas isolada ou cumulativamente, e poderão ser substituídas a qualquer tempo por outras de maior eficácia, sempre que os direitos reconhecidos nesta Lei forem ameaçados ou violados.

§ 3º Poderá o juiz, a requerimento do Ministério Público ou a pedido da ofendida, conceder novas medidas protetivas de urgência ou rever aquelas já concedidas, se entender necessário à proteção da ofendida, de seus familiares e de seu patrimônio, ouvido o Ministério Público.

Art. 20. Em qualquer fase do inquérito policial ou da instrução criminal, caberá a prisão preventiva do agressor, decretada pelo juiz, de ofício, a requerimento do Ministério Público ou mediante representação da autoridade policial.

Parágrafo único. O juiz poderá revogar a prisão preventiva se, no curso do processo, verificar a falta de motivo para que subsista, bem como de novo decretá-la, se sobrevierem razões que a justifiquem.

Art. 21. A ofendida deverá ser notificada dos atos processuais relativos ao agressor, especialmente dos pertinentes ao ingresso e à saída da prisão, sem prejuízo da intimação do advogado constituído ou do defensor público.

Parágrafo único. A ofendida não poderá entregar intimação ou notificação ao agressor.

Seção II
Das medidas protetivas
de urgência que obrigam
o agressor

Art. 22. Constatada a prática de violência doméstica e familiar contra a mulher, nos termos desta Lei, o juiz poderá aplicar, de imediato, ao agressor, em conjunto ou separadamente, as seguintes medidas protetivas de urgência, entre outras:

I – suspensão da posse ou restrição do porte de armas, com comunicação ao órgão competente, nos termos da Lei 10.826, de 22 de dezembro de 2003;

II – afastamento do lar, domicílio ou local de convivência com a ofendida;

III – proibição de determinadas condutas, entre as quais:

a) aproximação da ofendida, de seus familiares e das testemunhas, fixando o limite mínimo de distância entre estes e o agressor;

b) contato com a ofendida, seus familiares e testemunhas por qualquer meio de comunicação;

c) frequentação de determinados lugares a fim de preservar a integridade física e psicológica da ofendida;

IV – restrição ou suspensão de visitas aos dependentes menores, ouvida a equipe de atendimento multidisciplinar ou serviço similar;

V – prestação de alimentos provisionais ou provisórios.

§ 1º As medidas referidas neste artigo não impedem a aplicação de outras previstas na legislação em vigor, sempre que a segurança da ofendida ou as circunstâncias o exigirem, devendo a providência ser comunicada ao Ministério Público.

§ 2º Na hipótese de aplicação do inciso I, encontrando-se o agressor nas condições mencionadas no *caput* e incisos do art. 6º da Lei 10.826, de 22 de dezembro de 2003, o juiz comunicará ao respectivo órgão, corporação ou instituição as medidas protetivas de urgência concedidas e determinará a restrição do porte de armas, ficando o superior imediato do agressor responsável pelo cumprimento da determinação judicial, sob pena de incorrer nos crimes de prevaricação ou de desobediência, conforme o caso.

§ 3º Para garantir a efetividade das medidas protetivas de urgência, poderá o juiz requisitar, a qualquer momento, auxílio da força policial.

§ 4º Aplica-se às hipóteses previstas neste artigo, no que couber, o disposto no *caput* e

Lei 11.340/2006

nos §§ 5º e 6º do art. 461 da Lei 5.869, de 11 de janeiro de 1973 (Código de Processo Civil).

Seção III
Das medidas protetivas de urgência à ofendida

Art. 23. Poderá o juiz, quando necessário, sem prejuízo de outras medidas:
I – encaminhar a ofendida e seus dependentes a programa oficial ou comunitário de proteção ou de atendimento;
II – determinar a recondução da ofendida e a de seus dependentes ao respectivo domicílio, após afastamento do agressor;
III – determinar o afastamento da ofendida do lar, sem prejuízo dos direitos relativos a bens, guarda dos filhos e alimentos;
IV – determinar a separação de corpos.

Art. 24. Para a proteção patrimonial dos bens da sociedade conjugal ou daqueles de propriedade particular da mulher, o juiz poderá determinar, liminarmente, as seguintes medidas, entre outras:
I – restituição de bens indevidamente subtraídos pelo agressor à ofendida;
II – proibição temporária para a celebração de atos e contratos de compra, venda e locação de propriedade em comum, salvo expressa autorização judicial;
III – suspensão das procurações conferidas pela ofendida ao agressor;
IV – prestação de caução provisória, mediante depósito judicial, por perdas e danos materiais decorrentes da prática de violência doméstica e familiar contra a ofendida.
Parágrafo único. Deverá o juiz oficiar ao cartório competente para os fins previstos nos incisos II e III deste artigo.

Capítulo III
DA ATUAÇÃO DO MINISTÉRIO PÚBLICO

Art. 25. O Ministério Público intervirá, quando não for parte, nas causas cíveis e criminais decorrentes da violência doméstica e familiar contra a mulher.

Art. 26. Caberá ao Ministério Público, sem prejuízo de outras atribuições, nos casos de violência doméstica e familiar contra a mulher, quando necessário:
I – requisitar força policial e serviços públicos de saúde, de educação, de assistência social e de segurança, entre outros;
II – fiscalizar os estabelecimentos públicos e particulares de atendimento à mulher em situação de violência doméstica e familiar, e adotar, de imediato, as medidas administrativas ou judiciais cabíveis no tocante a quaisquer irregularidades constatadas;
III – cadastrar os casos de violência doméstica e familiar contra a mulher.

Capítulo IV
DA ASSISTÊNCIA JUDICIÁRIA

Art. 27. Em todos os atos processuais, cíveis e criminais, a mulher em situação de violência doméstica e familiar deverá estar acompanhada de advogado, ressalvado o previsto no art. 19 desta Lei.

Art. 28. É garantido a toda mulher em situação de violência doméstica e familiar o acesso aos serviços de Defensoria Pública ou de Assistência Judiciária Gratuita, nos termos da lei, em sede policial e judicial, mediante atendimento específico e humanizado.

TÍTULO V
DA EQUIPE DE ATENDIMENTO MULTIDISCIPLINAR

Art. 29. Os Juizados de Violência Doméstica e Familiar contra a Mulher que vierem a ser criados poderão contar com uma equipe de atendimento multidisciplinar, a ser integrada por profissionais especializados nas áreas psicossocial, jurídica e de saúde.

Art. 30. Compete à equipe de atendimento multidisciplinar, entre outras atribuições que lhe forem reservadas pela legislação local, fornecer subsídios por escrito ao juiz, ao Ministério Público e à Defensoria Pública, mediante laudos ou verbalmente em audiência, e desenvolver trabalhos de orientação, encaminhamento, prevenção e outras medidas, voltados para a ofendida, o agressor e os familiares, com especial atenção às crianças e aos adolescentes.

Lei 11.340/2006

LEGISLAÇÃO

Art. 31. Quando a complexidade do caso exigir avaliação mais aprofundada, o juiz poderá determinar a manifestação de profissional especializado, mediante a indicação da equipe de atendimento multidisciplinar.

Art. 32. O Poder Judiciário, na elaboração de sua proposta orçamentária, poderá prever recursos para a criação e manutenção da equipe de atendimento multidisciplinar, nos termos da Lei de Diretrizes Orçamentárias.

TÍTULO VI
DISPOSIÇÕES TRANSITÓRIAS

Art. 33. Enquanto não estruturados os Juizados de Violência Doméstica e Familiar contra a Mulher, as varas criminais acumularão as competências cível e criminal para conhecer e julgar as causas decorrentes da prática de violência doméstica e familiar contra a mulher, observadas as previsões do Título IV desta Lei, subsidiada pela legislação processual pertinente.

• O STF, na ADC 19 (*DOU* e *DJE* 17.02.2012), julgou procedente a ação declaratória para declarar a constitucionalidade dos artigos 1º, 33 e 41 da Lei 11.340/2006 (Violência doméstica e familiar contra a mulher).

Parágrafo único. Será garantido o direito de preferência, nas varas criminais, para o processo e o julgamento das causas referidas no *caput*.

TÍTULO VII
DISPOSIÇÕES FINAIS

Art. 34. A instituição dos Juizados de Violência Doméstica e Familiar contra a Mulher poderá ser acompanhada pela implantação das curadorias necessárias e do serviço de assistência judiciária.

Art. 35. A União, o Distrito Federal, os Estados e os Municípios poderão criar e promover, no limite das respectivas competências:

I – centros de atendimento integral e multidisciplinar para mulheres e respectivos dependentes em situação de violência doméstica e familiar;

II – casas-abrigos para mulheres e respectivos dependentes menores em situação de violência doméstica e familiar;

III – delegacias, núcleos de defensoria pública, serviços de saúde e centros de perícia médico-legal especializados no atendimento à mulher em situação de violência doméstica e familiar;

IV – programas e campanhas de enfrentamento da violência doméstica e familiar;

V – centros de educação e de reabilitação para os agressores.

Art. 36. A União, os Estados, o Distrito Federal e os Municípios promoverão a adaptação de seus órgãos e de seus programas às diretrizes e aos princípios desta Lei.

Art. 37. A defesa dos interesses e direitos transindividuais previstos nesta Lei poderá ser exercida, concorrentemente, pelo Ministério Público e por associação de atuação na área, regularmente constituída há pelo menos 1 (um) ano, nos termos da legislação civil.

Parágrafo único. O requisito da pré-constituição poderá ser dispensado pelo juiz quando entender que não há outra entidade com representatividade adequada para o ajuizamento da demanda coletiva.

Art. 38. As estatísticas sobre a violência doméstica e familiar contra a mulher serão incluídas nas bases de dados dos órgãos oficiais do Sistema de Justiça e Segurança a fim de subsidiar o sistema nacional de dados e informações relativo às mulheres.

Parágrafo único. As Secretarias de Segurança Pública dos Estados e do Distrito Federal poderão remeter suas informações criminais para a base de dados do Ministério da Justiça.

Art. 39. A União, os Estados, o Distrito Federal e os Municípios, no limite de suas competências e nos termos das respectivas leis de diretrizes orçamentárias, poderão estabelecer dotações orçamentárias específicas, em cada exercício financeiro, para a implementação das medidas estabelecidas nesta Lei.

Art. 40. As obrigações previstas nesta Lei não excluem outras decorrentes dos princípios por ela adotados.

Art. 41. Aos crimes praticados com violência doméstica e familiar contra a mulher, independentemente da pena prevista, não

Prov. CFOAB 112/2006

LEGISLAÇÃO

se aplica a Lei 9.099, de 26 de setembro de 1995.

- O STF, na ADC 19 (*DOU* e *DJE* 17.02.2012), julgou procedente a ação declaratória para declarar a constitucionalidade dos artigos 1º, 33 e 41 da Lei 11.340/2006 (Violência doméstica e familiar contra a mulher).

Art. 42. O art. 313 do Decreto-lei 3.689, de 3 de outubro de 1941 (Código de Processo Penal), passa a vigorar acrescido do seguinte inciso IV:
"Art. 313. [...]
"[...]
"IV – se o crime envolver violência doméstica e familiar contra a mulher, nos termos da lei específica, para garantir a execução das medidas protetivas de urgência."

Art. 43. A alínea *f* do inciso II do art. 61 do Decreto-lei 2.848, de 7 de dezembro de 1940 (Código Penal), passa a vigorar com a seguinte redação:
"Art. 61. [...]
"[...]
"II – [...]
"[...]
"*f*) com abuso de autoridade ou prevalecendo-se de relações domésticas, de coabitação ou de hospitalidade, ou com violência contra a mulher na forma da lei específica;
"[...]"

Art. 44. O art. 129 do Decreto-lei 2.848, de 7 de dezembro de 1940 (Código Penal), passa a vigorar com as seguintes alterações:
"Art. 129. [...]
"[...]
"§ 9º Se a lesão for praticada contra ascendente, descendente, irmão, cônjuge ou companheiro, ou com quem conviva ou tenha convivido, ou, ainda, prevalecendo-se o agente das relações domésticas, de coabitação ou de hospitalidade:
"Pena – detenção, de 3 (três) meses a 3 (três) anos.
"[...]
"§ 11. Na hipótese do § 9º deste artigo, a pena será aumentada de 1/3 (um terço) se o crime for cometido contra pessoa portadora de deficiência."

Art. 45. O art. 152 da Lei 7.210, de 11 de julho de 1984 (Lei de Execução Penal), passa a vigorar com a seguinte redação:
"Art. 152. [...]
"Parágrafo único. Nos casos de violência doméstica contra a mulher, o juiz poderá determinar o comparecimento obrigatório do agressor a programas de recuperação e reeducação."

Art. 46. Esta Lei entra em vigor 45 (quarenta e cinco) dias após sua publicação.

Brasília, 7 de agosto de 2006; 185º da Independência e 118º da República.
Luiz Inácio Lula da Silva

(*DOU* 08.08.2006)

PROVIMENTO 112,
DE 10 DE SETEMBRO DE 2006, DO CONSELHO FEDERAL DA ORDEM DOS ADVOGADOS DO BRASIL – CFOAB

Dispõe sobre as Sociedades de Advogados.

O Conselho Federal da Ordem dos Advogados do Brasil, no uso das atribuições que lhe são conferidas pelo art. 54, V, da Lei 8.906, de 4 de julho de 1994 – Estatuto da Advocacia e da OAB, tendo em vista o que foi decidido na Sessão Extraordinária do Conselho Pleno, realizada no dia 10 de setembro de 2006, ao apreciar a Proposição 24/2003/COP, resolve:

Art. 1º As Sociedades de Advogados são constituídas e reguladas segundo os arts. 15 a 17 do Estatuto da Advocacia e a Ordem dos Advogados do Brasil (OAB) – EAOAB, os arts. 37 a 43 do seu Regulamento Geral e as disposições deste Provimento.

Art. 2º O Contrato Social deve conter os elementos e atender aos requisitos e diretrizes indicados a seguir:
I – a razão social, constituída pelo nome completo, ou patronímico, dos sócios ou, pelo menos, de um deles, responsáveis pela administração, assim como a previsão de

sua alteração ou manutenção, por falecimento de sócio que lhe tenha dado o nome, observado, ainda, o disposto no parágrafo único deste artigo;

II – o objeto social, que consistirá, exclusivamente, no exercício da advocacia, podendo especificar o ramo do direito a que a sociedade se dedicará;

III – o prazo de duração;

IV – o endereço em que irá atuar;

V – o valor do capital social, sua subscrição por todos os sócios, com a especificação da participação de cada qual, e a forma de sua integralização;

VI – o critério de distribuição dos resultados e dos prejuízos verificados nos períodos que indicar;

VII – a forma de cálculo e o modo de pagamento dos haveres e de eventuais honorários pendentes, devidos ao sócio falecido, assim como ao que se retirar da sociedade ou que dela for excluído;

VIII – a possibilidade, ou não, de o sócio exercer a advocacia autonomamente e de auferir, ou não, os respectivos honorários como receita pessoal;

IX – é permitido o uso do símbolo "&", como conjuntivo dos nomes de sócios que constarem da denominação social;

X – não são admitidas a registro, nem podem funcionar, Sociedades de Advogados que revistam a forma de sociedade empresária ou cooperativa, ou qualquer outra modalidade de cunho mercantil;

XI – é imprescindível a adoção de cláusula com a previsão expressa de que, além da sociedade, o sócio ou associado responderá subsidiária e ilimitadamente pelos danos causados aos clientes, por ação ou omissão, no exercício da advocacia;

- Inciso XI com redação determinada pelo Provimento CFOAB 147/2012.

XII – será admitida cláusula de mediação, conciliação e arbitragem, inclusive com a indicação do Tribunal de Ética e Disciplina da OAB;

XIII – não se admitirá o registro e arquivamento de Contrato Social, e de suas alterações, com cláusulas que suprimam o direito de voto de qualquer dos sócios, podendo, entretanto, estabelecer quotas de serviço ou quotas com direitos diferenciados, vedado o fracionamento de quotas;

XIV – *(Revogado pelo Provimento CFOAB 169/2015.)*

XV – é permitida a constituição de Sociedades de Advogados entre cônjuges, qualquer que seja o regime de bens, desde que ambos sejam advogados regularmente inscritos no Conselho Seccional da OAB em que se deva promover o registro e arquivamento;

XVI – o Contrato Social pode determinar a apresentação de balanços mensais, com a efetiva distribuição dos resultados aos sócios a cada mês;

XVII – as alterações do Contrato Social podem ser decididas por maioria do capital social, salvo se o Contrato Social determinar a necessidade de quorum especial para deliberação;

XVIII – o Contrato Social pode prever a cessão total ou parcial de quotas, desde que se opere por intermédio de alteração aprovada pela maioria do capital social.

§ 1º Da razão social não poderá constar sigla ou expressão de fantasia ou das características mercantis, devendo vir acompanhada de expressão que indique tratar-se de Sociedade de Advogados, vedada a referência a "Sociedade Civil" ou "S.C.";

- Primitivo parágrafo único renumerado pelo Provimento CFOAB 147/2012.

§ 2º As obrigações não oriundas de danos causados aos clientes, por ação ou omissão, no exercício da advocacia, devem receber tratamento previsto no art. 1.023 do Código Civil.

- § 2º acrescentado pelo Provimento CFOAB 147/2012.

Art. 3º Somente os sócios respondem pela direção social, não podendo a responsabilidade profissional ser confiada a pessoas estranhas ao corpo social.

§ 1º O sócio administrador pode ser substituído no exercício de suas funções e os poderes a ele atribuídos podem ser revogados a qualquer tempo, conforme dispuser o

Prov. CFOAB 112/2006

Contrato Social, desde que assim decidido pela maioria do capital social.

§ 2º O sócio, ou sócios administradores, podem delegar funções próprias da administração operacional a profissionais contratados para esse fim.

Art. 4º A exclusão de sócio pode ser deliberada pela maioria do capital social, mediante alteração contratual, desde que observados os termos e condições expressamente previstos no Contrato Social.

Parágrafo único. O pedido de registro e arquivamento de alteração contratual, envolvendo a exclusão de sócio, deve estar instruído com a prova de comunicação feita pessoalmente ao interessado, ou, na sua impossibilidade, por declaração certificada por oficial de registro de títulos e documentos.

Art. 5º Nos casos em que houver redução do número de sócios à unipessoalidade, a pluralidade de sócios deverá ser reconstituída em até 180 (cento e oitenta) dias, sob pena de dissolução da sociedade.

Art. 6º As Sociedades de Advogados, no exercício de suas atividades somente podem praticar os atos indispensáveis às suas finalidades, assim compreendidos, dentre outros, os de sua administração regular, a celebração de contratos em geral para representação, consultoria, assessoria e defesa de clientes por intermédio de advogados de seus quadros.

Parágrafo único. Os atos privativos de advogado devem ser exercidos pelos sócios ou por advogados vinculados à sociedade, como associados ou como empregados, mesmo que os resultados revertam para o patrimônio social.

Art. 7º O registro de constituição das Sociedades de Advogados e o arquivamento de suas alterações contratuais devem ser feitos perante o Conselho Seccional da OAB em que forem inscritos seus membros, mediante prévia deliberação do próprio Conselho ou de órgão a que delegar tais atribuições, na forma do respectivo Regimento Interno, devendo o Conselho Seccional, na forma do disposto no Provimento 98/2002, evitar o registro de sociedades com razões sociais semelhantes ou idênticas ou provocar a correção dos que tiverem sido efetuados em duplicidade, observado o critério da precedência.

§ 1º O Contrato Social que previr a criação de filial, bem assim o instrumento de alteração contratual para essa finalidade, devem ser registrados também no Conselho Seccional da OAB em cujo território deva funcionar a filial, ficando os sócios obrigados a inscrição suplementar (§ 5º do art. 15 da Lei 8.906/1994).

- § 1º com redação determinada pelo Provimento CFOAB 126/2008.

§ 2º O número do registro da Sociedade de Advogados deve ser indicado em todos os contratos que esta celebrar.

Art. 8º Serão averbados à margem do registro da sociedade e, a juízo de cada Conselho Seccional, em livro próprio ou ficha de controle mantidos para tal fim:

I – o falecimento do sócio;

II – a declaração unilateral de retirada feita por sócios que nela não queiram mais continuar;

III – os ajustes de sua associação com advogados, sem vínculo de emprego, para atuação profissional e participação nos resultados;

IV – os ajustes de associação ou de colaboração com outras Sociedades de Advogados;

V – o requerimento de registro e autenticação de livros e documentos da sociedade;

VI – a abertura de filial em outra Unidade da Federação;

VII – os demais atos que a sociedade julgar convenientes ou que possam envolver interesses de terceiros.

§ 1º As averbações de que tratam os incisos I e II deste artigo não afetam os direitos de apuração de haveres dos herdeiros do falecido ou do sócio retirante.

§ 2º Os Contratos de Associação com advogados sem vínculo empregatício devem ser apresentados para averbação em três vias, mediante requerimento dirigido ao Presidente do Conselho Seccional, observado o seguinte:

I – uma via ficará arquivada no Conselho Seccional e as outras duas serão devolvidas para as partes, com a anotação da averbação realizada;

II – para cada advogado associado deverá ser apresentado um contrato em separado, contendo todas as cláusulas que irão reger as relações e condições da associação estabelecida pelas partes.

§ 3º As associações entre Sociedades de Advogados não podem conduzir a que uma passe a ser sócia de outra, cumprindo-lhes respeitar a regra de que somente advogados, pessoas naturais, podem constituir Sociedade de Advogados.

Art. 9º Os documentos e livros contábeis que venham a ser adotados pela Sociedade de Advogados, para conferir, em face de terceiros, eficácia ao respectivo conteúdo ou aos lançamentos neles realizados, podem ser registrados e autenticados no Conselho Seccional competente.

Parágrafo único. Os Conselhos Seccionais devem manter o controle dos registros de que trata este artigo mediante numeração sucessiva, conjugada ao número do registro de constituição da sociedade, anotando-os nos respectivos requerimentos de registro, averbados na forma do art. 8º, *caput*, inciso V.

Art. 10. O setor de registro das Sociedades de Advogados de cada Conselho Seccional da OAB deve manter um sistema de anotação de todos os atos relativos às Sociedades de Advogados que lhe incumba registrar, arquivar ou averbar, controlado por meio de livros, fichas ou outras modalidades análogas, que lhe permitam assegurar a veracidade dos lançamentos que efetuar, bem como a eficiência na prestação de informações e sua publicidade.

§ 1º O cancelamento de qualquer registro, averbação ou arquivamento dos atos de que trata este artigo deve ocorrer em virtude de decisão do Conselho Seccional ou do órgão respectivo a que sejam cometidas as atribuições de registro, de ofício ou por provocação de quem demonstre interesse.

§ 2º O Conselho Seccional é obrigado a fornecer, a qualquer pessoa, com presteza e independentemente de despacho ou autorização, certidões contendo as informações que lhe forem solicitadas, com a indicação dos nomes dos advogados que figurarem, por qualquer modo, nesses livros ou fichas de registro.

Art. 11. Os pedidos de registro de atos societários serão instruídos com as certidões de quitação de tributos e contribuições sociais e federais exigidas em lei, bem como de quitação junto à OAB.

Parágrafo único. Ficam dispensados da comprovação de quitação junto ao Fisco os pedidos de registro de encerramento de filiais, sucursais e outras dependências de Sociedade de Advogados e os pedidos de registro de extinção de Sociedade de Advogados que nunca obtiveram sua inscrição junto à Secretaria da Receita Federal.

Art. 12. O Contrato de Associação firmado entre Sociedades de Advogados de Unidades da Federação diferentes tem a sua eficácia vinculada à respectiva averbação nos Conselhos Seccionais envolvidos, com a apresentação, em cada um deles, de certidões de breve relato, comprovando sua regularidade.

Art. 13. As Sociedades de Advogados constituídas na forma das regulamentações anteriores deverão adaptar-se às disposições deste Provimento até o dia 31 de julho de 2009.

• Artigo com redação determinada pelo Provimento CFOAB 125/2008.

Art. 14. Este Provimento entra em vigor na data da sua publicação, revogado o Provimento 92/2000.

Brasília, 10 de setembro de 2006.
Roberto Antonio Busato
Presidente
Sergio Ferraz
Relator

(*DJU* 11.10.2006)

LEI COMPLEMENTAR 123, DE 14 DE DEZEMBRO DE 2006

Institui o Estatuto Nacional da Microempresa e da Empresa de Pequeno Porte; altera dispositivos das Leis 8.212 e 8.213, ambas de 24 de julho de 1991, da Consolidação das Leis do Trabalho – CLT, aprovada pelo Decreto-lei 5.452, de 1º de maio de 1943, da Lei 10.189, de 14 de fevereiro de

LC 123/2006

LEGISLAÇÃO

2001, da Lei Complementar 63, de 11 de janeiro de 1990; e revoga as Leis 9.317, de 5 de dezembro de 1996, e 9.841, de 5 de outubro de 1999.

- Esta Lei Complementar foi republicada (DOU 31.01.2012) em atendimento ao disposto no art. 5º da LC 139/2011, e também foi republicada no DOU 06.03.2012 por ter saído com incorreção.
- Esta Lei Complementar foi republicada (DOU 31.01.2009, edição extra) em atendimento ao disposto no art. 6º da LC 128/2008.
- As alterações decorrentes das Leis Complementares 127/2007 e 128/2008 já se encontram consolidadas na republicação desta Lei Complementar.

O Presidente da República:
Faço saber que o Congresso Nacional decreta e eu sanciono a seguinte Lei Complementar:

Capítulo I
DISPOSIÇÕES PRELIMINARES

Art. 1º Esta Lei Complementar estabelece normas gerais relativas ao tratamento diferenciado e favorecido a ser dispensado às microempresas e empresas de pequeno porte no âmbito dos Poderes da União, dos Estados, do Distrito Federal e dos Municípios, especialmente no que se refere:

I – à apuração e recolhimento dos impostos e contribuições da União, dos Estados, do Distrito Federal e dos Municípios, mediante regime único de arrecadação, inclusive obrigações acessórias;

II – ao cumprimento de obrigações trabalhistas e previdenciárias, inclusive obrigações acessórias;

III – ao acesso a crédito e ao mercado, inclusive quanto à preferência nas aquisições de bens e serviços pelos Poderes Públicos, à tecnologia, ao associativismo e às regras de inclusão;

IV – ao cadastro nacional único de contribuintes a que se refere o inciso IV do parágrafo único do art. 146, *in fine*, da Constituição Federal.

- Inciso IV acrescentado pela LC 147/2014.

§ 1º Cabe ao Comitê Gestor do Simples Nacional (CGSN) apreciar a necessidade de revisão, a partir de 1º de janeiro de 2015, dos valores expressos em moeda nesta Lei Complementar.

- § 1º com redação determinada pela LC 139/2011 (DOU 11.11.2011), em vigor na data de sua publicação, produzindo efeitos a partir de 1º.01.2012.

§ 2º (*Vetado.*)

§ 3º Ressalvado o disposto no Capítulo IV, toda nova obrigação que atinja as microempresas e empresas de pequeno porte deverá apresentar, no instrumento que a instituiu, especificação do tratamento diferenciado, simplificado e favorecido para cumprimento.

- § 3º acrescentado pela LC 147/2014.

§ 4º Na especificação do tratamento diferenciado, simplificado e favorecido de que trata o § 3º, deverá constar prazo máximo, quando forem necessários procedimentos adicionais, para que os órgãos fiscalizadores cumpram as medidas necessárias à emissão de documentos, realização de vistorias e atendimento das demandas realizadas pelas microempresas e empresas de pequeno porte com o objetivo de cumprir a nova obrigação.

- § 4º acrescentado pela LC 147/2014.

§ 5º Caso o órgão fiscalizador descumpra os prazos estabelecidos na especificação do tratamento diferenciado e favorecido, conforme o disposto no § 4º, a nova obrigação será inexigível até que seja realizada visita para fiscalização orientadora e seja reiniciado o prazo para regularização.

- § 5º acrescentado pela LC 147/2014.

§ 6º A ausência de especificação do tratamento diferenciado, simplificado e favorecido ou da determinação de prazos máximos, de acordo com os §§ 3º e 4º, tornará a nova obrigação inexigível para as microempresas e empresas de pequeno porte.

- § 6º acrescentado pela LC 147/2014.

§ 7º A inobservância do disposto nos §§ 3º a 6º resultará em atentado aos direitos e garantias legais assegurados ao exercício profissional da atividade empresarial.

- § 7º acrescentado pela LC 147/2014.

Art. 2º O tratamento diferenciado e favorecido a ser dispensado às microempresas e empresas de pequeno porte de que trata o art. 1º desta Lei Complementar será gerido pelas instâncias a seguir especificadas:

LC 123/2006

LEGISLAÇÃO

I – Comitê Gestor do Simples Nacional, vinculado ao Ministério da Fazenda, composto por quatro representantes da Secretaria da Receita Federal do Brasil, como representantes da União, dois dos Estados e do Distrito Federal e dois dos Municípios, para tratar dos aspectos tributários; e

- V. Dec. 6.038/2007 (Comitê Gestor de Tributação das Microempresas e Empresas de Pequeno Porte).

II – Fórum Permanente das Microempresas e Empresas de Pequeno Porte, com a participação dos órgãos federais competentes e das entidades vinculadas ao setor, para tratar dos demais aspectos, ressalvado o disposto no inciso III do *caput* deste artigo;

- V. Dec. 8.364/2014 (Regulamenta o Fórum Permanente das Microempresas e Empresas de Pequeno Porte).

III – Comitê para Gestão da Rede Nacional para Simplificação do Registro e da Legalização de Empresas e Negócios – CGSIM, vinculado à Secretaria da Micro e Pequena Empresa da Presidência da República, composto por representantes da União, dos Estados e do Distrito Federal, dos Municípios e demais órgãos de apoio e de registro empresarial, na forma definida pelo Poder Executivo, para tratar do processo de registro e de legalização de empresários e de pessoas jurídicas.

- Inciso III com redação determinada pela LC 147/2014.

§ 1º Os Comitês de que tratam os incisos I e III do *caput* deste artigo serão presididos e coordenados por representantes da União.

§ 2º Os representantes dos Estados e do Distrito Federal nos Comitês referidos nos incisos I e III do *caput* deste artigo serão indicados pelo Conselho Nacional de Política Fazendária – Confaz e os dos Municípios serão indicados, um pela entidade representativa das Secretarias de Finanças das Capitais e outro pelas entidades de representação nacional dos Municípios brasileiros.

§ 3º As entidades de representação referidas no inciso III do *caput* e no § 2º deste artigo serão aquelas regularmente constituídas há pelo menos 1 (um) ano antes da publicação desta Lei Complementar.

§ 4º Os Comitês de que tratam os incisos I e III do *caput* deste artigo elaborarão seus regimentos internos mediante resolução.

§ 5º O Fórum referido no inciso II do *caput* deste artigo tem por finalidade orientar e assessorar a formulação e coordenação da política nacional de desenvolvimento das microempresas e empresas de pequeno porte, b,em como acompanhar e avaliar a sua implantação, sendo presidido e coordenado pela Secretaria da Micro e Pequena Empresa da Presidência da República.

- § 5º com redação determinada pela Lei 12.792/2013.
- V. Dec. 8.364/2014 (Regulamenta o Fórum Permanente das Microempresas e Empresas de Pequeno Porte).

§ 6º Ao Comitê de que trata o inciso I do *caput* deste artigo compete regulamentar a opção, exclusão, tributação, fiscalização, arrecadação, cobrança, dívida ativa, recolhimento e demais itens relativos ao regime de que trata o art. 12 desta Lei Complementar, observadas as demais disposições desta Lei Complementar.

§ 7º Ao Comitê de que trata o inciso III do *caput* deste artigo compete, na forma da lei, regulamentar a inscrição, cadastro, abertura, alvará, arquivamento, licenças, permissão, autorização, registros e demais itens relativos à abertura, legalização e funcionamento de empresários e de pessoas jurídicas de qualquer porte, atividade econômica ou composição societária.

§ 8º Os membros dos Comitês de que tratam os incisos I e III do *caput* deste artigo serão designados, respectivamente, pelos Ministros de Estado da Fazenda e da Secretaria da Micro e Pequena Empresa da Presidência da República, mediante indicação dos órgãos e entidades vinculados.

- § 8º com redação determinada pela LC 147/2014.

§ 9º O CGSN poderá determinar, com relação à microempresa e à empresa de pequeno porte optante pelo Simples Nacional, a forma, a periodicidade e o prazo:

- § 9º acrescentado pela LC 147/2014.

I – de entrega à Secretaria da Receita Federal do Brasil – RFB de uma única declaração com dados relacionados a fatos geradores, base de cálculo e valores da contribuição

para a Seguridade Social devida sobre a remuneração do trabalho, inclusive a descontada dos trabalhadores a serviço da empresa, do Fundo de Garantia do Tempo de Serviço – FGTS e outras informações de interesse do Ministério do Trabalho e Emprego – MTE, do Instituto Nacional do Seguro Social – INSS e do Conselho Curador do FGTS, observado o disposto no § 7º deste artigo; e
II – do recolhimento das contribuições descritas no inciso I e do FGTS.

§ 10. O recolhimento de que trata o inciso II do § 9º deste artigo poderá se dar de forma unificada relativamente aos tributos apurados na forma do Simples Nacional.

- § 10 acrescentado pela LC 147/2014.

§ 11. A entrega da declaração de que trata o inciso I do § 9º substituirá, na forma regulamentada pelo CGSN, a obrigatoriedade de entrega de todas as informações, formulários e declarações a que estão sujeitas as demais empresas ou equiparados que contratam trabalhadores, inclusive relativamente ao recolhimento do FGTS, à Relação Anual de Informações Sociais e ao Cadastro Geral de Empregados e Desempregados.

- § 11 acrescentado pela LC 147/2014.

§ 12. Na hipótese de recolhimento do FGTS na forma do inciso II do § 9º deste artigo, deve-se assegurar a transferência dos recursos e dos elementos identificadores do recolhimento ao gestor desse fundo para crédito na conta vinculada do trabalhador.

- § 12 acrescentado pela LC 147/2014.

§ 13. O documento de que trata o inciso I do § 9º tem caráter declaratório, constituindo instrumento hábil e suficiente para a exigência dos tributos, contribuições e dos débitos fundiários que não tenham sido recolhidos resultantes das informações nele prestadas.

- § 13 acrescentado pela LC 147/2014.

Capítulo II
DA DEFINIÇÃO DE MICROEMPRESA E DE EMPRESA DE PEQUENO PORTE

Art. 3º Para os efeitos desta Lei Complementar, consideram-se microempresas ou empresas de pequeno porte a sociedade empresária, a sociedade simples, a empresa individual de responsabilidade limitada e o empresário a que se refere o art. 966 da Lei 10.406, de 10 de janeiro de 2002 (Código Civil), devidamente registrados no Registro de Empresas Mercantis ou no Registro Civil de Pessoas Jurídicas, conforme o caso, desde que:

- *Caput* com redação determinada pela LC 139/2011 (*DOU* 11.11.2011), em vigor na data de sua publicação, produzindo efeitos a partir de 1º.01.2012.

I – no caso da microempresa, aufira, em cada ano-calendário, receita bruta igual ou inferior a R$ 360.000,00 (trezentos e sessenta mil reais); e

- Inciso I com redação determinada pela LC 139/2011 (*DOU* 11.11.2011), em vigor na data de sua publicação, produzindo efeitos a partir de 1º.01.2012.

II – no caso da empresa de pequeno porte, aufira, em cada ano-calendário, receita bruta superior a R$ 360.000,00 (trezentos e sessenta mil reais) e igual ou inferior a R$ 3.600.000,00 (três milhões e seiscentos mil reais).

- Inciso II com redação determinada pela LC 139/2011 (*DOU* 11.11.2011), em vigor na data de sua publicação, produzindo efeitos a partir de 1º.01.2012.

§ 1º Considera-se receita bruta, para fins do disposto no *caput* deste artigo, o produto da venda de bens e serviços nas operações de conta própria, o preço dos serviços prestados e o resultado nas operações em conta alheia, não incluídas as vendas canceladas e os descontos incondicionais concedidos.

§ 2º No caso de início de atividade no próprio ano-calendário, o limite a que se refere o *caput* deste artigo será proporcional ao número de meses em que a microempresa ou a empresa de pequeno porte houver exercido atividade, inclusive as frações de meses.

§ 3º O enquadramento do empresário ou da sociedade simples ou empresária como microempresa ou empresa de pequeno porte bem como o seu desenquadramento não implicarão alteração, denúncia ou qualquer restrição em relação a contratos por elas anteriormente firmados.

§ 4º Não poderá se beneficiar do tratamento jurídico diferenciado previsto nesta Lei Complementar, incluído o regime de que trata o art. 12 desta Lei Complementar, para nenhum efeito legal, a pessoa jurídica:

LC 123/2006

LEGISLAÇÃO

I – de cujo capital participe outra pessoa jurídica;

II – que seja filial, sucursal, agência ou representação, no País, de pessoa jurídica com sede no exterior;

III – de cujo capital participe pessoa física que seja inscrita como empresário ou seja sócia de outra empresa que receba tratamento jurídico diferenciado nos termos desta Lei Complementar, desde que a receita bruta global ultrapasse o limite de que trata o inciso II do *caput* deste artigo;

IV – cujo titular ou sócio participe com mais de 10% (dez por cento) do capital de outra empresa não beneficiada por esta Lei Complementar, desde que a receita bruta global ultrapasse o limite de que trata o inciso II do *caput* deste artigo;

V – cujo sócio ou titular seja administrador ou equiparado de outra pessoa jurídica com fins lucrativos, desde que a receita bruta global ultrapasse o limite de que trata o inciso II do *caput* deste artigo;

VI – constituída sob a forma de cooperativas, salvo as de consumo;

VII – que participe do capital de outra pessoa jurídica;

VIII – que exerça atividade de banco comercial, de investimentos e de desenvolvimento, de caixa econômica, de sociedade de crédito, financiamento e investimento ou de crédito imobiliário, de corretora ou de distribuidora de títulos, valores mobiliários e câmbio, de empresa de arrendamento mercantil, de seguros privados e de capitalização ou de previdência complementar;

IX – resultante ou remanescente de cisão ou qualquer outra forma de desmembramento de pessoa jurídica que tenha ocorrido em um dos cinco anos-calendário anteriores;

X – constituída sob a forma de sociedade por ações;

XI – cujos titulares ou sócios guardem, cumulativamente, com o contratante do serviço, relação de pessoalidade, subordinação e habitualidade.

- Inciso XI acrescentado pela LC 147/2014.

§ 5º O disposto nos incisos IV e VII do § 4º deste artigo não se aplica à participação no capital de cooperativas de crédito, bem como em centrais de compras, bolsas de subcontratação, no consórcio referido no art. 50 desta Lei Complementar e na sociedade de propósito específico prevista no art. 56 desta Lei Complementar, e em associações assemelhadas, sociedades de interesse econômico, sociedades de garantia solidária e outros tipos de sociedade, que tenham como objetivo social a defesa exclusiva dos interesses econômicos das microempresas e empresas de pequeno porte.

§ 6º Na hipótese de a microempresa ou empresa de pequeno porte incorrer em alguma das situações previstas nos incisos do § 4º, será excluída do tratamento jurídico diferenciado previsto nesta Lei Complementar, bem como do regime de que trata o art. 12, com efeitos a partir do mês seguinte ao que incorrida a situação impeditiva.

- § 6º com redação determinada pela LC 139/2011 (*DOU* 11.11.2011), em vigor na data de sua publicação, produzindo efeitos a partir de 1º.01.2012.

§ 7º Observado o disposto no § 2º deste artigo, no caso de início de atividades, a microempresa que, no ano-calendário, exceder o limite de receita bruta anual previsto no inciso I do *caput* deste artigo passa, no ano-calendário seguinte, à condição de empresa de pequeno porte.

§ 8º Observado o disposto no § 2º deste artigo, no caso de início de atividades, a empresa de pequeno porte que, no ano-calendário, não ultrapassar o limite de receita bruta anual previsto no inciso I do *caput* deste artigo passa, no ano-calendário seguinte, à condição de microempresa.

§ 9º A empresa de pequeno porte que, no ano-calendário, exceder o limite de receita bruta anual previsto no inciso II do *caput* fica excluída, no mês subsequente à ocorrência do excesso, do tratamento jurídico diferenciado previsto nesta Lei Complementar, incluído o regime de que trata o art. 12, para todos os efeitos legais, ressalvado o disposto nos §§ 9º-A, 10 e 12.

- § 9º com redação determinada pela LC 139/2011 (*DOU* 11.11.2011), em vigor na data de sua publicação, produzindo efeitos a partir de 1º.01.2012.

LC 123/2006

§ 9º-A. Os efeitos da exclusão prevista no § 9º dar-se-ão no ano-calendário subsequente se o excesso verificado em relação à receita bruta não for superior a 20% (vinte por cento) do limite referido no inciso II do *caput*.

- § 9º-A acrescentado pela LC 139/2011 (*DOU* 11.11.2011), em vigor na data de sua publicação, produzindo efeitos a partir de 1º.01.2012.

§ 10. A empresa de pequeno porte que no decurso do ano-calendário de início de atividade ultrapassar o limite proporcional de receita bruta de que trata o § 2º estará excluída do tratamento jurídico diferenciado previsto nesta Lei Complementar, bem como do regime de que trata o art. 12 desta Lei Complementar, com efeitos retroativos ao início de suas atividades.

- § 10 com redação determinada pela LC 139/2011 (*DOU* 11.11.2011), em vigor na data de sua publicação, produzindo efeitos a partir de 1º.01.2012.

§ 11. Na hipótese de o Distrito Federal, os Estados e os respectivos Municípios adotarem um dos limites previstos nos incisos I e II do *caput* do art. 19 e no art. 20, caso a receita bruta auferida pela empresa durante o ano-calendário de início de atividade ultrapasse 1/12 (um doze avos) do limite estabelecido multiplicado pelo número de meses de funcionamento nesse período, a empresa não poderá recolher o ICMS e o ISS na forma do Simples Nacional, relativos ao estabelecimento localizado na unidade da federação que os houver adotado, com efeitos retroativos ao início de suas atividades.

- § 11 com redação determinada pela LC 139/2011 (*DOU* 11.11.2011), em vigor na data de sua publicação, produzindo efeitos a partir de 1º.01.2012.

§ 12. A exclusão de que trata o § 10 não retroagirá ao início das atividades se o excesso verificado em relação à receita bruta não for superior a 20% (vinte por cento) do respectivo limite referido naquele parágrafo, hipótese em que os efeitos da exclusão dar-se-ão no ano-calendário subsequente.

- § 12 com redação determinada pela LC 139/2011 (*DOU* 11.11.2011), em vigor na data de sua publicação, produzindo efeitos a partir de 1º.01.2012.

§ 13. O impedimento de que trata o § 11 não retroagirá ao início das atividades se o excesso verificado em relação à receita bruta não for superior a 20% (vinte por cento) dos respectivos limites referidos naquele parágrafo, hipótese em que os efeitos do impedimento ocorrerão no ano-calendário subsequente.

- § 13 acrescentado pela LC 139/2011 (*DOU* 11.11.2011), em vigor na data de sua publicação, produzindo efeitos a partir de 1º.01.2012.

§ 14. Para fins de enquadramento como microempresa ou empresa de pequeno porte, poderão ser auferidas receitas no mercado interno até o limite previsto no inciso II do *caput* ou no § 2º, conforme o caso, e, adicionalmente, receitas decorrentes da exportação de mercadorias ou serviços, inclusive quando realizada por meio de comercial exportadora ou da sociedade de propósito específico prevista no art. 56 desta Lei Complementar, desde que as receitas de exportação também não excedam os referidos limites de receita bruta anual.

- § 14 com redação determinada pela LC 147/2014 (*DOU* 08.08.2014), em vigor na data de sua publicação, produzindo efeitos a partir de 1º de janeiro do primeiro ano subsequente ao da publicação desta Lei Complementar.

§ 15. Na hipótese do § 14, para fins de determinação da alíquota de que trata o § 1º do art. 18, da base de cálculo prevista em seu § 3º e das majorações de alíquotas previstas em seus §§ 16, 16-A, 17 e 17-A, serão consideradas separadamente as receitas brutas auferidas no mercado interno e aquelas decorrentes da exportação.

- § 15 com redação determinada pela LC 147/2014 (*DOU* 08.08.2014), em vigor a partir de 1º de janeiro do segundo ano subsequente ao de sua publicação.

§ 16. O disposto neste artigo será regulamentado por resolução do CGSN.

- § 16 acrescentado pela LC 147/2014.

Art. 3º-A. Aplica-se ao produtor rural pessoa física e ao agricultor familiar conceituado na Lei 11.326, de 24 de julho de 2006, com situação regular na Previdência Social e no Município que tenham auferido receita bruta anual até o limite de que trata o inciso II do *caput* do art. 3º o disposto nos arts. 6º e 7º, nos Capítulos V a X, na Seção IV

Legislação

do Capítulo XI e no Capítulo XII desta Lei Complementar, ressalvadas as disposições da Lei 11.718, de 20 de junho de 2008.

- Artigo acrescentado pela LC 147/2014.

Parágrafo único. A equiparação de que trata o caput não se aplica às disposições do Capítulo IV desta Lei Complementar.

Art. 3º-B. Os dispositivos desta Lei Complementar, com exceção dos dispostos no Capítulo IV, são aplicáveis a todas as microempresas e empresas de pequeno porte, assim definidas pelos incisos I e II do caput e § 4º do art. 3º, ainda que não enquadradas no regime tributário do Simples Nacional, por vedação ou por opção.

- Artigo acrescentado pela LC 147/2014.

Capítulo III
DA INSCRIÇÃO E DA BAIXA

Art. 4º Na elaboração de normas de sua competência, os órgãos e entidades envolvidos na abertura e fechamento de empresas, dos três âmbitos de governo, deverão considerar a unicidade do processo de registro e de legalização de empresários e de pessoas jurídicas, para tanto devendo articular as competências próprias com aquelas dos demais membros, e buscar, em conjunto, compatibilizar e integrar procedimentos, de modo a evitar a duplicidade de exigências e garantir a linearidade do processo, da perspectiva do usuário.

§ 1º O processo de abertura, registro, alteração e baixa da microempresa e empresa de pequeno porte, bem como qualquer exigência para o início de seu funcionamento, deverão ter trâmite especial e simplificado, preferencialmente eletrônico, opcional para o empreendedor, observado o seguinte:

- Caput do § 1º com redação determinada pela LC 147/2014.

I – poderão ser dispensados o uso da firma, com a respectiva assinatura autógrafa, o capital, requerimentos, demais assinaturas, informações relativas ao estado civil e regime de bens, bem como remessa de documentos, na forma estabelecida pelo CGSIM; e

- Inciso I com redação determinada pela LC 139/2011.

II – o cadastro fiscal estadual ou municipal poderá ser simplificado ou ter sua exigência postergada, sem prejuízo da possibilidade de emissão de documentos fiscais de compra, venda ou prestação de serviços, vedada, em qualquer hipótese, a imposição de custos pela autorização para emissão, inclusive na modalidade avulsa.

- * A LC 147/2014 (DOU 08.08.2014) revoga esse dispositivo a partir de 1º de janeiro do segundo ano subsequente ao da data de sua publicação.

§ 2º (Revogado pela LC 139/2011.)

§ 3º Ressalvado o disposto nesta Lei Complementar, ficam reduzidos a 0 (zero) todos os custos, inclusive prévios, relativos à abertura, à inscrição, ao registro, ao funcionamento, ao alvará, à licença, ao cadastro, às alterações e procedimentos de baixa e encerramento e aos demais itens relativos ao Microempreendedor Individual, incluindo os valores referentes a taxas, a emolumentos e a demais contribuições relativas aos órgãos de registro, de licenciamento, sindicais, de regulamentação, de anotação de responsabilidade técnica, de vistoria e de fiscalização do exercício de profissões regulamentadas.

- § 3º com redação determinada pela LC 147/2014.

§ 3º-A. O agricultor familiar, definido conforme a Lei 11.326, de 24 de julho de 2006, e identificado pela Declaração de Aptidão ao Pronaf – DAP física ou jurídica, bem como o MEI e o empreendedor de economia solidária ficam isentos de taxas e outros valores relativos à fiscalização da vigilância sanitária.

- § 3º-A acrescentado pela LC 147/2014.

§ 4º No caso do MEI, de que trata o art. 18-A desta Lei Complementar, a cobrança associativa ou oferta de serviços privados relativos aos atos de que trata o § 3º deste artigo somente poderá ser efetuada a partir de demanda prévia do próprio MEI, firmado por meio de contrato com assinatura autógrafa, observando-se que:

- § 4º acrescentado pela LC 147/2014.

I – para a emissão de boletos de cobrança, os bancos públicos e privados deverão exigir das instituições sindicais e associativas autorização prévia específica a ser emitida pelo CGSIM;

LC 123/2006

LEGISLAÇÃO

II – o desrespeito ao disposto neste parágrafo configurará vantagem ilícita pelo induzimento ao erro em prejuízo do MEI, aplicando-se as sanções previstas em lei.

§ 5º *(Vetado.)*

- § 5º acrescentado pela LC 147/2014.

Art. 5º Os órgãos e entidades envolvidos na abertura e fechamento de empresas, dos 3 (três) âmbitos de governo, no âmbito de suas atribuições, deverão manter à disposição dos usuários, de forma presencial e pela rede mundial de computadores, informações, orientações e instrumentos, de forma integrada e consolidada, que permitam pesquisas prévias às etapas de registro ou inscrição, alteração e baixa de empresários e pessoas jurídicas, de modo a prover ao usuário certeza quanto à documentação exigível e quanto à viabilidade do registro ou inscrição.

Parágrafo único. As pesquisas prévias à elaboração de ato constitutivo ou de sua alteração deverão bastar a que o usuário seja informado pelos órgãos e entidades competentes:

I – da descrição oficial do endereço de seu interesse e da possibilidade de exercício da atividade desejada no local escolhido;

II – de todos os requisitos a serem cumpridos para obtenção de licenças de autorização de funcionamento, segundo a atividade pretendida, o porte, o grau de risco e a localização; e

III – da possibilidade de uso do nome empresarial de seu interesse.

Art. 6º Os requisitos de segurança sanitária, metrologia, controle ambiental e prevenção contra incêndios, para os fins de registro e legalização de empresários e pessoas jurídicas, deverão ser simplificados, racionalizados e uniformizados pelos órgãos envolvidos na abertura e fechamento de empresas, no âmbito de suas competências.

§ 1º Os órgãos e entidades envolvidos na abertura e fechamento de empresas que sejam responsáveis pela emissão de licenças e autorizações de funcionamento somente realizarão vistorias após o início de operação do estabelecimento, quando a atividade, por sua natureza, comportar grau de risco compatível com esse procedimento.

§ 2º Os órgãos e entidades competentes definirão, em 6 (seis) meses, contados da publicação desta Lei Complementar, as atividades cujo grau de risco seja considerado alto e que exigirão vistoria prévia.

§ 3º Na falta de legislação estadual, distrital ou municipal específica relativa à definição do grau de risco da atividade aplicar-se-á resolução do CGSIM.

- § 3º acrescentado pela LC 147/2014.

§ 4º A classificação de baixo grau de risco permite ao empresário ou à pessoa jurídica a obtenção do licenciamento de atividade mediante o simples fornecimento de dados e a substituição da comprovação prévia do cumprimento de exigências e restrições por declarações do titular ou responsável.

- § 4º acrescentado pela LC 147/2014.

§ 5º O disposto neste artigo não é impeditivo da inscrição fiscal.

- § 5º acrescentado pela LC 147/2014.

Art. 7º Exceto nos casos em que o grau de risco da atividade seja considerado alto, os Municípios emitirão Alvará de Funcionamento Provisório, que permitirá o início de operação do estabelecimento imediatamente após o ato de registro.

Parágrafo único. Nos casos referidos no *caput* deste artigo, poderá o Município conceder Alvará de Funcionamento Provisório para o microempreendedor individual, para microempresas e para empresas de pequeno porte:

I – instaladas em área ou edificação desprovidas de regulação fundiária e imobiliária, inclusive habite-se; ou

- Inciso I com redação determinada pela LC 147/2014.

II – em residência do microempreendedor individual ou do titular ou sócio da microempresa ou empresa de pequeno porte, na hipótese em que a atividade não gere grande circulação de pessoas.

Art. 8º Será assegurado aos empresários e pessoas jurídicas:

- Artigo com redação determinada pela LC 147/2014.

I – entrada única de dados e documentos;

LC 123/2006

II – processo de registro e legalização integrado entre os órgãos e entes envolvidos, por meio de sistema informatizado que garanta:
a) sequenciamento das seguintes etapas: consulta prévia de nome empresarial e de viabilidade de localização, registro empresarial, inscrições fiscais e licenciamento de atividade;
b) criação da base nacional cadastral única de empresas;
III – identificação nacional cadastral única que corresponderá ao número de inscrição no Cadastro Nacional de Pessoas Jurídicas – CNPJ.

§ 1º O sistema de que trata o inciso II do *caput* deve garantir aos órgãos e entidades integrados:
I – compartilhamento irrestrito dos dados da base nacional única de empresas;
II – autonomia na definição das regras para comprovação do cumprimento de exigências nas respectivas etapas do processo.
§ 2º A identificação nacional cadastral única substituirá para todos os efeitos as demais inscrições, sejam elas federais, estaduais ou municipais, após a implantação do sistema a que se refere o inciso II do *caput*, no prazo e na forma estabelecidos pelo CGSIM.
§ 3º É vedado aos órgãos e entidades integrados ao sistema informatizado de que trata o inciso II do *caput* o estabelecimento de exigências não previstas em lei.
§ 4º A coordenação do desenvolvimento e da implantação do sistema de que trata o inciso II do *caput* ficará a cargo do CGSIM.

Art. 9º O registro dos atos constitutivos, de suas alterações e extinções (baixas), referentes a empresários e pessoas jurídicas em qualquer órgão dos três âmbitos de governo ocorrerá independentemente da regularidade de obrigações tributárias, previdenciárias ou trabalhistas, principais ou acessórias, do empresário, da sociedade, dos sócios, dos administradores ou de empresas de que participem, sem prejuízo das responsabilidades do empresário, dos titulares, dos sócios ou dos administradores por tais obrigações, apuradas antes ou após o ato de extinção.

• *Caput* com redação determinada pela LC 147/2014.

§ 1º O arquivamento, nos órgãos de registro, dos atos constitutivos de empresários, de sociedades empresárias e de demais equiparados que se enquadrarem como microempresa ou empresa de pequeno porte bem como o arquivamento de suas alterações são dispensados das seguintes exigências:
I – certidão de inexistência de condenação criminal, que será substituída por declaração do titular ou administrador, firmada sob as penas da lei, de não estar impedido de exercer atividade mercantil ou a administração de sociedade, em virtude de condenação criminal;
II – prova de quitação, regularidade ou inexistência de débito referente a tributo ou contribuição de qualquer natureza.
§ 2º Não se aplica às microempresas e às empresas de pequeno porte o disposto no § 2º do art. 1º da Lei 8.906, de 4 de julho de 1994.
§ 3º *(Revogado pela LC 147/2014.)*
§ 4º A baixa do empresário ou da pessoa jurídica não impede que, posteriormente, sejam lançados ou cobrados tributos, contribuições e respectivas penalidades, decorrentes da falta do cumprimento de obrigações ou da prática comprovada e apurada em processo administrativo ou judicial de outras irregularidades praticadas pelos empresários, pelas pessoas jurídicas ou por seus titulares, sócios ou administradores.

• § 4º com redação determinada pela LC 147/2014.

§ 5º A solicitação de baixa do empresário ou da pessoa jurídica importa responsabilidade solidária dos empresários, dos titulares, dos sócios e dos administradores no período da ocorrência dos respectivos fatos geradores.

• § 5º com redação determinada pela LC 147/2014.

§ 6º Os órgãos referidos no *caput* deste artigo terão o prazo de 60 (sessenta) dias para efetivar a baixa nos respectivos cadastros.
§ 7º Ultrapassado o prazo previsto no § 6º deste artigo sem manifestação do órgão competente, presumir-se-á a baixa dos registros das microempresas e a das empresas de pequeno porte.
§ 8º *(Revogado pela LC 147/2014.)*
§ 9º *(Revogado pela LC 147/2014.)*
§ 10. *(Revogado pela LC 147/2014.)*
§ 11. *(Revogado pela LC 147/2014.)*
§ 12. *(Revogado pela LC 147/2014.)*

LC 123/2006

Art. 10. Não poderão ser exigidos pelos órgãos e entidades envolvidos na abertura e fechamento de empresas, dos 3 (três) âmbitos de governo:
I – excetuados os casos de autorização prévia, quaisquer documentos adicionais aos requeridos pelos órgãos executores do Registro Público de Empresas Mercantis e Atividades Afins e do Registro Civil de Pessoas Jurídicas;
II – documento de propriedade ou contrato de locação do imóvel onde será instalada a sede, filial ou outro estabelecimento, salvo para comprovação do endereço indicado;
III – comprovação de regularidade de prepostos dos empresários ou pessoas jurídicas com seus órgãos de classe, sob qualquer forma, como requisito para deferimento de ato de inscrição, alteração ou baixa de empresa, bem como para autenticação de instrumento de escrituração.

Art. 11. Fica vedada a instituição de qualquer tipo de exigência de natureza documental ou formal, restritiva ou condicionante, pelos órgãos envolvidos na abertura e fechamento de empresas, dos 3 (três) âmbitos de governo, que exceda o estrito limite dos requisitos pertinentes à essência do ato de registro, alteração ou baixa da empresa.

Capítulo IV
DOS TRIBUTOS E CONTRIBUIÇÕES

• V. Res. CGSN 94/2011 (Dispõe sobre o Simples Nacional).

Seção I
Da instituição e abrangência

Art. 12. Fica instituído o Regime Especial Unificado de Arrecadação de Tributos e Contribuições devidos pelas Microempresas e Empresas de Pequeno Porte – Simples Nacional.

Art. 13. O Simples Nacional implica o recolhimento mensal, mediante documento único de arrecadação, dos seguintes impostos e contribuições:
I – Imposto sobre a Renda da Pessoa Jurídica – IRPJ;
II – Imposto sobre Produtos Industrializados – IPI, observado o disposto no inciso XII do § 1º deste artigo;
III – Contribuição Social sobre o Lucro Líquido – CSLL;
IV – Contribuição para o Financiamento da Seguridade Social – Cofins, observado o disposto no inciso XII do § 1º deste artigo;
V – Contribuição para o PIS/Pasep, observado o disposto no inciso XII do § 1º deste artigo;
VI – Contribuição Patronal Previdenciária – CPP para a Seguridade Social, a cargo da pessoa jurídica, de que trata o art. 22 da Lei 8.212, de 24 de julho de 1991, exceto no caso da microempresa e da empresa de pequeno porte que se dedique às atividades de prestação de serviços referidas no § 5º-C do art. 18 desta Lei Complementar;
VII – Imposto sobre Operações Relativas à Circulação de Mercadorias e Sobre Prestações de Serviços de Transporte Interestadual e Intermunicipal e de Comunicação – ICMS;
VIII – Imposto sobre Serviços de Qualquer Natureza – ISS.

§ 1º O recolhimento na forma deste artigo não exclui a incidência dos seguintes impostos ou contribuições, devidos na qualidade de contribuinte ou responsável, em relação aos quais será observada a legislação aplicável às demais pessoas jurídicas:
I – Imposto sobre Operações de Crédito, Câmbio e Seguro, ou Relativas a Títulos ou Valores Mobiliários – IOF;
II – Imposto sobre a Importação de Produtos Estrangeiros – II;
III – Imposto sobre a Exportação, para o Exterior, de Produtos Nacionais ou Nacionalizados – IE;
IV – Imposto sobre a Propriedade Territorial Rural – ITR;
V – Imposto de Renda, relativo aos rendimentos ou ganhos líquidos auferidos em aplicações de renda fixa ou variável;
VI – Imposto de Renda relativo aos ganhos de capital auferidos na alienação de bens do ativo permanente;
VII – Contribuição Provisória sobre Movimentação ou Transmissão de Valores e de Créditos e Direitos de Natureza Financeira – CPMF;
VIII – Contribuição para o Fundo de Garantia do Tempo de Serviço – FGTS;
IX – Contribuição para manutenção da Seguridade Social, relativa ao trabalhador;
X – Contribuição para a Seguridade Social, relativa à pessoa do empresário, na qualidade de contribuinte individual;

LC 123/2006

LEGISLAÇÃO

XI – Imposto de Renda relativo aos pagamentos ou créditos efetuados pela pessoa jurídica a pessoas físicas;
XII – Contribuição para o PIS/Pasep, Cofins e IPI incidentes na importação de bens e serviços;
XIII – ICMS devido:
a) nas operações sujeitas ao regime de substituição tributária, tributação concentrada em uma única etapa (monofásica) e sujeitas ao regime de antecipação do recolhimento do imposto com encerramento de tributação, envolvendo combustíveis e lubrificantes; energia elétrica; cigarros e outros produtos derivados do fumo; bebidas; óleos e azeites vegetais comestíveis; farinha de trigo e misturas de farinha de trigo; massas alimentícias; açúcares; produtos lácteos; carnes e suas preparações; preparações à base de cereais; chocolates; produtos de padaria e da indústria de bolachas e biscoitos; sorvetes e preparados para fabricação de sorvetes em máquinas; cafés e mates, seus extratos, essências e concentrados; preparações para molhos e molhos preparados; preparações de produtos vegetais; rações para animais domésticos; veículos automotivos e automotores, suas peças, componentes e acessórios; pneumáticos; câmaras de ar e protetores de borracha; medicamentos e outros produtos farmacêuticos para uso humano ou veterinário; cosméticos; produtos de perfumaria e de higiene pessoal; papéis; plásticos; canetas e malas; cimentos; cal e argamassas; produtos cerâmicos; vidros; obras de metal e plástico para construção; telhas e caixas d'água; tintas e vernizes; produtos eletrônicos, eletroeletrônicos e eletrodomésticos; fios; cabos e outros condutores; transformadores elétricos e reatores; disjuntores; interruptores e tomadas; isoladores; para-raios e lâmpadas; máquinas e aparelhos de ar-condicionado; centrifugadores de uso doméstico; aparelhos e instrumentos de pesagem de uso doméstico; extintores; aparelhos ou máquinas de barbear; máquinas de cortar o cabelo ou de tosquiar; aparelhos de depilar, com motor elétrico incorporado; aquecedores elétricos de água para uso doméstico e termômetros; ferramentas; álcool etílico; sabões em pó e líquidos para roupas; detergentes; alvejantes; esponjas; palhas de aço e amaciantes de roupas; venda de mercadorias pelo sistema porta a porta; nas operações sujeitas ao regime de substituição tributária pelas operações anteriores; e nas prestações de serviços sujeitas aos regimes de substituição tributária e de antecipação de recolhimento do imposto com encerramento de tributação.

- Alínea com a redação determinada pela LC 147/2014 (*DOU* 08.08.2014), em vigor a partir de 1º de janeiro do segundo ano subsequente ao da data de sua publicação.

b) por terceiro, a que o contribuinte se ache obrigado, por força da legislação estadual ou distrital vigente;
c) na entrada, no território do Estado ou do Distrito Federal, de petróleo, inclusive lubrificantes e combustíveis líquidos e gasosos dele derivados, bem como energia elétrica, quando não destinados à comercialização ou industrialização;
d) por ocasião do desembaraço aduaneiro;
e) na aquisição ou manutenção em estoque de mercadoria desacobertada de documento fiscal;
f) na operação ou prestação desacobertada de documento fiscal;
g) nas operações com bens ou mercadorias sujeitas ao regime de antecipação do recolhimento do imposto, nas aquisições em outros Estados e Distrito Federal:
1. com encerramento da tributação, observado o disposto no inciso IV do § 4º do art. 18 desta Lei Complementar;
2. sem encerramento da tributação, hipótese em que será cobrada a diferença entre a alíquota interna e a interestadual, sendo vedada a agregação de qualquer valor;
h) nas aquisições em outros Estados e no Distrito Federal de bens ou mercadorias, não sujeitas ao regime de antecipação do recolhimento do imposto, relativo à diferença entre a alíquota interna e a interestadual;
XIV – ISS devido:
a) em relação aos serviços sujeitos à substituição tributária ou retenção na fonte;
b) na importação de serviços;
XV – demais tributos de competência da União, dos Estados, do Distrito Federal ou dos Municípios, não relacionados nos incisos anteriores.
§ 2º Observada a legislação aplicável, a incidência do Imposto de Renda na fonte, na hipótese do inciso V do § 1º deste artigo, será definitiva.

1655

LC 123/2006

LEGISLAÇÃO

§ 3º As microempresas e empresas de pequeno porte optantes pelo Simples Nacional ficam dispensadas do pagamento das demais contribuições instituídas pela União, inclusive as contribuições para as entidades privadas de serviço social e de formação profissional vinculadas ao sistema sindical, de que trata o art. 240 da Constituição Federal, e demais entidades de serviço social autônomo.

§ 4º *(Vetado.)*

§ 5º A diferença entre a alíquota interna e a interestadual de que tratam as alíneas *g* e *h* do inciso XIII do § 1º deste artigo será calculada tomando-se por base as alíquotas aplicáveis às pessoas jurídicas não optantes pelo Simples Nacional.

§ 6º O Comitê Gestor do Simples Nacional:
I – disciplinará a forma e as condições em que será atribuída à microempresa ou empresa de pequeno porte optante pelo Simples Nacional a qualidade de substituta tributária; e
II – poderá disciplinar a forma e as condições em que será estabelecido o regime de antecipação do ICMS previsto na alínea *g* do inciso XIII do § 1º deste artigo.

§ 7º O disposto na alínea *a* do inciso XIII do § 1º será disciplinado por convênio celebrado pelos Estados e pelo Distrito Federal, ouvidos o CGSN e os representantes dos segmentos econômicos envolvidos.

- § 7º acrescentado pela LC 147/2014 (*DOU* 08.08.2014), em vigor a partir de 1º de janeiro do segundo ano subsequente ao da data de sua publicação.

§ 8º Em relação às bebidas não alcóolicas, massas alimentícias, produtos lácteos, carnes e suas preparações, preparações à base de cereais, chocolates, produtos de padaria e da indústria de bolachas e biscoitos, preparações para molhos e molhos preparados, preparações de produtos vegetais, telhas e outros produtos cerâmicos para construção e detergentes, aplica-se o disposto na alínea *a* do inciso XIII do § 1º aos fabricados em escala industrial relevante em cada segmento, observado o disposto no § 7º.

- § 8º acrescentado pela LC 147/2014 (*DOU* 08.08.2014), em vigor a partir de 1º de janeiro do segundo ano subsequente ao da data de sua publicação.

Art. 14. Consideram-se isentos do imposto de renda, na fonte e na declaração de ajuste do beneficiário, os valores efetivamente pagos ou distribuídos ao titular ou sócio da microempresa ou empresa de pequeno porte optante pelo Simples Nacional, salvo os que corresponderem a pró-labore, aluguéis ou serviços prestados.

§ 1º A isenção de que trata o *caput* deste artigo fica limitada ao valor resultante da aplicação dos percentuais de que trata o art. 15 da Lei 9.249, de 26 de dezembro de 1995, sobre a receita bruta mensal, no caso de antecipação de fonte, ou da receita bruta total anual, tratando-se de declaração de ajuste, subtraído do valor devido na forma do Simples Nacional no período.

§ 2º O disposto no § 1º deste artigo não se aplica na hipótese de a pessoa jurídica manter escrituração contábil e evidenciar lucro superior àquele limite.

Art. 15. *(Vetado.)*

Art. 16. A opção pelo Simples Nacional da pessoa jurídica enquadrada na condição de microempresa e empresa de pequeno porte dar-se-á na forma a ser estabelecida em ato do Comitê Gestor, sendo irretratável para todo o ano-calendário.

§ 1º Para efeito de enquadramento no Simples Nacional, considerar-se-á microempresa ou empresa de pequeno porte aquela cuja receita bruta no ano-calendário anterior ao da opção esteja compreendida dentro dos limites previstos no art. 3º desta Lei Complementar.

§ 1º-A. A opção pelo Simples Nacional implica aceitação de sistema de comunicação eletrônica, destinado, dentre outras finalidades, a:

- § 1º-A acrescentado pela LC 139/2011.

I – cientificar o sujeito passivo de quaisquer tipos de atos administrativos, incluídos os relativos ao indeferimento de opção, à exclusão do regime e a ações fiscais;

II – encaminhar notificações e intimações; e

III – expedir avisos em geral.

§ 1º-B. O sistema de comunicação eletrônica de que trata o § 1º-A será regulamentado pelo CGSN, observando-se o seguinte:

- § 1º-B acrescentado pela LC 139/2011.

I – as comunicações serão feitas, por meio eletrônico, em portal próprio, dispensando-se a sua publicação no Diário Oficial e o envio por via postal;

II – a comunicação feita na forma prevista no *caput* será considerada pessoal para todos os efeitos legais;

LC 123/2006

LEGISLAÇÃO

III – a ciência por meio do sistema de que trata o § 1º-A com utilização de certificação digital ou de código de acesso possuirá os requisitos de validade;

IV – considerar-se-á realizada a comunicação no dia em que o sujeito passivo efetivar a consulta eletrônica ao teor da comunicação; e

V – na hipótese do inciso IV, nos casos em que a consulta se dê em dia não útil, a comunicação será considerada como realizada no primeiro dia útil seguinte.

§ 1º-C. A consulta referida nos incisos IV e V do § 1º-B deverá ser feita em até 45 (quarenta e cinco) dias contados da data da disponibilização da comunicação no portal a que se refere o inciso I do § 1º-B, ou em prazo superior estipulado pelo CGSN, sob pena de ser considerada automaticamente realizada na data do término desse prazo.

- § 1º-C acrescentado pela LC 139/2011.

§ 1º-D. Enquanto não editada a regulamentação de que trata o § 1º-B, os entes federativos poderão utilizar sistemas de comunicação eletrônica, com regras próprias, para as finalidades previstas no § 1º-A, podendo a referida regulamentação prever a adoção desses sistemas como meios complementares de comunicação.

- § 1º-D acrescentado pela LC 139/2011.

§ 2º A opção de que trata o *caput* deste artigo deverá ser realizada no mês de janeiro, até o seu último dia útil, produzindo efeitos a partir do primeiro dia do ano-calendário da opção, ressalvado o disposto no § 3º deste artigo.

§ 3º A opção produzirá efeitos a partir da data do início de atividade, desde que exercida nos termos, prazo e condições a serem estabelecidos no ato do Comitê Gestor a que se refere o *caput* deste artigo.

§ 4º Serão consideradas inscritas no Simples Nacional, em 1º de julho de 2007, as microempresas e empresas de pequeno porte regularmente optantes pelo regime tributário de que trata a Lei 9.317, de 5 de dezembro de 1996, salvo as que estiverem impedidas de optar por alguma vedação imposta por esta Lei Complementar.

§ 5º O Comitê Gestor regulamentará a opção automática prevista no § 4º deste artigo.

§ 6º O indeferimento da opção pelo Simples Nacional será formalizado mediante ato da Administração Tributária segundo regulamentação do Comitê Gestor.

Seção II
Das vedações ao ingresso no Simples Nacional

Art. 17. Não poderão recolher os impostos e contribuições na forma do Simples Nacional a microempresa ou a empresa de pequeno porte:

I – que explore atividade de prestação cumulativa e contínua de serviços de assessoria creditícia, gestão de crédito, seleção e riscos, administração de contas a pagar e a receber, gerenciamento de ativos (*asset management*), compras de direitos creditórios resultantes de vendas mercantis a prazo ou de prestação de serviços (*factoring*);

II – que tenha sócio domiciliado no exterior;

III – de cujo capital participe entidade da administração pública, direta ou indireta, federal, estadual ou municipal;

IV – (Revogado.)

V – que possua débito com o Instituto Nacional do Seguro Social – INSS, ou com as Fazendas Públicas Federal, Estadual ou Municipal, cuja exigibilidade não esteja suspensa;

VI – que preste serviço de transporte intermunicipal e interestadual de passageiros, exceto quando na modalidade fluvial ou quando possuir características de transporte urbano ou metropolitano ou realizar-se sob fretamento contínuo em área metropolitana para o transporte de estudantes ou trabalhadores;

- Inciso VI com redação determinada pela LC 147/2014 (*DOU* 08.08.2014), em vigor na data de sua publicação, produzindo efeitos a partir de 1º de janeiro do primeiro ano subsequente ao da publicação desta Lei Complementar.

VII – que seja geradora, transmissora, distribuidora ou comercializadora de energia elétrica;

VIII – que exerça atividade de importação ou fabricação de automóveis e motocicletas;

IX – que exerça atividade de importação de combustíveis;

LC 123/2006

LEGISLAÇÃO

X – que exerça atividade de produção ou venda no atacado de:
a) cigarros, cigarrilhas, charutos, filtros para cigarros, armas de fogo, munições e pólvoras, explosivos e detonantes;
b) bebidas a seguir descritas:
1 – alcoólicas;
2 – *(Revogado pela LC 147/2014.)*
3 – *(Revogado pela LC 147/2014.)*
4 – cervejas sem álcool;
XI – *(Revogado pela LC 147/2014 – DOU 08.08.2014, em vigor na data de sua publicação, produzindo efeitos a partir de 1º de janeiro do primeiro ano subsequente ao da publicação desta Lei Complementar.)*
XII – que realize cessão ou locação de mão de obra;
XIII – *(Revogado pela LC 147/2014 – DOU 08.08.2014, em vigor na data de sua publicação, produzindo efeitos a partir de 1º de janeiro do primeiro ano subsequente ao da publicação desta Lei Complementar.)*
XIV – que se dedique ao loteamento e à incorporação de imóveis;
XV – que realize atividade de locação de imóveis próprios, exceto quando se referir a prestação de serviços tributados pelo ISS;

- Inciso XV com redação determinada pela LC 139/2011 (*DOU* 11.11.2011), em vigor na data de sua publicação, produzindo efeitos a partir de 1º.01.2012.

XVI – com ausência de inscrição ou com irregularidade em cadastro fiscal federal, municipal ou estadual, quando exigível.

- Inciso XVI acrescentado pela LC 139/2011 (*DOU* 11.11.2011), em vigor na data de sua publicação, produzindo efeitos a partir de 1º.01.2012.

§ 1º As vedações relativas a exercício de atividades previstas no *caput* deste artigo não se aplicam às pessoas jurídicas que se dediquem exclusivamente às atividades referidas nos §§ 5º-B a 5º-E do art. 18 desta Lei Complementar, ou as exerçam em conjunto com outras atividades que não tenham sido objeto de vedação no *caput* deste artigo.

I a XXI – *(Revogados.)*
XXII – *(Vetado.)*
XXIII a XXVII – *(Revogados.)*
XXVIII – *(Vetado.)*

§ 2º Também poderá optar pelo Simples Nacional a microempresa ou empresa de pequeno porte que se dedique à prestação de outros serviços que não tenham sido objeto de vedação expressa neste artigo, desde que não incorra em nenhuma das hipóteses de vedação previstas nesta Lei Complementar.

§ 3º *(Vetado.)*

§ 4º Na hipótese do inciso XVI do *caput*, deverá ser observado, para o MEI, o disposto no art. 4º desta Lei Complementar.

- § 4º acrescentado pela LC 139/2011 (*DOU* 11.11.2011), em vigor na data de sua publicação, produzindo efeitos a partir de 1º.01.2012.

Seção III
Das alíquotas e base de cálculo

Art. 18. O valor devido mensalmente pela microempresa ou empresa de pequeno porte, optante pelo Simples Nacional, será determinado mediante aplicação das alíquotas constantes das tabelas dos Anexos I a VI desta Lei Complementar sobre a base de cálculo de que trata o § 3º deste artigo, observado o disposto no § 15 do art. 3º.

- *Caput* com redação determinada pela LC 147/2014 (*DOU* 08.08.2014), em vigor na data de sua publicação, produzindo efeitos a partir de 1º de janeiro do primeiro ano subsequente ao da publicação desta Lei Complementar.

§ 1º Para efeito de determinação da alíquota, o sujeito passivo utilizará a receita bruta acumulada nos 12 (doze) meses anteriores ao do período de apuração.

§ 2º Em caso de início de atividade, os valores de receita bruta acumulada constantes das tabelas dos Anexos I a VI desta Lei Complementar devem ser proporcionalizados ao número de meses de atividade no período.

- § 2º com redação determinada pela LC 147/2014 (*DOU* 08.08.2014), em vigor na data de sua publicação, produzindo efeitos a partir de 1º de janeiro do primeiro ano subsequente ao da publicação desta Lei Complementar.

§ 3º Sobre a receita bruta auferida no mês incidirá a alíquota determinada na forma do *caput* e dos §§ 1º e 2º deste artigo, podendo tal incidência se dar, à opção do contribuinte, na forma regulamentada pelo Comitê Gestor, sobre a receita recebida no mês, sendo essa opção irretratável para todo o ano-calendário.

LC 123/2006

LEGISLAÇÃO

§ 4º O contribuinte deverá considerar, destacadamente, para fim de pagamento, as receitas decorrentes da:

* § 4º com redação determinada pela LC 147/2014.

I – revenda de mercadorias, que serão tributadas na forma do Anexo I desta Lei Complementar;

II – venda de mercadorias industrializadas pelo contribuinte, que serão tributadas na forma do Anexo II desta Lei Complementar;

III – prestação de serviços de que trata o § 5º-B deste artigo e dos serviços vinculados à locação de bens imóveis e corretagem de imóveis desde que observado o disposto no inciso XV do art. 17, que serão tributados na forma do Anexo III desta Lei Complementar;

IV – prestação de serviços de que tratam os §§ 5º-C a 5º-F e 5º-I deste artigo, que serão tributadas na forma prevista naqueles parágrafos;

V – locação de bens móveis, que serão tributadas na forma do Anexo III desta Lei Complementar, deduzida a parcela correspondente ao ISS;

VI – atividade com incidência simultânea de IPI e de ISS, que serão tributadas na forma do Anexo II desta Lei Complementar, deduzida a parcela correspondente ao ICMS e acrescida a parcela correspondente ao ISS prevista no Anexo III desta Lei Complementar;

VII – comercialização de medicamentos e produtos magistrais produzidos por manipulação de fórmulas:

a) sob encomenda para entrega posterior ao adquirente, em caráter pessoal, mediante prescrições de profissionais habilitados ou indicação pelo farmacêutico, produzidos no próprio estabelecimento após o atendimento inicial, que serão tributadas na forma do Anexo III desta Lei Complementar;

b) nos demais casos, quando serão tributadas na forma do Anexo I desta Lei Complementar.

§ 4º-A. O contribuinte deverá segregar, também, as receitas:

* § 4º-A acrescentado pela LC 147/2014.

I – decorrentes de operações ou prestações sujeitas à tributação concentrada em uma única etapa (monofásica), bem como, em relação ao ICMS, que o imposto já tenha sido recolhido por substituto tributário ou por antecipação tributária com encerramento de tributação;

II – sobre as quais houve retenção de ISS na forma do § 6º deste artigo e § 4º do art. 21 desta Lei Complementar, ou, na hipótese do § 22-A deste artigo, seja devido em valor fixo ao respectivo município;

III – sujeitas à tributação em valor fixo ou que tenham sido objeto de isenção ou redução de ISS ou de ICMS na forma prevista nesta Lei Complementar;

IV – decorrentes da exportação para o exterior, inclusive as vendas realizadas por meio de comercial exportadora ou da sociedade de propósito específico prevista no art. 56 desta Lei Complementar;

V – sobre as quais o ISS seja devido a Município diverso do estabelecimento prestador, quando será recolhido no Simples Nacional.

§ 5º As atividades industriais serão tributadas na forma do Anexo II desta Lei Complementar.

I a VII – *(Revogados.)*

§ 5º-A. *(Revogado pela LC 147/2014 – DOU 08.08.2014, em vigor na data de sua publicação, produzindo efeitos a partir de 1º de janeiro do primeiro ano subsequente ao da publicação desta Lei Complementar.)*

§ 5º-B. Sem prejuízo do disposto no § 1º do art. 17 desta Lei Complementar, serão tributadas na forma do Anexo III desta Lei Complementar as seguintes atividades de prestação de serviços:

I – creche, pré-escola e estabelecimento de ensino fundamental, escolas técnicas, profissionais e de ensino médio, de línguas estrangeiras, de artes, cursos técnicos de pilotagem, preparatórios para concursos, gerenciais e escolas livres, exceto as previstas nos incisos II e III do § 5º-D deste artigo;

* V. Súmula 448, STJ.

II – agência terceirizada de correios;

III – agência de viagem e turismo;

IV – centro de formação de condutores de veículos automotores de transporte terrestre de passageiros e de carga;
V – agência lotérica;
VI a VIII – *(Revogados.)*
IX – serviços de instalação, de reparos e de manutenção em geral, bem como de usinagem, solda, tratamento e revestimento em metais;
XI – *(Revogado.)*
- Consta inciso XI conforme publicação oficial.

XI – *(Revogado.)*
XII – *(Revogado.)*
XIII – transporte municipal de passageiros; e
XIV – escritórios de serviços contábeis, observado o disposto nos §§ 22-B e 22-C deste artigo.
XV – produções cinematográficas, audiovisuais, artísticas e culturais, sua exibição ou apresentação, inclusive no caso de música, literatura, artes cênicas, artes visuais, cinematográficas e audiovisuais.
- Inciso XV acrescentado pela LC 133/2009 (*DOU* 29.12.2009), em vigor na data de sua publicação, produzindo efeitos a partir do primeiro dia do mês seguinte à sua publicação oficial.

XVI – fisioterapia;
- Inciso XVI acrescentado pela LC 147/2014.

XVII – corretagem de seguros.
- Inciso XVII acrescentado pela LC 147/2014.

§ 5º-C. Sem prejuízo do disposto no § 1º do art. 17 desta Lei Complementar, as atividades de prestação de serviços seguintes serão tributadas na forma do Anexo IV desta Lei Complementar, hipótese em que não estará incluída no Simples Nacional a contribuição prevista no inciso VI do *caput* do art. 13 desta Lei Complementar, devendo ela ser recolhida segundo a legislação prevista para os demais contribuintes ou responsáveis:
I – construção de imóveis e obras de engenharia em geral, inclusive sob a forma de subempreitada, execução de projetos e serviços de paisagismo, bem como decoração de interiores;
II a V – *(Revogados.)*
VI – serviço de vigilância, limpeza ou conservação;
VII – serviços advocatícios.
- Inciso VII acrescentado pela LC 147/2014.

§ 5º-D. Sem prejuízo do disposto no § 1º do art. 17 desta Lei Complementar, as atividades de prestação de serviços seguintes serão tributadas na forma do Anexo V desta Lei Complementar:
I – administração e locação de imóveis de terceiros;
- Inciso I com redação determinada pela LC 147/2014 (*DOU* 08.08.2014), em vigor na data de sua publicação, produzindo efeitos a partir de 1º de janeiro do primeiro ano subsequente ao da publicação desta Lei Complementar.

II – academias de dança, de capoeira, de ioga e de artes marciais;
III – academias de atividades físicas, desportivas, de natação e escolas de esportes;
IV – elaboração de programas de computadores, inclusive jogos eletrônicos, desde que desenvolvidos em estabelecimento do optante;
V – licenciamento ou cessão de direito de uso de programas de computação;
VI – planejamento, confecção, manutenção e atualização de páginas eletrônicas, desde que realizados em estabelecimento do optante;
VII – *(Revogado.)*
VIII – *(Revogado.)*
IX – empresas montadoras de estandes para feiras;
X e XI – (*Revogados pela LC 133/2009 – DOU 29.12.2009, em vigor na data de sua publicação, produzindo efeitos a partir do primeiro dia do mês seguinte à sua publicação oficial.*)
XII – laboratórios de análises clínicas ou de patologia clínica;
XIII – serviços de tomografia, diagnósticos médicos por imagem, registros gráficos e métodos óticos, bem como ressonância magnética;
XIV – serviços de prótese em geral.
§ 5º-E. Sem prejuízo do disposto no § 1º do art. 17 desta Lei Complementar, as atividades de prestação de serviços de comunicação e de transportes interestadual e intermunicipal de cargas, e de transportes autorizados no inciso VI do *caput* do art. 17, in-

clusive na modalidade fluvial, serão tributadas na forma do Anexo III, deduzida a parcela correspondente ao ISS e acrescida a parcela correspondente ao ICMS prevista no Anexo I.

- § 5º-E com redação determinada pela LC 147/2014.

§ 5º-F. As atividades de prestação de serviços referidas no § 2º do art. 17 desta Lei Complementar serão tributadas na forma do Anexo III desta Lei Complementar, salvo se, para alguma dessas atividades, houver previsão expressa de tributação na forma dos Anexos IV, V ou VI desta Lei Complementar.

- § 5º-F com redação determinada pela LC 147/2014 (*DOU* 08.08.2014), em vigor na data de sua publicação, produzindo efeitos a partir de 1º de janeiro do primeiro ano subsequente ao da publicação desta Lei Complementar.

§ 5º-G. *(Revogado pela LC 147/2014 – DOU 08.08.2014, em vigor na data de sua publicação, produzindo efeitos a partir de 1º de janeiro do primeiro ano subsequente ao da publicação desta Lei Complementar.)*

§ 5º-H. A vedação de que trata o inciso XII do *caput* do art. 17 desta Lei Complementar não se aplica às atividades referidas no § 5º-C deste artigo.

§ 5º-I. Sem prejuízo do disposto no § 1º do art. 17 desta Lei Complementar, as seguintes atividades de prestação de serviços serão tributadas na forma do Anexo VI desta Lei Complementar:

- § 5º-I acrescentado pela LC 147/2014 (*DOU* 08.08.2014), em vigor na data de sua publicação, produzindo efeitos a partir de 1º de janeiro do primeiro ano subsequente ao da publicação desta Lei Complementar.

I – medicina, inclusive laboratorial e enfermagem;
II – medicina veterinária;
III – odontologia;
IV – psicologia, psicanálise, terapia ocupacional, acupuntura, podologia, fonoaudiologia, clínicas de nutrição e de vacinação e bancos de leite;
V – serviços de comissaria, de despachantes, de tradução e de interpretação;
VI – arquitetura, engenharia, medição, cartografia, topografia, geologia, geodésia, testes, suporte e análises técnicas e tecnológicas, pesquisa, design, desenho e agronomia;
VII – representação comercial e demais atividades de intermediação de negócios e serviços de terceiros;
VIII – perícia, leilão e avaliação;
IX – auditoria, economia, consultoria, gestão, organização, controle e administração;
X – jornalismo e publicidade;
XI – agenciamento, exceto de mão de obra;
XII – outras atividades do setor de serviços que tenham por finalidade a prestação de serviços decorrentes do exercício de atividade intelectual, de natureza técnica, científica, desportiva, artística ou cultural, que constitua profissão regulamentada ou não, desde que não sujeitas à tributação na forma dos Anexos III, IV ou V desta Lei Complementar.

§ 6º No caso dos serviços previstos no § 2º do art. 6º da Lei Complementar 116, de 31 de julho de 2003, prestados pelas microempresas e pelas empresas de pequeno porte, o tomador do serviço deverá reter o montante correspondente na forma da legislação do município onde estiver localizado, observado o disposto no § 4º do art. 21 desta Lei Complementar.

§ 7º A sociedade de propósito específico de que trata o art. 56 desta Lei Complementar que houver adquirido mercadorias de microempresa ou empresa de pequeno porte que seja sua sócia, bem como a empresa comercial exportadora que houver adquirido mercadorias ou serviços de empresa optante pelo Simples Nacional, com o fim específico de exportação para o exterior, que, no prazo de 180 (cento e oitenta) dias, contado da data da emissão da nota fiscal pela vendedora, não comprovar o seu embarque para o exterior ficará sujeita ao pagamento de todos os impostos e contribuições que deixaram de ser pagos pela empresa vendedora, acrescidos de juros de mora e multa, de mora ou de ofício, calcu-

LC 123/2006

LEGISLAÇÃO

lados na forma da legislação relativa à cobrança do tributo não pago, aplicável à sociedade de propósito específico ou à própria comercial exportadora.

- § 7º com redação determinada pela LC 147/2014 (*DOU* 08.08.2014), em vigor na data de sua publicação, produzindo efeitos a partir de 1º de janeiro do primeiro ano subsequente ao da publicação desta Lei Complementar.

§ 8º Para efeito do disposto no § 7º deste artigo, considera-se vencido o prazo para o pagamento na data em que a empresa vendedora deveria fazê-lo, caso a venda houvesse sido efetuada para o mercado interno.

§ 9º Relativamente à contribuição patronal previdenciária, devida pela vendedora, a sociedade de propósito específico de que trata o art. 56 desta Lei Complementar ou a comercial exportadora deverão recolher, no prazo previsto no § 8º deste artigo, o valor correspondente a 11% (onze por cento) do valor das mercadorias não exportadas nos termos do § 7º deste artigo.

§ 10. Na hipótese do § 7º deste artigo, a sociedade de propósito específico de que trata o art. 56 desta Lei Complementar ou a empresa comercial exportadora não poderão deduzir do montante devido qualquer valor a título de crédito de Imposto sobre Produtos Industrializados – IPI da Contribuição para o PIS/Pasep ou da Cofins, decorrente da aquisição das mercadorias e serviços objeto da incidência.

§ 11. Na hipótese do § 7º deste artigo, a sociedade de propósito específico ou a empresa comercial exportadora deverão pagar, também, os impostos e contribuições devidos nas vendas para o mercado interno, caso, por qualquer forma, tenham alienado ou utilizado as mercadorias.

§ 12. Na apuração do montante devido no mês relativo a cada tributo, para o contribuinte que apure receitas mencionadas nos incisos I a III e V do § 4º-A deste artigo, serão consideradas as reduções relativas aos tributos já recolhidos, ou sobre os quais tenha havido tributação monofásica, isenção, redução ou, no caso do ISS, que o valor tenha sido objeto de retenção ou seja devido diretamente ao Município.

- § 12 com redação determinada pela LC 147/2014.

§ 13. Para efeito de determinação da redução de que trata o § 12 deste artigo, as receitas serão discriminadas em comerciais, industriais ou de prestação de serviços na forma dos Anexos I, II, III, IV, V e VI desta Lei Complementar.

- § 13 com redação determinada pela LC 147/2014 (*DOU* 08.08.2014), em vigor na data de sua publicação, produzindo efeitos a partir de 1º de janeiro do primeiro ano subsequente ao da publicação desta Lei Complementar.

§ 14. A redução no montante a ser recolhido no Simples Nacional relativo aos valores das receitas decorrentes da exportação de que trata o inciso IV do § 4º-A deste artigo corresponderá tão somente aos percentuais relativos à Cofins, à Contribuição para o PIS/Pasep, ao IPI, ao ICMS e ao ISS, constantes dos Anexos I a VI desta Lei Complementar.

- *Caput* do § 14 com redação determinada pela LC 147/2014 (*DOU* 08.08.2014), em vigor na data de sua publicação, produzindo efeitos a partir de 1º de janeiro do primeiro ano subsequente ao da publicação desta Lei Complementar.

I – *(Revogado pela LC 147/2014 – DOU 08.08.2014, em vigor na data de sua publicação, produzindo efeitos a partir de 1º de janeiro do primeiro ano subsequente ao da publicação desta Lei Complementar.)*

II – *(Revogado pela LC 147/2014 – DOU 08.08.2014, em vigor na data de sua publicação, produzindo efeitos a partir de 1º de janeiro do primeiro ano subsequente ao da publicação desta Lei Complementar.)*

§ 15. Será disponibilizado sistema eletrônico para realização do cálculo simplificado do valor mensal devido referente ao Simples Nacional.

§ 15-A. As informações prestadas no sistema eletrônico de cálculo de que trata o § 15:

- § 15-A acrescentado pela LC 139/2011 (*DOU* 11.11.2011), em vigor na data de sua publicação, produzindo efeitos a partir de 1º.01.2012.

I – têm caráter declaratório, constituindo confissão de dívida e instrumento hábil e

LC 123/2006

LEGISLAÇÃO

suficiente para a exigência dos tributos e contribuições que não tenham sido recolhidos resultantes das informações nele prestadas; e

II – deverão ser fornecidas à Secretaria da Receita Federal do Brasil até o vencimento do prazo para pagamento dos tributos devidos no Simples Nacional em cada mês, relativamente aos fatos geradores ocorridos no mês anterior.

§ 16. Na hipótese do § 12 do art. 3º, a parcela de receita bruta que exceder o montante determinado no § 10 daquele artigo estará sujeita às alíquotas máximas previstas nos Anexos I a VI desta Lei Complementar, proporcionalmente conforme o caso, acrescidas de 20% (vinte por cento).

- § 16 com redação determinada pela LC 147/2014 (*DOU* 08.08.2014), em vigor na data de sua publicação, produzindo efeitos a partir de 1º de janeiro do primeiro ano subsequente ao da publicação desta Lei Complementar.

§ 16-A. O disposto no § 16 aplica-se, ainda, às hipóteses de que trata o § 9º do art. 3º, a partir do mês em que ocorrer o excesso do limite da receita bruta anual e até o mês anterior aos efeitos da exclusão.

- § 16-A acrescentado pela LC 139/2011 (*DOU* 11.11.2011), em vigor na data de sua publicação, produzindo efeitos a partir de 1º.01.2012.

§ 17. Na hipótese do § 13 do art. 3º, a parcela de receita bruta que exceder os montantes determinados no § 11 daquele artigo estará sujeita, em relação aos percentuais aplicáveis ao ICMS e ao ISS, às alíquotas máximas correspondentes a essas faixas previstas nos Anexos I a VI desta Lei Complementar, proporcionalmente conforme o caso, acrescidas de 20% (vinte por cento).

- § 17 com redação determinada pela LC 147/2014 (*DOU* 08.08.2014), em vigor na data de sua publicação, produzindo efeitos a partir de 1º de janeiro do primeiro ano subsequente ao da publicação desta Lei Complementar.

§ 17-A. O disposto no § 17 aplica-se, ainda, à hipótese de que trata o § 1º do art. 20, a partir do mês em que ocorrer o excesso do limite da receita bruta anual e até o mês anterior aos efeitos do impedimento.

- § 17-A acrescentado pela LC 139/2011 (*DOU* 11.11.2011), em vigor na data de sua publicação, produzindo efeitos a partir de 1º.01.2012.

§ 18. Os Estados, o Distrito Federal e os Municípios, no âmbito das respectivas competências, poderão estabelecer, na forma definida pelo Comitê Gestor, independentemente da receita bruta recebida no mês pelo contribuinte, valores fixos mensais para o recolhimento do ICMS e do ISS devido por microempresa que aufira receita bruta, no ano-calendário anterior, de até o limite máximo previsto na segunda faixa de receitas brutas anuais constantes dos Anexos I a VI, ficando a microempresa sujeita a esses valores durante todo o ano-calendário, ressalvado o disposto no § 18-A.

- § 18 com redação determinada pela LC 147/2014 (*DOU* 08.08.2014), em vigor na data de sua publicação, produzindo efeitos a partir de 1º de janeiro do primeiro ano subsequente ao da publicação desta Lei Complementar.

§ 18-A. A microempresa que, no ano-calendário, exceder o limite de receita bruta previsto no § 18 fica impedida de recolher o ICMS ou o ISS pela sistemática de valor fixo, a partir do mês subsequente à ocorrência do excesso, sujeitando-se à apuração desses tributos na forma das demais empresas optantes pelo Simples Nacional.

- § 18-A acrescentado pela LC 147/2014 (*DOU* 08.08.2014), em vigor na data de sua publicação, produzindo efeitos a partir de 1º de janeiro do primeiro ano subsequente ao da publicação desta Lei Complementar.

§ 19. Os valores estabelecidos no § 18 deste artigo não poderão exceder a 50% (cinquenta por cento) do maior recolhimento possível do tributo para a faixa de enquadramento prevista na tabela do *caput* deste artigo, respeitados os acréscimos decorrentes do tipo de atividade da empresa estabelecidos no § 5º deste artigo.

§ 20. Na hipótese em que o Estado, o Município ou o Distrito Federal concedam isenção ou redução do ICMS ou do ISS devido por microempresa ou empresa de pequeno porte, ou ainda determine recolhimento de valor fixo para esses tributos, na forma do § 18 deste artigo, será realizada redução proporcional ou ajuste do valor a ser recolhido, na forma definida em resolução do Comitê Gestor.

§ 20-A. A concessão dos benefícios de que trata o § 20 deste artigo poderá ser realizada:

I – mediante deliberação exclusiva e unilateral do Estado, do Distrito Federal ou do Município concedente;

II – de modo diferenciado para cada ramo de atividade.

§ 20-B. A União, os Estados e o Distrito Federal poderão, em lei específica destinada à ME ou EPP optante pelo Simples Nacional, estabelecer isenção ou redução de Cofins, Contribuição para o PIS/Pasep e ICMS para produtos da cesta básica, discriminando a abrangência da sua concessão.

- § 20-B acrescentado pela LC 147/2014.

§ 21. O valor a ser recolhido na forma do disposto no § 20 deste artigo, exclusivamente na hipótese de isenção, não integrará o montante a ser partilhado com o respectivo Município, Estado ou Distrito Federal.

§ 22. *(Revogado.)*

§ 22-A. A atividade constante do inciso XIV do § 5º-B deste artigo recolherá o ISS em valor fixo, na forma da legislação municipal.

§ 22-B. Os escritórios de serviços contábeis, individualmente ou por meio de suas entidades representativas de classe, deverão:

I – promover atendimento gratuito relativo à inscrição, à opção de que trata o art. 18-A desta Lei Complementar e à primeira declaração anual simplificada da microempresa individual, podendo, para tanto, por meio de suas entidades representativas de classe, firmar convênios e acordos com a União, os Estados, o Distrito Federal e os Municípios, por intermédio dos seus órgãos vinculados;

II – fornecer, na forma estabelecida pelo Comitê Gestor, resultados de pesquisas quantitativas e qualitativas relativas às microempresas e empresas de pequeno porte optantes pelo Simples Nacional por eles atendidas;

III – promover eventos de orientação fiscal, contábil e tributária para as microempresas e empresas de pequeno porte optantes pelo Simples Nacional por eles atendidas.

§ 22-C. Na hipótese de descumprimento das obrigações de que trata o § 22-B deste artigo, o escritório será excluído do Simples Nacional, com efeitos a partir do mês subsequente ao do descumprimento, na forma regulamentada pelo Comitê Gestor.

§ 23. Da base de cálculo do ISS será abatido o material fornecido pelo prestador dos serviços previstos nos itens 7.02 e 7.05 da lista de serviços anexa à Lei Complementar 116, de 31 de julho de 2003.

§ 24. Para efeito de aplicação dos Anexos V e VI desta Lei Complementar, considera-se folha de salários, incluídos encargos, o montante pago, nos 12 (doze) meses anteriores ao do período de apuração, a título de remunerações a pessoas físicas decorrentes do trabalho, incluídas retiradas de pró-labore, acrescidos do montante efetivamente recolhido a título de contribuição patronal previdenciária e para o FGTS.

- § 24 com redação determinada pela LC 147/2014 (*DOU* 08.08.2014), em vigor na data de sua publicação, produzindo efeitos a partir de 1º de janeiro do primeiro ano subsequente ao da publicação desta Lei Complementar.

§ 25. Para efeito do disposto no § 24 deste artigo, deverão ser consideradas tão somente as remunerações informadas na forma prevista no inciso IV do *caput* do art. 32 da Lei 8.212, de 24 de julho de 1991.

- § 25 com redação determinada pela LC 139/2011 (*DOU* 11.11.2011), em vigor na data de sua publicação, produzindo efeitos a partir de 1º.01.2012.

§ 26. Não são considerados, para efeito do disposto no § 24, valores pagos a título de aluguéis e de distribuição de lucros, observado o disposto no § 1º do art. 14.

- § 26 acrescentado pela LC 139/2011 (*DOU* 11.11.2011), em vigor na data de sua publicação, produzindo efeitos a partir de 1º.01.2012.

Art. 18-A. O Microempreendedor Individual – MEI poderá optar pelo recolhimento dos impostos e contribuições abrangidos pelo Simples Nacional em valores fixos mensais, independentemente da receita bruta por ele auferida no mês, na forma prevista

LC 123/2006

Legislação

neste artigo. (produção de efeitos: 1º de julho de 2009)

§ 1º Para os efeitos desta Lei Complementar, considera-se MEI o empresário individual a que se refere o art. 966 da Lei 10.406, de 10 de janeiro de 2002 (Código Civil), que tenha auferido receita bruta, no ano-calendário anterior, de até R$ 60.000,00 (sessenta mil reais), optante pelo Simples Nacional e que não esteja impedido de optar pela sistemática prevista neste artigo.

- § 1º com redação determinada pela LC 139/2011 (*DOU* 11.11.2011), em vigor na data de sua publicação, produzindo efeitos a partir de 1º.01.2012.

§ 2º No caso de início de atividades, o limite de que trata o § 1º será de R$ 5.000,00 (cinco mil reais) multiplicados pelo número de meses compreendido entre o início da atividade e o final do respectivo ano-calendário, consideradas as frações de meses como um mês inteiro.

- § 2º com redação determinada pela LC 139/2011 (*DOU* 11.11.2011), em vigor na data de sua publicação, produzindo efeitos a partir de 1º.01.2012.

§ 3º Na vigência da opção pela sistemática de recolhimento prevista no *caput* deste artigo: (produção de efeitos: 1º de julho de 2009)

I – não se aplica o disposto no § 18 do art. 18 desta Lei Complementar; (produção de efeitos: 1º de julho de 2009)

II – não se aplica a redução prevista no § 20 do art. 18 desta Lei Complementar ou qualquer dedução na base de cálculo; (produção de efeitos: 1º de julho de 2009)

III – não se aplicam as isenções específicas para as microempresas e empresas de pequeno porte concedidas pelo Estado, Município ou Distrito Federal a partir de 1º de julho de 2007 que abranjam integralmente a faixa de receita bruta anual até o limite previsto no § 1º;

- Inciso III com redação determinada pela LC 139/2011 (*DOU* 11.11.2011), em vigor na data de sua publicação, produzindo efeitos a partir de 1º.01.2012.

IV – a opção pelo enquadramento como Microempreendedor Individual importa opção pelo recolhimento da contribuição referida no inciso X do § 1º do art. 13 desta Lei Complementar na forma prevista no § 2º do art. 21 da Lei 8.212, de 24 de julho de 1991; (produção de efeitos: 1º de julho de 2009)

V – o Microempreendedor Individual recolherá, na forma regulamentada pelo Comitê Gestor, valor fixo mensal correspondente à soma das seguintes parcelas: (produção de efeitos: 1º de julho de 2009)

a) R$ 45,65 (quarenta e cinco reais e sessenta e cinco centavos), a título da contribuição prevista no inciso IV deste parágrafo; (produção de efeitos: 1º de julho de 2009)

b) R$ 1,00 (um real), a título do imposto referido no inciso VII do *caput* do art. 13 desta Lei Complementar, caso seja contribuinte do ICMS; e (produção de efeitos: 1º de julho de 2009)

c) R$ 5,00 (cinco reais), a título do imposto referido no inciso VIII do *caput* do art. 13 desta Lei Complementar, caso seja contribuinte do ISS; (produção de efeitos: 1º de julho de 2009)

VI – sem prejuízo do disposto nos §§ 1º a 3º do art. 13, o MEI terá isenção dos tributos referidos nos incisos I a VI do *caput* daquele artigo, ressalvado o disposto no art. 18-C.

- Inciso VI com redação determinada pela LC 139/2011 (*DOU* 11.11.2011), em vigor na data de sua publicação, produzindo efeitos a partir de 1º.01.2012.

§ 4º Não poderá optar pela sistemática de recolhimento prevista no *caput* deste artigo o MEI: (produção de efeitos: 1º de julho de 2009)

I – cuja atividade seja tributada na forma dos Anexos V ou VI desta Lei Complementar, salvo autorização relativa a exercício de atividade isolada na forma regulamentada pelo CGSN;

- Inciso I com redação determinada pela LC 147/2014 (*DOU* 08.08.2014), em vigor na data de sua publicação, produzindo efeitos a partir de 1º de janeiro do primeiro ano subsequente ao da publicação desta Lei Complementar.

II – que possua mais de um estabelecimento; (produção de efeitos: 1º de julho de 2009)

III – que participe de outra empresa como titular, sócio ou administrador; ou (produção de efeitos: 1º de julho de 2009)

LC 123/2006

LEGISLAÇÃO

IV – que contrate empregado. (produção de efeitos: 1º de julho de 2009)

§ 4º-A. Observadas as demais condições deste artigo, poderá optar pela sistemática de recolhimento prevista no *caput* o empresário individual que exerça atividade de comercialização e processamento de produtos de natureza extrativista.

- § 4º-A acrescentado pela LC 139/2011 (*DOU* 11.11.2011), em vigor na data de sua publicação, produzindo efeitos a partir de 1º.01.2012.

§ 4º-B. O CGSN determinará as atividades autorizadas a optar pela sistemática de recolhimento de que trata este artigo, de forma a evitar a fragilização das relações de trabalho, bem como sobre a incidência do ICMS e do ISS.

- § 4º-B acrescentado pela LC 139/2011 (*DOU* 11.11.2011), em vigor na data de sua publicação, produzindo efeitos a partir de 1º.01.2012.

§ 5º A opção de que trata o *caput* deste artigo dar-se-á na forma a ser estabelecida em ato do Comitê Gestor, observando-se que: (produção de efeitos: 1º de julho de 2009)

I – será irretratável para todo o ano-calendário; (produção de efeitos: 1º de julho de 2009)

II – deverá ser realizada no início do ano-calendário, na forma disciplinada pelo Comitê Gestor, produzindo efeitos a partir do primeiro dia do ano-calendário da opção, ressalvado o disposto no inciso III; (produção de efeitos: 1º de julho de 2009)

III – produzirá efeitos a partir da data do início de atividade desde que exercida nos termos, prazo e condições a serem estabelecidos em ato do Comitê Gestor a que se refere o *caput* deste parágrafo. (produção de efeitos: 1º de julho de 2009)

§ 6º O desenquadramento da sistemática de que trata o *caput* deste artigo será realizado de ofício ou mediante comunicação do MEI. (produção de efeitos: 1º de julho de 2009)

§ 7º O desenquadramento mediante comunicação do MEI à Secretaria da Receita Federal do Brasil – RFB dar-se-á: (produção de efeitos: 1º de julho de 2009)

I – por opção, que deverá ser efetuada no início do ano-calendário, na forma disciplinada pelo Comitê Gestor, produzindo efeitos a partir de 1º de janeiro do ano-calendário da comunicação; (produção de efeitos: 1º de julho de 2009)

II – obrigatoriamente, quando o MEI incorrer em alguma das situações previstas no § 4º deste artigo, devendo a comunicação ser efetuada até o último dia útil do mês subsequente àquele em que ocorrida a situação de vedação, produzindo efeitos a partir do mês subsequente ao da ocorrência da situação impeditiva; (produção de efeitos: 1º de julho de 2009)

III – obrigatoriamente, quando o MEI exceder, no ano-calendário, o limite de receita bruta previsto no § 1º deste artigo, devendo a comunicação ser efetuada até o último dia útil do mês subsequente àquele em que ocorrido o excesso, produzindo efeitos: (produção de efeitos: 1º de julho de 2009)

a) a partir de 1º de janeiro do ano-calendário subsequente ao da ocorrência do excesso, na hipótese de não ter ultrapassado o referido limite em mais de 20% (vinte por cento); (produção de efeitos: 1º de julho de 2009)

b) retroativamente a 1º de janeiro do ano-calendário da ocorrência do excesso, na hipótese de ter ultrapassado o referido limite em mais de 20% (vinte por cento); (produção de efeitos: 1º de julho de 2009)

IV – obrigatoriamente, quando o MEI exceder o limite de receita bruta previsto no § 2º deste artigo, devendo a comunicação ser efetuada até o último dia útil do mês subsequente àquele em que ocorrido o excesso, produzindo efeitos: (produção de efeitos: 1º de julho de 2009)

a) a partir de 1º de janeiro do ano-calendário subsequente ao da ocorrência do excesso, na hipótese de não ter ultrapassado o referido limite em mais de 20% (vinte por cento); (produção de efeitos: 1º de julho de 2009)

b) retroativamente ao início de atividade, na hipótese de ter ultrapassado o referido limite em mais de 20% (vinte por cento). (produção de efeitos: 1º de julho de 2009)

§ 8º O desenquadramento de ofício dar-se-á quando verificada a falta de comunicação de que trata o § 7º deste artigo. (produção de efeitos: 1º de julho de 2009)

§ 9º O Empresário Individual desenquadrado da sistemática de recolhimento prevista no *caput* deste artigo passará a recolher os tributos devidos pela regra geral do Simples Nacional a partir da data de início dos efeitos do desenquadramento, ressalvado o disposto no § 10 deste artigo. (produção de efeitos: 1º de julho de 2009)

§ 10. Nas hipóteses previstas nas alíneas *a* dos incisos III e IV do § 7º deste artigo, o MEI deverá recolher a diferença, sem acréscimos, em parcela única, juntamente com a da apuração do mês de janeiro do ano-calendário subsequente ao do excesso, na forma a ser estabelecida em ato do Comitê Gestor. (produção de efeitos: 1º de julho de 2009)

§ 11. O valor referido na alínea *a* do inciso V do § 3º deste artigo será reajustado, na forma prevista em lei ordinária, na mesma data de reajustamento dos benefícios de que trata a Lei 8.213, de 24 de julho de 1991, de forma a manter equivalência com a contribuição de que trata o § 2º do art. 21 da Lei 8.212, de 24 de julho de 1991. (produção de efeitos: 1º de julho de 2009)

§ 12. Aplica-se ao MEI que tenha optado pela contribuição na forma do § 1º deste artigo o disposto no § 4º do art. 55 e no § 2º do art. 94, ambos da Lei 8.213, de 24 de julho de 1991, exceto se optar pela complementação da contribuição previdenciária a que se refere o § 3º do art. 21 da Lei 8.212, de 24 de julho de 1991. (produção de efeitos: 1º de julho de 2009)

§ 13. O MEI está dispensado, ressalvado o disposto no art. 18-C desta Lei Complementar, de:

- § 13 com redação determinada pela LC 139/2011 (*DOU* 11.11.2011), em vigor na data de sua publicação, produzindo efeitos a partir de 1º.01.2012.

I – atender o disposto no inciso IV do *caput* do art. 32 da Lei 8.212, de 24 de julho de 1991;

II – apresentar a Relação Anual de Informações Sociais (Rais); e

III – declarar ausência de fato gerador para a Caixa Econômica Federal para emissão da Certidão de Regularidade Fiscal perante o FGTS.

§ 14. O Comitê Gestor disciplinará o disposto neste artigo. (produção de efeitos: 1º de julho de 2009)

§ 15. A inadimplência do recolhimento do valor previsto na alínea *a* do inciso V do § 3º tem como consequência a não contagem da competência em atraso para fins de carência para obtenção dos benefícios previdenciários respectivos.

- § 15 acrescentado pela LC 139/2011 (*DOU* 11.11.2011), em vigor na data de sua publicação, produzindo efeitos a partir de 1º.01.2012.

§ 15-A. Ficam autorizados os Estados, o Distrito Federal e os Municípios a promover a remissão dos débitos decorrentes dos valores previstos nas alíneas b e c do inciso V do § 3º, inadimplidos isolada ou simultaneamente.

- § 15-A acrescentado pela LC 147/2014.

§ 15-B. O MEI poderá ter sua inscrição automaticamente cancelada após período de 12 (doze) meses consecutivos sem recolhimento ou declarações, independentemente de qualquer notificação, devendo a informação ser publicada no Portal do Empreendedor, na forma regulamentada pelo CGSIM.

- § 15-B acrescentado pela LC 147/2014.

§ 16. O CGSN estabelecerá, para o MEI, critérios, procedimentos, prazos e efeitos diferenciados para desenquadramento da sistemática de que trata este artigo, cobrança, inscrição em dívida ativa e exclusão do Simples Nacional.

- § 16 acrescentado pela LC 139/2011 (*DOU* 11.11.2011), em vigor na data de sua publicação, produzindo efeitos a partir de 1º.01.2012.

§ 17. A alteração de dados no CNPJ informada pelo empresário à Secretaria da Receita Federal do Brasil equivalerá à comunicação obrigatória de desenquadramento da sistemática de recolhimento de que trata este artigo, nas seguintes hipóteses:

- § 17 acrescentado pela LC 139/2011 (*DOU* 11.11.2011), em vigor na data de sua publicação, produzindo efeitos a partir de 1º.01.2012.

I – alteração para natureza jurídica distinta de empresário individual a que se refere o

LC 123/2006

art. 966 da Lei 10.406, de 10 de janeiro de 2002 (Código Civil);

II – inclusão de atividade econômica não autorizada pelo CGSN;

III – abertura de filial.

§ 18. Os Municípios somente poderão realizar o cancelamento da inscrição do MEI caso tenham regulamentação própria de classificação de risco e o respectivo processo simplificado de inscrição e legalização, em conformidade com esta Lei Complementar e com as resoluções do CGSIM.

- § 18 acrescentado pela LC 147/2014.

§ 19. Fica vedada aos conselhos representativos de categorias econômicas a exigência de obrigações diversas das estipuladas nesta Lei Complementar para inscrição do MEI em seus quadros, sob pena de responsabilidade.

- § 19 acrescentado pela LC 147/2014.

§ 20. Os documentos fiscais das microempresas e empresas de pequeno porte poderão ser emitidos diretamente por sistema nacional informatizado e pela internet, sem custos para o empreendedor, na forma regulamentada pelo Comitê Gestor do Simples Nacional.

- § 20 acrescentado pela LC 147/2014.

§ 21. Assegurar-se-á o registro nos cadastros oficiais ao guia de turismo inscrito como MEI.

- § 21 acrescentado pela LC 147/2014.

§ 22. Fica vedado às concessionárias de serviço público o aumento das tarifas pagas pelo MEI por conta da modificação da sua condição de pessoa física para pessoa jurídica.

- § 22 acrescentado pela LC 147/2014.

§ 23. *(Vetado.)*

- § 23 acrescentado pela LC 147/2014.

§ 24. Aplica-se ao MEI o disposto no inciso XI do § 4º do art. 3º.

- § 24 acrescentado pela LC 147/2014.

§ 25. O MEI poderá utilizar sua residência como sede do estabelecimento, quando não for indispensável a existência de local próprio para o exercício da atividade.

- § 25 acrescentado pela LC 154/2016.

Art. 18-B. A empresa contratante de serviços executados por intermédio do MEI mantém, em relação a esta contratação, a obrigatoriedade de recolhimento da contribuição a que se refere o inciso III do *caput* e o § 1º do art. 22 da Lei 8.212, de 24 de julho de 1991, e o cumprimento das obrigações acessórias relativas à contratação de contribuinte individual. (produção de efeitos: 1º de julho de 2009)

§ 1º Aplica-se o disposto neste artigo exclusivamente em relação ao MEI que for contratado para prestar serviços de hidráulica, eletricidade, pintura, alvenaria, carpintaria e de manutenção ou reparo de veículos.

- § 1º com redação determinada pela LC 147/2014.
- V. art. 12, LC 147/2014.

§ 2º O disposto no *caput* e no § 1º não se aplica quando presentes os elementos da relação de emprego, ficando a contratante sujeita a todas as obrigações dela decorrentes, inclusive trabalhistas, tributárias e previdenciárias.

- § 2º acrescentado pela LC 139/2011.

Art. 18-C. Observado o disposto no art. 18-A, e seus parágrafos, desta Lei Complementar, poderá se enquadrar como MEI o empresário individual que possua um único empregado que receba exclusivamente 1 (um) salário mínimo ou o piso salarial da categoria profissional. (produção de efeitos: 1º de julho de 2009)

§ 1º Na hipótese referida no *caput*, o MEI:

- § 1º acrescentado pela LC 139/2011.

I – deverá reter e recolher a contribuição previdenciária relativa ao segurado a seu serviço na forma da lei, observados prazo e condições estabelecidos pelo CGSN;

II – é obrigado a prestar informações relativas ao segurado a seu serviço, na forma estabelecida pelo CGSN; e

III – está sujeito ao recolhimento da contribuição de que trata o inciso VI do *caput* do art. 13, calculada à alíquota de 3% (três por cento) sobre o salário de contribuição previsto no *caput*, na forma e prazos estabelecidos pelo CGSN.

LC 123/2006

LEGISLAÇÃO

§ 2º Para os casos de afastamento legal do único empregado do MEI, será permitida a contratação de outro empregado, inclusive por prazo determinado, até que cessem as condições do afastamento, na forma estabelecida pelo Ministério do Trabalho e Emprego.

* § 2º acrescentado pela LC 139/2011.

§ 3º O CGSN poderá determinar, com relação ao MEI, a forma, a periodicidade e o prazo:

* § 3º acrescentado pela LC 139/2011.

I – de entrega à Secretaria da Receita Federal do Brasil de uma única declaração com dados relacionados a fatos geradores, base de cálculo e valores dos tributos previstos nos arts. 18-A e 18-C, da contribuição para a Seguridade Social descontada do empregado e do Fundo de Garantia do Tempo de Serviço (FGTS), e outras informações de interesse do Ministério do Trabalho e Emprego, do Instituto Nacional do Seguro Social (INSS) e do Conselho Curador do FGTS, observado o disposto no § 7º do art. 26;

II – do recolhimento dos tributos previstos nos arts. 18-A e 18-C, bem como do FGTS e da contribuição para a Seguridade Social descontada do empregado.

§ 4º A entrega da declaração única de que trata o inciso I do § 3º substituirá, na forma regulamentada pelo CGSN, a obrigatoriedade de entrega de todas as informações, formulários e declarações a que estão sujeitas as demais empresas ou equiparados que contratam empregados, inclusive as relativas ao recolhimento do FGTS, à Relação Anual de Informações Sociais (Rais) e ao Cadastro Geral de Empregados e Desempregados (Caged).

* § 4º acrescentado pela LC 139/2011.

§ 5º Na hipótese de recolhimento do FGTS na forma do inciso II do § 3º, deve-se assegurar a transferência dos recursos e dos elementos identificadores do recolhimento ao gestor desse fundo para crédito na conta vinculada do trabalhador.

* § 5º acrescentado pela LC 139/2011.

§ 6º O documento de que trata o inciso I do § 3º deste artigo tem caráter declaratório, constituindo instrumento hábil e suficiente para a exigência dos tributos e dos débitos fundiários que não tenham sido recolhidos resultantes das informações nele prestadas.

* § 6º acrescentado pela LC 147/2014.

Art. 18-D. A tributação municipal do imposto sobre imóveis prediais urbanos deverá assegurar tratamento mais favorecido ao MEI para realização de sua atividade no mesmo local em que residir, mediante aplicação da menor alíquota vigente para aquela localidade, seja residencial ou comercial, nos termos da lei, sem prejuízo de eventual isenção ou imunidade existente.

* Artigo acrescentado pela LC 147/2014.

Art. 18-E. O instituto do MEI é uma política pública que tem por objetivo a formalização de pequenos empreendimentos e a inclusão social e previdenciária.

* Artigo acrescentado pela LC 147/2014.

§ 1º A formalização de MEI não tem caráter eminentemente econômico ou fiscal.

§ 2º Todo benefício previsto nesta Lei Complementar aplicável à microempresa estende-se ao MEI sempre que lhe for mais favorável.

§ 3º O MEI é modalidade de microempresa.

§ 4º É vedado impor restrições ao MEI relativamente ao exercício de profissão ou participação em licitações, em função da sua respectiva natureza jurídica.

Art. 19. Sem prejuízo da possibilidade de adoção de todas as faixas de receita previstas nos Anexos I a VI desta Lei Complementar, os Estados poderão optar pela aplicação de sublimite para efeito de recolhimento do ICMS na forma do Simples Nacional em seus respectivos territórios, da seguinte forma:

* *Caput* com redação determinada pela LC 147/2014 (*DOU* 08.08.2014), em vigor na data de sua publicação, produzindo efeitos a partir de 1º de janeiro do primeiro ano subsequente ao da publicação desta Lei Complementar.

I – os Estados cuja participação no Produto Interno Bruto brasileiro seja de até 1% (um por cento) poderão optar pela aplicação, em seus respectivos territórios, das faixas de receita bruta anual até 35% (trinta e cinco por cento), ou até 50% (cinquenta por cento), ou até 70% (setenta por cento) do limite previsto no inciso II do *caput* do art. 3º;

* Inciso I com redação determinada pela LC 139/2011 (*DOU* 11.11.2011), em vigor na data de sua publicação, produzindo efeitos a partir de 1º.01.2012.

II – os Estados cuja participação no Produto Interno Bruto brasileiro seja de mais de 1% (um por cento) e de menos de 5% (cinco por cento) poderão optar pela aplicação, em seus respectivos territórios, das faixas de receita bruta anual até 50% (cinquenta por cento) ou até 70% (setenta por cento) do limite previsto no inciso II do *caput* do art. 3º; e

* Inciso II com redação determinada pela LC 139/2011 (*DOU* 11.11.2011), em vigor na data de sua publicação, produzindo efeitos a partir de 1º.01.2012.

III – os Estados cuja participação no Produto Interno Bruto brasileiro seja igual ou superior a 5% (cinco por cento) ficam obrigados a adotar todas as faixas de receita bruta anual.

§ 1º A participação no Produto Interno Bruto brasileiro será apurada levando em conta o último resultado divulgado pelo Instituto Brasileiro de Geografia e Estatística ou outro órgão que o substitua.

§ 2º A opção prevista nos incisos I e II do *caput*, bem como a obrigatoriedade prevista no inciso III do *caput*, surtirá efeitos somente para o ano-calendário subsequente, salvo deliberação do CGSN.

* § 2º com redação determinada pela LC 139/2011 (*DOU* 11.11.2011), em vigor na data de sua publicação, produzindo efeitos a partir de 1º.01.2012.

§ 3º O disposto neste artigo aplica-se ao Distrito Federal.

Art. 20. A opção feita na forma do art. 19 desta Lei Complementar pelos Estados importará adoção do mesmo limite de receita bruta anual para efeito de recolhimento na forma do ISS dos Municípios nele localizados, bem como para o do ISS devido no Distrito Federal.

§ 1º A empresa de pequeno porte que ultrapassar os limites a que se referem os incisos I ou II do *caput* do art. 19 estará automaticamente impedida de recolher o ICMS e o ISS na forma do Simples Nacional, a partir do mês subsequente ao que tiver ocorrido o excesso, relativamente aos seus estabelecimentos localizados na unidade da Federação que os houver adotado, ressalvado o disposto nos §§ 11 e 13 do art. 3º.

* § 1º com redação determinada pela LC 139/2011 (*DOU* 11.11.2011), em vigor na data de sua publicação, produzindo efeitos a partir de 1º.01.2012.

§ 1º-A. Os efeitos do impedimento previsto no § 1º ocorrerão no ano-calendário subsequente se o excesso verificado não for superior a 20% (vinte por cento) dos limites referidos.

* § 1º-A acrescentado pela LC 139/2011 (*DOU* 11.11.2011), em vigor na data de sua publicação, produzindo efeitos a partir de 1º.01.2012.

§ 2º O disposto no § 1º deste artigo não se aplica na hipótese de o Estado ou de o Distrito Federal adotarem, compulsoriamente ou por opção, a aplicação de faixa de receita bruta superior à que vinha sendo utilizada no ano-calendário em que ocorreu o excesso da receita bruta.

§ 3º Na hipótese em que o recolhimento do ICMS ou do ISS não esteja sendo efetuado por meio do Simples Nacional por força do disposto neste artigo e no art. 19 desta Lei Complementar, as faixas de receita do Simples Nacional superiores àquela que tenha sido objeto de opção pelos Estados ou pelo Distrito Federal sofrerão, para efeito de recolhimento do Simples Nacional, redução na alíquota equivalente aos percentuais relativos a esses impostos constantes dos Anexos I a VI desta Lei Complementar, conforme o caso.

* § 3º com redação determinada pela LC 147/2014 (*DOU* 08.08.2014), em vigor na data de sua publicação, produzindo efeitos a partir de 1º de janeiro do primeiro ano subsequente ao da publicação desta Lei Complementar.

§ 4º O Comitê Gestor regulamentará o disposto neste artigo e no art. 19 desta Lei Complementar.

LEGISLAÇÃO

Seção IV
Do recolhimento dos tributos devidos

Art. 21. Os tributos devidos, apurados na forma dos arts. 18 a 20 desta Lei Complementar, deverão ser pagos:

I – por meio de documento único de arrecadação, instituído pelo Comitê Gestor;

II – *(Revogado.)*

III – enquanto não regulamentado pelo Comitê Gestor, até o último dia útil da primeira quinzena do mês subsequente àquele a que se referir;

IV – em banco integrante da rede arrecadadora do Simples Nacional, na forma regulamentada pelo Comitê Gestor.

§ 1º Na hipótese de a microempresa ou a empresa de pequeno porte possuir filiais, o recolhimento dos tributos do Simples Nacional dar-se-á por intermédio da matriz.

§ 2º Poderá ser adotado sistema simplificado de arrecadação do Simples Nacional, inclusive sem utilização da rede bancária, mediante requerimento do Estado, Distrito Federal ou Município ao Comitê Gestor.

§ 3º O valor não pago até a data do vencimento sujeitar-se-á à incidência de encargos legais na forma prevista na legislação do imposto sobre a renda.

§ 4º A retenção na fonte de ISS das microempresas ou das empresas de pequeno porte optantes pelo Simples Nacional somente será permitida se observado o disposto no art. 3º da Lei Complementar 116, de 31 de julho de 2003, e deverá observar as seguintes normas:

I – a alíquota aplicável na retenção na fonte deverá ser informada no documento fiscal e corresponderá ao percentual de ISS previsto nos Anexos III, IV, V ou VI desta Lei Complementar para a faixa de receita bruta a que a microempresa ou a empresa de pequeno porte estiver sujeita no mês anterior ao da prestação;

- Inciso I com redação determinada pela LC 147/2014 (*DOU* 08.08.2014), em vigor na data de sua publicação, produzindo efeitos a partir de 1º de janeiro do primeiro ano subsequente ao da publicação desta Lei Complementar.

II – na hipótese de o serviço sujeito à retenção ser prestado no mês de início de atividades da microempresa ou empresa de pequeno porte, deverá ser aplicada pelo tomador a alíquota correspondente ao percentual de ISS referente à menor alíquota prevista nos Anexos III, IV, V ou VI desta Lei Complementar;

- Inciso II com redação determinada pela LC 147/2014 (*DOU* 08.08.2014), em vigor na data de sua publicação, produzindo efeitos a partir de 1º de janeiro do primeiro ano subsequente ao da publicação desta Lei Complementar.

III – na hipótese do inciso II deste parágrafo, constatando-se que houve diferença entre a alíquota utilizada e a efetivamente apurada, caberá à microempresa ou empresa de pequeno porte prestadora dos serviços efetuar o recolhimento dessa diferença no mês subsequente ao do início de atividade em guia própria do Município;

IV – na hipótese de a microempresa ou empresa de pequeno porte estar sujeita à tributação do ISS no Simples Nacional por valores fixos mensais, não caberá a retenção a que se refere o *caput* deste parágrafo;

V – na hipótese de a microempresa ou empresa de pequeno porte não informar a alíquota de que tratam os incisos I e II deste parágrafo no documento fiscal, aplicar-se-á a alíquota correspondente ao percentual de ISS referente à maior alíquota prevista nos Anexos III, IV, V ou VI desta Lei Complementar;

- Inciso V com redação determinada pela LC 147/2014 (*DOU* 08.08.2014), em vigor na data de sua publicação, produzindo efeitos a partir de 1º de janeiro do primeiro ano subsequente ao da publicação desta Lei Complementar.

VI – não será eximida a responsabilidade do prestador de serviços quando a alíquota do ISS informada no documento fiscal for inferior à devida, hipótese em que o recolhimento dessa diferença será realizado em guia própria do Município;

VII – o valor retido, devidamente recolhido, será definitivo, não sendo objeto de partilha com os municípios, e sobre a receita de prestação de serviços que sofreu a retenção não haverá incidência de ISS a ser recolhido no Simples Nacional.

§ 4º-A. Na hipótese de que tratam os incisos I e II do § 4º, a falsidade na prestação dessas informações sujeitará o responsável, o titular, os sócios ou os administradores da microempresa e da empresa de pequeno porte, juntamente com as demais pessoas que para ela concorrerem, às penalidades previstas na legislação criminal e tributária.

§ 5º O CGSN regulará a compensação e a restituição dos valores do Simples Nacional recolhidos indevidamente ou em montante superior ao devido.

- § 5º com redação determinada pela LC 139/2011.

§ 6º O valor a ser restituído ou compensado será acrescido de juros obtidos pela aplicação da taxa referencial do Sistema Especial de Liquidação e de Custódia (Selic) para títulos federais, acumulada mensalmente, a partir do mês subsequente ao do pagamento indevido ou a maior que o devido até o mês anterior ao da compensação ou restituição, e de 1% (um por cento) relativamente ao mês em que estiver sendo efetuada.

- § 6º acrescentado pela LC 139/2011.

§ 7º Os valores compensados indevidamente serão exigidos com os acréscimos moratórios de que trata o art. 35.

- § 7º acrescentado pela LC 139/2011.

§ 8º Na hipótese de compensação indevida, quando se comprove falsidade de declaração apresentada pelo sujeito passivo, o contribuinte estará sujeito à multa isolada aplicada no percentual previsto no inciso I do *caput* do art. 44 da Lei 9.430, de 27 de dezembro de 1996, aplicado em dobro, e terá como base de cálculo o valor total do débito indevidamente compensado.

- § 8º acrescentado pela LC 139/2011.

§ 9º É vedado o aproveitamento de créditos não apurados no Simples Nacional, inclusive de natureza não tributária, para extinção de débitos do Simples Nacional.

- § 9º acrescentado pela LC 139/2011.

§ 10. Os créditos apurados no Simples Nacional não poderão ser utilizados para extinção de outros débitos para com as Fazendas Públicas, salvo por ocasião da compensação de ofício oriunda de deferimento em processo de restituição ou após a exclusão da empresa do Simples Nacional.

- § 10 acrescentado pela LC 139/2011.

§ 11. No Simples Nacional, é permitida a compensação tão somente de créditos para extinção de débitos para com o mesmo ente federado e relativos ao mesmo tributo.

- § 11 acrescentado pela LC 139/2011.

§ 12. Na restituição e compensação no Simples Nacional serão observados os prazos de decadência e prescrição previstos na Lei 5.172, de 25 de outubro de 1966 (Código Tributário Nacional).

- § 12 acrescentado pela LC 139/2011.

§ 13. É vedada a cessão de créditos para extinção de débitos no Simples Nacional.

- § 13 acrescentado pela LC 139/2011.

§ 14. Aplica-se aos processos de restituição e de compensação o rito estabelecido pelo CGSN.

- § 14 acrescentado pela LC 139/2011.

§ 15. Compete ao CGSN fixar critérios, condições para rescisão, prazos, valores mínimos de amortização e demais procedimentos para parcelamento dos recolhimentos em atraso dos débitos tributários apurados no Simples Nacional, observado o disposto no § 3º deste artigo e no art. 35 e ressalvado o disposto no § 19 deste artigo.

- § 15 acrescentado pela LC 139/2011.

§ 16. Os débitos de que trata o § 15 poderão ser parcelados em até 60 (sessenta) parcelas mensais, na forma e condições previstas pelo CGSN.

- § 16 acrescentado pela LC 139/2011.

§ 17. O valor de cada prestação mensal, por ocasião do pagamento, será acrescido de juros equivalentes à taxa referencial do Sistema Especial de Liquidação e de Custódia (Selic) para títulos federais, acumulada mensalmente, calculados a partir do mês subsequente ao da consolidação até o mês anterior ao do pagamento, e de 1% (um por cento) relativamente ao mês em que o pagamento estiver sendo efetuado, na forma regulamentada pelo CGSN.

- § 17 acrescentado pela LC 139/2011.

§ 18. Será admitido reparcelamento de débitos constantes de parcelamento em curso ou que tenha sido rescindido, podendo ser incluídos novos débitos, na forma regulamentada pelo CGSN.

• § 18 acrescentado pela LC 139/2011.

§ 19. Os débitos constituídos de forma isolada por parte de Estado, do Distrito Federal ou de Município, em face de ausência de aplicativo para lançamento unificado, relativo a tributo de sua competência, que não estiverem inscritos em Dívida Ativa da União, poderão ser parcelados pelo ente responsável pelo lançamento de acordo com a respectiva legislação, na forma regulamentada pelo CGSN.

• § 19 acrescentado pela LC 139/2011.

§ 20. O pedido de parcelamento deferido importa confissão irretratável do débito e configura confissão extrajudicial.

• § 20 acrescentado pela LC 139/2011.

§ 21. Serão aplicadas na consolidação as reduções das multas de lançamento de ofício previstas na legislação federal, conforme regulamentação do CGSN.

• § 21 acrescentado pela LC 139/2011.

§ 22. O repasse para os entes federados dos valores pagos e da amortização dos débitos parcelados será efetuado proporcionalmente ao valor de cada tributo na composição da dívida consolidada.

• § 22 acrescentado pela LC 139/2011.

§ 23. No caso de parcelamento de débito inscrito em dívida ativa, o devedor pagará custas, emolumentos e demais encargos legais.

• § 23 acrescentado pela LC 139/2011.

§ 24. Implicará imediata rescisão do parcelamento e remessa do débito para inscrição em dívida ativa ou prosseguimento da execução, conforme o caso, até deliberação do CGSN, a falta de pagamento:

• § 24 acrescentado pela LC 139/2011.

I – de três parcelas, consecutivas ou não; ou
II – de uma parcela, estando pagas todas as demais.

Art. 21-A. A inscrição de microempresa ou empresa de pequeno porte no Cadastro Informativo dos créditos não quitados do setor público federal – Cadin, somente ocorrerá mediante notificação prévia com prazo para contestação.

• Artigo acrescentado pela LC 147/2014 (*DOU* 08.08.2014), em vigor a partir de 1º de janeiro do segundo ano subsequente ao da data de sua publicação.

Art. 21-B. Os Estados e o Distrito Federal deverão observar, em relação ao ICMS, o prazo mínimo de 60 (sessenta) dias, contado a partir do primeiro dia do mês do fato gerador da obrigação tributária, para estabelecer a data de vencimento do imposto devido por substituição tributária, tributação concentrada em uma única etapa (monofásica) e por antecipação tributária com ou sem encerramento de tributação, nas hipóteses em que a responsabilidade recair sobre operações ou prestações subsequentes, na forma regulamentada pelo Comitê Gestor.

• Artigo acrescentado pela LC 147/2014.

Seção V
Do repasse do produto da arrecadação

Art. 22. O Comitê Gestor definirá o sistema de repasses do total arrecadado, inclusive encargos legais, para o:

I – Município ou Distrito Federal, do valor correspondente ao ISS;
II – Estado ou Distrito Federal, do valor correspondente ao ICMS;
III – Instituto Nacional do Seguro Social, do valor correspondente à Contribuição para manutenção da Seguridade Social.

Parágrafo único. Enquanto o Comitê Gestor não regulamentar o prazo para o repasse previsto no inciso II do *caput* deste artigo, esse será efetuado nos prazos estabelecidos nos convênios celebrados no âmbito do colegiado a que se refere a alínea *g* do inciso XII do § 2º do art. 155 da Constituição Federal.

Seção VI
Dos créditos

Art. 23. As microempresas e as empresas de pequeno porte optantes pelo Simples Nacional não farão jus à apropriação nem transferirão créditos relativos a impostos ou contribuições abrangidos pelo Simples Nacional.

§ 1º As pessoas jurídicas e aquelas a elas equiparadas pela legislação tributária não optantes pelo Simples Nacional terão direito a crédito correspondente ao ICMS incidente sobre as suas aquisições de mercadorias de microempresa ou empresa de pequeno porte optante pelo Simples Nacional, desde que destinadas à comercialização ou industrialização e observado, como limite, o ICMS efetivamente devido pelas optantes pelo Simples Nacional em relação a essas aquisições.

§ 2º A alíquota aplicável ao cálculo do crédito de que trata o § 1º deste artigo deverá ser informada no documento fiscal e corresponderá ao percentual de ICMS previsto nos Anexos I ou II desta Lei Complementar para a faixa de receita bruta a que a microempresa ou a empresa de pequeno porte estiver sujeita no mês anterior ao da operação.

§ 3º Na hipótese de a operação ocorrer no mês de início de atividades da microempresa ou empresa de pequeno porte optante pelo Simples Nacional, a alíquota aplicável ao cálculo do crédito de que trata o § 1º deste artigo corresponderá ao percentual de ICMS referente à menor alíquota prevista nos Anexos I ou II desta Lei Complementar.

§ 4º Não se aplica o disposto nos §§ 1º a 3º deste artigo quando:

I – a microempresa ou empresa de pequeno porte estiver sujeita à tributação do ICMS no Simples Nacional por valores fixos mensais;

II – a microempresa ou a empresa de pequeno porte não informar a alíquota de que trata o § 2º deste artigo no documento fiscal;

III – houver isenção estabelecida pelo Estado ou Distrito Federal que abranja a faixa de receita bruta a que a microempresa ou a empresa de pequeno porte estiver sujeita no mês da operação;

IV – o remetente da operação ou prestação considerar, por opção, que a alíquota determinada na forma do *caput* e dos §§ 1º e 2º do art. 18 desta Lei Complementar deverá incidir sobre a receita recebida no mês.

§ 5º Mediante deliberação exclusiva e unilateral dos Estados e do Distrito Federal, poderá ser concedido às pessoas jurídicas e àquelas a elas equiparadas pela legislação tributária não optantes pelo Simples Nacional crédito correspondente ao ICMS incidente sobre os insumos utilizados nas mercadorias adquiridas de indústria optante pelo Simples Nacional, sendo vedado o estabelecimento de diferenciação no valor do crédito em razão da procedência dessas mercadorias.

§ 6º O Comitê Gestor do Simples Nacional disciplinará o disposto neste artigo.

Art. 24. As microempresas e as empresas de pequeno porte optantes pelo Simples Nacional não poderão utilizar ou destinar qualquer valor a título de incentivo fiscal.

Parágrafo único. Não serão consideradas quaisquer alterações em bases de cálculo, alíquotas e percentuais ou outros fatores que alterem o valor de imposto ou contribuição apurado na forma do Simples Nacional, estabelecidas pela União, Estado, Distrito Federal ou Município, exceto as previstas ou autorizadas nesta Lei Complementar.

* Parágrafo único acrescentado pela LC 139/2011.

Seção VII
Das obrigações fiscais acessórias

Art. 25. A microempresa ou empresa de pequeno porte optante pelo Simples Nacional deverá apresentar anualmente à Secretaria da Receita Federal do Brasil declaração única e simplificada de informações socioeconômicas e fiscais, que deverá ser disponibilizada aos órgãos de fiscalização tributária e previdenciária, observados prazo e modelo aprovados pelo CGSN e observado o disposto no § 15-A do art. 18.

* *Caput* com redação determinada pela LC 139/2011 (*DOU* 11.11.2011), em vigor na data de sua publicação, produzindo efeitos a partir de 1º.01.2012.

§ 1º A declaração de que trata o *caput* deste artigo constitui confissão de dívida e instrumento hábil e suficiente para a exigência dos tributos e contribuições que não tenham sido recolhidos resultantes das informações nela prestadas.

Legislação

§ 2º A situação de inatividade deverá ser informada na declaração de que trata o *caput* deste artigo, na forma regulamentada pelo Comitê Gestor.

§ 3º Para efeito do disposto no § 2º deste artigo, considera-se em situação de inatividade a microempresa ou a empresa de pequeno porte que não apresente mutação patrimonial e atividade operacional durante todo o ano-calendário.

§ 4º A declaração de que trata o *caput* deste artigo, relativa ao MEI definido no art. 18-A desta Lei Complementar, conterá, para efeito do disposto no art. 3º da Lei Complementar 63, de 11 de janeiro de 1990, tão somente as informações relativas à receita bruta total sujeita ao ICMS, sendo vedada a instituição de declarações adicionais em decorrência da referida Lei Complementar. (produção de efeitos: 1º de julho de 2009)

§ 5º A declaração de que trata o *caput*, a partir das informações relativas ao ano-calendário de 2012, poderá ser prestada por meio da declaração de que trata o § 15-A do art. 18 desta Lei Complementar, na periodicidade e prazos definidos pelo CGSN.

- § 5º acrescentado pela LC 147/2014.

Art. 26. As microempresas e empresas de pequeno porte optantes pelo Simples Nacional ficam obrigadas a:

I – emitir documento fiscal de venda ou prestação de serviço, de acordo com instruções expedidas pelo Comitê Gestor;

II – manter em boa ordem e guarda os documentos que fundamentaram a apuração dos impostos e contribuições devidos e o cumprimento das obrigações acessórias a que se refere o art. 25 desta Lei Complementar enquanto não decorrido o prazo decadencial e não prescritas eventuais ações que lhes sejam pertinentes.

§ 1º O MEI fará a comprovação da receita bruta mediante apresentação do registro de vendas ou de prestação de serviços na forma estabelecida pelo CGSN, ficando dispensado da emissão do documento fiscal previsto no inciso I do *caput*, ressalvadas as hipóteses de emissão obrigatória previstas pelo referido Comitê.

- *Caput* do § 1º com redação determinada pela LC 139/2011.

I – *(Revogado.)*
II – *(Revogado.)*
III – *(Revogado.)*

§ 2º As demais microempresas e as empresas de pequeno porte, além do disposto nos incisos I e II do *caput* deste artigo, deverão, ainda, manter o livro-caixa em que será escriturada sua movimentação financeira e bancária.

§ 3º A exigência de declaração única a que se refere o *caput* do art. 25 desta Lei Complementar não desobriga a prestação de informações relativas a terceiros.

§ 4º É vedada a exigência de obrigações tributárias acessórias relativas aos tributos apurados na forma do Simples Nacional além daquelas estipuladas pelo CGSN e atendidas por meio do Portal do Simples Nacional, bem como, o estabelecimento de exigências adicionais e unilaterais pelos entes federativos, exceto os programas de cidadania fiscal.

- § 4º com redação determinada pela LC 147/2014.

§ 4º-A. A escrituração fiscal digital ou obrigação equivalente não poderá ser exigida da microempresa ou empresa de pequeno porte optante pelo Simples Nacional, salvo se, cumulativamente, houver:

- § 4º-A acrescentado pela LC 147/2014.

I – autorização específica do CGSN, que estabelecerá as condições para a obrigatoriedade;

II – disponibilização por parte da administração tributária estipulante de aplicativo gratuito para uso da empresa optante.

§ 4º-B. A exigência de apresentação de livros fiscais em meio eletrônico aplicar-se-á somente na hipótese de substituição da entrega em meio convencional, cuja obrigatoriedade tenha sido prévia e especificamente estabelecida pelo CGSN.

- § 4º-B acrescentado pela LC 147/2014.

§ 4º-C. Até a implantação de sistema nacional uniforme estabelecido pelo CGSN com compartilhamento de informações com os entes federados, permanece válida norma publicada por ente federado até o primeiro trimestre de 2014 que tenha veiculado exi-

LC 123/2006

Legislação

gência vigente de a microempresa ou empresa de pequeno porte apresentar escrituração fiscal digital ou obrigação equivalente.

- § 4º-C acrescentado pela LC 147/2014.

§ 5º As microempresas e empresas de pequeno porte ficam sujeitas à entrega de declaração eletrônica que deva conter os dados referentes aos serviços prestados ou tomados de terceiros, na conformidade do que dispuser o Comitê Gestor.

§ 6º Na hipótese do § 1º deste artigo:

I – deverão ser anexados ao registro de vendas ou de prestação de serviços, na forma regulamentada pelo Comitê Gestor, os documentos fiscais comprobatórios das entradas de mercadorias e serviços tomados referentes ao período, bem como os documentos fiscais relativos às operações ou prestações realizadas eventualmente emitidos;

II – será obrigatória a emissão de documento fiscal nas vendas e nas prestações de serviços realizadas pelo MEI para destinatário cadastrado no Cadastro Nacional da Pessoa Jurídica (CNPJ), ficando dispensado desta emissão para o consumidor final.

- Inciso II com redação determinada pela LC 139/2011.

§ 7º Cabe ao CGSN dispor sobre a exigência da certificação digital para o cumprimento de obrigações principais e acessórias por parte da microempresa, inclusive o MEI, ou empresa de pequeno porte optante pelo Simples Nacional, inclusive para o recolhimento do FGTS.

- § 7º acrescentado pela LC 139/2011.

§ 8º O CGSN poderá disciplinar sobre a disponibilização, no portal do Simples Nacional, de documento fiscal eletrônico de venda ou de prestação de serviço para o MEI, microempresa ou empresa de pequeno porte optante pelo Simples Nacional.

- § 8º acrescentado pela LC 147/2014.

§ 9º O desenvolvimento e a manutenção das soluções de tecnologia, capacitação e orientação aos usuários relativas ao disposto no § 8º, bem como as demais relativas ao Simples Nacional, poderão ser apoiadas pelo Serviço Brasileiro de Apoio às Micro e Pequenas Empresas – Sebrae.

- § 9º acrescentado pela LC 147/2014.

§ 10. O ato de emissão ou de recepção de documento fiscal por meio eletrônico estabelecido pelas administrações tributárias, em qualquer modalidade, de entrada, de saída ou de prestação, na forma estabelecida pelo CGSN, representa sua própria escrituração fiscal e elemento suficiente para a fundamentação e a constituição do crédito tributário.

- § 10 acrescentado pela LC 147/2014.

§ 11. Os dados dos documentos fiscais de qualquer espécie podem ser compartilhados entre as administrações tributárias da União, Estados, Distrito Federal e Municípios e, quando emitidos por meio eletrônico, na forma estabelecida pelo CGSN, a microempresa ou empresa de pequeno porte optante pelo Simples Nacional fica desobrigada de transmitir seus dados às administrações tributárias.

- § 11 acrescentado pela LC 147/2014.

§ 12. As informações a serem prestadas relativas ao ICMS devido na forma prevista nas alíneas *a*, *g* e *h* do inciso XIII do § 1º do art. 13 serão fornecidas por meio de aplicativo único.

- § 12 acrescentado pela LC 147/2014 (*DOU* 08.08.2014), em vigor a partir de 1º de janeiro do segundo ano subsequente ao da data de sua publicação.

§ 13. Fica estabelecida a obrigatoriedade de utilização de documentos fiscais eletrônicos estabelecidos pelo Confaz nas operações e prestações relativas ao ICMS efetuadas por microempresas e empresas de pequeno porte nas hipóteses previstas nas alíneas *a*, *g* e *h* do inciso XIII do § 1º do art. 13.

- § 13 acrescentado pela LC 147/2014 (*DOU* 08.08.2014), em vigor a partir de 1º de janeiro do segundo ano subsequente ao da data de sua publicação.

§ 14. Os aplicativos necessários ao cumprimento do disposto nos §§ 12 e 13 deste artigo serão disponibilizados, de forma gratuita, no portal do Simples Nacional.

- § 14 acrescentado pela LC 147/2014 (*DOU* 08.08.2014), em vigor a partir de 1º de janeiro do segundo ano subsequente ao da data de sua publicação.

§ 15. O CGSN regulamentará o disposto neste artigo.

LC 123/2006

LEGISLAÇÃO

• § 15 acrescentado pela LC 147/2014.

Art. 27. As microempresas e empresas de pequeno porte optantes pelo Simples Nacional poderão, opcionalmente, adotar contabilidade simplificada para os registros e controles das operações realizadas, conforme regulamentação do Comitê Gestor.

Seção VIII
Da exclusão
do Simples Nacional

Art. 28. A exclusão do Simples Nacional será feita de ofício ou mediante comunicação das empresas optantes.

Parágrafo único. As regras previstas nesta seção e o modo de sua implementação serão regulamentados pelo Comitê Gestor.

Art. 29. A exclusão de ofício das empresas optantes pelo Simples Nacional dar-se-á quando:

I – verificada a falta de comunicação de exclusão obrigatória;

II – for oferecido embaraço à fiscalização, caracterizado pela negativa não justificada de exibição de livros e documentos a que estiverem obrigadas, bem como pelo não fornecimento de informações sobre bens, movimentação financeira, negócio ou atividade que estiverem intimadas a apresentar, e nas demais hipóteses que autorizam a requisição de auxílio da força pública;

III – for oferecida resistência à fiscalização, caracterizada pela negativa de acesso ao estabelecimento, ao domicílio fiscal ou a qualquer outro local onde desenvolvam suas atividades ou se encontrem bens de sua propriedade;

IV – a sua constituição ocorrer por interpostas pessoas;

V – tiver sido constatada prática reiterada de infração ao disposto nesta Lei Complementar;

VI – a empresa for declarada inapta, na forma dos arts. 81 e 82 da Lei 9.430, de 27 de dezembro de 1996, e alterações posteriores;

VII – comercializar mercadorias objeto de contrabando ou descaminho;

VIII – houver falta de escrituração do livro-caixa ou não permitir a identificação da movimentação financeira, inclusive bancária;

IX – for constatado que durante o ano-calendário o valor das despesas pagas supera em 20% (vinte por cento) o valor de ingressos de recursos no mesmo período, excluído o ano de início de atividade;

X – for constatado que durante o ano-calendário o valor das aquisições de mercadorias para comercialização ou industrialização, ressalvadas hipóteses justificadas de aumento de estoque, for superior a 80% (oitenta por cento) dos ingressos de recursos no mesmo período, excluído o ano de início de atividade;

XI – houver descumprimento reiterado da obrigação contida no inciso I do *caput* do art. 26;

• Inciso XI com redação determinada pela LC 139/2011.

XII – omitir de forma reiterada da folha de pagamento da empresa ou de documento de informações previsto pela legislação previdenciária, trabalhista ou tributária, segurado empregado, trabalhador avulso ou contribuinte individual que lhe preste serviço.

• Inciso XII com redação determinada pela LC 139/2011.

§ 1º Nas hipóteses previstas nos incisos II a XII do *caput* deste artigo, a exclusão produzirá efeitos a partir do próprio mês em que incorridas, impedindo a opção pelo regime diferenciado e favorecido desta Lei Complementar pelos próximos três anos-calendário seguintes.

§ 2º O prazo de que trata o § 1º deste artigo será elevado para 10 (dez) anos caso seja constatada a utilização de artifício, ardil ou qualquer outro meio fraudulento que induza ou mantenha a fiscalização em erro, com o fim de suprimir ou reduzir o pagamento de tributo apurável segundo o regime especial previsto nesta Lei Complementar.

§ 3º A exclusão de ofício será realizada na forma regulamentada pelo Comitê Gestor, cabendo o lançamento dos tributos e contribuições apurados aos respectivos entes tributantes.

§ 4º *(Revogado).*

1677

LC 123/2006

LEGISLAÇÃO

§ 5º A competência para exclusão de ofício do Simples Nacional obedece ao disposto no art. 33, e o julgamento administrativo, ao disposto no art. 39, ambos desta Lei Complementar.

§ 6º Nas hipóteses de exclusão previstas no *caput*, a notificação:

- § 6º com redação determinada pela LC 139/2011.

I – será efetuada pelo ente federativo que promoveu a exclusão; e

II – poderá ser feita por meio eletrônico, observada a regulamentação do CGSN.

§ 7º *(Revogado pela LC 139/2011.)*

§ 8º A notificação de que trata o § 6º aplica-se ao indeferimento da opção pelo Simples Nacional.

- § 8º com redação determinada pela LC 139/2011.

§ 9º Considera-se prática reiterada, para fins do disposto nos incisos V, XI e XII do *caput*:

- § 9º acrescentado pela LC 139/2011.

I – a ocorrência, em dois ou mais períodos de apuração, consecutivos ou alternados, de idênticas infrações, inclusive de natureza acessória, verificada em relação aos últimos cinco anos-calendário, formalizadas por intermédio de auto de infração ou notificação de lançamento; ou

II – a segunda ocorrência de idênticas infrações, caso seja constatada a utilização de artifício, ardil ou qualquer outro meio fraudulento que induza ou mantenha a fiscalização em erro, com o fim de suprimir ou reduzir o pagamento de tributo.

Art. 30. A exclusão do Simples Nacional, mediante comunicação das microempresas ou das empresas de pequeno porte, dar-se-á:

I – por opção;

II – obrigatoriamente, quando elas incorrerem em qualquer das situações de vedação previstas nesta Lei Complementar; ou

III – obrigatoriamente, quando ultrapassado, no ano-calendário de início de atividade, o limite proporcional de receita bruta de que trata o § 2º do art. 3º;

- Inciso III com redação determinada pela LC 139/2011 (*DOU* 11.11.2011), em vigor na data de sua publicação, produzindo efeitos a partir de 1º.01.2012.

IV – obrigatoriamente, quando ultrapassado, no ano-calendário, o limite de receita bruta previsto no inciso II do *caput* do art. 3º, quando não estiver no ano-calendário de início de atividade.

- Inciso IV acrescentado pela LC 139/2011 (*DOU* 11.11.2011), em vigor na data de sua publicação, produzindo efeitos a partir de 1º.01.2012.

§ 1º A exclusão deverá ser comunicada à Secretaria da Receita Federal:

I – na hipótese do inciso I do *caput* deste artigo, até o último dia útil do mês de janeiro;

II – na hipótese do inciso II do *caput* deste artigo, até o último dia útil do mês subsequente àquele em que ocorrida a situação de vedação;

III – na hipótese do inciso III do *caput*:

- Inciso III com redação determinada pela LC 139/2011 (*DOU* 11.11.2011), em vigor na data de sua publicação, produzindo efeitos a partir de 1º.01.2012.

a) até o último dia útil do mês seguinte àquele em que tiver ultrapassado em mais de 20% (vinte por cento) o limite proporcional de que trata o § 10 do art. 3º; ou

b) até o último dia útil do mês de janeiro do ano-calendário subsequente ao de início de atividades, caso o excesso seja inferior a 20% (vinte por cento) do respectivo limite;

IV – na hipótese do inciso IV do *caput*:

- Inciso IV acrescentado pela LC 139/2011 (*DOU* 11.11.2011), em vigor na data de sua publicação, produzindo efeitos a partir de 1º.01.2012.

a) até o último dia útil do mês subsequente à ultrapassagem em mais de 20% (vinte por cento) do limite de receita bruta previsto no inciso II do *caput* do art. 3º; ou

b) até o último dia útil do mês de janeiro do ano-calendário subsequente, na hipótese de não ter ultrapassado em mais de 20% (vinte por cento) o limite de receita bruta previsto no inciso II do *caput* do art. 3º.

§ 2º A comunicação de que trata o *caput* deste artigo dar-se-á na forma a ser estabelecida pelo Comitê Gestor.

§ 3º A alteração de dados no CNPJ, informada pela ME ou EPP à Secretaria da Receita Federal do Brasil, equivalerá à comunicação obrigatória de exclusão do Simples Nacional nas seguintes hipóteses:

- § 3º acrescentado pela LC 139/2011 (*DOU* 11.11.2011), em vigor na data de sua publicação, produzindo efeitos a partir de 1º.01.2012.

I – alteração de natureza jurídica para Sociedade Anônima, Sociedade Empresária em Comandita por Ações, Sociedade em Conta de Participação ou Estabelecimento, no Brasil, de Sociedade Estrangeira;

II – inclusão de atividade econômica vedada à opção pelo Simples Nacional;

III – inclusão de sócio pessoa jurídica;

IV – inclusão de sócio domiciliado no exterior;

V – cisão parcial; ou

VI – extinção da empresa.

Art. 31. A exclusão das microempresas ou das empresas de pequeno porte do Simples Nacional produzirá efeitos:

I – na hipótese do inciso I do *caput* do art. 30 desta Lei Complementar, a partir de 1º de janeiro do ano-calendário subsequente, ressalvado o disposto no § 4º deste artigo;

II – na hipótese do inciso II do *caput* do art. 30 desta Lei Complementar, a partir do mês seguinte da ocorrência da situação impeditiva;

III – na hipótese do inciso III do *caput* do art. 30 desta Lei Complementar:

a) desde o início das atividades;

b) a partir de 1º de janeiro do ano-calendário subsequente, na hipótese de não ter ultrapassado em mais de 20% (vinte por cento) o limite proporcional de que trata o § 10 do art. 3º;

- Alínea *b* com redação determinada pela LC 139/2011 (*DOU* 11.11.2011), em vigor na data de sua publicação, produzindo efeitos a partir de 1º.01.2012.

IV – na hipótese do inciso V do *caput* do art. 17 desta Lei Complementar, a partir do ano-calendário subsequente ao da ciência da comunicação da exclusão.

V – na hipótese do inciso IV do *caput* do art. 30:

- Inciso V acrescentado pela LC 139/2011 (*DOU* 11.11.2011), em vigor na data de sua publicação, produzindo efeitos a partir de 1º.01.2012.

a) a partir do mês subsequente à ultrapassagem em mais de 20% (vinte por cento) do limite de receita bruta previsto no inciso II do art. 3º;

b) a partir de 1º de janeiro do ano-calendário subsequente, na hipótese de não ter ultrapassado em mais de 20% (vinte por cento) o limite de receita bruta previsto no inciso II do art. 3º.

§ 1º Na hipótese prevista no inciso III do *caput* do art. 30 desta Lei Complementar, a microempresa ou empresa de pequeno porte não poderá optar, no ano-calendário subsequente ao do início de atividades, pelo Simples Nacional.

§ 2º Na hipótese dos incisos V e XVI do *caput* do art. 17, será permitida a permanência da pessoa jurídica como optante pelo Simples Nacional mediante a comprovação da regularização do débito ou do cadastro fiscal no prazo de até 30 (trinta) dias contados a partir da ciência da comunicação da exclusão.

- § 2º com redação determinada pela LC 139/2011 (*DOU* 11.11.2011), em vigor na data de sua publicação, produzindo efeitos a partir de 1º.01.2012.

§ 3º O CGSN regulamentará os procedimentos relativos ao impedimento de recolher o ICMS e o ISS na forma do Simples Nacional, em face da ultrapassagem dos limites estabelecidos na forma dos incisos I ou II do art. 19 e do art. 20.

- § 3º com redação determinada pela LC 139/2011 (*DOU* 11.11.2011), em vigor na data de sua publicação, produzindo efeitos a partir de 1º.01.2012.

§ 4º No caso de a microempresa ou a empresa de pequeno porte ser excluída do Simples Nacional no mês de janeiro, na hipótese do inciso I do *caput* do art. 30 desta Lei Complementar, os efeitos da exclusão dar-se-ão nesse mesmo ano.

§ 5º Na hipótese do inciso II do *caput* deste artigo, uma vez que o motivo da exclusão deixe de existir, havendo a exclusão retroativa de ofício no caso do inciso I do *caput* do art. 29 desta Lei Complementar, o efeito desta dar-se-á a partir do mês seguinte ao da ocorrência da situação impeditiva, limitado, porém, ao último dia do ano-calendário em que a referida situação deixou de existir.

LC 123/2006

LEGISLAÇÃO

Art. 32. As microempresas ou as empresas de pequeno porte excluídas do Simples Nacional sujeitar-se-ão, a partir do período em que se processarem os efeitos da exclusão, às normas de tributação aplicáveis às demais pessoas jurídicas.

§ 1º Para efeitos do disposto no *caput* deste artigo, na hipótese da alínea a do inciso III do *caput* do art. 31 desta Lei Complementar, a microempresa ou a empresa de pequeno porte desenquadrada ficará sujeita ao pagamento da totalidade ou diferença dos respectivos impostos e contribuições, devidos de conformidade com as normas gerais de incidência, acrescidos, tão somente, de juros de mora, quando efetuado antes do início de procedimento de ofício.

§ 2º Para efeito do disposto no *caput* deste artigo, o sujeito passivo poderá optar pelo recolhimento do imposto de renda e da Contribuição Social sobre o Lucro Líquido na forma do lucro presumido, lucro real trimestral ou anual.

§ 3º Aplica-se o disposto no *caput* e no § 1º em relação ao ICMS e ao ISS à empresa impedida de recolher esses impostos na forma do Simples Nacional, em face da ultrapassagem dos limites a que se referem os incisos I e II do *caput* do art. 19, relativamente ao estabelecimento localizado na unidade da Federação que os houver adotado.

• § 3º acrescentado pela LC 139/2011.

Seção IX
Da fiscalização

Art. 33. A competência para fiscalizar o cumprimento das obrigações principais e acessórias relativas ao Simples Nacional e para verificar a ocorrência das hipóteses previstas no art. 29 desta Lei Complementar é da Secretaria da Receita Federal e das Secretarias de Fazenda ou de Finanças do Estado ou do Distrito Federal, segundo a localização do estabelecimento, e, tratando-se de prestação de serviços incluídos na competência tributária municipal, a competência será também do respectivo Município.

§ 1º As Secretarias de Fazenda ou Finanças dos Estados poderão celebrar convênio com os Municípios de sua jurisdição para atribuir a estes a fiscalização a que se refere o *caput* deste artigo.

§ 1º-A. Dispensa-se o convênio de que trata o § 1º na hipótese de ocorrência de prestação de serviços sujeita ao ISS por estabelecimento localizado no Município.

• § 1º-A acrescentado pela LC 139/2011.

§ 1º-B. A fiscalização de que trata o *caput*, após iniciada, poderá abranger todos os demais estabelecimentos da microempresa ou da empresa de pequeno porte, independentemente da atividade por eles exercida ou de sua localização, na forma e condições estabelecidas pelo CGSN.

• § 1º-B acrescentado pela LC 139/2011.

§ 1º-C. As autoridades fiscais de que trata o *caput* têm competência para efetuar o lançamento de todos os tributos previstos nos incisos I a VIII do art. 13, apurados na forma do Simples Nacional, relativamente a todos os estabelecimentos da empresa, independentemente do ente federado instituidor.

• § 1º-C acrescentado pela LC 139/2011.

§ 1º-D. A competência para autuação por descumprimento de obrigação acessória é privativa da administração tributária perante a qual a obrigação deveria ter sido cumprida.

• § 1º-D acrescentado pela LC 139/2011.

§ 2º Na hipótese de a microempresa ou empresa de pequeno porte exercer alguma das atividades de prestação de serviços previstas no § 5º-C do art. 18 desta Lei Complementar, caberá à Secretaria da Receita Federal do Brasil a fiscalização da Contribuição para a Seguridade Social, a cargo da empresa, de que trata o art. 22 da Lei 8.212, de 24 de julho de 1991.

§ 3º O valor não pago, apurado em procedimento de fiscalização, será exigido em lançamento de ofício pela autoridade competente que realizou a fiscalização.

§ 4º O Comitê Gestor disciplinará o disposto neste artigo.

Seção X
Da omissão de receita

Art. 34. Aplicam-se à microempresa e à empresa de pequeno porte optantes pelo Simples Nacional todas as presunções de omissão de receita existentes nas legisla-

LEGISLAÇÃO

ções de regência dos impostos e contribuições incluídos no Simples Nacional.

Seção XI
Dos acréscimos legais

Art. 35. Aplicam-se aos impostos e contribuições devidos pela microempresa e pela empresa de pequeno porte, inscritas no Simples Nacional, as normas relativas aos juros e multa de mora e de ofício previstas para o imposto de renda, inclusive, quando for o caso, em relação ao ICMS e ao ISS.

Art. 36. A falta de comunicação, quando obrigatória, da exclusão da pessoa jurídica do Simples Nacional, nos prazos determinados no § 1º do art. 30 desta Lei Complementar, sujeitará a pessoa jurídica a multa correspondente a 10% (dez por cento) do total dos impostos e contribuições devidos de conformidade com o Simples Nacional no mês que anteceder o início dos efeitos da exclusão, não inferior a R$ 200,00 (duzentos reais), insusceptível de redução.

Art. 36-A. A falta de comunicação, quando obrigatória, do desenquadramento do microempreendedor individual da sistemática de recolhimento prevista no art. 18-A desta Lei Complementar nos prazos determinados em seu § 7º sujeitará o microempreendedor individual a multa no valor de R$ 50,00 (cinquenta reais), insusceptível de redução.

Art. 37. A imposição das multas de que trata esta Lei Complementar não exclui a aplicação das sanções previstas na legislação penal, inclusive em relação a declaração falsa, adulteração de documentos e emissão de nota fiscal em desacordo com a operação efetivamente praticada, a que estão sujeitos o titular ou sócio da pessoa jurídica.

Art. 38. O sujeito passivo que deixar de apresentar a Declaração Simplificada da Pessoa Jurídica a que se refere o art. 25 desta Lei Complementar, no prazo fixado, ou que a apresentar com incorreções ou omissões, será intimado a apresentar declaração original, no caso de não apresentação, ou a prestar esclarecimentos, nos demais casos, no prazo estipulado pela autoridade fiscal, na forma definida pelo Comitê Gestor, e sujeitar-se-á às seguintes multas:

I – de 2% (dois por cento) ao mês-calendário ou fração, incidentes sobre o montante dos tributos e contribuições informados na Declaração Simplificada da Pessoa Jurídica, ainda que integralmente pago, no caso de falta de entrega da declaração ou entrega após o prazo, limitada a 20% (vinte por cento), observado o disposto no § 3º deste artigo;

II – de R$ 100,00 (cem reais) para cada grupo de 10 (dez) informações incorretas ou omitidas.

§ 1º Para efeito de aplicação da multa prevista no inciso I do *caput* deste artigo, será considerado como termo inicial o dia seguinte ao término do prazo originalmente fixado para a entrega da declaração e como termo final a data da efetiva entrega ou, no caso de não apresentação, da lavratura do auto de infração.

§ 2º Observado o disposto no § 3º deste artigo, as multas serão reduzidas:

I – à metade, quando a declaração for apresentada após o prazo, mas antes de qualquer procedimento de ofício;

II – a 75% (setenta e cinco por cento), se houver a apresentação da declaração no prazo fixado em intimação.

§ 3º A multa mínima a ser aplicada será de R$ 200,00 (duzentos reais).

§ 4º Considerar-se-á não entregue a declaração que não atender às especificações técnicas estabelecidas pelo Comitê Gestor.

§ 5º Na hipótese do § 4º deste artigo, o sujeito passivo será intimado a apresentar nova declaração, no prazo de 10 (dez) dias, contados da ciência da intimação, e sujeitar-se-á à multa prevista no inciso I do *caput* deste artigo, observado o disposto nos §§ 1º a 3º deste artigo.

§ 6º A multa mínima de que trata o § 3º deste artigo a ser aplicada ao Microempreendedor Individual na vigência da opção de que trata o art. 18-A desta Lei Complementar será de R$ 50,00 (cinquenta reais). (produção de efeitos: 1º de julho de 2009)

Art. 38-A. O sujeito passivo que deixar de prestar as informações no sistema eletrônico de cálculo de que trata o § 15 do art. 18, no prazo previsto no § 15-A do mesmo artigo, ou que as prestar com incorreções ou

LC 123/2006

omissões, será intimado a fazê-lo, no caso de não apresentação, ou a prestar esclarecimentos, nos demais casos, no prazo estipulado pela autoridade fiscal, na forma definida pelo CGSN, e sujeitar-se-á às seguintes multas, para cada mês de referência:

- Artigo acrescentado pela LC 139/2011 (*DOU* 11.11.2011), em vigor na data de sua publicação, produzindo efeitos a partir de 1º.01.2012.

I – de 2% (dois por cento) ao mês-calendário ou fração, a partir do primeiro dia do quarto mês do ano subsequente à ocorrência dos fatos geradores, incidentes sobre o montante dos impostos e contribuições decorrentes das informações prestadas no sistema eletrônico de cálculo de que trata o § 15 do art. 18, ainda que integralmente pago, no caso de ausência de prestação de informações ou sua efetuação após o prazo, limitada a 20% (vinte por cento), observado o disposto no § 2º deste artigo; e

II – de R$ 20,00 (vinte reais) para cada grupo de 10 (dez) informações incorretas ou omitidas.

§ 1º Para efeito de aplicação da multa prevista no inciso I do *caput*, será considerado como termo inicial o primeiro dia do quarto mês do ano subsequente à ocorrência dos fatos geradores e como termo final a data da efetiva prestação ou, no caso de não prestação, da lavratura do auto de infração.

§ 2º A multa mínima a ser aplicada será de R$ 50,00 (cinquenta reais) para cada mês de referência.

§ 3º Aplica-se ao disposto neste artigo o disposto nos §§ 2º, 4º e 5º do art. 38.

§ 4º O CGSN poderá estabelecer data posterior à prevista no inciso I do *caput* e no § 1º.

Art. 38-B. As multas relativas à falta de prestação ou à incorreção no cumprimento de obrigações acessórias para com os órgãos e entidades federais, estaduais, distritais e municipais, quando em valor fixo ou mínimo, e na ausência de previsão legal de valores específicos e mais favoráveis para MEI, microempresa ou empresa de pequeno porte, terão redução de:

- Artigo acrescentado pela LC 147/2014 (*DOU* 08.08.2014), em vigor a partir de 1º de janeiro do segundo ano subsequente ao da data de sua publicação.

I – 90% (noventa por cento) para os MEI;

II – 50% (cinquenta por cento) para as microempresas ou empresas de pequeno porte optantes pelo Simples Nacional.

Parágrafo único. As reduções de que tratam os incisos I e II do *caput* não se aplicam na:

I – hipótese de fraude, resistência ou embaraço à fiscalização;

II – ausência de pagamento da multa no prazo de 30 (trinta) dias após a notificação.

Seção XII
Do processo administrativo fiscal

Art. 39. O contencioso administrativo relativo ao Simples Nacional será de competência do órgão julgador integrante da estrutura administrativa do ente federativo que efetuar o lançamento, o indeferimento da opção ou a exclusão de ofício, observados os dispositivos legais atinentes aos processos administrativos fiscais desse ente.

- *Caput* com redação determinada pela LC 139/2011.

§ 1º O Município poderá, mediante convênio, transferir a atribuição de julgamento exclusivamente ao respectivo Estado em que se localiza.

§ 2º No caso em que o contribuinte do Simples Nacional exerça atividades incluídas no campo de incidência do ICMS e do ISS e seja apurada omissão de receita de que não se consiga identificar a origem, a autuação será feita utilizando a maior alíquota prevista nesta Lei Complementar, e a parcela autuada que não seja correspondente aos tributos e contribuições federais será rateada entre Estados e Municípios ou Distrito Federal.

§ 3º Na hipótese referida no § 2º deste artigo, o julgamento caberá ao Estado ou ao Distrito Federal.

§ 4º A intimação eletrônica dos atos do contencioso administrativo observará o disposto nos §§ 1º-A a 1º-D do art. 16.

- § 4º com redação determinada pela LC 139/2011.

§ 5º A impugnação relativa ao indeferimento da opção ou à exclusão poderá ser decidida em órgão diverso do previsto no *caput*, na forma estabelecida pela respectiva administração tributária.

- § 5º acrescentado pela LC 139/2011.

LEGISLAÇÃO

§ 6º Na hipótese prevista no § 5º, o CGSN poderá disciplinar procedimentos e prazos, bem como, no processo de exclusão, prever efeito suspensivo na hipótese de apresentação de impugnação, defesa ou recurso.

- § 6º acrescentado pela LC 139/2011.

Art. 40. As consultas relativas ao Simples Nacional serão solucionadas pela Secretaria da Receita Federal, salvo quando se referirem a tributos e contribuições de competência estadual ou municipal, que serão solucionadas conforme a respectiva competência tributária, na forma disciplinada pelo Comitê Gestor.

Seção XIII
Do processo judicial

Art. 41. Os processos relativos a impostos e contribuições abrangidos pelo Simples Nacional serão ajuizados em face da União, que será representada em juízo pela Procuradoria-Geral da Fazenda Nacional, observado o disposto no § 5º deste artigo.

- V. Res. CGSN 94/2001 (Dispõe sobre o Simples Nacional).

§ 1º Os Estados, Distrito Federal e Municípios prestarão auxílio à Procuradoria-Geral da Fazenda Nacional, em relação aos tributos de sua competência, na forma a ser disciplinada por ato do Comitê Gestor.

§ 2º Os créditos tributários oriundos da aplicação desta Lei Complementar serão apurados, inscritos em Dívida Ativa da União e cobrados judicialmente pela Procuradoria-Geral da Fazenda Nacional, observado o disposto no inciso V do § 5º deste artigo.

- § 2º com redação determinada pela LC 139/2011 (*DOU* 11.11.2011), em vigor na data de sua publicação, produzindo efeitos a partir de 1º.01.2012.

§ 3º Mediante convênio, a Procuradoria-Geral da Fazenda Nacional poderá delegar aos Estados e Municípios a inscrição em dívida ativa estadual e municipal e a cobrança judicial dos tributos estaduais e municipais a que se refere esta Lei Complementar.

§ 4º Aplica-se o disposto neste artigo aos impostos e contribuições que não tenham sido recolhidos resultantes das informações prestadas:

- § 4º com redação determinada pela LC 139/2011 (*DOU* 11.11.2011), em vigor na data de sua publicação, produzindo efeitos a partir de 1º.01.2012.

I – no sistema eletrônico de cálculo dos valores devidos no Simples Nacional de que trata o § 15 do art. 18;

II – na declaração a que se refere o art. 25.

§ 5º Excetuam-se do disposto no *caput* deste artigo:

I – os mandados de segurança nos quais se impugnem atos de autoridade coatora pertencente a Estado, Distrito Federal ou Município;

II – as ações que tratem exclusivamente de tributos de competência dos Estados, do Distrito Federal ou dos Municípios, as quais serão propostas em face desses entes federativos, representados em juízo por suas respectivas procuradorias;

III – as ações promovidas na hipótese de celebração do convênio de que trata o § 3º deste artigo.

IV – o crédito tributário decorrente de auto de infração lavrado exclusivamente em face de descumprimento de obrigação acessória, observado o disposto no § 1º-D do art. 33.

- Inciso IV acrescentado pela LC 139/2011 (*DOU* 11.11.2011), em vigor na data de sua publicação, produzindo efeitos a partir de 1º.01.2012.

V – o crédito tributário relativo ao ICMS e ao ISS de que tratam as alíneas b e c do inciso V do § 3º do art. 18-A desta Lei Complementar.

- Inciso V com redação determinada pela LC 147/2014.

Capítulo V
DO ACESSO AOS MERCADOS

Seção I
Das aquisições públicas

- Seção Única renumerada pela LC 147/2014 (*DOU* 08.08.2014), em vigor na data de sua publicação, produzindo efeitos a partir de 1º de janeiro do primeiro ano subsequente ao da publicação desta Lei Complementar.
- V. Dec. 8.538/2015 (Regulamenta o tratamento favorecido, diferenciado e simplificado para as microempresas, empresas de pequeno porte, agricultores familiares, produtores rurais pessoa física, microempreendedores individuais e sociedades cooperativas de consumo nas contratações públicas de bens, serviços e obras no âmbito da administração pública federal).

Art. 42. Nas licitações públicas, a comprovação de regularidade fiscal das microempresas e empresas de pequeno porte somente será exigida para efeito de assinatura do contrato.

Art. 43. As microempresas e empresas de pequeno porte, por ocasião da participação em certames licitatórios, deverão apresentar toda a documentação exigida para efeito de comprovação de regularidade fiscal, mesmo que esta apresente alguma restrição.

§ 1º Havendo alguma restrição na comprovação da regularidade fiscal, será assegurado o prazo de 5 (cinco) dias úteis, cujo termo inicial corresponderá ao momento em que o proponente for declarado o vencedor do certame, prorrogável por igual período, a critério da administração pública, para a regularização da documentação, pagamento ou parcelamento do débito e emissão de eventuais certidões negativas ou positivas com efeito de certidão negativa.

- § 1º com redação determinada pela LC 147/2014.

§ 2º A não regularização da documentação, no prazo previsto no § 1º deste artigo, implicará decadência do direito à contratação, sem prejuízo das sanções previstas no art. 81 da Lei 8.666, de 21 de junho de 1993, sendo facultado à Administração convocar os licitantes remanescentes, na ordem de classificação, para a assinatura do contrato, ou revogar a licitação.

Art. 44. Nas licitações será assegurada, como critério de desempate, preferência de contratação para as microempresas e empresas de pequeno porte.

§ 1º Entende-se por empate aquelas situações em que as propostas apresentadas pelas microempresas e empresas de pequeno porte sejam iguais ou até 10% (dez por cento) superiores à proposta mais bem classificada.

§ 2º Na modalidade de pregão, o intervalo percentual estabelecido no § 1º deste artigo será de até 5% (cinco por cento) superior ao melhor preço.

Art. 45. Para efeito do disposto no art. 44 desta Lei Complementar, ocorrendo o empate, proceder-se-á da seguinte forma:

I – a microempresa ou empresa de pequeno porte mais bem classificada poderá apresentar proposta de preço inferior àquela considerada vencedora do certame, situação em que será adjudicado em seu favor o objeto licitado;

II – não ocorrendo a contratação da microempresa ou empresa de pequeno porte, na forma do inciso I do *caput* deste artigo, serão convocadas as remanescentes que porventura se enquadrem na hipótese dos §§ 1º e 2º do art. 44 desta Lei Complementar, na ordem classificatória, para o exercício do mesmo direito;

III – no caso de equivalência dos valores apresentados pelas microempresas e empresas de pequeno porte que se encontrem nos intervalos estabelecidos nos §§ 1º e 2º do art. 44 desta Lei Complementar, será realizado sorteio entre elas para que se identifique aquela que primeiro poderá apresentar melhor oferta.

§ 1º Na hipótese da não contratação nos termos previstos no *caput* deste artigo, o objeto licitado será adjudicado em favor da proposta originariamente vencedora do certame.

§ 2º O disposto neste artigo somente se aplicará quando a melhor oferta inicial não tiver sido apresentada por microempresa ou empresa de pequeno porte.

§ 3º No caso de pregão, a microempresa ou empresa de pequeno porte mais bem classificada será convocada para apresentar nova proposta no prazo máximo de 5 (cinco) minutos após o encerramento dos lances, sob pena de preclusão.

Art. 46. A microempresa e a empresa de pequeno porte titular de direitos creditórios decorrentes de empenhos liquidados por órgãos e entidades da União, Estados, Distrito Federal e Município não pagos em até 30 (trinta) dias contados da data de liquidação poderão emitir cédula de crédito microempresarial.

Parágrafo único. *(Revogado pela LC 147/2014.)*

Art. 47. Nas contratações públicas da administração direta e indireta, autárquica e fundacional, federal, estadual e municipal, deverá ser concedido tratamento diferenciado e simplificado para as microempresas e empresas de pequeno porte objetivando a promoção do desenvolvimento econômico e social no âmbito municipal e regional, a

LC 123/2006

ampliação da eficiência das políticas públicas e o incentivo à inovação tecnológica.

* Artigo com redação determinada pela LC 147/2014.

Parágrafo único. No que diz respeito às compras públicas, enquanto não sobrevier legislação estadual, municipal ou regulamento específico de cada órgão mais favorável à microempresa e empresa de pequeno porte, aplica-se a legislação federal.

Art. 48. Para o cumprimento do disposto no art. 47 desta Lei Complementar, a administração pública:

* Caput com redação determinada pela LC 147/2014.

I – deverá realizar processo licitatório destinado exclusivamente à participação de microempresas e empresas de pequeno porte nos itens de contratação cujo valor seja de até R$ 80.000,00 (oitenta mil reais);

II – poderá, em relação aos processos licitatórios destinados à aquisição de obras e serviços, exigir dos licitantes a subcontratação de microempresa ou empresa de pequeno porte;

III – deverá estabelecer, em certames para aquisição de bens de natureza divisível, cota de até 25% (vinte e cinco por cento) do objeto para a contratação de microempresas e empresas de pequeno porte.

§ 1º *(Revogado pela LC 147/2014.)*

§ 2º Na hipótese do inciso II do *caput* deste artigo, os empenhos e pagamentos do órgão ou entidade da administração pública poderão ser destinados diretamente às microempresas e empresas de pequeno porte subcontratadas.

§ 3º Os benefícios referidos no *caput* deste artigo poderão, justificadamente, estabelecer a prioridade de contratação para as microempresas e empresas de pequeno porte sediadas local ou regionalmente, até o limite de 10% (dez por cento) do melhor preço válido.

* § 3º acrescentado pela LC 147/2014.

Art. 49. Não se aplica o disposto nos arts. 47 e 48 desta Lei Complementar quando:

I – *(Revogado LC 147/2014 – DOU 08.08.2014, em vigor na data de sua publicação, produzindo efeitos a partir de 1º de janeiro do primeiro ano subsequente ao da publicação desta Lei Complementar.)*

II – não houver um mínimo de três fornecedores competitivos enquadrados como microempresas ou empresas de pequeno porte sediados local ou regionalmente e capazes de cumprir as exigências estabelecidas no instrumento convocatório;

III – o tratamento diferenciado e simplificado para as microempresas e empresas de pequeno porte não for vantajoso para a administração pública ou representar prejuízo ao conjunto ou complexo do objeto a ser contratado;

IV – a licitação for dispensável ou inexigível, nos termos dos arts. 24 e 25 da Lei 8.666, de 21 de junho de 1993, excetuando-se as dispensas tratadas pelos incisos I e II do art. 24 da mesma Lei, nas quais a compra deverá ser feita preferencialmente de microempresas e empresas de pequeno porte, aplicando-se o disposto no inciso I do art. 48.

* Inciso IV com redação determinada pela LC 147/2014.

Seção II
Acesso ao mercado externo

* Seção II acrescentada pela LC 147/2014 (*DOU* 08.08.2014), em vigor na data de sua publicação, produzindo efeitos a partir de 1º de janeiro do primeiro ano subsequente ao da publicação desta Lei Complementar.

Art. 49-A. A microempresa e a empresa de pequeno porte beneficiárias do Simples usufruirão de regime de exportação que contemplará procedimentos simplificados de habilitação, licenciamento, despacho aduaneiro e câmbio, na forma do regulamento.

* Artigo acrescentado pela LC 147/2014.

Parágrafo único. As pessoas jurídicas prestadoras de serviço de logística internacional quando contratadas por beneficiários do Simples estão autorizadas a realizar atividades relativas a licenciamento administrativo, despacho aduaneiro, consolidação e desconsolidação de carga, bem como a contratação de seguro, câmbio, transporte e armazenagem de mercadorias, objeto da prestação do serviço, na forma do regulamento.

LC 123/2006

Capítulo VI
DA SIMPLIFICAÇÃO DAS RELAÇÕES DE TRABALHO

Seção I
Da segurança e da medicina do trabalho

Art. 50. As microempresas e as empresas de pequeno porte serão estimuladas pelo poder público e pelos Serviços Sociais Autônomos a formar consórcios para acesso a serviços especializados em segurança e medicina do trabalho.

Seção II
Das obrigações trabalhistas

Art. 51. As microempresas e as empresas de pequeno porte são dispensadas:
I – da afixação de Quadro de Trabalho em suas dependências;
II – da anotação das férias dos empregados nos respectivos livros ou fichas de registro;
III – de empregar e matricular seus aprendizes nos cursos dos Serviços Nacionais de Aprendizagem;
IV – da posse do livro intitulado "Inspeção do Trabalho"; e
V – de comunicar ao Ministério do Trabalho e Emprego a concessão de férias coletivas.

Art. 52. O disposto no art. 51 desta Lei Complementar não dispensa as microempresas e as empresas de pequeno porte dos seguintes procedimentos:
I – anotações na Carteira de Trabalho e Previdência Social – CTPS;
II – arquivamento dos documentos comprobatórios de cumprimento das obrigações trabalhistas e previdenciárias, enquanto não prescreverem essas obrigações;
III – apresentação da Guia de Recolhimento do Fundo de Garantia do Tempo de Serviço e Informações à Previdência Social – GFIP;
IV – apresentação das Relações Anuais de Empregados e da Relação Anual de Informações Sociais – RAIS e do Cadastro Geral de Empregados e Desempregados – Caged.
Parágrafo único. *(Vetado.)*

Art. 53. *(Revogado.)*

Seção III
Do acesso à Justiça do Trabalho

Art. 54. É facultado ao empregador de microempresa ou de empresa de pequeno porte fazer-se substituir ou representar perante a Justiça do Trabalho por terceiros que conheçam dos fatos, ainda que não possuam vínculo trabalhista ou societário.

Capítulo VII
DA FISCALIZAÇÃO ORIENTADORA

Art. 55. A fiscalização, no que se refere aos aspectos trabalhista, metrológico, sanitário, ambiental, de segurança e de uso e ocupação do solo das microempresas e empresas de pequeno porte deverá ter natureza prioritariamente orientadora, quando a atividade ou situação, por sua natureza, comportar grau de risco compatível com esse procedimento.

• *Caput* com redação determinada pela LC 147/2014.

§ 1º Será observado o critério de dupla visita para lavratura de autos de infração, salvo quando for constatada infração por falta de registro de empregado ou anotação da Carteira de Trabalho e Previdência Social – CTPS, ou, ainda, na ocorrência de reincidência, fraude, resistência ou embaraço à fiscalização.

§ 2º *(Vetado.)*

§ 3º Os órgãos e entidades competentes definirão, em 12 (doze) meses, as atividades e situações cujo grau de risco seja considerado alto, as quais não se sujeitarão ao disposto neste artigo.

§ 4º O disposto neste artigo não se aplica ao processo administrativo fiscal relativo a tributos, que se dará na forma dos arts. 39 e 40 desta Lei Complementar.

§ 5º O disposto no § 1º aplica-se à lavratura de multa pelo descumprimento de obrigações acessórias relativas às matérias do *caput*, inclusive quando previsto seu cumprimento de forma unificada com matéria de outra natureza, exceto a trabalhista.

• § 5º acrescentado pela LC 147/2014.

LEGISLAÇÃO

§ 6º A inobservância do critério de dupla visita implica nulidade do auto de infração lavrado sem cumprimento ao disposto neste artigo, independentemente da natureza principal ou acessória da obrigação.

- § 6º acrescentado pela LC 147/2014.

§ 7º Os órgãos e entidades da administração pública federal, estadual, distrital e municipal deverão observar o princípio do tratamento diferenciado, simplificado e favorecido por ocasião da fixação de valores decorrentes de multas e demais sanções administrativas.

- § 7º acrescentado pela LC 147/2014.

§ 8º A inobservância do disposto no *caput* deste artigo implica atentado aos direitos e garantias legais assegurados ao exercício profissional da atividade empresarial.

- § 8º acrescentado pela LC 147/2014.

§ 9º O disposto no *caput* deste artigo não se aplica a infrações relativas à ocupação irregular da reserva de faixa não edificável, de área destinada a equipamentos urbanos, de áreas de preservação permanente e nas faixas de domínio público das rodovias, ferrovias e dutovias ou de vias e logradouros públicos.

- § 9º acrescentado pela LC 147/2014.

Capítulo VIII
DO ASSOCIATIVISMO
Seção Única
Da sociedade de propósito específico formada por microempresas e empresas de pequeno porte optantes pelo Simples Nacional

Art. 56. As microempresas ou as empresas de pequeno porte poderão realizar negócios de compra e venda de bens e serviços para os mercados nacional e internacional, por meio de sociedade de propósito específico, nos termos e condições estabelecidos pelo Poder Executivo federal.

- *Caput* com redação determinada pela LC 147/2014.

§ 1º Não poderão integrar a sociedade de que trata o *caput* deste artigo pessoas jurídicas não optantes pelo Simples Nacional.

§ 2º A sociedade de propósito específico de que trata este artigo:

I – terá seus atos arquivados no Registro Público de Empresas Mercantis;

II – terá por finalidade realizar:

a) operações de compras para revenda às microempresas ou empresas de pequeno porte que sejam suas sócias;

b) operações de venda de bens adquiridos das microempresas e empresas de pequeno porte que sejam suas sócias para pessoas jurídicas que não sejam suas sócias;

III – poderá exercer atividades de promoção dos bens referidos na alínea *b* do inciso II deste parágrafo;

IV – apurará o imposto de renda das pessoas jurídicas com base no lucro real, devendo manter a escrituração dos livros Diário e Razão;

V – apurará a Cofins e a Contribuição para o PIS/Pasep de modo não cumulativo;

VI – exportará, exclusivamente, bens a ela destinados pelas microempresas e empresas de pequeno porte que dela façam parte;

VII – será constituída como sociedade limitada;

VIII – deverá, nas revendas às microempresas ou empresas de pequeno porte que sejam suas sócias, observar preço no mínimo igual ao das aquisições realizadas para revenda; e

IX – deverá, nas revendas de bens adquiridos de microempresas ou empresas de pequeno porte que sejam suas sócias, observar preço no mínimo igual ao das aquisições desses bens.

§ 3º A aquisição de bens destinados à exportação pela sociedade de propósito específico não gera direito a créditos relativos a impostos ou contribuições abrangidos pelo Simples Nacional.

§ 4º A microempresa ou a empresa de pequeno porte não poderá participar simultaneamente de mais de uma sociedade de propósito específico de que trata este artigo.

§ 5º A sociedade de propósito específico de que trata este artigo não poderá:
I – ser filial, sucursal, agência ou representação, no País, de pessoa jurídica com sede no exterior;
II – ser constituída sob a forma de cooperativas, inclusive de consumo;
III – participar do capital de outra pessoa jurídica;
IV – exercer atividade de banco comercial, de investimentos e de desenvolvimento, de caixa econômica, de sociedade de crédito, financiamento e investimento ou de crédito imobiliário, de corretora ou de distribuidora de títulos, valores mobiliários e câmbio, de empresa de arrendamento mercantil, de seguros privados e de capitalização ou de previdência complementar;
V – ser resultante ou remanescente de cisão ou qualquer outra forma de desmembramento de pessoa jurídica que tenha ocorrido em um dos cinco anos-calendário anteriores;
VI – exercer a atividade vedada às microempresas e empresas de pequeno porte optantes pelo Simples Nacional.
§ 6º A inobservância do disposto no § 4º deste artigo acarretará a responsabilidade solidária das microempresas ou empresas de pequeno porte sócias da sociedade de propósito específico de que trata este artigo na hipótese em que seus titulares, sócios ou administradores conhecessem ou devessem conhecer tal inobservância.
§ 7º O Poder Executivo regulamentará o disposto neste artigo até 31 de dezembro de 2008.

Capítulo IX
DO ESTÍMULO AO CRÉDITO E À CAPITALIZAÇÃO

Seção I
Disposições gerais

Art. 57. O Poder Executivo federal proporá, sempre que necessário, medidas no sentido de melhorar o acesso das microempresas e empresas de pequeno porte aos mercados de crédito e de capitais, objetivando a redução do custo de transação, a elevação da eficiência alocativa, o incentivo ao ambiente concorrencial e a qualidade do conjunto informacional, em especial o acesso e portabilidade das informações cadastrais relativas ao crédito.

Art. 58. Os bancos comerciais públicos e os bancos múltiplos públicos com carteira comercial e a Caixa Econômica Federal manterão linhas de crédito específicas para as microempresas e para as empresas de pequeno porte, devendo o montante disponível e suas condições de acesso ser expressos nos respectivos orçamentos e amplamente divulgadas.

Parágrafo único. As instituições mencionadas no *caput* deste artigo deverão publicar, juntamente com os respectivos balanços, relatório circunstanciado dos recursos alocados às linhas de crédito referidas no *caput* deste artigo e aqueles efetivamente utilizados, consignando, obrigatoriamente, as justificativas do desempenho alcançado.

§ 2º O acesso às linhas de crédito específicas previstas no *caput* deste artigo deverá ter tratamento simplificado e ágil, com divulgação ampla das respectivas condições e exigências.

- § 2º acrescentado pela LC 147/2014.
- Consta § 2º conforme publicação oficial.

Art. 58-A. Os bancos públicos e privados não poderão contabilizar, para cumprimento de metas, empréstimos realizados a pessoas físicas, ainda que sócios de empresas, como disponibilização de crédito para microempresas e empresas de pequeno porte.

- Artigo acrescentado pela LC 147/2014.

Art. 59. As instituições referidas no *caput* do art. 58 desta Lei Complementar devem se articular com as respectivas entidades de apoio e representação das microempresas e empresas de pequeno porte, no sentido de proporcionar e desenvolver programas de treinamento, desenvolvimento gerencial e capacitação tecnológica.

Art. 60. *(Vetado).*

LC 123/2006

LEGISLAÇÃO

Art. 60-A. Poderá ser instituído Sistema Nacional de Garantias de Crédito pelo Poder Executivo, com o objetivo de facilitar o acesso das microempresas e empresas de pequeno porte a crédito e demais serviços das instituições financeiras, o qual, na forma de regulamento, proporcionará a elas tratamento diferenciado, favorecido e simplificado, sem prejuízo de atendimento a outros públicos-alvo.

Parágrafo único. O Sistema Nacional de Garantias de Crédito integrará o Sistema Financeiro Nacional.

Art. 60-B. Os fundos garantidores de risco de crédito empresarial que possuam participação da União na composição do seu capital atenderão, sempre que possível, as operações de crédito que envolvam microempresas e empresas de pequeno porte, definidas na forma do art. 3º desta Lei.

- Artigo acrescentado pela LC 147/2014.

Art. 60-C. *(Vetado.)*

- Artigo acrescentado pela LC 147/2014.

Art. 61. Para fins de apoio creditício às operações de comércio exterior das microempresas e das empresas de pequeno porte, serão utilizados os parâmetros de enquadramento ou outros instrumentos de alta significância para as microempresas, empresas de pequeno porte exportadoras segundo o porte de empresas, aprovados pelo Mercado Comum do Sul – Mercosul.

Seção II
Das responsabilidades do Banco Central do Brasil

Art. 62. O Banco Central do Brasil disponibilizará dados e informações das instituições financeiras integrantes do Sistema Financeiro Nacional, inclusive por meio do Sistema de Informações de Crédito – SCR, de modo a ampliar o acesso ao crédito para microempresas e empresas de pequeno porte e fomentar a competição bancária.

- *Caput* com redação determinada pela LC 147/2014.

§ 1º O disposto no *caput* deste artigo alcança a disponibilização de dados e informações específicas relativas ao histórico de relacionamento bancário e creditício das microempresas e das empresas de pequeno porte, apenas aos próprios titulares.

§ 2º O Banco Central do Brasil poderá garantir o acesso simplificado, favorecido e diferenciado dos dados e informações constantes no § 1º deste artigo aos seus respectivos interessados, podendo a instituição optar por realizá-lo por meio das instituições financeiras, com as quais o próprio cliente tenha relacionamento.

Seção III
Das condições de acesso aos depósitos especiais do Fundo de Amparo ao Trabalhador – FAT

Art. 63. O Codefat poderá disponibilizar recursos financeiros por meio da criação de programa específico para as cooperativas de crédito de cujos quadros de cooperados participem microempreendedores, empreendedores de microempresa e empresa de pequeno porte bem como suas empresas.

Parágrafo único. Os recursos referidos no *caput* deste artigo deverão ser destinados exclusivamente às microempresas e empresas de pequeno porte.

Capítulo X
DO ESTÍMULO À INOVAÇÃO

Seção I
Disposições gerais

Art. 64. Para os efeitos desta Lei Complementar considera-se:

I – inovação: a concepção de um novo produto ou processo de fabricação, bem como a agregação de novas funcionalidades ou características ao produto ou processo que implique melhorias incrementais e efetivo ganho de qualidade ou produtividade, resultando em maior competitividade no mercado;

II – agência de fomento: órgão ou instituição de natureza pública ou privada que tenha entre os seus objetivos o financiamento de ações que visem a estimular e promover o desenvolvimento da ciência, da tecnologia e da inovação;

LC 123/2006

LEGISLAÇÃO

III – Instituição Científica e Tecnológica – ICT: órgão ou entidade da administração pública que tenha por missão institucional, dentre outras, executar atividades de pesquisa básica ou aplicada de caráter científico ou tecnológico;

IV – núcleo de inovação tecnológica: núcleo ou órgão constituído por uma ou mais ICT com a finalidade de gerir sua política de inovação;

V – instituição de apoio: instituições criadas sob o amparo da Lei 8.958, de 20 de dezembro de 1994, com a finalidade de dar apoio a projetos de pesquisa, ensino e extensão e de desenvolvimento institucional, científico e tecnológico;

VI – instrumentos de apoio tecnológico para a inovação: qualquer serviço disponibilizado presencialmente ou na internet que possibilite acesso a informações, orientações, bancos de dados de soluções de informações, respostas técnicas, pesquisas e atividades de apoio complementar desenvolvidas pelas instituições previstas nos incisos II a V deste artigo.

* Inciso VI acrescentado pela LC 147/2014.

Seção II
Do apoio à inovação

Art. 65. A União, os Estados, o Distrito Federal e os Municípios, e as respectivas agências de fomento, as ICT, os núcleos de inovação tecnológica e as instituições de apoio manterão programas específicos para as microempresas e para as empresas de pequeno porte, inclusive quando estas revestirem a forma de incubadoras, observando-se o seguinte:

I – as condições de acesso serão diferenciadas, favorecidas e simplificadas;

II – o montante disponível e suas condições de acesso deverão ser expressos nos respectivos orçamentos e amplamente divulgados.

§ 1º As instituições deverão publicar, juntamente com as respectivas prestações de contas, relatório circunstanciado das estratégias para maximização da participação do segmento, assim como dos recursos alocados às ações referidas no caput deste artigo e aqueles efetivamente utilizados, consignando, obrigatoriamente, as justificativas do desempenho alcançado no período.

§ 2º As pessoas jurídicas referidas no caput deste artigo terão por meta a aplicação de, no mínimo, 20% (vinte por cento) dos recursos destinados à inovação para o desenvolvimento de tal atividade nas microempresas ou nas empresas de pequeno porte.

§ 3º Os órgãos e entidades integrantes da administração pública federal, estadual e municipal atuantes em pesquisa, desenvolvimento ou capacitação tecnológica terão por meta efetivar suas aplicações, no percentual mínimo fixado neste artigo, em programas e projetos de apoio às microempresas ou às empresas de pequeno porte, transmitindo ao Ministério da Ciência, Tecnologia e Inovação, no primeiro trimestre de cada ano, informação relativa aos valores alocados e a respectiva relação percentual em relação ao total dos recursos destinados para esse fim.

* § 3º com redação determinada pela LC 147/2014.

§ 4º Ficam autorizados a reduzir a 0 (zero) as alíquotas dos impostos e contribuições a seguir indicados, incidentes na aquisição, ou importação, de equipamentos, máquinas, aparelhos, instrumentos, acessórios, sobressalentes e ferramentas que os acompanhem, na forma definida em regulamento, quando adquiridos, ou importados, diretamente por microempresas ou empresas de pequeno porte para incorporação ao seu ativo imobilizado:

I – a União, em relação ao IPI, à Cofins, à Contribuição para o PIS/Pasep, à Cofins-Importação e à Contribuição para o PIS/Pasep-Importação; e

II – os Estados e o Distrito Federal, em relação ao ICMS.

§ 5º A microempresa ou empresa de pequeno porte, adquirente de bens com o benefício previsto no § 4º deste artigo, fica obrigada, nas hipóteses previstas em regulamento, a recolher os impostos e contribuições que deixaram de ser pagos, acrescidos de juros e multa, de mora ou de ofício, contados a partir da data da aquisição, no mercado interno, ou do registro da declaração de importação – DI, calculados na forma da legislação que rege a cobrança do tributo não pago.

§ 6º Para efeito da execução do orçamento previsto neste artigo, os órgãos e instituições poderão alocar os recursos destinados à criação e ao custeio de ambientes de inovação, incluindo incubadoras, parques e centros vocacionais tecnológicos, laboratórios metrológicos, de ensaio, de pesquisa ou apoio ao treinamento, bem como custeio de bolsas de extensão e remuneração de professores, pesquisadores e agentes envolvidos nas atividades de apoio tecnológico complementar.

- § 6º acrescentado pela LC 147/2014.

Art. 66. No primeiro trimestre do ano subsequente, os órgãos e entidades a que alude o art. 67 desta Lei Complementar transmitirão ao Ministério da Ciência e Tecnologia relatório circunstanciado dos projetos realizados, compreendendo a análise do desempenho alcançado.

Art. 67. Os órgãos congêneres ao Ministério da Ciência e Tecnologia estaduais e municipais deverão elaborar e divulgar relatório anual indicando o valor dos recursos recebidos, inclusive por transferência de terceiros, que foram aplicados diretamente ou por organizações vinculadas, por Fundos Setoriais e outros, no segmento das microempresas e empresas de pequeno porte, retratando e avaliando os resultados obtidos e indicando as previsões de ações e metas para ampliação de sua participação no exercício seguinte.

Capítulo XI
DAS REGRAS CIVIS E EMPRESARIAIS

Seção I
Das regras civis

Subseção I
Do pequeno empresário

Art. 68. Considera-se pequeno empresário, para efeito de aplicação do disposto nos arts. 970 e 1.179 da Lei 10.406, de 10 de janeiro de 2002 (Código Civil), o empresário individual caracterizado como microempresa na forma desta Lei Complementar que aufira receita bruta anual até o limite previsto no § 1º do art. 18-A.

- Artigo com redação determinada pela LC 139/2011 (*DOU* 11.11.2011), em vigor na data de sua publicação, produzindo efeitos a partir de 1º.01.2012.

Subseção II
(Vetado.)

Art. 69. *(Vetado.)*

Seção II
Das deliberações sociais e da estrutura organizacional

Art. 70. As microempresas e as empresas de pequeno porte são desobrigadas da realização de reuniões e assembleias em qualquer das situações previstas na legislação civil, as quais serão substituídas por deliberação representativa do primeiro número inteiro superior à metade do capital social.

§ 1º O disposto no *caput* deste artigo não se aplica caso haja disposição contratual em contrário, caso ocorra hipótese de justa causa que enseje a exclusão de sócio ou caso um ou mais sócios ponham em risco a continuidade da empresa em virtude de atos de inegável gravidade.

§ 2º Nos casos referidos no § 1º deste artigo, realizar-se-á reunião ou assembleia de acordo com a legislação civil.

Art. 71. Os empresários e as sociedades de que trata esta Lei Complementar, nos termos da legislação civil, ficam dispensados da publicação de qualquer ato societário.

Seção III
Do nome empresarial

Art. 72. As microempresas e as empresas de pequeno porte, nos termos da legislação civil, acrescentarão à sua firma ou denominação as expressões "Microempresa" ou "Empresa de Pequeno Porte", ou suas respectivas abreviações, "ME" ou "EPP", conforme o caso, sendo facultativa a inclusão do objeto da sociedade.

Seção IV
Do protesto de títulos

Art. 73. O protesto de título, quando o devedor for microempresário ou empresa de pequeno porte, é sujeito às seguintes condições:

I – sobre os emolumentos do tabelião não incidirão quaisquer acréscimos a título de taxas, custas e contribuições para o Estado ou Distrito Federal, carteira de previdência, fundo de custeio de atos gratuitos, fundos especiais do Tribunal de Justiça, bem como de associação de classe, criados ou que venham a ser criados sob qualquer título ou denominação, ressalvada a cobrança do devedor das despesas de correio, condução e publicação de edital para realização da intimação;

II – para o pagamento do título em cartório, não poderá ser exigido cheque de emissão de estabelecimento bancário, mas, feito o pagamento por meio de cheque, de emissão de estabelecimento bancário ou não, a quitação dada pelo tabelionato de protesto será condicionada à efetiva liquidação do cheque;

III – o cancelamento do registro de protesto, fundado no pagamento do título, será feito independentemente de declaração de anuência do credor, salvo no caso de impossibilidade de apresentação do original protestado;

IV – para os fins do disposto no *caput* e nos incisos I, II e III do *caput* deste artigo, o devedor deverá provar sua qualidade de microempresa ou de empresa de pequeno porte perante o tabelionato de protestos de títulos, mediante documento expedido pela Junta Comercial ou pelo Registro Civil das Pessoas Jurídicas, conforme o caso;

V – quando o pagamento do título ocorrer com cheque sem a devida provisão de fundos, serão automaticamente suspensos pelos cartórios de protesto, pelo prazo de 1 (um) ano, todos os benefícios previstos para o devedor neste artigo, independentemente da lavratura e registro do respectivo protesto.

Art. 73-A. São vedadas cláusulas contratuais relativas à limitação da emissão ou circulação de títulos de crédito ou direitos creditórios originados de operações de compra e venda de produtos e serviços por microempresas e empresas de pequeno porte.

• Artigo acrescentado pela LC 147/2014.

Capítulo XII
DO ACESSO À JUSTIÇA

Seção I
Do acesso aos Juizados Especiais

Art. 74. Aplica-se às microempresas e às empresas de pequeno porte de que trata esta Lei Complementar o disposto no § 1º do art. 8º da Lei 9.099, de 26 de setembro de 1995, e no inciso I do *caput* do art. 6º da Lei 10.259, de 12 de julho de 2001, as quais, assim como as pessoas físicas capazes, passam a ser admitidas como proponentes de ação perante o Juizado Especial, excluídos os cessionários de direito de pessoas jurídicas.

Art. 74-A. O Poder Judiciário, especialmente por meio do Conselho Nacional de Justiça – CNJ, e o Ministério da Justiça implementarão medidas para disseminar o tratamento diferenciado e favorecido às microempresas e empresas de pequeno porte em suas respectivas áreas de competência.

• Artigo acrescentado pela LC 147/2014.

Seção II
Da conciliação prévia, mediação e arbitragem

Art. 75. As microempresas e empresas de pequeno porte deverão ser estimuladas a utilizar os institutos de conciliação prévia, mediação e arbitragem para solução dos seus conflitos.

§ 1º Serão reconhecidos de pleno direito os acordos celebrados no âmbito das comissões de conciliação prévia.

§ 2º O estímulo a que se refere o *caput* deste artigo compreenderá campanhas de divulgação, serviços de esclarecimento e tratamento diferenciado, simplificado e favorecido no tocante aos custos administrativos e honorários cobrados.

LC 123/2006

Seção III
Das parcerias

Art. 75-A. Para fazer face às demandas originárias do estímulo previsto nos arts. 74 e 75 desta Lei Complementar, entidades privadas, públicas, inclusive o Poder Judiciário, poderão firmar parcerias entre si, objetivando a instalação ou utilização de ambientes propícios para a realização dos procedimentos inerentes a busca da solução de conflitos.

Capítulo XIII
DO APOIO E DA REPRESENTAÇÃO

Art. 76. Para o cumprimento do disposto nesta Lei Complementar, bem como para desenvolver e acompanhar políticas públicas voltadas às microempresas e empresas de pequeno porte, o poder público, em consonância com o Fórum Permanente das Microempresas e Empresas de Pequeno Porte, sob a coordenação da Secretaria da Micro e Pequena Empresa da Presidência da República, deverá incentivar e apoiar a criação de fóruns com participação dos órgãos públicos competentes e das entidades vinculadas ao setor.

- Artigo com redação determinada pela Lei 12.792/2013.
- V. Dec. 8.364/2014 (Regulamenta o Fórum Permanente das Microempresas e Empresas de Pequeno Porte).

Parágrafo único. A Secretaria da Micro e Pequena Empresa da Presidência da República coordenará com as entidades representativas das microempresas e empresas de pequeno porte a implementação dos fóruns regionais nas unidades da federação.

Art. 76-A. As instituições de representação e apoio empresarial deverão promover programas de sensibilização, de informação, de orientação e apoio, de educação fiscal, de regularidade dos contratos de trabalho e de adoção de sistemas informatizados e eletrônicos, como forma de estímulo à formalização de empreendimentos, de negócios e empregos, à ampliação da competitividade e à disseminação do associativismo entre as microempresas, os microempreendedores individuais, as empresas de pequeno porte e equiparados.

- Artigo acrescentado pela LC 147/2014.

Capítulo XIV
DISPOSIÇÕES FINAIS E TRANSITÓRIAS

Art. 77. Promulgada esta Lei Complementar, o Comitê Gestor expedirá, em 30 (trinta) meses, as instruções que se fizerem necessárias à sua execução.

§ 1º O Ministério do Trabalho e Emprego, a Secretaria da Receita Federal, a Secretaria da Receita Previdenciária, os Estados, o Distrito Federal e os Municípios deverão editar, em 1 (um) ano, as leis e demais atos necessários para assegurar o pronto e imediato tratamento jurídico diferenciado, simplificado e favorecido às microempresas e às empresas de pequeno porte.

§ 2º A administração direta e indireta federal, estadual e municipal e as entidades paraestatais acordarão, no prazo previsto no § 1º deste artigo, as providências necessárias à adaptação dos respectivos atos normativos ao disposto nesta Lei Complementar.

§ 3º *(Vetado.)*

§ 4º O Comitê Gestor regulamentará o disposto no inciso I do § 6º do art. 13 desta Lei Complementar até 31 de dezembro de 2008.

§ 5º A partir de 1º de janeiro de 2009, perderão eficácia as substituições tributárias que não atenderem à disciplina estabelecida na forma do § 4º deste artigo.

§ 6º O Comitê de que trata o inciso III do *caput* do art. 2º desta Lei Complementar expedirá, até 31 de dezembro de 2009, as instruções que se fizerem necessárias relativas a sua competência.

Art. 78. *(Revogado.)*

Art. 79. Será concedido, para ingresso no Simples Nacional, parcelamento, em até 100 (cem) parcelas mensais e sucessivas, dos débitos com o Instituto Nacional do Seguro Social – INSS, ou com as Fazendas Públicas federal, estadual ou municipal, de responsabilidade da microempresa ou empresa de pequeno porte e de seu titular ou sócio, com vencimento até 30 de junho de 2008.

§ 1º O valor mínimo da parcela mensal será de R$ 100,00 (cem reais), considerados isoladamente os débitos para com a Fazenda Nacional, para com a Seguridade Social, para com a Fazenda dos Estados, dos Municípios ou do Distrito Federal.

§ 2º Esse parcelamento alcança inclusive débitos inscritos em dívida ativa.

§ 3º O parcelamento será requerido à respectiva Fazenda para com a qual o sujeito passivo esteja em débito.

§ 3º-A O parcelamento deverá ser requerido no prazo estabelecido em regulamentação do Comitê Gestor.

§ 4º Aplicam-se ao disposto neste artigo as demais regras vigentes para parcelamento de tributos e contribuições federais, na forma regulamentada pelo Comitê Gestor.

§§ 5º a 8º *(Vetados.)*

§ 9º O parcelamento de que trata o *caput* deste artigo não se aplica na hipótese de reingresso de microempresa ou empresa de pequeno porte no Simples Nacional.

Art. 79-A. *(Vetado.)*

Art. 79-B. Excepcionalmente para os fatos geradores ocorridos em julho de 2007, os tributos apurados na forma dos arts. 18 a 20 desta Lei Complementar deverão ser pagos até o último dia útil de agosto de 2007.

Art. 79-C. A microempresa e a empresa de pequeno porte que, em 30 de junho de 2007, se enquadravam no regime previsto na Lei 9.317, de 5 de dezembro de 1996, e que não ingressaram no regime previsto no art. 12 desta Lei Complementar sujeitar-se-ão, a partir de 1º de julho de 2007, às normas de tributação aplicáveis às demais pessoas jurídicas.

§ 1º Para efeito do disposto no *caput* deste artigo, o sujeito passivo poderá optar pelo recolhimento do Imposto sobre a Renda da Pessoa Jurídica – IRPJ e da Contribuição Social sobre o Lucro Líquido – CSLL na forma do lucro real, trimestral ou anual, ou do lucro presumido.

§ 2º A opção pela tributação com base no lucro presumido dar-se-á pelo pagamento, no vencimento, do IRPJ e da CSLL devidos, correspondente ao 3º (terceiro) trimestre de 2007 e, no caso do lucro real anual, com o pagamento do IRPJ e da CSLL relativos ao mês de julho de 2007 com base na estimativa mensal.

Art. 79-D. Excepcionalmente, para os fatos geradores ocorridos entre 1º de julho de 2007 e 31 de dezembro de 2008, as pessoas jurídicas que exerçam atividade sujeita simultaneamente à incidência do IPI e do ISS deverão recolher o ISS diretamente ao Município em que este imposto é devido até o último dia útil de fevereiro de 2009, aplicando-se, até esta data, o disposto no parágrafo único do art. 100 da Lei 5.172, de 25 de outubro de 1966 – Código Tributário Nacional – CTN.

Art. 79-E. A empresa de pequeno porte optante pelo Simples Nacional em 31 de dezembro de 2011 que durante o ano-calendário de 2011 auferir receita bruta total anual entre R$ 2.400.000,01 (dois milhões, quatrocentos mil reais e um centavo) e R$ 3.600.000,00 (três milhões e seiscentos mil reais) continuará automaticamente incluída no Simples Nacional com efeitos a partir de 1º de janeiro de 2012, ressalvado o direito de exclusão por comunicação da optante.

* Artigo acrescentado pela LC 139/2011 (*DOU* 11.11.2011), em vigor na data de sua publicação, produzindo efeitos a partir de 1º.01.2012.

Art. 80. O art. 21 da Lei 8.212, de 24 de julho de 1991, fica acrescido dos seguintes §§ 2º e 3º, passando o parágrafo único a vigorar como § 1º:

"Art. 21. [...]

"[...]

"§ 2º É de 11% (onze por cento) sobre o valor correspondente ao limite mínimo mensal do salário de contribuição a alíquota de contribuição do segurado contribuinte individual que trabalhe por conta própria, sem relação de trabalho com empresa ou equiparado, e do segurado facultativo que optarem pela exclusão do direito ao benefício de aposentadoria por tempo de contribuição.

"§ 3º O segurado que tenha contribuído na forma do § 2º deste artigo e pretenda contar o tempo de contribuição correspondente para fins de obtenção da aposentadoria por tempo de contribuição ou da contagem recíproca do tempo de contribuição a que se refere o art. 94 da Lei 8.213, de 24 de julho de 1991, deverá complementar a contribuição mensal mediante o recolhimento de mais 9% (nove por cento), acrescido dos juros moratórios de que trata o disposto no art. 34 desta Lei."

Art. 81. O art. 45 da Lei 8.212, de 24 de julho de 1991, passa a vigorar com as seguintes alterações:

"Art. 45. [...]"
"[...]"
"§ 2º Para apuração e constituição dos créditos a que se refere o § 1º deste artigo, a Seguridade Social utilizará como base de incidência o valor da média aritmética simples dos maiores salários de contribuição, reajustados, correspondentes a 80% (oitenta por cento) de todo o período contributivo decorrido desde a competência julho de 1994.
"[...]"
"§ 4º Sobre os valores apurados na forma dos §§ 2º e 3º deste artigo incidirão juros moratórios de 0,5% (zero vírgula cinco por cento) ao mês, capitalizados anualmente, limitados ao percentual máximo de 50% (cinquenta por cento), e multa de 10% (dez por cento).
"[...]"
"§ 7º A contribuição complementar a que se refere o § 3º do art. 21 desta Lei será exigida a qualquer tempo, sob pena de indeferimento do benefício."

Art. 82. A Lei 8.213, de 24 de julho de 1991, passa a vigorar com as seguintes alterações:

"Art. 9º [...]"
"§ 1º O Regime Geral de Previdência Social – RGPS garante a cobertura de todas as situações expressas no art. 1º desta Lei, exceto as de desemprego involuntário, objeto de lei específica, e de aposentadoria por tempo de contribuição para o trabalhador de que trata o § 2º do art. 21 da Lei 8.212, de 24 de julho de 1991.
"[...]"
"Art. 18. [...]"
"I – [...]"
"[...]"
"c) aposentadoria por tempo de contribuição;
"[...]"
"§ 3º O segurado contribuinte individual, que trabalhe por conta própria, sem relação de trabalho com empresa ou equiparado, e o segurado facultativo que contribuam na forma do § 2º do art. 21 da Lei 8.212, de 24 de julho de 1991, não farão jus à aposentadoria por tempo de contribuição."
"Art. 55. [...]"
"[...]"
"§ 4º Não será computado como tempo de contribuição, para efeito de concessão do benefício de que trata esta subseção, o período em que o segurado contribuinte individual ou facultativo tiver contribuído na forma do § 2º do art. 21 da Lei 8.212, de 24 de julho de 1991, salvo se tiver complementado as contribuições na forma do § 3º do mesmo artigo."

Art. 83. O art. 94 da Lei 8.213, de 24 de julho de 1991, fica acrescido do seguinte § 2º, passando o parágrafo único a vigorar como § 1º:

"Art. 94. [...]"
"[...]"
"§ 2º Não será computado como tempo de contribuição, para efeito dos benefícios previstos em regimes próprios de previdência social, o período em que o segurado contribuinte individual ou facultativo tiver contribuído na forma do § 2º do art. 21 da Lei 8.212, de 24 de julho de 1991, salvo se complementadas as contribuições na forma do § 3º do mesmo artigo."

Art. 84. O art. 58 da Consolidação das Leis do Trabalho – CLT, aprovada pelo Decreto-lei 5.452, de 1º de maio de 1943, passa a vigorar acrescido do seguinte § 3º:

"Art. 58. [...]"
"[...]"

LC 123/2006

LEGISLAÇÃO

"§ 3º Poderão ser fixados, para as microempresas e empresas de pequeno porte, por meio de acordo ou convenção coletiva, em caso de transporte fornecido pelo empregador, em local de difícil acesso ou não servido por transporte público, o tempo médio despendido pelo empregado, bem como a forma e a natureza da remuneração."

Art. 85. *(Vetado.)*

Art. 85-A. Caberá ao Poder Público Municipal designar Agente de Desenvolvimento para a efetivação do disposto nesta Lei Complementar, observadas as especificidades locais.

§ 1º A função de Agente de Desenvolvimento caracteriza-se pelo exercício de articulação das ações públicas para a promoção do desenvolvimento local e territorial, mediante ações locais ou comunitárias, individuais ou coletivas, que visem ao cumprimento das disposições e diretrizes contidas nesta Lei Complementar, sob supervisão do órgão gestor local responsável pelas políticas de desenvolvimento.

§ 2º O Agente de Desenvolvimento deverá preencher os seguintes requisitos:

I – residir na área da comunidade em que atuar;

II – haver concluído, com aproveitamento, curso de qualificação básica para a formação de Agente de Desenvolvimento; e

III – possuir formação ou experiência compatível com a função a ser exercida;

• Inciso III com redação determinada pela LC 147/2014.

IV – ser preferencialmente servidor efetivo do Município.

• Inciso IV acrescentado pela LC 147/2014.

§ 3º A Secretaria da Micro e Pequena Empresa da Presidência da República juntamente com as entidades municipalistas e de apoio e representação empresarial prestarão suporte aos referidos agentes na forma de capacitação, estudos e pesquisas, publicações, promoção de intercâmbio de informações e experiências.

• § 3º com redação determinada pela Lei 12.792/2013.

Art. 86. As matérias tratadas nesta Lei Complementar que não sejam reservadas constitucionalmente a lei complementar poderão ser objeto de alteração por lei ordinária.

Art. 87. O § 1º do art. 3º da Lei Complementar 63, de 11 de janeiro de 1990, passa a vigorar com a seguinte redação:

"Art. 3º [...]

"§ 1º O valor adicionado corresponderá, para cada Município:

"I – ao valor das mercadorias saídas, acrescido do valor das prestações de serviços, no seu território, deduzido o valor das mercadorias entradas, em cada ano civil;

"II – nas hipóteses de tributação simplificada a que se refere o parágrafo único do art. 146 da Constituição Federal, e, em outras situações, em que se dispensem os controles de entrada, considerar-se-á como valor adicionado o percentual de 32% (trinta e dois por cento) da receita bruta.

"[...]"

Art. 87-A. Os Poderes Executivos da União, Estados, Distrito Federal e Municípios expedirão, anualmente, até o dia 30 de novembro, cada um, em seus respectivos âmbitos de competência, decretos de consolidação da regulamentação aplicável relativamente às microempresas e empresas de pequeno porte.

• Artigo acrescentado pela LC 147/2014.

Art. 88. Esta Lei Complementar entra em vigor na data de sua publicação, ressalvado o regime de tributação das microempresas e empresas de pequeno porte, que entra em vigor em 1º de julho de 2007.

Art. 89. Ficam revogadas, a partir de 1º de julho de 2007, a Lei 9.317, de 5 de dezembro de 1996, e a Lei 9.841, de 5 de outubro de 1999.

Brasília, 14 de dezembro de 2006; 185º da Independência e 118º da República.

Luiz Inácio Lula da Silva

(*DOU* 15.12.2006; rep. 31.01.2009, edição extra; 31.01.2012 e 06.03.2012)

LC 123/2006

LEGISLAÇÃO

ANEXO I
Alíquotas e Partilha do Simples Nacional – Comércio

- Anexo I com redação determinada pela LC 139/2011 (*DOU* 11.11.2011), em vigor na data de sua publicação, produzindo efeitos a partir de 1º.01.2012.

Receita Bruta em 12 meses (em R$)	Alíquota	IRPJ	CSLL	Cofins	PIS/Pasep	CPP	ICMS
Até 180.000,00	4,00%	0,00%	0,00%	0,00%	0,00%	2,75%	1,25%
De 180.000,01 a 360.000,00	5,47%	0,00%	0,00%	0,86%	0,00%	2,75%	1,86%
De 3 60.000,01 a 540.000,00	6,84%	0,27%	0,31%	0,95%	0,23%	2,75%	2,33%
De 540.000,01 a 720.000,00	7,54%	0,35%	0,35%	1,04%	0,25%	2,99%	2,56%
De 720.000,01 a 900.000,00	7,60%	0,35%	0,35%	1,05%	0,25%	3,02%	2,58%
De 900.000,01 a 1.080.000,00	8,28%	0,38%	0,38%	1,15%	0,27%	3,28%	2,82%
De 1.080.000,01 a 1.260.000,00	8,36%	0,39%	0,39%	1,16%	0,28%	3,30%	2,84%
De 1.260.000,01 a 1.440.000,00	8,45%	0,39%	0,39%	1,17%	0,28%	3,35%	2,87%
De 1.440.000,01 a 1.620.000,00	9,03%	0,42%	0,42%	1,25%	0,30%	3,57%	3,07%
De 1.620.000,01 a 1.800.000,00	9,12%	0,43%	0,43%	1,26%	0,30%	3,60%	3,10%
De 1.800.000,01 a 1.980.000,00	9,95%	0,46%	0,46%	1,38%	0,33%	3,94%	3,38%
De 1.980.000,01 a 2.160.000,00	10,04%	0,46%	0,46%	1,39%	0,33%	3,99%	3,41%
De 2.160.000,01 a 2.340.000,00	10,13%	0,47%	0,47%	1,40%	0,33%	4,01%	3,45%
De 2.340.000,01 a 2.520.000,00	10,23%	0,47%	0,47%	1,42%	0,34%	4,05%	3,48%
De 2.520.000,01 a 2.700.000,00	10,32%	0,48%	0,48%	1,43%	0,34%	4,08%	3,51%
De 2.700.000,01 a 2.880.000,00	11,23%	0,52%	0,52%	1,56%	0,37%	4,44%	3,82%
De 2.880.000,01 a 3.060.000,00	11,32%	0,52%	0,52%	1,57%	0,37%	4,49%	3,85%
De 3.060.000,01 a 3.240.000,00	11,42%	0,53%	0,53%	1,58%	0,38%	4,52%	3,88%
De 3.240.000,01 a 3.420.000,00	11,51%	0,53%	0,53%	1,60%	0,38%	4,56%	3,91%
De 3.420.000,01 a 3.600.000,00	11,61%	0,54%	0,54%	1,60%	0,38%	4,60%	3,95%

LC 123/2006

LEGISLAÇÃO

ANEXO II
Alíquotas e Partilha do Simples Nacional – Indústria

- Anexo II com redação determinada pela LC 139/2011 (*DOU* 11.11.2011), em vigor na data de sua publicação, produzindo efeitos a partir de 1º.01.2012.

Receita Bruta em 12 meses (em R$)	Alíquota	IRPJ	CSLL	Cofins	PIS/Pasep	CPP	ICMS	IPI
Até 180.000,00	4,50%	0,00%	0,00%	0,00%	0,00%	2,75%	1,25%	0,50%
De 180.000,01 a 360.000,00	5,97%	0,00%	0,00%	0,86%	0,00%	2,75%	1,86%	0,50%
De 360.000,01 a 540.000,00	7,34%	0,27%	0,31%	0,95%	0,23%	2,75%	2,33%	0,50%
De 540.000,01 a 720.000,00	8,04%	0,35%	0,35%	1,04%	0,25%	2,99%	2,56%	0,50%
De 720.000,01 a 900.000,00	8,10%	0,35%	0,35%	1,05%	0,25%	3,02%	2,58%	0,50%
De 900.000,01 a 1.080.000,00	8,78%	0,38%	0,38%	1,15%	0,27%	3,28%	2,82%	0,50%
De 1.080.000,01 a 1.260.000,00	8,86%	0,39%	0,39%	1,16%	0,28%	3,30%	2,84%	0,50%
De 1.260.000,01 a 1.440.000,00	8,95%	0,39%	0,39%	1,17%	0,28%	3,35%	2,87%	0,50%
De 1.440.000,01 a 1.620.000,00	9,53%	0,42%	0,42%	1,25%	0,30%	3,57%	3,07%	0,50%
De 1.620.000,01 a 1.800.000,00	9,62%	0,42%	0,42%	1,26%	0,30%	3,62%	3,10%	0,50%
De 1.800.000,01 a 1.980.000,00	10,45%	0,46%	0,46%	1,38%	0,33%	3,94%	3,38%	0,50%
De 1.980.000,01 a 2.160.000,00	10,54%	0,46%	0,46%	1,39%	0,33%	3,99%	3,41%	0,50%
De 2.160.000,01 a 2.340.000,00	10,63%	0,47%	0,47%	1,40%	0,33%	4,01%	3,45%	0,50%
De 2.340.000,01 a 2.520.000,00	10,73%	0,47%	0,47%	1,42%	0,34%	4,05%	3,48%	0,50%
De 2.520.000,01 a 2.700.000,00	10,82%	0,48%	0,48%	1,43%	0,34%	4,08%	3,51%	0,50%
De 2.700.000,01 a 2.880.000,00	11,73%	0,52%	0,52%	1,56%	0,37%	4,44%	3,82%	0,50%
De 2.880.000,01 a 3.060.000,00	11,82%	0,52%	0,52%	1,57%	0,37%	4,49%	3,85%	0,50%
De 3.060.000,01 a 3.240.000,00	11,92%	0,53%	0,53%	1,58%	0,38%	4,52%	3,88%	0,50%
De 3.240.000,01 a 3.420.000,00	12,01%	0,53%	0,53%	1,60%	0,38%	4,56%	3,91%	0,50%
De 3.420.000,01 a 3.600.000,00	12,11%	0,54%	0,54%	1,60%	0,38%	4,60%	3,95%	0,50%

LC 123/2006

LEGISLAÇÃO

ANEXO III
Alíquotas e Partilha do Simples Nacional – Receitas de Locação de Bens Móveis e de Prestação de Serviços não relacionados nos §§ 5º-C e 5º-D do art. 18 desta Lei Complementar

- Anexo III com redação determinada pela LC 139/2011 (*DOU* 11.11.2011), em vigor na data de sua publicação, produzindo efeitos a partir de 1º.01.2012.

Receita Bruta em 12 meses (em R$)	Alíquota	IRPJ	CSLL	Cofins	PIS/Pasep	CPP	ISS
Até 180.000,00	6,00%	0,00%	0,00%	0,00%	0,00%	4,00%	2,00%
De 180.000,00 a 360.000,00	8,21%	0,00%	0,00%	1,42%	0,00%	4,00%	2,79%
De 360.000,01 a 540.000,00	10,26%	0,48%	0,43%	1,43%	0,35%	4,07%	3,50%
De 540.000,01 a 720.000,00	11,31%	0,53%	0,53%	1,56%	0,38%	4,47%	3,84%
De 720.000,01 a 900.000,00	11,40%	0,53%	0,52%	1,58%	0,38%	4,52%	3,87%
De 900.000,01 a 1.080.000,00	12,42%	0,57%	0,57%	1,73%	0,40%	4,92%	4,23%
De 1.080.000,01 a 1.260.000,00	12,54%	0,59%	0,56%	1,74%	0,42%	4,97%	4,26%
De 1.260.000,01 a 1.440.000,00	12,68%	0,59%	0,57%	1,76%	0,42%	5,03%	4,31%
De 1.440.000,01 a 1.620.000,00	13,55%	0,63%	0,61%	1,88%	0,45%	5,37%	4,61%
De 1.620.000,01 a 1.800.000,00	13,68%	0,63%	0,64%	1,89%	0,45%	5,42%	4,65%
De 1.800.000,01 a 1.980.000,00	14,93%	0,69%	0,69%	2,07%	0,50%	5,98%	5,00%
De 1.980.000,01 a 2.160.000,00	15,06%	0,69%	0,69%	2,09%	0,50%	6,09%	5,00%
De 2.160.000,01 a 2.340.000,00	15,20%	0,71%	0,70%	2,10%	0,50%	6,19%	5,00%
De 2.340.000,01 a 2.520.000,00	15,35%	0,71%	0,70%	2,13%	0,51%	6,30%	5,00%
De 2.520.000,01 a 2.700.000,00	15,48%	0,72%	0,70%	2,15%	0,51%	6,40%	5,00%
De 2.700.000,01 a 2.880.000,00	16,85%	0,78%	0,76%	2,34%	0,56%	7,41%	5,00%
De 2.880.000,01 a 3.060.000,00	16,98%	0,78%	0,78%	2,36%	0,56%	7,50%	5,00%
De 3.060.000,01 a 3.240.000,00	17,13%	0,80%	0,79%	2,37%	0,57%	7,60%	5,00%
De 3.240.000,01 a 3.420.000,00	17,27%	0,80%	0,79%	2,40%	0,57%	7,71%	5,00%
De 3.420.000,01 a 3.600.000,00	17,42%	0,81%	0,79%	2,42%	0,57%	7,83%	5,00%

LC 123/2006

LEGISLAÇÃO

ANEXO IV

Alíquotas e Partilha do Simples Nacional – Receitas decorrentes da prestação de serviços relacionados no § 5º-C do art. 18 desta Lei Complementar

- Anexo IV com redação determinada pela LC 139/2011 (*DOU* 11.11.2011), em vigor na data de sua publicação, produzindo efeitos a partir de 1º.01.2012.

Receita Bruta em 12 meses (em R$)	Alíquota	IRPJ	CSLL	Cofins	PIS/Pasep	ISS
Até 180.000,00	4,50%	0,00%	1,22%	1,28%	0,00%	2,00%
De 180.000,01 a 360.000,00	6,54%	0,00%	1,84%	1,91%	0,00%	2,79%
De 360.000,01 a 540.000,00	7,70%	0,16%	1,85%	1,95%	0,24%	3,50%
De 540.000,01 a 720.000,00	8,49%	0,52%	1,87%	1,99%	0,27%	3,84%
De 720.000,01 a 900.000,00	8,97%	0,89%	1,89%	2,03%	0,29%	3,87%
De 900.000,01 a 1.080.000,00	9,78%	1,25%	1,91%	2,07%	0,32%	4,23%
De 1.080.000,01 a 1.260.000,00	10,26%	1,62%	1,93%	2,11%	0,34%	4,26%
De 1.260.000,01 a 1.440.000,00	10,76%	2,00%	1,95%	2,15%	0,35%	4,31%
De 1.440.000,01 a 1.620.000,00	11,51%	2,37%	1,97%	2,19%	0,37%	4,61%
De 1.620.000,01 a 1.800.000,00	12,00%	2,74%	2,00%	2,23%	0,38%	4,65%
De 1.800.000,01 a 1.980.000,00	12,80%	3,12%	2,01%	2,27%	0,40%	5,00%
De 1.980.000,01 a 2.160.000,00	13,25%	3,49%	2,03%	2,31%	0,42%	5,00%
De 2.160.000,01 a 2.340.000,00	13,70%	3,86%	2,05%	2,35%	0,44%	5,00%
De 2.340.000,01 a 2.520.000,00	14,15%	4,23%	2,07%	2,39%	0,46%	5,00%
De 2.520.000,01 a 2.700.000,00	14,60%	4,60%	2,10%	2,43%	0,47%	5,00%
De 2.700.000,01 a 2.880.000,00	15,05%	4,90%	2,19%	2,47%	0,49%	5,00%
De 2.880.000,01 a 3.060.000,00	15,50%	5,21%	2,27%	2,51%	0,51%	5,00%
De 3.060.000,01 a 3.240.000,00	15,95%	5,51%	2,36%	2,55%	0,53%	5,00%
De 3.240.000,01 a 3.420.000,00	16,40%	5,81%	2,45%	2,59%	0,55%	5,00%
De 3.420.000,01 a 3.600.000,00	16,85%	6,12%	2,53%	2,63%	0,57%	5,00%

LC 123/2006

LEGISLAÇÃO

ANEXO V

Alíquotas e Partilha do Simples Nacional – Receitas decorrentes da prestação de serviços relacionados no § 5º-D do art. 18 desta Lei Complementar

- Anexo V com redação determinada pela LC 139/2011 (*DOU* 11.11.2011), em vigor na data de sua publicação, produzindo efeitos a partir de 1º.01.2012.

1) Será apurada a relação (r) conforme abaixo:

$$(r) = \frac{\text{Folha de Salários incluídos encargos (em 12 meses)}}{\text{Receita Bruta (em 12 meses)}}$$

2) Nas hipóteses em que (r) corresponda aos intervalos centesimais da Tabela V-A, onde "<" significa menor que, ">" significa maior que, "≤" significa igual ou menor que e "≥" significa maior ou igual que, as alíquotas do Simples Nacional relativas ao IRPJ, PIS/Pasep, CSLL, Cofins e CPP corresponderão ao seguinte:

TABELA V-A

Receita Bruta em 12 meses (em R$)	(r)<0,10	0,10 ≤ (r) e (r) < 0,15	0,15 ≤ (r) e (r) < 0,20	0,20 ≤ (r) e (r) < 0,25	0,25 ≤ (r) e (r) < 0,30	0,30 ≤ (r) e (r) < 0,35	0,35 ≤ (r) e (r) < 0,40	(r) ≥ 0,40
Até 180.000,00	17,50%	15,70%	13,70%	11,82%	10,47%	9,97%	8,80%	8,00%
De 180.000,01 a 360.000,00	17,52%	15,75%	13,90%	12,60%	12,33%	10,72%	9,10%	8,48%
De 360.000,01 a 540.000,00	17,55%	15,95%	14,20%	12,90%	12,64%	11,11%	9,58%	9,03%
De 540.000,01 a 720.000,00	17,95%	16,70%	15,00%	13,70%	13,45%	12,00%	10,56%	9,34%
De 720.000,01 a 900.000,00	18,15%	16,95%	15,30%	14,03%	13,53%	12,40%	11,04%	10,06%
De 900.000,01 a 1.080.000,00	18,45%	17,20%	15,40%	14,10%	13,60%	12,60%	11,60%	10,60%
De 1.080.000,01 a 1.260.000,00	18,55%	17,30%	15,50%	14,11%	13,68%	12,68%	11,68%	10,68%
De 1.260.000,01 a 1.440.000,00	18,62%	17,32%	15,60%	14,12%	13,69%	12,69%	11,69%	10,69%
De 1.440.000,01 a 1.620.000,00	18,72%	17,42%	15,70%	14,13%	14,08%	13,08%	12,08%	11,08%
De 1.620.000,01 a 1.800.000,00	18,86%	17,56%	15,80%	14,14%	14,09%	13,09%	12,09%	11,09%
De 1.800.000,01 a 1.980.000,00	18,96%	17,66%	15,90%	14,49%	14,45%	13,61%	12,78%	11,87%
De 1.980.000,01 a 2.160.000,00	19,06%	17,76%	16,00%	14,67%	14,64%	13,89%	13,15%	12,28%
De 2.160.000,01 a 2.340.000,00	19,26%	17,96%	16,20%	14,86%	14,82%	14,17%	13,51%	12,68%
De 2.340.000,01 a 2.520.000,00	19,56%	18,30%	16,50%	15,46%	15,18%	14,61%	14,04%	13,26%

LC 123/2006

LEGISLAÇÃO

Receita Bruta em 12 meses (em R$)	(r)<0,10	0,10 ≤ (r) e (r) < 0,15	0,15 ≤ (r) e (r) < 0,20	0,20 ≤ (r) e (r) < 0,25	0,25 ≤ (r) e (r) < 0,30	0,30 ≤ (r) e (r) < 0,35	0,35 ≤ (r) e (r) < 0,40	(r) ≥ 0,40
De 2.520.000,01 a 2.700.000,00	20,70%	19,30%	17,45%	16,24%	16,00%	15,52%	15,03%	14,29%
De 2.700.000,01 a 2.880.000,00	21,20%	20,00%	18,20%	16,91%	16,72%	16,32%	15,93%	15,23%
De 2.880.000,01 a 3.060.000,00	21,70%	20,50%	18,70%	17,40%	17,13%	16,82%	16,38%	16,17%
De 3.060.000,01 a 3.240.000,00	22,20%	20,90%	19,10%	17,80%	17,55%	17,22%	16,82%	16,51%
De 3.240.000,01 a 3.420.000,00	22,50%	21,30%	19,50%	18,20%	17,97%	17,44%	17,21%	16,94%
De 3.420.000,01 a 3.600.000,00	22,90%	21,80%	20,00%	18,60%	18,40%	17,85%	17,60%	17,18%

3) Somar-se-á a alíquota do Simples Nacional relativa ao IRPJ, PIS/Pasep, CSLL, Cofins e CPP apurada na forma acima a parcela correspondente ao ISS prevista no Anexo IV.

4) A partilha das receitas relativas ao IRPJ, PIS/Pasep, CSLL, Cofins e CPP arrecadadas na forma deste Anexo será realizada com base nos parâmetros definidos na Tabela V-B, onde:

(I) = pontos percentuais da partilha destinada à CPP;

(J) = pontos percentuais da partilha destinada ao IRPJ, calculados após o resultado do fator (I);

(K) = pontos percentuais da partilha destinada à CSLL, calculados após o resultado dos fatores (I) e (J);

(L) = pontos percentuais da partilha destinada à Cofins, calculados após o resultado dos fatores (I), (J) e (K);

(M) = pontos percentuais da partilha destinada à contribuição para o PIS/Pasep, calculados após os resultados dos fatores (I), (J), (K) e (L);

(I) + (J) + (K) + (L) + (M) = 100

(N) = relação (r) dividida por 0,004, limitando-se o resultado a 100;

(P) = 0,1 dividido pela relação (r), limitando-se o resultado a 1.

TABELA V-B

Receita Bruta em 12 meses (em R$)	CPP	IRPJ	CSLL	Cofins	PIS/Pasep
	I	J	K	L	M
Até 180.000,00	N x0,9	0,75 X(100 – I)X P	0,25 X(100 – I)X P	0,75 X(100 – I – J – K)	100 – I – J – K – L
De 180.000,01 a 360.000,00	N x0,875	0,75 X(100 – I)X P	0,25 X(100 – I)X P	0,75 X(100 – I – J – K)	100 – I – J – K – L
De 360.000,01 a 540.000,00	N x0,85	0,75 X(100 – I)X P	0,25 X(100 – I)X P	0,75 X(100 – I – J – K)	100 – I – J – K – L
De 540.000,01 a 720.000,00	N x0,825	0,75 X(100 – I)X P	0,25 X(100 – I)X P	0,75 X(100 – I – J – K)	100 – I – J – K – L

LC 123/2006

LEGISLAÇÃO

Receita Bruta em 12 meses (em R$)	CPP	IRPJ	CSLL	Cofins	PIS/Pasep
De 720.000,01 a 900.000,00	N x0,8	0,75 X(100 – I)X P	0,25 X(100 – I)X P	0,75 X(100 – I – J – K)	100 – I – J – K – L
De 900.000,01 a 1.080.000,00	N x0,775	0,75 X(100 – I)X P	0,25 X(100 – I)X P	0,75 X(100 – I – J – K)	100 – I – J – K – L
De 1.080.000,01 a 1.260.000,00	N x0,75	0,75 X(100 – I)X P	0,25 X(100 – I)X P	0,75 X(100 – I – J – K)	100 – I – J – K – L
De 1.260.000,01 a 1.440.000,00	N x0,725	0,75 X(100 – I)X P	0,25 X(100 – I)X P	0,75 X(100 – I – J – K)	100 – I – J – K – L
De 1.440.000,01 a 1.620.000,00	N x0,7	0,75 X(100 – I)X P	0,25 X(100 – I)X P	0,75 X(100 – I – J – K)	100 – I – J – K – L
De 1.620.000,01 a 1.800.000,00	N x0,675	0,75 X(100 – I)X P	0,25 X(100 – I)X P	0,75 X(100 – I – J – K)	100 – I – J – K – L
De 1.800.000,01 a 1.980.000,00	N x0,65	0,75 X(100 – I)X P	0,25 X(100 – I)X P	0,75 X(100 – I – J – K)	100 – I – J – K – L
De 1.980.000,01 a 2.160.000,00	N x0,625	0,75 X(100 – I)X P	0,25 X(100 – I)X P	0,75 X(100 – I – J – K)	100 – I – J – K – L
De 2.160.000,01 a 2.340.000,00	N x0,6	0,75 X(100 – I)X P	0,25 X(100 – I)X P	0,75 X(100 – I – J – K)	100 – I – J – K – L
De 2.340.000,01 a 2.520.000,00	N x0,575	0,75 X(100 – I)X P	0,25 X(100 – I)X P	0,75 X(100 – I – J – K)	100 – I – J – K – L
De 2.520.000,01 a 2.700.000,00	N x0,55	0,75 X(100 – I)X P	0,25 X(100 – I)X P	0,75 X(100 – I – J – K)	100 – I – J – K – L
De 2.700.000,01 a 2.880.000,00	N x0,525	0,75 X(100 – I)X P	0,25 X(100 – I)X P	0,75 X(100 – I – J – K)	100 – I – J – K – L
De 2.880.000,01 a 3.060.000,00	N x0,5	0,75 X(100 – I)X P	0,25 X(100 – I)X P	0,75 X(100 – I – J – K)	100 – I – J – K – L
De 3.060.000,01 a 3.240.000,00	N x0,475	0,75 X(100 – I)X P	0,25 X(100 – I)X P	0,75 X(100 – I – J – K)	100 – I – J – K – L
De 3.240.000,01 a 3.420.000,00	N x0,45	0,75 X(100 – I)X P	0,25 X(100 – I)X P	0,75 X(100 – I – J – K)	100 – I – J – K – L
De 3.420.000,01 a 3.600.000,00	N x0,425	0,75 X(100 – I)X P	0,25 X(100 – I)X P	0,75 X(100 – I – J – K)	100 – I – J – K – L

LC 123/2006

LEGISLAÇÃO

ANEXO VI
Alíquotas e Partilha do Simples Nacional – Receitas decorrentes da prestação de serviços relacionados no § 5º-I do art. 18 desta Lei Complementar
(Vigência: 1º de janeiro de 2015)

- Anexo VI acrescentado pela LC 147/2014 (*DOU* 08.08.2014), em vigor na data de sua publicação, produzindo efeitos a partir de 1º de janeiro do primeiro ano subsequente ao da publicação desta Lei Complementar.

1) Será apurada a relação (r) conforme abaixo:

$$(r) = \frac{\text{Folha de Salários incluídos encargos (em 12 meses)}}{\text{Receita Bruta (em 12 meses)}}$$

2) A partilha das receitas relativas ao IRPJ, PIS/Pasep, CSLL, Cofins e CPP arrecadadas na forma deste Anexo será realizada com base nos parâmetros definidos na Tabela V-B do Anexo V desta Lei Complementar.

3) Independentemente do resultado da relação (r), as alíquotas do Simples Nacional corresponderão ao seguinte:

TABELA VI

Receita Bruta em 12 meses (em R$)	Alíquota	IRPJ, PIS/Pasep, CSLL, Cofins e CPP	ISS
Até 180.000,00	16,93%	14,93%	2,00%
De 180.000,01 a 360.000,00	17,72%	14,93%	2,79%
De 360.000,01 a 540.000,00	18,43%	14,93%	3,50%
De 540.000,01 a 720.000,00	18,77%	14,93%	3,84%
De 720.000,01 a 900.000,00	19,04%	15,17%	3,87%
De 900.000,01 a 1.080.000,00	19,94%	15,71%	4,23%
De 1.080.000,01 a 1.260.000,00	20,34%	16,08%	4,26%
De 1.260.000,01 a 1.440.000,00	20,66%	16,35%	4,31%
De 1.440.000,01 a 1.620.000,00	21,17%	16,56%	4,61%
De 1.620.000,01 a 1.800.000,00	21,38%	16,73%	4,65%
De 1.800.000,01 a 1.980.000,00	21,86%	16,86%	5,00%
De 1.980.000,01 a 2.160.000,00	21,97%	16,97%	5,00%
De 2.160.000,01 a 2.340.000,00	22,06%	17,06%	5,00%
De 2.340.000,01 a 2.520.000,00	22,14%	17,14%	5,00%
De 2.520.000,01 a 2.700.000,00	22,21%	17,21%	5,00%
De 2.700.000,01 a 2.880.000,00	22,21%	17,21%	5,00%
De 2.880.000,01 a 3.060.000,00	22,32%	17,32%	5,00%
De 3.060.000,01 a 3.240.000,00	22,37%	17,37%	5,00%
De 3.240.000,01 a 3.420.000,00	22,41%	17,41%	5,00%
De 3.420.000,01 a 3.600.000,00	22,45%	17,45%	5,00%

Lei 11.417/2006

LEGISLAÇÃO

LEI 11.417, DE 19 DE DEZEMBRO DE 2006

Regulamenta o art. 103-A da Constituição Federal e altera a Lei 9.784, de 29 de janeiro de 1999, disciplinando a edição, a revisão e o cancelamento de enunciado de súmula vinculante pelo Supremo Tribunal Federal, e dá outras providências.

O Presidente da República:
Faço saber que o Congresso Nacional decreta e eu sanciono a seguinte Lei:

Art. 1º Esta Lei disciplina a edição, a revisão e o cancelamento de enunciado de súmula vinculante pelo Supremo Tribunal Federal e dá outras providências.

Art. 2º O Supremo Tribunal Federal poderá, de ofício ou por provocação, após reiteradas decisões sobre matéria constitucional, editar enunciado de súmula que, a partir de sua publicação na imprensa oficial, terá efeito vinculante em relação aos demais órgãos do Poder Judiciário e à administração pública direta e indireta, nas esferas federal, estadual e municipal, bem como proceder à sua revisão ou cancelamento, na forma prevista nesta Lei.

§ 1º O enunciado da súmula terá por objeto a validade, a interpretação e a eficácia de normas determinadas, acerca das quais haja, entre órgãos judiciários ou entre esses e a administração pública, controvérsia atual que acarrete grave insegurança jurídica e relevante multiplicação de processos sobre idêntica questão.

§ 2º O Procurador-Geral da República, nas propostas que não houver formulado, manifestar-se-á previamente à edição, revisão ou cancelamento de enunciado de súmula vinculante.

§ 3º A edição, a revisão e o cancelamento de enunciado de súmula com efeito vinculante dependerão de decisão tomada por 2/3 (dois terços) dos membros do Supremo Tribunal Federal, em sessão plenária.

§ 4º No prazo de 10 (dez) dias após a sessão em que editar, rever ou cancelar enunciado de súmula com efeito vinculante, o Supremo Tribunal Federal fará publicar, em seção especial do *Diário da Justiça* e do *Diário Oficial da União*, o enunciado respectivo.

Art. 3º São legitimados a propor a edição, a revisão ou o cancelamento de enunciado de súmula vinculante:
I – o Presidente da República;
II – a Mesa do Senado Federal;
III – a Mesa da Câmara dos Deputados;
IV – o Procurador-Geral da República;
V – o Conselho Federal da Ordem dos Advogados do Brasil;
VI – o Defensor Público-Geral da União;
VII – partido político com representação no Congresso Nacional;
VIII – confederação sindical ou entidade de classe de âmbito nacional;
IX – a Mesa de Assembleia Legislativa ou da Câmara Legislativa do Distrito Federal;
X – o Governador de Estado ou do Distrito Federal;
XI – os Tribunais Superiores, os Tribunais de Justiça de Estados ou do Distrito Federal e Territórios, os Tribunais Regionais Federais, os Tribunais Regionais do Trabalho, os Tribunais Regionais Eleitorais e os Tribunais Militares.

§ 1º O Município poderá propor, incidentalmente ao curso de processo em que seja parte, a edição, a revisão ou o cancelamento de enunciado de súmula vinculante, o que não autoriza a suspensão do processo.

§ 2º No procedimento de edição, revisão ou cancelamento de enunciado da súmula vinculante, o relator poderá admitir, por decisão irrecorrível, a manifestação de terceiros na questão, nos termos do Regimento Interno do Supremo Tribunal Federal.

Art. 4º A súmula com efeito vinculante tem eficácia imediata, mas o Supremo Tribunal Federal, por decisão de 2/3 (dois terços) dos seus membros, poderá restringir os efeitos vinculantes ou decidir que só tenha eficácia a partir de outro momento, tendo em vista razões de segurança jurídica ou de excepcional interesse público.

Art. 5º Revogada ou modificada a lei em que se fundou a edição de enunciado de súmula vinculante, o Supremo Tribunal Federal, de ofício ou por provocação, proce-

Lei 11.419/2006

LEGISLAÇÃO

derá à sua revisão ou cancelamento, conforme o caso.

Art. 6º A proposta de edição, revisão ou cancelamento de enunciado de súmula vinculante não autoriza a suspensão dos processos em que se discuta a mesma questão.

Art. 7º Da decisão judicial ou do ato administrativo que contrariar enunciado de súmula vinculante, negar-lhe vigência ou aplicá-lo indevidamente caberá reclamação ao Supremo Tribunal Federal, sem prejuízo dos recursos ou outros meios admissíveis de impugnação.

§ 1º Contra omissão ou ato da administração pública, o uso da reclamação só será admitido após esgotamento das vias administrativas.

§ 2º Ao julgar procedente a reclamação, o Supremo Tribunal Federal anulará o ato administrativo ou cassará a decisão judicial impugnada, determinando que outra seja proferida com ou sem aplicação da súmula, conforme o caso.

Art. 8º O art. 56 da Lei 9.784, de 29 de janeiro de 1999, passa a vigorar acrescido do seguinte § 3º:

"Art. 56. [...]

"[...]

"§ 3º Se o recorrente alegar que a decisão administrativa contraria enunciado da súmula vinculante, caberá à autoridade prolatora da decisão impugnada, se não a reconsiderar, explicitar, antes de encaminhar o recurso à autoridade superior, as razões da aplicabilidade ou inaplicabilidade da súmula, conforme o caso."

Art. 9º A Lei 9.784, de 29 de janeiro de 1999, passa a vigorar acrescida dos seguintes arts. 64-A e 64-B:

"Art. 64-A. Se o recorrente alegar violação de enunciado da súmula vinculante, o órgão competente para decidir o recurso explicitará as razões da aplicabilidade ou inaplicabilidade da súmula, conforme o caso."

"Art. 64-B. Acolhida pelo Supremo Tribunal Federal a reclamação fundada em violação de enunciado da súmula vinculante, dar-se-á ciência à autoridade prolatora e ao órgão competente para o julgamento do recurso, que deverão adequar as futuras decisões administrativas em casos semelhantes, sob pena de responsabilização pessoal nas esferas cível, administrativa e penal."

Art. 10. O procedimento de edição, revisão ou cancelamento de enunciado de súmula com efeito vinculante obedecerá, subsidiariamente, ao disposto no Regimento Interno do Supremo Tribunal Federal.

Art. 11. Esta Lei entra em vigor 3 (três) meses após a sua publicação.

Brasília, 19 de dezembro de 2006; 185º da Independência e 118º da República.

Luiz Inácio Lula da Silva

(*DOU* 20.12.2006)

LEI 11.419, DE 19 DE DEZEMBRO DE 2006

Dispõe sobre a informatização do processo judicial; altera a Lei 5.869, de 11 de janeiro de 1973 – Código de Processo Civil; e dá outras providências.

- V. Instrução Normativa TST 30/2007 (Regulamenta, no âmbito da Justiça do Trabalho, a Lei 11.419/2006, que dispõe sobre a informatização do processo judicial).
- V. Res. STF 427/2010 (Regulamenta o processo eletrônico no STF).
- V. Res. STJ 10/2015 (Regulamenta o processo judicial eletrônico no âmbito do STJ).

O Presidente da República:

Faço saber que o Congresso Nacional decreta e eu sanciono a seguinte Lei:

Capítulo I
DA INFORMATIZAÇÃO DO PROCESSO JUDICIAL

Art. 1º O uso de meio eletrônico na tramitação de processos judiciais, comunicação de atos e transmissão de peças processuais será admitido nos termos desta Lei.

§ 1º Aplica-se o disposto nesta Lei, indistintamente, aos processos civil, penal e trabalhista, bem como aos juizados especiais, em qualquer grau de jurisdição.

§ 2º Para o disposto nesta Lei, considera-se:

Lei 11.419/2006

LEGISLAÇÃO

I – meio eletrônico qualquer forma de armazenamento ou tráfego de documentos e arquivos digitais;
II – transmissão eletrônica toda forma de comunicação a distância com a utilização de redes de comunicação, preferencialmente a rede mundial de computadores;
III – assinatura eletrônica as seguintes formas de identificação inequívoca do signatário:
a) assinatura digital baseada em certificado digital emitido por Autoridade Certificadora credenciada, na forma de lei específica;
b) mediante cadastro de usuário no Poder Judiciário, conforme disciplinado pelos órgãos respectivos.

Art. 2º O envio de petições, de recursos e a prática de atos processuais em geral por meio eletrônico serão admitidos mediante uso de assinatura eletrônica, na forma do art. 1º desta Lei, sendo obrigatório o credenciamento prévio no Poder Judiciário, conforme disciplinado pelos órgãos respectivos.
§ 1º O credenciamento no Poder Judiciário será realizado mediante procedimento no qual esteja assegurada a adequada identificação presencial do interessado.
§ 2º Ao credenciado será atribuído registro e meio de acesso ao sistema, de modo a preservar o sigilo, a identificação e a autenticidade de suas comunicações.
§ 3º Os órgãos do Poder Judiciário poderão criar um cadastro único para o credenciamento previsto neste artigo.

Art. 3º Consideram-se realizados os atos processuais por meio eletrônico no dia e hora do seu envio ao sistema do Poder Judiciário, do que deverá ser fornecido protocolo eletrônico.
Parágrafo único. Quando a petição eletrônica for enviada para atender prazo processual, serão consideradas tempestivas as transmitidas até as 24 (vinte e quatro) horas do seu último dia.

Capítulo II
DA COMUNICAÇÃO ELETRÔNICA DOS ATOS PROCESSUAIS

Art. 4º Os tribunais poderão criar *Diário da Justiça* eletrônico, disponibilizado em sítio da rede mundial de computadores, para publicação de atos judiciais e administrativos próprios e dos órgãos a eles subordinados, bem como comunicações em geral.

- V. Res. STF 341/2007 (*Diário da Justiça Eletrônico do STF*).
- V. Res. STJ 8/2007 (*Diário da Justiça Eletrônico do STJ – DJ on-line*).
- V. Ato Conjunto TST/CSJT 15/2008 (*Diário da Justiça do Trabalho Eletrônico*).

§ 1º O sítio e o conteúdo das publicações de que trata este artigo deverão ser assinados digitalmente com base em certificado emitido por Autoridade Certificadora credenciada na forma da lei específica.
§ 2º A publicação eletrônica na forma deste artigo substitui qualquer outro meio e publicação oficial, para quaisquer efeitos legais, à exceção dos casos que, por lei, exigem intimação ou vista pessoal.
§ 3º Considera-se como data da publicação o primeiro dia útil seguinte ao da disponibilização da informação no *Diário da Justiça* eletrônico.
§ 4º Os prazos processuais terão início no primeiro dia útil que seguir ao considerado como data da publicação.
§ 5º A criação do *Diário da Justiça* eletrônico deverá ser acompanhada de ampla divulgação, e o ato administrativo correspondente será publicado durante 30 (trinta) dias no diário oficial em uso.

Art. 5º As intimações serão feitas por meio eletrônico em portal próprio aos que se cadastrarem na forma do art. 2º desta Lei, dispensando-se a publicação no órgão oficial, inclusive eletrônico.
§ 1º Considerar-se-á realizada a intimação no dia em que o intimando efetivar a consulta eletrônica ao teor da intimação, certificando-se nos autos a sua realização.
§ 2º Na hipótese do § 1º deste artigo, nos casos em que a consulta se dê em dia não útil, a intimação será considerada como realizada no primeiro dia útil seguinte.
§ 3º A consulta referida nos §§ 1º e 2º deste artigo deverá ser feita em até 10 (dez) dias corridos contados da data do envio da intimação, sob pena de considerar-se a intima-

Lei 11.419/2006

LEGISLAÇÃO

ção automaticamente realizada na data do término desse prazo.

§ 4º Em caráter informativo, poderá ser efetivada remessa de correspondência eletrônica, comunicando o envio da intimação e a abertura automática do prazo processual nos termos do § 3º deste artigo, aos que manifestarem interesse por esse serviço.

§ 5º Nos casos urgentes em que a intimação feita na forma deste artigo possa causar prejuízo a quaisquer das partes ou nos casos em que for evidenciada qualquer tentativa de burla ao sistema, o ato processual deverá ser realizado por outro meio que atinja a sua finalidade, conforme determinado pelo juiz.

§ 6º As intimações feitas na forma deste artigo, inclusive da Fazenda Pública, serão consideradas pessoais para todos os efeitos legais.

Art. 6º Observadas as formas e as cautelas do art. 5º desta Lei, as citações, inclusive da Fazenda Pública, excetuadas as dos Direitos Processuais Criminal e Infracional, poderão ser feitas por meio eletrônico, desde que a íntegra dos autos seja acessível ao citando.

Art. 7º As cartas precatórias, rogatórias, de ordem e, de um modo geral, todas as comunicações oficiais que transitem entre órgãos do Poder Judiciário, bem como entre os deste e os dos demais Poderes, serão feitas preferencialmente por meio eletrônico.

Capítulo III
DO PROCESSO ELETRÔNICO

Art. 8º Os órgãos do Poder Judiciário poderão desenvolver sistemas eletrônicos de processamento de ações judiciais por meio de autos total ou parcialmente digitais, utilizando, preferencialmente, a rede mundial de computadores e acesso por meio de redes internas e externas.

Parágrafo único. Todos os atos processuais do processo eletrônico serão assinados eletronicamente na forma estabelecida nesta Lei.

Art. 9º No processo eletrônico, todas as citações, intimações e notificações, inclusive da Fazenda Pública, serão feitas por meio eletrônico, na forma desta Lei.

§ 1º As citações, intimações, notificações e remessas que viabilizem o acesso à íntegra do processo correspondente serão consideradas vista pessoal do interessado para todos os efeitos legais.

§ 2º Quando, por motivo técnico, for inviável o uso do meio eletrônico para a realização de citação, intimação ou notificação, esses atos processuais poderão ser praticados segundo as regras ordinárias, digitalizando-se o documento físico, que deverá ser posteriormente destruído.

Art. 10. A distribuição da petição inicial e a juntada da contestação, dos recursos e das petições em geral, todos em formato digital, nos autos de processo eletrônico, podem ser feitas diretamente pelos advogados públicos e privados, sem necessidade da intervenção do cartório ou secretaria judicial, situação em que a autuação deverá se dar de forma automática, fornecendo-se recibo eletrônico de protocolo.

§ 1º Quando o ato processual tiver que ser praticado em determinado prazo, por meio de petição eletrônica, serão considerados tempestivos os efetivados até as 24 (vinte e quatro) horas do último dia.

§ 2º No caso do § 1º deste artigo, se o Sistema do Poder Judiciário se tornar indisponível por motivo técnico, o prazo fica automaticamente prorrogado para o primeiro dia útil seguinte à resolução do problema.

§ 3º Os órgãos do Poder Judiciário deverão manter equipamentos de digitalização e de acesso à rede mundial de computadores à disposição dos interessados para distribuição de peças processuais.

Art. 11. Os documentos produzidos eletronicamente e juntados aos processos eletrônicos com garantia da origem e de seu signatário, na forma estabelecida nesta Lei, serão considerados originais para todos os efeitos legais.

§ 1º Os extratos digitais e os documentos digitalizados e juntados aos autos pelos órgãos da Justiça e seus auxiliares, pelo Minis-

Lei 11.419/2006

LEGISLAÇÃO

tério Público e seus auxiliares, pelas procuradorias, pelas autoridades policiais, pelas repartições públicas em geral e por advogados públicos e privados têm a mesma força probante dos originais, ressalvada a alegação motivada e fundamentada de adulteração antes ou durante o processo de digitalização.

§ 2º A arguição de falsidade do documento original será processada eletronicamente na forma da lei processual em vigor.

§ 3º Os originais dos documentos digitalizados, mencionados no § 2º deste artigo, deverão ser preservados pelo seu detentor até o trânsito em julgado da sentença ou, quando admitida, até o final do prazo para interposição de ação rescisória.

§ 4º *(Vetado.)*

§ 5º Os documentos cuja digitalização seja tecnicamente inviável devido ao grande volume ou por motivo de ilegibilidade deverão ser apresentados ao cartório ou secretaria no prazo de 10 (dez) dias contados do envio de petição eletrônica comunicando o fato, os quais serão devolvidos à parte após o trânsito em julgado.

§ 6º Os documentos digitalizados juntados em processo eletrônico somente estarão disponíveis para acesso por meio da rede externa para suas respectivas partes processuais e para o Ministério Público, respeitado o disposto em lei para as situações de sigilo e de segredo de justiça.

Art. 12. A conservação dos autos do processo poderá ser efetuada total ou parcialmente por meio eletrônico.

§ 1º Os autos dos processos eletrônicos deverão ser protegidos por meio de sistemas de segurança de acesso e armazenados em meio que garanta a preservação e integridade dos dados, sendo dispensada a formação de autos suplementares.

§ 2º Os autos de processos eletrônicos que tiverem de ser remetidos a outro juízo ou instância superior que não disponham de sistema compatível deverão ser impressos em papel, autuados na forma dos arts. 166 a 168 da Lei 5.869, de 11 de janeiro de 1973 – Código de Processo Civil, ainda que de natureza criminal ou trabalhista, ou pertinentes a juizado especial.

§ 3º No caso do § 2º deste artigo, o escrivão ou o chefe de secretaria certificará os autores ou a origem dos documentos produzidos nos autos, acrescentando, ressalvada a hipótese de existir segredo de justiça, a forma pela qual o banco de dados poderá ser acessado para aferir a autenticidade das peças e das respectivas assinaturas digitais.

§ 4º Feita a autuação na forma estabelecida no § 2º deste artigo, o processo seguirá a tramitação legalmente estabelecida para os processos físicos.

§ 5º A digitalização de autos em mídia não digital, em tramitação ou já arquivados, será precedida de publicação de editais de intimações ou da intimação pessoal das partes e de seus procuradores, para que, no prazo preclusivo de 30 (trinta) dias, se manifestem sobre o desejo de manterem pessoalmente a guarda de algum dos documentos originais.

Art. 13. O magistrado poderá determinar que sejam realizados por meio eletrônico a exibição e o envio de dados e de documentos necessários à instrução do processo.

§ 1º Consideram-se cadastros públicos, para os efeitos deste artigo, dentre outros existentes ou que venham a ser criados, ainda que mantidos por concessionárias de serviço público ou empresas privadas, os que contenham informações indispensáveis ao exercício da função judicante.

§ 2º O acesso de que trata este artigo dar-se-á por qualquer meio tecnológico disponível, preferentemente o de menor custo, considerada sua eficiência.

§ 3º *(Vetado.)*

Capítulo IV
DISPOSIÇÕES GERAIS E FINAIS

Art. 14. Os sistemas a serem desenvolvidos pelos órgãos do Poder Judiciário deverão usar, preferencialmente, programas com código aberto, acessíveis ininterruptamente por meio da rede mundial de computadores, priorizando-se a sua padronização.

Lei 11.481/2007

LEGISLAÇÃO

Parágrafo único. Os sistemas devem buscar identificar os casos de ocorrência de prevenção, litispendência e coisa julgada.

Art. 15. Salvo impossibilidade que comprometa o acesso à justiça, a parte deverá informar, ao distribuir a petição inicial de qualquer ação judicial, o número no cadastro de pessoas físicas ou jurídicas, conforme o caso, perante a Secretaria da Receita Federal.

Parágrafo único. Da mesma forma, as peças de acusação criminais deverão ser instruídas pelos membros do Ministério Público ou pelas autoridades policiais com os números de registros dos acusados no Instituto Nacional de Identificação do Ministério da Justiça, se houver.

Art. 16. Os livros cartorários e demais repositórios dos órgãos do Poder Judiciário poderão ser gerados e armazenados em meio totalmente eletrônico.

Art. 17. *(Vetado.)*

Art. 18. Os órgãos do Poder Judiciário regulamentarão esta Lei, no que couber, no âmbito de suas respectivas competências.

Art. 19. Ficam convalidados os atos processuais praticados por meio eletrônico até a data de publicação desta Lei, desde que tenham atingido sua finalidade e não tenha havido prejuízo para as partes.

Art. 20. A Lei 5.869, de 11 de janeiro de 1973 – Código de Processo Civil, passa a vigorar com as seguintes alterações:

- Alterações do art. 38, parágrafo único; art. 154, § 2º; art. 164, parágrafo único; art. 169, §§ 1º a 3º; art. 202, § 3º; art. 221, IV; art. 237, parágrafo único; art. 365, V, VI e §§ 1º e 2º; art. 399, §§ 1º e 2º; art. 417, §§ 1º e 2º; art. 457, § 4º e art. 556, parágrafo único, processadas no texto do referido Código.

Art. 21. *(Vetado.)*

Art. 22. Esta Lei entra em vigor 90 (noventa) dias depois de sua publicação.

Brasília, 19 de dezembro de 2006; 185º da Independência e 118º da República.

Luiz Inácio Lula da Silva

(DOU 20.12.2006)

LEI 11.481, DE 31 DE MAIO DE 2007

Dá nova redação a dispositivos das Leis 9.636, de 15 de maio de 1998, 8.666, de 21 de junho de 1993, 11.124, de 16 de junho de 2005, 10.406, de 10 de janeiro de 2002 – Código Civil, 9.514, de 20 de novembro de 1997, e 6.015, de 31 de dezembro de 1973, e dos Decretos-leis 9.760, de 5 de setembro de 1946, 271, de 28 de fevereiro de 1967, 1.876, de 15 de julho de 1981, e 2.398, de 21 de dezembro de 1987; prevê medidas voltadas à regularização fundiária de interesse social em imóveis da União; e dá outras providências.

O Presidente da República:
Faço saber que o Congresso Nacional decreta e eu sanciono a seguinte Lei:

Art. 1º Os arts. 1º, 6º, 7º, 9º, 18, 19, 26, 29, 31 e 45 da Lei 9.636, de 15 de maio de 1998, passam a vigorar com a seguinte redação:

- Alterações processadas no texto da referida Lei.

Art. 2º A Lei 9.636, de 15 de maio de 1998, passa a vigorar acrescida dos seguintes artigos:

- Alterações processadas no texto da referida Lei.

[...]

Art. 10. Os arts. 1.225 e 1.473 da Lei 10.406, de 10 de janeiro de 2002 – Código Civil, passam a vigorar com a seguinte redação:

- Alterações processadas no texto do referido Código.

Art. 11. O art. 22 da Lei 9.514, de 20 de novembro de 1997, passa a vigorar com a seguinte redação:

- Alterações processadas no texto da referida Lei.

Art. 12. A Lei 6.015, de 31 de dezembro de 1973, passa a vigorar acrescida do seguinte art. 290-A:

- Alterações processadas no texto da referida Lei.

Art. 13. A concessão de uso especial para fins de moradia, a concessão de direito real de uso e o direito de superfície podem ser objeto de garantia real, assegurada sua aceitação pelos agentes financeiros no âmbito do Sistema Financeiro da Habitação – SFH.

Art. 14. A alienação de bens imóveis do Fundo do Regime Geral de Previdência Social desnecessários ou não vinculados às suas atividades operacionais será feita mediante leilão público, observado o disposto nos §§ 1º e 2º deste artigo e as seguintes condições:

I – o preço mínimo inicial de venda será fixado com base no valor de mercado do imóvel estabelecido em avaliação elaborada pelo Instituto Nacional do Seguro Social – INSS ou por meio da contratação de serviços especializados de terceiros, cuja validade será de 12 (doze) meses, observadas as normas aplicáveis da Associação Brasileira de Normas Técnicas – ABNT;

II – não havendo lance compatível com o valor mínimo inicial na primeira oferta, os imóveis deverão ser novamente disponibilizados para alienação por valor correspondente a 80% (oitenta por cento) do valor mínimo inicial;

III – caso permaneça a ausência de interessados na aquisição em segunda oferta, os imóveis deverão ser novamente disponibilizados para alienação com valor igual a 60% (sessenta por cento) do valor mínimo inicial;

IV – na hipótese de ocorrer o previsto nos incisos II e III do *caput* deste artigo, tais procedimentos de alienação acontecerão na mesma data e na sequência do leilão realizado pelo valor mínimo inicial;

V – o leilão poderá ser realizado em duas fases:

a) na primeira fase, os lances serão entregues ao leiloeiro em envelopes fechados, os quais serão abertos no início do pregão; e

b) a segunda fase ocorrerá por meio de lances sucessivos a viva voz entre os licitantes cujas propostas apresentem uma diferença igual ou inferior a 10% (dez por cento) em relação à maior oferta apurada na primeira fase;

VI – os licitantes apresentarão propostas ou lances distintos para cada imóvel;

VII – o arrematante pagará, no ato do pregão, sinal correspondente a, no mínimo, 10% (dez por cento) do valor da arrematação, complementando o preço no prazo e nas condições previstas no edital, sob pena de perder, em favor do Fundo do Regime Geral de Previdência Social, o valor correspondente ao sinal e, em favor do leiloeiro, se for o caso, a respectiva comissão;

VIII – o leilão público será realizado por leiloeiro oficial ou por servidor especialmente designado;

IX – quando o leilão público for realizado por leiloeiro oficial, a respectiva comissão será, na forma do regulamento, de até 5% (cinco por cento) do valor da arrematação e será paga pelo arrematante, juntamente com o sinal; e

X – demais condições previstas no edital de licitação.

§ 1º O leilão de que trata o *caput* deste artigo realizar-se-á após a oferta pública dos imóveis pelo INSS e a não manifestação de interesse pela administração pública para destinação dos imóveis, inclusive para programas habitacionais ou de regularização fundiária de interesse social.

§ 2º Caso haja interesse da administração pública, essa deverá apresentar ao INSS, no prazo de 60 (sessenta) dias, proposta de aquisição, nos termos do regulamento, observado o preço mínimo previsto no inciso I do *caput* deste artigo.

§ 3º Fica dispensado o sinal de pagamento quando os arrematantes forem beneficiários de programas habitacionais ou de regularização fundiária de interesse social, ou cooperativa ou outro tipo de associação que os represente.

§ 4º O edital preverá condições específicas de pagamento para o caso de os arrematantes serem beneficiários de programas habitacionais ou de regularização fundiária de interesse social, ou cooperativa ou outro tipo de associação que os represente.

Art. 15. Os bens imóveis do Fundo do Regime Geral de Previdência Social poderão ser alienados diretamente à União, Distrito Federal, Estados, Municípios e aos beneficiários de programas de regularização fundiária ou de provisão habitacional de interesse social.

Lei 11.481/2007

LEGISLAÇÃO

§ 1º Na alienação aos beneficiários de programas referidos no *caput* deste artigo, deverão ser observadas condições específicas de pagamento e as demais regras fixadas pelo Ministério da Previdência Social.

§ 2º Somente poderão ser alienados diretamente aos beneficiários dos programas de regularização fundiária ou provisão habitacional de interesse social os imóveis que tenham sido objeto de praceamento sem arrematação nos termos do art. 14 desta Lei.

§ 3º Os imóveis de que trata o § 2º deste artigo serão alienados pelo valor de viabilidade econômica do programa habitacional interessado em adquiri-los.

§ 4º A alienação será realizada no âmbito do programa habitacional de interesse social, sendo responsabilidade do gestor do programa estabelecer as condições de sua operacionalização, na forma estabelecida pelo órgão federal responsável pelas políticas setoriais de habitação.

§ 5º A operacionalização será efetivada nos termos do § 1º deste artigo, observada a celebração de instrumento de cooperação específico entre o Ministério da Previdência Social e o respectivo gestor do programa.

§ 6º A União, no prazo de até 5 (cinco) anos, compensará financeiramente o Fundo do Regime Geral de Previdência Social, para os fins do previsto no art. 61 da Lei 8.212, de 24 de julho de 1991, pelos imóveis que lhe forem alienados na forma do *caput* deste artigo, observada a avaliação prévia dos referidos imóveis nos termos da legislação aplicável.

Arts. 16 a 19. (Vetados.)

Art. 20. Ficam autorizadas as procuradorias jurídicas dos órgãos responsáveis pelos imóveis de que trata o *caput* dos arts. 14, 15, 16, 17 e 18 desta Lei a requerer a suspensão das ações possessórias, consoante o disposto no inciso II do *caput* do art. 265 da Lei 5.869, de 11 de janeiro de 1973 – Código de Processo Civil, quando houver anuência do ente competente na alienação da área ou imóvel em litígio, observados os arts. 14 a 19 desta Lei.

Art. 21. O disposto no art. 14 desta Lei não se aplica aos imóveis do Fundo do Regime Geral de Previdência Social que tenham sido objeto de publicação oficial pelo Instituto Nacional de Seguridade Social – INSS, até 31 de agosto de 2006, para alienação no âmbito do Programa de Arrendamento Residencial instituído pela Lei 10.188, de 12 de fevereiro de 2001, os quais serão alienados pelo valor de viabilidade econômica do programa habitacional interessado em adquiri-los.

Art. 22. Os Estados, o Distrito Federal e os Municípios nas regularizações fundiárias de interesse social promovidas nos imóveis de sua propriedade poderão aplicar, no que couber, as disposições dos arts. 18-B a 18-F do Decreto-lei 9.760, de 5 de setembro de 1946.

Art. 23. O Poder Executivo, por meio da Secretaria do Patrimônio da União, adotará providências visando a realização de levantamento dos imóveis da União que possam ser destinados a implementar políticas habitacionais direcionadas à população de menor renda no âmbito do Sistema Nacional de Habitação de Interesse Social – SNHIS, instituído pela Lei 11.124, de 16 de junho de 2005.

Art. 24. As ocupações irregulares de imóveis por organizações religiosas para as suas atividades finalísticas, ocorridas até 27 de abril de 2006, poderão ser regularizadas pela Secretaria do Patrimônio da União mediante cadastramento, inscrição da ocupação e pagamento dos encargos devidos, observada a legislação urbanística local e outras disposições legais pertinentes.

Parágrafo único. Para os fins previstos no *caput* deste artigo, os imóveis deverão estar situados em áreas objeto de programas de regularização fundiária de interesse social.

Art. 25. A concessão de uso especial de que trata a Medida Provisória 2.220, de 4 de setembro de 2001, aplica-se também a imóvel público remanescente de desapropriação cuja propriedade tenha sido transferida a empresa pública ou sociedade de economia mista.

Lei 11.636/2007

LEGISLAÇÃO

Art. 26. A partir da data de publicação desta Lei, independentemente da data de inscrição, em todos os imóveis rurais da União destinados a atividade agropecuária sob administração da Secretaria do Patrimônio da União considerados produtivos será aplicada a taxa de ocupação prevista no inciso I do *caput* do art. 1º do Decreto-lei 2.398, de 21 de dezembro de 1987, ressalvados os casos de isenção previstos em lei.

Art. 27. Esta Lei entra em vigor na data de sua publicação.

Art. 28. Ficam revogados:
I – os arts. 6º, 7º e 8º do Decreto-lei 9.760, de 5 de setembro de 1946;
II – o art. 3º do Decreto-lei 1.876, de 15 de julho de 1981; e
III – o art. 93 da Lei 7.450, de 23 de dezembro de 1985.
Brasília, 31 de maio de 2007; 186º da Independência e 119º da República.
Luiz Inácio Lula da Silva
(DOU 31.05.2007, edição extra)

LEI 11.636, DE 28 DE DEZEMBRO DE 2007

Dispõe sobre as custas judiciais devidas no âmbito do Superior Tribunal de Justiça.

• V. Res. STJ 3/2015 (Pagamento de custas judiciais e porte de remessa e retorno de autos no âmbito do STJ).

O Presidente da República:
Faço saber que o Congresso Nacional decreta e eu sanciono a seguinte Lei:

Art. 1º Esta Lei dispõe sobre a incidência e a cobrança das custas devidas à União que tenham como fato gerador a prestação de serviços públicos de natureza forense, no âmbito do Superior Tribunal de Justiça, nos processos de competência originária ou recursal.

Art. 2º Os valores e as hipóteses de incidência das custas são os constantes do Anexo desta Lei.

Parágrafo único. Os valores das custas judiciais do Superior Tribunal de Justiça constantes das Tabelas do Anexo desta Lei serão corrigidos anualmente pela variação do Índice Nacional de Preços ao Consumidor Amplo – IPCA, do IBGE, observado o disposto no art. 15 desta Lei.

Art. 3º As custas previstas nesta Lei não excluem as despesas estabelecidas em legislação processual específica, inclusive o porte de remessa e retorno dos autos.

Art. 4º O pagamento das custas deverá ser feito em bancos oficiais, mediante preenchimento de guia de recolhimento de receita da União, de conformidade com as normas estabelecidas pela Secretaria da Receita Federal do Ministério da Fazenda e por resolução do presidente do Superior Tribunal de Justiça.

Art. 5º Exceto em caso de isenção legal, nenhum feito será distribuído sem o respectivo preparo, nem se praticarão nele atos processuais, salvo os que forem ordenados de ofício pelo relator.

Parágrafo único. O preparo compreende todos os atos do processo, inclusive a baixa dos autos.

Art. 6º Quando autor e réu recorrerem, cada recurso estará sujeito a preparo integral e distinto, composto de custas e porte de remessa e retorno.

§ 1º Se houver litisconsortes necessários, bastará que um dos recursos seja preparado para que todos sejam julgados, ainda que não coincidam suas pretensões.

§ 2º Para efeito do disposto no § 1º deste artigo, o assistente é equiparado ao litisconsorte.

§ 3º O terceiro prejudicado que recorrer fará o preparo do seu recurso, independentemente do preparo dos recursos que, porventura, tenham sido interpostos pelo autor ou pelo réu.

Art. 7º Não são devidas custas nos processos de *habeas data*, *habeas corpus* e recursos em *habeas corpus*, e nos demais processos criminais, salvo a ação penal privada.

Art. 8º Não haverá restituição das custas quando se declinar da competência do Superior Tribunal de Justiça para outros órgãos jurisdicionais.

Art. 9º Quando se tratar de feitos de competência originária, o comprovante do recolhimento das custas deverá ser apresentado na unidade competente do Superior Tribunal de Justiça, no ato de protocolo.

Art. 10. Quando se tratar de recurso, o recolhimento do preparo, composto de custas e porte de remessa e retorno, será feito no tribunal de origem, perante as suas secretarias e no prazo da sua interposição.

Parágrafo único. Nenhum recurso subirá ao Superior Tribunal de Justiça, salvo caso de isenção, sem a juntada aos autos do comprovante de recolhimento do preparo.

Art. 11. O abandono ou desistência do feito, ou a existência de transação que lhe ponha termo, em qualquer fase do processo, não dispensa a parte do pagamento das custas nem lhe dá o direito à restituição.

Art. 12. Extinto o processo, se a parte responsável pelo pagamento das custas ou porte de remessa e retorno, devidamente intimada, não o fizer dentro de 15 (quinze) dias, o responsável pela unidade administrativa competente do órgão julgador a que estiver afeto o processo encaminhará os elementos necessários ao relator e este à Procuradoria-Geral da Fazenda Nacional, para sua inscrição como dívida ativa da União.

Art. 13. A assistência judiciária, perante o Superior Tribunal de Justiça, será requerida ao presidente antes da distribuição, e, nos demais casos, ao relator.

Parágrafo único. Prevalecerá no Superior Tribunal de Justiça a assistência judiciária já concedida em outra instância.

Art. 14. O regimento interno do Superior Tribunal de Justiça disporá sobre os atos complementares necessários ao cumprimento desta Lei.

Art. 15. Esta Lei entra em vigor na data de sua publicação, produzindo efeitos respeitando-se o disposto nas alíneas *b* e *c* do inciso III do *caput* do art. 150 da Constituição Federal.

Brasília, 28 de dezembro de 2007; 186º da Independência e 119º da República.

Luiz Inácio Lula da Silva

(*DOU* 28.12.2007, edição extra)

ANEXO
TABELA DE CUSTAS JUDICIAIS DO SUPERIOR TRIBUNAL DE JUSTIÇA

TABELA A
RECURSOS INTERPOSTOS EM INSTÂNCIA INFERIOR

RECURSO	VALOR (em R$)
I – Recurso em Mandado de Segurança	100,00
II – Recurso Especial	100,00
III – Apelação Cível (art. 105, inciso II, alínea *c*, da Constituição Federal)	200,00

Lei 11.649/2008

LEGISLAÇÃO

TABELA B
FEITOS DE COMPETÊNCIA ORIGINÁRIA

FEITO	VALOR (em R$)
I – Ação Penal	100,00
II – Ação Rescisória	200,00
III – Comunicação	50,00
IV – Conflito de Competência	50,00
V – Conflito de Atribuições	50,00
VI – Exceção de Impedimento	50,00
VII – Exceção de Suspeição	50,00
VIII – Exceção da Verdade	50,00
IX – Inquérito	50,00
X – Interpelação Judicial	50,00
XI – Intervenção Federal	50,00
XII – Mandado de Injunção	50,00
XIII – Mandado de Segurança:	
a) um impetrante	100,00
b) mais de um impetrante (cada excedente)	50,00
XIV – Medida Cautelar	200,00
XV – Petição	200,00
XVI – Reclamação	50,00
XVII – Representação	50,00
XVIII – Revisão Criminal	200,00
XIX – Suspensão de Liminar e de Sentença	200,00
XX – Suspensão de Segurança	100,00
XXI – Embargos de Divergência	50,00
XXII – Ação de Improbidade Administrativa	50,00
XXIII – Homologação de Sentença Estrangeira	100,00

LEI 11.649, DE 4 DE ABRIL DE 2008

Dispõe sobre procedimento na operação de arrendamento mercantil de veículo automotivo (leasing), e dá outras providências.

O Presidente da República:
Faço saber que o Congresso Nacional decreta e eu sanciono a seguinte Lei:

Art. 1º Nos contratos de arrendamento mercantil de veículos automotivos, após a quitação de todas as parcelas vencidas e vincendas, das obrigações pecuniárias previstas em contrato, e do envio ao arrendador de comprovante de pagamento dos IPVAs e dos DPVATs, bem como das multas pagas nas esferas Federal, Estaduais e Municipais, documentos esses acompanhados de carta na qual a arrendatária manifesta

Lei 11.795/2008

formalmente sua opção pela compra do bem, exigida pela Lei 6.099, de 12 de setembro de 1974, a sociedade de arrendamento mercantil, na qualidade de arrendadora, deverá, no prazo de até 30 (trinta) dias úteis, após recebimento destes documentos, remeter ao arrendatário:

I – o documento único de transferência (DUT) do veículo devidamente assinado pela arrendadora, a fim de possibilitar que o arrendatário providencie a respectiva transferência de propriedade do veículo junto ao departamento de trânsito do Estado;

II – a nota promissória vinculada ao contrato e emitida pelo arrendatário, se houver, com o devido carimbo de "liquidada" ou "sem efeito", bem como o termo de quitação do respectivo contrato de arrendamento mercantil (*leasing*).

Parágrafo único. Considerar-se-á como nula de pleno direito qualquer cláusula contratual relativa à operação de arrendamento mercantil de veículo automotivo que disponha de modo contrário ao disposto neste artigo.

Art. 2º O descumprimento do disposto no art. 1º sujeitará a parte infratora, sociedade de arrendamento mercantil ou arrendatário, ao pagamento de multa equivalente a 2% (dois por cento) do valor da venda do bem, podendo a parte credora cobrá-la por meio de processo de execução.

Art. 3º Esta Lei entra em vigor na data de sua publicação, produzindo efeitos após decorridos 60 (sessenta) dias.

Brasília, 4 de abril de 2008; 187º da Independência e 120º da República.

Luiz Inácio Lula da Silva

(DOU 07.04.2008)

LEI 11.795, DE 8 DE OUTUBRO DE 2008

Dispõe sobre o Sistema de Consórcio.

- V. Circular Bacen 3.432/2009 (Constituição e funcionamento de grupos de consórcio).

O Presidente da República:

Faço saber que o Congresso Nacional decreta e eu sanciono a seguinte Lei:

Capítulo I
DO SISTEMA DE CONSÓRCIOS

Seção I
Dos conceitos fundamentais

Art. 1º O Sistema de Consórcios, instrumento de progresso social que se destina a propiciar o acesso ao consumo de bens e serviços, constituído por administradoras de consórcio e grupos de consórcio, será regulado por esta Lei.

Art. 2º Consórcio é a reunião de pessoas naturais e jurídicas em grupo, com prazo de duração e número de cotas previamente determinados, promovida por administradora de consórcio, com a finalidade de propiciar a seus integrantes, de forma isonômica, a aquisição de bens ou serviços, por meio de autofinanciamento.

Art. 3º Grupo de consórcio é uma sociedade não personificada constituída por consorciados para os fins estabelecidos no art. 2º.

§ 1º O grupo de consórcio será representado por sua administradora, em caráter irrevogável e irretratável, ativa ou passivamente, em juízo ou fora dele, na defesa dos direitos e interesses coletivamente considerados e para a execução do contrato de participação em grupo de consórcio, por adesão.

§ 2º O interesse do grupo de consórcio prevalece sobre o interesse individual do consorciado.

§ 3º O grupo de consórcio é autônomo em relação aos demais e possui patrimônio próprio, que não se confunde com o de outro grupo, nem com o da própria administradora.

§ 4º Os recursos dos grupos geridos pela administradora de consórcio serão contabilizados separadamente.

Art. 4º Consorciado é a pessoa natural ou jurídica que integra o grupo e assume a obrigação de contribuir para o cumprimento integral de seus objetivos, observado o disposto no art. 2º.

Lei 11.795/2008

Seção II
Da administração de consórcios

Art. 5º A administradora de consórcios é a pessoa jurídica prestadora de serviços com objeto social principal voltado à administração de grupos de consórcio, constituída sob a forma de sociedade limitada ou sociedade anônima, nos termos do art. 7º, inciso I.

§ 1º A administradora de consórcio deve figurar no contrato de participação em grupo de consórcio, por adesão, na qualidade de gestora dos negócios dos grupos e de mandatária de seus interesses e direitos.

§ 2º Os diretores, gerentes, prepostos e sócios com função de gestão na administradora de consórcio são depositários, para todos os efeitos, das quantias que a administradora receber dos consorciados na sua gestão, até o cumprimento da obrigação assumida no contrato de participação em grupo de consórcio, por adesão, respondendo pessoal e solidariamente, independentemente da verificação de culpa, pelas obrigações perante os consorciados.

§ 3º A administradora de consórcio tem direito à taxa de administração, a título de remuneração pela formação, organização e administração do grupo de consórcio até o encerramento deste, conforme o art. 32, bem como o recebimento de outros valores, expressamente previstos no contrato de participação em grupo de consórcio, por adesão, observados ainda os arts. 28 e 35.

§ 4º *(Vetado.)*

§ 5º Os bens e direitos adquiridos pela administradora em nome do grupo de consórcio, inclusive os decorrentes de garantia, bem como seus frutos e rendimentos, não se comunicam com o seu patrimônio, observado que:

I – não integram o ativo da administradora;

II – não respondem direta ou indiretamente por qualquer obrigação da administradora;

III – não compõem o elenco de bens e direitos da administradora, para efeito de liquidação judicial ou extrajudicial;

IV – não podem ser dados em garantia de débito da administradora.

§ 6º A administradora estará desobrigada de apresentar certidão negativa de débitos, expedida pelo Instituto Nacional da Seguridade Social, e Certidão Negativa de Tributos e Contribuições, expedida pela Secretaria da Receita Federal, relativamente à própria empresa, quando alienar imóvel integrante do patrimônio do grupo de consórcio.

§ 7º No caso de o bem recebido ser um imóvel, as restrições enumeradas nos incisos II a IV do § 5º deste artigo deverão ser averbadas no registro de imóveis competente.

Seção III
Do órgão regulador e fiscalizador

Art. 6º A normatização, coordenação, supervisão, fiscalização e controle das atividades do sistema de consórcios serão realizados pelo Banco Central do Brasil.

Art. 7º Compete ao Banco Central do Brasil:

I – conceder autorização para funcionamento, transferência do controle societário e reorganização da sociedade e cancelar a autorização para funcionar das administradoras de consórcio, segundo abrangência e condições que fixar;

II – aprovar atos administrativos ou societários das administradoras de consórcio, segundo abrangência e condições que fixar;

III – baixar normas disciplinando as operações de consórcio, inclusive no que refere à supervisão prudencial, à contabilização, ao oferecimento de garantias, à aplicação financeira dos recursos dos grupos de consórcio, às condições mínimas que devem constar do contrato de participação em grupo de consórcio, por adesão, à prestação de contas e ao encerramento do grupo de consórcio;

IV – fixar condições para aplicação das penalidades em face da gravidade da infração praticada e da culpa ou dolo verificados, inclusive no que se refere à gradação das multas previstas nos incisos V e VI do art. 42;

V – fiscalizar as operações de consórcio, as administradoras de consórcio e os atos dos

Lei 11.795/2008

respectivos administradores e aplicar as sanções;

VI – estabelecer os procedimentos relativos ao processo administrativo e o julgamento das infrações a esta Lei, às normas infralegais e aos termos dos contratos de participação em grupo de consórcio, por adesão, formalizados;

VII – intervir nas administradoras de consórcio e decretar sua liquidação extrajudicial na forma e condições previstas na legislação especial aplicável às instituições financeiras.

Art. 8º No exercício da fiscalização prevista no art. 7º, o Banco Central do Brasil poderá exigir das administradoras de consórcio, bem como de seus administradores, a exibição a funcionários seus, expressamente credenciados, de documentos, papéis, livros de escrituração e acesso aos dados armazenados nos sistemas eletrônicos, considerando-se a negativa de atendimento como embaraço à fiscalização, sujeita às penalidades previstas nesta Lei, sem prejuízo de outras medidas e sanções cabíveis.

Art. 9º *(Vetado.)*

Capítulo II
DO CONTRATO DE CONSÓRCIO

Art. 10. O contrato de participação em grupo de consórcio, por adesão, é o instrumento plurilateral de natureza associativa cujo escopo é a constituição de fundo pecuniário para as finalidades previstas no art. 2º.

§ 1º O contrato de participação em grupo de consórcio, por adesão, criará vínculos obrigacionais entre os consorciados, e destes com a administradora, para proporcionar a todos igual condição de acesso ao mercado de consumo de bens ou serviços.

§ 2º *(Vetado.)*

§ 3º A proposta de participação é o instrumento pelo qual o interessado formaliza seu pedido de participação no grupo de consórcio, que se converterá no contrato, observada a disposição constante do § 4º, se aprovada pela administradora.

§ 4º O contrato de participação em grupo de consórcio aperfeiçoar-se-á na data de constituição do grupo, observado o art. 16.

§ 5º É facultada a estipulação de multa pecuniária em virtude de descumprimento de obrigação contratual, que a parte que lhe der causa pagará à outra.

§ 6º O contrato de participação em grupo de consórcio, por adesão, de consorciado contemplado é título executivo extrajudicial.

Art. 11. O contrato de participação em grupo de consórcio, por adesão, implicará atribuição de uma cota de participação no grupo, numericamente identificada, nela caracterizada o bem ou serviço.

Art. 12. O contrato de participação em grupo de consórcio, por adesão, poderá ter como referência bem móvel, imóvel ou serviço de qualquer natureza.

Parágrafo único. O contrato de grupo para a aquisição de bem imóvel poderá estabelecer a aquisição de imóvel em empreendimento imobiliário.

Art. 13. Os direitos e obrigações decorrentes do contrato de participação em grupo de consórcio, por adesão, poderão ser transferidos a terceiros, mediante prévia anuência da administradora.

Art. 14. No contrato de participação em grupo de consórcio, por adesão, devem estar previstas, de forma clara, as garantias que serão exigidas do consorciado para utilizar o crédito.

§ 1º As garantias iniciais em favor do grupo devem recair sobre o bem adquirido por meio do consórcio.

§ 2º No caso de consórcio de bem imóvel, é facultado à administradora aceitar em garantia outro imóvel de valor suficiente para assegurar o cumprimento das obrigações pecuniárias do contemplado em face do grupo.

§ 3º Admitem-se garantias reais ou pessoais, sem vinculação ao bem referenciado, no caso de consórcio de serviço de qualquer natureza, ou quando, na data de utilização do crédito, o bem estiver sob produção, in-

Lei 11.795/2008

corporação ou situação análoga definida pelo Banco Central do Brasil.

§ 4º A administradora pode exigir garantias complementares proporcionais ao valor das prestações vincendas.

§ 5º A administradora deve indenizar o grupo na ocorrência de eventuais prejuízos decorrentes:

I – de aprovação de garantias insuficientes, inclusive no caso de substituição de garantias dadas na forma dos §§ 1º, 2º e 3º;

II – de liberação de garantias enquanto o consorciado não tiver quitado sua participação no grupo.

§ 6º Para os fins do disposto neste artigo, o oferecedor de garantia por meio de alienação fiduciária de imóvel ficará responsável pelo pagamento integral das obrigações pecuniárias estabelecidas no contrato de participação em grupo de consórcio, por adesão, inclusive da parte que remanescer após a execução dessa garantia.

§ 7º A anotação da alienação fiduciária de veículo automotor ofertado em garantia ao grupo de consórcio no certificado de registro a que se refere o Código de Trânsito Brasileiro, Lei 9.503, de 23 de setembro de 1997, produz efeitos probatórios contra terceiros, dispensado qualquer outro registro público.

Art. 15. A participação de um mesmo consorciado em um grupo de consórcio, para os grupos constituídos a partir da edição desta Lei, fica limitada ao percentual de cotas, a ser fixado pelo Banco Central do Brasil.

§ 1º A administradora de consórcio pode adquirir cotas de grupo de consórcio, inclusive sob sua administração.

§ 2º A administradora de consórcio, em qualquer hipótese, somente poderá concorrer a sorteio ou lance após a contemplação de todos os demais consorciados.

§ 3º O disposto nos §§ 1º e 2º aplica-se, inclusive:

I – aos administradores e pessoas com função de gestão na administradora;

II – aos administradores e pessoas com função de gestão em empresas coligadas, controladas ou controladoras da administradora;

III – às empresas coligadas, controladas ou controladoras da administradora.

§ 4º O percentual referido no *caput* aplica-se cumulativamente às pessoas relacionadas nos §§ 1º a 3º.

Capítulo III
DO FUNCIONAMENTO DO GRUPO

Seção I
Da constituição

Art. 16. Considera-se constituído o grupo de consórcio com a realização da primeira assembleia, que será designada pela administradora de consórcio quando houver adesões em número e condições suficientes para assegurar a viabilidade econômico-financeira do empreendimento.

Art. 17. O grupo deve escolher, na primeira assembleia geral ordinária, até três consorciados, que o representarão perante a administradora com a finalidade de acompanhar a regularidade de sua gestão, com mandato igual à duração do grupo, facultada a substituição por decisão da maioria dos consorciados em assembleia geral.

Parágrafo único. No exercício de sua função, os representantes terão, a qualquer tempo, acesso a todos os documentos e demonstrativos pertinentes às operações do grupo, podendo solicitar informações e representar contra a administradora na defesa dos interesses do grupo, perante o órgão regulador e fiscalizador.

Seção II
Das assembleias

Art. 18. A assembleia geral ordinária será realizada na periodicidade prevista no contrato de participação em grupo de consórcio, por adesão, e destina-se a apreciação de contas prestadas pela administradora e a realização de contemplações.

Lei 11.795/2008

LEGISLAÇÃO

Art. 19. A assembleia geral extraordinária será convocada pela administradora, por iniciativa própria ou por solicitação de 30% (trinta por cento) dos consorciados ativos do grupo, para deliberar sobre quaisquer outros assuntos que não os afetos à assembleia geral ordinária.

Art. 20. A cada cota de consorciado ativo corresponderá um voto nas deliberações das assembleias gerais ordinárias e extraordinárias, que serão tomadas por maioria simples.

§ 1º A representação do ausente pela administradora na assembleia geral ordinária dar-se-á com a outorga de poderes, desde que prevista no contrato de participação em grupo de consórcio, por adesão.

§ 2º A representação de ausentes nas assembleias gerais extraordinárias dar-se-á com a outorga de poderes específicos, inclusive à administradora, constando obrigatoriamente informações relativas ao dia, hora e local e assuntos a serem deliberados.

§ 3º Somente o consorciado ativo não contemplado participará da tomada de decisões em assembleia geral extraordinária convocada para deliberar sobre:

I – suspensão ou retirada de produção do bem ou extinção do serviço objeto do contrato;

II – extinção do índice de atualização do valor do crédito e das parcelas, indicado no contrato;

III – encerramento antecipado do grupo;

IV – assuntos de seus interesses exclusivos.

Art. 21. Para os fins do disposto nos arts. 19 e 20, é consorciado ativo aquele que mantém vínculo obrigacional com o grupo, excetuado o participante inadimplente não contemplado e o excluído, conforme definição do art. 29.

Seção III
Das contemplações

Art. 22. A contemplação é a atribuição ao consorciado do crédito para a aquisição de bem ou serviço, bem como para a restituição das parcelas pagas, no caso dos consorciados excluídos, nos termos do art. 30.

§ 1º A contemplação ocorre por meio de sorteio ou de lance, na forma prevista no contrato de participação em grupo de consórcio, por adesão.

§ 2º Somente concorrerá à contemplação o consorciado ativo, de que trata o art. 21, e os excluídos, para efeito de restituição dos valores pagos, na forma do art. 30.

§ 3º O contemplado poderá destinar o crédito para a quitação total de financiamento de sua titularidade, sujeita à prévia anuência da administradora e ao atendimento de condições estabelecidas no contrato de consórcio de participação em grupo.

Art. 23. A contemplação está condicionada à existência de recursos suficientes no grupo para a aquisição do bem, conjunto de bens ou serviços em que o grupo esteja referenciado e para a restituição aos excluídos.

Art. 24. O crédito a que faz jus o consorciado contemplado será o valor equivalente ao do bem ou serviço indicado no contrato, vigente na data da assembleia geral ordinária de contemplação.

§ 1º O crédito de que trata este artigo será acrescido dos rendimentos líquidos financeiros proporcionais ao período que ficar aplicado, compreendido entre a data em que colocado à disposição até a sua utilização pelo consorciado contemplado.

§ 2º Nos casos em que o objeto do contrato não possa ser perfeitamente identificado, o valor do crédito e a sua atualização deverão estar previstos no contrato, sem prejuízo do acréscimo dos rendimentos líquidos de que trata o § 1º.

§ 3º A restituição ao consorciado excluído, calculada nos termos do art. 30, será considerada crédito parcial.

Seção IV
Dos recursos do grupo e das obrigações financeiras do consorciado

Art. 25. Considera-se fundo comum, para os fins desta Lei, os recursos do grupo

Lei 11.795/2008

LEGISLAÇÃO

destinados à atribuição de crédito aos consorciados contemplados para aquisição do bem ou serviço e à restituição aos consorciados excluídos dos respectivos grupos, bem como para outros pagamentos previstos no contrato de participação em grupo de consórcio, por adesão.

Parágrafo único. O fundo comum é constituído pelo montante de recursos representados por prestações pagas pelos consorciados para esse fim e por valores correspondentes a multas e juros moratórios destinados ao grupo de consórcio, bem como pelos rendimentos provenientes de sua aplicação financeira.

Art. 26. Os recursos dos grupos de consórcio, coletados pela administradora, a qualquer tempo, serão depositados em instituição financeira e devem ser aplicados na forma estabelecida pelo Banco Central do Brasil, desde a sua disponibilidade e enquanto não utilizados para as finalidades previstas no contrato de participação em grupo de consórcio, por adesão.

Art. 27. O consorciado obriga-se a pagar prestação cujo valor corresponde à soma das importâncias referentes à parcela destinada ao fundo comum do grupo, à taxa de administração e às demais obrigações pecuniárias que forem estabelecidas expressamente no contrato de participação em grupo de consórcio, por adesão.

§ 1º As obrigações e os direitos do consorciado que tiverem expressão pecuniária são identificados em percentual do preço do bem ou serviço referenciado no contrato de participação em grupo de consórcio, por adesão.

§ 2º O fundo de reserva, se estabelecido no grupo de consórcio, somente poderá ser utilizado para as finalidades previstas no contrato de participação, inclusive para restituição a consorciado excluído.

§ 3º É facultado estipular no contrato de participação em grupo de consórcio, por adesão, a cobrança de valor a título de antecipação de taxa de administração, destinado ao pagamento de despesas imediatas vinculadas à venda de cotas de grupo de consórcio e remuneração de representantes e corretores, devendo ser:

I – destacado do valor da taxa de administração que compõe a prestação, sendo exigível apenas no ato da assinatura do contrato de participação em grupo de consórcio, por adesão;

II – deduzido do valor total da taxa de administração durante o prazo de duração do grupo.

Art. 28. O valor da multa e de juros moratórios a cargo do consorciado, se previstos no contrato de participação em grupo de consórcio, por adesão, será destinado ao grupo e à administradora, não podendo o contrato estipular para o grupo percentual inferior a 50% (cinquenta por cento).

Seção V
Da exclusão do grupo

Art. 29. *(Vetado.)*

Art. 30. O consorciado excluído não contemplado terá direito à restituição da importância paga ao fundo comum do grupo, cujo valor deve ser calculado com base no percentual amortizado do valor do bem ou serviço vigente na data da assembleia de contemplação, acrescido dos rendimentos da aplicação financeira a que estão sujeitos os recursos dos consorciados enquanto não utilizados pelo participante, na forma do art. 24, § 1º.

§ 1º *(Vetado.)*

§ 2º *(Vetado.)*

§ 3º *(Vetado.)*

Capítulo IV
DO ENCERRAMENTO DO GRUPO

Art. 31. Dentro de 60 (sessenta) dias, contados da data da realização da última assembleia de contemplação do grupo de consórcio, a administradora deverá comunicar:

I – aos consorciados que não tenham utilizado os respectivos créditos, que os mesmos estão à disposição para recebimento em espécie;

II – *(Vetado.)*

III – *(Vetado.)*

Lei 11.795/2008

Art. 32. O encerramento do grupo deve ocorrer no prazo máximo de 120 (cento e vinte) dias, contado da data da realização da última assembleia de contemplação do grupo de consórcio e desde que decorridos, no mínimo, 30 (trinta) dias da comunicação de que trata o art. 31, ocasião em que se deve proceder à definitiva prestação de contas do grupo, discriminando-se:

I – as disponibilidades remanescentes dos respectivos consorciados e participantes excluídos;

II – os valores pendentes de recebimento, objeto de cobrança judicial.

§ 1º Os valores pendentes de recebimento, uma vez recuperados, devem ser rateados proporcionalmente entre os beneficiários, devendo a administradora, até 120 (cento e vinte) dias após o seu recebimento, comunicar-lhes que os respectivos saldos estão à disposição para devolução em espécie.

§ 2º Prescreverá em 5 (cinco) anos a pretensão do consorciado ou do excluído contra o grupo ou a administradora, e destes contra aqueles, a contar da data referida no *caput*.

Capítulo V
DOS RECURSOS NÃO PROCURADOS

Art. 33. As disponibilidades financeiras remanescentes na data do encerramento do grupo são consideradas recursos não procurados pelos respectivos consorciados e participantes excluídos.

Art. 34. A administradora de consórcio assumirá a condição de gestora dos recursos não procurados, os quais devem ser aplicados e remunerados em conformidade com os recursos de grupos de consórcio em andamento, nos termos estabelecidos no art. 26.

Art. 35. É facultada a cobrança de taxa de permanência sobre o saldo de recursos não procurados pelos respectivos consorciados e participantes excluídos, apresentado ao final de cada mês, oriundos de contratos firmados a partir da vigência desta Lei, nos termos do contrato de participação em grupo de consórcio, por adesão.

Art. 36. As administradoras de consórcio deverão providenciar o pagamento no prazo máximo de 30 (trinta) dias corridos a contar do comparecimento do consorciado com direito a recursos não procurados.

Art. 37. *(Vetado.)*

Art. 38. Os recursos não procurados, independentemente de sua origem, devem ter tratamento contábil específico, de maneira independente dos registros contábeis da administradora de consórcio.

Capítulo VI
DA ADMINISTRAÇÃO ESPECIAL E LIQUIDAÇÃO EXTRAJUDICIAL

Art. 39. A administração especial e a liquidação extrajudicial de administradora de consórcio são regidas pela Lei 6.024, de 13 de março de 1974, pelo Decreto-lei 2.321, de 25 de fevereiro de 1987, pela Lei 9.447, de 14 de março de 1997, e por legislação superveniente aplicável às instituições financeiras, observado o disposto nesta Lei.

Art. 40. A decretação da administração especial temporária ou da liquidação extrajudicial da administradora de consórcio não prejudicará a continuidade das operações dos grupos por ela administrados, devendo o conselho diretor ou o liquidante dar prioridade ao funcionamento regular dos grupos.

§ 1º No caso de administração especial, o conselho diretor poderá convocar assembleia geral extraordinária para propor ao grupo as medidas que atendam a seus interesses, inclusive a de transferir sua administração.

§ 2º No caso de liquidação extrajudicial, o liquidante, de posse do relatório da situação financeira de cada grupo, publicará edital, em que constarão os requisitos necessários à habilitação de administradoras de consórcio interessadas na administração dos grupos.

Lei 11.795/2008

§ 3º Expirado o prazo para a habilitação, o liquidante convocará assembleia geral extraordinária do grupo, a fim de deliberar sobre as propostas recebidas.

§ 4º Os recursos pertencentes aos grupos de consórcio, administrados por empresa submetida aos regimes especial temporário ou de liquidação extrajudicial, serão obrigatória e exclusivamente destinados ao atendimento dos objetivos dos contratos de participação em grupo de consórcio, por adesão.

Capítulo VII
DAS PENALIDADES

Art. 41. *(Vetado.)*

Art. 42. As infrações aos dispositivos desta Lei, às normas infralegais e aos termos dos contratos de participação em grupo de consórcio, por adesão, formalizados sujeitam as administradoras de consórcio, bem como seus administradores às seguintes sanções, no que couber, sem prejuízo de outras medidas e sanções cabíveis:

I – advertência;

II – suspensão do exercício do cargo;

III – inabilitação por prazo determinado para o exercício de cargos de administração e de conselheiro fiscal em administradora de consórcio ou instituição financeira e demais autorizadas a funcionar pelo Banco Central do Brasil;

IV – regime especial de fiscalização;

V – multa de até 100% (cem por cento) das importâncias recebidas ou a receber, previstas nos contratos a título de despesa ou taxa de administração, elevada ao dobro em caso de reincidência;

VI – multa de até R$ 500.000,00 (quinhentos mil reais), elevada ao dobro em caso de reincidência;

VII – suspensão cautelar imediata de realizar novas operações, se configurado riscos ao público consumidor, durante o prazo de até 2 (dois) anos;

VIII – cassação de autorização para funcionamento ou para administração de grupos de consórcio.

Parágrafo único. Considera-se reincidência a prática de nova infração de um mesmo dispositivo legal ou regulamentar, dentro de 5 (cinco) anos em que houver sido julgada procedente a primeira decisão administrativa referente à infração anterior.

Art. 43. A aplicação das penalidades previstas nesta Lei, separada ou cumulativamente, não exclui a responsabilidade e as sanções de natureza civil e penal, nos termos das respectivas legislações.

Art. 44. As multas previstas no art. 42, incisos V e VI, aplicadas à administradora de consórcio e aos seus administradores, serão graduadas em função da gravidade da violação.

Capítulo VIII
DAS DISPOSIÇÕES FINAIS

Art. 45. O registro e a averbação referentes à aquisição de imóvel por meio do Sistema de Consórcios serão considerados, para efeito de cálculo de taxas, emolumentos e custas, como um único ato.

Parágrafo único. O contrato de compra e venda de imóvel por meio do Sistema de Consórcios poderá ser celebrado por instrumento particular.

Art. 46. Ficam convalidadas as autorizações para administrar grupos de consórcio concedidas até a data da publicação desta Lei às administradoras e às associações e entidades sem fins lucrativos.

Art. 47. *(Vetado.)*

Art. 48. Revogam-se os incisos I e V do art. 7º da Lei 5.768, de 20 de dezembro de 1971, os incisos I e V do art. 31 do Decreto 70.951, de 9 de agosto de 1972, o Decreto 97.384, de 22 de dezembro de 1988, o art. 10 da Lei 7.691, de 15 de dezembro de 1988, e o art. 33 da Lei 8.177, de 1º de março de 1991.

Art. 49. Esta Lei entra em vigor após decorridos 120 (cento e vinte) dias de sua publicação.

Brasília, 8 de outubro de 2008; 187º da Independência e 120º da República.
Luiz Inácio Lula da Silva

(*DOU* 09.10.2008)

Lei 11.804/2008

LEGISLAÇÃO

LEI 11.804, DE 5 DE NOVEMBRO DE 2008

Disciplina o direito a alimentos gravídicos e a forma como ele será exercido e dá outras providências.

O Presidente da República:
Faço saber que o Congresso Nacional decreta e eu sanciono a seguinte Lei:

Art. 1º Esta Lei disciplina o direito de alimentos da mulher gestante e a forma como será exercido.

Art. 2º Os alimentos de que trata esta Lei compreenderão os valores suficientes para cobrir as despesas adicionais do período de gravidez e que sejam dela decorrentes, da concepção ao parto, inclusive as referentes a alimentação especial, assistência médica e psicológica, exames complementares, internações, parto, medicamentos e demais prescrições preventivas e terapêuticas indispensáveis, a juízo do médico, além de outras que o juiz considere pertinentes.

Parágrafo único. Os alimentos de que trata este artigo referem-se à parte das despesas que deverá ser custeada pelo futuro pai, considerando-se a contribuição que também deverá ser dada pela mulher grávida, na proporção dos recursos de ambos.

Art. 3º *(Vetado.)*

Art. 4º *(Vetado.)*

Art. 5º *(Vetado.)*

Art. 6º Convencido da existência de indícios da paternidade, o juiz fixará alimentos gravídicos que perdurarão até o nascimento da criança, sopesando as necessidades da parte autora e as possibilidades da parte ré.

Parágrafo único. Após o nascimento com vida, os alimentos gravídicos ficam convertidos em pensão alimentícia em favor do menor até que uma das partes solicite a sua revisão.

Art. 7º O réu será citado para apresentar resposta em 5 (cinco) dias.

Art. 8º *(Vetado.)*

Art. 9º *(Vetado.)*

Art. 10. *(Vetado.)*

Art. 11. Aplicam-se supletivamente nos processos regulados por esta Lei as disposições das Leis 5.478, de 25 de julho de 1968, e 5.869, de 11 de janeiro de 1973 – Código de Processo Civil.

Art. 12. Esta Lei entra em vigor na data de sua publicação.

Brasília, 5 de novembro de 2008; 187º da Independência e 120º da República.
Luiz Inácio Lula da Silva

(*DOU* 06.11.2008)

LEI 11.882, DE 23 DE DEZEMBRO DE 2008

Dispõe sobre as operações de redesconto pelo Banco Central do Brasil, autoriza a emissão da Letra de Arrendamento Mercantil – LAM, altera a Lei 6.099, de 12 de setembro de 1974, e dá outras providências.

- V. Res. Bacen 3.622/2008 (Operações de redesconto e de empréstimo de que trata a MP 442/2008, convertida na Lei 11.882/2008).

O Presidente da República:
Faço saber que o Congresso Nacional decreta e eu sanciono a seguinte Lei:

Art. 1º O Conselho Monetário Nacional, com o propósito de assegurar níveis adequados de liquidez no sistema financeiro, poderá:
I – estabelecer critérios e condições especiais de avaliação e de aceitação de ativos recebidos pelo Banco Central do Brasil em operações de redesconto em moeda nacional ou em garantia de operações de empréstimo em moeda estrangeira; e
II – afastar, em situações especiais e por prazo determinado, observado o disposto no § 3º do art. 195 da Constituição Federal, nas operações de redesconto e empréstimo realizadas pelo Banco Central do Brasil, as exigências de regularidade fiscal previstas no art. 62 do Decreto-lei 147, de 3 de fevereiro de 1967, no § 1º do art. 1º do Decreto-lei 1.715, de 22 de novembro de 1979, na alínea c do *caput* do art. 27 da Lei 8.036, de 11 de maio de 1990, e na Lei 10.522, de 19 de julho de 2002.

§ 1º Nas operações de empréstimo referidas no inciso I do *caput* deste artigo, fica o Banco Central do Brasil autorizado a:

Lei 11.882/2008

LEGISLAÇÃO

I – liberar o valor da operação na mesma moeda estrangeira em que denominados ou referenciados os ativos recebidos em garantia; e

II – aceitar, em caráter complementar às garantias oferecidas nas operações, garantia real ou fidejussória outorgada pelo acionista controlador, por empresa coligada ou por instituição financeira.

§ 2º Na ocorrência de inadimplemento, o Banco Central do Brasil poderá, mediante oferta pública, alienar os ativos recebidos em operações de redesconto ou em garantia de operações de empréstimo.

§ 3º A alienação de que trata o § 2º deste artigo não será obstada pela intervenção, recuperação judicial, liquidação extrajudicial, falência ou insolvência civil a que sejam submetidos, conforme o caso, a instituição financeira ou o terceiro titular do ativo oferecido em garantia de empréstimo.

§ 4º O resultado, positivo ou negativo, da alienação de que trata o § 2º deste artigo será apropriado pelo Banco Central do Brasil e integrará seu balanço para os efeitos do art. 2º da Medida Provisória 2.179-36, de 24 de agosto de 2001.

§ 5º O Conselho Monetário Nacional regulamentará o disposto neste artigo, devendo observar, na fixação de critérios e condições especiais previstas no inciso I do *caput* deste artigo, regras transparentes e não discriminatórias para a aceitação de ativos em operações de redesconto.

§ 6º O Banco Central do Brasil deverá encaminhar ao Congresso Nacional, até o último dia útil do mês subsequente de cada trimestre, relatório sobre as operações realizadas com base no disposto no inciso I do *caput* deste artigo, indicando, entre outras informações, o valor total trimestral e o acumulado no ano das operações de redesconto ou empréstimo realizadas, as condições financeiras médias aplicadas nessas operações, o valor total trimestral e acumulado anual de créditos adimplidos e inadimplidos, além de um demonstrativo do impacto dessas operações nos resultados daquele órgão.

§ 7º Na mesma reunião conjunta com as comissões temáticas pertinentes do Congresso Nacional, conforme previsto no § 5º do art. 9º da Lei Complementar 101, de 4 de maio de 2000, o Ministro-Presidente do Banco Central do Brasil, com base no relatório previsto no § 6º deste artigo, informará e debaterá sobre os valores agregados e a taxa média praticada nas operações de redesconto em reais.

§ 8º *(Vetado.)*

§ 9º Os recursos provenientes de empréstimos em moeda estrangeira concedidos pelo Banco Central do Brasil, na forma deste artigo, poderão ser repassados, no País, com cláusula de reajuste vinculado à variação cambial.

• § 9º acrescentado pela Lei 12.058/2009.

Art. 1º-A. Os créditos do Banco Central do Brasil decorrentes de operações de redesconto ou de empréstimo não serão alcançados pela decretação de intervenção, liquidação extrajudicial ou falência da instituição financeira.

• Artigo acrescentado pela Lei 12.058/2009.

Parágrafo único. Os ativos recebidos pelo Banco Central do Brasil em operações de redesconto ou em garantia de operações de empréstimo não integrarão a massa, nem terão seu pagamento obstado pela suspensão da fluência do prazo das obrigações da instituição sob intervenção.

Art. 2º As sociedades de arrendamento mercantil poderão emitir título de crédito representativo de promessa de pagamento em dinheiro, denominado Letra de Arrendamento Mercantil – LAM.

§ 1º O título de crédito de que trata o *caput* deste artigo, nominativo, endossável e de livre negociação, deverá conter:

I – a denominação "Letra de Arrendamento Mercantil";

II – o nome do emitente;

III – o número de ordem, o local e a data de emissão;

IV – o valor nominal;

V – a taxa de juros, fixa ou flutuante, admitida a capitalização;

VI – a descrição da garantia, real ou fidejussória, quando houver;

VII – a data de vencimento ou, se emitido para pagamento parcelado, a data de vencimento de cada parcela e o respectivo valor;
VIII – o local de pagamento; e
IX – o nome da pessoa a quem deve ser pago.
§ 2º O endossante da LAM não responde pelo seu pagamento, salvo estipulação em contrário.
§ 3º A LAM não constitui operação de empréstimo ou adiantamento, por sua aquisição em mercado primário ou secundário, nem se considera valor mobiliário para os efeitos da Lei 6.385, de 7 de dezembro de 1976.

Art. 3º A LAM será emitida sob a forma escritural, mediante registro em sistema de registro e de liquidação financeira de ativos autorizada pelo Banco Central do Brasil.

Parágrafo único. A transferência de titularidade da LAM será operada no sistema referido no *caput* deste artigo, que será responsável pela manutenção do registro das negociações.

Art. 4º Aplica-se à LAM, no que não contrariar o disposto nesta Lei, a legislação cambiária.

Art. 5º O art. 8º da Lei 6.099, de 12 de setembro de 1974, passa a vigorar com a seguinte redação:
"Art. 8º O Conselho Monetário Nacional poderá baixar resolução disciplinando as condições segundo as quais as instituições financeiras poderão financiar suas controladas, coligadas ou interdependentes que se especializarem em operações de arrendamento mercantil.
"Parágrafo único. A aquisição de debêntures emitidas por sociedades de arrendamento mercantil em mercado primário ou secundário constitui obrigação de natureza cambiária, não caracterizando operação de empréstimo ou adiantamento."

Art. 6º Em operação de arrendamento mercantil ou qualquer outra modalidade de crédito ou financiamento a anotação da alienação fiduciária de veículo automotor no certificado de registro a que se refere a Lei 9.503, de 23 de setembro de 1997, produz plenos efeitos probatórios contra terceiros, dispensado qualquer outro registro público.

§ 1º Consideram-se nulos quaisquer convênios celebrados entre entidades de títulos e registros públicos e as repartições de trânsito competentes para o licenciamento de veículos, bem como portarias e outros atos normativos por elas editados, que disponham de modo contrário ao disposto no *caput* deste artigo.

§ 2º O descumprimento do disposto neste artigo sujeita as entidades e as pessoas de que tratam, respectivamente, as Leis 6.015, de 31 de dezembro de 1973, e 8.935, de 18 de novembro de 1994, ao disposto no art. 56 e seguintes da Lei 8.078, de 11 de setembro de 1990, e às penalidades previstas no art. 32 da Lei 8.935, de 18 de novembro de 1994.

Art. 7º Esta Lei entra em vigor na data de sua publicação.

Brasília, 23 de dezembro de 2008; 187º da Independência e 120º da República.
Luiz Inácio Lula da Silva

(DOU 24.12.2008)

LEI COMPLEMENTAR 130, DE 17 DE ABRIL DE 2009

Dispõe sobre o Sistema Nacional de Crédito Cooperativo e revoga dispositivos das Leis 4.595, de 31 de dezembro de 1964, e 5.764, de 16 de dezembro de 1971.

O Presidente da República:
Faço saber que o Congresso Nacional decreta e eu sanciono a seguinte Lei Complementar:

Art. 1º As instituições financeiras constituídas sob a forma de cooperativas de crédito submetem-se a esta Lei Complementar, bem como à legislação do Sistema Financeiro Nacional – SFN e das sociedades cooperativas.

§ 1º As competências legais do Conselho Monetário Nacional – CMN e do Banco Central do Brasil em relação às instituições financeiras aplicam-se às cooperativas de crédito.

§ 2º É vedada a constituição de cooperativa mista com seção de crédito.

Art. 2º As cooperativas de crédito destinam-se, precipuamente, a prover, por meio da mutualidade, a prestação de serviços financeiros a seus associados, sendo-lhes assegurado o acesso aos instrumentos do mercado financeiro.

§ 1º A captação de recursos e a concessão de créditos e garantias devem ser restritas aos associados, ressalvadas as operações realizadas com outras instituições financeiras e os recursos obtidos de pessoas jurídicas, em caráter eventual, a taxas favorecidas ou isentos de remuneração.

§ 2º Ressalvado o disposto no § 1º deste artigo, é permitida a prestação de outros serviços de natureza financeira e afins a associados e a não associados.

§ 3º A concessão de créditos e garantias a integrantes de órgãos estatutários, assim como a pessoas físicas ou jurídicas que com eles mantenham relações de parentesco ou negócio, deve observar procedimentos de aprovação e controle idênticos aos dispensados às demais operações de crédito.

§ 4º A critério da assembleia geral, os procedimentos a que se refere o § 3º deste artigo podem ser mais rigorosos, cabendo-lhe, nesse caso, a definição dos tipos de relacionamento a serem considerados para aplicação dos referidos procedimentos.

§ 5º As cooperativas de crédito, nos termos da legislação específica, poderão ter acesso a recursos oficiais para o financiamento das atividades de seus associados.

Art. 3º As cooperativas de crédito podem atuar em nome e por conta de outras instituições, com vistas à prestação de serviços financeiros e afins a associados e a não associados.

Art. 4º O quadro social das cooperativas de crédito, composto de pessoas físicas e jurídicas, é definido pela assembleia geral, com previsão no estatuto social.

Parágrafo único. Não serão admitidas no quadro social da sociedade cooperativa de crédito pessoas jurídicas que possam exercer concorrência com a própria sociedade cooperativa, nem a União, os Estados, o Distrito Federal e os Municípios bem como suas respectivas autarquias, fundações e empresas estatais dependentes.

Art. 5º As cooperativas de crédito com conselho de administração podem criar diretoria executiva a ele subordinada, na qualidade de órgão estatutário composto por pessoas físicas associadas ou não, indicadas por aquele conselho.

Art. 6º O mandato dos membros do conselho fiscal das cooperativas de crédito terá duração de até 3 (três) anos, observada a renovação de, ao menos, dois membros a cada eleição, sendo um efetivo e um suplente.

Art. 7º É vedado distribuir qualquer espécie de benefício às quotas-parte do capital, excetuando-se remuneração anual limitada ao valor da taxa referencial do Sistema Especial de Liquidação e de Custódia – Selic para títulos federais.

Art. 8º Compete à assembleia geral das cooperativas de crédito estabelecer a fórmula de cálculo a ser aplicada na distribuição de sobras e no rateio de perdas, com base nas operações de cada associado realizadas ou mantidas durante o exercício, observado o disposto no art. 7º desta Lei Complementar.

Art. 9º É facultado às cooperativas de crédito, mediante decisão da assembleia geral, compensar, por meio de sobras dos exercícios seguintes, o saldo remanescente das perdas verificadas no exercício findo.

Parágrafo único. Para o exercício da faculdade de que trata o *caput* deste artigo, a cooperativa deve manter-se ajustada aos limites de patrimônio exigíveis na forma da regulamentação vigente, conservando o controle da parcela correspondente a cada associado no saldo das perdas retidas.

Art. 10. A restituição de quotas de capital depende, inclusive, da observância dos li-

LC 130/2009

mites de patrimônio exigíveis na forma da regulamentação vigente, sendo a devolução parcial condicionada, ainda, à autorização específica do conselho de administração ou, na sua ausência, da diretoria.

Art. 11. As cooperativas centrais de crédito e suas confederações podem adotar, quanto ao poder de voto das filiadas, critério de proporcionalidade em relação ao número de associados indiretamente representados na assembleia geral, conforme regras estabelecidas no estatuto.

Art. 12. O CMN, no exercício das competências que lhe são atribuídas pela legislação que rege o SFN, poderá dispor, inclusive, sobre as seguintes matérias:

I – requisitos a serem atendidos previamente à constituição ou transformação das cooperativas de crédito, com vistas ao respectivo processo de autorização a cargo do Banco Central do Brasil;

II – condições a serem observadas na formação do quadro de associados e na celebração de contratos com outras instituições;

III – tipos de atividades a serem desenvolvidas e de instrumentos financeiros passíveis de utilização;

IV – fundos garantidores, inclusive a vinculação de cooperativas de crédito a tais fundos;

V – atividades realizadas por entidades de qualquer natureza, que tenham por objeto exercer, com relação a um grupo de cooperativas de crédito, supervisão, controle, auditoria, gestão ou execução em maior escala de suas funções operacionais;

VI – vinculação a entidades que exerçam, na forma da regulamentação, atividades de supervisão, controle e auditoria de cooperativas de crédito;

VII – condições de participação societária em outras entidades, inclusive de natureza não cooperativa, com vistas ao atendimento de propósitos complementares, no interesse do quadro social;

VIII – requisitos adicionais ao exercício da faculdade de que trata o art. 9º desta Lei Complementar.

§ 1º O exercício das atividades a que se refere o inciso V do *caput* deste artigo, regulamentadas pelo Conselho Monetário Nacional – CMN, está sujeito à fiscalização do Banco Central do Brasil, sendo aplicáveis às respectivas entidades e a seus administradores as mesmas sanções previstas na legislação em relação às instituições financeiras.

§ 2º O Banco Central do Brasil, no exercício de sua competência de fiscalização das cooperativas de crédito, assim como a entidade que realizar, nos termos da regulamentação do CMN, atividades de supervisão local podem convocar assembleia geral extraordinária de instituição supervisionada, à qual poderão enviar representantes com direito a voz.

Art. 13. Não constitui violação do dever de sigilo de que trata a legislação em vigor o acesso a informações pertencentes a cooperativas de crédito por parte de cooperativas centrais de crédito, confederações de centrais e demais entidades constituídas por esse segmento financeiro, desde que se dê exclusivamente no desempenho de atribuições de supervisão, auditoria, controle e de execução de funções operacionais das cooperativas de crédito.

Parágrafo único. As entidades mencionadas no *caput* deste artigo devem observar sigilo em relação às informações que obtiverem no exercício de suas atribuições, bem como comunicar às autoridades competentes indícios de prática de ilícitos penais ou administrativos ou de operações envolvendo recursos provenientes de qualquer prática criminosa.

Art. 14. As cooperativas singulares de crédito poderão constituir cooperativas centrais de crédito com o objetivo de organizar, em comum acordo e em maior escala, os serviços econômicos e assistenciais de interesse das filiadas, integrando e orientando suas atividades, bem como facilitando a utilização recíproca dos serviços.

Parágrafo único. As atividades de que trata o *caput* deste artigo, respeitada a competência do Conselho Monetário Nacional e preservadas as responsabilidades envolvidas, poderão ser delegadas às confederações constituídas pelas cooperativas centrais de crédito.

Lei 12.016/2009

LEGISLAÇÃO

Art. 15. As confederações constituídas de cooperativas centrais de crédito têm por objetivo orientar, coordenar e executar atividades destas, nos casos em que o vulto dos empreendimentos e a natureza das atividades transcenderem o âmbito de capacidade ou a conveniência de atuação das associadas.

Art. 16. As cooperativas de crédito podem ser assistidas, em caráter temporário, mediante administração em regime de cogestão, pela respectiva cooperativa central ou confederação de centrais para sanar irregularidades ou em caso de risco para a solidez da própria sociedade, devendo ser observadas as seguintes condições:

I – existência de cláusula específica no estatuto da cooperativa assistida, contendo previsão da possibilidade de implantação desse regime e da celebração do convênio de que trata o inciso II do *caput* deste artigo;

II – celebração de convênio entre a cooperativa a ser assistida e a eventual cogestora, a ser referendado pela assembleia geral, estabelecendo, pelo menos, a caracterização das situações consideradas de risco que justifiquem a implantação do regime de cogestão, o rito dessa implantação por iniciativa da entidade cogestora e o regimento a ser observado durante a cogestão; e

III – realização, no prazo de até 1 (um) ano da implantação da cogestão, de assembleia geral extraordinária para deliberar sobre a manutenção desse regime e da adoção de outras medidas julgadas necessárias.

Art. 17. A assembleia geral ordinária das cooperativas de crédito realizar-se-á anualmente, nos quatro primeiros meses do exercício social.

Art. 18. Ficam revogados os arts. 40 e 41 da Lei 4.595, de 31 de dezembro de 1964, e o § 3º do art. 10, o § 10 do art. 18, o parágrafo único do art. 86 e o art. 84 da Lei 5.764, de 16 de dezembro de 1971.

Art. 19. Esta Lei Complementar entra em vigor na data de sua publicação.

Brasília, 17 de abril de 2009; 188º da Independência e 121º da República.

Luiz Inácio Lula da Silva

(*DOU* 17.04.2009, edição extra)

LEI 12.016, DE 7 DE AGOSTO DE 2009

Disciplina o mandado de segurança individual e coletivo e dá outras providências.

O Presidente da República:

Faço saber que o Congresso Nacional decreta e eu sanciono a seguinte Lei:

Art. 1º Conceder-se-á mandado de segurança para proteger direito líquido e certo, não amparado por *habeas corpus* ou *habeas data*, sempre que, ilegalmente ou com abuso de poder, qualquer pessoa física ou jurídica sofrer violação ou houver justo receio de sofrê-la por parte de autoridade, seja de que categoria for e sejam quais forem as funções que exerça.

•• V. art. 5º, LXIX e LXX, CF.
•• V. Súmulas 271 e 625, STF.
•• V. Súmula 460, STJ.

§ 1º Equiparam-se às autoridades, para os efeitos desta Lei, os representantes ou órgãos de partidos políticos e os administradores de entidades autárquicas, bem como os dirigentes de pessoas jurídicas ou as pessoas naturais no exercício de atribuições do poder público, somente no que disser respeito a essas atribuições.

•• V. Súmula 510, STF.

§ 2º Não cabe mandado de segurança contra os atos de gestão comercial praticados pelos administradores de empresas públicas, de sociedade de economia mista e de concessionárias de serviço público.

•• V. Súmula 333, STJ.

§ 3º Quando o direito ameaçado ou violado couber a várias pessoas, qualquer delas poderá requerer o mandado de segurança.

Art. 2º Considerar-se-á federal a autoridade coatora se as consequências de ordem patrimonial do ato contra o qual se requer o mandado houverem de ser suportadas pela União ou entidade por ela controlada.

•• V. arts. 109, VIII, e 114, IV, CF.
•• V. Súmula 511, STF.

Art. 3º O titular de direito líquido e certo decorrente de direito, em condições idênticas, de terceiro poderá impetrar mandado de segurança a favor do direito originário, se o seu titular não o fizer, no prazo de 30

Lei 12.016/2009

LEGISLAÇÃO

(trinta) dias, quando notificado judicialmente.

Parágrafo único. O exercício do direito previsto no *caput* deste artigo submete-se ao prazo fixado no art. 23 desta Lei, contado da notificação.

Art. 4º Em caso de urgência, é permitido, observados os requisitos legais, impetrar mandado de segurança por telegrama, radiograma, fax ou outro meio eletrônico de autenticidade comprovada.

§ 1º Poderá o juiz, em caso de urgência, notificar a autoridade por telegrama, radiograma ou outro meio que assegure a autenticidade do documento e a imediata ciência pela autoridade.

§ 2º O texto original da petição deverá ser apresentado nos 5 (cinco) dias úteis seguintes.

§ 3º Para os fins deste artigo, em se tratando de documento eletrônico, serão observadas as regras da Infraestrutura de Chaves Públicas Brasileira – ICP-Brasil.

Art. 5º Não se concederá mandado de segurança quando se tratar:

- • V. Súmulas 101, 266, 268 e 269, STF.
- • V. Súmulas 213 e 460, STJ.
- • V. Súmulas 33 e 418, TST.

I – de ato do qual caiba recurso administrativo com efeito suspensivo, independentemente de caução;

II – de decisão judicial da qual caiba recurso com efeito suspensivo;

- • V. Súmula 267, STF.
- • V. Súmula 202, STJ.

III – de decisão judicial transitada em julgado.

Parágrafo único. *(Vetado.)*

Art. 6º A petição inicial, que deverá preencher os requisitos estabelecidos pela lei processual, será apresentada em duas vias com os documentos que instruírem a primeira reproduzidos na segunda e indicará, além da autoridade coatora, a pessoa jurídica que esta integra, à qual se acha vinculada ou da qual exerce atribuições.

- • V. Súmula 425, TST.

§ 1º No caso em que o documento necessário à prova do alegado se ache em repartição ou estabelecimento público ou em poder de autoridade que se recuse a fornecê-lo por certidão ou de terceiro, o juiz ordenará, preliminarmente, por ofício, a exibição desse documento em original ou em cópia autêntica e marcará, para o cumprimento da ordem, o prazo de 10 (dez) dias. O escrivão extrairá cópias do documento para juntá-las à segunda via da petição.

§ 2º Se a autoridade que tiver procedido dessa maneira for a própria coatora, a ordem far-se-á no próprio instrumento da notificação.

§ 3º Considera-se autoridade coatora aquela que tenha praticado o ato impugnado ou da qual emane a ordem para a sua prática.

§ 4º *(Vetado.)*

§ 5º Denega-se o mandado de segurança nos casos previstos pelo art. 267 da Lei 5.869, de 11 de janeiro de 1973 – Código de Processo Civil.

§ 6º O pedido de mandado de segurança poderá ser renovado dentro do prazo decadencial, se a decisão denegatória não lhe houver apreciado o mérito.

Art. 7º Ao despachar a inicial, o juiz ordenará:

I – que se notifique o coator do conteúdo da petição inicial, enviando-lhe a segunda via apresentada com as cópias dos documentos, a fim de que, no prazo de 10 (dez) dias, preste as informações;

II – que se dê ciência do feito ao órgão de representação judicial da pessoa jurídica interessada, enviando-lhe cópia da inicial sem documentos, para que, querendo, ingresse no feito;

III – que se suspenda o ato que deu motivo ao pedido, quando houver fundamento relevante e do ato impugnado puder resultar a ineficácia da medida, caso seja finalmente deferida, sendo facultado exigir do impetrante caução, fiança ou depósito, com o objetivo de assegurar o ressarcimento à pessoa jurídica.

§ 1º Da decisão do juiz de primeiro grau que conceder ou denegar a liminar caberá agravo de instrumento, observado o disposto na

Lei 12.016/2009

LEGISLAÇÃO

Lei 5.869, de 11 de janeiro de 1973 – Código de Processo Civil.

§ 2º Não será concedida medida liminar que tenha por objeto a compensação de créditos tributários, a entrega de mercadorias e bens provenientes do exterior, a reclassificação ou equiparação de servidores públicos e a concessão de aumento ou a extensão de vantagens ou pagamento de qualquer natureza.

- • V. art. 1º, Lei 8.437/1992 (Medidas cautelares).
- • V. Lei 9.494/1997 (Concessão de tutelas de urgência contra o poder público).

§ 3º Os efeitos da medida liminar, salvo se revogada ou cassada, persistirão até a prolação da sentença.

- • V. Súmula 304, STF.

§ 4º Deferida a medida liminar, o processo terá prioridade para julgamento.

§ 5º As vedações relacionadas com a concessão de liminares previstas neste artigo se estendem à tutela antecipada a que se referem os arts. 273 e 461 da Lei 5.869, de 11 janeiro de 1973 – Código de Processo Civil.

Art. 8º Será decretada a perempção ou caducidade da medida liminar ex officio ou a requerimento do Ministério Público quando, concedida a medida, o impetrante criar obstáculo ao normal andamento do processo ou deixar de promover, por mais de 3 (três) dias úteis, os atos e as diligências que lhe cumprirem.

Art. 9º As autoridades administrativas, no prazo de 48 (quarenta e oito) horas da notificação da medida liminar, remeterão ao Ministério ou órgão a que se acham subordinadas e ao Advogado-Geral da União ou a quem tiver a representação judicial da União, do Estado, do Município ou da entidade apontada como coatora cópia autenticada do mandado notificatório, assim como indicações e elementos outros necessários às providências a serem tomadas para a eventual suspensão da medida e defesa do ato apontado como ilegal ou abusivo de poder.

Art. 10. A inicial será desde logo indeferida, por decisão motivada, quando não for o caso de mandado de segurança ou lhe faltar algum dos requisitos legais ou quando decorrido o prazo legal para a impetração.

§ 1º Do indeferimento da inicial pelo juiz de primeiro grau caberá apelação e, quando a competência para o julgamento do mandado de segurança couber originariamente a um dos tribunais, do ato do relator caberá agravo para o órgão competente do tribunal que integre.

§ 2º O ingresso de litisconsorte ativo não será admitido após o despacho da petição inicial.

Art. 11. Feitas as notificações, o serventuário em cujo cartório corra o feito juntará aos autos cópia autêntica dos ofícios endereçados ao coator e ao órgão de representação judicial da pessoa jurídica interessada, bem como a prova da entrega a estes ou da sua recusa em aceitá-los ou dar recibo e, no caso do art. 4º desta Lei, a comprovação da remessa.

Art. 12. Findo o prazo a que se refere o inciso I do *caput* do art. 7º desta Lei, o juiz ouvirá o representante do Ministério Público, que opinará, dentro do prazo improrrogável de 10 (dez) dias.

Parágrafo único. Com ou sem o parecer do Ministério Público, os autos serão conclusos ao juiz, para a decisão, a qual deverá ser necessariamente proferida em 30 (trinta) dias.

Art. 13. Concedido o mandado, o juiz transmitirá em ofício, por intermédio do oficial do juízo, ou pelo correio, mediante correspondência com aviso de recebimento, o inteiro teor da sentença à autoridade coatora e à pessoa jurídica interessada.

Parágrafo único. Em caso de urgência, poderá o juiz observar o disposto no art. 4º desta Lei.

Art. 14. Da sentença, denegando ou concedendo o mandado, cabe apelação.

- • V. Súmula 201, TST.

§ 1º Concedida a segurança, a sentença estará sujeita obrigatoriamente ao duplo grau de jurisdição.

§ 2º Estende-se à autoridade coatora o direito de recorrer.

§ 3º A sentença que conceder o mandado de segurança pode ser executada provisoria-

Lei 12.016/2009

LEGISLAÇÃO

mente, salvo nos casos em que for vedada a concessão da medida liminar.

§ 4º O pagamento de vencimentos e vantagens pecuniárias assegurados em sentença concessiva de mandado de segurança a servidor público da administração direta ou autárquica federal, estadual e municipal somente será efetuado relativamente às prestações que se vencerem a contar da data do ajuizamento da inicial.

Art. 15. Quando, a requerimento de pessoa jurídica de direito público interessada ou do Ministério Público e para evitar grave lesão à ordem, à saúde, à segurança e à economia públicas, o presidente do tribunal ao qual couber o conhecimento do respectivo recurso suspender, em decisão fundamentada, a execução da liminar e da sentença, dessa decisão caberá agravo, sem efeito suspensivo, no prazo de 5 (cinco) dias, que será levado a julgamento na sessão seguinte à sua interposição.

§ 1º Indeferido o pedido de suspensão ou provido o agravo a que se refere o *caput* deste artigo, caberá novo pedido de suspensão ao presidente do tribunal competente para conhecer de eventual recurso especial ou extraordinário.

§ 2º É cabível também o pedido de suspensão a que se refere o § 1º deste artigo, quando negado provimento a agravo de instrumento interposto contra a liminar a que se refere este artigo.

§ 3º A interposição de agravo de instrumento contra liminar concedida nas ações movidas contra o poder público e seus agentes não prejudica nem condiciona o julgamento do pedido de suspensão a que se refere este artigo.

§ 4º O presidente do tribunal poderá conferir ao pedido efeito suspensivo liminar se constatar, em juízo prévio, a plausibilidade do direito invocado e a urgência na concessão da medida.

§ 5º As liminares cujo objeto seja idêntico poderão ser suspensas em uma única decisão, podendo o presidente do tribunal estender os efeitos da suspensão a liminares supervenientes, mediante simples aditamento do pedido original.

•• V. Súmula 626, STF.

Art. 16. Nos casos de competência originária dos tribunais, caberá ao relator a instrução do processo, sendo assegurada a defesa oral na sessão do julgamento.

Parágrafo único. Da decisão do relator que conceder ou denegar a medida liminar caberá agravo ao órgão competente do tribunal que integre.

Art. 17. Nas decisões proferidas em mandado de segurança e nos respectivos recursos, quando não publicado, no prazo de 30 (trinta) dias, contado da data do julgamento, o acórdão será substituído pelas respectivas notas taquigráficas, independentemente de revisão.

Art. 18. Das decisões em mandado de segurança proferidas em única instância pelos tribunais cabe recurso especial e extraordinário, nos casos legalmente previstos, e recurso ordinário, quando a ordem for denegada.

Art. 19. A sentença ou o acórdão que denegar mandado de segurança, sem decidir o mérito, não impedirá que o requerente, por ação própria, pleiteie os seus direitos e os respectivos efeitos patrimoniais.

Art. 20. Os processos de mandado de segurança e os respectivos recursos terão prioridade sobre todos os atos judiciais, salvo *habeas corpus*.

§ 1º Na instância superior, deverão ser levados a julgamento na primeira sessão que se seguir à data em que forem conclusos ao relator.

§ 2º O prazo para a conclusão dos autos não poderá exceder de 5 (cinco) dias.

Art. 21. O mandado de segurança coletivo pode ser impetrado por partido político com representação no Congresso Nacional, na defesa de seus interesses legítimos relativos a seus integrantes ou à finalidade partidária, ou por organização sindical, entidade de classe ou associação legalmente constituída e em funcionamento há, pelo menos, 1 (um) ano, em defesa de direitos líquidos e certos da totalidade, ou de parte, dos seus membros ou associados, na forma dos seus

Lei 12.153/2009

LEGISLAÇÃO

estatutos e desde que pertinentes às suas finalidades, dispensada, para tanto, autorização especial.

• • V. Súmulas 629 e 630, STF.

Parágrafo único. Os direitos protegidos pelo mandado de segurança coletivo podem ser:

• • V. art. 81, Lei 8.078/1990 (Código de Defesa do Consumidor).

I – coletivos, assim entendidos, para efeito desta Lei, os transindividuais, de natureza indivisível, de que seja titular grupo ou categoria de pessoas ligadas entre si ou com a parte contrária por uma relação jurídica básica;

II – individuais homogêneos, assim entendidos, para efeito desta Lei, os decorrentes de origem comum e da atividade ou situação específica da totalidade ou de parte dos associados ou membros do impetrante.

Art. 22. No mandado de segurança coletivo, a sentença fará coisa julgada limitadamente aos membros do grupo ou categoria substituídos pelo impetrante.

§ 1º O mandado de segurança coletivo não induz litispendência para as ações individuais, mas os efeitos da coisa julgada não beneficiarão o impetrante a título individual se não requerer a desistência de seu mandado de segurança no prazo de 30 (trinta) dias a contar da ciência comprovada da impetração da segurança coletiva.

§ 2º No mandado de segurança coletivo, a liminar só poderá ser concedida após a audiência do representante judicial da pessoa jurídica de direito público, que deverá se pronunciar no prazo de 72 (setenta e duas) horas.

Art. 23. O direito de requerer mandado de segurança extinguir-se-á decorridos 120 (cento e vinte) dias, contados da ciência, pelo interessado, do ato impugnado.

• • V. Súmulas 429 e 632, STF.

Art. 24. Aplicam-se ao mandado de segurança os arts. 46 a 49 da Lei 5.869, de 11 de janeiro de 1973 – Código de Processo Civil.

Art. 25. Não cabem, no processo de mandado de segurança, a interposição de embargos infringentes e a condenação ao pagamento dos honorários advocatícios, sem prejuízo da aplicação de sanções no caso de litigância de má-fé.

• • V. Súmulas 512 e 597, STF.

• • V. Súmulas 105 e 169, STJ.

Art. 26. Constitui crime de desobediência, nos termos do art. 330 do Decreto-lei 2.848, de 7 de dezembro de 1940, o não cumprimento das decisões proferidas em mandado de segurança, sem prejuízo das sanções administrativas e da aplicação da Lei 1.079, de 10 de abril de 1950, quando cabíveis.

Art. 27. Os regimentos dos tribunais e, no que couber, as leis de organização judiciária deverão ser adaptados às disposições desta Lei no prazo de 180 (cento e oitenta) dias, contado da sua publicação.

Art. 28. Esta Lei entra em vigor na data de sua publicação.

Art. 29. Revogam-se as Leis 1.533, de 31 de dezembro de 1951, 4.166, de 4 de dezembro de 1962, 4.348, de 26 de junho de 1964, 5.021, de 9 de junho de 1966; o art. 3º da Lei 6.014, de 27 de dezembro de 1973, o art. 1º da Lei 6.071, de 3 de julho de 1974, o art. 12 da Lei 6.978, de 19 de janeiro de 1982, e o art. 2º da Lei 9.259, de 9 de janeiro de 1996.

Brasília, 7 de agosto de 2009; 188º da Independência e 121º da República.

Luiz Inácio Lula da Silva

(*DOU* 10.08.2009)

LEI 12.153, DE 22 DE DEZEMBRO DE 2009

Dispõe sobre os Juizados Especiais da Fazenda Pública no âmbito dos Estados, do Distrito Federal, dos Territórios e dos Municípios.

O Presidente da República:

Faço saber que o Congresso Nacional decreta e eu sanciono a seguinte Lei:

Art. 1º Os Juizados Especiais da Fazenda Pública, órgãos da justiça comum e integrantes do Sistema dos Juizados Especiais, serão criados pela União, no Distrito Federal e nos Territórios, e pelos Estados, para

Lei 12.153/2009

conciliação, processo, julgamento e execução, nas causas de sua competência.

Parágrafo único. O sistema dos Juizados Especiais dos Estados e do Distrito Federal é formado pelos Juizados Especiais Cíveis, Juizados Especiais Criminais e Juizados Especiais da Fazenda Pública.

Art. 2º É de competência dos Juizados Especiais da Fazenda Pública processar, conciliar e julgar causas cíveis de interesse dos Estados, do Distrito Federal, dos Territórios e dos Municípios, até o valor de sessenta salários mínimos.

§ 1º Não se incluem na competência do Juizado Especial da Fazenda Pública:

I – as ações de mandado de segurança, de desapropriação, de divisão e demarcação, populares, por improbidade administrativa, execuções fiscais e as demandas sobre direitos ou interesses difusos e coletivos;

II – as causas sobre bens imóveis dos Estados, Distrito Federal, Territórios e Municípios, autarquias e fundações públicas a eles vinculadas;

III – as causas que tenham como objeto a impugnação da pena de demissão imposta a servidores públicos civis ou sanções disciplinares aplicadas a militares.

§ 2º Quando a pretensão versar sobre obrigações vincendas, para fins de competência do Juizado Especial, a soma de doze parcelas vincendas e de eventuais parcelas vencidas não poderá exceder o valor referido no *caput* deste artigo.

§ 3º *(Vetado.)*

§ 4º No foro onde estiver instalado Juizado Especial da Fazenda Pública, a sua competência é absoluta.

Art. 3º O juiz poderá, de ofício ou a requerimento das partes, deferir quaisquer providências cautelares e antecipatórias no curso do processo, para evitar dano de difícil ou de incerta reparação.

Art. 4º Exceto nos casos do art. 3º, somente será admitido recurso contra a sentença.

Art. 5º Podem ser partes no Juizado Especial da Fazenda Pública:

I – como autores, as pessoas físicas e as microempresas e empresas de pequeno porte, assim definidas na Lei Complementar 123, de 14 de dezembro de 2006;

II – como réus, os Estados, o Distrito Federal, os Territórios e os Municípios, bem como autarquias, fundações e empresas públicas a eles vinculadas.

Art. 6º Quanto às citações e intimações, aplicam-se as disposições contidas na Lei 5.869, de 11 de janeiro de 1973 – Código de Processo Civil.

Art. 7º Não haverá prazo diferenciado para a prática de qualquer ato processual pelas pessoas jurídicas de direito público, inclusive a interposição de recursos, devendo a citação para a audiência de conciliação ser efetuada com antecedência mínima de 30 (trinta) dias.

Art. 8º Os representantes judiciais dos réus presentes à audiência poderão conciliar, transigir ou desistir nos processos da competência dos Juizados Especiais, nos termos e nas hipóteses previstas na lei do respectivo ente da Federação.

Art. 9º A entidade ré deverá fornecer ao Juizado a documentação de que disponha para o esclarecimento da causa, apresentando-a até a instalação da audiência de conciliação.

Art. 10. Para efetuar o exame técnico necessário à conciliação ou ao julgamento da causa, o juiz nomeará pessoa habilitada, que apresentará o laudo até 5 (cinco) dias antes da audiência.

Art. 11. Nas causas de que trata esta Lei, não haverá reexame necessário.

Art. 12. O cumprimento do acordo ou da sentença, com trânsito em julgado, que imponham obrigação de fazer, não fazer ou entrega de coisa certa, será efetuado mediante ofício do juiz à autoridade citada para a causa, com cópia da sentença ou do acordo.

Art. 13. Tratando-se de obrigação de pagar quantia certa, após o trânsito em julgado da decisão, o pagamento será efetuado:

Lei 12.153/2009

LEGISLAÇÃO

I – no prazo máximo de 60 (sessenta) dias, contado da entrega da requisição do juiz à autoridade citada para a causa, independentemente de precatório, na hipótese do § 3º do art. 100 da Constituição Federal; ou

II – mediante precatório, caso o montante da condenação exceda o valor definido como obrigação de pequeno valor.

§ 1º Desatendida a requisição judicial, o juiz, imediatamente, determinará o sequestro do numerário suficiente ao cumprimento da decisão, dispensada a audiência da Fazenda Pública.

§ 2º As obrigações definidas como de pequeno valor a serem pagas independentemente de precatório terão como limite o que for estabelecido na lei do respectivo ente da Federação.

§ 3º Até que se dê a publicação das leis de que trata o § 2º, os valores serão:

I – 40 (quarenta) salários mínimos, quanto aos Estados e ao Distrito Federal;

II – 30 (trinta) salários mínimos, quanto aos Municípios.

§ 4º São vedados o fracionamento, a repartição ou a quebra do valor da execução, de modo que o pagamento se faça, em parte, na forma estabelecida no inciso I do *caput* e, em parte, mediante expedição de precatório, bem como a expedição de precatório complementar ou suplementar do valor pago.

§ 5º Se o valor da execução ultrapassar o estabelecido para pagamento independentemente do precatório, o pagamento far-se-á, sempre, por meio do precatório, sendo facultada à parte exequente a renúncia ao crédito do valor excedente, para que possa optar pelo pagamento do saldo sem o precatório.

§ 6º O saque do valor depositado poderá ser feito pela parte autora, pessoalmente, em qualquer agência do banco depositário, independentemente de alvará.

§ 7º O saque por meio de procurador somente poderá ser feito na agência destinatária do depósito, mediante procuração específica, com firma reconhecida, da qual constem o valor originalmente depositado e sua procedência.

Art. 14. Os Juizados Especiais da Fazenda Pública serão instalados pelos Tribunais de Justiça dos Estados e do Distrito Federal.

Parágrafo único. Poderão ser instalados Juizados Especiais Adjuntos, cabendo ao Tribunal designar a Vara onde funcionará.

Art. 15. Serão designados, na forma da legislação dos Estados e do Distrito Federal, conciliadores e juízes leigos dos Juizados Especiais da Fazenda Pública, observadas as atribuições previstas nos arts. 22, 37 e 40 da Lei 9.099, de 26 de setembro de 1995.

§ 1º Os conciliadores e juízes leigos são auxiliares da Justiça, recrutados, os primeiros, preferencialmente, entre os bacharéis em Direito, e os segundos, entre advogados com mais de 2 (dois) anos de experiência.

§ 2º Os juízes leigos ficarão impedidos de exercer a advocacia perante todos os Juizados Especiais da Fazenda Pública instalados em território nacional, enquanto no desempenho de suas funções.

Art. 16. Cabe ao conciliador, sob a supervisão do juiz, conduzir a audiência de conciliação.

§ 1º Poderá o conciliador, para fins de encaminhamento da composição amigável, ouvir as partes e testemunhas sobre os contornos fáticos da controvérsia.

§ 2º Não obtida a conciliação, caberá ao juiz presidir a instrução do processo, podendo dispensar novos depoimentos, se entender suficientes para o julgamento da causa os esclarecimentos já constantes dos autos, e não houver impugnação das partes.

Art. 17. As Turmas Recursais do Sistema dos Juizados Especiais são compostas por juízes em exercício no primeiro grau de jurisdição, na forma da legislação dos Estados e do Distrito Federal, com mandato de 2 (dois) anos, e integradas, preferencialmente, por juízes do Sistema dos Juizados Especiais.

§ 1º A designação dos juízes das Turmas Recursais obedecerá aos critérios de antiguidade e merecimento.

§ 2º Não será permitida a recondução, salvo quando não houver outro juiz na sede da Turma Recursal.

Lei 12.153/2009

LEGISLAÇÃO

Art. 18. Caberá pedido de uniformização de interpretação de lei quando houver divergência entre decisões proferidas por Turmas Recursais sobre questões de direito material.

§ 1º O pedido fundado em divergência entre Turmas do mesmo Estado será julgado em reunião conjunta das Turmas em conflito, sob a presidência de desembargador indicado pelo Tribunal de Justiça.

§ 2º No caso do § 1º, a reunião de juízes domiciliados em cidades diversas poderá ser feita por meio eletrônico.

§ 3º Quando as Turmas de diferentes Estados derem à lei federal interpretações divergentes, ou quando a decisão proferida estiver em contrariedade com súmula do Superior Tribunal de Justiça, o pedido será por este julgado.

Art. 19. Quando a orientação acolhida pelas Turmas de Uniformização de que trata o § 1º do art. 18 contrariar súmula do Superior Tribunal de Justiça, a parte interessada poderá provocar a manifestação deste, que dirimirá a divergência.

§ 1º Eventuais pedidos de uniformização fundados em questões idênticas e recebidos subsequentemente em quaisquer das Turmas Recursais ficarão retidos nos autos, aguardando pronunciamento do Superior Tribunal de Justiça.

§ 2º Nos casos do *caput* deste artigo e do § 3º do art. 18, presente a plausibilidade do direito invocado e havendo fundado receio de dano de difícil reparação, poderá o relator conceder, de ofício ou a requerimento do interessado, medida liminar determinando a suspensão dos processos nos quais a controvérsia esteja estabelecida.

§ 3º Se necessário, o relator pedirá informações ao Presidente da Turma Recursal ou Presidente da Turma de Uniformização e, nos casos previstos em lei, ouvirá o Ministério Público, no prazo de 5 (cinco) dias.

§ 4º *(Vetado).*

§ 5º Decorridos os prazos referidos nos §§ 3º e 4º, o relator incluirá o pedido em pauta na sessão, com preferência sobre todos os demais feitos, ressalvados os processos com réus presos, os *habeas corpus* e os mandados de segurança.

§ 6º Publicado o acórdão respectivo, os pedidos retidos referidos no § 1º serão apreciados pelas Turmas Recursais, que poderão exercer juízo de retratação ou os declararão prejudicados, se veicularem tese não acolhida pelo Superior Tribunal de Justiça.

Art. 20. Os Tribunais de Justiça, o Superior Tribunal de Justiça e o Supremo Tribunal Federal, no âmbito de suas competências, expedirão normas regulamentando os procedimentos a serem adotados para o processamento e o julgamento do pedido de uniformização e do recurso extraordinário.

Art. 21. O recurso extraordinário, para os efeitos desta Lei, será processado e julgado segundo o estabelecido no art. 19, além da observância das normas do Regimento.

Art. 22. Os Juizados Especiais da Fazenda Pública serão instalados no prazo de até 2 (dois) anos da vigência desta Lei, podendo haver o aproveitamento total ou parcial das estruturas das atuais Varas da Fazenda Pública.

Art. 23. Os Tribunais de Justiça poderão limitar, por até 5 (cinco) anos, a partir da entrada em vigor desta Lei, a competência dos Juizados Especiais da Fazenda Pública, atendendo à necessidade da organização dos serviços judiciários e administrativos.

Art. 24. Não serão remetidas aos Juizados Especiais da Fazenda Pública as demandas ajuizadas até a data de sua instalação, assim como as ajuizadas fora do Juizado Especial por força do disposto no art. 23.

Art. 25. Competirá aos Tribunais de Justiça prestar o suporte administrativo necessário ao funcionamento dos Juizados Especiais.

Art. 26. O disposto no art. 16 aplica-se aos Juizados Especiais Federais instituídos pela Lei 10.259, de 12 de julho de 2001.

Art. 27. Aplica-se subsidiariamente o disposto nas Leis 5.869, de 11 de janeiro de 1973 – Código de Processo Civil, 9.099, de

26 de setembro de 1995, e 10.259, de 12 de julho de 2001.
Art. 28. Esta Lei entra em vigor após decorridos 6 (seis) meses de sua publicação oficial.
Brasília, 22 de dezembro de 2009; 188º da Independência e 121º da República.
Luiz Inácio Lula da Silva

(*DOU* 23.12.2009)

LEI 12.288,
DE 20 DE JULHO DE 2010

Institui o Estatuto da Igualdade Racial; altera as Leis 7.716, de 5 de janeiro de 1989, 9.029, de 13 de abril de 1995, 7.347, de 24 de julho de 1985, e 10.778, de 24 de novembro de 2003.

O Presidente da República:
Faço saber que o Congresso Nacional decreta e eu sanciono a seguinte Lei:

TÍTULO I
DISPOSIÇÕES PRELIMINARES

Art. 1º Esta Lei institui o Estatuto da Igualdade Racial, destinado a garantir à população negra a efetivação da igualdade de oportunidades, a defesa dos direitos étnicos individuais, coletivos e difusos e o combate à discriminação e às demais formas de intolerância étnica.
Parágrafo único. Para efeito deste Estatuto, considera-se:
I – discriminação racial ou étnico-racial: toda distinção, exclusão, restrição ou preferência baseada em raça, cor, descendência ou origem nacional ou étnica que tenha por objeto anular ou restringir o reconhecimento, gozo ou exercício, em igualdade de condições, de direitos humanos e liberdades fundamentais nos campos político, econômico, social, cultural ou em qualquer outro campo da vida pública ou privada;
II – desigualdade racial: toda situação injustificada de diferenciação de acesso e fruição de bens, serviços e oportunidades, nas esferas pública e privada, em virtude de raça, cor, descendência ou origem nacional ou étnica;
III – desigualdade de gênero e raça: assimetria existente no âmbito da sociedade que acentua a distância social entre mulheres negras e os demais segmentos sociais;
IV – população negra: o conjunto de pessoas que se autodeclaram pretas e pardas, conforme o quesito cor ou raça usado pela Fundação Instituto Brasileiro de Geografia e Estatística – (IBGE), ou que adotam autodefinição análoga;
V – políticas públicas: as ações, iniciativas e programas adotados pelo Estado no cumprimento de suas atribuições institucionais;
VI – ações afirmativas: os programas e medidas especiais adotados pelo Estado e pela iniciativa privada para a correção das desigualdades raciais e para a promoção da igualdade de oportunidades.
Art. 2º É dever do Estado e da sociedade garantir a igualdade de oportunidades, reconhecendo a todo cidadão brasileiro, independentemente da etnia ou da cor da pele, o direito à participação na comunidade, especialmente nas atividades políticas, econômicas, empresariais, educacionais, culturais e esportivas, defendendo sua dignidade e seus valores religiosos e culturais.
Art. 3º Além das normas constitucionais relativas aos princípios fundamentais, aos direitos e garantias fundamentais e aos direitos sociais, econômicos e culturais, o Estatuto da Igualdade Racial adota como diretriz político-jurídica a inclusão das vítimas de desigualdade étnico-racial, a valorização da igualdade étnica e o fortalecimento da identidade nacional brasileira.
Art. 4º A participação da população negra, em condição de igualdade de oportunidade, na vida econômica, social, política e cultural do País será promovida, prioritariamente, por meio de:
I – inclusão nas políticas públicas de desenvolvimento econômico e social;
II – adoção de medidas, programas e políticas de ação afirmativa;
III – modificação das estruturas institucionais do Estado para o adequado enfrentamento e a superação das desigualdades étnicas decorrentes do preconceito e da discriminação étnica;

IV – promoção de ajustes normativos para aperfeiçoar o combate à discriminação étnica e às desigualdades étnicas em todas as suas manifestações individuais, institucionais e estruturais;
V – eliminação dos obstáculos históricos, socioculturais e institucionais que impedem a representação da diversidade étnica nas esferas pública e privada;
VI – estímulo, apoio e fortalecimento de iniciativas oriundas da sociedade civil direcionadas à promoção da igualdade de oportunidades e ao combate às desigualdades étnicas, inclusive mediante a implementação de incentivos e critérios de condicionamento e prioridade no acesso aos recursos públicos;
VII – implementação de programas de ação afirmativa destinados ao enfrentamento das desigualdades étnicas no tocante à educação, cultura, esporte e lazer, saúde, segurança, trabalho, moradia, meios de comunicação de massa, financiamentos públicos, acesso à terra, à Justiça, e outros.
Parágrafo único. Os programas de ação afirmativa constituir-se-ão em políticas públicas destinadas a reparar as distorções e desigualdades sociais e demais práticas discriminatórias adotadas, nas esferas pública e privada, durante o processo de formação social do País.
Art. 5º Para a consecução dos objetivos desta Lei, é instituído o Sistema Nacional de Promoção da Igualdade Racial – (Sinapir), conforme estabelecido no Título III.

TÍTULO II
DOS DIREITOS FUNDAMENTAIS

Capítulo I
DO DIREITO À SAÚDE

Art. 6º O direito à saúde da população negra será garantido pelo poder público mediante políticas universais, sociais e econômicas destinadas à redução do risco de doenças e de outros agravos.
§ 1º O acesso universal e igualitário ao Sistema Único de Saúde – (SUS) para promoção, proteção e recuperação da saúde da população negra será de responsabilidade dos órgãos e instituições públicas federais, estaduais, distritais e municipais, da administração direta e indireta.
§ 2º O poder público garantirá que o segmento da população negra vinculado aos seguros privados de saúde seja tratado sem discriminação.
Art. 7º O conjunto de ações de saúde voltadas à população negra constitui a Política Nacional de Saúde Integral da População Negra, organizada de acordo com as diretrizes abaixo especificadas:
I – ampliação e fortalecimento da participação de lideranças dos movimentos sociais em defesa da saúde da população negra nas instâncias de participação e controle social do SUS;
II – produção de conhecimento científico e tecnológico em saúde da população negra;
III – desenvolvimento de processos de informação, comunicação e educação para contribuir com a redução das vulnerabilidades da população negra.
Art. 8º Constituem objetivos da Política Nacional de Saúde Integral da População Negra:
I – a promoção da saúde integral da população negra, priorizando a redução das desigualdades étnicas e o combate à discriminação nas instituições e serviços do SUS;
II – a melhoria da qualidade dos sistemas de informação do SUS no que tange à coleta, ao processamento e à análise dos dados desagregados por cor, etnia e gênero;
III – o fomento à realização de estudos e pesquisas sobre racismo e saúde da população negra;
IV – a inclusão do conteúdo da saúde da população negra nos processos de formação e educação permanente dos trabalhadores da saúde;
V – a inclusão da temática saúde da população negra nos processos de formação política das lideranças de movimentos sociais para o exercício da participação e controle social no SUS.
Parágrafo único. Os moradores das comunidades de remanescentes de quilombos serão beneficiários de incentivos especí-

ficos para a garantia do direito à saúde, incluindo melhorias nas condições ambientais, no saneamento básico, na segurança alimentar e nutricional e na atenção integral à saúde.

Capítulo II
DO DIREITO À EDUCAÇÃO, À CULTURA, AO ESPORTE E AO LAZER

Seção I
Disposições gerais

Art. 9º A população negra tem direito a participar de atividades educacionais, culturais, esportivas e de lazer adequadas a seus interesses e condições, de modo a contribuir para o patrimônio cultural de sua comunidade e da sociedade brasileira.

Art. 10. Para o cumprimento do disposto no art. 9º, os governos federal, estaduais, distrital e municipais adotarão as seguintes providências:

I – promoção de ações para viabilizar e ampliar o acesso da população negra ao ensino gratuito e às atividades esportivas e de lazer;

II – apoio à iniciativa de entidades que mantenham espaço para promoção social e cultural da população negra;

III – desenvolvimento de campanhas educativas, inclusive nas escolas, para que a solidariedade aos membros da população negra faça parte da cultura de toda a sociedade;

IV – implementação de políticas públicas para o fortalecimento da juventude negra brasileira.

Seção II
Da educação

Art. 11. Nos estabelecimentos de ensino fundamental e de ensino médio, públicos e privados, é obrigatório o estudo da história geral da África e da história da população negra no Brasil, observado o disposto na Lei 9.394, de 20 de dezembro de 1996.

§ 1º Os conteúdos referentes à história da população negra no Brasil serão ministrados no âmbito de todo o currículo escolar, resgatando sua contribuição decisiva para o desenvolvimento social, econômico, político e cultural do País.

§ 2º O órgão competente do Poder Executivo fomentará a formação inicial e continuada de professores e a elaboração de material didático específico para o cumprimento do disposto no *caput* deste artigo.

§ 3º Nas datas comemorativas de caráter cívico, os órgãos responsáveis pela educação incentivarão a participação de intelectuais e representantes do movimento negro para debater com os estudantes suas vivências relativas ao tema em comemoração.

Art. 12. Os órgãos federais, distritais e estaduais de fomento à pesquisa e à pós-graduação poderão criar incentivos a pesquisas e a programas de estudo voltados para temas referentes às relações étnicas, aos quilombos e às questões pertinentes à população negra.

Art. 13. O Poder Executivo federal, por meio dos órgãos competentes, incentivará as instituições de ensino superior públicas e privadas, sem prejuízo da legislação em vigor, a:

I – resguardar os princípios da ética em pesquisa e apoiar grupos, núcleos e centros de pesquisa, nos diversos programas de pós-graduação que desenvolvam temáticas de interesse da população negra;

II – incorporar nas matrizes curriculares dos cursos de formação de professores temas que incluam valores concernentes à pluralidade étnica e cultural da sociedade brasileira;

III – desenvolver programas de extensão universitária destinados a aproximar jovens negros de tecnologias avançadas, assegurado o princípio da proporcionalidade de gênero entre os beneficiários;

IV – estabelecer programas de cooperação técnica, nos estabelecimentos de ensino públicos, privados e comunitários, com as escolas de educação infantil, ensino fundamental, ensino médio e ensino técnico, para a formação docente baseada em

Lei 12.288/2010

princípios de equidade, de tolerância e de respeito às diferenças étnicas.

Art. 14. O poder público estimulará e apoiará ações socioeducacionais realizadas por entidades do movimento negro que desenvolvam atividades voltadas para a inclusão social, mediante cooperação técnica, intercâmbios, convênios e incentivos, entre outros mecanismos.

Art. 15. O poder público adotará programas de ação afirmativa.

Art. 16. O Poder Executivo federal, por meio dos órgãos responsáveis pelas políticas de promoção da igualdade e de educação, acompanhará e avaliará os programas de que trata esta Seção.

Seção III
Da cultura

Art. 17. O poder público garantirá o reconhecimento das sociedades negras, clubes e outras formas de manifestação coletiva da população negra, com trajetória histórica comprovada, como patrimônio histórico e cultural, nos termos dos arts. 215 e 216 da Constituição Federal.

Art. 18. É assegurado aos remanescentes das comunidades dos quilombos o direito à preservação de seus usos, costumes, tradições e manifestos religiosos, sob a proteção do Estado.

Parágrafo único. A preservação dos documentos e dos sítios detentores de reminiscências históricas dos antigos quilombos, tombados nos termos do § 5º do art. 216 da Constituição Federal, receberá especial atenção do poder público.

Art. 19. O poder público incentivará a celebração das personalidades e das datas comemorativas relacionadas à trajetória do samba e de outras manifestações culturais de matriz africana, bem como sua comemoração nas instituições de ensino públicas e privadas.

Art. 20. O poder público garantirá o registro e a proteção da capoeira, em todas as suas modalidades, como bem de natureza imaterial e de formação da identidade cultural brasileira, nos termos do art. 216 da Constituição Federal.

Parágrafo único. O poder público buscará garantir, por meio dos atos normativos necessários, a preservação dos elementos formadores tradicionais da capoeira nas suas relações internacionais.

Seção IV
Do esporte e lazer

Art. 21. O poder público fomentará o pleno acesso da população negra às práticas desportivas, consolidando o esporte e o lazer como direitos sociais.

Art. 22. A capoeira é reconhecida como desporto de criação nacional, nos termos do art. 217 da Constituição Federal.

§ 1º A atividade de capoeirista será reconhecida em todas as modalidades em que a capoeira se manifesta, seja como esporte, luta, dança ou música, sendo livre o exercício em todo o território nacional.

§ 2º É facultado o ensino da capoeira nas instituições públicas e privadas pelos capoeiristas e mestres tradicionais, pública e formalmente reconhecidos.

Capítulo III
DO DIREITO À LIBERDADE DE CONSCIÊNCIA E DE CRENÇA E AO LIVRE EXERCÍCIO DOS CULTOS RELIGIOSOS

Art. 23. É inviolável a liberdade de consciência e de crença, sendo assegurado o livre exercício dos cultos religiosos e garantida, na forma da lei, a proteção aos locais de culto e a suas liturgias.

Art. 24. O direito à liberdade de consciência e de crença e ao livre exercício dos cultos religiosos de matriz africana compreende:

I – a prática de cultos, a celebração de reuniões relacionadas à religiosidade e a fundação e manutenção, por iniciativa privada, de lugares reservados para tais fins;

II – a celebração de festividades e cerimônias de acordo com preceitos das respectivas religiões;

III – a fundação e a manutenção, por iniciativa privada, de instituições beneficentes ligadas às respectivas convicções religiosas;

IV – a produção, a comercialização, a aquisição e o uso de artigos e materiais religiosos adequados aos costumes e às práticas fundadas na respectiva religiosidade, ressalvadas as condutas vedadas por legislação específica;
V – a produção e a divulgação de publicações relacionadas ao exercício e à difusão das religiões de matriz africana;
VI – a coleta de contribuições financeiras de pessoas naturais e jurídicas de natureza privada para a manutenção das atividades religiosas e sociais das respectivas religiões;
VII – o acesso aos órgãos e aos meios de comunicação para divulgação das respectivas religiões;
VIII – a comunicação ao Ministério Público para abertura de ação penal em face de atitudes e práticas de intolerância religiosa nos meios de comunicação e em quaisquer outros locais.

Art. 25. É assegurada a assistência religiosa aos praticantes de religiões de matrizes africanas internados em hospitais ou em outras instituições de internação coletiva, inclusive àqueles submetidos a pena privativa de liberdade.

Art. 26. O poder público adotará as medidas necessárias para o combate à intolerância com as religiões de matrizes africanas e à discriminação de seus seguidores, especialmente com o objetivo de:
I – coibir a utilização dos meios de comunicação social para a difusão de proposições, imagens ou abordagens que exponham pessoa ou grupo ao ódio ou ao desprezo por motivos fundados na religiosidade de matrizes africanas;
II – inventariar, restaurar e proteger os documentos, obras e outros bens de valor artístico e cultural, os monumentos, mananciais, flora e sítios arqueológicos vinculados às religiões de matrizes africanas;
III – assegurar a participação proporcional de representantes das religiões de matrizes africanas, ao lado da representação das demais religiões, em comissões, conselhos, órgãos e outras instâncias de deliberação vinculadas ao poder público.

Capítulo IV
DO ACESSO À TERRA E À MORADIA ADEQUADA

Seção I
Do acesso à terra

Art. 27. O poder público elaborará e implementará políticas públicas capazes de promover o acesso da população negra à terra e às atividades produtivas no campo.

Art. 28. Para incentivar o desenvolvimento das atividades produtivas da população negra no campo, o poder público promoverá ações para viabilizar e ampliar o seu acesso ao financiamento agrícola.

Art. 29. Serão asseguradas à população negra a assistência técnica rural, a simplificação do acesso ao crédito agrícola e o fortalecimento da infraestrutura de logística para a comercialização da produção.

Art. 30. O poder público promoverá a educação e a orientação profissional agrícola para os trabalhadores negros e as comunidades negras rurais.

Art. 31. Aos remanescentes das comunidades dos quilombos que estejam ocupando suas terras é reconhecida a propriedade definitiva, devendo o Estado emitir-lhes os títulos respectivos.

Art. 32. O Poder Executivo federal elaborará e desenvolverá políticas públicas especiais voltadas para o desenvolvimento sustentável dos remanescentes das comunidades dos quilombos, respeitando as tradições de proteção ambiental das comunidades.

Art. 33. Para fins de política agrícola, os remanescentes das comunidades dos quilombos receberão dos órgãos competentes tratamento especial diferenciado, assistência técnica e linhas especiais de financiamento público, destinados à realização de suas atividades produtivas e de infraestrutura.

Art. 34. Os remanescentes das comunidades dos quilombos se beneficiarão de todas as iniciativas previstas nesta e em outras leis para a promoção da igualdade étnica.

Lei 12.288/2010

LEGISLAÇÃO

Seção II
Da moradia

Art. 35. O poder público garantirá a implementação de políticas públicas para assegurar o direito à moradia adequada da população negra que vive em favelas, cortiços, áreas urbanas subutilizadas, degradadas ou em processo de degradação, a fim de reintegrá-las à dinâmica urbana e promover melhorias no ambiente e na qualidade de vida.

Parágrafo único. O direito à moradia adequada, para os efeitos desta Lei, inclui não apenas o provimento habitacional, mas também a garantia da infraestrutura urbana e dos equipamentos comunitários associados à função habitacional, bem como a assistência técnica e jurídica para a construção, a reforma ou a regularização fundiária da habitação em área urbana.

Art. 36. Os programas, projetos e outras ações governamentais realizadas no âmbito do Sistema Nacional de Habitação de Interesse Social (SNHIS), regulado pela Lei 11.124, de 16 de junho de 2005, devem considerar as peculiaridades sociais, econômicas e culturais da população negra.

Parágrafo único. Os Estados, o Distrito Federal e os Municípios estimularão e facilitarão a participação de organizações e movimentos representativos da população negra na composição dos conselhos constituídos para fins de aplicação do Fundo Nacional de Habitação de Interesse Social (FNHIS).

Art. 37. Os agentes financeiros, públicos ou privados, promoverão ações para viabilizar o acesso da população negra aos financiamentos habitacionais.

Capítulo V
DO TRABALHO

Art. 38. A implementação de políticas voltadas para a inclusão da população negra no mercado de trabalho será de responsabilidade do poder público, observando-se:

I – o instituído neste Estatuto;

II – os compromissos assumidos pelo Brasil ao ratificar a Convenção Internacional sobre a Eliminação de Todas as Formas de Discriminação Racial, de 1965;

III – os compromissos assumidos pelo Brasil ao ratificar a Convenção 111, de 1958, da Organização Internacional do Trabalho (OIT), que trata da discriminação no emprego e na profissão;

IV – os demais compromissos formalmente assumidos pelo Brasil perante a comunidade internacional.

Art. 39. O poder público promoverá ações que assegurem a igualdade de oportunidades no mercado de trabalho para a população negra, inclusive mediante a implementação de medidas visando à promoção da igualdade nas contratações do setor público e o incentivo à adoção de medidas similares nas empresas e organizações privadas.

§ 1º A igualdade de oportunidades será lograda mediante a adoção de políticas e programas de formação profissional, de emprego e de geração de renda voltados para a população negra.

§ 2º As ações visando a promover a igualdade de oportunidades na esfera da administração pública far-se-ão por meio de normas estabelecidas ou a serem estabelecidas em legislação específica e em seus regulamentos.

§ 3º O poder público estimulará, por meio de incentivos, a adoção de iguais medidas pelo setor privado.

§ 4º As ações de que trata o *caput* deste artigo assegurarão o princípio da proporcionalidade de gênero entre os beneficiários.

§ 5º Será assegurado o acesso ao crédito para a pequena produção, nos meios rural e urbano, com ações afirmativas para mulheres negras.

§ 6º O poder público promoverá campanhas de sensibilização contra a marginalização da mulher negra no trabalho artístico e cultural.

§ 7º O poder público promoverá ações com o objetivo de elevar a escolaridade e a qualificação profissional nos setores da economia que contem com alto índice de ocupação por trabalhadores negros de baixa escolarização.

Art. 40. O Conselho Deliberativo do Fundo de Amparo ao Trabalhador (Codefat) formulará políticas, programas e projetos voltados para a inclusão da população negra no mercado de trabalho e orientará a destinação de recursos para seu financiamento.

Art. 41. As ações de emprego e renda, promovidas por meio de financiamento para constituição e ampliação de pequenas e médias empresas e de programas de geração de renda, contemplarão o estímulo à promoção de empresários negros.

Parágrafo único. O poder público estimulará as atividades voltadas ao turismo étnico com enfoque nos locais, monumentos e cidades que retratem a cultura, os usos e os costumes da população negra.

Art. 42. O Poder Executivo federal poderá implementar critérios para provimento de cargos em comissão e funções de confiança destinados a ampliar a participação de negros, buscando reproduzir a estrutura da distribuição étnica nacional ou, quando for o caso, estadual, observados os dados demográficos oficiais.

Capítulo VI
DOS MEIOS DE COMUNICAÇÃO

Art. 43. A produção veiculada pelos órgãos de comunicação valorizará a herança cultural e a participação da população negra na história do País.

Art. 44. Na produção de filmes e programas destinados à veiculação pelas emissoras de televisão e em salas cinematográficas, deverá ser adotada a prática de conferir oportunidades de emprego para atores, figurantes e técnicos negros, sendo vedada toda e qualquer discriminação de natureza política, ideológica, étnica ou artística.

Parágrafo único. A exigência disposta no *caput* não se aplica aos filmes e programas que abordem especificidades de grupos étnicos determinados.

Art. 45. Aplica-se à produção de peças publicitárias destinadas à veiculação pelas emissoras de televisão e em salas cinematográficas o disposto no art. 44.

Art. 46. Os órgãos e entidades da administração pública federal direta, autárquica ou fundacional, as empresas públicas e as sociedades de economia mista federais deverão incluir cláusulas de participação de artistas negros nos contratos de realização de filmes, programas ou quaisquer outras peças de caráter publicitário.

§ 1º Os órgãos e entidades de que trata este artigo incluirão, nas especificações para contratação de serviços de consultoria, conceituação, produção e realização de filmes, programas ou peças publicitárias, a obrigatoriedade da prática de iguais oportunidades de emprego para as pessoas relacionadas com o projeto ou serviço contratado.

§ 2º Entende-se por prática de iguais oportunidades de emprego o conjunto de medidas sistemáticas executadas com a finalidade de garantir a diversidade étnica, de sexo e de idade na equipe vinculada ao projeto ou serviço contratado.

§ 3º A autoridade contratante poderá, se considerar necessário para garantir a prática de iguais oportunidades de emprego, requerer auditoria por órgão do poder público federal.

§ 4º A exigência disposta no *caput* não se aplica às produções publicitárias quando abordarem especificidades de grupos étnicos determinados.

TÍTULO III
DO SISTEMA NACIONAL DE PROMOÇÃO DA IGUALDADE RACIAL (SINAPIR)

Capítulo I
DISPOSIÇÃO PRELIMINAR

Art. 47. É instituído o Sistema Nacional de Promoção da Igualdade Racial (Sinapir) como forma de organização e de articulação voltadas à implementação do conjunto de políticas e serviços destinados a superar

Lei 12.288/2010

as desigualdades étnicas existentes no País, prestados pelo poder público federal.

§ 1º Os Estados, o Distrito Federal e os Municípios poderão participar do Sinapir mediante adesão.

§ 2º O poder público federal incentivará a sociedade e a iniciativa privada a participar do Sinapir.

Capítulo II
DOS OBJETIVOS

Art. 48. São objetivos do Sinapir:

I – promover a igualdade étnica e o combate às desigualdades sociais resultantes do racismo, inclusive mediante adoção de ações afirmativas;

II – formular políticas destinadas a combater os fatores de marginalização e a promover a integração social da população negra;

III – descentralizar a implementação de ações afirmativas pelos governos estaduais, distrital e municipais;

IV – articular planos, ações e mecanismos voltados à promoção da igualdade étnica;

V – garantir a eficácia dos meios e dos instrumentos criados para a implementação das ações afirmativas e o cumprimento das metas a serem estabelecidas.

Capítulo III
DA ORGANIZAÇÃO E COMPETÊNCIA

Art. 49. O Poder Executivo federal elaborará plano nacional de promoção da igualdade racial contendo as metas, princípios e diretrizes para a implementação da Política Nacional de Promoção da Igualdade Racial (PNPIR).

§ 1º A elaboração, implementação, coordenação, avaliação e acompanhamento da PNPIR, bem como a organização, articulação e coordenação do Sinapir, serão efetivados pelo órgão responsável pela política de promoção da igualdade étnica em âmbito nacional.

§ 2º É o Poder Executivo federal autorizado a instituir fórum intergovernamental de promoção da igualdade étnica, a ser coordenado pelo órgão responsável pelas políticas de promoção da igualdade étnica, com o objetivo de implementar estratégias que visem à incorporação da política nacional de promoção da igualdade étnica nas ações governamentais de Estados e Municípios.

§ 3º As diretrizes das políticas nacional e regional de promoção da igualdade étnica serão elaboradas por órgão colegiado que assegure a participação da sociedade civil.

Art. 50. Os Poderes Executivos estaduais, distrital e municipais, no âmbito das respectivas esferas de competência, poderão instituir conselhos de promoção da igualdade étnica, de caráter permanente e consultivo, compostos por igual número de representantes de órgãos e entidades públicas e de organizações da sociedade civil representativas da população negra.

Parágrafo único. O Poder Executivo priorizará o repasse dos recursos referentes aos programas e atividades previstos nesta Lei aos Estados, Distrito Federal e Municípios que tenham criado conselhos de promoção da igualdade étnica.

Capítulo IV
DAS OUVIDORIAS PERMANENTES E DO ACESSO À JUSTIÇA E À SEGURANÇA

Art. 51. O poder público federal instituirá, na forma da lei e no âmbito dos Poderes Legislativo e Executivo, Ouvidorias Permanentes em Defesa da Igualdade Racial, para receber e encaminhar denúncias de preconceito e discriminação com base em etnia ou cor e acompanhar a implementação de medidas para a promoção da igualdade.

Art. 52. É assegurado às vítimas de discriminação étnica o acesso aos órgãos de Ouvidoria Permanente, à Defensoria Pública, ao Ministério Público e ao Poder Judiciário, em todas as suas instâncias, para a garantia do cumprimento de seus direitos.

Parágrafo único. O Estado assegurará atenção às mulheres negras em situação de violência, garantida a assistência física, psíquica, social e jurídica.

Art. 53. O Estado adotará medidas especiais para coibir a violência policial incidente sobre a população negra.

Parágrafo único. O Estado implementará ações de ressocialização e proteção da juventude negra em conflito com a lei e exposta a experiências de exclusão social.

Art. 54. O Estado adotará medidas para coibir atos de discriminação e preconceito praticados por servidores públicos em detrimento da população negra, observado, no que couber, o disposto na Lei 7.716, de 5 de janeiro de 1989.

Art. 55. Para a apreciação judicial das lesões e das ameaças de lesão aos interesses da população negra decorrentes de situações de desigualdade étnica, recorrer-se-á, entre outros instrumentos, à ação civil pública, disciplinada na Lei 7.347, de 24 de julho de 1985.

Capítulo V
DO FINANCIAMENTO DAS INICIATIVAS DE PROMOÇÃO DA IGUALDADE RACIAL

Art. 56. Na implementação dos programas e das ações constantes dos planos plurianuais e dos orçamentos anuais da União, deverão ser observadas as políticas de ação afirmativa a que se refere o inciso VII do art. 4º desta Lei e outras políticas públicas que tenham como objetivo promover a igualdade de oportunidades e a inclusão social da população negra, especialmente no que tange a:

I – promoção da igualdade de oportunidades em educação, emprego e moradia;

II – financiamento de pesquisas, nas áreas de educação, saúde e emprego, voltadas para a melhoria da qualidade de vida da população negra;

III – incentivo à criação de programas e veículos de comunicação destinados à divulgação de matérias relacionadas aos interesses da população negra;

IV – incentivo à criação e à manutenção de microempresas administradas por pessoas autodeclaradas negras;

V – iniciativas que incrementem o acesso e a permanência das pessoas negras na educação fundamental, média, técnica e superior;

VI – apoio a programas e projetos dos governos estaduais, distrital e municipais e de entidades da sociedade civil voltados para a promoção da igualdade de oportunidades para a população negra;

VII – apoio a iniciativas em defesa da cultura, da memória e das tradições africanas e brasileiras.

§ 1º O Poder Executivo federal é autorizado a adotar medidas que garantam, em cada exercício, a transparência na alocação e na execução dos recursos necessários ao financiamento das ações previstas neste Estatuto, explicitando, entre outros, a proporção dos recursos orçamentários destinados aos programas de promoção da igualdade, especialmente nas áreas de educação, saúde, emprego e renda, desenvolvimento agrário, habitação popular, desenvolvimento regional, cultura, esporte e lazer.

§ 2º Durante os 5 (cinco) primeiros anos, a contar do exercício subsequente à publicação deste Estatuto, os órgãos do Poder Executivo federal que desenvolvem políticas e programas nas áreas referidas no § 1º deste artigo discriminarão em seus orçamentos anuais a participação nos programas de ação afirmativa referidos no inciso VII do art. 4º desta Lei.

§ 3º O Poder Executivo é autorizado a adotar as medidas necessárias para a adequada implementação do disposto neste artigo, podendo estabelecer patamares de participação crescente dos programas de ação afirmativa nos orçamentos anuais a que se refere o § 2º deste artigo.

§ 4º O órgão colegiado do Poder Executivo federal responsável pela promoção da igualdade racial acompanhará e avaliará a programação das ações referidas neste artigo nas propostas orçamentárias da União.

Art. 57. Sem prejuízo da destinação de recursos ordinários, poderão ser consignados nos orçamentos fiscal e da seguridade social para financiamento das ações de que trata o art. 56:

I – transferências voluntárias dos Estados, do Distrito Federal e dos Municípios;

II – doações voluntárias de particulares;

Lei 12.288/2010

III – doações de empresas privadas e organizações não governamentais, nacionais ou internacionais;
IV – doações voluntárias de fundos nacionais ou internacionais;
V – doações de Estados estrangeiros, por meio de convênios, tratados e acordos internacionais.

TÍTULO IV
DISPOSIÇÕES FINAIS

Art. 58. As medidas instituídas nesta Lei não excluem outras em prol da população negra que tenham sido ou venham a ser adotadas no âmbito da União, dos Estados, do Distrito Federal ou dos Municípios.

Art. 59. O Poder Executivo federal criará instrumentos para aferir a eficácia social das medidas previstas nesta Lei e efetuará seu monitoramento constante, com a emissão e a divulgação de relatórios periódicos, inclusive pela rede mundial de computadores.

Art. 60. Os arts. 3º e 4º da Lei 7.716, de 1989, passam a vigorar com a seguinte redação:
"Art. 3º [...]
"Parágrafo único. Incorre na mesma pena quem, por motivo de discriminação de raça, cor, etnia, religião ou procedência nacional, obstar a promoção funcional."
"Art. 4º [...]
"§ 1º Incorre na mesma pena quem, por motivo de discriminação de raça ou de cor ou práticas resultantes do preconceito de descendência ou origem nacional ou étnica:
"I – deixar de conceder os equipamentos necessários ao empregado em igualdade de condições com os demais trabalhadores;
"II – impedir a ascensão funcional do empregado ou obstar outra forma de benefício profissional;
"III – proporcionar ao empregado tratamento diferenciado no ambiente de trabalho, especialmente quanto ao salário.
"§ 2º Ficará sujeito às penas de multa e de prestação de serviços à comunidade, incluindo atividades de promoção da igualdade racial, quem, em anúncios ou qualquer outra forma de recrutamento de trabalhadores, exigir aspectos de aparência próprios de raça ou etnia para emprego cujas atividades não justifiquem essas exigências."

Art. 61. Os arts. 3º e 4º da Lei 9.029, de 13 de abril de 1995, passam a vigorar com a seguinte redação:
"Art. 3º Sem prejuízo do prescrito no art. 2º e nos dispositivos legais que tipificam os crimes resultantes de preconceito de etnia, raça ou cor, as infrações do disposto nesta Lei são passíveis das seguintes cominações:
"[...]"
"Art. 4º O rompimento da relação de trabalho por ato discriminatório, nos moldes desta Lei, além do direito à reparação pelo dano moral, faculta ao empregado optar entre:
"[...]"

Art. 62. O art. 13 da Lei 7.347, de 1985, passa a vigorar acrescido do seguinte § 2º, renumerando-se o atual parágrafo único como § 1º:
• Alteração processada no texto da referida Lei.

Art. 63. O § 1º do art. 1º da Lei 10.778, de 24 de novembro de 2003, passa a vigorar com a seguinte redação:
"Art. 1º [...]
"§ 1º Para os efeitos desta Lei, entende-se por violência contra a mulher qualquer ação ou conduta, baseada no gênero, inclusive decorrente de discriminação ou desigualdade étnica, que cause morte, dano ou sofrimento físico, sexual ou psicológico à mulher, tanto no âmbito público quanto no privado.
"[...]"

Art. 64. O § 3º do art. 20 da Lei 7.716, de 1989, passa a vigorar acrescido do seguinte inciso III:
"Art. 20. [...]
"[...]
"§ 3º [...]
"[...]
"III – a interdição das respectivas mensagens ou páginas de informação na rede mundial de computadores.
"[...]"

Lei 12.318/2010

LEGISLAÇÃO

Art. 65. Esta Lei entra em vigor 90 (noventa) dias após a data de sua publicação.

Brasília, 20 de julho de 2010; 189º da Independência e 122º da República.

Luiz Inácio Lula da Silva

(*DOU* 21.07.2010)

LEI 12.318, DE 26 DE AGOSTO DE 2010

Dispõe sobre a alienação parental e altera o art. 236 da Lei 8.069, de 13 de julho de 1990.

O Presidente da República:

Faço saber que o Congresso Nacional decreta e eu sanciono a seguinte Lei:

Art. 1º Esta Lei dispõe sobre a alienação parental.

Art. 2º Considera-se ato de alienação parental a interferência na formação psicológica da criança ou do adolescente promovida ou induzida por um dos genitores, pelos avós ou pelos que tenham a criança ou adolescente sob a sua autoridade, guarda ou vigilância para que repudie genitor ou que cause prejuízo ao estabelecimento ou à manutenção de vínculos com este.

Parágrafo único. São formas exemplificativas de alienação parental, além dos atos assim declarados pelo juiz ou constatados por perícia, praticados diretamente ou com auxílio de terceiros:

I – realizar campanha de desqualificação da conduta do genitor no exercício da paternidade ou maternidade;

II – dificultar o exercício da autoridade parental;

III – dificultar contato de criança ou adolescente com genitor;

IV – dificultar o exercício do direito regulamentado de convivência familiar;

V – omitir deliberadamente a genitor informações pessoais relevantes sobre a criança ou adolescente, inclusive escolares, médicas e alterações de endereço;

VI – apresentar falsa denúncia contra genitor, contra familiares deste ou contra avós, para obstar ou dificultar a convivência deles com a criança ou adolescente;

VII – mudar o domicílio para local distante, sem justificativa, visando a dificultar a convivência da criança ou adolescente com o outro genitor, com familiares deste ou com avós.

Art. 3º A prática de ato de alienação parental fere direito fundamental da criança ou do adolescente de convivência familiar saudável, prejudica a realização de afeto nas relações com genitor e com o grupo familiar, constitui abuso moral contra a criança ou o adolescente e descumprimento dos deveres inerentes à autoridade parental ou decorrentes de tutela ou guarda.

Art. 4º Declarado indício de ato de alienação parental, a requerimento ou de ofício, em qualquer momento processual, em ação autônoma ou incidentalmente, o processo terá tramitação prioritária, e o juiz determinará, com urgência, ouvido o Ministério Público, as medidas provisórias necessárias para preservação da integridade psicológica da criança ou do adolescente, inclusive para assegurar sua convivência com genitor ou viabilizar a efetiva reaproximação entre ambos, se for o caso.

Parágrafo único. Assegurar-se-á à criança ou adolescente e ao genitor garantia mínima de visitação assistida, ressalvados os casos em que há iminente risco de prejuízo à integridade física ou psicológica da criança ou do adolescente, atestado por profissional eventualmente designado pelo juiz para acompanhamento das visitas.

Art. 5º Havendo indício da prática de ato de alienação parental, em ação autônoma ou incidental, o juiz, se necessário, determinará perícia psicológica ou biopsicossocial.

§ 1º O laudo pericial terá base em ampla avaliação psicológica ou biopsicossocial, conforme o caso, compreendendo, inclusive, entrevista pessoal com as partes, exame de documentos dos autos, histórico do relacionamento do casal e da separação, cronologia de incidentes, avaliação da personalidade dos envolvidos e exame da forma como a criança ou adolescente se manifesta acerca de eventual acusação contra genitor.

§ 2º A perícia será realizada por profissional ou equipe multidisciplinar habilitados, exigido, em qualquer caso, aptidão comprovada por histórico profissional ou acadêmico para diagnosticar atos de alienação parental.

Lei 12.414/2011

LEGISLAÇÃO

§ 3º O perito ou equipe multidisciplinar designada para verificar a ocorrência de alienação parental terá prazo de 90 (noventa) dias para apresentação do laudo, prorrogável exclusivamente por autorização judicial baseada em justificativa circunstanciada.

Art. 6º Caracterizados atos típicos de alienação parental ou qualquer conduta que dificulte a convivência de criança ou adolescente com genitor, em ação autônoma ou incidental, o juiz poderá, cumulativamente ou não, sem prejuízo da decorrente responsabilidade civil ou criminal e da ampla utilização de instrumentos processuais aptos a inibir ou atenuar seus efeitos, segundo a gravidade do caso:

I – declarar a ocorrência de alienação parental e advertir o alienador;

II – ampliar o regime de convivência familiar em favor do genitor alienado;

III – estipular multa ao alienador;

IV – determinar acompanhamento psicológico e/ou biopsicossocial;

V – determinar a alteração da guarda para guarda compartilhada ou sua inversão;

VI – determinar a fixação cautelar do domicílio da criança ou adolescente;

VII – declarar a suspensão da autoridade parental.

Parágrafo único. Caracterizado mudança abusiva de endereço, inviabilização ou obstrução à convivência familiar, o juiz também poderá inverter a obrigação de levar para ou retirar a criança ou adolescente da residência do genitor, por ocasião das alternâncias dos períodos de convivência familiar.

Art. 7º A atribuição ou alteração da guarda dar-se-á por preferência ao genitor que viabiliza a efetiva convivência da criança ou adolescente com o outro genitor nas hipóteses em que seja inviável a guarda compartilhada.

Art. 8º A alteração de domicílio da criança ou adolescente é irrelevante para a determinação da competência relacionada às ações fundadas em direito de convivência familiar, salvo se decorrente de consenso entre os genitores ou de decisão judicial.

Art. 9º *(Vetado.)*

Art. 10. *(Vetado.)*

Art. 11. Esta Lei entra em vigor na data de sua publicação.

Brasília, 26 de agosto de 2010; 189º da Independência e 122º da República.

Luiz Inácio Lula da Silva

- Assinatura retificada no *DOU* de 31.08.2010.

(*DOU* 27.08.2010; ret. 31.08.2010)

LEI 12.414, DE 9 DE JUNHO DE 2011

Disciplina a formação e consulta a bancos de dados com informações de adimplemento, de pessoas naturais ou de pessoas jurídicas, para formação de histórico de crédito.

- V. Dec. 7.829/2012 (Regulamenta a Lei 12.414/2011).

A Presidenta da República:

Faço saber que o Congresso Nacional decreta e eu sanciono a seguinte Lei:

Art. 1º Esta Lei disciplina a formação e consulta a bancos de dados com informações de adimplemento, de pessoas naturais ou de pessoas jurídicas, para formação de histórico de crédito, sem prejuízo do disposto na Lei 8.078, de 11 de setembro de 1990 – Código de Proteção e Defesa do Consumidor.

Parágrafo único. Os bancos de dados instituídos ou mantidos por pessoas jurídicas de direito público interno serão regidos por legislação específica.

Art. 2º Para os efeitos desta Lei, considera-se:

I – banco de dados: conjunto de dados relativo a pessoa natural ou jurídica armazenados com a finalidade de subsidiar a concessão de crédito, a realização de venda a prazo ou de outras transações comerciais e empresariais que impliquem risco financeiro;

II – gestor: pessoa jurídica responsável pela administração de banco de dados, bem como pela coleta, armazenamento, análise e acesso de terceiros aos dados armazenados;

Lei 12.414/2011

LEGISLAÇÃO

III – cadastrado: pessoa natural ou jurídica que tenha autorizado inclusão de suas informações no banco de dados;

IV – fonte: pessoa natural ou jurídica que conceda crédito ou realize venda a prazo ou outras transações comerciais e empresariais que lhe impliquem risco financeiro;

V – consulente: pessoa natural ou jurídica que acesse informações em bancos de dados para qualquer finalidade permitida por esta Lei;

VI – anotação: ação ou efeito de anotar, assinalar, averbar, incluir, inscrever ou registrar informação relativa ao histórico de crédito em banco de dados; e

VII – histórico de crédito: conjunto de dados financeiros e de pagamentos relativos às operações de crédito e obrigações de pagamento adimplidas ou em andamento por pessoa natural ou jurídica.

Art. 3º Os bancos de dados poderão conter informações de adimplemento do cadastrado, para a formação do histórico de crédito, nas condições estabelecidas nesta Lei.

§ 1º Para a formação do banco de dados, somente poderão ser armazenadas informações objetivas, claras, verdadeiras e de fácil compreensão, que sejam necessárias para avaliar a situação econômica do cadastrado.

§ 2º Para os fins do disposto no § 1º, consideram-se informações:

I – objetivas: aquelas descritivas dos fatos e que não envolvam juízo de valor;

II – claras: aquelas que possibilitem o imediato entendimento do cadastrado independentemente de remissão a anexos, fórmulas, siglas, símbolos, termos técnicos ou nomenclatura específica;

III – verdadeiras: aquelas exatas, completas e sujeitas à comprovação nos termos desta Lei; e

IV – de fácil compreensão: aquelas em sentido comum que assegurem ao cadastrado o pleno conhecimento do conteúdo, do sentido e do alcance dos dados sobre ele anotados.

§ 3º Ficam proibidas as anotações de:

I – informações excessivas, assim consideradas aquelas que não estiverem vinculadas à análise de risco de crédito ao consumidor; e

II – informações sensíveis, assim consideradas aquelas pertinentes à origem social e étnica, à saúde, à informação genética, à orientação sexual e às convicções políticas, religiosas e filosóficas.

Art. 4º A abertura de cadastro requer autorização prévia do potencial cadastrado mediante consentimento informado por meio de assinatura em instrumento específico ou em cláusula apartada.

§ 1º Após a abertura do cadastro, a anotação de informação em banco de dados independe de autorização e de comunicação ao cadastrado.

§ 2º Atendido o disposto no *caput*, as fontes ficam autorizadas, nas condições estabelecidas nesta Lei, a fornecer aos bancos de dados informações necessárias à formação do histórico das pessoas cadastradas.

§ 3º *(Vetado.)*

Art. 5º São direitos do cadastrado:

I – obter o cancelamento do cadastro quando solicitado;

II – acessar gratuitamente as informações sobre ele existentes no banco de dados, inclusive o seu histórico, cabendo ao gestor manter sistemas seguros, por telefone ou por meio eletrônico, de consulta para informar as informações de adimplemento;

III – solicitar impugnação de qualquer informação sobre ele erroneamente anotada em banco de dados e ter, em até 7 (sete) dias, sua correção ou cancelamento e comunicação aos bancos de dados com os quais ele compartilhou a informação;

IV – conhecer os principais elementos e critérios considerados para a análise de risco, resguardado o segredo empresarial;

V – ser informado previamente sobre o armazenamento, a identidade do gestor do banco de dados, o objetivo do tratamento dos dados pessoais e os destinatários dos dados em caso de compartilhamento;

VI – solicitar ao consulente a revisão de decisão realizada exclusivamente por meios automatizados; e

1749

Lei 12.414/2011

VII – ter os seus dados pessoais utilizados somente de acordo com a finalidade para a qual eles foram coletados.

§ 1º *(Vetado.)*

§ 2º *(Vetado.)*

Art. 6º Ficam os gestores de bancos de dados obrigados, quando solicitados, a fornecer ao cadastrado:

I – todas as informações sobre ele constantes de seus arquivos, no momento da solicitação;

II – indicação das fontes relativas às informações de que trata o inciso I, incluindo endereço e telefone para contato;

III – indicação dos gestores de bancos de dados com os quais as informações foram compartilhadas;

IV – indicação de todos os consulentes que tiveram acesso a qualquer informação sobre ele nos 6 (seis) meses anteriores à solicitação; e

V – cópia de texto contendo sumário dos seus direitos, definidos em lei ou em normas infralegais pertinentes à sua relação com bancos de dados, bem como a lista dos órgãos governamentais aos quais poderá ele recorrer, caso considere que esses direitos foram infringidos.

§ 1º É vedado aos gestores de bancos de dados estabelecerem políticas ou realizarem operações que impeçam, limitem ou dificultem o acesso do cadastrado previsto no inciso II do art. 5º.

§ 2º O prazo para atendimento das informações estabelecidas nos incisos II, III, IV e V deste artigo será de 7 (sete) dias.

Art. 7º As informações disponibilizadas nos bancos de dados somente poderão ser utilizadas para:

I – realização de análise de risco de crédito do cadastrado; ou

II – subsidiar a concessão ou extensão de crédito e a realização de venda a prazo ou outras transações comerciais e empresariais que impliquem risco financeiro ao consulente.

Parágrafo único. Cabe ao gestor manter sistemas seguros, por telefone ou por meio eletrônico, de consulta para informar aos consulentes as informações de adimplemento do cadastrado.

Art. 8º São obrigações das fontes:

I – manter os registros adequados para demonstrar que a pessoa natural ou jurídica autorizou o envio e a anotação de informações em bancos de dados;

II – comunicar os gestores de bancos de dados acerca de eventual exclusão ou revogação de autorização do cadastrado;

III – verificar e confirmar, ou corrigir, em prazo não superior a 2 (dois) dias úteis, informação impugnada, sempre que solicitado por gestor de banco de dados ou diretamente pelo cadastrado;

IV – atualizar e corrigir informações enviadas aos gestores de bancos de dados, em prazo não superior a 7 (sete) dias;

V – manter os registros adequados para verificar informações enviadas aos gestores de bancos de dados; e

VI – fornecer informações sobre o cadastrado, em bases não discriminatórias, a todos os gestores de bancos de dados que as solicitarem, no mesmo formato e contendo as mesmas informações fornecidas a outros bancos de dados.

Parágrafo único. É vedado às fontes estabelecerem políticas ou realizarem operações que impeçam, limitem ou dificultem a transmissão a banco de dados de informações de cadastrados que tenham autorizado a anotação de seus dados em bancos de dados.

Art. 9º O compartilhamento de informação de adimplemento só é permitido se autorizado expressamente pelo cadastrado, por meio de assinatura em instrumento específico ou em cláusula apartada.

§ 1º O gestor que receber informações por meio de compartilhamento equipara-se, para todos os efeitos desta Lei, ao gestor que anotou originariamente a informação, inclusive quanto à responsabilidade solidária por eventuais prejuízos causados e ao dever de receber e processar impugnação e realizar retificações.

§ 2º O gestor originário é responsável por manter atualizadas as informações cadastrais nos demais bancos de dados com os

Lei 12.414/2011

LEGISLAÇÃO

quais compartilhou informações, bem como por informar a solicitação de cancelamento do cadastro, sem quaisquer ônus para o cadastrado.

§ 3º O cancelamento do cadastro pelo gestor originário implica o cancelamento do cadastro em todos os bancos de dados que compartilharam informações, que ficam obrigados a proceder, individualmente, ao respectivo cancelamento nos termos desta Lei.

§ 4º O gestor deverá assegurar, sob pena de responsabilidade, a identificação da pessoa que promover qualquer inscrição ou atualização de dados relacionados com o cadastrado, registrando a data desta ocorrência, bem como a identificação exata da fonte, do nome do agente que a efetuou e do equipamento ou terminal a partir do qual foi processada tal ocorrência.

Art. 10. É proibido ao gestor exigir exclusividade das fontes de informações.

Art. 11. Desde que autorizados pelo cadastrado, os prestadores de serviços continuados de água, esgoto, eletricidade, gás e telecomunicações, dentre outros, poderão fornecer aos bancos de dados indicados, na forma do regulamento, informação sobre o adimplemento das obrigações financeiras do cadastrado.

Parágrafo único. É vedada a anotação de informação sobre serviço de telefonia móvel na modalidade pós-paga.

Art. 12. Quando solicitado pelo cliente, as instituições autorizadas a funcionar pelo Banco Central do Brasil fornecerão aos bancos de dados indicados as informações relativas às suas operações de crédito.

§ 1º As informações referidas no *caput* devem compreender somente o histórico das operações de empréstimo e de financiamento realizadas pelo cliente.

§ 2º É proibido às instituições autorizadas a funcionar pelo Banco Central do Brasil estabelecer políticas ou realizar operações que impeçam, limitem ou dificultem a transmissão das informações bancárias de seu cliente a bancos de dados, quando por este autorizadas.

§ 3º O Conselho Monetário Nacional adotará as medidas e normas complementares necessárias para a aplicação do disposto neste artigo.

Art. 13. O Poder Executivo regulamentará o disposto nesta Lei, em especial quanto ao uso, guarda, escopo e compartilhamento das informações recebidas por bancos de dados e quanto ao disposto no art. 5º.

Art. 14. As informações de adimplemento não poderão constar de bancos de dados por período superior a 15 (quinze) anos.

Art. 15. As informações sobre o cadastrado constantes dos bancos de dados somente poderão ser acessadas por consulentes que com ele mantiverem ou pretenderem manter relação comercial ou creditícia.

Art. 16. O banco de dados, a fonte e o consulente são responsáveis objetiva e solidariamente pelos danos materiais e morais que causarem ao cadastrado.

Art. 17. Nas situações em que o cadastrado for consumidor, caracterizado conforme a Lei 8.078, de 11 de setembro de 1990 – Código de Proteção e Defesa do Consumidor, aplicam-se as sanções e penas nela previstas e o disposto no § 2º.

§ 1º Nos casos previstos no *caput*, a fiscalização e a aplicação das sanções serão exercidas concorrentemente pelos órgãos de proteção e defesa do consumidor da União, dos Estados, do Distrito Federal e dos Municípios, nas respectivas áreas de atuação administrativa.

§ 2º Sem prejuízo do disposto no *caput* e no § 1º, os órgãos de proteção e defesa do consumidor poderão aplicar medidas corretivas, estabelecendo aos bancos de dados que descumprirem o previsto nesta Lei obrigações de fazer com que sejam excluídas do cadastro, no prazo de 7 (sete) dias, informações incorretas, bem como cancelados cadastros de pessoas que não autorizaram a abertura.

Lei 12.562/2011

Art. 18. Esta Lei entra em vigor na data de sua publicação.

Brasília, 9 de junho de 2011; 190º da Independência e 123º da República.

Dilma Rousseff

(*DOU* 10.06.2011)

LEI 12.562, DE 23 DE DEZEMBRO DE 2011

Regulamenta o inciso III do art. 36 da Constituição Federal, para dispor sobre o processo e julgamento da representação interventiva perante o Supremo Tribunal Federal.

A Presidenta da República:

Faço saber que o Congresso Nacional decreta e eu sanciono a seguinte Lei:

Art. 1º Esta Lei dispõe sobre o processo e julgamento da representação interventiva prevista no inciso III do art. 36 da Constituição Federal.

Art. 2º A representação será proposta pelo Procurador-Geral da República, em caso de violação aos princípios referidos no inciso VII do art. 34 da Constituição Federal, ou de recusa, por parte de Estado-membro, à execução de lei federal.

Art. 3º A petição inicial deverá conter:

I – a indicação do princípio constitucional que se considera violado ou, se for o caso de recusa à aplicação de lei federal, das disposições questionadas;

II – a indicação do ato normativo, do ato administrativo, do ato concreto ou da omissão questionados;

III – a prova da violação do princípio constitucional ou da recusa de execução de lei federal;

IV – o pedido, com suas especificações.

Parágrafo único. A petição inicial será apresentada em duas vias, devendo conter, se for o caso, cópia do ato questionado e dos documentos necessários para comprovar a impugnação.

Art. 4º A petição inicial será indeferida liminarmente pelo relator, quando não for o caso de representação interventiva, faltar algum dos requisitos estabelecidos nesta Lei ou for inepta.

Parágrafo único. Da decisão de indeferimento da petição inicial caberá agravo, no prazo de 5 (cinco) dias.

Art. 5º O Supremo Tribunal Federal, por decisão da maioria absoluta de seus membros, poderá deferir pedido de medida liminar na representação interventiva.

§ 1º O relator poderá ouvir os órgãos ou autoridades responsáveis pelo ato questionado, bem como o Advogado-Geral da União ou o Procurador-Geral da República, no prazo comum de 5 (cinco) dias.

§ 2º A liminar poderá consistir na determinação de que se suspenda o andamento de processo ou os efeitos de decisões judiciais ou administrativas ou de qualquer outra medida que apresente relação com a matéria objeto da representação interventiva.

Art. 6º Apreciado o pedido de liminar ou, logo após recebida a petição inicial, se não houver pedido de liminar, o relator solicitará as informações às autoridades responsáveis pela prática do ato questionado, que as prestarão em até 10 (dez) dias.

§ 1º Decorrido o prazo para prestação das informações, serão ouvidos, sucessivamente, o Advogado-Geral da União e o Procurador-Geral da República, que deverão manifestar-se, cada qual, no prazo de 10 (dez) dias.

§ 2º Recebida a inicial, o relator deverá tentar dirimir o conflito que dá causa ao pedido, utilizando-se dos meios que julgar necessários, na forma do regimento interno.

Art. 7º Se entender necessário, poderá o relator requisitar informações adicionais, designar perito ou comissão de peritos para que elabore laudo sobre a questão ou, ainda, fixar data para declarações, em audiência pública, de pessoas com experiência e autoridade na matéria.

Parágrafo único. Poderão ser autorizadas, a critério do relator, a manifestação e a juntada de documentos por parte de interessados no processo.

Art. 8º Vencidos os prazos previstos no art. 6º ou, se for o caso, realizadas as dili-

Lei 12.587/2012

LEGISLAÇÃO

gências de que trata o art. 7º, o relator lançará o relatório, com cópia para todos os Ministros, e pedirá dia para julgamento.

Art. 9º A decisão sobre a representação interventiva somente será tomada se presentes na sessão pelo menos oito Ministros.

Art. 10. Realizado o julgamento, proclamar-se-á a procedência ou improcedência do pedido formulado na representação interventiva se num ou noutro sentido se tiverem manifestado pelo menos seis Ministros.

Parágrafo único. Estando ausentes Ministros em número que possa influir na decisão sobre a representação interventiva, o julgamento será suspenso, a fim de se aguardar o comparecimento dos Ministros ausentes, até que se atinja o número necessário para a prolação da decisão.

Art. 11. Julgada a ação, far-se-á a comunicação às autoridades ou aos órgãos responsáveis pela prática dos atos questionados, e, se a decisão final for pela procedência do pedido formulado na representação interventiva, o Presidente do Supremo Tribunal Federal, publicado o acórdão, levá-lo-á ao conhecimento do Presidente da República para, no prazo improrrogável de até 15 (quinze) dias, dar cumprimento aos §§ 1º e 3º do art. 36 da Constituição Federal.

Parágrafo único. Dentro do prazo de 10 (dez) dias, contado a partir do trânsito em julgado da decisão, a parte dispositiva será publicada em seção especial do *Diário da Justiça* e do *Diário Oficial da União*.

Art. 12. A decisão que julgar procedente ou improcedente o pedido da representação interventiva é irrecorrível, sendo insuscetível de impugnação por ação rescisória.

Art. 13. Esta Lei entra em vigor na data de sua publicação.

Brasília, 23 de dezembro de 2011; 190º da Independência e 123º da República.

Dilma Rousseff

- Assinatura retificada no *DOU* de 27.12.2011.

(*DOU* 26.12.2011; ret. 27.12.2011)

LEI 12.587,
DE 3 DE JANEIRO DE 2012

Institui as diretrizes da Política Nacional de Mobilidade Urbana; revoga dispositivos dos Decretos-leis 3.326, de 3 de junho de 1941, e 5.405, de 13 de abril de 1943, da Consolidação das Leis do Trabalho (CLT), aprovada pelo Decreto-lei 5.452, de 1º de maio de 1943, e das Leis 5.917, de 10 de setembro de 1973, e 6.261, de 14 de novembro de 1975; e dá outras providências.

A Presidenta da República
Faço saber que o Congresso Nacional decreta e eu sanciono a seguinte Lei:

Capítulo I
DISPOSIÇÕES GERAIS

Art. 1º A Política Nacional de Mobilidade Urbana é instrumento da política de desenvolvimento urbano de que tratam o inciso XX do art. 21 e o art. 182 da Constituição Federal, objetivando a integração entre os diferentes modos de transporte e a melhoria da acessibilidade e mobilidade das pessoas e cargas no território do Município.

Parágrafo único. A Política Nacional a que se refere o *caput* deve atender ao previsto no inciso VII do art. 2º e no § 2º do art. 40 da Lei 10.257, de 10 de julho de 2001 (Estatuto da Cidade).

Art. 2º A Política Nacional de Mobilidade Urbana tem por objetivo contribuir para o acesso universal à cidade, o fomento e a concretização das condições que contribuam para a efetivação dos princípios, objetivos e diretrizes da política de desenvolvimento urbano, por meio do planejamento e da gestão democrática do Sistema Nacional de Mobilidade Urbana.

Art. 3º O Sistema Nacional de Mobilidade Urbana é o conjunto organizado e coordenado dos modos de transporte, de serviços e de infraestruturas que garante os deslocamentos de pessoas e cargas no território do Município.

§ 1º São modos de transporte urbano:

I – motorizados; e

Lei 12.587/2012

LEGISLAÇÃO

II – não motorizados.
§ 2º Os serviços de transporte urbano são classificados:
I – quanto ao objeto:
a) de passageiros;
b) de cargas;
II – quanto à característica do serviço:
a) coletivo;
b) individual;
III – quanto à natureza do serviço:
a) público;
b) privado.
§ 3º São infraestruturas de mobilidade urbana:
I – vias e demais logradouros públicos, inclusive metroferrovias, hidrovias e ciclovias;
II – estacionamentos;
III – terminais, estações e demais conexões;
IV – pontos para embarque e desembarque de passageiros e cargas;
V – sinalização viária e de trânsito;
VI – equipamentos e instalações; e
VII – instrumentos de controle, fiscalização, arrecadação de taxas e tarifas e difusão de informações.

Seção I
As definições

Art. 4º Para os fins desta Lei, considera-se:
I – transporte urbano: conjunto dos modos e serviços de transporte público e privado utilizados para o deslocamento de pessoas e cargas nas cidades integrantes da Política Nacional de Mobilidade Urbana;
II – mobilidade urbana: condição em que se realizam os deslocamentos de pessoas e cargas no espaço urbano;
III – acessibilidade: facilidade disponibilizada às pessoas que possibilite a todos autonomia nos deslocamentos desejados, respeitando-se a legislação em vigor;
IV – modos de transporte motorizado: modalidades que se utilizam de veículos automotores;
V – modos de transporte não motorizado: modalidades que se utilizam do esforço humano ou tração animal;
VI – transporte público coletivo: serviço público de transporte de passageiros acessível a toda a população mediante pagamento individualizado, com itinerários e preços fixados pelo poder público;
VII – transporte privado coletivo: serviço de transporte de passageiros não aberto ao público para a realização de viagens com características operacionais exclusivas para cada linha e demanda;
VIII – transporte público individual: serviço remunerado de transporte de passageiros aberto ao público, por intermédio de veículos de aluguel, para a realização de viagens individualizadas;
IX – transporte urbano de cargas: serviço de transporte de bens, animais ou mercadorias;
X – transporte motorizado privado: meio motorizado de transporte de passageiros utilizado para a realização de viagens individualizadas por intermédio de veículos particulares;
XI – transporte público coletivo intermunicipal de caráter urbano: serviço de transporte público coletivo entre Municípios que tenham contiguidade nos seus perímetros urbanos;
XII – transporte público coletivo interestadual de caráter urbano: serviço de transporte público coletivo entre Municípios de diferentes Estados que mantenham contiguidade nos seus perímetros urbanos; e
XIII – transporte público coletivo internacional de caráter urbano: serviço de transporte coletivo entre Municípios localizados em regiões de fronteira cujas cidades são definidas como cidades gêmeas.

Seção II
Dos princípios, diretrizes e objetivos da política nacional de mobilidade urbana

Art. 5º A Política Nacional de Mobilidade Urbana está fundamentada nos seguintes princípios:
I – acessibilidade universal;
II – desenvolvimento sustentável das cidades, nas dimensões socioeconômicas e ambientais;
III – equidade no acesso dos cidadãos ao transporte público coletivo;
IV – eficiência, eficácia e efetividade na prestação dos serviços de transporte urbano;
V – gestão democrática e controle social do planejamento e avaliação da Política Nacional de Mobilidade Urbana;
VI – segurança nos deslocamentos das pessoas;

Lei 12.587/2012

VII – justa distribuição dos benefícios e ônus decorrentes do uso dos diferentes modos e serviços;
VIII – equidade no uso do espaço público de circulação, vias e logradouros; e
IX – eficiência, eficácia e efetividade na circulação urbana.

Art. 6º A Política Nacional de Mobilidade Urbana é orientada pelas seguintes diretrizes:
I – integração com a política de desenvolvimento urbano e respectivas políticas setoriais de habitação, saneamento básico, planejamento e gestão do uso do solo no âmbito dos entes federativos;
II – prioridade dos modos de transportes não motorizados sobre os motorizados e dos serviços de transporte público coletivo sobre o transporte individual motorizado;
III – integração entre os modos e serviços de transporte urbano;
IV – mitigação dos custos ambientais, sociais e econômicos dos deslocamentos de pessoas e cargas na cidade;
V – incentivo ao desenvolvimento científico-tecnológico e ao uso de energias renováveis e menos poluentes;
VI – priorização de projetos de transporte público coletivo estruturadores do território e indutores do desenvolvimento urbano integrado; e
VII – integração entre as cidades gêmeas localizadas na faixa de fronteira com outros países sobre a linha divisória internacional.

Art. 7º A Política Nacional de Mobilidade Urbana possui os seguintes objetivos:
I – reduzir as desigualdades e promover a inclusão social;
II – promover o acesso aos serviços básicos e equipamentos sociais;
III – proporcionar melhoria nas condições urbanas da população no que se refere à acessibilidade e à mobilidade;
IV – promover o desenvolvimento sustentável com a mitigação dos custos ambientais e socioeconômicos dos deslocamentos de pessoas e cargas nas cidades; e
V – consolidar a gestão democrática como instrumento e garantia da construção contínua do aprimoramento da mobilidade urbana.

Capítulo II
DAS DIRETRIZES PARA A REGULAÇÃO DOS SERVIÇOS DE TRANSPORTE PÚBLICO COLETIVO

Art. 8º A política tarifária do serviço de transporte público coletivo é orientada pelas seguintes diretrizes:
I – promoção da equidade no acesso aos serviços;
II – melhoria da eficiência e da eficácia na prestação dos serviços;
III – ser instrumento da política de ocupação equilibrada da cidade de acordo com o plano diretor municipal, regional e metropolitano;
IV – contribuição dos beneficiários diretos e indiretos para custeio da operação dos serviços;
V – simplicidade na compreensão, transparência da estrutura tarifária para o usuário e publicidade do processo de revisão;
VI – modicidade da tarifa para o usuário;
VII – integração física, tarifária e operacional dos diferentes modos e das redes de transporte público e privado nas cidades;
VIII – articulação interinstitucional dos órgãos gestores dos entes federativos por meio de consórcios públicos; e
IX – estabelecimento e publicidade de parâmetros de qualidade e quantidade na prestação dos serviços de transporte público coletivo.
§ 1º *(Vetado.)*
§ 2º Os Municípios deverão divulgar, de forma sistemática e periódica, os impactos dos benefícios tarifários concedidos no valor das tarifas dos serviços de transporte público coletivo.
§ 3º *(Vetado.)*

Art. 9º O regime econômico e financeiro da concessão e o da permissão do serviço de transporte público coletivo serão estabelecidos no respectivo edital de licitação, sendo a tarifa de remuneração da prestação de serviço de transporte público coletivo resultante do processo licitatório da outorga do poder público.
§ 1º A tarifa de remuneração da prestação do serviço de transporte público coletivo deverá ser constituída pelo preço público cobrado do usuário pelos serviços somado à receita

Lei 12.587/2012

LEGISLAÇÃO

oriunda de outras fontes de custeio, de forma a cobrir os reais custos do serviço prestado ao usuário por operador público ou privado, além da remuneração do prestador.

§ 2º O preço público cobrado do usuário pelo uso do transporte público coletivo denomina-se tarifa pública, sendo instituída por ato específico do poder público outorgante.

§ 3º A existência de diferença a menor entre o valor monetário da tarifa de remuneração da prestação do serviço de transporte público de passageiros e a tarifa pública cobrada do usuário denomina-se *deficit* ou subsídio tarifário.

§ 4º A existência de diferença a maior entre o valor monetário da tarifa de remuneração da prestação do serviço de transporte público de passageiros e a tarifa pública cobrada do usuário denomina-se *superavit* tarifário.

§ 5º Caso o poder público opte pela adoção de subsídio tarifário, o *deficit* originado deverá ser coberto por receitas extratarifárias, receitas alternativas, subsídios orçamentários, subsídios cruzados intrassetoriais e intersetoriais provenientes de outras categorias de beneficiários dos serviços de transporte, dentre outras fontes, instituídos pelo poder público delegante.

§ 6º Na ocorrência de *superavit* tarifário proveniente de receita adicional originada em determinados serviços delegados, a receita deverá ser revertida para o próprio Sistema de Mobilidade Urbana.

§ 7º Competem ao poder público delegante a fixação, o reajuste e a revisão da tarifa de remuneração da prestação do serviço e da tarifa pública a ser cobrada do usuário.

§ 8º Compete ao poder público delegante a fixação dos níveis tarifários.

§ 9º Os reajustes das tarifas de remuneração da prestação do serviço observarão a periodicidade mínima estabelecida pelo poder público delegante no edital e no contrato administrativo e incluirão a transferência de parcela dos ganhos de eficiência e produtividade das empresas aos usuários.

§ 10. As revisões ordinárias das tarifas de remuneração terão periodicidade mínima estabelecida pelo poder público delegante no edital e no contrato administrativo e deverão:

I – incorporar parcela das receitas alternativas em favor da modicidade da tarifa ao usuário;

II – incorporar índice de transferência de parcela dos ganhos de eficiência e produtividade das empresas aos usuários; e

III – aferir o equilíbrio econômico e financeiro da concessão e o da permissão, conforme parâmetro ou indicador definido em contrato.

§ 11. O operador do serviço, por sua conta e risco e sob anuência do poder público, poderá realizar descontos nas tarifas ao usuário, inclusive de caráter sazonal, sem que isso possa gerar qualquer direito à solicitação de revisão da tarifa de remuneração.

§ 12. O poder público poderá, em caráter excepcional e desde que observado o interesse público, proceder à revisão extraordinária das tarifas, por ato de ofício ou mediante provocação da empresa, caso em que esta deverá demonstrar sua cabal necessidade, instruindo o requerimento com todos os elementos indispensáveis e suficientes para subsidiar a decisão, dando publicidade ao ato.

Art. 10. A contratação dos serviços de transporte público coletivo será precedida de licitação e deverá observar as seguintes diretrizes:

I – fixação de metas de qualidade e desempenho a serem atingidas e seus instrumentos de controle e avaliação;

II – definição dos incentivos e das penalidades aplicáveis vinculadas à consecução ou não das metas;

III – alocação dos riscos econômicos e financeiros entre os contratados e o poder concedente;

IV – estabelecimento das condições e meios para a prestação de informações operacionais, contábeis e financeiras ao poder concedente; e

V – identificação de eventuais fontes de receitas alternativas, complementares, acessórias ou de projetos associados, bem como da parcela destinada à modicidade tarifária.

Parágrafo único. Qualquer subsídio tarifário ao custeio da operação do transporte público coletivo deverá ser definido em contrato, com base em critérios transparentes e objetivos de produtividade e eficiência, especificando, minimamente, o objetivo, a fonte, a periodicidade e o beneficiário, conforme o estabelecido nos arts. 8º e 9º desta Lei.

Lei 12.587/2012

LEGISLAÇÃO

Art. 11. Os serviços de transporte privado coletivo, prestados entre pessoas físicas ou jurídicas, deverão ser autorizados, disciplinados e fiscalizados pelo poder público competente, com base nos princípios e diretrizes desta Lei.

Art. 12. Os serviços de utilidade pública de transporte individual de passageiros deverão ser organizados, disciplinados e fiscalizados pelo poder público municipal, com base nos requisitos mínimos de segurança, de conforto, de higiene, de qualidade dos serviços e de fixação prévia dos valores máximos das tarifas a serem cobradas.

• Artigo com redação determinada pela Lei 12.865/2013.

Art. 12-A. O direito à exploração de serviços de táxi poderá ser outorgado a qualquer interessado que satisfaça os requisitos exigidos pelo poder público local.

• Artigo acrescentado pela Lei 12.865/2013.

§ 1º É permitida a transferência da outorga a terceiros que atendam aos requisitos exigidos em legislação municipal.

§ 2º Em caso de falecimento do outorgado, o direito à exploração do serviço será transferido a seus sucessores legítimos, nos termos dos arts. 1.829 e seguintes do Título II do Livro V da Parte Especial da Lei 10.406, de 10 de janeiro de 2002 (Código Civil).

§ 3º As transferências de que tratam os §§ 1º e 2º dar-se-ão pelo prazo da outorga e são condicionadas à prévia anuência do poder público municipal e ao atendimento dos requisitos fixados para a outorga.

Art. 12-B. Na outorga de exploração de serviço de táxi, reservar-se-ão 10% (dez por cento) das vagas para condutores com deficiência.

• Artigo acrescentado pela Lei 13.146/2015 (*DOU* 07.07.2015), em vigor após decorridos 180 (cento e oitenta) dias de sua publicação oficial.

§ 1º Para concorrer às vagas reservadas na forma do *caput* deste artigo, o condutor com deficiência deverá observar os seguintes requisitos quanto ao veículo utilizado:

I – ser de sua propriedade e por ele conduzido; e

II – estar adaptado às suas necessidades, nos termos da legislação vigente.

§ 2º No caso de não preenchimento das vagas na forma estabelecida no *caput* deste artigo, as remanescentes devem ser disponibilizadas para os demais concorrentes.

Art. 13. Na prestação de serviços de transporte público coletivo, o poder público delegante deverá realizar atividades de fiscalização e controle dos serviços delegados, preferencialmente em parceria com os demais entes federativos.

Capítulo III
DOS DIREITOS DOS USUÁRIOS

Art. 14. São direitos dos usuários do Sistema Nacional de Mobilidade Urbana, sem prejuízo dos previstos nas Leis 8.078, de 11 de setembro de 1990, e 8.987, de 13 de fevereiro de 1995:

I – receber o serviço adequado, nos termos do art. 6º da Lei 8.987, de 13 de fevereiro de 1995;

II – participar do planejamento, da fiscalização e da avaliação da política local de mobilidade urbana;

III – ser informado nos pontos de embarque e desembarque de passageiros, de forma gratuita e acessível, sobre itinerários, horários, tarifas dos serviços e modos de interação com outros modais; e

IV – ter ambiente seguro e acessível para a utilização do Sistema Nacional de Mobilidade Urbana, conforme as Leis 10.048, de 8 de novembro de 2000, e 10.098, de 19 de dezembro de 2000.

Parágrafo único. Os usuários dos serviços terão o direito de ser informados, em linguagem acessível e de fácil compreensão, sobre:

I – seus direitos e responsabilidades;

II – os direitos e obrigações dos operadores dos serviços; e

III – os padrões preestabelecidos de qualidade e quantidade dos serviços ofertados, bem como os meios para reclamações e respectivos prazos de resposta.

Art. 15. A participação da sociedade civil no planejamento, fiscalização e avaliação da Política Nacional de Mobilidade Urbana

Lei 12.587/2012

LEGISLAÇÃO

deverá ser assegurada pelos seguintes instrumentos:

I – órgãos colegiados com a participação de representantes do Poder Executivo, da sociedade civil e dos operadores dos serviços;

II – ouvidorias nas instituições responsáveis pela gestão do Sistema Nacional de Mobilidade Urbana ou nos órgãos com atribuições análogas;

III – audiências e consultas públicas; e

IV – procedimentos sistemáticos de comunicação, de avaliação da satisfação dos cidadãos e dos usuários e de prestação de contas públicas.

Capítulo IV
DAS ATRIBUIÇÕES

Art. 16. São atribuições da União:

I – prestar assistência técnica e financeira aos Estados, Distrito Federal e Municípios, nos termos desta Lei;

II – contribuir para a capacitação continuada de pessoas e para o desenvolvimento das instituições vinculadas à Política Nacional de Mobilidade Urbana nos Estados, Municípios e Distrito Federal, nos termos desta Lei;

III – organizar e disponibilizar informações sobre o Sistema Nacional de Mobilidade Urbana e a qualidade e produtividade dos serviços de transporte público coletivo;

IV – fomentar a implantação de projetos de transporte público coletivo de grande e média capacidade nas aglomerações urbanas e nas regiões metropolitanas;

V – *(Vetado.)*

VI – fomentar o desenvolvimento tecnológico e científico visando ao atendimento dos princípios e diretrizes desta Lei; e

VII – prestar, diretamente ou por delegação ou gestão associada, os serviços de transporte público interestadual de caráter urbano.

§ 1º A União apoiará e estimulará ações coordenadas e integradas entre Municípios e Estados em áreas conurbadas, aglomerações urbanas e regiões metropolitanas destinadas a políticas comuns de mobilidade urbana, inclusive nas cidades definidas como cidades gêmeas localizadas em regiões de fronteira com outros países, observado o art. 178 da Constituição Federal.

§ 2º A União poderá delegar aos Estados, ao Distrito Federal ou aos Municípios a organização e a prestação dos serviços de transporte público coletivo interestadual e internacional de caráter urbano, em conformidade com o § 178 da Constituição Federal.

Art. 17. São atribuições dos Estados:

I – prestar, diretamente ou por delegação ou gestão associada, os serviços de transporte público coletivo intermunicipais de caráter urbano, em conformidade com o § 1º do art. 25 da Constituição Federal;

II – propor política tributária específica e de incentivos para a implantação da Política Nacional de Mobilidade Urbana; e

III – garantir o apoio e promover a integração dos serviços nas áreas que ultrapassem os limites de um Município, em conformidade com o § 3º do art. 25 da Constituição Federal.

Parágrafo único. Os Estados poderão delegar aos Municípios a organização e a prestação dos serviços de transporte público coletivo intermunicipal de caráter urbano, desde que constituído consórcio público ou convênio de cooperação para tal fim.

Art. 18. São atribuições dos Municípios:

I – planejar, executar e avaliar a política de mobilidade urbana, bem como promover a regulamentação dos serviços de transporte urbano;

II – prestar, direta, indiretamente ou por gestão associada, os serviços de transporte público coletivo urbano, que têm caráter essencial;

III – capacitar pessoas e desenvolver as instituições vinculadas à política de mobilidade urbana do Município; e

IV – *(Vetado.)*

Art. 19. Aplicam-se ao Distrito Federal, no que couber, as atribuições previstas para os Estados e os Municípios, nos termos dos arts. 17 e 18.

Art. 20. O exercício das atribuições previstas neste Capítulo subordinar-se-á, em cada ente federativo, às normas fixadas pelas respectivas leis de diretrizes orçamentárias, às efetivas disponibilidades asseguradas pelas suas leis orçamentárias anuais e aos imperativos da Lei Complementar 101, de 4 de maio de 2000.

Capítulo V
DAS DIRETRIZES PARA O PLANEJAMENTO E GESTÃO DOS SISTEMAS DE MOBILIDADE URBANA

Art. 21. O planejamento, a gestão e a avaliação dos sistemas de mobilidade deverão contemplar:
I – a identificação clara e transparente dos objetivos de curto, médio e longo prazo;
II – a identificação dos meios financeiros e institucionais que assegurem sua implantação e execução;
III – a formulação e implantação dos mecanismos de monitoramento e avaliação sistemáticos e permanentes dos objetivos estabelecidos; e
IV – a definição das metas de atendimento e universalização da oferta de transporte público coletivo, monitorados por indicadores preestabelecidos.

Art. 22. Consideram-se atribuições mínimas dos órgãos gestores dos entes federativos incumbidos respectivamente do planejamento e gestão do sistema de mobilidade urbana:
I – planejar e coordenar os diferentes modos e serviços, observados os princípios e diretrizes desta Lei;
II – avaliar e fiscalizar os serviços e monitorar desempenhos, garantindo a consecução das metas de universalização e de qualidade;
III – implantar a política tarifária;
IV – dispor sobre itinerários, frequências e padrão de qualidade dos serviços;
V – estimular a eficácia e a eficiência dos serviços de transporte público coletivo;
VI – garantir os direitos e observar as responsabilidades dos usuários; e
VII – combater o transporte ilegal de passageiros.

Art. 23. Os entes federativos poderão utilizar, dentre outros instrumentos de gestão do sistema de transporte e da mobilidade urbana, os seguintes:

I – restrição e controle de acesso e circulação, permanente ou temporário, de veículos motorizados em locais e horários predeterminados;
II – estipulação de padrões de emissão de poluentes para locais e horários determinados, podendo condicionar o acesso e a circulação aos espaços urbanos sob controle;
III – aplicação de tributos sobre modos e serviços de transporte urbano pela utilização da infraestrutura urbana, visando a desestimular o uso de determinados modos e serviços de mobilidade, vinculando-se a receita à aplicação exclusiva em infraestrutura urbana destinada ao transporte público coletivo e ao transporte não motorizado e no financiamento do subsídio público da tarifa de transporte público, na forma da lei;
IV – dedicação de espaço exclusivo nas vias públicas para os serviços de transporte público coletivo e modos de transporte não motorizados;
V – estabelecimento da política de estacionamentos de uso público e privado, com e sem pagamento pela sua utilização, como parte integrante da Política Nacional de Mobilidade Urbana;
VI – controle do uso e operação da infraestrutura viária destinada à circulação e operação do transporte de carga, concedendo prioridades ou restrições;
VII – monitoramento e controle das emissões dos gases de efeito local e de efeito estufa dos modos de transporte motorizado, facultando a restrição de acesso a determinadas vias em razão da criticidade dos índices de emissões de poluição;
VIII – convênios para o combate ao transporte ilegal de passageiros; e
IX – convênio para o transporte coletivo urbano internacional nas cidades definidas como cidades gêmeas nas regiões de fronteira do Brasil com outros países, observado o art. 178 da Constituição Federal.

Art. 24. O Plano de Mobilidade Urbana é o instrumento de efetivação da Política Nacional de Mobilidade Urbana e deverá contemplar os princípios, os objetivos e as diretrizes desta Lei, bem como:
I – os serviços de transporte público coletivo;
II – a circulação viária;

Lei 12.607/2012

III – as infraestruturas do sistema de mobilidade urbana;

IV – a acessibilidade para pessoas com deficiência e restrição de mobilidade;

V – a integração dos modos de transporte público e destes com os privados e os não motorizados;

VI – a operação e o disciplinamento do transporte de carga na infraestrutura viária;

VII – os polos geradores de viagens;

VIII – as áreas de estacionamentos públicos e privados, gratuitos ou onerosos;

IX – as áreas e horários de acesso e circulação restrita ou controlada;

X – os mecanismos e instrumentos de financiamento do transporte público coletivo e da infraestrutura de mobilidade urbana; e

XI – a sistemática de avaliação, revisão e atualização periódica do Plano de Mobilidade Urbana em prazo não superior a 10 (dez) anos.

§ 1º Em Municípios acima de 20.000 (vinte mil) habitantes e em todos os demais obrigados, na forma da lei, à elaboração do plano diretor, deverá ser elaborado o Plano de Mobilidade Urbana, integrado e compatível com os respectivos planos diretores ou neles inserido.

§ 2º Nos Municípios sem sistema de transporte público coletivo ou individual, o Plano de Mobilidade Urbana deverá ter o foco no transporte não motorizado e no planejamento da infraestrutura urbana destinada aos deslocamentos a pé e por bicicleta, de acordo com a legislação vigente.

§ 3º O Plano de Mobilidade Urbana deverá ser integrado ao plano diretor municipal, existente ou em elaboração, no prazo máximo de 3 (três) anos da vigência desta Lei.

§ 4º Os Municípios que não tenham elaborado o Plano de Mobilidade Urbana na data de promulgação desta Lei terão o prazo máximo de 3 (três) anos de sua vigência para elaborá-lo. Findo o prazo, ficam impedidos de receber recursos orçamentários federais destinados à mobilidade urbana até que atendam à exigência desta Lei.

Capítulo VI
DOS INSTRUMENTOS DE APOIO À MOBILIDADE URBANA

Art. 25. O Poder Executivo da União, o dos Estados, o do Distrito Federal e o dos Municípios, segundo suas possibilidades orçamentárias e financeiras e observados os princípios e diretrizes desta Lei, farão constar dos respectivos projetos de planos plurianuais e de leis de diretrizes orçamentárias as ações programáticas e instrumentos de apoio que serão utilizados, em cada período, para o aprimoramento dos sistemas de mobilidade urbana e melhoria da qualidade dos serviços.

Parágrafo único. A indicação das ações e dos instrumentos de apoio a que se refere o *caput* será acompanhada, sempre que possível, da fixação de critérios e condições para o acesso aos recursos financeiros e às outras formas de benefícios que sejam estabelecidos.

Capítulo VII
DISPOSIÇÕES FINAIS

Art. 26. Esta Lei se aplica, no que couber, ao planejamento, controle, fiscalização e operação dos serviços de transporte público coletivo intermunicipal, interestadual e internacional de caráter urbano.

Art. 27. *(Vetado.)*

Art. 28. Esta Lei entra em vigor 100 (cem) dias após a data de sua publicação.

Brasília, 3 de janeiro de 2012; 191º da Independência e 124º da República.
Dilma Rousseff

(DOU 04.01.2012)

LEI 12.607, DE 4 DE ABRIL DE 2012

Altera o § 1º do art. 1.331 da Lei 10.406, de 10 de janeiro de 2002 – Código Civil, no que tange ao critério de fixação da fração ideal e às disposições sobre alienação e locação de abrigos para veículos em condomínios edilícios.

A Presidenta da República:
Faço saber que o Congresso Nacional decreta e eu sanciono a seguinte Lei:

Lei 12.663/2012

LEGISLAÇÃO

Art. 1º O § 1º do art. 1.331 da Lei 10.406, de 10 de janeiro de 2002 – Código Civil, passa a vigorar com a seguinte redação:
"Art. 1.331. [...]
"§ 1º As partes suscetíveis de utilização independente, tais como apartamentos, escritórios, salas, lojas e sobrelojas, com as respectivas frações ideais no solo e nas outras partes comuns, sujeitam-se a propriedade exclusiva, podendo ser alienadas e gravadas livremente por seus proprietários, exceto os abrigos para veículos, que não poderão ser alienados ou alugados a pessoas estranhas ao condomínio, salvo autorização expressa na convenção de condomínio.
"[...]"

Art. 2º *(Vetado.)*

Brasília, 4 de abril de 2012; 191º da Independência e 124º da República.
Dilma Rousseff

(DOU 05.04.2012)

LEI 12.663,
DE 5 DE JUNHO DE 2012

Dispõe sobre as medidas relativas à Copa das Confederações Fifa2013, à Copa do Mundo Fifa 2014 e à Jornada Mundial da Juventude – 2013, que serão realizadas no Brasil; altera as Leis 6.815, de 19 de agosto de 1980, e 10.671, de 15 de maio de 2003; e estabelece concessão de prêmio e de auxílio especial mensal aos jogadores das seleções campeãs do mundo em 1958, 1962 e 1970.

- V. Dec. 7.783/2012 (Regulamenta a Lei 12.663/2012).

A Presidenta da República:
Faço saber que o Congresso Nacional decreta e eu sanciono a seguinte Lei:

Capítulo I
DISPOSIÇÕES PRELIMINARES

Art. 1º Esta Lei dispõe sobre as medidas relativas à Copa das Confederações Fifa 2013, à Copa do Mundo Fifa 2014 e aos eventos relacionados, que serão realizados no Brasil.

Art. 2º Para os fins desta Lei, serão observadas as seguintes definições:
I – Fédération Internationale de Football Association (Fifa): associação suíça de direito privado, entidade mundial que regula o esporte de futebol de associação, e suas subsidiárias não domiciliadas no Brasil;
II – Subsidiária Fifa no Brasil: pessoa jurídica de direito privado, domiciliada no Brasil, cujo capital social total pertence à Fifa;
III – Copa do Mundo Fifa 2014 – Comitê Organizador Brasileiro Ltda. (COL): pessoa jurídica de direito privado, reconhecida pela Fifa, constituída sob as leis brasileiras com o objetivo de promover a Copa das Confederações Fifa 2013 e a Copa do Mundo Fifa 2014, bem como os eventos relacionados;
IV – Confederação Brasileira de Futebol (CBF): associação brasileira de direito privado, sendo a associação nacional de futebol no Brasil;
V – Competições: a Copa das Confederações Fifa 2013 e a Copa do Mundo Fifa 2014;
VI – Eventos: as Competições e as seguintes atividades relacionadas às Competições, oficialmente organizadas, chanceladas, patrocinadas ou apoiadas pela Fifa, Subsidiárias Fifa no Brasil, COL ou CBF:
a) os congressos da Fifa, cerimônias de abertura, encerramento, premiação e outras cerimônias, sorteio preliminar, final e quaisquer outros sorteios, lançamentos de mascote e outras atividades de lançamento;
b) seminários, reuniões, conferências, *workshops* e coletivas de imprensa;
c) atividades culturais, concertos, exibições, apresentações, espetáculos ou outras expressões culturais, bem como os projetos Futebol pela Esperança (Football for Hope) ou projetos beneficentes similares;
d) partidas de futebol e sessões de treino; e
e) outras atividades consideradas relevantes para a realização, organização, preparação, marketing, divulgação, promoção ou encerramento das Competições;
VII – Confederações Fifa: as seguintes confederações:

Lei 12.663/2012

LEGISLAÇÃO

a) Confederação Asiática de Futebol (Asian Football Confederation – AFC);
b) Confederação Africana de Futebol (Confédération Africaine de Football – CAF);
c) Confederação de Futebol da América do Norte, Central e Caribe (Confederation of North, Central American and Caribbean Association Football – Concacaf);
d) Confederação Sul-Americana de Futebol (Confederación Sudamericana de Fútbol – Conmebol);
e) Confederação de Futebol da Oceania (Oceania Football Confederation – OFC); e
f) União das Associações Europeias de Futebol (Union des Associations Européennes de Football – Uefa);
VIII – Associações estrangeiras membros da Fifa: as associações nacionais de futebol de origem estrangeira, oficialmente afiliadas à Fifa, participantes ou não das Competições;
IX – Emissora fonte da Fifa: pessoa jurídica licenciada ou autorizada, com base em relação contratual, para produzir o sinal e o conteúdo audiovisual básicos ou complementares dos Eventos com o objetivo de distribuição no Brasil e no exterior para os detentores de direitos de mídia;
X – Prestadores de serviços da Fifa: pessoas jurídicas licenciadas ou autorizadas, com base em relação contratual, para prestar serviços relacionados à organização e à produção dos Eventos, tais como:
a) coordenadores da Fifa na gestão de acomodações, de serviços de transporte, de programação de operadores de turismo e dos estoques de Ingressos;
b) fornecedores da Fifa de serviços de hospitalidade e de soluções de tecnologia da informação; e
c) outros prestadores licenciados ou autorizados pela Fifa para a prestação de serviços ou fornecimento de bens;
XI – Parceiros comerciais da Fifa: pessoas jurídicas licenciadas ou autorizadas com base em qualquer relação contratual, em relação aos Eventos, bem como os seus subcontratados, com atividades relacionadas aos Eventos, excluindo as entidades referidas nos incisos III, IV e VII a X;

XII – Emissoras: pessoas jurídicas licenciadas ou autorizadas com base em relação contratual, seja pela Fifa, seja por nomeada ou licenciada pela Fifa, que adquiram o direito de realizar emissões ou transmissões, por qualquer meio de comunicação, do sinal e do conteúdo audiovisual básicos ou complementares de qualquer Evento, consideradas Parceiros Comerciais da Fifa;
XIII – Agência de direitos de transmissão: pessoa jurídica licenciada ou autorizada com base em relação contratual, seja pela Fifa, seja por nomeada ou autorizada pela Fifa, para prestar serviços de representação de vendas e nomeação de Emissoras, considerada Prestadora de Serviços da Fifa;
XIV – Locais oficiais de competição: locais oficialmente relacionados às Competições, tais como estádios, centros de treinamento, centros de mídia, centros de credenciamento, áreas de estacionamento, áreas para a transmissão de Partidas, áreas oficialmente designadas para atividades de lazer destinadas aos fãs, localizados ou não nas cidades que irão sediar as Competições, bem como qualquer local no qual o acesso seja restrito aos portadores de credenciais emitidas pela Fifa ou de Ingressos;
XV – Partida: jogo de futebol realizado como parte das Competições;
XVI – Períodos de competição: espaço de tempo compreendido entre o 20º (vigésimo) dia anterior à realização da primeira Partida e o 5º (quinto) dia após a realização da última Partida de cada uma das Competições;
XVII – Representantes de imprensa: pessoas naturais autorizadas pela Fifa, que recebam credenciais oficiais de imprensa relacionadas aos Eventos, cuja relação será divulgada com antecedência, observados os critérios previamente estabelecidos nos termos do § 1º do art. 13, podendo tal relação ser alterada com base nos mesmos critérios;
XVIII – Símbolos Oficiais: sinais visivelmente distintivos, emblemas, marcas, logomarcas, mascotes, lemas, hinos e qualquer outro símbolo de titularidade da Fifa; e
XIX – Ingressos: documentos ou produtos emitidos pela Fifa que possibilitam o ingres-

Lei 12.663/2012

so em um Evento, inclusive pacotes de hospitalidade e similares.

Parágrafo único. A Emissora Fonte, os Prestadores de Serviços e os Parceiros Comerciais da Fifa referidos nos incisos IX, X e XI poderão ser autorizados ou licenciados diretamente pela Fifa ou por meio de uma de suas autorizadas ou licenciadas.

Capítulo II
DA PROTEÇÃO E EXPLORAÇÃO DE DIREITOS COMERCIAIS

[...]

Seção IV
Das sanções civis

Art. 16. Observadas as disposições da Lei 10.406, de 10 de janeiro de 2002 (Código Civil), é obrigado a indenizar os danos, os lucros cessantes e qualquer proveito obtido aquele que praticar, sem autorização da Fifa ou de pessoa por ela indicada, entre outras, as seguintes condutas:

I – atividades de publicidade, inclusive oferta de provas de comida ou bebida, distribuição de produtos de marca, panfletos ou outros materiais promocionais ou ainda atividades similares de cunho publicitário nos Locais Oficiais de Competição, em suas principais vias de acesso, nas áreas a que se refere o art. 11 ou em lugares que sejam claramente visíveis a partir daqueles;

II – publicidade ostensiva em veículos automotores, estacionados ou circulando pelos Locais Oficiais de Competição, em suas principais vias de acesso, nas áreas a que se refere o art. 11 ou em lugares que sejam claramente visíveis a partir daqueles;

III – publicidade aérea ou náutica, inclusive por meio do uso de balões, aeronaves ou embarcações, nos Locais Oficiais de Competição, em suas principais vias de acesso, nas áreas a que se refere o art. 11 ou em lugares que sejam claramente visíveis a partir daqueles;

IV – exibição pública das Partidas por qualquer meio de comunicação em local público ou privado de acesso público, associada à promoção comercial de produto, marca ou serviço ou em que seja cobrado Ingresso;

V – venda, oferecimento, transporte, ocultação, exposição à venda, negociação, desvio ou transferência de Ingressos, convites ou qualquer outro tipo de autorização ou credencial para os Eventos de forma onerosa, com a intenção de obter vantagens para si ou para outrem; e

VI – uso de Ingressos, convites ou qualquer outro tipo de autorização ou credencial para os Eventos para fins de publicidade, venda ou promoção, como benefício, brinde, prêmio de concursos, competições ou promoções, como parte de pacote de viagem ou hospedagem, ou a sua disponibilização ou o seu anúncio para esses propósitos.

§ 1º O valor da indenização prevista neste artigo será calculado de maneira a englobar quaisquer danos sofridos pela parte prejudicada, incluindo os lucros cessantes e qualquer proveito obtido pelo autor da infração.

§ 2º Serão solidariamente responsáveis pela reparação dos danos referidos no *caput* todos aqueles que realizarem, organizarem, autorizarem, aprovarem ou patrocinarem a exibição pública a que se refere o inciso IV.

Art. 17. Caso não seja possível estabelecer o valor dos danos, lucros cessantes ou vantagem ilegalmente obtida, a indenização decorrente dos atos ilícitos previstos no art. 16 corresponderá ao valor que o autor da infração teria pago ao titular do direito violado para que lhe fosse permitido explorá-lo regularmente, tomando-se por base os parâmetros contratuais geralmente usados pelo titular do direito violado.

Art. 18. Os produtos apreendidos por violação ao disposto nesta Lei serão destruídos ou doados a entidades e organizações de assistência social, respeitado o devido processo legal e ouvida a Fifa, após a descaracterização dos produtos pela remoção dos Símbolos Oficiais, quando possível.

[...]

Capítulo IV
DA RESPONSABILIDADE CIVIL

Art. 22. A União responderá pelos danos que causar, por ação ou omissão, à Fifa,

Lei 12.663/2012

seus representantes legais, empregados ou consultores, na forma do § 6º do art. 37 da Constituição Federal.

Art. 23. A União assumirá os efeitos da responsabilidade civil perante a Fifa, seus representantes legais, empregados ou consultores por todo e qualquer dano resultante ou que tenha surgido em função de qualquer incidente ou acidente de segurança relacionado aos Eventos, exceto se e na medida em que a Fifa ou a vítima houver concorrido para a ocorrência do dano.

Parágrafo único. A União ficará sub-rogada em todos os direitos decorrentes dos pagamentos efetuados contra aqueles que, por ato ou omissão, tenham causado os danos ou tenham para eles concorrido, devendo o beneficiário fornecer os meios necessários ao exercício desses direitos.

Art. 24. A União poderá constituir garantias ou contratar seguro privado, ainda que internacional, em uma ou mais apólices, para a cobertura de riscos relacionados aos Eventos.

[...]

Capítulo X
DISPOSIÇÕES FINAIS

Art. 51. A União será obrigatoriamente intimada nas causas demandadas contra a Fifa, as Subsidiárias Fifa no Brasil, seus representantes legais, empregados ou consultores, cujo objeto verse sobre as hipóteses estabelecidas nos arts. 22 e 23, para que informe se possui interesse de integrar a lide.

Art. 52. As controvérsias entre a União e a Fifa, Subsidiárias Fifa no Brasil, seus representantes legais, empregados ou consultores, cujo objeto verse sobre os Eventos, poderão ser resolvidas pela Advocacia-Geral da União, em sede administrativa, mediante conciliação, se conveniente à União e às demais pessoas referidas neste artigo.

Parágrafo único. A validade de Termo de Conciliação que envolver o pagamento de indenização será condicionada:

I – à sua homologação pelo Advogado-Geral da União; e

II – à sua divulgação, previamente à homologação, mediante publicação no *Diário Oficial da União* e a manutenção de seu inteiro teor, por prazo mínimo de 5 (cinco) dias úteis, na página da Advocacia-Geral da União na internet.

Art. 53. A Fifa, as Subsidiárias Fifa no Brasil, seus representantes legais, consultores e empregados são isentos do adiantamento de custas, emolumentos, caução, honorários periciais e quaisquer outras despesas devidas aos órgãos da Justiça Federal, da Justiça do Trabalho, da Justiça Militar da União, da Justiça Eleitoral e da Justiça do Distrito Federal e Territórios, em qualquer instância, e aos tribunais superiores, assim como não serão condenados em custas e despesas processuais, salvo comprovada má-fé.

Art. 54. A União colaborará com o Distrito Federal, com os Estados e com os Municípios que sediarão as Competições, e com as demais autoridades competentes, para assegurar que, durante os Períodos de Competição, os Locais Oficiais de Competição, em especial os estádios, onde sejam realizados os Eventos, estejam disponíveis, inclusive quanto ao uso de seus assentos, para uso exclusivo da Fifa.

Art. 55. A União, observadas a Lei Complementar 101, de 4 de maio de 2000, e as responsabilidades definidas em instrumento próprio, promoverá a disponibilização para a realização dos Eventos, sem qualquer custo para o seu Comitê Organizador, de serviços de sua competência relacionados, entre outros, a:

I – segurança;

II – saúde e serviços médicos;

III – vigilância sanitária; e

IV – alfândega e imigração.

§ 1º Observado o disposto no *caput*, a União, por intermédio da administração pública federal direta ou indireta, poderá disponibilizar, por meio de instrumento próprio, os serviços de telecomunicação necessários para a realização dos eventos.

• § 1º acrescentado pela Lei 12.833/2013.

Lei 12.663/2012

§ 2º É dispensável a licitação para a contratação pela administração pública federal, direta ou indireta, da Telebrás ou de empresa por ela controlada, para realizar os serviços previstos no § 1º.

* § 2º acrescentado pela Lei 12.833/2013.

Art. 56. Durante a Copa do Mundo Fifa 2014 de Futebol, a União poderá declarar feriados nacionais os dias em que houver jogo da Seleção Brasileira de Futebol.

Parágrafo único. Os Estados, o Distrito Federal e os Municípios que sediarão os Eventos poderão declarar feriado ou ponto facultativo os dias de sua ocorrência em seu território.

Art. 57. O serviço voluntário que vier a ser prestado por pessoa física para auxiliar a Fifa, a Subsidiária Fifa no Brasil ou o COL na organização e realização dos Eventos constituirá atividade não remunerada e atenderá ao disposto neste artigo.

§ 1º O serviço voluntário referido no *caput*:

I – não gera vínculo empregatício, nem obrigação de natureza trabalhista, previdenciária ou afim para o tomador do serviço voluntário; e

II – será exercido mediante a celebração de termo de adesão entre a entidade contratante e o voluntário, dele devendo constar o objeto e as condições de seu exercício.

§ 2º A concessão de meios para a prestação do serviço voluntário, a exemplo de transporte, alimentação e uniformes, não descaracteriza a gratuidade do serviço voluntário.

§ 3º O prestador do serviço voluntário poderá ser ressarcido pelas despesas que comprovadamente realizar no desempenho das atividades voluntárias, desde que expressamente autorizadas pela entidade a que for prestado o serviço voluntário.

Art. 58. O serviço voluntário que vier a ser prestado por pessoa física a entidade pública de qualquer natureza ou instituição privada de fins não lucrativos, para os fins de que trata esta Lei, observará o disposto na Lei 9.608, de 18 de fevereiro de 1998.

Art. 59. *(Vetado.)*

Art. 60. *(Vetado.)*

Art. 61. Durante a realização dos Eventos, respeitadas as peculiaridades e condicionantes das operações militares, fica autorizado o uso de Aeródromos Militares para embarque e desembarque de passageiros e cargas, trânsito e estacionamento de aeronaves civis, ouvidos o Ministério da Defesa e demais órgãos do setor aéreo brasileiro, mediante Termo de Cooperação próprio, que deverá prever recursos para o custeio das operações aludidas.

Art. 62. As autoridades aeronáuticas deverão estimular a utilização dos aeroportos nas cidades limítrofes dos Municípios que sediarão os Eventos.

Parágrafo único. Aplica-se o disposto no art. 22 da Lei 6.815, de 19 de agosto de 1980, à entrada de estrangeiro no território nacional fazendo uso de Aeródromos Militares.

Art. 63. Os procedimentos previstos para a emissão de vistos de entrada estabelecidos nesta Lei serão também adotados para a organização da Jornada Mundial da Juventude – 2013, conforme regulamentado por meio de ato do Poder Executivo.

Parágrafo único. As disposições sobre a prestação de serviço voluntário constante do art. 57 também poderão ser adotadas para a organização da Jornada Mundial da Juventude – 2013.

Art. 64. Em 2014, os sistemas de ensino deverão ajustar os calendários escolares de forma que as férias escolares decorrentes do encerramento das atividades letivas do primeiro semestre do ano, nos estabelecimentos de ensino das redes pública e privada, abranjam todo o período entre a abertura e o encerramento da Copa do Mundo Fifa 2014 de Futebol.

Art. 65. Será concedido Selo de Sustentabilidade pelo Ministério do Meio Ambiente às empresas e entidades fornecedoras dos Eventos que apresentem programa de sustentabilidade com ações de natureza econômica, social e ambiental, conforme normas e critérios por ele estabelecidos.

Art. 66. Aplicam-se subsidiariamente as disposições das Leis 9.279, de 14 de maio de 1996, 9.609, de 19 de fevereiro de 1998, e 9.610, de 19 de fevereiro de 1998.

Art. 67. Aplicam-se subsidiariamente às Competições, no que couber e exclusivamente em relação às pessoas jurídicas ou naturais brasileiras, exceto às subsidiárias Fifa no Brasil e ao COL, as disposições da Lei 9.615, de 24 de março de 1998.

Art. 68. Aplicam-se a essas Competições, no que couberem, as disposições da Lei 10.671, de 15 de maio de 2003.

§ 1º Excetua-se da aplicação supletiva constante do *caput* deste artigo o disposto nos arts. 13-A a 17, 19 a 22, 24 e 27, no § 2º do art. 28, nos arts. 31-A, 32 e 37 e nas disposições constantes dos Capítulos II, III, VIII, IX e X da referida Lei.

§ 2º Para fins da realização das Competições, a aplicação do disposto nos arts. 2º-A, 39-A e 39-B da Lei 10.671, de 15 de maio de 2003, fica restrita às pessoas jurídicas de direito privado ou existentes de fato, constituídas ou sediadas no Brasil.

Art. 69. Aplicam-se, no que couber, às Subsidiárias Fifa no Brasil e ao COL, as disposições relativas à Fifa previstas nesta Lei.

Art. 70. A prestação dos serviços de segurança privada nos Eventos obedecerá à legislação pertinente e às orientações normativas da Polícia Federal quanto à autorização de funcionamento das empresas contratadas e à capacitação dos seus profissionais.

Art. 71. Esta Lei entra em vigor na data de sua publicação.

Parágrafo único. As disposições constantes dos arts. 37 a 47 desta Lei somente produzirão efeitos a partir de 1º de janeiro de 2013.

Brasília, 5 de junho de 2012; 191º da Independência e 124º da República.
Dilma Rousseff

- Assinatura retificada no *DOU* de 08.06.2012.
(*DOU* 06.06.2012; ret. *DOU* 08.06.2012)

RESOLUÇÃO 4.122, DE 2 DE AGOSTO DE 2012, DO BANCO CENTRAL DO BRASIL – BACEN

Estabelece requisitos e procedimentos para constituição, autorização para funcionamento, cancelamento de autorização, alterações de controle, reorganizações societárias e condições para o exercício de cargos em órgãos estatutários ou contratuais das instituições que especifica.

O Banco Central do Brasil, na forma do art. 9º da Lei 4.595, de 31 de dezembro de 1964, torna público que o Conselho Monetário Nacional, em sessão extraordinária realizada em 2 de agosto de 2012, com base no art. 4º, inciso VIII, e no art. 10, inciso XI, da referida Lei, na Lei 4.728, de 14 de julho de 1965, no art. 20, § 1º, da Lei 4.864, de 29 de novembro de 1965, na Lei 6.099, de 12 de setembro de 1974, e no art. 1º da Medida Provisória 2.192-70, de 24 de agosto de 2001, resolveu:

Art. 1º Esta Resolução estabelece, nos termos dos Regulamentos Anexos I e II, respectivamente:

I – requisitos e procedimentos para a autorização de constituição e funcionamento, o cancelamento da autorização e as alterações de controle e reorganizações societárias de bancos múltiplos, bancos comerciais, bancos de investimento, bancos de desenvolvimento, bancos de câmbio, sociedades de crédito, financiamento e investimento, sociedades de crédito imobiliário, companhias hipotecárias, agências de fomento, sociedades de arrendamento mercantil, sociedades corretoras de títulos e valores mobiliários, sociedades distribuidoras de títulos e valores mobiliários e sociedades corretoras de câmbio; e

II – condições para o exercício de cargos em órgãos estatutários ou contratuais das instituições financeiras e demais instituições autorizadas a funcionar pelo Banco Central do Brasil.

Res. Bacen 4.122/2012

LEGISLAÇÃO

Art. 2º O Banco Central do Brasil deverá dispor sobre:

I – os documentos necessários à instrução dos processos relativos aos assuntos de que trata esta Resolução;

II – os prazos a serem observados na instrução dos processos.

Art. 3º O Banco Central do Brasil, no curso da análise dos assuntos tratados nesta Resolução, poderá:

I – solicitar quaisquer documentos e informações adicionais que julgar necessários à decisão acerca da pretensão, inclusive a autoridades no exterior;

II – convocar para entrevista técnica os integrantes do grupo de controle, os detentores de participação qualificada e os indicados, eleitos ou nomeados para o exercício de cargos em órgãos estatutários ou contratuais da instituição.

Art. 4º O Banco Central do Brasil, na análise dos processos de que trata esta Resolução, considerando as circunstâncias de cada caso concreto e o contexto dos fatos, poderá dispensar, excepcionalmente e diante de interesse público devidamente justificado, o cumprimento das condições estabelecidas para o ingresso no grupo de controle das instituições de que trata o art. 1º, inciso I, ou para o exercício dos cargos previstos no art. 1º, inciso II.

Art. 5º O Banco Central do Brasil poderá indeferir os pedidos relacionados com os assuntos de que trata esta Resolução, caso venha a ser apurada:

I – circunstância que possa afetar a reputação dos administradores, dos integrantes do grupo de controle, dos detentores de participação qualificada;

II – falsidade nas declarações ou nos documentos apresentados na instrução do processo.

Parágrafo único. Nos casos de que trata este artigo, o Banco Central do Brasil concederá prazo aos interessados para a apresentação de justificativas.

Art. 6º Para fins do disposto nesta Resolução, entende-se como:

I – participação qualificada: a participação, direta ou indireta, detida por pessoas naturais ou jurídicas, equivalente a 15% (quinze por cento) ou mais de ações ou quotas representativas do capital total das instituições referidas no art. 1º, inciso I;

II – grupo de controle: pessoa, ou grupo de pessoas vinculadas por acordo de votos ou sob controle comum, que detenha direitos de sócio correspondentes à maioria do capital votante de sociedade anônima ou a 75% (setenta e cinco por cento) do capital social de sociedade limitada.

• Inciso II com redação determinada pela Res. Bacen 4.279/2013.

Parágrafo único. Nos casos em que o controle da sociedade não seja identificado segundo os critérios mencionados no inciso II do *caput*, o Banco Central do Brasil poderá utilizar outros elementos para identificar o grupo de controle.

Art. 7º O Banco Central do Brasil poderá arquivar os pedidos relacionados com os assuntos de que trata esta Resolução quando:

I – houver descumprimento de quaisquer dos prazos previstos nesta Resolução; ou

II – não forem atendidas solicitações de apresentação de documentos adicionais, de prestação de informações, de comparecimento para a realização de entrevistas técnicas ou outras solicitações relacionadas ao processo, no prazo assinalado.

Art. 8º Verificada, a qualquer tempo, falsidade nas declarações ou nos documentos apresentados na instrução dos processos previstos nesta Resolução e considerando a relevância dos fatos omitidos ou distorcidos, tendo por base as circunstâncias de cada caso e o interesse público, o Banco Central do Brasil poderá:

I – no caso de processos de autorização para constituição e funcionamento, rever a decisão que autorizou o funcionamento da instituição;

II – no caso de alteração de controle, de reorganização societária ou de aquisição de participação qualificada, determinar que a operação seja regularizada;

III – no caso de eleição ou nomeação para o exercício de cargo em órgão estatutário ou

Res. Bacen 4.122/2012

contratual da instituição, rever a decisão que aprovou a eleição ou nomeação.

§ 1º Nas hipóteses descritas no *caput*, o Banco Central do Brasil deverá instaurar processo administrativo, notificando o interessado no endereço fornecido à Autarquia para se manifestar sobre a irregularidade apurada.

§ 2º O interessado será notificado por edital, caso não seja encontrado no endereço fornecido ao Banco Central do Brasil.

§ 3º As medidas previstas neste artigo poderão também ser adotadas caso sejam constatadas, a qualquer tempo, circunstâncias preexistentes ou posteriores à eleição ou à nomeação que possam afetar a reputação dos eleitos ou nomeados para os cargos estatutários ou contratuais.

§ 4º O órgão de registro pertinente será comunicado da medida adotada pelo Banco Central do Brasil.

Art. 9º Fica o Banco Central do Brasil autorizado a baixar os atos necessários à execução do disposto nesta Resolução.

Art. 10. Esta Resolução entra em vigor na data de sua publicação.

Art. 11. Ficam revogadas as Resoluções 3.040, de 28 de novembro de 2002, 3.041, de 28 de novembro de 2002, e 3.141, de 27 de novembro de 2003, exceto no que tange aos pleitos ingressados no Banco Central do Brasil até a publicação desta Resolução, que continuarão a ser disciplinados pelo disposto nas mencionadas Resoluções.

Alexandre Antonio Tombini
Presidente do Banco Central do Brasil
(DOU 06.08.2012)

ANEXO I
REGULAMENTO

Disciplina os requisitos e procedimentos para a autorização de constituição e funcionamento, o cancelamento da autorização e as alterações de controle e reorganizações societárias das instituições que especifica.

Art. 1º Sujeitam-se às disposições deste Regulamento os bancos múltiplos, bancos comerciais, bancos de investimento, bancos de desenvolvimento, bancos de câmbio, sociedades de crédito, financiamento e investimento, sociedades de crédito imobiliário, companhias hipotecárias, agências de fomento, sociedades de arrendamento mercantil, sociedades corretoras de títulos e valores mobiliários, sociedades distribuidoras de títulos e valores mobiliários e sociedades corretoras de câmbio.

Capítulo I
DA CONSTITUIÇÃO E DA AUTORIZAÇÃO PARA FUNCIONAMENTO

Art. 2º O funcionamento das instituições de que trata o art. 1º pressupõe:

I – constituição, conforme as normas legais, esta Resolução e as demais disposições regulamentares vigentes;

II – autorização para funcionamento.

Art. 3º No processo de constituição deve ser indicado o responsável, tecnicamente capacitado, pela condução do projeto no Banco Central do Brasil, bem como identificado o grupo organizador da instituição, do qual deverão participar representantes do futuro grupo de controle e dos futuros detentores de participação qualificada.

Art. 4º O processo de constituição das instituições referidas no art. 1º terá início com a apresentação, ao Banco Central do Brasil, de:

I – minuta da declaração de propósito prevista no inciso I do art. 6º;

II – sumário executivo do plano de negócios previsto no inciso II do art. 6º, cujo conteúdo mínimo será definido pelo Banco Central do Brasil;

III – identificação dos integrantes do grupo de controle da instituição e dos detentores de participação qualificada na instituição, com as respectivas participações societárias, acompanhada da declaração de que trata o art. 4º do Anexo II desta Resolução;

IV – identificação das pessoas naturais e jurídicas que compõem o grupo econômico do qual fará parte a instituição e que possam vir a exercer influência direta ou indireta nos seus negócios;

V – declarações e documentos que demonstrem que os integrantes do grupo de con-

Res. Bacen 4.122/2012

LEGISLAÇÃO

trole detêm conhecimento sobre o ramo de negócio e sobre o segmento em que a instituição pretende operar, inclusive sobre os aspectos relacionados à dinâmica de mercado, às fontes de recursos operacionais, ao gerenciamento e aos riscos associados às operações;

VI – identificação da origem dos recursos a serem utilizados no empreendimento;

VII – autorização expressa, por todos os integrantes do grupo de controle e por todos os detentores de participação qualificada:

a) à Secretaria da Receita Federal do Brasil, para fornecimento ao Banco Central do Brasil de cópia da declaração de rendimentos, de bens e direitos e de dívidas e ônus reais, relativa aos três últimos exercícios fiscais, para uso exclusivo no respectivo processo de autorização;

b) ao Banco Central do Brasil, para acesso a informações a seu respeito constantes de qualquer sistema público ou privado de cadastro e informações, inclusive processos e procedimentos judiciais ou administrativos e inquéritos policiais.

Parágrafo único. Na hipótese de controle compartilhado, a exigência de que trata o inciso V do *caput* poderá ser atendida, a critério do Banco Central do Brasil, por parcela dos integrantes do grupo de controle.

- Parágrafo único acrescentado pela Res. Bacen 4.279/2013.

Art. 5º Recebida a documentação, elaborada em conformidade com o art. 4º, o Banco Central do Brasil convocará os futuros controladores da instituição para entrevista técnica, a fim de que apresentem a proposta do empreendimento.

§ 1º Se o Banco Central do Brasil julgar inadequada a proposta do empreendimento apresentada, comunicará essa decisão aos interessados, podendo convocá-los para uma nova entrevista técnica, caso reapresentem a proposta, com os ajustes necessários.

§ 2º Se, após a segunda entrevista técnica, o Banco Central do Brasil mantiver seu entendimento desfavorável à proposta do empreendimento apresentada, comunicará o indeferimento do pedido.

§ 3º O Banco Central do Brasil poderá dispensar a realização da entrevista técnica, comunicando tal fato aos interessados, caso:

I – a proposta do empreendimento esteja suficientemente delineada no Sumário Executivo e os futuros controladores tenham demonstrado o necessário conhecimento sobre o ramo de negócios e sobre o segmento em que a instituição pretende operar;

II – o pedido de autorização para funcionamento seja formulado por instituição mencionada no art. 1º ou por pessoas naturais ou jurídicas que integrem grupo de controle de instituição referida no art. 1º.

Art. 6º Deverão os interessados, no prazo de 60 (sessenta) dias contados da manifestação favorável do Banco Central do Brasil à proposta do empreendimento, atender às seguintes condições:

I – publicação de declaração de propósito por parte das pessoas naturais ou jurídicas que não integrem grupo de controle de instituição mencionada no art. 1º, nos termos e condições estabelecidos pelo Banco Central do Brasil, que também deverá divulgá-la, utilizando, para tanto, o meio que julgar mais adequado;

II – apresentação de plano de negócios composto pelos seguintes documentos, abrangendo o período estipulado pelo Banco Central do Brasil na forma do § 2º deste artigo:

a) plano financeiro, que deve demonstrar a viabilidade econômico-financeira do projeto e do qual devem constar:

1. premissas econômicas;
2. premissas do projeto;
3. metodologia utilizada para a avaliação do negócio;
4. projeção, elaborada em periodicidade mensal, das demonstrações financeiras e do fluxo de caixa;
5. estrutura de capital e fontes de financiamento;
6. estimativa da taxa de desconto, calculada com base em metodologia amplamente aceita de cálculo de custo de capital próprio;
7. cálculo do Valor Presente Líquido (VPL) do projeto com base no Fluxo de Caixa Disponível ao Acionista;

8. descrição das variáveis críticas para o sucesso do empreendimento, assim como a construção de três cenários (base, conservador e ideal), em que seja possível verificar o impacto gerado por mudanças dessas variáveis nos resultados obtidos;

b) plano mercadológico, que deve contemplar os seguintes tópicos:

1. objetivos estratégicos do empreendimento;
2. descrição do mercado em que a instituição pretende atuar, contemplando os riscos nele existentes e os decorrentes de eventual concentração de negócios;
3. público-alvo;
4. principais produtos e serviços a serem ofertados;
5. análise da concorrência;
6. tecnologias a serem utilizadas na colocação dos produtos e dimensionamento da estrutura de atendimento;

c) plano operacional, detalhando os seguintes aspectos:

1. a composição societária própria e do grupo econômico a que pertence a instituição, explicitando, em todos os níveis de participação, os integrantes do grupo de controle, os detentores de participação qualificada, os participantes estrangeiros, se houver, bem como as respectivas quantidades e espécies de ações ou de quotas detidas, até que fique evidenciado quem são os controladores finais;
2. o relacionamento que a instituição pretende manter com as demais pessoas naturais ou jurídicas que compõem o grupo econômico do qual ela faz parte;
3. os padrões de governança corporativa e a estrutura de gerenciamento do negócio;
4. o organograma da instituição e a política de pessoal;
5. a estrutura física;
6. os controles internos, a estrutura a ser utilizada no gerenciamento de riscos, os planos de contingência a serem adotados e a indicação dos sistemas, procedimentos e controles a serem utilizados para a detecção e a prevenção de operações cujas características possam indicar a existência dos crimes tipificados na Lei 9.613, de 3 de março de 1998;
7. a estrutura prevista para atender as exigências do Banco Central do Brasil no que se refere ao fornecimento de informações para fins estatísticos e de supervisão e à divulgação de demonstrações contábeis nos padrões estabelecidos;

III – apresentação das minutas dos atos societários de constituição da pessoa jurídica objeto da autorização para funcionamento;

IV – demonstração de capacidade econômico-financeira compatível com o porte, a natureza e o objetivo do empreendimento, a ser atendida, a critério do Banco Central do Brasil, pelo grupo de controle ou, individualmente, por cada integrante do grupo de controle;

V – inexistência de restrições que possam, a juízo do Banco Central do Brasil, afetar a reputação dos controladores e dos detentores de participação qualificada, aplicando-se, no que couber, os requisitos estabelecidos nos arts. 2º e 3º do Anexo II desta Resolução.

§ 1º O Banco Central do Brasil, nos casos que julgar necessário, poderá exigir:

I – publicação de declaração de propósito por parte das pessoas naturais ou jurídicas que integrem grupo de controle de instituição mencionada no art. 1º;

II – compromisso de celebração de acordo de acionistas ou quotistas contemplando expressa definição do grupo de controle da instituição objeto do processo.

§ 2º Com referência aos documentos de que trata o inciso II do *caput*, o Banco Central do Brasil, levando em conta a natureza e o porte da instituição, poderá:

I – estipular período mínimo de abrangência a ser considerado na elaboração desses documentos;

II – adequar o atendimento dos requisitos estabelecidos.

§ 3º Fica dispensada:

I – a publicação da declaração de propósito referida no inciso I do *caput*, nos casos de constituição de agências de fomento;

II – a remessa do plano financeiro a que se refere o inciso II, alínea *a*, do *caput*, nos casos de constituição de sociedades corretoras de títulos e valores mobiliários, de sociedades distribuidoras de títulos e valores mobiliários e de sociedades corretoras de câmbio.

Res. Bacen 4.122/2012

§ 4º Na hipótese do inciso II do § 3º, o plano financeiro deve permanecer na sede da sociedade durante o período estipulado nos termos do § 2º, podendo o Banco Central do Brasil exigir sua apresentação a qualquer tempo durante esse período.

Art. 7º No prazo de 180 (cento e oitenta) dias a contar do recebimento da manifestação favorável do Banco Central do Brasil a respeito do cumprimento das condições previstas no art. 6º, os interessados deverão:

I – formalizar os atos societários de constituição da pessoa jurídica a ser objeto da autorização para funcionamento pelo Banco Central do Brasil, levando-os, após a aprovação da Autarquia, a arquivamento no Registro de Comércio;

II – implementar a estrutura organizacional, contemplando as estruturas de governança corporativa, de gerenciamento do negócio, de controles internos e de gerenciamento de riscos, a contratação dos sistemas eletrônicos e da mão de obra, a aquisição de equipamentos e a adoção de todas as demais providências previstas no plano de negócios e necessárias às atividades da instituição;

III – apresentar ao Banco Central do Brasil requerimento solicitando a realização de inspeção a fim de verificar a estrutura organizacional implementada.

§ 1º O estatuto ou contrato social da pessoa jurídica de que trata o *caput*, inciso I, deverá conter, expressamente, cláusula estabelecendo que:

I – até a expedição da autorização para funcionamento da instituição, é vedada a realização de qualquer atividade, especialmente operações privativas das instituições de que trata o art. 1º, permitidas somente aquelas necessárias ao cumprimento do disposto neste artigo;

II – a sociedade será regida subsidiariamente pela lei das sociedades anônimas, nos termos do art. 1.053, parágrafo único, da Lei 10.406, de 10 de janeiro de 2002 (Código Civil), quando não organizada sob a forma de sociedade anônima.

§ 2º O capital social da sociedade prevista no *caput*, inciso I, deverá ser integralizado exclusivamente em moeda corrente.

§ 3º Enquanto a pessoa jurídica de que trata o *caput*, inciso I, mantiver, em seu estatuto ou contrato social, a cláusula restritiva mencionada no § 1º, inciso I, seu capital integralizado poderá ficar restrito a montante suficiente para adoção das providências previstas no *caput*, inciso II.

§ 4º Até a expedição da autorização para funcionamento pelo Banco Central do Brasil, a pessoa jurídica de que trata o *caput*, inciso I, não será considerada pela Autarquia, para quaisquer fins, como uma das instituições de que trata o art. 1º.

§ 5º O prazo de que trata o *caput* poderá ser prorrogado por até 90 (noventa) dias, justificadamente, a critério do Banco Central do Brasil.

• § 5º acrescentado pela Res. Bacen 4.308/2014.

Art. 8º No prazo de 90 (noventa) dias a contar do recebimento do documento previsto no art. 7º, inciso III, o Banco Central do Brasil realizará inspeção na instituição, a fim de avaliar a compatibilidade entre a estrutura organizacional implementada e aquela prevista no plano de negócios.

• *Caput* com redação determinada pela Res. Bacen 4.308/2014.

Parágrafo único. Constatada incompatibilidade entre a estrutura organizacional existente e a prevista no plano de negócios, o Banco Central do Brasil determinará prazo para correção, após o qual, em caso de desatendimento, indeferirá o pedido.

Art. 9º Constatada a adequação da estrutura organizacional, a autorização para funcionamento dependerá da apresentação, ao Banco Central do Brasil, no prazo de 90 (noventa) dias, de documentação comprobatória da adoção das seguintes providências:

I – alteração do estatuto ou contrato social da pessoa jurídica a que se refere o inciso I do art. 7º, a fim de adequar seu capital social ao montante previsto no plano de negócios;

II – eleição dos administradores e demais membros dos órgãos estatutários ou contratuais da instituição;

III – comprovação da origem dos recursos utilizados no empreendimento.

Res. Bacen 4.122/2012

Art. 10. Verificado, pelo Banco Central do Brasil, o atendimento das condições previstas no art. 9º, será expedida autorização para funcionamento da instituição.
Parágrafo único. Expedida a autorização referida no *caput*, a instituição será considerada em funcionamento, para efeitos de aplicação e observância da regulamentação em vigor.
Art. 11. Iniciadas as atividades, a instituição deverá, durante o período estipulado pelo Banco Central do Brasil nos termos do § 2º do art. 6º, evidenciar, no relatório de administração que acompanha as demonstrações financeiras semestrais, a adequação das operações realizadas com os objetivos estratégicos estabelecidos no plano de negócios.
Parágrafo único. Verificada, durante o período referido no *caput*, a não adequação das operações com o plano de negócios, a instituição deverá apresentar razões fundamentadas, as quais serão objeto de exame por parte do Banco Central do Brasil, que poderá estabelecer condições adicionais para o funcionamento da instituição, fixando prazo para seu atendimento.
Art. 12. No caso de pedidos de autorização para funcionamento formulados por instituição mencionada no art. 1º ou por pessoas naturais ou jurídicas que integrem grupo de controle de instituição referida no art. 1º, os requisitos estabelecidos no inciso II do art. 7º poderão ser supridos por meio de convênio operacional para compartilhamento de estruturas organizacionais entre a pessoa jurídica a ser objeto da autorização para funcionamento de que trata o inciso I do art. 7º e outra sociedade integrante do mesmo grupo econômico.

Capítulo II
DA AUTORIZAÇÃO PARA TRANSFERÊNCIA DO CONTROLE SOCIETÁRIO E PARA REORGANIZAÇÃO

Art. 13. Dependem de autorização do Banco Central do Brasil a transferência de controle societário e qualquer mudança, direta ou indireta, no grupo de controle, que possa implicar alteração do quadro de pessoas que exercem a efetiva gestão dos negócios da instituição, decorrentes de:
I – acordo de acionistas ou quotistas;
II – herança e atos de disposição de vontade, a exemplo de doação, adiantamento da legítima e constituição de usufruto;
III – ato, isolado ou em conjunto, de qualquer pessoa, natural ou jurídica, ou grupo de pessoas representando interesse comum;
IV – conversão em ações de instrumentos autorizados a compor o Capital Complementar ou o Nível II do Patrimônio de Referência (PR), de que trata a Resolução 4.192, de 1º de março de 2013.

* Inciso IV acrescentado pela Res. Bacen 4.279/2013.

Parágrafo único. O disposto neste artigo não se aplica às transferências de controle societário para pessoas jurídicas em que não ocorra alteração no quadro de controladores finais da instituição.
Art. 14. Dependem igualmente da autorização do Banco Central do Brasil:
I – mudança de objeto social, observado o disposto no art. 19;
II – criação ou cancelamento de carteira operacional, por banco múltiplo;
III – fusão, cisão ou incorporação;
IV – transformação societária.
Art. 15. Os pedidos de que tratam os arts. 13 e 14 devem observar as seguintes condições:
I – nos casos previstos no art. 13, devem ser apresentados os documentos e atendidas as condições previstas nos incisos I, III, IV, V e VII do art. 4º e nos incisos I, IV e V do art. 6º, bem como a comprovação da origem dos recursos utilizados na operação;
II – nos casos previstos no art. 14, deve ser apresentada justificativa fundamentada para a operação.
Parágrafo único. O Banco Central do Brasil, na análise dos processos de que trata o *caput*, poderá convocar os interessados para a realização de entrevista técnica, exigir a apresentação de documentos complementares e o cumprimento de outros requisitos previstos nos arts. 4º a 8º.

Res. Bacen 4.122/2012

LEGISLAÇÃO

Art. 16. As seguintes operações devem ser submetidas ao Banco Central do Brasil, nas condições que estabelecer:
I – ingresso de acionista ou quotista com participação qualificada ou com direitos correspondentes a participação qualificada;
II – assunção da condição de acionista ou quotista detentor de participação qualificada;
III – expansão da participação qualificada em percentual igual ou superior a 15% (quinze por cento) do capital da instituição, de forma acumulada ou não.
§ 1º O Banco Central do Brasil poderá solicitar informações e documentos julgados necessários ao perfeito esclarecimento da operação, inclusive quanto à origem dos recursos nela utilizados e à reputação dos envolvidos.
§ 2º Examinados os aspectos da operação a que se refere o § 1º e constatada qualquer irregularidade, o Banco Central do Brasil poderá determinar que a operação seja regularizada, mediante o seu desfazimento ou a alienação da participação qualificada.
§ 3º O disposto neste artigo não se aplica à participação qualificada que resultar da conversão em ações de instrumentos autorizados a compor o Capital Complementar ou o Nível II do Patrimônio de Referência (PR), de que trata a Resolução 4.192, de 2013.

• § 3º acrescentado pela Res. Bacen 4.279/2013.

§ 4º A participação qualificada de que trata o § 3º deverá ser comunicada ao Banco Central do Brasil, no prazo por ele estabelecido.

• § 4º acrescentado pela Res. Bacen 4.279/2013.

Capítulo III
DA ESTRUTURA DE CONTROLE SOCIETÁRIO

Art. 17. A participação societária direta que implique controle de instituições referidas no art. 1º somente pode ser exercida por:
I – pessoas naturais;
II – instituições financeiras sediadas no País ou no exterior e demais instituições autorizadas a funcionar pelo Banco Central do Brasil;
III – outras pessoas jurídicas sediadas no País que tenham por objeto social exclusivo a participação societária em instituições financeiras e demais instituições autorizadas a funcionar pelo Banco Central do Brasil.
§ 1º O disposto no *caput* deste artigo não se aplica:
I – às agências de fomento;
II – às instituições constituídas antes de 28 de novembro de 2002, enquanto perdurar a estrutura de controle existente naquela data.
§ 2º O ingresso de sócio ou quotista na condição de integrante do grupo de controle requer o atendimento ao disposto no *caput*.
§ 3º *(Revogado pela Res. Bacen 4.308/2014.)*

Art. 17-A. O Banco Central do Brasil poderá exigir a celebração de acordo de acionistas ou quotistas, contemplando a expressa definição do controle societário, direto ou indireto, nos casos em que julgar necessário.

• Artigo acrescentado pela Res. Bacen 4.308/2014.

Art. 18. Fica condicionada à ausência de objeção por parte do supervisor do país de origem:
I – a constituição, no País, de subsidiária de instituição financeira sediada no exterior;
II – o ingresso de instituição financeira sediada no exterior no grupo de controle direto ou indireto de instituição mencionada no art. 1º.

Capítulo IV
DO CANCELAMENTO DA AUTORIZAÇÃO PARA FUNCIONAMENTO

Art. 19. A dissolução da sociedade ou a mudança de seu objeto social, que resulte na sua descaracterização como sociedade integrante do sistema financeiro, implica o cancelamento da respectiva autorização para funcionamento.

Art. 20. São requisitos indispensáveis para o cancelamento, a pedido, da autorização para funcionamento das instituições referidas no art. 1º:

Res. Bacen 4.122/2012

I – publicação de declaração de propósito nos termos e condições estabelecidos pelo Banco Central do Brasil, que também deverá divulgá-la, utilizando, para tanto, o meio que julgar mais adequado;
II – deliberação em assembleia geral ou em reunião de quotistas, conforme o caso;
III – instrução do respectivo processo junto ao Banco Central do Brasil nos termos e condições por ele estabelecidos.
§ 1º Adicionalmente aos requisitos estabelecidos neste artigo, o Banco Central do Brasil poderá condicionar o cancelamento à liquidação de operações passivas privativas das instituições referidas no art. 1º.
§ 2º As disposições deste artigo não se aplicam à extinção da sociedade decorrente de fusão, cisão total ou incorporação, desde que a instituição resultante ou sucessora seja autorizada a funcionar pelo Banco Central do Brasil.

Art. 21. O Banco Central do Brasil poderá cancelar a autorização para funcionamento das instituições de que trata esta Resolução, quando constatada, a qualquer tempo, uma ou mais das seguintes situações:
I – falta de prática habitual de operações consideradas essenciais, nos termos das normas aplicáveis, para as espécies de instituições mencionadas no art. 1º deste Regulamento;
II - inatividade operacional;
III – não localização da instituição no endereço informado ao Banco Central do Brasil;
IV – interrupção, por mais de 4 (quatro) meses, sem justificativa, do envio ao Banco Central do Brasil dos demonstrativos exigidos pela regulamentação em vigor;
V – descumprimento do plano de negócios previsto no inciso II do art. 6º, considerando o período de averiguação de que trata o art. 11.
§ 1º O Banco Central do Brasil, previamente ao cancelamento de que trata o *caput*, deverá:
I – divulgar ao público, por meio que julgar mais adequado, sua intenção de cancelar a autorização de que se trata, com vistas à eventual apresentação de objeções no prazo de 30 (trinta) dias;
II – instaurar processo administrativo, notificando a instituição no endereço fornecido ao Banco Central do Brasil para se manifestar sobre a intenção de cancelamento;
III – considerar os riscos do cancelamento para a estabilidade do sistema financeiro nacional, para a poupança popular e para os credores operacionais da instituição.
§ 2º Na hipótese do inciso III do *caput*, ou não sendo encontrado o interessado, a notificação de que trata o inciso II do § 1º será realizada por meio de edital.
§ 3º Efetivado o cancelamento de que trata o *caput*, o Banco Central do Brasil comunicará o fato à Junta Comercial ou ao órgão de registro competente.

REGULAMENTO
ANEXO II À RESOLUÇÃO 4.122, DE 2 DE AGOSTO DE 2012

Disciplina as condições para o exercício de cargos em órgãos estatutários ou contratuais das instituições financeiras e demais instituições autorizadas a funcionar pelo Banco Central do Brasil.

Art. 1º A posse e o exercício de cargos em órgãos estatutários ou contratuais de instituições financeiras e demais instituições autorizadas a funcionar pelo Banco Central do Brasil são privativos de pessoas cuja eleição ou nomeação tenha sido aceita pela Autarquia, a quem compete analisar os respectivos processos e tomar as decisões que considerar convenientes ao interesse público.
§ 1º A eleição ou a nomeação de membros de órgãos estatutários ou contratuais deve ser submetida à aprovação do Banco Central do Brasil, no prazo máximo de 15 (quinze) dias de sua ocorrência, devidamente instruída com a documentação definida pela Autarquia.
§ 2º Ressalvam-se das disposições desta Resolução as instituições financeiras públicas federais, cujos membros de órgãos estatutários são investidos nos respectivos cargos na forma da legislação em vigor, sem prejuízo da obrigatoriedade de comunicação dos respectivos atos de eleição ou de nomeação ao Banco Central do Brasil no prazo máximo de 15 (quinze) dias de sua ocorrência.

Res. Bacen 4.122/2012

LEGISLAÇÃO

Art. 2º São condições para o exercício dos cargos referidos no art. 1º, além de outras exigidas pela legislação e pela regulamentação em vigor:

I – ter reputação ilibada;

II – ser residente no País, nos casos de diretor, de sócio-administrador e de conselheiro fiscal;

III – não estar impedido por lei especial, nem condenado por crime falimentar, de sonegação fiscal, de prevaricação, de corrupção ativa ou passiva, de concussão, de peculato, contra a economia popular, a fé pública, a propriedade ou o Sistema Financeiro Nacional, ou condenado a pena criminal que vede, ainda que temporariamente, o acesso a cargos públicos;

IV – não estar declarado inabilitado ou suspenso para o exercício de cargos de conselheiro fiscal, de conselheiro de administração, de diretor ou de sócio-administrador nas instituições referidas no art. 1º ou em entidades de previdência complementar, sociedades seguradoras, sociedades de capitalização, companhias abertas ou entidades sujeitas à supervisão da Comissão de Valores Mobiliários;

V – não responder, nem qualquer empresa da qual seja controlador ou administrador, por protesto de títulos, cobranças judiciais, emissão de cheques sem fundos, inadimplemento de obrigações e outras ocorrências ou circunstâncias análogas;

VI – não estar declarado falido ou insolvente;

VII – não ter controlado ou administrado, nos 2 (dois) anos que antecedem a eleição ou nomeação, firma ou sociedade objeto de declaração de insolvência, liquidação, intervenção, falência ou recuperação judicial.

Parágrafo único. Nos casos de eleitos ou nomeados que não atendam ao disposto no *caput*, incisos V a VII, o Banco Central do Brasil poderá analisar a situação individual dos pretendentes, com vistas a avaliar a possibilidade de aceitar a homologação de seus nomes.

Art. 3º Para avaliar o cumprimento, pelo eleito ou pelo nomeado, do requisito estabelecido no art. 2º, inciso I, o Banco Central do Brasil poderá levar em conta as seguintes situações e ocorrências:

I – processo crime ou inquérito policial a que esteja respondendo o eleito ou o nomeado, ou qualquer sociedade de que seja ou tenha sido, à época dos fatos, controlador ou administrador;

II – processo judicial ou administrativo que tenha relação com o Sistema Financeiro Nacional;

III – outras situações, ocorrências ou circunstâncias análogas julgadas relevantes pelo Banco Central do Brasil.

Parágrafo único. Na análise quanto aos parâmetros estipulados neste artigo, o Banco Central do Brasil considerará as circunstâncias de cada caso, bem como o contexto em que ocorrer a eleição dos pretendentes, com vistas a avaliar a possibilidade de aceitar ou recusar seus nomes, tendo em vista o interesse público.

Art. 4º Sem prejuízo dos demais documentos necessários à instrução do processo, os eleitos ou nomeados para cargos em órgãos estatutários ou contratuais das instituições referidas no art. 1º deverão apresentar ao Banco Central do Brasil as autorizações descritas no art. 4º, inciso VII, do Anexo I desta Resolução e declaração acerca de seu eventual enquadramento em quaisquer das situações previstas nos arts. 2º e 3º, na forma a ser definida pela Autarquia, observado o disposto no art. 8º desta Resolução.

§ 1º Caso o eleito ou nomeado se enquadre em quaisquer das situações previstas no art. 3º, tal circunstância deverá ser informada na declaração a que se refere o *caput*, que deverá vir acompanhada de documentos que permitam aferir a natureza e o estágio em que se encontram as ocorrências relatadas.

§ 2º A aceitação, por parte do Banco Central do Brasil, de nomes para o exercício dos cargos referidos no art. 1º não exime os eleitos ou nomeados, a instituição, seus controladores e administradores da responsabilidade pela veracidade das informações prestadas à Autarquia.

Art. 5º É também condição para o exercício dos cargos de membro do conselho de administração, de diretor ou de sócio-admi-

Res. Bacen 4.122/2012

LEGISLAÇÃO

nistrador das instituições referidas no art. 1º possuir capacitação técnica compatível com as atribuições do cargo para o qual foi eleito ou nomeado.

§ 1º A capacitação técnica de que trata o *caput* deve ser comprovada com base na formação acadêmica, experiência profissional ou em outros quesitos julgados relevantes, por intermédio de documentos e declaração firmada pelas instituições referidas no art. 1º, submetidos à avaliação do Banco Central do Brasil concomitantemente à documentação prevista no art. 4º.

§ 2º A declaração referida no § 1º é dispensada nos casos de eleição de conselheiro de administração, de diretor e de sócio-administrador com mandato em vigor na própria instituição ou em outra integrante do respectivo conglomerado financeiro.

Art. 6º Deve ser publicada declaração de propósitos, com vistas ao exercício de cargos de conselheiro de administração, de diretor ou de sócio-administrador das instituições de que trata o Anexo I desta Resolução e das cooperativas de crédito plenas, em relação aos eleitos ou aos nomeados, cujos nomes não tenham sido anteriormente aprovados pelo Banco Central do Brasil para o exercício de tais cargos nas referidas instituições.

- *Caput* com redação determinada pela Res. Bacen 4.434/2015.

Parágrafo único. O Banco Central do Brasil pode, caso julgue necessário, adotar as seguintes medidas relativamente à declaração de propósitos referida no *caput*, tanto em casos isolados quanto por meio de normas e procedimentos gerais:

I – determinar sua publicação, no caso de eleitos ou nomeados para cargos de membro do conselho de administração, de diretor ou de sócio-administrador e, ainda, no caso daqueles cujos nomes já tenham sido anteriormente aceitos pela Autarquia;

II – estabelecer a forma e o prazo de sua publicação, bem como o prazo de recepção de objeções por parte do público, com vistas ao andamento do processo respectivo;

III – proceder à sua divulgação por meio que julgar mais adequado.

Art. 7º O prazo de 60 (sessenta) dias a que se refere o art. 33, § 1º, da Lei 4.595, de 31 de dezembro de 1964, deve ser contado a partir da data em que estiverem reunidas nos autos todas as informações necessárias para que o Banco Central do Brasil possa decidir o processo.

Parágrafo único. Nos casos em que for exigida a publicação da declaração de propósitos referida no art. 6º, é condição para que se considere instruído o processo o decurso do prazo estabelecido pelo Banco Central do Brasil para o recebimento de objeções por parte do público.

Art. 8º O afastamento temporário de membro de órgão estatutário das instituições referidas no art. 1º, determinado por ocasião de processo instaurado na forma da legislação em vigor, não exclui o afastado do alcance das vedações aplicáveis aos membros em exercício.

Art. 9º O Banco Central do Brasil deve divulgar os nomes dos eleitos ou nomeados por ele aceitos, utilizando, para tanto, o meio que julgar mais adequado.

Art. 9º-A. Os contratos sociais das instituições financeiras e das demais instituições autorizadas a funcionar pelo Banco Central do Brasil que forem constituídas sob a forma de sociedade limitada, nos casos em que for assim permitido, deverão conter cláusula prevendo que o mandato dos administradores eleitos será por prazo determinado, não superior a 4 (quatro) anos, admitida a reeleição.

- Artigo acrescentado pela Res. Bacen 4.308/2014.

Parágrafo único. As instituições que não possuam contrato social com a cláusula de que trata o *caput* deverão providenciar sua inclusão na primeira assembleia ou reunião de sócios quotistas que realizarem ou até 30 de abril de 2015, o que ocorrer primeiro, assim como realizar novas eleições no mesmo prazo.

Art. 10. Os estatutos ou contratos sociais das instituições a que se refere o art. 1º deverão conter cláusula explicitando que o mandato dos ocupantes de cargos em seus órgãos estatutários ou contratuais, à exceção do conselho fiscal, estender-se-á até a posse dos seus substitutos.

1776

Res. Bacen 4.123/2012

LEGISLAÇÃO

Parágrafo único. As instituições que, na data da publicação desta Resolução, não tenham a cláusula a que se refere o *caput* em seus estatutos ou contratos sociais deverão providenciar a inclusão de tal dispositivo na primeira reforma estatutária ou alteração contratual que realizar após a edição desta Resolução.

Art. 10-A. A exceção de que trata o caput do art. 10 não se aplica ao conselho fiscal das cooperativas de crédito, estendendo-se o mandato de seus membros até a posse dos seus substitutos.

• Artigo acrescentado pela Res. Bacen 4.308/2014.

Art. 11. Caso o nome de eleito ou nomeado para os cargos a que se refere o art. 1º seja rejeitado pelo Banco Central do Brasil, a instituição deverá, no prazo de 30 (trinta) dias contados da data em que a decisão de indeferimento tornar-se definitiva, realizar a eleição ou a nomeação do substituto do nome não aprovado.

RESOLUÇÃO 4.123,
DE 23 DE AGOSTO DE 2012, DO BANCO CENTRAL DO BRASIL – BACEN

Altera e consolida as normas sobre emissão de Letra Financeira por parte das instituições financeiras que especifica.

O Banco Central do Brasil, na forma do art. 9º da Lei 4.595, de 31 de dezembro de 1964, torna público que o Conselho Monetário Nacional, em sessão realizada em 23 de agosto de 2012, com base no art. 4º, incisos VI e VIII, da referida Lei, e no art. 41 da Lei 12.249, de 11 de junho de 2010, resolveu:

Art. 1º Os bancos múltiplos, os bancos comerciais, os bancos de desenvolvimento, os bancos de investimento, as sociedades de crédito, financiamento e investimento, as caixas econômicas, as companhias hipotecárias, as sociedades de crédito imobiliário, as cooperativas de crédito e o Banco Nacional de Desenvolvimento Econômico e Social (BNDES) podem emitir Letra Financeira (LF).

• *Caput* com redação determinada pela Res. Bacen 4.382/2014.

§ 1º A emissão de LF pelos bancos de desenvolvimento deve atender às condições previstas nesta Resolução e na regulamentação específica.

§ 2º A emissão de LF pelo BNDES fica sujeita às seguintes condições:

I – observância do limite correspondente ao valor do Patrimônio de Referência, Nível I, da instituição; e

II – realização de estudo de viabilidade, que deve conter, no mínimo, análise econômica e financeira acerca da utilização da LF diante de outras fontes de recursos da instituição, considerando o montante, o prazo, as taxas, os indexadores, a composição do passivo e as demais condições da emissão, bem como demanda potencial por títulos de longo prazo e a destinação planejada para os recursos captados.

§ 3º Os documentos comprobatórios do estudo de viabilidade previsto no inciso II do § 2º devem permanecer à disposição do Banco Central do Brasil pelo prazo mínimo de 5 (cinco) anos, na sede da instituição emissora.

§ 4º As cooperativas de crédito somente podem emitir LF para fins de composição do Patrimônio de Referência.

• § 4º acrescentado pela Res. Bacen 4.382/2014.

Art. 2º A LF não pode ser emitida com valor nominal unitário inferior a:

I – R$300.000,00 (trezentos mil reais), se contiver cláusula de subordinação, nos termos do art. 40 da Lei 12.249, de 11 de junho de 2010; e

II – R$150.000,00 (cento e cinquenta mil reais), se não contiver cláusula de subordinação.

Art. 3º A LF pode ter como remuneração taxa de juros prefixada, combinada ou não com taxas flutuantes, de que trata a Resolução 1.143, de 26 de junho de 1986, ou com índice de preços, observadas as disposições legais e regulamentares aplicáveis em cada caso, sendo vedada a emissão com cláusula de variação cambial.

Parágrafo único. É admitido o pagamento periódico de rendimentos em intervalos de, no mínimo, 180 (centro e oitenta) dias.

Art. 4º O prazo de vencimento mínimo da LF é de 24 (vinte e quatro) meses, vedada

Res. Bacen 4.123/2012

LEGISLAÇÃO

a recompra ou o resgate, total ou parcial, antes do vencimento pactuado.

Art. 5º A LF com prazo de vencimento superior a 48 (quarenta e oito) meses que não tenha a taxa DI na composição de sua remuneração pode ser emitida com cláusula de opção de recompra pela instituição emissora ou de revenda para a instituição emissora, combinada ou não com a modificação do seu encargo financeiro caso não exercida a opção.

§ 1º A primeira data de exercício das opções deve observar o prazo mínimo referido no *caput*.

§ 2º O intervalo entre as datas de exercício das opções deve ser de, no mínimo, 180 (cento e oitenta) dias.

§ 3º O exercício da opção de recompra pela instituição emissora da LF objeto de oferta pública deve observar critérios equitativos, na forma da regulamentação específica da Comissão de Valores Mobiliários.

Art. 6º As instituições referidas no art. 1º podem trocar LF de emissão própria, a qualquer tempo, por outra LF de sua emissão:

I – de valor nominal unitário igual ou superior ao do título objeto da troca;

II – com prazo de vencimento superior ao prazo remanescente do título objeto da troca, observado o prazo mínimo mencionado no *caput* do art. 4º; e

III – de mesma condição de subordinação do título objeto da troca.

§ 1º No cumprimento do disposto no inciso I do *caput*, admite-se a troca por letras financeiras com valores nominais unitários inferiores ao do título original, desde que a soma desses valores seja igual ou superior ao valor nominal unitário daquele título.

§ 2º Para efeito do disposto no inciso III do *caput*, admite-se a troca de LF sem cláusula de subordinação por LF com cláusula de subordinação.

§ 3º A operação de troca referida no *caput* deve ser realizada por meio de bolsas ou de mercado de balcão organizado.

Art. 7º A LF pode ser adquirida pela instituição emissora, a qualquer tempo, desde que por meio de bolsas ou de mercado de balcão organizado, para permanência em tesouraria e venda posterior, no montante de até:

• Artigo com redação determinada pela Res. Bacen 4.330/2014.

I – 5% (cinco por cento) do saldo total de letras financeiras por ela emitidas sem cláusula de subordinação; e

II – 3% (três por cento) do saldo total de letras financeiras por ela emitidas com cláusula de subordinação, utilizadas para fins de composição do Patrimônio de Referência.

§ 1º As letras financeiras adquiridas por instituições do mesmo conglomerado econômico da instituição emissora devem ser consideradas no cômputo dos limites de que trata o *caput*.

§ 2º A possibilidade de aquisição prevista no inciso II do *caput* condiciona-se à manifestação formal da instituição emissora por essa opção quando da solicitação de autorização de que trata o art. 8º, § 1º.

§ 3º O percentual indicado no inciso II do *caput* deve ser apurado com base no saldo total de letras financeiras em que tenha sido manifestada a opção a que se refere o § 2º.

§ 4º A aquisição de letras financeiras utilizadas para fins de composição do Patrimônio de Referência, na forma e no limite estabelecidos no *caput*, está dispensada da observância dos seguintes dispositivos da Resolução 4.192, de 1º de março de 2013:

I – autorização do Banco Central do Brasil, prevista nos arts. 17, inciso IX, 18, inciso II, 20, inciso V, e 21, inciso II; e

II – atendimento do prazo mínimo de 5 (cinco) anos, previsto nos arts. 18, inciso I, e 21, inciso I.

Art. 8º Exclusivamente para fins de composição do Patrimônio de Referência, admite-se que a LF com cláusula de subordinação seja emitida, prevendo:

• Artigo com redação determinada pela Res. Bacen 4.330/2014.

I – suspensão do pagamento da remuneração estipulada;

II – extinção permanente do direito de crédito por ela representado ou, alternativamente, conversão desse direito em ações elegíveis ao Capital Principal da instituição emitente;

III – vencimento condicionado somente à ocorrência da dissolução da instituição emitente ou do inadimplemento da obrigação

Lei 12.711/2012

LEGISLAÇÃO

de pagar a remuneração estipulada, caso em que ambas as condições deverão constar do título; e

IV – correção pela variação cambial.

§ 1º A instituição emissora da LF mencionada no caput deve protocolizar solicitação no Banco Central do Brasil para que os recursos captados sejam autorizados a compor seu Patrimônio de Referência.

§ 2º A eficácia das cláusulas mencionadas nos incisos I e II do *caput* deve estar condicionada ao deferimento, pelo Banco Central do Brasil, da solicitação referida no § 1º, condição esta que deverá constar do título.

§ 3º A LF de que trata o caput deve atender a todos os critérios estabelecidos na regulamentação em vigor para composição do Capital Complementar ou do Nível II do Patrimônio de Referência, ressalvado o disposto no art. 7º, § 4º, desta Resolução.

§ 4º O pagamento dos titulares de LF emitidas com as características estabelecidas na regulamentação em vigor para composição do Nível II do Patrimônio de Referência deve preferir ao pagamento dos titulares de LF emitidas com as características do Capital Complementar do Patrimônio de Referência, na hipótese de liquidação ou falência da instituição emissora.

Art. 9º É facultada a utilização de LF para realização de operações ativas vinculadas, na forma da regulamentação em vigor.

Parágrafo único. A LF de que trata o *caput* pode ser emitida com cláusula prevendo a antecipação do seu vencimento no caso da liquidação da operação ativa vinculada, desde que respeitado o prazo mínimo de 12 (doze) meses.

Art. 10. Esta Resolução entra em vigor em 1º de novembro de 2012.

Art. 11. Ficam revogadas, a partir de 1º de novembro de 2012, as Resoluções ns. 3.836, de 25 de fevereiro de 2010, e 3.933, de 16 de dezembro de 2010.

Alexandre Antonio Tombini

Presidente do Banco Central do Brasil

(*DOU* 24.8.2012)

LEI 12.711, DE 29 DE AGOSTO DE 2012

Dispõe sobre o ingresso nas universidades federais e nas instituições federais de ensino técnico de nível médio e dá outras providências.

• V. Dec. 7.824/2012 (Regulamenta a Lei 12.711/2012).

A Presidenta da República:

Faço saber que o Congresso Nacional decreta e eu sanciono a seguinte Lei:

Art. 1º As instituições federais de educação superior vinculadas ao Ministério da Educação reservarão, em cada concurso seletivo para ingresso nos cursos de graduação, por curso e turno, no mínimo 50% (cinquenta por cento) de suas vagas para estudantes que tenham cursado integralmente o ensino médio em escolas públicas.

Parágrafo único. No preenchimento das vagas de que trata o *caput* deste artigo, 50% (cinquenta por cento) deverão ser reservados aos estudantes oriundos de famílias com renda igual ou inferior a 1,5 salário-mínimo (um salário-mínimo e meio) *per capita*.

Art. 2º (Vetado.)

Art. 3º Em cada instituição federal de ensino superior, as vagas de que trata o art. 1º desta Lei serão preenchidas, por curso e turno, por autodeclarados pretos, pardos e indígenas, em proporção no mínimo igual à de pretos, pardos e indígenas na população da unidade da Federação onde está instalada a instituição, segundo o último censo do Instituto Brasileiro de Geografia e Estatística (IBGE).

Parágrafo único. No caso de não preenchimento das vagas segundo os critérios estabelecidos no *caput* deste artigo, aquelas remanescentes deverão ser completadas por estudantes que tenham cursado integralmente o ensino médio em escolas públicas.

Art. 4º As instituições federais de ensino técnico de nível médio reservarão, em cada concurso seletivo para ingresso em cada curso, por turno, no mínimo 50% (cinquenta por cento) de suas vagas para estudantes que cursaram integralmente o ensino fundamental em escolas públicas.

Lei 12.726/2012

Parágrafo único. No preenchimento das vagas de que trata o *caput* deste artigo, 50% (cinquenta por cento) deverão ser reservados aos estudantes oriundos de famílias com renda igual ou inferior a 1,5 salário-mínimo (um salário mínimo e meio) *per capita*.

Art. 5º Em cada instituição federal de ensino técnico de nível médio, as vagas de que trata o art. 4º desta Lei serão preenchidas, por curso e turno, por autodeclarados pretos, pardos e indígenas, em proporção no mínimo igual à de pretos, pardos e indígenas na população da unidade da Federação onde está instalada a instituição, segundo o último censo do Instituto Brasileiro de Geografia e Estatística (IBGE).

Parágrafo único. No caso de não preenchimento das vagas segundo os critérios estabelecidos no *caput* deste artigo, aquelas remanescentes deverão ser preenchidas por estudantes que tenham cursado integralmente o ensino fundamental em escola pública.

Art. 6º O Ministério da Educação e a Secretaria Especial de Políticas de Promoção da Igualdade Racial, da Presidência da República, serão responsáveis pelo acompanhamento e avaliação do programa de que trata esta Lei, ouvida a Fundação Nacional do Índio (Funai).

Art. 7º O Poder Executivo promoverá, no prazo de 10 (dez) anos, a contar da publicação desta Lei, a revisão do programa especial para o acesso de estudantes pretos, pardos e indígenas, bem como daqueles que tenham cursado integralmente o ensino médio em escolas públicas, às instituições de educação superior.

Art. 8º As instituições de que trata o art. 1º desta Lei deverão implementar, no mínimo, 25% (vinte e cinco por cento) da reserva de vagas prevista nesta Lei, a cada ano, e terão o prazo máximo de 4 (quatro) anos, a partir da data de sua publicação, para o cumprimento integral do disposto nesta Lei.

Art. 9º Esta Lei entra em vigor na data de sua publicação.

Brasília, 29 de agosto de 2012; 191º da Independência e 124º da República.
Dilma Rousseff

(DOU 30.08.2012)

LEI 12.726, DE 16 DE OUTUBRO DE 2012

Acrescenta parágrafo único ao art. 95 da Lei 9.099, de 26 de setembro de 1995, para dispor sobre o Juizado Especial Itinerante.

A Presidenta da República:
Faço saber que o Congresso Nacional decreta e eu sanciono a seguinte Lei:

Art. 1º O art. 95 da Lei 9.099, de 26 de setembro de 1995, passa a vigorar acrescido do seguinte parágrafo único:

"Art. 95. [...]

"Parágrafo único. No prazo de 6 (seis) meses, contado da publicação desta Lei, serão criados e instalados os Juizados Especiais Itinerantes, que deverão dirimir, prioritariamente, os conflitos existentes nas áreas rurais ou nos locais de menor concentração populacional."

Art. 2º Esta Lei entra em vigor na data de sua publicação.

Brasília, 16 de outubro de 2012; 191º da Independência e 124º da República.
Dilma Rousseff

(DOU 17.10.2012)

LEI 12.741, DE 8 DE DEZEMBRO DE 2012

Dispõe sobre as medidas de esclarecimento ao consumidor, de que trata o § 5º do artigo 150 da Constituição Federal; altera o inciso III do art. 6º e o inciso IV do art. 106 da Lei 8.078, de 11 de setembro de 1990 – Código de Defesa do Consumidor.

A Presidenta da República:
Faço saber que o Congresso Nacional decreta e eu sanciono a seguinte Lei:

Art. 1º Emitidos por ocasião da venda ao consumidor de mercadorias e serviços, em todo território nacional, deverá constar, dos documentos fiscais ou equivalentes, a informação do valor aproximado correspondente à totalidade dos tributos federais, estaduais e municipais, cuja incidência influi na formação dos respectivos preços de venda.

Lei 12.741/2012

§ 1º A apuração do valor dos tributos incidentes deverá ser feita em relação a cada mercadoria ou serviço, separadamente, inclusive nas hipóteses de regimes jurídicos tributários diferenciados dos respectivos fabricantes, varejistas e prestadores de serviços, quando couber.

§ 2º A informação de que trata este artigo poderá constar de painel afixado em local visível do estabelecimento, ou por qualquer outro meio eletrônico ou impresso, de forma a demonstrar o valor ou percentual, ambos aproximados, dos tributos incidentes sobre todas as mercadorias ou serviços postos à venda.

§ 3º Na hipótese do § 2º, as informações a serem prestadas serão elaboradas em termos de percentuais sobre o preço a ser pago, quando se tratar de tributo com alíquota *ad valorem*, ou em valores monetários (no caso de alíquota específica); no caso de se utilizar meio eletrônico, este deverá estar disponível ao consumidor no âmbito do estabelecimento comercial.

§ 4º *(Vetado.)*

§ 5º Os tributos que deverão ser computados são os seguintes:

I – Imposto sobre Operações relativas a Circulação de Mercadorias e sobre Prestações de Serviços de Transporte Interestadual e Intermunicipal e de Comunicação (ICMS);
II – Imposto sobre Serviços de Qualquer Natureza (ISS);
III – Imposto sobre Produtos Industrializados (IPI);
IV – Imposto sobre Operações de Crédito, Câmbio e Seguro, ou Relativas a Títulos ou Valores Mobiliários (IOF);
V – *(Vetado.)*
VI – *(Vetado.)*
VII – Contribuição Social para o Programa de Integração Social (PIS) e para o Programa de Formação do Patrimônio do Servidor Público (Pasep) – (PIS/Pasep);
VIII – Contribuição para o Financiamento da Seguridade Social (Cofins);
IX – Contribuição de Intervenção no Domínio Econômico, incidente sobre a importação e a comercialização de petróleo e seus derivados, gás natural e seus derivados, e álcool etílico combustível (Cide).

§ 6º Serão informados ainda os valores referentes ao imposto de importação, PIS/Pasep/Importação e Cofins/Importação, na hipótese de produtos cujos insumos ou componentes sejam oriundos de operações de comércio exterior e representem percentual superior a 20% (vinte por cento) do preço de venda.

§ 7º Na hipótese de incidência do imposto sobre a importação, nos termos do § 6º, bem como da incidência do Imposto sobre Produtos Industrializados – IPI, todos os fornecedores constantes das diversas cadeias produtivas deverão fornecer aos adquirentes, em meio magnético, os valores dos 2 (dois) tributos individualizados por item comercializado.

§ 8º Em relação aos serviços de natureza financeira, quando não seja legalmente prevista a emissão de documento fiscal, as informações de que trata este artigo deverão ser feitas em tabelas afixadas nos respectivos estabelecimentos.

§ 9º *(Vetado.)*

§ 10. A indicação relativa ao IOF (prevista no inciso IV do § 5º) restringe-se aos produtos financeiros sobre os quais incida diretamente aquele tributo.

§ 11. A indicação relativa ao PIS e à Cofins (incisos VII e VIII do § 5º), limitar-se-á à tributação incidente sobre a operação de venda ao consumidor.

§ 12. Sempre que o pagamento de pessoal constituir item de custo direto do serviço ou produto fornecido ao consumidor, deve ser divulgada, ainda, a contribuição previdenciária dos empregados e dos empregadores incidente, alocada ao serviço ou produto.

Art. 2º Os valores aproximados de que trata o art. 1º serão apurados sobre cada operação, e poderão, a critério das empresas vendedoras, ser calculados e fornecidos, semestralmente, por instituição de âmbito nacional reconhecidamente idônea, voltada primordialmente à apuração e análise de dados econômicos.

Art. 3º O inciso III do art 6º da Lei 8.078, de 11 de setembro de 1990, passa a vigorar com a seguinte redação:

• Alteração processada no texto da referida Lei.

Art. 4º *(Vetado.)*

Art. 5º Decorrido o prazo de 12 (doze) meses, contado do início de vigência desta

Dec. 7.897/2013

LEGISLAÇÃO

Lei, o descumprimento de suas disposições sujeitará o infrator às sanções previstas no Capítulo VII do Título I da Lei 8.078, de 11 de setembro de 1990.

* Artigo com redação determinada pela Lei 12.868/2013.

Art. 6º Esta Lei entra em vigor 6 (seis) meses após a data de sua publicação.

Brasília, 8 de dezembro de 2012; 191º da Independência e 124º da República.
Dilma Rousseff

(*DOU* 10.12.2012)

DECRETO 7.897,
DE 1º DE FEVEREIRO DE 2013

Regulamenta a constituição de gravames e ônus sobre ativos financeiros e valores mobiliários em operações realizadas no âmbito do mercado de valores mobiliários ou do sistema de pagamentos brasileiro, de que trata o parágrafo único do art. 63-A da Lei 10.931, de 2 de agosto de 2004.

A Presidenta da República, no uso das atribuições que lhe confere o art. 84, *caput*, incisos IV e VI, alínea *a*, da Constituição, e tendo em vista o disposto no art. 63-A, parágrafo único, da Lei 10.931, de 2 de agosto de 2004, decreta:

Art. 1º Este Decreto dispõe sobre as formas e condições de registro de gravames e ônus sobre ativos financeiros e valores mobiliários em operações realizadas no âmbito do mercado de valores mobiliários e do sistema de pagamentos brasileiro.

Art. 2º A atividade de registro de gravames e ônus de que trata este Decreto será realizada pelas entidades ou sistemas mantenedores de contas de ativos financeiros e de valores mobiliários em que se constituam direitos reais sobre estes ativos financeiros e valores mobiliários.

Art. 3º O desempenho da atividade de registro de gravames e ônus de que trata este Decreto está sujeito à autorização do Banco Central do Brasil ou da Comissão de Valores Mobiliários, em suas esferas de competência.

§ 1º A autorização será condicionada à aprovação dos regulamentos e sistemas das entidades requerentes, que deverão ser estruturados segundo procedimentos capazes de garantir a segurança e a confiabilidade dos registros.

§ 2º Os regulamentos deverão estabelecer as regras e os procedimentos para registro dos gravames e ônus, e para a retificação e cancelamento dos registros efetuados.

§ 3º Os procedimentos fixados nos regulamentos e sistemas deverão:

I – assegurar a unicidade e a continuidade dos registros sobre os ativos financeiros e valores mobiliários objeto de gravames e ônus;

II – gerar as informações necessárias para o exercício do direito de sequela pelos credores garantidos; e

III – definir o regime de acesso às informações contidas nos registros de gravames e ônus constituídos no âmbito da entidade, observado o disposto na legislação aplicável.

Art. 4º O Banco Central do Brasil e a Comissão de Valores Mobiliários, em suas respectivas esferas de competência, baixarão as normas e instruções necessárias ao cumprimento deste Decreto.

Art. 5º Este Decreto entra em vigor na data de sua publicação.

Brasília, 1º de fevereiro de 2013; 192º da Independência e 125º da República.
Dilma Rousseff

(*DOU* 04.02.2013)

PROVIMENTO 28,
DE 8 DE FEVEREIRO DE 2013,
DA CORREGEDORIA NACIONAL DE JUSTIÇA – CNJ

Dispõe sobre o registro tardio de nascimento, por Oficial de Registro Civil das Pessoas Naturais, nas hipóteses que disciplina.

O Corregedor Nacional de Justiça, Ministro Francisco Falcão, no uso de suas atribuições legais e constitucionais;

Considerando o advento da Lei 11.790, de 2 de outubro de 2008, que alterou o art. 46 da Lei 6.015, de 31 de dezembro de 1973 (Lei de Registros Públicos), para permitir o registro da declaração de nascimento, fora

Prov. CNJ 28/2013

do prazo legal, diretamente nas serventias extrajudiciais;

Considerando os relevantes aspectos sociais, no combate ao sub-registro, abrangidos na sistemática instituída pela Lei 11.790, de 2 de outubro de 2008;

Considerando a Lei 12.662, de 5 de junho de 2012, que disciplina a expedição e validade da Declaração de Nascido Vivo – DNV;

Considerando o disposto nos arts. 46 e 54, § 3°, ambos da Lei 6.015, de 31 de dezembro de 1973 (Lei de Registros Públicos);

Considerando o disposto no art. 13, incisos II e III, da Lei 6.015/1973 e nos arts. 127 e 129 da Constituição Federal;

Considerando o disposto no art. 231, da Constituição Federal, e a Resolução Conjunta CNJ/CNMP 3, de 18 de abril de 2012, que dispõe sobre o assento de nascimento de indígena no Registro Civil das Pessoas Naturais;

Considerando os subsídios e valiosas contribuições apresentadas ao Conselho Nacional de Justiça pelos órgãos e entidades a seguir relacionados: Conselho Nacional do Ministério Público; Comissão de Direitos Fundamentais; Secretaria de Direitos Humanos da Presidência da Republica; Procuradoria Federal dos Direitos do Cidadão; INSS – Instituto Nacional do Seguro Social; Associação dos Notários e Registradores do Brasil – Anoreg-BR; Associação Nacional de Registradores das Pessoas Naturais – Arpen-BR; Associação dos Registradores de Pessoas Naturais do Estado de São Paulo – Arpen/SP; resolve:

Art. 1° As declarações de nascimento feitas após o decurso do prazo previsto no art. 50 da Lei 6.015/1973 serão registradas nos termos deste provimento.

Parágrafo único. O procedimento de registro tardio previsto neste Provimento não se aplica para a lavratura de assento de nascimento de indígena, no Registro Civil das Pessoas Naturais, regulamentado pela Resolução Conjunta 3, de 19 de abril de 2012, do Conselho Nacional de Justiça e do Conselho Nacional do Ministério Público, e não afasta a aplicação do previsto no art. 102 da Lei 8.069/1990.

Art. 2° O requerimento de registro será direcionado ao Oficial de Registro Civil das Pessoas Naturais do lugar de residência do interessado e será assinado por duas testemunhas, sob as penas da lei.

Parágrafo único. Não tendo o interessado moradia ou residência fixa, será considerado competente o Oficial de Registro Civil das Pessoas Naturais do local onde se encontrar.

Art. 3° Do requerimento constará:

a) o dia, mês, ano e lugar do nascimento e a hora certa, sempre que possível determiná-la;

b) o sexo do registrando;

c) seu prenome e seu sobrenome;

d) o fato de ser gêmeo, quando assim tiver acontecido;

e) os prenomes e os sobrenomes, a naturalidade, a profissão dos pais e sua residência atual, inclusive para apuração de acordo com os art. 8° e seguintes deste Provimento;

f) indicação dos prenomes e dos sobrenomes dos avós paternos e maternos que somente serão lançados no registro se o parentesco decorrer da paternidade e maternidade reconhecidas;

g) a atestação por duas testemunhas entrevistadas pelo Oficial de Registro, ou preposto expressamente autorizado, devidamente qualificadas (nome completo, data de nascimento, nacionalidade, estado civil, profissão, residência, tipo e número do documento de identidade e, se houver, número de inscrição no CPF), sob responsabilidade civil e criminal, da identidade do registrando, bem como do conhecimento de quaisquer dos outros fatos relatados pelo mesmo;

h) fotografia do registrando e, quando possível, sua impressão datiloscópica, obtidas por meio material ou informatizado, que ficarão arquivadas na serventia, para futura identificação se surgir dúvida sobre a identidade do registrando.

§ 1° O requerimento poderá ser realizado mediante preenchimento de formulário, que deverá ser fornecido pelo Oficial.

§ 2° O Oficial certificará a autenticidade das firmas do interessado ou do seu representante legal, bem como das testemunhas, que forem lançadas em sua presença ou na presença de preposto autorizado.

§ 3° Caso se trate de interessado analfabeto sem representação, será exigida a aposição de sua impressão digital no requerimento, assinado, a rogo, na presença do Oficial.

§ 4º A ausência das informações previstas nas alíneas d, e, f e h deste artigo não impede o registro, desde que fundamentada a impossibilidade de sua prestação.

§ 5º Ausente a identificação dos genitores, será adotado o sobrenome indicado pelo registrando, se puder se manifestar, ou, em caso negativo, pelo requerente do registro tardio.

Art. 4º Se a declaração de nascimento se referir a pessoa que já tenha completado doze anos de idade, as duas testemunhas deverão assinar o requerimento na presença do Oficial, ou de preposto expressamente autorizado, que examinará seus documentos pessoais e certificará a autenticidade de suas firmas, entrevistando-as, assim como entrevistará o registrando e, sendo o caso, seu representante legal, para verificar, ao menos:

a) se o registrando consegue se expressar no idioma nacional, como brasileiro;

b) se o registrando conhece razoavelmente a localidade declarada como de sua residência (ruas principais, prédios públicos, bairros, peculiaridades etc.);

c) quais as explicações de seu representante legal, se for caso de comparecimento deste, a respeito da não realização do registro no prazo devido;

d) se as testemunhas realmente conhecem o registrando, se dispõem de informações concretas e se têm idade compatível com a efetiva ciência dos fatos declarados no requerimento, preferindo-se as mais idosas do que ele;

e) quais escolas o registrando já frequentou; em que unidades de saúde busca atendimento médico quando precisa;

f) se o registrando tem irmãos e, se positivo, em que cartório eles estão registrados; se o registrando já se casou e, se positivo, em que cartório; se o registrando tem filhos e, se positivo, em que cartório estão registrados;

g) se o registrando já teve algum documento, como carteira de trabalho, título de eleitor, documento de identidade, certificado de batismo, solicitando, se possível, a apresentação desses documentos.

Parágrafo único. A ausência de alguma das informações previstas neste artigo não impede o registro, desde que justificada a impossibilidade de sua prestação.

Art. 5º Cada entrevista será feita em separado e o Oficial, ou preposto que expressamente autorizar, reduzirá a termo as declarações colhidas, assinando-o juntamente com o entrevistado.

Art. 6º Das entrevistas realizadas o Oficial, ou preposto expressamente autorizado, lavrará minuciosa certidão acerca dos elementos colhidos, decidindo fundamentadamente pelo registro ou pela suspeita, nos termos do art. 10.

Parágrafo único. O requerente poderá apresentar ao Oficial de Registro documentos que confirmem a identidade do registrando, se os tiver, os quais serão arquivados na serventia, em seus originais ou cópias, em conjunto com o requerimento apresentado, os termos das entrevistas das testemunhas e as outras provas existentes.

Art. 7º Sendo o registrando menor de 12 (doze) anos de idade, ficará dispensado o requerimento escrito e o comparecimento das testemunhas mencionadas neste provimento se for apresentada pelo declarante a Declaração de Nascido Vivo – DNV instituída pela Lei 12.662, de 5 de junho de 2012, devidamente preenchida por profissional da saúde ou parteira tradicional.

Parágrafo único. No registro de nascimento de criança com menos de 3 (três) anos de idade, nascida de parto sem assistência de profissional da saúde ou parteira tradicional, a Declaração de Nascido Vivo será preenchida pelo Oficial de Registro Civil que lavrar o assento de nascimento e será assinada também pelo declarante, o qual se declarará ciente de que o ato será comunicado ao Ministério Público.

Art. 8º O Oficial, nos 5 (cinco) dias após o registro do nascimento ocorrido fora de maternidade ou estabelecimento hospitalar, fornecerá ao Ministério Público da Comarca os dados da criança, dos pais e o endereço onde ocorreu o nascimento.

Art. 9º A maternidade será lançada no registro de nascimento por força da Declaração de Nascido Vivo – DNV, quando for apresentada.

Prov. CNJ 28/2013

LEGISLAÇÃO

§ 1º O estabelecimento da filiação poderá ser feito por meio de reconhecimento espontâneo dos genitores, nos termos do artigo 1.609, I, do Código Civil Brasileiro, independentemente do estado civil dos pais.

§ 2º O Provimento 16 do Conselho Nacional de Justiça aplica-se aos registros de nascimento lavrados de forma tardia, tanto para o reconhecimento da paternidade como para o da maternidade.

§ 3º A paternidade ou maternidade também poderá ser lançada no registro de nascimento por força da presunção estabelecida no art. 1.597 do Código Civil, mediante apresentação de certidão do casamento com data de expedição posterior ao nascimento.

§ 4º Se o genitor que comparecer para o registro declarar, sob as penas da lei, que estava separado de fato de seu cônjuge ao tempo da concepção, não se aplica a presunção prevista no parágrafo anterior.

§ 5º Se não houver elementos nos termos do presente artigo para se estabelecer ao menos um dos genitores, o registro deverá será lavrado sem a indicação de filiação.

Art. 10. Admitem-se como testemunhas, além das demais pessoas habilitadas, os parentes em qualquer grau do registrando (artigo 42 da Lei 6.015/1973), bem como a parteira tradicional ou profissional da saúde que assistiu o parto.

Parágrafo único. Nos casos em que os declarantes e testemunhas já firmaram o requerimento de registro, fica dispensada nova colheita de assinaturas no livro de registro de nascimentos.

Art. 11. Em qualquer caso, se o Oficial suspeitar da falsidade da declaração, poderá exigir provas suficientes.

§ 1º A suspeita poderá ser relativa à identidade do registrando, à sua nacionalidade, à sua idade, à veracidade da declaração de residência, ao fato de ser realmente conhecido pelas testemunhas, à identidade ou sinceridade destas, à existência de registro de nascimento já lavrado, ou a quaisquer outros aspectos concernentes à pretensão formulada ou à pessoa do interessado.

§ 2º As provas exigidas serão especificadas em certidão própria, da qual constará se foram, ou não, apresentadas.

§ 3º As provas documentais, ou redutíveis a termos, ficarão anexadas ao requerimento, em seu original ou cópia extraída pelo Oficial de Registro.

Art. 12. Persistindo a suspeita, o Oficial encaminhará os autos ao Juiz Corregedor Permanente, ou ao Juiz competente na forma da organização local.

Parágrafo único. Sendo infundada a dúvida, o Juiz ordenará a realização do registro; caso contrário, exigirá justificação ou outra prova idônea, sem prejuízo de ordenar, conforme o caso, as providências penais cabíveis.

Art. 13. Nos casos em que o registrando for pessoa incapaz internada em hospital psiquiátrico, hospital de custódia e tratamento psiquiátrico (HCTP), hospital de retaguarda, serviços de acolhimento em abrigos institucionais de longa permanência, ou instituições afins, poderá o Ministério Público, independente de prévia interdição, requerer o registro diretamente ao Oficial de Registro Civil competente, fornecendo os elementos previstos no artigo 3º deste provimento, no que couber.

§ 1º O Ministério Público instruirá o requerimento com cópias dos documentos que possam auxiliar a qualificação do registrando, tais como prontuário médico, indicação de testemunhas, documentos de pais, irmãos ou familiares.

§ 2º Quando ignorada a data de nascimento do registrando, poderá ser atestada por médico a sua idade aparente.

§ 3º O registro de nascimento será lavrado com a anotação, à margem do assento, de que se trata de registro tardio realizado na forma do art. 13 deste Provimento, sem, contudo, constar referência ao fato nas certidões de nascimento que forem expedidas, exceto nas de inteiro teor.

§ 4º O registro tardio lavrado na forma do presente artigo, e deste Provimento, não se presta para substituir a declaração de interdição parcial ou total, temporária ou permanente, em ação jurisdicional própria.

Art. 14. O Ministério Público poderá solicitar o registro tardio de nascimento atuando como assistente, ou substituto, em favor de pessoa tutelada pelo Estatuto do Idoso,

1785

Dec. 7.962/2013

LEGISLAÇÃO

ou em favor de incapaz submetido à interdição provisória ou definitiva sendo omisso o Curador, aplicando-se, no que couber, o disposto no art. 3º deste Provimento.

Art. 15. Lavrado o assento no respectivo livro, haverá anotação, com indicação de livro, folha, número de registro e data, no requerimento que será arquivado em pasta própria, juntamente com os termos de declarações colhidas e as demais provas apresentadas.

§ 1º O Oficial fornecerá gratuitamente ao Ministério Público, ao Instituto Nacional do Seguro Social – INSS e à Autoridade Policial informações sobre os documentos apresentados para o registro e sobre os dados de qualificação das testemunhas, quando for solicitado em decorrência da suspeita de fraude ou de duplicidade de registros, sem prejuízo de fornecimento de certidão nos demais casos previstos em lei.

§ 2º O Oficial, suspeitando de fraude ou constatando a duplicidade de registros depois da lavratura do registro tardio de nascimento, comunicará o fato ao Juiz Corregedor Permanente, ou ao Juiz competente na forma da organização local, que, após ouvir o Ministério Público, adotará as providências que forem cabíveis.

Art. 16. Constatada a duplicidade de assentos de nascimento para a mesma pessoa, decorrente do registro tardio, será cancelado o assento de nascimento lavrado em segundo lugar, com transposição, para o assento anterior, das anotações e averbações que não forem incompatíveis.

§ 1º O cancelamento do registro tardio por duplicidade de assentos poderá ser promovido de ofício pelo Juiz Corregedor, assim considerado aquele definido na órbita estadual e do Distrito Federal como competente para a fiscalização judiciária dos atos notariais e de registro, em procedimento em que será ouvido o Ministério Público, ou a requerimento do Ministério Público ou de qualquer interessado, dando-se ciência ao atingido.

§ 2º Havendo cancelamento de registro tardio por duplicidade de assentos de nascimento, será promovida a retificação de eventuais outros assentos do registro civil das pessoas naturais abertos com fundamento no registro cancelado, para que passem a identificar corretamente a pessoa a que se referem.

Art. 17. Este Provimento entrará em vigor na data de sua publicação.

Brasília – DF,
Ministro Francisco Falcão
  Corregedor Nacional de Justiça

(DJE 08.02.2013)

DECRETO 7.962,
DE 15 DE MARÇO DE 2013

Regulamenta a Lei 8.078, de 11 de setembro de 1990, para dispor sobre a contratação no comércio eletrônico.

A Presidenta da República, no uso da atribuição que lhe confere o art. 84, *caput*, inciso IV, da Constituição, e tendo em vista o disposto na Lei 8.078, de 11 de setembro de 1990, decreta:

Art. 1º Este Decreto regulamenta a Lei 8.078, de 11 de setembro de 1990, para dispor sobre a contratação no comércio eletrônico, abrangendo os seguintes aspectos:
I – informações claras a respeito do produto, serviço e do fornecedor;
II – atendimento facilitado ao consumidor; e
III – respeito ao direito de arrependimento.

Art. 2º Os sítios eletrônicos ou demais meios eletrônicos utilizados para oferta ou conclusão de contrato de consumo devem disponibilizar, em local de destaque e de fácil visualização, as seguintes informações:
I – nome empresarial e número de inscrição do fornecedor, quando houver, no Cadastro Nacional de Pessoas Físicas ou no Cadastro Nacional de Pessoas Jurídicas do Ministério da Fazenda;
II – endereço físico e eletrônico, e demais informações necessárias para a sua localização e contato;
III – características essenciais do produto ou do serviço, incluídos os riscos à saúde e à segurança dos consumidores;
IV – discriminação, no preço, de quaisquer despesas adicionais ou acessórias, tais como as de entrega ou seguros;

Dec. 7.962/2013

LEGISLAÇÃO

V – condições integrais da oferta, incluídas modalidades de pagamento, disponibilidade, forma e prazo da execução do serviço ou da entrega ou disponibilização do produto; e

VI – informações claras e ostensivas a respeito de quaisquer restrições à fruição da oferta.

Art. 3º Os sítios eletrônicos ou demais meios eletrônicos utilizados para ofertas de compras coletivas ou modalidades análogas de contratação deverão conter, além das informações previstas no art. 2º, as seguintes:

I – quantidade mínima de consumidores para a efetivação do contrato;

II – prazo para utilização da oferta pelo consumidor; e

III – identificação do fornecedor responsável pelo sítio eletrônico e do fornecedor do produto ou serviço ofertado, nos termos dos incisos I e II do art. 2º.

Art. 4º Para garantir o atendimento facilitado ao consumidor no comércio eletrônico, o fornecedor deverá:

I – apresentar sumário do contrato antes da contratação, com as informações necessárias ao pleno exercício do direito de escolha do consumidor, enfatizadas as cláusulas que limitem direitos;

II – fornecer ferramentas eficazes ao consumidor para identificação e correção imediata de erros ocorridos nas etapas anteriores à finalização da contratação;

III – confirmar imediatamente o recebimento da aceitação da oferta;

IV – disponibilizar o contrato ao consumidor em meio que permita sua conservação e reprodução, imediatamente após a contratação;

V – manter serviço adequado e eficaz de atendimento em meio eletrônico, que possibilite ao consumidor a resolução de demandas referentes a informação, dúvida, reclamação, suspensão ou cancelamento do contrato;

VI – confirmar imediatamente o recebimento das demandas do consumidor referidas no inciso, pelo mesmo meio empregado pelo consumidor; e

VII – utilizar mecanismos de segurança eficazes para pagamento e para tratamento de dados do consumidor.

Parágrafo único. A manifestação do fornecedor às demandas previstas no inciso V do *caput* será encaminhada em até cinco dias ao consumidor.

Art. 5º O fornecedor deve informar, de forma clara e ostensiva, os meios adequados e eficazes para o exercício do direito de arrependimento pelo consumidor.

§ 1º O consumidor poderá exercer seu direito de arrependimento pela mesma ferramenta utilizada para a contratação, sem prejuízo de outros meios disponibilizados.

§ 2º O exercício do direito de arrependimento implica a rescisão dos contratos acessórios, sem qualquer ônus para o consumidor.

§ 3º O exercício do direito de arrependimento será comunicado imediatamente pelo fornecedor à instituição financeira ou à administradora do cartão de crédito ou similar, para que:

I – a transação não seja lançada na fatura do consumidor; ou

II – seja efetivado o estorno do valor, caso o lançamento na fatura já tenha sido realizado.

§ 4º O fornecedor deve enviar ao consumidor confirmação imediata do recebimento da manifestação de arrependimento.

Art. 6º As contratações no comércio eletrônico deverão observar o cumprimento das condições da oferta, com a entrega dos produtos e serviços contratados, observados os prazos, quantidade, qualidade e adequação.

Art. 7º A inobservância das condutas descritas neste Decreto ensejará aplicação das sanções previstas no art. 56 da Lei 8.078, de 1990.

Art. 8º O Decreto 5.903, de 20 de setembro de 2006, passa a vigorar com as seguintes alterações:

"Art. 10. [...]

"Parágrafo único. O disposto nos arts. 2º, 3º e 9º deste Decreto aplica-se às contratações no comércio eletrônico."

Dec. 7.963/2013

LEGISLAÇÃO

Art. 9º Este Decreto entra em vigor 60 (sessenta) dias após a data de sua publicação.
Brasília, 15 de março de 2013; 192º da Independência e 125º da República.
Dilma Rousseff
(DOU 15.03.2013, edição extra)

DECRETO 7.963, DE 15 DE MARÇO DE 2013

Institui o Plano Nacional de Consumo e Cidadania e cria a Câmara Nacional das Relações de Consumo.

A Presidenta da República, no uso da atribuição que lhe confere o art. 84, *caput*, inciso VI, alínea a, da Constituição, decreta:

Art. 1º Fica instituído o Plano Nacional de Consumo e Cidadania, com a finalidade de promover a proteção e defesa do consumidor em todo o território nacional, por meio da integração e articulação de políticas, programas e ações.

Parágrafo único. O Plano Nacional de Consumo e Cidadania será executado pela União em colaboração com Estados, Distrito Federal, Municípios e com a sociedade.

Art. 2º São diretrizes do Plano Nacional de Consumo e Cidadania:
I – educação para o consumo;
II – adequada e eficaz prestação dos serviços públicos;
III – garantia do acesso do consumidor à justiça;
IV – garantia de produtos e serviços com padrões adequados de qualidade, segurança, durabilidade e desempenho;
V – fortalecimento da participação social na defesa dos consumidores;
VI – prevenção e repressão de condutas que violem direitos do consumidor; e
VII – autodeterminação, privacidade, confidencialidade e segurança das informações e dados pessoais prestados ou coletados, inclusive por meio eletrônico.

Art. 3º São objetivos do Plano Nacional de Consumo e Cidadania:
I – garantir o atendimento das necessidades dos consumidores;
II – assegurar o respeito à dignidade, saúde e segurança do consumidor;
III – estimular a melhoria da qualidade de produtos e serviços colocados no mercado de consumo;
IV – assegurar a prevenção e a repressão de condutas que violem direitos do consumidor;
V – promover o acesso a padrões de produção e consumo sustentáveis; e
VI – promover a transparência e harmonia das relações de consumo.

Art. 4º São eixos de atuação do Plano Nacional de Consumo e Cidadania:
I – prevenção e redução de conflitos;
II – regulação e fiscalização; e
III – fortalecimento do Sistema Nacional de Defesa do Consumidor.

Art. 5º O eixo de prevenção e redução de conflitos será composto, dentre outras, pelas seguintes políticas e ações:
I – aprimoramento dos procedimentos de atendimento ao consumidor no pós-venda de produtos e serviços;
II – criação de indicadores e índices de qualidade das relações de consumo; e
III – promoção da educação para o consumo, incluída a qualificação e capacitação profissional em defesa do consumidor.

Art. 6º O eixo regulação e fiscalização será composto, dentre outras, pelas seguintes políticas e ações:
I – instituição de avaliação de impacto regulatório sob a perspectiva dos direitos do consumidor;
II – promoção da inclusão, nos contratos de concessão de serviços públicos, de mecanismos de garantia dos direitos do consumidor;
III – ampliação e aperfeiçoamento dos processos fiscalizatórios quanto à efetivação de direitos do consumidor;
IV – garantia de autodeterminação, privacidade, confidencialidade e segurança das informações e dados pessoais prestados ou coletados, inclusive por meio eletrônico;
V – garantia da efetividade da execução das multas; e

VI – implementação de outras medidas sancionatórias relativas à regulação de serviços.

Art. 7º O eixo de fortalecimento do Sistema Nacional de Defesa do Consumidor será composto, dentre outras, pelas seguintes políticas e ações:

I – estímulo à interiorização e ampliação do atendimento ao consumidor, por meio de parcerias com Estados e Municípios;

II – promoção da participação social junto ao Sistema Nacional de Defesa do Consumidor; e

III – fortalecimento da atuação dos Procons na proteção dos direitos dos consumidores.

Art. 8º Dados e informações de atendimento ao consumidor registrados no Sistema Nacional de Informações de Defesa do Consumidor – Sindec, que integra os órgãos de proteção e defesa do consumidor em todo o território nacional, subsidiarão a definição das Políticas e ações do Plano Nacional de Consumo e Cidadania.

Parágrafo único. Compete ao Ministério da Justiça coordenar, gerenciar e ampliar o Sindec, garantindo o acesso às suas informações.

Art. 9º Fica criada a Câmara Nacional das Relações de Consumo, no Conselho de Governo de que trata o art. 7º da Lei 10.683, de 28 de maio de 2003, com as seguintes instâncias para a gestão do Plano Nacional de Consumo e Cidadania:

I – Conselho de Ministros; e

II – Observatório Nacional das Relações de Consumo.

Parágrafo único. O apoio administrativo necessário ao funcionamento das instâncias instituídas no *caput* será prestado pelo Ministério da Justiça.

Art. 10. Compete ao Conselho de Ministros da Câmara Nacional das Relações de Consumo do Plano Nacional de Consumo e Cidadania orientar a formulação, a implementação, o monitoramento e a avaliação do Plano.

§ 1º O Conselho de Ministros do Plano Nacional de Consumo e Cidadania será integrado por:

I – Ministro de Estado da Justiça, que o presidirá;

II – Ministro Chefe da Casa Civil da Presidência da República;

III – Ministro de Estado da Fazenda;

IV – Ministro de Estado do Desenvolvimento, Indústria e Comércio Exterior; e

V – Ministro de Estado do Planejamento, Orçamento e Gestão.

§ 2º Os membros do Conselho de Ministros do Plano Nacional de Consumo e Cidadania indicarão seus respectivos suplentes.

§ 3º Poderão ser convidados para as reuniões do Conselho de Ministros representantes de órgãos da administração pública federal, dos Estados, Distrito Federal e Municípios, e de entidades privadas.

§ 4º O Conselho de Ministros da Câmara Nacional das Relações de Consumo do Plano Nacional de Consumo e Cidadania poderá criar comitês técnicos destinados ao estudo e elaboração de propostas sobre temas específicos relacionados ao Plano.

Art. 11. Compete ao Observatório Nacional das Relações de Consumo:

I – promover estudos e formular propostas para consecução dos objetivos do Plano Nacional de Consumo e Cidadania; e

II – acompanhar a execução das políticas, programas e ações do Plano Nacional de Consumo e Cidadania.

§ 1º O Observatório Nacional das Relações de Consumo terá a seguinte estrutura:

I – Secretaria Executiva,

II – Comitê Técnico de Consumo e Regulação;

III – Comitê Técnico de Consumo e Turismo; e

IV – Comitê Técnico de Consumo e Pós-Venda.

§ 2º O Observatório Nacional das Relações de Consumo será composto por representantes dos seguintes órgãos:

I – na Secretaria-Executiva: Secretaria Nacional do Consumidor do Ministério da Justiça;

II – no Comitê Técnico de Consumo e Regulação:

a) Ministério da Justiça, que o presidirá;

b) Ministério da Fazenda;

Dec. 7.963/2013

LEGISLAÇÃO

c) Ministério das Comunicações
d) Ministério de Minas e Energia;
e) Ministério da Saúde;
f) Secretaria de Aviação Civil;
g) Agência Nacional de Telecomunicações;
h) Agência Nacional de Energia Elétrica;
i) Agência Nacional de Saúde Suplementar;
j) Agência Nacional de Aviação Civil; e
k) Banco Central do Brasil;
III – no Comitê Técnico de Consumo e Turismo:
a) Ministério da Justiça, que o presidirá;
b) Ministério do Turismo;
c) Secretaria de Aviação Civil;
d) Ministério da Saúde;
e) Ministério dos Transportes;
f) Instituto Brasileiro de Turismo – Embratur;
g) Empresa Brasileira de Infraestrutura Aeronáutica – Infraero;
h) Agência Nacional de Aviação Civil;
i) Agência Nacional de Vigilância Sanitária; e
j) Agência Nacional de Transportes Terrestres; e
IV – no Comitê Técnico de Consumo e Pós-Venda:
a) Ministério da Justiça, que o presidirá;
b) Ministério da Fazenda;
c) Ministério da Educação;
d) Ministério do Meio Ambiente;
e) Ministério do Desenvolvimento, Indústria e Comércio Exterior; e
f) Instituto Nacional de Metrologia, Normalização e Tecnologia.

§ 3º A designação do Secretário-Executivo e dos membros dos Comitês Técnicos do Observatório Nacional de Relações de Consumo será feita pelo Ministro de Estado da Justiça, com respectivos suplentes, a partir da indicação dos órgãos representados.

§ 4º Poderão ser convidados para participar das reuniões dos Comitês Técnicos representantes de órgãos da administração pública federal, dos Estados, Distrito Federal e Municípios, e de entidades privadas.

§ 5º Os Comitês Técnicos apresentarão à Secretaria-Executiva relatórios periódicos com propostas, resultados de estudos e registros do acompanhamento do Plano Nacional de Consumo e Cidadania de sua esfera temática.

Art. 12. A participação nas instâncias colegiadas instituídas neste Decreto será considerada prestação de serviço público relevante, não remunerada.

Art. 13. Para a execução do Plano Nacional de Consumo e Cidadania poderão ser firmados convênios, acordos de cooperação, ajustes ou instrumentos congêneres, com órgãos e entidades da administração pública federal, dos Estados, do Distrito Federal e dos Municípios, com consórcios públicos, bem como com entidades privadas, na forma da legislação pertinente.

Art. 14. O Plano Nacional de Consumo e Cidadania será custeado por:
I – dotações orçamentárias da União consignadas anualmente nos orçamentos dos órgãos e entidades envolvidos no Plano, observados os limites de movimentação, de empenho e de pagamento fixados anualmente;
II – recursos oriundos dos órgãos participantes do Plano Nacional de Consumo e Cidadania e que não estejam consignados nos Orçamentos Fiscal e da Seguridade Social da União; e
III – outras fontes de recursos destinadas por Estados, Distrito Federal e Municípios, bem como por outras entidades públicas.

Art. 15. O Ministro de Estado do Planejamento, Orçamento e Gestão poderá, nos termos do § 7º do art. 93 da Lei 8.112, de 11 de dezembro de 1990, determinar o exercício temporário de servidores ou empregados dos órgãos integrantes do Observatório Nacional das Relações de Consumo da administração pública federal direta e indireta para o desempenho de atividades no âmbito do Ministério da Justiça, com objetivo de auxiliar a gestão do Plano Nacional de Consumo e Cidadania.

§ 1º A determinação de exercício temporário referido no *caput* observará os seguintes procedimentos:
I – requisição do Ministro de Estado da Justiça ao Ministro de Estado ou autoridade competente de órgão integrante da Presi-

dência da República a que pertencer o servidor;

II – o órgão ou entidade cedente instruirá o processo de requisição no prazo máximo de 10 (dez) dias, encaminhando-o ao Ministério do Planejamento, Orçamento e Gestão; e

III – examinada a adequação da requisição ao disposto neste Decreto, o Ministro de Estado do Planejamento, Orçamento e Gestão editará, no prazo de até 10 (dez) dias, ato determinando o exercício temporário do servidor requisitado.

§ 2º O prazo do exercício temporário não poderá ser superior a 1 (um) ano, admitindo-se prorrogações sucessivas, de acordo com as necessidades do projeto.

§ 3º Os servidores de que trata o *caput* deverão, preferencialmente, ser ocupantes de cargos efetivos de Especialista em Regulação de Serviços Públicos de Telecomunicações, de Especialista em Regulação de Serviços Públicos de Energia, de Especialista em Regulação de Saúde Suplementar, e de Especialista em Regulação de Aviação Civil, integrantes das carreiras de que trata a Lei 10.871, de 20 de maio de 2004, e de Analista em Tecnologia da Informação e de economista, do Plano Geral de Cargos do Poder Executivo – PGPE.

Art. 16. O Conselho de Ministros da Câmara Nacional das Relações de Consumo elaborará, em prazo definido por seus membros e formalizado em ato do Ministro de Estado da Justiça, proposta de regulamentação do § 3º do art. 18 da Lei 8.078, de 1990, para especificar produtos de consumo considerados essenciais e dispor sobre procedimentos para uso imediato das alternativas previstas no § 1º do art. 18 da referida Lei.

* Artigo com redação determinada pelo Dec. 7.986/2013.

Art. 17. Este Decreto entra em vigor na data de sua publicação.

Brasília, 15 de março de 2013; 192º da Independência e 125º da República.

Dilma Rousseff

(*DOU* 15.03.2013, edição extra)

Res. CNJ 174/2013

**RESOLUÇÃO 174,
DE 12 DE ABRIL DE 2013,
DO CONSELHO NACIONAL DE
JUSTIÇA – CNJ**

Dispõe sobre a atividade de juiz leigo no Sistema dos Juizados Especiais dos Estados e do Distrito Federal.

O Presidente do Conselho Nacional de Justiça, no uso de suas atribuições legais e regimentais, tendo em vista o decidido na 165ª Sessão Ordinária, realizada em 19 de março de 2013;

Considerando a Recomendação 1 do Conselho Nacional de Justiça, de 6 de dezembro de 2005, que estabelece medidas de aprimoramento dos serviços prestados pelos Juizados Especiais;

Considerando que o Sistema dos Juizados Especiais (Leis 9.099/1995 e 12.153/2009), bem como a Constituição Federal (art.98, I) preveem a atuação de juízes leigos nos juizados especiais;

Considerando que vários Estados já contam com a atuação de juízes leigos em seus juizados especiais;

Considerando a necessidade de definição de uma política judiciária nacional que discipline a atividade dos juízes leigos;

Considerando os estudos realizados pelo grupo de trabalho instituído pela Portaria 81, de 21 de junho de 2012; resolve:

Capítulo I
DA SELEÇÃO

Art. 1º Os juízes leigos são auxiliares da Justiça recrutados entre advogados com mais de 2 (dois) anos de experiência.

Art. 2º Os juízes leigos, quando remunerados ou indenizados a qualquer título, serão recrutados por prazo determinado, permitida uma recondução, por meio de processo seletivo público de provas e títulos, ainda que simplificado, conduzido por critérios objetivos.

Parágrafo único. O processo seletivo será realizado conforme os critérios estabelecidos pelas respectivas coordenações estaduais do sistema dos Juizados Especiais.

Capítulo II
DO EXERCÍCIO DA FUNÇÃO E DA CAPACITAÇÃO

Art. 3º O exercício das funções de juiz leigo, considerado de relevante caráter público, sem vínculo empregatício ou estatutário, é temporário e pressupõe capacitação anterior ao início das atividades.

Art. 4º Os Tribunais de Justiça deverão providenciar capacitação adequada, periódica e gratuita a seus juízes leigos, facultando-se ao interessado obter a capacitação junto a cursos reconhecidos pelo Tribunal de Justiça da respectiva unidade da federação, preferencialmente por meio das escolas de formação.

Parágrafo único. Os Tribunais de Justiça deverão providenciar a capacitação de seus juízes leigos, no mínimo por 40 (quarenta) horas, observado o conteúdo programático mínimo estabelecido no Anexo I desta Resolução.

Art. 5º Os juízes leigos ficam sujeitos ao Código de Ética constante do Anexo II desta Resolução.

Art. 6º O juiz leigo não poderá exercer a advocacia no Sistema dos Juizados Especiais da respectiva Comarca, enquanto no desempenho das respectivas funções.

Parágrafo único. Na forma do que dispõe o § 2º do art. 15 da Lei 12.153 de 22 de dezembro de 2009, os juízes leigos atuantes em juizados especiais da fazenda pública ficarão impedidos de advogar em todo o sistema nacional de juizados especiais da fazenda pública.

Capítulo III
DA LOTAÇÃO

Art. 7º A lotação de juízes leigos deverá guardar proporção com o número de feitos distribuídos em cada unidade judiciária.

Capítulo IV
DA REMUNERAÇÃO

Art. 8º A remuneração dos juízes leigos, quando houver, será estabelecida por ato homologado, isto é, projeto de sentença ou acordo celebrado entre as partes, observado o disposto no art. 12.

§ 1º A remuneração, em qualquer caso, não poderá ultrapassar o maior cargo cartorário de terceiro grau de escolaridade do primeiro grau de jurisdição do Tribunal de Justiça, vedada qualquer outra equiparação.

§ 2º Não serão computadas para efeito de remuneração as homologações de sentença de extinção do processo, no caso de ausência do autor, desistência e embargos de declaração, sem prejuízo de outras situações que venham a ser regulamentadas pelo Tribunal.

Capítulo V
DA GESTÃO

Art. 9º Compete ao juiz togado e à Coordenação do Sistema dos Juizados Especiais a responsabilidade disciplinar e de avaliação dos juízes leigos, entendidas como meio para verificar o bom funcionamento e estimular a melhoria contínua dos serviços prestados pelo Sistema dos Juizados Especiais.

Parágrafo único. O juiz leigo fica subordinado às orientações e ao entendimento jurídico do juiz togado.

Art. 10. Ao magistrado da unidade incumbe o dever de fiscalizar e coordenar o trabalho de juízes leigos, devendo estar presente na unidade do Juizado Especial durante a realização das audiências.

Art. 11. O juiz leigo terá o prazo máximo de 10 (dez) dias, a contar do encerramento da instrução, para apresentar o projeto de sentença, que só poderá ser entranhado aos autos e disponibilizado para o público externo no sistema de informática caso seja homologado.

Parágrafo único. À Coordenação do Sistema Estadual dos Juizados incumbe regrar as sanções para o caso de descumprimento injustificado do prazo estabelecido.

Capítulo VI
DA AVALIAÇÃO DO TRABALHO DE JUÍZES LEIGOS

Art. 12. Cada unidade do Juizado manterá sistema de avaliação do desempenho das atribuições dos juízes leigos, aferindo também a satisfação do usuário do sistema,

Res. CNJ 174/2013

para fins de verificar o bom funcionamento e estimular a melhoria contínua dos serviços prestados pelo Sistema dos Juizados Especiais.

Capítulo VII
DO DESLIGAMENTO

Art. 13. Não obstante submetidos a procedimento de seleção, os juízes leigos poderão ser suspensos ou afastados de suas funções, *ad nutum*.

DISPOSIÇÕES FINAIS

Art. 14. É vedado aos tribunais estabelecer política de remuneração de conciliadores se não contarem com juízes leigos recrutados na forma desta resolução.

Art. 15. Os Tribunais terão o prazo de 120 (cento e vinte) dias para se adequarem aos termos desta Resolução.

Art. 16. Esta Resolução entra em vigor na data de sua publicação.

Ministro Joaquim Barbosa
Presidente

(*DJE* 16.04.2013)

ANEXO I DA RESOLUÇÃO 174, DE 12 DE ABRIL DE 2013

CONTEÚDO PROGRAMÁTICO MÍNIMO

I – PARTE TEÓRICA
1. Juizados Especiais – Noções Gerais;
2. Direito do Consumidor, Direito Civil, Direito Penal, Direito Administrativo e/ou Constitucional aplicado aos Juizados Especiais;
3. Ética;
4. Jurisprudência das Turmas Recursais, Turmas de Uniformização e Tribunais Superiores;
5. Técnicas de Conciliação;
6. Audiência de instrução;
7. Técnica de Sentença Aplicada ao Sistema do Juizado Especial.
II – PARTE PRÁTICA
1. Assistir audiências dos Juizados Especiais;
2. Debate e Estudo Dirigido sobre relatórios de observação de audiências.

ANEXO II DA RESOLUÇÃO 174, DE 12 DE ABRIL DE 2013

CÓDIGO DE ÉTICA DE JUÍZES LEIGOS

Art. 1º Fica instituído o Código de Ética de Juízes Leigos, nos seguintes termos.

Art. 2º No exercício da função de auxiliares da justiça, os juízes leigos têm o dever de buscar a resolução do conflito com qualidade, acessibilidade, transparência e respeito à dignidade das pessoas, priorizando a tentativa de resolução amigável do litígio.

Art. 3º São deveres dos juízes leigos, sem prejuízo daqueles estabelecidos pelo respectivo Tribunal:
I – zelar pela dignidade da Justiça;
II – velar por sua honra e reputação pessoal e agir com lealdade e boa-fé;
III – abster-se da captação de clientela no exercício da função de juiz leigo;
IV – respeitar o horário marcado para o início das sessões de conciliação e das audiências de instrução;
V – informar às partes, no início das sessões de conciliação e das audiências de instrução e julgamento, sua condição de auxiliar da justiça subordinado ao juiz togado;
VI – informar às partes, de forma clara e imparcial, os riscos e consequências de uma demanda judicial;
VII – informar à vítima com clareza sobre a possibilidade de sua intervenção no processo penal e de obter a reparação ao dano sofrido;
VIII – dispensar tratamento igualitário às partes, independente de sua condição social, cultural, material ou qualquer outra situação de vulnerabilidade e, observar o equilíbrio de poder;
IX – abster-se de fazer pré-julgamento da causa;
X – preservar o segredo de justiça quando for reconhecido no processo;
XI – guardar absoluta reserva e segredo profissional em relação aos fatos ou dados conhecidos no exercício de sua função ou por ocasião desta;
XII – subordinar-se às orientações e ao entendimento jurídico do juiz togado;

Prov. CNJ 30/2013

LEGISLAÇÃO

Art. 4º Os juízes leigos têm o dever de fundamentar os projetos de sentença, em linguagem que respeite as exigências técnicas e facilite a compreensão a todos, ainda que não especialistas em Direito.

Art. 5º Os juízes leigos estão sujeitos aos mesmos motivos de impedimento e suspeição dos juízes togados.

Art. 6º O descumprimento das normas contidas nesta Resolução resultará na suspensão ou afastamento do juiz leigo que, neste caso, ficará impedido de atuar como auxiliar da justiça em qualquer outra unidade do Sistema dos Juizados Especiais.

Parágrafo único. Em caso de descumprimento de seus deveres, o juiz leigo poderá ser representado por qualquer pessoa perante o juiz togado ou a Coordenação Estadual dos Juizados.

PROVIMENTO 30,
DE 16 DE ABRIL DE 2013, DO CONSELHO NACIONAL DE JUSTIÇA – CNJ

Disciplina a recepção e protesto de cheques, nas hipóteses que relaciona, visando coibir fraudes que possam acarretar prejuízos aos devedores ou a terceiros.

O Corregedor Nacional de Justiça, Ministro Francisco Falcão, no uso de suas atribuições legais e constitucionais;

Considerando as notícias de protestos de cheques antigos, com valores irrisórios, apresentados por terceiros, isoladamente ou em lote, sem a correta indicação dos endereços dos respectivos emitentes;

Considerando que os apresentantes dos títulos, em observância da boa-fé, têm o dever de indicar os corretos endereços dos emitentes, para possibilitar que sejam notificados pessoalmente para pagar seus débitos, ou para que possam adotar as providências, judiciais ou extrajudiciais, eventualmente cabíveis para a tutela dos direitos que entenderem possuir;

Considerando a existência de legislações estaduais que diferem o pagamento dos emolumentos para momento posterior à apresentação e lavratura do protesto, o que permite a aquisição por terceiros de cheques antigos, geralmente em lote e por baixos valores, e seu apontamento para protesto sem cautela quanto à indicação dos corretos endereços dos emitentes;

Considerando a notícia de lavratura de protestos de cheques que tiveram os pagamentos sustados em razão de comunicação de furto, de roubo, ou em decorrência de extravio ou subtração no interior da instituição bancária ou durante a remessa, pela instituição bancária, aos titulares das contas bancárias;

Considerando que o titular de um direito deve exercê-lo dentro dos limites impostos pelo seu fim econômico ou social, pela boa-fé ou pelos bons costumes (art. 188 do Código Civil), deve guardar nas relações contratuais o princípio da boa-fé (art. 422 do Código Civil), e que a boa-fé é princípio que norteia as relações de consumo;

Considerando as medidas já adotadas por Corregedorias Gerais da Justiça, com sucesso, para coibir fraudes e práticas ditadas por máfé que desvirtuam a finalidade do protesto de títulos e outros documentos de dívida; rersolve:

Art. 1º O cheque poderá ser protestado no lugar do pagamento, ou no domicílio do emitente, e deverá conter a prova da apresentação ao banco sacado e o motivo da recusa de pagamento, salvo se o protesto tiver por finalidade instruir medidas contra o estabelecimento de crédito.

Art. 2º É vedado o protesto de cheques devolvidos pelo banco sacado por motivo de furto, roubo ou extravio de folhas ou talonários, ou por fraude, nos casos dos motivos números 20, 25, 28, 30 e 35, da Resolução 1.682, de 31.01.1990, da Circular 2.313, de 26.05.1993, da Circular 3.050, de 02.08.2001, e da Circular 3.535, de 16 de maio de 2011, do Banco Central do Brasil, desde que os títulos não tenham circulado por meio de endosso, nem estejam garantidos por aval.

§ 1º A pessoa que figurar como emitente de cheque referido no *caput* deste artigo, já protestado, poderá solicitar diretamente ao Tabelião, sem ônus, o cancelamento do protesto tirado por falta de pagamento, instruindo o requerimento com prova do motivo da devolução do cheque pelo Banco sacado. O Tabelião, sendo suficiente a prova apresentada, promoverá, em até 30 (trinta) dias, o cancelamento do protesto e a comunicação dessa medida ao apresentante, pelo Correio ou outro meio hábil.

§ 2º Existindo nos cheques referidos no *caput* deste artigo endosso ou aval, não constarão nos assentamentos de serviços de protesto os nomes e números do CPF dos titulares da respectiva conta corrente bancária, anotando-se nos campos próprios que o emitente é desconhecido e elaborando-se, em separado, índice pelo nome do apresentante.

Art. 3º Quando o cheque for apresentado para protesto mais de 1 (um) ano após sua emissão será obrigatória a comprovação, pelo apresentante, do endereço do emitente.

§ 1º Igual comprovação poderá ser exigida pelo Tabelião quando o lugar de pagamento do cheque for diverso da comarca em que apresentado (ou do município em que sediado o Tabelião), ou houver razão para suspeitar da veracidade do endereço fornecido.

§ 2º A comprovação do endereço do emitente, quando a devolução do cheque decorrer dos motivos correspondentes aos números 11, 12, 13, 14, 21, 22 e 31, previstos nos diplomas mencionados no art. 2º, será realizada mediante apresentação de declaração do Banco sacado, em papel timbrado e com identificação do signatário, fornecida nos termos do artigo 6º da Resolução 3.972, de 28 de abril de 2011, do Banco Central do Brasil. Certificando o Banco sacado que não pode fornecer a declaração, poderá o apresentante comprovar o endereço do emitente por outro meio hábil.

§ 3º Devolvido o cheque por outro motivo, a comprovação do endereço poderá ser feita por meio da declaração do apresentante, ou outras provas documentais idôneas.

Art. 4º Na hipótese prevista no art. 3º deste Provimento, o apresentante de título para protesto preencherá formulário de apresentação, a ser arquivado na serventia, em que informará, sob sua responsabilidade, as características essenciais do título e os dados do devedor.

§ 1º O formulário será assinado pelo apresentante ou seu representante legal, se for pessoa jurídica, ou, se não comparecer pessoalmente, pela pessoa que exibir o título ou o documento de dívida para ser protocolizado, devendo constar os nomes completos de ambos, os números de suas cédulas de identidade, de seus endereços e telefones.

§ 2º Para a recepção do título será conferida a cédula de identidade do apresentante, visando a apuração de sua correspondência com os dados lançados no formulário de apresentação.

§ 3º Sendo o título exibido para recepção por pessoa distinta do apresentante ou de seu representante legal, além de conferida sua cédula de identidade será o formulário de apresentação instruído com cópia da cédula de identidade do apresentante, ou de seu representante legal se for pessoa jurídica, a ser arquivada na serventia.

§ 4º Onde houver mais de um Tabelião de Protesto, o formulário de apresentação será entregue ao distribuidor de títulos, ou ao serviço de distribuição de títulos.

§ 5º O formulário poderá ser preenchido em duas vias, uma para arquivamento e outra para servir como recibo a ser entregue ao apresentante, e poderá conter outras informações conforme dispuser norma da Corregedoria Geral da Justiça, ou do Juiz Corregedor Permanente ou Juiz competente na forma da organização local.

Art. 5º O Tabelião recusará o protesto de cheque quando tiver fundada suspeita de que o endereço indicado como sendo do devedor é incorreto.

Parágrafo único. O Tabelião de Protesto comunicará o fato à Autoridade Policial quando constatar que o apresentante, agindo de má-fé, declarou endereço incorreto do devedor.

Art. 6º Nos Estados em que o recolhimento dos emolumentos for diferido para data posterior à apresentação e protesto, o protesto facultativo será recusado pelo Tabelião quando as circunstâncias da apresentação indicarem exercício abusivo de direito. Dentre outras, para tal finalidade, o Tabelião verificará as seguintes hipóteses:

Res. CNJ 175/2013

LEGISLAÇÃO

I – cheques com datas antigas e valores irrisórios, apresentados, isoladamente ou em lote, por terceiros que não sejam seus beneficiários originais ou emitidos sem indicação do favorecido;

II – indicação de endereço onde o emitente não residir, feita de modo a inviabilizar a intimação pessoal.

Parágrafo único. Para apuração da legitimidade da pretensão, o Tabelião poderá exigir, de forma escrita e fundamentada, que o apresentante preste esclarecimentos sobre os motivos que justificam o protesto, assim como apresente provas complementares do endereço do emitente, arquivando na serventia a declaração e os documentos comprobatórios que lhe forem apresentados.

Art. 7º A recusa da lavratura do protesto deverá ser manifestada em nota devolutiva, por escrito, com exposição de seus fundamentos.

Parágrafo único. Não se conformando com a recusa, o apresentante poderá requerer, em procedimento administrativo, sua revisão pelo Juiz Corregedor Permanente, ou pelo Juiz competente na forma da organização local, que poderá mantê-la ou determinar a lavratura do instrumento de protesto.

Art. 8º As declarações e documentos comprobatórios de endereço previstos neste Provimento poderão ser arquivados em mídia eletrônica ou digital, inclusive com extração de imagem mediante uso de *scanner*, fotografia ou outro meio hábil.

Art. 9º Este Provimento não revoga as normas editadas pelas Corregedorias Gerais da Justiça e pelos Juízes Corregedores, ou Juízes competentes na forma da organização local, para o protesto de cheque, no que forem compatíveis.

Art. 10. As Corregedorias Gerais da Justiça deverão dar ciência deste Provimento aos Juízes e aos responsáveis pelas unidades do serviço extrajudicial de protesto de títulos e documentos.

Art. 11. Este Provimento entrará em vigência na data de sua publicação.

Brasília, 16 de abril de 2013.

Ministro Francisco Falcão

Corregedor Nacional de Justiça

(DJE 24.04.2013)

RESOLUÇÃO 175, DE 14 DE MAIO DE 2013, DO CONSELHO NACIONAL DE JUSTIÇA – CNJ

Dispõe sobre a habilitação, celebração de casamento civil, ou de conversão de união estável em casamento, entre pessoas de mesmo sexo.

O Presidente do Conselho Nacional de Justiça, no uso de suas atribuições constitucionais e regimentais,

Considerando a decisão do plenário do Conselho Nacional de Justiça, tomada no julgamento do Ato Normativo 0002626-65.2013.2.00.0000, na 169ª Sessão Ordinária, realizada em 14 de maio de 2013;

Considerando que o Supremo Tribunal Federal, nos acórdãos prolatados em julgamento da ADPF 132/RJ e da ADI 4277/DF, reconheceu a inconstitucionalidade de distinção de tratamento legal às uniões estáveis constituídas por pessoas de mesmo sexo;

Considerando que as referidas decisões foram proferidas com eficácia vinculante à administração pública e aos demais órgãos do Poder Judiciário;

Considerando que o Superior Tribunal de Justiça, em julgamento do RESP 1.183.378/RS, decidiu inexistir óbices legais à celebração de casamento entre pessoas de mesmo sexo;

Considerando a competência do Conselho Nacional de Justiça, prevista no art. 103-B, da Constituição Federal de 1988; resolve:

Art. 1º É vedada às autoridades competentes a recusa de habilitação, celebração de casamento civil ou de conversão de união estável em casamento entre pessoas de mesmo sexo.

Art. 2º A recusa prevista no artigo 1º implicará a imediata comunicação ao respectivo juiz corregedor para as providências cabíveis.

Art. 3º Esta Resolução entra em vigor na data de sua publicação.

Ministro Joaquim Barbosa

Presidente

(DJE 15.05.2013)

Lei 12.810/2013

LEGISLAÇÃO

LEI 12.810, DE 15 DE MAIO DE 2013

Dispõe sobre o parcelamento de débitos com a Fazenda Nacional relativos às contribuições previdenciárias de responsabilidade dos Estados, do Distrito Federal e dos Municípios; altera as Leis 8.212, de 24 de julho de 1991, 9.715, de 25 de novembro de 1998, 11.828, de 20 de novembro de 2008, 10.522, de 19 de julho de 2002, 10.222, de 9 de maio de 2001, 12.249, de 11 de junho de 2010, 11.110, de 25 de abril de 2005, 5.869, de 11 de janeiro de 1973 – Código de Processo Civil, 6.404, de 15 de dezembro de 1976, 6.385, de 7 de dezembro de 1976, 6.015, de 31 de dezembro de 1973, e 9.514, de 20 de novembro de 1997; e revoga dispositivo da Lei 12.703, de 7 de agosto de 2012.

A Presidenta da República:
Faço saber que o Congresso Nacional decreta e eu sanciono a seguinte Lei:

Art. 1° Os débitos com a Fazenda Nacional de responsabilidade dos Estados, do Distrito Federal, dos Municípios e das respectivas autarquias e fundações públicas, relativos às contribuições sociais de que tratam as alíneas *a* e *c* do parágrafo único do art. 11 da Lei 8.212, de 24 de julho de 1991, e às respectivas obrigações acessórias, provenientes de competências vencidas até 28 de fevereiro de 2013, inclusive décimo terceiro salário, constituídos ou não, inscritos ou não em dívida ativa da União, ainda que em fase de execução fiscal já ajuizada, ou que tenham sido objeto de parcelamento anterior não integralmente quitado, serão consolidados e pagos em 240 (duzentas e quarenta) parcelas a serem retidas no respectivo Fundo de Participação dos Estados – FPE e Fundo de Participação dos Municípios – FPM e repassadas à União, ou em prestações equivalentes a 1% (um por cento) da média mensal da receita corrente líquida do Estado, do Distrito Federal ou do Município, o que for de menor prestação.

§ 1° Os débitos cujos fatos geradores ocorrerem até 28 de fevereiro de 2013, que forem apurados posteriormente, serão incorporados ao parcelamento de que trata o *caput*, mediante aumento do número de parcelas, não implicando no aumento do valor das prestações.

§ 2° Os débitos parcelados terão redução de 100% (cem por cento) das multas de mora ou de ofício, de 50% (cinquenta por cento) dos juros de mora e de 100% (cem por cento) dos encargos legais, inclusive honorários advocatícios.

§ 3° Os contribuintes que tiverem optado pelos parcelamentos previstos no art. 1° da Medida Provisória 589, de 13 de novembro de 2012, poderão optar, na forma de regulamento, pelo reparcelamento dos respectivos débitos segundo as regras previstas neste artigo até o último dia útil do 3° (terceiro) mês subsequente ao da publicação desta Lei.

§ 4° A multa isolada de que trata o § 10 do art. 89 da Lei 8.212, de 24 de julho de 1991, cujo fato gerador ocorra até a data estabelecida no *caput*, poderá ser incluída no parcelamento, sem a aplicação das reduções de que trata o § 2°.

• § 4° acrescentado pela Lei 13.137/2015.

Art. 2° Para fins do disposto nesta Lei, entende-se como receita corrente líquida aquela definida nos termos do inciso IV do art. 2° da Lei Complementar 101, de 4 de maio de 2000.

§ 1° O percentual de 1% (um por cento) será aplicado sobre a média mensal da receita corrente líquida referente ao ano anterior ao do vencimento da parcela, publicada de acordo com o previsto nos arts. 52, 53 e 63 da Lei Complementar 101, de 4 de maio de 2000.

§ 2° Para fins de cálculo das parcelas mensais, os Estados, o Distrito Federal e os Municípios obrigam-se a encaminhar à Secretaria da Receita Federal do Brasil do Ministério da Fazenda, até o último dia útil do mês de fevereiro de cada ano, o demonstrativo de apuração da receita corrente líquida de que trata o inciso I do *caput* do art. 53 da Lei Complementar 101, de 4 de maio de 2000.

§ 3° Às parcelas com vencimento em janeiro, fevereiro e março de cada ano serão aplicados os limites utilizados no ano anterior, nos termos do § 1°.

§ 4° As informações de que trata o § 2°, prestadas pelo ente político, poderão ser revistas de ofício.

Art. 3° A adesão ao parcelamento de que trata o art. 1° desta Lei implica autorização

Lei 12.810/2013

pelo Estado, pelo Distrito Federal ou pelo Município para a retenção, no FPE ou no FPM, e repasse à União do valor correspondente às obrigações previdenciárias correntes dos meses anteriores ao do recebimento do respectivo Fundo de Participação, no caso de não pagamento no vencimento.

§ 1º A retenção e o repasse serão efetuados a partir do mês seguinte ao vencimento da obrigação previdenciária não paga, com a incidência dos encargos legais devidos até a data da retenção.

§ 2º Na hipótese de não apresentação da Guia de Recolhimento do Fundo de Garantia do Tempo de Serviço e de Informações à Previdência Social – GFIP no prazo legal, o valor a ser retido nos termos do § 1º corresponderá à média das últimas doze competências recolhidas ou devidas, sem prejuízo da cobrança, da restituição ou da compensação de eventuais diferenças.

§ 3º A retenção e o repasse do FPE ou do FPM serão efetuados obedecendo-se à seguinte ordem de preferência:

I – as obrigações correntes não pagas no vencimento;

II – as prestações do parcelamento de que trata o art. 1º desta Lei; e

III – as prestações dos demais parcelamentos que tenham essa previsão.

§ 4º Na hipótese de o FPE ou o FPM não ser suficiente para retenção do somatório dos valores correspondentes às obrigações devidas na forma do § 3º, o valor da diferença não retida deverá ser recolhido por meio de Guia da Previdência Social – GPS.

Art. 4º O deferimento do pedido de parcelamento de que trata o art. 1º desta Lei fica condicionado à apresentação pelo Estado, pelo Distrito Federal ou pelo Município, na data da formalização do pedido, do demonstrativo referente à apuração da receita corrente líquida do ano calendário anterior ao da publicação desta Lei.

Art. 5º As prestações do parcelamento de que trata o art. 1º desta Lei serão exigíveis mensalmente, a partir do último dia útil do 2º (segundo) mês subsequente ao mês do seu pedido.

Art. 6º O parcelamento de que trata o art. 1º desta Lei será rescindido nas seguintes hipóteses:

I – falta de recolhimento de diferença não retida no FPE ou no FPM por 3 (três) meses, consecutivos ou alternados;

II – inadimplência de débitos referente aos tributos abrangidos pelo parcelamento com competência igual ou posterior a março de 2013, por 3 (três) meses consecutivos ou alternados;

III – constatação, caracterizada por lançamento de ofício, de diferença de débito correspondente à obrigação previdenciária abrangida pelo parcelamento de que trata o art. 1º desta Lei, salvo se integralmente pago no prazo de 60 (sessenta) dias, contado da ciência do lançamento ou da decisão definitiva na esfera administrativa ou judicial; ou

IV – falta de apresentação das informações relativas ao demonstrativo de apuração da receita corrente líquida referido no § 2º do art. 2º.

Parágrafo único. A critério do ente político, a diferença de que trata o inciso III do *caput* poderá ser incluída no parcelamento de que trata o art. 1º desta Lei.

Art. 7º Os pedidos de parcelamento de que trata o art. 1º desta Lei deverão ser formalizados até o último dia útil do terceiro mês subsequente ao da publicação desta Lei, na unidade da Receita Federal do Brasil de circunscrição do requerente, sendo vedada, a partir da adesão, qualquer retenção referente a débitos de parcelamentos anteriores incluídos no parcelamento de que trata esta Lei.

§ 1º A existência de outras modalidades de parcelamento em curso não impede a concessão do parcelamento de que trata o art. 1º desta Lei.

§ 2º Ao ser protocolado pelo ente federativo o pedido de parcelamento, fica suspensa a exigibilidade dos débitos incluídos no parcelamento perante a Fazenda Nacional, que emitirá certidão positiva do ente, com efeito negativo, em relação aos referidos débitos.

Lei 12.810/2013

§ 3º Em seguida à formalização do pedido de parcelamento e até que seja consolidado o débito e calculado o valor das parcelas a serem pagas na forma do art. 1º desta Lei, será retido o correspondente a 0,5% (cinco décimos por cento) da média mensal da receita corrente líquida do ano anterior do respectivo Fundo de Participação dos Estados – FPE e Fundo de Participação dos Municípios – FPM e repassadas à União, como antecipação dos pagamentos a serem efetuados no momento do início efetivo do parcelamento.

§ 4º A adesão ao parcelamento de que trata o art. 1º desta Lei não afeta os termos e as condições de abatimentos e reduções de parcelamentos concedidos anteriormente.

Art. 8º Ao parcelamento de que trata o art. 1º desta Lei aplica-se, no que couber, o disposto nos arts. 12, 13 e 14-B da Lei 10.522, de 19 de julho de 2002.

Art. 9º A Secretaria da Receita Federal do Brasil do Ministério da Fazenda e a Procuradoria-Geral da Fazenda Nacional, no âmbito das respectivas competências, editarão os atos necessários à execução do parcelamento de que trata o art. 1º desta Lei.

Art. 10. A Lei 8.212, de 24 de julho de 1991, passa a vigorar acrescida do seguinte art. 32-B:

"Art. 32-B. Os órgãos da administração direta, as autarquias, as fundações e as empresas públicas da União, dos Estados, do Distrito Federal e dos Municípios, cujas Normas Gerais de Direito Financeiro para elaboração e controle dos orçamentos estão definidas pela Lei 4.320, de 17 de março de 1964, e pela Lei Complementar 101, de 4 de maio de 2000, ficam obrigados, na forma estabelecida pela Secretaria da Receita Federal do Brasil do Ministério da Fazenda, a apresentar:

"I – a contabilidade entregue ao Tribunal de Controle Externo; e

"II – a folha de pagamento.

"Parágrafo único. As informações de que trata o caput deverão ser apresentadas até o dia 30 de abril do ano seguinte ao encerramento do exercício."

Art. 11. *(Vetado.)*

Art. 12. Os débitos com a Fazenda Nacional de responsabilidade dos Estados, do Distrito Federal, dos Municípios e das respectivas autarquias e fundações públicas, relativos ao Programa de Formação do Patrimônio do Servidor Público – Pasep, instituído pela Lei Complementar 8, de 3 de dezembro de 1970, vencidos até 28 de fevereiro de 2013, constituídos ou não, inscritos ou não em dívida ativa da União, ainda que em fase de execução fiscal já ajuizada, ou que tenham sido objeto de parcelamento anterior não integralmente quitado, serão consolidados e pagos em 240 (duzentas e quarenta) parcelas a serem retidas no Fundo de Participação dos Estados – FPE e Fundo de Participação dos Municípios – FPM e repassadas à União.

§ 1º Os débitos cujos fatos geradores ocorrerem até 28 de fevereiro de 2013, que forem apurados posteriormente, poderão ser incorporados ao parcelamento de que trata o *caput*, mediante aumento do número de parcelas, não implicando no aumento do valor das prestações.

§ 2º Os débitos parcelados terão redução de 100% (cem por cento) das multas de mora ou de ofício, de 50% (cinquenta por cento) dos juros de mora e de 100% (cem por cento) dos encargos legais.

§ 3º Os pedidos de parcelamento de que trata o *caput* deste artigo deverão ser formalizados até o último dia útil do terceiro mês subsequente ao da publicação desta Lei, na unidade da Receita Federal do Brasil de circunscrição do requerente, sendo vedada, a partir da adesão, qualquer retenção referente a débitos de parcelamentos anteriores incluídos no parcelamento de que trata esta Lei.

§ 4º A Secretaria da Receita Federal do Brasil e a Procuradoria-Geral da Fazenda Nacional, do Ministério da Fazenda, editarão os atos necessários à execução do parcelamento de que trata o *caput*.

Art. 13. O art. 2º da Lei 9.715, de 25 de novembro de 1998, passa a vigorar acrescido do seguinte § 7º:

Lei 12.810/2013

"Art. 2º [...]
"[...]
"§ 7º Excluem-se do disposto no inciso III do *caput* deste artigo os valores de transferências decorrentes de convênio, contrato de repasse ou instrumento congênere com objeto definido."

Art. 14. O art. 1º da Lei 11.828, de 20 de novembro de 2008, passa a vigorar com a seguinte redação:

"Art. 1º No caso de doações em espécie recebidas por instituições financeiras públicas controladas pela União e destinadas a ações de prevenção, monitoramento e combate ao desmatamento, inclusive programas de remuneração por serviços ambientais, e de promoção da conservação e do uso sustentável dos biomas brasileiros, na forma estabelecida em regulamento, há isenção da incidência da Contribuição para o PIS/Pasep e da Contribuição para o Financiamento da Seguridade Social – Cofins.
"[...]"

Art. 15. O art. 26 da Lei 10.522, de 19 de julho de 2002, passa a vigorar com a seguinte redação:

"Art. 26. Fica suspensa a restrição para transferência de recursos federais a Estados, Distrito Federal e Municípios destinados à execução de ações sociais ou ações em faixa de fronteira, em decorrência de inadimplementos objetos de registro no Cadin e no Sistema Integrado de Administração Financeira do Governo Federal – Siafi."

Art. 16. A Lei 10.522, de 19 de julho de 2002, passa a vigorar acrescida do seguinte art. 26-A:

"Art. 26-A. O órgão ou entidade que receber recursos para execução de convênios, contratos de repasse e termos de parcerias na forma estabelecida pela legislação federal estará sujeito a prestar contas da sua boa e regular aplicação, observando-se o disposto nos §§ 1º a 10 deste artigo.

"§ 1º Norma específica disporá sobre o prazo para prestação de contas e instauração de tomada de contas especial, se for o caso.

"§ 2º Quando a prestação de contas não for encaminhada no prazo estabelecido, será concedido o prazo máximo de 30 (trinta) dias para sua apresentação, ou recolhimento dos recursos, incluídos os rendimentos da aplicação no mercado financeiro, atualizados monetariamente e acrescidos de juros de mora, na forma da lei.

"§ 3º Para os convênios em que não tenha havido qualquer execução física nem utilização dos recursos, o recolhimento à conta única do Tesouro deverá ocorrer sem a incidência de juros de mora, mas com os rendimentos da aplicação financeira.

"§ 4º Apresentada a prestação de contas, o concedente deverá apreciá-la aprovando ou rejeitando, total ou parcialmente, as contas, de forma motivada.

"§ 5º Na ocorrência de uma das hipóteses de inadimplência previstas nos §§ 1º a 4º, ou no caso de as contas prestadas serem rejeitadas total ou parcialmente, o concedente registrará a inadimplência no sistema de gestão do instrumento e comunicará o fato ao órgão de contabilidade analítica a que estiver vinculado, para fins de instauração de tomada de contas especial, ou outro procedimento de apuração no qual sejam garantidos oportunizados o contraditório e a ampla defesa das partes envolvidas.

"§ 6º Confirmada a existência de prejuízo ao erário ou desvio dos recursos na forma do § 5º, serão implementadas medidas administrativas ou judiciais para recuperação dos valores, sob pena de responsabilização solidária.

"§ 7º Cabe ao prefeito e ao governador sucessores prestarem contas dos recursos provenientes de convênios, contratos de repasse e termos de parcerias firmados pelos seus antecessores.

"§ 8º Na impossibilidade de atender ao disposto no § 7º, deverão ser apresentadas ao concedente justificativas que demonstrem o impedimento de prestar contas e solicitação de instauração de tomada de contas especial.

"§ 9º Adotada a providência prevista no § 8º, o registro de inadimplência do órgão ou

entidade será suspenso, no prazo de até 48 (quarenta e oito) horas, pelo concedente.
"§ 10. Norma específica disporá sobre o prazo para registro de inadimplência no sistema de gestão do instrumento e a forma de notificação prévia com os referidos prazos."

Art. 17. O art. 56 da Lei 8.212, de 24 de julho de 1991, passa a vigorar acrescido do seguinte § 2º, renumerando o parágrafo único para § 1º:
"Art. 56. [...]
"§ 1º *(Revogado pela Medida Provisória 2187-13, de 2001.)*
"§ 2º Os recursos do FPE e do FPM não transferidos em decorrência da aplicação do *caput* deste artigo poderão ser utilizados para quitação, total ou parcial, dos débitos relativos às contribuições de que tratam as alíneas *a* e *c* do parágrafo único do art. 11 desta Lei, a pedido do representante legal do Estado, Distrito Federal ou Município."

Art. 18. Os arts. 1º e 3º da Lei 10.222, de 9 de maio de 2001, passam a vigorar com a seguinte redação:
"Art. 1º Os serviços de radiodifusão sonora e de som e imagens transmitidos com tecnologia digital controlarão seus sinais de áudio de modo que não haja elevação injustificável de volume nos intervalos comerciais."
"Art. 3º O descumprimento do disposto nesta Lei sujeitará o infrator às penalidades prescritas no Código Brasileiro de Comunicações."

Art. 19. O art. 60 da Lei 12.249, de 11 de junho de 2010, passa a vigorar com as seguintes alterações:
"Art. 60. [...]
"[...]
"§ 2º A partir de 1º de abril de 2013, em relação às operadoras e agências de viagem não se aplica o limite previsto no § 1º, desde que cadastradas no Ministério do Turismo e que as operações previstas no *caput* sejam realizadas por intermédio de instituição financeira domiciliada no País.
"§ 3º O Poder Executivo disporá sobre os limites e as condições para utilização do benefício.

"§ 4º O disposto neste artigo não se aplica ao caso de beneficiário residente ou domiciliado em país ou dependência com tributação favorecida ou beneficiada por regime fiscal privilegiado, de que tratam os arts. 24 e 24-A da Lei 9.430, de 27 de dezembro de 1996."

Art. 20. Os arts. 2º, 3º e 4º-A da Lei 11.110, de 25 de abril de 2005, passam a vigorar com a seguinte redação:
"Art. 2º [...]
"[...]
"§ 2º As instituições financeiras públicas federais que se enquadrem nas disposições do § 5º do art. 1º desta Lei poderão atuar no PNMPO por intermédio de sociedade na qual participe direta ou indiretamente, desde que tal sociedade tenha por objeto prestar serviços necessários à contratação e acompanhamento de operações de microcrédito produtivo orientado e que esses serviços não representem atividades privativas de instituições financeiras, devendo essa sociedade habilitar-se no Ministério do Trabalho e Emprego.
"§ 3º Para o atendimento do disposto no § 2º deste artigo, as instituições financeiras públicas federais, diretamente ou por intermédio de suas subsidiárias, poderão constituir sociedade ou adquirir participação em sociedade sediada no Brasil, sendo vedada a aquisição das instituições de microcrédito produtivo orientado relacionadas no § 6º do art. 1º desta Lei.
"I – *(revogado.)*
"II – *(revogado.)*
"III – *(revogado.)*
"IV – *(revogado.)*
"§ 4º As operações de microcrédito produtivo rural efetuadas no âmbito do Pronaf com agricultores familiares enquadrados na Lei 11.326, de 24 de julho de 2006, desde que obedeçam à metodologia definida no § 3º do art. 1º desta Lei, podem ser consideradas como microcrédito produtivo orientado, integrante do PNMPO.
"§ 5º Na operacionalização do microcrédito produtivo rural de que trata o § 4º deste artigo, as instituições de microcrédito produtivo orientado, de que trata o § 6º do

Lei 12.810/2013

art. 1º desta Lei, poderão, sob responsabilidade da instituição financeira mandante, prestar os seguintes serviços:

"I – recepção e encaminhamento à instituição financeira de propostas de abertura de contas de depósitos à vista e de conta de poupança;

"II – recepção e encaminhamento à instituição financeira de pedidos de empréstimos, de financiamentos e de renegociação;

"III – elaboração e análise da proposta de crédito e preenchimento de ficha cadastral e dos instrumentos de crédito, com a conferência da exatidão das informações prestadas pelo proponente, à vista de documentação competente;

"IV – execução de serviços de cobrança não judicial;

"V – realização de visitas de acompanhamento e de orientação, e elaboração dos respectivos laudos e/ou relatórios;

"VI – guarda de documentos, na qualidade de fiel depositário."

"Art. 3º [...]
"[...]
"III – os requisitos para a habilitação das instituições de microcrédito produtivo orientado e das sociedades de que trata o § 2º do art. 2º desta Lei, no PNMPO, dentre os quais deverão constar:
"[...]
"§ 1º [...]
"[...]
"III – o acompanhamento, por amostragem, pelas instituições financeiras operadoras nas instituições de microcrédito produtivo orientado, nas sociedades de que trata o § 2º do art. 2º desta Lei e nos tomadores finais dos recursos;
"[...]"

"Art. 4º-A. [...]
"§ 1º A subvenção de que trata o caput fica limitada à respectiva dotação orçamentária fixada para o exercício.
"[...]"

Art. 21. A Lei 5.869, de 11 de janeiro de 1973 – Código de Processo Civil, passa a vigorar acrescida do seguinte art. 285-B:

- Acréscimo processado no texto do referido Código.

Art. 22. Compete ao Banco Central do Brasil e à Comissão de Valores Mobiliários, no âmbito das respectivas competências:

I – autorizar e supervisionar o exercício da atividade de depósito centralizado de ativos financeiros e de valores mobiliários; e

II – estabelecer as condições para o exercício da atividade prevista no inciso I.

Art. 23. O depósito centralizado, realizado por entidades qualificadas como depositários centrais, compreende a guarda centralizada de ativos financeiros e de valores mobiliários, fungíveis e infungíveis, o controle de sua titularidade efetiva e o tratamento de seus eventos.

Parágrafo único. As entidades referidas no caput são responsáveis pela integridade dos sistemas por elas mantidos e dos registros correspondentes aos ativos financeiros e valores mobiliários sob sua guarda centralizada.

Art. 24. Para fins do depósito centralizado, os ativos financeiros e valores mobiliários, em forma física ou eletrônica, serão transferidos no regime de titularidade fiduciária para o depositário central.

§ 1º A constituição e a extinção da titularidade fiduciária em favor do depositário central serão realizadas, inclusive para fins de publicidade e eficácia perante terceiros, exclusivamente com a inclusão e a baixa dos ativos financeiros e valores mobiliários nos controles de titularidade da entidade.

§ 2º Os registros do emissor ou do escriturador dos ativos financeiros e dos valores mobiliários devem refletir fielmente os controles de titularidade do depositário central.

§ 3º Os ativos financeiros e valores mobiliários transferidos na forma do caput:

I – não se comunicarão com o patrimônio geral ou com outros patrimônios especiais das entidades qualificadas como depositário central;

II – devem permanecer nas contas de depósito centralizado em nome do respectivo titular efetivo ou, quando admitido pela regulamentação pertinente, de seu representante, até que sejam resgatados, retirados de circulação ou restituídos aos seus titulares efetivos; e

Lei 12.810/2013

LEGISLAÇÃO

III – não são passíveis de constituição de garantia pelas entidades qualificadas como depositários centrais e não respondem pelas suas obrigações.

§ 4º O depositário central não pode dispor dos ativos financeiros e dos valores mobiliários recebidos em titularidade fiduciária e fica obrigado a restituí-los ao seu titular efetivo ou, quando admitido pela regulamentação pertinente, ao seu representante, com todos os direitos e ônus que lhes tiverem sido atribuídos enquanto mantidos em depósito centralizado.

Art. 25. A titularidade efetiva dos ativos financeiros e dos valores mobiliários objeto de depósito centralizado se presume pelos controles de titularidade mantidos pelo depositário central.

Parágrafo único. A transferência dos ativos financeiros e dos valores mobiliários de que trata o *caput* dá-se exclusivamente em conformidade com instruções recebidas.

Art. 26. Aplica-se o disposto no art. 63-A da Lei 10.931, de 2 de agosto de 2004, à constituição de quaisquer gravames e ônus sobre ativos financeiros e valores mobiliários objeto de depósito centralizado, independentemente da natureza do negócio jurídico a que digam respeito.

Art. 27. Permanece aplicável às ações e aos valores mobiliários emitidos com amparo no regime da Lei 6.404, de 15 de dezembro de 1976, o disposto no seu art. 41, observando-se, no que couber, os procedimentos fixados nesta Lei.

Art. 28. Compete ainda ao Banco Central do Brasil e à Comissão de Valores Mobiliários, no âmbito das respectivas competências:

I – autorizar e supervisionar o exercício da atividade de registro de ativos financeiros e de valores mobiliários; e

II – estabelecer as condições para o exercício da atividade prevista no inciso I.

Parágrafo único. O registro de ativos financeiros e de valores mobiliários compreende a escrituração, o armazenamento e a publicidade de informações referentes a transações financeiras, ressalvados os sigilos legais.

Art. 29. Aplicam-se às entidades autorizadas a exercer a atividade de depósito centralizado e às entidades autorizadas a exercer a atividade de registro de ativos financeiros e de valores mobiliários, e a seus administradores e membros de conselhos fiscais, consultivos e assemelhados, as mesmas penalidades, medidas coercitivas e meios alternativos de solução de controvérsias previstos na legislação especial aplicável às câmaras e prestadores de serviços de compensação e liquidação.

Art. 30. O § 2º do art. 34 da Lei 6.404, de 15 de dezembro de 1976, passa a vigorar com a seguinte redação:

- Alteração processada no texto da referida Lei.

Art. 31. O *caput* do art. 24 da Lei 6.385, de 7 de dezembro de 1976, passa a vigorar com a seguinte redação:

- Alteração processada no texto da referida Lei.

Art. 32. O art. 167 da Lei 6.015, de 31 de dezembro de 1973, passa a vigorar com a seguinte alteração:

- Alteração processada no texto da referida Lei.

Art. 33. O art. 31 da Lei 9.514, de 20 de novembro de 1997, passa a vigorar acrescido do seguinte parágrafo único:

- Alteração processada no texto da referida Lei.

Art. 34. A Lei 9.514, de 20 de dezembro de 1997, passa a vigorar acrescida do seguinte Capítulo II-A:

- Alterações processadas no texto da referida Lei.

Art. 35. Esta Lei entra em vigor na data de sua publicação.

Art. 36. Revogam-se os §§ 1º e 3º do art. 1º e o art. 3º da Lei 11.828, de 20 de novembro de 2008.

Art. 37. Revoga-se o parágrafo único do art. 293 da Lei 6.404, de 15 de dezembro de 1976.

Art. 38. Revogam-se o § 3º do art. 25 da Lei 9.514, de 20 de novembro de 1997, e o art. 6º da Lei 12.703, de 7 de agosto de 2012.

Brasília, 15 de maio de 2013; 192º da Independência e 125º da República.
Dilma Rousseff

(*DOU* 16.05.2013)

Lei 12.836/2013

LEGISLAÇÃO

LEI 12.836, DE 2 DE JULHO DE 2013

Altera os arts. 2º, 32 e 33 da Lei 10.257, de 10 de julho de 2001 – Estatuto da Cidade.

A Presidenta da República:
Faço saber que o Congresso Nacional decreta e eu sanciono a seguinte Lei:

Art. 1º Os arts. 2º, 32 e 33 da Lei 10.257, de 10 de julho de 2001, passam a vigorar com as seguintes alterações:

"Art. 2º [...]"
"[...]"
"XVII – estímulo à utilização, nos parcelamentos do solo e nas edificações urbanas, de sistemas operacionais, padrões construtivos e aportes tecnológicos que objetivem a redução de impactos ambientais e a economia de recursos naturais."

"Art. 32. [...]"
"[...]"
"§ 2º [...]"
"[...]"
"III – a concessão de incentivos a operações urbanas que utilizam tecnologias visando a redução de impactos ambientais, e que comprovem a utilização, nas construções e uso de edificações urbanas, de tecnologias que reduzam os impactos ambientais e economizem recursos naturais, especificadas as modalidades de *design* e de obras a serem contempladas."

"Art. 33. [...]"
"[...]"
"VI – contrapartida a ser exigida dos proprietários, usuários permanentes e investidores privados em função da utilização dos benefícios previstos nos incisos I, II e III do § 2º do art. 32 desta Lei;"
"[...]"
"VIII – natureza dos incentivos a serem concedidos aos proprietários, usuários permanentes e investidores privados, uma vez atendido o disposto no inciso III do § 2º do art. 32 desta Lei.
"[...]"

Art. 2º Esta Lei entra em vigor na data de sua publicação.

Brasília, 2 de julho de 2013; 192º da Independência e 125ºda República.
Dilma Rousseff

(DOU 03.07.2013)

LEI 12.879, DE 5 DE NOVEMBRO DE 2013

Dispõe sobre a gratuidade dos atos de registro, pelas associações de moradores, necessários à adaptação estatutária à Lei 10.406, de 10 de janeiro de 2002 – Código Civil, e para fins de enquadramento dessas entidades como Organizações da Sociedade Civil de Interesse Público.

A Presidenta da República:
Faço saber que o Congresso Nacional decreta e eu sanciono a seguinte Lei:

Art. 1º As associações de moradores são isentas do pagamento de preços, taxas e emolumentos remuneratórios do registro necessário à sua adaptação estatutária à Lei 10.406, de 10 de janeiro de 2002 – Código Civil, consoante o disposto no art. 2.031 desse diploma legal, assim como para fins de sua qualificação como Organizações da Sociedade Civil de Interesse Público, de que trata a Lei 9.790, de 23 de março de 1999.

Art. 2º Esta Lei entra em vigor na data de sua publicação.

Brasília, 5 de novembro de 2013; 192º da Independência e 125º da República.
Dilma Rousseff

(DOU 06.11.2013)

INSTRUÇÃO NORMATIVA 3, DE 11 DE FEVEREIRO DE 2014, DO SUPERIOR TRIBUNAL DE JUSTIÇA – STJ

Dispõe sobre os procedimentos aplicáveis ao processamento da execução contra a Fazenda Pública e à expedição, processamento e pagamento dos precatórios e das requisições de pequeno valor no Superior Tribunal de Justiça.

O Presidente do Superior Tribunal de Justiça, usando da atribuição que lhe é conferida pelo art. 21, inciso XXXI, do Regimento Interno e considerando o disposto no art. 100 e parágrafos da Constituição Federal, com as alterações introduzidas pela Emenda Constitucional n. 62, de 9 de dezembro de 2009, na

LEGISLAÇÃO

Lei 10.259, de 12 de julho de 2001, na Lei 12.431, de 24 de junho de 2011, no art. 16-A da Lei 10.887, de 18 de junho de 2004, e na Resolução 115, de 29 de junho de 2010 do Conselho Nacional de Justiça, bem como o que consta no processo STJ n. 6547/2011, resolve:

Capítulo I
DAS DISPOSIÇÕES PRELIMINARES

Art. 1º Os procedimentos aplicáveis ao processamento da execução contra a Fazenda Pública e à expedição, processamento e pagamento dos precatórios e das requisições de pequeno valor no Superior Tribunal de Justiça observarão o disposto nesta instrução normativa.

Capítulo II
DA EXECUÇÃO CONTRA A FAZENDA PÚBLICA

Art. 2º O pagamento de débitos judiciais da Fazenda Pública apurados em processo de competência originária deste Tribunal será efetuado mediante requisições de pagamento, na forma do art. 100 e parágrafos da Constituição Federal e das demais disposições legais concernentes à matéria.

Art. 3º A petição de execução será dirigida ao presidente do órgão julgador, que determinará a citação da Fazenda Pública para os fins do disposto no art. 730 do Código de Processo Civil, facultada a utilização de meio eletrônico.

§ 1º Tratando-se de execução em ação plúrima ou coletiva, o pedido será iniciado por grupos de, no máximo, 25 exequentes, cuja autuação se dará em autos apartados, os quais conterão:

I – a petição de execução instruída com a memória atualizada e discriminada do cálculo;

II – a petição inicial do processo originário e a resposta do réu ou as informações da autoridade impetrada;

III – as procurações;

IV – o acórdão e as decisões proferidas;

V – a certidão de trânsito em julgado do acórdão;

VI – as demais peças que o exequente considerar necessárias à instrução da execução.

§ 2º Na petição de execução, deverá constar o CPF do exequente, que deverá ser cadastrado e conferido, por ocasião da autuação, com o número constante da base de dados da Receita Federal do Brasil.

§ 3º Em se tratando de execução de verba devida a servidor público federal, civil ou militar, a petição de execução informará a respectiva condição de ativo, inativo ou pensionista, bem como o órgão ou entidade federal a que está vinculado o servidor.

§ 4º Falecido o exequente, os herdeiros deverão requerer a habilitação no processo de execução, com o esboço de eventual meação e da cota cabível a cada um, nos termos das disposições legais aplicáveis.

§ 5º Decidida a habilitação e os eventuais incidentes, os sucessores serão incluídos como exequentes na autuação do processo, em substituição ao *de cujus*.

Art. 4º Opostos embargos, serão processados na forma da legislação processual e julgados pelos presidentes dos órgãos a que se referem os arts. 301 e 302, incisos I e II, do Regimento Interno do STJ, ou, se houver redistribuição, a quem couber no respectivo órgão.

§ 1º Tratando-se de execução de vencimentos e verba remuneratória em atraso devidos a servidor público federal, deverá a União indicar, na petição de embargos à execução, ou, se não forem opostos, no prazo de sua interposição, os valores passíveis do desconto para o plano de seguridade social do servidor, de que trata o art. 16-A da Lei 10.887/2004, para inclusão na requisição de pagamento a ser oportunamente expedida.

§ 2º Caso não haja a indicação de que trata o parágrafo anterior, a Coordenadoria de Execução Judicial informará ao relator os valores passíveis da incidência legal da contribuição referida.

Capítulo III
DA REQUISIÇÃO DE PAGAMENTO

Art. 5º Apurado o valor devido pela Fazenda Pública, em decorrência de decisão transitada em julgado, o Presidente do órgão julgador expedirá o precatório ou a requisição de pequeno valor – RPV, conforme o caso.

§ 1º As requisições serão expedidas individualizadamente, por beneficiário, ainda que os exequentes estejam em litisconsórcio.

§ 2º Em caso de crédito de honorários advocatícios oriundo de sucumbência da Fazenda Pública ou de ajuste contratual, será atribuída ao advogado titular do crédito a qualidade de beneficiário do Precatório ou da RPV.

§ 3º Se o advogado quiser que, em seu favor, se deduza do montante da condenação o que lhe couber por força de ajuste contratual, nos termos do art. 22, § 4º, da Lei 8.906, de 4 de julho de 1994, deverá juntar o instrumento de contrato aos autos do processo de execução antes da expedição do precatório ou da RPV.

§ 4º As requisições de pagamento serão expedidas por meio eletrônico.

§ 5º Os requisitórios de pagamento serão dirigidos ao presidente do Tribunal, que determinará as providências à entidade pública executada para o depósito respectivo.

Art. 6º Considera-se de pequeno valor o crédito cujo montante, atualizado e individualizado, por credor, seja igual ou inferior a:

I – sessenta salários mínimos, quando for devedora a Fazenda Pública Federal (art. 17, § 1º, da Lei 10.259/2001);

II – quarenta salários mínimos ou o valor definido em lei local, quando for devedora a Fazenda Pública Estadual ou a do Distrito Federal (art. 87, inciso I, do Ato das Disposições Constitucionais Transitórias);

III – trinta salários mínimos ou o valor definido em lei local, quando for devedora a Fazenda Pública Municipal (art. 87, inciso II, do Ato das Disposições Constitucionais Transitórias).

§ 1º Nas hipóteses dos incisos II e III, a definição em lei de valor diferenciado não poderá ser inferior ao maior benefício previsto no regime geral da previdência social (art. 100, § 4º, da CF).

§ 2º Se os beneficiários estiverem em litisconsórcio, será expedido precatório ou RPV individualmente, conforme seus créditos se enquadrem ou não nos limites fixados nas disposições antecedentes.

§ 3º Nas ações coletivas, a expedição do precatório ou da RPV será consignada em nome dos credores substituídos ou representados, observada a disposição do parágrafo anterior.

§ 4º O pagamento de valor superior aos limites previstos nos incisos deste artigo será requisitado mediante precatório, salvo se o credor renunciar, expressamente, ao valor excedente, quando poderá receber seu crédito por meio de RPV.

§ 5º Deferida a requisição parcial, complementar ou suplementar, será considerado, em relação a cada credor, para fins de enquadramento ou não do precatório, o respectivo valor total da execução.

Art. 7º Nas requisições de pagamento serão informados os seguintes dados, constantes do processo de execução:

I – nome das partes beneficiárias e de seus procuradores;

II – número do CPF ou do CNPJ dos beneficiários e de seus procuradores;

III – número do processo de execução e data do ajuizamento do processo de conhecimento;

IV – descrição da natureza da obrigação (assunto) para fins de classificação orçamentária da despesa;

V – valor total da requisição com a indicação do valor do beneficiário, do valor dos honorários advocatícios objeto de ajuste contratual e do valor do desconto para o plano de seguridade social do servidor federal, se couber;

VI – natureza do crédito (comum ou alimentar);

VII – espécie de requisição (precatório ou RPV);

VIII – data-base de apuração dos valores da requisição para efeito de atualização monetária;

IX – data do trânsito em julgado do acórdão no processo de conhecimento, bem como a do acórdão ou da decisão nos embargos à execução que fixou o valor da condenação ou certidão de que não foram opostos embargos ou qualquer outra impugnação à execução movida contra o ente público;

X – o órgão a que estiver vinculado o beneficiário, nas ações relativas a servidor público federal, civil ou militar, com a indicação da

Legislação

condição de ativo, inativo ou pensionista, na data de autuação do processo originário;

XI – nas requisições de natureza alimentar, a indicação da data de nascimento do beneficiário e/ou, se for o caso, a declaração de que é portador de doença grave definida na forma da lei, para os fins da preferência prescrita no § 2º do art. 100 da Constituição Federal;

XII – se o objeto da requisição por precatório caracterizar rendimentos recebidos acumuladamente – RRA, sujeitos à tributação na forma definida no art. 12-A da Lei 7.713, de 23 de dezembro de 1988, o número de meses a que se referem os rendimentos e os valores a serem deduzidos da base de cálculo;

XIII – se os rendimentos recebidos acumuladamente se enquadrarem na faixa da requisição de pequeno valor, o montante e o número de meses relativos a exercícios anteriores e respectivos valores a serem deduzidos da base de cálculo, bem como o montante dos rendimentos e o número de meses relativos ao exercício em que for paga a requisição e os valores das deduções legais respectivas;

XIV – quaisquer outros dados imprescindíveis ao controle da entidade devedora ou exigidos em lei ou ato normativo do Conselho Nacional de Justiça.

Parágrafo único. As informações a que se refere este artigo serão demonstradas pela Coordenadoria de Execução Judicial de forma específica e detalhada por beneficiário e por natureza do crédito.

Capítulo IV
DO PROCESSAMENTO DOS PRECATÓRIOS E RPVS

Art. 8º Assinada a requisição pelo presidente do órgão julgador, será registrada e autuada como precatório ou RPV, conforme for o caso, obedecendo-se à sequência cronológica de apresentação no Tribunal.

Parágrafo único. Após a autuação da requisição, seu processamento se dará perante o presidente do Tribunal, que verificará sua regularidade formal e decidirá as questões de ordem administrativa.

Art. 9º Autuados o precatório e a requisição de pequeno valor, compete à Coordenadoria de Execução Judicial:

I – proceder à atualização do valor dos precatórios, tendo como referência o dia 1º de julho (art. 100, § 5º, Constituição Federal);

II – organizar, de acordo com a ordem cronológica de apresentação, devidamente atualizados na forma do inciso I, os precatórios de responsabilidade da União, suas autarquias, fundações de direito público e demais órgãos incluídos em seu orçamento geral e encaminhar processo administrativo com os dados cadastrais à unidade de orçamento e finanças até o dia 10 de julho, para fins de inclusão na proposta orçamentária do Tribunal para o exercício seguinte;

III – expedir ofício assinado pelo presidente do Tribunal, nos precatórios de responsabilidade das demais entidades de direito público, com notificação à autoridade máxima de cada ente, para que faça consignar em seu orçamento o débito judicial apurado e a necessária previsão de atualização monetária e deposite o montante correspondente em instituição bancária oficial localizada no Tribunal, até o final do exercício seguinte;

IV – organizar, na ordem cronológica de apresentação, a lista das requisições de pequeno valor de responsabilidade das entidades referidas no inciso II e encaminhá-la com os respectivos valores e dados cadastrais à unidade de orçamento e finanças para as providências pertinentes à quitação dos débitos, no prazo de até 60 (sessenta) dias;

V – expedir, nas requisições de pequeno valor de responsabilidade das demais entidades de direito público, ofício assinado pelo presidente do Tribunal, com notificação à autoridade máxima de cada ente, para que, no prazo de até 60 (sessenta) dias, deposite em instituição bancária oficial localizada no Tribunal o crédito judicial apurado, atualizado monetariamente;

VI – encaminhar, para publicação no Diário da Justiça da União, no início do mês de agosto, lista dos precatórios que foram objeto das providências constantes dos incisos

I, II e III, contendo o montante do débito atualizado até 1º de julho, discriminada por ente público devedor;

VII – encaminhar para publicação lista das requisições de pequeno valor por ente público devedor, após as providências dos incisos IV e V, contendo os valores dos débitos a serem pagos no prazo fixado;

VIII – estimar e propor à unidade mencionada no inciso II, para efeito de previsão orçamentária, o valor necessário ao pagamento de RPV;

IX – encaminhar à unidade de orçamento e finanças as requisições em que houver autorização de pagamento até o décimo dia útil do mês em que houver a atualização dos valores a serem pagos;

X – cientificar o beneficiário sobre o depósito a que se refere o art. 12, § 2º, desta Instrução Normativa;

XI – disponibilizar mensalmente aos órgãos previstos na Lei de Diretrizes Orçamentárias e às entidades devedoras a relação dos precatórios e das requisições de pequeno valor pagos, considerando as especificações na forma da lei.

§ 1º Os processos de precatórios e de requisições de pequeno valor serão encaminhados pela Coordenadoria de Execução Judicial à unidade de orçamento e finanças para pagamento até o dia 14 de cada mês, nos meses de fevereiro a novembro de cada ano.

§ 2º Os processos encaminhados para pagamento até o dia 14 deverão ser pagos pela unidade de orçamento e finanças até o último dia do mesmo mês.

Art. 10. Adotadas as providências referidas nos incisos II, IV e VI do art. 9º deste instrumento, por certificação nos autos, serão os requisitórios de pagamento submetidos ao presidente do Tribunal, que determinará o encaminhamento à Procuradoria-Geral da União, juntamente com os autos principais dos quais foram expedidos, para verificação dos cálculos de atualização monetária e regularidade formal.

§ 1º Se houver discordância, a manifestação da União deverá limitar-se à indicação de eventual erro material nos cálculos de atualização, vedada a impugnação de critérios e valores definidos na conta original, sobre os quais se operou o trânsito em julgado.

§ 2º Após manifestação da União, os autos dos requisitórios de pagamento serão remetidos ao Ministério Público Federal.

§ 3º Recebidos os autos do Ministério Público Federal, após anuência da União quanto ao pagamento, o presidente do Tribunal determinará a liquidação do precatório e da requisição de pequeno valor, observada a disponibilidade dos recursos financeiros.

§ 4º As demais entidades devedoras poderão requerer vista dos precatórios e requisições de pequeno valor pelos quais são responsáveis.

Art. 11. Eventual controvérsia de natureza jurídica, alegação de erro material ou divergência de critérios no cálculo que deu origem ao valor do precatório ou da RPV deverá ser discutida, em petição própria apresentada nos autos principais, perante o presidente do órgão julgador no qual se processou a execução, que determinará, se forem pertinentes as alegações, suspensão, cancelamento ou redução do valor da requisição.

Parágrafo único. Admitida a correção de erro material ou a modificação do valor da requisição, o presidente do órgão julgador comunicará à Presidência do Tribunal o novo valor da requisição, que determinará sua retificação, desde que não resulte em aumento de despesa; do contrário, deverá ser expedida uma requisição suplementar.

Capítulo V
DA ORDEM CRONOLÓGICA E DA DISPONIBILIZAÇÃO EM DEPÓSITO BANCÁRIO

Art. 12. O pagamento dos requisitórios obedecerá à ordem cronológica de apresentação no Tribunal, observada a precedência daqueles de natureza alimentar em relação às de natureza comum.

§ 1º A autorização do pagamento referido no *caput* estará condicionada à existência dos créditos respectivos, observadas as prioridades previstas no art. 100, § 2º, da Constituição Federal.

§ 2º Verificada a disponibilidade do crédito para o pagamento dos precatórios ou das requisições de pequeno valor, o presidente do Tribunal autorizará o pagamento mediante a abertura, em instituição bancária oficial, de conta remunerada e individualizada por beneficiário.

§ 3º A instituição financeira depositária informará ao Tribunal os depósitos efetivados, para a devida intimação do credor.

Art. 13. Notificada, nos autos do precatório ou da RPV, a existência de controvérsia, no âmbito do processo de execução, acerca do valor da requisição de pagamento ou de qualquer outra pendência jurídica que impeça sua liquidação, o presidente do Tribunal determinará o seguinte:

I – o depósito do valor do requisitório, nos termos do art. 12 desta Instrução Normativa, com a liberação do valor tido por incontroverso e o bloqueio da quantia controvertida até decisão final proferida nos autos do processo de execução, consoante o disposto no art. 11;

II – se a controvérsia envolver o valor total do requisitório, o depósito do valor do precatório ou da RPV em conta remunerada e bloqueada, até decisão final sobre a questão.

Art. 14. Compete à unidade de orçamento e finanças providenciar a disponibilidade de créditos orçamentários e recursos financeiros para o pagamento dos precatórios e das requisições de pequeno valor por meio das seguintes ações:

I – encaminhar à Secretaria de Orçamento Federal e aos demais órgãos previstos na Lei de Diretrizes Orçamentárias as informações relativas aos precatórios para inclusão na proposta orçamentária;

II – cadastrar as informações encaminhadas pela Coordenadoria de Execução Judicial, de que tratam os incisos II e IV do art. 9º, no Sistema Integrado de Administração Financeira do Governo Federal – Siafi;

III – verificar a consonância das informações constantes dos processos para pagamento com a proposta orçamentária constante do SIAFI, devolvendo à Coordenadoria de Execução Judicial, para manifestação e instrução, aqueles em que forem constatadas discrepâncias;

IV – providenciar a emissão de ordens bancárias contendo arquivos com informações detalhadas de cada precatório a ser pago no mês, disponibilizando-as às instituições financeiras;

V – providenciar o recolhimento da contribuição patronal relativa ao plano de seguridade social do servidor público civil até o décimo dia útil, contado a partir do recebimento das informações de que trata o art. 16;

VI – providenciar a emissão de ofício à instituição financeira, solicitando bloqueio parcial ou total de precatórios, bem como a devolução de recursos referentes a processos cancelados, nos termos da decisão do ministro presidente nos respectivos processos;

VII – instruir os processos de precatórios e RPVs com os documentos de pagamento e encaminhá-los à Coordenadoria de Execução Judicial.

Parágrafo único. Após a efetivação das providências determinadas no inciso VII, os contatos necessários com a instituição financeira deverão ser realizados pela Coordenadoria de Execução Judicial, excetuados os casos que demandarem providências da unidade de orçamento e finanças.

Capítulo VI
DO SAQUE E LEVANTAMENTO DOS VALORES DEPOSITADOS

Art. 15. Os valores de precatórios e de requisições de pequeno valor, depositados na forma do art. 12, § 2º, poderão ser sacados, independentemente de alvará judicial, segundo as normas aplicáveis aos depósitos bancários, salvo se houver indicação do Tribunal para o saque mediante alvará judicial ou ordem de transferência bancária.

§ 1º Os valores sacados na forma do *caput* sujeitam-se à retenção da contribuição para o Plano de Seguridade do Servidor Publico – PSS, se for o caso, e do imposto de renda, nos termos legais.

§ 2º No caso dos valores depositados bloqueados, conforme o previsto nos incisos I e II do art. 13, eventual desbloqueio será ordenado pelo presidente do Tribunal após a juntada, aos autos da requisição, de decisão final proferida no processo de execução.

§ 3º Na hipótese de decisão transitada em julgado que reduzir o valor ou cancelar a expedição do precatório ou da RPV cujos valores já estiverem depositados, o Presidente do Tribunal determinará à instituição financeira depositária que estorne os recursos correspondentes ao Tribunal, para a necessária devolução ao erário.

Art. 16. A instituição financeira responsável pela retenção da contribuição do plano de seguridade social do servidor público civil, quando for o caso, em decorrência de saque de valores de precatórios ou RPVs, deverá informar ao Tribunal, até o segundo dia útil de cada mês, os valores recolhidos no mês anterior.

§ 1º O cálculo da contribuição patronal, de que trata o art. 8º da Lei 10.887/2004, será realizado com base nas informações referidas no caput.

§ 2º O Tribunal recolherá a contribuição a que alude o § 1º até o décimo dia útil do mês em que recebeu as informações da instituição financeira.

§ 3º Competem à unidade de orçamento e finanças as ações previstas nos §§ 1º e 2º.

Art. 17. A instituição financeira encaminhará, até o dia 10 de janeiro do ano subsequente, à unidade de orçamento e finanças do Tribunal demonstrativo dos valores retidos a título de imposto de renda na forma dos arts. 157, I, e 158, I, da Constituição Federal, bem como os valores retidos a título de contribuição previdenciária.

Art. 18. A instituição financeira fornecerá, mediante solicitação do Tribunal, as informações sobre os valores de requisições que estiverem depositados há mais de dois anos, para que haja a intimação do credor.

Art. 19. No depósito de valores de precatórios e RPVs cujos credores originais já tiverem falecido, o crédito deverá ser apresentado pelos respectivos herdeiros em processo de arrolamento ou inventário, ou, no caso de estarem esses concluídos, em procedimento de sobrepartilha, cuja partilha será decidida pelo juízo competente em favor dos herdeiros ou do cônjuge sobrevivente, e deverá ser levantado mediante alvará expedido por essa autoridade judicial.

Art. 20. Os valores depositados em cumprimento às requisições de responsabilidade das demais entidades de direito público, conforme o disposto no art. 9º, incisos III e V, desta Instrução Normativa serão liberados mediante alvará ou ordem de transferência assinada pelo presidente do Tribunal.

Art. 21 Depositados os valores das requisições e inexistindo controvérsia, o fato será comunicado nos autos para a extinção da execução, nos termos da lei processual.

Capítulo VII
DAS DISPOSIÇÕES FINAIS

Art. 22. A Coordenadoria de Execução Judicial fornecerá à unidade de orçamento e finanças as informações complementares, necessárias à realização do depósito de que trata o art. 12, § 2º.

Art. 23. As informações requeridas pelo Sistema de Gestão de Precatórios – SGP serão prestadas consoante a regulamentação disposta no art. 1º da Resolução 115/2010 do CNJ, pelas seguintes unidades:

I – Coordenadoria de execução Judicial, à qual incumbem aquelas relativas aos incisos I a V;

II – Coordenadoria de Orçamento e Finanças, à qual incumbem aquelas relativas aos incisos VI a X.

Art. 24. A atualização monetária dos valores requisitados, entre o período da data-base constante da requisição até o efetivo depósito, será realizada pelo Índice Nacional de Preços ao Consumidor Amplo – IPCA, calculado pelo IBGE, ou por outro que vier a ser definido.

Art. 25. Aplicam-se, subsidiariamente, no que couber, as resoluções oriundas do CNJ e do Conselho da Justiça Federal, bem como a legislação que disciplina os procedimentos sobre o assunto no âmbito da Justiça Federal.

Art. 26. Os casos omissos serão submetidos ao presidente do Tribunal para deliberação.

Lei 12.965/2014

LEGISLAÇÃO

Art. 27. Fica revogada a Instrução Normativa 3, de 7 de julho de 2006.
Art. 28. Esta Instrução Normativa entra em vigor na data de sua publicação.
Ministro Felix Fischer

(DJe 12.02.2014; rep. 24.04.2014)

LEI 12.965,
DE 23 DE ABRIL DE 2014

Estabelece princípios, garantias, direitos e deveres para o uso da Internet no Brasil.

• V. Dec. 8.771/2016 (Regulamenta a Lei 12.965/2014).

A Presidenta da República:
Faço saber que o Congresso Nacional decreta e eu sanciono a seguinte Lei:

Capítulo I
DISPOSIÇÕES PRELIMINARES

Art. 1º Esta Lei estabelece princípios, garantias, direitos e deveres para o uso da internet no Brasil e determina as diretrizes para atuação da União, dos Estados, do Distrito Federal e dos Municípios em relação à matéria.

Art. 2º A disciplina do uso da internet no Brasil tem como fundamento o respeito à liberdade de expressão, bem como:
I – o reconhecimento da escala mundial da rede;
II – os direitos humanos, o desenvolvimento da personalidade e o exercício da cidadania em meios digitais;
III – a pluralidade e a diversidade;
IV – a abertura e a colaboração;
V – a livre iniciativa, a livre concorrência e a defesa do consumidor; e
VI – a finalidade social da rede.

Art. 3º A disciplina do uso da internet no Brasil tem os seguintes princípios:
I – garantia da liberdade de expressão, comunicação e manifestação de pensamento, nos termos da Constituição Federal;
II – proteção da privacidade;
III – proteção dos dados pessoais, na forma da lei;
IV – preservação e garantia da neutralidade de rede;
V – preservação da estabilidade, segurança e funcionalidade da rede, por meio de medidas técnicas compatíveis com os padrões internacionais e pelo estímulo ao uso de boas práticas;
VI – responsabilização dos agentes de acordo com suas atividades, nos termos da lei;
VII – preservação da natureza participativa da rede;
VIII – liberdade dos modelos de negócios promovidos na internet, desde que não conflitem com os demais princípios estabelecidos nesta Lei.
Parágrafo único. Os princípios expressos nesta Lei não excluem outros previstos no ordenamento jurídico pátrio relacionados à matéria ou nos tratados internacionais em que a República Federativa do Brasil seja parte.

Art. 4º A disciplina do uso da internet no Brasil tem por objetivo a promoção:
I – do direito de acesso à internet a todos;
II – do acesso à informação, ao conhecimento e à participação na vida cultural e na condução dos assuntos públicos;
III – da inovação e do fomento à ampla difusão de novas tecnologias e modelos de uso e acesso; e
IV – da adesão a padrões tecnológicos abertos que permitam a comunicação, a acessibilidade e a interoperabilidade entre aplicações e bases de dados.

Art. 5º Para os efeitos desta Lei, considera-se:
I – internet: o sistema constituído do conjunto de protocolos lógicos, estruturado em escala mundial para uso público e irrestrito, com a finalidade de possibilitar a comunicação de dados entre terminais por meio de diferentes redes;
II – terminal: o computador ou qualquer dispositivo que se conecte à internet;
III – endereço de protocolo de internet (endereço IP): o código atribuído a um terminal de uma rede para permitir sua identificação, definido segundo parâmetros internacionais;
IV – administrador de sistema autônomo: a pessoa física ou jurídica que administra blocos de endereço IP específicos e o respectivo sistema autônomo de roteamento,

Lei 12.965/2014

LEGISLAÇÃO

devidamente cadastrada no ente nacional responsável pelo registro e distribuição de endereços IP geograficamente referentes ao País;

V – conexão à internet: a habilitação de um terminal para envio e recebimento de pacotes de dados pela internet, mediante a atribuição ou autenticação de um endereço IP;

VI – registro de conexão: o conjunto de informações referentes à data e hora de início e término de uma conexão à internet, sua duração e o endereço IP utilizado pelo terminal para o envio e recebimento de pacotes de dados;

VII – aplicações de internet: o conjunto de funcionalidades que podem ser acessadas por meio de um terminal conectado à internet; e

VIII – registros de acesso a aplicações de internet: o conjunto de informações referentes à data e hora de uso de uma determinada aplicação de internet a partir de um determinado endereço IP.

Art. 6º Na interpretação desta Lei serão levados em conta, além dos fundamentos, princípios e objetivos previstos, a natureza da internet, seus usos e costumes particulares e sua importância para a promoção do desenvolvimento humano, econômico, social e cultural.

Capítulo II
DOS DIREITOS E GARANTIAS DOS USUÁRIOS

Art. 7º O acesso à internet é essencial ao exercício da cidadania, e ao usuário são assegurados os seguintes direitos:

I – inviolabilidade da intimidade e da vida privada, sua proteção e indenização pelo dano material ou moral decorrente de sua violação;

II – inviolabilidade e sigilo do fluxo de suas comunicações pela internet, salvo por ordem judicial, na forma da lei;

III – inviolabilidade e sigilo de suas comunicações privadas armazenadas, salvo por ordem judicial;

IV – não suspensão da conexão à internet, salvo por débito diretamente decorrente de sua utilização;

V – manutenção da qualidade contratada da conexão à internet;

VI – informações claras e completas constantes dos contratos de prestação de serviços, com detalhamento sobre o regime de proteção aos registros de conexão e aos registros de acesso a aplicações de internet, bem como sobre práticas de gerenciamento da rede que possam afetar sua qualidade;

VII – não fornecimento a terceiros de seus dados pessoais, inclusive registros de conexão, e de acesso a aplicações de internet, salvo mediante consentimento livre, expresso e informado ou nas hipóteses previstas em lei;

VIII – informações claras e completas sobre coleta, uso, armazenamento, tratamento e proteção de seus dados pessoais, que somente poderão ser utilizados para finalidades que:

a) justifiquem sua coleta;

b) não sejam vedadas pela legislação; e

c) estejam especificadas nos contratos de prestação de serviços ou em termos de uso de aplicações de internet;

IX – consentimento expresso sobre coleta, uso, armazenamento e tratamento de dados pessoais, que deverá ocorrer de forma destacada das demais cláusulas contratuais;

X – exclusão definitiva dos dados pessoais que tiver fornecido a determinada aplicação de internet, a seu requerimento, ao término da relação entre as partes, ressalvadas as hipóteses de guarda obrigatória de registros previstas nesta Lei;

XI – publicidade e clareza de eventuais políticas de uso dos provedores de conexão à internet e de aplicações de internet;

XII – acessibilidade, consideradas as características físicomotoras, perceptivas, sensoriais, intelectuais e mentais do usuário, nos termos da lei; e

XIII – aplicação das normas de proteção e defesa do consumidor nas relações de consumo realizadas na internet.

Art. 8º A garantia do direito à privacidade e à liberdade de expressão nas comunicações é condição para o pleno exercício do direito de acesso à internet.

Parágrafo único. São nulas de pleno direito as cláusulas contratuais que violem o disposto no *caput*, tais como aquelas que:

I – impliquem ofensa à inviolabilidade e ao sigilo das comunicações privadas, pela internet; ou

II – em contrato de adesão, não ofereçam como alternativa ao contratante a adoção do foro brasileiro para solução de controvérsias decorrentes de serviços prestados no Brasil.

Capítulo III
DA PROVISÃO DE CONEXÃO E DE APLICAÇÕES DE INTERNET

Seção I
Da neutralidade de rede

Art. 9º O responsável pela transmissão, comutação ou roteamento tem o dever de tratar de forma isonômica quaisquer pacotes de dados, sem distinção por conteúdo, origem e destino, serviço, terminal ou aplicação.

§ 1º A discriminação ou degradação do tráfego será regulamentada nos termos das atribuições privativas do Presidente da República previstas no inciso IV do art. 84 da Constituição Federal, para a fiel execução desta Lei, ouvidos o Comitê Gestor da Internet e a Agência Nacional de Telecomunicações, e somente poderá decorrer de:

I – requisitos técnicos indispensáveis à prestação adequada dos serviços e aplicações; e

II – priorização de serviços de emergência.

§ 2º Na hipótese de discriminação ou degradação do tráfego prevista no § 1º, o responsável mencionado no *caput* deve:

I – abster-se de causar dano aos usuários, na forma do art. 927 da Lei 10.406, de 10 de janeiro de 2002 – Código Civil;

II – agir com proporcionalidade, transparência e isonomia;

III – informar previamente de modo transparente, claro e suficientemente descritivo aos seus usuários sobre as práticas de gerenciamento e mitigação de tráfego adotadas, inclusive as relacionadas à segurança da rede; e

IV – oferecer serviços em condições comerciais não discriminatórias e abster-se de praticar condutas anticoncorrenciais.

§ 3º Na provisão de conexão à internet, onerosa ou gratuita, bem como na transmissão, comutação ou roteamento, é vedado bloquear, monitorar, filtrar ou analisar o conteúdo dos pacotes de dados, respeitado o disposto neste artigo.

Seção II
Da proteção aos registros, aos dados pessoais e às comunicações privadas

Art. 10. A guarda e a disponibilização dos registros de conexão e de acesso a aplicações de internet de que trata esta Lei, bem como de dados pessoais e do conteúdo de comunicações privadas, devem atender à preservação da intimidade, da vida privada, da honra e da imagem das partes direta ou indiretamente envolvidas.

§ 1º O provedor responsável pela guarda somente será obrigado a disponibilizar os registros mencionados no *caput*, de forma autônoma ou associados a dados pessoais ou a outras informações que possam contribuir para a identificação do usuário ou do terminal, mediante ordem judicial, na forma do disposto na Seção IV deste Capítulo, respeitado o disposto no art. 7º.

§ 2º O conteúdo das comunicações privadas somente poderá ser disponibilizado mediante ordem judicial, nas hipóteses e na forma que a lei estabelecer, respeitado o disposto nos incisos II e III do art. 7º.

§ 3º O disposto no *caput* não impede o acesso aos dados cadastrais que informem qualificação pessoal, filiação e endereço, na forma da lei, pelas autoridades administrativas que detenham competência legal para a sua requisição.

§ 4º As medidas e os procedimentos de segurança e de sigilo devem ser informados pelo responsável pela provisão de serviços de forma clara e atender a padrões definidos em regulamento, respeitado o seu direi-

Lei 12.965/2014

to de confidencialidade quanto a segredos empresariais.

Art. 11. Em qualquer operação de coleta, armazenamento, guarda e tratamento de registros, de dados pessoais ou de comunicações por provedores de conexão e de aplicações de internet em que pelo menos um desses atos ocorra em território nacional, deverão ser obrigatoriamente respeitados a legislação brasileira e os direitos à privacidade, à proteção dos dados pessoais e ao sigilo das comunicações privadas e dos registros.

§ 1º O disposto no *caput* aplica-se aos dados coletados em território nacional e ao conteúdo das comunicações, desde que pelo menos um dos terminais esteja localizado no Brasil.

§ 2º O disposto no *caput* aplica-se mesmo que as atividades sejam realizadas por pessoa jurídica sediada no exterior, desde que oferte serviço ao público brasileiro ou pelo menos uma integrante do mesmo grupo econômico possua estabelecimento no Brasil.

§ 3º Os provedores de conexão e de aplicações de internet deverão prestar, na forma da regulamentação, informações que permitam a verificação quanto ao cumprimento da legislação brasileira referente à coleta, à guarda, ao armazenamento ou ao tratamento de dados, bem como quanto ao respeito à privacidade e ao sigilo de comunicações.

§ 4º Decreto regulamentará o procedimento para apuração de infrações ao disposto neste artigo.

Art. 12. Sem prejuízo das demais sanções cíveis, criminais ou administrativas, as infrações às normas previstas nos arts. 10 e 11 ficam sujeitas, conforme o caso, às seguintes sanções, aplicadas de forma isolada ou cumulativa:

I – advertência, com indicação de prazo para adoção de medidas corretivas;

II – multa de até 10% (dez por cento) do faturamento do grupo econômico no Brasil no seu último exercício, excluídos os tributos, considerados a condição econômica do infrator e o princípio da proporcionalidade entre a gravidade da falta e a intensidade da sanção;

III – suspensão temporária das atividades que envolvam os atos previstos no art. 11; ou

IV – proibição de exercício das atividades que envolvam os atos previstos no art. 11.

Parágrafo único. Tratando-se de empresa estrangeira, responde solidariamente pelo pagamento da multa de que trata o *caput* sua filial, sucursal, escritório ou estabelecimento situado no País.

Subseção I
Da guarda de registros de conexão

Art. 13. Na provisão de conexão à internet, cabe ao administrador de sistema autônomo respectivo o dever de manter os registros de conexão, sob sigilo, em ambiente controlado e de segurança, pelo prazo de 1 (um) ano, nos termos do regulamento.

§ 1º A responsabilidade pela manutenção dos registros de conexão não poderá ser transferida a terceiros.

§ 2º A autoridade policial ou administrativa ou o Ministério Público poderá requerer cautelarmente que os registros de conexão sejam guardados por prazo superior ao previsto no *caput*.

§ 3º Na hipótese do § 2º, a autoridade requerente terá o prazo de 60 (sessenta) dias, contados a partir do requerimento, para ingressar com o pedido de autorização judicial de acesso aos registros previstos no *caput*.

§ 4º O provedor responsável pela guarda dos registros deverá manter sigilo em relação ao requerimento previsto no § 2º, que perderá sua eficácia caso o pedido de autorização judicial seja indeferido ou não tenha sido protocolado no prazo previsto no § 3º.

§ 5º Em qualquer hipótese, a disponibilização ao requerente dos registros de que trata este artigo deverá ser precedida de autorização judicial, conforme disposto na Seção IV deste Capítulo.

§ 6º Na aplicação de sanções pelo descumprimento ao disposto neste artigo, serão considerados a natureza e a gravidade da infração, os danos dela resultantes, eventual vantagem auferida pelo infrator, as circunstâncias agravantes, os antecedentes do infrator e a reincidência.

Lei 12.965/2014

LEGISLAÇÃO

Subseção II
Da guarda de registros de acesso
a aplicações de internet
na provisão de conexão

Art. 14. Na provisão de conexão, onerosa ou gratuita, é vedado guardar os registros de acesso a aplicações de internet.

Subseção III
Da guarda de registros de acesso
a aplicações de internet
na provisão de aplicações

Art. 15. O provedor de aplicações de internet constituído na forma de pessoa jurídica e que exerça essa atividade de forma organizada, profissionalmente e com fins econômicos deverá manter os respectivos registros de acesso a aplicações de internet, sob sigilo, em ambiente controlado e de segurança, pelo prazo de 6 (seis) meses, nos termos do regulamento.

§ 1º Ordem judicial poderá obrigar, por tempo certo, os provedores de aplicações de internet que não estão sujeitos ao disposto no *caput* a guardarem registros de acesso a aplicações de internet, desde que se trate de registros relativos a fatos específicos em período determinado.

§ 2º A autoridade policial ou administrativa ou o Ministério Público poderão requerer cautelarmente a qualquer provedor de aplicações de internet que os registros de acesso a aplicações de internet sejam guardados, inclusive por prazo superior ao previsto no caput, observado o disposto nos §§ 3º e 4º do art. 13.

§ 3º Em qualquer hipótese, a disponibilização ao requerente dos registros de que trata este artigo deverá ser precedida de autorização judicial, conforme disposto na Seção IV deste Capítulo.

§ 4º Na aplicação de sanções pelo descumprimento ao disposto neste artigo, serão considerados a natureza e a gravidade da infração, os danos dela resultantes, eventual vantagem auferida pelo infrator, as circunstâncias agravantes, os antecedentes do infrator e a reincidência.

Art. 16. Na provisão de aplicações de internet, onerosa ou gratuita, é vedada a guarda:

I – dos registros de acesso a outras aplicações de internet sem que o titular dos dados tenha consentido previamente, respeitado o disposto no art. 7º; ou

II – de dados pessoais que sejam excessivos em relação à finalidade para a qual foi dado consentimento pelo seu titular.

Art. 17. Ressalvadas as hipóteses previstas nesta Lei, a opção por não guardar os registros de acesso a aplicações de internet não implica responsabilidade sobre danos decorrentes do uso desses serviços por terceiros.

Seção III
Da responsabilidade por
danos decorrentes de
conteúdo gerado por terceiros

Art. 18. O provedor de conexão à internet não será responsabilizado civilmente por danos decorrentes de conteúdo gerado por terceiros.

Art. 19. Com o intuito de assegurar a liberdade de expressão e impedir a censura, o provedor de aplicações de internet somente poderá ser responsabilizado civilmente por danos decorrentes de conteúdo gerado por terceiros se, após ordem judicial específica, não tomar as providências para, no âmbito e nos limites técnicos do seu serviço e dentro do prazo assinalado, tornar indisponível o conteúdo apontado como infringente, ressalvadas as disposições legais em contrário.

§ 1º A ordem judicial de que trata o *caput* deverá conter, sob pena de nulidade, identificação clara e específica do conteúdo apontado como infringente, que permita a localização inequívoca do material.

§ 2º A aplicação do disposto neste artigo para infrações a direitos de autor ou a direitos conexos depende de previsão legal específica, que deverá respeitar a liberdade de expressão e demais garantias previstas no art. 5º da Constituição Federal.

§ 3º As causas que versem sobre ressarcimento por danos decorrentes de conteúdos disponibilizados na internet relacionados à honra, à reputação ou a direitos de personalidade, bem como sobre a indisponibilização desses conteúdos por provedores de

Lei 12.965/2014

LEGISLAÇÃO

aplicações de internet, poderão ser apresentadas perante os juizados especiais.

§ 4º O juiz, inclusive no procedimento previsto no § 3º, poderá antecipar, total ou parcialmente, os efeitos da tutela pretendida no pedido inicial, existindo prova inequívoca do fato e considerado o interesse da coletividade na disponibilização do conteúdo na internet, desde que presentes os requisitos de verossimilhança da alegação do autor e de fundado receio de dano irreparável ou de difícil reparação.

Art. 20. Sempre que tiver informações de contato do usuário diretamente responsável pelo conteúdo a que se refere o art. 19, caberá ao provedor de aplicações de internet comunicar-lhe os motivos e informações relativos à indisponibilização de conteúdo, com informações que permitam o contraditório e a ampla defesa em juízo, salvo expressa previsão legal ou expressa determinação judicial fundamentada em contrário.

Parágrafo único. Quando solicitado pelo usuário que disponibilizou o conteúdo tornado indisponível, o provedor de aplicações de internet que exerce essa atividade de forma organizada, profissionalmente e com fins econômicos substituirá o conteúdo tornado indisponível pela motivação ou pela ordem judicial que deu fundamento à indisponibilização.

Art. 21. O provedor de aplicações de internet que disponibilize conteúdo gerado por terceiros será responsabilizado subsidiariamente pela violação da intimidade decorrente da divulgação, sem autorização de seus participantes, de imagens, de vídeos ou de outros materiais contendo cenas de nudez ou de atos sexuais de caráter privado quando, após o recebimento de notificação pelo participante ou seu representante legal, deixar de promover, de forma diligente, no âmbito e nos limites técnicos do seu serviço, a indisponibilização desse conteúdo.

Parágrafo único. A notificação prevista no *caput* deverá conter, sob pena de nulidade, elementos que permitam a identificação específica do material apontado como violador da intimidade do participante e a verificação da legitimidade para apresentação do pedido.

Seção IV
Da requisição judicial de registros

Art. 22. A parte interessada poderá, com o propósito de formar conjunto probatório em processo judicial cível ou penal, em caráter incidental ou autônomo, requerer ao juiz que ordene ao responsável pela guarda o fornecimento de registros de conexão ou de registros de acesso a aplicações de internet.

Parágrafo único. Sem prejuízo dos demais requisitos legais, o requerimento deverá conter, sob pena de inadmissibilidade:

I – fundados indícios da ocorrência do ilícito;

II – justificativa motivada da utilidade dos registros solicitados para fins de investigação ou instrução probatória; e

III – período ao qual se referem os registros.

Art. 23. Cabe ao juiz tomar as providências necessárias à garantia do sigilo das informações recebidas e à preservação da intimidade, da vida privada, da honra e da imagem do usuário, podendo determinar segredo de justiça, inclusive quanto aos pedidos de guarda de registro.

Capítulo IV
DA ATUAÇÃO DO PODER PÚBLICO

Art. 24. Constituem diretrizes para a atuação da União, dos Estados, do Distrito Federal e dos Municípios no desenvolvimento da internet no Brasil:

I – estabelecimento de mecanismos de governança multiparticipativa, transparente, colaborativa e democrática, com a participação do governo, do setor empresarial, da sociedade civil e da comunidade acadêmica;

II – promoção da racionalização da gestão, expansão e uso da internet, com participação do Comitê Gestor da internet no Brasil;

III – promoção da racionalização e da interoperabilidade tecnológica dos serviços de governo eletrônico, entre os diferentes Poderes e âmbitos da Federação, para permitir o intercâmbio de informações e a celeridade de procedimentos;

IV – promoção da interoperabilidade entre sistemas e terminais diversos, inclusive entre os diferentes âmbitos federativos e diversos setores da sociedade;

Lei 12.965/2014

V – adoção preferencial de tecnologias, padrões e formatos abertos e livres;
VI – publicidade e disseminação de dados e informações públicos, de forma aberta e estruturada;
VII – otimização da infraestrutura das redes e estímulo à implantação de centros de armazenamento, gerenciamento e disseminação de dados no País, promovendo a qualidade técnica, a inovação e a difusão das aplicações de internet, sem prejuízo à abertura, à neutralidade e à natureza participativa;
VIII – desenvolvimento de ações e programas de capacitação para uso da internet;
IX – promoção da cultura e da cidadania; e
X – prestação de serviços públicos de atendimento ao cidadão de forma integrada, eficiente, simplificada e por múltiplos canais de acesso, inclusive remotos.

Art. 25. As aplicações de internet de entes do poder público devem buscar:
I – compatibilidade dos serviços de governo eletrônico com diversos terminais, sistemas operacionais e aplicativos para seu acesso;
II – acessibilidade a todos os interessados, independentemente de suas capacidades físico-motoras, perceptivas, sensoriais, intelectuais, mentais, culturais e sociais, resguardados os aspectos de sigilo e restrições administrativas e legais;
III – compatibilidade tanto com a leitura humana quanto com o tratamento automatizado das informações;
IV – facilidade de uso dos serviços de governo eletrônico; e
V – fortalecimento da participação social nas políticas públicas.

Art. 26. O cumprimento do dever constitucional do Estado na prestação da educação, em todos os níveis de ensino, inclui a capacitação, integrada a outras práticas educacionais, para o uso seguro, consciente e responsável da internet como ferramenta para o exercício da cidadania, a promoção da cultura e o desenvolvimento tecnológico.

Art. 27. As iniciativas públicas de fomento à cultura digital e de promoção da internet como ferramenta social devem:
I – promover a inclusão digital;

II – buscar reduzir as desigualdades, sobretudo entre as diferentes regiões do País, no acesso às tecnologias da informação e comunicação e no seu uso; e
III – fomentar a produção e circulação de conteúdo nacional.

Art. 28. O Estado deve, periodicamente, formular e fomentar estudos, bem como fixar metas, estratégias, planos e cronogramas, referentes ao uso e desenvolvimento da internet no País.

Capítulo V
DISPOSIÇÕES FINAIS

Art. 29. O usuário terá a opção de livre escolha na utilização de programa de computador em seu terminal para exercício do controle parental de conteúdo entendido por ele como impróprio a seus filhos menores, desde que respeitados os princípios desta Lei e da Lei 8.069, de 13 de julho de 1990 – Estatuto da Criança e do Adolescente.
Parágrafo único. Cabe ao poder público, em conjunto com os provedores de conexão e de aplicações de internet e a sociedade civil, promover a educação e fornecer informações sobre o uso dos programas de computador previstos no *caput*, bem como para a definição de boas práticas para a inclusão digital de crianças e adolescentes.

Art. 30. A defesa dos interesses e dos direitos estabelecidos nesta Lei poderá ser exercida em juízo, individual ou coletivamente, na forma da lei.

Art. 31. Até a entrada em vigor da lei específica prevista no § 2º do art. 19, a responsabilidade do provedor de aplicações de internet por danos decorrentes de conteúdo gerado por terceiros, quando se tratar de infração a direitos de autor ou a direitos conexos, continuará a ser disciplinada pela legislação autoral vigente aplicável na data da entrada em vigor desta Lei.

Art. 32. Esta Lei entra em vigor após decorridos 60 (sessenta) dias de sua publicação oficial.

Brasília, 23 de abril de 2014; 193º da Independência e 126º da República.
Dilma Rousseff

(*DOU* 24.04.2014)

Lei 13.111/2015

LEGISLAÇÃO

LEI 13.111, DE 25 DE MARÇO DE 2015

Dispõe sobre a obrigatoriedade de os empresários que comercializam veículos automotores informarem ao comprador o valor dos tributos incidentes sobre a venda e a situação de regularidade do veículo quanto a furto, multas, taxas anuais, débitos de impostos, alienação fiduciária ou quaisquer outros registros que limitem ou impeçam a circulação do veículo.

A Presidenta da República:

Faço saber que o Congresso Nacional decreta e eu sanciono a seguinte Lei:

Art. 1º Esta Lei dispõe sobre a obrigatoriedade de os empresários que comercializam veículos automotores, novos ou usados, informarem ao comprador:

I – o valor dos tributos incidentes sobre a comercialização do veículo;

II – a situação de regularidade do veículo quanto a:

a) furto;
b) multas e taxas anuais legalmente devidas;
c) débitos de impostos;
d) alienação fiduciária; ou
e) quaisquer outros registros que limitem ou impeçam a circulação do veículo.

Art. 2º Os empresários que comercializam veículos automotores, novos ou usados, são obrigados a informar ao comprador a situação de regularidade do veículo junto às autoridades policiais, de trânsito e fazendária das unidades da Federação onde o veículo for registrado e estiver sendo comercializado, relativa a:

I – furto;

II – multas e taxas anuais legalmente devidas;

III – débitos quanto ao pagamento de impostos;

IV – alienação fiduciária; ou

V – quaisquer outros registros que limitem ou impeçam a circulação do veículo.

Parágrafo único. No contrato de compra e venda assinado entre vendedor e comprador devem constar cláusulas contendo informações sobre a natureza e o valor dos tributos incidentes sobre a comercialização do veículo, bem como sobre a situação de regularidade em que se encontra o bem quanto às eventuais restrições previstas no *caput*.

Art. 3º O descumprimento do disposto nesta Lei implica a obrigação de os empresários que comercializam veículos automotores, novos ou usados, arcarem com:

I – o pagamento do valor correspondente ao montante dos tributos, taxas, emolumentos e multas incidentes sobre o veículo e existentes até o momento da aquisição do bem pelo comprador;

II – a restituição do valor integral pago pelo comprador, no caso de o veículo ter sido objeto de furto.

Parágrafo único. As sanções previstas neste artigo serão aplicadas sem prejuízo das demais sanções previstas na Lei 8.078, de 11 de setembro de 1990.

Art. 4º Esta Lei entra em vigor após decorridos 60 (sessenta) dias de sua publicação oficial.

Brasília, 25 de março de 2015; 194º da Independência e 127º da República.

Dilma Rousseff

(*DOU* 26.03.2015)

DECRETO 8.469, DE 22 DE JUNHO DE 2015

Regulamenta a Lei 9.610, de 19 de fevereiro de 1998, e a Lei 12.853, de 14 de agosto de 2013, para dispor sobre a gestão coletiva de direitos autorais.

A Presidenta da República, no uso das atribuições que lhe conferem o art. 84, *caput*, inciso IV e inciso VI, alínea *a*, da Constituição, e tendo em vista o disposto na Lei 9.610, de 19 de fevereiro de 1998, e na Lei 12.853, de 14 de agosto de 2013, decreta:

Art. 1º Este Decreto regulamenta a Lei 9.610, de 19 de fevereiro de 1998, e a Lei 12.853, de 14 de agosto de 2013, para dispor sobre a gestão coletiva de direitos autorais.

Capítulo I
DA HABILITAÇÃO

Art. 2º O exercício da atividade de cobrança de direitos autorais a que se refere o

Dec. 8.469/2015

art. 98 da Lei 9.610, de 1998, somente será lícito para as associações que obtiverem habilitação no Ministério da Cultura, nos termos do art. 98-A da referida Lei, observadas as disposições deste Decreto.

Art. 3º O requerimento para a habilitação das associações de gestão coletiva que desejarem realizar a atividade de cobrança a que se refere o art. 2º deverá ser protocolado junto ao Ministério da Cultura.

§ 1º O Ministério da Cultura disporá sobre o procedimento administrativo e a documentação de habilitação para a realização da atividade de cobrança, na forma da legislação, observado o direito ao contraditório e à ampla defesa.

§ 2º Caso a associação deseje realizar atividade de cobrança relativa a obras intelectuais protegidas de diferentes categorias, na forma do art. 7º da Lei 9.610, de 1998, ou a várias modalidades de utilização descritas no art. 29 da referida Lei, deverá requerer habilitação para cada uma das atividades de cobrança separadamente, que serão consideradas independentes entre si para os efeitos deste Decreto.

§ 3º No âmbito do procedimento de que trata o § 1º, o Ministério da Cultura poderá conceder habilitação provisória para a atividade de cobrança, com condicionantes, pelo prazo de um ano, prorrogável uma única vez por igual período.

§ 4º O não cumprimento das condicionantes estabelecidas na decisão que conceder a habilitação provisória implicará sua revogação.

§ 5º As associações habilitadas provisoriamente pelo Ministério da Cultura, nos termos do § 3º, não terão direito ao voto unitário previsto no § 1º do art. 99 da Lei 9.610, de 1998.

Art. 4º O pedido de habilitação de associação que desejar realizar atividade de cobrança da mesma natureza que a já executada por outras associações só será concedido se o número de seus associados ou de suas obras administradas corresponder a percentual mínimo do total relativo às associações já habilitadas, na forma definida em ato do Ministério da Cultura, consideradas as diferentes categorias e modalidades de utilização das obras intelectuais administradas, conforme os art. 7º e art. 29 da Lei 9.610, de 1998.

Parágrafo único. No caso das associações previstas no art. 99 da Lei 9.610, de 1998, que desejarem realizar a atividade de cobrança, o pedido de habilitação só será concedido àquela que possuir titulares de direitos e repertório de obras, de interpretações ou execuções e de fonogramas que gerem distribuição equivalente a percentual mínimo da distribuição do Escritório Central, na forma definida em ato do Ministério da Cultura, observado o disposto no § 4º do art. 99 da referida Lei.

Art. 5º As associações de gestão coletiva de direitos autorais que, na data da entrada em vigor da Lei 12.853, de 2013, estavam legalmente constituídas e arrecadando e distribuindo os direitos autorais de obras, interpretações ou execuções e fonogramas são consideradas habilitadas para exercerem a atividade econômica de cobrança por até dois anos após a data da entrada em vigor deste Decreto, com a condição de que apresentem a documentação a que se refere o § 1º do art. 3º ao Ministério da Cultura no prazo de cento e oitenta dias, contado da data da entrada em vigor deste Decreto.

Parágrafo único. A obrigação prevista no parágrafo único do art. 4º deverá ser cumprida no prazo de dois anos, contado da data da entrada em vigor deste Decreto.

Capítulo II
DO EXERCÍCIO DA ATIVIDADE DE COBRANÇA

Art. 6º Os preços pela utilização de obras e fonogramas devem ser estabelecidos pelas associações em assembleia geral, convocada em conformidade com as normas estatutárias e amplamente divulgada entre os associados, considerados a razoabilidade, a boa-fé e os usos do local de utilização das obras.

§ 1º No caso das associações referidas no art. 99 da Lei 9.610, de 1998, os preços serão estabelecidos e unificados em assembleia geral do Escritório Central, nos termos de seu estatuto, onsiderados os parâmetros e as diretrizes aprovados anualmente pelas assembleias gerais das associações que o compõem.

Dec. 8.469/2015

§ 2º Os preços mencionados no *caput* e no § 1º servem como referência para a cobrança dos usuários, observada a possibilidade de negociação quanto aos valores e de contratação de licenças de utilização de acordo com suas particularidades, obedecido o disposto nos arts. 7º a 9º.

§ 3º Os critérios de cobrança para cada tipo de usuário serão levados em consideração no estabelecimento dos critérios de distribuição dos valores cobrados do mesmo tipo de usuário, e deverá haver correlação entre ambos.

Art. 7º A cobrança terá como princípios a eficiência e a isonomia, e não deverá haver discriminação entre usuários que apresentem as mesmas características.

Art. 8º Será considerada proporcional ao grau de utilização das obras e fonogramas pelos usuários a cobrança que observe critérios como:

I – tempo de utilização de obras ou fonogramas protegidos;

II – número de utilizações das obras ou fonogramas protegidos; e

III – a proporção de obras e fonogramas utilizados que não estão em domínio público ou que não se encontram licenciados mediante gestão individual de direitos ou sob outro regime de licenças que não o da gestão coletiva da associação licenciante.

Art. 9º A cobrança considerará a importância da utilização das obras e fonogramas no exercício das atividades dos usuários e as particularidades de cada segmento de usuários, observados critérios como:

I – importância ou relevância da utilização das obras e fonogramas para a atividade fim do usuário;

II – limitação do poder de escolha do usuário, no todo ou em parte, sobre o repertório a ser utilizado;

III – região da utilização das obras e fonogramas;

IV – utilização feita por entidades beneficentes de assistência social certificadas nos termos da Lei 12.101, de 27 de novembro de 2009; e

V – utilização feita por emissoras de televisão ou rádio públicas, estatais, comunitárias, educativas ou universitárias.

§ 1º Na hipótese prevista no inciso V do *caput*, os critérios de cobrança deverão considerar se a emissora explora comercialmente em sua grade de programação a publicidade de produtos ou serviços, sendo vedada a utilização de critérios de cobrança que tenham como parâmetro um percentual de orçamento público.

§ 2º O Escritório Central de que trata o art. 99 da Lei 9.610, de 1998, e as associações que o integram observarão os critérios dispostos neste Capítulo e deverão classificar os usuários por segmentos, segundo suas particularidades, de forma objetiva e fundamentada.

Capítulo III
DO CADASTRO

Art. 10. As associações de gestão coletiva de direitos de autor e dos que lhes são conexos deverão manter um cadastro centralizado de todos os contratos, declarações ou documentos de qualquer natureza que comprovem a autoria e a titularidade das obras, das interpretações ou execuções e dos fonogramas, bem como as participações individuais em cada obra, interpretação ou execução e em cada fonograma.

§ 1º As associações a que se refere o art. 99 da Lei 9.610, de 1998, além do cadastro mencionado no *caput*, deverão centralizar no Escritório Central uma base de dados que contenha todas as informações referentes à autoria e à titularidade das obras, das interpretações ou execuções e dos fonogramas, bem como às participações individuais em cada obra, interpretação ou execução e em cada fonograma, contidas nos contratos, declarações ou outros documentos de qualquer natureza, observado o disposto em ato do Ministério da Cultura.

§ 2º As associações deverão se prevenir contra o falseamento de dados e fraudes, assumindo, para todos os efeitos, a responsabilidade pelos dados que cadastrarem.

§ 3º As associações que mantiverem acordos de representação recíproca ou unilateral com entidades congêneres com sede no exterior deverão obter e transferir para o cadastro de que trata o *caput* as informações relativas à autoria, à titularidade e a participações individuais das obras, interpretações ou execuções e fonogramas produzidos em seus países de origem, bem como as fichas cadastrais que registrem a presença de interpretações ou execuções ou a inserção das obras musicais e fonogramas em obras audiovisuais ou em programas de televisão, assumindo, para todos os efeitos, a responsabilidade por tais informações.

Art. 11. As associações deverão, na forma definida em ato do Ministério da Cultura, tornar disponíveis gratuitamente:

I – ao público e aos seus associados informações sobre autoria e titularidade das obras, das interpretações ou execuções e dos fonogramas; e

II – ao Ministério da Cultura, para fins de consulta, informações adicionais sobre os titulares das obras, interpretações ou execuções e fonogramas.

Parágrafo único. No caso das associações a que se refere o art. 99 da Lei 9.610, de 1998, o cumprimento das obrigações previstas neste artigo poderá ser realizado pela disponibilização das informações pelo Escritório Central.

Art. 12. A retificação de informações e as medidas necessárias à regularização do cadastro de que tratam os §§ 6º e 8º do art. 98 da Lei 9.610, de 1998, serão objeto de ato do Ministério da Cultura.

Capítulo IV
DA GESTÃO INDIVIDUAL DE DIREITOS

Art. 13. Os titulares de direitos de autor ou direitos conexos poderão praticar pessoalmente os atos necessários à defesa judicial ou extrajudicial de seus direitos, cobrar e estabelecer o preço pela utilização de suas obras ou fonogramas, mediante comunicação prévia à associação de gestão coletiva a que estiverem filiados, enviada com até quarenta e oito horas de antecedência da prática dos atos, suspendendo-se o prazo nos dias não úteis.

§ 1º No caso das obras e dos fonogramas com titularidade compartilhada, a comunicação prévia deverá ser feita por todos os titulares às suas respectivas associações.

§ 2º Cabe às associações de gestão coletiva de que trata o art. 99 da Lei 9.610, de 1998, repassar imediatamente ao Escritório Central a decisão do seu associado relativa ao exercício dos direitos previstos no *caput*.

Capítulo V
DA TRANSPARÊNCIA

Art. 14. As associações e os entes arrecadadores habilitados para exercer a atividade de cobrança deverão dar publicidade e transparência às suas atividades, entre outros, pelos seguintes meios:

I – apresentação anual, ao Ministério da Cultura, de documentos que permitam a verificação da correta e continuada observância das disposições legais;

II – divulgação, por meio de sítios eletrônicos próprios, das formas de cálculo e critérios de cobrança e distribuição; e

III – disponibilização de sistema de informação para acompanhamento, pelos titulares de direitos, das informações sobre os valores arrecadados e distribuídos referentes a obras, interpretações ou execuções ou fonogramas de sua titularidade.

Parágrafo único. Ato do Ministério da Cultura disciplinará a forma de cumprimento do disposto neste artigo.

Art. 15. Observado o disposto nos §§ 10 e 11 do art. 98 da Lei 9.610, de 1998, as associações deverão disponibilizar aos seus associados, semestralmente, relação consolidada dos títulos das obras, interpretações ou execuções e fonogramas que tiveram seu uso captado, mas cuja identificação não tenha sido possível em virtude de:

I – não existirem dados correspondentes no cadastro;

II – insuficiência das informações recebidas de usuários; ou

III – outras inconsistências.

§ 1º No caso das obras musicais, literomusicais e fonogramas que tiveram seu uso captado, mas cuja identificação não foi possível nos termos do *caput*, o Escritório Central deverá disponibilizar às associações de titulares que o integram sistema de consulta permanente e em tempo real para a identificação dos créditos retidos e fornecer às referidas associações, semestralmente, relação consolidada contendo os títulos das

Dec. 8.469/2015

obras, interpretações ou execuções e fonogramas.

§ 2º Ato do Ministério da Cultura determinará as informações que deverão constar na relação a que se referem o *caput* e o § 1º.

§ 3º As associações deverão estabelecer regras para a solução célere e eficiente de casos de conflitos de informações cadastrais que resultem em retenção da distribuição de valores aos titulares de obras, interpretações ou execuções e fonogramas.

Art. 16. Cabe às associações disponibilizar sistema de informação para comunicação periódica, pelo usuário, da totalidade de obras, interpretações ou execuções e fonogramas utilizados.

§ 1º As associações a que se refere o art. 5º terão prazo de três anos, contado da data da entrada em vigor deste Decreto, para disponibilizar o sistema de informação previsto no *caput*.

§ 2º No caso da gestão coletiva da execução pública musical, a obrigação prevista no *caput* deverá ser cumprida pelo Escritório Central no prazo de três meses, contado da data da entrada em vigor deste Decreto.

§ 3º Cabe à associação responsável pela cobrança ou ao Escritório Central a aferição da veracidade das informações prestadas pelos usuários.

§ 4º Nas hipóteses em que determinado tipo de utilização tornar inviável ou impraticável a apuração exata das utilizações de obras, interpretações ou execuções e fonogramas, as associações responsáveis pela cobrança poderão adotar critérios de amostragem baseados em informações estatísticas, inquéritos, pesquisas ou outros métodos de aferimento que permitam o conhecimento mais aproximado da realidade.

Art. 17. As associações de gestão coletiva de direitos autorais deverão prestar contas dos valores devidos aos seus associados na forma de ato do Ministério da Cultura, observado o disposto na Lei 9.610, de 1998.

Capítulo VI
DAS ASSOCIAÇÕES E DO ESCRITÓRIO CENTRAL

Art. 18. As associações que realizem atividade de cobrança relativa a obras intelectuais protegidas de diferentes categorias, na forma do art. 7º da Lei 9.610, de 1998, ou a várias modalidades de utilização descritas no art. 29 da referida Lei deverão gerir e contabilizar separadamente os respectivos recursos.

Art. 19. Sem prejuízo do disposto nos §§ 5º e 6º do art. 97 da Lei 9.610, de 1998, a associação poderá contratar administradores ou manter conselho de administração formado por quaisquer dos seus associados para a gestão de seus negócios.

§ 1º Para efeitos do *caput*, os administradores contratados ou o conselho de administração não exercerão qualquer poder deliberativo.

§ 2º Toda forma e qualquer valor de remuneração ou ajuda de custo dos dirigentes das associações e do Escritório Central, dos administradores e de membros do conselho de administração deverão ser homologadas em assembleia geral, convocada em conformidade com as normas estatutárias e amplamente divulgada entre os associados.

Art. 20. As associações, por decisão do seu órgão máximo de deliberação e conforme previsto em seus estatutos, poderão destinar até vinte por cento da totalidade ou de parte dos recursos oriundos de suas atividades para ações de natureza cultural ou social que beneficiem seus associados de forma coletiva e com base em critérios não discriminatórios, tais como:

I – assistência social;

II – fomento à criação e divulgação de obras; e

III – capacitação ou qualificação de associados.

Art. 21. As associações de gestão coletiva de direitos autorais relativos à execução pública de obras musicais, literomusicais e de fonogramas legalmente constituídas nos termos do art. 5º, após decisão em assembleia geral, poderão requerer ao Ministério da Cultura, em até trinta dias, contados da data da entrada em vigor deste Decreto, o reconhecimento da pessoa jurídica já constituída como ente arrecadador unificado dos direitos de execução pública de obras musicais, literomusicais e fonogramas.

Dec. 8.469/2015

§ 1º A pessoa jurídica constituída como ente arrecadador de direitos de execução pública de obras musicais, literomusicais e fonogramas que desejar realizar a atividade de cobrança, nos termos do art. 99 da Lei 9.610, de 1998, deverá requerer habilitação e encaminhar ao Ministério da Cultura a documentação pertinente, no prazo máximo de trinta dias contado da data do protocolo de entrega do requerimento de reconhecimento, observado o disposto no art. 3º, no que couber.

§ 2º O ente arrecadador cuja habilitação seja indeferida, revogada, anulada, inexistente, pendente de apreciação pela autoridade competente ou apresente qualquer outra forma de irregularidade não poderá utilizar tais fatos como impedimento para distribuição de eventuais valores já arrecadados, sob pena de responsabilização de seus dirigentes nos termos do art. 100-A da Lei 9.610, de 1998, sem prejuízo das sanções penais cabíveis.

Capítulo VII
DAS OBRIGAÇÕES DOS USUÁRIOS

Art. 22. O usuário entregará à entidade responsável pela arrecadação dos direitos autorais relativos à execução ou exibição pública, imediatamente após o ato de comunicação ao público, relação completa das obras, seus autores e fonogramas utilizados, e a tornará pública e de livre acesso, juntamente com os valores pagos, em seu sítio eletrônico ou, não havendo este, no local de comunicação e em sua sede.

§ 1º Ato do Ministério da Cultura estabelecerá a forma de cumprimento do disposto no *caput* sempre que o usuário final fizer uso de obras e fonogramas a partir de ato de comunicação ao público realizado por terceiros.

§ 2º Findo o prazo estabelecido no § 2º do art. 16 e mediante acordo entre as partes, o usuário poderá cumprir o disposto no *caput* por meio da indicação do endereço eletrônico do Escritório Central, onde deverá estar disponível a relação completa de obras musicais e fonogramas utilizados.

§ 3º Ato do Ministério da Cultura disporá sobre as obrigações dos usuários no que se refere à execução pública de obras e fonogramas inseridos em obras e outras produções audiovisuais, especialmente no que concerne ao fornecimento de informações que identifiquem essas obras e fonogramas e seus titulares.

Art. 23. Quando o usuário deixar de prestar as informações devidas, ou prestá-las de forma incompleta ou falsa, a entidade responsável pela cobrança poderá encaminhar representação ao Ministério da Cultura, a fim de que se aplique a multa prevista no art. 33.

Art. 24. No caso de anulação, revogação ou indeferimento da habilitação, de ausência ou de dissolução de associação ou ente arrecadador, fica mantida a responsabilidade de o usuário quitar as suas obrigações até a habilitação de entidade sucessora que ficará responsável pela fixação dos valores dos direitos de autor ou conexos em relação ao período em que não havia entidade habilitada para cobrança.

Capítulo VIII
DA MEDIAÇÃO E ARBITRAGEM

Art. 25. Sem prejuízo da apreciação pelo Poder Judiciário e, quando cabível, pelos órgãos do Sistema Brasileiro de Defesa da Concorrência, o Ministério da Cultura poderá:

I – promover a mediação e a conciliação entre usuários e titulares de direitos autorais ou seus mandatários, em relação à falta de pagamento, aos critérios de cobrança, às formas de oferecimento de repertório e aos valores de arrecadação, e entre titulares e suas associações, em relação aos valores e critérios de distribuição, de acordo com o Regulamento de Mediação, Conciliação e Arbitragem; e

II – dirimir os litígios entre usuários e titulares de direitos autorais ou seus mandatários e entre titulares e suas associações que lhe forem submetidos na forma da Lei 9.307, de 23 de setembro de 1996, e de acordo com o Regulamento de Mediação, Conciliação e Arbitragem.

§ 1º Ato do Ministério da Cultura aprovará o Regulamento de Mediação, Conciliação e

Dec. 8.469/2015

Arbitragem a que se referem os incisos I e II do *caput*.

§ 2º O Ministério da Cultura poderá, ainda, com o objetivo de estimular a resolução de controvérsias por meio de mediação e arbitragem, publicar edital para credenciamento de mediadores e árbitros com comprovada experiência e notório saber na área de direito autoral, que poderão ser escolhidos pelas partes na forma da Lei 9.307, de 1996.

§ 3º É facultada a utilização de outros serviços de mediação e arbitragem que não os mencionados no *caput* e no § 2º.

Capítulo IX
DA COMISSÃO PERMANENTE

Art. 26. O Ministério da Cultura constituirá, no prazo de sessenta dias, contado da data da entrada em vigor deste Decreto, a Comissão Permanente para o Aperfeiçoamento da Gestão Coletiva, de caráter consultivo, que terá como objetivo promover o aprimoramento contínuo da gestão coletiva de direitos autorais no Brasil por meio da análise da atuação e dos resultados obtidos pelas entidades brasileiras e do exame das melhores práticas internacionais.

Parágrafo único. O ato de constituição da Comissão Permanente deverá dispor sobre os prazos para designação de seus membros e estabelecerá o seu regimento interno.

Art. 27. A Comissão Permanente terá as seguintes atribuições:

I – monitorar o cumprimento dos princípios e regras estabelecidos na Lei 9.610, de 1998, e neste Decreto por associações de gestão coletiva, Escritório Central e usuários, podendo solicitar ao Ministério da Cultura as informações e documentos que se fizerem necessários;

II – recomendar ao Ministério da Cultura a adoção das providências cabíveis, como representação ao Ministério Público ou ao Conselho Administrativo de Defesa Econômica – CADE, quando verificada irregularidade cometida por associações de gestão coletiva, Escritório Central ou usuários;

III – pronunciar-se, mediante demanda do Ministério da Cultura, sobre os processos administrativos referentes a sanções às associações de gestão coletiva, ao Escritório Central ou aos usuários;

IV – pronunciar-se, mediante demanda do Ministério da Cultura, sobre os regulamentos de cobrança e distribuição das associações de gestão coletiva e do Escritório Central;

V – subsidiar o Ministério da Cultura, quando demandado, na elaboração de normas complementares voltadas à correta execução da Lei 9.610, de 1998, e deste Decreto;

VI – sugerir ao Ministério da Cultura a realização de estudos, pareceres, relatórios ou notas técnicas;

VII – monitorar os resultados da mediação e arbitragem promovida nos termos do art. 25;

VIII – pronunciar-se sobre outros assuntos relativos à gestão coletiva de direitos autorais, quando demandado pelo Ministério da Cultura; e

IX – propor alterações ao seu regimento interno.

Art. 28. A Comissão Permanente será composta por:

I – três representantes do Ministério da Cultura;

II – um representante do Ministério da Justiça;

III – um representante do Ministério das Relações Exteriores;

IV – um representante do Ministério do Desenvolvimento, Indústria e Comércio Exterior;

V – um representante do Cade;

VI – um representante da Agência Nacional do Cinema – Ancine;

VII – quatro representantes de associações representativas de titulares de direitos autorais; e

VIII – quatro representantes de associações representativas de usuários.

§ 1º A coordenação da Comissão Permanente será exercida por um dos representantes do Ministério da Cultura referidos no inciso I do *caput*.

§ 2º Os representantes titulares e suplentes da Comissão Permanente serão indicados pelos órgãos e entidades referidos nos incisos I a VI do *caput* e designados mediante ato do Ministro de Estado da Cultura.

§ 3º O regimento interno da Comissão Permanente disporá sobre a indicação e designação dos representantes titulares e suplentes a que se referem os incisos VII e VIII do *caput*, que deverão ser pessoas de notório saber na área de direitos de autor e direitos conexos.

§ 4º Os representantes a que se referem os incisos VII e VIII do *caput* serão designados para mandato de dois anos, permitida uma recondução.

§ 5º A secretaria-executiva da Comissão Permanente será exercida pelo Ministério da Cultura, que fornecerá o apoio técnico e administrativo necessário.

§ 6º A participação na Comissão Permanente será considerada prestação de serviço público relevante, não remunerada.

Capítulo X
DAS SANÇÕES

Art. 29. O não cumprimento das normas do Título VI da Lei 9.610, de 1998, sujeitará as associações e o Escritório Central às sanções previstas nos §§ 2º e 3º do art. 98-A da referida Lei, sem prejuízo das sanções civis e penais cabíveis e da comunicação do fato ao Ministério Público.

Art. 30. Consideram-se infrações administrativas, para os efeitos da Lei 9.610, de 1998, e deste Decreto:

I – descumprir, no processo de eleição ou no mandato dos dirigentes das associações, o disposto nos §§ 5º e 6º do art. 97 e nos §§ 13 e 14 do art. 98, da Lei 9.610, de 1998;

II – exercer a atividade de cobrança em desacordo com o disposto no Capítulo II;

III – tratar os associados de forma desigual ou discriminatória ou oferecer valores, proveitos ou vantagens de forma individualizada, não estendidos ao conjunto de titulares de mesma categoria;

IV – distribuir valores de forma arbitrária e sem correlação com o que é cobrado do usuário;

V – inserir dados, informações ou documentos que saiba, ou tenha razões para saber, serem falsos no cadastro centralizado previsto no art. 10;

VI – dificultar ou impedir o acesso contínuo, para fins de consulta, do Ministério da Cultura ou dos interessados às informações e aos documentos sobre autoria e titularidade das obras, das interpretações ou execuções e dos fonogramas, incluindo participações individuais, nos termos dos arts. 10 a 12;

VII – deixar de prestar contas dos valores devidos aos associados ou prestá-las de forma incompleta ou fraudulenta, ou não disponibilizar sistema atualizado de informação para acompanhamento pelos titulares dos valores arrecadados e distribuídos e dos créditos retidos;

VIII – reter, retardar ou distribuir indevidamente valores arrecadados ou não distribuir créditos retidos que não tenham sido identificados após o período de cinco anos;

IX – cobrar taxa de administração abusiva ou desproporcional ao custo efetivo das atividades relacionadas à cobrança e distribuição de direitos autorais, consideradas as peculiaridades de cada tipo de usuário e os limites estabelecidos no § 4º do art. 99 da Lei 9.610, de 1998, quando aplicáveis;

X – impedir, obstruir ou dificultar, de qualquer forma, a gestão individual de direitos autorais, nos termos do art. 13;

XI – utilizar recursos destinados a ações de natureza cultural ou social para outros fins, para ações que não beneficiem a coletividade dos associados ou em desconformidade com o estatuto da associação;

XII – impedir ou dificultar a transferência de informações necessárias ao processo de arrecadação e distribuição de direitos, no caso da perda da habilitação por parte de associação, nos termos do § 7º do art. 99 da Lei 9.610, de 1998;

XIII – impedir ou dificultar que sindicato ou associação profissional fiscalize, por intermédio de auditor independente, as contas prestadas pela associação de gestão coletiva a seus associados, nos termos do art. 100 da Lei 9.610, de 1998;

XIV – deixar de apresentar ou apresentar de forma incompleta ou fraudulenta os documentos e informações previstos neste Decreto ou em seus atos normativos complementares ao Ministério da Cultura ou aos seus associados, bem como impedir ou dificultar o seu acesso;

XV – não dar acesso ou publicidade, conforme o caso, aos relatórios, informações e documentos atualizados previstos no art. 98-B da Lei 9.610, de 1998; e
XVI – firmar contratos, convênios ou acordos com cláusula de confidencialidade.
Parágrafo único. São responsáveis pela prática das infrações administrativas previstas neste artigo as associações de gestão coletiva e, no que couber, o Escritório Central.

Art. 31. Consideram-se infrações administrativas, para efeitos da Lei 9.610, de 1998, e deste Decreto, relativas à atuação do Escritório Central:
I – descumprir o disposto no § 1º do art. 99 da Lei 9.610, de 1998, no § 2º do art. 19 e no § 2º do art. 21;
II – não disponibilizar sistema de informação para comunicação periódica, pelo usuário, da totalidade das obras, interpretações ou execuções e fonogramas utilizados, observado o disposto no § 2º do art. 16;
III – deixar de prestar contas dos valores devidos às associações, ou prestá-las de forma incompleta ou fraudulenta, ou não disponibilizar às associações a relação e a procedência dos créditos retidos;
IV – reter, retardar ou distribuir indevidamente às associações valores arrecadados ou não distribuir créditos retidos que não tenham sido identificados após o período de cinco anos;
V – permitir ou tolerar o recebimento por fiscais de valores de usuários, ou recolher ou permitir o recolhimento de quaisquer valores por outros meios que não o depósito bancário;
VI – deixar de inabilitar fiscal que tenha recebido valores de usuário, ou contratar ou permitir a atuação de fiscal que tenha sido inabilitado;
VII – interromper a continuidade da cobrança, ou impedir ou dificultar a transição entre associações, no caso da perda da habilitação por parte de associação;
VIII – deixar de apresentar ou apresentar de forma incompleta ou fraudulenta documentos e informações previstos neste Decreto ou em seus atos normativos complementares ao Ministério da Cultura ou às associações que o integram, ou impedir ou dificultar o seu acesso, observado o disposto no § 1º do art. 10 e no parágrafo único do art. 11;
IX – impedir ou dificultar o acesso dos usuários às informações referentes às utilizações por eles realizadas; e
X – impedir ou dificultar a admissão em seus quadros de associação de titulares de direitos autorais que tenha pertinência com sua área de atuação e esteja habilitada pelo Ministério da Cultura.

Art. 32. A prática de infração administrativa sujeitará as associações e o Escritório Central às penas de:
I – advertência, para fins de atendimento das exigências do Ministério da Cultura no prazo máximo de cento e vinte dias; ou
II – anulação da habilitação para a atividade de cobrança.
§ 1º Para a imposição e gradação das sanções, serão observados:
I – a gravidade e a relevância do fato, considerados os motivos da infração e suas consequências para usuários ou titulares de direitos autorais;
II – a reincidência;
III – os antecedentes e a boa-fé do infrator; e
IV – o descumprimento de condição imposta na decisão que conceder a habilitação provisória.
§ 2º Considera-se reincidente o infrator que cometer nova infração administrativa depois de transitar em julgado a decisão que o tenha condenado por qualquer infração administrativa nos cinco anos anteriores.
§ 3º Considera-se infração grave a que implique desvio de finalidade ou inadimplemento de obrigações para com os associados, como as previstas nos incisos III, IV, V, VII, VIII, IX e XI do *caput* do art. 30 e nos incisos III, IV, V, VII e X do *caput* do art. 31.
§ 4º A sanção de anulação da habilitação para a atividade de cobrança apenas poderá se dar após a aplicação de pena de advertência e o não atendimento, no prazo a que se refere o inciso I do *caput*, das exigências estabelecidas pelo Ministério da Cultura.
§ 5º A associação que não cumprir os requisitos mínimos de representatividade estabelecidos no art. 4º poderá ter sua habilitação anulada, exceto enquanto não esgotado o prazo para seu cumprimento, nos termos do parágrafo único do art. 5º.

Dec. 8.469/2015

LEGISLAÇÃO

Art. 33. Para os efeitos da aplicação da multa prevista no *caput* do art. 109-A da Lei 9.610, de 1998, consideram-se infrações administrativas os seguintes atos praticados por usuários de direitos autorais:

I – deixar de entregar ou entregar de forma incompleta à entidade responsável pela cobrança dos direitos relativos à execução ou à exibição pública, imediatamente após o ato de comunicação ao público, relação completa das obras e fonogramas utilizados, ressalvado o disposto no inciso II e no § 1º;

II – para as empresas cinematográficas e de radiodifusão, deixar de entregar ou entregar de forma incompleta à entidade responsável pela cobrança dos direitos relativos à execução ou à exibição pública, até o décimo dia útil de cada mês, relação completa das obras e fonogramas utilizados no mês anterior, ressalvado o disposto no § 1º;

III – não disponibilizar ou disponibilizar de forma incompleta ao público, em sítio eletrônico de livre acesso ou, em não havendo este, no local da comunicação ao público e em sua sede, a relação completa das obras e fonogramas utilizados, juntamente com os valores pagos, ressalvado o disposto no § 1º; e

IV – prestar informações falsas à entidade responsável pela cobrança dos direitos relativos à execução ou à exibição pública ou disponibilizar informações falsas ao público sobre a utilização de obras e fonogramas e sobre os valores pagos.

§ 1º A aplicação do disposto nos incisos I a III do *caput* estará sujeita ao disposto nos §§ 1º e 3º do art. 22, na forma disciplinada em ato do Ministério da Cultura.

§ 2º Os valores das multas estarão sujeitos à atualização monetária desde a ciência pelo autuado da decisão que aplicou a penalidade até o seu efetivo pagamento, sem prejuízo da aplicação de juros de mora e demais encargos, conforme previsto em lei.

§ 3º Para a aplicação da multa, respeitados os limites impostos no *caput* do art. 109-A da Lei 9.610, de 1998, serão observados:

I – a gravidade do fato, considerados os valores envolvidos, os motivos da infração e suas consequências;

II – os antecedentes do infrator, em especial eventual reincidência ou boa-fé;

III – a existência de dolo;

IV – a possibilidade ou o grau de acesso e controle pelo usuário das obras por ele utilizadas; e

V – a situação econômica do infrator.

§ 4º A autoridade competente poderá isentar o usuário da aplicação da multa na hipótese de mero erro material e que não venha a causar prejuízo considerável a terceiros, observada a razoabilidade e a existência de reincidências.

§ 5º Considera-se reincidente o usuário que cometer nova infração administrativa, depois de transitar em julgado a decisão que o tenha condenado pela prática de qualquer infração administrativa nos dois anos anteriores.

§ 6º Os valores das multas aplicadas serão recolhidos ao Tesouro Nacional, na forma da legislação.

Capítulo XI
DISPOSIÇÕES FINAIS E TRANSITÓRIAS

Art. 34. O Ministério da Cultura editará atos complementares para a execução deste Decreto, notadamente quanto às ações de fiscalização e aos procedimentos e processos de habilitação, retificação e regularização do cadastro, prestação de contas aos associados, apuração e correção de irregularidades e aplicação de sanções.

Art. 35. As informações pessoais repassadas ao Ministério da Cultura terão seu acesso restrito na forma do art. 31 da Lei 12.527, de 18 de novembro de 2011.

Art. 36. As associações a que se refere o art. 5º e o Escritório Central terão o prazo de noventa dias, contado da data da entrada em vigor deste Decreto, para adaptar os seus regulamentos de cobrança aos critérios previstos no Capítulo II.

Art. 37. Este Decreto entra em vigor na data de sua publicação.

Brasília, 22 de junho de 2015; 194º da Independência e 127º da República.
Dilma Rousseff

(*DOU* 23.06.2015; ret. 24.06.2015)

Lei 13.140/2015

LEGISLAÇÃO

LEI 13.140, DE 26 DE JUNHO DE 2015

Dispõe sobre a mediação entre particulares como meio de solução de controvérsias e sobre a autocomposição de conflitos no âmbito da administração pública; altera a Lei 9.469, de 10 de julho de 1997, e o Decreto 70.235, de 6 de março de 1972; e revoga o § 2º do art. 6º da Lei 9.469, de 10 de julho de 1997.

A Presidenta da República:
Faço saber que o Congresso Nacional decreta e eu sanciono a seguinte Lei:

Art. 1º Esta Lei dispõe sobre a mediação como meio de solução de controvérsias entre particulares e sobre a autocomposição de conflitos no âmbito da administração pública.

Parágrafo único. Considera-se mediação a atividade técnica exercida por terceiro imparcial sem poder decisório, que, escolhido ou aceito pelas partes, as auxilia e estimula a identificar ou desenvolver soluções consensuais para a controvérsia.

Capítulo I
DA MEDIAÇÃO

Seção I
Disposições gerais

Art. 2º A mediação será orientada pelos seguintes princípios:
I – imparcialidade do mediador;
II – isonomia entre as partes;
III – oralidade;
IV – informalidade;
V – autonomia da vontade das partes;
VI – busca do consenso;
VII – confidencialidade;
VIII – boa-fé.

§ 1º Na hipótese de existir previsão contratual de cláusula de mediação, as partes deverão comparecer à primeira reunião de mediação.

§ 2º Ninguém será obrigado a permanecer em procedimento de mediação.

Art. 3º Pode ser objeto de mediação o conflito que verse sobre direitos disponíveis ou sobre direitos indisponíveis que admitam transação.

§ 1º A mediação pode versar sobre todo o conflito ou parte dele.

§ 2º O consenso das partes envolvendo direitos indisponíveis, mas transigíveis, deve ser homologado em juízo, exigida a oitiva do Ministério Público.

Seção II
Dos mediadores

Subseção I
Disposições comuns

Art. 4º O mediador será designado pelo tribunal ou escolhido pelas partes.

§ 1º O mediador conduzirá o procedimento de comunicação entre as partes, buscando o entendimento e o consenso e facilitando a resolução do conflito.

§ 2º Aos necessitados será assegurada a gratuidade da mediação.

Art. 5º Aplicam-se ao mediador as mesmas hipóteses legais de impedimento e suspeição do juiz.

Parágrafo único. A pessoa designada para atuar como mediador tem o dever de revelar às partes, antes da aceitação da função, qualquer fato ou circunstância que possa suscitar dúvida justificada em relação à sua imparcialidade para mediar o conflito, oportunidade em que poderá ser recusado por qualquer delas.

Art. 6º O mediador fica impedido, pelo prazo de um ano, contado do término da última audiência em que atuou, de assessorar, representar ou patrocinar qualquer das partes.

Art. 7º O mediador não poderá atuar como árbitro nem funcionar como testemunha em processos judiciais ou arbitrais pertinentes a conflito em que tenha atuado como mediador.

Art. 8º O mediador e todos aqueles que o assessoram no procedimento de mediação, quando no exercício de suas funções ou em razão delas, são equiparados a servidor público, para os efeitos da legislação penal.

Lei 13.140/2015

Subseção II
Dos mediadores extrajudiciais

Art. 9º Poderá funcionar como mediador extrajudicial qualquer pessoa capaz que tenha a confiança das partes e seja capacitada para fazer mediação, independentemente de integrar qualquer tipo de conselho, entidade de classe ou associação, ou nele inscrever-se.

Art. 10. As partes poderão ser assistidas por advogados ou defensores públicos.

Parágrafo único. Comparecendo uma das partes acompanhada de advogado ou defensor público, o mediador suspenderá o procedimento, até que todas estejam devidamente assistidas.

Subseção III
Dos mediadores judiciais

Art. 11. Poderá atuar como mediador judicial a pessoa capaz, graduada há pelo menos dois anos em curso de ensino superior de instituição reconhecida pelo Ministério da Educação e que tenha obtido capacitação em escola ou instituição de formação de mediadores, reconhecida pela Escola Nacional de Formação e Aperfeiçoamento de Magistrados – Enfam ou pelos tribunais, observados os requisitos mínimos estabelecidos pelo Conselho Nacional de Justiça em conjunto com o Ministério da Justiça.

Art. 12. Os tribunais criarão e manterão cadastros atualizados dos mediadores habilitados e autorizados a atuar em mediação judicial.

§ 1º A inscrição no cadastro de mediadores judiciais será requerida pelo interessado ao tribunal com jurisdição na área em que pretenda exercer a mediação.

§ 2º Os tribunais regulamentarão o processo de inscrição e desligamento de seus mediadores.

Art. 13. A remuneração devida aos mediadores judiciais será fixada pelos tribunais e custeada pelas partes, observado o disposto no § 2º do art. 4º desta Lei.

Seção III
Do procedimento de mediação

Subseção I
Disposições comuns

Art. 14. No início da primeira reunião de mediação, e sempre que julgar necessário, o mediador deverá alertar as partes acerca das regras de confidencialidade aplicáveis ao procedimento.

Art. 15. A requerimento das partes ou do mediador, e com anuência daquelas, poderão ser admitidos outros mediadores para funcionarem no mesmo procedimento, quando isso for recomendável em razão da natureza e da complexidade do conflito.

Art. 16. Ainda que haja processo arbitral ou judicial em curso, as partes poderão submeter-se à mediação, hipótese em que requererão ao juiz ou ao árbitro a suspensão do processo por prazo suficiente para a solução consensual do litígio.

§ 1º É irrecorrível a decisão que suspende o processo nos termos requeridos de comum acordo pelas partes.

§ 2º A suspensão do processo não obsta a concessão de medidas de urgência pelo juiz ou pelo árbitro.

Art. 17. Considera-se instituída a mediação na data para a qual for marcada a primeira reunião de mediação.

Parágrafo único. Enquanto transcorrer o procedimento de mediação, ficará suspenso o prazo prescricional.

Art. 18. Iniciada a mediação, as reuniões posteriores com a presença das partes somente poderão ser marcadas com a sua anuência.

Art. 19. No desempenho de sua função, o mediador poderá reunir-se com as partes, em conjunto ou separadamente, bem como solicitar das partes as informações que entender necessárias para facilitar o entendimento entre aquelas.

Art. 20. O procedimento de mediação será encerrado com a lavratura do seu termo final, quando for celebrado acordo ou quando não se justificarem novos esforços para a obtenção de consenso, seja por de-

Lei 13.140/2015

claração do mediador nesse sentido ou por manifestação de qualquer das partes.

Parágrafo único. O termo final de mediação, nas hipóteses de celebração de acordo, constitui título executivo extrajudicial e, quando homologado judicialmente, título executivo judicial.

Subseção II
Da mediação extrajudicial

Art. 21. O convite para iniciar o procedimento de mediação extrajudicial poderá ser feito por qualquer meio de comunicação e deverá estipular o escopo proposto para a negociação, a data e o local da primeira reunião.

Parágrafo único. O convite formulado por uma parte à outra considerar-se-á rejeitado se não for respondido em até trinta dias da data de seu recebimento.

Art. 22. A previsão contratual de mediação deverá conter, no mínimo:

I – prazo mínimo e máximo para a realização da primeira reunião de mediação, contado a partir da data de recebimento do convite;

II – local da primeira reunião de mediação;

III – critérios de escolha do mediador ou equipe de mediação;

IV – penalidade em caso de não comparecimento da parte convidada à primeira reunião de mediação.

§ 1º A previsão contratual pode substituir a especificação dos itens acima enumerados pela indicação de regulamento, publicado por instituição idônea prestadora de serviços de mediação, no qual constem critérios claros para a escolha do mediador e realização da primeira reunião de mediação.

§ 2º Não havendo previsão contratual completa, deverão ser observados os seguintes critérios para a realização da primeira reunião de mediação:

I – prazo mínimo de dez dias úteis e prazo máximo de três meses, contados a partir do recebimento do convite;

II – local adequado a uma reunião que possa envolver informações confidenciais;

III – lista de cinco nomes, informações de contato e referências profissionais de mediadores capacitados; a parte convidada poderá escolher, expressamente, qualquer um dos cinco mediadores e, caso a parte convidada não se manifeste, considerar-se-á aceito o primeiro nome da lista;

IV – o não comparecimento da parte convidada à primeira reunião de mediação acarretará a assunção por parte desta de cinquenta por cento das custas e honorários sucumbenciais caso venha a ser vencedora em procedimento arbitral ou judicial posterior, que envolva o escopo da mediação para a qual foi convidada.

§ 3º Nos litígios decorrentes de contratos comerciais ou societários que não contenham cláusula de mediação, o mediador extrajudicial somente cobrará por seus serviços caso as partes decidam assinar o termo inicial de mediação e permanecer, voluntariamente, no procedimento de mediação.

Art. 23. Se, em previsão contratual de cláusula de mediação, as partes se comprometerem a não iniciar procedimento arbitral ou processo judicial durante certo prazo ou até o implemento de determinada condição, o árbitro ou o juiz suspenderá o curso da arbitragem ou da ação pelo prazo previamente acordado ou até o implemento dessa condição.

Parágrafo único. O disposto no *caput* não se aplica às medidas de urgência em que o acesso ao Poder Judiciário seja necessário para evitar o perecimento de direito.

Subseção III
Da mediação judicial

Art. 24. Os tribunais criarão centros judiciários de solução consensual de conflitos, responsáveis pela realização de sessões e audiências de conciliação e mediação, pré-processuais e processuais, e pelo desenvolvimento de programas destinados a auxiliar, orientar e estimular a autocomposição.

Parágrafo único. A composição e a organização do centro serão definidas pelo respectivo tribunal, observadas as normas do Conselho Nacional de Justiça.

Art. 25. Na mediação judicial, os mediadores não estarão sujeitos à prévia aceitação das partes, observado o disposto no art. 5º desta Lei.

Art. 26. As partes deverão ser assistidas por advogados ou defensores públicos, res-

Lei 13.140/2015

LEGISLAÇÃO

salvadas as hipóteses previstas nas Leis 9.099, de 26 de setembro de 1995, e 10.259, de 12 de julho de 2001.

Parágrafo único. Aos que comprovarem insuficiência de recursos será assegurada assistência pela Defensoria Pública.

Art. 27. Se a petição inicial preencher os requisitos essenciais e não for o caso de improcedência liminar do pedido, o juiz designará audiência de mediação.

Art. 28. O procedimento de mediação judicial deverá ser concluído em até sessenta dias, contados da primeira sessão, salvo quando as partes, de comum acordo, requererem sua prorrogação.

Parágrafo único. Se houver acordo, os autos serão encaminhados ao juiz, que determinará o arquivamento do processo e, desde que requerido pelas partes, homologará o acordo, por sentença, e o termo final da mediação e determinará o arquivamento do processo.

Art. 29. Solucionado o conflito pela mediação antes da citação do réu, não serão devidas custas judiciais finais.

Seção IV
Da confidencialidade e suas exceções

Art. 30. Toda e qualquer informação relativa ao procedimento de mediação será confidencial em relação a terceiros, não podendo ser revelada sequer em processo arbitral ou judicial salvo se as partes expressamente decidirem de forma diversa ou quando sua divulgação for exigida por lei ou necessária para cumprimento de acordo obtido pela mediação.

§ 1º O dever de confidencialidade aplica-se ao mediador, às partes, a seus prepostos, advogados, assessores técnicos e a outras pessoas de sua confiança que tenham, direta ou indiretamente, participado do procedimento de mediação, alcançando:

I – declaração, opinião, sugestão, promessa ou proposta formulada por uma parte à outra na busca de entendimento para o conflito;

II – reconhecimento de fato por qualquer das partes no curso do procedimento de mediação;

III – manifestação de aceitação de proposta de acordo apresentada pelo mediador;

IV – documento preparado unicamente para os fins do procedimento de mediação.

§ 2º A prova apresentada em desacordo com o disposto neste artigo não será admitida em processo arbitral ou judicial.

§ 3º Não está abrigada pela regra de confidencialidade a informação relativa à ocorrência de crime de ação pública.

§ 4º A regra da confidencialidade não afasta o dever de as pessoas discriminadas no *caput* prestarem informações à administração tributária após o termo final da mediação, aplicando-se aos seus servidores a obrigação de manterem sigilo das informações compartilhadas nos termos do art. 198 da Lei 5.172, de 25 de outubro de 1966 – Código Tributário Nacional.

Art. 31. Será confidencial a informação prestada por uma parte em sessão privada, não podendo o mediador revelá-la às demais, exceto se expressamente autorizado.

Capítulo II
DA AUTOCOMPOSIÇÃO DE CONFLITOS EM QUE FOR PARTE PESSOA JURÍDICA DE DIREITO PÚBLICO

Seção I
Disposições comuns

Art. 32. A União, os Estados, o Distrito Federal e os Municípios poderão criar câmaras de prevenção e resolução administrativa de conflitos, no âmbito dos respectivos órgãos da Advocacia Pública, onde houver, com competência para:

I – dirimir conflitos entre órgãos e entidades da administração pública;

II – avaliar a admissibilidade dos pedidos de resolução de conflitos, por meio de composição, no caso de controvérsia entre particular e pessoa jurídica de direito público;

III – promover, quando couber, a celebração de termo de ajustamento de conduta.

Lei 13.140/2015

§ 1º O modo de composição e funcionamento das câmaras de que trata o *caput* será estabelecido em regulamento de cada ente federado.

§ 2º A submissão do conflito às câmaras de que trata o *caput* é facultativa e será cabível apenas nos casos previstos no regulamento do respectivo ente federado.

§ 3º Se houver consenso entre as partes, o acordo será reduzido a termo e constituirá título executivo extrajudicial.

§ 4º Não se incluem na competência dos órgãos mencionados no *caput* deste artigo as controvérsias que somente possam ser resolvidas por atos ou concessão de direitos sujeitos a autorização do Poder Legislativo.

§ 5º Compreendem-se na competência das câmaras de que trata o *caput* a prevenção e a resolução de conflitos que envolvam equilíbrio econômico-financeiro de contratos celebrados pela administração com particulares.

Art. 33. Enquanto não forem criadas as câmaras de mediação, os conflitos poderão ser dirimidos nos termos do procedimento de mediação previsto na Subseção I da Seção III do Capítulo I desta Lei.

Parágrafo único. A Advocacia Pública da União, dos Estados, do Distrito Federal e dos Municípios, onde houver, poderá instaurar, de ofício ou mediante provocação, procedimento de mediação coletiva de conflitos relacionados à prestação de serviços públicos.

Art. 34. A instauração de procedimento administrativo para a resolução consensual de conflito no âmbito da administração pública suspende a prescrição.

§ 1º Considera-se instaurado o procedimento quando o órgão ou entidade pública emitir juízo de admissibilidade, retroagindo a suspensão da prescrição à data de formalização do pedido de resolução consensual do conflito.

§ 2º Em se tratando de matéria tributária, a suspensão da prescrição deverá observar o disposto na Lei 5.172, de 25 de outubro de 1966 – Código Tributário Nacional.

Seção II
Dos conflitos envolvendo a administração pública federal direta, suas autarquias e fundações

Art. 35. As controvérsias jurídicas que envolvam a administração pública federal direta, suas autarquias e fundações poderão ser objeto de transação por adesão, com fundamento em:

I – autorização do Advogado-Geral da União, com base na jurisprudência pacífica do Supremo Tribunal Federal ou de tribunais superiores; ou

II – parecer do Advogado-Geral da União, aprovado pelo Presidente da República.

§ 1º Os requisitos e as condições da transação por adesão serão definidos em resolução administrativa própria.

§ 2º Ao fazer o pedido de adesão, o interessado deverá juntar prova de atendimento aos requisitos e às condições estabelecidos na resolução administrativa.

§ 3º A resolução administrativa terá efeitos gerais e será aplicada aos casos idênticos, tempestivamente habilitados mediante pedido de adesão, ainda que solucione apenas parte da controvérsia.

§ 4º A adesão implicará renúncia do interessado ao direito sobre o qual se fundamenta a ação ou o recurso, eventualmente pendentes, de natureza administrativa ou judicial, no que tange aos pontos compreendidos pelo objeto da resolução administrativa.

§ 5º Se o interessado for parte em processo judicial inaugurado por ação coletiva, a renúncia ao direito sobre o qual se fundamenta a ação deverá ser expressa, mediante petição dirigida ao juiz da causa.

§ 6º A formalização de resolução administrativa destinada à transação por adesão não implica a renúncia tácita à prescrição nem sua interrupção ou suspensão.

Art. 36. No caso de conflitos que envolvam controvérsia jurídica entre órgãos ou entidades de direito público que integram a administração pública federal, a Advocacia-Geral da União deverá realizar composição extrajudicial do conflito, observados os procedimentos previstos em ato do Advogado-Geral da União.

Lei 13.140/2015

LEGISLAÇÃO

§ 1º Na hipótese do *caput*, se não houver acordo quanto à controvérsia jurídica, caberá ao Advogado-Geral da União dirimi-la, com fundamento na legislação afeta.

§ 2º Nos casos em que a resolução da controvérsia implicar o reconhecimento da existência de créditos da União, de suas autarquias e fundações em face de pessoas jurídicas de direito público federais, a Advocacia-Geral da União poderá solicitar ao Ministério do Planejamento, Orçamento e Gestão a adequação orçamentária para quitação das dívidas reconhecidas como legítimas.

§ 3º A composição extrajudicial do conflito não afasta a apuração de responsabilidade do agente público que deu causa à dívida, sempre que se verificar que sua ação ou omissão constitui, em tese, infração disciplinar.

§ 4º Nas hipóteses em que a matéria objeto do litígio esteja sendo discutida em ação de improbidade administrativa ou sobre ela haja decisão do Tribunal de Contas da União, a conciliação de que trata o *caput* dependerá da anuência expressa do juiz da causa ou do Ministro Relator.

Art. 37. É facultado aos Estados, ao Distrito Federal e aos Municípios, suas autarquias e fundações públicas, bem como às empresas públicas e sociedades de economia mista federais, submeter seus litígios com órgãos ou entidades da administração pública federal à Advocacia-Geral da União, para fins de composição extrajudicial do conflito.

Art. 38. Nos casos em que a controvérsia jurídica seja relativa a tributos administrados pela Secretaria da Receita Federal do Brasil ou a créditos inscritos em dívida ativa da União:

I – não se aplicam as disposições dos incisos II e III do *caput* do art. 32;

II – as empresas públicas, sociedades de economia mista e suas subsidiárias que explorem atividade econômica de produção ou comercialização de bens ou de prestação de serviços em regime de concorrência não poderão exercer a faculdade prevista no art. 37;

III – quando forem partes as pessoas a que alude o *caput* do art. 36:

a) a submissão do conflito à composição extrajudicial pela Advocacia-Geral da União implica renúncia do direito de recorrer ao Conselho Administrativo de Recursos Fiscais;

b) a redução ou o cancelamento do crédito dependerá de manifestação conjunta do Advogado-Geral da União e do Ministro de Estado da Fazenda.

Parágrafo único. O disposto no inciso II e na alínea a do inciso III não afasta a competência do Advogado-Geral da União prevista nos incisos X e XI do art. 4º da Lei Complementar 73, de 10 de fevereiro de 1993.

Art. 39. A propositura de ação judicial em que figurem concomitantemente nos polos ativo e passivo órgãos ou entidades de direito público que integrem a administração pública federal deverá ser previamente autorizada pelo Advogado-Geral da União.

Art. 40. Os servidores e empregados públicos que participarem do processo de composição extrajudicial do conflito, somente poderão ser responsabilizados civil, administrativa ou criminalmente quando, mediante dolo ou fraude, receberem qualquer vantagem patrimonial indevida, permitirem ou facilitarem sua recepção por terceiro, ou para tal concorrerem.

Capítulo III
DISPOSIÇÕES FINAIS

Art. 41. A Escola Nacional de Mediação e Conciliação, no âmbito do Ministério da Justiça, poderá criar banco de dados sobre boas práticas em mediação, bem como manter relação de mediadores e de instituições de mediação.

Art. 42. Aplica-se esta Lei, no que couber, às outras formas consensuais de resolução de conflitos, tais como mediações comunitárias e escolares, e àquelas levadas a efeito nas serventias extrajudiciais, desde que no âmbito de suas competências.

Parágrafo único. A mediação nas relações de trabalho será regulada por lei própria.

Art. 43. Os órgãos e entidades da administração pública poderão criar câmaras para a resolução de conflitos entre particulares, que versem sobre atividades por eles regulados ou supervisionadas.

Art. 44. Os arts. 1º e 2º da Lei 9.469, de 10 de julho de 1997, passam a vigorar com a seguinte redação:

"Art. 1º O Advogado-Geral da União, diretamente ou mediante delegação, e os dirigentes máximos das empresas públicas federais, em conjunto com o dirigente estatutário da área afeta ao assunto, poderão autorizar a realização de acordos ou transações para prevenir ou terminar litígios, inclusive os judiciais.

§ 1º Poderão ser criadas câmaras especializadas, compostas por servidores públicos ou empregados públicos efetivos, com o objetivo de analisar e formular propostas de acordos ou transações.

"[...]

§ 3º Regulamento disporá sobre a forma de composição das câmaras de que trata o § 1º, que deverão ter como integrante pelo menos um membro efetivo da Advocacia-Geral da União ou, no caso das empresas públicas, um assistente jurídico ou ocupante de função equivalente.

§ 4º Quando o litígio envolver valores superiores aos fixados em regulamento, o acordo ou a transação, sob pena de nulidade, dependerá de prévia e expressa autorização do Advogado-Geral da União e do Ministro de Estado a cuja área de competência estiver afeto o assunto, ou ainda do Presidente da Câmara dos Deputados, do Senado Federal, do Tribunal de Contas da União, de Tribunal ou Conselho, ou do Procurador-Geral da República, no caso de interesse dos órgãos dos Poderes Legislativo e Judiciário ou do Ministério Público da União, excluídas as empresas públicas federais não dependentes, que necessitarão apenas de prévia e expressa autorização dos dirigentes de que trata o *caput*.

§ 5º Na transação ou acordo celebrado diretamente pela parte ou por intermédio de procurador para extinguir ou encerrar processo judicial, inclusive os casos de extensão administrativa de pagamentos postulados em juízo, as partes poderão definir a responsabilidade de cada uma pelo pagamento dos honorários dos respectivos advogados."

"Art. 2º O Procurador-Geral da União, o Procurador-Geral Federal, o Procurador-Geral do Banco Central do Brasil e os dirigentes das empresas públicas federais mencionadas no *caput* do art. 1º poderão autorizar, diretamente ou mediante delegação, a realização de acordos para prevenir ou terminar, judicial ou extrajudicialmente, litígio que envolver valores inferiores aos fixados em regulamento.

§ 1º No caso das empresas públicas federais, a delegação é restrita a órgão colegiado formalmente constituído, composto por pelo menos um dirigente estatutário.

§ 2º O acordo de que trata o *caput* poderá consistir no pagamento do débito em parcelas mensais e sucessivas, até o limite máximo de sessenta.

§ 3º O valor de cada prestação mensal, por ocasião do pagamento, será acrescido de juros equivalentes à taxa referencial do Sistema Especial de Liquidação e de Custódia - Selic para títulos federais, acumulada mensalmente, calculados a partir do mês subsequente ao da consolidação até o mês anterior ao do pagamento e de um por cento relativamente ao mês em que o pagamento estiver sendo efetuado.

§ 4º Inadimplida qualquer parcela, após trinta dias, instaurar-se-á o processo de execução ou nele prosseguir-se-á, pelo saldo."

Art. 45. O Decreto 70.235, de 6 de março de 1972, passa a vigorar acrescido do seguinte art. 14-A:

"Art. 14-A. No caso de determinação e exigência de créditos tributários da União cujo sujeito passivo seja órgão ou entidade de direito público da administração pública federal, a submissão do litígio à composição extrajudicial pela Advocacia-Geral da União é considerada reclamação, para fins do disposto no inciso III do art. 151 da Lei 5.172, de 25 de outubro de 1966 – Código Tributário Nacional."

Art. 46. A mediação poderá ser feita pela internet ou por outro meio de comunicação que permita a transação à distância, desde que as partes estejam de acordo.

Parágrafo único. É facultado à parte domiciliada no exterior submeter-se à media-

Lei 13.146/2015

LEGISLAÇÃO

ção segundo as regras estabelecidas nesta Lei.

Art. 47. Esta Lei entra em vigor após decorridos cento e oitenta dias de sua publicação oficial.

Art. 48. Revoga-se o § 2º do art. 6º da Lei 9.469, de 10 de julho de 1997.

Brasília, 26 de junho de 2015; 194º da Independência e 127º da República.

Dilma Rousseff

(*DOU* 29.06.2015)

LEI 13.146,
DE 6 DE JULHO DE 2015

Institui a Lei Brasileira de Inclusão da Pessoa com Deficiência (Estatuto da Pessoa com Deficiência).

A Presidenta da República:

Faço saber que o Congresso Nacional decreta e eu sanciono a seguinte Lei:

LIVRO I
PARTE GERAL
TÍTULO I
DISPOSIÇÕES PRELIMINARES
Capítulo I
DISPOSIÇÕES GERAIS

Art. 1º É instituída a Lei Brasileira de Inclusão da Pessoa com Deficiência (Estatuto da Pessoa com Deficiência), destinada a assegurar e a promover, em condições de igualdade, o exercício dos direitos e das liberdades fundamentais por pessoa com deficiência, visando à sua inclusão social e cidadania.

Parágrafo único. Esta Lei tem como base a Convenção sobre os Direitos das Pessoas com Deficiência e seu Protocolo Facultativo, ratificados pelo Congresso Nacional por meio do Decreto Legislativo 186, de 9 de julho de 2008, em conformidade com o procedimento previsto no § 3º do art. 5º da Constituição da República Federativa do Brasil, em vigor para o Brasil, no plano jurídico externo, desde 31 de agosto de 2008, e promulgados pelo Decreto 6.949, de 25 de agosto de 2009, data de início de sua vigência no plano interno.

Art. 2º Considera-se pessoa com deficiência aquela que tem impedimento de longo prazo de natureza física, mental, intelectual ou sensorial, o qual, em interação com uma ou mais barreiras, pode obstruir sua participação plena e efetiva na sociedade em igualdade de condições com as demais pessoas.

§ 1º A avaliação da deficiência, quando necessária, será biopsicossocial, realizada por equipe multiprofissional e interdisciplinar e considerará:

I – os impedimentos nas funções e nas estruturas do corpo;

II – os fatores socioambientais, psicológicos e pessoais;

III – a limitação no desempenho de atividades; e

IV – a restrição de participação.

§ 2º O Poder Executivo criará instrumentos para avaliação da deficiência.

Art. 3º Para fins de aplicação desta Lei, consideram-se:

I – acessibilidade: possibilidade e condição de alcance para utilização, com segurança e autonomia, de espaços, mobiliários, equipamentos urbanos, edificações, transportes, informação e comunicação, inclusive seus sistemas e tecnologias, bem como de outros serviços e instalações abertos ao público, de uso público ou privados de uso coletivo, tanto na zona urbana como na rural, por pessoa com deficiência ou com mobilidade reduzida;

II – desenho universal: concepção de produtos, ambientes, programas e serviços a serem usados por todas as pessoas, sem necessidade de adaptação ou de projeto específico, incluindo os recursos de tecnologia assistiva;

III – tecnologia assistiva ou ajuda técnica: produtos, equipamentos, dispositivos, recursos, metodologias, estratégias, práticas e serviços que objetivem promover a funcionalidade, relacionada à atividade e à participação da pessoa com deficiência ou com mobilidade reduzida, visando à sua autonomia, independência, qualidade de vida e inclusão social;

IV – barreiras: qualquer entrave, obstáculo, atitude ou comportamento que limite ou

Lei 13.146/2015

impeça a participação social da pessoa, bem como o gozo, a fruição e o exercício de seus direitos à acessibilidade, à liberdade de movimento e de expressão, à comunicação, ao acesso à informação, à compreensão, à circulação com segurança, entre outros, classificadas em:

a) barreiras urbanísticas: as existentes nas vias e nos espaços públicos e privados abertos ao público ou de uso coletivo;

b) barreiras arquitetônicas: as existentes nos edifícios públicos e privados;

c) barreiras nos transportes: as existentes nos sistemas e meios de transportes;

d) barreiras nas comunicações e na informação: qualquer entrave, obstáculo, atitude ou comportamento que dificulte ou impossibilite a expressão ou o recebimento de mensagens e de informações por intermédio de sistemas de comunicação e de tecnologia da informação;

e) barreiras atitudinais: atitudes ou comportamentos que impeçam ou prejudiquem a participação social da pessoa com deficiência em igualdade de condições e oportunidades com as demais pessoas;

f) barreiras tecnológicas: as que dificultam ou impedem o acesso da pessoa com deficiência às tecnologias;

V – comunicação: forma de interação dos cidadãos que abrange, entre outras opções, as línguas, inclusive a Língua Brasileira de Sinais (Libras), a visualização de textos, o Braille, o sistema de sinalização ou de comunicação tátil, os caracteres ampliados, os dispositivos multimídia, assim como a linguagem simples, escrita e oral, os sistemas auditivos e os meios de voz digitalizados e os modos, meios e formatos aumentativos e alternativos de comunicação, incluindo as tecnologias da informação e das comunicações;

VI – adaptações razoáveis: adaptações, modificações e ajustes necessários e adequados que não acarretem ônus desproporcional e indevido, quando requeridos em cada caso, a fim de assegurar que a pessoa com deficiência possa gozar ou exercer, em igualdade de condições e oportunidades com as demais pessoas, todos os direitos e liberdades fundamentais;

VII – elemento de urbanização: quaisquer componentes de obras de urbanização, tais como os referentes a pavimentação, saneamento, encanamento para esgotos, distribuição de energia elétrica e de gás, iluminação pública, serviços de comunicação, abastecimento e distribuição de água, paisagismo e os que materializam as indicações do planejamento urbanístico;

VIII – mobiliário urbano: conjunto de objetos existentes nas vias e nos espaços públicos, superpostos ou adicionados aos elementos de urbanização ou de edificação, de forma que sua modificação ou seu traslado não provoque alterações substanciais nesses elementos, tais como semáforos, postes de sinalização e similares, terminais e pontos de acesso coletivo às telecomunicações, fontes de água, lixeiras, toldos, marquises, bancos, quiosques e quaisquer outros de natureza análoga;

IX – pessoa com mobilidade reduzida: aquela que tenha, por qualquer motivo, dificuldade de movimentação, permanente ou temporária, gerando redução efetiva da mobilidade, da flexibilidade, da coordenação motora ou da percepção, incluindo idoso, gestante, lactante, pessoa com criança de colo e obeso;

X – residências inclusivas: unidades de oferta do Serviço de Acolhimento do Sistema Único de Assistência Social (Suas) localizadas em áreas residenciais da comunidade, com estruturas adequadas, que possam contar com apoio psicossocial para o atendimento das necessidades da pessoa acolhida, destinadas a jovens e adultos com deficiência, em situação de dependência, que não dispõem de condições de autossustentabilidade e com vínculos familiares fragilizados ou rompidos;

XI – moradia para a vida independente da pessoa com deficiência: moradia com estruturas adequadas capazes de proporcionar serviços de apoio coletivos e individualizados que respeitem e ampliem o grau de autonomia de jovens e adultos com deficiência;

XII – atendente pessoal: pessoa, membro ou não da família, que, com ou sem remuneração, assiste ou presta cuidados básicos e es-

Lei 13.146/2015

senciais à pessoa com deficiência no exercício de suas atividades diárias, excluídas as técnicas ou os procedimentos identificados com profissões legalmente estabelecidas;

XIII – profissional de apoio escolar: pessoa que exerce atividades de alimentação, higiene e locomoção do estudante com deficiência e atua em todas as atividades escolares nas quais se fizer necessária, em todos os níveis e modalidades de ensino, em instituições públicas e privadas, excluídas as técnicas ou os procedimentos identificados com profissões legalmente estabelecidas;

XIV – acompanhante: aquele que acompanha a pessoa com deficiência, podendo ou não desempenhar as funções de atendente pessoal.

Capítulo II
DA IGUALDADE E DA NÃO DISCRIMINAÇÃO

Art. 4º Toda pessoa com deficiência tem direito à igualdade de oportunidades com as demais pessoas e não sofrerá nenhuma espécie de discriminação.

§ 1º Considera-se discriminação em razão da deficiência toda forma de distinção, restrição ou exclusão, por ação ou omissão, que tenha o propósito ou o efeito de prejudicar, impedir ou anular o reconhecimento ou o exercício dos direitos e das liberdades fundamentais de pessoa com deficiência, incluindo a recusa de adaptações razoáveis e de fornecimento de tecnologias assistivas.

§ 2º A pessoa com deficiência não está obrigada à fruição de benefícios decorrentes de ação afirmativa.

Art. 5º A pessoa com deficiência será protegida de toda forma de negligência, discriminação, exploração, violência, tortura, crueldade, opressão e tratamento desumano ou degradante.

Parágrafo único. Para os fins da proteção mencionada no *caput* deste artigo, são considerados especialmente vulneráveis a criança, o adolescente, a mulher e o idoso, com deficiência.

Art. 6º A deficiência não afeta a plena capacidade civil da pessoa, inclusive para:

I – casar-se e constituir união estável;

II – exercer direitos sexuais e reprodutivos;

III – exercer o direito de decidir sobre o número de filhos e de ter acesso a informações adequadas sobre reprodução e planejamento familiar;

IV – conservar sua fertilidade, sendo vedada a esterilização compulsória;

V – exercer o direito à família e à convivência familiar e comunitária; e

VI – exercer o direito à guarda, à tutela, à curatela e à adoção, como adotante ou adotando, em igualdade de oportunidades com as demais pessoas.

Art. 7º É dever de todos comunicar à autoridade competente qualquer forma de ameaça ou de violação aos direitos da pessoa com deficiência.

Parágrafo único. Se, no exercício de suas funções, os juízes e os tribunais tiverem conhecimento de fatos que caracterizem as violações previstas nesta Lei, devem remeter peças ao Ministério Público para as providências cabíveis.

Art. 8º É dever do Estado, da sociedade e da família assegurar à pessoa com deficiência, com prioridade, a efetivação dos direitos referentes à vida, à saúde, à sexualidade, à paternidade e à maternidade, à alimentação, à habitação, à educação, à profissionalização, ao trabalho, à previdência social, à habilitação e à reabilitação, ao transporte, à acessibilidade, à cultura, ao desporto, ao turismo, ao lazer, à informação, à comunicação, aos avanços científicos e tecnológicos, à dignidade, ao respeito, à liberdade, à convivência familiar e comunitária, entre outros decorrentes da Constituição Federal, da Convenção sobre os Direitos das Pessoas com Deficiência e seu Protocolo Facultativo e das leis e de outras normas que garantam seu bem-estar pessoal, social e econômico.

Seção Única
Do atendimento prioritário

Art. 9º A pessoa com deficiência tem direito a receber atendimento prioritário, sobretudo com a finalidade de:

I – proteção e socorro em quaisquer circunstâncias;

Lei 13.146/2015

II – atendimento em todas as instituições e serviços de atendimento ao público;

III – disponibilização de recursos, tanto humanos quanto tecnológicos, que garantam atendimento em igualdade de condições com as demais pessoas;

IV – disponibilização de pontos de parada, estações e terminais acessíveis de transporte coletivo de passageiros e garantia de segurança no embarque e no desembarque;

V – acesso a informações e disponibilização de recursos de comunicação acessíveis;

VI – recebimento de restituição de imposto de renda;

VII – tramitação processual e procedimentos judiciais e administrativos em que for parte ou interessada, em todos os atos e diligências.

§ 1º Os direitos previstos neste artigo são extensivos ao acompanhante da pessoa com deficiência ou ao seu atendente pessoal, exceto quanto ao disposto nos incisos VI e VII deste artigo.

§ 2º Nos serviços de emergência públicos e privados, a prioridade conferida por esta Lei é condicionada aos protocolos de atendimento médico.

TÍTULO II
DOS DIREITOS FUNDAMENTAIS

Capítulo I
DO DIREITO À VIDA

Art. 10. Compete ao poder público garantir a dignidade da pessoa com deficiência ao longo de toda a vida.

Parágrafo único. Em situações de risco, emergência ou estado de calamidade pública, a pessoa com deficiência será considerada vulnerável, devendo o poder público adotar medidas para sua proteção e segurança.

Art. 11. A pessoa com deficiência não poderá ser obrigada a se submeter a intervenção clínica ou cirúrgica, a tratamento ou a institucionalização forçada.

Parágrafo único. O consentimento da pessoa com deficiência em situação de curatela poderá ser suprido, na forma da lei.

Art. 12. O consentimento prévio, livre e esclarecido da pessoa com deficiência é indispensável para a realização de tratamento, procedimento, hospitalização e pesquisa científica.

§ 1º Em caso de pessoa com deficiência em situação de curatela, deve ser assegurada sua participação, no maior grau possível, para a obtenção de consentimento.

§ 2º A pesquisa científica envolvendo pessoa com deficiência em situação de tutela ou de curatela deve ser realizada, em caráter excepcional, apenas quando houver indícios de benefício direto para sua saúde ou para a saúde de outras pessoas com deficiência e desde que não haja outra opção de pesquisa de eficácia comparável com participantes não tutelados ou curatelados.

Art. 13. A pessoa com deficiência somente será atendida sem seu consentimento prévio, livre e esclarecido em casos de risco de morte e de emergência em saúde, resguardado seu superior interesse e adotadas as salvaguardas legais cabíveis.

Capítulo II
DO DIREITO À HABILITAÇÃO E À REABILITAÇÃO

Art. 14. O processo de habilitação e de reabilitação é um direito da pessoa com deficiência.

Parágrafo único. O processo de habilitação e de reabilitação tem por objetivo o desenvolvimento de potencialidades, talentos, habilidades e aptidões físicas, cognitivas, sensoriais, psicossociais, atitudinais, profissionais e artísticas que contribuam para a conquista da autonomia da pessoa com deficiência e de sua participação social em igualdade de condições e oportunidades com as demais pessoas.

Art. 15. O processo mencionado no art. 14 desta Lei baseia-se em avaliação multidisciplinar das necessidades, habilidades e potencialidades de cada pessoa, observadas as seguintes diretrizes:

I – diagnóstico e intervenção precoces;

II – adoção de medidas para compensar perda ou limitação funcional, buscando o desenvolvimento de aptidões;

Lei 13.146/2015

III – atuação permanente, integrada e articulada de políticas públicas que possibilitem a plena participação social da pessoa com deficiência;

IV – oferta de rede de serviços articulados, com atuação intersetorial, nos diferentes níveis de complexidade, para atender às necessidades específicas da pessoa com deficiência;

V – prestação de serviços próximo ao domicílio da pessoa com deficiência, inclusive na zona rural, respeitadas a organização das Redes de Atenção à Saúde (RAS) nos territórios locais e as normas do Sistema Único de Saúde (SUS).

Art. 16. Nos programas e serviços de habilitação e de reabilitação para a pessoa com deficiência, são garantidos:

I – organização, serviços, métodos, técnicas e recursos para atender às características de cada pessoa com deficiência;

II – acessibilidade em todos os ambientes e serviços;

III – tecnologia assistiva, tecnologia de reabilitação, materiais e equipamentos adequados e apoio técnico profissional, de acordo com as especificidades de cada pessoa com deficiência;

IV – capacitação continuada de todos os profissionais que participem dos programas e serviços.

Art. 17. Os serviços do SUS e do Suas deverão promover ações articuladas para garantir à pessoa com deficiência e sua família a aquisição de informações, orientações e formas de acesso às políticas públicas disponíveis, com a finalidade de propiciar sua plena participação social.

Parágrafo único. Os serviços de que trata o *caput* deste artigo podem fornecer informações e orientações nas áreas de saúde, de educação, de cultura, de esporte, de lazer, de transporte, de previdência social, de assistência social, de habitação, de trabalho, de empreendedorismo, de acesso ao crédito, de promoção, proteção e defesa de direitos e nas demais áreas que possibilitem à pessoa com deficiência exercer sua cidadania.

Capítulo III
DO DIREITO À SAÚDE

Art. 18. É assegurada atenção integral à saúde da pessoa com deficiência em todos os níveis de complexidade, por intermédio do SUS, garantido acesso universal e igualitário.

§ 1º É assegurada a participação da pessoa com deficiência na elaboração das políticas de saúde a ela destinadas.

§ 2º É assegurado atendimento segundo normas éticas e técnicas, que regulamentarão a atuação dos profissionais de saúde e contemplarão aspectos relacionados aos direitos e às especificidades da pessoa com deficiência, incluindo temas como sua dignidade e autonomia.

§ 3º Aos profissionais que prestam assistência à pessoa com deficiência, especialmente em serviços de habilitação e de reabilitação, deve ser garantida capacitação inicial e continuada.

§ 4º As ações e os serviços de saúde pública destinados à pessoa com deficiência devem assegurar:

I – diagnóstico e intervenção precoces, realizados por equipe multidisciplinar;

II – serviços de habilitação e de reabilitação sempre que necessários, para qualquer tipo de deficiência, inclusive para a manutenção da melhor condição de saúde e qualidade de vida;

III – atendimento domiciliar multidisciplinar, tratamento ambulatorial e internação;

IV – campanhas de vacinação;

V – atendimento psicológico, inclusive para seus familiares e atendentes pessoais;

VI – respeito à especificidade, à identidade de gênero e à orientação sexual da pessoa com deficiência;

VII – atenção sexual e reprodutiva, incluindo o direito à fertilização assistida;

VIII – informação adequada e acessível à pessoa com deficiência e a seus familiares sobre sua condição de saúde;

IX – serviços projetados para prevenir a ocorrência e o desenvolvimento de deficiências e agravos adicionais;

X – promoção de estratégias de capacitação permanente das equipes que atuam no SUS, em todos os níveis de atenção, no

Lei 13.146/2015

LEGISLAÇÃO

atendimento à pessoa com deficiência, bem como orientação a seus atendentes pessoais;

XI – oferta de órteses, próteses, meios auxiliares de locomoção, medicamentos, insumos e fórmulas nutricionais, conforme as normas vigentes do Ministério da Saúde.

§ 5º As diretrizes deste artigo aplicam-se também às instituições privadas que participem de forma complementar do SUS ou que recebam recursos públicos para sua manutenção.

Art. 19. Compete ao SUS desenvolver ações destinadas à prevenção de deficiências por causas evitáveis, inclusive por meio de:

I – acompanhamento da gravidez, do parto e do puerpério, com garantia de parto humanizado e seguro;

II – promoção de práticas alimentares adequadas e saudáveis, vigilância alimentar e nutricional, prevenção e cuidado integral dos agravos relacionados à alimentação e nutrição da mulher e da criança;

III – aprimoramento e expansão dos programas de imunização e de triagem neonatal;

IV – identificação e controle da gestante de alto risco.

Art. 20. As operadoras de planos e seguros privados de saúde são obrigadas a garantir à pessoa com deficiência, no mínimo, todos os serviços e produtos ofertados aos demais clientes.

Art. 21. Quando esgotados os meios de atenção à saúde da pessoa com deficiência no local de residência, será prestado atendimento fora de domicílio, para fins de diagnóstico e de tratamento, garantidos o transporte e a acomodação da pessoa com deficiência e de seu acompanhante.

Art. 22. À pessoa com deficiência internada ou em observação é assegurado o direito a acompanhante ou ao atendente pessoal, devendo o órgão ou a instituição de saúde proporcionar condições adequadas para sua permanência em tempo integral.

§ 1º Na impossibilidade de permanência do acompanhante ou do atendente pessoal junto à pessoa com deficiência, cabe ao profissional de saúde responsável pelo tratamento justificá-la por escrito.

§ 2º Na ocorrência da impossibilidade prevista no § 1º deste artigo, o órgão ou a instituição de saúde deve adotar as providências cabíveis para suprir a ausência do acompanhante ou do atendente pessoal.

Art. 23. São vedadas todas as formas de discriminação contra a pessoa com deficiência, inclusive por meio de cobrança de valores diferenciados por planos e seguros privados de saúde, em razão de sua condição.

Art. 24. É assegurado à pessoa com deficiência o acesso aos serviços de saúde, tanto públicos como privados, e às informações prestadas e recebidas, por meio de recursos de tecnologia assistiva e de todas as formas de comunicação previstas no inciso V do art. 3º desta Lei.

Art. 25. Os espaços dos serviços de saúde, tanto públicos quanto privados, devem assegurar o acesso da pessoa com deficiência, em conformidade com a legislação em vigor, mediante a remoção de barreiras, por meio de projetos arquitetônico, de ambientação de interior e de comunicação que atendam às especificidades das pessoas com deficiência física, sensorial, intelectual e mental.

Art. 26. Os casos de suspeita ou de confirmação de violência praticada contra a pessoa com deficiência serão objeto de notificação compulsória pelos serviços de saúde públicos e privados à autoridade policial e ao Ministério Público, além dos Conselhos dos Direitos da Pessoa com Deficiência.

Parágrafo único. Para os efeitos desta Lei, considera-se violência contra a pessoa com deficiência qualquer ação ou omissão, praticada em local público ou privado, que lhe cause morte ou dano ou sofrimento físico ou psicológico.

Capítulo IV
DO DIREITO À EDUCAÇÃO

Art. 27. A educação constitui direito da pessoa com deficiência, assegurados sistema educacional inclusivo em todos os níveis e aprendizado ao longo de toda a vida, de forma a alcançar o máximo desenvolvimento possível de seus talentos e habilidades físicas, sensoriais, intelectuais e sociais, se-

Lei 13.146/2015

LEGISLAÇÃO

gundo suas características, interesses e necessidades de aprendizagem.

Parágrafo único. É dever do Estado, da família, da comunidade escolar e da sociedade assegurar educação de qualidade à pessoa com deficiência, colocando-a a salvo de toda forma de violência, negligência e discriminação.

Art. 28. Incumbe ao poder público assegurar, criar, desenvolver, implementar, incentivar, acompanhar e avaliar:

I – sistema educacional inclusivo em todos os níveis e modalidades, bem como o aprendizado ao longo de toda a vida;

II – aprimoramento dos sistemas educacionais, visando a garantir condições de acesso, permanência, participação e aprendizagem, por meio da oferta de serviços e de recursos de acessibilidade que eliminem as barreiras e promovam a inclusão plena;

III – projeto pedagógico que institucionalize o atendimento educacional especializado, assim como os demais serviços e adaptações razoáveis, para atender às características dos estudantes com deficiência e garantir o seu pleno acesso ao currículo em condições de igualdade, promovendo a conquista e o exercício de sua autonomia;

IV – oferta de educação bilíngue, em Libras como primeira língua e na modalidade escrita da língua portuguesa como segunda língua, em escolas e classes bilíngues e em escolas inclusivas;

V – adoção de medidas individualizadas e coletivas em ambientes que maximizem o desenvolvimento acadêmico e social dos estudantes com deficiência, favorecendo o acesso, a permanência, a participação e a aprendizagem em instituições de ensino;

VI – pesquisas voltadas para o desenvolvimento de novos métodos e técnicas pedagógicas, de materiais didáticos, de equipamentos e de recursos de tecnologia assistiva;

VII – planejamento de estudo de caso, de elaboração de plano de atendimento educacional especializado, de organização de recursos e serviços de acessibilidade e de disponibilização e usabilidade pedagógica de recursos de tecnologia assistiva;

VIII – participação dos estudantes com deficiência e de suas famílias nas diversas instâncias de atuação da comunidade escolar;

IX – adoção de medidas de apoio que favoreçam o desenvolvimento dos aspectos linguísticos, culturais, vocacionais e profissionais, levando-se em conta o talento, a criatividade, as habilidades e os interesses do estudante com deficiência;

X – adoção de práticas pedagógicas inclusivas pelos programas de formação inicial e continuada de professores e oferta de formação continuada para o atendimento educacional especializado;

XI – formação e disponibilização de professores para o atendimento educacional especializado, de tradutores e intérpretes da Libras, de guias intérpretes e de profissionais de apoio;

XII – oferta de ensino da Libras, do Sistema Braille e de uso de recursos de tecnologia assistiva, de forma a ampliar habilidades funcionais dos estudantes, promovendo sua autonomia e participação;

XIII – acesso à educação superior e à educação profissional e tecnológica em igualdade de oportunidades e condições com as demais pessoas;

XIV – inclusão em conteúdos curriculares, em cursos de nível superior e de educação profissional técnica e tecnológica, de temas relacionados à pessoa com deficiência nos respectivos campos de conhecimento;

XV – acesso da pessoa com deficiência, em igualdade de condições, a jogos e a atividades recreativas, esportivas e de lazer, no sistema escolar;

XVI – acessibilidade para todos os estudantes, trabalhadores da educação e demais integrantes da comunidade escolar às edificações, aos ambientes e às atividades concernentes a todas as modalidades, etapas e níveis de ensino;

XVII – oferta de profissionais de apoio escolar;

XVIII – articulação intersetorial na implementação de políticas públicas.

§ 1º Às instituições privadas, de qualquer nível e modalidade de ensino, aplica-se obrigatoriamente o disposto nos incisos I, II, III, V, VII, VIII, IX, X, XI, XII, XIII, XIV, XV, XVI, XVII

Lei 13.146/2015

e XVIII do *caput* deste artigo, sendo vedada a cobrança de valores adicionais de qualquer natureza em suas mensalidades, anuidades e matrículas no cumprimento dessas determinações.

§ 2º Na disponibilização de tradutores e intérpretes da Libras a que se refere o inciso XI do *caput* deste artigo, deve-se observar o seguinte:

I – os tradutores e intérpretes da Libras atuantes na educação básica devem, no mínimo, possuir ensino médio completo e certificado de proficiência na Libras;

II – os tradutores e intérpretes da Libras, quando direcionados à tarefa de interpretar nas salas de aula dos cursos de graduação e pós-graduação, devem possuir nível superior, com habilitação, prioritariamente, em Tradução e Interpretação em Libras.

Art. 29. *(Vetado.)*

Art. 30. Nos processos seletivos para ingresso e permanência nos cursos oferecidos pelas instituições de ensino superior e de educação profissional e tecnológica, públicas e privadas, devem ser adotadas as seguintes medidas:

I – atendimento preferencial à pessoa com deficiência nas dependências das Instituições de Ensino Superior (IES) e nos serviços;

II – disponibilização de formulário de inscrição de exames com campos específicos para que o candidato com deficiência informe os recursos de acessibilidade e de tecnologia assistiva necessários para sua participação;

III – disponibilização de provas em formatos acessíveis para atendimento às necessidades específicas do candidato com deficiência;

IV – disponibilização de recursos de acessibilidade e de tecnologia assistiva adequados, previamente solicitados e escolhidos pelo candidato com deficiência;

V – dilação de tempo, conforme demanda apresentada pelo candidato com deficiência, tanto na realização de exame para seleção quanto nas atividades acadêmicas, mediante prévia solicitação e comprovação da necessidade;

VI – adoção de critérios de avaliação das provas escritas, discursivas ou de redação que considerem a singularidade linguística da pessoa com deficiência, no domínio da modalidade escrita da língua portuguesa;

VII – tradução completa do edital e de suas retificações em Libras.

Capítulo V
DO DIREITO À MORADIA

Art. 31. A pessoa com deficiência tem direito à moradia digna, no seio da família natural ou substituta, com seu cônjuge ou companheiro ou desacompanhada, ou em moradia para a vida independente da pessoa com deficiência, ou, ainda, em residência inclusiva.

§ 1º O poder público adotará programas e ações estratégicas para apoiar a criação e a manutenção de moradia para a vida independente da pessoa com deficiência.

§ 2º A proteção integral na modalidade de residência inclusiva será prestada no âmbito do Suas à pessoa com deficiência em situação de dependência que não disponha de condições de autossustentabilidade, com vínculos familiares fragilizados ou rompidos.

Art. 32. Nos programas habitacionais, públicos ou subsidiados com recursos públicos, a pessoa com deficiência ou o seu responsável goza de prioridade na aquisição de imóvel para moradia própria, observado o seguinte:

I – reserva de, no mínimo, 3% (três por cento) das unidades habitacionais para pessoa com deficiência;

II – *(Vetado.)*

III – em caso de edificação multifamiliar, garantia de acessibilidade nas áreas de uso comum e nas unidades habitacionais no piso térreo e de acessibilidade ou de adaptação razoável nos demais pisos;

IV – disponibilização de equipamentos urbanos comunitários acessíveis;

V – elaboração de especificações técnicas no projeto que permitam a instalação de elevadores.

§ 1º O direito à prioridade, previsto no *caput* deste artigo, será reconhecido à pessoa com deficiência beneficiária apenas uma vez.

§ 2º Nos programas habitacionais públicos, os critérios de financiamento devem ser compatíveis com os rendimentos da pessoa com deficiência ou de sua família.

§ 3º Caso não haja pessoa com deficiência interessada nas unidades habitacionais reservadas por força do disposto no inciso I do *caput* deste artigo, as unidades não utilizadas serão disponibilizadas às demais pessoas.

Art. 33. Ao poder público compete:

I – adotar as providências necessárias para o cumprimento do disposto nos arts. 31 e 32 desta Lei; e

II – divulgar, para os agentes interessados e beneficiários, a política habitacional prevista nas legislações federal, estaduais, distrital e municipais, com ênfase nos dispositivos sobre acessibilidade.

Capítulo VI
DO DIREITO AO TRABALHO

Seção I
Disposições gerais

Art. 34. A pessoa com deficiência tem direito ao trabalho de sua livre escolha e aceitação, em ambiente acessível e inclusivo, em igualdade de oportunidades com as demais pessoas.

§ 1º As pessoas jurídicas de direito público, privado ou de qualquer natureza são obrigadas a garantir ambientes de trabalho acessíveis e inclusivos.

§ 2º A pessoa com deficiência tem direito, em igualdade de oportunidades com as demais pessoas, a condições justas e favoráveis de trabalho, incluindo igual remuneração por trabalho de igual valor.

§ 3º É vedada restrição ao trabalho da pessoa com deficiência e qualquer discriminação em razão de sua condição, inclusive nas etapas de recrutamento, seleção, contratação, admissão, exames admissional e periódico, permanência no emprego, ascensão profissional e reabilitação profissional, bem como exigência de aptidão plena.

§ 4º A pessoa com deficiência tem direito à participação e ao acesso a cursos, treinamentos, educação continuada, planos de carreira, promoções, bonificações e incentivos profissionais oferecidos pelo empregador, em igualdade de oportunidades com os demais empregados.

§ 5º É garantida aos trabalhadores com deficiência acessibilidade em cursos de formação e de capacitação.

Art. 35. É finalidade primordial das políticas públicas de trabalho e emprego promover e garantir condições de acesso e de permanência da pessoa com deficiência no campo de trabalho.

Parágrafo único. Os programas de estímulo ao empreendedorismo e ao trabalho autônomo, incluídos o cooperativismo e o associativismo, devem prever a participação da pessoa com deficiência e a disponibilização de linhas de crédito, quando necessárias.

Seção II
Da habilitação profissional e reabilitação profissional

Art. 36. O poder público deve implementar serviços e programas completos de habilitação profissional e de reabilitação profissional para que a pessoa com deficiência possa ingressar, continuar ou retornar ao campo do trabalho, respeitados sua livre escolha, sua vocação e seu interesse.

§ 1º Equipe multidisciplinar indicará, com base em critérios previstos no § 1º do art. 2º desta Lei, programa de habilitação ou de reabilitação que possibilite à pessoa com deficiência restaurar sua capacidade e habilidade profissional ou adquirir novas capacidades e habilidades de trabalho.

§ 2º A habilitação profissional corresponde ao processo destinado a propiciar à pessoa com deficiência aquisição de conhecimentos, habilidades e aptidões para exercício de profissão ou de ocupação, permitindo nível suficiente de desenvolvimento profissional para ingresso no campo de trabalho.

§ 3º Os serviços de habilitação profissional, de reabilitação profissional e de educação profissional devem ser dotados de recursos necessários para atender a toda pessoa com deficiência, independentemente de sua característica específica, a fim de que ela possa ser capacitada para trabalho que lhe seja adequado e ter perspectivas de obtê-lo, de conservá-lo e de nele progredir.

§ 4º Os serviços de habilitação profissional, de reabilitação profissional e de educação

Lei 13.146/2015

LEGISLAÇÃO

profissional deverão ser oferecidos em ambientes acessíveis e inclusivos.

§ 5º A habilitação profissional e a reabilitação profissional devem ocorrer articuladas com as redes públicas e privadas, especialmente de saúde, de ensino e de assistência social, em todos os níveis e modalidades, em entidades de formação profissional ou diretamente com o empregador.

§ 6º A habilitação profissional pode ocorrer em empresas por meio de prévia formalização do contrato de emprego da pessoa com deficiência, que será considerada para o cumprimento da reserva de vagas prevista em lei, desde que por tempo determinado e concomitante com a inclusão profissional na empresa, observado o disposto em regulamento.

§ 7º A habilitação profissional e a reabilitação profissional atenderão à pessoa com deficiência.

Seção III
Da inclusão da pessoa com deficiência no trabalho

Art. 37. Constitui modo de inclusão da pessoa com deficiência no trabalho a colocação competitiva, em igualdade de oportunidades com as demais pessoas, nos termos da legislação trabalhista e previdenciária, na qual devem ser atendidas as regras de acessibilidade, o fornecimento de recursos de tecnologia assistiva e a adaptação razoável no ambiente de trabalho.

Parágrafo único. A colocação competitiva da pessoa com deficiência pode ocorrer por meio de trabalho com apoio, observadas as seguintes diretrizes:

I – prioridade no atendimento à pessoa com deficiência com maior dificuldade de inserção no campo de trabalho;

II – provisão de suportes individualizados que atendam a necessidades específicas da pessoa com deficiência, inclusive a disponibilização de recursos de tecnologia assistiva, de agente facilitador e de apoio no ambiente de trabalho;

III – respeito ao perfil vocacional e ao interesse da pessoa com deficiência apoiada;

IV – oferta de aconselhamento e de apoio aos empregadores, com vistas à definição de estratégias de inclusão e de superação de barreiras, inclusive atitudinais;

V – realização de avaliações periódicas;

VI – articulação intersetorial das políticas públicas;

VII – possibilidade de participação de organizações da sociedade civil.

Art. 38. A entidade contratada para a realização de processo seletivo público ou privado para cargo, função ou emprego está obrigada à observância do disposto nesta Lei e em outras normas de acessibilidade vigentes.

Capítulo VII
DO DIREITO À ASSISTÊNCIA SOCIAL

Art. 39. Os serviços, os programas, os projetos e os benefícios no âmbito da política pública de assistência social à pessoa com deficiência e sua família têm como objetivo a garantia da segurança de renda, da acolhida, da habilitação e da reabilitação, do desenvolvimento da autonomia e da convivência familiar e comunitária, para a promoção do acesso a direitos e da plena participação social.

§ 1º A assistência social à pessoa com deficiência, nos termos do *caput* deste artigo, deve envolver conjunto articulado de serviços do âmbito da Proteção Social Básica e da Proteção Social Especial, ofertados pelo Suas, para a garantia de seguranças fundamentais no enfrentamento de situações de vulnerabilidade e de risco, por fragilização de vínculos e ameaça ou violação de direitos.

§ 2º Os serviços socioassistenciais destinados à pessoa com deficiência em situação de dependência deverão contar com cuidadores sociais para prestar-lhe cuidados básicos e instrumentais.

Art. 40. É assegurado à pessoa com deficiência que não possua meios para prover sua subsistência nem de tê-la provida por sua família o benefício mensal de um salário mínimo, nos termos da Lei 8.742, de 7 de dezembro de 1993.

Lei 13.146/2015

Capítulo VIII
DO DIREITO À PREVIDÊNCIA SOCIAL

Art. 41. A pessoa com deficiência segurada do Regime Geral de Previdência Social (RGPS) tem direito à aposentadoria nos termos da Lei Complementar 142, de 8 de maio de 2013.

Capítulo IX
DO DIREITO À CULTURA, AO ESPORTE, AO TURISMO E AO LAZER

Art. 42. A pessoa com deficiência tem direito à cultura, ao esporte, ao turismo e ao lazer em igualdade de oportunidades com as demais pessoas, sendo-lhe garantido o acesso:

I – a bens culturais em formato acessível;

II – a programas de televisão, cinema, teatro e outras atividades culturais e desportivas em formato acessível; e

III – a monumentos e locais de importância cultural e a espaços que ofereçam serviços ou eventos culturais e esportivos.

§ 1º É vedada a recusa de oferta de obra intelectual em formato acessível à pessoa com deficiência, sob qualquer argumento, inclusive sob a alegação de proteção dos direitos de propriedade intelectual.

§ 2º O poder público deve adotar soluções destinadas à eliminação, à redução ou à superação de barreiras para a promoção do acesso a todo patrimônio cultural, observadas as normas de acessibilidade, ambientais e de proteção do patrimônio histórico e artístico nacional.

Art. 43. O poder público deve promover a participação da pessoa com deficiência em atividades artísticas, intelectuais, culturais, esportivas e recreativas, com vistas ao seu protagonismo, devendo:

I – incentivar a provisão de instrução, de treinamento e de recursos adequados, em igualdade de oportunidades com as demais pessoas;

II – assegurar acessibilidade nos locais de eventos e nos serviços prestados por pessoa ou entidade envolvida na organização das atividades de que trata este artigo; e

III – assegurar a participação da pessoa com deficiência em jogos e atividades recreativas, esportivas, de lazer, culturais e artísticas, inclusive no sistema escolar, em igualdade de condições com as demais pessoas.

Art. 44. Nos teatros, cinemas, auditórios, estádios, ginásios de esporte, locais de espetáculos e de conferências e similares, serão reservados espaços livres e assentos para a pessoa com deficiência, de acordo com a capacidade de lotação da edificação, observado o disposto em regulamento.

§ 1º Os espaços e assentos a que se refere este artigo devem ser distribuídos pelo recinto em locais diversos, de boa visibilidade, em todos os setores, próximos aos corredores, devidamente sinalizados, evitando-se áreas segregadas de público e obstrução das saídas, em conformidade com as normas de acessibilidade.

§ 2º No caso de não haver comprovada procura pelos assentos reservados, esses podem, excepcionalmente, ser ocupados por pessoas sem deficiência ou que não tenham mobilidade reduzida, observado o disposto em regulamento.

§ 3º Os espaços e assentos a que se refere este artigo devem situar-se em locais que garantam a acomodação de, no mínimo, 1 (um) acompanhante da pessoa com deficiência ou com mobilidade reduzida, resguardado o direito de se acomodar proximamente a grupo familiar e comunitário.

§ 4º Nos locais referidos no *caput* deste artigo, deve haver, obrigatoriamente, rotas de fuga e saídas de emergência acessíveis, conforme padrões das normas de acessibilidade, a fim de permitir a saída segura da pessoa com deficiência ou com mobilidade reduzida, em caso de emergência.

§ 5º Todos os espaços das edificações previstas no *caput* deste artigo devem atender às normas de acessibilidade em vigor.

§ 6º As salas de cinema devem oferecer, em todas as sessões, recursos de acessibilidade para a pessoa com deficiência.

§ 7º O valor do ingresso da pessoa com deficiência não poderá ser superior ao valor cobrado das demais pessoas.

Art. 45. Os hotéis, pousadas e similares devem ser construídos observando-se os

Lei 13.146/2015

LEGISLAÇÃO

princípios do desenho universal, além de adotar todos os meios de acessibilidade, conforme legislação em vigor.

§ 1º Os estabelecimentos já existentes deverão disponibilizar, pelo menos, 10% (dez por cento) de seus dormitórios acessíveis, garantida, no mínimo, uma unidade acessível.

§ 2º Os dormitórios mencionados no § 1º deste artigo deverão ser localizados em rotas acessíveis.

Capítulo X
DO DIREITO AO TRANSPORTE E À MOBILIDADE

Art. 46. O direito ao transporte e à mobilidade da pessoa com deficiência ou com mobilidade reduzida será assegurado em igualdade de oportunidades com as demais pessoas, por meio de identificação e de eliminação de todos os obstáculos e barreiras ao seu acesso.

§ 1º Para fins de acessibilidade aos serviços de transporte coletivo terrestre, aquaviário e aéreo, em todas as jurisdições, considera-se como integrantes desses serviços os veículos, os terminais, as estações, os pontos de parada, o sistema viário e a prestação do serviço.

§ 2º São sujeitas ao cumprimento das disposições desta Lei, sempre que houver interação com a matéria nela regulada, a outorga, a concessão, a permissão, a autorização, a renovação ou a habilitação de linhas e de serviços de transporte coletivo.

§ 3º Para colocação do símbolo internacional de acesso nos veículos, as empresas de transporte coletivo de passageiros dependem da certificação de acessibilidade emitida pelo gestor público responsável pela prestação do serviço.

Art. 47. Em todas as áreas de estacionamento aberto ao público, de uso público ou privado de uso coletivo e em vias públicas, devem ser reservadas vagas próximas aos acessos de circulação de pedestres, devidamente sinalizadas, para veículos que transportem pessoa com deficiência com comprometimento de mobilidade, desde que devidamente identificados.

§ 1º As vagas a que se refere o *caput* deste artigo devem equivaler a 2% (dois por cento) do total, garantida, no mínimo, 1 (uma) vaga devidamente sinalizada e com as especificações de desenho e traçado de acordo com as normas técnicas vigentes de acessibilidade.

§ 2º Os veículos estacionados nas vagas reservadas devem exibir, em local de ampla visibilidade, a credencial de beneficiário, a ser confeccionada e fornecida pelos órgãos de trânsito, que disciplinarão suas características e condições de uso.

§ 3º A utilização indevida das vagas de que trata este artigo sujeita os infratores às sanções previstas no inciso XVII do art. 181 da Lei 9.503, de 23 de setembro de 1997 (Código de Trânsito Brasileiro).

§ 4º A credencial a que se refere o § 2º deste artigo é vinculada à pessoa com deficiência que possui comprometimento de mobilidade e é válida em todo o território nacional.

Art. 48. Os veículos de transporte coletivo terrestre, aquaviário e aéreo, as instalações, as estações, os portos e os terminais em operação no País devem ser acessíveis, de forma a garantir o seu uso por todas as pessoas.

§ 1º Os veículos e as estruturas de que trata o *caput* deste artigo devem dispor de sistema de comunicação acessível que disponibilize informações sobre todos os pontos do itinerário.

§ 2º São asseguradas à pessoa com deficiência prioridade e segurança nos procedimentos de embarque e de desembarque nos veículos de transporte coletivo, de acordo com as normas técnicas.

§ 3º Para colocação do símbolo internacional de acesso nos veículos, as empresas de transporte coletivo de passageiros dependem da certificação de acessibilidade emitida pelo gestor público responsável pela prestação do serviço.

Art. 49. As empresas de transporte de fretamento e de turismo, na renovação de suas frotas, são obrigadas ao cumprimento do disposto nos arts. 46 e 48 desta Lei.

Art. 50. O poder público incentivará a fabricação de veículos acessíveis e a sua utilização como táxis e vans, de forma a garantir o seu uso por todas as pessoas.

Art. 51. As frotas de empresas de táxi devem reservar 10% (dez por cento) de seus veículos acessíveis à pessoa com deficiência.

§ 1º É proibida a cobrança diferenciada de tarifas ou de valores adicionais pelo serviço de táxi prestado à pessoa com deficiência.

§ 2º O poder público é autorizado a instituir incentivos fiscais com vistas a possibilitar a acessibilidade dos veículos a que se refere o *caput* deste artigo.

Art. 52. As locadoras de veículos são obrigadas a oferecer 1 (um) veículo adaptado para uso de pessoa com deficiência, a cada conjunto de 20 (vinte) veículos de sua frota.

Parágrafo único. O veículo adaptado deverá ter, no mínimo, câmbio automático, direção hidráulica, vidros elétricos e comandos manuais de freio e de embreagem.

TÍTULO III
DA ACESSIBILIDADE

Capítulo I
DISPOSIÇÕES GERAIS

Art. 53. A acessibilidade é direito que garante à pessoa com deficiência ou com mobilidade reduzida viver de forma independente e exercer seus direitos de cidadania e de participação social.

Art. 54. São sujeitas ao cumprimento das disposições desta Lei e de outras normas relativas à acessibilidade, sempre que houver interação com a matéria nela regulada:

I – a aprovação de projeto arquitetônico e urbanístico ou de comunicação e informação, a fabricação de veículos de transporte coletivo, a prestação do respectivo serviço e a execução de qualquer tipo de obra, quando tenham destinação pública ou coletiva;

II – a outorga ou a renovação de concessão, permissão, autorização ou habilitação de qualquer natureza;

III – a aprovação de financiamento de projeto com utilização de recursos públicos, por meio de renúncia ou de incentivo fiscal, contrato, convênio ou instrumento congênere; e

IV – a concessão de aval da União para obtenção de empréstimo e de financiamento internacionais por entes públicos ou privados.

Art. 55. A concepção e a implantação de projetos que tratem do meio físico, de transporte, de informação e comunicação, inclusive de sistemas e tecnologias da informação e comunicação, e de outros serviços, equipamentos e instalações abertos ao público, de uso público ou privado de uso coletivo, tanto na zona urbana como na rural, devem atender aos princípios do desenho universal, tendo como referência as normas de acessibilidade.

§ 1º O desenho universal será sempre tomado como regra de caráter geral.

§ 2º Nas hipóteses em que comprovadamente o desenho universal não possa ser empreendido, deve ser adotada adaptação razoável.

§ 3º Caberá ao poder público promover a inclusão de conteúdos temáticos referentes ao desenho universal nas diretrizes curriculares da educação profissional e tecnológica e do ensino superior e na formação das carreiras de Estado.

§ 4º Os programas, os projetos e as linhas de pesquisa a serem desenvolvidos com o apoio de organismos públicos de auxílio à pesquisa e de agências de fomento deverão incluir temas voltados para o desenho universal.

§ 5º Desde a etapa de concepção, as políticas públicas deverão considerar a adoção do desenho universal.

Art. 56. A construção, a reforma, a ampliação ou a mudança de uso de edificações abertas ao público, de uso público ou privadas de uso coletivo deverão ser executadas de modo a serem acessíveis.

§ 1º As entidades de fiscalização profissional das atividades de Engenharia, de Arquitetura e correlatas, ao anotarem a responsabilidade técnica de projetos, devem exigir a responsabilidade profissional declarada de atendimento às regras de acessibilidade previstas em legislação e em normas técnicas pertinentes.

§ 2º Para a aprovação, o licenciamento ou a emissão de certificado de projeto executivo arquitetônico, urbanístico e de instalações e equipamentos temporários ou permanentes e para o licenciamento ou a emissão de certificado de conclusão de obra ou de serviço, deve ser atestado o atendimento às regras de acessibilidade.

§ 3º O poder público, após certificar a acessibilidade de edificação ou de serviço, determinará a colocação, em espaços ou em locais de ampla visibilidade, do símbolo internacional de acesso, na forma prevista em legislação e em normas técnicas correlatas.

Art. 57. As edificações públicas e privadas de uso coletivo já existentes devem garantir acessibilidade à pessoa com deficiência em todas as suas dependências e serviços, tendo como referência as normas de acessibilidade vigentes.

Art. 58. O projeto e a construção de edificação de uso privado multifamiliar devem atender aos preceitos de acessibilidade, na forma regulamentar.

§ 1º As construtoras e incorporadoras responsáveis pelo projeto e pela construção das edificações a que se refere o *caput* deste artigo devem assegurar percentual mínimo de suas unidades internamente acessíveis, na forma regulamentar.

§ 2º É vedada a cobrança de valores adicionais para a aquisição de unidades internamente acessíveis a que se refere o § 1º deste artigo.

Art. 59. Em qualquer intervenção nas vias e nos espaços públicos, o poder público e as empresas concessionárias responsáveis pela execução das obras e dos serviços devem garantir, de forma segura, a fluidez do trânsito e a livre circulação e acessibilidade das pessoas, durante e após sua execução.

Art. 60. Orientam-se, no que couber, pelas regras de acessibilidade previstas em legislação e em normas técnicas, observado o disposto na Lei 10.098, de 19 de dezembro de 2000, 10.257, de 10 de julho de 2001, e 12.587, de 3 de janeiro de 2012:

I – os planos diretores municipais, os planos diretores de transporte e trânsito, os planos de mobilidade urbana e os planos de preservação de sítios históricos elaborados ou atualizados a partir da publicação desta Lei;

II – os códigos de obras, os códigos de postura, as leis de uso e ocupação do solo e as leis do sistema viário;

III – os estudos prévios de impacto de vizinhança;

IV – as atividades de fiscalização e a imposição de sanções; e

V – a legislação referente à prevenção contra incêndio e pânico.

§ 1º A concessão e a renovação de alvará de funcionamento para qualquer atividade são condicionadas à observação e à certificação das regras de acessibilidade.

§ 2º A emissão de carta de habite-se ou de habilitação equivalente e sua renovação, quando esta tiver sido emitida anteriormente às exigências de acessibilidade, é condicionada à observação e à certificação das regras de acessibilidade.

Art. 61. A formulação, a implementação e a manutenção das ações de acessibilidade atenderão às seguintes premissas básicas:

I – eleição de prioridades, elaboração de cronograma e reserva de recursos para implementação das ações; e

II – planejamento contínuo e articulado entre os setores envolvidos.

Art. 62. É assegurado à pessoa com deficiência, mediante solicitação, o recebimento de contas, boletos, recibos, extratos e cobranças de tributos em formato acessível.

Capítulo II
DO ACESSO À INFORMAÇÃO E À COMUNICAÇÃO

Art. 63. É obrigatória a acessibilidade nos sítios da internet mantidos por empresas com sede ou representação comercial no País ou por órgãos de governo, para uso da pessoa com deficiência, garantindo-lhe acesso às informações disponíveis, conforme as melhores práticas e diretrizes de acessibilidade adotadas internacionalmente.

§ 1º Os sítios devem conter símbolo de acessibilidade em destaque.

§ 2º Telecentros comunitários que receberem recursos públicos federais para seu custeio ou sua instalação e *lan houses* devem possuir equipamentos e instalações acessíveis.

§ 3º Os telecentros e as lan houses de que trata o § 2º deste artigo devem garantir, no mínimo, 10% (dez por cento) de seus computadores com recursos de acessibilidade para pessoa com deficiência visual, sendo assegurado pelo menos 1 (um) equipamento, quando o resultado percentual for inferior a 1 (um).

Art. 64. A acessibilidade nos sítios da internet de que trata o art. 63 desta Lei deve ser observada para obtenção do financiamento de que trata o inciso III do art. 54 desta Lei.

Art. 65. As empresas prestadoras de serviços de telecomunicações deverão garantir pleno acesso à pessoa com deficiência, conforme regulamentação específica.

Art. 66. Cabe ao poder público incentivar a oferta de aparelhos de telefonia fixa e móvel celular com acessibilidade que, entre outras tecnologias assistivas, possuam possibilidade de indicação e de ampliação sonoras de todas as operações e funções disponíveis.

Art. 67. Os serviços de radiodifusão de sons e imagens devem permitir o uso dos seguintes recursos, entre outros:
I – subtitulação por meio de legenda oculta;
II – janela com intérprete da Libras;
III – audiodescrição.

Art. 68. O poder público deve adotar mecanismos de incentivo à produção, à edição, à difusão, à distribuição e à comercialização de livros em formatos acessíveis, inclusive em publicações da administração pública ou financiadas com recursos públicos, com vistas a garantir à pessoa com deficiência o direito de acesso à leitura, à informação e à comunicação.

§ 1º Nos editais de compras de livros, inclusive para o abastecimento ou a atualização de acervos de bibliotecas em todos os níveis e modalidades de educação e de bibliotecas públicas, o poder público deverá adotar cláusulas de impedimento à participação de editoras que não ofertem sua produção também em formatos acessíveis.

§ 2º Consideram-se formatos acessíveis os arquivos digitais que possam ser reconhecidos e acessados por softwares leitores de telas ou outras tecnologias assistivas que vierem a substituí-los, permitindo leitura com voz sintetizada, ampliação de caracteres, diferentes contrastes e impressão em Braille.

§ 3º O poder público deve estimular e apoiar a adaptação e a produção de artigos científicos em formato acessível, inclusive em Libras.

Art. 69. O poder público deve assegurar a disponibilidade de informações corretas e claras sobre os diferentes produtos e serviços ofertados, por quaisquer meios de comunicação empregados, inclusive em ambiente virtual, contendo a especificação correta de quantidade, qualidade, características, composição e preço, bem como sobre os eventuais riscos à saúde e à segurança do consumidor com deficiência, em caso de sua utilização, aplicando-se, no que couber, os arts. 30 a 41 da Lei 8.078, de 11 de setembro de 1990.

§ 1º Os canais de comercialização virtual e os anúncios publicitários veiculados na imprensa escrita, na internet, no rádio, na televisão e nos demais veículos de comunicação abertos ou por assinatura devem disponibilizar, conforme a compatibilidade do meio, os recursos de acessibilidade de que trata o art. 67 desta Lei, a expensas do fornecedor do produto ou do serviço, sem prejuízo da observância do disposto nos arts. 36 a 38 da Lei 8.078, de 11 de setembro de 1990.

§ 2º Os fornecedores devem disponibilizar, mediante solicitação, exemplares de bulas, prospectos, textos ou qualquer outro tipo de material de divulgação em formato acessível.

Art. 70. As instituições promotoras de congressos, seminários, oficinas e demais eventos de natureza científico-cultural devem oferecer à pessoa com deficiência, no mínimo, os recursos de tecnologia assistiva previstos no art. 67 desta Lei.

Art. 71. Os congressos, os seminários, as oficinas e os demais eventos de natureza científico-cultural promovidos ou financiados pelo poder público devem garantir as condições de acessibilidade e os recursos de tecnologia assistiva.

Art. 72. Os programas, as linhas de pesquisa e os projetos a serem desenvolvidos com o apoio de agências de financiamento e de órgãos e entidades integrantes da administração pública que atuem no auxílio à pesquisa devem contemplar temas voltados à tecnologia assistiva.

Art. 73. Caberá ao poder público, diretamente ou em parceria com organizações da sociedade civil, promover a capacitação de tradutores e intérpretes da Libras, de guias intérpretes e de profissionais habilitados em Braille, audiodescrição, estenotipia e legendagem.

Capítulo III
DA TECNOLOGIA ASSISTIVA

Art. 74. É garantido à pessoa com deficiência acesso a produtos, recursos, estratégias, práticas, processos, métodos e serviços de tecnologia assistiva que maximizem sua autonomia, mobilidade pessoal e qualidade de vida.

Art. 75. O poder público desenvolverá plano específico de medidas, a ser renovado em cada período de 4 (quatro) anos, com a finalidade de:

I – facilitar o acesso a crédito especializado, inclusive com oferta de linhas de crédito subsidiadas, específicas para aquisição de tecnologia assistiva;

II – agilizar, simplificar e priorizar procedimentos de importação de tecnologia assistiva, especialmente as questões atinentes a procedimentos alfandegários e sanitários;

III – criar mecanismos de fomento à pesquisa e à produção nacional de tecnologia assistiva, inclusive por meio de concessão de linhas de crédito subsidiado e de parcerias com institutos de pesquisa oficiais;

IV – eliminar ou reduzir a tributação da cadeia produtiva e de importação de tecnologia assistiva;

V – facilitar e agilizar o processo de inclusão de novos recursos de tecnologia assistiva no rol de produtos distribuídos no âmbito do SUS e por outros órgãos governamentais.

Parágrafo único. Para fazer cumprir o disposto neste artigo, os procedimentos constantes do plano específico de medidas deverão ser avaliados, pelo menos, a cada 2 (dois) anos.

Capítulo IV
DO DIREITO À PARTICIPAÇÃO NA VIDA PÚBLICA E POLÍTICA

Art. 76. O poder público deve garantir à pessoa com deficiência todos os direitos políticos e a oportunidade de exercê-los em igualdade de condições com as demais pessoas.

§ 1º À pessoa com deficiência será assegurado o direito de votar e de ser votada, inclusive por meio das seguintes ações:

I – garantia de que os procedimentos, as instalações, os materiais e os equipamentos para votação sejam apropriados, acessíveis a todas as pessoas e de fácil compreensão e uso, sendo vedada a instalação de seções eleitorais exclusivas para a pessoa com deficiência;

II – incentivo à pessoa com deficiência a candidatar-se e a desempenhar quaisquer funções públicas em todos os níveis de governo, inclusive por meio do uso de novas tecnologias assistivas, quando apropriado;

III – garantia de que os pronunciamentos oficiais, a propaganda eleitoral obrigatória e os debates transmitidos pelas emissoras de televisão possuam, pelo menos, os recursos elencados no art. 67 desta Lei;

IV – garantia do livre exercício do direito ao voto e, para tanto, sempre que necessário e a seu pedido, permissão para que a pessoa com deficiência seja auxiliada na votação por pessoa de sua escolha.

§ 2º O poder público promoverá a participação da pessoa com deficiência, inclusive quando institucionalizada, na condução das questões públicas, sem discriminação e em igualdade de oportunidades, observado o seguinte:

I – participação em organizações não governamentais relacionadas à vida pública e à política do País e em atividades e administração de partidos políticos;

II – formação de organizações para representar a pessoa com deficiência em todos os níveis;

III – participação da pessoa com deficiência em organizações que a representem.

Lei 13.146/2015

TÍTULO IV
DA CIÊNCIA E TECNOLOGIA

Art. 77. O poder público deve fomentar o desenvolvimento científico, a pesquisa e a inovação e a capacitação tecnológicas, voltados à melhoria da qualidade de vida e ao trabalho da pessoa com deficiência e sua inclusão social.

§ 1º O fomento pelo poder público deve priorizar a geração de conhecimentos e técnicas que visem à prevenção e ao tratamento de deficiências e ao desenvolvimento de tecnologias assistiva e social.

§ 2º A acessibilidade e as tecnologias assistiva e social devem ser fomentadas mediante a criação de cursos de pós-graduação, a formação de recursos humanos e a inclusão do tema nas diretrizes de áreas do conhecimento.

§ 3º Deve ser fomentada a capacitação tecnológica de instituições públicas e privadas para o desenvolvimento de tecnologias assistiva e social que sejam voltadas para melhoria da funcionalidade e da participação social da pessoa com deficiência.

§ 4º As medidas previstas neste artigo devem ser reavaliadas periodicamente pelo poder público, com vistas ao seu aperfeiçoamento.

Art. 78. Devem ser estimulados a pesquisa, o desenvolvimento, a inovação e a difusão de tecnologias voltadas para ampliar o acesso da pessoa com deficiência às tecnologias da informação e comunicação e às tecnologias sociais.

Parágrafo único. Serão estimulados, em especial:

I – o emprego de tecnologias da informação e comunicação como instrumento de superação de limitações funcionais e de barreiras à comunicação, à informação, à educação e ao entretenimento da pessoa com deficiência;

II – a adoção de soluções e a difusão de normas que visem a ampliar a acessibilidade da pessoa com deficiência à computação e aos sítios da internet, em especial aos serviços de governo eletrônico.

LIVRO II
PARTE ESPECIAL
TÍTULO I
DO ACESSO À JUSTIÇA

Capítulo I
DISPOSIÇÕES GERAIS

Art. 79. O poder público deve assegurar o acesso da pessoa com deficiência à justiça, em igualdade de oportunidades com as demais pessoas, garantindo, sempre que requeridos, adaptações e recursos de tecnologia assistiva.

§ 1º A fim de garantir a atuação da pessoa com deficiência em todo o processo judicial, o poder público deve capacitar os membros e os servidores que atuam no Poder Judiciário, no Ministério Público, na Defensoria Pública, nos órgãos de segurança pública e no sistema penitenciário quanto aos direitos da pessoa com deficiência.

§ 2º Devem ser assegurados à pessoa com deficiência submetida a medida restritiva de liberdade todos os direitos e garantias a que fazem jus os apenados sem deficiência, garantida a acessibilidade.

§ 3º A Defensoria Pública e o Ministério Público tomarão as medidas necessárias à garantia dos direitos previstos nesta Lei.

Art. 80. Devem ser oferecidos todos os recursos de tecnologia assistiva disponíveis para que a pessoa com deficiência tenha garantido o acesso à justiça, sempre que figure em um dos polos da ação ou atue como testemunha, partícipe da lide posta em juízo, advogado, defensor público, magistrado ou membro do Ministério Público.

Parágrafo único. A pessoa com deficiência tem garantido o acesso ao conteúdo de todos os atos processuais de seu interesse, inclusive no exercício da advocacia.

Art. 81. Os direitos da pessoa com deficiência serão garantidos por ocasião da aplicação de sanções penais.

Art. 82. *(Vetado).*

Art. 83. Os serviços notariais e de registro não podem negar ou criar óbices ou condições diferenciadas à prestação de seus serviços em razão de deficiência do solicitante, devendo reconhecer sua capacidade legal plena, garantida a acessibilidade.

Parágrafo único. O descumprimento do disposto no *caput* deste artigo constitui discriminação em razão de deficiência.

Capítulo II
DO RECONHECIMENTO IGUAL PERANTE A LEI

Art. 84. A pessoa com deficiência tem assegurado o direito ao exercício de sua capacidade legal em igualdade de condições com as demais pessoas.

§ 1º Quando necessário, a pessoa com deficiência será submetida à curatela, conforme a lei.

§ 2º É facultado à pessoa com deficiência a adoção de processo de tomada de decisão apoiada.

§ 3º A definição de curatela de pessoa com deficiência constitui medida protetiva extraordinária, proporcional às necessidades e às circunstâncias de cada caso, e durará o menor tempo possível.

§ 4º Os curadores são obrigados a prestar, anualmente, contas de sua administração ao juiz, apresentando o balanço do respectivo ano.

Art. 85. A curatela afetará tão somente os atos relacionados aos direitos de natureza patrimonial e negocial.

§ 1º A definição da curatela não alcança o direito ao próprio corpo, à sexualidade, ao matrimônio, à privacidade, à educação, à saúde, ao trabalho e ao voto.

§ 2º A curatela constitui medida extraordinária, devendo constar da sentença as razões e motivações de sua definição, preservados os interesses do curatelado.

§ 3º No caso de pessoa em situação de institucionalização, ao nomear curador, o juiz deve dar preferência a pessoa que tenha vínculo de natureza familiar, afetiva ou comunitária com o curatelado.

Art. 86. Para emissão de documentos oficiais, não será exigida a situação de curatela da pessoa com deficiência.

Art. 87. Em casos de relevância e urgência e a fim de proteger os interesses da pessoa com deficiência em situação de curatela, será lícito ao juiz, ouvido o Ministério Público, de ofício ou a requerimento do interessado, nomear, desde logo, curador provisório, o qual estará sujeito, no que couber, às disposições do Código de Processo Civil.

TÍTULO II
DOS CRIMES E DAS INFRAÇÕES ADMINISTRATIVAS

Art. 88. Praticar, induzir ou incitar discriminação de pessoa em razão de sua deficiência:

Pena – reclusão, de 1 (um) a 3 (três) anos, e multa.

§ 1º Aumenta-se a pena em 1/3 (um terço) se a vítima encontrar-se sob cuidado e responsabilidade do agente.

§ 2º Se qualquer dos crimes previstos no *caput* deste artigo é cometido por intermédio de meios de comunicação social ou de publicação de qualquer natureza:

Pena – reclusão, de 2 (dois) a 5 (cinco) anos, e multa.

§ 3º Na hipótese do § 2º deste artigo, o juiz poderá determinar, ouvido o Ministério Público ou a pedido deste, ainda antes do inquérito policial, sob pena de desobediência:

I – recolhimento ou busca e apreensão dos exemplares do material discriminatório;

II – interdição das respectivas mensagens ou páginas de informação na internet.

§ 4º Na hipótese do § 2º deste artigo, constitui efeito da condenação, após o trânsito em julgado da decisão, a destruição do material apreendido.

Art. 89. Apropriar-se de ou desviar bens, proventos, pensão, benefícios, remuneração ou qualquer outro rendimento de pessoa com deficiência:

Pena – reclusão, de 1 (um) a 4 (quatro) anos, e multa.

Parágrafo único. Aumenta-se a pena em 1/3 (um terço) se o crime é cometido:

I – por tutor, curador, síndico, liquidatário, inventariante, testamenteiro ou depositário judicial; ou

II – por aquele que se apropriou em razão de ofício ou de profissão.

Lei 13.146/2015

Art. 90. Abandonar pessoa com deficiência em hospitais, casas de saúde, entidades de abrigamento ou congêneres:
Pena – reclusão, de 6 (seis) meses a 3 (três) anos, e multa.
Parágrafo único. Na mesma pena incorre quem não prover as necessidades básicas de pessoa com deficiência quando obrigado por lei ou mandado.

Art. 91. Reter ou utilizar cartão magnético, qualquer meio eletrônico ou documento de pessoa com deficiência destinados ao recebimento de benefícios, proventos, pensões ou remuneração ou à realização de operações financeiras, com o fim de obter vantagem indevida para si ou para outrem:
Pena – detenção, de 6 (seis) meses a 2 (dois) anos, e multa.
Parágrafo único. Aumenta-se a pena em 1/3 (um terço) se o crime é cometido por tutor ou curador.

TÍTULO III
DISPOSIÇÕES FINAIS E TRANSITÓRIAS

Art. 92. É criado o Cadastro Nacional de Inclusão da Pessoa com Deficiência (Cadastro-Inclusão), registro público eletrônico com a finalidade de coletar, processar, sistematizar e disseminar informações georreferenciadas que permitam a identificação e a caracterização socioeconômica da pessoa com deficiência, bem como das barreiras que impedem a realização de seus direitos.
§ 1º O Cadastro-Inclusão será administrado pelo Poder Executivo federal e constituído por base de dados, instrumentos, procedimentos e sistemas eletrônicos.
§ 2º Os dados constituintes do Cadastro-Inclusão serão obtidos pela integração dos sistemas de informação e da base de dados de todas as políticas públicas relacionadas aos direitos da pessoa com deficiência, bem como por informações coletadas, inclusive em censos nacionais e nas demais pesquisas realizadas no País, de acordo com os parâmetros estabelecidos pela Convenção sobre os Direitos das Pessoas com Deficiência e seu Protocolo Facultativo.
§ 3º Para coleta, transmissão e sistematização de dados, é facultada a celebração de convênios, acordos, termos de parceria ou contratos com instituições públicas e privadas, observados os requisitos e procedimentos previstos em legislação específica.
§ 4º Para assegurar a confidencialidade, a privacidade e as liberdades fundamentais da pessoa com deficiência e os princípios éticos que regem a utilização de informações, devem ser observadas as salvaguardas estabelecidas em lei.
§ 5º Os dados do Cadastro-Inclusão somente poderão ser utilizados para as seguintes finalidades:
I – formulação, gestão, monitoramento e avaliação das políticas públicas para a pessoa com deficiência e para identificar as barreiras que impedem a realização de seus direitos;
II – realização de estudos e pesquisas.
§ 6º As informações a que se refere este artigo devem ser disseminadas em formatos acessíveis.

Art. 93. Na realização de inspeções e de auditorias pelos órgãos de controle interno e externo, deve ser observado o cumprimento da legislação relativa à pessoa com deficiência e das normas de acessibilidade vigentes.

Art. 94. Terá direito a auxílio-inclusão, nos termos da lei, a pessoa com deficiência moderada ou grave que:
I – receba o benefício de prestação continuada previsto no art. 20 da Lei 8.742, de 7 de dezembro de 1993, e que passe a exercer atividade remunerada que a enquadre como segurado obrigatório do RGPS;
II – tenha recebido, nos últimos 5 (cinco) anos, o benefício de prestação continuada previsto no art. 20 da Lei 8.742, de 7 de dezembro de 1993, e que exerça atividade remunerada que a enquadre como segurado obrigatório do RGPS.

Art. 95. É vedado exigir o comparecimento de pessoa com deficiência perante os órgãos públicos quando seu deslocamento, em razão de sua limitação funcional e de condições de acessibilidade, imponha-lhe ônus desproporcional e indevido, hipó-

Lei 13.146/2015

LEGISLAÇÃO

tese na qual serão observados os seguintes procedimentos:
I – quando for de interesse do poder público, o agente promoverá o contato necessário com a pessoa com deficiência em sua residência;
II – quando for de interesse da pessoa com deficiência, ela apresentará solicitação de atendimento domiciliar ou fará representar-se por procurador constituído para essa finalidade.
Parágrafo único. É assegurado à pessoa com deficiência atendimento domiciliar pela perícia médica e social do Instituto Nacional do Seguro Social (INSS), pelo serviço público de saúde ou pelo serviço privado de saúde, contratado ou conveniado, que integre o SUS e pelas entidades da rede socioassistencial integrantes do Suas, quando seu deslocamento, em razão de sua limitação funcional e de condições de acessibilidade, imponha-lhe ônus desproporcional e indevido.

Art. 96. O § 6º-A do art. 135 da Lei 4.737, de 15 de julho de 1965 (Código Eleitoral), passa a vigorar com a seguinte redação:
"Art. 135. [...]
"[...]
"§ 6º-A. Os Tribunais Regionais Eleitorais deverão, a cada eleição, expedir instruções aos Juízes Eleitorais para orientá-los na escolha dos locais de votação, de maneira a garantir acessibilidade para o eleitor com deficiência ou com mobilidade reduzida, inclusive em seu entorno e nos sistemas de transporte que lhe dão acesso.
"[...]"

Art. 97. A Consolidação das Leis do Trabalho (CLT), aprovada pelo Decreto-lei 5.452, de 1º de maio de 1943, passa a vigorar com as seguintes alterações:
"Art. 428. [...]
"[...]
"§ 6º Para os fins do contrato de aprendizagem, a comprovação da escolaridade de aprendiz com deficiência deve considerar, sobretudo, as habilidades e competências relacionadas com a profissionalização.

"[...]
"§ 8º Para o aprendiz com deficiência com 18 (dezoito) anos ou mais, a validade do contrato de aprendizagem pressupõe anotação na CTPS e matrícula e frequência em programa de aprendizagem desenvolvido sob orientação de entidade qualificada em formação técnico-profissional metódica."
"Art. 433. [...]
"[...]
"I – desempenho insuficiente ou inadaptação do aprendiz, salvo para o aprendiz com deficiência quando desprovido de recursos de acessibilidade, de tecnologias assistivas e de apoio necessário ao desempenho de suas atividades;
"[...]"

Art. 98. A Lei 7.853, de 24 de outubro de 1989, passa a vigorar com as seguintes alterações:
"Art. 3º As medidas judiciais destinadas à proteção de interesses coletivos, difusos, individuais homogêneos e individuais indisponíveis da pessoa com deficiência poderão ser propostas pelo Ministério Público, pela Defensoria Pública, pela União, pelos Estados, pelos Municípios, pelo Distrito Federal, por associação constituída há mais de 1 (um) ano, nos termos da lei civil, por autarquia, por empresa pública e por fundação ou sociedade de economia mista que inclua, entre suas finalidades institucionais, a proteção dos interesses e a promoção de direitos da pessoa com deficiência.
"[...]"
"Art. 8º Constitui crime punível com reclusão de 2 (dois) a 5 (cinco) anos e multa:
"I – recusar, cobrar valores adicionais, suspender, procrastinar, cancelar ou fazer cessar inscrição de aluno em estabelecimento de ensino de qualquer curso ou grau, público ou privado, em razão de sua deficiência;
"II – obstar inscrição em concurso público ou acesso de alguém a qualquer cargo ou emprego público, em razão de sua deficiência;
"III – negar ou obstar emprego, trabalho ou promoção à pessoa em razão de sua deficiência;

Lei 13.146/2015

LEGISLAÇÃO

"IV – recusar, retardar ou dificultar internação ou deixar de prestar assistência médico-hospitalar e ambulatorial à pessoa com deficiência;

"V – deixar de cumprir, retardar ou frustrar execução de ordem judicial expedida na ação civil a que alude esta Lei;

"VI – recusar, retardar ou omitir dados técnicos indispensáveis à propositura da ação civil pública objeto desta Lei, quando requisitados.

"§ 1º Se o crime for praticado contra pessoa com deficiência menor de 18 (dezoito) anos, a pena é agravada em 1/3 (um terço).

"§ 2º A pena pela adoção deliberada de critérios subjetivos para indeferimento de inscrição, de aprovação e de cumprimento de estágio probatório em concursos públicos não exclui a responsabilidade patrimonial pessoal do administrador público pelos danos causados.

"§ 3º Incorre nas mesmas penas quem impede ou dificulta o ingresso de pessoa com deficiência em planos privados de assistência à saúde, inclusive com cobrança de valores diferenciados.

"§ 4º Se o crime for praticado em atendimento de urgência e emergência, a pena é agravada em 1/3 (um terço)."

Art. 99. O art. 20 da Lei 8.036, de 11 de maio de 1990, passa a vigorar acrescido do seguinte inciso XVIII:
"Art. 20. [...]
"[...]
"XVIII – quando o trabalhador com deficiência, por prescrição, necessite adquirir órtese ou prótese para promoção de acessibilidade e de inclusão social.
"[...]"

Art. 100. A Lei 8.078, de 11 de setembro de 1990 (Código de Defesa do Consumidor), passa a vigorar com as seguintes alterações:
"Art. 6º [...]
"[...]
"Parágrafo único. A informação de que trata o inciso III do caput deste artigo deve ser acessível à pessoa com deficiência, observado o disposto em regulamento."
"Art. 43. [...]
"[...]
"§ 6º Todas as informações de que trata o caput deste artigo devem ser disponibilizadas em formatos acessíveis, inclusive para a pessoa com deficiência, mediante solicitação do consumidor."

Art. 101. A Lei 8.213, de 24 de julho de 1991, passa a vigorar com as seguintes alterações:
"Art. 16. [...]
"I – o cônjuge, a companheira, o companheiro e o filho não emancipado, de qualquer condição, menor de 21 (vinte e um) anos ou inválido ou que tenha deficiência intelectual ou mental ou deficiência grave;
"[...]
"III – o irmão não emancipado, de qualquer condição, menor de 21 (vinte e um) anos ou inválido ou que tenha deficiência intelectual ou mental ou deficiência grave;
"[...]"
"Art. 77. [...]
"[...]
"§ 2º [...]
"[...]
"II – para o filho, a pessoa a ele equiparada ou o irmão, de ambos os sexos, pela emancipação ou ao completar 21 (vinte e um) anos de idade, salvo se for inválido ou tiver deficiência intelectual ou mental ou deficiência grave;
"[...]
"§ 4º (Vetado.)
"[...]"
"Art. 93. (Vetado.)
"I – (Vetado.)
"II – (Vetado.)
"III – (Vetado.)
"IV – (Vetado.)
"V – (Vetado.)
"§ 1º A dispensa de pessoa com deficiência ou de beneficiário reabilitado da Previdência Social ao final de contrato por prazo deter-

Lei 13.146/2015

minado de mais de 90 (noventa) dias e a dispensa imotivada em contrato por prazo indeterminado somente poderão ocorrer após a contratação de outro trabalhador com deficiência ou beneficiário reabilitado da Previdência Social.

"§ 2º Ao Ministério do Trabalho e Emprego incumbe estabelecer a sistemática de fiscalização, bem como gerar dados e estatísticas sobre o total de empregados e as vagas preenchidas por pessoas com deficiência e por beneficiários reabilitados da Previdência Social, fornecendo-os, quando solicitados, aos sindicatos, às entidades representativas dos empregados ou aos cidadãos interessados.

"§ 3º Para a reserva de cargos será considerada somente a contratação direta de pessoa com deficiência, excluído o aprendiz com deficiência de que trata a Consolidação das Leis do Trabalho (CLT), aprovada pelo Decreto-lei 5.452, de 1º de maio de 1943.

"§ 4º *(Vetado.)*"

"Art. 110-A. No ato de requerimento de benefícios operacionalizados pelo INSS, não será exigida apresentação de termo de curatela de titular ou de beneficiário com deficiência, observados os procedimentos a serem estabelecidos em regulamento."

Art. 102. O art. 2º da Lei 8.313, de 23 de dezembro de 1991, passa a vigorar acrescido do seguinte § 3º:

"Art. 2º [...]

"[...]

"§ 3º Os incentivos criados por esta Lei somente serão concedidos a projetos culturais que forem disponibilizados, sempre que tecnicamente possível, também em formato acessível à pessoa com deficiência, observado o disposto em regulamento."

Art. 103. O art. 11 da Lei 8.429, de 2 de junho de 1992, passa a vigorar acrescido do seguinte inciso IX:

"Art. 11. [...]

"[...]

"IX – deixar de cumprir a exigência de requisitos de acessibilidade previstos na legislação."

Art. 104. A Lei 8.666, de 21 de junho de 1993, passa a vigorar com as seguintes alterações:

"Art. 3º [...]

"[...]

"§ 2º [...]

"[...]

"V – produzidos ou prestados por empresas que comprovem cumprimento de reserva de cargos prevista em lei para pessoa com deficiência ou para reabilitado da Previdência Social e que atendam às regras de acessibilidade previstas na legislação.

"[...]

"§ 5º Nos processos de licitação, poderá ser estabelecida margem de preferência para:

"I – produtos manufaturados e para serviços nacionais que atendam a normas técnicas brasileiras; e

"II – bens e serviços produzidos ou prestados por empresas que comprovem cumprimento de reserva de cargos prevista em lei para pessoa com deficiência ou para reabilitado da Previdência Social e que atendam às regras de acessibilidade previstas na legislação.

"[...]"

"Art. 66-A. As empresas enquadradas no inciso V do § 2º e no inciso II do § 5º do art. 3º desta Lei deverão cumprir, durante todo o período de execução do contrato, a reserva de cargos prevista em lei para pessoa com deficiência ou para reabilitado da Previdência Social, bem como as regras de acessibilidade previstas na legislação.

"Parágrafo único. Cabe à administração fiscalizar o cumprimento dos requisitos de acessibilidade nos serviços e nos ambientes de trabalho."

Art. 105. O art. 20 da Lei 8.742, de 7 de dezembro de 1993, passa a vigorar com as seguintes alterações:

"Art. 20. [...]

"[...]

"§ 2º Para efeito de concessão do benefício de prestação continuada, considera-se pessoa com deficiência aquela que tem impedimento de longo prazo de natureza física,

Lei 13.146/2015

mental, intelectual ou sensorial, o qual, em interação com uma ou mais barreiras, pode obstruir sua participação plena e efetiva na sociedade em igualdade de condições com as demais pessoas.

"[...]

"§ 9º Os rendimentos decorrentes de estágio supervisionado e de aprendizagem não serão computados para os fins de cálculo da renda familiar *per capita* a que se refere o § 3º deste artigo.

"[...]

"§ 11. Para concessão do benefício de que trata o *caput* deste artigo, poderão ser utilizados outros elementos probatórios da condição de miserabilidade do grupo familiar e da situação de vulnerabilidade, conforme regulamento."

Art. 106. *(Vetado.)*

Art. 107. A Lei 9.029, de 13 de abril de 1995, passa a vigorar com as seguintes alterações:

"Art. 1º É proibida a adoção de qualquer prática discriminatória e limitativa para efeito de acesso à relação de trabalho, ou de sua manutenção, por motivo de sexo, origem, raça, cor, estado civil, situação familiar, deficiência, reabilitação profissional, idade, entre outros, ressalvadas, nesse caso, as hipóteses de proteção à criança e ao adolescente previstas no inciso XXXIII do art. 7º da Constituição Federal."

"Art. 3º Sem prejuízo do prescrito no art. 2º desta Lei e nos dispositivos legais que tipificam os crimes resultantes de preconceito de etnia, raça, cor ou deficiência, as infrações ao disposto nesta Lei são passíveis das seguintes cominações:

"[...]"

"Art. 4º [...]

"I – a reintegração com ressarcimento integral de todo o período de afastamento, mediante pagamento das remunerações devidas, corrigidas monetariamente e acrescidas de juros legais;

"[...]"

Art. 108. O art. 35 da Lei 9.250, de 26 de dezembro de 1995, passa a vigorar acrescido do seguinte § 5º:

"Art. 35. [...]

"[...]

"§ 5º Sem prejuízo do disposto no inciso IX do parágrafo único do art. 3º da Lei 10.741, de 1º de outubro de 2003, a pessoa com deficiência, ou o contribuinte que tenha dependente nessa condição, tem preferência na restituição referida no inciso III do art. 4º e na alínea c do inciso II do art. 8º."

Art. 109. A Lei 9.503, de 23 de setembro de 1997 (Código de Trânsito Brasileiro), passa a vigorar com as seguintes alterações:

"Art. 2º [...]

"Parágrafo único. Para os efeitos deste Código, são consideradas vias terrestres as praias abertas à circulação pública, as vias internas pertencentes aos condomínios constituídos por unidades autônomas e as vias e áreas de estacionamento de estabelecimentos privados de uso coletivo."

"Art. 86-A. As vagas de estacionamento regulamentado de que trata o inciso XVII do art. 181 desta Lei deverão ser sinalizadas com as respectivas placas indicativas de destinação e com placas informando os dados sobre a infração por estacionamento indevido."

"Art. 147-A. Ao candidato com deficiência auditiva é assegurada acessibilidade de comunicação, mediante emprego de tecnologias assistivas ou de ajudas técnicas em todas as etapas do processo de habilitação.

"§ 1º O material didático audiovisual utilizado em aulas teóricas dos cursos que precedem os exames previstos no art. 147 desta Lei deve ser acessível, por meio de subtitulação com legenda oculta associada à tradução simultânea em Libras.

"§ 2º É assegurado também ao candidato com deficiência auditiva requerer, no ato de sua inscrição, os serviços de intérprete da Libras, para acompanhamento em aulas práticas e teóricas."

"Art. 154. *(Vetado.)*"

"Art. 181. [...]

"[...]

Lei 13.146/2015

LEGISLAÇÃO

"XVII – [...]
"Infração – grave;
"[...]"

Art. 110. O inciso VI e o § 1º do art. 56 da Lei 9.615, de 24 de março de 1998, passam a vigorar com a seguinte redação:
"Art. 56. [...]
"[...]
"VI – 2,7% (dois inteiros e sete décimos por cento) da arrecadação bruta dos concursos de prognósticos e loterias federais e similares cuja realização estiver sujeita a autorização federal, deduzindo-se esse valor do montante destinado aos prêmios;
"[...]
"§ 1º Do total de recursos financeiros resultantes do percentual de que trata o inciso VI do *caput*, 62,96% (sessenta e dois inteiros e noventa e seis centésimos por cento) serão destinados ao Comitê Olímpico Brasileiro (COB) e 37,04% (trinta e sete inteiros e quatro centésimos por cento) ao Comitê Paralímpico Brasileiro (CPB), devendo ser observado, em ambos os casos, o conjunto de normas aplicáveis à celebração de convênios pela União.
"[...]"

Art. 111. O art. 1º da Lei 10.048, de 8 de novembro de 2000, passa a vigorar com a seguinte redação:
"Art. 1º As pessoas com deficiência, os idosos com idade igual ou superior a 60 (sessenta) anos, as gestantes, as lactantes, as pessoas com crianças de colo e os obesos terão atendimento prioritário, nos termos desta Lei."

Art. 112. A Lei 10.098, de 19 de dezembro de 2000, passa a vigorar com as seguintes alterações:
"Art. 2º [...]
"I – acessibilidade: possibilidade e condição de alcance para utilização, com segurança e autonomia, de espaços, mobiliários, equipamentos urbanos, edificações, transportes, informação e comunicação, inclusive seus sistemas e tecnologias, bem como de outros serviços e instalações abertos ao público, de uso público ou privados de uso coletivo, tanto na zona urbana como na rural, por pessoa com deficiência ou com mobilidade reduzida;
"II – barreiras: qualquer entrave, obstáculo, atitude ou comportamento que limite ou impeça a participação social da pessoa, bem como o gozo, a fruição e o exercício de seus direitos à acessibilidade, à liberdade de movimento e de expressão, à comunicação, ao acesso à informação, à compreensão, à circulação com segurança, entre outros, classificadas em:
"*a*) barreiras urbanísticas: as existentes nas vias e nos espaços públicos e privados abertos ao público ou de uso coletivo;
"*b*) barreiras arquitetônicas: as existentes nos edifícios públicos e privados;
"*c*) barreiras nos transportes: as existentes nos sistemas e meios de transportes;
"*d*) barreiras nas comunicações e na informação: qualquer entrave, obstáculo, atitude ou comportamento que dificulte ou impossibilite a expressão ou o recebimento de mensagens e de informações por intermédio de sistemas de comunicação e de tecnologia da informação;
"III – pessoa com deficiência: aquela que tem impedimento de longo prazo de natureza física, mental, intelectual ou sensorial, o qual, em interação com uma ou mais barreiras, pode obstruir sua participação plena e efetiva na sociedade em igualdade de condições com as demais pessoas;
"IV – pessoa com mobilidade reduzida: aquela que tenha, por qualquer motivo, dificuldade de movimentação, permanente ou temporária, gerando redução efetiva da mobilidade, da flexibilidade, da coordenação motora ou da percepção, incluindo idoso, gestante, lactante, pessoa com criança de colo e obeso;
"V – acompanhante: aquele que acompanha a pessoa com deficiência, podendo ou não desempenhar as funções de atendente pessoal;
"VI – elemento de urbanização: quaisquer componentes de obras de urbanização, tais como os referentes a pavimentação, saneamento, encanamento para esgotos, distribuição de energia elétrica e de gás, iluminação pública, serviços de comunicação, abas-

tecimento e distribuição de água, paisagismo e os que materializam as indicações do planejamento urbanístico;

"VII – mobiliário urbano: conjunto de objetos existentes nas vias e nos espaços públicos, superpostos ou adicionados aos elementos de urbanização ou de edificação, de forma que sua modificação ou seu traslado não provoque alterações substanciais nesses elementos, tais como semáforos, postes de sinalização e similares, terminais e pontos de acesso coletivo às telecomunicações, fontes de água, lixeiras, toldos, marquises, bancos, quiosques e quaisquer outros de natureza análoga;

"VIII – tecnologia assistiva ou ajuda técnica: produtos, equipamentos, dispositivos, recursos, metodologias, estratégias, práticas e serviços que objetivem promover a funcionalidade, relacionada à atividade e à participação da pessoa com deficiência ou com mobilidade reduzida, visando à sua autonomia, independência, qualidade de vida e inclusão social;

"IX – comunicação: forma de interação dos cidadãos que abrange, entre outras opções, as línguas, inclusive a Língua Brasileira de Sinais (Libras), a visualização de textos, o Braille, o sistema de sinalização ou de comunicação tátil, os caracteres ampliados, os dispositivos multimídia, assim como a linguagem simples, escrita e oral, os sistemas auditivos e os meios de voz digitalizados e os modos, meios e formatos aumentativos e alternativos de comunicação, incluindo as tecnologias da informação e das comunicações;

"X – desenho universal: concepção de produtos, ambientes, programas e serviços a serem usados por todas as pessoas, sem necessidade de adaptação ou de projeto específico, incluindo os recursos de tecnologia assistiva."

"Art. 3º O planejamento e a urbanização das vias públicas, dos parques e dos demais espaços de uso público deverão ser concebidos e executados de forma a torná-los acessíveis para todas as pessoas, inclusive para aquelas com deficiência ou com mobilidade reduzida.

"Parágrafo único. O passeio público, elemento obrigatório de urbanização e parte da via pública, normalmente segregado e em nível diferente, destina-se somente à circulação de pedestres e, quando possível, à implantação de mobiliário urbano e de vegetação."

"Art. 9º [...]

"Parágrafo único. Os semáforos para pedestres instalados em vias públicas de grande circulação, ou que deem acesso aos serviços de reabilitação, devem obrigatoriamente estar equipados com mecanismo que emita sinal sonoro suave para orientação do pedestre."

"Art. 10-A. A instalação de qualquer mobiliário urbano em área de circulação comum para pedestre que ofereça risco de acidente à pessoa com deficiência deverá ser indicada mediante sinalização tátil de alerta no piso, de acordo com as normas técnicas pertinentes."

"Art. 12-A. Os centros comerciais e os estabelecimentos congêneres devem fornecer carros e cadeiras de rodas, motorizados ou não, para o atendimento da pessoa com deficiência ou com mobilidade reduzida."

Art. 113. A Lei 10.257, de 10 de julho de 2001 (Estatuto da Cidade), passa a vigorar com as seguintes alterações:

"Art. 3º [...]

"[...]

"III – promover, por iniciativa própria e em conjunto com os Estados, o Distrito Federal e os Municípios, programas de construção de moradias e melhoria das condições habitacionais, de saneamento básico, das calçadas, dos passeios públicos, do mobiliário urbano e dos demais espaços de uso público;

"IV – instituir diretrizes para desenvolvimento urbano, inclusive habitação, saneamento básico, transporte e mobilidade urbana, que incluam regras de acessibilidade aos locais de uso público;

"[...]"

"Art. 41. [...]

"[...]

"§ 3º As cidades de que trata o *caput* deste artigo devem elaborar plano de rotas acessíveis, compatível com o plano diretor no qual está inserido, que disponha sobre os passeios públicos a serem implantados ou re-

Lei 13.146/2015

LEGISLAÇÃO

formados pelo poder público, com vistas a garantir acessibilidade da pessoa com deficiência ou com mobilidade reduzida a todas as rotas e vias existentes, inclusive as que concentrem os focos geradores de maior circulação de pedestres, como os órgãos públicos e os locais de prestação de serviços públicos e privados de saúde, educação, assistência social, esporte, cultura, correios e telégrafos, bancos, entre outros, sempre que possível de maneira integrada com os sistemas de transporte coletivo de passageiros."

Art. 114. A Lei 10.406, de 10 de janeiro de 2002 (Código Civil), passa a vigorar com as seguintes alterações:

"Art. 3º São absolutamente incapazes de exercer pessoalmente os atos da vida civil os menores de 16 (dezesseis) anos.

"I – *(Revogado.)*

"II – *(Revogado.)*

"III – *(Revogado.)*"

"Art. 4º São incapazes, relativamente a certos atos ou à maneira de os exercer:

"[...]

"II – os ébrios habituais e os viciados em tóxico;

"III – aqueles que, por causa transitória ou permanente, não puderem exprimir sua vontade;

"[...]

"Parágrafo único. A capacidade dos indígenas será regulada por legislação especial."

"Art. 228. [...]

"[...]

"II – *(Revogado.)*

"III – *(Revogado.)*

"[...]

"§ 1º [...]

"§ 2º A pessoa com deficiência poderá testemunhar em igualdade de condições com as demais pessoas, sendo-lhe assegurados todos os recursos de tecnologia assistiva."

"Art. 1.518. Até a celebração do casamento podem os pais ou tutores revogar a autorização."

"Art. 1.548. [...]

"I – *(Revogado.)*

"[...]"

"Art. 1.550. [...]

"[...]

"§ 1º [...]

"§ 2º A pessoa com deficiência mental ou intelectual em idade núbia poderá contrair matrimônio, expressando sua vontade diretamente ou por meio de seu responsável ou curador."

"Art. 1.557. [...]

"[...]

"III – a ignorância, anterior ao casamento, de defeito físico irremediável que não caracterize deficiência ou de moléstia grave e transmissível, por contágio ou por herança, capaz de pôr em risco a saúde do outro cônjuge ou de sua descendência;

"IV – *(Revogado.)*"

"Art. 1.767. [...]

"I – aqueles que, por causa transitória ou permanente, não puderem exprimir sua vontade;

"II – *(Revogado.)*

"III – os ébrios habituais e os viciados em tóxico;

"IV – *(Revogado.)*

"[...]"

"Art. 1.768. O processo que define os termos da curatela deve ser promovido:

"[...]

"IV – pela própria pessoa."

"Art. 1.769. O Ministério Público somente promoverá o processo que define os termos da curatela:

"I – nos casos de deficiência mental ou intelectual;

"[...]

"III – se, existindo, forem menores ou incapazes as pessoas mencionadas no inciso II."

"Art. 1.771. Antes de se pronunciar acerca dos termos da curatela, o juiz, que deverá ser assistido por equipe multidisciplinar, entrevistará pessoalmente o interditando."

"Art. 1.772. O juiz determinará, segundo as potencialidades da pessoa, os limites da curatela, circunscritos às restrições constantes do art. 1.782, e indicará curador.

"Parágrafo único. Para a escolha do curador, o juiz levará em conta a vontade e as preferências do interditando, a ausência de conflito de interesses e de influência indevida, a proporcionalidade e a adequação às circunstâncias da pessoa."

"Art. 1.775-A. Na nomeação de curador para a pessoa com deficiência, o juiz poderá estabelecer curatela compartilhada a mais de uma pessoa."

"Art. 1.777. As pessoas referidas no inciso I do art. 1.767 receberão todo o apoio necessário para ter preservado o direito à convivência familiar e comunitária, sendo evitado o seu recolhimento em estabelecimento que os afaste desse convívio."

Art. 115. O Título IV do Livro IV da Parte Especial da Lei 10.406, de 10 de janeiro de 2002 (Código Civil), passa a vigorar com a seguinte redação:

"TÍTULO IV

"DA TUTELA, DA CURATELA E DA TOMADA DE DECISÃO APOIADA"

Art. 116. O Título IV do Livro IV da Parte Especial da Lei 10.406, de 10 de janeiro de 2002 (Código Civil), passa a vigorar acrescido do seguinte Capítulo III:

"Capítulo III

"DA TOMADA DE DECISÃO APOIADA

"Art. 1.783-A. A tomada de decisão apoiada é o processo pelo qual a pessoa com deficiência elege pelo menos 2 (duas) pessoas idôneas, com as quais mantenha vínculos e que gozem de sua confiança, para prestar-lhe apoio na tomada de decisão sobre atos da vida civil, fornecendo-lhes os elementos e informações necessários para que possa exercer sua capacidade.

"§ 1º Para formular pedido de tomada de decisão apoiada, a pessoa com deficiência e os apoiadores devem apresentar termo em que constem os limites do apoio a ser oferecido e os compromissos dos apoiadores, inclusive o prazo de vigência do acordo e o respeito à vontade, aos direitos e aos interesses da pessoa que devem apoiar.

"§ 2º O pedido de tomada de decisão apoiada será requerido pela pessoa a ser apoiada, com indicação expressa das pessoas aptas a prestarem o apoio previsto no *caput* deste artigo.

"§ 3º Antes de se pronunciar sobre o pedido de tomada de decisão apoiada, o juiz, assistido por equipe multidisciplinar, após oitiva do Ministério Público, ouvirá pessoalmente o requerente e as pessoas que lhe prestarão apoio.

"§ 4º A decisão tomada por pessoa apoiada terá validade e efeitos sobre terceiros, sem restrições, desde que esteja inserida nos limites do apoio acordado.

"§ 5º Terceiro com quem a pessoa apoiada mantenha relação negocial pode solicitar que os apoiadores contra-assinem o contrato ou acordo, especificando, por escrito, sua função em relação ao apoiado.

"§ 6º Em caso de negócio jurídico que possa trazer risco ou prejuízo relevante, havendo divergência de opiniões entre a pessoa apoiada e um dos apoiadores, deverá o juiz, ouvido o Ministério Público, decidir sobre a questão.

"§ 7º Se o apoiador agir com negligência, exercer pressão indevida ou não adimplir as obrigações assumidas, poderá a pessoa apoiada ou qualquer pessoa apresentar denúncia ao Ministério Público ou ao juiz.

"§ 8º Se procedente a denúncia, o juiz destituirá o apoiador e nomeará, ouvida a pessoa apoiada e se for de seu interesse, outra pessoa para prestação de apoio.

"§ 9º A pessoa apoiada pode, a qualquer tempo, solicitar o término de acordo firmado em processo de tomada de decisão apoiada.

"§ 10. O apoiador pode solicitar ao juiz a exclusão de sua participação do processo de tomada de decisão apoiada, sendo seu desligamento condicionado a manifestação do juiz sobre a matéria.

"§ 11. Aplicam-se à tomada de decisão apoiada, no que couber, as disposições referentes a prestação de contas na curatela."

Art. 117. O art. 1º da Lei 11.126, de 27 de junho de 2005, passa a vigorar com a seguinte redação:

Lei 13.146/2015

"Art. 1º É assegurado à pessoa com deficiência visual acompanhada de cão-guia o direito de ingressar e de permanecer com o animal em todos os meios de transporte e em estabelecimentos abertos ao público, de uso público e privados de uso coletivo, desde que observadas as condições impostas por esta Lei.

"[...]

"§ 2º O disposto no *caput* deste artigo aplica-se a todas as modalidades e jurisdições do serviço de transporte coletivo de passageiros, inclusive em esfera internacional com origem no território brasileiro."

Art. 118. O inciso IV do art. 46 da Lei 11.904, de 14 de janeiro de 2009, passa a vigorar acrescido da seguinte alínea *k*:

"Art. 46. [...]

"[...]

"IV – [...]

"[...]

"k) de acessibilidade a todas as pessoas.

"[...]"

Art. 119. A Lei 12.587, de 3 de janeiro de 2012, passa a vigorar acrescida do seguinte art. 12-B:

"Art. 12-B. Na outorga de exploração de serviço de táxi, reservar-se-ão 10% (dez por cento) das vagas para condutores com deficiência.

"§ 1º Para concorrer às vagas reservadas na forma do *caput* deste artigo, o condutor com deficiência deverá observar os seguintes requisitos quanto ao veículo utilizado:

"I – ser de sua propriedade e por ele conduzido; e

"II – estar adaptado às suas necessidades, nos termos da legislação vigente.

"§ 2º No caso de não preenchimento das vagas na forma estabelecida no *caput* deste artigo, as remanescentes devem ser disponibilizadas para os demais concorrentes."

Art. 120. Cabe aos órgãos competentes, em cada esfera de governo, a elaboração de relatórios circunstanciados sobre o cumprimento dos prazos estabelecidos por força das Leis 10.048, de 8 de novembro de 2000, e 10.098, de 19 de dezembro de 2000, bem como o seu encaminhamento ao Ministério Público e aos órgãos de regulação para adoção das providências cabíveis.

Parágrafo único. Os relatórios a que se refere o *caput* deste artigo deverão ser apresentados no prazo de 1 (um) ano a contar da entrada em vigor desta Lei.

Art. 121. Os direitos, os prazos e as obrigações previstos nesta Lei não excluem os já estabelecidos em outras legislações, inclusive em pactos, tratados, convenções e declarações internacionais aprovados e promulgados pelo Congresso Nacional, e devem ser aplicados em conformidade com as demais normas internas e acordos internacionais vinculantes sobre a matéria.

Parágrafo único. Prevalecerá a norma mais benéfica à pessoa com deficiência.

Art. 122. Regulamento disporá sobre a adequação do disposto nesta Lei ao tratamento diferenciado, simplificado e favorecido a ser dispensado às microempresas e às empresas de pequeno porte, previsto no § 3º do art. 1º da Lei Complementar 123, de 14 de dezembro de 2006.

Art. 123. Revogam-se os seguintes dispositivos:

I – o inciso II do § 2º do art. 1º da Lei 9.008, de 21 de março de 1995;

II – os incisos I, II e III do art. 3º da Lei 10.406, de 10 de janeiro de 2002 (Código Civil);

III – os incisos II e III do art. 228 da Lei 10.406, de 10 de janeiro de 2002 (Código Civil);

IV – o inciso I do art. 1.548 da Lei 10.406, de 10 de janeiro de 2002 (Código Civil);

V – o inciso IV do art. 1.557 da Lei 10.406, de 10 de janeiro de 2002 (Código Civil);

VI – os incisos II e IV do art. 1.767 da Lei 10.406, de 10 de janeiro de 2002 (Código Civil);

VII – os arts. 1.776 e 1.780 da Lei 10.406, de 10 de janeiro de 2002 (Código Civil).

Art. 124. O § 1º do art. 2º desta Lei deverá entrar em vigor em até 2 (dois) anos, contados da entrada em vigor desta Lei.

Art. 125. Devem ser observados os prazos a seguir discriminados, a partir da entra-

Código de Ética OAB/2015

LEGISLAÇÃO

da em vigor desta Lei, para o cumprimento dos seguintes dispositivos:

I – incisos I e II do § 2º do art. 28, 48 (quarenta e oito) meses;

II – § 6º do art. 44, 48 (quarenta e oito) meses;

III – art. 45, 24 (vinte e quatro) meses;

IV – art. 49, 48 (quarenta e oito) meses.

Art. 126. Prorroga-se até 31 de dezembro de 2021 a vigência da Lei 8.989, de 24 de fevereiro de 1995.

Art. 127. Esta Lei entra em vigor após decorridos 180 (cento e oitenta) dias de sua publicação oficial.

Brasília, 6 de julho de 2015; 194º da Independência e 127º da República.

Dilma Rousseff

(*DOU* 07.07.2015)

CÓDIGO DE ÉTICA
E DISCIPLINA DA OAB/2015

O Conselho Federal da Ordem dos Advogados do Brasil, ao instituir o Código de Ética e Disciplina, norteou-se por princípios que formam a consciência profissional do advogado e representam imperativos de sua conduta, os quais se traduzem nos seguintes mandamentos: lutar sem receio pelo primado da Justiça; pugnar pelo cumprimento da Constituição e pelo respeito à Lei, fazendo com que o ordenamento jurídico seja interpretado com retidão, em perfeita sintonia com os fins sociais a que se dirige e as exigências do bem comum; ser fiel à verdade para poder servir à Justiça como um de seus elementos essenciais; proceder com lealdade e boa-fé em suas relações profissionais e em todos os atos do seu ofício; empenhar-se na defesa das causas confiadas ao seu patrocínio, dando ao constituinte o amparo do Direito, e proporcionando-lhe a realização prática de seus legítimos interesses; comportar-se, nesse mister, com independência e altivez, defendendo com o mesmo denodo humildes e poderosos; exercer a advocacia com o indispensável senso profissional, mas também com desprendimento, jamais permitindo que o anseio de ganho material sobreleve a finalidade social do seu trabalho; aprimorar-se no culto dos princípios éticos e no domínio da ciência jurídica, de modo a tornar-se merecedor da confiança do cliente e da sociedade como um todo, pelos atributos intelectuais e pela probidade pessoal; agir, em suma, com a dignidade e a correção dos profissionais que honram e engrandecem a sua classe.

Inspirado nesses postulados, o Conselho Federal da Ordem dos Advogados do Brasil, no uso das atribuições que lhe são conferidas pelos arts. 33 e 54, V, da Lei 8.906, de 04 de julho de 1994, aprova e edita este Código, exortando os advogados brasileiros à sua fiel observância.

- Aprovado pela Res. CFOAB 2/2015.

TÍTULO I
DA ÉTICA DO ADVOGADO

Capítulo I
DOS PRINCÍPIOS FUNDAMENTAIS

Art. 1º O exercício da advocacia exige conduta compatível com os preceitos deste Código, do Estatuto, do Regulamento Geral, dos Provimentos e com os princípios da moral individual, social e profissional.

Art. 2º O advogado, indispensável à administração da Justiça, é defensor do Estado Democrático de Direito, dos direitos humanos e garantias fundamentais, da cidadania, da moralidade, da Justiça e da paz social, cumprindo-lhe exercer o seu ministério em consonância com a sua elevada função pública e com os valores que lhe são inerentes.

Parágrafo único. São deveres do advogado:

I – preservar, em sua conduta, a honra, a nobreza e a dignidade da profissão, zelando pelo caráter de essencialidade e indispensabilidade da advocacia;

II – atuar com destemor, independência, honestidade, decoro, veracidade, lealdade, dignidade e boa-fé;

III – velar por sua reputação pessoal e profissional;

IV – empenhar-se, permanentemente, no aperfeiçoamento pessoal e profissional;

V – contribuir para o aprimoramento das instituições, do Direito e das leis;

Código de Ética OAB/2015

VI – estimular, a qualquer tempo, a conciliação e a mediação entre os litigantes, prevenindo, sempre que possível, a instauração de litígios;
VII – desaconselhar lides temerárias, a partir de um juízo preliminar de viabilidade jurídica;
VIII – abster-se de:
a) utilizar de influência indevida, em seu benefício ou do cliente;
b) vincular seu nome a empreendimentos sabidamente escusos;
c) emprestar concurso aos que atentem contra a ética, a moral, a honestidade e a dignidade da pessoa humana;
d) entender-se diretamente com a parte adversa que tenha patrono constituído, sem o assentimento deste;
e) ingressar ou atuar em pleitos administrativos ou judiciais perante autoridades com as quais tenha vínculos negociais ou familiares;
f) contratar honorários advocatícios em valores aviltantes;
IX – pugnar pela solução dos problemas da cidadania e pela efetivação dos direitos individuais, coletivos e difusos;
X – adotar conduta consentânea com o papel de elemento indispensável à administração da Justiça;
XI – cumprir os encargos assumidos no âmbito da Ordem dos Advogados do Brasil ou na representação da classe;
XII – zelar pelos valores institucionais da OAB e da advocacia;
XIII – ater-se, quando no exercício da função de defensor público, à defesa dos necessitados.

Art. 3º O advogado deve ter consciência de que o Direito é um meio de mitigar as desigualdades para o encontro de soluções justas e que a lei é um instrumento para garantir a igualdade de todos.

Art. 4º O advogado, ainda que vinculado ao cliente ou constituinte, mediante relação empregatícia ou por contrato de prestação permanente de serviços, ou como integrante de departamento jurídico, ou de órgão de assessoria jurídica, público ou privado, deve zelar pela sua liberdade e independência.

Parágrafo único. É legítima a recusa, pelo advogado, do patrocínio de causa e de manifestação, no âmbito consultivo, de pretensão concernente a direito que também lhe seja aplicável ou contrarie orientação que tenha manifestado anteriormente.

Art. 5º O exercício da advocacia é incompatível com qualquer procedimento de mercantilização.

Art. 6º É defeso ao advogado expor os fatos em Juízo ou na via administrativa falseando deliberadamente a verdade e utilizando de má-fé.

Art. 7º É vedado o oferecimento de serviços profissionais que implique, direta ou indiretamente, angariar ou captar clientela.

Capítulo II
DA ADVOCACIA PÚBLICA

Art. 8º As disposições deste Código obrigam igualmente os órgãos de advocacia pública, e advogados públicos, incluindo aqueles que ocupem posição de chefia e direção jurídica.

§ 1º O advogado público exercerá suas funções com independência técnica, contribuindo para a solução ou redução de litigiosidade, sempre que possível.

§ 2º O advogado público, inclusive o que exerce cargo de chefia ou direção jurídica, observará nas relações com os colegas, autoridades, servidores e o público em geral, o dever de urbanidade, tratando a todos com respeito e consideração, ao mesmo tempo em que preservará suas prerrogativas e o direito de receber igual tratamento das pessoas com as quais se relacione.

Capítulo III
DAS RELAÇÕES COM O CLIENTE

Art. 9º O advogado deve informar o cliente, de modo claro e inequívoco, quanto a eventuais riscos da sua pretensão, e das consequências que poderão advir da demanda. Deve, igualmente, denunciar, desde logo, a quem lhe solicite parecer ou patrocínio, qualquer circunstância que possa influir na resolução de submeter-lhe a consulta ou confiar-lhe a causa.

Art. 10. As relações entre advogado e cliente baseiam-se na confiança recíproca. Sentindo o advogado que essa confiança lhe falta, é recomendável que externe ao cliente sua impressão e, não se dissipando as dúvidas existentes, promova, em seguida, o substabelecimento do mandato ou a ele renuncie.

•• V. art. 111, CPC/2015.

Art. 11. O advogado, no exercício do mandato, atua como patrono da parte, cumprindo-lhe, por isso, imprimir à causa orientação que lhe pareça mais adequada, sem se subordinar a intenções contrárias do cliente, mas, antes, procurando esclarecê-lo quanto à estratégia traçada.

Art. 12. A conclusão ou desistência da causa, tenha havido, ou não, extinção do mandato, obriga o advogado a devolver ao cliente bens, valores e documentos que lhe hajam sido confiados e ainda estejam em seu poder, bem como a prestar-lhe contas, pormenorizadamente, sem prejuízo de esclarecimentos complementares que se mostrem pertinentes e necessários.

Parágrafo único. A parcela dos honorários paga pelos serviços até então prestados não se inclui entre os valores a ser devolvidos.

Art. 13. Concluída a causa ou arquivado o processo, presume-se cumprido e extinto o mandato.

Art. 14. O advogado não deve aceitar procuração de quem já tenha patrono constituído, sem prévio conhecimento deste, salvo por motivo plenamente justificável ou para adoção de medidas judiciais urgentes e inadiáveis.

Art. 15. O advogado não deve deixar ao abandono ou ao desamparo as causas sob seu patrocínio, sendo recomendável que, em face de dificuldades insuperáveis ou inércia do cliente quanto a providências que lhe tenham sido solicitadas, renuncie ao mandato.

•• V. art. 111, CPC/2015.

Art. 16. A renúncia ao patrocínio deve ser feita sem menção do motivo que a determinou, fazendo cessar a responsabilidade profissional pelo acompanhamento da causa, uma vez decorrido o prazo previsto em lei (EAOAB, art. 5º, § 3º).

•• V. art. 111, CPC/2015.

§ 1º A renúncia ao mandato não exclui responsabilidade por danos eventualmente causados ao cliente ou a terceiros.

§ 2º O advogado não será responsabilizado por omissão do cliente quanto a documento ou informação que lhe devesse fornecer para a prática oportuna de ato processual do seu interesse.

Art. 17. A revogação do mandato judicial por vontade do cliente não o desobriga do pagamento das verbas honorárias contratadas, assim como não retira o direito do advogado de receber o quanto lhe seja devido em eventual verba honorária de sucumbência, calculada proporcionalmente em face do serviço efetivamente prestado.

Art. 18. O mandato judicial ou extrajudicial não se extingue pelo decurso de tempo, salvo se o contrário for consignado no respectivo instrumento.

•• V. art. 111, CPC/2015.

Art. 19. Os advogados integrantes da mesma sociedade profissional, ou reunidos em caráter permanente para cooperação recíproca, não podem representar, em juízo ou fora dele, clientes com interesses opostos.

Art. 20. Sobrevindo conflitos de interesse entre seus constituintes e não conseguindo o advogado harmonizá-los, caber-lhe-á optar, com prudência e discrição, por um dos mandatos, renunciando aos demais, resguardado sempre o sigilo profissional.

Art. 21. O advogado, ao postular em nome de terceiros, contra ex-cliente ou ex-empregador, judicial e extrajudicialmente, deve resguardar o sigilo profissional.

Art. 22. Ao advogado cumpre abster-se de patrocinar causa contrária à validade ou legitimidade de ato jurídico em cuja formação haja colaborado ou intervindo de qualquer maneira; da mesma forma, deve declinar seu impedimento ou o da sociedade que integre quando houver conflito de interesses motivado por intervenção anterior no trato de assunto que se prenda ao patrocínio solicitado.

Art. 23. É direito e dever do advogado assumir a defesa criminal, sem considerar sua própria opinião sobre a culpa do acusado.

Parágrafo único. Não há causa criminal indigna de defesa, cumprindo ao advo-

Código de Ética OAB/2015

gado agir, como defensor, no sentido de que a todos seja concedido tratamento condizente com a dignidade da pessoa humana, sob a égide das garantias constitucionais.

Art. 24. O advogado não se sujeita à imposição do cliente que pretenda ver com ele atuando outros advogados, nem fica na contingência de aceitar a indicação de outro profissional para com ele trabalhar no processo.

Art. 25. É defeso ao advogado funcionar no mesmo processo, simultaneamente, como patrono e preposto do empregador ou cliente.

Art. 26. O substabelecimento do mandato, com reserva de poderes, é ato pessoal do advogado da causa.

•• V. art. 111, CPC/2015.

§ 1º O substabelecimento do mandato sem reserva de poderes exige o prévio e inequívoco conhecimento do cliente.

§ 2º O substabelecido com reserva de poderes deve ajustar antecipadamente seus honorários com o substabelecente.

Capítulo IV
DAS RELAÇÕES COM OS COLEGAS, AGENTES POLÍTICOS, AUTORIDADES, SERVIDORES PÚBLICOS E TERCEIROS

Art. 27. O advogado observará, nas suas relações com os colegas de profissão, agentes políticos, autoridades, servidores públicos e terceiros em geral, o dever de urbanidade, tratando a todos com respeito e consideração, ao mesmo tempo em que preservará seus direitos e prerrogativas, devendo exigir igual tratamento de todos com quem se relacione.

§ 1º O dever de urbanidade há de ser observado, da mesma forma, nos atos e manifestações relacionados aos pleitos eleitorais no âmbito da Ordem dos Advogados do Brasil.

§ 2º No caso de ofensa à honra do advogado ou à imagem da instituição, adotar-se-ão as medidas cabíveis, instaurando-se processo ético-disciplinar e dando-se ciência às autoridades competentes para apuração de eventual ilícito penal.

Art. 28. Consideram-se imperativos de uma correta atuação profissional o emprego de linguagem escorreita e polida, bem como a observância da boa técnica jurídica.

Art. 29. O advogado que se valer do concurso de colegas na prestação de serviços advocatícios, seja em caráter individual, seja no âmbito de sociedade de advogados ou de empresa ou entidade em que trabalhe, dispensar-lhes-á tratamento condigno, que não os torne subalternos seus nem lhes avilte os serviços prestados mediante remuneração incompatível com a natureza do trabalho profissional ou inferior ao mínimo fixado pela Tabela de Honorários que for aplicável.

Parágrafo único. Quando o aviltamento de honorários for praticado por empresas ou entidades públicas ou privadas, os advogados responsáveis pelo respectivo departamento ou gerência jurídica serão instados a corrigir o abuso, inclusive intervindo junto aos demais órgãos competentes e com poder de decisão da pessoa jurídica de que se trate, sem prejuízo das providências que a Ordem dos Advogados do Brasil possa adotar com o mesmo objetivo.

Capítulo V
DA ADVOCACIA PRO BONO

Art. 30. No exercício da advocacia pro bono, e ao atuar como defensor nomeado, conveniado ou dativo, o advogado empregará o zelo e a dedicação habituais, de forma que a parte por ele assistida se sinta amparada e confie no seu patrocínio.

§ 1º Considera-se advocacia pro bono a prestação gratuita, eventual e voluntária de serviços jurídicos em favor de instituições sociais sem fins econômicos e aos seus assistidos, sempre que os beneficiários não dispuserem de recursos para a contratação de profissional.

§ 2º A advocacia *pro bono* pode ser exercida em favor de pessoas naturais que, igualmente, não dispuserem de recursos para, sem prejuízo do próprio sustento, contratar advogado.

§ 3º A advocacia *pro bono* não pode ser utilizada para fins político-partidários ou eleitorais, nem beneficiar instituições que visem a tais objetivos, ou como instrumento de publicidade para captação de clientela.

Código de Ética OAB/2015

Capítulo VI
DO EXERCÍCIO DE CARGOS E FUNÇÕES NA OAB E NA REPRESENTAÇÃO DA CLASSE

Art. 31. O advogado, no exercício de cargos ou funções em órgãos da Ordem dos Advogados do Brasil ou na representação da classe junto a quaisquer instituições, órgãos ou comissões, públicos ou privados, manterá conduta consentânea com as disposições deste Código e que revele plena lealdade aos interesses, direitos e prerrogativas da classe dos advogados que representa.

Art. 32. Não poderá o advogado, enquanto exercer cargos ou funções em órgãos da OAB ou representar a classe junto a quaisquer instituições, órgãos ou comissões, públicos ou privados, firmar contrato oneroso de prestação de serviços ou fornecimento de produtos com tais entidades nem adquirir bens postos à venda por quaisquer órgãos da OAB.

Art. 33. Salvo em causa própria, não poderá o advogado, enquanto exercer cargos ou funções em órgãos da OAB ou tiver assento, em qualquer condição, nos seus Conselhos, atuar em processos que tramitem perante a entidade nem oferecer pareceres destinados a instruí-los.

Parágrafo único. A vedação estabelecida neste artigo não se aplica aos dirigentes de Seccionais quando atuem, nessa qualidade, como legitimados a recorrer nos processos em trâmite perante os órgãos da OAB.

Art. 34. Ao submeter seu nome à apreciação do Conselho Federal ou dos Conselhos Seccionais com vistas à inclusão em listas destinadas ao provimento de vagas reservadas à classe nos tribunais, no Conselho Nacional de Justiça, no Conselho Nacional do Ministério Público e em outros colegiados, o candidato assumirá o compromisso de respeitar os direitos e prerrogativas do advogado, não praticar nepotismo nem agir em desacordo com a moralidade administrativa e com os princípios deste Código, no exercício de seu mister.

Capítulo VII
DO SIGILO PROFISSIONAL

Art. 35. O advogado tem o dever de guardar sigilo dos fatos de que tome conhecimento no exercício da profissão.
Parágrafo único. O sigilo profissional abrange os fatos de que o advogado tenha tido conhecimento em virtude de funções desempenhadas na Ordem dos Advogados do Brasil.

Art. 36. O sigilo profissional é de ordem pública, independendo de solicitação de reserva que lhe seja feita pelo cliente.
§ 1º Presumem-se confidenciais as comunicações de qualquer natureza entre advogado e cliente.
§ 2º O advogado, quando no exercício das funções de mediador, conciliador e árbitro, se submete às regras de sigilo profissional.

Art. 37. O sigilo profissional cederá em face de circunstâncias excepcionais que configurem justa causa, como nos casos de grave ameaça ao direito à vida e à honra ou que envolvam defesa própria.

Art. 38. O advogado não é obrigado a depor, em processo ou procedimento judicial, administrativo ou arbitral, sobre fatos a cujo respeito deva guardar sigilo profissional.

Capítulo VIII
DA PUBLICIDADE PROFISSIONAL

Art. 39. A publicidade profissional do advogado tem caráter meramente informativo e deve primar pela discrição e sobriedade, não podendo configurar captação de clientela ou mercantilização da profissão.

Art. 40. Os meios utilizados para a publicidade profissional hão de ser compatíveis com a diretriz estabelecida no artigo anterior, sendo vedados:
I – a veiculação da publicidade por meio de rádio, cinema e televisão;
II – o uso de outdoors, painéis luminosos ou formas assemelhadas de publicidade;
III – as inscrições em muros, paredes, veículos, elevadores ou em qualquer espaço público;
IV – a divulgação de serviços de advocacia juntamente com a de outras atividades ou a indicação de vínculos entre uns e outras;

Código de Ética OAB/2015

LEGISLAÇÃO

V – o fornecimento de dados de contato, como endereço e telefone, em colunas ou artigos literários, culturais, acadêmicos ou jurídicos, publicados na imprensa, bem assim quando de eventual participação em programas de rádio ou televisão, ou em veiculação de matérias pela internet, sendo permitida a referência a e-mail;

VI – a utilização de mala direta, a distribuição de panfletos ou formas assemelhadas de publicidade, com o intuito de captação de clientela.

Parágrafo único. Exclusivamente para fins de identificação dos escritórios de advocacia, é permitida a utilização de placas, painéis luminosos e inscrições em suas fachadas, desde que respeitadas as diretrizes previstas no artigo 39.

Art. 41. As colunas que o advogado mantiver nos meios de comunicação social ou os textos que por meio deles divulgar não deverão induzir o leitor a litigar nem promover, dessa forma, captação de clientela.

Art. 42. É vedado ao advogado:

I – responder com habitualidade a consulta sobre matéria jurídica, nos meios de comunicação social;

II – debater, em qualquer meio de comunicação, causa sob o patrocínio de outro advogado;

III – abordar tema de modo a comprometer a dignidade da profissão e da instituição que o congrega;

IV – divulgar ou deixar que sejam divulgadas listas de clientes e demandas;

V – insinuar-se para reportagens e declarações públicas.

Art. 43. O advogado que eventualmente participar de programa de televisão ou de rádio, de entrevista na imprensa, de reportagem televisionada ou veiculada por qualquer outro meio, para manifestação profissional, deve visar a objetivos exclusivamente ilustrativos, educacionais e instrutivos, sem propósito de promoção pessoal ou profissional, vedados pronunciamentos sobre métodos de trabalho usados por seus colegas de profissão.

Parágrafo único. Quando convidado para manifestação pública, por qualquer modo e forma, visando ao esclarecimento de tema jurídico de interesse geral, deve o advogado evitar insinuações com o sentido de promoção pessoal ou profissional, bem como o debate de caráter sensacionalista.

Art. 44. Na publicidade profissional que promover ou nos cartões e material de escritório de que se utilizar, o advogado fará constar seu nome ou o da sociedade de advogados, o número ou os números de inscrição na OAB.

§ 1º Poderão ser referidos apenas os títulos acadêmicos do advogado e as distinções honoríficas relacionadas à vida profissional, bem como as instituições jurídicas de que faça parte, e as especialidades a que se dedicar, o endereço, e-mail, site, página eletrônica, QR code, logotipo e a fotografia do escritório, o horário de atendimento e os idiomas em que o cliente poderá ser atendido.

§ 2º É vedada a inclusão de fotografias pessoais ou de terceiros nos cartões de visitas do advogado, bem como menção a qualquer emprego, cargo ou função ocupado, atual ou pretérito, em qualquer órgão ou instituição, salvo o de professor universitário.

Art. 45. São admissíveis como formas de publicidade o patrocínio de eventos ou publicações de caráter científico ou cultural, assim como a divulgação de boletins, por meio físico ou eletrônico, sobre matéria cultural de interesse dos advogados, desde que sua circulação fique adstrita a clientes e a interessados do meio jurídico.

Art. 46. A publicidade veiculada pela internet ou por outros meios eletrônicos deverá observar as diretrizes estabelecidas neste capítulo.

Parágrafo único. A telefonia e a internet podem ser utilizadas como veículo de publicidade, inclusive para o envio de mensagens a destinatários certos, desde que estas não impliquem o oferecimento de serviços ou representem forma de captação de clientela.

Art. 47. As normas sobre publicidade profissional constantes deste capítulo poderão ser complementadas por outras que o Conselho Federal aprovar, observadas as diretrizes do presente Código.

Código de Ética OAB/2015

Capítulo IX
DOS HONORÁRIOS PROFISSIONAIS

Art. 48. A prestação de serviços profissionais por advogado, individualmente ou integrado em sociedades, será contratada, preferentemente, por escrito.

§ 1º O contrato de prestação de serviços de advocacia não exige forma especial, devendo estabelecer, porém, com clareza e precisão, o seu objeto, os honorários ajustados, a forma de pagamento, a extensão do patrocínio, esclarecendo se este abrangerá todos os atos do processo ou limitar-se-á a determinado grau de jurisdição, além de dispor sobre a hipótese de a causa encerrar-se mediante transação ou acordo.

§ 2º A compensação de créditos, pelo advogado, de importâncias devidas ao cliente, somente será admissível quando o contrato de prestação de serviços a autorizar ou quando houver autorização especial do cliente para esse fim, por este firmada.

§ 3º O contrato de prestação de serviços poderá dispor sobre a forma de contratação de profissionais para serviços auxiliares, bem como sobre o pagamento de custas e emolumentos, os quais, na ausência de disposição em contrário, presumem-se devam ser atendidos pelo cliente. Caso o contrato preveja que o advogado antecipe tais despesas, ser-lhe-á lícito reter o respectivo valor atualizado, no ato de prestação de contas, mediante comprovação documental.

§ 4º As disposições deste capítulo aplicam-se à mediação, à conciliação, à arbitragem ou a qualquer outro método adequado de solução dos conflitos.

§ 5º É vedada, em qualquer hipótese, a diminuição dos honorários contratados em decorrência da solução do litígio por qualquer mecanismo adequado de solução extrajudicial.

§ 6º Deverá o advogado observar o valor mínimo da Tabela de Honorários instituída pelo respectivo Conselho Seccional onde for realizado o serviço, inclusive aquele referente às diligências, sob pena de caracterizar-se aviltamento de honorários.

§ 7º O advogado promoverá, preferentemente, de forma destacada a execução dos honorários contratuais ou sucumbenciais.

Art. 49. Os honorários profissionais devem ser fixados com moderação, atendidos os elementos seguintes:
I – a relevância, o vulto, a complexidade e a dificuldade das questões versadas;
II – o trabalho e o tempo a ser empregados;
III – a possibilidade de ficar o advogado impedido de intervir em outros casos, ou de se desavir com outros clientes ou terceiros;
IV – o valor da causa, a condição econômica do cliente e o proveito para este resultante do serviço profissional;
V – o caráter da intervenção, conforme se trate de serviço a cliente eventual, frequente ou constante;
VI – o lugar da prestação dos serviços, conforme se trate do domicílio do advogado ou de outro;
VII – a competência do profissional;
VIII – a praxe do foro sobre trabalhos análogos.

Art. 50. Na hipótese da adoção de cláusula quota litis, os honorários devem ser necessariamente representados por pecúnia e, quando acrescidos dos honorários da sucumbência, não podem ser superiores às vantagens advindas a favor do cliente.

§ 1º A participação do advogado em bens particulares do cliente só é admitida em caráter excepcional, quando esse, comprovadamente, não tiver condições pecuniárias de satisfazer o débito de honorários e ajustar com o seu patrono, em instrumento contratual, tal forma de pagamento.

§ 2º Quando o objeto do serviço jurídico versar sobre prestações vencidas e vincendas, os honorários advocatícios poderão incidir sobre o valor de umas e outras, atendidos os requisitos da moderação e da razoabilidade.

Art. 51. Os honorários da sucumbência e os honorários contratuais, pertencendo ao advogado que houver atuado na causa, poderão ser por ele executados, assistindo-lhe direito autônomo para promover a execução do capítulo da sentença que os estabelecer ou para postular, quando for o caso, a expedição de precatório ou requisição de pequeno valor em seu favor.

Código de Ética OAB/2015

§ 1º No caso de substabelecimento, a verba correspondente aos honorários da sucumbência será repartida entre o substabelecente e o substabelecido, proporcionalmente à atuação de cada um no processo ou conforme haja sido entre eles ajustado.

§ 2º Quando for o caso, a Ordem dos Advogados do Brasil ou os seus Tribunais de Ética e Disciplina poderão ser solicitados a indicar mediador que contribua no sentido de que a distribuição dos honorários da sucumbência, entre advogados, se faça segundo o critério estabelecido no § 1º.

§ 3º Nos processos disciplinares que envolverem divergência sobre a percepção de honorários da sucumbência, entre advogados, deverá ser tentada a conciliação destes, preliminarmente, pelo relator.

Art. 52. O crédito por honorários advocatícios, seja do advogado autônomo, seja de sociedade de advogados, não autoriza o saque de duplicatas ou qualquer outro título de crédito de natureza mercantil, podendo, apenas, ser emitida fatura, quando o cliente assim pretender, com fundamento no contrato de prestação de serviços, a qual, porém, não poderá ser levada a protesto.

Parágrafo único. Pode, todavia, ser levado a protesto o cheque ou a nota promissória emitido pelo cliente em favor do advogado, depois de frustrada a tentativa de recebimento amigável.

Art. 53. É lícito ao advogado ou à sociedade de advogados empregar, para o recebimento de honorários, sistema de cartão de crédito, mediante credenciamento junto a empresa operadora do ramo.

Parágrafo único. Eventuais ajustes com a empresa operadora que impliquem pagamento antecipado não afetarão a responsabilidade do advogado perante o cliente, em caso de rescisão do contrato de prestação de serviços, devendo ser observadas as disposições deste quanto à hipótese.

Art. 54. Havendo necessidade de promover arbitramento ou cobrança judicial de honorários, deve o advogado renunciar previamente ao mandato que recebera do cliente em débito.

TÍTULO II
DO PROCESSO DISCIPLINAR

Capítulo I
DOS PROCEDIMENTOS

Art. 55. O processo disciplinar instaura-se de ofício ou mediante representação do interessado.

§ 1º A instauração, de ofício, do processo disciplinar dar-se-á em função do conhecimento do fato, quando obtido por meio de fonte idônea ou em virtude de comunicação da autoridade competente.

§ 2º Não se considera fonte idônea a que consistir em denúncia anônima.

Art. 56. A representação será formulada ao Presidente do Conselho Seccional ou ao Presidente da Subseção, por escrito ou verbalmente, devendo, neste último caso, ser reduzida a termo.

Parágrafo único. Nas Seccionais cujos Regimentos Internos atribuírem competência ao Tribunal de Ética e Disciplina para instaurar o processo ético disciplinar, a representação poderá ser dirigida ao seu Presidente ou será a este encaminhada por qualquer dos dirigentes referidos no *caput* deste artigo que a houver recebido.

Art. 57. A representação deverá conter:
I – a identificação do representante, com a sua qualificação civil e endereço;
II – a narração dos fatos que a motivam, de forma que permita verificar a existência, em tese, de infração disciplinar;
III – os documentos que eventualmente a instruam e a indicação de outras provas a ser produzidas, bem como, se for o caso, o rol de testemunhas, até o máximo de cinco;
IV – a assinatura do representante ou a certificação de quem a tomou por termo, na impossibilidade de obtê-la.

Art. 58. Recebida a representação, o Presidente do Conselho Seccional ou o da Subseção, quando esta dispuser de Conselho, designa relator, por sorteio, um de seus integrantes, para presidir a instrução processual.

§ 1º Os atos de instrução processual podem ser delegados ao Tribunal de Ética e Disciplina, conforme dispuser o regimento in-

Código de Ética OAB/2015

terno do Conselho Seccional, caso em que caberá ao seu Presidente, por sorteio, designar relator.

§ 2º Antes do encaminhamento dos autos ao relator, serão juntadas a ficha cadastral do representado e certidão negativa ou positiva sobre a existência de punições anteriores, com menção das faltas atribuídas. Será providenciada, ainda, certidão sobre a existência ou não de representações em andamento, a qual, se positiva, será acompanhada da informação sobre as faltas imputadas.

§ 3º O relator, atendendo aos critérios de admissibilidade, emitirá parecer propondo a instauração de processo disciplinar ou o arquivamento liminar da representação, no prazo de 30 (trinta) dias, sob pena de redistribuição do feito pelo Presidente do Conselho Seccional ou da Subseção para outro relator, observando-se o mesmo prazo.

§ 4º O Presidente do Conselho competente ou, conforme o caso, o do Tribunal de Ética e Disciplina, proferirá despacho declarando instaurado o processo disciplinar ou determinando o arquivamento da representação, nos termos do parecer do relator ou segundo os fundamentos que adotar.

§ 5º A representação contra membros do Conselho Federal e Presidentes de Conselhos Seccionais é processada e julgada pelo Conselho Federal, sendo competente a Segunda Câmara reunida em sessão plenária. A representação contra membros da diretoria do Conselho Federal, Membros Honorários Vitalícios e detentores da Medalha Rui Barbosa será processada e julgada pelo Conselho Federal, sendo competente o Conselho Pleno.

§ 6º A representação contra dirigente de Subseção é processada e julgada pelo Conselho Seccional.

Art. 59. Compete ao relator do processo disciplinar determinar a notificação dos interessados para prestar esclarecimentos ou a do representado para apresentar defesa prévia, no prazo de 15 (quinze) dias, em qualquer caso.

§ 1º A notificação será expedida para o endereço constante do cadastro de inscritos do Conselho Seccional, observando-se, quanto ao mais, o disposto no Regulamento Geral.

§ 2º Se o representado não for encontrado ou ficar revel, o Presidente do Conselho competente ou, conforme o caso, o do Tribunal de Ética e Disciplina designar-lhe-á defensor dativo.

§ 3º Oferecida a defesa prévia, que deve ser acompanhada dos documentos que possam instruí-la e do rol de testemunhas, até o limite de 5 (cinco), será proferido despacho saneador e, ressalvada a hipótese do § 2º do art. 73 do EAOAB, designada, se for o caso, audiência para oitiva do representante, do representado e das testemunhas.

§ 4º O representante e o representado incumbir-se-ão do comparecimento de suas testemunhas, salvo se, ao apresentarem o respectivo rol, requererem, por motivo justificado, sejam elas notificadas a comparecer à audiência de instrução do processo.

§ 5º O relator pode determinar a realização de diligências que julgar convenientes, cumprindo-lhe dar andamento ao processo, de modo que este se desenvolva por impulso oficial.

§ 6º O relator somente indeferirá a produção de determinado meio de prova quando esse for ilícito, impertinente, desnecessário ou protelatório, devendo fazê-lo fundamentadamente.

§ 7º Concluída a instrução, o relator profere parecer preliminar, a ser submetido ao Tribunal de Ética e Disciplina, dando enquadramento legal aos fatos imputados ao representado.

§ 8º Abre-se, em seguida, prazo comum de 15 (quinze) dias para apresentação de razões finais.

Art. 60. O Presidente do Tribunal de Ética e Disciplina, após o recebimento do processo, devidamente instruído, designa, por sorteio, relator para proferir voto.

§ 1º Se o processo já estiver tramitando perante o Tribunal de Ética e Disciplina ou perante o Conselho competente, o relator não será o mesmo designado na fase de instrução.

§ 2º O processo será incluído em pauta na primeira sessão de julgamentos após a distribuição ao relator.

- § 2º com redação determinada pela Res. CFOAB 1/2016.

§ 3º O representante e o representado são notificados pela Secretaria do Tribunal, com 15 (quinze) dias de antecedência, para comparecerem à sessão de julgamento.

§ 4º Na sessão de julgamento, após o voto do relator, é facultada a sustentação oral pelo tempo de 15 (quinze) minutos, primeiro pelo representante e, em seguida, pelo representado.

Art. 61. Do julgamento do processo disciplinar lavrar-se-á acórdão, do qual constarão, quando procedente a representação, o enquadramento legal da infração, a sanção aplicada, o quórum de instalação e o de deliberação, a indicação de haver sido esta adotada com base no voto do relator ou em voto divergente, bem como as circunstâncias agravantes ou atenuantes consideradas e as razões determinantes de eventual conversão da censura aplicada em advertência sem registro nos assentamentos do inscrito.

Art. 62. Nos acórdãos serão observadas, ainda, as seguintes regras:

§ 1º O acórdão trará sempre a ementa, contendo a essência da decisão.

§ 2º O autor do voto divergente que tenha prevalecido figurará como redator para o acórdão.

§ 3º O voto condutor da decisão deverá ser lançado nos autos, com os seus fundamentos.

§ 4º O voto divergente, ainda que vencido, deverá ter seus fundamentos lançados nos autos, em voto escrito ou em transcrição na ata de julgamento do voto oral proferido, com seus fundamentos.

§ 5º Será atualizado nos autos o relatório de antecedentes do representado, sempre que o relator o determinar.

Art. 63. Na hipótese prevista no art. 70, § 3º, do EAOAB, em sessão especial designada pelo Presidente do Tribunal, serão facultadas ao representado ou ao seu defensor a apresentação de defesa, a produção de prova e a sustentação oral.

Art. 64. As consultas submetidas ao Tribunal de Ética e Disciplina receberão autuação própria, sendo designado relator, por sorteio, para o seu exame, podendo o Presidente, em face da complexidade da questão, designar, subsequentemente, revisor.

Parágrafo único. O relator e o revisor têm prazo de 10 (dez) dias cada um para elaboração de seus pareceres, apresentando-os na primeira sessão seguinte, para deliberação.

Art. 65. As sessões do Tribunal de Ética e Disciplina obedecerão ao disposto no respectivo Regimento Interno, aplicando-selhes, subsidiariamente, o do Conselho Seccional.

Art. 66. A conduta dos interessados, no processo disciplinar, que se revele temerária ou caracterize a intenção de alterar a verdade dos fatos, assim como a interposição de recursos com intuito manifestamente protelatório, contrariam os princípios deste Código, sujeitando os responsáveis à correspondente sanção.

Art. 67. Os recursos contra decisões do Tribunal de Ética e Disciplina, ao Conselho Seccional, regem-se pelas disposições do Estatuto da Advocacia e da Ordem dos Advogados do Brasil, do Regulamento Geral e do Regimento Interno do Conselho Seccional.

Parágrafo único. O Tribunal dará conhecimento de todas as suas decisões ao Conselho Seccional, para que determine periodicamente a publicação de seus julgados.

Art. 68. Cabe revisão do processo disciplinar, na forma prevista no Estatuto da Advocacia e da Ordem dos Advogados do Brasil (art. 73, § 5º).

§ 1º Tem legitimidade para requerer a revisão o advogado punido com a sanção disciplinar.

§ 2º A competência para processar e julgar o processo de revisão é do órgão de que emanou a condenação final.

§ 3º Quando o órgão competente for o Conselho Federal, a revisão processar-se-á perante a Segunda Câmara, reunida em sessão plenária.

§ 4º Observar-se-á, na revisão, o procedimento do processo disciplinar, no que couber.

§ 5º O pedido de revisão terá autuação própria, devendo os autos respectivos ser apensados aos do processo disciplinar a que se refira.

Art. 69. O advogado que tenha sofrido sanção disciplinar poderá requerer reabilitação, no prazo e nas condições previstos no Estatuto da Advocacia e da Ordem dos Advogados do Brasil (art. 41).

§ 1º A competência para processar e julgar o pedido de reabilitação é do Conselho Seccional em que tenha sido aplicada a sanção disciplinar. Nos casos de competência originária do Conselho Federal, perante este tramitará o pedido de reabilitação.

§ 2º Observar-se-á, no pedido de reabilitação, o procedimento do processo disciplinar, no que couber.

§ 3º O pedido de reabilitação terá autuação própria, devendo os autos respectivos ser apensados aos do processo disciplinar a que se refira.

§ 4º O pedido de reabilitação será instruído com provas de bom comportamento, no exercício da advocacia e na vida social, cumprindo à Secretaria do Conselho competente certificar, nos autos, o efetivo cumprimento da sanção disciplinar pelo requerente.

§ 5º Quando o pedido não estiver suficientemente instruído, o relator assinará prazo ao requerente para que complemente a documentação; não cumprida a determinação, o pedido será liminarmente arquivado.

Capítulo II
DOS ÓRGÃOS DISCIPLINARES

Seção I
Dos Tribunais de Ética e Disciplina

Art. 70. O Tribunal de Ética e Disciplina poderá funcionar dividido em órgãos fracionários, de acordo com seu regimento interno.

Art. 71. Compete aos Tribunais de Ética e Disciplina:

I – julgar, em primeiro grau, os processos ético-disciplinares;

II – responder a consultas formuladas, em tese, sobre matéria ético-disciplinar;

III – exercer as competências que lhe sejam conferidas pelo Regimento Interno da Seccional ou por este Código para a instauração, instrução e julgamento de processos ético-disciplinares;

IV – suspender, preventivamente, o acusado, em caso de conduta suscetível de acarretar repercussão prejudicial à advocacia, nos termos do Estatuto da Advocacia e da Ordem dos Advogados do Brasil;

V – organizar, promover e ministrar cursos, palestras, seminários e outros eventos da mesma natureza acerca da ética profissional do advogado ou estabelecer parcerias com as Escolas de Advocacia, com o mesmo objetivo;

VI – atuar como órgão mediador ou conciliador nas questões que envolvam:

a) dúvidas e pendências entre advogados;

b) partilha de honorários contratados em conjunto ou decorrentes de substabelecimento, bem como os que resultem de sucumbência, nas mesmas hipóteses;

c) controvérsias surgidas quando da dissolução de sociedade de advogados.

Seção II
Das Corregedorias-Gerais

Art. 72. As Corregedorias-Gerais integram o sistema disciplinar da Ordem dos Advogados do Brasil.

§ 1º O Secretário-Geral Adjunto exerce, no âmbito do Conselho Federal, as funções de Corregedor-Geral, cuja competência é definida em Provimento.

§ 2º Nos Conselhos Seccionais, as Corregedorias-Gerais terão atribuições da mesma natureza, observando, no que couber, Provimento do Conselho Federal sobre a matéria.

§ 3º A Corregedoria-Geral do Processo Disciplinar coordenará ações do Conselho Federal e dos Conselhos Seccionais voltadas para o objetivo de reduzir a ocorrência das infrações disciplinares mais frequentes.

TÍTULO III
DAS DISPOSIÇÕES GERAIS E TRANSITÓRIAS

Art. 73. O Conselho Seccional deve oferecer os meios e o suporte de apoio material, logístico, de informática e de pessoal necessários ao pleno funcionamento e ao desenvolvimento das atividades do Tribunal de Ética e Disciplina.

Lei 13.185/2015

LEGISLAÇÃO

§ 1º Os Conselhos Seccionais divulgarão, trimestralmente, na internet, a quantidade de processos ético-disciplinares em andamento e as punições decididas em caráter definitivo, preservadas as regras de sigilo.

§ 2º A divulgação das punições referidas no parágrafo anterior destacará cada infração tipificada no artigo 34 da Lei 8.906/94.

Art. 74. Em até 180 (cento e oitenta) dias após o início da vigência do presente Código de Ética e Disciplina da OAB, os Conselhos Seccionais e os Tribunais de Ética e Disciplina deverão elaborar ou rever seus Regimentos Internos, adaptando-os às novas regras e disposições deste Código. No caso dos Tribunais de Ética e Disciplina, os Regimentos Internos serão submetidos à aprovação do respectivo Conselho Seccional e, subsequentemente, do Conselho Federal.

Art. 75. A pauta de julgamentos do Tribunal é publicada em órgão oficial e no quadro de avisos gerais, na sede do Conselho Seccional, com antecedência de 15 (quinze) dias, devendo ser dada prioridade, nos julgamentos, aos processos cujos interessados estiverem presentes à respectiva sessão.

Art. 76. As disposições deste Código obrigam igualmente as sociedades de advogados, os consultores e as sociedades consultoras em direito estrangeiro e os estagiários, no que lhes forem aplicáveis.

Art. 77. As disposições deste Código aplicam-se, no que couber, à mediação, à conciliação e à arbitragem, quando exercidas por advogados.

Art. 78. Os autos do processo disciplinar podem ter caráter virtual, mediante adoção de processo eletrônico.

Parágrafo único. O Conselho Federal da OAB regulamentará em Provimento o processo ético-disciplinar por meio eletrônico.

Art. 79. Este Código entra em vigor a 1º de setembro de 2016, cabendo ao Conselho Federal e aos Conselhos Seccionais, bem como às Subseções da OAB, promover-lhe ampla divulgação.

- Artigo com redação determinada pela Res. CFOAB 3/2016.

Art. 80. Fica revogado o Código de Ética e Disciplina editado em 13 de fevereiro de 1995, bem como as demais disposições em contrário.

Brasília, 19 de outubro de 2015.
Marcus Vinicius Furtado Coêlho
Presidente Nacional da OAB

(DOU 04.11.2015)

LEI 13.185, DE 6 DE NOVEMBRO DE 2015

Institui o Programa de Combate à Intimidação Sistemática (Bullying).

A Presidenta da República:
Faço saber que o Congresso Nacional decreta e eu sanciono a seguinte Lei:

Art. 1º Fica instituído o Programa de Combate à Intimidação Sistemática (*Bullying*) em todo o território nacional.

§ 1º No contexto e para os fins desta Lei, considera-se intimidação sistemática (*bullying*) todo ato de violência física ou psicológica, intencional e repetitivo que ocorre sem motivação evidente, praticado por indivíduo ou grupo, contra uma ou mais pessoas, com o objetivo de intimidá-la ou agredi-la, causando dor e angústia à vítima, em uma relação de desequilíbrio de poder entre as partes envolvidas.

§ 2º O Programa instituído no caput poderá fundamentar as ações do Ministério da Educação e das Secretarias Estaduais e Municipais de Educação, bem como de outros órgãos, aos quais a matéria diz respeito.

Art. 2º Caracteriza-se a intimidação sistemática (*bullying*) quando há violência física ou psicológica em atos de intimidação, humilhação ou discriminação e, ainda:

I – ataques físicos;
II – insultos pessoais;
III – comentários sistemáticos e apelidos pejorativos;
IV – ameaças por quaisquer meios;
V – grafites depreciativos;
VI – expressões preconceituosas;
VII – isolamento social consciente e premeditado;
VIII – pilhérias.

Lei 13.188/2015

LEGISLAÇÃO

Parágrafo único. Há intimidação sistemática na rede mundial de computadores (*cyberbullying*), quando se usarem os instrumentos que lhe são próprios para depreciar, incitar a violência, adulterar fotos e dados pessoais com o intuito de criar meios de constrangimento psicossocial.

Art. 3º A intimidação sistemática (*bullying*) pode ser classificada, conforme as ações praticadas, como:
I – verbal: insultar, xingar e apelidar pejorativamente;
II – moral: difamar, caluniar, disseminar rumores;
III – sexual: assediar, induzir e/ou abusar;
IV – social: ignorar, isolar e excluir;
V – psicológica: perseguir, amedrontar, aterrorizar, intimidar, dominar, manipular, chantagear e infernizar;
VI – físico: socar, chutar, bater;
VII – material: furtar, roubar, destruir pertences de outrem;
VIII – virtual: depreciar, enviar mensagens intrusivas da intimidade, enviar ou adulterar fotos e dados pessoais que resultem em sofrimento ou com o intuito de criar meios de constrangimento psicológico e social.

Art. 4º Constituem objetivos do Programa referido no *caput* do art. 1º:
I – prevenir e combater a prática da intimidação sistemática (*bullying*) em toda a sociedade;
II – capacitar docentes e equipes pedagógicas para a implementação das ações de discussão, prevenção, orientação e solução do problema;
III – implementar e disseminar campanhas de educação, conscientização e informação;
IV – instituir práticas de conduta e orientação de pais, familiares e responsáveis diante da identificação de vítimas e agressores;
V – dar assistência psicológica, social e jurídica às vítimas e aos agressores;
VI – integrar os meios de comunicação de massa com as escolas e a sociedade, como forma de identificação e conscientização do problema e forma de preveni-lo e combatê-lo;
VII – promover a cidadania, a capacidade empática e o respeito a terceiros, nos marcos de uma cultura de paz e tolerância mútua;
VIII – evitar, tanto quanto possível, a punição dos agressores, privilegiando mecanismos e instrumentos alternativos que promovam a efetiva responsabilização e a mudança de comportamento hostil;
IX – promover medidas de conscientização, prevenção e combate a todos os tipos de violência, com ênfase nas práticas recorrentes de intimidação sistemática (*bullying*), ou constrangimento físico e psicológico, cometidas por alunos, professores e outros profissionais integrantes de escola e de comunidade escolar.

Art. 5º É dever do estabelecimento de ensino, dos clubes e das agremiações recreativas assegurar medidas de conscientização, prevenção, diagnose e combate à violência e à intimidação sistemática (*bullying*).

Art. 6º Serão produzidos e publicados relatórios bimestrais das ocorrências de intimidação sistemática (*bullying*) nos Estados e Municípios para planejamento das ações.

Art. 7º Os entes federados poderão firmar convênios e estabelecer parcerias para a implementação e a correta execução dos objetivos e diretrizes do Programa instituído por esta Lei.

Art. 8º Esta Lei entra em vigor após decorridos 90 (noventa) dias da data de sua publicação oficial.

Brasília, 6 de novembro de 2015; 194º da Independência e 127º da República.
Dilma Rousseff

(*DOU* 09.11.2015)

LEI 13.188, DE 11 DE NOVEMBRO DE 2015

Dispõe sobre o direito de resposta ou retificação do ofendido em matéria divulgada, publicada ou transmitida por veículo de comunicação social.

A Presidenta da República:
Faço saber que o Congresso Nacional decreta e eu sanciono a seguinte Lei:

Art. 1º Esta Lei disciplina o exercício do direito de resposta ou retificação do ofendido em matéria divulgada, publicada ou

Lei 13.188/2015

transmitida por veículo de comunicação social.

Art. 2º Ao ofendido em matéria divulgada, publicada ou transmitida por veículo de comunicação social é assegurado o direito de resposta ou retificação, gratuito e proporcional ao agravo.

§ 1º Para os efeitos desta Lei, considera-se matéria qualquer reportagem, nota ou notícia divulgada por veículo de comunicação social, independentemente do meio ou da plataforma de distribuição, publicação ou transmissão que utilize, cujo conteúdo atente, ainda que por equívoco de informação, contra a honra, a intimidade, a reputação, o conceito, o nome, a marca ou a imagem de pessoa física ou jurídica identificada ou passível de identificação.

§ 2º São excluídos da definição de matéria estabelecida no §1º deste artigo os comentários realizados por usuários da internet nas páginas eletrônicas dos veículos de comunicação social.

§ 3º A retratação ou retificação espontânea, ainda que a elas sejam conferidos os mesmos destaque, publicidade, periodicidade e dimensão do agravo, não impedem o exercício do direito de resposta pelo ofendido nem prejudicam a ação de reparação por dano moral.

Art. 3º O direito de resposta ou retificação deve ser exercido no prazo decadencial de 60 (sessenta) dias, contado da data de cada divulgação, publicação ou transmissão da matéria ofensiva, mediante correspondência com aviso de recebimento encaminhada diretamente ao veículo de comunicação social ou, inexistindo pessoa jurídica constituída, a quem por ele responda, independentemente de quem seja o responsável intelectual pelo agravo.

§ 1º O direito de resposta ou retificação poderá ser exercido, de forma individualizada, em face de todos os veículos de comunicação social que tenham divulgado, publicado, republicado, transmitido ou retransmitido o agravo original.

§ 2º O direito de resposta ou retificação poderá ser exercido, também, conforme o caso:

I – pelo representante legal do ofendido incapaz ou da pessoa jurídica;

II – pelo cônjuge, descendente, ascendente ou irmão do ofendido que esteja ausente do País ou tenha falecido depois do agravo, mas antes de decorrido o prazo de decadência do direito de resposta ou retificação.

§ 3º No caso de divulgação, publicação ou transmissão continuada e ininterrupta da mesma matéria ofensiva, o prazo será contado da data em que se iniciou o agravo.

Art. 4º A resposta ou retificação atenderá, quanto à forma e à duração, ao seguinte:

I – praticado o agravo em mídia escrita ou na internet, terá a resposta ou retificação o destaque, a publicidade, a periodicidade e a dimensão da matéria que a ensejou;

II – praticado o agravo em mídia televisiva, terá a resposta ou retificação o destaque, a publicidade, a periodicidade e a duração da matéria que a ensejou;

III – praticado o agravo em mídia radiofônica, terá a resposta ou retificação o destaque, a publicidade, a periodicidade e a duração da matéria que a ensejou.

§ 1º Se o agravo tiver sido divulgado, publicado, republicado, transmitido ou retransmitido em mídia escrita ou em cadeia de rádio ou televisão para mais de um Município ou Estado, será conferido proporcional alcance à divulgação da resposta ou retificação.

§ 2º O ofendido poderá requerer que a resposta ou retificação seja divulgada, publicada ou transmitida nos mesmos espaço, dia da semana e horário do agravo.

§ 3º A resposta ou retificação cuja divulgação, publicação ou transmissão não obedeça ao disposto nesta Lei é considerada inexistente.

§ 4º Na delimitação do agravo, deverá ser considerado o contexto da informação ou matéria que gerou a ofensa.

Art. 5º Se o veículo de comunicação social ou quem por ele responda não divulgar, publicar ou transmitir a resposta ou retificação no prazo de 7 (sete) dias, contado do recebimento do respectivo pedido, na forma do art. 3º, restará caracterizado o interesse jurídico para a propositura de ação judicial.

Lei 13.188/2015

LEGISLAÇÃO

§ 1º É competente para conhecer do feito o juízo do domicílio do ofendido ou, se este assim o preferir, aquele do lugar onde o agravo tenha apresentado maior repercussão.

§ 2º A ação de rito especial de que trata esta Lei será instruída com as provas do agravo e do pedido de resposta ou retificação não atendido, bem como com o texto da resposta ou retificação a ser divulgado, publicado ou transmitido, sob pena de inépcia da inicial, e processada no prazo máximo de 30 (trinta) dias, vedados:

I – a cumulação de pedidos;
II – a reconvenção;
III – o litisconsórcio, a assistência e a intervenção de terceiros.

§ 3º *(Vetado.)*

Art. 6º Recebido o pedido de resposta ou retificação, o juiz, dentro de 24 (vinte e quatro) horas, mandará citar o responsável pelo veículo de comunicação social para que:

I – em igual prazo, apresente as razões pelas quais não o divulgou, publicou ou transmitiu;
II – no prazo de 3 (três) dias, ofereça contestação.

Parágrafo único. O agravo consistente em injúria não admitirá a prova da verdade.

Art. 7º O juiz, nas 24 (vinte e quatro) horas seguintes à citação, tenha ou não se manifestado o responsável pelo veículo de comunicação, conhecerá do pedido e, havendo prova capaz de convencer sobre a verossimilhança da alegação ou justificado receio de ineficácia do provimento final, fixará desde logo as condições e a data para a veiculação, em prazo não superior a 10 (dez) dias, da resposta ou retificação.

§ 1º Se o agravo tiver sido divulgado ou publicado por veículo de mídia impressa cuja circulação seja periódica, a resposta ou retificação será divulgada na edição seguinte à da ofensa ou, ainda, excepcionalmente, em edição extraordinária, apenas nos casos em que o prazo entre a ofensa e a próxima edição indique desproporcionalidade entre a ofensa e a resposta ou retificação.

§ 2º A medida antecipatória a que se refere o *caput* deste artigo poderá ser reconsiderada ou modificada a qualquer momento, em decisão fundamentada.

§ 3º O juiz poderá, a qualquer tempo, impor multa diária ao réu, independentemente de pedido do autor, bem como modificar-lhe o valor ou a periodicidade, caso verifique que se tornou insuficiente ou excessiva.

§ 4º Para a efetivação da tutela específica de que trata esta Lei, poderá o juiz, de ofício ou mediante requerimento, adotar as medidas cabíveis para o cumprimento da decisão.

Art. 8º Não será admitida a divulgação, publicação ou transmissão de resposta ou retificação que não tenha relação com as informações contidas na matéria a que pretende responder nem se enquadre no § 1º do art. 2º desta Lei.

Art. 9º O juiz prolatará a sentença no prazo máximo de 30 (trinta) dias, contado do ajuizamento da ação, salvo na hipótese de conversão do pedido em reparação por perdas e danos.

Parágrafo único. As ações judiciais destinadas a garantir a efetividade do direito de resposta ou retificação previsto nesta Lei processam-se durante as férias forenses e não se suspendem pela superveniência delas.

Art. 10. Das decisões proferidas nos processos submetidos ao rito especial estabelecido nesta Lei, poderá ser concedido efeito suspensivo pelo tribunal competente, desde que constatadas, em juízo colegiado prévio, a plausibilidade do direito invocado e a urgência na concessão da medida.

Art. 11. A gratuidade da resposta ou retificação divulgada pelo veículo de comunicação, em caso de ação temerária, não abrange as custas processuais nem exime o autor do ônus da sucumbência.

Parágrafo único. Incluem-se entre os ônus da sucumbência os custos com a divulgação, publicação ou transmissão da resposta ou retificação, caso a decisão judicial favorável ao autor seja reformada em definitivo.

Art. 12. Os pedidos de reparação ou indenização por danos morais, materiais ou à imagem serão deduzidos em ação própria, salvo se o autor, desistindo expressamente da tutela específica de que trata esta Lei, os requerer, caso em que o processo seguirá pelo rito ordinário.

§ 1º O ajuizamento de ação cível ou penal contra o veículo de comunicação ou seu res-

Dec. 8.573/2015

LEGISLAÇÃO

ponsável com fundamento na divulgação, publicação ou transmissão ofensiva não prejudica o exercício administrativo ou judicial do direito de resposta ou retificação previsto nesta Lei.

§ 2º A reparação ou indenização dar-se-á sem prejuízo da multa a que se refere o § 3º do art. 7º.

Art. 13. O art. 143 do Decreto-lei 2.848, de 7 de dezembro de 1940 (Código Penal), passa a vigorar acrescido do seguinte parágrafo único:

"Art. 143. [...]

"Parágrafo único. Nos casos em que o querelado tenha praticado a calúnia ou a difamação utilizando-se de meios de comunicação, a retratação dar-se-á, se assim desejar o ofendido, pelos mesmos meios em que se praticou a ofensa."

Art. 14. Esta Lei entra em vigor na data de sua publicação.

Brasília, 11 de novembro de 2015; 194º da Independência e 127º da República.

Dilma Rousseff

(DOU 12.11.2015)

DECRETO 8.573, DE 19 DE NOVEMBRO DE 2015

Dispõe sobre o Consumidor.gov.br, sistema alternativo de solução de conflitos de consumo, e dá outras providências.

A Presidenta da República, no uso das atribuições que lhe conferem o art. 84, *caput*, incisos IV e VI, alínea *a*, da Constituição, e tendo em vista o disposto no art. 4º, *caput*, incisos III e V, da Lei 8.078, de 11 de setembro de 1990, decreta:

Art. 1º Este Decreto dispõe sobre o Consumidor.gov.br, sistema alternativo de solução de conflitos de consumo, de natureza gratuita e alcance nacional, na forma de sítio na internet, com a finalidade de estimular a autocomposição entre consumidores e fornecedores para solução de demandas de consumo.

Art. 2º São objetivos do Consumidor.gov.br:

I – ampliar o atendimento ao consumidor;

II – prevenir condutas que violem os direitos do consumidor;

III – promover a transparência nas relações de consumo;

IV – contribuir na elaboração e implementação de políticas públicas de defesa do consumidor;

V – estimular a harmonização das relações entre consumidores e fornecedores; e

VI – incentivar a competitividade por meio da melhoria da qualidade do atendimento ao consumidor.

Art. 3º A Secretaria Nacional do Consumidor – Senacon do Ministério da Justiça prestará o apoio administrativo e os meios necessários para o funcionamento do Consumidor.gov.br.

Art. 4º Fica instituído, no âmbito do Ministério da Justiça, o Comitê Gestor do Consumidor.gov.br, com o objetivo de definir ações e coordenar a gestão e manutenção do Consumidor.gov.br.

§ 1º O Comitê Gestor será composto por:

I – um representante da Senacon do Ministério da Justiça, que o presidirá;

II – um representante da Secretária-Executiva do Ministério da Justiça;

III – quatro representantes do Sistema Nacional de Defesa do Consumidor; e

IV – quatro representantes do setor produtivo.

§ 2º Os órgãos e entidades a que se referem os incisos de I a IV indicarão seus representantes e suplentes, que serão designados por ato do Ministro de Estado da Justiça.

§ 3º O Comitê Gestor do Consumidor.gov.br poderá convidar especialistas ou representantes de órgãos ou entidades, públicas ou privadas, inclusive organizações da sociedade civil, para acompanhar ou participar de suas reuniões.

Art. 5º Compete ao Comitê Gestor do Consumidor.gov.br:

I – apoiar a Senacon na gestão do sistema e no aprimoramento das políticas e diretrizes de atendimento aos consumidores;

II – promover o Consumidor.gov.br por meio da elaboração de ações específicas;

III – propor mecanismos para o financiamento, a manutenção e o aprimoramento do Consumidor.gov.br; e

Lei 13.257/2016

LEGISLAÇÃO

IV – elaborar seu regimento interno, que deverá ser aprovado por maioria simples de seus membros.

Art. 6º A participação no Comitê Gestor do Consumidor.gov.br será considerada prestação de serviço público relevante, não remunerada.

Art. 7º Este Decreto entra em vigor na data de sua publicação.

Brasília, 19 de novembro de 2015; 194º da Independência e 127º da República.

Dilma Rousseff

(*DOU* 20.11.2015)

LEI 13.257, DE 8 DE MARÇO DE 2016

Dispõe sobre as políticas públicas para a primeira infância e altera a Lei 8.069, de 13 de julho de 1990 (Estatuto da Criança e do Adolescente), o Decreto-Lei 3.689, de 3 de outubro de 1941 (Código de Processo Penal), a Consolidação das Leis do Trabalho (CLT), aprovada pelo Decreto-Lei 5.452, de 1º de maio de 1943, a Lei 11.770, de 9 de setembro de 2008, e a Lei 12.662, de 5 de junho de 2012.

A Presidenta da República:

Faço saber que o Congresso Nacional decreta e eu sanciono a seguinte Lei:

Art. 1º Esta Lei estabelece princípios e diretrizes para a formulação e a implementação de políticas públicas para a primeira infância em atenção à especificidade e à relevância dos primeiros anos de vida no desenvolvimento infantil e no desenvolvimento do ser humano, em consonância com os princípios e diretrizes da Lei 8.069, de 13 de julho de 1990 (Estatuto da Criança e do Adolescente); altera a Lei 8.069, de 13 de julho de 1990 (Estatuto da Criança e do Adolescente); altera os arts. 6º, 185, 304 e 318 do Decreto-Lei 3.689, de 3 de outubro de 1941 (Código de Processo Penal); acrescenta incisos ao art. 473 da Consolidação das Leis do Trabalho (CLT), aprovada pelo Decreto-Lei 5.452, de 1º de maio de 1943; altera os arts. 1º, 3º, 4º e 5º da Lei 11.770, de 9 de setembro de 2008; e acrescenta parágrafos ao art. 5º da Lei 12.662, de 5 de junho de 2012.

Art. 2º Para os efeitos desta Lei, considera-se primeira infância o período que abrange os primeiros 6 (seis) anos completos ou 72 (setenta e dois) meses de vida da criança.

Art. 3º A prioridade absoluta em assegurar os direitos da criança, do adolescente e do jovem, nos termos do art. 227 da Constituição Federal e do art. 4º da Lei 8.069, de 13 de julho de 1990, implica o dever do Estado de estabelecer políticas, planos, programas e serviços para a primeira infância que atendam às especificidades dessa faixa etária, visando a garantir seu desenvolvimento integral.

Art. 4º As políticas públicas voltadas ao atendimento dos direitos da criança na primeira infância serão elaboradas e executadas de forma a:

I – atender ao interesse superior da criança e à sua condição de sujeito de direitos e de cidadã;

II – incluir a participação da criança na definição das ações que lhe digam respeito, em conformidade com suas características etárias e de desenvolvimento;

III – respeitar a individualidade e os ritmos de desenvolvimento das crianças e valorizar a diversidade da infância brasileira, assim como as diferenças entre as crianças em seus contextos sociais e culturais;

IV – reduzir as desigualdades no acesso aos bens e serviços que atendam aos direitos da criança na primeira infância, priorizando o investimento público na promoção da justiça social, da equidade e da inclusão sem discriminação da criança;

V – articular as dimensões ética, humanista e política da criança cidadã com as evidências científicas e a prática profissional no atendimento da primeira infância;

VI – adotar abordagem participativa, envolvendo a sociedade, por meio de suas organizações representativas, os profissionais, os pais e as crianças, no aprimoramento da qualidade das ações e na garantia da oferta dos serviços;

VII – articular as ações setoriais com vistas ao atendimento integral e integrado;

1879

Lei 13.257/2016

LEGISLAÇÃO

VIII – descentralizar as ações entre os entes da Federação;

IX – promover a formação da cultura de proteção e promoção da criança, com apoio dos meios de comunicação social.

Parágrafo único. A participação da criança na formulação das políticas e das ações que lhe dizem respeito tem o objetivo de promover sua inclusão social como cidadã e dar-se-á de acordo com a especificidade de sua idade, devendo ser realizada por profissionais qualificados em processos de escuta adequados às diferentes formas de expressão infantil.

Art. 5º Constituem áreas prioritárias para as políticas públicas para a primeira infância a saúde, a alimentação e a nutrição, a educação infantil, a convivência familiar e comunitária, a assistência social à família da criança, a cultura, o brincar e o lazer, o espaço e o meio ambiente, bem como a proteção contra toda forma de violência e de pressão consumista, a prevenção de acidentes e a adoção de medidas que evitem a exposição precoce à comunicação mercadológica.

Art. 6º A Política Nacional Integrada para a primeira infância será formulada e implementada mediante abordagem e coordenação intersetorial que articule as diversas políticas setoriais a partir de uma visão abrangente de todos os direitos da criança na primeira infância.

Art. 7º A União, os Estados, o Distrito Federal e os Municípios poderão instituir, nos respectivos âmbitos, comitê intersetorial de políticas públicas para a primeira infância com a finalidade de assegurar a articulação das ações voltadas à proteção e à promoção dos direitos da criança, garantida a participação social por meio dos conselhos de direitos.

§ 1º Caberá ao Poder Executivo no âmbito da União, dos Estados, do Distrito Federal e dos Municípios indicar o órgão responsável pela coordenação do comitê intersetorial previsto no *caput* deste artigo.

§ 2º O órgão indicado pela União nos termos do § 1º deste artigo manterá permanente articulação com as instâncias de coordenação das ações estaduais, distrital e municipais de atenção à criança na primeira infância, visando à complementaridade das ações e ao cumprimento do dever do Estado na garantia dos direitos da criança.

Art. 8º O pleno atendimento dos direitos da criança na primeira infância constitui objetivo comum de todos os entes da Federação, segundo as respectivas competências constitucionais e legais, a ser alcançado em regime de colaboração entre a União, os Estados, o Distrito Federal e os Municípios.

Parágrafo único. A União buscará a adesão dos Estados, do Distrito Federal e dos Municípios à abordagem multi e intersetorial no atendimento dos direitos da criança na primeira infância e oferecerá assistência técnica na elaboração de planos estaduais, distrital e municipais para a primeira infância que articulem os diferentes setores.

Art. 9º As políticas para a primeira infância serão articuladas com as instituições de formação profissional, visando à adequação dos cursos às características e necessidades das crianças e à formação de profissionais qualificados, para possibilitar a expansão com qualidade dos diversos serviços.

Art. 10. Os profissionais que atuam nos diferentes ambientes de execução das políticas e programas destinados à criança na primeira infância terão acesso garantido e prioritário à qualificação, sob a forma de especialização e atualização, em programas que contemplem, entre outros temas, a especificidade da primeira infância, a estratégia da intersetorialidade na promoção do desenvolvimento integral e a prevenção e a proteção contra toda forma de violência contra a criança.

Art. 11. As políticas públicas terão, necessariamente, componentes de monitoramento e coleta sistemática de dados, avaliação periódica dos elementos que constituem a oferta dos serviços à criança e divulgação dos seus resultados.

§ 1º A União manterá instrumento individual de registro unificado de dados do crescimento e desenvolvimento da criança, assim como sistema informatizado, que inclua as

Lei 13.257/2016

redes pública e privada de saúde, para atendimento ao disposto neste artigo.

§ 2º A União informará à sociedade a soma dos recursos aplicados anualmente no conjunto dos programas e serviços para a primeira infância e o percentual que os valores representam em relação ao respectivo orçamento realizado, bem como colherá informações sobre os valores aplicados pelos demais entes da Federação.

Art. 12. A sociedade participa solidariamente com a família e o Estado da proteção e da promoção da criança na primeira infância, nos termos do *caput* e do § 7º do art. 227, combinado com o inciso II do art. 204 da Constituição Federal, entre outras formas:

I – formulando políticas e controlando ações, por meio de organizações representativas;

II – integrando conselhos, de forma paritária com representantes governamentais, com funções de planejamento, acompanhamento, controle social e avaliação;

III – executando ações diretamente ou em parceria com o poder público;

IV – desenvolvendo programas, projetos e ações compreendidos no conceito de responsabilidade social e de investimento social privado;

V – criando, apoiando e participando de redes de proteção e cuidado à criança nas comunidades;

VI – promovendo ou participando de campanhas e ações que visem a aprofundar a consciência social sobre o significado da primeira infância no desenvolvimento do ser humano.

Art. 13. A União, os Estados, o Distrito Federal e os Municípios apoiarão a participação das famílias em redes de proteção e cuidado da criança em seus contextos sociofamiliar e comunitário visando, entre outros objetivos, à formação e ao fortalecimento dos vínculos familiares e comunitários, com prioridade aos contextos que apresentem riscos ao desenvolvimento da criança.

Art. 14. As políticas e programas governamentais de apoio às famílias, incluindo as visitas domiciliares e os programas de promoção da paternidade e maternidade responsáveis, buscarão a articulação das áreas de saúde, nutrição, educação, assistência social, cultura, trabalho, habitação, meio ambiente e direitos humanos, entre outras, com vistas ao desenvolvimento integral da criança.

§ 1º Os programas que se destinam ao fortalecimento da família no exercício de sua função de cuidado e educação de seus filhos na primeira infância promoverão atividades centradas na criança, focadas na família e baseadas na comunidade.

§ 2º As famílias identificadas nas redes de saúde, educação e assistência social e nos órgãos do Sistema de Garantia dos Direitos da Criança e do Adolescente que se encontrem em situação de vulnerabilidade e de risco ou com direitos violados para exercer seu papel protetivo de cuidado e educação da criança na primeira infância, bem como as que têm crianças com indicadores de risco ou deficiência, terão prioridade nas políticas sociais públicas.

§ 3º As gestantes e as famílias com crianças na primeira infância deverão receber orientação e formação sobre maternidade e paternidade responsáveis, aleitamento materno, alimentação complementar saudável, crescimento e desenvolvimento infantil integral, prevenção de acidentes e educação sem uso de castigos físicos, nos termos da Lei 13.010, de 26 de junho de 2014, com o intuito de favorecer a formação e a consolidação de vínculos afetivos e estimular o desenvolvimento integral na primeira infância.

§ 4º A oferta de programas e de ações de visita domiciliar e de outras modalidades que estimulem o desenvolvimento integral na primeira infância será considerada estratégia de atuação sempre que respaldada pelas políticas públicas sociais e avaliada pela equipe profissional responsável.

§ 5º Os programas de visita domiciliar voltados ao cuidado e educação na primeira infância deverão contar com profissionais qualificados, apoiados por medidas que assegurem sua permanência e formação continuada.

Lei 13.257/2016

LEGISLAÇÃO

Art. 15. As políticas públicas criarão condições e meios para que, desde a primeira infância, a criança tenha acesso à produção cultural e seja reconhecida como produtora de cultura.

Art. 16. A expansão da educação infantil deverá ser feita de maneira a assegurar a qualidade da oferta, com instalações e equipamentos que obedeçam a padrões de infraestrutura estabelecidos pelo Ministério da Educação, com profissionais qualificados conforme dispõe a Lei 9.394, de 20 de dezembro de 1996 (Lei de Diretrizes e Bases da Educação Nacional), e com currículo e materiais pedagógicos adequados à proposta pedagógica.

Parágrafo único. A expansão da educação infantil das crianças de 0 (zero) a 3 (três) anos de idade, no cumprimento da meta do Plano Nacional de Educação, atenderá aos critérios definidos no território nacional pelo competente sistema de ensino, em articulação com as demais políticas sociais.

Art. 17. A União, os Estados, o Distrito Federal e os Municípios deverão organizar e estimular a criação de espaços lúdicos que propiciem o bem-estar, o brincar e o exercício da criatividade em locais públicos e privados onde haja circulação de crianças, bem como a fruição de ambientes livres e seguros em suas comunidades.

Art. 18. O art. 3º da Lei 8.069, de 13 de julho de 1990 (Estatuto da Criança e do Adolescente), passa a vigorar acrescido do seguinte parágrafo único:

• Acréscimo processado no texto da referida Lei.

Art. 19. O art. 8º da Lei 8.069, de 13 de julho de 1990, passa a vigorar com a seguinte redação:

• Alterações processadas no texto da referida Lei.

Art. 20. O art. 9º da Lei 8.069, de 13 de julho de 1990, passa a vigorar acrescido dos seguintes §§ 1º e 2º:

• Acréscimos processados no texto da referida Lei.

Art. 21. O art. 11 da Lei 8.069, de 13 de julho de 1990, passa a vigorar com a seguinte redação:

• Alterações processadas no texto da referida Lei.

Art. 22. O art. 12 da Lei 8.069, de 13 de julho de 1990, passa a vigorar com a seguinte redação:

• Alteração processada no texto da referida Lei.

Art. 23. O art. 13 da Lei 8.069, de 13 de julho de 1990, passa a vigorar acrescido do seguinte § 2º, numerando-se o atual parágrafo único como § 1º:

• Acréscimo processado no texto da referida Lei.

Art. 24. O art. 14 da Lei 8.069, de 13 de julho de 1990, passa a vigorar acrescido dos seguintes §§ 2º, 3º e 4º, numerando-se o atual parágrafo único como § 1º:

• Acréscimo processado no texto da referida Lei.

Art. 25. O art. 19 da Lei 8.069, de 13 de julho de 1990, passa a vigorar com a seguinte redação:

• Alterações processadas no texto da referida Lei.

Art. 26. O art. 22 da Lei 8.069, de 13 de julho de 1990, passa a vigorar acrescido do seguinte parágrafo único:

• Acréscimo processado no texto da referida Lei.

Art. 27. O § 1º do art. 23 da Lei 8.069, de 13 de julho de 1990, passa a vigorar com a seguinte redação:

• Alteração processada no texto da referida Lei.

Art. 28. O art. 34 da Lei 8.069, de 13 de julho de 1990, passa a vigorar acrescido dos seguintes §§ 3º e 4º:

• Acréscimos processados no texto da referida Lei.

Art. 29. O inciso II do art. 87 da Lei 8.069, de 13 de julho de 1990, passa a vigorar com a seguinte redação:

• Alteração processada no texto da referida Lei.

Art. 30. O art. 88 da Lei 8.069, de 13 de julho de 1990, passa a vigorar acrescido dos seguintes incisos VIII, IX e X:

• Acréscimos processados no texto da referida Lei.

Art. 31. O art. 92 da Lei 8.069, de 13 de julho de 1990, passa a vigorar acrescido do seguinte § 7º:

• Acréscimo processado no texto da referida Lei.

Art. 32. O inciso IV do *caput* do art. 101 da Lei 8.069, de 13 de julho de 1990, passa a vigorar com a seguinte redação:

• Alteração processada no texto da referida Lei.

Lei 13.257/2016

LEGISLAÇÃO

Art. 33. O art. 102 da Lei 8.069, de 13 de julho de 1990, passa a vigorar acrescido dos seguintes §§ 5º e 6º:
- Acréscimos processados no texto da referida Lei.

Art. 34. O inciso I do art. 129 da Lei 8.069, de 13 de julho de 1990, passa a vigorar com a seguinte redação:
- Alteração processada no texto da referida Lei.

Art. 35. Os §§ 1º-A e 2º do art. 260 da Lei 8.069, de 13 de julho de 1990, passam a vigorar com a seguinte redação:
- Alterações processadas no texto da referida Lei.

Art. 36. A Lei 8.069, de 13 de julho de 1990, passa a vigorar acrescida do seguinte art. 265-A:
- Acréscimo processado no texto da referida Lei.

Art. 37. O art. 473 da Consolidação das Leis do Trabalho (CLT), aprovada pelo Decreto-Lei 5.452, de 1º de maio de 1943, passa a vigorar acrescido dos seguintes incisos X e XI:

"Art. 473. [...]"

"[...]"

"X – até 2 (dois) dias para acompanhar consultas médicas e exames complementares durante o período de gravidez de sua esposa ou companheira;

"XI – por 1 (um) dia por ano para acompanhar filho de até 6 (seis) anos em consulta médica."

Art. 38. Os arts. 1º, 3º, 4º e 5º da Lei 11.770, de 9 de setembro de 2008, passam a vigorar com as seguintes alterações:

"Art. 1º É instituído o Programa Empresa Cidadã, destinado a prorrogar:

"I – por 60 (sessenta) dias a duração da licença-maternidade prevista no inciso XVIII do caput do art. 7º da Constituição Federal;

"II – por 15 (quinze) dias a duração da licença-paternidade, nos termos desta Lei, além dos 5 (cinco) dias estabelecidos no § 1º do art. 10 do Ato das Disposições Constitucionais Transitórias.

"§ 1º A prorrogação de que trata este artigo:

"I – será garantida à empregada da pessoa jurídica que aderir ao Programa, desde que a empregada a requeira até o final do primeiro mês após o parto, e será concedida imediatamente após a fruição da licença-maternidade de que trata o inciso XVIII do caput do art. 7º da Constituição Federal;

"II – será garantida ao empregado da pessoa jurídica que aderir ao Programa, desde que o empregado a requeira no prazo de 2 (dois) dias úteis após o parto e comprove participação em programa ou atividade de orientação sobre paternidade responsável.

"§ 2º A prorrogação será garantida, na mesma proporção, à empregada e ao empregado que adotar ou obtiver guarda judicial para fins de adoção de criança."

"Art. 3º Durante o período de prorrogação da licença-maternidade e da licença-paternidade:

"I – a empregada terá direito à remuneração integral, nos mesmos moldes devidos no período de percepção do salário-maternidade pago pelo Regime Geral de Previdência Social (RGPS);

"II – o empregado terá direito à remuneração integral."

"Art. 4º No período de prorrogação da licença-maternidade e da licença-paternidade de que trata esta Lei, a empregada e o empregado não poderão exercer nenhuma atividade remunerada, e a criança deverá ser mantida sob seus cuidados.

"Parágrafo único. Em caso de descumprimento do disposto no caput deste artigo, a empregada e o empregado perderão o direito à prorrogação."

"Art. 5º A pessoa jurídica tributada com base no lucro real poderá deduzir do imposto devido, em cada período de apuração, o total da remuneração integral da empregada e do empregado pago nos dias de prorrogação de sua licença-maternidade e de sua licença-paternidade, vedada a dedução como despesa operacional.

"[...]"

Art. 39. O Poder Executivo, com vistas ao cumprimento do disposto no inciso II do caput do art. 5º e nos arts. 12 e 14 da Lei Complementar 101, de 4 de maio de 2000, estimará o montante da renúncia fiscal decorrente do disposto no art. 38 desta Lei e o in-

Lei 13.257/2016

LEGISLAÇÃO

cluirá no demonstrativo a que se refere o § 6º do art. 165 da Constituição Federal, que acompanhará o projeto de lei orçamentária cuja apresentação se der após decorridos 60 (sessenta) dias da publicação desta Lei.

Art. 40. Os arts. 38 e 39 desta Lei produzem efeitos a partir do primeiro dia do exercício subsequente àquele em que for implementado o disposto no art. 39.

Art. 41. Os arts. 6º, 185, 304 e 318 do Decreto-lei 3.689, de 3 de outubro de 1941 (Código de Processo Penal), passam a vigorar com as seguintes alterações:

"Art. 6º [...]

"[...]

"X – colher informações sobre a existência de filhos, respectivas idades e se possuem alguma deficiência e o nome e o contato de eventual responsável pelos cuidados dos filhos, indicado pela pessoa presa."

"Art. 185. [...]

"[...]

"§ 10. Do interrogatório deverá constar a informação sobre a existência de filhos, respectivas idades e se possuem alguma deficiência e o nome e o contato de eventual responsável pelos cuidados dos filhos, indicado pela pessoa presa."

"Art. 304. [...]

"[...]

"§ 4º Da lavratura do auto de prisão em flagrante deverá constar a informação sobre a existência de filhos, respectivas idades e se possuem alguma deficiência e o nome e o contato de eventual responsável pelos cuidados dos filhos, indicado pela pessoa presa."

"Art. 318. [...]

"[...]

'IV – gestante;

"V – mulher com filho de até 12 (doze) anos de idade incompletos;

"VI – homem, caso seja o único responsável pelos cuidados do filho de até 12 (doze) anos de idade incompletos.

"[...]"

Art. 42. O art. 5º da Lei 12.662, de 5 de junho de 2012, passa a vigorar acrescido dos seguintes §§ 3º e 4º:

"Art. 5º [...]

"[...]

"§ 3º O sistema previsto no *caput* deverá assegurar a interoperabilidade com o Sistema Nacional de Informações de Registro Civil (Sirc).

"§ 4º Os estabelecimentos de saúde públicos e privados que realizam partos terão prazo de 1 (um) ano para se interligarem, mediante sistema informatizado, às serventias de registro civil existentes nas unidades federativas que aderirem ao sistema interligado previsto em regramento do Conselho Nacional de Justiça (CNJ)."

Art. 43. Esta Lei entra em vigor na data de sua publicação.

Brasília, 8 de março de 2016; 195º da Independência e 128º da República.

Dilma Rousseff

(*DOU* 09.03.2016)

SÚMULAS SELECIONADAS

Supremo Tribunal Federal – STF

    I. Súmulas vinculantes

    II. Súmulas

Superior Tribunal de Justiça – STJ

Tribunal Federal de Recursos – TFR

SÚMULAS SELECIONADAS

1. SUPREMO TRIBUNAL FEDERAL
I. Súmulas vinculantes

1. Ofende a garantia constitucional do ato jurídico perfeito a decisão que, sem ponderar as circunstâncias do caso concreto, desconsidera a validez e a eficácia de acordo constante de termo de adesão instituído pela Lei Complementar 110/2001.

2. É inconstitucional a lei ou ato normativo estadual ou distrital que disponha sobre sistemas de consórcios e sorteios, inclusive bingos e loterias.

3. Nos processos perante o Tribunal de Contas da União asseguram-se o contraditório e a ampla defesa quando da decisão puder resultar anulação ou revogação de ato administrativo que beneficie o interessado, excetuada a apreciação da legalidade do ato de concessão inicial de aposentadoria, reforma e pensão.

4. Salvo nos casos previstos na Constituição, o salário mínimo não pode ser usado como indexador de base de cálculo de vantagem de servidor público ou de empregado, nem ser substituído por decisão judicial.

5. A falta de defesa técnica por advogado no processo administrativo disciplinar não ofende a Constituição.

6. Não viola a Constituição o estabelecimento de remuneração inferior ao salário mínimo para as praças prestadoras de serviço militar inicial.

7. A norma do § 3º do artigo 192 da Constituição, revogada pela Emenda Constitucional n. 40/2003, que limitava a taxa de juros reais a 12% ao ano, tinha sua aplicação condicionada à edição de lei complementar.

8. São inconstitucionais o parágrafo único do artigo 5º do Decreto-lei 1.569/1977 e os artigos 45 e 46 da Lei 8.212/1991, que tratam de prescrição e decadência de crédito tributário.

9. O disposto no artigo 127 da Lei 7.210/1984 (Lei de Execução Penal) foi recebido pela ordem constitucional vigente, e não se lhe aplica o limite temporal previsto no *caput* do artigo 58.

10. Viola a cláusula de reserva de plenário (CF, artigo 97) a decisão de órgão fracionário de Tribunal que, embora não declare expressamente a inconstitucionalidade de lei ou ato normativo do poder público, afasta sua incidência, no todo ou em parte.

11. Só é lícito o uso de algemas em casos de resistência e de fundado receio de fuga ou de perigo à integridade física própria ou alheia, por parte do preso ou de terceiros, justificada a excepcionalidade por escrito, sob pena de responsabilidade disciplinar, civil e penal do agente ou da autoridade e de nulidade da prisão ou do ato processual a que se refere, sem prejuízo da responsabilidade civil do Estado.

12. A cobrança de taxa de matrícula nas universidades públicas viola o disposto no art. 206, IV, da Constituição Federal.

13. A nomeação de cônjuge, companheiro ou parente em linha reta, colateral ou por afinidade, até o terceiro grau, inclusive, da autoridade nomeante ou de servidor da mesma pessoa jurídica investido em cargo de direção, chefia ou assessoramento, para o exercício de cargo em comissão ou de confiança ou, ainda, de função gratificada na administração pública direta e indireta em qualquer dos Poderes da União, dos Estados, do Distrito Federal e dos Municípios, compreendido o ajuste mediante designações recíprocas, viola a Constituição Federal.

STF

SÚMULAS SELECIONADAS

14. É direito do defensor, no interesse do representado, ter acesso amplo aos elementos de prova que, já documentados em procedimento investigatório realizado por órgão com competência de polícia judiciária, digam respeito ao exercício do direito de defesa.

15. O cálculo de gratificações e outras vantagens do servidor público não incide sobre o abono utilizado para se atingir o salário mínimo.

16. Os artigos 7º, IV, e 39, § 3º (redação da EC 19/1998), da Constituição, referem-se ao total da remuneração percebida pelo servidor público.

17. Durante o período previsto no § 1º do artigo 100 da Constituição, não incidem juros de mora sobre os precatórios que nele sejam pagos.

• V. art. 100, § 5º, CF.

18. A dissolução da sociedade ou do vínculo conjugal, no curso do mandato, não afasta a inelegibilidade prevista no § 7º do artigo 14 da Constituição Federal.

19. A taxa cobrada exclusivamente em razão dos serviços públicos de coleta, remoção e tratamento ou destinação de lixo ou resíduos provenientes de imóveis, não viola o artigo 145, II, da Constituição Federal.

20. A Gratificação de Desempenho de Atividade Técnico-Administrativa – GDATA, instituída pela Lei 10.404/2002, deve ser deferida aos inativos nos valores correspondentes a 37,5 (trinta e sete vírgula cinco) pontos no período de fevereiro a maio de 2002 e, nos termos do artigo 5º, parágrafo único, da Lei 10.404/2002, no período de junho de 2002 até a conclusão dos efeitos do último ciclo de avaliação a que se refere o artigo 1º da Medida Provisória 198/2004, a partir da qual passa a ser de 60 (sessenta) pontos.

21. É inconstitucional a exigência de depósito ou arrolamento prévios de dinheiro ou bens para admissibilidade de recurso administrativo.

22. A Justiça do Trabalho é competente para processar e julgar as ações de indenização por danos morais e patrimoniais decorrentes de acidente de trabalho propostas por empregado contra empregador, inclusive aquelas que ainda não possuíam sentença de mérito em primeiro grau quando da promulgação da Emenda Constitucional n. 45/2004.

23. A Justiça do Trabalho é competente para processar e julgar ação possessória ajuizada em decorrência do exercício do direito de greve pelos trabalhadores da iniciativa privada.

24. Não se tipifica crime material contra a ordem tributária, previsto no art. 1º, incisos I a IV, da Lei 8.137/1990, antes do lançamento definitivo do tributo.

25. É ilícita a prisão civil de depositário infiel, qualquer que seja a modalidade do depósito.

26. Para efeito de progressão de regime no cumprimento de pena por crime hediondo, ou equiparado, o juízo da execução observará a inconstitucionalidade do art. 2º da Lei 8.072, de 25 de julho de 1990, sem prejuízo de avaliar se o condenado preenche, ou não, os requisitos objetivos e subjetivos do benefício, podendo determinar, para tal fim, de modo fundamentado, a realização de exame criminológico.

• V. Súmula 439, STJ.

27. Compete à Justiça estadual julgar causas entre consumidor e concessionária de serviço público de telefonia, quando a Anatel não seja litisconsorte passiva necessária, assistente, nem opoente.

28. É inconstitucional a exigência de depósito prévio como requisito de admissibilidade de ação judicial na qual se pretenda discutir a exigibilidade de crédito tributário.

29. É constitucional a adoção, no cálculo do valor de taxa, de um ou mais elementos da base de cálculo própria de determinado imposto, desde que não haja integral identidade entre uma base e outra.

31. É inconstitucional a incidência do Imposto sobre Serviços de Qualquer Natureza – ISS sobre operações de locação de bens móveis.

32. O ICMS não incide sobre alienação de salvados de sinistro pelas seguradoras.

33. Aplicam-se ao servidor público, no que couber, as regras do regime geral da previdência social sobre aposentadoria especial de que trata o artigo 40, § 4º, inciso III da Constituição Federal, até a edição de lei complementar específica.

34. A Gratificação de Desempenho de Atividade de Seguridade Social e do Trabalho – GDASST, instituída pela Lei 10.483/2002, deve ser estendida aos inativos no valor correspondente a 60 (sessenta) pontos, desde o advento da Medida Provisória 198/2004, convertida na Lei 10.971/2004, quando tais inativos façam jus à paridade constitucional (EC 20/1998, 41/2003 e 47/2005).

35. A homologação da transação penal prevista no artigo 76 da Lei 9.099/1995 não faz coisa julgada material e, descumpridas suas cláusulas, retoma-se a situação anterior, possibilitando-se ao Ministério Público a continuidade da persecução penal mediante oferecimento de denúncia ou requisição de inquérito policial.

36. Compete à Justiça Federal comum processar e julgar civil denunciado pelos crimes de falsificação e de uso de documento falso quando se tratar de falsificação da Caderneta de Inscrição e Registro (CIR) ou de Carteira de Habilitação de Amador (CHA), ainda que expedidas pela Marinha do Brasil.

37. Não cabe ao Poder Judiciário, que não tem função legislativa, aumentar vencimentos de servidores públicos sob o fundamento de isonomia.

38. É competente o Município para fixar o horário de funcionamento de estabelecimento comercial.

39. Compete privativamente à União legislar sobre vencimentos dos membros das polícias civil e militar e do corpo de bombeiros militar do Distrito Federal.

40. A contribuição confederativa de que trata o art. 8º, IV, da Constituição Federal, só é exigível dos filiados ao sindicato respectivo.

41. O serviço de iluminação pública não pode ser remunerado mediante taxa.

42. É inconstitucional a vinculação do reajuste de vencimentos de servidores estaduais ou municipais a índices federais de correção monetária.

43. É inconstitucional toda modalidade de provimento que propicie ao servidor investir-se, sem prévia aprovação em concurso público destinado ao seu provimento, em cargo que não integra a carreira na qual anteriormente investido.

44. Só por lei se pode sujeitar a exame psicotécnico a habilitação de candidato a cargo público.

45. A competência constitucional do Tribunal do Júri prevalece sobre o foro por prerrogativa de função estabelecido exclusivamente pela constituição estadual.

46. A definição dos crimes de responsabilidade e o estabelecimento das respectivas normas de processo e julgamento são da competência legislativa privativa da União.

47. Os honorários advocatícios incluídos na condenação ou destacados do montante principal devido ao credor consubstanciam verba de natureza alimentar cuja satisfação ocorrerá com a expedição de precatório ou requisição de pequeno valor, observada ordem especial restrita aos créditos dessa natureza.

STF

SÚMULAS SELECIONADAS

48. Na entrada de mercadoria importada do exterior, é legítima a cobrança do ICMS por ocasião do desembaraço aduaneiro.

49. Ofende o princípio da livre concorrência lei municipal que impede a instalação de estabelecimentos comerciais do mesmo ramo em determinada área.

50. Norma legal que altera o prazo de recolhimento de obrigação tributária não se sujeita ao princípio da anterioridade.

51. O reajuste de 28,86%, concedido aos servidores militares pelas Leis 8.622/1993 e 8.627/1993, estende-se aos servidores civis do poder executivo, observadas as eventuais compensações decorrentes dos reajustes diferenciados concedidos pelos mesmos diplomas legais.

52. Ainda quando alugado a terceiros, permanece imune ao IPTU o imóvel pertencente a qualquer das entidades referidas pelo art. 150, VI, c, da Constituição Federal, desde que o valor dos aluguéis seja aplicado nas atividades para as quais tais entidades foram constituídas.

53. A competência da Justiça do Trabalho prevista no art. 114, VIII, da Constituição Federal alcança a execução de ofício das contribuições previdenciárias relativas ao objeto da condenação constante das sentenças que proferir e acordos por ela homologados.

54. A medida provisória não apreciada pelo congresso nacional podia, até a Emenda Constitucional n. 32/2001, ser reeditada dentro do seu prazo de eficácia de trinta dias, mantidos os efeitos de lei desde a primeira edição.

55. O direito ao auxílio-alimentação não se estende aos servidores inativos.

II. Súmulas

8. Diretor de sociedade de economia mista pode ser destituído no curso do mandato.

15. Dentro do prazo de validade do concurso, o candidato aprovado tem direito à nomeação, quando o cargo for preenchido sem observância da classificação.

16. Funcionário nomeado por concurso tem direito à posse.

18. Pela falta residual, não compreendida na absolvição pelo juízo criminal, é admissível a punição administrativa do servidor público.

23. Verificados os pressupostos legais para o licenciamento da obra, não o impede a declaração de utilidade pública para desapropriação do imóvel, mas o valor da obra não se incluirá na indenização, quando a desapropriação for efetivada.

24. Funcionário interino substituto é livremente demissível, mesmo antes de cessar a causa da substituição.

25. A nomeação a termo não impede a livre demissão, pelo Presidente da República, de ocupante de cargo dirigente de autarquia.

28. O estabelecimento bancário é responsável pelo pagamento de cheque falso, ressalvadas as hipóteses de culpa exclusiva ou concorrente do correntista.

35. Em caso de acidente do trabalho ou de transporte, a concubina tem direito de ser indenizada pela morte do amásio, se entre eles não havia impedimento para o matrimônio.

49. A cláusula de inalienabilidade inclui a incomunicabilidade dos bens.

71. Embora pago indevidamente, não cabe restituição de tributo indireto.

• V. Súmula 546, STF.

72. No julgamento de questão constitucional, vinculada à decisão do Tribunal Superior Eleitoral, não estão impedidos os ministros do Supremo Tribunal Federal que ali tenham funcionado no mesmo processo, ou no processo originário.

74. O imóvel transcrito em nome da autarquia, embora objeto de promessa de venda a particulares, continua imune de impostos locais.

76. As sociedades de economia mista não estão protegidas pela imunidade fiscal do art. 31, V, a, da Constituição Federal.

• Refere-se à CF/1946.

80. Para a retomada de prédio situado fora do domicílio do locador exige-se a prova da necessidade.

• V. Súmula 483, STF.

STF

SÚMULAS SELECIONADAS

94. É competente a autoridade alfandegária para o desconto, na fonte, do imposto de renda correspondente às comissões dos despachantes aduaneiros.

101. O mandado de segurança não substitui a ação popular.

105. Salvo se tiver havido premeditação, o suicídio do segurado no período contratual de carência não exime o segurador do pagamento do seguro.

- V. arts. 797 e 798, CC.

111. É legítima a incidência do Imposto de Transmissão *inter vivos* sobre a restituição, ao antigo proprietário, de imóvel que deixou de servir à finalidade da sua desapropriação.

112. O Imposto de Transmissão *Causa Mortis* é devido pela alíquota vigente ao tempo da abertura da sucessão.

113. O Imposto de Transmissão *Causa Mortis* é calculado sobre o valor dos bens na data da avaliação.

114. O Imposto de Transmissão *Causa Mortis* não é exigível antes da homologação do cálculo.

115. Sobre os honorários do advogado contratado pelo inventariante, com a homologação do juiz, não incide o Imposto de Transmissão *Causa Mortis*.

120. Parede de tijolos de vidro translúcido pode ser levantada a menos de metro e meio do prédio vizinho, não importando servidão sobre ele.

- V. arts. 1.301 e 1.302, CC.

121. É vedada a capitalização de juros, ainda que expressamente convencionada.

122. O enfiteuta pode purgar a mora enquanto não decretado o comisso por sentença.

137. A taxa de fiscalização da exportação incide sobre a bonificação cambial concedida ao exportador.

147. A prescrição de crime falimentar começa a correr da data em que deveria estar encerrada a falência, ou do trânsito em julgado da sentença que a encerrar ou que julgar cumprida a concordata.

- V. Súmula 592, STF.

149. É imprescritível a ação de investigação de paternidade, mas não o é a de petição de herança.

150. Prescreve a execução no mesmo prazo de prescrição da ação.

151. Prescreve em um ano a ação do segurador sub-rogado para haver indenização por extravio ou perda de carga transportada por navio.

153. Simples protesto cambiário não interrompe a prescrição.

- V. art. 202, III, CC.

154. Simples vistoria não interrompe a prescrição.

157. É necessária prévia autorização do Presidente da República para desapropriação, pelos Estados, de empresa de energia elétrica.

158. Salvo estipulação contratual averbada no registro imobiliário, não responde o adquirente pelas benfeitorias do locatário.

159. Cobrança excessiva, mas de boa-fé, não dá lugar às sanções do art. 1.531 do Código Civil.

- Refere-se ao CC/1916.
- V. art. 940, CC.

161. Em contrato de transporte, é inoperante a cláusula de não indenizar.

- V. art. 734, CC.

163. Salvo contra a Fazenda Pública, sendo a obrigação ilíquida, contam-se os juros moratórios desde a citação inicial para a ação.

164. No processo de desapropriação, são devidos juros compensatórios desde a antecipada imissão de posse, ordenada pelo juiz, por motivo de urgência.

165. A venda realizada diretamente pelo mandante ao mandatário não é atingida pela nulidade do art. 1.133, II, do Código Civil.

- Refere-se ao CC/1916.

166. É inadmissível o arrependimento no compromisso de compra e venda sujeito ao regime do Decreto-lei 58, de 10 de dezembro de 1937.

167. Não se aplica o regime do Decreto-lei 58, de 10 de dezembro de 1937, ao compromisso de compra e venda não inscrito

STF

SÚMULAS SELECIONADAS

no registro imobiliário, salvo se o promitente vendedor se obrigou a efetuar o registro.

168. Para os efeitos do Decreto-lei 58, de 10 de dezembro de 1937, admite-se a inscrição imobiliária do compromisso de compra e venda no curso da ação.

169. Depende de sentença a aplicação da pena de comisso.

170. É resgatável a enfiteuse instituída anteriormente à vigência do Código Civil.
- Refere-se ao CC/1916.
- V. art. 2.038, CC.

173. Em caso de obstáculo judicial admite-se a purga da mora, pelo locatário, além do prazo legal.

174. Para a retomada do imóvel alugado, não é necessária a comprovação dos requisitos legais na notificação prévia.

175. Admite-se a retomada de imóvel alugado para uso de filho que vai contrair matrimônio.

185. Em processo de reajustamento pecuniário, não responde a União pelos honorários do advogado do credor ou do devedor.

187. A responsabilidade contratual do transportador, pelo acidente com o passageiro, não é elidida por culpa de terceiro, contra o qual tem ação regressiva.

188. O segurador tem ação regressiva contra o causador do dano, pelo que efetivamente pagou, até o limite previsto no contrato de seguro.

189. Avais em branco e superpostos consideram-se simultâneos e não sucessivos.

190. O não pagamento de título vencido há mais de 30 (trinta) dias, sem protesto, não impede a concordata preventiva.

192. Não se inclui no crédito habilitado em falência a multa fiscal com efeito de pena administrativa.
- V. Súmula 565, STF.

193. Para a restituição prevista no art. 76, § 2º, da Lei de Falências, conta-se o prazo de 15 (quinze) dias da entrega da coisa e não da sua remessa.
- V. art. 85, parágrafo único, Lei 11.101/2005 (Lei de Recuperação de Empresas e Falência).

- V. Súmulas 417 e 495, STF.

216. Para decretação da absolvição de instância pela paralisação do processo por mais de 30 (trinta) dias, é necessário que o autor, previamente intimado, não promova o andamento da causa.

218. É competente o Juízo da Fazenda Nacional da Capital do Estado e não o da situação da coisa, para a desapropriação promovida por empresa de energia elétrica, se a União Federal intervém como assistente.

226. Na ação de desquite, os alimentos são devidos desde a inicial e não da data da decisão que os concede.

227. A concordata do empregador não impede a execução de crédito nem a reclamação de empregado na Justiça do Trabalho.

229. A indenização acidentária não exclui a do direito comum, em caso de dolo ou culpa grave do empregador.

231. O revel, em processo civil, pode produzir provas desde que compareça em tempo oportuno.

233. Salvo em caso de divergência qualificada (Lei 623, de 1949), não cabe recurso de embargos contra decisão que nega provimento a agravo ou não conhece de recurso extraordinário, ainda que por maioria de votos.

234. São devidos honorários de advogado em ação de acidente do trabalho julgada procedente.

235. É competente para a ação de acidente do trabalho a Justiça cível comum, inclusive em segunda instância, ainda que seja parte autarquia seguradora.
- V. Súmula 501, STF.
- V. Súmula 15, STJ.

236. Em ação de acidente do trabalho, a autarquia seguradora não tem isenção de custas.

237. O usucapião pode ser arguido em defesa.
- V. Súmula 445, STF.

239. Decisão que declara indevida a cobrança do imposto em determinado exercício não faz coisa julgada em relação aos posteriores.

STF

SÚMULAS SELECIONADAS

246. Comprovado não ter havido fraude, não se configura o crime de emissão de cheques sem fundos.

247. O relator não admitirá os embargos da Lei 623, de 19.02.1949, nem deles conhecerá o Supremo Tribunal Federal, quando houver jurisprudência firme do Plenário no mesmo sentido da decisão embargada.

248. É competente, originariamente, o Supremo Tribunal Federal, para mandado de segurança contra ato do Tribunal de Contas da União.

- V. art. 102, I, *d*, CF.

249. É competente o Supremo Tribunal Federal para a ação rescisória, quando, embora não tendo conhecido do recurso extraordinário, ou havendo negado provimento ao agravo, tiver apreciado a questão federal controvertida.

- V. Súmula 515, STF.

251. Responde a Rede Ferroviária Federal S.A. perante o foro comum e não perante o juízo especial da Fazenda Nacional, a menos que a União intervenha na causa.

- V. Súmulas 508, 517 e 556, STF.
- V. Súmula 42, STJ.

252. Na ação rescisória, não estão impedidos juízes que participaram do julgamento rescindendo.

253. Nos embargos da Lei 623, de 19 de fevereiro de 1949, no Supremo Tribunal Federal, a divergência somente será acolhida, se tiver sido indicada na petição de recurso extraordinário.

254. Incluem-se os juros moratórios na liquidação, embora omisso o pedido inicial ou a condenação.

256. É dispensável pedido expresso para condenação do réu em honorários, com fundamento nos arts. 63 ou 64 do Código de Processo Civil.

- Refere-se ao CPC/1939.
- V. art. 20, CPC/1973.

257. São cabíveis honorários de advogado na ação regressiva do segurador contra o causador do dano.

258. É admissível reconvenção em ação declaratória.

259. Para produzir efeito em juízo não é necessária a inscrição, no Registro Público, de documentos de procedência estrangeira, autenticados por via consular.

260. O exame de livros comerciais, em ação judicial, fica limitado às transações entre os litigantes.

261. Para a ação de indenização, em caso de avaria, é dispensável que a vistoria se faça judicialmente.

262. Não cabe medida possessória liminar para liberação alfandegária de automóvel.

263. O possuidor deve ser citado pessoalmente para a ação de usucapião.

- V. Súmula 391, STF.

264. Verifica-se a prescrição intercorrente pela paralisação da ação rescisória por mais de 5 (cinco) anos.

265. Na apuração de haveres, não prevalece o balanço não aprovado pelo sócio falecido, excluído ou que se retirou.

266. Não cabe mandado de segurança contra lei em tese.

267. Não cabe mandado de segurança contra ato judicial passível de recurso ou correição.

268. Não cabe mandado de segurança contra decisão judicial com trânsito em julgado.

269. O mandado de segurança não é substitutivo de ação de cobrança.

- V. Súmula 271, STF.

270. Não cabe mandado de segurança para impugnar enquadramento da Lei 3.780, de 12 de julho de 1960, que envolva exame de prova ou de situação funcional complexa.

271. Concessão de mandado de segurança não produz efeitos patrimoniais em relação a período pretérito, os quais devem ser reclamados administrativamente ou pela via judicial própria.

- V. Súmula 269, STF.

1893

STF

SÚMULAS SELECIONADAS

272. Não se admite como ordinário recurso extraordinário de decisão denegatória de mandado de segurança.

273. Nos embargos da Lei 623, de 19 de fevereiro de 1949, a divergência sobre questão prejudicial ou preliminar, suscitada após a interposição do recurso extraordinário, ou do agravo, somente será acolhida se o acórdão padrão for anterior à decisão embargada.

277. São cabíveis embargos, em favor da Fazenda Pública, em ação executiva fiscal, não sendo unânime a decisão.

279. Para simples reexame de prova não cabe recurso extraordinário.

• V. Súmula 7, STJ.

280. Por ofensa a direito local não cabe recurso extraordinário.

281. É inadmissível o recurso extraordinário, quando couber, na Justiça de origem, recurso ordinário da decisão impugnada.

282. É inadmissível o recurso extraordinário, quando não ventilada, na decisão recorrida, a questão federal suscitada.

• V. Súmula 356, STF.
• V. Súmula 320, STJ.

283. É inadmissível o recurso extraordinário, quando a decisão recorrida assenta em mais de um fundamento suficiente e o recurso não abrange todos eles.

284. É inadmissível o recurso extraordinário, quando a deficiência na sua fundamentação não permitir a exata compreensão da controvérsia.

285. Não sendo razoável a arguição de inconstitucionalidade, não se conhece do recurso extraordinário fundado na letra c do art. 101, III, da Constituição Federal.

• Refere-se à CF/1946.

286. Não se conhece do recurso extraordinário fundado em divergência jurisprudencial, quando a orientação do plenário do Supremo Tribunal Federal já se firmou no mesmo sentido da decisão recorrida.

• V. Súmula 83, STJ.

287. Nega-se provimento ao agravo, quando a deficiência na sua fundamentação, ou na do recurso extraordinário, não permitir a exata compreensão da controvérsia.

288. Nega-se provimento a agravo para subida de recurso extraordinário, quando faltar no traslado o despacho agravado, a decisão recorrida, a petição de recurso extraordinário ou qualquer peça essencial à compreensão da controvérsia.

289. O provimento do agravo por uma das Turmas do Supremo Tribunal Federal ainda que sem ressalva, não prejudica a questão do cabimento do recurso extraordinário.

• V. Súmula 300, STF.

291. No recurso extraordinário pela letra *d* do art. 101, III, da Constituição, a prova do dissídio jurisprudencial far-se-á por certidão, ou mediante indicação do *Diário da Justiça* ou de repertório de jurisprudência autorizado, com a transcrição do trecho que configure a divergência, mencionadas as circunstâncias que identifiquem ou assemelhem os casos confrontados.

292. Interposto o recurso extraordinário por mais de um dos fundamentos indicados no art. 101, III, da Constituição, a admissão apenas por um deles não prejudica o seu conhecimento por qualquer dos outros.

• Refere-se à CF/1946.

293. São inadmissíveis embargos infringentes contra decisão em matéria constitucional submetida ao plenário dos Tribunais.

• V. Súmulas 296 e 455, STF.

294. São inadmissíveis embargos infringentes contra decisão do Supremo Tribunal Federal em mandado de segurança.

• V. Súmula 597, STF.

295. São inadmissíveis embargos infringentes contra decisão unânime do Supremo Tribunal Federal em ação rescisória.

296. São inadmissíveis embargos infringentes sobre matéria não ventilada, pela Turma, no julgamento do recurso extraordinário.

STF

SÚMULAS SELECIONADAS

- V. Súmula 293, STF.

300. São incabíveis os embargos da Lei 623, de 19.02.1949, contra provimento de agravo para subida de recurso extraordinário.

- V. Súmula 289, STF.

304. Decisão denegatória de mandado de segurança, não fazendo coisa julgada contra o impetrante, não impede o uso da ação própria.

305. Acordo de desquite ratificado por ambos os cônjuges não é retratável unilateralmente.

310. Quando a intimação tiver lugar na sexta-feira, ou a publicação com efeito de intimação for feita nesse dia, o prazo judicial terá início na segunda-feira imediata, salvo se não houver expediente, caso em que começará no primeiro dia útil que se seguir.

315. Indispensável o traslado das razões da revista, para julgamento, pelo Tribunal Superior do Trabalho, do agravo para sua admissão.

317. São improcedentes os embargos declaratórios, quando não pedida a declaração do julgado anterior, em que se verificou a omissão.

320. A apelação despachada pelo juiz no prazo legal não fica prejudicada pela demora da juntada, por culpa do cartório.

- V. Súmulas 425 e 428, STF.

322. Não terá seguimento pedido ou recurso dirigido ao Supremo Tribunal Federal, quando manifestamente incabível, ou apresentado fora do prazo, ou quando for evidente a incompetência do Tribunal.

325. As emendas ao Regimento do Supremo Tribunal Federal, sobre julgamento de questão constitucional, aplicam-se aos pedidos ajuizados e aos recursos interpostos anteriormente a sua aprovação.

328. É legítima a incidência do imposto de transmissão *inter vivos* sobre a doação do imóvel.

329. O imposto de transmissão *inter vivos* não incide sobre a transferência de ações de sociedade imobiliária.

330. O Supremo Tribunal Federal não é competente para conhecer de mandado de segurança contra atos dos Tribunais de Justiça dos Estados.

- V. Súmula 41, STJ.

331. É legítima a incidência do imposto de transmissão *causa mortis* no inventário por morte presumida.

335. É válida a cláusula de eleição do foro para os processos oriundos do contrato.

340. Desde a vigência do Código Civil, os bens dominiais, como os demais bens públicos, não podem ser adquiridos por usucapião.

- Refere-se ao CC/1916.
- V. arts. 101 e 102, CC.

341. É presumida a culpa do patrão ou comitente pelo ato culposo do empregado ou preposto.

343. Não cabe ação rescisória por ofensa a literal disposição de lei, quando a decisão rescindenda se tiver baseado em texto legal de interpretação controvertida nos tribunais.

345. Na chamada desapropriação indireta, os juros compensatórios são devidos a partir da perícia, desde que tenha atribuído valor atual ao imóvel.

346. A administração pública pode declarar a nulidade dos seus próprios atos.

353. São incabíveis os embargos da Lei 623, de 19.02.1949, com fundamento em divergência entre decisões da mesma Turma do Supremo Tribunal Federal.

354. Em caso de embargos infringentes parciais, é definitiva a parte da decisão embargada em que não houve divergência na votação.

355. Em caso de embargos infringentes parciais, é tardio o recurso extraordinário interposto após o julgamento dos embargos, quanto à parte da decisão embargada que não fora por eles abrangida.

356. O ponto omisso da decisão, sobre o qual não foram opostos embargos declara-

STF

SÚMULAS SELECIONADAS

tórios, não pode ser objeto de recurso extraordinário, por faltar o requisito do prequestionamento.

- V. Súmula 282, STF.
- V. Súmula 320, STJ.

360. Não há prazo de decadência para a representação de inconstitucionalidade prevista no art. 8º, parágrafo único, da Constituição Federal.

363. A pessoa jurídica de direito privado pode ser demandada no domicílio da agência, ou estabelecimento, em que se praticou o ato.

365. Pessoa jurídica não tem legitimidade para propor ação popular.

368. Não há embargos infringentes no processo de reclamação.

374. Na retomada para construção mais útil, não é necessário que a obra tenha sido ordenada pela autoridade pública.

377. No regime de separação legal de bens comunicam-se os adquiridos na constância do casamento.

379. No acordo de desquite não se admite renúncia aos alimentos, que poderão ser pleiteados ulteriormente, verificados os pressupostos legais.

380. Comprovada a existência de sociedade de fato entre os concubinos, é cabível a sua dissolução judicial, com a partilha do patrimônio adquirido pelo esforço comum.

381. Não se homologa sentença de divórcio obtida por procuração, em país de que os cônjuges não eram nacionais.

382. A vida em comum sob o mesmo teto, *more uxorio*, não é indispensável à caracterização do concubinato.

383. A prescrição em favor da Fazenda Pública recomeça a correr, por dois anos e meio, a partir do ato interruptivo, mas não fica reduzida aquém de cinco anos, embora o titular do direito a interrompa durante a primeira metade do prazo.

386. Pela execução de obra musical por artistas remunerados é devido direito autoral, não exigível quando a orquestra for de amadores.

387. A cambial emitida ou aceita com omissões, ou em branco, pode ser completada pelo credor de boa-fé antes da cobrança ou do protesto.

389. Salvo limite legal, a fixação de honorários de advogado, em complemento da condenação, depende das circunstâncias da causa, não dando lugar a recurso extraordinário.

390. A exibição judicial de livros comerciais pode ser requerida como medida preventiva.

391. O confinante certo deve ser citado, pessoalmente, para a ação de usucapião.

- V. Súmula 263, STF.

392. O prazo para recorrer de acórdão concessivo de segurança conta-se da publicação oficial de suas conclusões, e não da anterior ciência à autoridade para cumprimento da decisão.

399. Não cabe recurso extraordinário, por violação de lei federal, quando a ofensa alegada for a regimento de tribunal.

400. Decisão que deu razoável interpretação à lei, ainda que não seja a melhor, não autoriza recurso extraordinário pela letra *a* do art. 101, III, da CF.

- Refere-se à CF/1946.

405. Denegado o mandado de segurança pela sentença, ou no julgamento do agravo, dela interposto, fica sem efeito a liminar concedida, retroagindo os efeitos da decisão contrária.

409. Ao retomante, que tenha mais de um prédio alugado, cabe optar entre eles, salvo abuso de direito.

410. Se o locador, utilizando prédio próprio para residência ou atividade comercial, pede o imóvel locado para uso próprio, diverso do que tem o por ele ocupado, não está

STF

SÚMULAS SELECIONADAS

obrigado a provar a necessidade, que se presume.

411. O locatário autorizado a ceder a locação pode sublocar o imóvel.

412. No compromisso de compra e venda com cláusula de arrependimento, a devolução do sinal, por quem o deu, ou a sua restituição em dobro, por quem o recebeu, exclui indenização maior, a título de perdas e danos, salvo os juros moratórios e os encargos do processo.

413. O compromisso de compra e venda de imóveis, ainda que não loteados, dá direito à execução compulsória, quando reunidos os requisitos legais.

414. Não se distingue a visão direta da oblíqua na proibição de abrir janela, ou fazer terraço, eirado ou varanda, a menos de metro e meio do prédio de outrem.

415. Servidão de trânsito não titulada, mas tornada permanente, sobretudo pela natureza das obras realizadas, considera-se aparente, conferindo direito à proteção possessória.

416. Pela demora no pagamento do preço da desapropriação não cabe indenização complementar além dos juros.

417. Pode ser objeto de restituição, na falência, dinheiro em poder do falido, recebido em nome de outrem, ou do qual, por lei ou contrato, não tivesse ele a disponibilidade.

• V. Súmulas 193 e 495, STF.

419. Os Municípios têm competência para regular o horário do comércio local, desde que não infrinjam leis estaduais ou federais válidas.

420. Não se homologa sentença proferida no estrangeiro sem prova do trânsito em julgado.

423. Não transita em julgado a sentença por haver omitido o recurso *ex officio*, que se considera interposto *ex lege*.

424. Transita em julgado o despacho saneador de que não houve recurso, excluídas as questões deixadas, explicita ou implicitamente, para a sentença.

425. O agravo despachado no prazo legal não fica prejudicado pela demora da juntada, por culpa do cartório; nem o agravo entregue em cartório no prazo legal, embora despachado tardiamente.

• V. Súmulas 320 e 428, STF.

426. A falta do termo específico não prejudica o agravo no auto do processo, quando oportuna a interposição por petição ou no termo da audiência.

428. Não fica prejudicada a apelação entregue em cartório no prazo legal, embora despachada tardiamente.

• V. Súmulas 320 e 425, STF.

429. A existência de recurso administrativo com efeito suspensivo não impede o uso do mandado de segurança contra omissão da autoridade.

430. Pedido de reconsideração na via administrativa não interrompe o prazo para o mandado de segurança.

432. Não cabe recurso extraordinário com fundamento no art. 101, III, *d*, da Constituição Federal, quando a divergência alegada for entre decisões da Justiça do Trabalho.

• V. Súmula 505, STF.

433. É competente o Tribunal Regional do Trabalho para julgar mandado de segurança contra ato de seu presidente em execução de sentença trabalhista.

439. Estão sujeitos à fiscalização tributária ou previdenciária quaisquer livros comerciais, limitado o exame aos pontos objeto da investigação.

442. A inscrição do contrato de locação no Registro de Imóveis, para a validade da cláusula de vigência contra o adquirente do imóvel, ou perante terceiros, dispensa a transcrição no Registro de Títulos e Documentos.

1897

STF

SÚMULAS SELECIONADAS

443. A prescrição das prestações anteriores ao período previsto em lei não ocorre, quando não tiver sido negado, antes daquele prazo, o próprio direito reclamado, ou a situação jurídica de que ele resulta.

444. Na retomada para construção mais útil, de imóvel sujeito ao Dec. 24.150/34, a indenização se limita às despesas de mudança.

445. A Lei 2.437, de 07.03.1955, que reduz prazo prescricional, é aplicável às prescrições em curso na data de sua vigência (1º.01.1956), salvo quanto aos processos então pendentes.

447. É válida a disposição testamentária em favor de filho adulterino do testador com sua concubina.

449. O valor da causa, na consignatória de aluguel, corresponde a uma anuidade.

450. São devidos honorários de advogados sempre que vencedor o beneficiário de Justiça gratuita.

454. Simples interpretação de cláusulas contratuais não dá lugar a recurso extraordinário.

- V. Súmula 5, STJ.

455. Da decisão que se seguir ao julgamento de constitucionalidade pelo Tribunal Pleno, são inadmissíveis embargos infringentes quanto à matéria constitucional.

- V. Súmula 293, STF.

456. O Supremo Tribunal Federal, conhecendo do recurso extraordinário, julgará a causa aplicando o direito à espécie.

464. No cálculo da indenização por acidente de trabalho inclui-se, quando devido, o repouso semanal remunerado.

472. A condenação do autor em honorários de advogado, com fundamento no art. 64 do CPC, depende de reconvenção.

- Refere-se ao CPC/1939.
- V. art. 82, § 2º, 84 e 85, CPC/2015.

473. A administração pode anular seus próprios atos, quando eivados de vícios que os tornam ilegais, porque deles não se originam direitos; ou revogá-los, por motivo de conveniência ou oportunidade, respeitados os direitos adquiridos e ressalvada, em todos os casos, a apreciação judicial.

474. Não há direito líquido e certo, amparado pelo mandado de segurança, quando se escuda em lei cujos efeitos foram anulados por outra, declarada constitucional pelo Supremo Tribunal Federal.

475. A Lei 4.686, de 21 de junho de 1965, tem aplicação imediata aos processos em curso, inclusive em grau de recurso extraordinário.

476. Desapropriadas as ações de uma sociedade, o poder desapropriante, imitido na posse, pode exercer, desde logo, todos os direitos inerentes aos respectivos títulos.

477. As concessões de terras devolutas situadas na faixa de fronteira, feitas pelos Estados, autorizam, apenas, o uso, permanecendo o domínio com a União, ainda que se mantenha inerte ou tolerante, em relação aos possuidores.

479. As margens dos rios navegáveis são de domínio público, insuscetíveis de expropriação e, por isso mesmo, excluídas de indenização.

482. O locatário, que não for sucessor ou cessionário do que o precedeu na locação, não pode somar os prazos concedidos a este, para pedir a renovação do contrato, nos termos do Dec. 24.150.

483. É dispensável a prova da necessidade, na retomada de prédio situado em localidade para onde o proprietário pretende transferir residência, salvo se mantiver, também, a anterior, quando dita prova será exigida.

- V. Súmula 80, STF.

486. Admite-se a retomada para sociedade da qual o locador, ou seu cônjuge, seja sócio, com participação predominante no capital social.

STF

Súmulas selecionadas

487. Será deferida a posse a quem, evidentemente, tiver o domínio, se com base neste for ela disputada.

- V. art. 1.210, § 2º, CC.

489. A compra e venda de automóvel não prevalece contra terceiros de boa-fé, se o contrato não foi transcrito no Registro de Títulos e Documentos.

490. A pensão correspondente à indenização oriunda de responsabilidade civil deve ser calculada com base no salário mínimo vigente ao tempo da sentença e ajustar-se-á às variações ulteriores.

491. É indenizável o acidente que cause a morte de filho menor, ainda que não exerça trabalho remunerado.

492. A empresa locadora de veículos responde, civil e solidariamente, com o locatário, pelos danos por este causados a terceiros, no uso do carro locado.

493. O valor da indenização, se consistente em prestações periódicas e sucessivas, compreenderá, para que se mantenha inalterável na sua fixação, parcelas compensatórias do imposto de renda, incidente sobre os juros do capital gravado ou caucionado, nos termos dos arts. 911 e 912 do Código de Processo Civil.

- Refere-se ao CPC/1939.

494. A ação para anular venda de ascendente a descendente, sem consentimento dos demais, prescreve em 20 (vinte) anos, contados da data do ato, revogada a Súmula 152.

- V. arts. 205 e 496, CC.

495. A restituição em dinheiro da coisa vendida a crédito, entregue nos 15 (quinze) dias anteriores ao pedido de falência ou de concordata, cabe, quando, ainda que consumida ou transformada, não faça o devedor prova de haver sido alienada a terceiro.

- V. Súmulas 193 e 417, STF.

500. Não cabe a ação cominatória para compelir-se o réu a cumprir obrigação de dar.

501. Compete à Justiça ordinária estadual o processo e o julgamento, em ambas as instâncias, das causas de acidente do trabalho, ainda que promovidas contra a União, suas autarquias, empresas públicas ou sociedades de economia mista.

- V. Súmula 235, STF.

502. Na aplicação do art. 839 do Código de Processo Civil, com a redação da Lei 4.290, de 05.12.1963, a relação valor da causa e salário mínimo vigente na Capital do Estado, ou do Território, para o efeito de alçada, deve ser considerada na data do ajuizamento do pedido.

- Refere-se ao CPC/1939.

503. A dúvida, suscitada por particular, sobre o direito de tributar, manifestado por dois Estados, não configura litígio da competência originária do Supremo Tribunal Federal.

504. Compete à Justiça Federal, em ambas as instâncias, o processo e o julgamento das causas fundadas em contrato de seguro marítimo.

505. Salvo quando contrariarem a Constituição, não cabe recurso para o Supremo Tribunal Federal, de quaisquer decisões da Justiça do Trabalho, inclusive dos presidentes dos seus Tribunais.

- V. Súmula 432, STF.

508. Compete à Justiça Estadual, em ambas as instâncias, processar e julgar as causas em que for parte o Banco do Brasil S/A.

- V. Súmulas 251, 517 e 556, STF.
- V. Súmula 42, STJ.

510. Praticado o ato por autoridade, no exercício de competência delegada, contra ela cabe o mandado de segurança ou a medida judicial.

511. Compete à Justiça Federal, em ambas as instâncias, processar e julgar as causas entre autarquias federais e entidades públicas locais, inclusive mandados de segurança, ressalvada a ação fiscal, nos termos da

STF

SÚMULAS SELECIONADAS

Constituição Federal de 1967, art. 119, § 3º.

512. Não cabe condenação em honorários de advogado na ação de mandado de segurança.

- V. Súmula 105, STJ.

513. A decisão que enseja a interposição de recurso ordinário ou extraordinário não é a do plenário, que resolve o incidente de inconstitucionalidade, mas a do órgão (Câmaras, Grupos ou Turmas) que completa o julgamento do feito.

514. Admite-se ação rescisória contra sentença transitada em julgado, ainda que contra ela não se tenha esgotado todos os recursos.

515. A competência para a ação rescisória não é do Supremo Tribunal Federal, quando a questão federal, apreciada no recurso extraordinário ou no agravo de instrumento, seja diversa da que foi suscitada no pedido rescisório.

- V. Súmula 249, STF.

516. O Serviço Social da Indústria – Sesi – está sujeito à jurisdição da Justiça Estadual.

517. As sociedades de economia mista só têm foro na Justiça Federal, quando a União intervém como assistente ou opoente.

- V. Súmulas 251, 508 e 556, STF.
- V. Súmula 42, STJ.

518. A intervenção da União, em feito já julgado pela segunda instância e pendente de embargos, não desloca o processo para o Tribunal Federal de Recursos.

519. Aplica-se aos executivos fiscais o princípio da sucumbência a que se refere o art. 64 do Código de Processo Civil.

- Refere-se ao CPC/1939.

521. O foro competente para o processo e julgamento dos crimes de estelionato, sob a modalidade da emissão dolosa de cheque sem provisão de fundos, é o do local onde se deu a recusa do pagamento pelo sacado.

527. Após a vigência do Ato Institucional 6/69, que deu nova redação ao art. 114, III, da Constituição Federal de 1967, não cabe recurso extraordinário das decisões do juiz singular.

528. Se a decisão contiver partes autônomas, a admissão parcial, pelo Presidente do Tribunal *a quo*, de recurso extraordinário que, sobre qualquer delas se manifestar, não limitará a apreciação de todas pelo Supremo Tribunal Federal, independentemente de interposição de agravo de instrumento.

542. Não é inconstitucional a multa instituída pelo Estado-membro como sanção pelo retardamento do início ou da ultimação do inventário.

546. Cabe a restituição do tributo pago indevidamente, quando reconhecido por decisão, que o contribuinte *de jure* não recuperou do contribuinte *de facto* o *quantum* respectivo.

- V. Súmula 71, STF.

553. O Adicional ao Frete para Renovação da Marinha Mercante (AFRMM) é contribuição parafiscal, não sendo abrangido pela imunidade prevista na letra d, inciso III, do art. 19, da Constituição Federal.

- Refere-se à CF/1969.

554. O pagamento de cheque emitido sem provisão de fundos, após o recebimento da denúncia, não obsta ao prosseguimento da ação penal.

556. É competente a Justiça comum para julgar as causas em que é parte sociedade de economia mista.

- V. Súmulas 251, 508 e 517, STF.
- V. Súmula 42, STJ.

557. É competente a Justiça Federal para julgar as causas em que são partes a Cobal e a Cibrazem.

STF

Súmulas selecionadas

561. Em desapropriação, é devida a correção monetária até a data do efetivo pagamento da indenização, devendo proceder-se à atualização do cálculo, ainda que por mais de uma vez.

• V. Súmula 67, STJ.

562. Na indenização de danos materiais decorrentes de ato ilícito cabe a atualização de seu valor, utilizando-se, para esse fim, dentre outros critérios, dos índices de correção monetária.

563. O concurso de preferência a que se refere o parágrafo único, do art. 187, do Código Tributário Nacional, é compatível com o disposto no art. 9º, inciso I, da Constituição Federal.

• Refere-se à CF/1969.

564. A ausência de fundamentação do despacho de recebimento de denúncia por crime falimentar enseja nulidade processual, salvo se já houver sentença condenatória.

565. A multa fiscal moratória constitui pena administrativa, não se incluindo no crédito habilitado em falência.

• V. Súmula 192, STF.

566. Enquanto pendente, o pedido de readaptação fundado em desvio funcional não gera direitos para o servidor, relativamente ao cargo pleiteado.

583. Promitente-comprador de imóvel residencial transcrito em nome de autarquia é contribuinte do Imposto Predial Territorial Urbano.

590. Calcula-se o imposto de transmissão *causa mortis* sobre o saldo credor da promessa de compra e venda de imóvel, no momento da abertura da sucessão do promitente vendedor.

592. Nos crimes falimentares aplicam-se as causas interruptivas da prescrição, previstas no Código Penal.

• V. Súmula 147, STF.

596. As disposições do Dec. 22.626/33 não se aplicam às taxas de juros e aos outros encargos cobrados nas operações realizadas por instituições públicas ou privadas que integram o sistema financeiro nacional.

• V. Súmula 283, STJ.

597. Não cabem embargos infringentes de acórdão que, em mandado de segurança decidiu, por maioria de votos, a apelação.

• V. Súmula 294, STF.

598. Nos embargos de divergência não servem como padrão de discordância os mesmos paradigmas invocados para demonstrá-la, mas repelidos como não dissidentes no julgamento do recurso extraordinário.

600. Cabe ação executiva contra o emitente e seus avalistas ainda que não apresentado o cheque ao sacado no prazo legal, desde que não prescrita a ação cambiária.

616. É permitida a cumulação da multa contratual com os honorários de advogado, após o advento do Código de Processo Civil vigente.

617. A base de cálculo dos honorários de advogado em desapropriação é a diferença entre a oferta e a indenização, corrigidas ambas monetariamente.

618. Na desapropriação, direta ou indireta, a taxa dos juros compensatórios é de 12% (doze por cento) ao ano.

620. A sentença proferida contra Autarquias não está sujeita a reexame necessário, salvo quando sucumbente em execução de dívida ativa.

• V. art. 10, Lei 9.469/1997.

622. Não cabe agravo regimental contra decisão do relator que concede ou indefere liminar em mandado de segurança.

623. Não gera por si só a competência originária do Supremo Tribunal Federal para conhecer do mandado de segurança com base no art. 102, I, *n*, da Constituição, dirigir-se o pedido contra deliberação administrativa do tribunal de origem, da qual haja

STF

SÚMULAS SELECIONADAS

participado a maioria ou a totalidade de seus membros.

624. Não compete ao Supremo Tribunal Federal conhecer originariamente de mandado de segurança contra atos de outros tribunais.

625. Controvérsia sobre matéria de direito não impede concessão de mandado de segurança.

626. A suspensão da liminar em mandado de segurança, salvo determinação em contrário da decisão que a deferir, vigorará até o trânsito em julgado da decisão definitiva de concessão da segurança ou, havendo recurso, até a sua manutenção pelo Supremo Tribunal Federal, desde que o objeto da liminar deferida coincida, total ou parcialmente, com o da impetração.

627. No mandado de segurança contra a nomeação de magistrado da competência do Presidente da República, este é considerado autoridade coatora, ainda que o fundamento da impetração seja nulidade ocorrida em fase anterior do procedimento.

628. Integrante de lista de candidatos a determinada vaga da composição de tribunal é parte legítima para impugnar a validade da nomeação de concorrente.

629. A impetração de mandado de segurança coletivo por entidade de classe em favor dos associados independe da autorização destes.

630. A entidade de classe tem legitimação para o mandado de segurança ainda quando a pretensão veiculada interesse apenas a uma parte da respectiva categoria.

631. Extingue-se o processo de mandado de segurança se o impetrante não promove, no prazo assinado, a citação do litisconsorte passivo necessário.

632. É constitucional lei que fixa o prazo de decadência para a impetração de mandado de segurança.

634. Não compete ao Supremo Tribunal Federal conceder medida cautelar para dar efeito suspensivo a recurso extraordinário que ainda não foi objeto de juízo de admissibilidade na origem.

635. Cabe ao Presidente do Tribunal de origem decidir o pedido de medida cautelar em recurso extraordinário ainda pendente do seu juízo de admissibilidade.

636. Não cabe recurso extraordinário por contrariedade ao princípio constitucional da legalidade, quando a sua verificação pressuponha rever a interpretação dada a normas infraconstitucionais pela decisão recorrida.

637. Não cabe recurso extraordinário contra acórdão de Tribunal de Justiça que defere pedido de intervenção estadual em Município.

638. A controvérsia sobre a incidência, ou não, de correção monetária em operações de crédito rural é de natureza infraconstitucional, não viabilizando recurso extraordinário.

639. Aplica-se à Súmula 288 quando não constarem do traslado do agravo de instrumento as cópias das peças necessárias à verificação da tempestividade do recurso extraordinário não admitido pela decisão agravada.

640. É cabível recurso extraordinário contra decisão proferida por juiz de primeiro grau nas causas de alçada, ou por turma recursal de juizado especial cível e criminal.

641. Não se conta em dobro o prazo para recorrer, quando só um dos litisconsortes haja sucumbido.

642. Não cabe ação direta de inconstitucionalidade de lei do Distrito Federal derivada da sua competência legislativa municipal.

643. O Ministério Público tem legitimidade para promover ação civil pública cujo fun-

STF

Súmulas selecionadas

damento seja a ilegalidade de reajuste de mensalidades escolares.

644. Ao titular do cargo de procurador de autarquia não se exige a apresentação de instrumento de mandato para representá-la em juízo.

• Súmula alterada (*DJU* 09.12.2003).

648. A norma do § 3º do art. 192 da Constituição revogada pela EC n. 40/2003, que limitava a taxa de juros reais a 12% ao ano, tinha sua aplicabilidade condicionada à edição de lei complementar.

• V. Súmula vinculante 7, STF.

650. Os incisos I e IX do art. 20 da CF não alcançam terras de aldeamentos extintos, ainda que ocupadas por indígenas em passado remoto.

• Súmula retificada (*DJU* 29.10.2003).

651. A medida provisória não apreciada pelo Congresso Nacional podia, até a EC n. 32/2001, ser reeditada dentro do seu prazo de eficácia de 30 (trinta) dias, mantidos os efeitos de lei desde a primeira edição.

• Súmula retificada (*DJU* 01.07.2004).

652. Não contraria a Constituição o art. 15, § 1º, do Dec.-lei 3.365/1941 (Lei da desapropriação por utilidade pública).

654. A garantia da irretroatividade da lei, prevista no art. 5º, XXXVI, da Constituição da República, não é invocável pela entidade estatal que a tenha editado.

655. A exceção prevista no art. 100, *caput*, da Constituição, em favor dos créditos de natureza alimentícia, não dispensa a expedição de precatório, limitando-se a isentá-los da observância da ordem cronológica dos precatórios decorrentes de condenações de outra natureza.

• V. art. 100, § 1º, CF.

667. Viola a garantia constitucional de acesso à jurisdição a taxa judiciária calculada sem limite sobre o valor da causa.

668. É inconstitucional a lei municipal que tenha estabelecido, antes da Emenda Constitucional n. 29/2000, alíquotas progressivas para o IPTU, salvo se destinada a assegurar o cumprimento da função social da propriedade urbana.

683. O limite de idade para a inscrição em concurso público só se legitima em face do art. 7º, XXX, da Constituição, quando possa ser justificado pela natureza das atribuições do cargo a ser preenchido.

724. Ainda quando alugado a terceiros, permanece imune ao IPTU o imóvel pertencente a qualquer das entidades referidas pelo art. 150, VI, c, da Constituição, desde que o valor dos aluguéis seja aplicado nas atividades essenciais de tais entidades.

725. É constitucional o § 2º do art. 6º da Lei 8.024/1990, resultante da conversão da MP 168/1990, que fixou o BTN fiscal como índice de correção monetária aplicável aos depósitos bloqueados pelo Plano Collor I.

727. Não pode o magistrado deixar de encaminhar ao Supremo Tribunal Federal o agravo de instrumento interposto da decisão que não admite recurso extraordinário, ainda que referente a causa instaurada no âmbito dos juizados especiais.

728. É de três dias o prazo para a interposição de recurso extraordinário contra decisão do Tribunal Superior Eleitoral, contado, quando for o caso, a partir da publicação do acórdão, na própria sessão de julgamento, nos termos do art. 12 da Lei 6.055/1974, que não foi revogado pela Lei 8.950/1994.

729. A decisão na ADC-4 não se aplica a antecipação de tutela em causa de natureza previdenciária.

731. Para fim da competência originária do Supremo Tribunal Federal, é de interesse geral da magistratura a questão de saber se, em face da Loman, os juízes têm direito à licença-prêmio.

733. Não cabe recurso extraordinário contra decisão proferida no processamento de precatórios.

STJ

SÚMULAS SELECIONADAS

734. Não cabe reclamação quando já houver transitado em julgado o ato judicial que se alega tenha desrespeitado decisão do Supremo Tribunal Federal.

735. Não cabe recurso extraordinário contra acórdão que defere medida liminar.

2. SUPERIOR TRIBUNAL DE JUSTIÇA

1. O foro do domicílio ou da residência do alimentando é o competente para a ação de investigação de paternidade, quando cumulada com a de alimentos.

2. Não cabe o *habeas data* (CF, art. 5º, LXXII, *a*) se não houve recusa de informações por parte da autoridade administrativa.

3. Compete ao Tribunal Regional Federal dirimir conflito de competência verificado, na respectiva Região, entre Juiz Federal e Juiz Estadual investido de jurisdição federal.

4. Compete à Justiça Estadual julgar causa decorrente do processo eleitoral sindical.

5. A simples interpretação de cláusula contratual não enseja recurso especial.

- V. Súmula 181, STJ.
- V. Súmula 454, STF.

6. Compete à Justiça Comum Estadual processar e julgar delito decorrente de acidentes de trânsito envolvendo viatura de Polícia Militar, salvo se autor e vítima forem policiais militares em situação de atividade.

7. A pretensão de simples reexame de prova não enseja recurso especial.

- V. Súmula 279, STF.

8. Aplica-se a correção monetária aos créditos habilitados em concordata preventiva, salvo durante o período compreendido entre as datas de vigência da Lei 7.274, de 10 de dezembro de 1984, e do Decreto-lei 2.283, de 27 de fevereiro de 1986.

- O Dec.-lei 2.283/1986 foi revogado pelo Dec.-lei 2.284/1986.

9. A exigência da prisão provisória, para apelar, não ofende a garantia constitucional da presunção de inocência.

10. Instalada a Junta de Conciliação e Julgamento, cessa a competência do Juiz de Direito em matéria trabalhista, inclusive para a execução das sentenças por ele proferidas.

- A EC n. 24/1999 substituiu as Juntas de Conciliação e Julgamento por Varas do Trabalho (juiz singular) e extinguiu a representação classista na Justiça do Trabalho.

11. A presença da União ou de qualquer de seus entes, na ação de usucapião especial, não afasta a competência do foro da situação do imóvel.

12. Em desapropriação, são cumuláveis juros compensatórios e moratórios.

13. A divergência entre julgados do mesmo Tribunal não enseja recurso especial.

14. Arbitrados os honorários advocatícios em percentual sobre o valor da causa, a correção monetária incide a partir do respectivo ajuizamento.

15. Compete à Justiça Estadual processar e julgar os litígios decorrentes de acidente do trabalho.

- V. art. 109, I, CF.
- V. Súmula 235, STF.

16. A legislação ordinária sobre crédito rural não veda a incidência da correção monetária.

17. Quando o falso se exaure no estelionato, sem mais potencialidade lesiva, é por este absorvido.

18. A sentença concessiva do perdão judicial é declaratória da extinção da punibilidade, não subsistindo qualquer efeito condenatório.

19. A fixação do horário bancário, para atendimento ao público, é da competência da União.

20. A mercadoria importada de país signatário do Gatt é isenta do ICM, quando

SÚMULAS SELECIONADAS

contemplado com esse favor o similar nacional.

21. Pronunciado o réu, fica superada a alegação do constrangimento ilegal da prisão por excesso de prazo na instrução.

22. Não há conflito de competência entre o Tribunal de Justiça e Tribunal de Alçada do mesmo Estado-membro.

• V. art. 4º, EC n. 45/2004 (Reforma do Judiciário), que extinguiu os Tribunais de Alçada.

23. O Banco Central do Brasil é parte legítima nas ações fundadas na Resolução 1.154/86.

24. Aplica-se ao crime de estelionato, em que figure como vítima entidade autárquica da Previdência Social, a qualificadora do § 3º do art. 171 do Código Penal.

25. Nas ações da Lei de Falências o prazo para a interposição de recurso conta-se da intimação da parte.

26. O avalista do título de crédito vinculado a contrato de mútuo também responde pelas obrigações pactuadas, quando no contrato figurar como devedor solidário.

27. Pode a execução fundar-se em mais de um título extrajudicial relativos ao mesmo negócio.

28. O contrato de alienação fiduciária em garantia pode ter por objeto bem que já integrava o patrimônio do devedor.

29. No pagamento em juízo para elidir falência, são devidos correção monetária, juros e honorários de advogado.

30. A comissão de permanência e a correção monetária são inacumuláveis.

31. A aquisição, pelo segurado, de mais de um imóvel financiado pelo Sistema Financeiro da Habitação, situados na mesma localidade, não exime a seguradora da obrigação de pagamento dos seguros.

32. Compete à Justiça Federal processar justificações judiciais destinadas a instruir pedidos perante entidades que nela têm exclusividade de foro, ressalvada a aplicação do art. 15, II, da Lei 5.010/66.

33. A incompetência relativa não pode ser declarada de ofício.

• V. art. 64, CPC/2015.

34. Compete à Justiça Estadual processar e julgar causa relativa a mensalidade escolar, cobrada por estabelecimento particular de ensino.

35. Incide correção monetária sobre as prestações pagas, quando de sua restituição, em virtude da retirada ou exclusão do participante de plano de consórcio.

36. A correção monetária integra o valor da restituição, em caso de adiantamento de câmbio, requerida em concordata ou falência.

37. São cumuláveis as indenizações por dano material e dano moral oriundos do mesmo fato.

38. Compete à Justiça Estadual Comum, na vigência da Constituição de 1988, o processo por contravenção penal, ainda que praticada em detrimento de bens, serviços ou interesse da União ou de suas entidades.

39. Prescreve em 20 (vinte) anos a ação para haver indenização, por responsabilidade civil, de sociedade de economia mista.

• V. art. 205, CC.

40. Para obtenção dos benefícios de saída temporária e trabalho externo, considera-se o tempo de cumprimento da pena no regime fechado.

41. O Superior Tribunal de Justiça não tem competência para processar e julgar, originariamente, mandado de segurança contra ato de outros tribunais ou dos respectivos órgãos.

• V. Súmula 330, STF.

42. Compete à Justiça Comum Estadual processar e julgar as causas cíveis em que é parte sociedade de economia mista e os crimes praticados em seu detrimento.

1905

STJ

SÚMULAS SELECIONADAS

• V. Súmulas 251, 508, 517 e 556, STF.

43. Incide correção monetária sobre dívida por ato ilícito a partir da data do efetivo prejuízo.

44. A definição, em ato regulamentar, de grau mínimo de disacusia, não exclui, por si só, a concessão do benefício previdenciário.

45. No reexame necessário, é defeso, ao Tribunal, agravar a condenação imposta à Fazenda Pública.

46. Na execução por carta, os embargos do devedor serão decididos no juízo deprecante, salvo se versarem unicamente vícios ou defeitos da penhora, avaliação ou alienação dos bens.

• V. Súmula 32, TFR.

47. Compete à Justiça Militar processar e julgar crime cometido por militar contra civil, com emprego de arma pertencente à corporação, mesmo não estando em serviço.

48. Compete ao Juízo do local da obtenção da vantagem ilícita processar e julgar crime de estelionato cometido mediante falsificação de cheque.

49. Na exportação de café em grão, não se inclui na base de cálculo do ICM a quota de contribuição, a que se refere o art. 2º do Decreto-lei 2.295, de 21 de novembro de 1986.

50. O Adicional de Tarifa Portuária incide apenas nas operações realizadas com mercadorias importadas ou exportadas, objeto do comércio de navegação de longo curso.

51. A punição do intermediador, no jogo do bicho, independe da identificação do "apostador" ou do "banqueiro".

52. Encerrada a instrução criminal, fica superada a alegação de constrangimento por excesso de prazo.

53. Compete à Justiça Comum Estadual processar e julgar civil acusado de prática de crime contra instituições militares estaduais.

54. Os juros moratórios fluem a partir do evento danoso, em caso de responsabilidade extracontratual.

55. Tribunal Regional Federal não é competente para julgar recurso de decisão proferida por juiz estadual não investido de jurisdição federal.

56. Na desapropriação para instituir servidão administrativa são devidos os juros compensatórios pela limitação de uso da propriedade.

58. Proposta a execução fiscal, a posterior mudança de domicílio do executado não desloca a competência já fixada.

59. Não há conflito de competência se já existe sentença com trânsito em julgado, proferida por um dos juízos conflitantes.

60. É nula a obrigação cambial assumida por procurador do mutuário vinculado ao mutuante, no exclusivo interesse deste.

61. O seguro de vida cobre o suicídio não premeditado.

62. Compete à Justiça Estadual processar e julgar o crime de falsa anotação na Carteira de Trabalho e Previdência Social, atribuído à empresa privada.

63. São devidos direitos autorais pela retransmissão radiofônica de músicas em estabelecimentos comerciais.

64. Não constitui constrangimento ilegal o excesso de prazo na instrução, provocado pela defesa.

65. O cancelamento, previsto no art. 29 do Decreto-lei 2.303, de 21 de novembro de 1986, não alcança os débitos previdenciários.

66. Compete à Justiça Federal processar e julgar execução fiscal promovida por Conselho de fiscalização profissional.

67. Na desapropriação, cabe a atualização monetária, ainda que por mais de uma vez, independente do decurso de prazo superi-

SÚMULAS SELECIONADAS

or a 1 (um) ano entre o cálculo e o efetivo pagamento da indenização.

• V. Súmula 561, STF.

68. A parcela relativa ao ICM inclui-se na base de cálculo do PIS.

69. Na desapropriação direta, os juros compensatórios são devidos desde a antecipada imissão na posse e, na desapropriação indireta, a partir da efetiva ocupação do imóvel.

70. Os juros moratórios, na desapropriação direta ou indireta, contam-se desde o trânsito em julgado da sentença.

71. O bacalhau importado de país signatário do Gatt é isento do ICM.

72. A comprovação da mora é imprescindível à busca e apreensão do bem alienado fiduciariamente.

73. A utilização de papel-moeda grosseiramente falsificado configura, em tese, o crime de estelionato, da competência da Justiça Estadual.

74. Para efeitos penais, o reconhecimento da menoridade do réu requer prova por documento hábil.

75. Compete à Justiça Comum Estadual processar e julgar o policial militar por crime de promover ou facilitar a fuga de preso de estabelecimento penal.

76. A falta de registro do compromisso de compra e venda de imóvel não dispensa a prévia interpelação para constituir em mora o devedor.

77. A Caixa Econômica Federal é parte ilegítima para figurar no polo passivo das ações relativas às contribuições para o fundo PIS/Pasep.

78. Compete à Justiça Militar processar e julgar policial de corporação estadual, ainda que o delito tenha sido praticado em outra unidade federativa.

79. Os bancos comerciais não estão sujeitos a registro nos Conselhos Regionais de Economia.

80. A Taxa de Melhoramento dos Portos não se inclui na base de cálculo do ICM.

81. Não se concede fiança quando, em concurso material, a soma das penas mínimas cominadas for superior a 2 (dois) anos de reclusão.

82. Compete à Justiça Federal, excluídas as reclamações trabalhistas, processar e julgar os feitos relativos a movimentação do FGTS.

83. Não se conhece do recurso especial pela divergência, quando a orientação do Tribunal se firmou no mesmo sentido da decisão recorrida.

• V. Súmula 286, STF.

84. É admissível a oposição de embargos de terceiro fundados em alegação de posse advinda do compromisso de compra e venda de imóvel, ainda que desprovido do registro.

• V. Súmula 621, STF.

85. Nas relações jurídicas de trato sucessivo em que a Fazenda Pública figure como devedora, quando não tiver sido negado o próprio direito reclamado, a prescrição atinge apenas as prestações vencidas antes do quinquênio anterior à propositura da ação.

86. Cabe recurso especial contra acórdão proferido no julgamento de agravo de instrumento.

87. A isenção do ICMS relativa às rações balanceadas para animais abrange o concentrado e o suplemento.

88. São admissíveis embargos infringentes em processo falimentar.

89. A ação acidentária prescinde do exaurimento da via administrativa.

90. Compete à Justiça Estadual Militar processar e julgar o policial militar pela prática do crime militar, e à Comum pela prática do crime comum simultâneo àquele.

STJ

SÚMULAS SELECIONADAS

92. A terceiro de boa-fé não é oponível a alienação fiduciária não anotada no Certificado de Registro do veículo automotor.

93. A legislação sobre cédulas de crédito rural, comercial e industrial admite o pacto de capitalização de juros.

94. A parcela relativa ao ICMS inclui-se na base de cálculo do Finsocial.

95. A redução da alíquota do Imposto sobre Produtos Industrializados ou do Imposto de Importação não implica redução do ICMS.

96. O crime de extorsão consuma-se independentemente da obtenção da vantagem indevida.

97. Compete à Justiça do Trabalho processar e julgar reclamação de servidor público relativamente a vantagens trabalhistas anteriores à instituição do regime jurídico único.

98. Embargos de declaração manifestados com notório propósito de prequestionamento não têm caráter protelatório.

99. O Ministério Público tem legitimidade para recorrer no processo em que oficiou como fiscal da lei, ainda que não haja recurso da parte.

100. É devido o Adicional ao Frete para Renovação da Marinha Mercante na importação sob o regime de benefícios fiscais à exportação (Befiex).

101. A ação de indenização do segurado em grupo contra a seguradora prescreve em um ano.

102. A incidência dos juros moratórios sobre os compensatórios, nas ações expropriatórias, não constitui anatocismo vedado em lei.

103. Incluem-se entre os imóveis funcionais que podem ser vendidos os administrados pelas Forças Armadas e ocupados pelos servidores civis.

104. Compete à Justiça Estadual o processo e julgamento dos crimes de falsificação e uso de documento falso relativo a estabelecimento particular de ensino.

105. Na ação de mandado de segurança não se admite condenação em honorários advocatícios.

• V. Súmula 512, STF.

106. Proposta a ação no prazo fixado para o seu exercício, a demora na citação, por motivos inerentes ao mecanismo da Justiça, não justifica o acolhimento da arguição de prescrição ou decadência.

107. Compete à Justiça Comum Estadual processar e julgar crime de estelionato praticado mediante falsificação das guias de recolhimento das contribuições previdenciárias, quando não ocorrente lesão à autarquia federal.

108. A aplicação de medidas socioeducativas ao adolescente, pela prática de ato infracional, é de competência exclusiva do juiz.

109. O reconhecimento do direito a indenização, por falta de mercadoria transportada via marítima, independe de vistoria.

110. A isenção do pagamento de honorários advocatícios, nas ações acidentárias, é restrita ao segurado.

111. Os honorários advocatícios, nas ações previdenciárias, não incidem sobre as prestações vencidas após a sentença.

• Súmula alterada (*DJU* 04.10.2006).

112. O depósito somente suspende a exigibilidade do crédito tributário se for integral e em dinheiro.

113. Os juros compensatórios, na desapropriação direta, incidem a partir da imissão na posse, calculado sobre o valor da indenização, corrigido monetariamente.

114. Os juros compensatórios, na desapropriação indireta, incidem a partir da ocupação, calculados sobre o valor da indenização, corrigido monetariamente.

STJ

SÚMULAS SELECIONADAS

115. Na instância especial é inexistente recurso interposto por advogado sem procuração nos autos.

116. A Fazenda Pública e o Ministério Público têm prazo em dobro para interpor agravo regimental no Superior Tribunal de Justiça.

117. A inobservância do prazo de 48 (quarenta e oito) horas, entre a publicação de pauta e julgamento sem a presença das partes, acarreta nulidade.

118. O agravo de instrumento é o recurso cabível da decisão que homologa a atualização do cálculo da liquidação.

119. A ação de desapropriação indireta prescreve em 20 (vinte) anos.

120. O oficial de farmácia, inscrito no Conselho Regional de Farmácia, pode ser responsável técnico por drogaria.

121. Na execução fiscal o devedor deverá ser intimado, pessoalmente, do dia e hora da realização do leilão.

122. Compete à Justiça Federal o processo e julgamento unificado dos crimes conexos de competência federal e estadual, não se aplicando a regra do art. 78, II, *a*, do Código de Processo Penal.

123. A decisão que admite, ou não, o recurso especial deve ser fundamentada, com o exame dos seus pressupostos gerais e constitucionais.

124. A Taxa de Melhoramento dos Portos tem base de cálculo diversa do Imposto de Importação, sendo legítima a sua cobrança sobre a importação de mercadorias de países signatários do Gatt, da Alalc ou Aladi.

125. O pagamento de férias não gozadas por necessidade do serviço não está sujeito à incidência do Imposto de Renda.

126. É inadmissível recurso especial, quando o acórdão recorrido assenta em fundamentos constitucional e infraconstitucional, qualquer deles suficiente, por si só, para mantê-lo, e a parte vencida não manifesta recurso extraordinário.

127. É ilegal condicionar a renovação da licença de veículo ao pagamento de multa, da qual o infrator não foi notificado.

128. Na execução fiscal haverá segundo leilão, se no primeiro não houver lanço superior à avaliação.

130. A empresa responde, perante o cliente, pela reparação de dano ou furto de veículo ocorridos em seu estacionamento.

131. Nas ações de desapropriação inclui-se no cálculo da verba advocatícia as parcelas relativas aos juros compensatórios e moratórios, devidamente corrigidas.

132. A ausência de registro da transferência não implica a responsabilidade do antigo proprietário por dano resultante de acidente que envolva o veículo alienado.

133. A restituição da importância adiantada, à conta de contrato de câmbio, independe de ter sido a antecipação efetuada nos 15 (quinze) dias anteriores ao requerimento da concordata.

134. Embora intimado da penhora em imóvel do casal, o cônjuge do executado pode opor embargos de terceiro para defesa de sua meação.

135. O ICMS não incide na gravação e distribuição de filmes e videoteipes.

136. O pagamento de licença-prêmio não gozada por necessidade do serviço não está sujeito ao Imposto de Renda.

137. Compete à Justiça Comum Estadual processar e julgar ação de servidor público municipal, pleiteando direitos relativos ao vínculo estatutário.

138. O ISS incide na operação de arrendamento mercantil de coisas móveis.

139. Cabe à Procuradoria da Fazenda Nacional propor execução fiscal para cobrança de crédito relativo ao ITR.

STJ

SÚMULAS SELECIONADAS

140. Compete à Justiça Comum Estadual processar e julgar crime em que o indígena figure como autor ou vítima.

141. Os honorários de advogado em desapropriação direta são calculados sobre a diferença entre a indenização e a oferta, corrigidas monetariamente.

143. Prescreve em 5 (cinco) anos a ação de perdas e danos pelo uso de marca comercial.

144. Os créditos de natureza alimentícia gozam de preferência, desvinculados os precatórios da ordem cronológica dos créditos de natureza diversa.

145. No transporte desinteressado, de simples cortesia, o transportador só será civilmente responsável por danos causados ao transportado quando incorrer em dolo ou culpa grave.

146. O segurado, vítima de novo infortúnio, faz jus a um único benefício somado ao salário de contribuição vigente no dia do acidente.

147. Compete à Justiça Federal processar e julgar os crimes praticados contra funcionário público federal, quando relacionados com o exercício da função.

148. Os débitos relativos a benefício previdenciário, vencidos e cobrados em juízo após a vigência da Lei 6.899/81, devem ser corrigidos monetariamente na forma prevista nesse diploma legal.

149. A prova exclusivamente testemunhal não basta à comprovação da atividade rurícola, para efeito da obtenção de benefício previdenciário.

150. Compete à Justiça Federal decidir sobre a existência de interesse jurídico que justifique a presença, no processo, da União, suas autarquias ou empresas públicas.

151. A competência para o processo e julgamento por crime de contrabando ou descaminho define-se pela prevenção do Juízo Federal do lugar da apreensão dos bens.

153. A desistência da execução fiscal, após o oferecimento dos embargos, não exime o exequente dos encargos da sucumbência.

154. Os optantes pelo FGTS, nos termos da Lei 5.958/73, têm direito a taxa progressiva dos juros, na forma do art. 4º da Lei 5.107/66.

155. O ICMS incide na importação de aeronave, por pessoa física, para uso próprio.

156. A prestação de serviço de composição gráfica, personalizada e sob encomenda, ainda que envolva fornecimento de mercadorias, está sujeita, apenas, ao ISS.

158. Não se presta a justificar embargos de divergência o dissídio com acórdão de Turma ou Seção que não mais tenha competência para a matéria neles versada.

159. O benefício acidentário, no caso de contribuinte que perceba remuneração variável, deve ser calculado com base na média aritmética dos últimos 12 (doze) meses de contribuição.

160. É defeso, ao Município, atualizar o IPTU, mediante decreto, em percentual superior ao índice oficial de correção monetária.

161. É da competência da Justiça Estadual autorizar o levantamento dos valores relativos ao PIS/Pasep e FGTS, em decorrência do falecimento do titular da conta.

162. Na repetição de indébito tributário, a correção monetária incide a partir do pagamento indevido.

163. O fornecimento de mercadorias com a simultânea prestação de serviços em bares, restaurantes e estabelecimentos similares constitui fato gerador do ICMS a incidir sobre o valor total da operação.

168. Não cabem embargos de divergência, quando a jurisprudência do Tribunal se firmou no mesmo sentido do acórdão embargado.

STJ

SÚMULAS SELECIONADAS

169. São inadmissíveis embargos infringentes no processo de mandado de segurança.

170. Compete ao juízo onde primeiro for intentada a ação envolvendo acumulação de pedidos, trabalhista e estatutário, decidi-la nos limites da sua jurisdição sem prejuízo do ajuizamento de nova causa, com o pedido remanescente, no juízo próprio.

173. Compete à Justiça Federal processar e julgar o pedido de reintegração em cargo público federal, ainda que o servidor tenha sido dispensado antes da instituição do Regime Jurídico Único.

175. Descabe o depósito prévio nas ações rescisórias propostas pelo INSS.

176. É nula a cláusula contratual que sujeita o devedor à taxa de juros divulgada pela Anbid/Cetip.

177. O Superior Tribunal de Justiça é incompetente para processar e julgar, originariamente, mandado de segurança contra ato de órgão colegiado presidido por Ministro de Estado.

178. O INSS não goza de isenção do pagamento de custas e emolumentos, nas ações acidentárias e de benefícios propostas na Justiça Estadual.

179. O estabelecimento de crédito que recebe dinheiro, em depósito judicial, responde pelo pagamento da correção monetária relativa aos valores recolhidos.

181. É admissível ação declaratória, visando a obter certeza quanto à exata interpretação de cláusula contratual.

- V. Súmula 5, STJ.

182. É inviável o agravo do art. 545 do CPC que deixa de atacar especificamente os fundamentos da decisão agravada.

184. A microempresa de representação comercial é isenta do imposto de renda.

185. Nos depósitos judiciais, não incide o Imposto sobre Operações Financeiras.

186. Nas indenizações por ato ilícito, os juros compostos somente são devidos por aquele que praticou o crime.

187. É deserto o recurso interposto para o Superior Tribunal de Justiça, quando o recorrente não recolhe na origem, a importância das despesas de remessa e retorno dos autos.

188. Os juros moratórios, na repetição do indébito tributário, são devidos a partir do trânsito em julgado da sentença.

- Súmula republicada (*DJU* 21.11.1997).

189. É desnecessária a intervenção do Ministério Público nas execuções fiscais.

190. Na execução fiscal, processada perante a Justiça Estadual, cumpre à Fazenda Pública antecipar o numerário destinado ao custeio das despesas com o transporte dos oficiais de justiça.

193. O direito de uso de linha telefônica pode ser adquirido por usucapião.

194. Prescreve em 20 (vinte) anos a ação para obter, do construtor, indenização por defeitos da obra.

195. Em embargos de terceiro não se anula ato jurídico, por fraude contra credores.

196. Ao executado que, citado por edital ou por hora certa, permanecer revel, será nomeado curador especial, com legitimidade para apresentação de embargos.

197. O divórcio direto pode ser concedido sem que haja prévia partilha de bens.

199. Na execução hipotecária de crédito vinculado ao Sistema Financeiro da Habitação, nos termos da Lei 5.741/71, a petição inicial deve ser instruída com, pelo menos, dois avisos de cobrança.

201. Os honorários advocatícios não podem ser fixados em salários mínimos.

202. A impetração de segurança por terceiro, contra ato judicial, não se condiciona à interposição de recurso.

STJ

SÚMULAS SELECIONADAS

203. Não cabe recurso especial contra decisão proferida por órgão de segundo grau dos Juizados Especiais.

• Súmula alterada (*DJU* 03.06.2002).

204. Os juros de mora nas ações relativas a benefícios previdenciários incidem a partir da citação válida.

205. A Lei 8.009/90 aplica-se à penhora realizada antes de sua vigência.

206. A existência de vara privativa, instituída por lei estadual, não altera a competência territorial resultante das leis de processo.

207. É inadmissível recurso especial quando cabíveis embargos infringentes contra o acórdão proferido no tribunal de origem.

209. Compete à Justiça Estadual processar e julgar prefeito por desvio de verba transferida e incorporada ao patrimônio municipal.

210. A ação de cobrança das contribuições para o FGTS prescreve em 30 (trinta) anos.

211. Inadmissível recurso especial quanto à questão que, a despeito da oposição de embargos declaratórios, não foi apreciada pelo tribunal *a quo*.

212. A compensação de créditos tributários não pode ser deferida em ação cautelar ou por medida liminar cautelar ou antecipatória.

• Súmula alterada (*DJU* 23.05.2005).

213. O mandado de segurança constitui ação adequada para a declaração do direito à compensação tributária.

214. O fiador na locação não responde por obrigações resultantes de aditamento ao qual não anuiu.

216. A tempestividade de recurso interposto no Superior Tribunal de Justiça é aferida pelo registro no protocolo da Secretaria e não pela data da entrega na agência do correio.

218. Compete à Justiça dos Estados processar e julgar ação de servidor estadual decorrente de direitos e vantagens estatutárias no exercício de cargo em comissão.

219. Os créditos decorrentes de serviços prestados à massa falida, inclusive a remuneração do síndico, gozam dos privilégios próprios dos trabalhistas.

221. São civilmente responsáveis pelo ressarcimento de dano, decorrente de publicação pela imprensa, tanto o autor do escrito quanto o proprietário do veículo de divulgação.

222. Compete à Justiça Comum processar e julgar as ações relativas à contribuição sindical prevista no art. 578 da CLT.

223. A certidão de intimação do acórdão recorrido constitui peça obrigatória do instrumento de agravo.

224. Excluído do feito o ente federal, cuja presença levara o Juiz Estadual a declinar da competência, deve o Juiz Federal restituir os autos e não suscitar conflito.

226. O Ministério Público tem legitimidade para recorrer na ação de acidente do trabalho, ainda que o segurado esteja assistido por advogado.

227. A pessoa jurídica pode sofrer dano moral.

228. É inadmissível o interdito proibitório para a proteção do direito autoral.

229. O pedido do pagamento de indenização à seguradora suspende o prazo de prescrição até que o segurado tenha ciência da decisão.

232. A Fazenda Pública, quando parte no processo, fica sujeita à exigência do depósito prévio dos honorários do perito.

233. O contrato de abertura de crédito, ainda que acompanhado de extrato da conta-corrente, não é título executivo.

235. A conexão não determina a reunião dos processos, se um deles já foi julgado.

238. A avaliação da indenização devida ao proprietário do solo, em razão de alvará de

STJ

SÚMULAS SELECIONADAS

pesquisa mineral, é processada no Juízo Estadual da situação do imóvel.

239. O direito à adjudicação compulsória não se condiciona ao registro do compromisso de compra e venda no cartório de imóveis.

240. A extinção do processo, por abandono da causa pelo autor, depende de requerimento do réu.

242. Cabe ação declaratória para reconhecimento do tempo de serviço para fins previdenciários.

245. A notificação destinada a comprovar a mora nas dívidas garantidas por alienação fiduciária dispensa a indicação do valor do débito.

246. O valor do seguro obrigatório deve ser deduzido da indenização judicialmente fixada.

247. O contrato de abertura de crédito em conta-corrente, acompanhado do demonstrativo de débito, constitui documento hábil para o ajuizamento da ação monitória.

248. Comprovada a prestação dos serviços, a duplicata não aceita, mas protestada, é título hábil para instruir pedido de falência.

249. A Caixa Econômica Federal tem legitimidade passiva para integrar processo em que se discute correção monetária do FGTS.

251. A meação só responde pelo ato ilícito quando o credor, na execução fiscal, provar que o enriquecimento dele resultante aproveitou ao casal.

253. O art. 557 do CPC, que autoriza o relator a decidir o recurso, alcança o reexame necessário.

254. A decisão do Juízo Federal que exclui da relação processual ente federal não pode ser reexaminada no Juízo Estadual.

255. Cabem embargos infringentes contra acórdão, proferido por maioria, em agravo retido, quando se tratar de matéria de mérito.

257. A falta de pagamento do prêmio do seguro obrigatório de Danos Pessoais Causados por Veículos Automotores de Vias Terrestres (DPVAT) não é motivo para a recusa do pagamento da indenização.

258. A nota promissória vinculada a contrato de abertura de crédito não goza de autonomia em razão da iliquidez do título que a originou.

259. A ação de prestação de contas pode ser proposta pelo titular de conta-corrente bancária.

260. A convenção de condomínio aprovada, ainda que sem registro, é eficaz para regular as relações entre os condôminos.

261. A cobrança de direitos autorais pela retransmissão radiofônica de músicas, em estabelecimentos hoteleiros, deve ser feita conforme a taxa média de utilização do equipamento, apurada em liquidação.

264. É irrecorrível o ato judicial que apenas manda processar a concordata preventiva.

- V. Lei 11.101/2005 (Lei de Recuperação de Empresas e Falência).

268. O fiador que não integrou a relação processual na ação de despejo não responde pela execução do julgado.

270. O protesto pela preferência de crédito, apresentado por ente federal em execução que tramita na Justiça Estadual, não desloca a competência para a Justiça Federal.

271. A correção monetária dos depósitos judiciais independe de ação específica contra o banco depositário.

273. Intimada a defesa da expedição de carta precatória, torna-se desnecessária intimação da data da audiência no juízo deprecado.

275. O auxiliar de farmácia não pode ser responsável técnico por farmácia ou drogaria.

STJ

SÚMULAS SELECIONADAS

277. Julgada procedente a investigação de paternidade, os alimentos são devidos a partir da citação.

278. O termo inicial do prazo prescricional, na ação de indenização, é a data em que o segurado teve ciência inequívoca da incapacidade laboral.

279. É cabível execução por título extrajudicial contra a Fazenda Pública.

280. O art. 35, do Decreto-lei 7.661, de 1945, que estabelece a prisão administrativa, foi revogado pelos incisos LXI e LXVII do art. 5º da Constituição Federal.

281. A indenização por dano moral não está sujeita à tarifação prevista na Lei de Imprensa.

282. Cabe a citação por edital em ação monitória.

283. As empresas administradoras de cartão de crédito são instituições financeiras e, por isso, os juros remuneratórios por elas cobrados não sofrem as limitações da Lei de Usura.

• V. Súmula 596, STF.

284. A purga da mora, nos contratos de alienação fiduciária, só é permitida quando já pagos pelo menos 40% (quarenta por cento) do valor financiado.

285. Nos contratos bancários posteriores ao Código de Defesa do Consumidor incide a multa moratória nele prevista.

286. A renegociação de contrato bancário ou a confissão da dívida não impede a possibilidade de discussão sobre eventuais ilegalidades dos contratos anteriores.

287. A Taxa Básica Financeira (TBF) não pode ser utilizada como indexador de correção monetária nos contratos bancários.

288. A Taxa de Juros de Longo Prazo (TJLP) pode ser utilizada como indexador de correção monetária nos contratos bancários.

289. A restituição das parcelas pagas a plano de previdência privada deve ser objeto de correção plena, por índice que recomponha a efetiva desvalorização da moeda.

290. Nos planos de previdência privada, não cabe ao beneficiário a devolução da contribuição efetuada pelo patrocinador.

291. A ação de cobrança de parcelas de complementação de aposentadoria pela previdência privada prescreve em 5 (cinco) anos.

• V. Súmula 427, STJ.

292. A reconvenção é cabível na ação monitória, após a conversão do procedimento em ordinário.

293. A cobrança antecipada do valor residual garantido (VRG) não descaracteriza o contrato de arrendamento mercantil.

294. Não é potestativa a cláusula contratual que prevê a comissão de permanência, calculada pela taxa média de mercado apurada pelo Banco Central do Brasil, limitada à taxa do contrato.

295. A Taxa Referencial (TR) é indexador válido para contratos posteriores à Lei 8.177/1991, desde que pactuada.

296. Os juros remuneratórios, não cumuláveis com a comissão de permanência, são devidos no período de inadimplência, à taxa média de mercado estipulada pelo Banco Central do Brasil, limitada ao percentual contratado.

297. O Código de Defesa do Consumidor é aplicável às instituições financeiras.

298. O alongamento de dívida originada de crédito rural não constitui faculdade da instituição financeira, mas, direito do devedor nos termos da lei.

299. É admissível a ação monitória fundada em cheque prescrito.

300. O instrumento de confissão de dívida, ainda que originário de contrato de abertura de crédito, constitui título executivo extrajudicial.

301. Em ação investigatória, a recusa do suposto pai a submeter-se ao exame de

Súmulas selecionadas

DNA induz presunção *juris tantum* de paternidade.

302. É abusiva a cláusula contratual de plano de saúde que limita no tempo a internação hospitalar do segurado.

303. Em embargos de terceiro, quem deu causa à constrição indevida deve arcar com os honorários advocatícios.

304. É ilegal a decretação da prisão civil daquele que não assume expressamente o encargo de depositário judicial.

305. É descabida a prisão civil do depositário quando, decretada a falência da empresa, sobrevém a arrecadação do bem pelo síndico.

306. Os honorários advocatícios devem ser compensados quando houver sucumbência recíproca, assegurado o direito autônomo do advogado à execução do saldo sem excluir a legitimidade da própria parte.

307. A restituição de adiantamento de contrato de câmbio, na falência, deve ser atendida antes de qualquer crédito.

308. A hipoteca firmada entre a construtora e o agente financeiro, anterior ou posterior à celebração da promessa de compra e venda, não tem eficácia perante os adquirentes do imóvel.

309. O débito alimentar que autoriza a prisão civil do alimentante é o que compreende as três prestações anteriores ao ajuizamento da execução e as que se vencerem no curso do processo.

• Súmula alterada (*DJU* 24.04.2006).

311. Os atos do presidente do tribunal que disponham sobre processamento e pagamento de precatório não têm caráter jurisdicional.

312. No processo administrativo para imposição de multa de trânsito, são necessárias as notificações da autuação e da aplicação da pena decorrente da infração.

313. Em ação de indenização, procedente o pedido, é necessária a constituição de capital ou caução fidejussória para a garantia de pagamento da pensão, independentemente da situação financeira do demandado.

314. Em execução fiscal, não localizados bens penhoráveis, suspende-se o processo por um ano, findo o qual se inicia o prazo da prescrição quinquenal intercorrente.

315. Não cabem embargos de divergência no âmbito do agravo de instrumento que não admite recurso especial.

316. Cabem embargos de divergência contra acórdão que, em agravo regimental, decide recurso especial.

317. É definitiva a execução de título extrajudicial, ainda que pendente apelação contra sentença que julgue improcedentes os embargos.

318. Formulado pedido certo e determinado, somente o autor tem interesse recursal em arguir o vício da sentença ilíquida.

319. O encargo de depositário de bens penhorados pode ser expressamente recusado.

320. A questão federal somente ventilada no voto vencido não atende ao requisito do prequestionamento.

• V. Súmulas 282 e 356, STF.

321. (Súmula cancelada – *DJE* 29.02.2016.)
O Código de Defesa do Consumidor é aplicável à relação jurídica entre a entidade de previdência privada e seus participantes.

322. Para a repetição de indébito, nos contratos de abertura de crédito em conta-corrente, não se exige a prova do erro.

323. A inscrição do nome do devedor pode ser mantida nos serviços de proteção ao crédito até o prazo máximo de 5 (cinco) anos, independentemente da prescrição da execução.

• Súmula alterada (*DJE* 16.12.2009, disponibilizado em 15.12.2009).

STJ

SÚMULAS SELECIONADAS

325. A remessa oficial devolve ao Tribunal o reexame de todas as parcelas da condenação suportadas pela Fazenda Pública, inclusive dos honorários de advogado.

326. Na ação de indenização por dano moral, a condenação em montante inferior ao postulado na inicial não implica sucumbência recíproca.

327. Nas ações referentes ao Sistema Financeiro da Habitação, a Caixa Econômica Federal tem legitimidade como sucessora do Banco Nacional da Habitação.

328. Na execução contra instituição financeira, é penhorável o numerário disponível, excluídas as reservas bancárias mantidas no Banco Central.

329. O Ministério Público tem legitimidade para propor ação civil pública em defesa do patrimônio público.

331. A apelação interposta contra sentença que julga embargos à arrematação tem efeito meramente devolutivo.

332. A fiança prestada sem autorização de um dos cônjuges implica a ineficácia total da garantia.

333. Cabe mandado de segurança contra ato praticado em licitação promovida por sociedade de economia mista ou empresa pública.

335. Nos contratos de locação, é válida a cláusula de renúncia à indenização das benfeitorias e ao direito de retenção.

336. A mulher que renunciou aos alimentos na separação judicial tem direito à pensão previdenciária por morte do ex-marido, comprovada a necessidade econômica superveniente.

339. É cabível ação monitória contra a Fazenda Pública.

342. No procedimento para aplicação de medida socioeducativa, é nula a desistência de outras provas em face da confissão do adolescente.

344. A liquidação por forma diversa da estabelecida na sentença não ofende a coisa julgada.

345. São devidos honorários advocatícios pela Fazenda Pública nas execuções individuais de sentença proferida em ações coletivas, ainda que não embargadas.

349. Compete à Justiça Federal ou aos juízes com competência delegada o julgamento das execuções fiscais de contribuições devidas pelo empregador ao FGTS.

352. A obtenção ou a renovação do Certificado de Entidade Beneficente de Assistência Social (Cebas) não exime a entidade do cumprimento dos requisitos legais supervenientes.

354. A invasão do imóvel é causa de suspensão do processo expropriatório para fins de reforma agrária.

356. É legítima a cobrança da tarifa básica pelo uso dos serviços de telefonia fixa.

358. O cancelamento de pensão alimentícia de filho que atingiu a maioridade está sujeito à decisão judicial, mediante contraditório, ainda que nos próprios autos.

359. Cabe ao órgão mantenedor do Cadastro de Proteção ao Crédito a notificação do devedor antes de proceder à inscrição.

361. A notificação do protesto, para requerimento de falência da empresa devedora, exige a identificação da pessoa que a recebeu.

362. A correção monetária do valor da indenização do dano moral incide desde a data do arbitramento.

363. Compete à Justiça estadual processar e julgar a ação de cobrança ajuizada por profissional liberal contra cliente.

364. O conceito de impenhorabilidade de bem de família abrange também o imóvel pertencente a pessoas solteiras, separadas e viúvas.

365. A intervenção da União como sucessora da Rede Ferroviária Federal S/A (RFF-

STJ

Súmulas selecionadas

SA) desloca a competência para a Justiça Federal ainda que a sentença tenha sido proferida por Juízo estadual.

367. A competência estabelecida pela EC n. 45/2004 não alcança os processos já sentenciados.

368. Compete à Justiça comum estadual processar e julgar os pedidos de retificação de dados cadastrais da Justiça Eleitoral.

369. No contrato de arrendamento mercantil (*leasing*), ainda que haja cláusula resolutiva expressa, é necessária a notificação prévia do arrendatário para constituí-lo em mora.

370. Caracteriza dano moral a apresentação antecipada de cheque pré-datado.

371. Nos contratos de participação financeira para a aquisição de linha telefônica, o Valor Patrimonial da Ação (VPA) é apurado com base no balancete do mês da integralização.

372. Na ação de exibição de documentos, não cabe a aplicação de multa cominatória.

374. Compete à Justiça Eleitoral processar e julgar a ação para anular débito decorrente de multa eleitoral.

375. O reconhecimento da fraude à execução depende do registro da penhora do bem alienado ou da prova de má-fé do terceiro adquirente.

376. Compete a turma recursal processar e julgar o mandado de segurança contra ato de juizado especial.

379. Nos contratos bancários não regidos por legislação específica, os juros moratórios poderão ser convencionados até o limite de 1% (um por cento) ao mês.

380. A simples propositura da ação de revisão de contrato não inibe a caracterização da mora do autor.

381. Nos contratos bancários, é vedado ao julgador conhecer, de ofício, da abusividade das cláusulas.

382. A estipulação de juros remuneratórios superiores a 12% (doze por cento) ao ano, por si só, não indica abusividade.

383. A competência para processar e julgar as ações conexas de interesse de menor é, em princípio, do foro do domicílio do detentor de sua guarda.

384. Cabe ação monitória para haver saldo remanescente oriundo de venda extrajudicial de bem alienado fiduciariamente em garantia.

• V. arts. 700 a 702, CPC/2015.

385. Da anotação irregular em cadastro de proteção ao crédito, não cabe indenização por dano moral, quando preexistente legítima inscrição, ressalvado o direito ao cancelamento.

387. É lícita a cumulação das indenizações de dano estético e dano moral.

388. A simples devolução indevida de cheque caracteriza dano moral.

389. A comprovação do pagamento do "custo do serviço" referente ao fornecimento de certidão de assentamentos constantes dos livros da companhia é requisito de procedibilidade da ação de exibição de documentos ajuizada em face da sociedade anônima.

390. Nas decisões por maioria, em reexame necessário, não se admitem embargos infringentes.

392. A Fazenda Pública pode substituir a certidão de dívida ativa (CDA) até a prolação da sentença de embargos, quando se tratar de correção de erro material ou formal, vedada a modificação do sujeito passivo da execução.

393. A exceção de pré-executividade é admissível na execução fiscal relativamente às matérias conhecíveis de ofício que não demandem dilação probatória.

394. É admissível, em embargos à execução, compensar os valores de imposto de renda retidos indevidamente na fonte com os valores restituídos apurados na declaração anual.

• Súmula republicada (*DJE* 21.10.2009, disponibilizado em 20.10.2009).

396. A Confederação Nacional da Agricultura tem legitimidade ativa para a cobrança da contribuição sindical rural.

398. A prescrição da ação para pleitear os juros progressivos sobre os saldos de conta vinculada do FGTS não atinge o fundo de direito, limitando-se às parcelas vencidas.

400. O encargo de 20% (vinte por cento) previsto no DL 1.025/1969 é exigível na execução fiscal proposta contra a massa falida.

401. O prazo decadencial da ação rescisória só se inicia quando não for cabível qualquer recurso do último pronunciamento judicial.

402. O contrato de seguro por danos pessoais compreende os danos morais, salvo cláusula expressa de exclusão.

403. Independe de prova do prejuízo a indenização pela publicação não autorizada de imagem de pessoa com fins econômicos ou comerciais.

404. É dispensável o aviso de recebimento (AR) na carta de comunicação ao consumidor sobre a negativação de seu nome em bancos de dados e cadastros.

405. A ação de cobrança do seguro obrigatório (DPVAT) prescreve em 3 (três) anos.

406. A Fazenda Pública pode recusar a substituição do bem penhorado por precatório.

407. É legítima a cobrança da tarifa de água fixada de acordo com as categorias de usuários e as faixas de consumo.

408. Nas ações de desapropriação, os juros compensatórios incidentes após a Medida Provisória 1.577, de 11.06.1997, devem ser fixados em 6% (seis por cento) ao ano até 13.09.2001 e, a partir de então, em 12% (doze por cento) ao ano, na forma da Súmula 618 do Supremo Tribunal Federal.

409. Em execução fiscal, a prescrição ocorrida antes da propositura da ação pode ser decretada de ofício (art. 219, § 5º, do CPC).

410. A prévia intimação pessoal do devedor constitui condição necessária para a cobrança de multa pelo descumprimento de obrigação de fazer ou não fazer.

412. A ação de repetição de indébito de tarifas de água e esgoto sujeita-se ao prazo prescricional estabelecido no Código Civil.

414. A citação por edital na execução fiscal é cabível quando frustradas as demais modalidades.

417. Na execução civil, a penhora de dinheiro na ordem de nomeação de bens não tem caráter absoluto.

418. É inadmissível o recurso especial interposto antes da publicação do acórdão dos embargos de declaração, sem posterior ratificação.

419. Descabe a prisão civil do depositário judicial infiel.

420. Incabível, em embargos de divergência, discutir o valor de indenização por danos morais.

421. Os honorários advocatícios não são devidos à Defensoria Pública quando ela atua contra a pessoa jurídica de direito público à qual pertença.

422. O art. 6º, e, da Lei 4.380/1964 não estabelece limitação aos juros remuneratórios nos contratos vinculados ao SFH.

426. Os juros de mora na indenização do seguro DPVAT fluem a partir da citação.

427. A ação de cobrança de diferenças de valores de complementação de aposentadoria prescreve em 5 (cinco) anos contados da data do pagamento.

428. Compete ao Tribunal Regional Federal decidir os conflitos de competência entre

STJ

Súmulas selecionadas

juizado especial federal e juízo federal da mesma seção judiciária.

429. A citação postal, quando autorizada por lei, exige o aviso de recebimento.

435. Presume-se dissolvida irregularmente a empresa que deixar de funcionar no seu domicílio fiscal, sem comunicação aos órgãos competentes, legitimando o redirecionamento da execução fiscal para o sócio-gerente.

445. As diferenças de correção monetária resultantes de expurgos inflacionários sobre os saldos de FGTS têm como termo inicial a data em que deveriam ter sido creditadas.

447. Os Estados e o Distrito Federal são partes legítimas na ação de restituição de imposto de renda retido na fonte proposta por seus servidores.

448. A opção pelo Simples de estabelecimentos dedicados às atividades de creche, pré-escola e ensino fundamental é admitida somente a partir de 24.10.2000, data de vigência da Lei 10.034/2000.

449. A vaga de garagem que possui matrícula própria no registro de imóveis não constitui bem de família para efeito de penhora.

450. Nos contratos vinculados ao SFH, a atualização do saldo devedor antecede sua amortização pelo pagamento da prestação.

451. É legítima a penhora da sede do estabelecimento comercial.

452. A extinção das ações de pequeno valor é faculdade da Administração Federal, vedada a atuação judicial de ofício.

453. Os honorários sucumbenciais, quando omitidos em decisão transitada em julgado, não podem ser cobrados em execução ou em ação própria.

454. Pactuada a correção monetária nos contratos do SFH pelo mesmo índice aplicável à caderneta de poupança, incide a taxa referencial (TR) a partir da vigência da Lei 8.177/1991.

460. É incabível o mandado de segurança para convalidar a compensação tributária realizada pelo contribuinte.

462. Nas ações em que representa o FGTS, a CEF, quando sucumbente, não está isenta de reembolsar as custas antecipadas pela parte vencedora.

464. A regra de imputação de pagamentos estabelecida no art. 354 do Código Civil não se aplica às hipóteses de compensação tributária.

465. Ressalvada a hipótese de efetivo agravamento do risco, a seguradora não se exime do dever de indenizar em razão da transferência do veículo sem a sua prévia comunicação.

467. Prescreve em 5 (cinco) anos, contados do término do processo administrativo, a pretensão da Administração Pública de promover a execução da multa por infração ambiental.

469. Aplica-se o Código de Defesa do Consumidor aos contratos de plano de saúde.

472. A cobrança de comissão de permanência – cujo valor não pode ultrapassar a soma dos encargos remuneratórios e moratórios previstos no contrato – exclui a exigibilidade dos juros remuneratórios, moratórios e da multa contratual.

473. O mutuário do SFH não pode ser compelido a contratar o seguro habitacional obrigatório com a instituição financeira mutuante ou com a seguradora por ela indicada.

474. A indenização do seguro DPVAT, em caso de invalidez parcial do beneficiário, será paga de forma proporcional ao grau da invalidez.

475. Responde pelos danos decorrentes de protesto indevido o endossatário que recebe por endosso translativo título de crédito contendo vício formal extrínseco ou intrínseco, ficando ressalvado seu direito de regresso contra os endossantes e avalistas.

476. O endossatário de título de crédito por endosso-mandato só responde por danos decorrentes de protesto indevido se extrapolar os poderes de mandatário.

477. A decadência do art. 26 do CDC não é aplicável à prestação de contas para obter esclarecimentos sobre cobrança de taxas, tarifas e encargos bancários.

478. Na execução de crédito relativo a cotas condominiais, este tem preferência sobre o hipotecário.

479. As instituições financeiras respondem objetivamente pelos danos gerados por fortuito interno relativo a fraudes e delitos praticados por terceiros no âmbito de operações bancárias.

480. O juízo da recuperação judicial não é competente para decidir sobre a constrição de bens não abrangidos pelo plano de recuperação da empresa.

481. Faz jus ao benefício da justiça gratuita a pessoa jurídica com ou sem fins lucrativos que demonstrar sua impossibilidade de arcar com os encargos processuais.

482. A falta de ajuizamento da ação principal no prazo do art. 806 do CPC acarreta a perda da eficácia da liminar deferida e a extinção do processo cautelar.

483. O INSS não está obrigado a efetuar depósito prévio do preparo por gozar das prerrogativas e privilégios da Fazenda Pública.

484. Admite-se que o preparo seja efetuado no primeiro dia útil subsequente, quando a interposição do recurso ocorrer após o encerramento do expediente bancário.

485. A Lei de Arbitragem aplica-se aos contratos que contenham cláusula arbitral, ainda que celebrados antes da sua edição.

486. É impenhorável o único imóvel residencial do devedor que esteja locado a terceiros, desde que a renda obtida com a locação seja revertida para a subsistência ou a moradia da sua família.

487. O parágrafo único do art. 741 do CPC não se aplica às sentenças transitadas em julgado em data anterior à da sua vigência.

488. O § 2º do art. 6º da Lei 9.469/1997, que obriga à repartição dos honorários advocatícios, é inaplicável a acordos ou transações celebrados em data anterior à sua vigência.

489. Reconhecida a continência, devem ser reunidas na Justiça Federal as ações civis públicas propostas nesta e na Justiça estadual.

490. A dispensa de reexame necessário, quando o valor da condenação ou do direito controvertido for inferior a sessenta salários mínimos, não se aplica a sentenças ilíquidas.

496. Os registros de propriedade particular de imóveis situados em terrenos de marinha não são oponíveis à União.

497. Os créditos das autarquias federais preferem aos créditos da Fazenda estadual desde que coexistam penhoras sobre o mesmo bem.

498. Não incide imposto de renda sobre a indenização por danos morais.

503. O prazo para ajuizamento de ação monitória em face do emitente de cheque sem força executiva é quinquenal, a contar do dia seguinte à data de emissão estampada na cártula.

504. O prazo para ajuizamento de ação monitória em face do emitente de nota promissória sem força executiva é quinquenal, a contar do dia seguinte ao vencimento do título.

505. A competência para processar e julgar as demandas que têm por objeto obrigações decorrentes dos contratos de planos de previdência privada firmados com a Fundação Rede Ferroviária de Seguridade Social – Refer é da Justiça estadual.

STJ

Súmulas selecionadas

• V. Súmula 365, STJ.

506. A Anatel não é parte legítima nas demandas entre a concessionária e o usuário de telefonia decorrentes de relação contratual.

510. A liberação de veículo retido apenas por transporte irregular de passageiros não está condicionada ao pagamento de multas e despesas.

515. A reunião de execuções fiscais contra o mesmo devedor constitui faculdade do juiz.

517. São devidos honorários advocatícios no cumprimento de sentença, haja ou não impugnação, depois de escoado o prazo para pagamento voluntário, que se inicia após a intimação do advogado da parte executada.

518. Para fins do art. 105, III, *a*, da Constituição Federal, não é cabível recurso especial fundado em alegada violação de enunciado de súmula.

519. Na hipótese de rejeição da impugnação ao cumprimento de sentença, não são cabíveis honorários advocatícios.

521. A legitimidade para a execução fiscal de multa pendente de pagamento imposta em sentença condenatória é exclusiva da Procuradoria da Fazenda Pública.

525. A Câmara de Vereadores não possui personalidade jurídica, apenas personalidade judiciária, somente podendo demandar em juízo para defender os seus direitos institucionais.

529. No seguro de responsabilidade civil facultativo, não cabe o ajuizamento de ação pelo terceiro prejudicado direta e exclusivamente em face da seguradora do apontado causador do dano.

530. Nos contratos bancários, na impossibilidade de comprovar a taxa de juros efetivamente contratada – por ausência de pactuação ou pela falta de juntada do instrumento aos autos –, aplica-se a taxa média de mercado, divulgada pelo Bacen, praticada nas operações da mesma espécie, salvo se a taxa cobrada for mais vantajosa para o devedor.

531. Em ação monitória fundada em cheque prescrito ajuizada contra o emitente, é dispensável a menção ao negócio jurídico subjacente à emissão da cártula.

532. Constitui prática comercial abusiva o envio de cartão de crédito sem prévia e expressa solicitação do consumidor, configurando-se ato ilícito indenizável e sujeito à aplicação de multa administrativa.

537. Em ação de reparação de danos, a seguradora denunciada, se aceitar a denunciação ou contestar o pedido do autor, pode ser condenada, direta e solidariamente junto com o segurado, ao pagamento da indenização devida à vítima, nos limites contratados na apólice.

538. As administradoras de consórcio têm liberdade para estabelecer a respectiva taxa de administração, ainda que fixada em percentual superior a 10% (dez por cento).

539. É permitida a capitalização de juros com periodicidade inferior à anual em contratos celebrados com instituições integrantes do Sistema Financeiro Nacional a partir de 31/3/2000 (MP n. 1.963-17/2000, reeditada como MP n. 2.170-36/2001), desde que expressamente pactuada.

540. Na ação de cobrança do seguro DPVAT, constitui faculdade do autor escolher entre os foros do seu domicílio, do local do acidente ou ainda do domicílio do réu.

541. A previsão no contrato bancário de taxa de juros anual superior ao duodécuplo da mensal é suficiente para permitir a cobrança da taxa efetiva anual contratada.

543. Na hipótese de resolução de contrato de promessa de compra e venda de imóvel submetido ao Código de Defesa do Consumidor, deve ocorrer a imediata restituição das parcelas pagas pelo promitente comprador – integralmente, em caso de culpa exclusiva do promitente vendedor/construtor, ou parcialmente, caso tenha sido o comprador quem deu causa ao desfazimento.

544. É válida a utilização de tabela do Conselho Nacional de Seguros Privados para estabelecer a proporcionalidade da indenização do seguro DPVAT ao grau de invalidez também na hipótese de sinistro anterior a 16.12.2008, data da entrada em vigor da MP 451/2008.

547. Nas ações em que se pleiteia o ressarcimento dos valores pagos a título de participação financeira do consumidor no custeio de construção de rede elétrica, o prazo prescricional é de 20 (vinte) anos na vigência do Código Civil de 1916. Na vigência do Código Civil de 2002, o prazo é de 5 (cinco) anos se houver previsão contratual de ressarcimento e de 3 (três) anos na ausência de cláusula nesse sentido, observada a regra de transição disciplinada em seu art. 2.028.

548. Incumbe ao credor a exclusão do registro da dívida em nome do devedor no cadastro de inadimplentes no prazo de 5 (cinco) dias úteis, a partir do integral e efetivo pagamento do débito.

549. É válida a penhora de bem de família pertencente a fiador de contrato de locação.

550. A utilização de escore de crédito, método estatístico de avaliação de risco que não constitui banco de dados, dispensa o consentimento do consumidor, que terá o direito de solicitar esclarecimentos sobre as informações pessoais valoradas e as fontes dos dados considerados no respectivo cálculo.

551. Nas demandas por complementação de ações de empresas de telefonia, admite-se a condenação ao pagamento de dividendos e juros sobre capital próprio independentemente de pedido expresso. No entanto, somente quando previstos no título executivo, poderão ser objeto de cumprimento de sentença.

552. O portador de surdez unilateral não se qualifica como pessoa com deficiência para o fim de disputar as vagas reservadas em concursos públicos.

553. Nos casos de empréstimo compulsório sobre o consumo de energia elétrica, é competente a Justiça estadual para o julgamento de demanda proposta exclusivamente contra a Eletrobrás. Requerida a intervenção da União no feito após a prolação de sentença pelo juízo estadual, os autos devem ser remetidos ao Tribunal Regional Federal competente para o julgamento da apelação se deferida a intervenção.

554. Na hipótese de sucessão empresarial, a responsabilidade da sucessora abrange não apenas os tributos devidos pela sucedida, mas também as multas moratórias ou punitivas referentes a fatos geradores ocorridos até a data da sucessão.

563. O Código de Defesa do Consumidor é aplicável às entidades abertas de previdência complementar, não incidindo nos contratos previdenciários celebrados com entidades fechadas.

568. O relator, monocraticamente e no Superior Tribunal de Justiça, poderá dar ou negar provimento ao recurso quando houver entendimento dominante acerca do tema.

570. Compete à Justiça Federal o processo e julgamento de demanda em que se discute a ausência de ou o obstáculo ao credenciamento de instituição particular de ensino superior no Ministério da Educação como condição de expedição de diploma de ensino a distância aos estudantes.

SÚMULAS SELECIONADAS

3. TRIBUNAL FEDERAL DE RECURSOS

7. O art. 51 do Código de Propriedade Industrial (Lei 5.772, de 21.12.71) também se aplica aos pedidos de privilégio.

10. Considera-se como termo inicial dos prazos do art. 24 da Lei 5.772/71 (Código de Propriedade Industrial), para os depósitos anteriores a essa Lei, a data de sua vigência.

13. A Justiça Federal é competente para o processo e julgamento da ação de usucapião, desde que o bem usucapiendo confronte com imóvel da União, autarquias ou empresas públicas federais.

14. O processo e julgamento de ação possessória relativa a terreno do domínio da União, autarquias e empresas públicas federais, somente são da competência da Justiça Federal, quando dela participar qualquer dessas entidades, como autora, ré, assistente ou oponente.

15. Compete à Justiça Federal julgar mandado de segurança contra ato que diga respeito ao ensino superior, praticado por dirigente de estabelecimento particular.

16. Compete à Justiça Estadual julgar mandado de segurança contra ato referente ao ensino de 1º e 2º graus e exames supletivos (Lei 5.692/71), salvo se praticado por autoridade federal.

19. Compete ao Tribunal Federal de Recursos julgar conflito de jurisdição entre Auditor Militar e Juiz de Direito dos Estados em que haja Tribunal Militar Estadual (CF, art. 192).

21. Após a Emenda Constitucional n. 7, de 1977, a competência para o processo e julgamento das ações de indenização, por danos ocorridos em mercadorias, no transporte aéreo, é da Justiça Comum Estadual, ainda quando se discuta a aplicação da Convenção de Varsóvia relativamente ao limite da responsabilidade do transportador.

24. A avaliação da indenização devida ao proprietário do solo, em razão de alvará de pesquisa mineral, é processada no juízo estadual da situação do imóvel.

25. É aplicável a correção monetária, em razão da mora no pagamento da indenização decorrente de seguro obrigatório.

27. É legítima a exigência do Adicional ao Frete para a Renovação da Marinha Mercante (AFRMM), e importação sob regime aduaneiro de *drawback*, realizada antes da vigência do Dec.-lei 1.626, de 1º de junho de 1978.

32. Na execução por carta (CPC, art. 747 c/ c art. 658), os embargos do devedor serão decididos no Juízo deprecante, salvo se versarem unicamente vícios ou defeitos da penhora, avaliação ou alienação dos bens.

33. O Juízo deprecado, na execução por carta, é o competente para julgar os embargos de terceiro, salvo se o bem apreendido foi indicado pelo Juízo deprecante.

34. O duplo grau de jurisdição (CPC, art. 475, II) é aplicável quando se trata de sentença proferida contra a União, o Estado e o Município, só incidindo, em relação às autarquias, quando estas forem sucumbentes na execução da dívida ativa (CPC, art. 475, III).

- V. art. 10, Lei 9.469/1997 (Aplicação para as autarquias e fundações públicas do disposto nos arts. 188 e 475, *caput* e II, CPC).

39. Não está sujeita ao Imposto de Renda a indenização recebida por pessoa jurídica em decorrência de desapropriação amigável ou judicial.

40. A execução fiscal da Fazenda Pública Federal será proposta perante o Juiz de Direito da Comarca do domicílio do devedor, desde que não seja ela sede de Vara da Justiça Federal.

- V. Súmula 349, STJ.

42. Salvo convenção das partes, o processo expropriatório não se suspende por motivo de dúvida fundada sobre o domínio.

TFR

SÚMULAS SELECIONADAS

44. Ajuizada a execução fiscal anteriormente à falência, com penhora realizada antes desta, não ficam os bens penhorados sujeitos à arrecadação no juízo falimentar; proposta a execução fiscal contra a massa falida, a penhora far-se-á no rosto dos autos do processo da quebra, citando-se o síndico.

45. As multas fiscais, sejam moratórias ou punitivas, estão sujeitas à correção monetária.

46. Nos casos de devolução do depósito efetuado em garantia de instância e de repetição do indébito tributário, a correção monetária é calculada desde a data do depósito ou do pagamento indevido e incide até o efetivo recebimento da importância reclamada.

47. Cancelado o débito fiscal, a correção monetária, relativa à restituição da importância depositada em garantia de instância, incide a partir da data da efetivação do depósito.

48. Não cabem embargos infringentes a acórdão proferido em agravo de petição, em execução fiscal, após a vigência do Código de Processo Civil de 1973.

49. Compete à Justiça Estadual processar e julgar as causas em que são partes instituições financeiras em regime de liquidação extrajudicial, salvo se a União, suas entidades autárquicas e empresas públicas forem interessadas na condição de autoras, rés, assistentes ou opoentes.

51. Compete à Justiça Estadual decidir pedido de brasileira naturalizada para adicionar patronímico de companheiro brasileiro nato.

53. Compete à Justiça Estadual processar e julgar questões pertinentes ao Direito de Família, ainda que estas objetivem reivindicação de benefícios previdenciários.

58. Não é absoluta a competência definida no art. 96, do Código de Processo Civil, relativamente à abertura de inventário, ainda que existente interesse de menor, podendo a ação ser ajuizada em foro diverso do domicílio do inventariado.

59. A autoridade fiscal de primeiro grau que expede a notificação para pagamento do tributo está legitimada passivamente para a ação de segurança, ainda que sobre a controvérsia haja decisão, em grau de recurso, de conselho de contribuintes.

60. Compete à Justiça Federal decidir da admissibilidade de mandado de segurança impetrado contra atos de dirigentes de pessoas jurídicas privadas, ao argumento de estarem agindo por delegação do poder público federal.

61. Para configurar a competência da Justiça Federal, é necessário que a União, entidade autárquica ou empresa pública federal, ao intervir como assistente, demonstre legítimo interesse jurídico no deslinde da demanda, não bastando a simples alegação de interesse na causa.

62. Compete à Justiça Federal processar e julgar ação de desapropriação promovida por concessionária de energia elétrica, se a União intervém como assistente.

64. A mulher que dispensou, no acordo de desquite, a prestação de alimentos, conserva, não obstante, o direito à pensão decorrente do óbito do marido, desde que comprovada a necessidade do benefício.

66. Compete à Justiça do Trabalho processar e julgar os litígios decorrentes das relações de trabalho entre os municípios de território federal e seus empregados.

67. Compete à Justiça Federal processar e julgar os litígios decorrentes das relações de trabalho entre os territórios federais e seus empregados.

68. A correção monetária não incide nas aquisições de unidades residenciais do INPS, quando a opção de compra tiver sido anterior à vigência do Dec.-lei 19/66, sendo irrelevantes, em face da Lei 5.049/66, o valor ou a área do imóvel.

TFR

SÚMULAS SELECIONADAS

69. Incumbe ao expropriante pagar o salário do assistente técnico do expropriado.

70. Os juros moratórios, na desapropriação, fluem a partir do trânsito em julgado da sentença que fixa a indenização.

71. A correção monetária incide sobre as prestações de benefícios previdenciários em atraso, observado o critério do salário mínimo vigente na época da liquidação da obrigação.

72. Compete à Justiça do Trabalho processar e julgar os litígios decorrentes das relações de trabalho entre as fundações instituídas por lei federal e seus empregados.

74. Os juros compensatórios, na desapropriação, incidem a partir da imissão na posse e são calculados, até a data do laudo, sobre o valor simples da indenização e, desde então, sobre referido valor corrigido monetariamente.

75. Na desapropriação, a correção monetária prevista no § 2º do art. 26 do Dec.-lei 3.365/41, incide a partir da data do laudo de avaliação, observando-se a Lei 5.670/71.

77. Cabem embargos infringentes a acórdão não unânime proferido em remessa *ex officio* (Código de Processo Civil, art. 475).

78. Proposta a ação no prazo fixado para o seu exercício, a demora na citação, por motivos inerentes ao mecanismo da Justiça, não justifica o acolhimento da arguição de prescrição ou decadência.

82. Compete à Justiça do Trabalho processar e julgar as reclamações pertinentes ao cadastramento no Plano de Integração Social (PIS) ou indenização compensatória pela falta deste, desde que não envolvam relações de trabalho dos servidores da União, suas autarquias e empresas públicas.

83. Compete à Justiça Federal processar e julgar reclamação trabalhista movida contra representação diplomática de país estrangeiro, inclusive para decidir sobre a preliminar de imunidade de jurisdição.

87. Compete à Justiça Comum Estadual o processo e julgamento da ação de cobrança de contribuições sindicais.

88. Compete à Justiça do Trabalho o processo e julgamento de reclamação ajuizada contra a Rede Ferroviária S.A., por servidor cedido pela União.

89. Compete à Junta de Conciliação e Julgamento, sediada em comarca do interior, cumprir carta precatória expedida por juiz federal, em matéria trabalhista.

• A EC n. 24/1999 substituiu as Juntas de Conciliação e Julgamento por Varas do Trabalho (juiz singular) e extinguiu a representação classista na Justiça do Trabalho.

92. O pagamento dos tributos, para efeito de extinção de punibilidade (Dec.-lei 157/67, art. 2º; STF, Súmula 560), não elide a pena de perdimento de bens autorizada pelo art. 23, Dec.-lei 1.455/76.

94. Provadas as despesas com assistência médico-hospitalar prestada a segurado, vítima de acidente de trânsito, tem o INPS direito à sub-rogação perante a seguradora responsável pelo seguro obrigatório.

96. As companhias distribuidoras de títulos e valores mobiliários estão sujeitas a registro nos Conselhos Regionais de Economia.

99. A Fazenda Pública, nas execuções fiscais, não está sujeita a prévio depósito para custear despesas do avaliador.

102. A regra inscrita no art. 205 da Constituição, com a redação da Emenda Constitucional n. 7, de 1977, não é de aplicabilidade imediata, porque dependente de lei regulamentadora.

103. Compete ao Tribunal Federal de Recursos processar e julgar, originariamente, mandado de segurança impetrado contra ato de órgão colegiado presidido por ministro de Estado.

105. Aos prazos em curso no período compreendido entre 20 de dezembro e 6 de janeiro, na Justiça Federal, aplica-se a regra do art. 179 do Código de Processo Civil.

107. A ação de cobrança do crédito previdenciário contra a Fazenda Pública está sujeita à prescrição quinquenal estabelecida no Dec.-lei 20.910/32.

108. A constituição do crédito previdenciário está sujeita ao prazo de decadência de 5 (cinco) anos.

109. A desapropriação iniciada segundo o procedimento previsto no Dec.-lei 512, de 1969, prosseguirá na forma da Lei das Desapropriações por Utilidade Pública, no caso de manifesta discordância do expropriado com o preço oferecido.

110. Os juros compensatórios, na desapropriação, são calculados à taxa de 12% (doze por cento) ao ano.

111. Os embargos do devedor devem ser previamente preparados no prazo de 30 (trinta) dias, contado da intimação do despacho que determinar o seu pagamento.

112. Em execução fiscal, a responsabilidade pessoal do sócio-gerente de sociedade por quotas, decorrente de violação da lei ou excesso de mandato, não atinge a meação de sua mulher.

114. Compete à Justiça Comum Estadual processar e julgar as causas entre os sindicatos e seus associados.

117. A regra do art. 236, § 2º, do Código de Processo Civil, não incide quando o procurador da República funciona como advogado da União, ressalvada a disposição inscrita no art. 25 da Lei 6.830/80.

118. Na ação expropriatória, a revelia do expropriado não implica em aceitação do valor da oferta e, por isso, não autoriza a dispensa da avaliação.

119. A partir da vigência do Código de Processo Civil de 1973, é cabível acumulação da multa contratual com honorários advocatícios na execução hipotecária, regida pela Lei 5.741/71.

120. A decisão proferida em processo de retificação do registro civil, a fim de fazer prova junto à administração militar, não faz coisa julgada relativamente à União, se esta não houver sido citada para o feito.

121. Não cabe mandado de segurança contra ato ou decisão, de natureza jurisdicional, emanado de relator ou presidente de turma.

122. A companheira, atendidos os requisitos legais, faz jus à pensão do segurado falecido, quer em concorrência com os filhos do casal, quer em sucessão a estes, não constituindo obstáculo a ocorrência do óbito antes da vigência do Dec.-lei 66, de 1966.

124. Prescreve em 20 (vinte) anos a ação do beneficiário, ou do terceiro sub-rogado nos direitos deste, fundada no seguro obrigatório de responsabilidade civil.

126. Na cobrança de crédito previdenciário, proveniente da execução de contrato de construção de obra, o proprietário, dono da obra ou condômino de unidade imobiliária, somente será acionado quando não for possível lograr do construtor, através de execução contra ele intentada, a respectiva liquidação.

129. É exigível das autarquias o depósito previsto no art. 488, II, do Código de Processo Civil, para efeito de processamento da ação rescisória.

132. Os fundos de reserva e os lucros suspensos, enquanto não distribuídos, integram o patrimônio da sociedade e devem ser considerados para efeito de tributação, ainda que pessoa pública detenha a maioria das ações do seu capital.

133. Compete à Justiça Comum Estadual processar e julgar prefeito municipal acusado de desvio de verba recebida em razão de convênio firmado com a União Federal.

134. Não cabe ação rescisória por violação de literal disposição de lei se, ao tempo em que foi prolatada a sentença rescindenda,

SÚMULAS SELECIONADAS

a interpretação era controvertida nos tribunais, embora posteriormente se tenha fixado favoravelmente à pretensão do autor.

136. A correção monetária, na desapropriação, deve ser calculada com base na variação nominal das Obrigações do Tesouro Nacional (OTN).

141. Nas ações de desapropriação, computam-se, no cálculo da verba advocatícia, as parcelas relativas aos juros compensatórios e moratórios, devidamente corrigidas.

142. A limitação administrativa *non aedificandi* imposta aos terrenos marginais das estradas de rodagem, em zona rural, não afeta o domínio do proprietário, nem obriga a qualquer indenização.

145. Extingue-se o processo de mandado de segurança, se o autor não promover, no prazo assinado, a citação do litisconsorte necessário.

147. É indispensável a instauração do procedimento administrativo, a que alude o art. 27 do Dec.-lei 1.455/76, para aplicação da pena de perdimento de mercadorias importadas, cujo prazo de permanência em recintos alfandegados tenha-se expirado.

148. É competente a Justiça Comum Estadual para processar e julgar ação cível proposta contra o Escritório Central de Arrecadação e Distribuição – Ecad.

154. A Fazenda Pública, nas execuções fiscais, não está sujeita a prévio depósito para custear as despesas do oficial de justiça.

159. É legítima a divisão da pensão previdenciária entre a esposa e a companheira, atendidos os requisitos exigidos.

163. Nas relações jurídicas de trato sucessivo, em que a Fazenda Pública figure como devedora, somente prescrevem as prestações vencidas antes do quinquênio anterior à propositura da ação.

168. O encargo de 20%, do Dec.-lei 1.025, de 1969, é sempre devido nas execuções fiscais da União e substitui, nos embargos, a condenação do devedor em honorários advocatícios.

169. Na Comarca em que não foi criada Junta de Conciliação e Julgamento, é competente o juiz de direito para processar e julgar litígios de natureza trabalhista.

- A EC n. 24/1999 substituiu as Juntas de Conciliação e Julgamento por Varas do Trabalho (juiz singular) e extinguiu a representação classista na Justiça do Trabalho.

183. Compete ao Juiz Federal do Distrito Federal processar e julgar mandado de segurança contra ato do Presidente do BNH.

184. Em execução movida contra sociedade por quotas, o sócio-gerente, citado em nome próprio, não tem legitimidade para opor embargos de terceiro, visando livrar da constrição judicial seus bens particulares.

188. Na liquidação por cálculo do contador, a apelação da sentença homologatória ressente-se do pressuposto de admissibilidade, quando o apelante não tenha oferecido oportuna impugnação.

189. Proposta a execução fiscal, a posterior mudança de domicílio do executado não desloca a competência já fixada.

190. A intimação pessoal da penhora ao executado torna dispensável a publicação de que trata o art. 12 da Lei das Execuções Fiscais.

193. A majoração da alíquota do Adicional ao Frete para Renovação da Marinha Mercante não está sujeita ao princípio da anterioridade.

195. O mandado de segurança não é meio processual idôneo para dirimir litígios trabalhistas.

203. O procedimento sumário previsto na Lei 1.508/51, compreende também a iniciativa do Ministério Público para a ação penal, nas contravenções referentes à caça, conforme remissão feita pelo art. 34 da Lei 5.197/67.

SÚMULAS SELECIONADAS

204. O fato de a Lei 6.439/77, que instituiu o Sinpas, dizer que as entidades da Previdência Social têm sede e foro no Distrito Federal, podendo, provisoriamente, funcionar no Rio de Janeiro, não importa em que as ações contra elas interpostas devam ser necessariamente ajuizadas nesta última cidade.

207. Nas ações executivas regidas pela Lei 5.741/71, o praceamento do imóvel penhorado independe de avaliação.

209. Nas execuções fiscais da Fazenda Nacional, é legítima a cobrança cumulativa de juros de mora e multa moratória.

210. Na execução fiscal, não sendo encontrado o devedor, nem bens arrestáveis, é cabível a citação editalícia.

211. O Adicional ao Frete para Renovação da Marinha Mercante (AFRMM) não é devido na remessa de mercadoria nacional para a Zona Franca de Manaus.

213. O exaurimento da via administrativa não é condição para a propositura de ação de natureza previdenciária.

216. Compete à Justiça Federal processar e julgar mandado de segurança impetrado contra ato de autoridade previdenciária, ainda que localizada em comarca do interior.

217. No âmbito da Justiça Federal, aplica-se aos feitos trabalhistas o princípio da identidade física do juiz.

218. A sentença, proferida em ação expropriatória à qual se tenha atribuído valor igual ou inferior a 50 (cinquenta) OTNs, não está sujeita ao duplo grau obrigatório, nem enseja recurso de apelação.

219. Não havendo antecipação de pagamento, o direito de constituir o crédito previdenciário extingue-se decorridos 5 (cinco) anos do primeiro dia do exercício seguinte àquele em que ocorreu o fato gerador.

224. O fato de não serem adjudicados bens que, levados a leilão, deixaram de ser arrematados, não acarreta a extinção do processo de execução.

234. Não cabe medida cautelar em ação rescisória para obstar os efeitos da coisa julgada.

235. A falta de peças de traslado obrigatório será suprida com a conversão do agravo de instrumento em diligência.

240. A intimação do representante judicial da Fazenda Pública, nos embargos à execução fiscal, será feita pessoalmente.

242. O bem alienado fiduciariamente não pode ser objeto de penhora nas execuções ajuizadas contra o devedor fiduciário.

244. A intervenção da União, suas autarquias e empresas públicas em concurso de credores ou de preferência não desloca a competência para a Justiça Federal.

247. Não constitui pressuposto da ação anulatória do débito fiscal o depósito de que cuida o art. 38 da Lei 6.830/80.

248. O prazo da prescrição interrompido pela confissão e parcelamento da dívida fiscal recomeça a fluir no dia em que o devedor deixa de cumprir o acordo celebrado.

252. O § 3º do art. 125 da Constituição Federal institui hipótese de competência relativa, pelo que não elide a competência concorrente da Justiça Federal.

253. A companheira tem direito a concorrer com outros dependentes à pensão militar, sem observância da ordem de preferência.

256. A falta de impugnação dos embargos do devedor não produz, em relação à Fazenda Pública, os efeitos de revelia.

257. Não rendem juros os depósitos judiciais na Caixa Econômica Federal a que se referem o Dec.-lei 759/69, art. 16, e o Dec.-lei 1.737/79, art. 3º.

259. Não cabe agravo de instrumento em causa sujeita à alçada de que trata a Lei 6.825, de 1980, salvo se versar sobre valor da causa ou admissibilidade de recurso.

TFR

Súmulas selecionadas

261. No litisconsórcio ativo voluntário, determina-se o valor da causa, para efeito de alçada recursal, dividindo-se o valor global pelo número de litisconsortes.

262. Não se vincula ao processo o juiz que não colheu prova em audiência.

263. A produção antecipada de provas, por si só, não previne a competência para a ação principal.

264. As cooperativas não estão sujeitas à tributação do Imposto de Renda por excesso de retirada de seus dirigentes.

ÍNDICES

Índice Alfabético-remissivo da Constituição da República Federativa do Brasil

Índice Alfabético-remissivo do Código Civil, do Código Comercial, da Legislação e das Súmulas selecionadas

Índice Alfabético-remissivo do Código de Processo Civil, da Legislação e das Súmulas selecionadas

Índice de Súmulas

Índice Cronológico da Legislação Civil, Processual Civil e Empresarial

do Código Comercial, dah explicação

Civil e Empresarial

ÍNDICE ALFABÉTICO-REMISSIVO DA CONSTITUIÇÃO DA REPÚBLICA FEDERATIVA DO BRASIL

ABUSO DE PODER
- econômico; repressão: art. 173, § 4º
- *habeas corpus*; concessão: art. 5º, LXVIII
- mandado de segurança; concessão: art. 5º, LXIX
- no exercício de função, cargo ou emprego público; inelegibilidade: art. 14, § 9º

AÇÃO CIVIL PÚBLICA
- promoção pelo MP: art. 129, III

AÇÃO DECLARATÓRIA DE CONSTITUCIONALIDADE
- de lei ou ato normativo federal; processo e julgamento; STF: art. 102, I, *a*
- decisões definitivas de mérito; eficácia e efeito: art. 102, § 2º
- legitimidade: art. 103, *caput*

AÇÃO DIRETA DE INCONSTITUCIONALIDADE
- Advogado-Geral da União; citação: art. 103, § 3º
- de lei ou ato normativo federal ou estadual; processo e julgamento; STF: art. 102, I, *a*
- decisões definitivas de mérito; eficácia e efeito: art. 102, § 2º
- legitimidade: art. 103, *caput*
- Procurador-Geral da República; ouvida: art. 103, § 1º

AÇÃO PENAL PÚBLICA
- admissão de ação privada: art. 5º, LIX
- promoção pelo MP: art. 129, I

AÇÃO POPULAR
- propositura: art. 5º, LXXIII

AÇÃO RESCISÓRIA
- processo e julgamento; competência: arts. 102, I, *j*; 105, I; 108, I, *b*; ADCT, art. 27, § 10

AÇÃO TRABALHISTA
- prescrição; prazo: art. 7º, XXIX

ACORDOS INTERNACIONAIS
- competência do Congresso Nacional: art. 49, I

ADMINISTRAÇÃO PÚBLICA
- administração fazendária; áreas de ação: arts. 37, XVIII; 144, § 1º
- atos, fiscalização e controle: art. 49, X
- atos ilícitos contra o erário; prescrição: art. 37, § 5º
- cargos, empregos e funções: arts. 37, I, II, IV; 61, § 1º, II, *a*
- cargos em comissão e funções de confiança: art. 37, V e XVII
- cargos ou empregos; acumulação: art. 37, XVI, *c*; ADCT, art. 17, §§ 1º e 2º
- contas; fiscalização; controle externo: art. 71
- contratos; licitação: arts. 22, XXVII; 37, XXI
- créditos orçamentários ou adicionais; despesas excedentes: art. 167, II
- despesas; aumento: art. 63, I
- despesas com pessoal: art. 169; ADCT, art. 38, p.u.
- entidades sob intervenção ou liquidação extrajudicial; créditos; correção monetária: ADCT, art. 46
- federal; competência e funcionamento; competência privativa do Presidente da República: art. 84, VI

ÍNDICE REMISSIVO DA CF

- federal; metas e prioridades: art. 165, § 2º
- federal; Ministro de Estado; competência: art. 87, p.u.
- federal; plano plurianual; diretrizes; objetivos e metas: art. 165, § 1º
- finanças; legislação: art. 163, I
- fiscalização; controle externo e interno: art. 70
- gestão e consulta da documentação governamental: art. 216, § 2º
- gestão financeira e patrimonial; normas: art. 165, § 9º; ADCT, art. 35, § 2º
- improbidade: art. 37, § 4º
- informações privilegiadas: art. 37, § 7º
- inspeções e auditorias; Tribunal de Contas da União: art. 71, IV
- investimento; plano plurianual; inclusão: art. 167, § 1º
- Ministérios e outros órgãos; criação, estruturação e atribuições: arts. 48, X; 61, § 1º, II, e; 84, VI
- moralidade; ação popular: art. 5º, LXXIII
- orçamento fiscal; investimento e seguridade social: arts. 165, § 5º; 167, VIII
- pessoal; admissão sem concurso: art. 71, III
- pessoal; atos; apreciação da legalidade: ADCT, art. 19
- pessoal da administração direta; vencimentos: art. 39, § 1º
- prestação de contas; pessoa física ou entidade pública: art. 70, p.u.
- princípios e disposições gerais: arts. 37; 38
- publicidade dos órgãos: art. 37, § 1º
- reforma administrativa; regime e planos de carreira: art. 39, *caput*; ADCT, art. 24
- serviços públicos; licitação: art. 175, *caput*
- serviços públicos; taxas: art. 145, II
- servidor público; limites remuneratórios: art. 37, § 11
- servidor público; limites remuneratórios facultados aos Estados e ao Distrito Federal: art. 37, § 12
- servidor público; remuneração e subsídio: art. 37, XI
- sistema de controle interno; finalidade: art. 74, II

ADOÇÃO: art. 227, §§ 5º e 6º

ADVOGADO
- indispensabilidade; inviolabilidade: art. 133
- quinto constitucional: arts. 94; 107, I; 111-A, I; 115, I
- terço constitucional: art. 104, p.u., II
- vencimentos e vantagens: art. 135

ADVOGADO-GERAL DA UNIÃO
- ação de inconstitucionalidade; citação: art. 103, § 3º
- carreira: art. 131, § 2º
- crimes de responsabilidade; processo e julgamento: art. 52, II e p.u.
- nomeação: arts. 84, XVI; 131, § 1º
- requisitos: art. 131, § 1º

AGÊNCIAS FINANCEIRAS
- oficiais de fomento; política de aplicação: art. 165, § 2º

ÁGUAS
- bem dos Estados: art. 26, I
- consumo; fiscalização: art. 200, VI
- legislação; competência privativa da União: art. 22, IV

ALISTAMENTO ELEITORAL
- condição de elegibilidade: art. 14, § 3º, III
- inalistáveis: art. 14, § 2º
- obrigatório ou facultativo: art. 14, § 1º, I e II

AMÉRICA LATINA
- integração econômica, política, social e cultural: art. 4º, p.u.

ANALFABETO
- analfabetismo; erradicação: art. 214, I
- inelegibilidade: art. 14, § 4º
- voto facultativo: art. 14, § 1º, II, *a*

ANISTIA
- concessão; atribuição do Congresso Nacional: art. 48, VIII
- concessão; competência da União: art. 21, XVII

ÍNDICE REMISSIVO DA CF

- concessão; efeitos financeiros: ADCT, art. 8º, § 1º
- dirigentes e representantes sindicais: ADCT, art. 8º, § 2º
- fiscal e previdenciária: art. 150, § 6º
- servidores públicos civis: ADCT, art. 8º, § 5º
- STF: ADCT, art. 9º
- trabalhadores do setor privado: ADCT, art. 8º, § 2º

APOSENTADORIA
- aposentados e pensionistas; gratificação natalina: art. 201, § 6º
- concessão; requisitos e critérios diferenciados: art. 201, § 1º
- contagem de tempo; mandato gratuito: ADCT, art. 8º, § 4º
- ex-combatente; proventos integrais: ADCT, art. 53, V
- invalidez permanente; servidor público: art. 40, § 1º, I
- juízes togados; normas: ADCT, art. 21, p.u.
- magistrados: art. 93, VI e VIII
- professores; tempo de serviço: arts. 40, § 5º; 201, § 8º
- proventos; limites: ADCT, art. 17, caput
- servidor público; art. 40
- servidor público; aposentadoria compulsória: art. 40, § 1º, II; ADCT: art. 100
- servidor público; requisitos e critérios diferenciados; ressalvas: art. 40, § 4º
- trabalhadores de baixa renda e sem renda própria; serviço doméstico: art. 201, § 12
- trabalhadores urbanos e rurais: arts. 7º, XXIV; 201
- vedação; percepção simultânea de proventos: art. 37, § 10
- voluntária; servidor público; permanência em atividade; abono: art. 40, § 19

ARTES
- v. CULTURA e OBRAS

ASILO POLÍTICO
- concessão: art. 4º, X

ASSEMBLEIA LEGISLATIVA
- ação declaratória de constitucionalidade; legitimidade: art. 103, IV
- ação direta de inconstitucionalidade; legitimidade: art. 103, IV
- cargos; provimento: art. 27, § 3º
- competência: art. 27, § 3º
- composição: art. 27, caput
- composição; criação de Estado: art. 235, I
- Constituição Estadual; elaboração: ADCT, art. 11, caput
- emendas à Constituição Federal: art. 60, III
- Estado; desmembramento, incorporação e subdivisão: art. 48, VI
- intervenção estadual; apreciação: art. 36, §§ 1º a 3º
- polícia: art. 27, § 3º
- processo legislativo; iniciativa popular: art. 27, § 4º
- provimento de cargos: art. 27, § 3º
- Regimento Interno: art. 27, § 3º
- serviços administrativos: art. 27, § 3º

ASSISTÊNCIA JURÍDICA
- gratuita e integral; dever do Estado: art. 5º, LXXIV
- guarda do menor: art. 227, § 3º, VI
- habeas corpus e habeas data; gratuidade: art. 5º, LXXVII
- legislação concorrente: art. 24, XIII

ASSISTÊNCIA PÚBLICA
- competência comum: art. 23, II
- herdeiros e dependentes de pessoas vítimas de crime doloso: art. 245

ASSISTÊNCIA RELIGIOSA: art. 5º, VII
ASSISTÊNCIA SOCIAL
- adolescência; direitos: art. 227, § 4º
- contribuições sociais; competência para a instituição: art. 149
- infância; direitos: art. 227, § 7º
- instituições sem fins lucrativos; limitações ao poder de tributar: art. 150, VI, c, § 4º
- Município; contribuição: art. 149, §§ 1º a 4º
- objetivos; prestação: art. 203
- recursos, organização, diretrizes: art. 204

ÍNDICE REMISSIVO DA CF

ASSOCIAÇÃO
– atividade garimpeira: arts. 21, XXV; 174, § 3º
– colônias de pescadores: art. 8º, p.u.
– criação: art. 5º, XVIII
– desportiva; autonomia: art. 217, I
– dissolução compulsória ou suspensão das atividades: art. 5º, XIX
– funcionamento; interferência governamental: art. 5º, XVIII
– lei; apoio e estímulo: art. 174, § 2º
– liberdade: art. 5º, XVII e XX
– mandado de segurança coletivo: art. 5º, LXX, *b*
– representação: art. 5º, XXI
– representação; obras; aproveitamento econômico; fiscalização: art. 5º, XXVIII, *b*
– sindical; servidor público: art. 37, VI

ATIVIDADES NUCLEARES
– Congresso Nacional; aprovação: art. 21, XXIII, *a*
– Congresso Nacional; aprovação de iniciativa do Poder Executivo: art. 49, XIV
– exploração; monopólio; União: art. 21, XXIII
– fins pacíficos: art. 21, XXIII, *a*
– minérios e minerais nucleares; monopólio da União: art. 177, V
– Poder Executivo; iniciativa: art. 49, XIV
– radioisótopos; utilização: art. 21, XXIII, *b*
– radioisótopos de meia-vida igual ou inferior a duas horas; utilização: art. 21, XXIII, *c*
– responsabilidade civil: art. 21, XXIII, *d*
– usina nuclear; localização e definição legal: art. 225, § 6º

ATO JURÍDICO PERFEITO
– proteção: art. 5º, XXXVI

ATO PROCESSUAL
– publicidade; restrição: art. 5º, LX

ATOS INTERNACIONAIS
– *v.* ESTADO ESTRANGEIRO
– celebração; Presidente da República: art. 84, VIII

– competência; Congresso Nacional: art. 49, I

AUTARQUIA
– criação: art. 37, XIX
– criação de subsidiária; autorização legislativa: art. 37, XX
– exploração de atividade econômica; estatuto jurídico: art. 173, § 1º

BANCO CENTRAL DO BRASIL
– compra e venda de títulos do Tesouro Nacional: art. 164, § 2º
– depósito de disponibilidade de caixa da União: art. 164, § 3º
– emissão da moeda; competência da União: art. 164, *caput*
– empréstimos a instituição financeira ou ao Tesouro; vedação: art. 164, § 1º
– presidente e diretores; aprovação e nomeação: arts. 52, III, *d*; 84, XIV

BANIMENTO
– *v.* PENA

BENS
– confisco; tráfico de drogas: art. 243, p.u.
– da União: arts. 20, *caput;* 176, *caput*
– da União; faixa de fronteira: art. 20, § 2º
– Distrito Federal: ADCT, art. 16, § 3º
– do Estado-Membro: art. 26
– domínio da União; disposição; competência do Congresso Nacional: art. 48, V
– estrangeiros situados no Brasil; sucessão: art. 5º, XXXI
– imóveis; imposto sobre transmissão *inter vivos*: art. 156, II, § 2º; ADCT, art. 34, § 6º
– impostos sobre transmissão *causa mortis* e doação: art. 155, I e § 1º; ADCT, art. 34, § 6º
– indisponibilidade; improbidade administrativa: art. 37, § 4º
– ocupações e uso temporário; calamidade pública: art. 136, § 1º, II
– perdimento: art. 5º, XLV e XLVI
– privação: art. 5º, LIV
– requisição; estado de sítio: art. 139, VII

ÍNDICE REMISSIVO DA CF

- tráfego; limitação por meio de tributos: art. 150, V; ADCT, art. 34, § 1º
- valor artístico, cultural e histórico; proteção: art. 23, III e IV

BRASILEIRO
- adoção por estrangeiros: art. 227, § 5º
- cargos, empregos e funções públicos; acesso: art. 37, I, II e IV
- Conselho da República; participação: art. 89, VII
- direito à vida, à liberdade, à segurança e à propriedade: art. 5º, caput
- distinção; vedação: art. 19, III
- empresas jornalísticas e de radiodifusão; propriedade privativa: art. 222, caput
- energia hidráulica; aproveitamento dos potenciais: art. 176, § 1º
- extradição: art. 5º, LI
- nascido no estrangeiro; registro; repartição diplomática ou consular brasileira: ADCT, art. 95
- nato: art. 12, I
- nato; cargos privativos: arts. 12, § 3º; 87; 89, VII
- nato ou naturalizado; empresa jornalística e de radiodifusão sonora; atividades de seleção e direção; responsabilidade editorial: art. 222, § 2º
- naturalizado: art. 12, II
- naturalizado; equiparação a brasileiro nato: art. 12, § 2º
- naturalizado; extradição: art. 5º, LI
- recursos minerais; pesquisa e lavra: art. 176, § 1º

CALAMIDADE
- defesa permanente; planejamento; competência da União: art. 21, XVIII
- despesas extraordinárias; empréstimo compulsório: art. 148, I; ADCT, art. 34, § 1º

CÂMARA DOS DEPUTADOS
- v. CONGRESSO NACIONAL
- cargos, empregos e funções; criação, transformação, extinção e remuneração: art. 51, IV
- comissão; representação proporcional dos partidos: art. 58, § 1º
- comissão parlamentar de inquérito; criação e competência: art. 58, § 3º
- comissão permanente; composição e competência: art. 58, caput
- comissão temporária; composição e competência: art. 58, caput
- comissões; atribuições: art. 58, § 2º
- competência exclusiva: art. 51, IV
- competência privativa: art. 51, caput
- competência privativa; vedação de delegação: art. 68, § 1º
- composição: art. 45
- Congresso Nacional; convocação extraordinária: art. 57, § 6º
- Conselho da República; eleição de seus membros: art. 51, V
- Conselho da República; líderes partidários: art. 89, IV
- crime comum e de responsabilidade do Presidente da República; admissibilidade da acusação: art. 86
- deliberações; quorum: art. 47
- despesa pública; projeto sobre serviços administrativos: art. 63, II
- Distrito Federal; irredutibilidade de sua representação: ADCT, art. 4º, § 2º
- emendas à Constituição: art. 60, I
- emendas do Senado Federal; apreciação: art. 64, § 3º
- estado de sítio; suspensão da imunidade parlamentar: art. 53, § 7º
- Estado-membro; irredutibilidade de sua representação: ADCT, art. 4º, § 2º
- funcionamento: art. 51, § 4º
- iniciativa das leis complementares e ordinárias: art. 61, caput
- iniciativa legislativa popular: art. 61, § 2º
- legislatura; duração: art. 44, p.u.
- Mesa; ações declaratória de constitucionalidade e direta de inconstitucionalidade: art. 103, III
- Mesa; habeas data, mandado de injunção, mandado de segurança: art. 102, I, d

- Mesa; pedido de informação a Ministro de Estado: art. 50, § 2º
- Mesa; representação proporcional dos partidos: art. 58, § 1º
- Ministro de Estado; convocação, pedidos de informação, comparecimento espontâneo: art. 50
- organização: art. 51, IV
- órgão do Congresso Nacional: art. 44, *caput*
- polícia: art. 51, IV
- Presidente; cargo privativo de brasileiro nato: art. 12, § 3º, II
- Presidente; exercício da Presidência da República: art. 80
- Presidente; membro do Conselho da República: art. 89, II
- Presidente; membro nato do Conselho de Defesa Nacional: art. 91, II
- projeto de lei; prazo de apreciação da solicitação de urgência: art. 64, §§ 2º e 4º
- Regimento Interno: art. 51, III
- sessão conjunta: art. 57, § 3º
- sistema eleitoral: art. 45, *caput*

CÂMARA LEGISLATIVA DO DISTRITO FEDERAL
- ações declaratória de constitucionalidade e direta de inconstitucionalidade; legitimidade: art. 103, IV
- composição: art. 32, *caput*

CÂMARA MUNICIPAL
- aprovação do Plano Diretor da Política de Desenvolvimento e Expansão Urbana: art. 182, § 1º
- competência; subsídios: art. 29, V
- composição: art. 29, IV
- fiscalização das contas do Município; controle externo: art. 31, §§ 1º e 2º
- fiscalização financeira e orçamentária dos Municípios: art. 31, *caput*
- funções legislativas e fiscalizadoras: art. 29, IX
- lei orgânica; Municípios: art. 29; ADCT, art. 11, p.u.
- política de desenvolvimento urbano; plano diretor; aprovação: art. 182, § 1º
- subsídios; Vereadores: art. 29, VI
- subsídios do Prefeito, Vice-Prefeito e Secretários Municipais; fixação: art. 29, V
- Vereadores; número: art. 29, IV; ADCT, art. 5º, § 4º

CÂMBIO
- administração e fiscalização; competência da União: art. 21, VIII
- disposições; competência do Congresso Nacional: art. 48, XIII
- operações; disposições: art. 163, VI
- política; legislação; competência privativa da União: art. 22, VII

CAPITAL ESTRANGEIRO
- investimentos; reinvestimento; lucros: art. 172
- participação; assistência à saúde; vedação: art. 199, § 3º
- participação; empresa jornalística e de radiodifusão; percentual: art. 222, §§ 1º e 4º

CARGOS PÚBLICOS
- acesso e investidura: art. 37, I, II e IV, § 2º
- acumulação: art. 37, XVI e XVII; ADCT, art. 17, §§ 1º e 2º
- acumulação; remuneração; subsídios: art. 37, XVI
- cargos em comissão e funções de confiança: art. 37, V; ADCT, art. 19, § 2º
- contratação por tempo determinado: art. 37, IX
- criação; transformação e extinção; remuneração: arts. 48, X; 96, II, *b*
- criação e remuneração; lei; iniciativa: art. 61, § 1º, II, *a*
- deficiente; reserva: art. 37, VIII
- estabilidade; perda; reintegração; disponibilidade; extinção; avaliação de desempenho: art. 41
- Estado; criação; provimento: art. 235
- nulidade dos atos de nomeação: art. 37, § 2º
- perda; critérios e garantias especiais: art. 247, *caput*
- perda; insuficiência de desempenho: art. 247, p.u.

Índice Remissivo da CF

- Poder Judiciário; provimento: art. 96, I, c e e
- provimento e extinção; competência: art. 84, XXV
- remuneração; revisão; fixação; subsídios: art. 37, X e XI

CARTA ROGATÓRIA
- concessão e execução: arts. 105, I, *i*; 109, X

CARTEL
- vedação: art. 173, § 4º

CASAMENTO
- celebração gratuita: art. 226, § 1º
- dissolução: art. 226, § 6º
- religioso; efeito civil: art. 226, § 2º
- sociedade conjugal; igualdade de direitos entre o homem e a mulher: art. 226, § 5º
- união estável: art. 226, § 3º

CAVERNAS E SÍTIOS ARQUEOLÓGICOS
- *v.* CULTURA

CENSURA
- atividade intelectual, artística, científica e de comunicação: art. 5º, IX
- censor federal; funções; aproveitamento: ADCT, art. 23
- natureza política e ideológica; vedação: art. 220, § 2º

CIDADANIA
- direitos e deveres individuais e coletivos; gratuidade dos atos aos pobres: art. 5º, XXXIV
- fundamento: art. 1º, II
- legislação: arts. 22, XIII; 68, § 1º, II
- prerrogativas; mandado de injunção: art. 5º, LXXI

CIÊNCIA E TECNOLOGIA
- acesso à ciência; meios; competência: art. 23, V
- autonomia tecnológica; regulamentação nos termos da lei federal: art. 219
- cooperação entre União, Estados, DF e os Municípios: art. 219-A
- criações; patrimônio cultural brasileiro: art. 216, III
- desenvolvimento científico, pesquisa e capacitação tecnológica; promoção do Estado: art. 218
- empresas; investimentos; incentivo e proteção: art. 218, § 4º
- pesquisa; fomento: art. 218, § 5º
- política agrícola; incentivo à pesquisa e à tecnologia: art. 187, III
- recursos humanos; formação: art. 218, §§ 3º e 4º
- Sistema Nacional de Ciência, Tecnologia e Inovação (SNCTI): art. 219-B
- sistema único de saúde; incremento: art. 200, V

COISA JULGADA
- proteção: art. 5º, XXXVI

COMANDANTE DA MARINHA, EXÉRCITO E AERONÁUTICA
- crimes conexos; julgamento pelo Senado Federal: art. 52, I
- crimes de responsabilidade; processo e julgamento pelo STF: art. 102, I, c
- mandado de segurança, *habeas corpus* e *habeas data*; julgamento pelo STJ: art. 105, I, b e c
- membros natos do Conselho de Defesa Nacional: art. 91, VIII

COMBUSTÍVEIS
- líquidos e gasosos; impostos; instituição e normas: art. 155, II e §§ 3º e 4º; ADCT, art. 34, §§ 1º, 6º e 7º
- venda e revenda; regulamentação: art. 238

COMÉRCIO
- exterior; fiscalização e controle; fiscalização e controle pelo Ministério da Fazenda: art. 237
- exterior e interestadual; legislação; competência privativa da União: art. 22, VIII
- importação e exportação; petróleo e gás natural; monopólio da União: art. 177, III e § 4º
- importação e exportação; Zona Franca de Manaus: ADCT, art. 40
- minérios e minerais nucleares; monopólio da União: art. 177, V
- órgãos humanos; sangue e derivados; proibição: art. 199, § 4º

1939

ÍNDICE REMISSIVO DA CF

– política agrícola; preços e garantia de comercialização: art. 187, II

COMISSÃO DE ESTUDOS TERRITORIAIS
– criação; composição e finalidade: ADCT, art. 12

COMISSÃO PARLAMENTAR DE INQUÉRITO (CPI)
– criação e competência: art. 58, § 3º
– inspeções e auditorias; Tribunal de Contas da União: art. 58, § 4º

COMPETÊNCIA
– documento histórico; proteção: art. 23, III
– geografia e geologia; organização e manutenção de serviços oficiais: art. 21, XV
– organização e manutenção de serviços de estatística: art. 21, XV
– requisição de documento comercial; autoridade estrangeira; autorização: art. 181
– União; classificação indicativa de diversões públicas: art. 21, XVI

COMPETÊNCIA LEGISLATIVA
– comum; abastecimento alimentar: art. 23, VIII
– concorrente; caça: art. 24, VI
– concorrente; direito econômico: art. 24, I
– concorrente; direito financeiro: art. 24, I
– concorrente; direito penitenciário: art. 24, I
– concorrente; direito tributário: art. 24, I
– concorrente; direito urbanístico: art. 24, I
– direito aeronáutico: art. 22, I
– direito agrário: art. 22, I
– direito civil: art. 22, I
– direito comercial; eleitoral; espacial: art. 22, I
– direito do trabalho: art. 22, I
– direito marítimo: art. 22, I
– direito penal: art. 22, I
– direito processual: art. 22, I
– geologia; sistema nacional; União: art. 22, VIII
– informática; União: art. 22, IV
– juizado de pequenas causas; legislação concorrente: art. 24, X
– radiodifusão; União: art. 22, IV
– sistema de consórcios: art. 22, XX
– sistema de medidas: art. 22, VI
– sistema estatístico nacional: art. 22, XVIII
– sistema monetário: art. 22, VI
– sorteios; União: art. 22, XX

COMUNICAÇÃO SOCIAL
– censura; vedação: art. 220, § 2º
– diversões e espetáculos públicos; regulação: art. 220, § 3º, I
– eletrônica; empresa jornalística e de radiodifusão: art. 222, § 3º
– empresa jornalística e de radiodifusão; alterações de controle societário: art. 222, § 5º
– empresa jornalística e de radiodifusão sonora e de sons e imagens; propriedade: art. 222
– informação jornalística; liberdade: art. 220, § 1º
– informação jornalística; vedação legal a restrições: art. 220, §§ 1º e 2º
– liberdade: art. 220, *caput*
– manifestação do pensamento, da criação e expressão; sem restrição: art. 220, *caput* e §§ 1º e 2º
– meio de comunicação social; monopólio e oligopólio; proibição: art. 220, § 5º
– monopólio ou oligopólio; vedação: art. 220, § 5º
– programa comercial; restrições legais; regulamentação: art. 220, § 4º; ADCT, art. 65
– propaganda comercial; restrições legais: art. 220, § 4º; ADCT, art. 65
– publicação impressa; autorização: art. 220, § 6º
– serviços de radiodifusão sonora e de sons e imagens; concessão, permissão e autorização: art. 223

CONCURSO PÚBLICO
– cargo público; acesso e investidura: art. 37, II, III, IV e § 2º

1940

ÍNDICE REMISSIVO DA CF

- cargo público; justiça; provimento: art. 96, I, e
- ingresso; redes públicas; profissionais da educação escolar: art. 206, V
- juiz togado; estabilidade: ADCT, art. 21, caput
- serviço notarial e de registro; ingresso: art. 236, § 3º

CONFEDERAÇÃO SINDICAL
- ações declaratória de constitucionalidade e direta de inconstitucionalidade: art. 103, IX

CONGRESSO NACIONAL
- v. PODER LEGISLATIVO
- Comissão mista; atuação: ADCT, art. 26
- Comissão mista; despesas não autorizadas: art. 72
- Comissão mista; terras públicas: ADCT, art. 51
- fundos; ratificação; prazo: ADCT, art. 36
- recesso; prazos; exceção: art. 64, § 4º

CONSELHO DA JUSTIÇA FEDERAL: art. 105, p.u., II

CONSELHO DA REPÚBLICA
- cargo privativo de brasileiro nato: art. 89, VII
- competência: art. 90, caput
- convocação e presidência; competência: art. 84, XVIII
- estado de defesa: arts. 90, I; 136, caput
- estado de sítio: arts. 90, I; 137, caput
- instituições democráticas; estabilidade: art. 90, II
- intervenção federal: art. 90, I
- membro; eleição pela Câmara dos Deputados: art. 51, V
- membros: art. 89
- Ministros de Estado; convocação pelo Presidente da República: art. 90, § 1º
- organização: art. 89, caput

CONSELHO DE COMUNICAÇÃO SOCIAL: art. 224

CONSELHO DE CONTAS DO MUNICÍPIO: art. 75, caput

CONSELHO DE DEFESA NACIONAL
- competência: art. 91, § 1º
- convocação e presidência; competência: art. 84, XVIII
- estado de sítio: art. 137, caput
- membros: art. 91
- organização e funcionamento: art. 91, § 2º
- órgão de consulta do Presidente da República: art. 91, caput

CONSELHO FEDERAL DA ORDEM DOS ADVOGADOS DO BRASIL
- ações declaratória de constitucionalidade e direta de inconstitucionalidade; legitimidade: art. 103, VII

CONSELHO NACIONAL DE JUSTIÇA
- ações contra o órgão; competência; STF: art. 102, I, r
- competência: art. 103-B, § 4º
- composição: art. 103-B
- corregedoria; exercício; Ministro do STJ: art. 103-B, § 5º
- membros; aprovação e nomeação: art. 103-B, § 2º
- membros; indicações não efetuadas no prazo legal; escolha pelo STF: art. 103-B, § 3º
- órgão do Poder Judiciário: art. 92, I-A
- ouvidoria de justiça; criação; competência da União: art. 103-B, § 7º
- presidência; Presidente do STF: art. 103-B, § 1º
- sede; Capital Federal: art. 92, § 1º

CONSELHO NACIONAL DO MINISTÉRIO PÚBLICO
- ações contra o órgão; competência; STF: art. 102, I, r
- competência: art. 130-A, § 2º
- composição: art. 130-A
- corregedor nacional; escolha; competência: art. 130-A, § 3º
- ouvidorias; criação; competência da União e dos Estados: art. 130-A, § 5º

CONSELHO SUPERIOR DA JUSTIÇA DO TRABALHO
- competência e funcionamento: art. 111-A, § 2º, II

1941

ÍNDICE REMISSIVO DA CF

CONSÓRCIOS PÚBLICOS: art. 241
CONSTITUCIONALIDADE
– ação declaratória: art. 102, I, *a*
CONSTITUIÇÃO ESTADUAL
– Assembleia Legislativa; elaboração; prazo: ADCT, art. 11
– disposição sobre os Tribunais de Contas Estaduais: art. 75, p.u.
– provimento de cargos; nomeação; criação de Estado: art. 235, X
CONSTITUIÇÃO FEDERAL
– decisão judicial que contraria dispositivo constitucional; julgamento: art. 102, III, *a*
– decretos-leis em tramitação e editados na promulgação: ADCT, art. 25, §§ 1º e 2º
– edição popular do texto: ADCT, art. 64
– emendas: art. 60
– Estados; organização e administração; observação dos princípios: art. 25
– guarda; competência comum da União; Estados, Distrito Federal e Municípios: art. 23, I
– guarda; STF: art. 102
– manutenção, defesa e cumprimento: ADCT, art. 1º
– revisão: ADCT, art. 3º
– revogação de dispositivos legais: ADCT, art. 25, *caput*
CONSUMIDOR
– Código de Defesa; elaboração: ADCT, art. 48
– dano; competência legislativa concorrente: art. 24, VIII
– defesa: arts. 5º, XXXII; 170, V
– mercadorias e serviços; incidência de impostos: art. 150, § 5º
CONTRABANDO
– prevenção e repressão: art. 144, § 1º, II
CONTRIBUIÇÃO
– *v.* TRIBUTOS
– compulsória destinada às entidades de serviço social: art. 240
– custeio do serviço de iluminação pública; cobrança na fatura de consumo de energia elétrica; competência dos Municípios e Distrito Federal: art. 149-A
– de intervenção sobre o domínio econômico: art. 177, § 4º
– de melhoria; competência tributária: art. 145, *caput*, III
– previdência social: art. 201
– previdência social; beneficiário portador de doença incapacitante: art. 40, § 21
– social: arts. 149; 195; ADCT, art. 34, § 1º
– social; alíquotas ou bases de cálculo diferenciadas: art. 195, § 9º
– social; competência da Justiça do Trabalho; execução: art. 114, § 3º
CONTRIBUIÇÃO PROVISÓRIA SOBRE MOVIMENTAÇÃO FINANCEIRA (CPMF)
– alíquota: ADCT, art. 84, § 3º
– não incidência: ADCT, art. 85, *caput* e §§ 2º e 3º
– produto da arrecadação; destinação: ADCT, art. 84, § 2º
– prorrogação da cobrança: ADCT, arts. 75; 84, *caput* e § 1º
– regulamentação pelo Poder Executivo; prazo: ADCT, art. 85, § 1º
CONTRIBUINTE
– definição para o ICMS: art. 155, § 2º, XII, *a*
– impostos; características: art. 145, § 1º
– Municípios; contas; exame e apreciação: art. 31, § 3º
– taxas; utilização de serviços públicos: art. 145, II
– tratamento desigual; proibição: art. 150, II; ADCT, art. 34 § 1º
CONTROLE EXTERNO
– apoio: art. 74, IV
– Congresso Nacional; competência: art. 71
– fiscalização; Município: art. 31
CONTROLE INTERNO
– exercício integrado; Poderes Legislativo, Executivo e Judiciário; finalidade: art. 74
– fiscalização; Município: art. 31

ÍNDICE REMISSIVO DA CF

- irregularidade ou ilegalidade; ciência ou denúncia ao Tribunal de Contas da União: art. 74, §§ 1º e 2º

CONVENÇÕES INTERNACIONAIS
- celebração e referendo: art. 84, VIII
- crimes; processo e julgamento: art. 109, V
- direitos humanos; aprovação pelo Congresso como emenda constitucional: art. 5º, § 3º

CONVÊNIOS DE COOPERAÇÃO: art. 241

COOPERATIVISMO
- apoio e estímulo: art. 174, § 2º
- atividade garimpeira: arts. 21, XXV; 174, §§ 3º e 4º
- cooperativa; criação e funcionamento: art. 5º, XVIII
- política agrícola: art. 187, VI

CORPO DE BOMBEIROS MILITAR
- competência: art. 144, § 5º
- competência legislativa da União: art. 22, XXI
- Distrito Federal; organização e manutenção; assistência financeira: art. 21, XIV
- órgãos: art. 144, V

CORREÇÃO MONETÁRIA
- casos de incidência: ADCT, art. 46
- empresários e produtores rurais; isenção; condições: ADCT, art. 47

CORREIO AÉREO NACIONAL
- manutenção; competência da União: art. 21, X

CORRESPONDÊNCIA
- inviolabilidade; restrições; estado de sítio e de defesa: arts. 136, § 1º, I, b; 139, III
- sigilo; inviolabilidade e exceções: art. 5º, XII

CRÉDITOS
- adicionais; projetos de lei; apreciação: art. 166, caput
- cooperativas; sistema financeiro nacional: art. 192
- entidade de regime de intervenção ou liquidação extrajudicial; correção monetária: ADCT, art. 46

- especiais; abertura e vigência: art. 167, V e § 2º
- especiais; utilização e transposição: arts. 166, § 8º; 168
- externo e interno; disposição; competência privativa do Senado Federal: art. 52, VII e VIII
- extraordinário; abertura e vigência: art. 167, §§ 2º e 3º
- fiscalização de operações; competência da União: art. 21, VIII
- ilimitados; proibição: art. 167, VII
- instituições oficiais da União; disposições: art. 163, VII
- instrumentos creditícios e fiscais; política agrícola: art. 187, I
- operações; contratação; critérios: arts. 165, § 8º; 167, IV
- operações; despesas de capital excedentes: art. 167, III; ADCT, art. 37
- operações; sistema de controle interno; finalidade: art. 74, III
- política; legislação; competência privativa da União: art. 22, VII
- rural; mini, pequenos e médios produtores rurais; débitos; isenção da correção monetária: ADCT, art. 47
- rural; produtores rurais; classificação: ADCT, art. 47, § 2º
- suplementar; abertura critérios: arts. 165, § 8º; 167, V
- suplementar; utilização e transposição: arts. 166, § 8º; 168

CRENÇA
- liberdade; inviolabilidade; cultos religiosos: art. 5º, VI
- religiosa; convicção filosófica ou política; vedação de privação de direitos; exceção: art. 5º, VIII
- serviço militar obrigatório; serviço alternativo: art. 143, § 1º

CRIANÇA, ADOLESCENTE E JOVEM
- abuso, violência e exploração sexuais: art. 227, § 4º
- amparo: art. 203, II
- assistência social: arts. 203, I e II; 227, § 7º

1943

- autores de infrações penais; aplicação de medida privativa de liberdade: art. 227, § 3º, V
- autores de infrações penais; garantias: art. 227, § 3º, IV
- dependentes de droga; prevenção e atendimento: art. 227, § 3º, VII
- direito à proteção especial: art. 227, § 3º
- direito à saúde: art. 227, § 1º
- direitos: art. 227, caput
- direitos sociais: art. 6º
- estatuto da juventude: art. 227, § 8º, I
- menor; imputabilidade penal: art. 228
- órfãos e abandonados; estímulo à guarda pelo Poder Público: art. 227, § 3º, VI
- plano nacional de juventude: art. 227, § 8º, II
- proteção: art. 203, I
- proteção; competência legislativa concorrente: art. 24, XV
- restrições: art. 227, caput

CRIME
- a bordo de navio ou aeronave; processo e julgamento: art. 109, IX
- ação pública; admissão de ação privada: art. 5º, LIX
- "colarinho branco"; processo e julgamento: art. 109, VI
- comum; Deputado Federal; processo e julgamento: art. 53, § 3º
- comum; Governadores; processo e julgamento: art. 105, I, a
- comum; membros do Ministério Público da União; processo e julgamento: art. 108, I, a
- comum; Presidente da República: art. 86
- comum; Presidente da República; suspensão de funções: art. 86, § 1º, I
- comum; Senador; processo e julgamento: art. 53, § 4º
- comum e de responsabilidade; desembargadores, membros dos Tribunais de Contas, dos Tribunais Regionais Federais, Eleitorais e do Trabalho, dos Conselhos ou Tribunais de Contas dos Municípios e do Ministério Público da União; processo e julgamento: art. 105, I, a
- contra a ordem constitucional e o Estado Democrático; inafiançável e imprescritível: art. 5º, XLIV
- contra a organização do trabalho e a ordem econômico-financeira: art. 5º, XLIV
- contra o Estado; vigência; estado de defesa: art. 136, § 3º, I
- contra o sistema financeiro e a ordem econômico-financeira; processo e julgamento: art. 109, VI
- doloso contra a vida: art. 5º, XLIII
- ingresso ou permanência irregular de estrangeiro; processo e julgamento: art. 109, X
- militar; prisão: art. 5º, LXI
- militar; processo e julgamento: arts. 124; 125, § 4º
- organizado; inafiançável e imprescritível: art. 5º, XLIV
- político; estrangeiro; extradição: art. 5º, LII
- político; processo e julgamento: art. 109, IV
- político; recurso ordinário: art. 102, II, b
- racismo; inafiançável e imprescritível: art. 5º, XLII
- retenção dolosa de salário: art. 7º, X
- revisão criminal e ação rescisória; processo e julgamento; competência: arts. 102, I, j; 105, I, e; 108, I, b
- usura; taxa de juros: art. 192

CRIMES DE RESPONSABILIDADE
- Advogado-Geral da União: art. 52, II
- comandante da Marinha, do Exército e da Aeronáutica: art. 52, I
- desembargadores; membros dos Tribunais de Contas, dos Tribunais Regionais Federais, Eleitorais e do Trabalho, dos Conselhos ou Tribunais de Contas dos Municípios; processo e julgamento: art. 105, I, a
- Juízes Federais; processo e julgamento: art. 108, I, a

ÍNDICE REMISSIVO DA CF

- membro do Ministério Público da União; processo e julgamento: arts. 105, I, *a*; 108, I, *a*
- Ministro de Estado: art. 50, § 2º
- Ministro de Estado; processo e julgamento: art. 52, I
- Ministro do STF; processo e julgamento: art. 52, II
- Presidente da República: art. 85, *caput*
- Presidente da República; processo e julgamento: arts. 52, I; 86
- Presidente da República; suspensão de funções: art. 86, § 1º, II
- Presidente da República; tipicidade: art. 85, p.u.
- Presidente do Tribunal; retardar ou frustrar liquidação de precatório: art. 100, § 7º
- Procurador-Geral da República; processo e julgamento: art. 52, II

CULTO RELIGIOSO
- interferência governamental: art. 19, I
- liberdade de exercício: art. 5º, VI
- templos, proibição de impostos: art. 150, VI, *b* e § 4º; ADCT, art. 34, § 1º

CULTURA
- acesso: art. 23, V
- bens e valores culturais; incentivos: art. 216, § 3º
- cavidades naturais e sítios arqueológicos: art. 20, X
- datas comemorativas; fixação: art. 215, § 2º
- direitos culturais; exercício: art. 215, *caput*
- legislação: art. 24, IX
- manifestação das culturas populares, indígenas e afro-brasileiras: art. 215, § 1º
- patrimônio cultural; ato lesivo; ação popular: art. 5º, LXXIII
- patrimônio cultural; danos e ameaças; punição: art. 216, § 4º
- patrimônio cultural; promoção e proteção pelo Poder Público: art. 216, § 1º
- patrimônio cultural; proteção; competência: art. 23, III e IV
- patrimônio cultural; proteção ou responsabilidade por dano: art. 24, VII, VIII e IX
- patrimônio cultural; quilombos; tombamento: art. 216, § 5º
- patrimônio histórico-cultural; proteção pelo Município: art. 30, IX
- patrimônio nacional; encargos ou compromissos gravosos; competência: art. 49, I
- patrimônio nacional; mercado interno; desenvolvimento cultural e socioeconômico: art. 219
- patrimônio nacional natural: art. 225, § 4º
- patrimônio público; conservação; competência: art. 23, I
- patrimônio público e social; instauração de inquérito: art. 129, III
- Plano Nacional; duração; objetivos: art. 215, § 3º
- Sistema Nacional de Cultura: art. 216-A

CUSTAS E EMOLUMENTOS
- ação popular; isenção: art. 5º, LXXIII
- destinação: art. 98, § 2º
- juízes; recebimento; proibição: art. 95, p.u.
- serviços forenses: art. 24, IV

DANOS
- ao meio ambiente; reparação: art. 225, § 3º
- material, moral ou à imagem; indenização: art. 5º, V e X
- nucleares; responsabilidade civil: art. 21, XXIII, *d*
- patrimônio cultural; punição: art. 216, § 4º
- reparação: art. 5º, XLV
- reparação econômica; cidadãos atingidos pelas Portarias Reservadas do Ministério da Aeronáutica: ADCT, art. 8º, § 3º
- responsabilidade; pessoas jurídicas de direito público e privado: art. 37, § 6º

DECISÃO JUDICIAL
- culpa; sentença penal condenatória: art. 5º, LXII

ÍNDICE REMISSIVO DA CF

DECORO PARLAMENTAR: art. 55, II, § 1º
DECRETO
– competência do Presidente da República; extinção de funções ou cargos públicos: art. 84, VI, *b*
– competência do Presidente da República; organização e funcionamento da administração federal: art. 84, VI, *a*
– estado de defesa: art. 136, § 1º
– estado de sítio: art. 138, *caput*
– expedição: art. 84, IV
DECRETO LEGISLATIVO
– processo e elaboração: art. 59, VI
DECRETO-LEI
– apreciação; rejeição; prazo: ADCT, art. 25, §§ 1º e 2º
DEFENSORIA PÚBLICA
– competência legislativa concorrente: art. 24, XIII
– definição, atribuição e organização: art. 134
– dotação orçamentária: art. 168
– Estados; autonomia funcional e administrativa: art. 134, § 2º; EC 74/2013
– Estados; organização: arts. 61, § 1º, II, *d*; 134, § 1º
– isonomia salarial: art. 135
– legislação concorrente; competência: art. 24, XIII
– opção pela carreira: art. 135; ADCT, art. 22
– organização administrativa e judiciária; competência: art. 48, IX
– remuneração: art. 135
– Territórios; organização: arts. 21, XIII; 22, XVII; 48, IX; 61, § 1º, II, *d*; 134, § 1º
– União; organização: arts. 48, IX; 61, § 1º, II, *d*; 134, § 1º
– vantagens: art. 135
DEFESA
– aeroespacial, civil, territorial e marítima; legislação; competência: art. 22, XXVIII
– ampla; litigantes e acusados: art. 5º, LV
– civil; competência dos corpos de bombeiros: art. 144, § 5º

– direitos; instrumentos: art. 5º, LXVIII a LXXIII
– direitos; petição e obtenção de certidões: art. 5º, XXXIV
– Ministro de Estado da Defesa; cargo: art. 12, VII
– nacional: art. 21, III
– Pátria; competência das Forças Armadas: art. 142, *caput*
DEFICIENTE
– adaptação dos logradouros e edifícios de uso público: art. 244
– assistência social: art. 203, IV e V
– ensino especializado: art. 208, III
– igualdade de direitos no trabalho: art. 7º, XXXI
– locomoção e acesso; facilidades; normas: arts. 227, § 2º; 244
– prevenção, atendimento especializado e integração: art. 227, § 1º, II
– proteção: art. 23, II
– proteção e integração social: art. 24, XIV
– servidor público: art. 37, VIII
DELEGAÇÃO LEGISLATIVA
– leis delegadas; elaboração pelo Presidente da República; solicitação ao Congresso Nacional; forma: art. 68, *caput* e § 2º
– Poder Executivo; revogação: ADCT, art. 25
– vedação; matérias: art. 68, § 1º
DEPOSITÁRIO INFIEL
– prisão civil; inadimplência: art. 5º, LXVII
DEPUTADO DISTRITAL
– elegibilidade; idade mínima: art. 14, § 3º, VI, *c*
– eleição: art. 32, § 2º
– mandato eletivo; duração: art. 32, § 2º
– número: art. 32, § 3º
DEPUTADO ESTADUAL
– estado de sítio; difusão de pronunciamento: art. 139, p.u.
– Estado de Tocantins; eleição e mandato: ADCT, art. 13, §§ 3º e 4º
– idade mínima: art. 14, § 3º, VI, *c*
– legislatura; duração: art. 44, p.u.

1946

Índice Remissivo da CF

- mandato eletivo; regras aplicáveis: art. 27, § 1º
- número: art. 27, *caput*
- Prefeito; exercício das funções: ADCT, art. 50, § 3º
- remuneração; subsídios: art. 27, §§ 1º e 2º
- servidor público civil: art. 38, I

DEPUTADO FEDERAL
- crimes inafiançáveis: art. 53, § 2º
- decoro parlamentar: art. 55, II e § 1º
- estado de sítio; difusão de pronunciamento: art. 139, p.u.
- estado de sítio; suspensão da imunidade parlamentar: art. 53, § 8º
- exercício de funções executivas: art. 56, I e § 3º
- flagrante de crime inafiançável: art. 53, § 2º
- *habeas corpus*; paciente: art. 102, I, *d*
- idade mínima: art. 14, § 3º, VI, *c*
- impedimentos: art. 54
- imunidades: art. 53
- imunidades; estado de sítio: art. 53, § 8º
- incorporação às Forças Armadas: art. 53, § 7º
- infrações penais comuns; processo e julgamento: art. 102, I, *b*
- inviolabilidade: art. 53, *caput*
- legislatura; duração: art. 44, p.u.
- licença: art. 56, II
- mandato; perda: arts. 55; 56
- mandato; perda; condenação criminal: art. 55, VI
- mandato; perda; processo e julgamento: art. 55, §§ 2º e 3º
- Prefeito; exercício da função: ADCT, art. 5º, § 3º
- remuneração: art. 49, VII
- servidor público civil: art. 38, I
- sessão legislativa; ausência: art. 55, III
- sistema eleitoral: art. 45, *caput*
- subsídios: art. 49, VII
- suplência: art. 56, § 1º
- testemunho: art. 53, § 6º
- Tocantins; eleição e mandato: ADCT, art. 13, §§ 3º e 4º
- vacância: art. 56, § 2º

DESAPROPRIAÇÃO
- competência legislativa; União: art. 22, II
- culturas ilegais de plantas psicotrópicas: art. 243
- imóvel rural; reforma agrária: art. 184
- imóvel urbano; indenização; pagamento em dinheiro: art. 182, § 3º
- imóvel urbano; indenização; pagamento em títulos da dívida pública: art. 182, § 4º, III
- utilidade pública ou interesse social; procedimento: art. 5º, XXIV

DESENVOLVIMENTO CIENTÍFICO E TECNOLÓGICO
- cooperação entre União, Estados, DF e os Municípios: art. 219-A
- empresas; concessão de incentivos: art. 218, §§ 4º e 7º
- Estado: art. 218, *caput*
- mercado interno: art. 219
- recursos humanos; condições especiais de trabalho: art. 218, § 3º
- recursos humanos; formação, aperfeiçoamento e remuneração: art. 218, § 4º
- recursos humanos; formação pelo Estado: art. 218, § 3º
- Sistema Nacional de Ciência, Tecnologia e Inovação (SNCTI): art. 219-B

DESENVOLVIMENTO NACIONAL E REGIONAL
- desenvolvimento nacional; garantia: art. 3º, II
- desenvolvimento nacional; planejamento; diretrizes e bases: art. 174, § 1º
- desenvolvimento regional: art. 43, *caput*
- desenvolvimento regional; incentivos fiscais; concessão: art. 151, I
- desenvolvimento regional; irrigação; recursos da União: ADCT, art. 42
- desenvolvimento regional; planos e incentivos: art. 43, §§ 1º e 2º
- desenvolvimento regional; programas e projetos; recursos financeiros: art. 192
- desenvolvimento regional; redução das desigualdades; ação da União: art. 43

ÍNDICE REMISSIVO DA CF

- planos; elaboração e execução; competência: art. 21, IX
- planos e programas: arts. 48, IV; 58, § 2º, VI

DESENVOLVIMENTO URBANO
- diretrizes; competência: art. 21, XX

DESPESAS PÚBLICAS
- aumento; projeto de lei; inadmissibilidade: art. 63
- autorização; comissão mista permanente; procedimentos: art. 72
- concessão de empréstimos; pagamento de pessoal: art. 167, X
- criação de cargos; concessão de vantagens: art. 169, § 1º
- extraordinárias; empréstimo compulsório: art. 148, I; ADCT, art. 34, § 1º
- ilegalidade; procedimentos do Tribunal de Contas da União: art. 71, VIII a XI e §§ 1º a 3º
- pessoal: art. 169; ADCT, art. 38
- Poder Legislativo Municipal: art. 29-A
- redução das despesas com pessoal; cargos em comissão; exoneração: art. 169, § 3º
- repasse de verbas; suspensão; entes federais: art. 169, § 2º
- transferência voluntária de recursos; pagamento de despesas com pessoal: art. 167, X

DESPORTO: art. 217
- competições desportivas; ações; julgamento: art. 217, § 1º
- legislação: art. 24, IX
- reprodução da imagem e voz humanas: art. 5º, XXVIII, *a*

DIPLOMATA
- cargo privativo de brasileiro nato: art. 12, § 3º, V
- chefe de missão diplomática; aprovação prévia; competência: art. 52, IV
- infração penal comum e crime de responsabilidade; processo e julgamento: art. 102, I, c

DIREITO ADQUIRIDO: art. 5º, XXXVI
DIREITO AUTORAL: art. 5º, XVII e XVIII
DIREITO DE RESPOSTA: art. 5º, V
- empregador; participação nos colegiados de órgãos públicos; interesses profissionais e previdenciários: art. 10
- financeiro; competência legislativa concorrente: art. 24, I
- individual; dignidade da pessoa humana: art. 1º, III
- individual; lesão ou ameaça: art. 5º, XXXV
- individual; tráfego; limitação por meio de tributos: art. 150, V; ADCT, art. 34, § 1º
- marítimo; competência legislativa: art. 22, I
- penal; competência legislativa: art. 22, I
- penitenciário; competência legislativa concorrente: art. 24, I
- processual; União; competência legislativa: art. 22, I
- resposta; assegurado: art. 5º, V
- reunião e associação; assegurado: arts. 5º, XVI, XVII, XVIII, XIX, XX e XXI; 136, § 1º, I, *a*
- suspensão ou interdição: art. 5º, XLVI, *e*
- trabalhador; participação nos colegiados de órgãos públicos; interesses profissionais e previdenciários: art. 10
- trabalhador; representante dos empregados junto às empresas: art. 11
- trabalho; competência legislativa: art. 22, I
- tributário; competência legislativa concorrente: art. 24, I
- urbanístico; competência legislativa concorrente: art. 24, I

DIREITOS E DEVERES INDIVIDUAIS E COLETIVOS
- ação de grupos armados; crime inafiançável e imprescritível: art. 5º, XLIV
- ação de inconstitucionalidade: art. 103
- ação penal; pública e privada: art. 5º, LIX
- ação popular: art. 5º, LXXIII
- acesso à informação: art. 5º, XIV

ÍNDICE REMISSIVO DA CF

- ameaça; apreciação do Poder Judiciário: art. 5º, XXXV
- anterioridade da lei: art. 5º, XL
- aplicação imediata: art. 5º, § 1º
- assistência judiciária: art. 5º, LXXIV
- assistência religiosa: art. 5º, VII
- ato jurídico perfeito: art. 5º, XXXVI
- atos processuais; publicidade: art. 5º, LX
- banimento: art. 5º, XLVII, d
- bens de estrangeiros; sucessão: art. 5º, XXXI
- cidadania; gratuidade dos atos aos pobres: art. 5º, LXXVI
- coisa julgada: art. 5º, XXXVI
- crimes hediondos: art. 5º, XLIII
- defesa do consumidor: art. 5º, XXXII
- delegação legislativa; vedação: art. 68, § 1º, II
- desapropriação: art. 5º, XXIV
- direito a certidões nas repartições públicas: art. 5º, XXXIV
- direito à honra pessoal: art. 5º, X
- direito à imagem pessoal: art. 5º, X
- direito à impenhorabilidade da pequena propriedade rural: art. 5º, XXVI
- direito à intimidade: art. 5º, X
- direito à liberdade: art. 5º, caput
- direito à prática de culto religioso: art. 5º, VI
- direito à propriedade: art. 5º, caput e XXII
- direito à segurança: art. 5º, caput
- direito à vida: art. 5º, caput
- direito à vida privada: art. 5º, X
- direito adquirido: art. 5º, XXXVI
- direito autoral: art. 5º, XXVII, XXVIII e XXIX
- direito de acesso às informações pessoais e coletivas: art. 5º, XXXIII
- direito de herança: art. 5º, XXX
- direito de petição: art. 5º, XXXIV
- direito de resposta: art. 5º, V
- direito de reunião: art. 5º, XVI
- direito dos presos: art. 5º, XLVIII, XLIX, LXIII e LXIV
- direitos das presidiárias: art. 5º, L
- discriminação atentatória: art. 5º, XLI
- erro judiciário: art. 5º, LXXV
- extradição de brasileiro: art. 5º, LI
- extradição de estrangeiro: art. 5º, LII
- função social da propriedade: art. 5º, XXIII
- garantias: art. 5º
- habeas corpus: art. 5º, LXVIII e LXXVII
- habeas data: art. 5º, LXXII e LXXVII
- identificação criminal: art. 5º, LVIII
- igualdade entre homens e mulheres: art. 5º, I
- igualdade perante a lei: art. 5º, caput
- inviolabilidade; comunicações telefônicas, telegráficas e de dados: arts. 5º, XII; 136, § 1º, I, c
- inviolabilidade do domicílio: art. 5º, XI
- inviolabilidade do sigilo de correspondência: arts. 5º, XII; 136, § 1º, I, b
- irretroatividade da lei penal: art. 5º, XL
- juízo ou tribunal de exceção: art. 5º, XXXVII
- júri: art. 5º, XXXVIII
- lesão; apreciação do Poder Judiciário: art. 5º, XXXV
- liberdade de associação: art. 5º, XVIII, XIX e XX
- liberdade de comunicação: art. 5º, IX
- liberdade de consciência e de crença: art. 5º, VI
- liberdade de expressão artística: art. 5º, IX
- liberdade de expressão científica e intelectual: art. 5º, IX
- liberdade de locomoção: art. 5º, XV
- liberdade de manifestação de convicções filosóficas e crença: art. 5º, VIII
- liberdade de manifestação de pensamento: art. 5º, IV
- liberdade de manifestação e convicções políticas: art. 5º, VIII
- liberdade de reunião: art. 5º, XVI
- liberdade de trabalho, ofício e profissão: art. 5º, XIII
- liberdade provisória: art. 5º, LXVI
- mandado de injunção: art. 5º, LXXI

ÍNDICE REMISSIVO DA CF

- mandado de segurança: art. 5º, LXIX
- mandado de segurança coletivo: art. 5º, LXX
- marcas e patentes: art. 5º, XXIX
- ocupação temporária da propriedade: art. 5º, XXV
- pena; cumprimento em excesso: art. 5º, LXXV
- pena; individualização: art. 5º, XLVI
- pena; multa: art. 5º, XLVI, c
- pena; perda de bens: art. 5º, XLVI, b
- pena; prestação social alternativa: art. 5º, XLVI, d
- pena; privação de liberdade: art. 5º, XLVI, a
- pena; restrição à pessoa do condenado: art. 5º, XLV
- pena; suspensão ou interdição de direitos: art. 5º XLVI, e
- pena de morte: art. 5º, XLVII, a
- penas cruéis: art. 5º, XLVII, e
- presunção de inocência: art. 5º, LVII
- prisão: art. 5º, LXI e LXVI
- prisão; comunicação: art. 5º, LXII
- prisão civil por dívida: art. 5º, LXVII
- prisão ilegal: art. 5º, LXV
- prisão perpétua: art. 5º, XLVII, b
- processo; autoridade competente: art. 5º, LIII
- processo; prova: art. 5º, LVI
- processo administrativo: art. 5º, LV
- processo judicial civil e penal; contraditório: art. 5º, LV
- processo legal; perdimento de bens; privação da liberdade: art. 5º, LIV
- racismo; crime inafiançável: art. 5º, XLII
- reserva legal: art. 5º, II e XXXIX
- sentença; autoridade competente: art. 5º, LIII
- terrorismo: art. 5º, XLIII
- tortura; vedação: art. 5º, III
- trabalhos forçados: art. 5º, XLVII, c
- tráfico de drogas: art. 5º, XLIII e LI
- tratados internacionais: art. 5º, § 2º
- tratamento desumano ou degradante; vedação: art. 5º, III

DIREITOS E GARANTIAS FUNDAMENTAIS: arts. 5º a 17
- aplicação imediata das normas: art. 5º, § 1º
- direitos e deveres individuais e coletivos: art. 5º
- direitos políticos: arts. 14 a 16
- direitos sociais: arts. 6º a 11
- nacionalidade: arts. 12 e 13
- partidos políticos: art. 17

DIREITOS HUMANOS
- causas relativas à matéria; competência: art. 109, V-A
- grave violação: art. 109, § 5º
- prevalência: art. 4º, II
- tratados e convenções internacionais; equivalência à emenda constitucional: art. 5º, § 3º
- Tribunal Internacional: ADCT, art. 7º

DIREITOS POLÍTICOS
- v. INELEGIBILIDADE
- cassação; perda ou suspensão: art. 15
- delegação legislativa; vedação: art. 68, § 1º, II
- restabelecimento: ADCT, art. 9º
- soberania popular; exercício: art. 14, caput
- suspensão; improbidade: art. 37, § 4º

DIREITOS SOCIAIS
- direitos dos trabalhadores: art. 7º
- educação, saúde, alimentação, trabalho, moradia, lazer, segurança, previdência social, proteção à maternidade e à infância, assistência aos desamparados: art. 6º

DISCRIMINAÇÃO: art. 3º, IV

DISTRITO FEDERAL
- Administração Pública; princípios: art. 37, caput
- assistência social; contribuição para o custeio do sistema: art. 149, §§ 1º a 4º
- autarquias e fundações instituídas e mantidas pelo Poder Público; limitações ao poder de tributar: art. 150, §§ 2º e 3º

Índice Remissivo da CF

- autonomia administrativa, financeira, legislativa e política: arts. 18, *caput*; 32, *caput*
- bens: ADCT, art. 16, § 3º
- Câmara dos Deputados; irredutibilidade de sua representação: ADCT, art. 4º, § 2º
- Câmara Legislativa: art. 32, *caput*, § 3º
- Câmara Legislativa; exercício de competência antes de sua instalação: ADCT, art. 16, § 1º
- causas e conflitos com a União, os Estados e respectivas entidades da administração indireta; processo e julgamento: art. 102, I, *f*
- competência legislativa: art. 32, § 1º
- competência tributária: arts. 145, *caput*; 155, *caput*
- competência tributária; vedação ao limite de tráfego: art. 150, V
- consultoria jurídica: art. 132
- Corpo de Bombeiros Militar; utilização: art. 32, § 4º
- crédito externo e interno: art. 52, VII
- diferença de bens e serviços; limitações ao poder de tributar: art. 152
- disponibilidades de caixa depósito em instituições financeiras oficiais: art. 164, § 3º
- dívida mobiliária; fixação de limites globais pelo Senado Federal: art. 52, IX
- divisão em Municípios; vedação: art. 32, *caput*
- edição de leis para aplicação do Sistema Tributário Federal: ADCT, art. 34, § 3º
- empresa de pequeno porte; tratamento jurídico diferenciado: art. 179
- ensino; aplicação de receita de impostos: art. 212
- ensino; destinação de receita orçamentária: art. 218, § 5º
- Fazenda Pública; precatório: art. 100, *caput*; ADCT, art. 97
- fiscalização financeira, orçamentária, operacional e patrimonial: art. 75, *caput*; ADCT, art. 16, § 2º
- fundo de participação; determinação: ADCT, art. 34, § 2º
- Governador; indicação e aprovação: ADCT, art. 16
- Governador e Vice-Governador; eleição: art. 32, § 2º
- impostos; instituição e normas: art. 155
- impostos; vedada a retenção: art. 160
- impostos da União; arrecadação: arts. 153, § 5º, I; 157; 159, I a II, §§ 1º e 2º; 161; ADCT, art. 34, § 2º
- impostos municipais: art. 147
- incentivos fiscais; reavaliação: ADCT, art. 41
- instituições de assistência social e de educação sem fins lucrativos; limitações ao poder de tributar: art. 150, VI, *c*, § 4º
- intervenção da União: art. 34
- Lei Orgânica: art. 32
- litígio com Estado estrangeiro ou Organismo Internacional; processo e julgamento: art. 102, I, *e*
- mar territorial; direito de participação e compensação financeira por sua exploração: art. 20, § 1º
- microempresa; tratamento jurídico diferenciado: art. 179
- MP; organização e legislação: arts. 22, XVII; 48, IX
- orçamento; recursos para a assistência social: art. 204, *caput*
- partidos políticos; limitações ao poder de tributar: art. 150, VI, *c*, § 4º
- patrimônio, renda ou serviços de entes públicos; limitações ao poder de tributar: art. 150, VI, *a*
- pesquisa científica e tecnológica; destinação de receita orçamentária: art. 218, § 5º
- pessoal; despesa: art. 169; ADCT, art. 38
- plataforma continental; direito e compensação financeira por sua exploração: art. 20, § 1º
- polícia civil; competência legislativa concorrente da União, Estados e Distrito Federal: art. 24, XVI

ÍNDICE REMISSIVO DA CF

- polícia civil e militar; utilização: art. 32, § 4º
- previdência social; contribuição para o custeio do sistema: art. 149, §§ 2º a 4º
- Procurador-Geral; nomeação e destituição: art. 128, §§ 3º e 4º
- quadro de pessoal; compatibilização: ADCT, art. 24
- receita tributária; repartição: arts. 157; 162
- receitas tributárias da União; repartição: arts. 153, § 5º, I; 157; 159, I a II, §§ 1º e 2º; 161; ADCT, art. 34, § 2º
- recursos hídricos; direito de participação financeira na exploração: art. 20, § 1º
- recursos minerais; direito de participação e compensação financeira por sua exploração: art. 20, § 1º
- reforma administrativa: ADCT, art. 24
- repartição das receitas tributárias; vedação à retenção ou restrição: art. 160
- representação judicial: art. 132
- símbolos: art. 13, § 2º
- sindicatos; limitações ao poder de tributar: art. 150, VI, c, § 4º
- sistema de ensino: art. 211, caput
- Sistema Único de Saúde; financiamento: art. 198, § 1º
- templos de qualquer culto; limitações ao poder de tributar: art. 150, VI, b, § 4º
- tributação; limites: art. 150
- turismo; promoção e incentivo: art. 180
- vedações: art. 19
- Vice-Governador; indicação e aprovação: ADCT, art. 16

DÍVIDA PÚBLICA

- agentes públicos; remuneração e proventos; tributação: art. 151, II
- agrária; imóvel rural; indenização: art. 184, caput e § 4º
- consolidada; fixação; competência: art. 52, VI
- disposição; competência: art. 48, II
- Estados, Distrito Federal e Municípios; renda; tributação; limites: art. 151, II
- Estados, Distrito Federal e Municípios; suspensão do pagamento; intervenção: arts. 34, V, a; 35, I
- externa brasileira; Congresso Nacional; Comissão Mista: ADCT, art. 26
- externa e interna: art. 234; ADCT, art. 13, § 6º
- externa e interna; disposição: art. 163, II
- mobiliária federal, do Distrito Federal, estadual e municipal; Senado Federal; fixação de limites globais: art. 52, IX
- títulos; emissão e resgate; disposição: art. 163, IV

DIVÓRCIO: art. 226, § 6º

DOMICÍLIO

- busca e apreensão; estado de sítio: art. 139, V
- casa; asilo inviolável do indivíduo: art. 5º, XI
- eleitoral: art. 14, § 3º, IV; ADCT, art. 5º, § 1º

ECOLOGIA

- v. MEIO AMBIENTE

ECONOMIA POPULAR

- responsabilidade; atos contrários: art. 173, § 5º

EDUCAÇÃO

- v. ENSINO e FUNDEB
- acesso; competência: art. 23, V
- alimentação; programa; educando: art. 212, § 4º
- ambiental: art. 225, § 1º, VI
- analfabetismo; eliminação: art. 214, I
- básica; financiamento; melhoria da qualidade de ensino: ADCT, art. 60, § 1º
- básica; obrigatória e gratuita; programas suplementares: art. 208, I e VII
- básica; profissionais; fixação de prazo para elaboração ou adequação de planos de carreira: art. 206, p.u.
- básica pública; ensino regular: art. 211, § 5º
- básica pública; fonte adicional de financiamento; salário-educação: art. 212, § 5º

1952

ÍNDICE REMISSIVO DA CF

- deficiente; atendimento especializado: art. 208, III
- dever do Estado e da família: arts. 205; 208
- direito: art. 205
- direito social: art. 6º
- diretrizes e bases; legislação: art. 22, XXIV
- escolas comunitárias, confessionais ou filantrópicas: art. 213, I, II; ADCT, art. 61
- escolas públicas: art. 213, caput
- ex-combatentes; gratuidade: ADCT, art. 53, IV
- garantia; educação infantil em creche e pré-escola: art. 208, IV
- garantias: art. 208
- infantil e ensino fundamental; programas: art. 30, VI
- instituições oficiais; recursos: art. 242
- instituições sem fins lucrativos; limitações ao poder de tributar: art. 150, VI, c, § 4º
- legislação: art. 24, IX
- objetivos: art. 205
- plano nacional: art. 212, § 3º
- princípios: art. 206
- profissionais da educação escolar pública; piso salarial profissional nacional: art. 206, VIII
- recursos públicos; destinação: arts. 212; 213; ADCT, arts. 60; 61
- salário-educação: art. 212, §§ 5º e 6º
- Serviço Nacional de Aprendizagem Rural; criação: ADCT, art. 62
- sistema de ensino; organização: art. 211, caput e § 1º
- trabalhador adolescente e jovem; acesso: art. 227, § 3º, III
- universidade; autonomia: art. 207, caput

ELEIÇÃO
- abuso do exercício de função, cargo ou emprego público: art. 14, § 9º
- alistabilidade; condições: art. 14, § 2º
- alistamento eleitoral; obrigatório e facultativo: art. 14, § 1º
- Câmara Territorial; Territórios com mais de cem mil habitantes: art. 33, § 3º
- Deputado Distrital: art. 32, § 2º
- Deputado Federal: art. 45
- elegibilidade; condições: art. 14, §§ 3º a 8º; ADCT, art. 5º, § 5º
- Governador; Vice-Governador, Senadores, Deputados Federais, Deputados Estaduais: ADCT, art. 13, § 3º
- Governador e Vice-Governador do Distrito Federal: art. 32, § 2º
- inalistabilidade: art. 14, §§ 2º e 4º
- normas específicas; 15 de novembro: ADCT, art. 5º
- poder econômico; influência: art. 14, § 9º
- Prefeito e Vice-Prefeito: art. 29, I e II
- Presidente e Vice-Presidente da República; normas: art. 77; ADCT, art. 4º, § 1º
- processo; alteração: art. 16
- Senador: art. 46
- Vereador: art. 29, I

ELEITOR
- alistamento eleitoral: art. 14, § 1º
- inalistáveis: art. 14, § 2º
- militar; elegibilidade: art. 14, § 8º

EMENDAS À CONSTITUIÇÃO
- aprovação: art. 60, § 2º
- direitos e garantias individuais: art. 60, § 4º, IV
- elaboração; possibilidade: arts. 59, I; 60, caput
- estado de defesa e de sítio; vedação: art. 60, § 1º
- federação: art. 60, § 4º, I
- intervenção federal; vedação: art. 60, § 1º
- promulgação: art. 60, § 3º
- proposição: art. 60, caput
- rejeição: art. 60, § 5º
- separação dos Poderes: art. 60, § 4º, III
- sistema eleitoral: art. 60, § 4º, II
- vedação: art. 60, § 4º

EMIGRAÇÃO
- competência privativa da União: art. 22, XV

ÍNDICE REMISSIVO DA CF

EMPREGADO DOMÉSTICO
– v. TRABALHADOR DOMÉSTICO

EMPREGO
– gestante: art. 7º, XVIII; ADCT, art. 10, II, *b*
– plano de acesso; princípio da ordem econômica: art. 170, VIII
– proteção; lei complementar: art. 7º; ADCT, art. 10
– público; acesso e investidura: art. 37, I, II e IV e § 2º
– público; acumulação: art. 37, XVII; ADCT, art. 17, §§ 1º e 2º
– público; criação e remuneração; iniciativa da lei: art. 61, § 1º, II, *a*
– sistema nacional; organização; competência: art. 22, XVI

EMPRESA
– brasileira; exploração de recursos minerais e de energia hidráulica; requisitos; prazo: ADCT, art. 44
– brasileira de capital nacional; energia hidráulica; jazidas: art. 176, § 1º
– concessionária e permissionária de serviços públicos: arts. 21, XI e XII; 175
– controle pelo Poder Público; disponibilidade de caixa; depósito em instituições financeiras oficiais: art. 164, § 3º
– estatal; anistia: ADCT, art. 8º, § 5º
– estatal; licitação e contratação; competência: art. 22, XXVII
– estatal; orçamento: art. 165, §§ 5º e 7º; ADCT, art. 35, § 1º
– estatal; serviço de gás canalizado; exploração: art. 25, § 2º
– investimento em pesquisa e tecnologia: art. 218, § 4º
– jornalística; propriedade: art. 222
– lucros e gestão; participação do trabalhador: art. 7º, XI
– micro e pequena; débitos; isenção de correção monetária: ADCT, art. 47
– micro e pequena; definição: ADCT, art. 47
– micro e pequena; tratamento diferenciado: arts. 170, IX; 179
– pequeno porte; favorecimento: art. 170, IX
– PIS/PASEP; contribuições: art. 239
– pública; acumulação de empregos e funções: art. 27, XVII; ADCT, art. 17, §§ 1º e 2º
– pública; apuração de infrações, bens, serviços e interesses: art. 144, § 1º, I
– pública; causas; juízes federais; processo e julgamento: art. 109, I
– pública; criação e autorização: art. 37, XIX
– pública; despesa com pessoal: art. 169, p.u., II; ADCT, art. 38
– pública; exploração de atividade econômica: art. 173
– pública; servidor público ou empregado; anistia: ADCT, art. 8º, § 5º
– pública; subsidiárias; autorização legislativa: art. 37, XX
– radiodifusão sonora e de sons e imagens; propriedade: art. 222
– representação de empregados: art. 11
– sindicato; serviços social e de formação de profissional; contribuições compulsórias: art. 240
– supranacional; fiscalização das contas nacionais; competência: art. 71, V

EMPRÉSTIMO COMPULSÓRIO
– aplicação dos recursos: art. 148, p.u.

ENERGIA
– atividades nucleares; legislação; competência: art. 22, XXVI
– elétrica; exploração, autorização, concessão e permissão: art. 21, XII, *b*
– elétrica; imposto sobre circulação de mercadorias; responsabilidade pelo pagamento: ADCT, art. 34, § 9º
– elétrica; incidência de tributo: art. 155, § 3º
– elétrica; participação assegurada dos Estados, Distrito Federal e Municípios: art. 20, § 1º
– hidráulica; autorização, concessão e exploração; brasileiro e empresa brasileira de capital nacional: art. 176, § 1º

ÍNDICE REMISSIVO DA CF

- hidráulica; empresas brasileiras exploradoras: ADCT, art. 44
- hidráulica; exploração ou aproveitamento industrial: art. 176, *caput*
- nuclear; iniciativas do Poder Executivo; aprovação; competência: art. 49, XIV
- potenciais energéticos; terras indígenas; exploração; autorização: art. 231, § 3º
- União; competência para legislar: art. 22, IV
- usina nuclear; localização: art. 225, § 6º

ENFITEUSE: ADCT, art. 49

ENSINO
- *v.* EDUCAÇÃO e FUNDEB
- acesso: arts. 206, I; 208, V e § 1º
- aplicação de recursos: art. 212
- atividades universitárias de pesquisa e extensão; apoio financeiro do Poder Público: art. 213, § 2º
- bolsas de estudo: art. 213, § 1º
- comunidades indígenas: art. 210, § 2º
- conteúdo mínimo: art. 210, *caput*
- direitos e deveres: art. 205
- Distrito Federal e Estados; destinação de receitas orçamentárias: art. 218, § 5º
- fomento: art. 218, § 5º
- fundamental: art. 208, §§ 2º e 3º
- fundamental; alimentação e assistência à saúde; financiamento: art. 212, § 4º
- fundamental; programas: art. 30, VI
- fundamental; valor por aluno: ADCT, art. 60, §§ 2º e 3º
- História do Brasil: art. 242, § 1º
- legislação: art. 24, IX
- médio; gratuidade: art. 208, II
- noturno regular: art. 208, VI
- obrigatório; não oferecimento: art. 208, § 2º
- português: art. 210, § 2º
- princípios: art. 206
- privado; condições: art. 209
- público; gratuidade; exclusão: art. 242
- qualidade: arts. 206, V; 214, III
- regular; atendimento prioritário: art. 211, § 5º
- religioso; escolas públicas: art. 210, § 1º
- religioso; matrícula facultativa: art. 210, § 1º
- sistema: art. 211, *caput*

ENTORPECENTES E DROGAS AFINS
- confisco de bens e rendimentos provenientes de tráfico ilícito: art. 243, p.u.
- dependentes; criança, adolescente e jovem: art. 227, § 3º, VII
- plantas psicotrópicas; cultura; expropriação das terras: art. 243
- prevenção e repressão ao tráfico: art. 144, § 1º, II
- tráfico ilícito; crime inafiançável; extradição: art. 5º, XLIII e LI

ERRO JUDICIÁRIO
- indenização: art. 5º, LXXV

ESPAÇO AÉREO E MARÍTIMO
- limites: art. 48, V

ESTADO
- Acre; limites; homologação: ADCT, art. 12, § 5º
- Administração Pública; princípios: art. 37, *caput*
- Advogado-Geral; nomeação e destituição: art. 235, VIII
- agente normativo e regulador da atividade econômica; funções: art. 174, *caput*
- Amapá; transformação: ADCT, art. 14
- anexação: art. 18, § 3º
- áreas; incorporação; subdivisão e desmembramento: art. 18, § 3º
- áreas ecológicas; definição e proteção: art. 225, § 1º, III
- autarquia e fundação instituída e mantida pelo Poder Público; limitações ao poder de tributar: art. 150, §§ 2º e 3º
- autonomia: art. 18, *caput*
- bens: art. 26
- Câmara dos Deputados; irredutibilidade de sua representação: ADCT, art. 4º, § 2º
- causas e conflitos com a União, o Distrito Federal e respectivas entidades da administração indireta; processo e julgamento: art. 102, I, f

1955

ÍNDICE REMISSIVO DA CF

- competência: arts. 25, § 1º; 98
- competência; criação da Justiça de Paz: art. 98, II
- competência; criação de Juizados Especiais: art. 98, I
- competência legislativa supletiva: art. 24, § 2º
- competência supletiva: art. 22, p.u.
- competência tributária: arts. 145; 155
- competência tributária; imposto sobre a prestação de serviços de transporte interestadual e intermunicipal: art. 155, II e § 3º
- competência tributária; imposto sobre a venda de combustíveis líquidos e gasosos: art. 155, II e § 3º
- competência tributária; imposto sobre serviços de telecomunicações: art. 155, II e § 3º
- competência tributária; limitação do tráfego de bens e pessoas; vedação: art. 150, V
- consultoria jurídica: art. 132; ADCT, art. 69
- contribuições previdenciárias; débitos: ADCT, art. 57
- crédito externo e interno; disposições sobre limites globais pelo Senado Federal: art. 52, VII
- criação: arts. 18, § 3º; 234; 235
- desmembramento: arts. 18, § 3º; 48, VI
- diferença entre bens e serviços; limitações ao poder de tributar: art. 152
- disponibilidades de caixa-depósito em instituições financeiras oficiais: art. 164, § 3º
- dívida mobiliária; fixação de limites globais pelo Senado Federal: art. 52, IX
- dívida pública; fixação de limites globais pelo Senado Federal: art. 52, VI
- documentos públicos; vedação de recusa de fé: art. 19, II
- edição de leis para aplicação do Sistema Tributário Nacional: ADCT, art. 34, § 3º
- empresa de pequeno porte; tratamento jurídico diferenciado: art. 179

- ensino; aplicação de receita de impostos: art. 212
- ensino; destinação de receita orçamentária: art. 218, § 5º
- exploração direta de atividade econômica: art. 173
- Fazenda Pública; precatório: art. 100, caput; ADCT, art. 97
- fiscalização financeira, orçamentária, operacional e patrimonial: art. 75, caput
- fundo de participação; determinação: ADCT, art. 34, § 2º
- gás canalizado; serviços públicos locais: art. 25, § 2º
- impostos; arrecadação; distribuição aos Municípios: arts. 158, III e IV e p.u.; 159, § 3º; 160
- impostos; instituição e normas: art. 155
- impostos; vedada a retenção: art. 160
- impostos da União; arrecadação: arts. 153, § 5º; I; 157; 159; I e II, §§ 1º e 2º; 161; ADCT, art. 34, § 2º
- incentivos fiscais; reavaliação: ADCT, art. 41
- incorporação: arts. 18, § 3º; 48, VI
- instituição de aglomerações urbanas; de microrregiões; de Regiões Metropolitanas: art. 25, § 3º
- instituições de assistência social e educação sem fins lucrativos; limitações ao poder de tributar: art. 150, VI, c, e § 4º
- intervenção nos Municípios; exceções: art. 35
- litígio com Estado estrangeiro ou organismo internacional; processo e julgamento: art. 102, I, e
- mar territorial; direito de participação e compensação financeira por sua exploração: art. 2º, § 1º
- microempresa; tratamento jurídico diferenciado: art. 179
- Municípios; demarcação das terras em litígio: ADCT, art. 12, § 2º
- objetivos fundamentais: arts. 2º; 3º

1956

ÍNDICE REMISSIVO DA CF

– orçamento; recursos para a assistência social: art. 204, *caput*
– organização: art. 25, *caput*
– partidos políticos; limitações ao poder de tributar: art. 150, VI, c, e § 4º
– patrimônios, renda ou serviços de entes públicos; limitações ao poder de tributar: art. 150, VI, *a*
– pesquisa científica e tecnológica; destinação de receita orçamentária: art. 218, § 5º
– pessoal; despesa: art. 169; ADCT, art. 38
– plataforma continental; direito de participação e compensação financeira por sua exploração: art. 20, § 1º
– polícia civil; competência legislativa concorrente da União, Estados e Distrito Federal: art. 24, XVI
– previdência social; contribuição para o custeio do sistema: art. 149, § 1º
– processo legislativo; iniciativa popular: art. 27, § 4º
– Procurador-Geral do Estado; nomeação e destituição: arts. 128, §§ 3º e 4º; 235, VIII
– quadro de pessoal; compatibilização: ADCT, art. 24
– receita tributária; repartição: arts. 157; 162
– recursos hídricos e minerais; exploração: art. 20, § 1º
– reforma administrativa: ADCT, art. 24
– reintegração de Território: art. 18, § 2º
– religião; vedações: art. 19, I
– repartição das receitas tributárias; vedação a retenção ou restrição: art. 160
– representação judicial: art. 132
– Roraima; transformação: ADCT, art. 14
– símbolos: art. 13, § 2º
– sistema de ensino: art. 211, *caput*
– Sistema Único de Saúde; financiamento: art. 198, § 1º
– sociedade de economia mista; autorização legislativa para criação de subsidiária: art. 37, XX
– subdivisão: arts. 18, § 3º; 48, VI
– superveniência da Lei Federal; suspensão da Lei Estadual: art. 24, § 4º
– Tocantins; criação e procedimentos: ADCT, art. 13
– tributação; limites: art. 150
– turismo; promoção e incentivo: art. 180
– vedações: art. 19

ESTADO DE DEFESA
– apreciação; competência: arts. 136, §§ 4º e 6º; 141, p.u.
– aprovação; competência: art. 49, IV
– áreas; especificação: art. 136, § 1º
– calamidade pública; restrições: art. 136, § 1º, II
– cessação: art. 141, *caput*
– cessação; relato pelo Presidente da República ao Congresso: art. 141, p.u.
– comunicação telegráfica e telefônica; restrições: art. 136, § 1º, I, c
– Conselho da República: arts. 90, I; 136, *caput*
– Conselho de Defesa Nacional: arts. 91, § 1º, II; 136, *caput*
– decretação: arts. 21, V; 84, IX; 136, *caput* e § 4º
– decretação ou prorrogação; prazo de envio para o Congresso Nacional: art. 136, § 4º
– decretação ou prorrogação; Presidente da República: arts. 84, IX; 136, *caput* e §§ 2º e 4º
– decreto: art. 136, § 1º
– designação de Comissão: art. 140
– direito de reunião e associação; restrições: art. 136, § 1º, I, *a*
– duração: art. 136, §§ 1º e 2º
– emendas à Constituição; vedação: art. 60, § 1º
– estado de sítio: arts. 137, I; 139
– executor: arts. 136, § 3º; 141, *caput*
– finalidade: art. 136, *caput*
– fundamentos: art. 136
– medidas coercitivas: arts. 136, §§ 1º e 3º; 140

1957

ÍNDICE REMISSIVO DA CF

- ocupação e uso temporário de bens e serviços públicos e privados; restrições: art. 136, § 1º, II
- prisão: art. 136, § 3º
- prorrogação: art. 136, §§ 2º e 4º
- recesso: art. 136, § 5º
- rejeição: art. 136, § 7º
- responsabilidade de União: art. 136, § 1º, II
- responsabilidade dos executores ou agentes: art. 141, *caput*
- sigilo de correspondência; restrições: art. 136, § 1º, I, *b*
- suspensão: art. 49, IV

ESTADO DE EMERGÊNCIA
- *v.* ESTADO DE DEFESA

ESTADO DE SÍTIO
- agressão estrangeira: art. 137, II
- cessação: art. 141
- comoção grave: arts. 137, I; 139, *caput*
- Congresso Nacional; apreciação: arts. 137, p.u.; 138, § 2º; 141, p.u.
- Congresso Nacional; aprovação: art. 49, IV
- Congresso Nacional; designação de Comissão: art. 140
- Congresso Nacional; funcionamento: art. 138, § 3º
- Congresso Nacional; recesso: art. 138, § 2º
- Congresso Nacional; suspensão: arts. 49, IV; 59
- Conselho da República: arts. 90, I; 137, *caput*
- Conselho de Defesa Nacional: arts. 91, § 1º, II; 137, *caput*
- decretação: arts. 21, V; 84, IX; 137, *caput*; 138, § 2º
- decretação ou prorrogação; Presidente da República: arts. 84, IX; 137, *caput* e p.u.
- decreto: art. 138, *caput*
- duração: art. 138, *caput* e § 1º
- emendas à Constituição; vedação: art. 60, § 1º
- estado de defesa: arts. 137, I; 139
- executor: art. 138, *caput*
- fundamentos: art. 137
- garantias constitucionais; suspensão: art. 138, *caput*
- guerra: art. 137, II
- medidas coercitivas: arts. 139; 140
- parlamentares; difusão de pronunciamentos: art. 139, p.u.
- parlamentares; inviolabilidade: art. 139, p.u.
- parlamentares; suspensão de imunidade: art. 53, § 8º
- prorrogação: art. 137, p.u. e § 1º

ESTADO DEMOCRÁTICO DE DIREITO: art. 1º, *caput*

ESTADO ESTRANGEIRO
- cartas rogatórias; processo e julgamento: art. 105, I, *i*
- causas com a União; processo e julgamento: art. 109, III
- causas com Município ou pessoa residente no País; julgamento: arts. 105, III, *c*; 109, II
- extradição; processo e julgamento: art. 102, I, *g*
- litígio; processo e julgamento: art. 102, I, *e*
- relações; manutenção; competência privativa do Presidente da República: art. 84, VII
- relações e participação de organizações internacionais; competência da União: art. 21, I

ESTATUTO DA JUVENTUDE: art. 227, § 8º, I

ESTRANGEIRO
- adoção de brasileiros: art. 227, § 5º
- bens; sucessão: art. 5º, XXXI
- emigração, imigração, entrada e expulsão; legislação e competência: art. 22, XV
- extradição; crime político ou de opinião: art. 5º, LII
- filhos de pai brasileiro ou mãe brasileira; registro; repartição diplomática ou consular brasileira: ADCT, art. 95

ÍNDICE REMISSIVO DA CF

- inalistável: art. 14, § 2º
- ingresso ou permanência irregular; processo e julgamento: art. 109, X
- nacionalidade e naturalização; processo e julgamento: art. 109, X
- naturalização: arts. 12, II, *b*; 22, XIII
- pessoa física; aquisição ou arrendamento de propriedade rural: art. 190
- pessoa jurídica; aquisição ou arrendamento de propriedade rural: art. 190
- propriedade rural; autorização para aquisição ou arrendamento: art. 190
- residente no País; direito à vida, à liberdade, à segurança e à propriedade: art. 5º, *caput*

EXPORTAÇÃO
- imposto; instituição: art. 153, II

EXTRADIÇÃO
- brasileiro: art. 5º, LI
- estrangeiro: art. 5º, LII
- requisitada por Estado estrangeiro; processo e julgamento: art. 102, I, *g*

FAMÍLIA
- *v.* CASAMENTO
- assistência social: art. 203, I
- entidade familiar: art. 226, §§ 3º e 4º
- Estado; proteção: art. 226, *caput* e § 3º
- filhos maiores; amparo: art. 229
- filhos menores; assistência: art. 229
- filiação; direitos: art. 227, § 6º
- planejamento familiar: art. 226, § 7º
- proteção do Estado: art. 226, *caput* e § 8º
- violência; vedação: art. 226, § 8º

FAUNA
- *v.* MEIO AMBIENTE

FAZENDA NACIONAL
- débitos; oriundos de sentenças transitadas em julgado; pagamento; condições: ADCT, art. 86
- débitos; pagamento; ordem cronológica: ADCT, art. 86, §§ 1º a 3º
- precatórios judiciais pendentes; pagamento: art. 100; ADCT, arts. 33 e 97

FINANÇAS PÚBLICAS
- gestão: art. 165, § 9º, II; ADCT, art. 35, § 2º
- normas gerais: arts. 163; 164
- vedações: art. 167

FLORA
- *v.* MEIO AMBIENTE

FORÇAS ARMADAS
- comando superior: arts. 84, XIII; 142, *caput*
- composição e destinação: art. 142
- Deputado Federal; incorporação: arts. 27; 53, § 7º
- efetivo; fixação e modificação: art. 48
- efetivo; legislação: art. 61, § 1º, I
- emprego: art. 142, § 1º
- funções: art. 142, *caput*
- *habeas corpus*; punições disciplinares militares: art. 142, § 2º
- Oficiais; cargo privativo de brasileiro nato: art. 12, § 3º, VI
- organização: art. 142, § 1º
- preparo: art. 142, § 1º
- Presidente da República; nomeação dos Comandantes da Marinha, do Exército e da Aeronáutica: art. 84, XIII
- princípios: art. 142, *caput*
- Senador; incorporação: art. 53, § 7º

FORÇAS ESTRANGEIRAS
- trânsito e permanência temporária no território nacional: arts. 21, IV; 49, II; 84, XXII

FORO JUDICIAL
- serventias; estatização: ADCT, art. 31

FRONTEIRAS
- nacionais; serviços de transporte; exploração; competência da União: art. 21, XII, *d*
- ocupação e utilização: arts. 20, § 2º; 91, § 1º
- pesquisa; lavra e aproveitamento de energia hidráulica: art. 176, § 1º

FUNÇÃO SOCIAL
- imóvel rural; desapropriação: art. 184, § 1º
- política urbana: art. 182

ÍNDICE REMISSIVO DA CF

- propriedade; atendimento: art. 5º, XXIII
- propriedade produtiva; normas: art. 185, p.u.
- propriedade urbana; cumprimento: art. 182, § 2º

FUNCIONÁRIO PÚBLICO
- *v.* SERVIDOR PÚBLICO

FUNDAÇÃO
- contas; atos de admissão de pessoal, inspeções e auditorias: art. 7º, II, III e IV
- criação; autorização: art. 37, XIX
- criação de subsidiária; autorização legislativa: art. 37, XX
- despesa com pessoal: art. 169, § 1º; ADCT, art. 38
- dívida pública interna e externa; disposição: art. 163, II
- impostos sobre patrimônio, renda ou serviço; proibição: art. 150, § 2º
- licitação e contratação; legislação; competência: art. 22, XXVII
- servidor; anistia: ADCT, art. 8º, § 5º
- servidor; estabilidade: ADCT, arts. 18; 19
- subsidiárias: art. 37, XX

FUNDEB: ADCT, art. 60

FUNDO DE COMBATE E ERRADICAÇÃO DA POBREZA
- instituição: ADCT, arts. 79 a 83

FUNDO DE GARANTIA DO TEMPO DE SERVIÇO
- trabalhadores: art. 7º, III

FUNDO DE PARTICIPAÇÃO DOS ESTADOS, DO DISTRITO FEDERAL, DOS TERRITÓRIOS E DOS MUNICÍPIOS: arts. 159, I, *a* e *b*; 161, II, III e p.u.; ADCT, arts. 34, § 2º; 39

FUNDO SOCIAL DE EMERGÊNCIA: ADCT, arts. 72 e 73

GARIMPO
- *v.* RECURSOS MINERAIS
- autorização e concessão para pesquisa e lavra: art. 174, §§ 3º e 4º
- garimpeiro; promoção econômico-social: art. 174, §§ 3º e 4º
- organização em cooperativas: art. 174, §§ 3º e 4º

GÁS
- natural; importação e exportação; monopólio da União: art. 177, I, III e IV
- natural; transporte por meio de condutos; monopólio da União: art. 177, IV

GESTANTE
- *v.* MATERNIDADE

GOVERNADOR
- ações declaratória de constitucionalidade e direta de inconstitucionalidade; legitimidade: art. 103, V
- Amapá e Roraima; eleição e posse: ADCT, art. 14, §§ 1º e 3º
- condições de elegibilidade: art. 14, §§ 5º a 8º
- crimes comuns; processo e julgamento: art. 105, I, *a*
- Distrito Federal; eleição: art. 32, § 2º
- Distrito Federal; eleição; mandato e posse: ADCT, art. 13, §§ 3º, 4º e 5º
- Distrito Federal; indicação e aprovação: ADCT, art. 16
- elegibilidade; idade mínima: art. 14, § 3º, VI, *b*
- Estado do Tocantins; eleição; mandato e posse: ADCT, art. 13, §§ 3º, 4º e 5º
- Estados; eleição e posse: art. 28
- *habeas corpus*; processo e julgamento: art. 105, I, *c*
- idade mínima: art. 14, § 3º, VI, *b*
- inelegibilidade de cônjuge: art. 14, § 7º; ADCT, art. 5º, § 5º
- inelegibilidade de parentes até segundo grau: arts. 14, § 7º; 24; ADCT, art. 5º, § 5º
- mandato eletivo; duração: art. 28
- mandato eletivo; servidor público: arts. 28, § 1º; 38, I, IV e V
- nomeação pelo Presidente da República: art. 84, XIV
- perda de mandato: art. 28, § 1º
- posse: art. 28
- reeleição; vedação: arts. 14, § 5º; 24
- Senado Federal; aprovação: arts. 52, III, *c*; 84, XIV
- servidor público civil: art. 38, I

ÍNDICE REMISSIVO DA CF

– sufrágio universal: art. 28
– Território; nomeação; competência privativa do Presidente da República: art. 84, XIV
– Tocantins; eleições; mandato e posse: ADCT, art. 13, §§ 3º, 4º e 5º
– voto secreto: art. 28

GREVE
– abuso: art. 9º, § 2º
– ações relativas a esse direito; competência: art. 114, II
– atividade essencial; lesão a interesse público; dissídio coletivo; competência: art. 114, § 3º
– garantia: art. 9º, *caput*
– serviços essenciais à comunidade: art. 9º, § 1º
– serviços públicos civis: arts. 9º, *caput*; 37, VII

GUERRA
– autorização; Congresso Nacional: art. 49, II
– declaração; competência: art. 21, II
– declaração; Conselho de Defesa Nacional: art. 91, § 1º
– estado de sítio: art. 137, II
– impostos extraordinários; competência tributária da União: art. 154, II
– pena de morte: art. 5º, XLVII, *a*
– requisições civis e militares; legislação; competência privativa da União: art. 22, III

HABEAS CORPUS
– concessão: art. 5º, LXVIII
– gratuidade: art. 5º, LXXVII
– julgamento em recurso ordinário; competência do STF: art. 102, II, *a*
– mandado de segurança; direito não amparado: art. 5º, LXIX
– processo e julgamento; competência da Justiça do Trabalho: art. 114, IV
– processo e julgamento; competência do STF: art. 102, I, *d* e *i*
– processo e julgamento; competência do STJ: art. 105, I, *c*
– processo e julgamento; competência dos TRFs e seus juízes: arts. 108, I, *d*; 109, VII
– punição disciplinar militar; não cabimento: art. 142, § 2º

HABEAS DATA
– concessão: art. 5º, LXXII
– gratuidade: art. 5º, LXXVIII
– julgamento em recurso ordinário; competência do STF: art. 102, II, *a*
– mandado de segurança; direito não amparado: art. 5º, LXIX
– processo e julgamento; competência da Justiça do Trabalho: art. 114, IV
– processo e julgamento; competência do STF: art. 102, I, *d*
– processo e julgamento; competência do STJ: art. 105, I, *b*
– processo e julgamento; competência dos TRFs e seus juízes: arts. 108, I, *c*; 109, VII

HABITAÇÃO
– *v.* DOMICÍLIO
– diretrizes; competência da União: art. 21, XX
– ex-combatente; aquisição: ADCT, art. 53, VI
– programas; competência: art. 23, IX
– trabalhador rural: art. 187, VII

HERANÇA
– bens de estrangeiros situados no Brasil: art. 5º, XXXI
– direito: art. 5º, XXVII e XXX

HIGIENE E SEGURANÇA DO TRABALHO
– direito do trabalhador: art. 7º, XXII

IDADE
– discriminação; condenação: art. 3º, IV

IDENTIFICAÇÃO CRIMINAL
– hipóteses legais: art. 5º, LVIII

IDOSO
– alistamento eleitoral e voto facultativo: art. 14, § 1º, *b*
– amparo; programas: art. 230, § 1º
– assistência: arts. 203, I; 229; 230
– assistência social: art. 203, V

1961

– garantia; transporte urbano gratuito: art. 230, § 2º
– proteção: art. 203, I

IGUALDADE
– direitos; trabalhadores: art. 7º, XXX, XXXI, XXXII e XXXIV
– direitos e obrigações; homens e mulheres: art. 5º, I
– regional e social: arts. 3º, III; 43; 170, VII

ILUMINAÇÃO PÚBLICA
– contribuição; Municípios e Distrito Federal; cobrança na fatura de consumo de energia elétrica: art. 149-A

IMIGRAÇÃO
– legislação; competência privativa da União: art. 22, XV

IMÓVEL
– v. PROPRIEDADE

IMPORTAÇÃO
– produtos estrangeiros; imposto: arts. 150, § 1º; 153, I

IMPOSTO DE TRANSMISSÃO *CAUSA MORTIS*
– alíquotas; fixação: art. 155, § 1º, IV
– competência para sua instituição: art. 155, § 1º
– instituição e normas: art. 155, I, *a* e § 1º; ADCT, art. 34, § 6º

IMPOSTO DE TRANSMISSÃO *INTER VIVOS*
– instituição e normas: art. 156, II e § 2º; ADCT, art. 34, § 6º

IMPOSTO SOBRE A RENDA E PROVENTOS DE QUALQUER NATUREZA (IR)
– distribuição pela União: art. 159, I e § 1º
– favorecidos: arts. 157, I; 158, I

IMPOSTO SOBRE CIRCULAÇÃO DE MERCADORIAS E SERVIÇOS (ICMS)
– condições: art. 155, § 2º
– energia elétrica, telecomunicações, derivados de petróleo: art. 155, § 2º, XII, *h*, e §§ 3º a 5º
– entrada de bem ou mercadorias importados: art. 155, § 2º, IX, *a*, e XII, *i*
– instituição: art. 155, II
– instituição e normas: art. 155, I e § 2º; ADCT, art. 34, §§ 6º, 8º e 9º
– operações que destinam mercadorias para o exterior; não incidência: art. 155, § 2º, X, *a*
– ouro, como ativo financeiro ou instrumento cambial; normas: art. 155, § 2º, X, *e*
– prestação de serviço de comunicação; radiodifusão sonora e de sons e imagens; recepção livre e gratuita; não incidência: art. 155, § 2º, X, *d*
– serviços prestados a destinatários no exterior; não incidência: art. 155, § 2º, X, *a*
– valor adicionado; definição: art. 161, I

IMPOSTO SOBRE COMBUSTÍVEIS LÍQUIDOS E GASOSOS
– incidência; limite: art. 155, § 3º

IMPOSTO SOBRE EXPORTAÇÃO
– alíquotas; alteração: art. 153, § 1º
– instituição e cobrança: arts. 150, § 1º; 153, II

IMPOSTO SOBRE GRANDES FORTUNAS
– instituição: art. 153, *caput*, e VII

IMPOSTO SOBRE IMPORTAÇÃO
– alíquotas; alteração: art. 153, § 1º
– instituição e cobrança: arts. 150, § 1º; 153, I

IMPOSTO SOBRE MINERAIS
– incidência de imposto; limite: art. 155, § 3º

IMPOSTO SOBRE OPERAÇÕES DE CRÉDITO, CÂMBIO E SEGURO, OU RELATIVAS A TÍTULOS OU VALORES MOBILIÁRIOS (IOF)
– alíquotas; alteração: art. 153, § 1º
– instituição, cobrança e repartição: arts. 150, § 1º; 153, V e § 5º; ADCT, art. 34, § 1º
– ouro, como ativo financeiro ou instrumento cambial; normas: art. 153, § 5º

IMPOSTO SOBRE PRESTAÇÃO DE SERVIÇOS
– instituição: art. 155, II

ÍNDICE REMISSIVO DA CF

IMPOSTO SOBRE PRODUTOS INDUSTRIALIZADOS (IPI)
– alíquotas; alteração: art. 153, § 1º
– distribuição pela União: art. 159, I e II, e §§ 1º a 3º
– instituição e normas: arts. 150, § 1º; 153, *caput*, IV, e § 3º; ADCT, art. 34, §§ 1º e 2º, I
– redução de seu impacto sobre a aquisição de bens de capital: art. 153, § 3º, IV

IMPOSTO SOBRE PROPRIEDADE DE VEÍCULOS AUTOMOTORES (IPVA)
– alíquotas; fixação pelo Senado Federal: art. 155, § 6º, I
– alíquotas diferenciadas: art. 155, § 6º, II
– instituição: art. 155, III

IMPOSTO SOBRE PROPRIEDADE PREDIAL E TERRITORIAL URBANA (IPTU)
– instituição pelo Município: art. 156, I e § 1º
– progressividade: art. 182, § 4º

IMPOSTO SOBRE PROPRIEDADE TERRITORIAL RURAL (ITR)
– fiscalização e cobrança: art. 153, § 4º, III
– não incidência: art. 153, § 4º, II
– progressividade: art. 153, § 4º, I

IMPOSTO SOBRE SERVIÇOS DE QUALQUER NATUREZA (ISS)
– instituição; competência: art. 156, III

IMPOSTOS DA UNIÃO: arts. 153; 154

IMPOSTOS DOS ESTADOS E DISTRITO FEDERAL: art. 155, §§ 1º a 3º

IMPOSTOS DOS MUNICÍPIOS: art. 156

IMPOSTOS ESTADUAIS: art. 155
– Território Federal; competência: art. 147

IMPOSTOS EXTRAORDINÁRIOS
– instituição: art. 154, II

IMUNIDADE PARLAMENTAR: art. 53

IMUNIDADE TRIBUTÁRIA
– ente federativo: art. 150, VI, *a*
– fundações e entidades sindicais: art. 150, VI, *c*

– instituição de assistência social sem fins lucrativos: art. 150, VI, *c*
– instituição de ensino sem fins lucrativos: art. 150, VI, *c*
– livros, jornais e periódicos; papel: art. 150, VI, *d*
– partidos políticos; patrimônio ou renda: art. 150, VI, *c*
– templos de qualquer culto: art. 150, VI, *b*

INCENTIVOS FISCAIS
– convênio entre Estados; reavaliação e reconfirmação: ADCT, art. 41, § 3º
– desenvolvimento socioeconômico regional: art. 151, I
– revogação sem prejuízo dos direitos adquiridos: ADCT, art. 41, §§ 1º e 2º
– setoriais; reavaliação: ADCT, art. 41, *caput*
– Zona Franca de Manaus: ADCT, art. 40

INCENTIVOS REGIONAIS
– atividades prioritárias; juros favorecidos: art. 43, § 2º, II
– tarifas, fretes, seguros; igualdade: art. 43, § 2º, I
– tributos federais; isenções, reduções ou diferimento temporário: art. 43, § 2º, III

INCONSTITUCIONALIDADE
– ação direta; legitimidade: arts. 103; 129, IV
– julgamento; recurso extraordinário: art. 102, III
– lei; suspensão da execução; competência privativa do Senado Federal: art. 52, X
– lei ou ato normativo; declaração pelos Tribunais: art. 97
– lei ou ato normativo; processo e julgamento: art. 102, I, *a*
– representação; leis ou atos normativos estaduais ou municipais; competência dos Estados: art. 125, § 2º

INDENIZAÇÃO
– acidente de trabalho: art. 7º, XXVIII
– dano material, moral ou à imagem: art. 5º, V e X

ÍNDICE REMISSIVO DA CF

– desapropriação rural; pagamento em dinheiro; benfeitorias: art. 184, § 1º
– despedida arbitrária ou sem justa causa: art. 7º, I
– erro judiciário: art. 5º, LXXV
– imóvel urbano; desapropriação, pagamento em dinheiro: art. 182, § 3º
– propriedade particular; uso por autoridade; danos: art. 5º, XXV
– título da dívida agrária; imóvel rural: art. 184, *caput*
– título da dívida pública; imóvel urbano; desapropriação: art. 182, § 4º, III

ÍNDIOS
– bens: art. 231, *caput*
– bens da União; terras ocupadas: art. 20, XI
– capacidade processual: art. 232
– costumes, língua, crenças, organização social e tradições: art. 231
– direito de participação no resultado da lavra: art. 231, § 3º
– direitos; processo e julgamento: art. 109, XI
– direitos originários: art. 231, *caput*
– ensino: art. 210, § 2º
– exploração das riquezas naturais do solo; nulidade e extinção de atos: art. 231, § 6º
– exploração dos recursos hídricos; potenciais energéticos e riquezas minerais; autorização do Congresso Nacional; manifestação das comunidades: art. 231, § 3º
– garimpagem em terra indígena: art. 231, § 7º
– MP; defesa das populações indígenas: art. 129, V
– MP; intervenção em processo: art. 232
– nulidade e extinção de atos de ocupação, domínio e posse de terra; efeitos: art. 231, § 6º
– ocupação, domínio e posse de terra indígena; exceção, nulidade e extinção de atos: art. 231, § 6º
– remoção das terras tradicionalmente ocupadas; vedação; exceções; deliberação do Congresso Nacional: art. 231, § 5º
– terras; demarcação e proteção: art. 231, *caput*
– terras tradicionalmente ocupadas; conceito: art. 231, § 1º
– terras tradicionalmente ocupadas; inalienabilidade, indisponibilidade e imprescritibilidade: art. 231, § 4º
– terras tradicionalmente ocupadas; usufruto das riquezas do solo, fluviais e lacustres: art. 231, § 2º

INDULTO
– concessão; competência privativa do Presidente da República: art. 84, XII

INELEGIBILIDADE
– *v.* ELEIÇÃO

INFÂNCIA
– *v.* CRIANÇA E ADOLESCENTE

INQUÉRITO
– civil e ação civil pública: art. 129, III
– policial; instauração: art. 129, VIII

INSTITUIÇÕES FINANCEIRAS
– agências financeiras oficiais; lei de diretrizes orçamentárias; política de aplicação: art. 165, § 2º
– aumento do percentual de participação das pessoas físicas ou jurídicas residentes no exterior; proibição: ADCT, art. 52, II
– débito; liquidação; empréstimos; concessão: ADCT, art. 47
– disposição; competência do Congresso Nacional: art. 48, XIII
– domiciliada no exterior; instalação no País; proibição: ADCT, art. 52, I e p.u.
– empréstimos concedidos; liquidação dos débitos: ADCT, art. 47
– fiscalização; disposições: art. 163, V
– oficial; disponibilidade de caixa; agente depositário: art. 164, § 3º
– organização; funcionamento e atribuições: art. 192

ÍNDICE REMISSIVO DA CF

INTEGRAÇÃO SOCIAL
– setores desfavorecidos; competência comum: art. 23, X

INTERVENÇÃO
– decisão judicial; recusa de execução: arts. 34, VI; 35, IV; 36, II e § 3º
– do Estado no domínio econômico: arts. 173; 177, § 4º; 198, *caput*

INTERVENÇÃO ESTADUAL
– nos Municípios; causas: art. 35

INTERVENÇÃO FEDERAL
– apreciação do decreto: art. 36, §§ 1º a 3º
– aprovação ou suspensão pelo Congresso Nacional: art. 49, IV
– cessação: art. 36, § 4º
– Conselho da República: art. 90, I
– Conselho de Defesa Nacional: art. 91, § 1º, II
– decretação: arts. 21, V; 36; 84, X
– emendas à Constituição; vedação: art. 60, § 1º
– Estados e Distrito Federal; vedação; exceções: art. 34
– nos Municípios localizados em território federal; causas: art. 35
– suspensão pelo Congresso Nacional: art. 49, IV

INTERVENÇÃO INTERNACIONAL
– vedação: art. 4º, IV

INVIOLABILIDADE
– advogados: art. 133
– Deputados e Senadores: art. 53, *caput*
– direitos à vida, à honra e à imagem: art. 5º, X
– domicílio: art. 5º, XI
– sigilo de correspondência, comunicações telefônicas, telegráficas e de dados: arts. 5º, XII; 136, § 1º, I, *b* e *c*; 139, III
– Vereadores: art. 29, VIII

JAZIDAS
– autorização, concessão e exploração; brasileiro e empresa brasileira de capital nacional: art. 176, § 1º
– autorização, concessão e exploração à data da promulgação da Constituição: ADCT, art. 43

– contribuição sobre o domínio econômico: art. 177, § 4º
– direito à propriedade do produto da lavra pelo concessionário: art. 176, *caput*
– direito de participação do proprietário do solo: art. 176, § 2º
– exploração ou aproveitamento: art. 176, *caput*
– exploração por empresas brasileiras: ADCT, art. 44
– petróleo; monopólio da União: art. 177, I

JUIZ
– ação de interesse dos membros da magistratura; processo e julgamento; competência do STF: art. 102, I, *n*
– aposentadoria: art. 93, VI e VIII
– carreira; provimento de cargo: art. 96, I, *e*
– concurso público; OAB; participação: art. 93, I
– crimes comuns e de responsabilidade; julgamento; competência: art. 96, III
– cursos oficiais de preparação e aperfeiçoamento: art. 93, IV
– do trabalho; constituição; investidura; jurisdição; competência; garantias; condições de exercício: art. 113
– do trabalho; instituição: art. 112
– Estatuto da Magistratura; lei complementar; STF; princípios: art. 93
– federal; processo e julgamento; competência: art. 109, *caput*
– federal; TRF; composição: art. 107; ADCT, art. 27, §§ 7º e 9º
– federal; TRF; nomeação; remoção ou permuta: art. 107, § 1º
– garantias: art. 95, *caput*
– inamovibilidade: arts. 93, VIII e VIII-A; 95, II
– ingresso na carreira: art. 93, I
– magistrado; escolha; aprovação prévia; competência privativa do Senado Federal: art. 52, III, *a*
– magistrado; nomeação; competência privativa do Presidente da República: art. 84, XVI

ÍNDICE REMISSIVO DA CF

– órgão da Justiça do Trabalho: art. 111, III
– órgão do Poder Judiciário: art. 92, IV
– proibições: art. 95, p.u.
– promoções: art. 93, II
– remoção: art. 93, VIII e VIII-A
– subsídios: arts. 93, V; 95, III
– substituto; titularidade de varas: ADCT, art. 28
– Territórios Federais; jurisdição e atribuições: art. 110, p.u.
– titular; residência: art. 93, VII
– togado; estabilidade; aposentadoria; quadro em extinção: ADCT, art. 21
– Varas do Trabalho; composição por juiz singular: art. 116
– vitaliciedade: art. 95, I

JUIZADOS ESPECIAIS
– criação: art. 98, I
– federais: art. 98, § 1º

JUÍZO DE EXCEÇÃO: art. 5º, XXXVII

JUNTAS COMERCIAIS
– legislação concorrente: art. 24, III

JÚRI
– instituição; reconhecimento: art. 5º, XXXVIII

JUROS
– desenvolvimento regional; atividades prioritárias; financiamento: art. 43, § 2º, II
– taxa; controle: art. 164, § 2º

JUSTIÇA DE PAZ
– criação e competência: art. 98, II
– juízes de paz; direitos e atribuições: ADCT, art. 30
– juízes de paz; elegibilidade; idade mínima: art. 14, § 3º, VI, c

JUSTIÇA DESPORTIVA
– v. DESPORTO

JUSTIÇA DO TRABALHO
– v. TRIBUNAL REGIONAL DO TRABALHO e TRIBUNAL SUPERIOR DO TRABALHO
– competência; relações de trabalho: art. 114, caput

– competência; greve; atividade essencial; lesão a interesse público; dissídio coletivo: art. 114, § 3º
– Conselho Superior: art. 111-A, § 2º, II
– dissídios coletivos: art. 114, § 2º
– juízes togados de estabilidade limitada no tempo; estabilidade e aposentadoria: ADCT, art. 21
– órgãos: art. 111, caput
– órgãos; constituição, investidura, jurisdição, competência, garantias, exercício: art. 113
– varas; criação: art. 112

JUSTIÇA ELEITORAL
– v. TRIBUNAL REGIONAL ELEITORAL e TRIBUNAL SUPERIOR ELEITORAL
– causas entre organismo internacional e residente ou domiciliado no País; processo e julgamento: art. 109, II
– competência e organização: art. 121, caput
– crimes comuns e de responsabilidade; julgamento: art. 96, III
– juiz da Junta Eleitoral: art. 121, § 1º
– juiz do TRE; crimes comuns e de responsabilidade: art. 105, I, a
– juiz do TRE; eleição, escolha, nomeação: art. 120, § 1º
– juiz do Tribunal Eleitoral; mandato, garantias, inamovibilidade: art. 121, §§ 1º e 2º
– juiz do TSE; eleição, nomeação: art. 119
– juiz substituto do Tribunal Eleitoral: art. 121, § 2º
– Ministro do TSE: art. 102, I, c
– órgãos: art. 118
– remuneração; subsídios: art. 93, V
– Tribunal Eleitoral; órgão do Poder Judiciário: art. 92, V

JUSTIÇA ESTADUAL
– v. TRIBUNAL DE JUSTIÇA
– causas em que a União for autora; processo e julgamento: art. 109, § 1º
– causas em que for parte instituição de previdência social e segurado; processo e julgamento: art. 109, § 3º

ÍNDICE REMISSIVO DA CF

- competência dos tribunais: art. 125, § 1º
- desembargador; crimes comuns e de responsabilidade: art. 105, I, *a*
- inconstitucionalidade de leis ou atos normativos estaduais ou municipais; representação: art. 125, § 2º
- juiz de direito: art. 92, VII
- juiz de direito; atribuição de jurisdição; varas do trabalho: art. 112
- juiz de direito; crimes comuns e de responsabilidade: art. 96, III
- juizado de pequenas causas: art. 98, I
- juizado de pequenas causas; competência legislativa concorrente: art. 24, X
- juizado especial: art. 98, I
- justiça de paz: art. 98, II
- justiça de paz; situação dos juízes: ADCT, art. 30
- justiça militar estadual; proposta, criação, constituição, competência: art. 125, §§ 3º a 5º
- lei de organização judiciária; iniciativa: art. 125, § 1º
- magistrados; acesso aos tribunais de segundo grau: art. 93, III
- organização: art. 125, *caput*
- questões agrárias; varas especializadas: art. 126
- Seção Judiciária; constituição: art. 110, *caput*
- varas; localização: art. 110, *caput*

JUSTIÇA FEDERAL
- *v.* TRIBUNAL REGIONAL FEDERAL
- competência: art. 109, *caput*
- competência; ações propostas até a promulgação da Constituição: ADCT, art. 27, § 10
- juiz federal: art. 106, II
- juiz federal; competência: art. 109, *caput*
- juiz federal; órgão do Poder Judiciário: art. 92, III
- juiz federal; promoção: ADCT, art. 27, § 9º
- juiz federal; titularidade: ADCT, art. 28
- Juizados Especiais: art. 98, § 1º
- órgãos: art. 106

- Territórios; jurisdição e atribuições dos juízes federais: art. 110, p.u.
- Tribunal Federal; nomeação dos juízes: art. 84, XVI
- TFR; Ministros: ADCT, art. 27
- TRF; competência: art. 108

JUSTIÇA GRATUITA: art. 5º, LXXIV

JUSTIÇA ITINERANTE
- TRF; instalação: art. 107, § 2º
- Tribunal de Justiça; instalação: art. 125, § 7º
- TRT; instalação: art. 115, § 1º

JUSTIÇA MILITAR
- *v.* SUPERIOR TRIBUNAL MILITAR e TRIBUNAL MILITAR
- competência: art. 124
- juiz militar: art. 122, II
- juiz militar; órgão do Poder Judiciário: art. 92, VI
- justiça militar estadual: art. 125, §§ 3º a 5º
- Ministro do Superior Tribunal Militar; crimes comuns e de responsabilidade: art. 102, I, *c*
- Ministro do Superior Tribunal Militar; *habeas corpus*: art. 102, I, *d*
- Ministros civis do Superior Tribunal Militar: art. 123, p.u.
- órgãos: art. 122
- Superior Tribunal Militar; composição, nomeação: art. 123, *caput*

JUVENTUDE
- estatuto da: art. 227, § 8º, I
- plano nacional de: art. 227, § 8º, II

LAZER
- direitos sociais: arts. 6º; 7º, IV
- incentivo pelo Poder Público: art. 217, § 3º

LEI(S)
- elaboração, redação, alteração e consolidação: art. 59, p.u.
- guarda: art. 23, I
- promulgação: arts. 66, § 5º; 84, IV
- promulgação das leis pelo Presidente do Senado Federal: art. 66, § 7º
- publicação: art. 84, IV

ÍNDICE REMISSIVO DA CF

– sanção: art. 84, IV
LEI COMPLEMENTAR: art. 59, II
– delegação legislativa; vedação: art. 68, § 1º
– iniciativa: art. 61, *caput*
– *quorum*: art. 69
LEI DELEGADA
– processo de elaboração: art. 68
– processo legislativo; elaboração: art. 59, IV
LEI ORDINÁRIA: art. 59, III
– iniciativa: art. 61, *caput*
LEI ORGÂNICA DO DISTRITO FEDERAL
– aprovação: art. 32, *caput*
LEI ORGÂNICA DOS MUNICÍPIOS
– aprovação: art. 29, *caput*
– elaboração e votação: ADCT, art. 11, p.u.
LEI PENAL
– anterioridade: art. 5º, XXXIX
– irretroatividade: art. 5º, XL
LIBERDADE
– ação: art. 5º, II
– acesso à informação: art. 5º, XIV
– associação: art. 5º, XVII e XX
– consciência de crença e de culto religioso: art. 5º, VI
– discriminação aos direitos e liberdades fundamentais; punição: art. 5º, XLI
– expressão da atividade intelectual, artística, científica e de comunicação: arts. 5º, IX; 206, II
– imprensa; radiodifusão e televisão: art. 139, III
– iniciativa: art. 1º, IV
– locomoção; restrições: arts. 5º, XV e LXVIII; 139, I
– manifestação do pensamento: arts. 5º, IV; 206, II
– privação: art. 5º, XLVI, *a*, e LIV
– provisória; admissão: art. 5º, LXVI
– reunião; suspensão e restrições: arts. 5º, XVI; 136, § 1º, I, *a*; 139, IV
– sindical; condições: art. 8º
– trabalho, ofício ou profissão; exercício: art. 5º, XIII

LICENÇA
– gestante: arts. 7º, XVIII; 39, § 3º
– paternidade: arts. 7º, XIX; 39, § 3º
LICITAÇÃO: arts. 37, XXI; 175, *caput*
– obras, serviços, compras e alienações públicas: art. 37, XXI
– princípio da administração pública: art. 173, § 1º, III
LIMITES TERRITORIAIS
– demarcações; linhas divisórias litigiosas; impugnação; Estados e Municípios: ADCT, art. 12, § 2º
– Estado do Acre: ADCT, art. 12, § 5º
– Estado do Tocantins: ADCT, art. 13, § 1º
– ilhas fluviais e lacustres; bens da União: art. 20, IV
– lagos e rios; bens da União: art. 20, III
– território nacional; competência do Congresso Nacional: art. 48, V
LÍNGUA NACIONAL: art. 13, *caput*
MAGISTRATURA
– *v.* JUIZ
– aposentadoria: arts. 40; 93, VI e VIII
– aprovação da escolha de Magistrados: art. 52, III, *a*
– atividade jurisdicional; férias forenses; vedação: art. 93, XII
– disponibilidade: art. 93, VIII
– Estatuto; princípios; lei complementar; STF: art. 93, *caput*
– garantias: art. 95
– ingresso: art. 93, I
– juiz titular; residência: art. 93, VII
– juízes; quantidade por unidade jurisdicional: art. 93, XIII
– preparação e aperfeiçoamento: art. 93, IV
– promoção; entrância para entrância: art. 93, II
– promoção; tribunais de segundo grau: art. 93, III
– remoção: art. 93, VIII e VIII-A
– STF; iniciativa sobre o Estatuto: art. 93, *caput*

ÍNDICE REMISSIVO DA CF

- Tribunal Pleno; atribuições administrativas e jurisdicionais; órgão especial: art. 93, XI
- Tribunais; acesso: art. 93, III
- vedação: art. 95, p.u.
- vencimentos; subsídios: art. 93, V

MANDADO DE INJUNÇÃO
- autoridade federal; norma regulamentadora; atribuição: art. 105, I, *h*
- concessão: art. 5º, LXXI
- norma regulamentadora de atribuição específica: art. 102, I, *q*
- STJ; processo e julgamento: art. 105, I, *h*
- STF; julgamento em recurso ordinário: art. 102, II, *a*
- STF; processo e julgamento: art. 102, I, *q*
- TRE; recurso de suas decisões: art. 121, § 4º, V

MANDADO DE SEGURANÇA
- ato de autoridade federal: art. 109, VIII
- ato de Ministro de Estado, dos Comandantes da Marinha, Exército e Aeronáutica e do STJ: art. 105, I, *b*
- ato do Presidente da República, das Mesas da Câmara dos Deputados e do Senado Federal, do Tribunal de Contas da União, do Procurador-Geral da República e do STF: art. 102, I, *d*
- ato do TRF ou de juiz federal: art. 108, I, *c*
- ato em matéria trabalhista: art. 114, IV
- coletivo; legitimidade: art. 5º, LXX
- competência; juízes federais: art. 109, VIII
- competência; justiça do trabalho: art. 114, IV
- competência em recurso ordinário; STF: art. 102, II, *a*
- competência em recurso ordinário; STJ: art. 105, II, *b*
- competência originária; STF: art. 102, I, *d*
- competência originária; STJ: art. 105, I, *b*
- competência originária; TRF: art. 108, I, *c*
- concessão: art. 5º, LXIX
- decisão denegatória dos TRE: art. 121, § 4º, V
- decisão denegatória dos TRF ou dos Tribunais dos Estados, Distrito Federal e Territórios: art. 105, II, *b*
- decisão denegatória do TSE: art. 121, § 3º
- decisão denegatória dos Tribunais Superiores: art. 102, II, *a*

MANDADO ELETIVO
- condenação criminal; perda: art. 55, VI
- Deputado Distrital: art. 32, §§ 2º e 3º
- Deputado Estadual; duração e perda: art. 27, § 1º
- Deputado Federal: art. 44, p.u.
- Governador e Vice-Governador; duração: art. 28; ADCT, art. 4º, § 3º
- Governador, Vice-Governador, Senadores, Deputados Federais e Estaduais; Estado do Tocantins: ADCT, art. 13, § 4º
- impugnação: art. 14, §§ 10 e 11
- Justiça Eleitoral: art. 14, §§ 10 e 11
- parlamentar; investidura em outros cargos; compatibilidade: art. 56, I
- parlamentar; perda: art. 55
- parlamentar licenciado: art. 56, II
- parlamentar no exercício da função de Prefeito: ADCT, art. 5º, § 3º
- Prefeito; perda: art. 29, XII
- Prefeito e Vereador quando servidor público: art. 38, II e III
- Prefeito, Vice-Prefeito e Vereador: art. 29, I e II; ADCT, art. 4º, § 4º
- Presidente: art. 82
- Presidente da República; mandato atual: ADCT, art. 4º, *caput*
- Senador; exercício gratuito: ADCT, art. 8º, § 4º
- servidor público: art. 38
- Vereador; exercício gratuito: ADCT, art. 8º, § 4º

MANIFESTAÇÃO DO PENSAMENTO
- liberdade e vedação do anonimato: art. 5º, IV

MAR TERRITORIAL
- bem da União: art. 20, VI

ÍNDICE REMISSIVO DA CF

MARCAS
– indústria; garantia de propriedade: art. 5º, XXIX

MARGINALIZAÇÃO
– combate: art. 23, X
– erradicação: art. 3º, III

MATERIAL BÉLICO
– comércio e produção; autorização e fiscalização; competência da União: art. 21, VI
– legislação; competência privativa da União: art. 22, XXI

MATERNIDADE
– direitos sociais: art. 6º
– licença-gestante: arts. 7º, XVIII; 39, § 3º
– plano de previdência social: art. 201, II
– proteção: art. 203, I

MEDICAMENTO
– produção: art. 200, I

MEDIDAS PROVISÓRIAS
– apreciação; prazo: art. 62, § 6º
– aprovação de projeto de lei de conversão: art. 62, § 12
– Câmara dos Deputados; iniciativa: art. 62, § 8º
– Congresso Nacional; apreciação: arts. 57, §§ 7º e 8º; 62, §§ 7º a 9º
– conversão em lei; eficácia; prazo: art. 62, §§ 3º e 4º
– decretos-leis; edição entre 03.09.1988 e a promulgação da Constituição: ADCT, art. 25, § 2º
– eficácia: art. 62, § 3º
– impostos: art. 62, § 2º
– matérias vedadas: arts. 62, § 1º; 246
– mérito: art. 62, § 5º
– prazos: art. 62, §§ 3º, 4º, 6º, 7º e 11
– Presidente da República; edição: arts. 62, *caput*; 84, XXVI
– reedição: art. 62, § 10

MEIO AMBIENTE
– caça; competência legislativa concorrente: art. 24, VI
– dano; competência legislativa: art. 24, VIII
– defesa: art. 170, VI
– defesa e preservação; dever da coletividade e do Poder Público: art. 225, *caput*
– deveres do Poder Público: art. 225, § 1º
– equilíbrio ecológico; direito de todos: art. 225, *caput*
– fauna; competência legislativa concorrente: art. 24, VI
– fauna; preservação pela União: art. 23, VII
– flora; preservação pela União: art. 23, VII
– floresta; competência legislativa concorrente: art. 24, VI
– floresta; preservação pela União: art. 23, VII
– Floresta Amazônica: art. 225, § 4º
– Mata Atlântica: art. 225, § 4º
– natureza; competência legislativa concorrente: art. 24, VI
– Pantanal Mato-Grossense: art. 225, § 4º
– pesca; competência legislativa concorrente: art. 24, VI
– propaganda comercial nociva; vedação: art. 220, § 3º, II
– proteção: art. 23, VI
– proteção; competência legislativa concorrente: art. 24, VI
– qualidade de vida; melhoria: art. 225, *caput*
– recursos minerais: art. 225, § 2º
– recursos naturais; competência legislativa concorrente: art. 24, VI
– reparação do dano: art. 225, § 3º
– sanções penais e administrativas: art. 225, § 3º
– Serra do Mar: art. 225, § 4º
– solo; competência legislativa concorrente: art. 24, VI
– terras devolutas: art. 225, § 5º
– usinas nucleares; localização: art. 225, § 6º
– zona costeira: art. 225, § 4º

MENOR
– *v.* CRIANÇA E ADOLESCENTE

MICROEMPRESA
– definição: ADCT, art. 47, § 1º
– instituição: art. 25, § 3º

ÍNDICE REMISSIVO DA CF

- tratamento jurídico diferenciado: art. 179

MILITAR
- aposentadorias; pensões e proventos: arts. 40, §§ 7º e 8º; 42, § 2º
- condenação por Tribunal Militar: art. 142, § 3º, VI
- condições de elegibilidade: art. 14, § 8º
- filiação a partidos políticos: art. 142, § 3º, V
- garantias: arts. 42, § 1º; 142, § 3º, I
- greve; sindicalização; proibição: art. 142, § 3º, IV
- hierarquia; disciplina: art. 42, caput
- integrantes da carreira policial; ex-Território Federal de Rondônia: ADCT, art. 89
- julgado indigno: art. 142, § 3º, III
- patentes: arts. 42, § 1º; 142, § 3º, I
- patentes; perda: art. 142, § 3º, VI
- postos; perda: art. 142, § 3º, VI
- regime jurídico; iniciativa das leis: art. 61, § 1º, II, f
- remuneração; subsídio: arts. 39, § 4º; 144, § 9º
- reserva: art. 142, § 3º, II

MINISTÉRIO DE ESTADO DA DEFESA
- cargo privativo de brasileiro nato: art. 12, § 3º, VII
- composição do Conselho de Defesa Nacional: art. 91, V

MINISTÉRIO PÚBLICO
- ação civil; legitimação: art. 129, § 1º
- ação civil; promoção: art. 129, III
- ação de inconstitucionalidade; promoção: art. 129, IV
- ação penal; promoção: art. 129, I
- acesso à carreira; requisitos: art. 129, § 3º
- atividade policial; controle: art. 129, VII
- autonomia administrativa: art. 127, § 2º
- autonomia funcional: art. 127, § 2º
- comissões parlamentares de inquérito: art. 58, § 3º
- Conselho Nacional: art. 130-A
- crimes comuns e de responsabilidade; processo e julgamento: art. 96, III
- delegação legislativa; vedação: art. 68, § 1º, I
- despesa pública; projeto sobre serviços administrativos: art. 63, II
- dotação orçamentária: art. 168
- efetivo respeito dos direitos constitucionais: art. 129, II
- efetivo respeito dos Poderes Públicos e dos serviços sociais: art. 129, II
- exercício de suas funções: art. 129
- finalidade: art. 127, caput
- funcionamento: art. 127, § 2º
- funções: art. 129, IX
- funções; exercício: art. 129, § 2º
- funções institucionais: art. 129
- inamovibilidade: art. 128, § 5º, I, b
- índio; intervenção no processo: art. 232
- ingresso na carreira: art. 129, § 3º
- inquérito civil; promoção: art. 129, III
- interesses difusos e coletivos; proteção: art. 129, III
- lei complementar: ADCT, art. 29
- membro; opção pelo regime anterior: ADCT, art. 29, § 3º
- organização: art. 127, § 2º
- órgãos: art. 128
- ouvidoria; criação; competência da União e dos Estados: art. 130-A, § 5º
- populações indígenas; defesa: art. 129, V
- princípios institucionais: art. 127, § 1º
- procedimentos administrativos; expedição de notificações: art. 129, VI
- processo; distribuição: art. 129, § 5º
- propostas orçamentárias: art. 127, §§ 3º a 6º
- provimento de cargos; concurso público: art. 127, § 2º
- representação para intervenção dos Estados nos Municípios: art. 129, IV
- representação para intervenção federal nos Estados: art. 129, IV
- residência: art. 129, § 2º
- serviços auxiliares; provimento por concurso público: art. 127, § 2º
- STJ; composição: art. 104, p.u., II
- Tribunal de Justiça; composição: art. 94

ÍNDICE REMISSIVO DA CF

- TRF; composição: arts. 94; 107, I
- vedação à participação em sociedade comercial: art. 128, § 5º, II, c
- vedação à representação judicial e à consultoria jurídica de entidades públicas: art. 129, IX, 2ª parte
- vedação ao exercício da advocacia: arts. 95, p.u., V, e 128, § 5º, II, b
- vedação ao exercício de atividade político-partidária: art. 128, § 5º, II, e
- vedação ao exercício de outra função pública: art. 128, § 5º, II, d
- vedação ao recebimento de honorários, percentagens ou custas processuais: art. 128, § 5º, II, a
- vencimentos; subsídios; irredutibilidade: art. 128, § 5º, I, c
- vitaliciedade: art. 128, § 5º, I, a

MINISTÉRIO PÚBLICO DA UNIÃO
- crimes comuns; processo e julgamento: art. 108, I, a
- crimes comuns e de responsabilidade de membros que oficiem perante Tribunais; processo e julgamento: art. 105, I, a
- crimes de responsabilidade; processo e julgamento: art. 108, I, a
- habeas corpus; processo e julgamento: art. 105, I, c
- organização: arts. 48, IX; 61, § 1º, II, d
- órgão do MP: art. 128, I
- Procurador-Geral da República; aprovação prévia de nomeação pelo Senado Federal: art. 128, § 1º
- Procurador-Geral da República; nomeação pelo Presidente da República: art. 128, § 1º

MINISTÉRIO PÚBLICO DO DISTRITO FEDERAL
- atribuições e Estatuto: art. 128, § 5º
- organização: arts. 48, IX; 61, § 1º, II, d
- organização; legislação: art. 22, XVII
- organização e manutenção: art. 21, XIII
- órgão do Ministério Público da União: art. 128, I, d
- Procurador-Geral; escolha, nomeação, destituição: art. 128, §§ 3º e 4º

MINISTÉRIO PÚBLICO DO TRABALHO
- atribuições e Estatuto: art. 128, § 5º
- membro; estabilidade: ADCT, art. 29, § 4º
- órgão do Ministério Público da União: art. 128, I, b
- TRT; composição: art. 115, p.u., II
- TST; composição: art. 111-A, I

MINISTÉRIO PÚBLICO DOS ESTADOS
- atribuições e Estatuto: art. 128, § 5º
- organização: art. 61, § 1º, II, d
- órgão do MP: art. 128, II
- Procurador-Geral do Estado; escolha, nomeação e destituição: art. 128, §§ 3º e 4º
- Tribunal de Contas dos Estados; atuação: art. 130

MINISTÉRIO PÚBLICO DOS TERRITÓRIOS
- atribuições e Estatuto: art. 128, § 5º
- organização: arts. 48, IX; 61, § 1º, II, d
- organização; legislação: art. 22, XVII
- organização e manutenção: art. 21, XIII
- órgãos do Ministério Público da União: art. 128, I, d
- Procurador-Geral: art. 128, § 3º
- Procurador-Geral; destituição: art. 128, § 4º

MINISTÉRIO PÚBLICO FEDERAL
- atribuições e Estatuto: art. 128, § 5º
- órgão do MP da União: art. 128, I, a
- Procurador da República; opção de carreira: ADCT, art. 29, § 2º
- Tribunal de Contas da União; atuação: art. 130

MINISTÉRIO PÚBLICO MILITAR
- atribuições e Estatuto: art. 128, § 5º
- Membro; estabilidade: ADCT, art. 29, § 4º

MINISTRO DA JUSTIÇA
- Conselho da República; membro: art. 89, VI

ÍNDICE REMISSIVO DA CF

MINISTRO DE ESTADO
- auxílio ao Presidente da República no exercício do Poder Executivo: art. 84, II
- Câmara dos Deputados; comparecimento: art. 50, *caput*, § 1º
- competência: art. 87, p.u.
- Conselho da República; convocação pelo Presidente da República: art. 90, § 1º
- crimes de responsabilidade: art. 87, p.u., II
- crimes de responsabilidade; processo e julgamento: art. 102, I, c
- crimes de responsabilidade conexos com os do Presidente e Vice-Presidente da República; julgamento: art. 52, I
- decretos; execução: art. 87, p.u., II
- entidades da administração federal; orientação, coordenação e supervisão: art. 87, p.u., I
- escolha: art. 87, *caput*
- *habeas corpus*; processo e julgamento: art. 102, I, d
- *habeas data*; processo e julgamento: art. 105, I, b
- infrações penais comuns; processo e julgamento: art. 102, I, b
- leis; execução: art. 87, p.u., II
- mandado de injunção; processo e julgamento: art. 105, I, h
- mandado de segurança; processo e julgamento: art. 105, I, b
- nomeação e exoneração: art. 84, I
- pedidos de informação; Câmara dos Deputados e Senado Federal: art. 50
- Poder Executivo; auxílio ao Presidente da República: art. 76
- Presidente da República; delegação de atribuições: art. 84, p.u.
- Presidente da República; referendo de atos e decretos: art. 87, p.u., I
- Presidente da República; relatório anual: art. 87, p.u., III
- processo; instauração: art. 51, I
- regulamentos; execução: art. 87, p.u., II
- remuneração; subsídios: art. 49, VIII

MINISTRO DO SUPERIOR TRIBUNAL DE JUSTIÇA
- *v.* SUPERIOR TRIBUNAL DE JUSTIÇA

MINISTRO DO SUPERIOR TRIBUNAL MILITAR
- *v.* JUSTIÇA MILITAR

MINISTRO DO SUPREMO TRIBUNAL FEDERAL
- *v.* SUPREMO TRIBUNAL FEDERAL

MINISTRO DO TRIBUNAL SUPERIOR DO TRABALHO
- *v.* TRIBUNAL SUPERIOR DO TRABALHO

MINISTRO DO TRIBUNAL SUPERIOR ELEITORAL
- *v.* JUSTIÇA ELEITORAL

MISSÃO DIPLOMÁTICA PERMANENTE
- chefes; aprovação pelo Senado Federal: art. 52, IV
- chefes; crimes comuns e de responsabilidade: art. 102, I, c

MOEDA
- emissão: art. 48, XIV
- emissão; competência da União: art. 164

MONOPÓLIO
- vedação: art. 173, § 4º

MUNICÍPIO
- Administração Pública; princípios: art. 37, *caput*
- assistência social; custeio: art. 149, §§ 1º a 4º
- autarquias e fundações mantidas pelo Poder Público; limitações ao poder de tributar: art. 150, §§ 2º e 3º
- autonomia: art. 18, *caput*
- Câmara Municipal; competência: art. 29, V
- Câmara Municipal; composição: art. 29, IV
- Câmara Municipal; fiscalização financeira e orçamentária pelo Tribunal de Contas dos Estados ou Municípios: art. 31, § 1º
- Câmara Municipal; fiscalização financeira e orçamentária pelos Municípios: art. 31, *caput*

1973

ÍNDICE REMISSIVO DA CF

- Câmara Municipal; funções legislativas e fiscalizadoras: art. 29, IX
- competência: art. 30
- competência tributária: arts. 30, III; 145, *caput*; 156
- competência tributária; imposto sobre propriedade predial e territorial urbana: art. 156, I
- competência tributária; imposto sobre serviços de qualquer natureza; lei complementar; fixação de alíquotas máximas e mínimas: art. 156, § 3º, I; ADCT, art. 88
- competência tributária; imposto sobre serviços de qualquer natureza; lei complementar; isenções, incentivos e benefícios fiscais: art. 156, § 3º, III; ADCT, art. 88
- competência tributária; imposto sobre transmissão *inter vivos*: art. 156, II e § 2º
- competência tributária; vedação ao limite de tráfego: art. 150, V
- Conselho de Contas; vedação de criação: art. 31, § 4º
- contribuições previdenciárias; débitos: ADCT, art. 57
- crédito externo e interno; disposições sobre limites globais pelo Senado Federal: art. 52, VII
- criação: art. 18, § 4º
- criação, fusão, incorporação e desmembramento; convalidação: ADCT, art. 96
- desmembramento: art. 18, § 4º
- diferença de bens; limitações ao poder de tributar: art. 152
- disponibilidade de caixa; depósito em instituições financeiras oficiais: art. 164, § 3º
- distinção entre brasileiros; vedação: art. 19, III
- distrito; criação, organização e supressão: art. 30, IV
- Distrito Federal; vedação de divisão: art. 32, *caput*

- dívida mobiliária; fixação de limites globais pelo Senado Federal: art. 52, IX
- dívida pública; fixação de limites globais pelo Senado Federal: art. 52, VI
- documento público; vedação de recusa de fé: art. 19, II
- educação infantil; programas: art. 30, VI
- empresa de pequeno porte; tratamento jurídico diferenciado: art. 179
- ensino; aplicação de receita de impostos: art. 212
- ensino fundamental; programas: art. 30, VI
- Estado-membro; demarcação das terras em litígio: ADCT, art. 12, § 2º
- Fazenda Pública; precatório; sentença judiciária: art. 100, *caput*; ADCT, art. 97
- fiscalização contábil, financeira e orçamentária: art. 75, *caput*
- fiscalização contábil, financeira e orçamentária; exibição das contas aos contribuintes: art. 31, § 3º
- fiscalização financeira: art. 31, *caput*
- fiscalização orçamentária: art. 31, *caput*
- fusão: art. 18, § 4º
- guardas municipais: art. 144, § 8º
- imposto sobre propriedade predial e territorial urbana; função social da propriedade: art. 156, § 1º
- imposto sobre transmissão *inter vivos*; isenção: art. 156, § 2º, I
- incentivos fiscais; reavaliação: ADCT, art. 41
- incorporação: art. 18, § 4º
- iniciativa das leis; população: art. 29, XI
- instituições de assistência social sem fins lucrativos; limitações ao poder de tributar: art. 150, VI, c e § 4º
- instituições de educação sem fins lucrativos; limitações ao poder de tributar: art. 150, VI, c e § 4º
- interesse local; legislação: art. 30, I
- legislação federal; suplementação: art. 30, II
- Lei Orgânica: art. 29, *caput*; ADCT, art. 11, p.u.

ÍNDICE REMISSIVO DA CF

- livros, jornais e periódicos; limitações ao poder de tributar: art. 150, VI, d
- mar territorial; exploração: art. 20, § 1º
- microempresa; tratamento jurídico diferenciado: art. 179
- orçamento; recursos para a assistência social: art. 204, caput
- órgãos de Contas; vedação de criação: art. 31, § 4º
- participação das receitas tributárias; vedação à retenção ou restrição: art. 160
- partidos políticos; limitações ao poder de tributar: art. 150, VI, c e § 4º
- patrimônio histórico-cultural; proteção: art. 30, IX
- patrimônio, renda ou serviços de entes públicos; limitações ao poder de tributar: art. 150, VI, a
- pessoal; despesa: art. 169; ADCT, art. 38
- planejamento; cooperação das associações representativas de bairro: art. 29, X
- plataforma continental; direito de participação e compensação financeira por sua exploração: art. 20, § 1º
- prestação de contas: art. 30, III
- previdência social; contribuição para o custeio do sistema: art. 149, §§ 1º a 4º
- quadro de pessoal; compatibilização: ADCT, art. 24
- receita tributária; repartição: arts. 158; 162
- recursos hídricos e minerais; participação e exploração: art. 20, § 1º
- reforma administrativa: ADCT, art. 24
- religião; vedações: art. 19, I
- saúde; serviços de atendimento: art. 30, VII
- serviço público de interesse local; organização e prestação: art. 30, V
- símbolos: art. 13, § 2º
- sindicatos; limitações ao poder de tributar: art. 150, VI, c e § 4º
- sistema de ensino: art. 211, caput e § 2º
- Sistema Tributário Nacional; aplicação: ADCT, art. 34, § 3º
- Sistema Único de Saúde; financiamento: art. 198, § 1º
- solo urbano; controle, ocupação, parcelamento e planejamento: art. 30, VIII
- suplementação da legislação federal e estadual: art. 30, II
- templos de qualquer culto; limitações ao poder de tributar: art. 150, VI, b e § 4º
- transporte coletivo; caráter essencial: art. 30, V
- Tribunais de Contas; vedação de criação: art. 31, § 4º
- tributação; limites: art. 150
- tributos; instituição e arrecadação: art. 30, III
- turismo; promoção e incentivo: art. 180
- vedações: art. 19

NACIONALIDADE
- delegação legislativa; vedação: art. 68, § 1º, II
- foro competente: art. 109, X
- opção: art. 12, I, c
- perda: art. 12, § 4º

NATURALIZAÇÃO
- foro competente: art. 109, X

NATUREZA
- v. MEIO AMBIENTE

NAVEGAÇÃO
- cabotagem; embarcações nacionais: art. 178

NOTÁRIOS
- concurso público: art. 236, § 3º
- Poder Judiciário; fiscalização de seus atos: art. 236, § 1º
- responsabilidade civil e criminal: art. 236, § 1º

OBRAS
- coletivas; participação individual: art. 5º, XXVII
- criadores e intérpretes; aproveitamento econômico; fiscalização: art. 5º, XXVIII
- direitos do autor e herdeiros: art. 5º, XXVII
- meio ambiente; degradação; estudo prévio: art. 225, § 1º, IV
- patrimônio cultural brasileiro: art. 216, IV

ÍNDICE REMISSIVO DA CF

- valor histórico, artístico e cultural; proteção: art. 23, III e IV

OBRAS PÚBLICAS
- licitação: art. 37, XXI

OFICIAIS DE REGISTRO
- concurso público: art. 236, § 3º
- Poder Judiciário; fiscalização dos atos: art. 236, § 1º
- responsabilidade civil e criminal: art. 236, § 1º
- vedação: art. 173, § 4º

OPERAÇÕES DE CRÉDITO
- Congresso Nacional: art. 48, II

ORÇAMENTO PÚBLICO
- anual; fundos: art. 165, § 5º, I e III
- Congresso Nacional: art. 48, II
- créditos especiais e extraordinários: art. 167, § 2º
- créditos extraordinários: art. 167, § 3º
- delegação legislativa; vedação: art. 68, § 1º, III
- diretrizes orçamentárias; projeto de lei; Presidente da República; envio: art. 84, XXIII
- fundos; instituição e funcionamento: arts. 165, § 9º; 167, IX; ADCT, art. 35, § 2º
- lei anual: ADCT, art. 35, *caput*
- plano plurianual; adequação: art. 165, § 4º
- plano plurianual; Congresso Nacional: art. 48, II
- plano plurianual; crimes de responsabilidade: art. 167, § 1º
- plano plurianual; delegação legislativa; vedação: art. 68, § 1º, III
- plano plurianual; lei: art. 165, § 1º
- plano plurianual; Presidente da República; envio ao Congresso Nacional: art. 84, XXIII
- plano plurianual; projeto de lei; apreciação de emendas pelo Congresso Nacional: art. 166, § 2º
- plano plurianual; projeto de lei; apreciação pela Comissão Mista Permanente de Senadores e Deputados: art. 166, § 1º
- plano plurianual; projeto de lei; apreciação pelo Congresso Nacional: art. 166, *caput*
- plano plurianual; projeto de lei; apresentação de emendas: art. 166, § 2º
- plano plurianual; projeto de lei; modificação: art. 166, § 5º
- plano plurianual; projeto de lei; processo legislativo: art. 166, § 7º
- plano plurianual; regulamentação: art. 165, § 9º
- Poder Executivo: art. 165, III
- proposta; Presidente da República; envio: art. 84, XXIII
- seguridade social; proposta; elaboração: art. 195, § 2º
- títulos da dívida agrária: art. 184, § 4º
- vedações: art. 167; ADCT, art. 37

ORDEM DOS ADVOGADOS DO BRASIL
- Conselho Federal; ações declaratória de constitucionalidade e direta de inconstitucionalidade; legitimidade: art. 103, VII

ORDEM ECONÔMICA
- direito ao exercício de todas as atividades econômicas: art. 170, p.u.
- documento ou informação de natureza comercial; requisição por autoridade estrangeira: art. 181
- empresa de pequeno porte; tratamento jurídico diferenciado: art. 179
- empresas nacionais de pequeno porte: art. 170, IX
- fundamentos: art. 170, *caput*
- livre concorrência: art. 170, IV
- microempresa; tratamento jurídico diferenciado: art. 179
- pleno emprego: art. 170, VIII
- princípios: art. 170
- relação da empresa pública com o Estado e a sociedade; regulamentação: art. 173, § 3º
- responsabilidade individual e da pessoa jurídica: art. 173, § 5º

ÍNDICE REMISSIVO DA CF

ORDEM SOCIAL
– fundamentos: art. 193
– objetivo: art. 193

ORGANIZAÇÃO DO TRABALHO
– empregador; participação nos colegiados de órgãos públicos; interesses profissionais e previdenciários: art. 10
– trabalhador; participação nos colegiados de órgãos públicos; interesses profissionais e previdenciários: art. 10
– trabalhador; representante dos empregados junto às empresas: art. 11

ORGANIZAÇÃO JUDICIÁRIA
– União; competência legislativa: art. 22, XVII

ÓRGÃOS PÚBLICOS
– atos, programas, obras, serviços e campanhas; caráter educativo: art. 37, § 1º
– disponibilidade de caixa; depósito em instituições financeiras oficiais: art. 164, § 3º
– inspeção e auditoria: art. 71, IV

OURO
– ativo financeiro ou instrumento cambial; impostos; normas: art. 153, § 5º

PARLAMENTARISMO
– plebiscito: ADCT, art. 2º

PARTIDO POLÍTICO
– acesso gratuito ao rádio e à televisão: art. 17, § 3º
– ações declaratória de constitucionalidade e direta de inconstitucionalidade: art. 103, VIII
– autonomia: art. 17, § 1º
– caráter nacional: art. 17, I
– coligações eleitorais: art. 17, § 1º
– criação: art. 17, *caput*; ADCT, art. 6º
– direitos fundamentais da pessoa humana: art. 17, *caput*
– estatuto: art. 17, § 10; ADCT, art. 6º
– extinção; incorporação: art. 17, *caput*
– funcionamento parlamentar: art. 17, IV
– fusão: art. 17, *caput*
– incorporação: art. 17, *caput*
– limitações ao poder de tributar: art. 150, VI, c, § 4º
– manifesto: ADCT, art. 6º
– organização e funcionamento: art. 17, § 1º
– personalidade jurídica: art. 17, § 2º
– pluripartidarismo: art. 17, *caput*
– prestação de contas: art. 17, III
– programa: ADCT, art. 6º
– recursos: art. 17, § 3º
– regime democrático: art. 17, *caput*
– registro: art. 17, § 2º; ADCT, art. 6º
– registro provisório; concessão pelo TSE: ADCT, art. 6º, § 1º
– registro provisório; perda: ADCT, art. 6º, § 2º
– requisitos: art. 17, *caput*
– soberania nacional: art. 17, *caput*
– TSE: ADCT, art. 6º, *caput*
– vedação de subordinação a entidade ou governo também no estrangeiro: art. 17, II
– vedação de utilização de organização paramilitar: art. 17, § 4º

PATRIMÔNIO CULTURAL
– ato lesivo; ação popular: art. 5º, LXXIII

PATRIMÔNIO NACIONAL
– atos gravosos: art. 49, I
– Floresta Amazônica, Mata Atlântica, Serra do Mar, Pantanal Mato-Grossense, Zona Costeira: art. 225, § 4º
– mercado interno; desenvolvimento cultural e socioeconômico: art. 219

PAZ
– celebração: arts. 21, II; 49, II; 84, XX; 91, § 1º
– Conselho de Defesa Nacional: art. 91, § 1º, I
– defesa: art. 4º, VI

PENA
– comutação; competência: art. 84, XII
– cumprimento; estabelecimento: art. 5º, XLVIII
– individualização; regulamentação: art. 5º, XLVI e XLVII
– morte: art. 5º, XLVII, *a*
– reclusão; prática do racismo: art. 5º, XLII

1977

ÍNDICE REMISSIVO DA CF

– suspensão ou interdição de direitos: art. 5º, XLVI, e
– tipos: art. 5º, XLVI

PETRÓLEO
– importação e exportação; monopólio da União: art. 177, III
– jazidas; monopólio: art. 177, I
– monopólio; exclusão: ADCT, art. 45
– refinação; monopólio da União: art. 177, II
– transporte marítimo ou por meio de conduto; monopólio da União: art. 177, IV

PLANEJAMENTO FAMILIAR: art. 226, § 7º

PLANO NACIONAL DE DESENVOLVIMENTO: art. 48, IV

PLANO NACIONAL DE DESENVOLVIMENTO ECONÔMICO E SOCIAL: art. 43, § 1º, II

PLANO NACIONAL DE EDUCAÇÃO: arts. 205, caput; 212, § 3º
– duração decenal: art. 214
– objetivos: art. 214

PLEBISCITO
– autorização: art. 49, XV
– exercício da soberania: art. 14, I
– revisão constitucional; prazo: ADCT, art. 2º

PLURALISMO POLÍTICO: art. 1º, V

POBREZA
– combate às causas: art. 23, X
– erradicação: art. 3º, III
– Fundo de Combate e Erradicação da Pobreza: ADCT, arts. 79 a 83

PODER EXECUTIVO: arts. 2º e 76 a 91
– alteração de alíquotas; competência tributária: art. 153, § 1º
– atividades nucleares; iniciativa: art. 49, XIV
– atos; fiscalização e controle: art. 49, X
– atos normativos; sustação pelo Congresso Nacional: art. 49, V
– delegação legislativa; revogação: ADCT, art. 25
– fiscalização contábil, financeira e orçamentária da União; exercício; prestação de contas: art. 70

– fiscalização contábil, financeira e orçamentária da União; finalidade: art. 74
– membros; vencimentos: arts. 37, XII; 39, § 1º
– Presidente da República; auxílio dos Ministros de Estado: art. 76
– radiodifusão sonora e de sons e imagens; outorga, concessão, permissão e autorização: art. 223, caput

PODER JUDICIÁRIO: arts. 2º e 92 a 126
– ações relativas à disciplina e às competições desportivas: art. 217, § 1º
– autonomia administrativa e financeira: art. 99, caput
– delegação legislativa; vedação: art. 68, § 1º
– direito individual; lesão ou ameaça: art. 5º, XXXV
– dotação orçamentária: art. 168
– fiscalização contábil, financeira e orçamentária da União; exercício; prestação de contas: art. 70
– fiscalização contábil, financeira e orçamentária da União; finalidade: art. 74, caput
– fiscalização dos atos notariais: art. 236, § 1º
– membros; vencimentos: arts. 37, XII; 39, § 1º
– órgãos: art. 92
– órgãos; dotação orçamentária: art. 169
– órgãos, sessões e julgamentos; publicidade: art. 93, IX
– radiodifusão sonora e de sons e imagens; cancelamento de concessão e de permissão: art. 223, § 4º

PODER LEGISLATIVO: arts. 2º e 44 a 75
– Administração Pública; criação, estruturação e atribuições de órgãos: art. 48, XI
– Administração Pública; fiscalização e controle dos atos: art. 49, X
– Advocacia-Geral da União; apreciação: ADCT, art. 29, § 1º
– anistia; concessão: art. 48, VIII

ÍNDICE REMISSIVO DA CF

- apreciação dos estudos da Comissão de Estudos Territoriais: ADCT, art. 12, § 1º
- atividades nucleares; aprovação de iniciativas do Poder Executivo: art. 49, XIV
- atos, convenções e tratados internacionais; referendo: arts. 49, I; 84, VIII
- atos normativos; sustação: art. 49, V
- atribuições: art. 48
- bens da União; limites: art. 48, V
- Comissão de Estudos Territoriais; apreciação: ADCT, art. 12, § 1º
- comissão mista; dívida externa brasileira: ADCT, art. 26
- comissão permanente e temporária: art. 58, *caput*
- comissão representativa: art. 58, § 4º
- comissões; atribuições: art. 58, § 2º
- comissões; representação proporcional dos partidos: art. 58, § 1º
- competência exclusiva: art. 49, *caput*
- competência exclusiva; vedação de delegação: art. 68, § 1º
- competência legislativa: art. 49, XI
- competência tributária residual da União: art. 154, I
- composição: art. 44, *caput*
- concessão e renovação de emissoras de rádio e televisão; art. 49, XII
- Conselho de Comunicação Social: art. 224
- convocação extraordinária: arts. 57, § 6º; 58, § 4º; 62, *caput*; 136, § 5º
- decreto-lei; promulgação da Constituição: ADCT, art. 25, § 1º
- Defensoria Pública da União e dos Territórios; organização: art. 48, IX
- delegação legislativa; dispositivos legais à época da promulgação da Constituição: ADCT, art. 25
- delegação legislativa; resoluções: art. 68, § 2º
- Deputado Federal; fixação de remuneração; subsídios: art. 49, VII
- diretrizes orçamentárias; apreciação: art. 166, *caput*
- diretrizes orçamentárias; apreciação de emendas ao projeto de lei: art. 166, § 2º
- diretrizes orçamentárias; apreciação pela comissão mista permanente de Senadores e Deputados: art. 166, § 1º
- dívida externa brasileira; exame: ADCT, art. 26
- dívida mobiliária federal: art. 48, XIV
- dívida pública: art. 48, II
- dotação orçamentária: art. 168
- emissão de curso forçado: art. 48, II
- espaço aéreo; limites: art. 48, V
- espaço marítimo: art. 48, V
- estado de defesa; apreciação: arts. 136, §§ 4º e 6º; 141, p.u.
- estado de defesa; aprovação: art. 49, IV
- estado de defesa; Comissão: art. 140
- estado de defesa; convocação extraordinária: art. 136, § 5º
- estado de defesa; prazo para envio da decretação ou prorrogação: art. 136, § 4º
- estado de defesa; rejeição: art.136, § 7º
- estado de sítio; apreciação: arts. 137, p.u.; 138, § 2º; 141, p.u.
- estado de sítio; aprovação: art. 49, IV
- estado de sítio; Comissão: art. 140
- estado de sítio; convocação extraordinária pelo Presidente do Senado: art. 138, § 2º
- estado de sítio; funcionamento: art. 138, § 3º
- Estado-membro; aprovação de incorporação, subdivisão ou desmembramento de áreas: art. 48, VI
- estrangeiro; autorização para aquisição ou arrendamento de propriedade rural: art. 190
- exercício pelo Congresso Nacional: art. 44, *caput*
- fiscalização contábil, financeira e orçamentária da União: art. 70, *caput*
- fiscalização contábil, financeira e orçamentária da União; finalidade: art. 74, *caput*

1979

ÍNDICE REMISSIVO DA CF

- fiscalização financeira, orçamentária, operacional e patrimonial da União; comissão mista permanente de Senadores e Deputados: art. 72
- fiscalização financeira, orçamentária, operacional e patrimonial da União; prestação de contas: arts. 70; 71, *caput*
- Forças Armadas; fixação e modificação do efetivo: art. 48, III
- funcionamento: art. 57, *caput*
- fundos públicos; ratificação: ADCT, art. 36
- Governo Federal; transferência temporária da sede: art. 48, VII
- intervenção federal; aprovação: art. 49, IV
- Juizado de Pequenas Causas; criação: art. 98, I
- leis delegadas: art. 68
- medidas provisórias; apreciação: arts. 57, §§ 7º e 8º; 62, *caput*
- membros; vencimentos: arts. 37, XII; 39, § 8º
- Mesa: art. 57, § 5º
- Mesa; representação proporcional dos partidos: art. 58, § 1º
- Ministério Público da União; organização: art. 48, IX
- Ministério Público do Distrito Federal; organização: art. 48, IX
- Ministério Público dos Territórios; organização: art. 48, IX
- Ministérios; criação, estruturação e atribuições: art. 48, XI
- Ministro de Estado; fixação de remuneração; subsídios: art. 49, VIII
- mobilização nacional; autorização e referendo: art. 84, XIX
- operações de crédito: art. 48, II
- orçamento anual: art. 48, II
- orçamento anual; acompanhamento e fiscalização pela comissão mista permanente de Senadores e Deputados: art. 166, § 1º, II
- orçamento anual; apreciação: art. 166, *caput*
- orçamento anual; apreciação de emendas ao projeto de lei: art. 166, § 2º
- orçamento anual; apreciação de projeto de lei pela Comissão mista permanente: art. 166, § 1º
- orçamento anual; envio de projeto de lei: art. 166, § 6º
- órgãos; dotação orçamentária: art. 169
- plano nacional de desenvolvimento: art. 48, IV
- plano plurianual: art. 48, II
- plano plurianual; apreciação: art. 166, *caput*
- plano plurianual; apreciação de emendas ao projeto de lei: art. 166, § 2º
- plano plurianual; apreciação de projeto de lei pela Comissão mista permanente de Senadores e Deputados: art. 166, § 1º
- planos e programas nacionais, regionais e setoriais previstos na Constituição; apreciação: art. 165, § 4º
- plebiscito; autorização: art. 49, XV
- Poder Executivo; fiscalização e controle dos atos: arts. 49, X; 59
- Poder Executivo; sustação dos atos normativos: art. 49, V
- programa nacional, regional e setorial de desenvolvimento: art. 48, IV
- propriedade rural; autorização para aquisição ou arrendamento por estrangeiro: art. 190
- radiodifusão sonora e de sons e imagens; apreciação dos atos do Poder Executivo: art. 223, § 1º
- radiodifusão sonora e de sons e imagens; renovação da concessão e da permissão: art. 223, §§ 2º e 3º
- recesso: art. 58, § 4º
- referendo; autorização: art. 49, XV
- Regimento Interno: art. 57, § 3º, II
- remoção de índios das terras tradicionalmente ocupadas; deliberação: art. 231, § 5º
- rendas; arrecadação e distribuição: art. 48, I

ÍNDICE REMISSIVO DA CF

- revisão constitucional: ADCT, art. 3º
- sede; transferência temporária: art. 49, VI
- seguridade social; aprovação de planos: ADCT, art. 5º
- Senadores; fixação de remuneração; subsídios: art. 49, VII
- serviços e instalações nucleares; aprovação: art. 21, XXIII, a
- sessão extraordinária; matéria: art. 57, §§ 7º e 8º
- sessão legislativa; interrupção: art. 57, § 2º
- sistema tributário; atribuições: art. 48, I
- telecomunicações: art. 48, XII
- terras indígenas; autorização para exploração de recursos hídricos, potenciais energéticos e riquezas minerais: art. 231, § 3º
- terras indígenas; autorização para exploração de riquezas minerais e aproveitamento de recursos hídricos: art. 49, XVI
- terras públicas; aprovação prévia para alienação ou concessão: arts. 49, XVII; 188, § 1º
- terras públicas; revisão de doações, vendas e concessões: ADCT, art. 51
- Território nacional; limites: art. 48, V
- Territórios; aprovação de incorporação, subdivisão ou desmembramento de áreas: art. 48, VI
- Territórios; prestação de contas: art. 33, § 2º
- Tribunais Superiores; discussão e votação de projeto de lei de sua iniciativa: art. 64, *caput*
- Tribunal de Contas da União; escolha de Ministros: art. 73, § 2º
- Tribunal de Contas da União; escolha dos Membros: art. 49, XIII
- Tribunal de Contas da União; prestação de informações: art. 71, VII
- Vice-Presidente da República; autorização para se ausentar do País: arts. 49, III; 83
- Vice-Presidente da República; fixação de remuneração; subsídios: art. 49, VIII

POLÍCIA CIVIL
- competência: art. 144, § 4º
- competência legislativa da União, Estados e Distrito Federal: art. 24, XVI
- Distrito Federal; organização e manutenção: art. 21, XIV
- órgãos: art. 144, IV

POLÍCIA FEDERAL: art. 144, I
- competência: art. 144, § 1º
- competência legislativa: art. 22, XII
- organização e manutenção: art. 21, XIV

POLÍCIA FERROVIÁRIA FEDERAL: art. 144, § 3º

POLÍCIA MARÍTIMA: arts. 21, XXII; 144, § 1º, III

POLÍCIA MILITAR
- competência: art. 144, § 5º
- competência legislativa da União: art. 22, XXI
- Distrito Federal; organização e manutenção: art. 21, XIV
- integrantes da carreira, ex-Território Federal de Rondônia: ADCT, art. 89
- órgãos: art. 144, V

POLÍCIA RODOVIÁRIA FEDERAL: art. 144, II
- competência: art. 144, § 2º
- competência legislativa da União: art. 22, XXII

POLÍTICA AGRÍCOLA
- assistência técnica e extensão rural: art. 187, IV
- atividades agroindustriais, agropecuárias, pesqueiras e florestais: art. 187, § 1º
- compatibilização com a reforma agrária: art. 187, § 2º
- irrigação: art. 187, VII
- irrigação; aplicação de recursos; distribuição: ADCT, art. 42
- objetivos e instrumentos: ADCT, art. 50
- ocupação produtiva de imóvel rural: art. 191
- planejamento; atividades incluídas: art. 187, § 1º

ÍNDICE REMISSIVO DA CF

- planejamento e execução: art. 187
- produção agropecuária; abastecimento alimentar; competência: art. 23, VIII
- reforma agrária; compatibilização: art. 187, § 2°
- reforma agrária; desapropriação: arts. 184; 185; 186
- reforma agrária; distribuição de imóveis rurais: art. 189
- regulamentação legal: ADCT, art. 50
- terras públicas e devolutas; destinação: art. 188

POLÍTICA DE DESENVOLVIMENTO URBANO
- desapropriações: art. 182, § 3°
- execução, diretrizes, objetivos; Município: art. 182
- exigência de aproveitamento do solo não edificado; penalidades: art. 182, § 4°
- função social da propriedade; exigências do plano diretor: art. 182, § 2°
- plano diretor; aprovação; obrigatoriedade; instrumento básico: art. 182, § 1°

POLUIÇÃO
- v. MEIO AMBIENTE
- combate: art. 23, VI
- controle; competência legislativa concorrente: art. 24, VI

PORTUGUESES
- direitos: art. 12, § 1°

POUPANÇA
- captação e garantia: art. 22, XIX
- União; competência legislativa: art. 22, XIX

PRECATÓRIOS: art. 100; ADCT, art. 97
- alimentos: art. 100, §§ 1° e 2°
- atualização; valores de requisitórios: art. 100, § 12
- cessão: art. 100, §§ 13 e 14
- complementar ou suplementar; vedação: art. 100, § 8°
- expedição; compensação: art. 100, § 9°
- Fazenda Federal, Estadual, Distrital ou Municipal; ordem de pagamento: ADCT, art. 86, §§ 1° a 3°
- Fazenda Federal, Estadual, Distrital ou Municipal; oriundos de sentenças; pagamento; condições: ADCT, art. 86
- liquidação pelo seu valor real; ações iniciais ajuizadas até 31.12.1999: ADCT, art. 78
- pagamento de obrigações de pequeno valor: art. 100, § 3° e ADCT, art. 87
- União; débitos oriundos de precatórios; refinanciamento: art. 100, § 16

PRECONCEITOS
- v. DISCRIMINAÇÃO

PREFEITO
- condições de elegibilidade: art. 14, §§ 5° e 6°
- cônjuge e parentes; elegibilidade: ADCT, art. 5°, § 5°
- Deputado Estadual; exercício da função: ADCT, art. 5°, § 3°
- Deputado Federal; exercício da função: ADCT, art. 5°, § 3°
- elegibilidade; idade mínima: art. 14, § 3°, VI, c
- eleição: art. 29, II e III
- eleição direta: art. 29, I, II e III
- eleição no 2° turno; desistência: art. 29, II e III
- eleito em 15.11.1984; término do mandato: ADCT, art. 4°, § 4°
- idade mínima: art. 14, § 3°, VI, c
- imposto: art. 29, V
- inelegibilidade de cônjuge: art. 14, § 7°
- inelegibilidade de parentes até o segundo grau: art. 14, § 7°
- julgamento: art. 29, X
- mandato: ADCT, art. 4°, § 4°
- mandato eletivo; duração: art. 29, II e III
- mandato eletivo; servidor público: arts. 28; 38
- perda de mandato: art. 28, § 1°
- posse: art. 29, II e III
- reeleição: art. 14, § 5°
- remuneração; subsídios: art. 29, V
- sufrágio universal: art. 29, II e III
- voto: art. 29, II e III

ÍNDICE REMISSIVO DA CF

PRESIDENCIALISMO
– plebiscito; prazo: ADCT, art. 20

PRESIDENTE DA REPÚBLICA
– ação direta de inconstitucionalidade: art. 103, I
– Administração Federal; direção: art. 84, II
– Administração Federal; organização e funcionamento; mediante decreto: art. 84, VI, a e b
– Advocacia-Geral da União; organização e funcionamento: ADCT, art. 29, § 1º
– Advogado-Geral da União; nomeação: art. 131, § 1º
– afastamento; cessação: art. 86, § 2º
– atos, convenções e tratados internacionais; celebração: art. 84, VIII
– atos estranhos a suas funções; responsabilidade: art. 86, § 4º
– atribuições: art. 84, XXVII
– ausência do País; autorização: art. 49, III
– ausência do País; exercício do cargo: art. 83
– ausência do País; licença do Congresso Nacional: art. 83
– Banco Central do Brasil; nomeação de presidente e diretores: art. 84, XIV
– cargo; perda: art. 83
– cargo; vacância: arts. 78, p.u.; 80; 81
– cargo privativo; brasileiro nato: art. 12, § 3º, I
– cargos públicos federais; preenchimento e extinção: art. 84, XXV
– cessação do estado de defesa; relato das medidas ao Congresso Nacional: art. 141, p.u.
– cessação do estado de sítio; relato ao Congresso Nacional: art. 141, p.u.
– competências: art. 84, caput
– condecoração e distinções honoríficas; concessão: art. 84, XXI
– condições de elegibilidade: art. 14, §§ 5º e 6º
– Congresso Nacional; convocação extraordinária: art. 57, § 6º, I e II
– cônjuge e parentes; elegibilidade: ADCT, art. 5º, § 5º

– Conselho da República; composição: art. 89
– Conselho da República e Conselho de Defesa; convocação: art. 84, XVIII
– Conselho de Defesa Nacional; órgão de consulta: art. 91, caput
– Conselho Nacional de Justiça; nomeação de seus membros: art. 103-B, § 2º
– Constituição; compromisso de defender e cumprir: ADCT, art. 1º
– crimes de responsabilidade: arts. 52, I; 85
– crimes de responsabilidade; admissibilidade da acusação; julgamento: art. 86
– crimes de responsabilidade; processo e julgamento pelo Presidente do STF: art. 52, p.u.
– crimes de responsabilidade; pena: art. 52, p.u.
– crimes de responsabilidade; suspensão de funções: art. 86, § 1º, II
– crimes de responsabilidade; tipicidade: art. 85, p.u.
– decretos; expedição: art. 84, IV
– defensoria pública; legislação: art. 61, § 1º, II, d
– delegação legislativa; resolução do Congresso Nacional: art. 68, § 2º
– despesa pública; projeto de iniciativa exclusiva: art. 63, I
– efetivo das Forças Armadas; legislação: art. 61, § 1º, I
– elegibilidade; idade mínima: art. 14, § 3º, VI, a
– eleição: art. 77
– emendas à Constituição: art. 60, II
– estado de defesa; decretação: arts. 136, caput; 84, IX
– estado de defesa; decretação ou prorrogação: art. 136, § 4º
– estado de sítio; decretação: arts. 84, IX; 137, caput
– estado de sítio; decretação ou prorrogação: art. 137, p.u.
– estado de sítio; executor: art. 138, caput
– Forças Armadas; comando supremo: art. 84, XIII

1983

ÍNDICE REMISSIVO DA CF

- Forças Armadas; nomeação dos comandantes da Marinha, do Exército e da Aeronáutica: art. 84, XIII
- forças estrangeiras; trânsito e permanência temporária no território nacional: art. 84, XXII
- Governador de Território; nomeação: art. 84, XIV
- guerra; declaração: art. 84, XIX
- *habeas corpus*; processo e julgamento: art. 102, I, *d*
- idade mínima: art. 14, § 3º, VI, *a*
- impedimento; exercício da Presidência: art. 80
- impedimento; substituição pelo Vice-Presidente da República: art. 79, *caput*
- impedimentos; sucessão: art. 80
- indulto; concessão: art. 84, XII
- inelegibilidade: art. 14, § 7º
- infrações penais comuns; admissibilidade da acusação: art. 86
- infrações penais comuns; julgamento: art. 86
- infrações penais comuns; processo e julgamento: art. 102, I, *b*
- infrações penais comuns; suspensão de funções: art. 86, § 1º, I
- iniciativa das leis; discussão e votação: art. 64, *caput*
- instauração de processo contra; autorização; competência: art. 51, I
- intervenção federal; decretação: art. 84, X
- Juízes dos Tribunais Federais; nomeação: art. 84, XVI
- leis; diretrizes orçamentárias; iniciativa privativa: art. 165
- leis; diretrizes orçamentárias; modificação do projeto: art. 166, § 5º
- leis; iniciativa: art. 84, III
- leis; iniciativa privativa: arts. 61, § 1º, II; 84, III
- leis; sanção, promulgação e expedição: art. 84, IV
- leis complementares e ordinárias; iniciativa: art. 61, *caput*
- mandado de injunção; processo e julgamento de seus atos: art. 102, I, *q*
- mandado de segurança; processo e julgamento de seus atos: art. 102, I, *d*
- mandato eletivo; início e duração: art. 82
- medidas provisórias; adoção: art. 62, *caput*
- medidas provisórias; edição: art. 84, XXVI
- mobilização nacional; decretação: art. 84, XIX
- oficiais-generais das três armas; promoção: art. 84, XIII
- paz; celebração: art. 84, XX
- pena; comutação: art. 84, XII
- plano de governo; envio: art. 84, XI
- plano plurianual; envio: art. 84, XXIII
- plano plurianual; modificação do projeto de lei: art. 166, § 5º
- Poder Executivo; exercício: art. 76
- posse: art. 78, *caput*
- posse; compromisso: arts. 57, § 3º, III, § 6º; 78
- prestação de contas: arts. 51, II; 71, I
- prestação de contas; apreciação pela Comissão mista permanente de Senadores e Deputados: art. 166, § 1º, I
- prestação de contas; julgamento: art. 49, IX
- prestação de contas ao Congresso Nacional: art. 84, XXIV
- prisão: art. 86, § 3º
- processo; instauração: art. 51, I
- projeto de lei: art. 66, § 1º
- projeto de lei; solicitação de urgência: art. 64, § 1º
- projeto de lei; veto parcial ou total: art. 84, V
- projeto de lei de diretrizes orçamentárias; envio: art. 84, XXIII
- promulgação da lei: art. 66, §§ 5º e 7º
- propostas de orçamento; envio ao Congresso Nacional: art. 84, XXIII
- reeleição: arts. 14, § 5º; 82
- regulamento; expedição: art. 84, IV

ÍNDICE REMISSIVO DA CF

– relações internacionais; manutenção: art. 84, VII
– remuneração; subsídios; fixação; competência: art. 49, VIII
– representante diplomático estrangeiro; credenciamento: art. 84, VII
– sanção: arts. 48, *caput*; 66, *caput*
– sanção tácita: art. 66, § 3º
– servidor público; aumento da remuneração: art. 61, § 1º, II, *a*
– servidor público; criação de cargo, emprego ou função: art. 61, § 1º, II, *a*
– servidor público civil: art. 38, I
– servidor público da União; legislação: art. 61, § 1º, II, c
– servidor público dos Territórios; legislação: art. 61, § 1º, II, c
– Superior Tribunal Militar; aprovação de Ministros: art. 123, *caput*
– Superior Tribunal Militar; escolha dos Ministros Civis: art. 123, p.u.
– STF; nomeação dos Ministros: art. 101, p.u.
– suspensão de funções: art. 86, § 1º
– término do mandato: ADCT, art. 4º, *caput*
– Territórios; organização: art. 61, § 1º, II, *b*
– TRE; nomeação de Juízes: arts. 107, *caput*; 120, III
– TRT; nomeação de Juízes: art. 115, *caput*
– vacância do cargo: art. 78, p.u.
– vacância do cargo; eleições: art. 81
– vacância dos respectivos cargos; exercício da Presidência: art. 80
– veto parcial: art. 66, § 2º
– Vice-Presidente da República; convocação para missões especiais: art. 79, p.u.
– Vice-Presidente da República; eleição e registro conjunto: art. 77, § 1º

PREVIDÊNCIA PRIVADA
– complementar; regime facultativo: art. 202

PREVIDÊNCIA SOCIAL: arts. 201; 202
– anistia: arts. 150, § 6º; 195, § 11
– aposentadoria: art. 201
– benefícios: arts. 201; 248 a 250
– benefícios; reavaliação: ADCT, art. 58
– cobertura: art. 201, I
– competência legislativa concorrente: art. 24, XII
– contribuição: art. 201, *caput*
– contribuição; ganhos habituais do empregado: art. 201, § 11
– direitos sociais: art. 6º
– Distrito Federal; contribuição: art. 149, § 1º
– Estado-membro; débito das contribuições previdenciárias: ADCT, art. 57
– Estados; contribuição: art. 149, §§ 1º a 4º
– gestante: art. 201, II
– maternidade: art. 201, II
– Município; contribuição: art. 149, §§ 1º a 4º
– Município; débitos das contribuições previdenciárias: ADCT, art. 57
– pensão; gratificação natalina: art. 201, § 6º
– pescador artesanal: art. 195, § 8º
– produtor rural: art. 195, § 8º
– recursos: arts. 248 a 250
– segurados; pensão por morte ao cônjuge ou companheiro: art. 201, V
– segurados de baixa renda; manutenção de dependentes: art. 201, IV
– segurados de baixa renda; sistema especial de inclusão previdenciária: art. 201, § 12
– sistema especial de inclusão previdenciária; alíquotas e carência inferiores às vigentes: art. 201, § 13
– trabalhador; proteção ao desemprego involuntário: art. 201, III

PRINCÍPIO DA DIGNIDADE DA PESSOA HUMANA: art. 1º, III
PRINCÍPIO DA IGUALDADE: art. 5º, I
PRINCÍPIO DO CONTRADITÓRIO E AMPLA DEFESA: art. 5º, LV
PRINCÍPIO DO DEVIDO PROCESSO LEGAL: art. 5º, LIII e LIV
PROCESSO
– celeridade na tramitação: art. 5º, LXXVIII

- distribuição: art. 93, XV
PROCESSO ELEITORAL
- lei; vigência: art. 16
PROCESSO LEGISLATIVO
- elaboração: art. 59
- iniciativa do Presidente da República: art. 84, III
PROCURADOR-GERAL DA FAZENDA NACIONAL
- execução da dívida ativa; representação: art. 131, § 3º
- União; representação judicial na área fiscal: ADCT, art. 29, § 5º
PROCURADOR-GERAL DA REPÚBLICA
- ação de inconstitucionalidade: art. 103, § 1º
- ações declaratória de constitucionalidade e direta de inconstitucionalidade; legitimidade: art. 103, VI
- aprovação: art. 52, III, *e*
- aprovação pelo Senado Federal: art. 84, XIV
- crimes de responsabilidade; julgamento pelo Presidente do STF: art. 52
- destinação: art. 128, § 2º
- direitos humanos; grave violação; deslocamento de competência: art. 109, § 5º
- exoneração de ofício: art. 52, XI
- *habeas corpus* e *habeas data*; processo e julgamento: art. 102, I, *d*
- infrações penais comuns; processo e julgamento: art. 102, I, *b*
- mandado de segurança; processo e julgamento de seus atos: art. 102, I, *d*
- mandato e nomeação; aprovação prévia pelo Senado Federal: art. 128, § 1º
- nomeação e destituição; Presidente da República: arts. 84, XIV; 128, §§ 1º e 2º
- opção de carreira: ADCT, art. 29, § 2º
- Presidente da República; delegação de atribuições: art. 84, p.u.
- recondução: art. 128, § 1º

PROCURADOR-GERAL DO DISTRITO FEDERAL E DOS ESTADOS
- destituição: art. 128, § 4º

- estabilidade; avaliação de desempenho: art. 132, p.u.
- organização em carreira: art. 132, *caput*
PROGRAMA DE FORMAÇÃO DO PATRIMÔNIO DO SERVIDOR PÚBLICO (PASEP)
- abono: art. 239, § 3º
- seguro-desemprego; financiamento: art. 239
PROGRAMA DE INTEGRAÇÃO SOCIAL (PIS)
- abono: art. 239, § 3º
- seguro-desemprego; financiamento: art. 239
PROJETO DE LEI
- disposição: art. 65, *caput*
- emendas: art. 65, p.u.
- rejeição; novo projeto: art. 67
- sanção: arts. 65, *caput*; 66, *caput*
- sanção tácita: art. 66, § 3º
- veto: arts. 66; 84, V
- votação: arts. 65, *caput*; 66, *caput*, §§ 4º e 6º
PROPRIEDADE
- comunidades remanescentes dos quilombos; concessão definitiva: ADCT, art. 68
- função social: art. 170, III
- ocupação temporária: art. 5º, XXV
PROPRIEDADE PRIVADA: art. 170, II
PROPRIEDADE RURAL
- desapropriação para fins de reforma agrária; exclusões: art. 185, I e II
- desapropriação para fins de reforma agrária; procedimento, rito e processo: art. 184, § 3º
- estrangeiro; aquisição ou arrendamento: art. 190
- função social: arts. 184; 186
- interesse social; declaração: art. 184, § 2º
- penhora; vedação: art. 5º, XX
- usucapião: art. 191
PROPRIEDADE URBANA
- aproveitamento; exigência do Poder Público Municipal: art. 182, § 4º
- concessão de uso: art. 183, § 1º

ÍNDICE REMISSIVO DA CF

- desapropriação; pagamento da indenização em títulos da dívida pública: art. 182, § 4º, III
- edificação compulsória: art. 182, § 4º, I
- função social: art. 182, § 2º
- imposto progressivo: art. 182, § 4º, II
- parcelamento compulsório: art. 182, § 4º, I
- título de domínio: art. 183, § 1º
- usucapião: art. 183

RAÇA
- discriminação; condenação: art. 3º, IV

RACISMO
- crime inafiançável e imprescritível: art. 5º, XLII
- repúdio: art. 4º, VIII

RADIODIFUSÃO SONORA E DE SONS E IMAGENS
- concessão; apreciação pelo Congresso Nacional: art. 49, XII
- concessão e permissão; cancelamento; decisão judicial: art. 223, § 4º
- concessão e permissão; prazo: art. 223, § 5º
- Congresso Nacional; apreciação dos atos do Poder Executivo: art. 223, § 1º
- empresa; propriedade: art. 222
- empresa; propriedade; pessoa jurídica: art. 222, *caput*
- outorga, concessão, permissão e autorização; Poder Executivo: art. 223, *caput*
- produção e programação; princípios e finalidades: art. 221
- renovação da concessão e permissão; Congresso Nacional: art. 223, §§ 2º e 3º

RECEITAS TRIBUTÁRIAS
- *v.* TRIBUTOS
- repartição; divulgação: art. 162
- repartição; entrega pela União: art. 159; ADCT, art. 34, § 1º
- repartição; Estado e Distrito Federal: art. 157
- repartição; Município: art. 158
- repartição; regulamentação: art. 161, I

RECURSOS HÍDRICOS
- *v.* ÁGUAS

RECURSOS MINERAIS
- defesa; competência legislativa concorrente: art. 24, VI
- exploração de aproveitamento industrial: art. 176, *caput*
- meio ambiente: art. 225, § 2º

REFERENDO
- autorização: art. 49, XV
- soberania: art. 14, II

REFORMA ADMINISTRATIVA
- disposição: ADCT, art. 24

REFORMA AGRÁRIA
- *v.* DESAPROPRIAÇÃO
- beneficiários: art. 189
- compatibilização com a política agrícola: art. 187, § 2º
- conflitos fundiários; varas especializadas; criação: art. 126
- imóveis desapropriados; isenção tributária: art. 184, § 5º
- imóvel rural; declaração de interesse social; ação; propositura; decreto: art. 184, § 2º
- imóvel rural; indenização; títulos da dívida agrária: art. 184
- imóvel rural; processo: art. 184, § 3º
- imóvel rural pequeno e médio ou produtivo; desapropriação; vedação: art. 185
- orçamento público; títulos da dívida agrária: art. 184, § 4º
- pequenos e médios imóveis rurais; vedação: art. 185, I
- propriedade produtiva; vedação: art. 185, II
- terras públicas: art. 188, § 1º
- terras públicas; alienação e concessão: art. 188, § 2º
- títulos da dívida agrária: art. 184, § 4º

REGIÕES METROPOLITANAS
- instituição: art. 25, § 3º

RELAÇÕES INTERNACIONAIS
- princípios: art. 4º

REPRESENTANTES DIPLOMÁTICOS ESTRANGEIROS
- credenciamento: art. 84, VII

ÍNDICE REMISSIVO DA CF

REPÚBLICA
– plebiscito: ADCT, art. 2º

REPÚBLICA FEDERATIVA DO BRASIL: art. 1º, *caput*
– objetivos fundamentais: art. 3º
– organização político-administrativa: art. 18, *caput*
– relações internacionais; princípios: art. 4º, *caput*

REVISÃO CONSTITUCIONAL
– Congresso Nacional: ADCT, art. 3º
– plebiscito; prazo: ADCT, art. 2º
– TSE; normas: ADCT, art. 2º, § 2º

SALÁRIO-EDUCAÇÃO
– cotas estaduais e municipais da arrecadação; distribuição: art. 212, § 6º
– fonte adicional de financiamento; educação básica pública: art. 212, § 5º

SALÁRIO-FAMÍLIA: art. 7º, XII

SANGUE
– comércio; vedação: art. 199, § 4º

SAÚDE PÚBLICA
– *v.* SISTEMA ÚNICO DE SAÚDE
– alimentos; bebidas e águas; fiscalização: art. 200, VI
– aplicação de impostos e receita municipal: arts. 34, VII; 35, III; ADCT, art. 77
– assistência; liberdade à iniciativa privada: art. 199, *caput*
– dever do Estado: art. 196
– direito da criança, adolescente e jovem: art. 227, § 1º
– direito de todos: art. 196
– direitos sociais: art. 6º
– instituições privadas; participação no Sistema Único de Saúde: art. 199, § 1º
– instituições privadas com fins lucrativos; vedação de recursos públicos: art. 199, § 2º
– liberdade à iniciativa privada: art. 199, *caput*
– orçamento: ADCT, art. 55
– órgãos humanos; comércio: art. 199, § 4º
– pessoa física ou jurídica de direito privado; execução: art. 197

– Poder Público; regulamentação, fiscalização, controle e execução: art. 197
– propaganda comercial nociva; vedação: art. 220, § 3º, II
– proteção e defesa; concorrente: art. 24, XII
– regulamentação, fiscalização e controle: art. 197
– sangue; coleta, processamento e transfusão: art. 199, § 4º
– sangue; comércio: art. 199, § 4º
– serviços de atendimento municipais: art. 30, VII
– transplante de órgãos, tecidos e substâncias humanas: art. 199, § 4º
– União; competência: art. 23, II
– vedação da exploração direta ou indireta da assistência por empresas ou capitais estrangeiros: art. 99, § 3º

SEGURANÇA PÚBLICA
– atribuições: art. 144, I a V, §§ 1º ao 5º
– direito social: art. 6º
– finalidade: art. 144, *caput*
– forças auxiliares e reserva do Exército; Governador de Estado, Distrito Federal e Territórios: art. 144, § 6º
– guardas municipais: art. 144, § 8º
– organização e funcionamento: art. 144, § 7º
– órgãos; organização e funcionamento: art. 144, § 7º

SEGURIDADE SOCIAL: arts. 194 a 204
– arrecadação: ADCT, art. 56
– benefícios; fontes de custeio: art. 195, § 5º
– benefícios; irredutibilidade do valor: art. 194, p.u., IV
– benefícios; seletividade e distributividade: art. 194, p.u., III
– benefícios às populações urbanas e rurais; uniformidade e equivalência: art. 194, p.u., II
– Congresso Nacional; aprovação de planos: ADCT, art. 59
– contribuição social; importador de bens ou serviços do exterior: art. 195, IV

ÍNDICE REMISSIVO DA CF

- contribuições: art. 195, § 6º
- contribuições; alíquotas diferenciadas em razão da atividade econômica: art. 195, § 9º
- custeio: art. 194, p.u., V
- débito; pessoa jurídica; consequência: art. 195, § 3º
- definição e finalidade: art. 194, *caput*
- financiamento: art. 194, p.u., VI
- financiamento; contribuições sociais: art. 195, I, II e III
- financiamento; outras fontes: art. 195, § 4º
- financiamento; receitas dos Estados, Distrito Federal e Municípios: art. 195, § 1º
- financiamento; recursos provenientes do orçamento da União, dos Estados, do Distrito Federal e dos Municípios: art. 195
- financiamento; ressalva: art. 240
- gestão administrativa e quadripartite; participação: art. 194, p.u., VII
- isenção de contribuição: art. 195, § 7º
- legislação: art. 22, XXIII
- limites; benefícios: art. 248
- objetivos: art. 194, p.u.
- orçamento: art. 195, § 2º
- orçamento; recursos para a assistência social: art. 204, *caput*
- organização: art. 194, p.u.
- organização; regulamentação legal: ADCT, art. 59
- pessoa jurídica em débito; consequência: art. 195, § 3º
- planos de custeio e benefício; regulamentação legal: ADCT, art. 59
- recursos: arts. 249; 250
- serviços; fontes de custeio: art. 195, § 5º
- serviços; seletividade e distributividade: art. 194, p.u., III
- serviços às populações urbanas e rurais; uniformidade e equivalência: art. 194, p.u., II
- transferência de recursos: art. 195, § 10
- universalidade da cobertura e do atendimento: art. 194, p.u., I
- vedação da utilização dos recursos provenientes para despesas distintas; pagamento de benefícios: art. 167, XI
- vedação de concessão de remissão ou anistia: art. 195, § 11

SENADO FEDERAL
- Banco Central do Brasil; aprovação de Presidente e Diretores: arts. 52, III, *d*; 84, XIV
- cargos; criação, transformação, extinção e remuneração: art. 52, XIII
- comissão permanente e temporária: art. 58, *caput*
- comissões; atribuições: art. 58, § 2º
- comissões; representação proporcional dos partidos: art. 58, § 1º
- comissões parlamentares de inquérito: art. 58, § 3º
- competência privativa: art. 52
- competência privativa; vedação de delegação: art. 68, § 1º
- composição: art. 46, *caput*
- Congresso Nacional; convocação extraordinária: art. 57, § 6º, I e II
- Conselho da República; líderes: art. 89, V
- Conselho Nacional de Justiça; aprovação de seus membros: art. 103-B, § 2º
- crédito externo e interno; disposições sobre limites globais: art. 52, VII
- crédito externo e interno federal; concessão de garantia e fixação de limites e condições: art. 52, VIII
- crimes de responsabilidade; julgamento: art. 86
- deliberações; *quorum*: art. 47
- despesa pública; projeto sobre serviços administrativos: art. 63, II
- dívida mobiliária do Distrito Federal, estadual e municipal; fixação de limites globais: art. 52, IX
- dívida pública; fixação de limites globais: art. 52, VI
- emendas; apreciação pela Câmara dos Deputados: art. 64, § 3º
- emendas à Constituição: art. 60, I

1989

ÍNDICE REMISSIVO DA CF

- emprego; criação, transformação, extinção e remuneração: art. 52, XIII
- estado de sítio; convocação extraordinária do Congresso Nacional pelo Presidente: art. 138, § 2º
- estado de sítio; suspensão da imunidade parlamentar: art. 53, § 8º
- Governador de Território; aprovação: arts. 52, III, c; 84, XIV
- impostos; alíquotas; fixação: art. 155, § 1º, IV e § 2º, V
- inconstitucionalidade de lei; suspensão de execução: arts. 52, X; 103, § 3º
- legislatura; duração: art. 44, p.u.
- leis complementares e ordinárias; iniciativa: art. 61, caput
- magistrados; aprovação: art. 52, III, a
- Mesa; ação declaratória de constitucionalidade: art. 103, II
- Mesa; ação direta de inconstitucionalidade: art. 103, II
- Mesa; *habeas data*: art. 102, I, d
- Mesa; mandado de injunção: art. 102, I, g
- Mesa; mandado de segurança: art. 102, I, d
- Mesa; pedidos de informação a Ministro de Estado: art. 50, § 2º
- Mesa; representação proporcional dos partidos: art. 58, § 1º
- Ministro de Estado; comparecimento: art. 50, § 2º
- Ministro de Estado; convocação: art. 50, caput
- Ministro de Estado; informação: art. 50, § 2º
- missão diplomática de caráter permanente; aprovação dos chefes: art. 52, IV
- operações externas de natureza financeira; autorização: art. 52, V
- organização: art. 52, XIII
- órgão do Congresso Nacional: art. 44, caput
- Presidente; cargo privativo de brasileiro nato: art. 12, § 3º
- Presidente; exercício da Presidência da República: art. 80
- Presidente; membro do Conselho da República: art. 89, III
- Presidente; membro nato do Conselho de Defesa Nacional: art. 91, III
- Presidente; promulgação das leis: art. 66, § 7º
- projetos de lei; prazo de apreciação de solicitação de urgência: art. 64, §§ 2º e 4º
- Regimento Interno: art. 52, XII
- sessão conjunta: art. 57, § 3º
- sistema eleitoral: art. 46, caput

SENADOR
- decoro parlamentar: art. 55, II, § 1º
- estado de sítio; difusão de pronunciamento: art. 139, p.u.
- estado de sítio; suspensão da imunidade parlamentar: art. 53, § 8º
- Estado de Tocantins; eleição: ADCT, art. 13, § 3º
- exercício de funções executivas: art. 56, I, § 3º
- flagrante de crime inafiançável: art. 53, § 2º
- *habeas corpus*; processo e julgamento: art. 102, I, d
- idade mínima: art. 14, § 3º, VI, a
- impedimentos: art. 54
- impostos: art. 49, VII
- imunidades: art. 53
- imunidades; estado de sítio: art. 53, § 8º
- incorporação às Forças Armadas: art. 53, § 8º
- infrações penais comuns; processo e julgamento: art. 102, I, b
- inviolabilidade: art. 53, caput
- legislatura; duração: art. 44, p.u.
- licença: art. 56, II
- mandato eletivo; alternância na renovação: art. 46, § 2º
- mandato eletivo; duração: art. 46, § 1º
- perda de mandato: arts. 55, IV; 56
- remuneração; subsídios: art. 49, VII
- sessão legislativa; ausência: art. 55, III

ÍNDICE REMISSIVO DA CF

- sistema eleitoral: art. 46, caput
- suplência: arts. 46, § 3º; 56, § 1º
- testemunho: art. 53, § 6º
- vacância: art. 56, § 2º

SENTENÇA
- autoridade competente: art. 5º, LIII
- estrangeira; homologação; processo e julgamento: art. 105, I, i
- execução; processo e julgamento: art. 102, I, m
- judicial; servidor público civil; perda e reintegração no cargo: art. 41, §§ 1º e 2º
- penal condenatória: art. 5º, LVII

SEPARAÇÃO DOS PODERES
- emendas à Constituição: art. 60, § 4º, III

SERINGUEIROS
- pensão mensal vitalícia: ADCT, art. 54

SERVIÇO MILITAR OBRIGATÓRIO
- condições: art. 143
- direito de eximir-se; imperativo de consciência: art. 143, § 1º
- eclesiásticos: art. 143, § 2º
- isenção: art. 143, § 2º
- mulheres: art. 143, § 2º
- tempo de paz: art. 143, § 1º

SERVIÇO NACIONAL DE APRENDIZAGEM RURAL
- criação: ADCT, art. 62

SERVIÇO POSTAL: art. 21, X

SERVIÇOS DE TELECOMUNICAÇÕES
- exploração, autorização, concessão e permissão: art. 21, XII, a
- exploração direta ou concessão: art. 21, XI

SERVIÇOS NOTARIAIS E DE REGISTRO
- concurso público; ingresso: art. 236, § 3º
- emolumentos; fixação: art. 236, § 2º
- notariais; responsabilidade civil e criminal: art. 236, § 1º
- oficializados pelo Poder Público; não aplicação das normas: ADCT, art. 32

SERVIÇOS PÚBLICOS
- de interesse local; exploração direta ou concessão: art. 21, XI
- direitos dos usuários: art. 175, p.u., II
- empresas concessionárias e permissionárias; regime: art. 175, p.u., I
- gestão; entes públicos; convênios de cooperação: art. 241
- licitação: art. 37, XXI
- manutenção: art. 175, p.u., IV
- ordenação legal: art. 175, p.u.
- organização: art. 30, V
- política tarifária: art. 175, p.u., III
- prestação; reclamações: art. 37, § 3º
- prestação, concessão e permissão: art. 175, caput
- prestação de serviços: art. 30, V

SERVIDOR PÚBLICO
- acesso: art. 37, I
- acréscimos pecuniários: art. 37, XIV
- acumulação remunerada de cargo, emprego ou função públicos; vedação: art. 37, XVI e XVII
- adicionais percebidos em desacordo com a Constituição; redução: ADCT, art. 17
- administração fazendária; precedência sobre os demais setores administrativos: art. 37, XVIII
- admissão: art. 71, III
- anistia: ADCT, art. 8º, § 5º
- aposentadoria: art. 40
- aposentadoria; atualização de proventos: ADCT, art. 20
- aposentadoria; cálculo dos proventos: art. 40, § 3º
- aposentadoria; compulsória: art. 40, § 1º, II; ADCT: art. 100
- aposentadoria; contribuição sobre os proventos; incidência: art. 40, § 18
- aposentadoria; invalidez permanente: art. 40, § 1º, I
- aposentadoria; redução de proventos percebidos em desacordo com a Constituição: ADCT, art. 17
- aposentadoria voluntária; permanência em atividade; abono: art. 40, § 19
- ato ilícito; prescrição: art. 37, § 5º
- atos de improbidade administrativa: art. 37, § 4º

ÍNDICE REMISSIVO DA CF

- aumento de remuneração: art. 61, § 1º, II, *a*
- autarquias; vedação de acumulação remunerada: art. 37, XVI e XVII
- avaliação especial de desempenho: art. 41, § 4º
- cargo em comissão: art. 37, II
- cargo em comissão; preenchimento: art. 37, V
- cargo temporário; aposentadoria: art. 40, § 13
- cargos, empregos, funções; criação; competência: arts. 48, X; 61, § 1º, II, *a*
- cargos, empregos, funções; transformação; competência: art. 48, X
- concurso público: art. 37, II
- concurso público; prioridade na contratação: art. 37, IV
- concurso público; validade: art. 37, III
- convocação: art. 37, IV
- décimo terceiro salário: art. 39, § 3º
- deficiente: art. 37, VIII
- desnecessidade de cargo: art. 41, § 3º
- direito à livre associação sindical: arts. 8º; 37, VI
- direito de greve: art. 9º, *caput*
- direitos: art. 39, § 3º
- disponibilidade com remuneração proporcional: art. 41, § 3º
- emprego público; vedação de acumulação remunerada: art. 37, XVI e XVII
- empregos temporários; aposentadoria: art. 40, § 13
- equiparações e vinculações; vedação: art. 37, XIII
- escolas de governo; aperfeiçoamento: art. 39, § 2º
- estabilidade: art. 41, *caput*; ADCT, art. 19
- estabilidade; perda de cargo: art. 41, § 1º
- estabilidade; vedação para admissões sem concurso: ADCT, art. 18
- ex-Território Federal de Rondônia: ADCT, art. 89
- extinção: art. 48, X
- extinção de cargo: art. 41, § 3º
- férias: art. 39, § 3º

- função de confiança; preenchimento: art. 37, V
- função pública; vedação de acumulação remunerada: art. 37, XVI e XVII
- funções equivalentes às de agente comunitário de saúde; descumprimento de requisitos fixados em lei: art. 198, § 6º
- investidura: art. 37, II
- jornada de trabalho: art. 32, § 2º
- mandato eletivo: art. 38
- médico; exercício cumulativo de cargo ou função: art. 37, XVI; ADCT, art. 17, § 1º
- nomeação sem concurso público; efeitos: art. 37, § 2º
- padrão de vencimentos: arts. 37, XII; 39, § 1º
- pensão; contribuição sobre proventos; incidência: art. 40, § 18
- pensão por morte: art. 40, § 7º
- pensionistas; atualização de pensões: ADCT, art. 20
- profissionais de saúde; exercício cumulativo de cargo ou função: ADCT, art. 17, § 2º
- programas de qualidade: art. 39, § 7º
- proventos da inatividade; revisão: art. 40, § 8º
- quadro de pessoal; compatibilização: ADCT, art. 24
- reajustamento de benefícios; preservação do valor real: art. 40, § 8º
- regime de previdência: art. 40
- regime de previdência complementar: art. 40, § 15
- regime previdenciário; contribuição instituída pelos Estados, Distrito Federal e Municípios: art. 149, § 1º
- regime próprio de previdência social; multiplicidade; vedação: art. 40, § 20
- reintegração: art. 41, § 2º
- remuneração; publicação: art. 39, § 6º
- remuneração; subsídios; limites máximos e mínimos: arts. 37, XI; 39, § 4º
- remuneração; subsídios; revisão: art. 37, X
- remuneração; subsídios; vencimentos; irredutibilidade: arts. 37, XV; 39, § 4º

ÍNDICE REMISSIVO DA CF

- remuneração percebida em desacordo com a Constituição; redução: ADCT, art. 17
- repouso semanal remunerado: art. 39, § 3º
- responsabilidade civil: art. 37, § 6º
- riscos do trabalho; redução: art. 39, § 3º
- salário do trabalho noturno: art. 39, § 3º
- salário-família: art. 39, § 3º
- salário fixo: art. 39, § 3º
- salário mínimo: art. 39, § 3º
- seguro-desemprego: art. 239
- serviço extraordinário: art. 39, § 3º
- sociedade de economia mista; vedação de acumulação remunerada: art. 37, XVI e XVII
- vantagens percebidas em desacordo com a Constituição; redução: ADCT, art. 17
- vedação à diferenciação: art. 39, § 3º
- vedação de acumulação remunerada: art. 37, XVI e XVII
- vencimentos percebidos em desacordo com a Constituição; redução: ADCT, art. 17

SESSÃO LEGISLATIVA
- abertura: art. 57, § 1º
- extraordinária; vedado o pagamento de parcela indenizatória: art. 57, § 7º

SESSÕES PREPARATÓRIAS DAS CÂMARAS: art. 57, § 4º

SIGILO
- comunicação telegráfica, telefônica, de dados e correspondência; sigilo; inviolabilidade e restrições: arts. 5º, XII; 136, § 1º, I, b e c
- correspondência; inviolabilidade: arts. 5º, XII; 136, § 1º, I, b
- imprensa; radiodifusão e televisão; liberdade; restrições: art. 139, III
- informações; direitos: art. 5º, XIV e XXVIII
- informações; fonte: art. 5º, XIV
- restrições: art. 139, III

SÍMBOLOS NACIONAIS: art. 13, § 1º

SINDICATO
- aposentado: art. 8º, VII
- categoria econômica: art. 5º, II
- categoria profissional: art. 8º, II
- contribuição sindical: art. 8º, IV
- direção ou representação sindical; garantias: art. 8º, VIII
- direitos e interesses da categoria: art. 5º, III
- filiação: art. 8º, V
- fundação; autorização legal: art. 8º, I
- interferência ou intervenção: art. 5º, I
- limitações ao poder de tributar: art. 150, VI, c, e § 4º
- negociação coletiva: art. 8º, VI
- rural; aplicação de princípios do sindicato urbano: art. 8º
- rural; contribuições: ADCT, art. 10, § 2º

SISTEMA DE GOVERNO
- plebiscito: ADCT, art. 2º

SISTEMA FINANCEIRO NACIONAL: art. 192
- instituições financeiras; aumento de participação de capital estrangeiro; vedação: ADCT, art. 52, II
- instituições financeiras; instalação de novas agências; vedação: ADCT, art. 52, I

SISTEMA NACIONAL DE VIAÇÃO: art. 21, XXI

SISTEMA TRIBUTÁRIO NACIONAL
- v. TRIBUTOS
- administração tributária; compartilhamento de cadastros e informações: art. 37, XXII
- avaliação periódica: art. 52, XV
- vigência: ADCT, art. 34

SISTEMA ÚNICO DE SAÚDE
- admissão de agentes comunitários de saúde: art. 198, § 4º
- agentes comunitários de saúde; regulamentação; Lei Federal: art. 198, § 5º
- atividades preventivas: art. 198, II
- atribuições: art. 200
- controle e fiscalização de procedimentos, produtos e substâncias: art. 200, I
- direção única em cada nível de governo: art. 198, I
- diretrizes: art. 198

ÍNDICE REMISSIVO DA CF

- entidades filantrópicas e sem fins lucrativos: art. 199, § 1°
- financiamento: art. 198, § 1°
- fiscalização e inspeção de alimentos: art. 200, VI
- formação de recursos humanos: art. 200, III
- incremento do desenvolvimento científico e tecnológico: art. 200, V
- orçamento: art. 198, § 1°
- participação da comunidade: art. 198, III
- participação supletiva da iniciativa privada: art. 199, § 1°
- produtos psicoativos, tóxicos e radioativos; participação; fiscalização; controle: art. 200, VII
- proteção ao meio ambiente: art. 200, VIII
- proteção ao trabalho: art. 200, VIII
- saneamento básico: art. 200, IV
- vigilância sanitária, epidemiológica e de saúde do trabalhador: art. 200, II

SOBERANIA: art. 1°, I
- nacional: art. 170, I
- popular; exercício: art. 14, caput

SOCIEDADE DE ECONOMIA MISTA
- criação: art. 37, XIX
- criação de subsidiária; autorização legislativa: art. 37, XX
- exploração de atividade econômica; estatuto jurídico: art. 173, § 1°
- privilégios fiscais: art. 173, § 2°

SOLO
- defesa; competência legislativa concorrente: art. 24, VI
- urbano; controle, ocupação, parcelamento e planejamento: art. 30, VIII

SUBSÍDIOS
- Deputado Estadual: art. 27, § 2°
- Governador: art. 28, § 2°
- Ministro de Estado: art. 39, § 4°
- Ministro do STF: art. 48, XV
- Ministros dos Tribunais Superiores: art. 93, V
- Prefeito: art. 29, V
- Secretário de Estado: art. 28, § 2°
- Secretário Municipal: art. 29, V
- Vereadores: art. 29, VI
- Vice-Governador: art. 28, § 2°
- Vice-Prefeito: art. 29, V

SUFRÁGIO UNIVERSAL: art. 14, caput

SÚMULA VINCULANTE
- aplicação indevida ou contrariedade à sua aplicação: art. 103-A, § 3°
- edição; provocação; legitimados a propor ação direta de inconstitucionalidade: art. 103-A, § 2°
- edição; STF; requisitos: art. 103-A
- finalidade: art. 103-A, § 1°

SUPERIOR TRIBUNAL DE JUSTIÇA
- ação rescisória de seus julgados; foro competente: art. 105, I, e
- carta rogatória; exequatur: art. 105, I, i
- competência: art. 105
- competência anterior à sua instalação: ADCT, art. 27, § 1°
- competência originária: art. 105, I
- competência privativa: art. 96, I
- competência privativa de propostas ao Legislativo: art. 96, II
- composição: art. 104
- conflito de atribuições; autoridades administrativas de um Estado e autoridades judiciárias do Distrito Federal: art. 105, I, g
- conflito de atribuições; autoridades administrativas do Distrito Federal e autoridades administrativas da União: art. 105, I, g
- conflito de atribuições; autoridades administrativas e judiciárias da União; processo e julgamento: art. 105, I, g
- conflito de atribuições; autoridades judiciárias de um Estado e autoridades administrativas de outro; processo e julgamento: art. 105, I, g
- conflito de atribuições; autoridades judiciárias de um Estado e autoridades administrativas do Distrito Federal; processo e julgamento: art. 105, I, g
- conflito de jurisdição entre Tribunais; processo e julgamento: art. 105, I, d

ÍNDICE REMISSIVO DA CF

- Conselho da Justiça Federal: art. 105, p.u., II
- crimes comuns; conselheiros dos Tribunais de Contas, desembargadores, Governadores, juízes, membros do MP; processo e julgamento: art. 105, I, a
- crimes de responsabilidade; juízes, conselheiros dos Tribunais de Contas, desembargadores, membros do MP; processo e julgamento: art. 105, I, a
- despesa pública nos projetos sobre serviços administrativos: art. 63, II
- discussão e votação da iniciativa das leis: art. 64, caput
- dissídio jurisprudencial; processo e julgamento: art. 105, III, c
- elaboração do Regimento Interno: art. 96, I, a
- eleição de órgãos diretivos: art. 96, I, a
- Escola Nacional de Formação e Aperfeiçoamento de Magistrados: art. 105, p.u., I
- habeas corpus; processo e julgamento: art. 105, I, c, e II, a
- habeas data; processo e julgamento: arts. 102, I, d; 105, I, b
- instalação: ADCT, art. 27, § 1º
- jurisdição: art. 92, p.u.
- lei federal; processo e julgamento de recursos de decisão que contrarie ou negue vigência: art. 105, III, a
- lei ou ato de governo local contestado em face de lei federal; processo e julgamento de recurso: art. 105, III, b
- leis complementares e ordinárias; iniciativa: art. 61, caput
- licença, férias e afastamento: art. 96, I, f
- mandado de injunção; processo e julgamento: art. 105, I, h
- mandado de segurança; processo e julgamento: arts. 102, I, d; 105, I, b e II, b
- Ministro: art. 119, p.u.; ADCT, art. 27, § 2º
- Ministro; aposentadoria: ADCT, art. 27, § 4º
- Ministro; aprovação de nomeação pelo Senado Federal: arts. 84, XIV; 104, p.u.
- Ministro; crimes de responsabilidade: art. 102, I, c
- Ministro; habeas corpus: art. 102, I, d
- Ministro; indicação: ADCT, art. 27, § 5º
- Ministro; infrações penais comuns: art. 102, I, c
- Ministro; infrações penais de responsabilidade: art. 102, I, c
- Ministro; nomeação pelo Presidente da República: arts. 84, XIV; 104, p.u.
- Ministro; requisitos: art. 104, p.u.
- Ministro; terço de desembargadores do Tribunal de Justiça: art. 104, p.u.
- Ministro; TFR: ADCT, art. 27, § 2º
- motivação das decisões administrativas: art. 93, X
- organização da secretaria e dos serviços auxiliares: art. 96, I, b
- órgão do Poder Judiciário: art. 92, II
- órgãos diretivos; eleição: art. 96, I, a
- órgãos jurisdicionais e administrativos: art. 96, I, a
- processo e julgamento; causa: art. 105, II, c
- propostas orçamentárias: art. 99, §§ 1º e 2º
- provimento de cargos necessários à administração da Justiça: art. 96, I, e
- reclamação para garantia da autoridade de suas decisões e preservação de sua competência; processo e julgamento: art. 105, I, f
- recurso especial; ato de governo local; contestação em face de lei federal; validade: art. 105, III, b
- recurso especial; lei federal; divergência de interpretação: art. 105, III, c
- recurso especial; tratado ou lei federal; contrariedade ou negativa de vigência: art. 105, III, a
- recurso ordinário; processo e julgamento: art. 105, II
- revisão criminal de seus julgados; processo e julgamento: art. 105, I, e

ÍNDICE REMISSIVO DA CF

- sede: art. 92, p.u.
- sentença estrangeira; homologação: art. 105, I, *i*
- TFR; Ministros: ADCT, art. 27, § 2º
- tratado ou lei federal; processo e julgamento de recurso de decisão que contrarie ou negue vigência: art. 105, III, *a*

SUPERIOR TRIBUNAL MILITAR: art. 122, I
- competência: art. 124
- competência privativa: art. 96, I
- competência privativa de propostas ao Legislativo: art. 96, II
- composição: art. 123, *caput*
- despesa pública nos projetos sobre serviços administrativos: art. 63, II
- discussão e votação da iniciativa de leis: art. 64, *caput*
- funcionamento: art. 24, p.u.
- jurisdição: art. 92, p.u.
- leis complementares e ordinárias; iniciativa: art. 61, *caput*
- licença, férias e afastamento: art. 96, I, *f*
- Ministro: art. 123, *caput*
- Ministro; aprovação pelo Senado Federal: arts. 84, XIV; 123, *caput*
- motivação das decisões administrativas: art. 93, X
- nomeação de Ministro pelo Presidente da República: art. 84, XIV
- organização: art. 124, p.u.
- organização da secretaria e serviços auxiliares: art. 96, I, *b*
- órgão diretivo; eleição: art. 96, I, *a*
- órgãos jurisdicionais e administrativos: art. 96, I, *a*
- propostas orçamentárias: art. 99
- provimento de cargos necessários à administração da Justiça: art. 96, I, *e*
- Regimento Interno; elaboração: art. 96, I, *a*
- sede: art. 92, p.u.

SUPREMO TRIBUNAL FEDERAL
- ação direta de inconstitucionalidade; medida cautelar: art. 102, I, *q*
- ação originária: art. 102, I

- ação rescisória de seus julgados; processo e julgamento: art. 102, I, *j*
- ações declaratória de constitucionalidade e direta de inconstitucionalidade; decisão definitiva de mérito; efeito vinculante: art. 102, § 2º
- anistia: ADCT, art. 9º
- arguição de descumprimento de preceito constitucional: art. 102, p.u.
- ato de governo que contrarie a Constituição; julgamento de recurso extraordinário: art. 102, III, *c*
- causas e conflitos entre a União, os Estados, o Distrito Federal e respectivas entidades da administração indireta; processo e julgamento: art. 102, I, *f*
- competência: art. 102
- competência; ações contra o Conselho Nacional de Justiça e o Conselho Nacional do MP: art. 102, I, *r*
- competência originária; execução de sentença: art. 102, I, *m*
- competência privativa: art. 96
- competência privativa de propostas ao Legislativo: art. 96, II
- composição: art. 101, *caput*
- conflitos de jurisdição; processo e julgamento: art. 102, I, *o*
- Conselho Nacional de Justiça; presidência: art. 103-B, § 1º
- Constituição; julgamento de recurso extraordinário de disposição contrária: art. 102, III, *a*
- crimes comuns; processo e julgamento de Ministros do Tribunal Superior do Trabalho: art. 102, I, *c*
- crimes de responsabilidade; processo e julgamento: art. 102, I, *c*
- crimes de responsabilidade de seus Ministros; julgamento pelo Presidente; pena: art. 52, p.u.
- crimes políticos; julgamento de recurso ordinário: art. 102, II, *b*
- decisões administrativas; motivação: art. 93, X

ÍNDICE REMISSIVO DA CF

- despesa pública; projetos sobre serviços administrativos: art. 63, II
- Estatuto da Magistratura; iniciativa: art. 93, *caput*
- extradição requisitada por Estado estrangeiro; processo e julgamento: art. 102, I, *g*
- *habeas corpus*; chefes de missão diplomática de caráter permanente: art. 102, I, *d*
- *habeas corpus*; Deputado Federal: art. 102, I, *d*
- *habeas corpus*; julgamento de recurso ordinário do ato denegado em única instância pelos Tribunais Superiores: art. 102, II, *a*
- *habeas corpus*; Ministros e Presidente da República: art. 102, I, *d*
- *habeas corpus*; processo e julgamento de Tribunal Superior, autoridade ou funcionário sob sua jurisdição: art. 102, I, *i*
- *habeas corpus*; Procurador-Geral da República: art. 102, I, *d*
- *habeas corpus*; Senador: art. 102, I, *d*
- *habeas data*: art. 102, I, *d*
- *habeas data*; julgamento de recurso ordinário do ato denegado em única instância pelos Tribunais Superiores: art. 102, II, *a*
- *habeas data*; processo e julgamento de seus atos: art. 102, I, *d*
- impedimento ou interesse; membros do Tribunal de origem; processo e julgamento: art. 102, I, *n*
- inconstitucionalidade de ato normativo estadual e federal; processo e julgamento: art. 102, I, *a*
- inconstitucionalidade de lei estadual; processo e julgamento: art. 102, I, *a*
- inconstitucionalidade de lei federal; julgamento de recurso extraordinário: art. 102, III, *b*
- inconstitucionalidade de tratado ou lei federal; julgamento de recurso extraordinário: art. 102, III, *b*
- inconstitucionalidade em tese: art. 103, § 3º
- inconstitucionalidade por omissão de medida para tornar efetiva norma constitucional: art. 103, § 2º
- infrações penais comuns; processo e julgamento de chefes de missão diplomática de caráter permanente: art. 102, I, *c*
- infrações penais comuns; processo e julgamento de Deputados Federais: art. 102, I, *b*
- infrações penais comuns; processo e julgamento de Ministro de Estado: art. 102, I, *c*
- infrações penais comuns; processo e julgamento de Ministros do STF, Senadores, Procuradores-Gerais da República: art. 102, I, *b*
- infrações penais comuns; processo e julgamento dos membros dos Tribunais Superiores: art. 102, I, *c*
- infrações penais comuns; processo e julgamento dos Ministros do Superior Tribunal Militar, Ministros dos Tribunais de Contas da União: art. 102, I, *c*
- intervenção; provimento; requisitos: art. 36
- jurisdição: art. 92, § 2º
- lei local; julgamento de recurso extraordinário: art. 102, III, *c*
- leis; discussão e votação: art. 64, *caput*
- leis complementares e ordinárias; iniciativa: art. 61, *caput*
- licença, férias e afastamentos; concessão: art. 96, I, *f*
- litígio entre Estado estrangeiro ou organismo internacional e a União, o Estado, o Distrito Federal ou o Território; processo e julgamento: art. 102, I, *e*
- mandado de injunção: art. 102, I, *q*
- mandado de injunção; julgamento de recurso ordinário do ato denegado em única instância pelos Tribunais Superiores: art. 102, II, *a*
- mandado de segurança: art. 102, I, *d*

1997

ÍNDICE REMISSIVO DA CF

- mandado de segurança; julgamento de recurso ordinário do ato denegado em única instância pelos Tribunais Superiores: art. 102, II, *a*
- membros da magistratura; processo e julgamento: art. 102, I, *n*
- Ministro; cargo privativo de brasileiro nato: art. 12, § 3º, IV
- Ministro; crimes de responsabilidade: art. 52, II
- Ministro; nomeação: art. 101, p.u.
- Ministro; nomeação pelo Presidente da República: art. 84, XIV
- Ministro; requisitos: art. 101, *caput*
- Ministro; Senado Federal; aprovação: arts. 84, XIV; 101, p.u.
- órgão do Poder Judiciário: art. 92, I
- órgãos diretivos; eleição: art. 96, I, *a*
- órgãos jurisdicionais e administrativos; funcionamento: art. 96, I, *a*
- Presidente; compromisso de manter, defender e cumprir a Constituição: ADCT, art. 1º
- Presidente; exercício da Presidência da República: art. 80
- propostas orçamentárias: art. 99, §§ 1º e 2º
- provimento de cargos necessários à administração da Justiça: art. 96, I, *e*
- reclamações; garantia de autoridade de suas decisões; preservação da sua competência; processo e julgamento: art. 102, I, *l*
- recurso extraordinário: art. 102, III
- recurso extraordinário; admissibilidade; pressupostos: art. 102, § 3º
- recurso ordinário: art. 102, II
- Regimento Interno; elaboração: art. 96, I, *a*
- revisão criminal de seus julgados; processo e julgamento: art. 102, I, *j*
- secretaria e serviços auxiliares; organização: art. 96, I, *b*
- sede: art. 92, § 1º
- súmula vinculante: art. 103-A

- STJ; exercício da competência: art. 27, § 1º
- STJ; instalação: art. 27, *caput*
- Tribunal Superior, autoridade ou funcionário cujos atos estejam sob sua jurisdição direta; processo e julgamento: art. 102, I, *i*

TAXAS: art. 145, II
- *v.* TRIBUTOS
- base de cálculo: art. 145, § 2º

TELECOMUNICAÇÕES
- concessão: ADCT, art. 66
- disposição; competência do Congresso Nacional: art. 48, XII
- legislação; competência privativa da União: art. 22, IV
- liberdade: art. 139, III
- programas de rádio e televisão; classificação; competência: art. 21, XVI
- rádio e televisão; concessão e renovação: arts. 49, XII; 223, § 5º
- rádio e televisão; produção e programação; princípios: arts. 220, § 3º, II; 221
- serviços; exploração; competência da União: art. 21, XI e XII, *a*

TELEVISÃO
- *v.* RADIODIFUSÃO SONORA E DE IMAGENS

TERRAS DEVOLUTAS: art. 20, II
- destinação; compatibilização com a política agrícola e com a reforma agrária: art. 188
- meio ambiente: art. 225, § 5º

TERRAS INDÍGENAS
- demarcação: ADCT, art. 67
- riquezas minerais; autorização para exploração: art. 49, XVI

TERRAS PÚBLICAS
- alienação; aprovação prévia do Congresso Nacional: arts. 49, XVII; 188, § 1º
- concessão; aprovação prévia do Congresso Nacional: arts. 49, XVII; 188, § 1º
- destinação; compatibilização com a política agrícola e com a reforma agrária: art. 182

ÍNDICE REMISSIVO DA CF

- devolutas; bens da União e dos Estados: arts. 20, II; 26, IV
- devolutas; destinação: art. 188
- devolutas; proteção dos ecossistemas naturais: art. 225, § 5º
- doação, venda e concessão; revisão pelo Congresso Nacional: ADCT, art. 51
- ocupação pelos quilombos: ADCT, art. 68
- reforma agrária; concessão: art. 188, §§ 1º e 2º
- reversão ao patrimônio da União, Estados, Distrito Federal ou Municípios: ADCT, art. 51, § 3º
- venda, doação e concessão; revisão pelo Congresso Nacional: ADCT, art. 51

TERRITÓRIO
- Amapá; recursos antes da transformação em Estado: ADCT, art. 14, § 4º
- Amapá; transformação em Estado: ADCT, art. 14
- competência tributária; imposto sobre operações relativas à circulação de mercadorias incidente sobre energia elétrica: ADCT, art. 34, § 9º
- criação: art. 18, §§ 2º e 3º
- defensoria pública: art. 33, § 3º
- desmembramento: art. 48, VI
- divisão em Municípios: art. 33, § 1º
- eleição de Deputados: art. 45, § 2º
- Fernando de Noronha; reincorporação ao Estado de Pernambuco: ADCT, art. 15
- Governador: art. 33, § 3º
- impostos estaduais e municipais: art. 147
- incorporação: art. 48, VI
- litígio com Estado estrangeiro ou organismo internacional; processo e julgamento: art. 102, I, *e*
- matéria tributária e orçamentária: art. 61, § 1º, II, *b*
- MP: art. 33, § 3º
- orçamento; recursos para a assistência social: art. 204, *caput*
- organização administrativa: arts. 33, *caput*; 61, § 1º, II, *b*
- organização judiciária: art. 33
- pessoal administrativo: art. 61, § 1º, II, *b*
- prestação de contas: art. 33, § 2º
- reintegração ao Estado de origem: art. 18, § 2º
- Roraima; recursos antes da transformação em Estado: ADCT, art. 14, § 4º
- Roraima; transformação em Estado: ADCT, art. 14
- serviços públicos: art. 61, § 1º, II, *b*
- servidor público: art. 61, § 1º, II, c
- símbolos: art. 13, § 2º
- sistema de ensino: art. 211, § 1º
- Sistema Único de Saúde; financiamento: art. 198, § 1º
- subdivisão: art. 48, VI
- transformação em Estado: art. 18, § 2º

TERRITÓRIO NACIONAL
- Comissão de Estudos Territoriais: ADCT, art. 12
- limites: art. 48, VI

TERRORISMO
- direitos e deveres individuais e coletivos: art. 5º, XLIII
- repúdio: art. 4º, VIII

TESOURO NACIONAL
- emissão de títulos; compra e venda pelo Banco Central do Brasil: art. 164, § 2º
- empréstimos do Banco Central do Brasil; vedação: art. 164, § 1º

TÍTULO DE DOMÍNIO
- área urbana; posse: art. 183, *caput* e § 1º
- imóvel rural: art. 189

TÍTULOS DA DÍVIDA AGRÁRIA
- emissão: art. 184
- orçamento público: art. 184, § 4º
- resgate: art. 184

TÍTULOS DA DÍVIDA PÚBLICA
- propriedade urbana; desapropriação: art. 182, § 4º, III

TORTURA
- direitos e deveres individuais e coletivos: art. 5º, III

TRABALHADOR DOMÉSTICO
- direitos: art. 7º, p.u.

ÍNDICE REMISSIVO DA CF

TRABALHADOR RURAL
– acordos coletivos de trabalho: art. 7º, XXVI
– adicional de remuneração: art. 7º, XXIII
– admissão; proibição de diferença de critério: art. 7º, XXX
– aposentadoria: art. 7º, XXIV
– assistência gratuita aos filhos e dependentes: art. 7º, XXV
– automação; proteção: art. 7º, XXVII
– aviso-prévio: art. 7º, XXI
– condição social: art. 7º, *caput*
– contrato de trabalho; prescrição: art. 7º, XXIX
– convenções coletivas de trabalho: art. 7º, XXVI
– décimo terceiro salário: art. 7º, VIII
– deficiente físico: art. 7º, XXXI
– direitos: art. 7º
– empregador; cumprimento das obrigações trabalhistas: ADCT, art. 1º, § 3º
– férias: art. 7º, XVII
– Fundo de Garantia do Tempo de Serviço: art. 7º, III
– garantia de salário: art. 7º, VII
– irredutibilidade de salário ou vencimento: art. 7º, VI
– jornada de trabalho: art. 7º, XIII
– jornada máxima de trabalho: art. 7º, XIV
– licença-paternidade: art. 7º, XIX; ADCT, art. 10, § 1º
– licença remunerada à gestante: art. 7º, XVIII
– menor; aprendiz: art. 7º, XXXIII
– menor; trabalho insalubre: art. 7º, XXXIII
– menor; trabalho noturno: art. 7º, XXXIII
– menor; trabalho perigoso: art. 7º, XXXIII
– mulher; proteção do mercado de trabalho: art. 7º, XX
– participação nos lucros: art. 7º, XI
– piso salarial: art. 7º, V
– relação de emprego; proteção: art. 7º, I; ADCT, art. 10
– repouso semanal remunerado: art. 7º, XV
– riscos do trabalho; redução: art. 7º, XXII
– salário; proibição de diferença: art. 7º, XXX
– salário; proteção: art. 7º, X
– salário-família: art. 7º, XII
– salário mínimo: art. 7º, IV
– seguro contra acidentes do trabalho: art. 7º, XXVIII
– seguro-desemprego: art. 7º, II
– serviço extraordinário: art. 7º, XVI
– trabalhador com vínculo permanente; igualdade com trabalhador avulso: art. 7º, XXXIV
– trabalho manual, técnico e intelectual; proibição de distinção: art. 7º, XXXII
– trabalho noturno; remuneração: art. 7º, IX

TRABALHADOR URBANO
– acordos coletivos de trabalho: art. 7º, XXVI
– adicional de remuneração: art. 7º, XXIII
– admissão; proibição de diferença de critério: art. 7º, XXX
– aposentadoria: art. 7º, XXIV
– assistência gratuita aos filhos e dependentes: art. 7º, XXV
– associação profissional ou sindical: art. 8º
– automação; proteção: art. 7º, XXVII
– aviso-prévio: art. 7º, XXI
– condição social: art. 7º, *caput*
– contrato de trabalho; prescrição: art. 7º, XXIX
– convenções coletivas de trabalho: art. 7º, XXVI
– décimo terceiro salário: art. 7º, VIII
– deficiente físico: art. 7º, XXXI
– direitos: art. 7º
– entendimento direto com o empregador: art. 11
– férias: art. 7º, XVII
– Fundo de Garantia do Tempo de Serviço: art. 7º, III
– garantia de salário: art. 7º, VII
– irredutibilidade de salário ou vencimento: art. 7º, VI
– jornada de trabalho: art. 7º, XIII
– jornada máxima de trabalho: art. 7º, XIV

ÍNDICE REMISSIVO DA CF

- licença-paternidade: art. 7º, XIX; ADCT, art. 10, § 1º
- licença remunerada à gestante: art. 7º, XVIII
- menor; aprendiz: art. 7º, XXXIII
- menor; trabalho insalubre, noturno, perigoso: art. 7º, XXXIII
- mulher; proteção do mercado de trabalho: art. 7º, XX
- participação nos colegiados de órgãos públicos: art. 10
- participação nos lucros: art. 7º, XI
- piso salarial: art. 7º, V
- relação de emprego; proteção: art. 7º, I; ADCT, art. 10
- remuneração do trabalho noturno: art. 7º, IX
- repouso semanal remunerado: art. 7º, XV
- riscos do trabalho; redução: art. 7º, XXII
- salário; proibição de diferença: art. 7º, XXX
- salário; proteção: art. 7º, X
- salário-família: art. 7º, XII
- salário mínimo: art. 7º, IV
- seguro contra acidentes do trabalho: art. 7º, XXVIII
- seguro-desemprego: art. 7º, II
- serviço extraordinário: art. 7º, XVI
- trabalhador com vínculo permanente; igualdade com trabalhador avulso: art. 7º, XXXIV
- trabalho manual, técnico e intelectual; proibição de distinção: art. 7º, XXXII

TRABALHO
- direitos sociais: art. 6º
- inspeção; organização, manutenção e execução: art. 21, XXIV
- valores sociais: art. 1º, IV

TRABALHOS FORÇADOS
- direitos e deveres individuais e coletivos: art. 5º, XLVII, c

TRÁFICO DE DROGAS
- crime inafiançável: art. 5º, XLIII

TRANSPORTE
- aéreo; ordenação legal: art. 178
- aquaviário e ferroviário; serviços; exploração; competência: art. 21, XI, d
- coletivo; deficiente; acesso adequado: arts. 227, § 2º; 244
- coletivo; serviço público de caráter essencial: art. 30, V
- coletivo urbano; concessão e permissão: art. 30, V
- embarcações estrangeiras: art. 178, p.u.
- interestadual e intermunicipal; impostos; instituição e normas: art. 155, II, § 2º; ADCT, art. 34, §§ 6º e 8º
- internacional; ordenação: art. 178, caput
- legislação; competência privativa da União: art. 22, XI
- marítimo; ordenação legal: art. 178
- petróleo e gás natural; monopólio da União: art. 177, IV
- política nacional; diretrizes; legislação; competência: art. 22, IX
- rodoviário de passageiros; exploração; competência: art. 21, XII, e
- sistema nacional de viação; princípios e diretrizes; competência: art. 21, XXI
- terrestre; ordenação legal: art. 178
- urbano; diretrizes; competência: art. 21, XX
- urbano; gratuidade; idosos: art. 230, § 2º

TRATADOS INTERNACIONAIS
- Congresso Nacional; referendo: art. 49, I
- crimes; processo e julgamento: art. 109, V
- direitos e garantias; inclusão na Constituição Federal: art. 5º, § 2º
- direitos humanos; aprovação pelo Congresso: art. 5º, § 3º
- Presidente da República; celebração: art. 84, VIII

TRIBUNAIS
- competência privativa: art. 96, I
- conflitos de competência: arts. 102, I; 105, I, d
- decisões administrativas; motivação: art. 93, X
- declaração de inconstitucionalidade de lei ou ato normativo: art. 97

ÍNDICE REMISSIVO DA CF

- órgão especial: art. 93, XI
- segundo grau; acesso: art. 93, III

TRIBUNAIS SUPERIORES
- competência privativa: art. 96, II
- conflitos de competência: arts. 102, I; 105, I, *d*
- *habeas corpus*: art. 102, I, *d* e *i*, e II, *a*
- *habeas data*: art. 102, II, *a*
- jurisdição: art. 92, § 2º
- mandado de injunção: art. 102, I, *q*
- mandado de segurança: art. 102, II, *a*
- membros; crimes de responsabilidade e infrações penais comuns: art. 102, I, *c*
- órgão especial: art. 93, XI
- propostas orçamentárias: art. 99, §§ 1º e 2º
- sede: art. 92, § 1º

TRIBUNAL DE CONTAS DA UNIÃO
- administrador público; prestação de contas: art. 71, II
- auditores: art. 73, § 4º
- competência: arts. 71; 73, *caput*; 96
- composição: art. 73, *caput*
- convênio federal: art. 71, VI
- crimes de responsabilidade de Ministro e de Comandantes da Marinha, do Exército e da Aeronáutica; foro competente: art. 102, I, *c*
- decisões; título executivo: art. 71, § 3º
- fiscalização contábil, financeira e orçamentária: art. 71
- fixação de prazo para doação de providências ao exato cumprimento da lei: art. 71, IX
- *habeas data*; processo e julgamento: art. 102, I, *d*
- jurisdição: art. 73, *caput*
- mandado de injunção; processo e julgamento: art. 102, I, *q*
- mandado de segurança; processo e julgamento: art. 102, I, *d*
- membros; escolha: art. 49, XII
- MP; atuação: art. 130
- Ministro; aposentadoria: art. 73, § 3º
- Ministro; aprovação: arts. 52, III, *b*; 73, § 2º, I; 84, XV
- Ministro; escolha: art. 73, §§ 2º e 3º
- Ministro; *habeas corpus*: art. 102, I, *d*
- Ministro; impedimentos: art. 73, § 3º
- Ministro; indicação do Presidente da República: arts. 52, III, *b*; 73, § 2º, I
- Ministro; infrações penais comuns: art. 102, I, *d*
- Ministro; nomeação pelo Presidente da República: arts. 73, § 1º, e 84, XV
- Ministro; prerrogativas e garantias: art. 73, § 3º
- Ministro; requisitos: art. 73, § 2º
- Ministro; vencimentos: art. 73, § 3º
- prestação de contas dos Territórios: art. 33, § 2º
- prestação de informações: arts. 71, VII; 77
- relatório de atividades: art. 71, § 4º
- representação: art. 71, XI
- sanção: art. 71, VIII
- sede: art. 73, *caput*
- sustação de contrato: art. 71, §§ 1º e 2º
- sustação de execução de ato impugnado: art. 71, X

TRIBUNAL DE CONTAS DO DISTRITO FEDERAL E DOS ESTADOS
- crimes comuns e responsabilidade; foro competente: art. 105, I, *a*
- organização e fiscalização: art. 75, *caput*

TRIBUNAL DE CONTAS DO MUNICÍPIO
- organização e fiscalização: art. 75, *caput*

TRIBUNAL DE EXCEÇÃO: art. 5º, XXXVII

TRIBUNAL DE JUSTIÇA: art. 92, VII
- *v.* JUSTIÇA ESTADUAL
- competência: art. 125, § 1º; ADCT, art. 70
- competência privativa de propostas ao Legislativo: art. 96, II
- conflitos fundiários; vara especializada; criação: art. 126
- descentralização: art. 125, § 6º
- designação de juízes de entrância especial para questões agrárias: art. 126, *caput*
- elaboração do Regimento Interno: art. 96, I, *a*

ÍNDICE REMISSIVO DA CF

- eleição dos órgãos diretivos: art. 96, I, *a*
- julgamento de juiz estadual: art. 96, III
- julgamento de membro do MP: art. 96, III
- justiça itinerante; instalação: art. 125, § 7º
- lei de criação da Justiça Militar Estadual; iniciativa: art. 125, § 3º
- lei de organização judiciária; iniciativa: art. 125, § 1º
- licença, férias e afastamento: art. 96, I, *f*
- motivação das decisões administrativas: art. 93, X
- organização de secretaria e serviços auxiliares: art. 96, I, *b*
- órgãos jurisdicionais e administrativos: art. 96, I, *a*
- propostas orçamentárias: art. 99, §§ 1º e 2º
- provimento de cargos necessários à administração da Justiça: art. 96, I, *e*
- quinto de advogados: art. 94
- quinto do MP: art. 94

TRIBUNAL INTERNACIONAL DOS DIREITOS HUMANOS: ADCT, art. 7º

TRIBUNAL MILITAR: art. 122, II
- *v.* JUSTIÇA MILITAR
- competência: art. 96, I
- elaboração do Regimento Interno: art. 96, I, *a*
- eleição dos órgãos diretivos: art. 96, I, *a*
- licença, férias e afastamento: art. 96, I, *f*
- motivação das decisões administrativas: art. 93, X
- organização de secretaria e órgãos auxiliares: art. 96, I, *b*
- órgão do Poder Judiciário: art. 92, VI
- órgãos jurisdicionais e administrativos: art. 96, I, *a*
- propostas orçamentárias: art. 99
- provimento de cargos necessários à administração da Justiça: art. 96, I, *e*

TRIBUNAL PENAL INTERNACIONAL
- jurisdição; submissão do Brasil: art. 5º, § 4º

TRIBUNAL REGIONAL DO TRABALHO: art. 111, II
- *v.* JUSTIÇA DO TRABALHO
- competência: art. 113
- competência privativa: art. 96, I
- composição; requisitos: art. 115, *caput*
- constituição: art. 113
- descentralização: art. 115, § 2º
- despesa pública nos projetos sobre serviços administrativos: art. 63, II
- elaboração do Regimento Interno: art. 96, I, *a*
- eleição dos órgãos: art. 96, I, *a*
- garantias e condições de exercício: art. 113
- investidura: art. 113
- juiz; crime comum e de responsabilidade: art. 105, I, *a*
- jurisdição: art. 113
- justiça itinerante; instalação: art. 115, § 1º
- licença, férias e afastamento: art. 96, I, *c*
- magistrados: art. 115, p.u.
- motivação das decisões administrativas: art. 93, X
- organização da secretaria e órgãos auxiliares: art. 96, I, *b*
- órgão do Poder Judiciário: art. 92, IV
- órgãos jurisdicionais e administrativos: art. 96, I, *a*
- proporcionalidade: art. 115, *caput*
- propostas orçamentárias: art. 99, §§ 1º e 2º
- provimento de cargos necessários à administração da Justiça: art. 96, I, *e*

TRIBUNAL REGIONAL ELEITORAL: arts. 118, II; 120
- *v.* JUSTIÇA ELEITORAL
- anulação de diplomas: art. 121, § 4º, IV
- competência privativa: art. 96, I
- composição: art. 120, *caput*
- decisões contrárias à lei: art. 121, § 4º, I
- despesa pública nos projetos sobre serviços administrativos: art. 63, II
- dissídio jurisprudencial: art. 121, § 4º, II

ÍNDICE REMISSIVO DA CF

- elaboração do Regimento Interno: art. 96, I, *a*
- eleição do Presidente e Vice-Presidente: art. 120, § 2º
- eleição dos órgãos diretivos: art. 96, I, *a*
- expedição de diplomas: art. 121, § 4º, III
- fixação do número de vereadores: ADCT, art. 5º, § 4º
- *habeas corpus*: arts. 121, § 4º, V; 112
- *habeas data*: art. 121, § 4º, V
- inelegibilidade: art. 121, § 4º, III
- licença, férias e afastamento: art. 96, I, *f*
- localização: art. 120, *caput*
- mandado de injunção: arts. 121; 185, § 4º, V
- mandado de segurança: art. 126, § 4º, V
- motivação das decisões administrativas: art. 93, X
- organização da secretaria e órgãos auxiliares: art. 96, I, *b*
- órgãos jurisdicionais e administrativos: arts. 94; 96, I, *a*
- perda de mandato: art. 121, § 4º, IV
- propostas orçamentárias: art. 99, §§ 1º e 2º
- provimento de cargos necessários à administração da Justiça: art. 96, I, *e*
- recursos: art. 121, § 4º
- recursos de decisões contrárias à Constituição: art. 121, § 4º, I

TRIBUNAL REGIONAL FEDERAL: art. 106, I
- *v.* JUSTIÇA FEDERAL
- competência: art. 108
- competência anterior à sua instalação: ADCT, art. 27, § 7º
- competência originária: art. 108, I
- competência privativa: art. 96, I
- composição: art. 107
- criação: ADCT, art. 27, §§ 6º e 11
- descentralização: art. 107, § 3º
- despesa pública nos projetos sobre serviços administrativos: art. 63, II
- elaboração do Regimento Interno: art. 96, I, *a*
- eleição dos órgãos diretivos: art. 96, I, *a*

- escolha de juiz do TRE: art. 120, II
- instalação: ADCT, art. 27, § 6º
- justiça itinerante; instalação: art. 107, § 2º
- licença, férias e afastamento: art. 96, I, *f*
- motivação das decisões administrativas: art. 93, X
- nomeação de juízes: art. 107, *caput*
- organização da secretaria e órgãos auxiliares: art. 96, I, *b*
- órgão do Poder Judiciário: art. 92, III
- órgãos jurisdicionais e administrativos: art. 96, I, *a*
- permuta de juízes: art. 107, § 1º
- propostas orçamentárias: art. 99
- provimento de cargos necessários à administração da Justiça: art. 96, I, *e*
- quinto de advogados: arts. 94; 107, I
- recursos: art. 108, II
- remoção de juízes: art. 107, § 1º
- sede: ADCT, art. 27, § 6º

TRIBUNAL SUPERIOR DO TRABALHO: art. 111, I
- *v.* JUSTIÇA DO TRABALHO
- advogado: art. 111-A, I
- aprovação pelo Senado Federal de Ministro: art. 84, XIV
- competência: arts. 111-A; 113
- competência privativa: art. 96, I
- competência privativa de propostas ao Legislativo: art. 96, II
- composição: art. 111-A
- Conselho Superior da Justiça do Trabalho: art. 111-A, § 2º, II
- constituição: art. 113
- despesa pública nos projetos sobre serviços administrativos: art. 63, II
- discussão e votação da iniciativa de leis: art. 64, *caput*
- elaboração do Regimento Interno: art. 96, I, *a*
- eleição dos órgãos: art. 96, I, *a*
- Escola Nacional de Formação e Aperfeiçoamento de Magistrados do Trabalho: art. 111-A, § 2º

ÍNDICE REMISSIVO DA CF

- garantias e condições de exercício: art. 113
- iniciativa das leis complementares e ordinárias: art. 61, *caput*
- investidura: art. 113
- jurisdição: arts. 92, p.u.; 113
- licença, férias e afastamento: art. 96, I, *f*
- membro do MP: art. 111-A, I
- motivação das decisões administrativas: art. 93, X
- nomeação de Ministro pelo Presidente da República: art. 84, XIV
- nomeação, requisitos, aprovação: art. 111-A
- órgão do Poder Judiciário: art. 92, IV
- órgãos jurisdicionais e administrativos: art. 96, I, *a*
- propostas orçamentárias: art. 99, §§ 1º e 2º
- provimento de cargos necessários à administração da Justiça: art. 96, I, *e*
- secretaria e órgãos auxiliares; organização: art. 96, I, *b*
- sede: art. 92, p.u.

TRIBUNAL SUPERIOR ELEITORAL: art. 118, I
- *v.* JUSTIÇA ELEITORAL
- aprovação de Ministro pelo Senado Federal: art. 84, XIV
- competência privativa: art. 96, I
- competência privativa de propostas ao Legislativo: art. 96, II
- composição: art. 119
- Corregedor Eleitoral: art. 119, p.u.
- decisões: art. 121, § 3º
- decisões administrativas; motivação: art. 93, X
- despesa pública nos projetos sobre serviços administrativos: art. 63, II
- discussão e votação de projetos de lei de sua iniciativa: art. 64, *caput*
- elaboração; Regimento Interno: art. 96, I, *a*
- eleição dos órgãos diretivos: art. 96, I, *a*
- *habeas corpus*: art. 121, § 3º
- jurisdição: art. 92, p.u.

- leis complementares e ordinárias; iniciativa: art. 61, *caput*
- licença, férias e afastamento: art. 96, I, *f*
- mandado de segurança: art. 121, § 3º
- nomeação de Ministro pelo Presidente da República: art. 84, XIV
- organização da secretaria e órgãos auxiliares: art. 96, I, *b*
- órgãos jurisdicionais e administrativos: art. 96, I, *a*
- partidos políticos: ADCT, art. 6º, *caput*
- partidos políticos; concessão de registro: ADCT, art. 6º, § 1º
- Presidente: art. 119, p.u.
- propostas orçamentárias: art. 99, §§ 1º e 2º
- provimento de cargos necessários à administração da Justiça: art. 96, I, *e*
- revisão constitucional: ADCT, art. 2º, § 2º
- sede: art. 92, p.u.
- Vice-Presidente: art. 119, p.u.

TRIBUTOS
- *v.* SISTEMA TRIBUTÁRIO NACIONAL
- anistia: art. 150, § 6º
- aplicação de receita de impostos no ensino: art. 212
- aplicação de recursos; condições: ADCT, art. 34, § 10
- arrecadação e distribuição aos Municípios: arts. 158, III, IV e p.u.; 159, § 3º; 161, I
- capacidade econômica do contribuinte: art. 145, § 1º
- características: art. 145, § 1º
- combustíveis líquidos e gasosos: art. 155, § 3º
- competência; instituição: art. 145, *caput*
- competência tributária da União: arts. 153; 154
- competência tributária dos Estados e do Distrito Federal: art. 155
- competência tributária dos Municípios: art. 156
- confisco: art. 150, IV

2005

ÍNDICE REMISSIVO DA CF

- contribuição de intervenção sobre o domínio econômico; destinação aos Municípios: art. 159, § 4º
- contribuição de intervenção sobre o domínio econômico; repartição do produto da arrecadação entre Estados e Distrito Federal: art. 159, III
- contribuições sociais e de intervenção sobre o domínio econômico: art. 149, § 2º, II
- critérios especiais de tributação: art. 146-A
- desvinculação; 20% da arrecadação, até 31 de dezembro de 2015; DRU: ADCT, art. 76
- diferença de bens; vedação: art. 152
- Distrito Federal; competência; cobrança de impostos municipais: art. 147
- empresa de pequeno porte; regime diferenciado: art. 146, III, d
- empréstimo compulsório; Centrais Elétricas Brasileiras (Eletrobrás): ADCT, art. 34, § 12
- energia elétrica: art. 155, § 3º
- estaduais e municipais dos Territórios; competência da União: art. 147
- extraordinários; instituições: art. 154, II
- fato gerador: art. 150, III, a
- garantias do contribuinte: art. 150
- instituição: art. 145
- lei complementar: art. 146
- limitação ao poder de tributar: art. 150
- limitações: art. 150
- limite de tráfego; vedação: art. 150, V
- lubrificantes: art. 155, § 3º
- mercadorias e serviços; incidência; consumidor; defesa: art. 150, § 5º
- microempresa; regime diferenciado: art. 146, III, d
- minerais: art. 155, § 3º
- Municípios; instituição e normas: art. 156; ADCT, art. 34, § 6º
- patrimônio, renda ou serviços; proibição e exceções: art. 150, VI, a e e, e §§ 2º, 3º e 4º; ADCT, art. 34, § 1º

- princípio da anualidade: art. 150, III, b; ADCT, art. 34, § 6º
- princípio da igualdade: art. 150, II
- princípio da legalidade: art. 150, I
- princípio da uniformidade: art. 151, I
- receita tributária; repartição; Municípios: art. 158
- recursos; desenvolvimento regional; condições: ADCT, art. 34, § 10
- reforma agrária; isenção: art. 184, § 5º
- regime único de arrecadação de impostos: art. 146, p.u.
- responsabilidade pelo pagamento: ADCT, art. 34, § 9º

TURISMO
- incentivo: art. 180

UNIÃO: arts. 20 a 24
- Administração Pública; princípios: art. 37, caput
- agentes públicos estaduais, do Distrito Federal e dos Municípios em níveis superiores aos agentes federais; limitações ao poder de tributar: art. 151, II
- águas; competência legislativa: art. 22, IV
- anistia; concessão: art. 21, XVII
- anistia fiscal: art. 150, § 6º
- anistia previdenciária: art. 150, § 6º
- aproveitamento energético dos cursos de água; exploração, autorização, concessão e permissão: art. 21, XII, b
- assessoramento jurídico: art. 131, caput
- atividades nucleares; competência legislativa: art. 22, XXVI
- autarquias e fundações instituídas e mantidas pelo Poder Público; limitações ao poder de tributar: art. 150, §§ 2º e 3º
- autonomia: art. 18, caput
- bens: art. 20
- brasileiro; vedação de distinção: art. 19, III
- calamidade pública; defesa permanente: art. 21, XVIII
- câmbio; competência legislativa: art. 22, VII

Índice Remissivo da CF

- câmbio; fiscalização: art. 21, VIII
- capitalização; fiscalização: art. 21, VIII
- causas e conflitos com os Estados, o Distrito Federal e respectivas entidades da administração indireta; processo e julgamento: art. 102, I, *f*
- causas fundadas em tratado ou contrato com Estado estrangeiro ou organismo internacional; processo e julgamento: art. 109, III
- cidadania; competência legislativa: art. 22, XIII
- classificação das diversões públicas: art. 21, XVI
- classificação dos programas de rádio e televisão: art. 21, XVI
- comércio exterior e interestadual; competência legislativa: arts. 22, VIII; 33
- competência: arts. 21, *caput*; 22, *caput*
- competência; criação de Juizados Especiais no Distrito Federal e nos Territórios: art. 98, I
- competência; criação de Justiça de Paz no Distrito Federal e nos Territórios: art. 98, II
- competência legislativa privativa: art. 22
- competência legislativa supletiva dos Estados: art. 24, § 2º
- competência para emissão da moeda; Banco Central do Brasil: art. 164
- competência tributária: arts. 145; 153
- competência tributária; vedação ao limite de tráfego: art. 150, V
- competência tributária residual: art. 154
- competência tributária residual; cumulatividade: art. 154, I
- consórcios; competência legislativa: art. 22, XX
- consultoria jurídica: art. 131, *caput*
- contrato administrativo; competência legislativa: art. 22, XXVII
- contribuição social: art. 149, §§ 1º a 4º
- corpo de bombeiros militar; competência legislativa: art. 22, XXI

- corpo de bombeiros militar do Distrito Federal; organização e manutenção: art. 21, XIV
- corpo de bombeiros militar dos Territórios; organização e manutenção: art. 21, XIX
- Correio Aéreo Nacional: art. 21, X
- crédito; fiscalização: art. 21, VIII
- crédito externo e interno; concessão de garantia e fixação: art. 52, VII
- crédito externo e interno; fixação de limites pelo Senado Federal: art. 52, VII
- danos nucleares; responsabilidade civil: art. 21, XXIII, *d*
- débitos oriundos de precatórios; refinanciamento: art. 100, § 16
- Defensoria Pública do Distrito Federal; competência legislativa sobre sua organização: art. 22, XVI
- Defensoria Pública do Território: art. 21, XIII
- Defensoria Pública dos Territórios; competência legislativa sobre sua organização: art. 22, XVII
- defesa aeroespacial; competência legislativa: art. 22, XXVIII
- defesa civil; competência legislativa: art. 22, XXVIII
- defesa marítima; competência legislativa: art. 22, XXVIII
- defesa nacional: art. 21, III
- defesa territorial; competência legislativa: art. 22, XXVIII
- desapropriação; competência legislativa: art. 22, II
- desenvolvimento urbano; habitação, saneamento básico e transportes urbanos: art. 21, XX
- direito civil, comercial, penal, processual, eleitoral, agrário, marítimo, aeronáutico, espacial e do trabalho; competência legislativa: art. 22, I
- disponibilidades de caixa; depósito no Banco Central do Brasil: art. 164, § 3º

ÍNDICE REMISSIVO DA CF

- Distrito Federal; competência legislativa sobre organização administrativa: art. 22, XVII
- dívida pública; fixação de limites globais pelo Senado Federal: art. 52, VI
- dívida pública dos Estados, do Distrito Federal e dos Municípios; limitações ao poder de tributar: art. 151, II
- documento público; vedação de recusa de fé: art. 19, II
- edição de leis para aplicação do sistema tributário nacional: ADCT, art. 34, § 3º
- educação; competência legislativa; diretrizes e bases: art. 22, XXIV
- emigração; competência legislativa: art. 22, XV
- empresa de pequeno porte; tratamento jurídico diferenciado: art. 179
- empréstimo compulsório: art. 148
- energia; competência legislativa: art. 22, IV
- energia elétrica; exploração, autorização, concessão e permissão: art. 21, XII, *b*
- ensino; aplicação de receita de impostos: art. 212
- estado de defesa; decretação: art. 21, V
- estado de sítio; decretação: art. 21, V
- Estado-membro; demarcação das terras em litígio com os Municípios: ADCT, art. 12, §§ 3º e 4º
- Estado-membro; vedação de encargos em sua criação: art. 234
- estrangeiro; competência legislativa: art. 22, XV
- execução da dívida ativa tributária; representação pela Procuradoria-Geral da Fazenda Nacional: art. 131, § 3º
- Fazenda Pública; precatório; sentença judiciária: art. 100, *caput*; ADCT, art. 97
- fiscalização contábil, financeira e orçamentária: arts. 70 a 74
- forças estrangeiras; permissão de trânsito e permanência: art. 21, IV
- garimpagem: art. 21, XXV
- gás natural; monopólio: art. 177, I

- gás natural; monopólio da importação e exportação: art. 177, III
- gás natural; monopólio do transporte por meio de condutos: art. 177, IV
- guerra; declaração: art. 21, II
- hidrocarbonetos fluidos; monopólio: art. 177, I e III
- imigração; competência legislativa: art. 22, XV
- imposto estadual; Territórios: art. 147
- imposto extraordinário em caso de guerra; competência tributária: art. 154, II
- impostos; estaduais e municipais; competência: art. 147
- impostos; instituição: art. 153
- impostos arrecadados; distribuição: arts. 153, § 5º; 157; 158, I e II; 159
- incentivos fiscais; reavaliação: ADCT, art. 41
- informática; competência legislativa: art. 22, IV
- infraestrutura aeroportuária; exploração, autorização, concessão e permissão: art. 21, XII, c
- infrações penais praticadas em detrimento de seus bens, serviços ou interesses; processo e julgamento: art. 109, IV
- instituições de assistência social sem fins lucrativos; limitações ao poder de tributar: art. 150, VI, § 4º
- instituições de educação sem fins lucrativos; limitações ao poder de tributar: art. 150, VI, § 4º
- intervenção federal; decretação: art. 21, V
- intervenção nos Estados e Distrito Federal: arts. 34; 36
- isenção de tributos estaduais, do Distrito Federal e municipais; limitações ao poder de tributar: art. 151, III
- jazidas; competência tributária: art. 22, XII
- jazidas de petróleo; monopólio: art. 177, I

ÍNDICE REMISSIVO DA CF

- lavra; autorização e concessão para pesquisa por prazo determinado: art. 176, § 3º
- lavra; transferência de pesquisa: art. 176, § 3º
- lei estadual; superveniência de lei federal: art. 24, § 4º
- licitação; competência legislativa art. 22, XXVII
- litígio com Estado estrangeiro ou organismo internacional; processo e julgamento: art. 102, I, e
- livros, jornais, periódicos e o papel destinado à sua impressão; limitações ao poder de tributar: art. 150, VI, d
- massas de água; represadas ou represáveis; aproveitamento econômico e social: art. 43, § 2º, IV
- material bélico; autorização e fiscalização para produção e comércio: art. 21, VI
- metais; títulos e garantias: art. 22, VI
- metalurgia; competência legislativa: art. 22, XII
- microempresa; tratamento jurídico diferenciado: art. 179
- minas; competência legislativa: art. 22, XII
- minérios nucleares e seus derivados; monopólio estatal: art. 21, caput e XXIII
- Ministério Público do Distrito Federal; competência legislativa sobre sua organização: art. 22, XVII
- Ministério Público do Distrito Federal; organização e manutenção: art. 21, XIII
- Ministério Público dos Territórios; competência legislativa sobre sua organização: art. 22, VII
- Ministério Público dos Territórios; organização e manutenção: art. 21, XIII
- mobilização nacional; competência legislativa: art. 22, XXVIII
- moeda; emissão: art. 21, VII
- monopólio: art. 177
- monopólio; vedações: art. 177, § 1º
- monopólio da pesquisa, lavra, enriquecimento, reprocessamento, industrialização e comércio de minérios e minerais nucleares e derivados: art. 177, V
- Município; demarcação das terras em litígio com os Estados-membros: ADCT, art. 12, §§ 3º e 4º
- nacionalidade; competência legislativa: art. 22, XIII
- navegação aérea; competência legislativa art. 22, X
- navegação aeroespacial; competência legislativa: art. 22, X
- navegação aeroespacial; exploração, autorização, concessão e permissão: art. 21, XII, c
- navegação fluvial, lacustre e marítima; competência legislativa: art. 22, X
- orçamento; recursos para a assistência social: art. 204, caput
- organização judiciária; competência legislativa: art. 22, XVII
- organizações internacionais; participação: art. 21, I
- partidos políticos; limitações ao poder de tributar: art. 150, VI, c, e § 4º
- patrimônio, renda ou serviços de entes públicos; limitações ao poder de tributar: art. 150, VI, a
- paz; celebração: art. 21, II
- pessoal; despesa: art. 169; ADCT, art. 38
- petróleo; monopólio da importação e exportação: art. 177, II
- petróleo; monopólio da refinação: art. 177, II
- petróleo; monopólio do transporte marítimo: art. 177, IV
- petróleo; monopólio do transporte por meio do conduto: art. 177, IV
- plano nacional e regional de desenvolvimento econômico e social: art. 21, IX
- Poder Judiciário; organização e manutenção: arts. 21, XIII; 22, XVII
- Poderes: art. 2º
- política de crédito; competência legislativa: art. 22, VII
- populações indígenas; competência legislativa: art. 22, XIV

2009

ÍNDICE REMISSIVO DA CF

– portos; competência legislativa: art. 22, X
– portos fluviais, lacustres e marítimos; exploração, autorização, concessão e permissão: art. 21, XII, f
– poupança; competência legislativa: art. 22, XIV
– previdência privada; fiscalização: art. 21, VIII
– princípio da uniformidade tributária: art. 150, I
– Procuradoria-Geral da Fazenda Nacional; representação judicial na área fiscal: ADCT, art. 29, § 5º
– profissões; competência legislativa: art. 22, XVI
– proteção dos bens dos índios: art. 231, caput
– quadro de pessoal; compatibilização: ADCT, art. 24
– radiodifusão; competência legislativa: art. 22, IV
– receita tributária; repartição: art. 159
– recursos minerais; competência legislativa: art. 22, XII
– registro público; competência legislativa: art. 22, XXV
– relações com Estados estrangeiros: art. 21, I
– religião; vedações: art. 19, I
– repartição das receitas tributárias; vedação à retenção ou restrição: art. 160
– representação judicial e extrajudicial: art. 131, caput
– requisições civis e militares; competência legislativa: art. 22, III
– reservas cambiais; administração: art. 21, VIII
– rios; aproveitamento econômico e social: art. 43, § 2º, IV
– seguridade social; competência legislativa: art. 22, XXIII
– seguros; competência legislativa; fiscalização: art. 22, VII e VIII
– serviço postal: art. 21, X

– serviço postal; competência legislativa: art. 22, V
– serviços de radiodifusão sonora e de sons e imagens; exploração, autorização, concessão e permissão: art. 21, XII, a
– serviços de telecomunicações; exploração, autorização, concessão e permissão: art. 21, XII, a
– serviços de telecomunicações; exploração direta de concessão: art. 21, XI
– serviços de transmissão de dados; exploração direta de concessão: art. 21, XI
– serviços e instalações nucleares; exploração: art. 21, XXIII
– serviços e instalações nucleares; fins pacíficos: art. 21, XXIII, a
– serviços e instalações nucleares; utilização de radioisótopos: art. 21, XXIII, b
– serviços oficiais de estatística, geografia, geologia e cartografia; organização e manutenção: art. 21, XV
– serviços telefônicos e telegráficos; exploração direta ou concessão: art. 21, XI
– servidor público: art. 61, § 1º, II, c
– sindicatos; limitações ao poder de tributar: art. 150, VI, § 4º
– sistema cartográfico e geologia nacional; competência legislativa: art. 22, XVIII
– sistema de ensino: art. 211, caput
– sistema estatístico nacional; competência legislativa: art. 22, XVIII
– sistema nacional de emprego; organização: art. 22, XVI
– sistema nacional de recursos hídricos; instituição e outorga: art. 21, XIX
– sistema nacional de transporte e viação: art. 21, XXI
– sistemas de medidas e monetário; competência legislativa: art. 22, VI
– sorteios; competência legislativa: art. 22, XX
– telecomunicações; competência legislativa: art. 22, IV
– templos de qualquer culto; limitações ao poder de tributar: art. 150, VI, b, e § 4º

2010

ÍNDICE REMISSIVO DA CF

- terra indígena; demarcação: art. 231, *caput*
- território: art. 18, § 2º
- trabalho; organização, manutenção e execução da inspeção: art. 21, XXIX
- trânsito e transporte; competência legislativa: art. 22, XI
- transporte aquaviário, ferroviário, rodoviário; exploração, autorização, concessão e permissão: art. 21, XII, *d* e *e*
- tributação; limites: arts. 150; 151
- turismo; promoção e incentivo: art. 180
- valores; competência legislativa: art. 22, VII
- vedações: art. 19

USINA NUCLEAR
- localização; definição legal: art. 225, § 6º

USUCAPIÃO
- *v.* PROPRIEDADE RURAL e PROPRIEDADE URBANA

VARAS JUDICIÁRIAS
- criação: art. 96, I, *d*

VEREADOR
- ato institucional: ADCT, art. 8º, § 4º
- estado de sítio; difusão de pronunciamento: art. 139, p.u.
- idade mínima: art. 14, § 3º, VI, *c*
- impedimentos: art. 29, IX
- imposto: art. 29, V
- incompatibilidades: art. 29, IX
- inviolabilidade: art. 29, VIII
- mandato eletivo; duração: art. 29, I
- remuneração; subsídios: art. 29, VI e VII
- servidor público civil: art. 38, III

VETO
- deliberação; Congresso Nacional: art. 57, § 3º, IV
- projetos de lei; competência privativa do Presidente da República: art. 84, V

VICE-GOVERNADOR
- *v.* GOVERNADOR

VICE-PREFEITO
- *v.* PREFEITO
- parlamentar; nomeação para o exercício da função de Prefeito: ADCT, art. 5º, § 3º

VICE-PRESIDENTE DA REPÚBLICA
- *v.* PRESIDENTE DA REPÚBLICA
- atribuições: art. 79, p.u.
- substituição ou sucessão do Presidente da República: art. 79, *caput*

VOTO
- direto e secreto: art. 14, I a III
- facultativo: art. 14, § 1º, II
- obrigatório: art. 14, § 1º, I
- soberania popular; manifestação: art. 14, I a III

ZONA FRANCA DE MANAUS
- critérios disciplinadores; modificação: ADCT, art. 40, p.u.
- manutenção; prazo: ADCT, art. 40, *caput*

ÍNDICE ALFABÉTICO-REMISSIVO DO CÓDIGO CIVIL, DO CÓDIGO COMERCIAL, DA LEGISLAÇÃO E DAS SÚMULAS SELECIONADAS

ABALROAMENTO DE NAVIO
– danos: arts. 749 a 752, CCo
– perdas: arts. 751 a 752, CCo
– peritos: art. 750, CCo

ABANDONO
– admitido pelo segurador; efeitos: art. 724, 2ª parte, CCo
– álveo: arts. 1.248, IV, e 1.252
– coisa móvel: art. 1.263
– coisa perdida: art. 1.234
– embarcação: art. 508, CCo
– filho: art. 1.638, II
– imóvel: art. 1.276
– navio; admissibilidade: art. 755, CCo
– navio; fretes dos salvados: art. 759, CCo
– navio; inavegabilidade: art. 756, CCo
– navio; presa; retomada: art. 758, CCo
– navio; presunção de perdimento: art. 720, CCo
– navio; seguradores; direitos: art. 760, CCo
– navio; vedação: art. 494, *in fine*, CCo
– navio segurado; comprovação da inavegabilidade: art. 757, CCo
– objetos; seguro: art. 753, CCo
– perda da propriedade: art. 1.275, III
– permissão; não realização pelo segurado; efeitos: art. 754, CCo

ABERTURA
– codicilo: art. 1.885
– concursos; promessa de recompensa: art. 859
– sucessão: arts. 1.784, 1.785, 1.787, 1.796, 1.807, 1.815, p.u., 1.822 e 2.020; Súm. 58, TFR
– sucessão provisória: arts. 28, 35 e 37
– testamento cerrado: arts. 1.875 e 1.972

AÇÃO
– *v.* ALIMENTOS, ESBULHO e PRESCRIÇÃO
– contra a herança: art. 1.997
– contra ausente: art. 32
– contra o devedor solidário: art. 275, p.u.
– credores; caução de títulos: art. 1.459, II
– criminal; nubentes; oponentes de má-fé: art. 1.530, p.u.
– dano à carga: art. 565, 2ª parte, CCo
– demarcação: art. 1.297
– demolitória: art. 1.302, *caput*
– despesas funerárias; cobrança: art. 872
– direitos reais: arts. 80, I e 83, II; Súm. 329, STF
– divisão: art. 1.320
– embargo de construções: art. 1.302
– esbulho: art. 1.212
– evicção; suspende a prescrição: art. 199, III
– exclusão de herdeiro ou legatário: art. 1.815
– executiva hipotecária: art. 1.501
– exigência do pagamento: art. 563, CCo
– exigibilidade do conhecimento: art. 589, CCo
– filiação; prova: arts. 1.605 e 1.606, *caput*
– fraude contra credores; anulação: art. 161
– fretes, avarias e despesas: art. 527, *in fine*, CCo
– gestores contra os substitutos: art. 867
– herdeiros e cônjuge; anulação de atos: arts. 1.642 e 1.645
– incapazes contra os representantes: art. 195
– investigação de paternidade: arts. 1.615, 1.616; Súm. 149, STF; 1 e 301, STJ
– paternidade; contestação: art. 1.601

ÍNDICE REMISSIVO DO CC

- pauliana: art. 161
- penal; dador a risco; conluio: art. 654, CCo
- penal pública: art. 846
- petição de herança: arts. 1.824 e 1.825; Súm. 149, STF
- possessória: art. 1.210; Súm. 487, STF
- prescrição: arts. 205 e 206; Súm. 149 a 151, 264, 443, 445 e 494, STF; 39, 85, 101, 106, 119 e 143, STJ; 107, 108, 124 e 219, TFR
- *quanti minoris*: arts. 442 e 500
- redibitória: arts. 441 a 446
- regressiva contra devedor insolvente: art. 363
- regressiva contra o procurador: art. 686
- regressiva contra o terceiro: art. 930
- regressiva contra o vendedor: art. 1.481, § 4º
- regressiva contra o verdadeiro devedor e seu fiador: art. 880
- regressiva das pessoas jurídicas de direito público: art. 43; Súm. 39, STJ
- regressiva de condômino contra os demais: art. 1.318
- regressiva dos incapazes contra os seus representantes: art. 195
- regressiva dos obrigados contra o que deu causa à pena: art. 414, p.u.
- reivindicação: art. 1.228
- reivindicação pelo condômino: art. 1.314
- revocatória de doação: arts. 555 a 564
- separação judicial: art. 1.572
- sonegados: arts. 1.992 a 1.996

ACEITAÇÃO
- contrato; expedição; exceção: art. 434
- doação; casamento futuro; certa e determinada pessoa: art. 546
- doação; nascituro: art. 542
- doação; prazo fixado ao donatário: art. 539
- fiador: art. 825
- fideicomisso: art. 1.956
- herança: arts. 1.804 a 1.813
- herança; direito dos credores do herdeiro renunciante: art. 1.813
- herança; expressa ou tácita: art. 1.805
- herança; falecimento do herdeiro anterior à: art. 1.809
- herança; parcial, sob condição ou a termo: art. 1.808
- herança; prazo: art. 1.807
- herança; retratação: art. 1.812
- herança; tutor: art. 1.748, II
- mandato; tácita: art. 659
- pelo credor, no pagamento por consignação: arts. 338 e 340
- proposta; contrato: arts. 430 a 434
- proposta; dispensa de aceitação: art. 432
- proposta; inexistência: art. 433
- proposta; prazo: art. 431
- proposta; seguro; omissões: art. 766
- responsabilidade do herdeiro: art. 1.792
- testamentária; abertura do prazo para prestar contas: art. 1.983

ACESSÃO
- abrangência pela hipoteca: art. 1.474
- aquisição: art. 1.248
- coisa dada em pagamento indevido: art. 878
- coisa dada em penhor: art. 1.435, IV

ACESSÓRIOS
- cessão de crédito; abrangência de: art. 287
- conceito: art. 92
- dívida; extinção com a novação: art. 364
- hipoteca; abrangência: art. 1.474
- hipoteca; objeto: art. 1.473, II
- obrigação de dar coisa certa: art. 233
- pertencem ao devedor; tradição: art. 237
- seguem o principal: art. 95
- usufruto: art. 1.392

ACRÉSCIMOS
- aluvião: art. 1.250
- coisas pertencentes ao devedor: art. 237
- preço; execução de obra: art. 619
- quinhão: arts. 1.943 e 1.944

ADIANTAMENTO
- doação: art. 544

ADIÇÃO
- *v.* ACEITAÇÃO

ADJUDICAÇÃO: Súm. 239, STJ
- *v.* CONFUSÃO
- condômino: art. 1.322
- divisão cômoda; quinhão de um só herdeiro: art. 2.019
- extingue a hipoteca: art. 1.499, VI
- extingue o penhor: art. 1.436, V
- imóvel hipotecado; falência ou insolvência: art. 1.483
- indenização; divisão cômoda; impossibilidade: art. 1.298

ÍNDICE REMISSIVO DO CC

ADJUNÇÃO: arts. 1.272 a 1.274
– *v.* COMISSÃO e CONFUSÃO
– má-fé: art. 1.273
– quinhão proporcional: art. 1.272, § 1º

ADMINISTRAÇÃO
– bens da herança: arts. 1.977 e 1.978
– bens do cônjuge em lugar remoto ou não sabido: art. 1.570
– bens do depositário incapaz: art. 641
– bens do menor pelo tutor: arts. 1.745, 1.747, III, 1.753, 1.755 a 1.757
– bens dos filhos: arts. 1.689, II, 1.691 e 1.693
– bens dos filhos pelos pais: art. 1.689, *caput*, II
– condomínio: arts. 1.323 a 1.326
– curador: art. 30, § 1º
– direito do usufrutuário: art. 1.394
– herança jacente: art. 1.819
– sociedade limitada: arts. 1.060 a 1.065
– sociedade simples: arts. 1.010 a 1.021

ADMINISTRADOR
– bens alheios; impossibilidade de comodato: art. 580
– bens de pessoas jurídicas; hipoteca legal: art. 1.489, I
– hasta pública; impossibilidade de compra: art. 497, I; Súm. 165, STF

ADOÇÃO: arts. 1.618 e 1.619; Leis 8.069/1990 e 12.010/2009
– adoção; maior de 18 anos: art. 1.619
– impedimento matrimonial: art. 1.521, III e V
– menor tutelado; cessação da tutela: art. 1.763, II
– poder familiar; extinção: art. 1.635, IV

ADQUIRENTE
– *v.* AQUISIÇÃO
– ação regressiva contra o vendedor: art. 1.481, § 4º
– bens; devedor insolvente: art. 160
– boa-fé; tradição: art. 1.268
– coisa móvel; direito à restituição: art. 1.267, p.u.
– imóvel hipotecado; direito de remi-lo: art. 1.481

AFINIDADE
– dissolução do casamento; não se extingue quando em linha reta: art. 1.595, § 2º
– impedimento matrimonial: art. 1.521, II

– parentes do outro cônjuge; vínculo: art. 1.595
– parentesco; limites: art. 1.595, § 1º

AFRETADOR
– arribada forçada; despesas; responsabilidade: art. 744, CCo
– carga; efetivação no tempo marcado: art. 590, CCo
– carga e descarga; responsabilidade: arts. 599 e 600, CCo
– carga e descarga; tempo e modo de pagamento: art. 591, CCo
– conceito: art. 566, *in fine*, CCo
– declaração a maior da capacidade de navio pelo fretador; direitos: art. 597, CCo
– direitos e obrigações: arts. 590 a 628, CCo
– falta de carregamento de navio no prazo; responsabilidade: arts. 592 e 593, CCo
– introdução de fazendas proibidas no navio; responsabilidade: arts. 599 e 600, CCo
– prazo; saída de navio; direitos: art. 603, CCo
– prova de inavegabilidade: art. 614, *in fine*, CCo
– renúncia de contrato; obrigações: art. 594, CCo
– retirada da carga; conserto: art. 613, CCo

AGÊNCIA E DISTRIBUIÇÃO: arts. 710 a 721
– agente; dispensa; direitos: arts. 717 e 718
– agente; indenização: art. 715
– agente; obrigações: art. 712
– agente; remuneração: arts. 714 e 716
– conceito: art. 710, *caput*

AGENTE
– capaz; validade; negócio jurídico: art. 104, I
– diplomático; citação no estrangeiro; domicílio: art. 77
– incapacidade relativa; anulação; negócio jurídico: art. 171, I

ÁGUAS: arts. 1.288 a 1.296; Súm. 407, STJ
– aqueduto: art. 1.293
– artificialmente levadas ao prédio superior; indenização: art. 1.289
– canalização; prédio alheio; prévia indenização: art. 1.293

2015

ÍNDICE REMISSIVO DO CC

– curso natural; necessidades de consumo: art. 1.290
– indispensáveis; poluição: art. 1.291
– infiltração e deterioração das obras: art. 1.293, § 1º
– mares e rios; bens públicos: arts. 99, I, e 100; Súm. 340, STF
– poço; construções proibidas: art. 1.309
– prédio superior; recebimento pelo inferior: art. 1.288
– reclamação do dono do prédio inferior: art. 1.289
– represamento: art. 1.292
– supérfluas; uso por terceiros: art. 1.296

AJUSTE E SOLDADAS DOS OFICIAIS E GENTE DA TRIPULAÇÃO, SEUS DIREITOS E OBRIGAÇÕES: arts. 543 a 565, CCo

ALICERCE
– paredes divisórias: art. 1.305

ALICIAMENTO
– de pessoas contratadas: art. 608
– marinheiro: art. 500, CCo

ALIENAÇÃO
– v. COMPRA E VENDA e VENDA
– aleatória; direito do alienante; anulação: arts. 460 e 461
– bens clausulados: art. 1.911, p.u.
– bens destinados: art. 86
– bens do ausente: arts. 31 e 39
– bens dos menores: arts. 1.747, IV, 1.748, V, e 1.750
– bens hereditários; herdeiro; sentença de exclusão: art. 1.817
– bens imóveis; autorização: art. 1.647, I
– bens móveis e imóveis; comuns: art. 1.651, II e III
– coisa legada; testador: art. 1.939, II
– coisa móvel; por quem não seja proprietário: art. 1.268, caput
– credor; desoneração do devedor: art. 386
– da coisa; durante a locação; efeitos: art. 576, caput; Súm. 442, STF
– embarcações brasileiras: art. 468, CCo
– fiduciária: Lei 4.728/1965 e Dec.-lei 911/1969; Súm. 28, 72, 92, 245 e 284, STJ; 242, TFR
– imóvel; má-fé: art. 879
– imóvel; título transmissivo; registro: art. 1.275, p.u.
– mandatário; poderes especiais e expressos: art. 661, § 1º
– mental; deserdação: art. 1.962, IV
– objeto; transmissão da propriedade: art. 307, caput
– pelo tutor; bens do menor: art. 1.747, IV
– penhor; anticrese; hipoteca: art. 1.420 caput
– perda da propriedade: art. 1.275, I
– preço recebido; restituição: art. 459, p.u.
– prédio; consentimento dos interessados: art. 1.717
– prédio agrícola: art. 609
– pródigo interditado: art. 1.782
– propriedade agrícola; efeito: art. 609
– regime de separação de bens: art. 1.687; Súm. 377, STF
– solvente; pagamento; coisa fungível: art. 307, p.u.
– usufruto; arrendamento do estabelecimento; efeitos: art. 1.144
– usufruto; transferência: art. 1.393

ALIENAÇÃO PARENTAL: Lei 12.318/2010

ALIJAMENTO DE CARGA
– fazendas lançadas ao mar: arts. 769 e 770, CCo

ALIMENTOS: arts. 1.694 a 1.710 e Lei 5.478/1968; Súm. 1, 277 e 336, STJ
– v. AÇÃO
– compensação com outras dívidas; proibição: art. 373, II
– concubinato; direito a: Lei 8.971/1994
– dever de prestá-los; cessação: art. 1.708
– devidos; pretensão; insuficiência de bens: art. 1.695
– direito de exigi-los: arts. 1.694 e 1.695
– exoneração; redução; encargo: art. 1.699
– filho havido fora do casamento: art. 1.705
– fixação do quantum: art. 1.694, § 1º
– gravídicos: Lei 11.804/2008
– legado: art. 1.920
– menor sob tutela: art. 1.740, I
– modos de sua prestação: art. 1.701
– novo casamento de cônjuge devedor; obrigação que não se extingue: art. 1.709
– obrigação de prestar; transmissão aos herdeiros: art. 1.700
– pensão; cancelamento; maioridade; contraditório: Súm. 358, STJ
– prestação no estrangeiro: Dec. 56.826/1965

ÍNDICE REMISSIVO DO CC

- prestações periódicas deixadas a título de: art. 1.928, p.u.
- prestados pelo autor do homicídio; indenização: art. 948, II; Súm. 490 e 491, STF
- prestados por terceiro, na ausência do devedor: art. 871
- provisionais: art. 1.706; Súm. 226, STF
- reajuste das prestações; atualização segundo índice oficial: art. 1.710
- recusa; motivo de revogação de doação: arts. 557, IV, e 558
- redução do encargo: art. 1.699
- renúncia; proibição: art. 1.707; Súm. 379, STF e 64, TFR
- separação judicial; manutenção dos filhos: art. 1.703
- separação judicial litigiosa; cônjuge inocente e desprovido de recursos: art. 1.702

ALTERAÇÃO
- derrota de navio; responsabilidade: arts. 509 e 711, n. 1, CCo
- ordem das escaladas da embarcação: arts. 680 e 711, n. 2, CCo

ALUGUEL
- *v.* LOCAÇÃO DE PRÉDIOS
- casa alheia: art. 1.414
- coisa: art. 567
- coisa em condomínio; preferência do condômino: art. 1.323
- coisa emprestada; comodato: art. 582
- pagamento pontual: art. 569, II
- prazo de prescrição: art. 206, § 3º, I
- prorrogação da locação: art. 574
- redução proporcional; deterioração da coisa: art. 567

ALUVIÃO
- *v.* CONFINANTE
- divisas de propriedades; divisão proporcional: art. 1.250, p.u.
- modo de acessão: art. 1.248, II
- propriedade do aluvião: art. 1.250

ÁLVEO
- *v.* CONFINANTE
- abandonado; a quem pertence: art. 1.252
- abandonado; modo de acessão: art. 1.248, IV

AMOSTRAS
- venda; realização: art. 484

ANIMAIS
- cria; usufruto: art. 1.397
- dano; ressarcimento: art. 936
- penhor: arts. 1.445 e 1.447

ANTICRESE: arts. 1.506 a 1.510
- *v.* CREDOR
- arrendamento do imóvel por credor: art. 1.507, § 1º
- cláusula sobre apropriação pelo não pagamento; nulidade: art. 1.428
- credor responde pela deterioração do imóvel: art. 1.508
- declarações essenciais: art. 1.424
- direito de retenção: art. 1.423
- direito real: art. 1.225, X
- direitos do credor; vindicação: art. 1.509
- disposições gerais: arts. 1.419 a 1.430
- dívidas garantidas por: art. 1.419
- domínio superveniente: art. 1.420, § 1º
- fraude contra credores: art. 165, p.u.
- imóvel hipotecado: art. 1.506, § 2º
- legitimação; bens que podem ser objeto: art. 1.420
- novação: arts. 364 e 365
- responsabilidade do credor; frutos não percebidos: art. 1.508
- vencimento antecipado: art. 1.425

ANULABILIDADE
- contrato; seguro marítimo: art. 678, CCo

ANULAÇÃO
- *v.* CASAMENTO, NEGÓCIOS JURÍDICOS e NULIDADE
- alienação aleatória: arts. 460 e 461
- apresentação de certidão de anulação de casamento: art. 1.525, V
- casamento: arts. 1.551, 1552 e 1.561
- disposição testamentária por erro na designação: art. 1.903
- doação feita pelo cônjuge adúltero: art. 550
- testamento revogatório: art. 1.971

ANÚNCIO
- promessa de recompensa ou gratificação: arts. 854 e 855

APÓLICES DE SEGURO
- *v.* SEGURO

APOSTA
- *v.* JOGO E APOSTA

AQUISIÇÃO
- *v.* ADQUIRENTE e COMPRA E VENDA
- acessão: art. 1.248

2017

ÍNDICE REMISSIVO DO CC

- aluvião: art. 1.250
- álveo abandonado: art. 1.252
- avulsão: art. 1.251
- confusão, comissão e adjunção: arts. 1.272 a 1.274
- construções e plantações: arts. 1.253 a 1.259
- direito; termo inicial: art. 131
- direitos reais; registro de imóveis: art. 1.227
- direitos reais; transmissão entre vivos; tradição: art. 1.226
- especificação: arts. 1.269 a 1.271
- ilhas: art. 1.249
- ocupação: art. 1.263
- posse: arts. 1.204 a 1.209
- propriedade imóvel: art. 1.245
- propriedade móvel: arts. 1.260 a 1.274
- tesouro: art. 1.264
- tradição: arts. 1.267 e 1.268
- usucapião; bem imóvel: arts. 1.238 a 1.244; Súm. 237, 340 e 391, STF
- usucapião; bem móvel: arts. 1.260 a 1.262

ARBITRADORES
- avarias de navios; custo do conserto: arts. 776 e 777, CCo
- exame de dano sofrido por navio ou carga: art. 772, CCo; Súm. 261, STF

ARBITRAGEM: Lei 9.307/1996

ARMADOR
- dívidas particulares; embargo de embarcação; inadmissibilidade: art. 481, CCo
- falência ou insolvência; preferência de créditos: art. 475, CCo
- juramento: art. 463, CCo

ARMAZÉNS GERAIS: Dec. 1.102/1903

ARRAS: arts. 417 a 420
- *v.* COMPRA E VENDA
- arrependimento; art. 420; Súm. 412, STF
- indenização: art. 419
- inexecução do contrato: art. 418
- princípio de pagamento: art. 420
- rescisão do contrato; perda em benefício do outro: art. 420; Súm. 412, STF

ARRECADAÇÃO
- bens; sucessão provisória: art. 28, § 2º
- herança jacente: arts. 1.819 a 1.822
- herança ou quinhão de herdeiro ausente; nomeação de curador: art. 25, § 3º
- imóvel abandonado: art. 1.276

ARREMATAÇÃO
- *v.* COMPRA E VENDA e HASTA PÚBLICA
- extinção da hipoteca: art. 1.499, VI
- imóvel hipotecado: art. 1.484
- proibição ao tutor: art. 1.749, I
- proibições: art. 497; Súm. 165, STF

ARREMATAÇÃO DE EMBARCAÇÕES
- créditos privilegiados: art. 477, 2ª parte, CCo

ARREPENDIMENTO
- arras; função indenizatória: art. 420; Súm. 412, STF
- contraente; celebração do casamento: art. 1.538, III

ARRESTO
- carga de navio; depósito judicial: arts. 583 e 584, CCo
- oposição a conhecimento de transporte: art. 588, CCo

ARRIBADA FORÇADA: arts. 740 a 748, CCo
- apresentação à autoridade para tomada do protesto; prazo: art. 743, CCo
- carga avariada; reparação ou venda: art. 747, CCo
- causas injustificáveis: art. 742, CCo
- causas justas: art. 741, CCo
- cessação do motivo: art. 748, CCo
- conceito: art. 740, CCo
- descarga no porto: art. 746, CCo
- despesas; responsabilidade: art. 744, CCo
- prejuízos; responsabilidade: art. 745, CCo

ÁRVORE
- limítrofe; a quem pertence: art. 1.282
- limítrofe; corte de ramos e raízes: art. 1.283
- vizinha; frutos caídos; a quem pertencem: art. 1.284

ASCENDENTES
- *v.* AVÓS, DESERDAÇÃO, MÃE e PAI
- alimentos; direito e dever de prestá-los: art. 1.696
- casamento; impedimento matrimonial: art. 1.521, I
- colação; gastos ordinários com o descendente: art. 2.010
- deserdação do descendente; casos: art. 1.962

2018

ÍNDICE REMISSIVO DO CC

- herança; direito à metade dos bens: art. 1.846
- linha direta de parentesco: art. 1.591
- ordem de sucessão: art. 1.836
- pessoa que escreveu a rogo o testamento: art. 1.801, I
- prescrição; suspensão; casos: art. 197, II
- sucessão definitiva; ausente; regresso: art. 39
- sucessão provisória; bens do ausente: arts. 26 e 27, III
- sucessor legítimo: arts. 1.829, II, e 1.836
- testemunha; impedimento: art. 228, V
- troca de bens com descendentes: art. 533, II; Súm. 494, STF
- tutor ou curador; impedimento de casamento: art. 1.523, IV
- venda a descendentes: art. 496; Súm. 494, STF

ASSENTO
– v. CASAMENTO, NASCIMENTO e ÓBITO

ASSISTÊNCIA JUDICIÁRIA: Lei 1.060/1950; Súm. 450, STF; e 481, STJ

ASSISTÊNCIA MÚTUA
– dever dos cônjuges: art. 1.566, III

ASSOCIAÇÕES: arts. 53 a 61
– v. PESSOA JURÍDICA e SOCIEDADE(S)

ASSUNÇÃO DE DÍVIDA
- conceito: art. 299
- exceções pessoais: art. 302
- garantias especiais; extinção: art. 300

ATO(S)
– v. ATOS ILÍCITOS, NEGÓCIOS ANULADOS, NEGÓCIOS ANULÁVEIS, NEGÓCIOS JURÍDICOS e NULIDADE
- aceitação tácita de herança: art. 1.805, caput
- administração; legalmente praticados pelo herdeiro excluído: art. 1.817
- defesa; manutenção na posse; não podem ir além do indispensável: art. 1.210, § 1º
- extrajudicial; interrupção da prescrição: art. 202, VI
- judicial; interrupção da prescrição: art. 202, V
- judicial; perda do poder: art. 1.638
- judicial; suprimento de autorização para casamento: art. 1.525, II
- legítimo; absolutamente necessário para a remoção do perigo: art. 188, p.u.
- lícito; quando se denomina ato jurídico: art. 185
- meramente conservatórios; não implicam aceitação da herança: art. 1.805, § 1º
- oficiosos; não implicam aceitação da herança: art. 1.805, § 1º
- posse; mera permissão ou tolerância: art. 1.208
- possessórios; exercício sobre coisa indivisa: art. 1.199
- praticado pelo devedor; obrigação de não fazer: art. 251
- profissionais; satisfação dos danos causados: art. 951; Súm. 341, STF; 37, STJ
- renunciativo; título transmissivo; perda da propriedade imóvel: art. 1.275, p.u.
- última vontade; validade da partilha: art. 2.018
- unilaterais: arts. 854 a 886; Súm. 71 e 546, STF
- vida civil; capacidade jurídica: arts. 3º a 5º
- vida civil; representação e assistência do tutor ao menor: art. 1.747, I

ATOS ILÍCITOS
– v. ATO(S), CRIME, INDENIZAÇÃO, NULIDADE e PERDAS E DANOS
- conceito: arts. 186 a 188; Súm. 227, STJ
- dano; reparação: art. 927; Súm. 28, 161, 229, 491, 492 e 562, STF; 37, 43, 130, 145, 186, 227 e 403, STJ
- obrigações provenientes; comunhão de bens: art. 1.659, IV

ATOS JURÍDICOS
– v. NEGÓCIOS JURÍDICOS

AUSÊNCIA
– v. MORTE e SUCESSÃO
- abertura da sucessão: art. 35
- curadoria: arts. 22 a 25
- exclusão da posse provisória: art. 34
- filhos do ausente: art. 1.728, I
- frutos e rendimentos dos bens: art. 33
- garantia de restituição dos bens pelos herdeiros: art. 30
- interessados na sucessão provisória: art. 27, III
- mandatário que não queira ou não possa continuar o mandato: art. 23
- pais; filhos menores em tutela: art. 1.728, I

2019

ÍNDICE REMISSIVO DO CC

– presunção de morte: art. 6º; Súm. 331, STF
– regresso do ausente: arts. 36 e 39
– representação ativa e passiva do ausente: art. 32
– sentença de abertura da sucessão provisória: art. 28
– sentença declaratória da ausência: art. 9º, IV
– sucessão definitiva: arts. 37 a 39
– sucessão provisória: art. 26
– testemunha de testamento particular: art. 1.878, p.u.
– tutor; prestação de contas: art. 1.759

AVALIAÇÃO DE OBJETOS SEGUROS: arts. 692 a 701, CCo

AVARIAS
– v. FRETAMENTO(S)
– alijamento indispensável de carga; ata: arts. 769 e 770, CCo
– conceito: art. 761, CCo
– despesas excluídas: arts. 767 e 768, CCo
– espécies: art. 763, CCo
– fazendas colocadas a bordo; dano à embarcação: art. 771, CCo
– grossas; ajuste da indenização: art. 769, CCo
– grossas; apólice com cláusula de pagamento: arts. 780 e 782, CCo
– grossas; contribuição: art. 789, CCo
– grossas; contribuição; objetos excluídos: art. 787, 2ª parte, CCo
– grossas; despesas excluídas: art. 765, CCo
– grossas; especificação: art. 764, CCo
– grossas; estimação do preço: art. 774, CCo
– grossas; liquidação no porte de entrega da carga: arts. 787 e 788, CCo
– grossas; local de regulação e repartição: art. 786, CCo
– grossas; mercadorias estimadas na apólice: art. 778, CCo
– grossas; mercadorias não estimadas na apólice: art. 779, CCo
– grossas; mercadorias salvas de segundo perigo: art. 792, CCo
– grossas; mercadorias sãs; recusa de venda: art. 775, CCo
– grossas; navio ou efeitos; venda: art. 773, CCo
– grossas; objetos carregados sobre o convés: art. 790, CCo
– grossas; perda total de parte da carga; indenização: art. 781, CCo
– grossas; prestação de fiança pelos consignatários: art. 784, CCo
– grossas; recobrança dos efeitos indenizados: art. 794, CCo
– grossas; recusa de prestação de fiança; depósito judicial: art. 785, CCo
– grossas; regulação, repartição ou rateio: art. 783, CCo
– grossas; responsabilidade do segurador: art. 772, CCo; Súm. 261, STF
– grossas; segurador; sub-rogação dos direitos e ações do segurado: art. 795, CCo
– grossas; sentença homologatória: art. 793, CCo
– grossas; valor; pagamento pelo segurador: arts. 776 e 777, CCo
– liquidação; repartição e contribuição: arts. 772 a 796, CCo; Súm. 261, STF
– natureza e classificação: arts. 761 a 771, CCo
– navios e cargas; assentamento no diário: art. 504, CCo
– normas aplicáveis: art. 762, CCo
– simples; especificação: art. 766, CCo

AVERBAÇÃO
– hipotecas; ordem de preferência: art. 1.493
– prorrogação da hipoteca; requerimento por ambas as partes: art. 1.485

AVÓS
– v. ASCENDENTES
– direito de visita dos: art. 1.589, p.u.
– incumbência de tutela: art. 1.731, I

AVULSÃO
– aquisição da propriedade: art. 1.251
– modo de acessão: art. 1.248, III

BAGAGENS
– credor pignoratício: art. 1.467, I
– objeto de depósito necessário: art. 649

BALDEAÇÃO DE CARGA
– riscos: art. 717, CCo

ÍNDICE REMISSIVO DO CC

BANCO CENTRAL DO BRASIL: Res. Bacen 2.144/1995, 2.309/1996, 4.122/2012 e 4.123/2012

BRASILEIROS
– propriedade de embarcação: art. 457, 3ª parte, CCo

BEM
– v. BENS

BENEFICIÁRIOS
– v. SEGURO

BENFEITORIAS
– bens dos cônjuges; comunhão: art. 1.660, IV
– coisas dadas em pagamento indevido: art. 878
– colação em inventário: art. 2.004, § 2º
– compensação com os danos; ressarcimento: arts. 1.220 e 1.221
– condômino; preferência na compra da coisa comum: art. 1.322
– condômino; preferência na venda de coisa indivisível: art. 504
– desconsideração: art. 97
– direito de retenção: art. 1.219; Súm. 158, STF e 335, STJ
– direito de retenção; locação de coisas: art. 578; Súm. 158, STF
– espécies: art. 96
– evicção; restituição devida: arts. 453 e 454
– feitas em prédio legado: art. 1.922, p.u.
– melhoramento sem intervenção do proprietário: art. 97
– necessárias; conceito: art. 96, § 3º
– pagamento indevido: art. 878
– possuidor de boa-fé: art. 1.219; Súm. 158, STF
– possuidor de má-fé: art. 1.220
– privilégio especial do credor: art. 964, III
– reivindicação: art. 1.222
– retrovenda; reembolso: art. 505
– úteis; conceito: art. 96, § 2º
– voluptuárias; conceito: art. 96, § 1º
– voluptuárias; indenização: arts. 1.219 e 1.220; Súm. 158, STF

BENS
– v. COISAS, IMÓVEIS, INCAPAZES, MENORES, TUTELA e VENDA
– acessórios; conceito: art. 92
– alheios: art. 580
– alienáveis: art. 1.420

– anticrese; direito de retenção: art. 1.423
– arrecadados; vacância: art. 1.822
– ausentes: art. 22
– cláusula de inalienabilidade: art. 1.911; Súm. 49, STF
– coletivas; conceito: arts. 90 e 91
– comuns doados ou transferidos; reivindicação: art. 1.642, V
– consumíveis: art. 86
– consumíveis; conceito: art. 86
– convenções antenupciais: arts. 1.639 e 1.656
– dados em compensação da renda: art. 809
– dados em garantia de dívida por penhor: art. 1.419
– dados em usufruto: art. 1.390
– devedor: arts. 827 e 955
– divisíveis: arts. 87 e 88
– doação não remuneratória: art. 1.647, IV
– doados; cláusula de incomunicabilidade; exclusão da comunhão: art. 1.668, I
– doados; voltam ao patrimônio do doador: art. 547
– dominicais: art. 99, III e p.u.; Súm. 340, STF
– dominicais; alienação: art. 101
– excluídos da comunhão: art. 1.668
– família: arts. 1.711 a 1.722
– filhos; exercício do poder: art. 1.689
– filhos do curatelado: art. 1.778
– fungíveis; conceito: art. 85
– gravados; fideicomisso: art. 1.953, p.u.
– herança; frutos e rendimentos: art. 1.817, p.u.
– herdeiro ausente: art. 30
– hereditários: art. 1.817
– impossibilidade de compra: art. 497; Súm. 165, STF
– indivisíveis: art. 88
– legados a menor: art. 1.733, § 2º
– legítima; conversão em outras espécies: art. 1.848; Súm. 49, STF
– menor herdeiro; nomeação de curador: art. 1.733, § 2º
– menor tutelado: arts. 1.748, IV, e 1.753
– não compreendidos no testamento; transmissão da herança: art. 1.788
– pacto antinupcial: arts. 1.653 a 1.657
– perda da posse: art. 1.223
– pertenças; conceito: art. 93

2021

ÍNDICE REMISSIVO DO CC

– posse e administração; testamenteiro: art. 1.978
– principal; conceito: art. 92
– reciprocamente considerados: arts. 92 a 97
– regime: arts. 1.639 a 1.688; Súm. 377, STF
– regime de separação: arts. 1.687 e 1.688; Súm. 377, STF
– reivindicação dos comuns: art. 1.642, V
– singulares: art. 89
– singulares; pluralidade; universalidade de fato: art. 90
– singulares; universalidade de direito: art. 91
– sonegados: art. 1.992
– universalidade de direito: art. 91
– usufruto: art. 1.390
– usufruto; caução: arts. 1.400 e 1.401
– vagos: arts. 1.279, 1.820 e 1.822

BENS DE FAMÍLIA: arts. 1.711 a 1.722 e Lei 8.009/1990; Súm. 205 e 486, STJ
– destinação: art. 1.717
– execução; isenção: arts. 1.715 e 1.716
– impenhorabilidade; imóvel; abrangência: Súm. 364, STJ
– vaga de garagem; matrícula própria; não constitui: Súm. 449, STJ

BENS IMÓVEIS: arts. 79 a 81; Súm. 329, STF; 238, STJ
– *v.* BENS, COISAS, IMÓVEIS e PROPRIEDADE
– ônus real: art. 1.647, I

BENS MÓVEIS: arts. 82 a 84
– *v.* BENS e IMÓVEIS
– conversão; títulos: art. 29
– doação verbal: art. 541, p.u.
– pertencentes ao menor tutelado; aquisição pelo tutor: art. 1.749, I

BENS PARTICULARES
– conceito: art. 98, 2ª parte; Súm. 340 e 650, STF

BENS PÚBLICOS: arts. 98 a 103; Súm. 340, 477 e 650, STF
– de uso comum: arts. 99, I, 100 e 103
– de uso especial: arts. 99, II, e 100
– dominicais: arts. 99, III e p.u., e 101
– inalienabilidade: art. 100
– União; imóveis: Lei 9.636/1998
– União; imóveis; alienação: Lei 9.636/1998
– União; imóveis; foros e laudêmios: Lei 9.636/1998
– usucapião; não sujeição: art. 102

BOA-FÉ
– adquirente; na aquisição feita a *non domino*: art. 1.268
– adquirente; tradição: art. 1.268
– alienação de imóvel indevidamente recebido: art. 879
– casamento anulável: art. 1.561
– construções e plantações em solo alheio: art. 1.257
– contrato de seguro: art. 765
– credor; assunção de dívida; coisa fungível: art. 307, p.u.
– dívida de jogo: art. 814, § 1º
– efeitos no usucapião de imóvel: art. 1.238; Súm. 237, 340 e 391, STF
– especificador: art. 1.270
– negócios ordinários indispensáveis à manutenção de estabelecimento ou devedor: art. 164
– pagamento feito ao credor putativo: art. 309
– posse; aquisição e conservação: arts. 1.201 e 1.202
– posse; conceito: art. 1.201
– posse; conservação do caráter: art. 1.202
– posse; efeitos: arts. 1.214 e 1.219; Súm. 158, STF
– posse; presunção: art. 1.201, p.u.
– terceiro que contrata com o procurador após a revogação do mandato: art. 686
– usucapião: art. 1.242
– venda da coisa depositada pelo herdeiro do depositário: art. 637

CADASTRO POSITIVO: Lei 12.414/2011
CADUCIDADE
– casos: art. 1.939
– fideicomisso: arts. 1.955 e 1.958
– legados: arts. 1.939 e 1.940
– testamento: art. 1.788
– testamento aeronáutico: art. 1.891
– testamento marítimo: art. 1.891
– testamento militar: art. 1.895

CAIXA DE NAVIOS: arts. 484 a 495, CCo
– funções: arts. 491 e 493, CCo
– nomeação: art. 492, CCo
– prestação de contas: art. 495, CCo
– tomada de contas do capitão: art. 535, CCo

Índice Remissivo do CC

CALÚNIA
- exclusão da sucessão: art. 1.814, II
- reparação do dano: art. 953; Súm. 562, STF; 37, STJ
- revogação de doação: art. 557, III

CANCELAMENTO
- extinção da hipoteca: art. 1.500
- extinção da servidão: arts. 1.387 a 1.389

CAPACIDADE
- *v.* MAIORIDADE
- casamento: arts. 1.517 a 1.520
- civil: arts. 1º e 3º a 5º
- testamento: art. 1.861

CAPITÃES OU MESTRES DE NAVIO
- abandono da embarcação: art. 508, CCo
- ajuste: arts. 513 e 525, CCo
- aliciamento de marinheiros: art. 500, CCo
- assinatura de conhecimento: art. 577, CCo
- ato criminoso: art. 712, CCo
- carga: arts. 521 a 524, 526 a 528, 601 e 602 a 605, CCo
- competência: arts. 497 a 499, CCo
- conserto: art. 614, CCo
- contratação de dívidas: arts. 515 a 518, CCo
- contrato de afretamento: arts. 592 e 593, CCo
- declaração de guerra; interdito de comércio; bloqueio: arts. 533 e 610, CCo
- definição: art. 519, CCo
- depósito judicial: arts. 583 a 585 e 785, CCo
- despesa extraordinária: art. 514, CCo
- Diário de Navegação: arts. 504 a 506, CCo
- entrada em porto estranho: arts. 510 e 511, CCo
- escrituração: arts. 501 a 507, CCo
- falecimento: art. 534, CCo
- indenização: art. 520, CCo
- Livro da Carga: art. 502, CCo
- matrícula: art. 512, CCo
- mudança de rota: art. 509, CCo
- multas: arts. 512 e 530, CCo
- permanência a bordo: art. 507, CCo
- prestação de contas: art. 535, CCo
- Receita e Despesa da Embarcação: art. 503, CCo
- responsabilidade: arts. 500, 508 a 510, 512, 517 a 519, 521, 524, 525, 529 a 532, 535 a 537, CCo
- retenção de fazendas: arts. 619 e 620, CCo

CÁRCERE PRIVADO
- ofensa à liberdade pessoal: art. 954, p.u., I

CARGA
- alijamento: arts. 769 e 770, CCo
- arribada forçada: arts. 741, n. 2, e 746, CCo
- avariada: art. 747, CCo
- carregamento: art. 591, CCo
- consentimento: art. 521, CCo
- descarga: art. 746, CCo

CARREGADORES
- *v.* AFRETADOR
- abandono: art. 624, CCo
- conhecimento: art. 579, CCo
- conserto: art. 623, CCo
- embargo: art. 607, CCo
- responsabilidade: arts. 599 e 607, CCo

CARTAS DE FRETAMENTO
- fretes sem valor fixo: art. 694, CCo
- instrumento público: art. 569, CCo
- lançamento: art. 568, CCo
- natureza e forma: art. 566, CCo

CARTAS PARTIDAS
- *v.* CARTAS DE FRETAMENTO
- conteúdo: arts. 566 e 567, CCo

CASAMENTO
- *v.* ANULAÇÃO, CÔNJUGES, MARIDO, MULHER e REGIME DE BENS
- ação de anulação; casamento realizado por mandatário; revogação do mandato; prazo: art. 1.560, § 2º
- ação de anulação; menores de 16 anos; prazo: art. 1.560, § 1º
- ação de anulação; prazos: art. 1.560
- acréscimo de sobrenome: art. 1.565, § 1º
- administração dos bens; impossibilidade de um dos cônjuges: art. 1.651
- anulação; causas: art. 1.550
- anulação; menor; prazo: art. 1.555
- anulação; menor de 16 anos; quem pode requerer: art. 1.552
- anulação por culpa de um dos cônjuges; consequências: art. 1.564
- anulável ou nulo; boa-fé/má-fé; efeitos; prazo: art. 1.561

2023

ÍNDICE REMISSIVO DO CC

– assento no registro civil: art. 1.536
– capacidade; maiores de 16 anos; autorização dos pais ou representantes legais: art. 1.517
– capacidade para contrair matrimônio: arts. 1.517 a 1.520
– causas suspensivas; oposição; apresentação pelos nubentes de prova contrária: art. 1.530, p.u.
– causas suspensivas; oposição; declaração escrita e assinada, instruída com prova dos fatos alegados: art. 1.529
– celebração: arts. 1.533 a 1.542
– celebração; gratuidade: art. 1.512
– celebração; local: art. 1.534
– celebração; moléstia grave de um dos nubentes: art. 1.539
– celebração; por procuração: art. 1.542
– celebração; suspensão: art. 1.538
– celebrado na vigência do Código Civil de 1916: art. 2.039
– celebrado no estrangeiro; prova: art. 1.544
– celebrado por pessoa incompetente: art. 1.554
– certidão de casamento; primeiro documento; isenção de selos, emolumentos e custas para pessoas declaradas pobres: art. 1.512
– cessação da incapacidade do menor: art. 5º, p.u., II
– civil: art. 1.512
– coação; anulabilidade: art. 1.558
– comunhão plena de vida: art. 1.511
– concubinato: Lei 8.971/1994
– consentimento para casar; autorização judicial: art. 1.519
– conservação do sobrenome de casado: art. 1.578, § 2º
– deveres conjugais: art. 1.566
– dissolução: arts. 1.571 a 1.582; Súm. 197, STJ
– dissolução; causas: art. 1.571
– dissolução; direito de visita aos filhos: art. 1.589
– dissolução; dívidas posteriores ao casamento contraídas por um dos cônjuges: art. 1.677
– dissolução; divórcio; manutenção do nome de casado: art. 1.571, § 2º
– dissolução; guarda de filhos maiores incapazes: art. 1.590

– divórcio: Lei 6.515/1977
– divórcio; partilha de bens: art. 1.581; Súm. 197, STJ
– domicílio conjugal: art. 1.569
– educação dos filhos: arts. 1.566, IV e 1.568
– eficácia: arts. 1.565 a 1.570
– erro essencial sobre a pessoa do outro cônjuge; causa de anulação: art. 1.556
– erro essencial sobre a pessoa do outro cônjuge; conceito: art. 1.557
– Estatuto da Mulher Casada: Lei 4.121/1962
– fidelidade recíproca: art. 1.566
– gravidez de menor: art. 1.520
– guarda dos filhos: arts. 1.566, IV; e 1.583 a 1.590
– habilitação: arts 1.525 a 1.532
– igualdade de direitos e deveres dos cônjuges: art. 1.511
– impedimento; hipóteses: art. 1.521
– impedimento; oposição: art. 1.522
– impedimento; oposição; apresentação pelos nubentes de prova contrária; oponente de má-fé: art. 1.530, p.u.
– impedimento; oposição; declaração escrita e assinada, instruída com prova dos fatos alegados: art. 1.529
– impossibilidade da comunhão de vida; hipóteses: art. 1.573
– *in extremis*: arts. 1.540 e 1.541
– interferência; comunhão de vida; proibição: art. 1.513
– invalidade: arts. 1.548 a 1.564
– menor; para evitar imposição ou cumprimento de pena criminal: art. 1.520
– menor que não atingiu a idade núbil; confirmação; requisitos: art. 1.553
– menores de 16 anos; permissão para casar; exceções: art. 1.520
– momento consumativo; manifestação de vontade perante o juiz: art. 1.514
– mútua assistência: art. 1.566, III
– nulidade; casamento contraído de boa-fé; efeitos: art. 1.561
– nulidade; causas: art. 1.548
– nulidade; decretação: art. 1.549
– nulidade; sentença: art. 1.563
– nuncupativo: arts. 1.540 a 1.542, § 2º
– pacto antenupcial: arts. 1.653 a 1.657
– pessoas de mesmo sexo: Res. CNJ 175/2013

ÍNDICE REMISSIVO DO CC

- planejamento familiar; livre decisão do casal: art. 1.565, § 2º
- procuração: art. 1.542
- proteção da família: Dec.-lei 3.200/1941
- proteção da pessoa dos filhos: arts. 1.583 a 1.590
- prova: arts. 1.543 a 1.547
- publicação; edital; dispensa: arts. 1.527, p.u.
- publicação; edital; prazo: art. 1.527
- putativo: art. 1.561
- reconciliação conjugal; direito de terceiros: art. 1.577, p.u.
- recusa do contraente; suspensão do casamento: art. 1.538, I
- registro: art. 1.531
- registro; isenção de selos, emolumentos e custas para pessoas declaradas pobres: art. 1.512, p.u.
- religioso; celebração sem as formalidades exigidas em lei: art. 1.516, § 2º
- religioso; efeitos civis; reconhecimento: Lei 1.110/1950
- religioso; equiparação ao casamento civil; requisitos: art. 1.515
- religioso; nulidade: art. 1.516, § 3º
- religioso; registro; prazo: art. 1.516, § 1º
- religioso; registro; requisitos: art. 1.516
- renúncia ao sobrenome de casado: art. 1.578, § 1º
- respeito e consideração entre os cônjuges: art. 1.566, V
- restabelecimento da sociedade conjugal: art. 1.577
- revogação da autorização para o casamento: art. 1.518
- separação de corpos: art. 1.562
- separação judicial: art. 1.572
- separação judicial; cônjuge acometido de doença mental grave manifestada após o casamento: art. 1.572, § 2º
- separação judicial; conversão em divórcio; prazo: art. 1.580
- separação judicial; culpa de um dos cônjuges; perda do direito de usar o sobrenome do outro: art. 1.578
- separação judicial; homologação recusada pelo juiz; hipóteses: art. 1.574, p.u.
- separação judicial; representação em caso de incapacidade de um dos cônjuges: art. 1.576, p.u.
- separação judicial; ruptura da vida em comum há mais de um ano: art. 1.572, § 1º
- separação judicial; sentença; consequências: art. 1.575
- separação judicial; término do dever de coabitação, fidelidade e do regime de bens: art. 1.576
- separação judicial por mútuo consentimento: art. 1.574
- sociedade conjugal; direção: art. 1.567
- sociedade conjugal; direção; divergência: art. 1.567, p.u.
- sociedade conjugal; direção; impossibilidade do exercício por um dos cônjuges: art. 1.570
- suspensão; arguição de causas suspensivas; pessoas legitimadas: art. 1.524
- suspensão; hipóteses: art. 1.523, I a IV
- suspensão; inaplicabilidade: art. 1.523, p.u.
- sustento da família: art. 1.568
- sustento dos filhos: art. 1.566, IV
- união estável: Lei 9.278/1996
- vício de vontade; anulabilidade: art. 1.556
- vício de vontade; coabitação; validação do casamento: art. 1.559
- vida em comum; dever dos cônjuges: art. 1.566, II

CASO FORTUITO
- comodato: art. 583
- comprador: art. 492, § 1º
- dano causado por animal; prova que compete ao dono: art. 936
- depositário: art. 642
- devedor; coisa incerta; perda ou deterioração; inadmissibilidade: art. 246
- devedor; inadimplemento de obrigação; ausência de responsabilidade: art. 393
- gestor de negócio; responsabilidade: arts. 862 e 868
- hospedeiros: art. 650
- locação de coisas; mora do locatário: art. 575
- mandatário; quando responde: art. 667, § 1º
- mora do devedor: art. 399

CAUÇÃO
- *v.* FIANÇA e GARANTIA
- construção; parede divisória; alicerce: art. 1.305, p.u.

- direito de vizinhança; prédio vizinho; ameaça de ruína; dano iminente: art. 1.280
- fideicomisso; garantia de restituição: art. 1.953
- herdeiros do ausente; dever de prestá-la: art. 30
- herdeiros do ausente; levantamento: art. 37
- idônea do depositante: art. 644, p.u.
- ratificação dos demais credores; pagamento de dívida indivisível: art. 260, II
- usufrutuário: arts. 1.400 e 1.401

CÉDULA DE PRODUTO RURAL: Lei 8.929/1994

CEGO
- testamento; possibilidade: art. 1.867

CERTIDÕES
- *v.* DOCUMENTOS e INSTRUMENTO(S)
- casamento celebrado no estrangeiro; registro: art. 1.544
- casos em que são instrumentos públicos: art. 218
- de nascimento; habilitação para casamento: art. 1.525, I
- nascimento; erro ou falsidade: art. 1.604
- óbito do cônjuge; apresentação; habilitação para casamento: art. 1.525, V
- registro tardio de nascimento: Provimento CNJ 28/2013
- valor probante: arts. 216 a 218

CESSÃO
- *v.* CESSIONÁRIO
- de crédito: arts. 286 a 298
- de crédito; compensação de dívidas: art. 377
- de crédito; dação em pagamento: art. 358
- de crédito; sub-rogação do cessionário: art. 348
- exercício do usufruto; título gratuito ou oneroso: art. 1.393
- frutos e rendimentos; anticrese: art. 1.506
- gratuita; aceitação da herança: art. 1.805, § 2º
- instrumento particular; efeitos em relação a terceiros após o registro: art. 221

CESSIONÁRIO
- *v.* CESSÃO

- crédito hipotecário; direito à averbação: art. 289
- despesas; ressarcimento pelo cedente: art. 297
- herdeiro; direito de requerer a partilha: art. 2.013
- pagamento; desobrigação do devedor: art. 292
- substituição do endossador: art. 635, 2ª parte, CCo

CHEQUE: Lei 7.357/1985; Súm. 28, 246, 521, 600, STF; 299, 370 e 388, STJ
- Lei Uniforme de Genebra: Dec. 57.595/1966; Súm. 28 e 600, STF
- pré-datado; apresentação antecipada; dano moral: Súm. 370, STJ

CITAÇÃO
- credor; escolha de coisa indeterminada: art. 342
- credor; recebimento da coisa imóvel: art. 341
- herdeiros legítimos: art. 1.877
- interessados; fraude contra credores: art. 160, *caput*
- interrupção da prescrição: art. 202, I; Súm. 78, TFR

CLÁUSULA(S)
- *v.* COMPRA E VENDA, CONDIÇÃO, CONTRATOS, DISPOSIÇÕES, IMPENHORABILIDADE e INALIENABILIDADE
- arrependimento; função indenizatória das arras: art. 420; Súm. 412, STF
- "carregadas em um ou mais navios": art. 716, CCo
- comissória; nulidade: art. 1.428
- condição; conceito: art. 121
- condição resolutiva: art. 127
- condições impossíveis: arts. 123, I, e 124
- *constituti*; penhor: art. 1.431
- de fazer escala: art. 674, CCo
- de garantia; vício redibitório; prazo: art. 446
- encargo: art. 136
- especial; retrovenda; terceiro adquirente: art. 507
- especial à compra e venda: arts. 505 a 532
- extinção: arts. 472 a 480
- inalienabilidade: art. 1.911, *caput*; Súm. 49, STF
- lícitas: art. 122

ÍNDICE REMISSIVO DO CC

- "livre de avaria": art. 714, CCo
- "livre de hostilidade": art. 715, CCo
- "livre de todas as avarias": art. 714, CCo
- não verdadeira; simulação: art. 167, § 1º, II
- nulidade; cláusula de transação: art. 848
- oferta ao público: art. 429
- ou convenção; disposição absoluta de lei: art. 1.655
- preempção: arts. 513 a 520
- resolutiva; extinção do contrato: art. 474
- retrovenda: arts. 505 a 508
- "segundo a carta de fretamento": art. 576, CCo
- "tocar e fazer escala": art. 644, CCo
- "valha mais ou valha menos": arts. 693 e 701, CCo
- venda a contento: art. 509 a 512
- vício redibitório; prazo: art. 446

CLÁUSULA PENAL: arts. 408 a 416
- *v.* MULTA e PENA
- alternativa em benefício do credor: art. 410
- conceito: art. 409
- devedor; incorre de pleno direito: art. 408
- divisibilidade da obrigação: art. 415
- estipulação; momento: art. 409
- exigência; não é preciso alegar prejuízo: art. 416
- indenização suplementar; proibição: art. 416, p.u.
- indivisibilidade da obrigação: art. 414
- limitação do valor: art. 412
- penalidade; redução equitativa: art. 413
- total inadimplemento: art. 410
- transação: art. 847
- valor: arts. 412 e 416, p.u.

COAÇÃO: arts. 151 a 155
- *v.* NULIDADE e VIOLÊNCIA
- anulabilidade do negócio jurídico: art. 171, II
- casamento; anulação: art. 1.559

CODICILO: arts. 1.881 a 1.885
- *v.* FUNERAIS

CÓDIGO CIVIL
- alteradoras: Leis 11.105/2005, 12.010/2009, 12.375/2010 e 12.607/2012
- revogação das leis anteriores: art. 2.045
- vigência: art. 2.044

CÓDIGO COMERCIAL: Lei 556/1850

COISA JULGADA
- influência do julgado criminal sobre o cível: art. 935; Súm. 18, STJ
- transação posterior; nulidade: art. 850

COISAS
- *v.* BENS, CONDOMÍNIO e IMÓVEIS
- acessórias: *v.* ACESSÓRIOS
- achadas; gastos com conservação: art. 1.234, *caput*
- alheias; evicção: arts. 447 a 457
- alheias perdidas; restituição: art. 1.233
- alienadas; deterioradas: art. 451
- alugadas: arts. 565 a 578; Súm. 158 e 442, STF
- avaria: art. 764, n. 2, CCo
- certas; compra e venda; transferência de domínio: art. 481
- certas; obrigações de dar: arts. 233 a 242
- compensação; fungibilidade: arts. 369 e 370
- comuns: *v.* CONDOMÍNIO
- comuns a dois ou mais proprietários; garantia real: art. 1.420, § 2º
- consumíveis; no usufruto; restituição: art. 1.392, § 1º
- contrato de compra e venda; domínio de certa coisa: art. 481
- contratos aleatórios; expostas a risco: art. 460
- dadas em comodato: arts. 579 a 585
- depositadas: arts. 629, 636, 637 e 641
- depositadas; conservação: art. 629
- deterioração: arts. 235, 236 e 240
- determinadas pelo gênero; legado: art. 1.929
- devedor; tradição: art. 237
- divisíveis; em depósito: art. 639
- doadas; restituição: art. 563
- empenhadas: art. 1.431, p.u.; Súm. 242, TFR
- empenhadas, hipotecadas ou dadas em anticrese: art. 1.420, *caput*
- emprestadas: arts. 579 a 592
- esbulhadas: art. 1.212
- evicção: arts. 447 a 457 e 845
- frutos e produtos; a quem pertencem: art. 1.232
- fungíveis; depósito: art. 645
- futuras; contratos aleatórios: arts. 458 e 459
- hipotecadas: arts. 959, II, e 1.422, *caput*

2027

- ignorância de vício: art. 1.201
- impróprias ao uso; vícios redibitórios: art. 441
- incertas; obrigações de dar: arts. 243 a 246
- indeterminadas; citação do credor para proceder à escolha: art. 342
- indivisas: art. 1.199
- indivisíveis: art. 844
- infungíveis; comodato: art. 579
- legadas: arts. 1.903, 1.912, 1.923, § 2º, 1.937 e 1.939
- litigiosas: art. 457
- locação: art. 565
- mora do credor; responsabilidade pela conservação: art. 400
- móveis; direitos reais: art. 1.226
- móveis; usucapião: art. 1.260
- móveis e imóveis; prazo; direito de preempção: art. 516
- perda da preferência e garantia; aquiescência no levantamento: art. 340
- perda ou deterioração: art. 246
- perda; responsabilidade: arts. 234 e 239
- perdidas; descoberta: arts. 1.233 a 1.237
- perdidas ou deterioradas: arts. 1.217 e 1.218
- perecimento; extinção do penhor: art. 1.436, II
- pertencentes a diversos donos; confusão: art. 1.272
- preciosas; achado de tesouro: art. 1.264
- principais; mistura, confusão ou adjunção: art. 1.272, § 2º
- privilégio especial; coisas arrecadadas, salvadas e beneficiadas: art. 964, I a III
- propriedade; não transferência antes da tradição: art. 1.267, *caput*
- propriedade resolúvel: arts. 1.359 e 1.360
- recebidas em pagamento; evicção: art. 359
- risco das coisas vendidas: art. 492
- seguradas; em usufruto: art. 1.407
- seguro; pagamento ou reposição da coisa: arts. 757 e 776; Súm. 188, STF; 25, TFR
- sem dono; ocupação: art. 1.263
- sobrestamento na entrega: art. 495
- vendidas à vista de amostra: art. 484

COLAÇÃO
- bens sonegados: art. 1.992
- casamento; impedimento matrimonial: art. 1.521, IV
- dispensa: arts. 2.005 e 2.006
- doações; feitas pelos cônjuges: art. 2.012
- doações remuneratórias: art. 2.011
- excedente à legítima: art. 2.007
- exercício da tutela: art. 1.731, II
- finalidade: art. 2.003
- gastos e despesas; não inclusão: art. 2.010
- netos, sucedendo aos avós: art. 2.009
- obrigatoriedade: art. 2.002
- renúncia ou exclusão da herança: art. 2.008
- sonegação de bens; restituição: art. 1.992
- valor da doação: art. 2.005

COLAÇÃO DE GRAU
- curso superior; cessação da incapacidade; menores: art. 5º, p.u., IV

COLATERAIS
- *v.* IRMÃOS e SOBRINHOS
- casamento; nulidade: arts. 1.521, IV, e 1.548, II
- celebração do casamento; causas suspensivas: art. 1.524
- conceito: art. 1.592
- exclusão da sucessão: art. 1.822, p.u.
- exercício da tutela: art. 1.731, II
- graus de parentesco: art. 1.592
- testemunho; impedimento: art. 228, V
- vocação hereditária: arts. 1.798 a 1.803 e 1.829 a 1.844; Súm. 447, STF

COMERCIANTE
- cessação da incapacidade; menores: art. 5º, p.u., V

COMÉRCIO MARÍTIMO
- abandono: arts. 753 a 760, CCo
- ajustes e soldadas dos oficiais e da tripulação; direitos e obrigações: arts. 543 a 565, CCo
- arribadas forçadas: arts. 740 a 748, CCo
- avarias: arts. 761 a 796, CCo
- contrato de dinheiro a risco ou câmbio marítimo: arts. 653 a 665, CCo
- danos causados por abalroação: arts. 749 a 752, CCo
- embarcações: arts. 457 a 483, CCo
- fretamento: arts. 566 a 632, CCo

ÍNDICE REMISSIVO DO CC

- naufrágio e salvados: arts. 538 a 542, CCo
- proprietários, compartes e caixas de navios: arts. 484 a 495, CCo
- seguros marítimos: arts. 666 a 730, CCo

COMISSÃO: arts. 693 a 709
- *v.* ADJUNÇÃO e CONFUSÃO
- cláusula *del credere*: art. 698
- comissário; dispensa com justa causa: art. 703
- comissário; dispensa sem justa causa: art. 705
- comissário; obrigações: arts. 694 a 697
- comissário; reembolso de despesas: art. 708
- comissário; remuneração: arts. 701 e 702
- contrato; objeto: art. 693
- crédito do comissário; privilégio geral: art. 707
- dilação de prazo; consequências; responsabilidade do comissário: art. 700
- dilação de prazo; pagamento autorizado ao comissário; presunção: art. 699
- direito de alteração das instruções dadas pelo comitente: art. 704
- direito de retenção: art. 708
- morte do comissário: art. 702
- obrigação pelo pagamento de juros: art. 706

COMITENTE
- responsabilidade por ato do preposto: art. 932, III; Súm. 341, STF

COMODATO: arts. 579 a 585
- *v.* EMPRÉSTIMO
- administradores; proibições: art. 580
- comodatário; obrigações: art. 582
- comodatário; responsabilidade pelos riscos da coisa: art. 583
- comodatário em mora: art. 582, 2ª parte
- comodatários; responsabilidade solidária: art. 585
- conceito: art. 579
- curadores e tutores; proibição: art. 580
- despesas; uso e gozo: art. 584
- dívida; não se pode compensar: art. 373, II
- prazo para o uso concedido: art. 581
- responsabilidade solidária; comodatários: art. 585
- venda a contento, pendente a condição: art. 511

COMORIENTES
- presunção de morte simultânea: art. 8º

COMPANHEIROS
- *v.* UNIÃO ESTÁVEL
- alimentos: art. 1.694, *caput*
- concubinato: Lei 8.971/1994
- responsabilidade pelos encargos da família: art. 1.565, *caput*
- sucessão; bens adquiridos na vigência da união estável: art. 1.790

COMPARTES
- *v.* PROPRIETÁRIOS
- quinhão e lucros do capitão: art. 537, CCo

COMPENSAÇÃO: arts. 368 a 380
- alimentos; dívidas provenientes: art. 373, II
- benfeitorias com os danos: art. 1.221
- causa de extinção da obrigação: art. 368
- comodato; diferença de causa nas dívidas: art. 373, II
- crédito penhorado pelo devedor: art. 380
- dano da coisa dada em penhor: art. 1.435, I
- depósito; diferença de causa nas dívidas: art. 373, II
- depósito; restituição: art. 638
- despesas de dívidas pagáveis em lugares diversos: art. 378
- diferença de causa: art. 373
- direitos de terceiros; não se admite em prejuízo: art. 380
- dívida; cessão do imóvel ao credor; anticrese: art. 1.506
- esbulho; diferença de causa nas dívidas: art. 373, I
- exclusão por mútuo acordo: art. 375, 1ª parte
- fiador: art. 371
- furto; roubo; diferença de causa nas dívidas: art. 373, I
- legado feito ao credor: art. 1.919
- mandatário: art. 669
- obrigação indivisível; remissão: art. 262, p.u.
- prestações de coisas fungíveis: art. 370
- renda; domínio: art. 809
- renúncia prévia: art. 375, 2ª parte
- usufruto; despesas: art. 1.396, p.u.
- várias dívidas do mesmo devedor: art. 379

ÍNDICE REMISSIVO DO CC

COMPOSSE
– exercício: art. 1.199

COMPRA E VENDA: arts. 481 a 532
– *v.* ALIENAÇÃO, AQUISIÇÃO, ARRAS, ARREMATAÇÃO, CLÁUSULA, CONTRATOS, INCAPAZES, MENORES e VENDA
– *ad mensuram* e *ad corpus*: art. 500
– amostras: art. 484
– arras: arts. 417 a 420; Súm. 412, STF
– ascendentes a descendentes: art. 496; Súm. 494, STF
– bens de incapazes: *v.* INCAPAZES e MENORES
– cessão de crédito; casos de proibição: art. 497, p.u.
– cláusulas especiais: arts. 505 a 532
– coisa; elemento do contrato: art. 481
– coisa em condomínio; indivisibilidade: art. 504
– coisas conjuntas; defeito oculto de uma: art. 503
– coisas futuras: arts. 458 a 461
– comprador insolvente: art. 495
– conceito: art. 481
– condômino; preferência: art. 504
– dação em pagamento; normas aplicáveis: art. 357
– despesas; escritura; tradição: art. 490
– entrega da coisa: art. 491
– entrega da coisa; sobrestamento: art. 495
– estrada de ferro hipotecada; oposição pelo credor hipotecário: art. 1.504
– evicção: arts. 447 a 457
– expedição da coisa para lugar diverso: art. 494
– hasta pública; proibições: art. 497; Súm. 165, STF
– imóvel; preço por medida de extensão ou área determinada: art. 500
– objeto: art. 483
– preço; elemento do contrato: art. 481
– preço; fixação pela taxa do mercado: art. 486
– preço; fixação por terceiro: art. 485
– preço; fixação por uma das partes: art. 489
– preço; riscos antes da tradição: arts. 492 e 494
– preempção ou preferência: arts. 513 a 520
– proibidos de comprar: arts. 497 e 498; Súm. 165, STF
– pura; perfeita: art. 482
– responsabilidade; perdas e danos: art. 518
– retrovenda: arts. 505 a 508
– riscos: arts. 492 e 494
– tradição: art. 493
– venda a contento: arts. 509 a 512
– veículos; obrigatoriedade de informação de restrições: Lei 13.111/2015
– vícios redibitórios: arts. 441 a 446
– vícios redibitórios; coisas vendidas conjuntamente: art. 503

COMPRADOR
– caso fortuito; riscos: art. 492, § 1º
– caução; insolvência: art. 495
– coisa depositada; vendida de boa-fé: art. 637
– direito de exigir complemento de área de imóvel: art. 500
– escritura; despesas a cargo do comprador: art. 490
– expedição de coisa para lugar diverso: art. 494
– insolvente: art. 495
– mora: art. 492, § 2º
– obrigações do comprador: art. 511
– preempção ou preferência: arts. 513 a 520
– retrovenda; restituição do preço e reembolso das despesas: art. 505
– riscos: art. 492
– venda a contento; manifestação: arts. 509, 511 e 512

COMPROMISSO: arts. 851 a 853
– admissão: art. 851
– cláusula compromissória; juízo arbitral: art. 853
– mandato; poderes: art. 661, § 2º
– vedações: art. 852

COMPROPRIEDADE
– *v.* CONDOMÍNIO

COMUNHÃO
– *v.* REGIME DE BENS

CONCEPÇÃO
– *v.* GRAVIDEZ
– direitos do nascituro: art. 2º

CONCESSÃO COMERCIAL
– veículos automotores: Lei 6.729/1979

CONCUBINO
– concubinato: Lei 8.971/1994

ÍNDICE REMISSIVO DO CC

- concubinato; impedimentos matrimoniais: art. 1.727
- doação do cônjuge adúltero; prescrição; anulação: art. 550
- doação feita por pessoa casada; ação de anulação: art. 1.642, V
- testador casado; proibição de nomeação como herdeiro ou legatário: art. 1.801, III

CONCURSO DE CREDORES: Súm. 244, TFR
- apresentação de título de crédito; interrupção da prescrição: art. 202, IV
- ausência de títulos de preferência: art. 957
- crédito com privilégio especial: art. 961
- crédito pessoal privilegiado: art. 961
- crédito real prefere ao pessoal: art. 961
- créditos das autarquias federais preferem aos da Fazenda estadual: Súm. 497, STJ
- credores hipotecários: arts. 959 e 960
- declaração de insolvência: art. 955
- direitos reais: art. 958
- discussão entre credores: art. 956
- preferência do credor da herança: art. 2.000
- preferências e privilégios: arts. 955 a 965
- privilégio especial: arts. 963 e 964
- privilégio geral: art. 965
- rateio; quando se procede: art. 962
- títulos de preferência; ausência: arts. 957 e 958
- vencimento antecipado da dívida: art. 333, I

CONDIÇÃO: arts. 121 a 130
- v. CLÁUSULA
- atos conservatórios; titular do direito eventual: art. 130
- captatória de herança; nulidade: art. 1.900, I
- conceito: art. 121
- defesa: art. 122
- ilícita: art. 122
- implemento; nas obrigações condicionais: art. 332
- implemento; resolução da propriedade: art. 1.359
- impossível; invalidação do negócio jurídico: art. 123, I
- impossível; resolutiva; tida por inexistente: art. 124
- inadmissível; aceitação ou renúncia da herança: art. 1.808
- ineficaz; reconhecimento de filho: art. 1.613
- invalidade do negócio jurídico: art. 123
- lícita: art. 122
- maliciosa para obstar ou levar a efeito seu implemento: art. 129
- na nomeação de herdeiro ou legatário: art. 1.897
- obrigações condicionais; cumprimento: art. 332
- obstada; malícia; efeitos jurídicos: art. 129
- pendente; direito de pedir legado: art. 1.924
- resolutiva; caducidade do fideicomisso: art. 1.958
- resolutiva; efeito sobre o negócio jurídico: arts. 127 e 128
- substituição hereditária: art. 1.949
- suspensiva; direito do herdeiro fideicomissário; exclusão da comunhão: art. 1.668, II
- suspensiva; disposição da coisa, pendente a condição: arts. 126 e 135
- suspensiva; efeito sobre a prescrição: art. 199, I
- suspensiva; encargo imposto como tal: art. 136
- suspensiva; perda da coisa, pendente a condição: art. 234
- suspensiva; prova; presunção: art. 510
- suspensiva; subordinação da eficácia do negócio jurídico: art. 125
- suspensiva; venda a contento: art. 509
- termo: arts. 131 a 135

CONDOMÍNIO: arts. 1.314 a 1.358; Súm. 260, STJ
- v. COISAS
- administração; presunção; representante comum: arts. 1.323 a 1.330
- alteração da coisa comum: art. 1.314, p.u.
- coisa indivisível: arts. 504 e 1.322
- de parede divisória: arts. 1.297, § 1º, e 1.306
- de paredes, cercas, muros e valas: arts. 1.327 a 1.330
- deliberações dos condôminos: arts. 1.323 e 1.325
- depósito; divisão da coisa: art. 639

– despesas e dívidas; renúncia do condômino de sua parte ideal: art. 1.316
– direito de preempção: art. 517
– direitos do condômino: art. 1.314
– dívida contraída pelos condôminos: art. 1.317
– divisão; direito de requerê-la: art. 1.320
– execução de crédito; cotas condominiais; preferência: Súm. 478, STJ
– frutos da coisa comum: art. 1.319
– garantia real: art. 1.420, § 2º
– indivisão convencionada; prazo: art. 1.320, § 1º
– necessário: arts. 1.327 a 1.330
– obrigações do condômino: art. 1.315
– posse a estranho: art. 1.314, p.u.
– preferência do condômino: arts. 1.322 e 1.323
– representação; presunção: art. 1.324
– retrovenda; efeitos: art. 508
– venda de coisa indivisível: art. 1.322
– voluntário: arts. 1.314 a 1.326
– voluntário; administração: arts. 1.323 a 1.326
– voluntário; condômino; direitos e deveres: arts. 1.314 a 1.322
– voluntário; despesas com a conservação da coisa: art. 1.315

CONDOMÍNIO EDILÍCIO: arts. 1.331 a 1.358
– abrigo de veículos; alienação ou aluguel: art. 1.331,§ 1º
– administração: arts. 1.347 a 1.356
– alteração da convenção; mudança da destinação do edifício ou da unidade imobiliária: art. 1.351
– assembleia dos condôminos: art. 1.350
– assembleias extraordinárias; convocação: art. 1.355
– conceito: art. 1.331
– condômino; direitos e deveres: arts. 1.335 e 1.336
– condômino; multa: arts. 1.336, §§ 1º e 2º, e 1.337
– convenção: arts. 1.333 e 1.334
– despesas; proporção; frações ideais; disposição em contrário: art. 1.336, I
– deveres; descumprimento: arts. 1.336 e 1.337
– disposições gerais: arts. 1331 a 1.346
– extinção; desapropriação: art. 1.358
– extinção; edificação destruída: art. 1.357

– fração ideal; unidade imobiliária; forma decimal ou ordinária: art. 1.331, § 3º
– instituição; registro: art. 1.332; Súm. 260, STJ
– obras; úteis e voluptuárias: arts. 1.341 e 1.342
– partes comuns: arts. 1.331 e 1.339
– partes suscetíveis de utilização independente: art. 1.331, § 1º
– perdas e danos: art. 1.336, § 2º
– proprietários; equiparação: art. 1.334, § 2º
– seguro; incêndio ou destruição: art. 1.346
– síndico; competência: art. 1.348
– síndico; destituição: art. 1.349

CONFINANTE
– v. ALUVIÃO, ÁLVEO e DIREITO(S)
– condomínio necessário: arts. 1.327 a 1.330
– confusão: art. 1.298
– primeiro a construir: art. 1.305

CONFIRMAÇÃO
– v. RATIFICAÇÃO
– ato de confirmação; requisitos: art. 173
– do testamento particular: art. 1.878
– negócio anulável: arts. 172 a 175

CONFISSÃO
– como prova: art. 212, I
– eficácia: art. 213
– irrevogável; quando pode ser anulada: art. 214
– materna: art. 1.602
– por representante: art. 213, p.u.

CONFUSÃO: arts. 381 a 384
– v. ADJUNÇÃO e COMISSÃO
– coisas pertencentes a diversos donos: art. 1.272
– dívida; total ou parcial: art. 382
– efeito da cessação: art. 384
– extinção da obrigação: art. 381; Súm. 421, STJ
– limite de prédios confinantes: art. 1.298
– modo de adquirir: arts. 1.272 a 1.274
– operada na pessoa do credor ou do devedor solidário: art. 383
– parte da dívida pignoratícia: art. 1.436

CONHECIMENTO(S): arts. 575 a 589, CCo
– ação: art. 589, CCo
– arresto: art. 583, CCo

ÍNDICE REMISSIVO DO CC

- carga: arts. 576, 578, 580, 585 e 586, CCo
- cláusula "segundo a carta de fretamento": art. 576, CCo
- consignação: arts. 579 e 589, CCo
- conteúdo: art. 575, CCo
- depósito judicial: arts. 583 e 584, CCo
- despesas de conferência: art. 581, CCo
- editais: art. 589, CCo
- endosso: art. 587, CCo
- escritura pública: art. 587, CCo
- extravio: art. 580, CCo
- falecimento do capitão: art. 581, CCo
- fiança: art. 580, CCo
- frete: art. 586, CCo
- intimação: art. 589, CCo
- penhora: arts. 583 e 584, CCo
- perdas: art. 578, CCo
- protesto: art. 589, CCo
- recibos provisórios: arts. 578 e 589, CCo
- reivindicação: art. 584, CCo
- responsabilidade: arts. 576, 578 e 579, CCo
- sequestro: art. 583, CCo
- sinistro: art. 583, CCo
- sucessão: art. 581, CCo
- venda judicial: art. 585, CCo

CÔNJUGES
- *v.* CASAMENTO, MARIDO e MULHER
- administração da herança: art. 1.797, I
- administração dos bens; impossibilidade de um dos cônjuges exercê-la: art. 1.651
- adotante e adotado; impedimento de casamento: art. 1.521, III e V
- adúltero; anulação da doação: art. 550
- afinidade com os parentes do outro: art. 1.595
- alimentos: arts. 1.694 a 1.710; Súm. 226 e 379, STF e 64, TFR
- anulabilidade de ato; ausência de autorização: art. 1.649
- atos que independem do regime de bens adotado: art. 1.642
- ausente; abertura de sucessão provisória: art. 27, I
- autorização do outro cônjuge; quando é necessária: art. 1.647
- autorização do outro cônjuge; quando não é necessária: art. 1.643
- casamento com o condenado por homicídio ou tentativa; impedimento: art. 1.521, VII
- curador do outro: arts. 1.775 e 1.783
- deveres: art. 1.566
- dívida; obrigação solidária: art. 1.644
- duração da isenção de execução; bem de família: arts. 1.711 e 1.716
- erro essencial: art. 1.557
- filhos; guarda: arts. 1.583 a 1.590
- herdeiro necessário: art. 1.845
- menor; pode requerer a anulação do seu casamento: art. 1.552, I
- ordem de vocação hereditária: arts. 1.829 a 1.844
- pessoa que escreveu a rogo o testamento; proibição de nomeação como herdeiro ou legatário: art. 1.801, I
- pessoas interpostas; nulidade das disposições testamentárias: art. 1.802
- prescrição: art. 197, I
- pródigo; interdição: arts. 1.782 e 1.783
- regime de bens: *v.* REGIME DE BENS
- sobrevivente; sucessor legítimo: art. 1.829, III
- sobrevivo; subsistência da doação: art. 551, p.u.
- sucessor provisório: art. 33
- testemunho, impedimento: art. 228, V
- vocação hereditária: arts. 1.829 a 1.832, 1.836 a 1.839 e 1.844

CONLUIO
- responsabilidade: art. 654, CCo

CONSELHO MONETÁRIO NACIONAL:
Lei 4.595/1964; Súm. 19, 23, 79 e 294, STJ e 96, TFR
- operações de redesconto; Bacen: Lei 11.882/2008

CONSENTIMENTO
- *v.* OUTORGA
- casamento; homem e mulher com 16 anos: arts. 1.517 e 1.518
- casamento; prova na habilitação: art. 1.525, II
- casamento; suprimento judicial: art. 1.519
- casamento; transcrição na escritura antenupcial: art. 1.537
- condôminos; consenso: art. 1.314, p.u.
- cônjuge; atos que dependem: arts. 1.647 a 1.650

ÍNDICE REMISSIVO DO CC

- cônjuge; atos que independem: arts. 1.642 e 1.643
- cônjuge; filho reconhecido: art. 1.611
- descendentes; para a venda por ascendente a um deles: art. 496; Súm. 494, STF
- devedor; fiança; desnecessidade: art. 820
- filho; para reconhecimento: art. 1.614
- venda particular do penhor: art. 1.436, § 1º

CONSIGNAÇÃO
- v. DEPÓSITO e PAGAMENTO
- cabimento: art. 335
- coisa indeterminada; escolha: art. 342
- contrato estimatório: arts. 534 a 537
- credor da segunda hipoteca: art. 1.478
- despesas com depósito: art. 343
- dívida vencida em pendência do litígio: art. 345
- efeito; extinção da obrigação: art. 334
- levantamento do depósito: arts. 338 a 340
- obrigação litigiosa: arts. 344 e 345
- procedimento: arts. 337 a 342
- requisitos de validade: art. 336

CONSIGNATÁRIO
- conserto de embarcação: art. 613, CCo
- danos: art. 618, CCo; Súm. 261, STF
- empréstimo a risco: art. 653, CCo
- recusa no recebimento de carga: art. 619, 2ª parte, CCo

CONSÓRCIO(S): Súm. 35, STJ
- públicos; normas gerais; contratação: Lei 11.107/2005
- sistema de: Lei 11.795/2008

CONSTITUIÇÃO DE RENDA: arts. 803 a 813
- a título gratuito: arts. 803 e 813
- a título oneroso: arts. 804 e 805
- descumprimento da obrigação; consequências: art. 810
- direito do credor à renda: art. 811
- domínio dos bens dados em compensação: art. 809
- em benefício de duas ou mais pessoas; direitos iguais: art. 812
- em favor de pessoa já falecida; nulidade: art. 808
- escritura pública: art. 807
- prazo: art. 806

CONSTITUTO POSSESSÓRIO
- tradição ficta: art. 1.267, p.u.

CONSTRUÇÕES: arts. 1.253 a 1.259
- v. EDIFÍCIOS, MATERIAIS DE CONSTRUÇÃO, OBRAS e PAREDE
- acessão por construções: art. 1.248, V
- açudes e barragens: art. 1.292
- aquedutos: arts. 1.293 a 1.296
- condômino de parede-meia: art. 1.306
- demolição; violação aos direitos de vizinhança: art. 1.312
- desfazimento de janela, sacada, terraço ou goteira sobre o prédio vizinho: art. 1.302
- despejo de águas diretamente sobre o prédio vizinho; proibição: art. 1.300
- direito de construir e suas restrições: arts. 1.299 a 1.312; Súm. 120 e 414, STF; 142, TFR
- invasão do solo alheio: arts. 1.258 e 1.259
- má-fé de quem constrói e do proprietário do terreno; ressarcimento do valor das acessões: art. 1.256
- materiais alheios, em terreno alheio: art. 1.257
- materiais alheios, em terreno próprio: art. 1.254
- materiais próprios, em terreno alheio: art. 1.255
- obras ou escavações prejudiciais a poço ou nascente: arts. 1.309 e 1.310
- parede divisória: arts. 1.304 a 1.308 e 1.312
- presunção de que foram feitas pelo proprietário do terreno: art. 1.253
- privilégio especial: art. 964, IV
- responsabilidade; danos resultantes da ruína: art. 937
- restrições ao direito de construir: arts. 1.299 a 1.313; Súm. 120 e 414, STF; 142, TFR
- servidão temporária: art. 1.313, I
- terreno alheio; má-fé; presunção; ambas as partes: art. 1.256
- terreno alheio; perda; boa-fé; indenização: art. 1.255, caput
- terreno alheio; valor excedente ao do terreno; boa-fé; indenização: art. 1.255, p.u.
- terreno próprio; materiais alheios; pagamento; perdas e danos: art. 1.254

ÍNDICE REMISSIVO DO CC

- varanda ou terraço; distância do terreno vizinho: art. 1.301; Súm. 120 e 414, STF
- zona rural: art. 1.303

CONSUMIDOR: Leis 8.078/1990; 9.656/1998; Dec. 7.962/2013; Súm. 285, 297, 302, 321, 323, 356, 379, 385, 404, 465, 469 e 479, STJ
- cadastro de proteção ao crédito: Súm. 323, 359 e 385, STJ
- cadastro positivo: Lei 12.414/2011
- cláusulas abusivas: Portarias SDE 4/1998, 3/1999, 3/2001 e 5/2002
- Câmara Nacional das Relações de Consumo: Dec. 7.963/2013
- contratos de plano de saúde; aplicação do CDC: Súm. 469, STJ
- comércio eletrônico: Dec. 7.962/2013
- decadência (art. 26, CDC); inaplicabilidade: Súm. 477, STJ
- medidas de esclarecimento ao: Lei 12.741/2012
- negativação do nome; carta de comunicação: Súm. 404, STJ
- plano de saúde; aplicação do CDC: Súm. 469, STJ
- Plano Nacional de Consumo e Cidadania: Dec. 7.963/2013

CONTAS
- curatela: art. 1.783
- hospedeiros, fornecedores de pousada ou alimento: arts. 1.468 e 1.469
- mandatário: art. 668
- sucessor provisório: art. 33
- testamenteiro: arts. 1.980 e 1.983
- tutela: arts. 1.755 a 1.762
- tutor; curador: art. 1.523, IV

CONTRAMESTRE DE NAVIO
- *v.* PILOTO
- comando do navio: art. 541, CCo
- habilitação: art. 538, CCo
- mudança de rumo: art. 539, CCo
- perda do navio: art. 540, CCo
- protesto: art. 539, CCo
- responsabilidade: arts. 540 e 541, CCo

CONTRATO(S)
- *v.* CLÁUSULA, COMPRA E VENDA e EMPRÉSTIMO DE DINHEIRO A RISCO
- abertura de crédito: Súm. 233, 247, 258, 300 e 322, STJ
- ação de revisão; caracterização da mora; não inibição: Súm. 380, STJ
- aceitação da proposta: arts. 430 a 434
- adesão; cláusulas ambíguas ou contraditórias: art. 423
- adesão; cláusulas nulas: art. 424
- adesão; renúncia antecipada; nulidade das cláusulas: art. 424
- agência e distribuição: arts. 710 a 721
- aleatórios: arts. 458 a 461
- antenupcial: *v.* PACTO
- arras ou sinal: arts. 417 a 420; Súm. 412, STF
- arrendamento mercantil; veículo automotivo; procedimento: Lei 11.649/2008
- arrendamento mercantil (*leasing*); notificação prévia; mora: Súm. 369, STJ
- arrependimento: art. 420; Súm. 412, STF
- atípicos: art. 425
- bancário; abusividade das cláusulas; conhecimento de ofício; vedação: Súm. 285, 286, 287, 288 e 381, STJ
- bancário; não regidos por legislação específica; juros moratórios convencionais; limite: Súm. 379, STJ
- benéficos; inadimplemento das obrigações: art. 392; Súm. 145, STJ
- bilaterais: art. 476
- com pessoa a declarar: arts. 467 a 471
- comissão mercantil: arts. 693 a 709
- comodato: arts. 579 a 585
- compra e venda: arts. 481 a 532; Súm. 165 e 494, STF
- constituição de renda: arts. 803 a 813
- corretagem: arts. 722 a 729
- depósito: arts. 627 a 652
- depósito regular e voluntário de bens; prazo: Lei 2.313/1954
- disposições gerais: arts. 421 a 471
- distrato: arts. 472 e 473
- doação: arts. 538 a 564; Súm. 328, STF
- domicílio; especificação: art. 78; Súm. 335, STF
- empreitada: arts. 610 a 626
- empréstimo: arts. 579 a 592
- entre ausentes: art. 434
- escritura pública: art. 215
- estimatório: arts. 534 a 537
- estipulação em favor de terceiro: arts. 436 a 438
- estipulações usurárias; nulidades: MP 2.172-32/2001
- evicção: arts. 447 a 457

2035

ÍNDICE REMISSIVO DO CC

- exceção de contrato não cumprido: arts. 476 e 477
- extinção: arts. 472 a 480
- fiança: arts. 818 a 839; Súm. 214, STJ
- forma: arts. 107 a 109, 215 e 221
- fretamento: arts. 566, 571, 573, 574, 592, 594, 597 e 628, CCo
- função social: art. 421
- herança de pessoa viva; proibição: art. 426
- hipoteca; caução: Dec. 24.778/1934
- instrumento particular: art. 221
- juros; lei da usura: Dec. 22.626/1933
- liberdade de contratar: art. 421
- locação de coisas: arts. 565 a 578; Súm. 158 e 442, STF
- lugar da celebração: art. 435
- mandato: arts. 653 a 692
- mútuo: arts. 586 a 592
- oferta ao público; proposta: art. 429
- onerosos; insolvência do devedor: art. 159
- prazo; presunção em favor do devedor: art. 133
- preliminar: arts. 462 a 466; Súm. 166, 168 e 413, STF; 76, STJ
- prestação de serviço: arts. 593 a 609
- princípios de probidade e boa-fé: art. 422
- promessa de fato de terceiro: arts. 439 e 440
- proposta; obriga o proponente: art. 427
- proposta; quando deixa de ser obrigatória: art. 428
- resolução; onerosidade excessiva: arts. 478 a 480
- seguro: arts. 757 a 802; Súm, 105, 151 e 188, STF; 61, 101 e 402, STJ; 25, 94 e 124, TFR
- seguro marítimo: arts. 677 e 678, CCo
- sociedade: arts. 981 a 1.140; Súm. 190 e 227, STF
- terceiro; estipulação: arts. 436 a 438
- terceiro; promessa de fato: arts. 439 e 440
- transporte: arts. 730 a 756
- tripulante: art. 557, CCo
- troca ou permuta: art. 533; Súm. 494, STF
- venda com reserva de domínio: arts. 521 a 528
- venda sobre documentos: arts. 529 a 532
- vícios redibitórios: arts. 441 a 446

COOPERATIVAS
- v. SOCIEDADE COOPERATIVA

CORREÇÃO MONETÁRIA
- decisão judicial; débitos: Lei 6.899/1981
- expurgos inflacionários; saldos de FGTS; termo inicial: Súm. 445, STJ
- juros; lei da usura: Dec. 22.626/1933
- valor da indenização; dano moral; incidência: Súm. 362, STJ

CORRETAGEM: arts. 722 a 729

COSTUME
- interpretação de cláusulas: art. 673, n. 3, CCo

CRÉDITOS PRIVILEGIADOS: arts. 470 a 476, CCo; Súm. 144 e 219, STJ

CREDOR(ES)
- v. ANTICRESE, HIPOTECA e PENHOR
- aceitação de objeto diverso em pagamento de dívida; fiança: art. 838, III
- ausente; abertura de sucessão provisória: art. 27, III
- ausente; consignação: art. 335, III
- cessão de crédito; direitos e limitações: art. 286
- citação do credor; consignação para recebimento: art. 341
- concurso; direito de remição: art. 1.483
- crédito penhorado: art. 312
- credores em concurso: arts. 955 a 965
- declaração; inutilização de título perdido: art. 321
- demandar antes do vencimento ou por dívida já paga: arts. 939 a 941; Súm. 159, STF
- direito à indenização de perdas e danos; obrigação de dar coisa certa: art. 236
- direito à renda dia a dia: art. 811
- direito de cobrar a dívida antes do prazo; hipóteses: art. 333
- direito de escolher o fiador: art. 825
- direito de exigir a dívida; solidariedade passiva: art. 275
- direito de exigir a prestação: art. 255
- direito de reclamar o valor das prestações: art. 255
- escolha do lugar do pagamento: art. 327, p.u.
- estipulação de cláusula: art. 278

ÍNDICE REMISSIVO DO CC

- evicto; coisa recebida em pagamento: art. 359
- exigência de pagamento antecipado da dívida: art. 333
- exigência de pagamento imediato da obrigação: art. 331
- exigência de pena convencional: art. 416
- garantia do débito; penhor: art. 1.431
- herança: arts. 1.994 e 2.000
- herança; dívidas do falecido; prazo para ação de cobrança: art. 1.997, § 2º
- hipoteca legal: art. 1.490
- hipotecário: arts. 1.422, 1.501 e 1.509
- hipotecário; conservação de direitos: art. 959
- impossibilidade de ação regressiva contra novo devedor insolvente: art. 363
- impossibilidade de transferência de crédito penhorado: art. 298
- imputação de pagamento de dívida líquida e vencida: art. 353
- incapaz de quitar: art. 310
- incapaz ou desconhecido; consignação: art. 335, III
- interrupção da prescrição: art. 204
- legitimidade para receber; consignação: art. 335, IV
- liberdade de execução: art. 249
- materiais, dinheiro ou serviços para edificação de prédios rústicos ou urbanos; privilégio especial: art. 964, IV
- mora: arts. 394 e 400; Súm. 54 e 76, STJ
- mora; cláusula penal; arbítrio na exigência da pena: art. 411
- multiplicidade: arts. 257 e 260 a 262
- não comparecimento; consignação: art. 335, II
- novação; ressalva de hipoteca, anticrese e penhor: art. 364
- obrigação solidária: arts. 264 e 265; Súm. 26, STJ
- oposição do credor à extinção da dívida: art. 304
- oposição do fiador: art. 837
- penhor de título de crédito; direitos: art. 1.459
- perda da preferência com respeito à coisa consignada: art. 340
- perdas e danos devidos ao credor: art. 402; Súm. 412, STF
- pignoratício: arts. 1.433 a 1.435
- pluralidade: art. 260
- pode exigir que o devedor desfaça o ato; obrigação de não fazer: art. 251
- preferência; inexistência; direito igual sobre os bens do devedor comum: art. 957
- prejudicado pela renúncia do herdeiro à herança: art. 1.813, § 2º
- presume-se fraudado nos seus direitos: art. 163
- privilegiados: arts. 470 a 477, CCo
- privilégio especial: art. 964
- prova da falta do pagamento: art. 324, p.u.
- purgação da mora: art. 401; Súm. 122, STF
- putativo; pagamento de boa-fé: art. 309
- quitação da dívida por conta do capital; imputação do pagamento: art. 354
- recebimento da coisa restituível deteriorada: art. 240
- recebimento da prestação por inteiro: art. 261
- recebimento de pagamento de terceiro; sub-rogação convencional: art. 347, II
- recebimento de prestação diversa da devida: art. 313
- recebimento por partes; não obrigatoriedade: art. 314
- recusa em receber ou dar quitação; consignação: art. 335, I
- remissão da dívida: art. 262
- renúncia; extinção do penhor: art. 1.436, III
- renúncia; presunção: art. 1.436, § 1º
- renúncia da solidariedade: arts. 282 e 284
- renúncia de garantia real: art. 387
- requerimento de consignação; dívida vencida; litígio entre credores: art. 345
- residente em lugar incerto ou de acesso perigoso ou difícil; consignação: art. 335, III
- retenção do objeto dado em garantia; nulidade: art. 1.428
- segunda hipoteca: arts. 1.477 e 1.478
- solidariedade passiva: arts. 275 a 285
- solidários: arts. 267 a 274
- solidários; suspensão da prescrição: art. 201
- sub-rogação de indenização em benefício do credor: art. 1.425, § 1º
- sub-rogação do credor: art. 346, I

– título de crédito; penhor: art. 1.459
– transação; credor e devedor: art. 844

CRIANÇA E ADOLESCENTE: Lei 8.069/1990; Súm. 342, STJ

CRIME
– *v.* ATOS ILÍCITOS
– casamento; erro essencial sobre a pessoa do outro cônjuge: art. 1.557, II
– homicídio; indenização: art. 948; Súm. 490 e 491, STF
– participação gratuita; reparação civil: art. 932, V
– responsabilidade civil independente da criminal: art. 935; Súm. 18, STJ
– responsabilidade dos autores e coautores: art. 942

CULPA
– cônjuge; anulação do casamentos: art. 1.564
– contrato benéfico: art. 392; Súm. 145, STJ
– contrato oneroso: art. 392; Súm. 145, STJ
– credor anticrético: art. 1.508
– devedor; obrigação de dar coisa certa: art. 234
– devedor; obrigação de fazer: art. 248
– devedor; obrigações alternativas: arts. 254 a 256
– devedor; obrigações indivisíveis: art. 263, § 2º
– devedores solidários: arts. 279 e 414
– gestor de negócios: art. 866
– herdeiro; partilha; posse dos bens: art. 2.020
– inventariante; partilha: art. 2.020
– mandatário: arts. 667, 676 e 678
– possuidor de má-fé; percepção de frutos: art. 1.216
– terceiro; ação regressiva do autor do dano: art. 930
– tutor; responsabilidade pelos prejuízos: art. 1.752
– usufrutuário; extinção do usufruto: art. 1.410, VII

CURADOR
– *v.* CURATELA
– ausente: arts. 22 a 25
– autoridade; extensão: art. 1.778
– cônjuge; direito de ser: arts. 1.775 e 1.783
– especial ao filho; quando colidentes com os interesses paternos: art. 1.692
– especial dos bens deixados a menor: art. 1.733, § 2º
– herança jacente: art. 1.819
– impedimento matrimonial: art. 1.523, IV
– nascituro: art. 1.779
– prescrição; ação de cobrança de honorários: art. 206, § 5º, II
– prescrição entre ele e o curatelado; não corre: art. 197, III
– pródigo: art. 1.782
– proibição de adquirir bens do curatelado: art. 497, I, p.u.; Súm. 165, STF
– proibição de dar bens do curatelado em comodato: art. 580
– responsabilidade civil pelos atos do curatelado: art. 932, II

CURATELA: arts. 1.767 a 1.783
– *v.* CURADOR e INTERDIÇÃO
– ausentes: art. 22
– contas: arts. 1.774 e 1.783
– deficiente mental; limites; fixação pelo juiz: art. 1.772
– ébrio habitual; limites; fixação pelo juiz: art. 1.772
– excepcionais sem completo desenvolvimento mental; limites; fixação pelo juiz: art. 1.772
– exercício; aplicabilidade das regras sobre tutela: art. 1.781
– interditos; quem promove: arts. 1.768 e 1.769
– nascituro: art. 1.779
– portador de deficiência: art. 1.780
– pródigo; limites: art. 1.782
– sujeitos: art. 1.767
– viciado em tóxico; limites; fixação pelo juiz: art. 1.772

CUSTAS
– judiciais; evicção: art. 450
– judiciais; processo de execução e arrematação: art. 478, 2ª parte, CCo
– pagamento em dobro pelo credor: art. 939
– preferência e privilégio em concurso de credores: arts. 964, I, e 965, II
– prescrição: art. 206, § 1º, III

DAÇÃO
– em pagamento: arts. 356 a 359
– sem consentimento do fiador: art. 838, III

ÍNDICE REMISSIVO DO CC

DADOR DE DINHEIRO A RISCO
- *v.* EMPRÉSTIMO DE DINHEIRO A RISCO
- contrato sobre navio e carga; hipoteca: art. 658, CCo
- direito contra o tomador; integralidade: art. 649, CCo
- efeitos carregados em navio; responsabilidade: art. 646, CCo
- hipoteca de objeto de empréstimo: art. 662, CCo
- juros: art. 642, CCo
- privilégio: art. 657, CCo
- sinistro: arts. 645 e 647, CCo

DANO(S): Súm. 130, 132, 221, 227, 281, 326, 403 e 479, STJ
- *v.* INDENIZAÇÃO, PERDAS E DANOS e PREJUÍZOS
- abalroação: arts. 749 a 752, CCo
- ação regressiva contra o causador: arts. 930 e 934
- afretador e fretador: art. 605, CCo
- benfeitorias; compensam-se com o dano: art. 1.221
- calúnia, injúria ou difamação: art. 953; Súm. 562, STF; 37, STJ
- capitães de navio: art. 504, CCo
- causado por animal: art. 936
- causado por condômino; reparação: art. 1.319
- causado por esbulho ou usurpação: art. 952; Súm. 562, STF; 37, STJ
- causado por infiltração de águas: art. 1.293, § 1º
- causado por lançamento ou queda de objetos: art. 938
- causado por lesão ou ofensa à saúde: art. 949; Súm. 37, STJ
- causado por vizinho durante reparação, construção ou limpeza de sua casa: art. 1.313, § 3º
- coação: art. 154
- cobrança antecipada da dívida: art. 939
- cobrança indevida: art. 940; Súm. 159, STF
- contrato de seguro: Súm. 402, STJ
- culpa de terceiro: arts. 930 a 934; Súm. 341, STF
- culpa profissional: art. 951; Súm. 341, STF; 37, STJ
- decorrente de homicídio: art. 948; Súm. 490 e 491, STF
- especificação: art. 1.271
- gestor de negócios: art. 866
- iminente: arts. 1.280 e 1.281
- inadimplemento de obrigação: arts. 389 a 393
- mestres de navio: art. 504, CCo
- moral: arts. 953 e 954; Súm. 562, STF; 37, 362, 370, 385, 388 e 498, STJ
- moral e estético; indenizações cumuladas: Súm. 387, STJ
- ofensa à liberdade pessoal: art. 954; Súm. 37, STJ
- perdas e danos: arts. 402 a 405; Súm. 163 e 412, STF; 54, STJ
- possuidor de boa-fé: art. 1.217
- representantes de pessoas jurídicas de direito público: art. 43; Súm. 39, STJ
- responsabilidade indireta: art. 932; Súm. 341, STF
- resultante de crime: arts. 948 e 949; Súm. 490 e 491, STF; 37, STJ
- ruína de edifício ou construção: arts. 937 e 1.280
- solidariedade dos responsáveis: art. 942, p.u.

DECADÊNCIA: arts. 207 a 211

DECLARAÇÃO
- ausência: arts. 22, 23, 25 e 26
- credor; aceitação do depósito: art. 338
- credor; inutilização de título perdido: art. 321
- de guerra; contrato de fretamento; dissolução: art. 571, n. 2, CCo
- de vontade simulada: art. 167
- de vontade: *v.* SILÊNCIO
- de vontade; atende-se mais a intenção que o sentido literal: art. 112
- de vontade; dolo: arts. 145 a 150
- de vontade; emanada de erro substancial: art. 138
- de vontade; erro na indicação de pessoa ou coisa: art. 142
- de vontade; independe de forma especial: art. 107
- de vontade; mediante coação: art. 151
- direitos; transação: art. 843
- documento assinado; presunção de veracidade: art. 219, *caput*
- enunciativa; sem relação direta com principal/partes; prova: art. 219, p.u.
- expressa; deserdação: art. 1.964
- indignidade do herdeiro: art. 1.815

ÍNDICE REMISSIVO DO CC

– oposição de impedimento de casamento: art. 1.522
– segurado; inexatidão ou omissão: art. 766
– tutor: art. 1.751
– vacância da herança: arts. 1.820 e 1.822

DEFEITOS
– v. VÍCIOS
– coisa alugada: art. 568
– construções; responsabilidade do empreiteiro: art. 618
– materiais empregados na empreitada: art. 613
– negócios jurídicos: arts. 138 a 165; Súm. 195, STJ
– ocultos; vícios redibitórios: arts. 441 a 446
– resultantes de ofensa; reparação do dano: art. 950; Súm. 490, STF
– termo de nascimento: art. 1.605

DEFICIENTE(S)
– acessibilidade; mobilidade para: Lei 10.098/2000
– atendimento; prioridade: Lei 10.048/2000
– pessoas com deficiência; Convenção Internacional e seu Protocolo Facultativo: Dec.6.949/2009
– proteção; modelo de assistência em saúde mental: Lei 10.216/2001

DEPOSITÁRIO: Súm. Vinculante 25 STF; Súm. 304, 305 e 319, STJ
– v. DEPÓSITO
– capitães de navio: arts. 519 e 528, CCo
– credor pignoratício: art. 1.435, I
– direito de ressarcimento por despesas e prejuízos provenientes do depósito: arts. 643 e 644
– direito de retenção: art. 644
– herdeiro de boa-fé; venda da coisa depositada: art. 637
– incapacidade sobrevinda: art. 641
– infiel; penas a que fica sujeito: art. 652; Súm. 419, STJ
– infiel; valor pertencente à Fazenda Pública: Lei 8.866/1994
– mestres de navio: art. 519, CCo
– não responde pelos casos de força maior: art. 642
– necessário; remuneração: art. 651
– obrigações: art. 629
– responsabilidade do cônjuge: art. 1.652

DEPÓSITO: arts. 627 a 652
– v. CONSIGNAÇÃO e DEPOSITÁRIO
– dívida por depósito; não se compensa: arts. 373, II, e 638
– judicial; avaria grossa: art. 785, CCo
– judicial; conhecimento: arts. 583 a 585 e 588, CCo
– judicial da coisa devida; consignação: art. 334
– necessário: arts. 647 a 652
– voluntário: arts. 627 a 646

DEPÓSITO AGROPECUÁRIO
– certificado: Lei 11.076/2004

DESAPROPRIAÇÃO
– anticrese; indenização: art. 1.509, § 2°
– bens clausulados de inalienabilidade; transferência das restrições aos novos bens: art. 1.911, p.u.
– coisa: art. 1.228, § 3°
– coisa dada em garantia; dívida considerada vencida: art. 1.425, V, § 2°
– coisa usufruída; indenização: art. 1.409
– direito de preferência; desvio da finalidade da desapropriação: art. 519
– direito do credor hipotecário ou privilegiado: art. 959, II
– imóveis do ausente: art. 31
– interesse social: Lei 4.132/1962
– juros compensatórios: Súm. 618, STF; e 408, STJ
– propriedade; perda: art. 1.275, V
– restrição ao direito de propriedade: art. 1.228, § 3°
– servidões: art. 1.387
– utilidade pública: Dec.-lei 3.365/1941

DESCARGA
– autorização: art. 746, CCo

DESCENDENTES
– v. DESERDAÇÃO e FILHOS
– alimentos; direito e dever de prestá-los: arts. 1.696 e 1.697
– casamento; impedimento: art. 1.521, I
– colação de bens recebidos dos ascendentes: art. 2.002
– compra de bens de ascendentes; consentimento dos demais: art. 496; Súm. 494, STF
– curador; ausente: art. 25, §§ 1° e 2°
– curador do ascendente interdito: art. 1.775, §§ 1° e 2°

ÍNDICE REMISSIVO DO CC

- deserdação dos ascendentes; autorização: arts. 1.962 e 1.963
- direito de representação; sucessão: art. 1.852
- graus de parentesco; contagem: art. 1.594
- herdeiros necessários: art. 1.845
- impedidos de servir como testemunhas: art. 228, V
- prescrição; não corre entre eles e os ascendentes: art. 197, II
- sobrevindo ao testamento; rompimento: art. 1.973
- sucessão do herdeiro excluído: art. 1.816
- sucessores legítimos: arts. 1.829, I e II, e 1.836
- vocação hereditária: arts. 1.829 a 1.844

DESCOBERTA: arts. 1.233 a 1.237

DESERDAÇÃO
- v. ASCENDENTES e DESCENDENTES
- autorização de deserdação; herdeiros necessários; ascendentes: arts. 1.961 e 1.963
- autorização de deserdação; herdeiros necessários; descendentes: arts. 1.961 e 1.962
- declaração de causa: art. 1.964
- herdeiros necessários: art. 1.961
- prescrição das ações relativas: art. 1.965, p.u.
- prova da veracidade da causa alegada: art. 1.965

DESPEDIDA
- oficiais: art. 556, CCo
- tripulação: arts. 554 a 556, CCo

DESPESA(S)
- avarias: arts. 761, 763, 764, ns. 12, 15, 19 e 21, 765, 766, n. 3, e 768, CCo
- bens em usufruto; conservação: art. 1.403, I
- casal; regime de separação: art. 1.688
- cessionário; com cobrança: art. 297
- coisa depositada: arts. 643 e 644
- colação: art. 2.010
- comodato: art. 584
- compensação: art. 378
- conservação da coisa comum; proporção: art. 1.315, *caput*
- conservação e uso de servidão: art. 1.380
- consignação: arts. 338 e 343
- consumidores ou fregueses: art. 1.467, I
- credor pignoratício: art. 1.433, II
- decorrentes do exercício da tutela: art. 1.752
- demarcação dos prédios confinantes: art. 1.297
- depósito julgado procedente na consignação: art. 343
- descobridor; com a coisa achada: art. 1.237
- direito do evicto: art. 450, II
- divisão da coisa comum: art. 1.320, *caput*
- doença do devedor falecido; privilégio: art. 965, IV
- enterro; feitas por terceiros: art. 872
- entrega do legado: art. 1.936
- escritura; a quem cabem: art. 490
- execução do mandato: arts. 664, 670 e 675 a 677
- funeral; abatimento da legítima/herança: arts. 1.847 e 1.998
- funerárias; privilégio: art. 965, III
- funerárias; saem do monte da herança: art. 1.998
- gestão de negócios: arts. 868, p.u., e 869
- indenização das despesas do tratamento e dos lucros cessantes: art. 949; Súm. 37, STJ
- instrumento da troca: art. 533, I
- judiciais; privilégio em concurso de credores: arts. 964, I, e 965, II
- judiciais; responsabilidade do fiador: art. 822
- justificadas pelo tutor: art. 1.760
- mantença do devedor falecido e sua família; privilégio: art. 965, V
- mora do credor; conservação da coisa: art. 400
- necessárias à execução do mandato: arts. 675 e 676
- pagamento e quitação; responsabilidade do devedor: art. 325
- prestação de contas da tutela: art. 1.761
- produção e custeio; possuidor de má-fé: arts. 1.214, p.u., e 1.216
- tradição; a quem cabem: art. 490
- tratamento da vítima; indenização: art. 948; Súm. 490 e 491, STF
- tutor; competência: art. 1.747, III
- usufrutuário: art. 1.403, I

ÍNDICE REMISSIVO DO CC

- vícios redibitórios ignorados pelo alienante; restituição do valor mais despesas com contrato: art. 443

DESTRUIÇÃO
- *v.* DETERIORAÇÃO, PERDAS E DANOS e PERECIMENTO
- anticrese; indenização de seguro: art. 1.509, § 2º
- efeito no usufruto: arts. 1.408 e 1.410, V

DETENTOR(ES)
- benfeitorias; melhoramentos; não intervenção: art. 97
- conceito: art. 1.198
- de forma ilícita de filhos menores: art. 1.634, VI
- penhor de título de crédito: art. 1.459, I
- testamento: art. 1.979

DETERIORAÇÃO
- *v.* DESTRUIÇÃO e PERECIMENTO
- bens; responsabilidade do credor anticrético: art. 1.508
- bens móveis do ausente sujeitos à deterioração: art. 29
- bens por culpa do usufrutuário: art. 1.410, VII
- coisa; possuidor de boa-fé: art. 1.217
- coisa; possuidor de má-fé: art. 1.218
- coisa alheia; usurpação ou esbulho; indenização: art. 952; Súm. 562, STF; 37, STJ
- coisa alienada; evicção; obrigações do alienante: arts. 451 e 452
- coisa alugada: arts. 567 e 569, IV
- coisa por culpa do credor pignoratício: art. 1.435, I
- obras destinadas à canalização: art. 1.293, § 1º
- obrigação de dar: arts. 235, 240 e 246
- responsabilidade do credor anticrético: art. 1.508
- separação de coisas pertencentes a diversos donos: art. 1.272, *caput*
- sobrevinda à coisa dada em pagamento indevido: art. 878
- uso regular do usufruto: art. 1.402
- vencimento da dívida; garantia: art. 1.425, I

DEVEDOR
- ação regressiva: art. 880
- acordo sobre compensação: art. 375
- alegação de perda/deterioração da coisa: art. 246
- ato judicial; constituição em mora: art. 202, V
- cessão de crédito; notificação: art. 290
- cessão de crédito; solvência: art. 296
- citação do credor; recebimento de coisa imóvel: art. 341
- cláusula penal: art. 408
- compensação de obrigações: arts. 368 a 380
- confusão da dívida; extinção da obrigação: arts. 381 e 383
- credor; exoneração na solidariedade passiva: arts. 282 e 284
- credor; propositura de ação: arts. 275, p.u., e 280
- cumprimento da prestação; solidariedade ativa: art. 267
- cumprimento de prestação; impossibilidade; substituição pelo valor: art. 947
- demandado antes do vencimento da dívida: arts. 939 e 941
- despesas; pagamento e quitação: art. 325
- despesas com depósito; julgamento de improcedência: art. 343
- deterioração da coisa: arts. 235, 236 e 240
- direito à quitação: art. 319
- dívida já paga: arts. 940 e 941; Súm. 159, STF
- dolo; inexecução; perdas e danos: art. 403
- entrega do título ao devedor: arts. 324 e 386
- escolha; obrigações alternativas: art. 252
- escolha de coisa indeterminada: art. 342
- extinção de todas as ações: art. 175
- falência; cobrança da dívida antes do vencimento: art. 333, I
- fiança; obrigações nulas; incapacidade do devedor: art. 824
- fraude contra credores: arts. 158 a 165; Súm. 195, STJ
- herdeiros; obrigação de prestar alimentos: art. 1.700
- hipotecário; falência: art. 1.483
- impossibilidade de prestação: arts. 248, 255 e 279
- imputação do pagamento: art. 353

ÍNDICE REMISSIVO DO CC

- inadimplemento; caso fortuito ou força maior: art. 393
- inadimplemento; constituição em mora: art. 397; Súm. 76, STJ
- indivisibilidade da obrigação: art. 414
- insolvência; segunda hipoteca: art. 1.477
- insolvente; novação por substituição do devedor: art. 363
- insolvente; solidariedade passiva: arts. 283 e 284
- insolvente ou falido; dívida vencida antecipadamente: art. 1.425, II
- levantamento do depósito: arts. 338 a 340
- limitação de responsabilidade do cedente; solvência: art. 297
- local do pagamento: art. 327
- mora: arts. 394 a 401; Súm. 122, STF; 54 e 76, STJ
- negócio anulável; confirmação; extinção de todas as ações: art. 175
- novação: arts. 360 a 367
- obrigação alternativa; impossibilidade das prestações; extinção da obrigação: arts. 252 e 256
- obrigação de dar coisa incerta: arts. 243 a 246
- obrigação de fazer: arts. 247 a 249
- obrigação de juros de mora: art. 407
- obrigação de não fazer: arts. 250 e 251
- obrigação de restituir coisa certa: arts. 238 a 242
- obrigação divisível: arts. 257 e 415
- obrigação litigiosa; consignação: art. 344
- obrigação solidária; dívida comum: art. 275
- obrigação solidária; pagamento integral da dívida por um devedor: art. 283
- obrigações alternativas: art. 252
- obrigações alternativas; não cumprimento; culpa: art. 254
- obrigações indivisíveis; resolução em perdas e danos; culpa: art. 263, §§ 1º e 2º
- oposição de exceção ao cessionário: art. 294
- pagamento ao credor primitivo na cessão de crédito: art. 292
- pagamento feito a credor incapaz de quitar: art. 310
- pagamento feito por terceiro: art. 306
- pagamento feito por um dos devedores: art. 277
- penhor; garantia do débito: art. 1.431
- penhora de bens hipotecados ou empenhados; direito de cobrança antes do vencimento: art. 333, II
- perda da coisa: arts. 234, 238 e 239
- perdas e danos: arts. 402 a 405; Súm. 163 e 412, STF; 54, STJ
- pluralidade: arts. 257 e 259
- pluralidade de credores: art. 260
- prazo nos contratos; presume-se em seu favor: art. 133
- prejuízos causados por mora: art. 395
- prescrição; interrupção: arts. 202 a 204; Súm. 153, 154 e 383, STF; 78 e 248, TFR
- presunção de boa-fé; negócios jurídicos: art. 164
- purgação da mora: art. 401, I; Súm. 122, STF
- quitação: art. 320
- reconhecimento da dívida; interrupção da prescrição: art. 202, VI
- recusa de prestação personalíssima: art. 247
- remissão; desoneração pela entrega voluntária do título da obrigação: art. 386
- remissão das dívidas: arts. 385 a 388
- retenção de pagamento: art. 321
- satisfação da dívida na solidariedade passiva: art. 283
- solidariedade ativa; pagamento: art. 268
- solidariedade passiva: arts. 275 a 285
- solidariedade passiva; oposição de exceções: art. 281
- solidários; interrupção de prescrição: art. 204
- solidários; novação: art. 365
- solidários; remissão da dívida: art. 388
- solidários; transação feita com um deles: art. 844, § 3º
- solvência do devedor; cedente não é responsável: art. 296
- substituição do devedor; novação: art. 362
- sucessores; remissão do penhor e hipoteca: art. 1.429
- tradição: art. 237
- venda de animais empenhados: art. 1.445

DIREITO(S)
- *v.* VIZINHOS

ÍNDICE REMISSIVO DO CC

- acrescer; entre herdeiros e legatários: arts. 1.941 a 1.946
- acrescer; legado; usufruto: art. 1.946
- acrescer; renúncia de herança: art. 1.810
- adquirido por terceiro; revogação da doação por ingratidão: art. 563
- alimentos: arts. 1.694 a 1.710; Súm. 226 e 379, STF; 64, TFR
- autorais: Súm. 63, 228 e 261, STJ
- coisas; posse: art. 1.196
- constituição de renda em benefício de mais de uma pessoa; direito à parte da que morreu: art. 812
- construir: arts. 1.299 a 1.313; Súm. 120 e 414, STF; 142, TFR
- credor; cessão de crédito: arts. 286 a 298
- empresa: arts. 966 a 1.195; Súm. 190, 227, 260 e 390, STF
- empresa; capacidade: arts. 972 a 980
- empresa; caracterização e inscrição: arts. 966 a 971
- empresa; disposições gerais: arts. 981 a 985
- empresa; escrituração: arts. 1.179 a 1.195; Súm. 260, 390 e 439, STF
- empresa; estabelecimento: arts. 1.142 a 1.149
- empresa; nome empresarial: arts. 1.155 a 1.168
- empresa; prepostos: arts. 1.169 a 1.178
- empresa; registro: arts. 1.150 a 1.154
- família: arts. 1.511 a 1.783; Súm. 226, 377, 379 e 382, STF; 197, STJ; 64, TFR
- imagem: art. 20; Súm. 221, STJ
- nome: arts. 16 a 18; Súm. 221, STJ
- obrigações: arts. 233 a 965
- passagem forçada: art. 1.285
- personalidade; pessoa natural: arts. 11 a 21; Súm. 37 e 221, STJ
- personalidade; pessoa jurídica: art. 52; Súm. 227, STJ
- posse: art. 1.196
- possuidor: arts. 1.210, 1.219 e 1.220; Súm. 158 e 487, STF
- propriedade: art. 1.228
- real: arts. 1.225 a 1.227
- real de garantia: arts. 1.419 a 1.430
- reembolso; gestão de negócios: art. 869
- regressivo; condômino contra os consortes: art. 1.318
- regressivo; devedor solidário que satisfaz a dívida por inteiro: art. 283
- regressivo; fiador: art. 831
- regressivo; pagamento com sub-rogação: arts. 346 a 351; Súm. 188 e 257, STF; 94, TFR
- regressivo; terceiro culpado: arts. 930 e 934; Súm. 341, STF
- representação; sucessão: arts. 1.851 a 1.856
- retenção; benfeitorias necessárias e úteis: art. 1.219; Súm. 158, STF
- retenção; coisa depositada: art. 644
- retenção; compra e venda: arts. 491 e 495
- retenção; credor anticrético: art. 1.423
- retenção; credor pignoratício: arts. 1.433, II, e 1.434
- retenção; locação: arts. 571, p.u., e 578; Súm. 158, STF e 335, STJ
- retenção; objeto da operação decorrente do mandato: arts. 664 e 681
- retenção; pagamento: art. 319
- sucessão aberta; coisa imóvel: art. 80, II
- sucessões: arts. 1.784
- tapagem: art. 1.297
- titular da habitação: art. 1.414
- usuário: art. 1.412
- usufrutuário: arts. 1.394 a 1.399
- vida privada; inviolabilidade: art. 21
- vizinhança: arts. 1.277 a 1.313; Súm. 120 e 414, STF; 142, TFR

DIREITO AUTORAL: Lei 9.610/1998
- programa de computador; comercialização: Lei 9.609/1998

DIREITO DE PREFERÊNCIA
- consignatários: art. 653, CCo
- credores privilegiados: art. 473, CCo
- dador de dinheiro a risco: art. 642, CCo
- efeitos carregados: art. 627, CCo
- fretamento: art. 490, CCo
- quebra ou insolvência do armador: art. 475, CCo
- quinhão de embarcações: art. 489, CCo

DIREITO DE REGRESSO
- contrato de câmbio marítimo: art. 661, CCo

DIREITO DE RETENÇÃO
- capitão: arts. 619 e 620, CCo

DISPOSIÇÕES
- v. CLÁUSULA
- captatórias; nulidade: art. 1.900, I
- de última vontade: art. 1976

Índice Remissivo do CC

- finais e transitórias: arts. 2.028 a 2.046; Súm. 170, STF
- testamentárias: arts. 1.897 a 1.911; Súm. 49, STF

DISTRATO
- forma: art. 472

DISTRITO FEDERAL
- domicílio da União: art. 75, I
- domínio sobre herança vacante: art. 1.822, *caput*
- domínio sobre imóvel abandonado; prazo: art. 1.276
- personalidade jurídica: art. 41, II

DÍVIDA(S)
- *v.* PAGAMENTO
- acessórios; extinção; novação: art. 364
- bens particulares de sócios: art. 530, CCo
- cobrança antes do prazo: arts. 333 e 939
- compensação: arts. 368 a 380
- comunicação; casamento: arts. 1.659, III e IV, 1.667 e 1.668, III
- condomínio; solidariedade: art. 1.317
- consignação: art. 345
- contraídas na administração do patrimônio comum: art. 1.663, § 1º
- demandada antes de vencida: art. 939
- embargo de embarcação: arts. 480 a 483, CCo
- extinção; confusão: arts. 381 a 384
- extinção; pagamento por qualquer interessado: art. 304
- futuras; objeto de fiança; possibilidade: art. 821
- herdeiro devedor do espólio: art. 2.001
- hipotecárias; direito de remição: art. 1.483
- jogo e aposta: arts. 814 a 817
- líquidas e vencidas; compensação: art. 369
- líquidas e vencidas; imputação do pagamento: art. 353
- líquidas e vencidas; um só credor; imputação do pagamento: art. 352
- novação: arts. 360 a 367
- obrigações solidárias: arts. 264 a 285; Súm. 26, STJ
- pagamento; fiador demandado: art. 827
- pagamento; inventário: arts. 1.997 a 2.001
- pagamento; moeda corrente: art. 315
- pagamento indevido; repetição: arts. 876 a 883; Súm. 71 e 546, STF
- pagamento por terceiro: arts. 304 a 306
- prescrita; repetição: art. 882
- remissão: arts. 385 a 388
- vencimento antecipado: arts. 1.425 e 1.426

DIVISÃO
- coisa comum; acordo de indivisão: art. 1.320, § 1º
- coisa comum; despesas: art. 1.320, *caput*
- coisa comum; despesas; proporção: art. 1.315, *caput*
- coisa doada ou testada; prazo: art. 1.320, § 2º
- coisa indivisível; venda: art. 1.322
- da coisa comum: arts. 1315 e 1320
- determinada pelo juiz: art. 1.320, § 3º
- frutos da coisa comum: art. 1.326
- mediante sorteio: art. 817

DIVÓRCIO: Lei 6.515/1977
- concessão; partilha prévia: art. 1.581; Súm. 197, STJ
- direitos e deveres dos pais: art. 1.579
- direto; conversão: art. 1.571, § 2º
- guarda dos filhos: arts. 1.583 a 1590
- propositura; legitimidade: art. 1.582
- registro público; averbação: art. 10, I
- requerimento; separação de fato; prazo: art. 1.580, § 2º

DOAÇÃO: arts. 538 a 564; Súm. 328, STF
- a concubino; reivindicação pelo cônjuge; condição; prazo: art. 1.642, V
- antenupcial; cláusula de incomunicabilidade: art. 1.668, IV
- cláusula de inalienabilidade; consequências: art. 1.911; Súm. 49, STF
- descendentes; colação: arts. 2.002 e 2.012
- doador; reserva de usufruto; caução: art. 1.400, p.u.
- filhos; validade; casamento ou economia separada: art. 1.647, p.u.
- nupcial aos filhos; validade: art. 1.647, p.u.
- pelo cônjuge ao concubino; condições; prazo: art. 1.642, V
- redução: art. 2.007
- rescisão; pelo cônjuge que não consentiu: art. 1.642, IV
- rescisão dos contratos: art. 1.642, IV

ÍNDICE REMISSIVO DO CC

– revogação: arts. 555 a 564
– tutor; disposição gratuita dos bens do tutelado; proibição: art. 1.749, II

DOCUMENTOS
– *v.* ARQUIVOS PÚBLICOS E PRIVADOS, CERTIDÕES e INSTRUMENTO(S)
– assinados; presunção de veracidade das declarações: art. 219
– casamento; processo de habilitação: art. 1.525
– embarcações: art. 466, CCo; Súm. 259 e 260, STF
– *habeas data*; gratuidade: Lei 9.507/1997
– língua estrangeira; tradução: art. 224; Súm. 259, STF
– meio de prova: art. 212, II

DOLO: arts. 145 a 150
– *v.* FRAUDE e MÁ-FÉ
– adquirente evicto: art. 451
– anulabilidade; negócio jurídico: art. 171, II
– contratos aleatórios; alienação aleatória: art. 461
– contratos benéficos: art. 392; Súm. 145, STJ
– decadência; ação de anulação do negócio jurídico: art. 178, II
– descobridor; responsabilidade pelos prejuízos: art. 1.235
– devedor; mora do credor; isenção; conservação da coisa: art. 400
– imputação do pagamento: art. 353
– inexecução; perdas e danos: art. 403
– jogo ou aposta; recuperação da quantia paga: art. 814
– menor; ocultação da idade: art. 180
– negócio jurídico; anulabilidade: art. 171, II
– transação; anulabilidade: art. 849
– tutor; responsabilidade: art. 1.752

DOMICÍLIO
– *v.* RESIDÊNCIA
– agente diplomático: art. 77
– casal; escolha; ausência: art. 1.569
– conjugal; vida em comum; dever dos cônjuges: art. 1.566, II
– devedor; lugar do pagamento: art. 327
– especificação; contratos escritos: art. 78; Súm. 335, STF
– Estado: art. 75, II
– falecido; abertura da sucessão: art. 1.785; Súm. 58, TFR

– incapaz: art. 76
– marítimo: art. 76
– militar: art. 76
– mudança; intenção manifesta de mudar; prova: art. 74
– Município: art. 75, III
– necessário: art. 76
– pessoa natural: art. 70
– pessoa natural; diversas residências: art. 71; Súm. 483, STF
– pessoa natural; relações concernentes à profissão: art. 72
– pessoa natural sem residência habitual: art. 73
– pessoas jurídicas: art. 75, *caput*, IV, e §§ 1º e 2º; Súm. 363, STF
– preso: art. 76
– servidor público: art. 76
– Territórios: art. 75, II
– União: art. 75, I

DOMÍNIO
– *v.* PROPRIEDADE
– bens; compensação da renda: art. 809
– Distrito Federal; herança vacante; prazo: art. 1.822, *caput*
– dois prédios pela mesma pessoa; extinção da servidão: art. 1.389, I
– Município; herança vacante; prazo: art. 1.822, *caput*
– nacional; bens públicos: art. 98; Súm. 340 e 650, STF
– transferência; coisa emprestada; mútuo; riscos: art. 587
– União; herança vacante; prazo: art. 1.822, *caput*
– útil; objeto de hipoteca: art. 1.473, III

EDIFÍCIOS
– *v.* CONSTRUÇÕES
– administração pública; bens públicos: art. 99, II
– contratos de empreitada; responsabilidade; prazo: art. 618
– responsabilidade do empreiteiro: art. 618
– ruína; dono; responsabilidade por danos: art. 937

EFEITOS
– avarias: art. 773, CCo

EMANCIPAÇÃO
– concessão: art. 5º, p.u., I
– poder familiar; extinção: art. 1.635, II
– registro público: art. 9º, II

ÍNDICE REMISSIVO DO CC

– tutelado; extinção: art. 1.763, I
EMBARCAÇÃO(ÕES)
– v. NAVIO(S)
– alienações: arts. 463 e 468 a 470, CCo
– arrematação: arts. 477 e 478, CCo
– brasileiro: arts. 457 e 463, CCo
– capitão: arts. 465 e 481, CCo
– construção: arts. 459 e 462, CCo
– credores privilegiados: arts. 470 a 479, CCo
– custas judiciais: art. 478, 2ª parte, CCo
– detenção: arts. 479 a 483, CCo
– direito de preferência: arts. 473 e 475, CCo
– documentação: art. 466, CCo
– editais: art. 478, CCo
– embargo: arts. 479 a 483, CCo
– estrangeiros: arts. 457 e 458, CCo
– execução: art. 483, CCo
– fretes: art. 469, CCo
– hipotecas: arts. 468 e 470, CCo
– insolvência ou quebra: art. 475, CCo
– juramento: art. 463, CCo
– matrícula: arts. 465 e 467, CCo
– multa: art. 463, CCo
– navios estrangeiros: art. 482, CCo
– nome: arts. 461, ns. 5 e 6, 462 e 464, CCo
– proprietário: arts. 460, 461, n. 6, 463 e 464, CCo
– registro: arts. 460 a 463, 472, 474 e 477, 2ª parte, CCo
– salários: art. 470, n. 1, CCo
– vendas judiciais: arts. 477 e 478, CCo
– visto consular: art. 472, 2ª parte, CCo
– vistoria: art. 459, CCo
EMBARGO
– capitão: arts. 527, 607 e 608, CCo
– conhecimentos: art. 588, CCo
– credores privilegiados: arts. 479 a 483, CCo
– negligência: art. 607, CCo
– perdas e danos: arts. 607 a 609, CCo
EMPREGADO(S)
– responsabilidade civil; empregador: arts. 932, III, e 933; Súm. 341, STF
EMPREITADA: arts. 610 a 626
EMPRESA: Súm. 435, STJ
– v. EMPRESÁRIO
– estabelecimento: arts. 1.142 a 1.149

– individual de responsabilidade limitada: arts. 44, VI, 980-A e 1.033, p.u.
– nome empresarial; conceito: art. 1.155
– prepostos; contabilista e auxiliares: arts. 1.177 e 1.178
– prepostos; disposições gerais: arts. 1.169 a 1.171
– prepostos; gerente: arts. 1.172 a 1.176
– resultado; não sujeição dos bens do incapaz: art. 974, § 2º
EMPRESÁRIO
– v. EMPRESA
– agência; outra jurisdição; inscrição: art. 969, caput
– atividade; capacidade: art. 972
– atividade; exercício por incapaz; representante; autorização judicial: art. 974, caput e § 1º
– atividade; impedimento; responsabilidade: art. 973
– atividade; impedimento do representante do incapaz; nomeação de gerentes; aprovação judicial: art. 975
– autorização do incapaz; revogação; registro: art. 976
– bens clausulados; incomunicabilidade/ inalienabilidade; arquivamento/averbação: art. 979
– casado; alienação de imóveis da empresa: art. 978
– casado; gravação de imóveis da empresa com ônus reais: art. 978
– conceito: art. 966
– emancipação; registro: art. 976
– escrituração: arts. 1.179 a 1.195; Súm. 260, 390 e 439, STF
– estabelecimento: arts. 1.142 a 1.149
– estabelecimento secundário; instituição; averbação: art. 969, p.u.
– filial; outra jurisdição; inscrição: art. 969, caput
– inscrição; alterações; averbação: art. 968, § 2º
– inscrição; obrigatoriedade: art. 967
– inscrição; requerimento; requisitos: art. 968
– inscrição; sucursal, filial ou agência; outra jurisdição: art. 969
– pactos e declarações antenupciais; averbação/registro: art. 979
– registro: arts. 1.150 a 1.154

ÍNDICE REMISSIVO DO CC

– rural; profissão principal; registro; equiparação: art. 971
– rural; tratamento: arts. 970 e 971
– separação judicial/ato de reconciliação; oposição a terceiros; registro: art. 980
– sócio incapaz; registro público de empresas mercantis: art. 974, § 3º
– sucursal; outra jurisdição; inscrição: art. 969, *caput*
– transformação em sociedade empresária: art. 968, § 3º

EMPRÉSTIMO: arts. 579 a 592
– *v.* COMODATO e MÚTUO
– coisas fungíveis; restituição: arts. 586 e 587
– dinheiro; juros; taxa: art. 591
– jogo ou aposta; reembolso: art. 815
– obtenção; cônjuges; autorização: art. 1.643, II
– solução de dívida; sub-rogação nos direitos do credor: art. 347, II
– terceiro ao devedor: art. 347, II

EMPRÉSTIMO DE DINHEIRO A RISCO
– abrangência: arts. 639 e 640, CCo
– ação criminal: art. 654, CCo
– analogia: art. 665, CCo
– autenticação: art. 633, CCo
– baldeação: art. 646, CCo
– cessão: art. 636, CCo
– cessionário: art. 635, 2ª parte, CCo
– conceituação: art. 633, n. 1, CCo
– conhecimento: art. 653, CCo
– conluio: art. 654, CCo
– conteúdo: art. 634, CCo
– crime de estelionato: art. 635, CCo
– desastre de mar: art. 664, CCo
– despesas: arts. 647, 651 e 657, CCo
– direito de preferência: arts. 642 e 653, CCo
– direito de regresso: art. 661, CCo
– efeitos: arts. 643 e 645 a 648, CCo
– endosso: art. 635, CCo
– fazendas: arts. 647, 2ª parte, 653, 657, 658 e 664, CCo
– hipoteca: arts. 634, 2ª parte, 658 e 662, CCo
– indenização: art. 754, CCo
– instrumento: arts. 633, 634, 637 e 644, CCo
– interpretação: art. 665, CCo
– juros: arts. 660 e 661, CCo

– letras de câmbio: arts. 635, 651 e 661, CCo
– manifesto de carga: art. 653, CCo
– mora: art. 660, CCo
– navio: arts. 643, 645 a 647, 650 a 652, 657, 658 e 664, CCo
– notificação: art. 664, CCo
– nulidades: art. 656, CCo
– objeto: art. 633, *in fine*, CCo
– pagamento: arts. 638, 647 e 660, CCo
– perdas e danos: art. 664, *in fine*, CCo
– prêmio: art. 660, CCo
– rescisão: art. 642, CCo
– restituição: art. 643, CCo
– riscos: arts. 637, 645, 647, 649, 650, 659, 660 e 662, CCo
– seguro: arts. 650 e 651, CCo
– sinistro: arts. 641, 645, 647 e 663, CCo
– solidariedade: arts. 654 e 655, CCo
– troca e venda: art. 644, *in fine*, CCo

ENCARGO(S)
– agravação; servidão: art. 1.385
– coerdeiros; quinhão acrescido: art. 1.943, p.u.
– doação: arts. 540, 553, 555, 564, II, e 1.748, II
– efeitos: art. 136
– exoneração, redução ou majoração; alimentante: art. 1.699
– fideicomissário substituto; sujeição: art. 1.949
– herança; aceitação; tutor: art. 1.748, II
– herança; responsabilidade do herdeiro: art. 1.792
– herdeiro ou legatário substituto; sujeição: art. 1.949
– legados; sujeição: arts. 1.937 e 1.938
– resolutório; substituição fideicomissária ilegal: art. 1.960
– testamentaria: art. 1.985

ENDOSSO
– apólice de seguro: art. 675, CCo
– conhecimento: art. 587, 2ª parte, CCo
– escritura ou letra de risco: art. 635, CCo
– título à ordem: arts. 910 a 920
– título nominativo; transferência: arts. 923 e 925

ENFITEUSE
– aforamento antes do novo Código Civil: art. 2.038, § 1º
– constituição; proibição: art. 2.038; Súm. 170, STF

ÍNDICE REMISSIVO DO CC

- existência antes do novo Código Civil: art. 2.038, § 2º
- terrenos de marinha; acréscimo por lei especial: art. 2.038; Súm. 170, STF

ENRIQUECIMENTO SEM CAUSA: arts. 884 a 886

ENTERRO
- v. DÍVIDA(S) e FUNERAIS
- codicilo; disposições: art. 1.881
- terceiro; cobrança do que teria obrigação de alimentar: art. 872

EQUIPAGEM
- conceituação: art. 564, 2ª parte, CCo

ERRO
- v. NULIDADE
- ação de anulação; decadência; prazo: art. 178, II
- cálculo; retificação da declaração de vontade: art. 143
- coisa legada; anulação; exceção: art. 1.903
- decadência; ação de anulação; prazo: art. 178, II
- dono do negócio; gestor: art. 869, § 2º
- essencial: art. 1.557
- motivo falso; razão determinante: art. 140
- negócio jurídico; anulabilidade: art. 171, II
- negócio jurídico; validade; circunstância: art. 144
- partilha; anulabilidade: art. 2.027
- pessoa; casamento; anulabilidade: art. 1.556
- pessoa; herdeiro/legatário; anulação; exceção: art. 1.903
- pessoa ou coisa; não vicia o negócio: art. 142
- registro do nascimento: art. 1.604
- substancial: art. 139
- transmissão da vontade; meios interpostos; anulabilidade: art. 141

ESBULHO
- v. AÇÃO, POSSE e VIOLÊNCIA
- ação contra o terceiro que recebeu a coisa esbulhada: art. 1.212
- dívida de causa diversa; não compensação: art. 373, I
- indenização; abrangência: art. 952; Súm. 562, STF; 37, STJ
- reintegração do possuidor: art. 1.210; Súm. 487, STF
- vício da posse: art. 1.200

ESCALAS
- alteração: arts. 680 e 681, CCo
- carta partida: art. 567, n. 5, CCo

ESCRITURA(S) PÚBLICA(S)
- antenupcial; assento de casamento: art. 1.536, VII
- assinatura a rogo; comparecente que não pode ou não sabe escrever: art. 215, § 2º
- certidões; prova: arts. 216 a 218
- da compra e venda; despesas: art. 490
- doação: art. 541
- dotação especial; criação de fundação: art. 62
- fé pública: art. 215, caput
- fundação; instituição: art. 62, caput
- lavratura; conteúdo: art. 215, caput e § 1º
- necessidade da participação de testemunhas: art. 215, § 5º
- pacto antenupcial; nulidade e ineficácia: art. 1.653
- partilha amigável; herdeiros capazes: art. 2.015
- prova plena: art. 215, caput
- reconhecimento de filho: art. 1.609, II
- redigida em língua nacional; tradutor público: art. 215, §§ 3º e 4º
- transação: art. 842
- validade do negócio jurídico; substância: art. 109

ESCRITURAÇÃO: arts. 1.179 a 1.195; Súm. 260, 390 e 439, STF

ESCRIVÃO
- extração das certidões textuais: art. 216
- herdeiro/legatário; nomeação; vedação: art. 1.801, IV

ESPECIFICAÇÃO
- boa-fé: art. 1.270, caput
- direitos do prejudicado: art. 1.271
- ma-fé: arts. 1.270, § 1º, e 1.271

ESTABELECIMENTO: arts. 1.142 a 1.149
- adquirente; responsabilidade: art. 1.146
- alienação; falta de bens para solver passivo; eficácia: art. 1.145
- alienação; produção de efeitos a terceiros; averbação; publicação: art. 1.144

ÍNDICE REMISSIVO DO CC

- alienante; concorrência ao adquirente; autorização; prazo: art. 1.147
- alienante; responsabilidade: art. 1.146
- arrendamento; concorrência ao adquirente; autorização; prazo: art. 1.147, p.u.
- arrendamento; produção de efeitos a terceiros; averbação; publicação: art. 1.144
- cessão de créditos; efeito; prazo: art. 1.149
- comercial; sede; penhora; legitimidade: Súm. 451, STJ
- conceito: art. 1.142
- devedor; pagamento ao cedente; exoneração: art. 1.149, *in fine*
- objeto de direitos e de negócios jurídicos; possibilidade: art. 1.143
- transferência; sub-rogação: art. 1.148
- usufruto; produção de efeitos a terceiros; averbação; publicação: art. 1.144

ESTADO
- civil: art. 1.525, IV
- de casado: art. 1.545 e 1.547
- de perigo; conceito: art. 156
- domicílio: art. 75, II
- pessoa jurídica de direito público interno: art. 41, II

ESTATUTO
- *v.* LEI(S)
- Cidade: Lei 10.257/2001
- Criança e Adolescente: Lei 8.069/1990; Súm. 342, STJ
- da Microempresa e da Empresa de Pequeno Porte: LC 123/2006
- Idoso: Lei 10.741/2003
- Igualdade Racial: Lei 12.288/2010
- Mulher Casada: Lei 4.121/1962

ESTELIONATO
- dador e tomador de dinheiro a risco: art. 655, CCo

ESTRANGEIRO
- embarcações: art. 457, 2ª parte, CCo
- prestação de alimentos no: Dec. 56.826/1965

EVICÇÃO
- ação; impede a prescrição: art. 199, III
- adquirente; não pode demandar; circunstância: art. 457
- benfeitorias; pagamento pelo alienante: art. 453
- coerdeiros; indenização ao evicto; proporção: art. 2.026
- coerdeiros; indenização recíproca; circunstâncias: arts. 2.024 e 2.025
- dação em pagamento; restabelecimento da obrigação primitiva: art. 359
- deteriorações; vantagens auferidas pelo adquirente; dedução: art. 452
- doação para casamento; sujeição: art. 552, *in fine*
- doador; não sujeição: art. 552
- evicto; direitos: art. 450
- exclusão; cláusula; efeito: art. 449
- exercício do direito; notificação; procedimento: art. 456, *caput*
- legado; caducidade: art. 1.939, III
- parcial; preço proporcional; rescisão do contrato; restituição: arts. 450, p.u., e 455
- prescrição: art. 199, III
- procedência; denunciação da lide não atendida; adquirente que deixa de oferecer a contestação: art. 456, p.u.
- reforço, diminuição ou exclusão; cláusula expressa: art. 448
- responsabilidade; contratos onerosos; hasta pública: art. 447
- total; valor da coisa: art. 450, p.u.
- transação; coisa renunciada: art. 845

EXAME
- arbitradores: art. 772, CCo; Súm. 261, STF
- avaria: arts. 618, 2ª parte, e 772, CCo; Súm. 261, STF

EXCEÇÕES
- devedor; cessão de crédito: art. 294
- devedor; obrigação solidária: art. 281
- fiador: art. 837

EXECUÇÃO
- cotas condominiais; preferência: Súm. 478, STJ
- credor hipotecário/pignoratício; excussão; preferência: art. 1.422
- credores hipotecários; notificação: art. 1.501
- fiador; benefício de ordem: art. 827
- fiador; possibilidade de dar andamento na ação contra o devedor: art. 834
- hipoteca de vias férreas; intimação da União/Estado; remição: art. 1.505
- imóvel; credor da segunda hipoteca: art. 1.477
- navio: art. 483, CCo

ÍNDICE REMISSIVO DO CC

- pendente sobre objeto depositado; entrega: art. 633

EXTINÇÃO
- acessórios; garantias da dívida; novação: art. 364
- ações; confirmação expressa de negócio anulável ou sua execução voluntária: art. 175
- contratos: arts. 472 a 480
- direito de retenção; credor anticrético: art. 1.423
- dívida; novação: art. 360
- dívida; pagamento; terceiro interessado e não interessado: arts. 304 e 305
- dívida; pagamento a um dos credores solidários: art. 269
- dívida; prova; restituição voluntária do objeto empenhado: art. 387
- doação em forma de subvenção periódica; morte do doador: art. 545
- fiança: arts. 837 a 839
- hipoteca: arts. 1.499 a 1.501
- mandato: arts. 682 a 691
- obrigação; confusão credor/devedor: art. 381
- obrigação; confusão credor/devedor solidário; proporção: art. 383
- obrigação; extinção do penhor: art. 1.436, I
- obrigação; prestações impossíveis: art. 256
- obrigação; remissão da dívida; aceitação pelo devedor: art. 385
- obrigação; remissão de dívida indivisível por um dos credores; desconto: art. 262
- obrigação; transação entre credor solidário e devedor: art. 844, § 2º
- penhor: art. 1.436
- poder familiar: arts. 1.635 a 1.638
- servidão: arts. 1.387 a 1.389
- tutela: arts. 1.763 a 1.766
- uso: arts. 1.413 e 1.411
- usufruto: arts. 1.410 e 1.411

FALÊNCIA: Súm. 36, 248, 305 e 307, STJ
- armador de navio: art. 475, CCo
- devedor; exclusão do benefício de ordem ao fiador: art. 828, III
- devedor; vencimento antecipado da dívida: art. 1.425, II
- devedor hipotecário; direito de remição deferido à massa; credores em concurso: art. 1.483, *caput*
- devedor hipotecário; direito do credor de requerer adjudicação: art. 1.483, p.u.
- notificação de protesto: Súm. 361, STJ

FALSIDADE
- conhecimento: art. 588, CCo
- crime; condenação; tutela; incapacidade; exoneração: art. 1.735, IV
- dívidas e contratos; discussão entre credores; preferências e privilégios: art. 956
- registro de nascimento; prova; estado: art. 1.604
- termo de nascimento; prova; contestação de maternidade: art. 1.608

FALTA DE VÍVERES
- arribada forçada: arts. 741, n. 1, e 742, n. 1, CCo

FAMÍLIA
- dano; temor; coação: art. 151
- direção: arts. 1.567 e 1.570
- domicílio; fixação; ausência: art. 1.569
- necessidades; direito de uso: art. 1.412
- sustento; obrigação: art. 1.568

FATOS
- *v.* ATO(S)

FAZENDAS
- capitão: arts. 620 e 621, CCo
- danos: art. 618, CCo; Súm. 261, STF
- frete: arts. 620, 621 e 623, CCo
- seguro: art. 694, CCo
- troca: art. 697, CCo

FAZENDA PÚBLICA
- *v.* MUNICÍPIO
- bens de associações extintas: art. 61, § 2º
- hipoteca legal: art. 1.489, I
- privilégio geral dos impostos: art. 965, VI

FERIADOS
- vencimento de prazo; prorrogação: art. 132, § 1º

FIADOR
- *v.* FIANÇA
- aceitação pelo credor: art. 825
- benefício de ordem: arts. 827 e 828
- casado; outorga uxória: art. 1.647, III
- compensação; dívida com o credor: art. 371
- desobrigação: arts. 838 e 839
- direito aos juros: art. 833
- dívidas futuras: art. 821
- exceções; possibilidades: art. 837

ÍNDICE REMISSIVO DO CC

– execução; possibilidade: art. 834
– fiança conjunta: art. 829
– interrupção da prescrição: art. 204, § 3º
– juros; direito: art. 833
– mútuo feito a menor, sem prévia autorização: arts. 588 e 589
– novação sem seu consenso: art. 366
– obrigação; transferência aos herdeiros: art. 836
– prejuízos sofridos: ressarcimento: art. 832
– responsabilidade por parte da dívida: art. 830
– sub-rogação; crédito ao terceiro que pagou a dívida; não desoneração: art. 349; Súm. 188 e 257, STF
– sub-rogação; direitos do credor: art. 831
– substituição; insolvência ou incapacidade: art. 826
– transação; efeito: art. 844

FIANÇA: arts. 818 a 839; Súm. 268, STJ
– v. CAUÇÃO, FIADOR e GARANTIA
– acessórios; extensão: art. 822
– benefício de ordem: arts. 827 e 828
– carregador; novos conhecimentos em razão de extravio: art. 580, CCo
– compensação da dívida: art. 371
– conceito: art. 818
– cônjuges; outorga uxória: art. 1.647, III
– cônjuges; sem autorização; ineficácia total: Súm. 332, STJ
– cônjuges; sem outorga uxória; ação para anulá-la: art. 1.642, IV
– consignatários; recusa de prestação: art. 785, CCo
– devedor; consentimento: art. 820
– dívida de jogo ou aposta: art. 814, § 1º
– dívidas futuras: art. 821
– efeitos: arts. 827 a 836
– exoneração: arts. 366 e 835
– extinção: arts. 837 a 839
– forma: art. 819; Súm. 214, STJ
– interpretação: art. 819; Súm. 214, STJ
– juros do desembolso: art. 833
– limite do valor: art. 823
– obrigações nulas: art. 824
– parcial: art. 830
– perdas e danos; responsabilidade do devedor: art. 832
– prestada em conjunto; benefício de divisão: arts. 829 a 831

– prestada em conjunto; pagamento por um só fiador; efeitos: art. 831
– prestada em conjunto; partes determinadas: art. 830
– substituição do fiador insolvente ou incapaz: art. 826
– transação; efeito: art. 844

FIDEICOMISSO
– v. SUBSTITUIÇÕES
– caducidade: arts. 1.955 e 1.958
– conceito: art. 1.951
– exclusão; comunhão de bens: art. 1.668, II
– fideicomissário; favorecidos: art. 1.952, *caput*
– fideicomissário; morte do testador: art. 1.952, p.u.
– fiduciário; limitação; propriedade: art. 1.953
– fiduciário; obrigações: art. 1.953, p.u.
– nulidade: arts. 1.959 e 1.960

FILHO(S)
– v. DESCENDENTES, MÃE, MATERNIDADE, MENORES, NASCIMENTO e PATERNIDADE
– ação para prova de filiação: art. 1.606
– alimentos; direito entre pais e filhos: art. 1.694
– autorização; casamento: art. 1.518
– deserdação: art. 1.962
– direitos e qualificações: art. 1.596
– dissolução da sociedade ou vínculo conjugal; poder familiar: art. 1.632
– educação; dever dos cônjuges: art. 1.566, IV
– guarda; reconhecidos por sentença: art. 1.616
– hipoteca legal sobre os bens dos pais: art. 1.489, II
– interesses colidentes com os dos pais; nomeação de curador especial: art. 1.692
– investigação de paternidade e de maternidade: arts. 1.615 e 1.616; Lei 8.560/1992
– não reconhecido: art. 1.633
– parentesco com os ascendentes: art. 1.591
– poder familiar; administração dos bens: arts. 1.689 a 1.693
– poder familiar; sujeição: art. 1.630

ÍNDICE REMISSIVO DO CC

– poder familiar; suspensão e extinção: arts. 1.635 a 1.638
– poder familiar quanto à pessoa dos filhos: art. 1.634
– prescrição: art. 197, II
– proteção: arts. 1.583 a 1.590
– prova da filiação: art. 1.603
– reconhecido; guarda: art. 1.612
– reconhecido por um só cônjuge; residência: art. 1.611
– reconhecimento e aceitação; consentimento ou impugnação: art. 1.614
– reconhecimento: arts. 1.607 a 1.617
– sucessão legítima: arts. 1.829, I, e 1.835
– termo de nascimento; contestação de maternidade pela mãe: art. 1.608

FILIAÇÃO
– *v.* FILHO(S) e MATERNIDADE

FORÇA MAIOR
– *v.* IMPOSSIBILIDADE
– conceito: art. 393, p.u.
– dano causado por animal: art. 936
– inexecução de obrigações: art. 393

FRANQUIA EMPRESARIAL: Lei 8.955/1994

FRAUDE
– *v.* DOLO, MÁ-FÉ e NULIDADE
– ação específica: art. 161
– anulação; negócio jurídico: art. 171, II
– contra credores: arts. 158 a 165; Súm. 195, STJ
– contra credores; renúncia de herança: art. 1.813
– discussão no concurso de credores: art. 956; Súm. 244, TFR
– exclusão de sucessão: art. 1.814, III
– garantias de dívidas dadas a um dos credores: art. 163

FRETAMENTO(S): arts. 566 a 632, CCo; Súm. 100, STJ
– anulação: art. 597, CCo
– arresto: art. 611, CCo
– avaria grossa: arts. 599, 612, 619 a 621, 2ª parte, 622 e 626, CCo
– bloqueio: art. 610, CCo
– carga e descarga: arts. 590 a 596, 598 a 607, 609 a 612, 616 a 623, 626 e 627, CCo
– começo de viagem: art. 625, CCo
– competência de foro: art. 628, CCo
– conceito: art. 566, CCo
– confisco: art. 599, CCo
– conserto: arts. 613 e 614, CCo
– consignatário: arts. 606, 611, 613 e 618, CCo
– danos: arts. 618, 621 e 622, 2ª parte, CCo; Súm. 261, STF
– depósito judicial: arts. 614 e 619, CCo
– despesas: arts. 571, 619, 620 e 627, CCo
– direito de preferência: art. 627, CCo
– dissolução: arts. 571, 573 e 574, CCo
– efeitos: arts. 616 e 627, CCo
– embargo: arts. 607 a 609, CCo
– estadias: arts. 591 a 593, 595, 606, 2ª parte, 609, 611, 613 e 627, CCo
– exame judicial: art. 616, CCo
– fazendas: arts. 615, 616, 618 a 621, 623 e 624, CCo; Súm. 261, STF
– fazendas proibidas: arts. 599 e 600, CCo
– fiança: arts. 595, 604 e 609, CCo
– força maior: art. 609, CCo
– gêneros suscetíveis de aumento ou diminuição: art. 617, CCo
– guerra: arts. 610 e 611, CCo
– hipoteca: art. 626, CCo
– interdito de comércio: art. 610, CCo
– naufrágio: art. 622, CCo
– navio estrangeiro: art. 628, CCo
– navio fretado por inteiro: arts. 570 e 595, CCo
– perdas e danos: arts. 574, 597, 599 a 602, 605, 607 a 609 e 614, CCo
– prazo: arts. 592 e 593, CCo
– prêmio de seguro: art. 604, CCo
– primagem: arts. 591, 592, 594, 595, 599 e 627, CCo
– protesto: arts. 606, 2ª parte, e 619, CCo
– reembarque: art. 609, *in fine*, CCo
– rescisão: art. 611, CCo
– resgate: art. 622, 2ª parte, CCo
– responsabilidade: arts. 574, 608 e 625, CCo
– retardamento da viagem: art. 602, CCo
– roubo: arts. 618 e 622, CCo; Súm. 261, STF
– sal: art. 617, CCo
– sobre-estadias: arts. 591 a 593, 595, 606, 2ª parte, 609, 611, 613 a 627, CCo
– solidariedade: art. 600, CCo
– tempo: art. 591, CCo
– usos: art. 620, CCo

ÍNDICE REMISSIVO DO CC

- vasilhame: arts. 615, 617, 621 e 624, CCo
- volta de carga: art. 572, CCo

FRETES: Súm. 27, 193 e 211, TFR
- abandono: art. 624, CCo
- abatimento: art. 597, CCo
- arresto: art. 611, CCo
- carga: arts. 602 a 604 e 606, CCo
- carga geral: art. 601, CCo
- colheita ou prancha: art. 602, CCo
- começo de viagem: art. 625, CCo
- complemento de carga: arts. 596 e 598, CCo
- confisco: art. 599, CCo
- danos: arts. 565 e 599, CCo
- descarga: arts. 611 a 613 e 617, CCo
- direito de preferência: art. 627, CCo
- direito de retenção: arts. 619 e 620, CCo
- dobra: art. 523, CCo
- embargo: art. 609, CCo
- empréstimo a risco: art. 640, CCo
- fazendas deterioradas: art. 621, CCo
- fazendas proibidas: art. 600, CCo
- força maior: art. 609, CCo
- fretamento por inteiro: art. 595, CCo
- gêneros suscetíveis de aumento ou diminuição: art. 617, CCo
- guerra: art. 611, CCo
- hipoteca: art. 626, CCo
- interdito de comércio: art. 572, CCo
- lotação: arts. 603 e 604, CCo
- naufrágio: arts. 622 e 623, CCo
- pagamento pela metade: arts. 573, 592 a 594, CCo
- peso: arts. 615 e 616, CCo
- rescisão do contrato: art. 611, CCo
- responsabilidade: art. 565, CCo
- seguro: art. 760, CCo
- venda de navio: art. 469, CCo

FRUTOS
- agrícolas; privilégio especial: art. 964, V
- anticrese: arts. 1.506 e 1.507
- árvore do vizinho: art. 1.284
- bens da herança; partilha: art. 2.020
- bens da herança; responsabilidade do herdeiro excluído: art. 1.817, p.u.
- bens imóveis: art. 79; Súm. 329, STF; 238, STJ
- bens incomunicáveis: art. 1.669
- civis; percepção: art. 1.215
- coisa dada em pagamento indevido: art. 878
- coisa legada: art. 1.923, § 2º
- coisa possuída; propriedade: arts. 1.214, 1.216 e 1.232
- comunhão parcial: art. 1.660, V
- condomínio: arts. 1.319 e 1.326
- depósito; restituição: art. 629
- indenização; evicto: art. 450, I
- industriais; percepção: art. 1.215
- não percebidos por culpa do credor anticrético: art. 1.508
- naturais, quando se reputam percebidos: art. 1.215
- objeto de negócio jurídico: art. 95
- obrigações de dar coisa certa: arts. 237, p.u., e 242, p.u.
- pendentes; obrigações de dar: art. 237, p.u.
- penhor; restituição: art. 1.435, IV
- percebidos: arts. 237, p.u., 242, p.u., 1.214, 1.817, p.u. e 2.020
- posse de boa-fé: art. 1.214
- posse de má-fé: art. 1.216
- proprietário: art. 1.232
- revogação da doação: art. 563
- sobrevindos da coisa dada em pagamento indevido: art. 878
- usufruto: arts. 1.390 e 1.396 a 1.398

FUNCIONÁRIOS
- *v.* EMPREGADOS

FUNDAÇÕES: arts. 62 a 69 e 2.031 a 2.034
- ato constitutivo; modificação regida por este Código: art. 2.033
- chamadas a suceder; sucessão testamentária: art. 1.799, III
- criação; forma: art. 62
- da constituição; insuficiência dos bens: art. 63
- estatutos; alteração: arts. 67 e 68
- estatutos; elaboração e aprovação: art. 65
- extinção; destino do patrimônio: art. 69
- instituídas segundo legislação anterior: arts. 2.031 a 2.034
- Ministério Público: art. 66
- pessoas jurídicas de direito privado: art. 44, III
- prazo de adaptação: art. 2.031
- transformação, incorporação, cisão ou fusão; regem-se por este Código: art. 2.033

ÍNDICE REMISSIVO DO CC

FUNERAIS
- v. CODICILO e ENTERRO
- de cujus; não importa aceitação da herança: art. 1.805, § 1º
- despesas; privilégio geral: art. 965, I
- despesas; responsabilidade pelo pagamento: art. 872
- despesas abatidas; cálculo da legítima: art. 1.847
- vítima de homicídio; indenização: art. 948, I

FURTO
- compensação das obrigações resultantes: art. 373, I
- condenação; incapacidade para o exercício da tutela: art. 1.735, IV

GARANTIA: arts. 1.419 a 1.510
- v. CAUÇÃO, FIANÇA, HIPOTECA e PENHOR
- cumprimento de contrato bilateral: arts. 476 e 477
- dada a um dos credores por devedor insolvente; fraude contra credores: art. 163
- insuficiente; vencimento antecipado da dívida: art. 333, III
- mútuo: art. 590
- novação; efeitos: arts. 364 e 365
- quinhões hereditários: arts. 2.023 a 2.026
- real; bens em condomínio: art. 1.420, § 2º
- real; pagamento de prestações; exoneração: art. 1.421
- real; por dívida alheia: art. 1.427
- real; quem pode dar: art. 1.420
- real; vinculação do bem ao cumprimento da obrigação: art. 1.419
- renúncia; restituição voluntária: art. 387
- título de crédito; obrigação de pagar; aval: art. 897
- título de crédito em circulação: art. 895

GESTÃO DE NEGÓCIOS: arts. 861 a 875
- gestor; mandatário que excede ou contraria os poderes do mandato: art. 665

GRAVIDEZ
- v. CONCEPÇÃO
- concepção; direitos do nascituro: art. 2º
- impede anulação de casamento por motivo de idade: art. 1.551

GUARDA
- bens alheios; proibição de serem dados em comodato: art. 580
- bens por tutores, curadores, testamenteiros e administradores: art. 497, I; Súm. 165, STF
- coisa depositada: art. 629
- compartilhada: arts. 1.583 e 1.584
- filhos: arts. 1.583 a 1.590
- herança jacente: art. 1.819

HABITAÇÃO
- alienação fiduciária: Lei 9.514/1997
- aplicação das disposições concernentes ao usufruto: art. 1.416
- aquisição da casa própria; SFH: Lei 5.741/1971; Súm. 422, 450 e 454, STJ
- arrendamento residencial: Lei 10.188/2001
- concessão de uso especial; CNDU: MP 2.220/2001
- direito conferido a vários titulares: art. 1.415
- direito real: art. 1.225, VI
- Estatuto da Cidade: Lei 10.257/2001
- limites ao titular desse direito: art. 1.414
- patrimônio de afetação: Lei 10.931/2004

HASTA PÚBLICA
- v. ARREMATAÇÃO
- coisas achadas, sem dono conhecido: art. 1.237, caput
- contratos onerosos; evicção; responsabilidade do alienante: art. 447
- impossibilidade de adquirir: art. 497; Súm. 165, STF
- venda de navio: arts. 487 e 489, CCo

HERANÇA: arts. 1.784 a 1.828
- v. HERDEIROS, SUCESSÃO e TESTAMENTO
- abertura da sucessão; transmissão: art. 1.784
- abertura da sucessão; último domicílio do falecido: art. 1.785; Súm. 58, TFR
- aceitação; tutor: art. 1.748, II
- aceitação e renúncia: arts. 1.804 a 1.813
- administração: arts. 1.791 a 1.797 e 1.991
- arrecadação da jacente: art. 1.819
- ausência ou caducidade do testamento: art. 1.788
- capacidade para suceder: art. 1.787
- comunhão de bens: arts. 1.659, I, e 1.660, III

2055

- credores da herança; concurso com herdeiros: art. 2.000
- de pessoa viva; objeto de contrato; impossibilidade: art. 426
- despesas funerárias: art. 1.998
- dívidas; pagamento: arts. 1.997 e 2.001
- encargos; responsabilidade dos herdeiros: arts. 1.792 e 1.821
- excluídos da sucessão: arts. 1.814 a 1.818
- inexistência de cônjuge, companheiro ou parente sobrevivente e sucessível; devolução à União: art. 1.844
- inventário e partilha: arts. 1.796, 2.021 e 2.022
- jacente: arts. 1.819 a 1.823
- limite ao direito de testar, havendo herdeiro legítimo: art. 1.789
- metade disponível: arts. 1.789, 1.846 e 1.847
- petição de herança: arts. 1.824 a 1.828
- posse por terceiro; reclamação da universalidade por coerdeiro: art. 1.791
- propriedade e posse até a partilha; coerdeiros; indivisibilidade: art. 1.791, p.u.
- renúncia: arts. 1.806 a 1.813
- universalidade; conceito: art. 91
- vacante; declaração: art. 1.820
- vacante; passagem para o domínio da União ou dos Municípios: art. 1.822
- vocação: arts. 1.798 a 1.803; Súm. 447, STF

HERDEIROS
- *v.* HERANÇA, LEGATÁRIOS e SUCESSÃO
- aceitação e renúncia da herança: arts. 1.804 a 1.813
- alimentos; obrigação que se transmite aos herdeirtos do devedor: art. 1.700
- bens à colação: arts. 2.002 a 2.012
- bens do ausente; imissão na posse: art. 30
- capazes; partilha dos bens: art. 2.015
- cláusula de inalienabilidade: art. 1.911; Súm. 49, STF
- credor solidário: art. 270
- depositário; alienação da coisa depositada: art. 637
- deserdação: arts. 1.961 a 1.965
- despesas com a herança; reembolso: art. 2.020
- devedor ao espólio: art. 2.001

- devedor hipotecário; remissão da dívida: art. 1.429
- devedor solidário: art. 276
- direito de acrescer: arts. 1.942 a 1.946
- direito de exigir reparação: art. 943
- direito de preferência: art. 520
- direito de representação: arts. 1.851 a 1.856
- direito regressivo de terceiros; regime de bens: art. 1.646
- doador e donatário; revogação da doação: art. 560
- donatário; benfeitorias acrescidas: art. 2.004, § 2º
- dono do negócio: art. 865
- entrega de coisa de propriedade do testador: art. 1.913
- erro na designação: art. 1.903
- evicção de bens do quinhão: arts. 2.024 a 2.026
- exclusão: arts. 1.814 a 1.818
- execução do testamento, por nomeação judicial: art. 1.984
- execução dos legados: art. 1.934, p.u.
- fiador: art. 836
- fideicomissário: art. 1.668, II
- incapazes; partilha judicial: art. 2.016
- instituição; substituição fideicomissária: art. 1.951
- instituído conjuntamente com outros: arts. 1.904 a 1.907
- instituído sob condição captatória; nulidade: art. 1.900, I
- legítimos: arts. 1.784, 1.788, 1.829, 1.877 e 1.906
- limite da responsabilidade: arts. 1.792 e 1.821
- locador ou locatário: art. 577
- mandatário; falecimento: arts. 690 e 691
- menor; nomeação de curador especial: art. 1.733, § 2º
- necessários: arts. 550, 1.789, 1.845 a 1.850, 1.961, 1.975 e 2.018; Súm. 49, STF
- nomeação; impossibilidade: art. 1.801
- nomeação em testamento: art. 1.897
- obrigação de prestar reparação: art. 943
- oposição de nulidade; imóveis gravados de ônus real: art. 1.691, p.u., II
- ordem de vocação hereditária: arts. 1.829 a 1.844
- penhor ou hipoteca; remição: art. 1.429

ÍNDICE REMISSIVO DO CC

- posse; transmissão: art. 1.206
- posse de parte da coisa legada: art. 1.914
- posse dos bens da herança; direitos e deveres: art. 2.020
- possibilidade de mover ação para requerer pena de sonegados: art. 1.994
- possibilidade de requerer a partilha: arts. 1.977, p.u., e 2.013
- presumido; ausência; sucessão provisória: art. 27, II
- redução das disposições testamentárias: arts. 1.966 a 1.968
- renúncia e aceitação da herança: arts. 1.804 a 1.813
- renunciante; direito de representação: art. 1.811
- reparação de danos; transmissão: art. 943
- responsabilidade por encargos da herança: arts. 1.792, 1.821 e 1.997 a 2.001
- sonegados: arts. 1.992 a 1.996
- substituição: arts. 1.947 a 1.960
- terceiro adquirente; direito de retrato: art. 507
- testamentários: art. 1.784
- testamenteiro: arts. 1.976 a 1.990
- transmissão da herança: art. 1.784
- transmissão da posse: art. 1.206
- tutor; morte/ausência/interdição: art. 1.759
- venda ou cessão de crédito entre coerdeiros: art. 498

HIPOTECA: Súm. 308, STJ
- *v.* CREDOR e GARANTIA
- abrangência: art. 1.474
- adquirente de imóvel hipotecado; ação regressiva contra o vendedor: art. 1.481, § 4º
- adquirente de imóvel hipotecado; citação do credor: art. 1.481
- atribuição de direitos preferenciais; fraude contra credores: art. 165, p.u.
- avarias grossas: art. 626, CCo
- bens de menores; administração: art. 1.691
- bens de terceiro, por dívida alheia: art. 1.427
- bens que podem ser hipotecados; admissibilidade: art. 1.420
- caução: Dec. 24.778/1934
- cláusula que permite ao credor ficar com a coisa dada em garantia; nulidade: art. 1.428
- coisa; extinção da hipoteca: art. 1.499, II
- coisa comum: art. 1.420, § 2º
- contrato; conteúdo; especificações: art. 1.424
- credor; direito de excutir: art. 1.422
- credor; direito sobre o preço do seguro e sobre a indenização: arts. 959 e 960
- credor; oposição ao pagamento do seguro ou de indenização: art. 960
- credor; preferência: arts. 958 a 962 e 1.422, p.u.
- credor que não é parte na execução; notificação judicial: art. 1.501
- credores; conservação dos direitos: art. 959
- direito de uso especial; moradia: art. 1.473, VIII
- direito real: arts. 1.225, IX, 1.473, IX, e § 2º
- disposições gerais: arts. 1.473 a 1.488
- domínio direto: art. 1.473, II
- domínio útil: art. 1.473, III
- duração: arts. 1.485 e 1.498
- dúvida; legalidade; prenotação: art. 1.496
- embarcações: arts. 468 e 470, CCo
- empréstimo: art. 662, CCo
- estradas de ferro: arts. 1.473, IV, e 1.502 a 1.505
- execução; notificação: art. 1.501
- extinção: arts. 1.499 a 1.501
- falência do devedor; adjudicação pelo credor: art. 1.483
- fazendas conservadas: art. 658, CCo
- fraude contra credores: art. 165
- fretes: arts. 564, 565 e 626, CCo
- garantia real; totalidade; consentimento: art. 1.420, § 2º
- imóveis; anticrese: art. 1.506, § 2º
- insolvência do devedor; adjudicação pelo credor: art. 1.483
- insuficiência do valor dos bens; permanência de obrigação pessoal: art. 1.430
- legal: arts. 1.489 a 1.491
- legal; bens; tutor ou curador; cancelamento: art. 2.040
- legal; destinatário; cabimento: art. 1.489
- legal; duração: art. 1.498
- legal; existência de reforço: art. 1.490

2057

ÍNDICE REMISSIVO DO CC

– legal; inscrição; prenotação: art. 1.495
– legal sobre imóveis: art. 1.489, II
– licitação; hipóteses: art. 1.481, § 4º
– navio: art. 1.473, VI e p.u., CC; arts. 564 e 565, CCo
– notificação do credor; partes na execução: art. 1.501
– objeto: art. 1.473
– pacto comissório; nulidade: art. 1.428
– pagamento de prestação; não correspondência à exoneração da garantia: art. 1.421
– preço da passagem: art. 632, CCo
– prédio dominante; menção da servidão; cancelamento: art. 1.387
– preferência ao crédito: art. 961
– prioridade; efeito: art. 1.422
– privilégio especial: art. 963
– propriedade superficiária: art. 1.473, X
– prorrogação; averbação: art. 1.485
– reforço de garantia: art. 1.427
– registro: arts. 1.492 a 1.498
– remição; adquirente do imóvel: art. 1.481
– remição; credor de segunda hipoteca: art. 1.478
– remição; sucessores do devedor: art. 1.429
– segunda; constituição: arts. 1.476 e 1.477
– segunda; quando pode ser executada: art. 1.477
– servidão mencionada no título; cancelamento: art. 1.387
– vencimento antecipado da dívida: arts. 1.425 e 1.426
– vias férreas: arts. 1.502 a 1.505
– vínculo real; garantia: art. 1.419

HOMOLOGAÇÃO
– escrito particular; partilha: art. 2.015
– penhor legal: art. 1.471
– termo de transação: art. 842

HONORÁRIOS
– profissionais liberais, curadores, professores e procuradores; prescrição: art. 206, § 5º, II

IDADE
– *v.* MENORES
– anulação de casamento; requerimento: art. 1.552
– apreciação; coação: art. 152
– ausente; presunção de morte: art. 38

– capacidade jurídica: arts. 3º, I, 4º, I, e 5º
– casamento de que resultou gravidez não se anula: art. 1.551
– imposição ou cumprimento de pena criminal: art. 1.520
– limite mínimo; casamento: art. 1.517
– separação de bens obrigatória; cônjuges: art. 1.641, II e III

IDENTIDADE
– erro essencial; casamento: art. 1.557, I

IDOSO: Lei 10.741/2003

IGNORÂNCIA
– crime; anulabilidade de casamento: art. 1.557, II
– existência de herdeiros necessários: art. 1.973
– vícios redibitórios; alienante: art. 443

ILHAS
– aquisição por acessão: art. 1.248, I
– propriedade: art. 1.249

IMÓVEIS
– *v.* BENS, BENS IMÓVEIS, BENS PÚBLICOS, COISAS, PRÉDIO e TERRENOS
– abandonados: art. 1.276
– adquirente de imóvel hipotecado; sub-rogação: art. 346, II
– alienação: art. 879, *caput*
– alienação fiduciária: Lei 9.514/1997
– aquisição da casa própria; BNH; SFH: Lei 5.741/1971
– aquisição por acessão: art. 1.248
– aquisição por usucapião: arts. 1.238 a 1.244; Súm. 237, 340 e 391, STF
– aquisição; Registro: art. 1.245
– arrendamento residencial: Lei 10.188/2001
– condomínio: Lei 4.591/1964
– confinantes: art. 1.297
– considerados para efeitos legais: art. 80; Súm. 329, STF
– conversão; títulos: art. 29
– destinados à residência da família: art. 1.831
– direitos reais: art. 1.227
– doados a(o) concubina(o): art. 1.642, V
– Estatuto da Cidade: Lei 10.257/2001
– hipotecado: arts. 1.476 e 1.506, § 2º
– indivisíveis: art. 2.019
– legado: art. 1.968
– locação: Lei 8.245/1991
– loteamento: Dec.-lei 58/1937

ÍNDICE REMISSIVO DO CC

- loteamento urbano: Lei 6.766/1979
- materiais provisoriamente separados do prédio: art. 81, II
- menor tutelado: arts. 1.748, IV, 1.749, I, e 1.750
- objeto de hipoteca: art. 1.473, I
- perda da propriedade: arts. 1.275 e 1.276
- pertencente a menor tutelado; venda: art. 1.750
- posse: art. 1.209
- possuído, sem interrupção; prazos: arts. 1.238, 1.239 e 1.242; Súm. 237, 340 e 391, STF
- propriedade; aquisição; rural ou urbano: art. 1.239
- resgate: retrovenda: art. 505
- subsistência dos ônus reais: art. 1.474
- sujeito à anticrese: art. 1.506
- título gratuito ou oneroso; má-fé: art. 879, p.u.
- tradição; local do pagamento: art. 328
- usucapião especial; rural: Lei 6.969/1981
- usufruto: art. 1.391
- venda; medida de extensão: art. 500

IMPEDIMENTOS
- casamento; declaração; duas testemunhas: art. 1.525, III
- casamento; falta de autoridade competente para a celebração; suprimento: art. 1.539, § 1º
- casamento; oposição; declaração escrita: art. 1.529
- matrimoniais: arts. 1.521 e 1.522
- pais; poder familiar: art. 1.631

IMPENHORABILIDADE
- *v.* CLÁUSULA, INALIENABILIDADE e PENHORA
- bem de família; imóvel; abrangência: Súm. 364, STJ
- prestação de coisa impenhorável; compensação de dívidas: art. 373, III; Súm. 242, TFR

IMPERÍCIA
- empreiteiro; responsabilidade pelo material: art. 617
- exercício de atividade profissional; indenização: art. 951; Súm. 341, STF; 37, STJ

IMPOSSIBILIDADE
- *v.* FORÇA MAIOR

- invalidação do negócio jurídico: arts. 123 e 124
- objeto do contrato; nulidade do negócio: art. 166, II
- prestação; devedor em mora: art. 399
- prestação; obrigação de dar: arts. 234, 238 e 239
- prestação; obrigação de fazer: art. 248
- prestação; obrigação de não fazer: art. 250
- prestação; responsabilidade do devedor em mora: art. 399

IMPRENSA
- edital de casamento; publicação: art. 1.527

IMPUGNAÇÃO
- depósito; aceite do credor: art. 338
- doação feita em contemplação de casamento: art. 546
- dono do prédio dominante: art. 1.388
- oposta por terceiros ao devedor; não validade do pagamento feito ao credor: art. 312
- pagamento de dívidas; inventário: art. 1.997, § 1º
- reconhecimento dos filhos; filho menor: art. 1.614

IMPUTAÇÃO
- pagamento: arts. 352 a 355 e 379
- pagamento; inaplicabilidade: Súm. 464, STJ

INALIENABILIDADE
- *v.* CLÁUSULA e IMPENHORABILIDADE
- bens; herdeiros necessários: art. 1.848; Súm. 49, STF
- bens públicos: art. 100; Súm. 340, STF

INCAPACIDADE
- *v.* INCAPAZES e INTERDIÇÃO
- absoluta; casos: art. 3º
- aproveitamento pela outra parte: art. 105
- depositário: art. 641
- fiador: art. 826
- menores; quando cessa: art. 5º
- relativa; casos: art. 4º
- revogação; testamento; efeitos: art. 1.971
- superveniente; não invalida o testamento: art. 1.861
- torna nulo o negócio jurídico: art. 166, I

2059

ÍNDICE REMISSIVO DO CC

INCAPAZES
– *v.* BENS, COMPRA E VENDA, EMPRESA, EMPRESÁRIO, INCAPACIDADE e MENORES
– ação contra representante/assistente; direito regressivo; prescrição: art. 195
– doações puras: art. 543
– nulidade de negócios jurídicos: art. 166, I

INDENIZAÇÃO: arts. 944 a 954; Súm. 341, 491, STF
– *v.* ATOS ILÍCITOS e DANO
– adquirente de vantagens obtidas por deterioração de coisa evicta: art. 452
– arbitramento judicial: art. 236
– avarias grossas: art. 790, CCo
– cadastro de proteção ao crédito; dano moral; hipótese de não cabimento: Súm. 385, STJ
– caso de perecimento do objeto dado em garantia: art. 1.425, § 1º
– coisas deterioradas: art. 236
– condôminos; adjudicação da coisa comum: art. 1.322, *caput*
– confusão: art. 1.273
– conluio: art. 654, CCo
– credor; desobrigação de pagar: art. 241
– credor pignoratício; despesas com a coisa: art. 1.433, II
– danos estético e moral; cumulação: Súm. 387, STJ
– desapropriação do prédio em usufruto: art. 1.409
– descobridor; coisa achada: art. 1.234
– direito do evicto: art. 2.026
– dolo; ambas as partes: art. 150
– donatário; revogação por ingratidão: art. 563
– dono de prédio serviente: art. 1.385, § 3º
– dono do negócio: art. 863
– esbulho possessório; ação contra o terceiro que recebeu a coisa esbulhada: art. 1.212
– ferimento ou ofensa à saúde: arts. 949 e 950; Súm. 490, STF; e 37, STJ
– gestor das despesas: arts. 868 e 870
– mandante: art. 688
– paga pelo dano; prédio em usufruto: art. 1.409
– partes; anulação do negócio jurídico: art. 182
– passagem em prédio encravado: art. 1.285, *caput*
– perdas e danos; obrigação de fazer: arts. 247 a 249
– plantio em terreno alheio: art. 1.255
– posse da coisa principal pelo dono: art. 1.272, § 2º
– possuidor de boa-fé: art. 1.219; Súm. 158, STF
– possuidor de má-fé; responsabilidade: art. 1.216
– prejuízo ao dono da coisa: art. 929
– proprietário; prejudicado por adjudicação: art. 1.298
– recíproca; entre coerdeiros; evicção: art. 2.024
– reivindicante; por benfeitorias: art. 1.222
– segurador: arts. 730 e 753, CCo
– seguro DPVAT; pagamento proporcional: Súm. 474, STJ
– seguro do prédio em usufruto: art. 1.408
– usurpação ou esbulho: art. 952, *caput*; Súm. 562, STF

INDIGNIDADE
– exclusão do herdeiro: arts. 1.814 a 1.818

INDIVISIBILIDADE
– anulabilidade dos negócios jurídicos: art. 177
– cláusula penal: art. 414
– direito de duas ou mais pessoas; herança: art. 1.791
– falecimento de devedor solidário; pagamento pelos herdeiros: art. 276
– imóvel: art. 2.019, *caput*
– objeto de direito; incapacidade relativa: art. 105
– obrigação; perda da qualidade: art. 263
– prestação; devedores; obrigação pela dívida toda: art. 259
– servidões prediais: art. 1.386

INDIVISÍVEL
– coisas em condomínio; venda: art. 1.322
– lei ou vontade das partes; naturalmente divisíveis: art. 88

INEXECUÇÃO
– inadimplemento; obrigações: arts. 389 a 393; Súm. 145, STJ

INFRAÇÃO
– a impedimento; casamento; nulidade: art. 1.548, II
– solenidades essenciais; testamento; invalidade da revogação: art. 1.971

ÍNDICE REMISSIVO DO CC

INGRATIDÃO
– revogação das doações: arts. 555 a 561, 563 e 564

INJÚRIA
– deserdação: arts. 1.962, II, e 1.963, II
– indenização do dano: art. 953; Súm. 562, STF; 37, STJ
– revogação de doação: art. 557, III

INSOLVÊNCIA
– coerdeiro: arts. 1.999 e 2.026
– comprador: art. 495
– declaração: art. 955
– devedor de crédito cedido: arts. 296 a 298
– devedor hipotecário; direitos: art. 1.483
– dívida com garantia real; vencimento antecipado: art. 1.425, II
– dívida hipotecária: art. 1.477
– exceção de contrato não cumprido: arts. 476 e 477
– fraude contra credores: arts. 158 a 165; Súm. 195, STJ
– prazo ajustado; comprador; caução: art. 495
– segurador: art. 687, *in fine*, CCo
– transmissão de bens/remissão de dívidas; devedor insolvente; anulabilidade: art. 158; Súm. 195, STJ

INSTITUIÇÃO FINANCEIRA
– administração especial temporária: Dec.-lei 2.321/1987

INSTRUMENTO(S)
– *v.* CERTIDÕES
– aprovação de testamento cerrado: art. 1.869
– contrato assinado a rogo; testemunhas: art. 595
– mandato: art. 653
– não indução; prova: art. 183
– particular; antedatado; simulação: art. 167, III
– particular; obrigações convencionais; prova: art. 221
– público; substância do ato: art. 109
– público; traslados e certidões: art. 218
– renúncia da herança: art. 1.806

INSUBORDINAÇÃO
– tripulação: art. 498, CCo

INTERDIÇÃO
– *v.* CURATELA, INCAPACIDADE e LOUCOS

– assento em Registro Público: art. 9º, III
– desenvolvimento mental do interdito; limites da curatela: art. 1.772
– ébrio habitual; limites da curatela: art. 1772
– exame pessoal; arguição de incapacidade: art. 1.771
– excepcionais sem completo desenvolvimento mental; limites da curatela: art. 1.772
– incapacidade absoluta ou relativa; registro público: art. 9º, III
– interdito; internação: art. 1.777
– interdito; restituição de pagamento de dívida de jogo: art. 814, *caput*
– mandante e mandatário: arts. 674 e 682, I
– partes; extinção do mandato: art. 682, I
– pródigos; atos que necessitam de curador: art. 1.782
– promoção: arts. 1.768 a 1.770
– sentença declaratória; efeito imediato: art. 1.773
– tutor: art. 1.759
– viciado em tóxico; limites da curatela: art. 1.772

INTERDITO DE COMÉRCIO
– capitão: art. 610, CCo
– embarcação: art. 533, CCo
– frete: art. 572, CCo

INTERPRETAÇÃO
– apólice de seguro: art. 673, CCo
– cláusula testamentária: art. 1.899; Súm. 49, STF
– declaração de vontade: art. 112
– estrita; benéfica: art. 114
– fiança: art. 819; Súm. 214, STJ
– transação: art. 843

INTIMAÇÃO
– devedor; vencimento da dívida: art. 1.425, I
– devedor dos títulos; não pagamento: art. 1.459, III
– direito de prelação; exercício pelo vendedor: art. 514
– pelo comprador; retrovenda: art. 508
– penhora feita sobre o crédito: art. 312
– representante da União ou Estado; execução de hipoteca de estrada de ferro: art. 1.505

INVALIDADE
– negócios jurídicos: arts. 123 e 124

– parcial; efeito: art. 184
– revogação de testamento anulado: art. 1.971
– testador; incapacidade superveniente não invalida o testamento: art. 1.861
– testamento marítimo: art. 1.892

INVENTARIANTE
– administração da herança: art. 1.991
– concurso; validade de testamento: art. 1.981
– obrigação de trazer ao acervo os frutos percebidos: art. 2.020
– reembolso de despesas: art. 2.020, parte final
– sobrepartilha: art. 2.021
– sonegação de bens: arts. 1.993 e 1.996

INVENTÁRIO
– abertura da sucessão; partilha: art. 1.796
– administração da herança: art. 1.991
– apresentação de título de crédito; interrupção de prescrição: art. 202, IV
– artigos de navio: art. 506, CCo
– balanço respectivo; anexo aos autos; prestação de contas: art. 1.756
– bens de ausentes: art. 28
– colação: arts. 2.002 a 2.012
– colação; dispensa: art. 2.006
– colação; redução: art. 2.007
– existência de inventário; encargos superiores à herança: art. 1.792
– obrigatoriedade; bens do casal; partilha: art. 1.523, I
– pagamento das dívidas: arts. 1.997 a 2.001
– pagamento das dívidas; despesas funerárias: art. 1.998
– prazo de instauração do inventário e partilha: art. 1.796
– prazo para declaração de vacância: art. 1.820
– prazo para instauração: art. 1.796
– requerimento pelo testamenteiro: art. 1.978
– sonegação de bens: arts. 1.992 e 1.996
– sonegador; pena: arts. 1.992 a 1.994
– termo nos autos do inventário; partilha: art. 2.015

INVESTIGAÇÃO: Lei 8.560/1992
– maternidade e paternidade: arts. 1.615 e 1.616; Súm. 1, 277, 301, 309 e 358, STJ

IRMÃOS
– v. COLATERAIS
– bilaterais e unilaterais; herança: arts. 1.841 e 1.843, § 2º
– direitos sucessórios: arts. 1.839 a 1.843
– impedimento matrimonial: art. 1.521, IV
– incumbência da tutela: art. 1.731, II
– interdição; promoção: art. 1.768, II
– obrigação alimentar: art. 1.697
– tutela: art. 1.731, II
– tutor ou curador; não devem casar: art. 1.523, IV

IRREVOGABILIDADE
– mandato: arts. 683, 684 e 686, p.u.
– poderes exercidos pelo sócio investido na administração: art. 1.019, *caput*

JANELA
– eirado; terraço; varanda; menos de metro e meio: art. 1.301, *caput*; Súm. 120 e 414, STF
– linha divisória: art. 1.301, § 1º
– sacada; terraço; goteira; desfazimento: art. 1.302, *caput*

JOGO E APOSTA: arts. 814 a 817
– contratos sobre títulos de bolsa, mercadorias ou valores, à liquidação: art. 816
– dívidas; desobrigação de pagamento: art. 814, *caput*
– empréstimo; reembolso: art. 815
– sorteio: art. 817

JOIAS
– seguro marítimo: art. 672, CCo
– viajantes; hóspedes; penhor; crédito pignoratício: art. 1.467, I

JUIZ
– abertura do testamento: art. 1.875
– alienação de imóveis do ausente: art. 31
– aprovação das contas: art. 1.758
– autorização; alienação; ônus real; imóveis da prole: art. 1.691, *caput*
– autorização judicial; alienação de imóveis comuns: art. 1.651, III
– casamento nuncupativo: art. 1.541, §§ 1º e 3º
– concessão de separação de corpos: art. 1.562
– deliberações entre condôminos; maioria absoluta; inocorrência: art. 1.325, § 2º
– designação de outro herdeiro: art. 30, § 1º

ÍNDICE REMISSIVO DO CC

- detentor do testamento; registro: art. 1.979
- escolha da coisa legada: art. 1.930
- escolha do curador ao interdito: art. 1.775, § 3º
- estipula prazo para declaração de aceitação de herança por herdeiro a pedido de interessado: art. 1.807
- exame pessoal do incapaz; interdição: art. 1.771
- exoneração do encargo de prestação de alimentos: art. 1.699
- fixação da maneira de prestar alimentos: art. 1.701
- fixação das quantias para o sustento do tutelado: art. 1.746
- homologação de escrito particular; partilha: art. 2.015
- inadmissibilidade à escusa da tutela: art. 1.739
- incompetente; interrupção da prescrição: art. 202, I; Súm. 78, TFR
- interdição: art. 1.771
- nomeação de curador; administração de bens de menores: art. 1.692
- nomeação de defensor ao incapaz: art. 1.770
- nomeação de testamenteiro; falta: art. 1.984
- nomeação de tutor: art. 1.732
- passagem forçada: art. 1.285
- pessoa nomeada nos anúncios públicos como juiz: art. 859, § 1º
- proibição de adquirir bens em litígio: art. 497, III
- redução de pena estipulada; cláusula penal: art. 413
- responsabilidade pela nomeação de tutor: art. 1.744
- solução de divergência quanto ao poder familiar: art. 1.631, p.u.
- usucapião por sentença: art. 1.238, caput; Súm. 237, 340 e 391, STF

JULGAMENTO
- tribunal estrangeiro: art. 725, CCo

JURAMENTO
- capitão: art. 505, CCo
- proprietário armador: art. 463, CCo

JUROS: Súm. 596, STJ; 43, 102, 186, 283 e 379, STJ
- adiantamentos feitos pelos mandatários: art. 677
- capitalização; taxa; mútuo: art. 591; Súm. 121, STF
- desapropriação: Súm. 618, STF; e 408, STJ
- julgamento definitivo das contas; alcance do tutor: art. 1.762
- legais: arts. 406 e 407; Súm. 618, STF; 176, STJ
- lei de usura: Dec. 22.626/1933
- mora: arts. 280, 404, p.u., 406 e 407; Súm. 618, STF; 176, STJ
- mora; contagem dos juros: art. 405; Súm. 163, STF; 54, STJ
- mora; DPVAT; termo inicial: Súm. 426, STJ
- moratórios: art. 552; Súm. 209, TFR
- mútuo: art. 591
- na gestão de negócios, em favor do gestor: art. 869
- obrigação do devedor aos juros da mora; juros legais: art. 407
- obrigação do usufrutuário: art. 1.405
- obrigações solidárias: art. 280
- pagamento; juros vencidos: art. 354
- pagamento pelo mandatário: art. 670
- pagamento pelo tutor: art. 1.753, § 3º
- pagos pelo usufrutuário ao nu-proprietário: art. 1.404, caput
- perdas e danos, nas obrigações de pagamento de dinheiro: art. 404
- prazo de prescrição dos juros: art. 206, § 3º, III
- prescrição: art. 206, § 3º, III
- quitação do capital: art. 323
- remuneratórios; superior a 12% a.a.; não abusivo: Súm. 382, STJ
- responsabilidade do mandatário pelos da quantia utilizada em proveito próprio: art. 670
- responsabilidade do tutor; demora na aplicação dos bens do tutelado: art. 1.753, § 3º
- responsabilidade do usufrutuário: art. 1.405
- taxa; presunção; mútuo: art. 591
- vencidos; imputação do pagamento: art. 354
- vencimento; legado em dinheiro: art. 1.925
- vencimento antecipado da dívida: art. 1.426

ÍNDICE REMISSIVO DO CC

JUSTIÇA GRATUITA
– v. ASSISTÊNCIA JUDICIÁRIA

LEGADOS
– v. LEGATÁRIOS
– aceitação do legado e renúncia da herança: art. 1.808, § 1º
– aceitação pelo tutor: art. 1.748, II
– caducidade: art. 1.939
– cláusula de inalienabilidade: art. 1.911; Súm. 49, STF
– cláusula de incomunicabilidade: art. 1.668, I e IV
– dinheiro; vencimento de juros: art. 1.925
– direito de acrescer: arts. 1.941 a 1.946
– direito de pedir; validade do testamento: art. 1.924
– disposições gerais: arts. 1.912 a 1.922
– efeitos; pagamento: arts. 1.923 a 1.938
– estabelecimentos; preferência dos particulares: art. 1.902
– fideicomisso: art. 1.951
– herança em legados; funções do testamenteiro: art. 1.990
– legado; sem prejuízo à legítima: art. 1.849
– nulidade; condição captatória: art. 1.900, I
– nulidade; pessoa incerta: art. 1.900, II e III
– nulidade; valor; arbítrio do herdeiro ou de outrem: art. 1.900, IV
– pessoa incerta: arts. 1.900, II e III, e 1.901, I
– pobres; estabelecimentos assistenciais; entendem-se os do lugar do domicílio do testador: art. 1.902
– redução das disposições testamentárias: arts. 1.966 a 1.968
– regime de comunhão parcial; bens em favor de ambos os cônjuges: art. 1.660, III
– regime de comunhão universal; incomunicabilidade; exclusão: art. 1.668, I
– renúncia; presunção: art. 1.913
– substituição de legatários: art. 1.947
– testamenteiro; prêmio: arts. 1.987 a 1.989
– usufruto; conjuntamente a dois ou mais legatários: art. 1.946
– usufruto; presume-se vitalício: art. 1.921

LEGATÁRIOS
– v. HERDEIROS e LEGADOS
– capacidade: arts. 1.798 e 1.799
– direito de acrescer: arts. 1.941 a 1.946
– direito de escolher a coisa legada: art. 1.931
– erro; designação: art. 1.903
– exclusão; sucessão: arts. 1.814 a 1.818
– fideicomisso: art. 1.951
– herdeiro necessário; preferência para inteirar sua legítima no mesmo imóvel, quando há redução: art. 1.968, § 2º
– nomeação; pura ou condicional: art. 1.897
– preferência em concurso com os credores da herança: art. 2.000
– renúncia: art. 1.913
– substituições: arts. 1.947 a 1.960
– testamento; não podem ser nomeados legatários: art. 1.801

LEGÍTIMA
– cálculo: art. 1.847
– cláusulas que podem ser impostas: art. 1.848, *caput*; Súm. 49, STF
– colação; conferência de doação: art. 2.002
– conceito: art. 1.846
– deserdação: art. 1.961
– herdeiros necessários; legatário; não perde o direito: art. 1.849
– redução dos legados: art. 1.967, § 2º

LEGÍTIMA DEFESA
– ação regressiva: art. 930, p.u.
– ato ilícito: art. 188, I
– posse: art. 1.210, § 1º

LEI DE INTRODUÇÃO ÀS NORMAS DO DIREITO BRASILEIRO: Dec.-lei 4.657/ 1942 e Lei 12.376/2010

LEI GERAL DA COPA: Lei 12.663/2012

LEI(S)
– Alimentos: Lei 5.478/1968
– Arbitragem: Lei 9.307/1996
– Assistência Judiciária: Lei 1.060/1950; Súm. 450, STF
– Bem de Família: Lei 8.009/1990
– Biossegurança: Lei 11.105/2005
– Código Civil: Lei 10.406/2002
– Código de Defesa do Consumidor: Lei 8.078/1990
– Concubinato: Lei 8.971/1994
– cotas nas universidades federais: Lei 12.711/2012

ÍNDICE REMISSIVO DO CC

– Desapropriação por utilidade pública: Dec.-lei 3.365/1941
– Direito Autoral: Lei 9.610/1998
– Divórcio: Lei 6.515/1977
– Estatuto da Cidade: Lei 10.257/2001
– Estatuto da Cidade; alteração de dispositivos: Lei 12.836/2013
– Estatuto da Criança e Adolescente: Lei 8.069/1990
– Estatuto da Igualdade Racial: Lei 12.288/2010
– Estatuto da Mulher Casada: Lei 4.121/1962
– Estatuto do Idoso: Lei 10.741/2003
– Investigação de Paternidade: Lei 8.560/1992
– Locação: Lei 8.245/1991
– Propriedade Industrial: Lei 9.279/1996
– Registro Público: Lei 6.015/1973
– Remessa de lucros: Lei 4.131/1962
– Transplante de Órgãos: Lei 9.434/1997
– União Estável: Lei 9.278/1996
– Usura: Dec. 22.626/1933

LEILÃO
– efeitos avariados: art. 773, CCo

LETRA DE CÂMBIO
– definição: Dec. 2.044/1908. Súm. 153, 189, 387, STF
– Lei Uniforme de Genebra: Dec. 57.633/1966; Súm. 153, 387, STF e 26, STJ

LETRAS MERCANTIS
– privilégio de letras de empréstimo de dinheiro a risco: art. 651, CCo

LICITAÇÃO
– imóvel hipotecado: art. 1.481, §§ 1º e 4º
– partilha da herança: art. 2.019, § 2º

LIQUIDAÇÃO EXTRAJUDICIAL: Lei 6.024/1974; Súm. 49, TFR
– controladores; responsabilidade solidária: Lei 9.447/1997

LITÍGIO
– bens ou direitos; impossibilidade de compra: art. 497, III
– notificação; evicção: art. 456, *caput*
– sentença transitada em julgado; nulidade da transação: art. 850
– validade do testamento; direito de pedir o legado: art. 1.924
– vencimento da dívida; consignação: art. 345

LIVROS
– capitães de navio: arts. 501 a 506, CCo
– carga: art. 502, CCo
– comerciais: Súm. 390, STF
– Diário de Navegação: arts. 504 a 506, CCo
– Receita e Despesa da Embarcação: art. 503, CCo

LOCAÇÃO DE COISAS: arts. 565 a 578
– alienação: art. 576; Súm. 442, STF; 214 e 335, STJ
– conceito: art. 565
– deterioração: art. 567
– direito de retenção: art. 578; Súm. 158, STF
– emprego em uso diverso: art. 570
– obrigações do locador: arts. 566 e 568
– obrigações do locatário: art. 569
– por tempo determinado: arts. 573 e 577
– transmissão ao herdeiro: art. 577

LOCAÇÃO DE PRÉDIOS
– *v.* ALUGUEL
– penhor legal do locador: art. 1.467, II
– urbano: Lei 8.245/1991
– urbano; lei especial: art. 2.036

LOTEAMENTO: Dec.-lei 58/1937
– loteamento urbano: Lei 6.766/1979

LOUCOS
– *v.* INTERDIÇÃO
– incapacidade absoluta: art. 3º, II e III

LUCROS CESSANTES
– devidos na indenização por lesão ou ofensa: arts. 949 e 950; Súm. 490, STF; e 37, STJ
– hipóteses: arts. 402 e 403; Súm. 412, STF

MÃE
– *v.* ASCENDENTES, FILHO(S), MATERNIDADE, MULHER e PODER FAMILIAR
– contestação da maternidade: art. 1.608
– curatela legítima: art. 1.775, § 1º
– investigação de maternidade: arts. 1.615 a 1.617
– poder familiar: arts. 1.630 a 1.638
– que contrai novas núpcias: arts. 1.588 e 1.636, *caput*

MÁ-FÉ
– *v.* DOLO e FRAUDE
– alienação de imóvel: art. 879
– cessão de crédito: art. 295
– confusão, adjunção ou comissão: art. 1.273

2065

ÍNDICE REMISSIVO DO CC

- construções e plantações: art. 1.256
- especificação: arts. 1.270, § 1º, e 1.271
- novação: art. 363
- oponente de impedimentos matrimoniais: art. 1.530, p.u.
- possuidor: arts. 1.218 a 1.220; Súm. 158, STF
- terceiro adquirente; fraude contra credores: art. 161

MAIOR
- v. MAIORIDADE
- adoção: art. 1.619
- casamento; maior de 70 anos; regime da separação de bens: art. 1.641, II
- filho; não pode ser reconhecido, sem seu consentimento: art. 1.614
- 60 anos, pode escusar-se da tutela: art. 1.736, II

MAIORIDADE
- v. CAPACIDADE e MAIOR
- cessação da tutela: arts. 1.758 e 1.763, I
- extinção do poder familiar: art. 1.635, III
- início: art. 5º, *caput*
- órfãos: art. 1.754, IV

MANDATO: arts. 653 a 692
- v. PROCURAÇÃO, PROCURADOR e REPRESENTANTE(S)
- disposições gerais: arts. 653 a 666
- extinção do mandato: arts. 682 a 691
- judicial: art. 692
- mandante; obrigações: arts. 675 a 681
- mandatário; obrigações: arts. 667 a 674
- prescrição; honorários: art. 206, § 5º, II

MANUTENÇÃO DE POSSE
- v. POSSE
- alegação de propriedade: art. 1.210, § 2º; Súm. 487, STF
- direito do possuidor; manutenção por sua própria força: art. 1.210, § 1º
- direito do possuidor; turbação: art. 1.210; Súm. 487, STF
- provisória do detentor: art. 1.211

MARIDO
- v. CASAMENTO e CÔNJUGES
- autorização prévia; inseminação artificial heteróloga: art. 1.597, V
- doação; cônjuge sobrevivo: art. 551, p.u.
- falecido; fecundação artificial homóloga: art. 1.597, III
- paternidade; direito de contestação: art. 1.601, *caput*
- sociedade conjugal; direção: art. 1.567, *caput*

MARINHEIRO
- sedução ou descaminho: art. 500, CCo

MATERIAIS DE CONSTRUÇÃO
- v. CONSTRUÇÕES
- considerados bens imóveis: art. 81, II
- considerados bens móveis: art. 84

MATÉRIA-PRIMA
- especificação: arts. 1.269 a 1.271

MATERNIDADE
- v. FILHO(S) e MÃE
- contestação pela mãe: art. 1.608
- investigação: arts. 1.615 a 1.617

MATRÍCULA
- embarcações: art. 467, CCo

MEAÇÃO
- direito de construir: art. 1.307
- doação excedente: art. 549
- herdeiros necessários: art. 1.846
- redução testamentária: arts. 1.967 e 1.968

MÉDICOS
- exame pericial; interdição: art. 1.771
- prescrição de honorários: art. 206, § 5º, II
- responsabilidade civil: art. 951; Súm. 341, STF; 37, STJ

MEIO AMBIENTE
- biossegurança: Lei 11.105/2005

MENORES
- v. BENS, COMPRA E VENDA, FILHO(S), IDADE, INCAPAZES, PODER FAMILIAR e TUTELA
- anulação das obrigações contraídas: art. 181
- capacidade para testar: art. 1.860
- casamento; anulação: arts. 1.548, 1.551 e 1.552
- casamento; autorização: art. 1.517
- casamento; dispensa de idade para evitar processo criminal: art. 1.520
- casamento; obrigatoriedade do regime da separação: art. 1.641
- dívida de jogo: art. 814
- emancipação: art. 5º
- impedidos de ser testemunhas: art. 228, I
- incapacidade absoluta: art. 3º
- incapacidade relativa: art. 4º
- mandatários: art. 666
- mútuo: arts. 588 e 589

ÍNDICE REMISSIVO DO CC

- obrigação quando dolosamente ocultada a idade: art. 180
- pagamento feito a incapazes por obrigação anulada: art. 181
- partilha judicial: art. 2.016
- representação e assistência: art. 1.747
- responsabilidade civil dos pais e tutores: art. 932, I e II
- tutor nomeado ou programa de colocação familiar: art. 1.734

MENORIDADE
- cessação: art. 5º

MERCADO DE VALORES MOBILIÁRIOS: Lei 6.385/1976
- ação civil pública; danos a investidores no: Lei 7.913/1989
- aplicação de penalidades às sociedades e empresas de: Dec.-lei 448/1969
- legislação alteradora: Lei 10.303/2001
- títulos ou contratos de investimento coletivo: Lei 10.198/2001

MÊS
- período; como se conta: art. 132

MICROEMPRESA: LC 123/2006; Súm. 448, STJ

MICROEMPREENDEDOR
- sociedades de crédito: Lei 10.194/2001

MILITAR
- domicílio: art. 76
- escusa de tutela: art. 1.736, VII
- prescrição; não corre: art. 198, III
- testamento: art. 1.893

MINAS
- objeto de hipoteca: art. 1.473, V
- objeto de usufruto: art. 1.392, § 2º
- propriedade: art. 1.229

MINISTÉRIO PÚBLICO
- abuso do poder familiar; promoção de medidas: art. 1.637
- alegação de nulidade; negócios jurídicos: art. 168; Súm. 346, STF
- atribuições em relação às fundações: arts. 64 e 65
- encargos de doação; cumprimento: art. 553, p.u.
- hipoteca legal; intervenção: art. 1.497, § 1º
- nomeação de curador especial; interesse colidente com o dos pais: art. 1.692
- nulidade de casamento; promoção: art. 1.549
- nulidades que pode alegar: art. 168; Súm. 346, STF
- sucessão provisória; capitalização dos frutos; fiscalização: art. 33
- sucessão provisória; pedido de abertura: art. 28, § 1º

MOEDA
- *v.* MÚTUO e PAGAMENTO
- conversão: art. 698, CCo
- espécie em que se deve realizar o pagamento: art. 315
- estrangeira; pagamento: Dec.-lei 857/1969
- Plano Real: Lei 10.192/2001

MOLÉSTIA
- grave ou transmissível; anulabilidade de casamento: art. 1.557, III

MONTEPIO
- exclusão da comunhão: arts. 1.659, VII, e 1.668, V
- impenhorabilidade: art. 813, p.u.

MORA: arts. 394 a 401; Súm. 380, STJ
- *v.* PAGAMENTO e PERDAS E DANOS
- cláusula penal; efeitos: art. 411
- comodatário: art. 582
- comprador: art. 492, § 2º
- credor; obrigações; desonerações do devedor: art. 400
- devedor; interrupção da prescrição: art. 202, V
- devedor; obrigações negativas: art. 390
- devedor; obrigações positivas e líquidas: art. 397; Súm. 76, STJ
- devedor; obrigações provenientes de ato ilícito: art. 398; Súm. 54, STJ
- devedor e credor: art. 394
- donatário; inexecução do encargo: art. 562
- empreitada: arts. 611 e 613
- entrega do legado em dinheiro: art. 1.925
- impossibilidade da prestação; responsabilidade do devedor: art. 399
- inexistência de termo; constituição; interpretação: art. 397, p.u.; Súm. 76, STJ
- inocorrência: art. 396
- inutilidade da prestação, em caso de mora: art. 395, p.u.

2067

– juros; contagem a partir da citação inicial: art. 405; Súm. 163, STF; 54, STJ
– purgação: art. 401; Súm. 122, STF
– responsabilidade do devedor em mora: art. 395

MORATÓRIA
– concedida pelo credor; efeito na fiança: art. 838, I

MORTE
– v. AUSÊNCIA e ÓBITO
– abertura da sucessão: arts. 35 e 1.923
– ausente: art. 35
– comorientes: art. 8º
– devedor solidário: art. 276
– doador: art. 545
– dono do negócio: art. 865
– extinção da pessoa natural: art. 6º; Súm. 331, STF
– extinção do mandato: art. 682, II
– fiador: art. 836
– fideicomissário: art. 1.958
– locador ou locatário de coisa: art. 577
– mandante: arts. 674 e 682, II
– mandatário: arts. 682, II, 690 e 691
– pais: art. 1.728
– prestador ou tomador de serviços: art. 607
– presumida: arts. 6º e 7º; Súm. 331, STF
– registro do óbito: art. 9º, I
– resultante de negligência ou imperícia: art. 951; Súm. 341, STF; 37, STJ
– segurado: art. 796
– seguro de vida: arts. 789 a 802
– simultânea: art. 8º
– testador: arts. 1.877, 1.916 e 1.923
– tutor: art. 1.759
– usufrutuário; extinção do usufruto: art. 1.410, I

MÓVEIS
– v. COISAS

MUDANÇA
– domicílio: art. 74
– estado; mandante: art. 674
– servidão: art. 1.385

MULHER
– v. CASAMENTO, CÔNJUGES e MÃE
– autorização do cônjuge: arts. 1.647 a 1.650
– casamento; idade mínima: art. 1.517
– casamento de maior de 70 anos; regime da separação de bens: art. 1.641, II

– curadora do marido incapaz: arts. 1.775 e 1.783
– direitos e deveres: arts. 1.565 a 1.570
– direitos sobre o produto de seu trabalho: art. 1.642, I
– novas núpcias; conservação da guarda dos filhos: art. 1.588
– poder familiar; exercício: arts. 1.631 e 1.633
– poder familiar; perda: arts. 1.635 e 1.637
– uso do sobrenome do nubente: art. 1.565, § 1º
– viuvez, novas núpcias; prazo: art. 1.523, II

MULTA: Súm. 410, STJ
– v. CLÁUSULA PENAL e PENA
– cláusula penal; alternativa a benefício do credor: art. 410
– contratual; estipulação: art. 409
– devedor: art. 408
– exigência independe de alegação de prejuízo: art. 416
– mora: art. 411
– obrigações divisíveis; proporcionalidade: art. 415
– obrigações indivisíveis: art. 414
– prejuízo que excede o previsto na cláusula penal: art. 416, p.u.
– relativa à inexecução: art. 409
– segurança de outra cláusula: art. 411

MUNICÍPIO
– v. FAZENDA PÚBLICA
– domicílio: art. 75, III
– herança vacante: art. 1.822
– pessoa jurídica de direito público: art. 41, III

MUNIÇÕES DE GUERRA
– seguro marítimo: art. 672, CCo

MURO
– v. PAREDE
– proprietário confinante: arts. 1.297, 1.305, 1.327 a 1.329 e 1.392, § 3º

MÚTUO: arts. 586 a 592
– v. EMPRÉSTIMO, MOEDA, PAGAMENTO e SEGURO
– conceito: art. 586
– feito a menor: arts. 588, 589 e 824, p.u.
– garantia de restituição; exigência: art. 590
– mutuário do SFH; seguro habitacional obrigatório: Súm. 473, STJ

ÍNDICE REMISSIVO DO CC

- obrigação do mutuário: art. 586
- para jogo ou aposta: art. 815
- prazo: art. 592
- transferência de domínio: art. 587

NASCIMENTO
- v. ASSENTO e FILHO(S)
- começo da personalidade: art. 2º
- inscrição no Registro Público: art. 9º, I
- registro tardio de nascimento: Provimento CNJ 28/2013

NASCITUROS
- curatela: arts. 1.778 e 1.779
- direitos assegurados desde a concepção: art. 2º
- doação a ele feita; aceitação: art. 542
- herança; capacidade para adquirir: art. 1.799

NAUFRÁGIO
- capitães: art. 508, CCo
- segurado: arts. 721 e 754, CCo
- soldadas; tripulação: art. 558, CCo

NAVIO(S)
- abalroamento: arts. 749 a 752, CCo
- abandono: arts. 753 a 760, CCo
- alijamento: arts. 769 e 792, CCo
- arribadas forçadas: arts. 740 a 748, CCo
- avarias: arts. 761 a 796, CCo
- bloqueio: art. 610, CCo
- caixa: arts. 492, 493 e 495, CCo
- carta partida: art. 567, ns. 1 e 4, CCo
- danos: arts. 565, 749 a 752, CCo
- embargo: art. 607, CCo
- frete por inteiro: arts. 570 e 604, CCo
- guerra: art. 610, CCo
- hipoteca tácita: art. 564, CCo
- inavegabilidade: art. 757, CCo
- interdito de comércio: art. 610, CCo
- lucro: art. 525, CCo
- naufrágio: art. 508, CCo
- parceria marítima: art. 485, CCo
- passageiros: art. 629, CCo
- perdas e danos: arts. 510, 529 e 608, CCo
- presunção de perdimento: art. 720, CCo
- proprietários: arts. 484 a 495, CCo
- público leilão: art. 773, CCo
- rescisão: art. 631, CCo
- responsabilidade: art. 694, CCo
- riscos: art. 702, CCo
- seguro: arts. 689, 690 e 702, CCo
- venda: arts. 531 e 773, CCo
- vendas judiciais: art. 477, CCo

NEGLIGÊNCIA
- credor anticrético: art. 1.508
- culpa; ato ilícito: arts. 186 e 927, p.u.; Súm. 28, 492 e 562, STF; 37, 43, 186 e 227, STJ
- tutor; culpa: arts. 1.752 e 1.766

NEGÓCIOS ANULADOS
- v. ATO(S)
- restituição das partes ao estado anterior: art. 182

NEGÓCIOS ANULÁVEIS
- v. ATO(S)
- confirmação: arts. 172 a 175
- efeito da anulação: art. 177
- hipóteses: art. 171
- nulidade do instrumento: art. 183
- obrigações contraídas por menores: art. 180
- parcialmente: art. 184
- prazo para pleitear a anulação: art. 179

NEGÓCIOS JURÍDICOS
- v. ATO(S)
- alegação de nulidade: art. 168; Súm. 346, STF
- anulabilidade: arts. 171, 172 e 175 a 177
- bem principal: art. 94
- bilaterais: art. 147
- boa-fé: art. 164
- condições de validade: art. 104
- constituição da fundação: art. 64
- eficácia; condição suspensiva: art. 125
- erro de cálculo: arts. 143 e 144
- extinção da vigência do negócio jurídico; condição resolutiva: arts. 127 e 128
- formalidade: art. 107
- fraude: art. 165
- incapacidade de parte: art. 105
- instrumento público; quando é substancial: art. 109
- interpretação da declaração de vontade: arts. 112 e 113
- invalidade: arts. 166 a 184; Súm. 346, STF
- lícitos: art. 185
- prazo; decadência: art. 178
- prova de anuência; autorização: art. 220
- prova testemunhal; valor: art. 227
- provas em geral: art. 212
- simulação: art. 167, § 1º, I a III
- validade: art. 104
- viciados pela coação: art. 154
- vício: art. 142

2069

NETOS
– v. DESCENDENTES e TUTELA

NOME EMPRESARIAL: arts. 1.155 a 1.168
– cancelamento; inscrição: art. 1.168
– conceito: art. 1.155
– inscrição: art. 1.166
– sociedade anônima: art. 1.160
– sociedade cooperativa: art. 1.159
– sociedade em comandita por ações: art. 1.161
– sociedade em conta de participação: art. 1.162
– sociedade limitada: art. 1.158

NOMEAÇÃO
– defensor ao interdito: art. 1.770
– herdeiros e legatários: arts. 1.801, 1.897 e 1.904
– novo depositário; incapacidade: art. 641
– pessoa, pelo testador; substituição de herdeiro: art. 1.947
– testamenteiro: arts. 1.883, 1.976 e 1.984
– tutor: arts. 1.729, 1.730 e 1.732

NOTA PROMISSÓRIA: Súm. 258, STJ
– definição: Dec. 2.044/1908; Súm. 153, 189 e 387, STF
– Lei Uniforme de Genebra: Dec. 57.663/1966; Súm. 153, 387, STF e 26, STJ

NOTIFICAÇÃO
– cessão de crédito: arts. 290 e 298
– credores hipotecários: art. 1.501
– depositário; execução sobre a coisa depositada: art. 633
– litígio ao alienante; evicção: art. 456
– locação: art. 573
– revogação do mandato: art. 686

NOVAÇÃO: arts. 360 a 367
– dívida de jogo: art. 814, § 1º
– obrigações divisíveis e indivisíveis: art. 262, p.u.

NUBENTE
– dispensa de publicação: art. 1.527, p.u.
– impedimento de casamento: art. 1.530
– invalidade do casamento: art. 1.528

NULIDADE
– v. ANULAÇÃO, ATOS(S), ATOS ILÍCITOS, CASAMENTO, COAÇÃO, ERRO e FRAUDE
– ajuste com apresadores: art. 727, CCo
– anulação do negócio jurídico: art. 171
– atos do tutor: art. 1.749
– atos dos pais: art. 1.691
– casamento: art. 1.548
– casamento; ação de nulidade: art. 1.562
– constituição de renda: art. 808
– contrato de câmbio marítimo: art. 656, CCo
– contrato de compra e venda: art. 489
– contrato de seguro: art. 677, CCo
– discussão; preferências e privilégios creditórios: art. 956
– doação: art. 548
– legado: art. 1.914
– legitimidade para alegação: art. 168; Súm. 346, STF
– negócio anulável; ratificação: art. 172
– negócios jurídicos; casos: arts. 166, 168 e 177; Súm. 346, STF
– nomeação de tutor: art. 1.730
– obrigações contraídas por menores e incapazes: art. 181
– penhor: art. 1.468
– pronunciação pelo juiz: art. 168, p.u.; Súm. 346, STF
– restituição das partes ao estado anterior: art. 182
– seguro: art. 762
– transação: arts. 848 e 850
– venda de navio: art. 531

ÓBITO
– v. ASSENTO e MORTE
– registro público: art. 9º, I

OBJETO(S)
– hipoteca: art. 1.473
– ilícito; nulidade do negócio jurídico: art. 166, II
– pagamento: arts. 319 a 326
– penhor agrícola: art. 1.442
– segurados: arts. 692 a 701, 711, n. 10, e 753, CCo

OBRAS
– v. CONSTRUÇÕES e PROPRIEDADE
– aquisição por acessão: art. 1.248, V
– demolição: art. 1.312
– desfazimento: art. 1.302
– garantias contra dano iminente: art. 1.281

OBRIGAÇÕES
– v. DÍVIDA(S) e PAGAMENTO
– adicionais: art. 278
– adquirente: art. 1.481, § 4º
– alienante: art. 451

ÍNDICE REMISSIVO DO CC

- alternativas: arts. 252 a 256
- anulada: art. 181
- cessão de créditos: art. 286
- cláusula penal: art. 416, p.u.
- cominação da pena excedente da obrigação principal: arts. 411 e 412
- compensação: arts. 368 a 380
- comuns: art. 105
- condição resolutiva da obrigação: arts. 127 e 135
- condicionais: art. 332
- confusão: arts. 381 a 384
- contraídas por todos os condôminos: art. 1.317
- credor: arts. 235, 400 e 1.435
- curador: art. 1.778
- dação em pagamento: arts. 356 a 359
- dar coisa certa: arts. 233 a 242
- dar coisa incerta: arts. 243 a 246
- de fazer: arts. 247 a 249
- de não fazer: arts. 250 e 251
- depositante: art. 643
- depositário: arts. 629 e 636
- devedor: arts. 247, 306 e 408
- divisíveis e indivisíveis: arts. 257 a 263
- empreiteiro: art. 617
- extinção, pela confusão: art. 381
- fato de terceiro: art. 439
- fiador: arts. 835 e 836
- fiduciário: art. 1.953, p.u.
- imputação do pagamento: art. 355
- inadimplemento: arts. 389 a 393; Súm. 145, STJ
- indenização recíproca; coerdeiros: art. 2.024
- indivisíveis: art. 258
- juros legais: arts. 406 e 407; Súm. 618, STF; 176, STJ
- litigiosas: art. 344
- locador: art. 566
- mandante: art. 675
- mandatário: art. 674
- mora: arts. 394 a 401; Súm. 122, STF
- negativa: art. 390
- novação: arts. 360 a 367
- nulas: art. 824
- nulas; novação: art. 367
- pagamento; condições gerais: art. 304
- pagamento indevido: art. 877
- pagamento por consignação: arts. 334 a 345
- perdas e danos: arts. 402 a 405; Súm. 163 e 412, STF; 54, STJ
- positiva e líquida: art. 397; Súm. 76, STJ
- prestação divisível: art. 314
- principal: art. 1.499, I
- promessa; fato de terceiro; inexistência de obrigação: art. 440
- proveniente de atos ilícitos: art. 398; Súm. 54, STJ
- recebimento de dívida condicional: art. 876; Súm. 71 e 546, STF
- remissão da dívida: arts. 385 a 388
- repetição do indébito: art. 876; Súm. 71 e 546, STF
- restabelecida; fim da confusão: art. 384
- restituir coisa; resolução: art. 238
- segunda: art. 361
- seguradores: arts. 710 a 730, CCo
- segurados: arts. 719 a 724 e 729, CCo
- solidárias; noções gerais: arts. 264 a 266; Súm. 26, STJ
- solidárias ativas: arts. 267 a 274
- solidárias passivas: arts. 275 a 285
- sub-rogação: art. 346; Súm. 94, TFR
- substância; confirmação do negócio: art. 173
- transação: arts. 840 a 850
- validade da cláusula penal: art. 416
- várias dívidas compensáveis: art. 379

OCUPAÇÃO
- aquisição da propriedade: arts. 1.263 e 1.822

OFENSA
- física: arts. 557, II, e 1.963, I
- impossibilidade do exercício de profissão: art. 950; Súm. 490, STF
- liberdade pessoal: art. 954; Súm. 37, STJ
- responsável pela ofensa; reparação do dano: art. 942
- saúde: art. 949; Súm. 37, STJ

OFICIAIS
- despedimento: art. 556, CCo
- navios: arts. 493 e 543, CCo
- obrigações: art. 545, CCo
- prisão: art. 546, CCo
- soldadas: arts. 546 e 563, 2ª parte, CCo

OFICIAL DE REGISTRO CIVIL E DE IMÓVEIS
- apresentação do título: art. 1.246
- celebração do casamento: arts. 1.514, 1.536 e 1.554

ÍNDICE REMISSIVO DO CC

- extração do edital: art. 1.527
- habilitação para casamento: arts. 1.526, 1.531 e 1.532
- impedimento para casamento: art. 1.522, p.u.
- ratificação do casamento: art. 1.541
- registro da convenção antenupcial: art. 1.657
- registro da hipoteca: arts. 1.492 a 1.498
- registro de nova hipoteca: art. 1.495
- registro tardio de nascimento: Provimento CNJ 28/2013
- suprimento da falta do oficial: art. 1.539, § 1°

ÓRFÃOS
- v. MENORES e TUTELA

ORGANIZAÇÕES RELIGIOSAS
- criação; organização; funcionamento: art. 44, § 1°
- não aplicabilidade: art. 2.031, p.u.
- pessoa jurídica de direito privado: art. 44, IV
- registro: art. 44, § 1°

OURO
- seguro marítimo: art. 672, CCo

OUTORGA
- v. CONSENTIMENTO
- do cônjuge: arts. 1.647 a 1.650 e 1.663, § 2°
- prova: art. 220

PACTO
- antenupcial: arts. 1.653 a 1.657
- comissório; hipoteca, penhor e anticrese; nulidade: art. 1.428

PAGAMENTO
- v. CONSIGNAÇÃO, DÍVIDA(S), MOEDA, MORA, MÚTUO e OBRIGAÇÕES
- adiantado a prestação; constituição de renda: art. 811
- aluguel: arts. 570, 575 e 582
- antecipado; casos em que se permite: art. 333
- antecipado; fraude contra credores: art. 162
- avaria grossa: art. 784, CCo
- benfeitorias: arts. 453 e 454
- boa-fé ao credor putativo: art. 309
- cessionário e ao credor primitivo: art. 292
- coisa fungível: art. 307, p.u.
- compensação: arts. 368 a 380
- consignação: arts. 334 a 345
- consistente em tradição de imóvel: art. 328
- convenção de pagamento; nulidade: art. 318
- crédito pelo devedor: art. 298
- credor: arts. 308 a 312
- credores solidários: arts. 268 e 269
- dação em pagamento: arts. 356 a 359
- demandado antes do vencimento: art. 939
- demandado após efetuado: art. 940; Súm. 159, STF
- designação na quitação da dívida: art. 320
- despesas: art. 325
- despesas com a coisa; depósito: art. 643
- despesas com depósito: art. 343
- despesas com o pagamento: art. 325
- despesas com o tratamento da vítima: art. 948, I
- despesas e dívidas do condômino: art. 1.316
- devedor; mora: art. 394
- devedor; mora; inocorrência: art. 396
- devedor; penhora do crédito: art. 312
- devedores; pluralidade de credores; pagamento da dívida: art. 260
- dever de ser feito ao credor: art. 308
- devolução do título da obrigação: art. 386
- dívidas: arts. 259, 269, 305, 378, 814, 1.422, p.u., e 1.430
- dívidas; inventário: arts. 1.997 a 2.001
- dívidas em dinheiro; moeda corrente: art. 315
- efetuado no domicílio do devedor: art. 327
- eficácia: art. 307
- falta de pagamento; seguro de vida: art. 796, p.u.
- frutos: art. 563
- imputação do pagamento: arts. 352 a 355
- incapaz; reclamação: art. 181
- indenização; construção ou plantação em terreno alheio; boa-fé: art. 1.255
- indenização por homicídio: art. 948; Súm. 490 e 491, STF
- indevido: arts. 876 a 883; Súm. 71 e 546, STF
- interessado: art. 304
- juros; mandatário: art. 670

ÍNDICE REMISSIVO DO CC

- legados: arts. 1.923 a 1.938
- lugar do pagamento: arts. 327 e 328
- lugar do pagamento; ocorrência de motivo grave; outro local: art. 329
- lugar do pagamento; presunção de renúncia: art. 330
- mandante; remuneração e despesas: art. 676
- materiais; empreitada: art. 617
- medida ou peso: art. 326
- moeda estrangeira: Dec.-lei 857/1969
- mora: arts. 394 a 401; Súm. 122, STF; 54 e 76, STJ
- mora do devedor; efeitos: arts. 395 a 399; Súm. 54 e 76, STJ
- objeto do pagamento: arts. 313 a 326
- obrigações condicionais; quando se cumprem: art. 332
- parcial; dívida com garantia real: art. 1.421
- penhora sobre o crédito; efeito: art. 312
- portador da quitação: art. 311
- prêmio: art. 764
- prestação divisível: art. 314
- prestações atrasadas: art. 810
- prestações periódicas: art. 1.928
- prestações sucessivas; aumento progressivo: art. 316
- provas de pagamento: arts. 319 a 326
- quem deve pagar: arts. 304 e 307
- quitação; despesas: art. 325
- quitação; direito do devedor: art. 319
- quitação; entrega do título; presunção: art. 324
- quitação; incapacidade do credor: art. 310
- quitação; requisitos: art. 320
- quitação consistente na devolução de título; perda: art. 321
- quitação da última quota; presunção de quitação das anteriores: art. 322
- quitação do capital sem reserva dos juros; presunção: art. 323
- quota correspondente ao quinhão hereditário: art. 276
- quotas periódicas: art. 322
- recebimento do pagamento: arts. 272 e 311
- remissão: art. 388
- repetição de indébitos: arts. 876 a 883; Súm. 71 e 546, STF
- representante do credor: art. 308
- restituição do valor; evicção: art. 449
- retenção do pagamento; falta de quitação: arts. 319 e 321
- retribuição na prestação de serviços: art. 597
- sem oposição dos credores; exoneração: art. 960
- solidariedade ativa: arts. 268 e 269
- sub-rogação; quando se opera e seus efeitos: arts. 346 a 351; Súm. 188 e 257, STF; 94, TFR
- tempo de pagamento: arts. 331 a 333
- terceiro: arts. 305 e 306
- título ao portador: arts. 904 a 909
- valor da meação: art. 1.330
- valor das sementes: art. 1.254
- valor real da prestação: art. 317

PAI
- *v.* ASCENDENTES e PATERNIDADE
- abuso do poder familiar: art. 1.637
- aceitação da doação feita a nascituro: art. 542
- administração; bens; filhos: arts. 1.689 a 1.693
- casamento de filho menor; autorização: arts. 1.517 a 1.519 e 1.550, II
- condenado por sentença irrecorrível: art. 1.637, p.u.
- direitos e deveres quanto à pessoa dos filhos menores: art. 1.634
- direitos recíprocos entre parentes; prestação de alimentos: art. 1.694
- emancipação do filho; concessão: art. 5º, p.u., I
- imóveis; hipoteca legal: art. 1.489, II
- interdição; promoção: art. 1.768, I
- investigação de paternidade; efeitos da sentença: art. 1.616
- prescrição; poder familiar: art. 197, II
- reparação civil; responsabilidade: art. 932, I
- testemunha; inadmissibilidade: art. 228, V

PARCERIA MARÍTIMA
- administração: art. 491, CCo
- maioria: arts. 486 e 487, CCo
- regras aplicáveis: art. 485, CCo

PAREDE
- *v.* CONSTRUÇÕES e MURO
- divisória; presunção de condomínio entre confinantes: arts. 1.297, § 1º, e 1.306

2073

ÍNDICE REMISSIVO DO CC

– divisória; travejamento: arts. 1.304 e 1.305
– meia; condomínio; utilização: art. 1.306
– usufrutuário: art. 1.392, § 3º

PARENTE(S)
– anulação de casamento dos menores; legitimidade: art. 1.552
– causas suspensivas do casamento; arguição: art. 1.524
– colaterais; exclusão da sucessão: art. 1.850
– consanguíneos; tutela: art. 1.731
– direito de pedir alimentos: art. 1.694
– escusa da tutela: art. 1.737
– interdição; legitimidade: art. 1.768, II

PARENTESCO
– afinidade; conceito: art. 1.595
– afinidade; não extinção na linha reta: art. 1.595, § 2º
– civil; resultante de adoção: art. 1.596
– disposições gerais: arts. 1.591 a 1.595
– graus; contagem: art. 1.594
– impedimento matrimonial: arts. 1.521 e 1.548
– linha colateral: arts. 1.592 e 1.594
– linha reta: arts. 1.591, 1.594 e 1.595, § 2º
– natural; impedimento matrimonial: art. 1.521, I
– resultante de consanguinidade: art. 1.593

PARTIDOS POLÍTICOS
– não aplicabilidade: art. 2.031, p.u.
– organização; funcionamento: art. 44, § 3º
– pessoa jurídica de direito privado: art. 44, V

PARTILHA
– bens do ausente; definitiva: art. 37
– bens do ausente; provisória: arts. 26 a 36
– coisas comuns; mediante sorteio: art. 817

PARTILHA DE HERANÇA: arts. 2.013 a 2.022
– amigável; condições e forma: art. 2.015
– anulação; causas: art. 2.027
– ascendente: art. 2.018
– bem indivisível: art. 2.019
– colação: arts. 2.002 a 2.012
– dívida do herdeiro: art. 2.001
– frutos da herança: art. 2.020

– garantia dos quinhões hereditários: arts. 2.023 a 2.026
– igualdade que deve ser observada: art. 2.017
– judicial; hipótese: art. 2.016
– julgamento; efeitos: art. 2.023
– legitimidade: art. 2.013
– licitação: art. 2.019, § 2º
– pagamento das dívidas do falecido: arts. 1.997 a 1.999
– prazo: art. 1.796
– requerimento pelos herdeiros, cessionários e credores: art. 2.013
– sobrepartilha: arts. 2.021 e 2.022
– testador; indicação de bens: art. 2.014

PASSAGEIRO
– falecimento: art. 630, 2ª parte, CCo
– hipoteca privilegiada: art. 632, CCo
– hora de embarque: art. 629, CCo
– indenização: art. 631, CCo
– passagem: arts. 630 a 632, CCo

PASSAGEM
– direito a indenização: art. 1.285
– forçada: art. 1.285

PATERNIDADE
– v. FILHO(S) e PAI
– ação de investigação: art. 1.616
– confissão materna não exclui: art. 1.602
– contestação: art. 1.601
– impotência; afasta a presunção de: art. 1.599
– prova: arts. 1.604 e 1.606

PATRIMÔNIO
– associações; na dissolução: art. 61
– fundações; destino: art. 69
– testador: art. 1.850
– usufruto: arts. 1.390 e 1.405

PEDRAS PRECIOSAS
– seguro marítimo: art. 672, CCo

PENA
– v. CLÁUSULA PENAL e MULTA
– convencional: arts. 404 e 416
– convencional; transação; admissibilidade: art. 847
– correcionais: art. 498, CCo
– obrigação parcialmente cumprida: art. 413

PENHOR: arts. 1.431 a 1.472
– v. CREDOR e GARANTIA
– agrícola; objeto: art. 1.442
– agrícola; prazo: art. 1.439

ÍNDICE REMISSIVO DO CC

– animais; substituição dos mortos: art. 1.446
– bens; possibilidades: art. 1.420
– coisa comum; impossibilidade: art. 1.420, § 2°; Súm. 134, STJ
– conceito: art. 1.431
– constituição: arts. 1.431 e 1.432
– credor pignoratício; direitos: art. 1.433
– credor pignoratício; obrigação: art. 1.435
– depreciação ou deterioração: art. 1.425, I
– desapropriação da coisa empenhada: art. 1.425, V
– direito real: arts. 1.225, VIII, e 1.419
– direitos e títulos de crédito: arts. 1.451 a 1.460, p.u.
– disposições gerais: arts. 1.419 a 1.430
– dívida; quando se considera vencida: art. 1.425
– excussão: art. 1.422
– excussão; produto insuficiente: art. 1.430
– extinção: arts. 1.436 e 1.437
– extinção; novação: arts. 364 e 365
– garantia prestada por terceiro: art. 1.427
– impontualidade: art. 1.425, III
– industrial e mercantil: arts. 1.447 a 1.450
– insolvência ou falência do devedor: art. 1.425, II
– instrumento; declarações: art. 1.424
– juros; vencimento antecipado da dívida: art. 1.426
– legal; credores pignoratícios: art. 1.467
– legal; efetivação pelo credor e homologação judicial: arts. 1.470 e 1.471
– legal; em favor dos hospedeiros: arts. 1.467, I, e 1.468 e 1.469
– legal; favorecimento do dono do prédio: arts. 1.467, II, e 1.469
– locatário; impedimento: art. 1.472
– pacto comissório; proibição: art. 1.428
– pagamento da prestação atrasada: art. 1.425, III
– pagamento de prestação; não exoneração da garantia: art. 1.421
– pecuário: arts. 1.444 a 1.446
– pecuário; prazo: art. 1.439
– preferência em concurso de credores: art. 1.422
– prejuízo do credor; vício da coisa empenhada; ressarcimento: art. 1.433, III

– propriedade superveniente; eficácia da garantia: art. 1.420, § 1°
– quem pode empenhar: art. 1.420
– remissão parcial pelos sucessores do devedor: art. 1.429
– renúncia do credor; quando se presume: art. 1.436, § 1°
– retenção da coisa empenhada: art. 1.433, II
– rural: arts. 1.438 a 1.446
– veículos: arts. 1.461 a 1.466

PENHORA: Súm. 328, 449 e 486, STJ
– v. IMPENHORABILIDADE
– cessão de crédito; notificação ao devedor: art. 298
– coisa insuscetível; não se compensa: art. 373, III
– conhecimento: arts. 583, 584 e 588, CCo
– constituição de rendas: art. 813
– devedor que se torna credor: art. 380
– estabelecimento comercial; sede; legitimidade: Súm. 451, STJ
– registro; terceiro adquirente; má-fé: Súm. 375, STJ

PERDA
– posse: arts. 1.223 e 1.224
– propriedade; efeitos: art. 1.276
– propriedade; hipóteses: arts. 1.275 e 1.276

PERDÃO DA DÍVIDA: arts. 385 a 388

PERDAS E DANOS: arts. 402 a 405
– v. ATOS ILÍCITOS, DANO, DESTRUIÇÃO e MORA
– afretadores: art. 607, CCo
– capitão: arts. 507, 510, 518, 529, 531, 532, 574, 608, 614 e 748, CCo
– carregadores: art. 607, CCo
– coação exercida por terceiros: art. 154
– contramestres: art. 542, CCo
– contrato; inadimplemento: art. 475
– credor pignoratício: art. 1.435, I
– dano causado por coisas: art. 938
– dolo acidental: art. 146
– evicção: art. 845
– extensão: arts. 402 a 405; Súm. 163 e 412, STF; 54, STJ
– gestão de negócios: art. 868, p.u.
– inexecução das obrigações: arts. 389 a 393; Súm. 145, STJ
– inexecução dolosa: art. 403

ÍNDICE REMISSIVO DO CC

– locação: art. 570
– lucros cessantes: arts. 402 e 403; Súm. 412, STF
– obrigação de dar coisa certa: arts. 234 e 236
– obrigação de fazer: arts. 247 a 249
– obrigação de não fazer: art. 251
– obrigações; descumprimento; responsabilidade do devedor: art. 389
– obrigações de pagamento em dinheiro: art. 404
– obrigações indivisíveis: art. 263
– prazo prescricional; enriquecimento sem causa: art. 206, § 3º, IV
– responsabilidade do alienante; coisas defeituosas: art. 443
– responsabilidade do comprador; preempção: art. 518
– responsabilidade do depositante: arts. 643 e 644
– responsabilidade do depositário: arts. 640 e 642
– responsabilidade do depositário; depósito necessário: arts. 649, p.u., 650 e 652
– responsabilidade do devedor; título empenhado: art. 1.460
– responsabilidade do endossatário; por endosso-mandato: Súm. 476, STJ
– responsabilidade do endossatário; protesto indevido: Súm. 475, STJ
– responsabilidade do herdeiro excluído: art. 1.817
– responsabilidade do herdeiro sonegador: art. 1.995
– responsabilidade do locatário: arts. 570 e 575
– responsabilidade do mandante: art. 678
– responsabilidade do mandatário: arts. 667 e 679
– responsabilidade do possuidor de má-fé: art. 1.218
– responsabilidade do proponente; comunicação da aceitação: art. 430
– responsabilidade do que constrói ou semeia de má-fé: art. 1.254
– responsabilidade do que promete fato de terceiro: art. 439
– responsabilidade do tutor: art. 1.739
– seguradores: arts. 710 e 713, CCo
– solidariedade ativa: art. 271
– solidariedade passiva: art. 279

PERECIMENTO
– *v.* DESTRUIÇÃO e DETERIORAÇÃO
– coisa; vício oculto: art. 444
– coisa empenhada: arts. 613 e 1.436, II
– coisa legada: arts. 1.939, III, e 1.940
– objeto dado em garantia: art. 1.425, I
– perda da propriedade: art. 1.275, IV

PERITOS
– arbitramento de preço de obra divisória: art. 1.329
– prescrição de honorários: art. 206, § 1º, III
– proibição de compra em hasta pública: art. 497, III

PERMISSÃO
– *v.* CONSENTIMENTO

PERSONALIDADE
– civil da pessoa: art. 2º
– direitos da: arts. 11 a 21; Súm. 37 e 221, STJ
– jurídica; abuso: art. 50

PESSOA JURÍDICA
– *v.* ASSOCIAÇÕES
– abuso da personalidade jurídica: art. 50
– administração coletiva: art. 48
– administração provisória: art. 49
– direito privado: art. 44; Súm. 39 e 42, STJ
– direito privado; alterações estatutárias; averbação; início; registro: art. 45
– direito privado; dissolução; destino do patrimônio: art. 61
– direito público externo: art. 42
– direito público interno: art. 41
– direito público interno; responsabilidade civil: art. 43; Súm. 39, STJ
– direitos da personalidade: art. 52; Súm. 227, STJ
– dissolução: art. 51
– domicílio: art. 75; Súm. 363, STF
– espécies: art. 40
– fundações: arts. 62 a 69
– obrigação pelos atos dos administradores: art. 47
– responsabilidade civil por ato de seus agentes: art. 43; Súm. 39, STJ
– usufruto; extinção: art. 1.410, III

PESSOA NATURAL
– capacidade jurídica: art. 1º
– comorientes: art. 8º
– domicílio: arts. 70 a 74 e 76 a 78; Súm. 335 e 483, STF

ÍNDICE REMISSIVO DO CC

- incapacidade absoluta: art. 3º
- incapacidade dos menores; emancipação: art. 5º
- incapacidade relativa: art. 4º
- início da personalidade: art. 2º
- morte: art. 6º; Súm. 331, STF
- nascituros: art. 2º
- registro: art. 9º
- registro tardio de nascimento: Provimento CNJ 28/2013

PETIÇÃO
- herança: arts. 1.824 a 1.828
- nubentes: art. 1.533

PILOTO: arts. 538 a 542, CCo
- comando de navio: art. 541, CCo
- habilitação: art. 538, CCo
- imperícia, omissão ou malícia: art. 540, CCo
- mudança de rumo do navio: art. 539, CCo
- penas criminais: art. 540, CCo
- responsabilidade: art. 540, CCo

PLANEJAMENTO FAMILIAR
- decisão do casal; recursos propiciados pelo Estado: art. 1.565, § 2º

PLANO DE SAÚDE: Lei 9.656/1998; Súm. 302 e 469, STJ

PLANTAÇÕES
- aquisição por acessão: art. 1.248, V
- presume-se pertencer ao proprietário do terreno: art. 1.253
- semente alheia em terreno alheio: art. 1.257
- semente alheia em terreno próprio: art. 1.254
- semente própria em terreno alheio: art. 1.255

PODER FAMILIAR: arts. 1.630 a 1.638
- *v.* MÃE e MENORES
- curador especial; nomeação: art. 1.692
- curador especial para bens legados a menor sob poder familiar: art. 1.733, § 2º
- dissolução da sociedade conjugal: art. 1.632
- exercício: art. 1.634
- exercício durante o casamento: art. 1.631
- exercício pela mãe; filho não reconhecido pelo pai: art. 1.633
- extinção; hipóteses: art. 1.635
- filhos; representação dos pais: art. 1.690

- filhos; bens;administração: arts. 1.689 a 1.693
- nomeação de tutor: art. 1.729
- nomeação de tutor pelo pai ou pela mãe; nulidade: art. 1.730
- perda ou suspensão: arts. 1.637 e 1.638
- prescrição; não corre durante o poder familiar: art. 197, II
- sujeição dos filhos: art. 1.630
- suspensão: art. 1.637

POLÍTICA NACIONAL DE COOPERATIVISMO: Lei 5.764/1971

POLÍTICA NACIONAL DE MOBILIDADE URBANA: Lei 12.587/2012

POSSE: arts. 1.196 a 1.224
- *v.* ESBULHO e MANUTENÇÃO DE POSSE
- ação de esbulho ou de indenização: art. 1.212
- alegação de propriedade ou outro direito sobre a coisa: art. 1.210, § 2º; Súm. 487, STF
- aquisição: arts. 1.204 a 1.209
- atos de mera permissão ou tolerância; não induzem a posse: art. 1.208
- benfeitorias; compensação com o dano: art. 1.221
- benfeitorias; direitos do possuidor de boa-fé e de má-fé: arts. 1.219 e 1.220; Súm. 158, STF
- benfeitorias; opção entre valor atual e o seu custo: art. 1.222
- bens de ausentes; imissão pelos herdeiros: art. 30
- boa-fé: art. 1.201 e 1.202
- caráter; presume-se o mesmo com que foi adquirida: art. 1.203
- coisa legada; não pode tomar o legatário por autoridade própria: art. 1.923, § 1º
- condomínio; posse dada a estranho: art. 1.314, p.u.
- constituto possessório: art. 1.267, p.u.
- desforço imediato: art. 1.210, § 1º
- detenção: art. 1.198
- detentor; quem se considera: art. 1.198
- direitos; perda: arts. 1.223 e 1.224
- direta; temporária, não anula a indireta: art. 1.197
- efeitos: arts. 1.210 a 1.222; Súm. 487, STF
- esbulho; ação: art. 1.212
- esbulho; desforço imediato: art. 1.210, § 1º

2077

- esbulho; direito do possuidor de ser restituído: art. 1.210; Súm. 487, STF
- estado de casado: arts. 1.545 e 1.547
- frutos colhidos e percebidos; responsabilidade do possuidor de má-fé: art. 1.216
- frutos naturais, industriais e civis, quando se reputam percebidos: art. 1.215
- frutos pendentes; restituição: art. 1.214, p.u.
- frutos percebidos; direito do possuidor de boa-fé: art. 1.214, *caput*
- herança; pelo testamenteiro: arts. 1.977 e 1.978
- herança; quando a adquirem os herdeiros e legatários: arts. 1.784 e 1.791
- imóvel; presunção de posse das coisas móveis: art. 1.209
- inerente à propriedade: art. 1.196
- justa; conceito: art. 1.200
- justo título; presunção de boa-fé: art. 1.201, p.u.
- manutenção; direito do possuidor: art. 1.210; Súm. 487, STF
- manutenção provisória em favor do detentor: art. 1.211
- perda da posse: arts. 1.223 e 1.224
- por ela se determinam os limites confusos: art. 1.298
- possuidor: art. 1.196
- possuidor; direito de ser mantido, restituído e segurado de violência iminente: art. 1.210; Súm. 487, STF
- possuidor da propriedade resolúvel: art. 1.360
- possuidor de boa-fé; direito a benfeitorias: art. 1.219; Súm. 158, STF
- possuidor de boa-fé; direito aos frutos: art. 1.214, *caput*
- possuidor de boa-fé; perda ou deterioração da coisa: art. 1.217
- possuidor de má-fé; benfeitorias ressarcidas: art. 1.220
- possuidor de má-fé; responsabilidade pela deterioração ou perda da coisa: art. 1.218
- possuidor de má-fé; responsabilidade pelos frutos: art. 1.216
- reintegração; direito do esbulhado: art. 1.210; Súm. 487, STF
- reivindicação; indenização das benfeitorias: art. 1.222
- servidão; exercício: art. 1.379; Súm. 415, STF
- sucessão na posse: art. 1.206
- turbação; desforço imediato: art. 1.210, § 1º
- usucapião; imóvel: art. 1.238; Súm. 237, 340 e 391, STF
- usucapião da coisa móvel: arts. 1.260 a 1.262
- vícios da posse: arts. 1.200 e 1.208

POSSUIDOR
- ato de defesa: art. 1.210, § 1º
- benfeitorias; direito de retenção: art. 1.219; Súm. 158, STF
- boa-fé: arts. 1.201, 1.214, 1.217 e 1.219; Súm. 158, STF
- má-fé: arts. 1.216, 1.218 e 1.220
- manutenção da posse; esbulho: art. 1.210; Súm. 487, STF
- perda: arts. 1.223 e 1.224
- pessoa que conserva a posse em nome de outro: art. 1.198
- pode intentar ação de esbulho: art. 1.212
- propriedade resolúvel: arts. 1.359 e 1.360
- quem se considera: art. 1.196
- servidão aparente: art. 1.379, *caput*; Súm. 415, STF
- transmissão da posse: art. 1.206
- turbado ou esbulhado: art. 1.210, § 1º
- usucapião: art. 1.243
- vários possuidores: art. 1.211

PRAZO(S)
- aceitação da doação: art. 539
- aceitação da herança: art. 1.807
- aceitação de proposta fora do prazo: art. 431
- ano civil; definição: Lei 810/1949
- ausência de termo: art. 397, p.u.; Súm. 76, STJ
- capitão: arts. 512, 618 e 743, CCo; Súm. 261, STF
- cartas de fretamento: art. 568, CCo
- comodato: art. 581
- concursos com promessa pública de recompensa: art. 859
- conhecimentos: art. 578, CCo
- consignatários: art. 618, CCo; Súm. 261, STF
- contagem: art. 132

ÍNDICE REMISSIVO DO CC

- contratos; presunção em favor do devedor: art. 133
- credor; cobrança da dívida antes do vencimento: art. 333
- credor da herança; início da ação de cobrança: art. 1.997, § 2º
- cumprimento do testamento: arts. 1.980 e 1.983
- declaração de vacância da herança: art. 1.820
- declaração do comprador: art. 512
- devedor; cláusula penal: art. 408
- direito de preempção: art. 516
- escusa de tutela: art. 1.738
- estipulado para a duração do contrato de locação: art. 571
- exame judicial: art. 618, 3ª parte, CCo; Súm. 261, STF
- favor; não obstam a compensação: art. 372
- fixação; validade de concursos: art. 859
- fixados por hora: art. 132, § 4º
- habilitação para casamento: arts. 1.525 a 1.527, 1.531 e 1.532
- hipoteca: arts. 1.485 e 1.498
- inventário e partilha: art. 1.796
- legado; não vencido: art. 1.924
- locação de coisas: art. 574
- meado do mês: art. 132, § 2º
- mês; período: art. 132, § 3º
- mútuo: art. 592
- negócios jurídicos sem prazo: art. 134
- penhor agrícola: art. 1.439
- penhor pecuário: art. 1.439
- prescrição: arts. 205 e 206; Súm. 149 a 151, 264, 443, 445 e 494, STF; 39, 85, 101, 106, 119 e 143, STJ; 107, 108, 124 e 219, TFR
- prestação de serviços: arts. 598 e 600
- prisão do depositário: art. 652
- promessa de recompensa; execução da tarefa: art. 856, *caput*
- restituição do depósito: art. 633
- retrovenda: art. 505
- seguradores: art. 730, CCo
- sucessão do ausente: arts. 26 e 37
- testamentos; presumem-se em favor do herdeiro: art. 133
- vacância da herança: arts. 1.820 e 1.822
- vencimento em feriado: art. 132, § 1º

PRÉDIO
- *v.* IMÓVEIS
- construções; presumem-se do dono do terreno: art. 1.253
- construído com material alheio: arts. 1.256 e 1.257
- construído com material próprio em terreno alheio: art. 1.255
- direito de construir: arts. 1.299 a 1.313; Súm. 120 e 414, STF; 142, TFR
- direito de construir; risco de desmoronamento ou deslocação de terra: art. 1.311
- direito de tapagem: art. 1.297
- direito real de habitação: arts. 1.414 a 1.416
- inferior; águas que vêm do superior: arts. 1.288 e 1.289
- limites: arts. 1.297 e 1.298
- propriedade; mau uso: art. 1.277
- ruína; ameaça: art. 1.280
- sem acesso à via pública; passagem forçada: art. 1.285
- servidões prediais: art. 1.378

PREEMPÇÃO
- normas: arts. 513 a 520

PREFERÊNCIA
- compra: art. 513
- crédito real: art. 961
- credor; perda da preferência: art. 340
- garantias do crédito novado: art. 365
- legatário: art. 1.968, § 2º
- pagamento: art. 1.422
- privilégios creditórios: arts. 955 a 965
- registro de hipoteca: art. 1.493, p.u.
- testador: art. 1.967, § 2º

PREJUÍZOS
- *v.* ATOS ILÍCITOS, DANO e INDENIZAÇÃO

PRÊMIO
- contrato de risco: art. 659, CCo
- liberdade de estipulação: art. 659, CCo
- segurador: art. 684, CCo
- seguro marítimo: arts. 684 e 729, CCo
- sinistro: art. 729, CCo

PREPOSTOS: arts. 1.169 a 1.171
- contabilista; auxiliares: arts. 1.177 e 1.178
- gerente: arts. 1.172 a 1.176

PRESCRIÇÃO: arts. 189 a 206; Súm. 194 e 229, STJ
- *v.* AÇÃO
- ação de embargo: art. 527, 2ª parte, CCo

ÍNDICE REMISSIVO DO CC

- alegação: art. 193; Súm. 150, STF
- capitão: art. 512, 2ª parte, CCo
- causada pelos representantes de incapazes: art. 195
- causas que obsta; possuidor: art. 1.244
- emolumentos, custas, honorários: art. 206, § 1º, III
- iniciada contra uma pessoa: art. 196
- interrupção: arts. 202 a 204; Súm. 153, 154 e 383, STF; 78 e 248, TFR
- juízo criminal, não ocorrência: art. 200
- matrícula do navio: art. 512, 2ª parte, CCo
- pagamento indevido; desnecessidade de restituição: art. 880
- prazos: arts. 205 e 206; Súm. 149 a 151, 264, 443, 445 e 494, STF; 39, 85, 101, 106, 119 e 143, STJ; 107, 108, 124 e 219, TFR
- quinquenal: Dec. 20.910/1932
- renúncia: art. 191
- seguro obrigatório (DPVAT); ação de cobrança: Súm. 405, STJ
- suspensão: arts. 197 a 201

PRESTAÇÃO(ÕES)
- alimentos; indenização: art. 948, II; Súm. 490 e 491, STF
- atrasadas: art. 810
- caução: arts. 1.305, p.u. e 1.953, p.u.
- contas; capitão: art. 535, CCo
- contas; mandatário: art. 668
- contas; testamenteiro: arts. 1.980, 1.983 e 1.986
- conversão em perdas e danos: art. 271
- credor; direito de exigir: art. 255
- credor; inutilidade da prestação causada pela mora: art. 395, p.u.
- credor solidário; direito de exigir: art. 267
- de serviço; retribuição: art. 597
- devedor; impossibilidade de cumprir a prestação: art. 947
- devedor; não cumprimento: art. 254
- devedor solidário; impossibilidade de prestação: art. 279
- divisível: art. 314
- impossibilidade de prestação: art. 256
- indivisível: art. 259
- objeto de obrigação: art. 253
- periódica: arts. 252, § 2º, 803, 1.927 e 1.928, *caput*
- prazo de prescrição; pensões alimentícias: art. 206, §§ 2º e 3º, II
- recebimento: arts. 252, § 1º, e 261
- relativa a imóvel; lugar do pagamento: art. 328

PRESTAÇÃO DE SERVIÇO: arts. 593 a 609

PRESUNÇÃO
- boa-fé; posse: art. 1.201, p.u.
- legado alternativo; opção deixada ao herdeiro: art. 1.932
- morte: art. 6º; Súm. 331, STF
- pagamento; entrega do título: art. 324, *caput*
- pagamento; quitação da última quota: art. 322
- prazo para o comodato: art. 581
- prorrogação de locação: art. 574
- prova do fato jurídico: art. 212, IV
- renúncia do credor; penhor: art. 1.436, § 1º
- solidariedade: art. 265; Súm. 26, STJ

PRIMAGEM
- carta-partida: art. 567, n. 6, CCo
- conhecimento: art. 575, n. 4, CCo

PRISÃO
- depositário: art. 652; Súm. 304 e 419, STJ
- do marido: arts. 1.570 e 1.651
- do pai ou da mãe até dois anos; suspensão do poder familiar: art. 1.637, p.u.
- ilegal: art. 954, p.u., III
- oficiais: art. 546, CCo
- passageiros: art. 498, CCo
- queixa ou denúncia falsa: art. 954, p.u., II
- tripulação: arts. 498 e 546, CCo

PRIVILÉGIO
- especial: art. 964
- geral: art. 965
- preferências e privilégios creditórios: arts. 955 a 965
- transferência: art. 349; Súm. 188 e 257, STF

PROCESSOS
- testemunháveis: art. 505, CCo

PROCLAMAS
- casamento; data de publicação dos: art. 1.536, IV

PROCURAÇÃO
- *v.* MANDATO
- capacidade: art. 654
- casamento: arts. 1.535 e 1.542, *caput*
- foro em geral: art. 692

Índice Remissivo do CC

- instrumento do mandato: art. 653
- poderes especiais e expressos: art. 661, § 1º

PROCURADOR
- v. MANDATO
- cônjuge; responsabilidade: art. 1.652
- especial; contraente de casamento: arts. 1.535 e 1.542
- prescrição; prazo: art. 206, § 5º, II
- pretendente à posse: art. 1.205, I
- testamenteiro; mandatário com poderes especiais: art. 1.985

PRÓDIGO(S)
- limites da curatela: art. 1.782
- relativamente incapazes: art. 4º, IV
- sujeição à curatela: art. 1.767, V

PRODUTO(S)
- coisa; pertencem ao proprietário: art. 1.232
- da colheita; trabalhador agrícola; privilégio especial: art. 964, VIII
- e frutos; objetos de negócio jurídico: art. 95

PROMESSA
- fato de terceiro: art. 439
- recompensa: arts. 854 a 860

PROMITENTE COMPRADOR: arts. 1.417 e 1.418; Súm. 166, STF

PROPOSTA
- aceitação: arts. 430 a 433
- contrato entre ausentes; aperfeiçoamento: art. 434
- local; celebração do contrato: art. 435
- não obrigatória; circunstâncias: art. 428
- obrigatória; circunstâncias: art. 427
- oferta ao público; equivalência: art. 429
- retratação do aceitante: art. 433

PROPRIEDADE: arts. 1.228 a 1.368-A
- v. DOMÍNIO e OBRAS
- abandono pelo dono serviente: art. 1.382, *caput*
- águas: arts. 1.288 a 1.296
- alegação; manutenção ou reintegração na posse: art. 1.210, § 2º; Súm. 487, STF
- alienante; aquisição posterior; adquirente de boa-fé; transferência: art. 1.268, § 1º
- aluvião: arts. 1.248, II, e 1.250
- álveo abandonado: art. 1.248, IV
- aquisição; imóvel: arts. 1.238 a 1.259; Súm. 237, 340 e 391, STF
- aquisição; móvel: arts. 1.260 a 1.274
- aquisição; registro do título: arts. 1.245 a 1.247
- árvores limítrofes: arts. 1.282 a 1.284
- benfeitorias: arts. 96 e 97
- coisa; frutos; produtos: art. 1.232
- condomínio: arts. 1.314 a 1.330
- confusão; comissão; adjunção: arts. 1.272 a 1.274
- consolidação do fiduciário: art. 1.958
- construções e plantações: art. 1.248, V
- descoberta: arts. 1.233 a 1.237
- direito de cessar interferências prejudiciais: art. 1.277
- direito de construir: arts. 1.299 a 1.313; Súm. 120 e 414, STF; 142, TFR
- direitos do proprietário: arts. 1.228 e 1.230, p.u.
- disposições preliminares: arts. 1.228 a 1.232
- espaço aéreo: art. 1.229
- especificação; propriedade móvel: arts. 1.269 a 1.271
- exclusiva e plena; presunção: art. 1.231
- exercício de poder inerente à propriedade: art. 1.196
- fiduciária: arts. 1.361 a 1.368-A
- fiduciário; herança/legado: art. 1.953, *caput*
- frutos e produtos: art. 1.232
- garantia real; necessidade de consentimento: art. 1.420, § 2º
- herança; indivisibilidade: art. 1.791, p.u.
- imóvel: arts. 1.238 a 1.259; Súm. 237, 340 e 391, STF
- legada; ajuntamento posterior de novas aquisições: art. 1.922
- limites entre prédios: arts. 1.297 e 1.298
- monumentos arqueológicos: art. 1.230, *caput*
- móvel; aquisição: arts. 1.260 a 1.274
- ocupação: art. 1.263
- ou titularidade fiduciária; legislação especial: art. 1.368-A
- perda: art. 1.275
- plena e exclusiva; presunção: art. 1.231
- potencial hidráulico: art. 1.230, *caput*
- prédio: arts. 1.281, 1.285, 1.288, 1.304, 1.305, 1.378 e 1.467, II

ÍNDICE REMISSIVO DO CC

- presunção de plenitude e exclusividade: art. 1.231
- recursos minerais, jazidas e minas: art. 1.230
- resolução; extinção da hipoteca: art. 1.499, III
- resolúvel: arts. 1.359 e 1.360
- solo e subsolo: art. 1.229
- superficiária; hipoteca: art. 1.473, X, e § 2º
- superveniente; garantias reais; eficácia: art. 1.420, § 1º
- tesouro: arts. 1.264 a 1.266
- tradição: art. 1.268
- transferência; negócios jurídicos; tradição: art. 1.267, *caput*
- transmissão; eficácia do pagamento: art. 307
- usucapião; propriedade imóvel: arts. 1.238 a 1.244; Súm. 237, 340 e 391, STF
- usucapião; propriedade móvel: arts. 1.260 a 1.262

PROPRIETÁRIOS: arts. 484 a 495, CCo
- direito de preferência: arts. 489 e 490, CCo
- embarcações: art. 484, CCo
- hasta pública: art. 489, CCo
- parceiros marítimos: arts. 485, 486 e 491, CCo
- prestação de contas: art. 495, CCo
- responsabilidade: art. 494, CCo
- sociedades de navios: arts. 485, 486 e 491, CCo
- sócios dissidentes: arts. 487 a 489 e 495, CCo

PROTESTO(S): Súm. 361 e 475, STJ
- de títulos e outros documentos de dívida ativa: Lei 9.492/1997
- Diário da Navegação: arts. 504, 505 e 539, CCo
- interrupção da prescrição: art. 202, II e III; Súm. 153, STF
- mora: art. 660, CCo
- piloto: art. 539, CCo
- ratificação: art. 505, CCo

PROVAS: arts. 212 a 232; Súm. 231, STF; 263, TFR
- casamento: arts. 1.544 e 1.547
- certidões; valor: arts. 216 e 217
- confissão: arts. 213 e 214
- conhecimento: art. 586, CCo
- cópia fotográfica: art. 223
- depósito voluntário: art. 646
- documentos; língua estrangeira: art. 224
- erro; repetição do indébito: art. 877
- escritura pública: art. 215
- exame médico; recusa: art. 231
- fiança: art. 819; Súm. 214, STJ
- filiação: art. 1.605
- instrumento particular: art. 221
- livros e fichas: art. 226
- pagamento: art. 319
- perícia médica; recusa: art. 232
- presunções; inadmissibilidade: art. 230
- reproduções mecânicas ou eletrônicas: art. 225
- seguro sobre dinheiro a risco: art. 695, CCo
- telegrama: art. 222
- testemunhas: arts. 227 a 229
- translados: arts. 217 e 218

PUBLICAÇÃO
- editais; casamento; processo de habilitação: art. 1.527
- testamento particular: art. 1.877

QUALIDADES
- essenciais; validade do negócio jurídico: art. 166, V

QUINHÃO
- bens insuscetíveis de divisão: art. 2.019
- cálculo da maioria dos condôminos: art. 1.325
- coerdeiro; hipoteca legal; garantia: art. 1.489, IV
- condôminos; alienação: art. 504
- condôminos; direitos e deveres: arts. 1.314 a 1.326
- débito imputado; herdeiro devedor ao espólio: art. 2.001
- dúvida quanto ao seu valor; avaliação judicial: art. 1.325, § 3º
- herdeiros: art. 1.907
- hereditário; garantia: arts. 2.023 a 2.026
- hereditário; solidariedade ativa: art. 270
- partilha dos frutos: art. 1.326
- promessa de recompensa: arts. 857 e 858
- representado na sucessão: art. 1.855
- subsistência das servidões prediais: art. 1.386

ÍNDICE REMISSIVO DO CC

QUITAÇÃO
– capital; sem reserva dos juros; presunção: arts. 323
– conhecimentos: art. 588, CCo
– despesas: art. 325
– devolução de título perdido: art. 321
– direito do devedor que paga: art. 319
– entrega do título; presunção do pagamento: art. 324
– formalidades: art. 320
– imputação de pagamento: arts. 352 a 355
– pagamento; credor incapaz de quitar: art. 310
– portador; presume-se autorizado a receber: art. 311
– quotas periódicas; quitação da última; presunção: art. 322
– recusa pelo credor; consignação em pagamento: art. 335, I
– título empenhado: art. 1.460
– tutor; validade: art. 1.758

QUOTAS
– crédito; solidariedade ativa: art. 270
– credor remitente: art. 262
– determinação das quotas dos herdeiros; não absorção de toda a herança: art. 1.906
– devedor; obrigação indivisível; insolvência; cláusula penal: art. 414
– divisão de herança: art. 1.905
– exigência do devedor que satisfez a dívida por inteiro: art. 283
– herdeiros; solidariedade passiva: art. 276
– periódicas; pagamento; quitação: art. 322
– usufruto: art. 1.392, § 3º

RATEIO
– codevedores solidários: arts. 283 e 284
– credores; em concurso: arts. 957 e 962
– fiador insolvente: art. 831, p.u.
– herdeiro insolvente, na ação regressiva de uns contra outros herdeiros: art. 1.999

RATIFICAÇÃO
– v. CONFIRMAÇÃO
– ato de prestar alimentos; possibilidade de reaver a importância paga: art. 871
– atos de quem não tem mandato; ou poderes suficientes: art. 662
– caução de ratificação de outros credores: art. 260, II
– empréstimo; pessoa menor; mútuo: art. 589, I
– expressa: art. 662, p.u.
– pagamento por um dos credores: art. 308
– processos testemunháveis e protestos: art. 505, CCo
– pura e simples do dono do negócio: art. 873

REBELDIA
– capitão: arts. 711, n. 12, e 712, CCo
– equipagem: arts. 711, n. 12, e 712, CCo
– segurador: art. 713, CCo

RECEITA E DESPESA DA EMBARCAÇÃO
– escrituração: art. 503, CCo

RECOMPENSA
– direito daquele que acha coisa alheia: arts. 1.234 e 1.237
– promessa de recompensa: arts. 854 a 860

RECONHECIMENTO
– ação de investigação de paternidade e de maternidade: arts. 1.615 e 1.616
– cessação da tutela: art. 1.763, II
– direitos; transação: art. 843
– dívida; interrupção da prescrição: art. 202, VI
– dívida de jogo ou aposta: art. 814, § 1º
– filho havido fora do casamento: art. 1.607
– firma; procuração por instrumento particular: art. 654, § 2º
– transação; direitos: art. 843

REGIME DE BENS: arts. 1.639 a 1.688
– v. CASAMENTO, COMUNHÃO, SEPARAÇÃO
– administração dos bens próprios: art. 1.642, II
– alteração: art. 1.639, § 2º
– aquestos; participação final: arts. 1.672 a 1.686
– autorização do cônjuge: art. 1.647
– bens na posse do outro cônjuge: art. 1.652
– comunhão parcial: arts. 1.640 e 1.658 a 1.666
– comunhão universal: arts. 1.667 a 1.671
– convenção inexistente, nula ou ineficaz; regime da comunhão parcial: art. 1.640
– convenções antenupciais; licitude: art. 1.639

- convenções antenupciais; necessidade de registro para validade em relação a terceiros: art. 1.657
- disposições gerais: arts. 1.639 a 1.652
- entrada em vigor: art. 1.639, § 1º
- estipulação: art. 1.639
- inexistência de autorização: art. 1.649
- opção; formalidades: art. 1.640, p.u.
- separação de bens: arts. 1.687 e 1.688; Súm. 377, STF

REGISTRO: Súm. 259, STF
- embarcações: arts. 460 a 465, CCo
- propriedade de embarcação: arts. 460 a 464, CCo

REGISTRO CIVIL
- admissibilidade de outra espécie de prova: art. 1.543, p.u.
- apresentação de documentos para casamento: art. 1.525
- ausência e morte presumida declaradas por sentença: art. 9º, IV
- casamento: arts. 9º, I, e 1.544
- casamento; gratuidade: art. 1.512
- casamento; incompetência para exercer funções de juiz: art. 1.554
- casamento; invalidade: art. 1.528
- casamento; lavratura do assento: arts. 1.536 e 1.541, § 4º
- casamento; oposição: art. 1.530
- casamento religioso: arts. 1.515 e 1.516
- certidão para defesa de direitos; expedição: Lei 9.051/1995
- edital de casamento; publicação: art. 1.527
- emancipação: art. 9º, II
- interdição: art. 9º, III
- nascimento: art. 9º, I
- nascimento; contestação da maternidade: art. 1.608
- nascimento; falta ou defeito: art. 1.605
- nascimento; reconhecimento do filho havido fora do casamento: art. 1.609
- nascimento; vindicação de estado contrário: art. 1.604
- óbito: art. 9º, I
- pessoas jurídicas: art. 46

REGISTRO DE COMÉRCIO
- cartas de fretamento: art. 568, CCo
- créditos privilegiados: art. 472, CCo
- empresas mercantis: Lei 8.934/1994

REGISTRO DE IMÓVEIS: Súm. 496, STJ
- alienação: art. 1.275, I e p.u.
- aquisição da propriedade: art. 1.245
- convenções antenupciais; efeito perante terceiro; necessidade de registro em livro especial pelo oficial do: art. 1.657
- direito real; aquisição: art. 1.227
- eficácia; momento da apresentação do título: art. 1.246
- hipoteca; averbação da prorrogação; após 20 anos: art. 1.485
- hipoteca; registro: arts. 1.492 a 1.498
- hipoteca; registro; cancelamento: art. 1.500
- hipoteca de vias férreas; registro: art. 1.502
- hipoteca legal; inscrição; legitimidade para requerer: art. 1.497, §§ 1º e 2º
- hipoteca legal; inscrição; tempo de validade: art. 1.498
- instrumento particular; validade contra terceiros: art. 221
- locação; alienação da coisa; validade em relação ao adquirente: art. 576; Súm. 442, STF
- prenotação do título: art. 1.246
- renúncia da propriedade imóvel: art. 1.275, II e p.u.
- retificação ou anulação: art. 1.247, *caput*
- servidões; cancelamento: arts. 1.387 e 1.388
- servidões; constituição; necessidade de registro: art. 1.378
- servidões; usucapião: art. 1.379; Súm. 415, STF
- testamento: arts. 1.875 e 1.979
- usucapião de imóveis: art. 1.238; Súm. 237, 340 e 391, STF
- usufruto; necessidade: art. 1.391

REGISTROS PÚBLICOS: Lei 6.015/1973
- serviços notariais: Lei 8.935/1994
- serviços notariais; caráter privado; regulamento: Lei 10.169/2000

REINTEGRAÇÃO DE POSSE: arts. 1.210 a 1.212; Súm. 487, STF

REIVINDICAÇÃO
- bens comuns; doados ou transferidos: art. 1.642, V
- coisa comum; direito dos condôminos: art. 1.314
- coisa vendida pelo herdeiro do depositário: art. 637

ÍNDICE REMISSIVO DO CC

- imóveis gravados ou alienados; sem consentimento ou suprimento judicial de qualquer dos cônjuges: art. 1.642, III
- imóvel; no pagamento indevido: art. 879, p.u.
- propriedade resolúvel: art. 1.359

REMIÇÃO
- devedor hipotecário; falência ou insolvência: art. 1.483
- extinção da hipoteca: art. 1.499, V
- hipoteca; herdeiro ou sucessor: art. 1.429
- penhor; remição: art. 1.429
- valor dos imóveis hipotecados; base de cálculo: art. 1.484

REMISSÃO
- v. PERDÃO
- dívidas: arts. 385 a 388
- efeito na solidariedade passiva: art. 277
- extinção do penhor: art. 1.436, V
- hipoteca: art. 1.481
- pluralidade de credores; credor remitente: art. 262
- prejuízo; fraude contra credores: art. 158; Súm. 195, STJ
- solidariedade ativa; efeito: art. 272

RENDA(S)
- constituição: arts. 803 a 813
- do menor tutelado: art. 1.747, II
- legados consistentes em rendas; quando começam a correr: art. 1.926
- rendeiro; garantia; penhor legal: art. 1.467, II
- temporárias; prescrição: art. 206, § 3º, II
- vitalícias; legado: art. 1.926
- vitalícias; prescrição: arts. 206, § 3º, II

RENDIMENTOS
- bens de ausentes: art. 33, p.u.
- bens em usufruto: art. 1.401
- despesas do casal; obrigação de ambos os cônjuges: art. 1.688
- percebidos; excluídos da sucessão; restituição: art. 1.817, p.u.
- quinhão; excluído: art. 34

RENÚNCIA
- v. PERDÃO
- caducidade de testamento: art. 1.971
- credor; restituição voluntária do objeto empenhado: art. 387

- direito a alimentos; vedação: art. 1.707; Súm. 379, STF e 64, TFR
- direito de revogar a doação: art. 556
- fiador; ao benefício de ordem: art. 828, I
- fideicomissário; à herança: art. 1.955
- herança: arts. 1.804 a 1.813, 1.844, 1.856, 1.913, 1.955 e 2.008
- herança ou legado: arts. 1.913 e 1.943
- hipoteca: art. 1.499, IV
- mandato: art. 688
- penhor: art. 387
- perda da propriedade: art. 1.275, II e p.u.
- prescrição; expressa ou tácita: art. 191
- promitente: art. 856
- servidão: art. 1.388, I
- solidariedade por parte do credor: art. 282

REPARAÇÃO
- civil; responsáveis: art. 932; Súm. 341, STF
- dano causado ao direito de outrem: art. 942
- dano por injúria, difamação ou calúnia: art. 953; Súm. 562, STF; 37, STJ
- exigência; ameaça de ruína do prédio vizinho: art. 1.280
- prazo prescricional: art. 206, § 3º, V

REPOSIÇÃO
- herdeiro; adjudicação do bem: art. 2.019, § 1º

REPRESENTAÇÃO: arts. 115 a 120
- anulabilidade; negócio jurídico: art. 117, *caput*
- ausente: art. 32
- direito; sucessão legítima: arts. 1.851 a 1.856
- filhos menores: art. 1.634, V
- herdeiro renunciante: art. 1.811
- testamenteiro: art. 1.985

REPRESENTANTE(S)
- v. MANDATO e TUTOR(ES)
- comerciais autônomos: Lei 4.886/1965
- credor ou seu representante; pagamento: art. 308
- de menores: arts. 1.552, II e 1.553
- legal; administração dos bens de filhos menores: art. 1.691, p.u., III
- pretendente à posse: art. 1.205, I
- relativamente incapazes: art. 195
- tutor: art. 1.759
- União ou Estado: art. 1.505

2085

ÍNDICE REMISSIVO DO CC

RESERVA
– bens para pagamento de dívida: art. 1.997, § 1º
– penhor; renúncia; venda particular: art. 1.436, § 1º
– usufruto: art. 1.400, p.u.

RESIDÊNCIA
– *v.* DOMICÍLIO
– declaração; habilitação para casamento: art. 1.525, IV
– diversas: art. 71; Súm. 483, STF
– filho havido fora do casamento: art. 1.611
– para efeito de domicílio de pessoa natural: art. 70
– quando não é habitual: art. 73
– transferência: art. 74

RESOLUÇÃO
– contrato: art. 475
– hipoteca; extinção; propriedade: art. 1.499, III
– propriedade: art. 1.359

RESPONSABILIDADE(S)
– afretadores: art. 599, CCo
– alienante; evicção: art. 447
– capitão: arts. 517, 529 a 532 e 600, CCo
– carregadores: art. 599, CCo
– cedente: art. 295
– comodatário: art. 585
– cônjuge para com credores do outro: art. 1.671
– devedor: art. 400
– fiador: art. 830
– fideicomissário: art. 1.957
– objetiva; instituição financeira: Súm. 479, STJ
– pessoal do mandatário: art. 673
– pilotos: art. 540, CCo
– solidária; gestor de negócios: art. 867, p.u.
– seguradores: arts. 710, 711, 713, 717 a 721, CCo

RESPONSABILIDADE CIVIL: arts. 927 a 954; Súm. 403, STJ
– coautores: art. 942, p.u.
– credor que demanda dívida não vencida ou já paga: arts. 939 a 941; Súm. 159, STF
– dono de edifício ou construção: art. 937
– dono de estabelecimento de educação: art. 932, IV

– dono do hotel: art. 932, IV
– dono ou detentor do animal: art. 936
– empregador ou comitente: art. 932, III; Súm. 341, STF
– empresários individuais: art. 931
– habitante; coisas lançadas ou caídas: art. 938
– indenização: arts. 944 a 954; Súm. 341, 490, 491 e 562, STF; 37, STJ
– independe da criminal: art. 935; Súm. 18, STJ
– obrigação de indenizar: arts. 927 a 943; Súm. 28, 161, 229, 491, 492 e 562, STF; 37, 43, 130, 145, 186, 227 e 403, STJ
– obrigação de indenizar; incapaz: art. 928
– pais; pelos filhos menores: art. 932, I
– pessoas jurídicas de direito público interno: art. 43; Súm. 39, STJ
– sujeição dos bens do responsáveis à satisfação do dano: art. 942, *caput*
– tutor; curador: art. 932, II

RESSEGURO: Dec.-lei 73/1966
– objetos segurados: art. 687, CCo

RESTITUIÇÃO
– bens sonegados: art. 1.995
– coisa: art. 238
– coisas doadas; revogação por ingratidão: art. 563
– depósito: arts. 633, 638 e 652
– equivalente; inexistência da própria coisa: art. 952; Súm. 562, STF; 37, STJ
– evicção; valor das benfeitorias: art. 454
– evicção parcial; desfalque: art. 455
– exigida ao gestor pelo dono do negócio: art. 863
– mutuário: art. 586
– objetos segurados: art. 726, CCo; Súm. 188, STF
– pagamento indevido: arts. 876 a 883; Súm. 71 e 546, STF
– posse: arts. 1.210, § 1º, e 1.436, § 1º
– preço; venda do bem depositado pelo herdeiro do depositário: art. 637
– seguro: arts. 720 e 795, CCo
– usufruto: art. 1.392, § 1º
– valor pago pelo evicto: arts. 449 e 450

RETENÇÃO
– bem em poder do credor anticrético: art. 1.423
– benfeitorias necessárias e úteis; locação: art. 578; Súm. 158, STF e 335, STJ

2086

ÍNDICE REMISSIVO DO CC

– benfeitorias necessárias e úteis; possuidor de boa-fé: art. 1.219; Súm. 158, STF
– benfeitorias necessárias e úteis; possuidor de má-fé; impossibilidade: art. 1.220
– depósito: art. 644
– direito de: arts. 664, 1.219 e 1.220; Súm. 158, STF
– pagamento; título perdido: art. 321
– penhor; credor pignoratício; indenização das despesas justificadas: art. 1.433, II

RETRATAÇÃO
– proposta de contrato: art. 428, IV

RETROVENDA: arts. 505 a 508
– conceito: art. 505
– direito de resgate; recusa do comprador ao recebimento: art. 506
– direito de retrato; exercício contra terceiro adquirente: art. 507

REVOGAÇÃO
– doação: arts. 555 a 564
– mandato: art. 686
– promessa de recompensa: art. 856
– testamento: arts. 1.969 a 1.972

RIO(S)
– aluvião: art. 1.250
– álveo abandonado: art. 1.252
– bem público de uso comum: art. 99, I
– ilhas: art. 1.249

RISCOS
– seguro marítimo: arts. 702 a 709, CCo

ROMPIMENTO
– testamento: arts. 1.973 a 1.975

ROUBO
– bagagens: art. 649, p.u.

SALÁRIOS
– capitão: art. 565, CCo
– privilégio creditório; pagamento a título de serviços domésticos: art. 965, VII

SEGREDO
– profissional; depoimento; desobrigatoriedade: art. 229, I

SEGURO: arts. 757 a 802; Súm. 290, STJ
– v. MÚTUO
– acidente; veículos automotores; obrigatório: Lei 6.194/1974
– agentes autorizados do segurador; representação dos atos relativos ao contrato: art. 775
– apólices: arts. 758 a 761
– aumento de risco; comunicação: art. 769
– companheiro; beneficiário no seguro de vida; hipótese: art. 793
– contrato: art. 765
– contrato; conceito: art. 757
– contrato; danos pessoais e morais: Súm. 402, STJ
– contrato; declarações inexatas ou omissão do segurado; efeitos: arts. 766 e 769
– contrato; nulidade; risco oriundo de ato doloso: art. 762
– contrato; prova: art. 758
– contrato; risco passado: art. 773
– de coisa dada em garantia; perecimento: art. 1.425, § 1º
– de coisa em usufruto: art. 1.407 e 1.408
– de dano: arts. 778 a 788; Súm. 151 e 188, STF; 94 e 124, TFR
– de pessoa: arts. 789 a 802; Súm. 105, STF; 61 e 101, STJ
– de pessoa; apólice à ordem ou ao portador: art. 760, p.u.
– de responsabilidade civil: art. 787
– de vida; capital que não está sujeito a dívidas do segurado: art. 794
– de vida; prêmio: art. 796
– diminuição do risco: art. 770
– disposições aplicáveis: art. 777
– de veículo: Súm. 465, STJ
– DPVAT; ação civil pública; MP; ilegitimidade: Súm. 470, STJ
– DPVAT; ação de cobrança; prescrição: Súm. 405, STJ
– DPVAT; juros; termo inicial: Súm. 426, STJ
– fiança locatícia: Circular Susep 347/2007
– indenização; anticrese; destruição do prédio: art. 1.509, § 2º
– indenização; perda do direito: art. 763
– mutuário do SFH; seguro habitacional obrigatório: Súm. 473, STJ
– não pagamento do prêmio; consequências: art. 796, p.u.
– obrigações do segurado: art. 771
– obrigações do segurador: art. 776; Súm. 188, STF
– obtenção de novo seguro junto a outro segurador; obrigações do segurado: art. 782
– prazo de carência: art. 797
– prêmios: art. 651, CCo

2087

– prescrição; ação do segurado contra o segurador: art. 206, § 1º, II; Súm. 101, STJ
– revisão do prêmio: art. 770
– risco; agravamento intencional: art. 768
– segurador; quem pode ser: art. 757, p.u.
– Sistema Nacional de Seguros Privados: Dec.-lei 73/1966
– sub-rogação; coisa dada em garantia: art. 1.425, § 1º
– sub-rogação; segurador contra o autor do dano: art. 786; Súm. 151 e 188, STF; 94 e 124, TFR
– suicida: art. 798; Súm. 105, STF; 61, STJ
– transferência do contrato a terceiro: art. 785
– vício intrínseco da coisa segurada; exclusão na garantia do sinistro: art. 784

SEGURO(S) MARÍTIMO(S)
– ação criminal: art. 679, CCo
– ajuste: art. 727, CCo
– apólice: arts. 666 e 667, CCo
– ato criminoso: art. 712, CCo
– avaliação: arts. 692 a 701, CCo
– avarias: arts. 711 e 714, CCo
– capital: art. 688, CCo
– carta de fretamento: art. 694, CCo
– cláusula "carregadas em um ou mais navios": art. 716, CCo
– cláusula de fazer escala: art. 674, CCo
– cláusula "livre de avarias": art. 714, CCo
– cláusula "livre de hostilidade": art. 715, CCo
– cláusula "livre de todas avarias": art. 714, CCo
– cláusula "valha mais ou valha menos": arts. 693 e 701, CCo
– conceito: art. 666, CCo
– conhecimentos: art. 694, CCo
– conteúdo: art. 667, CCo
– dinheiro dado a risco: arts. 682, 688 e 695, CCo
– direito adquirido: art. 728, in fine, CCo; Súm. 188 e 257, STF
– endosso: art. 675, CCo
– fazendas: arts. 670, 671, 689, 692, 694, 696, 697, 706 e 709, CCo
– força maior: arts. 684 e 717, CCo
– fraude: arts. 679, 683 e 700, CCo
– fretes: arts. 689, 690, 694 e 707, CCo
– geral: arts. 669 e 672, CCo

– indenização: arts. 683, 684, 729 e 730, CCo
– julgamento por tribunal estrangeiro: art. 725, CCo; Súm. 363, STF
– livro de carga: art. 694, CCo
– lucro esperado: art. 709, CCo
– mandatário: art. 722, CCo
– manifesto: art. 694, CCo
– mercadorias: art. 705, CCo
– moeda: arts. 672 e 698, CCo
– navios: arts. 670, 671, 689, 690, 702 e 704, CCo
– nulidade: arts. 677 a 680, 684 e 727, CCo
– objetos: arts. 669, 672, 685 a 691, 721 a 726, CCo; Súm. 151 e 188, STF
– parcial: art. 669, CCo
– perdas e danos: arts. 683, 684, 688, 694, 700 e 729, CCo
– presunção de má-fé: art. 719, CCo
– presunção de perda do navio: art. 720, CCo
– proibição: art. 686, CCo
– rebeldia: arts. 711, n. 12, 712 e 713, CCo
– reclamação: arts. 721 a 724, CCo
– regras de interpretação: art. 673, CCo
– responsabilidade: arts. 668, 710, 711, 713, 717, 718 e 724, CCo
– riscos: arts. 669, 682, 685, 687, 702 a 709, CCo
– seguradores: arts. 668, 679, 683, 684, 687, 699, 700, 702, 703, 708 e 710 a 730, CCo
– segurados: arts. 676, 679, 681, 687, 692, 694, 700, 701 e 710 a 730, CCo
– sinistros: arts. 671, 688, 719, 720 e 729, CCo
– solidariedade: art. 668, CCo
– sub-rogação: art. 728, CCo; Súm. 188 e 257, STF

SEMENTE
– alheia em terreno próprio: art. 1.254
– semeadura em terreno alheio: arts. 1.255 a 1.257

SENTENÇA
– abertura de sucessão provisória; efeitos: art. 28
– ação de investigação de paternidade ou maternidade; efeitos: art. 1.616
– anulatória de casamento: art. 1.561

ÍNDICE REMISSIVO DO CC

- casamento; decretação de nulidade: art. 1.563
- declaratória de ausência; registro: art. 9º, IV
- declaratória de interdição; efeitos: art. 1.773
- declaratória de nulidade de negócio jurídico: art. 177
- declaratória de usucapião: art. 1.238; Súm. 237, 340 e 391, STF
- depósito em pagamento; efeito: art. 339
- efeito quanto aos juros de mora: art. 407
- exclusão de herdeiro: arts. 1.815 a 1.817
- homologatória; avarias grossas: art. 793, CCo
- julgamento da partilha: arts. 2.023 e 2.027
- proferida na ação de sonegados: art. 1.994, p.u.
- separação judicial; efeitos: art. 1.575
- trânsito em julgado; transação feita sem ciência do transator: art. 850

SEPARAÇÃO
- de bens: arts. 1.687 e 1.688; Súm. 377, STF
- de coisas pertencentes a diversos donos: art. 1.272
- de corpos: art. 1.562

SEPARAÇÃO JUDICIAL
- v. REGIME DE BENS
- averbação em registro público: art. 10, I
- cônjuge declarado culpado: art. 1.578
- conversão em divórcio: arts. 1.580 a 1.582; Súm. 197, STJ
- dissolução da sociedade conjugal; mútuo consentimento: art. 1.574, caput
- efeitos da sentença: arts. 1.575 e 1.576
- filhos: art. 1.579
- homologação; recusa pelo juiz: art. 1.574, p.u.
- propositura da ação: art. 1.572
- proteção dos filhos: arts. 1.583 a 1.590
- restabelecimento da sociedade conjugal: art. 1.577
- término da sociedade conjugal: art. 1.571, III

SEQUESTRO
- conhecimento: arts. 583 e 584, CCo

SERVIDÕES: arts. 1.378 a 1.389
- águas e aquedutos: art. 1.288
- direito real: art. 1.225, III
- não aparentes; proteção possessória: art. 1.213; Súm. 415, STF
- passagem forçada: art. 1.285

SERVIDOR PÚBLICO
- domicílio necessário: art. 76
- responsabilidade civil: art. 43; Súm. 39, STJ

SIGILO BANCÁRIO: LC 105/2001

SILÊNCIO
- v. DECLARAÇÃO
- aceitação da doação: art. 539
- aceitação da herança: arts. 1.805 e 1.807
- aceitação do mandato: art. 659
- contratos: art. 432
- intencional de uma das partes; negócios bilaterais: art. 147
- locador; prazo contratual: art. 574
- proprietário; construções no terreno: art. 1.256, p.u.
- renúncia tácita da prescrição: art. 191
- ruídos incômodos; uso anormal da propriedade: art. 1.277

SILVÍCOLAS
- incapacidade civil: art. 4º, p.u.

SIMULAÇÃO
- discussão no concurso de credores: art. 956
- negócios jurídicos: art. 167, §§ 1º e 2º

SINAL
- v. ARRAS

SISTEMA NACIONAL DE CRÉDITO COOPERATIVO: LC 130/2009

SOBREPARTILHA
- procedimento: art. 2.021
- sujeição: art. 2.022

SOBRINHOS
- v. COLATERAIS
- direitos hereditários: arts. 1.840, 1.841 e 1.853

SOCIEDADE(S)
- aplicação de leis comerciais não revogadas: art. 2.037
- cisão: arts. 1.113 a 1.122 e 2.033
- civis; qualificação de pessoa jurídica: Lei 9.790/1999
- constituídas anteriormente a este Código; prazo de adaptação: art. 2.031
- contabilista e outros auxiliares: arts. 1.177 e 1.178

2089

– contrato de sociedade; conceito: art. 981
– dependente de autorização: arts. 1.123 e 1.141
– disposições gerais: arts. 981 a 985
– dissolução; antes da vigência deste Código: art. 2.034
– efeitos; após vigência deste Código: art. 2.035
– empresária; conceito: art. 982
– escrituração: arts. 1.179 a 1.195; Súm. 260, 390 e 439, STF
– estabelecimento: arts. 1.142 a 1.149
– estrangeira: arts. 1.134 a 1.141
– existência: art. 45
– fusão: arts. 1.119 a 1.122
– gerente: arts. 1.172 a 1.176
– incorporação: arts. 1.116 a 1.118 e 1.122
– liquidação: arts. 1.102 a 1.112 e 2.034
– modificações dos ato: art. 2.033
– nacional: arts. 1.126 a 1.133
– não personificadas: arts. 986 a 996
– personalidade jurídica; aquisição: art. 985
– personificadas: art. 997 e ss.
– pessoa jurídica de direito privado: art. 44, II
– por ações: Lei 6.404/1976
– por quotas de responsabilidade limitada: Dec. 3.708/1919
– prepostos: arts. 1.177 e 1.178
– registro: arts. 1.150 a 1.154
– registro do contrato: arts. 45 e 46
– relações com terceiros: arts. 1.022 e 1.023
– resolução; em relação a um sócio: arts. 1.028 a 1.032
– resultado econômico; obrigatoriedade: art. 1.179
– sócio; direito de voto: art. 1.010
– sócio; indenização por prejuízo: art. 1.010, § 3º
– sócio; transmissão de domínio, posse ou uso; evicção: art. 1.005
– transformação: arts. 1.113 a 1.115 e 2.033

SOCIEDADE ANÔNIMA: arts. 1088 e 1.089; Lei 6.404/1976
– alteração: Lei 10.303/2001
– aplicação subsidiária deste Código: art. 1.089
– capital social: art. 1.088
– prescrição; avaliação de bens: art. 206, § 1º, IV
– responsabilidade; sócios: art. 1.088

SOCIEDADE(S) COLIGADA(S): arts. 1.097 a 1.101
– conceito: art. 1.097
– controle: art. 1.098
– filiada; conceito: art. 1.099

SOCIEDADE CONJUGAL: arts. 1.571 a 1.582; Súm. 197, STJ
– casamento; dissolução pelo divórcio direto ou conversão: art. 1.571, § 2º
– direção: art. 1.567
– dissolução: arts. 1.571 a 1.582
– filiação: art. 1.597
– impossibilidade da vida em comum: art. 1.573
– regime de bens: art. 977
– separação judicial; mútuo consentimento: art. 1.574, *caput*
– separação judicial; propositura: art. 1.572
– término; prazo para anulação dos atos do outro cônjuge: art. 1.649

SOCIEDADE COOPERATIVA: arts. 1.093 a 1.096
– características: art. 1.094
– criação; funcionamento: Lei 9.867/1999
– legislação aplicável: art. 1.093
– normas subsidiárias aplicáveis: art. 1.096
– sócios; responsabilidade: art. 1.095

SOCIEDADE EM COMANDITA POR AÇÕES: arts. 1.090 a 1.092
– administração: art. 1.091
– assembleia geral: art. 1.092
– capital social: art. 1.090
– denominação ou firma: art. 1.090
– diretor; responsabilidade: art. 1.091
– legislação aplicável: art. 1.090

SOCIEDADE EM COMANDITA SIMPLES: arts. 1.045 a 1.051
– administrador provisório: art. 1.051, p.u.
– comanditados; direitos, obrigações e responsabilidades: arts. 1.045 e 1.046
– comanditários; diminuição de quotas: art. 1.048
– comanditários; proibições e responsabilidades: arts. 1.047 e 1.045
– dissolução: art. 1.051
– morte do comanditário: art. 1.050
– normas aplicáveis: art. 1.046

Índice Remissivo do CC

SOCIEDADE EM COMUM: arts. 986 a 990
– atos constitutivos: art. 986
– bens sociais: arts. 988 e 989
– existência; prova: art. 987
– responsabilidade dos sócios: art. 990

SOCIEDADE EM CONTA DE PARTICIPAÇÃO: arts. 991 a 996
– admissão; novo sócio; impossibilidade: art. 995
– constituição; prova: art. 992
– contrato social; efeitos: art. 993
– exercício; objeto social: art. 991
– falência; sócio ostensivo: art. 994, § 2º
– falência; sócio participante: art. 994, § 3º
– liquidação: art. 996
– normas aplicáveis subsidiariamente: art. 996, *caput*
– patrimônio especial; constituição: art. 994
– patrimônio especial; efeitos: art. 994, § 1º

SOCIEDADE EM NOME COLETIVO: arts. 1.039 a 1.044
– administração: art. 1.042
– dissolução: art. 1.044
– firma social: art. 1.041
– normas que regem: art. 1.040
– partes: art. 1.039, *caput*
– sócios; responsabilidades: art. 1.039

SOCIEDADE EMPRESÁRIA
– *v.* SOCIEDADE(S)

SOCIEDADE LIMITADA: arts. 1.052 a 1.087
– administração: arts. 1.060 a 1.065
– capital social; aumento e redução: arts. 1.081 a 1.084
– capital social; divisão: art. 1.055
– cessão de quota: art. 1.057
– conselho fiscal: arts. 1.066 a 1.070
– contrato social; responsabilidade: arts. 1.052 a 1.054
– deliberação dos sócios: arts. 1.071 a 1.081; Súm. 190 e 227, STF
– dissolução: art. 1.087
– exclusão de sócios: arts. 1.085 a 1.086
– lucros: art. 1.059
– quotas: arts. 1.055 a 1.059
– sócios; deliberações; assembleias: arts. 1.071 a 1.080; Súm. 190 e 227, STF
– sócios; responsabilidades: art. 1.052

– sócios minoritários: arts. 1.085 e 1.086

SOCIEDADE SIMPLES: arts. 997 a 1.038
– administrador; obrigações: art. 1.020
– administrador; responsabilidade: art. 1.012
– bens que respondem: arts. 1.023 e 1.024
– cessão de quotas: art. 1.003
– conceito: art. 982
– contrato social; modificações: art. 999
– contrato social; requisitos: art. 997
– dissolução: arts. 1.033 a 1.038
– dissolução; eleição do liquidante: art. 1.038
– dissolução; investidura do liquidante: art. 1.036
– dissolução judicial: art. 1.034
– exclusão de sócio remisso: arts. 1.004, p.u., 1.030 e 1.032
– filial, sucursal ou agência: art. 1.000
– impedimento; administrador da sociedade: art. 1.011, § 1º
– inscrição; registro civil: art. 998
– irrevogabilidade dos poderes do sócio administrador: art. 1.019
– liquidação judicial; Ministério Público: art. 1.037
– obrigações da sociedade para com terceiros: art. 1.022
– obrigações dos sócios: art. 1.001
– registro: arts. 1.150 a 1.154
– resolução; herdeiros do sócio: art. 1.032
– responsabilidade solidária; administradores: art. 1.016
– responsabilidade solidária; distribuição de lucros ilícitos: art. 1.009
– revogabilidade dos poderes do sócio: art. 1.019, p.u.
– sócio; contribuição em serviços: art. 1.006
– sócio; contribuições: art. 1.004
– sócio; participação nos lucros e perdas: art. 1.007
– sócio; retirada da sociedade: art. 1.029
– sócio; transmissão de domínio, posse ou uso: art. 1.005
– transformação para empresário individual: art. 1.033, p.u.
– venda e oneração de bens imóveis: art. 1.015

SOCIEDADE(S) DEPENDENTE(S) DE AUTORIZAÇÃO: arts. 1.123 a 1.141
– estrangeira: arts. 1.134 a 1.141

2091

– nacional: arts. 1.126 a 1.133

SOCIEDADES DE CAPITALIZAÇÃO: Dec.-lei 261/1967

SOLIDARIEDADE
– ativa; conversão de prestação em perdas e danos: art. 271
– ativa; direito de cada credor exigir a prestação por inteiro: art. 267
– ativa; julgamento contrário a um dos credores: art. 274
– ativa; morte de um dos credores: art. 270
– ativa; oposições de exceções pessoais: art. 273
– ativa; pagamento a qualquer dos credores; enquanto não houver demanda: art. 268
– ativa; pagamento feito a um dos credores; extinção da dívida: art. 269
– autores e coautores de ato ilícito: art. 942, p.u.
– comodatários simultâneos: art. 585
– depositante; entrega da coisa pelo depositário: art. 639
– efeitos da novação; devedores: art. 365
– efeitos da transação; extinção da obrigação: art. 844, §§ 2º e 3º
– efeitos na confusão de dívidas; extinção da obrigação: art. 383
– fiadores: arts. 829 e 838
– gestores: art. 867, p.u.
– não estipulada entre condôminos: art. 1.317
– negócio jurídico; anulabilidade; efeito: art. 177
– passiva; ação proposta contra um dos devedores: art. 275, p.u.
– passiva; cláusula, condição ou obrigação adicional: art. 278
– passiva; devedor insolvente: arts. 283 e 284
– passiva; direito do credor: art. 275, *caput*
– passiva; impossibilidade da prestação: art. 279
– passiva; interesse exclusivo de um dos devedores: art. 285
– passiva; morte de um dos devedores: art. 276
– passiva; oposição de exceções: art. 281
– passiva; remissão obtida por um dos devedores; efeito: art. 277
– passiva; renúncia da solidariedade: art. 282
– passiva; responsabilidade pelos juros: art. 280
– passiva; vencimento antecipado da dívida: art. 333, p.u.
– presunção; inocorrência: art. 265; Súm. 26, STJ
– pura, simples, condicional ou a prazo: art. 266
– remissão da dívida: art. 388
– responsabilidade dos administradores: art. 1.016
– resultante de lei ou da vontade das partes: art. 265; Súm. 26, STJ
– testamenteiros: art. 1.986

SONEGADOS
– ação: art. 1.994
– herdeiro; perda do direito: art. 1.992
– momento da arguição: art. 1.996
– sobrepartilha dos bens: art. 2.022
– sonegação feita pelo inventariante: art. 1.993
– sonegador; perdas e danos: art. 1.995

SUB-ROGAÇÃO
– ausência de: art. 305, *caput*
– bens; ausente: art. 39, *caput*
– capitão: art. 785, CCo
– convencional: art. 347
– credor da segunda hipoteca: art. 1.478, *caput*
– devedor; dívida indivisível: art. 259, p.u.
– fiador: art. 831, *caput*
– garantia real; indenização: art. 1.425, § 1º
– legal; limitação do exercício: art. 350
– legal; quando se opera: art. 346; Súm. 94, TFR
– pagamento com sub-rogação: arts. 346 a 351; Súm. 188 e 257, STF; 94, TFR
– produto da venda de bens clausulados: art. 1.911, p.u.
– segurador: art. 728, CCo
– usufruto; indenização do seguro: art. 1.407, § 2º
– usufruto; indenização paga por desapropriação ou dano: art. 1.409

SUBSOLO
– bem imóvel: art. 79; Súm. 329, STF; 238, STJ
– propriedade: art. 1.229

SUBSTABELECIMENTO
– mandato: arts. 655 e 667

Índice Remissivo do CC

SUBSTITUIÇÕES
- v. FIDEICOMISSO
- substituição recíproca: arts. 1.948 e 1.950
- substituição vulgar: art. 1.947

SUCESSÃO
- v. AUSÊNCIA, HERANÇA, HERDEIROS e TESTAMENTO
- abertura; legitimados a suceder: art. 1.798
- abertura; lei vigente: art. 1.787
- abertura; lugar: art. 1.785; Súm. 58, TFR
- abertura; transmissão da herança: art. 1.784
- aceitação e renúncia da herança: arts. 1.804 a 1.813
- bens sobrevindos na constância do casamento; comunhão parcial: art. 1.659, I
- capacidade para adquirir por testamento: art. 1.799
- descendentes; prestação de alimentos: art. 1.697
- deserdação: arts. 1.961 a 1.965
- direito de acrescer entre herdeiros e legatários: arts. 1.941 a 1.946
- direito de representação: arts. 1.851 a 1.856
- excluídos da sucessão: arts. 1.814 a 1.818
- herança jacente: arts. 1.819 a 1.823
- herdeiros e legatários; incapacidade para suceder: art. 1.801
- herdeiros ou legatários; substituição vulgar e recíproca: arts. 1.947 a 1.950
- legados: arts. 1.912 a 1.940
- legados; caducidade: arts. 1.939 e 1.940
- legados; efeitos e pagamento: arts. 1.923 a 1.938
- legítima: arts. 1.786 a 1.788 e 1.829 a 1.856; Súm. 49, STF
- legítima; ascendente e cônjuge; concorrência: art. 1.837
- legítima; ascendentes: art. 1.836
- legítima; descendentes: arts. 1.832 a 1.834
- legítima; descendentes; cabeça ou estirpe: art. 1.835
- legítima; ordem sucessória: art. 1.829
- redução das disposições testamentárias: arts. 1.966 a 1.968
- testamentária; disposições em favor de pessoas não legitimadas: art. 1.802
- testamentária; disposições gerais: arts. 1.857 a 1.859
- transmissão da herança: arts. 1.784 e 1.788
- vocação hereditária: arts. 1.829 a 1.844

SUCESSOR(ES)
- provisórios: art. 32
- universal: art. 1.207

SUPERFÍCIE: arts. 1.369 a 1.377
- alienação do imóvel; direito de preferência: art. 1.373
- bens imóveis; solo: arts. 79 e 81, I; Súm. 239, STF; 328, STJ
- concessão; gratuita ou onerosa: art. 1.370
- direito; extinção: art. 1.376
- direito; obra no subsolo; não autorização: art. 1.369, p.u.
- direito; pessoa jurídica de direito público interno: art. 1.377
- direito; transferência a terceiros: art. 1.372
- obras no subsolo; não autorização; exceção: art. 1.369, p.u.
- superficiário; encargos: art. 1.371

SUPERSIMPLES: LC 123/2006; Súm. 448, STJ

SURDO-MUDO
- incapacidade civil: art. 3º, III
- testamento cerrado: art. 1.873
- testamento público: art. 1.866

TABELIÃES
- prescrição; custas: art. 206, § 1º, III

TAPUMES
- direito de tapagem: art. 1.297
- divisórios; proprietários confinantes; despesas de construção e conservação: art. 1.297, § 1º

TAXA
- juros legais: art. 406; Súm. 618, STF; 176, STJ
- juros moratórios: art. 406; Súm. 618, STF; 176, STJ

TELEFONE
- aquisição de linha; contrato de participação financeira; apuração do VPA; mês da integralização: Súm. 371, STJ
- proposta de contrato: art. 428, I
- tarifa básica; cobrança legítima: Súm. 356, STJ

ÍNDICE REMISSIVO DO CC

TENTATIVA DE HOMICÍDIO
– exclusão da sucessão: art. 1.814, I
– impedimento de casamento: art. 1.521, VII
– revogação de doação: art. 557, I

TERCEIROS
– adquirente do imóvel dado em pagamento indevido: art. 879
– adquirentes de má-fé; fraude contra credores: art. 161
– aquisição de posse: art. 1.205, II
– coação: arts. 154 e 155
– codicilo: art. 1.882
– confirmação de negócio anulável: art. 172
– contratos; dívidas de jogo ou de aposta: art. 814, § 1º
– contratos; estipulação em favor de terceiro: arts. 436 a 438
– contratos; penhor, anticrese e hipoteca; pena de não terem eficácia: art. 1.424
– culpa de terceiro; ação regressiva do autor do dano: art. 930, *caput*
– dolo de terceiro: art. 148
– empréstimo para solver dívida; sub-rogação convencional: art. 347, II
– fixação de preço; compra e venda: art. 485
– interrupção da prescrição: arts. 202 a 204; Súm. 153, 154 e 383, STF; 78 e 248, TFR
– legado de coisa: art. 1.930
– legado sob condição de entregar: art. 1.913
– obrigações de fazer: art. 249, *caput*
– pagamento: arts. 304, p.u., 305 e 306
– pagamento; impugnação: art. 312
– pagamento; sub-rogação: arts. 346, III, e 347, I; Súm. 94, TFR
– promessa de fato de terceiro; responsabilidade: art. 439
– recebimento de coisa esbulhada sabendo que o era: art. 1.212
– registro de convenções antenupciais: art. 1.657
– registro de instrumento particular: art. 221, *caput*
– reivindicação pelo condômino: art. 1.314, *caput*
– renúncia de prescrição: art. 191
– retrovenda; direito de retrato contra terceiro: art. 507

– revogação de doação; sem prejuízo de seus direitos: art. 563
– seguro; transferência: art. 785
– substituição pelo estipulante do contrato: art. 438
– transação: art. 844
– turbação; locação: arts. 568 e 569, III

TERMO
– aposto ao ato de reconhecimento do filho; ineficácia: art. 1.613
– contagem dos prazos: art. 132
– final; condição resolutiva: art. 135
– inicial; condição suspensiva: art. 135
– inicial; suspende o exercício do direito: art. 131

TERRAS DEVOLUTAS
– *v.* BENS PÚBLICOS

TERRENOS
– *v.* IMÓVEIS
– aforado: art. 1.266
– alheio; construção ou plantação: art. 1.255
– aluvial: art. 1.250, p.u.
– bens públicos: art. 99, II
– invadido por raízes: art. 1.283
– limites: art. 1.298

TESOURO: arts. 1.264 a 1.266
– achado pelo proprietário do prédio: art. 1.265
– achado por outrem: art. 1.392, § 3º
– divisão entre o proprietário e o descobridor: art. 1.264
– terreno aforado: art. 1.266

TESTADOR(ES)
– *v.* TESTAMENTO
– analfabeto; testamento cerrado: art. 1.872
– capacidade: arts. 1.860 e 1.861
– cego; permissão: art. 1.867
– codicilo; capacidade: art. 1.881
– deserdação: art. 1.965, *caput*
– impossibilidade de testar: art. 1.860
– impossibilidade para assinar: art. 1.865
– incapazes: arts. 1.860 e 1.861
– língua estrangeira: arts. 1.871 e 1.880
– militares: arts. 1.893 a 1.896
– revogação do testamento: art. 1.969
– surdo; testamento público: art. 1.866
– surdo-mudo; testamento cerrado: art. 1.873

ÍNDICE REMISSIVO DO CC

- testamento marítimo: arts. 1.888 e 1.890 a 1.892
- testamento público; requisitos: art. 1.864

TESTAMENTEIRO: arts. 1.976 a 1.990
- *v.* TESTAMENTO
- conjuntos: art. 1.976
- contas do testamenteiro: art. 1.980
- falta; execução testamentária compete a um dos cônjuges: art. 1.984
- funções: art. 1.990
- herdeiro; na falta de nomeado: art. 1.984
- nomeação ou substituição em codicilos: art. 1.883
- nomeação pelo juiz: art. 1.984
- nomeação pelo testador: art. 1.976
- obrigação de cumprir as disposições testamentárias: art. 1.980
- posse e administração da herança: arts. 1.977, *caput*, e 1.978
- prazo para cumprir o testamento: art. 1.983
- prêmio: arts. 1.987 a 1.989
- requerimento do inventário pelo testamenteiro: art. 1.978
- simultâneos: art. 1.986
- solidariedade dos testamenteiros simultâneos: art. 1.986
- testamentaria; instransmissibilidade: art. 1.985
- validade do testamento: art. 1.981

TESTAMENTO
- *v.* HERANÇA, SUCESSÃO, TESTADOR(ES) e TESTAMENTEIRO
- aeronáutico: arts. 1.889 a 1.891
- bens excluídos: art. 1.908
- capacidade de testar: arts. 1.860 e 1.861
- capacidade para suceder: arts. 1.798 a 1.802
- cerrado: arts. 1.868 e 1.875
- cláusula de inalienabilidade: art. 1.911, *caput*; Súm. 49, STF
- codicilos: arts. 1.881 a 1.885
- conjuntivo; proibição: art. 1.863
- criação de fundações: art. 62, *caput*
- deserdação: arts. 1.961 a 1.965
- direito de acrescer: arts. 1.941 a 1.946
- disposição de parte da quota hereditária disponível: art. 1.966
- em favor dos pobres, estabelecimentos caridade ou de assistência pública: art. 1.902
- disposição; ineficácia: art. 1.910
- disposições anuláveis: art. 1.909
- disposições nulas: art. 1.900
- disposições testamentárias: arts. 1.897 a 1.911; Súm. 49, STF
- disposições válidas: art. 1.901
- erro na designação da pessoa do herdeiro ou da coisa legada: art. 1.903
- especiais: arts. 1.886 a 1.896
- excesso nas disposições; limites da parte disponível: art. 1.967
- extinção; impugnação da validade: art. 1.859
- fideicomisso: arts. 1.951 a 1.960
- formas ordinárias: art. 1.862
- herdeiros necessários; legítima: arts. 1.846 a 1.849; Súm. 49, STF
- instituição de fundação: art. 62, *caput*
- interpretação das cláusulas testamentárias: art. 1.899; Súm. 49, STF
- legado: arts. 1.912 a 1.946
- legado; disposições gerais: arts. 1.912 a 1.922
- legado; efeitos e pagamento: arts. 1.923 a 1.938
- marítimo: arts. 1.888 e 1.890 a 1.892
- militar: arts. 1.893 a 1.896
- múltiplos herdeiros; não discriminação da parte de cada um: art. 1.904
- parte disponível: art. 1.849
- particular: arts. 1.876 a 1.880
- prazo; presunção em favor do herdeiro: art. 133
- prazo para cumprimento: art. 1.983
- prazo para impugnação; extinção: art. 1.859
- público: arts. 1.864 a 1.867
- reconhecimento de filhos havidos fora do casamento: art. 1.609, III
- redução das disposições: arts. 1.966 a 1.968
- remanescente: art. 1.906
- revogação: arts. 1.969 a 1.972
- rompimento: arts. 1.973 a 1.975
- substituição fideicomissária: arts. 1.951 a 1.960
- substituição vulgar e recíproca: arts. 1.947 a 1.950

– testemunhas; não podem ser herdeiros/legatários: art. 1.801, II
– validade; direito de impugnação: art. 1.859

TESTEMUNHAS
– ascendentes; inadmissibilidade: art. 228, V
– casamento: arts. 1.534 a 1.536 e 1.539
– casamento nuncupativo: arts. 1.540 e 1.541
– impedidas de depor: art. 228
– prova testemunhal do fato jurídico: art. 212, III
– segredo profissional: art. 229, I
– testamento; herdeiros; legatários; não nomeação: art. 1.801, II
– testamento cerrado: arts. 1.868, I, e 1.873
– testamento marítimo: art. 1.888
– testamento militar: arts. 1.893, *caput*, 1.894 e 1.896, *caput*
– testamento particular: arts. 1.876 e 1.878 a 1.880
– testamento público: arts. 1.864 a 1.867

TIOS
– *v.* COLATERAIS
– casamento; impedimento matrimonial: art. 1.521, IV
– exercício da tutela: art. 1.731, II

TÍTULO(S)
– à ordem: arts. 910 a 920
– ao portador: arts. 904 a 909
– nominativo: arts. 921 a 926

TÍTULOS DE CRÉDITO: arts. 887 a 903; Súm. 153, 189, 190, 387, 600, STF e 26, 60, 258, STJ
– à exportação: Lei 6.313/1975
– aval: arts. 897 e 898; Súm. 189, STF
– aval posterior: art. 900
– avalista: art. 899; Súm. 26, 475 e 476, STJ
– cédula de crédito bancário: Lei 10.931/2004;
– cédula de crédito imobiliário: Lei 10.931/2004
– cheque: Lei 7.357/1985. Súm. 28, 246, 521 e 600, STF
– cheque; Lei Uniforme de Genebra: Dec. 57.595/1966; Súm. 28 e 600, STF
– comercial: Lei 6.840/1980
– constituição de gravames e ônus sobre ativos financeiros e valores mobiliários: Dec. 7.897/2013
– duplicata: Lei 5.474/1968
– industrial: Dec.-lei 413/1969
– Letra de Arrendamento Mercantil (LAM): Lei 11.882/2008
– letra de câmbio; definição: Dec. 2.044/1908; Súm. 153, 189 e 387, STF
– letra de câmbio; Lei Uniforme de Genebra: Dec. 57.663/1966; Súm. 153, 387, STF e 26, STJ
– letra de crédito imobiliário: Lei 10.931/2004
– nota promissória: definição: Dec. 2.044/1908; Súm. 153, 189 e 387, STF
– nota promissória; Lei Uniforme de Genebra: Dec. 57.663/1966; Súm. 153, 387, STF e 26, STJ
– requisitos: art. 889, *caput*
– rural: Dec.-lei 167/1967

TÓXICOS
– curatela dos viciados: arts. 1.767, III e 1.772
– viciados; incapacidade civil: art. 4º, II

TRADIÇÃO
– boa-fé: art. 1.268, *caput* e § 1º
– cessões do mesmo crédito: art. 291
– coisa dada em comodato: art. 579
– coisa vendida: art. 493
– constituição de direitos reais sobre coisas móveis: art. 1.226
– feita por quem não seja proprietário: art. 1.268
– obrigação de dar coisa certa: arts. 237 e 238
– propriedade: arts. 1.267 e 1.268
– título nulo: art. 1.268, § 2º

TRANSAÇÃO: arts. 840 a 850
– anulabilidade; causas: art. 849
– declaração e não transmissão de direitos: art. 843
– efeito entre as partes e terceiros: art. 844
– evicção da coisa renunciada: art. 845
– forma: art. 842
– interpretação restritiva: art. 843
– nulidade; sentença passada em julgado: art. 850
– nulidade de cláusula; efeito: art. 848, *caput*
– objeto da transação: art. 841
– obrigação resultante de delito: art. 846

ÍNDICE REMISSIVO DO CC

– pena convencional; admissibilidade: art. 847
– por escritura pública ou por instrumento particular: art. 842
– por termo nos autos: art. 842

TRANSMISSÃO
– direitos reais sobre coisas móveis: art. 1.226
– herança: arts. 1.784, 1.788 e 1.804
– herdeiros legítimos: art. 1.944, *caput*
– posse: art. 1.206
– propriedade: art. 307, *caput*

TRANSPLANTE DE ÓRGÃOS: Lei 9.434/1997
– permissão: art. 13, p.u.

TRANSPORTE: Súm. 145, STJ
– bagagem; direito de retenção pelo transportador: art. 742
– coisa transportada; emissão de conhecimento de sua identificação pelo transportador: arts. 744 e 745
– coisa vendida; riscos: art. 494
– coisas: arts. 743 a 756
– conceito: art. 730
– contrato: arts. 730 a 756
– cumulativo: art. 756
– despesas; indenização: art. 1.234, *caput*
– passageiro; rescisão do contrato: art. 740
– pessoas: arts. 734 a 742
– transportador; impossibilidade de recusa de passageiros: art. 739
– transportador; obrigações: art. 749
– transportador; responsabilidade: arts. 734 e 750

TRASLADO
– força probante: arts. 216 a 218

TRIBUNAL ESTRANGEIRO
– segurador: art. 725, CCo

TRIPULANTE
– abandono: art. 546, CCo
– culpa: art. 565, CCo
– demissão: arts. 552 e 554 a 556, CCo
– falecimento: arts. 561 e 562, CCo
– hipoteca: arts. 564 e 565, CCo
– indenização: art. 553, CCo
– juros: art. 563, CCo
– litígio: art. 557, CCo
– mora: art. 563, CCo
– obrigações: art. 545, CCo
– omissão culposa: art. 565, CCo
– penas correcionais: art. 498, CCo

– prisão: arts. 498 e 546, CCo
– rescisão do contrato: art. 557, CCo
– soldadas: arts. 543, 544, 547 a 550, 554, 558 a 560, 564 e 565, CCo

TURBAÇÃO
– posse: art. 1.210; Súm. 487, STF
– terceiros: art. 568

TUTELA: arts. 1.728 a 1.766
– *v.* BENS, MENORES e TUTOR(ES)
– causa suspensiva; casamento: art. 1.523, IV
– cessação: arts. 1.763 a 1.766
– contas não saldadas; casamento; causas suspensivas: art. 1.523, IV
– escusas da tutela: arts. 1.736 a 1.739
– exercício da tutela: arts. 1.740 a 1.752
– filhos; novas núpcias: arts. 1.588 e 1.636
– prescrição; suspensão durante a tutela: art. 197, III
– prestação de contas: arts. 1.755 a 1.762
– responsabilidade do tutor: arts. 932, II, e 1.752

TUTOR(ES)
– *v.* REPRESENTANTE(S) e TUTELA
– atribuições: arts. 1.740, 1.747 e 1.748
– autorização para o casamento: art. 1.518
– bens do tutelado; impossibilidade de compra: art. 497, I; Súm. 165, STF
– bens do tutelado; impossibilidade de dar em comodato: art. 580
– casamento com tutelado; impossibilidade enquanto não cessar a tutela: art. 1.523, IV
– cessação da tutela: arts. 1.763 a 1.766
– destituição: art. 1.766
– deveres: arts. 1.740 e 1.741
– escusa: arts. 1.736 a 1.739
– exoneração: art. 1.735
– extinção da tutela: art. 1.764
– incapazes de exercer a tutela: art. 1.735
– morto, ausente ou interdito; prestação de suas contas: art. 1.759
– nomeação: arts. 1.729 a 1.734
– prazo em que são obrigados a servir: art. 1.765
– prescrição; não corre entre tutor e tutelado: art. 197, III
– prescrição; responsabilidade: art. 195
– prestação de contas: arts. 1.755 a 1.762
– representação e assistência do tutelado: arts. 1.747, I, e 1.748, V

- responsabilidade; bens dos tutelados: arts. 1.752 e 1.753
- responsabilidade civil: art. 932, II
- responsabilidade pela prescrição a que derem causa: art. 195

UNIÃO
- v. BENS PÚBLICOS
- bens do ausente; domínio: art. 39, p.u.
- bens do ausente; títulos garantidos: art. 29
- bens imóveis: Lei 9.636/1998
- bens imóveis; alienação: Lei 9.636/1998
- bens vacantes; domínio: art. 1.822
- Distrito Federal; domicílio: art. 75, I
- pessoa jurídica de direito público interno: art. 41
- propriedade de imóvel abandonado: art. 1.276
- regularização fundiária de interesse social em imóveis da União: Lei 11.481/2007
- sucessão legítima; ausência de herdeiros sucessíveis; renúncia à herança: art. 1.844

UNIÃO ESTÁVEL: arts. 1.723 a 1.727 e Lei 9.278/1996
- v. COMPANHEIROS
- conceito: art. 1.723; Súm. 382, STF
- concubinato; conceito: art. 1.727
- conversão em casamento: art. 1.726
- deveres de guarda, sustento e educação dos filhos: art. 1.724
- deveres de lealdade, respeito e assistência: art. 1.724
- entidade familiar: art. 1.723; Súm. 382, STF
- formada entre homem e mulher: art. 1.723; Súm. 382, STF
- guarda dos filhos: arts. 1.583 e 1.584
- impedimentos matrimoniais; causas que impossibilitam a constituição: art. 1.723, § 1º
- pessoas de mesmo sexo: Res. CNJ 175/2013
- regime de bens; comunhão parcial: art. 1.725

UNIVERSALIDADE
- bens dados em usufruto: art. 1.392, § 3º
- complexo de bens do estabelecimento: art. 1.143
- de direito: art. 91
- de fato: art. 90

- herança: art. 1.791

USO
- anormal da propriedade: arts. 1.277 a 1.281
- bens públicos: arts. 99 e 103; Súm. 340, STF
- coisa em condomínio: art. 1.314
- direito; propriedade: art. 1.228, caput
- direito real: arts. 1.225, V, XII, 1.412 e 1.413
- especial; moradia: art. 1.225, XI
- locação de coisas: arts. 565 e 566
- servidão: arts. 1.385 e 1.389, III
- usuário: art. 1.412

USUCAPIÃO: arts. 1.238 a 1.244; Súm. 11 e 193, STJ
- aquisição da propriedade: arts. 1.239 a 1.242
- imóveis: arts. 1.238 a 1.242; Súm. 237, 340 e 391, STF
- móveis: arts. 1.260 a 1.262
- servidão aparente: art. 1.379; Súm. 415, STF

USUFRUTO
- acessórios e acrescidos; abrangência: art. 1.392
- alienação; não transferência: art. 1.393
- animais; crias; usufrutuário: art. 1.397
- bens dos filhos: arts. 1.689, I, e 1.693
- caução; conservação e entrega dos bens: art. 1.400
- cessão do exercício: art. 1.393
- coisas consumíveis: art. 1.392, § 1º
- conservação dos bens a cargo do usufrutuário: arts. 1.400 e 1.403, I
- constituição: arts. 1.410, III, 1.411 e 1.946
- deteriorações: art. 1.402
- deveres: arts. 1.400 a 1.409
- direito real: art. 1.225, IV
- direitos: arts. 1.394 a 1.399
- disposições gerais: arts. 1.390 a 1.393
- edifício destruído sem culpa do proprietário: art. 1.408
- estende-se aos acessórios e acrescidos: art. 1.392, caput
- extinção: arts. 1.410 e 1.411
- florestas: art. 1.392, § 2º
- frutos civis; vencidos na data do início e da cessação do usufruto: art. 1.398
- frutos naturais; pendência; começo e término: art. 1.396

ÍNDICE REMISSIVO DO CC

– imóveis; necessidade de registro: art. 1.391
– legado sem fixação de tempo; presunção de vitaliciedade: art. 1.921
– objeto: art. 1.390
– ônus do usufruto; sub-rogação: art. 1.409
– preço da meação de parede, cerca, muro, vala ou valado: art. 1.392, § 3º
– prédio danificado por terceiro ou desapropriado: art. 1.409
– recursos minerais; prefixação da extensão: art. 1.392, § 2º
– reparações extraordinárias: art. 1.404
– responsabilidade do cônjuge: art. 1.652, I
– seguro sobre a coisa: art. 1.407
– tesouro achado por outrem: art. 1.392, § 3º
– vitalício; legados: art. 1.921

VALIDADE
– alienações onerosas de bens hereditários: art. 1.817
– atos ajustados com contratante de boa-fé: art. 689
– ausência de validade do pagamento; credor incapaz: art. 310
– concurso; promessas de recompensa: art. 859
– declaração de vontade: art. 107
– devedor; pagamento; não validade contra terceiros: art. 312
– disposição testamentária: art. 1.901
– escusa; depositário: art. 642
– instituição de fideicomisso; substituição ilegal; sem encargo resolutório: art. 1.960
– instrumento particular: art. 654
– litígio; testamento; direito de pedir o legado: art. 1.924
– negócio jurídico; requisitos: art. 104
– partilha: art. 2.018
– testamento; defesa pelo testamenteiro: art. 1.981

VARAÇÃO
– mercadorias perdidas; pagamento e repetição do frete: art. 622, CCo

VENDA
– v. ALIENAÇÃO, BENS, COMPRA E VENDA e HASTA PÚBLICA
– à vista de amostra: art. 484
– bens insuscetíveis de divisão cômoda: art. 2.019
– coisa depositada pelo herdeiro do depositário: art. 637
– com reserva de domínio: arts. 521 a 528
– contento: arts. 509 a 512
– contento; prazo: art. 512
– extinção de hipoteca; arrematação ou adjudicação; notificação necessária: art. 1.501
– gado empenhado: art. 1.445, p.u.
– imóveis de menores sob tutela: art. 1.750
– sobre documentos: arts. 529 a 532

VENDA JUDICIAL
– carga de navio: art. 584, CCo
– embarcações; responsabilidades: arts. 477 e 478, CCo
– execução e arrematação; custas judiciais: art. 478, 2ª parte, CCo

VÍCIOS
– v. DEFEITOS
– coisa empenhada: art. 1.433, III
– coisa locada; anteriores à locação: art. 568
– coisa segurada: art. 784
– ignorância pelo possuidor: art. 1.201, *caput*
– intrínsecos: arts. 784 e 1.971
– intrínsecos de objetos segurados; responsabilidade: art. 711, n. 10, CCo
– ocultos; venda de várias coisas conjuntamente: art. 503
– redibitórios: arts. 441 a 445
– redibitórios; prazos: arts. 445 e 446
– validade dos negócios jurídicos; anulação de partilha: art. 2.027, *caput*

VINTENA
– testamenteiro: art. 1.987

VIOLÊNCIA
– v. COAÇÃO e ESBULHO
– contra o autor da herança: art. 1.814, III
– credor; imputação da dívida: art. 353
– doméstica e familiar contra a mulher: Lei 11.340/2006
– posse; atos violentos não autorizam a aquisição: art. 1.208
– posse; defesa do possuidor: art. 1.210, § 1º
– posse justa; não violenta: art. 1.200

ÍNDICE REMISSIVO DO CC

– possuidor; direito à manutenção: art. 1.210, caput

VISTORIA(S)
– embarcações novas: art. 459, CCo
– judicial; conserto de navio: art. 488, CCo
– judicial de mercadorias; danificadas, roubadas ou diminuídas: art. 618, CCo; Súm. 261, STF
– navio ou carga: art. 772, CCo

VIÚVOS
– causas suspensivas do casamento: art. 1.523, I e II

VÍVERES
– arribada forçada: art. 741, n. 1, CCo

VIZINHOS
– v. DIREITO(S)
– cabos e tubulações: art. 1.286, caput
– condomínio necessário; embolso; meação na parede: art. 1.328
– direito de construir: arts. 1.299 a 1.313; Súm. 120 e 414, STF; 142, TFR
– direito de construir tapagem: art. 1.297

– direitos e deveres; águas: arts. 1.288 a 1.296
– direitos e deveres; árvores limítrofes: arts. 1.282 a 1.284
– direitos e deveres; limites entre os prédios: arts. 1.297 e 1.298
– passagem forçada: art. 1.285
– uso anormal da propriedade: arts. 1.277 a 1.281
– vizinhança; direitos: arts. 1.277 a 1.313; Súm. 120 e 414, STF; 142, TFR

VOCAÇÃO HEREDITÁRIA
– ordem: arts. 1.798 a 1.803

VONTADE
– casamento; momento da realização: art. 1.514
– declaração do contraente: art. 1.538, II
– partes; solidariedade: art. 265; Súm. 26, STJ
– testador; cláusula testamentária: art. 1.899; Súm. 49, STF

ÍNDICE ALFABÉTICO-REMISSIVO DO CÓDIGO DE PROCESSO CIVIL

AÇÃO: arts. 16 a 20

AÇÃO DE ALIMENTOS
– valor da causa: art. 292, III

AÇÃO DECLARATÓRIA: art. 20

AÇÃO DE COBRANÇA
– valor da causa: art. 292, I

AÇÃO DE CONSIGNAÇÃO EM PAGAMENTO: arts. 539 a 549

AÇÃO DE DEMARCAÇÃO
– valor da causa: art. 292, IV

AÇÃO DE DISSOLUÇÃO PARCIAL DE SOCIEDADE: arts. 599 a 609

AÇÃO DE DIVISÃO
– valor da causa: art. 292, IV

AÇÃO DE EXIGIR CONTAS: arts. 550 a 553

AÇÃO DE FAMÍLIA: arts. 693 a 699

AÇÃO DE REIVINDICAÇÃO
– valor da causa: art. 292, IV

AÇÃO IMOBILIÁRIA: art. 23, I

AÇÃO INDENIZATÓRIA
– valor da causa: art. 292, V

AÇÃO MONITÓRIA: arts. 700 a 702

AÇÃO POSSESSÓRIA: arts. 554 a 568

AÇÃO RESCISÓRIA: arts. 966 a 975

ACÓRDÃO: art. 204

ADJUDICAÇÃO: arts. 876 a 878

ADMINISTRADOR: art. 53, IV, *b*

ADVOCACIA-GERAL DA UNIÃO: art. 75, I

ADVOCACIA PÚBLICA: arts. 182 a 184
– cadastro no sistema de processos eletrônicos: art. 246, § 1º
– honorários: art. 85, § 19

– intimações: art. 270, *caput*
– retirada dos autos: art. 272, § 6º

ADVOGADO PÚBLICO: art. 77, VI e § 6º

AGRAVO DE INSTRUMENTO: arts. 1.015 a 1.020
– cabimento: art. 1.015, *caput*
– dirigido: art. 1.016
– efeito suspensivo: art. 1.019, I
– instruída: art. 1.017, *caput*
– intimação do agravado: art. 1.019, II
– Ministério Público: art. 1.019, III

AGRAVO EM RECURSO ESPECIAL E EXTRAORDINÁRIO: art. 1.042

AGRAVO INTERNO: arts. 12, VI, e 1.021

ALIENAÇÃO: arts. 725, III, e 879 a 903

ALIENAÇÃO JUDICIAL: art. 730

ALIMENTOS: arts. 22, I, e 53, II

ALTERAÇÃO DO REGIME DE BENS DO MATRIMÔNIO: arts. 731 a 734

ALVARÁ JUDICIAL: art. 725, VII

APELAÇÃO: art. 1.009, *caput*

APLICAÇÃO DAS NORMAS: arts. 13 a 15

ARBITRAGEM: arts. 3º, § 1º, e 337, § 6º, X
– impugnação específica: art. 341, *caput*
– preliminares: art. 337
– substituição do réu: art. 338, *caput*

ARGUIÇÃO DE FALSIDADE: arts. 430 a 433

ARRENDAMENTO OU ONERAÇÃO: art. 725, III

ATA NOTARIAL: art. 384

ATENTADO À DIGNIDADE DA JUSTIÇA: art. 774

ATO ATENTATÓRIO À DIGNIDADE DA JUSTIÇA: art. 77, VI e § 2º

ÍNDICE REMISSIVO DO CPC

ATO PROCESSUAL: arts. 193 a 199
– atos das partes: arts. 200 a 202
– comunicação: arts. 236 a 275
– prática eletrônica: arts. 193 a 199
– tempo e do lugar: arts. 212 a 217

AUDIÊNCIA
– adiamento: art. 362, caput
– conciliação ou mediação: art. 334
– instrução e julgamento: arts. 358 a 368

AUXILIAR DA JUSTIÇA: art. 149

AUXÍLIO DIRETO: arts. 28 a 34, 69, I, e 377, caput
– Advocacia-Geral da União: art. 33, caput
– cabimento: art. 28
– Ministério Público: art. 33, p.u.
– provas: art. 377

BENS DO AUSENTE: arts. 744 e 745

BOA-FÉ: art. 5º

CAPACIDADE
– de estar em juízo: art. 70
– incapaz assistido: art. 71
– incapaz representado: art. 71

CAPACIDADE PROCESSUAL: arts. 70 a 76

CARTA DE ORDEM: art. 260, caput

CARTA PRECATÓRIA: art. 377, caput

CARTA ROGATÓRIA: arts. 36, caput, e 377, caput

CERTIDÃO DE DÍVIDA ATIVA: art. 784, IX

CHEQUE: art. 784, I

CITAÇÃO: arts. 27 e 238 a 259
– cooperação internacional: art. 27, I
– correio: art. 247
– edital: art. 256, caput
– hora certa: arts. 252, caput, e 254
– oficial de justiça: art. 249
– preliminares: art. 337

COISA JULGADA: arts. 337, VII e § 1º, e 485 a 508
– eficácia preclusiva: art. 508
– preliminares: art. 337

COISA VAGA: art. 746

COMPETÊNCIA: arts. 46, caput, e 61
– ação acessória: art. 61
– anulação de casamento: art. 53, I
– bens imóveis: art. 47
– bens móveis: art. 46, caput
– direito pessoal: art. 46, caput

– divórcio e separação: art. 53, I
– fixação: art. 43
– interna: arts. 21, 22 e 42 a 69
– internacional exclusiva: art. 23
– juízo federal: art. 45, caput
– reconhecimento ou dissolução de união estável: art. 53, I

COMPETÊNCIA EXCLUSIVA
– interna: art. 25, § 1º

CONCESSÃO DO EXEQUATUR: arts. 960 a 965

CONCILIAÇÃO: art. 3º, § 3º

CONEXÃO: arts. 54 e 337, VIII
– preliminares: art. 337

CONFISSÃO: arts. 389 a 395

CONFLITO DE COMPETÊNCIA: arts. 66, caput, e 951 a 959

CÔNJUGE
– consentimento: art. 73, caput
– falta de consentimento: art. 74, p.u.

CONSELHO NACIONAL DE JUSTIÇA: art. 12, VII

CONTESTAÇÃO: arts. 64 e 335 a 342
– novas alegações: art. 342
– prazo: art. 335, caput
– reconvenção: art. 343
– réplica: arts. 350 e 351

CONTINÊNCIA: art. 54

CONTRATO DE SEGURO DE VIDA: art. 784, VI

COOPERAÇÃO JURÍDICA INTERNACIONAL
– objeto: art. 27
– princípios: art. 26

COOPERAÇÃO NACIONAL: arts. 67 a 69

CUMPRIMENTO DA SENTENÇA: art. 513, caput
– competência: art. 516, caput
– obrigação de fazer, de não fazer ou de entregar coisa: arts. 536 e 537
– pela Fazenda Pública: arts. 534 e 535
– prestação alimentícia: art. 528, caput

CUMPRIMENTO DEFINITIVO DA SENTENÇA: arts. 523 a 527

CUMPRIMENTO PROVISÓRIO: arts. 520 a 522

ÍNDICE REMISSIVO DO CPC

CURADOR ESPECIAL: art. 72
DEBÊNTURE: art. 784, I
DEFEITO DE REPRESENTAÇÃO: art. 337, IX
– preliminares: art. 337
DEFENSORIA PÚBLICA: arts. 91, 95, § 5º, 77, 78, 185 a 187, 235, *caput*, e 287, II
– cadastro no sistema de processos eletrônicos: art. 246, § 1º
– demandas individuais repetitivas: art. 139, X
– despesas processuais: art. 91, *caput*
– férias: art. 220, § 1º
– fundo de custeio: art. 95, § 5º
– intimação: art. 270, *caput*
– possessória: art. 554, § 1º
– prazo em dobro: art. 186, *caput*
– representação contra o serventuário: art. 233
– representação ao corregedor: art. 235, *caput*
– reproduções digitalizadas: art. 425, VI
– responsabilidade civil: art. 187
– retirada dos autos: art. 272, § 6º
– vista: art. 152, IV, *b*
DEMANDA REPETITIVA: art. 12, III
DEMARCAÇÃO: arts. 574 a 587
DEPOIMENTO PESSOAL: arts. 385 a 388
DESCONSIDERAÇÃO DA PERSONALIDADE JURÍDICA: arts. 133 a 137
– incidente (instauração): arts. 133 a 137
DESPESA PROCESSUAL: arts. 82 a 97
– adiantamento: art. 82, § 1º
DIREITO INDISPONÍVEL: art. 345, II
DISTRIBUIÇÃO: arts. 284 a 290
– continência: art. 286, I
DIVISÃO: arts. 588 a 598
DIVÓRCIO: arts. 731 a 734
DOCUMENTO ELETRÔNICO: arts. 439 a 441
DOCUMENTO PARTICULAR: art. 784, III
DUPLICATA: art. 784, I
DUPLO GRAU DE JURISDIÇÃO: art. 496, *caput*
ELEIÇÃO DE FORO: art. 25, *caput*
– exclusão de competência: art. 25
EMANCIPAÇÃO: art. 725, I
EMBARGOS À EXECUÇÃO: arts. 914 a 920

EMBARGOS DE DECLARAÇÃO: arts. 12, V, e 1.022 a 1.026
– cabimento: art. 1.022, *caput*
– modificação da decisão: art. 1.024, § 4º
– prazo: art. 1.023, *caput*
– protelatórios: art. 1.026, § 2º
EMBARGOS DE DIVERGÊNCIA: arts. 1.043 e 1.044
EMBARGOS DE TERCEIRO: arts. 674 a 681
ENTREGA DE COISA: arts. 497 a 501
ESCRITURA PÚBLICA: art. 784, II
EXECUÇÃO
– extinção do processo: arts. 924 e 925
– suspensão e extinção: arts. 921 a 923
EXECUÇÃO CONTRA A FAZENDA PÚBLICA: art. 910
EXECUÇÃO DE ALIMENTOS: arts. 911 a 913
EXECUÇÃO PARA A ENTREGA DE COISA: arts. 806 a 814
EXECUÇÃO POR OBRIGAÇÃO DE FAZER: art. 815
EXECUÇÃO POR QUANTIA CERTA: arts. 824 a 909
– citação: arts. 827 a 830
– expropriação: art. 825
EXIBIÇÃO DE DOCUMENTO OU COISA: arts. 396 a 404
EXTINÇÃO CONSENSUAL DE UNIÃO ESTÁVEL: arts. 731 a 734
EXTINÇÃO DE USUFRUTO: art. 725, VI
EXTINÇÃO DO PROCESSO: arts. 316 e 317

FAZENDA PÚBLICA: art. 152, IV, *b*
– Ministério Público: art. 178, p.u.
– **vista: art. 152, IV,** *b*
FINS SOCIAIS: art. 8º
FORMAÇÃO DO PROCESSO: art. 312
FORO DE ELEIÇÃO: art. 63
FRAUDE À EXECUÇÃO: art. 792, *caput*
FUNDAÇÃO
– organização e fiscalização: arts. 764 e 765

ÍNDICE REMISSIVO DO CPC

GRATUIDADE DA JUSTIÇA: art. 337, XIII
– preliminares: art. 337

HABILITAÇÃO: arts. 687 a 692

HERANÇA JACENTE: arts. 738 a 743

HIPOTECA JUDICIÁRIA: art. 495, § 1º

HOMOLOGAÇÃO DE AUTOCOMPOSIÇÃO EXTRAJUDICIAL: art. 725, VIII

HOMOLOGAÇÃO DE DECISÃO ESTRANGEIRA: arts. 960 a 965
– requisitos: art. 963, *caput*

HOMOLOGAÇÃO DE SENTENÇA JUDICIAL ESTRANGEIRA: art. 24, p.u.

HOMOLOGAÇÃO DO PENHOR LEGAL: arts. 703 a 706

HONORÁRIOS ADVOCATÍCIOS: arts. 82 a 97
– execução: art. 827, *caput*

ILEGITIMIDADE DE PARTE: art. 330, II

IMPEDIMENTO OU SUSPEIÇÃO: art. 467, *caput*
– perito: art. 467, p.u.

IMPROCEDÊNCIA LIMINAR: arts. 12, I, e 332

IMPULSO OFICIAL: art. 2º

INCAPACIDADE DA PARTE: art. 337, IX
– preliminares: art. 337

INCIDENTE DE ARGUIÇÃO DE INCONSTITUCIONALIDADE: arts. 948 a 950

INCIDENTE DE ASSUNÇÃO DE COMPETÊNCIA: art. 947

INCIDENTE DE RESOLUÇÃO DE DEMANDAS REPETITIVAS: arts. 976 a 987

INCOMPETÊNCIA: arts. 64 a 66

INCOMPETÊNCIA ABSOLUTA: art. 337, II
– preliminares: art. 337

INCOMPETÊNCIA RELATIVA: art. 337, II
– preliminares: art. 337

INDEFERIMENTO INICIAL: art. 330, II

INÉPCIA DA PETIÇÃO INICIAL: art. 337, IV
– preliminares: art. 337

INICIATIVA DA PARTE: art. 2º

INSPEÇÃO JUDICIAL: arts. 481 a 484

INTERDIÇÃO: art. 747

INTERDITO PROIBITÓRIO: arts. 567 a 568

INTERESSE: arts. 17 e 19

INTERESSE PROCESSUAL: arts. 330, III, e 337, XI
– preliminares: art. 337

INTIMAÇÃO: arts. 269 a 275

INVENTÁRIO E PARTILHA: arts. 610 a 673
– arrolamento: arts. 659 a 667
– avaliação de cálculo do imposto: arts. 630 a 638
– citação e impugnação: arts. 626 a 629
– colação: arts. 639 a 641
– escritura pública: art. 610, § 1º
– inventariante: arts. 617 a 625
– inventário judicial: art. 610, *caput*
– legitimidade: arts. 615 e 616
– pagamento de dívidas: arts. 642 a 646
– partilha: arts. 647 a 658
– primeiras declarações: arts. 617 a 625

JUIZ
– poder de polícia: art. 360

JUÍZO FEDERAL
– restituição dos autos: art. 45, § 3º

JULGAMENTO
– antecipado do mérito: art. 355
– antecipado parcial do mérito: art. 356
– conforme o estado do processo: arts. 354 a 357
– demandas repetitivas: art. 12, II

JURISDIÇÃO: art. 16
– limite: arts. 21 a 25

JUSTIÇA DO TRABALHO: art. 45, II

JUSTIÇA ELEITORAL: art. 45, II

JUSTIÇA GRATUITA: art. 82, *caput*

LAUDO PERICIAL: art. 473

LEGITIMIDADE: arts. 17 e 337, XI
– preliminares: art. 337

LETRA DE CÂMBIO: art. 784, I

LIQUIDAÇÃO DE SENTENÇA: arts. 509 a 512

LITIGANTE DE MÁ-FÉ: arts. 79 e 80
– perdas e danos: art. 79
– reversão ao Estado: art. 96

ÍNDICE REMISSIVO DO CPC

LITISCONSÓRCIO: art. 335, § 1º
– prazo para contestação: art. 335, § 1º
– revelia: art. 345, I

LITISPENDÊNCIA: arts. 337, 485, V, e 486, § 1º
– juízo estrangeiro: art. 24, *caput*
– preliminares: art. 337

MANUTENÇÃO E REINTEGRAÇÃO DE POSSE: arts. 560 a 566

MEDIAÇÃO: art. 3º, § 3º

MEDIDA DE URGÊNCIA: art. 27, IV

MEIO DE IMPUGNAÇÃO DA DECISÃO JUDICIAL: arts. 926 a 928

MINISTÉRIO PÚBLICO: arts. 77, 82, § 1º, 93, 144, I, III e § 1º, 156, § 2º, 176 a 181 e 748
– cadastro no sistema de processos eletrônicos: art. 246, § 1º
– conciliação e mediação: art. 3º, § 3º
– desconsideração da personalidade: art. 133, *caput*
– despesa processual: art. 91, *caput*
– férias: art. 220, § 1º
– impedimento ou suspeição: arts. 144, I, e 148, *caput*
– incompetência relativa: art. 65, p.u.
– intimação: art. 270, *caput*
– nulidade: art. 279, *caput*
– representação ao corregedor: art. 235, *caput*
– representação contra serventuário: art. 233
– reprodução digitalizada: art. 425, VI
– restituição dos autos: art. 234, *caput*
– retirada dos autos: art. 272, § 6º
– segredo de justiça: art. 11, p.u.
– vista: art. 152, IV, *b*

MODIFICAÇÃO DA COMPETÊNCIA: arts. 54 a 63
– competência relativa: art. 54

MULTA: arts. 82 a 97

NEGÓCIO ALHEIO: art. 53, IV, *b*

NORMAS FUNDAMENTAIS: arts. 1º a 14
– aplicação imediata: art. 14

NORMAS PROCESSUAIS: art. 13

NOTA PROMISSÓRIA: art. 784, I

NOTIFICAÇÃO E INTERPELAÇÃO: arts. 726 a 729

NULIDADE: arts. 276 a 283

OBRIGAÇÃO DE FAZER: arts. 815 a 821

OBRIGAÇÃO DE NÃO FAZER: arts. 822 e 823

OPOSIÇÃO: arts. 682 a 686

ORDEM CRONOLÓGICA: art. 12, *caput*

ORDEM DOS PROCESSOS NO TRIBUNAL: arts. 929 a 946
– incumbências do relator: art. 932, *caput*

ORGANIZAÇÃO DO PROCESSO: art. 357

PARIDADE DE TRATAMENTO: art. 7º

PARTES E PROCURADORES
– deveres: arts. 77 e 78

PEDIDO: arts. 319, IV, e 322 a 329
– alteração: art. 329, I
– alternativo: art. 325, *caput*
– cumulação: arts. 45, § 2º, e 327, *caput*
– genérico: art. 324, § 1º
– improcedência liminar: art. 332
– ordem subsidiária: art. 326, *caput*
– valor da causa: art. 292, VII

PENHORA
– avaliação: arts. 870 a 875
– crédito: arts. 855 a 860
– dinheiro em depósito ou aplicação financeira: art. 854
– frutos e rendimentos de coisa móvel ou imóvel: arts. 867 a 869
– impenhorável: art. 833, *caput*
– lugar: arts. 845 e 846
– modificação: arts. 847 a 853
– objeto: arts. 831 a 835
– ordem: art. 835, *caput*
– penhora de empresa: arts. 862 a 865
– percentual de faturamento de empresa: art. 866
– quotas ou ações: art. 861
– segunda penhora: art. 851

PEREMPÇÃO: art. 337, V
– preliminares: art. 337

PERÍCIA: art. 475
– complexa: art. 475
– laudo: art. 476
– prazo: art. 476

PERITO: arts. 467 e 468
– impedimento ou suspeição: art. 467, *caput*
– substituído: art. 468

PETIÇÃO INICIAL
– ação de execução: art. 798, I
– documento: art. 320
– emenda: art. 321, *caput*
– indeferimento: arts. 330 e 331

ÍNDICE REMISSIVO DO CPC

– nula: art. 803, *caput*
– requisito: arts. 319 a 321
PLURALIDADE DE RÉUS: art. 345, I
PRAZO: arts. 218 a 235
– Defensoria Pública: art. 230
– Ministério Público: art. 230
PRECATÓRIA: art. 260, *caput*
PRESTAÇÃO DE FAZER E NÃO FAZER: arts. 497 a 501
PROCEDIMENTO COMUM: arts. 318 a 512
PROCEDIMENTO DE JURISDIÇÃO VOLUNTÁRIA: arts. 719 a 770
PROCEDIMENTO ESPECIAL: arts. 539 a 770
PROCESSOS DOS TRIBUNAIS: arts. 926 a 928
PROCURAÇÃO: art. 287, *caput*
– dispensa: art. 287, p.u.
PROCESSO DE EXECUÇÃO: arts. 771 a 925
– competência: arts. 781 a 782
– exigibilidade da cobrança: arts. 786 a 788
– partes: arts. 778 e 779
– título executivo: arts. 783 a 785
PRONUNCIAMENTO DO JUIZ: arts. 203 a 205
PROVA: arts. 319, VI, e 369 a 484
– arguição de falsidade: arts. 430 a 433
– cooperação jurídica internacional: art. 27, II
– dispensa: art. 374
– ônus: art. 373, *caput*
– produção antecipada: arts. 381 a 383
PROVA DOCUMENTAL: arts. 405 a 429
– prova: art. 425, *caput*
– produção: arts. 434 a 438
PROVA PERICIAL
– dispensa: art. 472
PROVA TESTEMUNHAL
– admissibilidade: arts. 442 a 449
– impedimento: art. 447, § 2º
– incapazes: art. 447, § 1º
– inquirição em residência: art. 454, *caput*
– pericial: arts. 464 a 480
– produção: arts. 450 a 463
– substituição de testemunha: art. 451

– suspeito: art. 447, § 3º
PROVIDÊNCIAS PRELIMINARES E SANEAMENTO: arts. 347 a 353
– não incidência dos efeitos: arts. 348 e 349
RECLAMAÇÃO: arts. 988 a 993
RECONVENÇÃO: arts. 324, § 2º, e 343
– contestação: art. 343
– pedido: art. 324, § 2º
RECURSO: arts. 944 a 1.008
– adesivo: art. 997, § 2º
– cabível: art. 994
– desistência: art. 998
– prazo: art. 1.003, *caput*
– preparo: art. 1.007, *caput*
– renúncia: art. 999
RECURSO ESPECIAL: art. 1.029, *caput*
RECURSO EXTRAORDINÁRIO: art. 1.029, *caput*
RECURSO ORDINÁRIO: art. 1.027, *caput*
RECURSO REPETITIVO: art. 12, III
REGULAÇÃO DE AVARIA GROSSA: arts. 707 a 711
REMESSA NECESSÁRIA: art. 496
REPARAÇÃO DE DANO
– competência: art. 53, IV, *a*
REPERCUSSÃO GERAL: art. 1.035, § 2º
– multiplicidade de recursos: art. 1.036, *caput*
RÉPLICA: arts. 350 e 351
REPRESENTAÇÃO JUDICIAL: art. 75, *caput*
RESPONSABILIDADE PATRIMONIAL: arts. 789 a 796
RESTAURAÇÃO DOS AUTOS: arts. 712 a 718
REVELIA: arts. 344 a 346 e 348 e 349
ROGATÓRIA: art. 260, *caput*
SEGREDO DE JUSTIÇA: arts. 11, p.u., 107, I, 152, V, 195 e 189, *caput* e § 1º
SENTENÇA: arts. 316 e 485 a 508
– alteração: art. 494
– declaração incidental: art. 493
– elemento: arts. 489 a 495
SENTENÇA ARBITRAL: art. 515, VII

ÍNDICE REMISSIVO DO CPC

SENTENÇA, DECISÃO INTERLOCUTÓRIA E DESPACHO: art. 203
– decisão interlocutória: art. 203, § 2º
– despacho: art. 203, § 2º
– sentença: art. 203, § 1º

SENTENÇA ESTRANGEIRA: art. 515, VIII

SENTENÇA PENAL CONDENATÓRIA: art. 515, VI

SEPARAÇÃO CONSENSUAL: arts. 731 a 734

SOCIEDADE DE ADVOGADOS: art. 272, § 6º
– retirada dos autos: art. 272, § 6º

SUB-ROGAÇÃO: art. 725, II

SUBSTITUIÇÃO PROCESSUAL: art. 18

SUCESSÃO HEREDITÁRIA
– competência: art. 23, II

SUJEITO DO PROCESSO: arts. 70 a 188

SUSPENSÃO DO PROCESSO: arts. 313 a 315

TEMPO RAZOÁVEL: art. 6º

TESTAMENTO E CODICILO: arts. 735 a 737

TÍTULO EXECUTIVO
– extrajudiciais: art. 784, *caput*
– judiciais: art. 515, *caput*

TRANSAÇÃO: art. 784, IV
– despesas: art. 90, § 2º

TUTELA ANTECIPADA
– antecedente: arts. 303 a 304
– estabilização: art. 304, *caput*

TUTELA CAUTELAR
– antecedente: arts. 305 a 310

TUTELA DE EVIDÊNCIA: art. 311
– *v.* TUTELA PROVISÓRIA
– contraditório: art. 9º, II

TUTELA DE URGÊNCIA: arts. 300 a 302
– *v.* TUTELA PROVISÓRIA

TUTELA ESPECÍFICA: art. 497, *caput*

TUTELA PROVISÓRIA: arts. 9º, I, e 294 a 299
– competência: art. 299, *caput*
– efetivação: art. 297, p.u.

VALOR DA CAUSA: arts. 291 a 293, 319, V, e 337, III
– multa: art. 77, VI, § 5º
– preliminares: art. 337

ÍNDICE DE SÚMULAS

TEMA	TRIBUNAL	SÚMULA							
AÇÃO CAUTELAR	STJ	482							
AÇÃO CIVIL PÚBLICA	STJ	329	470	489					
AÇÃO DE COBRANÇA	STJ	540							
AÇÃO DE DESPEJO	STJ	268							
AÇÃO DE PRESTAÇÃO DE CONTAS	STJ	259							
AÇÃO DE REPARAÇÃO DE DANOS	STJ	537							
AÇÃO DECLARATÓRIA	STJ	181							
AÇÃO MONITÓRIA	STJ	247	282	292	299	339	384	503	504	531
AÇÃO RESCISÓRIA	STJ	175	401						
AÇÃO REVISÃO DE CONTRATO	STJ	380							
ACIDENTE DE TRABALHO	STF	22V							
ACIDENTE DE VEÍCULO	STJ	132	145	246	257				
ADJUDICAÇÃO COMPULSÓRIA	STJ	239							
ADVOGADO	STJ	115							
AGRAVO	STJ	116	118	182					
ALIENAÇÃO FIDUCIÁRIA	STJ	28	72	92	245	284	384		
ALIMENTOS	STJ	1	277	309	358				
ARBITRAGEM	STJ	485							
ARRENDAMENTO MERCANTIL	STJ	293	369						

ÍNDICE DE SÚMULAS

TEMA	TRIBUNAL	SÚMULA								
AVALISTA	STJ	26								
BEM DE FAMÍLIA	STJ	205	364	449	549					
CADASTRO PROTEÇÃO AO CRÉDITO	STJ	359	385	404						
CARTÃO DE CRÉDITO	STJ	532								
CHEQUE	STJ	370	388	503	531					
CITAÇÃO	STJ	106	282	414	429					
COMISSÃO DE PERMANÊNCIA	STJ	30	294	472						
COMPETÊNCIA	STJ	1	11	15	32	33	34	42	55	177
		206	224	363	376	383	428	480	505	570
COMPROMISSO DE COMPRA E VENDA	STJ	76	308							
CONCORRÊNCIA	STF	49V								
CONCURSOS PÚBLICOS	STJ	552								
CONDOMÍNIO	STJ	260	478							
CONEXÃO E CONTINÊNCIA	STJ	235	489							
CONFLITO DE COMPETÊNCIA	STJ	3	59	254						
CONSÓRCIO	STJ	35	538							
CONSÓRCIOS, SORTEIOS, BINGOS E LOTERIAS	STF	2v								
CONSUMIDOR	STJ	285	297	302	321	404	469	477	505	532
		543	547	548	550	563				
	STF	27V								
CONTRATO BANCÁRIO	STJ	285	286	379	381	530	539	541		
CONTRATO DE ABERTURA DE CRÉDITO	STJ	233	247	258	300					
CONTRATO DE MÚTUO	STJ	26	60							
CONTRATO DE PREVIDÊNCIA PRIVADA	STJ	505								

ÍNDICE DE SÚMULAS

TEMA	TRIBUNAL	SÚMULA								
CORREÇÃO MONETÁRIA	STJ	43	179	271	362					
CUMPRIMENTO DE SENTENÇA	STJ	517	519							
CURADOR ESPECIAL	STJ	196								
CUSTAS E DESPESAS	STJ	232	462							
DANO	STJ	37	43	54	130	132	221	227	281	313
		326	362	370	385	387	388	403		
DECADÊNCIA	STJ	401	477							
DEFICIENTES	STJ	552								
DEPOSITÁRIO	STJ	304	305	319	419					
	STF	25v								
DESAPROPRIAÇÃO	STJ	12	56	67	69	70	113	114	119	131
		141								
DIREITOS AUTORAIS	STJ	63	228	261						
DIVÓRCIO	STJ	197								
DUPLICATA	STJ	248								
EMBARGOS À ARREMATAÇÃO	STJ	331								
EMBARGOS DE DECLARAÇÃO	STJ	98								
EMBARGOS DE DIVERGÊNCIA	STJ	158	168	315	316	420				
EMBARGOS DE TERCEIRO	STJ	84	92	134	195	303				
EMBARGOS DO DEVEDOR	STJ	46								
EMBARGOS INFRINGENTES	STJ	88	169	255	390					
EMPRÉSTIMO COMPULSÓRIO	STJ	553								
ENDOSSO	STJ	475	476							
ESTABELECIMENTO COMERCIAL	STJ	451								
	STF	49V								
EXCEÇÃO DE PRÉ-EXECUTIVIDADE	STJ	393								

ÍNDICE DE SÚMULAS

TEMA	TRIBUNAL	SÚMULA								
EXECUÇÃO	STJ	27	46	196	233	258	279	300	317	364
		393	406	414	417	449	451	478	486	487
EXECUÇÃO CONTRA FAZENDA PÚBLICA	STJ	487								
EXIBIÇÃO DE DOCUMENTO	STJ	372								
EXTINÇÃO DO PROCESSO	STJ	38	240							
FALÊNCIA	STJ	25	29	88	248	307	361			
FAZENDA PÚBLICA	STJ	232	279	325	339	345	406			
FIANÇA	STJ	214	268	332						
FRAUDE À EXECUÇÃO	STJ	375								
FRAUDE CONTRA CREDORES	STJ	195								
FURTO DE VEÍCULO	STJ	130								
HABEAS DATA	STJ	2								
HIPOTECA	STJ	308								
HONORÁRIOS ADVOCATÍCIOS	STJ	14	105	110	111	131	141	201	303	306
		345	421	453	488	517	519			
	STF	47V								
HORÁRIO BANCÁRIO	STJ	19								
IMPUTAÇÃO DE PAGAMENTO	STJ	464								
INSTITUIÇÃO FINANCEIRA	STJ	79	283	297	298					
INTERDITO PROIBITÓRIO	STJ	228								
INVESTIGAÇÃO DE PATERNIDADE	STJ	1	277	301	358					
JUROS	STJ	43	54	102	113	114	176	186	382	426
		539	541							
JUSTIÇA GRATUITA	STJ	481								
LIQUIDAÇÃO	STJ	118	344							
LOCAÇÃO	STJ	214	335	549						

ÍNDICE DE SÚMULAS

TEMA	TRIBUNAL	SÚMULA								
MANDADO DE SEGURANÇA	STJ	41	105	169	177	202	213	333	376	460
MARCA COMERCIAL	STJ	143								
MINISTÉRIO PÚBLICO	STJ	99	116	189	226	329	470			
MULTA OBRIGAÇÃO DE FAZER / NÃO FAZER - ASTREINTE	STJ	372	410							
NOTA PROMISSÓRIA	STJ	258	504							
PENHORA	STJ	134	205	328	364	375	417	449	451	486
		549								
PLANO DE SAÚDE	STJ	302	469							
POSSESSÓRIAS	STJ	228								
PRAZO	STJ	116								
PRECATÓRIO	STF	17v	733							
PREPARO	STJ	187	483	484						
PREQUESTIONAMENTO	STJ	98								
PRESCRIÇÃO	STJ	39	85	101	143	194	229	323	405	467
		503	504							
PREVIDÊNCIA COMPLEMENTAR	STJ	563								
PRISÃO CIVIL	STJ	304	305	309	419					
PROCURAÇÃO	STJ	115								
PROTESTO	STJ	361	475							
RECLAMAÇÃO CONSTITUCIONAL	STF	734								
RECONVENÇÃO	STJ	292								
RECUPERAÇÃO JUDICIAL	STJ	480								
RECURSO ESPECIAL	STJ	5	7	13	83	86	115	123	126	182
		186	203	207	211	216	320	418	518	
RECURSO EXTRAORDINÁRIO	STF	733	735							
RECURSOS	STJ	99	118	216	253	254	318	331	484	568

ÍNDICE DE SÚMULAS

TEMA	TRIBUNAL	SÚMULA								
REEXAME NECESSÁRIO	STJ	45	253	325	490					
REGISTRO DE IMÓVEL	STJ	496								
SEGURO	STJ	61	101	229	246	257	402	405	465	474
		529	537	540	544					
SERVIÇO DE PROTEÇÃO AO CRÉDITO	STJ	323								
SISTEMA FINANCEIRO DA HABITAÇÃO	STJ	31	422	450	454	473				
TAXA DE MATRÍCULA EM UNIVERSIDADE PÚBLICA	STF	12v								
TELEFONIA	STF	27V	505	551						
TERRENO DE MARINHA	STJ	496								
TÍTULO	STJ	26	27	60	93	233	248	258	279	299
		300	475	476						
	STF	387								
TRANSPORTE DESINTERESSADO	STJ	145								
TRANSPORTE MARÍTIMO	STJ	109								
USUCAPIÃO	STJ	11	193							
VAGA DE GARAGEM	STJ	449								

* v = Súmula vinculante.

Índice Cronológico da Legislação Civil, Processual Civil e Empresarial

LEI COMPLEMENTAR

105	– de 10 de janeiro de 2001 – Sigilo das operações financeiras	1512
123	– de 14 de dezembro de 2006 – Estatuto Nacional da Microempresa e da Empresa de Pequeno Porte (Supersimples)	1645
130	– de 17 de abril de 2009 – Sistema Nacional de Crédito Cooperativo.	1726

LEIS

556	– de 25 de junho de 1850 – CCo	687
810	– de 6 de setembro de 1949 – Ano civil	776
1.060	– de 5 de fevereiro de 1950 – Lei de Assistência Judiciária	776
1.110	– de 23 de maio de 1950 – Efeitos civis do casamento religioso	778
1.408	– de 9 de agosto de 1951 – Prazos judiciais	779
2.313	– de 3 de setembro de 1954 – Prazos dos contratos de depósito regular e voluntário de bens de qualquer espécie	780
4.121	– de 27 de agosto de 1962 – Estatuto da mulher casada	780
4.131	– de 3 de setembro de 1962 – Aplicação do capital estrangeiro e remessas de valores para o exterior	781
4.132	– de 10 de setembro de 1962 – Desapropriação	788
4.591	– de 16 de dezembro de 1964 – Condomínio e incorporação imobiliária	789
4.595	– de 31 de dezembro de 1964 – Sistema Financeiro Nacional	812
4.717	– de 29 de junho de 1965 – Ação popular	830
4.728	– de 14 de julho de 1965 – Lei do Mercado de Capitais*	835
4.886	– de 9 de dezembro de 1965 – Representantes comerciais autônomos	841

* Conteúdo parcial de acordo com a matéria específica de cada Código ou Coletânea.

ÍNDICE CRONOLÓGICO DA LEGISLAÇÃO

5.474	– de 18 de julho de 1968 – Lei das Duplicatas.	914
5.478	– de 25 de julho de 1968 – Lei de Alimentos.	918
5.621	– de 4 de novembro de 1970 – Organização e divisão judiciária (art. 144, § 5°, da CF)	935
5.741	– de 1º de dezembro de 1971 – Sistema Financeiro da Habitação – SFH.	936
5.764	– de 16 de dezembro de 1971 – Política Nacional de Cooperativismo e sociedades cooperativas	938
6.015	– de 31 de dezembro de 1973 – Lei de Registros Públicos.*	955
6.024	– de 13 de março de 1974 – Intervenção e liquidação extrajudicial de instituições financeiras..	1005
6.194	– de 19 de dezembro de 1974 – Seguro obrigatório de danos pessoais causados por veículos automotores.	1014
6.313	– de 16 de dezembro de 1975 – Títulos de crédito à exportação	1019
6.385	– de 7 de dezembro de 1976 – Mercado de Valores Mobiliários e criação da CVM.	1019
6.404	– de 15 de dezembro de 1976 – Sociedades por Ações (Lei das S.A.).	1033
6.515	– de 26 de dezembro de 1977 – Lei do Divórcio.	1115
6.729	– de 28 de novembro de 1979 – Concessão comercial entre produtores e distribuidores de veículos automotores	1121
6.766	– de 19 de dezembro de 1979 – Parcelamento do solo urbano (Lei de Loteamentos)	1128
6.830	– de 22 de setembro de 1980 – Lei de Execução Fiscal.	1140
6.840	– de 3 de novembro de 1980 – Títulos de crédito comercial	1147
6.899	– de 8 de abril de 1981 – Correção monetária nos débitos de decisão judicial.	1148
6.969	– de 10 de dezembro de 1981 – Usucapião especial de imóvel rural.	1148
7.115	– de 29 de agosto de 1983 – Prova documental.	1150
7.347	– de 24 de julho de 1985 – Ação civil pública.	1150
7.357	– de 2 de setembro de 1985 – Lei do Cheque.	1154
7.913	– de 7 de dezembro de 1989 – Ação civil pública por danos causados aos investidores	1165
8.009	– de 29 de março de 1990 – Bem de família.	1166
8.038	– de 28 de maio de 1990 – Processos perante o STJ e o STF	1167
8.069	– de 13 de julho de 1990 – ECA.	1172
8.078	– de 11 de setembro de 1990 – CDC	1234

Índice Cronológico da Legislação

8.245 – de 18 de outubro de 1991 – Lei de Locações 1253

8.437 – de 30 de junho de 1992 – Medidas cautelares 1270

8.560 – de 29 de dezembro de 1992 – Investigação de paternidade. 1271

8.866 – de 11 de abril de 1994 – Depositário infiel. 1272

8.906 – de 4 de julho de 1994 – Estatuto da OAB. 1274

8.929 – de 22 de agosto de 1994 – Cédula de Produto Rural 1325

8.934 – de 18 de novembro de 1994 – Registro Público de Empresas Mercantis e Atividades Afins. 1328

8.935 – de 18 de novembro de 1994 – Serviços notariais e de registro. 1336

8.955 – de 15 de dezembro de 1994 – *Franchising*. 1343

8.971 – de 29 de dezembro de 1994 – Direito dos companheiros. 1345

9.051 – de 18 de maio de 1995 – Expedição de certidões para a defesa de direitos e esclarecimentos de situações. 1346

9.099 – de 26 de setembro de 1995 – Juizados Especiais Cíveis e Criminais . 1346

9.278 – de 10 de maio de 1996 – União estável. 1360

9.279 – de 14 de maio de 1996 – Lei da Propriedade Industrial. 1361

9.307 – de 23 de setembro de 1996 – Lei de Arbitragem. 1398

9.434 – de 4 de fevereiro de 1997 – Lei de Transplante de Órgãos. 1406

9.447 – de 14 de março de 1997 – Responsabilidade solidária de controladores de instituições submetidas aos regimes da Lei 6.024/1974 e do Dec.-lei 2.321/1987 1411

9.492 – de 10 de setembro de 1997 – Protesto de títulos. 1413

9.494 – de 10 de setembro de 1997 – Tutela antecipada contra a Fazenda Pública. 1419

9.507 – de 12 de novembro de 1997 – *Habeas data*. 1420

9.514 – de 20 de novembro de 1997 – Alienação fiduciária de coisa imóvel. 1422

9.609 – de 19 de fevereiro de 1998 – Lei do *Software*. 1431

9.610 – de 19 de fevereiro de 1998 – Direito autoral. 1435

9.636 – de 15 de maio de 1998 – Bens imóveis da União.* 1457

9.656 – de 3 de junho de 1998 – Lei dos Planos de Saúde 1471

9.790 – de 23 de março de 1999 – Organizações da sociedade civil de interesse público 1492

9.800 – de 26 de maio de 1999 – Sistema de transmissão de dados para a prática de atos processuais. 1496

ÍNDICE CRONOLÓGICO DA LEGISLAÇÃO

9.867 – de 10 de novembro de 1999 – Cooperativas sociais. 1497
9.868 – de 10 de novembro de 1999 – Processo e julgamento da ADIn e da ADC 1498
9.882 – de 3 de dezembro de 1999 – Arguição de descumprimento de preceito fundamental. 1503
10.048 – de 8 de novembro de 2000 – Atendimento prioritário. 1505
10.098 – de 19 de dezembro de 2000 – Acessibilidade das pessoas portadoras de deficiência ou com mobilidade reduzida. 1506
10.169 – de 29 de dezembro de 2000 – Serviços notariais e de registro 1510
10.188 – de 12 de fevereiro de 2001 – Arrendamento residencial 1516
10.192 – de 14 de fevereiro de 2001 – Medidas complementares ao Plano Real. 1519
10.194 – de 14 de fevereiro de 2001 – Sociedades de crédito ao microempreendedor 1522
10.198 – de 14 de fevereiro de 2001 – Mercados de títulos ou contratos de investimento coletivo 1523
10.216 – de 6 de abril de 2001 – Proteção e direitos das pessoas portadoras de transtornos mentais. 1526
10.257 – de 10 de julho de 2001 – Estatuto da Cidade. 1528
10.259 – de 12 de julho de 2001 – Juizados Especiais Cíveis e Criminais na Justiça Federal. 1539
10.303 – de 31 de outubro de 2001 – Altera as Leis 6.404/1976 e 6.385/1976 . 1546
10.406 – de 10 de janeiro de 2002 – CC 233
10.741 – de 1º de outubro de 2003 – Estatuto do Idoso. 1548
10.931 – de 2 de agosto de 2004 – Patrimônio de afetação de incorporações imobiliárias. 1564
11.076 – de 30 de dezembro de 2004 – Certificado de Depósito Agropecuário – CDA, *Warrant* Agropecuário – WA, Certificado de Direitos Creditórios do Agronegócio – CDCA, Letra de Crédito do Agronegócio – LCA e Certificado de Recebíveis do Agronegócio – CRA 1575
11.101 – de 9 de fevereiro de 2005 – Lei de Recuperação de Empresas e Falência 1584
11.105 – de 24 de março de 2005 – Lei de Biossegurança* 1625
11.107 – de 6 de abril de 2005 – Consórcios públicos. 1630
11.340 – de 7 de agosto de 2006 – Violência doméstica e familiar contra a mulher (Lei Maria da Penha). 1635
11.417 – de 19 de dezembro de 2006 – Súmula vinculante. 1705

Índice Cronológico da Legislação

11.419 – de 19 de dezembro de 2006 – Informatização do processo judicial. 1706

11.481 – de 31 de maio de 2007 – Regularização fundiária de interesse social em imóveis da União.* 1710

11.636 – de 28 de dezembro de 2007 – Custas judiciais devidas no âmbito do STJ 1713

11.649 – de 4 de abril de 2008 – Procedimento na operação de arrendamento mercantil de veículo automotivo (Leasing) 1715

11.795 – de 8 de outubro de 2008 – Sistema de Consórcio 1716

11.804 – de 5 de novembro de 2008 – Alimentos gravídicos 1724

11.882 – de 23 de dezembro de 2008 – Operações de redesconto pelo Bacen e autorização da emissão da Letra de Arrendamento Mercantil – LAM .. 1724

12.016 – de 7 de agosto de 2009 – Nova Lei do Mandado de Segurança ... 1729

12.153 – de 22 de dezembro de 2009 – Juizados Especiais da Fazenda Pública. 1733

12.288 – de 20 de julho de 2010 – Estatuto da Igualdade Racial 1737

12.318 – de 26 de agosto de 2010 – Alienação parental 1747

12.376 – de 30 de dezembro de 2010 – Altera ementa do Dec.-lei 4.657/1942. 216

12.414 – de 9 de junho de 2011 – Cadastro positivo. 1748

12.562 – de 23 de dezembro de 2011 – Processo e julgamento da representação interventiva no STF. 1752

12.587 – de 3 de janeiro de 2012 – Política Nacional de Mobilidade Urbana.. 1753

12.607 – de 4 de abril de 2012 – Altera o § 1º do art. 1.331 do CC... 1760

12.663 – de 5 de junho de 2012 – Lei Geral da Copa.*. 1761

12.711 – de 29 de agosto de 2012 – Cotas nas universidades federais. 1779

12.726 – de 16 de outubro de 2012 – Juizado Especial Itinerante. 1780

12.741 – de 8 de dezembro de 2012 – Medidas de esclarecimento ao consumidor. 1780

12.810 – de 15 de maio de 2013 – Parcelamento de débitos com a Fazenda Nacional relativos às contribuições previdenciárias de responsabilidade dos Estados, do Distrito Federal e dos Municípios. 1797

12.836 – de 2 de julho de 2013 – Altera dispositivos da Lei 10.257/2001 (Estatuto da Cidade). 1804

12.879 – de 5 de novembro de 2013 – Gratuidade dos atos de registro, pelas associações de moradores, necessários à adaptação estatutária ao CC. 1804

12.965 – de 23 de abril de 2014 – Estabelece princípios, garantias, direitos e deveres para o uso da Internet no Brasil (Marco Civil da Internet). .. 1811

ÍNDICE CRONOLÓGICO DA LEGISLAÇÃO

13.105 – de 16 de março de 2015 – Novo Código de Processo Civil 463

13.111 – de 25 de março de 2015 – Obrigatoriedade de empresários que comercializam veículos automotores informarem a regularidade do veículo quanto a registros que limitem ou impeçam a sua circulação. ... 1818

13.140 – de 29 de junho de 2015 – Mediação entre particulares como meio de solução de controvérsias. 1828

13.146 – de 7 de julho de 2015 – Estatuto da Pessoa com Deficiência. 1835

13.185 – de 9 de novembro de 2015 – Combate à Intimidação Sistemática (Bullying). 1874

13.188 – de 26 de junho de 2015 – Direito de resposta ou retificação em matéria divulgada, publicada ou transmitida por veículo de comunicação social 1875

13.257 – de 9 de março de 2016 – Políticas públicas para a primeira infância. 1879

DECRETOS-LEIS

58 – de 10 de dezembro de 1937 – Loteamento* 756

1.608 – de 18 de setembro de 1939 – CPC de 1939* 762

3.200 – de 19 de abril de 1941 – Organização e proteção da família* 769

3.365 – de 21 de junho de 1941 – Desapropriação por utilidade pública. ... 770

4.657 – de 4 de setembro de 1942 – Lei de Introdução às normas do Direito Brasileiro. 213

73 – de 21 de novembro de 1966 – Sistema Nacional de Seguros Privados 886

167 – de 14 de fevereiro de 1967 – Títulos de crédito rural 901

261 – de 28 de fevereiro de 1967 – Sociedades de capitalização 913

413 – de 9 de janeiro de 1969 – Títulos de crédito industrial 922

448 – de 3 de fevereiro de 1969 – Aplicação de penalidades às instituições financeiras, às sociedades e empresas integrantes do sistema de distribuição de títulos ou valores mobiliários e aos seus agentes autônomos 931

857 – de 11 de setembro de 1969 – Moeda de pagamento de obrigações exequíveis no Brasil. 932

911 – de 1º de outubro de 1969 – Alienação fiduciária. 933

2.321 – de 25 de fevereiro de 1987 – Regime de administração especial temporária nas instituições financeiras privadas e públicas não federais. . 1162

ÍNDICE CRONOLÓGICO DA LEGISLAÇÃO

DECRETOS

1.102	– de 21 de novembro de 1903 – Regras para o estabelecimento de empresas de armazéns gerais.	733
2.044	– de 31 de dezembro de 1908 – Letra de câmbio e nota promissória.	744
3.708	– de 10 de janeiro de 1919 – Sociedades por quotas de responsabilidade limitada.	752
20.910	– de 6 de janeiro de 1932 – Prescrição quinquenal	753
22.626	– de 7 de abril de 1933 – Lei de Usura	754
24.778	– de 14 de julho de 1934 – Caução de hipoteca e penhor.	756
56.826	– de 2 de setembro de 1965 – Promulga a Convenção sobre prestação de alimentos no estrangeiro.	836
57.595	– de 7 de janeiro de 1966 – Lei Uniforme de Cheque.	848
57.663	– de 24 de janeiro de 1966 – Lei Uniforme de Câmbio.	865
7.897	– de 1º de fevereiro de 2013 – Regulamenta a constituição de gravames e ônus sobre ativos financeiros e valores mobiliários em operações realizadas no âmbito do mercado de valores mobiliários ou do sistema de pagamentos brasileiro.	1782
7.962	– de 15 de março de 2013 – Regulamenta a Lei 8.078/1990 (Contratação no comércio eletrônico).	1786
7.963	– de 15 de março de 2013 – Plano Nacional de Consumo e Cidadania.	1788
8.469	– de 23 de junho de 2015 – Regulamenta a Lei 9.610/1998.	1818
8.573	– de 20 de novembro de 2015 – Sistema alternativo de solução de conflitos de consumo.	1878

MEDIDAS PROVISÓRIAS

2.172-32	–de 23 de agosto de 2001 – Nulidade de estipulações contratuais usurárias.	1543
2.220	– de 4 de setembro de 2001 – Concessão de uso especial para fins de moradia e criação do Conselho Nacional de Desenvolvimento Urbano (CNDU).	1544

PORTARIAS

4	– de 13 de março de 1998, da SDE.	1457
3	– de 19 de março de 1999, da SDE.	1491
3	– de 15 de março de 2001, da SDE.	1525
5	– de 27 de agosto de 2002, da SDE – Complementa o elenco de cláusulas abusivas do art. 51 da Lei 8.078/1990.	1547

ÍNDICE CRONOLÓGICO DA LEGISLAÇÃO

RESOLUÇÕES

2.144 – de 22 de fevereiro de 1995, do Bacen – *Factoring* e operações privativas de instituições financeiras. 1346

2.309 – de 28 de agosto de 1996, do Bacen – Normas relativas às operações de arrendamento mercantil. 1392

4.122 – de 2 de agosto de 2012, do Bacen – Requisitos e procedimentos para constituição, autorização para funcionamento, cancelamento de autorização, alterações de controle, reorganizações societárias e condições para o exercício de cargos em órgãos estatutários ou contratuais das instituições que especifica. 1766

4.123 – de 23 de agosto de 2012, do Bacen – Emissão de Letra Financeira pelas instituições financeiras. 1777

174 – de 12 de abril de 2013, do CNJ – Atividade do juiz leigo no sistema dos JECs estaduais e do DF. 1791

175 – de 14 de maio de 2013, do CNJ – Habilitação, celebração de casamento civil, ou de conversão de união estável em casamento, entre pessoas de mesmo sexo. 1796

PROVIMENTO

112 – de 10 de setembro de 2006, do CFOAB – Sociedades de Advogados 1642

28 – de 8 de fevereiro de 2013, da CNJ – Registro tardio de nascimento . 1782

30 – de 16 de abril de 2013, da CNJ – Recepção e protesto de cheques visando coibir fraudes que possam acarretar prejuízos aos devedores ou a terceiros 1794

INSTRUÇÃO

3 – de 11 de fevereiro de 2014, do STJ – Procedimentos aplicáveis ao processamento da execução contra a Fazenda Pública e à expedição, processamento e pagamento dos precatórios e das requisições de pequeno valor no STJ. 1804

REGULAMENTO GERAL DO ESTATUTO DA ADVOCACIA E DA OAB/1994 .. 1293

CÓDIGO DE ÉTICA E DISCIPLINA DA OAB/2015 1863

ASC 5178